BASLER KOMMENTAR

Obligationenrecht II

BASLER KOMMENTAR

Obligationenrecht II
Art. 530–1186 OR

3. Auflage

Herausgeber

Heinrich Honsell
em. Professor an der Universität Zürich

Nedim Peter Vogt
Rechtsanwalt in Zürich

Rolf Watter
Professor an der Universität Zürich
Rechtsanwalt in Zürich

Helbing Lichtenhahn Verlag

BASLER KOMMENTAR

begründet von
Heinrich Honsell und Nedim Peter Vogt

Bibliographische Information der Deutschen Nationalbibliothek

Die Deutsche Nationalbibliothek verzeichnet diese Publikation
in der Deutschen Nationalbibliographie; detaillierte bibliographische Daten
sind im Internet abrufbar: http://dnb.d-nb.de

Zitiervorschlag: BSK OR II-BEARBEITER/IN, Art. 29 N 4

Alle Rechte vorbehalten. Dieses Werk ist weltweit urheberrechtlich geschützt.
Insbesondere das Recht, das Werk mittels irgendeines Mediums (grafisch, technisch,
elektronisch und/oder digital, einschliesslich Fotokopie und downloading) teilweise oder
ganz zu vervielfältigen, vorzutragen, zu verbreiten, zu bearbeiten, zu übersetzen,
zu übertragen oder zu speichern, liegt ausschliesslich beim Verlag. Jede Verwertung in
den genannten oder in anderen als den gesetzlich zugelassenen Fällen bedarf deshalb
der vorherigen schriftlichen Einwilligung des Verlags.

© 2008 Helbing Lichtenhahn Verlag, Basel

ISBN 978-3-7190-2525-0 (Normalausgabe)
ISBN 978-3-7190-2711-7 (Lederausgabe)

www.helbing.ch

Vorwort zur dritten Auflage

Schon mit der ersten Auflage des Obligationenrechts II (Art. 530–1186 OR) im Jahre 1994 hat sich der Basler Kommentar zum Gesellschafts- und Wertpapierrecht nicht nur beim Praktiker, sondern auch bei Gerichten und in der Wissenschaft durchgesetzt und ist neben den Handbüchern von Peter Böckli und Peter Forstmoser/Peter Nobel zu einem wichtigen Referenzwerk geworden.

In der Neuauflage ging es vor allem darum, die seit Erscheinen der zweiten Auflage aus dem Jahre 2002 publizierte Rechtsprechung und die umfangreiche Literatur zu verarbeiten, insbesondere aber auch zahlreiche Gesetzesänderungen zu berücksichtigen. Allein in den letzten sechs Jahren waren folgende Revisionen zu verzeichnen:

- Aufhebung der Fusionsbestimmungen aufgrund der Einführung des FusG (SR 221. 301) vom 3. Oktober 2003; hierzu wurde ein separater Basler Kommentar veröffentlicht.

- Aufhebung der Reservebildungsvorschriften aufgrund der Einführung des VAG (SR 961.01) vom 17. Dezember 2004 für die als Aktiengesellschaft (Art. 671 Abs. 6) oder Genossenschaft (Art. 860 Abs. 4) konzipierten Versicherungseinrichtungen.

- Einführung von Bestimmungen betreffend die Offenlegung von Vergütungen an Mitglieder des Verwaltungsrates und der Geschäftsleitung bei Publikumsgesellschaften (Art. 663b^{bis} und Art. 663c Abs. 3).

- Totalrevision GmbH-Recht und Anpassungen im Aktien- und Genossenschaftsrecht sowie im Handelsregister- und Firmenrecht.

- Grundlegende Änderung des Revisionsrechts.

Nebst dieser Aufdatierung war es wiederum ein wichtiges Ziel, Lücken und Schwächen der Vorauflage zu beseitigen. Die Herausgeber danken allen Benutzern, die mit Anregungen und Kommentaren mithelfen, die Qualität des Kommentars stetig zu verbessern. Zuschriften bitten wir weiterhin an *r.watter@baerkarrer.ch* zu richten.

Die Herausgeber danken Frau Estée Gonçalves, Paralegal bei Bär & Karrer und Frau Joëlle Monney vom Verlag Helbing Lichtenhahn für die Betreuung der über 75 Autoren und der Manuskripte – ohne ihre kompetente Unterstützung und ihren grossen Einsatz hätte ein Werk wie das vorliegende nicht gelingen können.

Herausgeber und Verlag hoffen, auch mit dieser Neuauflage ein für Praxis und Lehre effizientes Hilfsmittel geschaffen zu haben.

Zürich, im August 2008   Die Herausgeber

Verzeichnis der Autorinnen und Autoren

Martina Altenpohl, Dr. iur.
Rechtsanwältin in Zürich
Art. 944–956

Marc Amstutz, Dr. iur., LL.M.
Rechtsanwalt, Professor an der
Universität Freiburg i.Ue.
Art. 792–799, 803

Patrick Balkanyi, lic. oec. publ.
Dipl. Wirtschaftsprüfer in Zürich
Art. 669–674

Carl Baudenbacher, Prof. Dr. iur.
Professor an der Universität St. Gallen und
Präsident des EFTA-Gerichtshofs, Luxemburg
Art. 552–556, 594–597, 620–625,
772–774, 775, 828–831

Thomas Bauer, Dr. iur.
Advokat in Basel
Art. 1033–1052, 1128–1131

Michele Bernasconi, LL.M.
Rechtsanwalt in Zürich
Art. 1063–1068, 1133

Stephen V. Berti, Prof. Dr. iur.
Rechtsanwalt in Zürich, Professor an der
Universität Luzern, Titularprofessor an der
Universität Freiburg i.Ue.
Art. 1069–1071, 1134

Jörg Blättler
Dipl. Wirtschaftsprüfer in Zürich
Art. 660–663b, 663d–h, Vorbem. zum
32. Titel, Art. 958–962

Raphaël Camp, lic. iur., LL.M.
Rechtsanwalt in Zürich
Art. 1–11 ÜBest

Fernand Chappuis, Dr. iur.
Rechtsanwalt in Genf
Art. 792–799, 803

Bernhard Christen, Dr. iur.
Rechtsanwalt in Basel
Art. 1145–1152, 1153–1155

Dieter Dubs, Dr. iur., LL.M.
Rechtsanwalt in Zürich
Art. 698–706b, 804–808c, 816

Martin K. Eckert, Dr. iur.
Rechtsanwalt in Zürich
Art. 927–943

Martin Frey, LL.M.
Fürsprecher in Zürich
Art. 1096–1099

Robert Furter, Dr. iur.
Rechtsanwalt in Zürich
Art. 965–989

Dieter Gericke, Dr. iur., LL.M.
Rechtsanwalt in Zürich
Art. 754–761, 827, 916–920

Marc Grüninger, Fürsprecher, M.C.J.
Rechtsanwalt in Zürich
Art. 990–1010

Lukas Handschin, Prof. Dr. iur.
Professor an der Universität Basel, Rechtsanwalt,
Zürich
Art. 530–542, 557–561, 598–601

Hans Peter Heiber
Dipl. Wirtschaftsprüfer in Zürich
Art. 801, 858–863

Beat Hess, Dr. iur., LL.M.
Rechtsanwalt in Den Haag
Art. 656a–657, 774a

Peter Hettich, Dr. iur., LL.M.
Rechtsanwalt in Zürich, Professor an der
Universität St. Gallen
Art. 543, 544, 562–573, 602–618

Thomas C. Hippele, lic. iur.
Rechtsanwalt in Zürich
Art. 1115–1120, 1123–1127, 1132,
1135–1137, 1143, 1144

Jakob Höhn, Dr. iur., LL.M.
Rechtsanwalt in Zürich
Art. 1072–1080

Felix M. Huber, lic. iur.
Rechtskonsulent in Zürich
Art. 963–964

Patrick Hünerwadel, Dr. iur.
Rechtsanwalt in Zürich
Art. 915

Verzeichnis der Autorinnen und Autoren

Bruno Hunziker, Fürsprecher
Rechtsanwalt in Bern und Zürich
Art. 990–1010

Beat Inauen, lic. oec. HSG
Dipl. Wirtschaftsprüfer in St. Gallen
Art. 664–667

Peter R. Isler, Dr. iur., LL.M.
Rechtsanwalt in Zürich
Art. 650–653i, 781

Manfred Küng, Dr. iur.
Rechtsanwalt in Zürich
Art. 732–735, 782, Art. 1–11 ÜBest

Peter Kurer, Dr. iur.
Rechtsanwalt, Zürich
Art. 675–682, 800, 904

Andreas Länzlinger, Dr. iur.
Rechtsanwalt in Zürich
Art. 690–695

Christian Lenz, Dr. iur., LL.M.
Rechtsanwalt in Genf
Art. 659–659b, 783

Martin Liebi, Dr. iur., LL.M.
Rechtsanwalt in Zürich und New York
Art. 654–656

Karim Maizar, lic. iur.
Rechtsanwalt in Zürich
Art. 663b^{bis}–c, 727–727c, 728c, 729c, 818, 906–907

Christian P. Meister, Dr. iur.
Rechtsanwalt in Zürich
Art. 1053–1062

Andreas Moll, Dr. iur., M.C.J.
Rechtsanwalt in Zürich
Art. 879–893

Stephan Netzle, Dr. iur., LL.M.
Rechtsanwalt in Zürich
Art. 1020–1032, 1114

Markus R. Neuhaus, Dr. iur.
Dipl. Steuerexperte in Zürich
Art. 660–663b, 663d–667, 669–674, 801, 858–863, Vorbem. zum 32. Titel, Art. 957–964, 1011–1019

Hans Nigg, Dr. iur.
Rechtsanwalt in Zürich
Art. 852–855, 864–878

Michael G. Noth, Dr. iur., LL.M.
Rechtsanwalt in Zürich
Art. 752, 753, 1156

Matthias Oertle, Dr. iur.
Rechtsanwalt in Zürich
Art. 683–688, 784–791, Art. 4–6 SchlT

Shelby R. du Pasquier, lic. iur., LL.M.
Rechtsanwalt in Genf
Art. 683–688, 784–791, Art. 4–6 SchlT

Massimo Pergolis, lic. iur.
Rechtsanwalt, Winterthur
Art. 1011–1019

Christoph M. Pestalozzi, Dr. iur., M.C.J.
Rechtsanwalt in Zürich
Art. 543, 544, 562–573, 602–618

Daniel C. Pfiffner, Dr. iur., LL.M.
Rechtsanwalt in Zürich
Art. 728a–b, 729a–b

Andreas von Planta, Dr. iur., LL.M.
Rechtsanwalt in Genf
Art. 659–659b, 783

Corrado Rampini, Dr. iur., LL.M.
Rechtsanwalt in Zürich
Art. 656a–657, 728, 729, 774a

Sten E. D. Rasmussen, lic. iur., LL.M.
Rechtsanwalt in Zürich
Art. 730c–731a

Thomas U. Reutter, Dr. iur. et lic. oec.
HSG, LL.M.
Rechtsanwalt in Zürich
Art. 730–731a, 1157–1186

Gerhard Roth, Fürsprecher
Rechtsanwalt in Bern und Zürich
Art. 990–1010

Katja Roth Pellanda, Dr. iur.
Rechtsanwältin in Zürich
Art. 716–717, 718b, 809–813, 897

Hans-Peter Schaad, Dr. iur.
Rechtsanwalt in Zürich
Art. 689–689e

Franz Schenker, Dr. iur.
Rechtsanwalt in Zürich
Art. 626–649, 776–780, 832–838

Ernst F. Schmid, Dr. iur., LL.M.
Rechtsanwalt in Zürich
Art. 921–925

Verzeichnis der Autorinnen und Autoren

Yves Schneller, Dr. iur.
Rechtsanwalt in Baar-Zug
Art. 814, 898–901

Alfred Schwartz, lic. iur.
Oberrichter am Obergericht Kanton Aargau
Art. 839–851

Philipp Speitler
Rechtsanwalt, wissenschaftlicher Assistent an der Universität St. Gallen
Art. 772–774, 775

Till Spillmann, Dr. iur.
Rechtsanwalt in Zürich
Art. 656a–657, 774a

Daniel Staehelin, Dr. iur.
Advokat und Notar in Basel, Titularprofessor an der Universität Basel
Art. 545–551, 574–593, 619, 1081–1095, 1138–1142

Christoph Stäubli, lic. oec. HSG et iur. M.C.L.
Rechtsanwalt in Zürich
Art. 736–747, 821–826, 911–913

Erik Steiger
Dipl. Steuerexperte und Rechtsanwalt in Basel
Art. 957

Christian Steinmann, Dr. iur., LL.M.
Rechtsanwalt in Zürich
Art. 1157–1186

Roland Truffer, lic. iur., MJur
Rechtsanwalt in Zürich
Art. 698–706b, 804–808c, 816

Rudolf Tschäni, Dr. iur., LL.M.
Rechtsanwalt in Zürich
Art. 751

Markus Vischer, Dr. iur., LL.M.
Rechtsanwalt in Zürich
Art. 1–3 SchlT

Nedim Peter Vogt, Dr. iur., LL.M.
Rechtsanwalt in Zürich
Art. 654–656

Stefan Waller, lic. iur.
Rechtsanwalt in Zürich
Art. 754–761, 827, 916–920

Rolf Watter, Dr. iur., LL.M.
Rechtsanwalt in Zürich, Professor an der Universität Zürich
Art. 663b^{bis}–c, 716–722, 726–729c, 731b, 752, 753, 809–815, 817–819, 897–902, 905–908, 1156

Rolf H. Weber, Dr. iur.
Rechtsanwalt in Zürich, Professor an der Universität Zürich
Art. 696–697h, 801a, 802, 856–857

Martin Wernli, Dr. iur.
Rechtsanwalt in Zürich
Art. 707–715a, 762–763, 894–896, 926

Peter Widmer, Dr. iur.
Rechtsanwalt in Zürich
Art. 754–761, 827, 916–920

Ernst A. Widmer, lic. iur.
Rechtsanwalt in Zürich
Art. 1100–1113

Charlotte Wieser, Dr. iur., LL.M.
Rechtsanwältin in Zürich
Art. 731b, 819, 908

Anne M. Wildhaber, lic. iur., LL.M.
Rechtsanwältin in Zürich
Art. 764–771

Hanspeter Wüstiner, lic. iur.
Rechtsanwalt in Zürich
Art. 725–725a, 820, 903

Gaudenz G. Zindel, Dr. iur., LL.M.
Rechtsanwalt in Zürich
Art. 650–653i, 781

Inhaltsverzeichnis

	Art.	Seite
Vorwort		V
Verzeichnis der Autorinnen und Autoren		VII
Inhaltsverzeichnis		XI
Abkürzungsverzeichnis		XIII
Literaturverzeichnis		XXXVII
Dreiundzwanzigster Titel: Die einfache Gesellschaft	530–551	3

Dritte Abteilung: Die Handelsgesellschaften und die Genossenschaft

	Art.	Seite
Vierundzwanzigster Titel: Die Kollektivgesellschaft		
Erster Abschnitt: Begriff und Errichtung	552–556	77
Zweiter Abschnitt: Verhältnis der Gesellschafter unter sich	557–561	99
Dritter Abschnitt: Verhältnis der Gesellschaft zu Dritten	562–573	107
Vierter Abschnitt: Auflösung und Ausscheiden	574–593	146
Fünfundzwanzigster Titel: Die Kommanditgesellschaft		
Erster Abschnitt: Begriff und Errichtung	594–597	183
Zweiter Abschnitt: Verhältnis der Gesellschafter unter sich	598–601	195
Dritter Abschnitt: Verhältnis der Gesellschafter zu Dritten	602–618	201
Vierter Abschnitt: Auflösung, Liquidation, Verjährung	619	227
Sechsundzwanzigster Titel: Die Aktiengesellschaft		
Erster Abschnitt: Allgemeine Bestimmungen	620–659b	231
Zweiter Abschnitt: Rechte und Pflichten der Aktionäre	660–697h	528
Dritter Abschnitt: Organisation der Aktiengesellschaft	698–731b	900
Vierter Abschnitt: Herabsetzung des Aktienkapitals	732–735	1359
Fünfter Abschnitt: Auflösung der Aktiengesellschaft	736–751	1382
Sechster Abschnitt: Verantwortlichkeit	752–761	1414
Siebenter Abschnitt: Beteiligung von Körperschaften des öffentlichen Rechts	762	1496
Achter Abschnitt: Ausschluss der Anwendung des Gesetzes auf öffentlich-rechtliche Anstalten	763	1506
Siebenundzwanzigster Titel: Die Kommanditaktiengesellschaft	764–771	1509
Achtundzwanzigster Titel: Die Gesellschaft mit beschränkter Haftung		
Erster Abschnitt: Allgemeine Bestimmungen	772–783	1533
Zweiter Abschnitt: Rechte und Pflichten der Gesellschafter	784–803	1611
Dritter Abschnitt: Organisation der Gesellschaft	804–820	1712
Vierter Abschnitt: Auflösung und Ausscheiden	821–826	1801
Fünfter Abschnitt: Verantwortlichkeit	827	1819

Inhaltsverzeichnis

	Art.	Seite
Neunundzwanzigster Titel: Die Genossenschaft		
Erster Abschnitt: Begriff und Errichtung	828–838	1823
Zweiter Abschnitt: Erwerb der Mitgliedschaft	839–841	1854
Dritter Abschnitt: Verlust der Mitgliedschaft	842–851	1864
Vierter Abschnitt: Rechte und Pflichten der Genossenschafter	852–878	1889
Fünfter Abschnitt: Organisation der Genossenschaft	879–910	1973
Sechster Abschnitt: Auflösung der Genossenschaft	911–915	2069
Siebenter Abschnitt: Verantwortlichkeit	916–920	2078
Achter Abschnitt: Genossenschaftsverbände	921–925	2086
Neunter Abschnitt: Beteiligung von Körperschaften des öffentlichen Rechts	926	2092

Vierte Abteilung: Handelsregister, Geschäftsfirmen und kaufmännische Buchführung

	Art.	Seite
Dreissigster Titel: Das Handelsregister	927–943	2095
Einunddreissigster Titel: Die Geschäftsfirmen	944–956	2171
Zweiunddreissigster Titel: Die kaufmännische Buchführung	957–964	2215

Fünfte Abteilung: Die Wertpapiere

	Art.	Seite
Dreiunddreissigster Titel: Die Namen-, Inhaber- und Orderpapiere		
Erster Abschnitt: Allgemeine Bestimmungen	965–973	2255
Zweiter Abschnitt: Die Namenpapiere	974–977	2287
Dritter Abschnitt: Die Inhaberpapiere	978–989	2294
Vierter Abschnitt: Der Wechsel	990–1099	2312
Fünfter Abschnitt: Der Check	1100–1144	2549
Sechster Abschnitt: Wechselähnliche und andere Ordrepapiere	1145–1152	2643
Siebenter Abschnitt: Die Warenpapiere	1153–1155	2651
Vierunddreissigster Titel: Anleihensobligationen		
Erster Abschnitt: Prospekthaftung bei Ausgabe von Anleihensobligationen	1156	2661
Zweiter Abschnitt: Gläubigergemeinschaft bei Anleihensobligationen	1157–1186	2667
Schlussbestimmungen zum Sechsundzwanzigsten Titel		2729
Übergangsbestimmungen zur Revision des GmbH-Rechts 2006		2745
Sachregister		2763

Abkürzungsverzeichnis

Die Zahlen in den Zitaten beziehen sich auf den Jahrgang der entsprechenden Publikation und auf die Seitenzahl.

a.A.	anderer Ansicht, am Anfang
a.a.O.	am angeführten Ort
a.E.	am Ende
a.F.	alte Folge
a.M.	anderer Meinung
aAFG	(altes) Bundesgesetz über die Anlagefonds vom 18. März 1994 (neu: KAG)
aAFV	(alte) Verordnung über die Anlagefonds vom 19. Oktober 1994 (neu: KKV)
aakG	allgemein anerkannte kaufmännische Grundsätze
AB	Amtsbericht
ABGB	(österreichisches) Allgemeines Bürgerliches Gesetzbuch vom 1. Juni 1811
abl.	ablehnend
ABl.	Amtsblatt (CH und EU)
Abs.	Absatz
ABV	Aktionärsbindungsvertrag; in Zusammenhang mit Zitaten: Verordnung über die ausländischen Banken in der Schweiz vom 21. Oktober 1996 *(Auslandbankenverordnung;* SR 952.111)
abw.	abweichend
AcP	Archiv für die civilistische Praxis (Tübingen)
AG	Aktiengesellschaft(en); in Zusammenhang mit Zitaten: Die Aktiengesellschaft, Zeitschrift für das gesamte Aktienwesen (Köln)
AGB	Allgemeine Geschäftsbedingungen
AGer	Arbeitsgericht
AGVE	Aargauische Gerichts- und Verwaltungsentscheide (Aarau)
ähnl.	ähnlich
AHVG	Bundesgesetz über die Alters- und Hinterlassenenversicherung vom 20. Dezember 1946 (SR 831.10)
AHVV	Verordnung über die Alters- und Hinterlassenenversicherung vom 31. Oktober 1947 (SR 831.101)
AJP	Aktuelle Juristische Praxis (St. Gallen)
AISUF	Arbeiten aus dem Juristischen Seminar Freiburg, Freiburg (Schweiz)

Abkürzungsverzeichnis

AK	Aktienkapital
AktG	(deutsches) Aktiengesetz vom 6. September 1965
al.	alinea (= Absatz)
Alex	Alex Exchange Schweiz AG
allg.	allgemein
alt	frühere Fassung der betreffenden Bestimmung
altOR	frühere Fassung des Obligationenrechts
Alt.	Alternative(n)
AmtlBull	Amtliches stenographisches Bulletin der Bundesversammlung (bis 1967: StenBull)
Anh.	Anhang
Anm.	Anmerkung(en)
AppGer	Appellationsgericht
AppHof	Appellationshof
ArbR	Mitteilungen des Instituts für Schweizerisches Arbeitsrecht (Bern)
ArG	Bundesgesetz über die Arbeit in Industrie, Gewerbe und Handel vom 13. März 1964 (*Arbeitsgesetz*; SR 822.11)
ArGV 1	Verordnung 1 zum Arbeitsgesetz vom 10. Mai 2000 (SR 822.111)
AR GVP	Ausserrhodische Gerichts- und Verwaltungspraxis (Herisau)
Art.	Artikel
AS	Amtliche Sammlung der Bundesgesetze und Verordnungen (Eidgenössische Gesetzessammlung, ab 1948: Sammlung der eidgenössischen Gesetze; ab 1987: Amtliche Sammlung des Bundesrechts)
ASA	Archiv für Schweizerisches Abgaberecht (Bern)
ASR	Abhandlungen zum schweizerischen Recht (Bern)
aStGB	(altes) Schweizerisches Strafgesetzbuch vom 21. Dezember 1937
AT	Allgemeiner Teil
Aufl.	Auflage
AV	Anlagevermögen
AVB	Allgemeine Versicherungsbedingungen; Allgemeine Vertragsbedingungen
AVE	Allgemeinverbindlicherklärung
AVG	Bundesgesetz über die Arbeitsvermittlung und den Personalverleih vom 6. Oktober 1989 (*Arbeitsvermittlungsgesetz;* SR 823.11)

Abkürzungsverzeichnis

AVIG	Bundesgesetz über die obligatorische Arbeitslosenversicherung und die Insolvenzentschädigung vom 25. Juni 1982 *(Arbeitslosenversicherungsgesetz;* SR 837.0)
AVO	Verordnung über die Beaufsichtigung von privaten Versicherungsunternehmen vom 9. November 2005 *(Aufsichtsverordnung;* SR 961.011)
AVV	Verordnung über die Arbeitsvermittlung und den Personalverleih vom 16. Januar 1991 *(Arbeitsvermittlungsverordnung;* SR 823.111)
BaFin	(deutsche) Bundesanstalt für Finanzdienstleistungsaufsicht
BankG	Bundesgesetz über die Banken und Sparkassen vom 8. November 1934 *(Bankengesetz;* SR 952.0)
BankV	Verordnung über die Banken und Sparkassen vom 17. Mai 1972 *(Bankenverordnung;* SR 952.02)
BB	Bundesbeschluss; Branchenbroschüre; in Zusammenhang mit Zitaten: Der Betriebs Berater (Frankfurt a.M.)
BBG	Bundesgesetz über die Berufsbildung vom 13. Dezember 2002 *(Berufsbildungsgesetz;* SR 412.10)
BBl	Bundesblatt
BCBS	Basel Committee on Banking Supervision, Basel
Bd.	Band
Bde.	Bände
BEHG	Bundesgesetz über die Börsen und den Effektenhandel vom 24. März 1995 *(Börsengesetz;* SR 954.1)
BEHV	Verordnung über die Börsen und den Effektenhandel vom 2. Dezember 1996 *(Börsenverordnung;* SR 954.11)
BEHV-EBK	Verordnung der Eidgenössischen Bankenkommission über die Börsen und den Effektenhandel vom 25. Juni 1997 *(Börsenverordnung-EBK;* SR 954.193)
Bekl.	Beklagte(r)
betr.	betreffend
BewG	Bundesgesetz über den Erwerb von Grundstücken durch Personen im Ausland vom 16. Dezember 1983 (SR 211.412.41)
BewV	Verordnung über den Erwerb von Grundstücken durch Personen im Ausland vom 1. Oktober 1984 (SR 211.412.411)
bez.	bezüglich
BezGer	Bezirksgericht
BG	Bundesgesetz
BGB	(deutsches) Bürgerliches Gesetzbuch vom 18. August 1896

Abkürzungsverzeichnis

BGB.	(österreichische) Bundesgesetzblätter
BGBl.	(deutsches) Bundesgesetzblatt
BGE	Entscheidungen des Schweizerischen Bundesgerichtes, Amtliche Sammlung (Lausanne)
BGer	Schweizerisches Bundesgericht in Lausanne
BGG	Bundesgesetz über das Bundesgericht vom 17. Juni 2005 (*Bundesgerichtsgesetz;* SR 173.110)
BGH	(deutscher) Bundesgerichtshof
BGHZ	Entscheidungen des deutschen Bundesgerichtshofes in Zivilsachen (Detmold)
BGS	Bereinigte Gesetzessammlung (gefolgt von der amtlichen Abkürzung des Kantons [Bsp.: BGS ZG])
BIZ oder BIS	Bank für Internationalen Zahlungsausgleich, Basel
BJ	Bundesamt für Justiz
BJM	Basler Juristische Mitteilungen (Basel)
BK	Berner Kommentar (Bern) (vgl. Literaturverzeichnis)
BKV	Verordnung der Eidgenössischen Bankenkommission zum Konkurs von Banken und Effektenhändlern vom 30. Juni 2005 (*Bankenkonkursverordnung;* SR 952.812.32)
BlSchK	Blätter für Schuldbetreibung und Konkurs (Wädenswil)
BN	Der Bernische Notar (Bern)
BörsG	(deutsches) Börsengesetz vom 16. Juli 2007
Botschaft AFG	Botschaft zum revidierten Bundesgesetz über die Anlagefonds (vgl. Literaturverzeichnis)
Botschaft AG	Botschaft über die Revision des Aktienrechts (vgl. Literaturverzeichnis)
Botschaft Aktien- und Rechnungslegungsrecht	Botschaft zur Änderung des Obligationenrechts (Aktien- und Rechnungslegungsrecht sowie Anpassungen im Recht der Kollektiv- und der Kommanditgesellschaft, im GmbH-Recht, Genossenschafts-, Handelsregister- sowie Firmenrecht) (vgl. Literaturverzeichnis)
Botschaft Änderung BEHG	Botschaft zur Änderung der Bestimmung über die internationale Amtshilfe im Bundesgesetz über die Börsen und den Effektenhandel (vgl. Literaturverzeichnis)
Botschaft BankG	Botschaft zur Änderung des Bundesgesetzes über die Banken und Sparkassen (vgl. Literaturverzeichnis)
Botschaft BEG	Botschaft zum Bucheffektengesetz sowie zum Haager Wertpapierübereinkommen (vgl. Literaturverzeichnis)
Botschaft BEHG	Botschaft zu einem Bundesgesetz über die Börsen und den Effektenhandel (vgl. Literaturverzeichnis)

Abkürzungsverzeichnis

Botschaft FINMAG	Botschaft zum Bundesgesetz über die Eidgenössische Finanzmarktaufsicht (vgl. Literaturverzeichnis)
Botschaft FusG	Botschaft zum Gesetz über die Fusion, Spaltung, Umwandlung und Vermögensübertragung (vgl. Literaturverzeichnis)
Botschaft GmbH	Botschaft zur Revision des Obligationenrechts (GmbH-Recht sowie Anpassungen im Aktien-, Genossenschafts-, Handelsregister- und Firmenrecht) (vgl. Literaturverzeichnis)
Botschaft KAG	Botschaft zum Bundesgesetz über die kollektiven Kapitalanlagen (vgl. Literaturverzeichnis)
Botschaft RAG	Botschaft zur Änderung des Obligationenrechts sowie zum Bundesgesetz über die Zulassung und Beaufsichtigung der Revisorinnen und Revisoren (vgl. Literaturverzeichnis)
Botschaft VAG	Botschaft zu einem Gesetz betreffend die Aufsicht über Versicherungsunternehmen und zur Änderung des Bundesgesetzes über den Versicherungsvertrag (vgl. Literaturverzeichnis)
BPV	Bundesamt für Privatversicherungen
BR	Bundesrat/Bundesrätin; in Zusammenhang mit Zitaten: Baurecht, Mitteilungen zum privaten und öffentlichen Baurecht (Freiburg i.Ue.)
BRB	Bundesratsbeschluss
BS	Bereinigte Sammlung der Bundesgesetze und Verordnungen 1848–1947
BSK	Basler Kommentar (Basel/Genf/München) (vgl. Literaturverzeichnis)
Bsp.	Beispiel(e)
bspw.	beispielsweise
Bst.	Buchstabe(n)
BStP	Bundesgesetz über die Bundesstrafrechtspflege vom 15. Juni 1934 (SR 312.0)
BT	Besonderer Teil
BtG	Beamtengesetz vom 30. Juni 1927 (SR 172.221.10)
BTJP	Berner Tage für die juristische Praxis (Bern)
BV	Bundesverfassung der Schweizerischen Eidgenossenschaft vom 18. April 1999 (SR 101)
BVG	Bundesgesetz über die berufliche Alters-, Hinterlassenen- und Invalidenvorsorge vom 25. Juni 1982 (SR 831.40)
BVR	Bernische Verwaltungsrechtsprechung (Bern)

Abkürzungsverzeichnis

BVV 1	Verordnung über die Beaufsichtigung und die Registrierung der Vorsorgeeinrichtungen vom 29. Juni 1983 (SR 831.435.1)
BVV 2	Verordnung über die berufliche Alters-, Hinterlassenen- und Invalidenvorsorge vom 18. April 1984 (SR 831.441.1)
BWF	Bankwirtschaftliche Forschungen (Bern/Stuttgart)
BX	BX Berne eXchange
BZP	Bundesgesetz über den Bundeszivilprozess vom 4. Dezember 1947 (SR 273)
bzw.	beziehungsweise
CC fr.	(französischer) Code civile
CC it.	(italienischer) Code civile
C.com.	(französischer) Code de commerce
CEDIDAC	Centre du droit de l'entreprise de l'Université de Lausanne
Ch.Konfl.Abk.	Abkommen über Bestimmungen auf dem Gebiete des internationalen Checkprivatrechts vom 19. März 1931 (SR 0.221.555.2)
CISG	Convention on Contracts for the International Sale of Goods (s. WKR; SR 0.221.211.1)
CJ GE	Cour de Justice (Genève)
CMR	Übereinkommen über den Beförderungsvertrag im internationalen Strassengüterverkehr vom 19. Mai 1956 (SR 0.741.611)
CR	Commentaire Romand (Basel/Genf/München) (vgl. Literaturverzeichnis)
d.h.	das heisst
DB	Der Betrieb (Stuttgart)
DBA	Doppelbesteuerungsabkommen
DBG	Bundesgesetz über die direkte Bundessteuer vom 14. Dezember 1990 (SR 642.11)
ders.	derselbe (Autor)
DesG	Bundesgesetz über den Schutz von Design vom 5. Oktober 2001 (*Designgesetz;* SR 232.12)
dgl.	dergleichen
dies.	dieselbe (Autorin), dieselben (Autoren)
Diss.	Dissertation
DJZ	Deutsche Juristenzeitung (Tübingen)
D.L. 1935	(französisches) Décret-loi unifiant le droit en matière de chèques vom 30. Oktober 1935

Abkürzungsverzeichnis

DSC	(französisches) Décret n° 67-236 sur les sociétés commerciales vom 23. März 1967
DSG	Bundesgesetz über den Datenschutz vom 19. Juni 1992 (SR 235.1)
dt.	deutsch(e)
DV	Delegiertenversammlung(en)
E	Entwurf
E.	Erwägung(en)
E-Aktien- und Rechnungslegungsrecht	Entwurf zur Änderung des Obligationenrechts (Aktien- und Rechnungslegungsrecht sowie Anpassungen im Recht der Kollektiv- und der Kommanditgesellschaft, im GmbH-Recht, Genossenschafts-, Handelsregister- sowie Firmenrecht), BBl 2008, 1751 ff.
E-BEG	Entwurf für ein Bundesgesetz über Bucheffekten *(Bucheffektengesetz)*, BBl 2006, 9421 ff.
E-FINMAG	Entwurf für ein Bundesgesetz über die Eidgenössische Finanzmarktaufsicht *(Finanzmarktaufsichtsgesetz)*, BBl 2006, 2917 ff.
ebd.	ebenda
EBK	Eidgenössische Bankenkommission
EBK-Bull.	Bulletin der Eidgenössischen Bankenkommission
EBK-GebV	Gebührenverordnung der Eidgenössischen Bankenkommission
EBK-JB	Jahresbericht der Eidgenössischen Bankenkommission
EBK-Mitt.	Mitteilungen der Eidgenössischen Bankenkommission
EBK-RS	Rundschreiben der Eidgenössischen Bankenkommission
EE GmbH	Expertenentwurf vom 29. November 1996 für eine Reform des Rechts der Gesellschaft mit beschränkter Haftung, in: Böckli/Forstmoser/Rapp, Reform des GmbH-Rechts, Zürich 1997
EFD	Eidgenössisches Finanzdepartement
EFTA	European Free Trade Association
EG	Europäische Gemeinschaften
EGMR	Europäischer Gerichtshof für Menschenrechte
EGV-SZ	Entscheide der Gerichts- und Verwaltungsbehörden des Kantons Schwyz (Schwyz)
EGZGB	Einführungsgesetz zum ZGB (gefolgt von der amtlichen Abkürzung des Kantons [Bsp: EGZGB ZH])
EHG	Bundesgesetz über die Haftpflicht der Eisenbahn- und Dampfschifffahrtsunternehmungen und der Schweizerischen Post vom 28. März 1905 (SR 221.112.742)
EHRA	Eidgenössisches Amt für das Handelsregister

Abkürzungsverzeichnis

eidg.	eidgenössisch(e)
EinhSchG	(Genfer) Abkommen über das Einheitliche Checkgesetz vom 19. März 1931 (SR 0.221.555.1)
EinhWG	(Genfer) Abkommen über das Einheitliche Wechselgesetz vom 7. Juni 1930 (SR 0.221.554.1)
Einl.	Einleitung
EJPD	Eidgenössisches Justiz- und Polizeidepartement
EK	Eigenkapital
ELR	European Law Reporter (Luxembourg)
EMRK	Konvention zum Schutze der Menschenrechte und Grundfreiheiten vom 4. November 1950 (SR 0.101)
EOG	Bundesgesetz über den Erwerbsersatz für Dienstleistende und bei Mutterschaft vom 25. September 1952 *(Erwerbsersatzgesetz;* SR 834.1)
EPÜ	Europäisches Patentübereinkommen, revidiert in München am 29. November 2000 vom 29. November 2000 (SR 0.232.142.2)
ERA 600	Einheitliche Richtlinien und Gebräuche für Dokumenten-Akkreditive (hrsg. von der ICC)
ERV	Verordnung über die Eigenmittel und Risikoverteilung für Banken und Effektenhändler vom 29. September 2006 *(Eigenmittelverordnung;* SR 952.03)
ESTV	Eidgenössische Steuerverwaltung
et al.	et alii (= und andere)
etc.	et cetera (= usw.)
EU	Europäische Union
EU-Abschlussprüfer-RL	Richtlinie des Europäischen Parlaments und des Rates vom 11. Mai 2006 (2006/43/EG) über Abschlussprüfungen von Jahresabschlüssen und konsolidierten Abschlüssen, zur Änderung der Richtlinien 78/660/EWG und 83/349/EWG des Rates und zur Aufhebung der Richtlinie 84/253/EWG des Rates (ABl. L 157 vom 9. Juni 2006, 87–107)
EU-Aktionärs-RL	Richtlinie des Europäischen Parlaments und des Rates vom 11. Juli 2007 (2007/36/EG) über die Ausübung bestimmter Rechte von Aktionären in börsennotierten Gesellschaften (ABl. L 184 vom 14. Juli 2007, 17–24)
EU-Bankbilanz-RL	Richtlinie des Rates vom 8. Dezember 1986 (86/635/EWG) über den Jahresabschluss und den konsolidierten Abschluss von Banken und anderen Finanzinstituten (ABl. L 372 vom 31. Dezember 1986, 1–17)
EU-Einpersonen-RL	Zwölfte Richtlinie des Rates vom 21. Dezember 1989 (89/667/EWG) auf dem Gebiet des Gesellschaftsrechts betreffend Gesellschaften mit beschränkter Haftung mit

	einem einzigen Gesellschafter (ABl. L 395 vom 30. Dezember 1989, 40–42)
EU-Prospekt-RL	Richtlinie des Europäischen Parlaments und des Rates vom 4. November 2003 (2003/71/EG) betreffend den Prospekt, der beim öffentlichen Angebot von Wertpapieren oder bei deren Zulassung zum Handel zu veröffentlichen ist, und zur Änderung der Richtlinie 2001/34/EG (ABl. L 345 vom 31. Dezember 2003, 64–89)
EUeR	Europäisches Übereinkommen über die Rechtshilfe in Strafsachen vom 20. April 1959 (SR 0.351.1)
EU-Fusion-RL	Dritte Richtlinie des Rates vom 9. Oktober 1978 (78/855/EWG) gemäss Artikel 54 Absatz 3 Buchstabe g) des Vertrages betreffend die Verschmelzung von Aktiengesellschaften (ABl. L 295 vom 20. Oktober 1978, 36–43)
EuGH	Europäischer Gerichtshof in Luxemburg
EU-Jahresabschluss-RL	Vierte Richtlinie des Rates vom 25. Juli 1978 (78/660/EWG) aufgrund von Artikel 54 Absatz 3 Buchstabe g) des Vertrages über den Jahresabschluss von Gesellschaften bestimmter Rechtsformen (ABl. L 222 vom 14. August 1978, 11–31)
EU-Kapital-RL	Zweite Richtlinie des Rates vom 13. Dezember 1976 (77/91/EWG) zur Koordinierung der Schutzbestimmungen, die in den Mitgliedstaaten den Gesellschaften im Sinne des Artikels 58 Absatz 2 des Vertrages im Interesse der Gesellschafter sowie Dritter für die Gründung der Aktiengesellschaft sowie für die Erhaltung und Änderung ihres Kapitals vorgeschrieben sind, um diese Bestimmungen gleichwertig zu gestalten (ABl. L 26 vom 31. Januar 1977, 1–13)
EU-Konsolidierungs-RL	Siebente Richtlinie des Rates vom 13. Juni 1983 (83/349/EWG) aufgrund von Artikel 54 Absatz 3 Buchstabe g) des Vertrages über den konsolidierten Abschluss (ABl. L 193 vom 18. Juli 1983, 1–17)
EU-Marktmissbrauchs-RL	Richtlinie des Europäischen Parlaments und des Rates vom 28. Januar 2003 (2003/6/EG) über Insider-Geschäfte und Marktmanipulation (Marktmissbrauch) (ABl. L 96 vom 12. April 2003, 16–25)
EU-MiFID-Durchführungs-VO	Verordnung der Kommission vom 10. August 2006 (EG Nr. 1287/2006) zur Durchführung der Richtlinie 2004/39/EG des Europäischen Parlaments und des Rates betreffend die Aufzeichnungspflichten für Wertpapierfirmen, die Meldung von Geschäften, die Markttransparenz, die Zulassung von Finanzinstrumenten zum Handel und bestimmte Begriffe im Sinne dieser Richtlinie (ABl. L 241 vom 2. September 2006, 1–25)
EU-Prüfungs-RL	Richtlinie des Europäischen Parlaments und des Rates vom 17. Mai 2006 (2006/43/EG) über Abschlussprüfun-

Abkürzungsverzeichnis

	gen von Jahresabschlüssen und konsolidierten Abschlüssen, zur Änderung der Richtlinien 78/660/EWG und 83/349/EWG des Rates und zur Aufhebung der Richtlinie 84/253/EWG des Rates (ABl. L 157 vom 9. Juni 2006, 87–107)
EU-Publizitäts-RL	Erste Richtlinie des Rates vom 9. März 1968 (68/151/EWG) zur Koordinierung der Schutzbestimmungen, die in den Mitgliedstaaten den Gesellschaften im Sinne des Artikels 58 Absatz 2 des Vertrages im Interesse der Gesellschafter sowie Dritter vorgeschrieben sind, um diese Bestimmungen gleichwertig zu gestalten (ABl. L 65 vom 14. März 1968, 8–12)
EuR	Europarecht (Baden-Baden)
EUREX	EUREX Zürich AG
EU-Transparenz-RL	Richtlinie des Europäischen Parlaments und des Rates vom 15. Dezember 2004 (2004/109/EG) zur Harmonisierung der Transparenzanforderungen in Bezug auf Informationen über Emittenten, deren Wertpapiere zum Handel auf einem geregelten Markt zugelassen sind, und zur Änderung der Richtlinie 2001/34/EG (ABl. L 390 vom 31. Dezember 2004, 38–57)
EU-Übernahmeangebots-RL	Richtlinie des Europäischen Parlaments und des Rates vom 21. April 2004 (2004/25/EG) betreffend Übernahmeangebote (ABl. L 142 vom 30. April 2004, 12–23)
EU-Wohlverhaltensregeln-Empfehlung	Empfehlung der Kommission vom 25. Juli 1977 (77/534/EWG) betreffend europäische Wohlverhaltensregeln für Wertpapiertransaktionen (ABl. L 212 vom 20. August 1977, 37–43)
EU-Zulassungs-RL	Richtlinie des Europäischen Parlaments und des Rates vom 28. Mai 2001 (2001/34/EG) über die Zulassung von Wertpapieren zur amtlichen Börsennotierung und über die hinsichtlich dieser Wertpapiere zu veröffentlichenden Informationen (ABl. L 184 vom 6. Juli 2001, 1–66)
EU-Zweigniederlassung-RL	Elfte Richtlinie des Rates vom 21. Dezember 1989 (89/666/EWG) über die Offenlegung von Zweigniederlassungen, die in einem Mitgliedstaat von Gesellschaften bestimmter Rechtsformen errichtet wurden, die dem Recht eines anderen Staates unterliegen (ABl. L 395 vom 30. Dezember 1989, 36–39)
EuZW	Europäische Zeitschrift für Wirtschaftsrecht (München/Frankfurt a.M.)
evtl.	eventuell
EWG	Europäische Wirtschaftsgemeinschaft
EWGV	Vertrag zur Gründung der Europäischen Wirtschaftsgemeinschaft vom 25. März 1957

Abkürzungsverzeichnis

EwiR	Entscheidungen zum Wirtschaftsrecht (Köln)
EWRV	Abkommen über den Europäischen Wirtschaftsraum (ABl. L 1 vom 3. Januar 1994, 3–36)
EWS	Europäisches Wirtschafts- und Steuerrecht (Heidelberg)
ExpB	Expertenbericht
f.	und folgende (Seite, Note usw.)
FATF	Financial Action Task Force on Money Laundering
fedpol	Bundesamt für Polizei
ff.	und fortfolgende (Seiten, Noten usw.)
FIFO	First in – First out
FINMA	Eidgenössische Finanzmarktaufsicht
FJS	Fiches Juridiques Suisses (Genf)
FK	Fremdkapital
FN	Fussnote
frz.	französisch
FS	Festschrift, Festgabe
FSMA	(britischer) Financial Services and Markets Act 2000
FusG	Bundesgesetz über Fusion, Spaltung, Umwandlung und Vermögensübertragung vom 3. Oktober 2003 *(Fusionsgesetz;* SR 221.301)
FuW	Finanz und Wirtschaft (Zürich)
FZR	Freiburger Zeitschrift für Rechtsprechung (Freiburg i.Ue.)
G	Gesetz
GATS	General Agreement on Trade in Services
GAV	Gesamtarbeitsvertrag
GBV	Verordnung betreffend das Grundbuch vom 22. Februar 1910 (SR 211.432.1)
GeBüV	Verordnung über die Führung und Aufbewahrung der Geschäftsbücher vom 24. April 2002 *(Geschäftsbücherverordnung;* SR 221.431)
GebV HReg	Verordnung über die Gebühren für das Handelsregister vom 3. Dezember 1954 (SR 221.411.1)
gem.	gemäss
Ger	Gericht
GesKR	Schweizerische Zeitschrift für Gesellschafts- und Kapitalmarktrecht sowie Umstrukturierungen (Zürich)
GestG	Bundesgesetz über den Gerichtsstand in Zivilsachen vom 24. März 2000 *(Gerichtsstandsgesetz;* SR 272)
GesV	Gesellschafterverammlung(en)

Abkürzungsverzeichnis

ggf.	gegebenenfalls
GGV	Verordnung über die Gläubigergemeinschaft bei Anleihensobligationen vom 9. Dezember 1949 (SR 221.522.1)
GL	Geschäftsleitung
gl.A.	gleicher Ansicht
gl.M.	gleicher Meinung
GmbH	Gesellschaft mit beschränkter Haftung
GmbHG	(deutsches) Gesetz betreffend die Gesellschaften mit beschränkter Haftung vom 20. April 1892
GoR	Grundsätze ordnungsmässiger Rechnungslegung
GRUR	Gewerblicher Rechtsschutz und Urheberrecht (München)
GRUR Int.	Gewerblicher Rechtsschutz und Urheberrecht, Internationaler Teil (München)
GS	Gesetzessammlung (gefolgt von der amtlichen Abkürzung des Kantons [Bsp.: GS AI])
GSchGK	Bundesgesetz über die Schuldbetreibung gegen Gemeinden und andere Körperschaften des kantonalen öffentlichen Rechts vom 4. Dezember 1947 (SR 282.11)
GV	Generalversammlung(en)
GVG	Gerichtsverfassungsgesetz (gefolgt von der amtlichen Abkürzung des Kantons [Bsp.: GVG ZH])
GVP	St. Gallische Gerichts- und Verwaltungspraxis (St. Gallen)
GwG	Bundesgesetz zur Bekämpfung der Geldwäscherei im Finanzsektor vom 10. Oktober 1997 *(Geldwäschereigesetz;* SR 955.0)
GwV EBK	Verordnung der Eidgenössischen Bankenkommission zur Verhinderung von Geldwäscherei vom 18. Dezember 2002 *(EBK Geldwäschereiverordnung;* SR 955.022)
GzA	Grundsätze zur Abschlussprüfung
h.A.	herrschende Ansicht
h.L.	herrschende Lehre
h.M.	herrschende Meinung
Habil.	Habilitationsschrift
Harv.L.Rev.	Harvard Law Review (Boston)
HGB	(deutsches) Handelsgesetzbuch vom 10. Mai 1897
HGer	Handelsgericht
HIFO	Highest in – First out
HRegV	Handelsregisterverordnung vom 17. Oktober 2007 (SR 221.411)
hrsg.	herausgegeben

Abkürzungsverzeichnis

Hrsg.	Herausgeber/in
Hs.	Halbsatz
HÜ-Apostillen	Übereinkommen zur Befreiung ausländischer öffentlicher Urkunden von der Beglaubigung vom 5. Oktober 1961 (SR 0.172.030.4)
HWP	Schweizer Handbuch der Wirtschaftsprüfung 1998 (vgl. Literaturverzeichnis)
i.A.	im Allgemeinen
i.c.	in casu
i.d.R.	in der Regel
i.d.S.	in diesem Sinne
i.E.	im Ergebnis
i.e.S.	im engeren Sinne
i.f.	in fine
i.L.	in Liquidation
i.S.	im Sinne
i.S.v.	im Sinne von
i.V.m.	in Verbindung mit
i.w.S.	im weiteren Sinne
IAS	International Accounting Standards (2006), hrsg. vom International Accounting Standards Board (London)
IASB	International Accounting Standards Board (London)
ibid.	ibidem (= daselbst, am gleichen Ort, an gleicher Stelle)
ICC	International Chamber of Commerce
IFRIC	International Financial Reporting Interpretations Committee
IFRS	International Financial Reporting Standards (2006), hrsg. vom International Accounting Standards Board (London)
IHK	Internationale Handelskammer
IKS	Internes Kontrollsystem
inkl.	inklusive
insb.	insbesondere
InvG	(deutsches) Investmentgesetz vom 15. Dezember 2003
IOSCO	International Organization of Securities Commissions
IPO	Initial Public Offering
IPR	Internationales Privatrecht
IPRax	Praxis des Internationalen Privat- und Verfahrensrechts (Bielefeld)

Abkürzungsverzeichnis

IPRG	Bundesgesetz über das Internationale Privatrecht vom 18. Dezember 1987 (SR 291)
IRSG	Bundesgesetz über internationale Rechtshilfe in Strafsachen vom 20. März 1981 *(Rechtshilfegesetz;* SR 351.1)
IRSV	Verordnung über internationale Rechtshilfe in Strafsachen vom 24. Februar 1982 *(Rechtshilfeverordnung;* SR 351.11)
it.	italienisch
IVG	Bundesgesetz über die Invalidenversicherung vom 19. Juni 1959 (SR 831.20)
JA	Juristische Arbeitsblätter (Frankfurt a.M.)
JAR	Jahrbuch des Schweizerischen Arbeitsrechts (Bern)
JBHReg	Jahrbuch des Handelsregisters (Zürich)
JdT	Journal des Tribunaux (Lausanne)
KAG	Bundesgesetz über die kollektiven Kapitalanlagen vom 23. Juni 2006 *(Kollektivanlagengesetz;* SR 951.31)
kant.	kantonal
KassGer	Kassationsgericht (gefolgt von der amtlichen Abkürzung des Kantons [Bsp. KassGer GR])
KG	Bundesgesetz über Kartelle und andere Wettbewerbsbeschränkungen vom 6. Oktober 1995 *(Kartellgesetz;* SR 251)
KGaA	(deutsche) Kommanditgesellschaft auf Aktien
KGE	Kantonsgerichtsentscheid (gefolgt von der amtlichen Abkürzung des Kantons [Bsp.: KGE GR])
KGer	Kantonsgericht (gefolgt von der amtlichen Abkürzung des Kantons [Bsp.: KGer GR])
KK	Kölner Kommentar zum Aktiengesetz (Köln/Berlin/Bonn/München) (vgl. Literaturverzeichnis)
KKV	Verordnung über die kollektiven Kapitalanlagen vom 22. November 2006 *(Kollektivanlagenverordnung;* SR 951.311)
KKV-EBK	Verordnung der EBK über die kollektiven Kapitalanlagen vom 21. Dezember 2006 (SR 951.312)
Kl.	Kläger
KMU	Kleine und mittlere Unternehmen
Komm.	Kommentar; Kommentierung
Kommandit-AG	Kommanditaktiengesellschaft
Konfl.Abk.	Abkommen über die Bestimmungen auf dem Gebiete des internationalen Wechselprivatrechts vom 7. Juni 1930 (SR 0.221.554.2)

Abkürzungsverzeichnis

KOV	Verordnung über die Geschäftsführung der Konkursämter vom 13. Juli 1911 (SR 281.32)
KR	Kotierungsreglement der SWX vom 24. Januar 1996
krit.	kritisch
KS	Kreisschreiben
KstG	(deutsches) Körperschaftsteuergesetz vom 31. August 1976
KVG	Bundesgesetz über die Krankenversicherung vom 18. März 1994 (SR 832.10)
KWG	(deutsches) Gesetz über das Kreditwesen vom 10. Juli 1961 *(Kreditwesengesetz)*
l.c.	loco citato (= am angeführten Ort)
LGVE	Luzerner Gerichts- und Verwaltungsentscheide (Luzern)
LIFO	Last in – First out
lit.	litera (= Buchstabe)
LJZ	Liechtensteinische Juristen-Zeitung (Vaduz)
LSC	(französisches) Loi n° 66–537 sur les sociétés commerciales vom 24. Juli 1966
LugÜ	Übereinkommen über die gerichtliche Zuständigkeit und die Vollstreckung gerichtlicher Entscheidungen in Zivil- und Handelssachen vom 16. September 1988 *(Lugano-Übereinkommen;* SR 0.275.11)
m.a.W.	mit anderen Worten
m.Bsp.	mit Beispiel(en)
m.E.	meines Erachtens
m.H.	mit Hinweis(en)
m.Nw.	mit Nachweis(en)
m.V.	mit Verweis(en)
m.w.Bsp.	mit weiteren Beispielen
m.w.H.	mit weiteren Hinweisen
m.w.Nw.	mit weiteren Nachweisen
m.w.V.	mit weiteren Verweisen
Max	Grundsätzliche Entscheidungen des luzernischen Obergerichtes und seiner Abteilungen *(Maximen;* Luzern)
MB	Merkblatt
MDR	Monatsschrift für Deutsches Recht (Hamburg)
MiFID	Richtlinie des Europäischen Parlaments und des Rates vom 21. April 2004 (2004/39/EG) über Märkte für Finanzinstrumente, zur Änderung der Richtlinien 85/611/EWG und 93/6/EWG des Rates und der Richtlinie 2000/12/EG des Europäischen Parlaments und des Rates und

Abkürzungsverzeichnis

	zur Aufhebung der Richtlinie 93/22/EWG des Rates (ABl. L 145 vom 30. April 2004, 1–44)
MK	Münchner Kommentar zum Bürgerlichen Gesetzbuch (München)
mp	Mietrechtspraxis; Zeitschrift für schweizerisches Mietrecht (Basel)
MSchG	Bundesgesetz über den Schutz von Marken und Herkunftsangaben vom 28. August 1992 *(Markenschutzgesetz;* SR 232.11)
MWSTG	Bundesgesetz über die Mehrwertsteuer vom 2. September 1999 *(Mehrwertsteuergesetz;* SR 641.20)
N	Note, Randnote
Nachl.	Nachlieferung
NASD	National Association of Securities Dealers (USA)
Nasdaq	National Association of Securities Dealers Automated Quotation
NAV	Normalarbeitsvertrag
NBG	Bundesgesetz über die Schweizerische Nationalbank vom 3. Oktober 2003 *(Nationalbankgesetz;* SR 951.11)
NF	Neue Folge
NG	Nidwaldner Gesetzessammlung
NJW	Neue Juristische Wochenschrift (München)
NJW-RR	NJW-Rechtsprechungs-Report, Zivilrecht (München/Frankfurt a.M.)
NotariatsV	Verordnung des (Zürcher) Obergerichtes über die Geschäftsführung der Notariate vom 23. November 1960 *(Notariatsverordnung;* OS 40, 1247, Ordnungsnummer 242.2)
NR	Nationalrat
Nr.	Nummer
NZZ	Neue Zürcher Zeitung (Zürich)
o.	oben
o.e.	oben erwähnt
öAktG	(österreichisches) Aktiengesetz vom 31. März 1965
OECD	Organisation for Economic Co-operation and Development
OGE	Obergerichtsentscheid (gefolgt von der amtlichen Abkürzung des Kantons [Bsp.: OGE ZH])
OGer	Obergericht (gefolgt von der amtlichen Abkürzung des Kantons [Bsp.: Oger ZH])
OGH	(österreichischer) Oberster Gerichtshof

Abkürzungsverzeichnis

oHG	offene Handelsgesellschaft
OLG	Oberlandesgericht
OR	Bundesgesetz betreffend die Ergänzung des Schweizerischen Zivilgesetzbuches vom 30. März 1911 (Fünfter Teil: *Obligationenrecht*; SR 220)
OS	Offizielle Sammlung der seit dem 10. März 1931 erlassenen Gesetze, Beschlüsse und Verordnungen des Eidgenössischen Standes Zürich
öScheckG	(österreichisches) Scheckgesetz vom 16. Februar 1955
öWG	(österreichisches) Wechselgesetz vom 16. Februar 1955
p.a.	per annum – pro Jahr
para.	Paragraph
PatG	Bundesgesetz über die Erfindungspatente vom 25. Juni 1954 *(Patentgesetz*; SR 232.14)
PCAOB	Public Company Accounting Oversight Board
PfG	Pfandbriefgesetz vom 25. Juni 1930 (SR 211.423.4)
phG	persönlich haftender Gesellschafter
PKG	Die Praxis des Kantonsgerichtes von Graubünden (Chur)
plädoyer	Das Magazin für Recht und Politik (Zürich)
Pra	Die Praxis des Bundesgerichts (Basel)
PrBdSt	Praxis der Bundessteuern (Basel)
Prot.	Protokoll
PS	Partizipationsschein(e); in Zusammenhang mit Zitaten: Schweizer Prüfungsstandards (vgl. Literaturverzeichnis)
PS-Kapital	Partizipationskapital
PüG	Preisüberwachungsgesetz vom 20. Dezember 1985 (SR 942.20)
R.D. 1669	(italienisches) Regio Decreto Nr. 1669 vom 14. Dezember 1933 (Wechselgesetz)
R.D. 1736	(italienisches) Regio Decreto Nr. 1736 vom 21. Dezember 1933 (Scheckgesetz)
RabelsZ	Zeitschrift für ausländisches und internationales Privatrecht (Tübingen)
RAG	Bundesgesetz über die Zulassung und Beaufsichtigung der Revisorinnen und Revisoren vom 16. Dezember 2005 *(Revisionsaufsichtsgesetz;* SR 221.302)
RAV	Verordnung über die Zulassung und Beaufsichtigung der Revisorinnen und Revisoren vom 22. August 2007 *(Revisionsaufsichtsverordnung;* SR 221.302.3)

Abkürzungsverzeichnis

RB	Rechenschaftsbericht des Verwaltungsgerichts des Kantons Zürich (Zürich); auch: Rechtsbuch (gefolgt von der amtlichen Abkürzung des Kantons [Bsp.: RB UR])
RBOG	Rechenschaftsbericht des Obergerichts des Kantons Thurgau (Frauenfeld)
RBUR	Rechenschaftsbericht über die Rechtspflege des Kantons Uri (Altdorf)
recht	Zeitschrift für juristische Ausbildung und Praxis (Bern)
Rep	Repertorio di Giurisprudenza Patria (Bellinzona)
REPRAX	Zeitschrift für Handelsregisterpraxis (Zürich)
resp.	respektive
rev.	revidiert
RGZ	Entscheidungen des Deutschen Reichsgerichts in Zivilsachen (Leipzig)
RHB	Revisionshandbuch der Schweiz (Zürich; Treuhand-Kammer)
RIW	Recht der internationalen Wirtschaft (Heidelberg; von 1958–1974 AWD)
RJN	Recueil de jurisprudence neuchâteloise (Neuchâtel)
RK	Kommission für Rechtsfragen (Bern); auch: Rekurskommission
RL	Richtlinie(n)
RLCG	Richtlinie der SWX betr. Informationen zur Corporate Governance vom 1. Juli 2002 *(Corporate Governance-Richtlinie)*
Rn	Randnummer
RPW	Recht und Politik des Wettbewerbs (Bern)
RRV-EBK	Richtlinien der Eidg. Bankenkommission zu den Rechnungslegungsvorschriften der Art. 23–27 BankV
RS	Revisionsstelle; Rundschreiben; auch: Recueil systématique
RVJ	Revue valaisanne de jurisprudence (Sion)
RVOG	Regierungs- und Verwaltungsorganisationsgesetz vom 21. März 1997 (SR 172.010)
RVUS	Staatsvertrag zwischen der Schweizerischen Eidgenossenschaft und den Vereinigten Staaten von Amerika über gegenseitige Rechtshilfe in Strafsachen vom 25. Mai 1973 (SR 0.351.933.6)
Rz	Randziffer(n)
s.	siehe
S.	Seite(n)

Abkürzungsverzeichnis

s.a.	siehe auch
s.o.	siehe oben
s.u.	siehe unten
SAG	Schweizerische Aktiengesellschaft (Zürich; seit 1990: SZW)
SAV	Schweizerischer Anwaltsverband; Schweizerischer Anlagefondsverband
SB	Spezialbroschüre
SBVg	Schweizerische Bankiervereinigung
SCBP	Swiss Code of Best Practice for Corporate Governance
ScheckG	(deutsches) Scheckgesetz vom 14. August 1933
SchKG	Bundesgesetz über Schuldbetreibung und Konkurs vom 11. April 1889 (SR 281.1)
SchlB AG	Schlussbestimmungen des Bundesgesetzes über die Revision des Aktienrechts vom 4. Oktober 1991
SchlT	Schlusstitel
SE	Societas Europaea, Europäische Aktiengesellschaft
SEC	Securities and Exchange Commission (USA)
SECO	Staatssekretariat für Wirtschaft
SFA	Swiss Funds Association
SGGVP	St. Gallische Gerichts- und Verwaltungspraxis (St. Gallen)
SGS	Systematische Gesetzessammlung (gefolgt von der amtlichen Abkürzung des Kantons [Bsp.: SGS BL])
SHAB	Schweizerisches Handelsamtsblatt (Bern)
SIC	Standing Interpretation Committee der IFRS/IAS
sic!	Zeitschrift für Immaterialgüter-, Informations- und Wettbewerbsrecht (Zürich)
SICAF	Société d'investissement à capital fixe
SICAV	Société d'investissement à capital variable
SIS	SIS SegaInterSettle AG (vormals SEGA, Schweizerische Effekten-Giro AG)
SJ	La semaine judiciaire (Genf)
SJK	Schweizerische Juristische Kartothek (Genf)
SJZ	Schweizerische Juristen-Zeitung (Zürich)
SMF	Swiss Market Feed
SMI	Schweizerische Mitteilungen über Immaterialgüterrecht (Zürich)
SNB	Schweizerische Nationalbank
SOFFEX	Swiss Options and Financial Futures Exchange

Abkürzungsverzeichnis

sog.	sogenannt
SOG	Solothurnische Gerichtspraxis (Solothurn)
spez.	speziell
SPR	Schweizerisches Privatrecht (Basel)
SR	Systematische Sammlung des Bundesrechts
SRO	Self Regulating Organisation
SSA	Schriften zum schweizerischen Arbeitsrecht (Bern)
SSBR	Schweizer Schriften zum Bankrecht (Zürich)
SSHW	Schweizer Schriften zum Handels- und Wirtschaftsrecht (Zürich)
SSTRK	Schriftenreihe der Schweizerischen Treuhand- und Revisionskammer (Zürich)
ST	Der Schweizer Treuhänder (Zürich)
StE	Der Steuerentscheid (Basel)
StenBull	Amtliches stenographisches Bulletin der Bundesversammlung (seit 1967: AmtlBull)
StG	Bundesgesetz über die Stempelabgaben vom 27. Juni 1973 (SR 641.10); gefolgt von der amtlichen Abkürzung des Kantons auch: Steuergesetz (Bsp.: StG ZH)
StGB	Schweizerisches Strafgesetzbuch vom 21. Dezember 1937 (SR 311.0)
StHG	Bundesgesetz über die Harmonisierung der direkten Steuern der Kantone und Gemeinden vom 14. Dezember 1990 (SR 642.14)
StPO	Strafprozessordnung (gefolgt von der amtlichen Abkürzung des Kantons [Bsp.: StPO ZH])
StR	Ständerat; in Zusammenhang mit Zitaten: Steuer Revue (Muri bei Bern)
str.	streitig
StV	Verordnung über die Stempelabgaben vom 3. Dezember 1973 (SR 641.101)
SVG	Strassenverkehrsgesetz vom 19. Dezember 1958 (SR 741.01)
SVZ	Schweizerische Versicherungs-Zeitschrift (Bern etc.)
Swiss GAAP FER	Fachempfehlungen zur Rechnungslegung, hrsg. von der Stiftung für Empfehlungen zur Rechnungslegung (Zürich)
Swiss GAAP FER RK	Fachempfehlungen zur Rechnungslegung – Rahmenkonzept, hrsg. von der Stiftung für Empfehlungen zur Rechnungslegung (Zürich)
SWX	Schweizer Börse (Swiss Exchange), ehemals Elektronische Börse Schweiz (EBS)

Abkürzungsverzeichnis

SZS	Schweizerische Zeitschrift für Sozialversicherung und berufliche Vorsorge (Bern; bis 1981: Schweizerische Zeitschrift für Sozialversicherung)
SZW	Schweizerische Zeitschrift für Wirtschaftsrecht (Zürich; bis 1989: SAG)
TC	Tribunal cantonal (gefolgt von der amtlichen Abkürzung des Kantons [Bsp.: TC VD])
TK	Treuhandkammer
TK-Richtlinie	Richtlinie zu Unabhängigkeit 2007 der Schweizerischen Kammer der Wirtschaftsprüfer und Steuerexperten (Treuhand-Kammer) vom 12. Dezember 2006
u.	unten
u.a.	und andere(s); unter anderem (anderen)
u.Ä.	und Ähnliche(s)
u.a.m.	und andere(s) mehr
u.E.	unseres Erachtens
u.U.	unter Umständen
ÜBest	Übergangsbestimmung(en)
UCC	Uniform Commercial Code, hrsg. von The American Law Institute und National Conference of Commissioners on Uniform State Laws
UEK	Übernahmekommission
UEV-UEK	Verordnung der Übernahmekommission über öffentliche Kaufangebote vom 21. Juli 1997 *(Übernahmeverordnung-UEK;* SR 954.195.1)
UNO-Pakt II	Internationaler Pakt über bürgerliche und politische Rechte vom 16. Dezember 1966 (SR 0.103.2)
unv.	unveröffentlicht
URG	Bundesgesetz über das Urheberrecht und verwandte Schutzrechte vom 9. Oktober 1992 *(Urheberrechtsgesetz;* SR 231.1)
UrhG	(deutsches) Gesetz über Urheberrecht und verwandte Schutzrechte vom 9. September 1965 *(Urheberrechtsgesetz)*
US-GAAP	Generally Accepted Accounting Principles in the United States, hrsg. vom Financial Accounting Standards Board
US-SA	(amerikanischer) Securities Act von 1933, 15 U.S.C. 77a et seq.
US-SEA	(amerikanischer) Securities Exchange Act von 1934, 15 U.S.C. 78a et seq.
usw.	und so weiter
UV	Umlaufvermögen

Abkürzungsverzeichnis

UVG	Bundesgesetz über die Unfallversicherung vom 20. März 1981 (SR 832.20)
UWG	Bundesgesetz gegen den unlauteren Wettbewerb vom 19. Dezember 1986 (SR 241)
V	Verordnung
v.a.	vor allem
VAG	Bundesgesetz betreffend die Aufsicht über Versicherungsunternehmen vom 17. Dezember 2004 *(Versicherungsaufsichtsgesetz;* SR 961.01)
VE	Vorentwurf
VEB	Verwaltungsentscheide der Bundesbehörden (Bern; bis 1964/65, nachher VPB)
VE-FINMAG	Entwurf für ein Bundesgesetz über die Finanzmarktaufsicht, in: Integrierte Finanzmarktaufsicht, I. Teilbericht der vom Bundesrat eingesetzten Expertenkommission (Expertenkommission Zimmerli), Juli 2003; Ergänzung in: Sanktionen in der Finanzmarktaufsicht, II. Teilbericht der vom Bundesrat eingesetzten Expertenkommission (Expertenkommission Zimmerli), August 2004
VG	Bundesgesetz über die Verantwortlichkeit des Bundes sowie seiner Behördemitglieder und Beamten vom 14. März 1958 *(Verantwortlichkeitsgesetz;* SR 170.32)
VGek	Verordnung des Bundesgerichts über den Genossenschaftskonkurs vom 20. Dezember 1937 (SR 281.52)
VGer	Verwaltungsgericht
vgl.	vergleiche
VKKP	Veröffentlichungen der Schweizerischen Kartellkommission und des Preisüberwachers (Bern)
VMWG	Verordnung über die Miete und Pacht von Wohn- und Geschäftsräumen vom 9. Mai 1990 (SR 221.213.11)
Vorbem.	Vorbemerkung(en)
VPB	Verwaltungspraxis der Bundesbehörden (Bern; bis 1964/65: VEB)
VPG	Postverordnung vom 26. November 2003 (SR 783.01)
VR	Verwaltungsrat
vs.	versus (= gegen)
VSB 03	Vereinbarung über die Standesregeln zur Sorgfaltspflicht der Banken vom 2. Dezember 2002
VSB 08	Vereinbarung über die Standesregeln zur Sorgfaltspflicht der Banken vom 7. April 2008
VSHAB	Verordnung über das Schweizerische Handelsamtsblatt vom 15. Februar 2006 *(Verordnung SHAB;* SR 221.415)

Abkürzungsverzeichnis

VStG	Bundesgesetz über die Verrechnungssteuer vom 13. Oktober 1965 (SR 642.21)
VStrR	Bundesgesetz über das Verwaltungsstrafrecht vom 22. März 1974 (SR 313.0)
VStV	Vollziehungsverordnung zum Bundesgesetz über die Verrechnungssteuer vom 19. Dezember 1966 *(Verrechnungssteuerverordnung;* SR 642.211)
VSV	Verband Schweizer Vermögensverwalter
VV	Vollziehungsverordnung
VVAG	Verordnung des Bundesgerichts über die Pfändung und Verwertung von Anteilen an Gemeinschaftsvermögen vom 17. Januar 1923 (SR 281.41)
VVG	Bundesgesetz über den Versicherungsvertrag vom 2. April 1908 *(Versicherungsvertagsgesetz;* SR 221.229.1)
VVGE	Verwaltungs- und Verwaltungsgerichtsentscheide des Kantons Obwalden
VVV	Verkehrsversicherungsverordnung vom 20. November 1959 (SR 741.31)
VwVG	Bundesgesetz über das Verwaltungsverfahren vom 20. Dezember 1968 (SR 172.021)
VZG	Verordnung des Bundesgerichts über die Zwangsverwertung von Grundstücken vom 23. April 1920 (SR 281.42)
WAK	Kommission für Wirtschaft und Abgaben (Bern)
WEG	Wohnbau- und Eigentumsförderungsgesetz vom 4. Oktober 1974 (SR 843)
Weko	Wettbewerbskommission
WG	(deutsches) Wechselgesetz vom 21. Juni 1933
WKR	Übereinkommen der Vereinten Nationen über Verträge über den internationalen Warenkauf vom 11. April 1980 *(Wiener Kaufrecht;* s. CISG; SR 0.221.211.1)
WL	Wegleitung
WM	Wertpapier-Mitteilungen, Zeitschrift für Wirtschaft- und Bankrecht (Frankfurt a.M.)
WpHG	(deutsches) Gesetz über den Wertpapierhandel vom 26. Juli 1994 *(Wertpapierhandelsgesetz)*
WpÜG	(deutsches) Wertpapiererwerbs- und Übernahmegesetz vom 20. Dezember 2001
WuB	Entscheidungssammlung zum Wirtschafts- und Bankrecht (Frankfurt a.M.)
WuR	Wirtschaft und Recht (Zürich)
z.B.	zum Beispiel
z.T.	zum Teil

Abkürzungsverzeichnis

ZBB	Zeitschrift für Bankrecht und Bankwirtschaft (Köln)
ZBGR	Schweizerische Zeitschrift für Beurkundungs- und Grundbuchrecht (Wädenswil)
ZBJV	Zeitschrift des Bernischen Juristenvereins (Bern)
ZBl	Schweizerisches Zentralblatt für Staats- und Verwaltungsrecht (Zürich)
ZBR	Zürcher Beiträge zur Rechtswissenschaft (Zürich)
ZF	Fundhefte für Zivilrecht (München)
ZfgG	Zeitschrift für das gesamte Genossenschaftswesen (Göttingen)
ZGB	Schweizerisches Zivilgesetzbuch vom 10. Dezember 1907 (SR 210)
ZGGVP	Gerichts- und Verwaltungsentscheide des Kantons Zug (Zug)
ZGR	Zeitschrift für Unternehmens- und Gesellschaftsrecht (Frankfurt a.M.)
ZGRG	Zeitschrift für Gesetzgebung und Rechtsprechung in Graubünden (Chur)
ZHR	Zeitschrift für das gesamte Handelsrecht (Heidelberg; seit 1962: Zeitschrift für das gesamte Handels- und Wirtschaftsrecht)
Ziff.	Ziffer
ZIP	Zeitschrift für Wirtschaftsrecht und Insolvenzpraxis (Köln)
zit.	zitiert
ZivGer	Zivilgericht
ZK	Zürcher Kommentar (Zürich) (vgl. Literaturverzeichnis)
ZPO	Zivilprozessordnung (gefolgt von der amtlichen Abkürzung des Kantons [Bsp.: ZPO ZH])
ZR	Blätter für Zürcherische Rechtsprechung (Zürich)
ZSR	Zeitschrift für Schweizerisches Recht (Basel)
ZStP	Zürcher Studien zum Privatrecht (Zürich); auch: Zürcher Steuerpraxis (Zürich)
ZStR	Schweizerische Zeitschrift für Strafrecht (Bern)
ZvglRWiss	Zeitschrift für vergleichende Rechtswissenschaft (Heidelberg)
ZWR	Zeitschrift für Walliser Rechtsprechung (Sion)

Literaturverzeichnis

ASSMANN	Heinz-Dieter Assmann, Prospekthaftung (als Haftung für die Verletzung kapitalmarktbezogener Informationsverkehrspflichten nach dem deutschen und dem US-amerikanischem Recht), Köln/Berlin/Bonn/München 1985
BAUEN/BERNET	Marc Bauen/Robert Bernet, Schweizer Aktiengesellschaft, Zürich/Basel/Genf 2007
BAUEN/BERNET/ROUILLER	Marc Bauen/Robert Bernet/Nicolas Rouiller, La société anonyme suisse, Zürich/Paris/Bruxelles 2007
BAUEN/VENTURI, VR	Marc Bauen/Silvio Venturi, Der Verwaltungsrat, Zürich/Basel/Genf 2007
B/K/L-BEARBEITERIN	Dieter Zobl/Christine Breining/Hans Geiger/Renate Schwob/Christoph Winzeler (Hrsg.), Bodmer/Kleiner/Lutz, Kommentar zum Bundesgesetz über die Banken und Sparkassen, 17. Nachl., Zürich 2006
Bericht Börsenwesen	Eidgenössisches Finanzdepartement (Hrsg.), Bericht der Studiengruppe über das Börsenwesen, Bern 21. Dezember 1989
Bericht Bucheffektengesetz	Eidgenössisches Finanzdepartement (Hrsg.), Bericht der vom Eidg. Finanzdepartement eingesetzten technischen Arbeitsgruppe zum Entwurf eines Bundesgesetzes über die Verwahrung und Übertragung von Bucheffekten (Bucheffektengesetz) und zur Ratifikation des Haager Übereinkommens über die auf bestimmte Rechte an Intermediärverwahrten Wertpapieren anzuwendende Rechtsordnung (Haager Wertpapierübereinkommen) vom 15. Juni 2004
Berner GestG Kommentar-BEARBEITER/IN	Franz Kellerhals/Nicolas von Werdt/Andreas Güngerich (Hrsg.), Gerichtsstandsgesetz, Kommentar zum Bundesgesetz über den Gerichtsstand in Zivilsachen, 2. Aufl., Bern 2005
BK-BEARBEITER/IN	Berner Kommentar zum Schweizerischen Privatrecht, Bern ab 1910, unterschiedliche Auflagen, die Nachweise beziehen sich auf die laufende Auflage
BÖCKLI	Peter Böckli, Schweizer Aktienrecht, 3. Aufl., Zürich 2004
BÖCKLI/FORSTMOSER	Peter Böckli/Peter Forstmoser (Hrsg.), Das neue schweizerische GmbH-Recht, Zürich 2006
BÖCKLI/FORSTMOSER/RAPP	Peter Böckli/Peter Forstmoser/Jean-Marc Rapp, Reform des GmbH-Rechts, Zürich 1997
Botschaft AFG	Botschaft zum revidierten Bundesgesetz über die Anlagefonds vom 14. Dezember 1992 (BBl 1993 I 217 ff.)
Botschaft AG	Botschaft über die Revision des Aktienrechts vom 23. Februar 1983 (BBl 1983 II 745 ff.)

Literaturverzeichnis

Botschaft Aktien- und Rechnungslegungsrecht	Botschaft zur Änderung des Obligationenrechts (Aktienrecht und Rechnungslegungsrecht sowie Anpassungen im Recht der Kollektiv- und der Kommanditgesellschaft, im GmbH-Recht, Genossenschafts-, Handelsregister- sowie Firmenrecht) vom 21. Dezember 2007 (BBl 2008, 1589 ff.)
Botschaft Änderung BEHG	Botschaft zur Änderung der Bestimmung über die internationale Amtshilfe im Bundesgesetz über die Börsen und den Effektenhandel vom 10. November 2004 (BBl 2004, 6747 ff.)
Botschaft BankG	Botschaft zur Änderung des Bundesgesetzes über die Banken und Sparkassen vom 20. November 2002 (BBl 2002, 8060 ff.)
Botschaft BEG	Botschaft zum Bucheffektengesetz sowie zum Haager Wertpapierübereinkommen vom 15. November 2006 (BBl 2006, 9315 ff.)
Botschaft BEHG	Botschaft zu einem Bundesgesetz über die Börsen und den Effektenhandel vom 24. Februar 1993 (BBl 1993 I 1369 ff.)
Botschaft FINMAG	Botschaft zum Bundesgesetz über die Eidgenössische Finanzmarktaufsicht (Finanzmarktaufsichtsgesetz; FINMAG) vom 1. Februar 2006 (BBl 2006, 2829 ff.)
Botschaft FusG	Botschaft zum Bundesgesetz über Fusion, Spaltung, Umwandlung und Vermögensübertragung (Fusionsgesetz; FusG) vom 13. Juni 2000 (BBl 2000, 4337 ff.)
Botschaft GmbH	Botschaft zur Revision des Obligationenrechts (GmbH-Recht sowie Anpassungen im Aktien-, Genossenschafts-, Handelsregister- und Firmenrecht) vom 19. Dezember 2001 (BBl 2002, 3148 ff.)
Botschaft KAG	Botschaft zum Bundesgesetz über die kollektiven Kapitalanlagen (Kollektivanlagengesetz) vom 23. September 2005 (BBl 2005, 6395 ff.)
Botschaft RAG	Botschaft zur Änderung des Obligationenrechts (Revisionspflicht im Gesellschaftsrecht) sowie zum Bundesgesetz über die Zulassung und Beaufsichtigung der Revisorinnen und Revisoren vom 23. Juni 2004 (BBl 2004, 3969 ff.)
Botschaft VAG	Botschaft zu einem Gesetz betreffend die Aufsicht über Versicherungsunternehmen (Versicherungsaufsichtsgesetz; VAG) und zur Änderung des Bundesgesetzes über den Versicherungsvertrag vom 9. Mai 2003 (BBl 2003, 3789 ff.)
BSK BankG-BEARBEITER/IN	Rolf Watter/Nedim Peter Vogt/Thomas Bauer/Christoph Winzeler (Hrsg.), Basler Kommentar zum Schweizerischen Bankengesetz, Basel/Genf/München 2005

Literaturverzeichnis

BSK BEHG-Bearbeiter/in	Rolf Watter/Nedim Peter Vogt (Hrsg.), Basler Kommentar zum Börsengesetz, Basel 2007
BSK BGG-Bearbeiter/in	Marcel Alexander Niggli/Peter Uebersax/Hans Wiprächtiger (Hrsg.), Basler Kommentar zum Bundesgerichtsgesetz (BGG), Basel 2008
BSK DBG-Bearbeiter/in	Martin Zweifel/Peter Athanas (Hrsg.), Kommentar zum Schweizerischen Steuerrecht, Bd. I/2a und I/2b, Bundesgesetz über die direkte Bundessteuer (DBG), Art. 1–82 und Art. 83–222, 2. Aufl., Basel 2008
BSK DSG-Bearbeiter/in	Urs Maurer-Lambrou/Nedim Peter Vogt (Hrsg.), Basler Kommentar zum Datenschutzgesetz, 2. Aufl., Basel/Genf/München 2006
BSK FusG-Bearbeiter/in	Rolf Watter/Nedim Peter Vogt/Rudolf Tschäni/Daniel Daeniker (Hrsg.), Basler Kommentar zum Fusionsgesetz, Basel/Genf/München 2005
BSK GestG-Bearbeiter/in	Karl Spühler/Luca Tenchio/Dominik Infanger (Hrsg.), Kommentar zum Schweizerischen Zivilprozessrecht – Bundesgesetz über den Gerichtsstand in Zivilsachen (GestG) mit Kommentierung von Art. 30 Abs. 2 BV, Basel/Genf/München 2001
BSK IPRG-Bearbeiter/in	Heinrich Honsell/Nedim Peter Vogt/Anton K. Schnyder (Hrsg.), Basler Kommentar zum Internationalen Privatrecht, 2. Aufl., Basel 2007
BSK Kapitalmarktrecht-Bearbeiter/in	Nedim Peter Vogt/Rolf Watter (Hrsg.), Basler Kommentar zum Schweizerischen Kapitalmarktrecht, Bundesgesetz über die Börsen und den Effektenhandel (Börsengesetz, BEHG), Bundesgesetz über die Anlagefonds (Anlagefondsgesetz, AFG), Art. 161, 161bis, 305bis, 305ter Strafgesetzbuch, Basel/Genf/München 1999
BSK OR I-Bearbeiter/in	Heinrich Honsell/Nedim Peter Vogt/Wolfgang Wiegand (Hrsg.), Basler Kommentar zum Obligationenrecht I (Art. 1–529 OR), 4. Aufl., Basel 2007
BSK SchKG I-Bearbeiter/in	Adrian Staehelin/Thomas Bauer/Daniel Staehelin (Hrsg.), Kommentar zum Bundesgesetz über Schuldbetreibung und Konkurs, SchKG I (Art. 1–87), Basel/Genf/München 1998
BSK SchKG II-Bearbeiter/in	Adrian Staehelin/Thomas Bauer/Daniel Staehelin (Hrsg.), Kommentar zum Bundesgesetz über Schuldbetreibung und Konkurs, SchKG II (Art. 88–220), Basel/Genf/München 1998
BSK SchKG III-Bearbeiter/in	Adrian Staehelin/Thomas Bauer/Daniel Staehelin (Hrsg.), Kommentar zum Bundesgesetz über Schuldbetreibung und Konkurs, SchKG III (Art. 221–352, Nebenerlasse), Basel/Genf/München 1998

Literaturverzeichnis

BSK SchKG-BEARBEITER, Erg.Bd.	Adrian Staehelin/Thomas Bauer/Daniel Staehelin (Hrsg.), Kommentar zum Bundesgesetz über Schuldbetreibung und Konkurs, SchKG IV (Ergänzungsband), Basel 2005
BSK StGB I-BEARBEITER/IN	Marcel Alexander Niggli/Hans Wiprächtiger (Hrsg.), Basler Kommentar Strafrecht I (JstG, Art. 1–110 StGB), 2. Aufl., Basel 2007
BSK StGB II-BEARBEITER/IN	Marcel Alexander Niggli/Hans Wiprächtiger (Hrsg.), Basler Kommentar Strafrecht II (Art. 111–392 StGB), 2. Aufl., Basel 2007
BSK StHG-BEARBEITER/IN	Martin Zweifel/Peter Athanas (Hrsg.), Kommentar zum Schweizerischen Steuerrecht, Bd. I/1, Bundesgesetz über die Harmonisierung der direkten Steuern der Kantone und Gemeinden (StHG), 2. Aufl., Basel/Genf/München 2002
BSK VStG-BEARBEITER/IN	Martin Zweifel/Peter Athanas/Maja Bauer-Balmelli (Hrsg.), Kommentar zum Schweizerischen Steuerrecht, Bd. II/2, Bundesgesetz über die Verrechnungssteuer (VStG), Basel/Genf/München 2005
BSK ZGB I-BEARBEITER/IN	Heinrich Honsell/Nedim Peter Vogt/Thomas Geiser (Hrsg.), Basler Kommentar zum Zivilgesetzbuch I (Art. 1–456 ZGB), 3. Aufl., Basel 2006
BSK ZGB II-BEARBEITER/IN	Heinrich Honsell/Nedim Peter Vogt/Thomas Geiser (Hrsg.), Basler Kommentar zum Zivilgesetzbuch II (Art. 457–977 ZGB, Art. 1–61 SchlT ZGB), 3. Aufl., Basel 2007
BÜHLER	Christoph B. Bühler (Hrsg.), Informationspflichten des Unternehmens im Gesellschafts- und Börsenrecht, Bern 2003
VON BÜREN	Roland von Büren, Der Konzern, Rechtliche Aspekte eines wirtschaftlichen Phänomens, SPR VIII/6, 2. Aufl., Basel/Genf/München 2005
VON BÜREN et al.-BEARBEITER/IN	Roland von Büren/Walter A. Stoffel/Anton K. Schnyder/ Catherine Christen-Westenberg, Aktienrecht, Zürich 2000
VON BÜREN/STOFFEL/WEBER	Roland von Büren/Walter A. Stoffel/Rolf H. Weber, Grundriss des Aktienrechts, 2. Aufl., Zürich 2007
CHK-BEARBEITER/IN	Marc Amstutz/Peter Breitschmid/Andreas Furrer/Daniel Girsberger /Claire Huguenin/Markus Müller-Chen/Vito Roberto/Alexandra Rumo-Jungo/Anton K. Schnyder (Hrsg.), Handkommentar zum Schweizer Privatrecht, Zürich 2007
CR CO I-BEARBEITER/IN	Luc Thévenoz/Franz Werro (Hrsg.), Commentaire Romand, Code des obligations I (Art. 1–529), Basel/Genf/ München 2003

Literaturverzeichnis

CR CO II-Bearbeiter/in	Pierre Tercier/Marc Amstutz (Hrsg.), Commentaire Romand, Code des obligations II (Art. 530–1186), Basel/Genf/München 2008
CR Concurrence-Bearbeiter/in	Pierre Tercier/Christian Bovet (Hrsg.), Commentaire Romand, Droit de la concurrence, Basel/Genf/München 2002
CR Consommation-Bearbeiter/in	Bernd Stauder/Xavier Favre-Bulle (Hrsg.), Commentaire Romand, Droit de la consommation, Basel/Genf/München 2004
CR EIMP-Bearbeiter/in	Laurent Moreillon (Hrsg.), Commentaire Romand, Entraide international en matière pénale, EIMP, Basel/Genf/München 2003
CR LIFD-Bearbeiter/in	Danielle Yersin/Yves Noël (Hrsg.), Commentaire Romand, Impôt federal direct, Basel/Genf/München 2008
CR LP-Bearbeiter/in	Louis Dallèves/Bénédict Foëx/Nicolas Jeandin (Hrsg.), Commentaire Romand, Poursuite et faillite, Basel/Genf/München 2005
von der Crone/Kessler/Gersbach	Hans Caspar von der Crone/Franz J. Kessler/Andreas Gersbach, Der Entwurf zu einem schweizerischen Wertpapierverwahrungsgesetz (WVG), in: Peter Nobel (Hrsg.), Aktuelle Rechtsprobleme des Finanz- und Börsenplatzes Schweiz, Bd. 11, Bern 2004, 135 ff.
Finanzmarkt-Lexikon-Bearbeiter/in	Max Boemle/Max Gsell/Jean-Pierre Jetzer/Paul Nyffeler/Christian Thalmann, Geld-, Bank- und Finanzmarkt-Lexikon der Schweiz, Zürich 2002
Forstmoser, Aktienrecht	Peter Forstmoser, Schweizerisches Aktienrecht, Bd. I, Zürich 1981
Forstmoser, Verantwortlichkeit	Peter Forstmoser, Die aktienrechtliche Verantwortlichkeit, 2. Aufl., Zürich 1987
Forstmoser, GmbH-Recht	Peter Forstmoser, Das neue Schweizer GmbH-Recht, in: Niederer Kraft & Frey Rechtsanwälte (Hrsg.), Neuerungen im Schweizer Wirtschaftsrecht, Zürich 2007, 29 ff.
Forstmoser/Meier-Hayoz/Nobel	Peter Forstmoser/Arthur Meier-Hayoz/Peter Nobel, Schweizerisches Aktienrecht, Bern 1996
Forstmoser/Peyer/Schott	Peter Forstmoser/Patrik R. Peyer/Bertrand Schott, Das neue Recht der GmbH, Zürich/St. Gallen 2006
Funk	Fritz Funk, Kommentar des Obligationenrechtes, Bd. 2, Das Recht der Gesellschaften, Aarau 1951
Gauch/Schluep/Rey	Peter Gauch/Walter R. Schluep/Jörg Schmid/Heinz Rey (Hrsg.), Schweizerisches Obligationenrecht, Allgemeiner Teil, Bd. II, 8. Aufl., Zürich 2003
Gauch/Schluep/Schmid	Peter Gauch/Walter R. Schluep/Jörg Schmid/Heinz Rey (Hrsg.), Schweizerisches Obligationenrecht, Allgemeiner Teil, Bd. I, 8. Aufl., Zürich 2003

Literaturverzeichnis

GestG Kommentar-BEARBEITER/IN	Thomas Müller/Markus Wirth (Hrsg.), Gerichtsstandsgesetz, Kommentar zum Bundesgesetz über den Gerichtsstand in Zivilsachen, Zürich 2001
VON GREYERZ	Christoph von Greyerz, Die Aktiengesellschaft, in: Werner von Steiger (Hrsg.), Handelsrecht, SPR VIII/2, Basel/Frankfurt a.M. 1982
	GUHL-KOLLER
	GUHL-SCHNYDER
GUHL-DRUEY	Theo Guhl (Hrsg.), Das Schweizerische Obligationenrecht mit Einschluss des Handels- und Wertpapierrechts, 9. Aufl., Zürich 2000
HÄFELIN/MÜLLER/UHLMANN	Ulrich Häfelin/Georg Müller/Felix Uhlmann, Allgemeines Verwaltungsrecht, 5. Aufl., Zürich 2006
HANDSCHIN/TRUNIGER	Lukas Handschin/Christof Truniger, Die neue GmbH, 2. Aufl., Zürich 2006
HONSELL	Heinrich Honsell, Schweizerisches Obligationenrecht, Besonderer Teil, 8. Aufl., Bern 2006
HUECK/CANARIS	Alfred Hueck/Claus-Wilhelm Canaris, Recht der Wertpapiere, 12. Aufl., München 1986
HÜFFER	Uwe Hüffer, Aktiengesetz, 8. Aufl., München 2008
HWP	Treuhand-Kammer, Schweizerische Kammer der Wirtschaftsprüfer, Steuer- und Treuhandexperten (Hrsg.), Schweizer Handbuch der Wirtschaftsprüfung 1998, Bde. I–IV, Zürich 1998
IPRG Kommentar-BEARBEITER/IN	Daniel Girsberger/Anton Heini/Max Keller/Jolanta Kren Kostkiewicz/Kurt Siehr/Frank Vischer/Paul Volken (Hrsg.), Zürcher Kommentar zum IPRG, 2. Aufl., Zürich 2004
JÄGGI	Peter Jäggi, Allgemeines Wertpapierrecht, Basel/Stuttgart 1977
JÄGGI/DRUEY/VON GREYERZ	Peter Jäggi/Jean Nicolas Druey/Christoph von Greyerz, Wertpapierrecht unter besonderer Berücksichtigung von Wechsel und Check, Basel/Frankfurt a.M. 1985
KG Kommentar-BEARBEITER/IN	Eric Homburger/Bruno Schmidhauser/Franz Hoffet/Patrik Ducrey (Hrsg.), Kommentar zum schweizerischen Kartellgesetz vom 6. Oktober 1995 und zu den dazugehörenden Verordnungen, Zürich 1997
KK-BEARBEITER/IN	Kölner Kommentar zum Aktiengesetz, Köln/Berlin/Bonn/München ab 1970, unterschiedliche Auflagen, die Zitate beziehen sich auf die laufende Auflage
KRNETA	Georg Krneta, Praxiskommentar Verwaltungsrat, 2. Aufl., Bern 2005
KÜMPEL	Siegfried Kümpel, Bank- und Kapitalmarktrecht, 3. Aufl., Köln 2004

Literaturverzeichnis

KÜNG/CAMP	Manfred Küng/Raphäel Camp, Kommentar GmbH-Recht – Das revidierte Recht zur Gesellschaft mit beschränkter Haftung, Zürich 2006
MADÖRIN	Bernhard Madörin, Revision und Revisionsaufsicht, Bern 2008
MEIER-HAYOZ/FORSTMOSER	Arthur Meier-Hayoz/Peter Forstmoser, Schweizerisches Gesellschaftsrecht, 10. Aufl., Bern 2007
MEIER-HAYOZ/VON DER CRONE	Arthur Meier-Hayoz/Hans Caspar von der Crone, Wertpapierrecht, 2. Aufl., Bern 2000
MONTAVON, SA	Pascal Montavon, Droit Suisse de la SA, 3. Aufl., Lausanne 2004
MONTAVON, Sàrl	Pascal Montavon, Droit Suisse de la Sàrl, Lausanne 2008
MÜLLER/LIPP/PLÜSS	Roland Müller/Lorenz Lipp/Adrian Plüss, Der Verwaltungsrat, Handbuch für die Praxis, 3. Aufl., Zürich 2007
NOBEL/GRONER	Peter Nobel/Roger Groner, Aktienrechtliche Entscheide, Praxis zum schweizerischen Aktienrecht, 3. Aufl., Bern 2006
NUSSBAUM/SANWALD/SCHEIDEGGER	Martin F. Nussbaum/Reto Sanwald/Markus Scheidegger, Kurzkommentar zum neuen GmbH-Recht, Muri bei Bern 2007
OFTINGER/STARK, I	Karl Oftinger/Emil W. Stark, Schweizerisches Haftpflichtrecht, Bd. I, Allgemeiner Teil, 5. Aufl., Zürich 1995
OFTINGER/STARK, II/1	Karl Oftinger/Emil W. Stark, Schweizerisches Haftpflichtrecht, Bd. II/1, Besonderer Teil, 4. Aufl., Zürich 1987
OFTINGER/STARK, II/2	Karl Oftinger/Emil W. Stark, Schweizerisches Haftpflichtrecht, Bd. II/2, Besonderer Teil, 4. Aufl., Zürich 1989
OFTINGER/STARK, II/3	Karl Oftinger/Emil W. Stark, Schweizerisches Haftpflichtrecht, Bd. II/3, Besonderer Teil, 4. Aufl., Zürich 1991
OR-Handkommentar-BEARBEITER/IN	Jolanta Kren Kostkiewicz/Urs Bertschinger/Peter Breitschmid/Ivo Schwander (Hrsg.), Handkommentar zum Schweizerischen Obligationenrecht, Zürich 2002
PATRY, Handelsrecht	Robert Patry, Grundlagen des Handelsrechts, in: Werner von Steiger (Hrsg.), Handelsrechts, SPR VIII/1, Basel/Stuttgart 1976
PATRY, Précis	Robert Patry, Précis de droit Suisse des sociétés, Bd. I, Bern 1976, Bd. II, Bern 1977
PETITPIERRE	Anne Petitpierre, Les papier-valeurs, SPR VIII/7, Basel/Genf/München 2006

Literaturverzeichnis

PRICEWATERHOUSECOOPERS	PricewaterhouseCoopers (Hrsg.), Rechnungslegungsvorschriften für Banken und Effektenhändler, 4. Aufl., Zürich 2003
PS	Treuhand-Kammer, Schweizerische Kammer der Wirtschaftsprüfer, Steuerexperten und Treuhandexperten (Hrsg.), Schweizer Prüfungsstandards (PS), Ausgabe 2004, Zürich 2004
REBSAMEN, Handelsregister	Karl Rebsamen, Das Handelsregister, 2. Aufl., Zürich 1999
REBSAMEN, neue GmbH	Karl Rebsamen, Die neue GmbH im Handelsregister, Zürich/St. Gallen 2008
REYMOND	Jacques-André Reymond, Die Genossenschaft, SPR VIII/5, Basel/Frankfurt a.M. 1998
RHINOW/SCHMID/BIAGGINI	René Rhinow/Gerhard Schmid/Giovanni Biaggini, Öffentliches Wirtschaftsrecht, Basel/Frankfurt a.M. 1998
RUEDIN	Roland Ruedin, Droit des sociétés, 2. Aufl., Bern 2006
SCHUCANY	Emil Schucany, Kommentar zum Schweizerischen Aktienrecht, 2. Aufl., Zürich 1960
SCHÜRMANN	Leo Schürmann, Wirtschaftsverwaltungsrecht, 3. Aufl., Bern 1994
SIFFERT et al.	Rino Siffert/Marc Siffert/Martin Petrin/Baker & McKenzie (Hrsg.), GmbH-Recht, Bern 2007
F. VON STEIGER, Genossenschaftsrecht	Fritz von Steiger, Grundriss des Schweizerischen Genossenschaftsrechtes, 2. Aufl., Zürich 1963
F. VON STEIGER, Aktiengesellschaft	Fritz von Steiger, Das Recht der Aktiengesellschaft in der Schweiz, 4. Aufl., Zürich 1970
W. VON STEIGER	Werner von Steiger, Handelsrecht, SPR VIII/1, Basel/Stuttgart 1976
STRATENWERTH, AT I	Günter Stratenwerth, Schweizerisches Strafrecht, Allgemeiner Teil I, 3. Aufl., Bern 2005
STRATENWERTH, AT II	Günter Stratenwerth, Schweizerisches Strafrecht, Allgemeiner Teil II, 2. Aufl., Bern 2006
STRATENWERTH, BT II	Günter Stratenwerth, Schweizerisches Strafrecht, Besonderer Teil II, 5. Aufl., Bern 2000
STRATENWERTH/JENNY, BT I	Günter Stratenwerth/Guido Jenny, Schweizerisches Strafrecht, Besonderer Teil I, 6. Aufl., Bern 2003
TERCIER	Pierre Tercier, Les contrats spéciaux, 3. Aufl., Zürich/Basel/Genf 2003
TRECHSEL	Stefan Trechsel, Schweizerisches Strafgesetzbuch vom 21. Dezember 1937, Kurzkommentar, 2. Aufl., Zürich 1997
TSCHANNEN/ZIMMERLI	Pierre Tschannen/Ulrich Zimmerli, Allgemeines Verwaltungsrecht, 2. Aufl., Bern 2005

Literaturverzeichnis

VON TUHR/ESCHER	Andreas von Tuhr/Arnold Escher, Allgemeiner Teil des schweizerischen Obligationenrechts, Bd. 2, 3. Aufl., Zürich 1974
VON TUHR/PETER	Andreas von Tuhr/Hans Peter, Allgemeiner Teil des schweizerischen Obligationenrechts, Bd. 1, 3. Aufl., Zürich 1979
VON TUHR/ESCHER/PETER	Andreas von Tuhr/Arnold Escher/Hans Peter, Allgemeiner Teil des schweizerischen Obligationenrechts, Supplement zur dritten Auflage, Zürich 1984
TUOR/SCHNYDER/SCHMID/ RUMO-JUNGO	Peter Tuor/Bernhard Schnyder/Jörg Schmid/Alexandra Rumo-Jungo, Das Schweizerische Zivilgesetzbuch, 12. Aufl., Zürich 2006
VENTURI/BAUEN, CA	Silvio Venturi/Marc Bauen, Le conceil d'administration, Zürich/Basel/Genf 2007
WOHLMANN	Herbert Wohlmann, GmbH-Recht, Basel 1997
ZIMMERMANN/ZIMMERMANN	Harry Zimmermann/Fritz Zimmermann, Kommentar zum Schweizerischen Scheckrecht, Art. 1100–1144 OR, 2. Aufl., Bern 1980
ZINDEL	Gaudenz G. Zindel, Aktienrecht und Handelsregisterrecht, in: Niederer Kraft & Frey Rechtsanwälte (Hrsg.), Neuerungen im Schweizer Wirtschaftsrecht, Zürich 2007, 53 ff.
ZK-BEARBEITER/IN	Zürcher Kommentar zum Schweizerischen Zivilgesetzbuch, Zürich ab 1909, unterschiedliche Auflagen, die Zitate beziehen sich auf die laufende Auflage

Obligationenrecht

vom 30. März 1911

Dreiundzwanzigster Titel: Die einfache Gesellschaft

Art. 530

A. Begriff

¹ Gesellschaft ist die vertragsmässige Verbindung von zwei oder mehreren Personen zur Erreichung eines gemeinsamen Zweckes mit gemeinsamen Kräften oder Mitteln.

² Sie ist eine einfache Gesellschaft im Sinne dieses Titels, sofern dabei nicht die Voraussetzungen einer andern durch das Gesetz geordneten Gesellschaft zutreffen.

A. Définition

¹ La société est un contrat par lequel deux ou plusieurs personnes conviennent d'unir leurs efforts ou leurs ressources en vue d'atteindre un but commun.

² La société est une société simple, dans le sens du présent titre, lorsqu'elle n'offre pas les caractères distinctifs d'une des autres sociétés réglées par la loi.

A. Definizione

¹ La società è un contratto, col quale due o più persone si riuniscono per conseguire con forze o mezzi comuni uno scopo comune.

² È società semplice, nel senso di questo titolo, quella che non presenta i requisiti speciali di un'altra società prevista dalla legge.

Literatur

ENGEL, Contrats de droit Suisse, 1992; FELLMANN, Grundfragen im Recht der einfachen Gesellschaft, ZBJV 133 (1997) 285 ff.; FELLMANN/MÜLLER, Kommentar zum schweizerischen Privatrecht, Band IV Obligationenrecht, 2. Abteilung, Die einzelnen Vertragsverhältnisse, 8. Teilband: Die einfache Gesellschaft Art. 530–544 OR, Bern 2006; FLUME, Allgemeiner Teil des Bürgerlichen Rechts, Bd. I; Teil 1: Die Personengesellschaft, Berlin/Heidelberg/New York 1977; FREI, Societas Leonina, Diss. Basel 2001; HAFNER, Kommentar zum schweizerischen Obligationenrecht, 2. Aufl. 1905; HANDSCHIN, Zu einer Systematik im Personengesellschaftsrecht, in «Die Rechtsentwicklung an der Schwelle zum 21. Jahrhundert, Zürich 2001»; HOHL, Gesellschaften unter Ehegatten, Diss. Basel 1996; IKLÉ, Die Geschäftsführungsbefugnis des einfachen Gesellschafters, 1926; SCHMIDT, Gesellschaftsrecht, 3. Aufl., Köln/Berlin/Bonn/München, 1998; ULMER, Münchner Kommentar zum Bürgerlichen Gesetzbuch, Band 5, Schuldrecht Besonderer Teil III, § 705–853, 4. Aufl., München 2004; VONZUN, Rechtsnatur und Haftung der Personengesellschaften, Diss. Basel 2000.

I. Begriff und Entstehung der einfachen Gesellschaft

Die einfache Gesellschaft ist die vertragliche Verbindung (N 2) von mehreren Personen (N 3) zur Verfolgung eines gemeinsamen Zwecks (N 4). Sie ist **Grund-** und **Subsidiärform** (N 13) der Gesellschaftstypen.

Die einfache Gesellschaft ist eine **vertragliche Verbindung,** die formfrei eingegangen werden kann, auch durch konkludentes Verhalten der Beteiligten (BK-FELLMANN/MÜLLER, Art. 530 N 432; MEIER-HAYOZ/FORSTMOSER, § 12 N 77; VON STEIGER, Aktiengesellschaft, 355; vgl. auch MünchKomm-ULMER, § 705 N 25; BGE 108 II 208; 109 II 320).

Spezielle **Formvorschriften fehlen** (Ausnahmen: Einbringung von Grund und Boden, BK-FELLMANN/MÜLLER, Art. 530 N 536 f., oder eines GmbH-Anteils in gemeinschaftliches Eigentum, ZK-SIEGWART, N 66, und der Kartellvertrag gem. Art. 14 KG), und es gelten die Regeln über das Zustandekommen von Verträgen gem. Art. 1 ff. analog

(FELLMANN, 290; BK-FELLMANN/MÜLLER, Art. 530 N 432; VON STEIGER, Aktiengesellschaft, 357). Ist die Willensbildung mangelhaft, können Irrtum, Täuschung oder Drohung vorliegen; es gelten dabei die allgemeinen Regeln (vgl. aber Art. 543 N 21). **Gegenstand der Einigung** ist ausschliesslich die **gemeinsame Zweckverfolgung** und die **Tatsache der Beitragspflicht.** Die Art und der Umfang der Beiträge muss nicht von der vertraglichen Einigung umfasst sein (VON STEIGER, Aktiengesellschaft, 357); es gilt in diesen Fällen die Regel von Art. 531 Abs. 2. Eine bewusste Gesellschaftsbildung ist nicht erforderlich: Die einfache Gesellschaft kann also auch entstehen, ohne dass sich die Beteiligten bewusst mit dem Willen zusammenschliessen (BK-FELLMANN/MÜLLER, Art. 530 N 438; MEIER-HAYOZ/FORSTMOSER, § 12 N 77), eine einfache Gesellschaft zu bilden und sich den daraus resultierenden Normen zu unterwerfen (z.B. Art. 544 Abs. 3). In vielen Fällen nehmen die Beteiligten die Bildung der einfachen Gesellschaft nicht wahr (N 17; BGer v. 3.12.2001, 4C.198/2001; BGE 116 II 707 E. 2a; 124 III 363 E. II/2a).

3   **Vertragspartner** können natürliche und juristische Personen sein, ebenso Kollektiv- und Kommanditgesellschaften (GUHL/DRUEY, § 61 Ziff. 9), Körperschaften und Anstalten des öffentlichen Rechts. Demgegenüber kann eine einfache Gesellschaft nicht Mitglied einer anderen einfachen Gesellschaft sein, da ihr nicht nur die Rechtsfähigkeit, sondern auch die Fähigkeit fehlt, gegenüber Dritten im eigenen Namen Rechte zu erwerben und Pflichten einzugehen (MEIER-HAYOZ/FORSTMOSER, § 12 N 14; BK-FELLMANN/MÜLLER, Art. 530 N 19). Gesellschafter können auch handlungsunfähige Personen sein, deren Beteiligung aber wegen der unbeschränkten persönlichen Haftung des Gesellschafters die Zustimmung der Vormundschaftsbehörde gem. Art. 421 Ziff. 2 ZGB voraussetzt (VON STEIGER, Aktiengesellschaft, 356).

4   Die einfache Gesellschaft ist die **Verbindung mehrerer Personen zur gemeinsamen Verfolgung eines gemeinsamen Zwecks.** Der Zweck kann ein *ideeller* sein oder ein *wirtschaftlicher* (BK-FELLMANN/MÜLLER, Art. 530 N 210; MEIER-HAYOZ/FORSTMOSER, § 12 N 24 ff.; vgl. auch MünchKomm-ULMER, § 705 N 144; **a.M.** TERCIER, 534); nicht der wirtschaftliche Zweck, sondern erst der Gewerbebetrieb und die gemeinsame Firma machen die einfache Gesellschaft zur Kollektivgesellschaft (vgl. dazu Art. 552). Ferner muss der Zweck *möglich* und darf *nicht widerrechtlich oder unsittlich* sein (BK-FELLMANN/MÜLLER, Art. 530 N 478; MEIER-HAYOZ/FORSTMOSER, § 1 N 108; vgl. auch MünchKomm-ULMER, § 705 N 134, 333). In diesem gemeinsamen *animus societatis* der Vertragsparteien liegt das Wesensmerkmal der Gesellschaft (BGE 99 II 303) und der Unterschied zum Austauschvertrag (ENGEL, 647). Bei letzterem beschränkt sich der «gemeinsame Zweck» ausschliesslich auf das gemeinsame Interesse an der korrekten Vertragserfüllung (BGE 104 II 112), auf den Austausch der vertraglich vorgesehenen Leistungen; mit deren Erbringung ist er erreicht.

5   Beim Gesellschaftsvertrag geht der gemeinsame Zweck weiter und über das gemeinsame Interesse an der Vertragserfüllung hinaus: Die vertraglichen Pflichten im Gesellschaftsvertrag sind auf ein gemeinsames Ziel gerichtet und sind das Mittel, dieses zu erreichen; der gesellschaftsbildende gemeinsame Zweck *ist nicht mit,* sondern *wird mittels* der vertraglich vorgesehenen Leistungen erreicht (vgl. dazu auch Entscheid des BGer, in ZR 88 (1989), 312; GUHL/DRUEY, § 61 N 3).

6   Die einfache Gesellschaft ist eine **Personengemeinschaft ohne eigene Rechtspersönlichkeit,** sie ist nach herrschender Auffassung (zum Stand der Diskussion: VONZUN, § 9) keine juristische Person und kein Träger eigener Rechte und Pflichten; berechtigt und verpflichtet sind immer nur die einzelnen Gesellschafter (Art. 543 ff.). Sie kann – anders als die Kollektiv- (Art. 562) und die Kommanditgesellschaft (Art. 602) – unter

ihrer Firma *keine Rechte* erwerben und Verbindlichkeiten eingehen und nicht vor Gericht klagen und verklagt werden (BK-FELLMANN/MÜLLER, Vor Art. 530–551 N 69; MEIER-HAYOZ/FORSTMOSER, § 12 N 15; vgl. auch MünchKomm-ULMER, § 705 N 253 f. die GbR als rechtsfähige Personenvereinigung [Gesamthand]). Vgl. zur Typologie HANDSCHIN, Systematik, 440 ff.

II. Abgrenzungen

1. Abgrenzung zu den Austauschverträgen

Die Abgrenzung zu den Austauschverträgen kann Schwierigkeiten bereiten (BK-FELLMANN/MÜLLER, Art. 530 N 67 ff.; MEIER-HAYOZ/FORSTMOSER, § 1 N 84 f.), weil Austauschverträge Elemente aufweisen können, wie sie für Gesellschaftsverträge typisch sind. Partiarische Klauseln (auch betr. die gemeinsame Tragung von Verlusten; vgl. BGE 99 II 303) kommen auch bei Austauschverträgen vor (z.B. partiarisches Darlehen und Austauschverträge mit Gewinnbeteiligung; vgl. Art. 275, 322a, 389 Abs. 2); sie sind daher nur ein *Hinweis auf ein Gesellschaftsverhältnis* (VON STEIGER, Aktiengesellschaft, 327; TERCIER, SAG 1974, 129 ff.; ENGEL, 648), aber *kein Abgrenzungskriterium* (MünchKomm-ULMER, § 705 N 161 f.). Dazu kommt, dass auch ein Gesellschafter von der Tragung der Verluste ausgenommen werden kann und dass die Frage der Verlusttragung gerade in denjenigen Fällen strittig ist, in denen sich die Abgrenzungsfrage stellt, denn in der einfachen Gesellschaft sind die Gesellschafter gem. Art. 533 gleichermassen am Verlust beteiligt wie am Gewinn (BK-FELLMANN/MÜLLER, Art. 530 N 80; MEIER-HAYOZ/FORSTMOSER, § 1 N 95). 7

Ebenfalls nur ein Hinweis auf eine einfache Gesellschaft liegt vor, wenn die Parteien gemeinsame Institutionen zur Überwachung des Vollzugs des Vertrags vorsehen, oft sogar mit Mitsprachemöglichkeiten (BK-FELLMANN/MÜLLER, Art. 530 N 87; MEIER-HAYOZ/FORSTMOSER, § 1 N 95). Auch solche «Organe» weisen zwar auf eine Gesellschaft hin, kommen aber auch in Austauschverträgen vor (z.B. in Darlehensverträgen zur Sicherung der zweckkonformen Verwendung der Darlehenssumme). 8

Irreführend ist auch das oftmals genannte Abgrenzungskriterium, wonach bei der Gesellschaft die Leistung der einen Partei nicht von derjenigen der anderen Partei abhängig gemacht werde, sondern sich vielmehr aus dem Bedürfnis der Gesellschaft ergebe (BGE 104 II 111 ff.). Auch in der einfachen Gesellschaft kann ein Gesellschafter frei werden, wenn der andere seine Leistungen nicht erbringt. 9

Als **ausschliessliches Abgrenzungskriterium** zum Austauschvertrag verbleibt die gemeinsame Zweckverfolgung als Gegenstand einer gemeinsamen vertraglichen Pflicht (N 4; BK-FELLMANN/MÜLLER, Art. 530 N 64; MEIER-HAYOZ/FORSTMOSER, § 1 N 65; vgl. auch MünchKomm-ULMER, § 705 N 148); liegt sie vor, besteht eine Gesellschaft, fehlt sie, liegt ein Austauschvertrag vor. 10

2. Abgrenzung zu den Geschäftsbesorgungsverträgen

Auch bei den Geschäftsbesorgungsverträgen (Arbeitsvertrag, Auftrag, evtl. Werkvertrag) scheinen sich die Kräfte mehrerer Personen auf die Erreichung eines gemeinsamen Zwecks zu konzentrieren: Hier wird jedoch der Zweck nicht *gemeinsam,* sondern nur von einem Vertragspartner bestimmt (BK-FELLMANN/MÜLLER, Art. 530 N 93 f. zu partiarischen Arbeitsverträgen, N 102 f. zu partiarischen Aufträgen; MEIER-HAYOZ/FORSTMOSER, § 1 N 86 ff.; vgl. auch MünchKomm-ULMER, Vor § 705 N 111). 10a

3. Abgrenzung zu den Rechtsgemeinschaften des ZGB

11 Wie die Gesellschafter sind auch die Mitglieder der Rechtsgemeinschaften des ZGB durch gleichgerichtete Interessen verbunden (VON STEIGER, Aktiengesellschaft, 330). Entstehen sie von Gesetzes wegen, fehlt der gesellschaftsbegründende Wille zur vertraglichen Bindung und mit ihm der *animus societatis*. Zu dieser Gruppe gehört die **Erbengemeinschaft** (Art. 602 ZGB; BK-FELLMANN/MÜLLER, Art. 530 N 38 f.; MEIER-HAYOZ/FORSTMOSER, § 1 N 20), die kraft Gesetzes entsteht, sich aber zur Gesellschaft entwickeln kann, wenn die Erben ihre Fortsetzung beschliessen; in denjenigen Fällen, wo sie *kraft Gesetz* entstehen, auch das **Miteigentum** (Art. 646 ff. ZGB) und das **Gesamteigentum** (Art. 652 ff. ZGB).

12 Entsteht die Rechtsgemeinschaft nicht von Gesetzes wegen, sondern durch vertragliche Vereinbarung, lässt sie sich von der einfachen Gesellschaft nur durch das Fehlen des *animus societatis* abgrenzen, welcher auf die Verfolgung eines dynamischen Zweckes gerichtet ist: Der gemeinsame Wille der Parteien richtet sich bei den Rechtsgemeinschaften des ZGB ausschliesslich auf das Innehaben, das Verwalten und Nutzen der ihnen zustehenden Rechte (VON STEIGER, Aktiengesellschaft, 330; MEIER-HAYOZ/FORSTMOSER, § 1 N 103 ff.), nicht aber auf einen darüber hinausgehenden Gesellschaftszweck (MEIER-HAYOZ/FORSTMOSER, § 12 N 21; BK-FELLMANN/MÜLLER, Art. 530 N 508 f.; MünchKomm-ULMER, § 705 N 145). Dazu gehören die **Gemeinderschaft** (Art. 336 ff. ZGB) und die **fortgesetzte Erbengemeinschaft,** sowie das **Miteigentum** (Art. 646 ff. ZGB) und das **Gesamteigentum** (Art. 652 ff. ZGB), sofern sie *gestützt auf eine vertragliche Einigung* entstehen (BK-FELLMANN/MÜLLER, Art. 530 N 268 ff., 358 ff.).

4. Abgrenzung zu anderen Gesellschaften und Körperschaften

13 Andere Gesellschaften und Körperschaften liegen immer vor, wenn die jeweiligen Voraussetzungen erfüllt sind, denn die einfache Gesellschaft ist eine Subsidiärform (VON STEIGER, Aktiengesellschaft, 324; BK-FELLMANN/MÜLLER, Art. 530 N 132 ff.; MEIER-HAYOZ/FORSTMOSER, § 12 N 34 f.; vgl. auch MünchKomm-ULMER, § 705 N 16, Auffangfunktion der GbR beim Fehlen eines Handelsgewerbes als Gegenstand des gemeinsamen Zwecks oder dem Verzicht auf einen Handelsregistereintrag). Sie umfasst alle Gesellschaften, welche nicht die qualifizierten Voraussetzungen anderer Gesellschaften erfüllen. Im Einzelnen gelten folgende Abgrenzungen:

– zur **nicht kaufmännischen Kollektiv- und Kommanditgesellschaft:** Eintrag im Handelsregister (Art. 553);

– zur **kaufmännischen Kollekiv- und Kommanditgesellschaft:** Betrieb eines Gewerbes und Auftreten unter einer Firma (Art. 552);

– zur **AG, KAG, GmbH** und **Genossenschaft:** Eintrag im Handelsregister (Art. 643 Abs. 1, 779, 830);

– zum **Verein:** Schriftliche Statuten, denen der Wille zur Vereinsbildung entnommen werden kann (Art. 61 Abs. 1 ZGB).

III. Anwendungsfälle

14 **Bindungen beschränkter Dauer:** Die einfache Gesellschaft entsteht mit der vertraglichen Vereinbarung, einen gemeinsamen Zweck zu verfolgen, und mit der Festlegung der Beiträge dazu; besondere Gründungsvorschriften sind nicht zu beachten. Im Ver-

gleich zu den anderen Gesellschaften ist auch ihre Auflösung einfach, weshalb sie sich gut für Bindungen beschränkter Dauer eignet, wie **Arbeitsgemeinschaften** für die gemeinsame Durchführung eines Bauprojektes (BK-Fellmann/Müller, Art. 530 N 241 ff.; MünchKomm-ULMER, Vor § 705 N 43 f.), **Konsortien** zur Wahrung der Interessen der Bankgläubiger (BGE 43 II 374; BK-FELLMANN/MÜLLER, Art. 530 N 296 f.; vgl. auch MünchKomm-ULMER, Vor § 705 N 58 f.) oder zur Emission einer Anleihe (MEIER-HAYOZ/VON DER CRONE, § 21 N 68 ff.; BK-FELLMANN/MÜLLER, Art. 530 N 249 f.; vgl. auch MünchKomm-ULMER, Vor § 705 N 52 f.), **Initiativkomitees** (BGE 43 II 197), **Gelegenheitsgesellschaften,** z.B. zum Zweck der gemeinsamen Benutzung und Veräusserung eines Autos (BGE 99 II 321 ff.), zur gemeinsamen Ausübung eines Vorkaufsrechts (Pra 1990, 474 ff.), mehrerer Anwälte zur Übernahme eines Mandats (KGer VS, 24.10.1989) oder um eine Liegenschaft zu erwerben, umzubauen und im Stockwerkeigentum weiterzugeben (BGE 110 II 290). Zu dieser Gruppe gehören auch **Gründergesellschaften** als Zusammenschluss zum Zweck der Gründung einer anderen Gesellschaft, z.B. einer AG (BGE 95 I 278) bis zum Abschluss des Gründungsverfahrens. Auf diese ist sowohl in Bezug auf das Innen- wie auf das Aussenverhältnis das Recht der einfachen Gesellschaft anwendbar (VON STEIGER, Aktiengesellschaft, 343; MEIER-HAYOZ/FORSTMOSER, § 16 N 621 ff.; MünchKomm-ULMER, Vor § 705 N 25). Nach abgeschlossenem internen Gründungsverfahren werden die Gründergesellschaften bis zum Eintrag im Handelsregister (BGE 102 II 423) zu **Vorgesellschaften,** auf die das Recht der einfachen Gesellschaft nur im Aussenverhältnis anwendbar ist (VON STEIGER, Aktiengesellschaft, 343; BK-FELLMANN/MÜLLER, Art. 530 N 267; vgl. auch MünchKomm-ULMER, Vor § 705 N 24; Gesellschaft eigener Art; Rechtsverhältnisse richten sich nach den im Gesetz oder im Gesellschaftsvertrag bestimmten Gründungsvorschriften).

Stille oder verborgene Bindungen: Für die Bildung einer einfachen Gesellschaft sind keine besonderen Gründungsvorschriften zu beachten; insb. kann die einfache Gesellschaft auch *ohne Publizitätswirkung* gegenüber Dritten entstehen. Sie eignet sich daher als einzige Gesellschaftsform für stille und verborgene Bindungen. Die **stille Gesellschaft** (SAG 1975, 147; 1979, 179; SJZ 1987, 218, 1988, 344; GUHL/DRUEY, § 62 III; MEIER-HAYOZ/FORSTMOSER, § 15; ENGEL, 647; SOMMER, Die stille Gesellschaft, Diss. Zürich 2000) ist eine *reine Innengesellschaft* (BK-FELLMANN/MÜLLER, Art. 530 N 319). Die Beteiligung dieser *stillen Gesellschafter neben den Hauptgesellschaftern* an einem Gewerbe (das oft, aber nicht notwendigerweise selber eine Gesellschaft ist) bleibt Dritten verborgen. Gegenüber einem Darlehensverhältnis unterscheidet sich die stille Gesellschaft durch den *animus societatis* der Gesellschafter. Im Verhältnis zu Dritten sind *nur die Hauptgesellschafter* berechtigt und verpflichtet. Die Werte der stillen Gesellschaft gehen daher in das Vermögen der Hauptgesellschafter über (MEIER-HAYOZ/FORSTMOSER, § 15 N 19; BK-FELLMANN/MÜLLER, Art. 530 N 331; VON STEIGER, Aktiengesellschaft, 660), die gegenüber Dritten alleine darüber verfügen *können* (die Frage, ob sie auch verfügen *dürfen,* hängt von der Regelung des Innenverhältnisses ab; fehlt diese, gilt Art. 534 Abs. 1). Das Gleiche gilt für die Verlusttragung: Verpflichtet sind die stillen Gesellschafter *nur gegenüber den anderen Gesellschaftern* nach Massgabe des Gesellschaftsvertrags oder des Gesetzes (Art. 531, 533 Abs. 1; **a.M.** MEIER-HAYOZ/FORSTMOSER, § 15 N 27, die auf die Verlustbeteiligung des stillen Gesellschafters die Regeln der KG, insb. Art. 601 Abs. 2, anwenden wollen; BK-FELLMANN/MÜLLER, Art. 530 N 333; VON STEIGER, Aktiengesellschaft, 661). Eine Haftung gegenüber Dritten gibt es gestützt auf das Recht der einfachen Gesellschaft nicht (GUHL/DRUEY, a.a.O.), auch wenn das stille Gesellschaftsverhältnis Dritten bekannt geworden ist (VON STEIGER, Aktiengesellschaft, 656). Allenfalls verliert der stille Gesellschafter seine Einlage, sofern diese in das Vermögen der Hauptgesellschafter übergegangen ist (MEIER-HAYOZ/FORSTMOSER, § 15 N 27; BK-FELLMANN/MÜLLER, Art. 530 N 335 f.). Eine Haftung des intern dominierenden stillen Gesellschafters gegenüber Dritten kann sich jedoch aus den Vorschriften über den *Durchgriff* ergeben (vgl. dazu VON STEIGER, Aktiengesellschaft, 662 ff.). Haben die Parteien nur eine Gewinnbeteiligung vereinbart, gilt gem. Art. 533 die gleiche Regel auch in Bezug auf die Tragung von Verlusten (VON STEIGER, a.a.O.).

16 **Bindungen mit individuellen Verhaltenspflichten der Gesellschafter:** Die Vertragsparteien der einfachen Gesellschaft können sich gegenseitig in den Grenzen von Art. 27 ZGB uneingeschränkt auch persönliche Verhaltenspflichten auferlegen. Die einfache Gesellschaft eignet sich daher, wenn eine weitgehende persönliche Einbindung der Gesellschafter angestrebt wird, z.B. zum Zwecke eines **Gemeinschaftsunternehmens (joint venture;** BK-FELLMANN/MÜLLER, Art. 530 N 253 ff.; MEIER-HAYOZ/FORSTMOSER, § 25 N 37; MünchKomm-ULMER, Vor § 705 N 66 f.). Derartig persönliche Bindungen der Gesellschafter sind bei der AG, die als Rechtsperson gegenüber Dritten auftreten kann und für den Verkehr mit diesen die geeignetere Rechtsform darstellt, nicht möglich. Aus diesem Grund schliessen sich Aktionäre, die unter sich eine stärkere Bindung wollen, *zugleich* durch einen **Aktionärsbindungs- oder Poolvertrag** in einer einfachen Gesellschaft zusammen (BGE 88 II 155; zur Abgrenzung zum ABV ohne gemeinsame Zweckverfolgung als Vertrag sui generis BGE 109 II 44; MEIER-HAYOZ/FORSTMOSER, § 16 N 157; BK-FELLMANN/MÜLLER, Art. 530 N 280; vgl. auch MünchKomm-ULMER, Vor § 705 N 68, zu Beteiligungskonsortien und Stimmrechtspools) und bilden eine **Doppelgesellschaft.**

17 **Unbewusste Bindungen:** Weil besondere Gründungsvorschriften fehlen und weil die einfache Gesellschaft **Subsidiärform** ist, kommen einfache Gesellschaften auch vor, wenn den Parteien das Bewusstsein ihrer Bindung fehlt; entscheidend ist ihr Wille zur vertraglich bekräftigten gemeinsamen Zweckverfolgung (4C.24/2000, E. 3.d). Unbewusste Bindungen kommen bei Bindungen beschränkter Dauer vor (N 14) und in denjenigen Fällen in denen eine andere Bindung beabsichtigt war, aber nicht gültig eingegangen wurde, wie z.B. beim Verein ohne Persönlichkeit gem. Art. 62 ZGB (VON STEIGER, Aktiengesellschaft, 336). In diesen Fällen kann sich die Frage stellen, inwieweit das Recht der gescheiterten Gesellschaftsform an Stelle des dispositiven Rechts der einfachen Gesellschaft anwendbar sein soll (HANDSCHIN, Systematik, 447).

18 **Insbesondere das Konkubinat:** Inwieweit die Regeln über die einfache Gesellschaft auf das Konkubinat anzuwenden sind, hängt davon ab, welche Lebensbereiche der gemeinsamen Zweckverfolgung untergeordnet werden (BGE 108 II 208; 109 II 228 = Pra 1984, 35). Keine einfache Gesellschaft liegt nur dann vor, wenn sich die Partner in allen Belangen eine strikte Selbständigkeit bewahren (a.a.O.). Das ist nicht mehr der Fall, wenn die Konkubinatspartner sich zu einer «wirtschaftlichen Gemeinschaft mit gemeinsamer Kasse zusammenfinden, an die beide durch finanzielle Leistungen oder Haushaltsarbeiten beitragen» (a.a.O.; BK-FELLMANN/MÜLLER, Art. 530 N 157; MEIER-HAYOZ/FORSTMOSER, § 12 N 107; zur Wohngemeinschaft auch OGer LU, SJZ 1983, 98).

IV. Vor- und Nachteile

19 Neben der **einfachen Gründung** und der **grossen Flexibilität in der Gestaltung des Innenverhältnisses** fällt als weiterer Vorteil die **Steuerneutralität** in Betracht: Einfache Gesellschaften sind keine Steuersubjekte. Ertragssteuern sind nur einmal (beim Gesell-

schafter) und nicht zweimal (bei der Gesellschaft und beim Gesellschafter, wie bei der AG) zu entrichten.

Die Gesellschafter **haften solidarisch** für Schulden, die im Namen der Gesellschaft eingegangen werden, und für Schulden aus Delikt (Art. 544 Abs. 3). Dies und die **feste Mitgliederzahl,** welche den Austritt und die Aufnahme neuer Mitglieder nur sehr beschränkt zulassen (vgl. Art 542), lassen die einfache Gesellschaft als Gesellschaftsform für langfristige und riskante Zwecke, v.a. wenn sie auch nach aussen wirken soll, als ungeeignet erscheinen. 20

V. IPR/LugÜ

Auf einfache Gesellschaften sind die Bestimmungen über Gesellschaften (Art. 150 ff. IPRG) anwendbar, wenn sie **sich eine Organisation gegeben haben.** Das ist immer der Fall, wenn sie im Gesellschaftsvertrag vom dispositiven Recht über die Beschlussfassung (Art. 534 OR) oder über die Geschäftsführung (Art. 535 OR) abweichen oder wenn die Gesellschaft Dritte für sich auftreten lässt (BK-FELLMANN/MÜLLER, Vor Art. 530–551 N 194 ff.). 21

Haben sie sich **keine Organisation** gegeben, unterstehen sie dem auf Verträge anwendbaren Recht (Art. 116 ff. IPRG; BK-FELLMANN/MÜLLER, Vor Art. 530–551 N 182 ff.). 22

Art. 531

B. Verhältnis der Gesellschafter unter sich
I. Beiträge

¹ **Jeder Gesellschafter hat einen Beitrag zu leisten, sei es in Geld, Sachen, Forderungen oder Arbeit.**

² **Ist nicht etwas anderes vereinbart, so haben die Gesellschafter gleiche Beiträge, und zwar in der Art und dem Umfange zu leisten, wie der vereinbarte Zweck es erheischt.**

³ **In Bezug auf die Tragung der Gefahr und die Gewährspflicht finden, sofern der einzelne Gesellschafter den Gebrauch einer Sache zu überlassen hat, die Grundsätze des Mietvertrages und, sofern er Eigentum zu übertragen hat, die Grundsätze des Kaufvertrages entsprechende Anwendung.**

B. Rapports des associés entre eux
I. Apports

¹ Chaque associé doit faire un apport, qui peut consister en argent, en créances, en d'autres biens ou en industrie.

² Sauf convention contraire, les apports doivent être égaux, et de la nature et importance qu'exige le but de la société.

³ Les règles du bail à loyer s'appliquent par analogie aux risques et à la garantie dont chaque associé est tenu, lorsque l'apport consiste dans la jouissance d'une chose, et les règles de la vente lorsque l'apport est de la propriété même de la chose.

B. Rapporti dei soci fra loro
I. Quote

¹ Ogni socio deve conferire una quota consistente in denaro, in cose, in crediti o nel lavoro.

² Salvo patto contrario, i soci devono conferire quote eguali, la cui specie e l'ammontare sono determinati dallo scopo della società.

³ Circa i rischi e l'obbligo della garanzia si applicano per analogia le regole del contratto di locazione se il socio conferisce l'uso di una cosa, e quelle del contratto di vendita se ne conferisce la proprietà.

Literatur

Vgl. die Literaturhinweise zu Art. 530.

I. Beitragspflicht und Beitragsrecht

1 Weil die einfache Gesellschaft die Verbindung zur Erreichung eines gemeinsamen Zwecks mit gemeinsamen Mitteln ist, ist die Beitragspflicht der Gesellschafter **im Grundsatz zwingend** (MEIER-HAYOZ/FORSTMOSER, § 12 N 36; BK-FELLMANN/MÜLLER, Art. 531 N 63; ZK-SIEGWART, N 1, Art. 530 N 18; VON STEIGER, Aktiengesellschaft, 325 f.; MünchKomm-ULMER, § 706 N 17; **a.M.** BK-BECKER, N 1; ENGEL, 644).

2 Frei ist die Gesellschaft indessen in Bezug auf die Festlegung der Art und des Umfangs der Beiträge. Die in Abs. 2 genannte Regel, wonach alle Gesellschafter gleichwertige Beiträge in dem Umfang zu leisten haben, der für die Erreichung des Gesellschaftszwecks nötig ist, ist **dispositiv.** Sie ist also nur anwendbar, wenn die Gesellschafter Umfang oder Art der Beitragspflicht nicht geregelt haben, z.B. weil die für die Zweckerreichung nötigen Beiträge in ihrem Umfang noch nicht feststehen, oder im Fall der unbewussten Gesellschaftsbildung (vgl. Art. 530 N 17). Fehlt eine Regelung der Beitragspflicht, obliegt den Gesellschaftern demnach auch eine **Nachschusspflicht,** soweit diese für die Erreichung des im Gesellschaftsvertrag vereinbarten Zwecks notwendig ist und wenn der gemeinsame Zweck die Grenzen der Beitragspflicht erkennen lässt (BK-FELLMANN/MÜLLER, Art. 531 N 69).

3 Die Beiträge an die Gesellschaft *werden durch die Geschäftsführung geltend gemacht.* Unterlässt diese die Geltendmachung, steht *jedem Gesellschafter* die **actio pro socio** zu, mit der dieser auf Leistung an die Gesellschaft klagen kann, auch auf Realerfüllung (BGE 110 II 291; BK-FELLMANN/MÜLLER, Art. 530 N 641 ff.; VON STEIGER, Aktiengesellschaft, 378; MEIER-HAYOZ/FORSTMOSER, § 12 N 41; vgl. auch MünchKomm-ULMER, § 705 N 204 ff.).

4 Die einfache Gesellschaft ist kein Austauschvertrag; vielmehr leisten alle Gesellschafter im Hinblick auf einen gemeinsamen Zweck. Der zur Leistung verpflichtete Gesellschafter kann daher den anderen Gesellschaftern **nicht die Einrede der Art. 82 f.** entgegenhalten, wenn einer von diesen noch nicht geleistet hat (MÜLLER, 96; Ausnahme: Wenn der Kläger selber im Verzug ist, v.a. bei Zweimanngesellschaften, und wenn in Verletzung des Gleichbehandlungsgebots andere Gesellschafter nicht zur Leistung angehalten werden; VON STEIGER, Aktiengesellschaft, 377). Weil die einfache Gesellschaft kein Austauschvertrag ist, hat der Gesellschafter dabei nicht nur eine Beitragspflicht, sondern auch ein **Beitragsrecht,** die Gesellschaft, die seinen Beitrag nicht annimmt, gerät in Schuldner- und nicht in Gläubigerverzug (ZK-SIEGWART, N 3; VON STEIGER, Aktiengesellschaft, 368).

II. Art der Beiträge und ihre Einbringung

5 Alles, was geeignet sein kann, den Gesellschaftszweck zu fördern, kann Beitrag der Gesellschafter sein. Das Gesetz nennt enumerativ **Geld, Sachen, Forderungen** oder **Arbeit;** in Frage kommen auch **Immaterialgüterrechte** und **Unterlassungspflichten** (ENGEL, 642). Diese Leistungen brauchen *keinen Marktwert* zu haben; entscheidend ist allein ihr Nutzen für die Gesellschaft. Der Beitrag eines Gesellschafters kann sich auf die gelegentliche Erteilung eines Rats (MEIER-HAYOZ/FORSTMOSER, § 12 N 39) beschränken oder auf das «blosse Dabeisein» (VON STEIGER, Aktiengesellschaft, 369), welches die Mitübernahme der Haftung einschliesst und somit den Kredit der Gesell-

schaft erhöht (ZK-SIEGWART, N 28; das nimmt der Frage, ob die Beitragspflicht zwingend ist, die praktische Bedeutung; vgl. auch ENGEL, 644).

An Sachen können verschiedenartige Rechte ausgeübt werden (Eigentum, Nutzung), **6** und dementsprechend können Sachen auch auf verschiedene Art und Weise in die Gesellschaft eingebracht werden. Werden Sachen **zu Eigentum (quoad dominium)** eingebracht, gehen sie in gemeinschaftliches Eigentum der Gesellschafter über (BK-FELLMANN/MÜLLER, Art. 531 N 136 ff.; vgl. auch MünchKomm-ULMER, § 706 N 11). Der Eigentumsübergang folgt den Regeln des Sachenrechts (das Einbringen von *Grundstücken erfordert öffentliche Beurkundung*). Die **Gewährleistung** und die **Gefahrentragung** richten sich nach den Vorschriften des **Kaufrechts und nach dem vereinbarten Gesellschaftszweck** (BK-FELLMANN/MÜLLER, Art. 531 N 207; mit der Folge, dass die *Wandelung ausgeschlossen* und der Gesellschafter zur *mängelfreien Nachlieferung* verpflichtet sein kann; VON STEIGER, Aktiengesellschaft, 373). Die Einbringung einer Sache in eine einfache Gesellschaft ist indessen kein Vorkaufsfall i.S.v. Art. 681 ZGB (ZK-SIEGWART, N 10).

Eine Sache kann der Gesellschaft **zum Gebrauch (quoad usum)** überlassen werden **7** (vgl. auch BGE 105 II 204 ff.; Einbringung eines Grundstücks zur gemeinsamen Bebauung), was bei Gesellschaften von beschränkter Dauer sinnvoll ist. Der Wert der Einbringung entspricht dem Mietwert der Sache; dementsprechend sind in Bezug auf die Rechte der Gesellschafter und die Pflichten des Sacheigentümers (als «Vermieter») die Vorschriften des **Mietrechts** entsprechend anwendbar (BK-FELLMANN/MÜLLER, Art. 531 N 174; vgl. auch MünchKomm-ULMER, § 706 N 13). Das gilt nach ausdrücklichem Gesetzeswortlaut in Bezug auf die **Gefahrentragung** und **Gewährleistung,** aber auch überall dort, wo sich eine Regel auf die Tatsache der entgeltlichen Gebrauchsüberlassung abstützt (ZK-SIEGWART, N 20), z.B. die Regeln über die Unterhaltspflicht des Eigentümers und über den Umfang des Gebrauchs- und Nutzungsrechts.

Bei der Einbringung **quoad usum** tritt der Sacheigentümer nach aussen und nach innen **8** als Eigentümer auf und übt auch gegenüber den Mitgesellschaftern die darauf sich stützenden Rechte aus. Wirkt sich sein Eigentum an der Sache nur nach aussen aus und verzichtet er zugleich im Innenverhältnis gegenüber seinen Mitgesellschaftern auf die daraus fliessenden Rechte, bringt er die Sache **quoad sortem** in die Gesellschaft ein. Während der Dauer der Gesellschaft wird intern die Sache behandelt, wie wenn sie quoad dominium eingebracht worden wäre; der Gesellschafter verbleibt aber Eigentümer (BK-FELLMANN/MÜLLER, Art. 531 N 168; vgl. auch MünchKomm-ULMER, § 706 N 12). Der Vorteil gegenüber der Einbringung quoad dominium liegt in der Möglichkeit, die Sachen nach Auflösung der Gesellschaft gestützt auf sein Eigentum wieder auszusondern (vgl. dazu Art. 548).

III. Abgrenzung zu anderen Leistungen an die Gesellschaft

Nicht jede Leistung eines Gesellschafters ist ein Beitrag an die Gesellschaft; sie **kann** **9** **auch Gegenstand eines Austauschvertrags zwischen ihm und den Gesellschaftern als Ganzes sein** (vgl. BK-FELLMANN/MÜLLER, Art. 531 N 22 ff.). Dies ist durch Auslegung zu ermitteln; es führt dazu, dass dem «leistenden» Gesellschafter die anderen Gesellschafter solidarisch für die Vertragserfüllung haften. Das dürfte bei Arbeitsleistungen eines Gesellschafters der Fall sein, welche weit über den Beiträgen der übrigen Gesellschaftern liegen, bei denen angenommen werden kann, dass sie im Rahmen eines Auftrages oder eines Werkvertrages und nicht entschädigungslos ausgeführt werden.

Art. 532

II. Gewinn und Verlust **1. Gewinnteilung**	Jeder Gesellschafter ist verpflichtet, einen Gewinn, der seiner Natur nach der Gesellschaft zukommt, mit den andern Gesellschaftern zu teilen.
II. Bénéfices et pertes 1. Partage des bénéfices	Les associés sont tenus de partager entre eux tout gain qui, par sa nature, doit revenir à la société.
II. Guadagni e perdite 1. Partecipazione dei guadagni	Ogni socio è tenuto a far parte agli altri soci dei guadagni, che per loro natura spettano alla società.

Literatur

Vgl. die Literaturhinweise zu Art. 530.

I. Anspruch der Gesellschafter

1 Die Norm statuiert einen Anspruch der Gesellschafter insgesamt; über die Art der internen Gewinnverteilung sagt sie nichts (vgl. dazu Art. 533; auch BK-FELLMANN/MÜLLER, Art. 532 N 21 f., wonach Art. 532 vor allem programmatischer Natur sei).

II. Art und Umfang des Anspruchs der Gesellschaft

2 Der Gesellschafter, der für die Gesellschaft Werte als Gewinn entgegennimmt, ist verpflichtet, diese Werte in die Berechtigung der Gesellschafter insgesamt nach Massgabe des vertraglich festgelegten Innenverhältnisses zu überführen (VON STEIGER, Aktiengesellschaft, 368). Diese Gewinne sind Sachen (Früchte), Geldbeträge oder Forderungen, die den Gesellschaftern gem. Art. 544 nach Massgabe des Gesellschaftsvertrags zustehen (BK-FELLMANN/MÜLLER, Art. 532 N 14).

3 Fehlt eine vertragliche Festlegung, sind diejenigen Gewinne an die Gesellschafter zu überführen, die *ihrer Natur nach der Gesellschaft* zukommen. Das sind in jedem Fall alle Gewinne aus Geschäften, die im Namen oder auf Rechnung der Gesellschaft abgeschlossen worden sind oder die bei analoger Anwendung der entsprechenden Vorschriften beim Auftrag (Art. 400 ff.) dem Auftraggeber zu geben gewesen wären (BK-BECKER, N 2; BK-FELLMANN/MÜLLER, Art. 532 N 17).

Art. 533

2. Gewinn- und Verlustbeteiligung	[1] Wird es nicht anders vereinbart, so hat jeder Gesellschafter, ohne Rücksicht auf die Art und Grösse seines Beitrages, gleichen Anteil an Gewinn und Verlust. [2] Ist nur der Anteil am Gewinne oder nur der Anteil am Verluste vereinbart, so gilt diese Vereinbarung für beides. [3] Die Verabredung, dass ein Gesellschafter, der zu dem gemeinsamen Zwecke Arbeit beizutragen hat, Anteil am Gewinne, nicht aber am Verluste haben soll, ist zulässig.

2. Répartition des bénéfices et des pertes	¹ Sauf convention contraire, chaque associé a une part égale dans les bénéfices et dans les pertes, quelles que soient la nature et la valeur de son apport. ² Si la convention ne fixe que la part dans les bénéfices ou la part dans les pertes, cette détermination est réputée faite pour les deux cas. ³ Il est permis de stipuler qu'un associé qui apporte son industrie est dispensé de contribuer aux pertes, tout en prenant une part dans les bénéfices.
2. Riparto dei guadagni e delle perdite	¹ In difetto di patto speciale, ogni socio ha una parte eguale nei guadagni e nelle perdite, senza riguardo alla specie e all'ammontare della sua quota. ² Se fu determinata soltanto la parte nei guadagni o soltanto la parte nelle perdite, siffatta determinazione vale per gli uni e per le altre. ³ Si può validamente stipulare che il socio, il quale deve conferire allo scopo comune il proprio lavoro, sia esonerato da ogni partecipazione nelle perdite, pur avendo parte nei guadagni.

Literatur

Vgl. die Literaturhinweise zu Art. 530.

I. Gewinn und Verlust

Der **Gewinn** ist der Betrag, um welchen die Aktiven der Gesellschaft die Einlagen und Schulden der Gesellschaft in einem bestimmten Zeitraum übersteigen; der **Verlust** ist der Betrag, um den die Einlagen und Schulden die Aktiven übersteigen (BK-BECKER, N 1; BK-FELLMANN/MÜLLER, Art. 533 N 15 f.).

II. Beteiligung am Gewinn

Sieht der Gesellschaftsvertrag keine Regel über die Gewinnbeteiligung vor, gilt als **dispositive Regel** die **Gewinnbeteiligung nach Köpfen,** unabhängig von der Grösse des geleisteten Beitrags (BK-FELLMANN/MÜLLER, Art. 533 N 19 f.; MEIER-HAYOZ/FORSTMOSER, § 12 N 46; vgl. auch MünchKomm-ULMER, § 722 N 1; vgl. dazu aber RJN 1982, 57, wonach der Richter unter einschränkenden Voraussetzungen den Gesellschaftsvertrag in dem Sinne ergänzen kann, dass er eine Gewinnverteilung vorsieht, die den Aufgaben und Verantwortlichkeiten der Gesellschafter angemessen Rücksicht trägt).

Fehlt eine entsprechende vertragliche Regelung, findet die **Gewinnverteilung** *erst bei der Liquidation* der Gesellschaft statt (Art. 549), keinesfalls nach Abschluss jedes einzelnen gewinnbringenden Geschäftes (ZK-SIEGWART, N 16). *Vor der Liquidation* können Gewinnverteilungen stattfinden, wenn sie sich auf nach anerkannten kaufmännischen Grundsätzen erstellte Jahresrechnungen abstützen (ZK-SIEGWART, N 17) und wenn sie *vertraglich vorgesehen* sind oder wenn sich solche aus der Art der Gesellschaft ergeben (z.B. bei Gesellschaften mit kontinuierlicher Geschäftstätigkeit, BK-FELLMANN/MÜLLER, Art. 533 N 117; VON STEIGER, Aktiengesellschaft, 390; vgl. auch MünchKomm-ULMER, § 721 N 3).

Die Gewinnbeteiligung aller Gesellschafter charakterisiert die einfache Gesellschaft; sie ist jedoch kein Abgrenzungskriterium gegenüber dem Austauschvertrag, denn sie kommt auch bei diesen vor (partiarisches Darlehen; ein Abgrenzungskriterium gegenüber den Austauschverträgen läge in der Regelung über die Verlustbeteiligung; diese fehlt jedoch in den meisten Fällen und ist meist Anlass, die Frage der Abgrenzung zu stellen, vgl. Art. 530 N 7).

III. Beteiligung am Verlust

5 Die Beteiligung am Verlust ist die gesellschaftsinterne Zuweisung der erlittenen Verluste. Sie regelt nicht die Haftung der Gesellschafter gegenüber Dritten, die unabhängig von der Regelung im Innenverhältnis gem. Art. 544 die solidarische Haftung der Gesellschafter vorsieht (BK-FELLMANN/MÜLLER, Art. 533 N 32).

6 Verluste werden, wenn der Gesellschaftsvertrag keine Regel darüber vorsieht, **dispositiv nach Köpfen** getragen. Das gilt auch für denjenigen Gesellschafter, der nur einen untergeordneten Beitrag leistet, z.B. Arbeit in Form des gelegentlichen Rats (vgl. dazu Art. 531 N 4). *Besteht nur eine Vereinbarung über die Beteiligung am Gewinn, gilt diese auch für die Beteiligung am Verlust* (Abs. 2; vgl. § 722 BGB).

7 Die Gesellschafter können die interne Zuweisung der Verluste *nicht* frei regeln: Als **Regel** verbietet Abs. 3 die Vereinbarung, dass ein Gesellschafter nur am Gewinn beteiligt ist, nicht aber am Verlust (**societas leonina**, BGE 26 II 241 ff.; vgl. dazu aber u. N 8; anders § 722 BGB, MünchKomm-ULMER, § 722 N 5, Gewinn- oder auch Verlustbeteiligung kann im Einzelfall ganz ausgeschlossen werden). Eine **Ausnahme** davon macht das Gesetz zugunsten desjenigen Gesellschafters, der seinen Beitrag ausschliesslich (oder vorwiegend, so ZK-SIEGWART, N 7 ff.) in Form von **Arbeit** leistet. Die Lehre (statt vieler GUHL/DRUEY, § 62 N 25) begründet diese Ausnahme mit dem Bedürfnis, den Gesellschafter, der seine Arbeitskraft in die Gesellschaft einbringt, von der doppelten Last zu schonen, nicht nur seine Arbeitskraft, sondern auch noch sein Geld herzugeben. Diese Begründung vermag nicht zu überzeugen, denn auch der Gesellschafter, der «nur» Geld oder Sachen einschiesst, wird im Verlustfall doppelt belastet; durch den Wegfall der von ihm eingebrachten Werte und durch die Pflicht, entstandene Verluste mitzutragen.

8 Das Motiv für die Ausnahmebestimmung zugunsten des Arbeit erbringenden Gesellschafters liegt vielmehr im **Sozialschutz;** der Gesetzgeber geht – wohl zu Recht – davon aus, dass Gesellschafter, die ihre Arbeitskraft in eine Gesellschaft einbringen, weniger in der Lage sind, das wirtschaftliche Risiko der Gesellschaft zu tragen, als solche, die Sachwerte investieren. Eine Vereinbarung über eine Beteiligung nur am Gewinn, nicht aber am Verlust zugunsten eines Gesellschafters, der nur Sach- oder Geldwerte und keine Arbeit in die Gesellschaft einbringt, ist in jedem Fall zulässig, wenn dieser einen Sozialschutz verdient. VON STEIGER (Aktiengesellschaft, 388 ff.), BK-FELLMANN/MÜLLER (Art. 533 N 45–75) sowie FREI (passim) gehen richtigerweise und entgegen der herkömmlichen Auffassung noch weiter und erachten die Beteiligung nur am Gewinn immer als *zulässig*, wenn die Parteien eine solche Regel bewusst und frei eingegangen sind. Die Aufteilung des Verlustes muss aber immerhin nicht nach einem einheitlichen Schlüssel erfolgen (Abs. 2).

9 Wie die Gewinnbeteiligung findet die **Zuweisung der Verluste** erst mit der Liquidation der Gesellschaft statt (BK-FELLMANN/MÜLLER, Art. 533 N 157; vgl. auch MünchKomm-ULMER, § 735 zur Verlustdeckung in der GbR). Eine über die Pflichten gem. Art. 531 Abs. 1 hinausgehende **Nachschusspflicht** zur Deckung laufender Verluste *während der Dauer der Gesellschaft* besteht *nur, wenn sie vertraglich vereinbart* (BGE 53 II 496; ZK-SIEGWART, N 21) oder *sich auf einen einstimmigen Gesellschafterbeschluss abstützen kann* (VON STEIGER, Aktiengesellschaft, 391; vgl. auch MünchKomm-ULMER, § 707 N 4).

Art. 534

III. Gesellschafts- beschlüsse	¹ Gesellschaftsbeschlüsse werden mit Zustimmung aller Gesellschafter gefasst. ² Genügt nach dem Vertrage Stimmenmehrheit, so ist die Mehrheit nach der Personenzahl zu berechnen.
III. Décisions de la société	¹ Les décisions de la société sont prises du consentement de tous les associés. ² Lorsque le contrat remet ces décisions à la majorité, celle-ci se compte par tête.
III. Deliberazioni sociali	¹ Le deliberazioni sociali si prendono soltanto col consenso di tutti i soci. ² Se a termini del contratto basta la maggioranza dei voti, questa si computa secondo il numero delle persone.

Literatur

Vgl. die Literaturhinweise zu Art. 530.

I. Gesellschaftsbeschlüsse als vertragsändernde oder wichtige Beschlüsse

Gesellschaftsbeschlüsse sind immer nötig, wenn der Beschluss zu einer **Änderung des Gesellschaftsvertrags** führen soll, z.B. durch eine Änderung im Mitgliederbestand, durch eine Änderung der Regeln über die interne Organisation oder über die Gewinn- und Verlustbeteiligung (VON STEIGER, Aktiengesellschaft, 392; präzisierend BK-FELLMANN/MÜLLER, Art. 534 N 25 f.). Demgegenüber kommen Beschlüsse, die den Gesellschaftsvertrag nicht ändern, sondern *nur vollziehen,* nach den Regeln über die Geschäftsführung (Art. 535) zustande (ZK-SIEGWART, N 2; VON STEIGER, Aktiengesellschaft, 391; BK-FELLMANN/MÜLLER, Art. 534 N 19).

Gesellschaftsbeschlüsse sind **wichtige Beschlüsse** gem. Art. 535 Abs. 3. Sie betreffen Rechtshandlungen, die über den gewöhnlichen Betrieb der gemeinschaftlichen Geschäfte hinausgehen und die daher nicht durch Gesellschafter in Ausübung ihrer Geschäftsführungsbefugnis ausgeübt werden können. Unter die **wichtigen Geschäfte** fallen nach dem Gesetzeswortlaut die *Bestellung von Generalbevollmächtigten* und *Geschäfte, die über den gewöhnlichen Betrieb der gemeinschaftlichen Geschäfte hinausgehen.* Unter diesen wichtigen Geschäften sind Käufe und Kreditgeschäfte von grosser Bedeutung, das Eingehen von Bürgschaften in sehr hohen Beträgen, Geschäfte, die das geschäftsführende Mitglied für die Gesellschaft mit sich selbst abschliessen will (BK-BECKER, Art. 535 N 6), und alle Handlungen, die sich gegen andere Gesellschafter richten (BK-BECKER, a.a.O., N 7), oder Handlungen und Geschäfte, die das Ende der Gesellschaft herbeiführen (ZK-SIEGWART, Art. 535 N 8), die zu einer Liquidation oder Teilliquidation führen (BGE 59 II 426 f. zur Festsetzung des Abfindungsbeitrags an einen ausscheidenden Gesellschafter) oder diese fördern, wie Anmeldung des Konkurses (bei der Kollektivgesellschaft) oder der Verkauf des Geschäfts an Dritte. Ob ein wichtiges Geschäft vorliegt, lässt sich jedoch nicht schematisch beantworten; vielmehr liegt eine Ermessensfrage vor, die nur im konkreten Fall unter Würdigung aller Umstände beantwortet werden kann (VON STEIGER, Aktiengesellschaft, 394). Wollen die Gesellschafter Unsicherheiten dazu vermeiden, empfiehlt sich eine Umschreibung derjenigen Geschäfte im Gesellschaftsvertrag, die für die Gesellschafter wichtig sind.

II. Art der Beschlussfassung

3 **Vertragsändernde** Gesellschaftsbeschlüsse können **nur einstimmig** gefasst werden; für andere wichtige Beschlüsse gilt das Einstimmigkeitsprinzip, wenn nichts anderes vereinbart wurde (BK-FELLMANN/MÜLLER, Art. 534 N 145; vgl. auch MünchKomm-ULMER, § 709 N 81 f.). Denkbar ist auch, dass aufgrund der Struktur der Gesellschaft auch ohne ausdrückliche vertragliche Regel Mehrheitsbeschlüsse zulässig sein sollten (HANDSCHIN, Systematik, 448). Ansonsten ist der Verzicht auf einstimmige Beschlussfassung nur dann möglich, wenn sich ein Gesellschafter vertragswidrig verhält oder seine Zustimmung in missbräuchlicher Weise verweigert (MEIER-HAYOZ/FORSTMOSER, § 12 N 48). Sind die Gesellschafter in diesen Fällen zu einem nötigen Beschluss nicht in der Lage, muss die Gesellschaft aufgelöst und liquidiert werden (BK-FELLMANN/MÜLLER, Art. 534 N 146; BGE 110 II 292 E. c; vgl. dazu aber N 5).

4 Sind im Gesellschaftsvertrag Mehrheitsbeschlüsse vorgesehen, gilt das **Kopfstimmprinzip.** Dieses ist *nicht zwingend,* und die Parteien können auch eine andere Berechnung der Stimmkraft vorsehen, z.B. nach der Höhe der geleisteten Einlagen (statt vieler MEIER-HAYOZ/FORSTMOSER, § 12 N 49; das BGer hat die Frage allerdings offen gelassen, BGE 90 II 341 = Pra 1965, 144 E. 5a). In der Art und Durchführung der Beschlussfassung ist die Gesellschaft frei, solange sichergestellt ist, dass sich alle Gesellschafter in einer für die anderen Gesellschafter erkennbaren Art und Weise vor dem Beschluss zum Beschlussthema äussern konnten. Denkbar sind Zirkularbeschlüsse oder Beschlüsse an formellen oder informellen Zusammenkünften, sogar durch konkludente Handlungen (VON STEIGER, Aktiengesellschaft, 396; vgl. auch MünchKomm-ULMER, § 709 N 72).

5 Das Einstimmigkeits- resp. Mehrheitsprinzip gilt **nicht uneingeschränkt:** Auf Einstimmigkeit *kann verzichtet werden,* wenn der Beschluss nur deswegen nicht einstimmig zustande kommt, weil er sich in einer zulässigen Art und Weise gegen einzelne Gesellschafter richtet und diese ihm ihre Zustimmung verweigern (so auch BK-BECKER, N 9).

Für Gesellschaftsbeschlüsse, die zu einer Abänderung des Gesellschaftsvertrags führen, z.B. durch eine **Erhöhung der Beitragspflicht** oder **Aufnahme neuer Mitglieder,** genügt es nicht, das Mehrheitsprinzip in allgemeiner Weise festzuhalten. Solche Geschäfte müssen *ausdrücklich* im Gesellschaftsvertrag genannt sein (BK-BECKER, N 8; BK-FELLMANN/MÜLLER, Art. 534 N 159; vgl. auch MünchKomm-ULMER, § 709 N 85).

Art. 535

IV. Geschäftsführung

¹ Die Geschäftsführung steht allen Gesellschaftern zu, soweit sie nicht durch Vertrag oder Beschluss einem oder mehreren Gesellschaftern oder Dritten ausschliesslich übertragen ist.

² Steht die Geschäftsführung entweder allen oder mehreren Gesellschaftern zu, so kann jeder von ihnen ohne Mitwirkung der übrigen handeln, es hat aber jeder andere zur Geschäftsführung befugte Gesellschafter das Recht, durch seinen Widerspruch die Handlung zu verhindern, bevor sie vollendet ist.

³ Zur Bestellung eines Generalbevollmächtigten und zur Vornahme von Rechtshandlungen, die über den gewöhnlichen Betrieb der gemeinschaftlichen Geschäfte hinausgehen, ist, sofern

nicht Gefahr im Verzuge liegt, die Einwilligung sämtlicher Gesellschafter erforderlich.

IV. Administration

¹ Tous les associés ont le droit d'administrer, à moins que le contrat ou une décision de la société ne l'ait conféré exclusivement soit à un ou plusieurs d'entre eux, soit à des tiers.

² Lorsque le droit d'administrer appartient à tous les associés ou à plusieurs d'entre eux, chacun d'eux peut agir sans le concours des autres; chacun des autres associés gérants peut néanmoins s'opposer à l'opération avant qu'elle soit consommée.

³ Le consentement unanime des associés est nécessaire pour nommer un mandataire général, ou pour procéder à des actes juridiques excédant les opérations ordinaires de la société; à moins toutefois qu'il n'y ait péril en la demeure.

IV. Amministrazione della società

¹ La facoltà di amministrare spetta a tutti i soci, a meno che il contratto od una deliberazione sociale non l'abbia conferita esclusivamente ad uno o più soci, oppure ad una terza persona.

² Se la facoltà di amministrare spetta a tutti o a più soci, ciascuno di essi può agire senza il concorso degli altri, ma ciascun socio amministratore ha il diritto d'impedire l'atto, facendovi opposizione prima che sia compiuto.

³ È necessario il consenso di tutti i soci per conferire una procura generale e per fare atti eccedenti la sfera ordinaria degli affari sociali, a meno che non siavi pericolo nel ritardo.

Literatur

Vgl. die Literaturhinweise zu Art. 530.

I. Geschäftsführung: Begriff und Grundsatz

Als **Geschäftsführung i.w.S.** wird (vgl. zur Terminologie auch VON STEIGER, Aktiengesellschaft, 397 FN 120) jede auf die Verwirklichung des Gesellschaftszwecks gerichtete Tätigkeit umschrieben, die durch Gesellschaftsbeschlüsse (Art. 534, 535 Abs. 3) oder durch Handlungen einzelner Gesellschafter (Art. 535 Abs. 1 f.) stattfinden kann (ebenso MEIER-HAYOZ/FORSTMOSER, § 2 N 112; ergänzend VON STEIGER, Aktiengesellschaft, 397). 1

Geschäftsführung im engen oder eigentlichen Sinn sind diejenigen Handlungen, welche auch durch einzelne geschäftsführungsbefugte Gesellschafter gültig vorgenommen werden können, also alle Geschäftsführungshandlungen, die nicht über den gewöhnlichen Betrieb der gemeinsamen Geschäfte hinausgehen (vgl. dazu Art. 534 N 2; und MEIER-HAYOZ/FORSTMOSER, § 2 N 114; sowie VON STEIGER, Aktiengesellschaft, 397). 2

Als *dispositives Recht* gilt der Grundsatz der **Einzelgeschäftsführungsbefugnis:** *Jeder Gesellschafter* ist zur *Geschäftsführung* **berechtigt und verpflichtet** (Abs. 1; BK-FELLMANN/MÜLLER, Art. 535 N 52; VON STEIGER, Aktiengesellschaft, 398; MEIER-HAYOZ/FORSTMOSER, § 12 N 52; vgl. auch MünchKomm-ULMER, § 709 N 3). Eine Abweichung von der dispositiven Regel kann durch Gesellschaftsvertrag oder durch Beschluss (auch stillschweigend, vgl. dazu BGE 79 II 393) erfolgen, wonach die Gesellschafter die Geschäftsführungsbefugnis (i.e.S.) ganz oder teilweise einzelnen Gesellschaftern oder Dritten überlassen. Der von der Geschäftsführung ausgeschlossene Gesellschafter kann auch in diesem Fall als Geschäftsführer ohne Auftrag tätig werden (Art. 540, 419 ff.). 3

4 Mit der Zuweisung der Geschäftsführungsbefugnis an Gesellschafter oder Dritte ist zur **Vertretungsbefugnis nach aussen** nichts festgestellt; diese folgt eigenen Regeln (Art. 543). Zu beachten ist allerdings, dass in vielen Fällen der die Geschäftsführungsbefugnis vermittelnde Beschluss auch die Vertretungsbefugnis erteilt: Es gilt die Vermutung, dass jeder Gesellschafter in dem ihm zugewiesenen Geschäftsbereich nach aussen vertretungsbefugt ist (Art. 543 Abs. 3). Diese Vertretungsvermutung gilt auch, wenn keine Regel über die Geschäftsführung besteht und sich die Geschäftsführungsbefugnis auf das dispositive Recht abstützt. Nur wenn bestimmte Gesellschafter ausdrücklich von der Geschäftsführung ausgenommen sind, kommt die Vollmachtsvermutung des Art. 543 Abs. 3 nicht zum Tragen (vgl. BK-FELLMANN/MÜLLER, Art. 543 N 181 ff. insbesondere N 200, zum Umfang der vermuteten Vertretungsmacht; vgl. auch MünchKomm-ULMER, § 714 N 18 ff.).

II. Vetorecht

5 Jeder zur Geschäftsführung befugte Gesellschafter hat das Recht, durch seinen Widerspruch die Handlung eines anderen Gesellschafters zu verhindern, bevor diese vollendet ist (MEIER-HAYOZ/FORSTMOSER, § 12 N 53; vgl. auch MünchKomm-ULMER, § 711 N 1). Dem *von der Geschäftsführung ausgeschlossenen Gesellschafter* steht das Vetorecht *nicht* zu; den zur Geschäftsführung befugten Gesellschaftern steht es *nur im Umfang ihrer Geschäftsführungsbefugnis* zu (BK-FELLMANN/MÜLLER, Art. 535 N 102). Kann die Geschäftsführung nur zu zweit ausgeübt werden, gilt dies auch für das Vetorecht (BK-BECKER, N 15); ist die Geschäftsführung innerhalb der Gesellschaft durch Gesellschafterbeschluss auf Ressorts verteilt, sind folglich nur die innerhalb des gleichen Ressorts geschäftsführungsbefugten Gesellschafter vetoberechtigt (BK-BECKER, N 10). Das Vetorecht kann durch Gesellschaftsvertrag ausgeschlossen werden (ENGEL, 658).

6 Die *nicht-geschäftsführungsbefugten Gesellschafter* können auf die Geschäftsführung nur Einfluss nehmen, wenn im Einzelfall gestützt auf Art. 540 Abs. 2 die Regeln der Geschäftsführung ohne Auftrag zur Anwendung gelangen oder wenn die Voraussetzungen für den *Entzug der Geschäftsführung aus wichtigem Grund* (Art. 539) vorliegen.

7 Auch ein **vertragswidriges Veto** des vetoberechtigten Gesellschafters führt immer *zur Verhinderung der angefochtenen Handlung* (BK-BECKER, N 12; **a.M.** IKLÉ, 45; BK-FELLMANN/MÜLLER, Art. 535 N 140; ebenso MünchKomm-ULMER, § 711 N 11). Eine Korrektur kann nur über einen Gesellschafterbeschluss (VON STEIGER, Aktiengesellschaft, 404) oder gestützt auf die Regeln über die Geschäftsführung ohne Auftrag erfolgen. Der Gesellschafter, der *vertragswidrig das Veto ergreift,* wird jedoch den anderen Gesellschaftern gegenüber wie aus positiver Geschäftsführung verantwortlich. Möglicherweise setzt er auch einen wichtigen Grund, der den Entzug seiner Geschäftsführungsbefugnis bewirken kann (Art. 539). Unbeachtlich bleibt allein das **rechtswidrige Veto,** z.B. gegen die Vornahme einer gesetzlichen Pflicht (BK-BECKER, a.a.O.) und das Veto des dazu nicht befugten Gesellschafters (ZK-SIEGWART, N 11; BK-FELLMANN/MÜLLER, Art. 535 N 140).

Art. 536

V. Verantwortlichkeit unter sich 1. Konkurrenzverbot	Kein Gesellschafter darf zu seinem besonderen Vorteile Geschäfte betreiben, durch die der Zweck der Gesellschaft vereitelt oder beeinträchtigt würde.
V. Responsabilité entre associés 1. Prohibition de concurrence	Aucun associé ne peut faire pour son compte personnel des affaires qui seraient contraires ou préjudiciables au but de la société.
V. Responsabilità fra soci 1. Divieto di concorrenza	Nessun socio può fare per proprio conto affari, che possano frustrare o pregiudicare lo scopo della società.

Literatur

Vgl. die Literaturhinweise zu Art. 530.

I. Inhalt des Konkurrenzverbots

Das Konkurrenzverbot verbietet **zweckwidriges und zweckschädigendes Verhalten** der Gesellschafter. Es umfasst nicht nur Tätigkeiten, die einen Wettbewerb mit der Gesellschaft darstellen, *sondern alle Handlungen, die die Verwirklichung des Gesellschaftszwecks verunmöglichen oder erschweren,* also z.B. auch eine unerlaubte Selbstbegünstigung (BK-FELLMANN/MÜLLER, Art. 536 N 7; sprechen von einem umfassenden Interessenkollisionsverbot; vgl. auch MünchKomm-ULMER, § 705 N 235 f.). Weil der Zweck Richtschnur für Umfang und Anwendbarkeit des Konkurrenzverbots ist, geht es aber inhaltlich nicht weiter, als die Zweckverfolgungspflicht. Mit der *Beendigung der Gesellschaft* – und damit immer auch dem Wegfall der Zweckverfolgungspflicht – *fällt auch das umfassende Konkurrenzverbot weg,* und dem Gesellschafter ist es nur noch untersagt, die Liquidation der Gesellschaft zu behindern. Ist die Konkurrenztätigkeit nicht zweckwidrig und beeinträchtigt sie nicht seine Verfolgung, ist sie erlaubt (anders die umfassenderen Konkurrenzverbote der Art. 561 und 577 für die Kollektiv- und Kommanditgesellschaften). 1

Tatsache und Inhalt des Konkurrenzverbots sind *nicht zwingend*. Es kann durch Vertrag im Rahmen der Rechtsordnung (insb. Art. 27 ZGB) ausgedehnt oder eingeschränkt werden (VON STEIGER, Aktiengesellschaft, 504; MEIER-HAYOZ/FORSTMOSER, § 12 N 61; BK-FELLMANN/MÜLLER, Art. 536 N 42 f.). 2

II. Folgen der Verletzung des Konkurrenzverbots

Die Verletzung des Konkurrenzverbots führt gestützt auf Art. 97 zu einem Anspruch der anderen Gesellschafter auf **Schadenersatz** oder in analoger Anwendung von Art. 464 Abs. 2 zu einem Anspruch auf **Übergabe des verbotenen Geschäfts an die Gesellschaft** (BK-BECKER, N 5; ZK-SIEGWART, N 4; BK-FELLMANN/MÜLLER, Art. 536 N 72). 3

Ein verbotenes konkurrenzierendes Verhalten eines Gesellschafters kann zudem Anlass sein, ihm die Geschäftsführungsbefugnis zu entziehen oder ihn aus wichtigem Grund 4 aus der Gesellschaft auszuschliessen (Art. 539; vgl. auch MünchKomm-ULMER, § 705 N 242).

Art. 537

2. Ansprüche aus der Tätigkeit für die Gesellschaft

¹ Für Auslagen oder Verbindlichkeiten, die ein Gesellschafter in den Angelegenheiten der Gesellschaft macht oder eingeht, sowie für Verluste, die er unmittelbar durch seine Geschäftsführung oder aus den untrennbar damit verbundenen Gefahren erleidet, sind ihm die übrigen Gesellschafter haftbar.

² Für die vorgeschossenen Gelder kann er vom Tage des geleisteten Vorschusses an Zinse fordern.

³ **Dagegen steht ihm für persönliche Bemühungen kein Anspruch auf besondere Vergütung zu.**

2. Dépenses et travail des associés

¹ Si l'un des associés a fait des dépenses ou assumé des obligations pour les affaires de la société, les autres associés en sont tenus envers lui; ils répondent également des pertes qu'il a subies et qui sont la conséquence directe de sa gestion ou des risques inséparables de celle-ci.

² L'associé qui fait une avance de fonds à la société peut en réclamer les intérêts à compter du jour où il l'a faite.

³ Il n'a droit à aucune indemnité pour son travail personnel.

2. Spese, obbligazioni e prestazioni dei soci

¹ I soci sono responsabili delle spese fatte e delle obbligazioni assunte da uno di essi negli affari della società nonché delle perdite derivate direttamente dalla sua amministrazione o dai rischi inseparabili dalla medesima.

² Il socio può pretendere gli interessi sulle somme anticipate dal giorno in cui l'anticipazione fu fatta.

³ Non ha invece alcun diritto a speciale compenso per le sue prestazioni personali.

Literatur

Vgl. die Literaturhinweise zu Art. 530.

I. Auslagen und Verbindlichkeiten in Gesellschaftsangelegenheiten

1 **Auslagen** und **Verbindlichkeiten** durch einen geschäftsführenden oder einen anderen Gesellschafter in Gesellschaftsangelegenheiten liegen vor, wenn sie sich auf den **Gesellschaftsvertrag** abstützen können oder wenn die Voraussetzungen der **Geschäftsführung ohne Auftrag** vorliegen (BK-BECKER, N 1; ZK-SIEGWART, N 12; BK-FELLMANN/MÜLLER, Art. 537 N 10 ff.).

2 **Fehlt ein expliziter Gesellschaftsvertrag,** zum Beispiel bei der unbewussten Gesellschaftsbildung (vgl. dazu HANDSCHIN, Systematik, 447; a.A. BK-FELLMANN/MÜLLER, Art. 537 N 25, Ersatz setzt objektives Tätigwerden für die Gesellschaft, welches subjektiv gewollt ist, voraus), so sind Auslagen und Verbindlichkeiten in Gesellschaftsangelegenheiten zu ersetzen, wenn sie *Folge der gemeinsamen Zweckverfolgung* sind, auch wenn die Voraussetzungen der Geschäftsführung ohne Auftrag nicht vorliegen. In allen übrigen Fällen beschränkt sich der Anspruch auf ungerechtfertigte Bereicherung.

II. Verluste aus der Geschäftsführung

Liegt eine Geschäftsführung für die Gesellschaft vor (N 1 f.), sind dem Geschäftsführer auch **Verluste** zu ersetzen, die dabei entstehen. Unter die Verluste fallen *alle Vermögensnachteile*, die bei ihm durch seine Tätigkeit entstehen, soweit er sie nicht selber verschuldet hat (ZK-SIEGWART, N 8; BK-FELLMANN/MÜLLER, Art. 537 N 169; Möglichkeit der Herabsetzung in Analogie zu Art. 44 Abs. 1 oder Ausschluss des Ausgleichsanspruchs bei Mitverursachung).

III. Art und Umfang der Haftung der übrigen Gesellschafter

Die Ansprüche aus der Tätigkeit für die Gesellschaft begründen eine **Forderung gegen die Gesellschafter insgesamt,** die in einem ersten Schritt aus dem ausgeschiedenen Gesellschaftsvermögen zu tilgen ist. Erst in einem *zweiten Schritt haften, sofern das Gesellschaftsvermögen nicht ausreicht, die Gesellschafter persönlich* nach Massgabe des Innenverhältnisses, ohne besondere Vereinbarung *zu gleichen Teilen,* aber *nicht solidarisch* (BK-BECKER, N 2; BK-FELLMANN/MÜLLER, Art. 537 N 50 ff.; vgl. auch MünchKomm-ULMER, § 705 N 217).

Der **Zeitpunkt der Fälligkeit der Ersatzansprüche** ist umstritten, auch das BGer (BGE 116 II 316; vgl. auch BGE 127 III 54) hat die Frage offen gelassen. Es wird die Meinung vertreten, dass Ersatzansprüche beim Fehlen einer Vereinbarung darüber erst mit der Liquidation fällig werden. Neben dem *ausgesprochenen Parteiwillen* sind bei der Feststellung des Zeitpunkts der Fälligkeit von Ersatzansprüchen auch die *Verhältnisse innerhalb der Gesellschaft* zu beachten, z.B. das Vorliegen einer Gesellschaftskasse (ZK-SIEGWART, N 17), die lange Dauer der Gesellschaft (das Warten auf die Liquidation wäre unzumutbar; ZK-SIEGWART, a.a.O.; ebenso BK-FELLMANN/MÜLLER, Art. 537 N 45) und Anzahl und Höhe der Ersatzansprüche (grosse Auslagen, die einer erheblichen Mehrleistung eines Gesellschafters entsprechen, sind eher zurückzuerstatten, als kleine Beträge), die allesamt darauf hinweisen, dass eine periodische Entschädigung der Gesellschafter vor der Liquidation vereinbart war.

IV. Vorgeschossene Gelder und Beiträge an die Gesellschaft

Für Beiträge, die der Gesellschafter an die Gesellschaft leistet und *die keine Einlagen sind,* kann er vom Tag der Leistung an gerechnet, in Ermangelung einer Absprache gem. Art. 73, einen Zins von 5 % verlangen (BK-BECKER, N 7; vgl. auch ZK-SIEGWART, N 9; BK-FELLMANN/MÜLLER, Art. 537 N 38).

V. Vergütung für persönliche Bemühungen

Wie der Kapitalgeber soll der Gesellschafter, der Arbeit leistet, *grundsätzlich durch einen Anteil am Gewinn* entschädigt werden und *nicht durch ein gewinnunabhängiges Entgelt.* Die Regel ist *dispositiv;* die Gesellschafter können ein besonderes Entgelt vereinbaren (zu Art. 557; BGE 72 II 182 = Pra 1946, 275; BK-BECKER, N 8; vgl. auch MünchKomm-ULMER, § 709 N 32). *Fehlt eine solche Vereinbarung,* kann sich eine besondere Vergütung für persönliche Bemühungen *aus den Umständen ergeben:* z.B. wenn in persönlichen Bemühungen eine ausserordentliche Tätigkeit liegt, die bei der Gesellschaftsbildung nicht vorgesehen war und die zu einem übermässigen Beitrag eines Gesellschafters führt. Genannt werden in diesem Zusammenhang die Prozessführung durch einen Gesellschafter, der Anwalt ist, oder die Bauführung durch einen Architekten (ZK-SIEGWART, N 11; BK-FELLMANN/MÜLLER, Art. 537 N 215).

Art. 538

3. Mass der Sorgfalt	¹ Jeder Gesellschafter ist verpflichtet, in den Angelegenheiten der Gesellschaft den Fleiss und die Sorgfalt anzuwenden, die er in seinen eigenen anzuwenden pflegt.
	² Er haftet den übrigen Gesellschaftern für den durch sein Verschulden entstandenen Schaden, ohne dass er damit die Vorteile verrechnen könnte, die er der Gesellschaft in andern Fällen verschafft hat.
	³ Der geschäftsführende Gesellschafter, der für seine Tätigkeit eine Vergütung bezieht, haftet nach den Bestimmungen über den Auftrag.
3. Diligence requise	¹ Chaque associé doit apporter aux affaires de la société la diligence et les soins qu'il consacre habituellement à ses propres affaires.
	² Il est tenu envers les autres associés du dommage qu'il leur a causé par sa faute, sans pouvoir compenser avec ce dommage les profits qu'il a procurés à la société dans d'autres affaires.
	³ L'associé gérant qui est rémunéré pour sa gestion a la même responsabilité qu'un mandataire.
3. Misura della diligenza	¹ Ogni socio deve usare negli affari della società quella diligenza e quella cura, che suole adoperare nei propri.
	² Egli è responsabile verso gli altri soci dei danni cagionati per sua colpa, senza che possa compensarli cogli utili procacciati alla società mediante la sua diligenza in altri casi.
	³ Il socio amministratore, che percepisce un compenso per la sua prestazione, è responsabile secondo le norme del mandato.

Literatur

Vgl. die Literaturhinweise zu Art. 530.

I. Allgemeines. Schaden der Gesellschaft

1 **Art. 538** begründet eine **Haftung gegenüber den Mitgesellschaftern,** nicht gegenüber Dritten, die durch Gesellschafter geschädigt worden sind (vgl. dazu Art. 543 ff.). Nicht unter Abs. 1 fallen dagegen Verletzungen aussergesellschaftsvertraglicher Pflichten (ZK-SIEGWART, N 8; vgl. auch MünchKomm-ULMER, § 708 N 7), wenn ein Gesellschafter nicht aufgrund des Gesellschaftsvertrages, sondern in Erfüllung eines anderen Vertragsverhältnisses mit der Gesellschaft, z.B. als deren Beauftragter, haftbar wird. Verpflichtet sind *alle Gesellschafter, auch die nicht geschäftsführenden* (vgl. aber Abs. 3): Sie haften, wenn sie widerrechtlich (N 3) und schuldhaft (N 4 ff.) der Gesellschaft einen Schaden zufügen.

2 Ein **Schaden** der Gesellschaft liegt vor, wenn ihr *ein Gewinn entgeht* (lucrum cessans) oder sich ihr *Vermögen vermindert* (damnum emergens; vgl. dazu Art. 533 N 1).

II. Widerrechtliches Verhalten

3 Widerrechtlich ist jedes *gesetzwidrige* oder *gesellschaftsvertragswidrige Verhalten,* z.B. die Verletzung der Treuepflicht und des Konkurrenzverbots, die rechtsmissbräuchliche

23. Titel: Die einfache Gesellschaft 4–8 Art. 538

Ausübung des Veto- und Kontrollrechts und die unsorgfältige Geschäftsführung. Verstösst der Gesellschafter gegen allgemeine Rechtspflichten und setzt er dabei die Gesellschaft und die Gesellschafter einer Haftung aus, liegt regelmässig auch ein Verstoss gegen gesellschaftsvertraglich begründete Pflichten vor. Zu einer Haftung gegenüber den anderen Gesellschaftern führt das widerrechtliche Verhalten, wenn ein Verschulden vorliegt (N 4 ff.) und wenn es adäquat kausal zu einem Schaden führt. Keine Widerrechtlichkeit liegt vor, wenn die Gesellschafter (auch nachträglich) dem fraglichen Verhalten zugestimmt haben.

III. Verschulden: Sorgfaltspflicht der Gesellschafter im Allgemeinen

Die Gesellschafter sind verpflichtet, in den Angelegenheiten der Gesellschaft den Fleiss und die Sorgfalt anzuwenden, die sie in ihren eigenen Angelegenheiten pflegen. Sie haften gem. Art. 538 nur für die *diligentia quam in suis,* die oft noch nicht verletzt ist, selbst wenn ein Verhalten gegen objektive Sorgfaltspflichten verstösst (MEIER-HAYOZ/FORSTMOSER, § 12 N 57; anders ZivGer BS, BJM, 1980, 25, das bei einem Verkehrsunfall die Beschränkung auf die diligentia quam in suis ablehnte). Diese Regelung wird heute stark kritisiert (vgl. dazu FELLMANN, 313; BK-FELLMANN/MÜLLER, Art. 538 N 27 f.; VON STEIGER, Aktiengesellschaft, 406; vgl. auch MünchKomm-ULMER, § 708 N 2 [m.w.H.]). 4

Abs. 1 schränkt die im Zivilrecht übliche objektive Sorgfaltspflicht ein auf den Fleiss und die Sorgfalt, die ein Gesellschafter in seinen eigenen Angelegenheiten pflegt (BK-FELLMANN/MÜLLER, Art. 538 N 31; vgl. auch MünchKomm-ULMER, § 708 N 16). Diese bedeutet aber nicht, dass sich ein Gesellschafter mit dem Verweis auf seine Liederlichkeit von der Haftung befreien kann, sondern es ist lediglich bei der Festlegung des Sorgfaltsmassstabs auf die Haftungsverschärfung, die sich aus der Objektivierung der Fahrlässigkeit ergibt, zu verzichten (OFTINGER/STARK, § 16 N 30e). Somit kann der einfache Gesellschafter auch dann Gründe für seine subjektive Entschuldbarkeit geltend machen, wenn er die aus objektiver Sicht erforderliche Sorgfalt nicht angewandt hat (FELLMANN, 316; **a.M.** BK-BECKER, N 2). Verfügt er über Sonderkenntnisse, erhöht sich die Sorgfaltspflicht, die erfüllt sein muss, damit nur leichtes Verschulden vorliegt (BK-FELLMANN/MÜLLER, Art. 538 N 32). 5

Neben den individuellen Veranlagungen und Fähigkeiten der Gesellschafter bemisst sich die zu beachtende Sorgfaltspflicht nach der persönlichen Struktur der Gesellschaft (BGE 108 II 212 E. b): In einem Konkubinat sind die Sorgfaltspflichten in Bezug auf die gemeinsame Buchführung geringer als in einer Bauarbeitsgemeinschaft. 6

IV. Verschulden: Sorgfaltspflicht der geschäftsführenden Gesellschafter, die eine Vergütung erhalten

Der Gesellschafter, der für seine Geschäftsführung eine Vergütung erhält, haftet nach den Regeln des Auftragsrechts (vgl. dazu Art. 398; BK-FELLMANN/MÜLLER, Art. 538 N 145 f.). 7

V. Die Geltendmachung des Schadenersatzanspruchs. Entlastungsgründe

Der **Schadenersatz** ist der **Gesellschaft** geschuldet (vgl. MünchKomm-ULMER, § 708 N 21). Besteht keine Gesellschaftskasse, ist er den Gesellschaftern nach Massgabe des Gesellschaftsvertrags, ansonsten zu gleichen Teilen zu entrichten (**a.M.** BK-FELL- 8

MANN/MÜLLER, Art. 538 N 137; ob bereits ein Gesellschaftsvermögens vorhanden ist, ist ohne Belang). Mehrere ersatzpflichtige Gesellschafter haften wie beim Auslagenersatz gegenüber den ersatzberechtigten Mitgesellschaftern anteilsmässig (**a.A.** BK-BECKER, N 7), es sei denn, die Solidarität ergibt sich aus einer besonderen Haftungsnorm, was z.B. bei einem «gemeinsam» verschuldeten Schaden der Fall ist.

9 **Haftungsausschluss:** Die Gesellschafter können ihre Haftung im *Gesellschaftsvertrag* (in den Grenzen der Art. 100 f.) ausschliessen. Der Haftungsausschluss kann sich auch aus den *Umständen* ergeben, etwa wenn die Gesellschafter ein erkennbar riskantes Geschäft genehmigen und aus der Folge des eingegangenen Risikos ein Schaden entsteht.

10 Ein Schadenersatz ist nur dann geschuldet, *wenn das Geschäft insgesamt zu einem Verlust führt*. Findet innerhalb eines Geschäfts ein (schuldhaft verursachter) Verlust statt, der durch einen im gleichen Geschäft erzielten Gewinn aufgefangen werden kann, haftet der Gesellschafter nicht. Eine **Vorteilsanrechnung** findet aber nur innerhalb des gleichen Geschäftes statt. Eine **allgemeine Vorteilsanrechnung gibt es nicht,** wonach der Gesellschafter frühere und anlässlich anderer Geschäfte erzielte Gewinne «zur Verrechnung» bringen könnte (BK-BECKER, N 9; BK-FELLMANN/MÜLLER, Art. 538 N 123 f.).

11 Der Anspruch auf Schadenersatz der anderen Gesellschafter **verjährt** gem. Art. 127 nach zehn Jahren seit der Vornahme der schädigenden Handlung, auch wenn die anderen Gesellschafter von dieser nicht sofort Kenntnis hatten (BGE 100 II 339 f. = Pra 1975, 260).

Art. 539

VI. Entzug und Beschränkung der Geschäftsführung	¹ Die im Gesellschaftsvertrage einem Gesellschafter eingeräumte Befugnis zur Geschäftsführung darf von den übrigen Gesellschaftern ohne wichtige Gründe weder entzogen noch beschränkt werden. ² Liegen wichtige Gründe vor, so kann sie von jedem der übrigen Gesellschafter selbst dann entzogen werden, wenn der Gesellschaftsvertrag etwas anderes bestimmt. ³ Ein wichtiger Grund liegt namentlich vor, wenn der Geschäftsführer sich einer groben Pflichtverletzung schuldig gemacht oder die Fähigkeit zu einer guten Geschäftsführung verloren hat.
VI. Révocation et restriction du pouvoir de gérer	¹ Le pouvoir de gérer conféré à l'un des associés par le contrat de société ne peut être révoqué ni restreint par les autres associés sans de justes motifs. ² S'il y a de justes motifs, la révocation peut être faite par chacun des autres associés, même si le contrat de société en dispose autrement. ³ Il y a lieu, en particulier, de considérer comme un juste motif le fait que l'associé gérant a gravement manqué à ses devoirs ou qu'il est devenu incapable de bien gérer.
VI. Revoca e limitazione della facoltà di amministrare	¹ La facoltà di amministrare conferita nel contratto di società ad un socio non può, senza gravi motivi, essere revocata né limitata dagli altri soci. ² Quando concorrano gravi motivi, la revoca può farsi da ogni altro socio anche nel caso in cui il contratto di società disponesse diversamente.

³ Se ritiene concorrere un grave motivo specialmente allora che l'amministratore siasi reso colpevole di grave violazione dei propri doveri o sia divenuto incapace di ben amministrare.

Literatur

Vgl. die Literaturhinweise zu Art. 530.

I. Anwendungsbereich

Die Geschäftsführungsbefugnis des Gesellschafters darf durch die anderen Gesellschafter **nur beim Vorliegen wichtiger Gründe** entzogen werden. Diese Bestimmung ist in dem Sinne **zwingend,** *als dass beim Vorliegen wichtiger Gründe der Entzug der Geschäftsführungsbefugnis immer möglich ist:* Das gilt nicht nur dann, wenn sich die Geschäftsführungsbefugnis auf den Gesellschaftsvertrag – eine Wegbedingung des Widerrufsrechts durch Gesellschaftsvertrag ist ausgeschlossen (Abs. 2) – oder auf einen Gesellschafterbeschluss stützt, sondern auch für die kraft Gesetzes (Art. 535) ausgeübte Geschäftsführung (gl.M. BK-FELLMANN/MÜLLER, Art. 539 N 17; ZK-SIEGWART, N 1 ff.; VON STEIGER, Aktiengesellschaft, 401; teils abw. BK-BECKER, N 1, Anwendung der Mandatsgrundsätze und damit die jederzeitige Widerruflichkeit bei Übertragung der Geschäftsführung durch Gesellschaftsbeschluss; anders HAFNER, N 1, der beim gesetzlichen Geschäftsführer nur die Auflösung der Gesellschaft vorsieht. Dieser Auffassung kann nicht gefolgt werden: der Grundsatz «Korrektur vor Auflösung» beansprucht im Gesellschaftsrecht allgemeine Gültigkeit und wird auch bekräftigt in Art. 736 Ziff. 4; vgl. Art. 736 N 22; vgl. auch MünchKomm-ULMER, § 712 N 1 ff.; nach dem Wortlaut beschränkt § 712 die Entziehungsmöglichkeit auf die durch Gesellschaftsvertrag übertragene Geschäftsführung [N 1], diese Einschränkung erweist sich als überholt, § 712 beziehe sich auch auf die Möglichkeit der Entziehung der gesetzlichen Geschäftsführung [N 6]). 1

Stützt sich die Geschäftsführungsbefugnis nicht unmittelbar auf das Gesetz, sondern auf den Gesellschaftsvertrag, ist ein Widerruf auch aus anderen als wichtigen Gründen zulässig, sofern diese Gründe als Widerrufsgründe im Gesellschaftsvertrag vorgesehen sind (z.B. Verlust einer bestimmten beruflichen Stellung, Verlegung des Wohnsitzes, Erreichen einer Altersgrenze etc.; VON STEIGER, Aktiengesellschaft, 400; wenn der Verzicht eines Mitglieds auf die Geschäftsführung vorgesehen werden kann, ist auch deren Beschränkung zulässig). 1a

Die **einem Dritten erteilte Geschäftsführungsbefugnis** ist nach den Regeln des Auftrags in jedem Fall auch beim Fehlen eines wichtigen Grunds durch Gesellschafterbeschluss entzieh- und beschränkbar. Liegt ein wichtiger Grund vor, kann jeder Gesellschafter die dem Dritten erteilte Geschäftsführungsbefugnis widerrufen oder beschränken (BK-FELLMANN/MÜLLER, Art. 539 N 31 f.; zur Kontroverse über die Tragweite von Art. 404 OR vgl. FELLMANN, Art. 404 N 111 ff.; vgl. auch MünchKomm-ULMER, § 712 N 3). 2

II. Wichtige Gründe

Beispielhaft aufzählend nennt das Gesetz die **grobe Pflichtverletzung** und den **Verlust der Fähigkeit zur guten Geschäftsführung** als Gegenstand eines wichtigen Grundes, der den Entzug der Geschäftsführungsbefugnis rechtfertigen kann. Ob diese Gründe vorliegen, ist anhand des Einzelfalls zu beurteilen (vgl. MünchKomm-ULMER, § 712 N 10). Zu beachten ist dabei, dass das Vorliegen eines wichtigen Grundes auch von 3

Art. 540

den Rechtsfolgen abhängt, die er auslösen soll. Liegt er z.B. ausschliesslich im Verlust der Fähigkeit zur guten Geschäftsführung und nicht in einer groben Pflichtverletzung, kann – wo sinnvoll – nur die Beschränkung der Geschäftsführung gerechtfertigt sein, nicht aber deren Entzug (BK-FELLMANN/MÜLLER, Art. 539 N 39 f.; vgl. auch Münch-Komm-ULMER, § 712 N 17).

III. Der Entzug und der Verzicht auf die Geschäftsführungsbefugnis

4 Der **Entzug** kann durch geschäftsführende und durch nicht geschäftsführende Gesellschafter *durch Mitteilung unter Angabe des Grundes* erfolgen (ZK-SIEGWART, N 9; VON STEIGER, Aktiengesellschaft, 401 f.; BK-FELLMANN/MÜLLER, Art. 539 N 67) Erfolgt der Entzug **zu Recht**, erlischt die Geschäftsführungsbefugnis, auch wenn der betroffene geschäftsführende Gesellschafter dies bestreitet. Missachtet er den Entzug, wird er nach dem Recht der *Geschäftsführung ohne Auftrag* haftbar (VON STEIGER, Aktiengesellschaft, 402; BK-FELLMANN/MÜLLER, Art. 539 N 72). Erfolgt der Entzug der Geschäftsführung **zu Unrecht,** wird der Gesellschafter, der ihn ausgesprochen hat, der Gesellschaft gegenüber haftbar (wenn der betroffene Geschäftsführer den Entzug beachtet, VON STEIGER, a.a.O.).

5 Über den **Verzicht** auf die Geschäftsführungsbefugnis durch den geschäftsführenden Gesellschafter enthält das Gesetz keine Bestimmung. Stützt sich die Geschäftsführungsbefugnis ausschliesslich auf das **Gesetz,** ist sie eine *Befugnis und keine Pflicht.* Stützt sie sich indessen auf einen **Vertrag** (der *oft konkludent vereinbart* ist), richtet sich seine Aufhebung nach dessen Massgabe.

IV. Folgen des Entzugs und der Beschränkung der Geschäftsführungsbefugnis

6 Die Geschäftsführungsbefugnis erlischt mit dem Entzug oder reduziert sich mit der Beschränkung, nicht erst mit der – ggf. provisorisch erwirkten – richterlichen Bestätigung derselben (VON STEIGER, Aktiengesellschaft, 402; BK-FELLMANN/MÜLLER, Art. 539 N 71; vgl. auch MünchKomm-ULMER, § 712 N 19).

Art. 540

VII. Geschäftsführende und nicht geschäftsführende Gesellschafter
1. Im Allgemeinen

¹ Soweit weder in den Bestimmungen dieses Titels noch im Gesellschaftsvertrage etwas anderes vorgesehen ist, kommen auf das Verhältnis der geschäftsführenden Gesellschafter zu den übrigen Gesellschaftern die Vorschriften über Auftrag zur Anwendung.

² Wenn ein Gesellschafter, der nicht zur Geschäftsführung befugt ist, Gesellschaftsangelegenheiten besorgt, oder wenn ein zur Geschäftsführung befugter Gesellschafter seine Befugnis überschreitet, so finden die Vorschriften über die Geschäftsführung ohne Auftrag Anwendung.

VII. Rapports entre les gérants et les autres associés
1. En général

¹ A moins que le présent titre ou le contrat de société n'en dispose autrement, les rapports des associés gérants avec les autres associés sont soumis aux règles du mandat.

² Lorsqu'un associé agit pour le compte de la société sans posséder le droit d'administrer, ou lorsqu'un associé gérant outrepasse ses pouvoirs, il y a lieu d'appliquer les règles de la gestion d'affaires.

23. Titel: Die einfache Gesellschaft   1–4a Art. 540

VII. Soci autorizzati e non autorizzati ad amministrare
1. In genere

¹ Salve le disposizioni in contrario contenute in questo titolo o nel contratto di società, si applicano le regole del mandato ai rapporti dei soci amministratori cogli altri soci.

² Al socio che, non autorizzato ad amministrare, agisca nell'interesse della società, ed al socio amministratore, che ecceda le sue facoltà, si applicano le regole della gestione d'affari senza mandato.

Literatur

Vgl. die Literaturhinweise zu Art. 530.

I. Ausgangslage: Anwendung der Vorschriften des Gesellschaftsvertrags

Auf das Verhältnis der geschäftsführenden Gesellschafter zu den übrigen Gesellschaftern sind diejenigen Regeln anwendbar, die der Gesellschaftsvertrag aufstellt; denkbar wäre ein Verweis auf die Normen des Arbeitsrechts (ENGEL, 660). 1

II. Fehlen Vorschriften im Gesellschaftsvertrag: Anwendung der Vorschriften über den Auftrag

Fehlen Regeln im Gesellschaftsvertrag, sind aus dem Auftragsrecht auf das Verhältnis zwischen den nicht geschäftsführenden und den geschäftsführenden Gesellschaftern **in jedem Fall anwendbar:** 2

– Art. 396 Abs. 1 und 2 (Umfang des Auftrags resp. der Geschäftsführungsbefugnis);
– Art. 397 (Verpflichtung des Beauftragten: vorschriftsgemässe Ausführung);
– Art. 398 Abs. 3 (Verpflichtung zur persönlichen Geschäftsführung);
– Art. 399 (Sorgfaltspflicht des Beauftragten bei Übertragung des Geschäfts an einen Dritten);
– Art. 401 (Übergang der im eigenen Namen erworbenen Rechte);
– Art. 403 (Solidarische Haftung der Beauftragten gegenüber dem Auftraggeber).

III. Ausnahme: Keine oder beschränkte Anwendung der Vorschriften über den Auftrag

Nur auf die entgeltliche Geschäftsführung, nicht aber auf die unentgeltliche Geschäftsführung ist anwendbar: 3

– Art. 398 Abs. 1 f. (Sorgfaltspflicht des Beauftragten; BGE 108 II 210).

Nur gegenüber anderen geschäftsführenden Gesellschaftern, nicht aber im Verhältnis zu den nicht geschäftsführenden Gesellschaftern ist anwendbar: 4

– Art. 400 (jederzeitige Pflicht zur Rechenschaftsablegung; gegenüber nicht geschäftsführungsbefugten Gesellschaftern gilt Art. 541).

Nur in Gesellschaften anwendbar, die den **Konkurs oder Tod eines Gesellschafters überleben:** 4a

– Art. 405 (Beendigung des Auftrags durch Tod, Handlungsunfähigkeit, Konkurs).

Art. 541

5 Keine Anwendung finden:

- **Art. 394/395** (Begriff und Entstehung);
- **Art. 396 Abs. 3** (Besondere Ermächtigung für besondere Rechtsgeschäfte; anwendbar ist Art. 535);
- **Art. 402** (Verpflichtungen des Auftraggebers; anwendbar ist Art. 537);
- **Art. 403** (Solidarische Haftung der Beauftragten gegenüber dem Auftraggeber; anwendbar ist Art. 538);
- **Art. 404** (Beendigung des Auftrags durch Widerruf; anwendbar ist Art. 539);
- **Art. 405** (Beendigung des Auftrags durch Tod, Handlungsunfähigkeit, Konkurs; anwendbar sind Art. 545 Abs. 2 und Art. 547; vgl. aber N 4a);
- **Art. 406** (Wirkung des Erlöschens des Auftrags; anwendbar ist Art. 547 Abs. 1).

IV. Geschäftsführung ohne Auftrag

6 Kann sich die Geschäftsführung nicht oder nicht mehr (vgl. Art. 539) auf einen Gesellschaftsvertrag, einen Gesellschaftsbeschluss, einen besonderen Auftrag oder auf das Gesetz stützen, gelangen die Vorschriften über die Geschäftsführung ohne Auftrag (Art. 419 ff.) zur Anwendung.

Art. 541

2. Einsicht in die Gesellschaftsangelegenheiten

¹ Der von der Geschäftsführung ausgeschlossene Gesellschafter hat das Recht, sich persönlich von dem Gange der Gesellschaftsangelegenheiten zu unterrichten, von den Geschäftsbüchern und Papieren der Gesellschaft Einsicht zu nehmen und für sich eine Übersicht über den Stand des gemeinschaftlichen Vermögens anzufertigen.

² Eine entgegenstehende Vereinbarung ist nichtig.

2. Droit de se renseigner sur les affaires de la société

¹ Tout associé, même s'il n'a pas la gestion, a le droit de se renseigner personnellement sur la marche des affaires sociales, de consulter les livres et les papiers de la société, ainsi que de dresser, pour son usage personnel, un état sommaire de la situation financière.

² Toute convention contraire est nulle.

2. Diritto d'informarsi degli affari sociali

¹ Il socio escluso dall'amministrazione ha diritto d'informarsi personalmente dell'andamento degli affari sociali, di ispezionare i libri commerciali e le carte della società e di estrarne per proprio uso un prospetto sullo stato del patrimonio sociale.

² È nullo ogni patto contrario.

Literatur

Vgl. die Literaturhinweise zu Art. 530.

I. Umfassendes und unentziehbares Kontrollrecht als Folge zwingender Gesellschafterrechte

Die einfache Gesellschaft bewirkt eine enge Bindung der Gesellschafter unter sich und gegenüber Dritten, die für alle Gesellschafter mit erheblichen Risiken verbunden ist. Besonders gross sind die Risiken für die von der Geschäftsführung ausgeschlossenen Gesellschafter, die von den Gesellschaftsangelegenheiten nicht unmittelbar durch ihre Geschäftsführung Kenntnis erlangen und auf diese nur wenig Einfluss ausüben können. Zu ihren Gunsten sieht das Gesetz **Mitwirkungsrechte** vor (Art. 535 Abs. 3: Mitwirkung bei wichtigen Beschlüssen; Art. 539 Abs. 2: Entzug der Geschäftsführungsbefugnis aus wichtigem Grund; Art. 545: Klage auf Auflösung der Gesellschaft). Diese Mitwirkungsrechte können nur sinnvoll ausgeübt werden, wenn die Geschäftsführung kontrolliert werden kann. 1

Neben der **präventiven Kontrolle der Geschäftsführung** dient das **Kontrollrecht** der von der Geschäftsführung ausgeschlossenen Gesellschafter der Überprüfung der durch die Geschäftsführer festgestellten Gewinn- und Verlustbeteiligungen. 2

II. Inhalt des Kontrollrechts. Grenzen

Art und der Umfang des Kontrollrechts richten sich nach seinem Zweck (N 1 f.): Es schliesst alles ein, was zu seiner Erreichung nötig ist (ZK-SIEGWART, N 2; BK-FELLMANN/MÜLLER, Art. 541 N 51; VON STEIGER, Aktiengesellschaft, 404). Das Gesetz nennt drei Kontrolltätigkeiten: 3

Der von der Geschäftsführung ausgeschlossene Gesellschafter hat das Recht, sich persönlich vom Gang der Gesellschaftsangelegenheiten zu unterrichten (BK-FELLMANN/MÜLLER, Art. 541 N 54 f.). Dazu gehören insb. der **Zutritt zum Geschäftslokal** (ZK-SIEGWART, N 2), die **Feststellung der Existenz und der Qualität des Gesellschaftsvermögens** (ZK-SIEGWART, N 5) und die **Beobachtung der Angestellten** (ZK-SIEGWART, a.a.O.). 4

An zweiter Stelle nennt das Gesetz die **Einsicht in Geschäftsbücher und Papiere** der Gesellschaft. Das Einsichtsrecht ist umfassend (BK-FELLMANN/MÜLLER, Art. 541 N 9; MEIER-HAYOZ/FORSTMOSER, § 12 N 60). Es beschränkt sich nicht auf **Geschäftsbücher, Geschäftskorrespondenz** und **Belege** i.S.v. Art. 962, sondern umfasst alle im Rahmen der Geschäftsführung erhaltenen und hergestellten Papiere, also auch **Entwürfe, Notizen** und **Protokolle,** soweit die Einsicht in diese für die Ausübung des Kontrollrechts nötig ist. Die Einsicht in Geschäftsbücher und Papiere erfolgt i.d.R. dort, wo sich die Dokumente befinden, meistens **im Geschäftslokal** (BK-FELLMANN/MÜLLER, Art. 541 N 73; vgl. auch MünchKomm-ULMER, § 716 N 8 f.). Die Dauer der Einsicht richtet sich nach ihrem Zweck. 5

Dem von der Geschäftsführung ausgeschlossenen Gesellschafter stehen nicht nur die beiden unter N 4 f. genannten Kontroll- und Einsichtsrechte zu. Er ist zudem befugt, von seinen Beobachtungen **Aufzeichnungen vorzunehmen** (BK-FELLMANN/MÜLLER, Art. 541 N 60 f.; vgl. auch MünchKomm-ULMER, § 716 N 11). 6

Das Kontrollrecht ist grundsätzlich **persönlich** oder durch den **gesetzlichen Vertreter** des Gesellschafters (VON STEIGER, Aktiengesellschaft, 404; BK-FELLMANN/MÜLLER, Art. 541 N 17 ff.; vgl. auch MünchKomm-ULMER, § 716 N 13 f.) **vorzunehmen.** Der Beizug eines Dritten, z.B. eines Experten, ist nur zulässig, wenn die anderen Gesellschafter zustimmen (VON STEIGER, Aktiengesellschaft, 404; BK-FELLMANN/MÜLLER, 7

Art. 541 N 21 ff.; vgl. auch MünchKomm-ULMER, § 716 N 15 f.) oder wenn die Kontrolle ohne seinen Beizug nicht möglich ist.

8 Die **Unterlassung des Kontrollrechts** führt nur dann zum Verlust der Ansprüche gegen fehlbare geschäftsführende Gesellschafter, wenn der von der Geschäftsführung ausgeschlossene Gesellschafter Anlass zu einem Verdacht hätte haben müssen und wenn er die Kontrolle hätte ausüben können (ZK-SIEGWART, N 8).

9 Das Kontrollrecht ist begriffswesentlich für die einfache Gesellschaft. Es kann **nicht vertraglich ausgeschlossen** werden; auch der Richter kann dieses Recht nicht dauerhaft entziehen (BK-FELLMANN/MÜLLER, Art. 541 N 101; BK-BECKER, N 2). Ist das Vertrauensverhältnis derart gestört, dass die Ausübung des Kontrollrechts durch einen Gesellschafter, der von der Geschäftsführung ausgeschlossen ist, für die anderen Gesellschafter unzumutbar erscheint, verbleibt als Ausweg nur die **Auflösung der Gesellschaft** (vgl. dazu Art. 545 ff.).

10 Die **Grenze des Kontrollrechts** des von der Geschäftsführung ausgeschlossenen Gesellschafters liegt **ausschliesslich im Rechtsmissbrauch** (BK-FELLMANN/MÜLLER, Art. 541 N 70; MEIER-HAYOZ/FORSTMOSER, § 12 N 60; vgl. auch MünchKomm-ULMER, § 716 N 6). Dieser kann vorliegen, wenn die Ausübung des Kontrollrechts dem Gesellschaftsinteresse krass widerspricht (z.B. in Konkurrenzverhältnissen oder wenn sie zu einer unvernünftigen zeitlichen Beanspruchung der Geschäftsführung führt, VON STEIGER, Aktiengesellschaft, 404).

Art. 542

VIII. Aufnahme neuer Gesellschafter und Unterbeteiligung	¹ **Ein Gesellschafter kann ohne die Einwilligung der übrigen Gesellschafter keinen Dritten in die Gesellschaft aufnehmen.** ² **Wenn ein Gesellschafter einseitig einen Dritten an seinem Anteile beteiligt oder seinen Anteil an ihn abtritt, so wird dieser Dritte dadurch nicht zum Gesellschafter der übrigen und erhält insbesondere nicht das Recht, von den Gesellschaftsangelegenheiten Einsicht zu nehmen.**
VIII. Admission de nouveaux associés; tiers intéressés	¹ Aucun associé ne peut introduire un tiers dans la société sans le consentement des autres associés. ² Lorsque, de son propre chef, un associé intéresse un tiers à sa part dans la société ou qu'il lui cède cette part, ce tiers n'a pas la qualité d'associé et il n'acquiert pas, notamment, le droit de se renseigner sur les affaires de la société.
VIII. Ammissione di nuovi soci e partecipazione a terzi	¹ Nessun socio può, senza il consenso degli altri, ammettere un terzo nella società. ² Il terzo, cui un socio accorda una partecipazione o fa cessione della propria quota, non diventa per questo socio degli altri soci, e specialmente non acquista il diritto di prendere visione degli affari della società.

Literatur

Vgl. die Literaturhinweise zu Art. 530.

I. Aufnahme neuer Mitglieder

Die Aufnahme neuer Gesellschafter in die Gesellschaft bedarf der **Zustimmung aller Gesellschafter,** *wenn der Gesellschaftsvertrag keine abweichenden Bestimmungen enthält.* Solche vertraglichen Bestimmungen können *Mehrheitsbeschlüsse* oder die *generelle Zulassung bestimmter Kategorien,* wie Erben ausgeschiedener Mitglieder, vorsehen (Art. 545 Abs. 1 Ziff. 2; MEIER-HAYOZ/FORSTMOSER, § 12 N 99; ENGEL, 652; BK-FELLMANN/MÜLLER, Art. 542 N 17 f.; vgl. auch MünchKomm-ULMER, § 719 N 27; Zustimmung aller Mitgesellschafter zum Verfügungsgeschäft).

Mit dem Eintritt in die Gesellschaft fällt dem Eintretenden die Gesamtberechtigung am Vermögen der Gesellschaft zu, wie bei der Gründung der Gesellschaft (ZK-SIEGWART, N 14). Der Eintritt ist grundsätzlich **formfrei**, auch wenn die Gesellschaft über Grundstücke verfügt, die dem neuen Gesellschafter teilweise anwachsen. Formvorschriften sind nur zu beachten, wenn mit dem Eintritt des Gesellschafters dingliche Rechte an Grundstücken in die Gesellschaft eingebracht werden (ZK-SIEGWART, N 12; BK-FELLMANN/ MÜLLER, Art. 542 N 64). Der eintretende Gesellschafter ist i.d.R. nur verpflichtet, Verluste aus Geschäften und Vorgängen mitzutragen, die nach seinem Eintritt stattfanden, es sei denn, der neu eintretende Gesellschafter habe eine Schuldübernahme nach aussen kundgegeben (FUNK, Art. 542 N 1; MEIER-HAYOZ/FORSTMOSER, § 12 N 101; BK-FELLMANN/MÜLLER, Art. 542 N 88). Eine Vermutung, dass auch Verpflichtungen übernommen werden, lässt sich nur dann rechtfertigen, wenn auch in anderen Bereichen ein ausdrückliches Gewicht auf die Kontinuität der Gesellschaft gelegt wird (ZK-SIEGWART, N 15). Schliesslich ist denkbar, dass die Gesellschafter nicht die Aufnahme in eine bestehende Gesellschaft vereinbart haben, sondern die Weiterführung oder Aufhebung der alten unter gleichzeitiger Neugründung der neuen Gesellschaft. In diesem Fall haftet der neu dazugestossene Gesellschafter nicht für die Schulden der alten Gesellschaft.

Ist die Aufnahme neuer Mitglieder mit einem *Ausscheiden alter Mitglieder* verbunden, kann entweder ein Austritt des einen Gesellschafters verbunden mit dem Eintritt des anderen Gesellschafters vorliegen, oder die direkte Übertragung der Mitgliedschaft vom einen auf den anderen (vgl. dazu BK-FELLMANN/MÜLLER, Art. 542 N 98; MEIER-HAYOZ/FORSTMOSER, § 12 N 92 ff.; vgl. auch MünchKomm-ULMER, § 719 N 17 f. und 21 f.). Liegt ein Mitgliedschaftsübergang vor, übernimmt der neue Gesellschafter die Gesellschafterposition des abtretenden Gesellschafters mitsamt den dazugehörigen Rechten und Pflichten; es ist also keine Schuldübernahme erforderlich (anders noch Vorauflage OR-HANDSCHIN, Art. 542 N 3; gl.M. BK-FELLMANN/MÜLLER, Art. 542 N 114; vgl. auch MünchKomm-ULMER, § 719 N 42 ff.; **a.M.** VON STEIGER, Aktiengesellschaft, 409), auch die Schulden und die Haftbarkeit für Vorgänge vor seinem Eintritt. Eine zwingende Vermutung für das eine oder andere gibt es nicht; bei Fehlen einer klaren Vereinbarung ist aber richtigerweise wohl nur dann von einem Mitgliedschaftsübergang auszugehen, wenn der Wille des neu eintretenden Gesellschafters in die Position des austretenden Gesellschafters klar erkennbar ist und jener als Nachfolger erscheint. Kommt keine Einigung zustande, und ist unter den Gesellschaftern nicht für den Fall des Gesellschafterwechsels ein Fortführen der Gesellschaft beschlossen oder vereinbart worden, wird sie gem. Art. 545 Ziff. 2 und 6 aufgelöst (s. dort).

II. Die Unterbeteiligung

Eine Unterbeteiligung liegt vor, wenn ein Gesellschafter mit einem Dritten eine **neue einfache Gesellschaft** bildet, die den Zweck hat, die Mitgliedschaft an der ersten Gesellschaft gemeinsam auszuüben (VON STEIGER, Aktiengesellschaft, 348; BK-FELL-

MANN/MÜLLER, Art. 542 N 200 und 222; zum Ganzen auch LÖLIGER, Die Unterbeteiligung an Personengesellschaften; vgl. auch MünchKomm-ULMER, § Vor 705 N 96). Sie kann grundsätzlich ohne Zustimmung der anderen Gesellschafter eingegangen werden (Abs. 2). Ist die Begründung einer Unterbeteiligung zugunsten eines Dritten durch den Gesellschaftsvertrag (VON STEIGER, Aktiengesellschaft, 411) oder durch den Zweck der Gesellschaft ausgeschlossen, kann in der Zuwiderhandlung ein wichtiger Grund für den Ausschluss des Gesellschafters oder die Auflösung der Gesellschaft liegen (BK-FELLMANN/MÜLLER, Art. 542 N 225; vgl. auch MünchKomm-ULMER, § Vor 705 N 97).

5 Die Unterbeteiligung verschafft dem Dritten **keine Rechte gegenüber den Gesellschaftern der Obergesellschaft** (VON STEIGER, Aktiengesellschaft, 349; BK-FELLMANN/MÜLLER, Art. 542 N 240; vgl. auch MünchKomm-ULMER, § Vor 705 N 98). Die Treuepflicht des Hauptgesellschafters verbietet es, den Dritten in den Angelegenheiten zu orientieren, die von einer Geheimhaltungspflicht erfasst sind und deren Mitteilung anderen Dritten untersagt wäre (vgl. MünchKomm-ULMER, § Vor 705 N 99).

III. Die einseitige Abtretung von Gesellschafterrechten

6 Ähnliche Auswirkungen wie die Unterbeteiligung hat die Abtretung von Gesellschafterrechten an einen Dritten, jedoch mit dem Unterschied, dass auf das Verhältnis zwischen dem Gesellschafter und dem Dritten das Recht der **Zession** statt dem der einfachen Gesellschaft anwendbar ist. Der Dritte ist also nicht nur am abgetretenen Anteil des Gesellschafters *beteiligt,* sondern er *erwirbt* ihn und hat damit direkt einen Anspruch gegenüber der Gesellschaft (BK-FELLMANN/MÜLLER, Art. 542 N 219), mit der Folge, dass der abgetretene *vermögenswerte* Anspruch dem Zessionar zusteht, während die *übrigen* Rechte des Gesellschafters beim Zedenten verbleiben (BK-FELLMANN/MÜLLER, Art. 542 N 246).

Art. 543

C. Verhältnis der Gesellschafter gegenüber Dritten
I. Vertretung

¹ Wenn ein Gesellschafter zwar für Rechnung der Gesellschaft, aber in eigenem Namen mit einem Dritten Geschäfte abschliesst, so wird er allein dem Dritten gegenüber berechtigt und verpflichtet.

² Wenn ein Gesellschafter im Namen der Gesellschaft oder sämtlicher Gesellschafter mit einem Dritten Geschäfte abschliesst, so werden die übrigen Gesellschafter dem Dritten gegenüber nur insoweit berechtigt und verpflichtet, als es die Bestimmungen über die Stellvertretung mit sich bringen.

³ Eine Ermächtigung des einzelnen Gesellschafters, die Gesellschaft oder sämtliche Gesellschafter Dritten gegenüber zu vertreten, wird vermutet, sobald ihm die Geschäftsführung überlassen ist.

C. Rapports des associés envers les tiers
I. Représentation

¹ L'associé qui traite avec un tiers pour le compte de la société, mais en son nom personnel, devient seul créancier ou débiteur de ce tiers.

² Lorsqu'un associé traite avec un tiers au nom de la société ou de tous les associés, les autres associés ne deviennent créanciers ou débiteurs de ce tiers qu'en conformité des règles relatives à la représentation.

³ Un associé est présumé avoir le droit de représenter la société ou tous les associés envers les tiers, dès qu'il est chargé d'administrer.

C. Rapporti dei soci coi terzi
I. Rappresentanza

¹ Ove un socio tratti con un terzo per conto della società, ma in proprio nome, egli solo diventa creditore o debitore in confronto del terzo.

² Ove un socio tratti con un terzo in nome della società o di tutti i soci, gli altri soci non diventano creditori o debitori in confronto del terzo, se non in conformità alle disposizioni sulla rappresentanza.

³ La facoltà di rappresentare la società o tutti i soci verso i terzi si presume nel singolo socio, tosto che gli sia conferita l'amministrazione.

Literatur

AEPLI, Zur Haftung der Mitglieder einer einfachen Gesellschaft, BR 1999, 42 ff.; AMONN/WALTHER, Grundriss des Schuldbetreibungs- und Konkursrechts, 7. Aufl., Bern 2003; BUCHER, Schweizerisches Obligationenrecht, Allgemeiner Teil, 2. Aufl., Zürich 1988; CHAPUIS, Le représentant de la société simple: une hydre à deux têtes?, in: Harrer/Portmann/Zäch, Besonderes Vertragsrecht – aktuelle Probleme, Festschrift für Heinrich Honsell zum 60. Geburtstag, Zürich 2002, 587 ff.; FELLMANN, Grundfragen im Recht der einfachen Gesellschaft, ZBJV 1997, 287 ff. (ZIT. Grundfragen); DERS., Geschäftsführung, Vertretung und Haftung bei den Personengesellschaften, in: Girsberger et al. (Hrsg.), Rechtsfragen rund um die KMU, Zürich 2003, 125 ff. (zit. Geschäftsführung); FELLMANN/MÜLLER, Die Vertretungsmacht des Geschäftsführers in der einfachen Gesellschaft – eine kritische Auseinandersetzung mit BGE 124 III 355 ff., AJP 5/2000, 637 ff.; HERREN, Verrechnungsprobleme beim Ausscheiden eines zahlungsunfähigen Konsortianten aus mehreren Arbeitsgemeinschaften, AJP 3/99, 265 ff.; HIRSCH, La société simple et les tiers, in: FS Deschenaux, 411 ff.; IKLÉ, Die Geschäftsführungsbefugnis des einfachen Gesellschafters, Diss. Zürich 1926; KUMMER, Die Klage auf Verurteilung zur Abgabe einer Willenserklärung, ZSR 1954, 163 ff.; LOSER, Konkretisierung der Vertrauenshaftung, recht 1999, 73 ff.; MÜLLER, Die Haftungsverhältnisse bei der einfachen Gesellschaft, Diss. Bern 1938; NEESE, Fehlerhafte Gesellschaften, Diss. Zürich 1990; REICHMUTH PFAMMATTER, Vertretung und Haftung in der einfachen Gesellschaft, Diss. St. Gallen 2002; SCHERER, Die Geschäftsführung und die Vertretung in den Personengesellschaften, Diss. Zürich 1964; SEEGER, Die Arbeitsgemeinschaft in der Bauindustrie als Gesellschaft des Bürgerlichen Rechts, ihre steuerlichen und betriebswirtschaftlichen Besonderheiten, Diss. Nürnberg 1958; SIMONIUS, Solidarische Haftung der Mitglieder einer Bürogemeinschaft, SAV 144/1993, 29 ff.; STAEHELIN, Bemerkungen zur Rechtsprechung, SZW 6/2000, 308 ff.; STEIGER, Haftung des in Gemeinschaften tätigen Anwalts, SAV 142/1993, 16 f.; TAORMINA, Innenansprüche in der einfachen Gesellschaft und deren Durchsetzung, Diss. Freiburg 2003; VOGEL/SPÜHLER, Grundriss des Zivilprozessrechts, 8. Aufl., Bern 2006; VOGELSANG, Essai d'une étude dogmatique de la société simple en droit suisse, Diss. Lausanne 1931; VONZUN, Rechtsnatur und Haftung der Personengesellschaften, Diss. Basel 2000.

I. Allgemeines

Art. 543 und 544 regeln das **Aussenverhältnis** bei der einfachen Gesellschaft. Dieses ist dadurch gekennzeichnet, dass dem Dritten *eine Mehrzahl von Personen* gegenübersteht, die *untereinander vertraglich verbunden* sind, *nach aussen jedoch keine rechtliche Einheit* darstellen (W. VON STEIGER, 430; BK-FELLMANN/MÜLLER, N 44). Die Vertretung der einfachen Gesellschaft als blosse Rechtsgemeinschaft ist somit eine rechtsgeschäftliche und nicht eine organschaftliche, und **vertreten wird** nicht die Gesellschaft als solche, sondern **die Gesamtheit der einzelnen Gesellschafter** (MEIER-HAYOZ/FORSTMOSER, § 12 N 62; BK-FELLMANN/MÜLLER, N 49; PATRY, Précis, 244; VONZUN, N 24; **a.M.** wohl TAORMINA, 20 ff., welcher von der Rechtsfähigkeit der einfachen Gesellschaft ausgeht).

Die einfache Gesellschaft geniesst auch nicht die Privilegierung der Kollektiv- (Art. 552 ff., 562) und Kommanditgesellschaft (Art. 594 ff., 602), welche von Gesetzes wegen im

Rechtsverkehr unter ihrer **Firma** auftreten können, obwohl ihnen keine Rechtspersönlichkeit zukommt.

II. Handeln eines Gesellschafters im eigenen Namen (Abs. 1)

3 Handelt ein Gesellschafter *im eigenen Namen,* begründet sein Handeln keine unmittelbare Wirkung für die übrigen Gesellschafter, auch wenn er für ihre Rechnung tätig wird. Es liegt dann **indirekte Stellvertretung** vor, *wobei die Wirkungen der abgeschlossenen Rechtsgeschäfte nur beim Handelnden eintreten* (BK-ZÄCH, Art. 32–40 N 5), sogar wenn der Dritte wusste oder wissen musste, dass für Rechnung der Gesellschaft gehandelt wurde (BSK OR I-WATTER/SCHNELLER, Art. 32 N 30; BK-FELLMANN/MÜLLER, N 38; W. VON STEIGER, 438; ZK-SIEGWART, N 4). Ob ein Gesellschafter einen Vertrag in eigenem Namen oder im Namen der Gesellschaft abschliesst, beurteilt sich in erster Linie durch subjektive Auslegung. Erforderlich für direkte Stellvertretung ist, dass der Gesellschafter Vertretungswillen hat, oder mangels dessen aus den Umständen auf den Vertretungswillen geschlossen werden durfte (BGer, 4C.191/2003, E. 1.2). Bei indirekter Stellvertretung können rechtsgeschäftlich begründete Verpflichtungen und Berechtigungen nur auf dem Wege der Schuldübernahme (Art. 181 ff.) bzw. der Abtretung (Art. 164 ff.) auf die übrigen Gesellschafter übertragen bzw. erstreckt werden (Art. 32 Abs. 3), es sei denn, aufgrund eines bestehenden Auftragsverhältnisses finde eine Legalzession gemäss Art. 401 statt (PATRY, Précis, 253); ein solches Auftragsverhältnis wird beim geschäftsführenden oder beauftragten Gesellschafter einer Gesellschaft in der Regel vorliegen (BK-FELLMANN/MÜLLER, N 29, 39 f.). Bezüglich der internen Wirkungen massgebend sind der Gesellschaftsvertrag und für den nicht vertretungsberechtigten Gesellschafter die Vorschriften über die Geschäftsführung ohne Auftrag (Art. 419 ff. i.V.m. Art. 540 Abs. 2; W. VON STEIGER, 438).

4 Die *Regeln über die indirekte Stellvertretung* kommen insb. auch beim Vorliegen einer **stillen Gesellschaft** zur Anwendung (W. VON STEIGER, 438). Bei dieser wünscht der stille Gesellschafter nach aussen nicht aufzutreten und der bzw. die Hauptgesellschafter werden aus der Geschäftstätigkeit allein berechtigt und verpflichtet (MEIER-HAYOZ/FORSTMOSER, § 15 N 2; VONZUN, N 15).

III. Handeln eines Gesellschafters im Namen der Gesellschaft oder sämtlicher Gesellschafter (Abs. 2)

1. Allgemeines

5 Handelt der Gesellschafter im Namen sämtlicher Gesellschafter oder gebraucht er dabei eine Sammelbezeichnung wie z.B. «die Gesellschaft» (ZK-SIEGWART, N 7; W. VON STEIGER, 431 FN 4), so kommen die Bestimmungen über die **direkte Stellvertretung** (Art. 32 ff.) zur Anwendung (Art. 543 Abs. 2; BGer, 4C.243/2004, E. 1). Die einzige spezielle gesellschaftsrechtliche Regelung der Vertretungsverhältnisse bei der einfachen Gesellschaft ist Art. 543 Abs. 3 (dazu N 25 ff.).

6 Weil der Gesellschafter *nebst einer Mehrheit von Personen auch zugleich immer sich selbst vertritt,* geht es bei der einfachen Gesellschaft um eine bloss **analoge Anwendung von Art. 32 ff.** (BK-FELLMANN/MÜLLER, N 50 ff.; BK-ZÄCH, Art. 32–40 N 30). Es muss deshalb im Einzelfall jeweils geprüft werden, ob die Art. 32 ff. tatsächlich zur Anwendung kommen oder ob die Eigenheiten des Gesellschaftsrechts eine Derogierung des allgemeinen Stellvertretungsrechts gebieten.

2. Handeln im Namen der Gesellschaft

Voraussetzung der *Anwendung der Regeln über die direkte Stellvertretung ist,* dass der handelnde Gesellschafter das *Stellvertretungsverhältnis zu erkennen* gibt. Dies tut er, wenn er erklärt, er handle **«für die Gesellschafter»**, oder ähnliche Bezeichnungen verwendet (ZK-SIEGWART, N 7; BK-FELLMANN/MÜLLER, N 77 f.). Nach Art. 32 Abs. 2 genügt es auch, wenn der Dritte aus den **Umständen** auf das Vertretungsverhältnis schliessen muss (BGE 49 II 208 ff.), es sei denn, der Gesellschafter handle ausdrücklich im eigenen Namen. Da die einfache Gesellschaft ein Vertragsverhältnis ist, das äusserlich oft nicht erkennbar ist, wird wohl selten aufgrund der Umstände eine direkte Stellvertretung angenommen werden können (PATRY, Précis, 246; dazu BGer, 4C.191/2003, E. 1). Gemäss Art. 32 Abs. 2 wird die Gesellschaft auch dann verpflichtet und berechtigt werden, wenn es **dem Dritten gleichgültig** war, mit wem er den Vertrag schliesst (PATRY, Précis, 244; BK-FELLMANN/MÜLLER, N 81).

3. Vollmacht

a) Handeln mit Vollmacht

aa) Erteilung der Vollmacht

Die **Vollmacht** kann durch Gesellschafts**vertrag,** Gesellschafts**beschluss** oder durch **konkludentes Verhalten** (BGE 79 II 389) sämtlicher Gesellschafter erteilt werden (W. VON STEIGER, 431).

Die Erteilung der Vollmacht durch einen **ungültigen Beschluss** stellt in aller Regel die Vertretungswirkung nicht in Frage, weil im Bereich des Stellvertretungsrechts der nach aussen erweckte Rechtsschein entscheidet (**a.M.** W. VON STEIGER, 431; zur ähnlichen Situation beim Vorliegen einer faktischen Gesellschaft vgl. N 21 ff.). Oft wird sich das **Verhalten der Mitgesellschafter** so auswirken, dass trotz der Ungültigkeit des Beschlusses der Dritte berechtigt ist, die Existenz der Vollmacht anzunehmen, sodass der Mangel durch den guten Glauben des Dritten geheilt wird (BGE 107 II 115; auch BK-FELLMANN/MÜLLER, N 74).

bb) Wirkung

Ist der handelnde Gesellschafter **vertretungsberechtigt,** so werden *alle vertretenen Personen berechtigt und verpflichtet* (Art. 32 Abs. 1), und zwar grundsätzlich im Umfang der erteilten Ermächtigung, solange nicht ein Tatbestand des Gutglaubensschutzes greift (Art. 33 Abs. 3; Art. 34 Abs. 3; Art. 543 Abs. 3). Dieselbe Wirkung erzeugt eine nachträglich erteilte Genehmigung (Art. 38 Abs. 1).

b) Handeln ohne Vollmacht

Ist der handelnde Gesellschafter zum Geschäftsabschluss **nicht ermächtigt** und wird das Geschäft auch nicht nachträglich genehmigt, so erzeugt dieses grundsätzlich keine Wirkungen für die übrigen Gesellschafter (Art. 38).

Der Gesellschafter, der im Namen der Gesellschaft **handelt,** wird hingegen **immer selbst verpflichtet:** Da die einfache Gesellschaft keine eigene juristische Persönlichkeit hat, ist eine im Namen der Gesellschaft oder sämtlicher Gesellschafter abgegebene Willenserklärung immer auch im eigenen Namen abgegeben (BGE 95 II 62; MEIER-HAYOZ/FORSTMOSER, § 12 N 70). Der Dritte kann somit gegen den handelnden Gesellschafter auf Erfüllung klagen und muss sich nicht auf einen Schadenersatzanspruch nach Art. 39 beschränken (BK-FELLMANN/MÜLLER, N 207), sofern Erfüllung ohne Zusammenwirken mehrerer Gesellschafter überhaupt möglich ist. In der Lehre wird auch die Meinung vertreten, dass der Dritte ablehnen kann, das Geschäft als ein nur für einen Gesellschafter wirksames gelten zu lassen, und vom Vertrag zurücktreten darf (ZK-SIEGWART, N 16; BK-FELLMANN/MÜLLER, N 208).

13 Auf den Gesellschafter, der seine Vertretungsbefugnis überschreitet, finden die Vorschriften über die **Geschäftsführung ohne Auftrag** Anwendung (Art. 540 Abs. 2 i.V.m. Art. 419 ff.).

c) Untergang der Vollmacht

14 Bezüglich des Unterganges der Vollmacht sind in der Literatur folgende Fragen besonders umstritten: Ob die von allen Gesellschaftern verliehene Vollmacht *ausschliesslich kollektiv entzogen* werden kann oder ob *jedem einzelnen Gesellschafter ein Widerrufsrecht* i.S.v. Art. 34 zusteht; ggf., ob für den Widerruf der Vollmacht durch einen einzelnen Gesellschafter **wichtige Gründe** vorliegen müssen oder nicht.

aa) Widerruf durch contrarius actus

15 Die Vollmacht kann durch **contrarius actus** jederzeit entzogen werden, d.h. durch Vertragsänderung, Gesellschafterbeschluss oder durch konkludentes Verhalten (mit Vorbehalt der Rechte gutgläubiger Dritter).

bb) Kollektiver Entzug der Vollmacht

16 Ein grundsätzliches **Widerrufsrecht** jedes einzelnen Gesellschafters i.S.v. Art. 34 trägt dem bestehenden *vertraglichen Verhältnis keine Rechnung und findet auch keine Stütze im Gesetz,* wo ein Entzug der Geschäftsführungsbefugnis nur aus wichtigen Gründen vorgesehen ist (Art. 539 Abs. 2). Das zwischen den Gesellschaftern bestehende vertragliche Verhältnis gewährt dem einzelnen Mitglied Schutz gegen unbefugtes Handeln der anderen Gesellschafter und enthält zugleich eine erhebliche Vertrauenskomponente, die einem Widerrufsrecht des Einzelnen i.S.v. Art. 34 entgegensteht.

Nur ein Kollektivakt kann deshalb die Vollmachterteilung rückgängig machen (MÜLLER, 107; TERCIER, N 6773; a.M. HIRSCH, 419 ff.; ZK-OSER/SCHÖNENBERGER, Art. 34 N 8; BK-FELLMANN/MÜLLER, N 111; zur Kontroverse MEIER-HAYOZ/FORSTMOSER, § 12 N 53; W. VON STEIGER, 434 FN 22 m.w.Nw.; BK-ZÄCH, Art. 34 N 32; REICHMUTH PFAMMATTER, 132 ff. m.w.Nw.).

cc) Erfordernis des wichtigen Grundes

17 Ein Teil der Lehre will den Entzug der Vertretungsbefugnis durch einen einzelnen Gesellschafter gestatten, diesen aber vom Vorliegen **wichtiger Gründe** abhängig machen (ZK-SIEGWART, N 12; W. VON STEIGER, 434; BK-ZÄCH, Art. 34 N 34). Angesichts der Funktion der einfachen Gesellschaft als Subsidiärform des Gesellschaftsrechts, die wohl kein kaufmännisches Unternehmen betreiben darf (MEIER-HAYOZ/FORSTMOSER, § 12 N 6, 27), oft aber wirtschaftliche Zwecke befolgt und daher dringenden Handlungsbedarf aufweisen kann, scheint u.E. eine solch *flexible Auslegung durchaus angezeigt.*

dd) Entzug der Geschäftsführung und Untergang der Vollmacht

Mit dem **Untergang des Rechtes zur Geschäftsführung** erlischt die Vollmacht u.E. nicht generell (SCHERER, 100; **a.M.** W. VON STEIGER, 402; ZK-SIEGWART, N 12, mit der e contrario für Art. 543 Abs. 3 nicht zutreffenden Begründung, dass die Vertretung zwingend einen Teil der Geschäftsführung bilde; BK-FELLMANN/MÜLLER, N 120, die von einem vermutungsweisen Widerruf auch der Vertretungsbefugnis reden). Die Rechtslage bestimmt sich nach den Grundsätzen des Stellvertretungsrechts: Zwar wird meist der Entzug der Geschäftsführung i.S.v. Art. 539 Abs. 2 den Widerruf der Vertretungsbefugnis stillschweigend mit enthalten, notwendige Folge ist dies jedoch nicht. **18**

Hingegen ist unbestritten, dass mit dem Wegfall der Geschäftsführung die **Vermutung von Art. 543 Abs. 3** nicht mehr zur Anwendung kommen kann (BGE 118 II 313, 318; 116 II 707, 709; MEIER-HAYOZ/FORSTMOSER, § 12 N 65; W. VON STEIGER, 434). **19**

4. Keine Stellvertretung bei unerlaubten Handlungen

Gegenstand der Ermächtigung können Rechtsgeschäfte und rechtsgeschäftsähnliche Handlungen sein (W. VON STEIGER, 434 f.). Durch **unerlaubte Handlungen** eines Gesellschafters werden die übrigen Gesellschafter *nicht mitverpflichtet, da es bei unerlaubten Handlungen keine Stellvertretung* gibt (Art. 20; MEIER-HAYOZ/FORSTMOSER, § 12 N 71; BK-FELLMANN/MÜLLER, N 55; BK-ZÄCH, Art. 32–40 N 115 m.w.Nw.; BGE 90 II 501, 508; 84 II 383; diesbezüglich missverständlich BGE 72 II 266 E. 4), es sei denn, die Mitgesellschafter seien persönlich aus Art. 50 oder Kausalhaftung haftbar (MEIER-HAYOZ/FORSTMOSER, § 12 N 71; TERCIER, N 6791 ff.; W. VON STEIGER, 435; zur Haftung einer Anwaltskanzlei für die Pflichtverletzungen eines ihrer Partner vgl. BGE 124 III 363 ff., dazu u. Art. 567 N 23). **20**

5. Vertretung einer mangelhaften Gesellschaft

War der Gesellschaftsvertrag ungültig (insb. nichtig oder anfechtbar) und hat der Gesellschafter im Namen der Gesellschaft gehandelt, so wird das Vertrauen des Dritten in den Bestand dieser **faktischen Gesellschaft** geschützt (dazu MEIER-HAYOZ/FORSTMOSER, § 1 N 52 ff.; GUHL, 679; z.T. **a.M.** NEESE, 184 ff.): Das Aussenverhältnis beurteilt sich nach Gesellschaftsrecht, soweit der Dritte nach dem Vertrauensprinzip auf den Bestand einer Gesellschaft schliessen durfte (BGE 116 II 709), und die Gesellschafter haben die Folgen des kundgegebenen Rechtsverhältnisses gemeinsam zu tragen (W. VON STEIGER, 365), soweit der Dritte sich in gutem Glauben befand (Art. 3 ZGB; Bsp. für fehlenden guten Glauben: BGer, 4C.339/2004; BGer, 4C.24/2000; plädoyer 6/2000, 65 f.). **21**

6. Handeln im Namen einzelner Gesellschafter

Hat der Geschäftsführer **im Namen einzelner Gesellschafter** gehandelt, werden dadurch nur die dabei genannten Vertretenen berechtigt und verpflichtet (ZK-SIEGWART, N 8). Aus den Verpflichtungen haften diese dann solidarisch. Mangels entsprechenden Gesellschaftsvertrags können die so Vertretenen aber beispielsweise kein Gesamt-, sondern nur Miteigentum erwerben (BK-BECKER, N 3). **22**

7. Passive Vertretung

23 Zur **passiven Vertretung** der Gesellschaft, d.h. zur Entgegennahme von Erklärungen Dritter, ist *vermutungsweise jeder Gesellschafter ermächtigt* (BK-FELLMANN/MÜLLER, N 98).

8. Selbstkontrahieren und Doppelvertretung

24 Für den Abschluss eines Rechtsgeschäftes durch einen Gesellschafter als Vertreter der Gesellschaft mit sich selbst gelten die allgemeinen Regeln über das **Selbstkontrahieren.** Nach der Rechtsprechung des BGer ist das Vertragschliessen des Stellvertreters mit sich selbst wegen der Möglichkeit einer Interessenkollision *unzulässig und macht das Rechtsgeschäft ungültig* (dazu im Einzelnen BSK OR I-WATTER/SCHNELLER, Art. 33 N 19; BSK OR I-WEBER, Art. 398 N 15 ff.), wenn nicht dessen Natur die Gefahr der Benachteiligung des Vertretenen ausschliesst oder dieser den Vertreter zum Geschäftsabschluss besonders ermächtigt oder diesen nachträglich genehmigt hat (BGE 106 Ib 148; 95 II 621; 89 II 324 ff.; BK-ZÄCH, Art. 33 N 82; BK-FELLMANN/MÜLLER, N 100). Die gleichen Grundsätze gelten analog bei der **Doppelvertretung:** Dabei schliesst der Vertreter der einfachen Gesellschaft als Vertreter einer Drittperson zwischen den beiden Vertretenen ein Rechtsgeschäft ab (BGE 93 II 481 f.; HGer ZH, ZR 1994, 115 m.w.Nw.; BK-ZÄCH, Art. 33 N 89 f.).

IV. Die Vermutung der Vertretungsermächtigung (Abs. 3)

1. Inhalt der Vermutung

25 Die Bedeutung der gesetzlichen Vermutung von Art. 543 Abs. 3 ist kontrovers. Uneinigkeit besteht in Lehre und Rechtsprechung insb. bezüglich der Frage, ob es sich dabei um eine widerlegbare oder unwiderlegbare Rechtvermutung handelt (vgl. dazu ausführlich FELLMANN/MÜLLER, 638 m.w.Nw.; STAEHELIN, 308 ff. m.w.Nw.; VONZUN, N 722 ff.; REICHMUTH PFAMMATTER, 157 ff. m.w.Nw.; vgl. ferner CHAPUIS, 596 ff.).

26 Mit dieser Vermutung wird ein Tatbestand des **Gutglaubensschutzes** im Besonderen Teil des OR ausdrücklich geregelt (AppGer GE, SemJud 1982, 254; PATRY, Précis, 247). Nach der zutreffenden Auffassung des BGer gilt die Vermutung als **unwiderlegbar** gegenüber gutgläubigen Dritten (BGer, 4C.16/2006, E. 7.2; BGE 124 III 359; 118 II 318; 116 II 709; zustimmend MEIER-HAYOZ/FORSTMOSER, § 12 N 62; TERCIER, N 6768; TERCIER/STOFFEL, SZW 1999, 309; GUHL, 685; VOGEL, ZBJV 1999, 441 f.; AEPLI, 43; W. VON STEIGER, 433; AppGer GE, SemJud 1982, 254; STAEHELIN, 309; vgl. ferner die Darstellung der verschiedenen Lehrmeinungen bei REICHMUTH PFAMMATTER, 158 ff.), erzeugt hingegen keine Wirkung, wenn der Dritte von der fehlenden Vertretungsbefugnis wusste oder wissen musste (Art. 3 ZGB; W. VON STEIGER, a.a.O.; vgl. als Beispiel für einen Fall fehlenden guten Glaubens: VGer AG, AGVE 1996, 378 ff.). Dabei vermag nur ein von den Gesellschaftern **nach aussen kundgegebenes Gesellschaftsverhältnis,** aus dem der Dritte in guten Treuen auf die Geschäftsführungsbefugnis des handelnden Gesellschafters schliessen durfte, dessen schutzwürdiges Vertrauen zu begründen (BGE 124 III 359). Wurde der Dritte über ein bestehendes Gesellschaftsverhältnis informiert, so darf er daher mangels besonderer Umstände davon ausgehen, dass der handelnde Gesellschafter zur Geschäftsführung (Art. 535 Abs. 1) und damit auch zur Vertretung der Gesellschaft (Art. 543 Abs. 3) befugt ist. Die Wirkung der Vermutung i.S.v. Art. 543 Abs. 3 unterscheidet sich somit von derjenigen bei der Kollektivgesellschaft (Art. 563 f.) nicht in der Rechtsnatur, sondern bloss im Umfang. Verschiedene Autoren sehen in Art. 543 Abs. 3 allerdings nur eine **Beweislastumkehr,** wobei der Schutz des gutgläubigen Dritten über die allgemeinen Regeln der Duldungs- und Anscheinsvollmacht erreicht wird (BK-FELLMANN/MÜLLER, N 160 ff.; FELLMANN, Geschäftsführung, 125 ff.; HIRSCH, 413 ff.; FELLMANN/MÜLLER, 639 ff. m. w.Nw.; KGer VS, ZWR 1974, 339 ff.; krit. zur bundesgerichtlichen Rechtsprechung auch LOSER, 78 ff.; BÄR, ZBJV 1999, 594 ff.; BÄR, ZBJV 1992, 241 ff.; VONZUN, N 722 ff.). FELLMANN/MÜLLER (639) argumentieren unter Verweis auf Art. 543 Abs. 2, dass sich die Vertretung in der einfachen Gesellschaft nach den Bestimmungen des bürgerlichen Stellvertretungsrechts richte. Der Dritte dürfe sich deshalb nicht auf Art. 543 Abs. 3 berufen, sondern müsse sich an die normalen Stellvertretungsregeln von Art. 32 ff. halten. Hier stehe der Schutz des Vertretenen, nicht ohne seinen Willen durch Rechtsgeschäfte Dritter verpflichtet zu werden, im Vordergrund, und nicht der handelsrechtliche Verkehrsschutzgedanke (FELLMANN/MÜLLER, 639; ebenso VONZUN, N 735).

2. Umfang des Gutglaubensschutzes

a) Der Begriff der Geschäftsführung

Als **Geschäftsführung** ist hier die Geschäftsführung i.w.S. zu verstehen, d.h. *jede auf die Förderung des Gesellschaftszwecks gerichtete Tätigkeit* (MEIER-HAYOZ/FORSTMOSER, § 2 N 112), somit auch das rechtsgeschäftliche Handeln für die Gesellschaft nach aussen. 27

b) Entstehung der Geschäftsführungsbefugnis

In der Lehre umstritten ist die Frage, ob die gesetzliche Vermutung der Vertretungsmacht nur zugunsten der **rechtsgeschäftlich** mit der Geschäftsführung ausdrücklich betrauten Personen gilt oder aber auch zugunsten der im **dispositiven Recht** (Art. 535) für zuständig erklärten Gesellschafter. Aufgrund einer systematischen Auslegung *ist von der Vertretungsmacht jedes Geschäftsführers (auch des nur nach Art. 535 Abs. 1 berechtigten) auszugehen,* denn der bei Dritten erweckte Rechtsschein ist entscheidend und nicht die Art der Begründung der Zuständigkeit (MEIER-HAYOZ/FORSTMOSER, § 12 N 63; TERCIER, N 6768; GUHL, 684; OGer LU, SJZ 1998, 92; KGE VS, ZWR 1998, 253; AEPLI, 45; W. VON STEIGER, 432 ff.; im Ergebnis gleich, aber mit der Begründung des inneren Zusammenhangs zwischen Geschäftsführung und Vertretung BK-FELLMANN/MÜLLER, N 197; **a.M.** IKLÉ, 34 f.; BUCHER, 629 FN 103). 28

c) Gutglaubensschutz bezüglich der Handlungen der ordentlichen Geschäftsführung

Durch die Vermutung von Art. 543 Abs. 3 gedeckt sind alle Handlungen, die im Rahmen der **ordentlichen Geschäftsführung** erfolgen, *nicht hingegen die aussergewöhnlichen Geschäfte* (KGE VS, ZWR 1998, 253; AppGer GE, SemJud 1979, 30; W. VON STEIGER, 436), welche bei den Handelsgesellschaften vom Gutglaubensschutz ebenfalls miterfasst werden (Art. 564, 603, 718, 814, 899). 29

d) Ausserordentliche Geschäftsführung

Was als **aussergewöhnliches Geschäft** zu gelten hat, bestimmt sich nach den Umständen des Einzelfalls, wobei namentlich Art und Ausmass des Rechtsgeschäfts als Kriterien gelten. Der Art nach aussergewöhnlich sind den Gesellschaftszweck übersteigende Rechtsgeschäfte; dem Ausmass nach aussergewöhnlich sind im Missverhältnis zu den Gesellschaftsmitteln stehende Geschäfte (BGer, 4C.16/2006, E. 7.2). Dies betrifft etwa 30

Art. 544

die Ernennung eines Generalbevollmächtigten und Entscheide, welche den Gesellschaftsvertrag modifizieren (Art. 535 Abs. 3; MEIER-HAYOZ/FORSTMOSER, § 12 N 50; W. VON STEIGER, 393 f. m.w.Nw.), der Verkauf einer der einfachen Gesellschaft gehörenden Werkstätte (AppGer GE, SemJud 1952, 476), oder auch Sicherungsgeschäfte von erheblicher finanzieller Tragweite (BGer, 4C.191/2004, E. 2.3). Entscheidend sind dabei die Umstände des Einzelfalles und nach der ratio legis der bei Dritten erweckte Rechtsschein, d.h. die Tätigkeit der Gesellschaft, wie diese nach aussen in Erscheinung tritt.

Für die Ermächtigung zu aussergewöhnlichen Geschäften ist ein Gesellschafterbeschluss notwendig (Art. 535 Abs. 3; GUHL, 682; AppGer GE, SemJud 1979, 31), der Dritte kann sich nicht auf die Vermutung von Art. 543 Abs. 3 berufen.

3. Wirkung

31 Ist die Handlung eines Gesellschafters trotz fehlender Vertretungsbefugnis durch die Vermutung von Art. 543 Abs. 3 gedeckt, werden die übrigen Gesellschafter berechtigt und verpflichtet.

Art. 544

II. Wirkung der Vertretung

¹ Sachen, dingliche Rechte oder Forderungen, die an die Gesellschaft übertragen oder für sie erworben sind, gehören den Gesellschaftern gemeinschaftlich nach Massgabe des Gesellschaftsvertrages.

² Die Gläubiger eines Gesellschafters können, wo aus dem Gesellschaftsvertrage nichts anderes hervorgeht, zu ihrer Befriedigung nur den Liquidationsanteil ihres Schuldners in Anspruch nehmen.

³ Haben die Gesellschafter gemeinschaftlich oder durch Stellvertretung einem Dritten gegenüber Verpflichtungen eingegangen, so haften sie ihm solidarisch, unter Vorbehalt anderer Vereinbarung.

II. Effets de la représentation

¹ Les choses, créances et droits réels transférés ou acquis à la société appartiennent en commun aux associés dans les termes du contrat de société.

² Les créanciers d'un associé ne peuvent exercer leurs droits que sur sa part de liquidation, à moins que le contrat de la société n'en dispose autrement.

³ Les associés sont solidairement responsables des engagements qu'ils ont assumés envers les tiers, en agissant conjointement ou par l'entremise d'un représentant; toutes conventions contraires sont réservées.

II. Effetti della rappresentanza

¹ Gli oggetti, i diritti reali ed i crediti trasferiti alla società od acquistati per essa appartengono ai singoli soci in comune, a norma del contratto di società.

² I creditori di un socio non possono far valere i loro diritti che sulla quota sociale del loro debitore, riservata ogni diversa disposizione del contratto di società.

³ Ove i soci abbiano collettivamente assunto delle obbligazioni verso un terzo, trattando insieme personalmente, o per mezzo di rappresentanza, sono responsabili in solido, salvo patto contrario.

Literatur

Vgl. die Literaturhinweise zu Art. 543.

I. Allgemeines

Die **Wirkung der Vertretung** besteht darin, dass durch Handeln eines Gesellschafters Berechtigungen und Verpflichtungen für sämtliche Gesellschafter entstehen.

II. Gemeinschaftliche Berechtigung (Abs. 1)

1. Allgemeines

a) Die Berechtigung zur gesamten Hand

Das sich im Laufe der Tätigkeit möglicherweise bildende **Gesellschaftsvermögen** setzt sich zusammen aus: Eigentum, beschränkten dinglichen Rechten, Forderungen und anderen Rechten (ZK-SIEGWART, N 2 ff.; BK-FELLMANN/MÜLLER, N 24, 79 ff.), wie z.B. Immaterialgüterrechten oder Gebrauchsrechten an von einzelnen Gesellschaftern zur Verfügung gestellten Vermögenswerten (sog. Einbringung quoad usum; MEIER-HAYOZ/FORSTMOSER, § 12 N 40).

Da die einfache Gesellschaft nicht rechtsfähig ist, sondern eine Rechtsgemeinschaft darstellt, gehören deren Vermögenswerte den Gesellschaftern nach den Grundsätzen der gemeinschaftlichen Berechtigung. *Ist im Vertrag nichts anderes vorgesehen,* so handelt es sich dabei um eine Berechtigung **zu gesamter Hand:** Das Recht jedes einzelnen Gesellschafters geht auf die ganze Sache (Art. 652 ZGB) bzw. Forderung. Verfügungen darüber können nur von allen Gesellschaftern gemeinsam vorgenommen werden (BK-FELLMANN/MÜLLER, N 24, 93 ff.; MEIER-HAYOZ/FORSTMOSER, § 2 N 73; VGer AG, AGVE 1996, 382: Abschluss eines Vergleichs nur durch alle Gesellschafter gemeinsam möglich; W. VON STEIGER, 382; anders noch im altOR: s. Botschaft in BBl 1909 III 755).

Prozessrechtlich bedeutet die Berechtigung zur gesamten Hand, dass die Gesellschafter ihnen gemeinsam zustehende Forderungen und andere Rechte nur als **notwendige Streitgenossenschaft** einklagen können (BGer, 4C.352/2006, E. 3.2.2; BGE 116 II 49, 52; Recueil de jurisprudence neuchâteloise 2000, 138; GUHL, 674; WALDER, Zivilprozessrecht, 4. Aufl., Zürich 1996, § 11 N 26; HERREN, 266 f.; W. VON STEIGER, 446; OGer TG, 4.9.1979, SJZ 1981, 97), es sei denn, dass Gefahr im Verzug liegt (OGer ZH, 6.7.1954, ZR 1954, 315 f.). Falls ein Gesellschafter seine Mitbeteiligung am Prozess verweigert, was die Durchsetzung der Ansprüche vereiteln würde, müsste vorab seine Zustimmung richterlich beigebracht werden (dazu KUMMER, 179 f.). Bei Straftaten aller übrigen Mitgesellschafter zum Nachteil der einfachen Gesellschaft ist aber ausnahmsweise ein einzelner Gesellschafter berechtigt, allein für die einfache Gesellschaft zu handeln und ein Rechtsmittel zu deren Schutz zu ergreifen (BGE 119 Ia 342 ff.). Soweit obligatorische Forderungen und nicht dingliche Rechte Streitgegenstand bilden, besteht bei **Passiv**prozessen hingegen **keine** notwendige Streitgenossenschaft (BGer, 4C.352/2006, E. 3.2.2). Bezüglich der Passiven gilt bei der einfachen Gesellschaft das Prinzip der Solidarität (BGE 116 II 709; VOGEL/SPÜHLER, 143 f.). Für Forderungen *gegen* die Gesellschaft kann deshalb jeder Gesellschafter einzeln eingeklagt werden (BGer, 14.10.1996, SemJud 1997, 396 ff.; OGer LU, 6.12.1994, SJZ 1996, 419 f.; GUHL, 674; HERREN, 267).

b) Abweichende Vereinbarung

5 Die dispositive Natur der gesetzlichen Regelung ermöglicht es, *im Gesellschaftsvertrag die weniger schwerfällige* **anteilsmässige Berechtigung** (Miteigentum) *vorzusehen* (MEIER-HAYOZ/FORSTMOSER, § 12 N 18; HERREN, 267; FELLMANN, Grundfragen, 290; W. VON STEIGER, 382).

2. Besonderheit bei der stillen Gesellschaft

6 Die **stille Gesellschaft** ist eine reine Innengesellschaft. Die Beteiligungsverhältnisse am Gesellschaftsvermögen beurteilen sich ausschliesslich nach dem, was nach aussen hin in Erscheinung tritt (BK-MEIER-HAYOZ, Art. 652 ZGB N 33 f.). *Die Einlage des stillen Gesellschafters geht somit in das Vermögen der Hauptgesellschafter über, die alleinberechtigt werden* (MEIER-HAYOZ/FORSTMOSER, § 15 N 15, 19 f.; W. VON STEIGER, 655; OGer OW, SJZ 1987, 218 f.). Dem stillen Gesellschafter stehen nur *obligatorische Ansprüche* gegen die Hauptgesellschafter zu, hingegen keine dinglichen Rechte und keine Aussonderung im Konkurs.

III. Gläubigerrechte (Abs. 2)

1. Allgemeines

a) Rechtslage bei Berechtigung zur gesamten Hand

7 Die Beteiligung eines jeden Gesellschafters am Reinvermögen ist sein **Vermögens- bzw. Liquidationsanteil,** wodurch ein gewisser Vorrang der Gesellschaftsgläubiger vor den Privatgläubigern stipuliert wird (BK-FELLMANN/MÜLLER, N 222, 265; W. VON STEIGER, 385). Nur auf diesen können die Gläubiger des einzelnen Gesellschafters Anspruch erheben, wenn sie eine **Zwangsvollstreckung** gegen ihn einleiten wollen. Das entspricht der üblichen Regelung bei den Gesamthandgemeinschaften. *Die Gläubiger haben bei der einfachen Gesellschaft keinen Anspruch auf die «Gesellschaftsaktiven»:* Im Unterschied zur Kollektiv- und Kommanditgesellschaft besteht bei der einfachen Gesellschaft kein **Gesellschaftsvermögen** im eigentlichen Sinn, die Gläubiger können jedoch jeden Schuldner nach ihrer Wahl belangen (ZK-SIEGWART, N 29).

8 Nur die Gesellschafter, nicht die Gläubiger, können verlangen, dass vor Deckung der für die einfache Gesellschaft begründeten Schulden aus den gemeinsamen Vermögenswerten keine Ausschüttungen an die Mitglieder vorgenommen werden (ZK-SIEGWART, N 29). Dies wird dann der Fall sein, wenn einzelne Gesellschafter aufgrund der eigenen guten Zahlungsfähigkeit zu befürchten haben, von Gläubigern ausschliesslich in Anspruch genommen zu werden und dann mit den Regressansprüchen zu Verlust zu kommen (ZK-SIEGWART, a.a.O.).

b) Rechtslage bei Vereinbarung anteilsmässiger Berechtigung

9 Ist eine anteilsmässige Berechtigung am Vermögen vereinbart worden (z.B. Miteigentum an Sachen), so haben die Gläubiger auf den Anteil des Gesellschafters direkten Zugriff.

2. Rechtslage bei Betreibung

a) Keine Betreibung der Gesellschaft

Die **einfache Gesellschaft** als solche ist **nicht betreibungsfähig,** da es ihr an der nötigen Parteifähigkeit mangelt. Passivlegitimiert sind deshalb immer die einzelnen Gesellschafter (AMONN/WALTHER, § 8 N 4). So ist u.E. insb. eine Pfändung in das «Gesellschaftsvermögen» nicht nur ausgeschlossen, wenn nur einzelne Gesellschafter betrieben werden (BGE 58 III 107), sondern auch dann, wenn alle Gesellschafter gleichzeitig Subjekt der Betreibung sind, da betreibungsrechtliches Handeln gegenüber der Gesellschaft von Gesetzes wegen nicht möglich ist (ZK-SIEGWART, N 33 f.).

b) Betreibung auf Pfändung

Wird der Liquidationsanteil eines Gesellschafters gepfändet, so ist die **VVAG** anwendbar, es sei denn, dass die Gesellschafter intern Miteigentum an Stelle von Gesamteigentum vereinbart haben. Dabei ist grundsätzlich zunächst auf die periodischen Erträgnisse zu greifen, erst subsidiär auf den ganzen Liquidationsanteil (Art. 3 VVAG; dazu ausführlich ZK-SIEGWART, N 21 ff.).

c) Betreibung auf Konkurs

Die **VVAG** kommt auch bei Verwertung von Liquidationsanteilen im Konkurs zur Anwendung: Im Konkursverfahren bestimmt die Konkursverwaltung die Art der Verwertung der Anteilsrechte (Art. 16 VVAG).

d) Auflösungsgrund

Wird der Konkurs über einen Gesellschafter eröffnet oder gelangt sein Liquidationsanteil zur Zwangsverwertung, ist die Gesellschaft **aufzulösen** (Art. 545 Abs. 1 Ziff. 3, Einzelheiten dazu unter Art. 545/546 N 14 ff.).

IV. Solidarische Haftung (Abs. 3)

1. Solidarität

a) Allgemeines

Da die einfache Gesellschaft keine Verselbständigung kennt, haften für gemeinschaftlich oder durch Stellvertretung eingegangene Verpflichtungen die einzelnen Gesellschafter, und zwar **persönlich, primär** und **ausschliesslich, unbeschränkt** und **solidarisch** (MEIER-HAYOZ/FORSTMOSER, § 12 N 31, 69; GUHL, 686; BK-FELLMANN/MÜLLER, N 142; BGE 87 II 186 = Pra 1961, 409): *Es bestehen keine Gläubiger der Gesellschaft, sondern nur Gläubiger der Gesellschafter* (PATRY, Précis, 255).

In Anwendung der allgemeinen Regeln über die **Solidarität** (Art. 143 ff.) haftet jeder Gesellschafter für die ganze Schuld und der Gläubiger kann nach seiner Wahl von allen Schuldnern je nur einen Teil oder das Ganze fordern (Art. 144 Abs. 1), wobei die Gesellschafter so lange verpflichtet bleiben, bis die ganze Forderung getilgt ist (Art. 144 Abs. 2). Der Gläubiger verzichtet nämlich nicht dadurch auf seinen Anspruch gegenüber den anderen Gesellschaftern, dass er vorerst nur einen Schuldner belangt (BGE 56 II 115).

Entstehungsgrund der Schulden, für welche die Gesellschafter solidarisch einzustehen haben, sind nicht nur Rechtsgeschäfte: Solidarische Haftung besteht auch bezüglich

Verpflichtungen, die sich von Gesetzes wegen aus der Tatsache des gesellschaftlichen Betriebes (z.B. Haftpflichtschulden, BGE 72 II 266; Steuerpflichten, BGE 71 I 183 f.) ergeben (ZK-SIEGWART, N 27 m.w.Nw.; **a.M.** BK-FELLMANN/MÜLLER, N 112, welche hier die Solidarität allein aus dem Haftpflichtrecht ableiten).

17 Keine Solidarität ergibt sich hingegen aus der Begehung einer **unerlaubten Handlung** durch einen Gesellschafter (BGE 90 II 508; BGE 84 II 382; Art. 543 N 20). Allenfalls zu prüfen ist, ob eine solidarische Haftung aufgrund von Art. 50 gegeben ist (BK-FELLMANN/MÜLLER, N 114, 130 ff.).

18 Eine solidarische Haftung der **Gesellschafter als Geschäftsherren** für Handlungen eines Mitgesellschafters gemäss Art. 55 ist ausgeschlossen, da die Gesellschafter mangels eines Subordinationsverhältnisses einem Gesellschafter gegenüber nicht als Geschäftsherren gelten (BGE 84 II 382).

b) Ein Gesellschafter als Drittgläubiger

19 Solidarität besteht auch bezüglich Forderungen von einem **Gesellschafter als Drittgläubiger** gegenüber den übrigen Gesellschaftern (W. VON STEIGER, 444), was zunächst zur Folge hat, dass bezüglich seines Anteils die Obligation infolge Vereinigung (Art. 118 Abs. 1) erlischt (BGE 103 II 139 = Pra 1977, 384).

c) Keine Solidarität im Innenverhältnis

20 Keine Solidarität besteht bezüglich des internen **Rückgriffes** gemäss Art. 148 Abs. 2 (BGE 103 II 139 = Pra 1977, 385; BK-FELLMANN/MÜLLER, N 175 ff.).

d) Abweichende Vereinbarungen

21 Die Solidarität kann nur durch eine **Vereinbarung zwischen Gläubiger und Gesellschafter** ausgeschlossen werden (W. VON STEIGER, 444 f.; BK-FELLMANN/MÜLLER, N 187 ff.). Hat der Gläubiger mit einem Gesellschafter eine Vereinbarung getroffen (z.B. Erlass oder Stundung), so ist im Einzelfall zu prüfen, inwieweit die übrigen Gesellschafter durch dieselbe Vereinbarung begünstigt werden (BGE 107 II 226 ff. betr. Vergleich).

22 Falls ein Gläubiger von der bloss **intern ausgeschlossenen Solidarität** Kenntnis hatte oder haben musste, kann allenfalls nach dem Vertrauensprinzip auf einen Ausschluss der Solidarität auch im externen Verhältnis geschlossen werden (HIRSCH, 422). Im Zweifel betrifft die Vereinbarung jedoch nur das interne Verhältnis zwischen den Gesellschaftern, während die Gläubiger in ihren Rechten nicht berührt werden (KGer VS, 9.12.1987, ZWR 1989, 185 ff., SZW 1990, 299).

e) Exkurs: Analoge Anwendung der Verrechnungsregeln der Kollektivgesellschaft

23 Das BGer erklärte in einem obiter dictum, dass Art. 573 Abs. 1 auf die einfache Gesellschaft **analoge Anwendung** findet (BGE 82 II 55). Dem ist u.E. nur insoweit zuzustimmen, als in Abs. 1 und 2 dieser Bestimmung das allgemeine Erfordernis der Gegenseitigkeit für jede Kompensation i.S. des OR (Art. 120 Abs. 1) zum Ausdruck gebracht wird. Angesichts der verschiedenen Rechtsverhältnisse bezüglich der Vermögensträgerschaft ist jedoch u.E. eine schematisch analoge Anwendung von Art. 573 auf die einfache Gesellschaft abzulehnen (vgl. ausführlich zur Problematik HERREN, 268 ff.).

2. Haftung des stillen Gesellschafters

Da die **stille Gesellschaft** eine reine Innengesellschaft ist, die nach aussen als Gesellschaft gar nicht in Erscheinung tritt und der, bzw. die Hauptgesellschafter als alleinige Geschäftsinhaber im eigenen Namen und auf eigene Rechnung handeln, werden nach aussen nur der bzw. die *Hauptgesellschafter verpflichtet* (MEIER-HAYOZ/FORSTMOSER, § 15 N 24 f.; BGE 81 II 524), und *zwar auch dann, wenn der Dritte vom Bestehen der Gesellschaft Kenntnis hatte, sich jedoch darüber im Klaren war, dass der stille Gesellschafter nach aussen nicht auftreten wollte* (BGE 81 II 254; KGer VS, ZWR 1986, 234 ff., SAG 1987, 179). Sobald dagegen ein laut Gesellschaftsvertrag «stiller Gesellschafter» gegenüber einem Dritten offen als Mitglied der Gesellschaft auftritt, kann er gegenüber dem Dritten nicht mehr als «stiller Gesellschafter» gelten und haftet diesem für eine Gesellschaftsschuld solidarisch (KGer VS, ZWR 1995, 268 ff.). 24

3. Haftung des später eintretenden Gesellschafters

Der erst nach Eingehung einer Verpflichtung in die Gesellschaft **eintretende Gesellschafter** wird nach den allgemeinen Grundsätzen der Stellvertretung *nicht mitverpflichtet*. Zur Begründung einer Haftung gegenüber Dritten bedarf es einer Schuld- (Art. 175 ff.; BK-FELLMANN/MÜLLER, N 197) oder Vermögensübernahme (Art. 181; W. VON STEIGER, 413; MEIER-HAYOZ/FORSTMOSER, § 12 N 100). **Intern** hingegen *übernimmt er mit seinem Eintritt auch die Gesellschaftsschulden,* falls nichts anderes verabredet wird, was sich allenfalls auf die Gewinn- und Verlustbeteiligung auswirkt (W. VON STEIGER, 412 f.; MEIER-HAYOZ/FORSTMOSER, a.a.O.). 25

4. Haftung des ausscheidenden Gesellschafters

a) Vor dem Ausscheiden begründete Verpflichtungen

Ist im Vertrag die Möglichkeit des **Ausscheidens** eines Gesellschafters vorgesehen oder wird nach Kündigung durch einen Gesellschafter das Fortbestehen der einfachen Gesellschaft nachträglich auch nur konkludent beschlossen (MEIER-HAYOZ/FORSTMOSER, § 12 N 93; BGE 116 II 53; OGer LU, ZBJV 1996, 832; OGer OW, SJZ 1989, 144 f.), so erfolgt keine Liquidation nach Art. 545 Abs. 1 Ziff. 6. Der Ausscheidende haftet jedoch weiterhin wie ein Gesellschafter für die vor seinem Austritt begründeten Verpflichtungen, solange er sich persönlich verpflichtet hatte oder nach den Grundsätzen der **Stellvertretung** verpflichtet wurde. Die Haftung bleibt während zehn Jahren nach dem Ausscheiden des Gesellschafters oder nach einem späteren Fälligkeitsdatum der Schuld bestehen (W. VON STEIGER, 421 f.). Eine Befreiung im Aussenverhältnis kann nur mit Einwilligung der Gläubiger erfolgen, da die Solidarschuldner den Gläubiger durch Absprachen unter sich nicht schlechter stellen können (BK-FELLMANN/MÜLLER, N 199). Für die **Regressansprüche** bleibt das intern Vereinbarte weiterhin massgebend, insb. auch eine eventuelle Abfindungsvereinbarung (MEIER-HAYOZ/FORSTMOSER, § 12 N 98; W. VON STEIGER, 422). 26

b) Nach dem Ausscheiden begründete Verpflichtungen

Für nach dem Ausscheiden begründete Verpflichtungen haftet der frühere Gesellschafter nicht, es sei denn, dass ein Tatbestand des Gutglaubensschutzes Dritter vorliege (W. VON STEIGER, 445; BK-FELLMANN/MÜLLER, N 204). 27

5. Regressansprüche

28 Für die Bestimmung allfälliger **Regressansprüche** der Gesellschafter, die den Gläubiger befriedigt haben, ist *zunächst der Gesellschaftsvertrag* bzw. eine interne Vereinbarung massgebend. *Subsidiär kommt die dispositive gesetzliche Regelung über die Verlustbeteiligung* zur Anwendung (Art. 533 Abs. 1; W. VON STEIGER, 445; BK-FELLMANN/MÜLLER, N 209 ff.).

6. Keine Solidarität beim Konkubinat bezüglich der Bezahlung von Mietzinsen

29 Die Bestimmungen der einfachen Gesellschaft können im Einzelfall auf die Rechtsverhältnisse im Konkubinat analoge Anwendung finden (BGE 109 II 228 ff.; dazu MEIER-HAYOZ/FORSTMOSER, § 12 N 101 m.w.Nw.). Eine analoge Anwendung von Art. 544 Abs. 3 ist jedoch bezüglich der Bezahlung von Mietzinsen zu verneinen, weil auch die Ehepartner grundsätzlich nicht als Solidarschuldner dafür einzustehen haben (AppGer FR, 14.6.1988, SJZ 1990, 213 f.). Der im Konkubinat mit dem Mieter lebende Partner kann also nicht belangt werden.

V. IPR

1. Einfache Gesellschaften, «die sich eine Organisation gegeben haben»

30 Auf **organisierte einfache Gesellschaften** finden Art. 150 ff. IPRG Anwendung (Art. 150 Abs. 1). Nach Art. 155 lit. h und i IPRG unterstehen sowohl die Haftung für die Schulden der Gesellschaft als auch die Vertretung der (aufgrund ihrer Organisation handelnden Personen) dem **Gesellschaftsstatut**.

2. Einfache Gesellschaften, die sich keine Organisation gegeben haben

31 Das auf **einfache Gesellschaften, die sich keine Organisation gegeben haben,** anwendbare Recht bestimmt sich nach dem auf Verträge anwendbaren Kollisionsrecht (Art. 150 Abs. 2 i.V.m. Art. 116 ff. IPRG). Bei unerlaubter Handlung eines Gesellschafters sind ausschliesslich Art. 129 ff. IPRG anwendbar, da das schweizerische materielle Recht unter Mitgesellschaftern keine Solidarität für unerlaubte Handlungen kennt (vgl. Art. 543 N 20).

3. «Organisation» als Unterscheidungsmerkmal

32 Der Verweisungsbegriff «Gesellschaft» zu Beginn des 10. Kapitels des IPRG ist absichtlich weit gefasst, um einerseits Qualifikationsprobleme zu vermeiden und andererseits dem Umstand Rechnung zu tragen, dass ausländisches Recht Gesellschaftsformen kennt, welche dem schweizerischen Recht unbekannt sind, trotzdem aber unter Art. 150 Abs. 1 IPRG fallen (vgl. Botschaft zum IPRG, 176). Als Abgrenzungskriterium der Gesellschaft nach IPRG dient die «Organisation»; sei es, dass eine Gesellschaft *über eine feste Organisation verfügt oder zumindest eine organisatorische Einheit darstellt*. Da in der Praxis mehrfach – von den Parteien unbeabsichtigt – Zusammenschlüsse von beschränkter Dauer (gemeinsame Miete einer Ferienwohnung etc.) als einfache Gesellschaft qualifiziert wurden, kann davon ausgegangen werden, dass diese mehr oder weniger *«unbeabsichtigten» Vereinigungen* als einfache Gesellschaften ohne Organisation i.S.v. Art. 150 Abs. 2 IPRG zu bezeichnen sind (vgl. auch BGE 99 II 321) und daher wie Verträge angeknüpft werden. Grundsätzlich sind aber die Anforderungen an eine Organisation, die die Anwendung des Gesellschaftsstatuts zur Folge hat, gering zu halten.

Um als Anknüpfungskriterium relevant zu werden, muss die innere Organisation der einfachen Gesellschaft **nach aussen** wirken. Dies wird namentlich dadurch geschehen, dass ein oder mehrere Gesellschafter, die mit Geschäftsführungsbefugnissen bedacht sind, Vertretungsmacht erhalten und die Gesellschaft gültig vertreten können (BSK IPRG-VON PLANTA/EBERHARD, Art. 150 N 16). Der Organisationsbegriff setzt weiter voraus, dass die einfache Gesellschaft einen Zweck verfolgt, der auf eine **gewisse Dauer** gerichtet ist (BSK IPRG-VON PLANTA/EBERHARD, Art. 150 N 17). Als Indizien für das Vorliegen einer «Organisation» i.S.v. Art. 150 Abs. 2 IPRG kommen namentlich die Ernennung von Organen, der Betrieb eines ständigen Büros, die Möglichkeit des Ein- und Austritts von Gesellschaftern oder eine Beschlussfassung nach dem Mehrheitsprinzip in Frage (BSK IPRG-VON PLANTA/EBERHARD, a.a.O.). 33

Art. 545

**D. Beendigung der Gesellschaft
I. Auflösungsgründe
1. Im Allgemeinen**

¹ Die Gesellschaft wird aufgelöst:

1. wenn der Zweck, zu welchem sie abgeschlossen wurde, erreicht oder wenn dessen Erreichung unmöglich geworden ist;

2. wenn ein Gesellschafter stirbt und für diesen Fall nicht schon vorher vereinbart worden ist, dass die Gesellschaft mit den Erben fortbestehen soll;

3. wenn der Liquidationsanteil eines Gesellschafters zur Zwangsverwertung gelangt oder ein Gesellschafter in Konkurs fällt oder bevormundet wird;

4. durch gegenseitige Übereinkunft;

5. durch Ablauf der Zeit, auf deren Dauer die Gesellschaft eingegangen worden ist;

6. durch Kündigung von seiten eines Gesellschafters, wenn eine solche im Gesellschaftsvertrage vorbehalten oder wenn die Gesellschaft auf unbestimmte Dauer oder auf Lebenszeit eines Gesellschafters eingegangen worden ist;

7. durch Urteil des Richters im Falle der Auflösung aus einem wichtigen Grund.

² Aus wichtigen Gründen kann die Auflösung der Gesellschaft vor Ablauf der Vertragsdauer oder, wenn sie auf unbestimmte Dauer abgeschlossen worden ist, ohne vorherige Aufkündigung verlangt werden.

**D. Fin de la société
I. Causes de dissolution
1. En général**

¹ La société prend fin:

1. par le fait que le but social est atteint ou que la réalisation en est devenue impossible;

2. par la mort de l'un des associés, à moins qu'il n'ait été convenu antérieurement que la société continuerait avec ses héritiers;

3. par le fait que la part de liquidation d'un associé est l'objet d'une exécution forcée, ou que l'un des associés tombe en faillite ou est frappé d'interdiction;

4. par la volonté unanime des associés;

5. par l'expiration du temps pour lequel la société a été constituée;

Art. 545/546

6. par la dénonciation du contrat par l'un des associés, si ce droit de dénonciation a été réservé dans les statuts, ou si la société a été formée soit pour une durée indéterminée, soit pour toute la vie de l'un des associés;

7. par un jugement, dans les cas de dissolution pour cause de justes motifs.

² La dissolution peut être demandée, pour de justes motifs, avant le terme fixé par le contrat ou, si la société a été formée pour une durée indéterminée, sans avertissement préalable.

D. Fine della società
I. Cause di scioglimento
1. In genere

¹ La società si scioglie:

1. pel conseguimento dello scopo per cui fu costituita o per la impossibilità di conseguirlo;

2. per la morte di uno dei soci, a meno che non sia stato anteriormente convenuto che la società continui con gli eredi;

3. per realizzazione a seguito di pignoramento di una quota sociale, o per fallimento od interdizione di un socio;

4. per il consenso reciproco;

5. per lo spirare del termine stabilito;

6. per la disdetta da parte di un socio, se così fu convenuto nel contratto di società, o se la società fu conchiusa per un tempo indeterminato o per la vita di un socio;

7. per sentenza del giudice, in caso di scioglimento per motivi gravi.

² Per motivi gravi, lo scioglimento d'una società può domandarsi anche prima dello spirare del termine convenuto, e senza preavviso quando la società sia stipulata per un tempo indeterminato.

Art. 546

2. Gesellschaft auf unbestimmte Dauer

¹ Ist die Gesellschaft auf unbestimmte Dauer oder auf Lebenszeit eines Gesellschafters geschlossen worden, so kann jeder Gesellschafter den Vertrag auf sechs Monate kündigen.

² Die Kündigung soll jedoch in guten Treuen und nicht zur Unzeit geschehen und darf, wenn jährliche Rechnungsabschlüsse vorgesehen sind, nur auf das Ende eines Geschäftsjahres erfolgen.

³ Wird eine Gesellschaft nach Ablauf der Zeit, für die sie eingegangen worden ist, stillschweigend fortgesetzt, so gilt sie als auf unbestimmte Zeit erneuert.

2. Société de durée indéterminée

¹ Lorsqu'une société a été formée pour une durée indéterminée ou pour la vie de l'un des associés, chacune des parties peut en provoquer la dissolution, moyennant un avertissement donné six mois à l'avance.

² La dénonciation doit avoir lieu selon les règles de la bonne foi et ne pas être faite en temps inopportun; si les comptes se font par année, la dissolution de la société ne peut être demandée que pour la fin d'un exercice annuel.

³ Lorsqu'une société continue tacitement après l'expiration du temps pour lequel elle avait été constituée, elle est réputée renouvelée pour une durée indéterminée.

2. Società a tempo indeterminato

¹ Se la società fu conchiusa per un tempo indeterminato o per la vita d'uno dei soci, ognuno di essi può, col preavviso di sei mesi, disdire il contratto.

² La disdetta deve però essere data in buona fede e non intempestivamente, e se i conti si chiudono d'anno in anno, la disdetta non potrà darsi che per la fine di un esercizio annuale.

³ Se la società dopo lo spirare del termine stabilito viene continuata tacitamente, si ritiene rinnovata per un tempo indeterminato.

Literatur

BERGSMA, Auflösung, Ausschluss und Austritt aus wichtigem Grund bei den Personengesellschaften, 1990; BISANG, Die Zwangsverwertung von Anteilen an Gesamthandschaften, Diss. Zürich 1978; BOLLMANN, Das Ausscheiden aus Personengesellschaften, Diss. Zürich 1971; BÜRGIN, Die Exekution in das Gesamthandvermögen einer einfachen Gesellschaft, ZSR 1939, 89 ff.; BRÄM, Gemeinschaftliches Eigentum unter Ehegatten an Grundstücken, Diss. Bern 1997; BRÜCKNER, Ausserbuchlicher Erwerb an Grundstücken, ZBGR 2000, 217 ff.; DESSEMONTET, Le consortium de construction et sa fin prématurée en droit suisse, Diss. Fribourg, Lausanne 2006; ENGEL, Contrats de droit suisse, 2. Aufl., 2000; ENGLER, Zur Scheidung einfacher Gesellschafter, BJM 1995, 225 ff.; FRAEFEL, Die Auflösung der Gesellschaft aus wichtigem Grund, Diss. Zürich 1929; FRIEDRICH, Sollen Ehegatten Grundbesitz zu Miteigentum oder zu gesamter Hand erwerben?, BJM 1954, 185 ff.; GAUCH, System der Beendigung von Dauerverträgen, Diss. Freiburg i.Ue. 1968 (zit. Diss.); VON GREYERZ, Die Unternehmernachfolge in den Personengesellschaften, in: Die Erhaltung der Unternehmung im Erbgang, Berner Tage für die juristische Praxis 1970, 69 ff. (zit. Erhaltung); HAUSHEER, Gesellschaftsvertrag und Erbrecht, ZBJV 1969, 129 ff.; DERS. Erbrechtliche Probleme des Unternehmers, 1970 (zit. Erbrechtliche Probleme); DERS., Anmerkungen zur Ehegattengesellschaft, ZBJV 1995, 617 ff.; HAUSHEER/LINDENMEYER LIEB, Einfache Gesellschaft und Ehegüterrecht, in: Güter- und erbrechtliche Fragen zur einfachen Gesellschaft und zum bäuerlichen Bodenrecht, Bern 2005, 1 ff.; HOCH, Auflösung und Liquidation der einfachen Gesellschaft, Diss. Zürich, Meilen 2001; HOHL, Gesellschaften unter Ehegatten, Diss. Basel 1996; JÄGGI, Von der Gesellschaft auf Lebenszeit, in: Mélanges Secrétan, 1964, 112 ff.; JOB, Ansprüche unter Kollektivgesellschaftern, Diss. Zürich 1952; KOBEL, Eherechtliche und schuldrechtliche Leistungen unter Ehegatten, Diss. Bern 2001; LENZ, Die Form von Eigentumsübertragungen an Immobiliarvermögen bei Personengesellschaften, Diss. Basel, Bern 2001; MERZ, Der massgebende Zeitpunkt für die Auflösung der einfachen Gesellschaft und der Kollektivgesellschaft aus wichtigem Grund, in: FS Gutzwiller, 1959; 685 ff.; MÜLLER, Die Haftungsverhältnisse bei der einfachen Gesellschaft, Diss. Bern 1938; K. MÜLLER, Die Übertragung der Mitgliedschaft bei der einfachen Gesellschaft, Diss. Luzern, Zürich etc. 2003; OBERSON, Y a-t-il une vie après la dissolution d'une société de personnes? – Quelques aspects relatifs aux conventions de continuation, in: D. Piotet/D. Tappy (Hrsg.), L'arbre de la méthode et ses fruits civils, FS Sandoz, 2006, 475; PFÄFFLI, Änderungen bei Personengesellschaften aus der Sicht der praktischen Grundbuchführung, ZBGR 1991, 321 ff.; DERS., Einfache Gesellschaft – Bekanntes und Neues, ZBGR 2007, 410 ff.; RECORDON, Die einfache Gesellschaft III, Gesellschafterwechsel – Auflösung der Gesellschaft, FSJ/SJK 678, Genf 2000; REY, Gemeinschaftliches Eigentum unter Ehegatten, ZBGR 1981, 321 ff.; RUEDIN, Droits des sociétés, 1999; SAXER, Die Auflösung der einfachen Gesellschaft aus wichtigem Grund, Diss. Bern 1961; SCHAUB, Die Nachfolgeklausel im Personengesellschaftsvertrag, SAG 1984, 17 ff.; SCHMIDLIN, Untersuchungen über ausgewählte Auflösungsgründe der einfachen Gesellschaft, Diss. Bern 1942; SPIRO, Die Begrenzung privater Rechte durch Verjährungs-, Verwirkungs- und Fatalfristen, 1975; D. STAEHELIN, Bedingte Verfügungen, Zürich 1993; DERS., Vertragsklauseln für den Insolvenzfall, AJP 2004, 363 ff.; STAEHELIN/SUTTER, Zivilprozessrecht, 1992; STRITTMATTER, Ausschluss aus Rechtsgemeinschaften, Diss. Zürich 2002; WIELAND, Handelsrecht, 1921, Nachdruck 1931; WOLF, Subjektwechsel bei einfachen Gesellschaften, ZBGR 2000, 1 ff.; DERS., Erb- und (immobiliar)sachenrechtliche Aspekte der einfachen Gesellschaft, insbesondere im Zusammenhang mit personellen Wechseln im Bestand der Gesellschafter, in: Güter- und erbrechtliche Fragen zur einfachen Gesellschaft und zum bäuerlichen Bodenrecht, Bern 2005, 47 ff.; ZÄCH, Vertraglicher Ausschluss der Kündbarkeit bei den Personengesellschaften, 1970; ZOBL, Änderungen im Personenbestand von Gesamthandschaften, Diss. Zürich 1973.

I. Allgemeines

1 Die einfache Gesellschaft wird aufgelöst, wenn ein **Auflösungsgrund** eintritt. Die Auflösungsgründe können eingeteilt werden in objektive Ereignisse (Zweckerreichung, Abs. 1 Ziff. 1; Tod eines Gesellschafters, Abs. 1 Ziff. 2; Zwangsvollstreckung gegen einen Gesellschafter, Abs. 1 Ziff. 3; Zeitablauf, Abs. 1 Ziff. 5; richterliches Urteil, Abs. 1 Ziff. 7) und in Willensäusserungen der Gesellschafter (gegenseitige Übereinkunft, Abs. 1 Ziff. 4; Kündigung, Abs. 1 Ziff. 6).

2 Der **Begriff der Auflösung** ist missverständlich. Wird eine einfache Gesellschaft aufgelöst, so heisst dies nicht, dass sie ab diesem Zeitpunkt zu existieren aufhört (BGE 119 II 122; 105 II 206 f.; 59 II 423). Solange noch gemeinsame Aktiven oder Passiven vorhanden sind, besteht die Gesellschaft fort mit dem neuen und einzigen Zweck, das Nettovermögen resp. einen allfälligen Verlust unter die Gesellschafter aufzuteilen. Erst wenn die Liquidation beendet ist und sämtliche Gesellschafter von der Auflösung Kenntnis genommen haben (Art. 547 Abs. 1), hört die Gesellschaft auf zu existieren.

3 Da die einfache Gesellschaft auf vertraglicher Grundlage beruht, können neben den in Art. 545 aufgeführten Auflösungsgründen auch die allgemeinen Erlöschungsgründe des Obligationenrechts zur Anwendung kommen, wie **Novation, Vereinigung** und **Verjährung** (BK-BECKER, N 4; HOCH, 123 ff.). Ohne Unterbrechungshandlungen erlöschen die Gesellschaft und die schuldrechtlichen Liquidationsansprüche durch Verjährung zehn Jahre nach dem Zeitpunkt, auf welchen hätte gekündigt werden können (Art. 130 Abs. 2; BK-BECKER, N 7; SPIRO, 1472 f.; HOCH, 125; **a.M.** DESSEMONTET, 118; CHK-JUNG, Art. 546 N 12). Das gemeinschaftliche Eigentum am Gesellschaftsvermögen wird indes durch die Verjährung allein nicht aufgehoben, hierzu bedarf es zusätzlich der Ersitzung durch einen der Gesellschafter (SPIRO, 1474 ff.). Kein Auflösungsgrund ist die Tatsache, dass sämtliche **gesellschaftlichen Aktivitäten zum Stillstand** gekommen sind (SemJud 1953, 134 ff.; PATRY, 257).

4 Die **Auflösung** kann durch nachträglichen einstimmigen Gesellschaftsbeschluss **rückgängig** gemacht werden, was namentlich in Art. 546 Abs. 3 stillschweigend vorausgesetzt wird (OBERSON, 488). Diese Vereinbarung bedarf keiner besonderen Form und kann auch durch konkludentes Handeln abgeschlossen werden. Erst wenn die Liquidation beendet ist, bedarf es einer Neugründung (BGE 116 II 53; 70 II 56 f.; SJZ 1989, 144 f.; BK-BECKER, N 3). Hierbei handelt es sich nicht um ein Rechtsgeschäft mit eigentlicher Rückwirkung, da dies nicht zulässig wäre (D. STAEHELIN, 1993, 21). Da auch nach Auflösung die Gesellschafter bis zur Beendigung der Liquidation gemeinsam Träger der gesellschaftlichen Rechte und Pflichten bleiben, bewirkt die Rückgängigmachung der Auflösung bloss eine ex nunc wirkende Umwandlung des Gesellschaftszwecks von der Liquidation zum alten Zweck (CHK-JUNG, Art. 546 N 2). Dementsprechend bedarf es auch keiner Rückübertragung derjenigen Gegenstände auf die Gesellschaft, welche noch nicht verteilt wurden und daher noch im Gesamteigentum der Mitglieder der Liquidationsgesellschaft stehen.

II. Ausscheiden und Ausschluss eines Gesellschafters

5 Von Gesetzes wegen hat kein Gesellschafter das Recht, aus der Gesellschaft **auszutreten** (PATRY, 263; VON STEIGER, SPR VIII/1, 414), auch nicht aus wichtigen Gründen. Er kann bloss bei Vorliegen gewisser Tatbestände die Auflösung der Gesellschaft herbeiführen. Das Ausscheiden eines Gesellschafters und Fortführung der Gesellschaft durch die übrigen kann indes vertraglich durch eine Fortsetzungsvereinbarung ermöglicht werden (Art. 576 N 1 ff.). Es kann auch vorgängig im Gesellschaftsvertrag ein Austrittsrecht eingeräumt werden (PATRY, 263; VON STEIGER, SPR VIII/1, 413 f.; RECORDON, 6).

Im Gegensatz zur Kollektivgesellschaft (Art. 577) kann ohne vertragliche Grundlage **6** kein Gesellschafter **ausgeschlossen** werden, auch nicht aus wichtigen Gründen (BGE 94 II 119; BlSchK 1989, 197; MEIER-HAYOZ/FORSTMOSER, § 12 N 90; HOCH, 108; STRITTMATTER, 166 ff.; DESSEMONTET, 143; **a.M.** VON STEIGER, SPR VIII/1, 414 f.) Zulässig ist indes eine Vertragsbestimmung, wonach ein Gesellschafter ausgeschlossen werden kann (BlSchK 1989, 197; ZK-SIEGWART, N 39; VON STEIGER, SPR VIII/1, 414; HOCH, 109; STRITTMATTER, 168, zu den Grenzen einer derartigen Vereinbarung vgl. Art. 577 N 3). Vermutungsweise bedarf der Ausschliessungsbeschluss dann der Zustimmung aller übrigen Gesellschafter (VON STEIGER, SPR VIII/1, 414). Möglich ist auch eine Vertragsbestimmung, wonach ein Gesellschafter ausscheidet oder ausgeschlossen wird, wenn sein Anteil gepfändet wird (SJZ 1942/43, 488; BK-BECKER, Art. 545 N 13; ZK-SIEGWART, N 11; u. N 16a).

Die **Wirkungen des Ausscheidens** sind dieselben wie bei der Kollektivgesellschaft **7** (SJZ 1989, 145; VON STEIGER, SPR VIII/1, 416 FN 197; BK-MEIER-HAYOZ, Art. 654 ZGB N 62; OBERSON, 490 f.; RECORDON, 13; BK-FELLMANN/MÜLLER, Art. 542 N 166 ff.): der Ausscheidende verliert seine Mitgliedschaft im Moment des Ausscheidens (Art. 576 N 7), im gleichen Zeitpunkt verliert er seine dingliche Berechtigung am Gesellschaftsvermögen, welches den verbleibenden Gesellschaftern anwächst (Art. 576 N 8; Art. 548/549 N 17). In diesem Moment verliert der Ausscheidende auch seine Geschäftsführungs- und Vertretungsrechte (Art. 576 N 9). Der Ausscheidende erhält eine schuldrechtliche Abfindungsforderung, deren Höhe sich nach dem Gesellschaftsvertrag richtet und im Streitfalle durch den Richter auf dem Wege der Vertragsergänzung nach den Grundsätzen von Art. 580 festzusetzen ist. Der ausscheidende Gesellschafter bleibt für alle vor seinem Austreten entstandenen Gesellschaftsschulden (Art. 576 N 10; BGer v. 12.1.2005, 4C.339/2004, E. 3) haftbar, für welche er aufgrund eigenen Handelns oder den Regeln über die Stellvertretung verpflichtet wurde (Art. 543 f.). Seine Haftung verjährt zehn Jahre nach Fälligkeit der Schuld (HOHL, 178 f.), sofern die entsprechende Forderung nicht einer kürzeren Verjährungsfrist unterliegt.

III. Zweckerreichung und -unmöglichkeit

Die Gesellschaft wird aufgelöst, wenn der **Gesellschaftszweck erreicht** oder **unmöglich** **8** geworden ist (Abs. 1 Ziff. 1). Wurde ihr Zweck erreicht, besteht seitens ihrer Mitglieder kein Interesse mehr an ihrer Weiterexistenz, da sie kein selbständiges Rechtssubjekt ist, das später für einen anderen Zweck verwendet werden könnte. Haben die Gesellschafter einen neuen Zweck gefunden, so müssen sie eine neue Gesellschaft gründen, sofern sie nicht während des Liquidationsstadiums die Fortsetzung der Gesellschaft mit einem neuen Zweck vereinbart haben. Dasselbe gilt bei nachträglicher (nicht ursprünglicher) Unmöglichkeit des Zweckes (vgl. Art. 119). Die Literatur versteht darunter nur die objektive (vgl. hierzu BK-WEBER, Art. 97 OR N 111 ff.) Unmöglichkeit, den Gesellschaftszweck zu erreichen (ZK-SIEGWART, N 2; VON STEIGER, SPR VIII/1, 451; HOCH, 16 ff.). Die Praxis lässt indes ohne nähere Begründung auch Fälle subjektiver Unmöglichkeit zu, wobei in Abgrenzung zur Auflösung aus wichtigen Gründen (unten N 29 ff.) zu fordern ist, dass die subjektive Unmöglichkeit alle Gesellschafter betrifft. Unmöglichkeit ist nach Ansicht des BGer gegeben, wenn die Gesellschafter aufgrund interner Differenzen endgültig keinen gültigen Gesellschaftsbeschluss mehr zustande bringen (BGE 110 II 292). Schwierigkeiten bereitet hier aber die Bestimmung des massgebenden Zeitpunktes der Auflösung, da es keines Auflösungsbeschlusses bedarf, sondern im Moment der Zweckerreichung, resp. -unmöglichkeit die Gesellschaft eo ipso aufgelöst wird (WIELAND, 676 FN 35; ENGEL, 668; ungenau BGE 110 II 292: «müsste die Gesellschaft allenfalls aufgelöst … werden»). Daher muss namentlich die Unmöglichkeit definitiv und offensichtlich sein, eine blosse Wahrscheinlichkeit genügt nicht, kann jedoch einen wichtigen Grund zur Kündigung darstellen (FUNK, Art. 545/546 N 2). Dementsprechend dürften interne Differenzen fast nie zur Auflösung eo ipso führen (BK-BECKER, N 10; BK-HARTMANN, Art. 574 N 9; MK-SCHMIDT, § 726 BGB N 6; HOCH, 21; DESSEMONTET, 115). Unmöglichkeit ist anzunehmen bei Verlust oder Untergang der zur Erreichung des Gesellschaftszwecks unentbehrlichen Gegenstände sowie bei Verlust des gesamten Gesellschaftsvermögens, wenn die Gesellschafter auf eine Sanierung definitiv verzichten (BK-BECKER, N 10; MK-SCHMIDT, § 726 BGB N 5; **a.M.** HOCH, 20). Besitzen Ehegatten eine Liegenschaft zu gesamter Hand als einfache Gesellschaft als Familienwohnung (Art. 548/549 N 13), so kann die Scheidung der Ehe den Tatbestand der Zweckunmöglichkeit erfüllen (ENGLER, 230; BRÄM, 128; **a.M.** HOHL, 131; differenzierend KOBEL, 142, 146).

IV. Tod eines Gesellschafters

9   Der **Tod eines Gesellschafters** ist ein Auflösungsgrund, wenn nicht vorher schon vereinbart worden ist, dass die Gesellschaft mit den Erben fortbestehen soll (Abs. 1 Ziff. 2). Grundsätzlich bewirkt der Tod eines Gesellschafters die Auflösung der Gesellschaft. Dem Tod ist die Verschollenerklärung gleichzusetzen, bei juristischen Personen ist umstritten, ob die Auflösung der juristischen Person (HOCH, 30; RECORDON, 20; DESSEMONTET, 133): oder die Beendigung der Liquidation (BK-BECKER, N 11; MK-SCHMIDT, § 727 BGB N 5; WOLF, 2005, 80) die einfache Gesellschaft auflöst. Entgegen der Vorauflage wird nunmehr die Auffassung vertreten, massgebend sei die Auflösung, denn die Liquidation der juristischen Person kann nicht beendet sein, solange sie noch an einer einfachen Gesellschaft beteiligt ist. Die Erben treten als Erbengemeinschaft in die sich in Liquidation befindende Gesellschaft ein und werden **am Gesellschaftsvermögen dinglich** berechtigt (BGE 119 II 120; 113 II 496; ZK-SIEGWART, N 9; FRIEDRICH, 197; HAUSHEER, Erbrechtliche Probleme, 100; VON STEIGER, SPR VIII/1, 454; OBERSON, 483; PFÄFFLI, 2007, 413; **a.M.** BK-BECKER, N 5; HUBER, ZBGR 1953, 243; BOLLMANN, 40; ZOBL, 121 f.; PFÄFFLI, 1991, 324). Es gibt keinen Grund, hier vom Grundsatz der Universalsukzession abzuweichen und den Erben nur einen obligatorischen Anspruch zuzugestehen, solange die Gesellschafter nicht vorgängig vereinbart haben, dass die Gesellschaft ohne die Erben fortbestehe und die ausscheidenden Erben nur eine obligatorische Abfindung erhalten sollen (N 12).

10 Es kann jedoch vorgängig vereinbart werden, dass die Gesellschaft durch den Tod eines Gesellschafters nicht aufgelöst wird, sondern mit den Erben fortbestehen soll (sog. **einfache Nachfolgeklausel**). Dann wird die Gesellschaft durch den Tod eines Gesellschafters nicht aufgelöst, sondern die Erben treten beim Tode des Gesellschafters eo ipso in die Gesellschaft ein. Durch die Nachfolgeklausel wird die Gesellschafterstellung vererbbar (HAUSHEER, Erbrechtliche Probleme, 123; VON GREYERZ, 90). Kontrahenten dieser Vereinbarung sind die Gesellschafter, ihre allfälligen Erben sind nicht daran beteiligt. Sämtliche Gesellschafter müssen ihr zustimmen, selbst wenn ansonsten für Gesellschaftsbeschlüsse Stimmenmehrheit genügt, da hierdurch die Grundlagen des Gesellschaftsvertrages abgeändert werden (RECORDON, 10). Eine derartige Vereinbarung ist ein Rechtsgeschäft unter Lebenden und unterliegt nicht den Formvorschriften der Verfügungen von Todes wegen (VON BÜREN, BT, 258; SCHAUB, 27; RECORDON, 16; VOGT/LINIGER, The

survivor takes all: Joint Tenancy-ähnliche Rechtsfiguren im schweizerischen Recht, FS Zobl, Zürich 2004, 334 ff.; OBERSON, 502; **a.M.** HOCH, 50; WOLF, 2005, 92). Soll die Gesellschaft nicht mit allen, sondern nur mit bestimmten Erben eines Gesellschafters fortgesetzt werden, so kann durch eine sog. **qualifizierte Nachfolgeklausel** die Vererblichkeit auf eine oder mehrere bestimmte Erben eingeschränkt werden (VON GREYERZ, Erhaltung, 94 f.). In beiden Fällen wird aufgrund der Nachfolgeklausel, sei sie nun eine einfache oder qualifizierte, beim Tod des Gesellschafters durch Universalsukzession seine Erbengemeinschaft Mitglied der Gesellschaft, nicht die einzelnen Erben (BGE 42 III 136 f.; 113 II 496; 114 V 4; ZK-SIEGWART, N 9; VON STEIGER, SPR VIII/1, 427, 454; HAUSHEER, Erbrechtliche Probleme, 140 ff.; VON GREYERZ, 94; BRÄM, 86; RECORDON, 15; OBERSON, 497, 501; **a.M.** OGer LU, LGVE 2000, 25; WIELAND, 689; BK-HARTMANN, Art. 574 N 15; WOLF, ZBGR 2000, 19; DERS, 2005, 94; PFÄFFLI, 2007, 2007, 414; BGHZ 22, 192 f.; 58, 317; 68, 237; MK-SCHMIDT, § 727 BGB N 26). Die Erbengemeinschaft hat bei den Gesellschaftsbeschlüssen (Art. 534 Abs. 2) nur eine Stimme. Es ergibt sich die rechtliche Konstruktion eines Gesamthandverhältnisses an einem Gesamthandanteil (vgl. indes HAUSHEER/PFÄFFLI, Urteilsanmerkung in ZBJV 1994, 41, gefolgt von WOLF, a.a.O., wonach eine Erbengemeinschaft nur in der Liquidationsgesellschaft Gesellschafterin sein könne. Eine derartige Beschränkung der Vermögensfähigkeit der Erbengemeinschaft lässt sich dem Gesetz indes nicht entnehmen). In der Literatur wird teilweise geltend gemacht, dies könne die persönliche Freiheit der Erben übermässig einschränken, namentlich wenn der Gesellschaftsvertrag Verpflichtungen zu Arbeitsleistungen und ein Konkurrenzverbot beinhaltet (WIELAND, 684 f.; SCHAUB, 17 ff. m.w.Nw.; OBERSON, 503 ff.; vgl. auch BGE 119 II 123, wonach die Mitgliedschaft bei einer einfachen Gesellschaft aufgrund ihrer höchstpersönlichen Natur als unvererblich gelte, hierzu krit. D. STAEHELIN, AJP 1994, 101; OBERSON, 502 f.). Dieser Gedanke ist richtig, unpraktikabel wäre es aber, deswegen die Nachfolgeklausel für ungültig zu erklären. Vielmehr hat in diesen Fällen jeder einzelne Erbe, und zwar ungeachtet der Tatsache, dass er nur durch die Erbengemeinschaft an der Gesellschaft beteiligt ist, das Recht, die Gesellschaft aufgrund Art. 27 Abs. 2 ZGB fristlos zu kündigen, oder die Erbengemeinschaft kann beim Richter die Auflösung aus wichtigen Gründen beantragen (BGE 29 II 102; ZK-SIEGWART, N 7; BK-HARTMANN, Art. 574 N 15; WOLF, ZBGR 2000, 21; DERS. 2005, 95). Zudem kann jeder Erbe die amtliche Liquidation der Erbschaft verlangen und dadurch die Auflösung der Gesellschaft bewirken (ZK-SIEGWART, N 7). Anderseits können die Erben auch ihre Erbengemeinschaft in eine einfache Gesellschaft (Untergesellschaft) umwandeln, um die Fortführung der Obergesellschaft zu sichern (WOLF, 2005, 94). Da durch die einfache Nachfolgeklausel die Gesellschafterstellung nicht vererbt, sondern nur vererbbar ausgestaltet wird, kann der Erblasser die Gesellschafterstellung durch Verfügung von Todes wegen mittels Vorausvermächtnis (WOLF, ZBGR 2000, 19 FN 121) oder Teilungsvorschrift einem oder mehreren bestimmten Erben zuweisen. Hierzu ist die Zustimmung der übrigen Gesellschafter nicht erforderlich (VON GREYERZ, Erhaltung, 94; WOLF, ZBGR 2000, 20). Dementsprechend bedarf die Zuweisung der Gesellschafterstellung in der Erbteilung, resp. die Ausrichtung des Vorausvermächtnisses auch nicht der Zustimmung der übrigen Gesellschafter. Bei der qualifizierten Nachfolgeklausel ist eine derartige Zuweisung in der Erbteilung, resp. durch Ausrichtung des Vorausvermächtnisses unabdingbar (RECORDON, 16), denn die Gesellschaft wird nur fortgesetzt, wenn die Gesellschafterstellung auch tatsächlich in der Erbteilung (resp. durch Ausrichtung des Vermächtnisses) auf die in der Nachfolgeklausel genannten Erben übertragen wird. Kommt es nicht dazu, so wird die Gesellschaft aufgelöst (VON GREYERZ, Erhaltung, 95). Eine qualifizierte Nachfolgeklausel kann gegen den Willen der ausscheidenden Erben nur umgesetzt werden, wenn der Erblasser eine entsprechende Teilungsvorschrift aufgestellt, resp. ein Vorausvermächtnis ausgesetzt hat.

11 Da die Auflösung der Gesellschaft nachträglich rückgängig gemacht werden kann, ist es möglich, solange die Liquidation nicht abgeschlossen ist, auch **nachträglich mit der Erbengemeinschaft des Verstorbenen eine formlos gültige Vereinbarung** zu treffen, dass die Gesellschaft mit ihr fortbestehen soll (BGE 70 II 56 f.; 29 II 102; OGer LU, LGVE 2000, 25; BK-BECKER, N 11; ZK-SIEGWART, N 6; PATRY, 260; HOCH, 34). Soll die Gesellschaft nur mit gewissen Erben fortbestehen, so bedarf dies der Zustimmung der übrigen Gesellschafter und als Erbteilungsvertrag der Unterschrift sämtlicher Erben (BGE 70 II 57; 69 II 119 f.; HOCH, 34; **a.M.** DESSEMONTET, 243). Die einzelnen Erben können jedoch auch nachträglich der Gesellschaft persönlich beitreten, dies ist wiederum formlos gültig und bedarf nur der Zustimmung der übrigen Gesellschafter, nicht der Miterben.

12 Abzugrenzen ist die Nachfolgeklausel von der **Fortsetzungsklausel** (vgl. Art. 576 N 1 ff.). Hierbei vereinbaren die Gesellschafter, dass beim Tod eines Gesellschafters die Gesellschaft durch die verbleibenden Gesellschafter ohne die Erben des Verstorbenen fortgesetzt wird (BGE 100 II 379; VON STEIGER, SPR VIII/1, 424 f.; VON GREYERZ, 78 f.; WOLF, ZBGR 2000, 17 f.; OBERSON, 494; PFÄFFLI, 2007, 414). Damit scheidet der Erblasser im Zeitpunkt seines Todes aus der Gesellschaft aus. Die Erben werden nie Mitglieder der Gesellschaft, sondern es verbleibt ihnen nur ein schuldrechtlicher Abfindungsanspruch (BGE 100 II 379), über dessen Höhe eine **Abfindungsklausel** Anordnungen treffen kann (vgl. Art. 580 N 1 ff.). Obwohl nur bei der Kollektivgesellschaft gesetzlich geregelt (Art. 576, 580), sind Fortsetzungs- und Abfindungsklauseln auch bei der einfachen Gesellschaft zulässig. Die Fortsetzungsklausel bedarf nicht der für die Verfügungen von Todes wegen vorgeschriebenen Formen (BOLLMANN, 28; HOCH, 50; OBERSON, 495; DESSEMONTET, 246), wohl aber eine Abfindungsklausel, welche nur für den Fall gilt, dass ein Gesellschafter infolge Todes ausscheidet (Art. 580 N 2; OBERSON, 506). Die Fortsetzungsvereinbarung ist auch dann formfrei gültig, wenn sich im Gesellschaftsvermögen Grundstücke befinden (BGE 116 II 53). Die deklaratorische Streichung des Verstorbenen im Grundbuch erfolgt gegen Nachweis des Tod des Gesellschafters und Vorweisung des dann zumal gültigen Gesellschaftervertrages (WOLF, 2005, 86; PFÄFFLI, 2007, 414).

13 Mit der **Eintrittsklausel** erhalten die Erben das Recht, aber nicht die Pflicht, der Gesellschaft beizutreten. Sie ist eine die übrigen Gesellschafter bindende Offerte an die Erben, der Gesellschaft beizutreten (HAUSHEER, Erbrechtliche Probleme, 107 ff.; VON GREYERZ, 80 ff.; VON STEIGER, SPR VIII/1, 425; WOLF, ZBGR 2000, 18 f.; OERSON, 496). Sie ist meist verknüpft mit einer Fortsetzungsklausel. Dabei empfiehlt es sich, Regelungen zu treffen für den Fall, dass mehrere Erben vorhanden sind (Stimmrecht, Einlage etc.; VON GREYERZ, 84 f.; VON STEIGER, SPR VIII/1, 425). Soll nur einem bestimmten Erben der Eintritt offeriert werden (sog. qualifizierte Eintrittsklausel; OBERSON, 499 ff.), kann es erforderlich sein, durch Verfügungen von Todes wegen Vorkehrungen zu treffen, dass der Eintrittsberechtigte über genügend Mittel verfügt, um seine Einlage zu leisten (VON GREYERZ, 85 f.).

V. Zwangsvollstreckung

14 Die Gläubiger eines Gesellschafters können nur seinen Liquidationsanteil pfänden (Art. 544 Abs. 2; VVAG, vgl. hierzu SchKG II-RUTZ, Art. 132 N 4 ff.). Dies gilt auch, wenn das Gesellschaftsvermögen nur aus einem Gegenstand besteht (BGE 118 III 65 f.; 91 III 22 f.; 82 III 72). Die direkte Pfändung von Gesellschaftsvermögen ist allenfalls möglich, wenn alle Gesellschafter gleichzeitig beim selben Amt betrieben werden

(BGE 73 III 113 f.; BK-FELLMANN/MÜLLER, Art. 544 N 274 ff.; krit. BGE 82 III 73 f.). Die Pfändung des Liquidationsanteils allein löst die Gesellschaft noch nicht auf (BGE 52 III 6; 78 III 171; SJZ 1942/43, 488; ZK-SIEGWART, N 11; VON STEIGER, SPR VIII/ 1, 453 FN 7; BISANG, 128, 185 f.; HOCH, 54 f.; RECORDON, 20; OBERSON, 485; BK-FELLMANN/MÜLLER, Art. 544 N 230; CHK-JUNG, Art. 546 N 5; **a.M.** BGE 113 III 41 f. ohne jegliche Hinweise; ENGEL, 671; TERCIER, N 6827; GILLIÉRON, Commentaire de la loi fédérale sur la poursuite pour dettes et la faillite, Art. 132 N 38; DESSEMONTET, 135), sondern erst die **Versteigerung des Liquidationsanteils,** da erst dann der Liquidationsanteil zur «Zwangsverwertung gelangt» (Abs. 1 Ziff. 3). Diese kann erst die Aufsichtsbehörde anordnen (Art. 10 Abs. 2 VVAG), nachdem Einigungsverhandlungen mit den übrigen Gesellschaftern über eine Abfindung oder Auflösung (Art. 9 VVAG) gescheitert sind. Der Erwerber in der Zwangsverwertung wird nicht Mitglied der sich in Liquidation befindenden Gesellschaft, womit er auch am Gesellschaftsvermögen nicht dinglich berechtigt wird (BGE 57 I 48 f.; 46 III 86 f., beide Entscheide betr. Erbengemeinschaft), sondern erhält bloss einen obligatorischen Anspruch auf den Liquidationserlös (Art. 11 Abs. 2 VVAG; ZK-SIEGWART, Art. 544 N 24), verbunden mit den erforderlichen Kontroll- und Einsichtsrechten. Die Aufsichtsbehörde kann auch anordnen, dass nicht der Liquidationsanteil versteigert, sondern die Gesellschaft aufgelöst und liquidiert werden soll (Art. 10 Abs. 2, Art. 12 VVAG). Hierbei hat sie sich nach neuerer Rechtsprechung des BGer nicht an die gesetzlichen oder vertraglichen Kündigungsmöglichkeiten zu halten (BGE 134 III 133; BISANG, 186 f.; SPIRIG, Einigungsverhandlungen, BlSchK 1977, 117; HOCH, 61 ff.; wohl auch BGE 113 III 42; **a.M.** BGE 52 III 6 ff.; BÜRGIN, 96 f.; MÜLLER, 32; VON BÜREN, BT, 259 FN 105; SchKG-RUTZ, Art. 132 N 35; CHK-JUNG, Art. 546 N 5; BK-FELLMANN/MÜLLER, Art. 544 N 252; sowie die Voraufl.).

Der **Konkurs eines Gesellschafters** ist, im Gegensatz zur Pfändung seines Anteils, ein **15** Auflösungsgrund (PATRY, 261). Auch hier können vorerst mit den übrigen Gesellschaftern Einigungsverhandlungen geführt werden, doch sind diese fakultativ (BGE 78 III 170). Hierbei kann die zweite Gläubigerversammlung (Art. 253 Abs. 2 SchKG) mit den übrigen Gesellschaftern vereinbaren, dass ihr der Anteil des Konkursiten ausbezahlt wird und die übrigen die Gesellschaft fortsetzen können (OGer ZH, ZR 1941, 227; PATRY, 262; ENGEL, 2. Aufl., 762; TERCIER, N 6828; HOCH, 67; RECORDON, 22, DESSEMONTET, 249; BK-FELLMANN/MÜLLER, Art. 544 N 258; CHK-JUNG, Art. 546 N 6). Anderer Ansicht war das BGer (BGE 78 III 170), welches dieses Vorgehen als unzulässigen Freihandverkauf eines bestrittenen Anspruches ohne Offerierung zur Abtretung an die Gläubiger (Art. 79 Abs. 2 aKOV, nunmehr Art. 260 SchKG) qualifizierte. Dem ist entgegenzuhalten, dass durch Abfindung der Anspruch des Konkursiten nicht verkauft, sondern realisiert wird und daher nicht unter Art. 79 Abs. 2 aKOV resp. Art. 260 SchKG, sondern unter Art. 243 Abs. 1 SchKG fällt. Führen die fakultativen Einigungsverhandlungen zu keinem Ziel, so kann die Konkursverwaltung (mit Ermächtigung eines allfälligen Gläubigerausschusses) versuchen, die notwendigen rechtlichen Schritte zur Liquidation selbst durchzuführen. Sie kann diesen Anspruch auch gem. Art. 260 SchKG den einzelnen Konkursgläubigern zur Geltendmachung überlassen. Wird davon kein Gebrauch gemacht, so ist der Anspruch öffentlich zu versteigern (KS des BGer Nr. 17 vom 1.2.1926 = BGE 52 III 56) oder freihändig zu verkaufen (Art. 156 Abs. 1 SchKG). Wird der Konkurs widerrufen, so bleibt die Gesellschaft aufgelöst, die Gesellschafter können aber deren Fortsetzung vereinbaren (BK-BECKER, N 12).

Aufgelöst wird die Gesellschaft auch durch den Nachlassvertrag mit Vermögensabtre- **16** tung eines Gesellschafters (BGE 107 III 27 f.), nicht jedoch durch die anderen Arten des Nachlassvertrages (BK-BECKER, N 12; RECORDON, 21).

16a Art. 545 Abs. 1 Ziff. 3 ist insofern dispositiv, als die Gesellschafter im Sinne einer **Fortsetzungsklausel** (vgl. oben N 12) vorgängig (d.h. vor der Pfändung des Anteils) einstimmig vereinbaren können, dass **im Fall der Zwangsverwertung** eines Anteils der Betreibungsschuldner aus der Gesellschaft ausscheidet und die Gesellschaft durch die übrigen Gesellschafter fortgeführt wird (ZK-SIEGWART, N 11; SCHAEDLER, 17 f.; OERSON, 492). Diesfalls verliert der Betreibungsschuldner seine dingliche Berechtigung am Gesellschaftsvermögen und erhält bloss eine schuldrechtliche Abfindungsforderung (vgl. Art. 576). Möglich wäre es auch, für das Ausscheiden einen früheren Zeitpunkt, z.B. die Pfändung des Anteils, zu vereinbaren. Unzulässig sind indes Bestimmungen, wonach der Abfindungsanspruch des Betreibungsschuldners tiefer sein soll als dasjenige, was ihm aufgrund dispositivem Gesetzesrecht (Art. 580 Abs. 2) zustehen würde (KassGer ZH, SJZ 1942/43, 488; BOLLMANN, 45 N 47; RECORDON, 21; D. STAEHELIN, AJP 2004, 380; OBERSON, 492; DESSEMONTET, 255 f.). Dieselben Grundsätze gelten im Konkurs: Haben die Gesellschafter vorgängig auch für diesen Fall eine Fortsetzungsklausel vereinbart, so fällt nur der Abfindungsanspruch in der gesetzlichen Höhe von Art. 580 Abs. 2 (vgl. Art. 580 N 2 i.f.) in die Masse, ohne dass es hierzu der Zustimmung der konkursrechtlichen Organe bedürfte. Wurde die Fortsetzungsvereinbarung indes erst nach der Konkurseröffnung getroffen, so bedarf sie der Zustimmung der zweiten Gläubigerversammlung (o. N 15, anders bei der Kollektivgesellschaft, vgl. Art. 578).

VI. Bevormundung

17 Wird ein Gesellschafter entmündigt, so bewirkt dies die Auflösung der Gesellschaft. Die übrigen Gesellschafter können mit dem Vormund die Fortsetzung der Gesellschaft vereinbaren, was gem. Art. 403 ZGB der Zustimmung der Vormundschaftsbehörde, nicht jedoch der Aufsichtsbehörde gem. Art. 422 Ziff. 3 ZGB bedarf, da weder ein Geschäft übernommen, noch liquidiert wird, noch in eine Gesellschaft eingetreten wird, sondern bloss deren Zweck umgewandelt wird (BK-HARTMANN, Art. 574 N 16; BOLLMANN, 46; **a.M.** BK-BECKER, N 15; TERCIER, N 6825; ENGEL, 2. Aufl., 725; HOCH, 69; OBERSON, 486).

VII. Übereinkunft

18 Die Gesellschaft kann jederzeit durch «**gegenseitige Übereinkunft**» aufgelöst werden (Abs. 1 Ziff. 4). Diese bedarf der Zustimmung sämtlicher Gesellschafter, selbst wenn im Übrigen Gesellschaftsbeschlüsse durch Mehrheitsentscheid (Art. 534 Abs. 2) gefällt werden. Es kann jedoch im Gesellschaftsvertrag ausdrücklich vereinbart werden, dass für den **Auflösungsbeschluss** Stimmenmehrheit genügt (VON STEIGER, SPR VIII/1, 455; TERCIER, N 6816; RECORDON, 23; DESSEMONTET, 115). Der Auflösungsbeschluss kann auch konkludent gefasst werden, doch wird er nicht vermutet, wenn bloss die gesellschaftlichen Aktivitäten zum Stillstand gekommen sind (VON STEIGER, SPR VIII/1, 455; PATRY, 257; DESSEMONTET, 118, **a.M.** ZK-SIEGWART, N 15).

VIII. Zeitablauf

19 Wurde die **Gesellschaft** nur **auf gewisse Zeit** begründet, so wird sie mit deren Ablauf aufgelöst. Die Zeitdauer kann dabei bestimmt oder auch nur nachträglich bestimmbar sein. Namentlich wenn ein dies ad quem, incertus quando vereinbart wurde, überschneidet sich dieser Auflösungsgrund teilweise mit demjenigen der Zweckerreichung (Abs. 1 Ziff. 1; ZK-SIEGWART, N 16). Die **maximal zulässige Dauer einer Gesellschaft** wird durch den Persönlichkeitsschutz beschränkt, wonach übermässig lange Bindungen unzulässig sind. Wird diese Dauer überschritten, was im Einzelfall u.a. aufgrund der Bindungsintensität zu beurteilen ist (BGE 114 II 161 f.; vgl. auch SPIRO, 1289), so liegt eine auf sechs Monate kündbare Gesellschaft auf unbestimmte Dauer vor (BK-BECKER, N 3; BK-HARTMANN, N 18; VON STEIGER, SPR VIII/1, 452; RECORDON, 24).

Ein besonderer Fall der Beendigung durch Zeitablauf ist die Vereinbarung einer **Resolutivbedingung**. Die Gesellschaft wird sodann beim Eintritt des künftigen ungewissen Ereignisses ex nunc aufgelöst (VON STEIGER, SPR VIII/1, 461; TERCIER, N 6812; D. STAEHELIN, 1993, 20; RECORDON, 23). 20

IX. Ordentliche Kündigung

1. Allgemeines

Wie alle **auf unbestimmte Zeit eingegangenen** Dauerverträge kann auch die einfache Gesellschaft von Gesetzes wegen von jedem Gesellschafter durch **ordentliche Kündigung** aufgelöst werden (Abs. 1 Ziff. 6). Die ordentliche Kündigung bedarf keines Grundes und muss nicht begründet werden (BGer v. 8.5.2006, 4C.278/2005 E. 4.1). Eine Gesellschaft ist dann auf unbestimmte Zeit geschlossen worden, wenn keine bestimmte Mindestdauer vereinbart wurde oder diese bereits abgelaufen ist (N 26 f.). 21

Die ordentliche gesetzliche Kündigung hat mit einer **Frist von sechs Monaten** (Art. 546 Abs. 1, Art. 77 Abs. 1 Ziff. 3) auf einen beliebigen Tag hin zu erfolgen. Sind jährliche Rechnungsabschlüsse vorgesehen, darf nur auf das Ende eines Geschäftsjahres gekündigt werden (Art. 546 Abs. 2). Kündigungserklärungen, die diese Fristen und Termine nicht einhalten, gelten für den nächstmöglichen Termin (vgl. Art. 266a Abs. 2; (BGer v. 8.5.2006, 4C.278/2005 E. 4.1; OR-Handkommentar-FELLMANN/MÜLLER, Art. 546 N 2; CHK-JUNG, Art. 546 N 10). Im Gesellschaftsvertrag können kürzere und längere Fristen sowie andere Termine vereinbart werden (ZK-SIEGWART, N 22; BK-HARTMANN, Art. 574 N 20; VON STEIGER, SPR VIII/1, 455). 22

Die ordentliche gesetzliche Kündigung soll zudem in guten Treuen und **nicht zur Unzeit** geschehen (Art. 546 Abs. 2). Eine diesem Grundsatz widersprechende Kündigung ist nicht nichtig, entfaltet ihre Wirkungen aber erst in dem Zeitpunkt, da nicht mehr von Unzeit gesprochen werden kann (**a.M.** ZK-SIEGWART, N 22: für Nichtigkeit; OR-Handkommentar-FELLMANN/MÜLLER, Art. 546 N 5; CHK-JUNG, Art. 546 N 10: für Gültigkeit und Schadenersatzpflicht), denn nur eine gültige Kündigung vermag die Gesellschaft aufzulösen (vgl. BGE 133 III 364 ff. E. 8). 23

Diese Bestimmung ist **dispositiver Natur** (BGE 106 II 228 f.; JÄGGI, 122 ff.; PATRY, 264; GAUCH, 48 ff.; ZÄCH, 73 ff.; noch **a.M.** BGE 90 II 341). Es ist daher möglich, bei einer Gesellschaft auf unbestimmte Dauer die Kündigungsmöglichkeit im Rahmen von Art. 27 Abs. 2 ZGB vertraglich auszuschliessen. Wie die Gesellschafter das Kündigungsrecht frei regeln können, können sie auch deren Voraussetzungen vertraglich frei vereinbaren. So können z.B. bestimmte Kündigungsgründe verlangt oder es kann allgemein bestimmt werden, dass die Kündigung nur aus wichtigen Gründen zulässig sei (BGE 74 II 172 ff.; VON STEIGER, SPR VIII/1, 459; ENGEL, 726). Dies erspart die Auflösungsklage gem. Abs. 1 Ziff. 7. 24

Die Kündigung ist **formlos gültig**. Sie hat an alle übrigen Gesellschafter zu erfolgen (BGE 52 III 6; BK-BECKER, N 19; ZK-SIEGWART, N 23). Der Geschäftsführer hat die Pflicht, Kündigungen an die anderen Gesellschafter weiterzuleiten (ZK-SIEGWART, 25

N 23), wirksam werden sie auch in diesem Falle erst im Zeitpunkt des Zuganges bei den übrigen Gesellschaftern. Wohl kann die Kündigung **nicht widerrufen** werden, doch können die Gesellschafter einstimmig die Fortsetzung der Gesellschaft beschliessen (ZK-SIEGWART, N 24; RECORDON, 26).

2. Gesellschaften mit Mindestdauer

26 Es besteht die Vermutung, dass durch Vereinbarung einer **bestimmten Mindestdauer** die Parteien für die davon erfasste Zeit eine abschliessende Beendigungsordnung treffen wollten, womit die ordentliche Kündigung durch einen Gesellschafter bis zum Ablauf der Mindestdauer ausgeschlossen wird (BGE 106 II 229). Wurde bei einer auf unbestimmte Zeit abgeschlossenen Gesellschaft gleichzeitig eine Mindestdauer vereinbart, so kann, bei Fehlen einer entsprechenden Vertragsbestimmung, eine Kündigung erst nach Ablauf der Mindestdauer erfolgen (BGE 106 II 231). Eine Mindestdauer kann auch dadurch vereinbart werden, dass ein klar definierter Gesellschaftszweck erreicht werden soll (ZR 1931, 78; BK-BECKER, N 17; ZK-SIEGWART, N 20; VON STEIGER, SPR VIII/1, 457; HOCH, 84). Diese Vermutung kann umgestossen werden: Es kann im Gesellschaftsvertrag allen oder gewissen (Gleichberechtigung im Rahmen von Art. 20; ZK-SIEGWART, N 19) Gesellschaftern das Recht zugestanden werden, die auf eine bestimmte Mindestdauer angelegte Gesellschaft vorzeitig durch Kündigung aufzulösen (Abs. 1 Ziff. 6). In diesem Fall können auch die Kündigungsfristen und Termine vereinbart werden. Bei Fehlen entsprechender Bestimmungen muss durch Vertragsauslegung und -ergänzung bestimmt werden, auf welchen Zeitpunkt gekündigt werden kann. Dabei ist davon auszugehen, dass grundsätzlich die Kündigung fristlos zulässig ist, jedoch nicht zur Unzeit erfolgen darf.

27 Auf eine bestimmte Mindestzeit abgeschlossen ist eine Gesellschaft nur, wenn sicher ist, dass der auflösende Termin eintreten wird, auch wenn noch nicht bestimmt ist, wann dies der Fall sein wird **(dies certus an, incertus quando)**. Ist ungewiss, ob der Termin überhaupt eintreten wird **(dies incertus an, incertus quando)**, so gilt die Gesellschaft als auf unbestimmte Zeit abgeschlossen. Auf unbestimmte Dauer erneuert gilt eine Gesellschaft, die nach Ablauf der bestimmten Dauer stillschweigend fortgesetzt wird (Art. 546 Abs. 3). Aufgrund der Abdingbarkeit der gesetzlichen Kündigungsregeln muss in beiden Fällen untersucht werden, ob die Regelung, dass die Gesellschaft auf bestimmte Dauer nicht und die Gesellschaft auf unbestimmte Dauer jederzeit durch ordentliche Kündigung aufgelöst werden kann, dem wirklichen Parteiwillen der Gesellschafter entsprach (BGE 106 II 230; JÄGGI, 121 f.; ZÄCH, 97 ff.).

27a Im Rahmen von Art. 27 Abs. 2 ZGB kann die Kündbarkeit auch für eine **unbestimmte Mindestdauer** ausgeschlossen werden, wenn ungewiss ist, ob diese Mindestdauer je enden wird. Das Problem stellt sich insbesondere bei **Aktionärbindungsverträgen** in Form einer einfachen Gesellschaft, deren Kündbarkeit für die Dauer der Aktiengesellschaft ausgeschlossen werden soll. Da das Bundesgericht im Rahmen von Art. 27 Abs. 2 ZGB den Ausschluss der Kündbarkeit bei Gesellschaften auf unbestimmte Dauer zugelassen hat (oben N 24) und übermässig lange Bindungen nicht jederzeit aufgelöst werden können, sondern bloss auf das zulässige Mass herabgesetzt werden (BGE 117 II 275 f.; 114 II 163), ist ein Kündigungsausschluss auf eine unbestimmte Mindestdauer so lange gültig, wie er vor Art. 27 Abs. 2 ZGB standhält (JÄGGI, 122; GLATTFELDER, Die Aktionärbindungsverträge, ZSR 1959 II, 338a f.; ZÄCH, 99; BÖCKLI, N 1439 ff.; HOCH, 87). Da bei der Bestimmung der gem. Art. 27 Abs. 2 ZGB zulässigen Dauer eine erhebliche Unsicherheit besteht, empfiehlt es sich, derartige Klauseln zu vermeiden und eine vertragliche Höchstdauer (z.B. 25 Jahre; vgl. MEYER, Der Aktionärbindungsvertrag als Instrument der juristischen Praxis, ZBJV 2000, 426) festzulegen.

3. Gesellschaften auf Lebenszeit

Das Gesetz statuiert, dass Gesellschaften, die **auf Lebenszeit** eines Gesellschafters abgeschlossen wurden, ordentlich gekündigt werden können (Art. 545 Abs. 1 Ziff. 7, Art. 546 Abs. 1). Auch diese Bestimmung ist dispositiver Natur (BGE 106 II 229). Es ist daher möglich, bei einer Gesellschaft auf Lebenszeit eines Gesellschafters die Kündigungsmöglichkeit im Rahmen von Art. 27 Abs. 2 ZGB vertraglich auszuschliessen. Ergibt sich aus der Auslegung des Vertrages, dass mit dem Hinweis auf den Tod eines Gesellschafters eine Mindestdauer vereinbart werden sollte, handelt es sich um eine Gesellschaft auf bestimmte Zeit, die einen Kündigungsausschluss enthält (BGE 106 II 229 f.). Soll der Tod eines Gesellschafters lediglich die Höchstdauer der Gesellschaft festhalten, was vermutet wird, so bleibt eine Kündigung möglich (BGE 106 II 230; JÄGGI, 121; GAUCH, 48).

X. Ausserordentliche Kündigung

Ist einem Gesellschafter der Verbleib in der Gesellschaft absolut nicht mehr zuzumuten, so kann er die Gesellschaft, ohne dass dies im OR erwähnt wäre, **gestützt auf Art. 27 Abs. 2 ZGB fristlos kündigen** (PATRY, 264; GUHL/DRUEY, § 62 N 57; RECORDON, 25). Im Gegensatz zur Auflösungsklage aus wichtigen Gründen (Abs. 1 Ziff. 7), wird die Gesellschaft hier bereits mit Zugang der Kündigungserklärung aufgelöst, eine Klage und ein Urteil sind nicht erforderlich. Dementsprechend müssen diejenigen Gründe, welche die Unzumutbarkeit begründen, gravierender und dringender sein als diejenigen, welche bloss einen wichtigen Grund zur Auflösungsklage geben. Zum Beispiel hat jeder Gesellschafter das Recht, eine Gesellschaft fristlos zu kündigen, welche die gemeinsame Durchführung einer Strafklage bezweckt (BGE 48 II 442 f.). Eine ungerechtfertigte fristlose Kündigung bewirkt nicht die sofortige Auflösung der Gesellschaft (vgl. BGE 133 III 364 ff. E. 8).

XI. Auflösungsklage

1. Voraussetzungen

Jeder Gesellschafter kann jederzeit, auch wenn eine bestimmte Dauer der Gesellschaft vereinbart worden ist, beim Richter die **Auflösung der Gesellschaft aus wichtigen Gründen** beantragen (Abs. 1 Ziff. 7, Abs. 2). Diese liegen vor, «wenn die wesentlichen Voraussetzungen persönlicher und sachlicher Natur, unter denen der Gesellschaftsvertrag eingegangen wurde, nicht mehr vorhanden sind, sodass die Erreichung des Gesellschaftszweckes in der bei der Eingehung der Gesellschaft beabsichtigten Art nicht mehr möglich, wesentlich erschwert oder gefährdet wird» und dem Gesellschafter «die Fortsetzung der Gesellschaft nicht mehr zugemutet werden kann» (BGE 20 597 f.; 24 II 193; 30 II 462; BGer, ZR 1945, 237 f.; BGer v. 13.11.2006, 4C.249/2006, E. 3.1). Wichtige Gründe sind demzufolge Sachverhalte, die erst nach Abschluss des Gesellschaftsvertrages bekannt wurden. Sie haben entweder einen starken negativen Einfluss auf die Möglichkeit, den Gesellschaftszweck zu erreichen, oder lassen aus anderen Gründen das Verbleiben eines Mitgliedes in der Gesellschaft als unzumutbar erscheinen (VON STEIGER, SPR VIII/1, 459). Sie können sowohl in der Person eines Gesellschafters wie in äusseren Umständen gründen, ein Verschulden ist nicht erforderlich (PATRY, 267;

ENGEL, 727). Nur derjenige Gesellschafter, der den Eintritt des wichtigen Grundes nicht selbst vorwiegend verschuldet oder auf die Geltendmachung ausdrücklich oder stillschweigend definitiv verzichtet hat, kann deswegen die Auflösung verlangen (BGE 12, 199 f.; BGE 20, 596; ZK-SIEGWART, N 27; RECORDON, 28).

31 Folgende Beispiele hat die Praxis als **wichtige Gründe** anerkannt (vgl. auch STRITTMATTER, 124 ff.; DESSEMONTET, 150 ff.): Unwahre Angaben über den Stand des Geschäfts; Verschweigen von bedeutenden Privatschulden; schuldhaft unwahre Kreditempfehlung zum Nachteil des Mitgesellschafters; Bezüge von höheren Salären als vertraglich vorgesehen und unerlaubte Abhebungen aus dem Kapitalkonto; Entziehung der stillschweigend überlassenen Geschäftsführung in verletzender Form (alle Beispiele bei ZK-SIEGWART, Art. 545/547 N 31); Berechnung der eingekauften Ware über dem Einkaufspreis (BGE 30 II 461); Verwendung von Gesellschaftsvermögen zu eigenen Zwecken (BGE 20, 597 f.; BGE 24 II 199); zu starke Berücksichtigung des eigenen Interesses und Ausbeutung der Unerfahrenheit der anderen (BGE 20, 598); Zerstörung des Bankkredites, starke Neigung zu Glücksspielen mit hohen Beträgen (BGE 16, 778); Insolvenz (BGE 29 II 103); feindseliges, unverträgliches Verhalten (BGE 24 II 202); Beschimpfung und Schädigung der Mitgesellschafter oder ihrer nahen Verwandten (BGE 24 II 199); dauernde Unrentabilität (ZR 1905, 154 f.; 1933, 193). Hinzuzufügen wäre die Scheidung, wenn Ehegatten eine Familienwohnung zu gesamter Hand als einfache Gesellschaft besitzen (KOBEL, 147; HAUSHEER/LINDENMEYER LIEB, 9; abwägend: HOHL, 132).

32 **Keine wichtigen Gründe sind:** die Ausübung der Geschäftsführung gegen den Willen des Mitgesellschafters, aber innerhalb der zustehenden Kompetenz (BGE 24 II 195); stillschweigend gebilligte Überschreitung der Geschäftsführungsbefugnis (BGE 24 II 203); Vorbereitung für eine neue Gesellschaft, wenn der andere, schuldige Gesellschafter mit der Auflösung gedroht hat (BGE 16, 363 f.); Meinungsverschiedenheit über den Wert der Einlage (ZK-SIEGWART, N 32); Privatschulden eines Gesellschafters (BK-HARTMANN, Art. 574 N 25).

33 Das Recht, beim Richter die Auflösung der Gesellschaft aus wichtigen Gründen zu beantragen, ist **zwingend** und kann nicht im Gesellschaftsvertrag abbedungen werden (BGE 16, 362; BGer ZR 1945, 235; VON STEIGER, SPR VIII/1, 459; DESSEMONTET, 147), doch kann sich aus dem Vertrag ergeben, dass gewisse künftige Umstände den Parteien bei Vertragsschluss bekannt waren und in Kauf genommen wurden und daher nicht als wichtige Gründe angerufen werden können (ZR 1941, 101; VON BÜREN, BT, 256 FN 91; **a.M.** VON STEIGER, SPR VIII/1, 459).

2. Prozessuales

34 Will ein Gesellschafter die Auflösung der Gesellschaft aus einem wichtigen Grund herbeiführen, so tut er gut daran, vorsorglich die ausserordentliche Kündigung gestützt auf Art. 27 Abs. 2 ZGB auszusprechen. Danach wendet er sich an die Mitgesellschafter mit der Frage, ob sie die Kündigung anerkennen oder doch zumindest mit einer einvernehmlichen Auflösung gem. Art. 545 Abs. 1 Ziff. 4 einverstanden wären. Hat er damit keinen Erfolg, so muss er an den Richter gelangen mit einer Feststellungsklage bezüglich der Auflösung gem. Art. 27 Abs. 2 ZGB und mit einer **Gestaltungsklage** bezüglich der Auflösung gestützt auf Art. 545 Abs. 1 Ziff. 7. Möglich wäre auch eine Widerklage, eine blosse Einrede genügt bei der Auflösung gestützt auf Art. 545 Abs. 1 Ziff. 7 indes nicht (ZK-SIEGWART, N 33). Passivlegitimiert sind diejenigen Gesellschafter, welche die Auflösung nicht anerkennen (BGE 24 II 201; 38 II 509; RECORDON, 28) oder nicht

zum Voraus erklären, das Urteil gegen sich gelten zu lassen (STAEHELIN/SUTTER, 89; **a.M.** HOCH, 112). Der Gerichtsstand befindet sich am Wohnsitz eines der Beklagten (Art. 7 Abs. 1 GestG; BGE 69 I 8 f.; 51 I 47 f.; STAEHELIN/SUTTER, 89). Gleichzeitig können vorsorgliche Massnahmen verlangt werden, z.B. die Einstellung der Geschäftstätigkeit. Oft werden mit der Auflösungsklage Schadenersatzforderungen verbunden (Art. 538; ZK-SIEGWART, N 35). Das Urteil, welches die Gesellschaft auflöst, ist ein Gestaltungsurteil mit Wirkungen ex nunc bei Eintritt der Rechtskraft (BGE 74 II 173 und die h.L.; **a.M.** MERZ, 686 ff.).

Art. 547

II. Wirkung der Auflösung auf die Geschäftsführung

¹ Wird die Gesellschaft in anderer Weise als durch Kündigung aufgelöst, so gilt die Befugnis eines Gesellschafters zur Geschäftsführung zu seinen Gunsten gleichwohl als fortbestehend, bis er von der Auflösung Kenntnis hat oder bei schuldiger Sorgfalt haben sollte.

² Wird die Gesellschaft durch den Tod eines Gesellschafters aufgelöst, so hat der Erbe des verstorbenen Gesellschafters den andern den Todesfall unverzüglich anzuzeigen und die von seinem Erblasser zu besorgenden Geschäfte in guten Treuen fortzusetzen, bis anderweitige Fürsorge getroffen ist.

³ Die andern Gesellschafter haben in gleicher Weise die Geschäfte einstweilen weiter zu führen.

II. Continuation des affaires après la dissolution

¹ Lorsque la société est dissoute pour une autre cause que la dénonciation du contrat, le droit d'un associé de gérer les affaires de la société n'en subsiste pas moins en sa faveur jusqu'au jour où il a connu la dissolution, ou aurait dû la connaître s'il avait déployé l'attention commandée par les circonstances.

² Lorsque la société est dissoute par la mort d'un associé, l'héritier de ce dernier porte sans délai le décès à la connaissance des autres associés; il continue, d'après les règles de la bonne foi, les affaires précédemment gérées par le défunt, jusqu'à ce que les mesures nécessaires aient été prises.

³ Les autres associés continuent de la même manière à gérer provisoirement les affaires de la société.

II. Effetti dello scioglimento sull'amministrazione

¹ Quando il contratto sia sciolto altrimenti che per disdetta, la facoltà di amministrare conferita ad un socio sussiste a suo favore finché egli abbia conosciuto lo scioglimento o lo avrebbe potuto conoscere usando la debita diligenza.

² Se la società è sciolta per la morte di un socio, l'erede del socio defunto deve darne immediato avviso agli altri soci e continuare di buona fede fino a nuovo provvedimento la gestione degli affari che al defunto incombevano.

³ Anche gli altri soci devono continuare nello stesso modo la provvisoria gestione degli affari.

Literatur

Vgl. die Literaturhinweise zu Art. 545/546.

I. Wirkungen der Auflösung

1 Die Gesellschaft wird zu dem **Zeitpunkt** aufgelöst, in dem der Auflösungsgrund eingetreten ist. Die Auflösung berührt indes nicht die rechtliche Existenz der Gesellschaft, sondern führt vorerst bloss zu einer **Zweckänderung** (BGE 93 II 252; 119 II 122): Neuer Zweck der alten Gesellschaft ist die Auflösung der gemeinsamen und mit Dritten eingegangenen Rechtsverhältnisse, die Begleichung der Schulden sowie die Verteilung der Aktiven auf die einzelnen Gesellschafter.

2 Die Auflösung beeinflusst die **Geschäftsführungs- und Vertretungsbefugnis** der Gesellschafter sowohl in materieller, wie in personeller Hinsicht. Zum einen deckt der neue Gesellschaftszweck nur noch Handlungen, welche geeignet sind, die Liquidation durchzuführen. Zum anderen wird die vertragliche oder auf dispositivem Gesetzesrecht beruhende Einzelgeschäftsführungs- (Art. 535) und Vertretungsbefugnis (Art. 543 Abs. 3) aufgehoben (VON STEIGER, SPR VIII/1, 462), sofern nicht schon im Gesellschaftsvertrag eine entsprechende Regelung ausdrücklich auch für die Zeit nach der Auflösung getroffen wurde.

II. Vorläufige Liquidationsordnung

3 Solange ein Gesellschafter vom Eintritt des Auflösungsgrundes **noch keine Kenntnis hat** oder bei gehöriger Sorgfalt haben sollte, gilt die ihm vertraglich oder gesetzlich zustehende Geschäftsführungsbefugnis im Rahmen des bisherigen Gesellschaftszwecks als fortbestehend (Abs. 1). Dies umfasst auch die auf der Geschäftsführungsbefugnis beruhende Vertretungsmacht (Art. 543 Abs. 3), zumindest, wenn auch der Vertragspartner von der Auflösung keine Kenntnis hat.

4 Aber auch nach Kenntnis des Auflösungsgrundes ist jeder bis anhin geschäftsführende Gesellschafter berechtigt, im Rahmen des Liquidationszweckes **unaufschiebbare Geschäfte** bis zu dem Zeitpunkt zu besorgen, in dem die ordentliche Liquidationsordnung in Kraft tritt (ZK-SIEGWART, N 36 i.f.; VON STEIGER, SPR VIII/1, 462). Explizit bestimmt dies das Gesetz für den Fall, dass die Gesellschaft durch den Tod eines Gesellschafters aufgelöst wird, und auferlegt diese Pflicht sowohl den überlebenden geschäftsführenden Gesellschaftern (Abs. 3) wie den Erben des Verstorbenen (Abs. 2). In diesem Umfang verbleibt ihnen auch die Vertretungsbefugnis.

5 Jeder Gesellschafter hat die Pflicht, die übrigen über den Eintritt des Auflösungsgrundes unverzüglich zu **informieren** (vgl. Abs. 2 bez. Tod eines Gesellschafters; ZK-SIEGWART, N 36).

Art. 548

III. Liquidation
1. Behandlung der Einlagen

¹ Bei der Auseinandersetzung, die nach der Auflösung die Gesellschafter unter sich vorzunehmen haben, fallen die Sachen, die ein Gesellschafter zu Eigentum eingebracht hat, nicht an ihn zurück.

² Er hat jedoch Anspruch auf den Wert, für den sie übernommen worden sind.

³ Fehlt es an einer solchen Wertbestimmung, so geht sein Anspruch auf den Wert, den die Sachen zur Zeit des Einbringens hatten.

23. Titel: Die einfache Gesellschaft   **1   Art. 548/549**

III. Liquidation 1. Des apports	¹ Celui qui a fait un apport en propriété ne le reprend pas en nature dans la liquidation à laquelle les associés procèdent après la dissolution de la société. ² Il a droit au prix pour lequel son apport a été accepté. ³ Si ce prix n'a pas été déterminé, la restitution se fait d'après la valeur de la chose au moment de l'apport.
III. Liquidazione 1. Dei conferimenti	¹ Nella liquidazione alla quale i soci devono procedere dopo lo scioglimento della società, il socio, che ha conferito la proprietà di una cosa, non riprende la cosa stessa. ² Egli ha però diritto al prezzo pel quale fu ricevuta. ³ Ove questo non sia stato convenzionalmente determinato, egli può pretendere il valore delle cose al tempo in cui vennero conferite.

Art. 549

2. Verteilung von Überschuss und Fehlbetrag	**¹ Verbleibt nach Abzug der gemeinschaftlichen Schulden, nach Ersatz der Auslagen und Verwendungen an einzelne Gesellschafter und nach Rückerstattung der Vermögensbeiträge ein Überschuss, so ist er unter die Gesellschafter als Gewinn zu verteilen.** **² Ist nach Tilgung der Schulden und Ersatz der Auslagen und Verwendungen das gemeinschaftliche Vermögen nicht ausreichend, um die geleisteten Vermögensbeiträge zurückzuerstatten, so haben die Gesellschafter das Fehlende als Verlust zu tragen.**
2. Des bénéfices et des pertes	¹ Si après le paiement des dettes sociales, le remboursement des dépenses et avances faites par chacun des associés et la restitution des apports, il reste un excédent, ce bénéfice se répartit entre les associés. ² Si, après le paiement des dettes, dépenses et avances, l'actif social n'est pas suffisant pour rembourser les apports, la perte se répartit entre les associés.
2. Riparto del guadagno e della perdita	¹ Se, dedotti i debiti sociali, rimborsate ai singoli soci le anticipazioni e le spese, e restituite le quote conferite, resta un avanzo, questo deve ripartirsi fra i soci come guadagno. ² Se, pagati i debiti e rimborsate le anticipazioni e le spese, il patrimonio sociale non è sufficiente a restituire le quote conferite, i soci dovranno sopportare la deficienza come perdita.

Literatur

HIRSCH, La société simple et les tiers, in: Mélanges en l'honneur de Henri Deschenaux, 1997, 411 ff.; KRAMER, Die Auseinandersetzung der Gesamthandgemeinschaften im schweizerischen Recht, Diss. Zürich 1943; ZÄCH, Zum Liquidationsvertrag bei Personengesellschaften: Geltung des Mehrheitsprinzips – Ergänzung der Naturalteilungsabrede, in: FS Schluep, 1988, 397 ff.; vgl. ausserdem die Literaturhinweise zu Art. 545 f.

I. Allgemeines zur Liquidation

Nach der Auflösung haben die Gesellschafter die Gesellschaft zu liquidieren, d.h. die   **1**
gemeinsamen und mit Dritten eingegangenen Rechtsverhältnisse aufzulösen sowie die

Aktiven und Passiven auf die einzelnen Gesellschafter zu verteilen. Jeder Gesellschafter hat das Recht, die **Durchführung der Liquidation zu verlangen,** und kann eine entsprechende **Klage** einreichen (BGE 24 II 575), solange die Liquidation noch nicht abgeschlossen ist (BGE 100 II 343). Dabei kann vom Richter die Abberufung der gesetzlichen und die Einsetzung eines neuen Liquidators gefordert werden (Art. 550 N 8). Innerhalb gewisser Schranken (vgl. Art. 550 N 9) kann vom Richter auch die Anordnung einzelner Liquidationshandlungen verlangt werden, z.B. es sei ein Grundstück öffentlich zu versteigern (BGE 93 II 392). Die vom Richter verlangten Handlungen müssen indes, anders als bei der Erbteilung (BGE 101 II 44), spezifiziert werden, das Rechtsbegehren, «es sei die einfache Gesellschaft zu liquidieren», genügt nicht.

2   Die **gesetzliche Regelung der Liquidation** der einfachen Gesellschaft ist in Art. 548–550 nur rudimentär festgelegt. Die ausführlichere Normierung der Liquidation der Kollektivgesellschaft (Art. 582–590) kann zumindest auf einfache Gesellschaften, die eine gemeinsame wirtschaftliche Unternehmung umfassen, sinngemäss angewendet werden (BGE 93 II 391). Die gesetzlichen Bestimmungen über die Liquidation sind dispositiver Natur. Abweichende Vereinbarungen können im Gesellschaftsvertrag oder im Nachhinein getroffen werden (N 14).

3   Es gilt der Grundsatz der **Einheitlichkeit der Liquidation,** welcher besagt, dass sämtliche Rechtsverhältnisse abzuwickeln und alle Aktiven und Passiven zu verteilen seien. Solange dies nicht geschehen ist, kann kein Gesellschafter einen einzelnen gesellschaftsrechtlichen Anspruch, z.B. auf Auslagenersatz, geltend machen; eine entsprechende Klage müsste abgewiesen werden (BGE 116 II 318 f.; 93 II 391; RJN 2000, 138; SJ 1995, 574 f.). Zur Liquidation gehört auch die Geltendmachung von Schadenersatzansprüchen gegen einen Gesellschafter aufgrund von Art. 538 (BGE 108 II 212; SJ 1995, 574; BK-BECKER, Art. 549 N 3; ZK-SIEGWART, N 4; HOCH, 152). Grund des Schadenersatzanspruches kann auch eine Handlung sein, die zur Auflösung der Gesellschaft geführt hat. Bei liquiden Verhältnissen besteht auch bei der einfachen Gesellschaft ein Anspruch auf Abschlagszahlungen (Art. 586; ZK-SIEGWART, N 40; BK-MEIER-HAYOZ, Art. 654 ZGB N 46; **a.M.** ZR 1927, 43 f.; BK-HARTMANN, Art. 586 N 3).

4   Im Gegensatz zur Erbteilung (Losbildung, Art. 611 ZGB) und zur Teilung von Miteigentum (Art. 651 ZGB) haben die Gesellschafter **keinen Anspruch auf Realteilung oder Zuweisung einzelner Gegenstände,** sondern bloss auf einen Geldbetrag (BGE 119 II 122; 93 II 391 f.; 105 II 207; WIELAND, 647; MEIER-HAYOZ/FORSTMOSER, 12 N 84, 211). Dies ergibt sich a fortiori aus der Bestimmung von Art. 548 Abs. 1, wonach nicht einmal die Gegenstände, die ein Gesellschafter eingebracht hat, an ihn zurückfallen. Die Gesellschafter haben bloss Anspruch auf Versilberung des ganzen Vermögens und Anteil am Nettoerlös (BGE 105 II 207), aber auch keine Pflicht zur Übernahme von Sachwerten an Stelle eines Geldbetrages (BK-BECKER, Art. 548 N 1; **a.M.** VON STEIGER, SPR VIII/1, 466). Selbstverständlich kann Realteilung vertraglich vereinbart werden. Wurde dem Grundsatz nach Realteilung vereinbart, ohne dass schon die einzelnen Gegenstände zugeteilt wurden, besteht ein gerichtlich durchsetzbarer Anspruch auf Durchführung der Teilung in Anlehnung an die Regeln des Miteigentums (Art. 651 ZGB) und der Erbteilung (Art. 611; ZÄCH, 407 ff.). Ein Anspruch auf Zuweisung besteht auch nicht aufgrund von Art. 205 Abs. 2 ZGB bei Ehegatten (vgl. hierzu u. N 13), welche eine Familienwohnung zu gesamter Hand als einfache Gesellschaft besitzen (OR-Handkommentar-FELLMANN/MÜLLER, Art. 548 N 4; **a.M.** HAUSHEER, ZBJV 1995, 622 f; BK-HAUSHEER/REUSSER/GEISER, Vorbem. Vor Art. 221 ff. N 43; HOHL, 170 f.; HOCH, 154 f.; HAUSHEER/LINDENMEYER LIEB, 10). Diese Bestimmung gilt nur für Miteigentum. Die Liquidation von Gesamteigentum richtet sich gem. Art. 654 Abs. 2 ZGB

nur dann nach den Regeln des Miteigentums, wo es nicht anders bestimmt ist. Bei der einfachen Gesellschaft ist nun ausdrücklich bestimmt, dass kein Zuweisungsanspruch besteht, womit der Verweis auf das Miteigentum nicht zum Zuge kommt (BGE 93 II 292) und damit Art. 205 Abs. 2 ZGB de lege lata keine Anwendung findet (BRÄM, 145 f.).

Da auch die **Erben eines verstorbenen Gesellschafters** am Gesellschaftsvermögen dinglich berechtigt werden und nicht bloss eine obligatorische Abfindungsforderung erhalten (Art. 545 f. N 9), muss, wenn die Gesellschaft nicht mit ihnen fortgeführt werden soll, die Liquidation nach den allgemeinen Grundsätzen durchgeführt werden (BGE 119 II 122 f.; **a.M.** HUBER, ZBGR 1953, 243 f.; PFÄFFLI, 1991, 325 f.). Sie sind in der in Liquidation befindlichen Gesellschaft als Mitglieder in der Stellung beteiligt, wie sie der Erblasser eingenommen hätte (BGE 114 V 4; 119 II 123). Zur Pflicht der Erben, einen gemeinsamen Vertreter zu bestimmen, vgl. Art. 550 N 2. 5

II. Durchführung der Liquidation

1. Begleichung der Schulden

Die **Liquidation** kann unterteilt werden in eine **äussere** (Abwicklung der Beziehungen zu Dritten) und eine **innere** (Auseinandersetzung zwischen den einzelnen Gesellschaftern; BGE 119 II 122; ZK-SIEGWART, N 6). Zuerst hat die äussere stattzufinden: Rechtsverhältnisse sind aufzulösen, Schulden zu begleichen, Forderungen einzuziehen und die Aktiven zu versilbern (vgl. Art. 585 Abs. 1; BGE 93 II 392; 119 II 122). Für bedingte und künftige Forderungen sind die notwendigen Rückstellungen zu machen (VON STEIGER, SPR VIII/1, 465; RUEDIN, N 1985). Die Gesellschafter haben ein Recht darauf, dass vor Verteilung des Vermögens zuerst die **Schulden beglichen werden,** damit sie nicht später persönlich von den Gläubigern in Anspruch genommen werden (HIRSCH, 424; DESSEMONTET, 179). Die Gläubiger können dies indes nicht verlangen. Sie haben, unter Vorbehalt der Pauliana (Art. 285 ff. SchKG), anders als bei den juristischen Personen keinen Anspruch auf Vorwegbefriedigung aus dem Gesellschaftsvermögen, da jeder Gesellschafter solidarisch mit seinem ganzen Vermögen haftet (ZR 1979, 16 f.; ZK-SIEGWART, N 34; VON STEIGER, SPR VIII/1, 466; HIRSCH, 426 ff.; RECORDON, 38). 6

Reicht zur Bezahlung der Schulden das versilberte Gesellschaftsvermögen nicht aus, so sind bereits versprochene, aber noch **ausstehende Beiträge** von den Gesellschaftern einzufordern. Hierzu ist, neben den Liquidatoren, jeder einzelne Gesellschafter aktivlegitimiert (BK-HARTMANN, Art. 585 N 23; JOB, 114; VON STEIGER, SPR VIII/1, 466 FN 48; RECORDON, 37; **a.M.** BGE 45 II 423 f.). Reicht dies immer noch nicht zur Deckung der Schulden, so haben die Gesellschafter das Fehlende als **Verlust** zu tragen. Dessen interne Verteilung richtet sich nach Art. 533 (BGE 77 II 50), doch kann jeder Gesellschafter hiervon seine Ansprüche aus Auslagenersatz in Abzug bringen (Art. 549 Abs. 2). Die Einforderung und Leistung der Verlustbeteiligung gehört noch zur ordentlichen Liquidation. Bezahlt ein Gesellschafter den ihm obliegenden Teil am Verlust nicht, so ist es indes Sache der einzelnen Gesellschafter, und nicht mehr der Liquidatoren, gegen ihn gerichtlich und vollstreckungsrechtlich vorzugehen (ZK-SIEGWART, Art. 533 N 24; VON STEIGER, SPR VIII/1, 467; RECORDON, 40; BGE 108 II 211). Ist die Verlustbeteiligung eines Gesellschafters nicht erhältlich, so erhöht sich im internen Verhältnis die Verlustbeteiligung der übrigen Gesellschafter in dem Verhältnis, in dem sie bisher einen Verlust zu tragen hatten (VON STEIGER, SPR VIII/1, 467; § 735 BGB). 7

2. Rückzahlung der Einlagen

a) Allgemeines

8 Aus dem Überschuss nach Begleichung der Schulden sind vorerst die Ansprüche aus Auslagenersatz der einzelnen Gesellschafter zu befriedigen. Danach sind die geleisteten **Einlagen zurückzuerstatten.** Konnten zwar die Gesellschaftsschulden und Auslagen, nicht jedoch die Einlagen zurückbezahlt werden, so haben die Gesellschafter auch hier das Fehlende als Verlust intern gem. Art. 533 und nicht im Verhältnis ihrer Beiträge gem. Art. 531 Abs. 2 zu tragen (Art. 549 Abs. 2). Die Einlagen sind aufgrund richterlicher Vertragsergänzung dann nicht zurückzuerstatten, wenn sie zum definitiven gemeinsamen Verbrauch in nichtehelichen Lebensgemeinschaften (Konkubinaten) bestimmt waren und die Partner weder ausdrücklich noch konkludent eine Rückleistung vereinbarten (MEIER-HAYOZ, FS Vischer, 1983, 587 f.; BGE 108 II 212).

b) Einlagen zu Eigentum (quoad dominium)

9 Die **Einlagen,** die ein Gesellschafter der Gesellschaft **zu Eigentum** überlassen hat, fallen nicht an ihn zurück (Art. 548 Abs. 1). Dementsprechend besteht auch keine Pflicht zur Rücknahme (BK-BECKER, Art. 548 N 4; BK-MEIER-HAYOZ, Art. 654 ZGB N 27). Er hat bloss Anspruch auf den vereinbarten Wert, zu dem sie die Gesellschaft damals übernommen hat (Abs. 2). Wurde kein Wert vereinbart, so gilt der dannzumalige Verkehrswert (Abs. 3; ZK-SIEGWART N 38; VON STEIGER, SPR VIII/1, 466; RECORDON, 38). Bezogene Früchte und Zinsen werden nicht hinzugerechnet, was namentlich bei verschieden grossen Beiträgen von Bedeutung ist. Dieser Betrag ist ihm nicht vorweg auszubezahlen, sondern bloss bei der Festlegung des Schlussergebnisses in Anrechnung zu bringen (BK-BECKER, Art. 548 N 5). Wertschwankungen des zu Eigentum eingebrachten Gegenstandes berühren demzufolge nur die Gewinn- und Verlustrechnung der Gesellschaft, nicht das Einlagekonto des Einbringers (DESSEMONTET, 187).

c) Einlagen zum Gebrauch (quoad usum)

10 Anders verhält es sich mit Vermögenswerten, die der Gesellschafter nicht zu Eigentum, sondern nur **zum Gebrauch** (quoad usum) oder zur Verfügung (quoad sortem) der Gesellschaft eingebracht hat (BGE 105 II 208; BGer, SJ 1995, 725; MEIER-HAYOZ/FORSTMOSER, § 12 N 38; vgl. Art. 531 N 8). Diese fallen mit Eintritt des Auflösungsgrundes (BGE 105 II 208) an den Gesellschafter zurück, wobei ihm vermutungsweise kein Anspruch auf eine mietzinsähnliche Entschädigung zusteht (KassGer TI, Rep 1989, 159 f.; vgl. § 733 Abs. 2 i.f. BGB; krit.: HOCH, 189). Eine Wertsteigerung, die auf Leistungen der Gesellschaft beruht (z.B. Überbauung eines Grundstückes), ist ein Gesellschaftsgewinn, der mit den übrigen Gesellschaftern zu teilen ist (Art. 532; BGE 105 II 208 E. c; RECORDON, 38). Eine Wertsteigerung konjunktureller Natur (z.B. steigende Bodenpreise) ist, anders lautende Vereinbarung vorbehalten, kein Gesellschaftsgewinn (BGer v. 1.4.2003, 4C.378/2002, E. 4.2), wie auch ein Wertverlust oder zufälliger Untergang allein vom Gesellschafter, in dessen Eigentum der Gegenstand verblieb, zu tragen ist (vgl. § 732 Satz 2 BGB; DESSEMONTET, 188).

d) Arbeitsleistungen

11 Keine rückzahlbaren Einlagen sind persönliche **Arbeitsleistungen** (Art. 537 Abs. 3). Verhelfen sie jedoch den Mitgesellschaftern zu einer persönlichen Vermögensverbesserung, so ist dies ein Gewinn, der mit den übrigen Gesellschaftern zu teilen ist (Art. 532; BGE 109 II 231 betr. Konkubinat). Werden persönliche Arbeitsleistungen aufgrund eines aussergesellschaftlichen besonderen Vertragsverhältnisses geleistet (BGE 108 II 209 f.; 109 II 230; SJ 1977, 375 ff.; ZK-SIEGWART, Vor Art. 530–551 N 10; RECORDON, 40), so kann der Gesellschafter die vereinbarte Vergütung wie ein Aussenstehender fordern und muss nicht die Beendigung der Liquidation abwarten.

3. Gewinnverteilung

Verbleibt nach Begleichung der Schulden, nach Ersatz der Auslagen und nach Rückzahlung der Beiträge ein **Überschuss,** so ist dieser unter die Gesellschafter im Verhältnis ihrer bisherigen Gewinnbeteiligung gem. Art. 533 (BGE 77 II 50; RUEDIN, N 1998; DESSEMONTET, 198) zu verteilen (Art. 549 Abs. 1). Nach Abschluss der äusseren Liquidation kann dessen Ausrichtung jeder Gesellschafter direkt mit einer Leistungsklage verlangen (BGer, SJ 1988, 84; Art. 550 N 10). **12**

Der Grundsatz, dass Wertschwankungen der sich im gemeinsamen Vermögen befindenden Gegenstände nur die Gewinn- und Verlustrechnung der Gesellschaft, nicht aber die Einlagekonten berühren, gilt auch, wenn in **Errungenschaftsbeteiligung lebende Ehegatten als einfache Gesellschaft** zu gesamter Hand eine Liegenschaft erworben haben. Hier hat vor der güterrechtlichen eine gesellschaftsrechtliche Auseinandersetzung stattzufinden. Umstritten ist nun, ob ein konjunktureller Mehrwert der Liegenschaft den Ehegatten als Gesellschaftsgewinn hälftig (Art. 533 Abs. 1; zum alten Eherecht: REY, 335 f.; zum neuen Eherecht: ENGLER, BJM 1995, 232; HAUSHEER, ZBJV 1995, 623; HOHL, 149 ff.; BRÄM, 143; KOBEL, 150; HAUSHEER/LINDENMEYER LIEB, 14) oder im Verhältnis ihrer Einlagen (zum alten Eherecht: FRIEDRICH, 197 f.; HINDERLING, Wertsteigerungen und Ersatzforderungen bei der Güterverbindung, SJZ 1965, 21; P. SIMONIUS, Zur Berechnung der güterrechtlichen Ersatzforderung, ZSR 1968 I, 45) zusteht. Obwohl erstere Lösung eher dem Gesetz entspricht, da bei Fehlen einer Vereinbarung das dispositive Recht zur Anwendung gelangt, ist die proportionale Beteiligung im Verhältnis ihrer Einlagen auch unter dem neuen Eherecht vorzuziehen, da diese den vermutlichen Absichten der Parteien eher gerecht wird. Es ist in der Praxis oft Zufall, ob Liegenschaften von Ehegatten zu gesamter Hand oder im Miteigentum erworben werden; die meisten Ehegatten, die zu gesamter Hand erwerben, sind sich des Umstandes nicht bewusst, dass hier bei der Liquidation die gesellschaftsrechtlichen Regeln diejenigen des Eherechts verdrängen könnten. Dem entspricht im Ergebnis auch der Gedanke, der dem System der variablen Ersatzforderung des neuen Eherechts (Art. 206 ZGB) zugrunde liegt, was die Vermutung rechtfertigt, dass die Parteien das wollten, was vom Gesetzgeber als gerecht empfunden wurde. Beachtenswert ist auch die Begründung von SIMONIUS, wonach es sich hier um eine Anlagegesellschaft handelt. Stammt die Einlage eines Ehegatten in die Gesellschaft aus Eigengut, so fällt auch der eben genannte Gewinn in das Eigengut (REY, 342), da mit der Leistung der Einlage aus Eigengut durch Surrogation (Art. 198 Ziff. 4 ZGB) der Gesellschaftsanteil Eigengut wurde und ein Mehrwert desselben einen Kapitalgewinn und nicht einen Kapitalertrag i.S.v. Art. 197 Ziff. 4 darstellt (HAUSHEER, ZBJV 1995, 623, 629; BK-HAUSHEER/REUSSER/ GEISER, Vor Art. 221 ff. N 48; HOHL, 163 f.; BRÄM, 178; KOBEL, 159; **a.M.** ENGLER, 233). Dadurch ergibt sich bei der Liquidation kein Unterschied, ob die Ehegatten die Liegenschaft als einfache Gesellschaft zu gesamter Hand oder im Miteigentum erwerben. Dennoch ist unter dem Regime des neuen Eherechts die Begründung von Miteigentum vorzuziehen, da die Gründe, welche das Gesamteigentum günstiger erscheinen liessen (vgl. FRIEDRICH, 200 ff.), weitgehend weggefallen sind, die variablen Ersatzforderungen beim Miteigentum einen angemessenen Ausgleich schaffen und sich nicht das Problem der Gewinnteilung stellt. HAUSHEER (ZBJV 1995, 627 und BK-HAUSHEER/ **13**

REUSSER/GEISER, Vorbem. Vor Art. 221 ff. N 49 ff.; anders nun aber HAUSHEER/LINDENMEYER LIEB, 34 f.) sowie BRÄM (16 f., 168 ff.) gehen bei unterschiedlichen Beiträgen beider Ehegatten davon aus, dass vermutungsweise dennoch die Einlagen beider Gatten gleich gross seien und die Differenz ein Darlehen oder eine Schenkung eines Gatten an den anderen sei. Ob eine Schenkung oder ein Darlehen vorliege, sei aufgrund der konkreten Umstände zu ermitteln, wobei eine Schenkung nicht zu vermuten sei, sondern bei grösseren Zuwendungen eher ein Darlehen vorliege. Diese Darlehensforderung sei nun eine variable Ersatzforderung gem. Art. 206 ZGB, womit ein konjunktureller Mehrwert trotz der von diesen Autoren angenommenen hälftigen Teilung im Ergebnis proportional zu den Beiträgen aufgeteilt wird. Im Ergebnis führt diese Auffassung meist zum selben Resultat wie die hier vertretene proportionale Gewinnverteilung (BK-HAUSHEER/REUSSER/GEISER, Vor Art. 221 ff. N 52; BRÄM, 177). Ihr ist indes entgegenzuhalten, dass bei unterschiedlichen Beiträgen ohne besondere Vereinbarung die Gesellschafter unterschiedliche Einlagen geleistet haben und nicht ein Gesellschafter dem anderen einen Teil seiner Einlage geliehen oder geschenkt hat. Zudem müsste ein derartiges Darlehen vom Darleiher bewiesen werden (Art. 8 ZGB). Dem steht auch nicht Art. 531 Abs. 2 OR entgegen, wonach die Gesellschafter vermutungsweise gleiche Beiträge zu leisten haben, denn diese Vermutung kommt nur zum Zuge, wenn noch geleistet werden muss, nicht aber, wenn im Einverständnis der Gesellschafter unterschiedliche Einlagen geleistet wurden. Dennoch ist dieser Meinung zu folgen, wenn man, entgegen der hier vertretenen Meinung, die Auffassung vertritt, der Gesellschaftsgewinn sei unabhängig vom Umfang der Beiträge der Ehegatten hälftig zu teilen.

III. Liquidationsvertrag

14 Meist wird die Liquidation im gegenseitigen Einvernehmen durch einen **Liquidationsvertrag** geregelt. Dieser ist ein Innominatvertrag (ZÄCH, 398). Umstritten ist, inwiefern eine derartige Vereinbarung nachträglich durch **Mehrheitsbeschluss** getroffen werden kann, wenn gem. Art. 534 Abs. 2 im Gesellschaftsvertrag vorgesehen ist, dass Gesellschaftsbeschlüsse mit Stimmenmehrheit gefasst werden können, ohne dass spezifisch die Liquidation erwähnt wäre. Bei Angelegenheiten, die das Liquidationsergebnis als Ganzes betreffen, wie die Art der Versilberung der Aktiven, die Reihenfolge der Schuldentilgung und den Abschluss von Streitigkeiten mit Dritten, rechtfertigt es sich, das bis anhin geltende Mehrheitsprinzip fortbestehen zu lassen (ZÄCH, 402 ff.; OR-Handkommentar-CASUTT, Art. 582 N 7). Nicht umfasst von einem allgemein im Gesellschaftsvertrag stipulierten Mehrheitsprinzip werden im Zweifel diejenigen Entscheidungen, welche die Aufteilungen der Aktiven und Passiven auf die einzelnen Gesellschafter betreffen, da sich hier systemimmanent die Interessen der Gesellschafter entgegenstehen (BGE 59 II 425; ZÄCH, 404 f.; ZK-SIEGWART, N 21; RECORDON, 34; OR-Handkommentar-CASUTT, Art. 582 N 7).

15 Der Liquidationsvertrag als schuldrechtlicher Vertrag ist grundsätzlich formfrei gültig (ZK-SIEGWART, N 22), doch bedarf sein Vollzug, die Überführung der den Gesellschaftern zu gesamter Hand zustehenden Vermögenswerte in die individuelle Rechtssphäre der einzelnen Gesellschafter, der **Form** des entsprechenden Verfügungsgeschäftes (Schriftlichkeit beim Übergang von Forderungen, Besitzübertragung bei Mobilien und den Grundbucheintrag bei Immobilien; ZK-SIEGWART, N 42). Soll ein Grundstück vom Gesamteigentum in das Alleineigentum eines Gesellschafters überführt werden, bedarf der entsprechende Teil des Liquidationsvertrages zudem der öffentlichen Beurkundung (ZR 1978, 297 ff.; ZK-HAAB, Art. 652–54 ZGB N 41; ZK-SIEGWART, N 22; Grundbuchpraxis in BS und BL; D. STAEHELIN, AJP 1994, 100; BRÄM, 153; BRÜCKNER,

228; KOBEL, 153; **a.M.** FRIEDRICH, 200; BK-MEIER-HAYOZ, Art. 652 ZGB N 83; HOHL, 169 FN 623; LENZ, 151 f.). Die Bestimmung, wonach bei der Erbteilung in jedem Fall Schriftform genügt (Art. 635 Abs. 2), kann nicht analog auf die Teilung des Gesellschaftsvermögens angewendet werden. Verurkundet werden muss nur die Übertragung des Grundstückes unter Bezug auf die Auseinandersetzung, nicht der ganze Liquidationsvertrag. Dasselbe gilt, wenn das Gesamteigentum in Miteigentum umgewandelt wird, selbst wenn dieselben Personen mit den gleichen vorher internen und nun externen Quoten berechtigt bleiben (ZK-SIEGWART, N 22; BK-MEIER-HAYOZ, Art. 652 ZGB N 79). Anders verhält es sich, wenn das Gesamthandverhältnis als einfache Gesellschaft in ein Gesamthandverhältnis aus einem anderen Rechtsgrund, z.B. in eine Kollektivgesellschaft, überführt wird. Hierbei ist der Grundbucheintrag zumindest dann, wenn die neuen Gesamteigentümer mit den alten identisch sind, bloss deklarativ, und es genügt als Beleg für den Eintrag ein schriftlicher Vertrag oder ein sonstiger Nachweis über das neue Gesamthandverhältnis (BGE 94 II 99 ff.; ZK-SIEGWART, Art. 530 N 68; BK-MEIER-HAYOZ, Art. 652 ZGB N 74; BRÜCKNER, 223). Dies muss sogar möglich sein, wenn die Zusammensetzung der beiden Gesamthandverhältnisse nicht identisch ist, solange nur eine Person beteiligt bleibt, da dann Dekreszenz und Akkreszenz (N 17) vorliegen können. Ebenfalls keine öffentliche Beurkundung ist erforderlich, wenn die Umwandlung des Gesamt- in Alleineigentum ohne Liquidation auf dem Wege der Dekreszenz und Akkreszenz durch Ausscheiden der übrigen Gesellschafter vollzogen wird (N 17). Dieser Vorgang ist streng abzugrenzen von der Übertragung im Liquidationsvertrag.

IV. Übernahme des ganzen Vermögens

Möglich ist auch, dass ein Gesellschafter oder ein Dritter im Zuge der Liquidation **das gesamte oder partielle Vermögen der Gesellschaft gem. Art. 181 übernimmt** (ZK-SIEGWART, N 46; VON STEIGER, SPR VIII/1, 468; BRÄM, 151; HOHL, 186; **a.M.** MEIER-HAYOZ/FORSTMOSER, § 12 N 86 und HOCH, 208, wonach sich die Übertragung gem. Art. 181 ohne Liquidation vollziehe). Diese Übertragung muss auf dem Wege der **Singularsukzession** vollzogen werden und bedarf namentlich bei Grundstücken der öffentlichen Beurkundung des entsprechenden Teiles des Vertrages sowie eines konstitutiven Eintrages in das Grundbuch (ZK-SIEGWART, N 46).

16

Jeder Gesellschafter kann seinen **Gesellschaftsanteil** auf dem Wege der Singularsukzession auf einen anderen Gesellschafter oder einen Dritten **übertragen,** sofern alle Mitgesellschafter zustimmen (ZK-SIEGWART, Art. 542 N 66 ff.; VON STEIGER, SPR VIII/1, 408; ZOBL, S. 161 ff.; TERCIER, N 6661 ff.; K. MÜLLER, 125 ff.; BK-FELLMANN/MÜLLER, Art. 542 N 104 ff.; WOLF, ZBGR 2000, 11 ff.; DERS., 2005, 58 ff.; CHK-JUNG, Art. 542 N 7). Die Übertragung erfolgt gemäss den Regeln der Zession (Art. 164 ff.; BK-FELLMANN/MÜLLER, Art. 542 N 112 ff.). Schriftform ist ausreichend, auch wenn die Gesellschafter zusammen Grundstücke zu gesamter Hand besitzen (ZK-SIEGWART, Art. 542 N 7; K. MÜLLER, 186; WOLF, 12). Das Gesellschaftsvermögen geht mit der Abtretung des Gesellschaftsanteils ohne weitere Vollzugshandlungen über. Bei Grundstücken welche zu gesamter Hand gehalten werden, erfolgt der Übergang ausserbuchlich (ZK-SIEGWART, Art. 542 N 9; WOLF, ZBGR 2000, 13; BK-FELLMANN/MÜLLER, Art. 542 N 143). Grundsätzlich können auch alle Gesellschafter ihre Anteile an einen Mitgesellschafter oder Dritten veräussern (BK-FELLMANN/MÜLLER, Art. 542 N 102). Strittig ist, ob dann nicht doch die Übertragungsformen für die einzelnen Vermögenswerte beachtet werden müssen (vgl. WOLF, ZBGR 2000, 11 FN 64; K. MÜLLER, 138 ff.). Diejenigen Gesellschafter, die im Handelsregister eingetragen sind, können

16a

Art. 550

ihren Anteil mit Zustimmung der Mitgesellschafter auch auf dem Wege der **Vermögensübertragung gem. Art. 69 FusG** übertragen (vgl. PFÄFFLI, 2007, 417; krit. BK-FELLMANN/MÜLLER, Art. 542 N 141). Eine Übertragung von Gesellschaftsanteilen ist auch im Liquidationsstadium möglich.

17 Wollen mehrere bisherige Gesellschafter das Gesellschaftsvermögen gemeinsam übernehmen, können sie entweder eine neue Gesellschaft gründen und das Vermögen auf dem Wege der Singularsukzession gem. Art. 181 übernehmen (N 16), oder sie können die einzelnen Gesellschaftsanteile durch Zession übernehmen (N 16a), oder es kann (vorgängig oder nachträglich) vereinbart werden, dass die Verbleibenden die Gesellschaft unter **Ausscheidung und Abfindung der übrigen Gesellschafter** fortführen, womit ihnen das Vermögen anwächst (vgl. Art. 545 f. N 7). Eine derartige Vereinbarung kann im Voraus für alle Fälle der Auflösung getroffen werden (Art. 576 N 5; zur Zwangsvollstreckung vgl. Art. 545/546 N 16a). Dasselbe gilt, wenn nur ein bisheriger Gesellschafter das Gesellschaftsvermögen übernehmen möchte: Auch bei der einfachen Gesellschaft kann auf eine Liquidation und Übertragung gem. Art. 181 verzichtet und die Übernahme sämtlicher Aktiven und Passiven ohne Liquidation analog Art. 579 vereinbart werden (ZK-SIEGWART, Art. 547 N 50; MEIER-HAYOZ/FORSTMOSER, § 12 N 92). In diesem Falle scheiden alle Gesamthänder bis auf einen aus und das Gesellschaftsvermögen geht durch **Akkreszenz** auf den Übernehmenden über, ein Grundbucheintrag ist bloss deklarativ (BGE 116 II 180; 75 I 275; OGer LU, ZBJV 1997, 339; ZK-SIEGWART, Art. 547 N 50; ZOBL, 97; BRÜCKNER, 228 f.; WOLF, ZBGR 2000, 15 f.; LENZ, 116; K. MÜLLER, 211 ff.; DESSEMONTET, 219; BK-FELLMANN/MÜLLER, Art. 542 N 37). Als Beleg für das Grundbuchamt genügt eine schriftliche Vereinbarung betreffend das Ausscheiden (BGer v. 13.2.2006, 5A.28/2005 E.3.4 = ZBGR 2006, 381 ff.; LENZ, 103; K. MÜLLER, 217) oder der Gesellschaftsvertrag mit der Fortsetzungsklausel i.V.m. einem Nachweis des Ausscheidens, z.B. durch eine entsprechende Beurkundung. Aufgrund von Art. 963 Abs. 2 ZGB kann das Ausscheiden von den verbleibenden Gesellschaftern, resp. dem einzig Verbleibenden, dem Grundbuch angemeldet werden (BGer v. 13.2.2006, 5A.28/2005 E.3.4; OGer LU, ZBJV 1996, 833; BRÜCKNER, 218; SCHMID, ZBGR 1999, 14; LENZ, 102). Dies gilt auch, wenn in Errungenschaftsbeteiligung lebende Ehegatten als einfache Gesellschaft im Grundbuch eingetragen waren und nun das Grundstück in das Alleineigentum eines Gatten überführt werden soll (REY, 334). Erfolgt das Ausscheiden aufgrund eines vertraglich vorgesehenen Austrittsrechts (Art. 545/546 N 5), so genügt zur deklarativen Streichung des Ausscheidenden im Grundbuch der Gesellschaftsvertrag mit dem Austrittsrecht und die Austrittserklärung (OGer LU, ZBJV 1996, 834). Es steht den Parteien frei, den Weg der Übertragung oder den der Anwachsung zu wählen (ZK-SIEGWART, N 46), wobei eine Vermutung für die Anwachsung besteht (vgl. Art. 579 N 4; DESSEMONTET, 217). Die noch verbreitete Praxis der Grundbuchämter in Fällen der Akkreszenz, die Übertragung durch öffentliche Urkunde zu verlangen, ist klar bundesrechtswidrig. Zur Weiterhaftung der Ausscheidenden vgl. Art. 551 N 3.

Art. 550

3. Vornahme der Auseinandersetzung

[1] Die Auseinandersetzung nach Auflösung der Gesellschaft ist von allen Gesellschaftern gemeinsam vorzunehmen mit Einschluss derjenigen, die von der Geschäftsführung ausgeschlossen waren.

2 Wenn jedoch der Gesellschaftsvertrag sich nur auf bestimmte einzelne Geschäfte bezog, die ein Gesellschafter in eigenem Namen auf gemeinsame Rechnung zu besorgen hatte, so hat er diese Geschäfte auch nach Auflösung der Gesellschaft allein zu erledigen und den übrigen Gesellschaftern Rechnung abzulegen.

3. Mode de la liquidation

1 La liquidation qui suit la dissolution de la société doit être faite en commun par tous les associés, y compris ceux qui étaient exclus de la gestion.

2 Toutefois, si le contrat de société n'avait trait qu'à certaines opérations déterminées que l'un des associés devait faire en son propre nom pour le compte de la société, cet associé est tenu, même après la dissolution, de les terminer seul et d'en rendre compte aux autres associés.

3. Modo della liquidazione

1 La liquidazione dopo lo scioglimento della società dev'essere fatta insieme da tutti i soci, compresi quelli che erano esclusi da ogni ingerenza amministrativa.

2 Però se il contratto di società riguardava soltanto dei singoli determinati affari, che un socio doveva fare in nome proprio per conto della società, questo socio dovrà compierli da solo anche dopo lo scioglimento della medesima, rendendone conto agli altri soci.

Literatur

Vgl. die Literaturhinweise zu Art. 548/549.

I. Gesetzliche Regelung

Mit Eintritt des Auflösungsgrundes erlischt die vertragliche oder auf dispositivem Gesetzesrecht beruhende Geschäftsführungs- und Vertretungsbefugnis der Gesellschafter. Im Sinne einer **vorläufigen Liquidationsordnung** bestehen Ausnahmen für den Fall, dass der Gesellschafter von der Auflösung keine Kenntnis hat (Art. 547 Abs. 1) und für unaufschiebbare Geschäfte (547 Abs. 2).

Bei Fehlen einer besonderen Vereinbarung haben die Gesellschafter die **Liquidation gemeinsam durchzuführen** (Abs. 1; anders bei der Kollektivgesellschaft, Art. 583). Die Befugnisse, welche bis anhin den einzelnen Geschäftsführern und im Zweifel jedem Gesellschafter einzeln (Art. 535 Abs. 1) zustanden, können und dürfen nur noch von allen Gesellschaftern gemeinsam ausgeübt werden, mit Einschluss derjenigen, die vorher von der Geschäftsführung ausgeschlossen waren. Grund dieser Regelung ist das gewöhnlich im Stadium der Liquidation verminderte gegenseitige Vertrauen zwischen den Gesellschaftern (BK-BECKER, Art. 550 N 1; RECORDON, 32). Zur Weitergeltung einer vertraglichen Vereinbarung, wonach Gesellschaftsbeschlüsse durch Mehrheitsentscheid gefasst werden, vgl. Art. 548 f. N 14. Gemäss dem auch auf die einfache Gesellschaft anwendbaren Art. 584 OR haben die Erben eines verstorbenen Gesellschafters für die Liquidation einen gemeinsamen Vertreter zu bezeichnen (BGE 119 II 122 f.).

Trotz gemeinschaftlicher Geschäftsführung kann, wie bei der Erbengemeinschaft, jeder Gesellschafter **unaufschiebbare Geschäfte** alleine vornehmen, eine nachträgliche Genehmigung darf vermutet werden. Des Weiteren behält der Verweis in Art. 540 Abs. 2 auf die Geschäftsführung ohne Auftrag seine Gültigkeit (ZK-SIEGWART, N 12; VON STEIGER, SPR VIII/1, 462).

4 Als Ausnahme vom Grundsatz der gemeinsamen Liquidation bestimmt Abs. 2, dass bei Gesellschaften, die sich nur auf bestimmte einzelne Geschäfte bezogen, die ein Gesellschafter in eigenem Namen, aber auf gemeinsame Rechnung zu begleichen hatte, dieser Gesellschafter die Geschäfte alleine zu beendigen habe, unter Rechnungslegung an die Mitgesellschafter. Dieser Grundsatz gilt, zumindest im Aussenverhältnis, über seinen Wortlaut hinaus nicht nur für stille Gelegenheitsgesellschaften, sondern auch für **stille Gesellschaften** mit dauerndem Zweck, da der Hauptgesellschafter nach aussen Alleinberechtigter am Gesellschaftsvermögen ist und dem stillen Gesellschafter bloss obligatorische Ansprüche zustehen (VON STEIGER, SPR VIII/1, 463; MEIER-HAYOZ/FORSTMOSER, § 15 N 48; OR-Handkommentar-FELLMANN/MÜLLER, N 3; RECORDON, 32; SJZ 1988, 343). Soweit indes der stille Gesellschafter im Innenverhältnis an der Geschäftsführung teilnimmt (vgl. hierzu MEIER-HAYOZ/FORSTMOSER, § 15 N 30 ff.; SOMMER, 129 ff.), stehen ihm diese Befugnisse auch in der Liquidation zu (ZK-SIEGWART, N 15; GUHL/DRUEY, § 61 N 40; SOMMER, 171).

II. Vertragliche Regelung

5 Im **Gesellschaftsvertrag** kann vorgesehen sein, dass bestimmte Gesellschafter oder Dritte die Liquidation allein durchzuführen haben. Dies kann auch nach Eintritt des Auflösungsgrundes vereinbart werden. Sah der Gesellschaftsvertrag für die Ernennung der Geschäftsführer **Mehrheitsbeschlüsse** vor, so können auch mittels Mehrheitsbeschluss einzelne Liquidatoren ernannt und dadurch andere Gesellschafter von der Liquidation ausgeschlossen werden (ZK-SIEGWART, N 10; BK-HARTMANN, Art. 583 N 7; a.M. WIELAND, 695; VON STEIGER, SPR VIII/1, 463; OR-Handkommentar-FELLMANN/ MÜLLER, N 5). Mehrere Liquidatoren haben im Zweifel gemeinsam zu handeln (WIELAND, 695). Rechte und Pflichten der Liquidatoren werden durch den Liquidationszweck bestimmt. In dessen Rahmen können auch neue Geschäfte abgeschlossen werden (BK-BECKER, N 2). Geschäfte von ausserordentlicher Bedeutung müssen allen Gesellschaftern vorgelegt werden (ZK-SIEGWART, N 19; VON STEIGER, SPR VIII/1, 463; RECORDON, 33, 42). Ebenso verbleibt jedem Gesellschafter sein Kontrollrecht (Art. 541). Zur Geltung des Mehrheitsprinzipes bei der Durchführung der Liquidation vgl. Art. 548 f. N 14.

6 Jeder Gesellschafter kann aus wichtigen Gründen den vertraglich bezeichneten **Liquidatoren ihr Amt entziehen** (analog Art. 539 Abs. 2; ZK-SIEGWART, N 18; VON STEIGER, SPR VIII/1, 464). Dies gilt auch, wenn Gesellschafter, die schon von Gesetzes wegen Liquidatoren wären, unter Ausschluss der übrigen Gesellschafter mit der Liquidation betraut wurden. Im Gegensatz zur Kollektivgesellschaft (Art. 583 Abs. 2) bedarf es hierzu nicht des Richters. Die Abberufung durch einen Gesellschafter bedarf indes eines richterlichen Urteils, wenn keine Liquidatoren vertraglich bezeichnet wurden und somit alle Gesellschafter gemeinsam Liquidatoren sind. Die Gründe, welche für eine analoge Anwendung von Art. 539 Abs. 2 auf den Geschäftsführer, dem diese Befugnis von Gesetzes wegen zukommt, sprechen (insb. Bestandesschutz, vgl. VON STEIGER, SPR VIII/1, 400 f.), fallen im Liquidationsstadium weg (RECORDON, 34 f.).

III. Vertretungsbefugnis

7 Für die Vertretung nach aussen gelten wie bis anhin die **Regeln des Stellvertretungsrechts.** Vermutungsweise Vertretungsmacht hat derjenige Gesellschafter, dem die Liquidation übertragen wurde (Art. 543 Abs. 3; VON STEIGER, SPR VIII/1, 462 f.), beschränkt auf den Liquidationszweck (WIELAND, 694). Da mangels einer vertraglichen Vereinba-

rung alle Gesellschafter gemeinsam zu liquidieren haben, kommt die Vermutung von Art. 543 Abs. 3 nur noch zum Zuge, wenn vertraglich gewisse Gesellschafter als Liquidatoren bezeichnet wurden.

IV. Anrufung des Richters

Obwohl nur bei der Kollektivgesellschaft geregelt (Art. 583), kann unbestrittenermassen auch bei der einfachen Gesellschaft jeder Gesellschafter die **Abberufung und Ernennung eines Liquidators vom Richter** verlangen (ZR 1990, 279; SAG 1988, 168; Rep 1970, 63; ZBJV 1947, 240; RECORDON, 35; vgl. Art. 583 N 5 ff.). 8

Umstritten ist, ob vom Richter verlangt werden kann, er solle den (gesetzlichen, vertraglichen oder richterlich eingesetzten) Liquidatoren **Weisungen** betr. die Durchführung gewisser spezifizierter Liquidationshandlungen erteilen (vgl. Art. 548 f. N 1), z.B. durch Anordnung einer öffentlichen Versteigerung (dafür ZK-SIEGWART, N 25; dagegen LGVE 1987, 484; BK-HARTMANN, Art. 583 N 14; BK-MEIER-HAYOZ, Art. 654 ZGB N 43). Wohl haben die Liquidatoren in der Bestimmung der Art und Weise der Durchführung der Liquidation ein Ermessen, doch wird ihre Aktionsfähigkeit durch die gesetzlich vorgeschriebene Tätigkeit eingeschränkt. Solange die richterlichen Weisungen an die Liquidatoren nur diese gesetzlich vorgeschriebenen Tätigkeiten wiederholen und, ohne das Ermessen der Liquidatoren einzuschränken, für den Einzelfall konkretisieren, sind sie zulässig (BGE 112 II 12 f.). Ohne diese Einschränkungen sind richterliche Weisungen zulässig beim Verkauf des gesamten Gesellschaftsvermögens zu einem Gesamtübernahmepreis sowie bei der Veräusserung von Grundstücken (Art. 585 Abs. 3; BGE 93 II 388 ff.). Die entsprechende Klage hat sich gegen die übrigen Gesellschafter zu richten (vgl. Art. 585 N 5). Sind nicht alle Gesellschafter mit der Liquidation betraut, kann gegen aussergewöhnliche Liquidationshandlungen jeder Gesellschafter Widerspruch erheben (N 5) und dessen Durchsetzung vom Richter verlangen (HOCH, 174). Dies bedeutet jedoch nicht, dass bei allen aussergewöhnlichen Liquidationshandlungen der Richter auch um positive Anordnungen angegangen werden kann. Wird die Liquidation deswegen blockiert, so ist die Ernennung eines neuen Liquidators zu verlangen. Derselbe Weg ist einzuschlagen, wenn sich mehrere Liquidatoren in demjenigen Bereich, in dem sie nicht durch richterliche Weisungen eingeschränkt werden können, nicht einigen können. 9

Die Abberufung und Ernennung eines Liquidators ist nicht (mehr) erforderlich, wenn keine äusseren Liquidationshandlungen mehr vorzunehmen sind, d.h. wenn alle Schulden bezahlt sind und die Aktiven aus Bargeld bestehen (BGer, SJ 1988, 84). Diesfalls kann jeder Gesellschafter mittels einer **Leistungsklage** die Ausrichtung seines Liquidationsanteils verlangen. Dabei hat der Richter vorfrageweise über die gesamte interne Liquidation, den Umfang des Gesellschaftsvermögens, die Höhe der Auslagen, den Wert und die Rückerstattung der Einlagen sowie über den Anteil am Gewinn zu entscheiden (AppGer TI, Rep 1970, 63). Da hierüber nur vorfrageweise, ohne materielle Rechtskraft gegenüber allen Gesellschaftern entschieden wird, müssen nicht zwangsläufig alle Gesellschafter am Prozess beteiligt sein. Es genügt, diejenigen einzuklagen, welche im Besitz des Liquidationserlöses sind (vgl. BGer, SJ 1988, 82 ff.; BGer v. 24.2.2006, 4C.416/2005 E. 3.4). 10

Art. 551

IV. Haftung gegenüber Dritten	**An den Verbindlichkeiten gegenüber Dritten wird durch die Auflösung der Gesellschaft nichts geändert.**
IV. Responsabilité envers les tiers	La dissolution de la société ne modifie pas les engagements contractés envers les tiers.
IV. Responsabilità verso i terzi	Lo scioglimento della società non altera le obbligazioni assunte verso i terzi.

Literatur

Vgl. die Literaturhinweise zu Art. 548/549.

I. Haftung der Gesellschafter nach Abschluss der Liquidation

1 Art. 551 hält den Grundsatz fest, dass die Auflösung der Gesellschaft keinen Einfluss hat auf die **persönliche Haftung der Gesellschafter** für Verpflichtungen, welche sie gemeinschaftlich oder durch Stellvertretung gegenüber Dritten eingegangen sind. Dies gilt nicht nur für die Liquidationsdauer nach der Auflösung, sondern auch für die Zeit nach Abschluss der Liquidation (ZR 1979, 17). Die Gesellschafter haften weiterhin **persönlich und solidarisch** (Art. 544 Abs. 3) während maximal zehn Jahren. Dies ist das Gegenstück dazu, dass die Gläubiger kein Recht auf Vorwegbefriedigung aus dem Gesellschaftsvermögen haben.

2 Die Liquidation hat wohl keinen Einfluss auf die Haftung, wohl aber auf das **Haftungssubstrat,** indem nach Verteilung des Gesellschaftsvermögens nicht mehr der Anspruch auf den Liquidationsanteil gepfändet werden kann, sondern nur noch das, was der einzelne Gesellschafter aus der Liquidation erhalten hat und noch besitzt. Der Gläubiger kann jedoch in der Betreibung gegen einen Gesellschafter dessen Forderung gegen die übrigen Gesellschafter auf Mittragung des Verlustes pfänden oder mit der paulianischen Anfechtungsklage die Verteilung der Aktiven vor Begleichung der Passiven anfechten (ZK-SIEGWART, N 2; RECORDON, 42).

II. Abgrenzung zu Art. 181 Abs. 2 und Art. 75 FusG

3 Schwierigkeiten kann die **Abgrenzung zu Art. 181 Abs. 2 resp. Art. 75 FusG** bereiten, wonach die Haftung der bisherigen Schuldner auf drei Jahre begrenzt wird, wenn ein Vermögen oder ein Geschäft mit Aktiven und Passiven gem. Art. 181 oder durch Vermögensübertragung gem. Art. 69 FusG übernommen wird und dies im Falle von Art. 181 OR von dem Übernehmer den Gläubigern mitgeteilt oder in öffentlichen Blättern publiziert worden ist. Unbestrittenermassen kommt diese Haftungsbegrenzung zum Zuge, wenn das Vermögen der Gesellschaft ganz oder zumindest ein organisch in sich geschlossener Teil davon (VON BÜREN, AT, 152; SPIRO, 765; BSK OR I-TSCHÄNI, Art. 181 N 7) von einem Dritten übernommen wurde. Sind die Voraussetzungen des Art. 181 resp. Art. 69 ff. FusG erfüllt, kommt die Haftungsbeschränkung auch dann zum Zuge, wenn einer der bisherigen Gesellschafter das Gesellschaftsvermögen im Zuge der Liquidation gem. Art. 181 resp. durch Vermögensübertragung gem. Art. 75 FusG übernimmt (vgl. Art. 548 f. N 16; ZK-SIEGWART, N 3; VON STEIGER, SPR VIII/1, 468; PATRY, 270; ENGEL, 729; OR-Handkommentar-FELLMANN/MÜLLER, N 3; CHK-JUNG, Art. 547–551 N 4; wohl **a.M.** BK-BECKER, N 2 i.f.). Findet indes keine Liquida-

tion statt, sondern erwerben ein oder mehrere Gesellschafter das Gesellschaftsvermögen durch Anwachsung (vgl. Art. 548 f. N 17), so kommt die Haftungsbefreiung von Art. 181 Abs. 2 auch dann nicht zum Zuge, wenn die Übernahme den Gläubigern mitgeteilt wurde (ZK-SIEGWART, Art. 548–550 N 46; BOLLMANN, 11), ansonsten bei jedem Ausscheiden eines Gesellschafters seine Haftung auf drei Jahre begrenzt werden könnte.

Dritte Abteilung: Die Handelsgesellschaften und die Genossenschaft

Vierundzwanzigster Titel: Die Kollektivgesellschaft

Erster Abschnitt: Begriff und Errichtung

Art. 552

A. Kaufmännische Gesellschaft

¹ **Die Kollektivgesellschaft ist eine Gesellschaft, in der zwei oder mehrere natürliche Personen, ohne Beschränkung ihrer Haftung gegenüber den Gesellschaftsgläubigern, sich zum Zwecke vereinigen, unter einer gemeinsamen Firma ein Handels-, ein Fabrikations- oder ein anderes nach kaufmännischer Art geführtes Gewerbe zu betreiben.**

² **Die Gesellschafter haben die Gesellschaft in das Handelsregister eintragen zu lassen.**

A. Sociétés exerçant une activité commerciale

¹ La société en nom collectif est celle que contractent deux ou plusieurs personnes physiques, sous une raison sociale et sans restreindre leur responsabilité envers les créanciers de la société, pour faire le commerce, exploiter une fabrique ou exercer en la forme commerciale quelque autre industrie.

² Les membres de la société sont tenus de la faire inscrire sur le registre du commerce.

A. Società che esercitano un'impresa commerciale

¹ La società in nome collettivo è quella nella quale due o più persone fisiche, senza limitare la loro responsabilità verso i creditori sociali, si riuniscono allo scopo di esercitare sotto una ditta comune un commercio, un'industria od altra impresa in forma commerciale.

² I soci devono far iscrivere la società nel registro di commercio.

Literatur

BÄR, Der öffentliche Glaube des Handelsregisters, Berner Festgabe zum Schweizerischen Juristentag 1979, 1979; BAUMBACH/HOPT, Handelsgesetzbuch, 33. Aufl. 2007; BAUMBACH/HUECK, GmbH-Gesetz, 17. Aufl. 2000; BERGSMA, Auflösung, Ausschluss und Austritt aus wichtigem Grund bei den Personengesellschaften, Diss. Zürich 1990; BOLLMANN, Das Ausscheiden aus Personengesellschaften, Diss. Zürich 1991 (ZBR 377); BROSSET/SCHMIDT, Guide de sociétés en droit suisse, Bd. I, 1962; BUCHER, Organschaft, Prokura, Stellvertretung, zugleich Auseinandersetzung mit BGE 95 II 442 (Prospera GmbH), FS Bürgi, 1971; BUXBAUM CARONI, Die vermögensrechtliche Stellung des Kommanditärs, Diss. Zürich 1986 (SSHW 95); DE BEER, Minderheitenschutz durch erweiterte Kognitionsbefugnis des Handelsregisterführers, ZSR 1995, 81 ff.; FELLMANN/MÜLLER, Kommentar zum schweizerischen Privatrecht, Bd. IV, 2006; FREYMOND, Die Geschäftsführung und Vertretung im Rechte der Kollektivgesellschaft, Diss. Zürich 1951; JOB, Ansprüche unter Kollektivgesellschaftern, Diss. Zürich 1952; KÜNZLI, Die Vertretungsverhältnisse bei der Kollektivgesellschaft, Diss. Zürich 1971; MEISTERHANS, Prüfungspflicht und Kognitionsbefugnis der Handelsregisterbehörde, Diss. Zürich 1996 (SSHW 175); SCHMIDT, Münchner Kommentar zum Handelsgesetzbuch, 2. Aufl. 2006; NEESE, Fehlerhafte Gesellschaften, Diss. Zürich 1990 (SSHW 134); PFÄFFLI, Änderungen bei Personengesellschaften aus der Sicht der praktischen Grundbuchführung, ZBGR 1991, 321 ff.; SCHERER, Die Geschäftsführung und die Vertretung in den Personengesellschaften, Diss. Zürich 1964; SCHOOP, Die Haftung für die Überbewertung von Sacheinlagen, Diss. Bern 1980 (SSHW 52); SOLDATI, Gerichtsstandsgesetz (hrsg. von KELLERHALS/VON

WERDT/GÜNGERICH), 2001; SPÜHLER/VOCK, Gerichtsstandsgesetz (GestG), 2000; VOGT, Der öffentliche Glaube des Handelsregisters, Diss. Zürich 2003; WESTERMANN, Handbuch der Personengesellschaften, 4. Aufl. 1994; WIELAND, Handelsrecht, Bd. I, 1921/1931; VON WYSS, Die Haftung des Kollektivgesellschafters für die Verbindlichkeiten der Gesellschaft, Diss. Zürich 1952; ZOBL, Änderungen im Personenbestand von Gesamthandschaften, Diss. Zürich 1973 (ZBR 418).

I. Begriff und wirtschaftliche Bedeutung

1   Die Kollektivgesellschaft ist eine **Personengesellschaft.** Nach der gesetzgeberischen Konzeption stellt sie eine Rechtsform für KMU dar, bei denen die Persönlichkeit der Gesellschafter im Mittelpunkt steht. Diese sind regelmässig sowohl finanziell beteiligt und haftbar als auch persönlich tätig und verantwortlich. Das Gesellschaftsvermögen steht den Gesellschaftern zur gesamten Hand zu. Die Gesellschafter haften neben dem Gesellschaftsvermögen subsidiär, unbeschränkt und solidarisch.

Hatte Ende 1992 unter den Handelsgesellschaften die Kollektivgesellschaft nach der AG die meiste Verbreitung gefunden, so hat in der Zwischenzeit die GmbH diesen Platz eingenommen und die Kollektivgesellschaft auf den dritten Rang verdrängt. Die Anzahl der eingetragenen Kollektivgesellschaften ist seit 2000 sogar rückläufig (SHAB vom 5.2.2001 und SHAB vom 7.2.2008: 16 360 Ende 2000 gegenüber 13 934 Ende 2007).

II. Rechtsnatur

2   Das Gesetz regelt die Frage der rechtlichen Natur der Kollektivgesellschaft nicht. Die Lösung wurde ausdrücklich der rechtswissenschaftlichen Doktrin und Praxis überlassen (StenBull StR 1931, 150; NR 1934, 230). Ganz überwiegend wird die **Rechtspersönlichkeit der Kollektivgesellschaft abgelehnt** (BGE 72 II 180; 95 II 547, 549; 114 IV 14; 116 II 652; BK-HARTMANN, N 3; ZK-SIEGWART, Art. 552/553 N 1 f.). Das steht im Einklang mit Art. 10 Abs. 2 und 41 altHRegV, wo die Kollektivgesellschaft in Gegenüberstellung zur juristischen Person gesehen wurde. Etwas ungenau, aber mit derselben Zielrichtung, unterscheidet die neue, total revidierte HRegV zwischen juristischen Personen und Handelsgesellschaften (Art. 120 HRegV; vgl. auch die differenziertere Unterscheidung in Art. 625, Art. 775 OR). Die Rechtspersönlichkeit folgt auch nicht aus der Tatsache, dass die Kollektivgesellschaft im Rechtsverkehr unter einer Firma auftritt (BGE 51 I 230). Die neuere Judikatur billigt der Kollektivgesellschaft im Blick auf die Vermögensverhältnisse und im Gegensatz zu juristischen Personen einen Anspruch auf *unentgeltliche Rechtspflege* zu, wenn die Prozessarmut sowohl der Gesellschaft als auch der Gesellschafter gegeben ist (BGE 116 II 651). In der Rechtspraxis kommt dem Problemkreis der Rechtsnatur der Kollektivgesellschaft keine besondere Relevanz zu. Für die Anerkennung der vollen Rechtsfähigkeit besteht kein praktisches Bedürfnis, da die Rechtsverhältnisse gesetzlich in ausreichendem Masse geregelt sind (BK-HARTMANN, N 2).

3   Die Kollektivgesellschaft stellt notwendig eine **Gesamthandsgemeinschaft** dar. Allein die Gesellschafter sind Träger der Rechte und Pflichten (BGE 116 II 655; VON STEIGER, SPR VIII/1, 529; BK-HARTMANN, Art. 562 N 2; ZK-SIEGWART, Art. 562 N 1). Die Kollektivgesellschaft ist jedoch im Verhältnis zu Dritten als organisatorische Einheit verselbständigt und nimmt dergestalt am Rechtsverkehr teil (Art. 562; auch Art. 567 Abs. 3, Art. 568 Abs. 3 Satz 2, Art. 574 Abs. 1). Im Aussenverhältnis nähert sich die Kollektivgesellschaft der juristischen Person. Die Kollektivgesellschaft ist als solche *handlungsfähig, prozessfähig* und *betreibungsfähig* (Art. 39 Ziff. 6 SchKG). Voraussetzung für die passive Betreibungsfähigkeit ist die Eintragung in das Handelsregister (BGE 55 III 146, 148 ff.: Verfahren bei Zweifeln über die Eintragungspflicht; BGE 80

III 98 und 120 III 4: keine Überprüfungspflicht der Betreibungsbehörden hinsichtlich der Handelsregistereintragung). Im Blick auf diese organisatorische Selbständigkeit spricht die Rechtsprechung von der Kollektivgesellschaft als eigenem Rechtssubjekt oder von einer **«Quasi-Rechtspersönlichkeit»** (BGE 55 III 151 = Pra 1929, 361). Das gilt auch in der Liquidationsphase (BGE 55 III 146). Die Gesellschaft verfügt über ein vom Privatvermögen der Gesellschafter zu unterscheidendes Sondervermögen (BGE 99 III 3 zur Kommanditgesellschaft).

Der Kollektivgesellschaft kommt nach neuerer Rechtsprechung der gesetzliche **Ehrenschutz** zu (BGE 114 IV 14; BK-HARTMANN, Art. 562 N 5; ZK-SIEGWART, Art. 562 N 3). Die Gesellschaft ist zur Geltendmachung der Ansprüche aktivlegitimiert. Das hat praktische Bedeutung v.a. hinsichtlich der geschäftlichen Stellung, gilt aber auch in Fällen ohne unmittelbaren Bezug zur wirtschaftlichen Betätigung. Eine gezielte Herabsetzung der Kollektivgesellschaft als solcher hat notwendig Auswirkungen auf ihre Stellung im Geschäftsleben. Die Gewährung des Ehrenschutzes ist die konsequente Schlussfolgerung aus der Tatsache, dass die Kollektivgesellschaft eine nach aussen verselbständigte Organisationseinheit darstellt.

III. Gesellschafter

1. Natürliche Personen

Gesellschafter einer Kollektivgesellschaft können nach dem Gesetz **ausschliesslich natürliche Personen** sein. Darin liegt ein Bruch mit der Praxis vor der Gesetzesrevision von 1936, der zufolge auch juristische Personen als Kollektivgesellschafter fungieren konnten (Hinweis auf die frühere Rechtspraxis in BGE 84 II 381). Die gesetzliche Regelung misst dem *persönlichen Element* bei der Kollektivgesellschaft besondere Bedeutung bei. Die Rechtsform der Kollektivgesellschaft soll für KMU zur Verfügung stehen, bei denen die Persönlichkeit der jeweiligen Gesellschafter im Vordergrund steht. In der Literatur wird diese Regelung auch deshalb begrüsst, weil sie eine Umgehung der persönlichen (und unbeschränkten) Gesellschafterhaftung durch Zwischenschaltung juristischer Personen als Kollektivgesellschafter verhindere (MEIER-HAYOZ/FORSTMOSER, § 13 N 13; VON STEIGER, SPR VIII/1, 479). Die Argumentation überzeugt bei näherem Zusehen nicht. Auch jede natürliche Person haftet insofern *«beschränkt»*, als sie über ein bestimmtes Privatvermögen verfügt. Nicht anders verhält es sich bei juristischen Personen, die ein festgelegtes Grundkapital haben, dessen Höhe sich dem Handelsregister entnehmen lässt. Darüber kann sich der Geschäftsverkehr informieren (Art. 930); die Gefahr einer Irreführung über die Haftungsverhältnisse besteht also nicht wegen der blossen Beteiligung einer juristischen Person. Bei natürlichen Personen besteht über die tatsächliche Höhe des Haftungssubstrats keine derartige Klarheit.

2. Juristische Personen

Sind juristische Personen an einer Vereinigung beteiligt, die ein nach kaufmännischer Art geführtes Unternehmen betreiben, so duldet das BGer das Rechtsverhältnis als *einfache Gesellschaft* (BGE 79 I 179, 181; 84 II 381). Dieser wird aber die Eintragung im Handelsregister versagt, so dass lediglich die Eintragung der Gesellschafter persönlich als Einzelfirmen möglich ist (BGE 79 I 179). Der Zusammenschluss von Handelsgesellschaften kann daneben in Form einer stillen Gesellschaft, der Beteiligung an einer Körperschaft oder an einer Kommanditgesellschaft als Kommanditär erfolgen (vgl. BK-HARTMANN, N 25).

3. Handlungsunfähige

7 Ausser den handlungsfähigen natürlichen Personen (Art. 13 ZGB) können auch Handlungsunfähige (Minderjährige, Bevormundete) die Stellung eines Kollektivgesellschafters erlangen. Der Beitritt zu einer Kollektivgesellschaft erfordert die **Zustimmung des gesetzlichen Vertreters.** Der Ausweis über deren Vorliegen ist bei der Eintragung in das Handelsregister zu verlangen. Steht der Handlungsunfähige unter elterlicher Gewalt, so ist eine Mitwirkung der vormundschaftlichen Behörden entbehrlich (Art. 304 Abs. 3 ZGB). Bei Bestehen einer Vormundschaft (Art. 368 Abs. 1 ZGB) bedarf es zusätzlich der Zustimmung der Vormundschaftsbehörde (Art. 421 Ziff. 7 ZGB) und der Aufsichtsbehörde (Art. 422 Ziff. 3 ZGB). Bei Fortsetzung einer bereits bestehenden Gesellschaft mit einem Handlungsunfähigen reicht die Einholung von Weisungen der Vormundschaftsbehörde aus (Art. 403 ZGB; BK-KAUFMANN, Art. 403 ZGB N 11f., Art. 422 ZGB N 10, 12). Das Gleiche gilt, wenn einer Person ein Beistand (Art. 392 ZGB) zur Seite gestellt wird.

Ist der gesetzliche Vertreter selbst Mitglied der Kollektivgesellschaft, so stellt sich die Frage nach der Bestellung eines *Beistands* für den Handlungsunfähigen (Art. 306 Abs. 2, 392 Ziff. 2 ZGB). Insoweit ist zu differenzieren: Die Begründung der Mitgliedschaft des Handlungsunfähigen erfordert grundsätzlich die Bestellung eines Beistands. Das gilt im Rahmen der Führung der Gesellschaft auch für vertragsändernde Beschlüsse. Denn trotz des gemeinsamen Gesellschaftszwecks können die jeweiligen Gesellschafterinteressen divergieren. Im Interesse eines effektiven Schutzes des Handlungsunfähigen ist für derartige Rechtsgeschäfte immer ein Beistand zu bestellen. Das gilt nicht für laufende Geschäfte der Kollektivgesellschaft, weil die wirtschaftlichen Interessen der Gesellschafter insofern regelmässig übereinstimmen (für Beistandsbestellung während der gesamten Gesellschaftsdauer BK-HARTMANN, N 27; bei Abschluss des Gesellschaftsvertrags implizit ZK-SIEGWART, Art. 552/553 N 13; vgl. zum Ganzen auch BGHZ 65, 93).

8 Steht eine natürliche Person unter **Beiratschaft,** so ist hinsichtlich der Voraussetzungen für den Beitritt des Verbeirateten zwischen Mitwirkungsbeiratschaft (Art. 395 Abs. 1 ZGB) und Verwaltungsbeiratschaft (Art. 395 Abs. 2 ZGB) zu differenzieren: Bei der Mitwirkungsbeiratschaft bedarf es zwar der Zustimmung des Beirats, nicht aber derjenigen der vormundschaftlichen Behörden, weil der Verbeiratete nicht entmündigt ist (ebenso für die GmbH; ZK-VON STEIGER, Art. 772 N 4; BK-JANGGEN/BECKER, Art. 772 N 11; allg. ZK-EGGER, Art. 395 ZGB N 52; BK-KAUFMANN, Art. 395 ZGB N 54; BK-SCHNYDER/MURER, Art. 395 ZGB N 105). Der unter Verwaltungsbeiratschaft Stehende benötigt für den Beitritt zur Kollektivgesellschaft die Zustimmung sowohl des Beirats als auch der vormundschaftlichen Behörden (Art. 421 Ziff. 7, Art. 422 Ziff. 3 ZGB; ZK-EGGER, Art. 395 ZGB N 82, 86, Art. 421 ZGB N 4; BK-SCHNYDER/MURER, Art. 395 ZGB N 143; **abl.** noch BK-KAUFMANN, Art. 395 ZGB N 72).

4. Ehegatten

9 Seit der Revision des ehelichen Güterrechts können **Ehegatten** frei untereinander oder gemeinsam mit Dritten eine Kollektivgesellschaft eingehen (zur Zulässigkeit einer einfachen Gesellschaft unter Ehegatten schon BGE 78 II 302, 310). Die nach altem Recht erforderliche Zustimmung der Vormundschaftsbehörde (Art. 177 Abs. 2 altZGB) ist nicht mehr erforderlich. Beschränkungen können in vermögensrechtlicher Hinsicht aus dem *ehelichen Güterrecht* resultieren (Art. 169, 178, 222 ZGB; zu beachten ist die Aufrechterhaltung altrechtlicher Güterstände durch Art. 9e, 10 SchlT ZGB).

1. Abschnitt: Begriff und Errichtung   10–13 Art. 552

Abgrenzungsschwierigkeiten ergeben sich, wenn beide Ehegatten gemeinsam ein Gewerbe betreiben, ein förmlicher Gesellschaftsvertrag aber nicht existiert. Es muss dann im Einzelfall geprüft werden, ob tatsächlich eine Kollektivgesellschaft oder aber eine nach Art. 165 Abs. 1 ZGB zu beurteilende *Mitarbeit eines Ehegatten* im Gewerbe des anderen vorliegt. Die Entscheidung bestimmt sich nach einer typologischen Gesamtschau, bei der folgende Merkmale zu berücksichtigen sind: Bildung eines gesellschaftlichen Sondervermögens, Bezahlung in Form einer Beteiligungsquote, Verteilung der Entscheidungsbefugnisse, separate Buchhaltung (vgl. auch DESCHENAUX/STEINAUER, Le nouveau droit matrimonial, 1987, 69 f. m.w.Nw.).

5. Erbengemeinschaft

Nach dem Gesetz kann eine Erbengemeinschaft als *Rechtsnachfolgerin* eines Gesellschafters an einer Kollektivgesellschaft beteiligt sein (Art. 574 Abs. 1, Art. 545 Ziff. 2; ZK-SIEGWART, Art. 552/553 N 12, Art. 530 N 1; BK-HARTMANN, Art. 574 N 12 ff.), sofern der Gesellschaftsvertrag die Weiterführung der Gesellschaft für den Erbfall vorsieht. Dann muss auch die Beteiligung einer Erbengemeinschaft an der *Gründung* einer Kollektivgesellschaft für zulässig erachtet werden (BGH NJW 1962, 54; zur GmbH BGHZ 78, 311; BAUMBACH/HUECK, § 1 N 35; anders noch zur oHG BGHZ 58, 317 mit der Argumentation, dass diese eine persönlichkeitsbezogene Haftungs- und i.d.R. auch Arbeitsgemeinschaft darstelle). Die mit der Beteiligung einer Erbengemeinschaft verbundenen organisatorischen Probleme wiegen bei der Gründung der Kollektivgesellschaft nicht schwerer als bei deren Fortsetzung. Lässt man die Beteiligung der Erbengemeinschaft an der Gründung zu, so haften alle Erben als Gesamthänder unbeschränkt (BGH NJW 1962, 54).   10

6. Einfache Gesellschaft

Einfache Gesellschaften, die nur aus *natürlichen Personen* bestehen, können als solche an einer Kollektivgesellschaft beteiligt sein. Das wird durch die Nichtzulassung von Handelsgesellschaften und juristischen Personen als Gesellschafter nicht ausgeschlossen. Auch die gesetzliche Konzeption der Kollektivgesellschaft als persönliche Haftungs- und Arbeitsgemeinschaft steht dem nicht entgegen. Einzelne Mitglieder können sich innerhalb der Kollektivgesellschaft zusätzlich enger zusammenschliessen (ZK-SIEGWART, Art. 552/553 N 12). Im Interesse der Sicherheit des Rechtsverkehrs sind sämtliche Mitglieder der einfachen Gesellschaft ins Handelsregister einzutragen.   11

IV. Gesellschaftsvertrag

1. Grundsatz

Die Kollektivgesellschaft bedarf als Sonderform der einfachen Gesellschaft (Art. 530) zu ihrer Entstehung zwingend eines Gesellschaftsvertrags (BGE 100 Ib 249 = Pra 1975, 137).   12

2. Form

Der Abschluss des Gesellschaftsvertrags ist grundsätzlich **formfrei.** Etwas anderes gilt nur dann, wenn der Gesellschafter darin eine *formbedürftige Verpflichtung* übernimmt, z.B. zur Einbringung eines Grundstücks (BGE 58 II 362 = Pra 1932, 489: Verpflichtung einer zu gründenden AG, ein Grundstück zu übertragen; 60 II 98) oder zur Über-   13 tragung eines GmbH-Geschäftsanteils (Art. 785 Abs. 1). Formlos gültig ist der Gesellschaftsvertrag aber dann, wenn der *Gesellschaftszweck* in der Veräusserung oder dem Erwerb von Grundstücken bestehen soll (BK-BECKER, Art. 530 N 11; RGZ 97, 329). Das formbedürftige Rechtsgeschäft begründet nämlich nicht die unmittelbare Leistungsverpflichtung eines Gesellschafters, sondern konkretisiert lediglich den Gesellschaftszweck. Der Gesellschaftsvertrag kann auch durch konkludentes Verhalten abgeschlossen werden (BGE 95 II 547, 550; BK-HARTMANN, N 9). Abgrenzungsschwierigkeiten bereitet insb. die Möglichkeit des stillschweigenden Vertragsschlusses bei der Kollektivgesellschaft unter Ehegatten (vgl. N 9). Fehlen entsprechende Vereinbarungen, so unterstehen die Beziehungen der Gesellschafter zueinander der ergänzenden Vertragsauslegung oder der gesetzlichen Regelung (zu weitgehend BGE 95 II 547, 550, der bei Fehlen eines schriftlichen Vertrags generell auf das Gesetz verweist).

14   In einer **gewillkürten Schriftlichkeitsvereinbarung** kann der Vorbehalt der rechtlichen Bindung liegen. Die Vertragsparteien können die Formabrede jederzeit *formlos aufheben*. Beginnen die Gesellschafter mit der Erfüllung des Gesellschaftsvertrages trotz der Formvereinbarung, so steht diese der Gültigkeit der Erfüllung nicht entgegen (implizit ZK-SIEGWART, Art. 530 N 62).

3. Inhalt

15   Der Gesellschaftsvertrag muss die Einigung sämtlicher Beteiligter über die **begriffsnotwendigen Merkmale** (essentialia negotii) der Kollektivgesellschaft enthalten. Dazu zählen der zu verfolgende Gesellschaftszweck und die Firma. Die Parteien können *weitere Punkte* als wesentlich vorbehalten (Art. 2). Die gemeinsame Zweckverfolgung als Fundament des Personengesellschaftsrechts besteht bei der kaufmännischen Kollektivgesellschaft in der Betreibung eines nach kaufmännischer Art geführten Gewerbes (im Einzelnen N 28 ff.). Die genaue Fassung der Firma, unter der die Kollektivgesellschaft tatsächlich im Rechtsverkehr auftreten soll, braucht zum Zeitpunkt des Vertragsschlusses noch nicht festzustehen (ZK-SIEGWART, Art. 552/553 N 20; zur Firma im Einzelnen N 37 f.).

16   Die **unbeschränkte Haftung der Gesellschafter** muss nicht vereinbart werden. Aus der negativen Gesetzesformulierung folgt, dass sie von Gesetzes wegen eintritt (ZK-SIEGWART, Art. 552/553 N 20; VON STEIGER, SPR VIII/1, 477). Im Allgemeinen kann eine Haftungsbeschränkung für einzelne Gesellschafter nur durch die nach aussen kundzumachende Gründung einer Kommanditgesellschaft erreicht werden (Art. 594, 608); die gesellschaftsvertraglich vereinbarte Wegbedingung der Haftung entfaltet lediglich gesellschaftsinterne Wirkung (Art. 568 Abs. 2). Die Rechtsfolge der unbeschränkten Haftung kann im Blick auf konkrete rechtsgeschäftliche Handlungen auch dadurch vermieden werden, dass mit einzelnen Drittgläubigern ausdrücklich eine *Haftungsbeschränkung vereinbart* wird (VON STEIGER, SPR VIII/1, 477, 535; BAUMBACH/HOPT, § 128 N 38: Zulässigkeit des Verzichts seitens des Gläubigers; vgl. auch BGE 109 III 128: ein von der Kollektivgesellschaft bewilligter Nachlassvertrag – auch mit Vermögensabtretung – befreit die Gesellschafter selbst von den durch die abgetretenen Aktiven nicht gedeckten Gesellschaftsschulden, krit. dazu GILLIERON, SAG 1985, 83 ff.; **a.M.** Juge-instructeur de Sierre SAG 1985, 190).

17   Für das **Vorliegen einer Kollektivgesellschaft** ist nicht erforderlich, dass die Gesellschafter ihren Zusammenschluss als solchen bezeichnen. Selbst wenn diese ihre Unternehmung übereinstimmend als einfache Gesellschaft benennen, so besteht eine Kollektivgesellschaft, wenn deren wesentliche Merkmale (vgl. N 15) vorliegen (BGE 73 I 311,

315; OGer ZH, ZR 1982, 73 ff.; hingegen HGer BE, ZBJV 1986, 200 ff.: einfache Gesellschaft zwischen einer natürlichen Person und einer Kollektivgesellschaft). Auch die Kenntnis der Gesellschafter darüber, dass das gewählte Auftreten nach aussen als Kollektivgesellschaft zu qualifizieren ist, spielt für die Anwendbarkeit der Art. 552 ff. keine Rolle. Andererseits entfaltet die *unzutreffende Bezeichnung* als Kollektivgesellschaft bei materiellem Vorliegen einer anderen Gesellschaftsform keine Rechtswirkung (ZK-SIEGWART, Art. 552/553 N 19 m.w.Nw.). Das Bestehen einer Kollektivgesellschaft setzt jedenfalls das Bestehen eines Vertrages zwischen den Gesellschaftern voraus (BGE 100 Ib 249 = Pra 1975, 137).

4. Auslegung und Lückenfüllung

Es gelten die allgemeinen **Auslegungsregeln für Verträge.** Besondere Bedeutung kommt dem das Gesellschaftsrecht beherrschenden *Vertrauensgrundsatz* zu. Zur Auslegung des Vertrags kann auch auf Umstände rekurriert werden, die ausserhalb des blossen Vertragswortlauts oder der Registereintragung liegen (BGE 95 II 547, 552 berücksichtigt den Charakter der Gesellschaft als Familienunternehmen und ihre Funktion, die Lebensgrundlage der Gesellschafter zu sichern). Lücken des Gesellschaftsvertrags sind durch **ergänzende Vertragsauslegung** zu schliessen (BGH NJW 1978, 264 f.; 1979, 1706; 1982, 2817; 1985, 193; 1989, 835 f. = BGHZ 105, 218; MK-ULMER, § 705 N 174; SCHLEGELBERGER/SCHMIDT, § 105 N 132). Dabei muss unter Berücksichtigung des objektivierten hypothetischen Parteiwillens eine Regelung gefunden werden, die sich sinnvoll in das Gesamtkonzept des Gesellschaftsvertrags einfügt. Die ergänzende Vertragsauslegung hat dann *Vorrang* gegenüber dem **dispositiven Gesetzesrecht,** wenn dieses den seit seinem Erlass geänderten wirtschaftlichen Verhältnissen nicht mehr gerecht wird (grundlegend BGH NJW 1979, 1706; dazu auch BK-KRAMER, Art. 18 N 233). Der weitgehenden Gestaltungsfreiheit der Vertragsparteien bei der Festlegung des gesellschaftlichen Innenverhältnisses korrespondiert die vorrangige Berücksichtigung des mutmasslichen Parteiwillens.

18

5. Vertragsänderung

Änderungen des Gesellschaftsvertrags sind grundsätzlich **formfrei** möglich. Das gilt auch, wenn der Gesellschaftsvertrag für Änderungen ein Formerfordernis aufstellt. Die gewillkürte Schriftlichkeitsvereinbarung (sog. Schriftformklausel) ist i.d.R. kein Gültigkeitserfordernis, sondern besitzt nur Klarstellungsfunktion (BGHZ 49, 365). Das liegt in der besonderen Natur der Kollektivgesellschaft begründet, bei der mit Rücksicht auf die lange Geltungsdauer im Wirtschaftsverkehr die Vertragsgrundlage häufig und vielfältig abgewandelt wird. Die Anpassung an kaufmännische Gepflogenheiten erfolgt allmählich, ohne dass sich die Gesellschafter dessen bewusst sind. Mit der rechtlichen Anerkennung dieses tatsächlichen Befunds wird dem Bedürfnis nach dem Bestand von Gesellschaften Genüge getan.

19

V. Fehlerhafte Gesellschaft

1. Voraussetzungen

Weist der Gesellschaftsvertrag **Entstehungsmängel** auf, die bei Anwendung der allgemeinen Bestimmungen des OR zur *Anfechtung* berechtigen oder die *Nichtigkeit* begründen, so entfaltet die Anfechtung bzw. die Geltendmachung der Nichtigkeit durch einen Gesellschafter im Verhältnis zu Dritten im Gegensatz zu den allgemeinen obligationen-

20

rechtlichen Grundsätzen keine Wirksamkeit ex tunc, sondern berechtigt nur zur Auflösung der Gesellschaft ex nunc, wenn diese als solche im Rechtsverkehr aufgetreten ist. Diese Fallgestaltung ist mit der neueren Lehre als fehlerhafte Gesellschaft zu bezeichnen (BK-KRAMER, Art. 1 N 241; ZOBL, Mélanges Engel, 471 ff.; i.E. auch VON STEIGER, SPR VIII/1, 311 f.).

21 Die Grundsätze über die fehlerhafte Gesellschaft gelangen nur zur Anwendung, wenn ein **mangelhafter Gesellschaftsvertrag** vorliegt. Nicht ausreichend ist die lediglich faktische Tätigkeit der Gesellschafter ohne jegliche vertragliche Grundlage. Ebenso wenig genügt ein Gesellschaftsvertrag, der nur zum Schein abgeschlossen worden ist. Die im Rechtsverkehr auftretende organisatorische Einheit muss überdies die objektiven Voraussetzungen einer Kollektivgesellschaft erfüllen. Ein Auftreten der fehlerhaften Gesellschaft im Rechtsverkehr liegt vor, wenn sie *in Vollzug gesetzt* wurde, d.h. bereits bei Tätigung von Vorbereitungsgeschäften (vgl. N 26).

22 Ob es zur Anwendung der Grundsätze der fehlerhaften Gesellschaft notwendig eines Auftretens derselben im Geschäftsverkehr bedarf, ist streitig. Nach der hier vertretenen Auffassung genügt es, dass bereits im **Innenverhältnis** eine Sachlage entstanden ist, deren Abwicklung nach den allgemeinen Vorschriften Schwierigkeiten bereitet (BGHZ 13, 320, 321 = NJW 1954, 1562; MEIER-HAYOZ/FORSTMOSER, § 1 N 53; WESTERMANN, Teil I N 185; MK-ULMER, § 705 BGB N 331; SCHLEGELBERGER/SCHMIDT, § 105 N 209; **a.M.** noch FISCHER, Grosskommentar HGB, § 105 N 85; SCHLEGELBERGER/GESSLER, § 105 N 62; HUECK, oHG § 7 III 6). Das bedeutet, dass im Rahmen einer *Einzelfallbetrachtung* ermittelt werden muss, ob die Anwendung der Regeln über die fehlerhafte Gesellschaft zu sachgerechten Ergebnissen führt. Das ist immer dann zu bejahen, wenn bereits Vermögensverschiebungen erfolgt sind. Der Streitfrage dürfte nur geringe praktische Relevanz zukommen, da bei dieser Sachlage die fehlerhafte Gesellschaft zumeist im Verhältnis zu Dritten bereits aufgetreten ist.

2. Rechtsfolgen

23 Die fehlerhafte Gesellschaft wird grundsätzlich **für die Vergangenheit wie eine rechtsgültige** behandelt. Im *Aussenverhältnis* führt das insb. zur Anwendung der Regeln über die unbeschränkte Haftung der Gesellschafter für die Gesellschaftsschulden (Art. 568 ff.) und zur Geltung der gesetzlichen Vertretungsordnung (Art. 563 ff.). Im *Innenverhältnis* richtet sich die Rechtsstellung der Gesellschafter primär nach dem fehlerhaften Vertrag; statt der fehlerhaften Vertragsbestimmung ist mittels ergänzender Vertragsauslegung oder Heranziehung dispositiven Rechts eine interessengerechte Lösung zu ermitteln, die sich in die Vertragssystematik einfügt (N 18). Die Beschränkung der Nichtigkeitsfolgen findet ihre Grenze, wo die rechtliche Anerkennung des tatsächlich vorhandenen Zustandes mit gewichtigen Interessen der Allgemeinheit oder einzelner schutzwürdiger Personen (z.B. Handlungsunfähigen) kollidiert (BGHZ 55, 5, 8 ff.).

3. Auflösung

24 Für die Zukunft kann die fehlerhafte Gesellschaft nach den allgemeinen gesellschaftsrechtlichen Grundsätzen aufgelöst werden (Ex-nunc-Wirkung). Die Auseinandersetzung nach der Auflösung der Gesellschaft folgt den Regeln über die Liquidation (Art. 582 ff.). Eine Auflösung kommt nicht in Betracht, wenn der zugrunde liegende Fehler keine Relevanz mehr besitzt. Alsdann geht das Bestandsinteresse an der Gesellschaft vor. Der fehlerhafte Vertragsteil ist nach den oben entwickelten Grundsätzen zu ergänzen (N 18).

1. Abschnitt: Begriff und Errichtung   25–27 Art. 552

4. Fehlerhafter Beitritt

Die Grundsätze der fehlerhaften Gesellschaft sind analog auf den fehlerhaften Beitritt 25
eines Gesellschafters anzuwenden.

VI. Entstehungszeitpunkt

Hinsichtlich des Entstehungszeitpunkts ist zu differenzieren. Im Innenverhältnis ist der 26
Abschluss des Gesellschaftsvertrags massgebend. Im Aussenverhältnis entsteht die Kollektivgesellschaft wirksam spätestens mit der Eintragung ins Handelsregister. Der Handelsregistereintragung kommt lediglich *deklaratorische Bedeutung* zu (BGE 63 II 90, 92; 73 I 311, 315; BK-HARTMANN, Art. 554 N 3; ZK-SIEGWART, Art. 552/553 N 22; VON STEIGER, SPR VIII/1, 478). Zu einem früheren Zeitpunkt tritt die Wirksamkeit nach aussen dann ein, wenn die Geschäftstätigkeit schon vor Eintragung aufgenommen wird, d.h. mit *Invollzugsetzung* der Gesellschaft (BGHZ 13, 320, 321 = NJW 1954, 1562). Im Interesse der Verkehrssicherheit sind dazu auch vorbereitende Geschäfte wie Miete von Räumen, Anstellung von Personal, etc. zu rechnen (vgl. BK-HARTMANN, N 14). Bei den Vorbereitungsgeschäften muss es sich nicht notwendig um solche handeln, die zum eigentlich betriebenen Gewerbe gehören. Notwendige Voraussetzung ist jedoch, dass im Namen der Gesellschaft gehandelt wird und alle Gesellschafter einverstanden sind. Anderenfalls werden nicht zustimmende Gesellschafter aus den getätigten Geschäften nicht verpflichtet. Die Gründungsmitglieder tragen die Beweislast bezüglich der Entstehung und des Wissens resp. Wissenmüssens der Dritten, wenn sie sich auf die subsidiäre Haftung gem. Art. 568 Abs. 3 berufen (OGer AG, AGVE 1995, 34 ff.). Nach Entstehung der Kollektivgesellschaft durch Aufnahme der Geschäftstätigkeit gilt die gesetzliche Vertretungsregelung. Eine abweichende Ordnung entfaltet gegenüber gutgläubigen Dritten keine Rechtswirkung (OGer GR, PKG 1993, 24 ff.).

VII. Besondere Entstehungsarten

Eine Kollektivgesellschaft kann auch aus einer anderen Gesamthandsgemeinschaft hervorgehen. Das ist der Fall bei der **formwechselnden Umwandlung** einer anderen Personengesellschaft. Diese ändert ihre Rechtsform ohne Auflösung und Liquidation dahin, dass die objektiven Voraussetzungen einer Kollektivgesellschaft vorliegen (VON STEIGER, SPR VIII/1, 481 ff.). Die formwechselnde Umwandlung kann *formlos* erfolgen; der Gründung einer neuen Gesellschaft bedarf es nicht. Massgebend ist, dass die Gesellschaftsidentität gewahrt bleibt. Die Übertragung des Gesellschaftsvermögens ist nicht erforderlich. Beispiele: Bei einer aus mindestens zwei Komplementären und einem Kommanditär bestehenden Kommanditgesellschaft scheidet der Kommanditär aus, während die verbleibenden Gesellschafter die Gesellschaft fortführen; eine einfache Gesellschaft beginnt, unter einer Firma ein kaufmännisches Gewerbe zu betreiben. 27

Auch eine *Erbengemeinschaft* kann in eine Kollektivgesellschaft umgewandelt werden. Das ist namentlich dann der Fall, wenn die Erben das Einzelunternehmen des Erblassers unter gemeinsamer Firma weiterführen, ohne ihre Haftung im Rechtsverkehr zu beschränken (BK-HARTMANN, N 12; ZK-SIEGWART, Art. 552/553 N 21). Für die dann bestehende Eintragungspflicht (vgl. N 40 f.) ist im Interesse der Verkehrssicherheit eine kurz bemessene Bedenkfrist zu gewähren.

VIII. Gesellschaftszweck

1. Zum Begriff des Zwecks

28 Grundsätzliche Voraussetzung für das Bestehen einer Kollektivgesellschaft ist die rechtsgeschäftliche Vereinigung mehrerer Individuen zur Verfolgung eines beliebigen rechtlich erlaubten **gemeinsamen Zwecks.** Die kaufmännische Kollektivgesellschaft muss begriffsnotwendig ein kaufmännisches Unternehmen führen (BGE 63 II 90, 94 = Pra 1937, 231). Das gilt aber nicht für die Kollektivgesellschaft generell. Art. 553 anerkennt ausdrücklich nichtkaufmännische Kollektivgesellschaften. Es handelt sich um eine Eigenheit des schweizerischen Rechts.

Von dem so verstandenen kaufmännischen Unternehmen (in der Terminologie des Art. 552 Abs. 1 «Zweck») ist die *Zielsetzung* zu unterscheiden. Sie ist bei der kaufmännischen Kollektivgesellschaft regelmässig wirtschaftlicher Art, d.h. die Gesellschaft erstrebt einen materiellen Vorteil, der mittelbar oder unmittelbar ihren Mitgliedern zugute kommt (MEIER-HAYOZ/FORSTMOSER, § 4 N 5). Andernfalls handelt es sich um eine Kollektivgesellschaft mit idealer Zielsetzung.

2. Kaufmännisches Unternehmen

29 Der Begriff des kaufmännischen Unternehmens ist als Betrieb eines Handels-, Fabrikations- oder eines anderen nach kaufmännischer Art geführten Gewerbes definiert (vgl. Art. 934; weiterführend Art. 52 ff. altHRegV).

3. Gewerbe

a) Grundsatz

30 Nach der Legaldefinition des Art. 2 Ziff. b HRegV ist Gewerbe eine **selbständige, auf dauernden Erwerb gerichtete wirtschaftliche Tätigkeit.** Voraussetzung ist das Bestehen einer auf eine gewisse Dauer gerichteten Unternehmung. Die Verbindung lediglich zu einem einzelnen, einmaligen Gelegenheitsgeschäft reicht nicht aus (implizit BGE 73 I 311, 314). Die Rechtsprechung des BGer stellt nur geringe Anforderungen an die *Zeitdauer* (BGE 84 I 187: drei Monate; BGE 104 Ib 261 = Pra 1979, 71: fünf Monate). Die Zeitdauer wird überdies nicht als selbständiges Begriffselement betrachtet; massgebend ist, dass die organisierte wirtschaftliche Tätigkeit auf eine Vielzahl von gleichartigen, auf Erwerb abzielenden Geschäften gerichtet ist und dies im Rechtsverkehr erkennbar hervortritt. Kein Gewerbe wurde daher angenommen bei Geschäftsübernahme mit der Absicht des sofortigen Weiterverkaufs (ZK-SIEGWART, Art. 552/553 N 15), bei Innehabung eines Hotels zu gemeinsamem Eigentum bei gleichzeitiger Betriebsverpachtung an einen Gesellschafter (BGE 59 III 109) und bei der Verwaltung eigenen Vermögens (BGE 70 I 275; 79 I 60; 98 Ia 217). Während der Liquidation verliert ein Unternehmen die Gewerbeeigenschaft nicht (BGE 41 III 334).

b) Selbständigkeit

31 Der Begriff der Selbständigkeit ist nach richtiger Auffassung gleich zu umschreiben wie bei der Abgrenzung Absatzmittler – Arbeitnehmer. Entscheidend muss eine Gesamtbetrachtung unter Einbeziehung aller Umstände des Einzelfalls sein. Das BGer betrachtet als selbständig, wer zwar seinem Auftraggeber gegenüber weisungsgebunden, aber in der zeitlichen und **organisatorischen Gestaltung seiner Tätigkeit frei** ist und auf **eigenes finanzielles Risiko** die Geschäfte betreibt. Ob im eigenen oder fremden Namen ge-

1. Abschnitt: Begriff und Errichtung   **32–34 Art. 552**

handelt wird, spielt keine Rolle (BGE 91 I 139; 118 II 163: Anwendung der arbeitsrechtlichen Kündigungsschutznormen auf einen Franchisevertrag mit ausgesprochener Unterordnung der Franchisenehmerin; zum Problem BAUDENBACHER, Die Behandlung des Franchisevertrages im schweizerischen und im europäischen Recht, in: KRAMER, Hrsg., Neue Vertragsformen der Wirtschaft, 2. Aufl. 1992, 385 ff.; ähnlich MEIER-HAYOZ/FORSTMOSER, § 4 N 37 ff.).

c) Gewinnerzielungsabsicht

Die Gewinnerzielungsabsicht wird vom BGer *nicht als konstitutives Element des Gewerbebegriffs* angesehen (BGE 80 I 383; anders die deutsche Rechtsprechung; BGHZ 74, 276; 57, 199; 53, 223; 49, 260; 36, 276; 35, 325; die herrschende deutsche Lehre steht heute auf dem gleichen Standpunkt wie das BGer; anstelle vieler HOPT, ZGR 1987, 145, 172 ff.; SACK, ZGR 1974, 195 ff.; SCHMIDT, 254 ff.). Es kommt nicht darauf an, ob Einnahmeüberschüsse im Gegensatz zur blossen Kostendeckung beabsichtigt werden. Dabei handelt es sich lediglich um eine gesellschaftsinterne Entscheidung ohne Aussenrechtsqualität. Massgebend ist allein das Auftreten im Geschäftsverkehr (Schutzgedanke). **32**

4. Handelsgewerbe

Unter den Begriff des Handelsgewerbes fallen hauptsächlich Unternehmen, die **Warenumsatzgeschäfte** tätigen, oder solche, die bestimmte **Dienstleistungen** anbieten. Art. 53 lit. A altHRegV enthielt eine exemplarische, nicht abschliessende Aufzählung, deren Inhalt auch heute noch gültig ist. Danach zählt als Handelsgewerbe: «der Erwerb von unbeweglichen und beweglichen Sachen irgendwelcher Art und die Wiederveräusserung derselben in unveränderter oder veränderter Form (der Hausierhandel wird nicht zu den Handelsgewerben gerechnet); der Betrieb von Geld-, Wechsel-, Effekten-, Börsen- und Inkassogeschäften; die Tätigkeit als Kommissionär, Agent oder Makler; die Treuhand- und Sachwaltergeschäfte; die Beförderung von Personen und Gütern irgendwelcher Art und die Lagerung von Handelsware; die Vermittlung von Nachrichten und die Auskunfterteilung irgendwelcher Art und in irgendeiner Form; die Versicherungsunternehmungen; die Verlagsgeschäfte». Bsp. aus der Rechtsprechung: BGE 76 I 146; 104 Ib 262, jeweils für Gastwirtschaftsbetriebe; bei Hotels, die eine reine Beherbergungsleistung evtl. auch mit Frühstück (Hotel Garni) anbieten, kann ein Gewerbebetrieb nur zufolge Art. 53 lit. c altHRegV bestehen (BGE 76 I 146). **33**

5. Fabrikationsgewerbe

Ein Fabrikationsgewerbe liegt vor, wenn sich die Unternehmenstätigkeit auf die **Bearbeitung und Verarbeitung von Waren** richtet (vgl. Art. 53 lit. b altHRegV). Massgebend ist die Herstellung eines im Vergleich zum Ausgangsprodukt qualitativ *höherwertigen Endprodukts*. Bsp.: Chemische Industrie, Maschinenbau, Textilindustrie, etc. Erforderlich ist jedenfalls das Vorliegen eines maschinell-technischen Grossbetriebs. Handwerksbetriebe fallen nicht unter den Begriff des Fabrikationsgewerbes, sondern sind bei Erfüllung der entsprechenden Voraussetzungen ein anderes nach kaufmännischer Art geführtes Gewerbe (BGE 75 I 74, wo die Eintragungspflicht in concreto verneint wird; i.E. wohl gleich MEIER-HAYOZ/FORSTMOSER, § 4 N 43). Die Abgrenzung zu den Fabrikationsbetrieben ist aus einer *typologischen Gesamtschau* zu entwickeln, bei der berücksichtigt werden können: Zahl der Mitarbeiter, Beschäftigungsgrad umfassend einsetzbarer Fachkräfte, manuelle Tätigkeit, persönliche Mitarbeit des Betriebsinhabers, **34**

Kapitaleinsatz, Umsatz, lokale Begrenzung des Kundenkreises, Erfordernis kaufmännischer Rechnungsführung, Verwaltungsaufwand, Geschäftskorrespondenz (zum Begriff der Handwerksarbeit BGE 109 II 115; 116 II 429, die allerdings die Bedeutung der manuellen Tätigkeit überbetonen; zutreffend Regierungsrat LU, LGVE 1987 III 384).

6. Andere nach kaufmännischer Art geführte Gewerbe

35 Lässt sich ein Gewerbe nicht als Handels- oder Fabrikationsgewerbe einordnen, so liegt dennoch eine kaufmännische Kollektivgesellschaft vor, wenn sie nach kaufmännischer Art geführt wird. Der *Auffangtatbestand* ist dahingehend zu konkretisieren, dass nach Art und Umfang des Unternehmens ein kaufmännischer Betrieb und eine geordnete Buchführung erforderlich sind (vgl. Art. 53 lit. c altHRegV). Das Unternehmen muss typischerweise einer **organisatorischen Struktur nach kaufmännischen Grundsätzen** bedürfen. Die entsprechende Notwendigkeit hat sich kumulativ aus Art (Produktvielfalt, Kreditaufnahme, etc.) und Umfang (Umsatz, Anlagevermögen, Umlaufvermögen, Beschäftigtenzahl, Anzahl der Verkaufsstellen, Bedeutung der Werbung, Überwachung der laufenden Betriebskosten; vgl. BGer ASA 1983/84, 630 f.; BGE 75 I 79; 81 I 80, 187; 89 I 281; BK-KÄFER, Art. 957 N 64 ff.; PATRY, SPR VIII/1, 80 ff.) zu ergeben. Erforderlich ist demnach eine *Gesamtanalyse* auf der Grundlage von Typusmerkmalen. Vor der Revision der Handelsregisterverordnung war das Erreichen eines Mindestumsatzes von CHF 100 000 notwendiges, aber nicht hinreichendes Strukturmerkmal für das Vorliegen eines kaufmännischen Unternehmens. Die dafür grundlegende Norm (Art. 54 altHRegV; dazu weiterführend Voraufl., N 35, 40; BGE 130 III 710) ist im Rahmen der Totalrevision ersatzlos entfallen. Für die Praxis wird diese Neuerung voraussichtlich keine grosse Auswirkung haben. Das Erreichen eines entsprechenden Mindestumsatzes sollte künftig als wichtiges Indiz im Rahmen der oben dargestellten Gesamtanalyse dienen. Bezüglich der Höhe des Mindestumsatzes kann dafür auf die Regelung für Einzelunternehmen in Art. 36 HRegV Bezug genommen werden, der grds. nach kaufmännischer Art geführte Gewerbe von der Eintragungspflicht befreit, wenn sie einen Jahresumsatz von unter CHF 100 000 erzielen.

Beispiele für sonstige kaufmännische Unternehmen: grosse Handwerksbetriebe (BGE 75 I 74: in concreto verneint), Druckereien (BGer ASA 1957/58, 437 ff.), Kinos, Theater, Immobiliengesellschaften, Spitäler (BGE 80 I 383).

7. Ausnahmen

36 Trotz Vorliegens der materiellen Voraussetzungen (vgl. dazu Art. 53 lit. c altHRegV) werden ausnahmsweise **nicht als kaufmännische Unternehmen** angesehen:

– *Freie Berufe* i.S.v. Art. 95 BV; davon macht die Rechtsprechung dann Ausnahmen, wenn die ausgeübte Tätigkeit nicht dem Leitbild der freien Berufe entspricht (BGE 70 I 207; 100 Ib 345 = Pra 1975, 204; 100 Ib 350 f.: Eintragungspflicht unter massgeblicher Berücksichtigung der Grösse und Organisation für eine Notfallstation bejaht, die unter einer Geschäftsbezeichnung und nicht unter dem Namen des Arztes bekannt war; BGE 130 III 707: Eintragungspflicht für ein Architekturunternehmen mit hohem Umsatz und bedeutendem Aufwand für Administration und Personal). Unter welchen Voraussetzungen Anwaltskanzleien als Kollektivgesellschaften gelten, wurde in jüngerer Vergangenheit häufiger erörtert (vgl. dazu bspw. NOBEL, recht 1999, 111 ff; MEYER-HAYOZ/FORSTMOSER § 13 N 70 ff m.w.V.). Für die Beurteilung verwies das BGer in einem neueren Entscheid auf den Eindruck, den die Mandanten

1. Abschnitt: Begriff und Errichtung   37–39 **Art. 552**

nach guten Treuen von der Struktur der Kanzlei und der Betreuung ihres Mandats haben durften (Kriterien für das Vorliegen eines kaufmännischen Unternehmens: persönliche Beziehung tritt in den Hintergrund, Streben nach Wirtschaftlichkeit als vorrangiges Interesse, etc.; weiterführend dazu BGE 124 III 363, 364 ff.).

– *Landwirtschaftliche Betriebe* (Urproduktion; BGE 70 I 106, 108; 97 I 417; enger BGE 110 Ib 24, 26: Landwirtschaftsbetrieb mit angeschlossener Handelstätigkeit als kaufmännisches Unternehmen): Die Eintragungspflicht wird von der Art und Weise der Betriebsführung bestimmt: bejaht, wenn mit einer zusätzlichen Handelstätigkeit verbunden (BK-KÄFER, Art. 957 N 70), wenn aus dem Betrieb ein Grosshandel der gewonnen Produkte wird (PATRY, SPR VIII/1 82), wenn der landwirtschaftliche Betrieb das Nebengewerbe eines eintragungspflichtigen Hauptgewerbes bildet und mit diesem in einem engen Zusammenhang steht; vgl. dazu auch Art. 56 altHRegV).

IX. Gemeinsame Firma

Wesentliches Element für die Existenz einer Kollektivgesellschaft und Abgrenzungskriterium gegenüber der einfachen Gesellschaft ist ihr **Auftreten unter gemeinsamer Firma** (BK-HARTMANN, N 30; ZK-SIEGWART, Art. 552/553 N 5). Die Firma ist der Handelsname, unter dem die Kollektivgesellschaft im Rechtsverkehr auftritt. Der Firmenbezeichnung kommt *Individualisierungs- und Unterscheidungsfunktion* zu. Die Firma der Kollektivgesellschaft muss den Vorschriften über Gesellschaftsfirmen entsprechen (Art. 947; zur Kommanditgesellschaft BGE 116 II 76: Angabe des vollen Doppelnamens als Familienname bei einem Gesellschafter mit Doppelnamen) und die allgemeinen firmenrechtlichen Grundsätze (Art. 944, 951: Firmenwahrheit, -klarheit, -ausschliesslichkeit) beachten. Ein unzulässiger Firmengebrauch hindert die Entstehung der Kollektivgesellschaft nicht. Im Interesse des Rechtsverkehrs besteht auch dann eine Kollektivgesellschaft, wenn die kundgetane gemeinsame Firma nicht den gesetzlichen Anforderungen entspricht (BGE 73 I 311, 314). Massgebend ist dafür, ob gegenüber Dritten die Vorstellung erweckt wurde, dass die Haftungsverhältnisse denjenigen der Kollektivgesellschaft äquivalent sind. Aus der Firma muss sich die tatsächliche Zusammensetzung der Gesellschaft nicht ergeben (BGE 60 I 49 = Pra 1934, 135), auch nicht, ob eine Kollektiv- oder Kommanditgesellschaft vorliegt (BK-HARTMANN, N 32). 37

Ein Auftreten unter gemeinsamer Firma wird von der Praxis bereits angenommen, wenn ein Firmenstempel existiert (ZK-SIEGWART, Art. 552/553 N 9) oder wenn ein Arbeitsvertrag unter einer gemeinsamen Firma abgeschlossen wird (OGer ZH, ZR 1994, 156 f.). Nicht ausreichen soll dagegen Geschäftspapier mit Firmenaufdruck (ZK-SIEGWART, Art. 552/553 N 9). Richtigerweise ist darauf abzustellen, ob die Personenvereinigung einen *geschäftlichen Kontakt mit Dritten* begründet hat. Ein solcher liegt bereits in der Information über die Entstehung der Gesellschaft oder der Tätigung vorbereitender Geschäfte. Vorher ist ein schutzwürdiges Interesse des Rechtsverkehrs nicht anzuerkennen. Tritt ein neuer Gesellschafter einer Kollektivgesellschaft bei und wird die alte Firma beibehalten, so genügt die bloss interne Ermächtigung, die Firma nach aussen zu vertreten, nicht, um die solidarische Haftung des Eintretenden zu begründen (BGE 47 II 159). 38

X. Unbeschränkte Haftung der Gesellschafter

Die unbeschränkte Haftung aller Gesellschafter tritt **von Gesetzes wegen** ein, wenn die Gesellschafter keine Haftungsbeschränkung gemäss Art. 594 vereinbaren und gegenüber 39

Dritten bekannt geben. Die blosse Absicht, die Haftung beschränken zu wollen, bleibt unberücksichtigt. Im Innenverhältnis kann die Haftung beliebig geregelt werden; Aussenwirkung kommt einer derartigen Absprache nicht zu; vgl. auch N 16.

XI. Pflicht zur Eintragung in das Handelsregister (Abs. 2)

40 Der Eintragung kommt bei der **kaufmännischen Kollektivgesellschaft deklaratorische Bedeutung** zu; die verlautbarten Rechtstatsachen und -verhältnisse bestehen unabhängig von der Eintragung (allgemeine Meinung: BGE 63 II 92; Cour de Justice Civile SJ 1948, 598; VON STEIGER, SPR VIII/1, 478; ZK-SIEGWART, Art. 552/553 N 22; BK-HARTMANN, Art. 554 N 3). Mit der Eintragung verbindet sich jedoch eine *Umkehr der Beweislast* (Art. 9 ZGB). Nach ständiger Rechtsprechung kommt es für die Feststellung des Vorliegens eintragungspflichtiger Tatsachen auf den Zeitpunkt der registeramtlichen Aufforderung zur Anmeldung an (BGE 61 I 48; 76 I 155; 84 I 189; 91 I 140 = Pra 1965, 286; 101 Ib 248 = Pra 1975, 137). Frühere Aufforderungen zur Eintragung, denen nicht Folge geleistet wurde, sind nicht Teil des hängigen Verfahrens und bleiben ausser Betracht (BGE 91 I 140 = Pra 1965, 286).

41 Die *Eintragungspflicht* beginnt mit dem Betrieb der Gesellschaft und dauert bis zur Beendigung der Liquidation. Die Eintragungspflicht besteht auch bei Liquidationseintritt (BGE 55 III 146, 150), Gesellschafterkonkurs (BGE 61 I 45) und für einen zeitlich beschränkten Betrieb (BGE 62 I 109). Bereits mit der Pflicht zur Eintragung entstehen die Buchführungs- und Bilanzpflichten der Kollektivgesellschaft (Art. 957, 558). Die Eintragung erfolgt von Amtes wegen, wenn die Kollektivgesellschaft ihrer Pflicht nicht genügt (Art. 941; Art. 152, 156 HRegV).

Art. 553

B. Nichtkaufmännische Gesellschaft

Betreibt eine solche Gesellschaft kein nach kaufmännischer Art geführtes Gewerbe, so entsteht sie als Kollektivgesellschaft erst, wenn sie sich in das Handelsregister eintragen lässt.

B. Sociétés n'exerçant pas une activité commerciale

Si la société n'exploite pas une industrie en la forme commerciale, elle n'existe comme société en nom collectif que du moment où elle se fait inscrire sur le registre du commerce.

B. Società che non esercitano un'impresa commerciale

Se siffatta società non esercita un'impresa in forma commerciale, essa esiste come società in nome collettivo solo dal momento in cui si fa iscrivere nel registro commercio.

Literatur

Vgl. die Literaturhinweise zu Art. 552.

1 Das Betreiben eines kaufmännischen Unternehmens ist keine begriffsnotwendige Voraussetzung der Kollektivgesellschaft. Bei Vorliegen der sonstigen Entstehungsvoraussetzungen (vgl. Art. 552 N 15) besteht nach Eintragung in das Handelsregister eine **nichtkaufmännische Kollektivgesellschaft.** Eine solche liegt nach der hier vertretenen Auffassung in aller Regel vor, wenn ein grundsätzlich nach kaufmännischer Art geführtes Gewerbe einen Jahresumsatz von unter CHF 100 000 erzielt (vgl. Art. 552 N 35). Ausserdem kön-

nen sich die Angehörigen freier Berufe und Landwirtschaftsbetriebe, die nicht als kaufmännische Unternehmen angesehen werden (vgl. Art. 552 N 36), in der Rechtsform der nichtkaufmännischen Kollektivgesellschaft organisieren. In der *Wirtschaftswirklichkeit* kommt die nichtkaufmännische Kollektivgesellschaft in folgenden Bereichen vor: Architektur- oder Anwaltsbüro (Nw. bei BK-HARTMANN, N 1); Vermögensverwaltung, selbst wenn das Vermögen erheblich ist und die Geschäftsführung über den gewöhnlichen Rahmen einer laufenden Vermögensverwaltung hinausgeht, spekulativer Natur ist und der Betrieb bankähnlichen Charakter aufweist (BGE 55 I 394; 79 I 60: i.c. Kommanditgesellschaft; 98 Ia 217: massgebend ist das Fehlen eines eigentlichen Kundenverkehrs).

Die Eintragung ins Handelsregister hat **konstitutiven Charakter.** Es besteht keine Eintragungspflicht. Deshalb ist die nichtkaufmännische Kollektivgesellschaft einer älteren Auffassung zufolge (BGE 79 I 57; BK-HARTMANN, N 3) nicht zur Buchführung und Bilanzerstellung verpflichtet (vgl. Art. 957; *Kritik* bei Art. 554 N 27). Trotz der Eintragung gelten die Sonderbestimmungen für Kaufleute nicht für die nichtkaufmännische Kollektivgesellschaft (BK-HARTMANN, N 2). Ansonsten besitzt die Eintragung dieselben Rechtswirkungen wie bei der kaufmännischen Kollektivgesellschaft (im Einzelnen Art. 554 N 24 ff.). 2

Vor der Handelsregistereintragung besteht eine einfache Gesellschaft (Art. 530). Im Innenverhältnis können Grundsätze des Kollektivgesellschaftsrechts zur Anwendung gelangen (ZK-SIEGWART, Vor Art. 530–551 N 5). Selbst wenn zwischen den Vertragsparteien die Handelsregistereintragung gewollt ist, so resultiert daraus nur eine gesellschaftsrechtliche Verpflichtung der Parteien untereinander. 3

Art. 554

C. Registereintrag
I. Ort der Eintragung

Die Gesellschaft ist ins Handelsregister des Ortes einzutragen, an dem sie ihren Sitz hat.

C. Inscription au registre du commerce
I. Lieu

La société doit être inscrite au registre du commerce du lieu où elle a son siège.

C. Iscrizione nel registro di commercio
I. Luogo

La società dev'essere iscritta nel registro di commercio del luogo in cui ha sede.

Literatur

Vgl. die Literaturhinweise zu Art. 552.

I. Normzweck

Das Handelsregister ist eine staatliche Einrichtung zur amtlichen Feststellung und Veröffentlichung von für Dritte rechtserheblichen Tatsachen (BGE 75 I 78; 104 Ib 322 = Pra 1979, 318; 108 II 122, 129). Mit der Eintragung und der notwendigen Registeröffentlichkeit erhält der Rechtsverkehr Einsicht in die rechtlichen und tatsächlichen Verhältnisse der Kollektivgesellschaft. Die **Handelsregistereintragung** besitzt *Publizitätsfunktion* (Art. 933). Daneben wird der Eingetragene der *Konkurs- und Wechselbetrei-* 1 *bung* unterworfen (Art. 39 Ziff. 6 SchKG; BGE 75 I 78; BGE 120 III 4: die Eintragung in das Handelsregister ermöglicht die Konkursbetreibung gegen einen Gesellschafter für seine Privatschulden). Schliesslich kommt der Eintragung *Anknüpfungs-* und *Rechtsdurchsetzungsfunktion* zu (MEIER-HAYOZ/FORSTMOSER, § 6 N 11 ff.).

2 Eine Eintragungspflicht besteht lediglich für die kaufmännische Kollektivgesellschaft (vgl. Art. 552 N 40 f.). Der Bedeutung der Handelsregistereintragung korrespondiert eine Eintragungsberechtigung der Kollektivgesellschaft, d.h. ein Anspruch auf Eintragung gegenüber dem Staat (vgl. Art. 934).

II. Kognitionsbefugnis des Registerführers

1. Allgemeines

3 Aus den gesetzlichen Vorschriften (Art. 940, Art. 26, 28 HRegV) lassen sich keine eindeutigen Schlüsse bezüglich der Kognitionsbefugnis des Registerführers ziehen. Im Rahmen der Totalrevision der Handelsregisterverordnung wurde ausdrücklich darauf verzichtet, eine solche Regelung zu schaffen (vgl. Begleitbericht Totalrevision HRegV 3.5). Nach ständiger Rechtsprechung und h. L. ist zu differenzieren: Volle Kognition besteht bei den **registerrechtlichen Eintragungsvoraussetzungen.** Beschränkt ist die Befugnis bei der Überprüfung der **materiellrechtlichen Voraussetzungen** (ständige Rechtsprechung: BGE 62 I 262; 67 I 113; 75 I 324; 86 I 105, 107; 91 I 362; 107 II 247; 114 II 68; 117 II 168; 121 III 371; 125 III 18: Bestätigung der Praxis, aber Bejahung einer Ausnahme im konkreten Fall; 132 III 668, 672; FORSTMOSER, I/1 § 11 N 67 ff.; MEIER-HAYOZ/FORSTMOSER, § 6 N 42 ff.). Vgl. Art. 940 N 9 ff.

2. Überprüfung der registerrechtlichen Voraussetzungen

4 Bei Fehlen einer registerrechtlichen Voraussetzung kann die Eintragung abgelehnt werden, so wenn eine anzumeldende Person ihrer eigenen Wahl (noch) nicht zugestimmt hat (zur AG BGE 105 II 130, 132: der Registerführer muss sich der Zustimmung vergewissern), die örtliche Zuständigkeit nicht gegeben oder ein Sachverhalt nicht eintragungsfähig ist (BGE 79 I 179).

3. Überprüfung der materiellrechtlichen Voraussetzungen

5 Die Überprüfung der materiellrechtlichen Voraussetzungen erstreckt sich nach herrschender Auffassung nur auf die **zwingenden Gesetzesnormen, welche im öffentlichen Interesse oder zum Schutze Dritter aufgestellt** sind. Selbst dann kann die Eintragung nur verweigert werden, wenn sie offensichtlich und unzweideutig gesetzeswidrig ist. Lässt auch nur eine Auslegungsvariante die Eintragung zu, so hat sie zu erfolgen (ständige Rechtsprechung: BGE 62 I 262; 67 I 113; 75 I 324; 86 I 105, 107; 91 I 362; 107 II 247; 114 II 68; 117 II 168; 121 III 371; FORSTMOSER, I/1 § 1 N 67 ff.; MEIER-HAYOZ/FORSTMOSER, § 6 N 44 ff.). Der Registerführer darf generell von der inhaltlichen Richtigkeit der Anmeldeunterlagen ausgehen. Nur im Zweifelsfall, d.h. bei besonderer Veranlassung oder bei begründeter Vermutung der Verletzung des Art. 26 HRegV, trifft ihn eine ebenfalls beschränkte Nachprüfungspflicht (BGE 99 Ib 145, 148 f.; 102 Ib 38, 41 f.). Die endgültige Klärung bleibt dem Gericht überlassen (BGE 86 I 105, 107). Das bedeutet praktisch, dass nur notorisch unwahren Tatsachen die Eintragung verweigert werden kann (BGE 113 II 280). Zu einer weitergehenden Überprüfung ist der Registerführer kraft gesetzlicher Anordnung hinsichtlich der einzutragenden

1. Abschnitt: Begriff und Errichtung   **6–24 Art. 554**

Firma verpflichtet (Art. 955; BGE 123 III 220: Prüfung der Einhaltung der Grundsätze der Firmenbildung, nicht aber der Verwechslungsgefahr). Vor diesem Hintergrund erklärt sich, dass ein *mangelhafter Gesellschaftsvertrag* durch die Eintragung in das Handelsregister nicht geheilt wird (BK-HARTMANN, N 2). Die Eintragung gibt auch keine Aufklärung darüber, ob der gemeinsame Zweck der Kollektivgesellschaft ein polizeilich erlaubter ist (BGE 55 I 339 = Pra 1929, 395: Eintragung einer ohne polizeiliche Genehmigung betriebenen Apotheke; vom Bundesrat bestätigter Entscheid des EJPD ZBJV 1929, 358: Name eines nicht diplomierten Apothekers in der Firma einer Kollektivgesellschaft).

Der Anspruch auf Eintragung (N 2) wird durch die gerichtliche Praxis, die dem Registerführer nur eine eingeschränkte Kognitionsbefugnis zugesteht, in hohem Masse gewährleistet. Damit geht jedoch ein Verlust an Aussagekraft des Handelsregisters einher. Die Folge ist eine Beeinträchtigung des Normzwecks von Art. 554, der in der Gewährleistung von Verkehrssicherheit und Vertrauensschutz besteht. Ein Teil der neueren Lehre fordert deshalb zu Recht die **volle Kognition** auch im Bereich der *materiellrechtlichen Rechtmässigkeitskontrolle*. Zur Begründung wird auf die Funktionen des Handelsregisters hingewiesen, wobei der Publizitätsfunktion zentrale Bedeutung zukommt. Ein rechtssicherer und transaktionskostenarmer Leistungsaustausch ist danach nur möglich, wenn das Handelsregister taugliche Entscheidungsgrundlagen liefert (MEIER-SCHATZ, ZSR 1989 II 434 ff.; ähnlich BÄR, BN 1978, 410 ff.; SCHOOP, 92 ff.; DE BEER, ZSR 1995, 81 ff.; MEISTERHANS, 81 ff.: umfassende Übersicht über die Lehrmeinungen; BK-KÜNG, Art. 940 N 37 ff., insb. N 68, fordert eine Abschaffung der Prüfungspflicht; vgl. auch die Kritik im Begleitbericht VE zur Totalrevision der HRegV, 3.5). Das BGer hält freilich in der neuesten Rechtsprechung an seiner Auffassung fest (BGE 132 III 672). 6

III. Bedeutung der Eintragung

Die Eintragung einer kaufmännischen Kollektivgesellschaft hat deklaratorische (vgl. Art. 552 N 40), die einer nichtkaufmännischen konstitutive Wirkung (Art. 553 N 2). 7

IV. Modalitäten der Eintragung

1. Ort

Ort der Eintragung ist der Registerbezirk des Ortes, an dem die Kollektivgesellschaft ihren Sitz hat (BK-HARTMANN, N 8). Wird dieser in einen anderen Registerbezirk verlegt, so hat dort die Neueintragung zu erfolgen (vgl. im Einzelnen Art. 123 HRegV). 8

Art. 554 Abs. 2 altOR ist im Rahmen der Totalrevision des GmbH-Rechts entfallen. Der Inhalt der Eintragung ist neu für alle Rechtsformen in der HRegV geregelt (für die Kollektivgesellschaft vgl. Art. 929 Abs. 1 i.V.m. Art. 40 f. HRegV; vgl. zu dem im Wesentlichen unverändert gebliebenen Inhalt Voraufl. N 9 ff.). 9–23

V. Wirkungen der Eintragung

1. Publizitätswirkungen und öffentlicher Glaube des Handelsregisters

Mit der Eintragung erfolgt die Kundgabe der Rechtsform. Damit verbinden sich die positiven und negativen **Publizitätswirkungen des Handelsregisters.** Ob dem Handelsregister darüber hinaus, wie dem Grundbuch (Art. 973 ZGB), öffentlicher Glaube 24 zukommt, ist umstritten. Das Gesetz enthält keine entsprechende Vorschrift. Die bundesgerichtliche Rechtsprechung ist nicht eindeutig (obiter bejahend BGE 104 Ib 321; offen gelassen in BGE 111 II 484). Das rechtspolitische Bedürfnis nach der Anerkennung des **öffentlichen Glaubens** ist gegeben. Der kaufmännische Verkehr ist ebenso auf Orientierungssicherheit angewiesen wie der Grundbuchverkehr. Damit ist eine entsprechende *Rechtsfortbildung* geboten (BÄR, 131 ff.; PATRY, SPR VIII/1, 144 ff.; MEISTERHANS, 57 ff.; BK-KÜNG, Art. 933 N 46 f.; vgl. weiterführend VOGT, a.a.O.) und in der Lehre im Grundsatz anerkannt (so inzwischen auch MEYER-HAYOZ/FORSTMOSER, § 6 N 84). Unter systematischen Gesichtspunkten ist die Wertung des Art. 973 ZGB heranzuziehen.

2. Konkursbetreibung und Wechselbetreibung

25 Durch die Eintragung in das Handelsregister unterliegt die **Kollektivgesellschaft** der Konkursbetreibung und der besonderen Wechselbetreibung (sog. *formelle Wechselstrenge;* vgl. Art. 39 Ziff. 6 SchKG). Das gilt auch für die Kollektivgesellschafter persönlich (Art. 39 Ziff. 2 SchKG). Das Betreibungsamt hat bei einer nicht eingetragenen Personengesellschaft von Amts wegen zu prüfen, ob eine Eintragungspflicht vorliegt, denn die passive Betreibungsfähigkeit der Kollektivgesellschaft setzt deren Eintragung voraus (BGE 55 III 146 unter Hinweis auf die frühere, abweichende Rechtsprechung; vgl. Art. 39 SchKG, Art. 552 Abs. 2; gleiches gilt für die Pfändung). Wird die Eintragung seitens der dazu verpflichteten Gesellschafter nicht bewirkt, so hat der Handelsregisterführer auf Anregung des Betreibungsamts das Verfahren zu eröffnen, das die zwangsweise Eintragung (Art. 152, 156 HRegV) zur Folge haben kann (BGE 55 III 149). In diesem Zusammenhang ist auch das Recht der Gläubiger zu sehen, die Zwangseintragung der Kollektivgesellschaft in das Handelsregister zu verlangen (vgl. dazu Art. 152 Abs. 6).

3. Firmenschutz

26 Mit der Eintragung kommt der Firma der Kollektivgesellschaft der gesetzliche Firmenschutz (Art. 946 Abs. 1, Art. 951 Abs. 1, Art. 956) zu.

4. Buchführungs- und Bilanzierungspflicht

27 Die Buchführungs- und Bilanzierungspflicht der kaufmännischen Kollektivgesellschaft besteht bereits mit der Eintragungspflicht (vgl. Art. 552 N 41). Bei der nichtkaufmännischen Kollektivgesellschaft wird hingegen trotz erfolgter Eintragung eine derartige Pflicht verneint (BGE 79 I 57; BK-HARTMANN, Art. 553 N 3). Dem ist nicht zuzustimmen, weil die Buchführungs- und Bilanzierungspflicht nicht nur im gesellschaftlichen Eigeninteresse, sondern vornehmlich im *Interesse des Rechtsverkehrs* besteht (VON STEIGER, SPR VIII/1, 489). Überdies ist der nichtkaufmännische Charakter für Dritte nicht unbedingt erkennbar.

5. Wirkungen für die Gesellschafter

28 Mit der Eintragung unterliegen die Gesellschafter den kaufmännischen Pflichten (ZK-SIEGWART, Art. 554–556 N 39). Damit sind sie der **Konkurs- und Wechselbetreibung** unterworfen (Art. 39 Ziff. 2 SchKG). Betreibungsort bleibt in beiden Fällen der persönliche Wohnsitz des jeweiligen Gesellschafters (vgl. BGE 56 I 64, 67: politische Ge-

1. Abschnitt: Begriff und Errichtung

meinde, in welcher der jeweilige Gesellschafter seinen Wohnsitz hat). In Angelegenheiten der aktiven Gesellschafter besteht ggf. die Kompetenz der Handelsgerichte, soweit sie von der Kaufmannseigenschaft oder der Eintragung des Beklagten abhängt (Appellationshof BE ZBJV 72, 571 f.).

VI. Publikation der Eintragung

Die Eintragung in das Handelsregister ist vollumfänglich im SHAB zu veröffentlichen (Art. 931). 29

Art. 555

II. Vertretung	In das Handelsregister können nur solche Anordnungen über die Vertretung eingetragen werden, die deren Beschränkung auf einen oder einzelne Gesellschafter oder eine Vertretung durch einen Gesellschafter in Gemeinschaft mit andern Gesellschaftern oder mit Prokuristen vorsehen.
II. Représentation	Ne peuvent être inscrites sur le registre du commerce, en matière de droit de représentation, que les dispositions qui confèrent ce droit à l'un des associés seulement ou à quelques-uns d'entre eux, ou celles qui portent que la société sera représentée par un associé conjointement avec d'autres associés ou avec des fondés de procuration.
II. Rappresentanza	Delle disposizioni riguardanti la facoltà di rappresentare la società, possono essere menzionate nel registro di commercio solo quelle che la limitano ad un socio o a parecchi soci singolarmente o ad un socio in comune con altri soci o con procuratori.

Literatur

Vgl. die Literaturhinweise zu Art. 552.

I. Grundsatz der Einzelvertretung

Nach der gesetzlichen Regelung ist jeder Gesellschafter einzeln zur **Vertretung der Gesellschaft** berufen (Art. 563). Die gesetzlichen Vertretungsregeln sind bis zu einem gewissen Grad dispositiv. Der Gesellschaftsvertrag kann eine andere Vertretungsregelung als die gesetzliche vorsehen. Im Interesse der Verkehrssicherheit bedarf eine vertragliche Vertretungsordnung zu ihrer Wirksamkeit im Aussenverhältnis der Eintragung in das Handelsregister, es sei denn, sie sei auf andere Weise *bekannt* geworden. Die Eintragung ist zwar nicht Gültigkeitsvoraussetzung, doch greift bei Nichteintragung die negative Publizitätswirkung des Handelsregisters ein. Schafft die Gesellschaft zurechenbar im Geschäftsverkehr den Rechtsschein einer günstigeren als der im Handelsregister eingetragenen Vertretungsregelung, so muss sie sich daran festhalten lassen (BGE 66 II 249, 253, 255). 1

II. Zulässige Beschränkungen der Vertretungsmacht

Der Kreis der im Handelsregister eintragbaren Beschränkungen der Vertretungsmacht ist im Interesse der Leichtigkeit und Übersichtlichkeit des Geschäftsverkehrs begrenzt (ZK-SIEGWART, N 24). Zulässig sind insbesondere: 2

1. Beschränkung auf einen oder einzelne Gesellschafter

3 Mit der Beschränkung auf einen oder einzelne Gesellschafter kann die gesetzlich vorgesehene Alleinvertretungsmacht jedes einzelnen Gesellschafters aufgehoben werden. Dabei können die *verschiedensten Ursachen* eine Rolle spielen: Handlungsunfähigkeit eines Gesellschafters, Entziehung aus wichtigen Gründen (Art. 565), Interesse an einer Konzentration der gesellschaftlichen Aussentätigkeit, Ausschluss geschäftsunkundiger Gesellschafter von der Vertretung, etc.

2. Echte Kollektivvertretung

4 Als echte Kollektivvertretung bezeichnet man die Vertretung durch zwei oder mehr Gesellschafter, wobei die beiden oder mehreren Gesellschafter nur gemeinsam zur Vertretung berechtigt sind. Keine Bedenken bestehen auch gegen die Zulässigkeit der sog. *halbseitigen Gesamtvertretung,* bei der ein Gesellschafter nur gemeinsam mit einem anderen zur Vertretung berechtigt ist, während diesem Alleinvertretungsmacht zukommt. (Das folgt nicht aus BGE 60 I 395, wie ZK-SIEGWART, Art. 554–556 N 26 annimmt, sondern aus der grundsätzlichen Zulässigkeit der Beschränkung auf nur einen Gesellschafter. BGE 60 I 395 betrifft den Fall einer *halbseitigen Prokuraerteilung.)* Halbseitige Gesamtvertretung kommt z.B. in Betracht, wenn ein jüngerer oder neuer Gesellschafter erst im Tätigkeitsbereich der Kollektivgesellschaft angelernt werden soll. Unzulässig ist hingegen die Begründung einer Kollektivvertretung, die jeweils nur bei einer gewissen Bedeutung des zu tätigenden Geschäfts eingreifen soll, während es ansonsten bei der gesetzlichen Alleinvertretungsmacht verbleibt. Eine derartige Regelung liefe dem Normzweck, Verkehrssicherheit zu bewirken, diametral entgegen. Eines Zusammenwirkens bedarf es im Rahmen der Kollektivvertretung nur bei rechtsgeschäftlichem Handeln gegenüber Dritten. Der Geschäftswille muss bei jedem Gesamtvertreter vorliegen und kann nicht ersetzt werden. Nicht erforderlich ist hingegen gleichzeitiges Handeln der Kollektivvertreter. So kann bei formbedürftigen Rechtsgeschäften der eine Vertreter zugleich als Bote des anderen fungieren, der eine den anderen Gesamtvertreter im Voraus ermächtigen (BGE 58 II 160; vgl. auch § 125 Abs. 2 Satz 2 HGB) oder einem von diesem getätigten Rechtsgeschäft zustimmen (Appellationshof BE ZBJV 1934, 333; implizit auch BGE 35 II 614; 43 II 300: bewusste Duldung eines Teiles der Ausführung; 50 II 138: generelles Gewährenlassen eines Einzelprokuristen durch alle Gesellschafter – nicht unbedenklich). Nicht ausreichend ist die längerdauernde Unterlassung eines Einspruchs aufgrund ungenügender Sachverhaltskenntnis (BGE 35 II 614). Für die **passive Vertretung der Gesellschaft** bedarf es nicht des Zusammenwirkens der Gesamtvertreter. Es genügt die Entgegennahme einer Willenserklärung durch einen von mehreren Kollektivvertretungsberechtigten. Leiten sich aus dem Vorliegen von Willensmängeln, Kenntnis oder Kennenmüssen Rechtsfolgen ab, so genügt es, wenn diese Voraussetzungen bei einem der Gesamtvertreter gegeben sind.

3. Unechte Kollektivvertretung

5 Als unechte Kollektivvertretung bezeichnet man die Vertretung durch Gesellschafter und Prokuristen. Der *konkrete Vertretungsumfang* ergibt sich aus Art. 564. Die Beschränkung des Prokuraumfangs gemäss Art. 459 Abs. 2 entfaltet in der vorliegenden Gestaltung keine Rechtswirkung, weil jeweils ein Gesellschafter bei der rechtsgeschäftlichen Entscheidung beteiligt ist (BK-HARTMANN, N 2, Art. 563 N 15; vgl. auch § 125 Abs. 3 HGB).

1. Abschnitt: Begriff und Errichtung   6, 7 **Art. 555**

4. Ausschliessliche Vertretung durch Dritte

Umstritten ist die Zulässigkeit des Ausschlusses sämtlicher Gesellschafter von der Vertretung durch eine sog. **verdrängende Vollmacht,** bei der ausschliesslich Dritte mit der Vertretung betraut werden. Die h.L. sieht eine derartige Drittorganschaft zu Recht als *unzulässig* an (MEIER-HAYOZ/FORSTMOSER, § 13 N 62; widersprüchlich ZK-SIEGWART, Art. 554–556 N 28 f.). Die Konzeption der Kollektivgesellschaft als Personengesellschaft (vgl. Art. 552 N 1) manifestiert sich im Grundsatz der **Selbstorganschaft.** Danach muss mindestens ein Gesellschafter vertretungsberechtigt sein. Im Vordergrund steht die Persönlichkeit des Gesellschafters; die Reputation der Kollektivgesellschaft wird im Rechtsverkehr eng mit den an ihr beteiligten Gesellschaftern verknüpft. Dieser Befund ist im Rahmen der Vertretungsordnung zu berücksichtigen. Überdies stellt die ausschliesslich den einzelnen Gesellschafter treffende Treuepflicht ein Korrektiv für dessen umfassende Vertretungsmacht dar. Der Dritte unterliegt zwar gemeinhin einer Interessenwahrungspflicht aus dem mit der Kollektivgesellschaft bestehenden Vertragsverhältnis. Doch ist diese nicht als der Treuepflicht gleichwertig anzusehen (BGHZ 36, 292, 294). Die Übertragung der Geschäftsführung auf einen Dritten ist daher nicht Übertragung im gesellschaftsrechtlichen Sinn. Zwar kann die Kollektivgesellschaft im Liquidationsstadium durch Dritte vertreten werden (Art. 583 Abs. 1 Alt. 2). Daraus können aber deshalb keine Argumente für die Zulassung einer ausschliesslichen Fremdorganschaft hergeleitet werden, weil es an der Vergleichbarkeit der Interessenkonstellationen fehlt. Bei der Liquidation geht es um die Beendigung einer Kollektivgesellschaft, während vorliegend die Vertretungsordnung einer aktiven Gesellschaft in Frage steht. Weiter ist der Aktionsradius der Liquidatoren generell enger gezogen (Art. 585) als bei der Vertretung einer aktiven Gesellschaft.

5. Nicht eintragungsfähige Beschränkungen

Nicht eintragungsfähig sind **sachliche, summenmässige oder bedingte Beschränkungen.** Das gilt nach bisheriger Auffassung auch für die **örtliche Beschränkung** der Vertretungsmacht auf die Haupt- oder Zweigniederlassung (BK-HARTMANN, N 2). Zur Begründung wird auf die Gesetzesgeschichte hingewiesen (Bericht HOFFMANN 1923, 14). Vor allem bei Kollektivgesellschaften mit mehreren Zweigniederlassungen ist ein *praktisches Bedürfnis* nach einer Beschränkung der Vertretungsmacht auf bestimmte Niederlassungen anzuerkennen. Nachdem auch Zweigniederlassungen in das Handelsregister einzutragen sind (Art. 935), sollte die Eintragung einer auf eine bestimmte Niederlassung beschränkten Vertretungsbefugnis ermöglicht werden. Systematisch ist auf die Art. 718a, 814, 899 hinzuweisen, aufgrund derer eine Beschränkung der Vertretungsmacht auf eine bestimmte Niederlassung im Rahmen der AG, der GmbH und der Genossenschaft ins Handelsregister einzutragen ist. Im Übrigen ist eine im Innenverhältnis vereinbarte örtliche Beschränkung der Vertretungsmacht dann wirksam gegenüber Dritten, wenn sie nach aussen kundgetan wurde (BK-HARTMANN, Art. 564 N 13; VON STEIGER, SPR VIII/1, 486). Das Eintragungsverbot einer örtlichen Beschränkung der Vertretungsmacht könnte ohnedies leicht umgangen werden.

Art. 556

III. Formelle Erfordernisse	¹ Die Anmeldung der einzutragenden Tatsachen oder ihrer Veränderung muss von allen Gesellschaftern persönlich beim Handelsregisteramt unterzeichnet oder schriftlich mit beglaubigten Unterschriften eingereicht werden.
	² Die Gesellschafter, denen die Vertretung der Gesellschaft zustehen soll, haben die Firma und ihre Namen persönlich beim Handelsregisteramt zu zeichnen oder die Zeichnung in beglaubigter Form einzureichen.
III. Formes à observer	¹ Les demandes ayant pour objet l'inscription de faits ou la modification d'inscriptions doivent être signées personnellement par tous les associés en présence du fonctionnaire préposé au registre ou lui être remises par écrit et revêtues des signatures dûment légalisées.
	² Les associés chargés de représenter la société apposent personnellement la signature sociale et leur propre signature devant le fonctionnaire préposé au registre, ou les lui remettent dûment légalisées.
III. Requisiti formali	¹ La notificazione per l'iscrizione e quella per ogni mutazione dei dati iscritti devono essere firmate personalmente da tutti i soci davanti all'ufficio del registro di commercio o prodotte per iscritto con le firme autenticate.
	² I soci incaricati di rappresentare la società devono fare personalmente davanti all'ufficio del registro di commercio la firma sociale e la propria o produrle entrambe autenticate.

Literatur

Vgl. die Literaturhinweise zu Art. 552.

I. Anmeldung der einzutragenden Tatsachen

1 Anmeldepflichtig sind sämtliche Gesellschafter, auch solche, die an der Geschäftsführung und Vertretung der Gesellschaft nicht teilhaben (krit. zur gesetzlichen Regelung WATTER/VON PLANTA, Register- und firmenrechtliche Probleme bei Personengesellschaften, JBHReg 1993, 75 ff.). Die Anmeldepflicht erstreckt sich auch auf Änderungen eintragungspflichtiger Tatsachen (BK-HARTMANN, N 3). Für handlungsunfähige Gesellschafter hat der gesetzliche Vertreter tätig zu werden. In anderen Fällen ist eine Vertretung, z.B. durch einen Mitgesellschafter, nicht zulässig. Art. 556 steht im systematischen Zusammenhang mit der in Art. 554 angeordneten Eintragungspflicht. Daher bedarf es bei Eintragung und Löschung von Prokura und Handlungsvollmacht nicht der Mitwirkung aller Gesellschafter (vgl. Art. 566). Für Zweigniederlassungen obliegt die Anmeldepflicht einer zeichnungsberechtigten Person, die am Sitz der Hauptniederlassung oder der Zweigniederlassung im Handelsregister eingetragen ist (vgl. Art. 17 Abs. 1 lit. h HRegV).

2 Grundsätzlich sind die Gesellschafter einander zur **Mitwirkung bei der Anmeldung** einzutragender Tatsachen verpflichtet (BK-HARTMANN, N 1). Eine Einrede aus dem Gesellschaftsvertrag ändert daran nichts (BK-HARTMANN, N 1). Die Pflicht entfällt auch dann nicht, wenn ein Gesellschafter einen Anspruch auf Auflösung der Kollektivgesellschaft hat (Art. 574 i.V.m. Art. 545 Abs. 2) und im Blick auf die Handelsregistereintragung Vermögenswerte geschaffen worden sind. Diesfalls ist eine Liquidation erforderlich (problematisch RGZ 112, 282; OGH NJW 49, 382). Weigert sich ein Ge-

sellschafter, seiner Mitwirkungsverpflichtung nachzukommen, und liegt darin eine Verletzung seiner Anmeldepflicht, so können die eintragungswilligen Gesellschafter das Einschreiten der Registerbehörden veranlassen, die dann nach Art. 152. HRegV verfahren. Der Registerführer fordert den betreffenden Gesellschafter zur Anmeldung auf (vgl. Art. 152 Abs. 2 HRegV). Besteht nach Ansicht der Registerbehörde eine Eintragungspflicht, so erlässt sie eine entsprechende Verfügung und nimmt nach Eintritt ihrer Vollstreckbarkeit die Eintragung vor (Art. 152 Abs. 5, Art. 156 HRegV). Gegen die Verfügung kann der anmeldepflichtige Gesellschafter Beschwerde erheben (vgl. Art. 165 HRegV).

Macht ein Dritter einen privatrechtlich begründeten **Einspruch gegen die vorzunehmende Eintragung** geltend, so bewirkt dies eine sofortige, provisorische Registersperre (vgl. im Einzelnen Art. 162 HRegV; Begleitbericht VE Totalrevision). Innerhalb von 10 Tagen hat der Einsprechende den Antrag auf Erlass einer vorsorglichen Massnahme nachzuweisen, ansonsten nimmt das Handelsregisteramt die Eintragung vor (Art. 162 Abs. 2 Ziff. 1 HRegV; ebenso bei Ablehnung einer vorsorglichen Massnahme durch das Gericht, Art. 162 Abs. 2 Ziff. 2 HRegV). 3

Was die **Form** anbelangt, so fordert das Gesetz ausdrücklich die persönliche Unterzeichnung beim Handelsregisteramt oder die schriftliche, mit beglaubigten Unterschriften eingereichte Anmeldung. Von diesem Formerfordernis darf grundsätzlich nicht abgesehen werden. Insbesondere kann die vorgeschriebene Form nicht durch Einreichung des Gesellschaftsvertrags oder Mitteilung des bei der Gesellschaftsgründung beteiligten Notars ersetzt werden (ZK-SIEGWART, Art. 554–556 N 33). Die kantonale Aufsichtsbehörde kann auf Antrag des Handelsregisteramts oder der Gesellschaft den Registerführer ausnahmsweise trotz Nichteinhaltung der Anmeldungsform zur Eintragung ermächtigen (vgl. dazu Art. 18 Abs. 5 HRegV). 4

II. Zeichnung der vertretungsberechtigten Gesellschafter

Die Vorschrift bezweckt den **Schutz der Verkehrssicherheit.** Damit im Zweifelsfalle eine Überprüfung der im Rechtsverkehr geleisteten Unterschrift möglich ist, soll die persönlich geleistete oder in beglaubigter Form eingereichte Zeichnung der später im Verkehr tatsächlich geleisteten entsprechen. Eine Änderung der Zeichnungsweise im Geschäftsverkehr ist ohne Einfluss auf ihre Rechtswirksamkeit (ZK-SIEGWART, Art. 554–556 N 32). Der betreffende Gesellschafter ist jedoch zur Einreichung der neuen Zeichnungsart verpflichtet. Unterbleibt die Einreichung der Zeichnung, so bleibt die Wirksamkeit der Eintragung der Gesellschaft sowie ihrer Vertretungsordnung davon unberührt (BGE 32 I 24). 5

Zweiter Abschnitt: Verhältnis der Gesellschafter unter sich

Art. 557

A. Vertragsfreiheit, Verweisung auf die einfache Gesellschaft

¹ **Das Rechtsverhältnis der Gesellschafter untereinander richtet sich zunächst nach dem Gesellschaftsvertrag.**

² **Soweit keine Vereinbarung getroffen ist, kommen die Vorschriften über die einfache Gesellschaft zur Anwendung, jedoch mit den Abweichungen, die sich aus den nachfolgenden Bestimmungen ergeben.**

A. Liberté du contrat. Renvoi aux règles de la société simple	¹ Les rapports des associés entre eux sont déterminés en première ligne par le contrat de société. ² Si le contrat n'en dispose pas autrement, il y a lieu d'appliquer les règles de la société simple, sauf les modifications qui résultent des articles suivants.
A. Libertà contrattuale. Riferimento alle norme sulla società semplice	¹ I rapporti dei soci tra loro sono regolati anzitutto dal contratto di società. ² In mancanza di appositi patti, si applicano le disposizioni riguardanti la società semplice, salvo le modificazioni portate dagli articoli seguenti.

I. Grundsatz: Anwendbarkeit der Normen des Gesellschaftsvertrags

1 Im Rahmen der zwingenden Gesetzesbestimmungen können die Gesellschafter das Innenverhältnis **frei ordnen.** Führt die vertragliche Ordnung dazu, dass der Gesellschaftscharakter verloren geht, ist zwar der Vertrag gültig, es liegt aber keine Kollektivgesellschaft mehr vor.

II. Anwendbarkeit der Regeln über die einfache Gesellschaft

2 Die Beziehungen zwischen den Gesellschaftern unter sich folgen in den meisten Fällen ausschliesslich den Regeln, welche für die einfache Gesellschaft gelten:

- **Art. 531** (Beitragspflicht, gleiche Beitragspflicht als dispositive Norm, Arten der Einbringung von Sachen);
- **Art. 534** (Gesellschaftsbeschlüsse);
- **Art. 535** (Geschäftsführung, Vetorecht);
- **Art. 536** (Konkurrenzverbot; ergänzt durch Art. 561);
- **Art. 537** (Ansprüche aus der Tätigkeit für die Gesellschaft);
- **Art. 538** (Geschäftsführung, Mass der Sorgfalt);
- **Art. 539** (Geschäftsführung, Entzug und Beschränkung aus wichtigem Grund);
- **Art. 540** (Verweisung auf das Auftragsrecht für die Rechtsbeziehungen zwischen geschäftsführenden und nicht geschäftsführenden Gesellschaftern);
- **Art. 542** (Aufnahme neuer Gesellschafter und Unterbeteiligung).

III. Anwendbarkeit der Regeln über die Kollektivgesellschaft

3 Eigene Regeln für die Beziehungen unter den Gesellschaftern stellt das Recht der Kollektivgesellschaft nur für die Feststellung und Verwendung des Gewinns und die Tragung der Verluste auf (Art. 558–560) sowie für Inhalt und Umfang des Konkurrenzverbots (Art. 561). Auch in diesen Bereichen gelten die Vorschriften über die einfache Gesellschaft subsidiär, sofern sie den Normen über die Kollektivgesellschaft nicht widersprechen (vgl. auch § 105 Abs. 3 HGB).

2. Abschnitt: Verhältnis der Gesellschafter unter sich   Art. 558–560

Art. 558

B. Gewinn- und Verlustrechnung

¹ Für jedes Geschäftsjahr sind auf Grund der Gewinn- und Verlustrechnung sowie der Bilanz der Gewinn oder Verlust zu ermitteln und der Anteil jedes Gesellschafters zu berechnen.

² Jedem Gesellschafter dürfen für seinen Kapitalanteil Zinse gemäss Vertrag gutgeschrieben werden, auch wenn durch den Verlust des Geschäftsjahres der Kapitalanteil vermindert ist. Mangels vertraglicher Abrede beträgt der Zinssatz vier vom Hundert.

³ Ein vertraglich festgesetztes Honorar für die Arbeit eines Gesellschafters wird bei der Ermittlung von Gewinn und Verlust als Gesellschaftsschuld behandelt.

B. Compte de profits et pertes

¹ A la fin de l'exercice, les bénéfices ou les pertes, ainsi que la part de chaque associé, seront déterminés sur la base du compte de profits et pertes et du bilan.

² L'intérêt d'une part de l'actif social peut être bonifié à l'associé, dans les conditions fixées par le contrat, même si elle a été diminuée par des pertes subies au cours de l'exercice. Si le contrat n'en dispose pas autrement, l'intérêt est de 4%.

³ Lors du calcul des bénéfices et des pertes, les honoraires convenus pour le travail d'un associé sont assimilés à une dette de la société.

B. Conto dei profitti e delle perdite

¹ Per ogni esercizio annuale e in conformità sia del conto dei profitti e delle perdite sia del bilancio, saranno determinati gli utili o le perdite e sarà calcolata la parte spettante ad ogni socio.

² Potrà abbuonarsi ad ogni socio in conformità del contratto l'interesse della sua quota nel patrimonio sociale, anche se essa fosse diminuita in conseguenza di perdite verificatesi nell'esercizio annuale. In mancanza di patto contrario, l'interesse sarà del quattro per cento.

³ L'onorario stabilito contrattualmente per il lavoro d'un socio è considerato come un debito sociale nella determinazione degli utili e delle perdite.

Art. 559

C. Anspruch auf Gewinn, Zinse und Honorar

¹ Jeder Gesellschafter hat das Recht, aus der Gesellschaftskasse Gewinn, Zinse und Honorar des abgelaufenen Geschäftsjahres zu entnehmen.

² Zinse und Honorare dürfen, soweit dies der Vertrag vorsieht, schon während des Geschäftsjahres, Gewinne dagegen erst nach Feststellung der Bilanz bezogen werden.

³ Soweit ein Gesellschafter Gewinne, Zinse und Honorare nicht bezieht, werden sie nach Feststellung der Bilanz seinem Kapitalanteil zugeschrieben, sofern nicht einer der andern Gesellschafter dagegen Einwendungen erhebt.

C. Droit aux bénéfices, intérêts et honoraires

¹ Chaque associé a le droit de retirer de la caisse sociale les bénéfices, intérêts et honoraires afférents à l'exercice écoulé.

² En tant que le contrat le prévoit, les intérêts et honoraires peuvent être perçus au cours de l'exercice; les bénéfices ne sont prélevés qu'après l'établissement du bilan.

Art. 558–560

	³ Les bénéfices, intérêts et honoraires que l'associé n'a pas perçus sont, après l'établissement du bilan, ajoutés à sa part de l'actif social si aucun des autres associés ne s'y oppose.
C. Diritto agli utili, agli interessi ed all'onorario	¹ Ogni socio ha diritto di ritirare dalla cassa sociale gli utili, gli interessi e l'onorario dell'esercizio annuale scaduto. ² Gli interessi e l'onorario possono essere ritirati già durante l'esercizio annuale, in quanto il contratto lo preveda; gli utili, invece, solo dopo l'allestimento del bilancio. ³ In quanto un socio non ritiri gli utili, gli interessi e l'onorario ai quali ha diritto, la sua quota sarà, dopo l'allestimento del bilancio, accresciuta del loro importo, purché nessuno degli altri soci faccia opposizione.

Art. 560

D. Verluste	**¹ Ist der Kapitalanteil durch Verluste vermindert worden, so behält der Gesellschafter seinen Anspruch auf Ausrichtung des Honorars und der vom verminderten Kapitalanteil zu berechnenden Zinse; ein Gewinnanteil darf erst dann wieder ausbezahlt werden, wenn die durch den Verlust entstandene Verminderung ausgeglichen ist.** **² Die Gesellschafter sind weder verpflichtet, höhere Einlagen zu leisten, als dies im Vertrage vorgesehen ist, noch ihre durch Verlust verminderten Einlagen zu ergänzen.**
D. Pertes	¹ Lorsque des pertes ont diminué une part de l'actif social, l'associé conserve son droit au paiement des honoraires et aux intérêts de sa part réduite, mais il ne peut retirer des bénéfices avant que sa part ait été reconstituée. ² Aucun associé n'est tenu de faire un apport supérieur à celui qui est prévu par le contrat, ni de compléter son apport réduit par des pertes.
D. Perdite	¹ Se in conseguenza di perdite fu diminuita una quota nel patrimonio sociale, il socio ha diritto al pagamento dell'onorario e degli interessi della quota ridotta; egli non può ritirare parte alcuna di utili finché la sua quota non sia reintegrata. ² Nessun socio è tenuto ad elevare la sua quota ad una somma superiore a quella determinata dal contratto, né ad integrarla se fu diminuita in conseguenza di perdite.

I. Feststellung des Geschäftsergebnisses

1 Die **kaufmännische Kollektivgesellschaft** (Art. 552) untersteht gemäss Art. 957 ff. den Regeln über die **kaufmännische Buchführung** (s. dort). Die Pflicht zur kaufmännischen Buchführung ist in diesen Fällen **zwingend** und kann nicht durch den Gesellschaftsvertrag wegbedungen werden (VON STEIGER, Aktiengesellschaft, 492). Die **nichtkaufmännische Kollektivgesellschaft** (Art. 553) ist ausschliesslich gestützt auf Art. 558 buchführungspflichtig. Als Pflicht gegenüber den anderen Gesellschaftern ist die Pflicht zur kaufmännischen Buchführung **dispositiv** (ZK-SIEGWART, Art. 558 f. N 3; vgl. auch MünchKommHGB-PRIESTER, § 120 N 9). Die Buchführungspflichten nach Art. 957 ff. und Art. 558 dienen unterschiedlichen Zielen und können daher nach verschiedenen Grundsätzen erfolgen. Die Gewinn- und Verlustrechnung nach Art. 558

dient ausschliesslich zur Ermittlung von Kennzahlen, die für die Gewinnverteilung im internen Verhältnis erforderlich sind, während Art. 957 ff. auch den Schutz Dritter bezweckt (vgl. auch MünchKommHGB-PRIESTER, § 120 N 11 f.).

Ausgangslage für die Feststellung der Gewinnverteilung und Verzinsung (zur Liquidation vgl. Art. 582 ff.) ist die **Bestimmung des Kapitalanteils** der einzelnen Gesellschafter. Dieser Kapitalanteil ist **nicht** der Vermögensanteil des Gesellschafters am gesamten Reinvermögen der Gesellschaft (VON STEIGER, Aktiengesellschaft, 494; vgl. auch MünchKommHGB-PRIESTER, § 120 N 84) sondern eine rein **rechnerische Grösse** und wird als Mittelherkunft unter den **Passiven** verbucht, vergleichbar mit dem Aktienkapital in der AG. Die Gesellschafter sind in der Bewertung (Konsens vorbehalten) ihrer Kapitalanteile **frei,** nicht aber in der Bewertung der Einlagen auf der Seite der Aktiven. Zulässig ist sowohl die Unterbewertung wie auch die Überbewertung einzelner Kapitalanteile als Grundlage einer individuellen Gewinnverteilung. Weichen die Bewertungsgrundlagen von denjenigen der kaufmännischen Buchführungspflicht ab, ist in diesem Fall zusätzlich eine zweite Rechnung nach den Vorschriften von Art. 957 ff. zu erstellen (ZK-SIEGWART, Art. 558 ff. N 9; VON STEIGER, Aktiengesellschaft, 502; vgl. auch MünchKommHGB-PRIESTER, § 120 N 35 f.). Die **Festsetzung und die Bewertung der Kapitalanteile** der einzelnen Gesellschafter kann jährlich neu erfolgen. Änderungen, die nicht Folge der Vorschriften über die kaufmännische Buchführung sind, müssen **einstimmig** erfolgen, wenn der Gesellschaftsvertrag nichts anderes vorsieht.

2

Der **Gewinn** ist der Betrag, um welchen die Aktiven der Gesellschaft die Summe der Kapitalanteile und der Schulden der Gesellschaft gestützt auf die Gewinn- und Verlustrechnung übersteigen (BK-BECKER, Art. 533 N 1; BK-FELLMANN/MÜLLER, Art. 533 N 15 f.; vgl. auch MünchKommHGB-PRIESTER, § 121 N 6 f.). Er wird i.d.R. jährlich ermittelt.

3

Die Buchführung gemäss Art. 558 braucht nur einmal jährlich erstellt zu werden (ZK-SIEGWART, Art. 560 N 1; vgl. auch MünchKommHGB-PRIESTER, § 120 N 20; Rechnungsperiode darf 12 Monate nicht überschreiten, § 240 Abs. 2 Satz 2 HGB); die Erstellung einer laufenden Buchführung ist nur soweit nötig, als es das Einsichtsrecht der nicht geschäftsführungsbefugten Gesellschafter erfordert.

3a

II. Anspruch auf Zinsen, Honorar und Gewinn

Nach Gesetz hat jeder Gesellschafter für seinen Kapitalanteil einen Anspruch auf **Zinsen** in der Höhe von 4% (VON STEIGER, Aktiengesellschaft, 496, vgl. auch MünchKommHGB-PRIESTER, § 121 N 44; vgl. zudem MünchKommHGB-PRIESTER, § 121 N 16) und auf einen **Gewinnanteil.** Es gilt die Regel des Art. 533, wonach alle Gesellschafter unabhängig von der Grösse ihres Kapitalanteils zu gleichen Teilen am Gewinn beteiligt sind (VON STEIGER, Aktiengesellschaft, 498; BK-FELLMANN/MÜLLER, Art. 533 N 19 f.; vgl. auch MünchKommHGB-PRIESTER, § 121 N 2). Diese Regeln sind **dispositiv;** im Gesellschaftsvertrag kann von ihnen abgewichen werden. Der Zinsanspruch kann vertraglich ausgeschlossen oder anders (z.B. höher) festgelegt werden. Änderungen der Regeln über die Gewinnverteilung sind nach den Vorschriften über die einfache Gesellschaft möglich: Die Regel des Art. 533 Abs. 3 (Societas leonina; vgl. Art. 533 N 7) gilt also auch für die Kollektivgesellschaft (BGE 77 II 49; MEIER-HAYOZ/FORSTMOSER, § 13 N 48; vgl. dazu aber die relativierenden Ausführungen zu Art. 533 sowie die neueren Tendenzen in der Lehre: ALEXANDER FREI, Societas Leonina, Diss. Basel 2001; vgl. auch MünchKommHGB-PRIESTER, § 121 N 37). Ein **Honorar** ist nur geschuldet, wenn im Gesellschaftsvertrag vorgesehen. Seine Festsetzung schafft kein Ar-

4

beitsvertragsverhältnis, da unter Gesellschaftern die für das Arbeitsverhältnis erforderliche Subordination fehlt (vgl. dazu auch OGer TG, SJZ 1969, 98).

5 Der Anspruch auf Zins und Honorar besteht **auch, wenn die Gesellschaft Verluste erlitten hat** oder durch die Auszahlung von Zinsen eine Überschuldung entsteht (ZK-SIEGWART, Art. 558 f. N 21, 23; VON STEIGER, Aktiengesellschaft, 495; vgl. auch MünchKommHGB-PRIESTER, § 121 N 17). Zinsen und Honorare dürfen als gewinnunabhängige Ansprüche **während des Geschäftsjahrs ausbezahlt** werden (auch wenn der Ertrag der Gesellschaft noch nicht feststeht; Art. 559 Abs. 2), sofern der Vorbezug vertraglich vorgesehen ist oder beschlossen wird.

Die Verzinsung einer Einlage ist im Gesellschaftsrecht sonst unüblich; sie wird hier damit begründet, dass die Kollektivgesellschafter oft einen grossen Teil ihres Privatvermögens der Gesellschaft als Betriebskapital zur Verfügung stellen und somit auf regelmässige Geldleistungen der Gesellschaft angewiesen sind.

6 Die **Ansprüche auf Zins und Honorar** sind Ansprüche gegenüber der Gesellschaft (ausdrücklich für das Honorar: Art. 558 Abs. 3; ZK-SIEGWART, Art. 558 ff. N 23; vgl. auch MünchKommHGB-PRIESTER, § 121 N 12; § 122 N 29 ff.). Der **Anspruch auf Gewinn** wird erst ein Anspruch gegenüber der Gesellschaft, wenn der Gewinn gestützt auf die Gewinn- und Verlustrechnung festgestellt ist. Als Forderungen gegenüber der Gesellschaft sind diese Ansprüche den Ansprüchen anderer Gläubiger (auch im Konkurs, vgl. Art. 570) gleichgestellt (VON STEIGER, Aktiengesellschaft, 497).

7 An Stelle des Bezugs kann eine andere Art der Vergütung treten: Denkbar ist die **Erhöhung des Kapitalanteils** des einzelnen Gesellschafters oder die **Umwandlung in aussergesellschaftliche Ansprüche**, z.B. in Darlehen an die Gesellschaft. Unterbleibt der Bezug von Zinsen, Gewinnansprüchen oder Honoraren, ohne dass dafür ein bestimmter Grund angegeben wird, wird die Erhöhung des Kapitalanteils vermutet (ZK-SIEGWART, Art. 558 ff. N 32; vgl. auch MünchKommHGB-PRIESTER, § 122 N 16), wenn die anderen Gesellschafter nicht dagegen protestieren. Wurde das System der **festen Kapitalanteile** gewählt, können diese nicht erhöht werden, und stehen gelassene Zinsen und Gewinne werden in Darlehen gegenüber der Gesellschaft umgewandelt.

III. Die Verlustbeteiligung

8 Die Beteiligung am Verlust ist die gesellschaftsinterne Zuweisung der Verluste. Sie folgt den Regeln des Gesellschaftsvertrags. Fehlt eine Regel, sind Verluste gemäss Art. 533 zu gleichen Teilen zu tragen (zur Haftung der Gesellschafter gegenüber Dritten: Art. 568 ff.; vgl. auch MünchKommHGB-PRIESTER, § 121 N 24). Die Verluste schlagen sich auf die Kapitalanteile nieder, indem diese entsprechend vermindert werden. Weil die Ausbezahlung von Gewinn in den darauf folgenden Rechnungsperioden sowie die Ausrichtung des vollen Zinsbetrages ausgeglichene Kapitalanteile erfordert, kann der Gesellschafter freiwillig den Fehlbetrag aufwerfen und sein Kapitalkonto ausgleichen (anders MünchKommHGB-PRIESTER, § 121 N 25; § 122 N 42). Massgebend ist dabei die Höhe der Kapitalanteile vor Eintritt des Verlusts (ZK-SIEGWART, Art. 558 ff. N 34; VON STEIGER, Aktiengesellschaft, 499).

9 Eine **Nachschusspflicht** besteht, wenn sie vertraglich vorgesehen ist oder gültig (wenn der Gesellschaftsvertrag nichts anderes vorsieht: einstimmig) beschlossen wird. Legt der Gesellschaftsvertrag die Beträge der Gesellschafter nicht fest, besteht eine Nachschusspflicht, soweit diese für die Erreichung des im Gesellschaftsvertrag vereinbarten

Zwecks notwendig ist und wenn der gemeinsame Zweck die Grenzen der Beitragspflicht erkennen lässt (vgl. BSK OR I-HANDSCHIN, 531 N 2).

Von der internen Verlusttragung (Art. 559) ist die Haftung des Gesellschafters im Aussenverhältnis zu unterscheiden (Art. 568 ff.). Die Regeln über die interne Verlusttragung sind immerhin bei der definitiven Verlustverteilung zu beachten.

Art. 561

E. Konkurrenzverbot

Ohne Zustimmung der übrigen Gesellschafter darf ein Gesellschafter in dem Geschäftszweige der Gesellschaft weder für eigene noch für fremde Rechnung Geschäfte machen, noch an einer andern Unternehmung als unbeschränkt haftender Gesellschafter, als Kommanditär oder als Mitglied einer Gesellschaft mit beschränkter Haftung teilnehmen.

E. Prohibition de faire concurrence

Aucun des associés ne peut, dans la branche exploitée par la société et sans le consentement des autres, faire des opérations pour son compte personnel ou pour le compte d'un tiers, ni s'intéresser à une autre entreprise à titre d'associé indéfiniment responsable ou de commanditaire, ni faire partie d'une société à responsabilité limitée.

E. Divieto di concorrenza

Nel ramo di commercio della società, un socio non può, senza il consenso degli altri, fare operazioni per conto proprio o per conto di un terzo, né prender parte ad un'altra impresa come socio illimitatamente responsabile, come accomandante o come socio di una società a garanzia limitata.

I. Inhalt des Konkurrenzverbots

Das Konkurrenzverbot verbietet dem Gesellschafter den **Abschluss von Geschäften** auf eigene Rechnung oder auf Rechnung Dritter (z.B. als Mitarbeiter oder als Organ einer juristischen Person) im **Geschäftsbereich** der eigenen Gesellschaft, wie er sich aus dem Gesellschaftsvertrag (VON STEIGER, Aktiengesellschaft, 506; vgl. auch MünchKommHGB-LANGHEIN, § 112 N 10 ff.) oder – fehlt dort seine Bezeichnung – aus dem Eintrag ins Handelsregister ergibt. Geschützt werden einerseits die Gewinnaussichten der Gesellschaft, indem die Gesellschafter alle Geschäfte, die ihrem Inhalt nach in den Zweck der Gesellschaft fallen, namens der Gesellschaft abwickeln müssen und andererseits das Haftungssubstrat der Gesellschaft. 1

Das Konkurrenzverbot verbietet dem Gesellschafter ausserdem die **Beteiligung an einem Konkurrenzunternehmen** als unbeschränkt haftender Gesellschafter, als Kommanditär oder als Gesellschafter einer GmbH. Erlaubt ist die Mitgliedschaft in einer AG, in einer Genossenschaft, in einem Verein oder in einer einfachen (auch stillen) Gesellschaft (VON STEIGER, Aktiengesellschaft, 507; vgl. auch MünchKommHGB-LANGHEIN, § 112 N 17 f.; Es kommt nicht auf die formale Stellung als persönlich haftender Gesellschafter, sondern auf die tatsächliche Rechtsmacht an, die der Gesellschafter im anderen Unternehmen hat.). Die Beteiligung als unbeschränkt haftender Gesellschafter, als Kommanditär oder als GmbH-Gesellschafter einer Gesellschaft (eingehend Art. 818 N 10 ff.), welche *nicht im Geschäftszweig der geschützten Gesellschaft tätig ist,* ist keine Konkurrenzverbotsverletzung (VON STEIGER, Aktiengesellschaft, 507; vgl. auch MünchKommHGB-LANGHEIN, § 112 N 17). 2

2a Verhält sich der Gesellschafter ausserhalb der in Art. 561 genannten Bereiche (z.B. durch die Beteiligung an einer einfachen oder stillen Gesellschaft, welche im Geschäftsbereich der geschützten Kollektivgesellschaft tätig ist) zweckwidrig oder zweckschädigend, verletzt er das Konkurrenzverbot des Art. 536, das auch für den Kollektivgesellschafter gilt (ZK-SIEGWART, N 5; VON STEIGER, Aktiengesellschaft, 505; vgl. auch MünchKommHGB-LANGHEIN, § 112 N 17 f.).

Nicht zur Anwendung gelangen dagegen die Regelungen aus dem Arbeitsrecht (Art. 340 ff.), da diese durch die schwächere Position des Arbeitnehmers motiviert sind. Unter den Gesellschaftern besteht das hierfür erforderliche **Subordinationsverhältnis** nicht.

3 Das Konkurrenzverbot richtet sich auch an die Gesellschafter, die **nicht an der Geschäftsführung** teilnehmen.

4 Das Konkurrenzverbot besteht (anders die Vorschrift in Art. 536) auch im **Liquidationsstadium** fort, allerdings mit anderem Inhalt: Untersagt ist jedes Verhalten, welches die erfolgreiche Liquidation beeinträchtigt (MEIER-HAYOZ/FORSTMOSER, § 13 N 57; VON STEIGER, Aktiengesellschaft, 508; vgl. auch MünchKommHGB-LANGHEIN, § 112 N 19).

Mit der Verlagerung der Gesellschaftstätigkeit ist auch der Umfang des Konkurrenzverbotes neu zu bestimmen, wobei nicht die Zweckumschreibung im Handelsregister entscheidend ist, sondern die tatsächlichen Verhältnisse, wie sie von den Gesellschaftern gelebt werden. Eine einstimmig oder nach Massgabe des Gesellschaftsvertrages beschlossene **Zweckänderung** bindet sämtliche Gesellschafter, auch die nicht zustimmenden.

5 Mit dem **Ausscheiden** aus der Kollektivgesellschaft **endigt das gesetzliche Konkurrenzverbot,** wenn seine Weitergeltung nicht vertraglich vorgesehen ist (vgl. dazu N 6). Für das nachvertragliche Konkurrenzverbot ist die Vereinbarung einer Zweckänderung unter den verbleibenden Gesellschafter unbeachtlich.

Das Konkurrenzverbot besteht gegenüber der Gesellschaft. Daher erlischt es mit der Auflösung der Gesellschaft.

6 Tatsache und Inhalt des Konkurrenzverbots sind **nicht zwingend.** Es kann durch Vertrag im Rahmen der Rechtsordnung (insb. Art. 27 ZGB; vgl. auch § 138 BGB) ausgedehnt (inhaltlich oder zeitlich, z.B. für die Zeit nach dem Ausscheiden aus der Gesellschaft) oder eingeschränkt (VON STEIGER, Aktiengesellschaft, 510; vgl. auch MünchKommHGB-LANGHEIN, § 112 N 35 f.) oder durch Zustimmung im Einzelfall aufgehoben werden. Nach Auffassung des BGer (BGE 61 II 90) führt die Vereinbarung einer übermässigen Bindung zur Nichtigkeit der vertraglichen Ausdehnung des Konkurrenzverbots (das gesetzliche Konkurrenzverbot gilt in jedem Fall). Die Literatur (ZK-SIEGWART, N 31; MEIER-HAYOZ/FORSTMOSER, § 13 N 58; VON STEIGER, Aktiengesellschaft, 510; vgl. auch MünchKommHGB-LANGHEIN, § 112 N 22) befürwortet demgegenüber die Reduktion auf das Zulässige durch den Richter analog der Regel in Art. 340a Abs. 2 (vgl. auch Art. 818 N 18 ff.). Eine direkte Anwendung dieser arbeitsvertraglichen Regelung widerspricht jedoch dem Verhältnis zwischen dem einzelnen Gesellschafter und der Gesellschaft.

II. Folgen der Verletzung des Konkurrenzverbots

Die Verletzung des Konkurrenzverbots führt zu einem Anspruch auf **Unterlassung,** auf **Beseitigung des rechtswidrigen Zustands,** auf **Schadenersatz** oder in analoger Anwendung von Art. 464 Abs. 2 zu einem Anspruch auf **Übergabe des verbotenen Geschäfts an die Gesellschaft** (BK-BECKER, Art. 536 N 5; ZK-SIEGWART, Art. 536 N 4, 561 N 16; VON STEIGER, Aktiengesellschaft, 509; vgl. auch MünchKommHGB-LANGHEIN, § 113 N 1). Hat der Gesellschafter mit seiner Konkurrenztätigkeit einen Gewinn erzielt, kann die Gesellschaft diesen über die Regeln der Geschäftsführung ohne Auftrag herausverlangen (Art. 423; vgl. auch §§ 687 Abs. 2, 681, 667 BGB). 7

Haben die Gesellschafter eine Konventionalstrafe vereinbart, kann sie mit der blossen Zuwiderhandlung gegen das Konkurrenzverbot eingefordert werden, ohne dass die übrigen Gesellschafter einen Schaden darstellen müssen.

Ein verbotenes konkurrierendes Verhalten eines Gesellschafters kann zudem Anlass sein, ihm die Geschäftsführungsbefugnis zu entziehen oder ihn aus wichtigem Grund aus der Gesellschaft auszuschliessen (Art. 539 i.V.m. Art. 557; VON STEIGER, Aktiengesellschaft, 509; vgl. auch MünchKommHGB-LANGHEIN, § 113 N 12). 8

Dritter Abschnitt: Verhältnis der Gesellschaft zu Dritten

Art. 562

A. Im Allgemeinen	Die Gesellschaft kann unter ihrer Firma Rechte erwerben und Verbindlichkeiten eingehen, vor Gericht klagen und verklagt werden.
A. En général	La société peut, sous sa raison sociale, acquérir des droits et s'engager, actionner et être actionnée en justice.
A. In genere	La società può, sotto la sua ditta, acquistare diritti, vincolarsi, stare in giudizio come attrice e come convenuta.

Literatur

AMONN/WALTHER, Grundriss des Schuldbetreibungs- und Konkursrechts, 7. Aufl., Bern 2003; BERGER, Die Entziehung der gesetzlichen Vertretungsmacht eines Kollektivgesellschafters, Diss. Basel 1925; BOURQUIN, Die Stellung der Privatgläubiger von Kollektiv- und Kommanditgesellschaftern (Art. 572 und 613 OR), Diss. Zürich 1955; BREITENBACH, Die Haftung des ausgeschiedenen Kollektivgesellschafters für die Schulden der Gesellschaft, Diss. Freiburg i.Ue. 1944; FELLMANN, Haftung des Anwaltes in der Anwaltsgemeinschaft, Anwaltsrevue 3/2000, 10 ff.; FLACHSMANN, Die Auswirkungen von Vorgängen bei der Gesellschaft auf deren Vermögensverschiebung und deren grundbuchliche Behandlung, Diss. Zürich 1928; FREYMOND, Die Geschäftsführung und Vertretung im Rechte der Kollektivgesellschaft, Diss. Zürich 1951; GILLIÉRON, Concordat, droits contre les coobligées, responsabilité personnelle, illimitée, solidaire et subsidiaire des associés dans une société de personnes dont le patrimoine répond en premier lieu des dettes sociales, SAG 1985, 83 ff.; GYSIN, Die Parteifähigkeit der Kollektivgesellschaft, Diss. Basel 1925; HAGNAUER, Der Konkurs der Kollektivgesellschaft nach schweizerischem Recht, Diss. Basel 1925; HALBHEER, Die Haftung der Personengesellschaft aus unerlaubter Handlung ihrer Mitglieder, Diss. Zürich 1956; HANDSCHIN, Rechte und Pflichten unter den Gesellschaftern, Der Schweizer Treuhänder 8/98, 703 ff.; HESS, Der Umfang der Vertretungsmacht des Verwaltungsrates, Diss. Zürich 1937; HORST, Geschäftsführung, Vertretung und Beschlussfassung bei Personenhandelsgesellschaften: eine empirische Untersuchung der Vertragspraxis, 1981; JENNY, Der Eigentumsübergang bei den Handelsgesellschaften des schweizerischen Rechts, 1924; KÜNZLI, Die Vertretungsverhältnisse bei der Kollektivgesellschaft, Diss. Zürich 1971; MANGOLD, Die Verjährung der Haftung des Kollektivgesellschafters, Diss. Zürich 1947; NÄF, Die Bedeutung der Handlungsunfähigkeit im Gesellschaftsrecht, Diss. Zürich 1957; NEESE, Fehlerhafte Gesellschaften, Diss. Zürich 1990; NOBEL, Haftung von Anwaltssozietäten, recht 1999, 111 ff.; NOBEL, Rechtsformen der Zusammenarbeit von Anwälten, in: Walter Fellmann et al. (Hrsg.), Schweizerisches Anwaltsrecht, Bern 1998, 339 ff. (zit. Rechtsformen); PLATTNER, Die Haftung des Kollektivgesellschafters, Basel 2003; SCHERER, Die Geschäftsführung und die Vertretung in den Personengesellschaften, Diss. Zürich 1964; SECRÉTAN, Des pouvoirs des administrateurs de sociétés anonymes, notamment des actes gratuits d'intercession consentis par la société, JdT 1960 I 2 ff.; SIMONIUS, Solidarische Haftung der Mitglieder einer Bürogemeinschaft, SAV 144/1993, 29 ff.; UNAL, Geschäftsführung und Vertretung bei Kollektivgesellschaften im schweizerischen und im türkischen Recht, Diss. Bern 1970; VOGEL/SPÜHLER, Grundriss des Zivilprozessrechts, 8. Aufl., Bern 2006, 135 ff.; VONZUN, Rechtsnatur und Haftung der Personengesellschaften, Diss. Basel 2000; WATTER, Die Verpflichtung der AG aus rechtsgeschäftlichem Handeln ihrer Stellvertreter, Prokuristen und Organe, 1985 (SSHW 81); WIKI, Übernahme und Fortsetzung des Geschäftes durch einen Gesellschafter, Diss. Bern 1956; VON WYSS, Die Haftung des Kollektivgesellschafters für die Verbindlichkeiten der Gesellschaft, Diss. Zürich 1952.

I. Allgemeines

1   Das **Aussenverhältnis** bei der Kollektivgesellschaft ist dadurch charakterisiert, dass sie zwar nach h.L. *keine Rechtspersönlichkeit hat* (**a.M.** VONZUN, N 475, N 640; unklar FUNK, N 1), zur Erleichterung des Rechtsverkehrs jedoch *weitgehend verselbständigt und in gewisser Hinsicht wie eine juristische Person behandelt wird* (MEIER-HAYOZ/FORSTMOSER, § 13 N 24 ff.; PATRY, Précis, 280): Sie ist demzufolge **partei-, handlungs-, prozess- und betreibungsfähig** (MEIER-HAYOZ/FORSTMOSER, § 13 N 25; PATRY, Précis, 271). Auch geniesst die Kollektivgesellschaft den Schutz des **Persönlichkeitsrechts** (PEDRAZZINI/OBERHOLZER, Grundriss des Personenrechts, 4. Aufl., Bern 1993, 151; BK-HARTMANN, N 4).

II. Handeln unter der Firma

2   Die Kollektivgesellschaft erwirbt Rechte und geht Verbindlichkeiten ein unter ihrer **Firma,** die Berechtigungen und Verpflichtungen entstehen somit direkt **im Namen der Gesellschaft** (MEIER-HAYOZ/FORSTMOSER, § 13 N 25).

III. Vermögensrechtliche Stellung

1. Unbeschränkte Vermögensfähigkeit der Gesellschaft nach aussen

3   Die Kollektivgesellschaft als solche kann Rechte erwerben und Verbindlichkeiten eingehen, ist z.B. als dinglich Berechtigte im Grundbuch eingetragen (Art. 31 GBV; OGer ZH, ZR 1958, 202 f.) und untersteht als solche den gesetzlichen Haftpflichten (W. VON STEIGER, 529): **Nach aussen** hin erscheint sie somit als eine mit **Sondervermögen** ausgestattete rechtliche Einheit (MEIER-HAYOZ/FORSTMOSER, § 13 N 19; BK-HARTMANN, N 19).

2. Gesamthänderische Berechtigung der Gesellschafter

4   Da der Kollektivgesellschaft keine Rechtspersönlichkeit zukommt, sind in Wirklichkeit *die einzelnen Gesellschafter am Vermögen berechtigt:* **Träger** der Vermögenswerte sind die Gesellschafter in ihrer Zusammenfassung als **Gemeinschaft zur gesamten Hand** (OGer ZH, ZR 1982, 74), und zwar notwendigerweise, d.h. ohne Möglichkeit anders

3. Abschnitt: Verhältnis der Gesellschaft zu Dritten   5–9 Art. 562

lautender Vereinbarung (MEIER-HAYOZ/FORSTMOSER, § 13 N 20; GUHL, 691; PATRY, Précis, 284; BGE 51 II 432; 46 II 471; anders die Rechtslage bei der einfachen Gesellschaft: dazu Art. 544 N 5).

IV. Prozessrechtliche Stellung

1. Partei- und Prozessfähigkeit

a) Allgemeines

Obwohl ohne Rechtspersönlichkeit, ist die Kollektivgesellschaft von Gesetzes wegen **partei-** und **prozessfähig** (Art. 562; BGE 90 II 334 = Pra 1964, 109; WALDER, Zivilprozessrecht, 4. Aufl., Zürich 1996, § 8 N 1 f.). Sie wird im Prozess mit der Firma bezeichnet (BK-HARTMANN, N 9), und ihr **Gerichtsstand** befindet sich von Bundesrechts wegen an ihrem Sitz (MEIER-HAYOZ/FORSTMOSER, § 13 N 68; VOGEL/SPÜHLER, 102 f.; BK-HARTMANN, N 13). 5

Für die Gesellschaft treten im Prozess die **Gesellschafter** auf, die deshalb nicht als **Zeugen** einvernommen werden können (BK-HARTMANN, N 11; FUNK, N 1 a.E.; WALDER, a.a.O., § 29 N 22; VOGEL/SPÜHLER, 280; vgl. auch § 151 Abs. 2 ZPO ZH). Als Zeugen werden hingegen **ausgeschiedene Gesellschafter** zugelassen (BK-HARTMANN, N 15; AppGer BE, ZBJV 1909, 393). Die aktuellen Gesellschafter dürfen aber **im Prozess der Konkursmasse** der Gesellschaft gegen Dritte als Zeugen auftreten (BK-HARTMANN, N 15; AppGer BE, ZBJV 1909, 29 f.). 6

Findet der Prozess zwischen der Gesellschaft und einem Gesellschafter statt, kann der betroffene Gesellschafter die Gesellschaft wegen **Interessenkollision** nicht vertreten (BK-HARTMANN, N 10). 7

b) Anfang und Ende der Partei- und Prozessfähigkeit

aa) Anfang

Bei der **kaufmännischen** Kollektivgesellschaft, die gemäss Gesetzesdefinition zum Zwecke hat, unter einer gemeinsamen Firma ein Handels-, ein Fabrikations- oder ein anderes nach kaufmännischer Art geführtes Gewerbe zu betreiben (vgl. Art. 552), sind Partei- und Prozessfähigkeit mit dem **Abschluss des Gesellschaftsvertrages** gegeben, und zwar unabhängig von einem bestehenden Handelsregistereintrag (MEIER-HAYOZ/ FORSTMOSER, § 13 N 69 ff.; GUHL, 689; BGE 124 III 363 f.; 59 II 60 f.; AppGer VD, 13.6.1973, SJZ 1974, 335; OGer AG, 24.2.1995, AGVE 1995, 34 ff. betr. Abschluss eines Vertrages zwischen den Gesellschaftern und einem Dritten vor Eintragung der Kollektivgesellschaft im Handelsregister). Der Gläubiger hat jedoch ein Interesse daran, die Kollektivgesellschaft eintragen oder wieder eintragen zu lassen, damit gegen diese die Zwangsvollstreckung auf dem Weg der Konkursbetreibung fortgesetzt werden kann (Art. 39 Ziff. 6, Art. 40 SchKG; BGE 59 II 61). Soweit sich die Frage der Aktiv- oder Passivlegitimation einer Gesellschaft im Zusammenhang mit von ihr oder gegen sie erhobenen Forderungen stellt, hat das in der Sache zuständige Gericht die Qualifikation der Gesellschaft vorzunehmen (BGer, B.79/2000). 8

Für die **nichtkaufmännische** Kollektivgesellschaft hingegen wirkt erst der **Handelsregistereintrag** konstitutiv (Art. 553; MEIER-HAYOZ/FORSTMOSER, § 13 N 76), sodass *nur eine eingetragene Gesellschaft parteifähig ist. Bis zum Eintrag finden die Regeln über die einfache Gesellschaft* Anwendung (MEIER-HAYOZ/FORSTMOSER, § 13 N 69 ff.; GUHL, 689; dazu Art. 544 N 4 ff.). *Ein nachträglicher Eintrag ist in diesem Fall uner-* 9 *heblich,* weil die Aktiv- bzw. Passivlegitimation der Gesellschaft für die betroffenen Rechte oder Verpflichtungen nicht gegeben wäre. Vorbehalten bleibt die Wiedereintragung bei vorzeitiger Löschung (N 10).

bb) Ende

10 Das Ende der Gesellschaft wird erst durch die **Beendigung der Liquidation** bewirkt (BGE 81 II 361): Weder bei der kaufmännischen noch bei der nichtkaufmännischen Kollektivgesellschaft bewirkt die Löschung im Handelsregister die Beendigung der Gesellschaft (AppGer GE, 22.11.1979, SemJud 1980, 375 ff., 378). Solange Rechte gegen oder seitens der Gesellschaft geltend gemacht werden, *bestehen Partei- und Prozessfähigkeit weiter,* und es kann grundsätzlich die Wiedereintragung ins Handelsregister verlangt werden (BGE 81 II 361).

11 Dies gilt auch im Fall einer so genannten Abschichtung gemäss Art. 579, die dann vorliegt, wenn das Geschäft von einem Gesellschafter fortgeführt und der ausscheidende Gesellschafter abgefunden wird: Bis zum Zeitpunkt der Vollendung der Abschichtung, d.h. der vollständigen Ausrichtung des Anteils des ausscheidenden Gesellschafters, bleibt die Gesellschaft bestehen (BGE 81 II 362).

2. Betreibungsfähigkeit

a) Anfang und Ende

12 Siehe o. die Ausführungen zur Partei- und Prozessfähigkeit N 8 ff.

b) Konkursbetreibung

13 Die Kollektivgesellschaft untersteht grundsätzlich der **Konkursbetreibung** (Art. 39 Ziff. 6 SchKG; BGE 55 III 151); nur für Forderungen des öffentlichen Rechts ist die Betreibung auf **Pfändung** oder **Pfandverwertung** vorgesehen (Art. 43 SchKG). Dies hat zur Folge, dass eine noch nicht eingetragene **kaufmännische Kollektivgesellschaft** zum Zweck der Fortsetzung der Betreibung im **Handelsregister** eingetragen werden muss (BGE, a.a.O.), während eine nicht eingetragene **nichtkaufmännische Kollektivgesellschaft** mangels Entstehung gar nicht betrieben werden kann, bzw. im Fall der nachträglichen Eintragung nicht passivlegitimiert sein würde (BGE, a.a.O., wobei dort unzutreffend davon ausgegangen wird, dass für die Betreibungsfähigkeit die Rechtspersönlichkeit notwendig ist, was nach heute h.L. gerade bei der Kollektiv- und Kommanditgesellschaft nicht zutrifft).

3. Materielle Rechtskraft

14 Ein **Urteil,** das gegen eine Kollektivgesellschaft ergangen ist, **wirkt** grundsätzlich **auch gegenüber den Gesellschaftern** als Träger aller Rechte und Pflichten der Gesellschaft. Dies hindert den einzelnen Gesellschafter jedoch nicht, **persönliche Ansprüche und Einreden** geltend zu machen (BGE 71 II 40), namentlich die Einrede der Vorausklage (vgl. zu Art. 568). Umstritten ist in Lehre und Rechtsprechung, ob ein Urteil gegen eine Kollektivgesellschaft zur definitiven oder nur zur provisorischen Rechtsöffnung gegen die Gesellschafter berechtigt, wenn diese gemäss Art. 568 Abs. 3 belangbar geworden sind (zur Kontroverse vgl. BSK SchKG I-STAEHELIN, Art. 80 N 32). Unzulässig ist die Einrede, der Gesellschafter habe keine Vorladung erhalten, da es genügen soll, wenn diese der Gesellschaft zugestellt wurde (OGer ZH, ZR 1933, 60 f.).

Auch **neu eintretende Gesellschafter** müssen sich ein gegen die Gesellschaft bereits 15
gefälltes Urteil entgegenhalten lassen, *da sie im Aussenverhältnis in die Gesamtheit der
Rechtsbeziehungen der Gesellschaft so eintreten, wie sie diese vorfinden* (BGE 71 II
40). Andernfalls könnte die Gesellschaft die **Rechtskraftwirkung** eines gegen sie ergangenen Urteils jederzeit durch den Beizug neuer Gesellschafter umgehen (BGE 71 II
40 f.: i.c. Patentnichtigkeitsklage gegen eine Kollektivgesellschaft).

4. Kollektivgesellschafter als Nebenintervenienten im Prozess der Gesellschaft

Da der Ausgang des Prozesses gegen die Gesellschaft *unmittelbare Wirkungen für die* 16
Gesellschafter erzeugt (s. N 14), hat ein Kollektivgesellschafter ein **rechtliches Interesse** daran, im Prozess als **Nebenintervenient** aufzutreten (W. VON STEIGER, 532;
ZK-SIEGWART, N 11; AppGer BE, ZBJV 1909, 393).

5. Unentgeltliche Prozessführung

a) Auf Bundesebene

Das BGer gewährt einer bedürftigen Partei, deren Rechtsbegehren nicht aussichtslos erscheint, einen Anspruch auf **unentgeltliche Rechtspflege** (Art. 64 Abs. 1 BGG). Während juristische Personen grundsätzlich vom Anspruch ausgeschlossen sind (BGE 131 17
II 326 f.; BGE 88 II 386; Frage offen gelassen in BGE 124 I 246 f.), ist die Rechtslage
bei der Kollektiv- und Kommanditgesellschaft insoweit anders, als dort die Gesellschafter selbst zu gesamter Hand die Träger der Rechte und Pflichten sind (N 3) und weitgehend von der Rechtskraft der Urteile über die Gesellschaft erfasst werden (N 14). Diese
haben auch nicht die Möglichkeit, den Prozess anstelle des Kollektivs zu führen, wie es
bei der ebenfalls prozessfähigen Konkursmasse der Fall ist.

Da die Gesellschaft als Partei auftritt, und die Gesellschafter auch keine notwendige 18
Streitgenossenschaft bilden (wie dies bei der einfachen Gesellschaft der Fall wäre),
wird die unentgeltliche Rechtspflege jedoch nur gewährt, wenn nicht nur **die Gesellschaft,** sondern **auch alle Gesellschafter mittellos** sind (BGE 131 II 326 f.; BGE 116
II 651 ff.; VOGEL/SPÜHLER, 301).

Für den gesetzlichen **Rückforderungsvorbehalt** i.S.v. Art. 64 Abs. 4 BGG haften dann 19
die Kollektivgesellschafter solidarisch (BGE 116 II 651 ff.).

b) Auf kantonaler Ebene

Das **kantonale Recht** entscheidet heute, ob die unentgeltliche Prozessführung auch der 20
Kollektivgesellschaft zugute kommt oder nicht (z.B. verneint in § 84 Abs. 3 ZPO ZH;
offen in Art. 115 Entwurf Schweizerische Zivilprozessordnung; in der Lehre wird der
Anspruch der Kollektivgesellschaft auf unentgeltliche Prozessführung aber unter den in
BGE 131 II 326 f. und BGE 116 II 651 (vgl. N 18) genannten Voraussetzungen auch
für das zürcherische Prozessrecht bejaht: FRANK/STRÄULI/MESSMER, Kommentar zur
zürcherischen Zivilprozessordnung, 3. Aufl., Zürich 1997, § 84 N 27).

6. Kein Verlust der Aktiv- und Passivlegitimation durch Gesellschafterwechsel

Weil das Gesetz die Kollektivgesellschaft als rechtliche Einheit im Prozess auftreten 21
lässt, hat ein **Wechsel im Gesellschafterbestand** nach Anhebung des Prozesses keine
Wirkung auf die **Aktiv- bzw. Passivlegitimation** der Gesellschaft (W. VON STEIGER,
532; ZK-SIEGWART, N 7; BGE 81 II 362 betr. Abschichtung).

Art. 563 1

V. IPR

22 Die **Haftung** der Gesellschaft für ihre Schulden und die **Vertretung** der aufgrund ihrer Organisation handelnden Personen unterstehen dem Gesellschaftsstatut (Art. 155 lit. h, i, 154 IPRG).

Vorbemerkungen zu Art. 563 und 564

1 Die Kollektivgesellschaft hat keine eigene Rechtspersönlichkeit (s. Komm. zu Art. 562). Dementsprechend handelt sie nicht durch Organe, sondern es gilt für sie das Prinzip der **Selbstorganschaft:** Jeder Gesellschafter ist grundsätzlich zur Geschäftsführung i.w.S. berechtigt und kann deshalb auch wirksam nach aussen für die Gesellschaft handeln (Art. 557 Abs. 2 i.V.m. Art. 535 Abs. 1; MEIER-HAYOZ/FORSTMOSER, § 13 N 60).

2 Die Rechtsstellung der Kollektivgesellschaft ist allerdings derart verselbständigt, dass ihren Vertretern eine **den körperschaftlichen Organen sehr ähnliche Stellung** zukommt (PATRY, Précis, 295; GUHL, 690).

3 Auch wird die Regelung der Vertretung bei dieser Handelsgesellschaft in entscheidender Weise durch die Interessen der **Rechtssicherheit** geprägt, indem vielfach dem Rechtsschein Vorrang zuerkannt wird (W. VON STEIGER, 514 f.). Dies erfolgt namentlich dadurch, dass das Gesetz einen **typisierten Vollmachtsumfang** definiert, welcher vermutungsweise für jede Kollektivgesellschaft gilt (s. in persönlicher Hinsicht Art. 563; in sachlicher Hinsicht Art. 564), und dass kraft des Handelsregistereintrags weniger hohe Anforderungen an den **guten Glauben** Dritter gestellt werden (Art. 933) als bei Anwendung von Art. 3 ZGB.

Art. 563

B. Vertretung
I. Grundsatz

Enthält das Handelsregister keine entgegenstehenden Eintragungen, so sind gutgläubige Dritte zu der Annahme berechtigt, es sei jeder einzelne Gesellschafter zur Vertretung der Gesellschaft ermächtigt.

B. Représentation
I. Droit de représenter la société

Si le registre du commerce ne contient aucune inscription contraire, les tiers de bonne foi peuvent admettre que chaque associé a le droit de représenter la société.

B. Rappresentanza
I. Regola fondamentale

Se il registro di commercio non contiene iscrizioni in contrario, i terzi di buona fede hanno diritto di supporre che ogni socio abbia facoltà di rappresentare la società.

Literatur

Vgl. die Literaturhinweise zu Art. 562.

I. Normzweck

1 Die Kollektivgesellschaft und alle ihre Gesellschafter sind im Handelsregister einzutragen (Art. 552 Abs. 2, Art. 554 Abs. 2 Ziff. 1 OR; Art. 41 Abs. 1 HRegV). Handelt ein im Handelsregister eingetragener Kollektivgesellschafter *trotz intern nicht bestehender Ver-*

3. Abschnitt: Verhältnis der Gesellschaft zu Dritten 2–6 **Art. 563**

tretungsbefugnis, so stellt sich die Frage, *inwieweit er die Kollektivgesellschaft berechtigen und verpflichten kann.* Art. 563 regelt den **Gutglaubensschutz in persönlicher Hinsicht,** d.h. *die Frage, wann der nicht vertretungsermächtigte Gesellschafter die Gesellschaft gegenüber einem gutgläubigen Dritten verpflichtet.*

II. Voraussetzungen des Gutglaubensschutzes

1. Eintrag im Handelsregister

Der **Name jedes Gesellschafters** ist ins Handelsregister einzutragen (Art. 554 Abs. 2 Ziff. 1). Eintragungspflichtig sind ebenfalls **Angaben über eine allfällige Beschränkung** der Befugnis zur Vertretung der Gesellschaft (Art. 554 Abs. 2 Ziff. 4; s. N 5). 2

2. Anforderungen an den guten Glauben Dritter

Weil die Namen der Gesellschafter Gegenstand des Eintrages bilden müssen (Art. 554 Abs. 2 Ziff. 4 i.V.m. Art. 555), sind sie der **positiven und negativen Wirkung** des Handelsregisters teilhaftig: *Eingetragene Tatsachen gelten als bekannt* (Art. 933 Abs. 1), *und nicht eingetragene, aber eintragungspflichtige Tatsachen können einem gutgläubigen Dritten nicht entgegen gehalten werden* (Art. 933 Abs. 2). Nur die **positive Kenntnis** der fehlenden Vertretungsmacht kann somit den guten Glauben Dritter zerstören (Art. 933 Abs. 2; BK-HARTMANN, N 23); der Dritte unterliegt auch nicht weiteren Erkundigungspflichten als denjenigen nach dem Inhalt des Eintrages (W. VON STEIGER, 517; vgl. auch Art. 718a N 16). 3

III. Rechtsfolge

Mangels anders lautender einschränkender Eintragung wird der gute Glaube Dritter in die alleinige Vertretungsmacht **jedes einzelnen Gesellschafters** geschützt, sodass jedes mit einem im Handelsregister eingetragenen Gesellschafter abgeschlossene Geschäft Wirkungen für die Gesellschaft zeitigt, und zwar entweder aufgrund tatsächlich bestehender Vertretungsbefugnis oder aber infolge *Heilung der mangelnden Vertretungsbefugnis durch den guten Glauben Dritter,* so z.B. wenn die Vertretungsmacht intern entzogen, der Eintrag im Handelsregister jedoch nicht entsprechend korrigiert wurde (W. VON STEIGER, 517). Es gilt somit die gegenüber gutgläubigen (Art. 933) Dritten unwiderlegbare Vermutung der **Alleinvertretungsmacht** (MEIER-HAYOZ/FORSTMOSER, § 13 N 60; ZK-SIEGWART, N 3). 4

IV. Eintragungsfähige Einschränkungen der Einzelvertretungsmacht

Nur der **Ausschluss** der Vertretungsbefugnis und die Begründung der **Kollektivvertretung** stellen *eintragungsfähige Beschränkungen der Vertretungsbefugnis* dar (Art. 555). Wird eine solche Beschränkung eingetragen, gilt sie von Gesetzes wegen als bekannt (Art. 933 Abs. 1), und der Schutz des guten Glaubens Dritter ist ausgeschlossen (Art. 563). 5

V. Über den Handelsregistereintrag hinausgehende Vertretungsbefugnis

Möglicherweise ist intern, ausdrücklich oder stillschweigend, eine **besondere Vollmacht** begründet worden, die über den Handelsregistereintrag hinausgeht. In diesem Fall wird die Gesellschaft durch Handeln des gemäss Handelsregistereintrags nicht ver- 6 tretungsberechtigten Gesellschafters doch verpflichtet (BGE 66 II 254: in casu bejahte Einzelvertretungsbefugnis eines im Handelsregister als nur kollektiv vertretungsberechtigt eingetragenen Gesellschafters). Auch möglich ist, dass das Verhalten der übrigen Gesellschafter auf die Erteilung der Vollmacht schliessen lässt oder eine Vollmachtserteilung nach aussen kundgegeben wird. Bereits **fahrlässiges Nichtwissen** um den effektiven Bestand einer über den Handelsregistereintrag hinausgehenden Vollmacht zerstört jedoch den guten Glauben des Dritten (Art. 3 Abs. 2 ZGB), da ohne Eintrag im Handelsregister der weiter gehende Schutz i.S.v. Art. 933 nicht besteht; das Vorhandensein des guten Glaubens wird jedoch vermutet (Art. 3 Abs. 1 ZGB).

VI. Gutglaubensschutz bei im Handelsregister nicht eingetragenen Kollektivgesellschaften

7   Ist eine **kaufmännische Kollektivgesellschaft** ins Handelsregister **nicht eingetragen** worden oder ist der **Name eines Gesellschafters** dort **nicht aufgeführt,** so kann sich der Dritte auf Art. 563 i.V.m. Art. 933 nicht berufen, weil kein Rechtsschein im obgenannten Umfang begründet wurde. Die Rechtslage und der Gutglaubensschutz bestimmen sich deshalb nach dem allgemeinen Massstab von Art. 3 ZGB. Wegen des bei der Kollektivgesellschaft geltenden Prinzips der **Selbstorganschaft** ist jedoch auch in diesem Fall die Vertretungsmacht jedes Gesellschafters zu vermuten (Art. 3 ZGB; PATRY, Précis, 298).

Art. 564

II. Umfang	¹ **Die zur Vertretung befugten Gesellschafter sind ermächtigt, im Namen der Gesellschaft alle Rechtshandlungen vorzunehmen, die der Zweck der Gesellschaft mit sich bringen kann.** ² **Eine Beschränkung des Umfangs der Vertretungsbefugnis hat gegenüber gutgläubigen Dritten keine Wirkung.**
II. Etendue de ce droit	¹ Les associés autorisés à représenter la société ont le droit de faire au nom de celle-ci tous les actes juridiques que peut impliquer le but social. ² Toute clause limitant l'étendue de ces pouvoirs est nulle à l'égard des tiers de bonne foi.
II. Estensione	¹ I soci autorizzati a rappresentare la società possono fare in nome di essa tutti gli atti conformi al fine della medesima. ² Ogni clausola, che limitasse l'estensione di questo diritto di rappresentanza, non ha effetto in confronto dei terzi di buona fede.

Literatur

Vgl. die Literaturhinweise zu Art. 562.

3. Abschnitt: Verhältnis der Gesellschaft zu Dritten 1–6 **Art. 564**

I. Normzweck

1. Allgemeines

Art. 564 bestimmt den **sachlichen Umfang des Gutglaubensschutzes** für Rechtshandlungen der Kollektivgesellschafter (BGE 111 II 290). Diese Bestimmung regelt nicht die interne Vertretungsbefugnis überhaupt, sondern die **Vertretungsmacht** der Gesellschafter gegen aussen (BGE 95 II 449 f.; 96 II 445 = Pra 1971, 323 f.; BGE 111 II 290; vgl. aber auch Art. 718 N 18 ff.), d.h. *Umfang und Natur der Rechtsgeschäfte, mit der die Gesellschafter die Gesellschaft berechtigen und verpflichten können* (W. VON STEIGER, 514). 1

2. Entsprechende Bestimmungen im übrigen Gesellschaftsrecht

Art. 564 deckt sich im Wortlaut mit Art. 718a, 814 und 899, die dieselbe Frage für die AG, GmbH und Genossenschaft regeln. Es ist deshalb auch die Rechtsprechung und Literatur zu diesen Artikeln zu berücksichtigen. 2

II. Voraussetzungen des Gutglaubensschutzes

1. Zur Vertretung befugte Gesellschafter

Zur Vertretung berechtigt ist jeder Gesellschafter, dem die dazu erforderliche **Vollmacht** durch *Vertrag oder Beschluss* erteilt wurde. Eine *stillschweigende* Ermächtigung ist dabei ausreichend (BGE 96 II 442). Falls dies nicht zutrifft, ist zu prüfen, ob der **Gutglaubensschutz** i.S.v. Art. 563 den Mangel heilen kann (vgl. zu Art. 563). 3

2. Rechtshandlungen

Von Art. 564 erfasst werden **Rechtsgeschäfte und rechtsgeschäftsähnliche Handlungen,** nicht hingegen unerlaubte Handlungen, für welche die Gesellschaft allenfalls nach Massgabe von Art. 567 Abs. 3 einstehen muss. Neben der ordentlichen Geschäftstätigkeit kommen z.B. in Frage: Belastung oder Veräusserung von Grundstücken, Schenkungen, Eingehung von Bürgschaften und Garantien, Klageerhebung, Vergleichsabschluss usw. (FUNK, N 1). 4

3. Zweckkonformität

a) Allgemeines

Massgebend für die Bestimmung des sachlichen Umfanges des Gutglaubensschutzes ist der **Zweck** der Gesellschaft: Für Handlungen, welche im Zweckbereich liegen, wird die **Vertretungsmacht** von Gesetzes wegen **vermutet** (WATTER, N 179). Der Zweck der Gesellschaft ist nicht nur derjenige, der im **Handelsregister** eingetragen ist (Art. 41 HRegV), sondern auch derjenige, den die Gesellschaft nach aussen durch ihr **sonstiges Verhalten** kundgetan hat (W. VON STEIGER, 516). 5

b) Rechtshandlungen, welche der Zweck der Gesellschaft mit sich bringen kann

Von der Vermutung des Art. 564 Abs. 1 gedeckt sind **alle Rechtshandlungen, welche der Zweck der Gesellschaft mit sich bringen kann.** Die Bestimmung ist nach bundesgerichtlicher Rechtsprechung weit auszulegen: Darunter ist alles zu verstehen, was 6

objektiv betrachtet durch den Zweck nicht geradezu ausgeschlossen ist (BGE 111 II 288 f.; HGer ZH, 15.05.2003, ZR 103 [2004], Nr. 20). Es ist auch nicht nötig, dass die Handlungen innerhalb der gewöhnlichen Tätigkeit liegen, sondern es reicht aus, wenn sie **nach objektiven Kriterien und in abstracto,** der Natur und dem Typus nach, dem Gesellschaftszweck unterstellt werden können (BGE, a.a.O.). Weiter genügt es, wenn sie den Zweck auch nur mittelbar fördern können (BGE, a.a.O.). Zum Gesellschaftszweck gehören u.U. auch Schenkungen und sonstige unentgeltliche Zuwendungen (BK-HARTMANN, N 8). Vgl. ferner Art. 718a N 2 ff.

7   Nicht gedeckt sind hingegen diejenige Massnahmen, welche auf die Abänderung des Gesellschaftsvertrages zielen (BK-HARTMANN, N 3), so z.B. die Konkursanmeldung (AppGer BE, ZBJV 1972, 320).

c) Widersprüchliche Handlungen mehrerer Gesellschafter

8   Widersprechen die Handlungen mehrerer Gesellschafter einander, sollen dem Dritten daraus keine Nachteile erwachsen. Er kann sich deshalb auf die ihm günstigere Situation berufen (BK-HARTMANN, N 10). Unter Umständen kann jedoch die zweite Handlung zur Folge haben, dass der gute Glaube Dritter zerstört wird (BGE 22, 597).

4. Erfordernisse an den guten Glauben Dritter (Abs. 2)

a) Allgemeines

9   Wenn feststeht, dass die Rechtshandlung durch den Zweck der Gesellschaft im obgenannten Sinn gedeckt ist, bleibt zu prüfen, ob der Dritte bezüglich einer fehlenden Vertretungsbefugnis in sachlicher Hinsicht gutgläubig war oder nicht (BGE 111 II 289; BÄR, ZBJV 1987, 253), *denn nur der Gutgläubige darf den Schutz des Art. 564 für sich in Anspruch nehmen* (WATTER, N 223 ff.).

b) Guter Glaube bezüglich nicht eintragungsfähiger Tatsachen

10 Beschränkungen der Vertretungsmacht sind bei der Kollektivgesellschaft *nur i.S. einer Kollektivunterschrift oder eines gänzlichen Ausschlusses im Handelsregister eintragbar* (Art. 555; s. Art. 563 N 5). Diese Beschränkungen sind zugleich eintragungspflichtige Tatsachen (Art. 554 Abs. 2 Ziff. 4). Jede andere **Beschränkung** der Vertretungsmacht, somit auch diejenigen **im inhaltlichen Bereich,** ist überhaupt **nicht eintragungsfähig.**

11 In der Lehre ist umstritten, ob sich die Erfordernisse an den guten Glauben Dritter nach Art. 3 ZGB oder nach Art. 933 bestimmen (für eine Übersicht der Meinungen BÄR, ZBJV 1987, 253 f.). Den Vorzug verdient u.E. die Anwendung von Art. 3 ZGB (W. VON STEIGER, 517; BK-HARTMANN, N 13; so auch WATTER, N 223 ff. und VONZUN, N 650; **a.M.** BÄR, a.a.O.): Ist eine Tatsache nicht eintragungsfähig, so bedeutet dies nämlich, dass sie vom Gesetzgeber als nicht des erhöhten Schutzes des Handelsregisters würdig erachtet worden ist. In der Lehre wird aber auch die Meinung vertreten, dass der Dritte nach nicht eintragungsfähigen Beschränkungen noch weniger zu forschen habe als nach eintragungsfähigen (BÄR, a.a.O., 254 m.w.Nw.). Diesem Argument ist u.E. entgegenzuhalten, dass die Auswahl der vom Handelsregisterrecht erfassten Tatbestände dem Gesetzgeber obliegt: Würde man dieser Lehrmeinung zustimmen, müssten die Wirkungen des Handelsregisters auf unzählige Tatbestände erweitert werden, die keinen Platz im Handelsregister finden. Die willkürliche Erweiterung des Anwendungsbereiches des Handelsregisters würde jedoch die Funktion dieses Institutes wesentlich beeinträchtigen, die darin besteht, Klarheit bezüglich bestimmter rechtlich relevanter Verhält-

nisse zu schaffen (PATRY, Handelsrecht, 123; MEIER-SCHATZ, Funktion und Recht des Handelsregisters als wirtschaftsrechtliches Problem, ZSR 1989 I 433 ff.). Weiss der Dritte somit, dass nur bestimmte Eintragungen zugelassen werden, so ist ihm zugleich bekannt, dass er für alle anderen rechtlich relevanten Fragen den erhöhten Schutz des Handelsregisters nicht beanspruchen darf. Für nicht eintragungsfähige Tatsachen kommt somit Art. 3 ZGB zur Anwendung, und bereits **fahrlässiges Nichtwissen** zerstört den guten Glauben des Dritten.

III. Rechtsfolge

Wird ein Gesellschafter in dem vom Zweck gedeckten Bereich tätig, kann die Gesellschaft gutgläubigen Dritten gegenüber nicht einwenden, er sei zur Rechtshandlung nicht berechtigt gewesen und diese sei deshalb für die Gesellschaft nicht verbindlich. Sie wird **durch jede zweckkonforme Rechtshandlung berechtigt und verpflichtet.** 12

IV. Rechtsverkehr mit der Behörde

Die Legitimation i.S.v. Art. 564 ist auch im Rechtsverkehr mit den **Behörden** gegeben. Die vertretungsberechtigten Gesellschafter gelten somit auch gegenüber den Grundbuchbehörden als verfügungsberechtigt (BK-HARTMANN, N 6 m.w.Nw.). Die Vertretungsmacht erstreckt sich – im Gegensatz zu derjenigen des Prokuristen – somit auch ohne besondere Ermächtigung auf die Veräusserung und Belastung von Grundstücken. Das Grundbuchamt kann nicht verlangen, dass alle Gesellschafter mitwirken, wenn die Legitimation der handelnden Gesellschafter durch einen Auszug aus dem Handelsregister nachgewiesen ist. Hingegen gelten auch hier die Schranken, die sich aus Art. 564 ergeben, *indem die Verfügung mit dem Zweck der Gesellschaft im Zusammenhang zu stehen hat.* Die **Überprüfungsbefugnis** der Behörde in materieller Hinsicht ist insofern **beschränkt**, *als der Beamte nur bei Vorliegen eines offensichtlichen Verstosses gegen zwingendes Recht einschreiten darf* (insb. für das Handelsregister: BGE 121 III 371; 117 II 188; MEIER-HAYOZ/FORSTMOSER, § 6 N 44 ff.; für das Grundbuch BGE: 124 III 244 f. m.w.Nw.; 112 II 29 f.). 13

V. Kasuistik

Für eine umfassende Zusammenstellung der älteren Judikatur zu Art. 564 wird auf ZK-SIEGWART (N 3 ff.) und BK-HARTMANN (N 7 ff.) verwiesen. Die neueren bedeutsamsten Entscheide zur Zweckkonformität von Rechtshandlungen betreffen zwar nicht Kollektivgesellschaften, wegen der Gleichwertigkeit des Gesetzestextes bei verschiedenen Gesellschaftsarten ist es jedoch unabdingbar, auf diese hinzuweisen. Das BGer erklärte die Entscheide als *mit dem Zweck vereinbar und deshalb für die Gesellschaft verpflichtend* (vgl. ferner Art. 718a N 3 f.): 14

– Schuldanerkennung bezüglich eines Darlehens, unterzeichnet durch Vertreter einer Gesellschaft, die die Herstellung und den Vertrieb von chemischen Produkten und von Produkten aller Art bezweckt (BGE 111 II 284 ff. betr. AG).

– Diamanteneinkauf für eine Gesellschaft, welche den Versand von Waren aller Art zum Zweck hat (BGE 96 II 439 ff. betr. AG).

– Veräusserung sämtlicher Aktiven einer AG durch den Verwaltungsrat. Diese liegt zwar normalerweise nicht mehr im Rahmen des Gesellschaftszwecks, ist aber unter

Umständen zulässig, wenn der ursprüngliche Gesellschaftszweck zufolge Überschuldung nicht mehr erreicht werden kann (BGE 116 II 320 ff.).

Die mit BGE 95 II 442 ff. eingeleitete Rechtsprechung, wonach ein Rechtsgeschäft (im konkreten Fall eine Bürgschaft) nur dann zweckkonform ist, wenn dieses konkret unter den bestimmten Umständen des Einzelfalles mit dem Zweck vereinbar ist, wurde in BGE 96 II 439 ff. fallen gelassen.

Art. 565

III. Entziehung

¹ **Die Vertretungsbefugnis kann einem Gesellschafter aus wichtigen Gründen entzogen werden.**

² **Macht ein Gesellschafter solche Gründe glaubhaft, so kann auf seinen Antrag der Richter, wenn Gefahr im Verzug liegt, die Vertretungsbefugnis vorläufig entziehen. Diese richterliche Verfügung ist im Handelsregister einzutragen.**

III. Retrait de ce droit

¹ Le droit de représenter la société peut être retiré à un associé pour de justes motifs.

² A la requête d'un associé qui rend vraisemblable l'existence de tels motifs, le juge peut, s'il y a péril en la demeure, prononcer le retrait provisoire du droit de représenter la société. Ce retrait est inscrit sur le registre du commerce.

III. Revoca

¹ La facoltà di rappresentanza, che spetta ad un socio, può essere revocata per motivi gravi.

² Ad istanza d'un socio che renda verosimile l'esistenza di siffatti motivi, il giudice può, qualora siavi pericolo nel ritardo, revocare provvisoriamente le facoltà di rappresentanza. Questa decisione dev'essere iscritta nel registro di commercio.

Literatur

Vgl. die Literaturhinweise zu Art. 562.

I. Normzweck

1 Die einmal erteilte Vertretungsmacht kann grundsätzlich durch **contrarius actus** entzogen werden oder aus bestimmten, im **Gesellschaftsvertrag** vorgesehenen Gründen untergehen (W. VON STEIGER, 522). Angesichts der **weitgehenden Rechtsfolgen,** welche mit dem **Handeln jedes einzelnen Gesellschafters** verknüpft sind (s. den in Art. 563 f. geregelten Schutz des guten Glaubens Dritter und die solidarische Haftung der Kollektivgesellschafter, dazu Art. 568), sieht jedoch das Gesetz für **jeden einzelnen Gesellschafter** auch die Möglichkeit vor, *den Entzug der Vertretungsmacht eines Mitgesellschafters gerichtlich herbeizuführen* und somit unerwünschte Folgen seines Handelns zu vermeiden (W. VON STEIGER, 520). Anerkennt der von der Vertretung Auszuschliessende den Entzug, bedarf es keines gerichtlichen Verfahrens. Widersetzt er sich der Eintragung seiner Löschung im Handelsregister, so ist ein gerichtliches Urteil einzuholen (BK-HARTMANN, N 8).

2 Nach der ratio legis ist für den Entzug der Vertretungsbefugnis unerheblich, ob diese aufgrund einer ausdrücklichen **rechtsgeschäftlichen** Regelung (eines Beschlusses oder

eines Vertrages) oder der dispositiv vorgesehenen **gesetzlichen** Ordnung (Art. 557 Abs. 2 i.V.m. Art. 535 Abs. 1) bestand (W. VON STEIGER, 400 m.w.Nw.; BK-HARTMANN, N 2; **a.M.** ZK-SIEGWART, Art. 539 N 7). *Einzig in diesem Punkt unterscheiden sich die Entzugsregeln der Kollektivgesellschaft von jenen der einfachen Gesellschaft.* Bei einer einfachen Gesellschaft ist die gesetzlich vermutete Geschäftsführung und Vertretung nicht entziehbar. Davon abgesehen, bleiben sich die Entzugsregeln bei diesen beiden Gesellschaften aber gleich und es kann grundsätzlich auf Art. 539 verwiesen werden (ZK-SIEGWART, N 1).

II. Voraussetzungen des Entzuges (Abs. 1)

1. Aktivlegitimation des einzelnen Gesellschafters

Jeder Gesellschafter ist zur Entziehung der Vertretungsbefugnis eines Mitgesellschafters aktivlegitimiert (W. VON STEIGER, 521; **a.M.** GUHL, 694). Da aber diese Massnahme, um gegenüber gutgläubigen Dritten wirksam zu werden, der Eintragung im Handelsregister (Löschung der Vertretungsbefugnis) bedarf und ein solches Begehren von sämtlichen Gesellschaftern zu unterzeichnen ist, *bedarf es praktisch der Zustimmung aller Mitgesellschafter* (Art. 556 Abs. 1; Art. 52 Abs. 1; Art. 17 Abs. 1 lit. b HRegV; FELLMANN, Geschäftsführung, Vertretung und Haftung bei den Personengesellschaften, in: Girsberger et al. (Hrsg.), Rechtsfragen rund um die KMU, 140). Die dazu notwendigen Willenserklärungen können allenfalls auf dem Wege der Zwangsvollstreckung erzwungen werden (dazu KUMMER, Die Klage auf Verurteilung zur **Abgabe einer Willenserklärung**, ZSR 1954, 163 ff.).

Der Entzug wird perfekt **im internen Verhältnis** mit der **Mitteilung** unter Angabe des Grundes an den betreffenden Gesellschafter (W. VON STEIGER, 401). Wird die Berechtigung des Entzugs bestritten und kommt es zum Rechtsstreit, so hat das **Feststellungsurteil** nur **deklaratorische Bedeutung** (ZK-SIEGWART, N 2; BK-HARTMANN, N 10), **Wirkung gegenüber** gutgläubigen **Dritten,** namentlich hinsichtlich Art. 563 f., hat erst die *Löschung des Handelsregistereintrages* (W. VON STEIGER, 521 m.w.Nw.; BK-HARTMANN, N 13).

Weiss der Dritte, dass einem Gesellschafter die Vertretungsbefugnis intern entzogen worden ist, muss ihm der **gute Glaube** bezüglich der Vertretungsbefugnis u.E. abgesprochen werden, unabhängig davon, ob der Entzug tatsächlich berechtigt war oder nicht (so auch BK-HARTMANN, N 13; **a.M.** ZK-SIEGWART, N 2).

2. Das Vorliegen wichtiger Gründe

Wichtige Gründe i.S. dieser Bestimmung liegen vor, *wenn wesentliche Voraussetzungen für die Überlassung der Geschäftsführung i.w.S. nie vorhanden waren oder dahingefallen sind,* z.B. wegen grober Pflichtverletzung (z.B. Missbrauch der Vertretungsmacht) oder beruflicher Unfähigkeit (W. VON STEIGER, 400; FUNK, N 2; BK-HARTMANN, N 5; FREYMOND, 81 ff.), u.E. jedoch nicht wegen Unverträglichkeit des Charakters, strafrechtlicher Verurteilung oder unsolidem Lebenswandel (**a.M.** FUNK, N 2), die wohl Gründe zur Ausschliessung des Gesellschafters i.S.v. Art. 577 sein könnten, mit dem blossen Entzug der Vertretungsbefugnis jedoch keinen **ausreichenden Zusammenhang** aufweisen. Ausreichend sind u.E. nur solche Gründe, welche das Vertrauen in die Erfüllung der Vertretungsfunktion durch einen Gesellschafter unmittelbar berühren.

III. Ausmass des Entzuges

7 Beantragt werden kann der **vollständige Entzug** oder (e maiore minus) auch nur eine **partielle Beschränkung** der Vertretungsbefugnis (ZK-SIEGWART, Art. 539 N 12). Unter Umständen mag lediglich die Beschränkung der Vertretungsbefugnis genügen. Diese kann aber gutgläubigen Dritten gegenüber nur durch Anordnung einer Kollektivvertretung bewirkt werden, da andere Einschränkungen nicht eintragungsfähig sind (Art. 555). In der Regel wird sich hingegen häufig der vollständige Ausschluss aufdrängen, um den mit dem Entzug verfolgten Zweck zu erreichen (W. VON STEIGER, 521). Gegebenenfalls kann dem Ausgeschlossenen immer noch neu eine Prokura oder Handlungsvollmacht erteilt werden (vgl. Art. 566 N 12).

IV. Vertragliche Regelung des Entzuges

8 Art. 565 ist **einseitig dispositiver Natur.** Der rechtsgeschäftliche Entzug durch Vertrag oder Beschluss ist möglich, es sind aber Grenzen gesetzt. Das Entzugsrecht kann wohl erleichtert, aber nicht erschwert oder völlig entzogen werden (W. VON STEIGER, 522); es stellt nämlich ein **unentziehbares und unverzichtbares Recht** der Gesellschafter dar (W. VON STEIGER, 522). Liegen Umstände vor, die als *wichtige Gründe* i.S. des Gesetzes zu werten sind, so kann sie *jeder Gesellschafter, ohne Rücksicht auf die vertragliche Regelung, geltend machen und nötigenfalls gerichtlich durchsetzen.*

V. Vorläufiger Entzug der Vertretungsbefugnis (Abs. 2)

9 Da trotz formell richtigem und materiell begründetem Entzug bei Widerstand des Auszuschliessenden einige Zeit bis zum definitiven Handelsregistereintrag vergehen mag, während welcher die gutgläubigen Dritten von der weiter bestehenden Vertretungsmacht ausgehen dürfen, schafft Art. 565 Abs. 2 die *Möglichkeit der vorläufigen Entzugseintragung.* Zur Erwirkung einer **vorsorglichen Massnahme** i.S. des vorläufigen Entzuges der Vertretungsbefugnis ist die **Glaubhaftmachung** eines **wichtigen Grundes** und eines **drohenden, nicht leicht wiedergutzumachenden Nachteils** durch einen Gesellschafter erforderlich. Sind die Voraussetzungen gegeben, muss der Richter dem Gesuch entsprechen (BGer, 15.1.1990, SemJud 1990, 179). Wird der vorläufige Entzug gestattet, erfolgt dessen **Eintragung im Handelsregister** (Art. 19 HRegV), *sodass die Vertretungsmacht bis zum definitiven Urteil ruht* (ZK-SIEGWART, N 5).

10 Besondere Zurückhaltung ist dann geboten, wenn zufolge des Entzuges der Vertretungsbefugnis **ein einziger Gesellschafter zur Vertretung** befugt bleibt (AppGer TI, Rep 1947, 433; i.c. abgewiesen). Falls die Gefahr der Benachteiligung des einen Gesellschafters durch den anderen nicht auf andere Weise behoben werden kann, ist dem Begehren in dem Sinne stattzugeben, *dass beide Gesellschafter nur noch gemeinsam für die Gesellschaft handeln können* (OGer ZH, 2.11.1948, SJZ 1949, 277).

11 Ist das Verhältnis zwischen den Gesellschaftern derart gestört, dass sich die **Auflösung** der Gesellschaft aufdrängt, ist das Gesuch um vorläufige Eintragung abzuweisen, weil eine solche vorsorgliche Massnahme jedenfalls keine Lösung für die Gesellschaft darstellt (BGer, 15.1.1990, SemJud 1990, 181).

Art. 566

IV. Prokura und Handlungsvollmacht	**Die Prokura sowie eine Handlungsvollmacht zum Betriebe des ganzen Gewerbes können nur mit Einwilligung aller zur Vertretung befugten Gesellschafter bestellt, dagegen durch jeden von ihnen mit Wirkung gegen Dritte widerrufen werden.**
IV. Fondés de procuration et mandataires commerciaux	Il ne peut être désigné de fondé de procuration ni de mandataire commercial pour toutes les affaires de l'entreprise qu'avec le consentement de tous les associés gérants, mais chacun d'eux a qualité pour le révoquer avec effet à l'égard des tiers.
IV. Procura e mandato commerciale	Per la nomina d'un procuratore o d'un rappresentante preposto all'esercizio di tutto lo stabilimento è necessario il consenso di tutti i soci autorizzati a rappresentare la società; invece, ciascuno di essi può revocare efficacemente in confronto dei terzi la procura o siffatto mandato.

Literatur

Vgl. die Literaturhinweise zu Art. 562.

I. Allgemeines

Art. 566 regelt die **Vertretung** der Kollektivgesellschaft **durch Nicht-Gesellschafter** als Prokuristen oder Handlungsbevollmächtigte. Der **Prokurist** berechtigt und verpflichtet die Gesellschaft nach aussen (vgl. BSK OR I-WATTER, Art. 458). Die Vertretungsmacht des Prokuristen entspricht weitgehend derjenigen der Gesellschafter. Er gilt gutgläubigen Dritten gegenüber als ermächtigt, die Gesellschaft durch alle Arten von Rechtshandlungen zu verpflichten, die der Zweck des Unternehmens mit sich bringen kann (Art. 459 Abs. 1). Darin nicht eingeschlossen sind Handlungen betr. interne, gesellschaftsrechtliche Angelegenheiten sowie die Erteilung von Geschäftsführungs- und Vertretungsbefugnissen, die den Gesellschaftern allein vorbehalten bleiben muss (W. VON STEIGER, 523). Nach Gesetz bedarf der Prokurist sodann einer besonderen Ermächtigung für Veräusserung und Belastung (nicht aber für den Erwerb) von Grundstücken, auch wenn diese Geschäfte an sich mit dem Zweck des betreffenden Geschäftes vereinbar wären (Art. 459 Abs. 2). Der **Handlungsbevollmächtigte** kann die Gesellschaft nur im Rahmen der **gewöhnlichen Tätigkeit** des Betriebes vertreten und ohne ausdrückliche Ermächtigung weder Wechselverbindlichkeiten oder Darlehensschulden eingehen noch Prozessführung anstreben (Art. 462 Abs. 1 f.). Zur Unterscheidung zwischen gewöhnlichen und ungewöhnlichen Rechtshandlungen s.o. Art. 543 N 29 f. 1

II. Bestellung von Prokuristen und Handlungsbevollmächtigten durch Kollektivgesellschafter

1. Allgemeines

Art. 566 ordnet den Fragenkomplex der **Bestellung** und des **Widerrufes** einer Prokura und einer Generalhandlungsvollmacht, wobei das Innen- vom Aussenverhältnis unterschieden werden muss. 2

Im **Innenverhältnis** kommt Art. 535 zur Anwendung. Als Tätigkeit im Bereiche der ausserordentlichen Geschäftsführung bedarf die Bestellung eines Prokuristen oder Generalhandlungsbevollmächtigten eines *einstimmigen* (aufgrund eines Gesellschaftsvertra- 3 ges allenfalls eines mehrheitlichen) *Beschlusses sämtlicher Gesellschafter.* Die Ermächtigung zur Bestellung von solchen Vertretern kann u.E. intern auch generell von den nicht vertretungsberechtigten auf die vertretungsberechtigten Gesellschafter delegiert werden, wofür in Grossgesellschaften (man denke etwa an Banken in Form der Kollektivgesellschaft) ein praktisches Bedürfnis besteht. Die Bestellung eines Spezialhandlungsbevollmächtigten kann dagegen als ordentliche Geschäftsführung von einem geschäftsführungsberechtigten Gesellschafter alleine vorgenommen werden.

4   Im **Aussenverhältnis** hingegen ist für die rechtsgültige Bestellung von Prokuristen und Handlungsbevollmächtigten lediglich *das Zusammenwirken aller mit Vertretungsmacht ausgestatteten Gesellschafter nötig.* Es wird somit weniger verlangt als im Innenverhältnis. Die von der Vertretung ausgeschlossenen Gesellschafter wirken bei der externen Ausführung des nach innen gefassten Beschlusses nicht mit (vgl. aber Art. 556 und N 7). Der Handelsregisterführer vergewissert sich denn auch nur über die Zustimmung aller vertretungsberechtigten Gesellschafter. Werden Prokura oder Generalhandlungsvollmacht durch die vertretungsberechtigten Gesellschafter, aber ohne Begrüssung der Mitgesellschafter erteilt, setzen sich Erstere nach innen den für das vertragswidrige Verhalten vorgesehenen Sanktionen aus (vgl. Art. 538). Die Mitgesellschafter können auch verlangen, dass die Vollmachtserteilung wieder rückgängig gemacht und eine bereits eingetragene Prokura im Handelsregister wieder gelöscht wird (ZK-SIEGWART, N 4).

5   Auch wenn die von der Vertretung Ausgeschlossenen bei der externen Ausführung des nach innen gefassten Beschlusses nicht mitwirken, ist bei der Bestellung eines Prokuristen oder Generalhandlungsbevollmächtigten ihre Mitwirkung – eben im Innenverhältnis – doch eine entscheidendere als bei den sich aus dem Gesellschaftszweck schlechthin ergebenden Handlungen, die die zur Vertretung der Gesellschaft befugten Gesellschafter alleine vornehmen (Art. 564). Auf das Zusammenwirken dieser mit Vertretungsmacht ausgestatteten Gesellschafter sind die Regeln über die Kollektivvertretung anwendbar. Wenn einzelne Gesellschafter allein, andere nur zusammen mit einem Prokuristen die Vertretungsmacht besitzen, hat dieser Prokurist bei der Bestellung eines anderen Prokuristen nicht mitzuwirken. Ist aber das Handeln eines einzigen Gesellschafters zusammen mit einem Prokuristen die einzige Vertretungsart, so kann dieser einzelne Gesellschafter nicht allein einen anderen Prokuristen bestellen bzw. im Handelsregister anmelden. Es ist dann vielmehr, wie auch dort, wo überhaupt kein Gesellschafter die Vertretungsmacht hat, auch nach aussen ein **Zusammenwirken aller Gesellschafter** bzw. ihrer gesetzlichen Vertreter notwendig (ZK-SIEGWART, N 3). Dies ist u.E. gerechtfertigt, andernfalls könnte der nur kollektivberechtigte Gesellschafter die gesellschaftsintern vorgesehene Ordnung umgehen und faktisch über seinen Prokuristen allein handeln.

2. Entstehung der Prokura

6   Die Prokura entsteht mit *ausdrücklicher oder stillschweigender* **Bevollmächtigung** durch *alle vertretungsberechtigten Gesellschafter,* welche sich an den Prokuristen richtet, oder in Form einer **Duldungsvollmacht,** d.h. durch wissentliches Gewährenlassen einer Prokuraanmassung (BSK OR I-WATTER, Art. 458 N 6). Eine **Anscheinsprokura,** d.h. das fahrlässige Nichtunterbinden des Auftretens eines nicht befugten Dritten als Prokurist, kann allenfalls die gleiche Wirkung für die Gesellschaft haben, wenn es gilt, den guten Glauben Dritter zu schützen (BSK OR I-WATTER, Art. 458 N 7).

7   Die Prokura ist im **Handelsregister** einzutragen, die Eintragung wirkt jedoch, mit Ausnahme der nichtkaufmännischen Prokura, **nicht konstitutiv** (Art. 458 Abs. 2; BGE 60 I

394). Der gute Glaube eines Dritten bestimmt sich bei im Handelsregister eingetragenen Prokuristen nach Art. 933, während vor dem Eintrag Art. 3 ZGB massgebend bleibt.

Umstritten ist, ob die Gesellschaft durch Handlungen des **ungültig bestellten** (namentlich weil nicht alle zur Vertretung befugten Gesellschafter zugestimmt haben) und **im Handelsregister nicht eingetragenen Prokuristen** berechtigt und verpflichtet werden kann, wobei ausser Zweifel steht, dass die Gesellschafter, welche die fehlerhafte Bestellung veranlasst haben, mitverpflichtet werden (ZK-SIEGWART, N 5 m.w.Nw.). Die Frage bestimmt sich u.E. nach den allgemeinen Grundsätzen von Art. 3 ZGB: Die Gesellschaft wird nur dann verpflichtet, wenn das Verhalten der Gesellschafter auf eine Vollmachtserteilung schliessen lässt, weil nur in diesem Fall der gute Glaube Dritter den Mangel heilt (**a.M.** ZK-SIEGWART, N 5). 8

3. Entstehung der Generalhandlungsvollmacht

Wie die Prokura entsteht die Handlungsbevollmächtigung durch Ernennung *seitens der vertretungsberechtigten Gesellschafter* (N 6). Die Generalhandlungsvollmacht kann aber nach h.L. und Handelsregisterpraxis wohl auch unter der neuen Handelsregisterverordnung nicht im Handelsregister eingetragen werden (Art. 30 HRegV i.V.m. Art. 462; MEIER-HAYOZ/FORSTMOSER, § 9 N 54 m.w.Nw.; BSK OR I-WATTER, Art. 462 N 3; **a.M.** HGer ZH, ZR 1987, 69 ff.). Es kann deshalb auf die allgemeinen Grundsätze des Gutglaubensschutzes im Stellvertretungsrecht (namentlich Art. 3 ZGB) verwiesen werden. 9

III. Widerruf der Vollmacht

Es gilt zunächst das in N 2–9 Angeführte: **Intern** kann nur ein **einstimmiger** Beschluss sämtlicher Gesellschafter bzw. die vereinbarte Mehrheit die Vollmacht wirksam widerrufen. **Nach aussen** hingegen genügt der Widerruf eines **einzelnen** (oder bei Kollektivunterschrift zweier) zur Vertretung befugten Gesellschafters, um die Vollmacht zu entziehen, wobei sich der Gesellschafter, der in unbegründeter Weise entgegen dem Willen der Mitgesellschafter eine Generalhandlungsvollmacht oder Prokura widerruft, allenfalls internen Sanktionen aussetzt (ZK-SIEGWART, N 7). 10

Liegt ein **wichtiger Grund** vor kann jeder Gesellschafter, *auch ein nicht vertretungsberechtigter,* die Vollmacht widerrufen (Art. 565). 11

IV. Bestellung von Kollektivgesellschaftern zu Prokuristen oder Handlungsbevollmächtigten

Ob von der gesetzlichen Vertretungsbefugnis ausgeschlossene **Kollektivgesellschafter zu Prokuristen und Handlungsbevollmächtigten bestellt** werden können, ist in der Lehre umstritten (dafür W. VON STEIGER, 525 ff. m.w.Nw.; dagegen MEIER-HAYOZ/FORSTMOSER, § 9 N 28). Dafür sprechen u.E. zwei Argumente. Zum einen kann ein echtes Bedürfnis daran bestehen, die **Vertretungsmacht** des Kollektivgesellschafters **zu beschränken** (W. VON STEIGER, 525). «Junioren» oder neu eintretende Gesellschafter sollen zwar zur Geschäftsführung nach aussen ermächtigt werden, jedoch zunächst nur mit den sich aus diesem Vertretungsverhältnis ergebenden Beschränkungen der Vertretungsmacht. Zum anderen ist ein Widerruf einer Prokura oder Handlungsvollmacht auch einfacher möglich. Die Vertretungsbefugnis kann einem Gesellschafter lediglich aus wichtigen Gründen (vgl. auch Art. 565 N 6) entzogen werden, eine Prokura oder 12

Handlungsvollmacht hingegen jederzeit und ohne dass wichtige Gründe geltend gemacht werden müssten. Insofern stellt die Bestellung zum Prokuristen oder Handlungsbevollmächtigten ein **Minus gegenüber** dem von Gesetzes wegen zulässigen vollständigen **Ausschluss** von der Vertretung aus wichtigen Gründen (Art. 565) dar. So bestehen u.E. keine Bedenken gegen die *Zulässigkeit der Bestellung von Kollektivgesellschaftern zu Prokuristen oder Handlungsbevollmächtigten,* auch weil die Vertretungsverhältnisse im **Handelsregister** in einer für den Dritten befriedigenden Weise zum Ausdruck kommen (Art. 458, Art. 554 Abs. 2 Ziff. 4, Art. 555). Das Erfordernis, dass Prinzipal und Prokurist verschiedene Personen sein müssen, was einer solchen Kombination von Massnahmen entgegenstehen würde (MEIER-HAYOZ/FORSTMOSER, § 9 N 27), verkennt die Bedürfnisse, welche sich insb. in relativ grossen Kollektivgesellschaften stellen können, wo die Aufgabenteilung und die Interessen verschieden sind.

V. Fremdorganschaft

13   Da die Befugnis der Gesellschafter zur Vertretung beschränkt und die Geschäftsführung und Vertretung in verschiedenen Modalitäten an Dritte, Nichtgesellschafter übertragen werden können, stellt sich die Frage, ob die **Vertretung der Gesellschaft sogar vollumfänglich,** durch so genannte «verdrängende Vollmachten» (vgl. W. VON STEIGER, 525) **auf Dritte** übertragen werden kann, was dem Tatbestand der ausschliesslichen **Fremdorganschaft** entspricht. Diese Frage ist in der Lehre umstritten. Die Kollektivgesellschaft wird grundsätzlich nach dem Prinzip der **Selbstorganschaft** vertreten (Vor Art. 563 und 564 N 1), *sodass der vollständige Ausschluss der Gesellschafter von der Vertretung und die ausschliessliche Bestellung Dritter zu unbeschränkt Vertretungsberechtigten oder zu Prokuristen und Handlungsbevollmächtigen der Natur der Gesellschaft grundsätzlich widerspricht.* Auch das EHRA betrachtet die ausschliessliche Fremdorganschaft bei der Kollektivgesellschaft als unzulässig und will zumindest einen Gesellschafter zur unbeschränkten Vertretung der Gesellschaft eintragen können, allenfalls mit einem Prokuristen oder einem unbeschränkt vertretungsberechtigten Dritten (dazu ausführlich W. VON STEIGER, 525 f.; MEIER-HAYOZ/FORSTMOSER, § 13 N 62).

VI. Haftung der Gesellschaft für unerlaubte Handlungen ihrer Prokuristen

14   In der Literatur umstritten ist die Frage, ob ein Prokurist die Gesellschaft auch durch **unerlaubte Handlungen** verpflichtet, welche er *in Ausübung seiner geschäftlichen Verrichtungen* begeht (analog Art. 567 Abs. 3). Diese Frage wird in analoger Anwendung von Art. 567 Abs. 3 m.H. auf die im Verhältnis zu Dritten ähnliche Rechtsstellung von Prokuristen und Kollektivgesellschaftern mehrheitlich bejaht (W. VON STEIGER, 523 f.; MEIER-HAYOZ/FORSTMOSER, § 9 N 32; **a.M.** WATTER, N 113 f.). Diese Lösung ist jedoch nicht unbedenklich, könnte man sich u.E. doch auf dieselben Gründe berufen und eine Haftung der Gesellschaft für unerlaubte Handlungen der Handlungsbevollmächtigten, wenn auch nur in einem engeren Bereich, bejahen. Die Judikatur lehnt aber die Möglichkeit der Stellvertretung im Bereich der unerlaubten Handlungen ab (BGE 84 II 383), *sodass die gesetzliche Grundlage einer Haftung der Gesellschaft für unerlaubte Handlungen der Prokuristen sowie auch des Handlungsbevollmächtigten zu verneinen ist.* Die Gesellschaft kann somit u.E. nur auf der Grundlage von Art. 55 haftbar gemacht werden (WATTER, N 113).

Art. 567

V. Rechtsgeschäfte und Haftung aus unerlaubten Handlungen

¹ Die Gesellschaft wird durch die Rechtsgeschäfte, die ein zu ihrer Vertretung befugter Gesellschafter in ihrem Namen schliesst, berechtigt und verpflichtet.

² Diese Wirkung tritt auch dann ein, wenn die Absicht, für die Gesellschaft zu handeln, aus den Umständen hervorgeht.

³ Die Gesellschaft haftet für den Schaden aus unerlaubten Handlungen, die ein Gesellschafter in Ausübung seiner geschäftlichen Verrichtungen begeht.

V. Actes accomplis au nom de la société et actes illicites

¹ La société acquiert des droits et s'engage par les actes d'un associé gérant faits en son nom.

² Il suffit que l'intention d'agir pour la société résulte des circonstances.

³ La société répond du dommage résultant d'actes illicites qu'un associé commet dans la gestion des affaires sociales.

V. Negozi giuridici e responsabilità per atti illeciti

¹ La società acquista diritti e si vincola per i negozi giuridici fatti in suo nome da uno dei soci autorizzati a rappresentarla.

² Basta che l'intenzione di fare il negozio in nome della società risulti dalle circostanze.

³ La società risponde del danno cagionato da un socio con atti illeciti commessi nell'esercizio d'incombenze sociali.

Literatur

Vgl. die Literaturhinweise zu Art. 562.

I. Allgemeines

Die Wirkung von Handlungen der Gesellschafter bei der Kollektivgesellschaft sind weitgehend durch ihre **körperschaftsähnliche Natur** geprägt. Die Gesellschaft wird durch **rechtsgeschäftliches Handeln** ihrer Gesellschafter gebunden, und der Dritte geniesst dabei einen weitgehenden Schutz des guten Glaubens (Art. 563 f.). Gleicherweise gebunden wird die Gesellschaft durch ihre übrigen zeichnungsberechtigten Personen. Ausserdem kann die Gesellschaft auch für **unerlaubte Handlungen** ihrer Gesellschafter und, wie vorn in Art. 566 N 14 ausgeführt, der weiteren Zeichnungsberechtigten gemäss Art. 55 Dritten gegenüber haftbar gemacht werden, eine Regelung, die diese Gesellschaftsform den juristischen Personen (Art. 55 ZGB) weitgehend annähert. Hingegen ist die Kollektivgesellschaft nicht als Geschäftsherr den Gesellschaftern gegenüber zu betrachten (BK-HARTMANN, Art. 562 N 8).

II. Bindung aus rechtsgeschäftlichem Handeln der Gesellschafter (Abs. 1 und 2)

1. Allgemeines

Abgesehen vom erweiterten Schutz des **guten Glaubens** (s. Art. 563, 564, 933) wird die Vertretung der Kollektivgesellschaft weitgehend *nach den Grundsätzen des allgemeinen Stellvertretungsrechts geregelt* (Art. 32 ff.), so wie dies auch bei der einfachen Gesellschaft der Fall ist (Art. 543).

2. Voraussetzungen

a) Mit der Vertretung betraute Organe

3   Mit der Vertretung betraut sind i.d.R. *die Gesellschafter selber* (**Prinzip der Selbstorganschaft;** dazu Vor Art. 563 und 564 N 1). Fehlen ausnahmsweise Organe und ist nicht auf andere Weise für die Verwaltung gesorgt, so ist ein **Beistand** nach Art. 393 Ziff. 4 ZGB zu bestellen (BGE 56 III 8; vormundschaftliche Aufsichtsbehörde NE, RJN 1985, 31 f.). Die Vertretungsbefugnis ist **unvererblich;** demgemäss ist der Erbenvertreter z.B. nicht zur Entgegennahme von Betreibungsurkunden für die Gesellschaft, welcher der Erblasser angehört hat, befugt (BGE 69 III 2).

b) Handeln im Namen der Gesellschaft

4   Der Gesellschafter bindet durch sein rechtsgeschäftliches Handeln die Gesellschaft, wenn er in ihrem Namen, d.h. **unter ihrer Firma,** handelt. Nach den allgemeinen Grundsätzen des Stellvertretungsrechts wird die Gesellschaft jedoch auch dann gebunden, wenn der Gesellschafter das Vertretungsverhältnis zwar nicht ausdrücklich angibt, seine Absicht, für die Gesellschaft zu handeln, jedoch **aus den Umständen** erkennbar ist (Art. 567 Abs. 2), so z.B. aus der verwendeten Urkunde, aus vorausgegangener Korrespondenz oder aus der Art der Handlung, insb. bei Prozess- oder Betreibungshandlungen (BK-HARTMANN, N 3; KGer GR, 12.7.1994, PKG 1993, 24 f.; zur Haftung der Anwaltskanzlei für die Pflichtverletzungen ihrer Mitglieder vgl. BGE 124 III 363 ff., dazu N 23).

5   Ebenfalls muss gelten, dass die Wirkungen rechtsgeschäftlichen Handelns bei der Kollektivgesellschaft und nicht beim Gesellschafter eintreten, wenn es **dem Dritten gleichgültig** war, mit wem er den Vertrag abschliesst, und der Gesellschafter auf Rechnung der Gesellschaft gehandelt hat (Art. 32 Abs. 2).

c) Vollmacht

aa) Allgemeines

6   Allgemeine Voraussetzung der Vertretung ist die **Vertretungsbefugnis,** d.h. das Vorliegen einer **Vollmacht.** Bei der Kollektivgesellschaft ist dieses Erfordernis im Verkehr mit Dritten indes dadurch gemildert, dass *der Schutz des guten Glaubens vielfach Mängel bei der Vollmachtserteilung heilt* (zu Art. 563 f.).

bb) Entstehung der Vollmacht

7   Die **Vertretungsbefugnis** entsteht wie bei der einfachen Gesellschaft durch den **Gesellschaftsvertrag,** einen **Beschluss** oder durch **konkludentes Verhalten.** Gegenüber gutgläubigen Dritten spielt jedoch der **Handelsregistereintrag** eine viel entscheidendere Rolle. Die Eintragung der Gesellschafternamen schafft die nur bösgläubigen Dritten gegenüber widerlegbare Vermutung der Vertretungsbefugnis. Gutgläubigen Dritten gegenüber ist die Beschränkung oder der Ausschluss der Vertretungsbefugnis eines Gesellschafters *bis zu deren Eintragung im Handelsregister unwirksam.* In der Praxis erfolgt im Register der Zusatz «ohne ZB», falls ein Gesellschafter kein Zeichnungsrecht hat.

cc) Untergang

8   Die Vertretungsbefugnis geht unter durch **contrarius actus,** durch **Entzug** i.S.v. Art. 565, **Verlust der Handlungsfähigkeit,** Beendigung der **Liquidation** und **Konkurseröffnung.** In den ersten drei Fällen muss der Handelsregistereintrag gelöscht wer-

den, bevor der Untergang der Vertretungsbefugnis gutgläubigen Dritten entgegen gehalten werden kann (s. Art. 563).

Mit der blossen **Löschung des Eintrages** geht eine intern noch bestehende Vollmacht nicht unter. 9

3. Vertretung mangelhafter Gesellschaften

a) Mängel im Allgemeinen

Ist der Gesellschaftsvertrag ungültig (insb. nichtig oder anfechtbar), und hat der Gesellschafter im Namen der Gesellschaft gehandelt, so wird das Vertrauen des Dritten in den Bestand dieser **faktischen Gesellschaft** geschützt (dazu MEIER-HAYOZ/FORSTMOSER, § 1 N 53 ff.; GUHL, 679). Dadurch wird vermieden, dass das Gesellschaftsvermögen als Haftungssubstrat entzogen wird und nur das handelnde Organ und das Vermögen der einzelnen Gesellschafter als haftbares Rechtssubjekt den nach Vertrauensprinzip schutzwürdigen Gläubigern gegenübersteht (MEIER-HAYOZ/FORSTMOSER, § 1 N 53): Das **Aussenverhältnis** beurteilt sich somit auch in diesem Fall nach Gesellschaftsrecht (BGE 116 II 709). 10

b) Fehlender Handelsregistereintrag

Ein fehlender Handelsregistereintrag ist bei der **kaufmännischen Kollektivgesellschaft** insofern unerheblich, als deren Entstehung nicht wie bei den Kapitalgesellschaften und Genossenschaften vom Eintrag abhängt. Die kaufmännische Kollektivgesellschaft entsteht bereits *mit Abschluss des formfreien Vertrages* (BGE 124 III 364), ein fehlender Handelsregistereintrag kann jederzeit nachgeholt werden. Art. 552 Abs. 2 auferlegt den Gesellschaftern jedoch die gesetzliche Pflicht, die Gesellschaft in das Handelsregister eintragen zu lassen. Wird dieser Pflicht nicht nachgelebt, muss und kann die Gesellschaft zwangsweise eingetragen werden. Der Handelsregisterführer fordert von sich aus oder auf Verlangen Dritter – die z.B. als Gläubiger an einer Betreibung auf Konkurs statt Pfändung interessiert sind – zur Anmeldung innert zehn Tagen auf. Erfolgt keine Anmeldung und werden auch keine Weigerungsgründe geltend gemacht, *nimmt der Registerführer die Anmeldung von Amtes wegen vor* (Art. 152 HRegV). Betreibt hingegen die Gesellschaft **kein nach kaufmännischer Art geführtes Gewerbe,** kommt dem Handelsregistereintrag **konstitutive Wirkung** zu. *Fehlt dieser, finden die Regeln der einfachen Gesellschaft Anwendung* (Art. 553 i.V.m. Art. 530 Abs. 2). 11

4. Selbstkontrahieren und Doppelvertretung

Es gelten hier dieselben Grundsätze wie bei der einfachen Gesellschaft (Art. 543 N 24). 12

5. Passive Vertretung

Die **passive Vertretung,** d.h. die Berechtigung, für die Gesellschaft Erklärungen entgegen zu nehmen, kommt **jedem Gesellschafter** einzeln auch dann zu, wenn eine Kollektivvertretung im Handelsregister eingetragen ist (MEIER-HAYOZ/FORSTMOSER, § 13 N 62 a.E.; W. VON STEIGER, 519). Dasselbe gilt bei Betreibungshandlungen auch für **Prokuristen** (Art. 65 Abs. 1 Ziff. 4 SchKG; BK-HARTMANN, Art. 563 N 22). 13

6. Exkurs: Kollektivvertretung

14 Ist Kollektivvertretung i.S.v. Art. 555 vorgesehen, sind zwei Besonderheiten zu beachten:

1. Die für die Gültigkeit einer Rechtshandlung erforderlichen **subjektiven Voraussetzungen** müssen *bei jedem Kollektivvertreter* vorhanden sein, was insb. für die Handlungsfähigkeit und den guten Glauben gilt (W. VON STEIGER, 519 m.w.Nw.).

2. Liegt ein **Willensmangel** auf Seiten *auch nur eines Vertreters* vor, so ist das Rechtsgeschäft für die Gesellschaft ebenfalls unverbindlich (W. VON STEIGER, a.a.O.).

III. Haftung der Gesellschaft für unerlaubte Handlungen der Gesellschafter (Abs. 3)

1. Allgemeines

15 Im Unterschied zur einfachen Gesellschaft haftet die Kollektivgesellschaft auch für **unerlaubte Handlungen** ihrer Gesellschafter (BGE 84 II 382 f.). In der Bundesversammlung wurde bei der Beratung über Art. 567 Abs. 3 ausgeführt, in dieser Bestimmung liege eine Konzession an jene Rechtsauffassung, welche die Kollektivgesellschaft zur juristischen Person erklären möchte (StenBull StR 1931, 156; BGE 84 II 383). Juristische Personen haften auch für unerlaubte Handlungen ihrer Organe gemäss Art. 55 ZGB. Dass die Kollektivgesellschaft für unerlaubte Handlungen ihrer Gesellschafter haftet, findet seine Berechtigung darin, dass sie über ein **eigenes Vermögen** verfügt, das eine **rechtliche Sonderstellung** geniesst (BGE 84 II 383).

2. Voraussetzungen

a) Unerlaubte Handlung

16 Was als **unerlaubte Handlung** zu gelten hat, bestimmt sich nach **Art. 41** ff. (W. VON STEIGER, 518; ZK-SIEGWART, N 7).

b) Ausübung von geschäftlichen Verrichtungen

17 Im Wortlaut deckt sich die Bestimmung in diesem Punkt mit **Art. 55**, weshalb Lehre und Rechtsprechung zu diesem Artikel für die Auslegung von Art. 567 von Bedeutung sind (BGE 66 II 251).

18 Geschäftliche Verrichtungen sind Besorgungen, welche jemand zu seinem Nutzen verrichten lässt (BGE 46 II 126), wobei es **nicht** genügt, dass die Schädigung bei Ausübung einer **dienstlichen Verrichtung** verursacht wurde, vielmehr wird ein **funktioneller Zusammenhang** zwischen Schädigung und Verrichtung vorausgesetzt (REY, Ausservertragliches Haftpflichtrecht, 3. Aufl., Zürich 2003, N 912 m.w.Nw.; BGE 112 II 145; 95 II 106).

19 Die deliktische Handlung muss wenigstens **der Gattung nach** zu den Geschäften gehören, die der **Zweck der Gesellschaft** mit sich bringen kann und deren Vornahme daher in die **Kompetenz des Gesellschafters** fällt (BGE 66 II 252; ZK-SIEGWART, N 7; vgl. auch Art. 722 N 9 f.).

20 Lehre und Praxis unterscheiden zwischen unerlaubten Handlungen, welche in einer **rein tatsächlichen Verrichtung** bestehen, und solchen, welche **bei oder durch den Abschluss von Rechtsgeschäften** begangen wurden.

Als Beispiele **rein tatsächlicher Verrichtungen** – also bei Fehlen des Erfordernisses der Vertretungsmacht – werden in der Judikatur Patentverletzungen und körperliche Schädigungen durch den von einem nicht vertretungsberechtigten Teilhaber geführten Gewerbebetrieb der Gesellschaft angeführt (BGE 66 II 253). 21

Ist die unerlaubte Handlung **bei oder durch den Abschluss von Rechtsgeschäften** begangen worden, so verlangt die Rechtsprechung, dass der Gesellschafter auch **vertretungsberechtigt** war (vgl. auch Art. 722 N 10), weil nur von einem vertretungsberechtigten Gesellschafter gesagt werden kann, *er handle in Ausübung seiner geschäftlichen Verrichtungen* (BGE 66 II 253; MEIER-HAYOZ/FORSTMOSER, § 13 N 65; **a.M.** BK-HARTMANN, N 7; VONZUN, N 678 ff.). Ob der Gesellschafter zum Abschluss von Rechtsgeschäften **ermächtigt** war oder nicht, ergibt sich grundsätzlich aus dem **Handelsregister.** Die Vollmacht kann jedoch auch **stillschweigend** erteilt werden. **Sonstige Kundgebungen** der Gesellschaft begründen keine Vertretungsermächtigung (**a.M.** W. VON STEIGER, 518), können jedoch im Einzelfall den **Gutglaubensschutz** Dritter auslösen (so auch in BGE 66 II 249 ff.), sodass die Bindung der Gesellschaft nicht auf Art. 567 Abs. 3, wohl aber auf Art. 567 Abs. 1 gestützt werden kann, wie dies z.B. in BGE 66 II 249 ff. der Fall war. Die Übertragung einer *Spezialvollmacht* (besondere Vollmacht, die über den Handelsregistereintrag hinausgeht) an einen Gesellschafter ist zulässig. Voraussetzung ist die *Zustimmung der anderen Gesellschafter.* Diese kann ausdrücklich oder stillschweigend oder sogar nur durch Dulden erteilt werden. «Sobald mit Wissen aller Gesellschafter oder aber aus Fahrlässigkeit derselben ein Zustand geschaffen wird, der bei Dritten den Eindruck erwecken muss, dass tatsächlich eine andere, für sie günstigere Vertretungsordnung gehandhabt wird als die im Handelsregister eingetragene, so muss die Gesellschaft diese gegen sich gelten lassen» (BGE 66 II 254 m.w. Nw.). 22

3. Wirkungen

Neben der **Gesellschaft** haftet auch der **Schädiger persönlich** für die von ihm begangene unerlaubte Handlung (Art. 41 ff.) und subsidiär die übrigen Gesellschafter (Art. 568 Abs. 3). Der **Regress** der Gesellschaft bestimmt sich nach Art. 51 (BK-HARTMANN, N 10). In einem neueren Entscheid befasst sich das BGer ausführlich mit der Haftung einer Anwaltskanzlei für die Pflichtverletzungen eines ihrer Partner (BGE 124 III 363 ff., in concreto ging es um das ausservertragliche Handeln [falsche Auskunft] eines Partners). Der Entscheid behandelt insb. auch die Frage, wann eine Anwaltskanzlei als Kollektiv- und wann sie als einfache Gesellschaft zu gelten hat. Unabhängig von der Organisationsform entsteht eine Mithaftung der Partner nach Auffassung des BGer aber nur dann, wenn das entsprechende Mandat der einfachen Gesellschaft bzw. der Kollektivgesellschaft als **Gesamt**mandat und nicht einem bestimmten Gesellschafter als **Einzel**mandat erteilt wurde (BGE 124 III 365; vgl. dazu auch NOBEL, Haftung, 113; VONZUN, N 608 ff.; STAEHELIN, 311 ff.; FELLMANN, 10 ff.). 23

Art. 568

C. Stellung der Gesellschaftsgläubiger
I. Haftung der Gesellschafter

¹ Die Gesellschafter haften für alle Verbindlichkeiten der Gesellschaft solidarisch und mit ihrem ganzen Vermögen.

² Eine entgegenstehende Verabredung unter den Gesellschaftern hat Dritten gegenüber keine Wirkung.

³ Der einzelne Gesellschafter kann jedoch, auch nach seinem Ausscheiden, für Gesellschaftsschulden erst dann persönlich belangt werden, wenn er selbst in Konkurs geraten oder wenn die Gesellschaft aufgelöst oder erfolglos betrieben worden ist. Die Haftung des Gesellschafters aus einer zugunsten der Gesellschaft eingegangenen Solidarbürgschaft bleibt vorbehalten.

C. Situation des créanciers sociaux
I. Responsabilité des associés

¹ Les associés sont tenus des engagements de la société solidairement et sur tous leurs biens.

² Toute convention contraire entre associés est sans effet à l'égard des tiers.

³ Néanmoins un associé ne peut être recherché personnellement pour une dette sociale, même après sa sortie de la société que s'il est en faillite ou si la société est dissoute ou a été l'objet de poursuites restées infructueuses. Demeure réservée la responsabilité d'un associé pour un cautionnement solidaire souscrit en faveur de la société.

C. Condizione dei creditori della società
I. Responsabilità dei soci

¹ I soci sono responsabili solidalmente e coll'intiero loro patrimonio di tutte le obbligazioni della società.

² Ogni patto contrario tra i soci non ha effetto per i terzi.

³ Il singolo socio non può tuttavia, anche dopo la sua uscita dalla società, essere convenuto personalmente per un debito sociale se non quando sia fallito oppure la società sia stata sciolta o inutilmente escussa. Rimane riservata la responsabilità del socio che abbia prestato fideiussione solidale per un'obbligazione della società.

Literatur

Vgl. die Literaturhinweise zu Art. 562.

I. Allgemeines

1 Obwohl die Kollektivgesellschaft keine Rechtspersönlichkeit hat, *geniesst deren Vermögen doch eine rechtliche Sonderstellung* (BGE 84 II 383). Es rechtfertigt sich deshalb, das Gesellschaftsvermögen als primäres Haftungssubstrat der Gläubiger der Gesellschaft zu bezeichnen (Art. 562, 570 Abs. 1, 568 Abs. 3). Auf der anderen Seite steht die Persönlichkeit der **Gesellschafter** im Vordergrund, indem sie **subsidiär, aber unbeschränkt und solidarisch** mit ihrem ganzen Vermögen für alle Verbindlichkeiten der Gesellschaft haften (MEIER-HAYOZ/FORSTMOSER, § 13 N 35 ff.; W. VON STEIGER, 534 ff.; PATRY, Précis, 303) und somit die Kreditwürdigkeit der Gesellschaft weitgehend bestimmen (MEIER-HAYOZ/FORSTMOSER, § 13 N 96; zur Haftung ausführlich VONZUN, N 634 ff.).

II. Umfang der Haftung

1. Akzessorietät

2 Die Gesellschafter haften für die Verbindlichkeiten der Gesellschaft, was zugleich heisst, dass sie nur so weit haften, als die Verpflichtungen effektiv zu Recht bestehen (Grundsatz der **Akzessorietät;** W. VON STEIGER, 543 f.). Dem Gesellschafter, der belangt wird, stehen somit dem Gläubiger gegenüber alle **Einreden** und **Einwendungen** zu, welche auch die Gesellschaft erheben könnte (W. VON STEIGER, 544; BK-HARTMANN, N 29; **a.M.** GILLIÉRON, SAG 1985, 84). Als Solidarschuldner trifft ihn den Mitgesellschaftern gegenüber sogar eine Pflicht, diese zu erheben, ansonsten er die Re-

gressrechte verliert (Art. 145 Abs. 2; BK-HARTMANN, N 30, und W. VON STEIGER, 544, stützen sich dabei auf eine analoge Anwendung des Bürgschaftsrechts, da sie von der bürgschaftsähnlichen Natur der Gesellschafterhaftung ausgehen). Die Akzessorietät hindert den Gesellschafter selbstverständlich nicht, auch **persönliche Einreden und Einwendungen** geltend zu machen. Nicht zugelassen sind hingegen Einreden und Einwendungen, die das interne Verhältnis unter den Gesellschaftern betreffen (W. VON STEIGER, a.a.O.; BK-HARTMANN, N 31).

Wird bei der Begründung einer Schuld ausdrücklich erklärt, dass neben der Haftung der Gesellschaft auch die persönliche Haftung des unterzeichnenden Gesellschafters besteht, so bedeutet dies lediglich eine Bestätigung der gesellschaftsrechtlichen Haftung und nicht deren Verstärkung (BGE 45 II 301: in diesem Fall ging das BGer davon aus, dass eine einfache – also subsidiäre – Bürgschaft zugunsten der Gesellschaft rechtlich unmöglich sei, weil eine Schuld der Gesellschaft eine solche der Gesellschafter darstelle). 3

2. Rechtsgründe

Die Gesellschafter haben für **alle Forderungen** gegen die Kollektivgesellschaft einzustehen, **unabhängig von deren Rechtsgrund** (Rechtsgeschäft, Delikt, ungerechtfertigte Bereicherung, sei es aus privatem oder öffentlichem Recht; W. VON STEIGER, 536). Unerheblich ist auch, ob der Anspruch bei der Gesellschaftsauflösung bereits **bekannt** war oder nicht: *Es genügt, dass dieser dem Rechtsgrund nach schon bestand* (BGE 44 II 307). Dies gilt auch für Forderungen, welche zwischen der Gesellschaft und einem **Gesellschafter als Drittem** begründet wurden, selbstverständlich jedoch nicht für die im internen Verhältnis bestehenden Forderungen (W. VON STEIGER, 536): im internen Verhältnis besteht keine Solidarität (BGE 103 II 139 = Pra 1977, 385), vielmehr ist die interne Regelung über die Verlustbeteiligung massgebend (W. VON STEIGER, a.a.O.). Der **schuldrechtliche Anspruch des ausgeschiedenen Gesellschafters** auf einen Teil des Gesellschaftsvermögens (Art. 580) gehört ebenfalls zu den Forderungen, welche als Forderungen eines Dritten gegenüber der Gesellschaft betrachtet werden, sodass dafür alle Gesellschafter persönlich und solidarisch i.S.v. Art. 568 Abs. 3 haften (W. VON STEIGER, 536, 554 f.). Zur Haftung einer Anwaltskanzlei für die Pflichtverletzungen eines ihrer Partner vgl. BGE 124 III 363 ff. (ausführlich dazu o. Art. 567 N 23). 4

III. Subjekte der Haftung

1. Gesetzliche Regelung

Vom Gesetz wird eine *einheitliche Lösung* angestrebt: Für die Verbindlichkeiten der Gesellschaft haften subsidiär **alle Gesellschafter.** Dies sind zunächst alle natürlichen Personen (Art. 552), welche **zur Zeit der Entstehung der Schuld** Mitglieder der Gesellschaft waren (W. VON STEIGER, 535), somit auch diejenigen, welche **nach Begründung der Schuld ausgeschieden** sind. Diesen Letzteren gegenüber gilt jedoch die besondere **Verjährungsfrist** von Art. 591. 5

Hinzu kommen die Gesellschafter, welche **neu eingetreten** sind (dazu u. Art. 570). **Die Haftung ist von der Eintragung im Handelsregister** unabhängig (ZK-SIEGWART, Art. 568/569 N 19), die Mitgliedschaft muss jedoch nach aussen hin wirksam geworden sein (BGE 47 II 158 f.). Die gesetzliche Regelung der Subjekte der Haftung vermeidet die Schaffung verschiedener **Gesellschafter- und Gläubigerkategorien** und *erleichtert somit die Rechtsverfolgung* (W. VON STEIGER, 535). 6

7 Nicht haftbar ist hingegen der **stille Gesellschafter,** der seine Mitgliedschaft nach aussen nicht kundgibt (W. VON STEIGER, 535; BGE 47 II 159), denn es gilt als Merkmal der stillen Gesellschaft, dass nach aussen der «Komplementär» (in der Literatur auch Geschäftsherr oder Unternehmer genannt) für die Gesellschaft handelt, unter seiner eigenen Firma oder in seinem eigenen Namen ohne Vertretungsmacht zugunsten oder zu Lasten des Stillen (W. VON STEIGER, 662). Konsequenz der alleinigen Vertretungsmacht des Komplementärs – hier des Kollektivgesellschafters – ist, *dass nur er persönlich nach aussen für die Verbindlichkeiten der Gesellschaft haftet.* Der stille Gesellschafter haftet nur mit seiner Einlage in das Vermögen des Komplementärs, dies selbst dann, wenn dem Dritten die Existenz der stillen Gesellschaft bekannt war (vgl. o. Art. 544 N 24; BGE 81 II 522 ff.; W. VON STEIGER, 662, 656, zu den Haftungsverhältnissen bei atypischen stillen Gesellschaften 662 ff.). Die stille Gesellschaft ist eine einfache Gesellschaft, und zwar eine Innengesellschaft besonderer Art (W. VON STEIGER, 654; vgl. o. Art. 544 N 6).

8 Vereinbart ein Gesellschafter mit einem Gläubiger extern den Ausschluss seiner persönlichen Haftung, wird zwar eine persönliche **Einrede** dem Gläubiger gegenüber begründet (W. VON STEIGER, 535), der Gesellschafter ist jedoch intern nach wie vor den **Regressansprüchen** seiner Mitgesellschafter ausgesetzt (W. VON STEIGER, 535). Mit Ausnahme der Unterbrechung der Verjährung wirken nämlich *Abreden eines Solidarschuldners mit dem Gläubiger nur zwischen diesem und dem betroffenen Gesellschafter* (Art. 136 Abs. 1), sodass die Grundforderung davon nicht berührt wird, es sei denn, es ergebe sich aus dem Wortlaut oder der Auslegung der Vereinbarung etwas Gegenteiliges (BGE 107 II 226 ff.; OGer ZH, 24.10.1980, ZR 1982, 48 ff., betr. Vergleich).

9 Ist ein Gesellschafter (intern) mit einem bestimmten Geschäft **nicht einverstanden,** so hat dies keinen Einfluss auf seine Haftung Dritten gegenüber (W. VON STEIGER, 535), solange nach den Grundsätzen der Vertretung (Art. 562 ff.) die Gesellschaft verpflichtet wird. Eine gegenteilige Lösung ist mit der Rechtssicherheit unvereinbar. Vorbehalten bleiben Ansprüche im internen Verhältnis.

2. Interne Abreden

10 Die Gesellschafter können **intern** eine andere Regelung der Haftung vorsehen, z.B. eine vollständige oder partielle Wegbedingung. Solche Verabredungen haben jedoch Dritten gegenüber keine Wirkung (Art. 568 Abs. 2), sondern bestimmen lediglich die internen Verhältnisse, d.h. namentlich den Umfang der Regressansprüche (W. VON STEIGER, 535).

IV. Solidarität

1. Allgemeines

11 In Anwendung der allgemeinen Regeln über die **Solidarität** (Art. 143 ff.) haftet jeder Gesellschafter für die *ganze Schuld* und der Gläubiger kann *nach seiner Wahl* von allen Schuldnern je nur einen Teil oder das Ganze fordern (Art. 144 Abs. 1), wobei die Gesellschafter so lange verpflichtet bleiben, bis die ganze Schuld getilgt ist (Art. 144 Abs. 2).

12 Die Solidarität der Gesellschafter besteht zweifach: Erstens **gegenüber der Gesellschaft** und zweitens **gegenüber den Mitgesellschaftern** (PATRY, Précis, 308).

Der Gläubiger hat die Wahl, gegen die Gesellschaft oder die Gesellschafter vorzugehen (vgl. aber N 19 ff.), muss aber, weil der Gesellschafter grundsätzlich an seinem persönlichen Wohnsitz ins Recht zu fassen ist (Art. 3 Abs. 1 GestG), ggf. **verschiedenen Gerichtsständen** Rechnung tragen (BGE 100 II 379; SJK Nr. 727, 3). Sind die Voraussetzungen der Klagenhäufung nach Art. 7 GestG gegeben, können alle Klagen an dem für eine Partei zuständigen Gericht erhoben werden; der Gerichtsstand der geschäftlichen und beruflichen Niederlassung nach Art. 5 GestG dürfte bei einer Kollektivgesellschaft nicht gegeben sein (PLATTNER, 171 ff.; WALTHER, Vorbem. zum 5. Abschnitt, in: Kellerhals et al. (Hrsg.), Gerichtsstandsgesetz, 2. Aufl., Bern 2005, N 19).   13

2. Besonderheiten der Regressrechte

Weil die *Kollektivgesellschaft primär haftpflichtige Schuldnerin ist,* stehen dem Gesellschafter (oder seiner Konkursmasse), der die Gläubiger befriedigt hat, **Regressrechte primär gegen die Gesellschaft** zu, sei diese weiter bestehend, im Liquidationsstadium (also nicht im Konkurs) oder sei über sie der Konkurs eröffnet (W. VON STEIGER, 542 f.; ZK-SIEGWART, N 38 f.). Der Rückgriff gegen die Gesellschaft besteht **in vollem Umfang** des Geleisteten (W. VON STEIGER, 543; **a.M.** BK-HARTMANN, N 32).   14

Wie bei den übrigen Solidarverhältnissen stehen sodann dem Gesellschafter Regressrechte **gegen die Mitgesellschafter** zu (Art. 148 f.), soweit die Belangbarkeitsvoraussetzungen gegeben sind (ZK-SIEGWART, N 40). Im Verhältnis zu diesen beträgt die Regressforderung jedoch i.d.R. nicht den vollen Umfang, da der die Gläubiger befriedigende Gesellschafter einen Teil am Verlust selber zu tragen hat, abweichende interne Vereinbarungen vorbehalten (Art. 148 Abs. 1; Art. 533 i.V.m. Art. 557).   15

V. Inhalt der Haftung

1. Problematik

In der Literatur streitig ist die Frage nach dem **Inhalt der Haftung** der Gesellschafter, namentlich ob es sich dabei um Einstehenmüssen für die **Realerfüllung** der Verbindlichkeiten (Erfüllungstheorie) oder nur für das **Erfüllungsinteresse** (Haftungstheorie) handelt (zu den verschiedenen Lehrmeinungen ausführlich PLATTNER, 87 ff., W. VON STEIGER, 536 ff. und VONZUN, N 684 ff.). Die praktische Bedeutung dieser Frage aktualisiert sich bei Verpflichtungen, die in **Sach-, Dienstleistungen** oder **Unterlassungen** bestehen, bei welchen der Gläubiger oft ein viel grösseres Interesse an der Realerfüllung hat.   16

2. Materiell- und prozessrechtliche Aspekte

Aus Sicht des **materiellen Rechts** ist festzuhalten, dass die Gesellschaft ein **Gesamthandverhältnis** darstellt, *die Gesellschafter selber also Träger von Rechten und Pflichten sind,* was für die Erfüllungstheorie spricht. Auf der anderen Seite kann ein Gesellschafter erst dann persönlich belangt werden, wenn er selbst in Konkurs geraten oder die Gesellschaft aufgelöst oder erfolglos betrieben worden ist (Abs. 3; zur **Subsidiarität** N 20 ff.). Dies hat zur Folge, dass die Realerfüllung von Verbindlichkeiten der Gesellschaft oft aus praktischen Gründen scheitern wird, im Konkurs der Gesellschaft sogar aus **rechtlichen,** weil mit der Konkurseröffnung alle Verpflichtungen in Geldforderungen umgewandelt werden (Art. 211 Abs. 1 SchKG; dazu ausführlich W. VON STEIGER, 539 f.).   17

18 Aus **prozessrechtlicher Sicht** ist jedoch zu berücksichtigen, dass sich die materielle Rechtskraft von Urteilen auf Realerfüllung, die für oder gegen die Gesellschaft ergangen sind, *auf die Gesellschafter selber erstreckt* (VOGEL/SPÜHLER, 230). Die Gesellschafter, die aufgrund eines gegen die Gesellschaft ergangenen Urteils belangt werden, dürfen allenfalls *nur persönliche Einreden* geltend machen (BGE 71 II 40). Nur in dem Fall, dass die Gesellschafter die Leistung real nicht erbringen können, werden die Gläubiger das Erfüllungsinteresse einklagen. Diese prozessrechtliche Folge ist ebenfalls ein Ausfluss der materiellrechtlichen Rechtslage (dazu Art. 562 N 14 ff.).

3. Fazit

19 Den Gläubigern steht somit u.E. **primär ein Recht auf Realerfüllung** durch den Gesellschafter zu (ZK-SIEGWART, Art. 568/569 N 21; BK-HARTMANN, N 7; **a.M.** W. VON STEIGER, 541; VONZUN, N 702). *Wird die Realerfüllung nicht bewirkt, so muss der Gesellschafter das Erfüllungsinteresse ersetzen.* Diese Lösung ist auch für die Gesellschafter nicht unbillig: Gerade in dem Fall, wo eine Realerfüllung rechtlich noch möglich ist (d.h. nur ausserhalb des Konkurses), ist eine evtl. praktische Schwierigkeit in der Erbringung der primär geschuldeten Leistung durch die Gesellschafter selber zu vertreten, wenn sie sich beispielsweise entschlossen haben, die Gesellschaft aufzulösen.

VI. Subsidiarität (Abs. 3)

1. Allgemeines

20 Art. 568 Abs. 3 setzt die **Belangbarkeitsvoraussetzungen** fest. Die Haftung der einzelnen Gesellschafter ist insoweit **subsidiär,** als sich bestimmte Tatsachen verwirklichen müssen, bevor der Gläubiger die sekundär Haftenden einklagen kann. Sind diese Voraussetzungen gegeben, so wird der Gesellschafter **Solidarschuldner mit der Gesellschaft.** (Vgl. zur Frage der Subsidiarität der Haftung der Stockwerkeigentümer BGE 119 II 409 ff.: Danach besteht keine unmittelbare Haftung der Stockwerkeigentümer neben der Gemeinschaft. Das BGer hat aber offen gelassen, ob in casu die Einrede der Vorausklage analog dem Recht der Kollektivgesellschaft oder aber mangelnde Passivlegitimation des belangten Stockwerkeigentümers anzunehmen ist.)

21 Die Belangbarkeitsvoraussetzungen können zuungunsten der Gesellschafter **verschärft** werden (BK-HARTMANN, N 4), indem sich diese z.B. verpflichten, sofort nach erfolgloser Mahnung für die Verbindlichkeiten aufzukommen. Auf die Subsidiarität kann der Gesellschafter dem Gläubiger gegenüber auch vollständig **verzichten** (BGE 45 II 299 ff.), z.B. durch die vom Gesetz ausdrücklich erwähnte *Bestellung einer Solidarbürgschaft* (Abs. 3 Satz 2) oder eine Vorausklageverzichtserklärung (PLATTNER, 31). Eine Erleichterung der Rechtsstellung der Gesellschafter ist hingegen in genereller Form nicht möglich (ZK-SIEGWART, Art. 568/569 N 13; BK-HARTMANN, a.a.O.; nach PLATTNER, 41, dürfte eine individuell mit jedem einzelnen Gesellschaftsgläubiger vereinbarte Haftungsbeschränkung eher die Ausnahme bilden).

2. Auflösung der Gesellschaft

a) Massgebender Zeitpunkt

22 Erste Belangbarkeitsvoraussetzung ist die **Auflösung der Gesellschaft.** Diese Voraussetzung ist mit dem **Eintritt des Auflösungsgrundes** (Art. 574 i.V.m. Art. 545 ff.) gegeben (BGE 100 II 379). Nach dem Tod eines Gesellschafters haben die fortgeführte Ge-

sellschaft und die verbleibenden Gesellschafter den Abfindungsanspruch des Ausgeschiedenen ab Eintritt des Auflösungsgrundes bis zur Zahlung angemessen zu verzinsen, ausser es sei etwas anderes verabredet oder es sprechen besondere Gründe gegen die Verzinsung (BGE 100 II 382).

b) Gleichgestellte Tatbestände

Der Auflösung gleichgestellt ist die Übernahme von **Aktiven und Passiven** der Gesellschaft von einem Dritten oder von einem Teil der Gesellschafter (Art. 181; SJK Nr. 727, 2; BGE 100 II 379; ZK-SIEGWART, Art. 568/569 N 14). 23

Wird hingegen das **Geschäft von einem einzigen Gesellschafter fortgesetzt,** nachdem die anderen Gesellschafter ausgeschieden sind, so gilt dies nicht als Auflösung i.S.v. Art. 568 Abs. 3. Dieser Tatbestand wird demjenigen des Art. 579 gleichgestellt (BGE 101 Ib 461; KGer VS, 5.1.1984, ZWR 1984, 101 ff.). Das Vermögen der ausscheidenden Gesellschafter geht dabei ohne weiteres, durch **Anwachsung,** in das Vermögen des das Geschäft Fortsetzenden über (BGE 101 Ib 460; MEIER-HAYOZ/FORSTMOSER, § 13 N 87). Die Belangbarkeit eines Ausscheidenden ist *nur dann gegeben, wenn er selbst in Konkurs fällt oder wenn der Fortsetzende das Geschäft aufgibt oder erfolglos betrieben wird* (BGE 101 Ib 458 f.; MEIER-HAYOZ/FORSTMOSER, § 13 N 89). 24

c) Rechtsfolge

Ist ein Auflösungsgrund gegeben, tritt die Gesellschaft in das Liquidationsstadium ein, und der Gläubiger kann gemäss Rechtsprechung des BGer den Gesellschafter belangen, ohne das **Liquidationsergebnis** oder die **Löschung** der Firma im Handelsregister abwarten zu müssen (BGE 100 II 379; AGer ZH, 5.7.1991, ZR 1994, 157; kritisch dazu W. VON STEIGER, 540 f. m.w.Nw.). 25

d) Auflösung durch Konkurs

Mit Konkurseröffnung über die Gesellschaft tritt der Auflösungsgrund von Art. 574 Abs. 1 ein. 26

3. Konkurseröffnung über einen Gesellschafter

Wird **über einen Gesellschafter der Konkurs** eröffnet, so werden alle seine **Verbindlichkeiten fällig** (Art. 208, 210 SchKG). Somit können die Gesellschaftsgläubiger ihre Forderungen gegen die Gesellschaft im Gesellschafterkonkurs im vollen Betrag geltend machen (W. VON STEIGER, 539; PATRY, Précis, 308). Der Konkursmasse des Gesellschafters stehen die **Regressrechte** gegenüber der Gesellschaft zu (Art. 218 Abs. 2 SchKG). Regressrechte gegen die übrigen Gesellschafter hat die Konkursmasse hingegen nicht (SJK Nr. 727, 3). 27

4. Erfolglose Betreibung der Gesellschaft

Gemeint ist die **erfolglose Betreibung auf Pfändung/Pfandverwertung gemäss Art. 43 SchKG,** obwohl die Kollektivgesellschaft an sich nur auf Konkurs betrieben werden kann. Für Steuern, Abgaben, Gebühren etc. erfolgt die Betreibung trotz Handelsregistereintrag auf dem Weg der Pfändung (ZK-SIEGWART, N 16; W. VON STEIGER, 540). Nach PATRY (Précis, 310) hat ein provisorischer oder definitiver Verlustschein (Art. 115, 149 SchKG) vorzuliegen, erst dann kann der Gläubiger den einzelnen Gesell- 28 schafter belangen. Die erfolglose Betreibung ist zwar *kein gesetzlicher Auflösungsgrund für die Gesellschaft* (Art. 574 i.V.m. Art. 545), sie ist jedoch der Nachweis einer ernsthaften Gefährdung der Gläubigeransprüche (W. VON STEIGER, 540). Die Belangbarkeit des Gesellschafters wird durch den **Versuch,** einen Nachlassvertrag zu erlangen, nicht gehemmt (BGE 59 III 11 ff.). Hingegen wirkt der Abschluss eines ordentlichen Nachlassvertrages oder eines solchen mit Vermögensabtretung, den eine Kollektivgesellschaft mit ihren Gläubigern abschliesst, befreiend für die Gesellschafter (BGE 101 Ib 458; 109 III 129 = Pra 1984, 144 f.; BGer, 5.9.1994, SemJud 1995, 221 ff.; eingehend N 30).

Liegen die Voraussetzungen der persönlichen Belangbarkeit der einzelnen Gesellschafter vor, brauchen die Gläubiger das Ergebnis der Liquidation der Kollektivgesellschaft – ausser im Falle des gleichzeitigen Konkurses von Gesellschaft und Gesellschafter (Art. 218 Abs. 1 SchKG) – nicht abzuwarten (W. VON STEIGER, 540 f.).

VII. Selbständigkeit von Gesellschafts- und Gesellschafterhaftung

29 Die **Haftung** von Gesellschaft und Gesellschafter sind voneinander **unabhängig:** Unterlässt es ein Gläubiger, die persönliche Haftungsverpflichtung eines Gesellschafters in dessen Privatkonkurs geltend zu machen, *gehen seine Ansprüche gegen die Gesellschaft und die übrigen Gesellschafter deshalb nicht unter* (SJK Nr. 727, 3). Dies gilt auch, wenn ein Gesellschafter stirbt und der Gläubiger seine Ansprüche gegen die Erbmasse nicht geltend macht (BGE 42 II 704).

VIII. Exkurs: Untergang der Haftung durch Abschluss eines Nachlassvertrages

30 Mit dem Abschluss eines **Nachlassvertrages mit Vermögensabtretung** überlässt die Gesellschaft ihr Vermögen den Gläubigern *zur eigenen Liquidation* (AMONN/WALTHER, § 55 N 21). Der Nachlassvertrag mit Vermögensabtretung ist ein **Vergleich,** durch welchen der Schuldner gegen Abtretung gewisser Vermögenswerte **Schuldbefreiung** erlangt (AMONN/WALTHER, § 55 N 26; BGE 109 III 129 = Pra 1984, 144). Gemäss Art. 303 Abs. 1 SchKG gehen Gläubiger, welche dem Nachlassvertrag nicht zugestimmt haben, durch denselben *ihrer Rechte gegenüber Mitschuldnern nicht verlustig.* Da jedoch die Haftung der Gesellschafter nicht nur **solidarisch,** sondern auch **akzessorisch** ist, weil sie für die Verbindlichkeiten der Gesellschaft haften, bewirkt die Befreiung des Hauptschuldners (in diesem Fall die Gesellschaft) zugleich auch die Befreiung der Gesellschafter (W. VON STEIGER, 544; **a.M.** GILLIÉRON, SAG 1985, 84, 93; Instruktionsrichter VS, ZWR 1982, 249 ff.). Dass die Gesellschafter *auch die Einreden und Einwendungen der Gesellschaft* vorbringen können, wenn sie selber aufgrund von Art. 568 Abs. 3 belangt werden, folgt aus der Natur der Kollektivgesellschaft: Die Gesellschafter haben sich ja nicht für jede einzelne Schuld selber in einem separaten Vertrag persönlich verpflichtet, sondern deren Haftung entsteht für jede Verbindlichkeit der Gesellschaft ohne Förmlichkeit *aus ihrer Stellung als Gesellschafter* (W. VON STEIGER, 543; **a.M.** GILLIÉRON, 84, 93). Es ist somit dem BGer zuzustimmen, wenn es erklärt, dass ein von der Kollektivgesellschaft mit ihren Gläubigern abgeschlossener Nachlassvertrag mit Vermögensabtretung auch für die Gesellschafter befreiende Wirkung hat (BGE 109 III 130 = Pra 1984, 145; BGer, 5.9.1994, SemJud 1995, 221 ff.; AMONN/WALTHER, § 55 N 18). Dass die Gesellschafter selber den Nachlassvertrag abgeschlossen haben (BGE 109 III 129 f. = Pra 1984, 144), ist u.E. hingegen nicht relevant, haben sie doch dies als «Organe» der Gesellschaft und nicht als Solidarschuldner getan.

IX. Solidarbürgschaft des Gesellschafters zugunsten der Gesellschaft (Abs. 3 Satz 2)

1. Historische Hinweise

Da die Kollektivgesellschaft keine Rechtspersönlichkeit hat, war während langer Zeit umstritten, ob sich *die Gesellschafter zugunsten der Gesellschaft verbürgen können,* denn Bürgschaft bedeutet begrifflich Einstehen für eine fremde Schuld (dazu BGE 46 II 468 ff.; ausführlich ZK-SIEGWART, Art. 568/569 N 3; BK-HARTMANN, N 35 ff.). Der Gesetzgeber setzte aufgrund einer Würdigung der Interessen deren *Zulässigkeit* im Jahre 1936 endgültig fest (StenBull StR 1931, 156; StenBull NR 1934, 232). 31

2. Normzweck

Mit der Begründung einer Solidarbürgschaft zugunsten der Gesellschaft wird die **Subsidiarität** der Haftung der Gesellschafter gemäss Art. 568 Abs. 3 beseitigt (ZK-SIEGWART, Art. 568/569 N 5). Als Solidarbürge kann der Gesellschafter belangt werden, sobald die Gesellschaft **mit ihrer Leistung im Rückstand, erfolglos gemahnt worden** oder ihre **Zahlungsunfähigkeit offenkundig** ist (Art. 496 Abs. 1). Es gilt jedoch die **unvollkommene Subsidiarität** i.S. des Bürgschaftsrechts (BK-GIOVANOLI, N 6; BSK OR I-PESTALOZZI, Art. 496 N 2 ff. m.w.Nw.): dem Solidarbürgen stehen nämlich die **Einrede der vorausgehenden Verwertung der Faustpfand- und Forderungspfandrechte** (BSK OR I-PESTALOZZI, Art. 496 N 2 ff.) und bei solidarer Mitbürgschaft die **Einrede der Teilung** (BSK OR I-PESTALOZZI, Art. 497 N 4 ff.) zu. 32

3. Entstehung der Solidarbürgschaft

Der Bürgschaftsvertrag kommt durch **übereinstimmende gegenseitige Willensäusserung der Parteien** (in diesem Fall Gesellschafter und Gläubiger) zustande (BGE 70 II 273; BSK OR I-PESTALOZZI, Art. 492 N 1 ff. m.w.Nw.), wobei besondere **Formvorschriften** als Gültigkeitserfordernis gelten (dazu ausführlich BSK OR I-PESTALOZZI, Art. 493 N 6 ff.). Für die Solidarbürgschaft ist zu beachten, dass die **Angabe der solidarischen Haftung** bei Bürgschaften in der Höhe von maximal CHF 2000 auf der Urkunde vom Bürgen **eigenhändig** einzutragen ist (bei höheren Bürgschaften ist eine öffentliche Beurkundung erforderlich, Art. 493 Abs. 2; BSK OR I-PESTALOZZI, Art. 493 N 11 ff.), ansonsten der Bürge nur als einfacher Bürge (Art. 495) haftet, was im Falle der Bürgschaft zugunsten der Gesellschaft keine Verbesserung der Rechtslage für den Gläubiger nach sich ziehen würde (N 3). Leidet hingegen die Bürgschaftserklärung an **anderen Formmängeln,** so ist evtl. zu prüfen, ob die Erklärung nicht wenigstens i.S. eines **Verzichtes auf die Subsidiarität** aufrechtzuerhalten sei (ZK-SIEGWART, Art. 568/569 N 5; so z.B. BGE 45 II 303 = Pra 1919, 208 ff.), was u.E. angesichts der bedeutenden Verschlechterung der Rechtslage für den Gesellschafter nur mit Zurückhaltung anzunehmen ist. 33

4. Wirkungen der Solidarbürgschaft

a) Allgemeine Wirkungen

Der Gesellschafter, der eine Solidarbürgschaft zugunsten der Gesellschaft eingegangen ist, haftet für deren Verbindlichkeiten, ohne dass er sich auf die **Subsidiarität** seiner Haftung gemäss Art. 568 Abs. 3 berufen kann. Zu beachten ist, dass für die Solidarbürgschaft die ordentliche zehnjährige **Verjährungsfrist** von Art. 127 und nicht dieje- 34 nige von Art. 591 gilt. Das **Regressrecht** des zahlenden Gesellschafters gegen die Gesellschaft und die Gesellschafter *wird durch das Bürgschaftsrecht nicht berührt*, sondern bestimmt sich weiterhin **nach Gesellschaftsrecht** (Art. 507 Abs. 3; ZK-SIEGWART, Art. 568/569 N 9).

b) Solidarbürgschaft und Konkurs von Gesellschafter und Gesellschaft

35 Bei gleichzeitigem Konkurs von Gesellschaft und Gesellschafter kann der Bürgschaftsgläubiger gemäss Art. 216 SchKG seine Forderung *im Konkurs der Gesellschaft und des Gesellschafters voll anmelden*. Als gewöhnlicher Gläubiger i.S.v. Art. 568 – also Stellung als Gesellschaftsgläubiger – wäre er hingegen darauf angewiesen, im Konkurs des Gesellschafters nur den im Konkurs der Gesellschaft ungedeckt gebliebenen Teil anzumelden (Art. 218 Abs. 1 SchKG).

c) Solidarbürgschaft und Nachlassvertrag

36 Während ein Nachlassvertrag mit Vermögensabtretung zugunsten der Gesellschaft auch die Gesellschafter befreit (BGE 109 III 130 = Pra 1984, 145; dazu N 30), *verliert ein Bürgschaftsgläubiger, der dem Nachlassvertrag nicht zugestimmt hat, seine Rechte gegen den Solidarbürgen nicht* (Art. 303 SchKG; W. VON STEIGER, 547).

Art. 569

II. Haftung neu eintretender Gesellschafter	¹ Wer einer Kollektivgesellschaft beitritt, haftet solidarisch mit den übrigen Gesellschaftern und mit seinem ganzen Vermögen auch für die vor seinem Beitritt entstandenen Verbindlichkeiten der Gesellschaft. ² **Eine entgegenstehende Verabredung unter den Gesellschaftern hat Dritten gegenüber keine Wirkung.**
II. Responsabilité de nouveaux associés	¹ Celui qui entre dans une société en nom collectif est tenu des dettes existantes solidairement avec les autres associés et sur tous ses biens. ² Toute convention contraire entre associés est sans effet à l'égard des tiers.
II. Responsabilità di nuovi soci	¹ Chi entra a far parte di una società in nome collettivo è responsabile, coll'intiero suo patrimonio e in solido con gli altri soci, anche delle obbligazioni della società anteriormente nate. ² Ogni patto contrario tra i soci non ha effetto per i terzi.

Literatur

Vgl. die Literaturhinweise zu Art. 562.

I. Inhalt der Norm

1 **Jeder Gesellschafter** haftet **persönlich und solidarisch** für alle Verbindlichkeiten der Gesellschaft (s. Art. 568 N 1 ff.), und zwar *auch für diejenigen, die bereits vor seinem Eintritt in die Gesellschaft entstanden sind*. Es wird somit vermieden, dass der Gläubiger vor der Belangung der Gesellschafter danach forschen muss, wer bei Eingehung der Verbindlichkeit überhaupt Gesellschafter war und wer nicht. Diese Norm bringt zum Ausdruck, dass ein neuer Gesellschafter **im Aussenverhältnis in die Gesamtheit der**

3. Abschnitt: Verhältnis der Gesellschaft zu Dritten **Art. 570**

Rechtsbeziehungen so eintritt, wie er sie vorfindet (BGE 71 II 40): Er haftet somit auch für Schaden aus unerlaubter Handlung und allenfalls für eine an den austretenden Gesellschafter zu bezahlende Abfindung (BK-HARTMANN, N 4). Mangels anderweitiger interner Vereinbarung haftet der Neueintretende auch im Innenverhältnis vollumfänglich für vorbestehende Gesellschaftsschulden.

II. Der der Haftung unterstellte Gesellschafter

Neueingetretene Gesellschafter sind der Haftung i.S.v. Art. 568 Abs. 3 unterstellt, sobald der Beitritt **nach aussen** hin wirksam geworden ist (BGE 47 II 158 f.). Es genügt die *formlose Kundgabe nach aussen,* der Handelsregistereintrag ist dafür nicht erforderlich (BGE, a.a.O.; ZK-SIEGWART, Art. 568/569 N 11). Auch ist nicht etwa nötig, dass der Gesellschafter in der **Firma** aufgeführt wird (Art. 947 Abs. 1; ZK-SIEGWART, a.a.O.). **2**

Ist die **Vereinbarung,** welche zum Eintritt in die Gesellschaft geführt hat, **mangelhaft,** kann sich der neueintretende Gesellschafter nicht darauf berufen, um seine Haftung abzulehnen: auf dem erweckten Rechtsschein ist er zu behaften. Die Rechtslage ist wertungsmässig die gleiche wie bei der Vertretung mangelhafter Gesellschaften (Art. 567 N 10 ff.; ZK-SIEGWART, Art. 568/569 N 10). Keinen Rechtsschutz verdient dabei selbstverständlich der **bösgläubige Dritte** (BGE 60 II 109 ff.; AppGer GE, 24.11.1964, SemJud 1966, 158). **3**

III. Ausschluss der Haftung (Abs. 2)

Nichts hindert den neueintretenden Gesellschafter, **intern** den *Ausschluss der Haftung für vor dessen Beitritt begründete Schulden zu vereinbaren.* Dies würde dazu führen, dass der den Gläubiger befriedigende Gesellschafter in vollem Umfang **Regress** auf die Mitgesellschafter hat. Eine lediglich intern getroffene Vereinbarung kann jedoch Dritten nicht entgegengehalten werden (Art. 569 Abs. 2; PATRY, Précis, 305). **4**

Wie die übrigen Gesellschafter kann auch der Neueintretende die Wegbedingung der Haftung **extern,** d.h. mit den Gläubigern, vereinbaren. Eine völlige und effektive Wegbedingung der Haftung erreicht er aber nur dann, *wenn auch intern der Ausschluss der Regressansprüche vereinbart wird.* Der neueintretende Gesellschafter, der sich als **stiller Gesellschafter** an der Gesellschaft beteiligt, *haftet nach den allgemeinen Grundsätzen des Gesellschaftsrechts den Gläubigern gegenüber nicht* (BGE 47 II 159; ZK-SIEGWART, Art. 568/569 N 11; s. Art. 568 N 7). **5**

Wird eine Kollektivgesellschaft unter **Übernahme** des von einem der Gesellschafter bisher geführten **Geschäftes** neu gegründet, findet ausschliesslich Art. 182 Anwendung (BGE 60 II 106). **6**

Art. 570

III. Konkurs der Gesellschaft

¹ **Die Gläubiger der Gesellschaft haben Anspruch darauf, aus dem Gesellschaftsvermögen unter Ausschluss der Privatgläubiger der einzelnen Gesellschafter befriedigt zu werden.**

² **Die Gesellschafter können am Konkurse für ihre Kapitaleinlagen und laufenden Zinse nicht als Gläubiger teilnehmen, wohl aber für ihre Ansprüche auf verfallene Zinse sowie auf**

	Forderungen für Honorar oder für Ersatz von im Interesse der Gesellschaft gemachten Auslagen.
III. Faillite de la société	¹ Les créanciers de la société sont payés sur l'actif social à l'exclusion des créanciers personnels des associés. ² Les associés n'ont pas le droit de produire dans la faillite de la société le capital et les intérêts courants de leurs apports, mais ils peuvent faire valoir leurs prétentions pour les intérêts échus, les honoraires et les dépenses faites dans l'intérêt de la société.
III. Fallimento della società	¹ I creditori della società hanno diritto di essere pagati sul patrimonio sociale, ad esclusione dei creditori personali dei singoli soci. ² I soci non possono concorrere nel fallimento della società come creditori delle quote da essi conferite e degli interessi correnti; possono, invece, far valere i crediti che hanno per interessi scaduti, per onorario e per spese fatte nell'interesse della società.

Literatur

Vgl. die Literaturhinweise zu Art. 562.

I. Allgemeines

1 Das Vermögen der Gesellschaft bildet Haftungs- und Vollstreckungssubstrat für die **Gläubiger der Gesellschaft,** welche sich nicht gefallen lassen müssen, dass die Aktiven auch für die Befriedigung der **Privatgläubiger** der Gesellschafter verwendet werden. *Das Gesellschaftsvermögen wird somit in einem Sonderkonkurs liquidiert,* bei welchem sowohl die Privatgläubiger als auch das Privatvermögen der Gesellschafter ausgeschlossen bleiben (SJK Nr. 728, 1). Dieses Gläubigervorrecht besteht in Bezug auf das Vermögen, wie es **zur Zeit der Zwangsvollstreckung** tatsächlich besteht (ZK-SIEGWART, N 2).

Gegen **unerlaubte Verschiebungen** von Vermögenswerten stehen den Gesellschaftsgläubigern die üblichen Rechtsmittel zur Verfügung, namentlich Art. 285–292 SchKG (ZK-SIEGWART, N 3 ff.). Ist **ein Gesellschafter der Destinatär** der unerlaubten Verschiebung, so erzielt der Gläubiger mit der Anfechtungsklage gemäss Art. 285 ff. SchKG keine Vorteile, *da er den Gesellschafter als solidarisch Haftenden für die ganze Schuld über Art. 568 Abs. 3 belangen könnte* (ZK-SIEGWART, N 3).

II. Durchführung des Gesellschaftskonkurses in Konkurrenz mit demjenigen der Gesellschafter

2 Vgl. dazu die Kommentierung von Art. 571 Abs. 2.

III. Aktiven der Konkursmasse

3 Zu den **Aktiven der Konkursmasse** gehören dingliche Rechte, Forderungen und andere Rechte, wie z.B. Immaterialgüterrechte oder Gebrauchsrechte an Gegenständen, die der Gesellschaft von den Gesellschaftern zur Verfügung gestellt wurden (dazu ausführlich ZK-SIEGWART, N 14 ff.).

4 Unter den **Forderungen** sind diejenigen **gegen die Gesellschafter** von denjenigen **gegen Dritte** zu unterscheiden. Zu Letzteren gehören auch Schulden, welche die Ge-

sellschafter als Dritte der Gesellschaft gegenüber eingegangen sind (BK-HARTMANN, N 18), *also Forderungen aus aussergesellschaftlichen Gründen* (ZK-SIEGWART, N 16). Während die Forderungen **gegen Dritte** unbeschränkt einzubeziehen sind, sind bei Forderungen **gegen Gesellschafter** Einschränkungen in Kauf zu nehmen. Die Berücksichtigung der Forderungen für oder gegen Gesellschafter, die aus dem **Innenverhältnis** herrühren, d.h. gesellschaftsrechtliche Angelegenheiten betreffen, würde nämlich die Rechtsstellung der Gläubiger negativ beeinflussen (ZK-SIEGWART, N 16). Zu diesen unbeachtlichen Aktiven werden z.B. gezählt: Schadenersatzansprüche wegen Verletzung gesellschaftsrechtlicher Pflichten, Ansprüche auf Rückleistung von unberechtigten Gewinn- und Zinsbezügen, Ansprüche wegen des vom Gesellschafter zu tragenden Verlustanteils i.S.v. Art. 533. Sogar die Zulassung von Forderungen der Gesellschaft gegen die Gesellschafter auf Entrichtung der geschuldeten Gesellschafterbeiträge wird in der Lehre – u.E. in fragwürdiger Weise – in Frage gestellt (ZK-SIEGWART, N 17; **a.M.** BK-HARTMANN, N 4), und zwar mit der Begründung, dass der Gesellschaftszweck, welcher allein die Entrichtung von Gesellschafterbeiträgen rechtfertigen soll, im Konkurs der Gesellschaft nicht mehr erreicht werden kann. Somit wird die Abwicklung des internen Verhältnisses als Problem der Verlustbeteiligung betrachtet und vom Konkurs ausgeschlossen (ZK-SIEGWART, N 19).

Dass die Gesellschaft **keine Ansprüche** gegen die Gesellschafter **aus ihrer unbeschränkten Haftung** ableiten kann (BGE 25 II 394; ZK-SIEGWART, N 16), folgt aus der **Subsidiarität** der Gesellschafterhaftung gegenüber derjenigen der Gesellschaft.

IV. Passiven der Konkursmasse

Unter den **Passiven** ist wiederum zwischen **Forderungen Dritter** und **solchen der Gesellschafter** zu unterscheiden. Die Schulden, welche die Gesellschaft den Gesellschaftern gegenüber wie mit einem Dritten eingegangen ist, sind den Forderungen gegenüber Dritten zuzurechnen. Schulden **gegenüber Dritten** werden ohne weiteres zugelassen. Als solche gelten allerdings nicht Schulden, welche die einzelnen Gesellschafter eingegangen sind, um selber Mittel in die Gesellschaft einbringen zu können (ZK-SIEGWART, N 20). Unter den Schulden, die **den Gesellschaftern gegenüber** bestehen, hat der Gesetzgeber selbst diejenigen festgelegt, welche im Konkurs der Gesellschaft zugelassen werden und welche nicht (Abs. 2):

– **Honoraransprüche** können *pro rata temporis bis zum Konkursausbruch geltend gemacht werden,* solange sie nicht dem Kapitalanteil i.S.v. Art. 559 Abs. 3 zugerechnet werden (ZK-SIEGWART, N 23). Nach ZK-SIEGWART (a.a.O.) ist dabei unerheblich, ob das Honorar aus Gesellschaftsvertrag oder aus einem separaten Dienstleistungsvertrag geschuldet ist. BK-HARTMANN (N 21) schliesst die Möglichkeit eines Arbeitsvertrages mangels Subordinationsverhältnisses überhaupt aus, und damit auch die Möglichkeit, im Konkurs ein **Privileg** geltend zu machen (Art. 219 Abs. 4 lit. a SchKG). Wegen des bei der Kollektivgesellschaft geltenden Prinzips der **Selbstorganschaft** ist u.E. unter konkursrechtlichen Gesichtspunkten die Konstruktion eines selbständigen arbeitsrechtlichen Rechtsverhältnisses, das das Gesellschaftsverhältnis überlagert, abzulehnen (dazu MEIER-HAYOZ/FORSTMOSER, § 2 N 118).

– **Verfallene Zinsen,** die im Konkurs beansprucht werden dürfen, sind solche, *welche bis zum letzten Geschäftsabschluss geschuldet waren* (Abs. 2; ZK-SIEGWART, N 24; BK-HARTMANN, N 19), dem Kapitalanteil jedoch noch nicht zugeschrieben worden sind (Art. 559 Abs. 3). Laufende Zinsen sind hingegen ausgeschlossen. Ein vereinbarter **Vorbezug** (Art. 558 Abs. 2), der noch nicht entrichtet wurde, kann nicht eingefordert werden (ZK-SIEGWART, a.a.O.).

– **Gewinnansprüche** für *das der Konkurseröffnung vorausgehende Jahr,* soweit sie nicht dem Kapitalanteil zugeteilt worden sind (Art. 558 Abs. 2; ZK-SIEGWART, N 25; BK-HARTMANN, N 20).

– Ansprüche auf Ersatz von Auslagen (ZK-SIEGWART, N 26).

– **Abfindungsansprüche** eines früher ausgeschiedenen Gesellschafters (ZK-SIEGWART, N 27 ff.).

Die Konkursmasse der Gesellschaft kann mit aussergesellschaftlichen und gesellschaftlichen Schulden des Gesellschafters verrechnen, *nicht aber mit dem Verlustanteil des Gesellschafters* (ZK-SIEGWART, N 28).

Art. 571

IV. Konkurs von Gesellschaft und Gesellschaftern

[1] Der Konkurs der Gesellschaft hat den Konkurs der einzelnen Gesellschafter nicht zur Folge.

[2] Ebenso wenig bewirkt der Konkurs eines Gesellschafters den Konkurs der Gesellschaft.

[3] Die Rechte der Gesellschaftsgläubiger im Konkurse des einzelnen Gesellschafters richten sich nach den Vorschriften des Schuldbetreibungs- und Konkursgesetzes vom 11. April 1889.

IV. Faillite de la société et des associés

[1] La faillite de la société n'entraîne pas celle des associés.

[2] De même, la faillite de l'un des associés n'entraîne pas celle de la société.

[3] Les droits des créanciers sociaux dans la faillite d'un associé sont régis par la loi fédérale du 11 avril 1889 sur la poursuite pour dettes et la faillite.

IV. Fallimento della società e dei soci

[1] Il fallimento della società non produce quello dei singoli soci.

[2] Parimente fallimento dei singoli soci non produce quello della società.

[3] I diritti dei creditori della società nel fallimento del singolo socio sono determinati dalle disposizioni della legge federale dell'11 aprile 1889 sulla esecuzione e sul fallimento.

Literatur

Vgl. die Literaturhinweise zu Art. 562.

I. Unabhängigkeit des Gesellschaftskonkurses und des Gesellschafterkonkurses (Abs. 1 und 2)

1 Wie das Vermögen der Gesellschaft von demjenigen der Gesellschafter getrennt ist, so sind auch die zwei Konkurse der Gesellschaft und des Gesellschafters **voneinander unabhängig** (ZK-SIEGWART, N 1; BK-HARTMANN, Art. 568 N 25). Die zwei Betreibungen sind *selbständig durchzuführen,* was u.a. heisst, *dass die Gläubiger eine gegen die Gesellschaft eingeleitete Betreibung nicht gegen die Gesellschafter fortsetzen können* (BK-HARTMANN, Art. 568 N 25).

3. Abschnitt: Verhältnis der Gesellschaft zu Dritten

Auch der **Kollektivgesellschafter,** der betrieben wird, untersteht der **Konkursbetreibung** (Art. 39 Ziff. 2 SchKG). Für den ausscheidenden Kollektivgesellschafter gilt insb., dass er noch während **sechs Monaten nach der Streichung im Handelsregister** dieser Form der Betreibung unterliegt (Art. 40 SchKG).

II. Gleichzeitiger Konkurs von Gesellschaft und Gesellschaftern

Bei **gleichzeitigem Konkurs von Gesellschaft und Gesellschaftern** ist zunächst der Konkurs der Gesellschaft abzuwickeln; ein durch den Gläubiger evtl. erlittener **Ausfall** ist dann im späteren Konkurs des Gesellschafters anzumelden (Art. 218 Abs. 1 SchKG). *Die zwei Konkursmassen sind deshalb genau auseinander zu halten.* Hat die Kollektivgesellschaft einen **ihr gehörenden,** auf dem Grundstück eines Gesellschafters errichteten Pfandtitel zur Sicherung einer Gesellschaftsschuld begeben, ist diese Tatsache wie die Verpfändung eines Eigentümerpfandtitels zu behandeln (ZK-SIEGWART, N 5; BGE 49 III 128). Hat hingegen der Kollektivgesellschafter **persönliches Vermögen** zur Sicherung einer Gesellschaftsschuld aufgebracht, hat er dadurch eine eigene Schuld gesichert, und im Sonderkonkurs kann eine solche Pfandbestellung von den anderen – benachteiligten – Gesellschaftsgläubigern angefochten werden, denn es ist **keine Pfandbestellung für fremde Rechnung** erfolgt (ZK-SIEGWART, N 5; BGE 26 II 618 ff.).

Art. 572

D. Stellung der Privatgläubiger eines Gesellschafters

¹ **Die Privatgläubiger eines Gesellschafters sind nicht befugt, das Gesellschaftsvermögen zu ihrer Befriedigung oder Sicherstellung in Anspruch zu nehmen.**

² **Gegenstand der Zwangsvollstreckung ist nur, was dem Schuldner an Zinsen, Honorar, Gewinn und Liquidationsanteil aus dem Gesellschaftsverhältnis zukommt.**

D. Situation des créanciers personnels d'un associé

¹ Les créanciers personnels d'un associé n'ont, pour se faire payer ou pour obtenir des sûretés, aucun droit sur l'actif social.

² Ils n'ont droit, dans la procédure d'exécution, qu'aux intérêts, aux honoraires, aux bénéfices et à la part de liquidation revenant à leur débiteur en sa qualité d'associé.

D. Condizione dei creditori personali di un socio

¹ I creditori personali di un socio non hanno azione sul patrimonio sociale per ottenere pagamento o garanzia.

² Essi non possono procedere ad atti esecutivi se non sulle somme alle quali il socio ha diritto per interessi, per onorario e per utili, e sulla quota che gli spetta nella liquidazione.

Literatur

Vgl. die Literaturhinweise zu Art. 562.

I. Allgemeines

Diese Bestimmung wiederholt zunächst den Grundsatz der **Unabhängigkeit** des Gesellschafts- vom Gesellschaftervermögen für den Fall, dass die Privatgläubiger der Gesellschafter die Befriedigung ihrer Ansprüche verlangen und Vollstreckungsmassnahmen einleiten. Sie ist aber v.a. auch Ausdruck der **Gesamtberechtigung** der Kollektivgesell-

Art. 573

schafter am Gesellschaftsvermögen, welche einen direkten Zugriff der Privatgläubiger der Gesellschafter auf die Vermögenswerte der Gesellschaft verunmöglicht (ZK-SIEGWART, N 1; BK-HARTMANN, N 3).

II. Die Eröffnung des Konkurses über den Gesellschafter

1. Allgemeines

2 Ein Kollektivgesellschafter unterliegt der **Konkursbetreibung,** solange er im Handelsregister eingetragen ist oder nach der Streichung weniger als sechs Monate vergangen sind (Art. 39 f. SchKG). *Dies gilt auch für seine privaten Schulden* (BGE 51 II 165). Für Forderungen aus dem **öffentlichen Recht** ist hingegen die Betreibung auf Pfändung oder Pfandverwertung zwingend vorgeschrieben (Art. 43 SchKG).

3 Wird über einen **Gesellschafter** der **Konkurs** eröffnet, so verliert er seine «Mitgliedschaftsrechte» in der Kollektivgesellschaft an die **Konkursverwaltung.** Diese vertritt den Gesellschafter im **Innenverhältnis,** während das **Vertretungsrecht** nach aussen **nicht mehr ausgeübt** werden kann (ZK-SIEGWART, Art. 571 N 3).

2. Wirkung auf bestehende Forderungen

4 Vgl. dazu die Kommentierung von Art. 567.

III. Vollstreckung in das Vermögen eines Gesellschafters insbesondere (Abs. 2)

5 Die Ansprüche, welche in der Betreibung gegen den Gesellschafter geltend gemacht werden können, sind zunächst dieselben, welche im Konkurs der Gesellschaft unter die Passiven aufgenommen werden dürfen: **Honorar-, Gewinn-** und **Zinsansprüche,** solange sie nicht bereits dem Kapitalanteil zugeteilt worden sind (Art. 559 Abs. 3; vgl. Komm. zu Art. 571). Hinzu kommen die abtretbaren Rechte am Gesellschaftsvermögen, insb. der **Liquidationsanteil** und selbstverständlich die **Individualansprüche,** die dem Gesellschafter wie einem Dritten zustehen (BK-HARTMANN, N 3). An Sachen und Rechten, welche der Gesellschaft **zum blossen Gebrauch überlassen** wurden, besteht ein Aussonderungsrecht (ZK-SIEGWART, N 1; BK-HARTMANN, N 3; MEIER-HAYOZ/ FORSTMOSER, § 12 N 88).

6 Bei der Betreibung auf Pfändung oder Pfandverwertung findet die VVAG Anwendung.

7 Sowohl bei der **Betreibung auf Konkurs** als auch bei der **Betreibung auf Pfändung** kann die Konkursverwaltung des Gesellschafters *die Auflösung der Gesellschaft und die Herausgabe des Liquidationsanteils* nach Massgabe von Art. 575 verlangen. Den übrigen Gesellschaftern bleibt vorbehalten, *die Konkursmasse zu befriedigen und die Auflösung dadurch abzuwenden* (Art. 575 Abs. 3).

Art. 573

E. Verrechnung

¹ Gegen eine Forderung der Gesellschaft kann der Schuldner eine Forderung, die ihm gegen einen einzelnen Gesellschafter zusteht, nicht zur Verrechnung bringen.

² Ebenso wenig kann ein Gesellschafter gegenüber seinem Gläubiger eine Forderung der Gesellschaft verrechnen.

³ **Ist dagegen ein Gesellschaftsgläubiger gleichzeitig Privatschuldner eines Gesellschafters, so wird die Verrechnung sowohl zugunsten des Gesellschaftsgläubigers als auch des Gesellschafters zugelassen, sobald der Gesellschafter für eine Gesellschaftsschuld persönlich belangt werden kann.**

E. Compensation

¹ Le débiteur de la société ne peut compenser une créance de celle-ci avec ce que lui doit personnellement un associé.

² De même, un associé ne peut opposer à son créancier la compensation avec ce que ce dernier doit à la société.

³ Toutefois, lorsqu'un créancier de la société est en même temps débiteur personnel d'un associé, la compensation est opposable aussi bien à l'un qu'à l'autre dès l'instant où l'associé peut être recherché personnellement pour une dette de la société.

E. Compensazione

¹ Il debitore della società non può compensare i crediti di questa con i crediti ch'egli ha contro un singolo socio.

² Parimente un socio non può opporre in compensazione al proprio creditore un credito della società.

³ Invece, se un creditore della società è ad un tempo debitore personale di un socio, la compensazione è opponibile sia all'uno sia all'altro, purché il socio possa essere convenuto personalmente per un debito sociale.

Literatur

Vgl. die Literaturhinweise zu Art. 562.

I. Verrechnung mit Forderungen der Gesellschaft

1. Allgemeines

Trägerin der Forderungen der Gesellschaft ist die Gesamtheit aller Kollektivgesellschafter. Es besteht somit *keine Individualberechtigung der Gesellschafter,* welche allein eine Verrechnung von Forderungen der Gesellschaft mit solchen der Gesellschafter ermöglichen würde: Die **Gegenseitigkeit** i.S.v. Art. 120 ist nicht gegeben (BK-HARTMANN, N 1; ZK-SIEGWART, N 2). Eine Verrechnung würde das Vermögen der Gesellschaft ohne entsprechenden Gegenwert und deshalb zum alleinigen Vorteil des Gesellschafters vermindern.

1

2. Die gesetzliche Regelung insbesondere (Abs. 1 und 2)

Der Schuldner, der eine Forderung gegen einen Kollektivgesellschafter persönlich hat, kann diese nicht mit einer Forderung verrechnen, die die Gesellschaft gegen ihn hat (Abs. 1). Ein Gesellschafter kann sinngemäss umgekehrt seinem persönlichen Gläubiger auch nicht eine Forderung der Gesellschaft gegen denselben Gläubiger entgegenhalten (Abs. 2; ZK-SIEGWART, N 2). Wird bei **Liquidation der Gesellschaft** die ihr zustehende Forderung dem Gesellschafter-Schuldner zugewiesen, *so ist Gegenseitigkeit und somit die Möglichkeit der Kompensation gegeben* (BGE 44 II 259 betr. die analoge Rechtslage bei der Erbengemeinschaft; ZK-SIEGWART, N 2). Dasselbe gilt, wenn ausserhalb der Liquidation die Forderung dem Gesellschafter, der zugleich Schuldner des Dritten ist, **abgetreten** wird (AppGer GE, SemJud 1895, 423; BK-HARTMANN, N 3).

2

II. Verrechnung mit Forderungen gegen die Gesellschaft

3   Während die Zulässigkeit der Verrechnung in diesem Fall das Vermögen der Gesellschaft erhöhen würde, spricht das Argument der **Gegenseitigkeit** nach wie vor gegen die Kompensation.

4   Sind jedoch die **Belangbarkeitsvoraussetzungen** i.S.v. Art. 568 Abs. 3 gegeben, so besteht zwischen den Forderungen die zur Kompensation erforderliche **Gegenseitigkeit**. Sowohl der Dritte, der vom Gesellschafter belangt wird, als auch die Gesellschaft, die vom Dritten in Anspruch genommen wird, *können Verrechnung erklären* (ZK-SIEGWART, N 3; BGer, 4C.374/2001, E. 2.2.1). Für den Dritten besteht jedoch nach wie vor die Möglichkeit, einen anderen Gesellschafter oder die Gesellschaft zu belangen und somit die Verrechnung auszuschliessen (ZK-SIEGWART, N 3). Dies wird sich empfehlen, wenn die **Einrede- und Einwendungslage** diesen gegenüber günstiger ist (ZK-SIEGWART, a.a.O.).

Vierter Abschnitt: Auflösung und Ausscheiden

Art. 574

A. Im Allgemeinen

¹ **Die Gesellschaft wird aufgelöst durch die Eröffnung des Konkurses. Im Übrigen gelten für die Auflösung die Bestimmungen über die einfache Gesellschaft, soweit sich aus den Vorschriften dieses Titels nicht etwas anderes ergibt.**

² **Die Gesellschafter haben die Auflösung, abgesehen vom Falle des Konkurses, beim Handelsregisteramt anzumelden.**

³ **Ist eine Klage auf Auflösung der Gesellschaft angebracht, so kann der Richter auf Antrag einer Partei vorsorgliche Massnahmen anordnen.**

A. En général

¹ La société est dissoute par l'ouverture de sa faillite. Au surplus, les règles de la société simple sont applicables à la dissolution, sauf les dérogations résultant du présent titre.

² Sauf le cas de faillite, la dissolution est inscrite sur le registre du commerce à la diligence des associés.

³ Lorsqu'une action tendant à la dissolution de la société est ouverte, le juge peut, à la requête d'une des parties, ordonner des mesures provisionnelles.

A. In genere

¹ La società in nome collettivo è sciolta per la dichiarazione del suo fallimento. Nel rimanente valgono per il suo scioglimento le disposizioni riguardanti la società semplice, in quanto non siano modificate dal presente titolo.

² Lo scioglimento della società, eccetto che avvenga per fallimento, dev'essere notificato dai soci per l'iscrizione nel registro di commercio.

³ Quando sia proposta l'azione di scioglimento della società, il giudice può, ad istanza d'una parte, ordinare misure provvisionali.

Literatur

BOURQUIN, Die Zwangsvollstreckung in den Anteil des Schuldners am Gesellschaftsvermögen einer Kollektiv- oder Kommandit-Gesellschaft, BlSchKG 1956, 65 ff., 97 ff.; DUC, Liquidation einer Kollektivgesellschaft nach Obligationenrecht, ST 2007, 986 ff.; REBSAMEN, Handbuch für das Handelsregister, 2. Aufl. 1999; REBSAMEN/THOMI, Kommentierte Handelsregister-Eintragungstexte für Einzelfirmen und Personengesellschaften, 1995; SCHLEGELBERGER, Handelsgesetzbuch, 5. Aufl. 1992; vgl. ausserdem die Literaturhinweise zu Art. 545 f.

I. Allgemeines

Die Kollektivgesellschaft wird aufgelöst, wenn ein **Auflösungsgrund** eintritt. Die Auflösungsgründe sind dieselben wie bei der einfachen Gesellschaft, womit auf die Kommentierung zu Art. 545 verwiesen werden kann. Zusätzlich bewirkt der Konkurs der Kollektivgesellschaft, der bei der einfachen Gesellschaft nicht möglich ist, deren Auflösung (Abs. 1). Der Konkurs eines Gesellschafters bewirkt hingegen, auch im Gegensatz zur einfachen Gesellschaft (Art. 545 Abs. 1 Ziff. 3), nicht die Auflösung der Gesellschaft (Art. 575). Ebenfalls im Gegensatz zur einfachen Gesellschaft (Art. 545 N 6) kann bei der Kollektivgesellschaft ein Gesellschafter gegen seinen Willen ausgeschlossen werden, ohne dass die Gesellschaft aufgelöst wird (Art. 577–579). Ein besonderer Auflösungsgrund ist das Ausscheiden sämtlicher Gesellschafter bis auf einen (Art. 579). Keine Auflösung ist die Umwandlung der Kollektivgesellschaft in eine einfache oder in eine Kommanditgesellschaft (VON STEIGER, SPR VIII/1, 570).

Der **Tod eines Gesellschafters** hat die gleichen Wirkungen wie bei der einfachen Gesellschaft (vgl. Art. 545 f. N 9 ff.): Sofern nichts anderes vereinbart wurde, wird die Gesellschaft aufgelöst und die Erben treten als Erbengemeinschaft in die sich in Liquidation befindende Gesellschaft ein und werden am Gesellschaftsvermögen dinglich berechtigt. Es kann durch eine Nachfolgeklausel vorgängig bestimmt werden, dass die Gesellschaft mit den Erben fortbestehen soll.

Die **Übertragung des Geschäftes,** das die Gesellschaft betrieb, kann einen Auflösungsgrund darstellen, sei es, dass dadurch die Gesellschafter die Gesellschaft beenden möchten (Art. 545 Abs. 1 Ziff. 4), sei es, dass die Erreichung des Zweckes unmöglich wird (Art. 545 Abs. 1 Ziff. 1). Dies ist jedoch nicht zwingend, die Gesellschaft kann auch, u.U. mit anderem Zweck und unter anderer Firma, fortgeführt werden (VON STEIGER, SPR VIII/1, 569).

Die **Auflösungsklage** (Art. 545 Abs. 1 Ziff. 7) muss auch bei der Kollektivgesellschaft gegen die Mitgesellschafter (vgl. Art. 545 f. N 34) und nicht gegen die Gesellschaft gerichtet werden (BGE 38 II 509 f.).

Die Auflösung muss in das **Handelsregister** eingetragen werden (Abs. 1). Abgesehen vom Falle des Konkurses ist die Anmeldung von sämtlichen Gesellschaftern zu unterzeichnen (Art. 17 Abs. 1 lit. b HRegV i.V.m. Art. 556 Abs. 1 OR). Im Falle des Todes eines Gesellschafters muss die Anmeldung zusätzlich von seinen sämtlichen Erben (resp. vom Willensvollstrecker, Art. 17 Abs. 3 HRegV) unterzeichnet werden und es ist ein Erbenschein als Beleg einzureichen. Der Firmenzusatz «in Liquidation» ist gemäss der neuen HRegV obligatorisch (Art. 42 Abs. 3 lit. b HRegV). Mit der Anmeldung müssen keine weiteren Belege eingereicht werden. Vorbehalten bleibt die Hinterlegung der Unterschrift von Liquidatoren, die nicht Gesellschafter sind (Art. 42 Abs. 2 HRegV). In der Praxis wird die Auflösung meist gleichzeitig mit der Löschung der Firma nach Beendigung der Liquidation (Art. 589, Art. 42 Abs. 4 HRegV) eingetragen.

II. Wirkungen der Auflösung

Wie bei der einfachen Gesellschaft hört mit Eintritt des Auflösungsgrundes die Gesellschaft nicht auf zu existieren, sondern erfährt bloss eine **Umwandlung des Gesell-**

schaftszwecks. Solange noch gemeinsame Aktiven oder Passiven vorhanden sind, besteht die Gesellschaft fort mit dem neuen und einzigen Zweck, das Vermögen und die Schulden unter die Gesellschafter aufzuteilen. Diese Liquidationsgesellschaft ist keine neue Gesellschaft, sondern ist identisch mit der bisherigen (BGE 93 II 252; 70 II 56; 59 II 423 f.; 39 II 738). Sie bleibt Kollektivgesellschaft (BK-HARTMANN, N 3). Vor der Auflösung gegen oder von der Gesellschaft angehobene Prozesse und Betreibungen können ohne Änderung der Partei weitergeführt werden, und es können, solange die Liquidation nicht beendet ist, neue Prozesse gegen und von der Gesellschaft angestrengt werden, selbst wenn inzwischen die Gesellschaft im Handelsregister gelöscht wurde (BGE 81 II 361). Erst wenn die Liquidation beendet ist, hört die Gesellschaft auf zu existieren und verliert ihre Rechts- und Parteifähigkeit.

7 Daneben bewirkt die Auflösung der Gesellschaft, dass nun sämtliche Gesellschafter für die Schulden der Gesellschaft **direkt belangt werden können** (Art. 568 Abs. 3; BGE 100 II 378 f.). Dies gilt auch für den Fall der Auflösung durch Konkurs (PATRY, 320).

III. Rückgängigmachung der Auflösung

8 Auch bei der Kollektivgesellschaft kann, wie bei der einfachen Gesellschaft (Art. 545 f. N 4), die **Auflösung** durch einstimmigen Gesellschaftsbeschluss **rückgängig gemacht werden** (BGE 100 II 379; BK-HARTMANN, N 35 ff.). Es kann damit auch eine Zweckänderung verbunden werden. Ist die Auflösung bereits in das Handelsregister eingetragen worden, so muss auch deren Rückgängigmachung eingetragen werden. Die Rückgängigmachung der Auflösung hat keinen Einfluss auf die persönliche Belangbarkeit der Gesellschafter (Art. 568 Abs. 3; BK-HARTMANN, N 37), wenn schon Klage erhoben oder die Betreibung eingeleitet wurde (CHK-STRITTMATTER, N 5; ähnlich ZK-SIEGWART, N 2).

IV. Auflösung infolge Konkurs der Gesellschaft oder Nachlassvertrag mit Vermögensabtretung

9 Die Kollektivgesellschaft kann auf **Konkurs** betrieben werden, wenn sie im Handelsregister eingetragen ist (Art. 39 Ziff. 5 SchKG). Ist die Gesellschaft nicht eingetragen, hat das Betreibungsamt die zwangsweise Eintragung gemäss Art. 152 HRV zu veranlassen (BGE 55 III 148 ff.); eine Betreibung auf Pfändung ist nicht zulässig (ZR 1931, 383 f.). Die Eröffnung des Konkurses bewirkt zwingend (VON STEIGER, SPR VIII/1, 553) die Auflösung der Gesellschaft (Abs. 1). Diese ist von Amtes wegen im Handelsregister einzutragen (Art. 158 HRV). Der Firma wird der Zusatz «in Liquidation» beigefügt (Art. 159 Abs. 1 lit. c HRegV.). Auch über die bereits aus einem anderen Grund aufgelöste Gesellschaft kann der Konkurs eröffnet werden, und zwar so lange, als die Liquidation noch nicht abgeschlossen ist und noch keine sechs Monate seit der Löschung im Handelsregister verstrichen sind (Art. 40 SchKG; BGE 59 II 61; 39 II 738; 38 I 287 m. w.H.; GUHL/KUMMER/DRUEY, 8. Aufl., 607; SchKG-ACOCELLA, Art. 40 N 7; **a.M.** AB BL BlSchK 2000, 176). Erst nach Abschluss des Konkursverfahrens wird die Gesellschaft im Handelsregister gelöscht (Art. 159 Abs. 5 HRegV).

10 Ebenfalls ein Auflösungsrund ist der **Nachlassvertrag mit Vermögensabtretung** (Liquidationsvergleich, Art. 317 ff. SchKG; VON STEIGER, SPR VIII/1, 568). Dieser ist nach der gerichtlichen Bestätigung von den Liquidatoren in das Handelsregister einzutragen (Art. 161 HRV), wobei die Firma der Gesellschaft den Zusatz «in Nachlassliquidation» erhält (Art. 319 Abs. 2 SchKG). Nach Beendigung der Liquidation haben die

4. Abschnitt: Auflösung und Ausscheiden **Art. 575**

Liquidatoren die Löschung im Handelsregister anzumelden (Art. 161 Abs. 4 HRegV). Die Auflösung und Löschung, nicht aber der Eintrag des Nachlassvertrages in das Handelsregister, kann unterbleiben, wenn nicht sämtliche Vermögenswerte in das Nachlassverfahren einbezogen werden (Art. 318 Abs. 2 SchKG) und der Geschäftsbetrieb fortgeführt wird (VON STEIGER, SPR VIII/1, 568). Der **gewöhnliche Nachlassvertrag** (Stundungs- und Dividendenvergleich, Art. 314 ff. SchKG) führt nicht zur Auflösung der Gesellschaft und ist auch nicht in das Handelsregister einzutragen (BGE 101 Ib 458; VON STEIGER, SPR VIII/1, 568).

V. Vorsorgliche Massnahmen

Nach Einreichung der Auflösungsklage kann der Erlass **vorsorglicher Massnahmen** gefordert werden (Abs. 3). In Betracht kommen z.B. Verbot der Veräusserung von Vermögenswerten, Sperre der Bezüge der Gesellschafter, Hinterlegung des Gewinnes, Entzug der Geschäftsführungsbefugnis und Anordnungen zur Sicherung eines geordneten Geschäftsganges (BK-HARTMANN, N 39; MEIER, Grundlagen des einstweiligen Rechtsschutzes, 1983, 70). Hierbei handelt es sich um einen materiellrechtlichen Anspruch des Bundesrechts zur Sicherung einer vorläufigen Friedensordnung (BK-HARTMANN, N 39; STAEHELIN/SUTTER, 306). Umstritten ist, ob daneben der Kläger auch den Erlass vorsorglicher Verfügungen des kantonalen Prozessrechts begehren kann (dafür: MEIER, a.a.O., 73; dagegen: HASENBÖHLER, BJM 1976, 11). Nur die kantonalrechtlichen Massnahmen stehen zur Verfügung, wenn die Voraussetzungen von Abs. 3 nicht gegeben sind, sei es, weil noch keine Auflösungsklage eingereicht wurde (HASENBÖHLER, a.a.O., 11), sei es, weil nicht die Auflösung, sondern nur die Liquidation strittig ist (ZK-SIEGWART, N 2).

11

Art. 575

B. Kündigung durch Gläubiger eines Gesellschafters

¹ Ist ein Gesellschafter in Konkurs geraten, so kann die Konkursverwaltung unter Beobachtung einer mindestens sechsmonatigen Kündigungsfrist die Auflösung der Gesellschaft verlangen, auch wenn die Gesellschaft auf bestimmte Dauer eingegangen wurde.

² Das gleiche Recht steht dem Gläubiger eines Gesellschafters zu, der dessen Liquidationsanteil gepfändet hat.

³ Die Wirkung einer solchen Kündigung kann aber, solange die Auflösung im Handelsregister nicht eingetragen ist, von der Gesellschaft oder von den übrigen Gesellschaftern durch Befriedigung der Konkursmasse oder des betreibenden Gläubigers abgewendet werden.

B. Dissolution requise par les créanciers d'un associé

¹ En cas de faillite d'un associé, l'administration de la faillite peut, après un avertissement donné au moins six mois à l'avance, demander la dissolution de la société, même lorsque celle-ci a été constituée pour une durée déterminée.

² Le même droit peut être exercé par le créancier de chaque associé, lorsque ce créancier a fait saisir la part de liquidation de son débiteur.

³ Aussi longtemps que la dissolution n'est pas inscrite sur le registre du commerce, la société ou les autres associés peuvent détourner l'effet de

B. Scioglimento ad istanza di creditori d'un socio

l'avertissement prévu ci-dessus en désintéressant la masse ou le créancier poursuivant.

¹ Qualora un socio sia dichiarato in fallimento, l'amministrazione di questo può, previa diffida di sei mesi almeno, chiedere lo scioglimento della società, anche se la medesima fu costituita a tempo determinato.

² Lo stesso diritto spetta al creditore di un socio, quando abbia pignorato la quota che spetta a quest'ultimo nella liquidazione.

³ La società o gli altri soci possono sempre evitare gli effetti di tale diffida mediante il soddisfacimento della massa o del creditore procedente, finché lo scioglimento non sia stato iscritto nel registro di commercio.

Literatur

Vgl. die Literaturhinweise zu Art. 574.

I. Kündigung durch die Konkursverwaltung (Abs. 1)

1   Der **Konkurs eines Gesellschafters** hat weder den Konkurs der Gesellschaft (Art. 571 Abs. 2) noch deren Auflösung zur Folge. Da die Privatgläubiger des Gesellschafters nicht befugt sind, direkt auf das Gesellschaftsvermögen zu greifen (Art. 572 Abs. 1), sondern neben den Auslagenersatz-, Honorar-, Zins- und Gewinnforderungen (Art. 559 Abs. 1) nur der Anspruch des Schuldners auf den Liquidationsanteil Gegenstand der Zwangsvollstreckung ist (Art. 572 Abs. 2), muss dieser den Gläubigern durch Auflösung der Gesellschaft zugänglich gemacht werden. Daher steht der Konkursverwaltung ein ausserordentliches Kündigungsrecht zu. Dasselbe gilt für den Liquidator beim Nachlassvertrag mit Vermögensabtretung eines Gesellschafters (BGE 102 III 36 ff.). Der Kündigung müssen keine Einigungsverhandlungen i.S.v. Art. 9 VVAG vorausgegangen sein (BGE 102 III 39).

2   Die **Kündigungsfrist** beträgt sechs Monate, sofern nicht im Gesellschaftsvertrag eine kürzere Frist vereinbart wurde (ZK-SIEGWART, N 2; **a.M.** WIELAND, 665 FN 26; BK-HARTMANN, N 4; BOURQUIN, 103). Einen **Kündigungstermin** sieht das Gesetz, anders wie bei der ordentlichen Kündigung gemäss Art. 546 (Ende eines Geschäftsjahres), nicht vor, sie ist demnach zulässig auf sechs Monate nach Zugang (BK-HARTMANN, N 4; CHK-STRITTMATTER, N 5; **a.M.** ZK-SIEGWART, N 2; BOURQUIN, 103).

II. Kündigung durch den betreibenden Gläubiger (Abs. 2)

3   Wird der Gesellschafter für eine öffentlich-rechtliche Forderung betrieben, so ist die Zwangsvollstreckung auf dem Weg der **Pfändung** fortzusetzen (Art. 43 SchKG). Diesfalls kann der betreibende Gläubiger die Gesellschaft kündigen (Abs. 2), aber erst nachdem er das Verwertungsbegehren gestellt hat und die Einigungsverhandlungen der Betreibungsbehörden mit den übrigen Gesellschaftern gescheitert sind (Art. 7 VVAG). Danach nimmt jedoch wieder das Betreibungsamt und nicht der kündigende Gläubiger an der Liquidation teil (ZK-SIEGWART, N 4). Die Aufsichtsbehörde gemäss Art. 13 SchKG kann den Gläubigern eine Frist zur Ausübung ihres Kündigungsrechts setzen unter Androhung, dass sie bei deren unbenützten Ablauf selber über die Verwertungsart befinden werde (SchKG-RUTZ, Art. 132 N 30).

4. Abschnitt: Auflösung und Ausscheiden   Art. 576

III. Wirkung der Auflösung

Nach der Auflösung wird die Gesellschaft nach den allgemeinen Regeln **liquidiert**. Für 4
den konkursiten oder betriebenen Gesellschafter nimmt die Konkursverwaltung resp.
das Betreibungsamt an der Liquidation teil. Diese haben jedoch nicht mehr Rechte, als
dem Gesellschafter selbst zustehen würden (ZK-SIEGWART, Art. 582 N 6). Unter Umständen fällt nun auch noch die «Gesellschaft in Liquidation» in Konkurs.

IV. Abwendung der Auflösung (Abs. 3)

Die übrigen Gesellschafter können die Auflösung vermeiden, indem sie entweder die 5
Gläubiger befriedigen (Abs. 3) oder den Zahlungsunfähigen ausschliessen (Art. 578).
Wählen sie die erste Lösung, so haben sie im Falle des Konkurses sämtliche Gläubiger
zu befriedigen, deren Forderungen von der Konkursverwaltung anerkannt wurden
(Art. 245 SchKG; ZK-SIEGWART, N 5). Dies führt zum Widerruf des Konkurs und die
Kündigung verliert ihre Wirkungen (BK-HARTMANN, N 6; BOURQUIN, 104). Ein Konkurswiderruf kann auch durch privaten Vergleich oder Nachlassvertrag mit den Gläubigern bewirkt werden (Art. 195 SchKG), auch dann tritt die Auflösung nicht ein (CHK-STRITTMATTER, N 7; **a.M.** BK-HARTMANN, N 6).

Auch **nach der Auflösung** kann die Liquidation abgewendet werden durch Befriedigung 6
der Gläubiger, privaten Vergleich oder Nachlassvertrag mit Widerruf des Konkurses. Die
Auflösung fällt dann zwar nicht eo ipso dahin, doch können die Gesellschafter die Fortsetzung der noch nicht liquidierten Gesellschaft vereinbaren (ZK-SIEGWART, N 7).

Die **Mittel** zur Befriedigung der Gläubiger können von den übrigen Gesellschaftern, der 7
Gesellschaft selbst oder auch von Dritten kommen (BK-HARTMANN, N 7). Beim Entscheid der Gesellschaft, ob sie die Gläubiger selbst befriedigen will, hat weder der Betriebene noch die Konkursverwaltung oder das Betreibungsamt ein Stimmrecht (ZK-SIEGWART, N 6).

Konnte die Auflösung durch Befriedigung der Gläubiger abgewendet werden, so **be-** 8
steht die Gesellschaft mit dem Betriebenen fort. Dieser ist nun Schuldner der Intervenienten, worüber vorgängig meist bestimmte Abmachungen getroffen werden (ZK-SIEGWART, N 7).

Art. 576

C. Ausscheiden von Gesellschaftern I. Übereinkommen	Sind die Gesellschafter vor der Auflösung übereingekommen, dass trotz des Ausscheidens eines oder mehrerer Gesellschafter die Gesellschaft unter den übrigen fortgesetzt werden soll, so endigt sie nur für die Ausscheidenden; im Übrigen besteht sie mit allen bisherigen Rechten und Verbindlichkeiten fort.
C. Sortie d'un ou plusieurs associés I. Convention	S'il a été convenu, avant la dissolution, que nonobstant la sortie d'un ou de plusieurs associés la société continuerait, elle ne prend fin qu'à l'égard des associés sortants; elle subsiste avec les mêmes droits et les mêmes engagements.
C. Uscita di soci I. Convenzione	Se prima dello scioglimento siasi pattuito che, nonostante l'uscita di uno o più soci, la società abbia a continuare tra gli altri, la società cessa soltanto per gli uscenti e continua per gli altri con tutti i diritti ed i vincoli di prima.

Literatur

MOSER, Fragen, die sich aus dem Verhältnis zwischen den die Kollektivgesellschaft fortsetzenden Gesellschaftern und dem ausgeschiedenen Teilhaber ergeben, Diss. Zürich 1948; SCHAEDLER, Die Abfindung des ausscheidenden Gesellschafters, Diss. Bern 1963; SPÖRRI, Eintritt und Austritt von Gesellschaftern bei den Handelsgesellschaften, Diss. Bern 1947; STRITTMATTER, Ausschluss aus Rechtsgemeinschaften, Diss. Zürich 2002; WIKI, Übernahme und Fortsetzung des Geschäftes einer Kollektivgesellschaft durch einen Kollektivgesellschafter, Diss. Bern 1956; vgl. ausserdem die Literaturhinweise zu Art. 574.

I. Normzweck

1 Die Kollektivgesellschaft wird von Gesetzes wegen bei Eintritt eines Auflösungsgrundes aufgelöst. Namentlich beim Tod, der Bevormundung, der Kündigung und dem Eintritt eines wichtigen Grundes kann die Ursache des Auflösungsgrundes nur bei einem Gesellschafter liegen, die übrigen können ein Interesse daran haben, das Geschäft fortzuführen. Dies könnten sie erreichen, indem sie die Liquidation durchführen und ihren Liquidationsanteil zu einer neuen Gesellschaft zusammenlegen. Dieses Vorgehen ist indes kompliziert, langwierig und birgt die Gefahr in sich, dass das Geschäft zerstört wird, da bei der Liquidation kein Anspruch auf Realzuweisung, sondern nur auf Versilberung besteht. Daher statuiert das Gesetz in Art. 576 den Grundsatz, dass im gegenseitigen Einverständnis ein oder mehrere Gesellschafter aus der Gesellschaft ausscheiden können und die übrigen Gesellschafter dieselbe Gesellschaft mit der gleichen rechtlichen **Identität** und denselben Aktiven und Passiven ohne Auflösung und Liquidation fortführen können (ZK-SIEGWART, N 1). Dadurch erhält die Kollektivgesellschaft ein gewisses körperschaftliches Element. Dieses Vorgehen ist sogar möglich, wenn nur ein Gesellschafter übrig bleibt, der das Geschäft alleine weiterführen möchte (vgl. Art. 579 N 1).

2 War der Name des Ausscheidenden in der Firma der Gesellschaft enthalten, so muss die **Firma geändert** werden (948 Abs. 1). Dies ändert aber nichts an der Kontinuität der rechtlichen Identität der Gesellschaft (ZK-SIEGWART, N 9; VON STEIGER, SPR VIII/1, 551). Möglich ist die Fortsetzung der bisherigen Firma mit einem Nachfolgezusatz, wenn der Ausscheidende hierzu seine Zustimmung erteilt (Art. 953).

II. Die Fortsetzungsvereinbarung

3 Das Gesetz erwähnt nur den Fall, dass die Gesellschafter vor der Auflösung überein gekommen sind, im Falle des Ausscheidens eines Gesellschafters die Gesellschaft fortzuführen (Fortsetzungsklausel), doch besteht Einigkeit darüber, dass dies auch **nach der Auflösung vereinbart** werden kann, solange die Liquidation noch nicht abgeschlossen ist (BGE 116 II 53; 69 II 119 f.; ZK-SIEGWART, N 2; BK-HARTMANN, N 4; VON STEIGER, SPR VIII/1, 553). Keine Fortsetzung kann vereinbart werden, wenn die Gesellschaft durch Konkurs aufgelöst wurde, dementsprechend kann nach diesem Zeitpunkt kein Gesellschafter mehr ausscheiden.

4 Der Fortsetzungsbeschluss bedarf der **Einstimmigkeit,** ausser es wurde im Gesellschaftsvertrag für ihn ausdrücklich das Mehrheitsprinzip vereinbart (VON STEIGER, SPR VIII/1, 553). Dies gilt auch, wenn er erst nach der Auflösung gefasst wurde. Der Ausscheidende, resp. sein Vormund oder die Erben im Falle der Auflösung durch Tod eines Gesellschafters, haben der Fortsetzungsvereinbarung zuzustimmen (BGE 69 II 119 f.; BK-HARTMANN, N 4; RECORDON, 6; CHK-STRITTMATTER, N 4; **a.M.** DESSEMONTET, 207). Ist diese Zustimmung nicht erhältlich, so besteht immer noch die Möglichkeit,

dass die übrigen Gesellschafter den ganzen Betrieb gemäss Art. 585 Abs. 3 an sich selbst verkaufen und durch Singularsukzession übertragen (DESSEMONTET, 208).

Die vorgängig vereinbarte Fortsetzung (**Fortsetzungsklausel**) kann aufgrund der Vertragsfreiheit beliebig ausgestaltet werden. Sie kann obligatorisch oder fakultativ sein und die Auflösungsgründe bezeichnen, bei denen sie in Kraft treten soll, wobei auch objektive Gründe mit Ausnahme des Konkurses der Gesellschaft bezeichnet werden können. Des Weiteren kann sie eine Austrittspflicht (vgl. Art. 577) und ein Austrittsrecht enthalten (VON STEIGER, SPR VIII/1, 554). Zur Vereinbarung, wonach beim Tod eines Gesellschafters die Gesellschaft nicht aufgelöst, sondern mit den Erben fortbestehen soll (sog. Nachfolgeklausel) vgl. Art. 545 f. N 10. — 5

Die vorgängig oder nachträglich getroffene Fortsetzungsvereinbarung ist **formlos** gültig, selbst wenn sich im Gesellschaftsvermögen Grundstücke befinden (BGE 116 II 53 f.; ZK-HAAB, Art. 652–54 ZGB N 40; ZOBL, 106). — 6

III. Die Wirkungen des Ausscheidens

Das Ausscheiden des Gesellschafters führt nicht zu einer Teilliquidation, womit der Ausscheidende noch Mitglied der Gesellschaft wäre, bis er seinen Abfindungsanspruch ausbezahlt erhalten hat, sondern seine **Mitgliedschaft erlischt im Moment des Ausscheidens.** Massgebend für den Zeitpunkt des Ausscheidens ist somit, sofern die Parteien nichts anderes vereinbarten (ZOBL, 110), im Falle einer Fortsetzungsklausel der Eintritt des Auflösungsgrundes, im Falle eines nachträglichen Fortsetzungsbeschlusses dessen Vereinbarung (BGE 59 II 423; ZR 1965, 235; 1983, 183 f.; SJ 1978, 506, 508; BK-HARTMANN, N 9; WIKI, 49 f.; SCHAEDLER, 10; BOLLMANN, 60; ZOBL, 111; VON STEIGER, SPR VIII/1, 417; STRITTMATTER, 150: RECORDON, 10; und die deutsche h.L.: SCHLEGELBERGER/SCHMIDT, § 138 HGB N 24; **a.M.** BGE 81 II 362; 97 II 231; 102 II 185; WIELAND, 717 ff.; ZK-SIEGWART, Art. 580 N 28). Namentlich Praktikabilitätserwägungen sprechen für diese Lösung, da dogmatisch beide Lösungen mit Schwächen behaftet sind. Da der Ausscheidende seine dingliche Berechtigung am Gesellschaftsvermögen verliert, ohne dass ein Publizitätsakt erforderlich wäre (N 8), muss der Zeitpunkt des Ausscheidens mit Sicherheit nachgewiesen werden können, und dafür eignet sich der Moment der Vereinbarung besser als die Beendigung der Teilliquidation. Dementsprechend verlangt die Grundbuchpraxis auch nicht den Nachweis, dass der Abfindungsanspruch ausgerichtet wurde. — 7

Im Moment des Ausscheidens verliert der Gesellschafter seine dingliche Berechtigung am Gesellschaftsvermögen. Dieses wächst den übrigen Gesellschaftern an **(Akkreszenz)**, ohne dass eine Besitzübertragung, eine Abtretungserklärung oder ein Grundbucheintrag vonnöten wäre (BGE 116 II 53; 116 II 180; 75 I 275; ZK-HAAB, Art. 652–54 ZGB N 40; BK-MEIER-HAYOZ, Art. 654 ZGB N 61; WIKI, 51 f.; HUBER, ZBGR 1953, 243; LIVER, ZBJV 1964, 263 f.; BOLLMANN, 74 ff.; ZOBL, 110; VON STEIGER, SPR VIII/1, 418; WOLF, 15; BK-FELLMANN/MÜLLER, Art. 542 N 31). Da die Gesellschaft unter eigenem Namen im Grundbuch als Eigentümerin eingetragen wird, bedarf es, wenn die Firma der Gesellschaft dieselbe bleibt, nicht einmal einer deklaratorischen Grundbuchänderung (BGE 51 I 433; HUBER, ZBGR 1953, 246 ff.; PFÄFFLI, ZBGR 1991, 328). Dafür erhält der Ausscheidende eine schuldrechtliche Abfindungsforderung (Art. 580). — 8

Zum Zeitpunkt seines Ausscheidens verliert der Gesellschafter seine **Geschäftsführungs-, Vertretungs-** (ZK-SIEGWART, N 4) und weitgehend auch seine **Kontrollrechte** — 9

Daniel Staehelin

(BK-Hartmann, N 10; von Steiger, SPR VIII/1, 554). Seine Vertretungsmacht im Verhältnis zu gutgläubigen Dritten verliert er indes erst, wenn sein Ausscheiden im Handelsregister eingetragen wurde (von Steiger, SPR VIII/1, 557).

10 Der ausscheidende Gesellschafter bleibt subsidiär, ohne dass er belangbar würde (Art. 568 Abs. 3; BGE 100 II 378; 101 Ib 459), **haftbar** für alle bis zu seinem Ausscheiden entstandenen Gesellschaftsschulden, auch für die erst später fällig werdenden (Guhl/Kummer/Druey, 8. Aufl., 604; BK-Hartmann, N 11; BGHZ 36, 225). Für die danach entstandenen Schulden haftet er nicht mehr. Massgebend ist der Zeitpunkt der Veröffentlichung des Ausscheidens im SHAB (Art. 591, vgl. BGE 83 II 48). Für Doktrin und Judikatur ist der Moment entscheidend, in dem der Rechtsgrund (Entstehungsgrund) der Forderung gesetzt worden ist (BGE 44 II 307; ZK-Siegwart, N 5; von Steiger, SPR VIII/1, 421). Ohne Zweifel sind dies alles Forderungen, die im Zeitpunkt seines Ausscheidens fällig waren. Als bereits entstanden gelten aber auch die betagten Forderungen, bei denen ausser der Fälligkeit alle übrigen Tatbestandsmerkmale erfüllt sind (BGE 48 II 317 f.; BJM 1985, 155; von Tuhr/Escher, 44 f.). Darüber hinaus haftet der Ausscheidende auch für Forderungen, die zu diesem Zeitpunkt erst als suspensiv-bedingte oder -befristete bestanden (vgl. zur analogen Situation von Art. 181 Abs. 2: von Tuhr/Escher, 398; BGHZ 39, 277, zur Forderungseingabe bei der Kapitalherabsetzung einer juristischen Person: Forstmoser, Aktienrecht, 229; ZK-Bürgi, Art. 733 N 15), oder bei denen noch eine Rechtsbedingung, wie z.B. eine Genehmigung, ausstand. Bei Dauerverträgen haftete der Ausscheidende auch für die zukünftigen Raten (BGE 33 II 302; RGZ 86, 61), jedoch nur bis zu dem nächstmöglichen Kündigungstermin (ZK-Siegwart, N 5; von Steiger, SPR VIII/1, 422). Zur Verjährung der Haftung des Ausscheidenden vgl. Art. 591.

10a Der ausscheidende Gesellschafter bleibt auch für die noch offenen Schulden **gegenüber der Gesellschaft** haftbar, sie werden ihm nicht automatisch erlassen (OGer SO, SJZ 2007, 203 f.).

IV. Umwandlung in eine Kommanditgesellschaft

11 Die Gesellschafter können auch vereinbaren, dass die Kollektivgesellschaft beim Tod eines Gesellschafters mit dessen Erben als blosse Kommanditäre fortgesetzt wird (sog. **Konversionsklausel;** BGE 95 II 550; Hausheer, 159 ff.). Sollen die Erben diese Stellung eo ipso erhalten, so liegt eine modifizierte Nachfolgeklausel (vgl. Art. 545 f. N 10) vor, möglich wäre aber auch eine modifizierte Eintrittsklausel (vgl. Art. 545 f. N 13), womit die Erben bloss einen Anspruch auf Eintritt in die Gesellschaft erhalten (von Greyerz, Unternehmernachfolge, 96 f.; von Steiger, SPR VIII/1, 428; BGE 95 II 551). Es empfiehlt sich, in die Konversionsklausel Bestimmungen über die Höhe der Kommanditeinlage, der Kommanditsumme und des Gewinnanteiles aufzunehmen, ansonsten angenommen wird, die Kommanditeinlage entspreche der Abfindungssumme, welche den Erben beim Ausscheiden zustehen würde, die Kommanditsumme entspreche der Kommanditeinlage (von Greyerz, 99) und der Richter habe über die Gewinnbeteiligung zu entscheiden (Art. 601 Abs. 2, anders § 139 Abs. 1 BGB). Eine vorgehende Festsetzung der Kommanditeinlage kann der Form der Verfügung von Todes wegen bedürfen, wenn darin eine Liberalität zugunsten der anderen Gesellschafter einzig im Falle des Todes enthalten ist (vgl. Art. 580 N 2).

Art. 577

II. Ausschliessung durch den Richter	Wenn die Auflösung der Gesellschaft aus wichtigen Gründen verlangt werden könnte und diese vorwiegend in der Person eines oder mehrerer Gesellschafter liegen, so kann der Richter auf deren Ausschliessung und auf Ausrichtung ihrer Anteile am Gesellschaftsvermögen erkennen, sofern alle übrigen Gesellschafter es beantragen.
II. Exclusion par le juge	Lorsque la dissolution pourrait être demandée pour de justes motifs se rapportant principalement à un ou à plusieurs associés, le juge peut, si tous les autres le requièrent, prononcer l'exclusion, en ordonnant la délivrance à l'associé ou aux associés exclus de ce qui leur revient dans l'actif social.
II. Esclusione pronunciata dal giudice	Qualora lo scioglimento della società potesse essere chiesto per motivi gravi riguardanti precipuamente la persona di un socio o di più soci, il giudice può pronunciare la loro esclusione, ordinando il rimborso di quanto loro spetta nel patrimonio sociale, purché la esclusione sia proposta da tutti gli altri soci.

Literatur

Vgl. die Literaturhinweise zu Art. 576.

I. Allgemeines

Grundsätzlich bedarf der Austritt eines Gesellschafters und die Fortführung der Gesellschaft durch die übrigen Gesellschafter der Zustimmung aller, auch des Ausscheidenden (Art. 576 N 4). Kann hierüber kein Konsens gefunden werden, liegt aber ein wichtiger Grund vor, der die Fortführung der Gesellschaft für gewisse Mitglieder unzumutbar werden lässt, so können diese vom Richter die Auflösung der Gesellschaft verlangen (Art. 574 Abs. 1, Art. 545 Abs. 1 Ziff. 7). Liegt dieser wichtige Grund vorwiegend in der Person eines oder mehrerer Gesellschafter, so gibt das Gesetz bei der Kollektivgesellschaft (nicht aber bei der einfachen Gesellschaft, vgl. Art. 545 f. N 6) den übrigen Gesellschaftern die Möglichkeit, vom Richter deren **Ausschliessung** gegen Entrichtung einer Abfindungssumme zu verlangen.

II. Voraussetzungen

Voraussetzung ist zum einen das Vorliegen eines **wichtigen Grundes** (vgl. Art. 545 f. N 30 ff.). Sodann muss dieser Grund **vorwiegend in der Person eines oder mehrerer Gesellschafter** liegen, doch ist ein Verschulden nicht erforderlich (BK-HARTMANN, N 3; VON STEIGER, SPR VIII/1, 558). Zudem haben alle übrigen Gesellschafter beim Richter den Antrag zu stellen. Möglich ist auch, dass ein Gesellschafter die Ausschliessung aller übrigen verlangt (ZK-SIEGWART, N 2; BK-HARTMANN, N 7). Bei der Kommanditgesellschaft haben auch die Kommanditäre zu klagen (BK-HARTMANN, N 8). Der Antrag kann, entgegen dem zu engen Gesetzeswortlaut, auch noch gestellt werden, wenn sich die Gesellschaft bereits im Liquidationsstadium befindet, da auch dann noch die Fortführung vereinbart werden kann (Art. 576 N 3), doch sind hier höhere Anforderungen an den wichtigen Grund zu stellen (WIELAND, 715 FN 9; BK-HARTMANN, N 9; BERGSMA, 93; STRITTMATTER, 122; **a.M.** BJM 1961, 202 f.; ZK-SIEGWART, N 3; GUHL/KUMMER/DRUEY, 8. Aufl., 608). Auf das Klagerecht kann bei Kenntnis des wichtigen

Grundes ausdrücklich oder stillschweigend verzichtet werden, doch kann in einem blossen Zuwarten üblicherweise noch kein Verzicht gesehen werden (BK-HARTMANN, N 9).

III. Ergänzende und abweichende Vereinbarungen

3   Im **Gesellschaftsvertrag** kann vereinbart werden, dass bei Vorliegen wichtiger Gründe durch Gesellschaftsbeschluss mit einfacher oder qualifizierter Mehrheit ein Gesellschafter ausgeschlossen werden kann (BGE 69 II 120; ZK-SIEGWART, N 5; VON STEIGER, SPR VIII/1, 559; **a.M.** BK-HARTMANN, N 4). Wird dies vertragskonform beschlossen, so wird der Ausschluss direkt im Moment der Mitteilung an den Ausgeschlossenen wirksam (VON STEIGER, SPR VIII/1, 560), ein allfälliges Urteil hierüber hat bloss Feststellungscharakter. Darüber hinaus muss es grundsätzlich zulässig sein, im Gesellschaftsvertrag zu vereinbaren, dass ein Gesellschafter auch ohne wichtige Gründe ausgeschlossen werden darf (DESSEMONTET, 143; **a.M.** ZK-SIEGWART, N 5; VON STEIGER, SPR VIII/1, 559; CHK-EGLI, N 8; STRITTMATTER, 137 und die deutsche h.L.; SCHLEGELBERGER/SCHMIDT, § 140 HGB N 77 ff. m.w.Nw.), da eine Überprüfung, ob dies mit Art. 27 ZGB vereinbar ist, nur im Einzelfall vorgenommen werden kann (RECORDON, 8). A maiore minus ist es den Parteien gestattet, im Gesellschaftsvertrag zu vereinbaren, dass bloss eine Mehrheit und nicht nur alle übrigen Gesellschafter die Ausschliessungsklage aus wichtigen Gründen erheben können (BGE 69 II 120; ZK-SIEGWART, N 4; BOLLMANN, 50; VON STEIGER, SPR VIII/1, 559; **a.M.** BK-HARTMANN, N 8). Auch in diesem Fall müssen alle Gesellschafter am Prozess auf einer der beiden Seiten als Partei beteiligt sein (vgl. GUHL/KUMMER/DRUEY, 8. Aufl., 608). Zulässig ist auch die Einsetzung eines Schiedsgerichts (BGE 69 II 119). Der Ausschluss kann auch erschwert, nicht aber zum Voraus vertraglich ausgeschlossen werden (STRITTMATTER, 134 f.).

IV. Prozessuales

4   **Beklagte** sind der oder die auszuschliessenden Gesellschafter (BK-HARTMANN, N 7). **Kläger** sind alle übrigen Gesellschafter (BK-HARTMANN, N 8). Klagen nicht alle übrigen Gesellschafter, so ist die Klage abzuweisen, die Aktivlegitimation kann nicht erstritten werden (STRITTMATTER, 138). **Gerichtsstand** ist der Wohnsitz des Auszuschliessenden (Art. 3 lit. a GestG), bei mehreren Beklagten mit verschiedenem Wohnsitz müssen dementsprechend mehrere Klagen eingereicht werden, sofern nicht ausnahmsweise alle Beklagten gem. Art. 7 Abs. 1 GestG an einem Ort eingeklagt werden können (STRITTMATTER, 144). Der Auszuschliessende kann das Begehren anerkennen. Geschieht dies, bevor die Klage eingereicht wurde, so bedarf es keines Richterspruches, sofern auch über die Höhe der Abfindung Einigkeit erzielt wurde (VON STEIGER, SPR VIII/1, 559). Der Richter ist an den Antrag der klagenden Gesellschafter nicht gebunden, sondern entscheidet frei, ob ein wichtiger Grund in der Person der Auszuschliessenden vorliegt (BK-HARTMANN, N 5; VON STEIGER, SPR VIII/1, 559). Wurde nicht eventualiter die Auflösung der Gesellschaft verlangt, so kann der Richter bei Abweisung des Ausschlussbegehrens nicht die Auflösung der Gesellschaft verfügen (BK-HARTMANN, N 6a; VON STEIGER, SPR VIII/1, 559; CHK-EGLI, N 4; BJM 1992, 83; **a.M.** ZK-SIEGWART, N 6).

V. Wirkungen des Urteils

5   Das **Ausschliessungsurteil** wirkt konstitutiv. Der Ausgeschlossene verliert seine Mitgliedschaft mit Rechtskraft des Urteils (BK-HARTMANN, N 11; VON STEIGER, SPR

VIII/1, 560 m.w.Nw.; STRITTMATTER, 150) und erhält, sofern die entsprechenden Rechtsbegehren gestellt wurden, gleichzeitig eine Abfindungsforderung gegen die Gesellschaft zugesprochen (Art. 580 Abs. 2). Möglich ist auch die Festsetzung der Höhe des Abfindungsanspruches in einem späteren Verfahren (BGE 89 II 136 f.), weder die Festsetzung noch die Bezahlung der Abfindung sind Voraussetzung des Verlustes der Mitgliedschaft durch Ausschliessung (vgl. 576 N 7). Gegenüber gutgläubigen Dritten ist der Eintrag im Handelsregister massgebend. Der richterliche Ausschluss hat im Übrigen die gleichen Wirkungen wie das vertragliche Ausscheiden (vgl. Art. 576 N 8 f.; ZK-SIEGWART, N 8; BK-HARTMANN, N 12; VON STEIGER, SPR VIII/1, 560).

Art. 578

III. Durch die übrigen Gesellschafter

Fällt ein Gesellschafter in Konkurs oder verlangt einer seiner Gläubiger, der dessen Liquidationsanteil gepfändet hat, die Auflösung der Gesellschaft, so können die übrigen Gesellschafter ihn ausschliessen und ihm seinen Anteil am Gesellschaftsvermögen ausrichten.

III. Exclusion par les autres associés

Lorsqu'un associé est déclaré en faillite ou que le créancier d'un associé demande la dissolution de la société après avoir fait saisir la part de liquidation de son débiteur, les autres associés peuvent exclure celui-ci en lui remboursant ce qui lui revient dans l'actif social.

III. Esclusione decisa dagli altri soci

Qualora un socio sia dichiarato in fallimento o, la sua quota nella decisa dagli altri liquidazione essendo stata pignorata da un creditore, questi chieda lo scioglimento della società, gli altri soci possono escludere il fallito o l'escusso, rimborsando quanto gli spetti nel patrimonio sociale.

Literatur

Vgl. die Literaturhinweise zu Art. 576.

I. Allgemeines

Der Konkurs eines Gesellschafters hat weder den Konkurs der Gesellschaft (Art. 571 Abs. 2) noch deren Auflösung zur Folge. Die Konkursverwaltung hat jedoch ein ausserordentliches Kündigungsrecht (Art. 575 Abs. 1). Dasselbe gilt für den Liquidator beim Nachlassvertrag mit Vermögensabtretung (BGE 102 III 36 ff.) und für den Gläubiger eines Gesellschafters, der dessen Liquidationsanteil gepfändet hat (Art. 575 Abs. 2). Die übrigen Gesellschafter können die Auflösung vermeiden, indem sie entweder die Gläubiger befriedigen (Art. 575 Abs. 3) oder **den Zahlungsunfähigen ausschliessen** (Art. 578). Sie werden letztere Lösung wählen, wenn die Schulden des Gesellschafters seinen Liquidationsanteil übersteigen oder wenn sie aus anderen Gründen die Gesellschaft mit dem Zahlungsunfähigen nicht mehr fortzusetzen wünschen.

1

II. Voraussetzungen

Der Zahlungsunfähige kann, ohne dass dies im Gesellschaftsvertrag vorgesehen sein müsste, ohne dass seine Zustimmung erforderlich wäre und ohne dass der Richter angerufen werden müsste, ausgeschlossen werden, wenn über ihn der Konkurs eröffnet, ein Nachlassvertrag mit Vermögensabtretung genehmigt oder die Gesellschaft vom Gläubi-

2

Art. 579

ger, der seinen Liquidationsanteil gepfändet hatte, gekündigt wurde. In letzterem Falle wurde die Gesellschaft bereits aufgelöst, doch steht dies einem Ausschluss und der Fortsetzung der Gesellschaft nicht entgegen. Der Ausschluss muss von den übrigen Gesellschaftern **einstimmig** beschlossen werden, es sei denn, es wurde im Gesellschaftsvertrag speziell für diesen Fall ein Mehrheitsbeschluss vereinbart oder vorgesehen, dass Zahlungsunfähige automatisch ausscheiden (ZK-Siegwart, N 2; BK-Hartmann, N 5; von Steiger, SPR VIII/1, 562).

III. Wirkungen

3   Der Ausgeschlossene resp. seine Gläubiger haben Anspruch auf den üblichen **Abfindungsbetrag**. Bei dessen Festsetzung hat die Konkursverwaltung resp. das Betreibungsamt mitzuwirken, nötigenfalls hat der Richter zu entscheiden (Art. 580; ZK-Siegwart, N 4; BK-Hartmann, N 8; von Steiger, SPR VIII/1, 562). Diese sind an eine vorgängig im Gesellschaftsvertrag vereinbarte Höhe der Abfindung (**Abfindungsklausel**) gebunden (SchKG-Rutz, Art. 132 N 30), doch ist eine Klausel, welche für den Fall des Ausschlusses durch Zahlungsunfähigkeit einen niedrigeren Betrag festsetzt, ungültig (vgl. Art. 545/546 N 16a; CHK-Egli, N 2).

4   Im Übrigen hat der Ausschluss dieselben **Wirkungen** wie ein vertragliches Ausscheiden (Art. 576 N 8 f.). Der Zahlungsunfähige scheidet sofort (BK-Hartmann, N 7), d.h. zum Zeitpunkt, in dem der Beschluss der Konkursverwaltung mitgeteilt wurde, aus. Er bleibt zwar weiterhin für die bis anhin entstandenen Gesellschaftsschulden haftbar, doch können diese nach seinem Konkurs erst wieder geltend gemacht werden, wenn die Gesellschaft aufgelöst oder erfolglos betrieben worden (Art. 568 Abs. 3) und er zu neuem Vermögen gekommen ist (Art. 265 Abs. 2 SchKG). Er bleibt auch für seine Schulden gegenüber der Gesellschaft haftbar (OGer SO, SJZ 2007, 103 f.), diese können mit dem Abfindungsanspruch verrechnet werden. Dem steht Art. 213 Abs. 2 Ziff. 2 SchKG nicht entgegen, weil die Abfindungsforderung vor dem Ausscheiden auf Grund des Gesellschaftsvertrages bereits als supensiv-bedingte bestand (BGE 107 III 28 f.).

Art. 579

IV. Bei zwei Gesellschaftern

¹ Sind nur zwei Gesellschafter vorhanden, so kann derjenige, der keine Veranlassung zur Auflösung gegeben hatte, unter den gleichen Voraussetzungen das Geschäft fortsetzen und dem andern Gesellschafter seinen Anteil am Gesellschaftsvermögen ausrichten.

² Das gleiche kann der Richter verfügen, wenn die Auflösung wegen eines vorwiegend in der Person des einen Gesellschafters liegenden wichtigen Grundes gefordert wird.

IV. Société composée de deux associés

¹ Si la société n'est composée que de deux associés, celui qui n'a pas donné lieu à la dissolution peut, sous les mêmes conditions, continuer les affaires en délivrant à l'autre ce qui lui revient dans l'actif social.

² Le juge peut en disposer ainsi lorsque la dissolution est demandée pour un juste motif se rapportant principalement à la personne d'un des associés.

IV. Quando vi siano due soci

¹ Quando vi siano soltanto due soci, quegli tra essi che non ha dato alcun motivo allo scioglimento può, nelle medesime circostanze, continuare l'im-

presa per conto proprio, rimborsando all'altro quanto gli spetta nel patrimonio sociale.

² Lo stesso può ordinarsi dal giudice, quando lo scioglimento sia chiesto per un motivo grave riguardante precipuamente la persona di uno dei soci.

Literatur

Vgl. die Literaturhinweise zu Art. 576.

I. Allgemeines. Anwendungsbereich

Art. 579 regelt seinem Wortlaut nach das Ausscheiden eines Gesellschafters aus einer Zweimanngesellschaft. Vordergründig umfasst Abs. 1 den Fall von Art. 578, wenn von zwei Gesellschaftern einer zahlungsunfähig wird, und Abs. 2 den Fall von Art. 577, wenn ein Gesellschafter die Ausschliessung des anderen aus wichtigen Gründen vom Richter verlangt (BGE 101 Ib 460; VON STEIGER, SPR VIII/1, 563). In beiden Fällen soll der verbleibende Gesellschafter «das Geschäft» unter Abfindung des anderen fortsetzen können. Der Anwendungsbereich des Art. 579 ist jedoch weiter und umfasst alle Fälle, in denen ein oder mehrere Gesellschafter aus einer Gesellschaft ausscheiden und bloss ein Gesellschafter verbleibt, der die Aktiven und Passiven übernehmen möchte (BGE 101 Ib 460). Obwohl dadurch die Gesellschaft aufgelöst wird, da eine Kollektivgesellschaft aus mindestens zwei Personen bestehen muss (Art. 552), erlaubt es Art. 579 dem Verbleibenden, die Aktiven und Passiven der Gesellschaft ohne Liquidation derart zu übernehmen, **wie wenn die Gesellschaft nach dem Ausscheiden der Übrigen fortbestehen würde** (BGE 75 I 274 ff.; BGE 101 Ib 460). 1

II. Voraussetzungen. Wirkungen

Dies bedeutet **im Einzelnen:** der Fortsetzungsbeschluss kann auch nach der Auflösung gefasst werden (Art. 576 N 3), er bedarf der Zustimmung aller Gesellschafter, auch der Ausscheidenden, sofern nicht im Gesellschaftsvertrag speziell dafür das Mehrheitsprinzip vereinbart wurde (Art. 576 N 4). Der Zustimmung der Ausscheidenden bedarf es nicht bei den in Art. 577 (Ausschluss durch den Richter aus wichtigen Gründen) und Art. 578 (Zahlungsunfähigkeit) aufgeführten Fällen. Die Fortsetzungsvereinbarung ist formlos gültig (Art. 576 N 6). Der verbleibende Gesellschafter erhält das gesamte Gesellschaftsvermögen durch Anwachsung zu Alleineigentum (BGE 81 II 362; 101 Ib 460), ohne dass eine Übertragungshandlung erforderlich wäre (Art. 576 N 8). Die ausscheidenden Gesellschafter erhalten eine schuldrechtliche Abfindungsforderung und verlieren ihre dingliche Berechtigung am Gesellschaftsvermögen. Der verbleibende Gesellschafter haftet persönlich und primär für alle Gesellschaftsschulden. Der Ausgeschiedene bleibt subsidiär haftbar, wie wenn die Gesellschaft weiterbestehen würde. Er kann erst belangt werden, wenn er selbst in Konkurs fällt oder wenn der Fortsetzende das Geschäft aufgibt, in Konkurs gerät oder erfolglos betrieben wird; die Fortsetzung gemäss Art. 579 gilt nicht als Auflösung der Gesellschaft (BGE 101 Ib 461; 75 I 273; BK-HARTMANN, N 11; ZK-SIEGWART, N 7; VON STEIGER, SPR VIII/1, 565; **a.M.** SPIRO, 776 f. FN 21). Massgebender Zeitpunkt für das Ausscheiden ist, sofern die Parteien nichts anderes vereinbarten, auch hier im Falle einer Fortsetzungsklausel der Eintritt des Auflösungsgrundes und im Falle eines nachträglichen Fortsetzungsbeschlusses dessen Vereinbarung, nicht derjenige der Auszahlung der Abfindung (Art. 576 N 7). 2

Das Ausscheiden des Gesellschafters und die Fortführung sind im **Handelsregister** einzutragen (Art. 581). Dies gilt selbst, wenn die Gesellschaft bis anhin nicht eingetragen 3 war (ZK-SIEGWART, Art. 581 N 1). Desgleichen ist eine Firmaänderung einzutragen, da nun keine Gesellschaft mehr besteht. Möglich ist die Fortsetzung der bisherigen Firma mit einem Nachfolgezusatz, wenn die Ausscheidenden oder ihre Erben hierzu ihre Zustimmung erteilen (Art. 953). Die Handelsregisteranmeldung ist von allen Gesellschaftern, auch von den Ausscheidenden, zu unterzeichnen (REBSAMEN/THOMI, 96 Ziff. 2.3.5). Der Eintrag der Anwachsung im **Grundbuch** ist bloss deklarativ (Art. 576 N 8). Als Beleg genügt die schriftliche Ausscheidungsvereinbarung oder eine entsprechende Beurkundung (Art. 548/549 N 17; LENZ, 111 f.).

III. Übernahme gemäss Art. 181, Art. 69 FusG oder durch Abtretung

4   Möglich ist auch die **Übernahme aller oder gewisser Aktiven und Passiven** durch den Fortsetzenden **gemäss Art. 181** und nicht gemäss Art. 579. Hierbei wird die Gesellschaft liquidiert, es bedarf der Übertragung der Aktiven durch Zession, Besitzübertragung und bei Immobilien eines konstitutiven Grundbucheintrages aufgrund eines öffentlich beurkundeten Übertragungsvertrages. Der Ausgeschiedene wird – neben dem Fortführenden – für die Gesellschaftsschulden belangbar (Art. 568 Abs. 3). Wurde die Übernahme des Geschäftes von dem Übernehmer den Gläubigern mitgeteilt oder in öffentlichen Blättern publiziert, so verwirkt die Haftung des Ausgeschiedenen nach drei Jahren (Art. 181 Abs. 2; vgl. Art. 551 N 3). Es steht den Parteien frei, den Weg der Übertragung oder der Anwachsung zu wählen. Äussern sie sich nicht klar hierüber, so besteht eine Vermutung für Akkreszenz und nicht für Singularsukzession, auch wenn im Vertrag von Übernahme der Aktiven und Passiven gesprochen wird, sofern das Ausscheiden eines Gesellschafters und die Fortsetzung des Geschäfts durch den anderen gewollt ist (BGE 70 I 275; SPIRO, 777).

5   Die im Handelsregister eingetragene Gesellschaft kann, auch wenn sie sich im Liquidationsstadium befindet, ihr Vermögen auch auf dem Wege der **Vermögensübertragung** gemäss Art. 69 FusG an den Fortführenden übertragen, sofern dieser ein «Rechtträger» gemäss Art. 2 lit. a FusG ist (vgl. Art. 585 N 5a). Die Übertragung erfolgt hier durch den Handelsregistereintrag (Art. 73 Abs. 2 FusG). Auch hier wird der Ausgeschiedene – neben dem Fortführenden – für die Gesellschaftsschulden belangbar (Art. 568 Abs. 3).

6   Schliesslich kann, wie bei der einfachen Gesellschaft (Art. 548 N 16a), der Gesellschaftsanteil des Ausscheidenden durch **Zession** auf den Fortführenden übertragen werden (VON STEIGER, SPR VIII/1, 551; ZOBL, 173 ff.; CHK-COMBOEF, Art. 552–556 N 40). Hier wird, wie bei Art. 579, die Gesellschaft fortgeführt, der Auscheidende bleibt bloss subsidiär haftbar (o. N 3).

Art. 580

V. Festsetzung des Betrages

¹ Der dem ausscheidenden Gesellschafter zukommende Betrag wird durch Übereinkunft festgesetzt.

² **Enthält der Gesellschaftsvertrag darüber keine Bestimmung und können sich die Beteiligten nicht einigen, so setzt der Richter den Betrag in Berücksichtigung der Vermögenslage der Gesellschaft im Zeitpunkt des Ausscheidens und eines allfälligen Verschuldens des ausscheidenden Gesellschafters fest.**

4. Abschnitt: Auflösung und Ausscheiden 1, 2 **Art. 580**

V. Somme due à l'associé sortant	¹ La somme qui revient à l'associé sortant est fixée d'un commun accord. ² Si le contrat de société ne prévoit rien à cet égard et si les parties ne peuvent s'entendre, le juge détermine cette somme en tenant compte de l'état de l'actif social lors de la sortie et, le cas échéant, de la faute de l'associé sortant.
V. Somma dovuta al socio uscente	¹ La somma dovuta al socio uscente è determinata mediante convenzione. ² Se il contratto di società non contiene su ciò alcuna disposizione e le parti non possono venire a un accordo, il giudice determina siffatta somma, tenendo conto della situazione patrimoniale della società al momento dell'uscita e della colpa che il socio uscente potesse aver commesso.

Literatur

SCHÖN, Unternehmensbewertung im Gesellschafts- und Vertragsrecht, Zürich 2000; vgl. ausserdem die Literaturhinweise zu Art. 576.

I. Allgemeines

Da der ausscheidende Gesellschafter seinen Anteil am Gesellschaftsvermögen verliert, hat er Anspruch auf eine **Abfindung** in Form eines Geldbetrages. Über dessen Höhe können die Gesellschafter bereits im Gesellschaftsvertrag Bestimmungen treffen oder diese nachträglich festsetzen. Sie können deren Bestimmung auch einem Schiedsgutachter überlassen. Können sich die Gesellschafter nicht einigen, so entscheidet der Richter.

1

II. Vertragliche Vereinbarung (Abs. 1)

Bestimmungen über die Höhe der Abfindung müssen von allen Gesellschaftern, den Ausscheidenden inbegriffen, **einstimmig** vereinbart werden. Möglich wäre eine Klausel im Gesellschaftsvertrag, wonach speziell die Höhe der Abfindung durch Mehrheitsbeschluss vereinbart werden kann (RECORDON, 11; **a.M.** VON STEIGER, SPR VIII/1, 420; BOLLMANN, 88; CHK-STRITTMATTER, N 5, welche immer Zustimmung des Ausscheidenden verlangen), doch kann dies im Einzelfall aufgrund Art. 27 Abs. 2 ZGB sittenwidrig sein. Zumindest ist eine derartige Klausel in dem Sinne auszulegen, dass der Ausscheidende, auch wenn er schon nicht mehr Gesellschafter ist, in dieser Angelegenheit noch mitstimmen darf. Sieht der Vertrag bloss allgemein Mehrheitsbeschlüsse vor, so bedarf es auf jeden Fall der Zustimmung des Ausscheidenden (BGE 59 II 425). Auch wenn er schon ausgeschieden ist, hat er zur Feststellung seines Anspruches ein Einsichts- und Kontrollrecht i.S.v. Art. 541 (SJ 1988, 31 f.; ZR 1983, 184; GUHL/KUMMER/DRUEY, 8. Aufl., 609; BOLLMANN, 88; SCHAEDLER, 22; RECORDON, 11). Ebenfalls problematisch unter dem Aspekt des Persönlichkeitsschutzes sind Klauseln, welche den Abfindungsanspruch gänzlich wegbedingen; grundsätzlich unzulässig sind sie nicht (BOLLMANN, 83 f.; VON STEIGER, SPR VIII/1, 420; RECORDON, 11; DESSEMONTET, 221; CHK-EGLI, N 10; AGVE 1981, 34 zur einfachen Gesellschaft; **a.M.** FUNK, N 1; die deutsche Lehre, SCHLEGELBERGER/SCHMIDT, § 138 HGB N 68). Abfindungsklauseln, wonach der Ausscheidende weniger erhält, als ihm aufgrund dispositivem Gesetzesrecht zustehen würde (N 4 ff.), sind unabhängig davon, dass zum Voraus ungewiss sein kann, wer davon profitieren wird (aleatorischer Charakter), unentgeltliche Zuwendungen und als Schenkungsversprechen zu qualifizieren (BGE 113 II 272; krit. DRUEY, SAG 1988, 30 f.; **a.M.** BGE 98 Ia 264; vgl. auch FLUME, in: FS Ballerstedt, 204 f., wonach der gesetzliche Abfindungsanspruch gegenüber dem vertraglich vereinbarten bloss

2

subsidiär sei, womit ein Verzicht nie eine Schenkung sein könne). Soll eine Abfindungsklausel nur für den Fall gelten, dass ein Gesellschafter zufolge Todes ausscheidet, muss sie in eine der für die Verfügungen von Todes wegen vorgeschriebenen Formen gekleidet werden (BGE 113 II 273; HOCH, 51; RECORDON,12). Dasselbe gilt für eine Stundung der Abfindungsforderung einzig im Falle des Ausscheidens infolge Todes, selbst wenn sie verzinst wird (VON GREYERZ, Unternehmernachfolge, 88 f.). Unzulässig ist die Vereinbarung einer tieferen Abfindungssumme, als sie gemäss dispositivem Gesetzesrecht bestehen würde, für den Fall des Ausscheidens eines Gesellschafters infolge Konkurs, da hierdurch auf vertraglichem Wege Konkursprivilegien geschaffen würden (vgl. BGE 41 III 138; AppGer BS, BlSchk 1952, 88 ff.; vgl. Art. 454/546 N 17a).

III. Rechtsnatur des Anspruches

3   Da der Ausscheidende im Moment der Ausscheidungs- resp. Fortsetzungsvereinbarung seine Mitgliedschaft bei der Gesellschaft verliert (Art. 576 N 7), ist die Abfindungsforderung ein **schuldrechtlicher** und kein gesellschaftsrechtlicher Anspruch (SJ 1978, 506; DESSEMONTET, 220). Er richtet sich gegen die Gesellschaft (BK-HARTMANN, N 4; BOLLMANN, 85), die Gesellschafter haften bloss subsidiär (VON STEIGER, SPR VIII/1, 419 FN 210). Der Anspruch geniesst keinen Vorrang vor den übrigen Gesellschaftsgläubigern. Da er in einer Geldforderung besteht, kann er nur durch die Rechtsbehelfe des SchKG und nicht durch vorsorgliche Massnahmen des kantonalen Rechts sichergestellt werden (ZR 1983, 184). Er entsteht im Moment des Ausscheidens und wird sofort **fällig** (Art. 75), selbst wenn seine Höhe noch nicht feststeht (ZR 1965, 239 f.; SJ 1978, 506; VON STEIGER, SPR VIII/1, 418; BK-HARTMANN, N 5). Ab diesem Datum ist er zu **verzinsen** (BGE 97 II 231 ff.; 100 II 382 f.; SJ 1978, 508). Der Zinssatz beträgt, wenn nichts anderes vereinbart wurde, 5% (BGE 100 II 383). Der Zins ist aufgrund richterlicher Vertragsergänzung geschuldet, ohne dass die Gesellschaft in Verzug gesetzt werden muss (BGE 100 II 383; **a.M.** ZR 1965, 241; SCHAEDLER, 50). Der Abfindungsanspruch **verjährt** nach zehn Jahren ab Fälligkeit (Art. 127, 139; ZR 1965, 240; VON STEIGER, SPR VIII/1, 419; vgl. aber Art. 591 N 3). Der Anspruch kann im Konkurs der Gesellschaft im vollen Umfang eingegeben werden, wenn der Konkurs nach dem Ausscheiden eröffnet wurde (SCHAEDLER, 12 f.). Der Abfindungsanspruch ist frei zedierbar (ZR 1983, 184; ZK-SIEGWART, N 30; VON STEIGER, SPR VIII/1, 419). Er kann bei Betreibungen gegen den Ausscheidenden gepfändet und admassiert werden (VON STEIGER, SPR VIII/1, 419). Die Gesellschaftsgläubiger haben indes kein Vorrecht daran (CHK-STRITTMATTER, N 1), Art. 570 Abs. 1 gilt nicht hinsichtlich der Abfindungssumme.

IV. Bestimmung durch den Richter (Abs. 2)

4   Besteht keine Abfindungsklausel und können sich die Parteien nicht einigen, so entscheidet der Richter aufgrund der Vermögenslage der Gesellschaft im Zeitpunkt des Ausscheidens (BGE 100 II 382; ZR 1983, 184) und eines allfälligen Verschuldens des Ausscheidenden (Abs. 2). Beklagte ist die Gesellschaft, zuständig der Richter an deren Sitz. Das Gesellschaftsvermögen ist aufgrund einer **Fortführungsbilanz** (auch Abschichtungs- oder Abfindungsbilanz genannt) auf das Ausscheidungsdatum hin zu bewerten (BGE 93 II 254 f.). Auch der ausscheidende Gesellschafter soll davon profitieren, dass das Geschäft als Ganzes weitergeführt wird und dass unter diesen Umständen die einzelnen Aktiven für das Unternehmen einen höheren Wert haben, als wenn sie einzeln an Dritte verkauft würden (BGE 93 II 255). Die stillen Reserven und der Goodwill sind zu aktivieren (SAG 1975, 22 ff.; GUHL/KUMMER/DRUEY, 8. Aufl., 608;

SCHAEDLER, 27 f.). Abgeschlossene, aber noch nicht vollständig abgewickelte Geschäfte sind pro rata einzubeziehen oder werden unter Vorbehalt späterer Abrechnung vorerst ausgeklammert (ZK-SIEGWART, N 24 f.; VON STEIGER, SPR VIII/1, 419). Bei der Gesamtbewertung sind sowohl die Sachwerte wie der Ertragswert zu berücksichtigen (SCHAEDLER, 36 f.). Die Fortführungsbilanz ist dann durch die Liquidationsbilanz (Wert der Aktiven beim einzelnen Verkauf an Dritte) zu ersetzen, wenn Letztere einen höheren Wert ergibt, z.B. bei einem unprofitablen Unternehmen, das jedoch ein wertvolles Grundstück besitzt (SCHLEGELBERGER/SCHMIDT, § 138 HGB N 56).

Die Abfindungsforderung umfasst nun zum einen den Wert, für den die Einlagen des Ausscheidenden übernommen worden sind (Art. 548 Abs. 2). Sodann sind vom Nettovermögen der Gesellschaft die Einlagen aller Gesellschafter in Abzug zu bringen. Was übrig bleibt, ist noch **nicht ausbezahlter Gewinn,** an dem der Ausscheidende im Rahmen seiner bisherigen Gewinnbeteiligung partizipiert (BGE 77 II 50 f.; SJ 1978, 506). 5

Der somit errechnete Anspruch des Ausscheidenden ist zu **kürzen,** wenn ihm ein **Verschulden am Ausscheiden** vorgeworfen werden kann. Hierbei handelt es sich üblicherweise um Verletzungen gesellschaftlicher Pflichten (ZK-SIEGWART, N 21; BK-HARTMANN, Art. 518 N 19; SCHAEDLER, 42 ff.; krit. BOLLMANN, 91 ff.; a.M. HOCH, 135 f.). Zusätzlich muss der Gesellschaft hierdurch ein Schaden erwachsen sein (BK-HARTMANN, N 19; FUNK, N 3; SCHAEDLER, 47 ff.; VON STEIGER, SPR VIII/1, 561 FN 47; SCHÖN, 95 ff.; RECORDON, 13), womit sich die Reduktion als Verrechnung von Schadenersatzansprüchen erweist (**a.M.** BOLLMANN, 91). 6

Schliesst die Abfindungsbilanz mit einem **Verlust** ab, was auch der Fall ist, wenn die Einlagen nicht mehr gedeckt sind (Art. 549 Abs. 2), so hat sich der Ausscheidende daran im Verhältnis seiner bisherigen Verlusttragung (Art. 533) zu beteiligen (BGE 77 II 50 f.; SJ 1978, 506). Dementsprechend reduziert sich seine Forderung auf Rückerstattung der Einlagen. Übersteigt der Verlustanteil die geleistete Einlage, so steht der Gesellschaft (nicht den Gesellschaftern) gegenüber dem Ausscheidenden eine Forderung im entsprechenden Umfange zu (WIELAND, 720; ZK-SIEGWART, Art. 533 N 27; BK-HARTMANN, N 20; VON STEIGER, SPR VIII/1, 419). 7

Art. 581

VI. Eintragung	Das Ausscheiden eines Gesellschafters sowie die Fortsetzung des Geschäftes durch einen Gesellschafter müssen in das Handelsregister eingetragen werden.
VI. Inscription	La sortie d'un associé, ainsi que la continuation des affaires par l'un des associés, doivent être inscrites sur le registre du commerce.
VI. Iscrizione	L'uscita di un socio e la continuazione dell'impresa da parte di un singolo socio devono essere iscritte nel registro di commercio.

Literatur
Vgl. die Literaturhinweise zu Art. 576.

Da jeder Kollektivgesellschafter **im Handelsregister** eingetragen ist (Art. 554 Abs. 2 Ziff. 1), muss auch dessen Ausscheiden eingetragen werden (Art. 937). Unter Umständen muss zudem eine Firmaänderung eingetragen werden (vgl. Art. 576 N 2), insb. 1

Art. 582 1, 2   24. Titel: Die Kollektivgesellschaft

wenn nun das Geschäft gemäss Art. 579 als Einzelfirma fortgeführt wird. Die Anmeldung muss von allen Gesellschaftern unterzeichnet werden, auch von den ausgeschiedenen (ZK-SIEGWART, N 7; REBSAMEN/THOMI, 77 Ziff. 2.2.8; **a.M.** FUNK, N 1). Belege sind nicht erforderlich.

2 Weigert sich die Gesellschaft, den Ausgeschiedenen im Handelsregister zu löschen, so kann dieser seine Streichung nicht selbst beantragen (Art. 938b OR gilt nur für juristische Personen), sondern muss **den Richter anrufen** (ZK-SIEGWART, N 7).

3 Die **Publikation der Streichung im SHAB** (Art. 932 Abs. 2) bewirkt, dass auch gegenüber gutgläubigen Dritten die Vertretungsmacht des Ausscheidenden erlischt und er für neue Forderungen der Gesellschaft nicht mehr haftet (ZK-SIEGWART, N 8; VON STEIGER, SPR VIII/1, 557). Es beginnt die Haftungsverjährung für bisherige Forderungen (Art. 591).

Fünfter Abschnitt: Liquidation

Art. 582

A. Grundsatz	Nach der Auflösung der Gesellschaft erfolgt ihre Liquidation gemäss den folgenden Vorschriften, sofern nicht eine andere Art der Auseinandersetzung von den Gesellschaftern vereinbart oder über das Vermögen der Gesellschaft der Konkurs eröffnet ist.
A. Règle	La liquidation de la société dissoute s'opère conformément aux dispositions qui suivent, à moins que les associés ne soient convenus d'un autre règlement ou que la société ne soit en faillite.
A. Regola fondamentale	La società, che sia sciolta per causa diversa dal suo fallimento, è liquidata in conformità delle seguenti disposizioni, salvo che i soci non abbiano convenuto di regolare altrimenti i loro rapporti.

Literatur

HEBERLEIN, Die Kompetenzausscheidung bei der Aktiengesellschaft in Liquidation unter Mitberücksichtigung der Kollektivgesellschaft nach schweizerischem Recht, Diss. Zürich 1969; PINÖSCH, Die rechtliche Stellung des Liquidators einer Kollektiv- und Aktiengesellschaft nach schweizerischem Recht, Diss. Zürich 1936; vgl. ausserdem die Literaturhinweise zu Art. 574.

I. Allgemeines

1 Wurde die Gesellschaft aufgelöst, so ist sie zu liquidieren. **Liquidation** bedeutet Auflösung der gemeinsamen und mit Dritten eingegangenen Rechtsverhältnisse sowie Aufteilung der gesellschaftlichen Aktiven und Passiven auf die einzelnen Gesellschafter. Jeder Gesellschafter, nicht jedoch die Gläubiger (BGE 69 II 40), haben Anspruch auf Durchführung der Liquidation. Befindet sich die Gesellschaft in Liquidation, so wird jeder Gesellschafter für die Gesellschaftsschulden direkt belangbar (Art. 568 Abs. 3).

2 **Solange die Liquidation nicht abgeschlossen ist, besteht die Gesellschaft mit derselben rechtlichen Identität fort,** bleibt aktiv und passiv rechts- und parteifähig, und es kann über sie der Konkurs eröffnet werden. Laufende Prozesse und Betreibungen werden weitergeführt. Die Auflösung allein hat keinen Einfluss auf Verträge mit Dritten.

5. Abschnitt: Liquidation   **Art. 583**

Die Gesellschaft behält ihren Sitz. Im internen Verhältnis haben die Gesellschafter weiterhin eine gegenseitige Sorgfalts- und Treuepflicht (BK-HARTMANN, Art. 582 N 4). Sie bleiben am Gesellschaftsvermögen gesamthänderisch berechtigt. Das Konkurrenzverbot (Art. 561) besteht in beschränktem Masse fort (VON STEIGER, SPR VIII/1, 508).

II. Gesetzliche Regelung

Wie für die einfache Gesellschaft, zumindest dann, wenn sie ein wirtschaftliches Unternehmen betreibt, die Liquidationsnormen der Kollektivgesellschaft anwendbar sind (Art. 548 f. N 2), gelten **die bei der einfachen Gesellschaft aufgestellten Liquidationsgrundsätze** teilweise auch für die Kollektivgesellschaft (VON STEIGER, SPR VIII/1, 571). So muss das Prinzip der Einheitlichkeit der Liquidation (Art. 548 f. N 3; allerdings besteht ein Anspruch auf Abschlagszahlungen, Art. 568) und die Behandlung der Einlagen (Art. 548) übernommen werden. Ebenso haben die Gesellschafter keinen Anspruch auf Realteilung oder Zuweisung einzelner Gegenstände, sondern bloss auf einen Geldbetrag (BGE 42 II 295; Art. 548 f. N 4). Inwiefern ein vertragliches Mehrheitsprinzip noch gilt, vgl. Art. 548 f. N 14. Im Falle des Konkurses unterliegt die Liquidation den Normen des SchKG.

3

III. Vertragliche Vereinbarungen

Die Regeln über die Liquidation sind weitgehend **dispositiver Natur.** So kann die Gesellschaft von allen, von gewissen oder von einem Gesellschafter unter Abfindung der Übrigen fortgeführt werden. Ebenso kann z.B. Realteilung (DUC, 999) oder eine interne Versteigerung (BJM 1992, 82 ff.) vereinbart werden.

4

Art. 583

B. Liquidatoren

¹ Die Liquidation wird von den zur Vertretung befugten Gesellschaftern besorgt, sofern in ihrer Person kein Hindernis besteht und soweit sich die Gesellschafter nicht auf andere Liquidatoren einigen.

² Auf Antrag eines Gesellschafters kann der Richter, sofern wichtige Gründe vorliegen, Liquidatoren abberufen und andere ernennen.

³ Die Liquidatoren sind in das Handelsregister einzutragen, auch wenn dadurch die bisherige Vertretung der Gesellschaft nicht geändert wird.

B. Liquidateurs

¹ La liquidation est faite par les associés gérants, à moins que des empêchements inhérents à leurs personnes ne s'y opposent et que les associés ne conviennent de désigner d'autres liquidateurs.

² A la demande d'un associé, le juge peut, pour de justes motifs, révoquer des liquidateurs et, au besoin, en nommer d'autres.

³ Les liquidateurs sont inscrits sur le registre du commerce, même si la représentation de la société n'est pas modifiée.

B. Liquidatori

¹ La liquidazione è fatta dai soci autorizzati a rappresentare la società, salvo loro impedimento personale o accordo tra i soci di designare altri liquidatori.

² Ad istanza di un socio, il giudice può, per motivi gravi, revocare i liquidatori e nominarne altri.

³ I liquidatori devono essere iscritti nel registro di commercio, anche se per la loro designazione non è modificata la rappresentanza della società.

Literatur

Vgl. die Literaturhinweise zu Art. 582.

I. Gesetzliche Liquidatoren

1   Liquidator heisst der Geschäftsführer im Liquidationsstadium. Ohne dass ein Gesellschaftsbeschluss notwendig wäre, **wird jeder bis anhin zeichnungsberechtigte Gesellschafter Liquidator.** Jeder Liquidator zeichnet in gleicher Weise (einzeln, kollektiv), wie er vorher als Geschäftsführer gezeichnet hat. Keine Liquidationsbefugnis erhalten diejenigen Gesellschafter, welchen zwar nach innen Geschäftsführungsbefugnis (Art. 535), jedoch nach aussen keine Zeichnungsberechtigung zukam (ZK-SIEGWART, N 4). Der Liquidator ist zur Übernahme des Amtes in demselben Umfang verpflichtet, wie er zur Geschäftsführung verpflichtet war (vgl. Art. 535 N 5; ZK-SIEGWART, N 4). Er hat Anspruch auf ein Honorar wie ein Geschäftsführer (ZK-SIEGWART, N 1).

2   **Keine gesetzliche Liquidationsbefugnis** erhält derjenige bis anhin zeichnungsberechtigte Gesellschafter, in dessen Person ein absolutes und tatsächliches Hindernis besteht, wie Krankheit, dauernde Landesabwesenheit, Bevormundung oder Konkurs (BGE 68 I 116 f.). Ebenfalls keine gesetzliche Liquidationsbefugnis steht den Erben eines verstorbenen zeichnungsberechtigten Gesellschafters (BGE 69 III 2 f.; BK-HARTMANN, Art. 584 N 1) oder seinem Vormund resp. der Konkursverwaltung zu (BK-HARTMANN, N 20; VON STEIGER, SPR VIII/1, 572).

3   Allfällige **Prokuren und andere Zeichnungsberechtigungen** bleiben bestehen (BGE 39 II 71 f.; ZK-SIEGWART, N 1; HEBERLEIN, 26; **a.M.** PINÖSCH, 22 ff.; ZK-OSER/SCHÖNENBERGER, Art. 465 N 7; BK-HARTMANN, Art. 585 N 14), und es können sogar neue eingetragen werden (ZK-SIEGWART, N 1).

II. Vertragliche Bestellung der Liquidatoren

4   Diese Regeln sind dispositiv, **die Gesellschafter können andere Liquidatoren ernennen.** Wurden bisher die Vertreter mit Mehrheitsbeschluss ernannt, so gilt dies auch für die Liquidatoren (vgl. Art. 550 N 5). Auch Nichtgesellschafter und juristische Personen (Art. 41 aHRegV) können zu Liquidatoren ernannt werden. Es ist nicht mehr erforderlich, dass zumindest ein Gesellschafter für die Gesellschaft zeichnet, da dies namentlich bei internen Differenzen und Bestellung eines Drittliquidators von Nachteil wäre (OR-Handkommentar-CASUTT, N 5). Nach eingetretener Auflösung kann ein gesetzlicher Liquidator gegen seinen Willen nur vom Richter seines Amtes enthoben werden (BK-HARTMANN, N 7), womit die vertragliche Regelungsmöglichkeit eingeschränkt wird (**a.M.** OR-Handkommentar-CASUTT, N 6).

III. Abberufung und Ernennung durch den Richter (Abs. 2)

5   Liegen wichtige Gründe vor (BGE 42 II 294; SJ 1980, 379 f.), so kann der **Richter** auf Antrag eines Gesellschafters **Liquidatoren abberufen und andere ernennen.** Auch durch Gesellschaftsbeschluss bestimmte Liquidatoren können vom Richter abberufen

5. Abschnitt: Liquidation

werden. Der Richter kann auch Liquidatoren ernennen, wenn keine gesetzlichen Liquidatoren das Amt übernehmen können und sich die Gesellschafter auf keinen anderen einigen (VON STEIGER, SPR VIII/1, 572). Voraussetzung des Anspruches ist, dass die Gesellschaft bereits aufgelöst ist. Dies hat derselbe Richter vorfrageweise zu entscheiden. Andererseits darf die Liquidation noch nicht abgeschlossen sein (BGE 69 II 37 f.).

Das BGer qualifizierte früher unter dem Aspekt der Berufungsfähigkeit die Abberufung eines Liquidators, dessen Mandat auf Gesetz, Gesellschaftsbeschluss oder -vertrag beruht, als Akt der streitigen, die Ernennung und die Abberufung eines richterlich ernannten Liquidators hingegen als Akt der freiwilligen Gerichtsbarkeit (BGE 42 II 291 f.; 55 II 331; 69 II 36; 117 II 164). Heute sind beide Fälle Zivilsachen und unterliegen der Beschwerde gem. Art. 72 BGG (Botschaft BGG, BBl 2001, 4306 f.). In den kantonalen Verfahrensordnungen ist die Frage unterschiedlich geregelt (BK-MEIER-HAYOZ, Art. 654 ZGB N 41). **Zur Klage legitimiert** sind auch die Erben eines verstorbenen Gesellschafters (BGE 69 II 36; 119 II 123; BK-HARTMANN, N 9) und die Konkursverwaltung eines falliten Gesellschafters (**a.M.** BK-HARTMANN, N 10). Die Klage richtet sich gegen sämtliche opponierende Mitgesellschafter (SJ 1980, 377; 1971, 20; ZK-SIEGWART, N 6; BK-HARTMANN, N 11). Wer erklärt, sich dem Urteil unterziehen zu wollen, braucht nicht am Prozess teilzunehmen. Die Beklagten bilden eine notwendige Streitgenossenschaft (OR-Handkommentar-CASUTT, N 9; offen gelassen von BGer, SJ 1988, 83), **Gerichtsstand** ist der Wohnort eines Gesellschafters (Art. 7 Abs. 1 GestG; STAEHELIN/SUTTER, 89). Der Liquidator ist nur Partei, wenn er selbst Gesellschafter ist (SJ 1971, 30 f.; ZR 1939, 362 f.; BK-HARTMANN, N 11). Das Urteil wirkt, anders als bei der aktiven Gesellschaft (Art. 565 Abs. 1), konstitutiv (krit. ZK-SIEGWART, N 10). Ist Gefahr im Verzug, so kann analog Art. 565 Abs. 2 den bisherigen Liquidatoren durch eine provisorische Verfügung die Vertretungsbefugnis vorläufig entzogen werden.

6

Der **gerichtlich bestellte Liquidator** kann durch einstimmigen Beschluss der Gesellschafter **abberufen** werden (AppHof BE, ZBJV 1952, 301; ZK-SIEGWART, N 12; BK-HARTMANN, N 19; GUHL/KUMMER/DRUEY, 8. Aufl., 610; **a.M.** DUC, 991). Hat ein Gesellschafter keine Liquidatoren und verlangt auch kein Gesellschafter vom Richter die Ernennung, so konnte jeder, der ein Interesse hatte, von der Vormundschaftsbehörde die Ernennung eines **Beistandes** i.S.v. Art. 393 Ziff. 4 ZGB verlangen (BGE 69 III 4). Nach der Aufhebung von Art. 394 Ziff. 4 per 1.1.2007 durch die Änderung des OR vom 16.12.2005, sind gerichtliche Massnahmen gemäss Art. 941a Abs. 1 auf Antrag des Handelsregisterführers möglich, Art. 731b ist auf die Kollektivgesellschaft indes nicht anwendbar.

7

Auch der vom Richter berufene Liquidator steht mit der Gesellschaft in einem privatrechtlichen **auftragsähnlichen Vertragsverhältnis** (LGVE 1978, 484). Richterliche Weisungen an die Liquidatoren sind nur in dem Umfang möglich, in dem ihr Ermessen nicht eingeschränkt wird (Art. 550 N 9). Schuldnerin des Honoraranspruchs des gerichtlich bestellten Liquidators ist die Gesellschaft. Entstehen hierüber nachträglich Differenzen, so hat der Richter im ordentlichen Verfahren und nicht der Ernennungsrichter zu entscheiden (LGVE 1978, 484).

8

IV. Eintragung der Liquidatoren in das Handelsregister (Abs. 3)

Die **Eintragung der Liquidatoren in das Handelsregister** ist erforderlich, auch wenn sich die bisherigen Vertretungsverhältnisse nicht ändern (Abs. 3). Die Handelsregisteranmeldung ist von allen Gesellschaftern zu unterzeichnen, auch von den nicht zur Liquidation befugten (ZK-SIEGWART, N 16; Art. 17 Abs. 1 lit. b HRegV). Können nicht alle Un-

9

terschriften beigebracht werden, so ist bei den absoluten Hindernissen i.S.v. Abs. 1 eine Eintragung von Amtes wegen vorzunehmen (Art. 152 HRegV), ansonsten muss der Richter angegangen werden (BGE 68 I 116 f.). Auch der gerichtlich bestellte Liquidator kann sich, wenn das Urteil keine direkte Anweisung an das Handelsregisteramt enthält und ihn die Gesellschafter nicht anmelden, von Amtes wegen in das Register eintragen lassen. Liquidatoren, welche bis anhin die Firma noch nicht in irgendeiner Weise zeichneten, haben eine beglaubigte Firmaunterschrift einzureichen (Art. 42 Abs. 2 HRegV).

Art. 584

C. Vertretung von Erben
Die Erben eines Gesellschafters haben für die Liquidation einen gemeinsamen Vertreter zu bezeichnen.

C. Représentation d'héritiers
Les héritiers d'un associé doivent désigner un mandataire commun, qui les représente dans la liquidation.

C. Rappresentanza di eredi
Gli eredi di un socio devono designare un comune mandatario che li rappresenti nella liquidazione.

Literatur

Vgl. die Literaturhinweise zu Art. 582.

1 Die **Erben eines verstorbenen Gesellschafters** sind nicht von Gesetzes wegen Liquidatoren (BGE 69 III 2 f.; ZK-SIEGWART, N 3; BK-HARTMANN, N 1). Dennoch haben die Erben in jedem Fall einen **gemeinsamen Vertreter** zu bestimmen, damit die übrigen Gesellschafter nicht mit einer grossen Anzahl Erben verhandeln müssen (ZK-SIEGWART, N 1; BK-HARTMANN, N 2). Nur der Vertreter ist befugt, diejenigen Mitwirkungs- und Kontrollbefugnisse auszuüben, welche einem Gesellschafter zustehen, der nicht Liquidator ist, und wird Liquidator, wenn vertraglich vereinbart wurde, dass der Erbengemeinschaft Liquidatorenstellung zukommen solle. Der Erbenvertreter ist von den Erben einstimmig zu ernennen, nötigenfalls hat die Behörde einen Vertreter zu ernennen (Art. 602 Abs. 3 ZGB). Einem Willensvollstrecker kommt die Vertretungsbefugnis von Gesetzes wegen zu. Der Erbenvertreter hat bei den Gesellschaftsbeschlüssen nur eine Stimme. Er ist befugt, die Handelsregisteranmeldung zu unterzeichnen (Art. 17 Abs. 3 HRegV), hat aber als Belege neben einer Erbgangsbeurkundung einen Ausweis über seine Ernennung beizubringen. Zur Rechtsstellung der Erben in der Liquidationsgesellschaft vgl. auch Art. 574 N 2; Art. 545 f. N 9.

Art. 585

D. Rechte und Pflichten der Liquidatoren

¹ Die Liquidatoren haben die laufenden Geschäfte zu beendigen, die Verpflichtungen der aufgelösten Gesellschaft zu erfüllen, die Forderungen einzuziehen und das Vermögen der Gesellschaft, soweit es die Auseinandersetzung verlangt, zu versilbern.

² Sie haben die Gesellschaft in den zur Liquidation gehörenden Rechtsgeschäften zu vertreten, können für sie Prozesse führen, Vergleiche und Schiedsverträge abschliessen und, soweit es die Liquidation erfordert, auch neue Geschäfte eingehen.

5. Abschnitt: Liquidation 1–3 Art. 585

³ **Erhebt ein Gesellschafter Widerspruch gegen einen von den Liquidatoren beschlossenen Verkauf zu einem Gesamtübernahmepreis, gegen die Ablehnung eines solchen Verkaufs oder gegen die beschlossene Art der Veräusserung von Grundstücken, so entscheidet auf Begehren des widersprechenden Gesellschafters der Richter.**

⁴ **Die Gesellschaft haftet für Schaden aus unerlaubten Handlungen, die ein Liquidator in Ausübung seiner geschäftlichen Verrichtungen begeht.**

D. Droits et obligations des liquidateurs

¹ Les liquidateurs ont pour mission de terminer les affaires courantes, d'exécuter les engagements, de faire rentrer les créances de la société dissoute et de réaliser l'actif social dans la mesure exigée pour la répartition.

² Ils représentent la société pour les actes juridiques impliqués par la liquidation; ils peuvent plaider, transiger, compromettre et même, en tant que de besoin, entreprendre de nouvelles opérations.

³ Lorsqu'un associé s'oppose à la décision des liquidateurs d'opérer ou de refuser une vente en bloc ou au mode adopté pour l'aliénation d'immeubles, le juge statue à sa requête.

⁴ La société répond du dommage résultant d'actes illicites qu'un liquidateur commet dans la gestion des affaires sociales.

D. Attribuzioni dei liquidatori

¹ I liquidatori devono ultimare gli affari in corso, adempire gli obblighi della società disciolta, riscuotere i crediti e, in quanto ciò sia necessario per la ripartizione, convertire in denaro il patrimonio sociale.

² Essi rappresentano la società nei negozi giuridici richiesti dalla liquidazione, possono stare per essa in giudizio, transigere, compromettere e intraprendere anche nuove operazioni che siano necessarie alla liquidazione degli affari sociali.

³ Ad istanza di un socio che si opponga alla risoluzione dei liquidatori di vendere in blocco o di rifiutare una siffatta vendita o d'alienare immobili in un determinato modo, il giudice decide.

⁴ La società risponde del danno cagionato da un liquidatore con atti illeciti commessi nell'esercizio d'incombenze sociali.

Literatur

Vgl. die Literaturhinweise zu Art. 582.

I. Vertretungsmacht

Die Liquidatoren vertreten die Gesellschaft nach aussen wie vorher die Geschäftsführer (Art. 564). Der Zweck der Gesellschaft umfasst nun deren Liquidation, womit die **Vertretungsmacht der Liquidatoren** auf diesen Zweck beschränkt wird. Da im Rahmen der Liquidation auch neue Geschäfte abgeschlossen werden können (Abs. 2), ist diese Einschränkung gutgläubigen Dritten gegenüber kaum von Bedeutung. 1

Der Liquidator ist zuständig zur **Entgegennahme von Betreibungsurkunden** (BGE 38 I 286), Betreibungsort ist jedoch weiterhin der Sitz der Gesellschaft (BGE 56 III 136 f.). Der Liquidator ist zur Anfechtung eines Konkursdekretes, nicht jedoch zur Anmeldung des Konkurses befugt (ZK-SIEGWART, N 3). 2

Die Liquidatoren haben von den Gesellschaftern die **ausstehenden, bereits festgelegten Beiträge einzufordern,** nötigenfalls klageweise mit der actio pro socio (BGE 45 II 3

Daniel Staehelin

423 f.; BK-Hartmann, N 22; von Steiger, SPR VIII/1, 579). Unterlassen dies die Liquidatoren, so kann an ihrer Stelle jeder einzelne Gesellschafter die entsprechende Klage erheben (Pinösch, 57 ff.; BK-Hartmann, N 23; von Steiger, SPR VIII/1, 579; **a.M.** BGE 45 II 423). Nur von den einzelnen Gesellschaftern, und nicht mehr von den Liquidatoren, kann Klage erhoben werden, wenn ein einzelner Gesellschafter den ihm obliegenden Anteil am Verlust, welcher die bereits festgelegten Beiträge übersteigt (Art. 560 Abs. 2), nicht bezahlt (BGE 25 II 394; 106 Ib 365; BK-Hartmann, N 22).

II. Interne Befugnisse

4   Auch die interne Geschäftsführungsbefugnis der Liquidatoren entspricht weitgehend derjenigen der bisherigen Geschäftsführer (CHK-Strittmatter, N 2). **Gewöhnliche Liquidationshandlungen,** wie der Verkauf einzelner Aktiven, kann (anders als bei der einfachen Gesellschaft, Art. 550 N 2) jeder Liquidator allein vornehmen, wobei den anderen Liquidatoren ein Widerspruchsrecht zusteht (analog Art. 535 Abs. 2; BK-Hartmann, N 9; von Steiger, SPR VIII/1, 373). Die Stellung derjenigen Gesellschafter, welche nicht Liquidatoren sind, ist jedoch schwächer. Sie können bloss bei einem Verkauf zu einem Gesamtübernahmepreis und bei der Veräusserung von Grundstücken den Richter anrufen (Abs. 3), ein Widerspruchsrecht gegen alle **aussergewöhnlichen Liquidationshandlungen** (analog Art. 535 Abs. 3) steht ihnen nicht zu (ZR 1939, 363; BK-Hartmann, N 5; **a.M.** ZK-Siegwart, Art. 583 N 17; von Steiger, SPR VIII/1, 573), ansonsten die Bestimmung von Abs. 3, wonach der widersprechende Gesellschafter zu klagen hat, überflüssig wäre. Inwiefern auch ausserhalb der in Abs. 3 festgelegten Fälle der **Richter** um **Weisungen an die Liquidatoren** angegangen werden kann, vgl. Art. 550 N 9.

5   Der nicht zur Liquidation befugte Gesellschafter muss von den Liquidatoren über einen beschlossenen oder abgelehnten Verkauf des Unternehmens mit Aktiven und Passiven an einen Dritten oder an einen Gesellschafter sowie über den Verkauf von Grundstücken informiert werden, damit er einen allfälligen **Widerspruch** erheben kann (BK-Hartmann, N 17). Wird sein Widerspruch von den Liquidatoren nicht akzeptiert, so hat er den **Richter** anzugehen, welcher den vorgesehenen Verkauf anordnet oder verbietet. Beim Verkauf von Grundstücken ist ein Widerspruch und Klage durch den nicht zur Liquidation befugten Gesellschafter über den Wortlaut des Gesetzes hinaus nicht nur bezüglich der Art der Veräusserung, sondern auch bezüglich des Inhalts des Vertrages hinsichtlich Preis, Partei etc. möglich (ZR 1986, 161 f.; ZK-Siegwart, N 12; BK-Hartmann, N 18). In beiden Fällen hat sich die Klage gegen die Gesellschaft, vertreten durch die Liquidatoren, zu richten (Heberlein, 90 FN 66; **a.M.** BGE 70 II 166; ZK-Siegwart, N 13; CHK-Strittmatter, N 2: nur gegen Liquidatoren; BK-Hartmann, N 19: gegen die übrigen Gesellschafter oder gegen die Liquidatoren). Die Liquidatoren sind befugt, dem widersprechenden Gesellschafter Frist zur Einreichung der Klage beim Gericht anzusetzen, bei deren Nichteinhaltung der Verkauf ohne Rücksicht auf den Widersprechenden vollzogen werden darf (vgl. Duc, 992, der hierfür eine Gesetzesänderung wünscht). Bringt der Liquidator anstelle eines Verkaufes einfach das Geschäft faktisch an sich, so können die übrigen Gesellschafter entweder die ordnungsgemässe Durchführung der Liquidation oder die Zahlung einer Abfindungssumme gemäss Art. 580 Abs. 2 verlangen (BGE 93 II 250 ff.).

5a Die im Handelsregister eingetragene Gesellschaft kann, auch wenn sie sich im Liquidationsstadium befindet, ihr Vermögen auf dem Wege der **Vermögensübertragung** gemäss Art. 69 FusG an einen Gesellschafter oder einen Dritten übertragen, sofern dieser

5. Abschnitt: Liquidation

ein «Rechtsträger» gemäss Art. 2 lit. a FusG ist. Zuständig zum Abschluss des Vertrages ist das oberste Leitungsorgan (Art. 70 Abs. 1 FusG). Dies sind im Liquidationsstadium die Liquidatoren. Die nicht zur Liquidation befugten Gesellschafter haben auch bei einer Vermögensübertragung gemäss FusG ihr Widerspruchsrecht gemäss Abs. 3. Ob sie in der Lage waren, dies auszuüben, muss indes nicht vom Handelsregisterführer bei der Eintragung der Übertragung in das Handelsregister (Art. 73 FusG) nicht überprüft werden.

Die Gesellschafter können jederzeit durch Gesellschaftsbeschluss, auf den ein allgemein vertraglich vereinbartes Mehrheitsprinzip anwendbar ist (vgl. Art. 548 f.; VON STEIGER, SPR VIII/1, 573; ZÄCH, 402 ff.; a.M. BK-HARTMANN, N 7), den Liquidatoren **bindende Weisungen zur Behandlung einzelner Geschäfte** erteilen (BGE 50 II 211; ZK-SIEGWART, Art. 583 N 17; BK-HARTMANN, N 7; HEBERLEIN, 60; DUC, 990). Dadurch wird jedoch nicht das Klagerecht gem. Abs. 3 aufgehoben. 6

III. Durchführung der Liquidation

Die Liquidation ist nach den oben bei der einfachen Gesellschaft dargestellten Grundsätzen (Art. 548 f. N 6 ff.) durchzuführen. Auch bei der Kollektivgesellschaft besteht kein **Anspruch auf Realteilung**, sondern nur auf eine Geldsumme (BGE 42 II 295 f.; BK-HARTMANN, N 16; MEIER-HAYOZ/FORSTMOSER, § 13 N 80). Dementsprechend besteht auch keine Pflicht zur Übernahme von Realwerten, dies kann nur im Einverständnis aller Gesellschafter erfolgen (BK-HARTMANN, N 16; MEIER-HAYOZ/FORSTMOSER, § 13 N 78; a.M. ZK-SIEGWART, Art. 588 N 3). 7

IV. Haftung der Gesellschaft für die Liquidatoren

Die Gesellschaft haftet für die **unerlaubten Handlungen** ihrer Liquidatoren (Abs. 4; ZR 1978, 211), wie sie vorher für die unerlaubten Handlungen ihrer Geschäftsführer haftete (Art. 567 Abs. 3). 8

Art. 586

E. Vorläufige Verteilung	¹ Die während der Liquidation entbehrlichen Gelder und Werte werden vorläufig auf Rechnung des endgültigen Liquidationsanteiles unter die Gesellschafter verteilt. ² Zur Deckung streitiger oder noch nicht fälliger Verbindlichkeiten sind die erforderlichen Mittel zurückzubehalten.
E. Répartition provisoire	¹ Les fonds sans emploi pendant la liquidation sont provisoirement distribués entre les associés et imputés sur la part de liquidation définitive. ² Les fonds nécessaires au paiement des dettes litigieuses ou non encore échues sont retenus.
E. Ripartizione provvisoria	¹ I capitali, che durante la liquidazione si trovano disponibili, sono provvisoriamente distribuiti tra i soci in acconto sulla quota definitiva di liquidazione. ² Saranno trattenuti i capitali occorrenti al soddisfacimento dei debiti non ancora scaduti o litigiosi.

Literatur

Vgl. die Literaturhinweise zu Art. 582.

1 Sind mehr Mittel vorhanden, als zur Deckung der Schulden voraussichtlich erforderlich, so haben die Gesellschafter Anspruch auf **Abschlagszahlungen.** Dieser bezieht sich nur auf eine Geldsumme, da Realwerte nur im Einverständnis aller Gesellschafter verteilt werden (vgl. Art. 585 N 7). Die Abschlagszahlungen müssen an alle Gesellschafter im Verhältnis ihrer Kapitalanteile ausgerichtet werden (ZK-SIEGWART, N 18; BK-HARTMANN, N 6; VON STEIGER, SPR VIII/1, 578). Vorgängig sind die Auslagen zu ersetzen und nachher die Abschlagszahlungen proportional a conto des Gewinnanspruches zu leisten.

2 Dass umgekehrt keine Abschlagszahlungen geleistet werden, solange nicht die **Schulden sichergestellt** sind, können nur die Gesellschafter, nicht aber die Gläubiger verlangen (ZK-SIEGWART, N 16; BK-HARTMANN, N 4; DUC, 988). Letzteren verbleiben bei einer verfrühten Verteilung bloss die betreibungsrechtlichen Anfechtungsklagen (Art. 285 ff. SchKG; CHK-STRITTMATTER, N 2).

3 Solange die Liquidation dauert, werden bloss Abschlagszahlungen an das definitive Liquidationsergebnis ausgerichtet, die Gesellschafter haben aufgrund des **Prinzips der Einheitlichkeit der Liquidation** (Art. 548 f. N 3) keinen Anspruch auf Vorausbezahlung ihrer Forderungen für Gewinn (BK-HARTMANN, N 2), Zinse, Honorar und Auslagenersatz.

4 Wurde zuviel ausbezahlt, so können die Liquidatoren im Namen der Gesellschaft und der einzelnen Gesellschafter die **Rückleistung an die Gesellschaft** fordern (ZK-SIEGWART, N 18; BK-HARTMANN, N 6).

Art. 587

F. Auseinandersetzung I. Bilanz	¹ Die Liquidatoren haben bei Beginn der Liquidation eine Bilanz aufzustellen. ² Bei länger andauernder Liquidation sind jährliche Zwischenbilanzen zu errichten.
F. Règlement des comptes I. Bilan	¹ Les liquidateurs dressent un bilan au début de la liquidation. ² Lorsque celle-ci se prolonge, les liquidateurs dressent chaque année un bilan intérimaire.
F. Regolamento dei conti I. Bilancio	¹ All'inizio della liquidazione, i liquidatori devono allestire un bilancio. ² Se la liquidazione si protrae, i liquidatori devono allestire bilanci intermedi annuali.

Literatur

Vgl. die Literaturhinweise zu Art. 582.

1 Die Liquidatoren haben die Pflicht, zu Beginn der Liquidation eine Bilanz aufzustellen. In dieser **Liquidationsbilanz** sind, anders als in der ordentlichen Betriebsbilanz, die einzelnen Vermögenswerte zu demjenigen Wert einzusetzen, der bei ihrem Verkauf vo-

raussichtlich erzielt werden kann. Stille Reserven sind aufzulösen (BK-HARTMANN, N 6). Steht ein Verkauf des ganzen Unternehmens in Aussicht, so können die Aktiven auch zum Fortführungswert (vgl. Art. 580 N 4) bilanziert werden.

Dauert die Liquidation länger als ein Jahr, so sind jährliche **Zwischenbilanzen** aufzustellen (Abs. 2). 2

Eine eigentliche Liquidationsschlussbilanz verlangt das Gesetz nicht, doch haben die Liquidatoren eine **Schlussabrechnung** zu erstellen (BK-HARTMANN, N 8; VON STEIGER, SPR VIII/1, 579). 3

Art. 588

II. Rückzahlung des Kapitals und Verteilung des Überschusses	¹ Das nach Tilgung der Schulden verbleibende Vermögen wird zunächst zur Rückzahlung des Kapitals an die Gesellschafter und sodann zur Entrichtung von Zinsen für die Liquidationszeit verwendet. ² Ein Überschuss ist nach den Vorschriften über die Gewinnbeteiligung unter die Gesellschafter zu verteilen.
II. Remboursement du capital et répartition de l'excédent	¹ L'actif social est employé, après règlement des dettes, d'abord à rembourser le capital aux associés, puis à payer des intérêts pour la durée de la liquidation. ² L'excédent est distribué entre les associés suivant les dispositions applicables à la répartition des bénéfices.
II. Rimborso del capitale e ripartizione dell'avanzo	¹ Il patrimonio, che rimane dopo l'estinzione dei debiti, è adoperato dapprima a restituire il capitale ai soci, poi a pagare gli interessi per la durata della liquidazione. ² L'avanzo è ripartito tra i soci secondo le disposizioni sulla ripartizione degli utili.

Literatur
Vgl. die Literaturhinweise zu Art. 582.

I. Interne Liquidation

Nach Bezahlung oder Sicherstellung der Schulden und Versilberung der Aktiven haben die Liquidatoren eine **Schlussabrechnung** aufzustellen. Darin ist vorerst den Gesellschaftern ein allfälliger Anspruch auf **Auslagenersatz** zuzuerkennen. Ergibt sich dann noch ein Überschuss, so haben die Gesellschafter Anspruch auf Erstattung ihrer **Kapitalanteile**. Kapitalanteile sind die geleisteten Einlagen und nicht bezogenen Guthaben (Art. 559 Abs. 3). Zur Rücknahme von eingebrachten Vermögenswerten in natura vgl. Art. 548 f. N 8 ff. Verbleibt nach Rückzahlung der Kapitalanteile ein Überschuss, so ist auf die Kapitalanteile für die Liquidationszeit in dem Umfang ein Zins zu entrichten, in dem er aufgrund Gesetz (Art. 558 Abs. 2) oder Vertrag für die aktive Gesellschaft geschuldet war (CHK-STRITTMATTER, N 2; **a.M.** BK-HARTMANN, N 5, der annimmt, es seien auch Zinse zu bezahlen, wenn sie für die normale Geschäftszeit nicht vorgesehen waren) und die Kapitalanteile nicht durch Abschlagszahlungen vermindert wurden (ZK-SIEGWART, N 4). 1

Daniel Staehelin

2 Verbleibt nach Begleichung der Schulden, nach Ersatz der Auslagen und nach Rückzahlung der Kapitalanteile samt Zinsen ein **Überschuss**, so ist dieser unter die Gesellschafter im Verhältnis ihrer bisherigen Gewinnbeteiligung gemäss Art. 533 und nicht im Verhältnis ihrer Kapitalanteile zu verteilen (Abs. 2; VON STEIGER, SPR VIII/1, 580).

3 Die Rückzahlung der Kapitalanteile und die Verteilung des Überschusses ist **Aufgabe der Liquidatoren.** Sollen nicht nur Geld, sondern andere Vermögenswerte unter die Gesellschafter verteilt werden, was nur mit Zustimmung aller Gesellschafter möglich ist, so bedarf es hierfür der entsprechenden **Übertragungshandlungen** (Zession, Tradition, Grundbucheintrag), und bei der Übernahme von Rechten an Immobilien eines öffentlich beurkundeten Vertrages zwischen der Gesellschaft und dem Übernehmer (Art. 548 f. N 15). Sind einzelne Gesellschafter mit der Schlussabrechnung nicht einverstanden, so ist den Liquidatoren zu raten, die Verteilung vorerst zu sistieren (BK-HARTMANN, N 4). Jeder Gesellschafter kann nun mit einer gegen die diejenigen Gesellschafter oder Liquidatoren, welche im Besitz des Liquidationserlöses sind,. gerichteten Leistungsklage die Bezahlung seines Liquidationsanteils verlangen, wenn die äussere Liquidation abgeschlossen ist (Art. 550 N 10; OR-Handkommentar-CASUTT, N 5). Die anderen Gesellschafter können mit einer zusätzlichen Feststellungsklage in den Prozess einbezogen werden.

II. Verlusttragung

4 Die Liquidation kann einen **Verlust** ergeben. Dieser ist intern von allen Gesellschaftern gemäss dem Gesellschaftsvertrag, im Zweifel nach Köpfen (Art. 533 Abs. 1), zu tragen. Reicht das Gesellschaftsvermögen, zu dem auch die versprochenen, aber noch nicht einbezahlten Beiträge zu zählen sind, nicht einmal aus, um die Schulden zu bezahlen, so ist die Liquidation beendigt. Es ist nicht mehr Aufgabe der Liquidatoren, sondern der Gläubiger, nun direkt gegen die einzelnen Gesellschafter vorzugehen (VON STEIGER, SPR VIII/1, 580).

5 Ein Verlust, der nach den Regeln der Verlusttragung von den Gesellschaftern zu übernehmen ist, besteht auch dann, wenn **nicht genügend Vermögen** übrig bleibt, **um die Kapitalanteile zurückzubezahlen** (VON STEIGER, SPR VIII/1, 580). Mangels besonderer Vereinbarung sind somit die Kapitalanteile nicht anteilsmässig, sondern linear nach Abzug desjenigen Betrages, den jeder Gesellschafter am Verlust zu tragen hat, zurückzuzahlen.

6 Hat ein Gesellschafter mehr zur Deckung des Verlustes geleistet, als er intern zu tragen hat, so hat er gegen die übrigen Gesellschafter einen **Regressanspruch,** wofür ihm diese nicht solidarisch, sondern nur im Verhältnis ihrer Verlustbeteiligung haften (Art. 148 Abs. 3; BGE 103 II 139 f.; ZK-SIEGWART, Art. 533 N 23; OR-Handkommentar-CASUTT, N 8; CHK-STRITTMATTER, N 4; **a.M.** VON STEIGER, SPR VIII/1, 581: für solidarische Haftung). Die Geltendmachung dieses Anspruches ist Sache des Gesellschafters und nicht mehr der Liquidatoren (BK-HARTMANN, N 7; VON STEIGER, SPR VIII/1, 581). Dasselbe gilt für den Saldoausgleich zwischen aktiven und passiven Kapitalanteilen der Gesellschafter, wenn das Gesellschaftsvermögen zur Deckung der aktiven Kapitalanteile nicht ausreicht (BK-HARTMANN, N 7; VON STEIGER, SPR VIII/1, 581). Kein passiver Kapitalanteil besteht, wenn ein Gesellschafter Beiträge versprochen, aber noch nicht geleistet hat; diese haben die Liquidatoren einzuziehen (Art. 585 N 3).

5. Abschnitt: Liquidation 1–5 Art. 589

III. Nachliquidation

Kommen **nach Abschluss der Liquidation** bisher unbekannte Aktiven oder Passiven zum Vorschein, so ist von den bisherigen Liquidatoren die Liquidation wieder aufzunehmen und zu Ende zu führen (BK-HARTMANN, N 8). Bezüglich nachträglich erkannter Rechnungsfehler im Liquidationsvertrag vgl. BGE 116 II 686 ff. 7

Art. 589

G. Löschung im Handelsregister	Nach Beendigung der Liquidation haben die Liquidatoren die Löschung der Firma im Handelsregister zu veranlassen.
G. Radiation au registre du commerce	Après la fin de la liquidation, les liquidateurs requièrent la radiation de la raison sociale au registre du commerce.
G. Cancellazione nel registro di commercio	Terminata la liquidazione, i liquidatori devono far cancellare la ditta nel registro di commercio.

Literatur

Vgl. die Literaturhinweise zu Art. 582.

I. Allgemeines

Nach Beendigung der Liquidation ist die **Firma im Handelsregister zu löschen.** Die entsprechende Anmeldung ist von allen Liquidatoren zu unterzeichnen. Darin ist zu erklären, dass die Liquidation beendigt ist (Art. 42 Abs. 2 HRegV). Die Liquidation ist beendigt, wenn alle Schulden bezahlt oder übernommen wurden und alle Aktiven verteilt sind (BGE 81 II 361). Nicht mehr zur Liquidation gehören Regress- und Ausgleichsansprüche der Gesellschafter untereinander (CHK-STRITTMATTER, N 1). 1

Kommen die Liquidatoren ihrer Pflicht zur Löschung nicht nach, so kann unter den Voraussetzungen von Art. 155 HRegV die **Löschung von Amtes wegen** erfolgen. 2

Zur Löschung der Firma nach **Schluss des Konkursverfahrens** und Einstellung des Konkurses mangels Aktiven (Art. 230 SchKG) sowie nach Beendigung der Liquidation bei gerichtlichen Nachlassverträgen mit Vermögensabtretung vgl. Art. 159 Abs. 5 HRegV. 3

II. Wirkungen der Löschung

Wie die Eintragung der Firma ist auch ihre **Löschung bloss deklarativ.** Trotz Löschung bleibt die Gesellschaft rechts- und parteifähig, solange die Liquidation nicht beendet ist (BGE 81 II 361; 59 II 60 ff.; PATRY, 327; **a.M.** BK-HARTMANN, Art. 592 N 2). In diesem Falle bleibt sie auch noch bis sechs Monate nach der Löschung konkursfähig (Art. 40 SchKG; OGer ZH, ZR 2002, 206 f.). 4

III. Ungerechtfertigte Löschung

Wurde die Firma gelöscht, bevor alle Schulden bezahlt und die Aktiven verteilt wurden, so können die Gläubiger und die Gesellschafter gem. Art. 162 HRegV **privatrechtlichen Einspruch** gegen die Anmeldung erheben (AB BL, BlSchK 2000, 177). 5

6 Tauchen nachträglich Aktiven oder Passiven auf, was bloss glaubhaft zu machen ist (BGE 60 I 29), so können die Gläubiger (BGE 60 I 28; 67 I 122), Gesellschafter (BGE 59 II 58 ff.; SJ 1980, 377 ff.), Liquidatoren oder Dritte die **Wiedereintragung** der Firma verlangen, sofern sie daran ein schützenswertes Interesse haben (VON STEIGER, SPR VIII/1, 7 ff.; BK-HARTMANN, N 7; Art. 164 HRegV). Dadurch wird namentlich ihre passive Betreibungsfähigkeit wiederhergestellt (BGE 55 III 148 ff.), auf die Rechts- und Parteifähigkeit hat die Wiedereintragung indes keinen Einfluss (N 4). Die früheren Liquidatoren werden dann wieder in das Register eingetragen, wenn nicht gleichzeitig vom Richter die Abberufung dieser Liquidatoren und die Ernennung neuer verlangt wurde (SJ 1980, 378 f.).

Art. 590

H. Aufbewahrung der Bücher und Papiere

¹ **Die Bücher und Papiere der aufgelösten Gesellschaft werden während zehn Jahren nach der Löschung der Firma im Handelsregister an einem von den Gesellschaftern oder, wenn sie sich nicht einigen, vom Handelsregisteramt zu bezeichnenden Ort aufbewahrt.**

² **Die Gesellschafter und ihre Erben behalten das Recht, in die Bücher und Papiere Einsicht zu nehmen.**

H. Conservation des livres et autres documents

¹ Les livres et autres documents de la société dissoute sont conservés, pendant dix ans à compter de la radiation de la raison sociale, dans un lieu désigné par les associés ou, s'ils ne peuvent s'entendre, par le préposé au registre du commerce.

² Les associés et leurs héritiers gardent le droit de les consulter.

H. Conservazione dei libri e delle carte

¹ I libri e le carte della società disciolta saranno conservati per la durata di dieci anni dalla cancellazione della ditta nel registro di commercio, in un luogo designato dai soci o, in mancanza d'accordo tra di essi, dall'ufficio del registro di commercio.

² I soci ed i loro eredi conservano il diritto di consultarli.

Literatur

Vgl. die Literaturhinweise zu Art. 582.

1 Art. 590 entspricht der analogen Regelung bei der AG (Art. 747) und auferlegt den Gesellschaftern die Pflicht, die Bücher und Papiere der aufgelösten und liquidierten Gesellschaft noch während zehn Jahren **aufzubewahren.** Können sie sich über den Aufbewahrungsort nicht einigen, so bestimmt diesen der Handelsregisterführer am Sitz der aufgelösten Gesellschaft.

2 Zum **Umfang der Aufbewahrungspflicht** vgl. Art. 962 sowie die Verordnung über die Aufzeichnung von aufzubewahrenden Unterlagen (SR 221 431). Sie umfasst sämtliche Geschäftsakten (Inventare, Bilanzen, Korrespondenzen; VON STEIGER, SPR VIII/1, 583).

3 Die Unterlagen verbleiben im **Gesamteigentum** der Gesellschafter, können aber nach zehn Jahren von der Hinterlegungsstelle ohne weiteres vernichtet werden (ZK-SIEGWART, N 1).

6. Abschnitt: Verjährung **Art. 591**

Die Gesellschafter und ihre Erben behalten das Recht, in die Bücher und Papiere **Einsicht** zu nehmen (Abs. 2). Sie müssen hierfür, Ausnahmefälle vorbehalten, kein schützenswertes Interesse nachweisen (ZK-SIEGWART, N 2 f.; BK-HARTMANN, N 7). Drittpersonen, wie z.B. der Zessionar eines Liquidationsanteils, haben kein Einsichtsrecht gestützt auf diese Bestimmung (ZK-SIEGWART, N 2; BK-HARTMANN, N 5), können sich u.U. jedoch auf die zivilprozessuale Urkundeneditionspflicht berufen (OR-Handkommentar-CASUTT, N 4). 4

Sechster Abschnitt: Verjährung

Art. 591

A. Gegenstand und Frist

¹ Die Forderungen von Gesellschaftsgläubigern gegen einen Gesellschafter für Verbindlichkeiten der Gesellschaft verjähren in fünf Jahren nach der Veröffentlichung seines Ausscheidens oder der Auflösung der Gesellschaft im Schweizerischen Handelsamtsblatt, sofern nicht wegen der Natur der Forderung eine kürzere Verjährungsfrist gilt.

² Wird die Forderung erst nach dieser Veröffentlichung fällig, so beginnt die Verjährung mit dem Zeitpunkt der Fälligkeit.

³ Auf Forderungen der Gesellschafter untereinander findet diese Verjährung keine Anwendung.

A. Objet et délai

¹ Les actions qu'un créancier de la société peut faire valoir contre un associé en raison de dettes sociales se prescrivent par cinq ans dès la publication de sa sortie ou de la dissolution de la société dans la *Feuille officielle suisse du commerce,* à moins que la créance ne soit, de par sa nature, soumise à une prescription plus courte.

² Si la créance n'est devenue exigible que postérieurement à la publication, le délai court dès l'exigibilité.

³ La prescription ne s'applique point aux actions des associés les uns contre les autres.

A. Oggetto e termine

¹ Le azioni di creditori sociali contro un socio per debiti della società si prescrivono col decorso di cinque anni dalla pubblicazione della sua uscita o dello scioglimento della società nel *Foglio ufficiale svizzero di commercio,* eccetto che per la natura del credito non si faccia luogo per legge ad una prescrizione più breve.

² Se il credito diventa esigibile soltanto dopo siffatta pubblicazione, la prescrizione comincerà dalla scadenza.

³ Questa prescrizione non si applica alle azioni dei soci tra loro.

Literatur

MANGOLD, Die Verjährung der Haftung des Kollektivgesellschafters, Diss. Zürich 1947; SPIRO, Die Begrenzung privater Rechte durch Verjährungs-, Verwirkungs- und Fatalfristen, 1975; vgl. ausserdem die Literaturhinweise zu Art. 545 f.

I. Allgemeines. Normzweck

1 Art. 591 **verkürzt die ordentliche Verjährungsfrist** der Haftung des einzelnen Gesellschafters für die Gesellschaftsschulden (Art. 568) von zehn (Art. 127) auf fünf Jahre, wenn die Gesellschaft aufgelöst wurde oder der Gesellschafter ausgeschieden ist. Diese Sonderordnung ist nicht auf die einfache Gesellschaft übertragbar (ZK-SIEGWART, N 1; SPIRO, 781). Zweck dieser Norm sind Billigkeitserwägungen, welche sowohl in Deutschland wie in Frankreich zu analogen Regelungen führten (WIELAND, 727).

II. Anwendungsbereich

2 Die fünfjährige Frist gilt nur für die **Gesellschaftsschulden,** für welche der Gesellschafter subsidiär persönlich haftet (Art. 568), nicht für die persönlichen Schulden, die ein Gesellschafter in eigenem Namen, aber zugunsten der Gesellschaft (z.B. als Bürge) eingegangen ist (BK-HARTMANN, N 8; SPIRO, 773 FN 10).

3 Die Verjährungsverkürzung gilt nur für die **Forderungen der Gesellschaftsgläubiger,** nicht für die im Gesellschaftsvertrag gründenden Forderungen der Mitgesellschafter (Abs. 3; z.B. Liquidationsanteil, Auslagenersatz, Ausgleich eines Verlustes, Regress bei Inanspruchnahme durch einen Gesellschaftsgläubiger, Schadenersatz). Diese können jedoch zusätzlich, z.B. aufgrund eines Darlehensvertrages, Gesellschaftsgläubiger sein (ZK-SIEGWART, N 16; SPIRO, 774 FN 10; VON STEIGER, SPR VIII/1, 586). Da der Ausscheidende mit dem Ausscheiden seine Stellung als Gesellschafter verliert (Art. 576 N 7), verjährt seine Abfindungsforderung gegen die subsidiär haftenden Mitgesellschafter (nicht gegen die Gesellschaft) innert fünf Jahren (ZK-SIEGWART, N 16).

4 Die Verjährungsverkürzung kommt nur dann zum Zuge, wenn die Forderung nach fünf Jahren **nicht sowieso schon verjährt ist,** sei es, weil eine kürzere Frist (z.B. Art. 60) anwendbar ist (Abs. 1 i. f.), sei es, weil die Verjährungsfrist bereits vor der Auflösung oder dem Ausscheiden begann und inzwischen abgelaufen ist (BGE 83 II 49; SPIRO, 775 FN 14).

5 Die Frage der Verjährung stellt sich erst, wenn der Gesellschafter **belangbar** geworden ist (Art. 568 Abs. 3). Da mit dem Ausscheiden wohl die kurze Verjährungsfrist zu laufen beginnt, der Ausscheidende jedoch nicht belangbar wird, kann es sein, dass die Forderung verjährt, bevor er belangbar geworden ist (SPIRO, 90; OR-Handkommentar-CASUTT, N 4).

6 Die fünfjährige Frist gilt auch gegenüber den Gesellschaftern, die **nach dem Konkurs der Gesellschaft belangt** werden. Der Konkursverlustschein gegen die Gesellschaft verlängert die Verjährung der Forderung gegen den Gesellschafter nicht auf 20 Jahre, bewirkt jedoch eine Unterbrechung (SPIRO, 445 FN 9; OR-Handkommentar-CASUTT, N 3; **a.M.** ZK-SIEGWART, N 4; BK-HARTMANN, N 6).

III. Beginn der Frist

7 Massgebend für den Beginn der fünfjährigen Frist ist die **Veröffentlichung der Auflösung oder des Ausscheidens** im SHAB (vgl. Art. 932 Abs. 2; SPIRO, 774 FN 11). Zusätzlich bedarf es einer gültigen Handelsregistereintragung, die Publikation heilt das Fehlen oder die Nichtigkeit der Eintragung nicht (BGE 83 II 48). Nicht massgebend ist eine allfällige Kenntnis des Gläubigers von der bereits früher eingetretenen Auflösung (ZK-SIEGWART, N 2; MANGOLD, 86; SPIRO, 775 FN 12). Wurde das Ausscheiden oder die Auflösung im Handelsregister nicht eingetragen, weil die Gesellschaft selbst

6. Abschnitt: Verjährung   1   **Art. 592**

im Handelsregister nicht eingetragen war, so ist die Verjährungsverkürzung nicht anwendbar (BGE 17 505; OR-Handkommentar-CASUTT, N 5).

Die fünfjährige Frist beginnt für diejenigen Forderungen, welche im Zeitpunkt der Publikation im SHAB noch nicht fällig waren, erst **im Zeitpunkt ihrer Fälligkeit** (Abs. 2). Bei der Auflösung der Gesellschaft gilt dies für alle Forderungen, unabhängig ihres Entstehungsdatums. Beim Ausscheiden eines Gesellschafters betrifft dies indes nur diejenigen Forderungen, welche vor der Publikation des Ausscheidens entstanden, da der Ausscheidende nur für diese haftet (Art. 576 N 10).   8

Art. 592

B. Besondere Fälle	¹ **Die fünfjährige Verjährung kann dem Gläubiger, der seine Befriedigung nur aus ungeteiltem Gesellschaftsvermögen sucht, nicht entgegengesetzt werden.** ² **Übernimmt ein Gesellschafter das Geschäft mit Aktiven und Passiven, so kann er den Gläubigern die fünfjährige Verjährung nicht entgegenhalten. Dagegen tritt für die ausgeschiedenen Gesellschafter an Stelle der fünfjährigen die zweijährige Frist nach den Grundsätzen der Schuldübernahme; ebenso wenn ein Dritter das Geschäft mit Aktiven und Passiven übernimmt.**
B. Cas spéciaux	¹ La prescription de cinq ans n'est pas opposable au créancier qui exerce ses droits uniquement sur des biens non encore partagés de la société. ² Si l'affaire est reprise, avec actif et passif, par un associé, il ne peut opposer aux créanciers la prescription de cinq ans. Pour les autres associés, en revanche, la prescription de deux ans est substituée à celle de cinq ans selon les règles de la reprise de dettes; cette dernière disposition est également applicable en cas de reprise par un tiers.
B. Casi speciali	¹ La prescrizione quinquennale non è opponibile al creditore che proceda soltanto sul patrimonio della società rimasto indiviso. ² Qualora l'impresa sia assunta con l'attivo ed il passivo da un socio, egli non può opporre ai creditori la prescrizione quinquennale. Invece, per gli altri soci, la prescrizione quinquennale è sostituita da quella biennale secondo le disposizioni sull'assunzione di debito; quest'ultima norma vale anche ove l'impresa sia assunta con l'attivo ed il passivo da un terzo.

Literatur

D. STAEHELIN, Sondervermögen und Haftung, in: Thomas Sutter-Somm/Anton K. Schnyder (Hrsg.), Festgabe für Franz Hasenböhler, Zürich 2004, 87 ff.; vgl. ausserdem die Literaturhinweise zu Art. 591.

I. Befriedigung aus unverteiltem Gesellschaftsvermögen (Abs. 1)

Die verkürzte Verjährungsfrist von fünf Jahren gilt nur für Forderungen gegen die Ge-   1
sellschafter, nicht für **Ansprüche gegen die Gesellschaft** selbst (Art. 591; BK-HARTMANN, N 2; ZK-SIEGWART, N 14; SPIRO, 780; CHK-STRITTMATTER, N 1). Dies gilt auch nach formalem Abschluss der Liquidation; solange noch unverteiltes Gesellschaftsvermögen vorhanden ist, bleibt die Gesellschaft selbst, evtl. nach Wiedereintra-

gung in das Handelsregister, passiv prozess- und betreibungsfähig (Art. 589 N 2 ff.) und kann sich nicht auf die Verjährungsverkürzung berufen (BK-HARTMANN, N 2; SIEGWART, N 14; VON STEIGER, SPR VIII/1, 588). Abs. 1 betrifft den Fall, dass ein Gesellschaftsgläubiger gegen einen Gesellschafter persönlich vorgeht, jedoch nur **Befriedigung aus ungeteiltem Gesellschaftsvermögen,** nicht aus dem Privatvermögen des Gesellschafters sucht. Auch diesfalls gilt nicht die verkürzte fünfjährige Verjährungsfrist. Voraussetzung für diese Rechtsfolge ist, dass der Gläubiger gegen einen Gesellschafter persönlich vorgeht und dass dieser selbst noch Ansprüche auf das ungeteilte Gesellschaftsvermögen besitzt (BK-HARTMANN, N 3; VON STEIGER, SPR VIII/1, 588; OR-Handkommentar-CASUTT, N 2). Ist sein Anspruch auf das Liquidationsergebnis kleiner als die gegen ihn geltend gemachte Forderung, so unterliegt nur der entsprechende Anteil der längeren Verjährungsfrist (OR-Handkommentar-CASUTT, N 2). Bei einer Zwangsvollstreckung gegen den Gesellschafter kann auch in diesem Fall nicht direkt auf das unverteilte Gesellschaftsvermögen zugegriffen werden (SIEGWART, N 14), sondern es unterliegt nur sein Anspruch auf das Liquidationsergebnis der Zwangsvollstreckung. Das übrige Privatvermögen des Gesellschafters wird durch die verkürzte fünfjährige Frist geschützt. Bei einer Betreibung auf Pfändung ist über die Beschränkung des Vollstreckungssubstrates im Widerspruchsverfahren gemäss Art. 107 ff. SchKG zu befinden, im Konkurs des Gesellschafters sind mehrere Massen zu bilden (D. STAEHELIN, Sondervermögen, 109 f.).

II. Verjährung bei Übernahme des Geschäfts (Abs. 2)

2 **Abs. 2 Satz 1** bestimmt, dass dann, wenn ein Mitgesellschafter im Zuge der Liquidation das Geschäft oder zumindest einen organisch geschlossenen Teil davon mit Aktiven und Passiven gem. Art. 181 übernimmt, er sich nicht auf die kürzere fünfjährige Verjährungsfrist von Art. 591 berufen kann, obwohl dem Wortlaut nach der Tatbestand von Art. 591 erfüllt wäre, da der Übernehmer Gesellschafter der aufgelösten Gesellschaft war. Dasselbe gilt bei der Übernahme durch mehrere Gesellschafter.

3 **Abs. 2 Satz 2** hält fest, dass im Falle der Liquidierung der Gesellschaft durch Übertragung des Geschäfts gem. Art. 181 die frühere zweijährige Verwirkungsfrist (BGE 108 II 110) von Art. 181 Abs. 2 der fünfjährigen Verjährungsfrist von Art. 591 vorgeht (BGE 121 III 327). Dies gilt sowohl für die Übertragung auf einen Dritten wie auf einen oder mehrere Gesellschafter. Seit Inkrafttreten des FusG beträgt die Frist von Art. 181 Abs. 2 OR drei statt zwei Jahre, eine Anpassung von Art. 592 Abs. 2 ist jedoch unterblieben. Dennoch gilt die dreijährige Frist auch im Anwendungsbereich von Art. 592 Abs. 2 (CHK-STRITTMATTER, N 2), da diese Bestimmung in dieser Hinsicht bloss eine Verweisungsnorm enthält.

4 Übernehmen hingegen ein oder mehrere Gesellschafter das Geschäft nicht gemäss Art. 181, sondern **nach Massgabe von Art. 579,** so haften die Ausscheidenden während der fünfjährigen Verjährungsfrist von Art. 591 und nicht der dreijährigen (N 3) Verwirkungsfrist von Art. 181 Abs. 2 (ZK-SIEGWART, N 7; SPIRO, 776 f.; vgl. Art. 551 N 3), werden jedoch vorläufig noch nicht belangbar (Art. 597 N 2). Im Zweifel ist eine Übertragung nach Art. 579 und nicht nach Art. 181 zu vermuten (vgl. Art. 579 N 4).

Art. 593

C. Unterbrechung	Die Unterbrechung der Verjährung gegenüber der fortbestehenden Gesellschaft oder einem andern Gesellschafter vermag die Verjährung gegenüber einem ausgeschiedenen Gesellschafter nicht zu unterbrechen.
C. Interruption	L'interruption de la prescription envers la société qui a continué d'exister ou envers un associé quelconque n'a pas d'effet à l'égard de l'associé sortant.
C. Interruzione	L'interruzione della prescrizione in confronto della società, che continua, o di un altro socio non ha effetto per il socio uscito.

Literatur

Vgl. die Literaturhinweise zu Art. 591.

I. Unterbrechung der Verjährung gegenüber einem Ausgeschiedenen

Ist ein Gesellschafter **ausgeschieden,** so wird die gegen ihn laufende Verjährungsfrist nicht dadurch unterbrochen, dass die Verjährung derselben Forderung gegen die fortbestehende Gesellschaft oder einen anderen Gesellschafter unterbrochen wird, da zwischen dem Ausgeschiedenen und den übrigen Gesellschaftern keine engen Bande mehr bestehen. Dasselbe gilt für den ausgeschlossenen Gesellschafter (BK-HARTMANN, N 4; SPIRO, 433 FN 18). 1

Solange der Ausgeschiedene nicht belangt werden kann, kann die für ihn laufende Verjährungsfrist nur durch Feststellungsklage oder Betreibung (Art. 135 Ziff. 2) unterbrochen werden (MANGOLD, 86; SPIRO, 91). 2

II. Unterbrechung der Verjährung in den übrigen Fällen

Diese Erleichterung gilt nur zugunsten des Ausgeschiedenen. Ansonsten wirkt eine Unterbrechung der Verjährung gegen die Gesellschaft oder einen Mitgesellschafter auch gegenüber den übrigen Gesellschaftern (BGE 83 II 50 f.; ZK-SIEGWART, N 4; MANGOLD, 22; VON STEIGER, SPR VIII/1, 587 f.; **a.M.** BK-HARTMANN, N 3). Dies gilt sowohl, solange noch kein Gesellschafter ausgeschieden ist, wie auch, wenn die Gesellschaft aufgelöst wurde (MANGOLD, 45). Eine Unterbrechung der Verjährung gegenüber dem Ausgeschiedenen vermag hingegen die Verjährung gegenüber der Gesellschaft und den fortsetzenden Gesellschaftern nicht zu unterbrechen (SPIRO, 433 FN 18; OR-Handkommentar-CASUTT, N 2). 3

Fünfundzwanzigster Titel: Die Kommanditgesellschaft

Erster Abschnitt: Begriff und Errichtung

Art. 594

A. Kaufmännische Gesellschaft

¹ Eine Kommanditgesellschaft ist eine Gesellschaft, in der zwei oder mehrere Personen sich zum Zwecke vereinigen, ein Handels-, ein Fabrikations- oder ein anderes nach kaufmännischer Art geführtes Gewerbe unter einer gemeinsamen Firma in der Weise zu betreiben, dass wenigstens ein Mitglied unbeschränkt, eines oder mehrere aber als Kommanditäre nur bis zum Betrag einer bestimmten Vermögenseinlage, der Kommanditsumme, haften.

² Unbeschränkt haftende Gesellschafter können nur natürliche Personen, Kommanditäre jedoch auch juristische Personen und Handelsgesellschaften sein.

³ Die Gesellschafter haben die Gesellschaft in das Handelsregister eintragen zu lassen.

A. Sociétés exerçant une activité commerciale

¹ La société en commandite est celle que contractent deux ou plusieurs personnes, sous une raison sociale, pour faire le commerce, exploiter une fabrique ou exercer en la forme commerciale une autre industrie quelconque, lorsque l'un au moins des associés est indéfiniment responsable et qu'un ou plusieurs autres, appelés commanditaires, ne sont tenus qu'à concurrence d'un apport déterminé, dénommé commandite.

² Les associés indéfiniment responsables ne peuvent être que des personnes physiques; les commanditaires, en revanche, peuvent être aussi des personnes morales et des sociétés commerciales.

³ Les membres de la société sont tenus de la faire inscrire sur le registre du commerce.

A. Società che esercitano un'impresa commerciale

¹ La società in accomandita è quella nella quale due o più persone, volendo esercitare un commercio, un'industria od altra impresa in forma commerciale, si riuniscono sotto una ditta comune ed in modo che uno almeno dei membri sia responsabile illimitatamente, come accomandatario, uno o più altri, al contrario, come accomandanti, solo fino al totale d'un determinato conferimento patrimoniale, detto capitale accomandato.

² Possono essere soci illimitatamente responsabili solo le persone fisiche; per contro anche le persone giuridiche e le società commerciali possono essere accomandanti.

³ I soci devono far iscrivere la società nel registro di commercio.

Literatur

BAUMBACH/HOPT, Handelsgesetzbuch, 33. Aufl. 2007; BROSSET/SCHMIDT, Guide de sociétés en droit suisse, Bd. I, 1962; BUXBAUM CARONI, Die vermögensrechtliche Stellung des Kommanditärs, Diss. Zürich 1986 (SSHW 95); CHRIST, Das Kontrollrecht des Kommanditärs, Festgabe zum Schweizerischen Juristentag 1973, 39 ff.; FORSTMOSER, Der Vorentwurf für eine Reform des Rechts der GmbH, in: Meier-Schatz (Hrsg.), Die GmbH und ihre Reform, 2000; HIRSCH, L'ambiguïté de la commandite, FS Kummer, 1980, 161 ff.; SCHMIDT, Münchner Kommentar zum Handelsgesetzbuch, Bd. II, 2. Aufl. 2006; PEDRAZZINI, Stille Gesellschaft oder (offene) einfache Gesellschaft?, SJZ 1956, 369 ff.; RICHARD, Atypische Kommanditgesellschaften, Diss. Zürich 1971; TSCHUDI, Die Beitragspflicht des Gesellschafters und die Folgen ihrer Nichterfüllung in den Personengesellschaften des schweizerischen Obligationenrechts, Diss. Bern 1955; WIELAND, Handelsrecht, 1921/1931, Bd. I, 731 ff.

I. Begriff und wirtschaftliche Bedeutung

1   Die Kommanditgesellschaft ist eine **Sonderform der Kollektivgesellschaft**. Sie unterscheidet sich von dieser massgebend durch eine andere Ordnung der Haftungsverhältnisse. Die Kommanditgesellschaft konstituiert sich begriffsnotwendig aus zwei Arten von Gesellschaftern, nämlich aus mindestens einem mit unbeschränkter persönlicher Haftung (Komplementär) und mindestens einem, der nur bis zu einem bestimmten Betrag haftet (Kommanditär). Ausgehend von diesem grundlegenden Unterschied weist das Recht der Kommanditgesellschaft weitere Abweichungen von der Kollektivgesellschaft auf, so dass ihr ein eigenständiger Charakter zukommt. Die Kommanditgesellschaft ist eine Personengesellschaft, ermöglicht aber zugleich die **Verbindung zweier Gesellschaftergruppen** mit unterschiedlichen Interessen, nämlich solcher mit stark personalistischer und solcher mit stark kapitalistischer Orientierung. Je nach konkreter Ausgestaltung weist sie ein mehr oder weniger ausgeprägtes *kapitalistisches Element* auf. Die gesetzliche Regelung räumt der Parteiendisposition einen erheblichen Gestaltungsraum ein, so dass die Rechtsform der Kommanditgesellschaft sehr flexibel ist.

Trotzdem ist die *wirtschaftliche Bedeutung* der Kommanditgesellschaft gering und die Tendenz abnehmend. Während Ende 2000 noch 3 118 Kommanditgesellschaften ins Handelsregister eingetragen waren, hat sich deren Zahl Ende 2007 auf 2 504 (SHAB vom 5.2.2001 und vom 7.2.2008) vermindert.

II. Rechtsnatur

2   Die Kommanditgesellschaft hat keine eigene Rechtspersönlichkeit (ständige Rechtsprechung: BGE 72 II 181; 78 I 10, 12; 78 I 120; 95 II 549; 99 III 2). Als vertragliche Personenvereinigung ist sie **Gesamthandsgemeinschaft**. Träger der Rechte und Pflichten der Gesellschaft sind allein die Gesellschafter in ihrer gesamthänderischen Verbundenheit (BGE 78 I 12; 78 I 120; 99 III 2).

3   Im Rechtsverkehr ist die Kommanditgesellschaft jedoch als **organisatorische Einheit verselbständigt** (Art. 602). Im Aussenverhältnis nähert sie sich der juristischen Person an (vgl. nur BGE 99 III 2). Sie ist als solche *handlungsfähig, prozessfähig* und *betreibungsfähig*. Die Kommanditgesellschaft besitzt ein eigenes, vom Privatvermögen der Gesellschafter zu unterscheidendes Gesellschaftsvermögen (BGE 99 III 3). Vgl. im Einzelnen Art. 552 N 2 ff.

III. Rechtsstellung des Kommanditärs

1. Beschränkte Haftung des Kommanditärs

4   Prägendes Merkmal der Kommanditgesellschaft ist die Bestimmung, dass die Kommanditäre den Gesellschaftsgläubigern gegenüber für die Gesellschaftsschulden nur in einer *summenmässig beschränkten Höhe* haften (Ausnahmen: Art. 605, 606, 607). Das Gesetz bezeichnet dieses Haftungslimit als Vermögenseinlage bzw. Kommanditsumme (Art. 594 Abs. 1). Die gesetzliche Gleichstellung beider Begriffe ist irreführend und verkennt den Unterschied, der zwischen ihnen besteht. *Vermögenseinlage* und *Kommanditsumme* kennzeichnen verschiedene Sachverhalte und sind daher bei der Rechtsanwendung strikt zu trennen.

1. Abschnitt: Begriff und Errichtung · 5–8 Art. 594

Die **Kommanditsumme** bezeichnet die gegenüber den Gesellschaftsgläubigern für den 5
jeweiligen Kommanditär geltende Haftungssumme und betrifft somit ausschliesslich das
Aussenverhältnis (BGE 121 III 324: beschränkte, aber solidarische Haftung des Kommanditärs mit der AG im Falle einer Übernahme der Kommanditgesellschaft durch
eine AG). Sie ist eine *reine Rechnungsziffer* (BUXBAUM CARONI, 9), die in einem bestimmten Geldbetrag ausgedrückt werden muss. Dieser unterliegt der freien vertraglichen Vereinbarung der Gesellschafter; das Gesetz schreibt weder einen bestimmten
Höchstbetrag noch einen Mindestbetrag vor. Auf die Festsetzung eines Mindestbetrags
wurde aufgrund der Publizitätswirkungen des Handelsregisters und im Interesse der Ermöglichung der Ehegatten-Kommanditgesellschaft ausdrücklich verzichtet (StenBull
StR 1931, 161; NR 1935, 236).

Die **Vermögenseinlage** betrifft das Innenverhältnis. Sie unterliegt nach Art, Umfang, 6
Zeitpunkt und Form der freien gesellschaftlichen Vereinbarung und bezeichnet den
vom Kommanditär an die Gesellschaft zu leistenden Vermögensbeitrag. Die Kommanditeinlage muss nicht in Geld bestehen (vgl. Art. 596 N 9 ff.). Die Haftungsübernahme
im Aussenverhältnis durch Eintragung einer bestimmten Kommanditsumme reicht aus;
eine direkte Einlage in die Gesellschaft muss nicht erfolgen. Dritte haben keinen Anspruch gegen den Kommanditär auf Leistung seiner Einlage an die Gesellschaft
(Art. 610 Abs. 1; Ausnahme im Liquidationsstadium Art. 610 Abs. 2).

Kommanditsumme und Vermögenseinlage brauchen sich ihrem Wert nach *nicht zu de-* 7
cken (GUHL-DRUEY, § 64 N 30). Die Höhe der Kommanditsumme lässt aufgrund des
dogmatischen Unterschieds keine Rückschlüsse auf die der Vermögenseinlage zu (vgl.
zum Sonderproblem des Fehlens einer vertraglichen Abrede über die Vermögenseinlage
N 19). In der Rechtswirklichkeit werden die Kommanditsumme und die Vermögenseinlage zumeist summenmässig übereinstimmen (VON STEIGER, SPR VIII/1, 593; ZK-SIEGWART, Art. 594/595 N 8). In rechtlicher Beziehung bestehen zwischen der Vermögenseinlage und der Kommanditsumme *Zusammenhänge:* der Kommanditär ist von seiner
Haftung im Aussenverhältnis insoweit befreit, als er seine Vermögenseinlage an die Gesellschaft geleistet und sie ihr belassen hat (Art. 610 Abs. 2). Bei der Gesetzesanwendung ist darauf zu achten, dass das Gesetz mit Ausnahme des Art. 594 Abs. 1 einheitlich den Begriff Kommanditsumme verwendet, auch wenn Vermögenseinlage die
dogmatisch zutreffende Bezeichnung darstellen würde (so in Art. 596 Abs. 3, Art. 601
Abs. 3, Art. 616 Abs. 2).

2. Rechte des Kommanditärs

Die gesetzliche Ausgestaltung ist vor dem Hintergrund der beschränkten Haftung des 8
Kommanditärs zu sehen (VON STEIGER, SPR VIII/1, 590; a.M. WIELAND, I, 731 ff.,
der in der beschränkten Haftung eine Konsequenz der beschränkten Beitragspflicht
sieht). So hat der Kommanditär nach dem gesetzlichen Leitbild eine **im Vergleich zum
Komplementär zurückgesetzte Stellung** in der Gesellschaft: Er ist im Innenverhältnis
von der Geschäftsführung ausgeschlossen (Art. 600 Abs. 1), hat lediglich beschränkte
Widerspruchs- und Kontrollrechte (Art. 600 Abs. 2 f.), unterliegt einer anderen Gewinn-
und Verlustbeteiligung als der Komplementär (Komplementär: Art. 598 Abs. 2 i.V.m.
Art. 558 ff.; Kommanditär: Art. 601), ist im Aussenverhältnis zwingend von der Vertretung ausgeschlossen (Art. 603), ist nicht der Konkurs- und Wechselbetreibung unterworfen (Art. 39 Ziff. 3 SchKG) und sein Name erscheint nicht in der Firma (Art. 947).

In anderer Hinsicht ist der Kommanditär dem Komplementär gleichgestellt. Als Mitgesellschafter (BGE 78 I 10, 12) ist er am Gesellschaftsvermögen *zur gesamten Hand be-*

teiligt (ZK-SIEGWART, Art. 594/595 N 14; BK-HARTMANN, N 26). Er unterliegt der gesellschaftlichen Treuepflicht und dem darauf fussenden Konkurrenzverbot (Art. 598 i.V.m. Art. 561). Er ist Mitgeschäftsinhaber (ZK-SIEGWART, Art. 594/595 N 14). Die Mitgliedschaft des Kommanditärs umfasst mithin einen Kernbereich unentziehbarer Rechte (SCHILLING, Grosskommentar HGB, § 161 N 32).

IV. Atypische Gestaltungsformen

9 Die gesetzliche Typenregelung belässt der privatautonomen Gestaltung der Gesellschaftsordnung einen weiten Spielraum (vgl. Art. 598 Abs. 1). Eine **atypische Kommanditgesellschaft** liegt vor, wenn vom gesetzlichen Leitbild, das auf der beherrschenden Stellung des Komplementärs und der zurückgesetzten des Kommanditärs beruht (im Einzelnen N 8), abgewichen wird. Je nach Parteiinteressen und tatsächlichen Umständen kann das skizzierte Regelverhältnis so verändert werden, dass der Kommanditär lediglich als Kapitalgeber fungiert bis hin zu der Gestaltung, dass er eine dem Komplementär gleichwertige Stellung einnimmt (BGE 100 V 140, 144).

10 Die in Deutschland verbreitete Erscheinungsform, dass die Kommanditäre weit überwiegend das Gesellschaftskapital halten und tatsächlich die Geschicke der Gesellschaft leiten, ist in der Schweiz von geringer praktischer Relevanz. Immerhin ist nicht auszuschliessen, dass **kapitalistische oder körperschaftliche Kommanditgesellschaften** auch bei uns Bedeutung erlangen können. Solche Gebilde zeichnen sich durch eine körperschaftliche Verfassung mit besonderen Organen (zumeist Gesellschafterversammlung, Aufsichtsrat, Geschäftsführung) aus. Über ihre Kapitalmehrheit kontrollieren die Kommanditäre die Gesellschafterversammlung und den Aufsichtsrat (dem häufig eine Weisungsbefugnis hinsichtlich der Geschäftsführung zukommt). Entscheidendes Merkmal ist die *Umkehrung der Herrschaftsverhältnisse* im Vergleich zum gesetzlichen Leitbild der Kommanditgesellschaft. Besondere Bedeutung wird im deutschen Recht der Frage beigemessen, ob sich die Kommanditäre, die faktisch die Gesellschaft leiten, auf ihre beschränkte Haftung gegenüber Dritten berufen können. Grundsätzlich ist von der vertraglichen Gestaltungsfreiheit auszugehen; eine unbeschränkte Haftung der eine Gesellschaft dominierenden Kommanditäre kommt somit nicht in Betracht. Eine Ausnahme davon ist lediglich in den Fällen des Rechtsmissbrauchs anzuerkennen, so, wenn der Vertragspartner zur Haftungsumgehung über den Umfang der Haftung getäuscht wird (ZK-EGGER, Art. 2 ZGB N 30 ff.; BGHZ 45, 204; 91, 198; WM 1976, 446; BAUMBACH/HOPT, § 171 N 4). Die Gegenmeinung (BÄR, ZBJV 1959, 383) verneint eine so weitgehende gesellschaftsrechtliche Gestaltungsfreiheit. Dabei wird auf das gesetzliche Leitbild der Kommanditgesellschaft rekurriert und eine Umkehrung derselben in ihr Gegenteil abgelehnt (BÄR, ZBJV 1959, 383). Dem steht jedoch entgegen, dass die gesetzlichen Bestimmungen gerade kein klar definiertes, zwingendes Leitbild formulieren, sondern ausdrücklich den Gesellschaftsvertrag als primäre Quelle der gesellschaftlichen Ordnung (Art. 598 Abs. 1) bezeichnen. Die Typus-Argumentation ist in der Tat tautologisch. Überdies handelt es sich vorliegend um eine auch zum Zeitpunkt der Gesetzgebung bekannte Erscheinungsform (vgl. rechtsgeschichtlich RICHARD, 25 ff.; VON STEIGER, SPR VIII/1, 596 FN 25). Soweit ein Grundsatz der Einheit von Herrschaft und Haftung postuliert wird, ist festzustellen, dass es sich dabei nicht um einen zwingenden wirtschaftsverfassungsrechtlichen Grundsatz handelt (BGHZ 45, 204, 205). Zwar besteht nach der gesetzlichen Ausgestaltung ein Zusammenhang zwischen der persönlichen unbeschränkten Haftung und der Gesellschaftsleitung, aber dieser kann durch die privatautonome Gestaltung aufgelöst werden.

Die in Deutschland verbreitete Form der **Publikumskommanditgesellschaft** zeichnet 11
sich dadurch aus, dass eine grosse Anzahl von Kapitalanlegern als Kommanditäre mit
stark verringerten Kontrollmöglichkeiten rein kapitalistisch beteiligt ist, während die tatsächliche Herrschaft bei den Initiatoren oder Gründungsgesellschaftern verbleibt. In
einem Grossteil der Fälle handelt es sich um *Abschreibungsgesellschaften,* die der Kapitalanlage und der Erreichung steuerlicher Abschreibungsmöglichkeiten dienen. Regelmässig wird die Publikumsgesellschaft als *GmbH & Co. KG* konzipiert (BAUMBACH/
HOPT, Anhang nach § 177a N 52 ff.). Der Beitritt erfolgt auf der Grundlage eines von
den Initiatoren einseitig vorformulierten Gesellschaftsvertrags, auf dessen Inhalt die
Kommanditisten nicht einwirken können. Die Rechtsprechung des BGH unterstellt die
Publikumsgesellschaften im Wege richterlicher Rechtsfortbildung einem Sonderrecht,
das dem Recht der Kapitalgesellschaften nahe steht. Von besonderer Bedeutung ist die
Haftung der das Management bildenden Initiatoren, Gründer und Gestalter (BGHZ 71,
284; 76, 231; NJW 1985, 380) sowie derjenigen, die durch ihre Einflussnahme auf die
Gesellschaft Mitverantwortung tragen für Richtigkeit und Vollständigkeit der mit ihrem
Wissen und Willen in Verkehr gebrachten Emissionsprospekte (Prospekthaftung;
BGHZ 71, 284; 72, 382; 79, 337). Diese Haftung trifft auch diejenigen, die aufgrund
ihrer besonderen beruflichen Sachkenntnis oder einer auf sonstigen Gründen basierenden besonderen wirtschaftlichen Stellung allein durch ihre Mitwirkung am Prospekt
einen haftungsbegründenden Vertrauenstatbestand schaffen (BGHZ 77, 172; BGH BB
1984, 94). Der Gesellschaftsvertrag unterliegt der richterlichen *Inhaltskontrolle,* die
sich an den Grundsätzen von Treu und Glauben ausrichtet (BGHZ 1964, 238). Bei der
Auslegung ist der objektive Erklärungsbefund massgebend: der Wille der Initiatoren
wird nur insofern berücksichtigt, als er sich im schriftlichen Gesellschaftsvertrag niederschlägt (BGH NJW 1979, 419; NJW 1979, 2102). Beruht der Beitritt eines Kommanditisten auf arglistiger Täuschung, so ist dieser auch bei Fehlen einer entsprechenden Vertragsbestimmung grundsätzlich zur ausserordentlichen Kündigung mit sofortiger
Wirkung berechtigt (BGHZ 63, 338; NJW 1975, 1700; NJW 1978, 225); eine Ausnahme wird bei Unerreichbarkeit des Gesellschaftszwecks anerkannt (BGH NJW 1978,
376: Gedanke der Risikogemeinschaft aller Gesellschafter). Vgl. im Einzelnen BAUMBACH/HOPT, Anhang nach § 177a N 58; SCHLEGELBERGER/MARTENS, § 161 N 128–183.

In der Schweiz ist die Bildung einer GmbH & Co. KG nicht möglich, weil unbeschränkt haftende Gesellschafter natürliche Personen sein müssen. Eine Änderung der
entsprechenden Bestimmung wurde zuletzt im Rahmen der Arbeiten an der Totalrevision des GmbH-Rechts erörtert, am Ende aber ausdrücklich abgelehnt (Botschaft
GmbH, 3167 ff.).

V. Gesellschafter

1. Komplementäre

Komplementäre können nach dem Gesetz **nur natürliche Personen** sein. Das ent- 12
spricht der Regelung bei der Kollektivgesellschaft. Vgl. zu den einzelnen Fallkonstellationen Art. 552 N 5–11.

2. Kommanditäre

Kommanditäre können gemäss Abs. 2 **neben natürlichen Personen auch juristische** 13
Personen und Handelsgesellschaften sein. Die gesetzliche Formulierung ist unter zwei
Aspekten zu beanstanden: einmal werden juristische Personen und Handelsgesellschaf-

ten in einen Gegensatz gestellt, der nur partiell zutrifft; zum anderen wird mit ihr implizit die Frage der Rechtspersönlichkeit von Kollektiv- und Kommanditgesellschaft entschieden, obwohl dies nach der Gesetzgebungsgeschichte ausdrücklich offen gelassen werden sollte (vgl. Art. 552 N 2). In der Literatur (ZK-SIEGWART, Art. 594/595 N 15; MEIER-HAYOZ/FORSTMOSER, § 14 N 13 f.) wird die Zulassung juristischer Personen und Handelsgesellschaften als Kommanditäre damit gerechtfertigt, die Haftung des Kommanditärs sei beschränkt und eine Haftungsumgehung nicht zu befürchten (Kritik dazu bei Art. 552 N 5). Die Wahrnehmung der Rechte und Pflichten des Kommanditärs erfolgt nach der für die betreffende juristische Person bzw. Handelsgesellschaft festgelegten Ordnung. Auch im Falle der Beteiligung einer Kollektiv- oder Kommanditgesellschaft steht die Gesellschafterstellung der Gesellschaft als organisatorisch verselbständigte Einheit zu. *Einfache Gesellschaften* können nach dem Willen des Gesetzgebers (StenBull NR 1934, 236, 237) nicht Kommanditäre sein. Eine Ausnahme besteht dann, wenn die einfache Gesellschaft nur aus natürlichen Personen besteht (vgl. Art. 552 N 11).

14   Auch **Handlungsunfähige** können Kommanditäre sein. Im Vergleich zur Beteiligung als Kollektivgesellschafter oder als Komplementär ist die Zustimmung der zuständigen Behörde aufgrund der beschränkten Haftung bei nicht erheblicher Kapitalbeteiligung (vgl. Art. 421 Ziff. 7, Art. 422 Ziff. 3 ZGB) leichter zu erlangen.

15   **Ehegatten** können eine Kommanditärsstellung in der Kommanditgesellschaft des anderen Ehegatten innehaben. Das wird dadurch erleichtert, dass das Gesetz für die Kommanditsumme keine Mindesthöhe vorschreibt.

16   Eine **Erbengemeinschaft** kann auf unbestimmte Zeit an einer Gesellschaft als Kommanditärin beteiligt sein (vgl. Art. 619 Abs. 2 Satz 2). Im Aussenverhältnis ist die Eintragung im Handelsregister massgebend (BGE 42 III 138). Im Innenverhältnis muss aufgrund der konkreten Umstände im Einzelfall ermittelt werden, ob die Erbengemeinschaft als solche Kommanditärin sein soll. Zu bejahen ist dies bei Verrechnung der Kommanditeinlage mit einer der Erbengemeinschaft zustehenden unverteilten Forderung (ZK-SIEGWART, Art. 594/595 N 16).

VI. Gesellschaftsvertrag

1. Grundsatz

17   Der Kommanditgesellschaft liegt als Personenvereinigung ein Gesellschaftsvertrag zugrunde. Im Vergleich zur Regelung bei der Kollektivgesellschaft ergeben sich geringe, aus der unterschiedlichen Haftungsordnung resultierende Unterschiede. Zwischen den Gesellschaftern besteht unabhängig von ihrer Stellung als Komplementär oder Kommanditär ein einziger einheitlicher Gesellschaftsvertrag (vgl. zu früheren, heute überwundenen Ansichten die Nachweise bei BK-HARTMANN, N 6).

2. Form

18   Es gilt das zur *Kollektivgesellschaft* Gesagte (Art. 552 N 13). Insbesondere kann auch die Kommanditgesellschaft durch schlüssiges Verhalten begründet werden. Da eine Vereinbarung über die Haftungsbeschränkung vorliegen muss, wird das freilich die Ausnahme darstellen. In der Praxis ist v.a. die stillschweigende Fortführung einer Kommanditgesellschaft mit einer Erbengemeinschaft bedeutungsvoll (BK-HARTMANN, N 24).

3. Inhalt

Der Gesellschaftsvertrag muss begriffsnotwendig eine Einigung über das Auftreten unter der gemeinsamen Firma, den gemeinsamen Zweck und die auf eine bestimmte Kommanditsumme beschränkte Haftung eines oder mehrerer Beteiligter enthalten. Hingegen ist die Vereinbarung über die *Vermögenseinlage* (vgl. N 6 f.) nicht zu den essentialia negotii zu rechnen (VON STEIGER, SPR VIII/1, 601). Es handelt sich um eine im Ermessen der Gesellschafter stehende interne Angelegenheit. Wird im Vertrag keine Bestimmung getroffen, so ist der Umfang der Einlageleistung im Wege der ergänzenden Vertragsauslegung zu bestimmen. Bei der Feststellung des hypothetischen Parteiwillens kommt der vereinbarten Kommanditsumme wesentliche Bedeutung zu (ZK-SIEGWART, Art. 598 N 4; BK-HARTMANN, Art. 598 N 8; **a.M.** VON STEIGER, SPR VIII/1, 611, der auf die gesamten Einzelumstände abstellen will und Art. 531 Abs. 2 als Grundlage der richterlichen Ermessensentscheidung ansieht). 19

4. Auslegung und Lückenfüllung

Vgl. Art. 552 N 18. 20

VII. Fehlerhafte Gesellschaft

Vgl. Art. 552 N 20–25. 21

VIII. Entstehungszeitpunkt

Die Kommanditgesellschaft entsteht im Innenverhältnis mit Abschluss des Gesellschaftsvertrags, im Aussenverhältnis spätestens mit Eintragung in das Handelsregister. Die Eintragung besitzt bei der **kaufmännischen Kommanditgesellschaft** deklaratorische Bedeutung. Zu beachten ist jedoch, dass die Haftungsbeschränkung des Kommanditärs grundsätzlich erst mit der Handelsregistereintragung beginnt. Hinsichtlich der Haftungsbeschränkung kann man somit von einer quasi-konstitutiven Wirkung der Handelsregistereintragung sprechen. Wird die Gesellschaft schon vor ihrer Eintragung im Rechtsverkehr tätig, so muss Dritten die Haftungsbeschränkung der Kommanditäre bekannt sein; andernfalls haften diese unbeschränkt (Art. 606). Durch besondere Abrede mit den Gesellschaftsgläubigern kann ein Haftungsverzicht vereinbart werden. 22

IX. Besondere Entstehungsarten

Die *Umwandlung* einer Kollektivgesellschaft in eine Kommanditgesellschaft kann formlos durch den Eintritt eines nur beschränkt haftenden Gesellschafters erfolgen (stillschweigend vorausgesetzt in Art. 612; vgl. BGE 95 II 547, 550). Zulässig sind insb. *Konversionsklauseln*, nach denen eine Kollektivgesellschaft bei Tod eines Gesellschafters mit dessen Erben als beschränkt haftenden Gesellschaftern fortgesetzt werden soll. Die Kollektivgesellschaft wandelt sich automatisch in eine Kommanditgesellschaft um. Vorbehaltlich einer Änderung gilt der ursprüngliche Gesellschaftsvertrag auch nach der Umwandlung fort (BGE 95 II 547, 551). 23

X. Gesellschaftszweck

Es gilt das zur Kollektivgesellschaft Gesagte. Vgl. Art. 552 N 28–36. 24

XI. Gemeinsame Firma

25 Im Vergleich zum Recht der Kollektivgesellschaft (vgl. Art. 552 N 37 f.) besteht bei der Firmierung eine Besonderheit. Der **Name des Kommanditärs** darf in der gemeinsamen Firma nicht erscheinen (Art. 947 Abs. 4; BGE 71 I 270). Andernfalls haftet er den Gesellschaftsgläubigern unbeschränkt (Art. 607). Das gilt unabhängig davon, ob für den Rechtsverkehr eine Täuschungsgefahr besteht. Die Vorschrift erfasst auch die nur indirekte Nennung. Sie gilt selbst dann, wenn die Firma so gebildet ist, dass aus ihr die beschränkte Haftung des Kommanditärs ersichtlich ist (BGE 71 I 270). Darin kommt die nach dem gesetzlichen Leitbild zurückgesetzte Stellung des Kommanditärs zum Ausdruck (vgl. N 8). Aus der Firmierung muss sich das Vorliegen einer Kommanditgesellschaft jedoch nicht ergeben. Die Firma hat lediglich den Namen eines Komplementärs mit einem das Gesellschaftsverhältnis andeutenden Zusatz zu führen (Art. 947 Abs. 3). Es sind demnach Firmengestaltungen möglich, aus denen nicht hervorgeht, ob eine Kollektiv- oder eine Kommanditgesellschaft vorliegt. Die Aufnahme eines neuen unbeschränkt haftenden Gesellschafters erfordert dann keine Änderung der Firma, wenn sie in der neuen Zusammensetzung den gesetzlichen Bestimmungen gerecht wird (vgl. Art. 947 Abs. 2). Bei der Aufnahme eines neuen Kommanditärs stellt sich die Frage der Firmenänderung nicht.

XII. Pflicht zur Eintragung in das Handelsregister (Abs. 3)

26 Da die Eintragung einer kaufmännischen Kommanditgesellschaft *deklaratorische Bedeutung* hat, handelt es sich um eine blosse Ordnungsvorschrift (im Einzelnen Art. 552 N 40 f.). Die Eintragung der Haftungsbeschränkung auf eine bestimmte Kommanditsumme hat jedoch quasi-konstitutive Wirkung (N 22).

XIII. Abgrenzung zu anderen Zusammenarbeitsformen

1. Stille Gesellschaft

27 Die stille Gesellschaft untersteht dem **Recht der einfachen Gesellschaft** (Art. 530 ff.), sofern nicht ihre besondere Konzeption eine eigenständige Beurteilung verlangt (BGE 81 II 520; OGer LU, SAG 1975, 147 ff. m.Anm. VON GREYERZ und ausführlicher Abgrenzung zum Auftragsrecht; KGer VS, SAG 1987, 179). Bei wirtschaftlicher Betrachtungsweise besteht eine starke Ähnlichkeit mit dem gesetzlichen Leitbild der Kommanditgesellschaft: In beiden Fällen liegt die Kapitalbeteiligung eines Rechtssubjekts vor, dem zwar im gesellschaftsinternen Verhältnis Mitwirkungsrechte zukommen, während die Vertretung durch andere erfolgt. Der massgebende rechtliche Unterschied liegt darin, dass die stille Gesellschaft als *reine Innengesellschaft* zwischen dem stillen und dem Hauptgesellschafter konzipiert ist und nicht als Gesellschaft nach aussen in Erscheinung tritt. Im Rechtsverkehr tritt lediglich das Einzelunternehmen des Hauptgesellschafters auf. Der stille Gesellschafter hat seine Einlage regelmässig in das Vermögen des Hauptgesellschafters zu leisten. Dieser wird Alleineigentümer; ein Gesamthandvermögen wird im Gegensatz zur Kommanditgesellschaft nicht gebildet. Dem korrespondiert die ausschliessliche Haftung des Hauptgesellschafters für die Gesellschaftsschulden (BGE 81 II 520, 524 ff.). Die Abgrenzung von stiller Gesellschaft und Kommanditgesellschaft kann sich im Einzelfall, v.a. bei atypischen Gestaltungen, als schwierig erweisen. Eine Entscheidung ist nur nach umfassender Analyse des Vertragsinhalts möglich. Entscheidender Gesichtspunkt für das Vorliegen einer Kommanditgesellschaft ist die Absicht der Parteien, eine entsprechende Handelsregistereintragung vorzunehmen. Andernfalls han-

1. Abschnitt: Begriff und Errichtung   **1 Art. 595**

delt es sich um eine stille Gesellschaft, da eine «versteckte Kommanditgesellschaft» rechtlich nicht anzuerkennen ist (BK-HARTMANN, N 12).

2. Partiarisches Darlehen

Ein solches liegt vor, wenn das Entgelt für die Hingabe von Geld ganz oder z.T. in einer **Gewinnbeteiligung** besteht (vgl. KGer SH, SJZ 1958, 42 ff.; BGE 99 II 303 = Pra 1974, 98 ff. m.Anm. HIRSCH, SAG 1974, 129 ff.). Nachdem das BGer die Vereinbarung einer *Verlustbeteiligung* des Partiars als zulässig angesehen hat (BGE 99 II 303; krit. HIRSCH, SAG 1974, 129 ff.), verliert diese als Abgrenzungskriterium an Gewicht. Unter wirtschaftlichen Gesichtspunkten besteht bei einem partiarischen Darlehen mit Gewinn- und Verlustbeteiligung eine starke Ähnlichkeit mit dem gesetzlichen Leitbild der Kommanditgesellschaft. In rechtlicher Hinsicht bestehen grundlegende Unterschiede. Dem partiarischen Darlehen fehlt die dem Gesellschaftsbegriff immanente gemeinsame *Zweckverfolgung*. Der Kommanditär ist sodann im Gegensatz zum Darlehensgeber am Gesamthandsvermögen beteiligt und leitet seine Mitwirkungsrechte und -pflichten aus der Gesellschafterstellung und nicht lediglich aus einem obligatorischen Rechtsverhältnis ab. Bei der Abgrenzung sind die gesamten Umstände des Einzelfalls zu berücksichtigen, insb. die Art der Vertragserfüllung durch die Parteien. Die von diesen gewählte Bezeichnung ist nur (aber immerhin) als Indiz zu werten. Entscheidendes Kriterium ist jedoch, ob die Vertragspartner die *Eintragung einer Kommanditbeteiligung in das Handelsregister* angestrebt oder gar vollzogen haben. Generell kann für die Feststellung, ob eine Gesellschaft gewollt ist, auf den *Grad der Kontroll- und Mitwirkungsrechte* des Geldgebers abgestellt werden: je umfassender diese sind, desto eher ist ein Gesellschaftsverhältnis anzunehmen (vgl. dazu auch VON GREYERZ, SAG 1975, 151). Liegt der Umfang der Kontrollbefugnis des Geldgebers unterhalb der Schwelle des Art. 541, so spricht dies für das Vorliegen eines partiarischen Darlehens. Jederzeit möglich bleibt die Umwandlung des jeweiligen Rechtsverhältnisses in das andere (BGE 42 III 489, 493: Umwandlung eines Darlehens in eine Kommanditbeteiligung; BGE 39 I 334: Umwandlung einer Kommanditbeteiligung in ein Darlehen).   **28**

Art. 595

B. Nichtkaufmännische Gesellschaft	**Betreibt eine solche Gesellschaft kein nach kaufmännischer Art geführtes Gewerbe, so entsteht sie als Kommanditgesellschaft erst, wenn sie sich in das Handelsregister eintragen lässt.**
B. Sociétés n'exerçant pas une activité commerciale	Si la société n'exploite pas une industrie en la forme commerciale, elle n'existe comme société en commandite que si elle se fait inscrire sur le registre du commerce.
B. Società che non esercitano un'impresa commerciale	Se siffatta società non esercita un'impresa in forma commerciale, essa esiste come società in accomandita solo dal momento in cui si fa iscrivere nel registro di commercio.

Die **nichtkaufmännische Kommanditgesellschaft** entsteht erst mit der Eintragung in das Handelsregister, welche konstitutive Bedeutung hat. Vor der Eintragung besteht eine einfache Gesellschaft (BGE 79 I 59). Bei Vorliegen der Eintragungsabsicht kann im Innenverhältnis das Recht der Kommanditgesellschaft zur Anwendung gelangen. Vgl. zu weiteren Einzelheiten Art. 553 N 1–3.   **1**

Carl Baudenbacher

2 Kapitalgewinne auf Geschäftsvermögen unterliegen der Einkommensgewinnsteuer (Art. 18 Abs. 2 DBG; Art. 8 Abs. 1 StHG). Es wird somit nicht mehr unterschieden, ob die Kapitalgewinne durch kaufmännische oder nichtkaufmännische Gesellschaften erzielt werden (so noch BGE 79 I 57 aufgrund Art. 21 Abs. 1 lit. d aBdBSt, aufgehoben durch Art. 201 DBG).

Art. 596

C. Registereintrag
I. Ort der Eintragung und Sacheinlagen

¹ Die Gesellschaft ist ins Handelsregister des Ortes einzutragen, an dem sie ihren Sitz hat.

² ...

³ Soll die Kommanditsumme nicht oder nur teilweise in bar entrichtet werden, so ist die Sacheinlage in der Anmeldung ausdrücklich und mit bestimmtem Wertansatz zu bezeichnen und in das Handelsregister einzutragen.

C. Inscription au registre du commerce
I. Lieu et apports en nature

¹ La société doit être inscrite au registre du commerce du lieu où elle a son siège.

² ...

³ Si la commandite n'est pas ou n'est que partiellement versée en argent comptant, l'apport en nature et la valeur qui lui est attribuée sont expressément déclarés et inscrits sur le registre du commerce.

C. Iscrizione nel registro di commercio
I. Luogo e conferimenti in natura

¹ La società dev'essere iscritta nel registro di commercio del luogo in cui ha sede.

² ...

³ Ove il capitale accomandato non consista o consista solo parzialmente in contanti, il conferimento in natura ed il valore che gli è attribuito devono essere espressamente notificati all'ufficio del registro di commercio e menzionati nell'iscrizione.

Literatur

Vgl. die Literaturhinweise zu Art. 594.

I. Normzweck

1 Grundsätzlich besteht für die Eintragung der Kommanditgesellschaft die gleiche gesetzliche Ordnung wie bei der Kollektivgesellschaft. Besonderheiten ergeben sich aus der Rechtsstellung des Kommanditärs. Das betrifft auch die Wirkung der Eintragung insofern, als ihr hinsichtlich der Haftungsbeschränkung des Kommanditärs quasi-konstitutive Bedeutung zukommt (vgl. Art. 594 N 22, 26).

II. Modalitäten der Eintragung

1. Ort

2 Ort der Eintragung ist der Registerbezirk des Ortes, an dem die Kommanditgesellschaft ihren Sitz hat. Wird dieser in einen anderen Registerbezirk verlegt, so hat die Neueintragung dort zu erfolgen (Art. 49 HRegV).

Art. 596 Abs. 2 altOR wurde im Rahmen der Totalrevision des GmbH-Rechts gestrichen. Der Inhalt der Eintragung ist neu für alle Rechtsformen in der HRegV geregelt (vgl. für die Kommanditgesellschaft Art. 929 Abs. 1 i.V.m. Art. 41 Abs. 2 HRegV; vgl. auch zu dem im Wesentlichen unverändert gebliebenen Inhalt, Voraufl. N 3 ff.).

3. Eintragung und Bewertung von Sacheinlagen (Abs. 3)

Der Terminus Kommanditsumme ist hier i.S.v. **Vermögenseinlage** (vgl. Art. 594 N 6 f.) gebraucht. Damit lässt sich dem Handelsregister selbst entnehmen, ob eine Einlageleistung des Kommanditärs vereinbart war und in welcher Form diese erfolgen sollte. Insofern wird eine nach der gesetzlichen Konzeption an sich gesellschaftsinterne Vereinbarung publiziert. Die Einführung der Bestimmung war im Gesetzgebungsprozess umstritten (StenBull StR 1931, 160, 161 f.; NR 1935, 235, 236 ff.). In Anlehnung an die Regelung bei AG (Art. 628, 635) bezweckt die Vorschrift den Schutz Dritter. Dem Gläubiger sollte angesichts der Gefahr der *Überbewertung von Sacheinlagen* eine effektive Beanstandungsmöglichkeit schon im Zeitpunkt der Geschäftsaufnahme eröffnet werden (zur Kritik N 14). Dieser Normzweck ist bei der Auslegung zu berücksichtigen.

Bei einer Kommanditgesellschaft sind Sacheinlagen Vermögensobjekte, die einen bilanzfähigen und verwertbaren Vermögenswert besitzen (VON STEIGER, SPR VIII/1, 605), z.B. Produktionsgüter, Grundstücke, Immaterialgüterrechte (Erfindungen, Patente, Know-how, Urheberrechte), bestehendes Geschäft zuzüglich seines Goodwill, Gebrauchsrechte (Geschäfts-, Betriebsgeheimnisse, Herstellungsverfahren) etc. Umstritten ist die Sacheinlagenqualität, wenn die Einbringung durch Verrechnung mit einer Gegenforderung an die Gesellschaft erfolgt, d.h. der zukünftige Kommanditär als Drittgläubiger fungiert. Nach zutreffender Auffassung ist auch die Verrechnung im Handelsregister einzutragen (ebenso VON STEIGER, SPR VIII/1, 606; **a.M.** BK-HARTMANN, N 9; ZK-SIEGWART, Art. 596/597 N 6; BK-KÜNG, Art. 932 N 274 f., der allerdings de lege ferenda eine Eintragung der Verrechnung fordert). Das folgt aus dem Schutzzweck der Norm; auch in diesem Zusammenhang sind Überbewertungen möglich. Entscheidend ist die tatsächliche Wertzuführung und nicht der Nennwert einer Forderung.

Gesellschafterbeiträge in Form von Sacheinlagen sind grundsätzlich zulässig. Von Gesetzes wegen ist nur erforderlich, dass eine bestimmte, in Geld ausdrückbare Vermögenseinlage erfolgt. Übersteigt sie die Kommanditsumme, so muss dies bei der Bewertung nicht kundgetan werden (ZK-SIEGWART, Art. 596/597 N 6). Sacheinlagen sind nicht nur im Zuge der Gesellschaftsgründung einzutragen, sondern auch, wenn ein Kommanditär sie später einbringt und daraus eine Haftungsbefreiung ableitet.

Die Eintragung im Handelsregister soll dem Rechtsverkehr Kenntnis über die Beschaffenheit der Sacheinlage vermitteln. Die ausdrückliche Bezeichnung muss den eingebrachten Vermögenswert hinreichend konkretisieren, sodass Dritte den Inhalt der Sacheinlage feststellen können. Bei Einbringen eines Vermögenskomplexes, z.B. eines Geschäfts, bedarf es dafür nicht der detaillierten Auflistung aller Vermögenswerte. Es genügt die summarische Bezugnahme auf die ordnungsgemäss erstellten Rechnungslegungsdokumente (BK-HARTMANN, N 10). Die Registerbehörde hat zu entscheiden, ob die angemeldete Bezeichnung hinreichend deutlich ist. Die Bewertung steht im **Ermessen der Gesellschafter.** Insbesondere erstreckt sich die Kognitionsbefugnis des Handelsregisterführers nicht auf die Richtigkeit und Angemessenheit der Bewertung.

Die eingetragene Bewertung braucht dem Rechtsverkehr keine Klarheit über den tatsächlichen Vermögenswert der Sacheinlage zu vermitteln. Gegenüber Dritten ist der tatsächliche Wert massgebend, nicht der unter den Gesellschaftern intern verabredete und kundgemachte. Eine **Befreiung des Kommanditärs** findet nur statt, wenn der tatsächliche Wert der Sacheinlage dem zu leistenden Wert entspricht bzw. entsprochen hatte. Der Kommanditär hat lediglich zu beweisen, dass er die Einlage erbracht hat. Ihre Wirkung entfaltet die Eintragung erst im Zusammenhang mit Art. 608 Abs. 3. Nach dieser Vorschrift trifft die *Beweislast* für eine Überbewertung der Sacheinlage den Gläubiger. Der Nachweis wird ihm durch den Handelsregistereintrag erleichtert. Bei nur geringen Differenzen zwischen der Bewertung im Handelsregister und einem unabhängigen Sachverständigengutachten ist anzunehmen, dass der Kommanditär seiner Beitragspflicht nachgekommen ist (BK-HARTMANN, N 13).

Die **Verletzung der Eintragungspflicht** hat nicht die Ungültigkeit der Vereinbarung über Sacheinlagen zur Folge; insofern liegt eine blosse Ordnungsvorschrift vor. Auch die Anrechnung der Beitragsleistung auf die Haftungssumme und die daraus resultierende Haftungsbefreiung wird nicht berührt. Jedoch hat nunmehr der Kommanditär nachzuweisen, dass er die Sacheinlage erbracht hat, diese den ihr beigemessenen Wert hatte und Dritten die Tatsache einer ganz oder teilweisen Sacheinlageleistung bekannt war. Gelingt ihm dieser Nachweis nicht, so haftet er in Höhe der Kommanditsumme (vgl. Art. 594 N 5) für die Gesellschaftsschulden. Die Beweissituation für den Kommanditär verschärft sich. Darüber hinaus kann eine Schadensersatzpflicht nach Art. 942 bestehen. Kannte der Gläubiger die Sacheinlageleistung, so resultieren für den Kommanditär aus der unterlassenen Eintragung keine Nachteile (BGE 65 II 88 = Pra 1939, 219 ff.).

14 Die Bestimmung trägt dem Gläubigerschutz nur unzureichend Rechnung. Den Gläubiger trifft nach Art. 608 Abs. 3 die **Beweislast für eine Überbewertung von Sacheinlagen.** Ihm wird mit Art. 596 Abs. 3 lediglich die Beweisführung marginal erleichtert. Der Kommanditär hingegen muss nicht nachweisen, dass die getroffene Bewertung den Tatsachen entspricht. Der Gläubiger hat demnach für seinen eigenen Schutz zu sorgen, er trägt die Lasten der Beibringung von Expertisen und die damit verbundenen Kosten. Er wird daher mit Risiken belastet, die sich bei der Bewertung des Goodwill eines Unternehmens, von Patenten, Erfindungen etc. stellen. Solche Gefahren sind für ihn nicht beherrschbar. Die Art. 608 Abs. 3 und Art. 596 Abs. 3 dienen damit mehr dem Schutz des Kommanditärs als dem des Gläubigers. Im Interesse eines effektiven Gläubigerschutzes sollte den Kommanditär die umfassende Beweislast dafür treffen, dass und in welcher Höhe er seine Einlage erbracht hat. Wenn er sich schon auf seine Haftungsbefreiung beruft, dann muss er auch die entsprechenden rechtfertigenden Umstände nachweisen. De lege ferenda sollten deshalb die Art. 608 Abs. 3, Art. 596 Abs. 3 *gestrichen* werden (vgl. auch ZK-SIEGWART, Art. 596/7 N 4, 7, Art. 608/9 N 9).

Art. 597

II. Formelle Erfordernisse

¹ Die Anmeldung der einzutragenden Tatsachen oder ihrer Veränderung muss von allen Gesellschaftern beim Handelsregisteramt unterzeichnet oder schriftlich mit beglaubigten Unterschriften eingereicht werden.

² Die unbeschränkt haftenden Gesellschafter, denen die Vertretung der Gesellschaft zustehen soll, haben die Firma und ihre Namen persönlich beim Handelsregisteramt zu zeichnen oder die Zeichnung in beglaubigter Form einzureichen.

2. Abschnitt: Verhältnis der Gesellschafter unter sich Art. 598

II. Formes à observer	¹ Les demandes ayant pour objet l'inscription de faits ou la modification d'inscriptions doivent être signées par tous les associés en présence du fonctionnaire préposé au registre du commerce ou lui être remises par écrit et revêtues des signatures dûment légalisées. ² Les associés indéfiniment responsables qui sont chargés de représenter la société apposent personnellement la signature sociale et leur propre signature devant le fonctionnaire préposé au registre, ou les lui remettent dûment légalisées.
II. Requisiti formali	¹ La notificazione per l'iscrizione e quella per ogni mutazione dei dati iscritti devono essere firmate davanti all'ufficio del registro di commercio da tutti i soci o prodotte per iscritto con le firme autenticate. ² I soci illimitatamente responsabili incaricati di rappresentare la società devono fare personalmente davanti all'ufficio del registro di commercio la firma sociale e la propria o produrle entrambe autenticate.

Die **Anmeldepflicht** trifft Komplementäre und Kommanditäre in gleichem Masse. Besonderheiten ergeben sich, wenn juristische Personen und Handelsgesellschaften als Kommanditäre beteiligt sind. Ist eine juristische Person Mitglied, so haben zwei Mitglieder des obersten Leitungs- oder Verwaltungsorgans oder ein Mitglied mit Einzelzeichnungsberechtigung die Anmeldung zu unterzeichnen (Art. 931a, Art. 17 Abs. 1 lit. c HRegV). Bei der Beteiligung von Personengesellschaften müssen grundsätzlich sämtliche Gesellschafter die Anmeldung unterzeichnen. Anderes gilt nur dann, wenn die Beteiligung durch die vertretungsberechtigten Gesellschafter vereinbart werden darf, d.h. insb. wenn es sich dabei nicht um ein Grundlagengeschäft handelt. Die Anmeldepflicht erstreckt sich auf sämtliche eintragungspflichtigen Tatsachen (Art. 596). Vgl. im Einzelnen Art. 556 N 1–4. 1

Hinsichtlich der **Zeichnung der vertretungsberechtigten Gesellschafter** gilt das zur Kollektivgesellschaft Gesagte (Art. 556 N 5). 2

Zweiter Abschnitt: Verhältnis der Gesellschafter unter sich

Art. 598

A. Vertragsfreiheit. Verweisung auf die Kollektivgesellschaft	¹ **Das Rechtsverhältnis der Gesellschafter untereinander richtet sich zunächst nach dem Gesellschaftsvertrag.** ² **Soweit keine Vereinbarung getroffen ist, kommen die Vorschriften über die Kollektivgesellschaft zur Anwendung, jedoch mit den Abweichungen, die sich aus den nachfolgenden Bestimmungen ergeben.**
A. Liberté du contrat. Renvoi aux règles de la société en nom collectif	¹ Les rapports des associés entre eux sont déterminés en première ligne par le contrat de société. ² Si le contrat n'en dispose pas autrement, il y a lieu d'appliquer les règles de la société en nom collectif, sauf les modifications qui résultent des articles suivants.
A. Libertà contrattuale. Riferimento alle norme sulla società in nome collettivo	¹ I rapporti dei soci tra loro sono regolati anzitutto dal contratto di società. ² In mancanza di appositi patti, si applicano le disposizioni riguardanti la società in nome collettivo, salvo le modificazioni portate dagli articoli seguenti.

Art. 598 1–3

I. Grundsatz: Anwendbarkeit der Normen des Gesellschaftsvertrags

1 Im Rahmen der zwingenden Gesetzesbestimmungen können die Gesellschafter das Innenverhältnis **frei ordnen**.

II. Anwendbarkeit der Vorschriften über die Kollektivgesellschaft und die einfache Gesellschaft

2 Die Beziehungen zwischen den Gesellschaftern unter sich folgen in den meisten Fällen ausschliesslich den Regeln, welche für die einfache Gesellschaft resp. für die Kollektivgesellschaft gelten:

- **Art. 534** (Gesellschaftsbeschlüsse);
- **Art. 533** (Gewinn und Verlust);
- **Art. 537** (Ansprüche aus der Tätigkeit für die Gesellschaft);
- **Art. 536** (Konkurrenzverbot; vgl. dazu Art. 561 N 2);
- **Art. 542** (Aufnahme neuer Gesellschafter und Unterbeteiligung);
- **Art. 561** (Konkurrenzverbot; vgl. dazu Art. 561 N 2).

III. Gesetzliche Sonderordnung für Kommanditgesellschaften

3 Die Kommanditgesellschaft ist die Verbindung zweier Gesellschaftergruppen, von denen die eine – die Komplementäre – die Geschäfte führen und unbeschränkt haften, und die andere – die Kommanditäre – keine Geschäfte führen und nur einer beschränkten Haftung unterliegen (vgl. dazu Art. 594 N 4 ff.). **Eigene Regeln** für die Beziehungen unter den Gesellschaftern stellt das Recht der Kommanditgesellschaft dementsprechend dort auf, wo die **Beziehungen zwischen den beiden Gesellschaftergruppen** und ihre Rechte und Pflichten zu regeln sind.

Auf die **Komplementäre** und auf die Beziehungen zwischen ihnen sind anwendbar:

- **Art. 531** (Beitragspflicht, gleiche Beitragspflicht als dispositive Norm, Arten der Einbringung von Sachen; für den Kommanditär: Art. **601**);
- **Art. 535** (Geschäftsführung, Vetorecht; für den Kommanditär: Art. **600**);
- **Art. 558–560** (Feststellung und Verwendung des Rechnungsergebnisses; für den Kommanditär: **Art. 601**).

Auf die **Komplementäre** und auf die **geschäftsführenden Kommanditäre** sowie auf die Beziehungen zwischen ihnen (vgl. dazu Art. 600 N 5) sind anwendbar:

- **Art. 538** (Geschäftsführung, Mass der Sorgfalt);
- **Art. 539** (Geschäftsführung, Entzug und Beschränkung aus wichtigem Grund);
- **Art. 540** (Verweisung auf das Auftragsrecht für die Rechtsbeziehungen zwischen geschäftsführenden und nicht geschäftsführenden Gesellschaftern).

2. Abschnitt: Verhältnis der Gesellschafter unter sich

Art. 599

B. Geschäftsführung

Die Geschäftsführung der Gesellschaft wird durch den oder die unbeschränkt haftenden Gesellschafter besorgt.

B. Gestion

La société est gérée par l'associé ou les associés indéfiniment responsables.

B. Amministrazione

L'amministrazione della società è affidata al socio od ai soci illimitatamente responsabili.

Art. 600

C. Stellung des Kommanditärs

¹ Der Kommanditär ist als solcher zur Führung der Geschäfte der Gesellschaft weder berechtigt noch verpflichtet.

² Er ist auch nicht befugt, gegen die Vornahme einer Handlung der Geschäftsführung Widerspruch zu erheben, wenn diese Handlung zum gewöhnlichen Geschäftsbetrieb der Gesellschaft gehört.

³ Er ist berechtigt, eine Abschrift der Gewinn- und Verlustrechnung und der Bilanz zu verlangen und deren Richtigkeit unter Einsichtnahme in die Bücher und Papiere zu prüfen oder durch einen unbeteiligten Sachverständigen prüfen zu lassen; im Streitfalle bezeichnet der Richter den Sachverständigen.

C. Situation du commanditaire

¹ Le commanditaire n'a, en cette qualité, ni le droit ni l'obligation de gérer les affaires de la société.

² Il ne peut non plus s'opposer aux actes de l'administration qui rentrent dans le cadre des opérations ordinaires de la société.

³ Il a le droit de réclamer une copie du compte de profits et pertes et du bilan, et d'en contrôler l'exactitude en consultant les livres et autres documents, ou de remettre ce contrôle aux soins d'un expert qui n'a pas d'intérêt dans la société; en cas de contestation, l'expert est désigné par le juge.

C. Condizione dell'accomandante

¹ L'accomandante non ha, come tale, né il diritto né il dovere di amministrare gli affari della società.

² Egli non può nemmeno opporsi ad un atto d'amministrazione della società, quando esso rientri nelle operazioni sociali ordinarie.

³ Egli ha il diritto di chiedere una copia del conto dei profitti e delle perdite e del bilancio e di verificarne o di farne verificare l'esattezza da un perito disinteressato, mediante l'esame dei libri e delle carte; in caso di contestazione, il perito è designato dal giudice.

I. Die Geschäftsführung durch die Komplementäre

Die Geschäftsführung der Kommanditgesellschaft liegt in den Händen der Komplementäre. Es gelten die Regeln über die Kollektivgesellschaft resp. über die einfache Gesellschaft, auf die das Recht der Kollektivgesellschaft verweist (vgl. dazu Art. 535, 537, 540). 1

II. Die Stellung des Kommanditärs

2 Der Kommanditär ist zur Geschäftsführung weder berechtigt noch verpflichtet. Gegen **Geschäftsführungshandlungen, die zum gewöhnlichen Geschäftsbetrieb** gehören, kann er **keinen Einspruch** erheben. Das gilt auch dann, wenn sich eine solche Handlung auf das Geschäftsergebnis negativ auswirkt (MEIER-HAYOZ/FORSTMOSER, § 14 N 47; vgl. auch MünchKommHGB-GRUNEWALD, § 164 N 2).

3 **Handlungen, die über den gewöhnlichen Geschäftsbetrieb hinausgehen** (vgl. zum Begriff Art. 534 N 2; vgl. auch MünchKommHGB-JICKELI, § 116 N 6 ff.) sind nach dispositivem Gesetzesrecht von der Geschäftsführungsbefugnis nicht mehr erfasst (Art. 535 Abs. 3) und **durch Gesellschafterbeschluss** – ohne besondere Vereinbarung: einstimmig – vorzunehmen. An diesen nimmt der Kommanditär mit den gleichen Rechten wie ein Komplementär teil (VON STEIGER, Aktiengesellschaft, 615; MEIER-HAYOZ/FORSTMOSER, § 14 N 47; vgl. auch MünchKommHGB-GRUNEWALD, § 164 N 9).

Ändert der Gesellschaftsvertrag die gesetzliche Ordnung ab und lässt er **Geschäftsführungshandlungen, die über den gewöhnlichen Geschäftsbetrieb hinausgehen,** zu, hat der Kommanditär ein **Einspracherecht.** Anders als beim Vetorecht gemäss Art. 535 Abs. 2 sind die geschäftsführenden Gesellschafter verpflichtet, die Kommanditäre von einsprachefähigen Geschäften **vor** deren Abschluss in Kenntnis zu setzen (ZK-SIEGWART, Art. 599/600 N 6; vgl. auch MünchKommHGB-GRUNEWALD, § 164 N 10; zudem MünchKommHGB-JICKELI, § 116 N 61).

III. Kontrollrechte des Kommanditärs

4 Die **Abnahme der Gewinn- und Verlustrechnung und der Bilanz** und ihre Feststellung sind Handlungen, die nur durch Gesellschafterbeschluss gültig erfolgen können, an denen die Kommanditäre gleichberechtigt teilnehmen. Den Kommanditären sind diese Unterlagen daher vor den jeweiligen Beschlüssen **unaufgefordert** zuzustellen (ZK-SIEGWART, Art. 599/600 N 12; vgl. auch MünchKommHGB-GRUNEWALD, § 167 N 2). Gegebenenfalls ist auf ihr Verlangen eine **Abschrift** zu erstellen.

5 Die Kommanditäre haben das Recht, die Richtigkeit der Angaben in der Gewinn- und Verlustrechnung und der Bilanz zu überprüfen. Zu diesem Zweck haben sie ein Einsichtsrecht, das sie selber ausüben oder durch Sachverständige ausüben lassen können. Inhaltlich ist das Einsichtsrecht durch den Prüfungszweck bestimmt. Es geht also *weniger weit* als das Einsichtsrecht des von der Geschäftsführung ausgeschlossenen Gesellschafters gemäss Art. 541 (welches das Recht vorsieht, sich jederzeit vom Gang der Geschäfte ein Bild zu machen; VON STEIGER, Aktiengesellschaft, 614; vgl. auch MünchKommHGB-GRUNEWALD, § 166 N 2 f.).

6 Vertragliche Ausweitungen der Kontrollrechte der Kommanditäre sind ohne weiteres möglich. Vertragliche Einschränkungen der gesetzlich vorgesehenen Kontrollrechte sind indessen nur in Ausnahmefällen zulässig, z.B. zur Wahrung von gesetzlichen Geschäftsgeheimnissen, wie bei Banken (VON STEIGER, Aktiengesellschaft, 617; vgl. auch MünchKommHGB-GRUNEWALD, § 166 N 16 f.).

IV. Geschäftsführung durch den Kommanditär

7 Dem Kommanditär steht eine gesetzliche Geschäftsführungsbefugnis zu, wenn die Voraussetzungen der Geschäftsführung ohne Auftrag vorliegen (Art. 419 ff.).

2. Abschnitt: Verhältnis der Gesellschafter unter sich 1 Art. 601

Durch Gesellschaftsvertrag können den Kommanditären **beschränkte** (z.B. durch erweiterte Einspruchsmöglichkeiten) **oder umfassende Geschäftsführungsbefugnisse** übertragen werden (VON STEIGER, Aktiengesellschaft, 616; vgl. auch MünchKomm-HGB-GRUNEWALD, § 164 N 22 f.). Solange die Kommanditäre nach aussen gegenüber Dritten nicht auftreten, bleibt ihre Haftung auf die Kommanditsumme beschränkt. Treten sie nach aussen wie geschäftsführende Gesellschafter auf, haften sie wie diese unbeschränkt, und die Gesellschaft wird automatisch zur Kollektivgesellschaft. Diese Rechtsfolge kann nur dann verhindert werden, wenn sie sich **ausdrücklich** als nur Bevollmächtigte oder Prokuristen bezeichnen (MEIER-HAYOZ/FORSTMOSER, § 14 N 45; vgl. auch MünchKommHGB-GRUNEWALD, § 164 N 23, Rechtsscheinhaftung des Kommanditisten; § 170 N 10 ff.; kein Schutzbedürfnis des Rechtsverkehrs, sondern der Komplementäre). 8

Soweit der Gesellschaftsvertrag nichts Abweichendes vorsieht, ist der Kommanditgesellschafter bei **Gesellschaftsbeschlüssen** gegenüber den Komplementären gleichberechtigt.

Art. 601

D. Gewinn- und Verlustbeteiligung

¹ Am Verlust nimmt der Kommanditär höchstens bis zum Betrage seiner Kommanditsumme teil.

² Fehlt es an Vereinbarungen über die Beteiligung des Kommanditärs am Gewinn und am Verlust, so entscheidet darüber der Richter nach freiem Ermessen.

³ Ist die Kommanditsumme nicht voll einbezahlt oder ist sie nach erfolgter Einzahlung vermindert worden, so dürfen ihr Zinse, Gewinne und allfällige Honorare nur so weit zugeschrieben werden, bis sie ihren vollen Betrag wieder erreicht hat.

D. Participation aux bénéfices et aux pertes

¹ Le commanditaire n'est tenu des pertes qu'à concurrence du montant de sa commandite.

² A défaut d'une convention réglant la participation du commanditaire aux bénéfices et aux pertes, cette participation est fixée librement par le juge.

³ Si le montant inscrit de la commandite n'a pas été intégralement versé ou a été réduit, les intérêts, bénéfices et, le cas échéant, les honoraires ne peuvent y être ajoutés qu'à concurrence de ce montant.

D. Partecipazione agli utili ed alle perdite

¹ L'accomandante non è soggetto a perdita se non fino al totale del capitale da esso accomandato.

² In difetto di speciali stipulazioni, la misura della partecipazione dell'accomandante agli utili ed alle perdite è rimessa al libero apprezzamento del giudice.

³ Qualora il capitale accomandato non sia stato interamente versato o sia stato diminuito, possono esservi aggiunti gli interessi, gli utili e l'onorario, che fosse dovuto all'accomandante, ma solo fino a che sia raggiunto l'ammontare iscritto del capitale accomandato.

I. Beteiligung am Geschäftsergebnis

Die Feststellung des Gesamtertrags erfolgt gemäss Art. 558 ff. nach den Regeln über die Kollektivgesellschaft (s. dort). Die Beteiligung der Gesellschafter an Gewinn und Ver- 1 lust richtet sich in erster Linie nach den Vorschriften des **Gesellschaftsvertrags**. Enthält der Gesellschaftsvertrag nur eine Anordnung über die Gewinnbeteiligung, gilt diese auch für die Beteiligung am Verlust (Art. 533 Abs. 2; VON STEIGER, Aktiengesellschaft, 622; vgl. dazu aber N 6; vgl. auch MünchKommHGB-GRUNEWALD, § 167 N 10; §§ 120, 122 HGB).

2   Findet sich im Gesellschaftsvertrag **keine Regel** über die Beteiligung an Gewinn und Verlust, gilt anders als bei der Kollektivgesellschaft nicht die gesetzliche Vermutung des Art. 533, wonach allen Gesellschaftern der gleiche Anteil zukommt. Vielmehr entscheidet der Richter darüber nach seinem **Ermessen** (Abs. 2) gestützt auf Art. 4 ZGB (VON STEIGER, Aktiengesellschaft, 621; vgl. auch MünchKommHGB-GRUNEWALD, § 168 N 6; vgl. zudem MünchKommHGB-PRIESTER, § 121 N 5). Dabei trifft er eine Lösung, die dem mutmasslichen Parteiwillen möglichst nahe kommt.

3   Unabhängig vom erzielten Ertrag haben die Komplementäre und die Kommanditäre Anspruch auf Zinsen auf ihren Kapitalanteilen gemäss Art. 558 Abs. 2, wenn der Gesellschaftsvertrag keine andere Regel vorsieht.

II. Die Gewinnbeteiligung im Besonderen

4   Es gelten als Regel die Vorschriften über die Kollektivgesellschaft resp. über die einfache Gesellschaft (Art. 558 ff., 533; s. dort).

5   In Abweichung davon legt Abs. 3 fest, dass die Vermutung, wonach nicht bezogene Gewinnanteile der Kapitaleinlage (hier: der Kommanditeinlage) zugewiesen werden sollen, nur solange gilt, bis diese die Höhe der vereinbarten Kommanditsumme erreicht hat. Übersteigen die nicht bezogenen Gewinnanteile die Kommanditeinlage, wird für diese Beträge die Begründung aussergesellschaftlicher Ansprüche (Darlehen) vermutet (ZK-SIEGWART, N 7; vgl. auch MünchKommHGB-GRUNEWALD, § 167 N 16). Die Kapitalanteile können aber auch vergrössert werden, sofern dies dem ausdrücklichen Willen der Parteien entspricht.

III. Die Verlusttragung im Besonderen

6   Am Verlust nimmt der Kommanditär höchstens bis zum Betrag der vereinbarten **Kommanditeinlage** teil. Diese vertraglich vereinbarte Kommanditeinlage entspricht oft der Kommanditsumme, wie sie gegenüber Dritten bekannt gegeben wird. Sie kann sich von dieser jedoch unterscheiden: Sie kann tiefer sein oder ganz wegfallen (als atypische Vereinbarung nur, wenn der entsprechende Vertragswille klar feststeht, ZK-SIEGWART, N 9), oder sie kann die Kommanditsumme übersteigen (ungenau daher die Wortwahl in Abs. 1 «Kommanditsumme»; gemeint ist die Kommanditeinlage, wie sie im Innenverhältnis gilt).

7   Fehlt eine ausdrückliche Vereinbarung über die Höhe der Kommanditeinlage, wird vermutet, dass diese der Kommanditsumme entspricht (ZK-SIEGWART, N 11), denn in den meisten Fällen will der Kommanditär sein Haftungsrisiko auf den Wert seiner effektiven Einlage beschränken (VON STEIGER, Aktiengesellschaft, 593; vgl. auch MünchKommHGB-GRUNEWALD, §§ 171, 172 N 4 ff.).

Dritter Abschnitt: Verhältnis der Gesellschaft zu Dritten

Art. 602

A. Im Allgemeinen	Die Gesellschaft kann unter ihrer Firma Rechte erwerben und Verbindlichkeiten eingehen, vor Gericht klagen und verklagt werden.
A. En général	La société peut, sous sa raison sociale, acquérir des droits et s'engager, actionner et être actionnée en justice.
A. In genere	La società può, sotto la sua ditta, acquistare diritti, vincolarsi, stare in giudizio come attrice e come convenuta.

Literatur

BEYERLE, Der unbeschränkt haftende Kommanditist, Ein Beitrag zur Rechtsposition des nicht eingetragenen Kommanditisten, 1976; BÖRNER, Die Haftung des herrschenden Kommanditisten, Diss. Frankfurt a.M. 1985; BUXBAUM CARONI, Die vermögensrechtliche Stellung des Kommanditärs, Diss. Zürich 1987; ELSING, Erweiterte Kommanditistenhaftung und atypische Kommanditgesellschaft, 1977; FOLLIET, Prélèvement par le commandiraire des intérêts et bénéfices, SemJud 1950, 81 ff.; HANDSCHIN, Rechte und Pflichten unter den Gesellschaftern, Der Schweizer Treuhänder 8/98, 703 ff.; HIRSCH, L'ambiguïté de la commandite, in: FS Kummer, 161 ff.; HORST, Geschäftsführung, Vertretung und Beschlussfassung bei Personenhandelsgesellschaften: eine empirische Untersuchung der Vertragspraxis, 1981; HUNKE, Die Haftung des ausgeschiedenen Gesellschafters: insb. für Verbindlichkeiten aus Dauerschuldverhältnissen der Gesellschaft, 1987; MOSSMANN, Die Haftung des Kommanditisten in der unterkapitalisierten KG, Diss. Heidelberg 1978; THOMSEN, Die Unterbeteiligung an einem Personengesellschaftsanteil, Recht, Steuer, Betriebswirtschaft, 1978.

I. Allgemeines

Das **Aussenverhältnis** der Kommanditgesellschaft ist gleich geregelt wie bei der Kollektivgesellschaft. Insbesondere ist auch die Kommanditgesellschaft zwar nicht rechtsfähig, wohl aber **partei-, prozess-, handlungs- und betreibungsfähig** (BGE 113 II 285; 99 III 2 f.; 78 I 120 f. = Pra 1952, 281 f.). Es kann deshalb auf die Ausführungen zu Art. 562 verwiesen werden.

II. Präzisierung im Hinblick auf die Kommanditärstellung

Der **Kommanditär** ist Gesellschafter zu vollem Recht (BK-HARTMANN, N 3), er ist deshalb ebenfalls an den Vermögenswerten der Gesellschaft **gesamthandberechtigt** (BK-HARTMANN, N 4; OGer ZH, 23.3.1955, ZR 1958, 202; BGer, 2P.126/1998, E. 2. b). Auch dem neu eintretenden Kommanditär wächst somit das Eigentum an den Sachen der Gesellschaft und die Berechtigung an ihren Forderungen an, und der Austretende verliert sie wie in der Kollektivgesellschaft (BGE 51 I 431 f.).

III. IPR

Die **Haftung** der Gesellschaft für ihre Schulden und die **Vertretung** der aufgrund ihrer Organisation handelnden Personen unterstehen dem **Gesellschaftsstatut** (Art. 155 lit. h, i und 154 IPRG).

Art. 603

B. Vertretung	Die Gesellschaft wird nach den für die Kollektivgesellschaft geltenden Vorschriften durch den oder die unbeschränkt haftenden Gesellschafter vertreten.
B. Représentation	La société est représentée par l'associé ou les associés indéfiniment responsables, conformément aux règles applicables aux sociétés en nom collectif.
B. Rappresentanza	La società è rappresentata dal socio o dai soci illimitatamente responsabili in conformità delle disposizioni riguardanti la società in nome collettivo.

Literatur

Vgl. die Literaturhinweise zu Art. 602.

I. Allgemeines

1 Die Kommanditgesellschaft wird sowohl durch **Rechtsgeschäfte** als auch durch **unerlaubte Handlungen** der Gesellschafter berechtigt und verpflichtet (Art. 603 i.V.m. Art. 567; zur Präzisierung N 7 ff.).

2 Die **Vertretung** bei der Kommanditgesellschaft ist dadurch charakterisiert, dass die Komplementäre *dieselbe Stellung* wie die Gesellschafter bei der Kollektivgesellschaft innehaben, während von Gesetzes wegen den **Kommanditären weder Geschäftsführungs- noch Vertretungsbefugnis** zukommt (Art. 599, 603). Im *Innenverhältnis* sind jedoch Komplementäre und Kommanditäre einander *gleichgestellt* (MEIER-HAYOZ/ FORSTMOSER, § 14 N 46); wie bei der Kollektivgesellschaft (Art. 566 N 1 ff.) ist die Zustimmung *aller* Gesellschafter für die Bestellung generell bevollmächtigter Vertreter erforderlich. Desgleichen erfordert eine Spezialvollmacht für Rechtsgeschäfte, die über den Zweckbereich i.S.v. Art. 564 hinausgehen, die Zustimmung aller Komplementäre und Kommanditäre (SJK Nr. 759, 1). So ist auch jede Anmeldung aller im Handelsregister einzutragenden Tatsachen von *allen Gesellschaftern* zu unterzeichnen (Art. 597 Abs. 1 OR; Art. 17 Abs. 1 lit. b HRegV).

3 Für die **allgemeinen Voraussetzungen und Wirkungen** der Vertretung wird grundsätzlich auf die Ausführungen zu Art. 563–567 verwiesen.

II. Vertragliche Änderung der gesetzlichen Vertretungsordnung

4 Die gesetzliche Ordnung der Vertretung ist grundsätzlich **dispositiver Natur** (ZK-SIEGWART, N 1). Durch **einstimmigen oder** – wenn vertraglich so vorgesehen – **Mehrheitsbeschluss** können Vertretungsbefugnisse den Kommanditären übertragen oder den Komplementären entzogen werden. So kann der **Kommanditär** die Gesellschaft zwar nicht als Gesellschafter (dazu Vor Art. 605–607 N 1) vertreten, wohl aber als **Prokurist** oder **Handlungsbevollmächtigter,** und dadurch eine dem Komplementär sehr ähnliche Rechtsstellung einnehmen (BGE 70 I 29; vgl. zu Art. 605). Zugleich könnte **den Komplementären die Vertretungsbefugnis entzogen oder beschränkt** werden: Dadurch würde die gesetzliche Regelung eine grundlegende Änderung erfahren, und das klassische Gleichgewicht zwischen Vertretungsbefugnis und Haftung würde wegbedungen (ZK-SIEGWART, Art. 605 N 6 f.). In der Lehre ist umstritten, ob alle Komplementäre von der Vertretung ausgeschlossen werden können (verneinend BK-HARTMANN, N 6;

ZK-SIEGWART, N 1, die in einem solchen Fall **Gesamtvertretung** der Komplementäre gelten lassen). Zur Problematik der **Fremdorganschaft** bei der Kollektivgesellschaft s. Art. 566 N 13.

III. Vertretungsbefugnis des Komplementärs

Die Stellung der **Komplementäre** bei der Kommanditgesellschaft entspricht derjenigen der Gesellschafter bei der Kollektivgesellschaft (W. VON STEIGER, 627 f.): Sie sind **alle** von Gesetzes wegen **zur Vertretung ermächtigt** (Art. 603), Dritte können die Vertretungsbefugnis jedes einzelnen Komplementärs vermuten (Art. 563), und gutgläubigen Dritten gegenüber gilt die Vertretungsbefugnis für jedes zweckkonforme Rechtsgeschäft als gegeben (Art. 564; BGE 31 II 100). Vorbehalten bleibt selbstverständlich der Handelsregistereintrag (dazu die Ausführungen zu Art. 596 Abs. 2 Ziff. 5). 5

Aus **wichtigen Gründen** kann dem Komplementär die Vertretungsbefugnis entzogen werden (Art. 565), wozu *jeder einzelne Gesellschafter,* d.h. jeder Komplementär und jeder Kommanditär, antragsberechtigt ist (W. VON STEIGER, 627 f.). Besondere Zurückhaltung bei der **Verfügung** einer solchen Massnahme **durch den Richter** ist dann geboten, wenn *ein Kommanditär* den Entzug der Vertretungsbefugnis des *einzigen Komplementärs* beantragt (BK-HARTMANN, N 8; vgl. im Übrigen die Komm. zu Art. 565). 6

IV. Vertragliche Vertretungsbefugnisse des Kommanditärs

1. Umfang

Der Kommanditär kann zu einem bürgerlichen (Art. 32 ff.) oder kaufmännischen (Art. 458 ff.) Vertreter der Gesellschaft bestellt werden (BK-HARTMANN, N 11). Die Bestellung erfolgt dabei nach Massgabe von Art. 566: Erforderlich ist die Zustimmung aller vertretungsberechtigten Komplementäre (Art. 566 N 2–7; BUXBAUM CARONI, 349). Hingegen kann der Entzug der Vertretungsbefugnis von *jedem einzelnen* vertretungsberechtigten Komplementär bewirkt werden (vgl. zum Beschluss im Innen- und Aussenverhältnis Art. 566 N 10; W. VON STEIGER, 628). Das Vorliegen wichtiger Gründe ist für den Entzug der Vertretungsbefugnis des Kommanditärs *nicht* erforderlich (W. VON STEIGER, 628; dazu BUXBAUM CARONI, 349). Dieselbe umfassende Rechtsstellung wie einem Komplementär darf ihm aber nicht eingeräumt werden, denn dies würde die Grenzen der **Typenfixierung im Gesellschaftsrecht** sprengen (dazu MEIER-HAYOZ/FORSTMOSER, § 11 N 2 ff.; BK-HARTMANN, N 10). Zur Erteilung und zum Entzug von Prokura und Handlungsbevollmächtigung vgl. Art. 566. 7

2. Haftung für unerlaubte Handlungen des Kommanditärs

Da der **Kommanditär** nach dispositivem Recht mit der **Geschäftsführung** *nicht* betraut ist, kann er in seiner Eigenschaft als Gesellschafter *keine* unerlaubten Handlungen «in Ausübung geschäftlicher Verrichtungen» begehen (BK-HARTMANN, N 9). Die für die Komplementäre geltende Haftung von Art. 567 Abs. 3 ist auf den Kommanditär *nicht* anwendbar. Vertritt er die Gesellschaft als Prokurist oder Handlungsbevollmächtigter, kommt u.E. ausschliesslich Art. 55 zur Anwendung (Art. 566 N 14). 8

3. Handlungen des vollmachtlosen Kommanditärs

9 Handelt der Kommanditär im Namen der Gesellschaft ohne oder in Überschreitung seiner Vollmacht, ohne Anscheinsvollmacht oder nachträgliche Genehmigung durch die Gesellschaft, so verpflichtet er die Gesellschaft nicht. Er wird *persönlich* haftbar. Für die Gesellschaft gelten die Bestimmungen über die Geschäftsführung ohne Auftrag, Art. 540 (ZK-SIEGWART, Art. 605 N 2).

Art. 604

C. Haftung des unbeschränkt haftenden Gesellschafters	Der unbeschränkt haftende Gesellschafter kann für eine Gesellschaftsschuld erst dann persönlich belangt werden, wenn die Gesellschaft aufgelöst oder erfolglos betrieben worden ist.
C. Responsabilité de l'associé tenu indéfiniment	L'associé indéfiniment responsable ne peut être personnellement recherché pour une dette de la société avant que celle-ci ait été dissoute ou ait été l'objet de poursuites infructueuses.
C. Responsabilità dell'accomandatario	Il socio illimitatamente responsabile non può essere convenuto personalmente per un debito della società se non quando questa sia stata sciolta o inutilmente escussa.

Literatur

Vgl. die Literaturhinweise zu Art. 602.

I. Allgemeines

1 Die Haftung des Komplementärs ist die gleiche wie diejenige des Kollektivgesellschafters für Schulden der Gesellschaft (ZK-SIEGWART, N 1; BK-HARTMANN, N 1). Er haftet demnach **persönlich, unbeschränkt, solidarisch,** aber nur **subsidiär** für alle Verbindlichkeiten der Gesellschaft, unabhängig vom Entstehungsgrund. Diesbezüglich wird auf die Ausführungen zu Art. 568 verwiesen.

II. Die Belangbarkeitsvoraussetzungen im Besonderen

2 Obwohl der Text von Art. 604 mit Art. 568 Abs. 3 nicht genau übereinstimmt, besteht in der Lehre Einigkeit, dass die **Belangbarkeitsvoraussetzungen** für den Kollektivgesellschafter und den Komplementär die gleichen sind und der Unterschied im Wortlaut der Bestimmungen auf ein Redaktionsversehen zurückzuführen ist (ZK-SIEGWART, N 1; BK-HARTMANN, N 1; HGer AG, 9.4.2002, AGVE 2002, 62). Dementsprechend kann der Komplementär persönlich erst belangt werden, wenn ein **Auflösungsgrund** bei der **Gesellschaft** eingetreten ist, wenn diese **erfolglos betrieben** worden oder wenn der **Komplementär selber in Konkurs** geraten ist (Art. 568; vgl. als Anwendungsfall BGE 121 III 324 ff.: Belangbarkeit des Komplementärs nach Löschung einer Kommanditgesellschaft aufgrund der Übernahme ihrer Aktiven und Passiven durch eine neu gegründete Aktiengesellschaft).

3. Abschnitt: Verhältnis der Gesellschaft zu Dritten   Art. 605

Vorbemerkungen zu Art. 605–607

Literatur

Vgl. die Literaturhinweise zu Art. 602.

In drei Fällen wird das **Prinzip der beschränkten Haftung des Kommanditärs** 1
(Art. 608) **durchbrochen:** Die Haftung des Kommanditärs wird dann zu einer unbeschränkten, wenn er **im Rechtsverkehr wie ein Komplementär** auftritt, namentlich weil er die «beschränkte Rechtsgrundlage» seiner Vertretungsmacht nicht kundgibt, weil die Eintragung seiner rechtlichen Stellung im Handelsregister nicht erfolgt ist oder weil die Firma der Gesellschaft *Anlass zur Annahme* gibt, der Kommanditär sei ebenfalls unbeschränkt haftender Komplementär. Es geht dabei um Ausnahmen, die der Gesetzgeber im Hinblick auf den **Schutz der Gläubiger** festgelegt hat (BUXBAUM CARONI, 348). Sie müssen sich auf den *Rechtsschein* verlassen können.

Auch wenn der Kommanditär ausnahms- und fallweise der unbeschränkten Haftung unter- 2
liegt, wechselt aus diesem Grund weder seine **Rechtsstellung** noch diejenige der Gesellschaft: Er bleibt nach wie vor Kommanditär und ist insb. zur Geschäftsführung und Vertretung weiterhin nicht befugt. Konsequenterweise ist auf ihn auch die Haftungsbestimmung von Art. 567 Abs. 3 (s. Art. 603 N 8) nicht anwendbar. Auch unterliegt er dadurch nicht der Konkursbetreibung (BK-HARTMANN, Art. 605 N 2). Er haftet jetzt aber **persönlich, solidarisch, subsidiär** und **unbeschränkt,** und für seine Haftung gilt die *Subsidiarität* gemäss Art. 604 (bzw. 568 Abs. 3; s. Art. 604 N 2; dazu ausführlich BUXBAUM CARONI, 363 ff.). Für die **Gläubiger** wesentlich ist jedoch, dass sie die **Leistung an sich selbst** verlangen können und nicht auf das Einbringen der Haftungssumme in die Liquidations- oder Konkursmasse angewiesen sind (BUXBAUM CARONI, 363 f.).

Bei **atypischen Kommanditgesellschaften** (d.h. solchen, bei welchen z.B. durch weit- 3
gehende Überlassung der Geschäftsführung der Kommanditär die Gesellschaft faktisch kontrolliert) stellt sich immer wieder die Frage, ob die **faktischen Verhältnisse** eine *unbeschränkte Haftung* des Kommanditärs zu rechtfertigen vermögen. Dies ist mit der h.L. *zu verneinen:* Das Gesetz trifft keine Unterscheidung zwischen typischen und atypischen Gesellschaften. Durch den Eintrag der Kommandite und solange der Kommanditär nicht wie ein Komplementär auftritt (s. Vor Art. 605–607 N 1), wird bei den Gläubigern keine *berechtigte Erwartung* bezüglich einer unbeschränkten Haftung begründet (BUXBAUM CARONI, 361 ff. m.w.Nw.; MEIER-HAYOZ/FORSTMOSER, § 14 N 23).

Art. 605

D. Haftung des Kommanditärs I. Handlungen für die Gesellschaft	Schliesst der Kommanditär für die Gesellschaft Geschäfte ab, ohne ausdrücklich zu erklären, dass er nur als Prokurist oder als Bevollmächtigter handle, so haftet er aus diesen Geschäften gutgläubigen Dritten gegenüber gleich einem unbeschränkt haftenden Gesellschafter.
D. Responsabilité du commanditaire I. Quand il agit pour la société	Le commanditaire qui conclut des affaires pour la société sans déclarer expressément n'agir qu'en qualité de fondé de procuration ou de mandataire est tenu, à l'égard des tiers de bonne foi, comme un associé indéfiniment responsable, des engagements résultant de ces affaires.

Art. 605 1–3   25. Titel: Die Kommanditgesellschaft

D. Responsabilità dell'accomandante
I. Affari fatti per la società

L'accomandante che faccia affari per la società, senza dichiarare espressamente ch'egli agisce soltanto come procuratore o mandatario, risponde per questi affari, verso i terzi di buona fede, come un socio illimitatamente responsabile.

Literatur

Vgl. die Literaturhinweise zu Art. 602.

I. Haftungsgrundlagen

1. Handeln für die Gesellschaft

a) Handeln im Namen der Gesellschaft

1 Der Kommanditär haftet nur dann unbeschränkt, wenn er **«im Namen der Gesellschaft»** handelt, d.h. wenn der Dritte *annahm* oder *annehmen durfte,* dass dieser als Organ der Kommanditgesellschaft handelte (BUXBAUM CARONI, 349; ZK-SIEGWART, N 8). Dies wird dann der Fall sein, wenn der Kommanditär Wendungen wie «im Namen der Gesellschaft», «unsere Firma» oder einfach «wir» gebraucht, nicht jedoch, wenn Bezeichnungen wie «Vertreter», «Beauftragter», «Abgesandter» o.ä. verwendet werden (ZK-SIEGWART, a.a.O.). Derartige Zusätze verweisen auf eine **abgeleitete Macht** (ZK-SIEGWART, a.a.O.), so wie dies beim Prokuristen und Handlungsbevollmächtigten der Fall ist. Juristische Wendungen sind nicht ohne weiteres massgebend (ZK-SIEGWART, a.a.O.), vielmehr ist auf die **Umstände im Einzelfall,** namentlich auf die Geschäftspartner, abzustellen.

b) Umstände

2 Tritt der Kommanditär wiederholt wie ein unbeschränkt haftender Komplementär auf, so kann sich **aus den Umständen** der Rechtsschein der unbeschränkten Haftung ergeben: Darauf muss der Kommanditär behaftet werden (ZK-SIEGWART, N 10). Der Kommanditär muss aber nicht jedes Mal ausdrücklich auf seine rechtliche Stellung hinweisen, wenn diese aus den Umständen, z.B. einer fortgesetzten Geschäftsbeziehung, dem Geschäftspartner bekannt ist (FUNK, N 2).

2. Guter Glaube Dritter

3 Die Meinungen in der Lehre über die Anforderungen an den **guten Glauben** Dritter gemäss Art. 605 gehen auseinander. Nach älterer Lehre hat der Kommanditär zu beweisen, dass der Dritte um seine Eigenschaft als blosser Prokurist etc. gewusst hat, wenn er die unbeschränkte Haftung von sich abwenden will. Allgemeine Kundgebungen durch Zirkulare oder Eintragungen im Handelsregister *genügten* danach *nicht* (BK-HARTMANN, N 4; ZK-SIEGWART, N 8). Demgemäss gälte im Rahmen von Art. 605 die Annahme nicht, dass ein Handelsregistereintrag als bekannt vorausgesetzt wird. Dieser Meinung *steht* der Wortlaut von Art. 933 Abs. 1 *klar entgegen* (positive Publizitätswirkung des Handelsregisters; so auch W. VON STEIGER, 629; BUXBAUM CARONI, 350 f. m.w.Nw.). Unseres Erachtens geht die Verkehrssicherheit und damit die strikte Anwendung von Art. 933 Abs. 1 einer extensiven Interpretation der Wortwahl «ausdrücklich» im Gesetzestext von Art. 605 vor. In diesem Zusammenhang ist zu bedauern, dass die Handelsregisterbehörden den Eintrag von Kommanditären als Zeichnungsberechtigte (ohne einschränkende Bezeichnung als Prokurist oder Handlungsbevollmächtigter) nicht verweigern, ist doch ein solcher Eintrag mit der gesellschaftsrechtlichen Stellung als Kom-

3. Abschnitt: Verhältnis der Gesellschaft zu Dritten Art. 606

manditär unvereinbar (dazu CHAPUIS, L'inscription au registre du commerce d'un associé commanditaire avec signature, in: Reprax 2006 [1], 26 ff.).

II. Rechtsfolgen

Handelt der Kommanditär aufgrund einer bestehenden Vollmacht oder werden seine Rechtshandlungen nachträglich genehmigt, so treten **bei der Gesellschaft** die üblichen Rechtsfolgen der Stellvertretung ein: Die Kommanditgesellschaft wird nach Massgabe der Vollmacht berechtigt und verpflichtet. 4

Der **Kommanditär,** der zwar beschränkt vertretungsberechtigt war, die beschränkte Rechtsgrundlage seiner Vertretungsmacht aber nicht zu erkennen gab, sondern nach aussen wie ein Gesellschaftsorgan aufgetreten ist, haftet gutgläubigen Dritten gegenüber zwar **subsidiär,** jedoch **unbeschränkt und solidarisch,** also wie ein Komplementär. 5

Handelt der Kommanditär **ohne Vollmacht** (oder in Überschreitung der Vollmacht) bzw. genehmigt die Gesellschaft das Rechtsgeschäft nicht, wird die Gesellschaft dadurch weder berechtigt noch verpflichtet. Der Kommanditär hingegen, da er das Versprechen zugleich auch im eigenen Namen abgegeben hat, wird immer selbst verpflichtet (BGE 95 II 62; BK-ZÄCH, Art. 32 N 48) und haftet *allein, primär* und *unbeschränkt* (BK-HARTMANN, N 3; AppGer BE, ZBJV 1941, 513 f.). Das Verhältnis zwischen handelndem Gesellschafter und Gesellschaft wird für diesen Fall allenfalls durch die Bestimmungen über die **Geschäftsführung ohne Auftrag** (Art. 419 ff.) geregelt (BUXBAUM CARONI, 351). 6

Art. 606

II. Mangelnder Eintrag	Ist die Gesellschaft vor der Eintragung in das Handelsregister im Verkehr aufgetreten, so haftet der Kommanditär für die bis zur Eintragung entstandenen Verbindlichkeiten Dritten gegenüber gleich einem unbeschränkt haftenden Gesellschafter, wenn er nicht beweist, dass ihnen die Beschränkung seiner Haftung bekannt war.
II. Faute d'inscription	Lorsque la société a fait des affaires avant d'être inscrite sur le registre du commerce, le commanditaire est tenu, à l'égard des tiers, comme un associé indéfiniment responsable, des dettes sociales nées antérieurement, à moins qu'il n'établisse que les tiers connaissaient les restrictions apportées à sa responsabilité.
II. Società non iscritte	Ove la società abbia fatto affari prima di essere iscritta nel registro di commercio, l'accomandante risponde verso i terzi, come un socio illimitatamente responsabile, delle obbligazioni della società nate prima dell'iscrizione, quando non provi che essi conoscevano la limitazione della sua responsabilità.

Literatur

Vgl. die Literaturhinweise zu Art. 602.

I. Voraussetzungen unbeschränkter Haftung

1. Fehlender Eintrag

1 **Ein mangelnder Eintrag,** bei welchem die Haftung des Kommanditärs nicht auf die Kommandite beschränkt bleibt, liegt vor wenn:

- die **Gesellschaft** nicht oder noch nicht eingetragen worden ist (BUXBAUM CARONI, 352);
- eine Kollektivgesellschaft **in eine Kommanditgesellschaft umgewandelt** wurde, ein entsprechender Eintrag jedoch unterblieb;
- der Gesellschafter nicht als Kommanditär eingetragen wurde, sondern als Komplementär.

2 Der **Eintrag** der beschränkten Haftung des Kommanditärs ist **konstitutiv:** Vor dessen Eintrag gilt die unbeschränkte Haftung des Kollektivgesellschafters für Gesellschaftshandlungen im Geschäftsverkehr (MEIER-HAYOZ/FORSTMOSER, § 14 N 54). Gegenüber Dritten wird der Eintrag erst am Tage nach der Veröffentlichung im SHAB wirksam (Art. 932 Abs. 2).

2. Auftreten im Geschäftsverkehr

3 In der Lehre wird sodann als Voraussetzung für die Rechtsfolge der unbeschränkten Haftung z.T. verlangt, dass der Kommanditär seine **Zustimmung** zum Auftreten der Gesellschaft im Rechtsverkehr gegeben haben muss (BUXBAUM CARONI, 354 m.w. Nw.). Art. 606 bezweckt jedoch *ausschliesslich* den *Schutz der Gläubiger,* die über die internen Verhältnisse nicht unterrichtet sind. Der Kommanditär, der seine Zustimmung zum Auftreten nicht gegeben hat und deshalb Dritten gegenüber wie ein unbeschränkt haftender Gesellschafter erscheint, hat allenfalls die Möglichkeit, *intern* die Verletzung gesellschaftlicher Pflichten *geltend zu machen* und somit Rückgriff auf die Mitgesellschafter zu nehmen. Nach der ratio legis ist somit extern nur auf den *Rechtsschein* abzustellen: Die Zustimmung des Kommanditärs zum Auftreten der Gesellschaft im Geschäftsverkehr kann demzufolge u.E. nicht Voraussetzung seiner unbeschränkten Haftung sein (**a.M.** BUXBAUM CARONI, 354; ZK-SIEGWART, N 4; FUNK, N 3, die jedoch in vielen Fällen eine stillschweigende Einwilligung vermuten).

3. Guter Glaube Dritter

4 Bei mangelndem Eintrag wird der gute Glaube des Dritten gemäss ausdrücklicher gesetzlicher Regelung nur durch **positive Kenntnis der Kommanditärstellung** zerstört (BUXBAUM CARONI, 356), nicht jedoch bei blosser Kenntnis des Vorliegens einer Kommanditgesellschaft. Die Beweislast liegt beim Kommanditär.

II. Rechtsfolgen

1. Allgemeines

5 Sind die Voraussetzungen gemäss N 1–4 erfüllt, haftet der Kommanditär Dritten gegenüber **unbeschränkt** für Schulden, die in der Gesellschaft vor der Eintragung der Kommanditärstellung und der damit verbundenen beschränkten Haftung entstanden sind (BK-HARTMANN, N 7).

3. Abschnitt: Verhältnis der Gesellschaft zu Dritten　　　1, 2　**Art. 607**

2. Unbeschränkte Haftung des Kommanditärs für unerlaubte Handlungen

In der Lehre umstritten ist, ob die unbeschränkte Haftung des Kommanditärs nur für rechtsgeschäftlich eingegangene Verpflichtungen oder auch für **unerlaubte Handlungen** der Mitgesellschafter gilt. Der Kommanditär, welcher seine Rechtsstellung nicht bekannt gegeben hat, erscheint – je nach den konkreten Umständen – entweder als Komplementär oder als Mitglied einer Kollektivgesellschaft: Beidenfalls haftet er *persönlich* und *unbeschränkt* den Gläubigern gegenüber, sowohl für *rechtsgeschäftlich* eingegangene *Verbindlichkeiten*, als auch für *unerlaubte Handlungen*. Somit ist u.E. der Einbezug der Haftung aus unerlaubten Handlungen auch für den Kommanditär gerechtfertigt (**a.M.** ZK-Siegwart, N 5). 6

Art. 607

III. Name des Kommanditärs in der Firma	**Ist der Name des Kommanditärs in die Firma der Gesellschaft aufgenommen worden, so haftet dieser den Gesellschaftsgläubigern wie ein unbeschränkt haftender Gesellschafter.**
III. Nom du commanditaire dans la raison sociale	Le commanditaire dont le nom figure dans la raison sociale est tenu envers les créanciers de la société de la même manière qu'un associé indéfiniment responsable.
III. Nome dell'accomandante nella ditta	L'accomandante, il cui nome faccia parte della ditta sociale è responsabile verso i creditori della società come un socio illimitatamente responsabile.

Literatur

Vgl. die Literaturhinweise zu Art. 602.

I. Allgemeines

Die **Firma** einer Kommanditgesellschaft darf nach Firmenrecht keine Namen anderer Personen als der Komplementäre enthalten (Art. 947 Abs. 4; BGE 71 I 272 ff.). Kommanditäre, die entgegen dieser Bestimmung in der Firma aufgeführt sind, haften damit wie Komplementäre. Die unrichtige Firma berührt allerdings die **Natur der Gesellschaft** nicht, sondern erweitert lediglich die Haftung des Kommanditärs (ZK-Siegwart, N 7). 1

Soweit sich der Gläubiger auf einen fehlerhaften Eintrag stützen kann, gilt der **öffentliche Glaube des Handelsregisters** (dazu Meier-Hayoz/Forstmoser, § 6 N 74 ff.): der Dritte wird insoweit geschützt, als er sich in gutem Glauben auf den fehlerhaften Eintrag verlassen hat.

II. Voraussetzungen

1. Aufnahme des Namens des Kommanditärs in die Firma der Kommanditgesellschaft

Der Name des Kommanditärs muss in die **Firma,** wie sie **tatsächlich im Geschäftsverkehr verwendet** wird oder wie sie im Handelsregister **eingetragen** ist, aufgenommen sein (BK-Hartmann, N 3; ZK-Siegwart, N 3; **a.M.** Buxbaum Caroni, 358, die den Schutz des guten Glaubens verneint, falls der Eintrag korrekt ist). 2

Christoph M. Pestalozzi/Peter Hettich

Art. 608

3 Falls **mehrere Gesellschafter** mit unterschiedlicher Stellung denselben Namen tragen, muss für *genügende Unterscheidung* gesorgt werden, denn im Zweifelsfall trägt der Kommanditär das Risiko der Verwechslung (HARTMANN, N 3; FUNK, N 1; differenziert ZK-SIEGWART, N 1): Abzustellen ist auf die **effektive Gefahr der Verwechslung,** welche beim Dritten entsteht (ZK-SIEGWART, N 1).

2. Guter Glaube Dritter

4 Das Erfordernis des **guten Glaubens** Dritter wird im Gesetz nicht aufgeführt. Während ZK-SIEGWART (N 6) ausdrücklich behauptet, dass der gute Glaube der Gläubiger nicht verlangt ist, vertritt ein bedeutender Teil der Lehre die Meinung, dass der Dritte bei **positivem Wissen** um die Kommanditärstellung die unbeschränkte Haftung nicht geltend machen kann (W. VON STEIGER, 641; BUXBAUM CARONI, 359). Da sogar bei Annahme des öffentlichen Glaubens des Handelsregisters *nur der Gutgläubige* Schutz verdient und sonst die Grenze des Rechtsmissbrauchs allgemein gilt (Art. 2 Abs. 2 ZGB), ist bei positivem Wissen des Gläubigers der Schutz gemäss Art. 607 zu versagen.

3. Zustimmung des Kommanditärs

5 Analog zu Art. 606 stellt sich die Frage, ob die Zustimmung des Kommanditärs zur Verwendung seines Namens in der Firma notwendig ist, um seine unbeschränkte Haftung eintreten zu lassen (Art. 606 N 3). Diese ist u.E. nicht erforderlich, denn Art. 607 bezweckt – wie Art. 606 – den Schutz der Gläubiger, und der Kommanditär kann allenfalls Rückgriff auf die Mitgesellschafter nehmen (**a.M.** BUXBAUM CARONI, 358; ZK-SIEGWART, N 5; BK-HARTMANN, N 4, die jedoch alle bei fehlerhaftem Eintrag die Zustimmung als gegeben betrachten; W. VON STEIGER, 641).

III. Rechtsfolge

6 Sind die Voraussetzungen gemäss N 2–5 erfüllt, **haftet** der Kommanditär gutgläubigen Dritten gegenüber **unbeschränkt** wie ein Komplementär für alle Verbindlichkeiten, welche **unter tatsächlicher Verwendung der fehlerhaften Firma** eingegangen wurden (ZK-SIEGWART, N 3). Wird ein **fehlerhafter Eintrag** korrigiert, so bilden sich **zwei Gläubigerkategorien:** Für Schulden, welche vor dem Eintrag der gesetzeskonformen Firma entstanden sind, gilt die unbeschränkte, für die später entstandenen Schulden hingegen die beschränkte Haftung des Kommanditärs (BUXBAUM CARONI, 347; **a.M.** ZK-SIEGWART, N 2, der diesen Tatbestand dem Ausscheiden als Komplementär und Wiedereintreten als Kommanditär gleichstellt und die Haftung dementsprechend nach Art. 591 innert spätestens fünf Jahren verjähren lässt. Dem ist u.E. entgegen zu halten, dass sich die ratio legis von Art. 607 ff. und 591 nicht deckt: Während bei Art. 609 das Vertrauen der alten Gläubiger geschützt wird, bezweckt Art. 591 die Beschleunigung der Auseinandersetzung der aus dem Gesellschaftsverhältnis entstandenen Ansprüche.).

Art. 608

IV. Umfang der Haftung	¹ **Der Kommanditär haftet Dritten gegenüber mit der im Handelsregister eingetragenen Kommanditsumme.**
	² **Hat er selbst oder hat die Gesellschaft mit seinem Wissen gegenüber Dritten eine höhere Kommanditsumme kundgegeben, so haftet er bis zu diesem Betrage.**

³ **Den Gläubigern steht der Nachweis offen, dass der Wertansatz von Sacheinlagen ihrem wirklichen Wert im Zeitpunkt ihres Einbringens nicht entsprochen hat.**

IV. Etendue de la responsabilité

¹ Le commanditaire est tenu envers les tiers jusqu'à concurrence de la commandite inscrite sur le registre du commerce.

² Si le commanditaire lui-même ou la société, au su du commanditaire, a indiqué à des tiers un montant plus élevé de la commandite, le commanditaire répond jusqu'à concurrence de ce montant.

³ Les créanciers sont admis à faire la preuve que la valeur attribuée aux apports en nature ne correspond pas à leur valeur réelle au moment où ils ont été effectués.

IV. Estensione della responsabilità

¹ L'accomandante risponde verso i terzi fino al totale del capitale accomandato iscritto di commercio.

² Quando l'accomandante o, a sua saputa, la società, abbia dichiarato a terzi un maggior capitale accomandato, l'accomandante risponde fino al totale di questo.

³ I creditori hanno la facoltà di provare che il valore attribuito ad un conferimento in natura non corrispondeva a quello reale nel momento in cui fu effettuato.

Literatur

Vgl. die Literaturhinweise zu Art. 602.

I. Allgemeines

Kennzeichen der Kommanditgesellschaft ist das Vorhandensein einer Kategorie von Gesellschaftern, den Kommanditären, die einer **summenmässig beschränkten Haftung** unterliegen (BUXBAUM CARONI, 235). Grundlegend für die Erfassung der Haftungsverhältnisse ist die Unterscheidung der folgenden zwei Begriffe:

- **Kommanditsumme,** d.h. die reine Rechnungsziffer, mittels welcher die Haftungssumme im Aussenverhältnis zum Ausdruck gebracht wird (BUXBAUM CARONI, 9; MEIER-HAYOZ/FORSTMOSER, § 14 N 32 f.), und

- **Kommanditeinlage,** d.h. der im Innenverhältnis vereinbarte Vermögensbeitrag des Kommanditärs an die Gesellschaft (BUXBAUM CARONI, a.a.O.; MEIER-HAYOZ/FORSTMOSER, § 14 N 30 f.).

II. Grundsätzlicher Umfang der Haftung des Kommanditärs (Abs. 1)

1. Allgemeines

Die **Höchstgrenze** der Haftung des Kommanditärs wird durch die **Kommanditsumme** bestimmt (vgl. als Bsp. BGE 121 III 324 ff.). Die **Beschränkung** der Haftung ist nur eine **betragsmässige:** Der Kommanditär haftet sonst **persönlich** mit seinem ganzen Vermögen (BK-HARTMANN, N 4) für dieselben Schulden der Gesellschaft, für welche die Komplementäre einzustehen haben **(Akzessorietät,** dazu Art. 568), d.h. insb. *unabhängig vom Entstehungsgrund* (BUXBAUM CARONI, 219). Bis zur Höhe der Kommanditsumme haftet der Kommanditär **solidarisch** mit den Komplementären (BK-HARTMANN, N 3). Der Kommanditär hat nicht für die **Realerfüllung,** sondern nur für die Leistung einer Geldsumme, d.h. das **Erfüllungsinteresse,** einzustehen (dazu BUXBAUM

CARONI, 221; ZK-SIEGWART, Art. 610/611/612 N 8; BK-HARTMANN, Art. 610 N 2, 21). Zur Subsidiarität der Haftung des Kommanditärs vgl. Art. 610. Zur Rechtslage bei Leistung einer die Kommanditsumme übersteigenden Einlage vgl. N 10.

2. Massgeblichkeit des Handelsregistereintrages

3   Die **Kommanditsumme** ist im **Handelsregister** einzutragen (Art. 596 Abs. 2 Ziff. 2) und wird dann als bekannt vorausgesetzt (Art. 933 Abs. 2). Sie bildet i.d.R. die **Grundlage für die Bemessung** der Haftung (vorbehalten bleiben Art. 605, 606, 607). Wird eine höhere Haftungssumme eingetragen, eine niedrigere aber intern vereinbart, ist Dritten gegenüber nur Erstere massgebend: Die Kommanditsumme ist eine **eintragungspflichtige Tatsache** (Art. 596 Abs. 2 Ziff. 2). Ein unkorrekter Eintrag kann gutgläubigen Dritten nicht entgegen gehalten werden (Art. 933 Abs. 2; ZK-SIEGWART, Art. 608/609 N 4; i.E. ebenfalls BK-HARTMANN, N 8). Der Gläubiger muss sich auf die nach aussen kundgegebene Haftungssumme verlassen können, während dem Kommanditär die Veranlassung der Eintragung der korrekten Haftungsordnung zuzumuten ist (dazu ausführlich BUXBAUM CARONI, 240 f.).

4   Bei Korrektur des fehlerhaften Eintrags der Kommanditsumme greifen die Rechtsfolgen gemäss Art. 607 N 6 (vgl. dazu auch BUXBAUM CARONI, 238 f.; **a.M.** ZK-SIEGWART, Art. 608/609 N 3 f., der nach Ablauf der Verjährungsfrist von Art. 591 endgültig auf die eingetragene Kommanditsumme abstellt).

3. Nachträgliche Erhöhung der eingetragenen Kommanditsumme

5   Eine **nachträgliche Erhöhung** der eingetragenen Kommanditsumme ist zum Vorteil aller Gläubiger, der bisherigen und der neuen, denn im Zeitpunkt der Geltendmachung der Haftung ist grundsätzlich die dann eingetragene Summe massgeblich (ZK-SIEGWART, Art. 608/609 N 7). Die Erhöhung hat somit **umfassende rückwirkende Kraft** (BUXBAUM CARONI, 244).

III. Kundgabe einer höheren Kommanditsumme (Abs. 2)

6   Wird eine **höhere Kommanditsumme kundgegeben** als im Handelsregister eingetragen, werden **berechtigte Erwartungen** bei den Adressaten geschaffen: Der Kommanditär haftet demzufolge in diesem erweiterten Umfang. Die rechtswirksame Kundgabe einer höheren Kommanditsumme bewirkt die Erhöhung der Haftung des Kommanditärs für alle **vergangenen und künftigen Verbindlichkeiten** (BK-HARTMANN, N 10).

7   Die Kundgabe kann eine **öffentliche** sein, wenn sie sich an einen unbestimmten Personenkreis richtet, oder eine **individuelle**, mit bestimmten Adressaten, die sich dann allein auf die erweiterte Haftung berufen dürfen (ZK-SIEGWART, Art. 608/609 N 6; BK-HARTMANN, N 9). Die Mitteilung kann in mündlicher oder schriftlicher Form erfolgen, durch Zeitungsanzeigen etc. Die Mitteilung muss allerdings klar für den rechtsgeschäftlichen Verkehr bestimmt sein und darf nicht nur eine gelegentliche Äusserung darstellen (BK-HARTMANN, a.a.O.).

8   Die **Kundgabe** kann sowohl von der Gesellschaft mit ausdrücklicher oder stillschweigender Zustimmung des Kommanditärs als auch vom Kommanditär selber ausgehen (BK-HARTMANN, N 10; ZK-SIEGWART, Art. 608/609 N 6).

IV. Sacheinlagen (Abs. 3)

1. Allgemeines

Die **Haftung** des Kommanditärs **erlischt,** wenn er **Vermögenswerte** in Höhe der Kommanditsumme **in die Gesellschaft einbringt,** d.h. die Kommanditsumme an die Gesellschaft leistet (Art. 610 Abs. 2; BK-HARTMANN, N 13; dazu ausführlich Art. 610 N 5 ff.). 9

Die **Einlage** des Kommanditärs geht in das Vermögen der Gesellschaft über. Ist diese **höher als die Kommanditsumme,** wird der Kommanditär zunächst von seiner Haftung befreit; der über die Kommanditsumme hinaus eingebrachte Betrag geht aber zugleich in das Gesamteigentum der Gesellschafter über. Rechtsfolge ist, dass der Kommanditär im Konkursfall den die Kommanditsumme übersteigenden Betrag nicht zurückverlangen kann, weil das **Gesellschaftsvermögen** primäres Haftungssubstrat für die Gesellschaftsschulden bildet (BK-HARTMANN, N 4; W. VON STEIGER, 631). Der Überschuss wird somit zu einem *unausscheidbaren Bestandteil* der Konkursmasse. Er begründet allenfalls im internen Verhältnis eine **Rückgriffsforderung** des Kommanditärs gegenüber den Mitgesellschaftern (ZK-SIEGWART, Art. 610/611/612 N 7; BK-HARTMANN, Art. 610 N 33 f.). 10

2. Überbewertung der Sacheinlagen

Wird die Kommanditsumme in Form einer **Sacheinlage** entrichtet, ist deren Eintragung ins Handelsregister mit dem **Wertansatz** *zwingend* vorgeschrieben (Art. 596 Abs. 3). Der Kommanditär wird von der Haftung nur insoweit befreit, als die Vermögenswerte im Zeitpunkt der Einbringung den Wert der Kommanditsumme tatsächlich aufweisen: Beweispflichtig für eine allfällige **Überbewertung** sind die Gläubiger (ZK-SIEGWART Art. 608/609 N 9; BUXBAUM CARONI, 336; anders bei Rückbezügen, Art. 610 N 13). 11

Für **nachträglich eintretende Wertverminderungen** hat hingegen der Kommanditär nicht einzustehen (ZK-SIEGWART, Art. 610/611/612 N 12; W. VON STEIGER, 633; FUNK, N 3) und seine Haftung lebt auch nicht wieder auf. 12

V. Exkurs: Haftung des Kommanditärs bei Übertragung der Kommandite

Die Kommandite, d.h. der Mitgliedschaftsanteil des Kommanditärs, kann mit Zustimmung der übrigen Gesellschafter **auf Dritte übertragen** werden (ausführlich BUXBAUM CARONI, 309 ff.). Den Gläubigern gegenüber haften sowohl der aus- wie auch der eintretende Kommanditär. Bereits *geleistete Einlagen* des Austretenden werden auch dem Eintretenden zugerechnet und *befreien* im entsprechenden Umfang *beide* (BUXBAUM CARONI, 311 f. m.w.Nw.). **Rückerstattungen** bereits geleisteter Einlagen an den früheren Kommanditär muss sich der neue Kommanditär entgegen halten lassen. Rückerstattungen an den neuen Kommanditär haben hingegen keinen Einfluss auf die Haftung des Ausgetretenen (BUXBAUM CARONI, 313). 13

Art. 609

V. Verminderung der Kommanditsumme

[1] Wenn der Kommanditär die im Handelsregister eingetragene oder auf andere Art kundgegebene Kommanditsumme durch Vereinbarung mit den übrigen Gesellschaftern oder durch Bezüge vermindert, so wird diese Veränderung Dritten gegenüber

erst dann wirksam, wenn sie in das Handelsregister eingetragen und veröffentlicht worden ist.

² **Für die vor dieser Bekanntmachung entstandenen Verbindlichkeiten bleibt der Kommanditär mit der unverminderten Kommanditsumme haftbar.**

V. Diminution du montant de la commandite

¹ Lorsque le commanditaire, par une convention avec les autres associés ou par des prélèvements, a diminué le montant de la commandite, tel qu'il a été inscrit ou indiqué d'une autre manière, cette modification n'est opposable aux tiers que si elle a été inscrite sur le registre du commerce et publiée.

² Les dettes sociales nées avant cette publication demeurent garanties par le montant intégral de la commandite.

V. Riduzione del capitale accomandato

¹ Qualora l'accomandante, per convenzione con gli altri soci o mediante prelevazioni, diminuisca il capitale accomandato iscritto nel registro di commercio o fatto altrimenti noto, questa riduzione non è efficace contro i terzi, finché non sia iscritta nel registro di commercio e pubblicata.

² Per le obbligazioni della società nate prima di questa pubblicazione, l'accomandante continua a rispondere con l'intiero capitale accomandato.

Literatur

Vgl. die Literaturhinweise zu Art. 602.

I. Allgemeines

1 Die **Änderung der Kommanditsumme als reine Rechnungsziffer** kann entgegen dem Gesetzestext nicht durch **Änderung der Kommanditeinlage** bewirkt werden. Bezüge aus der Kommanditeinlage sind für die Gläubiger nur insoweit relevant, als sie die Haftung des Kommanditärs auf Zahlung der vollständigen Kommanditsumme wieder aufleben lassen (Art. 610 Abs. 2, 611; BUXBAUM CARONI, 246; ZK-SIEGWART, Art. 608/609 N 8; BK-HARTMANN, N 1).

II. Verminderung der Kommanditsumme

2 Die Herabsetzung der Kommanditsumme stellt eine **Vertragsänderung** dar, die als solche Gegenstand eines einstimmigen oder (falls im Gesellschaftsvertrag vorgesehen) eines Mehrheitsbeschlusses bilden muss (ZK-SIEGWART, Art. 608/609 N 8; BUXBAUM CARONI, 245).

3 Zweite und unabdingbare Voraussetzung ist der **Eintrag der Herabsetzung im Handelsregister** und deren **Veröffentlichung** (Art. 932 Abs. 2). Auch der totale oder partielle Widerruf einer bloss durch Kundgebung in der Öffentlichkeit bewirkten Haftungserhöhung bedarf der handelsregisterrechtlichen Publizität des Handelsregistereintrages. Eine *individuelle Kundgebung* der Haftungserhöhung kann durch eine ebensolche *wieder rückgängig gemacht* werden (dazu detailliert ZK-SIEGWART, 608/609 Art. 10; BUXBAUM CARONI, 247; Art. 608 N 7). Wie das Gesetz ausdrücklich bestimmt, schadet dem Dritten, der von der lediglich intern vereinbarten Herabsetzung erfahren hat, sogar die **positive Kenntnis** nicht, weil der Eintrag **extern konstitutiv** wirkt (BUXBAUM CARONI, 247; a.M. ZK-SIEGWART, Art. 608/609 N 10). Auch für ihn gilt bis zur Veröffentlichung immer noch die höhere Kommanditsumme. Ohne Eintragung und Veröffentlichung

3. Abschnitt: Verhältnis der Gesellschaft zu Dritten   1   Art. 610

kann sich der Kommanditär eine günstigere Haftungslage nur aufgrund einer **Einzelvereinbarung** mit dem Gläubiger ausbedingen (BK-HARTMANN, N 2).

III. Keine Rückwirkung der Herabsetzung (Abs. 2)

Da dem Eintrag **keine Rückwirkung** zukommt, bewirkt eine Herabsetzung der Kommanditsumme die **Aufteilung der Schulden (bzw. der Gläubiger)** in alte, für welche die höhere Kommanditsumme haftet, und neue, für welche die Gläubiger nur den herabgesetzten Betrag beanspruchen können, analog der Regelung gemäss Art. 606 (vgl. Art. 606 N 7).   4

Art. 610

VI. Klagerecht der Gläubiger

¹ **Während der Dauer der Gesellschaft haben die Gesellschaftsgläubiger kein Klagerecht gegen den Kommanditär.**

² **Wird die Gesellschaft aufgelöst, so können die Gläubiger, die Liquidatoren oder die Konkursverwaltung verlangen, dass die Kommanditsumme in die Liquidations- oder Konkursmasse eingeworfen werde, soweit sie noch nicht geleistet oder soweit sie dem Kommanditär wieder zurückerstattet worden ist.**

VI. Actions des créanciers

¹ Pendant la durée de la société, les créanciers sociaux n'ont aucune action contre le commanditaire.

² Si la société est dissoute, les créanciers, les liquidateurs ou l'administration de la faillite peuvent demander que la commandite soit remise à la masse en liquidation ou en faillite, en tant qu'elle n'a pas été apportée ou qu'elle a été restituée au commanditaire.

VI. Azione dei creditori

¹ Finché continua la società, i creditori sociali non hanno alcuna azione contro l'accomandante.

² Sciogliendosi la società, i creditori, i liquidatori o l'amministrazione del fallimento possono chiedere che il capitale accomandato sia consegnato alla massa della liquidazione o del fallimento, in quanto non sia ancora stato conferito o sia stato restituito all'accomandante.

Literatur

Vgl. die Literaturhinweise zu Art. 602.

I. Klagerecht gegen den Kommanditär

1. Aktivlegitimation und Belangbarkeitsvoraussetzungen

Während *der Dauer* der Gesellschaft kann *der Kommanditär* wie der Komplementär (dazu Art. 604 N 2) durch Gesellschaftsgläubiger *nicht belangt* werden (ZK-SIEGWART, N 9). Mit anderen Worten haben die Gesellschaftsgläubiger keinen Anspruch auf **Leistung der Kommanditeinlage** an die Gesellschaft oder auf direkte Inanspruchnahme der Kommanditsumme. Fällt der Kommanditär in Konkurs, so hat die Geschäftsleitung der Kommanditgesellschaft zur Wahrung der Interessen ihrer eigenen Gläubiger im Konkurs des Kommanditärs eine Forderung in Höhe der nicht geleisteten Kommanditsumme anzumelden (dazu detailliert BUXBAUM CARONI, 318 ff.; ZK-SIEGWART, N 44; BK-HART-   1

MANN, N 6). Entgegen dem Wortlaut ergibt sich nämlich aus der ratio legis von Art. 619 Abs. 2, dass der Konkurs des Kommanditärs *nicht automatisch* die Auflösung der Kommanditgesellschaft zur Folge hat; nämlich dann nicht, wenn er die Kommanditeinlage bereits bis zur Höhe der Kommanditsumme geleistet hat oder diese, gesichert und im Konkurs privilegiert, voll einbringlich ist. Desgleichen, wenn die Kommandite durch Dritte abgelöst wird (vgl. dazu BGE 102 III 33).

2   Auch im Konkurs der Gesellschaft sind die *Gläubiger nicht* individuell *berechtigt,* die ausstehende Kommanditsumme einzufordern (ZK-SIEGWART, Art. 610/611/612 N 35). Die Leistung hat **auf Begehren der Konkursverwaltung** an die Konkursmasse zu erfolgen. Nur im Falle einer Abtretung nach Art. 260 SchKG ist ein *direktes Vorgehen* der Gläubiger möglich (W. VON STEIGER, 636 m.w.Nw.; dazu ausführlich BUXBAUM CARONI, 322 f.).

3   **Bei Auflösung der Gesellschaft** aus anderen Gründen als durch Konkurs sind sowohl die **Liquidatoren** als auch die **Gläubiger** zur Einforderung der Kommanditsumme berechtigt (BUXBAUM CARONI, 323 m.w.Nw.). Liquidatoren und Gesellschaftsgläubiger dürfen jedoch nur Leistung an die Liquidationsmasse verlangen (Art. 610 Abs. 2). Die Übernahme der Aktiven und Passiven einer Kommanditgesellschaft durch eine neu gegründete Aktiengesellschaft wird von Art. 610 Abs. 2 dagegen nicht erfasst. Der Kommanditär haftet in diesem Fall solidarisch mit der Aktiengesellschaft für die Schulden der aufgelösten Kommanditgesellschaft, wobei seine Haftung auf den Betrag der Kommanditsumme beschränkt bleibt (BGE 121 III 324 ff.). Ein Gläubiger der im Handelsregister gelöschten Kommanditgesellschaft hat deshalb kein Interesse an ihrer Wiedereintragung (BGE 121 III 329).

2. Gerichtsstand

4   Der Haftungsanspruch gegen den Kommanditär ist grundsätzlich an seinem Wohnsitz zu erheben (zu Art. 59 BV noch BUXBAUM CARONI, 330 m.w.Nw.). In der Lehre ist umstritten, ob ein Gerichtsstand am Sitz der Gesellschaft als **Erfüllungsort** besteht (BK-HARTMANN, N 25; BUXBAUM CARONI, 330 f. und dort zit. BGE 26 I 299); ob nach Ablehnung eines Erfüllungsortsgerichtsstandes im GestG für vertragliche Ansprüche (GROSS, Kommentar zu Art. 21 GestG, in: Müller/Wirth (Hrsg.), Gerichtsstandsgesetz, Zürich 2001, N 2 ff.) ein solcher vorliegend noch angenommen werden könnte, ist u.E. fraglich.

II. Einreden und Einwendungen des Kommanditärs

1. Leistung der Einlage (Abs. 2)

5   Dem Kommanditär steht zunächst die Einrede der **Leistung der Kommanditeinlage** in Höhe der Kommanditsumme zu (BUXBAUM CARONI, 270).

a) Positive Voraussetzung: Leistung der Einlage

6   Die Haftung geht nur insoweit unter, als **vermögenswerte Beiträge** geleistet wurden. Erforderlich ist indes, dass diese das Gesellschaftsvermögen *objektiv* und *tatsächlich vermehrt,* d.h. das *Haftungssubstrat* der Gesellschaft *vergrössert* haben (BUXBAUM CARONI, 270; W. VON STEIGER, 635).

7   Jeder geleistete vermögenswerte Beitrag des Kommanditärs ist grundsätzlich geeignet, seine vollständige oder teilweise Befreiung von der Haftung zu bewirken (BUXBAUM

CARONI, 272, 23 ff.). Die Leistung der Kommanditsumme kann insb. bestehen in (ZK-SIEGWART, Art. 610/611/612 N 9 ff.):

- **Geldleistungen:** Sie können z.B. auch auf dem Wege der **Verrechnung** mit einer Forderung gegen die Gesellschaft erbracht werden (BGE 42 III 492 f.) oder dadurch, dass der Kommanditär Zinsen, Gewinnanteile oder Honorare auf seinem Kapitalkonto stehen lässt (BUXBAUM CARONI, 274 f.).
- **Sacheinlagen zu Eigentum:** Diese werden zum Geschäftswert im Zeitpunkt der Erfüllung angerechnet (ZK-SIEGWART, Art. 610/611/612 N 12; detailliert BUXBAUM CARONI, 36 ff.; W. VON STEIGER, 634 f.).
- **Überlassung** von Sachen **zum Gebrauch** (W. VON STEIGER, 635).
- tatsächlich erbrachten Arbeitsleistungen (BUXBAUM CARONI, 273 m.w.Nw.).
- **Tilgung von Gesellschaftsschulden,** mit der Zustimmung der Gesellschaft oder als Geschäftsführer ohne Auftrag (Art. 419 ff.), sobald mit der Einlageverpflichtung verrechnet wird (BUXBAUM CARONI, 275 ff.; **a.M.** ZK-SIEGWART, Art. 610/611/612 N 17).

b) Negative Voraussetzung: Keine Rückerstattung

Im *Unterschied zur AG* ist bei der Kommanditgesellschaft eine **Rückerstattung** der Einlage **zulässig (a.M.** BGE 45 II 533), weil hier die Sicherungsfunktion zugunsten der Gläubiger durch die persönliche Haftung der Gesellschafter ersetzt wird (W. VON STEIGER, 634; ZK-SIEGWART, Art. 610/611/612 N 18). Als Rückerstattung i.S. dieser Bestimmung gilt jede Leistung der Gesellschaft an den Kommanditär, welche das Gesellschaftsvermögen vermindert (W. VON STEIGER, a.a.O.; BK-HARTMANN, N 15; BUXBAUM CARONI, 279 f.), z.B. auch in Form einer Übernahme einer Schuld des Kommanditärs durch die Gesellschaft. Werden die **Vermögenswerte,** welche der Kommanditär zur Erfüllung seiner internen Einlageverpflichtung in die Gesellschaft eingebracht hat, diesem **zurückerstattet, lebt seine Verpflichtung im Umfang des Kapitalbetrages** (BUXBAUM CARONI, 281) **wieder auf** (ZK-SIEGWART, Art. 610/611/612 N 19), und die Gläubiger können der **Einrede der geleisteten Einlage** die **Replik der Rückerstattung** entgegenhalten.

8

Ist dem Kommanditär die Leistung in Form einer **Gutschrift** zurückerstattet worden, kann die Gesellschaft diese rückgängig machen, um sich zu befriedigen (BGE 42 III 135). Die Pflicht zur Wiedereinwerfung der zurückerstatteten Kommanditsumme besteht auch dann, wenn die Gesellschaft inzwischen durch Übergang von Aktiven und Passiven auf den Komplementär untergegangen ist (BGE 77 II 52 f.).

9

2. Die Gesellschaft betreffende Einreden/Einwendungen

Selbstverständlich kann der Kommanditär den Gläubigern alle **Einreden und Einwendungen** entgegenhalten, welche **der Gesellschaft** auch zustehen würden, denn die Haftung der Gesellschafter für die Verbindlichkeiten der Gesellschaft ist **akzessorisch** (BUXBAUM CARONI, 331; W. VON STEIGER, 543 f.; dazu Art. 608 N 2).

10

3. Persönliche Einreden/Einwendungen

Der Kommanditär kann nur Einreden und Einwendungen geltend machen, die er **der Gesamtheit der Gläubiger entgegenhalten** kann (BUXBAUM CARONI, 333 m.w.Nw.).

11

Hat der Kommanditär Einreden und Einwendungen **nur gegenüber einzelnen Gläubigern,** kann er solche nicht gegenüber der Konkursverwaltung oder den Liquidatoren geltend machen, da diese die Gesamtheit der Gläubiger vertreten, wohl aber gegenüber dem einzelnen Gläubiger, falls dieser die Klage selber einreicht (W. VON STEIGER, 638 f.; BK-HARTMANN, N 29; N 2 f.). Auch werden solche Einreden zugelassen, falls durch seine Kommanditsumme alle Forderungen getilgt werden können (ZK-SIEGWART, N 37).

4. Keine Einreden/Einwendungen aus dem Gesellschaftsverhältnis

12 Unzulässig sind Einreden und Einwendungen, welche ihren Rechtsgrund im **internen Gesellschaftsverhältnis** haben (BK-HARTMANN, N 30).

5. Beweislast

13 Sowohl für die **Erbringung** der Einlage als auch für die **Rückerstattung** ist der **Kommanditär beweispflichtig,** da es sich dabei um Interna der Gesellschaft handelt (W. VON STEIGER, 638 FN 36; vgl. im Gegensatz dazu die Beweispflicht bei Überbewertung von Sacheinlagen in Art. 608 Abs. 3, dazu Art. 608 N 11).

Art. 611

VII. Bezug von Zinsen und Gewinn	¹ **Auf Auszahlung von Zinsen und Gewinn hat der Kommanditär nur Anspruch, wenn und soweit die Kommanditsumme durch die Auszahlung nicht vermindert wird.** ² **Der Kommanditär ist jedoch nicht verpflichtet, Zinse und Gewinn zurückzubezahlen, wenn er auf Grund der ordnungsmässigen Bilanz gutgläubig annehmen durfte, diese Bedingung sei erfüllt.**
VII. Paiement d'intérêts et de bénéfices	¹ Le commanditaire ne peut toucher des intérêts ou bénéfices que dans la mesure où il n'en résulte pas une diminution de la commandite. ² Le commanditaire n'est pas tenu de restituer les intérêts ou bénéfices s'il pouvait admettre de bonne foi, au vu du bilan régulier, que la condition précitée était remplie.
VII. Prelevazione d'interessi e d'utili	¹ L'accomandante ha diritto al pagamento d'interessi e di utili solo in quanto non ne risulti una diminuzione del capitale accomandato. ² Esso non è tuttavia tenuto a restituire gl'interessi e gli utili riscossi, se dal bilancio regolarmente allestito poteva in buona fede presumere che siffatta condizione si verificasse.

Literatur

Vgl. die Literaturhinweise zu Art. 602.

I. Normzweck

1 Diese Bestimmung wiederholt den **Grundsatz des Wiederauflebens der Haftung** bei Kapitalrückzahlungen (Art. 610 Abs. 2) und betrifft somit die Rechtsfolge von Zins- und

Gewinnbezügen durch den Kommanditär im **Aussenverhältnis** und nicht den Mitgesellschaftern gegenüber (ZK-SIEGWART, Art. 610/611/612 N 22; BK-HARTMANN, N 3).

Das Gesetz behandelt hier den Fall von **Rückbezügen,** die zwar **formell** als **Bezug von** 2
Zinsen und Gewinn bezeichnet werden, **materiell** jedoch **Kapitalrückzahlungen** darstellen, wenn ein entsprechender Gewinn nicht effektiv erzielt wurde (ZK-SIEGWART, Art. 610/611/612 N 22 f.) und die Auszahlung zu einer Verminderung der Einlage führt (BK-HARTMANN, N 5). Nichts hindert die Gesellschafter, **intern** mit dem Kommanditär eine Auszahlung von Zinsen, Umsatzbeteiligungen u.ä. unabhängig vom Gewinn zu vereinbaren (ZK-SIEGWART, Art. 610/611/612 N 28 m.w.Nw.).

II. Die Auszahlung von Zinsen und Gewinn (Abs. 1)

Die Bezüge, die von dieser Bestimmung erfasst werden, sind **Zins-, Gewinn-** und an- 3
dere **periodische Bezüge,** wie z.B. Tantièmen, die definitionsgemäss einen Gewinnanteil darstellen (BGE 82 II 149 zur Tantième in der AG). Nicht dazu gehört hingegen die Auszahlung eines angemessenen **Honorars** für Arbeitsleistung (ZK-SIEGWART, Art. 610/611/612 N 30; BGE 27 II 576).

Ein **Bezug von Zinsen** ist jedes Mal eine **Kapitalrückzahlung,** wenn die Bilanz einen 4
Passivsaldo aufweist (BGE 45 II 537; ZK-SIEGWART, Art. 610/611/612 N 23), d.h. ein Bezug zu einer Verminderung des Kapitalanteils des Kommanditärs führt (BUXBAUM CARONI, 286). Die Einlagen der Gesellschaft sind zu den Passiven zu rechnen (BGE 45 II 537 = Pra 1919, 151). Somit nicht genügend ist, dass die **Bruttoaktiven** den Betrag der Kommanditsumme noch decken (BGE 45 II 537). Auch müssen evtl. **Verluste früherer Jahre** ausgeglichen und die Einlage «wiederergänzt» werden, bevor Bezüge vorgenommen werden dürfen (ZK-SIEGWART, Art. 610/611/612 N 31). Zinsbezüge in Jahren ohne Gewinn werden in vollem Umfang als Kapitalrückzahlung behandelt, unabhängig von der intern geltenden Regelung über die **Verlustbeteiligung** (BGE 27 II 39).

III. Rechtsfolge

Die **Haftung des Kommanditärs** lebt bei unberechtigten Bezügen wieder auf: Die 5
Klage auf Rückgabe, die daraus entsteht, ist eine besondere **condictio,** die spätestens mit der Haftung des Kommanditärs, d.h. nach Art. 591, verjährt (ZK-SIEGWART, Art. 610/611/612 N 24; BUXBAUM CARONI, 281; BGE 45 II 541). War die **Einlage vor Bezug von Zinsen, Gewinnen etc. höher als die Kommanditsumme,** so ist die Einlage nur bis zur Höhe der Kommanditsumme zu ergänzen (BUXBAUM CARONI, a.a.O.).

IV. Der gutgläubige Bezug von Zinsen und Gewinn (Abs. 2)

Den Kommanditär, der *gutgläubig* übermässige Bezüge getätigt hat, trifft keine Rücker- 6
stattungspflicht. Massgebend für die Bestimmung des Gewinns ist die **Bilanz** des Bezugsjahres (BGE 45 II 540), deren **formelle Richtigkeit** gemäss Lehre und Praxis zur Annahme des guten Glaubens des Kommanditärs genügt (BGE 45 II 539; SJK Nr. 760, 2; BUXBAUM CARONI, 301 m.w.Nw.). Werden **Zinsen während des laufenden Jahres** bezogen, muss sich der Kommanditär wenigstens auf **Zwischenbilanzen** stützen können, um den Schutz des guten Glaubens beanspruchen zu können (ZK-SIEGWART, Art. 610/611/612 N 26), andernfalls ist er zur Rückerstattung gehalten (BGE 45 II 540). Ist eine **Bilanz nicht erstellt** oder sind die **Bezüge noch nicht ausbezahlt** wor-

den (so z.B. bei blosser Gutschrift; dazu BUXBAUM CARONI, 302), kommt ein Schutz des guten Glaubens nicht in Betracht (ZK-SIEGWART, Art. 610/611/612 N 26 f.).

Art. 612

VIII. Eintritt in eine Gesellschaft	**¹ Wer einer Kollektiv- oder Kommanditgesellschaft als Kommanditär beitritt, haftet mit der Kommanditsumme auch für die vor seinem Beitritt entstandenen Verbindlichkeiten.** **² Eine entgegenstehende Verabredung unter den Gesellschaftern hat Dritten gegenüber keine Wirkung.**
VIII. Entrée dans une société	¹ Celui qui entre en qualité de commanditaire dans une société en nom collectif ou en commandite est tenu jusqu'à concurrence de sa commandite des dettes nées antérieurement. ² Toute convention contraire entre associés est sans effet à l'égard des tiers.
VIII. Ingresso in una società	¹ Chi entra a far parte come accomandante di una società in nome collettivo o in accomandita, risponde con il proprio capitale accomandato anche delle obbligazioni anteriormente nate. ² Ogni patto contrario tra i soci non ha effetto per i terzi.

Literatur

Vgl. die Literaturhinweise zu Art. 602.

I. Allgemeines

1   Zur Aufnahme neuer Mitglieder bedarf es **intern** eines einstimmigen oder gemäss Gesellschaftervertrag eines Mehrheitsbeschlusses der Gesellschafter (BK-HARTMANN, N 2). Wie bei der Kollektivgesellschaft (Art. 569) *tritt ein neuer Gesellschafter in die Gesamtheit der Rechtsbeziehungen so ein,* wie er sie vorfindet. Sowohl der neue Komplementär (BGE 70 II 40) als auch der neue Kommanditär (Art. 612) haften auch für Verbindlichkeiten der Gesellschaft, die vor ihrem Beitritt entstanden sind.

II. Anwendungsbereich

2   Diese Bestimmung findet Anwendung, wenn **ein neuer Gesellschafter als Kommanditär** der Gesellschaft beitritt, gleichgültig, ob es sich dabei um eine bestehende **Kommanditgesellschaft** oder eine **Kollektivgesellschaft** handelt, die erst durch den Beitritt des Neumitgliedes zur Kommanditgesellschaft wird (BUXBAUM CARONI, 250).

III. Beginn der Haftung

3   Die Haftung des Kommanditärs beginnt, sobald der **Beitritt nach aussen wirksam** wird (Art. 932 Abs. 2; BUXBAUM CARONI, 249 ff.; dazu Art. 569).

IV. Umfang der Haftung

4   Vor dem Eintrag in das Handelsregister ist Art. 606 zu beachten, wonach u.U. die **unbeschränkte Haftung** des Kommanditärs Platz greift (dazu Art. 606 N 3 ff.). Für die **vor**

seinem Beitritt bestehenden Schulden haftet der Eintretende jedoch nie unbeschränkt, sondern immer **nur mit der Kommanditsumme,** weil die alten Gläubiger keine höhere Erwartung haben konnten.

V. Interne Vereinbarungen (Abs. 2)

Vereinbarungen, wonach der neu eintretende Gesellschafter für «alte» Schulden nicht einzustehen hat, können Dritten nicht entgegengehalten werden. Art. 612 Abs. 1 ist somit **gegenüber Dritten zwingender Natur** (BK-HARTMANN, N 6). Eine entsprechende Vereinbarung unter den Gesellschaftern wirkt sich wohl aber auf die **Regressverhältnisse** aus (BUXBAUM CARONI, 252). Vgl. dazu bei der Kollektivgesellschaft, Art. 569 N 4 f. 5

Art. 613

E. Stellung der Privatgläubiger	¹ **Die Privatgläubiger eines unbeschränkt haftenden Gesellschafters oder eines Kommanditärs sind nicht befugt, das Gesellschaftsvermögen zu ihrer Befriedigung oder Sicherstellung in Anspruch zu nehmen.** ² **Gegenstand der Zwangsvollstreckung ist nur, was dem Schuldner an Zinsen, Gewinn und Liquidationsanteil sowie an allfälligem Honorar aus dem Gesellschaftsverhältnis zukommt.**
E. Situation des créanciers personnels	¹ Les créanciers personnels d'un associé indéfiniment responsable ou d'un commanditaire n'ont, pour se faire payer ou pour obtenir des sûretés, aucun droit sur l'actif social. ² Ils n'ont droit, dans la procédure d'exécution, qu'aux intérêts, aux bénéfices et à la part de liquidation revenant à leur débiteur en sa qualité d'associé, ainsi qu'aux honoraires qui pourraient lui être attribués.
E. Condizioni dei creditori personali	¹ I creditori personali di un socio illimitatamente responsabile o di un accomandante non hanno azione sul patrimonio sociale per ottenere pagamento o garanzia. ² Essi non possono procedere ad atti esecutivi se non sulle somme alle quali il socio ha diritto per interessi e per utili, sulla quota che gli spetta nella liquidazione e sull'onorario che gli fosse dovuto.

Literatur

Vgl. die Literaturhinweise zu Art. 602.

I. Allgemeines

Im Wortlaut deckt sich diese Bestimmung mit Art. 572. Es wird deshalb grundsätzlich auf die dortigen Ausführungen verwiesen. Ein Unterschied ergibt sich jedoch in der *Art der Betreibung* des **Kommanditärs,** für welchen aufgrund der Kommanditärsstellung allein die Möglichkeit des Konkurses nicht vorgesehen ist (Art. 39 SchKG), sondern grundsätzlich die **Betreibung auf Pfändung.** 1

II. Einzelne Ansprüche der Gläubiger

Es kann vollumfänglich auf Art. 572 verwiesen werden. 2

Art. 614

F. Verrechnung	**¹ Ein Gesellschaftsgläubiger, der gleichzeitig Privatschuldner des Kommanditärs ist, kann diesem gegenüber eine Verrechnung nur dann beanspruchen, wenn der Kommanditär unbeschränkt haftet.** **² Im Übrigen richtet sich die Verrechnung nach den Vorschriften über die Kollektivgesellschaft.**
F. Compensation	¹ Le créancier de la société qui est en même temps débiteur personnel du commanditaire ne peut lui opposer la compensation que si le commanditaire est indéfiniment responsable. ² La compensation est soumise d'ailleurs aux règles établies pour la société en nom collectif.
F. Compensazione	¹ Il creditore della società, che è ad un tempo debitore personale dell'accomandante, può opporgli la compensazione solo qualora l'accomandante risponda illimitatamente. ² Per il resto la compensazione è regolata dalle norme riguardanti la società in nome collettivo.

Literatur

Vgl. die Literaturhinweise zu Art. 602.

I. Allgemeines

1 Solange der Kommanditär nur beschränkt mit seiner Kommanditsumme haftet, handelt es sich um eine **Gesamthaftung** gegenüber allen Gesellschaftsgläubigern, die sich erst bei Auflösung der Kommanditgesellschaft auswirkt (ZK-SIEGWART, N 1; s. Art. 610 N 1 ff.). Das Bestreben nach **gleichmässiger Befriedigung** der Gläubiger aus der Kommanditsumme (ZK-SIEGWART, a.a.O.; BUXBAUM CARONI, 312 f.), das der Haftungsregelung zugrunde liegt, wäre vereitelt, wenn die Verrechnung von Gesellschaftsschulden mit Kommanditärforderungen zugelassen wäre. Deshalb kommt eine *Verrechnung* überhaupt *nur in Frage, wenn* der Kommanditär bedingt *durch äusseren Anschein* **unbeschränkt haftet,** d.h. in den Fällen gemäss Art. 605–607 (ZK-SIEGWART, a.a.O.; BUXBAUM CARONI, 342 f.). Da die *Haftung* des Kommanditärs auch diesfalls nach wie vor eine *subsidiäre* bleibt, ist eine Verrechnung erst möglich, wenn der Kommanditär belangbar ist (BK-HARTMANN, N 5; dazu im Einzelnen Art. 610 N 1 ff.).

II. Die gesetzliche Regelung im Einzelnen

2 Die Zulässigkeit der Verrechnung ist gleich geregelt wie bei der Kollektivgesellschaft (s. Art. 573). Die Forderungen der Gesellschaft steht der **Gesamtheit der Gesellschafter** zu, sodass die für die Kompensation erforderliche **Gegenseitigkeit** (Art. 120 Abs. 1) nicht gegeben ist. Sobald jedoch der Gesellschafter persönlich belangt werden kann, ist die **Gegenseitigkeit** gegeben und die Verrechnung damit zulässig.

3 Die Frage der Verrechnung kann sich in folgenden Fällen stellen:

a) Forderung des Dritten an die Gesellschaft und persönliche Forderung des Kommanditärs an den Dritten: Die Verrechnung ist dann zulässig, wenn der Kommanditär unbeschränkt haftet und belangbar ist (N 1; Art. 610 N 1 ff.; BK-HARTMANN, N 5).

b) **Forderung der Gesellschaft an den Dritten und Gegenforderung des Dritten an den Kommanditär**: Infolge Fehlens der Gegenseitigkeit ist die Verrechnung vorbehältlich der Abtretung oder der Zustimmung aller Beteiligten ausgeschlossen (BK-HARTMANN, N 3).

Vgl. detailliert zur Verrechnungseinrede BUXBAUM CARONI (342 ff.), zur Frage der Verrechnung gegenüber dem Abtretungsgläubiger gemäss Art. 260 SchKG (345 f. m.w.Nw.).

Art. 614 ist **analog zu Art. 573** in dem Sinne zu erweitern, dass nicht nur der allein im Gesetzestext genannte Gläubiger, sondern auch der Kommanditär die Verrechnung erklären darf (BUXBAUM CARONI, 345). 4

Art. 615

G. Konkurs
I. Im Allgemeinen

¹ **Der Konkurs der Gesellschaft hat den Konkurs der einzelnen Gesellschafter nicht zur Folge.**

² **Ebenso wenig bewirkt der Konkurs eines Gesellschafters den Konkurs der Gesellschaft.**

G. Faillite
I. Règle générale

¹ La faillite de la société n'entraîne pas celle des associés.

² De même, la faillite de l'un des associés n'entraîne pas celle de la société.

G. Fallimento
I. In genere

¹ Il fallimento della società non produce quello dei singoli soci.

² Parimente il fallimento dei singoli soci non produce quello della società.

Literatur

Vgl. die Literaturhinweise zu Art. 602.

I. Allgemeines

Wie bei der Kollektivgesellschaft gilt auch bei der Kommanditgesellschaft der Grundsatz der **Selbständigkeit** von Gesellschaftskonkurs und Konkurs der Gesellschafter (BK-HARTMANN, N 2; zur Rechtslage bei der Kollektivgesellschaft s. Komm. zu Art. 571). Auch die spezielle Rechtsstellung des Kommanditärs bedingt keine grundsätzliche Änderung dieses Prinzips. 1

II. Konkurs der Gesellschaft

Vgl. dazu u. Art. 616. 2

III. Konkurs eines Gesellschafters

1. Konkurs eines Komplementärs

Der Komplementär unterliegt grundsätzlich der **Konkursbetreibung** (Art. 39 Abs. 1 Ziff. 3, Art. 43 SchKG). Die Eröffnung des Konkurses über einen Komplementär bildet einen **Eventualauflösungsgrund** (Art. 619 Abs. 1 i.V.m. Art. 575) und bedeutet v.a. den Eintritt der **Belangbarkeitsvoraussetzung** i.S.v. Art. 604. 3

2. Konkurs eines Kommanditärs

4 Dazu die Ausführungen zu Art. 618.

Art. 616

II. Konkurs der Gesellschaft	¹ Im Konkurse der Gesellschaft wird das Gesellschaftsvermögen zur Befriedigung der Gesellschaftsgläubiger verwendet unter Ausschluss der Privatgläubiger der einzelnen Gesellschafter. ² Was der Kommanditär auf Rechnung seiner Kommanditsumme an die Gesellschaft geleistet hat, kann er nicht als Forderung anmelden.
II. Faillite de la société	¹ Lorsque la société est en faillite, l'actif sert à désintéresser les créanciers sociaux, à l'exclusion des créanciers personnels des divers associés. ² La commandite entièrement ou partiellement libérée ne peut être produite dans la masse à titre de créance.
II. Fallimento della società	¹ Nel fallimento della società il patrimonio di questa serve a soddisfare i creditori sociali ad esclusione dei creditori personali dei singoli soci. ² L'accomandante non può concorrere come creditore del capitale da esso accomandato ed effettivamente conferito.

Literatur

Vgl. die Literaturhinweise zu Art. 602.

I. Allgemeines

1 Wie bei der Kollektivgesellschaft wird das Vermögen der Kommanditgesellschaft auf dem Weg eines **Sonderkonkurses** liquidiert, *unter Ausschluss* der *Privatgläubiger* der Gesellschafter (BK-HARTMANN, N 2). Diesbezüglich kann vollumfänglich auf die Ausführungen zu Art. 571 verwiesen werden.

2 Zur **Anmeldung des Konkurses** ist auch die Zustimmung der Kommanditäre erforderlich (ZK-SIEGWART, N 2; FUNK, N 1).

II. Die Konkursmasse

1. Aktiven der Konkursmasse

3 Die **Aktiven** der Konkursmasse erfassen zunächst die auch bei der Kollektivgesellschaft vorhandenen Posten, d.h. dingliche Rechte, Forderungen und andere Rechte (dazu Art. 570 N 3), sodann die Forderung gegenüber dem Kommanditär bis zur Höhe der Kommanditsumme. Ist die **Kommanditeinlage** bereits geleistet worden, verbleibt sie auch dann im Gesellschaftsvermögen, wenn sie die Kommanditsumme übersteigt (dazu Art. 608 N 10).

2. Passiven der Konkursmasse

a) Allgemeines

Die **Passiven** umfassen **Forderungen Dritter** und solche **der Gesellschafter** wie bei der Kollektivgesellschaft (Art. 571). Die Forderungen der Gesellschafter sind wiederum in solche der Komplementäre und solche der Kommanditäre zu unterteilen. 4

b) Forderungen der Komplementäre

Für die **Forderungen der Komplementäre** gilt vollumfänglich das Recht der Kollektivgesellschaft. Es wird deshalb auf Art. 571 verwiesen. 5

c) Forderungen der Kommanditäre

Die **Forderungen der Kommanditäre** sind grundsätzlich gleich zu behandeln wie diejenigen der Komplementäre (BK-HARTMANN, N 9). 6

Der Kommanditär erhält *keine Forderung* im Konkurs der Gesellschaft *für seine Einlage* (Art. 616 Abs. 2), weil diese als Teil des Gesellschaftsvermögens Vollstreckungssubstrat für die Gläubiger geworden ist. Allenfalls hat er im internen Verhältnis einen Rückgriffsanspruch (s. Art. 608 N 10).

III. Der Kollokationsplan

Da möglicherweise Kommanditäre mit unterschiedlicher Rechtsstellung vorhanden sind, sind allenfalls **mehrere Kollokationspläne** von Amtes wegen aufzustellen (BGE 59 III 201; BUXBAUM CARONI, 328), namentlich: 7

- für Verbindlichkeiten vor Ausscheiden eines Kommanditärs;
- für Verbindlichkeiten nach Ausscheiden eines Kommanditärs;
- bei Herabsetzung der Kommanditsumme:
  - bez. Schulden, die **vor** einer allenfalls vorgenommenen **Herabsetzung** der Kommanditsumme entstanden sind;
  - bez. Schulden, welche **nach** der **Herabsetzung** entstanden sind.

Wird die Aufstellung der Kollokationspläne nicht vorgenommen, liegt **Rechtsverweigerung** i.S.v. Art. 17 Abs. 3 SchKG vor (BGE 59 III 201). 8

IV. Gleichzeitiger Konkurs von Gesellschaft und Gesellschafter

1. Gleichzeitiger Konkurs von Gesellschaft und Komplementär

Dazu die Komm. zu Art. 617. 9

2. Gleichzeitiger Konkurs von Gesellschaft und Kommanditär

Art. 218 SchKG ist bei Konkurrenz von Gesellschafts- und Kommanditärkonkurs nicht anwendbar (Art. 218 Abs. 3 SchKG e contrario; STÄUBLI/DUBACHER, in: Kommentar zum Bundesgesetz über Schuldbetreibung und Konkurs, Basel 1998, Art. 218 N 14). Der Abschluss des Gesellschaftskonkurses braucht – entgegen Art. 218 SchKG – für die Geltendmachung des Haftungssubstrates im Kommanditärkonkurs nicht abgewartet 10

Art. 617

III. Vorgehen gegen den unbeschränkt haftenden Gesellschafter	Wenn das Gesellschaftsvermögen zur Befriedigung der Gesellschaftsgläubiger nicht hinreicht, so sind diese berechtigt, für den ganzen unbezahlten Rest ihrer Forderungen aus dem Privatvermögen jedes einzelnen unbeschränkt haftenden Gesellschafters in Konkurrenz mit seinen Privatgläubigern Befriedigung zu suchen.
III. Contribution de l'associé indéfiniment responsable	Lorsque l'actif social est insuffisant pour désintéresser les créanciers de la société, ces derniers ont le droit de poursuivre le paiement de ce qui leur reste dû sur les biens personnels de chacun des associés indéfiniment responsables, en concurrence avec les créanciers personnels de ceux-ci.
III. Procedimento contro l'accomandatario	Quando il patrimonio sociale non basti al soddisfacimento integrale dei creditori della società, questi possono conseguire il pagamento dell'intiero residuo loro credito sul patrimonio particolare di ciascuno dei singoli soci illimitatamente responsabili in concorso coi creditori personali di questi ultimi.

Literatur

Vgl. die Literaturhinweise zu Art. 602.

1 Ergibt sich aus dem **Konkurs der Gesellschaft** ein Ausfall der Gläubiger, so können sie sich an die *subsidiär, solidarisch* und *unbeschränkt* haftenden Komplementäre halten. Führt dies zum Konkurs auch des Komplementärs, so stehen die Gesellschaftsgläubiger in Konkurrenz mit dessen Privatgläubigern.

2 Wird **gleichzeitig** der Konkurs über die Kommanditgesellschaft und den Komplementär eröffnet, findet **Art. 218 Abs. 1 SchKG** Anwendung (vgl. Art. 218 Abs. 3 SchKG).

3 Im **Konkurs des Komplementärs** (im Gegensatz zum Konkurs des Kommanditärs, vgl. Art. 616 N 10) kann auch diesfalls nur ein im Konkurs der Gesellschaft erlittener Ausfall geltend gemacht werden (Art. 218 Abs. 1 SchKG). Im Übrigen s. Art. 571.

Art. 618

IV. Konkurs des Kommanditärs	Im Konkurse des Kommanditärs haben weder die Gesellschaftsgläubiger noch die Gesellschaft ein Vorzugsrecht vor den Privatgläubigern.
IV. Faillite du commanditaire	Les créanciers sociaux et la société ne jouissent, dans la faillite d'un commanditaire, d'aucun privilège à égard de ses créanciers personnels.
IV. Fallimento dell'accomandante	Nel fallimento dell'accomandante non spetta né ai creditori della società né a questa alcun privilegio in confronto dei creditori personali.

I. Allgemeines

Der **Kommanditär** untersteht rein aus seiner gesellschaftsrechtlichen Stellung nicht der **1** Konkursbetreibung, sondern der **Betreibung auf Pfändung** (Art. 39 SchKG i.V.m. Art. 42 SchKG). Wird aber über einen Kommanditär der Konkurs eröffnet, so kann die Konkursverwaltung ebenfalls die **Auflösung der Gesellschaft** verlangen (Art. 619 i.V.m. Art. 575; ZK-SIEGWART, Art. 619 N 7). Die Beschränkung der Haftung des Kommanditärs wirkt sich jedoch oft so aus, dass es der Gesellschaft leichter fällt, durch **Abfindung der Konkursmasse** die eigene Auflösung abzuwenden (Art. 575 Abs. 3; ZK-SIEGWART, N 3).

Die Konkurseröffnung über den Kommanditär bedeutet nicht dessen **Belangbarkeit** für **2** die Gläubiger der Kommanditgesellschaft (Art. 610 Abs. 2e contrario; BUXBAUM CARONI, 318), jedoch ist die Geschäftsführung der Gesellschaft dann gehalten, Gesellschafts- und Gläubigerrechte wahrzunehmen (ZK-SIEGWART, Art. 610/611/612 N 44). Die Gesellschaft kann ihre noch bestehende Forderung auf **Leistung der vertraglich vereinbarten Einlage** geltend machen (Art. 210 Abs. 1 SchKG; BUXBAUM CARONI, 319). In der Lehre umstritten ist, ob die Gesellschaft eine evtl. höhere Kommanditsumme einfordern kann, wenn diese als Haftungssubstrat und nicht als Betriebskapital bestimmte Grösse zur Deckung der Gesellschaftsschulden nicht notwendig scheint (zu den verschiedenen Meinungen vgl. W. VON STEIGER, 639; ZK-SIEGWART, Art. 610/611/612 N 44 f.; BUXBAUM CARONI, 319 ff.; BK-HARTMANN, N 2). Mit HARTMANN (a.a.O.) gilt der Grundsatz, dass sich die Haftung des Kommanditärs der Gesellschaft gegenüber in der vereinbarten Einlage erschöpft, den Gesellschaftsgläubigern gegenüber jedoch in der Leistung der Kommanditsumme besteht.

II. Keine Vorzugsrechte für die Kommanditsummenforderung

Im Konkurs des Kommanditärs wird **kein Sondervermögen** gebildet, um die Leistung **3** der Kommanditsumme zu garantieren (BK-HARTMANN, N 2).

Vierter Abschnitt: Auflösung, Liquidation, Verjährung

Art. 619

¹ Für die Auflösung und Liquidation der Gesellschaft und für die Verjährung der Forderungen gegen die Gesellschafter gelten die gleichen Bestimmungen wie bei der Kollektivgesellschaft.

² Fällt ein Kommanditär in Konkurs oder wird sein Liquidationsanteil gepfändet, so sind die für den Kollektivgesellschafter geltenden Bestimmungen entsprechend anwendbar. Dagegen haben der Tod und die Entmündigung des Kommanditärs die Auflösung der Gesellschaft nicht zur Folge.

¹ Les dispositions régissant la société en nom collectif sont applicables à la dissolution et à la liquidation de la société en commandite, ainsi qu'à la prescription des actions contre les associés.

² Si un commanditaire est déclaré en faillite ou si sa part dans la liquidation est saisie, les dispositions concernant les associés en nom collectif s'appliquent par analogie. Toutefois, la société n'est pas dissoute par la mort ou l'interdiction d'un commanditaire.

Art. 619 1–4

¹ Allo scioglimento ed alla liquidazione della società, come pure alla prescrizione delle azioni contro i soci, si applicano le disposizioni riguardanti la società in nome collettivo.

² Qualora un accomandante sia dichiarato in fallimento o sia pignorata la quota che gli spetta nella liquidazione, si applicano per analogia le disposizioni riguardanti il socio della società in nome collettivo. Per contro la società non si scioglie per la morte né per l'interdizione dell'accomandante.

Literatur

Vgl. die Literaturhinweise zu Art. 574 und 545 f.

I. Auflösung

1   Das Gesetz verweist bezüglich der Auflösung der Kommanditgesellschaft auf die **Bestimmungen über die Kollektivgesellschaft** (Art. 574 ff.), welche ihrerseits bezüglich der Auflösungsgründe auf die einfache Gesellschaft (Art. 545 ff.) verweisen, sowie den Gesellschaftskonkurs hinzufügen. Mit Ausnahme der nachfolgend aufgeführten Fälle sind hierbei Komplementär und Kommanditär gleichgestellt. Namentlich kann auch ein Kommanditär kündigen (ZK-SIEGWART, N 2), und es kann bei seinem Konkurs oder bei der Pfändung seines Liquidationsanteils die Konkursverwaltung resp. der betreibende Gläubiger die Gesellschaft gem. Art. 575 kündigen (Abs. 2 Satz 1).

2   Der **Tod eines Kommanditärs** führt hingegen, wenn vertraglich nichts anderes vereinbart wurde, nicht zur Auflösung der Gesellschaft (Abs. 2 Satz 2), sondern es treten seine Erben als Erbengemeinschaft (vgl. Art. 545 f. N 9; WIELAND, 770; CHK-WALDBURGER, N 5; **a.M.** BK-HARTMANN, N 14 ff.) in die Gesellschaft ein. Von Gesetzes wegen enthält somit jeder Gesellschaftsvertrag eine Fortsetzungsklausel. In das Handelsregister sind die einzelnen Erben als Erbengemeinschaft mit einer Gesamtkommandite einzutragen. Auch die **Bevormundung des Kommanditärs** führt nicht zur Auflösung, er wird nun von seinem Vormund vertreten.

3   Ist der **Kommanditär eine juristische Person oder eine Personenhandelsgesellschaft** (Art. 594 Abs. 2), so führt deren Auflösung durch Konkurs oder aus anderen Gründen nicht zur sofortigen Auflösung der Kommanditgesellschaft, sondern es wird die Kommanditgesellschaft mit der sich in Liquidation befindenden Kommanditärin vorläufig fortgeführt (BK-HARTMANN, N 21; VON STEIGER, SPR VIII/1, 650). Die Kommanditgesellschaft hat nun bei der Liquidation der Kommanditärin die versprochene Kommanditeinlage sowie, sofern erforderlich, eine Verlustbeteiligung einzufordern (ZK-SIEGWART, Art. 610–612 N 44 f.; VON STEIGER, SPR VIII/1, 639). Im Konkurs der Kommanditärin kann die Konkursverwaltung die Kommanditgesellschaft kündigen (N 1), wonach diese entweder liquidiert oder die Kommanditärin ausgeschlossen und abgefunden wird (Art. 578). Wurde die Kommanditärin aus anderen Gründen als durch Konkurs aufgelöst und ist es ihren Liquidatoren weder möglich, die Kommanditgesellschaft ordentlich oder ausserordentlich zu kündigen, noch sich mit den übrigen Gesellschaftern über ein Ausscheiden einig zu werden, so kann ihre Liquidation nicht zu Ende geführt werden, womit sie rechtlich bestehen bleibt.

II. Ausscheiden aus der Gesellschaft

4   Das **Ausscheiden von Gesellschaftern** und die Fortführung der Gesellschaft richten sich nach den gleichen Grundsätzen wie bei der Kollektivgesellschaft (Art. 576). Auch der Kommanditär hat unter den Voraussetzungen von Art. 579 das Recht auf alleinige Fortsetzung des Geschäfts, wenn die Umstände des Einzelfalls dies rechtfertigen (BK-

HARTMANN, N 5; VON STEIGER, SPR VIII/1, 646). Scheidet der einzige Komplementär aus, so muss einer der bisherigen Kommanditäre oder ein neu eintretendes Mitglied die Rolle des unbeschränkt haftenden Gesellschafters übernehmen. Auch in diesem Fall behält die Gesellschaft ihre rechtliche Identität (teilweise a.M. ZK-SIEGWART, N 16), obwohl sie ihre Firma ändern muss.

Scheidet ein Kommanditär aus, so kann er nicht einfach seine Kommanditeinlage zurückfordern, sondern sein **Abfindungsanspruch** entspricht demjenigen des ausscheidenden Kollektivgesellschafters (Art. 580; ZK-SIEGWART, N 18; BK-HARTMANN, N 7). 5

III. Liquidation

Auch die Liquidation der Kommanditgesellschaft erfolgt nach den Grundsätzen der Kollektivgesellschaft. Wurde nichts anderes vereinbart, so werden die bis anhin zeichnungsberechtigten Gesellschafter, welche ohne besondere Vereinbarung die Komplementäre waren (Art. 603), **Liquidatoren** (Art. 583). Wie jeder Dritte kann auch der Kommanditär durch Vereinbarung oder durch den Richter zum Liquidator ernannt werden. Die Klage auf Ernennung oder Abberufung von Liquidatoren (Art. 583 Abs. 2) steht auch den Kommanditären zu und ist gegen sie zu richten (ZK-SIEGWART, N 10; BK-HARTMANN, N 26). Zum Widerspruchsrecht der Kommanditäre vgl. Art. 585 N 5. 6

Die Liquidatoren haben, soweit erforderlich, von den Kommanditären die Leistung einer noch nicht bezahlten oder wieder zurückerhaltenen **Kommanditsumme** zu fordern. Auch die Gläubiger können von den Kommanditären Zahlung an die Gesellschaft verlangen (Art. 610 Abs. 2; VON STEIGER, SPR VIII/1, 636 f.). 7

An einem **Liquidationsgewinn** ist der Kommanditär in gleicher Weise wie bisher am Jahresgewinn beteiligt. Ist sein Anteil am Jahresgewinn ziffernmässig und nicht prozentual bestimmt (ZK-SIEGWART, Art. 601 N 5), so muss im Streitfall der Richter (Art. 601 Abs. 2) mittels Vertragsauslegung entscheiden, ob diesfalls der Kommanditär noch Anspruch auf einen Teil des Liquidationsgewinnes hat. 8

IV. Verjährung

Für die **Verjährung** der Forderungen gegen die Gesellschafter gelten die gleichen Bestimmungen wie bei der Kollektivgesellschaft (Art. 591 ff.). Der Kommanditär kann sich, entgegen dem Wortlaut von Art. 591, auch dann auf die fünfjährige Verjährungsfrist berufen, wenn die Liquidatoren oder die Konkursverwaltung die Leistung seiner **Kommanditsumme** an die Gesellschaft fordern (Art. 610 Abs. 2), da sie hiermit einen Anspruch der Gläubiger geltend machen (ZK-SIEGWART, N 20; BK-HARTMANN, N 30; VON STEIGER, SPR VIII/1, 652; CHK-WALDBURGER, N 3). Verlangen die Liquidatoren oder allenfalls die Mitgesellschafter indes die Leistung einer versprochenen, aber noch nicht geleisteten **Kommanditeinlage,** kommt Art. 591 nicht zur Anwendung, sondern es gilt die zehnjährige Verjährungsfrist (BK-HARTMANN, N 30; VON STEIGER, SPR VIII/1, 652). 9

Sechsundzwanzigster Titel: Die Aktiengesellschaft

Erster Abschnitt: Allgemeine Bestimmungen

Vorbemerkungen zu Art. 620

Literatur

BÄR, Die privatrechtliche Rechtsprechung des BGer im Jahre 1983, ZBJV 1985, 225 ff.; BAUDENBACHER, Zum Nachvollzug europäischen Rechts in der Schweiz, EuR 1992, 309 ff.; DERS., Zur Stellung der Schweiz im europäischen Integrationsprozess, EWS 1992, 249 ff.; DERS., Das Ende des europäischen Sonderfalls Schweiz im Aktienrecht, FS Koller, 1993, 581 ff.; BAUDENBACHER-TANDLER, Schutz vor neuen Anlegerrisiken, 1988; BAUMBACH/HUECK, Aktiengesetz, 13. Aufl. 1968; BEESER, EU-Übernahmerichtlinie: Ordnungspolitik versus nationale Interessen, ELR 2001, 226 ff.; BUCHER, Für eine strafrechtliche Durchgriffslehre bei Delikten der Verwaltung zum Nachteil juristischer Personen, FS Schultz, 1977; BRECHBÜHL, Haftung aus erwecktem Konzernvertrauen, Diss. Bern 1998 (ASR 617); VON BÜREN/HUBER, Warum der Konzern keine einfache Gesellschaft ist – eine Replik, SZW 1998, 213 ff.; CAGIANUT/HÖHN, Unternehmungssteuerrecht, 3. Aufl. 1993; VON DER CRONE, Lösung von Pattsituationen bei Zweipersonengesellschaften, SJZ 1993, 37 ff.; DERS., Ein Aktienrecht für das 21. Jahrhundert, SZW 1998, 157 ff; EMMERICH/HABERSACK, Aktien- und GmbH-Konzernrecht, 2. Aufl. 2001; FORSTMOSER, Innominatverträge, FS Schluep, 1988, 359 ff.; FRIEDRICH, Die Wiedereinführung des Stockwerkeigentums in der Schweiz, ZSR 1956 II 1 ff.; FROMER, Die Treuepflicht des Aktionärs, ZSR 1939, 210 ff.; GLANZMANN, Die kleine Aktienrechtsrevision, ZBGR 2007, 69 ff.; FLATTET, La propriété par étages, ZSR 1956 II 591 ff.; HANDSCHIN, Die GmbH, 1996; HERTIG, Aspects de la compatibilité européenne, ST 1991, 613 ff.; HÖHN/WALDBURGER, Steuerrecht, 9. Aufl. 2001; HOMBURGER, Bemerkungen zu BGer Pra 1983, 231 ff., SAG 1983, 124 ff.; HUECK/CANARIS, Recht der Wertpapiere, 1986; JÄGGI, Die Immobilien-AG, SAG 1974, 151 ff.; KRNETA, Der Rechtsanwalt als Verwaltungsrat, SJZ 2001, 289 ff.; KUZMIC, Haftung aus «Konzernvertra‚uen», Diss. Zürich 1998 (SSHW 187); LANG, Die Durchsetzung des Aktionärbindungsvertrages, Diss. Basel 2003 (SSHW 221); MEIER, Die Anpassung der Statuten an das revidierte Aktienrecht, AJP 1992, 317 ff.; NÄGELI, Die Doppelgesellschaft, 1936/1941; OBERHOLZER, Die Einmann-GmbH im europäischen, deutschen, englischen und schweizerischen Recht, Diss. Freiburg 2000; PETER/BIRCHLER, Les groupes de sociétés sont des sociétés simples, SZW 1998, 113 ff.; RAPP, L'application du nouveau droit de la société anonyme aux sociétés fondées avant son entrée en vigueur – problèmes urgents de droit transitoire, SZW 1992, 106 ff.; RAUBER, Bemerkungen zu BGE 114 II 284 ff. = Pra 1989, 156 ff., SAG 1989, 110 f.; SCHLUEP, Privatrechtliche Probleme der Unternehmenskonzentration und -kooperation, ZSR 1973 II 154 ff.; DERS., Die wohlerworbenen Rechte des Aktionärs und ihr Schutz nach schweizerischem Recht, 1955; SCHMIDT, Gesellschaftsrecht, 4. Aufl. 2002; SPÜHLER/VOCK, Gerichtsstandsgesetz (GestG), 2000; F. VISCHER, Würdigung der Reform, ST 1991, 525 ff.; M. VISCHER, Die allgemeinen Bestimmungen des schweizerischen intertemporalen Privatrechts, Diss. Zürich 1986 (ZStP 52); WATTER, Gründung und Kapitalerhöhung im neuen Aktienrecht, 1992, 55 ff. (SAV 11); WOHLMANN, Die Treuepflicht des Aktionärs, Diss. Zürich 1968; DERS., Partizipationsscheine – zugleich ein Beitrag zur Interdependenz von Gesellschaftsrecht und Finanzmarkt, SZW 1991, 169 ff.; WÜRDINGER, Aktienrecht und das Recht der verbundenen Unternehmen, 1981; ZÖLLNER, Wertpapierrecht, 14. Aufl. 1987; ZWEIFEL, Holdinggesellschaft und Konzern, Diss. Zürich 1973 (SSHW 1).

I. Begriff und Rechtsnatur

Art. 620 enthält die Legaldefinition der AG. Zu ihrer Entstehung bedarf die AG der Eintragung in das Handelsregister (Art. 640, 643); diese ist konstitutiver Natur. 1

Die AG ist eine Personenvereinigung mit eigener Rechtspersönlichkeit (vgl. zur Einpersonen-AG Art. 625 N 21 ff.). Sie tritt im Rechtsverkehr als selbständiges Rechtssubjekt auf und ist Trägerin der für sie begründeten Rechte und Pflichten. Die **rechtliche Ver-** 2 selbständigung der AG besteht im Aussen- und im Innenverhältnis. Die Berechtigung am Gesellschaftsvermögen liegt allein bei der AG. Die Gesellschafter besitzen lediglich Mitgliedschaftsrechte gegenüber der juristischen Person, nicht aber Rechte am Vermögen der Gesellschaft. Der rechtlichen Trennung zwischen der AG und den sie konstituierenden Mitgliedern entspricht die ausschliessliche Haftung des Gesellschaftsvermögens für die Verbindlichkeiten der AG. Nur ausnahmsweise und unter engen Voraussetzungen bleibt die rechtliche Selbständigkeit der AG unberücksichtigt und es kann auf die hinter der juristischen Person stehenden Aktionäre bzw. ihr Vermögen zurückgegriffen werden (zum Haftungsdurchgriff vgl. N 23, Art. 625 N 29 ff.).

Die Existenz der juristischen Person ist allgemein anerkannt (vgl. zu den Entstehungstheorien der Rechtsfigur der juristischen Person WEBER, SPR II/4, 1 ff.; MEIER-HAYOZ/ FORSTMOSER, § 2 N 11 ff.; SCHMIDT, § 8 II).

II. Wirtschaftliche Bedeutung

3   Die AG ist die am weitesten verbreitete Gesellschaftsform. Ende 2007 waren im Handelsregister 179 761 (vgl. SHAB vom 7.2.2008) AG eingetragen gegenüber 33 441 Ende 1960, was einer Verfünffachung entspricht. Im Gegensatz dazu hat sich die Zahl der GmbHs allein seit 1992 mehr als verdreifacht (vgl. Art. 772 N 2). Diese Entwicklung hat mit der Revision des Aktienrechts von 1991 eingesetzt. Sie wird sich höchstwahrscheinlich auch nach Inkrafttreten des neuen GmbH-Rechts fortsetzen (vgl. dazu Art. 772 N 2). Die Führungsposition der AG unter den schweizerischen Gesellschaftsformen wird dadurch jedoch nicht gefährdet.

III. Strukturelemente

1. Umfang der Rechtsfähigkeit

4   Der Umfang der Rechtsfähigkeit der AG bestimmt sich nach Art. 53 ZGB; er ist nicht auf den Gesellschaftszweck beschränkt (VON GREYERZ, 11; vgl. auch Art. 718a N 2). Das bedeutet im Einzelnen: Die AG ist aller Rechte und Pflichten fähig, die nicht die Eigenschaften einer natürlichen Person zur notwendigen Voraussetzung haben (BGE 64 II 162, 169; 95 II 481, 488 bez. Namens- und Ehrenschutz m.w.Nw.; BGE 97 II 97; OGer ZH, ZR 1984, 53 ff. Schutz der wirtschaftlichen Geheimsphäre; hingegen BGE 106 II 369, 377 ff.: keine Nichtigkeit der Zession aller gegenwärtigen und künftigen Forderungen einer AG an eine andere eng verbundene Gesellschaft, anders bei natürlichen Personen BGE 84 II 355, 366 f.). Die juristische Person ist **handlungsfähig** und **deliktsfähig** (BGE 89 II 250 E. 8, 105 II 289, 112 II 190: Verpflichtung durch unerlaubte Handlung der Organe); sie kann übervorteilt werden (BGE 84 II 107, 110 ff.). Die strafrechtliche Verantwortung trifft hingegen die handelnden natürlichen Personen (BGE 82 IV 45; 85 IV 97; 100 IV 38, 49; 104 IV 140 f.). Eine Strafbarkeit der juristischen Person ist nur dann begründet, wenn sie durch Bundesgesetz oder kantonales Recht vorgeschrieben ist, was vornehmlich im Verwaltungs- und Finanzstrafrecht der Fall ist (BGE 105 IV 172, 175).

5   Eine Ausnahme von der juristischen Eigenständigkeit wird für die Fälle des **Rechtsmissbrauchs** anerkannt (BGE 92 II 160). Trotz der formell-rechtlichen Verdoppelung werden die AG und die hinter ihr stehende juristische oder natürliche Person rechtlich als Einheit betrachtet. Vgl. im Einzelnen zum Konzern N 23, zur Einpersonengesellschaft Art. 625 N 29 ff.

2. Erlangung der Rechtsfähigkeit

Erst mit der Eintragung in das Handelsregister erlangt die AG die Rechtsstellung einer **6** juristischen Person; die **Eintragung besitzt konstitutive Wirkung** (Art. 643 Abs. 1). Für den Zeitraum vor der Entstehung der AG sind zwei Phasen zu unterscheiden. Mit der Vereinbarung über die Gründung kommt zwischen den Beteiligten regelmässig eine *einfache Gesellschaft* (Art. 530 ff.) in Form einer Gelegenheitsgesellschaft zustande (BGE 85 I 131; 95 I 278; 101 Ib 362; 102 II 423; 104 Ib 264 f.; SCHUCANY, Art. 643 N 1; VON GREYERZ, 81; ZK-SIEGWART, Art. 645 N 14). Sie sollte als **Gründungsgesellschaft** bezeichnet werden (zutreffend VON STEIGER, SPR VIII/1, 339; VON GREYERZ, a.a.O.; WOHLMANN, 18). Der entsprechende Vertrag unterliegt über Art. 22 Abs. 2 der Formvorschrift des Art. 629 Abs. 1. Diese besteht nicht nur im Interesse des Rechtsverkehrs an der Sicherung einer gesetzeskonformen Durchführung des Gründungsvorgangs, sondern auch zum Schutz der Gründer (zutreffend SCHUCANY, Art. 643 N 1; VON GREYERZ, 81 m.w.Nw.; **a.M.** BGE 102 II 420 ff. zu Art. 637, 638 altOR m.w. Nw.). In der Gründungsphase kommt dem Übereilungsschutz zugunsten der Gründer besondere Bedeutung zu. Wenn der zukünftige Aktionär eine Verpflichtung übernimmt, deren Begründung in seinem Interesse einem Formzwang unterworfen ist, z.B. Übertragung eines Grundstücks (Art. 657 Abs. 1 ZGB), so gilt der Formzwang a fortiori.

Mit der Errichtung der AG entsteht die bei Eintragung der AG endende **Vorgesellschaft** (Vor-AG). Diese ist rechtlich als *atypische einfache Gesellschaft* zu qualifizieren (VON GREYERZ, 83). Es kommt Aktienrecht insoweit zur Anwendung, als es nicht die Handelsregistereintragung voraussetzt. Damit ist die Vorgesellschaft als eigenständige Organisationsform anzusehen, die einem Sonderrecht untersteht (BGHZ 45, 338; 51, 30: st.Rspr.). Im Innenverhältnis bedeutet das Anwendbarkeit von Aktienrecht. Die Vorgesellschaft ist nicht rechtsfähig (BÖCKLI, § 1 N 73). Die Vertretung bestimmt sich nach Art. 543 Abs. 2 f. (BGE 95 I 276; VON STEIGER, SPR VIII/1, 343 m.w.Nw.). Nach der ausdrücklichen Vorschrift des Art. 645 Abs. 1 haften die Gesellschafter, soweit sie für die Vorgesellschaft gehandelt haben, unbeschränkt, persönlich und solidarisch. *Handelnder* ist nicht nur, wer für die Vorgesellschaft nach aussen auftritt, sondern auch, wer tatsächlich den Geschäftsabschluss im Namen der Gesellschaft veranlasst (BGE 76 II 164). Verfolgen die Gesellschafter die Eintragung in das Handelsregister nicht mehr, betreiben aber die Gesellschaft weiter, so ist diese insgesamt als einfache Gesellschaft oder einzelfallabhängig als Kollektivgesellschaft zu behandeln (vgl. BGHZ 80, 129, 142).

3. Körperschaft

Die AG hat eine körperschaftliche Struktur. Als selbständiges Rechtssubjekt ist sie nicht **7** nur von ihrem jeweiligen Mitgliederbestand unabhängig, sondern auf *Mitgliederwechsel* ausgerichtet. Das bedingt die Mobilität der Beteiligung (VON GREYERZ, 7). Die Willensbildung innerhalb der AG obliegt der Gesamtheit der Aktionäre und erfolgt in der GesV. Für die Beschlussfassung gilt das Mehrheitsprinzip (Art. 703). Die AG verfügt über eine **eigenständige Organisationsstruktur** und handelt notwendig durch Organe mit einem konkreten, selbständigen Kompetenzbereich. Die Organe sind Teil der juristischen Person selbst und verpflichten diese sowohl durch rechtsgeschäftliches als auch durch deliktisches Handeln. Gesetzlich sind zwingend die GesV, der VR und regelmässig die RS (vgl. Art. 727a Abs. 2 zur Möglichkeit des opting-out für Kleinstgesellschaften) als Organe der AG vorgeschrieben. Die *Organqualität* bestimmt sich grundsätzlich funktionell: Massgebend ist, ob eine Person tatsächlich und auf entscheidende Weise an der Willensbildung der juristischen Person teilnimmt (ständige Rechtsprechung BGE 61 II 342; 117 II 570; 121 III 176; 122 III 225; VGer NE, RJN 1994, 191 ff.; WEBER, SPR II/4, 157 ff. mit umfassenden Entscheid- und Literaturangaben).

Die organisatorische Verselbständigung der AG trägt zu ihrer Perpetuierung bei und entspricht der Unabhängigkeit vom jeweiligen Mitgliederbestand. Von grundsätzlicher Bedeutung für die körperschaftliche Ausgestaltung ist das Prinzip der **Drittorganschaft:** Geschäftsführungs- und Vertretungsbefugnis fussen nicht ipso iure auf der Gesellschafterstellung, sondern es können auch Dritte die Leitung der Gesellschaft übernehmen. Die gesetzliche Ausgestaltung der aktienrechtlichen Organisationsstruktur folgt diesem Prinzip in der Zwischenzeit uneingeschränkt. Nach alter Rechtslage mussten die Mitglieder des VR auch Aktionäre der AG sein (Art. 707 Abs. 1 altOR; sog. beschränkte Drittorganschaft). Diese Anforderung wurde im Rahmen der Revision des GmbH-Rechts aufgehoben (vgl. dazu Botschaft GmbH, 3228 f.; zum Teilnahme- und Antragsrecht der Mitglieder des VR für GesV vgl. Art. 702a; weiterführend GLANZMANN, 74 f.).

Der körperschaftliche Aufbau der AG manifestiert sich in der Festlegung ihrer Verfassung in den **Statuten** (Art. 626). Diese sind abstrakt und werden vom Mitgliederwechsel nicht berührt. Nach der Publikation der entsprechenden Handelsregistereintragung im SHAB entfalten die Statuten Rechtswirkung gegenüber Dritten (Art. 932 Abs. 2, der neu auch für Statutenänderungen gilt, vgl. Botschaft GmbH, 3180), z.B. neu eintretenden Aktionären (VON GREYERZ, 10 f. m.w.Nw.). Diesem Umstand ist bei der **Auslegung** in der Weise Rechnung zu tragen, dass die Regeln der Gesetzesinterpretation massgebend sind. Hingegen folgt die Interpretation vertragsrechtlichen Grundsätzen, d.h. dem Vertrauensprinzip, solange die Gründer unter sich sind und innergesellschaftliche Fragen einer Lösung bedürfen. Die Rechtsprechung des BGer trägt den Belangen Dritter zu wenig Rechnung, indem sie sich im Innenverhältnis generell auf die Analogie zum Schuldvertragsrecht stützt (BGE 87 II 95 f. m.w.Nw.; Auslegungsmethode offen gelassen in BGE 114 II 193; vgl. auch FORSTMOSER/MEIER-HAYOZ/NOBEL, § 7 N 33 ff.).

4. Kapitalgesellschaft

8   Die AG ist eine Kapitalgesellschaft. Sie verfügt über ein bestimmtes AK, das gegenüber Dritten als ausschliessliche Haftungsbasis dient. Die Stellung der Aktionäre ist regelmässig kapitalbezogen. Die Mitgliedschaft gründet auf der Kapitaleinlage; darüber hinausgehende Pflichten treffen den Aktionär nicht (zu Ausnahmen vgl. Art. 620 N 34). Von zentraler Bedeutung ist mithin die **Kapitaleinlage,** nicht die Person des Aktionärs. Die Mitgliedschaftsrechte bestimmen sich nach der Kapitalbeteiligung: die Rechtsstellung des Aktionärs verstärkt sich mit zunehmender Höhe der geleisteten Kapitaleinlage. Das gilt gleichermassen für Mitverwaltungsrechte (Art. 692 Abs. 1), Vermögensrechte (vgl. Art. 661, 652b) und Schutzrechte (Art. 699 Abs. 3, Art. 736 Ziff. 4). Damit befindet die *Kapitalmehrheit* über die Geschicke der AG. Die Rechtsprechung des BGer versagt dem Mehrheitsinteresse nur ganz ausnahmsweise die Anerkennung (vgl. BGE 105 II 114 ff.). In den meisten Fällen bleibt es bei der Herrschaft der Kapitalmehrheit. Das gilt selbst dann, wenn diese ausschliesslich eigene Interessen verfolgt und solche der Minderheit missachtet (vgl. BGE 95 II 163 f.; 99 II 55, 62; 102 II 296; 116 II 533). Eine Ausnahme wird nur bei einem *offenbaren Missbrauch* i.S.v. Art. 2 ZGB anerkannt, so, wenn sich für die Behandlung der Minderheit keine vernünftigen wirtschaftlichen Gründe finden, die Interessen der Minderheit offensichtlich beeinträchtigt und Sonder-

interessen der Mehrheit ohne Grund bevorzugt werden (BGE 95 II 163 f.: Rechtsmissbrauch i.c. verneint; 105 II 114: Stattgabe einer Auflösungsklage).

Wesentliches Merkmal der kapitalistischen Ausgestaltung ist die **freie Übertragbarkeit der Mitgliedschaft.** Zwar ist die Kapitalbeteiligung an der AG insofern gebunden, als sie dieser gegenüber nicht aufgelöst werden kann. Doch ermöglicht die Ausgestaltung der Kapitalbeteiligung ihre Zirkulation, sodass eine Veräusserung an Dritte erfolgen kann. Die Zusammensetzung der Mitglieder ist variabel, während die Anzahl möglicher Mitgliedschaftsstellen aufgrund der Festigkeit des AK unverändert bleibt. Die Übertragung wird erleichtert durch die Verbriefung der Mitgliedschaft in einem Wertpapier.

IV. Einheit des Aktienrechts

Das der gesetzlichen Ordnung zugrunde liegende **Leitbild ist die AG mit einem grossen Aktionärskreis.** Nur bei dieser Ausgestaltung kommen die Grundprinzipien zum Tragen, so insb. die Handelbarkeit der Aktien (BAUDENBACHER-TANDLER, 112 ff.). Die gesetzlich vorgegebene Struktur der AG belässt der Privatautonomie jedoch einen weiten Gestaltungsspielraum. So kann die Kapitalbezogenheit der Mitgliedschaft in hohem Masse abgeschwächt und eine *personalistisch konzipierte Organisationsstruktur* geschaffen werden. Diese Möglichkeit ist im Gesetz angelegt durch die Zulassung von Stimmrechtsaktien (Art. 693) und stimmrechtslosen PS (Art. 656a ff., v.a. Art. 656c). Daneben können durch den Abschluss von ABV originär Rechtsbindungen zwischen den Aktionären geschaffen werden (vgl. Art. 620 N 37 f.). Die freie Übertragbarkeit der Mitgliedschaft kann durch die statutarische Einführung von vinkulierten Namenaktien (Art. 685a ff.) beschränkt werden. Schliesslich lassen die relativ niedrigen gesetzlichen Anforderungen an das Aktienmindestkapital (Art. 621: CHF 100 000) und die Zulassung der Gründung einer Einpersonen-AG (Art. 625) einen erheblichen Gestaltungsspielraum. Die rechtstatsächliche Bandbreite reicht von der Einpersonen-AG bis zur grossen Publikumsgesellschaft (BÖCKLI, § 1 N 22 ff.). Erweitert wird die Vielfalt der Erscheinungsformen der AG durch die Freiheit in der Wahl des Gesellschaftszweckes. Vgl. dazu im Einzelnen Art. 620 N 2 ff.

Das Recht der AG ist bis heute von dem Prinzip der Einheit des Aktienrechts geprägt (so auch MEIER-HAYOZ/FORSTMOSER, § 10 N 135). Das Prinzip wird jedoch zunehmend durchbrochen. So statuiert das BEHG ein ausserhalb des OR stehendes Sonderrecht für Publikumsgesellschaften. Auch wird in neueren Gesetzen und Gesetzesänderungen vermehrt nach der volkswirtschaftlichen Bedeutung eines Unternehmens ohne Rücksicht auf seine Rechtsform unterschieden (vgl. dazu das FusG, das neue Revisionsrecht [Art. 727 ff.] und das im Entwurf befindliche Rechnungslegungsrecht [E-Aktien- und Rechnungslegungsrecht Art. 957 ff.]).

Aufgrund der neuen Haltung des Gesetzgebers wird das Prinzip der Einheit des Aktienrechts künftig weiter an Bedeutung verlieren. Während in der Revision von 1991 noch ausdrücklich an ihm festgehalten wurde, spricht sich der Gesetzgeber inzwischen «für eine *punktuelle, materielle Differenzierung* in Bereichen» aus, «in denen sachliche Gründe unterschiedliche Regelungen gebieten» (Botschaft Aktien- und Rechnungslegungsrecht, 17). Eine formelle Zweiteilung des Aktienrechts wird jedoch bis heute abgelehnt (Botschaft Aktien- und Rechnungslegungsrecht, 17; vgl. auch Botschaft GmbH, 3167 ff.).

V. Wirtschaftliche Funktion

10 Von grundsätzlicher, wenn auch abnehmender Bedeutung (vgl. VON GREYERZ, 17) ist die **Kapitalsammelfunktion**. Zerlegung des AK, leichte Übertragbarkeit der Mitgliedschaft und Haftungsbeschränkung machen die AG einem breiten Personenkreis als Anlageform zugänglich. Die rechtliche Selbständigkeit der AG ermöglicht die langfristige, gebundene Akkumulation von Kapital und damit die Perpetuierung der Gesellschaft. In Anbetracht der weiten Verbreitung von Kleingesellschaften steht heute die **Schaffung eines rechtlich eigenständigen Sondervermögens** im Vordergrund (VON GREYERZ, 18; BÖCKLI, § 1 N 18). Damit ist eine einfache Lösung von Nachfolgeproblemen im Erbfall verbunden. Die AG kann zur Beherrschung von Unternehmen und damit zur Bildung und Erhaltung von *Konzernen* eingesetzt werden. Sie eignet sich dazu besonders gut, weil die Erlangung der Kapitalmehrheit zur Herrschaft über ein Unternehmen genügt. Der AG kann daneben insofern eine *sozialpolitische Funktion* zukommen, als sie eine breit gestreute Beteiligung am Produktivvermögen erlaubt.

Die auch heute noch zu beobachtende Flucht in die AG ist nur z.T. rational erklärbar. Offenkundig spielen auch psychologische Aspekte eine Rolle. Aus steuerlichen Gründen würde sich in vielen Fällen die Wahl einer anderen Gesellschaftsform empfehlen.

VI. System der Normativbestimmungen

11 Nach dem in der Schweiz geltenden System der Normativbestimmungen erlangt die AG die Rechtsfähigkeit bei Verwirklichung der zwingenden gesetzlichen Anforderungen mit der **Eintragung in das Handelsregister.** Auf die Handelsregistereintragung besteht ein Rechtsanspruch. Es bedarf mithin keiner staatlichen Genehmigung zur Entstehung der juristischen Person. Das Gesetz beschreitet vielmehr einen *Mittelweg* zwischen dem System der freien Körperschaftsbildung, das die Bildung einer die begriffsnotwendigen Merkmale aufweisenden Personenvereinigung genügen lässt, und dem Konzessionssystem, bei dem die Gesellschaft die Rechtsfähigkeit durch eine im freien behördlichen Ermessen stehende staatliche Verleihung erlangt.

VII. Aktuelle Entwicklungen im Aktienrecht

12 Das aus dem Jahr 1881 stammende Aktienrecht wurde erstmals 1936 revidiert. Bis zur nächsten Überarbeitung vergingen über fünf Jahrzehnte, in denen die aktienrechtlichen Bestimmungen des OR unverändert blieben (vgl. zur Revision 1991 1. Aufl., Vor Art. 620 N 13 ff.) Seit dem Abschluss der Revision von 1991 hat sich die Taktzahl der gesetzgeberischen Aktivität im Aktienrecht deutlich erhöht (vgl. zu den Entwicklungen des Gesellschaftsrechts bspw. MEIER-HAYOZ/FORSTMOSER, § 10 N 123 ff.):

1. Die Regelung zur Transparenz der Vergütungen an Mitglieder des Verwaltungsrates und der Geschäftsleitung

13 Neu geschaffen wurden die Vorschriften zur Transparenz der Vergütungen der Mitglieder des Verwaltungsrates und der Geschäftsleitung börsenkotierter Gesellschaften (Art. 663 b[bis]; vgl. zu den Beteiligungen den neuen Art. 663c Abs. 3). Sie treten an die Stelle der Bestimmungen der SWX-Richtlinie betreffend Informationen zur Corporate Governance (vgl. Kap. 5 der Corporate Governance-Richtlinie), die im Rahmen der Selbstregulierung erlassen wurden. Inhaltlich ändert sich durch die Überleitung in das OR nur wenig. Neu sind für jeden Verwaltungsrat die Entschädigungen **einzeln** anzuge-

ben, während es zuvor genügte, die Gesamtentschädigung für Verwaltungsrat und Geschäftsleitung offenzulegen. Ausserdem muss der Empfänger der höchsten Entschädigung seitens der Geschäftsleitung namentlich genannt werden.

2. *Änderungen im Rahmen der Totalrevision des GmbH-Rechts*

a) Eingebettet in die Totalrevision des GmbH-Rechts wurde das Revisionsrecht (vgl. dazu Komm. zu Art. 727 ff.; Art. 772 N 3 ff.) völlig neu gefasst. Entgegen der ursprünglichen Absicht, das Rechnungslegungs- und das Revisionsrecht gemeinsam neu zu gestalten, wurde die Reform des Revisionsrechts mittels Zusatzbotschaft in das bereits weit fortgeschrittene Gesetzgebungsverfahren zur Totalrevision des GmbH-Rechts integriert. Die Beschleunigung des Prozesses diente massgeblich dazu, in naher Zukunft eine mit US-amerikanischen Standards (Sarbanes-Oxley-Act) vergleichbare Revisionsordnung zu schaffen und damit Schweizer Unternehmen vor drohenden Sanktionen zu schützen. **14**

Die Neuordnung des Revisionsrechts stellt einen Paradigmenwechsel dar. Ihre Regeln gelten i.S. einer modernen Wirtschaftsordnung rechtsformunabhängig für alle Unternehmen, die einer Revision unterliegen. Je nach Grösse, Komplexität und volkswirtschaftlicher Bedeutung eines Unternehmens besteht die Pflicht zur Durchführung einer ordentlichen (Art. 727, 728 ff.) oder einer eingeschränkten Revision (Art. 727a, 729 ff.). Für Unternehmen mit nicht mehr als 10 Vollzeitstellen besteht die Möglichkeit des «opting out» (Art. 727a Abs. 2). Die Anforderungen an die Revisionsstelle sind für AG abhängig von ihrer Kotierung bzw. von der Art der durchzuführenden Revision (Art. 727b f.).

Das materielle Revisionsrecht ist bis auf wenige rechtsformspezifische Regelungen in Art. 727 ff. geregelt. Es gilt vom ersten Geschäftsjahr an, das mit dem Inkrafttreten dieses Gesetzes (1.1.2008) oder danach beginnt (Art. 6c ÜBest). Ausserhalb des Obligationenrechts findet sich neu das Bundesgesetz über die Zulassung und Beaufsichtigung der Revisorinnen und Revisoren (SR 221 302). Es sieht u.a. die Errichtung einer staatlichen Aufsichtsbehörde und ein Zulassungssystem für Revisionsdienstleistungen vor.

b) Im Rahmen der Totalrevision des GmbH-Rechts (vgl. Art. 772 N 1a f.) wurden auch Modifikationen im Aktienrecht vorgenommen. Im Wesentlichen handelt es sich um folgende Änderungen, die am 1.1.2008 in Kraft getreten sind (vgl. zum Übergangsrecht, Art. 1 ff. ÜBest; s.a. Art. 772 N 3 f.): **14a**

– Zulassung der Gründung einer Einpersonen-AG (Art. 625);

– Entfall des Erfordernisses der Aktionärseigenschaft für VR (Art 707; zum Teilnahme- und Antragsrecht der Mitglieder des VR für GesV vgl. Art. 702a);

– Verzicht auf Nationalitäts- und Wohnsitzerfordernisse für den VR (vgl. aber Art. 718 Abs. 4);

– Einführung eines Formerfordernisses für das Selbst- und Doppelkontrahieren (Art. 718b);

– Neuregelung der Vorgehensweise bei Mängeln in der Organisation der Gesellschaft (Art. 731b);

– Erhöhung des Quorums beim Liquidationsbeschluss (Art. 704 Abs. 1 Ziff. 8);

– Verhinderung des Entstehens von Phantomaktien bei Sanierungen mittels Kapitalschnitt (Art. 732a);

- Einführung der Pflicht zur Angabe der Gesellschaftsform in der Firma (Art. 950);
- Erleichterung der Handelsregisteranmeldung (Art. 931a);
- Entfall der Sonderregelung für das Wirksamwerden von Statutenänderungen gegenüber Dritten (Art. 647 Abs. 3 altOR).

3. Die Botschaft für eine Revision des Aktien- und Rechnungslegungsrechts

15 In der Pipeline befindet sich die nächste grosse Reform des Aktienrechts. Am 21.12.2007 wurden die Botschaft Aktien- und Rechnungslegungsrecht sowie der dazugehörige Entwurf verabschiedet.

Die Reform verfolgt ausdrücklich vier Hauptziele:

15a Verbesserung der **Corporate Governance:**

Ausbau der Aktionärsrechte: Jederzeitiges Auskunftsrecht über die Angelegenheiten der Gesellschaft (E-Aktien- und Rechnungslegungsrecht Art. 697 Abs. 2; Einschränkung durch E-Aktien- und Rechnungslegungsrecht Art. 697 Abs. 3); Auskunftsrecht der Aktionäre über die Vergütung des obersten Managements bei nicht kotierten Gesellschaften (E-Aktien- und Rechnungslegungsrecht Art. 697^{quinquies}); optionale Kompetenz der GV zur Festsetzung der Entschädigungspolitik der AG (E-Aktien- und Rechnungslegungsrecht Art. 627 Ziff. 4); Neuordnung der Schwellenwerte für die Ausübung von Aktionärsrechten (Sonderuntersuchung Art. 697b; Einberufungs- und Traktandierungsrecht E-Aktien- und Rechnungslegungsrecht Art. 699 f.; Auflösungsklage E-Aktien- und Rechnungslegungsrecht Art. 736); Effizientere Ausgestaltung der Klage auf Rückerstattung ungerechtfertigter Leistungen (E-Aktien- und Rechnungslegungsrecht Art. 678); Möglichkeit der statutarischen Festsetzung eines obligatorischen Genehmigungsvorbehalts für bestimmte Verwaltungsratsentscheide durch GesV (E-Aktien- und Rechnungslegungsrecht Art. 716b);

Organisation des Verwaltungsrats: Jährliche Einzelwahl der Mitglieder des Verwaltungsrats (E-Aktien- und Rechnungslegungsrecht Art. 710 Abs. 1); Ausschluss der gegenseitigen Einflussnahme bei sich überkreuzender Besetzung der Vergütungsausschüsse kotierter Unternehmen (E-Aktien- und Rechnungslegungsrecht Art. 717b);

Neuordnung der Stimmrechtsvertretung: Statutarische Beschränkung der Vertretung auf andere Aktionäre nur noch in nicht kotierten Gesellschaften (E-Aktien- und Rechnungslegungsrecht Art. 689d Abs. 1; zur Einsetzung eines unabhängigen Stimmrechtsvertreters vgl. E-Aktien- und Rechnungslegungsrecht Art. 689d Abs. 2); Abschaffung der Depot- und Organvertretung für kotierte und nicht kotierte Gesellschaften; Pflicht zur Einsetzung eines unabhängigen Stimmrechtsvertreters für kotierte Gesellschaften (E-Aktien- und Rechnungslegungsrecht Art. 689c Abs. 1); grundsätzlich Pflicht zur Enthaltung des unabhängigen Stimmrechtsvertreters bei fehlender Weisung (E-Aktien- und Rechnungslegungsrecht Art. 689c Abs. 3 und 4); Ausweitung der Vinkulierungsbestimmungen für kotierte Namenaktien bei Erwerb im Rahmen eines securities lending oder von vergleichbaren Rechtsgeschäften (E-Aktien- und Rechnungslegungsrecht Art. 685 Abs. 2); Ausdehnung des Ruhens des Stimmrechts aus eigenen Aktien (E-Aktien- und Rechnungslegungsrecht Art. 659a Abs. 2);

15b Flexiblere Ausgestaltung der **Kapitalstruktur:** Möglichkeit der Einführung eines Kapitalbandes (E-Aktien- und Rechnungslegungsrecht Art. 653s ff.); Anpassung der Vorschriften über die ordentliche und bedingte Kapitalerhöhung (E-Aktien- und Rechnungslegungsrecht Art. 650 ff; 653 ff.); Verzicht auf einen festen Nennwert der Aktien (E-Aktien- und Rechnungslegungsrecht Art. 622 Abs. 4: beliebige Annäherung an Null); Entfall der Beschränkung des Partizipationskapitals auf das Doppelte des Aktienkapitals bei börsenkotierten Partizipationsscheinen (E-Aktien- und Rechnungslegungsrecht Art. 656b Abs. 1); Erleichterung der Umwandlung von Inhaber- in Namenaktien (E-Aktien- und Rechnungslegungsrecht Art. 704a);

Modernisierung der **Ordnung der Generalversammlung:** Durchführung der GV an mehreren Tagungsorten und ggf. im Ausland (E-Aktien- und Rechnungslegungsrecht Art. 701a f.); Nutzung elektronischer Hilfsmittel bei der Vorbereitung und Durchführung der GV sowie der Erteilung der Stimmrechtsvertretung (E-Aktien- und Rechnungslegungsrecht Art. 700 Abs. 1, Art. 698a Abs. 1, 701c, 701e); Durchführung einer elektronischen Generalversammlung (E-Aktien- und Rechnungslegungsrecht Art. 701d); **15c**

Umfassende Revision des **Rechnungslegungsrechts:** Einheitliche Regelung für alle Rechtsträger des Privatrechts (32. Titel des OR, E-Aktien- und Rechnungslegungsrecht Art. 957 ff.); Unterscheidung nach Grösse und wirtschaftlicher Bedeutung der Unternehmen (KMU: E-Aktien- und Rechnungslegungsrecht Art. 958 Abs. 2, Art. 959 ff.; Grössere Unternehmen: E-Aktien- und Rechnungslegungsrecht Art. 961 ff.; Abschluss nach anerkanntem Standard zur Rechnungslegung E-Aktien- und Rechnungslegungsrecht Art. 962 f.); Möglichkeit zur Anwendung strengerer, spezialgesetzlicher Vorschriften (E-Aktien- und Rechnungslegungsrecht Art. 957 Abs. 3 mit Vorbehalt), Verbesserung des Minderheitenschutzes (E-Aktien- und Rechnungslegungsrecht Art. 962 Abs. 4); Pflicht für Konzerne zur Erbringung der Rechnungslegung nach einem anerkannten Standard (E-Aktien- und Rechnungslegungsrecht Art. 963b; Ausnahme für Kleinkonzerne, Art. 963a); keine Aufgabe des Massgeblichkeitsprinzips. **15d**

VIII. Europakompatibilität des Aktienrechts

Das Gesellschaftsrecht der Europäischen Gemeinschaft ist für den Drittstaat Schweiz von doppelter Relevanz. Zunächst sind seine Lösungen bei der Auslegung schweizerischen Rechts rechtsvergleichend heranzuziehen. Darüber hinaus wird europäisches Gesellschaftsrecht im Rahmen des **Nachvollzugs** übernommen. Zwar besteht zu einer solchen Umsetzung nach der Ablehnung des EWR-Abkommens in der Abstimmung vom 6.12.1992 keine völkerrechtliche Pflicht. Die Schweiz kann sich die Optionen *EU-Beitritt* und *EWR-Beitritt* aber nur dann offen halten, wenn sie ihr Wirtschaftsrecht an den Vorgaben aus Brüssel ausrichtet (BAUDENBACHER, EuR 1992, 309 ff.; DERS., EWS 1992, 249 ff.; DERS., FS Koller, 581 ff.). Auch der Abschluss bilateraler Verträge wird durch den Umstand, dass das schweizerische Wirtschaftsrecht an das von EU/EWR angeglichen wird, erleichtert. **16**

Primärrechtliche Ausgangspunkte des europäischen Gesellschaftsrechts sind die **Niederlassungsfreiheit** nach Art. 43 ff. und die **Kapitalverkehrsfreiheit** nach Art. 56 EG. Von der Niederlassungsfreiheit können nach Art. 43 EG natürliche Personen Gebrauch machen, die in einem anderen Staat der Gemeinschaft eine Gesellschaft gründen oder in eine bereits bestehende Gesellschaft als Gesellschafter aufgenommen werden wollen. Auf die einen Erwerbszweck verfolgenden Gesellschaften selbst erstreckt sich die Niederlassungsfreiheit, wenn sie nach dem Recht eines Mitgliedstaates gegründet wurden und ihren Sitz in der Gemeinschaft haben (Art. 48 EG). Die Freiheit des Kapitalverkehrs will einen *freien Aktienhandel* über die nationalen Grenzen hinweg ermöglichen (vgl. auch Art. 294 EG). Im EWR gilt entsprechendes (Art. 31 ff., 40, 124 EWRV). Sekundärrechtlich sind die Bemühungen der Gemeinschaft im Gesellschaftsrecht vorab auf die Angleichung der nationalen Rechtsordnungen gerichtet. Insoweit bedient sich die EG des Instruments der **Richtlinie** (Art. 249 Abs. 3 EWGV). Die Gemeinschaft hat bis heute gestützt auf Art. 44 Abs. 2 lit. g EG zwölf Richtlinien erlassen:

– Erste Richtlinie (EG-1-Publizitäts-RL) betr. Schutzbestimmungen über **Publizität,** Gültigkeit von der Gesellschaft eingegangener Verpflichtungen und Nichtigkeit von Kapitalgesellschaften. Anwendungsbereich: AG, KGaA, GmbH. Änderung: Erleichterung und Beschleunigung des Informationszugangs und Vereinfachung der Offenlegungsvorschriften durch die Richtlinie vom 15.7.2003, ABl. L 221 vom 4.9.2003, 13 ff.

– Zweite Richtlinie (EG-2-Kapital-RL) betr. Aufbringung, Erhaltung und Änderung des **Kapitals** von Aktiengesellschaften. Anwendungsbereich: AG. Änderungen: ABl. L 347 vom 28.11.1992, 64 ff.; Richtlinie vom 6.9.2006, ABl. L 264 vom 25.9.2006, 32 ff. (Ende der Umsetzungsfrist: 15.4.2008).

– Dritte Richtlinie (EG-3-Fusions-RL) über die **nationale Fusion** von Aktiengesellschaften. Anwendungsbereich: AG.

– Vierte Richtlinie (EG-4-Jahresabschluss-RL) betr. **Jahresabschlüsse,** Lageberichte und Bewertungsmethoden bei Kapitalgesellschaften. Anwendungsbereich: AG, KGaA, GmbH. Änderungen: Einbezug der GmbH & Co. KG durch die Richtlinie vom 8.11.1990, ABl. L 317 vom 16.11.1990, 60 ff.; Mittelstandsrichtlinie vom 8.11.1990, ABl. L 317 vom 16.11.1990, 57 ff. (Herabsetzung der Schwellenwerte).

– Sechste Richtlinie (EG-6-Spaltungs-RL) betr. **Spaltung** von Aktiengesellschaften durch Neugründung und Übernahme. Anwendungsbereich: AG.

– Siebente Richtlinie (EG-7-Konsolidierungs-RL) betr. die **Erstellung konsolidierter Rechnungsabschlüsse in Konzernen.** Anwendungsbereich: AG, KGaA, GmbH. Einbezug der GmbH & Co. KG durch die Richtlinie vom 8.11.1990, ABl. L 317 vom 16.11.1990, 60 ff.

– Achte Richtlinie (EG-8-Prüferbefähigungs-RL) betr. die Anforderungen an **Abschlussrevisoren.** Anwendungsbereich: Alle Pflichtprüfer.

– Elfte Richtlinie (EG-11-Zweigniederlassungsr.) betr. die Offenlegung von **Zweigniederlassungen.** Anwendungsbereich: AG, KGaA, GmbH.

– Zwölfte Richtlinie (EG-12-Ein-Personen-RL) betr. die **Einpersonen-GmbH.** Anwendungsbereich: GmbH, AG optional.

– Richtlinie 2001/86/EG von 8.10.2001 zur Ergänzung des Statuts der Europäischen Gesellschaft hinsichtlich der Beteiligung der Arbeitnehmer.

– Richtlinie 2004/25/EG (Übernahme-RL) betr. die Harmonisierung des Verfahrens bei **öffentlichen Übernahmeangeboten** an der Börse. Anwendungsbereich: AG, Kommandit-AG.

– Richtlinie 2005/56/EG betr. die **Verschmelzung von Kapitalgesellschaften** aus verschiedenen Mitgliedstaaten. Anwendungsbereich: AG, GmbH.

– Richtlinie Aktien- und Rechnungslegungsrecht 2007/36/EG (Aktionärs-RL) betr. die **Ausübung bestimmter Rechte von Aktionären** in börsennotierten Gesellschaften (Ende der Umsetzungsfrist: 3.8.2009). Anwendungsbereich: AG.

1. Abschnitt: Allgemeine Bestimmungen **16 Vor Art. 620**

Weitere gesellschaftsrechtliche Richtlinien befinden sich im *Vorschlagsstadium:*

– (Geänderter) Vorschlag einer fünften gesellschaftsrechtlichen Richtlinie betr. die **Leitungsstruktur** und die **Arbeitnehmermitbestimmung.** Anwendungsbereich: AG (EG-V-Struktur-RL). Jetzt: Vorschlag für eine Richtlinie über die Ausübung der Stimmrechte durch Aktionäre von Gesellschaften, die ihren eingetragenen Sitz in einem Mitgliedstaat haben und deren Aktien zum Handel auf einem geregelten Markt zugelassen sind.

– Überarbeiteter Vorentwurf einer Richtlinie über die **Auflösung und Liquidation** von Gesellschaften von 1987, KOM [87] XV/43. Anwendungsbereich: AG, KGaA, GmbH.

– Vorentwurf einer vierzehnten Richtlinie vom 20.4.1997 über die Verlegung des Sitzes einer Gesellschaft in einen anderen Mitgliedstaat mit Wechsel des für die Gesellschaft massgebenden Rechts, abgedruckt in ZIP 1997, 1721 ff. Anwendungsbereich: Gesellschaften, Vereine, Stiftungen, Personenvereinigungen, auch die nach allgemeiner Meinung nichtrechtsfähigen Gesellschaften des bürgerlichen Rechts und des Handelsrechts sowie juristische Personen des öffentlichen Rechts.

– Der Vorentwurf einer neunten gesellschaftsrechtlichen Richtlinie, KOM [84] III/1639. betr. die Koordinierung des **materiellen Konzernrechts.** Anwendungsbereich: AG, KGaA, GmbH, hat aufgrund des schwach ausgeprägten Interesses der Mitgliedstaaten keine konkrete Umsetzungschance.

Daneben hat die Gemeinschaft bislang vier gesellschaftsrechtliche Verordnungen erlassen. Verordnungen setzen originär europäisches Recht; sie gelten insgesamt und unmittelbar in jedem Mitgliedstaat:

– Verordnung des Rates über die Schaffung einer **Europäischen wirtschaftlichen Interessenvereinigung (EWIV)** vom 25.7.1985, ABl. L 199 vom 31.7.1985, 1 ff.

– Verordnung des Rates über die Schaffung einer **Europäischen Aktiengesellschaft (SE)** vom 8.10.2001, ABl. L 294 vom 10.11.2001, 1 ff.

– Verordnung des Europäischen Parlaments und des Rates betreffend die **Anwendung internationaler Rechnungslegungsgrundsätze** vom 19.7.2002, ABL. L 243 vom 11.9.2002, 1 ff. Anwendungsbereich: Publikumsgesellschaften.

– Verordnung des Rates über die Schaffung einer **Europäischen Genossenschaft (SCE)** vom 22.7.2003, ABl. L 207 vom 18.8.2003, 1 ff.

An *Verordnungsentwürfen und noch nicht in Kraft getretenen Verordnungen* sind anzuzeigen:

– geänderter Vorschlag für eine Verordnung über die Schaffung eines **Europäischen Vereins (EUV)** vom 6.7.1993, ABl. 1993 C 236 vom 31.8.1992, 1 ff.;

– geänderter Vorschlag für eine Verordnung über die Schaffung einer **Europäischen Gegenseitigkeitsgesellschaft** vom 6.7.1993, ABl. 1993 C 236 vom 31.8.1993, 40 ff.;

– für die zwei zuletzt genannten Vorschläge sind trotz zwischenzeitlicher Bemühungen der dänischen und griechischen Ratspräsidentschaft (2002/2003) keine nennenswerten Fortschritte im Rat zu verzeichnen;

– Empfehlungen des Europäischen Parlaments für die Schaffung einer **Europäischen Privatgesellschaft** (EPG, «Euro-GmbH») (2006/2013 [INI]) vom 1.2.2007; Vorschlag von Binnenmarktkommissar McCreevy für Mitte 2008 angekündigt.

Das Aktienrecht war auch nach der Revision von 1991 nur **bedingt europakompatibel.** Seitdem hat eine insgesamt positive Entwicklung stattgefunden:

Nach der Revision von 1991 fehlte die Verträglichkeit vornehmlich bei den Bestimmungen betr. Rechnungslegung und Publizität. Das europäische Recht folgt dem anglo-amerikanischen Prinzip der «true and fair view» (für kotierte Gesellschaften gilt seit 2005 die IFRS/IAS anstelle der Konzernrechnungsgrundsätze der EG, vgl. dazu EG-IAS Verordnung 2002); Maxime des Jahresabschlusses ist die Vermittlung eines den tatsächlichen Verhältnissen entsprechenden Bildes. Dem widerspricht die Zulassung der *Bildung stiller Willkürreserven* im schweizerischen Recht. Die Aktienrechtsrevision von 1991 hat diese Möglichkeit unangetastet gelassen und lediglich für die Auflösung stiller Reserven in engen Grenzen eine Publizitätspflicht statuiert. Eine Verbesserung der Situation ergab sich durch das Kotierungsreglement der SWX Swiss Exchange. Es schreibt börsenkotierten Gesellschaften in Art. 66 eine Rechnungslegung nach dem Grundsatz der «true and fair view» vor; verlangt wird Rechnungslegung nach IFRS oder US-GAAP (für Gesellschaften im Hauptsegment) bzw. GAAP FER (für das Segment Local Cap u. Immobilien- und Investmentgesellschaften). Einige Unternehmen wenden diese Rechnungslegungsnormen sogar freiwillig an. Zu erwähnen ist der Entwurf zum Aktien- und Rechnungslegungsrecht vom 21.12.2008. Er sieht eine rechtsformunabhängige Regelung der Rechnungslegung und den Grundsatz der «fair presentation» vor. Weitgehend EG-konform sind seine Vorschriften für kapitalmarktorientierte Unternehmen und für Unternehmen mit Verpflichtung zur Erstellung einer Konzernrechnung. Für private Kapitalgesellschaften gilt das nicht. Dies liegt massgeblich daran, dass an der Möglichkeit zur Bildung stiller Reserven festgehalten wird (vgl. Botschaft Aktien- und Rechnungslegungsrecht, 37, 42 ff.).

Nicht europafähig waren sodann die Vorschriften, welche den Erwerb einer Rechtsposition von *Nationalitätsanforderungen* abhängig machten. Darunter fiel die Regelung des Art. 708 Abs. 1 altOR, derzufolge die Mehrheit der VR-Mitglieder das Schweizer Bürgerrecht besitzen und in der Schweiz Wohnsitz haben mussten (vgl. dazu die Anmerkungen in der Voraufl.). Sie wurde im Rahmen der Totalrevision des GmbH-Rechts gestrichen.

Neu in das Aktienrecht aufgenommen wurde das Wohnsitzerfordernis des Art. 718 Abs. 3. Es verlangt, dass eine der Personen, welche die Gesellschaft vertreten können, in der Schweiz einen Wohnsitz hat. Es kann es sich dabei um ein Mitglied des Verwaltungsrates, aber auch um eine Direktorin oder einen Direktor handeln. Dennoch ist das Verhältnis der Vorschrift zur Freizügigkeit der Arbeitnehmer und zur Niederlassungsfreiheit nicht ganz spannungsfrei (so Botschaft GmbH, 3259; Art. 772 N 15 m.w.V.).

Im Zusammenhang mit der Vinkulierung börsenkotierter Namenaktien werden durch Art. 4 SchlT AG Nationalitätserfordernisse mit Bezug auf die Aktionäre aufrechterhalten. Die Vorschrift knüpft an die Regelungen des BewG und des BankG an. Die Regelung verträgt sich nicht mit den Diskriminierungsverboten in Art. 12 EG/Art. 4 EWRV. Vgl. zur Europaverträglichkeit im Einzelnen: VISCHER/BAUDENBACHER/HERTIG, ST 1991, 525 ff., 608 ff., 613 ff.; BAUDENBACHER, FS Koller, 581 ff. Zur weitgehenden internationalen Integration des schweizerischen Aktienmarktes seit 1992 VON DER CRONE, SZW 1998, 157 ff; BÖCKLI, a.E. jedes Kapitels.

IX. Verweisungen auf das Aktienrecht bei GmbH und Genossenschaft

Im Recht der GmbH und der Genossenschaft finden sich zahlreiche Verweisungen auf das Aktienrecht. Streitig war, ob sie als dynamische Verweisungen zu verstehen sind (vgl. dazu die Voraufl., Vor Art. 620 N 17). Der Bundesrat hatte dies in einer Stellungnahme im Einklang mit der Mehrheitsmeinung bejaht (AmtlBull NR 1995, 2269). Eine grundsätzliche Äusserung findet sich auch in der Botschaft GmbH. Dort wird festgestellt, dass die im Gesellschaftsrecht typischen Querverweisungen auf die Regelungen einer anderen Rechtsform als dynamische Verweisungen zu verstehen sind. Etwas anderes gelte nur dann, wenn dies ausdrücklich geregelt sei (vgl. hierzu Botschaft GmbH, 3167). Eine andere Haltung, für die gute Gründe sprechen, ist damit unrealistisch geworden (vgl. zur Kritikwürdigkeit der Mehrheitsmeinung, Voraufl., Vor Art. 620 N 16).

X. Intertemporale Rechtsanwendung

Die fünfjährige Übergangs- und Anpassungsfrist an die neuen Bestimmungen der Aktienrechtsrevision von 1991 ist am 30.6.1997 abgelaufen. Eine Ausnahme davon wird für Aktiengesellschaften, die vor dem 1.1.1985 gegründet worden sind, zugelassen (sog. «grandfather clause»; BÖCKLI, 2065 ff.). Sie sind nicht verpflichtet, ihr Aktienkapital an die erhöhte gesetzliche Mindestsumme von CHF 100 000 anzupassen. Eine Stimmrechtsprivilegierung, die das neue Höchstverhältnis von 10:1 übersteigt, ist für sie ebenfalls zugelassen.

Im Einzelnen ist auf die Schlussbestimmungen zu verweisen. Vgl. auch BÖCKLI, § 19; BROGGINI, SPR I 355 ff.; BK-STAUFER, zu den Schluss- und Übergangsbestimmungen des OR; M. VISCHER/R. MEIER, AJP 1992, 317 ff.; RAPP, SZW 1992, 106 ff.

XI. Konzernrecht

1. Konzerntatbestand

Die zunehmende Unternehmensverflechtung und -konzentration manifestiert sich in der Bildung von Konzernen. Unter einem Konzern versteht man die Zusammenfassung mehrerer rechtlich selbständiger Unternehmen unter **einheitlicher wirtschaftlicher Leitung** (vgl. die Legaldefinition in Art. 663e Abs. 1). Wann von einheitlicher Leitung gesprochen werden kann, ist nicht geklärt. Aufgrund der Vielfalt der Konzerngestaltungen in der Wirtschaftswirklichkeit ist sie bereits dann anzunehmen, wenn in einem wesentlichen Bereich unternehmerischer Entscheidungen eine einheitliche wirtschaftliche Planung vorliegt, so dass eine selbständige Planung der abhängigen Gesellschaften tatsächlich nicht realisierbar ist. Um den konzernrechtlichen Regelungen einen umfassenden Anwendungsbereich zu sichern, ist von einem *weiten Konzernbegriff* auszugehen (vgl. zum Konzernbegriff VON BÜREN m.w.Nw. zum Streitstand, SPR VIII/06, 77 ff.). Der Konzern als solcher ist nicht rechtsfähig. Das massgebende Abgrenzungskriterium zwischen einer von der Mutter-AG beherrschten Tochter-AG und einer blossen Zweigniederlassung liegt in der Aufrechterhaltung der rechtlichen Selbständigkeit der Tochter (vgl. auch BGE 79 I 71; 81 I 156 f.; 89 I 407, 411; 108 Ib 448; 110 Ib 132; 115 Ib 61) im Gegensatz zur rechtlichen Abhängigkeit der Zweigniederlassung vom Hauptsitz.

Unterscheidungskriterien: Mögliches Differenzierungskriterium ist die Abhängigkeit: beim **Unterordnungskonzern** (auch: vertikaler Konzern) besteht zwischen den Unternehmen ein Abhängigkeits-/Herrschaftsverhältnis; im Rahmen des **Gleichordnungskonzerns** (auch: horizontaler Konzern) stehen die Unternehmen gleichberechtigt nebeneinander. Die Unterscheidung kann auch im Blick auf die Bildung des Konzerns getroffen werden: **Vertragskonzerne** entstehen durch Abschluss eines Beherrschungsvertrags, während unter den Begriff **faktischer Konzern** die sonstigen Entstehungsarten subsumiert werden, z.B. Innehabung einer Kapitalmehrheit (vgl. VON BÜREN, SPR VIII/6, 28 ff.).

2. Konzernbildung

20 Der Rechtsform der AG kommt bei der Bildung von Konzernen massgebende Bedeutung zu. Die besondere **aktive und passive Konzernierungsfähigkeit der AG** folgt aus ihrer rechtlichen Struktur. Die übernehmende Gesellschaft kann als Gegenleistung für den Aktienerwerb mittels einer Kapitalerhöhung unter Ausschluss des Bezugsrechts eigene Aktien oder PS bereitstellen (BGE 121 III 219 erlaubt die gesetzlich nicht vorgesehene Ermächtigung des VR, das Bezugsrecht auszuschliessen sowie den Ausschluss des Bezugsrechtes zum Zweck der Finanzierung von Unternehmensübernahmen und Beteiligungen). Auf diese Weise lässt sich ein Liquiditätsengpass vermeiden. Die Beherrschung einer anderen AG kann durch eine Beteiligungsübernahme bewerkstelligt werden. Zur Beherrschung reicht die Erlangung der Kapitalmehrheit aus, weil damit im Regelfall eine Stimmenmehrheit in der GesV dauerhaft erreicht und die Gesellschaft einer einheitlichen Leitung unterworfen wird.

3. Rechtliche Behandlung

21 Die Verflechtung von AG führt zu spezifischen rechtlichen Problemen, die vom Gesetz nicht erfasst werden. Zwischen den beteiligten Gesellschaften entstehen **Abhängigkeitsverhältnisse,** welche den tatsächlichen Entscheidungsspielraum der beherrschten Gesellschaften einschränken. Wirtschaftlich steht nicht mehr das Interesse der isoliert betrachteten AG, sondern das der *Unternehmensgruppe* im Vordergrund. Daraus resultieren *Schutzbedürfnisse* sowohl für Gläubiger als auch für (Minderheits-)Aktionäre. Daneben führt die Unternehmenskonzentration zu wettbewerbsrechtlichen, wirtschaftspolitischen, staatspolitischen und gesellschaftspolitischen Implikationen (SCHLUEP, ZSR 1973 II 154 ff.).

22 Die Schweiz kennt **kein kodifiziertes Konzernrecht.** Daran hat auch die letzte Revision
des Aktienrechts nichts geändert. Das geltende Aktienrecht enthält lediglich *punktuelle Regelungen* für Konzerne: Art. 663 e–g: Pflicht zur Erstellung einer konsolidierten Konzernrechnung; Art. 663b Ziff. 7 i.V.m. 665a Abs. 2: Offenlegung (grösserer) Unternehmensbeteiligungen; Art. 659b: Erwerb von Aktien einer Gesellschaft durch ihre Tochtergesellschaften; Art. 728 Abs. 6, Art. 653 Abs. 1: Berücksichtigung der Konzernbetrachtung bei der Regelung der Unabhängigkeit der Revisoren und bei der bedingten Kapitalerhöhung. (Eine konzernspezifische Regelung statuiert auch der auf den klassischen Bankkonzern zugeschnittene Art. 12 Abs. 2 BankV, der vom BGer auf den atypischen Bankkonzern analog angewendet wird, BGE 116 Ib 331 ff.) Ansonsten hält das Aktienrecht am Leitbild der AG als rechtlich, wirtschaftlich und organisatorisch selbständiger Einheit (FORSTMOSER/MEIER-HAYOZ/NOBEL, § 60 N 16) fest. Die im Konzernrecht geltenden Grundsätze fussen ausschliesslich auf *Richterrecht,* das sich aus der Behandlung von Fällen des Unterordnungskonzerns entwickelt hat.

4. Anerkennung und Nichtanerkennung der rechtlichen Selbständigkeit beherrschter Tochtergesellschaften und Haftung aus erwecktem Konzernvertrauen

Trotz mangelnder wirtschaftlicher Selbständigkeit wird die von den Parteien subjektiv gewollte formelle **juristische Selbständigkeit der beherrschten Tochtergesellschaft anerkannt** (BGE 79 I 71; 81 I 156 f.; 89 I 407, 411; 108 Ib 448; 110 Ib 132; 115 Ib 61; OGer ZH, ZR 1978, 246 f.; WEBER, SPR II/4, 102 f.). Nur in den Fällen des Rechtsmissbrauchs (Art. 2 Abs. 2 ZGB) lässt die Rechtsprechung den **Durchgriff** auf die hinter der Tochtergesellschaft stehende, herrschende Muttergesellschaft zu. Wenn *Treu und Glauben* es erfordern, werden die bei einer Konzerngesellschaft auftretenden Tatsachen einer anderen zugerechnet. Begründet wird diese Zurückhaltung mit Praktikabilitätsgesichtspunkten und mit der Notwendigkeit, die Rechtssicherheit und einen vernünftigen Geschäftsverkehr zu gewährleisten (OGer ZH, ZR 1978, 246 f.). Auf der Grundlage der Haftung für culpa in contrahendo hat das BGer eine **Haftung aus erwecktem Konzernvertrauen** entwickelt (bisher erschienene Monographien zum Thema: BRECHBÜHL, Haftung aus erwecktem Konzernvertrauen, Diss. Bern 1998 [ASR 617]; KUZMIC, Haftung aus «Konzernvertrauen», Diss. Zürich 1998 [SSHW 187]). Die Muttergesellschaft haftet für den Schaden, welcher dem Dritten aus der treuwidrigen Enttäuschung der hinreichend konkreten und bestimmten Erwartungen erwächst (BGE 120 II 331: Haftung der Muttergesellschaft für den geschaffenen Vertrauenstatbestand bez. Bonität, Zuverlässigkeit und Vertrauenswürdigkeit im Geschäftsgebaren der Tochtergesellschaft). Insofern ist die Vertrauenshaftung im Gegensatz zum Durchgriff kein Einstehen für fremde Schulden, sondern Haftung für das eigene treuwidrige Verhalten (zur Abgrenzung des Durchgriffs von der Haftung aus erwecktem Konzernvertrauen KUZMIC, 97 ff.).

Gestützt auf diese Grundpositionen hat sich eine umfangreiche Einzelfallrechtsprechung entwickelt:

Berücksichtigung der rechtlichen Selbständigkeit:

– Absorbiert eine der Bewilligungspflicht unterstellte, d.h. eine ausländische, Muttergesellschaft ihre Tochtergesellschaft durch Fusion (Art. 748 altOR) und gehen damit Grundstücke auf die Muttergesellschaft über, so handelt es sich um einen bewilligungspflichtigen Grundstückserwerb i.S.v. Art. 1 und 2 BewG, Art. 6 BewV (BGE 108 Ib 440).

– Steuerrechtlich bedeutet die Anerkennung der selbständigen Rechtspersönlichkeit der Tochter-AG z.B., dass diese im interkantonalen Steuerrecht i.d.R. nicht als Betriebsstätte der Muttergesellschaft behandelt werden darf (BGE 64 I 398).

Nichtberücksichtigung der rechtlichen Selbständigkeit:

– Keine Anerkennung der Aktienüberlassung zur Umgehung einer Stimmrechtsbeschränkung (BGE 53 II 49).

– Keine Berücksichtigung einer Forderungszession zwischen verbundenen Gesellschaften, um einen günstigeren Gerichtsstand zu begründen (BGE 58 II 164).

– Die von der eindeutig beherrschten Tochtergesellschaft gehaltenen Aktien der Muttergesellschaft sind dieser zuzurechnen und daher im Rahmen des Art. 659 altOR zu berücksichtigen (BGE 72 II 275, 283 ff., nunmehr kodifiziert in Art. 659b; vgl. auch § 56 Abs. 2 AktG; ZK-SIEGWART, Einl. N 182 f.). Eine Ausnahme ist nur dann anzuerkennen, wenn die Tochtergesellschaft weitgehend unabhängig ist oder nur über eine geringe Kapitalbeteiligung an der Muttergesellschaft verfügt.

- Zusammenrechnung der Beschäftigten zweier rechtlich selbständiger, aber eine wirtschaftliche Einheit bildender Betriebe, um im Arbeitnehmerinteresse zur Anwendung des Art. 5 Abs. 2 lit. a ARG zu gelangen (BGE 93 I 378, 381).
- Die Übertragung des Arbeitsverhältnisses zusammen mit dem Unternehmen auf eine juristische Person, die mit dem Veräusserer wirtschaftlich identisch ist, führt nicht zu einer Unterbrechung der nach Art. 339b relevanten Dauer eines Arbeitsverhältnisses (BGE 112 II 56).
- Gemäss § 44 StG ZH haben juristische Personen, deren Gründung und Bestand lediglich der Steuerumgehung dienen, keinen Anspruch auf steuerliche Anerkennung. Ihre Steuerfaktoren sind dem Steuersubjekt zuzurechnen, dem sie tatsächlich zustehen. Eine Steuerumgehung ist allerdings nicht ohne weiteres schon darum anzunehmen, wenn eine inländische juristische Person eine ausländische Tochtergesellschaft in einer karibischen Steueroase gründet und diese gewisse Finanzanlagen tätigt (Steuerrekurskommission I ZH, 4.6.1987 = StE 1988, B. 71.2 Nr. 1).
- Die Tochtergesellschaft kann sich für Fehler eines Experten der Muttergesellschaft nicht auf Art. 399 Abs. 2 berufen (BGE 112 II 354).
- Keine Zurechnung des Wissens des bösgläubigen Vertreters, der mit dem täuschenden Vertragspartner wirtschaftlich identisch ist (BGE 112 II 503: es handelt sich um einen Fall der Doppelvertretung, der an sich keine konzernrechtsspezifischen Probleme aufwirft).
- Keine Berufung auf die rechtliche Selbständigkeit einer juristischen Person, wenn diese von der herrschenden Gesellschaft vorgeschoben wird, um die Bedingung für die Ausübung eines Optionsrechts zu vereiteln (BGE 113 II 31 ff.).
- Aufgrund wirtschaftlicher Betrachtungsweise ist auf einen Konzern insb. im Konkurs das Recht der einfachen Gesellschaft anzuwenden (KGer FR, RFJ 1999, 72 ff.; gl. M. PETER/BIRCHLER, SZW 1998, 113 ff.; a.M. überzeugend VON BÜREN/HUBER, SZW 1998, 213 ff.)
- Missbräuchliche Verwendung einer Kollokationsklage durch eine Konzerngesellschaft bei der Geltendmachung von Forderungen gegen sich selbst zum Nachteil von Drittgläubigern (BezGer ZH, ZR 225 ff.: i.c. wurde die Klage bereits aus anderen Gründen abgewiesen).

Ablehnung der Haftung aus erwecktem Konzernvertrauen:
- Das blosse Bestehen von Konzernverbindungen genügt ebenso wenig wie der Hinweis darauf auf dem Briefpapier, um eine Haftung aus erwecktem Konzernvertrauen entstehen zu lassen. Die Haftung aus erwecktem Konzernvertrauen entbindet den Geschäftspartner nicht von der Prüfung der Kreditwürdigkeit der Tochtergesellschaft (BGE 124 III 297: Präzisierung zu 120 II 331; vgl. dazu VON BÜREN, SZW 1999, 54 ff.; HAUSHEER, in: ZBJV 1999, 401 ff.).

Annahme der Haftung aus erwecktem Konzernvertrauen:
- Lässt die Muttergesellschaft zu, dass die Tochtergesellschaft in Werbung und Korrespondenz intensiv auf die Einbindung in den Konzern hinweist, so haftet sie gegenüber Dritten aus dem erweckten Konzernvertrauen für den durch ihr eigenes treuwidriges Verhalten adäquat kausal verursachten Schaden. Das treuwidrige Verhalten ist in der Unterkapitalisierung der Tochtergesellschaft zu sehen. Die herrschende Gesellschaft kann auch die Pflicht treffen, dafür zu sorgen, dass auf die Mitteilungen der

Tochter Verlass ist (BGE 120 II 331: Unterkapitalisierung verneint, Pflichtverletzung bejaht; in 123 III 231 bestätigt; krit. AMSTUTZ/WATTER, AJP 1995, 504 ff.; GONZENBACH, recht 1995, 119 ff.; DRUEY, SZW 1995, 95 ff.; BÄR, ZBJV 1996, 454 ff.; WIEGAND, ZBJV 1996, 321 ff.).

5. Pflicht zur Wahrung der Interessen der Tochtergesellschaft

Die Verbindung von AG in einem Konzern befreit die Verwaltung nicht von der Pflicht, die Interessen der Tochtergesellschaft auch im Verhältnis zur Muttergesellschaft wahrzunehmen. Die **Tochtergesellschaft** hat die Geschäfte bei Pflichtenkollisionen im eigenen Interesse und nicht in dem der Unternehmensgruppe zu leiten: Nur um den Weisungen der Konzernleitung im Rahmen einer konsolidierten Geschäftsführung nachzukommen, darf der VR keine sachlich unmotivierten Überweisungen vornehmen; andernfalls begeht er eine Sorgfaltspflichtverletzung (vgl. Art. 722 Abs. 1, Art. 754 Abs. 1; BGE 108 Ib 37; 110 Ib 127, 132 f. = Pra 1984, 707 ff.; BezGer ZH, ZR 225 ff.: Widerstandsrecht bzw. -pflicht der Verantwortlichen einer Tochtergesellschaft, wenn der Konzernbeherrscher seine Konzernleitung nur zu seinem eigenen Vorteil nutzt). Daneben besteht auch eine Sorgfaltspflicht hinsichtlich der Vermögensinteressen der zur Abschöpfung von Gewinnen berechtigten **Muttergesellschaft**. Weiter sind Gesetz (insb. die Kapitalschutzbestimmungen) und Statuten zu wahren (BGer SJZ 2001, 492): Strafbarer Verstoss gegen die Treuepflicht des Geschäftsführers einer Tochtergesellschaft, wenn ausschliesslich und direkt die Vermögensinteressen der Muttergesellschaft verletzt werden (BGE 109 IV 111 ff. noch zu Art. 159 altStGB). Überdies besteht ein Auskunftsrecht eines Aktionärs der Mutter-AG gegenüber den Organen der herrschenden Gesellschaft über die Verhältnisse der beherrschten Gesellschaften. Der Aktionär, der Einsicht in die Jahresrechnung der Tochtergesellschaften nehmen möchte, muss jedoch nachweisen, dass die erbetenen Informationen zur Ausübung seiner Rechte erforderlich sind (BGE 132 III 71 ff.; noch für eine umfassende Auskunftspflicht die frühere Praxis, vgl. OGer ZH, SAG 1973, 49).

6. Holdinggesellschaft

Die Holdinggesellschaft stellt einen wesentlichen Faktor bei der Bildung von Konzernen dar (vgl. im Einzelnen ZWEIFEL, 31 f.). Die auf diese Weise geschaffene Struktur verbundener Unternehmen fällt unter den gesetzlichen Konzernbegriff. Die Holdinggesellschaft als herrschendes Unternehmen bezweckt, die **Geschäftspolitik anderer rechtlich selbständiger Unternehmen zu koordinieren und zu kontrollieren,** ohne selbst einen Geschäftsbetrieb zu unterhalten. In Art. 671 Abs. 4 sieht das Gesetz für die Holdinggesellschaft marginale Erleichterungen vor. Vorteile bestehen vornehmlich im Steuerrecht (sog. Holdingprivileg; HÖHN/WALDBURGER, Steuerrecht § 20 N 19 ff.; vgl. auch BAUEN/BERNET N 1127 ff.). Ansonsten finden die allgemeinen Bestimmungen und die konzernrechtlichen Grundsätze Anwendung.

7. Wechselseitig beteiligte Unternehmen

Besondere Probleme bestehen bei den wechselseitig beteiligten Unternehmen. Die damit einhergehende Akkumulation von Grundkapital kann zu einer weiter gehenden Gefährdung der Gläubiger führen als bei anderen Konzerngestaltungen. Überdies begünstigt diese Konstellation die Herrschaft der Verwaltungsräte in den jeweiligen GesV, weil jene die Rechte aus der wechselseitigen Beteiligung wahrnehmen. Dadurch können die

aussenstehenden Aktionäre abgekoppelt und damit von einer effektiven Kontrolle ausgeschlossen werden.

Schutz können Gläubiger und Aktionäre über Art. 659b erlangen. Sind dessen Voraussetzungen erfüllt, so finden die Vorschriften, welche die Beschränkung des Erwerbs eigener Aktien regeln, auf wechselseitige Beteiligungen Anwendung (dazu im Einzelnen bspw. VON BÜREN, m.w.Nw. zum Streitstand, SPR VIII/6, 106 ff.).

8. Kritik

27 Das Fehlen eines kodifizierten Konzernrechts führt zu *Schutzlücken* im Verhältnis der Konzerngesellschaften zu den aussenstehenden Aktionären und Gläubigern. Mit dem Institut des erweckten Konzernvertrauens hat das BGer ansatzweise eine wirtschaftsrechtliche Optik an den Tag gelegt. Trotzdem wird die wirtschaftliche Wirklichkeit der Unternehmensverbindungen nicht im notwendigen Masse rechtlich erfasst. Die skizzierte Spruchpraxis greift auf die wenig konkreten und nur in besonders gelagerten Fällen anwendbaren Institute des Rechtsmissbrauchs und des erweckten Konzernvertrauens zurück; **eine geschlossene Konzeption hinsichtlich der Verflechtung von Unternehmen fehlt.** Es handelt sich notwendig um eine am Einzelfall orientierte Rechtsprechung, die Verallgemeinerungen im Blick auf ein allgemeines Unternehmenskonzernrecht nicht zulässt. Das Konzernrecht muss deshalb und aus Gründen der Rechtssicherheit gesetzlich geregelt werden. Das Argument, Missbräuche seien in der Vergangenheit nicht bekannt geworden (Zwischenbericht 1972, 192), überzeugt nicht. Eine künftige Ordnung muss v.a. auf die *Herstellung von Transparenz* durch Publizität achten. Sie darf sich nicht nur mit der Tatsache des bestehenden Konzerns befassen, sondern hat auch die Phasen vor und bei der Konzernbildung zu regeln.

XII. IPR

28 Das IPRG folgt in Art. 154 bei der Bestimmung des Personalstatuts einer AG, d.h. des auf ihre Gründung, Organisation und Beendigung anwendbaren Rechts, der **Inkorporations- bzw. Gründungstheorie.** Massgebend ist die Rechtsordnung des Landes, nach dessen Vorschriften die AG unter Beachtung der Eintragungs- und Bekanntmachungsformalitäten gegründet wurde und wo sie ihren statutarischen Sitz hat. Hingegen kommt es nicht darauf an, ob am dergestalt bestimmten Sitz auch das Zentrum der Gesellschaftstätigkeit besteht (BGE 108 II 122). Der räumliche Geltungsbereich des schweizerischen Aktienrechts erstreckt sich grundsätzlich auf sämtliche nach ihm gegründeten AGs, die ihren statutarischen Sitz in der Schweiz haben. Auf den *tatsächlichen Verwaltungssitz* der AG wird zur Bestimmung des anwendbaren Rechts dann abgestellt, wenn sich die Gesellschaft nicht nach dem Recht des Inkorporationsstaats organisiert (Art. 154 Abs. 2 IPRG). Die Reichweite des Personalstatuts der Gesellschaft ergibt sich in concreto aus Art. 155 IPRG. Zu berücksichtigen sind die *Sonderanknüpfungen* der Art. 156–161 IPRG, die aufgrund überwiegender Drittinteressen eingeführt wurden (Botschaft IPRG, BBl 1983 I 440 f.).

Von der **Anerkennung ausländischer AGs** hat das BGer vor Inkrafttreten des IPRG dann eine Ausnahme gemacht, wenn sich die Anknüpfung als rechtsmissbräuchlich darstellte. Der Einwand des Rechtsmissbrauchs wurde bei Statuierung eines *fiktiven Sitzes* durch die AG angenommen (BGE 76 I 150, 159 = Pra 1950, 407 ff.; 102 Ia 407; 108 II 402 = Pra 1983, 160 ff.; 110 Ib 216 f.: Rechtsmissbrauch in concreto verneint). Ein solcher liegt vor, wenn der Sitz keine Beziehung zur wirklichen Sachlage aufweist und allein zur Umgehung der Gesetze des Landes gewählt wurde, in dem die AG effektiv tätig ist (BGE 108 II 402). Die Rechtsprechung verfuhr jedoch nur dann streng nach diesem Grundsatz, wenn durch die Begründung eines fiktiven Sitzes bezweckt wurde, die Anwendbarkeit schweizerischer Gesetze zu vermeiden (vgl. BGE 110 Ib 213). Kein Rechtsmissbrauch liegt in der Absicht, die Haftung auf das Anstaltskapital einer liechtensteinischen Gesellschaft zu beschränken (BGE 108 II 213 ff.). Die Rechtsprechung zur rechtsmissbräuchlichen Inkorporation ausländischer AGs wird nach Inkrafttreten des IPRG vom BGer nicht mehr aufrechterhalten. Als allgemeine Schranke kommt hingegen die Vorbehaltsklausel des schweizerischen **Ordre public** (Art. 17 IPRG) in Betracht (BGE 117 II 494: i.c. verneint).

Für **Zweigniederlassungen ausländischer Gesellschaften** sieht Art. 160 Abs. 1 IPRG eine Sonderanknüpfung vor. Sie unterstehen zwingend dem schweizerischen Recht. Die Zweigniederlassung ist in das schweizerische Handelsregister einzutragen (vgl. auch Art. 935 Abs. 2; Art. 113 f. HRegV). Zu berücksichtigen ist insb., dass sich die Vertretungsmacht einer solchen Zweigniederlassung nach schweizerischem Recht bestimmt (Art. 160 Abs. 2 als Sonderregelung zu Art. 155 lit. i IPRG). Weiterhin fordert Art. 160 Abs. 2 Satz 2 IPRG, dass mindestens eine vertretungsberechtigte Person ihr Domizil in der Schweiz hat.

Nach einer neueren Entscheidung des BGer können schweizerische Hauptniederlassungen von im Ausland inkorporierten Gesellschaften mangels Selbstständigkeit nicht als Zweigniederlassungen eingetragen werden, wenn der in der Schweiz tätige Vertreter gleichzeitig einziges statutarisches Organ des ausländischen Gründungssitzes ist (BGer v. 27.1.2005, 4C.373/2004, E. 2.3).

XIII. Modifikationen durch sondergesetzliche Regelungen

Für AGs gelten die Bestimmungen des OR zur AG, des RAG, des FusG und für Publikumsgesellschaften des BEHG. Daneben sind abhängig von der wirtschaftlichen Zielsetzung als weitere Rechtsquellen zu beachten:

- BG über die Banken und Sparkassen (SR 952.0; Verordnung SR 952.02);
- BG über die Schweizerische Nationalbank (SR 951.11);
- BG über die Ausgabe von Pfandbriefen (SR 211 423.4; Verordnung SR 211 423.41);
- BG betr. die Aufsicht über die privaten Versicherungseinrichtungen (VAG, SR 961.01; Verordnungen SR 961.05, 961.11);
- BG über Bau und Betrieb von Eisenbahnen (SR 742 101; Verordnung SR 742 101.1);
- BG über die Seeschifffahrt unter der Schweizer Flagge (SR 747.30);
- BG über die Luftfahrt (SR 748.0; Verordnung 748.01);
- BG über die Nutzbarmachung von Wasserkräften (SR 721.80; Wasserrechtsverordnung, WRV SR 721 801);
- BG betr. die elektrischen Schwach- und Starkstromanlagen (SR 734.0);
- BG über den Versicherungsvertrag (SR 221 229.1; Verordnung SR 221 229.11);
- BG über die Schweizerischen Bundesbahnen (SR 742.31);
- BG über die kollektiven Kapitalanlagen (SR 951.31).

Art. 620

A. Begriff

¹ Die Aktiengesellschaft ist eine Gesellschaft mit eigener Firma, deren zum voraus bestimmtes Kapital (Aktienkapital) in Teilsummen (Aktien) zerlegt ist und für deren Verbindlichkeiten nur das Gesellschaftsvermögen haftet.

² Die Aktionäre sind nur zu den statutarischen Leistungen verpflichtet und haften für die Verbindlichkeiten der Gesellschaft nicht persönlich.

³ Die Aktiengesellschaft kann auch für andere als wirtschaftliche Zwecke gegründet werden.

A. Définition

¹ La société anonyme est celle qui se forme sous une raison sociale, dont le capital-actions est déterminé à l'avance, divisé en actions, et dont les dettes ne sont garanties que par l'actif social.

² Les actionnaires ne sont tenus que des prestations statutaires et ne répondent pas personnellement des dettes sociales.

³ La société anonyme peut être fondée aussi en vue de poursuivre un but qui n'est pas de nature économique.

A. Nozione

¹ La società anonima è quella che si forma sotto una ditta propria, il cui capitale (capitale azionario), anticipatamente determinato, si divide in parti (azioni) e per i debiti della quale non risponde se non il patrimonio sociale.

² Gli azionisti sono tenuti soltanto alle prestazioni statutarie e non sono personalmente responsabili dei debiti della società.

³ La società anonima può proporsi anche un fine non economico.

I. Gesellschaftszweck

1. Allgemeines

1 Art. 620 enthält die Legaldefinition der AG. Die AG ist eine körperschaftlich organisierte Kapitalgesellschaft mit juristischer Rechtspersönlichkeit. Vgl. im Einzelnen Vor Art. 620 N 1 ff.

2 Eine AG liegt begrifflich vor, wenn sich eine Personenmehrheit zur Erreichung eines bestimmten Zwecks körperschaftlich organisiert (ZK-SIEGWART, N 2). Im Widerspruch zum Merkmal der Personenvereinigung hat der Gesetzgeber im Rahmen der Totalrevision des GmbH-Rechts die Gründung einer Einpersonen-AG vornehmlich aus praktischen Erwägungen zugelassen (Art. 625; Botschaft GmbH, 3155). Die AG kann **jeden rechtlich erlaubten Zweck** verfolgen. Insbesondere ist sie nicht auf eine wirtschaftliche Zielsetzung beschränkt, sondern kann auch für ideale Zwecke Verwendung finden (Abs. 3), auch wenn dies die Ausnahme darstellt. In der Rechtswirklichkeit haben sich als Folge der Elastizität des Aktienrechts Formen mit besonderer Zweckverfolgung oder Organisationsstruktur herausgebildet.

2. Immobiliengesellschaft

3 Ausschliesslicher Zweck ist der Erwerb und die Innehabung eines oder mehrerer der AG gehörender Grundstücke (FORSTMOSER/MEIER-HAYOZ/NOBEL, § 62 N 114; BÖCKLI, § 1 N 38). Auf die Anwendung aktienrechtlicher Regelungen hat diese Gestaltung keinen Einfluss; sie schafft jedoch *sachenrechtliche Probleme*. Durch die Errichtung einer

1. Abschnitt: Allgemeine Bestimmungen   4–6 Art. 620

Immobilien-AG wird der Bodenwert mobilisiert. Die Grundstücksübertragung kann durch Veräusserung der Aktien erfolgen, ohne dass eine Änderung des Grundbuchs erforderlich ist. Dadurch wird die im Interesse der Rechtssicherheit bestehende Publizitätsfunktion des Grundbuchs eingeschränkt. Die Immobilien-AG kann als Instrument der **Gesetzesumgehung** eingesetzt werden. Der Verkauf sämtlicher Aktien einer AG, deren einziger Aktivposten ein Grundstück ist, wird von der Rechtsprechung als gültiger Fahrnisverkauf qualifiziert (BGE 45 II 34 f.; vgl. auch BGE 116 II 570 ff.). Die gesetzliche Gewährleistung erstreckt sich ohne anders lautende Abrede nicht auf den wirtschaftlichen Wert der Aktien (KGer JU, RJJ 1993, 264 ff.; BGE 107 II 422; ebenso KGer VS, ZWR 1999, 292 ff., mit der Einschränkung, dass dies nicht gelte, wenn die Aktienübertragung als Mittel zum Zweck der Übertragung eines Unternehmens diene). Besondere Bedeutung kommt dem Verbot des Rechtsmissbrauchs zu; auch Art. 18 ist im Auge zu behalten (vgl. JÄGGI, SAG 1974, 151 ff.; FORSTMOSER/MEIER-HAYOZ/NOBEL, § 62 N 123; für ein gesetzliches Obligatorium der Ausgabe von Namenaktien VON GREYERZ, 54 f.). Eine wirtschaftliche Betrachtungsweise hat sich im *Steuerrecht* durchgesetzt: Obwohl sie an sich keine Abgabepflicht begründet, wird die Veräusserung der Gesamtheit oder überwiegenden Mehrheit der Aktien einer Immobiliengesellschaft der Handänderungs- und Grundstücksgewinnsteuer unterworfen, weil der Vorgang wirtschaftlich der Eigentumsübertragung an den einer AG gehörenden Grundstücken gleichkommt (st.Rspr. BGE 75 I 302; 79 I 19; 85 I 101; 91 I 471; 98 Ia 92 f.; 99 Ia 459 ff.) So hat eine Immobiliengesellschaft heute weitaus mehr Steuernachteile denn -vorteile zu gewärtigen (BÖCKLI, § 1 N 38). Die Steuerhoheit hinsichtlich des Gewinns aus dem Verkauf der gesamten Aktien einer reinen Immobiliengesellschaft steht dem Liegenschaftskanton zu (BGE 85 I 92, 98 ff.). Hingegen scheidet eine Erhebung der Handänderungs- und Grundstücksgewinnsteuer bei der Übertragung von Beteiligungen an Betriebsgesellschaften im Regelfall aus, weil der Aktienverkauf nicht einem Grundstücksverkauf gleichkommt. Eine Ausnahme davon ist nur bei ungewöhnlichen Fallgestaltungen anzuerkennen, z.B. bei Absicht der Steuerumgehung (BGE 99 Ia 466 ff. m. w.Nw.).

Ein Sonderfall der Immobilien-AG ist die sog. *Mieter-AG*. Diese ist als Eigentümerin 4
eines Mehrfamilienhauses verpflichtet, mit den Aktionären Mietverträge über eine bestimmte Wohnung abzuschliessen, sofern jene eine bestimmte Anzahl von Aktien halten. Auf diese Weise wurde privatautonom eine dem bis 1965 unzulässigen Stockwerkseigentum vergleichbare Rechtsform geschaffen (vgl. FORSTMOSER/MEIER-HAYOZ/NOBEL, § 62 N 134; FRIEDRICH und FLATTET, ZSR 1956 II 70a ff., 694a ff.).

3. Kooperative AG

Es handelt sich um eine AG mit wirtschaftlicher Zielsetzung, die jedoch *nicht gewinn-* 5
strebig ist. Als Vereinigung von Unternehmen verfolgt diese den Zweck, gemeinschaftliche wirtschaftliche Bedürfnisse in gemeinsamer Selbsthilfe zu befriedigen (vgl. FORSTMOSER/MEIER-HAYOZ/NOBEL, § 62 N 137 ff.). Massgebend ist mithin der persönliche Einsatz der Aktionäre, sodass die AG einen personalistisch-genossenschaftlichen Charakter annimmt.

II. Gesellschafter

Aktionäre können **natürliche** (auch handlungsunfähige) und **juristische Personen,** aber 6
ebenso die nicht rechtsfähigen **Handelsgesellschaften** (Kollektivgesellschaft, Kommanditgesellschaft) sein. Der Ordnung halber sei angemerkt, dass Handelsgesellschaften

oder juristische Personen als solche nicht VR-Mitglieder sein können (Art. 707 Abs. 3). Auch Erbengemeinschaften können als Aktionäre an der Gesellschaft beteiligt sein (vgl. dazu Art. 685b Abs. 4, Art. 685d Abs. 3; FORSTMOSER/MEIER-HAYOZ/NOBEL, § 45 N 5; ZK-SIEGWART, Art. 622 N 7; FUNK, Art. 620 N 5).

7 Durch die statutarische Begründung vinkulierter Namenaktien (Art. 627 Ziff. 8, Art. 684, 685a) kann die Mitgliedschaft bei fehlender Börsenkotierung von der Erfüllung bestimmter Voraussetzungen abhängig gemacht werden (Art. 685b). Sind die Namenaktien hingegen börsenkotiert, so darf die Mitgliedschaft, wenn von den in den Schlussbestimmungen normierten Privilegien (vgl. 4 SchlT AG) abgesehen wird, als solche nicht verweigert, sondern lediglich in ihrem Umfang begrenzt werden (Art. 685d). Durch die ausschliessliche Ausgabe vinkulierter Namenaktien kann jedoch de facto eine Beschränkung der Mitgliedschaft auf bestimmte Personen erreicht werden.

III. Aktienmantel

8 Ist eine AG ihres materiellen wirtschaftlichen Gehalts entkleidet und besteht in der Rechtswirklichkeit nur noch das rein formale Gebilde einer wirtschaftlich vollständig liquidierten, rechtlich aber noch nicht aufgelösten AG, so liegt ein Aktienmantel vor (BGE 64 II 362; 67 I 36; 80 I 32; 123 III 473). Die Bilanz einer derartigen AG besteht lediglich aus zwei Posten, dem AK auf der Passivseite und einem Verlustvortrag oder einem Darlehen an den Aktionär auf der Aktivseite. Die rechtliche Behandlung der lediglich noch formell bestehenden AG wirft Schwierigkeiten auf. Der Aktienmantel stellt einen *veräusserungsfähigen Vermögenswert* dar. Durch den Kauf eines Aktienmantels und nachfolgende Statutenänderung können die Gründungsvorschriften der AG umgangen werden. Diese Vorgehensweise bietet den Vorteil, Gründungskosten und Steuern zu sparen sowie den Firmennamen im Rahmen einer neuen AG weiterhin benutzen zu können. Ausserdem kann der Verwendung eines Aktienmantels die Funktion zukommen, Auflösungsvorschriften zu umgehen, Konzessionen zu erschleichen oder die Wirkung von Gesetzesänderungen hinauszuschieben (vgl. die Übergangsbestimmungen Vor Art. 620 N 18).

Das BGer erklärt **Rechtsgeschäfte über Aktienmäntel** in ständiger Rechtsprechung für **nichtig** (BGE 64 II 361; 67 I 37; 80 I 64 f.; BGer SemJud 1990, 108; in der Sache auch BGE 80 I 30). Die überwiegende Lehre vertritt die gleiche Auffassung (WEISS, N 271 ff.; FORSTMOSER/MEIER-HAYOZ/NOBEL, § 56 N 168; MEIER-HAYOZ/FORSTMOSER, § 16 N 445; RUEDIN, 2017 f.). Zum Teil werden Mantelgeschäfte aber für zulässig gehalten (VON GREYERZ, 57 f.; WOHLMANN, 27 zur GmbH; ZK-SIEGWART, N 34 und ZK-VON STEIGER, Art. 779 N 5 ff. treten für eine einzelfallorientierte Lösung ein; GUHL/DRUEY, § 65 N 40 verneinen die Nichtigkeit wegen der weiter bestehenden Haftung, resp. sprechen sich für die heilende Wirkung des Handelsregistereintrages nach Art. 643 aus, falls man den Kauf eines Aktienmantels als Neugründung betrachtet, anders noch GUHL/KUMMER/DRUEY, 633). Aufgrund eines Mantelkaufs kann somit keine Handelsregistereintragung verlangt werden; vielmehr ist eine bestehende Eintragung im Handelsregister zu löschen (BGE 55 I 136, 195, 349; 64 I 363). Dem entspricht, dass die Handelsregister- und Steuerbehörden (BGE 87 I 295; Auszug aus SHAB Nr. 52 vom 2.3.1956, SJZ 1956, 132) einer mit dem Mantelkauf einhergehenden Statutenänderung die rechtliche Anerkennung versagen. Die bundesgerichtliche Rechtsprechung ist zu streng. Nach der hier vertretenen Auffassung bildet das *Verbot des Rechtsmissbrauchs* eine ausreichende Schranke zur Verhinderung von Schädigungen. Die Behandlung von Mantelverkäufen in der Rechtsanwendung ist schliesslich nicht konsequent. Trotz der angenommenen zivilrechtlichen Unwirksamkeit wird der Mantelhandel steuerrechtlich als Liquidation mit anschliessender Neugründung behandelt (vgl. Art. 5 Abs. 2 lit. b StG, SR 610.10; CAGIANUT/HÖHN, § 12 Ziff. 76).

Besteht die AG nur noch der äusseren Form nach als juristische Person, so ist sie im Handelsregister zu löschen (Art. 938a, Art. 155 HRegV; BGE 55 I 136, 195; 64 II 363; 65 I 129). Das ist anzunehmen, wenn die AG während eines langen Zeitraums keiner wirtschaftlichen Tätigkeit mehr nachgeht und die Umstände für das Vorliegen eines Mantels sprechen. Die Grenze zwischen dem Vorliegen eines Aktienmantels und der nicht völlig stillgelegten AG ist schwierig zu bestimmen. Es hat eine umfassende Einzelfallabwägung stattzufinden (vgl. auch BGE 55 I 347). Nicht ausreichend ist jedenfalls, dass der Geschäftsbetrieb nur vorübergehend eingestellt wird, das Vermögen nicht vollständig liquidiert ist, die AG von den Beteiligten in Wirklichkeit nicht aufgegeben ist und die Geschäftstätigkeit wieder aufgenommen wird. 9

IV. Eigene Firma

Die Firma ist der Name, unter dem die AG im Rechtsverkehr auftritt. Sie dient der Individualisierung der die Firmenbezeichnung führenden AG. Unter Wahrung der allgemeinen Grundsätze über die Firmenbildung (Art. 944, 951: Firmenwahrheit, -klarheit und -ausschliesslichkeit) kann die AG ihre Firma **frei wählen** (Art. 950 Abs. 1). Nach neuem Recht muss wie bei der GmbH die Rechtsform angegeben werden (Art. 950 Abs. 1 Satz 2, zum Übergangsrecht s. Art. 2 Abs. 4 ÜBest). Die neuere Praxis des BGer betrachtet *reine Sachfirmen* mangels ausreichender Kennzeichnungskraft als von Anfang an unzulässig (BGE 101 Ib 361; 114 II 284; krit. RAUBER, SAG 1989, 110 f.). 10

Änderung durch den E-Aktien- und Rechnungslegungsrecht: Zulassung reiner Sachfirmen (Art. 944 Abs. 2 E-Aktien- und Rechnungslegungsrecht; vgl. auch Botschaft Aktien- und Rechnungslegungsrecht, 144 ff.)

V. Aktienkapital

1. Begriff

Das feste AK (früher Grundkapital s. dazu N 13) ist ein zentrales Strukturmerkmal der AG (BAUDENBACHER-TANDLER, 112 ff.; vgl. zur AG als Kapitalgesellschaft Vor Art. 620 N 7; eine Ausnahme ist in der bedingten Kapitalerhöhung gem. Art. 653 ff. zu sehen). Darunter ist der in den Statuten festgeschriebene Kapitalbetrag zu verstehen, zu dessen Einbringung in das Gesellschaftsvermögen sich die Gesellschafter in ihrer Gesamtheit durch die Zeichnung von Aktien mindestens (zur Überpari-Emission vgl. Art. 624 N 7) verpflichten (ZK-SIEGWART, N 5; FORSTMOSER/MEIER-HAYOZ/NOBEL, § 1 N 38; NOBEL, 133) und in dessen Umfang das Reinvermögen der AG nicht freiwillig vermindert werden darf. Das AK ist die in schweizerischer Währung auszudrückende **Summe der Nennwerte aller Aktien.** Es ist mithin eine rein rechnerische Grösse und bedeutet eine Sperrziffer bzw. Garantieziffer, in deren Höhe Vermögen dauernd an die Gesellschaft gebunden sein soll. 11

Das AK ist strikt vom tatsächlichen *Gesellschaftsvermögen* zu unterscheiden. Das Gesellschaftsvermögen unterliegt einem dynamischen Prozess und verändert sich deshalb ständig. Vom AK als Mindesteinlagebetrag können keine Rückschlüsse auf den Vermögensstand der AG gezogen werden. Beträge, die unabhängig vom Nennwert der Aktien 12 das Gesellschaftsvermögen erhöhen (z.B. Überschuss bei Überpari-Emissionen, freiwilliger Verlustausgleich), gehören nicht zum AK.

2. PS-Kapital

13 Im Zuge der Aktienrechtsrevision wurde das Recht der PS gesetzlich geregelt. Damit sollte dem praktischen Bedürfnis nach **Eigenkapital ohne Stimmrecht** Rechnung getragen werden (Art. 656a ff.). Die PS verkörpern in ihrer Gesamtheit das PS-Kapital. Dieses stellt, wie das AK, einen Posten des gesellschaftlichen Eigenkapitals dar (vgl. Art. 656a Abs. 2 i.V.m. Art. 663a Abs. 3). Art. 656a Abs. 2 verweist zur Regelung des PS-Kapitals vorbehaltlich besonderer Bestimmungen umfassend auf die Ordnung des AK. Zur Bestimmung der Mindesthaftungsbasis einer AG bleibt allein das statutarisch festgesetzte AK massgebend (vgl. Art. 656b Abs. 2). Der Botschaft AG (784) zufolge soll dem im Zuge der Aktienrechtsrevision von 1991 ersetzten Begriff des Grundkapitals (Art. 620 Abs. 1 altOR) die Bedeutung eines gesetzlich nicht normierten Oberbegriffs für AK und PS-Kapital zukommen (vgl. WOHLMANN, SZW 1991, 169 ff.).

3. Funktion des Aktienkapitals

14 Das AK ist eine *konstante, zum Voraus bestimmte Summe.* Veränderungen im Mitgliederbestand oder im Gesellschaftsvermögen sind ohne Einfluss auf das AK. Art. 620 Abs. 1 ist im Zusammenhang mit der Kundgabe des AK durch die Festlegung in den Statuten, den Handelsregistereintrag (Art. 929 i.V.m. Art. 45 lit. h HRegV) und der Veröffentlichung im SHAB (Art. 931) zu sehen. Damit soll gewährleistet werden, dass im Interesse des Rechtsverkehrs Klarheit über die Kapitalausstattung der AG geschaffen wird.

Im Interesse der Gesellschaftsgläubiger dient das feste AK als **Ausgleich für den Ausfall der persönlichen Haftung** der Aktionäre. Diese Funktion kann das AK nur dann erfüllen, wenn sein Bestand sichergestellt ist. Die AG kann nicht frei darüber verfügen (BGE 65 I 149; 102 Ib 24). Durch die gesetzliche Verankerung des Grundsatzes der *Aufbringung* und *Erhaltung* eines dem AK entsprechenden Gesellschaftsvermögens soll den Gläubigern eine statutarisch bestimmte Haftungsmasse ungeschmälert erhalten bleiben. Das AK entfaltet seine Wirkung als Mindesthaftungsbasis erst durch die umfassende gesetzliche Ausgestaltung der Schutzvorschriften.

4. Kapitalaufbringung und Kapitalerhaltung

15 Die Sicherstellung der Kapitalaufbringung wird gewährleistet durch:

– Verbot der Unterpari-Emission (Art. 624 Abs. 1);
– Gebot der vollständigen Zeichnung der Aktien (Art. 629 Abs. 2, Art. 630);
– Gebot der Mindestliberierung (Art. 632);
– Erhöhte Anforderungen bei qualifizierten Gründungen (Art. 628, 634, 635);
– Verbot der Ausgabe nicht vollständig liberierter Inhaberaktien (Art. 683 Abs. 1).

16 Der Erhaltung des AK dienen:

– Verbot der Verzinsung des AK (Art. 675 Abs. 1);

1. Abschnitt: Allgemeine Bestimmungen

- Verbot der Dividendenzahlung, solange keine Deckung des AK gegeben ist (Art. 675 Abs. 2);
- Verbot der Einlagenrückgewähr (Art. 680 Abs. 2);
- Beschränkung des derivativen Erwerbs eigener Aktien (Art. 659; lediglich Ordnungsvorschrift: st.Rspr. BGE 43 II 203, 295; 60 II 319, Erwerbsgeschäfte sind somit nicht nichtig);
- Nichtigkeit des originären Erwerbs eigener Aktien;
- Verschärfte Buchführungs- und Bewertungsvorschriften (Art. 662 ff.);
- Passivierung des AK (Art. 663a Abs. 3).

Die Kapitalerhaltungsvorschriften werden flankiert durch das **gesetzliche Gebot der Reservenbildung** (Art. 671). Das AK dient aufgrund der skizzierten Sicherungsvorschriften zugleich der AG selbst als Kreditbasis. Die Schutzvorschriften sind geeignet, die willkürliche Verringerung des AK zu verhindern, nicht aber die *Unterbilanz,* den *Kapitalverlust* (Art. 725 Abs. 1) und die *Überschuldung* (Art. 725 Abs. 2) der Gesellschaft durch eine negative wirtschaftliche Entwicklung. Für diesen Fall begründen Art. 725, 725a besondere Benachrichtigungspflichten des VR der AG. 17

5. Aktienkapital und Mitgliedschaftsrechte

Die Mitgliedschaft in der AG ist aufgrund des gesetzlichen Leitbilds kapitalbezogen ausgestaltet (vgl. Vor Art. 620 N 7). Damit dient der Anteil am AK, das sich nach der Summe sämtlicher Aktiennennwerte bestimmt, als Bemessungsgrundlage für die mitgliedschaftsrechtliche Stellung des Aktionärs. 18

6. Änderungen des Aktienkapitals

Das AK kann sowohl erhöht (Art. 650 ff.) als auch herabgesetzt (Art. 732 ff.) werden. Im Blick auf die Eigenschaft des AK als Mindesthaftungsbasis gegenüber den Gesellschaftsgläubigern steht die Kapitalherabsetzung unter besonderen Schutzvorschriften. Diese Kautelen sollen verhindern, dass sich die Reduktion der Haftungsmasse als nachteilig für die Gläubiger erweist. 19

VI. Aktie

1. Begriff

Das Gesetz bezeichnet die Aktie als einen summenmässigen Anteil am AK. In dieser Definition kommt die umfassende Bedeutung des Aktienbegriffs nicht zum Ausdruck. Das Gesetz und die Rechtspraxis differenzieren in dreifacher Hinsicht. 20

Die Aktie ist eine im Voraus zu bestimmende und kundzugebende **Teilsumme am AK.** Sie muss auf einen festen Betrag von mindestens einem Rappen (Art. 622 Abs. 4) lauten, den sog. Nennwert. Unzulässig ist die auf einen bestimmten Bruchteil des AK lautende Quotenaktie, ebenso die nennwertlose Aktie. Jede Teilsumme entspricht einer *Mitgliedschaftsstelle* an der AG. Die Summe sämtlicher Aktiennennwerte ergibt das AK. Damit steht im Blick auf die grundsätzliche Festigkeit des AK die Anzahl der Aktien und die der möglichen Mitgliedschaften fest. Eine Person kann i.d.R. mehrere Aktien erwerben. Die Beteiligung an einer AG ist versachlicht (zur Kapitalbezogenheit 21 vgl. Vor Art. 620 N 7). Es ist nicht erforderlich, dass die Teilsummen der Höhe nach übereinstimmen, sie müssen nur in ihrer Gesamtheit das AK ergeben.

22 Als Aktie wird auch die **Gesamtheit der Rechte und Pflichten des Aktionärs,** d.h. sein Mitgliedschaftsrecht, bezeichnet. Dieses erwirbt er entweder originär durch Zeichnung der Aktie bei Gründung (Art. 629 Abs. 2) bzw. Kapitalerhöhung oder derivativ durch Übertragung.

23 Die Aktie bezeichnet überdies die (i.d.R. als Wertpapier) verbriefte **Urkunde,** in der die Mitgliedschaft an der AG verkörpert ist. Vgl. dazu Art. 622 N 1 ff.

2. Aktiengattungen

24 Im Rahmen der gesellschaftsrechtlichen Gestaltungsfreiheit können statutarisch **Aktien mit verschiedenen Rechten** begründet werden (vgl. Art. 627 Ziff. 9 f.). Vornehmlich handelt es sich um Aktien, die bestimmte Aktionäre in vermögens- oder mitverwaltungsrechtlicher Hinsicht *privilegieren.* Aktien mit jeweils gleichen Rechten bilden eine Gattung (der Begriff Aktienarten sollte nach der hier vertretenen Auffassung nur für die Differenzierung zwischen Inhaber- und Namenaktien verwendet werden; wie hier VON GREYERZ, 75 ff.; anders GUHL-DRUEY, § 67 N 14 ff.).

25 **Stammaktien** sind Aktien, die nicht mit Vorrechten ausgestattet sind.

26 Eine eigene Gattung stellen die **Vorzugsaktien** (vgl. Art. 654 ff.) dar. Sie werden häufig mit dem Ziel ausgegeben, neues Kapital anzulocken, und gewähren im Regelfall eine Verbesserung der vermögensrechtlichen Stellung des Aktionärs.

27 **Stimmrechtsaktien** (vgl. Art. 693) bewirken eine erhöhte Stimmkraft des Aktionärs. Durch statutarische Festlegung kann jeder Aktie unabhängig von ihrem Nennwert eine Stimme zugeteilt werden. Die Aktien mit dem jeweils kleineren Nennwert sind alsdann Stimmrechtsaktien. Nicht zulässig ist nach h.A. die Schaffung sog. *offener Stimmrechtsaktien,* bei denen Aktien mit gleichem Nennwert wie die Stammaktien erhöhte Stimmkraft haben (MEIER-HAYOZ/FORSTMOSER/NOBEL, § 24 N 101).

28 Keine eigene Gattung sind Aktien mit lediglich **unterschiedlichem Nennwert.** Dasselbe gilt für die teils auf den Inhaber, teils auf den Namen lautenden Aktien sowie für vinkulierte Aktien.

3. PS und Genussschein

29 Keine Aktien sind die PS (Art. 656a–g; vgl. N 13) und die Genussscheine (Art. 657). Beide stellen keinen Bruchteil des AK dar und gewähren **keine Mitverwaltungsrechte.** Die sog. *Genussaktien,* die Mitgliedschaftsrechte gewähren, ohne auf einen bestimmten Nennwert zu lauten, sind heute nicht mehr zulässig.

VII. Beschränkung der Haftung auf das Gesellschaftsvermögen

30 Die **ausschliessliche Haftung des Gesellschaftsvermögens** für die Verbindlichkeiten der AG ist die unmittelbare Konsequenz aus der Anerkennung ihrer juristischen Selbständigkeit. Das Gesellschaftsvermögen besteht aus der Gesamtheit der Vermögenswerte, die der AG zustehen. Als Haftungsobjekt dient mithin nicht lediglich das AK. Hingegen besteht, anders als bei den Personengesellschaften, keine Haftung der Aktionäre gegenüber den Gesellschaftsgläubigern. Art. 620 Abs. 2 stellt das noch einmal aus-

drücklich klar. Verpflichtungen können lediglich gegenüber der AG selbst bestehen. Eine Ausnahme wird für den auf der Lehre vom Rechtsmissbrauch (Art. 2 Abs. 2 ZGB) beruhenden *Haftungsdurchgriff* zugelassen (vgl. Vor Art. 620 N 23, Art. 625 N 29 ff.). Die Haftungsbeschränkung ergreift nur die auf einer Verpflichtung der AG beruhenden Verbindlichkeiten. Unberührt bleibt selbstverständlich die auf besonderen Verpflichtungsgründen (z.B. Solidarbürgschaft) beruhende Haftung der Aktionäre.

VIII. Rechtsstellung der Aktionäre

1. Mitgliedschaft

Die **Mitgliedschaft ist kapitalbezogen** (vgl. Vor Art. 620 N 8). Im Vordergrund steht regelmässig die finanzielle Beitragsleistung des Aktionärs, nicht seine Persönlichkeit. Erworben wird die Beteiligung an der AG entweder im Gründungsstadium bzw. bei einer Kapitalerhöhung durch die *Zeichnung von Aktien* oder durch *Rechtsgeschäft*. Ausnahmsweise bedarf es bei einer Kapitalerhöhung nicht der persönlichen Beitragsleistung durch den Aktionär, wenn die Einlage ganz oder teilweise aus frei verfügbaren Werten der AG selbst stammt (sog. Gratisaktien, vgl. Art. 652d; BGE 99 Ib 146; 102 Ib 25 f.; 103 Ia 117 ff.; 122 V 178 = Pra 1997, 320 ff.). Einkommens- und verrechnungssteuerlich wird die Ausgabe bzw. der Bezug von Gratisaktien als geldwerte Leistung der AG an ihre Aktionäre behandelt. Somit unterliegen Gratisaktien der Verrechnungssteuer (Art. 20 Abs. 1 VV VStG) sowie der Einkommens- bzw. – soweit verbucht – der Gewinnsteuer (Art. 20 Abs. 1 lit. c DBG). Ferner unterliegt die Ausgabe von Gratisaktien der Emissionsabgabe (Art. 5 Abs. 1 lit. a StG, vgl. aber die Ausnahme des Art. 6 Abs. 1 lit. d StG). Ausser durch die freiwillige Verfügung über die Mitgliedschaft kann der Aktionär diese nur durch *Ausschluss* in einem besonderen Kaduzierungsverfahren verlieren (Art. 681 f.; dazu BGE 113 II 275). Weitere Möglichkeiten des Mitgliedschaftsverlusts bestehen nicht. Das folgt aus dem Grundsatz des festen AK; zugleich kommt darin der kapitalbezogene Charakter der Mitgliedschaft zum Ausdruck. Ein Aktionär kann eine beliebige Anzahl von Aktien innehaben; die Mitgliedschaftsstellen bleiben *rechtlich getrennt*. Der Aktionär kann seine Aktien auch nicht aus eigenem Entschluss zusammenlegen (VON GREYERZ, 72), denn die Anzahl und der Nennwert der Aktien unterfallen dem absolut notwendigen Statuteninhalt (Art. 626 Ziff. 4). 31

Die Mitgliedschaft an der AG umfasst **nicht vermögensmässige** (Mitwirkungs-, Verwaltungs-, Schutzrechte) und **vermögensmässige Rechte** (vgl. z.B. FORSTMOSER/MEIER-HAYOZ/NOBEL, § 40 N 7 ff.). Begriffsnotwendig ist das Stimmrecht (BGE 86 II 83; 31 II 451; ZivGer BS, BJM 1984, 169). 32

2. Beitragspflicht

Art. 620 Abs. 2 statuiert zusammen mit Art. 680 Abs. 1 den Grundsatz der **beschränkten finanziellen Beitragspflicht** des Aktionärs (vgl. FORSTMOSER/MEIER-HAYOZ/NOBEL, § 42 N 10). Gesetzlich ist der Aktionär ausschliesslich zur Liberierung des bei der Aktienausgabe festgelegten Zeichnungsbetrags verpflichtet. Die Pflicht ergibt sich aus der Zeichnung der Aktie entweder bei Gründung der AG oder im Zusammenhang mit einer Kapitalerhöhung. Der Aktionär kann diese Verpflichtung sowohl durch *Bareinlage* als auch durch *Sacheinlage* (unter Berücksichtigung der besonderen Vorschriften: Art. 628, 634, 635) in Höhe des Ausgabepreises erfüllen. Er kann der Beitragspflicht auch im Gründungsstadium nachkommen durch *Verrechnung* mit einer ihm gegen die AG zustehenden Forderung (Art. 634a, 635 Ziff. 2; vgl. zur Verrechnung im Gründungs- 33 stadium: Botschaft AG, 45; FORSTMOSER/MEIER-HAYOZ/NOBEL, § 15 N 30 ff.). Das gilt jedoch nicht im Falle des Konkurses der AG (vgl. BÖCKLI, § 2 N 134; weiter gehend BezGer Arlesheim, SAG 1972, 108: analoge Anwendung des Verrechnungsverbots auf eine überschuldete AG, die sich in Liquidation befindet); nur die Konkursverwaltung hat diesbezüglich ein Verrechnungsrecht (BGE 76 III 13: Anrechnung einer dem Gläubiger zukommenden Konkursdividende auf dessen Einzahlungspflicht). Dem Aktionär kann die Einzahlungspflicht nur dann durch die AG bzw. deren Organe erlassen werden, wenn die Mitgliedschaftsverpflichtung in toto von einer Ersatzperson übernommen wird (BGE 48 II 395 ff.). Die Einzahlung kann anstatt durch einen Gründer auch durch einen Dritten erfolgen (WirtschaftsGer BE, BN 1997, 184; KGer BE, BN 1999, 32 ff.). Die Verjährungsfrist des Anspruchs auf Leistung der Einlage beträgt zehn Jahre (Art. 127; BGE 102 II 361).

3. Nebenleistungsverbot

34 Der Aktionär ist zu über die Einlage hinausgehenden Leistungen gesetzlich nicht verpflichtet. Aber auch die Statuten dürfen keine weitere Verpflichtung als diejenige zur Liberierung anordnen (Art. 680 Abs. 1). Die gesamte Tragweite des Art. 620 Abs. 2 ergibt sich erst durch die Zusammenschau mit Art. 680 Abs. 1. Die Bedeutung beider Vorschriften erstreckt sich auf die Festsetzung sowohl vermögensmässiger als auch nicht vermögensmässiger Pflichten: Statutenbestimmungen, die eine persönliche Haftung, Zuzahlungen, Nebenleistungen oder eine Nachschusspflicht des Aktionärs oder aber Arbeitsleistungen, Unterlassungen, Ämterübernahme etc. normieren, entfalten **keine Rechtswirkung zu Lasten der Aktionäre**. Ohne Zweifel zulässig sind freiwillige Leistungen der Aktionäre (ZK-SIEGWART, N 29). Diese sind ohne Einfluss auf die Höhe des AK oder den Aktiennennwert.

Die statutarische Auferlegung von *Konventionalstrafen* bei nicht rechtzeitiger Einlageleistung des Zeichners (Art. 681 Abs. 3 i.V.m. Art. 627 Ziff. 5) sowie die *Überpari-Emission* von Aktien (Art. 624) werden vom Regelungsgehalt der Vorschrift nicht erfasst, weil diese beiden Gestaltungsmöglichkeiten jeweils gesetzlich vorgesehen sind.

Aufgeweicht wird das Nebenleistungsverbot für Grossaktionäre von börsenkotierten Gesellschaften, welche unter gewissen Voraussetzungen einer Meldepflicht und der Pflicht zur Unterbreitung eines Kaufangebots unterliegen (Art. 20 und 32 BEHG).

4. Treuepflicht

35 Die aktiv mitwirkenden Aktionäre, insb. die *VR-Mitglieder*, unterliegen aufgrund ihrer Organfunktion einer Treuepflicht (Art. 717; FORSTMOSER/MEIER-HAYOZ/NOBEL, § 42 N 31; BÖCKLI, § 13 N 596 ff.; zum Inhalt der Treuepflicht ZK-Homburger, Art. 717 N 837 ff.; KRNETA, SJZ 2001, 292). Ob auch den gewöhnlichen Aktionär gegenüber der AG und den Mitaktionären eine Treuepflicht trifft, ist in der Lehre umstritten (dagegen WEISS, N 177 ff.; FORSTMOSER/MEIER-HAYOZ/NOBEL, § 42 N 32; BÖCKLI, § 13 N 659 ff.; RUEDIN, 1263; WOHLMANN, Die Treuepflicht des Aktionärs, Diss. Zürich 1968; KGer VS, RVJ 1993, 201 ff.; generell dafür FUNK, Art. 620 N 5; dafür bezüglich der Ausübung von Mitgliedschaftsrechten ZK-SIEGWART, N 32; FROMER, ZSR 1939, 227; SCHUCANY, Art. 620 N 7). Den Hauptaktionär trifft eine Treuepflicht, wenn er als faktisches Organ in die Willensbildung im Konzern eingreift. Allein die Tatsache, dass er Hauptaktionär ist, kann ihn zum faktischen Organ werden lassen, denn der VR und die Geschäftsleitung einer AG werden selten gegen den unausgesprochenen Willen des

Hauptaktionärs entscheiden. Das BGer hat das Bestehen einer Treuepflicht mit Bezug auf die *Konkurrenztätigkeit* des Aktionärs verneint (BGE 91 II 305). Es steht grundsätzlich auch hinsichtlich der *Ausübung von Mitgliedschaftsrechten* auf diesem Standpunkt, hat aber in einem Fall im Rahmen von Art. 736 Ziff. 4 altOR persönliche Aspekte bei einer Familiengesellschaft mitberücksichtigt (BGE 105 II 114, 128). Nach der hier vertretenen Auffassung ist eine Treuepflicht auch des Minderheitsaktionärs innergesellschaftlich jedenfalls bei **stark personalistisch strukturierten Gesellschaften** anzuerkennen. Diesfalls steht die Persönlichkeit des Aktionärs im Vordergrund. Insoweit muss eine Zweiteilung des Aktienrechts angenommen werden. Bis zu einer gesetzlichen Regelung des Konzernrechts ist der Gedanke der Treuepflicht auch für die Bestimmung des *Verhältnisses der herrschenden zur beherrschten Gesellschaft* zu instrumentalisieren.

5. Aktionärbindungsverträge (ABV)

Das Nebenleistungsverbot (Art. 620 Abs. 2 i.V.m. Art. 680 Abs. 1) stellt insb. für personalistisch strukturierte AG einen Nachteil dar. Die Aktionäre können mittels einem ABV untereinander oder mit Dritten Absprachen hinsichtlich der Ausübung von Mitgliedschaftsrechten treffen. Darin können **zusätzliche Leistungspflichten** normiert werden, z.B. Nachschusspflichten, Dividendenabsprachen, Arbeitsleistungen, Unterlassungen, Übernahmerechte, etc. Praktisch stehen *Abstimmungsvereinbarungen* im Vordergrund (BGE 81 II 534 ff.; 88 II 172 ff.; 109 II 43 ff.; mit krit. Anm. BÄR, ZBJV 1985, 234 f. und HOMBURGER, SAG 1983, 125; BGer v. 14.10.2003, 4C.143/2003, in: SZW 76 [2004], 138 ff.), doch spielen auch Abreden über Treue- und weitere schuldrechtliche Pflichten eine Rolle. Rechtlich können ABV ausgestaltet werden als einseitige oder zweiseitige *Schuldverträge* oder als *einfache Gesellschaften* (vgl. dazu BÖCKLI, § 12 N 575). Entgegen einer verbreiteten Auffassung handelt es sich nicht notwendig um einfache Gesellschaften zwischen den Beteiligten (**a.M.** VON GREYERZ, 84).

Sind die Aktionäre zusätzlich in einer einfachen Gesellschaft verbunden, so liegt eine *Doppelgesellschaft* vor. Die einfache Gesellschaft fungiert als Grundgesellschaft, die AG als Organgesellschaft (vgl. NÄGELI, 281 ff.; VON GREYERZ, 84; SCHLUEP, ZSR 1973 II, 338–341, 470–481).

Ein ABV begründet **keine mitgliedschaftsrechtlichen Pflichten** im Verhältnis zur AG, sondern lediglich schuld- bzw. gesellschaftsrechtliche Verbindlichkeiten unter den Vertragsparteien. Gegenüber der AG bleibt der Aktionär in der Ausübung des Stimmrechts frei. Eine der getroffenen Vereinbarung zuwider abgegebene Stimme ist aktienrechtlich voll wirksam und begründet keine Anfechtungsmöglichkeit des betreffenden GesV-Beschlusses (HGer ZH, SAG 1972, 86 = ZR 1970, 260 ff.; zustimmend FORSTMOSER, FS Schluep, 374). Es gelten jedoch die allgemeinen obligationen- und gesellschaftsrechtlichen Grundsätze, so dass der aus einem ABV Berechtigte gegenüber seinem Vertragspartner Anspruch auf Realerfüllung hat (KassGer ZR 1984, 139 ff.; vgl. i.A. LANG, Die Durchsetzung des Aktionärbindungsvertrages). Der betreffende Aktionär schuldet seinen Vertragspartnern bei Nichterfüllung *Schadenersatz*. Nichtig ist ein ABV, wenn er der Umgehung zulässiger Vinkulierungsvorschriften und Stimmrechtsbeschränkungen dient (BGE 81 II 539 f.; 109 II 43, 45 f.; 114 II 64). Beeinflussen die dennoch i.S. des nichtigen Vertrags abgegebenen Stimmen einen Beschluss der GesV, so unterliegt dieser der *Sonderanfechtungsklage* nach Art. 691 Abs. 3 (zutreffend OGer ZH, ZR 1987, 82 ff.; in der Sache auch BGE 81 II 540, wo allerdings fälschlich auf Art. 706 altOR abgestellt wird).

Art. 621

B. Mindestkapital — Das Aktienkapital muss mindestens 100 000 Franken betragen.

B. Capital-actions minimum — Le capital-actions ne peut être inférieur à 100 000 francs.

B. Capitale minimo — Il capitale azionario non può essere inferiore a 100 000 franchi.

1 Bei der Revision des Aktienrechts von 1991 ist das Mindestkapitals von vormals CHF 50 000 auf CHF 100 000 erhöht worden. Die damit geschaffene Regelung steht im Einklang mit den Anforderungen in den wichtigsten europäischen Industrieländern (vgl. Botschaft AG, 758 f.). Ein gesetzlicher Zwang zur angemessenen Eigenkapitalausstattung der AG fehlt hingegen nach wie vor.

2 Das Erfordernis eines Mindestkapitals steht in engem Zusammenhang mit der gesetzlichen Ausgestaltung der AG als juristisch selbständige Kapitalgesellschaft, für deren Verbindlichkeiten ausschliesslich das Gesellschaftskapital haftet. Zweck der Vorschrift ist der **Schutz des Rechtsverkehrs,** insb. der Gläubigerinteressen. Zusammen mit den Bestimmungen über die Aufbringung und Erhaltung des AK soll gewährleistet werden, dass Dritten ein Haftungssubstrat in bestimmter Mindesthöhe zur Verfügung steht.

Das Mindestkapital von CHF 100 000 ist zwingend vorgeschrieben. Die Haftungsbasis ist bei der *Gründung* zu wahren. Auch sonst darf das Mindestkapital (Art. 621) nicht unterschritten werden. Die einzig zulässige Ausnahme ist die Möglichkeit des Kapitalschnittes bei Sanierung. In diesem Fall kann das Kapital auf Null herabgesetzt werden, sofern es gleichzeitig mit der Herabsetzung wieder auf mindestens CHF 100 000 erhöht wird (vgl. Art. 732a, Art. 732 Abs. 5).

3 Die Regelung des Mindestkapitals wird flankiert durch die Normen über die **Mindestliberierungspflicht.** Das AK ist wenigstens in Höhe von *20%* des Gesamtbetrags zu liberieren (Art. 632 Abs. 1). Jedenfalls muss aber ein Betrag von *CHF 50 000* in bar einbezahlt oder durch Sacheinlage gedeckt sein (Art. 632 Abs. 2). Die jeweils vollständige Liberierung ist bei der Ausgabe von *Inhaber-* (Art. 683) und von *Stimmrechtsaktien* (Art. 693 Abs. 2) notwendig.

4 Die Anhebung des gesetzlich vorgeschriebenen Minimalkapitals wurde in der Revision von 1991 mit dem **Kaufkraftschwund** seit 1936, dem Jahr der Einführung des Mindestkapitals von CHF 50 000, begründet. Zugleich sollte durch die mit der Erhöhung des Mindestkapitals einhergehenden Verbesserung der unternehmerischen *Eigenkapitalbasis* die Lebensfähigkeit neu zu gründender AG v.a. während der schwierigen Einführungsjahre gesteigert werden. Von der Gesetzesänderung versprach man sich schliesslich eine Erschwerung des Missbrauchs der AG und damit einen Beitrag zur *Bekämpfung der Wirtschaftskriminalität* (vgl. im Einzelnen Botschaft AG, 41).

Überdies sollte der **Bildung von Kleinstgesellschaften** vorgebeugt werden. Das Aktienkapital von CHF 100 000 hat zwar noch nicht einmal die seit 1936 eingetretene Geldentwertung kompensiert, doch hat die GmbH seit der Aktienrechtsreform deutlich an Beliebtheit gewonnen (vgl. Vor Art. 620 N 3 sowie Art. 772 N 2). Dieses Ziel ist demnach entgegen den Erwartungen erreicht worden. Ob die Totalrevision des Rechts der GmbH, die das Erfordernis einer Revisionsstelle rechtsformunabhängig regelt und verschärfte Kapitalschutzvorschriften vorsieht (vgl. Art. 772 N 1a f.), den Trend auch für

1. Abschnitt: Allgemeine Bestimmungen **Art. 622**

kleine Gesellschaften zu Gunsten der AG umkehren wird, ist unwahrscheinlich, bleibt aber abzuwarten.

Übergangsbestimmungen: Grundsätzlich wurde den AGs mit einem AK von weniger als CHF 100 000 eine **Frist von fünf Jahren** zur Anpassung ihrer Statuten an die Vorschrift über das Mindestkapital eingeräumt (Art. 2 Abs. 1 SchlT AG). Von der Anpassungspflicht wird jedoch (ohne zeitliche Begrenzung!) eine Ausnahme für solche Gesellschaften zugelassen, die vor dem 1.1.1985 gegründet wurden. Faktisch wird damit die Anpassungspflicht zur Ausnahme. Diese erst in den parlamentarischen Beratungen aufgenommene Bestimmung führt zu einer *sachlich nicht gerechtfertigten Zweiteilung des Aktienrechts* und erhöht die Gefahr eines Handels mit Aktienmänteln.

5

Art. 622

C. Aktien
I. Arten

¹ **Die Aktien lauten auf den Namen oder auf den Inhaber.**

² **Beide Arten von Aktien können in einem durch die Statuten bestimmten Verhältnis nebeneinander bestehen.**

³ **Die Statuten können bestimmen, dass Namenaktien später in Inhaberaktien oder Inhaberaktien in Namenaktien umgewandelt werden sollen oder dürfen.**

⁴ **Der Nennwert der Aktie muss mindestens 1 Rappen betragen.**

⁵ **Die Aktientitel müssen durch mindestens ein Mitglied des Verwaltungsrates unterschrieben sein. Die Gesellschaft kann bestimmen, dass auch auf Aktien, die in grosser Zahl ausgegeben werden, mindestens eine Unterschrift eigenhändig beigesetzt werden muss.**

C. Actions
I. Espèces

¹ Les actions sont nominatives ou au porteur.

² Des actions de ces deux espèces peuvent exister les unes à côté des autres, dans la proportion fixée par les statuts.

³ Ils peuvent prévoir que des actions nominatives devront ou pourront être converties en actions au porteur, ou des actions au porteur en actions nominatives.

⁴ La valeur nominale de l'action ne peut être inférieure à 1 centime.

⁵ Les titres sont signés par un membre du conseil d'administration au moins. La société peut décider que même les actions émises en grand nombre doivent porter au moins une signature manuscrite.

C. Azioni
I. Specie

¹ Le azioni sono nominative o al portatore.

² Possono coesistere azioni delle due specie nella proporzione determinata dallo statuto.

³ Lo statuto può disporre che azioni nominative dovranno o potranno essere convertite nella forma al portatore o azioni al portatore nella forma nominativa.

⁴ Il valore nominale dell'azione non può essere inferiore a 1 centesimo.

⁵ I titoli delle azioni devono essere sottoscritti da almeno un amministratore. La società può stabilire che, anche ove si tratti d'azioni emesse in gran numero, una firma almeno sia autografa.

Art. 622 1-4

I. Verbriefung der aktienrechtlichen Mitgliedschaft

1. Überblick

1 Die rechtliche Gestaltung in Art. 622 folgt aus der Kombination des Prinzips des konstanten AK (vgl. Art. 620 N 11, 19) und der wirtschaftlichen Funktion der AG-Mitgliedschaft als Kapitalanlage. Das Aktienrecht fusst auf dem Grundsatz der freien Übertragbarkeit der Mitgliedschaft. Die **Negotiabilität** (Handelbarkeit der Gesellschafterstellung) ist ein **zentrales Strukturmerkmal der AG** (BAUDENBACHER-TANDLER, 112 ff.). Das Gesetz trägt diesem Befund in Art. 622 Rechnung. Regelmässig wird die Mitgliedschaft in der AG in einer *Urkunde* verkörpert, die als Aktie bezeichnet wird (vgl. zum weiteren Bedeutungsgehalt des Begriffs Art. 620 N 21–24). Die Verbriefung versachlicht die Mitgliedschaftsrechte und erhöht ihre Zirkulationsfähigkeit. Übertragungsgegenstand ist ausschliesslich die Aktie, welche die aktienrechtlichen Mitverwaltungs- und Vermögensrechte verkörpert. Die Übertragung erfolgt nach den allgemeinen wertpapierrechtlichen Regeln.

2 Die wertpapiermässige Verbriefung stellt jedoch **kein unbedingtes Erfordernis** für die Entstehung, Geltendmachung oder Übertragung der Mitgliedschaft dar. Der Aktionär kann seine Rechte wahrnehmen, ohne dass jemals eine Aktie in Form eines Wertpapiers begründet wurde (BGE 48 II 395; 83 II 445, 454; ZK-SIEGWART, N 40). Die Form der Übertragung richtet sich in diesem Fall nach Zessionsgrundsätzen (ZK-JÄGGI, Art. 967 N 30; ZK-BÜRGI, Vor Art. 683–687 N 35). Der Verzicht auf die Verbriefung der Mitgliedschaft erfolgt regelmässig in der Absicht, deren Handelbarkeit zu beschränken (VON GREYERZ, 76). Seit längerem besteht aber bei Publikumsgesellschaften eine Tendenz zur «Entmaterialisierung» von Wertpapieren (MEIER-HAYOZ/FORSTMOSER, § 16 N 292 ff.). Zu erwähnen sind *Namenaktien mit aufgeschobenem Titeldruck* (vgl. N 21). Obwohl der Titeldruck nur aufgeschoben ist, kommt das faktisch doch einer Aufhebung der Wertpapiere gleich, ohne dass die Handelbarkeit der Wertrechte eingeschränkt würde. Noch weiter geht der bei Publikumsgesellschaften zu beobachtende Trend, den Titeldruck und die Auslieferung der Namenaktien statutarisch auszuschliessen. Aktionäre erhalten nur noch das Recht auf eine Beweisurkunde über ihren Aktienbestand. Die Übertragung solcher Wertrechte bedarf zwar der Schriftform (Art. 165 Abs. 1), erfolgt aber ansonsten papierlos unter zwingender Mitwirkung einer dem SIS System angeschlossenen Depotbank (vgl. BAUEN/BERNET, N 177).

Änderung durch den E-Aktien- und Rechnungslegungsrecht: Neue Formulierung des Art. 622 Abs. 5, die klarstellt, dass AG nicht verpflichtet sind, Aktientitel auszugeben.

2. Ausgabe von Aktientiteln

3 Aktientitel sind **Wertpapiere i.S.v. Art. 965** (BGE 92 III 20, 25). Sie verlieren den Wertpapiercharakter auch nicht durch die konkursbedingte Auflösung der AG (BGE 88 III 140, 143 f.). Vom Aktientitel ist zu unterscheiden die blosse *Bescheinigung über die Mitgliedschaft*. Diese hat lediglich die Funktion einer schlichten Beweisurkunde (vgl. FORSTMOSER/MEIER-HAYOZ/NOBEL, § 43 N 17).

4 Der einzelne Aktionär hat einen **Anspruch auf die wertpapiermässige Verbriefung seiner Mitgliedschaft** (GUHL/DRUEY, § 67 N 64). Das liegt in der gesetzlichen Ausgestaltung der AG begründet, welche die Zirkulationsfähigkeit der Aktie als zentrales Strukturmerkmal ausweist. Die Nichtverbriefung der Aktie beschränkt faktisch die Handelbarkeit der Anteile und führt ein statisches Element in das Recht der AG ein. Der Anspruch auf Verbriefung kann allerdings nach h.L. *in den Statuten wegbedungen wer-*

1. Abschnitt: Allgemeine Bestimmungen   5–8 Art. 622

den. Die AG kann also in den Statuten frei darüber entscheiden, ob sie Aktientitel in Form von Wertpapieren ausgeben will (ZK-SIEGWART, N 44; ZK-BÜRGI, Vor Art. 683–687 N 22 m.w.Nw.). Viele AGs verzichten auf die Ausgabe von Aktientiteln. Hingegen kann der Aktionär in jedem Fall die Erstellung einer *schlichten Beweisurkunde* verlangen (ZK-SIEGWART, N 44; ZK-BÜRGI, Vor Art. 683–687 N 22; FORSTMOSER/MEIER-HAYOZ/NOBEL, § 43 N 4). Unzweifelhaft hat der Aktionär einen Rechtsanspruch auf Aushändigung einer Aktienurkunde, wenn die auszugebende Art von Aktien in den Statuten positiv normiert ist.

Frühestens kann der Aktionär die Ausgabe von Aktien verlangen, wenn die Gesellschaft im Handelsregister eingetragen ist. Vorher ausgegebene Aktien sind nichtig (vgl. Art. 644 Abs. 1 Hs. 1). Vgl. zu den Inhaberaktien N 12.   5

3. Aktie als Wertpapier

Die Aktie verbrieft die Mitgliedschaft wertpapiermässig. Nach Art. 965 ist der Aktientitel nach seiner Ausgabe Voraussetzung für Geltendmachung und Übertragung der Mitgliedschaftsrechte. Die wertpapierrechtlichen Regelungen gelangen jedoch nur zur Anwendung, sofern nicht aktienrechtliche Sonderbestimmungen oder der unterschiedliche Charakter des verkörperten Rechts (Mitgliedschaft im Gegensatz zum Regelfall der Verkörperung eines Forderungsrechts) entgegenstehen.   6

Die Aktie ist ein deklaratorisches Wertpapier. Das heisst, dass das verbriefte Recht unabhängig von der Verkörperung im Wertpapier besteht (BGE 48 II 395, 402 f.; 83 II 454; ZK-SIEGWART, N 65; JÄGGI/DRUEY/VON GREYERZ, 103). Der Untergang des Papiers hat den Untergang des in ihm verbrieften Mitgliedschaftsrechts nicht zur Folge. Damit ist die Aktie zwingend auch ein kausales Wertpapier, d.h. die verkörperten Rechte sind aus den Statuten, ggf. aus Reglementen und GV-Beschlüssen zu entnehmen, nicht aber aus dem Papier selbst (FORSTMOSER/MEIER-HAYOZ/NOBEL, § 43 N 24; ZÖLLNER, 28).   7

Die Aktie ist grundsätzlich ein Wertpapier des öffentlichen Glaubens. Sie vermittelt dem Rechtsverkehr jedoch nur einen beschränkten Schutz, insofern als primär nur der Eigentumserwerb an der Urkunde geschützt wird, der rechtsgültige Erwerb des verbrieften Rechts hingegen Einschränkungen unterliegen kann. Im Einzelnen ergeben sich hinsichtlich der Rechtswirkung der Aktie folgende Besonderheiten: 8

a) Besteht ein Mitgliedschaftsrecht überhaupt nicht, so kann der Aktienerwerb keine Mitgliedschaft für den Erwerber begründen; Beispiele: Diebstahl gedruckter, aber nicht emittierter Aktien (ZK-SIEGWART, N 68); Veräusserung von aufgrund einer nichtigen Kapitalerhöhung emittierten Aktien durch die Zeichner an Dritte (ZÖLLNER, 184).

b) Werden bei einer Emission mehr Aktien ausgegeben als statutarisch vorgesehen ist, so erhalten gutgläubige Erwerber der überzähligen Aktien eine gültige Urkunde, welche die Mitgliedschaft begründet. Es ist das AK zu erhöhen oder der Nennwert herabzusetzen (HUECK/CANARIS, § 25 III 2b; ähnlich ZK-SIEGWART, N 69 f.; **a.M.** ZÖLLNER, § 29 III; BAUMBACH/HUECK, § 68 N 18; WÜRDINGER, § 12 II 1a). Gleiches gilt für den Fall, dass die Urkunden vor Aushändigung an die Zeichner gestohlen oder veruntreut werden (**a.M.** BGH AG 1977, 295 f.).

c) Widersprechen sich der Inhalt des Aktientitels und die Statuten, so gelten letztere auch gegenüber gutgläubigen Erwerbern (vgl. N 7; ZK-SIEGWART, N 71; HUECK/CANARIS, § 25 III 2a).

Carl Baudenbacher

d) Aus dem Aktientitel nicht ersichtliche Einreden, die sich auf die Person des Vormanns gründen, sind gegenüber gutgläubigen Erwerbern ausgeschlossen (ZK-SIEGWART, N 72).

9   Art. 966 Abs. 1, wonach der Schuldner nur gegen Aushändigung der Wertpapierurkunde leisten muss, ist nicht anwendbar. Der **Aktionär muss zur Geltendmachung seiner Ansprüche die Aktie lediglich vorlegen.** Das folgt daraus, dass die Aktie ein Mitgliedschaftsrecht und nicht ein Forderungsrecht verkörpert. Die Mitgliedschaft umfasst einen Komplex von Einzelrechten, die durch einmalige Ausübung nicht untergehen («Quelle fortwährend bestehender Einzelansprüche», ZK-SIEGWART, N 73).

10 Aus denselben Gründen kann die Mitgliedschaft ebenso wenig wie der Rechtsanspruch auf Aushändigung der Aktienurkunde verjähren (ZK-SIEGWART, N 74). Auch eine formelle Kraftloserklärung auf Verlangen der AG bei verschollenen oder nicht abgehobenen Aktien (vgl. Art. 871 ZGB) kommt nicht in Betracht. Das Recht auf Korrektur oder Umtausch einer formell mangelhaften Aktie verjährt ebenfalls nicht (ZK-SIEGWART, N 76).

4. Aktienarten

11 Die AG ist in der Wahl zwischen Inhaber- und Namenaktien grundsätzlich frei (Prinzip der Wahlfreiheit; VON GREYERZ, 75). Eine Ausnahme gilt für die Begründung von *Stimmrechtsaktien,* die zwingend auf den Namen lauten müssen (Art. 693 Abs. 2). Vorbehalte finden sich vereinzelt auch in anderen Gesetzen (z.B. Art. 22 Seeschiffahrtsgesetz, SR 747.30). Die Wahl der Aktienart muss notwendig in den *Statuten* geregelt sein (Art. 626 Ziff. 4). Diese können auch die Ausgabe beider Arten vorsehen, müssen dann aber deren Verhältnis zueinander festlegen (Art. 622 Abs. 2). Werden die Aktienarten in der Folge tatsächlich in einem anderen Zahlenverhältnis ausgegeben, so sind die Statuten der Rechtswirklichkeit anzupassen; andernfalls kann die Herstellung des richtigen Verhältnisses verlangt werden (ZK-SIEGWART, N 55). Durch die Ausgabe unterschiedlicher Wertpapierarten werden keine besonderen Aktiengattungen begründet, sofern die gleichen Rechte verkörpert werden (vgl. Art. 620 N 25).

II. Rechtswirkungen der verschiedenen Ausgestaltungen

1. Inhaberaktie

12 Die Inhaberaktie ist ein **echtes Inhaberpapier** (Art. 689a Abs. 2, 978 Abs. 1). Als Aktionär gilt der jeweilige Inhaber der Aktie. Für die Rechtsausübung gegenüber der AG ist die Innehabung des Aktientitels notwendig, aber auch ausreichend. Inhaberaktien haben den Vorzug der leichten Handelbarkeit. Die Übertragung folgt im Wesentlichen sachenrechtlichen Grundsätzen und setzt somit für ihre Rechtswirksamkeit voraus:

– ein gültiges obligatorisches Grundgeschäft;

– die Übergabe des Besitzes am Aktientitel; ausreichend sind jedoch Übergabesurrogate;

– die Verfügungsbefugnis des Veräusserers; fehlt diese, so ist auf Seiten des Erwerbers guter Glaube hinsichtlich der Rechtszuständigkeit des Veräusserers erforderlich (Art. 935 ZGB).

Die Übertragbarkeit von Inhaberaktien kann durch die Statuten nicht beschränkt werden (VON GREYERZ, 75; ZK-BÜRGI, Art. 683 N 16). Eine Besonderheit besteht hinsichtlich

1. Abschnitt: Allgemeine Bestimmungen   **13, 14   Art. 622**

der Ausgabe von Inhaberaktien insofern, als diese trotz Eintragung der AG *erst nach vollständiger Liberierung ausgegeben* werden dürfen (Art. 683 Abs. 1). Vor diesem Zeitpunkt ausgegebene Inhaberaktien sind nichtig (Art. 683 Abs. 2 Satz 1). Sie können nicht Objekt einer rechtsgeschäftlichen Verfügung sein. Die Ausübung von Rechten aufgrund der blossen Titelübergabe ist ausgeschlossen (BGE 86 II 93, 112 II 358; CJ GE, SemJud 1975, 360). Für eine analoge Anwendung von Art. 687 ist kein Raum (BGE 86 II 89, 93).

2. Namenaktie

Die Namenaktie ist **gesetzliches Ordrepapier** (Art. 684 Abs. 2; BGE 78 II 265, 276; 81 II 197, 202; 83 II 304; 90 II 178 f.; 92 III 20; 120 IV 276). Die AG ist verpflichtet, über die Namenaktien ein Aktienbuch zu führen (Art. 686 Abs. 1). Damit soll Klarheit über die Legitimation zur Rechtsausübung geschaffen werden (FORSTMOSER/MEIER-HAYOZ/NOBEL, § 43 N 82 ff.). Zur Geltendmachung der Mitgliedschaftsrechte aus der Namenaktie bedarf es zusätzlich zur Innehabung des Aktientitels der *Eintragung des Aktionärs ins Aktienbuch*. Die AG darf bei der Überprüfung der Berechtigung allein auf das Aktienbuch abstellen (Art. 686 Abs. 4). Das Aktienbuch ist nach der Rechtsprechung ein rein privates Verzeichnis, dessen Führung die Aktionäre nicht kontrollieren können (BGE 90 II 164, 174). Eintragungsberechtigt ist der durch Aktienbesitz und ununterbrochene Indossamentenkette formell legitimierte Titelinhaber; auf die zivilrechtliche Wirksamkeit des Aktienerwerbs darf die AG von sich aus nicht abstellen (BGE 112 II 360 zu Art. 689 Abs. 4 altOR). Voraussetzung für die Eintragung ist die vorausgegangene Übertragung der Aktie. Die Eintragung im Aktienbuch ist nicht konstitutiv für die Berechtigung und stellt lediglich die Vollziehung der Eigentumsübertragung dar (BGE 83 II 297, 301; 87 II 249, 256; 90 II 164, 171 ff.; anders die frühere Rechtsprechung: BGE 65 II 230; 69 II 313, 316; 75 II 352). Daraus ergeben sich Schlussfolgerungen auch für die Geltendmachung der Rechte aus der Namenaktie: Art. 686 Abs. 4 ist nur auf den Normalfall der ordnungsgemässen Führung des Aktienbuchs zugeschnitten (BGE 90 II 173). Der AG steht der Nachweis offen, dass der Eintrag im Aktienbuch *nicht der materiellen Rechtslage entspricht* (BGE 83 II 301; 87 II 256; 90 II 171 ff.).

Die rechtswirksame Übertragung von Namenaktien erfordert neben den für Inhaberaktien geltenden Voraussetzungen (N 12) zusätzlich ein *Indossament* (Art. 684 Abs. 2). Daneben erkennt die Rechtspraxis (BGE 24 II 924; 90 II 179, 120 IV 276) die Übertragung nach zessionsrechtlichen Grundsätzen durch besonderen *Abtretungsvertrag* nach Art. 165 unter gleichzeitiger Aktienübergabe an. Namenaktien können nach Eintragung der AG im Handelsregister auch dann ausgegeben und übertragen werden, wenn sie nicht voll liberiert sind (Art. 685 Abs. 1). Die Einzahlungspflicht trifft grundsätzlich den, der in das Aktienbuch eingetragen ist, jedoch ist auf den tatsächlichen, aber noch nicht eingetragenen Aktieninhaber zuzugreifen, wenn eine gültige Aktienübertragung vorgenommen wurde und die AG dem zugestimmt hatte (BGE 90 II 175 ff.). Daneben besteht subsidiär die Haftung des Zeichners fort (Art. 687 Abs. 2).

3. Vinkulierte Namenaktie

Die Übertragung von Namenaktien kann statutarisch insofern beschränkt werden, als ihre **Rechtswirksamkeit von der Zustimmung der AG abhängig gemacht wird**. Obwohl in dieser Ausgestaltung eine Systemwidrigkeit im Gefüge der auf Zirkulationsfähigkeit der Anteile angelegten AG liegt, wird bis heute an der Vinkulierungsmöglichkeit festgehalten. Sie wurde in der Revision von 1991 jedoch einer differenzierteren und strengeren Regelung unterworfen (Art. 685a ff.).

Die vinkulierte Namenaktie ist grundsätzlich dem *Recht der Ordrepapiere* unterstellt (BGE 81 II 202; 83 II 303 ff. mit ausführlicher Erörterung des Streitstands; 90 II 178 f.; 92 III 25; JÄGGI/DRUEY/VON GREYERZ, 113). Schliessen die Statuten die Übertragung durch Indossament aus, so liegt ein Namenpapier vor.

4. Rektaaktie

15 Obwohl gesetzlich nicht vorgesehen, lässt die Praxis auch die Verbriefung der Mitgliedschaft in einem **echten Namenpapier** zu (BGE 83 II 304; zustimmend FORSTMOSER/MEIER-HAYOZ/NOBEL, § 43 N 34; JÄGGI/DRUEY/VON GREYERZ, 110 f.; GUHL/DRUEY, § 67 N 16). Zur Geltendmachung seiner Rechte muss der Erwerber sich durch die Innehabung der Aktienurkunde und zusätzlich durch Nachweis der auch materiell wirksamen Übertragung legitimieren. Die Übertragung der Rektaaktie bedarf zu ihrer Rechtswirksamkeit:

– der schriftliche Abtretungserklärung hinsichtlich der Mitgliedschaftsrechte,

– der Übergabe der Aktienurkunde,

– der Verfügungsbefugnis des Veräusserers.

Nicht erforderlich ist hingegen ein rechtswirksames Kausalgeschäft. Das folgt aus der Rechtsnatur der Zession als abstrakte Verfügung (h.M. FORSTMOSER/MEIER-HAYOZ/NOBEL, § 44 N 99).

III. Umwandlung in eine andere Aktienart

16 Die jeweiligen Aktienarten können ineinander umgewandelt werden, sofern die *Statuten* eine entsprechende Vorschrift enthalten (Art. 622 Abs. 3, 627 Ziff. 7). In der konkreten statutarischen Ausgestaltung kann sowohl ein Zwang zur Umwandlung bei Bestehen bestimmter Voraussetzungen (zwangsweise Umwandlung) als auch ein Rechtsanspruch des Aktionärs auf Umwandlung (freiwillige Umwandlung) normiert werden (vgl. ZK-SIEGWART, N 58 ff., **a.A.** BÖCKLI, § 4 N 104). Besteht ein Umwandlungsrecht des einzelnen Aktionärs, so müssen die Statuten auf das **schwankende Verhältnis zwischen Namen- und Inhaberaktien hinweisen** und im Jahresbericht muss die jeweilige Anzahl angegeben werden (ZK-SIEGWART, N 62). Finden sich die betreffenden Bestimmungen bereits in den ursprünglichen Statuten, so bedingt eine vorgenommene Umwandlung keine rechtlichen Probleme, denn jeder Aktionär kann sich vor dem Beitritt zur AG über die statutarischen Anforderungen informieren (SCHLUEP, Die wohlerworbenen Rechte, 126, 129).

17 Die Einführung der Umwandlungsmöglichkeit durch eine *spätere Statutenänderung* ist grundsätzlich zulässig. Der Wortlaut des Art. 622 Abs. 3 («später») steht dem nicht entgegen, da aus ihm nicht abgeleitet werden kann, dass die Umwandlungsmöglichkeit bereits in den Urstatuten enthalten gewesen sein muss (HGer ZH SJZ 1948, 175 ff.). In bestimmten Fällen bedarf die nachträgliche Einführung der Umwandlungsmöglichkeit aber einer umfassenden Interessenabwägung. Unproblematisch ist die Begründung eines Umwandlungsrechts zugunsten der Aktionäre. Auch gegen die Bestimmung der Umwandlung von Inhaber- in Namenaktien und umgekehrt bestehen keine rechtlichen Bedenken. Durch eine derartige Umwandlung wird die freie Veräusserlichkeit der Aktie nicht berührt. In diesem Fall ist ein wohlerworbenes Recht des Aktionärs auf Beibehaltung der Aktienart nicht anzuerkennen (HGer ZH, SJZ 1948, 175 ff.; AppGer BS BJM 1965, 85 f. für die Umwandlung Inhaber- in Namenaktie). Die Problemstellung ist eine andere,

wenn die **Umwandlung von Inhaberaktien in vinkulierte Namenaktien** durch Statutenänderung vorgesehen ist. Daraus resultiert eine Beschränkung der Handelbarkeit der Anteile. Das Recht des Aktionärs auf freie Veräusserlichkeit der Aktie ist berührt. Bei diesem Recht handelt es sich um ein relativ wohlerworbenes Recht des Aktionärs (AppGer BS, BJM 1965, 86 f.; ZK-SIEGWART, N 59, Art. 646 N 35; ZK-BÜRGI, Vor Art. 683– 687 N 13, Art. 686 N 52; FORSTMOSER/MEIER-HAYOZ/NOBEL, § 43 N 42). Die Zulässigkeit der Statutenänderung ist abhängig von einer *umfassenden Abwägung der Interessen* des Aktionärs gegenüber denjenigen der AG. Nur wenn das Interesse der AG offensichtlich überwiegt, muss der Aktionär die Umwandlung in vinkulierte Namenaktien hinnehmen (ZK-SIEGWART, N 59; AppGer BS, BJM 1965, 86 f.). Als schutzwürdige Interessen der AG können berücksichtigt werden: Schutz vor Konkurrenz, Einblick in den Bestand der Aktionäre, Schutz vor unfreundlichen Beteiligungsübernahmen, Durchsetzen einer Mehrheitsmacht (vgl. auch ZK-SIEGWART, N 60). Ob auch der Schutz vor Überfremdung relevant ist, kann nur im Einzelfall entschieden werden (zu undifferenziert AppGer BS BJM 1965, 87). Gegenüber EG- und EWR-Angehörigen ist der Überfremdungsgesichtspunkt mit äusserster Zurückhaltung zu handhaben.

Selbst wenn die Interessenabwägung zugunsten der AG ausfällt, muss die Umwandlungsmassnahme angemessen sein, d.h. sie darf über den verfolgten Zweck nicht hinausgehen (Gedanke der *Zweckproportionalität;* vgl. AppGer BS, BJM 1965, 83). Damit gewinnt auch das Ausmass der beabsichtigten Vinkulierung im Rahmen der Zulässigkeitsprüfung wesentliche Bedeutung. Überdies ist der gesellschaftsrechtliche Grundsatz der *Gleichbehandlung* zu beachten (FORSTMOSER/MEIER-HAYOZ/NOBEL, § 43 N 43 ff.). Die Statutenänderung bedarf zusätzlich einer *qualifizierten Mehrheit* in der GV (Art. 704 Abs. 1 Ziff. 3).

IV. Ausgabe anderer Urkunden

Neben den gesetzlich spezifizierten Aktienarten sind die AG in der Praxis zur Ausgabe weiterer Urkunden übergegangen. **18**

1. Aktienzertifikate/Globalaktie

Das Aktienzertifikat ist die **Verbriefung einer Mehrheit von Aktien in einem einzigen Wertpapier** (vgl. FORSTMOSER/MEIER-HAYOZ/NOBEL, § 43 N 50; ZK-SIEGWART, N 42; JÄGGI/DRUEY/VON GREYERZ, 107). Aktienzertifikate stehen rechtlich den entsprechenden Einzeltiteln gleich und sind als Wertpapiere zu qualifizieren (BGE 86 II 95, 98). Sie können für sämtliche Aktienarten ausgegeben werden. Der Zertifikatinhaber kann jederzeit den Umtausch in die entsprechende Anzahl von Einzelurkunden verlangen (ZK-SIEGWART, N 42; JÄGGI/DRUEY/VON GREYERZ, 107; **a.A.** BÖCKLI, § 4 N 107). Zweck der Ausgabe von Aktienzertifikaten ist die Vereinfachung des Rechtsverkehrs. **19**

2. Zertifikate über blosse Aktienteile

Soweit tatsächlich lediglich **quotierte Anteile von Aktien verurkundet** wurden, sind die entsprechenden Papiere wegen Verstosses gegen den Grundsatz der Unteilbarkeit der Mitgliedschaft **nichtig** (Art. 623 N 1; für lediglich problematisch halten dieses Vorgehen FORSTMOSER/MEIER-HAYOZ/NOBEL, § 43 N 54). Wird durch die Ausgabe derartiger Titel die Vorschrift über den Mindestnennwert verletzt, so sind die Verhältnisse den gesetzlichen Erfordernissen anzupassen. Nach der Herabsetzung des Mindestnennwerts auf einen Rappen in Art. 622 Abs. 4 dürfte die Frage an Bedeutung verlieren. **20**

3. Aktien mit aufgeschobenem Titeldruck

21 Um die Zirkulationsfähigkeit der Anteile zu erhöhen, wird bei Namenaktien auf die Wertpapierausgabe verzichtet, sofern der Aktionär sie nicht ausdrücklich verlangt. Die Veräusserung der Mitgliedschaftsstelle erfolgt durch **elektronische Umbuchung** und richtet sich nach den Bestimmungen des Zessionsrechts. Immer mehr wird dadurch der Begriff Wertpapier durch den des Wertrechts ersetzt. Vgl. zum Ganzen GUHL/DRUEY, § 67 N 65; MEIER-HAYOZ/FORSTMOSER, § 16 N 292 ff. mit weiteren Literaturangaben.

Der Verbesserung der Handelbarkeit dient auch das System des sog. **Einweg-Zertifikats:** Bei Veräusserung geht das Zertifikat an die AG zurück, die dem Erwerber sodann ein neues ausstellt.

4. Interimsscheine

22 Es handelt sich nur um provisorische Titel, die vor Ausgabe der definitiven Aktienurkunden und nach Eintragung der AG in das Handelsregister zum Zweck der Überbrückung ausgegeben werden. **Interimsscheine sind Quittungen für die erfolgte Einzahlung und verurkunden das Versprechen, die definitiven Titel nach ihrem Erscheinen zu liefern.** Keine Interimsscheine, sondern lediglich Beweisurkunden für die erfolgte Zeichnung sind Papiere, welche vor der Handelsregistereintragung für die bewirkte Zeichnung bzw. Liberierung ausgegeben werden (FORSTMOSER/MEIER-HAYOZ/NOBEL, § 43 N 72; Einzelheiten bei ZK-BÜRGI, Art. 688 N 1 ff.).

Auseinander zu halten sind **drei Arten von Interimsscheinen.** Interimsscheine für Namenaktien müssen auf den Namen (Art. 688 Abs. 3), solche für voll liberierte Inhaberaktien können auf den Inhaber, aber auch auf den Namen (Art. 688 Abs. 1) lauten. Sie stehen materiell den Aktientiteln gleich, sind mithin *echte Wertpapiere*. Für nicht voll einbezahlte Inhaberaktien dürfen nur auf den Namen lautende Interimsscheine ausgegeben werden (Art. 688 Abs. 1 und 2). Die Übertragung folgt dem Zessionsrecht (Art. 688 Abs. 2). Ob es sich um Wertpapiere handelt, ist streitig (dafür ZK-BÜRGI, Art. 688 N 21 ff., 23 a.E.; nach der Ausgestaltung differenzierend BÖCKLI, § 4 N 107; unklar FORSTMOSER/MEIER-HAYOZ/NOBEL, § 43 N 74), nach Auffassung des BGer aber zu verneinen (BGE 75 III 6, 9 f.; SCHUCANY, Art. 688 N 5).

5. Nebenpapiere

23 Publikumsgesellschaften geben häufig zusammen mit den Aktien sog. **Couponbögen** aus. Die Coupons berechtigen zum Bezug der Dividende oder anderer vermögenswerter Rechte. Sie sind meist auf den Inhaber ausgestellt und selbständig übertragbar. Auf diese Weise können Vermögensrechte unter Beibehaltung der Aktionärsstellung veräussert werden. Die Coupons sind als *Inhaberpapiere* zu qualifizieren. Die Couponbögen enthalten an ihrem Ende regelmässig den sog. Talon oder Erneuerungsschein, der die Berechtigung zum Bezug eines neuen Couponbogens ausweist. Dieser kann zwar ein Inhaberpapier sein, doch wird es sich im Regelfall um ein blosses Legitimationspapier handeln (FORSTMOSER/MEIER-HAYOZ/NOBEL, § 43 N 58).

V. Inhalt der Aktienurkunde

24 Als obligatorischen Mindestinhalt hat die Aktienurkunde diejenigen Angaben aufzuweisen, die zur **Individualisierung der Mitgliedschaft** zwingend erforderlich sind (ZK-SIEGWART, N 45). Dazu zählen:

1. Abschnitt: Allgemeine Bestimmungen   25–28   Art. 622

- Bezeichnung der Aktie;
- Sitz und Firma der AG;
- Bestimmung des Berechtigten, d.h. Name oder Inhaberklausel;
- Nennwert (a.M. VON GREYERZ, 73 unter Hinweis auf Art. 687 Abs. 4);
- Höhe des einbezahlten Betrags bei nicht voll liberierten Aktien (Art. 687 Abs. 4);
- Individualisierungsmerkmal in Form einer Nummerierung bzw. Buchstabenkombination zur Unterscheidung der einzelnen Urkunden;
- Unterschrift eines zeichnungsberechtigten VR-Mitglieds (Art. 622 Abs. 5; N 26).

Nicht notwendig, aber u.U. sinnvoll sind Angaben über: 25

- AK (a.M. ZK-SIEGWART, N 45, der darin eine obligatorische Angabe erblickt; dem steht entgegen, dass jede Veränderung des AK eine Berichtigung der Aktienurkunde nach sich ziehen müsste: so zutreffend FORSTMOSER/MEIER-HAYOZ/NOBEL, § 43 N 13);
- Vinkulierung von Namenaktien;
- Angabe der Aktiengattung (Art. 620 N 25–30).

Das **Unterschriftserfordernis** des Art. 622 Abs. 5 besteht zum Schutz der AG selbst sowie im Interesse der Verkehrssicherheit (vgl. Art. 14 Abs. 1). Die Aktienurkunde ist von einem VR-Mitglied eigenhändig zu unterzeichnen. Nicht erforderlich ist, dass es sich jeweils um dasselbe oder ein vertretungsberechtigtes Mitglied handelt. Wird eine grosse Anzahl von Aktien ausgegeben, so reicht eine Faksimile-Unterschrift aus (Art. 14 Abs. 2). Der VR kann davon absehen und die Eigenhändigkeit mindestens einer Unterschrift auch bei Ausgabe einer grossen Anzahl von Aktien verlangen (Art. 622 Abs. 5 Satz 2). Einer entsprechenden Anordnung kommt lediglich Ordnungscharakter zu, sofern sie nicht statutarisch festgelegt ist (ZK-SIEGWART, N 47). Aus dem Normzweck folgt, dass die AG eine in gesetz- oder statutenwidriger Weise unterzeichnete und im Übrigen mängelfreie Urkunde dann als rechtsgültig gegen sich gelten lassen muss, wenn sie vom VR in seiner Gesamtheit ausgegeben worden ist (ZK-SIEGWART, N 49). Das gilt jedoch nicht, wenn die Aktien von einer unzuständigen Stelle (z.B. Angestellter, einzelnes Mitglied des VR) ausgegeben wurden oder darüber hinausgehende Mängel aufweist.   26

Stimmen die Angaben in der Aktienurkunde infolge von Änderungen der mitgliedschaftlichen Rechtsstellung nicht mehr mit den tatsächlichen Gegebenheiten überein und würde dadurch ein gutgläubiger Erwerber des Aktientitels über den Inhalt der Mitgliedschaft zu seinem Nachteil erheblich getäuscht, so ist der VR zur *Richtigstellung* verpflichtet (näher dazu ZK-SIEGWART, N 51 ff.).   27

VI. Nennwertsystem (Abs. 4)

1. Überblick

Jede Aktie muss einen durch die Statuten **bestimmten Nennwert** besitzen (Art. 622 Abs. 4, 626 Ziff. 4; Art. 620 N 22), der überdies auf der Aktienurkunde erscheinen muss (N 24), sog. Nennwertsystem. Der Aktiennennwert bestimmt betragsmässig diejenige Teilsumme des AK, welche die Aktie verkörpert. Die Festlegung des Mitgliedschaftsumfangs in Form der Quotenaktie ist unzulässig (vgl. Art. 620 N 22). In einer AG können Aktien mit unterschiedlichen Nennwerten bestehen. Solange damit keine   28 rechtlichen Privilegierungen verknüpft sind, bestehen keine unterschiedlichen Aktiengattungen (vgl. Art. 620 N 25, 29). Der Nennwert muss in schweizerischer Währung ausgedrückt sein.

2. Mindestnennwert

29 Der Mindestnennwert wurde per 1.5.2001 auf **einen Rappen** herabgesetzt (vorher: CHF 10; AS 2001, 1047; s.a. BBl 2000, 4493 f.). Mindestens 20% des AK sind zu liberieren, solange insgesamt CHF 50 000 einbezahlt sind (Art. 632). Hauptgrund für die Herabsetzung des Mindestnennwerts war der Umstand, dass vornehmlich die Aktien grosser Publikumsgesellschaften unter der Geltung des alten Mindestnennwerts sehr hohe Kurswerte erreichten und damit für den Börsenhandel zu «schwer» wurden. Vor diesem Hintergrund ist auch die Ausstellung von Titeln über blosse Aktienteile zu sehen (N 20). Das rev. Recht eröffnet neue *Stückelungsmöglichkeiten* und vermag damit die Handelbarkeit der Aktien mittelbar zu erhöhen. Zugleich soll auf diese Weise eine breitere Streuung des Aktienbesitzes erreicht werden. Zu beachten ist, dass die Herabsetzungsmöglichkeit der Aktiennennwerte auf ein Promille des bisherigen Mindestnennwertes die Schaffung von Stimmrechtsaktien durch Art. 693 Abs. 2 begrenzt.

30 Die Eintragung einer AG, deren Statuten den Nennwert unter dem gesetzlichen Minimum von einem Rappen festlegen, hat zu unterbleiben. Erfolgt die Eintragung dennoch, so kann die Auflösung gem. Art. 643 Abs. 3 verlangt werden. Anderenfalls ist ein gesetzmässiger Zustand herzustellen (anders in Deutschland: Per-se-Nichtigkeit, § 8 Abs. 2 AktG). Gibt lediglich die Aktienurkunde einen zu niedrigen Wert an, während die Statuten den gesetzlichen Mindestnennwert beachten, so können die Aktionäre Berichtigung der Urkunde verlangen.

Änderung durch den E-Aktien-und Rechnungslegungsrecht: *Der Nennwert der Aktien kann zukünftig unter einem Rappen liegen. Er muss lediglich höher als Null sein.*

3. Nennwert, Substanzwert, wirtschaftlicher Wert

31 Im Rahmen der Gründung der AG bestimmt der Nennwert den von den Zeichnern mindestens aufzubringenden Betrag. Nach Entstehung der AG dient er regelmässig dazu, den relativen Umfang der bezüglich der jeweiligen Aktien bestehenden Mitgliedschaftsrechte festzulegen (vgl. im Einzelnen Vor Art. 620 N 7).

32 Der Nennwert einer Aktie ist strikt von ihrem Substanzwert und von ihrem wirtschaftlichen Wert zu trennen. Der Nennwert gibt lediglich die auf einen bestimmten Betrag lautende Teilsumme des AK an und ist insofern eine *rechnerische Grösse*. Der Substanzwert stellt die auf den jeweiligen Anteil entfallende Summe des Nettovermögens der AG dar. Der wirtschaftliche Wert der Aktie ist der im Wertpapierhandel für die Aktie zu erzielende Preis.

4. Änderung des Nennwerts

33 Generell steht der Nennwert einer Aktie unter dem Vorbehalt seiner Änderung; es handelt sich nicht um eine für alle Fälle feststehende Grösse. Eine Erhöhung kann die Folge der Zusammenlegung von Aktien (Art. 623) oder der freiwilligen Übernahme zusätzlicher Beitragsleistungen sein. Eine Herabsetzung kann auf einer Teilung der Aktien (Art. 623) oder einer Kapitalherabsetzung (Art. 732 ff.; beachte Art. 732 Abs. 5) beruhen.

1. Abschnitt: Allgemeine Bestimmungen

Im Falle einer durch Verluste entstandenen Unterbilanz (Art. 735) erlaubte bisher das Gesetz zur Sanierung der Gesellschaft die **Unterschreitung des gesetzlichen Mindestnennwerts** (Abs. 4 Satz 2 altOR). Durch die Streichung dieses Satzes im Zuge der Herabsetzung des Mindestnennwertes auf einen Rappen ist das **nicht mehr zulässig**. Folglich ist es im Rahmen einer Sanierung nicht mehr möglich, eine Aktie mit einem tieferen Nennwert als einem Rappen zu schaffen; insb. ist die vollständige Herabsetzung des Aktiennennwertes auf null unzulässig. Bei Kapitalherabsetzungen zu Sanierungszwecken sind die Aktien entweder zu vernichten (Art. 732a) oder auf höchstens einen Rappen herabzusetzen (Mitteilung des eidg. Amtes für das Handelsregister betr. die Senkung des Nennwertes von Aktien auf einen Rappen; Botschaft GmbH 3234; vgl. zum alten Recht BGE 86 II 78, 80 ff.; 121 III 420; ZivGer BS BJM 1984, 169 ff.). 34

Diese Note entfällt als Folge der Streichung von Abs. 4 Satz 2 altOR. 35

5. Nennwertlose Aktien

Bei der Revision des Aktienrechts von 1991 wurde ausdrücklich auf die Einführung nennwertloser Aktien **verzichtet** (Botschaft AG, 787). Sie können somit auch nicht durch privatautonome Entscheidung geschaffen werden. Die Botschaft zum Aktien- und Rechnungslegungsrecht hält an dieser Entscheidung fest, sieht aber einen Nennwert vor, der lediglich grösser Null sein muss (Botschaft Aktien- und Rechnungslegungsrecht 28, E-Aktien- und Rechnungslegungsrecht Art. 622 Abs. 4). Anders verhält es sich im europäischen Gesellschaftsrecht: vgl. Art. 3 (c) und (h) der EG-2-Kapitalr. (Vgl. Vor Art. 620 N 16). 36

Art. 623

II. Zerlegung und Zusammenlegung	**¹ Die Generalversammlung ist befugt, durch Statutenänderung bei unverändert bleibendem Aktienkapital die Aktien in solche von kleinerem Nennwert zu zerlegen oder zu solchen von grösserem Nennwert zusammenzulegen.** **² Die Zusammenlegung von Aktien bedarf der Zustimmung des Aktionärs.**
II. Division et réunion	¹ L'assemblée générale a le droit de diviser les actions en titres de valeur nominale réduite, ou de les réunir en titres de valeur nominale plus élevée, par une modification des statuts et à la condition que le montant du capital-actions ne subisse pas de changement. ² La réunion en titres de valeur nominale plus élevée ne peut s'opérer que du consentement de l'actionnaire.
II. Divisione e riunione	¹ L'assemblea generale ha il diritto, mediante modificazione dello statuto, di dividere le azioni in titoli, di minor valore nominale o di riunirle in titoli di maggior valore nominale, purché il capitale azionario rimanga invariato. ² Per la riunione di azioni occorre il consenso dell'azionista.

I. Unteilbarkeit der Aktie

Der Grundsatz der Unteilbarkeit der Aktie ist im Gesetz nicht ausdrücklich normiert, folgt aber unmittelbar aus der Struktur der AG (ZK-SIEGWART, N 1; VON GREYERZ, 79). Er besagt, dass der Aktionär auch mit Genehmigung der AG und bei Bestehen 1 von Aktien unterschiedlichen Nennwerts seine **Aktie nicht selbst in eigene Teile zerlegen kann** und dass einzelne Mitgliedschaftsrechte grundsätzlich nicht von der Aktie abgespalten werden können. Die einheitliche Stellung des Aktionärs muss in ihrer Gesamtheit in einer einzigen Aktie zusammengefasst sein. Zulässig ist die unter besonderen Kautelen stehende Aktienteilung durch Herabsetzung des Nennwerts seitens der AG selbst (N 3).

Möglich bleibt hingegen die Abtretung von aus der Mitgliedschaft entstehenden vermögenswerten Ansprüche gegen die AG, wie z.B. der (auch künftigen) Dividendenzahlung.

2 Der Grundsatz der Unteilbarkeit der Aktie steht der Begründung einer *Mitberechtigung mehrerer* an einer Aktie, sei es zur gesamten Hand oder zu Bruchteilen, nicht entgegen. Auch gegen die Zulässigkeit einer lediglich schuldrechtlich wirkenden Unterbeteiligung eines Dritten bestehen keine Bedenken.

II. Änderung des Aktienwerts

3 Der Nennwert einer Aktie ist grundsätzlich keine für alle Fälle konstante Grösse. Vielmehr unterliegt er der Änderungsbefugnis der AG. Art. 623 erfasst ausschliesslich diejenigen Fälle einer Änderung, bei denen das **AK konstant** bleibt. Kapitalerhöhungen bzw. -herabsetzungen unterliegen einer besonderen gesetzlichen Regelung (Art. 650–653, 732–735).

4 Die Änderung des Nennwerts bedarf als Gültigkeitsvoraussetzung einer in die Kompetenz der GesV fallenden *Statutenänderung* (Art. 647, 698 Abs. 2 Ziff. 6). Die GesV ist zur Vornahme der Massnahme lediglich berechtigt, nicht aber verpflichtet. Das gilt auch für den Fall wirtschaftlicher Schwierigkeiten; die GesV beschliesst nach ihrem Ermessen. Zulässig ist es, bereits in den Statuten Änderungen bei Eintritt bestimmter Gegebenheiten vorzusehen und dem VR die Ausführung zu übertragen (ZK-SIEGWART, N 5).

5 Aufgrund der Nennwertänderung kann eine weitere Statutenanpassung erforderlich werden, insb. hinsichtlich der Mitgliedschaftsrechte (v.a. Stimmrechtsausübung) der Aktionäre. Die Aktientitel sind den neuen Rechtstatsachen anzupassen.

III. Herabsetzung des Nennwerts

6 Sie erfolgt durch **Zerlegung der Aktien** in solche eines niedrigeren Nennwerts (sog. Aktiensplit). Dabei ist der gesetzliche Mindestnennwert von einem Rappen (Art. 622 Abs. 4 Satz 1) zu beachten. Dem Aktionär darf durch die Zerlegung kein Teil seiner Aktien entzogen werden, d.h. die Zerlegung muss ihm eine ungebrochene Zahl neuer Aktien verschaffen, was durch den tiefen Mindestnennwert erleichtert wird (ZK-SIEGWART, N 13; Botschaft FusG, 4493). Mit dem statutenändernden Beschluss der GesV ist die Nennwertherabsetzung vollendet; der Umtausch der Aktien ist lediglich eine vollziehende Massnahme. Der *einzelne Aktionär* muss die Herabsetzung des Nennwerts grundsätzlich *hinnehmen* (BGE 86 II 82). Durch die Zerlegung werden auch die noch ausstehenden Aktienbeiträge zerlegt (ZK-SIEGWART, N 14).

7 Der Zweck der Aktienzerlegung liegt in der Schaffung kleinerer Einheiten und damit in einer **Verbesserung der Handelbarkeit** der Anteile. Das ist v.a. bei Aktien von Publikumsgesellschaften mit einem hohen Kurswert von Bedeutung (vgl. Art. 622 N 29).

1. Abschnitt: Allgemeine Bestimmungen **Art. 624**

Durch Herabsetzung des Mindestnennwerts auf einen Rappen dürfte der Aktienzerlegung in der Praxis gesteigerte Bedeutung zukommen.

Wird mit der Zerlegung der Aktien die **Schaffung von Stimmrechtsaktien** verbunden, so sind im Blick auf Art. 706 Abs. 2 Ziff. 2 die Vorschriften der Art. 693, 704 Abs. 1 Ziff. 2 zu beachten. 8

IV. Erhöhung des Nennwerts

Sie erfolgt durch eine **Zusammenlegung mehrerer Aktien** zu solchen mit höherem Nennwert. Die Aktienzusammenlegung bedarf zwingend der *Einzelzustimmung des betroffenen Aktionärs* (Abs. 2). Nicht ausreichend ist die Zustimmung zur Statutenänderung bei der Beschlussfassung der GesV (ebenso ZK-SIEGWART, N 10). Das folgt aus dem absolut wohlerworbenen Charakter des Rechts auf Erhaltung der Mitgliedschaft (vgl. SCHLUEP, Die wohlerworbenen Rechte, 111). Verweigert ein Aktionär seine Zustimmung, obwohl davon die Durchführung der Zusammenlegung abhängt, so liegt darin kein rechtsmissbräuchliches Verhalten. Sind die vorgenannten Voraussetzungen erfüllt, so kann die Zusammenlegung auch in einem beliebigen Verhältnis erfolgen (ZK-SIEGWART, N 10). Die Durchführung der Zusammenlegung muss den Statuten zu entnehmen sein. 9

Änderungen durch E-Aktien- und Rechnungslegungsrecht: *Für börsenkotierte Aktien soll ein qualifizierter Mehrheitsbeschluss der GesV (Art. 623 Abs. 2 Satz 1 E-Aktien- und Rechnungslegungsrecht) genügen. Für private Gesellschaften bleibt es beim Zustimmungserfordernis aller Aktionäre (Art. 623 Abs. 2 Satz 2 E-Aktien- und Rechnungslegungsrecht).*

Die Hauptfunktion der Aktienzusammenlegung liegt in der **Vorbereitung von Kapitalherabsetzungen im Rahmen einer Sanierung.** Durch die Schaffung von Aktien höheren Nennwerts wird die anschliessende Herabsetzung von Nennwert und AK ermöglicht, ohne dass Sanierungskleinaktien begründet werden müssen. Die Zusammenlegung erweist sich daher auch als sinnvoll, um Aktien mit einem sanierungsbedingt herabgesetzten Nennwert für den Handel attraktiv zu machen. 10

Art. 624

III. Ausgabebetrag	¹ Die Aktien dürfen nur zum Nennwert oder zu einem diesen übersteigenden Betrage ausgegeben werden. Vorbehalten bleibt die Ausgabe neuer Aktien, die an Stelle ausgefallener Aktien treten. 2–3 ...
III. Cours d'émission	¹ Les actions ne peuvent être émises qu'au pair ou à un cours supérieur. Demeure réservée l'émission de nouvelles actions destinées à remplacer celles qui ont été annulées. 2 et 3 ...
III. Prezzo di emissione	¹ Le azioni possono emettersi solo per il loro valore nominale o per somma superiore. Rimane riservata l'emissione di nuove azioni destinate a sostituire quelle annullate. 2 e 3 ...

I. Ausgabebetrag

1 Der Ausgabebetrag einer Aktie bezeichnet die vom zeichnenden Aktionär als **Einlage** in die AG zu erbringende vermögenswerte Leistung. Der Aktionär kann die Einlageverpflichtung sowohl in *Geld* als auch durch *Sacheinlage* erfüllen. Art. 624 gilt für die bei der Gründung wie anlässlich einer Kapitalerhöhung vorzunehmende Aktienausgabe. Der Ausgabepreis der Aktien wird bei der Gründung regelmässig durch die Gründer, bei der ordentlichen und genehmigten Kapitalerhöhung durch die GesV oder den dazu ermächtigten VR bestimmt (Art. 650 Abs. 2 Ziff. 3). Im Rahmen der *bedingten Kapitalerhöhung* legt der VR den Ausgabebetrag fest. Dieser ist nach einer statutarischen Grundlage zu berechnen, wenn die Wandel- oder Optionsrechte nicht zuerst den Aktionären zur Zeichnung angeboten werden (Art. 653b Abs. 2 Ziff. 2).

Im Gründungsstadium muss der den Umfang der Liberierungspflicht normierende Ausgabebetrag in der *Errichtungsurkunde* genannt sein (Art. 629 Abs. 2 Ziff. 2, Art. 630 Ziff. 1). Der Betrag ist überdies den beim Handelsregister einsehbaren Anmeldeunterlagen zu entnehmen (Art. 43 Abs. 1 lit. a HRegV); das gilt auch im Falle der ordentlichen und genehmigten Kapitalerhöhung (Art. 650 Abs. 2 Ziff. 3, 647). Die Statuten müssen den Ausgabepreis hingegen nicht nennen. Art. 624 trifft Regelungen hinsichtlich der Relation zwischen Nennwert und Ausgabebetrag.

2 Der **Aktiennennwert** bestimmt den Betrag, zu dessen Einlage sich der Aktionär mindestens verpflichten muss. Beschränkt die AG den Ausgabebetrag darauf, so handelt es sich um eine *Aktienemission zum Nennwert.*

II. Unterpariemission

1. Verbot

3 Der Aktiennennwert stellt den mindestens zu fordernden Ausgabebetrag dar. Art. 624 normiert zwingend das **Verbot der Unterpariemission:** Die übernommene Einlageverpflichtung des zeichnenden Aktionärs muss *mindestens dem Aktiennennwert* entsprechen. Die Vorschrift dient der Sicherung der Kapitalaufbringung (vgl. dazu Art. 620 N 14 ff.). Der Anwendungsbereich des Verbots erstreckt sich auch auf die *Unterbewertung von Sacheinlagen*. Zwar stehen zu deren Verhinderung weitere Bestimmungen zur Verfügung (Art. 628, 634, 635, 635a), dennoch besteht ein Anwendungsbedürfnis zur Schliessung von Lücken. Das Verbot der Unterpariemission erfasst auch *jeden verschleierten Nachlass* der Einlageverpflichtung gegenüber den Aktionären, wie z.B. die Gewährung von Provisionen, Diskonten etc.

4 Keine Unterpariemission stellt die Bezahlung von Gründungskosten, Gründungssteuern und Vermittlungsprovisionen sowie sonstiger, nicht dem Aktionär zugute kommender Aufwendungen aus der Einlageleistung des Aktionärs dar. Es handelt sich um den Ausgabeerlös mindernde Unkosten, die gem. Art. 664 bilanziert werden dürfen und über künftige Gewinne abzudecken sind. Zulässig ist auch die ganze oder teilweise *Kapitalerhöhung aus frei verfügbaren Gesellschaftsmitteln*, sofern sich damit eine Erhöhung des AK um den Betrag des Nennwerts verbindet. Die Besonderheit liegt allein darin, dass der Aktienerwerber nicht die gesamte Leistung zu erbringen hat, sondern ein Teil derselben (bei Ausgabe von Gratisaktien der gesamte Betrag) aus freien Reserven der AG stammt.

1. Abschnitt: Allgemeine Bestimmungen   5–7 Art. 624

2. Ausnahme

Eine Ausnahme vom Verbot der Unterpariemission wird durch Art. 624 Satz 2 zugelassen, der die neue Emission von Aktien, welche die im Kaduzierungsverfahren (Art. 681 f.) **ausgefallenen Aktien** ersetzen, regelt. Wird ein Aktionär seiner Mitgliedschaftsrechte wegen Verzugs für verlustig erklärt (Art. 681 Abs. 2; vgl. BGE 113 II 275), so dürfen einem Neuerwerber neue Aktien zu einem Ausgabebetrag ausgegeben werden, der unter dem Nennwert liegt. Ein Mindererlös gilt als Verlust. Der Neuerwerber übernimmt für noch nicht aufgerufene Leistungen die Liberierungspflicht. Die Zahlungen des Neuerwerbers sind rechtlich als Einlageleistungen zu qualifizieren. Vgl. zum Ganzen ZK-SIEGWART, N 10 f.; **a.M.** BÖCKLI, § 1 N 162, der Art. 624 Satz 2 nur auf den Fall einer Neuausgabe von kaduzierten, aber teilweise schon einbezahlten Aktien anwendet.

5

3. Rechtsfolge bei Nichtbeachtung des Verbots

Der *Registerführer* hat die Eintragung in das Handelsregister (Art. 643, 647) abzulehnen, wenn sich ein Verstoss gegen das Verbot der Unterpariemission offensichtlich aus den Anmeldeunterlagen (v.a. Art. 43 Abs. 1 lit. a HRegV) ergibt. Wird die Eintragung dennoch vorgenommen, so stehen dagegen die Rechtsmittel aus Art. 643 Abs. 3 bzw. Art. 706 zur Verfügung, die jedoch fristgebunden sind (Art. 643 Abs. 4, Art. 706a). Anderenfalls sind die emittierten Namenaktien zwar gültig, gelten aber sowohl gegenüber der AG als auch gegenüber Dritten als zum Nennwert ausgegeben. Die Erwerber der Aktien sind zur **Nachleistung des Differenzbetrags** zwischen Ausgabepreis und Nennwert (Disagio) verpflichtet (teilweise grosszügiger ZK-SIEGWART, N 8). Das ist die notwendige Konsequenz aus dem Normzweck (N 3). Beruht der Verstoss auf der Überbewertung einer Sacheinlage, so ist der ausstehende Betrag durch Barzahlung zu bewirken (BAUMBACH/HUECK, § 9 N 2).

6

III. Überpariemission

Die Überpariemission erfolgt grundsätzlich im Interesse der **Stärkung der AG** und soll nicht zu einer unmittelbaren Begünstigung der Aktionäre durch Gewinnausschüttung führen. Durch einen über dem Nennwert liegenden Ausgabebetrag der Aktie wird in Höhe des Differenzbetrags *(Agio)* von der AG privatautonom eine Zahlungspflicht des Übernehmers begründet. Diese unterscheidet sich ferner dadurch von der Mindesteinlageverpflichtung in Höhe des Nennwerts, dass sie nicht der Sicherung des AK dient, obgleich die Einzahlung des Agios das Gesellschaftsvermögen vermehrt. Auf die Einzahlungspflicht des Agios gelangen grundsätzlich die auf die Liberierung des Nennwerts anwendbaren Bestimmungen zur Anwendung. Das bedeutet insb., dass der Zeichner die *Folgen eines Verzugs* zu tragen hat (so ausdrücklich Art. 681). Inhaberaktien dürfen trotz des Wortlauts von Art. 683 nur gegen Einzahlung des *gesamten Ausgabebetrags* ausgegeben werden. Es liegt eine Gesetzeslücke vor, die aufgrund von Praktikabilitätserwägungen in diesem Sinne zu schliessen ist (zutreffend ZK-BÜRGI, Art. 683 N 6 f.; FUNK, Art. 683 N 2). Die Zuwiderhandlung führt jedoch nicht zur Nichtigkeit (Art. 683 Abs. 1; ZK-SIEGWART, N 19). Eine Anfechtung mit Bezug auf die Pflicht zur Agiozahlung wegen Willensmängeln ist jedenfalls nach erfolgter Eintragung nicht möglich. Das Interesse des Rechtsverkehrs muss insoweit Vorrang vor den Belangen der Aktionäre haben (vgl. dazu BGE 102 Ib 24 m.w.Nw., i.c.: Kapitalerhöhung; widersprüchlich ZK-SIEGWART, wie hier in Vor Art. 629–639 N 33; anders in Art. 624 N 19). Die Schutzvorschriften bei qualifizierter Gründung sind vollumfänglich zu beachten (**a.M.** ZK-SIEGWART, N 19).

7

8 Hinsichtlich der **Zuständigkeit zur Festsetzung des Ausgabebetrags** gelten keine Besonderheiten (vgl. N 1).

9 Die **Verwendungsmöglichkeiten des Agios** sind in Art. 671 Abs. 2 Satz 1 abschliessend aufgezählt. Das Agio ist dem *gesetzlichen Reservefonds* zuzuweisen. Zulässig ist auch die Verwendung für *Abschreibungen*. Das gilt aber nicht für gesetzlich zwingend vorgesehene Abschreibungen, wenn die Einnahmen der AG im betreffenden Jahr zur Deckung ausreichen (ZK-SIEGWART, N 15). Andernfalls würde die Abschreibung mittelbar den Aktionären durch die Möglichkeit der Ausweisung eines höheren Gewinns zugute kommen und damit dem Zweck des Agios (vgl. N 7) zuwiderlaufen. Das Agio kann überdies für *Wohlfahrtszwecke* verwendet werden. Darunter fallen Aufwendungen zur Schaffung von Wohlfahrtseinrichtungen zugunsten der Arbeitnehmer (Art. 673); vgl. insb. den Zusammenhang zu den arbeitsvertraglichen Vorschriften über die Personalfürsorgeeinrichtungen Art. 331a ff., 89bis ZGB. Aus dem Vorgesagten folgt, dass auch die Bildung von Reserven zulässig ist, sofern diese zu den genannten Zwecken angelegt werden (vgl. Art. 674). Unzulässig ist jedenfalls die Bildung von Reserven zur künftigen, auch verschleierten Verteilung des Agios an die Aktionäre (ZK-SIEGWART, N 25). Ein Alleinaktionär hat kein Recht darauf, dass der Ausgabepreis neuer Aktien dem über dem Nennwert liegenden inneren Wert der alten Aktien gleichgesetzt oder angenähert und das Agio als Dividende verteilt oder als Reserve gebucht wird. Das folgt aus dem Normzweck. Vgl. zur interkantonalen Besteuerung BGE 81 I 216 = Pra 1955, 499 ff.; 99 II 60.

Art. 625

D. Aktionäre	Eine Aktiengesellschaft kann durch eine oder mehrere natürliche oder juristische Personen oder andere Handelsgesellschaften gegründet werden.
D. Actionnaires	Une société anonyme peut être fondée par une ou plusieurs personnes physiques ou morales ou par d'autres sociétés commerciales.
D. Azionisti	Una società anonima può essere costituita da una o più persone fisiche o giuridiche o da altre società commerciali.

I. Anzahl der Gründungsgesellschafter

1 Nach altem Recht erforderte die Gründung einer AG die Beteiligung von mindestens drei zukünftigen Aktionären als Gründer (Art. 625 Abs. 1 altOR). Art. 625 wurde im Rahmen der Totalrevision des GmbH-Rechts modifiziert. Das neue Recht lässt die Gründung einer AG durch **einen** oder mehrere Gründer zu (gleiches gilt für die GmbH, Art. 775; vgl. zur Einpersonen-GmbH Art. 775 N 5a ff.).

2 Die angegebene Randziffer entfällt.

II. Gründer

3 Als mögliche **Gründer** einer AG benennt Art. 625 natürliche oder juristische Personen sowie Handelsgesellschaften ohne eigene Rechtspersönlichkeit, d.h. Kollektiv- bzw. Kommanditgesellschaften.

Gesamthandsgemeinschaften, wie die einfache Gesellschaft, können an einer AG beteiligt sein (Art. 690). Damit sollte auch ihre Teilnahme an der Gründung einer AG zulässig sein, obwohl sie nicht ausdrücklich in Art. 625 erwähnt sind. Den organisatorischen Schwierigkeiten bei der Gründung kommt keine grössere Bedeutung zu als bei der Fortsetzung einer AG. Beteiligt sich eine Gesamthandsgemeinschaft an der Gründung, erwerben ihre Mitglieder die mit der Gesellschafterstellung verbundenen Rechte zur gesamten Hand (weiterführend dazu GLANZMANN, 71 f.).

Anforderungen an die **Nationalität der Gründer** bestehen nicht mehr. Solche ergaben sich nach altem Recht indirekt aus Art. 708 Abs. 1 Satz 1 altOR, der zumindest für die Mehrheit der VR-Mitglieder einen schweizerischen Wohnsitz und das Schweizer Bürgerrecht verlangte. Dies wirkte auf die Gründer zurück, da bei Gründung der AG die für die Besetzung des VR notwendigen Aktionäre beteiligt sein mussten. Die Regelung des Art. 708 Abs. 1 Satz 1 altOR stellte eine mittelbare Diskriminierung von Ausländern dar und war damit nicht europakompatibel. Sie wurde im Rahmen der Revision des GmbH-Rechts aus dem Gesetz gestrichen (vgl. aber Art. 718 Abs. 4). 4

Die angegebenen Noten entfallen. 5–7

III. Einpersonen-AG

Infolge der Aufhebung von Art. 625 Abs. 2 entfallen die angegebenen Noten. Zur Vorgehensweise bei Mängeln in der Organisation der Gesellschaft vgl. Art. 731b. 8–20

1. Sachverhalt

Die bundesgerichtliche Rechtsprechung fasst die Definition der Einpersonen-AG weiter als nach dem strikten Wortlaut zu vermuten wäre: **Unternehmen, bei denen die Verfügungsmacht ausschliesslich dem Allein- oder Hauptaktionär zusteht und die aufgrund der vollständigen Übereinstimmung der Interessen der AG und ihres Allein- oder Hauptaktionärs mit diesem wirtschaftlich identisch sind** (st.Rspr. BGE 81 II 455, 459; 71 II 272, 274 f.; 72 II 67, 76; Pra 1946, 89 ff.; 92 II 160, 164 E. 1 = Pra 1967, 72 ff.; 96 II 442 = Pra 1971, 321 ff.). Es kommt mithin darauf an, dass eine Person eine AG tatsächlich eindeutig beherrscht, nicht darauf, dass alle Aktien in ihrem Eigentum stehen. Unbeachtlich ist auch, ob das Herrschaftsverhältnis unmittelbar durch den Allein- oder Hauptaktionär oder mittelbar durch Strohpersonen besteht (BGE 71 II 272, 274; 81 II 455, 459). Letztere Konstellation wird jedoch nach der geltenden Rechtslage nur noch selten in Erscheinung treten. In der Rechtspraxis lassen sich zwei typische Arten der Einpersonen-AG unterscheiden: zum einen die als *Einzelunternehmen mit beschränkter Haftung* geführte AG einer Privatperson, zum anderen die *von der Muttergesellschaft beherrschte Tochtergesellschaft eines Konzerns* (vgl. zum Konzern Vor Art. 620 N 19–27). 21

Die rechtspolitische Problematik der Einpersonen-AG besteht darin, dass der Haupt- und Alleinaktionär durch ihre Gründung eine **Verdoppelung seiner Rechtspersönlichkeit** bewirken kann. Die formal-juristische Rechtslage und die wirtschaftliche Realität klaffen auseinander. Neben der Verfolgung legitimer Interessen (Risikoverminderung, vereinfachte Veräusserung des Unternehmens, Erleichterung der Erbteilung; vgl. im Einzelnen FORSTMOSER/MEIER-HAYOZ/NOBEL, § 62 N 32 ff.) kann die Einpersonen-AG relativ leicht für *rechtsmissbräuchliche Zwecke* instrumentalisiert werden. Diesem Befund ist bei der rechtlichen Würdigung Rechnung zu tragen. 22

2. Zulässigkeit

23 Die Einpersonen-AG ist nach altem Recht von der schweizerischen Rechtspraxis geduldet worden (vgl. Vorauflage Art. 625 N 23). Das neue Recht erlaubt sie ausdrücklich von Anfang an (Art. 625; Zulassung der Einpersonen-AG nach EG-Recht optional, vgl. Art. 6 RL 89/667/EWG; keine Anwendung auf Kommanditaktiengesellschaften trotz Art. 764 Abs. 2, vgl. dazu Botschaft GmbH, 3226). Die Änderung steht im Widerspruch zum Charakter der AG als Personenvereinigung. Für sie bestand jedoch ein grosses praktisches Bedürfnis, da sie die Konstruktion der Strohpersonengründung überflüssig macht (vgl. dazu Vorauflage, Art. 625 N 6).

3. Rechtliche Behandlung

24 Inhaltlich stellt die Änderung von Art. 625 klar, dass auf das Gebilde der Einpersonengesellschaft von Anfang an Aktienrecht Anwendung findet. Dieses wurde gleichzeitig mit der Änderung von Art. 625 um ein Schriftformerfordernis für sämtliche Insichgeschäfte ergänzt (Art. 718b; weiterführend GLANZMANN, 77 f.; vgl. auch Botschaft GmbH, 3230). Auf die Einführung weiterer dem EG-Recht für Einpersonengesellschaften entsprechender Schutzvorschriften wurde jedoch verzichtet (12. gesellschaftsrechtliche EG-Richtlinie 89/667/EWG, Art. 3; Botschaft GmbH, 3259 f.).

Die Einpersonen-AG ist trotz der wirtschaftlichen Identität zwischen Allein- oder Hauptaktionär und der Gesellschaft eine selbständige juristische Rechtspersönlichkeit. Die formalrechtliche Selbständigkeit der Einpersonen-AG gegenüber dem Allein- oder Hauptaktionär hat jedoch dann unberücksichtigt zu bleiben, wenn es der Grundsatz von Treu und Glauben im Verkehr erfordert. Die wirtschaftliche Identität ist rechtserheblich, wenn aussenstehende Drittpersonen dadurch in ihren Rechten oder schutzwürdigen Interessen verletzt werden (st.Rspr. BGE 72 II 67, 76; 71 II 272; 81 II 455, 459; 97 II 293; 98 II 96, 99; 102 III 170; 108 II 213 ff.; CJ GE, SemJud 1985, 634). Sofern die Berufung auf die Selbständigkeit der Einpersonen-AG einen Rechtsmissbrauch darstellt, können Rechtshandlungen dem Allein- oder Hauptaktionär zugerechnet werden. Es empfiehlt sich, nur im Zusammenhang mit dem Einbezug des Privatvermögens von *(Haftungs-)Durchgriff* zu sprechen.

25 Ein **Verstoss gegen Treu und Glauben** und damit rechtliche Identität von Allein- oder Hauptaktionär und Einpersonen-AG wurde in folgenden Fällen angenommen:

– Wenn die Gründung einer Einpersonen- oder Tochter-AG zur Umgehung eines vertraglich vereinbarten Konkurrenzverbots, an das der Allein- oder Hauptaktionär gebunden ist, instrumentalisiert wird (BGE 72 II 272, 274). Das Konkurrenzverbot erstreckt sich auch auf die Gesellschaft.

– Wenn bei gemeinsamer Bürgschaft des Alleinaktionärs und eines Dritten für Schulden der Gesellschaft eine vom gleichen Alleinaktionär beherrschte andere Gesellschaft die verbürgte Forderung erwirbt und gegen den Mitbürgen geltend macht (BGE 81 II 455, 469 ff.). Erfüllt der Alleinaktionär seine Bürgschaftsverpflichtung, so bleibt ihm der Rückgriff auf den Dritten verwehrt. Die Bürgschaftsverpflichtung liegt im Interesse des Alleinaktionärs, so dass er mit deren Erfüllung wirtschaftlich gesehen eine eigene Schuld tilgt.

– Wenn der Alleinaktionär Vermögenswerte dadurch dem Gläubigerzugriff zu entziehen versucht, dass er sie auf die von ihm beherrschte Einpersonen-AG überträgt.

1. Abschnitt: Allgemeine Bestimmungen   26–28 Art. 625

Das Vermögen der AG kann verarrestiert werden (BGE 102 III 165, 168 ff. = Pra 1977, 162 ff.).

– Die längere Verjährungsfrist des Strafrechts gilt nicht nur für den Zivilanspruch gegenüber dem als Organ einer Einpersonen-AG handelnden Täter (vgl. Art. 60 Abs. 2), sondern auch hinsichtlich der Organhaftung der von diesem beherrschten Einpersonen-AG (BGE 55 II 28; 107 II 151, 154 ff.).

– Durch die Übertragung einer persönlichen Forderung des Alleinaktionärs auf die von ihm beherrschte Gesellschaft wird kein neuer bequemerer Gerichtsstand gegenüber dem Schuldner begründet (BGE 58 II 164).

– Ein unterhaltspflichtiger Alleinaktionär ist als wirtschaftlicher Inhaber der von ihm beherrschten Gesellschaft(en) anzusehen und unterhaltsrechtlich wie ein selbständig Erwerbender zu behandeln. Bei der Bestimmung seiner Leistungsfähigkeit ist auf die Bezüge abzustellen, die er für den Bedarf der Familie bis zum Scheidungsprozess geleistet hat und künftig leisten können wird (OGer ZH ZR 1991, 167 ff.).

Ein rechtsmissbräuchliches Handeln liegt nicht vor, wenn eine Einpersonen-AG zur Haftungsbeschränkung verwendet wird. Ein Durchgriff auf den Alleinaktionär kommt selbst dann nicht in Frage, wenn sich die Gesellschaft in Liquidation befindet (BGE 108 II 213, 215). Erwirbt ein Dritter durch Zession die Forderung einer Einpersonen-AG, welche diese nicht durch ein Umgehungsgeschäft oder ein anderes unlauteres Vorgehen erworben hatte, so verstösst er nicht gegen Treu und Glauben, wenn er dem Forderungsschuldner dessen Verrechnung mit einer gegenüber dem Alleinaktionär bestehenden persönlichen Forderung verweigert. Anderenfalls müsste die Einpersonen-AG für eine persönliche Schuld des Alleinaktionärs haften (BGE 85 II 111, 114 ff.). Kein Verstoss gegen Treu und Glauben liegt in der Vertretung der Einpersonen-AG durch den Alleinaktionär in Vertragsverhandlungen (OGer ZH, ZR 1978, 246 f.). 26

Soll für eine Forderung gegenüber dem Alleinaktionär ausnahmsweise auf das Vermögen der von diesem beherrschten Einpersonen-AG zugegriffen werden, so hat grundsätzlich der **Gläubiger das Vorliegen wirtschaftlicher Identität zu beweisen.** Steht die Beherrschung der AG zu einem früheren Zeitpunkt durch den Alleinaktionär fest, so findet bei Fehlen der Zession der Aktien an einen Dritten eine *Beweislastumkehr* statt. Demgemäss hat die beklagte Gesellschaft den Beweis der Zession zu erbringen (BGE 102 III 165, 170 ff.). 27

IV. Zweipersonen-AG

Eine Zweipersonen-AG liegt vor, wenn sämliche Aktien einer AG im Eigentum zweier Personen stehen. Zu differenzieren ist zwischen **paritätischen** Zweipersonen-Gesellschaften, bei denen die Aktionäre über die gleiche Beteiligung verfügen (vgl. den Sachverhalt in BGE 95 II 555), und **nichtparitätischen,** bei denen die Aktionäre in einem Mehrheits-/Minderheitsverhältnis zueinander stehen (vgl. den Sachverhalt in BGE 105 II 114). Dabei ergeben sich unterschiedliche Probleme, auf welche die Änderung von Art. 625 keinen Einfluss hat. Bei der nichtparitätischen Zweipersonen-AG stellt sich regelmässig die Frage nach einem effektiven Minderheitenschutz (vgl. BGE 99 II 55 ff.; 102 II 265 ff.). Paritätische Zweipersonen-Gesellschaften hingegen bergen die Gefahr einer Lähmung der Gesellschaftsfunktionen in sich. Hier müssen bereits bei der Aufstellung der Statuten entsprechende Regelungen getroffen werden, z.B. indem der *Stichentscheid* des Vorsitzenden in der GesV vorgesehen wird. Eine solche Ordnung ist nach Rechtsprechung und h.L. zulässig (BGE 95 II 555; BÖCKLI, N 1385; VON DER CRONE, 28

Art. 626

SJZ 1993, 37 ff.). Unbenommen bleibt jedem Aktionär, Klage nach Art. 736 Ziff. 4 zu erheben (dazu BGE 105 II 114; 126 III 266: Auflösung einer Familien-AG wegen ruinöser Geschäftsführung durch den Mehrheitsaktionär aufgrund einer Klage des Minderheitsaktionärs und gleichzeitigen Konkurrenten. Zweierlei Gründe werden für diesen erstaunlichen Entscheid angegeben. Zum einen nahm der Umsatz ausserordentlich stark ab, zum andern wollte man vermeiden, dass sich das ganze vererbte Familienvermögen in Luft auflöst). Bei einer Klage nach Art. 736 Ziff. 4 kann das Gericht aufgrund eines vom Ständerat eingefügten Zusatzes statt auf Auflösung auf eine andere sachgemässe und den Beteiligten zumutbare Lösung erkennen.

Art. 626

E. Statuten
I. Gesetzlich vorgeschriebener Inhalt

Die Statuten müssen Bestimmungen enthalten über:

1. die Firma und den Sitz der Gesellschaft;
2. den Zweck der Gesellschaft;
3. die Höhe des Aktienkapitals und den Betrag der darauf geleisteten Einlagen;
4. Anzahl, Nennwert und Art der Aktien;
5. die Einberufung der Generalversammlung und das Stimmrecht der Aktionäre;
6. die Organe für die Verwaltung und für die Revision;
7. die Form der von der Gesellschaft ausgehenden Bekanntmachungen.

E. Statuts
I. Dispositions nécessaires

Les statuts doivent contenir des dispositions sur:

1. la raison sociale et le siège de la société;
2. le but de la société;
3. le montant du capital-actions et des apports effectués;
4. le nombre, la valeur nominale et l'espèce des actions;
5. la convocation de l'assemblée générale et le droit de vote des actionnaires;
6. les organes chargés de l'administration et de la révision;
7. la forme à observer pour les publications de la société.

E. Statuto
I. Disposizioni richieste dalla legge

Lo statuto deve contenere disposizioni sui punti seguenti:

1. la ditta e la sede della società;
2. lo scopo della società;
3. l'ammontare del capitale azionario e dei conferimenti effettuati;
4. il numero, il valore nominale e la specie delle azioni;
5. la convocazione dell'assemblea generale ed il diritto di voto degli azionisti;
6. gli organi incaricati dell'amministrazione e della revisione;
7. la forma nella quale devono essere fatte le pubblicazioni sociali.

1. Abschnitt: Allgemeine Bestimmungen 1–5 Art. 626

I. Allgemeines

Die Statuten sind das **Grundgesetz,** die Verfassung der AG. Sie regeln im Rahmen des 1
Gesetzes die Rechtsverhältnisse für die AG im Innern und gegen aussen. Die Gründungsstatuten beruhen auf dem Gesellschaftsvertrag zwischen den Gründern. Alle Gründer haben den Gründungsstatuten zuzustimmen (Art. 629 Abs. 1). Die Gründungsstatuten können daher noch als Rechtsakt vertraglicher Natur qualifiziert werden; später verlieren sie jedoch diese vertragliche Natur, da sie i.d.R. durch Mehrheitsbeschluss (und somit gegen den Willen von einzelnen Aktionären) abgeändert werden können (vgl. Art. 698 Abs. 2 Ziff. 1, Art. 703 f.; MEIER-HAYOZ/FORSTMOSER, 78).

Art. 626 führt auf, welchen **Inhalt** die Statuten einer AG zwingend enthalten müssen. 2
Der zwingende Mindestinhalt der Statuten ist zu unterscheiden vom bedingt notwendigen Inhalt (vgl. z.B. Art. 627 f.), der Regeln betrifft, die nur dann festzusetzen sind, wenn von der dispositiven gesetzlichen Ordnung abgewichen werden soll. Der fakultative Statuteninhalt schliesslich betrifft Statuten, die lediglich Gesetzesregeln wiederholen – und damit überflüssig sind – oder aber auch ausserhalb der Statuten rechtskräftig festgehalten werden könnten (vgl. z.B. MEIER-HAYOZ/FORSTMOSER, 533).

Sowohl die Urkundsperson, welche bei der Gründung die öffentliche Urkunde errichtet 3
(Art. 629 Abs. 1), wie auch der Handelsregisterführer prüfen die Statuten. In der Praxis wird es daher äusserst selten vorkommen, dass bei einer ins Handelsregister eingetragenen AG der zwingende Mindestinhalt der Statuten (Art. 626) nicht rechtsgenügend geregelt ist. Das Gesetz enthält keine Regelung über die Rechtsfolgen einer allfälligen Lücke mit Bezug auf den zwingend notwendigen Statuteninhalt. FORSTMOSER (Aktienrecht, 378) schlägt vor, solche Lücken nach den Regeln über die Statutenänderungen auszufüllen. Diese Behebung der Mangelhaftigkeiten wird jedoch nicht in jedem Fall möglich sein. Die Nichtigkeit der AG ist indessen auch bei Lücken im absolut notwendigen Statuteninhalt nicht ohne weiteres anzunehmen (vgl. zu den Rechtsfolgen bei einem widerrechtlichen Zweck einer AG, die bereits Rechtsbeziehungen zu Dritten unterhielt, Art. 643 N 12). Nur bei grundlegenden, elementaren Fehlern (etwa dem Fehlen der Angabe einer Firma, des Sitzes, des Zwecks oder der Höhe des AK sowie bei einem widerrechtlichen Zweck «ab initio») ist die Gesellschaft als nichtig zu erachten (vgl. Art. 643 N 11 f.). Im Übrigen können Gläubiger und Aktionäre nach Massgabe von Art. 643 Abs. 2 und 3 die Auflösung der Gesellschaft beantragen.

II. Der zwingende Mindestinhalt der Statuten im Einzelnen

Die **Firma** (Ziff. 1) ist der Name der Gesellschaft, d.h. des Unternehmensträgers. Unter 4
Wahrung der allgemeinen Grundsätze (Art. 944 ff.) kann die AG ihre Firma frei wählen. Die Firma hat sich namentlich von anderen, in der Schweiz bereits eingetragenen Firmen deutlich zu unterscheiden (Art. 951 Abs. 2). Vgl. im Einzelnen die Komm. zu Art. 944–956.

Der **Sitz** der Gesellschaft (Ziff. 1) kann innerhalb der Schweiz ohne Beschränkung gewählt werden (vgl. BGE 100 Ib 458 E. 4; MEIER-HAYOZ/FORSTMOSER, 422). Unter 5
Vorbehalt des Verbots des Rechtsmissbrauchs spielt es keine Rolle, ob der in den Statuten angegebene Sitz mit den Verhältnissen übereinstimmt oder ob ihm jede tatbeständliche Beziehung abgeht (ZK-VON STEIGER, Art. 776 N 80; MEIER-HAYOZ/FORSTMOSER, 422 f.; **a.A.** BÖCKLI, 109). Als Sitz wird der Name der gewählten politischen Gemeinde in das Handelsregister eingetragen (Art. 117 Abs. 1 HRegV). Bis zur Fusion der Schweizerischen Bankgesellschaft mit dem Schweizerischen Bankverein galt es als ein-

helligen Lehre und Rechtsprechung, dass Aktiengesellschaften nur *einen* Sitz haben können (vgl. z.B. BGE 53 I 130 f.; FORSTMOSER/MEIER-HAYOZ/NOBEL, 104; MEIER-HAYOZ/FORSTMOSER, 8. Aufl., 353; VON GREYERZ, 106); der bis dahin bekannte Doppelsitz der Nestlé S.A. wurde mit historischen Gegebenheiten erklärt. Im Zusammenhang mit der genannten Fusion wurde das Begehren um Genehmigung eines Doppelsitzes geäussert. Gestützt auf einen Bericht einer interdepartementalen Arbeitsgruppe (abgedruckt in JBHReg 1998, 30 ff.) wurde der fusionierten Gesellschaft der beantragte Doppelsitz bewilligt. Sowohl die erwähnte interdepartementale Arbeitsgruppe wie auch KÜNG (Der doppelte Sitz, JBHReg 1998, 15 ff.) kommen zum Schluss, dass bei einer geltungszeitlichen Betrachtungsweise sich gute Gründe finden lassen, die ausnahmsweise für eine Zulassung des Mehrfachsitzes bei juristischen Personen sprechen. Die Frage wird wohl weiter umstritten bleiben (vgl. z.B. BÖCKLI, 109 f.; MEIER-HAYOZ/ FORSTMOSER, 423). Ausgeschlossen werden dürfte aber immerhin die Zulässigkeit von mehreren Sitzen in verschiedenen Rechtsordnungen. Eine Bewilligungspraxis nur für Ausnahmefälle leidet unter dem Odium rechtsungleicher Behandlung.

6   Betreibt eine AG am Ort des statutarischen Sitzes kein Geschäftslokal, muss sie im Handelsregister ein Domizil am Ort des Sitzes angeben (Art. 117 Abs. 3 HRegV). Die Bestimmung eines Domizils bezweckt, die Zustellung von Mitteilungen am Ort des Sitzes zu ermöglichen.

7   Ebenfalls vom Sitz zu unterscheiden ist die Geschäftsniederlassung, d.h. der Ort, an welchem die Gesellschaft effektiv tätig ist (MEIER-HAYOZ/FORSTMOSER, 423). Eine AG kann ihre Geschäftsniederlassung am Ort des statutarischen Sitzes oder anderswo haben; selbstverständlich ist es ihr auch möglich, mehrere Geschäftsniederlassungen zu unterhalten. Erfüllen Geschäftsniederlassungen (ausserhalb des statutarischen Sitzes) die Voraussetzungen von Art. 641, so sind diese als Zweigniederlassung in das Handelsregister einzutragen.

8   Der statutarische Sitz der AG begründet den allgemeinen Gerichtsstand gegen die Gesellschaft (Art. 3 Abs. 1 lit. a GestG; BGE 94 I 567), den Betreibungsort (Art. 46 Abs. 2 SchKG; BGE 119 III 57) und nach Massgabe von Art. 74 einen Erfüllungsort für Verbindlichkeiten; zudem richtet sich die Zuständigkeit des Handelsregisters nach dem Sitz (Art. 640 Abs. 1; vgl. zum Ganzen MEIER-HAYOZ/FORSTMOSER, 423; BÖCKLI, 110).

9   Als **Zweck der Gesellschaft** (Ziff. 2) ist in die Statuten eine Umschreibung des vorgesehenen Tätigkeitsfeldes der Gesellschaft aufzunehmen (vgl. Art. 118 Abs. 1 HRegV). Es ist nicht der «Endzweck» (z.B. Gewinnstrebigkeit) anzugeben, sondern eine «über unbestimmte Angaben deutlich hinausgehende Umschreibung» der Tätigkeit (BÖCKLI, 69). Allgemeine Zweckklauseln ohne nähere Bestimmung (z.B. «Geschäfte aller Art») werden nicht akzeptiert (BÖCKLI, 110 f.).

10 Die **Höhe des AK** (Ziff. 3) beträgt mindestens CHF 100 000 (Art. 621). Der **Betrag der auf das AK geleisteten Einlagen** (Ziff. 3) ist in jedem Fall anzugeben, und zwar auch dann, wenn das AK voll liberiert wird. Obwohl der Gesetzestext von «Betrag» spricht, ist m.E. auch eine Angabe in Prozenten zulässig (vgl. BÖCKLI, 112). Art. 632 bestimmt die Mindesteinlage; mind. 20% des Nennwertes jeder Aktie, in jedem Fall aber Fr. 50 000 müssen liberiert sein. Nach jeder Änderung der Liberierung (vgl. Art. 634a) sind die Statuten anzupassen; der VR ist für diese Statutenanpassung zuständig (BÖCKLI, 74 und 113; s.a. Art. 54 Abs. 1 lit. a HRegV).

11 In Ziff. 4 wird die Angabe von **Anzahl, Nennwert und Art der Aktien** verlangt. Die Anzahl der Aktien wird durch das Verhältnis des AK zum Nennwert der einzelnen Aktien bestimmt (wobei zu beachten ist, dass Aktien mit unterschiedlichem Nennwert aus-

1. Abschnitt: Allgemeine Bestimmungen **Art. 627**

gegeben werden können; vgl. Art. 692 f.) Der Nennwert einer Aktie muss mindestens einen Rappen betragen (Art. 622 Abs. 4). Gesetzlich besteht keine Obergrenze für den Nennwert. Unter «Art der Aktie» ist die in Art. 622 Abs. 1 gemachte Unterscheidung zwischen Namen- und Inhaberaktien gemeint.

Die Bestimmung betr. die **Einberufung der GV** (Ziff. 5), welche in den Statuten angegeben werden muss, bezieht sich auf Art. 700. Laut dieser Bestimmung ist die GV spätestens 20 Tage vor dem Versammlungstag in der durch die Statuten vorgeschriebenen Form einzuberufen. Statutarisch muss somit die Form der Einberufung festgelegt werden. Sind die Voraussetzungen von Art. 701 (Universalversammlung) erfüllt, kann die GV allerdings ohne Einhaltung der für die Einberufung vorgeschriebenen Formvorschriften abgehalten werden.   12

Notwendige Bestimmungen über das **Stimmrecht der Aktionäre** (Ziff. 5) haben sich an Art. 692 ff. zu orientieren. Grundsätzlich steht den Aktionären das Stimmrecht «nach Verhältnis des gesamten Nennwerts der ihnen gehörenden Aktien» (Art. 692 Abs. 1) zu; statutarisch kann jedoch die Stimmenzahl von Besitzern mehrerer Aktien beschränkt werden, wobei jeder Aktionär zumindest eine Stimme behalten muss (Art. 692 Abs. 2). Gemäss Art. 693 kann das Stimmrecht unabhängig vom Nennwert nach der Zahl der jedem Aktionär gehörenden Aktien festgesetzt werden (wobei für gewisse Entscheide die Bemessung des Stimmrechts nach der Zahl nicht anwendbar ist, vgl. Art. 693 Abs. 3).   13

Die Angaben betr. **Organe für die Verwaltung und für die Revision** (Ziff. 6) beziehen sich auf die Organisation dieser Organe. Anzugeben ist bei der Verwaltung deren Zusammensetzung (Art. 707 Abs. 1, Art. 709 Abs. 1). Sofern von der dispositiven Regelung des Gesetzes mit Bezug auf die Amtsdauer (Art. 710 Abs. 1), die Wahl des Präsidenten des VR (Art. 712) oder die Regelung betr. Stichentscheid des Präsidenten (Art. 713 Abs. 1) abgewichen werden soll, ist dies ebenfalls in den Statuten zu vermerken. Bei der RS ist deren Zusammensetzung (Art. 730 Abs. 2) sowie Amtsdauer (Art. 730a Abs. 1) in den Statuten zu regeln.   14

Mit Bezug auf die **Form der von der Gesellschaft ausgehenden Bekanntmachungen** (Ziff. 7) sind die Bekanntmachungen an die Aktionäre und auch an die Gläubiger gemeint (ZK-SIEGWART, Art. 626 N 48). Zu beachten ist, dass alle vom Gesetz vorgeschriebenen Veröffentlichungen im SHAB zu erfolgen haben (Art. 931 Abs. 2) und dass bei Namenaktien die Information über die Auflage des Geschäfts- und Revisionsberichts durch schriftliche Mitteilung an die Aktionäre erfolgen muss (Art. 696 Abs. 2; vgl. zur Praxis von gewissen Handelsregisterämtern CHK-WALDBURGER, N 11).   15

Art. 627

II. Weitere Bestimmungen
1. Im Allgemeinen

Zu ihrer Verbindlichkeit bedürfen der Aufnahme in die Statuten Bestimmungen über:

1. Die Änderung der Statuten, soweit sie von den gesetzlichen Bestimmungen abweichen;

2. die Ausrichtung von Tantiemen;

3. die Zusicherung von Bauzinsen;

4. die Begrenzung der Dauer der Gesellschaft;

Franz Schenker

Art. 627

26. Titel: Die Aktiengesellschaft

5. Konventionalstrafen bei nicht rechtzeitiger Leistung der Einlage;

6. die genehmigte und die bedingte Kapitalerhöhung;

7. die Zulassung der Umwandlung von Namenaktien in Inhaberaktien und umgekehrt;

8. die Beschränkung der Übertragbarkeit von Namenaktien;

9. die Vorrechte einzelner Kategorien von Aktien, über Partizipationsscheine, Genussscheine und über die Gewährung besonderer Vorteile;

10. die Beschränkung des Stimmrechts und des Rechts der Aktionäre, sich vertreten zu lassen;

11. die im Gesetz nicht vorgesehenen Fälle, in denen die Generalversammlung nur mit qualifizierter Mehrheit Beschluss fassen kann;

12. die Ermächtigung zur Übertragung der Geschäftsführung auf einzelne Mitglieder des Verwaltungsrates oder Dritte;

13. die Organisation und die Aufgaben der Revisionsstelle, sofern dabei über die gesetzlichen Vorschriften hinausgegangen wird.

II. Autres dispositions
1. En général

Ne sont valables qu'à la condition de figurer dans les statuts les dispositions concernant:

1. les dérogations aux prescriptions légales relatives à la révision des statuts;

2. l'attribution de tantièmes;

3. l'attribution d'intérêts intercalaires;

4. la durée de la société;

5. les peines conventionnelles en cas de retard dans le versement des apports;

6. l'augmentation autorisée et conditionnelle du capital;

7. la faculté de convertir des actions nominatives en actions au porteur et inversement;

8. les restrictions de la transmissibilité des actions nominatives;

9. les privilèges attachés à certaines catégories d'actions, ainsi que les bons de participation, les bons de jouissance et les avantages particuliers;

10. les restrictions du droit de vote des actionnaires et de leur droit de se faire représenter;

11. les cas non prévus par la loi dans lesquels l'assemblée générale ne peut statuer qu'à une majorité qualifiée;

12. la faculté de déléguer la gestion à un ou plusieurs administrateurs ou à des tiers;

13. l'organisation et les attributions de l'organe de révision, si ces dispositions vont au-delà des termes de la loi.

II. Altre disposizioni
1. In genere

Non obbligano, se non sono contenute nello statuto, le disposizioni riguardanti:

1. la modificazione dello statuto in deroga alle norme legali;

2. l'attribuzione di quote di utili;

3. l'attribuzione d'interessi per il periodo d'avviamento;

4. la limitazione della durata della società;

5. le pene convenzionali per il caso in cui i conferimenti non siano effettuati tempestivamente;

6. l'aumento autorizzato e condizionale del capitale;

7. l'ammissione della conversione di azioni nominative nella forma al portatore e di azioni al portatore nella forma nominativa;

8. la limitazione della facoltà di trasferire le azioni nominative;

9. i privilegi inerenti a determinate categorie di azioni, come pure i buoni di partecipazione, i buoni di godimento e la concessione di vantaggi speciali;

10. la limitazione del diritto di voto degli azionisti e del loro diritto di farsi rappresentare;

11. i casi, non previsti dalla legge, nei quali l'assemblea generale può deliberare solo a maggioranza qualificata;

12. la facoltà di delegare la gestione a singoli membri del consiglio d'amministrazione o a terzi;

13. l'organizzazione e le attribuzioni dell'ufficio di revisione eccedenti l'ambito fissato dalla legge.

I. Allgemeines

Art. 627 betrifft **bedingt notwendigen Statuteninhalt,** d.h. Normen, deren Wirksamkeit nach innen und aussen von einer Verankerung in den Statuten abhängt (vgl. den Gesetzestext: «Zu ihrer Verbindlichkeit bedürfen der Aufnahme in die Statuten ...»). Art. 627 enthält keine abschliessende Liste mit möglichem, bedingt notwendigem Statuteninhalt. So enthalten z.B. die Art. 628 (qualifizierte Gründungen), Art. 653d (Gültigkeit einer statutarischen Vinkulierung von Namenaktien gegenüber Wandel- oder Optionsberechtigten), Art. 656e (Anspruch von Partizipanten auf einen Vertreter im VR) und Art. 709 Abs. 1 (Recht auf Anspruch eines Vertreters im VR bei mehreren Kategorien von Aktien) ebenfalls Normen, die als bedingt notwendiger Statuteninhalt zu qualifizieren sind (vgl. weitere Bsp. bei BÖCKLI, 118 f.). Nicht nur der zwingende (Art. 626), auch der bedingt notwendige Statuteninhalt gem. Art. 627 unterliegt bei Gründung der AG dem Erfordernis übereinstimmender Annahme durch die Gründer (Art. 629 Abs. 1). Die spätere Abänderung der Statuten obliegt grundsätzlich der GV (Art. 698 Abs. 2 Ziff. 1), ausnahmsweise dem VR (Art. 634a, 652g, 653g). 1

Bemerkenswert ist, dass weder Art. 627, der sich «im Allgemeinen» (Marginalie) mit bedingt notwendigem Statuteninhalt befasst, noch die besonderen Bestimmungen mit bedingt notwendigem Statuteninhalt eine Regel enthalten, wonach eine Liberierung durch *Verrechnung* in den Statuten enthalten sein muss (eine solche ist grundsätzlich zulässig; vgl. z.B. Botschaft AG, 789; BÖCKLI, 92, 96 ff. und 118; WATTER, Gründung und Kapitalerhöhung im neuen Aktienrecht, 1992, SAV 11, 58; zur Liberierung durch Verrechnung vgl. Art. 628 N 2). Diese Art der Liberierung entbehrt somit mangels gesetzlicher Grundlage der Statutenpublizität (vgl. Botschaft Aktien- und Rechnungslegungsrecht, 1642). 2

II. Der bedingt notwendige Statuteninhalt gemäss Art. 627 im Einzelnen

Die **Änderung von Statuten** (Ziff. 1) beschliesst grundsätzlich die *GV* (Art. 698 Abs. 2 Ziff. 1, und zwar nach Massgabe von Art. 703 f.). Die in Art. 703 f. vorgesehenen Voraussetzungen für eine gültige Statutenänderung dürfen in den Statuten nicht gelockert, wohl aber strenger gefasst werden. Zu beachten ist Art. 704 Abs. 2, wonach Statutenbe- 3 stimmungen, welche für bestimmte Beschlüsse eine grössere Mehrheit als die vom Gesetz vorgeschriebene festlegen, nur mit dem in den neu einzuführenden Statutenbestimmungen genannten Mehr gültig eingeführt werden können.

4 In besonderen Fällen ist nicht die GV, sondern der *VR* von Gesetzes wegen zur Statutenänderung befugt (vgl. Art. 634a, 652g, 653g). Art. 713 regelt die Beschlussfassung im VR. Wenn mit Bezug auf die dem VR zustehende Kompetenz, die Statuten zu ändern, besondere (von Art. 713 abweichende) Bestimmungen eingeführt werden sollen, greift Art. 627 Ziff. 1 ebenfalls: auch diese von der gesetzlichen Regel abweichende Beschlussregelung bedarf einer statutarischen Grundlage.

5 Bei **Tantiemen** (Ziff. 2) handelt es sich um Gewinnanteile von Mitgliedern des VR, die nur dem Bilanzgewinn entnommen werden dürfen und bloss dann zulässig sind, wenn die Zuweisung an die gesetzlichen Reserven gemacht und zudem eine Dividende von 5% oder von einem durch die Statuten festgesetzten höheren Ansatz ausgerichtet wurde (Art. 677; zum Begriff «Tantieme» vgl. BGE 91 II 311 f.; 82 II 148 ff.).

6 Die **Zusicherung von Bauzinsen** (Ziff. 3) bezieht sich auf Zinsen, welche den Aktionären für die Zeit, die Vorbereitung und Bau bis zum Anfang eines vollen Betriebs erfordern, zugesichert werden, und zwar entgegen dem grundsätzlichen Verbot von Zinszahlungen auf das AK (Art. 675 Abs. 1). Die Statuten müssen laut Art. 676 Abs. 1 den Zeitpunkt bezeichnen, zu dem die Entrichtung von Zinsen spätestens aufhört. Angesichts der seltenen Ausschüttung von Bauzinsen (MEIER-HAYOZ/FORSTMOSER, 437) ist es nicht ungerechtfertigt, wenn mit Bezug auf diese Bestimmung von einem «Überbleibsel aus dem 19. Jahrhundert» (BÖCKLI, 1. Aufl., 36) gesprochen wird.

7 Die **Begrenzung der Dauer** der Gesellschaft (Ziff. 4) bedarf einer besonderen statutarischen Grundlage. Ohne eine solche «lebt» eine AG auf eine unbestimmte Zeit, d.h. bis zum Eintreten eines Auflösungsgrundes gem. Art. 736. Aus Art. 736 Ziff. 1 («die Gesellschaft wird aufgelöst nach Massgabe der Statuten») geht im Übrigen hervor, dass nicht bloss zeitliche Limiten für die Existenz der AG in den Statuten festgehalten werden können, sondern irgendwelche besonderen Auflösungsgründe (vgl. FORSTMOSER, Aktienrecht, 156).

8 Die Bestimmung betr. **Konventionalstrafen bei nicht rechtzeitiger Leistung** der Einlage (Ziff. 5) bezieht sich auf Art. 630 Ziff. 2 (wo eine bedingungslose Verpflichtung, eine dem Ausgabebetrag entsprechende Einlage zu leisten, statuiert wird), sowie auf Art. 681 f. (welche die Verzugsfolgen bei nicht rechtzeitiger Liberierung regeln). Nach Art. 681 ist der säumige Aktionär zur Zahlung von Verzugszinsen verpflichtet und kann seiner Rechte aus der Zeichnung der Aktien und seiner geleisteten Teilzahlungen verlustig erklärt werden («Kaduzierung»); für eine Konventionalstrafe bedarf es einer besonderen statutarischen Bestimmung, was in Art. 627 Ziff. 5 zum Ausdruck kommt. Damit die Konventionalstrafe allerdings eingefordert werden kann, müssen die strengen Voraussetzungen des Art. 682 erfüllt sein (dreimalige Ansetzung einer Nachfrist von mindestens einem Monat, bei Inhaberaktien im SHAB veröffentlicht, bei Namenaktien durch eingeschriebenen Brief).

9 Die Bestimmung über die **genehmigte oder die bedingte Kapitalerhöhung** (Ziff. 6) bezieht sich auf die Art. 651 ff. und 653 ff. Sowohl eine genehmigte wie auch eine bedingte Kapitalerhöhung setzen vorerst eine Statutenänderung durch die GV voraus (Art. 651 und 652, im Besonderen Art. 653b). Bei der genehmigten Kapitalerhöhung setzt der VR den Endbetrag des genehmigten Kapitals nach jeder Kapitalerhöhung in den Statuten entsprechend fest (Art. 651a). In beiden Fällen hat schliesslich der VR ab-

schliessend die Statuten nach der Kapitalerhöhung abzuändern und der neuen Sachlage anzupassen (Art. 652g und 653g).

Die Bestimmung betr. die Zulassung der **Umwandlung von Namenaktien in Inhaberaktien und umgekehrt** (Ziff. 7) beruht auf Art. 622 Abs. 3. Möglich ist indessen auch die Einführung einer Statutenbestimmung, wonach eine künftige Umwandlung ausgeschlossen wird (BÖCKLI, 115; ZK-SIEGWART, Art. 627 N 10). 10

Die Bestimmung über die **Beschränkung der Übertragbarkeit von Namenaktien** (Ziff. 8) beruht auf Art. 685–685g. Die so genannte «Vinkulierung» von Namenaktien ist nach diesen Bestimmungen nach wie vor (grundsätzlich) zulässig; im Vergleich zum altOR sind die Möglichkeiten für die AG indessen wesentlich eingeschränkt. Das Gesetz enthält eine unterschiedliche Regelung für nicht-börsenkotierte Namenaktien einerseits (Art. 685b) und für börsenkotierte Namenaktien anderseits (Art. 685d–685f). 11

Statutarische Bestimmungen über die **Vorrechte einzelner Kategorien von Aktien** (Ziff. 9) beruhen auf den Vorschriften von Art. 654/656. Diese Bestimmungen lassen «Vorzugsaktien» zu, d.h. Aktien, die in vermögensrechtlicher Hinsicht gegenüber den gewöhnlichen Aktien (Stammaktien) privilegiert sind (MEIER-HAYOZ/FORSTMOSER, 461). Vorrechte können allerdings nicht nur mit Bezug auf Vermögensrechte, sondern auch mit Bezug auf das Stimmrecht für einzelne Kategorien von Aktien eingeführt werden; die h.L. subsumiert diese Vorrechte allerdings nicht unter Ziff. 9, sondern unter Ziff. 10 (vgl. FORSTMOSER, Aktienrecht, 156; ZK-SIEGWART, N 12 f.). Bestehen bereits Vorzugsaktien bei einer Gesellschaft, können weitere Vorzugsaktien nur unter den erschwerten Bedingungen von Art. 654 Abs. 2 eingeführt werden; eine abweichende Ordnung von dieser erschwerten Einführung in den Statuten ist allerdings möglich. 12

Aus Art. 656a ff. ergibt es sich, dass **PS** (Ziff. 9) eine besondere statutarische Grundlage benötigen. Die Art. 656a–g setzen der statutarischen Freiheit bei der Ausgestaltung des PS-Kapitals und der Rechtsstellung des Partizipanten enge Grenzen (vgl. im Einzelnen die Komm. zu Art. 656a ff.). 13

Genussscheine (Ziff. 9) können nur unter Berücksichtigung der besonderen Vorschriften von Art. 657 ausgegeben werden. In den Statuten ist die Zahl der ausgegebenen Genussscheine und der Inhalt der damit verbundenen Rechte anzugeben (Art. 657 Abs. 1). 14

Die Bestimmung, wonach die **Gewährung besonderer Vorteile** (Ziff. 9) in den Statuten verankert werden muss, ist in Art. 628 Abs. 3 wiederholt und wird dort detaillierter ausgeführt. Begünstigt werden können Gründer oder Dritte, die in den Statuten mit Namen aufzuführen sind, und es ist der gewährte Vorteil nach Inhalt und Wert in den Statuten genau zu bezeichnen. 15

Bestimmungen über die **Beschränkung des Stimmrechts** (Ziff. 10) beruhen auf Art. 692 f. Nach diesen Bestimmungen kann in den Statuten die Stimmenzahl der Besitzer mehrerer Aktien beschränkt werden (z.B. auf einen bestimmten Prozentsatz des gesamten Aktienkapitals), resp. es können «Stimmrechtsaktien» eingeführt werden, d.h. Aktien, die unabhängig vom Nennwert eine Stimme pro Aktie aufweisen. Zulässig – und empfehlenswert – ist eine Bestimmung, welche dem Vorsitzenden der GV den Stichentscheid einräumt (vgl. BGE 95 II 555); ohne statutarische Grundlage ist ein Stichentscheid in der GV nach wie vor nicht erlaubt (BÖCKLI, 1354 f.). 16

Eine **Beschränkung des Rechts der Aktionäre, sich vertreten zu lassen** (Ziff. 10), beruht auf Art. 689 Abs. 2. Ohne statutarische Beschränkung kann der Aktionär seine Aktien in der GV durch einen Dritten vertreten lassen, der nicht Aktionär zu sein braucht. 17

Art. 628

18 Das Gesetz sieht in Art. 704 bestimmte Fälle vor, bei denen durch die GV **mit qualifizierter Mehrheit Beschluss gefasst** werden muss (Ziff. 11). Statutarisch können zusätzliche Fälle von erschwerter Beschlussfassung eingeführt oder in den gesetzlich vorgesehenen Fällen die Beschlussfassung noch mehr erschwert werden (eine Erleichterung ist demgegenüber ausgeschlossen; vgl. MEIER-HAYOZ/FORSTMOSER, 487). Bei der Einführung von grösseren Mehrheiten als die vom Gesetz vorgeschriebenen ist die Vorschrift von Art. 704 Abs. 2 zu beachten.

19 Eine Bestimmung über die **Kompetenzdelegation des VR** (Ziff. 12) beruht auf Art. 716 b. Die Übertragung der Geschäftsführung an einzelne Mitglieder des VR oder an Dritte kann nur nach Massgabe eines Organisationsreglementes (zu dessen Inhalt vgl. Art. 716 b Abs. 2) erfolgen, das seinerseits nur dann erlassen werden kann, wenn die Statuten eine entsprechende Bestimmung aufweisen. Ohne Übertragung der Geschäftsführung gem. Art. 716b Abs. 1 steht diese allen Mitgliedern des VR gesamthaft zu (Art. 716b Abs. 3). Nicht delegierbar sind die dem VR durch Art. 716a übertragenen Aufgaben.

20 Bemerkenswert ist eine Diskrepanz zwischen Ziff. 13, welche Bestimmungen über die **Organisation und die Aufgaben der RS** betrifft, und Art. 731a Abs. 1. Während aufgrund von Art. 627 Ziff. 13 erwartet werden sollte, dass eine statutarische Grundlage für zusätzliche Aufgaben resp. abweichende Organisation der RS unentbehrlich ist, lässt Art. 731a auch einen «einfachen» Generalversammlungsbeschluss mit gleicher Wirkung zu. Der gleiche Widerspruch bestand bereits vor Revision des OR (Art. 731 altOR). Die dortige Regelung wurde als auf einem gesetzgeberischen Versehen beruhend bezeichnet (FORSTMOSER, Aktienrecht, 157 Anm. 72), wobei Art. 731a Abs. 1 den Vorrang vor Art. 627 Ziff. 13 einnehme (ZK-BÜRGI, Art. 731 N 2). Die Argumente von BÜRGI treffen auch auf das rev. OR zu, so dass die gesetzliche Ordnung mit Bezug auf Organisation und Aufgaben der RS auch durch GV-Beschluss abgeändert werden kann (FORSTMOSER/MEIER-HAYOZ/NOBEL, 110; **a.A.** BÖCKLI, 117, der eine statutarische Verankerung von Bestimmungen verlangt, wenn die Organisation und Aufgaben der RS «über die gesetzlichen Vorschriften hinausgehend» festgelegt werden; s.a. OR-Handkommentar-ZÜRCHER, N 14). In der Botschaft RAG, 4033, wird eine Diskrepanz zwischen Art. 627 Ziff. 13 und Art. 731 Abs. 1 verneint; generelle Anordnungen seien in den Statuten zu regeln, für einmalige genüge ein GV-Beschluss. Zu beachten bleibt in jedem Fall, dass der RS weder Aufgaben des VR noch solche, die ihre Unabhängigkeit beeinträchtigen, zugeteilt werden können (Art. 731a Abs. 2). Auch Art. 727 Abs. 3, der ein «Opting-up» (ordentliche Revision, obwohl von Gesetzes wegen nicht erforderlich) ermöglicht, erlaubt ein solches «Opting-up» aufgrund einer Statutenbestimmung oder eines GV-Beschlusses. Die Botschaft RAG, 4013, unterscheidet auch hier zwischen genereller Anordnung (statutarisches «Opting-up») und Anordnung im Einzelfall durch GV-Beschluss, ohne dass sich diese Unterscheidung im Gesetzestext niedergeschlagen hätte.

Art. 628

2. Im besonderen Sacheinlagen, Sachübernahmen, besondere Vorteile	¹ **Leistet ein Aktionär eine Sacheinlage, so müssen die Statuten den Gegenstand und dessen Bewertung sowie den Namen des Einlegers und die ihm zukommenden Aktien angeben.** ² **Übernimmt die Gesellschaft von Aktionären oder einer diesen nahe stehenden Person Vermögenswerte oder beabsichtigt sie solche Sachübernahmen, so müssen die Statuten den Gegen-**

stand, den Namen des Veräusserers und die Gegenleistung der Gesellschaft angeben.

³ Werden bei der Gründung zugunsten der Gründer oder anderer Personen besondere Vorteile ausbedungen, so sind die begünstigten Personen in den Statuten mit Namen aufzuführen, und es ist der gewährte Vorteil nach Inhalt und Wert genau zu bezeichnen.

⁴ Die Generalversammlung kann nach zehn Jahren Bestimmungen der Statuten über Sacheinlagen oder Sachübernahmen aufheben. Bestimmungen über Sachübernahmen können auch aufgehoben werden, wenn die Gesellschaft endgültig auf die Sachübernahme verzichtet.

2. Dispositions particulières relatives aux apports en nature, aux reprises de biens et aux avantages particuliers

¹ Si un actionnaire fait un apport en nature, les statuts doivent indiquer l'objet et l'estimation de cet apport, le nom de l'apporteur et les actions qui lui reviennent.

² Si la société reprend des biens ou envisage la reprise de biens d'un actionnaire ou d'une personne qui lui est proche, les statuts doivent indiquer l'objet de la reprise, le nom de l'aliénateur et la contre-prestation de la société.

³ Si, lors de la constitution de la société, des avantages sont stipulés en faveur des fondateurs ou d'autres personnes, les statuts doivent indiquer le nom des bénéficiaires et déterminer exactement l'étendue et la valeur de ces avantages.

⁴ L'assemblée générale peut décider, après dix ans, d'abroger les dispositions statutaires sur les apports en nature ou les reprises de biens. Les dispositions statutaires sur les reprises de biens peuvent également être abrogées lorsque la société renonce définitivement à opérer de telles reprises.

2. In particolare, conferimenti in natura, assunzione di beni, vantaggi speciali

¹ Qualora un azionista conferisca una quota in natura, lo statuto deve indicare l'oggetto e la stima di questo conferimento come pure il nome del conferente e le azioni che gli sono attribuite.

² Qualora la società assuma o si proponga di assumere beni da azionisti o da una persona loro vicina, lo statuto deve indicare l'oggetto di questa assunzione, il nome dell'alienante e la controprestazione della società.

³ Qualora, al momento della costituzione della società, siano pattuiti speciali vantaggi a favore dei promotori o d'altre persone, lo statuto deve indicare i nomi dei beneficiari e, in modo preciso, il contenuto ed il valore di siffatti vantaggi.

⁴ L'assemblea generale può decidere, dopo dieci anni, di abrogare le disposizioni statutarie concernenti i conferimenti in natura o le assunzioni di beni. Le disposizioni statutarie concernenti le assunzioni di beni possono inoltre essere abrogate se la società rinuncia definitivamente a tali assunzioni.

Literatur

DRUEY, Liberierung durch Verrechnung – Muss die Gegenforderung werthaltig sein? in: FS Zobl, Zürich 2004, 267 ff.; FORSTMOSER, Eine neue Ära im Recht der Sachübernahme? Kritische Bemerkungen zu BGE 128 III 178, REPRAX 2003, 1 ff.; FORSTMOSER/VOGT, Liberierung durch Verrechnung mit einer nicht werthaltigen Forderung: eine zulässige Form der Sanierung einer überschuldeten Gesellschaft? ZSR 2003 I, 531 ff.; GLANZMANN, Wann liegt eine (beabsichtigte) Sachübernahme vor?, SZW 2003, 166 ff.; DERS., Die kleine Aktienrechtsrevision unter Berücksichtigung der Revision der HRegV, Entwicklungen im Gesellschaftsrecht III, Hrsg. Kunz/Jörg/Arter, Bern 2008, 101 ff.; DERS., Die Schranken der Liberierung durch Verrechnung nach Schweizerischem Aktienrecht, ZSR N.F., 1999, I. Hb., 221 ff.; KÜCHLER, Besondere Vorteile nach Art. 628

Abs. 3, in: FS Forstmoser, Wirtschaftsrecht in Bewegung, Zürich, St. Gallen 2008, 49 ff.; KÜNG, Sacheinlagen und Sachübernahmen im neuen Aktienrecht, JBHReg 1992, 13 ff.; RUEDIN, «La fondation», in: Le nouveau droit des sociétés anonymes, CEDIDAC 23, 1993, 251 ff.; WALTER/BLUMER, Sieben Thesen und sieben Denkanstösse zur Sachübernahme, in: FS Nobel, Bern 2005, 405 ff.; WATTER, Bemerkungen zur Unlogik der Sacheinlage- und Sachübernahmevorschriften im Schweizer Aktienrecht, AJP 1994, 147 ff.

I. Allgemeines

1   Gegenstand von bedingt notwendigen Statutenbestimmungen sind die in Art. 628 besonders geregelten Sacheinlagen, Sachübernahmen und die besonderen Vorteile. Diese Tatbestände werden gemeinhin unter dem Begriff «**qualifizierte Gründung**» zusammengefasst (vgl. z.B. MEIER-HAYOZ/FORSTMOSER, 535; BÖCKLI, 84 ff.). Sowohl eine Sacheinlage wie eine Sachübernahme weisen im Vergleich mit einer Bareinlage das erhöhte Risiko auf, dass das den Gläubigern als Haftsubstrat dienende AK von Anfang an nicht vollständig existiert oder aber ausgehöhlt wird. – Die gemeinhin «**Gründervorteile**» genannten «besonderen Vorteile» (vgl. Botschaft AG, 854) können ebenfalls eine Aushöhlung des Haftungssubstrats zur Folge haben. Das Gesetz sieht daher verschiedene Sicherheitsmassnahmen bei qualifizierten Gründungen vor, namentlich bestimmte Formvorschriften (vgl. Art. 631, 634), einen Gründungsbericht (Art. 635), eine Prüfungsbestätigung durch den Revisor (Art. 635a) sowie Publizität in den Statuten (Art. 628) und im Handelsregister (Art. 641 Ziff. 6).

2   Die Tilgung der Liberierungsschuld durch *Verrechnung* mit einer Forderung gegen die Gesellschaft ist anerkanntermassen im neuen Recht zulässig (vgl. z.B. Botschaft AG, 789; BÖCKLI, 92, 96 ff. und 118; FORSTMOSER/MEIER-HAYOZ/NOBEL, 147 f.; WATTER, zit. Art. 627 N 2, 58; GLANZMANN, ZSR 1999 I, 221 ff.). Liberierung durch Verrechnung gilt nicht als Sacheinlage (vgl. BGE 87 II 177; BÖCKLI, 85, Anm. 399; HOMBURGER, Leitfaden zum neuen Aktienrecht, 1991, 17). Eine Liberierung durch Verrechnung muss in den Statuten nicht aufgeführt werden (s. z.B. Botschaft Aktien- und Rechnungslegungsrecht, 1642). Zur Verhinderung von Gründungsschwindeln besteht immerhin auch bei Liberierung durch Verrechnung die Pflicht der Gründer zur Erstellung eines Gründungsberichtes (Art. 635 Ziff. 2) und zur Beibringung einer Prüfungsbestätigung eines Revisors gem. Art. 635a (vgl. BÖCKLI, 97; WATTER, zit. Art. 627 N 2, 58). Im Gründungsstadium ist die Liberierung durch Verrechnung selten, kann aber vorkommen. Eine Liberierung durch Verrechnung ist nur zulässig, wenn die Voraussetzungen von Art. 120 Abs. 1 gegeben sind; unzulässig ist die Verrechnung mit einer bestrittenen Gegenforderung (FORSTMOSER/MEIER-HAYOZ NOBEL, 147 f.). Umstritten ist bei der Liberierung durch Verrechnung (und zwar nicht bloss bei der Liberierung durch Verrechnung im Gründungsstadium, sondern generell, namentlich bei Kapitalerhöhung oder nachträglicher Liberierung durch Verrechnung), ob eine nicht vollumfänglich werthaltige Forderung gültig zur Verrechnung gebracht werden kann. Die wohl h.L., welche eine Liberierung durch Verrechnung auch bei nicht vollumfänglich werthaltige Forderungen zulässt, überzeugt (vgl. z.B. DRUEY, 267 ff.; FORSTMOSER/VOGT, 531 ff.; GLANZMANN, ZSR 1999 I, 221 ff.; Botschaft Aktien- und Rechnungslegungsrecht, 1641 f.; **a.A.** BÖCKLI, 182 ff.). Zur Eintragungspflicht des Verrechnungstatbestandes in das Handelsregister s. Art. 45 Abs. 2 HRegV.

II. Die Sacheinlage

3   Eine Sacheinlage liegt vor, wenn die *Liberierungsschuld durch die Übertragung von Sachen oder von anderen Vermögenswerten* (z.B. Patenten, Marken etc.) getilgt wird

(Botschaft AG, 854). Nur Gegenstände des Rechtsverkehrs, die einen Verkehrswert haben und nach den Grundsätzen ordnungsgemässer Rechnungslegung aktivierungsfähig sind, können Gegenstand der Sacheinlage sein (BÖCKLI, 85; s.a. Mitteilung des EHRA betreffend Sacheinlage und Sachübernahme vom 15.8.2001, REPRAX 2001, 60 f.). Verpflichtungen zu Arbeits- oder Dienstleistungen sind als Sacheinlage untauglich (vgl. FORSTMOSER/MEIER-HAYOZ/NOBEL, 144). Die Statuten müssen den Gegenstand einer Sacheinlage angeben (Abs. 1). Nicht zur Anwendung kommen die Vorschriften über die Sacheinlagen aufgrund ausdrücklicher Vorschriften des FusG trotz Neugründung von Gesellschaften bei der Kombinationsfusion und bei der Neugründung einer Gesellschaft im Rahmen einer Spaltung; ebensowenig kommen die Vorschriften über die Sacheinlagen bei einer Umwandlung zum tragen (Art. 10 Abs. 2, Art. 34 und 57 FusG). Zur Geschäftsübernahme bei der Gründung vgl. z.B. BÖCKLI, 98; HANDSCHIN/TRUNIGER, 49; KÜNG/CAMP, Art. 777c N 79 f.

Ebenfalls in den Statuten zu erwähnen ist die *Bewertung* der Sacheinlage. Anzugeben ist ein bestimmter Betrag in der gesetzlichen Währung, d.h. in Franken. Eine bloss ungefähre Bewertung genügt nicht. **4**

In den Statuten anzugeben (nicht aber im Handelsregister einzutragen, vgl. Art. 642) ist zudem der *Name des Einlegers*. Die diesbezügliche Statutenpublizität dient der Prävention von Gründungsschwindeln. **5**

In den Statuten zu vermerken sind schliesslich die für die Sacheinlage ausgegebenen Aktien. Diese Information wird auch im Handelsregister eingetragen (Art. 642). **6**

Rechtsfolge der Nichtbeachtung von Art. 628 Abs. 1 bei Sacheinlagegründung ist nach herkömmlicher Meinung die Nichtigkeit des Einlagegeschäfts; die Sachleistung kann nicht als wirksame Liberierung betrachtet werden, so dass der Einleger bei entsprechendem Verlangen der AG nachträglich bar liberieren muss (BGE 64 II 282; FORSTMOSER/MEIER-HAYOZ/NOBEL, 167; CHK-WALDBURGER, N 9; FORSTMOSER, Aktienrecht, 323 f. m.w.H.; differenzierend: BÖCKLI, 101 f.). Die Gründer werden für die Nichtbeachtung von Art. 628 Abs. 1 zivilrechtlich und ggf. strafrechtlich verantwortlich (vgl. Art. 753; BGE 79 II 178 f.; FORSTMOSER, a.a.O., 324 f.; FORSTMOSER/MEIER-HAYOZ/NOBEL, 152; BÖCKLI, 103; BGE 6S.71/2002, publ. in JBHReg 2002, 127 ff.). Die im Wortlaut des Gesetzes nicht erwähnte Nichtigkeitsfolge überzeugt aber nicht. Sie kann für die Gesellschaft die Konsequenz haben, dass dieser für ihren Betrieb wichtige Vermögenswerte entzogen werden. Die Rückabwicklung kann so gegen die Interessen der Gesellschaft und gegen Treu und Glauben verstossen. Für die Gesellschaft und deren Gläubiger wesentlich ist, dass die Gesellschaft tatsächlich ihr in den Statuten erwähntes Kapital erhält. Hat sie dieses trotz Verletzung von Publizitätsvorschriften erhalten, ist für eine Nichtigkeitsfolge kein Platz. Hat sie es ganz oder teilweise nicht erhalten, soll der fehlbare Einleger den fehlenden Teil des Kapitals aufbringen müssen (wie dies offenbar im Fall, der BGE 132 III 668 ff. zugrunde lag, versucht wurde; s. dort S. 672 oben), und allfällig von der Gesellschaft erlittener Schaden soll nach Massgabe der Vorschriften über die Gründerhaftung gedeckt werden. Ein Absehen von der Nichtigkeitsfolge würde der Nichtbeachtung der Vorschriften von Art. 628 Abs. 1 keineswegs Tür und Tor öffnen, würden doch die möglichen strafrechtlichen Konsequenzen einer solchen Nichtbeachtung weiterhin eine Abschreckung bewirken (s. auch zur Kritik an der Nichtigkeitsfolge WALTER/BLUMER, 424, m.w.H.). **7**

III. Die Sachübernahme

8   Eine Sachübernahmegründung liegt vor, wenn die AG vor oder unmittelbar nach ihrer Gründung Vermögenswerte übernimmt. Nicht nur eine *sichere,* sondern auch eine *beabsichtigte* Sachübernahme fällt in den Anwendungsbereich von Art. 628 Abs. 2 (vgl. z.B. RUEDIN, 254 ff.). Als Sachübernahme gilt also auch eine erst für später vorgesehene Übernahme von Sachwerten, sofern sie nur zum Voraus geplant ist und ihre Ausführung als einigermassen sicher anzusehen ist (BGE 109 Ib 97; 83 II 290).

9   Nicht jede geringfügige Anschaffung (z.B. Möbel, Büromaterial) für die Gesellschaft bildet Gegenstand einer Sachübernahme i.S. des Gesetzes. Es muss sich um Geschäfte von grösserer wirtschaftlicher Bedeutung handeln, welche das Kapital der AG schwächen und deshalb geeignet sind, auf den Kaufsentschluss späterer Aktienerwerber oder die Kreditgewährung allfälliger Gläubiger einen Einfluss auszuüben (BGE 83 II 289; FORSTMOSER/MEIER-HAYOZ/NOBEL, 146; ZK-SIEGWART, N 56). Laut BÖCKLI (88) ist von Fall zu Fall funktional zu entscheiden: Ist die Anschaffung wirtschaftlich bedeutend, liegt sie ausserhalb des normalen Geschäftsgangs, ist sie ein Teil des Gründungsplans, ohne den die Gründung nicht durchgeführt worden wäre, liegt eine Sachübernahmegründung vor (vgl. dazu auch GLANZMANN, SZW 2003, 167 ff. und RUEDIN, 255 ff.). In BGE 128 III 178 f. wurde der zur statutarischen Tätigkeit gehörende Erwerb von Vermögenswerten – im konkreten Fall den Steigerungserwerb eines Hotelkomplexes – vom Anwendungsbereich der Sachübernahmebestimmungen ausgenommen. Dieses Urteil wurde zu Recht kritisiert (vgl. z.B. FORSTMOSER, REPRAX 2003, 1 ff.; GLANZMANN, SZW 2003, 166 ff., und Entwicklungen im Gesellschaftsrecht III, 106 f.). Die Frage, ob eine Sachübernahme vorliegt, ist nicht unmittelbar am Gesellschaftszweck zu messen; entscheidend ist, ob die Übernahme im Rahmen der üblichen Geschäftstätigkeit stattfindet. Fällt ein Übernahmegeschäft in den Rahmen der üblichen Geschäftstätigkeit, wird der Tatbestand der Sachübernahme nicht erfüllt (GLANZMANN, SZW 2003, 173). Mit GLANZMANN (Entwicklungen im Gesellschaftsrecht III, 107) ist daher zu fordern, dass BGE 128 III 178 f. seit dem Inkrafttreten der «kleinen Aktienrechtsrevision» nicht weiter zu beachten ist.

10   Gefahr einer Schwächung des AK durch Sachübernahmen besteht namentlich dann, wenn die Vermögenswerte von Aktionären oder mit Aktionären verbundenen Personen übernommen werden. Seit dem Inkrafttreten der «kleinen Aktienrechtsrevision» am 1.1.2008 ist die Anwendung der Bestimmungen über die Sachübernahme auf *Aktionäre* oder diesen *nahe stehenden Personen* beschränkt. Bis dahin fielen auch echte Drittgeschäfte in den Anwendungsbereich von Art. 628 Abs. 2 (vgl. Vorauflage). Der Gesetzgeber hat es aber unterlassen, die Rechtsfolgen von Verletzungen der Sachübernahmebestimmungen unter altem Recht bei echten Drittgeschäften zu regeln, mit der Folge, dass Unklarheit über die übergangsrechtliche Lage besteht (vgl. CHK-WALDBURGER, N 10; mit guten Gründen für eine «Heilung»: GLANZMANN, Entwicklungen im Gesellschaftsrecht III, 107). Das Gesetz legt nicht fest, was unter einer «nahe stehenden Person» zu verstehen ist. Der Begriff «nahe stehende Person» wird im Aktienrecht auch in Art. 663b^{bis} Abs. 1 Ziff. 5 und Abs. 2, sowie in Art. 678 verwendet, ebenfalls ohne nähere Definition. Es liegt nahe, die «nahe stehende Person» des Art. 628 Abs. 2 denjenigen der Art. 663b^{bis} und 678 gleichzustellen, geht es doch bei all diesen Regeln darum, mit dem Einbezug der «nahe stehenden Personen» Umgehungsgeschäfte zu erfassen (s.a. Botschaft Aktien- und Rechnungslegungsrecht, 1641 FN 105).

11   Bei Sachübernahme haben die Statuten den *Gegenstand,* den *Namen des Veräusserers* und die *Gegenleistung* der Gesellschaft anzuführen (Art. 628 Abs. 2). Steht eine Sachübernahme bei der Gründung bereits fest, dürfte die Formulierung einer entsprechenden

Statutenklausel keine Schwierigkeiten bereiten (vgl. dazu das Muster von KÜNG, 14). Bloss beabsichtigte Sachübernahmen können jedoch zu Problemen mit der Formulierung des Statuteninhalts führen: Ist z.B. der Preis für eine beabsichtigte Sachübernahme noch nicht ausgehandelt, ist laut KÜNG (15) der Maximalbetrag anzugeben, den die Gesellschaft zum Erwerb des Vermögenswertes auszugeben bereit ist (was den späteren Verhandlungen der Gesellschaft kaum förderlich sein dürfte). Unklar ist, wen die Statuten als Veräusserer aufzuführen haben, wenn zwar der Entscheid über eine Sachübernahme feststeht (z.B. Beschaffung von Baumaschinen für ein Baugeschäft), aber aufgrund verschiedener Offerten der Verkäufer noch unbestimmt ist. Können m.E. in einem solchen Fall die potentiellen Veräusserer einfach bestimmt werden, sind sie in den Statuten zu erwähnen («die Gesellschaft beabsichtigt,... den Vermögenswert X von Y oder Z zum Preise von höchstens CHF 100 000 zu übernehmen»). Lässt sich der Kreis der Veräusserer indessen nicht vernünftig eingrenzen, muss m.E. in den Statuten auf die Erwähnung des Namens des Veräusserers ohne negative Rechtsfolgen für die Gesellschaft verzichtet werden (s.a. BÖCKLI, 87).

Zu beachten ist, dass nicht bloss «reine» Sacheinlagen oder -übernahmen in der Praxis vorkommen können, sondern dass es *«gemischte» Sacheinlage-/Sachübernahmegründungen* geben kann. Von einer solchen gemischten Sacheinlage-/Sachübernahmegründung wird gesprochen, wenn die Gegenleistung der Gesellschaft für eine Sacheinlage sowohl aus neuen Aktien als auch aus einer Gutschrift oder Forderung besteht (KÜNG, 14 f. mit Anführung eines Beispiels für eine Statutenklausel). Art. 45 Abs. 3 HRegV verlangt, dass in einem solchen Fall die Gutschrift oder Forderung, d.h. die Gegenleistung, im Handelsregister einzutragen ist (zu recht krit. GLANZMANN, Entwicklungen im Gesellschaftsrecht III, 108). **12**

Nichtbeachtung der Vorschriften von Art. 628 Abs. 2 hat nach herkömmlicher Meinung die *Nichtigkeit* der Sachübernahme zur Folge (BGE 83 II 290; 79 II 177 f.; ZR 1991, 222; FORSTMOSER/MEIER-HAYOZ/NOBEL, 167; CHK-WALDBURGER, N 9; FORSTMOSER, Aktienrecht, 324 m.w.H.). Neben zivilrechtlicher Verantwortlichkeit der Gründer (vgl. Art. 753; FORSTMOSER, Aktienrecht, 324) können auch strafrechtliche Folgen in Betracht kommen, z.B. wenn die Urkundsperson durch Täuschung veranlasst wurde, eine Tatsache falsch zu beurkunden (vgl. BGE 101 IV 146 ff.; FORSTMOSER, Aktienrecht, 325). Die zivilrechtliche Nichtigkeit der Sachübernahme kann grundsätzlich auch durch Zeitablauf, Erfüllung oder Genehmigung durch die Gesellschaft nicht geheilt werden; der Mangel kann durch Änderung der Statuten i.S.v. Art. 628 und durch einen neuen Eintrag im Handelsregister beseitigt werden (BGE 83 II 290; 64 II 282; ZR 1991, 222; FORSTMOSER, Aktienrecht, 325; differenziert GLANZMANN, SZW 2003, 171 ff.; krit. BÖCKLI, 102). Nachdem mit der «kleinen Aktienrechtsrevision» klargestellt wurde, dass die Sachübernahmevorschriften bei echten Drittgeschäften nicht zur Anwendung kommen, ist ein wichtiger Einwand gegen die Nichtigkeitsfolge dahin gefallen (s. z.B. die Kritik von WATTER, AJP 1994, 50); ein gutgläubiger Dritter soll nicht Nachteile aus dem Fehlverhalten der Gründer einer AG tragen müssen, mit der er einen Übernahmevertrag abgeschlossen hat. Mit BÖCKLI (102) ist m.E. gegenüber der Nichtigkeitsfolge aber auch unter dem neuen Recht Zurückhaltung am Platz; auch unter dem neuen Recht können Konstellationen eintreten, bei denen die Nichtigkeitsfolge einen gutgläubigen Dritten ungerechtfertigterweise trifft (krit. zur Nichtigkeitsfolge auch WALTER/BLUMER, 423 f.; s.a. Botschaft Aktien- und Rechnungslegungsrecht, 1641). **13**

IV. Die besonderen Vorteile

14 In Durchbrechung des Gleichbehandlungsprinzips (BÖCKLI, 89) erlaubt es das Gesetz, dass bei der Gründung zugunsten von Gründern oder anderen Personen besondere Vorteile zuerkannt werden. Die Durchbrechung dieses Prinzips ist unbedenklich, da bei der Gründung die einstimmige Zustimmung zu solchen Vorteilen von sämtlichen Gründern erforderlich ist (vgl. Art. 629 Abs. 1). Irreführend ist die in Anlehnung an den früheren Gesetzestext verwendete Bezeichnung «Gründervorteile» für die besonderen Vorteile gem. Art. 628 Abs. 3: Nicht bloss die Gründer, sondern auch Dritte können Empfänger von besonderen Vorteilen sein (vgl. Botschaft AG, 854; BÖCKLI, 89).

15 Gegenstand von «besonderen Vorteilen» sind *Vermögensrechte*. Eingeräumt werden können z.B. besondere Gewinnanteile, Liquidationsanteile, das Recht auf Benutzung von Anlagen der AG etc.

16 In den Statuten sind der Name des Vorteilsempfängers und der gewährte Vorteil nach Inhalt und Wert genau aufzuführen. Fehlt es an den notwendigen Angaben in den Statuten, ist die Einräumung von besonderen Vorteilen nichtig (BÖCKLI, 89). Der Inhalt und der Wert der besonderen Vorteile sind auch in das Handelsregister einzutragen, nicht aber der Name der Vorteilsempfänger (Art. 642).

17 Die Gewährung besonderer Vorteile gem. Art. 628 Abs. 3 ist zu unterscheiden von der Schaffung von Vorzugsaktien, gem. Art. 654/656. Die Vorrechte sind bei den Vorzugsaktien an die Aktie gebunden; mit deren Übertragung gehen auch die damit verbundenen Vorrechte auf den Erwerber der Aktie über. Die Begünstigung gem. Art. 628 Abs. 3 bezieht sich demgegenüber auf eine bestimmte Person (vgl. FORSTMOSER/MEIER-HAYOZ/NOBEL, 147; KÜCHLER, 53 f.), die nicht notwendigerweise Aktionär sein muss (besondere Statutenbestimmung vorbehalten).

V. Statutenbereinigung

18 Art. 628 Abs. 4 enthält die gesetzliche Grundlage zur Bereinigung obsolet gewordener Bestimmungen der Statuten betr. *Sacheinlagen und Sachübernahmen*. Zuständig zur Aufhebung solcher Bestimmungen ist die GV. Für den Beschluss ist keine qualifizierte Mehrheit erforderlich (BÖCKLI, 96). Voraussetzung für die Aufhebung von Statutenbestimmungen über Sacheinlagen und Sachübernahmen ist der Ablauf von *zehn Jahren*. Verzichtet die Gesellschaft endgültig auf eine Sachübernahme, kann sie die entsprechende Statutenbestimmung aufgrund des seit dem 1.1.2008 in Kraft stehenden Rechts auch schon vor Ablauf der Zehnjahresfrist aufheben.

19 Gestützt auf Art. 647 muss auch die Aufhebung von Sacheinlage- resp. Sachübernahmebestimmungen öffentlich beurkundet werden, und der VR hat den Beschluss beim Handelsregisteramt anzumelden.

20 Der Gesetzestext erwähnt in Abs. 4 die *«besonderen Vorteile»* neben den Sacheinlagen und -übernahmen nicht. Ergibt es sich indessen aus dem Wortlaut der Statuten oder sonst unzweifelhaft aus den Umständen, dass die besonderen Vorteile erloschen sind, muss zehn Jahre nach dem Erlöschen der besonderen Vorteile eine Aufhebung der entsprechenden Statutenbestimmung zulässig sein (BÖCKLI, 96).

Art. 629

F. Gründung
I. Errichtungsakt
1. Inhalt

¹ Die Gesellschaft wird errichtet, indem die Gründer in öffentlicher Urkunde erklären, eine Aktiengesellschaft zu gründen, darin die Statuten festlegen und die Organe bestellen.

² In diesem Errichtungsakt zeichnen die Gründer die Aktien und stellen fest:

1. dass sämtliche Aktien gültig gezeichnet sind;
2. dass die versprochenen Einlagen dem gesamten Ausgabebetrag entsprechen;
3. dass die gesetzlichen und statutarischen Anforderungen an die Leistung der Einlagen erfüllt sind.

F. Fondation
I. Acte constitutif
1. Contenu

¹ La société est constituée par un acte passé en la forme authentique dans lequel les fondateurs déclarent fonder une société anonyme, arrêtent le texte des statuts et désignent les organes.

² Dans cet acte, les fondateurs souscrivent les actions et constatent que:

1. toutes les actions ont été valablement souscrites;
2. les apports promis correspondent au prix total d'émission;
3. les apports ont été effectués conformément aux exigences légales et statutaires.

F. Costituzione
I. Atto costitutivo
1. Contenuto

¹ La società è costituita con un atto pubblico nel quale i promotori dichiarano di costituire una società anonima, ne stabiliscono lo statuto e ne designano gli organi.

² In questo atto i promotori sottoscrivono le azioni e accertano che:

1. tutte le azioni sono state validamente sottoscritte;
2. i conferimenti promessi corrispondono al prezzo totale d'emissione;
3. i conferimenti sono stati effettuati conformemente a quanto richiesto dalla legge e dallo statuto.

Literatur

BIBER/WATTER, Notariatspraxis bei Gründung und ordentlicher Kapitalerhöhung, AJP 1992, 701 ff.; RUEDIN, «La fondation», ST 1991, 579 ff.; DERS., «Le capital social», «La fondation», in: Le nouveau droit des sociétés anonymes, CEDIDAC 23, 1993, 23 ff., 251 ff.; RUF, Gründung und Kapitalerhöhung im neuen Aktienrecht, BN 1992, 351 ff.; WATTER, Gründung und Kapitalerhöhung im neuen Aktienrecht, 1992, SAV 11, 55 ff.

I. Allgemeines

Art. 629 Abs. 1 hält am bewährten Grundsatz fest, wonach zur Gründung einer AG eine **öffentliche Beurkundung** vorgeschrieben ist. Diese Formvorschrift bezweckt im Wesentlichen die richtige und wahrheitsgetreue Fassung und Aufzeichnung der Beschlüsse, die saubere und einwandfreie Durchführung der Versammlung und Beschlussfassung und die Beschaffung einer sicheren Grundlage für Eintragung in das Handelsregister (BIBER/WATTER, 701). Der Handelsregisterführer überprüft nach Massgabe von Art. 940 (und Art. 28 HRegV) den Errichtungsakt.

Gemäss Art. 55 SchlT ZGB obliegt es dem kant. Recht, das **Beurkundungsverfahren** zu regeln, wobei die bundesrechtlichen Vorschriften zu beachten sind.

3   Der Gründungsakt enthält Rechtsgeschäfte verschiedenster Art, nämlich (1) die Willenserklärung der Gründer, eine AG zu gründen, (2) die Festlegung der die AG beherrschenden Normen (Statuten), (3) die Abgabe eines Leistungsversprechens gegenüber der Gesellschaft (Zeichnung), (4) die (zumindest teilweise) Erfüllung des Leistungsversprechens (Liberierung) und die Feststellung dieser Erfüllung und schliesslich (5) die Bestellung der ersten Organe der Gesellschaft (vgl. BÖCKLI, 79; s.a. Art. 44 HRegV).

II. Die Gründungserklärung

4   Die Erklärung der Gründer, eine Gesellschaft gründen zu wollen, stellt das Fundament der in Entstehung begriffenen Gesellschaft dar. Die Willenserklärung hat einstimmig zu erfolgen.

5   «*Gründer*» sind diejenigen Personen, welche die Gründungerklärung abgeben. Art. 625 erlaubt die Gründung durch eine oder mehrere natürliche oder juristische Personen. Auch Handelsgesellschaften ohne eigene Rechtspersönlichkeit kommen als Gründer in Betracht (FORSTMOSER/MEIER-HAYOZ/NOBEL, 132).

III. Festlegung der Statuten

6   Die Statuten werden durch eine Willenserklärung der Gründer festgelegt. Erforderlich ist wiederum Einstimmigkeit. Aufgrund ihrer einstimmigen Willenserklärung werden die Statuten zum «Grundgesetz» der AG.

IV. Aktienzeichnung

7   Im Errichtungsakt zeichnen die Gründer die Aktien (Abs. 2). Die Aktienzeichnung bedarf zu ihrer Gültigkeit einer bedingungslosen Verpflichtung, eine dem Ausgabebetrag entsprechende Einlage zu leisten (Art. 630 Ziff. 2). Die Verpflichtung gegenüber der Gesellschaft entsteht erst mit der Gründung der Gesellschaft. Vor Gründung der Gesellschaft kann sich eine Leistungsverpflichtung an die zu gründende Gesellschaft ggf. aus dem Vertragsverhältnis ergeben, das die Gründer untereinander im Hinblick auf die Gründung der Gesellschaft abgeschlossen haben. In der Gründungsurkunde ist festzustellen, dass sämtliche Aktien gültig gezeichnet sind (Art. 629 Abs. 2 Ziff. 1).

8   Ebenfalls festzustellen ist, dass die versprochenen Einlagen dem gesamten Ausgabenbetrag, d.h. dem gesamten Nennwert oder einem diesen übersteigenden Betrag (Art. 624), entsprechen.

V. Liberierung

9   Die «Liberierung» ist die *Leistung der versprochenen Einlage* (BÖCKLI, 79). Art. 632 hält fest, welche Mindesteinlage bei Gründung in jedem Fall geleistet werden muss (20% des Nennwerts jeder Aktie, mindestens aber CHF 50 000).

10 Besteht die Leistung in Geld, muss die Einlage entsprechend Art. 633 Abs. 1 bei einem dem BankG unterstellten Institut hinterlegt werden; bei Sacheinlage bedarf es gem. Art. 634 eines Vertrags, welcher der Gesellschaft nach ihrer Eintragung ins Handelsregister das Verfügungsrecht über die Sacheinlage verschafft oder aber einen bedingungslosen Anspruch auf Eintragung in das Grundbuch gewährt. Zur Liberierung durch Verrechnung s. Art. 628 N 2.

1. Abschnitt: Allgemeine Bestimmungen

Da gem. Art. 632 zumindest die Mindesteinlage bei Errichtung der Gesellschaft bereits geleistet sein muss, bedingt dies eine *Vorbereitungsarbeit* der Gründer. Bareinlagen müssen bei einem den Anforderungen von Art. 633 Abs. 1 genügenden Institut hinterlegt sein; für Sacheinlagen sind die Voraussetzungen von Art. 634 zu erfüllen. Nur dann, wenn diese Vorbereitungshandlungen erfolgt sind, können die Gründer gem. Art. 629 Abs. 2 Ziff. 3 gültig feststellen, dass die gesetzlichen und statutarischen Anforderungen an die Leistung der Einlagen erfüllt sind.

VI. Bestellung der Organe

Im Rahmen des Gründungsaktes haben die Gründer die Organe, d.h. den VR und die RS, zu wählen. Sehen die Statuten weitere, fakultative Organe vor (z.B. einen Aufsichtsrat), ist auch dieses Organ bei der Gründung zu bestellen.

Die Organe sind nur dann bestellt, wenn die gewählten Personen die Wahl auch akzeptieren (RUEDIN, CEDIDAC, 33). In der Gründungsurkunde ist daher die Annahme der Wahl resp. das Vorliegen einer entsprechenden Annahmeerklärung zu vermerken (vgl. FORSTMOSER/MEIER-HAYOZ/NOBEL, 137; MEIER-HAYOZ/FORSTMOSER, 534; BIBER/WATTER, 703 Anm. 29).

Soweit die Konstituierung des VR der GV obliegt (vgl. Art. 712 Abs. 2), hat die Gründerversammlung ebenfalls die entsprechenden Wahlen vorzunehmen (CHK-WALDBURGER, N 2; BIBER/WATTER, 703, Anm. 29).

Art. 630

2. Aktienzeichnung	Die Zeichnung bedarf zu ihrer Gültigkeit: 1. der Angabe von Anzahl, Nennwert, Art, Kategorie und Ausgabebetrag der Aktien; 2. einer bedingungslosen Verpflichtung, eine dem Ausgabebetrag entsprechende Einlage zu leisten.
2. Souscription d'actions	Pour être valable, la souscription requiert: 1. l'indication du nombre, de la valeur nominale, de l'espèce, de la catégorie et du prix d'émission des actions; 2. l'engagement inconditionnel d'effectuer un apport correspondant au prix d'émission.
2. Sottoscrizione delle azioni	Per essere valida, la sottoscrizione deve contenere: 1. l'indicazione del numero, del valore nominale, della specie, della categoria e del prezzo d'emissione delle azioni; 2. l'impegno incondizionato di effettuare un conferimento corrispondente al prezzo d'emissione.

I. Allgemeines

Die Aktienzeichnung bildet einen Bestandteil des Gründungsaktes (Art. 629 Abs. 2: «In diesem Errichtungsakt zeichnen die Gründer die Aktien und stellen fest ...»). Es bedarf also keiner separaten Zeichnungsscheine, sondern die Zeichnung wird unmittelbar mit der Gründungsurkunde vorgenommen (vgl. BÖCKLI, 74).

Franz Schenker

Art. 631

2 Art. 630 hält fest, was «Zeichnung» bedeutet: Sie ist erstens die *Identifikation* der zu leistenden Einlage, und zweitens die *bedingungslose Verpflichtung*, die Einlage zu erbringen (BÖCKLI, 74).

3 Der gemäss Gesetzestext für eine Aktienzeichnung notwendige Inhalt stellt eine *Gültigkeitsvoraussetzung* dar. BÖCKLI (74 f.) macht indessen zu Recht darauf aufmerksam, dass die Ungültigkeit einer Aktienzeichnung bei Fehlern oder Unstimmigkeiten mit Bezug auf die in Art. 630 Ziff. 1 genannten Punkte dann keine adäquate Rechtsfolge darstellt, wenn diese Punkte trotzdem bestimmbar sind. Fehlt es jedoch an einer bedingungslosen Verpflichtung zur Einlage (Art. 630 Ziff. 2), ist die Ungültigkeit der Zeichnung angemessen.

II. Der Inhalt der Zeichnung

4 Art. 630 Ziff. 1 verlangt die Angabe von *Anzahl, Nennwert, Art, Kategorie* und *Ausgabebetrag* der Aktien. Das Gesetz sieht keine Mindestanzahl von gezeichneten Aktien vor; die Zeichnung einer einzigen Aktie pro Aktionär reicht damit aus, wenn von allen Gründern insgesamt alle Aktien gezeichnet werden. Es dürfen indessen nicht mehr Zeichnungen angenommen werden, als zur vollen Deckung des AK notwendig ist (vgl. ZK-SIEGWART, Art. 632 N 21). Der Nennwert muss den Voraussetzungen von Art. 622 Abs. 4 genügen. Als Art der Aktien ist anzugeben, ob diese auf den Namen oder auf den Inhaber lauten (Art. 622 Abs. 1). Die Kategorie ist bloss dann anzugeben, wenn die Statuten verschiedene Kategorien von Aktien vorsehen, die sich z.B. mit Bezug auf ihr Stimmrecht oder ihre Vermögensrechte unterscheiden. Der Ausgabebetrag schliesslich ist unter Berücksichtigung von Art. 624 festzusetzen.

5 Die bedingungslose Verpflichtung, eine dem Ausgabebetrag entsprechende Einlage zu leisten (Art. 630 Ziff. 2), ist, wie schon gesagt (N 3), Gültigkeitsvoraussetzung für die Zeichnung. Eine solche unlimitierte und unbedingte Übernahmeverpflichtung mit Bezug auf den gesamten Betrag ist auch dann erforderlich, wenn das Kapital in einer ersten Phase nicht voll liberiert wird (vgl. Art. 632); eine nachträgliche volle oder weitere Teilliberierung soll ausschliesslich von der Entscheidung des VR abhängen (Art. 634a Abs. 1).

Art. 631

II. Belege

¹ **Im Errichtungsakt muss die Urkundsperson die Belege über die Gründung einzeln nennen und bestätigen, dass sie ihr und den Gründern vorgelegen haben.**

² **Dem Errichtungsakt sind folgende Unterlagen beizulegen:**

1. **die Statuten;**
2. **der Gründungsbericht;**
3. **die Prüfungsbestätigung;**
4. **die Bestätigung über die Hinterlegung von Einlagen in Geld;**
5. **die Sacheinlageverträge;**
6. **bereits vorliegende Sachübernahmeverträge.**

1. Abschnitt: Allgemeine Bestimmungen **Art. 632**

II. Pièces justificatives

¹ L'officier public mentionne dans l'acte constitutif chacune des pièces justificatives et atteste qu'elles lui ont été soumises, ainsi qu'aux fondateurs.

² Doivent être annexés à l'acte constitutif:

1. les statuts;
2. le rapport de fondation;
3. l'attestation de vérification;
4. l'attestation de dépôt des apports en espèces;
5. les contrats relatifs aux apports en nature;
6. les contrats de reprises de biens existants.

II. Documenti giustificativi

¹ Il pubblico ufficiale menziona nell'atto costitutivo i singoli documenti giustificativi e attesta che sono stati esibiti a lui e ai promotori.

² All'atto costitutivo devono essere acclusi:

1. lo statuto;
2. la relazione sulla costituzione;
3. l'attestazione di verifica;
4. l'attestazione di deposito dei conferimenti in denaro;
5. i contratti riguardanti i conferimenti in natura;
6. i contratti esistenti di assunzione di beni.

Art. 631 unterscheidet zwischen *Gründungsbelegen* und *Unterlagen* zum Errichtungsakt. Die Belege (Abs. 1) sind diejenigen Dokumente, die beim Errichtungsakt der Urkundsperson vorliegen müssen, während die Unterlagen (Abs. 2) dem Errichtungsakt beizulegen sind. Art. 44 HRegV listet den notwendigen Inhalt der öffentlichen Urkunde über den Errichtungsakt im Einzelnen auf. 1

Gemäss Abs. 1 muss die Urkundsperson die Belege einzeln nennen und bestätigen, dass sie den Gründern und der Urkundsperson selbst vorgelegen haben. Die Urkundsperson muss somit nicht das Bestehen der Rechtsverhältnisse bezeugen, die in den Belegen festgehalten werden. Sie hat jedoch zu prüfen, ob die Belege wenigstens ihrem Aussehen nach formell in Ordnung sind, die vom Gesetz verlangten Angaben enthalten und ob ihr Inhalt mit der von ihr zu beurkundenden Feststellung der Gründer übereinstimmt. Als Belege neben den Unterlagen gem. Abs. 2 sind zu erwähnen: allfällige Vollmachten, Handelsregisterauszüge, Annahmeerklärungen des VR resp. der RS, ggf. eine Domizilhaltererklärung. Die in Abs. 2 erwähnten Dokumente nehmen an der Registerpublizität teil (CHK-WALDBURGER, N 3; BIBER/WATTER, 702; RUF, 358). 2

Art. 632

III. Einlagen
1. Mindesteinlage

¹ Bei der Errichtung der Gesellschaft muss die Einlage für mindestens 20 Prozent des Nennwertes jeder Aktie geleistet sein.

² In allen Fällen müssen die geleisteten Einlagen mindestens 50 000 Franken betragen.

III. Apports
1. Apport minimum

¹ Lors de la constitution de la société, les souscripteurs doivent avoir libéré 20% au moins de la valeur nominale de chaque action.

² Dans tous les cas, un montant de 50 000 francs au moins doit être couvert par les apports effectués.

Art. 633

III. Conferimenti
1. Conferimento minimo

¹ All'atto della costituzione della società i sottoscrittori devono aver liberato almeno il 20 per cento del valore nominale di ogni azione.

² In ogni caso, la somma dei conferimenti effettuati non deve essere inferiore a 50 000 franchi.

I. Allgemeines

1 Art. 632 bestätigt die Zulässigkeit einer blossen *Teilliberierung*. Trotz bedingungsloser Verpflichtung jedes Aktionärs bei der Aktienzeichnung (Art. 630 Ziff. 2) verbleibt der Gesellschaft bei blosser Teilliberierung das Risiko, dass ausstehende Einlagen schliesslich vom verpflichteten Aktionär doch nicht geleistet werden. Art. 681 f. regeln die Folgen des Verzugs für einen Aktionär, der den Ausgabebetrag seiner Aktien nicht zur rechten Zeit einbezahlt (Rechtsfolgen: Verzugszinsen, ggf. Kaduzierung und Konventionalstrafe).

II. Ergänzende Bestimmungen

2 Die Bestimmung von Art. 632 wird ergänzt durch Art. 683 und 693 Abs. 2: gem. Art. 683 dürfen Inhaberaktien erst nach der Einzahlung des vollen Nennwertes ausgegeben werden; vorher ausgegebene Aktien sind nichtig. Laut Art. 693 Abs. 2 müssen Stimmrechtsaktien voll liberiert sein. Zu beachten ist auch Art. 663a Abs. 4, wonach das nichteinbezahlte AK in der Bilanz gesondert anzugeben ist. Art. 687 regelt zudem die Haftbarkeit für den nichteinbezahlten Betrag für den Fall, dass der Aktienzeichner seine Aktie vor der Vollliberierung veräussert; diese Bestimmung hält im Übrigen fest, dass die Tatsache der nicht vollen Einbezahlung auf jedem Aktientitel besonders zu vermerken ist.

Art. 633

2. Leistung der Einlagen
a. Einzahlungen

¹ **Einlagen in Geld müssen bei einem dem Bankengesetz vom 8. November 1934 unterstellten Institut zur ausschliesslichen Verfügung der Gesellschaft hinterlegt werden.**

² **Das Institut gibt den Betrag erst frei, wenn die Gesellschaft in das Handelsregister eingetragen ist.**

2. Libération des apports
a. En espèces

¹ Les apports en espèces doivent être déposés auprès d'un établissement soumis à la loi fédérale du 8 novembre 1934 sur les banques et les caisses d'épargne et être tenus à la disposition exclusive de la société.

² Cet établissement ne remet cette somme qu'après l'inscription de la société au registre du commerce.

2. Prestazione dei conferimenti
a. Versamenti

¹ I conferimenti in denaro devono essere depositati presso un istituto soggetto alla legge federale dell'8 novembre 1934 su le banche e le casse di risparmio ed essere tenuti a disposizione esclusiva della società.

² L'istituto può consegnare questa somma alla società solo dopo l'iscrizione di quest'ultima nel registro di commercio.

I. Allgemeines

1 Art. 629 Abs. 2 Ziff. 3 verlangt von den Gründern u.a. die Feststellung, dass die gesetzlichen und statutarischen Anforderungen an die Leistung der Einlagen erfüllt sind.

1. Abschnitt: Allgemeine Bestimmungen 2–6 Art. 633

Art. 632 legt die gesetzlichen Mindesteinlagen fest. Art. 633 befasst sich nun im Einzelnen mit der Leistung der Einlage, sofern diese in Geld erfolgt. Art. 634 befasst sich sodann im Einzelnen mit Leistungen, die als Sacheinlagen erbracht werden. Zur Liberierung durch Verrechnung s. Art. 628, N 2.

II. Die Hinterlegung des Geldbetrages

Die in einer Geldleistung bestehenden Einlagen können nicht einfach einem Organ der in Gründung begriffenen Gesellschaft übergeben werden. Art. 633 Abs. 1 verlangt die Hinterlegung bei einem dem BankG unterstellten Institut (s. BGE 132 III 673). 2

Es ist nicht erforderlich, dass die Hinterlegung des Geldbetrags bei einem Bankinstitut erfolgt, dessen Sitz oder Zweigniederlassung am gleichen Ort oder im gleichen Kanton wie der Sitz der zu gründenden Gesellschaft liegt. Eine Liberierungsbestätigung z.B. der Zürcher Kantonalbank oder einer Genfer Privatbank ist auch im Kanton Glarus anzuerkennen (AmtlBull StR 1988, 467). Die Hinterlegung des Geldes muss «zur ausschliesslichen Verfügung der Gesellschaft» (Art. 633 Abs. 1) erfolgen. Zur Hinterlegung des Geldbetrags in Fremdwährung s. Botschaft Aktien- und Rechnungslegungsrecht, 1683f., und THALMANN/BENNINGER, Bares ist Wahres, REPRAX 2003, 19ff. Die Bestätigung über die Hinterlegung der Geldeinlage ist dem Errichtungsakt beizulegen (Art. 631 Abs. 2 Ziff. 4). 3

Mit der Hinterlegung gibt der bisherige Besitzer seine Verfügungsmacht über das hinterlegte Geld auf. Der hinterlegte Betrag ist beim Hinterlegungsinstitut so lange blockiert, bis die Gesellschaft in das Handelsregister eingetragen ist (Art. 640). Erst wenn der Eintrag in das Handelsregister erfolgt ist, darf das Hinterlegungsinstitut den Betrag freigeben (Art. 633 Abs. 2). Das Hinterlegungsinstitut führt somit ein *Sperrkonto* für die in Gründung befindliche Gesellschaft (FORSTMOSER/MEIER-HAYOZ/NOBEL, 134). 4

Der auf einem Sperrkonto zur Liberierung hinterlegte Betrag trägt erfahrungsgemäss gar keinen oder nur einen geringen Zins. Zur raschen Freigabe von Einlagen auf dem Sperrkonto ist das sog. «Telegrammverfahren» hilfreich. Auf besonderes Verlangen (und gegen besondere Gebühr) bestätigt das EHRA der kantonalen Registerbehörde die Zulässigkeit der Eintragung telegrafisch oder per Fax. Mit dieser Genehmigung wird der Handelsregisterführer ermächtigt, vor der Publikation im SHAB einen Registerauszug über die Eintragung der Gesellschaft auszustellen. In der Praxis geben die Hinterlegungsinstitute gegen Vorweisung eines solchen Registerauszugs den hinterlegten Betrag für die Gesellschaft frei (vgl. BÖCKLI, 81; BERTHEL/BOCHUD, Nachträgliche Leistung von Einlagen im revidierten Aktienrecht, JBHReg 1993, 44; CHK-WALDBURGER, N 2). 5

Keine gesetzliche Regelung liegt für den Fall vor, dass nach Hinterlegung der Geldeinlage zur ausschliesslichen Verfügung der Gesellschaft (Art. 633 Abs. 1) eine Gründung schliesslich doch nicht vollzogen wird. Nach der Praxis gibt das Hinterlegungsinstitut die Beträge den Einzahlern wieder frei, sobald ihm eine Erklärung der beauftragten Urkundsperson über das Scheitern der Gründung zugeht (FORSTMOSER/MEIER-HAYOZ/NOBEL, 134; BÖCKLI, 81). 6

Art. 634

b. Sacheinlagen	Sacheinlagen gelten nur dann als Deckung, wenn:
	1. sie gestützt auf einen schriftlichen oder öffentlich beurkundeten Sacheinlagevertrag geleistet werden;
	2. die Gesellschaft nach ihrer Eintragung in das Handelsregister sofort als Eigentümerin darüber verfügen kann oder einen bedingungslosen Anspruch auf Eintragung in das Grundbuch erhält;
	3. ein Gründungsbericht mit Prüfungsbestätigung vorliegt.
b. En nature	Les apports en nature ne valent comme couverture que lorsque:
	1. ils sont effectués en exécution d'un contrat passé en la forme écrite ou authentique;
	2. la société, dès son inscription au registre du commerce, peut en disposer comme propriétaire ou a le droit inconditionnel d'en requérir l'inscription au registre foncier;
	3. un rapport de fondation accompagné de l'attestation de vérification est établi.
b. Conferimenti in natura	I conferimenti in natura valgono come copertura solo qualora:
	1. siano effettuati in base ad un contratto stipulato in forma scritta o con atto pubblico;
	2. la società, dal momento della sua iscrizione nel registro di commercio, possa disporne immediatamente come proprietaria od ottenga il diritto incondizionato di chiederne l'iscrizione nel registro fondiario;
	3. sia stata esibita una relazione sulla costituzione con attestazione di verifica.

Literatur

KÜNG, Sacheinlagen und Sachübernahmen im neuen Aktienrecht, JBHReg 1992, 13 ff.

I. Allgemeines

1 Art. 629 Abs. 2 Ziff. 3 verlangt, dass die Gründer u.a. feststellen, dass die gesetzlichen und statutarischen Anforderungen an die Leistung der Einlagen erfüllt sind. Art. 632 legt die gesetzlichen Mindesteinlagen fest. Art. 633 befasst sich im Einzelnen mit der Leistung der Einlage, sofern diese in Geld erfolgt. Art. 634 befasst sich mit Leistungen, die als Sacheinlagen erbracht werden.

2 Bei der Kapitalaufbringung durch Sacheinlage besteht die Gefahr der bloss fiktiven Deckung des AK durch das Einbringen wertloser oder überbewerteter Sach- oder Vermögenswerte (Botschaft AG, 856 f.). Neben den Schutzvorkehrungen gem. Art. 634 ist vorgesehen, dass ein Gründungsbericht und eine Prüfungsbestätigung betr. die Sacheinlage erforderlich ist (Art. 635 f.) und dass die Tatsache der Liberierung durch Sacheinlage sowohl Statuten- als auch Registerpublizität erlangt (Art. 628 Abs. 1, Art. 631 Abs. 2 Ziff. 5, Art. 930 OR; Art. 10 und 43 HRegV).

3 Die drei in Art. 634 aufgezählten Voraussetzungen einer Liberierung durch Sacheinlage sind *Gültigkeitserfordernisse* (vgl. den Gesetzestext: «Sacheinlagen gelten nur dann als

1. Abschnitt: Allgemeine Bestimmungen   Art. 634a

Deckung, wenn ...»). Sind sie nicht erfüllt, darf eine Sacheinlagegründung nicht ins Handelsregister eingetragen werden (Botschaft AG, 857).

II. Die Anforderungen an eine Liberierung durch Sacheinlage im Einzelnen

Ziff. 1 verlangt das Vorliegen eines schriftlichen oder öffentlich beurkundeten *Sacheinlagevertrags,* gestützt auf den die Sacheinlage sodann erfolgt. Parteien des Sacheinlagevertrages sind einerseits der Zeichner, anderseits die in Gründung begriffene AG. Gesetzlich vorgeschrieben ist die Form des Vertrags, nämlich schriftlich oder öffentlich beurkundet. Entgegen dem missverständlichen Gesetzestext haben die Parteien indessen keine freie Wahl zwischen einem Vertrag mit einfacher Schriftlichkeit und einem öffentlich beurkundeten Vertrag. Immer dann, wenn die Übertragung eines Vermögenswertes von Gesetzes wegen eine öffentliche Beurkundung verlangt (z.B. die Übertragung von Grundstücken, Art. 657 Abs. 1 ZGB), bedarf es auch für die Liberierung einer öffentlichen Beurkundung (vgl. BÖCKLI, 89; FORSTMOSER/MEIER-HAYOZ/NOBEL, 149). Nur dann, wenn das Gesetz für die Übertragung von Vermögenswerten keine öffentliche Beurkundung verlangt, genügt ein schriftlicher Sacheinlagevertrag. Ein Vermögenswert kann als Sacheinlage eingebracht werden, wenn er kumulativ aktivierbar, frei übertragbar, frei verfügbar und verwendbar ist (Botschaft Aktien- und Rechnungslegungsrecht, 1639; BÖCKLI, 85 f.).   4

Ziff. 2 schreibt einen für die Gültigkeit wesentlichen Punkt des Sacheinlagevertrages fest. Die AG muss nach ihrer Eintragung in das Handelsregister über den als Sacheinlage eingebrachten Vermögenswert sofort als Eigentümerin verfügen können (vgl. BGE 132 III 673; 119 IV 319 ff.) oder aber (bei Grundstücken) einen bedingungslosen Anspruch auf Eintragung in das Grundbuch erhalten. Wenn die Sacheinlage nicht den Wert erreicht, den sie gem. Sacheinlagevertrag haben muss, ist die Eintragung im HReg zu verweigern (vgl. BGE 132 III 668 ff.).   5

Ziff. 3 verlangt schliesslich für die Gültigkeit von Sacheinlagen das Vorliegen eines Gründungsberichts mit Prüfungsbestätigung (Art. 635 f.).   6

Art. 634a

c. Nachträgliche Leistung	**¹ Der Verwaltungsrat beschliesst die nachträgliche Leistung von Einlagen auf nicht voll liberierte Aktien.** **² Die nachträgliche Leistung kann in Geld, durch Sacheinlage oder durch Verrechnung erfolgen.**
c. Libération ultérieure	¹ Le conseil d'administration décide de l'appel ultérieur d'apports relatifs aux actions non entièrement libérées. ² La libération ultérieure peut être effectuée en espèces, en nature ou par compensation.
c. Conferimenti ulteriori	¹ Il consiglio d'amministrazione decide se devono essere richiesti conferimenti ulteriori relativi alle azioni non interamente liberate. ² Il conferimento ulteriore può essere effettuato in denaro, in natura o mediante compensazione.

Franz Schenker

Literatur

BERTHEL/BOCHUD, Nachträgliche Leistung von Einlagen im revidierten Aktienrecht, JBHReg 1993, 39 ff.; DRUEY, Liberierung durch Verrechnung – Muss die Gegenforderung werthaltig sein? in: FS Zobl, Zürich 2004, 267 ff.; FORSTMOSER/VOGT, Liberierung durch Verrechnung mit einer nicht werthaltigen Forderung: eine zulässige Form der Sanierung einer überschuldeten Gesellschaft? ZSR 2003 I, 531 ff.; GLANZMANN, Die Schranken der Liberierung durch Verrechnung nach Schweizerischem Aktienrecht, ZSR 1999 I, 221 ff.; KROUG, La libération ultérieure du non-versé au moyen des fonds propres de la société est-elle possible au regard de l'art. 634a CO?, JBHReg 1993, 35 ff.; FORSTMOSER/VOGT, Liberierung durch Verrechnung mit einer nicht werthaltigen Forderung: eine zulässige Form der Sanierung einer überschuldeten Gesellschaft? ZSR 2003 I, 531 ff.

I. Allgemeines

1   Art. 632 erlaubt es, dass das Kapital der AG bei Gründung nicht voll liberiert wird. Aufgrund der bedingungslosen Verpflichtung der Gründer, eine dem (vollen) Ausgabebetrag entsprechende Einlage zu leisten (Art. 630 Ziff. 2), ergibt sich die grundsätzliche Verpflichtung der Aktionäre zu nachträglicher Leistung, wenn anfänglich bloss eine Teilliberierung vorgenommen wurde. Art. 634a befasst sich mit den *Modalitäten* dieser nachträglichen Leistung. Ob mittels der nachträglichen Leistung das Kapital voll liberiert wird oder bloss eine weitere Teilliberierung vorgenommen wird, spielt mit Bezug auf die Anwendbarkeit von Art. 634a keine Rolle.

2   Die Bestimmung von Art. 634a enthält keinen Hinweis, ob durch den Beschluss betr. nachträgliche Leistung von Einlagen sämtliche Aktionäre gleich behandelt werden müssen oder ob es den zuständigen Gesellschaftsorganen freisteht, die nachträgliche Leistung bloss von einzelnen Aktionären zu verlangen. M.E. ist aufgrund von Art. 717 Abs. 2 Gleichbehandlung geboten, so dass eine nachträgliche Einforderung von Einlagen bloss von einzelnen Aktionären unzulässig erscheint (vgl. BÖCKLI, 73).

3   Art. 634a nennt zwar nachträgliche Leistung durch *Geld, Sacheinlage* oder *Verrechnung*, enthält indessen keinen Hinweis auf die Rechtslage für den Fall, dass mittels der nachträglichen Leistung eine *Sachübernahme* von Aktionären oder diesen nahe stehenden Personen (vgl. Art. 628 Abs. 2) vorgenommen werden soll. Die Nichterwähnung beruht zwar auf dem richtigen Gedanken, dass eine Sachübernahme keine «nachträgliche Leistung» (Marginalie zu Art. 634a) darstellt. Es stellt sich indessen die Frage, ob eine Sachübernahmebestimmung in die Statuten aufgenommen werden muss, wenn nachträgliche Einlagen für eine Sachübernahme von Aktionären oder diesen nahe stehenden Personen verwendet werden. Die besonderen Schutzvorschriften für den Fall einer Sachübernahme (mit dem Zweck, einen Abfluss der Kapitaleinlagen zu verhindern, der im Endergebnis auf eine Entreicherung der Gesellschaft hinausläuft; BÖCKLI, 85) müssen m.E. nicht bloss für die bei der Gründung effektiv geleistete Einlage, sondern für das ganze AK gelten. Die Aufnahme einer Sachübernahmebestimmung in den Statuten bei Verwendung nachträglicher Einlagen für eine Sachübernahme drängt sich daher auf (vgl. FORSTMOSER/MEIER-HAYOZ/NOBEL, 148, Anm. 23a; **a.A.** BERTHEL/BOCHUD, 41). Die gegenteilige Lösung hätte die Konsequenz, dass sich die besonderen Schutzmassnahmen des Gesetzes zugunsten des AK bei einer Sachübernahme von Aktionären oder diesen nahe stehenden Personen im Falle einer Teilliberierung nur auf das bei der Gründung liberierte Kapital beschränken würden. Für eine solche Beschränkung bestehen aber keine sachlichen Gründe.

1. Abschnitt: Allgemeine Bestimmungen 4–9 Art. 634a

II. Die Zuständigkeit zur Einforderung

Zuständig zur Einforderung der nachträglichen Leistung von Einlagen ist der VR (Art. 634a Abs. 1). Dessen Zuständigkeit kann nicht an die GV übertragen werden (BÖCKLI, 73; KROUG, 37). 4

Der Beschluss des VR über die Einforderung der nachträglichen Leistung von Einlagen muss nicht öffentlich beurkundet werden (BÖCKLI, 73; BERTHEL/BOCHUD, 39). Es versteht sich indessen von selbst, dass gem. Art. 713 Abs. 3 über den Beschluss ein Protokoll zu führen ist, das vom Vorsitzenden und vom Sekretär unterzeichnet wird. 5

III. Nachträgliche Liberierung durch Geld

Bei nachträglicher Leistung der Einlage durch Geld ist die Hinterlegung des Betrags bei einem dem BankG unterstellten Institut genauso erforderlich, wie dies bei Bareinlage im Zusammenhang mit der Gründung notwendig ist (Art. 633; Botschaft AG, 857; BÖCKLI, 73; BERTHEL/BOCHUD, 39; FORSTMOSER/MEIER-HAYOZ/NOBEL, 135). Die früher zulässige direkte Einzahlung an die Gesellschaft ist abgeschafft worden (BERTHEL/BOCHUD, 39). Das Gesetz stellt damit sicher, dass die AG tatsächlich in den Besitz der nachträglichen Bareinlage kommt, und verhindert eine nachträgliche Liberierung durch Verrechnung ohne Gründungsbericht und Prüfungsbestätigung (Art. 635 f.; Botschaft AG, 857; BÖCKLI, 73). 6

IV. Nachträgliche Liberierung durch Sacheinlage

Art. 634a Abs. 2 erlaubt eine nachträgliche Leistung von Einlagen durch Sacheinlage. Zusätzlich zum Gründungsbericht (Art. 635), der durch den VR zu verfassen ist (Botschaft AG, 857), und zur Prüfungsbestätigung (Art. 635a) bedarf es eines Sacheinlagevertrages, der den Anforderungen von Art. 634 genügt (BÖCKLI, 73; BERTHEL/BOCHUD, 39 f.). 7

V. Nachträgliche Liberierung durch Verrechnung

Die nachträgliche Liberierung durch Verrechnung wird durch das Gesetz ausdrücklich gestattet. Zu beachten ist, dass der VR einen schriftlichen Bericht über Bestand und Verrechenbarkeit der Schuld errichten muss (Art. 635 Ziff. 2; Botschaft AG, 857) und dass dieser Bericht zusätzlich einer Prüfung gem. Art. 635a bedarf (BÖCKLI, 73). Zu bemerken ist zudem, dass die Nachliberierung durch Verrechnung in den Statuten nicht explizit vermerkt werden muss, sondern nur insofern, als dass im Statutentext der Betrag der auf das AK geleisteten Einlagen anzupassen ist. Die Tatsache der Verrechnung selbst muss indessen, wie gesagt, in den Statuten nicht erwähnt werden, was zu berechtigter Kritik geführt hat (vgl. z.B. WATTER, 58; Botschaft Aktien- und Rechnungslegungsrecht, 1642). Zur Streitfrage, ob eine nicht voll werthaltige Forderung Gegenstand einer Liberierung durch Verrechnung sein darf, s. Art. 628 N 2 m.w.H. 8

VI. Nachträgliche Liberierung mit frei verwendbarem Eigenkapital der AG?

Abs. 2 erwähnt die Nachliberierung aus eigenen, frei verwendbaren Mitteln der Gesellschaft nicht. In der Literatur wird die Meinung vertreten, aus Kompetenzgründen sei die Nachliberierung aus eigenen Mitteln der Gesellschaft ausgeschlossen, da über die offenen Reserven einzig die GV verfügen könne (Botschaft AG, 857; BERTHEL/BOCHUD, 9

40). KROUG (37) kommt indessen mit guten Argumenten und unter Beachtung der gesetzlichen Kompetenzordnung zum Schluss, dass eine Nachliberierung aus Eigenmitteln der Gesellschaft zulässig ist; die Idee von KROUG besteht darin, dass er die GV und den VR (beide im Rahmen ihrer Kompetenzen) sukzessive handeln lässt: In einem ersten Schritt hat die GV die frei verfügbaren Reserven dem VR zur Verfügung zu stellen mit dem Auftrag, diese zur Nachliberierung zu verwenden. In einem zweiten Schritt nimmt der VR sodann die Nachliberierung entsprechend Art. 634a vor (KROUG, 37; vgl. auch RUF, 365, und FORSTMOSER/MEIER-HAYOZ/NOBEL, 144 FN 3; als unzulässig wird dieses Verfahren indes von BÖCKLI, 74, erachtet). Die rev. HRegV beruht auf der Annahme der Zulässigkeit einer nachträglichen Liberierung durch Umwandlung von frei verwendbarem Eigenkapital; sie enthält in Art. 54 Abs. 1 lit. d eine Liste der bei einer solchen Liberierung dem Handelsregisteramt einzureichenden Belege.

VII. Statuten- und Registerpublizität

10   Gemäss Art. 626 Ziff. 3 ist neben der Höhe des AK der Betrag der darauf geleisteten Einlagen in den Statuten zu vermerken; erfolgt eine Liberierung durch Sacheinlage, so haben die Statuten einen Art. 628 Abs. 1 genügenden Inhalt aufzuweisen. Bei nachträglicher Liberierung ist somit zumindest mit Bezug auf Art. 626 Ziff. 3, ggf. auch mit Bezug auf Art. 628 Abs. 1, eine Statutenänderung erforderlich. Aus Art. 647 Abs. 1 folgt, dass eine Statutenänderung in jedem Fall öffentlich zu beurkunden ist. Umstritten ist, wer für die Statutenänderung zuständig ist. Nach der einen Meinung ist der VR dazu zuständig; dieser soll nicht nur die Nachliberierung, sondern auch die Ergänzung der Statuten beschliessen dürfen (Botschaft AG, 857; BERTHEL/BOCHUD, 41). Nach anderer Ansicht ist die Generalversammlung, und zwar mit qualifiziertem Mehr, zuständig, falls die Statuten mit einer Sacheinlageklausel ergänzt werden müssen (BÖCKLI, 73; OR-Handkommentar-ZÜRCHER, N 4). Die rev. HRegV beruht auf der Annahme, dass der VR auch für die Aufnahme der erforderlichen Bestimmungen zu Sacheinlagen wie auch zu Sachübernahmen zuständig ist (Art. 54 Abs. 2 lit. b HRegV).

11   Die Höhe des AK und der darauf geleisteten Einlagen bedarf laut Art. 45 Abs. 1 lit. h HRegV des Eintrags in das Handelsregister. Im Handelsregister ist ebenfalls eine Sacheinlage zu vermerken (Art. 642 OR; Art. 45 Abs. 2 lit. a HRegV). Jede nachträgliche Änderung der auf das AK geleisteten Einlagen hat somit die Konsequenz, dass ein entsprechender Eintrag in das Handelsregister gemacht werden muss. Erfolgte die Nachliberierung durch Sacheinlage, ist auch dies im Handelsregister einzutragen. Erwähnung im Handelsregister bedarf die Tatsache, dass die Nachliberierung durch Liberierung aus den freien Eigenmitteln der Gesellschaft erfolgte; einzutragen ist zudem nach der rev. HRegV ein Verrechnungstatbestand (Art. 54 Abs. 4 HRegV).

Art. 635

3. Prüfung der Einlagen a. Gründungsbericht	Die Gründer geben in einem schriftlichen Bericht Rechenschaft über: 1. die Art und den Zustand von Sacheinlagen oder Sachübernahmen und die Angemessenheit der Bewertung; 2. den Bestand und die Verrechenbarkeit der Schuld; 3. die Begründung und die Angemessenheit besonderer Vorteile zugunsten von Gründern oder anderen Personen.

3. Vérification des apports a. Rapport de fondation	Les fondateurs rendent compte dans un rapport écrit: 1. de la nature et de l'état des apports en nature ou des reprises de biens et du bien-fondé de leur évaluation; 2. de l'existence de la dette et de la réalisation des conditions nécessaires à sa compensation; 3. des motifs et du bien-fondé des avantages particuliers accordés à des fondateurs ou à d'autres personnes.
3. Verifica dei conferimenti a. Relazione sulla costituzione	I promotori danno in una relazione scritta ragguagli su: 1. la specie e lo stato dei conferimenti in natura o dei beni da assumere, e l'adeguatezza della loro stima; 2. l'esistenza del debito e la sua compensabilità; 3. le ragioni e l'adeguatezza dei vantaggi speciali accordati a promotori o ad altri.

Literatur

KAPS, Die Gründungsprüfung nach dem Entwurf zur Revision des Schweizerischen Aktienrechts, Diss. St. Gallen 1989; RUEDIN, «La fondation», in: Le nouveau droit des sociétés anonymes, CEDIDAC 23, 1993, 251 ff.; vgl. ausserdem die Literaturhinweise zu Art. 634a.

I. Allgemeines

Bei Sacheinlagen, Sachübernahmen und besonderen Vorteilen (vgl. Art. 628) wird gemeinhin das Risiko als erhöht erachtet, dass durch Gründungsschwindel eine Aushöhlung des Haftungssubstrats bewirkt werden kann. Das Gesetz sieht daher verschiedene Sicherheitsmassnahmen bei diesen Tatbeständen vor, namentlich bestimmte Formvorschriften (vgl. Art. 631, 634) und Statuten- und Registerpublizität (Art. 628 und 642). In Art. 635 ist das Institut eines Gründungsberichtes näher geregelt, und in Art. 635a findet sich als zusätzliche Sicherheitsmassnahme die Pflicht zur Einholung einer Prüfungsbestätigung. Zu beachten ist, dass der Gründungsbericht nicht bloss für die in Art. 628 aufgezählten Tatbestände, sondern auch für den Tatbestand einer Liberierung durch Verrechnung vorgesehen ist (Art. 635 Abs. 2). Zum Bericht des Verwaltungsrats bei Umwandlung von frei verwendbarem Eigenkapital bei nachträglicher Liberierung s. Art. 54 Abs. 1 lit. d Ziff. 1 HRegV.

II. Zuständigkeit

Verantwortlich für die Erstattung des Gründungsberichts sind die Gründer. Sämtliche Gründer haben den schriftlichen Bericht zu unterzeichnen (BÖCKLI, 90). Bei nachträglicher Leistung (Art. 634a) ist anstelle der Gründer der VR zur Berichterstattung gem. Art. 635 verpflichtet (BÖCKLI, 73; RUEDIN, 265).

III. Form und Inhalt

Der Gründungsbericht muss in Schriftform erstattet werden. Notwendiger Inhalt des Berichts ist eine «Rechenschaftsablegung», und zwar je nach Tatbestand verschieden: Bei *Sacheinlagen* oder *-übernahmen* ist die Art und der Zustand des eingelegten oder übernommenen Vermögenswertes sowie die Angemessenheit der Bewertung darzulegen (Ziff. 1). Der Vermögenswert muss präzis beschrieben werden (RUEDIN, 262). Die Bewertung richtet sich nach objektiven Kriterien (vgl. FORSTMOSER/MEIER-HAYOZ/NO-

BEL, 150; s.a. BGE 132 III 673), nicht etwa nach dem Preis, den der bisherige Eigentümer des Vermögenswertes dafür bezahlt hatte. Der Bericht muss aufzeigen, weshalb die Bewertung vernünftig ist (FORSTMOSER/MEIER-HAYOZ/NOBEL, 149); zu Recht wird daher gefordert, dass im Bericht auch die Bewertungsmethode offen gelegt wird (vgl. im Einzelnen RUEDIN, 263 f.). – Bei Liberierung durch *Verrechnung* mit einer Schuld ist Rechenschaft über den Bestand und die Verrechenbarkeit der Schuld zu geben (Ziff. 2). Abzulehnen ist die Auffassung einiger Handelsregisterämter (s. CHK-WALDBURGER, N 2), wonach auch die Werthaltigkeit der verrechneten Forderung zu behandeln ist (vgl. N 2 zu Art. 628). – Bei *besonderen Vorteilen* zugunsten von Gründern oder Dritten ist die Begründung solcher Vorteile sowie deren Angemessenheit darzulegen (Ziff. 3).

Art. 635a

b. Prüfungs-bestätigung	Ein zugelassener Revisor prüft den Gründungsbericht und bestätigt schriftlich, dass dieser vollständig und richtig ist.
b. Attestation de vérification	Un réviseur agréé vérifie le rapport de fondation et atteste par écrit qu'il est complet et exact.
b. Attestazione di verifica	Un revisore abilitato verifica la relazione sulla costituzione e attesta per scritto che è completa e conforme alla realtà.

I. Allgemeines

1 Die Prüfung des schriftlichen Berichts gem. Art. 635 durch einen zugelassenen Revisor soll dazu dienen, das Risiko von betrügerischen Handlungen bei Sacheinlagen, Sachübernahmen und der Einräumung von besonderen Vorteilen (vgl. Art. 628) sowie bei Liberierung durch Verrechnung zu reduzieren, indem der gem. Art. 635 vorgeschriebene Bericht durch einen unabhängigen Dritten (vgl. Art. 727c) kontrolliert wird.

II. Zuständigkeit

2 Zuständig zur Prüfung des Gründungsberichts (Art. 635) und zur Abgabe der Prüfungsbestätigung ist der **zugelassene Revisor** (Art. 3 ff. RAG). Der Prüfer des Gründungsberichts kann, muss aber *nicht* identisch sein mit der Revisionsstelle, die nach Art. 727 bestellt ist (s. CHK-WALDBURGER, N 1)

3 Die *Unabhängigkeit* des Revisors (Art. 728) muss auch mit Bezug auf seine Tätigkeit gem. Art. 635a gewährt sein. Dies bedeutet, dass Gründer, Urkundsperson und Handelsregisterführer nicht die Funktion eines Revisors in diesem Zusammenhang ausüben dürfen (RUEDIN, 267).

III. Der Gegenstand der Prüfung und der Inhalt der Prüfungsbestätigung im Besonderen

4 *Gegenstand* der Prüfung ist der **Gründungsbericht** gem. Art. 635. Damit der Revisor die verlangte Bestätigung abgeben kann, dass der Gründungsbericht «vollständig und richtig» sei, darf der Revisor seine Prüfung allerdings nicht allein auf den Gründungsbericht beschränken; er hat vielmehr *zusätzliche, von Fall zu Fall verschiedene Sachver-*

1. Abschnitt: Allgemeine Bestimmungen   **Art. 640**

haltselemente zu prüfen, bis er in der Lage ist, eine den gesetzlichen Erfordernissen entsprechende Prüfungsbestätigung abzugeben (vgl. RUEDIN, 269).

Der Revisor hat vorab zu prüfen, ob der Gründungsbericht (Art. 635) die gesetzlich *vor-* **5** *geschriebenen Angaben* enthält, d.h. ob dieser die verlangte «Rechenschaft» gem. Art. 635 ablegt. Bei Sacheinlagen oder -übernahmen hat nicht der Revisor selbst Rechenschaft über deren Bewertung zu geben; er hat vielmehr zu prüfen, ob die von den Gründern abgegebene Rechenschaft über die *«Angemessenheit der Bewertung»* (Art. 635 Ziff. 1) *vertretbar* ist (vgl. Botschaft AG, 859; BÖCKLI, 93). Das Kriterium der *Vertretbarkeit* ist vernünftigerweise auch mit Bezug auf die Beurteilung der Angemessenheit der besonderen Vorteile gem. Art. 635 Ziff. 3 anzuwenden. Demgegenüber wird man mit BÖCKLI (93 f.) fordern dürfen, dass *Vollständigkeit* und *Richtigkeit* des Gründungsberichts mit Bezug auf *Art und Zustand von Sacheinlagen und -übernahmen* sowie mit Bezug auf *Bestand und Verrechenbarkeit einer Schuld* geprüft werden müssen. Der Revisor muss entsprechende eigene Abklärungen zu diesen Punkten treffen (RUEDIN, 268 f.; CHK-WALDBURGER, N 4).

Der *Inhalt der Prüfungsbestätigung* des Revisors erschöpft sich darin, dass «Vollstän- **6** digkeit und Richtigkeit» des Gründungsberichts bestätigt werden. Eine Begründung ist nicht notwendig (vgl. RUEDIN, 270; BÖCKLI, 94). Liegt keine vorbehaltlose Prüfungsbestätigung vor, hat die Urkundsperson die Errichtung der öffentlichen Urkunde gem. Art. 629 zu verweigern, und der Handelsregisterführer hat eine allfällige Anmeldung zurückzuweisen (vgl. RUEDIN, 270; FORSTMOSER/MEIER-HAYOZ/NOBEL, 151).

Art. 636–639

aufgehoben

abrogé

abrogato

Art. 640

G. Eintragung ins Handelsregister **I. Gesellschaft**	**Die Gesellschaft ist ins Handelsregister des Ortes einzutragen, an dem sie ihren Sitz hat.**
G. Inscription au registre du commerce I. Société	La société doit être inscrite au registre du commerce du lieu où elle a son siège.
G. Iscrizione nel registro di commercio I. Società	La società dev'essere iscritta nel registro di commercio del luogo in cui ha sede.

I. Allgemeines

1 Obwohl die AG bereits durch einen öffentlich beurkundeten Errichtungsakt gegründet wird (Art. 629), erlangt sie das Recht der Persönlichkeit erst durch die Eintragung in das Handelsregister (Art. 643 Abs. 1). Der **Zweck** der Eintragungspflicht besteht in der Offenlegung der das Publikum berechtigterweise interessierenden Verhältnisse der Gesellschaft. Die mit der Eintragung in das Handelsregister verbundene Kontrolle (vgl. Art. 940 und Art. 28 HRegV) durch den Handelsregisterführer und durch das EHRA (Art. 32 HRegV) trägt im Übrigen dazu bei, Mängel des Gründungsvorgangs zu entdecken und allenfalls eine mangelhafte Entstehung der Gesellschaft zu verhindern (vgl. ZK-SIEGWART, Art. 640 N 1). Das bei einem dem BankG unterstellten Institut zur Liberierung einbezahlte Kapital wird erst freigegeben, wenn die Gesellschaft in das Handelsregister eingetragen ist (Art. 633 Abs. 2).

2 Art. 640 bestimmt den **Ort** der Eintragung. Die Anmeldung hat bei demjenigen Handelsregister zu erfolgen, das entsprechend den gestützt auf Art. 927 erlassenen kant. Bestimmungen für den Ort zuständig ist, der von den Statuten der Gesellschaft als Sitz (Art. 626 Ziff. 1) bezeichnet wird.

3 Art. 640 wurde anlässlich der Revision des GmbH-Rechts substantiell gekürzt. Nur Abs. 1, der den Ort der Eintragung bestimmt, blieb erhalten. Die bisherigen Abs. 2–4, welche die Zuständigkeit für die Anmeldung und deren Unterzeichnung regelten sowie eine unvollständige Aufzählung der mit der Anmeldung einzureichenden Belege enthielten, wurden ersatzlos gestrichen (Botschaft GmbH, 3227; CHK-WALDBURGER, N 3). Die neuen Regeln für die Anmeldung der AG im Handelsregister finden sich in der rev. HRegV in den Art. 15 ff. und 43 ff.

Art. 641

II. Zweigniederlassungen   Zweigniederlassungen sind ins Handelsregister des Ortes einzutragen, an dem sie sich befinden.

II. Succursales   Les succursales doivent être inscrites au registre du commerce du lieu où elles sont situées.

II. Succursali   Le succursali devono essere iscritte nel registro di commercio del luogo in cui si trovano.

I. Allgemeines

1 Art. 641 erhielt im Rahmen der Revision des GmbH-Rechts einen völlig neuen Inhalt. Bis anhin regelte er den Inhalt der Eintragung in das Handelsregister. Neu finden sich die diesbezüglichen Bestimmungen in Art. 45 HRegV. Neu wurde in Art. 641 ein Teil des Regelungsgehalts des früheren Art. 642 übernommen. Festgehalten wird nun, dass Zweigniederlassungen ins Handelsregister des Ortes einzutragen sind, an dem sie sich befinden.

2 Der *Begriff* der Zweigniederlassung ist weder im Gesetz noch in der HRegV umschrieben (vgl. z.B. BGE 117 II 87). Der Begriff ist unabhängig vom Träger der Zweigniederlassung (GAUCH, 111). **Art. 935** bildet sozusagen die «**Generalnorm**» für Zweigniederlassungen. Es ist daher mit Bezug auf den Begriff der Zweigniederlassung, die

1. Abschnitt: Allgemeine Bestimmungen   **Art. 642**

Eintragungspflicht und das Eintragungsrecht sowie den Inhalt der Eintragung in das Handelsregister auf die Komm. zu Art. 935 zu verweisen.

Die in Art. 641 festgeschriebene *Eintragungspflicht* wiederholt die generell in Art. 935 Abs. 1 festgehaltenen Prinzipien (ZK-SIEGWART, Art. 642 N 31) bez. der Eintragung einer Zweigniederlassung. Zum genauen Inhalt der Anmeldung, den einzureichenden Belegen und zum Inhalt des Eintrags s. Art. 109 ff. HRegV. 3

II. Die Zuständigkeit zur Anmeldung der Zweigniederlassung

Die neue HRegV regelt die Zuständigkeit zur Anmeldung einer Zweigniederlassung rechtsformübergreifend: für die Anmeldung ist eine zeichnungsberechtigte Person zuständig, die am Sitz der Hauptniederlassung oder der Zweigniederlassung im Handelsregister eingetragen ist (Art. 17 Abs. 1 lit. h HRegV). 4

III. Der Gerichtsstand für Zweigniederlassungen

Mit dem Inkrafttreten des BG über den Gerichtsstand in Zivilsachen (GestG) am 1.1.2001 wurde der bisherige Abs. 3 von Art. 642 aufgehoben. Diese Bestimmung hatte vorgesehen, dass die Eintragung einer Zweigniederlassung neben dem Gerichtsstand des Gesellschaftssitzes auch einen Gerichtsstand an Ort der Zweigniederlassung für Klagen aus ihrem Geschäftsbetrieb begründete. Ersetzt wurde die Bestimmung durch Art. 5 GestG. Diese neue Bestimmung ordnet nun unter dem Titel «Niederlassung» generell an, dass für Klagen aus den Betrieb einer geschäftlichen und beruflichen Niederlassung oder einer Zweigniederlassung das Gericht am Wohnsitz oder Sitz der beklagten Partei oder am Ort der Niederlassung zuständig ist. Die h.L. nimmt an, dass bei gegebenen Voraussetzungen für eine Zweigniederlassung der Gerichtsstand am Ort der Zweigniederlassung auch dann besteht, wenn die Zweigniederlassung nicht im Handelsregister eingetragen ist (GestG Kommentar-MÜLLER, Art. 5 N 23; BSK GestG-INFANGER, Art. 5 N 13; im gleichen Sinne wohl auch Berner GestG Kommentar-SOLDATI, Art. 5 N 13 f.). 5

Das Bestehen eines besonderen Gerichtsstandes ist *nicht die einzige Rechtsfolge* der Existenz einer Zweigniederlassung. Zu erwähnen ist, dass *Vollmachten und Vertretungsrechte* auf den Geschäftskreis einer Zweigniederlassung limitiert werden können (Art. 718a Abs. 2) und dass die Zweigniederlassung *Erfüllungsort* für Verträge ist, die im Bereich ihrer Geschäftstätigkeit abgeschlossen wurden (FORSTMOSER/MEIER-HAYOZ/NOBEL, 925; FORSTMOSER, Aktienrecht, 425 ff.; MEIER-HAYOZ/FORSTMOSER, 704). Zu bemerken ist jedoch, dass der Bestand einer Zweigniederlassung einer schweizerischen Gesellschaft keinen Einfluss auf den *Betreibungsort* dieser Gesellschaft hat: Betreibungsort ist nach Art. 46 Abs. 2 SchKG stets (d.h. auch für Verbindlichkeiten der Zweigniederlassung) der Sitz der Gesellschaft (FORSTMOSER/MEIER-HAYOZ/NOBEL, 925). 6

Art. 642

III. Sacheinlagen, Sachübernahmen, besondere Vorteile	Der Gegenstand von Sacheinlagen und die dafür ausgegebenen Aktien, der Gegenstand von Sachübernahmen und die Gegenleistung der Gesellschaft sowie Inhalt und Wert besonderer Vorteile müssen ins Handelsregister eingetragen werden.

III. Apports en nature, reprises de biens et avantages particuliers	L'objet des apports en nature et les actions émises en échange, l'objet de la reprise de biens et la contre-prestation de la société ainsi que le contenu et la valeur des avantages particuliers doivent être inscrits au registre du commerce.
III. Conferimenti in natura, assunzione di beni e vantaggi speciali	L'oggetto dei conferimenti in natura e le azioni emesse quale corrispettivo, l'oggetto dell'assunzione di beni e la controprestazione della società, come pure il contenuto e il valore dei vantaggi speciali devono essere iscritti nel registro di commercio.

I. Allgemeines

1 Der Regelungsgehalt von Art. 642 wurde anlässlich der Revision des GmbH-Rechts geändert. Bis anhin bezog sich dieser Artikel auf die Eintragungspflicht von Zweigniederlassungen im Handelsregister (s. dazu neu Art. 641).

2 Obwohl im neuen Recht der Inhalt der Eintragung im Handelsregister gestützt auf Art. 929 grundsätzlich in der HRegV festgehalten werden soll, erachtete es der Gesetzgeber es als notwendig, die Eintragungspflicht für *Sacheinlagen, Sachübernahmen* und *besondere Vorteile* auf eine gesetzliche Grundlage zu stellen (Botschaft GmbH, 3227; zum Begriff der Sacheinlagen, Sachübernahmen und besonderen Vorteile vgl. Art. 628). Art. 45 Abs. 2 und 3 HRegV enthalten Präzisierungen über den Inhalt des Eintrags bei Sacheinlage, Sachübernahmen und besonderen Vorteile. Bemerkenswert ist, dass die in Art. 45 Abs. 2 HRegV ebenfalls aufgeführte Eintragungspflicht von *Verrechnungstatbeständen* in Art. 642 keine gesetzliche Grundlage findet. Fraglich ist damit, ob diese Eintragungspflicht eine anderweitige gesetzliche Grundlage hat; angesichts von Art. 929 ist diese Frage wohl zu bejahen (beachte immerhin Botschaft Aktien- und Rechnungslegungsrecht, 1642, die weiterhin davon ausgeht, dass eine Liberierung durch Verrechnung im HReg nicht offengelegt werden muss).

Art. 643

H. Erwerb der Persönlichkeit I. Zeitpunkt; mangelnde Voraussetzungen	¹ Die Gesellschaft erlangt das Recht der Persönlichkeit erst durch die Eintragung in das Handelsregister. ² Das Recht der Persönlichkeit wird durch die Eintragung auch dann erworben, wenn die Voraussetzungen der Eintragung tatsächlich nicht vorhanden waren. ³ Sind jedoch bei der Gründung gesetzliche oder statutarische Vorschriften missachtet und dadurch die Interessen von Gläubigern oder Aktionären in erheblichem Masse gefährdet oder verletzt worden, so kann der Richter auf Begehren solcher Gläubiger oder Aktionäre die Auflösung der Gesellschaft verfügen … ⁴ Das Klagerecht erlischt, wenn die Klage nicht spätestens drei Monate nach der Veröffentlichung im Schweizerischen Handelsamtsblatt angehoben wird.
H. Acquisition de la personnalité	¹ La société n'acquiert la personnalité que par son inscription sur le registre du commerce.

1. Abschnitt: Allgemeine Bestimmungen   1–3   Art. 643

I. Moment; inaccomplissement des conditions légales

² La personnalité est acquise de par l'inscription, même si les conditions de celle-ci n'étaient pas remplies.

³ Toutefois, lorsque les intérêts de créanciers ou d'actionnaires sont gravement menacés ou compromis par le fait que des dispositions légales ou statutaires ont été violées lors de la fondation, le juge peut, à la requête d'un de ces créanciers ou actionnaires, prononcer la dissolution de la société ...

⁴ L'action s'éteint si elle n'est pas introduite au plus tard trois mois dès la publication dans la *Feuille officielle suisse du commerce.*

H. Acquisto della personalità
I. Momento; mancanza dei requisiti

¹ La società acquista la personalità giuridica soltanto con l'iscrizione nel registro di commercio.

² La società acquista la personalità con l'iscrizione, anche se non si verificano le condizioni di questa.

³ Tuttavia, se, all'atto della costituzione, furono violate disposizioni legali o statutarie sì da porre in grave pericolo o da ledere gravemente gli interessi di creditori o di azionisti, il giudice può, ad istanza d'uno di questi creditori o azionisti, pronunciare lo scioglimento della società ...

⁴ L'azione si estingue se non è proposta al più tardi entro tre mesi dalla pubblicazione nel *Foglio ufficiale svizzero di commercio.*

Literatur

BERTHEL, Mängel bei der Gründung einer Aktiengesellschaft; JBHReg 1999, 77 ff.; KICK, Die verbotene juristische Person, Diss. Freiburg 1993; MEISTERHANS, Verzögerte Publikation von Handelsregistereinträgen, JBHReg 1992, 33 ff.

I. Konstitutive Wirkung der Eintragung

Nach Abs. 1 erlangt die AG das Recht der Persönlichkeit erst durch die Eintragung in das Handelsregister. Vorher besteht keine AG; erst der Registereintrag verschafft der AG die **Rechtsfähigkeit** (zu deren Inhalt vgl. Art. 53 ZGB; ZK-SIEGWART, Art. 643 N 5). Gemeinhin wird daher von der *«konstitutiven»* Wirkung des Registereintrags gesprochen (vgl. z.B. BÖCKLI, 101; FORSTMOSER/MEIER-HAYOZ/NOBEL, 159; FORSTMOSER, Aktienrecht, 363; KICK, 70; MEIER-HAYOZ/FORSTMOSER, 158 und 534). 1

Die *Anmeldung wird vom Registerführer geprüft* und sodann, wenn er keine Beanstandungen vorzunehmen hat, unverzüglich *in das Tagebuch aufgenommen* (Art. 940; Art. 8, 28 HRegV). Der Eintrag ist elektronisch dem EHRA zu übermitteln, das die Eintragung wiederum überprüft (Art. 31 f. HRegV). Dieses ordnet sodann die *Publikation* im SHAB an (Art. 32. HRegV; zum Vorgehen bei Verweigerung der Genehmigung des EHRA s. Art. 33 HRegV). In der Zeit zwischen dem Eintragungsdatum im Tagebuch und der Publikation befindet sich das Rechtsgeschäft gewissermassen «in der Schwebe» (vgl. zum Ganzen MEISTERHANS, 33 ff.). Vorausgesetzt dass die Genehmigung durch das EHRA erteilt wird, beginnen die gesellschaftsinternen Wirkungen der Eintragung mit dem Zeitpunkt der Einschreibung der Anmeldung in das Tagebuch (Art. 932 Abs. 1); extern, d.h. gegenüber Dritten, wird eine Eintragung erst an dem auf die Publikation im SHAB folgenden Werktag wirksam (Art. 932 Abs. 2). 2

II. Die Heilung bei einer Eintragung trotz fehlender Voraussetzungen

Entdeckt der Handelsregisterführer bei seiner Prüfung (Art. 940), dass die gesetzlichen Voraussetzungen für die Eintragung nicht erfüllt sind, so hat er die Anmeldung zurückzuweisen (vgl. z.B. FORSTMOSER/MEIER-HAYOZ/NOBEL, 158 und 163; FORSTMOSER, 3

Aktienrecht, 356, 374). Mangels Eintragung kommt die AG trotz Anmeldung (vorläufig, d.h. bis zur Eintragung nach Behebung des Beanstandungsgrundes) nicht zum Entstehen. Trotz der handelsregisterlichen Prüfung (die allerdings beschränkt ist, vgl. Art. 940) lässt es sich in der Praxis nicht vermeiden, dass Gesellschaften in das Handelsregister eingetragen werden, welche die gesetzlichen Voraussetzungen für eine Eintragung nicht erfüllen. Genau für diesen Fall ordnet Abs. 2 an, dass die Rechtspersönlichkeit solcher Gesellschaften trotz Verletzung von Vorschriften entsteht. Man spricht gemeinhin von der **heilenden Wirkung** der Eintragung (vgl. z.B. BGE 112 II 6f.; 110 Ib 109; 107 Ib 15, 189; FORSTMOSER/MEIER-HAYOZ/NOBEL, 164; FORSTMOSER, Aktienrecht, 376; MEISTERHANS, 36; PATRY, SPR VIII/1, 149; VON GREYERZ, 98). Zu beachten ist, dass der Mangel durch die Eintragung nicht wirklich geheilt wird, sondern dass der Rechtsschein aus Gründen des Verkehrsschutzes gewahrt wird (vgl. BÖCKLI, 101; FORSTMOSER/MEIER-HAYOZ/NOBEL, 164; MEISTERHANS, 36); namentlich soll die «Heilung» die Interessen Dritter schützen, die mit der eingetragenen Gesellschaft Geschäftsbeziehungen aufgenommen haben (vgl. PATRY, SPR VIII/1, 149).

4 Mängel, welche gem. Abs. 2 die Entstehung einer AG nicht beeinträchtigen, können verschiedenster Natur sein: Die Statuten können z.B. nicht den notwendigen gesetzlichen Inhalt (vgl. 626) aufweisen oder gegen zwingendes Recht verstossen; die Pflicht zur Mindestliberierung kann verletzt sein; die formellen Vorschriften für das Gründungsverfahren können missachtet sein; bei der Anmeldung beim Handelsregisteramt sind möglicherweise Fehler passiert etc. (vgl. die detaillierten weiterführenden Ausführungen von FORSTMOSER, Aktienrecht, 374 ff.; ZK-SIEGWART, N 12 ff.). Trotz der Heilung gem. Abs. 2 sind die *Mängel* grundsätzlich zu *beheben* (vgl. im Einzelnen FORSTMOSER, Aktienrecht, 377 f. mit detaillierten Hinweisen, wie einzelne Mängel zu beheben sind; vgl. dazu auch ZK-SIEGWART, N 18 ff.).

5 Bei *redaktionellen Versehen des Handelsregisteramtes* beim Eintrag oder bei der Publikation im SHAB sind die Mängel zu berichtigen und die korrigierten Eintragungen nochmals zu veröffentlichen; für allfälligen Schaden können die Handelsregisterbehörden haftbar werden (Art. 928; FORSTMOSER, Aktienrecht, 379).

III. Die Auflösung der Gesellschaft wegen Gründungsmängel

6 Nach dem Wortlaut von Art. 642 tritt die heilende Wirkung von Abs. 2 unbesehen davon ein, ob es sich um leichte oder schwere Mängel im Zusammenhang mit der Gründung handelt (zur Frage, ob gewisse schwerwiegende Mängel die Nichtigkeit der Gesellschaft nach sich ziehen, vgl. N 11 f.). Als *Korrektiv* zu dieser generellen Heilungswirkung enthalten Abs. 3 und 4 ein **Auflösungsklagerecht** der Gläubiger und Aktionäre. Die Voraussetzungen für diese Auflösungsklage sind indessen so streng gehalten, dass sie offenbar in der Praxis kaum eine Rolle spielt (vgl. BÖCKLI, 102; FORSTMOSER/MEIER-HAYOZ/NOBEL, 166; FORSTMOSER, Aktienrecht, 380; VON GREYERZ, 281). *Aktivlegitimiert* zur Erhebung der Auflösungsklage sind Gläubiger oder Aktionäre, nicht aber Dritte oder Behörden; *passivlegitimiert* ist die Gesellschaft, die durch den VR (oder ggf. durch einen Beistand) vertreten wird (FORSTMOSER/MEIER-HAYOZ/NOBEL, 165; FORSTMOSER, Aktienrecht, 382; ZK-SIEGWART, N 37 ff.). *Voraussetzung* für die Auflösung ist die Missachtung von gesetzlichen oder statutarischen Vorschriften bei der Gründung, die zudem die Interessen von Gläubigern und Aktionären in erheblichem Masse gefährdet oder verletzt (Art. 643 Abs. 3 Satz 1). Ob eine solche erhebliche Verletzung oder Gefährdung vorliegt, hat der Richter nach einem strengen Massstab zu prüfen. Er hat die schutzwürdigen Interessen von Gläubigern oder Aktionären

abzuwägen gegen das Interesse (namentlich von Dritten) am Fortbestand der Gesellschaft. Ob ein Verschulden von Beteiligten vorliegt, spielt keine Rolle (FORSTMOSER, Aktienrecht, 381; ZK-SIEGWART, N 27).

Nach Abs. 4 muss die Auflösungsklage innert *drei Monaten* nach der Veröffentlichung im SHAB angehoben werden. Bei dieser Frist handelt es sich um eine *Verwirkungsfrist,* die nicht erstreckt oder unterbrochen werden kann (FORSTMOSER/MEIER-HAYOZ/NOBEL, 165; FORSTMOSER, Aktienrecht, 382; ZK-SIEGWART, N 41).

Sind die Voraussetzungen für die Auflösungsklage gegeben, *muss* der Richter die Auflösung anordnen. Der Gesetzeswortlaut enthält missverständlich eine «Kann»-Vorschrift; das Ermessen des Richters bezieht sich nicht auf die Rechtsfolge, sondern nur auf die Abwägung der Interessen der geschädigten oder verletzten Aktionäre oder Gläubiger einerseits und des Publikums am Fortbestand der Gesellschaft andererseits (FORSTMOSER, Aktienrecht, 382 Anm. 62).

Mit der Revision des GmbH-Rechts wurde der bisherige Abs. 3 Satz 2 gestrichen. Dieser liess ausdrücklich die Anordnung *vorsorglicher Massnahmen* auf Antrag einer Partei nach Anhebung der Klage zu. Mit der Streichung dieses Satzes wollte der Gesetzgeber nicht etwa die Anordnung von vorsorglichen Massnahmen einschränken; es ging vielmehr um die Klarstellung, dass entgegen dem bisherigen Wortlaut vorsorgliche Massnahmen nach Massgabe des anwendbaren Prozessrecht nicht erst nach Anhebung der Klage, sondern ggf. schon vorher zulässig sind (Botschaft GmbH, 3227 f.). In Frage kommen also weiterhin z.B. die Sicherstellung von Aktiven und Dokumenten oder die Bestellung eines Sachwalters (FORSTMOSER/MEIER-HAYOZ/NOBEL, 165; FORSTMOSER, Aktienrecht, 383).

Das Auflösungsurteil ist ein *Gestaltungsurteil.* Die Liquidation der aufgelösten Gesellschaft ist nach Liquidationsgrundsätzen (Art. 737 ff.) zu vollziehen (FORSTMOSER, Aktienrecht, 385; ZK-SIEGWART, N 42; SCHUCANY, N 5).

IV. Nichtigkeit der Gesellschaft bei schwerwiegenden Mängeln?

Der Wortlaut von Art. 643 enthält keinen Hinweis darauf, dass bei gewissen schwerwiegenden Gründungsmängeln die Nichtigkeit der Gesellschaft anzunehmen sei. Nach nicht unbestrittener Lehre ist ausnahmsweise, beim *Fehlen absolut unentbehrlicher Voraussetzungen,* Nichtigkeit anzunehmen (FORSTMOSER/MEIER-HAYOZ/NOBEL, 164; FORSTMOSER, Aktienrecht, 388; VON STEIGER, 131 f.; ZK-SIEGWART, N 7 f.; BERTHEL, 77 ff.; a.M. BÖCKLI, 101; PATRY, SPR VIII/1, 150). Als Bsp. angeführt werden etwa das Fehlen des AK, das Fehlen von Aktionären oder Statuten, keine Erwähnung eines Gesellschaftszwecks, einer Firma oder eines Sitzes in den Statuten (FORSTMOSER, a.a.O.; VON STEIGER, a.a.O.; ZK-SIEGWART, a.a.O.). In der Praxis sind solche gravierenden Mängel indessen kaum vorstellbar.

Art. 52 Abs. 3 ZGB hält fest, dass Personenverbindungen und Anstalten zu unsittlichen oder widerrechtlichen Zwecken das Recht der Persönlichkeit nicht erlangen können. In Lehre und Rechtsprechung besteht eine Kontroverse darüber, ob eine AG mit unsittlichem oder widerrechtlichem Zweck ebenfalls von Art. 52 Abs. 3 erfasst wird, so dass die Nichtigkeit ab initio anzunehmen ist, oder ob der Registereintrag trotz Art. 52 Abs. 3 ZGB eine Heilung gem. Abs. 2 bewirkt. Das BGer hat in der jüngeren Rechtsprechung wiederholt festgehalten, dass eine AG mit der Eintragung ins Handelsregister das Recht der Persönlichkeit auch bei Widerrechtlichkeit resp. Unsittlichkeit des Gesellschaftszweckes erwirbt (BGE 112 II 6 f.; 110 Ib 109; 107 Ib 15, 189; gl.M. PATRY, SPR

VIII/1, 150; KICK, 84 f.). Diese Meinung ist in der Lehre umstritten (FORSTMOSER, Aktienrecht, 387; MEIER-HAYOZ/FORSTMOSER, 20 f.; FORSTMOSER/MEIER-HAYOZ/NOBEL, 159; VON STEIGER, 131). Die Kontroverse entschärft sich insofern, als auch nach der bundesgerichtlichen Auffassung eine AG mit widerrechtlichem resp. unsittlichem Zweck aufzulösen ist (BGE 112 II 7; 110 Ib 115; 107 Ib 15, 189); die Lehre, welche die Nichtigkeit ab initio annimmt, räumt ein, dass zum Schutze der berechtigten Interessen Dritter eine Auflösung ex tunc nur dann möglich ist, wenn die Gesellschaft nach aussen noch nicht in Erscheinung getreten ist; in den übrigen Fällen ist eine Auflösung ex nunc vorzunehmen (FORSTMOSER, Aktienrecht, 389 f.; MEIER-HAYOZ/FORSTMOSER, 20 f.). Heftig umstritten ist allerdings wiederum die in der erwähnten bundesgerichtlichen Rechtsprechung angeführte Rechtsfolge der Auflösung einer AG mit widerrechtlichem oder unsittlichem Zweck, nämlich der Anwendung von Art. 57 Abs. 3 ZGB (Vermögensverfall an das Gemeinwesen). Für die Darstellung dieser Kontroverse sei auf die detaillierten Erörterungen in BGE 115 II 401 ff. verwiesen, für die Hinweise auf die kontroverse Literatur vgl. KICK, passim; MEIER-HAYOZ/FORSTMOSER, 39 f.

Art. 644

II. Vor der Eintragung ausgegebene Aktien

¹ Die vor der Eintragung der Gesellschaft ausgegebenen Aktien sind nichtig; dagegen werden die aus der Aktienzeichnung hervorgehenden Verpflichtungen dadurch nicht berührt.

² Wer vor der Eintragung Aktien ausgibt, wird für allen dadurch verursachten Schaden haftbar.

II. Actions émises avant l'inscription

¹ Les actions émises avant l'inscription de la société sont nulles; les engagements qui résultent de la souscription d'actions demeurent toutefois intacts.

² Les auteurs de l'émission sont responsables de tout le dommage causé.

II. Azioni emesse prima della iscrizione

¹ Le azioni emesse prima dell'iscrizione della società sono nulle; la nullità non influisce tuttavia sugli obblighi derivanti dalla loro sottoscrizione.

² Chi emette azioni prima dell'iscrizione risponde d'ogni danno derivato dall'emissione.

1 In Abs. 1 Hs. 1 ordnet das Gesetz die **Nichtigkeit** von Aktien an, die vor der Eintragung der Gesellschaft in das Handelsregister (und damit vor der Erlangung des Rechts der Persönlichkeit; Art. 643 Abs. 1) ausgegeben werden. Der Ausdruck «Aktie» ist hier i.S. einer *Urkunde* über die Rechte des Aktionärs verwendet (vgl. CHK-WALDBURGER, N 1). Grundsätzlich hat jeder Aktionär ein Recht auf die Aushändigung der ihm zustehenden Aktien als Wertpapiere. Vor der Eintragung der Gesellschaft in das Handelsregister, solange sie also das Recht der Persönlichkeit noch nicht erlangt hat (Art. 643 Abs. 1), besteht dieses Recht des Aktionärs indessen noch nicht. Das Rechtsverhältnis, welches durch den Titel vor der Eintragung verurkundet würde, wäre bloss suspensiv bedingt (ZK-SIEGWART, Art. 644 N 1). Das Gesetz toleriert im vorliegenden Fall die Schaffung eines Wertpapiers für ein nicht mit letzter Sicherheit entstehendes Recht nicht und ordnet deshalb die Nichtigkeit der «verfrüht» herausgegebenen Aktien an.

2 Von den vor der Eintragung der Gesellschaft ausgegebenen Aktientiteln sind die *Interimsscheine* (Art. 688) zu unterscheiden. Diese stellen provisorische Titel dar, welche lediglich für eine Zwischenperiode bis zur Aushändigung der definitiven Aktientitel verwendet werden (FORSTMOSER/MEIER-HAYOZ/NOBEL, 553). Auch *Interimsscheine*

1. Abschnitt: Allgemeine Bestimmungen   **Art. 645**

dürfen erst nach Eintragung der Gesellschaft im Handelsregister ausgegeben werden (FORSTMOSER/MEIER-HAYOZ/NOBEL, 553). Vgl. im Einzelnen zu den Interimsscheinen Art. 688.

Ist die Liberierung zum Zeitpunkt der Gründung der Gesellschaft eine vollständige, besteht für *Abs. 1 Hs. 2* kein Anwendungsraum: Gegenüber der Gesellschaft zeichnet der Gründer bindend erst beim Errichtungsakt (Art. 629 f.). Ebenfalls beim Errichtungsakt ist festzustellen, dass die gesetzlichen und statutarischen Anforderungen an die Liberierung erfüllt sind (Art. 629 Abs. 2 Ziff. 3), so dass keine aus der Aktienzeichnung hervorgehenden Pflichten mehr verbleiben. 3

Wird das Kapital indes lediglich teilweise liberiert (vgl. Art. 632), kann Abs. 1 Hs. 2 zur Anwendung kommen. Vorzeitig ausgegebene Aktien sind nichtig, hingegen werden die aus der Aktienzeichnung bei der Gründung (Art. 629 Abs. 2 Ziff. 1) hervorgehenden Verpflichtungen des Zeichnenden nicht berührt. 4

Nach der Eintragung kann die Gesellschaft, die vorzeitig Aktientitel herausgegeben hat, neue Titel an die Berechtigten aushändigen. Die nichtigen Titel sind vom VR einzuziehen (ZK-SIEGWART, N 3). Der VR kann stattdessen nach der Eintragung der Gesellschaft beschliessen, die bisher nichtigen Titel als die nunmehr wirksamen gelten zu lassen; in diesem Sinne ist eine vorzeitige, nichtige Aktienausgabe *heilbar* (vgl. ZK-SIEGWART, N 4, m.w. Erläuterungen zur Rechtslage bei einer derartigen Heilung); BÖCKLI, 134, erachtet eine derartige «Heilung» indes als «unpraktikabel»). 5

Abs. 2 von Art. 644 erklärt den **Herausgeber von Aktien** vor der Eintragung in das Handelsregister als **haftbar für den dadurch verursachten Schaden**. Die *Modalitäten* der Haftpflicht sind *nicht in Art. 644 geregelt;* es finden *Art. 41 ff.* Anwendung (FORSTMOSER/MEIER-HAYOZ/NOBEL, 167; BÖCKLI, 134). Schaden durch eine vorzeitige Ausgabe von Aktien können z.B. die gutgläubigen Dritterwerber der nichtigen Aktientitel erleiden. Gestützt auf Abs. 2 haben diese nicht nur einen allfälligen Schadenersatzanspruch gegen den *Veräusserer* des Aktientitels, sondern eben auch gegen den *Herausgeber* der Aktien (ZK-SIEGWART, N 5). Zu beachten ist, dass allfällige Schadenersatzansprüche gegen den *Veräusserer* der nichtigen Aktientitel nicht auf Abs. 2 beruhen, sondern auf dem Rechtsverhältnis, das den Rechtsgrund der Veräusserung bildet (z.B. ein Kaufvertrag). 6

Art. 645

III. Vor der Eintragung eingegangene Verpflichtungen

¹ **Ist vor der Eintragung in das Handelsregister im Namen der Gesellschaft gehandelt worden, so haften die Handelnden persönlich und solidarisch.**

² **Wurden solche Verpflichtungen ausdrücklich im Namen der zu bildenden Gesellschaft eingegangen und innerhalb einer Frist von drei Monaten nach der Eintragung in das Handelsregister von der Gesellschaft übernommen, so werden die Handelnden befreit, und es haftet nur die Gesellschaft.**

III. Actes faits avant l'inscription

¹ Les actes faits au nom de la société avant l'inscription entraînent la responsabilité personnelle et solidaire de leurs auteurs.

² Toutefois, lorsque des obligations expressément contractées au nom de la future société ont été assumées par elle dans les trois mois à dater de son

inscription, les personnes qui les ont contractées en sont libérées, et la société demeure seule engagée.

III. Obbligazioni assunte prima dell'iscrizione

¹ Coloro che hanno agito in nome della società prima della sua iscrizione nel registro di commercio sono responsabili personalmente ed in solido.

² Se siffatte obbligazioni furono espressamente contratte in nome della società anonima da costituire e se la società stessa le assume nel termine di tre mesi dall'iscrizione nel registro di commercio, coloro che le hanno contratte ne sono liberati e la sola società anonima ne è responsabile.

I. Allgemeines

1 Wer vor der Eintragung einer Gesellschaft in deren Namen handelt, haftet nach Abs. 1 für die dabei begründeten Verpflichtungen persönlich. Der **Zweck** dieser Ordnung besteht einerseits darin, ein Handeln der rechtlich noch nicht zur Entstehung gelangten AG möglichst einzuschränken und anderseits den Vertragsgegner des für die AG Handelnden zu schützen (BGE 128 III 139; 83 II 294; 63 II 298 ff.; 49 II 192 f.).

2 Art. 645 bezieht sich auf Handlungen im Namen der noch nicht eingetragenen Gesellschaft. Handelt einer der Gründer nach aussen selbständig und *im eigenen Namen*, tritt er *im Namen der Gründergemeinschaft* auf, oder handeln mehrere Gründer gemeinschaftlich, greift Art. 645 nicht (BÖCKLI, 99). Die Übernahme von Rechtsgeschäften durch die später gegründete Gesellschaft ist in einem solchen Fall nach den Regeln über die *indirekte Stellvertretung* möglich (vgl. z.B. FORSTMOSER/MEIER-HAYOZ/NOBEL, 169; FORSTMOSER, Aktienrecht, 403 f., 408).

3 Art. 645 spricht nur von «*Haftung*» und von «*Verpflichtungen*». In den Anwendungsbereich der Bestimmung fallen jedoch nicht bloss Verbindlichkeiten, sondern auch *Rechte* und ganze *Vertragsverhältnisse* (z.B. Anstellungsverträge für künftige Angestellte der AG, Mietverträge über Räumlichkeiten etc.; vgl. BGE 123 III 28 f.; 4C.8/2001 E. 2b; FORSTMOSER/MEIER-HAYOZ/NOBEL, 170; ZK-SIEGWART, N 3, 9, 17).

II. Solidarische Haftung der Handelnden

4 Grundvoraussetzung für die Anwendbarkeit von Abs. 1 ist ein **rechtsgeschäftliches Handeln** *im Namen der künftigen AG* (vgl. z.B. BÖCKLI, 99; FORSTMOSER/MEIER-HAYOZ/NOBEL, 169 f.; FORSTMOSER, Aktienrecht, 405). Da die Gesellschaft vor ihrer Eintragung das Recht der Persönlichkeit noch nicht erworben hat (Art. 643 Abs. 1), ordnet Abs. 1 zwingend (vgl. BGE 107 II 248) die *solidarische Haftbarkeit* der so Handelnden an. Es spielt keine Rolle, ob der Partner des im Namen der künftigen AG Handelnden weiss, dass die Gesellschaft erst in Entstehung begriffen ist (BGE 128 III 139; FORSTMOSER, Aktienrecht, 405; FORSTMOSER/MEIER-HAYOZ/NOBEL, 170). Der für die künftige Gesellschaft rechtsgeschäftlich Handelnde kann sich vor der Haftbarkeit gem. Abs. 1 indessen schützen, indem er das Rechtsgeschäft (ausdrücklich oder stillschweigend) von der suspensiven Bedingung abhängig macht, dass erstens die AG überhaupt entsteht und dass diese zweitens sodann das Geschäft genehmigt (vgl. FORSTMOSER/MEIER-HAYOZ/NOBEL, 170; FORSTMOSER, Aktienrecht, 407 f.; ZK-SIEGWART, N 4 f.). Bei gegebenen Voraussetzungen kann ein so Handelnder allerdings immer noch aus Art. 156 oder aus culpa in contrahendo haftbar werden, wenn er die Entstehung der Gesellschaft wider Treu und Glauben verhindert (FORSTMOSER, Aktienrecht, a.a.O.).

5 Haftbar werden gem. Art. 645 Abs. 1 die «*Handelnden*». Zumeist wird es sich dabei um Gründer oder ihnen nahe stehende Personen handeln; Abs. 1 ist indessen auch auf

Dritte, die weder Gründer noch mit diesen verbunden sind, anwendbar (BGE 76 II 166; FORSTMOSER, Aktienrecht, 405). Nicht nur derjenige, der für die zu gründende Gesellschaft in deren Namen nach aussen auftritt, sondern auch der «intelektuelle Urheber» (BGE 76 II 166), d.h. derjenige, der zwar äusserlich nicht hervortritt, tatsächlich aber den Abschluss des Geschäftes im Namen der Gesellschaft veranlasst, fällt unter den Begriff der «Handelnden» i.S.v. Abs. 1 (FORSTMOSER, Aktienrecht, 405; s.a. BGE 4C.273/2003 E. 2.2). Die Haftung der Mitgründer ist nach den Regeln über die einfache Gesellschaft zu beurteilen (ZK-SIEGWART, N 14).

Abs. 1 findet auch Anwendung, wenn Rechtsgeschäfte für die in Entstehung begriffene AG mit einem *Mitgründer* abgeschlossen werden (BGE 83 II 291 ff.; ZK-SIEGWART, N 15). Dieser kann seine Ansprüche indessen einbüssen, falls er selbst das Zustandekommen der Gesellschaft oder die Übernahme des Rechtsgeschäftes durch die Gesellschaft verhindert (ZK-SIEGWART, N 15 m.w.Nw.). 6

Abs. 1 bezieht sich bloss auf Rechtsgeschäfte, die *vor der Eintragung* der AG abgeschlossen wurden. Die späteren namens der Gesellschaft abgeschlossenen Geschäfte beurteilen sich nach den allgemeinen Bestimmungen über Stellvertretung und den besonderen über Organhandlungen (ZK-SIEGWART, N 11; FORSTMOSER, Aktienrecht, 406). 7

Rechtsfolge des Handelns für eine noch nicht entstandene Gesellschaft ist nach dem Gesetzestext die persönliche und solidarische Haftbarkeit der Handelnden. Der Gesetzestext ist zu eng: Die Handelnden sind *solidarisch* (Art. 143 ff.) *Partei des von ihnen begründeten Rechtsverhältnisses,* und zwar in gleicher Weise, wie die AG Partei wäre, wenn sie in das Handelsregister eingetragen wäre (BGE 123 III 28 f.; 63 II 303). Sie können daher auf *Erfüllung* bzw. auf das *Erfüllungsinteresse* beklagt werden (BGE 123 III 28; FORSTMOSER, Aktienrecht, 407; ZK-SIEGWART, N 16). Die *Verjährung* richtet sich daher nicht nach Art. 60, sondern beurteilt sich nach denjenigen Regeln, die auch bei Übernahme des Rechtsverhältnisses durch die Gesellschaft Platz greifen würden (vgl. BGE 63 II 302; FORSTMOSER, Aktienrecht, 407; ZK-SIEGWART, N 16). 8

III. Die Übernahme des Rechtsgeschäfts durch die Gesellschaft

Ohne Mitwirkung von aussen (d.h. *«automatisch»*) tritt die Befreiung der gem. Abs. 1 Haftenden ein, wenn die Gesellschaft binnen drei Monaten nach ihrer Eintragung das Rechtsgeschäft übernimmt (vgl. z.B. BGE 128 III 140 f.; BÖCKLI, 99; ZK-SIEGWART, N 24). Für den *Übernahmebeschluss* ist der VR zuständig (MEIER-HAYOZ/FORSTMOSER, 537; FORSTMOSER, Aktienrecht, 410; ZK-SIEGWART, N 22). Der Übernahmebeschluss muss der Gegenpartei zur Kenntnis gebracht werden (BÖCKLI, 99, Anm. 495; FORSTMOSER, Aktienrecht, 410). Konkludentes Verhalten (z.B. durch vorbehaltlose Erfüllung des Geschäftes) durch die Gesellschaft genügt (BÖCKLI, 99; MEIER-HAYOZ/FORSTMOSER, 537; ZK-SIEGWART, N 23). 9

Die *Dreimonatsfrist* zur Übernahme gem. Abs. 2 berechnet sich ab dem Datum der Eintragung der Gesellschaft in das Handelsregister. Wird diese Frist verpasst, kann eine die Handelnden befreiende Schuldübernahme nur mit Zustimmung des Geschäftspartners vorgenommen werden (FORSTMOSER, Aktienrecht, 409). 10

Rechtsfolge der fristgemässen Übernahme gem. Art. 645 Abs. 2 ist die Befreiung der Handelnden und der Übergang des betroffenen Rechtsverhältnisses auf die Gesellschaft. 11

Keine Übernahme gem. Abs. 2 ist für diejenigen Rechtsgeschäfte erforderlich, welche für die Gründung der Gesellschaft unmittelbar notwendig sind (FORSTMOSER, Aktien- 12

Art. 647

recht, 406, 409; ZK-Siegwart, N 2). Die Gründer können somit die Urkundsperson im Namen der zu gründenden Gesellschaft mit der Vornahme der Gründungsformalitäten beauftragen, mit der Wirkung, dass die Gesellschaft nach ihrer Eintragung für die Beurkundungskosten auch ohne besondere Übernahme haftbar ist. Keine Übernahme ist ferner für diejenigen Rechtsgeschäfte erforderlich, die entsprechend den Vorschriften über die Sachübernahmegründung (Art. 628) in die Statuten der Gesellschaft aufgenommen worden sind (Forstmoser, Aktienrecht, 311 f., 411). Unzulässig ist eine Übernahme eines Rechtsgeschäfts gem. Abs. 2, wenn die besonderen Vorschriften für Sachübernahmegründungen hätten eingehalten werden müssen, aber nicht eingehalten wurden (BGE 79 II 177; 59 II 447; Forstmoser/Meier-Hayoz/Nobel, 171; Forstmoser, Aktienrecht, 412; ZK-Siegwart, N 19).

13 Weder der im Namen der noch nicht eingetragenen Gesellschaft Handelnde noch sein Geschäftspartner haben gegenüber der AG einen Anspruch darauf, dass diese eine Übernahme gem. Abs. 2 vornimmt (ZK-Siegwart, N 25 f.). Unterbleibt die Befreiung, so bleibt es bei der Haftbarkeit der Handelnden gem. Abs. 1. M.E. steht dem Geschäftspartner des gem. Abs. 1 Handelnden ggf. nach Massgabe von Art. 24 Abs. 1 Ziff. 2 das Recht zu, sich auf die *Unverbindlichkeit* des Vertrags wegen Irrtums in der Person des Vertragspartners zu berufen (in der Lehre wird auch von einem «*Rücktrittsrecht*» gesprochen; vgl. Forstmoser, Aktienrecht, 411; Forstmoser/Meier-Hayoz/Nobel, 170; ZK-Siegwart, N 25; **a.A.** Handschin/Truniger, 28). Die gem. Abs. 1 Handelnden haben u.U. gegenüber der Gesellschaft, welche die Übernahme des Geschäfts verweigert, Ansprüche aus ungerechtfertigter Bereicherung (Forstmoser, Aktienrecht, 411; ZK-Siegwart, N 26 f.).

Art. 646

aufgehoben

abrogé

abrogato

Art. 647

J. Statutenänderung	Jeder Beschluss der Generalversammlung oder des Verwaltungsrates über eine Änderung der Statuten muss öffentlich beurkundet und ins Handelsregister eingetragen werden.
J. Modification des statuts	Toute décision de l'assemblée générale ou du conseil d'administration modifiant les statuts doit faire l'objet d'un acte authentique et être inscrite au registre du commerce.
J. Modificazione dello statuto	Ogni deliberazione dell'assemblea generale o del consiglio d'amministrazione che modifichi lo statuto deve risultare da un atto pubblico ed essere iscritta nel registro di commercio.

Literatur

Berthel/Bochud, Nachträgliche Leistung von Einlagen im revidierten Aktienrecht, JBHReg 1993, 39 ff.; Biber/Watter, Notariatspraxis bei Gründung und ordentlicher Kapitalerhöhung, AJP 1992, 701 ff.

1. Abschnitt: Allgemeine Bestimmungen   1–4 Art. 647

I. Allgemeines

Der Inhalt der Statuten widerspiegelt i.d.R. die Bedürfnisse der Gesellschaft zum Zeitpunkt der Festsetzung der Statuten. Das Gesetz verschliesst die Augen davor nicht, dass eine Änderung in den tatsächlichen und rechtlichen Verhältnissen auch Anpassungsbedarf in den Statuten einer Gesellschaft nach sich ziehen kann, und erlaubt daher eine solche, sofern sich die Änderung im Rahmen der geltenden Rechtsordnung bewegt. Für gewisse, vom Gesetzgeber als besonders bedeutsam angesehene Statutenbestimmungen («wichtige Beschlüsse») sieht das Gesetz in Art. 704 ein qualifiziertes Mehr für die Abänderung vor. Zusätzlich können in den Statuten selbst Bestimmungen vorgesehen werden, welche die Beschlussfassung über Statutenänderungen erschweren (FORSTMOSER/MEIER-HAYOZ/NOBEL, 114; FORSTMOSER, Aktienrecht, 177). Als *absolut unabänderlich* können indessen keine Statutenbestimmungen erklärt werden; durch Beschluss sämtlicher Aktionäre kann auch eine «absolut unabänderliche» Statutenbestimmung nachträglich abgeändert werden (FORSTMOSER, Aktienrecht, 179 f.; ZK-SIEGWART, N 6; **a.M.** WEHRLI, Die Umwandlung einer Genossenschaft in eine Aktiengesellschaft, Diss. Zürich 1976, 96).

1

II. Die Modalitäten für eine Statutenänderung

Zuständig für eine Statutenänderung ist grundsätzlich die *GV* (Art. 698 Abs. 2 Ziff. 1). Ihre Kompetenz kann nicht an andere Organe oder an Dritte übertragen werden. Ebenso wenig kann es angehen, dass eine Statutenänderung vom Erfordernis der Zustimmung Dritter abhängt (BGE 67 I 262; ZK-SIEGWART, N 8; FORSTMOSER, Aktienrecht, 167). Für bestimmte Arten von Gesellschaften sehen allerdings gewisse Spezialgesetze die Zustimmung von Behörden zu Statutenänderungen vor (vgl. z.B. Art. 3 Abs. 3 BankG; FORSTMOSER, Aktienrecht, 184 m.w.Nw.).

2

Obwohl Art. 698 Abs. 2 Ziff. 1 uneingeschränkt die Festsetzung und Änderung der Statuten der Zuständigkeit der GV zuweist, verweist Art. 647 Abs. 1 auf Beschlüsse *«der Generalversammlung oder des Verwaltungsrates»* über eine Statutenänderung. Der VR ist in der Tat (als Ausnahme zur Grundregel des Art. 698 Abs. 2 Ziff. 1) als ausschliesslich zuständig erklärt worden, genau bestimmte Statutenänderungen vorzunehmen: Bei allen Arten der *Kapitalerhöhung* hat der VR am Ende des Verfahrens einen Feststellungsbeschluss (d.h. den Beschluss darüber, dass die Einlagen ordnungsgemäss erbracht worden sind) und einen Anpassungsbeschluss (d.h. den Beschluss über die Anpassung des Wortlauts der Statuten an die vollzogene Kapitalerhöhung) zu fassen (Art. 652g, 653g; BÖCKLI, 137). Bei der genehmigten Kapitalerhöhung hat der VR zudem das Recht und die Pflicht, bei jeder Kapitalerhöhung den Nennbetrag des genehmigten Kapitals in den Statuten entsprechend herabzusetzen und nach Ablauf der für die Durchführung der Kapitalerhöhung festgelegten Frist die Bestimmung über die genehmigte Kapitalerhöhung aus den Statuten zu streichen (Art. 651a). Bei der bedingten Kapitalerhöhung hat der VR die Statutenbestimmung über die bedingte Kapitalerhöhung nach Erlöschen der Wandel- oder Optionsrechte zu streichen (Art. 653i).

3

Eine weitere Ausnahme vom Grundsatz der ausschliesslichen Zuständigkeit der GV für Statutenänderungen beruht auf Art. 634a: Diese Bestimmung ermächtigt den *VR* zur *Einberufung ausstehender Einlagen*. Nach rev. Aktienrecht ist der Betrag der auf das AK geleisteten Einlagen in den Statuten aufzuführen (Art. 626 Ziff. 3), was eine Abänderung der Statuten nach jeder nachträglichen (Teil-)Liberierung bedingt. Zuständig für diese Statutenabänderung ist (wie für die Einberufung der nachträglichen Einlage) der VR (Botschaft AG, 857; BÖCKLI, 138; BERTHEL/BOCHUD, 41; s.a. vorne Art. 634a N 10).

4

Franz Schenker

5   Die Statutenänderung setzt einen **Beschluss** (Art. 647 Abs. 1) des zuständigen Gesellschaftsorgans voraus, der **öffentlich beurkundet** werden muss. Das Beurkundungsverfahren über diesen Beschluss richtet sich nach dem anwendbaren kantonalen Recht (vgl. BERTHEL/BOCHUD, 41 ff.). Für die (ausnahmsweise) in die Kompetenz des VR fallenden Statutenänderungen stellt sich die Frage, ob ein Statutenänderungsbeschluss entsprechend Art. 713 Abs. 2 auch auf dem *Zirkularweg* gefasst werden kann. M.E. ist diese Frage zu *verneinen*. Das Bundesrecht verlangt nämlich von der Urkundsperson die Prüfung und Bestätigung, dass die Belege den Beschlussfassenden vorgelegen haben (Art. 631 Abs. 1, Art. 652g Abs. 2). Bei Abwesenheit von Beschlussfassenden kann diese Feststellung aber nicht mit eigenen Sinnen geprüft werden (BERTHEL/BOCHUD, 42 f.; BÖCKLI, 137; zweifelnd BIBER/WATTER, 707).

6   Anlässlich der Revision des GmbH-Rechts stellte der Gesetzgeber in Art. 647 Abs. 1 klar, dass eine Statutenänderung ins Handelsregister eingetragen werden muss. Zur **Anmeldung** eines Statutenänderungsbeschlusses in das Handelsregister ist ausschliesslich der VR berechtigt und verpflichtet (Art. 17 Abs. 1 lit. c HRegV), und zwar auch dann, wenn der Beschluss über die Statutenänderung selbst in den Kompetenzbereich der GV fällt.

III. Die Wirksamkeit der Statutenänderung

7   Anlässlich der Revision des GmbH-Rechts wurde der frühere Abs. 3 von Art. 647 gestrichen. Dessen Wortlaut («Er [d.h. der Beschluss über eine Statutenänderung] wird auch Dritten gegenüber unmittelbar mit der Eintragung in das Handelsregister wirksam») hatte zu zahlreichen offenen Fragen geführt (vgl. Voraufl.).

8   Der abgeschaffte Abs. 3 stellte eine *Ausnahmebestimmung zur Grundregel des Art. 932 Abs. 2* darstellt. Diese Grundregel hält fest, dass eine Handelsregistereintragung **Dritten gegenüber** erst am Werktag nach dem Ausgabetag derjenigen Nummer des SHAB, in der die Eintragung veröffentlicht ist, wirksam wird. Der Gesetzgeber anerkannte, dass für die frühere Regel keine sachlich überzeugenden Gründe vorlagen. Auch Statutenänderungen sollen Dritten erst entgegengehalten werden können, sobald diese aufgrund der Eintragung im Handelsregister und der Publikation im SHAB überhaupt davon Kenntnis erhalten (Botschaft GmbH, 3180 und 3228).

9   Unsicherheit mit Bezug auf den Beginn der *Wirksamkeit einer Statutenänderung* besteht *aber weiterhin im* **Innenverhältnis** einer AG. Nach der heute wohl h.L. wird zwischen Statutenänderungen mit *reiner Innenwirkung* (z.B. betr. Rechtsstellung des Aktionärs, Organisation der AG; ZK-SIEGWART, N 14 ff.; BÖCKLI, 141) und Statutenänderungen *mit Wirkung nach aussen und innen* (z.B. betr. Änderung der Firma, des Sitzes, des Kapitals, der Vertretung etc.; ZK-SIEGWART, N 18 ff.) unterschieden. Bestimmungen mit reiner Innenwirkung werden nach der h.L. sofort nach der Beschlussfassung wirksam (vgl. BÖCKLI, 141 f.; FORSTMOSER/MEIER-HAYOZ/NOBEL, 114; FORSTMOSER, Aktienrecht, 181; ZK-SIEGWART, N 12; SCHUCANY, N 6; VON BÜREN/STOFFEL/WEBER, 29; OR-Handkommentar-ZÜRCHER, N 9). Nach dieser Meinung sind die Wirkungen allerdings dann rückgängig zu machen, falls die Eintragung der Statutenänderung dauernd unterbleibt (FORSTMOSER, Aktienrecht, a.a.O.; BÖCKLI, 142; ZK-SIEGWART, a.a.O.). Für Statutenänderungen mit Wirkung nach aussen und nach innen gilt für deren Wirkung nach der h.L. für Aktionäre und Dritte einheitlich der Zeitpunkt des Eintrags im Handelsregister (FORSTMOSER/MEIER-HAYOZ/NOBEL, 114; BÖCKLI 141). Für Kapitalerhöhungen hält BÖCKLI (141) fest, dass diese sowohl extern wie intern ihre Wirkung erst mit der erfolgten Eintragung entfalten, während ISLER/ZINDEL (Art. 652h N 6 m.w.H.)

1. Abschnitt: Allgemeine Bestimmungen **Art. 650**

die Kapitalerhöhung im Innenverhältnis bereits mit den Feststellungsbeschlüssen des VR wirken lassen. Nach einer abweichenden Meinung sind Statutenänderungen auch im Innenverhältnis grundsätzlich nicht sofort mit der Beschlussfassung wirksam; dies schliesse jedoch nicht aus, dass in der Zwischenzeit zwischen Beschlussfassung und Eintragung (die allenfalls wegen einer Registersperre nach Art. 162 f. HRegV längere Zeit dauern kann) im Innenverhältnis bereits nach Massgabe der neuen Statuten gehandelt wird, wobei die Gültigkeit dieser Handlungen davon abhänge, dass die Änderung nachträglich in das Register eingetragen werde (VON GREYERZ, 111 f.; VON STEIGER, 290).

Das BGer hat in einem sorgfältig begründeten Entscheid die Position bezogen, dass eine Statutenänderung *auch im Innenverhältnis mit der Eintragung in das Handelsregister zu wirken beginnt* (BGE 84 II 34 ff.; der Entscheid betraf eine Sitzverlegung, d.h. eine Statutenänderung mit Wirkung nach innen und nach aussen; vgl. auch BGE 55 II 105 f.). Es räumte ein, dass die GV, die eine Statutenänderung beschlossen hat, schon vorgängig der Eintragung gestützt auf die neuen Bestimmungen Beschlüsse fassen und Wahlen vornehmen könne, doch hänge die Gültigkeit solcher Handlungen davon ab, dass die Statutenänderung nachträglich in das Handelsregister eingetragen werde (BGE 84 II 40 f.). Trotz der Kritik, die sich das BGer gefallen lassen musste (vgl. z.B. VON STEIGER, Die privatrechtliche Rechtsprechung des Bundesgerichts im Jahre 1950, ZBJV 1960, 6 ff.), überzeugt der Entscheid weiterhin wegen der dadurch erreichten Rechtssicherheit (vgl. auch CHK-WALDBURGER, N 5 f.). Die in BGE 84 II 39 f. dargelegte Entstehungsgeschichte des früheren Abs. 3 von Art. 647 zeigt, dass der Gesetzgeber der Eintragung einer Statutenänderung in das Handelsregister konstitutive Wirkung für die Änderung zumass. Mit der Streichung von Abs. 3 anlässlich der Revision des GmbH-Rechts wurde nicht beabsichtigt, diese konstitutive Wirkung zu beseitigen; es ging vielmehr darum, die im alten Abs. 3 ebenfalls enthaltene, sachlich nicht gerechtfertigte Abweichung von der generellen Regelung im Aussenverhältnis zu ändern (s.o. N 8). Auch nach der Abschaffung von Abs. 3 ändert nichts an der konstitutiven Wirkung des Eintrags von Statutenänderungen in das Handelsregister im Innenverhältnis. 10

Art. 648–649

aufgehoben

abrogé

abrogato

Art. 650

K. Erhöhung des Aktienkapitals
I. Ordentliche und genehmigte Kapitalerhöhung
1. Ordentliche Kapitalerhöhung

¹ Die Erhöhung des Aktienkapitals wird von der Generalversammlung beschlossen; sie ist vom Verwaltungsrat innerhalb von drei Monaten durchzuführen.

² Der Beschluss der Generalversammlung muss öffentlich beurkundet werden und angeben:

1. den gesamten Nennbetrag, um den das Aktienkapital erhöht werden soll, und den Betrag der darauf zu leistenden Einlagen;

Art. 650

2. Anzahl, Nennwert und Art der Aktien sowie Vorrechte einzelner Kategorien;

3. den Ausgabebetrag oder die Ermächtigung an den Verwaltungsrat, diesen festzusetzen, sowie den Beginn der Dividendenberechtigung;

4. die Art der Einlagen, bei Sacheinlagen deren Gegenstand und Bewertung sowie den Namen des Sacheinlegers und die ihm zukommenden Aktien;

5. bei Sachübernahmen den Gegenstand, den Namen des Veräusserers und die Gegenleistung der Gesellschaft;

6. Inhalt und Wert von besonderen Vorteilen sowie die Namen der begünstigten Personen;

7. eine Beschränkung der Übertragbarkeit neuer Namenaktien;

8. eine Einschränkung oder Aufhebung des Bezugsrechtes und die Zuweisung nicht ausgeübter oder entzogener Bezugsrechte;

9. die Voraussetzungen für die Ausübung vertraglich erworbener Bezugsrechte.

³ Wird die Kapitalerhöhung nicht innerhalb von drei Monaten ins Handelsregister eingetragen, so fällt der Beschluss der Generalversammlung dahin.

K. Augmentation du capital-actions
I. Augmentation ordinaire et augmentation autorisée
1. Augmentation ordinaire

¹ L'augmentation du capital-actions est décidée par l'assemblée générale; elle doit être exécutée par le conseil d'administration dans les trois mois.

² La décision de l'assemblée générale doit être constatée par acte authentique et mentionner:

1. le montant nominal total de l'augmentation et le montant des apports qui doivent être effectués à ce titre;

2. le nombre, la valeur nominale et l'espèce des actions, ainsi que les privilèges attachés à certaines catégories d'entre elles;

3. le prix d'émission ou l'autorisation donnée au conseil d'administration de le fixer, ainsi que l'époque à compter de laquelle les actions nouvelles donneront droit à des dividendes;

4. la nature des apports et, en cas d'apport en nature, son objet, son estimation, le nom de l'apporteur qui l'effectue, ainsi que les actions qui lui reviennent;

5. en cas de reprise de biens, son objet, le nom de l'aliénateur et la contre-prestation de la société;

6. le contenu et la valeur des avantages particuliers ainsi que le nom des bénéficiaires;

7. toute limitation de la transmissibilité des actions nominatives nouvelles;

8. toute limitation ou suppression du droit de souscription préférentiel ainsi que le sort des droits de souscription préférentiels non exercés ou supprimés;

9. les conditions d'exercice des droits de souscription préférentiels acquis conventionnellement.

³ La décision de l'assemblée générale est caduque si, dans les trois mois, l'augmentation du capital-actions n'est pas inscrite au registre du commerce.

Art. 650

K. Aumento del capitale azionario
I. Aumento ordinario e aumento autorizzato
1. Aumento ordinario

¹ L'aumento del capitale azionario è deliberato dall'assemblea generale e deve essere attuato dal consiglio d'amministrazione entro tre mesi.

² La deliberazione dell'assemblea generale deve risultare da un atto pubblico e indicare:

1. l'ammontare nominale totale dell'aumento e l'ammontare dei conferimenti da effettuare;

2. il numero, il valore nominale e la specie delle azioni, come pure i privilegi inerenti a determinate categorie;

3. il prezzo d'emissione o l'autorizzazione data al consiglio d'amministrazione di determinarlo, come pure il momento a partire dal quale le nuove azioni danno diritto a un dividendo;

4. la specie dei conferimenti e, in caso di conferimento in natura, il suo oggetto e la sua stima, il nome del conferente e le azioni che gli sono attribuite;

5. in caso di assunzione di beni, il suo oggetto, il nome dell'alienante e la controprestazione della società;

6. in caso di vantaggi speciali, il contenuto e il valore del vantaggio e il nome dei beneficiari;

7. ogni limitazione della trasferibilità delle nuove azioni nominative;

8. ogni limitazione o soppressione del diritto d'opzione, come pure l'utilizzazione dei diritti d'opzione non esercitati o soppressi;

9. le condizioni per l'esercizio di diritti d'opzione acquistati contrattualmente.

³ Qualora l'aumento del capitale non sia iscritto nel registro di commercio nel termine di tre mesi, la deliberazione dell'assemblea generale decade.

Literatur zu Art. 650–653i

BÄR, Wichtige Neuerungen im revidierten Aktienrecht, BN 1992, 391 ff.; BAUEN/BERNET, Schweizer Aktiengesellschaft, Zürich 2007; BÉNÉDICT/JAQUIER, Les actionnaires face aux risques et aux conséquences d'une dilution de leurs droits en cas d'augmentation de capital, CEDIDAC Nr. 64, 2005, 149 ff.; BERTSCHINGER, Berichterstattung zum Handelsrecht 2001–2003, in: Fellmann/Poledna (Hrsg.), Aktuelle Anwaltspraxis 2003, Bern 2003, 318 ff.; BERTHEL/BOCHUD, Neues Aktienrecht aus registerrechtlicher und notarieller Sicht, Luzern 1992; BIBER/WATTER, Notariatspraxis bei Gründung und ordentlicher Kapitalerhöhung, AJP 1992, 701 ff.; BOEMLE, Unternehmungsfinanzierung, 13. Aufl., Zürich 2002; CHAUDET, L'augmentation ordinaire du capital social, in: Ciocca (Hrsg.), Le nouveau droit des sociétés anonymes, CEDIDAC Nr. 23, 1993, 275 ff.; VON BÜREN, Erfahrungen schweizerischer Publikumsgesellschaften mit dem neuen Aktienrecht, ZBJV 131 (1995), 57 ff.; DALLÈVES, Les augmentations autorisées et conditionnelles du capital, in: Ciocca (Hrsg.), Le nouveau droit des sociétés anonymes, CEDIDAC Nr. 23, 1993, 287 ff.; DUBS, Genehmigtes Kapital als Abwehrmassnahme, GesKR 2006, 43 ff.; FORSTMOSER, Alter Wein in neuen Schläuchen?, Zur schweizerischen Aktienrechtsreform, ZSR 1992 I, 1 ff.; DERS., Vom alten zum neuen Aktienrecht, SJZ 1992, 137 ff.; DERS., Ungereimtheiten und Unklarheiten im neuen Aktienrecht, SZW 1992, 58 ff.; DERS., Zulässigkeit des Festübernahmeverfahrens für Kapitalerhöhungen unter neuem Aktienrecht?, SZW 1993, 101 ff.; FORSTMOSER/VOGT, Liberierung durch Verrechnung mit einer nicht werthaltigen Forderung: eine zulässige Form der Sanierung einer überschuldeten Gesellschaft?, ZSR 2003, 531–567; GASSER, Ausnahmen von der Meldepflicht: Blick auf die Praxis der Offenlegungsstelle SWX, AJP 2000, 39 ff.; GEHRER, Statutarische Abwehrmassnahmen gegen Übernahmen, Diss. Zürich 2003, 207 ff.; GERICKE, Die genehmigte Kapitalerhöhung, Diss. Zürich 1996; GESSLER, Kommentar zum Aktiengesetz (Stand April 1992); GLANZMANN, Die Schranken der Liberierung durch Verrechnung nach schweizerischem Aktienrecht, ZSR 1999 I, 221 ff.; VON GREYERZ, Ordentliche und genehmigte Kapitalerhöhung, SAG 1983, 94 ff.; HELBLING, Mitarbeiteraktien und Mitarbeiteroptionen in der Schweiz, 2. Aufl., Zürich 2003; HENSLER, Die bedingte Kapitalerhöhung, Diss. Zürich 1982; HIRSCH, Besprechung des Falles Canes c. Nestlé, SZW 1991, 291 ff.; HOMBURGER, Leitfaden zum neuen Aktienrecht, 3. unveränderte Aufl., Zürich 1994; HORBER, Praxis und Probleme der Aktienumwandlung im Zuge der Tendenz zur Einheitsaktie, in: FS Rolf Bär, Bern 1998, 173; HUGUENIN JACOBS, Das aktienrechtliche Gleichbehandlungsprinzip, in: FS Bär, Bern 1998, 181 ff.; HÜNERWADEL, Vorratsaktien im Lichte des neuen Aktienrechts, SZW 1993, 37 ff.; ISLER, Ausgewählte Aspekte der Kapitalerhöhung, AJP 1992, 726 ff.; M. ISLER/VON DER CRONE, Handelsregistersperre, SZW 2008, 222 ff.; KÄCH, GmbH-Revision und weitere Änderungen des Gesellschafts- und Handelsregisterrechts, ZBGR 2008, 1 ff.; KAMMERER, Die unübertragbaren und unentziehbaren Kompetenzen des Verwaltungsrates, Diss. Zürich 1997; KNECHT/KOCH, Handelsregisterliche Eintragungen, 2. Aufl., Zürich 2008; KOEPFLI, Kapitalerhöhung aus Aktionärsdarlehen: Zulässigkeit und Quorum, JBHReg 1994, 18 ff.; KÜNG, Liberierung durch Verrechnung gegen den Willen der Aktiengesellschaft?, JBHReg 1996, 74 ff.; DERS., Bedingtes Kapital: Keine Geltung der 50%-Limite bei der Herabsetzung des gezeichneten Kapitals, SZW 1996, 23 ff.; DERS., Kapitalerhöhung durch Herabsetzung der Liberierungsquote, JBHReg 1994, 15 ff.; KUNZ, Der Minderheitenschutz im schweizerischen Aktienrecht, Bern 2001; KUSTER, Die Auslegung contra verba legis am Beispiel von Art. 650 Abs. 3 OR, AJP 1998, 425 ff.; DERS., Zum Begriff der Öffentlichkeit und Gewerbsmässigkeit im Kapitalmarktrecht, SZW 1997, 10 ff.; LADNER, Das Vorwegzeichnungsrecht des Aktionärs unter Berücksichtigung von Corporate Governance-Aspekten, Diss. St. Gallen 1996; LANZ/FRANKHAUSER, Festübernahmeverfahren impliziert keinen Ausschluss des Bezugsrechts, REPRAX 2004, 1–8; LENOIR/PUDER, Öffentliche Werbung im Sinne der Anlagefondsgesetzgebung, AJP 2006, 981 ff.; LUSSY, Auswirkungen des neuen Aktienrechts auf die Handelsregisterführung, BN 1992, 420 ff., AJP 1992, 740 ff.; MEIER-HAYOZ/ZWEIFEL, Der Grundsatz der schonenden Rechtsausübung im Gesellschaftsrecht, in: FS Westermann, 1974, 383 ff.; MEISTERHANS, Ausgewählte Fragen zur Kapitalerhöhung bei der Aktiengesellschaft, JBHReg 1994, 174 ff.; DERS., Prüfungspflicht und Kognitionsbefugnis der Handelsregisterbehörde, Diss. Zürich 1996 (zit. Diss.); MEYER, Öffentliche Werbung im Sinne der schweizerischen Gesetzgebung über die kollektiven Kapitalanlagen, SZW 2008, 57 ff.; MOSIMANN, Die Liberierung von Aktien durch Verrechnung, Diss. Basel 1978; NOBEL, Bezugsrecht und Bezugsrechtsausschluss, AJP 1993, 1171 ff.; NOTTER, Das Kapitalerhöhungsverfahren nach dem bundesrätlichen Entwurf 1983 über die Revision des Aktienrechts, Diss. Zürich 1984; A. VON PLANTA, Aktionärsschutz bei der bedingten Kapitalerhöhung, SZW 1992, 20 ff.; DERS., Die genehmigte Kapitalerhöhung – mehr Freiheit oder mehr Unsicherheit für den Verwaltungsrat?, in: FS Bär, Bern 1998, 311 ff. (zit. FS Bär); T. VON PLANTA, der Schutz der Aktionäre bei der Kapitalerhöhung, Diss. Basel 1992; REBSAMEN, Die Aktiengesellschaft nach neuem Recht in der Handelsregisterpraxis, 1992 (zit. AG); REBSAMEN/THOMI, Kommentierte Handelsregister-Eintragungstexte zur Aktiengesellschaft nach neuem Recht, 1993; REUTTER, Bezugsrechte, Festübernahme und Übernahmevertrag «Unwriting Agreement», ST 2006, 44–47; REYMOND, La responsabilité des réviseurs, SJ 1995, 381; RUEDIN, Le capital social, in: Ciocca (Hrsg.), Le nouveau droit des sociétés anonymes, CEDIDAC Nr. 23, 1993, 23 ff.; RUF, Gründung und Kapitalerhöhung im neuen Aktienrecht, BN 1992, 351 ff.; RUFFNER/STUPP, Eine rechtsökonomische Analyse des Vorwegzeichnungsrechts bei Options- und Wandelanleihen, AJP 1992, 708 ff.; VON SALIS, Fusionsgesetz, Zürich 08/2004, fusionsgesetz.ch; SCHALLER/WEBER, Travaux préparatoires du droit des sociétés anonymes, in: Dessemontet/Rapp/Stoffel (Hrsg.), Lausanne 1993; SCHLATTER/HONEGGER, Bedingtes Kapital: Offene Fragen mit Lösungsvorschlägen, in: JHReg 1994, 22 ff.; SCHLEIFFER/REHM, Zum Prospekt nach Obligationenecht. Vorgeschriebener minimaler Inhalt, ST 2005, 1021–1026; STADELMANN/WIDMER, Erleichterte Erfüllung der Offenlegungspflichten im Prospekt, iusKR 2008, 157 ff.; STIEGER-CHOPARD, L'exclusion du droit préférentiel de souscription dans le cadre du capital autorisé de la société anonyme, Diss. Genf 1997; STRAZZER, Die Festübernahme bei der Kapitalerhöhung der Aktiengesellschaft, Diss. Zürich 1995; TAISCH, Das öffentliche Angebot im neuen Aktienrecht, FS Forstmoser, 1993, 271 f.; THOMI, Stellungnahmen der Oltner Arbeitstagung 1999–2003, REPRAX 2004, 15 ff.; VOCK, Prozessuale Fragen bei der Durchsetzung von Aktionärsrechten, Diss. Zürich, 2000, 35 ff.; VOGT, Aktienrecht, Entwicklungen 2006, Bern 2007; WALTER/BLUMER, Sieben Thesen und sieben Denkanstösse zur Sachübernahme, FS Peter Nobel, Bern 2005; WALTI, Mitarbeiterbeteiligung, Diss. Zürich 1997; WATTER, Die Festübernahme von Aktien, speziell beim «Initial Public Offering», in: Aktienrecht 1992–1997, FS Bär, Bern 1998, 387 ff. (zit. FS Bär); DERS., Die Gründung und Kapitalerhöhung im neuen Aktienrecht, SAV 11 (1992), 55 ff.; DERS., Prospekt(haft)pflicht heute und morgen, AJP 1992, 48 ff.; WATTER/REUTTER, Rechtsprobleme beim IPO, in: Rechtsfragen beim Börsengang, Zürich 2002, 1 ff.; WEBER, The Offering of Foreign Securities in Switzerland, in: Reutter/Werlen (Hrsg.), Kapitalmarkttransaktionen III, Zürich 2008; WENGER, Das bedingte Kapital im schweizerischen Aktienrecht, Diss. Zürich 1996; CH. WIDMER, Die Liberierung im schweizerischen Aktienrecht, Diss. Zürich 1998; M. WIDMER, Das Vorwegzeichnungsrecht bei Options- und Wandelanleihen, Diss. Zürich 1996; WILLENER, Vorratsaktien, insbesondere Übernahme von Vorrats- bzw. Reserveaktien durch abhängige und nahestehende Gesellschaften, Diss. Zürich 1986; ZINDEL, Bezugsrechte in der Aktiengesellschaft, Diss. Zürich 1984 (zit. Diss.); DERS., Aktionäre ohne Stimmrecht und stimmrechtslose Aktionäre, FS Forstmoser, 1993, 206 (zit. FS Forstmoser); ZOBL, Zur Zeichnung von Aktien bei Festübernahmen und im Bookbildingverfahren, in: FS Riemer, Bern 2007, 461 ff.; ZOBL/ARPAGAUS, Aktuelle Probleme des Primärmarktes – Ein Überblick, SZW 1995, 244 ff.; ZÜRCHER, Die Pflicht zur Aktualisierung des Prospektes während der Zeichnungsfrist beim Börsengang, SZW 2006, 127–133.

I. Revision und Revisionsgeschichte

Die ordentliche Kapitalerhöhung hat schon in den ersten Stadien der Revisionsarbeiten eine Neuausrichtung erfahren (Botschaft AG, 46 f.). Anstelle der blossen Verweisung auf das Recht der Gründung trat eine **eigenständige Regelung.** Neu waren insb. die Kompetenzzuteilung in Abs. 1, die Auflistung des Inhalts des GV-Beschlusses in Abs. 2 und die Durchführungsfrist von drei Monaten in Abs. 3. Das Parlament nahm nur geringfügige Änderungen am bundesrätlichen Entwurf von 1983 vor. Im Zuge der Aktienrechtsrevision bleibt das Verfahren der *ordentlichen* Kapitalerhöhung im Wesentlichen unverändert; einige Schwachstellen des geltenden Rechts werden ausgemerzt (Botschaft Aktien- und Rechnungslegungsrecht, 55). 1

Das im Gesetzesentwurf 2007 vorgesehene neue Rechtsinstitut des *Kapitalbandes* ist eine Kombination der bestehenden genehmigten Kapitalerhöhung mit der durch das neue Recht einzuführenden genehmigten Kapitalherabsetzung (Botschaft Aktien- und Rechnungslegungsrecht, 1652 ff.; Gesetzesentwurf 2007 E-Art. 653s ff.). Mit dem Kapitalband wird der GV eine erheblich grössere *Gestaltungsfreiheit* eingeräumt und dem VR eine eigentliche Bewirtschaftung des Aktienkapitals ermöglicht. Innerhalb der von der GV vorgegebenen Bandbreite zwischen Basiskapital und Maximalkapital wird der VR während einer Dauer von bis zu drei Jahren Aktien in erheblichem Umfang ausgeben oder zurücknehmen können. Das Maximalkapital darf höchstens 50% über dem im Handelsregister eingetragenen Aktienkapital liegen; das Basiskapital darf nicht weniger als die Hälfte des eingetragenen Kapitals betragen. Die Dauer der Ermächtigung des VR beträgt höchstens drei Jahre (im Vorentwurf waren fünf Jahre vorgesehen). – Noch zu klären sein wird das Verhältnis des erfreulichen neuen Spielraums zur Gestaltung der Kapitalstrukturen zur Frage des Ausmasses von Rückkäufen eigener Aktien unter dem Blickwinkel des Kapitalschutzes und der Erhaltung der Liquidität. Bei max. Ausnutzung der Bandbreite (150%) kann sich eine Rückkaufkapazität von zwei Dritteln des Aktienkapitals ergeben. Das Aktienkapital wird innerhalb des Kapitalbands auch auf dem Wege einer bedingten Kapitalerhöhung heraufgesetzt werden können. Das Kapitalband ist als eine der wesentlichen Neuerungen der Aktienrechtsrevision zu begrüssen. 1a

II. Kompetenzzuteilung (Abs. 1)

Als Leitlinie legt Abs. 1 fest, dass die Kapitalerhöhung von der **GV beschlossen** und vom **VR durchgeführt** wird (zur Kompetenzabgrenzung s. BGE 132 III 675 E. 3.3). Die Einzelheiten ergeben sich aus den weiteren Bestimmungen, insb. Abs. 2 für die GV und Art. 652e, 652g und 652h für den VR. 2

Mit dem Erhöhungsbeschluss beauftragt die GV den VR, die Kapitalerhöhung in die Tat umzusetzen (s. zum Wesen des Erhöhungsbeschlusses Art. 650 N 4; BÖCKLI, § 2 N 54). Der **VR** ist daher – im Gegensatz zur genehmigten Kapitalerhöhung (s. Art. 651 N 2) – **verpflichtet,** die Kapitalerhöhung durchzuführen (FORSTMOSER/MEIER-HAYOZ/NOBEL, 3

§ 52 N 44 und § 52 N 83; BÖCKLI, § 2 N 54; RUF, 367). Der Durchführungsbeschluss des VR ist (bei der ordentlichen Kapitalerhöhung) in der Praxis nur dann formalisiert, wenn der VR in Ergänzung zum Erhöhungsbeschluss der GV noch Eckwerte der Kapitalerhöhung (z.B. den Ausgabebetrag) festzulegen hat. Im Normalfall ist der Durchführungsbeschluss (bisweilen auch Erhöhungsbeschluss genannt) implizit im Beschluss des VR über den Antrag an die GV zur Kapitalerhöhung enthalten (BÖCKLI, § 2 N 55).

III. Wesen des Erhöhungsbeschlusses

4 Durch den Erhöhungsbeschluss der GV wird das AK noch nicht erhöht, die Statuten noch nicht geändert und noch keine Eintragung in das Handelsregister vorgenommen (vgl. BÖCKLI, § 2 N 54; LUSSY, BN 1992, 437, AJP 1992, 748; RUF, 375; WATTER, AJP 1992, 60; Botschaft AG, 116; vgl. auch ISLER, 728; anders § 184 AktG). Dem Erhöhungsbeschluss kommt **keine statutenändernde Wirkung,** auch keine durch das Zustandekommen der Kapitalerhöhung suspensiv bedingte, zu (FORSTMOSER/MEIER-HAYOZ/NOBEL, § 52 N 48 und 83; BÖCKLI, § 2 N 54; BERTHEL/BOCHUD, N 262; s.a. NOTTER, 78; **a.A.** RUF, 375 Anm. 129). Trotzdem sind allfällige statutarische Quoren für Statutenänderungen einzuhalten (ebenso KÜNG, Art. 940 N 205); andernfalls kämen diese gar nicht zum Zuge, weil der VR gem. Art. 652g die Statuten ändert.

IV. Inhalt des Erhöhungsbeschlusses (Abs. 2)

5 Das Gesetz verlangt in neun Ziffern je nach der konkreten Ausgestaltung der Kapitalerhöhung zwischen minimal 12 und max. 20 Angaben. Die **Aufzählung ist abschliessend** (BGE 121 III 429; FORSTMOSER/MEIER-HAYOZ/NOBEL, § 52 N 63; BÖCKLI, § 2 N 60; RUF, 375). Die Angaben gem. Ziff. 1–3 (erster Teil) können als unbedingt notwendige Elemente, jene gem. Ziff. 4–9 (zweiter Teil) als bedingt notwendige Elemente bezeichnet werden (NOTTER, 79 f.). Hinzuweisen ist auf die folgenden Besonderheiten (s.a. FORSTMOSER/MEIER-HAYOZ/NOBEL, § 52 N 65 ff.; BÖCKLI, § 2 N 60 ff.; Texthandbuch Gesellschaftsrecht des Notariatsinspektorats des Kt. ZH, 4. Aufl. 2008, Ziff. 4.1.1).

6 a) Ziff. 1:

Eine Kapitalerhöhung muss das AK der Gesellschaft in jedem Fall **auf CHF 100 000,** dem Mindestkapital gem. Art. 621, oder einen höheren Betrag **heraufsetzen.** Dies gilt namentlich für die vor dem 1.1.1985 gegründeten Gesellschaften, die gestützt auf Art. 2 Abs. 2 SchlB AG ein AK von weniger als CHF 100 000 aufweisen (C. WIDMER, 78, 80; BÖCKLI, § 19 N 46; JBHReg 1996, 156; **a.A.** GERICKE, 187).

7 Der Betrag der auf den gesamten Nennbetrag zu leistenden **Einlagen** muss mind. **20 % des Nennwertes** jeder neuen Aktie und jedes neuen PS (Art. 656b Abs. 2) betragen (s. Art. 632 Abs. 1; FORSTMOSER/MEIER-HAYOZ/NOBEL, § 52 N 67; BERTHEL/BOCHUD, N 269).

8 Es ist zulässig, anstelle des genauen Erhöhungsbetrages einen **Maximalbetrag** anzugeben (VON DER CRONE, Kapitalerhöhungen mit Maximalbetrag, REPRAX 2000, 1 ff.; FORSTMOSER/MEIER-HAYOZ/NOBEL, § 52 N 66; BÖCKLI, § 2 N 59); dies entspricht auch der heutigen Praxis eines grossen Teils der Handelsregisterämter. Da der VR in diesen Fällen anzuweisen ist, die Erhöhung im Umfang der eingegangenen Zeichnungen (also ohne eigenen Entscheidungsspielraum) zu vollziehen, liegt bei einer ordentlichen Kapitalerhöhung mit Maximalbetrag keine unzulässige Vermischung von ordentlicher und genehmigter Kapitalerhöhung, keine Kompetenzdelegation, vor (anders

MEISTERHANS, JBHReg 1994, 182). Ein Bedarf für ordentliche Kapitalerhöhungen mit Maximalbetrag besteht insb. bei (mittelgrossen) Gesellschaften mit nicht kotierten Aktien und breit gestreutem Aktionariat. Zu verlangen ist eine transparente Ausgestaltung des GV-Beschlusses, mit Klarstellung der Verpflichtung des VR, die Erhöhung im Rahmen des von der GV vorgegebenen Maximalbetrages nicht nach eigenem Ermessen, sondern im Umfang der eingegangenen Zeichnungen zu vollziehen. Die ergänzende Angabe eines *Minimalbetrages* ist nicht zwingend (ebenso CHK-MÜLLER, Art. 650 N 5; **a.A.** BÖCKLI, § 2 N 59), aber erforderlich, falls die Kapitalerhöhung erst ab einem gewissen minimalen Zeichnungserfolg vollzogen werden soll (Einhaltung des Vollzeichnungsprinzips). Aus Gründen der Voraussehbarkeit und der Klarheit des Traktandums sind zu grosse Spannweiten zwischen Maximalbetrag und Minimalbetrag zu vermeiden.

In der Botschaft zum Gesetzesentwurf 2007 wird auf die ordentliche Kapitalerhöhung «mit Maximal- und Minimalbetrag» hingewiesen und festgehalten, dass auf eine gesetzliche Regelung verzichtet werden kann, «da aufgrund der Erfahrungen in der Praxis kein Handlungsbedarf besteht» (Botschaft Aktien- und Rechnungslegungsrecht, 1643). **8a**

Zulässig sind auch Kapitalerhöhungen auf dem Wege der **Heraufsetzung des Nennwerts** anstelle der Ausgabe neuer Aktien (s. FORSTMOSER/MEIER-HAYOZ/NOBEL, § 52 N 147 f., N 118, N 67 Anm. 23; C. WIDMER, 112; FORSTMOSER, Handlungsbedarf bei altrechtlichen Aktiengesellschaften, SJZ 1997, 86). Umstritten ist, ob in diesen (seltenen) Fällen der Erhöhungsbetrag ebenfalls mind. im Umfang von 20% liberiert werden muss (so HANDSCHIN, in: NZZ vom 16.8.1996, 28 und 17.9.1996, 28) oder ob – u.E. vorzuziehen – die Kapitalerhöhung auch liberierungsfrei, durch blosse Herabsetzung der Liberierungsquote, erfolgen kann (so SCHNURRENBERGER in NZZ vom 3.9.1996, 27; s.a. THOMI, JBHReg 1996, 189). **9**

Keine Kapitalerhöhung liegt bei einem **Aktiensplit** vor, bei welchem zwar die Zahl der Aktien steigt, die Titel aber gleichzeitig «leichter» werden, indem sie einen kleineren Nennwert erhalten (gleich bleibender Gesamtnennwert; s. BÖCKLI, § 4 N 13 ff.; BERTHEL/BOCHUD, N 276 ff.; s.a. THOMI, REPRAX 2004, 15), ebenso wenig bei der Umwandlung von einer Aktienart in eine andere. **10**

b) Ziff. 2: **11**

Der **Mindestnennwert** der neuen Aktien beträgt wie bei der Gründung CHF 0.01 (Senkung des Mindestnennwerts der Aktien von 10 Franken auf 1 Rappen gemäss Änderung von Art. 622 Abs. 4 vom 15.12.2000, in Kraft seit 1.5.2001).

Aktienarten sind Namenaktien und Inhaberaktien (Art. 622 Abs. 1 und 2; nicht deckungsgleich mit Kategorien i.S.v. Art. 709 Abs. 1). Eine eigene Aktienart bilden die im Rahmen einer Sanierung auf null herabgesetzten Aktien (BGE 121 III 430). **12**

Die **Vorrechte** beziehen sich auf einzelne Kategorien und betreffen damit die Vorzugsaktien gem. Art. 654–656; sie sind von den besonderen Vorteilen i.S.v. Ziff. 6 und Art. 628 Abs. 3. zu unterscheiden. – Ein Hinweis auf zu schaffende Stimmrechtsaktien erfüllt das Erfordernis betr. Angabe von Vorrechten (s. BÖCKLI, § 2 N 64 und das Bsp. bei ISLER, 727). **13**

Die Angaben gem. Art. 650 Abs. 2 Ziff. 2 sind nicht erforderlich, falls im Rahmen einer Sanierung das Kapital herabgesetzt und sogleich wieder auf den früheren Betrag erhöht wird und dabei die bisherige Aktienstruktur unverändert bleibt (BGE 121 III 429 f.; s. Art. 652g N 6). **13a**

14 c) Ziff. 3:

Der **Ausgabebetrag** muss im Erhöhungsbeschluss genannt werden; die Gesellschaft kann sich nicht darauf berufen, ohne besonderen Hinweis sei eine Ausgabe zu pari anzunehmen.

15 Die Festsetzung des Ausgabebetrages (Nennwert plus allfälliges Agio) kann als einziges der von Art. 650 Abs. 2 geforderten Elemente des Erhöhungsbeschlusses der GV **an den VR delegiert** werden (GERICKE, 123 f.; BÖCKLI, § 2 N 54, N 65; FORSTMOSER/MEIER-HAYOZ/NOBEL, § 52 N 68). Der VR hat damit die Möglichkeit, den Ausgabebetrag (sofern erwünscht) marktgerecht festzulegen und innerhalb der gem. Abs. 3 für die Abwicklung der Kapitalerhöhung zur Verfügung stehenden drei Monate den diesbezüglich günstigsten Zeitpunkt zu wählen. Wird der Ausgabebetrag zwar wegen der beabsichtigten Ausrichtung auf den volatilen Marktpreis nicht bereits in der Einladung zur GV, aber vom VR noch vor der GV bekannt gegeben (vervollständigter Antrag; s. ISLER, 727 Anm. 6), so liegt keine Ermächtigung an den VR, sondern eine Festsetzung des Ausgabebetrages durch die GV vor. Fehlen in der öffentlichen Urkunde über die Beschlüsse der GV sowohl die Festsetzung des Ausgabebetrags als auch eine Ermächtigung an den VR, kann der VR die Aktien i.d.R. *nicht über pari* ausgeben (BÖCKLI, § 2 N 65; C. WIDMER, 91 Anm. 556).

15a Der Gesetzesentwurf 2007 sieht vor, dass der Ausgabebetrag nur dann wesentlich tiefer als der wirkliche Wert der Aktien festgesetzt werden kann, wenn das Bezugsrecht handelbar ist oder sämtliche Aktionäre dem Ausgabebetrag zustimmen (neuer Abs. 5 von Art. 652b; Botschaft Aktien- und Rechnungslegungsrecht, 1645).

16 In der **Praxis** wird die Konzeption des Gesetzgebers einer zeitlichen Staffelung von Grundsatzbeschluss durch die GV und Vollzug durch den VR kaum befolgt. Sowohl kleinere Aktiengesellschaften wie auch Publikumsgesellschaften vollziehen die Kapitalerhöhung i.d.R. unmittelbar nach der GV, so dass der Ausgabebetrag schon im Zeitpunkt des GV-Beschlusses feststeht und somit von der GV zu bestimmen ist. Gesellschaften mit börsenkotierten Aktien führen die Kapitalerhöhung regelmässig auf dem Wege einer *Festübernahme* unter Einschaltung eines Bankenkonsortiums durch (s. N 32 f.). Zahlt das Bankenkonsortium bei Vollzug und Eintragung der Kapitalerhöhung erst den Nennwert pro Aktie und verpflichtet sich, den Bezugspreis seitens der Aktionäre später abzurechnen, so ist im Erhöhungsbeschluss der GV sowohl der Nennwert als Ausgabebetrag wie auch der Bezugspreis für die Aktionäre oder die Ermächtigung des VR, den Bezugspreis festzusetzen, anzugeben. Es ist zulässig, die Fälligkeit für den Nennbetrag und für das Agio gestaffelt festzulegen (BÖCKLI, § 2 N 65; C. WIDMER, 99). Zur Ermittlung des Emissionspreises im *Bookbuildingverfahren* s. ZOBL, FS Riemer, 461 ff.

17 Die Festlegung des Beginns der Dividendenberechtigung der neuen Aktien im Erhöhungsbeschluss kann gemäss Wortlaut von Ziff. 3 nicht an den VR delegiert werden. Da jedoch Ausgabebetrag (dessen Festlegung delegiert werden kann) und Dividendenberechtigung wirtschaftlich gemeinsam zu betrachten sind, ist die Nichtdelegierbarkeit der Festlegung der Dividendenberechtigung fragwürdig (für die Delegierbarkeit auch BÖCKLI, § 2 N 66; vgl. auch FORSTMOSER/MEIER-HAYOZ/NOBEL, § 52 N 69; Delegierbarkeit ist auch beim genehmigten Kapital gegeben, Art. 651 Abs. 3 a.E.). Wird eine ordentliche Kapitalerhöhung nach dem Jahresabschluss, aber vor der ordentlichen GV beschlossen, ist nicht ausgeschlossen, die neuen Aktien bereits für das Vorjahr dividendenberechtigt zu erklären, sofern dieser Modalität im Geschäftsbericht und in der Einladung zur GV Rechnung getragen und eine Ungleichbehandlung durch die angesprochene wirtschaftliche Gesamtbetrachtung vermieden wird.

1. Abschnitt: Allgemeine Bestimmungen 18–21 Art. 650

d) Ziff. 4: 18

Die Einlagen sind grundsätzlich nach den Bestimmungen über die Gründung zu leisten (Art. 652c). Die zu leistenden Einlagen (Ziff. 1) können auf **vier Arten** erfolgen, die auch kombiniert werden können (FORSTMOSER/MEIER-HAYOZ/NOBEL, § 52 N 27 ff. und 119 ff.; BERTHEL/BOCHUD, N 279): in Geld (Art. 633), durch Sacheinlagen (Art. 634), durch Verrechnung (s. Art. 634a Abs. 2, Art. 652e Ziff. 2) und durch Umwandlung von frei verwendbarem EK (Art. 652d).

Bei der **Barliberierung** genügt die Hinterlegung bei einer Bank i.S. des BankG: Das Erfordernis der Hinterlegung bei einer kant. Depositenstelle ist entfallen (s. Art. 633 Abs. 1). 19

Bei **Sacheinlagen** (ausführlich zur Sacheinlageliberierung C. WIDMER, 293 ff.) ist die gleiche Offenlegung verlangt wie bei der Gründung. In den Statuten sind anzugeben: die zweifelsfreie Bezeichnung des Gegenstandes (allenfalls auch als Sachgesamtheiten oder Beteiligungen), die genau bezifferte Bewertung (Wert der Sacheinlage), die Identität des Einlegers (allenfalls auch als Personengesamtheiten) sowie die Anzahl und die Art der ihm zukommenden Aktien (Anrechnung, Preis der Sacheinlage) (s. Art. 628 und 641 Ziff. 6; C. WIDMER, 338; die Beschränkung der Behandlung als Sachgesamtheit auf Klein- oder Verbrauchsmaterial bei KÜNG, Art. 940 N 232, ist für die Praxis zu eng; s. dort N 233 auch die Anforderungen an eine Inventarliste und N 234 betr. Übernahme von Aktiven und Passiven eines Geschäftes: Ein Hinweis auf die der öffentlichen Urkunde beigefügte Bilanz ist ausreichend). Bei einer Vielzahl von Sacheinlegern, insb. bei grösseren Übernahmen, ist eine zusammenfassende Bezeichnung bei der Angabe der Identität der Sacheinleger (z.B. «Aktionäre der Gesellschaft X») zulässig (ebenso BÖCKLI, § 2 N 113) und wird von einzelnen Handelsregisterämtern toleriert. Fiduziarische Sacheinleger sind (ähnl. dem Strohmann als wahrem Gründer) anzuerkennen und als formelle Sacheinleger anzuführen (s.a. C. WIDMER, 352 f.). – Keine Anwendung finden die Vorschriften über die Sacheinlagen gem. Art. 9 Abs. 2 FusG bei Kapitalerhöhungen im Zuge von Absorptionsfusionen (weiterführend VON SALIS, Ziff. 7.4; BERETTA, Strukturanpassungen, Basel 2006, 146 f.; CHK-MÜLLER, Art. 650 N 19). – Zum Fall einer unzureichenden Sacheinlage (Verletzung der Kapitalschutzbestimmungen) s. BGE 132 III 668. – Zum Aktionärs- und Gläubigerschutz gegen missbräuchliche qualifizierte Kapitalerhöhungen (Verantwortlichkeitsklage) s. Botschaft AG, 48 f. 20

Liberierung durch Verrechnung und durch Umwandlung von frei verwendbarem EK (Gratisaktien, nominelle Kapitalerhöhung; auch durch Aufhebung von PS-Kapital; detailliert zur Verrechnungsliberierung C. WIDMER, 381 ff.) führen zu keiner Statuten- und auch zu keiner Handelsregisterpublizität (sind aber immerhin im Kapitalerhöhungsbericht des VR ersichtlich; REBSAMEN, AG, 113, 82 f.; MEISTERHANS, Diss., 399, 413; BÖCKLI, § 1 N 323; FORSTMOSER/MEIER-HAYOZ/NOBEL, § 52 N 128; REBSAMEN/THOMI, 88, 90; MOSIMANN, 61, 64). Bestand und Verrechenbarkeit (gem. Art. 120 ff.) sowie die freie Verwendbarkeit des umgewandelten EK bilden jedoch Gegenstand des Kapitalerhöhungsberichtes nach Art. 652e Ziff. 2 und Ziff. 3 (FORSTMOSER/MEIER-HAYOZ/NOBEL, § 52 N 128; BERTHEL/BOCHUD, N 280 f., 290; s.a. Art. 652c N 3). Der Gesetzgeber hat die Liberierung durch Verrechnung als selbständige und der Barliberierung grundsätzlich gleichwertige Form der Liberierung geregelt. Da die Liberierung durch Verrechnung nicht im Katalog von Art. 704 aufgeführt ist, genügt – mangels besonderer statutarischer Vorschrift und falls nicht anderweitig ein Bezugsrechtsausschluss erforderlich ist – die Beschlussfassung mit dem ordentlichen Quorum gem. Art. 703 (KOEPFLI, JBHReg 1994, 18 ff., 20 f.; FORSTMOSER/MEIER-HAYOZ/NOBEL, § 52 21

N 127). Alternative Formulierungen im GV-Beschluss i.S. einer Liberierung in bar oder durch Verrechnung sind – entgegen der Praxis verschiedener Handelsregisterämter – zulässig (da beide Liberierungsarten «für die finanzielle Situation der Gesellschaft auf das Nämliche hinaus[laufen]», VGer ZH, 17.1.2001, ZBGR 2001, 216; SZW 2001, 285). – Zur umstrittenen Frage der Werthaltigkeit der zu verrechnenden Forderung s. Art. 652c N 3 f.

21a Der Gesetzesentwurf 2007 sieht die Liberierung durch *Verrechnung* als zusätzlichen Inhalt des Erhöhungsbeschlusses der GV vor und regelt in der neuen Ziff. 6 von E-Art. 650, dass bei Einlagen durch Verrechnung die zur Verrechnung gebrachte Forderung, der Name des Einlegers und die ihm zukommenden Aktien anzugeben sein werden (Botschaft Aktien- und Rechnungslegungsrecht, 1643; s.a. E-Art. 704 Abs. 1 Ziff. 3, Quorum).

22 Auf qualifizierte Kapitalerhöhungen findet Art. 628 Abs. 4 Anwendung, wonach Statutenbestimmungen über Sacheinlagen oder Sachübernahmen nach zehn Jahren – oder wenn die Gesellschaft endgültig auf die Sachübernahme verzichtet (so bereits die bisherige Praxis des Handelsregisteramtes des Kantons Zürich) – aufgehoben werden können.

23 e) Ziff. 5:

Bei **Sachübernahmen** sind die auch bei der Gründung (Art. 628 Abs. 2, Art. 641 Ziff. 6) geforderten Angaben verlangt: zweifelsfreie Bezeichnung des Gegenstandes, Identität des Veräusserers – gemäss dem revidierten Abs. 2 nur noch bei Aktionären oder diesen nahe stehenden Personen – und Gegenleistung der Gesellschaft, also der Veräusserungspreis (C. WIDMER, 379; s. die Differenzierungen in N 21 bei den Sacheinlagen, die bei den Sachübernahmen ebenfalls berücksichtigt werden können). Siehe zum zwingenden Anwendungsbereich der Sachübernahmevorschriften bei Kapitalerhöhungen insb. FORSTMOSER, Aktienrecht, § 15 N 151 ff.; zum Begriff der Sachübernahme und der beabsichtigten Sachübernahme auch KÜNG, Art. 940 N 213 f.; ferner WALTER/BLUMER, 405 ff. Bei Transaktionen im Rahmen der ordentlichen Geschäftstätigkeit sind die Bestimmungen über die qualifizierte Kapitalerhöhung nur einzuhalten, wenn das Geschäft den bisher getätigten Umfang deutlich übersteigt (gl.M. GLANZMANN, Wann liegt eine Sachübernahme vor?, SZW 2003, 168).

24 f) Ziff. 6:

Bei **besonderen Vorteilen** entsprechen die Anforderungen an die Offenlegung (Inhalt und Wert der Vorteile und Identität der Begünstigten) ebenfalls jenen der Gründung: genaue (s. Art. 628 Abs. 3) Bezeichnung des Inhaltes (s. FORSTMOSER, Aktienrecht, § 10 N 96 ff.) und des Wertes sowie Identität der Begünstigten. Besondere Vorteile zugunsten einzelner Personen sind von den Vorrechten ganzer Aktienkategorien (Vorzugsaktien nach Art. 654–656) zu unterscheiden.

25 g) Ziff. 7:

Anzugeben ist mindestens, dass die **Übertragbarkeit der neuen Namenaktien nach Massgabe der** (konkret zu nennenden) **Statutenbestimmung beschränkt** ist. Die Angabe der einzelnen Vinkulierungsgründe ist nicht verlangt (s. Bsp. bei ISLER, 727; strenger BÖCKLI, § 2 N 70, der Anführung der Hauptelemente der Vinkulierungsgründe fordert; s.a. FORSTMOSER/MEIER-HAYOZ/NOBEL, § 52 N 80 Anm. 26, wonach vorsichtshalber die Beschlussformel möglichst präzis zu fassen sei). Hat eine Gesellschaft vinkulierte Namenaktien ausgegeben und enthält der Kapitalerhöhungsbeschluss keinen Hinweis auf die Beschränkung der Übertragbarkeit der neuen Namenaktien, so sind die neu ausgegebenen Namenaktien nicht vinkuliert, und das Handelsregisteramt hat eine diesem Prinzip widersprechende Anmeldung der Kapitalerhöhung zurückzuweisen (Art. 47 Abs. 1 lit. k HRegV).

Die Vinkulierung greift erst bei der Übertragung der neu erworbenen Namenaktien, nicht bereits beim Erwerb der neuen Namenaktien gestützt auf originär erworbene Bezugsrechte (s. Art. 652b Abs. 3). **26**

h) Ziff. 8: **27**

Anzugeben ist nicht nur eine (vollständige) **Aufhebung** des Bezugsrechts, sondern auch eine (teilweise) **Einschränkung** (s. zu den Arten des Teilausschlusses ZINDEL, Diss., 221 ff.). Anzuführen ist auch der (formelle, nicht aber funktionelle) Bezugsrechtsausschluss bei *Festübernahmen* (s. das Bsp. bei ISLER, 727; s. N 32 f.).

Klar offen zu legen ist die **Zuweisung** der den bisherigen Aktionären **entzogenen Bezugsrechte**. Zu nennen sind die wichtigen Gründe i.S.v. Art. 652b Abs. 2 Satz 2 i.V.m. dem – bei der ordentlichen Kapitalerhöhung in aller Regel bekannten – *konkreten Verwendungszweck,* also Angabe des konkreten Ausschlussgrundes und des Kreises der Empfänger der neuen Aktien (z.B. bei einer Fusion: Das Bezugsrecht der Aktionäre ist ausgeschlossen. Die neuen Aktien stehen ausschliesslich den Aktionären der X-AG bei einer Fusion gemäss FusG mit der Gesellschaft zu). Anzugeben sind aber nur die Grundsätze der Zuweisung an die Empfängergruppe (womit i.d.R. auch die Zielgesellschaft indirekt genannt wird), nicht aber die Identität der einzelnen Empfänger (BGE 121 III 238, SBG c. BK Vision; s.a. die ähnl. Umschreibungen der Offenlegungspflicht bei FORSTMOSER/MEIER-HAYOZ/NOBEL, § 52 N 77; BÖCKLI, § 2 N 75; STIEGER-CHOPARD, 185). **28**

Erforderlich ist ferner die Angabe, wie die – trotz Bezugsberechtigung der bisherigen Aktionäre – **nicht ausgeübten Bezugsrechte** verwendet werden. Die Anforderungen sind hier weniger hoch anzusetzen, weil das Bezugsrecht gewährt wurde (vorausgesetzt, es liegt kein faktischer Bezugsrechtsausschluss vor; s. dazu ZINDEL, Diss., 210 ff.), die bisherigen Aktionäre also verzichtet haben (BGE 121 III 238, SBG c. BK Vision; BÖCKLI, § 2 N 77, s.a. N 94; FORSTMOSER/MEIER-HAYOZ/NOBEL, § 40 N 281; **a.A.** GERICKE, 129, wonach die gleich hohen Anforderungen gelten wie bei den entzogenen Bezugsrechten). Allerdings sind die verbliebenen Aktien im Interesse der Gesellschaft (und nicht in jenem einzelner [Gross-]Aktionäre) zu verwenden und ist auch auf dieser zweiten Stufe der Gleichbehandlungsgrundsatz (s. ZINDEL, Diss., 154) zu wahren. In diesen Schranken ist eine *Kompetenzdelegation* an den VR *zulässig* (ebenso BGE 121 III 238 f.; etwas strenger FORSTMOSER/MEIER-HAYOZ/NOBEL, § 40 N 281; s.a. BÖCKLI, § 2 N 77, 94; WATTER, 59 Anm. 52; Bsp. bei ISLER, 727). Als Verwendungszweck kommen insb. in Frage: bei Publikumsgesellschaften ein Verkauf der neuen Aktien über die Börse zum Marktpreis oder ein Halten als Vorratstitel, bei kleinen Gesellschaften Zuweisung an einzelne kaufswillige Aktionäre oder entsprechende Reduktion des Umfangs der Kapitalerhöhung (im letzteren Fall ist im Erhöhungsbeschluss ein Maximalerhöhungsbetrag anzugeben). Je freier die (delegierten) Verwendungsmöglichkeiten für den VR, desto eher hat die *GV* die Leitlinien für die Weiterplatzierung vorzugeben. **29**

i) Ziff. 9: **30**

Dieses letzte, in seinem Sinn nicht klare Element hat der Ständerat eingefügt (AmtlBull StR 1988, 470). **Vertraglich erworbene Bezugsrechte** sind keine Bezugsrechte im rechtstechnischen Sinne; sie berechtigen vielmehr zu einem *derivativen* Erwerb der neuen Aktien (nicht zu verwechseln mit den originären Bezugsrechten der Aktionäre; s. ZINDEL, Diss., 13, 30; s. BGE 96 II 22 f.).

31 Sinn der Bestimmung von Ziff. 9 dürfte sein, neben der Regelung für die originären Bezugsrechte in Ziff. 8 die Ausübung von Bezugsrechten, die über den Bezugsrechtshandel oder anderweitig **derivativ** erworben worden sind, zu erfassen. Auch hier soll die GV die diesbezüglichen grundsätzlichen Entscheidungen selbst fällen. Anwendungsfall ist der Bezugsrechtshandel (zu diesem STRAZZER, 222 ff.; ZINDEL, Diss., 295 f.), aber nicht die Festübernahme, bei welcher die Titel nicht aufgrund derivativer Bezugsrechte, sondern mittels Kauf von der Bank erworben werden (s. BÖCKLI, § 2 N 78; FORSTMOSER/MEIER-HAYOZ/NOBEL, § 40 N 296 f.; FORSTMOSER, SZW 1993, 105; s.a. NOBEL, 1175 f.; a.A. wohl RUF, 373 f.). Ebenfalls kein Anwendungsfall sind allfällige *vor* der GV vertraglich eingeräumte Rechte auf neue Aktien, da solche gar nicht rechtmässig begründet werden können (BÖCKLI, § 2 N 78). Zu regeln ist namentlich das Verhältnis zwischen Bezugsrecht und *Vinkulierung* (GERICKE, 130; FORSTMOSER/MEIER-HAYOZ/NOBEL, § 40 N 296 und § 52 N 73: vgl. aber BÖCKLI, § 2 N 292 f.). Da Art. 652b Abs. 3 nur den Erwerb neuer Aktien aus originären Bezugsrechten betrifft (s. Art. 652b N 26 ff.), kann z.B. bei nicht kotierten Aktien im Beschluss der GV bestimmt werden, dass der derivative Erwerb neuer Aktien aus vertraglich erworbenen Bezugsrechten den statutarischen Vinkulierungsbestimmungen unterliegt, oder dass pro Person nur eine bestimmte Prozentzahl der neuen Aktien derivativ erworben werden darf.

32 Vom Gesetz (derzeit noch, s. N 32b) nicht geregelt ist das **Festübernahmeverfahren von Kapitalerhöhungen,** bei welchem eine Bank oder ein Bankenkonsortium die neuen Aktien treuhänderisch zeichnet und liberiert und anschliessend – nach Eintragung der Kapitalerhöhung in das Handelsregister – den Aktionären zu den von der GV beschlossenen Bedingungen zum Bezug anbietet (zur rechtlichen Qualifizierung des Festübernahmeverfahrens: STRAZZER, 137 ff. und 197 ff.; WATTER, FS Bär, 391 ff.; s.a. BÖCKLI, § 2 N 27 ff., der die Festübernahme als indirekte Kapitalerhöhung qualifiziert sowie REUTTER, 44 f.). In der **Praxis** wird dieses Festübernahmeverfahren bei Publikumsgesellschaften regelmässig angewendet und gilt als rechtlich unbedenklich (FORSTMOSER/MEIER-HAYOZ/NOBEL, § 52 N 203; GERICKE, 299; WATTER, FS Bär, 391; BÖCKLI, § 2 N 26; FORSTMOSER, SZW 1993, 102 f.; T. VON PLANTA, 114 ff.; LANZ/FRANKHAUSER, 1). Zu den zwei Stufen des herkömmlichen Festübernahmeverfahrens und zu den Besonderheiten des Bookbuildingverfahrens s. ZOBL, 451 ff. m.w.H.

32a Folgende Besonderheiten sind infolge der *aktienrechtlichen Einbettung* der Festübernahme für das Verfahren zu beachten:

– Der Beschluss der GV für die ordentliche wie auch die genehmigte Kapitalerhöhung hat zum Ausdruck zu bringen, ob die Kapitalerhöhung in einem Festübernahmeverfahren durchgeführt wird oder werden kann (FORSTMOSER, SZW 1993, 106).

– Formell wird das *Bezugsrecht* der Aktionäre *ausgeschlossen,* weil die neuen Aktien durch das Bankenkonsortium gezeichnet werden. Funktional wird das Bezugsrecht jedoch gewahrt, weil sich die Banken gegenüber der Gesellschaft zur Durchführung eines Angebotes an die Aktionäre verpflichten (s.a. § 186 Abs. 5 AktG; art. 2441 al. 7 CC it.; Art. 29 Abs. 7 EU-Kapital-RL). Wegen des (formellen) Bezugsrechtsausschlusses ist bei der Beschlussfassung der GV das Quorum von Art. 704 Abs. 1 Ziff. 6 einzuhalten (**a.M.** BÖCKLI, § 2 N 31; CHK-MÜLLER, Art. 650 N 31; WATTER, FS Bär, 395 f., LANZ/FRANKHAUSER, 5 f.). Die Anforderung des wichtigen Grundes gem. Art. 652b Abs. 2 ist für diesen uneigentlichen Bezugsrechtsausschluss jedoch kein Problem, weil die Aktionäre nicht benachteiligt werden, die Gesellschaft ihrerseits aus diesem Verfahren aber Vorteile zieht (s. FORSTMOSER/MEIER-HAYOZ/NOBEL, § 52 N 203 f.; STRAZZER, 255; FORSTMOSER, SZW 1993, 103 f.; REUTTER, 45).

- Falls die Banken nur den *Nennwert* der Aktien auf den Zeitpunkt der Eintragung der Kapitalerhöhung in das Handelsregister liberieren und sich verpflichten, das *Agio* nach Durchführung des Bezugsangebotes der Gesellschaft zu überweisen, hat die GV als Ausgabebetrag der Aktien den Nennwert und, falls bereits bekannt, als Bezugspreis der Aktien für die Aktionäre auch den höheren Betrag festzusetzen, oder aber den VR zur Festsetzung des Bezugspreises (innerhalb der Dreimonatsfrist von Art. 650 Abs. 1) zu ermächtigen (s. BÖCKLI, § 2 N 29; WATTER, FS Bär, 393 f., auch zur Frage der Verbuchung).

- Da das Bezugsrecht der Aktionäre formell ausgeschlossen worden ist, muss beim Vollzug der Kapitalerhöhung eine *Prüfungsbestätigung* eines zugelassenen Revisionsexperten vorliegen (Art. 652 f Abs. 1; ebenso WATTER, FS Bär, 395; FORSTMOSER/MEIER-HAYOZ/NOBEL, § 52 N 206; **a.M.** BÖCKLI, § 2 N 30; CHK-MÜLLER, Art. 652 f N 2). Das Handelsregisteramt Zürich verlangt allerdings (vor dem Hintergrund der anderen Konzeption zu Recht) keine Prüfungsbestätigung (vgl. auch N 32b).

- Obschon der bisherige Aktionär bei Ausübung seines Bezugsrechts die Aktien nicht originär von der Gesellschaft erwirbt, hat er bei vinkulierten Namenaktien einen *Anspruch auf Anerkennung als Vollaktionär* bez. der aus Bezugsrecht neu erworbenen Aktien (Art. 652b Abs. 3). Bei vinkulierten Namenaktien, welche aufgrund von im Bezugsrechtshandel erworbenen Rechten bezogen werden, gelten jedoch die Beschränkungen gemäss GV-Beschluss (Art. 650 Abs. 1 Ziff. 9).

- Die die Aktien übernehmenden Banken haben die *Meldepflicht* gem. Art. 20 BEHG zu beachten. Allerdings werden i.d.R. (so auch die Praxis der Offenlegungsstelle) die Voraussetzungen für die Gewährung einer Ausnahme nach Art. 20 Abs. 1 BEHV gegeben sein (kurzfristige Transaktionen i.S.v. Art. 20 Abs. 1 lit. a BEHV; s.a. lit. b) (Näheres bei BSK BEHG-WEBER, Art. 20 N 80 und 102b m.w.H.; GASSER, 46; ferner STADELMANN/WIDMER, 157 ff.; Mitteilung der Offenlegungsstelle der SWX vom 26.11.2001 betr. Melde- und Veröffentlichungspflichten von Underwritern bei Festübernahmen). Zur Befreiung der Festübernahmen von der börsenrechtlichen *Angebotspflicht* s. Art. 33 Abs. 1 lit. b BEHV-EBK

- Zur Frage der (zu bejahenden) Prospektpflicht beim Festübernahmeverfahren s. Art. 652a N 3b.

Der Gesetzesentwurf 2007 zum neuen Aktienrecht sieht vor, dass das *Bezugsrecht* bei einer *Festübernahme* gewahrt ist, wenn es sich beim Festübernehmer um ein dem Bankengesetz unterstelltes Institut handelt und die neuen Aktien den Aktionären im Verhältnis ihrer bisherigen Beteiligung zum Bezug angeboten werden (E-Art. 652b Abs. 2 OR; Botschaft AG, 1644). Das Bezugsrecht wird bei einer Kapitalerhöhung auf dem Wege der Festübernahme im Ergebnis nicht beeinträchtigt. Da es sich um eine Modalität der *Gewährung* des Bezugsrechts handelt, finden die Bestimmungen über den Ausschluss des Bezugsrechts keine Anwendung.

Obwohl das heutige Aktienrecht mit dem genehmigten und dem bedingten Kapital Instrumente zur Verfügung stellt, welche die **Vorratsaktien** weitgehend überflüssig machen sollen, können diese in den gesetzlichen Schranken (insb. zum Bezugsrechtsausschluss) weiterhin im Verfahren der ordentlichen oder der genehmigten Kapitalerhöhung geschaffen werden (Näheres bei Art. 651 N 12 ff.). Das geltende Aktienrecht lässt allerdings eine Schaffung von Vorratsaktien auf treuhänderischer Basis nur noch in engen (gesetzlichen) Grenzen zu (s. NOBEL, Finanzmarktrecht, § 11 N 111). Eine Delegation des Entscheids über den Bezugsrechtsausschluss an den VR ist bei der ordentlichen Kapitalerhöhung (im Gegensatz zur genehmigten Kapitalerhöhung und im Gegensatz zur früheren Rechtslage) grundsätzlich nicht zulässig (BGE 121 III 230). Allerdings ist denkbar, dass die Rechtsprechung für die Schaffung von (gebundenen) Vorratsaktien – analog zur liberalen Haltung beim genehmigten Kapital – eine solche Delegation im Einzelfall als zulässig betrachtet (s. ZOBL, SZW 1996, 143).

V. Form und Frist

34 Der Erhöhungsbeschluss ist **öffentlich zu beurkunden** (Art. 650 Abs. 2 Ingress; Art. 46 Abs. 2 und 47 HRegV; KÜNG, Art. 940 N 241 ff.), «weil er die entscheidende Richtlinie für die Kapitalerhöhung und die nachfolgende Statutenänderung enthält, somit klar und vollständig sein muss und nicht leichthin abgeändert werden darf» (Botschaft AG, 117; NOTTER, 93; s. die komm. Muster-Texte bei KNECHT/KOCH, 98 ff.; Texthandbuch Gesellschaftsrecht, Notariatsinspektorat des Kt. ZH, 4. Aufl. 2008, Ziff. 4.1.1 ff.). In allen Fällen der bedingt notwendigen Elemente des Erhöhungsbeschlusses (Art. 650 Abs. 2 Ziff. 4–9; s. N 5) ist das *Quorum* von Art. 704 einzuhalten (s. Art. 704 Abs. 1 Ziff. 3–6; FORSTMOSER/MEIER-HAYOZ/NOBEL, § 52 N 49 ff.).

35 Die **Dreimonatsfrist** gem. Abs. 1 und 3 ist eine *Verwirkungsfrist,* verliert doch der Erhöhungsbeschluss der GV nach Ablauf dieser Frist ohne weiteres seine Wirkung (BÖCKLI, § 2 N 176; FORSTMOSER/MEIER-HAYOZ/NOBEL, § 52 N 85; HOMBURGER, Art. 650; JBHReg 1998, 299 f.; FORSTMOSER, SZW 1992, 60; ISLER, 729 Anm. 19; NOTTER, 78 f.; RUF, 367; Botschaft AG, 117). Die Befristung bezweckt, eine Vermischung mit der genehmigten Kapitalerhöhung zu verhindern (Botschaft AG, 47 f.). Spätestens bis zum Ablauf der drei Monate hat der VR seinen Pflichten aus Art. 652e sowie 652g und 652h nachzukommen. Einzuplanen ist auch etwa eine Behebung allfälliger Beanstandungen des zugelassenen Revisionsexperten vor dessen Abgabe der Prüfungsbestätigung nach Art. 652f. – Zur Möglichkeit eines Verlängerungsbeschlusses der GV s. BERTHEL/BOCHUD, N 338a.

35a In der Praxis erweist sich die Dreimonatsfrist insb. dann als *zu kurz,* wenn die ordentliche Kapitalerhöhung bei Publikumsgesellschaften mit einer Fusion verbunden ist. Die Prüfung eines *Unternehmenszusammenschlusses* nach den Bestimmungen über die Fusionskontrolle kann insgesamt fünf Monate dauern (Entscheidung der Weko innerhalb eines Monats, ob eine Prüfung durchgeführt wird; Abschluss der Prüfung innerhalb von weiteren vier Monaten; s. Art. 32 und 33 KG; s.a. CHK-MÜLLER, Art. 650 N 27). Ein Ausweichen auf eine genehmigte Kapitalerhöhung (Zeitdauer von zwei Jahren) ist wegen der Betragsbeschränkung und der Kompetenzdelegation an den VR nicht in allen Fällen erwünscht oder möglich; ebenso ein allfälliges Ausweichen auf eine Kombinationsfusion oder auf eine Hilfsgesellschaft (mit vorübergehend schmalem Aktionariat zur einfacheren Fassung der Kapitalerhöhungsbeschlüsse; reverse take-overs, s. hierzu THOMI, REPRAX 2004, 16). Jedenfalls de lege ferenda – für den Sonderfall der Fusion, sofern offen gelegt, ggf. auch de lege lata – sollte aus diesem (und aus weiteren) Gründen die Dreimonatsfrist von Art. 650 Abs. 1 *auf fünf oder sechs Monate verlängert* werden (VON BÜREN, FS Bär, 53 ff.).

35b Der Gesetzesentwurf 2007 weitet die Frist für die Durchführung der ordentlichen Kapitalerhöhung auf neu *sechs Monate* aus (E-Art. 650 Abs. 3; Botschaft Aktien- und Rechnungslegungsrecht, 1642 f.).

1. Abschnitt: Allgemeine Bestimmungen   **Art. 651**

Die Frist **beginnt** mit dem Tag der GV, welche die Kapitalerhöhung beschlossen hat, 36
wobei der Versammlungstag nicht mitzuzählen ist (BÖCKLI, § 2 N 176; **a.A.** *[mit dem
GV-Beschluss]* MEISTERHANS, Diss., 243; WIDMER, 178; JBHReg 1998, 300). Der Gesetzesentwurf 2007 stellt klar, dass die Frist mit der Beschlussfassung der GV zu laufen
beginnt (Botschaft Aktien- und Rechnungslegungsrecht, 1643).

Für die Berechnung der drei Monate gilt Art. 77 Abs. 1 Ziff. 3. Entgegen dem klaren
Wortlaut von Abs. 3 genügt für die **Fristwahrung,** dass die *vollständige und eintragungsfähige Handelsregisteranmeldung* vor Ablauf der drei Monate beim Handelsregister *eingeht* (Art. 931a; Art. 46 Abs. 1 HRegV; REBSAMEN, AG, 117; JBHReg 1998, 300;
KUNZ, § 11 Anm. 454; BERTHEL/BOCHUD, N 341; CHAUDET, 286; vgl. auch BGer v.
12.2.2002, 4P.329/2001, E. 3; **a.M.** KUSTER, AJP 1998, 431 f.; s. zur Vollständigkeit
der Handelsregisteranmeldung, s. BGE 119 II 467, Stampa-Erklärung). Der Gesetzesentwurf 2007 hält in Verdeutlichung der bereits heute bestehenden Rechtslage neu explizit fest, dass eine Anmeldung dann als eingereicht gilt, wenn sämtliche erforderlichen
Belege beigefügt sind und die Anmeldung sowie die Belege den rechtlichen Anforderungen genügen (E-Art. 931a Abs. 3).

Bei einem Abstellen auf den Zeitpunkt der Handelsregistereintragung könnten Kapitalerhöhungen durch Arbeitsüberlastung der Handelsregisterämter oder durch Einspruch
nach Art. 162 Abs. 1 HRegV beim Handelsregister und das daran anschliessende gerichtliche Verfahren auf einfache Weise vereitelt werden (FORSTMOSER/MEIER-HAYOZ/
NOBEL, § 52 N 85; BÖCKLI, § 2 N 176; s.a. LUSSY, BN 1992, 438, AJP 1992, 748 und
die dort erwähnte Ausnahme; CHAUDET, 281 f.).

VI. Rechtsvergleichung

Zur Kapitalerhöhung gegen Einlagen s. § 182 AktG, § 149 öAktG (Beschlussquorum 37
von drei Vierteln); art. 178, 180 LSC; art. 2438 CC it.; zur Kapitalerhöhung gegen
Sacheinlagen s. § 183 AktG, § 150 öAktG; art. 193 LSC; art. 2440 CC it.; s. zum deutschen Recht ferner THOMAS, Schutzbedürfnis der Aktionäre einer Muttergesellschaft bei
einer Kapitalerhöhung in einer Tochtergesellschaft, Diss. Regensburg 2003; MEYER-PANHUYSEN ULRIKE, Die fehlerhafte Kapitalerhöhung, Diss. Bonn 2003.

Art. 651

2. Genehmigte   **¹ Die Generalversammlung kann durch Statutenänderung den
Kapitalerhöhung**   **Verwaltungsrat ermächtigen, das Aktienkapital innert einer
a. Statutarische**   **Frist von längstens zwei Jahren zu erhöhen.**
Grundlage

² Die Statuten geben den Nennbetrag an, um den der Verwaltungsrat das Aktienkapital erhöhen kann. Das genehmigte Kapital darf die Hälfte des bisherigen Aktienkapitals nicht übersteigen.

³ Die Statuten enthalten überdies die Angaben, welche für die ordentliche Kapitalerhöhung verlangt werden, mit Ausnahme der Angaben über den Ausgabebetrag, die Art der Einlagen, die Sachübernahmen und den Beginn der Dividendenberechtigung.

⁴ Im Rahmen der Ermächtigung kann der Verwaltungsrat Erhöhungen des Aktienkapitals durchführen. Dabei erlässt er die

notwendigen Bestimmungen, soweit sie nicht schon im Beschluss der Generalversammlung enthalten sind.

2. Augmentation autorisée
a. Base statutaire

¹ L'assemblée générale peut, par une modification des statuts, autoriser le conseil d'administration à augmenter le capital-actions dans un délai n'excédant pas deux ans.

² Les statuts indiquent de quel montant nominal le conseil d'administration peut augmenter le capital-actions. Le capital-actions autorisé ne peut être supérieur à la moitié du capital-actions existant avant l'augmentation.

³ Les statuts contiennent en outre les indications exigées en cas d'augmentation ordinaire du capital-actions, à l'exception de celles qui concernent le prix d'émission, la nature des apports, les reprises de biens et l'époque à compter de laquelle les actions nouvelles donneront droit à des dividendes.

⁴ Dans les limites de l'autorisation, le conseil d'administration peut procéder à des augmentations du capital-actions. Il édicte alors les dispositions nécessaires, à moins qu'elles ne figurent dans la décision de l'assemblée générale.

2. Aumento autorizzato
a. Base statutaria

¹ L'assemblea generale può, mediante modificazione dello statuto, autorizzare il consiglio d'amministrazione ed aumentare il capitale azionario entro un termine non superiore a due anni.

² Lo statuto indica di quale ammontare nominale il consiglio d'amministrazione può aumentare il capitale azionario. Il capitale autorizzato non può eccedere la metà del capitale azionario esistente.

³ Lo statuto deve inoltre contenere le indicazioni richieste in caso di aumento ordinario, eccettuate quelle concernenti il prezzo d'emissione, la specie dei conferimenti, le assunzioni di beni e il momento a partire dal quale le nuove azioni danno diritto a un dividendo.

⁴ Entro i limiti dell'autorizzazione, il consiglio d'amministrazione può procedere ad aumenti del capitale azionario. Esso emana le disposizioni necessarie che non fossero contenute nella deliberazione dell'assemblea generale.

Literatur

Vgl. die Literaturhinweise zu Art. 650.

I. Revisionsgeschichte

1   Ausländischen Rechtsordnungen folgend, wurde mit der Aktienrechtsrevision zum Zwecke der flexibleren EK-Beschaffung neben der ordentlichen die genehmigte Kapitalerhöhung eingeführt (BGE 121 III 223, 227; GERICKE, 13, 21). In den Vorbereitungsarbeiten zum Entwurf 1983 war die genehmigte Kapitalerhöhung zwar noch nicht unumstritten (s. die in Botschaft AG, 49 f. aufgelisteten Gründe); in der Folge stiess sie jedoch nicht mehr auf nennenswerten Widerstand. – Unter dem kommenden Aktienrecht wird das *Kapitalband* an die Stelle der genehmigten Kapitalerhöhung treten (s. Art. 650 N 1a; Gesetzesentwurf 2007, Art. 653s ff.; Botschaft Aktien- und Rechnungslegungsrecht, 1652 ff.); s.a. BÖCKLI, § 2 N 42 ff.

II. Wesen und Grundzüge der genehmigten Kapitalerhöhung

2   Charakteristisch für die genehmigte Kapitalerhöhung ist die **Kompetenzdelegation** von der GV an den VR. Der VR entscheidet im Rahmen der Ermächtigung selbständig, ob, wann und in welchem Ausmass das AK erhöht wird. Die Ermächtigung der GV an den VR ist eine echte, sie beinhaltet keinen Auftrag, eine Kapitalerhöhung durchzuführen

1. Abschnitt: Allgemeine Bestimmungen   3–5a **Art. 651**

(s. die Differenzierungen bei GERICKE, 45–52; Botschaft AG, 49; NOTTER, 138). Durch diese Kompetenzdelegation wird den Gesellschaften ermöglicht, den nach der Markt- bzw. Börsenlage günstigsten Zeitpunkt für die Kapitalerhöhung zu wählen und die benötigten Aktien rasch bereitzustellen, was namentlich bei Unternehmensübernahmen wesentlich sein kann (FORSTMOSER/MEIER-HAYOZ/NOBEL, § 52 N 209–215).

Im Verfahren der genehmigten Kapitalerhöhung kann auch *PS-Kapital* geschaffen und 3 erhöht werden (Art. 656b Abs. 5; BÖCKLI, § 2 N 16). Die genehmigte Kapitalerhöhung steht *allen Aktiengesellschaften offen;* die ursprünglich vorgesehene Beschränkung auf Gesellschaften mit kotierten Aktien wurde schon früh fallen gelassen (s. Botschaft AG, 51; krit. A. VON PLANTA, FS Bär, 312). Das genehmigte Kapital stellt keine Sperrquote, kein Haftungssubstrat dar (s. Art. 651a Abs. 1) und wird daher auch nicht im SHAB veröffentlicht.

Auch eine genehmigte Kapitalerhöhung kann im **Festübernahmeverfahren** durchge- 4 führt werden (s. CHK-MÜLLER, Art. 651 N 26; STRAZZER, 258 f.; FORSTMOSER, SZW 1993, 102 ff. m.w.Nw.). Die vom VR beantragte Statutenbestimmung sollte auf diese Möglichkeit hinweisen, weil das Bezugsrecht der Aktionäre in diesem Verfahren formell ausgeschlossen wird (s. Art. 650 N 32; STRAZZER, 259; FORSTMOSER, SZW 1993, 105 f.; ZINDEL, Diss., 94).

Die genehmigte Kapitalerhöhung unterliegt **Frist- und Betragsschranken.** Die Er- 5 mächtigung an den VR kann sich über längstens *zwei Jahre* erstrecken (Art. 651 Abs. 1; der Entwurf 1983 sah noch fünf Jahre vor; das schweizerische Recht weist damit europaweit eine der kürzesten Maximalermächtigungsdauern auf und engt den Handlungsspielraum der Schweizer Publikumsgesellschaften ein; GERICKE, 101; SCHALLER/WEBER, 100 ff.; zu Recht krit. zu der nicht EU-konformen Zweijahresfrist BÖCKLI, § 2 N 85; FORSTMOSER/MEIER-HAYOZ/NOBEL, § 52 N 226 Anm. 80; A. VON PLANTA, FS Bär, 313; ebenfalls fünf Jahre gem. § 202 Abs. 1, 2 AktG, Art. 181 LSC, Art. 25 Abs. 2 EU-Kapital-RL). Die Frist (und damit auch das Recht des VR, eine Kapitalerhöhung zu beschliessen) beginnt hier im Gegensatz zur ordentlichen Kapitalerhöhung (Art. 650 N 39) nicht bereits mit dem Ermächtigungsbeschluss der GV, sondern erst am Tag nach der Eintragung der statutarischen Grundlage in das Handelsregister (REBSAMEN, AG, 122; BÖCKLI, § 2 N 84 und N 176; FORSTMOSER/MEIER-HAYOZ/NOBEL, § 52 N 227; Botschaft AG, 117; RUF, 368, 381; **a.M.** GERICKE, 100). Es ist jedoch zweckmässig, das Enddatum in den Statuten festzuhalten. Die Frist ist gewahrt, wenn die vollständige Anmeldung des Erhöhungsbeschlusses des VR vor Ablauf der zwei Jahre (s. Art. 77 Abs. 1 Ziff. 3) beim Handelsregister *eintrifft* (s. Art. 50 Abs. 4 HRegV; KÜNG, Art. 940 N 286).

Die GV kann (auch während noch laufender Frist) durch erneute Änderung der Statuten 5a ein- oder mehrmals *Verlängerungen* von jeweils höchstens zwei Jahren beschliessen, ggf. i.V.m. einer Erhöhung des max. Gesamtnennwertes der neuen Aktien (s. BÖCKLI, § 2 N 86 und N 173 f. sowie mit Bsp. in § 2 N 173 Anm. 326; FORSTMOSER/MEIER-HAYOZ/NOBEL, § 52 N 229; JBHReg 1998, 326). Mit dem Ablauf der (Verwirkungsfrist) verliert der Ermächtigungsbeschluss seine Wirkung (FORSTMOSER/MEIER-HAYOZ/NOBEL, § 52 N 228; BÖCKLI, § 2 N 84). Enthält der Ermächtigungsbeschluss keine Befristung (Zeitspanne oder Endtermin) oder eine mehr als zweijährige Frist, so ist die Ermächtigung unwirksam; es gilt nicht ersatzweise die gesetzliche Maximalfrist (FORSTMOSER/MEIER-HAYOZ/NOBEL, § 52 N 226; s.a. BÖCKLI, § 2 N 86; so auch GESSLER, § 202 N 10 zum dt. Recht).

Gaudenz G. Zindel/Peter R. Isler

6 Das genehmigte Kapital darf höchstens die **Hälfte des bisherigen,** also des im Zeitpunkt der Beschlussfassung bestehenden **AK** betragen (Art. 651 Abs. 2 Satz 2; ebenso § 202 Abs. 3 AktG; abw. betr. Zeitpunkt GERICKE, 108 f.). Da das genehmigte Kapital insb. für die Bereitstellung von Aktien im Hinblick auf den Erwerb von Unternehmungen oder Beteiligungen gedacht ist (Botschaft AG, 49, 118) dürfte dieser Rahmen i.d.R. genügen. Soll das Kapital um mehr als die Hälfte erhöht werden, so ist eine ordentliche Kapitalerhöhung durchzuführen (Botschaft AG, 51; krit. zur Betragsschranke A. VON PLANTA, FS Bär, 312). – Verändert sich die Höhe des effektiven AK während des Bestehens des genehmigten Kapitals infolge einer Kapitalherabsetzung, so wird auch dann keine Anpassung des Nennbetrages des genehmigten Kapitals nötig sein, wenn dieses nunmehr mehr als die Hälfte des AK beträgt. – Der Betrag der genehmigten Kapitalerhöhung ist im Anhang zu Erfolgsrechnung und Bilanz anzuführen (Art. 663b Ziff. 11). – Für den Fall einer Absorptionsfusion hebt Art. 9 Abs. 2 FusG (mit Verweisung auf Art. 651 Abs. 2 OR) die Begrenzung des genehmigten Kapitals auf höchstens die Hälfte des bisherigen AK auf (weiterführend VON SALIS, Ziff. 7.4; s.a. CHK-MÜLLER, Art. 651 N 6).

7 Bezüglich der betragsmässigen Begrenzung ist auf das *effektive AK* abzustellen; massgebend ist also i.d.R. der im Handelsregister eingetragene Betrag (BÖCKLI, § 2 N 19 und 87; FORSTMOSER/MEIER-HAYOZ/NOBEL, § 52 N 222). Eine hängige, aber noch nicht eingetragene Kapitalerhöhung ist nicht zu berücksichtigen (GERICKE, 107; BÖCKLI, § 2 N 19 und 87). Noch nicht benütztes *bedingtes Kapital* ist nicht zu berücksichtigen; ebenso – aus Transparenzgründen – ausgegebenes (Art. 653 Abs. 2 OR), aber noch nicht im Handelsregister eingetragenes (bedingtes) Kapital; hingegen kann bedingtes Kapital, das gleichzeitig mit der Schaffung genehmigten Kapitals eingetragen wird, für die Berechnung berücksichtigt werden. Massgeblich ist damit der Betrag des AK nach *vollzogenen* Kapitalerhöhungen. Wird in derselben GV sowohl (zuerst) eine *ordentliche* als auch (danach) eine *genehmigte Kapitalerhöhung* beschlossen, so darf der Betrag der ordentlichen Kapitalerhöhung sogleich mitgerechnet werden, sofern die ordentliche Kapitalerhöhung sogleich durchgeführt und in das Handelsregister eingetragen wird (s. Art. 653a N 1).

7a Die Begrenzung auf die Hälfte gilt auch im Verhältnis neuen genehmigten *PS-Kapitals* zu bestehendem PS-Kapital. Bei einer genehmigten Erhöhung sowohl des AK als auch des PS-Kapitals darf für beide Kategorien zusammen die Hälfte der Summe des bisherigen AK *und* PS-Kapitals nicht überschritten werden *(Zusammenrechnung von Aktien- und PS-Kapital;* Art. 656b Abs. 4; BÖCKLI, § 2 N 19; REBSAMEN, AG, 120). Wird bei bestehendem AK und PS-Kapital ausschliesslich genehmigtes AK *oder* PS-Kapital geschaffen, so kann der Betrag der jeweils anderen Kategorie ebenfalls mitgezählt werden (s. NOTTER, 143). Wird genehmigtes PS-Kapital geschaffen und besteht noch kein PS-Kapital, so darf die Hälfte des bestehenden *AK* nicht überschritten werden (ebenso GERICKE, 111; BÖCKLI, § 2 N 19; BERTHEL/BOCHUD, N 364, 364a). – Zulässig ist auch eine betragsmässig und zeitlich gestaffelte Erhöhungsermächtigung (Erhöhung in Etappen).

8 Eine Beschränkung auf die Hälfte des bisherigen AK ist auch für die bedingte Kapitalerhöhung vorgesehen (Art. 653a Abs. 1). Es erscheint zulässig, von Art. 651 Abs. 2 und Art. 653a Abs. 1 kumulativ Gebrauch zu machen und **sowohl eine genehmigte als auch eine bedingte Kapitalerhöhung** je in der Höhe von max. der Hälfte des bisherigen AK zu beschliessen (s.a. Art. 656b Abs. 4; ebenso FORSTMOSER/MEIER-HAYOZ/NOBEL, § 52 N 225; BÖCKLI, § 2 N 19 und 87).

1. Abschnitt: Allgemeine Bestimmungen 8a–12 **Art. 651**

Soll eine kumulierte Kapitalverwässerung vermieden werden, können ein genehmigtes **8a** und ein bedingtes Kapital auch in der Weise *kombiniert* werden, dass Erhöhungen aus beiden *insgesamt* eine vorgegebene Maximalhöhe (unter 100% des bisherigen AK) nicht überschreiten dürfen (s. Art. 653a N 3a). Dieses (bei entsprechender Transparenz aktionärfreundliche) Vorgehen sichert dem VR grosse Flexibilität. Noch nicht effektiv Geschaffenes, aber zugunsten von Wandel- oder Optionsberechtigten oder von Mitarbeitern bereits eingesetztes bedingtes Kapital ist dabei als verwendet zu betrachten.

Die GV kann ihre Ermächtigung an den VR **widerrufen**, solange dieser von der dele- **9** gierten Kompetenz noch keinen Gebrauch gemacht hat (GERICKE, 149; FORSTMOSER/MEIER-HAYOZ/NOBEL, § 52 N 253; BÖCKLI, § 2 N 96). Der Widerrufsbeschluss bedarf nicht des Quorums von Art. 704, anders jedoch eine Abänderung der Ermächtigung (s. NOTTER, 148 f.).

Im Gegensatz zum Erhöhungsbeschluss bei der ordentlichen Kapitalerhöhung (s. Art. 650 **10** N 4) führt der Ermächtigungsbeschluss bei der genehmigten Kapitalerhöhung zu einer **Statutenänderung** (Art. 651 Abs. 1; s.a. Abs. 2, 3; allfällige statutarische Quoren für Statutenänderungen sind daher zu beachten, s. RUF, 380 Anm. 154; keine statutarische Grundlage verlangt demgegenüber Art. 25 Abs. 2 EU-Kapital-RL; s. die komm. Muster-Texte bei KNECHT/KOCH, 116 ff.; Texthandbuch Gesellschaftsrecht, Notariatsinspektorat des Kt. ZH, 4. Aufl. 2008, Ziff. 5.1). Entgegen dem Gesetzeswortlaut, der in Art. 651 Abs. 1 zu eng von Statuten*änderung* spricht, kann die Grundlage für eine genehmigte Kapitalerhöhung auch schon in den Gründungsstatuten geschaffen werden (so ausdrücklich § 202 Abs. 1 AktG; Art. 25 Abs. 2 EU-Kapital-RL; Art. 43 Ziff. 1 EG-V-SE; s.a. FORSTMOSER/MEIER-HAYOZ/NOBEL, § 52 N 242 Anm. 88; DALLÈVES, 290 f.; **a.A.** KUNZ, § 12 N 141; NOTTER, 140). Die genehmigte Kapitalerhöhung ist bedingt notwendiger Statuteninhalt (Art. 627 Ziff. 6; Botschaft AG, 51; RUF, 381). Zum Umfang der Prüfung durch den Handelsregisterführer s. 49 Abs. 2 HRegV und KÜNG, Art. 940 N 260 f.

Die Statutenbestimmung über das genehmigte Kapital ist (neu) *publikationspflichtig* (s. **10a** Art. 49 Abs. 3 HRegV; Bsp. «Die Generalversammlung hat am [Datum] ein genehmigtes Aktienkapital gemäss näherer Umschreibung in den Statuten beschlossen»). Publiziert wird im SHAB der Hinweis, dass die Gesellschaft eine genehmigte Kapitalerhöhung beschlossen hat. Damit ist nunmehr zwar die Existenz, nicht jedoch die Höhe des genehmigten Kapitals auf dem Handelsregisterauszug ersichtlich; dies stellt eine (kleine) Verbesserung der Transparenz gegenüber dem alten Recht dar (s. zur Situation unter der alten HRegV FORSTMOSER/MEIER-HAYOZ/NOBEL, § 52 N 252 und Anm. 90). – Die *Quoren* von Art. 704 Abs. 1 sind einzuhalten (s. Abs. 1 Ziff. 4; FORSTMOSER/MEIER-HAYOZ/NOBEL, § 52 N 242). – Einer statutarischen Grund-Ermächtigung, um durch Statutenänderung genehmigtes Kapital schaffen zu können, bedarf es nicht; die Form der genehmigten Kapitalerhöhung steht von Gesetzes wegen zur Verfügung.

Wird eine genehmigte Kapitalerhöhung zum Zwecke des Erwerbs eines Unternehmens **11** oder Unternehmensteils eingesetzt (s. Botschaft AG, 49, 118), so sind die Vorschriften über die *Sacheinlage* (im Falle der Liberierung durch Aktien bzw. Aktivenüberschuss der ganz oder teilweise zu erwerbenden Gesellschaft) oder der *Sachübernahme* (bei Verwendung der Bareinlage zur Finanzierung des Kaufpreises) einzuhalten (ISLER, 731). Unter dieser Voraussetzung ist das genehmigte Kapital auch zur Abfindung in «squeeze-out»-Situationen einsetzbar (Art. 33 BEHG; s. zum deutschen Recht KOWALSKI, AG 2000, 555 ff.).

Vorratsaktien sind auch unter dem neuen Aktienrecht zulässig, sofern sie der GV offen **12** gelegt werden und von ihr beschlossen wird, für welche Zwecke sie verwendet werden dürfen (z.B. zur Sicherstellung von Aktionäroptionen, zum Erwerb eines Unternehmens durch Aktientausch oder für eine internationale Aktienplatzierung zu einem dem dannzumaligen Börsenkurs entsprechenden Preis; ausführlich WENGER, 33 ff.; M. WIDMER, 171 ff.; LADNER, 79 ff.). Das BGer hat im Entscheid v. 9.7.1996 (Pra 1997, Nr. 55, 294 ff., 296) seine Rechtsprechung zum früheren Aktienrecht, welche die Ausgabe von Vorratsaktien als grundsätzlich zulässig erachtet hatte, ausdrücklich bestätigt; dieser Zulässigkeit steht nicht entgegen, dass es ein Ziel der Aktienrechtsrevision war, die herkömmlichen Vorratsaktien durch die neuen Instrumente des genehmigten und des bedingten Kapitals abzulösen (s. HÜNERWADEL, 38; FORSTMOSER, SZW 1992, 60; HIRSCH, 294).

12a Das Gesetz verbietet jedenfalls die Vorratsaktien nicht, sondern regelt die einzelnen Erhöhungsformen und insb. den Bezugsrechtsausschluss und legt fest, welches Organ in welchen Schranken über die Verwendung der neuen Aktien entscheiden soll. Allerdings vermag das neue Recht die frühere Flexibilität nicht mehr zu gewährleisten. Im Gegensatz zur (gesellschaftsfreundlichen) Entscheidung Canes c. Nestlé (BGE 117 II 290 ff. = Pra 1992, 479 ff.) dürfte es nicht mehr zulässig sein, dem VR Vorratsaktien zur freien Verwendung «für Zwecke im Interesse der Gesellschaft» zur Verfügung zu stellen. Anderseits hat das BGer mit seinem Grundsatzentscheid SBG c. BK Vision (BGE 121 III 219 ff.) *dem genehmigten Kapital in entscheidender Weise den Rücken gestärkt.* Um die Verwendbarkeit des genehmigten Kapitals zu den ihm zugedachten Zwecken in der Praxis nicht illusorisch werden zu lassen, hat das BGer die Delegation der Befugnis zum Bezugsrechtsausschluss an den VR (mit überzeugender Argumentation) grundsätzlich als zulässig erklärt (BGE 121 III 229–234; s. dazu auch ZOBL, SZW 1996, 144 und A. VON PLANTA, FS Bär, 314 f.). An die Verweisung von Art. 651 Abs. 3 auf Art. 650 Abs. 2 Ziff. 8 insb. betr. die Zuweisung der entzogenen Bezugsrechte ist deshalb *kein allzu strenger Massstab* anzulegen (restriktive Auslegung).

13 Es genügt demnach, wenn die GV das **Bezugsrecht** aus einem **bestimmten wichtigen Grund** (z.B. zum Zwecke einer Beteiligungsnahme) ausschliesst, auch wenn sie den konkreten Anlass (z.B. Beteiligung an einer bestimmten Gesellschaft) noch nicht kennt, etwa aus Gründen der unerlässlichen Vertraulichkeit bei bevorstehenden Übernahmeverhandlungen oder wegen der Geheimhaltungsinteressen der Beteiligten und der diskreten Führung laufender Übernahmeverhandlungen (BGE 121 III 229) oder auch weil das Übernahmeobjekt noch gar nicht bekannt ist, die Aktien aber ggf. rasch bereit gestellt werden müssen (BGE 121 III 229, s.a. DUBS, 43 ff. und GEHRER, 207 ff.; s. zum deutschen Recht BÜRGERS/HOLZBORN, Haftungsrisiken der Organe einer Zielgesellschaft im Übernahmefall, insb. am Bsp. einer Abwehrkapitalerhöhung, Zeitschrift für Wirtschaftsrecht, 2003, 2273 f.) (Blankoverzicht nicht betr. Zweck, wohl aber notwendigerweise betr. konkrete Sacheinlage/Bezugsberechtigte; s.a. Art. 650 N 28). *In diesem Sinne gebundene Vorratsaktien sind weiterhin zuzulassen.* Demgegenüber dürfte die Schaffung *freier* Vorratsaktien häufig an den Voraussetzungen eines rechtmässigen Bezugsrechtsausschlusses scheitern, da die (im Gesetz vorgesehenen und weitere zulässige) wichtigen Gründe im Ermächtigungsbeschluss der GV mind. generell – abstrakt abschliessend genannt werden müssen (s. Art. 652b N 21; s. FORSTMOSER/MEIER-HAYOZ/NOBEL § 52 N 293; ferner WENGER, 33 f.; M. WIDMER, 180 f. für uneingeschränkte Zulässigkeit freier Vorratsaktien; eher krit. NOBEL, Finanzmarktrecht, § 11, N 111; Zulässigkeit verneinend STRAZZER, 81 Anm. 186).

13a Vorratsaktien müssen also *für Zwecke gebunden sein, die (auch) einen Bezugsrechtsausschluss rechtfertigen* und auf einem Wege geschaffen werden, auf dem (auch) Aktien unter Bezugsrechtsausschluss geschaffen werden können. Dies gilt im gleichen Masse für die klassischen Vorratsaktien (Liberierung durch einen Treuhänder auf dessen Risiko über ein Darlehen der Gesellschaft) und für die Schaffung freier Vorratsaktien durch Selbstzeichnung und Liberierung durch die Gesellschaft als originäre eigene Aktien. Siehe zu dieser heftig diskutierten Frage, bei welcher auch Art. 659 Abs. 1, die Zweijahresfrist von Art. 651 Abs. 1 und die Offenlegung der Zuweisung der entzogenen Bezugsrechte gem. Art. 650 Abs. 2 Ziff. 8 zu beachten sind, insb. BÖCKLI, § 4 N 403 ff.; WENGER, 35 ff.; LADNER, 81; VON BÜREN, ZBJV 1995, 57 ff., 80; FORSTMOSER/ MEIER-HAYOZ/NOBEL, § 52 N 290 ff.; MEIER-HAYOZ/FORSTMOSER, § 16 N 199; GUHL/ KOLLER/SCHNYDER/DRUEY, 730; HÜNERWADEL, SZW 38 ff.; HIRSCH, 292 ff.; T. VON PLANTA, 68, 87 (zu streng); DALLÈVES, 291 ff.; WILLENER, 156 ff.; NOTTER, 147; FORSTMOSER, SZW 1992, 60; ferner Botschaft AG, 122; s.a. Art. 652b N 8 und N 10 ff.; zum EU-Recht s. Art. 29 Abs. 5 EU-Kapital-RL.

Einer genehmigten Kapitalerhöhung steht nicht entgegen, dass aufgrund der Sachlage auch (bereits) eine ordentliche Kapitalerhöhung möglich wäre. Ebenso kann genehmigtes Kapital bei Einhaltung gewisser Kautelen (Transparenz, vorgängige Liberierung, usw.) ergänzend zu bedingtem Kapital auch zur Besicherung von Wandelrechten in Frage kommen. Die drei Kapitalerhöhungsformen (ordentliche, genehmigte, bedingte) sind alles **vollwertige und eigenständige Erhöhungsformen,** die bei Erfüllung der jeweiligen Voraussetzungen unabhängig voneinander eingesetzt werden können. **14**

Die Bestimmungen über das genehmigte Kapital genügen den Anforderungen des EG-Rechts und sind mit der Begrenzung auf zwei Jahre (anstelle von fünf Jahren) leider sogar strenger (s. insb. Art. 25 Abs. 2 EU-Kapital-RL.; vgl. Art. 651 N 5). **15**

III. Erforderlicher Statuteninhalt (Abs. 2 und 3)

Für den Inhalt des Ermächtigungsbeschlusses der GV verweist Abs. 3 auf die in Art. 650 Abs. 2 wieder gegebene Aufzählung des notwendigen Inhalts des Erhöhungsbeschlusses bei der ordentlichen Kapitalerhöhung (s. Art. 650 N 5 ff.). Ausser den *vier* in Art. 651 Abs. 3 ausdrücklich angeführten *Ausnahmen* (Ausgabebetrag, Art der Einlagen, Sachübernahmen und Beginn der Dividendenberechtigung) müssen mutatis mutandis **sämtliche in Art. 650 Abs. 2 verlangten Angaben in den Statuten** (dies im Gegensatz zum Erhöhungsbeschluss bei der ordentlichen Kapitalerhöhung, s. Art. 650 N 4) festgehalten werden, nämlich (s. Art. 49 Abs. 2 HRegV; vgl. auch C. WIDMER, 239 f.; BÖCKLI, § 2 N 89 ff.; A. VON PLANTA, FS Bär, 313; BERTHEL/BOCHUD, N 365 ff.; LUSSY, BN 1992, 427 und AJP 1992, 743; NOTTER, 140 ff.): **16**

- Der **Nennbetrag des genehmigten Kapitals** (Abs. 2; Maximalbetrag, bis zu welchem der VR das AK erhöhen kann; zweckmässigerweise verbunden mit dem Hinweis, dass eine Erhöhung in Teilbeträgen, Tranchen, gestattet ist); **17**
- der Betrag der zu leistenden Einlagen (Voll- oder Teilliberierung von mind. 20%; hier könnte aus den von GERICKE [127–129, 188] dargelegten Gründen eine Ausnahme [Delegation an den VR] als zulässig betrachtet werden);
- die (max.) Anzahl, der Nennwert und die Art der Aktien;
- Vorrechte einzelner Kategorien (Stimmrechtsaktien; Vorzugsaktien);
- besondere Vorteile (mit Inhalt, Wert und Namen der Begünstigten);
- Beschränkung der Übertragbarkeit neuer Namenaktien;

- Einschränkung oder Aufhebung des Bezugsrechts und Zuweisung nicht ausgeübter oder entzogener Bezugsrechte; die GV selbst muss lediglich (aber immerhin) die – einen Bezugsrechtsausschluss erfordernden – Verwendungszwecke des genehmigten Kapitals abstrakt festlegen, nicht aber ein konkretes Vorhaben; es ist ausreichend, dass der Ermächtigungsbeschluss die wesentlichen Zwecke nennt, zu deren Verfolgung das Bezugsrecht durch den VR ausgeschlossen werden darf (s. die weitere Argumentation in BGE 121 III 231 ff.); da der Ausschluss des Bezugsrechts als solcher an den VR delegiert werden kann, muss eine Delegation bez. der Zuweisung entzogener oder nicht ausgeübter Bezugsrechte aufgrund des funktionalen Zusammenhangs ebenfalls (a fortiori) zulässig sein; eine weitergehende Individualisierung der Enderwerber verlangt Art. 650 Abs. 2 Ziff. 8 nicht (BGE 121 III 238; ZOBL, SZW 1996, 143 f.; s.a. N 13; Art. 652b N 7 ff. sowie N 13 ff.);

- Voraussetzungen für die Ausübung vertraglich erworbener Bezugsrechte (s. Art. 650 N 31).

Betreffend *Festübernahme* s. N 4 und Art. 650 N 32 f.

IV. Erhöhungsbeschluss des VR (Abs. 4)

18   Gestützt auf den Ermächtigungsbeschluss der GV entscheidet der **VR** in eigener Kompetenz, **ob, wann und in welchem Umfang** er das AK und/oder PS-Kapital erhöhen will (Botschaft AG, 117; die Kompetenz des VR ist undelegierbar, KAMMERER, 202). Im Rahmen seines (nicht öffentlich zu beurkundenden, Art. 50 Abs. 2 und Art. 50 Abs. 1 HRegV; s. dazu MEISTERHANS, Diss., 257; KÜNG, Art. 940 N 278; FORSTMOSER/MEIER-HAYOZ/NOBEL, § 52 N 266; BÖCKLI, § 2 N 98; RUF, 381 f.; BERTHEL/BOCHUD, N 378 f.) Erhöhungsbeschlusses bestimmt der VR insb. über die in Art. 651 Abs. 3 angeführten *vier Ausnahmen* Ausgabebetrag, Art der Einlagen (Geld, Sacheinlagen oder Verrechnung, nicht aber, sofern im Ermächtigungsbeschluss nicht ausdrücklich vorgesehen, Liberierung durch frei verwendbares EK, s. Art. 652d N 7), Sachübernahmen und Beginn der Dividendenberechtigung (s. Art. 650 N 17) sowie über allfällige weitere, von der GV noch nicht festgelegte Modalitäten (Art. 651 Abs. 4; s. Art. 50 Abs. 2 HRegV; Botschaft AG, 118; WATTER, AJP 1994, 149; VON GREYERZ, SAG 1983, 98).

19   *Rechtsgrundlage* der Kapitalerhöhung ist der Erhöhungsbeschluss des VR, wozu der Ermächtigungsbeschluss der GV Grundlage und Leitlinie bildet. Der VR beschliesst die Erhöhung (formell) mit all ihren Elementen, wobei die GV den Inhalt in vielen Punkten vorgegeben hat (Art. 651 Abs. 3 i.V.m. Art. 650 Abs. 2; GERICKE, 50 f.). Der VR kann das Kapital insb. in **mehreren Tranchen** (s. Art. 651a Abs. 1) und mit verschiedenen Ausgabebeträgen erhöhen (BÖCKLI, § 2 N 98; KÜNG, Art. 940 N 275; NOTTER, 149). Mit den Kompetenzen trägt der VR auch die *Verantwortung* für die von ihm festgelegten Elemente, insb. auch für die Einhaltung der Formalitäten bei Sacheinlagen und -übernahmen (s. Art. 650 Abs. 2 Ziff. 4, 5). Es ist zulässig, dass der VR im Erhöhungsbeschluss keinen festen Nennbetrag der Kapitalerhöhung, sondern einen *Höchstnennbetrag* beschliesst (ebenso GERICKE, 187; s. zu den Fragen der Untergrenzen und Obergrenzen des Ausgabebetrages EKKENGA, AG 2001, 622 ff.). Die *Dividendenberechtigung* kann sich u.U. auch (rückwärts) auf Aktien aus genehmigtem Kapital beziehen, die erst nach dem Jahresabschluss, aber vor der ordentlichen GV ausgegeben werden.

19a Der Erhöhungsbeschluss des VR hat – gleich wie der Erhöhungsbeschluss der GV bei der ordentlichen Kapitalerhöhung (Art. 650 N 4) – *keine statutenändernde Wirkung*

(FORSTMOSER/MEIER-HAYOZ/NOBEL, § 52 N 266; BERTHEL/BOCHUD, N 381; NOTTER, 150) und ist beim Handelsregisteramt erst nach erfolgter Durchführung der Kapitalerhöhung anzumelden. In der **Praxis** wird der Erhöhungsbeschluss aber auch gleichzeitig mit dem Feststellungsbeschluss gem. Art. 652g gefasst und ist damit Teil jener öffentlichen Urkunde (FORSTMOSER/MEIER-HAYOZ/NOBEL, § 52 N 275; KÜNG, Art. 940 N 274; s. die komm. Muster-Texte bei KNECHT/KOCH, 118 ff.; Texthandbuch Gesellschaftsrecht, Notariatsinspektorat des Kt. ZH, 4. Aufl. 2008, Ziff. 5.2.1). Der Erhöhungsbeschluss kann *bedingt* gefasst werden (wobei sich der Kapitalerhöhungsbericht in diesem Fall auch zum Bedingungseintritt zu äussern hat). Statutarische Präsenzquoren sind auf Erhöhungsbeschlüsse des VR wegen deren materiellen Gehalts grundsätzlich anwendbar (im Gegensatz zu den [weitgehend formellen] VR-Beschlüssen, die lediglich die erfolgte Durchführung einer Kapitalerhöhung und die entsprechende Statutenanpassung fest halten, Art. 652g N 9; BÖCKLI, § 13 N 123).

Da die Angaben zu Sacheinlagen und -übernahmen nicht schon im Ermächtigungsbeschluss der GV, sondern erst in den Beschlüssen des VR offen gelegt werden müssen, hat die genehmigte Kapitalerhöhung gegenüber der ordentlichen bei qualifizierten Erhöhungen den *Vorteil der aufgeschobenen Publizität*. 20

V. Rechtsvergleichung

Das genehmigte Kapital ist ähnlich ausgestaltet wie jenes des deutschen (§§ 202–206 AktG) und des europäischen Aktienrechts (Art. 25–29 EU-Kapital-RL); es unterscheidet sich damit deutlich vom «authorized capital» der anglo-amerikanischen Aktienrechte (s. zu den konzeptionellen Unterschieden GERICKE, 37; NOTTER, 4, 138 m.w. Nw.; **ohne Differenzierung** BÖCKLI, § 2 N 6). Nicht EU-konform ist die zeitliche Beschränkung auf zwei Jahre gem. Art. 651 Abs. 1 (s. dazu N 5). Siehe ferner die Hinweise in N 5, 6, 10 und 13a zum deutschen und europäischen Recht sowie § 169 ff. öAktG, art. 2443 CC it. (Ermächtigung auf fünf Jahre); vgl. auch art. 180 al. 3 f. LSC. Der *Ausgabebetrag* muss gem. BGH NJW 2000, 2356 nicht bereits im Ermächtigungsbeschluss, sondern kann vom Vorstand im Rahmen seiner Leitungsverantwortung im Zeitpunkt des Geschäftsabschlusses festgelegt werden. Im gleichen Sinne verneinte das BVerfG eine Berichtspflicht nach § 186 IV i.V.m. § 203 II AktG vor Verwendung eines genehmigten Kapitals unter Ausschluss des Bezugsrechts (BGHZ 164, 241 f.). 21

Art. 651a

b. Anpassung der Statuten	[1] Nach jeder Kapitalerhöhung setzt der Verwaltungsrat den Nennbetrag des genehmigten Kapitals in den Statuten entsprechend herab. [2] Nach Ablauf der für die Durchführung der Kapitalerhöhung festgelegten Frist wird die Bestimmung über die genehmigte Kapitalerhöhung auf Beschluss des Verwaltungsrates aus den Statuten gestrichen.
b. Adaptation des statuts	[1] Après chaque augmentation du capital-actions, le conseil d'administration réduit d'autant le montant nominal du capital-actions autorisé qui figure dans les statuts. [2] A l'expiration du délai fixé pour l'augmentation autorisée du capital-actions, le conseil d'administration décide la suppression de la disposition statutaire y relative.

b. Adeguamento
dello statuto

¹ Dopo ogni aumento del capitale azionario, il consiglio d'amministrazione riduce in misura corrispondente nello statuto l'ammontare nominale del capitale autorizzato.

² Scaduto il termine per l'aumento del capitale, il consiglio d'amministrazione decide l'abrogazione della relativa disposizione statutaria.

Literatur

Vgl. die Literaturhinweise zu Art. 650.

I. Anpassungen des Nennbetrages (Abs. 1)

1   Im Anschluss an jede (tranchenweise) Benutzung des genehmigten Kapitals hat der VR den Nennbetrag (s. Art. 651 Abs. 2) in der Statutenbestimmung betr. die genehmigte Kapitalerhöhung im Umfang der Benutzung herabzusetzen (Anpassung der Genehmigungsziffer). Der **statutenändernde VR-Beschluss** ist *öffentlich zu beurkunden* (Art. 647; FORSTMOSER/MEIER-HAYOZ/NOBEL, § 52 N 274; RUF, 382). Diese Anpassung kann nach Durchführung der Teil-Kapitalerhöhung zusammen mit jener der Bestimmung über das erhöhte (effektive) AK nach Art. 652g (Abs. 3) erfolgen (doppelte Statutenänderung; s. Art. 50 Abs. 3 HRegV; FORSTMOSER/MEIER-HAYOZ/NOBEL, § 52 N 275; BÖCKLI, § 2 N 172; BAUEN/BERNET, Rz 240; vgl. Bsp. bei ISLER, 731). Sinkt der Anteil des verbleibenden genehmigten Kapitals unter 50% des erhöhten AK (Art. 651 Abs. 2), so ist die GV frei, das genehmigte Kapital wiederum zu erhöhen.

II. Aufhebung der statutarischen Grundlage (Abs. 2)

2   Die statutarische Bestimmung über die genehmigte Kapitalerhöhung ist durch *öffentlich zu beurkundenden* Beschluss des VR innert nützlicher Frist nach Ablauf der zweijährigen gesetzlichen (Art. 651 Abs. 1) oder der allfälligen kürzeren statutarischen Frist zu **streichen**. Die Aufhebung kann aber auch zu einem früheren Zeitpunkt erfolgen, wenn das genehmigte Kapital in einer oder mehreren Tranchen vollständig zur Schaffung von effektivem AK eingesetzt worden ist (s. Art. 50 Abs. 3 HRegV; BÖCKLI, § 2 N 172–174; FORSTMOSER/MEIER-HAYOZ/NOBEL, § 52 N 272; HOMBURGER, Art. 651a; BERTHEL/BOCHUD, N 433 f.). Der nicht verwendete Teil der genehmigten Kapitalerhöhung entfällt; der VR kann ihn nicht reaktivieren. Der Aufhebungsbeschluss ist beim Handelsregister anzumelden (s. Art. 50 Abs. 6 HRegV; KNECHT/KOCH, 96; BERTHEL/BOCHUD, N 441; REBSAMEN/THOMI, 117; s.a. NOTTER, 159).

3   Art. 651a Abs. 2 ist eine *Ordnungsvorschrift*. Mit dem Ablauf der Frist (zur Berechnung s. Art. 651 N 5) tritt die statutarische Ermächtigung **unabhängig von einer Löschung ausser Kraft** (FORSTMOSER/MEIER-HAYOZ/NOBEL, § 52 N 228; BÖCKLI, § 2 N 174; s.a. Art. 651 N 4, dort auch zur Verlängerungsmöglichkeit durch GV-Beschluss). Eine Löschung von Amtes wegen ist in der HRegV nicht vorgesehen (vgl. BERTHEL/BOCHUD, N 435).

4   Beruht die Vinkulierung der aus der genehmigten Kapitalerhöhung geschaffenen Aktien ausschliesslich auf der zur Aufhebung anstehenden statutarischen Grundlage für das genehmigte Kapital, so ist spätestens im Zeitpunkt des Aufhebungsbeschlusses des VR nach Art. 651a Abs. 2 durch die GV eine **neue statutarische Vinkulierungsgrundlage** i.S.v. Art. 627 Ziff. 8 (bedingt notwendiger Statuteninhalt) zu schaffen. Wird in einem solchen Falle keine Ersatzgrundlage für die Vinkulierung angemeldet, so wird die im Handelsregister eingetragene Vinkulierung aufgrund des Aufhebungsbeschlusses des

1. Abschnitt: Allgemeine Bestimmungen   Art. 652

VR gelöscht (FORSTMOSER/MEIER-HAYOZ/NOBEL, § 52 N 265; BERTHEL/BOCHUD, N 440).

Vorbemerkung zu Art. 652–652h

In den neun Art. 652–652h regelt das Gesetz den *Fortgang des Kapitalerhöhungsverfahrens* für die ordentliche und die genehmigte Kapitalerhöhung *gemeinsam*, wogegen die bedingte Kapitalerhöhung in den Art. 653–653i durchwegs eine eigene Regelung aufweist.

Art. 652

3. Gemeinsame Vorschriften
a. Aktienzeichnung

¹ Die Aktien werden in einer besonderen Urkunde (Zeichnungsschein) nach den für die Gründung geltenden Regeln gezeichnet.

² Der Zeichnungsschein muss auf den Beschluss der Generalversammlung über die Erhöhung oder die Ermächtigung zur Erhöhung des Aktienkapitals und auf den Beschluss des Verwaltungsrates über die Erhöhung Bezug nehmen. Verlangt das Gesetz einen Emissionsprospekt, so nimmt der Zeichnungsschein auch auf diesen Bezug.

³ Enthält der Zeichnungsschein keine Befristung, so endet seine Verbindlichkeit drei Monate nach der Unterzeichnung.

3. Dispositions communes
a. Souscription d'actions

¹ Les actions sont souscrites dans un document particulier (bulletin de souscription) selon les règles en vigueur pour la fondation.

² Le bulletin de souscription doit se référer à la décision d'augmentation prise par l'assemblée générale ou à la décision de l'assemblée générale d'autoriser l'augmentation du capital-actions et à la décision d'augmentation arrêtée par le conseil d'administration. Si un prospectus d'émission est exigé par la loi, le bulletin de souscription s'y réfère également.

³ Le bulletin de souscription qui ne fixe pas de délai perd son caractère obligatoire trois mois après la signature.

3. Disposizioni comuni
a. Sottoscrizione di azioni

¹ Le azioni sono sottoscritte in un documento speciale (scheda di sottoscrizione) secondo le norme vigenti per la costituzione.

² La scheda di sottoscrizione deve riferirsi alla deliberazione d'aumento presa dall'assemblea generale, oppure alla deliberazione con cui l'assemblea generale ha autorizzato l'aumento del capitale e alla decisione d'aumento presa dal consiglio d'amministrazione. Se la legge prescrive un prospetto d'emissione, la scheda di sottoscrizione vi si riferisce parimenti.

³ La scheda di sottoscrizione che non fissa un termine perde il suo carattere vincolante tre mesi dopo che sia stata firmata.

Literatur

Vgl. die Literaturhinweise zu Art. 650.

I. Inhalt des Zeichnungsscheins

1 Abs. 1 verweist auf die Regelung der Aktienzeichnung bei der Gründung, vgl. Art. 630. Dieser zählt sechs Elemente für die Gültigkeit der Zeichnung auf: **bedingungslose Verpflichtung** der Leistung der zugesagten Einlage zum festgelegten Ausgabebetrag (Art. 630 Ziff. 2) sowie Angabe von Anzahl, Nennwert, Art (Inhaber- oder Namenaktien), Kategorie (Stammaktien, Stimmrechtsaktien, Vorzugsaktien) und Ausgabebetrag der vom Betreffenden zu zeichnenden (nicht der insgesamt auszugebenden) Aktien (Art. 630 Ziff. 1; C. WIDMER, 67, 162). Von der Bedingungsfeindlichkeit ausgenommen ist die (implizit ohnehin vorhandene) Bedingung, dass die Kapitalerhöhung im geplanten Umfang zustande kommt (WATTER, AJP 1992, 58 Anm. 39 f.; vgl. auch T. VON PLANTA, 10 ff.; Botschaft AG, 119; FORSTMOSER, Aktienrecht, § 15 N 53 f. und 133). Zur Verbindlichkeit der Zeichnungen, insb. im Rahmen des Festübernahmeverfahrens, s. ZOBL, 457 ff.

2 Im Gegensatz zur Gründung hat die Zeichnung bei der (ordentlichen und genehmigten) Kapitalerhöhung in einer besonderen Urkunde, dem **Zeichnungsschein,** zu erfolgen (bei der bedingten Kapitalerhöhung tritt an dessen Stelle eine schriftliche Erklärung gem. Art. 653e). – Nicht erforderlich sind Zeichnungsscheine demgegenüber bei Kapitalerhöhungen aus EK (FORSTMOSER/MEIER-HAYOZ/NOBEL, § 52 N 114, 144; BÖCKLI, § 2 N 121; BERTHEL/BOCHUD, N 284). Ebenso sind keine Zeichnungsscheine erforderlich, wenn alle zeichnenden Aktionäre bei der öffentlichen Beurkundung des VR-Feststellungsbeschlusses gem. Art. 652g anwesend (oder durch anwesende Mitglieder des VR vertreten) sind und ihre Zeichnung bestätigen und die erforderlichen Angaben in der Urkunde aufgeführt sind (KNECHT/KOCH, 111; C. WIDMER, 69 Anm. 424).

3 Zusätzlich zum Inhalt gem. Art. 630 verlangt Art. 652 Abs. 2, dass im Text des Zeichnungsscheins auf die gefassten (oder noch zu fassenden) Organbeschlüsse sowie auf den allfälligen Emissionsprospekt Bezug genommen wird (eine Wiedergabe des Inhalts wird nicht verlangt; s. NOTTER, 98). Bei einer ordentlichen Kapitalerhöhung ist auf den *Erhöhungsbeschluss der GV,* bei der genehmigten Kapitalerhöhung sowohl auf den *Ermächtigungsbeschluss der GV* als auch auf den *Erhöhungsbeschluss des VR* Bezug zu nehmen (vgl. Botschaft AG, 118 f.; BÖCKLI, § 2 N 100; FORSTMOSER/MEIER-HAYOZ/NOBEL, § 52 N 111; der Gesetzeswortlaut ist verwirrend; das zweite «auf» sollte vor «die Ermächtigung zur Erhöhung des AK» stehen; vgl. auch Art. 650 N 3 und KNECHT/KOCH, 97 lit. g). – Bringt der VR eine beschlossene Kapitalerhöhung nicht zum Abschluss, indem er seinen Pflichten gem. Art. 652e, 652g und 652h nicht nachkommt, so kann dem Zeichner daraus ein Schadenersatzanspruch erwachsen (STRAZZER, 117; FORSTMOSER, Aktienrecht, § 15 N 133).

II. Rechtsfolge bei Mängeln des Zeichnungsscheins

4 Als Folge der Ausweitung des Inhalts des Zeichnungsscheins (Art. 630 gegenüber Art. 632 OR 1936) ist es richtig, **nur bei wesentlichen Mängeln die Unverbindlichkeit des Zeichnungsscheins** (Nichtigkeit) anzunehmen (s.a. BÖCKLI, § 2 N 101). Nicht wesentlich ist die Weglassung der Art oder der Kategorie, ggf. auch des Nennwerts, sofern ausschliesslich Aktien derselben Art, derselben Kategorie und desselben Nennwerts ausgegeben werden; unerlässlich ist dagegen die *bedingungslose Verpflichtung,* eine bestimmte Anzahl neuer Aktien zum festgelegten Ausgabepreis zu übernehmen. Eine fehlende Bezugnahme auf die Ermächtigungs- und Erhöhungsbeschlüsse kann ausnahmsweise unschädlich sein, wenn der konkrete Erhöhungsvorgang dem Zeichner anderweitig in den erforderlichen Elementen bekannt ist (wofür die Gesellschaft die Be-

1. Abschnitt: Allgemeine Bestimmungen   Art. 652a

weislast zu tragen hat). Entscheidend ist, dass der Aktienzeichnung die erforderliche Bestimmtheit verschafft wird (Botschaft AG, 119; s. ferner FORSTMOSER, Aktienrecht, § 12 N 91 ff. m.w.Nw.; C. WIDMER, 69 und a.a.O., Anm. 331). – Für die Gesellschaft sind Mängel des Zeichnungsscheines nicht relevant, wenn der Zeichner seine Verpflichtung erfüllt hat. Der Zeichnungsschein ist kein Handelsregisterbeleg (vgl. Art. 46 Abs. 2 HRegV); eine Prüfung des Zeichnungsscheins durch den Handelsregisterführer kann damit unterbleiben (MEISTERHANS, Diss., 250). Nach erfolgter Eintragung der Kapitalerhöhung ins Handelsregister kann sich der Zeichner nicht mehr auf Mängel des Zeichnungsscheins berufen (BÖCKLI, § 2 N 101).

III. Gesetzliche Befristung der Verbindlichkeit (Abs. 3)

Das Erfordernis, den Zeichnungsschein zu befristen (Art. 632 Abs. 3 OR 1936), ist entfallen. Bei der subsidiären Befristung der Verbindlichkeit des Zeichnungsscheins auf *drei Monate* handelt es sich um eine **Verwirkungsfrist** (FORSTMOSER/MEIER-HAYOZ/ NOBEL, § 52 N 113; BÖCKLI, § 2 N 100 Anm. 184). Die Frist läuft ab dem Datum der Unterzeichnung des Zeichnungsscheins (zu rechnen gem. Art. 77 Abs. 1 Ziff. 2). Zulässig sind sowohl längere als auch kürzere Befristungen. – Im Gesetzesentwurf 2007 wird diese Frist auf sechs Monate verlängert (E-Art. 652 Abs. 3), entsprechend der Ausweitung der Frist für die Durchführung der ordentlichen Kapitalerhöhung auf neu sechs Monate (s. Art. 650 N 35a; Botschaft Aktien- und Rechnungslegungsrecht, 1644).

5

IV. Rechtsvergleichung

Zur Zeichnung der neuen Aktien s. § 185 AktG; § 152 öAktG; art. 190 LSC i.V.m. art. 163 DSC.

6

Art. 652a

b. Emissionsprospekt

¹ Werden neue Aktien öffentlich zur Zeichnung angeboten, so gibt die Gesellschaft in einem Emissionsprospekt Aufschluss über:

1. den Inhalt der bestehenden Eintragung im Handelsregister, mit Ausnahme der Angaben über die zur Vertretung befugten Personen;

2. die bisherige Höhe und Zusammensetzung des Aktienkapitals unter Angabe von Anzahl, Nennwert und Art der Aktien sowie der Vorrechte einzelner Kategorien von Aktien;

3. Bestimmungen der Statuten über eine genehmigte oder eine bedingte Kapitalerhöhung;

4. die Anzahl der Genussscheine und den Inhalt der damit verbundenen Rechte;

5. die letzte Jahresrechnung und Konzernrechnung mit dem Revisionsbericht und, wenn der Bilanzstichtag mehr als sechs Monate zurückliegt, über die Zwischenabschlüsse;

6. die in den letzten fünf Jahren oder seit der Gründung ausgerichteten Dividenden;

Art. 652a

7. den Beschluss über die Ausgabe neuer Aktien.

² Öffentlich ist jede Einladung zur Zeichnung, die sich nicht an einen begrenzten Kreis von Personen richtet.

³ Bei Gesellschaften, die über keine Revisionsstelle verfügen, muss der Verwaltungsrat durch einen zugelassenen Revisor einen Revisionsbericht erstellen lassen und über das Ergebnis der Revision im Emissionsprospekt Aufschluss geben.

b. Prospectus d'émission

¹ Lorsque des actions nouvelles sont offertes en souscription publique, la société publie un prospectus d'émission donnant des indications sur:

1. le contenu de l'inscription figurant au registre du commerce, à l'exception des indications concernant les personnes autorisées à représenter la société;

2. le montant et la composition actuels du capital-actions avec la mention du nombre, de la valeur nominale et de l'espèce des actions, ainsi que des privilèges attachés à certaines catégories d'entre elles;

3. les dispositions statutaires concernant l'augmentation autorisée ou conditionnelle du capital-actions;

4. le nombre des bons de jouissance et le contenu des droits qui leur sont attachés;

5. les derniers comptes annuels et comptes de groupe avec les rapports de révision et, lorsque la date de clôture de ces comptes remonte à plus de six mois, des comptes intermédiaires;

6. les dividendes payés pendant les cinq dernières années ou depuis la fondation;

7. la décision relative à l'émission d'actions nouvelles.

² Est public tout appel de souscriptions qui ne s'adresse pas à un cercle limité de personnes.

³ Si la société ne dispose pas d'un organe de révision, le conseil d'administration fait établir un rapport de révision par un réviseur agréé et rend compte du résultat de la révision dans le prospectus d'émission.

b. Prospetto d'emissione

¹ Qualora nuove azioni siano offerte in sottoscrizione pubblica, la società dà in un prospetto d'emissione ragguagli su:

1. il contenuto dell'iscrizione figurante nel registro di commercio, eccettuate le indicazioni concernenti le persone autorizzate a rappresentare la società;

2. l'ammontare attuale e la composizione del capitale azionario, con la menzione del numero, del valore nominale e della specie delle azioni, come pure dei privilegi inerenti a determinate categorie di azioni;

3. le disposizioni statutarie relative all'aumento autorizzato o condizionale del capitale;

4. il numero dei buoni di godimento e il contenuto dei diritti ad essi inerenti;

5. l'ultimo conto annuale e l'ultimo conto di gruppo con la relazione di revisione e, ove questi conti risalgano a più di sei mesi, i conti intermedi;

6. i dividendi pagati negli ultimi cinque anni o dalla costituzione in poi;

7. la deliberazione relativa all'emissione di nuove azioni.

² È pubblica ogni offerta di sottoscrizione non rivolta a una cerchia limitata di persone.

³ Il consiglio d'amministrazione delle società che non dispongono di un ufficio di revisione fa allestire una relazione di revisione da un revisore abilitato e rende conto del risultato della revisione nel prospetto d'emissione.

1. Abschnitt: Allgemeine Bestimmungen 1–3a **Art. 652a**

Literatur

Vgl. die Literaturhinweise zu Art. 650.

I. Prospektpflicht bei öffentlichen Aktienplatzierungen

Eine Prospektpflicht besteht bei denjenigen ordentlichen und genehmigten Kapitalerhöhungen, bei welchen alle oder ein Teil der neuen Aktien öffentlich zur Zeichnung angeboten werden (Abs. 1 Ingress). Art. 652a ist die einzige Bestimmung zum Emissionsprospekt, nachdem Art. 631 OR 1936 mit dem Wegfall der Sukzessivgründung entfallen ist. **1**

Öffentlich ist die Einladung zur Zeichnung gem. Abs. 2 immer dann, wenn sie sich *nicht an einen begrenzten Personenkreis* richtet (Einladung ist der richtige Begriff, da erst die Zeichnung selbst die Offerte darstellt, s. FORSTMOSER/MEIER-HAYOZ/NOBEL, § 52 N 91; ausführlich zum Begriff der Öffentlichkeit KUSTER, SZW 1997, 10 ff.; ferner LENOIR/PUDER, 981 ff.; MEYER, 57 ff.). Die gesetzliche Definition entspringt Art. 1 der (früheren) VO zum aAFG, heute Art. 3 KAG und Art. 3 KKV, und ist eine Absage an die Umschreibung in Art. 3a Abs. 2 BankV (wo auf die Zahl 20 abgestellt wird). Die Umschreibungen in Art. 652a Abs. 2 («begrenzter Kreis von Personen») und in Art. 2 Abs. 2 aAFG («eng umschriebener Kreis von Personen») finden sich im Kollektivanlagegesetz (KAG) nicht wieder. Als öffentliche Werbung i.S.v. Art. 3 KAG gilt jede Werbung, die sich an das Publikum richtet. Richtet sich die Werbung hingegen ausschliesslich an *qualifizierte Anleger* i.S.v. Art. 10 Abs. 3 KAG, so gilt diese als *nicht öffentlich*. Siehe (noch zum AFG) KUSTER, SZW 1997, 11; FORSTMOSER/MEIER-HAYOZ/NOBEL, § 52 N 89; BÖCKLI, § 2 N 103 Anm. 192; TAISCH, 271 f.; vgl. auch BGE 112 II 174 f.). **2**

Klar ist, dass gemäss dem gesetzlichen Kriterium nicht die Zahl der Adressaten, sondern die **Unbegrenztheit des Adressatenkreises** ausschlaggebend ist; das Kriterium ist ein qualitatives, nicht ein quantitatives; massgeblich sind das «Nach-aussen-Treten» und die Art der Kontaktnahme (s. FORSTMOSER/MEIER-HAYOZ/NOBEL, § 52 N 89; KUSTER, SZW 1997, 12; vgl. auch BÖCKLI, § 2 N 103; TAISCH, 273 f.; LENOIR/PUDER, 984 f.). Umstritten ist, ob eine Einladung zur Zeichnung per se als nicht öffentlich gelten kann, wenn sie sich ausschliesslich an die bisherigen Aktionäre der das Kapital erhöhenden Gesellschaft richtet (bejahend Botschaft AG, 120; WATTER, AJP 1992, 59; NOTTER, 101). **3**

Als *nicht öffentlich* kann die Einladung an den kontrollierten Kreis der bisherigen Namenaktionäre, insb. bei privaten AG und nicht abtretbaren Bezugsrechten, gelten; öffentlich ist dagegen eine Einladung an die Namenaktionäre einer Publikumsgesellschaft, deren Aktien (und Bezugsrechte) regelmässig gehandelt werden oder eine Einladung an (nicht auf einen engen Kreis begrenzten) Inhaberaktionäre, insb. wenn dies bei Publikumsgesellschaften über Zeitungsinserate erfolgt (zu den Mitteln der Kontaktnahme s. TAISCH, 275; LENOIR/PUDER, 982 f.). Jede Zeichnungseinladung bei Gesellschaften mit offensichtlich *nicht geschlossenem Aktionärskreis,* namentlich bei Gesellschaften mit börsenkotierten Inhaberaktien, hat als öffentlich zu gelten (vgl. FORSTMOSER/MEIER-HAYOZ/NOBEL, § 52 N 90; CHK-MÜLLER, Art. 652a N 3). Gemäss Art. 3 KAG gilt die Werbung als nicht öffentlich, wenn sie sich ausschliesslich an qualifizierte Anleger (definiert in Art. 10 Abs. 3 KAG) richtet. Ebenso sieht das im Zuge des neuen KAG angepasste Rundschreiben der EBK über die öffentliche Werbung i.S. der Gesetzgebung über die kollektiven Kapitalanlagen (EBK-RS 03/1, in Kraft seit 1.10.2007, Ziff. 10) vor, dass keine öffentliche Werbung vorliegt, wenn die Werbung (a) sich ausschliesslich an qualifizierte Anleger richtet und (b) nur die für diesen Markt **3a** üblichen Werbemittel eingesetzt werden (z.B. persönliche Kontaktaufnahme, «Roadshows»).

3b   Da dem Begriff der öffentlichen Werbung im OR und im KAG derselbe Schutzgedanke zugrunde liegt (Anlegerschutz), ist der Begriff *einheitlich auszulegen*. Nicht sachgerecht wäre zudem, die Frage der Prospektpflicht je nach der konkreten Gesellschaftsform (KAG oder OR) unterschiedlich zu beantworten (WEBER, 1 ff.). – Der Gesetzesentwurf 2007 sieht denn auch in einem neuen Abs. 4 zu Art. 652a vor, dass auf einen Emissionsprospekt verzichtet werden kann, wenn die Aktien ausschliesslich *qualifizierten Anlegern* im Sinne des Kollektivanlagegesetzes (Art. 10 Abs. 3 KAG) angeboten werden (Botschaft Aktien- und Rechnungslegungsrecht, 1644). Zu den qualifizierten Anlegern gehören auch vermögende Privatpersonen sowie Anleger, die mit bestimmten Finanzintermediären oder unabhängigen Vermögensverwaltern einen schriftlichen Vermögensverwaltungsvertrag abgeschlossen haben. Diese aktienrechtliche Neuausrichtung am Recht der kollektiven Kapitalanlagen ist zu begrüssen, da sie eine Differenzierung zwischen den unterschiedlichen Schutzbedürfnissen verschiedener Anlegergruppen vornimmt. Da sie ihre Basis in der bereits in Kraft stehenden Gesetzgebung über die kollektiven Kapitalanlagen hat, kann ihr Vorwirkung zukommen. Das Rundschreiben der EBK (EBK-RS 03/1, Ziff. 12) bezieht die unabhängigen Vermögensverwalter ausdrücklich als qualifizierte Anleger ein (unter den Voraussetzungen von Art. 6 Abs. 2 KKV). – Da die Erhöhung der Transparenz und die Verstärkung des Aktionärsschutzes (einschliesslich Verbesserung der Information) zu den Zielen der Aktienrechtsreform von 1991 gehörten, erscheint es richtig, neben den originären auch die derivativen Bezugsberechtigten in die Beurteilung einzubeziehen.

3c   Werden die neuen Aktien auf dem Wege der **Festübernahme** über Banken oder nahe stehende Gesellschaften platziert und findet insb. ein **Bezugsrechtshandel** statt, so ist eine Prospektpflicht zu bejahen (s. dazu auch BÖCKLI, § 2 N 29 und N 104; FORSTMOSER/MEIER-HAYOZ/NOBEL, § 52 N 92; ISLER, 729; STRAZZER, 95 ff.; WATTER, SAV 11, 59; DERS., Festübernahme, 399 f., für eine sehr weite Auslegung). In der *Praxis* wird denn auch in diesen Fällen von den Banken mit der Gesellschaft ein Prospekt für das Bezugsangebot erstellt, auch wenn nach dem Wortlaut von Art. 652a geschlossen werden könnte, ein solcher Prospekt sei nur notwendig, wenn die Aktienzeichnung originär gegenüber der Gesellschaft erfolgt. Ein weiterer Grund, weshalb in der Praxis in diesen Fällen fast ausnahmslos Prospekte erstellt werden, liegt darin, dass die SWX für alle diejenigen Titel, die zum Handel an der Börse zugelassen werden sollen, einen Prospekt verlangt (Art. 32 ff. des Kotierungsreglements der SWX; WATTER, FS Bär, 399). – Siehe zur Prospektpflicht allg. insb. WATTER, AJP 1992, 48 ff., mit rechtsvergleichenden Hinweisen 52 f.; zur Erfüllung der Meldepflichten bei Kapitalerhöhungen mit Prospektpflicht und solchen ohne Prospektpflicht STADELMANN/WIDMER, 157 ff.

II. Prospektinhalt

4   Unter den in Ziff. 1–7 im Einzelnen aufgeführten Inhaltsangaben sind folgende Punkte hervorzuheben und zu präzisieren:

– Ziff. 1: Inhalt des *Handelsregistereintrags* sind die in Art. 641 aufgelisteten Punkte; auf eine Wiederholung der Vertretungsbefugnisse kann verzichtet werden; es genügt die Angabe der Mitglieder des VR (BÖCKLI, § 2 N 108; FORSTMOSER/MEIER-HAYOZ/ NOBEL, § 52 N 95; NOTTER, 103; SCHLEIFFER/REHM, 1022; **a.A.** HOMBURGER, Art. 652a) und wohl jene der GL (BÖCKLI, § 2 N 106 Anm. 204);

– Ziff. 3 und 7: Anzugeben sind gem. Ziff. 3 die *Statutenbestimmungen* (im Wortlaut oder anderweitig detailliert) zum genehmigten und bedingten Kapital; aufgrund der Ziff. 7 ist zudem der Inhalt des Erhöhungsbeschlusses bei der ordentlichen Kapitalerhöhung (Art. 650 N 5 ff.), konsequenterweise auch der Erhöhungsbeschluss des VR bei der genehmigten Kapitalerhöhung (der keine statutenändernde Wirkung hat; Art. 651 N 19a) offen zu legen (ebenso GERICKE, 208; C. WIDMER, 340; BÖCKLI, § 2 N 106; SCHLEIFFER/REHM, 1023);

– Ziff. 5: Neben dem Einzelabschluss ist auch der Konzernabschluss, je mit dem Revisionsbericht, vorzulegen; zum geforderten **Zwischenabschluss** ist Folgendes zu präzisieren: der Zwischenabschluss muss *nicht geprüft* sein, ein Revisionsbericht ist nicht verlangt; der Zwischenabschluss darf im Vergleich zur Jahresrechnung *gerafft* dargestellt werden (FORSTMOSER/MEIER-HAYOZ/NOBEL, § 52 N 103); die Toleranzfrist gegenüber dem Bilanzstichtag beträgt nach gefestigter Ansicht entgegen dem Wortlaut, in Berücksichtigung der internationalen Verhältnisse, *neun Monate* (was insb. auch eine Erleichterung bei *Fusionen* mit prospektpflichtigen Kapitalerhöhungen darstellt); zur Begründung der erweiterten Toleranzfrist s. FORSTMOSER/MEIER-HAYOZ/NOBEL, § 52 N 106; BÖCKLI, § 2 N 107; NOBEL, Finanzmarktrecht, § 11 N 216; Rechtsgutachten publiziert in SZW 1993, 282 ff.

Zu einem zusätzlichen Punkt des Prospektinhalts führt der im Zuge der GmbH-Reform eingefügte Abs. 3 von Art. 652a: Gesellschaften, die über keine Revisionsstelle verfügen, müssen (durch einen zugelassenen Revisor) einen Revisionsbericht erstellen und über das Ergebnis dieser Revision im Emissionsprospekt Aufschluss geben. Macht eine Gesellschaft vom Opting-out nach Art. 727a Abs. 2 (AG mit weniger als zehn Vollzeitstellen) Gebrauch, so muss bei einer öffentlichen Emission der Schutz der Investoren dadurch gewährleistet werden, dass eine geprüfte Jahresrechnung oder ein geprüfter Zwischenabschluss vorliegt (Botschaft RAG, 4034 f.). Der neue Abs. 3 hat damit bei diesen kleinen Gesellschaften Einfluss auf Abs. 1, der den Inhalt des Prospekts festhält. Solche Gesellschaften werden allerdings nicht häufig Kapitalerhöhungen mit öffentlichen Aktienplatzierungen durchführen. **4a**

Der gesetzlich geforderte Prospektinhalt ist weiterhin knapp (bei der Aktienrechtsrevision 1991 wurde er nur wenig erweitert) und liegt deutlich unter den Anforderungen des EU-Rechts (bspw. keine ausdrückliche Pflicht zur Angabe wesentlicher Änderungen seit dem Stichtag des Jahres- oder Zwischenabschlusses; Näheres bei ZOBL/ARPAGAUS, 250 f.; BÖCKLI, § 2 N 105; NOBEL, Finanzmarktrecht, § 11 N 217; WATTER, FS Bär, 399; s.a. ZÜRCHER, 127 ff.; SCHLEIFFER/REHM, 1021 ff.). – Bezüglich der einschlägigen EU-Regelungen s. insb. die Prospektrichtlinie (RL 2003/71EG), ferner die Marktmissbrauchsrichtlinie (RL 2003/EG) und die Transparenzrichtlinie (RL 2004/109/EG). **5**

Wesentlich über die (geringen) Anforderungen von Art. 652a hinaus geht die Prospektpflicht auf der Grundlage des Börsengesetzes (BEHG) nach dem *Kotierungsreglement* der Schweizer Börse SWX. Für die Börsenzulassung wird insb. verlangt: Hinweis auf besondere Risiken und auch wichtigste laufende und künftige Investitionen, Rechnungslegung nach Grundsätzen der true and fair view, Beschreibung der wesentlichen Änderungen seit dem letzten Stichtag, Zwischenabschluss für die ersten sechs Monate (ohne Zwischenrevision), sofern mehr als *neun Monate* seit dem Stichtag des Jahresabschlusses, sowie Angaben zu den Personen, die für den Inhalt des Prospektes (oder bestimmte Teile davon) die Verantwortung übernehmen (Art. 32 und 35 KR sowie Schema A [Beteiligungsrechte] Ziff. 1.5; s.a. die für Kapitalerhöhungen wichtige Ausnahmebestimmung von Art. 38 Abs. 3 KR [10%-Regel]; Näheres zu diesen erhöhten Inhaltserfordernissen, die im Gegensatz zu Art. 652a internationale Standards erreichen, A. VON **6**

Art. 652b

PLANTA, SZW 1997, 30 ff.; ferner BÖCKLI, § 2 N 109). Zur Frage der indirekten Anwendung der Prospektpflicht gem. BEHG/KR auf nicht kotierte Gesellschaften, HIRSCH, 233 f. – Kapitalerhöhungen können auch *kursrelevante Tatsachen* i.S.v. Art. 72 Abs. 1 KR (Ad hoc-Publizität) darstellen (s. Komm. zur Ad Hoc-Publizitäts Richtlinie der SWX, N 14).

7 Die Gesellschaft, das Bankenkonsortium und weitere bei der Kapitalerhöhung mitwirkende Personen unterstehen bez. der Redaktion oder Verbreitung eines mangelhaften Prospektes der *Prospekthaftung* gem. Art. 752; sowohl in der Lehre als auch in der Praxis ist eine zunehmende Verschärfung der Anforderungen an den Prospektinhalt festzustellen (BÖCKLI, § 2 N 102; FORSTMOSER/MEIER-HAYOZ/NOBEL, § 52 N 107; ZÜRCHER, 131). Die Herausgabe eines inhaltlich unwahren Emissionsprospekts kann den Tatbestand der Falschbeurkundung erfüllen (BGE 120 IV 125 ff. E. 4d).

Art. 652b

c. Bezugsrecht

¹ Jeder Aktionär hat Anspruch auf den Teil der neu ausgegebenen Aktien, der seiner bisherigen Beteiligung entspricht.

² Der Beschluss der Generalversammlung über die Erhöhung des Aktienkapitals darf das Bezugsrecht nur aus wichtigen Gründen aufheben. Als wichtige Gründe gelten insbesondere die Übernahme von Unternehmen, Unternehmensteilen oder Beteiligungen sowie die Beteiligung der Arbeitnehmer. Durch die Aufhebung des Bezugsrechts darf niemand in unsachlicher Weise begünstigt oder benachteiligt werden.

³ Die Gesellschaft kann dem Aktionär, welchem sie ein Recht zum Bezug von Aktien eingeräumt hat, die Ausübung dieses Rechtes nicht wegen einer statutarischen Beschränkung der Übertragbarkeit von Namenaktien verwehren.

c. Droit de souscription préférentiel

¹ Tout actionnaire a droit à la part des actions nouvellement émises qui correspond à sa participation antérieure.

² La décision prise par l'assemblée générale d'augmenter le capital-actions ne peut supprimer le droit de souscription préférentiel que pour de justes motifs. Sont notamment de justes motifs: l'acquisition d'une entreprise, ou de parties d'entreprise ou de participations à une entreprise ainsi que la participation des travailleurs. Nul ne doit être avantagé ou désavantagé de manière non fondée par la suppression du droit de souscription préférentiel.

³ La société ne peut, pour des motifs de restrictions statutaires de la transmissibilité des actions nominatives, retirer l'exercice du droit d'acquérir des actions à l'actionnaire auquel elle a accordé ce droit.

c. Diritto d'opzione

¹ Ogni azionista ha diritto alla parte delle nuove azioni emesse che corrisponde alla sua partecipazione anteriore.

² La deliberazione dell'assemblea generale di aumentare il capitale azionario può sopprimere il diritto d'opzione soltanto per gravi motivi. Sono gravi motivi segnatamente l'assunzione di imprese o parti d'impresa o partecipazioni, nonché la compartecipazione dei lavoratori. Nessuno dev'essere avvantaggiato o svantaggiato in modo incongruo dalla soppressione del diritto d'opzione.

³ La società non può, in seguito a limitazione statutaria della trasferibilità delle azioni nominative, impedire l'esercizio del diritto di acquistare azioni all'azionista cui lo abbia concesso.

1. Abschnitt: Allgemeine Bestimmungen   1–4 **Art. 652b**

Literatur

Vgl. die Literaturhinweise zu Art. 650.

I. Revisionsgeschichte

Die Verstärkung des Schutzes des Bezugsrechts gehörte als Teil des Aktionärsschutzes zu den erklärten Zielen der Aktienrechtsrevision 1991 (s. BGE 121 III 223, 227; Botschaft AG, 24, 47 und 52; NOBEL, 1174; FORSTMOSER, ZSR 1992, 13; RUF, 351). Das gesetzliche Bezugsrecht ist nicht mehr lediglich dann gewährleistet, wenn die Statuten oder der Erhöhungsbeschluss nichts anderes bestimmen (so Art. 652 OR 1936); vielmehr kann es nur noch aus wichtigen Gründen (s. N 13 ff.) und nur im Erhöhungsbeschluss selbst eingeschränkt oder aufgehoben werden. Neu sind sodann die ausdrückliche Verankerung des Gleichbehandlungsgrundsatzes und die Regelung des Verhältnisses zwischen Bezugsrecht und Vinkulierung. Die neue Ordnung des Bezugsrechts stand – im Gegensatz zur Vinkulierung – schon in den frühen Stadien der Revision in ihren wesentlichen Zügen fest (s. Art. 652b).   1

II. Funktion, Rechtsnatur und Bedeutung des Bezugsrechts

Das Bezugsrecht nach Art. 652b bezweckt den Schutz der bisherigen Beteiligten vor einer Schwächung ihrer Rechtsstellung infolge von *ordentlichen oder genehmigten* Kapitalerhöhungen. Es dient der **Vermeidung der Verwässerung** sowohl des Kapitalanteils, insb. des Dividendenanteils, als auch des Mitverwaltungsanteils, insb. der Stimmkraft (BÖCKLI, § 2 N 273 f.; BÉNÉDICT/JAQUIER, 153 ff.; STIEGER-CHOPARD, 59 ff.; GERICKE, 241 f.; T. VON PLANTA, 49 f.; ZINDEL, Diss., 34 ff., 67 ff.). Das Bezugsrecht hat seine Hauptbedeutung in den geschlossenen Aktiengesellschaften kleinerer und mittlerer Grösse. Bei Publikumsgesellschaften mit börsenkotierten und weit gestreuten Aktien ist seine mitgliedschaftsrechtliche Bedeutung geringer, da der Aktionär seine Stellung i.d.R. auf dem freien Markt sichern oder ausbauen kann (BGE 121 III 233; FORSTMOSER/MEIER-HAYOZ/NOBEL, § 40 N 254 und 256a; BÖCKLI, § 2 N 284). Zur Berechnung des Bezugsrechts BOEMLE, 316 ff.; NOBEL, Finanzmarktrecht, § 10 N 150 f.   2

Das Bezugsrecht ist ein **gemischtes Mitgliedschaftsrecht,** das eine vermögensrechtliche und eine mitverwaltungsrechtliche Komponente aufweist (BGE 121 III 232; BÖCKLI, § 2 N 272; NOBEL, 1172). Es ist *unspaltbar* (BGE 109 II 139), nicht wohlerworben (BGE 117 II 300 = Pra 1992, 489) und kein Gestaltungsrecht; es hat reine Ausgleichsfunktion und damit keinen Geschenkcharakter (s. ZINDEL, Diss., 70 ff. m.Nw.). Seine Modalitäten sind zum überwiegenden Teil von der GV selbst festzulegen (s. N 7).   3

Indem das Gesetz die Gesellschaft ausdrücklich verpflichtet, das Bezugsrecht nur aus wichtigen Gründen aufzuheben, unterstreicht es die Bedeutung des Bezugsrechts für die Erhaltung der bisherigen Rechtsstellung des Aktionärs (s. BGE 121 III 223). Auf der anderen Seite steht das – ebenfalls erhebliche – Interesse der Gesellschaft, angesichts der volatilen Finanzmärkte günstige Gelegenheiten zur EK-Beschaffung ohne unüberwindliche Hindernisse nutzen zu können. Ferner ist die Bedeutung des Bezugsrechts für Klein-, Gross- und Spekulationsaktionäre sehr unterschiedlich (ZINDEL, Diss., 57 ff.). Es ist daher wichtig, die *Aktionärsinteressen nicht über einen Leisten zu schlagen* und z.B. bei kotierten Aktien zu berücksichtigen, dass das Bezugsrecht mit der Annäherung des Ausgabepreises an den Marktpreis zunehmend an Bedeutung verliert (s. BGE 121 III 233; WATTER, AJP 1992, 59; HIRSCH, 295; krit. A. VON PLANTA, SZW 1992, 208). Die Besonderheiten des Einzelfalles bez. Interessenlage der Gesell-   4 schaft, ihres Aktionärskreises und der Modalitäten der Kapitalerhöhung sind bei der Interessenabwägung ausschlaggebend (BGE 121 III 234; 117 II 301, E. 4e = Pra 1992, 490; FORSTMOSER/MEIER-HAYOZ/NOBEL, § 40 N 253 ff.; BÖCKLI, § 2 N 281 a.E.; NOBEL, 1174).

III. Bezugsberechtigte, Bezugsobjekte und Bezugsumfang (Abs. 1)

5   Obwohl Art. 652b nur das Bezugsrecht **des Aktionärs auf Aktien** regelt (s. Abs. 1), ziehen die gesetzlichen Regelungen des Bezugsrechts sowohl betr. die *Bezugsberechtigten* als auch betr. die *Bezugsobjekte* bedeutend weitere Kreise. Neben Art. 652b sind die Regelungen in Art. 656g (Bezugsrecht der Aktionäre auf PS, Bezugsrecht der Partizipanten auf Aktien und auf PS), in Art. 653c (Vorwegzeichnungsrecht der Aktionäre – und über Art. 656a Abs. 2 auch der Partizipanten – auf Wandel- und Optionsobligationen), in Art. 656 Abs. 2 (Bezugsrecht aus Vorzugsaktien) und in Art. 657 Abs. 2 (Bezugsrecht der Genussscheininhaber auf Aktien – und auf PS) zu beachten. Bei *börsenkotierten vinkulierten* Namenaktien kann der Erwerber das Bezugsrecht auch ohne Anerkennung durch die Gesellschaft, als Aktionär ohne Stimmrecht, ausüben (Art. 685 f Abs. 2; ZINDEL, FS Forstmoser, 206); bei *nicht börsenkotierten* vinkulierten Titeln verbleibt das Bezugsrecht so lange beim Veräusserer, bis die Gesellschaft der Aktienübertragung zugestimmt hat (Art. 685c Abs. 1) (FORSTMOSER/MEIER-HAYOZ/NOBEL, § 40 N 234 f.; BÖCKLI, § 2 N 272; NOBEL, 1173 f.; s.a. N 26 ff.).

6   Der Umfang des Bezugsrechts bemisst sich nach dem **Nennwert**, nicht nach der Aktienzahl (Botschaft AG, 120; FORSTMOSER/MEIER-HAYOZ/NOBEL, § 40 N 236; GERICKE, 242; T. VON PLANTA, 15; RUF, 371). Dies gilt grundsätzlich auch bei Vorzugs- und Stimmrechtsaktien und bei Teilliberierung (s. ZINDEL, Diss., 158 ff.; s.a. Art. 654–656 N 13).

IV. Kompetenzzuteilung

7   Die Frage der Kompetenzzuteilung zwischen der GV und dem VR und insb. jene der Kompetenzdelegation an den VR bei der genehmigten Kapitalerhöhung ist von erheblicher Bedeutung und hat die Gerichte in hohem Masse beschäftigt (BGE 121 III 219 ff.; 117 II 290 ff., 300 ff. = Pra 1992, 479 ff.). Die gesetzliche Regelung scheint eindeutig: Gemäss Art. 650 Abs. 2 entscheidet die **GV** über (s. FORSTMOSER/MEIER-HAYOZ/NOBEL, § 40 N 257 ff.; T. VON PLANTA, 54 f.; NOTTER, 88):

– die Bezugsberechtigten, insb. die Einschränkung oder *Aufhebung des Bezugsrechts* (Ziff. 8 s. aber die Präzisierungen sogleich in N 8 ff.);

– das Bezugsobjekt (Ziff. 2);

– den Bezugspreis (Ausgabepreis), sofern nicht delegiert (Ziff. 3);

– das Bezugsverhältnis (Ziff. 1; Art. 651 Abs. 2);

– die Zuweisung nicht ausgeübter oder entzogener Bezugsrechte (Ziff. 8);

– die Voraussetzungen für die Ausübung vertraglich erworbener Bezugsrechte (Ziff. 9).

7a   Dem **VR** verbleibt damit die Kompetenz, folgende Punkte zu regeln (FORSTMOSER/MEIER-HAYOZ/NOBEL, § 40 N 264 ff.):

– die Bezugsfrist (s. ZINDEL, Diss., 271 ff.);

– die Ausübung des Bezugsrechts (Bezugsrechtsausweis, Zeichnungsschein; s. ZINDEL, Diss., 276 ff.);

1. Abschnitt: Allgemeine Bestimmungen　　　　　　　　　　　8–9　**Art. 652b**

– den Bezugspreis, sofern delegiert (Art. 650 Abs. 2 Ziff. 3) und bei der genehmigten Kapitalerhöhung (Art. 651 Abs. 3).

Dieselbe Kompetenzzuteilung (mit den erwähnten Abweichungen) gilt aufgrund der Verweisung in Art. 651 Abs. 3 grundsätzlich auch für die *genehmigte* Kapitalerhöhung. Die Praxis hat hier zu Recht korrigierend eingegriffen (s. sogleich N 8 ff.).

Das BGer hat in seinem wegleitenden Entscheid i.S. SBG/BK Vision AG (BGE 121 III   **8**
219 ff.) die bislang umstrittene Frage, ob bei der *genehmigten Kapitalerhöhung* der Entscheid über den Ausschluss *des Bezugsrechts* an den VR delegiert werden könne, grundsätzlich bejaht (BGE 121 III 219 ff. E. 1). Das Problem stellt sich, weil die Gründe für einen Bezugsrechtsausschluss im Zeitpunkt des Ermächtigungsbeschlusses der GV (Art. 651 Abs. 1) typischerweise noch nicht bekannt sind. Bereits im Canes/ Nestlé-Entscheid hatte das BGer (an der Schwelle zum rev. Aktienrecht 1991) bei Vorratsaktien die Kompetenzdelegation zum Ausschluss des Bezugsrechts an den VR im Einklang mit der h.L. gutgeheissen (BGE 117 II 302 ff. E. 4 e/cc = Pra 1992, 491 ff.). Hauptargument war, dass die GV von ihrer Kompetenz, das Bezugsrecht aufzuheben, auch in der Weise Gebrauch machen kann, dass sie die definitive Entscheidung nicht selbst fällt, sondern dem VR überlässt.

Diese *Rechtsprechung* hat das BGer in BGE 121 III 229 f. *bestätigt* und festgehalten,   **8a**
dass die Verwendbarkeit des genehmigten Kapitals weitgehend illusorisch würde, wenn Art. 651 Abs. 3 so auszulegen wäre, dass er i.V.m. Art. 650 Abs. 2 Ziff. 8 eine Ermächtigung des VR zum Entscheid über das Bezugsrecht ausschliesse. Das Urteil wurde in der Literatur positiv aufgenommen (s. von den zahlreichen Urteilsbesprechungen v.a. ZOBL, SZW 1996, 139 ff.; A. VON PLANTA, FS Bär, 314 ff.; BÄR, ZBJV 1997, 325 ff.; SCHNYDER, ZBJV 1997, 30 ff.; VON BÜREN/BURI, BJV 1995, 598 ff.; FELDMANN, ZBJV 1995, 419 ff.; FELBER, SZW 1995, 148; s. ferner FORSTMOSER/MEIER-HAYOZ/ NOBEL, § 40 N 275 ff.; BÖCKLI, § 2 N 93 f. und N 260). – In der Literatur waren die Meinungen vor dem SBG/BK Vision-Entscheid geteilt. *Für* ein Fortbestehen der Delegationsmöglichkeit: FORSTMOSER, SZW 1993, 105 f.; BÖCKLI, 1. Aufl. 1992, N 280 f.; ISLER, 730 Anm. 24; s.a. RUF, 373 Anm. 118; NOBEL, 1176; *gegen* die Zulässigkeit der Delegation: T. VON PLANTA, 25, 87; HÜNERWADEL, 38; BÄR, BN 1992, 404 f.; VON GREYERZ, SAG 1983, 99, der immerhin einräumte, dass ohne Ausschluss des Bezugsrechts vom genehmigten Kapital kaum sinnvoll Gebrauch gemacht werden kann. Siehe auch § 203 Abs. 2 AktG; Art. 29 Abs. 4, 5 EU-Kapital-RL.

Mit seinem überzeugenden Grundsatzurteil BGE 121 III 219 ff. hat das BGer die fol-   **9**
gende Differenzierung bestätigt:

a) *Unzulässig* ist, im Ermächtigungsbeschluss der GV den Entscheid über einen Bezugsrechtsausschluss ohne Festlegung der einzelnen *wesentlichen Ausschlussgründe* dem VR zu überlassen; ungenügend ist insb. auch die Auflage, die neu ausgegebenen Aktien «im Interesse der Gesellschaft» zu verwenden (in BGE 117 II 302 ff. wurde diese Klausel noch geschützt; ungenügend auch eine Verweisung der GV auf «wichtige Gründe», ohne diese zu präzisieren; FORSTMOSER/MEIER-HAYOZ/NOBEL, § 40 N 277; STIEGER-CHOPARD, 196; ZOBL, SZW 1996, 143).

b) Zu einschränkend (und praxisfremd) ist, die Verwendung der genehmigten Kapitalerhöhung nur zuzulassen, wenn die GV bereits über den *konkreten Ausschlussgrund* beschliessen kann (im Zeitpunkt des Ermächtigungsbeschlusses der GV lassen sich die Einzelheiten der künftigen Verwendung des genehmigten Kapitals typischerweise noch gar nicht festlegen; BGE 121 III 232; BÖCKLI, § 2 N 295; FORSTMOSER/MEIERHAYOZ/NOBEL, § 40 N 279; VON BÜREN, ZBJV 1995, 79 f.; ZOBL, SZW 1996, 143).

c) *Zulässig* ist, dass die **GV** selbst den Ausschluss des Bezugsrechts für **bestimmte, in Art. 652b Abs. 2 genannte oder andere wesentliche** – im Zeitpunkt des Ermächtigungsbeschlusses aber noch nicht im Einzelnen bekannte – **Zwecke** (en connaissance de cause) beschliesst und die *konkrete Anwendung* des Bezugsrechtsausschlusses und dessen Rechtfertigung *dem VR überlässt* (s. FORSTMOSER/MEIER-HAYOZ/NOBEL, § 40 N 280; ZOBL, SZW 1996, 143; BÖCKLI, § 2 N 94; z.T. abw. GERICKE, 228, wonach erst der Entzug [durch den VR], nicht aber die Ermächtigung [durch die GV] an die wichtigen Gründe gebunden sei). Zu verlangen ist jedoch, dass die GV tatsächlich die einzelnen Ausschlussgründe selbst und abschliessend festlegt (keine carte blanche). Die spätere Konkretisierung des (von der GV abstrakt vorgegebenen) Ausschluss-Tatbestandes durch den VR ist der Aktionärskontrolle durch eine Anfechtungsklage gem. Art. 706 entzogen (A. VON PLANTA, FS Bär, 315).

d) Ebenfalls zulässig ist, **den VR zu ermächtigen,** entweder das Bezugsrecht für (von der GV festgelegte) bestimmte, im Gesetz erwähnte oder andere wesentliche Zwecke *im Bedarfsfall* und mit der erforderlichen Rechtfertigung in eigener Kompetenz *auszuschliessen* oder aber im Rahmen des genehmigten Betrages Kapitalerhöhungen mit Gewährung des Bezugsrechts zu beschliessen (auch diesbezüglich wird der VR autorisiert, aber nicht verpflichtet; BGE 121 III 233; BÖCKLI, § 2 N 94). Auf diese Weise kann die – der genehmigten Kapitalerhöhung von vornherein zugedachte – Flexibilität ohne unvertretbare Beschneidung der Kompetenzen der GV erhöht werden. Entscheidend ist, dass die GV weiss, in welchen Fällen das Bezugsrecht ausgeschlossen werden kann.

9a Über die Einhaltung der Auflagen im GV-Beschluss hat der VR im Kapitalerhöhungsbericht Rechenschaft abzulegen (Art. 652e Ziff. 4). – Eine Verletzung der dargelegten Kompetenzordnung führt zur Anfechtbarkeit der GV-Beschlüsse (s. N 25).

10 Freie Vorratsaktien im klassischen Sinne mit grossem Entscheidungsspielraum des VR hinsichtlich des Verwendungszwecks sind damit nicht mehr zulässig, wohl aber ein flexibel einsetzbares genehmigtes Kapital mit Delegationsmöglichkeiten an den VR zur Erreichung des ihm zugedachten Zwecks (s. zur Zulässigkeit und den Schranken von Vorratsaktien auch Art. 651 N 12 ff.).

V. Aufhebung oder Einschränkung des Bezugsrechts (Abs. 2)

1. Nur im GV-Beschluss

11 Das Bezugsrecht kann *nicht in den Statuten* eingeschränkt oder aufgehoben werden (zulässig noch unter dem früheren Recht, aber kaum je so gehandhabt; s. BÖCKLI, § 2 N 262 ff.; FORSTMOSER/MEIER-HAYOZ/NOBEL, § 40 N 239; ZINDEL, Diss., 212). Zulässig ist **ausschliesslich eine Einschränkung oder Aufhebung im Beschluss der GV** (Art. 652b Abs. 2 Satz 1), wobei zu beachten ist, dass es im Falle der *genehmigten* Kapitalerhöhung über den Ermächtigungsbeschluss zu einer Statuteneintragung für den Einzelfall kommt (s. Art. 651 Abs. 1). Die Neuregelung soll den VR dazu anhalten, jeden einzelnen Ausschluss des Bezugsrechts zu *begründen* (s. dazu BÖCKLI, § 2 N 266; T. VON PLANTA, 68, 72 ff.; NOTTER, 86; ZINDEL, Diss., 214 f., 254 ff.). Wird das Bezugsrecht eingeschränkt oder aufgehoben, prüft das Handelsregisteramt bei einer ordentlichen Kapitalerhöhung neu zusätzlich, ob die öffentliche Urkunde über den Beschluss der GV diese Angaben enthält (Art. 47 Abs. 1 lit. l HRegV; KÄCH, ZBGR 2008, 9).

Der Beschluss der GV (Erhöhungsbeschluss nach Art. 650 oder Ermächtigungsbeschluss nach Art. 651) unterliegt dem doppelten **Quorum gem. Art. 704** (s. Abs. 1 Ziff. 6), bedarf also der Zustimmung von *zwei Dritteln der vertretenen Stimmen* und der absoluten Mehrheit der vertretenen Aktiennennwerte (Näheres bei T. VON PLANTA, 75 ff.; FORSTMOSER/MEIER-HAYOZ/NOBEL, § 40 N 241; BÖCKLI, § 2 N 267). 12

2. Nur aus «wichtigen Gründen»

a) Zum Begriff des wichtigen Grundes

Als *unbestimmter Gesetzesbegriff* bedarf der Begriff des wichtigen Grundes der Konkretisierung. Leitlinie dafür ist Art. 4 ZGB, wonach die Entscheidung nach Recht und Billigkeit zu treffen ist, also alle erheblichen Umstände zu berücksichtigen und die Interessen gegeneinander abzuwägen sind (BK-MEIER-HAYOZ, Art. 4 ZGB N 46 f.; ausführlich GERICKE, 246 ff.; STIEGER-CHOPARD, 177 ff.; s. zur Terminologie auch BÖCKLI, § 2 N 281–283; FORSTMOSER/MEIER-HAYOZ/NOBEL, § 40 N 249; NOBEL, 1174). Infolge der kapitalbezogenen Struktur der AG ist zum vornherein ausschliesslich auf **sachliche Gründe** abzustellen; persönliche Gründe scheiden zur Rechtfertigung eines Bezugsrechtsausschlusses aus (s. T. VON PLANTA, 80 m.Nw.; vgl. Art. 706 Abs. 2 Ziff. 2). 13

Der im Zusammenhang mit dem Bezugsrechtsausschluss gewählte Begriff des wichtigen Grundes verschärft zwar den Gesetzeswortlaut (vgl. Art. 652 OR 1936), bedeutet aber *keinen Qualitätssprung*. Die von der Praxis (BGE 91 II 298 ff.; 117 II 300 f. = Pra 1992, 489 f.; s.a. BGE 121 III 234 ff.) und von der Lehre (T. VON PLANTA, 80, 88 ff.; ZINDEL, Diss., 237 ff., 251, je m.w.Nw.) **entwickelten Kriterien** für den Ausschluss des Bezugsrechts **bleiben grundsätzlich massgebend;** sie erfahren immerhin eine *gewisse Verschärfung*. Sind jedoch sämtliche von der (früheren) Praxis und Lehre gestellten Anforderungen (s. N 15) vollumfänglich erfüllt, so ist ein wichtiger Grund i.S.v. Art. 652b Abs. 2 i.d.R. gegeben (FORSTMOSER/MEIER-HAYOZ/NOBEL, § 39 N 93 f., § 40 N 249; s.a. BÖCKLI, § 2 N 281–283; STIEGER-CHOPARD, 179; ISLER, 734; z.T. abw. NOBEL, 1174 und GERICKE, 253 f., welche die «Kontinuität des Schrankenkonzeptes» verneinen und das von der h.L. zu Recht abgelehnte Kriterium der Unzumutbarkeit verwenden). 14

Ein Bezugsrechtsausschluss ist zulässig, wenn der Ausschluss: 15

1. durch ein **qualifiziertes sachliches Interesse der Gesellschaft gerechtfertigt** und zur Erreichung des Zieles *erforderlich,* unerlässlich ist (s. BGE 117 II 300 E. 4e = Pra 1992, 489; T. VON PLANTA, 88 ff.; ZINDEL, Diss., 237 ff.; ferner BÖCKLI, § 2 N 283; VON BÜREN, ZBJV 1995, 75; FORSTMOSER/MEIER-HAYOZ/NOBEL, § 40 N 249 f.; ISLER, 734 f.; HÜNERWADEL, 39; STIEGER-CHOPARD, 212 ff.; STRAZZER, 263; WENGER, 96 ff.; GUHL/KOLLER/SCHNYDER/DRUEY, 730; die von GERICKE, 254 f. betonte *Interessenabwägung* liegt im Ansatz und Ergebnis auch den hier in Ziff. 1 und 3 gestellten Anforderungen an einen Bezugsrechtsausschluss zugrunde; vgl. BGE 121 III 238 E. 3; NOBEL, 1173);

2. den **Grundsatz der Gleichbehandlung der Aktionäre** beachtet (so ausdrücklich Art. 652b Abs. 2 Satz 3; s. die in Ziff. 1 zit. Judikatur und Literatur, je m.w.Nw.; Näheres in N 22 f.);

3. dem **Prinzip der schonenden Rechtsausübung** genügt (s. insb. BGE 121 III 238 E. 3; 117 II 301 f. = Pra 1992, 490 f.; FORSTMOSER/MEIER-HAYOZ/NOBEL, § 39 N 95 ff.; § 40 N 252; STIEGER-CHOPARD, 216 ff.; STRAZZER, 265 ff.; T. VON PLANTA,

91 ff.; ZINDEL, Diss., 244 ff.; ferner MEIER-HAYOZ/ZWEIFEL, 393; HÜNERWADEL, 40 f.; das von T. VON PLANTA zusätzlich aufgestellte Kriterium der Verhältnismässigkeit, 95 ff., ist von den Anforderungen in Ziff. 1 und 3 bereits erfasst; ebenso STIEGER-CHOPARD, 178 f., 219; Näheres in N 24 f.).

16 Die materiellen Anforderungen, die Art. 652b Abs. 2 Satz 1 und 3 an den Ausschluss des Bezugsrechts stellen, sind **zwingender Natur** (s. T. VON PLANTA, 84 f.). Zu den Rechtsfolgen s. N 25.

b) Gesetzliche wichtige Gründe

17 Art. 652b Abs. 2 Satz 2 zählt *Ausschlussgründe* auf, die **von Gesetzes wegen als wichtige Gründe für den Ausschluss des Bezugsrechts** gelten: die Übernahme von Unternehmen, Unternehmensteilen oder Beteiligungen sowie die Beteiligung der Arbeitnehmer (vgl. BGE 121 III 235). Es handelt sich um (einen Teil jener) Fälle, bei denen eine Gewährung des Bezugsrechts zum vornherein (sachlogisch) nicht möglich ist, da die neuen Aktien nicht zugleich Dritten *und* den bisherigen Aktionären angeboten werden können (BÖCKLI, § 2 N 277–279). Unklar war, ob Akquisitionen und Arbeitnehmerbeteiligung per se wichtige Gründe darstellen oder ob der Bezugsrechtsausschluss auch in diesen Fällen den in N 15 angeführten Anforderungen unterliegt. Das Vorliegen eines der im Gesetz genannten Ausschlussgründe entbindet *nicht* vom Erfordernis, die inhaltlichen Kriterien für den Eingriff in die Rechtsstellung der Aktionäre zu beachten (der Folgerung von T. VON PLANTA, 101 f., es liege lediglich eine praesumptio iuris, aber keine praesumptio iuris et de iure vor, ist grundsätzlich zuzustimmen, wobei der Ausschluss in den im Gesetz genannten Gründen unausweichlich ist; s. BÖCKLI, § 2 N 278 f.; HELBLING, 63 f.; NOBEL, 1174 f.; M. WIDMER, 134; vgl. auch HÜNERWADEL, 40; ZINDEL, Diss., 228; krit. GERICKE, 258; differenzierend zur Qualifikation als unwiderlegbare gesetzliche Vermutung BÖCKLI, § 2 N 279). Die gegenteilige Ansicht wäre insb. deshalb schwierig zu stützen, weil es neben den im Gesetz aufgezählten wichtigen Gründen weitere, ebenso gewichtige, unerlässliche Ausschlussgründe gibt (s. N 20 ff.). Zu berücksichtigen ist aber auch, dass der Gesellschaft in der unternehmerischen *Zielsetzung* ein wesentlich grösserer Ermessensspielraum zukommt als bei der *Zielverwirklichung* (s. BGE 117 II 300 = Pra 1992, 489; ZINDEL, Diss., 239, 248).

18 Die in Art. 652b Abs. 2 genannten drei Formen von **Akquisitionen** (auf dem Wege der Kapitalerhöhung mit Sacheinlage) gestalten sich wie folgt (s. T. VON PLANTA, 103 f.; Botschaft AG, 120):

a) die Übernahme eines (ganzen) *Unternehmens* erfolgt entweder durch den Erwerb aller Aktien oder sämtlicher Aktiven und Passiven (Fusion nach Art. 3 ff. FusG);

b) die Übernahme eines *Unternehmensteils* vollzieht sich durch den Erwerb eines bestimmten Teils der Aktiven und Passiven (nicht aber von Aktien);

c) die Übernahme einer *Beteiligung* kommt durch den Erwerb von Aktien (nicht aber anderer Vermögenswerte) zustande (vgl. Art. 665a Abs. 2).

19 Für den Fall, dass nicht alle Aktionäre der Zielgesellschaft oder nicht alle Arbeitnehmer ihre Bezugsrechte ausüben, hat die GV im Erhöhungs- bzw. im Ermächtigungsbeschluss festzulegen, wem die **nicht ausgeübten Bezugsrechte zuzuweisen** sind (Anwendungsfall von Art. 650 Abs. 2 Ziff. 8; s. Art. 47 Abs. 1 lit. l HRegV; KÄCH, ZBGR 2008, 9; ferner die Differenzierung betr. Festübernahmeverfahren bei STRAZZER, 89 ff.). Als Zuweisungsempfänger kommen bei den Akquisitionen in erster Linie die akquirierende Gesellschaft selbst oder andere Aktionäre der Zielgesellschaft und bei der Arbeitneh-

merbeteiligung die Gesellschaft oder andere Arbeitnehmer in Frage (s. T. VON PLANTA 105, 107; WALTI, 233 f.; vgl. Art. 659; für eine Arbeitnehmerbeteiligung ist daher das bedingte Kapital grundsätzlich zweckmässiger; s.a. HELBLING, 83). Möglich ist bei Festübernahmen auch eine Bestimmung, dass die nicht bezogenen Aktien für Rechnung der Gesellschaft über die Börse verkauft werden.

c) Weitere wichtige Gründe

Die Aufzählung der wichtigen Gründe in Art. 652b Abs. 2 Satz 2 ist *nicht abschliessend* («insbesondere»; s. Botschaft AG, 120; BGE 121 III 236; NOBEL, 1174; BÉNÉDICT/JAQUIER, 160; STIEGER-CHOPARD, 180; RHB II 569). Als **weitere zulässige Ausschlussgründe** (jetzige und aus künftigen Entwicklungen sich ergebende) kommen insb. in Betracht: andere Fälle von Sacheinlagen, namentlich die *Fusion,* einschliesslich der Quasifusion, ferner die Umwandlung von PS in Aktien (BÖCKLI, § 2 N 278 f.; ZINDEL, Diss., 219, 230 ff.), die Finanzierung von Akquisitionen oder neuer Investitionsprojekte der Gesellschaft durch internationale Aktienplatzierungen zu Marktkonditionen (BGE 121 III 235, 237; BÖCKLI, § 2 N 280; CHK-MÜLLER, Art. 652b N 17; NOBEL, 1175; ISLER, 735; s.a. HIRSCH, 295; krit. A. VON PLANTA, FS Bär, 315 ff.), die Umwandlung von FK in EK zu Sanierungszwecken (T. VON PLANTA, 111 f.; differenzierend BÖCKLI, § 2 N 280; ZINDEL, Diss., 235 f.), die Rückzahlung eines Mezzanine-Darlehens (s. BARTHOLD, SZW 2000, 228 f.), die Einräumung einer (geringfügigen) Mehrzuteilungsoption (Greenshoe Option) an die Syndikatsbanken, die eine Aktienplatzierung durchführen, sowie ein Bedarf der Gesellschaft, möglichst viel EK zum Marktwert der Aktien aufnehmen zu können (und nicht über eine Kapitalerhöhung mit Bezugsrecht, bei welcher der Ausgabepreis deutlich unter dem Börsenwert liegen kann; s. BGE 121 III 236; Näheres zum Element der kosten- und kapitalmarktmässigen Vorteile einer Aktienplatzierung bei GERICKE, 259 ff.).

Bei der Frage, ob auch *Finanzierungsvorhaben* einen Bezugsrechtsausschluss rechtfertigen können, ist wie folgt zu differenzieren: Zwar stellt die Finanzierung von Investitionen für sich allein kaum einen wichtigen Grund für einen Bezugsrechtsausschluss dar, hingegen kann die Finanzierung von Übernahmen und Beteiligungen im Einzelfall die Aufhebung des Bezugsrechts rechtfertigen. Dies ist insb. dann der Fall, wenn bei der Finanzierung von Unternehmensübernahmen ausländische Vorschriften die Kotierung oder Platzierung von Aktien der übernehmenden Gesellschaft auf dem dortigen Aktienmarkt verlangen (BGE 121 III 237). Bei anderen Finanzierungen sind die Interessen der Gesellschaft und der bisherigen (Minderheits-)Aktionäre sorgfältig abzuwägen und hohe Anforderungen an den Nachweis zu stellen, dass eine andere Finanzierung nicht zu vernünftigen Bedingungen erhältlich ist (strenger A. VON PLANTA, FS Bär, 316 f.).

Als wichtiger Grund kann auch der Ausschluss zum Zwecke der Durchführung des *Festübernahmeverfahrens* gelten, bei welchem das Bezugsrecht zwar formell, nicht aber funktionell ausgeschlossen wird (s.a. Art. 650 N 33 f., 651 N 4; FORSTMOSER, SZW 1993, 103; BÖCKLI, § 2 N 280, s. aber auch seine abw. Haltung in N 30; MEIER-HAYOZ/FORSTMOSER, § 16 N 203; VON BÜREN, ZBJV 1995, 57 ff., 76; RUF, 373 f.; CHAUDET, 280; vgl. auch CHK-MÜLLER, Art. 652b N 19); ferner je nach den Umständen auch der Ausschluss bei einer Umwandlung von PS-Kapital in AK zum Zwecke der Vereinheitlichung der Titelstruktur (s. ISLER, 736; Stimmrechtsverwässerung), allenfalls eine Beteiligung eines strategisch wichtigen Geschäftspartners und das Vorliegen einer Übernahmesituation (mit der das Kapital erhöhenden Gesellschaft als Zielgesellschaft; NOBEL, Querbezüge zwischen Aktienrecht und Börsengesetz, ST 1997, 468; vgl. auch ZOBL, Rechtsstellung der Zielgesellschaft bei öffentlichen Kaufangeboten,

SZW Sondernummer 1997, 68; Art. 29 Abs. 2 BEHG). – Diese und allfällige weitere wichtige Gründe (s. T. VON PLANTA, 109 ff.; HÜNERWADEL, 40; KUY, Der Verwaltungsrat im Übernahmekampf, Diss. Zürich 1989, 122 f.; ZINDEL, Diss., 242 f.; s.a. BGE 117 II 300 f. = Pra 1992, 489; HIRSCH, 294 f.; DUBS, 47 f. und GEHRER, 207 ff.; s. zum deutschen Recht BÜRGERS/HOLZBORN, 2273 f.) rechtfertigen einen Bezugsrechtsausschluss nur, wenn sie *im Einzelfall sämtliche Voraussetzungen* für den Ausschluss (s. N 15) *erfüllen* (so auch HIRSCH, 295; vgl. BÖCKLI, § 2 N 280 f.; FORSTMOSER/MEIER-HAYOZ/NOBEL, § 40 N 253 ff.). Da die Gewährung des Bezugsrechts die Regel darstellt, ist – namentlich bei privaten Gesellschaften – Zurückhaltung geboten. Eine von den Aktionären nicht erkannte, *nicht gewollte* Verkürzung der Aktionärsrechte ist zu vermeiden, wogegen der Nachweis, dass die sachlichen Interessen der Gesellschaft in der konkreten Situation und bei den gewählten Modalitäten der Kapitalerhöhung deutlich überwiegen, stets zuzulassen ist.

21 Im Erhöhungs- bzw. im Ermächtigungsbeschluss der GV müssen anwendbare weitere wichtige Gründe *im Einzelnen und abschliessend angeführt* werden (ISLER, 735; vgl. auch BGE 121 III 234; bei der genehmigten Kapitalerhöhung finden diese damit auch Eingang in die Statuten). Ergänzungen wie «andere im Interesse der Gesellschaft liegende Zwecke» (je nach den Umständen noch zulässig nach BGE 117 II 301 f. = Pra 1992, 489 f.) oder «ähnliche Gründe» sind abzulehnen (Näheres in Art. 652b N 9).

3. Gleichbehandlung

22 Der Grundsatz der Gleichbehandlung der Aktionäre, der schon bisher als Voraussetzung für den Ausschluss des Bezugsrechts galt (s. BGE 121 III 230, 232; 117 II 300 f. = Pra 1992, 489 f.; BGE 102 II 267 f.; 99 II 58 f.; 91 II 301; FORSTMOSER/MEIER-HAYOZ/NOBEL, § 40 N 251; ausführlich HUGUENIN JACOBS, 181 ff.; ZINDEL, Diss., 240 ff. m.w. Nw.; nunmehr BGer v. 5.3.2003, 4C.242/2001, E. 4.1), ist in Art. 652b Abs. 2 Satz 3 *ausdrücklich verankert* (im Verhältnis VR – Aktionäre auch in Art. 717 Abs. 2). *Jeder* Bezugsrechtsausschluss setzt voraus, dass keine unsachliche Begünstigung oder Benachteiligung vorliegt (s. N 15; BÖCKLI, § 2 N 269 und N 289; SCHALLER/WEBER, 116; BAUEN/BERNET, Rz 244). Die Gleichbehandlung ist auch hier auf die Kapitalbeteiligung ausgerichtet, kommt also den Aktien und nicht den Aktionären zu (s. MEIER-HAYOZ/ FORSTMOSER, § 16 N 115, 191); sie ist lediglich eine **relative** («in unsachlicher Weise»; s. BGE 117 II 312 = Pra 1992, 499; BGE 91 II 309; HUGUENIN JACOBS, 189 f.; T. VON PLANTA, 83; ZINDEL, Diss., 241 f.; s.a. GERICKE, 263; Botschaft AG, 141). *Unsachlich* ist eine Beeinträchtigung, die sich bei vernünftiger wirtschaftlicher Überlegung nicht durch die Interessen der Gesellschaft oder der Gesamtheit ihrer Aktionäre rechtfertigen lässt; dies ist insb. der Fall, wenn einer bestimmten Aktionärsgruppe Vorteile verschafft werden sollen, die mit der Verfolgung des Gesellschaftszwecks nichts zu tun haben (BGer v. 5.3.2003, 4C.242/2001, E. 4.1 m.w.H.). Der Gleichbehandlungsgrundsatz kann im Normalfall als gewahrt gelten, wenn «das Bezugsrecht allen Aktionären auf die gleiche Weise entzogen worden ist» (BGE 117 II 302 = Pra 1992, 490 m.w.Nw.; vgl. auch T. VON PLANTA, 84; ZINDEL, Diss., 219, 222 f.; Botschaft AG, 121).

23 Zu beachten ist der Grundsatz der Gleichbehandlung auch bei der Gewährung des Bezugsrechts sowie *bei der Zuweisung der nicht ausgeübten und der entzogenen Bezugsrechte* nach Art. 650 Abs. 2 Ziff. 8 (s. ZINDEL, Diss., 153 f. und 240 f.). Der Gleichbehandlungsgrundsatz gilt ferner nicht nur innerhalb derselben Aktienkategorie, sondern – bei Berücksichtigung der kategoriellen Unterschiede – über die einzelnen Kategorien hinweg (ebenso FORSTMOSER/MEIER-HAYOZ/NOBEL, § 39 N 39).

4. Schonende Rechtsausübung

24 Das Prinzip der schonenden Rechtsausübung hat in der Lehre, gerade auch als Kriterium für den Bezugsrechtsausschluss, seit längerem Fuss gefasst (s. die Hinweise in N 15, ferner FORSTMOSER/MEIER-HAYOZ/NOBEL, § 39 N 97). Das BGer hat den Grundsatz in BGE 121 III 238 und 117 II 300 ff. = Pra 1992, 489 ff. **auch formell anerkannt,** nachdem es schon in BGE 91 II 298 ff., 309 diesbezügliche Erwägungen angeführt hatte (offen gelassen in BGE 102 II 268 f.; s.a. FORSTMOSER/MEIER-HAYOZ/ NOBEL, § 39 N 102a; GERICKE, 264). Auch die Bestimmung, wonach Beschlüsse anfechtbar sind, die eine durch den Gesellschaftszweck nicht gerechtfertigte Benachteiligung der Aktionäre bewirken (Art. 706 Abs. 2 Ziff. 3), trägt das Gedankengut der schonenden Rechtsausübung. Bei ordentlichen und genehmigten Kapitalerhöhungen wird der Grundsatz v.a. bei einer die Minderheit ungerechtfertigt benachteiligenden Festsetzung des *Bezugspreises* oder des Bezugsverhältnisses relevant (s. BGer v. 11.7.2007, 4A.43/2007, E. 4 f.; weitere Bsp. bei ZINDEL, Diss., 246). Das Prinzip der schonenden Rechtsausübung erfasst damit insb. die Fälle des *faktischen Bezugsrechtsausschlusses,* bei welchem das Bezugsrecht zwar formell gewährt, dessen Ausübung aber wesentlich erschwert oder gar verunmöglicht wird (s.a. Art. 653c N 17; vgl. CHK-MÜLLER, Art. 652b N 25).

24a Im *Gesetzesentwurf 2007* wird der heutige Art. 652b Abs. 2 Satz 3 in einen eigenständigen neuen Abs. 4 aufgenommen und in seiner Bedeutung erweitert. Es soll klargestellt werden, dass eine Kapitalerhöhung nicht dazu benutzt werden darf, die Stellung insb. von Minderheitsaktionären in unsachlicher Weise zu beeinträchtigen (Fälle rechtsmissbräuchlicher Modalitäten der Bezugsrechtsgewährung oder faktischer Bezugsrechtsausschlüsse; Bsp. in Botschaft Aktien- und Rechnungslegungsrecht, 1645).

24b Ob die materiellen Kriterien für den Entzug des Bezugsrechts erfüllt sind, ist im *Einzelfall* zu beurteilen. Bei der Gewichtung der Interessen der Aktionäre ist zu berücksichtigen, dass das Bezugsrecht hauptsächlich in kleineren und mittelgrossen Aktiengesellschaften eine Rolle spielt, deutlich weniger jedoch bei einer Publikumsgesellschaft mit breit gestreuten Aktien (N 2; BGE 121 III 233). Bei *Publikumsgesellschaften* bedeutet ein Bezugsrechtsausschluss bei wirtschaftlich gut strukturierten Kapitalerhöhungen häufig keinen schwerwiegenden Eingriff in die Aktionärsrechte. Dies gilt namentlich bei Ausgabe der neuen Aktien nahe beim Börsenkurs, bei liquidem Markt und einem prozentual geringfügigen Ausmass der Erhöhung. Der Ausgabepreis für die neuen Aktien liegt in der Praxis im Falle eines Ausschlusses des Bezugsrechts oft näher beim Börsenkurs als bei Gewährung des Bezugsrechts. Das Problem einer Stimmrechtsverwässerung stellt sich bei breit gestreutem Aktionärskreis kaum (s.a. BGE 121 III 234 f.; BÖCKLI, § 2 N 284 f.; FORSTMOSER/MEIER-HAYOZ/NOBEL, § 40 N 254, 256a).

5. Rechtsfolgen

25 Verletzungen der gesetzlichen und allfälliger statutarischer Bezugsrechte führen zur **Anfechtbarkeit** nach Art. 706 Abs. 2, wobei wie folgt zu differenzieren ist (s. VOCK, 35 ff.; BÉNÉDICT/JAQUIER, 166 ff.; T. VON PLANTA, 121 f.):

a) Werden die Einschränkung oder die Aufhebung des Bezugsrechts, die Zuweisung nicht ausgeübter oder entzogener Bezugsrechte oder die Voraussetzungen für die Ausübung vertraglich erworbener Bezugsrechte entgegen Art. 650 Abs. 2 Ziff. 7–9 bzw. Art. 651 Abs. 3 nicht im Erhöhungs- bzw. im Ermächtigungsbeschluss der GV beschlossen oder werden andere formelle Voraussetzungen verletzt (s. Art. 700

Abs. 2, Art. 704 Abs. 1 Ziff. 6), so sind die Beschlüsse der GV anfechtbar gem. Art. 706 Abs. 2 Ziff. 1.

b) Sind die *materiellen Voraussetzungen* für eine Einschränkung oder Aufhebung des Bezugsrechts (s. N 15) nicht erfüllt, so sind die Beschlüsse der GV nach Art. 650 Abs. 2 bzw. Art. 651 Abs. 1 aufgrund von Art. 706 Abs. 2 Ziff. 2 anfechtbar (vgl. BGer v. 11.7.2007, 4A.43/2007, E. 5), nicht aber der Erhöhungsbeschluss des VR nach Art. 651 Abs. 4 (die Konkretisierung des von der GV korrekt an den VR delegierten Bezugsrechtsausschlusses ist mit der Anfechtungsklage nicht überprüfbar; A. VON PLANTA, FS Bär, 315; s.a. N 9 f.).

c) Eine Verletzung des Gleichbehandlungsgrundsatzes führt zur Anfechtbarkeit gem. Art. 706 Abs. 2 Ziff. 3 (HUGUENIN JACOBS, 185; FORSTMOSER/MEIER-HAYOZ/NOBEL, § 39 N 83).

d) Nicht zu urteilen hat der Richter demgegenüber über die Frage der Notwendigkeit einer Kapitalerhöhung und über die mit ihr verfolgten Ziele (BGer vom 11.7.2007, 4A.43/2007 E. 5).

Zum Prozessualen und zur *Beweislast* s. Art. 653c N 21–24 sowie VOCK, 35 ff., 187 ff.; STIEGER-CHOPARD, 291 ff.; T. VON PLANTA, 102, 129 f.; ZINDEL, Diss., 257 f. – Zu den Rechtsfolgen bei nachträglichem *Wegfall des Ausschlussgrundes* s. T. VON PLANTA, 118 ff.

25a Bei Missachtung des Gleichbehandlungsgebots durch den VR oder andere Exekutivorgane kommt ggf. eine *Verantwortlichkeitsklage* auf Schadenersatz in Betracht (Art. 754 ff.; FORSTMOSER/MEIER-HAYOZ/NOBEL, § 39 N 84).

VI. Bezugsrecht und Vinkulierung (Abs. 3)

26 Art. 652b Abs. 3 stellt klar, dass **das Bezugsrecht der Vinkulierung grundsätzlich vorgeht.** Um den (beschränkten) Anwendungsbereich der Bestimmung zu erkennen, ist wie folgt zu differenzieren: Stärker als die Vinkulierung nach Art. 685a ff. sind nur *originäre*, also aufgrund der bisherigen Beteiligtenstellung erworbene Bezugsrechte («eingeräumt»); auf *derivative*, vertraglich erworbene Bezugsrechte findet die Bestimmung dagegen keine Anwendung (ebenso FORSTMOSER/MEIER-HAYOZ/NOBEL, § 40 N 290; s.a. BÖCKLI, § 2 N 291 f.; NOBEL, 1173 f.; T. VON PLANTA, 146 ff.; OBRECHT, Bezugsrecht und Vinkulierung, Diss. Bern 1984, 140; WATTER, AJP 1992, 60; ZINDEL, Diss., 116 ff.; Botschaft AG, 120).

27 Derivativer Erwerb liegt insb. vor, wenn Bezugsrechte über den *Bezugsrechtshandel* erworben werden. Dies gilt sowohl für Dritte als auch für (bisherige) Aktionäre, die zusätzliche Bezugsrechte erwerben (ausgenommen Aufrundung von Bezugsrechtsspitzen). Nur so kann z.B. eine statutarische Prozentklausel (Art. 685d Abs. 1) durchgesetzt werden. Beim *Festübernahmeverfahren* ist (obwohl formal-rechtlich ein derivativer Erwerb vorliegt) Art. 652b Abs. 3 anzuwenden (ebenso FORSTMOSER/MEIER-HAYOZ/NOBEL, § 40 N 290; ZINDEL, Diss., 118 f.). Die Anwendung der Vinkulierung auf derivative Bezugsrechte ist ein Anwendungsfall von Art. 650 Abs. 2 Ziff. 9 («Ausübung vertraglich erworbener Bezugsrechte»; **a.M.** BÖCKLI, § 2 N 293 und N 78; vgl. Art. 650 N 31).

28 Originär erwerben auch die *(dritten) Bezugsberechtigten,* denen die den (bisherigen) Aktionären *entzogenen Bezugsrechte zugeteilt* werden. Auch ihr Bezugsrecht geht – über den Wortlaut von Art. 652b Abs. 3 («Aktionär») hinaus – der Vinkulierung vor (**a.A.** T. VON PLANTA, 148). In solchen Fällen wird den Dritten in der Praxis denn auch regelmässig die Eintragung ins Aktienbuch zugesichert (vgl. auch BÖCKLI, § 2 N 292 a.E.).

Werden neue Namenaktien den **Partizipanten** (s. Art. 656g Abs. 2, 3) oder **Aktionären ohne Stimmrecht** originär angeboten, so kann ihnen zwar die Ausübung des Bezugsrechts nicht verwehrt werden. Hingegen kann ihnen die Vinkulierung in dem Sinne entgegengehalten werden, dass sie ihre bisherige beschränkte Rechtsstellung zwar wahren, aber nicht verbessern können. Diese Bezugsberechtigten sind daher (bei kotierten Titeln) als *Aktionäre ohne Stimmrecht* ins Aktienbuch einzutragen (und bleiben so bei nächsten Kapitalerhöhungen bezugsberechtigt; s.a. BÖCKLI, § 2 N 294). Sowohl Art. 656 a Abs. 2 als auch Art. 685 f Abs. 2 Satz 2 sind in diesem Sinne *relativ* zu verstehen (s. ZINDEL, FS Forstmoser, 1993, 207 und 213). 29

Der *Gesetzesentwurf 2007* sieht in einem neuen Abs. 5 vor, dass der *Ausgabebetrag* nur dann wesentlich tiefer als der wirkliche Wert der Aktien festgesetzt werden kann, wenn das *Bezugsrecht handelbar* ist oder sämtliche Aktionäre dem Ausgabebetrag zustimmen (s. Art. 650 N 15). Damit soll eine Verwässerung des Substanzwerts verhindert werden; Handelbarkeit der Bezugsrechte setzt einen genügenden Markt für eine dem wirklichen Wert entsprechende Preisbildung voraus (Botschaft Aktien- und Rechnungslegungsrecht, 1645 f.; vgl. CHK-MÜLLER, Art. 652b N 30). Wenig zweckmässig dürfte diese Regelung in Sanierungssituationen privater Aktiengesellschaften sein (die Bestimmung sieht keine Ausnahmefälle vor). 29a

VII. Rechtsvergleichung

Das deutsche, österreichische, italienische sowie das EG-Recht sehen zwar Quoren vor und stellen besondere Anforderungen an den Bezugsrechtsausschluss, kennen aber kein (formelles) Erfordernis «wichtiger Gründe» (s. § 186 Abs. 3 f., § 203 Abs. 2 AktG; § 153 Abs. 3 f. öAktG, art. 2441 al. 5 CC it.; Art. 29 Abs. 4 f., Art. 40 EU-Kapital-RL s. ferner art. 183 al. 2, art. 186, 186–3 LSC; s.a. T. VON PLANTA, 39 ff.; BÖCKLI, § 2 N 266; ZINDEL, Diss., 316 ff.; für den Fall der Festübernahme STRAZZER, 250 f.). Seit BGHZ 71, 43 ff. («Kali + Salz») wird im deutschen Recht eine sachliche Rechtfertigung für den Bezugsrechtsausschluss gefordert (RODLOFF, Zum Kontrollmasstab des Bezugsrechtsausschlusses, Zeitschrift für Wirtschaftsrecht, 2003, 1076 f.). Eine solche Rechtfertigung wird bejaht, wenn der Ausschluss im Gesellschaftsinteresse liegt und zur Erreichung des Zieles geeignet, erforderlich und verhältnismässig ist (zum genehmigten Kapital s. insb. auch BGHZ 136, 133 ff. [«Siemens/Nold»]; es besteht die Tendenz, dem Leitungsorgan grosse Bewegungsfreiheit und Flexibilität einzuräumen). Zur Rechtslage bei nachträglichem Wegfall des Zwecks des Bezugsrechtsausschlusses s. EKKENGA, AG 2001, 626 ff. Siehe zu weiteren Fragen des Bezugsrechtsausschlusses im *deutschen* Recht ferner DREIER, Bezugsrechtsauschluss im Aktienrecht. – Reduzierung der Anforderungen an die sachliche Rechtfertigung, Diss. Oberhausen 2005; MASLO, Interessenwahrung und Rechtsschutz der Aktionäre beim Bezugsrechtsausschluss im Rahmen des genehmigten Kapitals, Diss. Osnabrück, 2006; rechtsvergleichend MOROGLU, Bezugsrechtsausschluss im Spannungsfeld zwischen unternehmerischen Ermessen und Aktionärsschutz bei der Publikumsgesellschaft: eine rechtsvergleichende Untersuchung des US-amerikanischen, deutschen, schweizerischen und türkischen Gesellschafts- und Kapitalmarktrecht, Diss. Hamburg 2001; zum *österreichischen* Recht s. WELLNER, Das Bezugsrecht und der Bezugsrechtsausschluss bei der Aktiengesellschaft, Diss. Linz 2004. 30

31 Die Bezugsrechtsregelung in Art. 29 EU-Kapital-RL ist lückenhaft, indem sie den Mitgliedstaaten ermöglicht, den Bezugsrechtsschutz durch Wahl einer qualifizierten Kapitalerhöhung (anstelle einer Barliberierung) zu umgehen und bestimmte Aktienkategorien überhaupt ohne Bezugsrecht auszustatten (s. die Übersicht bei HABERSACK, Gesellschaftsrecht, N 187 ff.). Im Gegensatz zum schweizerischen Aktienrecht sieht die Kapitalrichtlinie eine Frist (von mind. 14 Tagen) für die Ausübung des Bezugsrechts vor. An den Ausschluss des Bezugsrechts stellt Art. 652b insgesamt *höhere Anforderungen als die EU-Regelungen* (ausführlich T. VON PLANTA, 39 ff.; s.a. KUNZ, § 12 N 142, grundsätzliche EU-Konformität der Kapitalerhöhung). Eine Delegation des Entscheides über den Bezugsrechtsausschluss beim genehmigten Kapital an den VR lassen das deutsche und das EU-Recht (auf der Stufe der Regelungen in den Mitgliedstaaten) zu (s. N 8 f.).

Art. 652c

d. Leistung der Einlagen — Soweit das Gesetz nichts anderes vorschreibt, sind die Einlagen nach den Bestimmungen über die Gründung zu leisten.

d. Libération des apports — Sauf disposition contraire de la loi, les règles sur la fondation s'appliquent à la libération des apports.

d. Prestazione dei conferimenti — Salvo disposizione contraria della legge, i conferimenti sono effettuati secondo le norme applicabili in caso di costituzione.

Literatur

Vgl. die Literaturhinweise zu Art. 650.

1 Die Anforderungen an die Leistung (Deckung) der Einlagen sind bei der – ordentlichen und genehmigten – Kapitalerhöhung *grundsätzlich dieselben wie bei der Gründung*. Art. 652c verweist daher der Einfachheit halber auf Art. 633, 634 und 634a (s.a. BÖCKLI, § 2 N 111; FORSTMOSER/MEIER-HAYOZ/NOBEL, § 52 N 119; C. WIDMER, 111). Der Vorbehalt abweichender Vorschriften betrifft die eigens geregelte Liberierung aus Reserven gem. Art. 652d (Botschaft AG, 121; FORSTMOSER/MEIER-HAYOZ/NOBEL, § 52 N 117; vgl. Art. 653a N 7).

2 Bei der Barliberierung kann jede Bank i.S. des Bankengesetzes als Einzahlungsstelle fungieren (s. Art. 633). Bei *Festübernahme* der neuen Aktien durch ein Bankenkonsortium darf jedoch die Einzahlungsstelle keine Bank dieses Konsortiums sein noch zu einer dieser Banken in einem Abhängigkeitsverhältnis stehen. Der Einzahlungsbetrag bis zur Höhe des Nennwertes pro Aktie ist bis nach der Eintragung der Kapitalerhöhung in das Handelsregister blockiert (Art. 633 Abs. 2), während das Agio der Gesellschaft auf einem separaten Bankkonto sofort zur freien Verfügung gestellt werden kann (CHK-MÜLLER, Art. 652c N 3; JBHReg 1998, 320; FORSTMOSER/MEIER-HAYOZ/NOBEL, § 14 N 23 Anm. 17a; C. WIDMER, 277; ISLER, 728 Anm. 14; **a.A.** BÖCKLI, § 1 N 201 und § 2 N 111). Der Mehrbetrag des Agio wird auch nicht in das Handelsregister eingetragen. Neben der Barliberierung stehen die Fälle der **qualifizierten Kapitalerhöhungen:** Sacheinlage (s. Art. 634; Art. 650 N 20), Sachübernahme (vgl. Art. 650 Abs. 2 Ziff. 4 f.), Umwandlung von frei verwendbarem EK (Art. 652d; Art. 652e Ziff. 3), Umwandlung von FK in EK (Verrechnung mit Forderungen gegenüber der Gesellschaft; s. Art. 652e Ziff. 2) (FORSTMOSER/MEIER-HAYOZ/NOBEL, § 52 N 120 ff.; BÖCKLI, § 2 N 113 ff.; s.a.

FORSTMOSER, Aktienrecht, § 15 N 147 ff.). – Die Arten der Einlagen können auch *kombiniert* eingesetzt werden (z.B. Sacheinlage und Verrechnung; FORSTMOSER/MEIER-HAYOZ/NOBEL, § 15 N 35; BERTHEL/BOCHUD, N 279). – Zu den Besonderheiten der Ermittlung des (möglichst marktnahen) Emissionspreises im *Bookbuildingverfahren* s. ZOBL, 461 ff.

Die **Liberierung durch Verrechnung** wird als eigenständige Einlagemöglichkeit anerkannt (vorausgesetzt in Art. 652e Ziff. 2; BÖCKLI, § 2 N 123 ff.; GLANZMANN, 223; C. WIDMER, 381; s.a. FORSTMOSER, SZW 1992, 61; Art. 650 N 21; REBSAMEN/THOMI, 88, 113; MOSIMANN, passim; s.a. Art. 652e N 5; vgl. auch BGer v. 16.2.2001, H.68/2000, E. 4). Sie kommt bei der Kapitalerhöhung wesentlich häufiger zur Anwendung als bei der Gründung, besonders in personenbezogenen Gesellschaften zu Sanierungszwecken (BÖCKLI, § 1 N 240 und N 253 Anm. 473; FORSTMOSER/MEIER-HAYOZ/NOBEL, § 52 N 122; GLANZMANN, 221; C. WIDMER, 383). Im Gegensatz zu Sacheinlagen und -übernahmen bestehen hier keine Publizitätsvorschriften (s. Art. 650 N 20 f.), was von der h.L. zu Recht kritisiert wird (FORSTMOSER/MEIER-HAYOZ/NOBEL, § 15 N 63; BÖCKLI, § 1 N 323; GLANZMANN, 224). 3

Die mit der Liberierungsforderung als Hauptforderung zu verrechnende Forderung kann im Umfang ihres Nominalwerts verrechnet werden. Das in der Literatur z.T. geforderte weitere Erfordernis der **Werthaltigkeit** (BÖCKLI, § 2 N 124 ff., mit ausführlicher Begründung und Betonung der Unerlässlichkeit eines hinreichenden Aktivenüberschusses; C. WIDMER, 389; KUNZ, Minderheitenschutz, § 2 N 47; s.a. RHB 1998, Ziff. 7.2422) findet im Gesetz *keine Stütze* und drängt sich aus Gründen des Gläubiger- und Aktionärsschutzes nicht auf (wie hier FORSTMOSER/VOGT, die aufgrund einer umfassenden Analyse zum Ergebnis gelangen [566], dass die im Rahmen einer Kapitalerhöhung zur Verrechnung gebrachten Forderungen nicht in dem Sinne werthaltig sein müssen, dass ihr wirtschaftlicher Wert ihrem nominalen Wert zu entsprechen hätte; GLANZMANN, 227 ff.; CHK-MÜLLER, Art. 652c N 5; PFEIFER, AJP 2000, 1475; CAMPONOVO, ST 1999, 885 ff.; BERTSCHINGER, 319; s. zum deutschen Diskurs DRYGALAT, Die Kapitalerhöhung durch Aufrechnung mit einem Guthaben gegenüber der AG nach deutschem Recht, SZW 2006, 245 ff., mit Replik auf VRBASKI, Zur Liberierung durch Verrechnung bei der sanierenden Kapitalerhöhung nach schweizerischem und deutschem Aktienrecht, SZW 2005, 59 ff.); es widerspricht wohl auch den Grundsätzen der Verrechnung (die stets nur Bestand/Verität verlangt, nicht aber eine Bonitätsbeurteilung voraussetzt). 4

Die Verrechnungsliberierung ist kein Sonderfall der Liberierung durch Sacheinlage, sondern hat *eigenständigen Charakter* und unterliegt eigenen (geringeren) Anforderungen (s. Art. 635 Ziff. 1 und 2, Art. 652e Ziff. 1 und 2, wo Bewertung ein Element der Sacheinlage, nicht aber der Verrechnung ist; s. zur Kontroverse, der v.a. in *Sanierungsfällen* Bedeutung zukommt, ausführlich FORSTMOSER/VOGT, 531 ff.; ferner die Beiträge von GLANZMANN und SCHOCH in NZZ vom 12.7.1999, 1.9.1999 und 21.9.1999 und zur jüngsten Kontroverse SCHAUB, Riskante Verrechnungsliberierung, NZZ vom 21.3.2007 und die Replik von BLUM, Zulässige Verrechnungsliberierung, NZZ vom 11.4.2007). Auch mit Forderungen, für die ein *Rangrücktritt* erklärt worden ist, kann die Liberierungspflicht verrechnet werden, da auch durch die Verrechnung einer nachrangigen Forderung der Substanzwert der Gesellschaft – auf dem Wege der Verminderung der Verbindlichkeiten der Gesellschaft in diesem Betrag – erhöht wird (GLANZMANN, 225 f., 230; CAMPONOVO, ST 1999, 888 f.; **a.A.** BÖCKLI, § 2 N 149 ff.; s.a. Art. 653a N 10). Ausgeschlossen ist die Verrechnung nur mit betriebswirtschaftlich nicht begründeten Forderungen, welche die Gesellschaft gerade im Hinblick auf die anstehende Kapitalerhöhung begründet («produziert») hat, während allein der späte Zeit- 4a punkt der Begründung der zur Verrechnung gestellten Forderung die Verrechnung nicht unzulässig macht (s. FORSTMOSER/VOGT, 559 f.; C. WIDMER, 388; MEISTERHANS, Diss., 413).

5 Da die Verrechnungsliberierung Gegenstand des Kapitalerhöhungsberichts des VR (Art. 652e Ziff. 2) und der Prüfungsbestätigung der RS ist (mit allfälligen Verantwortlichkeitsfolgen), kann die Verrechnung der Liberierungsforderung nicht gegen den Willen der Organe der AG vorgenommen werden (KÜNG, JBHReg 1996, 80; C. WIDMER, 383 f.; GLANZMANN, 227). Nicht anwendbar sind Art. 120 Abs. 2 und Abs. 3 (Verrechnung mit bestrittener und verjährter Gegenforderung; FORSTMOSER/MEIER-HAYOZ/NOBEL, § 15 N 32; C. WIDMER, 387 f.; GLANZMANN, 226; wohl **a.A.** RHB 1998, Ziff. 7.2422). Zur Verrechnungsmöglichkeit in Konzernverhältnissen (mit Einschränkung des Erfordernisses der Gegenseitigkeit) s. C. WIDMER, 386; GLANZMANN, 225.

6 Zulässig ist auch eine Kapitalerhöhung durch *Herabsetzung der Liberierungsquote;* dabei wird der Nennwert der (Namen-)Aktien erhöht unter gleichzeitiger Senkung des Prozentsatzes der Liberierung dieser – inskünftig teilliberierten – Aktien (s. BGE 67 I 116; FORSTMOSER/MEIER-HAYOZ/NOBEL, § 52 N 147 f.; KÜNG, Art. 940 N 248 ff., m.H. auf die Schranken).

Art. 652d

e. Erhöhung aus Eigenkapital

¹ Das Aktienkapital kann auch durch Umwandlung von frei verwendbarem Eigenkapital erhöht werden.

² Die Deckung des Erhöhungsbetrags ist mit der Jahresrechnung in der von den Aktionären genehmigten Fassung und dem Revisionsbericht eines zugelassenen Revisors nachzuweisen. Liegt der Bilanzstichtag mehr als sechs Monate zurück, so ist ein geprüfter Zwischenabschluss erforderlich.

e. Augmentation au moyen de fonds propres

¹ Le capital-actions peut aussi être augmenté par la conversion de fonds propres dont la société peut librement disposer.

² La preuve que le montant de l'augmentation est couvert est apportée au moyen des comptes annuels, dans la version approuvée par les actionnaires, et du rapport de révision établi par un réviseur agréé. Si la date de clôture des comptes est antérieure à six mois, un bilan intermédiaire vérifié est nécessaire.

e. Aumento mediante capitale proprio

¹ Il capitale azionario può essere aumentato anche mediante conversione di capitale proprio liberamente disponibile.

² La prova della copertura dell'ammontare dell'aumento è addotta con il conto annuale nella versione approvata dagli azionisti e con la relazione di revisione di un revisore abilitato. Se questo conto risale a più di sei mesi, è necessario un bilancio intermedio verificato.

Literatur

Vgl. die Literaturhinweise zu Art. 650.

1. Abschnitt: Allgemeine Bestimmungen   1–5   Art. 652d

I. Revisionsgeschichte

Die Erhöhung aus EK war im früheren Aktienrecht nur auf Verordnungsstufe geregelt 1
(heute Art. 45 Abs. 2); ihre Zulässigkeit war aber seit langem unbestritten (s. FORSTMO-
SER, Aktienrecht, § 15 N 237 m.Nw.; C. WIDMER, 401). Die Neuregelung in Art. 652d
und 652e Ziff. 3 drängte sich insb. wegen des Problems des Nachweises und der Überprüfung der Verfügbarkeit des umzuwandelnden EK auf. Der Fiskus hat sich den sachlich verfehlten Ausdruck der «Gratisaktien» (s. MEIER-HAYOZ/FORSTMOSER, § 16
N 455; ZINDEL, Diss., 144; BOEMLE, 322) während Jahrzehnten zunutze gemacht (s.a.
N 7). Zu den Gründen für Kapitalerhöhungen aus EK s. FORSTMOSER/MEIER-HAYOZ/
NOBEL, § 52 N 131 ff.; C. WIDMER, 403 f. Im Zuge der Änderungen zur Revisionspflicht im Gesellschaftsrecht ist Art. 652d Abs. 2 angepasst worden, um der vom neuen
Revisionsrecht geschaffenen Möglichkeit Rechnung zu tragen, dass nicht alle Aktienge-
sellschaften zwingend über eine Revisionsstelle verfügen (opting-out gem. Art. 727a
Abs. 2; Botschaft RAG, 4035).

II. Freie Verwendbarkeit (Abs. 1)

In AK (oder in PS-Kapital) umwandelbar ist nur EK, das für diesen Zweck **frei ver-** 2
wendbar ist. Dies setzt voraus, dass:

a) das für die Umwandlung einzusetzende EK *keine Sperrfunktion* zu erfüllen hat (gesetzliches Hindernis; s. Art. 680 Abs. 2, Art. 659, 725 Abs. 1 u.a.);

b) nicht Statutenbestimmungen einer Verwendung zur Umwandlung in EK entgegenstehen (statutarisches Hindernis; z.B. Dividendenreserve oder andere zweckgebundene
statutarische Reserven gem. Art. 672 Abs. 2).

Nicht frei verwendbar i.S.v. Art. 652 Abs. 1 sind demzufolge (vgl. Botschaft AG, 121; 3
FORSTMOSER/MEIER-HAYOZ/NOBEL, § 52 N 138; BÖCKLI, § 2 N 117):

– die allg. gesetzliche Reserve (Art. 671), soweit sie die Hälfte des AK – und des PS-
Kapitals, Art. 656b Abs. 3 – nicht übersteigt (Abs. 3; Holdinggesellschaften ausgenommen, Abs. 4);

– die Reserve für eigene Aktien (Art. 671a);

– die stillen Reserven, solange sie nicht aufgelöst und in offene Reserven umgewandelt
worden sind (s. KÜNG, Art. 940 N 256 ff.; C. WIDMER, 407).

Frei verwendbar ist dagegen neben dem Bilanzgewinn und den freien statutarischen 4
Reserven gemäss ausdrücklicher gesetzlicher Anordnung die Aufwertungsreserve
(Art. 671b; BÖCKLI, § 2 N 117; FORSTMOSER/MEIER-HAYOZ/NOBEL, § 52 N 139; C.
WIDMER, 407).

Neues AK kann in *analoger Anwendung* von Art. 652d durch die **Aufhebung von PS-** 5
Kapital liberiert werden (BERTHEL/BOCHUD, N 285 ff.; REBSAMEN/THOMI, 92), obwohl
das PS-Kapital seit dem Aktienrecht 1991 nicht mehr frei verfügbares Kapital darstellt
(die analoge Anwendung ist aber gerechtfertigt, da weder eine Einzahlung noch eine
Sacheinlage oder Liberierung durch Verrechnung erfolgt; ISLER, 736 Anm. 59; vgl.
auch C. WIDMER, 407; HORBER, 173, Liberierung durch «Verrechnung» wohl im un-
technischen Sinn verstanden). Ausgeschlossen ist dagegen eine Umwandlung von Genussscheinen, da diese keinen Nennwert haben können (Art. 657 Abs. 3). Zum erforderlichen Bezugsrechtsausschluss s. Art. 652b N 20. Ein Kapitalherabsetzungsverfahren
erübrigt sich, da die EK-Ziffer nicht tangiert wird (Ausnahmeklausel in Art. 732

Abs. 1; FORSTMOSER/MEIER-HAYOZ/NOBEL, § 46 N 70; BÖCKLI, § 5 N 23). Sind Zusammenlegungen von PS erforderlich, so ist Art. 623 Abs. 2 zu beachten (s. REBSAMEN/THOMI, 78 und 103). Sodann kann Art. 656 f Abs. 4 anwendbar sein, falls die PS in Aktien der «am wenigsten bevorzugten» Kategorie umgewandelt werden (s. Art. 656 f Abs. 2, 4). Ein – zusätzlicher – Beschluss der GV nach Art. 654 ist i.d.R. entbehrlich (ebenso BÖCKLI, § 5 N 26; FORSTMOSER/MEIER-HAYOZ/NOBEL, § 46 N 75; BERTHEL/ BOCHUD, N 289).

5a Umstritten ist, ob eine Umwandlung von PS-Kapital in AK zwingend einer *Kapitalerhöhung* bedarf (so mit guten Gründen BÖCKLI, § 5 N 24 f.; HORBER, 173; C. WIDMER, 407; ISLER, 736; LUSSY, BN 1992, 444; offen gelassen bei FORSTMOSER/MEIER-HAYOZ/ NOBEL, § 46 N 69 ff.) oder auch auf dem Wege einer blossen Statutenänderung (bei entsprechender statutarischer Grundlage, Art. 627 Ziff. 7) durchgeführt werden kann (so LEDERER/KÄCH, JBHReg 1993, 48, sich zu Unrecht auf BÖCKLI, 1. Aufl., N 485 [3. Aufl. § 5 N 22 ff.], berufend; s.a. GERICKE, 308 Anm. 1490). Die Umwandlung von PS in Aktien ist etwas anderes als die Umwandlung von Inhaber- in Namenaktien, wozu ein GV-Beschluss und die statutarische Grundlage genügt. AK und PS-Kapital sind eigenständige Teile des EK der Gesellschaft, und der PS ist nicht eine weitere Aktienart. Das zeigt sich z.B. aus den gesetzlichen Bestimmungen von Art. 656b Abs. 5 oder 656g oder Art. 6 Abs. 1 lit. g StG. Das (Zürcher) Handelsregisteramt lässt die direkte Umwandlung zu.

5b Bei der börsenrechtlichen Meldepflicht ist die Umwandlung von PS (oder GS) in Aktien dem Erwerb von Aktien gleichgestellt (Art. 20 Abs. 2 BEHG).

III. Nachweis der Deckung (Abs. 2)

6 Die Deckung des zur Liberierung des Erhöhungsbetrages einzusetzenden EK ist durch eine von einem zugelassenen Revisor *geprüfte* und von den Aktionären **genehmigte Jahresrechnung** nachzuweisen (s. Art. 731 Abs. 1 i.V.m. der Wendung «in der von den Aktionären genehmigten Fassung»; BÖCKLI, § 2 N 118; FORSTMOSER/MEIER-HAYOZ/NOBEL, § 52 N 141). Dadurch soll eine Scheinliberierung durch fiktive Reserven verhindert werden (HOMBURGER, Art. 652d; Botschaft AG, 121; Botschaft RAG, 4035). Ein knapper gefasster, aber **geprüfter Zwischenabschluss** (im Gesetzesentwurf 2007: Zwischenbilanz) ist nötig, falls der Bilanzstichtag (letzter Tag der von der Jahresrechnung abgedeckten Rechnungsperiode) mehr als *sechs Monate* zurückliegt, zu rechnen ab dem Zeitpunkt des Feststellungsbeschlusses des VR nach Art. 652g (s. Abs. 1 Ziff. 3); eine Verlängerung der Toleranzfrist auf neun Monate kommt hier – im Gegensatz zu Art. 652a Abs. 1 Ziff. 5 (s. dort N 4) – wegen des materiellen und nicht bloss informativen Charakters des Zwischenabschlusses nicht in Betracht (anders als hier wird dort auch nicht ein *geprüfter* Zwischenabschluss verlangt; s.a. C. WIDMER, 409 Anm. 2397; FORSTMOSER/MEIER-HAYOZ/NOBEL, § 52 N 141 Anm. 53; **a.A.** BÖCKLI, § 2 N 107 und 119 f.). Auch ein Zwischenabschluss hat die drei Elemente Erfolgsrechnung, Bilanz und Anhang gem. Art. 662 Abs. 2 aufzuweisen. Nicht erforderlich ist dagegen i.d.R. (s. die Ausnahme bei BÖCKLI, § 2 N 120) ein Jahresbericht, der Teil des Geschäftsberichtes, nicht aber der Jahresrechnung ist (Art. 662 Abs. 1). Der neu formulierte Abs. 2 (s. N 1; in Kraft seit 1.1.2008) verlangt für eine Liberierung aus Eigenmitteln einen Revisionsbericht (eines zugelassenen Revisors) auch bei jenen Gesellschaften, die über keine Revisionsstelle verfügen (Botschaft RAG, 4035).

1. Abschnitt: Allgemeine Bestimmungen 7–10 **Art. 652d**

IV. Verfahrensmodalitäten

Eine Erhöhung aus EK ist auch im Rahmen der *genehmigten* Kapitalerhöhung zulässig (Art. 652d gehört zu Ziff. 3 mit dem Randtitel «Gemeinsame Vorschriften»). Obwohl hier die Festlegung der Art der Einlagen gem. Art. 651 Abs. 3 grundsätzlich dem VR zusteht (s. Art. 651 N 18), hat die **GV** die Verwendung von EK zum Zwecke der Umwandlung in AK zu beschliessen (vgl. Art. 698 Abs. 2 Ziff. 4, «Beschlussfassung über die Verwendung des Bilanzgewinnes»; Art. 674 Abs. 2, 3; FORSTMOSER/MEIER-HAYOZ/ NOBEL, § 52 N 279; CHK-MÜLLER, Art. 652d N 1; C. WIDMER, 404; GERICKE, 126; BÖCKLI, § 2 N 121; BERTHEL/BOCHUD, N 385; a.A. VON GREYERZ, SAG 1983, 98). «Art der Einlagen» in Art. 651 Abs. 3 betrifft nur Einlagen der bisherigen Aktionäre (und Partizipanten) oder Dritter, nicht aber solche der Gesellschaft selbst. Liberierung des genehmigten Erhöhungsbetrages mit frei verwendbarem EK setzt daher eine ausdrückliche Ermächtigung durch die GV voraus. **7**

Infolge der bei der Erhöhung aus EK ausgeprägteren Kapitalverwässerung erhält das *Bezugsrecht* eine verstärkte Bedeutung (s. ZINDEL, Diss., 143 ff.). Ein wichtiger Grund für einen Ausschluss des Bezugsrechts (s. insb. Art. 652b N 20) ist hier denn auch – von der Umwandlung von PS-Kapital (s. N 5) abgesehen – kaum vorstellbar (ebenso BÖCKLI, § 2 N 122; im deutschen Recht erwerben die bisherigen Aktionäre die neuen Anteile in diesem Falle ipso iure, § 212 AktG). – Zur Frage, ob sich der Aktionär die Umwandlung von Reserven und Bilanzgewinn gefallen lassen muss oder ob er Auszahlung verlangen kann, s. FORSTMOSER, Aktienrecht, § 15 N 257 ff. **8**

Bei Erhöhungen aus EK sind *keine Zeichnungsscheine* erforderlich (s. Art. 652 N 2; FORSTMOSER/MEIER-HAYOZ/NOBEL, § 52 N 114 und 144; BÖCKLI, § 2 N 121; JBHReg 1998, 312); ein Prospekt ist mangels öffentlichen Zeichnungsangebotes nicht erforderlich (FORSTMOSER, Aktienrecht, § 15 N 254 und 256). – Der Erhöhungs- bzw. der Ermächtigungsbeschluss der GV unterliegt dem *Quorum von Art. 704* (s. Abs. 1 Ziff. 5). – Die Umwandlung von frei verwendbarem EK in AK muss *in den Statuten nicht offen gelegt* werden und führt zu *keiner Handelsregisterpublizität* (vgl. Art. 627 f., Art. 641; FORSTMOSER/MEIER-HAYOZ/NOBEL, § 52 N 143; BERTHEL/BOCHUD, N 284 und 290; REBSAMEN/THOMI, 90; s.a. Art. 650 N 21). – Die freie Verwendbarkeit des umzuwandelnden EK ist Gegenstand des *Kapitalerhöhungsberichtes* (Art. 652e Ziff. 3). – Zur steuerrechtlichen Behandlung einer Kapitalerhöhung aus EK s. FORSTMOSER/MEIER-HAYOZ/NOBEL, § 52 N 145 f. Gemäss einem neueren BGE stellen Gratisaktien kein beitragspflichtiges Einkommen i.S.v. Art. 5 Abs. 2 AHVG dar (BGE 122 V 178 ff.; s.a. MB S-02 136 der ESTV vom 16.1.1996 Aktionärs- oder Gratisoptionen, ergänzt und teilweise geändert durch RS der ESTV vom 6.5.2003 über Mitarbeiteroptionen und Vesting-Klauseln). **9**

V. Rechtsvergleichung

Siehe §§ 207 ff. AktG; österreichisches Kapitalberichtigungsgesetz vom 19.5.1967; art. 180 al. 2, art. 194 LSC; art. 2442 CC it. **10**

Art. 652e

f. Kapitalerhöhungsbericht	Der Verwaltungsrat gibt in einem schriftlichen Bericht Rechenschaft über: 1. die Art und den Zustand von Sacheinlagen oder Sachübernahmen und die Angemessenheit der Bewertung; 2. den Bestand und die Verrechenbarkeit der Schuld; 3. die freie Verwendbarkeit von umgewandeltem Eigenkapital; 4. die Einhaltung des Generalversammlungsbeschlusses, insbesondere über die Einschränkung oder die Aufhebung des Bezugsrechtes und die Zuweisung nicht ausgeübter oder entzogener Bezugsrechte; 5. die Begründung und die Angemessenheit besonderer Vorteile zugunsten einzelner Aktionäre oder anderer Personen.
f. Rapport d'augmentation	Le conseil d'administration rend compte dans un rapport écrit: 1. de la nature et de l'état des apports en nature ou des reprises de biens et du bien-fondé de leur évaluation; 2. de l'existence de la dette et de la réalisation des conditions nécessaires à sa compensation; 3. de la libre disponibilité des fonds propres convertis; 4. de l'application de la décision de l'assemblée générale, en particulier quant à la limitation ou à la suppression du droit de souscription préférentiel et quant au sort des droits de souscription préférentiels non exercés ou supprimés; 5. des motifs et du bien-fondé des avantages particuliers accordés à certains actionnaires ou à d'autres personnes.
f. Relazione sull'aumento del capitale	Il consiglio d'amministrazione dà in una relazione scritta ragguagli su: 1. la specie e lo stato dei conferimenti in natura o delle assunzioni di beni, e l'adeguatezza della loro stima; 2. l'esistenza del debito e la sua compensabilità; 3. la libera disponibilità del capitale proprio convertito; 4. il rispetto della deliberazione dell'assemblea generale, in particolare per quanto concerne la limitazione o soppressione del diritto d'opzione e l'utilizzazione dei diritti d'opzione non esercitati o soppressi; 5. le ragioni e l'adeguatezza dei vantaggi speciali accordati a singoli azionisti o ad altri.

Literatur

Vgl. die Literaturhinweise zu Art. 650.

I. Revisionsgeschichte

1 Art. 650 Abs. 2 OR 1936 verwies auf die Anforderungen des Gründerberichtes gem. Art. 630 OR 1936. Diese Bestimmung erfasste die klassischen, qualifizierten Fälle der Sacheinlage, Sachübernahme und der besonderen Vorteile. Der Inhalt des Kapitalerhöhungsberichtes nach Art. 652e ist um drei Punkte erweitert (s. Ziff. 2–4) und hat insb. durch die Ziff. 4 (Einhaltung des GV-Beschlusses) eine Neuausrichtung erfahren. Der

obligatorische Kapitalerhöhungsbericht stellte eine wichtige Neuerung der Aktienrechtsrevision 1991 bei der Regelung der Kapitalerhöhungen dar (s. BÖCKLI, § 2 N 155).

II. Anwendungsbereich

Im Gegensatz zum Gründungsbericht nach Art. 635 hat der VR bei **jeder ordentlichen oder genehmigten Kapitalerhöhung** einen Kapitalerhöhungbericht zu erstellen (s. Art. 652e Ziff. 4, Art. 652f Abs. 2; BGE v. 16.3.1998, JBHReg 1998, 244 und BN 1998, 344; ZR 1998, 113 ff.; BÖCKLI, § 2 N 152 und N 155; FORSTMOSER/MEIER-HAYOZ/NOBEL, § 52 N 150; C. WIDMER, 236; NOTTER, 115). Dies gilt also auch für Kapitalerhöhungen, die keine qualifizierten Tatbestände aufweisen (Barliberierung), die Bezugsrechte nicht einschränken und damit (im Falle der ordentlichen Kapitalerhöhung) dem Quorum von Art. 704 (Abs. 1 Ziff. 5 und 6) nicht unterliegen (C. WIDMER, 236; BÖCKLI, § 2 N 155; **a.A.** GERICKE, 214, der einen Kapitalerhöhungsbericht bei Zustimmung sämtlicher Aktionäre für verzichtbar hält, soweit die Rechenschaftsablage einzig den Schutz der Aktionäre bezweckt und sofern die Verzichtserklärung unmittelbar vor dem Feststellungsbeschluss und der Statutenänderung erfolgt; vgl. aber auch GERICKE, 213 a.E.).

2

Der Grund für diesen *weiten Anwendungsbereich* liegt darin, dass nach neuem Recht nicht mehr die GV die Kontrolle über die Durchführung der Kapitalerhöhung ausübt und die abschliessenden Feststellungen trifft, sondern der VR die Kapitalerhöhung selbständig zu Ende führt (Wiederherstellung des Gleichgewichts von «checks and balances»; s. GERICKE, 213; BERTHEL/BOCHUD, N 254; VON GREYERZ, SAG 1983, 96). Der Kapitalerhöhungsbericht ist unerlässliche Voraussetzung für die Statutenänderung und die Feststellungen des VR nach Art. 652g (s. Abs. 1 Ingress, Abs. 3; Art. 46 Abs. 2 lit. d, Art. 50 Abs. 1 HRegV; s.a. FORSTMOSER/MEIER-HAYOZ/NOBEL, § 52 N 154; BÖCKLI, § 2 N 155). – Die bedingte Kapitalerhöhung kennt das Erfordernis eines Kapitalerhöhungsberichtes nicht (FORSTMOSER/MEIER-HAYOZ/NOBEL, § 52 N 150 Anm. 59 und N 404).

2a

III. Inhalt

Der schriftliche Bericht des VR hat bei **Sacheinlage und Sachübernahme** (Ziff. 1) sowie Einräumung besonderer Vorteile (Ziff. 5; s. N 8), den herkömmlichen qualifizierten Kapitalerhöhungen, nicht bloss die Angaben, die schon im Erhöhungsbeschluss gem. Art. 650 Abs. 2 Ziff. 4 und 5 (und z.T. im Ermächtigungsbeschluss, Art. 651 Abs. 3) verlangt sind, zu wiederholen, sondern sich neben der Art auch über den **Zustand der einzubringenden Vermögenswerte** und über die **Angemessenheit der** (bei der ordentlichen Kapitalerhöhung schon im Hinblick auf den Erhöhungsbeschluss erfolgten) **Bewertung** auszusprechen (Ziff. 1). Erreicht die Sacheinlage nicht den Wert, der ihr gemäss Scheinlagevertrag zukommen müsste, ist die Handelsregisteranmeldung unwahr (Verletzung der Kapitalschutzbestimmungen) und die Eintragung zu verweigern (BGE 132 III 668; s. dazu VOGT, 39 ff.). Bei der Einbringung eines Geschäftes mit Aktiven und Passiven genügt die Einreichung einer Bilanz, und der Zustand der in der Bilanz als Zusammenzug wiedergegebenen Sacheinlagegegenstände kann zusammenfassend umschrieben werden (KÜNG, Art. 940 N 220). Auf entsprechende detaillierte Angaben in den Sacheinlage- und Sachübernahmeverträgen kann verwiesen werden, da auch diese Handelsregisterbelege sind (s. Art. 652g Abs. 3); bei beabsichtigter Sachübernahme, bei welcher noch kein Sachübernahmevertrag vorliegt, ist der Bericht selbst notgedrungen detaillierter (s.a. C. WIDMER, 342 ff.). – Die Einräumung besonderer Vorteile

3

gem. Art. 650 Abs. 2 Ziff. 6 ist zu begründen und ihre Angemessenheit darzulegen (Ziff. 5). Der Kapitalerhöhungsbericht hat alle gesetzlich vorgeschriebenen Punkte zu umfassen – auch bei einfachen Verhältnissen. Die strengen inhaltlichen Anforderungen dienen der Transparenz und sind durch diesen Zweck gerechtfertigt (BGE v. 16.3.1998, JBHReg 1998, 237 ff. und BN 1998, 344 f.; ZR 1998, 113 ff.).

4   Da der VR im Kapitalerhöhungsbericht über die im Gesetz angeführten Punkte «Rechenschaft» zu geben hat, genügt es nicht, bloss festzustellen, die gesetzlichen Anforderungen seien erfüllt (ungenügend etwa: «Art und Zustand der Vermögenswerte sind dem VR aufgrund vorgenommener Prüfungen im Detail bekannt»; «die Bewertung erfolgte in Übereinstimmung mit den gesetzlichen Vorschriften nach kaufmännischen Grundsätzen und ist angemessen»). Vielmehr hat sich der Bericht *inhaltlich zu den Zustands- und Bewertungsfragen zu äussern,* z.B. durch Anführen einer Übernahmebilanz. Der VR soll sein Handeln nicht bloss bestätigen, er muss es **begründen.** Der Kapitalerhöhungsbericht muss so abgefasst sein, dass RS, Aktionäre und Gläubiger überprüfen können, *wie* der VR die in Art. 652e Ziff. 1–5 angeführten Anforderungen erfüllte. Die massgeblichen Erwägungen sind offen zu legen, damit die Vertretbarkeit der Bewertung überprüft werden kann (GERICKE, 216 f.; C. WIDMER, 241 f., 343 f.; BÖCKLI, § 2 N 154; KÜNG, Art. 940 N 221 [mit Bsp. zu Liegenschaft]; Botschaft AG, 114; s.a. NOTTER, 116 f.). Bei komplexen Bewertungsaufgaben hat der VR ggf. einen Experten beizuziehen (GERICKE, 215, 218; C. WIDMER, 237); der Kapitalerhöhungsbericht bleibt aber ein Dokument des VR (s. N 10). Da der Kapitalerhöhungsbericht Handelsregisterbeleg und damit jedermann zugänglich ist (Art. 652g Abs. 3, Art. 652h Abs. 2 Ziff. 1; C. WIDMER, 243; FORSTMOSER/MEIER-HAYOZ/NOBEL, § 52 N 155; HOMBURGER, zu Art. 652e; Botschaft AG, 122), bilden Geschäftsgeheimnisse eine Schranke. Sind die Feststellungen des VR gem. Art. 652e über die Durchführung des Kapitalerhöhungsbeschlusses *inhaltlich falsch,* weil die von der GV gefassten Beschlüsse nicht eingehalten worden sind, ist die fehlende Übereinstimmung ein Mangel formeller Natur und als *Eintragungshindernis* vom Handelsregisteramt zu berücksichtigen (BGE 132 III 675 f. E. 3.3.1 a.E.).

5   Bei zwei weiteren Formen qualifizierter Kapitalerhöhungen hat der VR in einem Kapitalerhöhungsbericht Rechenschaft abzulegen:

a) Bei **Liberierungen durch Verrechnung** mit Forderungen gegen die Gesellschaft sind der Bestand und die Verrechenbarkeit der Schuld (der Gesellschaft) darzulegen (Ziff. 2; s. GLANZMANN, 223; BÖCKLI, § 2 N 153; CHK-MÜLLER, Art 652e N 7; vgl. auch BGer v. 16.2.2001, H.68/2000, E. 4). Verrechenbarkeit verlangt Erfüllbarkeit (der Forderung gegen die Gesellschaft; die Liberierungsforderung ist fällig), Gegenseitigkeit und Gleichartigkeit (KÜNG, JBHReg 1996, 75; DERS., Art. 940 N 222; BÖCKLI, § 1 N 240; FORSTMOSER/MEIER-HAYOZ/NOBEL, § 15 N 31; Botschaft AG, 114; VON GREYERZ, SAG 1983, 96; s.a. die Differenzierungen von GLANZMANN, 225, und C. WIDMER, 386, zum Erfordernis der Gegenseitigkeit, insb. in Konzernverhältnissen). Näheres zur Verrechnungsliberierung, namentlich zur Frage der *Werthaltigkeit,* in Art. 652c N 3 f.

b) Bei **Erhöhungen aus EK** nach Art. 652d hat der VR Rechenschaft zu geben über die freie Verwendbarkeit des umzuwandelnden EK (Ziff. 3, s. Art. 652d N 2 ff.). Darzulegen ist mithin, dass die (durch die Jahresrechnung oder den Zwischenabschluss ausgewiesenen) Gewinn- oder Reservebeträge vorhanden und nicht zweckgebunden sind (Botschaft AG, 122).

1. Abschnitt: Allgemeine Bestimmungen 6–9 **Art. 652e**

Inhalt des Kapitalerhöhungsberichtes bildet neben den Besonderheiten bei qualifizierten 6
Kapitalerhöhungen auch die **Einhaltung der übrigen Elemente des GV-Beschlusses**
(Ziff. 4), also des Erhöhungsbeschlusses bei der ordentlichen und des Ermächtigungsbeschlusses bei der genehmigten Kapitalerhöhung. Bei Barliberierungen (ohne beabsichtigte Sachübernahme) reduziert sich der Kapitalerhöhungsbericht auf die Angaben gem. Ziff. 4 (C. WIDMER, 243 f.; s. RUF, 376 f.). Der VR hat darzulegen, dass er bei der Ausführung des Kapitalerhöhungsbeschlusses der GV sämtliche Elemente gem. Art. 650 Abs. 2 Ziff. 1–9 eingehalten hat (wobei bei der genehmigten Kapitalerhöhung die Angaben gem. Ziff. 3–5 in den Kompetenzbereich des VR fallen, s. Art. 651 Abs. 3, 4; s.a. C. WIDMER, 238 ff.; ISLER, 728 f.). Da der VR im Kapitalerhöhungsbericht Rechenschaft zu geben (besser: abzulegen; so Botschaft AG, 114) hat (Art. 652e Ingress), genügt es auch hier nicht (vgl. N 4), die gesetzliche Formulierung zu wiederholen und allg. festzuhalten, der GV-Beschluss sei eingehalten worden. Vielmehr hat der VR materielle Angaben zu machen, also *darzulegen, wie* er dem Inhalt des GV-Beschlusses Nachachtung verschafft hat (ungenügend deshalb: «Der GV-Beschluss wurde vollumfänglich eingehalten»; s. BÖCKLI, § 2 N 157; GERICKE, 217; C. WIDMER, 241; FORSTMOSER/MEIER-HAYOZ/NOBEL, § 52 N 153; s.a. BGE v. 16.3.1998, JBHReg 1998, 237 ff. und BN 1998, 344 f.; ZR 1998, 113 ff.).

Das Gesetz hebt in Art. 652e Ziff. 4 die Kontrolle der von der GV gem. Art. 650 Abs. 2 7
Ziff. 8 getroffenen **Bezugsrechtsregelung** hervor. Der Kapitalerhöhungsbericht hat daher ausdrücklich Rechenschaft darüber abzulegen, dass die den bisherigen Aktionären und Partizipanten entzogenen und die von diesen nicht ausgeübten Bezugsrechte den Anordnungen im GV-Beschluss entsprechend (bestimmungsgemäss) eingesetzt worden sind (BGE 121 III 238, «hohe Anforderungen» an die Begründung). Offen zu legen sind aber nur die Zuweisungsgrundsätze, nicht auch die Identität der Bezugsrechtsempfänger (FORSTMOSER/MEIER-HAYOZ/NOBEL, § 52 N 152; BÖCKLI, § 2 N 156). Der Kapitalerhöhungsbericht ist insb. der Platz, an welchem der VR bei *genehmigten Kapitalerhöhungen mit Bezugsrechtsausschluss* Informationen und Begründungen zu geben hat, welche an der die Kapitalerhöhung ermächtigenden GV aus praktischen Gründen noch nicht gegeben werden konnten (s. Art. 651 N 13, Art. 652b N 8 ff.; s. Botschaft AG, 122; ferner NOTTER, 119, 157).

Bei der Gewährung **besonderer Vorteile** (Ziff. 5) – einem neben den in Ziff. 1–3 genannten weiteren Fall einer qualifizierten Kapitalerhöhung – hat der VR im Kapitalerhöhungsbericht die Gründe dafür anzuführen, dass die Einräumung der besonderen Vorteile (s. Art. 650 N 24) *gerechtfertigt* war und dass die Vorteile im Verhältnis zu dem von den begünstigten Personen zugunsten der anderen Aktionäre und der Gesellschaft erbrachten Nutzen *angemessen* sind (s.a. N 3). 8

IV. Adressaten und Modalitäten

Der Kapitalerhöhungsbericht richtet sich in erster Linie an die *Gesellschaftsgläubiger* 9
(MEISTERHANS, Diss., 251; BERTHEL/BOCHUD, N 253; VON GREYERZ, SAG 1983, 96; s.a. Botschaft AG, 122), daneben aber auch an die Aktionäre, wenn auch nicht im Rahmen der bereits früher abgehaltenen GV (vgl. insb. Art. 652e Ziff. 4; er bildet Gegenstand des Auskunfts- und Einsichtsrechts gem. Art. 697 und ggf. der Sonderprüfung gem. Art. 697a; BÖCKLI, § 2 N 152; C. WIDMER, 243 Anm. 1411; GERICKE, 213 Anm. 964; s. ferner RHB II 567; Botschaft AG, 114; RUF, 376; NOTTER, 115). Technisch erfolgt der Kapitalerhöhungsbericht zuhanden der *RS,* die ihn gem. Art. 652f zu prüfen hat (vgl. T. VON PLANTA, 72; HOMBURGER, Art. 652e). Als Handelsregisterbeleg

Art. 652f

(s. Art. 46 Abs. 2 lit. d, Art. 50 Abs. 1 HRegV) ist der Kapitalerhöhungsbericht im Anschluss an den Feststellungsbeschluss des VR (Art. 652g) und die Eintragung der Kapitalerhöhung ins Handelsregister jedermann zugänglich (vgl. N 4).

10 Der schriftliche Kapitalerhöhungsbericht muss nach der Durchführung des Zeichnungsverfahrens zu einem *Zeitpunkt* vorliegen, der für die Prüfung durch die RS (Art. 652 f), den Feststellungsbeschluss und den Statutenänderungsbeschluss des VR (Art. 652g) sowie die Handelsregisteranmeldung (Art. 652h) genügend Zeit vor Ablauf der Fristen gem. Art. 650 Abs. 1 und Abs. 3 bzw. Art. 651 Abs. 1 lässt (Näheres zu diesen Fristen in Art. 650 N 35 ff., Art. 651 N 5). – Der Kapitalerhöhungsbericht erfolgt im Namen des VR; es genügt, wenn er *von einem Mitglied des VR* unterzeichnet wird (Art. 46 Abs. 2 lit. d; Basis ist ein VR-Beschluss, der allerdings vom Präsenzquorum ausgenommen werden kann; s. GERICKE, 215; FORSTMOSER/MEIER-HAYOZ/NOBEL, § 52 N 156; BÖCKLI, § 2 N 152 Anm. 283 und § 13 N 122; s.a. N 5).

V. Rechtsvergleichung

11 Vgl. § 186 Abs. 4 AktG (schriftlicher Bericht des Vorstandes mit Begründung des Bezugsrechtsausschlusses und des vorgeschlagenen Ausgabebetrages; inhaltlich ungenügender Bericht führt zur Anfechtbarkeit des Bezugsrechtsausschlusses); art. 180 al. 1, art. 186 LSC; art. 154 f. DSC; art. 2241 al. 6 CC it. Siehe auch Art. 27 Abs. 2, 29 Abs. 4 EU-Kapital-RL; s. hierzu auch die ergänzte Form von Art. 27 Abs. 2 durch RL 2006/68/EG vom 6.9.2006 zur Änderung EU-Kapital-RL in Bezug auf die Gründung von Aktiengesellschaften und die Erhaltung und Änderung ihres Kapitals.

Art. 652f

g. Prüfungsbestätigung

¹ Ein zugelassener Revisor prüft den Kapitalerhöhungsbericht und bestätigt schriftlich, dass dieser vollständig und richtig ist.

² Keine Prüfungsbestätigung ist erforderlich, wenn die Einlage auf das neue Aktienkapital in Geld erfolgt, das Aktienkapital nicht zur Vornahme einer Sachübernahme erhöht wird und die Bezugsrechte nicht eingeschränkt oder aufgehoben werden.

g. Attestation de vérification

¹ Un réviseur agréé vérifie le rapport d'augmentation et atteste par écrit qu'il est complet et exact.

² Il n'est pas nécessaire d'établir d'attestation de vérification lorsque l'apport au nouveau capital-actions est fourni en espèces, que le capital-actions n'est pas augmenté en vue d'une reprise de biens et que les droits de souscription préférentiels ne sont ni limités ni supprimés.

g. Attestazione di verifica

¹ Un revisore abilitato verifica la relazione sull'aumento del capitale e attesta per scritto che è completa e conforme alla realtà.

² L'attestazione di verifica non è necessaria se i conferimenti relativi al nuovo capitale azionario sono effettuati in denaro, il capitale azionario non è aumentato al fine di procedere ad un'assunzione di beni e i diritti d'opzione non sono limitati o soppressi.

Literatur

Vgl. die Literaturhinweise zu Art. 650.

1. Abschnitt: Allgemeine Bestimmungen   1–3 **Art. 652f**

I. Revisionsgeschichte

Das Erfordernis, den Kapitalerhöhungsbericht des VR durch die RS (nach neuem Revisionsrecht durch einen zugelassenen Revisor) prüfen zu lassen, ist eine Neuerung des Aktienrechts 1991. Zur Frage (unter dem alten Recht), ob das Gesetz nicht eine Prüfung durch einen besonders befähigten Revisor (anstelle der RS) hätte vorsehen sollen (s. FORSTMOSER/MEIER-HAYOZ/NOBEL, § 15 N 55; GERICKE, 220 Anm. 1002; BÖCKLI, § 2 N 159 Anm. 299; SCHALLER/WEBER, 125 f.). Infolge des neuen Revisionsrechts mit der Möglichkeit eines opting-out gem. Art. 727a Abs. 2 (für Gesellschaften mit weniger als zehn Vollzeitstellen) ist in Art. 652 f Abs. 1 (Fassung vom 1.1.2008) der Begriff Revisionsstelle durch jenen des zugelassenen Revisors ersetzt worden (Botschaft RAG, 4035); s. zum neuen Revisionsrecht umfassend BÖCKLI, Revisionsstelle und Abschlussprüfung nach neuem Recht, Basel 2007; ferner CAMP, Die Revisorengilden unter dem neuen Revisionsrecht, Trex 2007, 86–89.   1

II. Anwendungsbereich

Eine Prüfung des Kapitalerhöhungsberichtes durch einen zugelassenen Revisor ist **in allen Fällen qualifizierter Kapitalerhöhungen** sowie bei Barliberierung mit **Aufhebung oder Einschränkung der Bezugsrechte** erforderlich. Entbehrlich ist sie ausschliesslich dann, wenn weder die Interessen der Gläubiger noch jene der bisherigen Aktionäre und Partizipanten durch die Form der Liberierung und durch die Zuteilung der neuen Titel gefährdet erscheinen. Dies ist bei der Grundform der Kapitalerhöhung der Fall, bei welcher die folgenden *drei Voraussetzungen* erfüllt sind: Barliberierung, keine beabsichtigte Sachübernahme und keine Einschränkung oder Aufhebung der Bezugsrechte (Art. 652 f Abs. 2; GERICKE, 218 f.; C. WIDMER, 244 f.; BÖCKLI, § 2 N 158; FORSTMOSER/MEIER-HAYOZ/NOBEL, § 52 N 158; vgl. RHB II 567 f.; RUF, 377; NOTTER, 122). In Einschränkung des Wortlautes von Art. 652 f Abs. 2 ist eine Prüfungsbestätigung auch dann zu verlangen, wenn Aktionären oder Dritten besondere Vorteile eingeräumt werden (GERICKE, 219; BERTHEL/BOCHUD, N 256; VON GREYERZ, SAG 1983, 97). – Zur Frage der Erfoderlichkeit einer Prüfungsbestätigung beim Festübernahmeverfahren s. Art. 650 N 32a.   2

Neben dem Kapitalerhöhungsbericht ist auch die Prüfungsbestätigung unerlässliche Voraussetzung für die Statutenänderung und die Feststellungen des VR nach Art. 652g (s. Abs. 1 Ingress, Abs. 3; Art. 46 Abs. 3 lit. c, Art. 50 Abs. 1HRegV). – Die Prüfungsbestätigung des zugelassenen Revisors ist zwingender Natur; sie ist auch im Falle eines einstimmigen «Dispenses» vonseiten der Aktionäre zu erstellen (BÖCKLI, § 2 N 161). – Bei der *bedingten* Kapitalerhöhung bedarf es in allen Fällen einer Prüfungsbestätigung gem. Art. 653 f durch einen zugelassenen Revisionsexperten.   2a

III. Inhalt

Der zugelassene Revisor hat den Kapitalerhöhungsbericht des VR zu **prüfen** und alsdann schriftlich zu bestätigen, dass dieser **vollständig und richtig** ist (formelle und materielle Richtigkeit; Art. 652 f Abs. 1; ausführlich zum Inhalt der Prüfungsbestätigung BÖCKLI, § 2 N 160 ff. und § 15 N 200 ff.; GERICKE, 220 ff.; STIEGER-CHOPARD, 304 ff.). Die Prüfung des Kapitalerhöhungsberichtes erfolgt im Interesse sowohl der Gläubiger (insb. zur Verhinderung fiktiver Liberierungen) als auch der Aktionäre (insb. zur Verhinderung nicht bestimmungsgemässer Verwendung der entzogenen Bezugsrechte). Die *Vollständigkeit* des Kapitalerhöhungsberichtes ist nach Art. 652e Ziff. 1–5   3

Gaudenz G. Zindel/Peter R. Isler

mit sämtlichen dort aufgezählten Elementen zu prüfen. Nicht Gegenstand der Prüfung sind weitere Aspekte der Kapitalerhöhung, über die der VR im Kapitalerhöhungsbericht nicht Rechenschaft abzulegen hat (GERICKE, 221; C. WIDMER, 362; REYMOND, 381; **a.A.** C. WIDMER, 245 f., der für eine Beschränkung der Prüfungspflicht des zugelassenen Revisors auf das qualifizierende Element des Bezugsrechtsentzugs eintritt). Da die RS v.a. die qualifizierenden Elemente der konkreten Kapitalerhöhung zu prüfen hat, kann sich die Prüfung hinsichtlich der Einhaltung des GV-Beschlusses (Art. 652e Ziff. 4) i.d.R. auf den Bezugsrechtsausschluss und auf die bestimmungsgemässe Verwendung der entzogenen oder nicht ausgeübten Bezugsrechte beschränken (C. WIDMER, 245 f.; s.a. BÖCKLI, § 15 N 200; MEISTERHANS, Diss., 252 f.; BERTHEL/BOCHUD, N 255; NOTTER, 126), wobei der zugelassene Revisor das Vorliegen eines wichtigen Grundes für den Ausschluss des Bezugsrechts inhaltlich nicht zu überprüfen hat (STIEGER-CHOPARD, 305).

3a Die *Richtigkeit* des Berichtes setzt voraus, dass dessen Inhalt in allen Teilen mit den tatsächlichen Gegebenheiten übereinstimmt und dass sich die vom VR vorgenommenen Abwägungen, insb. die Angemessenheit der Bewertung (Art. 652e Ziff. 1), mit guten Gründen vertreten lassen (richtig oder falsch können z.B. Aussagen zu Art und Zustand von Sacheinlagen oder zur freien Verwendbarkeit des umzuwandelnden EK sein, wogegen die *Angemessenheit* einer Bewertung von Sacheinlagen oder die Angemessenheit besonderer Vorteile nur *vertretbar* oder nicht vertretbar sein kann und vom zugelassenen Revisor folglich auch nur unter diesem Aspekt zu prüfen ist; s. C. WIDMER, 363–365; ferner BÖCKLI, § 1 N 242, § 2 N 160 sowie § 15 N 201 f.; GERICKE, 222; FORSTMOSER/MEIER-HAYOZ/NOBEL, § 15 N 50; CALDERAN, Geschäftsübernahmen durch eine Aktiengesellschaft aus der Sicht des Handelsregisterführers, JBHReg 1994, 28 ff., 32; vgl. FORSTMOSER, SJZ 1992, 142, der von einer unabhängigen Plausibilitätsprüfung spricht; s. ferner RUF, 377; NOTTER, 126). Der (aufgrund Delegation vom VR festgesetzte) *Ausgabebetrag* von neuen Aktien, für die das Bezugsrecht ausgeschlossen worden ist, unterliegt nicht einer unmittelbaren Prüfung des zugelassenen Revisors (s. die Differenzierung bei GERICKE, 221; BÖCKLI, § 2 N 161 und § 15 N 203; strenger REYMOND, 383, wonach die Revisoren in solchen Fällen die Angemessenheit des Ausgabepreises prüfen sollen).

4 Im Gegensatz zum Kapitalerhöhungsbericht (Art. 652e N 4, 6) genügt es bei der Prüfungsbestätigung, wenn lediglich das **Ergebnis der Prüfung** festgehalten wird (Prüfungsvermerk oder Bestätigungsvermerk); eine Begründung ist nicht erforderlich; s. den Mustertext in RHB II 577; FORSTMOSER/MEIER-HAYOZ/NOBEL, § 15 N 52 und § 52 N 159; BÖCKLI, § 2 N 162; GERICKE, 223; BERTHEL/BOCHUD, N 257). Die Prüfungsbestätigung hat jedoch *uneingeschränkt, ohne Vorbehalte* zu erfolgen (s. Art. 46 Abs. 3 lit. c HRegV); andernfalls kann die Kapitalerhöhung nicht ins Handelsregister eingetragen werden (MEISTERHANS, Diss., 253; C. WIDMER, 348 f.; FORSTMOSER/MEIER-HAYOZ/NOBEL, § 52 N 161; der Handelsregisterführer prüft die Prüfungsbestätigung nur auf Vorbehalte hin, KÜNG, Art. 940 N 229).

IV. Modalitäten

5 Prüfung und Prüfungsbestätigung haben durch den von der GV gewählten zugelassenen Revisor (s. N 1) zu erfolgen, welcher gleichzeitig die ordentliche RS der Gesellschaft sein kann (zum früheren Recht, s. BÖCKLI, § 2 N 159; C. WIDMER, 360 Anm. 2119; FORSTMOSER/MEIER-HAYOZ/NOBEL, § 52 N 158 Anm. 61; JBHReg 1993, 187). Adressaten der Prüfungsbestätigung sind zunächst der VR sowie der Notar (Art. 652g Abs. 3) und der Handelsregisterführer (Art. 652h Abs. 2 Ziff. 1). Da die Prüfungsbestätigung einen Handelsregisterbeleg darstellt (s. Art. 46 Abs. 3 lit. c, Art. 50 Abs. 1 HRegV), ist sie nach der Eintragung der Kapitalerhöhung in das Handelsregister jedoch *jedermann zugänglich*. Die Prüfungsbestätigung ist ferner im Jahresbericht des VR wiederzugeben (Art. 663d Abs. 2; FORSTMOSER/MEIER-HAYOZ/NOBEL, § 52 N 160; krit. GERICKE, 223).

Der Handelsregisterführer prüft lediglich, ob die Prüfungsbestätigung die Vollständigkeit und Richtigkeit des Kapitalerhöhungsberichtes ohne Einschränkung bescheinigt; eine inhaltliche Überprüfung der Prüfungsbestätigung hat nicht zu erfolgen (s.a. C. WIDMER, 272, 368 f.; GERICKE, 224; STIEGER-CHOPARD, 306; MEISTERHANS, Diss., 247). 6

Zum *Zeitpunkt* der Abgabe der Prüfungsbestätigung vgl. Art. 652e N 10. – Die Prüfungstätigkeit der RS unterliegt der *Revisionshaftung* gem. Art. 755 («Prüfung der ... Kapitalerhöhung»; s. FORSTMOSER/MEIER-HAYOZ/NOBEL, § 52 N 163, § 37 N 44; BÖCKLI, § 18 N 161). Anspruchsberechtigt sind neben den Gesellschaftsgläubigern auch die Aktionäre und die Gesellschaft selbst. 7

V. Rechtsvergleichung

Das deutsche Recht verlangt eine Prüfung zwar bei Kapitalerhöhungen mit Sacheinlagen (§§ 183 Abs. 3, 205 Abs. 3 AktG), nicht aber im Falle von Barliberierungen mit Bezugsrechtsausschluss (s. § 186 Abs. 3, 4 AktG). Siehe auch art. 2441 al. 6 CC it. (beeideter Bericht des vom Präsidenten des Landesgerichts bestellten Sachverständigen bei Sacheinlagen). Siehe auch Art. 27 Abs. 2, 4 EU-Kapital-RL. Als Prüfungsvermerk ohne Begründung unterscheidet sich die Prüfungsbestätigung vom Sachverständigenbericht des Art. 10 EU-Kapital-RL (BÖCKLI, § 2 N 162); s. neu Art. 10a und 10b RL 2006/68/EG vom 6.9.2006 zur Änderung EU-Kapital-RL in Bezug auf die Gründung von Aktiengesellschaften und die Erhaltung und Änderung ihres Kapitals. 8

Art. 652g

h. Statutenänderung und Feststellungen

¹ Liegen der Kapitalerhöhungsbericht und, sofern erforderlich, die Prüfungsbestätigung vor, so ändert der Verwaltungsrat die Statuten und stellt dabei fest:

1. dass sämtliche Aktien gültig gezeichnet sind;

2. dass die versprochenen Einlagen dem gesamten Ausgabebetrag entsprechen;

3. dass die Einlagen entsprechend den Anforderungen des Gesetzes, der Statuten oder des Generalversammlungsbeschlusses geleistet wurden.

² Beschluss und Feststellungen sind öffentlich zu beurkunden. Die Urkundsperson hat die Belege, die der Kapitalerhöhung zugrunde liegen, einzeln zu nennen und zu bestätigen, dass sie dem Verwaltungsrat vorgelegen haben.

³ Der öffentlichen Urkunde sind die geänderten Statuten, der Kapitalerhöhungsbericht, die Prüfungsbestätigung sowie die Sacheinlageverträge und die bereits vorliegenden Sachübernahmeverträge beizulegen.

h. Modification des statuts et constatations	¹ Au vu du rapport d'augmentation du capital et, si nécessaire, de l'attestation de vérification, le conseil d'administration décide la modification des statuts et constate que: 1. toutes les actions ont été valablement souscrites; 2. les apports promis correspondent au prix total d'émission; 3. les apports ont été effectués conformément aux exigences légales et statutaires ou à la décision de l'assemblée générale. ² La décision et les constatations doivent faire l'objet d'un acte authentique. L'officier public mentionne tous les documents à la base de l'augmentation du capital-actions et atteste qu'ils ont été soumis au conseil d'administration. ³ Les statuts modifiés, le rapport d'augmentation, l'attestation de vérification, ainsi que les contrats relatifs aux apports en nature et les contrats de reprises de biens existants sont joints à l'acte authentique.
h. Modificazione dello statuto e accertamenti	¹ Ricevuta la relazione sull'aumento del capitale e, se necessaria l'attestazione di verifica, il consiglio d'amministrazione modifica lo statuto e accerta che: 1. tutte le azioni sono validamente sottoscritte; 2. i conferimenti promessi corrispondono al prezzo totale d'emissione; 3. i conferimenti sono stati effettuati conformemente a quanto richiesto dalla legge, dallo statuto o dalla deliberazione dell'assemblea generale. ² La decisione e gli accertamenti devono risultare da un atto pubblico. Il pubblico ufficiale menziona i singoli documenti su cui si fonda l'aumento del capitale e attesta che sono stati esibiti al consiglio d'amministrazione. ³ All'atto pubblico devono essere acclusi lo statuto modificato, la relazione sull'aumento, l'attestazione di verifica, come pure i contratti riguardanti i conferimenti in natura e i contratti esistenti di assunzione di beni.

Literatur

Vgl. die Literaturhinweise zu Art. 650.

I. Kompetenz und Verantwortung des VR

1 Aus der Kompetenzzuteilung des Aktienrechts 1991, wonach die GV die Kapitalerhöhung beschliesst und der VR sie durchführt (Art. 650 Abs. 1), ergibt sich, dass der **VR** die ordnungsgemässe Durchführung der Kapitalerhöhung **festzustellen** und – in Abweichung von Art. 698 Abs. 2 Ziff. 1 – die Kapitalbestimmungen der Statuten **anzupassen** hat (Art. 652g Abs. 1). Dabei handelt es sich um eine *unübertragbare* (nicht aber um eine ausschliessliche) Kompetenz des VR. Der VR kann diese Aufgabe also nicht delegieren (s. aber N 9 betr. Erleichterung beim Präsenzquorum; nicht ausgeschlossen ist, dass – unter den gleichen Voraussetzungen – die GV diese Beschlüsse selbst fasst, was bei einer ordentlichen Erhöhung jedoch nur in Ausnahmefällen und bei einer genehmigten Erhöhung kaum je aktuell werden dürfte; s. GERICKE, 226, mit allerdings fraglicher Kritik in Anm. 1043; BGE 121 III 226 f.; vgl. auch KÄMMERER, 204). Da es sich in aller Regel um VR-Beschlüsse handelt, ist eine Anfechtung nach Art. 706 ausgeschlossen; in Betracht fällt hingegen eine *Verantwortlichkeitsklage* nach Art. 754 (BÖCKLI, § 2 N 171).

II. Voraussetzungen und Form

Der VR kann sowohl den Feststellungs- als auch den Anpassungsbeschluss erst fassen, wenn der *Kapitalerhöhungsbericht* gem. Art. 652e und die *Prüfungsbestätigung* durch einen zugelassenen Revisionsexperten gem. Art. 652f (zur Ausnahme s. Art. 652f N 2) *vorliegen* (Art. 652g Abs. 1 Ingress). Solange diese Voraussetzungen nicht erfüllt sind, können keine gültigen Beschlüsse gefasst werden (s. Art. 652e N 2 und Art. 652f N 2; KÜNG, Art. 940 N 224). Dies gilt insb. für den Fall, dass die RS einen Kapitalerhöhungsbericht zur Berichtigung oder Ergänzung zurückweisen musste. 2

Feststellungs- und Anpassungsbeschluss bedürfen der **öffentlichen Beurkundung** (Art. 652g Abs. 2). Beide Beschlüsse können (müssen aber nicht) in einem Zuge *in derselben öffentlichen Urkunde* beurkundet werden (s. Art. 47 Abs. 2 HRegV; FORSTMOSER/MEIER-HAYOZ/NOBEL, § 52 N 170; BÖCKLI, § 2 N 166; C. WIDMER, 253 Anm. 1462; BERTHEL/BOCHUD, N 298), wenn auch der Feststellungsbeschluss vorzugehen hat (s. VON GREYERZ, SAG 1983, 97; NOTTER, 131; s. die komm. Muster-Texte bei KNECHT/KOCH, 101 ff.; Texthandbuch Gesellschaftsrecht, Notariatsinspektorat des Kt. ZH, 4. Aufl. 2008, Ziff. 5.2.1). Hingegen sollten der Erhöhungsbeschluss der GV nach Art. 650 Abs. 2 und die Beschlüsse des VR nach Art. 652g auch dann nicht in der gleichen öffentlichen Urkunde festgehalten werden, wenn bei ordentlichen Kapitalerhöhungen – was bei einfacheren Verhältnissen weiterhin häufig vorkommt – die GV und die VR-Sitzung aufgrund der vorbereiteten Durchführung der Kapitalerhöhung unmittelbar nacheinander abgehalten werden (s. JBHReg 1993, 188; BERTHEL/BOCHUD, N 261 ff.; CHAUDET, 279). Zu den erforderlichen Belegen und Beilagen s. N 11. 3

III. Feststellungsbeschluss

Der VR hat festzustellen, dass die Kapitalerhöhung gültig zustande gekommen ist und dass er die Kapitalerhöhung entsprechend dem Inhalt des Erhöhungsbeschlusses der GV (ordentliche Kapitalerhöhung) nach Art. 650 Abs. 2 bzw. des Ermächtigungsbeschlusses der GV und seines eigenen Erhöhungsbeschlusses nach Art. 651 Abs. 2–4 durchgeführt hat (GERICKE, 227 f.; C. WIDMER, 250 ff.). Im Einzelnen stellt er gem. Art. 652g Abs. 1 Ziff. 1–3 fest, dass (s. Art. 47 Abs. 2, Art. 50 Abs. 3 HRegV; für die Gründung Art. 629 Abs. 2): 4

1. sämtliche neu ausgegebenen Aktien (und PS) gültig gezeichnet sind (s. Art. 650 Abs. 2 Ziff. 2, Art. 652; entfällt bei Erhöhungen aus EK, Art. 652 N 2; BERTHEL/BOCHUD, N 304; vollständige Zeichnung ist i.d.R. Voraussetzung für das Zustandekommen der Kapitalerhöhung, s. T. VON PLANTA, 10–12; FORSTMOSER, Aktienrecht, § 15 N 54 m.w.Nw.);

2. die (in den Zeichnungsscheinen) versprochenen Einlagen dem gesamten Ausgabebetrag entsprechen (Anwendungsfall einer ungenügenden Liberierung in BGE 132 III 668; s. Art. 650 Abs. 2 Ziff. 3 und Art. 651 Abs. 3 und 4; zum Sonderfall der Erhöhung aus EK s. Art. 652d N 2 ff.);

3. a) die in *Geld* geleisteten Einlagen im Betrage von CHF X bei der Bank Y zur ausschliesslichen Verfügung der Gesellschaft hinterlegt wurden (zum Nachweis der Deckung bei Erhöhungen aus EK s. Art. 652d N 6);

   b) die *Sacheinlagen* sofort nach der Eintragung der Kapitalerhöhung in das Handelsregister der Gesellschaft als Eigentümerin zur Verfügung stehen (s. Art. 650 Abs. 2 Ziff. 4, Art. 651 Abs. 3 und 4 und Art. 652c; zu den weiteren Varianten betr. Grundstücke und Verrechnung s. Texthandbuch Gesellschaftsrecht, Notariatsinspektorat des Kt. ZH, 4. Aufl. 2008, Ziff. 4.2.2, 5.2.1; KNECHT/KOCH, 32);

und damit die Einlagen entsprechend den Anforderungen des Gesetzes, der Statuten *und* (der Wortlaut «oder» in Art. 652g Abs. 1 Ziff. 3 ist ungenau; C. WIDMER, 250; GERICKE, 228) des GV-Beschlusses sowie – so ist der Vollständigkeit halber zu ergänzen – des VR-Beschlusses (letzterer jedenfalls bei einer genehmigten Kapitalerhöhung, Art. 651 Abs. 3 und 4, ggf. auch bei einer ordentlichen, Art. 650 Abs. 2 Ziff. 3 betr. Ausgabebetrag) geleistet wurden (s. die Differenzierungen bei C. WIDMER, 250–252; GERICKE, 228; daselbst auch zur Frage der Doppelspurigkeiten in Kapitalerhöhungsbericht und Feststellungsbeschluss). – Zur Rechtsnatur des Feststellungsbeschlusses s. FORSTMOSER, Aktienrecht, § 15 N 136 (rein konstatierende, die Statuten berichtigende, und nicht konstitutive Wirkung).

IV. Statutenanpassungsbeschluss

5   Als Folge der durchgeführten Kapitalerhöhung hat der VR die Statuten der neuen Höhe und Einteilung des AK (und ggf. des PS-Kapitals) anzupassen. In jedem Fall anzupassen ist die **Kapitalziffer** (Art. 626 Ziff. 3), ferner i.d.R. die **Anzahl,** ggf. der **Nennwert** und die **Art** der Aktien (und PS) (Art. 626 Ziff. 4), allenfalls die Beträge der geleisteten Einlagen (Art. 626 Ziff. 3; GERICKE, 229; BÖCKLI, § 2 N 166; FORSTMOSER/MEIER-HAYOZ/NOBEL, § 52 N 169). Einzufügen sind allfällige qualifizierte Tatbestände, insb. Statutenbestimmungen zu Sacheinlagen oder Sachübernahmen (Art. 628, Art. 650 Abs. 2 Ziff. 4–6); anzupassen oder neu aufzunehmen sind ferner allfällige Bestimmungen über die Vinkulierung (Art. 627 Ziff. 8) und über die Aktienkategorien (Art. 627 Ziff. 9; GERICKE, 229 f.).

6   Nicht erforderlich ist eine Statutenanpassung im Falle einer (Sanierung durch) *Kapitalherabsetzung mit gleichzeitiger Wiedererhöhung auf den bisherigen Betrag,* falls (nach Vernichtung der abgeschriebenen Aktien) bei der Kapitalerhöhung Art und Nennwert der Aktien, also die Aktienstruktur, nicht verändert werden (BGE 121 III 420 ff., 430; s. dazu auch BODMER, SZW 1996, 289).

7   Wurde von einer *genehmigten* Kapitalerhöhung Gebrauch gemacht, so ist zusätzlich der **Ermächtigungsbetrag herabzusetzen** oder, falls der genehmigte Nennbetrag vollständig ausgeschöpft worden ist, die statutarische Grundlage zu streichen (GERICKE, 230; BÖCKLI, § 2 N 172; s. Art. 651a; Art. 50 Abs. 3 HRegV; Art. 651a Abs. 2 ist Ordnungsvorschrift, s. Art. 651a N 3). Bei Erhöhungen aus genehmigtem Kapital sind also stets sowohl die Statutenbestimmung betr. das ordentliche AK als auch jene betr. das genehmigte Kapital anzupassen (s. BÖCKLI, § 2 N 165 f.; ISLER, 731; NOTTER, 158; VON GREYERZ, SAG 1983, 100). – Im Falle einer *Umwandlung* des gesamten *PS-Kapitals* in Aktien sind die Statutenbestimmungen zum PS-Kapital und zu den PS aufzuheben. Dazu ist allerdings wohl nur die **GV** befugt (ebenso GERICKE, 230 f.; HORBER, 173). Diese hat den Aufhebungsbeschluss unter Vorbehalt der Durchführung der Kapitalerhöhung mit Umwandlung der PS zu fassen.

7a   Da die dem VR in Art. 651a Abs. 1 und 2 und Art. 652g eingeräumte Kompetenz, Statutenanpassungen selbst vorzunehmen, mit der grundsätzlichen Anordnung in Art. 698 Abs. 2 Ziff. 1 im Widerspruch steht (s. BGE 121 III 226 f., wonach Art. 698 Abs. 2 Ziff. 1 mit Art. 652g Abs. 1 kollidiere und der Grundsatz der prioritären speziellen Norm anzuwenden ist), bezieht sich diese Kompetenz des VR ausschliesslich auf die Modalitäten der Kapitalerhöhung selbst (s. GERICKE, 230 f.; vgl. auch JBHReg 1993,

1. Abschnitt: Allgemeine Bestimmungen   8–10   Art. 652g

213 f.). Es handelt sich denn auch um **blosse Anpassungen,** um den Vollzug des im Wesentlichen von der GV beschlossenen Inhalts, nicht um eigentliche, autonome Änderungen der Statuten. Eine Ausnahme besteht bei Liberierungen durch Sacheinlagen oder -übernahmen bei genehmigten Kapitalerhöhungen (Art. 651 Abs. 3). In diesen Fällen ergänzt der VR in autonomer Weise die Statuten, ohne vorgegebene Weisungen der GV (s. GERICKE, 229; von GREYERZ, SAG 1983, 97, 100).

V. Erleichterte Formen der Beschlussfassung des VR?

Das Erfordernis der öffentlichen Beurkundung der vom VR zu fassenden Beschlüsse zum Abschluss der Kapitalerhöhungen wirkt sich praktisch insofern erschwerend aus, als für die Ausübung des VR-Mandates nach h.L. grundsätzlich *keine Vertretungsmöglichkeit* besteht (ausführlich BÖCKLI, § 13 N 128 ff.; FORSTMOSER/MEIER-HAYOZ/NOBEL, § 31 N 33 f. und § 52 N 175; BRÜCKNER, § 106 N 2995; PLÜSS, Die Rechtsstellung des Verwaltungsratsmitgliedes, Diss. Zürich 1990, 84 f. m.w.Nw.; FORSTMOSER, SZW 1992, 59; JBHReg 1993, 189; **a.A.** WEBER, Vertretung im Verwaltungsrat, Diss. Zürich 1994, 169 ff.; Art. 713 N 10; TROTTMANN, JBHReg 1993, 54; krit. auch WATTER, AJP 1992, 60). Ein Handeln Einzelner mittels Vollmachten wie bei der GV ist ausgeschlossen (BÖCKLI, § 13 N 128 f.). Zudem hat die Durchführung einer VR-Sitzung bei grösseren, insb. internationalen VR erhebliche Umtriebe zur Folge.

8

Es empfiehlt sich daher, im Organisationsreglement für VR-Sitzungen, in denen ausschliesslich über die erfolgte Durchführung von Kapitalerhöhungen und die anschliessend vorzunehmenden Statutenänderungen zu beschliessen ist, auf ein **Präsenzquorum** ausdrücklich **zu verzichten** (FORSTMOSER/MEIER-HAYOZ/NOBEL, § 52 N 175; BÖCKLI, § 13 N 122; GERICKE, 227; FORSTMOSER, Zwei Jahre revidiertes Aktienrecht, ST 1994, 873; KAMMERER, 206 und Anm. 771, dispositive Natur von Art. 713 Abs. 1; vgl. auch CH-MÜLLER, Art. 652g N 4, der allerdings unnötigerweise eine diesbezügliche Bestimmung auch in den Statuten verlangt; die Ordnung der Beschlussfähigkeit und Beschlussfassung des VR ist seit dem Aktienrecht 1991 (nur) im Organisationsreglement zu regeln). Einzuberufen ist die VR-Sitzung trotzdem, hingegen ist die Anwesenheit eines VR-Mitglieds und des Sekretärs ausreichend (sofern Statuten und Organisationsreglement nichts anderes vorsehen; BRÜCKNER, § 106 N 2995). Nach verbreiteter Beurkundungs- und Handelsregisterpraxis ist die ordnungsgemässe Einberufung in der öffentlichen Urkunde ausdrücklich festzustellen. Allenfalls kann in das Organisationsreglement eine Bestimmung aufgenommen werden, wonach die Einladung *formlos* erfolgen könne, wenn die Feststellung über die erfolgte Durchführung einer Kapitalerhöhung und die anschliessend vorzunehmende Statutenänderung einziges Traktandum der geplanten Sitzung bildet. Zudem kann es organisatorisch ratsam sein, diese VR-Sitzungen bei ordentlichen Kapitalerhöhungen unmittelbar im Anschluss an die den Erhöhungsbeschluss fassende GV abzuhalten. Auf diese Weise, die sich namentlich bei Kapitalerhöhungen von Publikumsgesellschaften im Verfahren der Festübernahme anbietet, muss der Notar nur einmal – wenn auch für zwei getrennte Beurkundungsvorgänge (s. N 3) – beigezogen werden, und die Mitglieder des VR dürften mehrheitlich ohnehin, als Teilnehmer an der GV, anwesend sein.

9

Hingegen lässt sich der Weg des **Zirkulationsbeschlusses** mit dem gesetzlichen Erfordernis der notariellen Bestätigung, dass die Belege dem VR vorgelegen haben (Art. 652g Abs. 2 a.E.), nicht vereinbaren. Es hat daher eine *Sitzung* des VR stattzufinden (s. N 8), an welcher der Notar teilzunehmen hat (s. BÖCKLI, § 13 N 143; BRÜCKNER, § 106 N 2995; DERS., Öffentliche Beurkundung von Urabstimmungen und Zirku-

10

Gaudenz G. Zindel/Peter R. Isler

larbeschlüssen, SJZ 1998, 35; KÜNG, Art. 940 N 204; REBSAMEN, Handelsregister, N 523; KÄCH, JBHReg 1994, 48; FORSTMOSER/MEIER-HAYOZ/NOBEL, § 31 N 52; KAMMERER, 206; ISLER, 728; DALLÈVES, 294 f.; BIBER/WATTER, 707; JBHReg 1993, 189; **a.A.** MEISTERHANS, Diss., 248, wonach die Beurkundung von Zirkulationsbeschlüssen denkbar sei, sofern *kant. Beurkundungsvorschriften* dem nicht entgegenstehen; s.a. Anm. 132; nach GERICKE, 226, sind Zirkulationsbeschlüsse zwar nicht verboten, aber kaum praktikabel).

VI. Belege der Kapitalerhöhung (Abs. 2); Beilagen zur öffentlichen Urkunde (Abs. 3)

11 Die der Kapitalerhöhung zugrunde liegenden **Belege,** die gem. Art. 652g Abs. 2 in der öffentlichen Urkunde einzeln zu nennen sind (s.a. Art. 47 Abs. 2 lit. d HRegV) und die den Mitgliedern des VR vorgelegen haben müssen, sind: Bescheinigung des Bankinstitutes (Art. 652c i.V.m. Art. 633), Zeichnungsscheine (Art. 652; Ausnahme bei Erhöhungen aus EK s. Art. 652 N 2, Art. 652d N 9), Emissionsprospekt (bei öffentlichen Zeichnungsangeboten, Art. 652a), Kapitalerhöhungsbericht (Art. 652e), Prüfungsbestätigung (Art. 652 f) sowie allfällige (schriftliche oder öffentlich beurkundete) Sacheinlageverträge und bereits vorliegende Sachübernahmeverträge (s. Art. 652c i.V.m. Art. 634 Ziff. 1; vgl. REBSAMEN, Handelsregister, N 531 ff.; GERICKE, 231 f.; FORSTMOSER/ MEIER-HAYOZ/NOBEL, § 52 N 173; KÜNG, Art. 940 N 213 f.; ISLER, 728 f.; BERTHEL/ BOCHUD, N 311; RUF, 383).

12 Der öffentlichen Urkunde über die Beschlüsse des VR sind jene Belege **beizulegen,** welche dem Handelsregister einzureichen sind (Art. 652g Abs. 3, *namentlich die in e) und f) genannten Dokumente.* – Im Gesetzesentwurf 2007 ist vorgesehen, Art. 652g Abs. 3 zu streichen, da inskünftig die beim Handelsregisteramt einzureichenden Belege *einheitlich in der HRegV* geregelt sind (s. dazu Art. 43 f. und 46 ff. HRegV; Botschaft Aktien- und Rechnungslegungsrecht, 1646).

Art. 652h

i. Eintragung in das Handelsregister; Nichtigkeit vorher ausgegebener Aktien

¹ Der Verwaltungsrat meldet die Statutenänderung und seine Feststellungen beim Handelsregister zur Eintragung an.

² Einzureichen sind:

1. die öffentlichen Urkunden über die Beschlüsse der Generalversammlung und des Verwaltungsrates mit den Beilagen;

2. eine beglaubigte Ausfertigung der geänderten Statuten.

³ Aktien, die vor der Eintragung der Kapitalerhöhung ausgegeben werden, sind nichtig; die aus der Aktienzeichnung hervorgehenden Verpflichtungen werden dadurch nicht berührt.

i. Inscription au registre du commerce; nullité d'actions émises avant l'inscription

¹ Le conseil d'administration demande l'inscription au registre du commerce de la modification des statuts ainsi que des constatations qu'il en a faites.

² Doivent être joints:

1. les actes authentiques relatifs aux décisions de l'assemblée générale et du conseil d'administration, avec leurs annexes;

2. un exemplaire certifié conforme des statuts modifiés.

³ Les actions émises avant l'inscription de l'augmentation du capital-actions sont nulles; la validité des engagements qui résultent de la souscription de ces actions n'en est pas affectée.

i. Iscrizione nel registro di commercio; nullità delle azioni emesse prima dell'iscrizione

¹ Il consiglio d'amministrazione notifica per iscrizione al registro di commercio la modificazione dello statuto e gli accertamenti da lui fatti.

² Alla notificazione si devono unire:

1. l'atto pubblico relativo alla deliberazione dell'assemblea generale e quello relativo alla decisione del consiglio d'amministrazione, con gli allegati;
2. una copia autentica dello statuto modificato.

³ Le azioni emesse prima dell'iscrizione dell'aumento del capitale sono nulle; la nullità non influisce sugli obblighi derivanti dalla loro sottoscrizione.

Literatur

Vgl. die Literaturhinweise zu Art. 650.

I. Gegenstand der Handelsregisteranmeldung (Abs. 1)

Der VR hat die von ihm gem. Art. 652g gefassten Feststellungs- (s. Art. 652g N 4) und Statutenanpassungsbeschlüsse (s. Art. 652g N 5 ff.) zur Eintragung in das Handelsregister anzumelden (Art. 652h Abs. 1; s.a. Art. 647). Die (vollständige) Anmeldung beim Handelsregister ist der *massgebende Zeitpunkt für die Einhaltung* der vom Gesetz für die Durchführung der Kapitalerhöhungen festgelegten *Fristen* (s. Art. 650 N 34; Art. 651 N 5; REBSAMEN, Handelsregister, N 519; JBHReg 1998, 300). Bei der ordentlichen Kapitalerhöhung ist die Anmeldung gem. Art. 652h Abs. 1 die erste und einzige Handelsregisteranmeldung des gesamten Erhöhungsverfahrens; bei der genehmigten Kapitalerhöhung ist es die zweite nach der Eintragung des Ermächtigungsbeschlusses (Art. 651 Abs. 1; Art. 49 Abs. 1 HRegV; s. Art. 651 N 10). – Siehe die komm. Handelsregister-Eintragungstexte bei REBSAMEN/THOMI, 72–117. Zu den formellen Erfordernissen der Handelsregisteranmeldung s. insb. Art. 22 f. HRegV. Die revidierte HRegV schafft eine erhöhte Transparenz. Bei der ordentlichen Erhöhung des Aktienkapitals ist neu die Bezeichnung «ordentliche Kapitalerhöhung» explizit anzuführen (Art. 48 Abs. 1 lit. a HRegV). Beim Ermächtigungsbeschluss der GV ist in das Handelsregister ein Hinweis auf das «genehmigte Kapital gemäss näherer Umschreibung in den Statuten» einzutragen (Art. 49 Abs. 3 lit. a HRegV; also neu als publikationspflichtige Tatsache). Im SHAB wird publiziert, dass «die Generalversammlung am [Datum] ein genehmigtes Aktienkapital gemäss näherer Umschreibung in den Statuten beschlossen» hat. Hat der VR von der Ermächtigung Gebrauch gemacht, wird die Erhöhung in der SHAB-Publikation neu ausdrücklich als «Kapitalerhöhung aus genehmigten Aktienkapital» gekennzeichnet.

II. Belege (Abs. 2)

In Art. 652h Abs. 2 sind die *Belege* angeführt, die mit der Handelsregisteranmeldung (Abs. 1) einzureichen sind. Es sind dies im Wesentlichen **die öffentlichen Urkunden über die Beschlüsse der GV** (Erhöhungsbeschluss gem. Art. 650 Abs. 1 und 2 bei der ordentlichen Kapitalerhöhung; der Ermächtigungsbeschluss gem. Art. 651 Abs. 1–3 musste hingegen bereits früher eingereicht werden; vgl. Art. 651 N 10) **und jene des VR** (Feststellungsbeschluss und Statutenanpassungsbeschluss gem. Art. 652g bei der ordentlichen und genehmigten Kapitalerhöhung), samt den jeweiligen *Beilagen,* worunter insb. der Kapitalerhöhungsbericht und die Prüfungsbestätigung (s. Art. 652g Abs. 3; Art. 652e N 9; Art. 652 f N 5) hervorzuheben sind. Bei genehmigten Kapitalerhöhungen kommt sodann das Protokoll (keine öffentliche Urkunde) des Erhöhungsbeschlusses des VR gem. Art. 651 Abs. 4 als Handelsregisterbeleg hinzu (s. Art. 50 Abs. 1 HRegV; KÜNG, Art. 940 N 285; vgl. zum Inhalt Art. 50 Abs. 2 HRegV). Einzureichen ist ferner bei beiden Erhöhungsarten eine beglaubigte Ausfertigung der in den Kapitalbestimmungen angepassten Statuten (Art. 652h Abs. 2 Ziff. 2; Art. 46 Abs. 2 lit. c HRegV). Siehe zu den Belegen insb. die Bsp. bei KNECHT/KOCH, 96–120; REBSAMEN/THOMI, 72–117; REBSAMEN, Handelsregister, N 531 ff.; ferner KÜNG, Art. 940 N 186 (ordentliche Kapitalerhöhung) und N 285 (genehmigte Kapitalerhöhung); GERICKE, 231 f.; BÖCKLI, § 2 N 175; BERTHEL/BOCHUD, N 315 ff., 406 ff.; ferner RUF, 380, 383; ISLER, 729 f.; s.a. Art. 652g N 11 f. – Im Gesetzesentwurf 2007 ist vorgesehen, Art. 652h Abs. 2 zu streichen, da inskünftig die beim Handelsregisteramt einzureichenden Belege *einheitlich in der HRegV* geregelt sind (s. dazu Art. 43 f. und 46 ff. HRegV; Botschaft Aktien- und Rechnungslegungsrecht, 1646).

3 Aufschluss über die einzelnen einzureichenden Belege geben die Kataloge von Art. 46 Abs. 2 lit. a–g und Abs. 3 lit. a–d sowie Abs. 4 HRegV für die ordentliche und Art. 50 Abs. 1 i.V.m. Art. 46 Abs. 2–4 HRegV für die genehmigte Kapitalerhöhung (die Zeichnungsscheine sind als blosse Kapitalerhöhungsbelege im Katalog von Art. 46 Abs. 2 HRegV zu Recht nicht angeführt). Der Negativerklärung gem. Art. 46 Abs. 2 lit. g HRegV betr. qualifizierte Kapitalerhöhungstatbestände dient die sog. *Stampa-Erklärung* (sog. Negativbescheinigung I, Formular; vgl. die Mustertexte in JBHReg 1998, 289 ff.; KNECHT/KOCH, 13). Eine Stampa-Erklärung ist aus Gründen der Praktikabilität und der Rechtssicherheit auf jeden Fall einzureichen, auch wenn *kein qualifizierter* Tatbestand vorliegt (BGE 119 II 465 f., mit dem Hinweis, dass keine Vorschrift bestehe, wie die Erklärung abzugeben sei; s.a. Urteilsbesprechung von WATTER, AJP 1994, 385; ferner MEISTERHANS, JBHReg 1994, 176; es fehlt weiterhin eine gesetzliche Grundlage für die Stampa-Erklärung). Sie ist auch dann erforderlich, wenn ein Kapitalerhöhungsbericht und eine Prüfungsbestätigung vorliegen (Bestätigung, dass keine weiteren qualifizierten Tatbestände vorliegen; s. KÜNG, Art. 940 N 208 ff.; RUF, 377, 383; **a.A.** WATTER, AJP 1992, 60; s.a. die Kritik von BÖCKLI, § 1 N 222, wonach das Erfordernis der Stampa-Erklärung bei qualifizierten Tatbeständen sowohl dem Wortlaut als auch der Gesetzessystematik widerspreche, da bereits der Revisor durch die Prüfungsbestätigung Vollständigkeit attestiert). Die Stampa-Erklärung entfällt einzig bei Liberierung durch Umwandlung von frei verwendbarem Eigenkapital (MEISTERHANS, Diss., 177). Die Stampa-Erklärung ist durch Art. 153 StGB sanktioniert (BÖCKLI, § 1 N 206 und N 375).

3a Falls *Grundstücke* Gegenstand von Sacheinlagen oder -übernahmen bilden, haben die Handelsregisterämter über den – nur aus aktienrechtlicher Sicht abschliessenden – Katalog von Art. 46 Abs. 2 lit. a HRegV hinaus eine Unbedenklichkeitserklärung im Hinblick auf das BewG (s. Art. 4 Abs. 1 lit. e, Art. 6 BewG; Art. 1 Abs. 1 lit. a BewV), die sog. *Lex-Friedrich-Erklärung,* zu verlangen (sog. Negativbescheinigung II, Formular; die Unbedenklichkeit kann aber auch in der öffentlichen Urkunde selbst zum Ausdruck gebracht werden; s. Weisung des EHRA vom 1.1.1998 betr. Anwendung der Gesetzgebung über den Erwerb von Grundstücken durch Personen im Ausland, publiziert in JBHReg 1998, 277 ff.; vgl. den Mustertext bei KNECHT/KOCH, 13; REBSAMEN, AG, 108 f.; s.a. MALACRIDA, Unternehmensübernahmen im Lichte der Lex Koller, AJP 1998, 1187 ff.; BERTHEL/BOCHUD, N 167, 167a und 313; PLÜSS, JBHReg 1993, 80 ff.). Deckung des AK setzt hier voraus, dass die Gesellschaft Anspruch auf Eintragung des Grundstücks in das Grundbuch hat (s. Art. 634 Ziff. 2).

Keine Kognition hat der Handelsregisterführer bez. der Festlegung des Beginns der Dividendenberechtigung und der Zuweisung nicht ausgeübter oder entzogener Bezugsrechte (Art. 47 Abs. 1 HRegV e contrario und KÜNG, Art. 940 N 245). **3b**

III. Modalitäten der Handelsregisteranmeldung

Der VR ist gegenüber den bisherigen und den neuen Aktionären (und Partizipanten) *verpflichtet,* die abgeschlossene Kapitalerhöhung gem. Art. 652h zur Eintragung in das Handelsregister anzumelden (BÖCKLI, § 2 N 175; NOTTER, 132). Die Gläubiger können die Eintragung nicht erzwingen (s. FORSTMOSER, Aktienrecht, § 15 N 297). Die Anmeldung ist beim Handelsregisteramt im Kanton des statutarischen Sitzes der Gesellschaft vorzunehmen (FORSTMOSER, Aktienrecht, § 15 N 299). Der VR hat die Kapitalerhöhung mit tunlicher Beschleunigung anzumelden, sobald sämtliche Voraussetzungen für die Handelsregistereintragung erfüllt sind (FORSTMOSER/MEIER-HAYOZ/NOBEL, § 52 N 181; vgl. auch KNECHT/KOCH, 98 lit. k). Es liegt an ihm, die Voraussetzungen nach Art. 652 g zu schaffen, sobald die vorbehaltlose Prüfungsbestätigung gem. Art. 652 f vorliegt, und sämtliche in Art. 652h Abs. 2 und Art. 46 Abs. 2 HRegV verlangten Belege für die Handelsregisteranmeldung bereitzuhalten. – Zu rechtstechnischen Fragen bei der Handelsregisteranmeldung s. BERTHEL/BOCHUD, N 76 ff. **4**

IV. Eintragung in das Handelsregister und deren Wirkungen

In das Handelsregister **eingetragen** werden nur die aus den in N 2 ff. genannten Belegen hervorgehenden Elemente betr. Höhe des AK (und ggf. des PS-Kapitals), Anzahl, Nennwert und Art der Aktien, Beschränkungen der Übertragbarkeit, Vorrechte einzelner Kategorien sowie ein Teil der Statutenangaben über qualifizierte Kapitalerhöhungen (s. Art. 641 Ziff. 4–6; Art. 27 HRegV), nicht aber die Feststellungen des VR nach Art. 652 g Abs. 1 (s. Botschaft AG, 123). Bei Umwandlung von PS-Kapital in AK ist zusätzlich einzutragen, dass die eingetragenen PS durch Umwandlung in AK aufgehoben worden sind (HORBER, 173; BERTHEL/BOCHUD, N 336). Hat der VR zum Zeitpunkt des Ablaufs der Ermächtigungsdauer vom genehmigten Kapital nicht oder nur teilweise Gebrauch gemacht, ist die Streichung der Statutenbestimmung über das genehmigte Kapital zur Eintragung in das Handelsregister anzumelden (Art. 50 Abs. 6 HRegV; s. [zur alten HRegV]; HORBER, 173; BERTHEL/BOCHUD, N 425). **5**

Die (ordentliche oder genehmigte) Kapitalerhöhung wird – anders als unter dem bisherigen Recht – **im Aussenverhältnis** nicht mehr unmittelbar mit der Eintragung in das Handelsregister, sondern entsprechend der Grundregel von Art. 931 Abs. 2 erst mit der Publikation im SHAB wirksam. Im Zuge der GmbH-Revision wurden Art. 647 Abs. 2 und Abs. 3 (als lex specialis zu Art. 931 Abs. 2) gestrichen, so dass die Grundregel nun auch für Statutenänderungen gilt (s. WALDBURGER, Die «kleine Aktierechtsrevision», Teil 1, GesKR 2007, 418). **6**

Im Innenverhältnis beginnt die Wirksamkeit sowohl bei der ordentlichen als auch bei der genehmigten Kapitalerhöhung bereits mit dem definitiven *internen* Abschluss des Erhöhungsvorgangs, also mit dem Feststellungsbeschluss- und Statutenänderungsbeschluss des VR gem. Art. 652g Abs. 1 (vgl. FORSTMOSER/MEIER-HAYOZ/NOBEL, § 52 N 186; s.a. § 44 N 12; GERICKE, 76 f; z.T. abw. BÖCKLI, § 1 N 397 f., s. aber auch § 1 N 401 Anm. 789; ferner SCHENKER, Art. 647 N 9 und 10); die nachträgliche Eintragung der Statutenänderung in das Handelsregister ist Bedingung für die zwischenzeitlich nach Massgabe des erhöhten Kapitals gefassten Beschlüsse. Mit dem internen Abschluss der Kapitalerhöhung stehen den neuen Aktionären (und Partizipanten) – abweichende Regelungen in den Erhöhungsbeschlüssen und im Emissionsprospekt vorbehalten – sämtliche Mitwirkungs-, Vermögens- und Schutzrechte, insb. das Stimmrecht für anschliessende Beschlüsse an derselben GV, zu (vgl. FORSTMOSER/MEIER-HAYOZ/NOBEL, § 44 N 12; BÖCKLI, § 2 N 167; GERICKE, 236 f.). Praktisch ist die GV zum Zwecke der Fassung des VR-Feststellungs- und Statutenänderungsbeschlusses kurz zu unterbrechen.

6a Hinsichtlich der *Meldepflicht gem. Art. 20 Abs. 2 BEHG* (Offenlegung von Beteiligungen) ist bei genehmigten Kapitalerhöhungen von der Massgeblichkeit des Handelsregistereintrags i.S.v. Art. 10 Abs. 2 BEHV-EBK auszugehen. Für die börsenrechtliche Meldepflicht zählen erst die Stimmrechte, wie sie nach Beschlussfassung des VR und der Handelsregisterpublizität entstehen (konstitutive Wirkung des Handelsregistereintrags; BSK BEHG-WEBER, Art. 20 N 38; MEIER-SCHATZ, Komm. zum BEHG, Zürich, 2000, Art. 20 N 44). Bei der börsenrechtlichen Ermittlung des Gesamtumfangs der Stimmrechte ist ebenfalls auf die Eintragung der Anmeldung in das Tagesregister des Handelsregisters abzustellen. Die bereits früher einsetzende aktienrechtliche Wirksamkeit im Innenverhältnis (s. N 6) ist für diese börsenrechtliche Ermittlung unbeachtlich (BSK BEHG-WEBER, Art. 20 N 38; MEIER-SCHATZ, a.a.O., Art. 20 N 45).

6b Ein *Widerruf* der Kapitalerhöhung ist nach der Eintragung in das Handelsregister nicht mehr möglich. Eine eingetragene Kapitalerhöhung kann nur noch auf dem Wege der Kapitalherabsetzung nach Art. 732 ff. rückgängig gemacht werden (s. FORSTMOSER/MEIER-HAYOZ/NOBEL, § 52 N 195; KNECHT/KOCH, 98 lit. l; **a.A.** ZR 1982, 43 ff.; vgl. auch WENGER, 202). – Zu den Rechtsfolgen bei *Mängeln* des Kapitalerhöhungsverfahrens s. C. WIDMER, 102; GERICKE, 232; FORSTMOSER, Aktienrecht, § 15 N 337 ff. (mutatis mutandis).

V. Aktienausgabe vor der Handelsregistereintragung

1. Nichtigkeit der Aktientitel

7 Die neuen Aktientitel oder Interimsscheine für die neu geschaffenen Aktien können erst gültig ausgegeben werden, wenn die Kapitalerhöhung in das Tagesregister des Handelsregisters eingetragen worden ist. Vor der Eintragung der (ordentlichen oder genehmigten) Kapitalerhöhung ausgegebene Aktientitel sind gem. Art. 652h Abs. 3 **nichtig** (ebenso nach Art. 644 für das Gründungsstadium; FORSTMOSER/MEIER-HAYOZ/NOBEL, § 43 N 69, § 52 N 193; BÖCKLI, § 1 N 376 und § 2 N 178; GERICKE, 235; s.a. BGE 132 III 675 E. 3.3, keine Kaduzierung, die zu einer Unterpari-Emission führen würde, vor der Ausgabe neuer Aktien; vorher ausgestellte Papiere stellen blosse Ausweise über die erfolgte Zeichnung und Liberierung dar; FORSTMOSER/MEIER-HAYOZ/NOBEL, § 17 N 31). Ebenso sind die bisherigen Aktientitel erst ab diesem Zeitpunkt den neuen Kapitalbestimmungen der Statuten anzupassen (s. FORSTMOSER/MEIER-HAYOZ/NOBEL, § 52 N 192). Dies alles gilt auch für die *PS* (s. Art. 656a Abs. 2).

8 Aus der Nichtigkeit folgt, dass diese Urkunden **keine wertpapiermässigen Wirkungen** herbeiführen. Die Regeln für die Übertragung und Geltendmachung wertpapiermässig verbriefter Rechte finden so wenig Anwendung wie jene über den Schutz gutgläubiger Erwerber oder über die Einredenbeschränkung (ZK-SIEGWART, Art. 644 N 1). Unrechtmässig ausgegebene Aktientitel sind einzuziehen (BÖCKLI, § 1 N 376).

1. Abschnitt: Allgemeine Bestimmungen **Art. 653**

2. Fortbestehen der Zeichnungsverpflichtung

Die Nichtigkeit vorzeitig ausgegebener Aktien und PS betrifft nur die Verurkundung selbst, **nicht auch den Inhalt der Rechtsstellung** des Zeichners und die Gültigkeit der Kapitalerhöhung. Namentlich die mit der Zeichnung eingegangenen Verpflichtungen werden davon nicht betroffen (Art. 652h Abs. 3 Hs. 2; s. FORSTMOSER/MEIER-HAYOZ/NOBEL, § 43 N 69). Unberührt bleibt aber auch die mit der Zeichnung erlangte Rechtsposition, die durch Zession übertragen werden kann. – Der VR oder andere Personen, die vorzeitig Titel ausgegeben haben, können *schadenersatzpflichtig* werden (Art. 644 Abs. 2 analog; FORSTMOSER/MEIER-HAYOZ/NOBEL, § 52 N 194; BÖCKLI, § 1 N 377; GERICKE, 235 Anm. 1105; vgl. auch SCHENKER, Art. 644 N 6; Anwendungsfall von Art. 41 ff.). – Zur Rechtslage nach der Eintragung der Kapitalerhöhung in das Handelsregister s. ZK-SIEGWART, Art. 644 N 3 f. 9

VI. Rechtsvergleichung

Vgl. §§ 188–191 AktG; §§ 155–158 öAktG; art. 2444 CC it. 10

Art. 653

II. Bedingte Kapitalerhöhung
1. Grundsatz

¹ Die Generalversammlung kann eine bedingte Kapitalerhöhung beschliessen, indem sie in den Statuten den Gläubigern von neuen Anleihens- oder ähnlichen Obligationen gegenüber der Gesellschaft oder ihren Konzerngesellschaften sowie den Arbeitnehmern Rechte auf den Bezug neuer Aktien (Wandel- oder Optionsrechte) einräumt.

² **Das Aktienkapital erhöht sich ohne weiteres in dem Zeitpunkt und in dem Umfang, als diese Wandel- oder Optionsrechte ausgeübt und die Einlagepflichten durch Verrechnung oder Einzahlung erfüllt werden.**

II. Augmentation conditionnelle
1. Principe

¹ L'assemblée générale peut décider une augmentation conditionnelle de son capital en accordant dans ses statuts le droit d'acquérir des actions nouvelles (droit de conversion ou d'option) aux créanciers de nouvelles obligations d'emprunt ou d'obligations semblables contre la société ou les sociétés membres de son groupe ainsi qu'aux travailleurs.

² Le capital-actions augmente de plein droit au moment et dans la mesure ou le droit de conversion ou d'option est exercé et que les obligations d'apport sont remplies par compensation ou en espèces.

II. Aumento condizionale
1. Principio

¹ L'assemblea generale può decidere un aumento condizionale del capitale accordando nello statuto ai titolari di nuove obbligazioni di prestiti o di obbligazioni similari nei confronti della società o delle società facenti parte del suo gruppo, come pure ai lavoratori, il diritto di acquistare nuove azioni (diritti di conversione o d'opzione).

² Il capitale azionario aumenta senz'altro al momento e nella misura in cui tali diritti di conversione o d'opzione sono esercitati e in cui gli obblighi di conferimento sono adempiuti mediante compensazione o in denaro.

Literatur

Vgl. die Literaturhinweise zu Art. 650.

I. Revisionsgeschichte

1 Nach dem Aktienrecht 1936 konnten die Gesellschaften neue Aktien nur in einem zum Voraus festgesetzten Betrag durch GV-Beschluss ausgeben. Bei Anleihensobligationen mit Options- oder Wandelrechten zum Bezug von Aktien ist für die Gesellschaft jedoch ungewiss, wann und in welchem Ausmass neue Aktien auszugeben sind (s. Botschaft AG, 53). Um die Options- oder Wandelrechte sicherzustellen, musste die Gesellschaft deshalb vor der Emission der Anleihe die notwendige Anzahl **Vorratsaktien** zur Erfüllung sämtlicher möglicher Rechte der Obligationäre auf den Bezug neuer Aktien bereitstellen (ausführlich zu Begriff und Arten der Vorratsaktien M. WIDMER, 171 ff.; LADNER, 68 ff.; WENGER, 33 ff.). Dieses Vorgehen war zwar rechtlich zulässig, jedoch unbefriedigend, weil die Gesellschaft die Vorratstitel durch einen Dritten zeichnen und liberieren lassen musste und über die nicht bezogenen Titel nach Ablauf der Options- oder Wandelfrist frei verfügen konnte – oder darauf sitzen blieb (s. BGE 117 II 290 ff. E. 4 = Pra 1992, 479 ff.). Mit dem (im dt. Recht gut eingeführten) bedingten Kapital sollte diese Hilfskonstruktion **überflüssig** werden (WENGER, 14 f.). Ein weiterer Grund für die Regelung der bedingten Kapitalerhöhung lag in der Vereinfachung der Beschaffung und Ausgabe von *Mitarbeiteraktien* (HELBLING, 58; FORSTMOSER/MEIER-HAYOZ/NOBEL, § 52 N 301). Die Notwendigkeit des bedingten Kapitals für Publikumsgesellschaften war während den Revisionsarbeiten im Grundsatz unbestritten (s. SCHALLER/WEBER, 131 ff.).

II. Wesen und Grundzüge der bedingten Kapitalerhöhung

2 Kennzeichnend für die bedingte Kapitalerhöhung ist die **laufende** (oder gemäss Botschaft AG, 53, «tropfenweise») **Ausgabe neuer Aktien** (oder PS) im Zeitpunkt der Ausübung von Options- oder Wandelrechten zur Erfüllung der damit verbundenen Verpflichtungen (LADNER, 68 sowie 72; WENGER, 15 ff.; FORSTMOSER/MEIER-HAYOZ/NOBEL, § 52 N 305). Die GV beschliesst eine **statutarische Grundlage** (s. Art. 653b Abs. 1) für die Möglichkeit einer Kapitalerhöhung und setzt den max. Nennwertbetrag fest. Ob, wann und in welchem Ausmass das AK erhöht wird, bestimmen beim bedingten Kapital jedoch weder die GV noch der VR, sondern *Dritte,* nämlich die Inhaber der Options- oder Wandelrechte oder die bezugsberechtigten Mitarbeiter (WENGER, 15 sowie 17; LADNER, 72 f.; FORSTMOSER/MEIER-HAYOZ/NOBEL, § 52 N 304; BÖCKLI, § 2 N 179; Botschaft AG, 53 f.; FORSTMOSER, ZSR 1992, 20). Bei der Abruferklärung des berechtigten Dritten handelt es sich um ein *unwiderrufbares, bedingungsfeindliches und empfangsbedürftiges Gestaltungsrecht* (HELBLING, 76; WENGER, 9).

3 Bei Ausübung der Options- oder Wandelrechte mit Erfüllung der damit verbundenen Verpflichtungen **erhöht sich das AK ohne weiteres** (Art. 653 Abs. 2), und die entsprechenden Aktionärsrechte entstehen ebenfalls ohne zusätzliche Formalitäten seitens der Gesellschaft (Art. 653e Abs. 3). Im Gegensatz zur ordentlichen und genehmigten Kapitalerhöhung erlangt hier die Kapitalerhöhung nicht erst mit der Eintragung im Handelsregister Gültigkeit, denn die Eintragung im Handelsregister (Art. 653h) hat bei einer bedingten Kapitalerhöhung nur *deklaratorische Wirkung* (C. WIDMER, 103, 162; WENGER, 27; KNECHT/KOCH, 97; FORSTMOSER/MEIER-HAYOZ/NOBEL, § 52 N 412; Botschaft AG, 53 f.). Bei Gesellschaften mit einem bedingten Kapital ist wesensmässig, dass das im Handelsregister eingetragene Kapital niedriger sein kann als das effektiv ausgegebene (WENGER, 28; FORSTMOSER/MEIER-HAYOZ/NOBEL, § 52 N 305, § 16 N 463). Bei börsenkotierten Aktien ist deshalb von der Gesellschaft der Zulassungsstelle der SWX monatlich zu melden, ob neue Aktien aus bedingtem Kapital ausgegeben worden sind (Rundschreiben Nr. 3 N 51–54 der Zulassungsstelle vom 1.2.2001).

Die Schaffung eines bedingten AK kann bereits bei der **Gründung der AG** im Errichtungsakt durch die Gründer beschlossen und zum Statuteninhalt (Art. 627 Ziff. 6) gemacht werden (WENGER, 177). 4

Die Vorschriften des bedingten AK gelten in gleicher Weise auch für das **PS-Kapital** (Art. 656a Abs. 2; FORSTMOSER/MEIER-HAYOZ/NOBEL, § 52 N 38; BÖCKLI, § 2 N 222). Voraussetzung ist ebenfalls, dass bereits ein ausgegebenes PS-Kapital besteht, welches bedingt erhöht wird (Art. 653a Abs. 1 i.V.m. Art. 656a Abs. 2; WENGER, 30). Eine AG kann gleichzeitig ein bedingtes AK und ein bedingtes PS-Kapital aufweisen (WENGER, 29; BÖCKLI, § 2 N 222). Genussscheine können dagegen nicht auf dem Wege des bedingten Kapitals geschaffen werden. 5

Vom bedingten Kapital machen in der **Praxis** überwiegend *Publikumsgesellschaften* mit börsenkotierten Aktien oder PS Gebrauch, weil sie die Voraussetzungen besitzen, zu günstigen Konditionen Anleihensobligationen verbunden mit Wandel- oder Optionsrechten auf handelbare Beteiligungspapiere im Markt zu platzieren. Aber auch *Gesellschaften mit einem beschränkten Aktionärskreis* können ein bedingtes Kapital schaffen, z.B. für die Kapitalbeteiligung von Mitarbeitern oder in einem Sanierungsfall für die Darlehensaufnahme bei einzelnen Gläubigern, welche ein Interesse haben, ihre Darlehen ggf. in AK zu wandeln. 6

Ein **Festübernahmeverfahren,** wie dies bei der ordentlichen und genehmigten Kapitalerhöhung durch Einschaltung eines Bankenkonsortiums für das Bezugsangebot an die Aktionäre häufig praktiziert wird (s. Art. 650 N 32 ff.), ist bei der bedingten Kapitalerhöhung *nicht denkbar.* Die Festübernahme durch ein Bankenkonsortium beschränkt sich hier auf die Abnahmeverpflichtung der von der AG emittierten Wandel- oder Optionsanleihe in einem bestimmten Betrag (s.a. WENGER, 45). 7

Auch wenn der Gesetzgeber die ordentliche, genehmigte und bedingte Kapitalerhöhung je als eigenständige Rechtsform mit unterschiedlicher Zielsetzung für die einer AK-Erhöhung zugrunde liegenden Gesellschaftsbedürfnisse ausgestaltete, sind in der Praxis bereits **Mischformen** entstanden. Bei der ordentlichen AK-Erhöhung ist es erlaubt, dass die GV anstelle des genauen Erhöhungsbetrages einen Maximalbetrag festlegt und so eine Verbindung zur genehmigten Kapitalerhöhung schafft (s. Art. 650 N 8). Bei der an sich zeitlich unbefristeten bedingten Kapitalerhöhung kann durch ausdrücklichen, in den Statuten zu reflektierenden GV-Beschluss bestimmt werden, dass die Möglichkeit zur Ausgabe der neuen Aktien befristet, d.h. die neuen Aktien nur gültig sind, wenn die Anmeldung der Kapitalerhöhung beim Handelsregister bis spätestens zu einem genau bezeichneten Zeitpunkt erfolgt (s. unv. Urteil des BGer v. 18.1.1996, ZBGR 1998, 269; SZW 1996, 197). Dadurch werden *Elemente der bedingten* mit der *genehmigten Kapitalerhöhung in zulässiger Weise verbunden.* 7a

III. Sachlicher Geltungsbereich (Abs. 1)

Im Gegensatz zu den allg. verwendbaren ordentlichen und genehmigten Kapitalerhöhungen ist die bedingte Kapitalerhöhung nur für die **einzelnen Tatbestände** vorgesehen, die in Art. 653 Abs. 1 aufgezählt sind. Diese Aufzählung ist *abschliessend,* denn der Gesetzgeber wollte aus Gründen der Sicherung der Kapitaleinlage und wohl auch wegen der beim bedingten Kapital häufigen Diskrepanz zwischen dem im Handelsregister eingetragenen und dem effektiv ausgegebenen AK den Anwendungsbereich sachlich beschränken (Botschaft AG, 54; FORSTMOSER/MEIER-HAYOZ/NOBEL, § 52 N 317; GUHL/DRUEY, 729; BÖCKLI, § 2 N 185 ff.). 8

1. Wandel- und Optionsanleihen

9 Die Statuten können bestimmen, dass **Gläubigern von Wandel- oder Optionsanleihen** das Recht zum Bezug neuer Aktien eingeräumt wird. Zu präzisieren ist, dass nur bei der *Wandelobligation* notwendigerweise ein *Gläubiger* der Gesellschaft von seinem Recht auf Bezug neuer Aktien Gebrauch macht. Bei einer Obligation mit Optionsrecht ist dieses Recht üblicherweise in einem separaten, von der Darlehensobligation abtrennbaren und separat handelbaren Wertpapier verbrieft, so dass hier nur im Zeitpunkt der Anleihensemission dieses Optionsrecht einem Gläubiger eingeräumt wird. Bei der *Ausübung des Optionsrechts* steht das Recht dagegen dem *Inhaber des Optionsscheines zu* (WENGER, 7 f.; M. WIDMER, 25).

10 **Wandelobligationen (Convertible Bonds)** sind Wertpapiere, welche dem Obligationär zusätzlich zu den normalen Gläubigerrechten auf Verzinsung und Rückzahlung der Forderung das Recht einräumen, nach seiner Wahl während einer bestimmten Frist anstelle der Rückzahlung den Erwerb eines Beteiligungspapiers (Aktie oder PS) zu im Voraus festgesetzten Bedingungen zu verlangen (ausführlich LADNER, 16 ff.; M. WIDMER, 26; WENGER, 7; s.a. KOLB/VOLKART, Kapitalbeschaffung mittels Wandelanleihen, ST 2003, 961 ff.). Mit der Ausübung des Wandelrechts erlischt die Schuld der Gesellschaft, indem sie durch *Verrechnung* mit der Liberierungsforderung gegenüber dem Obligationär getilgt wird. Dadurch verringert sich das FK der Gesellschaft, und im gleichen Ausmass nimmt das EK im Betrag des Nennwerts der ausgegebenen Aktien sowie des den allg. Reserven gutzuschreibenden allfälligen Agios zu (s. MEIER-HAYOZ/VON DER CRONE, § 22 N 1 ff.; BÖCKLI, § 2 N 188; WENGER, 43; FORSTMOSER/MEIER-HAYOZ/NOBEL, § 52 N 384; M. WIDMER, 26; C. WIDMER, 284; HENSELER, 45 ff.; Botschaft AG, 52 f.).

10a In den letzten Jahren haben **Pflichtwandelanleihen (Mandatory Convertible Bonds)** auch in der Schweiz zunehmend Verwendung gefunden. Bei dieser Art der Wandelanleihe steht von vornherein aufgrund der Anleihensbedingungen fest, dass am Ende der Laufzeit oder bei Verzug oder Konkurs des Emittenten auch schon zu einem früheren Zeitpunkt die Obligationen zwingend in eine zum voraus bestimmte Anzahl Aktien gewandelt werden müssen. Das Wahlrecht des Investors entfällt und die Wandelung muss auch erfolgen, wenn die Aktien wertlos sind. Bei der Beurteilung der Eigenkapitalbasis der Gesellschaft wird der Nominalbetrag einer Pflichtwandelanleihe schon ab Emission von Rating-Agenturen und Finanzanalysten zum EK hinzugerechnet (s. KOLB/VOLKART, Finanzinstrument «Mandatory Convertible Securities», ST 2003, 513 ff.).

11 **Obligationen mit Optionsrecht (Bonds with Warrants)** sind Wertpapiere, welche neben dem Anspruch des Obligationärs auf Verzinsung und Rückzahlung der Forderung zusätzlich das (i.d.R. separat handelbare) Recht beinhalten, dass der Inhaber des Optionsscheines während einer bestimmten Frist oder zu einem bestimmten Zeitpunkt den Erwerb eines Beteiligungspapiers (Aktie oder PS) zu im Voraus festgelegten Bedingungen *gegen Geldzahlung* verlangen kann (M. WIDMER, 24; WENGER, 7 f.; LADNER, 21 f.; s. zu den verschiedenen Arten von Optionsanleihen DERS., 22 f.). Bei der Ausübung des Optionsrechts bleibt das FK der Gesellschaft unverändert, während die Aktiven (durch Bargeldzuschuss) und das EK im Betrage des Nennwerts der ausgegebenen Aktien sowie des den allg. Reserven gutzuschreibenden Agios im gleichen Ausmass zunehmen (s. MEIER-HAYOZ/VON DER CRONE, § 23 N 1 ff.; M. WIDMER, 25; WENGER, 43; BÖCKLI, § 2 N 189; HENSELER, 58 ff.; Botschaft AG, 53).

12 Die Anwendbarkeit des bedingten Kapitals beschränkt sich nach dem Wortlaut von Art. 653 Abs. 1 auf **neue Anleihensobligationen.** Nach überwiegender Meinung der

1. Abschnitt: Allgemeine Bestimmungen   13–14 Art. 653

Lehre wird hier nur der Normalfall angesprochen, ohne dass daraus abgeleitet werden darf, ein nachträglich beschlossenes bedingtes Kapital dürfe nicht für eine bereits früher emittierte Anleihe verwendet werden (BÖCKLI, § 2 N 190; FORSTMOSER/MEIER-HAYOZ/ NOBEL, § 52 N 326; a.A. DALLÈVES, 298; s. Botschaft AG, 125). Dieser Auffassung ist zuzustimmen und sie wird in der Praxis auch so gehandhabt. Wichtig bleibt nur die Schaffung klarer Verhältnisse, also die Information der Aktionäre und der Obligationäre über die Absicherung der Wandel- oder Optionsrechte durch ein neu geschaffenes bedingtes Kapital und die Verwendung der allenfalls dadurch frei werdenden eigenen Aktien, welche bisher diese Sicherstellungsfunktion wahrgenommen haben. – Dagegen ist es auch unter dem neuen Aktienrecht nach wie vor zulässig, neue Wandel- oder Optionsanleihen mit noch **unter dem alten Recht geschaffenen Vorratsaktien** abzusichern. Soweit solche Vorratsaktien heute noch bestehen, ist für sie das alte Recht und der seinerzeitige GV-Beschluss massgebend (Art. 1 SchlT ZGB). Auch von Aktionären zurückgekaufte Aktien (sog. Treasury Shares) können von der Gesellschaft zur Sicherstellung von Wandel- oder Optionsrechten verwendet werden.

Nicht gerade glücklich ist die gesetzliche Formulierung «Anleihens- oder ähnliche Obligationen» ausgefallen. Für **Anleihensobligationen** ist charakteristisch, dass sie «öffentlich zur Zeichnung aufgelegt oder an der Börse eingeführt werden» (Art. 1156 Abs. 1). Die **ähnlichen Obligationen** erfüllen also keines dieser beiden spezifischen Merkmale. Sie sind Forderungen, welche identische Konditionen aufweisen, aber nicht notwendigerweise in einem Wertpapier verbrieft sind. Darunter können allenfalls Notes (mittelfristige Schuldverpflichtungen) fallen, die privat – d.h. bei einem eng begrenzten Personenkreis – platziert werden (WENGER, 54; M. WIDMER, 26 f.) und deshalb nicht unter die Prospektpflicht von Art. 1156 Abs. 2 fallen. Aber auch Geldmarktpapiere (commercial papers) oder Geldmarktbuchforderungen sowie andere Darlehensforderungen können darunter verstanden werden, sofern die Wandel- oder Optionsberechtigung einfach überprüfbar ist (Botschaft AG, 124; WENGER, 53). Praktisch heisst dies für die ähnl. Obligationen, dass für sie ein Wertpapier oder eine Schuldurkunde ausgestellt, ein schriftlicher Darlehensvertrag abgeschlossen sein oder die Gläubigereigenschaft aus einem von einer Bank geführten Register hervorgehen muss (s. dazu ausführlich WENGER, 52 ff.; M. WIDMER, 26 f.; FORSTMOSER/MEIER-HAYOZ/NOBEL, § 52 N 324; BÖCKLI, § 2 N 186; DALLÈVES, 297; A. VON PLANTA, SZW 1992, 206; T. VON PLANTA, 17).

13

Unklar ist auch, ob die Begriffe «Anleihensobligationen» und «Arbeitnehmer» die Anwendung auf eine relativ unbestimmte grössere **Anzahl von Berechtigten** als notwendiges Kriterium für die Verwendung des bedingten Kapitals voraussetzen wollen. Aber auch dies ergibt sich weder aus dem klaren Willen des Gesetzgebers noch aus einem besonderen Schutzbedürfnis. Vielmehr kann auch ein Einzeldarlehen, v.a. im Rahmen einer Sanierung, mit einem Wandel- oder Optionsrecht verbunden und zugunsten eines einzigen Arbeitnehmers ein Optionsrecht für die Mitarbeiterbeteiligung geschaffen werden (gl.M. FORSTMOSER/MEIER-HAYOZ/NOBEL, § 52 N 324 Anm. 107; in diesem Sinne vermutlich auch das BGer im Urteil v. 18.1.1996, ZBGR 1998, 269, 272 f., auch wenn die Frage letztlich offen gelassen wurde). Voraussetzung ist nur der klare Wille des GV-Beschlusses und die leichte Feststellbarkeit der Rechtslage zwischen der Gesellschaft und dem Gläubiger oder Arbeitnehmer.

13a

Die Obligationen können schliesslich von der das bedingte Kapital in den Statuten enthaltenden Gesellschaft oder von einer **Konzerngesellschaft** ausgegeben werden (ausführlich WENGER, 48 ff.; FORSTMOSER/MEIER-HAYOZ/NOBEL, § 52 N 325; C. WIDMER, 279). Diese erst in der parlamentarischen Beratung vorgenommene Ergänzung will die

14

Peter R. Isler/Gaudenz G. Zindel

Fortführung der bisherigen Praxis ermöglichen, dass schweizerische Gesellschaften bei einer auf dem internationalen Kapitalmarkt (z.B. Euromarkt) aufgenommenen Wandel- oder Optionsanleihe zur Vermeidung der Verrechnungssteuer eine nicht in der Schweiz domizilierte Finanzgesellschaft als Emittentin auftreten lassen, welche die Obligationen mit der Garantie und mit Wandel- oder Optionsrechten zum Bezug von Aktien der schweizerischen Muttergesellschaft anbietet. Die schweizerische Verrechnungssteuer und die Emissionsabgabe auf Obligationen entfällt dann, wenn die über die Anleihe aufgenommenen Mittel (in ausländischer oder schweizerischer Währung) im Ausland verwendet werden (Mitteilung der SBVg vom 29.6.1993). – Die Bezeichnung Konzerngesellschaft bedeutet allerdings keine Einschränkung auf ausländische Finanztöchter, sondern erstreckt sich auf jede *Konzerntochtergesellschaft* i.S.v. Art. 663e Abs. 1 (WENGER, 49), dagegen grundsätzlich nicht auf eine Obergesellschaft. Es kann nicht Zweck einer Gesellschaft sein, durch Ausgabe von Wandel- oder Optionsrechten die Finanzierung eines Aktionärs zu günstigen Konditionen zu ermöglichen (s.a. DALLÈVES, 299; T. VON PLANTA, 19), ausgenommen wenn die Transaktion im Interesse der Gesellschaft liegt und sie von der Obergesellschaft angemessen entschädigt wird.

2. *Mitarbeiterbeteiligung*

15 Die bedingte Kapitalerhöhung ist auch für die Beteiligung von Arbeitnehmern am Kapital ihrer Arbeitgeberin vorgesehen (detailliert HELBLING, 10 ff.; WALTI, 8 ff.; WENGER, 55 ff.; vgl. als Bsp. BGE 130 III 495). Die Schaffung von Arbeitnehmeraktien als **sozialpolitische Zielsetzung** ist von der Aktienrechtsrevision bewusst gefördert worden (s.a. Art. 652b Abs. 2, wonach die Beteiligung von Arbeitnehmern einen wichtigen Grund für den Entzug des Bezugsrechts der Aktionäre darstellt). Auch aus steuerlicher Sicht soll die Mitarbeiterbeteiligung grundsätzlich interessant sein. Die Besteuerungspraxis der ESTV zwischen *freien und gesperrten* sowie im Zeitpunkt der Zuteilung *bewertbaren* und *nicht bewertbaren Mitarbeiteroptionen* (s. KS Nr. 5 der ESTV vom 30.4.1997 über die Besteuerung von Mitarbeiteraktien und Mitarbeiteroptionen, ergänzt und teilweise geändert durch RS der ESTV vom 6.5.2003 über Mitarbeiteroptionen und Vesting-Klauseln; HELBLING, 112; BÖCKLI, § 2 N 191 ff.; s. ferner den Entscheid des VGer ZH v. 4.7.1995, ZStP 1996, 39 ff.). Siehe zu den steuerlichen Aspekten der Mitarbeiterbeteiligung WALTI, 145 ff.; HELBLING, 258 ff.; ausführlich zur Bewertung, Rechnungslegung und Besteuerung von Mitarbeiteroptionen und -aktien s. RISI, Mitarbeiteroptionen und -aktien, Bewertung – Rechnungslegung – Besteuerung, Diss. Zürich, 1999; WIDLER/ANLIKER, Mitarbeiterbeteiligung mittels bedingtem Kapital, in: ST 2006, 900–903; PORTMANN, Mitarbeiterbeteiligung: Mitarbeiteraktien und Mitarbeiteroptionen im schweizerischen Arbeitsrecht, Bern 2005; HELBLING 233 ff., 307 ff.

16 Beim bedingten Kapital können die Statuten die Einräumung von **Optionen an einen bestimmten Kreis von Arbeitnehmern** zum Bezug von Aktien zu im Voraus festgelegten Bedingungen vorsehen. Es genügt aber auch, wenn in den Statuten die Kompetenz zur Bezeichnung der berechtigten Mitarbeiter dem VR übertragen wird. Nach dem Wortlaut von Art. 653 Abs. 1 wäre es nicht möglich, Arbeitnehmern **anderer Konzerngesellschaften** solche Optionen zum Bezug von Aktien der Muttergesellschaft einzuräumen. Dies erscheint jedoch als unnötige und kaum gewollte Einschränkung (gl.M. HELBLING, 33 f., 61; LADNER, 75 f.; WENGER, 57; FORSTMOSER/MEIER-HAYOZ/NOBEL, § 52 N 329; BÖCKLI, § 2 N 191 ff.; RUF, 384 Anm. 172; WATTER, 63).

16a Die Mitarbeiterbeteiligung kann sich aber nicht nur auf Arbeitnehmer, sondern auch auf **Verwaltungsräte** und **andere Personen mit Führungsverantwortung** für das Unternehmen erstrecken, welche *nicht in einem eigentlichen Arbeitsverhältnis mit der Gesellschaft stehen.* Die Verknüpfung von Führungsverantwortung und finanziellem Engagement an der Gesellschaft ist grundsätzlich positiv zu werten und ist heute Gegenstand zahlreicher Stock Option Plans von Publikumsgesellschaften. Dass der VR gleichzeitig auch das Reglement für die Mitarbeiterbeteiligung erlässt, kann höchstens einen latenten Interessenkonflikt bewirken, welcher durch Transparenz bez. der an die VR-Mitglieder zugeteilten Optionsrechte wirksam behoben werden kann (s. HELBLING, 228 ff.; WALTI, 40 ff; BÖCKLI, § 4 N 418; FORSTMOSER/MEIER-HAYOZ/NOBEL, § 52 N 328; a.A. WENGER, 61, 67 Anm. 131; s.a. Komm. zu Art. 663b^{bis} Abs. 1 Ziff. 1 und Abs. 2 Ziff. 4).

16b Gültigkeitserfordernis für die über ein bedingtes Kapital zu schaffende Mitarbeiterbeteiligung ist, dass die GV die **Maximalzahl der für die Mitarbeiterbeteiligung auszugebende Anzahl Aktien** beschliesst und spezifisch in den Statuten nennt. Eine Delegation an den VR, die Aufteilung der Maximalzahl der Aktien des bedingten Kapitals auf Anleihensobligationen, Mitarbeiterbeteiligung und Aktionärsoptionen vorzunehmen, ist demzufolge unzulässig (BGE 121 III 219, 240; BÖCKLI, § 2 N 195).

3. Aktionärsoptionen («Gratisoptionen»)

17 Das gesetzliche Konzept des bedingten Kapitals beinhaltet stets die *Einräumung von Wandel- oder Optionsrechten an Nichtaktionäre* (WENGER, 138; LADNER, 76; BÖCKLI, § 2 N 196; Botschaft AG, 123 f.). Die Aufhebung des Bezugsrechts der bisherigen Aktionäre gehört deshalb zum notwendigen Statuteninhalt des bedingten Kapitals (Art. 653 b Abs. 1 Ziff. 4). Dadurch hat der Gesetzgeber – sicher ungewollt – einer neueren Entwicklung nicht Rechnung getragen, dass Gesellschaften ihren **Aktionären** im Rahmen der Beschlüsse über die Gewinnverwendung immer häufiger anstelle einer ordentlichen Kapitalerhöhung mit Bezugsrecht oder zusätzlich zu einer Dividende **unentgeltlich selbständige Optionen**, sog. «Gratisoptionen», zuteilen (LADNER, 76). Diese Aktionärsoptionen sind als handelbare Rechte ausgestaltet und geben dem jeweiligen Inhaber das Recht, Aktien der Gesellschaft während einer bestimmten Dauer zu einem Preis zu beziehen, welcher i.d.R. leicht unter dem Börsenkurs im Zeitpunkt des GV-Beschlusses liegt (LADNER, 76; WENGER, 15). Inhaltlich unterscheiden sich diese Optionen in keiner Weise von den mit einer Anleihensobligation verbundenen Optionsrechten, ausser dass sie selbständig, d.h. ohne Verbindung mit einer Anleihe, ausgegeben und nicht Gläubigern der Gesellschaft, sondern ausschliesslich deren Aktionären als ersten Berechtigten zugeteilt werden (M. WIDMER, 29 f.; LADNER, 77).

18 Nach dem Wortlaut von Art. 653 Abs. 1 und dem numerus clausus von Bezugsberechtigten beim bedingten Kapital müsste angenommen werden, dass solche selbständigen Aktionärsoptionen nicht auf dem Wege der bedingten Kapitalerhöhung ausgegeben werden können, obschon sich diese zweifellos besser eignet als die ordentliche oder die genehmigte Kapitalerhöhung (so WENGER, 158 f.; M. WIDMER, 28; LADNER, 76 f.; SCHLATTER/HONEGGER, 22 ff.; BÖCKLI, § 2 N 196 ff.; DALLÈVES, 298 f.; ISLER, 731 f.). Dagegen ist zu Recht geltend gemacht worden, es handle sich hier um ein **gesetzgeberisches Versehen,** um eine **Lücke,** welche durch sinnvolle, extensive Auslegung in dem Sinne zu schliessen sei, dass auch die Ausgabe von selbständigen Aktionärsoptionen unter den Anwendungsbereich des bedingten Kapitals falle (BÖCKLI, § 2 N 196 ff.; WENGER, 137 ff.; LADNER, 77; SCHLATTER/HONEGGER, 24; FORSTMOSER, SZW 1992, 61; A. VON PLANTA, SZW 1992, 206; HÜNERWADEL, 41). Nachdem das Eidg. Handelsregisteramt nichts gegen Statutenbestimmungen einwendet, welche das bedingte Kapital auch für die Ausgabe selbständiger Optionen an Aktionäre vorsehen, haben in der **Praxis** schon zahlreiche Publikumsgesellschaften das bedingte Kapital für Aktionärsoptionen verwendet. Da von Aktionärsseite kaum ein Interesse besteht, eine solche Statutenbestimmung anzufechten, ist hier bereits eine sinnvolle faktische Revision von Art. 653 Abs. 1 vollzogen worden (BÖCKLI, § 2 N 202; WENGER, 137; LADNER, 77; FORSTMOSER/MEIER-HAYOZ/NOBEL, § 52 N 332; SCHLATTER/ HONEGGER, 23 f.; M. WIDMER, 31 Anm. 161). Darüber hinaus ist es weiterhin zulässig, die für die Ausübung von Aktionärsoptionen bereitzustellenden Titel als «gebundene» Vorratsaktien mit der ordentlichen oder der genehmigten Kapitalerhöhung zu schaffen, (LADNER, 77; M. WIDMER, 31; FORSTMOSER/MEIER-HAYOZ/NOBEL, § 52 N 332 Anm. 113) oder durch den Rückkauf eigener Aktien am Markt sicherzustellen.

4. Ausgeschlossene Transaktionen

19 Aus Art. 653 Abs. 2 ergibt sich zwingend, dass eine bedingte Kapitalerhöhung nur zulässig ist, wenn die Einlagepflichten in bar (bei Optionen) oder durch Verrechnung (bei Wandelobligationen) erfüllt werden. Ausgeschlossen ist damit eine **Liberierung durch Sacheinlage oder aus Gesellschaftsmitteln.** Praktisch bedeutet dies, dass die bedingte Kapitalerhöhung für Fusionen oder einen freiwilligen Titelumtausch oder die Ausgabe von Gratisaktien an Mitarbeiter nicht zur Verfügung steht (BÖCKLI, § 2 N 205; FORSTMOSER/MEIER-HAYOZ/NOBEL, § 52 N 385 f.; Botschaft AG, 124). Falls eine Gesellschaft die Umwandlung von PS in Aktien nur auf freiwilliger Basis vornehmen kann (z.B. weil mehrere PS zu einer Aktie zusammengelegt werden müssen, Art. 623 Abs. 2) oder will (z.B. weil sie den Umtausch von Inhaber-PS in Namenaktien anbietet), muss sie die notwendigen Aktien durch ordentliche oder genehmigte Kapitalerhöhung schaffen. Dagegen wird von einzelnen Autoren eingewendet, die Liberierung durch Sacheinlage müsse zumindest dann auch zulässig sein, falls der Wert der Sacheinlage objektiv bestimmbar ist und die Sacheinlage einfach verwertet werden kann (WENGER, 139 f., 145 ff.), bzw. wenn die Vorschriften bei der Gründung analog angewendet werden (LADNER, 78).

20 Aufgrund des Wesens der bedingten Kapitalerhöhung, dass neue Aktien aufgrund von Rechtsausübungen Dritter ohne vorgängige Kontrolle durch VR, RS und Handelsregister ausgegeben werden, muss der **Liberierungsvorgang** für die neuen Aktien **einfach und klar** sein. Dazu eignen sich nur die **Barzahlung** und die **Verrechnung.** Bei einer Sacheinlage ist aber die vorgängige Prüfung von Wert und gültiger Übertragung unerlässlich. Deshalb muss hier das praktische Bedürfnis der Rechtssicherheit weichen (gl. M. mit Überzeugung BÖCKLI, § 2 N 179, 205).

20a Ausgeschlossen ist die bedingte Kapitalerhöhung auch in all jenen Fällen, in denen der Kreis der Bezugsberechtigten ausserhalb des obgenannten numerus clausus von Obligationären, Arbeitnehmern und bisherigen Aktionären liegt. Das bedingte Kapital lässt sich also **nicht zur Erweiterung des Aktionärskreises** (s. WENGER, 41, 73) oder zur Schaffung von **Vorratstiteln** verwenden. – Eine Statutenbestimmung über das bedingte Kapital, welche eine ausgeschlossene Transaktion beinhaltet, sollte vom Handelsregisteramt nicht eingetragen und kann von den Aktionären angefochten werden (Art. 706 Abs. 1).

IV. Zeitpunkt der Kapitalerhöhung (Abs. 2)

Während in Art. 653e näher umschrieben wird, welche Voraussetzungen seitens des Berechtigten für die Durchführung der Kapitalerhöhung erfüllt sein müssen, nimmt Art. 653 Abs. 2 das Resultat der Erfüllung dieser Verpflichtungen durch den Berechtigten vorweg: Das **AK erhöht sich ohne weiteres** in dem Zeitpunkt und dem Umfang, in welchem Wandel- oder Optionsrechte ordnungsgemäss ausgeübt und die damit verbundenen Verpflichtungen erfüllt werden (WENGER, 27; C. WIDMER, 103, 288; s. N 3). Die neuen Aktien (oder PS) können und müssen dann dem Berechtigten ausgehändigt oder nach seiner Weisung bei einem Dritten (Bank oder SIS) zur Verfügung gestellt werden. Die Aktionärsrechte entstehen bereits mit der Erfüllung der Einlagepflicht, nicht erst mit Lieferung oder Gutschrift der Titel (s. Art. 653e N 9). Weder eine Eintragung im Aktienbuch (bei Namenaktien) noch eine Anmeldung der Kapitalerhöhung beim Handelsregister sind seitens der Gesellschaft notwendige Formalitäten für den Eintritt der Kapitalerhöhung. Mit der Ausgabe der Aktien bzw. der Entstehung der Aktionärsrechte erhöht sich das AK der Gesellschaft in gleicher Weise wie mit der erfolgten Eintragung im Handelsregister im Falle der ordentlichen oder der genehmigten Kapitalerhöhung (s. für die Eintragung im Handelsregister Art. 653b N 5, Art. 653h N 3; bez. der Ausgabe neuer Aktien unter Verletzung von Gesetz oder Statuten s. Art. 653c N 23, Art. 653h N 3). 21

Voraussetzung für die Kapitalerhöhung ist, dass die **Einlagepflichten** aus Options- oder Wandelrechten **bei der Gesellschaft erfüllt** sein müssen. Dies ist dann nicht ganz einfach, wenn *Options- oder Wandelanleihen von einer anderen Konzerngesellschaft* ausgegeben worden sind. Indem das Gesetz solche Transaktionen ausdrücklich gestattet, gewährt es implizit auch eine gewisse Gestaltungsfreiheit, welche z.B. folgende Konstruktionen möglich macht: 22

a) Bei **Wandelobligationen** ist notwendig, dass die Verrechnung der Liberierungsschuld mit der Forderung aus der Obligation zwischen denselben Parteien erfolgt (Art. 120 Abs. 1). Dies ist zunächst nicht der Fall, wenn Schuldnerin der Obligation die Tochtergesellschaft ist, während die Liberierung durch Verrechnung gegenüber der Muttergesellschaft erfolgen muss. Das Problem kann so gelöst werden, dass die Wandelungserklärung des Gläubigers eine Schuldübernahme aus der Obligation durch die Muttergesellschaft auslöst (s. T. VON PLANTA, 20), wobei allerdings gleichzeitig zur Schuldübernahme eine Zahlung der Tochtergesellschaft an die Muttergesellschaft in Höhe des Nominalbetrages der Obligation erfolgen muss, damit bei dieser eine Verstärkung der Eigenmittel eintritt. Im Euromarkt wird die Lösung auch so gefunden, dass die Tochtergesellschaft von der Muttergesellschaft Optionen zum Erwerb der Aktien zur Erfüllung der Wandelverpflichtung kauft und das Optionsrecht im Zeitpunkt der Wandelung der Obligation ausübt. Dadurch erfolgt freilich die Liberierung neuer Aktien bei der Muttergesellschaft in bar und nicht durch Verrechnung. Die Berechtigten üben ihre Wandelrechte gegenüber der Tochtergesellschaft aus und diese erfüllt die Liberierungsverpflichtung für die Aktien in bar gegenüber der Muttergesellschaft und liefert die Aktien gegen Rückgabe der Obligation an den Obligationär aus (s.a. DALLÈVES, 299 f.). 22a

b) Bei den **Pflichtwandelanleihen** (s. vorn N 10a) muss die schweizerische Muttergesellschaft sicherstellen, dass sie eigene Aktien unter dem bedingten Kapital ausgeben kann, wenn eine zwangsweise Wandlung der von der Konzerntochtergesellschaft ausgegebene Wandelanleihe eintritt. Zu diesem Zweck wird zwischen Mutter- und Tochtergesellschaft ein Aktienkaufvertrag mit aufgeschobener Lieferung abgeschlossen, in welchem die Leistungspflichten beider Parteien im Zeitpunkt der Zwangs- 22b wandlung festgelegt sind. Die in der Praxis auch anzutreffende Kombination von Call-Optionen der Tochtergesellschaft mit Put-Optionen der Muttergesellschaft ist dagegen nicht tauglich, weil bei einem bedingten Kapital die Kapitalerhöhung zwingend von einer Drittperson ausgelöst werden muss und die Gesellschaft selbst nicht infolge einer ihr zustehenden Put-Option neue Aktien ausgeben kann.

22c c) Bei **Optionsanleihen** ist es an sich kein Problem, die Obligation der Tochtergesellschaft mit einem Optionsschein der Muttergesellschaft zu verbinden, so dass der Berechtigte seine Liberierungspflicht direkt bei der die Aktien ausgebenden Gesellschaft erfüllen kann. Im Euromarkt gibt es jedoch die Praxis, dass aus Gründen der Steueroptimierung die Optionsscheine auch von einer anderen ausländischen Konzerngesellschaft ausgegeben werden, was dann keine Schwierigkeiten bietet, wenn die Muttergesellschaft dieser Tochter Vorratstitel zur Verfügung stellen kann. Nach der Zielsetzung des bedingten Kapitals muss dies auch ohne Vorratstitel möglich sein, indem die Muttergesellschaft z.B. die Optionen i.S. eines Vertrages zugunsten Dritter dieser Tochtergesellschaft einräumt, welche diese nur ausüben kann, wenn ein Berechtigter sein Optionsrecht gegenüber der Tochtergesellschaft ausübt und die Tochtergesellschaft der Mutter den von dieser festgesetzten Ausgabepreis bei Ausübung zahlt.

V. Entwurf Aktien- und Rechnungslegungsrecht

22d Beim bedingten Kapital will der Gesetzesentwurf 2007 v.a. die vorstehend aufgezeigten Unklarheiten der bestehenden Regelung beheben und erweitert daher in E-Art. 653 Abs. 1 den Kreis der bezugsberechtigten Personen auf die Aktionäre, die Mitglieder des VR und die Gläubiger. V.a. zu Sanierungszwecken sollen Aktien aufgrund von Optionen ohne deren Verbindung mit Anleihensobligationen gestützt auf ein bedingtes Kapital erwerben können, was eine gegenüber dem Genussschein attraktivere Variante darstellen kann (Botschaft Aktien- und Rechnungslegungsrecht, 1646 f.). – Im Abs. 3 wird der VR verpflichtet, den Beschluss der GV über bedingtes Kapital innert 30 Tagen dem HReg anzumelden, ansonsten der Beschluss dahinfällt.

VI. Rechtsvergleichung

23 Die bedingte Kapitalerhöhung des schweizerischen Rechts stimmt weitgehend mit deren Regelung im **dt. Recht** (§§ 192–201 AktG) überein. Mit einem Quorum von mind. drei Viertel der vertretenen Aktien kann die Hauptversammlung ein bedingtes Kapital bis zur Hälfte des Grundkapitals schaffen. Der Verwendungszweck ist allerdings breiter; insb. können beim bedingten Kapital neue Aktien gegen Sacheinlage (z.B. Aktiven und Passiven einer fusionierten Gesellschaft oder Forderungen aus Gewinnbeteiligung von Arbeitnehmern) ausgegeben werden.

24 Auch das **österreichische Recht** kennt ein (dem dt. Recht nachgebildetes) bedingtes Kapital (§§ 159–168 öAktG), während sich im **französischen Recht** (art. 194–1 ff., 195 LSC) und im **italienischen Recht** (art. 2420 bis CC it.) nur Einzelbestimmungen über die Ausgabe von Wandel- oder Optionsanleihen finden, welche auf eine bedingte Kapitalerhöhung hinauslaufen.

25 Im **Europarecht** wird die bedingte Kapitalerhöhung nicht erwähnt. Das auf fünf Jahre befristete genehmigte Kapital lässt sich aber auch für die Zwecke eines bedingten Kapitals verwenden (s. Art. 25 EU-Kapital-RL).

Art. 653a

2. Schranken	**¹ Der Nennbetrag, um den das Aktienkapital bedingt erhöht werden kann, darf die Hälfte des bisherigen Aktienkapitals nicht übersteigen.** **² Die geleistete Einlage muss mindestens dem Nennwert entsprechen.**
2. Limites	¹ Le montant nominal dont le capital-actions peut être augmenté conditionnellement ne doit pas dépasser la moitié du capital-actions existant. ² L'apport effectué doit correspondre au moins à la valeur nominale.
2. Limiti	¹ L'ammontare nominale di cui il capitale azionario può essere aumentato condizionalmente non può eccedere la metà del capitale azionario esistente. ² Il conferimento effettuato deve corrispondere almeno al valore nominale.

Literatur

Vgl. die Literaturhinweise zu Art. 650.

I. Betragsschranke des bedingten Kapitals (Abs. 1)

Die bedingte Kapitalerhöhung unterliegt von Gesetzes wegen derselben betragsmässigen Schranke wie das genehmigte Kapital: Es darf **höchstens die Hälfte des Nennwertes des AK** im Zeitpunkt der Beschlussfassung über die statutarische Grundlage durch die GV betragen. Massgebend ist grundsätzlich der im Handelsregister eingetragene Betrag, d.h. ein noch nicht verwendetes genehmigtes Kapital fällt ausser Betracht (WENGER, 29; BÖCKLI, § 2 N 207) Falls jedoch an derselben GV vorgängig zur bedingten eine ordentliche Kapitalerhöhung beschlossen wird, so darf vom erhöhten Betrag des AK ausgegangen werden, sofern die ordentliche Kapitalerhöhung unmittelbar anschliessend durchgeführt und gleichzeitig mit der Statutenänderung über das bedingte Kapital zur Eintragung ins Handelsregister angemeldet wird (**a.A.** ist das Handelsregisteramt BE, JBHReg 1994, 278 f.). 1

Besteht neben dem AK noch ein PS-Kapital, so darf der Nennbetrag des bedingten Kapitals die **Hälfte des Gesamtbetrages des bisherigen AK und PS-Kapitals** nicht übersteigen (Art. 51 Abs. 2 lit. a HRegV). Sehen die Statuten sowohl ein bedingtes Aktienwie auch PS-Kapital vor, so darf insgesamt das bedingte Kapital die Hälfte der Summe des ordentlichen AK und PS-Kapitals nicht übersteigen (Art. 656b Abs. 4; s. Art. 651 N 7a; WENGER, 30; BÖCKLI, § 2 N 207). 2

Da für die Bestimmung des zulässigen Höchstbetrages auf den Zeitpunkt des GV-Beschlusses abgestellt wird, muss eine spätere **Kapitalherabsetzung** nicht zu einer **Reduktion des bedingten Kapitals** führen (ausführlich KÜNG, SZW 1996, 23 ff.; BÖCKLI, § 2 N 207); Allerdings ist es heute im Rahmen von AK-Herabsetzungen zur Verdichtung des Gewinnpotenzials von Aktien üblich, dass auch das bedingte Kapital proportional herabgesetzt wird. Wenn die Kapitalherabsetzung durch Reduktion des Nennwerts jeder ausgegebenen Aktie erfolgt, darf nicht vergessen werden, im gleichen Sinne auch die Statutenbestimmung über das bedingte Kapital anzupassen um zu verhindern, dass durch die Kapitalherabsetzung Stimmrechtsaktien geschaffen werden. Dies ist durch GV-Beschluss mit Statutenänderung möglich, soweit der reduzierte Teil 3 des bedingten Kapitals nicht durch einen VR-Beschluss bereits bestehenden Anleihen oder Mitarbeiterbeteiligungen oder Aktionärsoptionen zugeteilt ist.

3a Die max. Höhe des bedingten Kapitals ist auch **unabhängig vom Bestehen und vom Betrag eines genehmigten Kapitals.** Es kann aber einem Bedürfnis der Flexibilität der Kapitalerhöhung entsprechen, ein genehmigtes und bedingtes Kapital so miteinander zu verbinden, dass eine insgesamte obere Grenze festgelegt wird, welche die Kapitalerhöhungen unter beiden Formen nicht übersteigen darf (s. Art. 651 N 8a). Da beim bedingten Kapital Dritte die Ausgabe der neuen Aktien bestimmen, muss somit beim genehmigten Kapital die Ermächtigung an den VR so beschränkt werden, dass er nur in dem Ausmass neue Aktien ausgeben darf, als dies dem Maximalbetrag des genehmigten Kapitals abzüglich der im dannzumaligen Zeitpunkt unter dem bedingten Kapital fest reservierten Anzahl Aktien entspricht.

4 Das **bedingte Kapital** kann auch im Rahmen des dannzumal zulässigen Höchstbetrages an einer späteren GV **erhöht** werden. Dies kann durch eine neue Statutenbestimmung oder eine Änderung der bisherigen Statutenbestimmung über das bedingte Kapital geschehen. Wenn der Verwendungszweck des neuen bedingten Kapitals ein anderer sein soll, ist zweckmässigerweise auch ein neuer Statutenartikel einzufügen, welcher von der ersten Bestimmung (mit Ausnahme des zulässigen Höchstbetrages) unabhängig ist.

5 Im Gegensatz zum genehmigten Kapital (Art. 651 Abs. 1) besteht beim bedingten Kapital von Gesetzes wegen **keine zeitliche Befristung,** weder für die Anmeldung noch i.S. eines gesetzlichen Endtermins. Eine solche zeitliche Begrenzung kann aber von der GV in den Statutentext aufgenommen werden und erzeugt dadurch dieselbe Wirkung wie beim genehmigten Kapital (Art. 651a Abs. 2; FORSTMOSER/MEIER-HAYOZ/NOBEL, § 52 N 315 f.; BÖCKLI, § 2 N 208, s. Art. 653 N 8 und ZGBR 1998, 269). Wird das bedingte Kapital dergestalt befristet, gilt es zu beachten, dass die von der Gesellschaft eingeräumten vertraglichen Rechte dadurch nicht (vorzeitig) vereitelt werden (BÖCKLI, § 2 N 208 a.E.).

6 Der Betrag des bedingten Kapitals ist jeweils im Geschäftsbericht der Gesellschaft im **Anhang zur Jahresrechnung** aufzuführen (Art. 663b Ziff. 11).

II. Volle Liberierung der Aktien (Abs. 2)

7 Als Ausnahme zur Bestimmung von Art. 632 Abs. 1 i.V.m. Art. 652c verlangt das Gesetz beim bedingten Kapital, dass sämtliche ausgegebenen Aktien voll, d.h. **mind. zum Nennwert, liberiert** sein müssen, und zwar unabhängig von der Aktienkategorie. Der Grund für diese Volliberierungspflicht besteht in einer gewissen Sonderstellung der Wandel- oder Optionsberechtigten, welche neue Aktien erwerben können, ohne dass die bei der ordentlichen und genehmigten Kapitalerhöhung notwendigen Prüfungen vorgängig erfolgt sind (BÖCKLI, § 2 N 206; C. WIDMER, 123, 285; Botschaft AG, 124).

8 In der Praxis wird der **Ausübungspreis** für die Wandel- oder Optionsrechte meistens über dem Nennwert, d.h. mit einem Agio, festgesetzt und orientiert sich am **inneren oder Börsenwert der Aktien** (zur Begründung C. WIDMER, 96 f.; BÖCKLI, § 1 N 168). Die Zielsetzung des Gesetzgebers in Art. 653a Abs. 2, einfache Verhältnisse zu schaffen (Botschaft AG, 124), verlangt auch in diesem Fall die volle Liberierung von Nennwert und Agio der neuen Aktien.

9 Bei der **Liberierung durch Verrechnung,** d.h. bei Ausübung der Rechte einer Wandelobligation zum Bezug neuer Aktien, stellt sich ebenfalls die Frage der **Werthaltigkeit**

der Forderung, welche gegebenenfalls die Vollliberierung der neu ausgegebenen Aktien in Frage stellen könnte. Da es sich um eine Forderung gegen die Gesellschaft – und nicht gegen einen Dritten – handelt, ist es bedeutungslos, ob die Gesellschaft bei Ausgabe der Aktien, welche durch Verrechnung liberiert werden, in der Lage gewesen wäre, die Forderung auch zurückzuzahlen, denn das Finanzbild der Gesellschaft verbessert sich in jedem Fall: Das Fremdkapital nimmt immer um den zur Verrechnung gestellten Betrag ab, die Eigenkapitalquote verbessert sich bzw. wird bei einer überschuldeten Gesellschaft weniger negativ (s. Art. 652c, N 4; gl.M. FORSTMOSER/VOGT, 566; GLANZMANN, 227 ff.; CAMPONOVO, ST 1999, 885 ff.; BLÄTTLER/UNTERSANDER, 144 ff.; BERTSCHINGER, 318 f.; **a.A.** BÖCKLI, § 2 N 124 f.; C. WIDMER, 389; RHB 1998, Ziff. 7.2422). Es sei an dieser Stelle nochmals Folgendes hervorgehoben:

a) Die Verrechnungsliberierung ist kein Sonderfall der Sacheinlageliberierung, sondern unterliegt eigenständigen Voraussetzungen (s. BGE 87 II 169, 177).

b) Das BGer führte in einem obiter dictum in BGE 87 II 169, 178 aus: «[...] Dieses Darlehen schuldete die AG dem Beklagten unstreitig, und sie konnte sich gewiss nicht darauf berufen, sie sei eine unsichere Darlehensschuldnerin und das Darlehen darum nicht vollwertig. Denn dieser Umstand hätte ihr natürlich nicht das Recht verliehen, dem Beklagten nicht den vollen Betrag zurückzuzahlen (oder im Falle der Verrechnung nicht mit dem vollen Betrag zu verrechnen)» (s.a. BGE 76 III 13, 15 f.).

c) *Verrechenbarkeit* der Forderung zur Liberierung neuer Aktien bedeutet nur die Erfüllung von Gegenseitigkeit, Gleichwertigkeit, Erfüllbarkeit bzw. Fälligkeit, und nur diese Erfordernisse müssen neben dem Bestand der Schuld gegeben sein nicht auch noch eine Vollwertigkeit (Art. 652e Ziff. 2).

d) Das AK ist ein bilanztechnisches Instrument, das zur Hauptsache dem Schutz der Gläubiger dient. Deren Interessen sind nach dem Gesetz auch noch geschützt, wenn das AK nicht voll gedeckt, die Gesellschaft aber nicht überschuldet ist.

Als Folgerung kann daher geschlossen werden, dass bei der Ausgabe von Wandelobligationen oder bei der Ausübung der Wandelrechte auch folgende **Fälle** möglich sind, welche die **Voraussetzung der Vollliberierung nicht in Frage stellen:**

– Bestehende Forderungen können nachträglich mit einem Wandelrecht auf Aktien verbunden werden, um den Gläubiger für eine Sanierung zu gewinnen, auch wenn die AG die Forderung in jenem Zeitpunkt nicht zurückzahlen könnte.

– Wandelobligationen können auch auf nachrangiger Basis ausgegeben werden, und der Obligationär kann sein Wandelrecht ausüben, obschon im Ausübungszeitpunkt seine Forderung weder fällig noch verrechenbar mit einer Gegenforderung wäre, denn die Wandlung liegt im Interesse der Gesellschaft wie ihrer Gläubiger an einer Verstärkung des EK.

– Wenn eine Gesellschaft Wandelanleihen emittiert hat und später in finanzielle Schwierigkeiten gerät und sogar überschuldet ist, können Obligationäre ohne Risiko einer Verpflichtung zur Nachliberierung ihre Wandelrechte ausüben, sofern durch diese Wandlung von FK in EK die Überschuldung der Gesellschaft beseitigt wird.

– Bei einer Pflichtwandelanleihe (s. 653 N 10a) erfolgt die Wandlung immer, auch im Konkurs der Gesellschaft; und wenn dadurch neue, aber wertlose Aktien ausgeben werden, hat der Gläubiger seine Liberierungspflicht gleichwohl erfüllt.

– Dadurch sind die Interessen aller, der Gesellschaft, ihrer Aktionäre, Gläubiger und Arbeitnehmer, an der Fortführung der AG am besten gewahrt: Mittels Umwandlung von FK in EK wird die Bilanz saniert (oder verbessert) und die Grundlage für eine Fortsetzung der Unternehmenstätigkeit geschaffen und das Ganze entspricht dem gesetzlichen Konzept von Art. 725a Abs. 1. Selbst wenn die Gesellschaft überschuldet bleibt und in Konkurs fällt, profitieren die Gläubiger, weil bei der Berechnung der Dividende die Forderungen der Gläubiger von gewandelten Obligationen wegfallen.

Art. 653b

3. Statutarische Grundlage

¹ Die Statuten müssen angeben:

1. den Nennbetrag der bedingten Kapitalerhöhung;
2. Anzahl, Nennwert und Art der Aktien;
3. den Kreis der Wandel- oder der Optionsberechtigten;
4. die Aufhebung der Bezugsrechte der bisherigen Aktionäre;
5. Vorrechte einzelner Kategorien von Aktien;
6. die Beschränkung der Übertragbarkeit neuer Namenaktien.

² Werden die Anleihens- oder ähnlichen Obligationen, mit denen Wandel- oder Optionsrechte verbunden sind, nicht den Aktionären vorweg zur Zeichnung angeboten, so müssen die Statuten überdies angeben:

1. die Voraussetzungen für die Ausübung der Wandel- oder der Optionsrechte;
2. die Grundlagen, nach denen der Ausgabebetrag zu berechnen ist.

³ Wandel- oder Optionsrechte, die vor der Eintragung der Statutenbestimmung über die bedingte Kapitalerhöhung im Handelsregister eingeräumt werden, sind nichtig.

3. Base statutaire

¹ Les statuts doivent indiquer:

1. le montant nominal de l'augmentation conditionnelle;
2. le nombre, la valeur nominale et l'espèce des actions;
3. le cercle des bénéficiaires du droit de conversion ou d'option;
4. la suppression des droits de souscription préférentiels des actionnaires actuels;
5. les privilèges attachés à certaines catégories d'actions;
6. la restriction à la transmissibilité des actions nominatives nouvelles.

² Si les obligations d'emprunt ou des obligations semblables liées à des droits de conversion ou d'option ne sont pas offertes en souscription par préférence aux actionnaires, les statuts doivent en plus indiquer:

1. les conditions d'exercice des droits de conversion ou d'option;
2. les bases de calcul du prix d'émission.

³ Est nul le droit de conversion ou d'option accordé avant l'inscription au registre du commerce de la disposition statutaire qui introduit l'augmentation conditionnelle du capital.

1. Abschnitt: Allgemeine Bestimmungen   1–3   Art. 653b

3. Base statutaria

¹ Lo statuto deve indicare:
1. l'ammontare nominale dell'aumento condizionale del capitale;
2. il numero, il valore nominale e la specie delle azioni;
3. la cerchia dei titolari dei diritti di conversione o d'opzione;
4. la soppressione dei diritti d'opzione degli attuali azionisti;
5. i privilegi inerenti a determinate categorie d'azioni;
6. la limitazione della trasferibilità delle nuove azioni nominative.

² Se agli azionisti non è offerta previamente la sottoscrizione delle obbligazioni di prestiti o di obbligazioni similari dotate di diritti di conversione o d'opzione, lo statuto deve inoltre indicare:
1. le condizioni d'esercizio dei diritti di conversione o d'opzione;
2. i criteri secondo i quali va calcolato il prezzo d'emissione.

³ Sono nulli i diritti di conversione o d'opzione accordati prima dell'iscrizione nel registro di commercio della disposizione statutaria sull'aumento condizionale del capitale.

Literatur

Vgl. die Literaturhinweise zu Art. 650.

I. Statutarische Grundlage des bedingten Kapitals

1. Antrag des VR

Ausgangspunkt für die Schaffung eines bedingten Kapitals ist ein Antrag des VR an die GV, es sei ein **bedingtes AK in Höhe eines bestimmten max. Nennwertes zu schaffen** und zu diesem Zweck die Statuten zu ändern. Dieser Antrag des VR, welcher auch den **Wortlaut der neuen Statutenbestimmung** beinhalten muss, ist mind. 20 Tage vor der GV (oder einer allenfalls längeren statutarischen Frist) in der Einladung an die Aktionäre unter dem Traktandum Kapitalerhöhung bekannt zu geben (WENGER, 185; M. WIDMER, 93; HELBLING, 71 f.; s. als Bsp. für einen solchen Antrag ISLER, 732 f.).   1

Wenn die GV als Universalversammlung nach Art. 701 Abs. 1 abgehalten wird, können die Formalitäten der Einladung entfallen, doch hat auch hier der VR die Aufgabe, vorgängig zur GV die entsprechende Statutenbestimmung mit dem von Art. 653b verlangten Inhalt zu entwerfen und dem zuständigen Handelsregisteramt zur Vorprüfung einzureichen.   2

2. Beschlussfassung durch die GV

Zuständig für die Beschlussfassung über die **statutarische Grundlage** des bedingten Kapitals ist immer die **GV** (WENGER, 185; FORSTMOSER/MEIER-HAYOZ/NOBEL, § 52 N 350); nur der **Vollzug** der in dieser Grundlage enthaltenen Ermächtigung fällt in die Kompetenz des **VR**. Nach Art. 704 Abs. 1 Ziff. 4 bedarf der GV-Beschluss in jedem Fall – unabhängig von einem allfälligen Ausschluss des Vorwegzeichnungsrechts der Aktionäre – der Zustimmung des **qualifizierten Mehrs** von zwei Dritteln der vertretenen Aktienstimmen und (wenn die Gesellschaft Stimmrechtsaktien ausgegeben hat) der absoluten Mehrheit der vertretenen Aktiennennwerte. Die Statuten können ein höheres Zustimmungsquorum und auch ein Präsenzquorum vorschreiben, welche mit dem zu statuierenden Mehr eingeführt werden müssen (Art. 704 Abs. 2; WENGER, 186; FORSTMOSER/MEIER-HAYOZ/NOBEL § 52 N 350).   3

4 Der Beschluss der GV ist **öffentlich zu beurkunden** (WENGER, 185; BÖCKLI, § 2 N 223; FORSTMOSER/MEIER-HAYOZ/NOBEL, § 52 N 350; C. WIDMER, 279). Wenn ein ausformulierter Antrag des VR vorliegt, wird in der öffentlichen Urkunde die Annahme des im Wortlaut wiedergegebenen Antrages (gemäss Vorschlag VR oder Abänderungsantrag an der GV) festgehalten. Die Urkunde sollte aus Beweisgründen auch Aufschluss darüber geben, wie viele Nein-Stimmen und Enthaltungen abgegeben wurden, da beim Quorum gem. Art. 704 den Enthaltungen die Wirkung von Nein-Stimmen zukommt. Ein Exemplar der **geänderten Statuten** mit der beschlossenen Bestimmung über das bedingte Kapital ist Teil der öffentlichen Urkunde (s. Art. 51 Abs. 1 HRegV).

3. Eintragung in das Handelsregister

5 Wie jede Statutenänderung ist auch die beschlossene statutarische Grundlage für das bedingte Kapital dem zuständigen Handelsregisteramt mit den erforderlichen Belegen zur Eintragung anzumelden (Art. 51 Abs. 1 HRegV). Nachdem der Registerführer geprüft hat, ob die Statuten den von Art. 653b Abs. 1 verlangten Mindestinhalt aufweisen (Art. 52 Abs. 2 HRegV; WENGER, 195; LUSSY, AJP 1992, 744; REBSAMEN, AG, 129; KNECHT/KOCH, 96; FORSTMOSER/MEIER-HAYOZ/NOBEL, § 52 N 375; WENGER, 195 Anm. 63; REBSAMEN/THOMI, 118; ISLER, 733), veranlasst er eine Publikation im SHAB, die Gesellschaft habe eine bedingte Kapitalerhöhung beschlossen. Im Handelsregisterauszug ist nunmehr ein Hinweis auf das bedingte Kapital gemäss näherer Umschreibung in den Statuten und das Datum des entsprechenden GV-Beschlusses anzugeben (Art. 51 Abs. 3 HRegV).

II. Der notwendige Statuteninhalt des bedingten Kapitals (Abs. 1)

6 Das Gesetz verlangt in sechs Ziff. die **notwendigen Angaben,** welche in der Statutenbestimmung über das bedingte Kapital aufzuführen sind. Diese Aufzählung des minimalen Inhaltes ist **abschliessend,** wobei je nach Art der neu auszugebenden Aktien die Angaben gem. Ziff. 5 und 6 entfallen können (s. Art. 51 Abs. 2 HRegV). Die Ergänzung mit weiteren Angaben i.S. eines fakultativen Statuteninhaltes ist möglich. Hinzuweisen ist auf folgende Besonderheiten (s. dazu auch WENGER, 186 ff.; FORSTMOSER/MEIER-HAYOZ/NOBEL, § 52 N 351 ff.; BÖCKLI, § 2 N 210 ff.; LADNER, 178 f.; Botschaft AG, 125 f.):

7 a) Ziff. 1:

Unter **Nennbetrag der bedingten Kapitalerhöhung** ist der **Maximalbetrag** zu verstehen, um welchen das AK gestützt auf die Ermächtigung des bedingten Kapitals erhöht werden kann. Bis zur gesetzlich zulässigen Höchstgrenze (s. dazu Art. 653a N 1 f.) kann dieser Nennbetrag von der GV frei festgesetzt werden (WENGER, 186). Gemäss BGer ist überdies in den Statuten im Falle der Schaffung bedingten Kapitals sowohl zugunsten der Gläubiger von Wandel- und Optionsanleihen als auch zugunsten einer Mitarbeiterbeteiligung die jeweiligen *Maximalquoren für beide Verwendungszwecke* explizit festzuhalten (BGE 121 III 219, 240; krit. ZOBL, SZW 1996, 145, der im Interesse der Flexibilität des Instituts des bedingten Kapitals den Verzicht auf diese Maximalquoten begrüsst hätte). Eine statutarische Maximalquote muss auch bei einer Kombination mit *Aktionärsoptionen* gelten (BÖCKLI, § 2 N 195; s.a. Art. 653 N 16b).

8 Der vom VR vorzuschlagende Maximalbetrag des bedingten Kapitals sollte einerseits einen *genügenden Spielraum* für die Ausgabe von etwa zwei bis vier Wandel- oder Optionsanleihen (je nach Grösse der Gesellschaft) in einer marktgängigen Grössenordnung ermöglichen, anderseits aber auch den *konkreten Verhältnissen in der Aktionärsstruktur* der betr. Gesellschaft Rechnung tragen, so dass die Aktionäre keine grundlegende Änderung ihrer bisherigen Stimmkraft durch die Verwendung des bedingten Kapitals befürchten müssen.

b) Ziff. 2:

Die Statuten müssen weiter für jede **Art von Aktien** die **max. Anzahl** und deren **Nennwert** angeben. Die Ermächtigung an den VR zur Ausgabe neuer Aktien wird somit nicht nur auf einen Gesamtnennbetrag beschränkt. Wenn eine Gesellschaft neben Inhaberaktien auch vinkulierte Namen- oder Stimmrechtsaktien ausgegeben hat, ist es sicher richtig, dass die GV entscheiden kann, in welchem Rahmen eine zahlenmässige Veränderung der Aktienarten möglich sein soll (M. WIDMER, 97; WENGER, 187).

Während der Bundesrat anlässlich der Aktienrechtsrevision 1991 noch vorschlug, dass bei einem bedingten Kapital die Ausgabe von *Stimmrechtsaktien* nicht möglich sein soll (s. Botschaft AG, 125), ist diese Beschränkung nachher gestrichen worden (WENGER, 187; M. WIDMER, 97; s. SCHALLER/WEBER, 144 ff.; RUF, 385). Auf dem Wege der bedingten Kapitalerhöhung können somit sämtliche Arten von Aktien ausgegeben werden, auch solche, welche bei der Schaffung der statutarischen Grundlage des bedingten Kapitals von der Gesellschaft noch nicht ausstehend sind. Am Beschlussquorum gem. Art. 704 ändert die Art der auszugebenden Aktien nichts (s.a. M. WIDMER, 97 Anm. 446).

c) Ziff. 3:

Verlangt wird in den Statuten die Angabe des **Kreises der Wandel- oder Optionsberechtigten.** Es stellt sich hier die Frage, ob ein blosser Hinweis auf die jeweiligen Inhaber von Wandelobligationen oder Optionsrechten genügt oder ob (wie in Botschaft AG, 125 ausgeführt) auch die notwendigen Merkmale der auszugebenden Anleihe wie Nennwert, Laufzeit, Wandelrecht und Wandel- bzw. Optionsfrist und bei Mitarbeiteroptionen die wesentlichen Merkmale für einen Beteiligungserwerb anzugeben sind. Die Festlegung solcher Details in den Statuten würde jedoch die Durchführung einer ausserordentlichen GV unmittelbar vor der Emission einer solchen Anleihe bedingen, was für Publikumsgesellschaften unpraktikabel und mit einem unverhältnismässigen Aufwand verbunden wäre (FORSTMOSER/MEIER-HAYOZ/NOBEL, § 52 N 355; M. WIDMER, 99; WENGER, 92 f., 187; WALTI, 245; HELBLING, 73; s. A. VON PLANTA, SZW 1992, 207; ISLER, 732, 733 Anm. 40). In der parlamentarischen Beratung wurde klargestellt, dass hier nur der Gesetzeswortlaut massgebend ist, welcher nicht die Angaben gemäss Botschaft AG verlangt (s. AmtlBull NR 1985, 1682 ff.; BÖCKLI, § 2 N 220; LUSSY, AJP 1992, 744; SCHALLER/WEBER, 149).

Nach heutiger **Praxis** wird der Kreis der zum Erwerb der neuen Aktien berechtigten Personen etwa wie folgt umschrieben (s.a. M. WIDMER, 98; STIEGER-CHOPARD, 262; LADNER, 179):

– die jeweiligen Inhaber von neuen Wandelobligationen oder von Optionsscheinen aus neuen Optionsanleihen der Gesellschaft oder einer ihrer Tochtergesellschaften;

– die jeweiligen Inhaber von Optionsrechten, welche den Aktionären der Gesellschaft eingeräumt werden (s. dazu auch Art. 653 N 17 f.);

– die vom VR (oder der GL gemäss einem Reglement des VR) bestimmten Mitarbeiter, ggf. einschliesslich der Mitglieder des VR, der Gesellschaft oder einer ihrer

Tochtergesellschaften (WALTI, 246; LADNER, 75 f.; FORSTMOSER/MEIER-HAYOZ/NOBEL, § 52 N 329).

13 Um das Ausmass der Rechte der Arbeitnehmer und der Aktionäre auf Zuteilung von Optionen sicherzustellen, ist für *jede Kategorie der Berechtigten* eine *max. Anzahl* von Aktien festzusetzen (BGE 121 III 240 f.; WENGER, 93, 67; WALTI, 247; M. WIDMER, 99; s. A. VON PLANTA, SZW 1992, 207; ISLER, 733 Anm. 40). Dabei handelt es sich um ein Gültigkeitserfordernis (BÖCKLI, § 2 N 213 Anm. 410).

14 d) Ziff. 4:

Um Wandel- oder Optionsrechte zum Erwerb von Aktien an Gläubiger oder Arbeitnehmer zuteilen zu können, muss das **Bezugsrecht der bisherigen Aktionäre** bez. dieser Aktien **aufgehoben** werden. Wenn eine Gesellschaft gleichzeitig über ein PS-Kapital verfügt, so sind auch die **bisherigen Partizipanten** in diesen Ausschluss einzubeziehen (LADNER, 73). Das Gesetz verlangt nun aus Gründen der Transparenz und der Rechtssicherheit, dass diese Aufhebung des Bezugsrechts nicht nur durch die GV beschlossen, sondern auch als notwendiger Inhalt in die Statutenbestimmung des bedingten Kapitals aufgenommen wird (s.a. BÖCKLI, § 2 N 210 f; HELBLING, 73 Anm. 74; M. WIDMER, 99; Botschaft AG, 126, Ziff. 7).

15 Zu Recht wurde darauf hingewiesen, dass der Ausschluss des Bezugsrechts beim bedingten Kapital konzeptionsbedingt und die Erwähnung in den Statuten daher eigentlich überflüssig ist (M. WIDMER, 100; WENGER, 78; s.a. WALTI, 244 Anm. 1061; FORSTMOSER, SZW 1992, 61; s.a. Art. 653c Abs. 2). Bei der Zuteilung von Aktionärsoptionen ist ein Ausschluss des Bezugsrechts sogar falsch (was in E-Art. 653b Abs. 1 Ziff. 4 des Gesetzesentwurfs 2007 klargestellt wird). Da nach der Vorstellung des Gesetzgebers dem Aktionär bei Wandel- und Optionsanleihen ein indirektes (entziehbares) Recht auf Bezug solcher Titel zustehen soll, musste er zur Abgrenzung vom Bezugsrecht den neuen Begriff des *Vorwegzeichnungsrechts* schaffen (s. Art. 653c Abs. 2; HELBLING, 62; **a.A.** offenbar LADNER, 148). Das dt. Recht kommt allerdings ohne diese Unterscheidung aus (s. § 221 Abs. 4 AktG).

16 e) Ziff. 5:

Angaben über **Vorrechte einzelner Kategorien von Aktien** sind nur dann in den Statuten aufzuführen, wenn **Vorzugsaktien** mit den in Art. 656 Abs. 2 erwähnten finanziellen Vorteilen gestützt auf ein bedingtes Kapital ausgegeben werden sollen (s.a. WENGER, 190). Dabei genügt es, wenn beim bedingten Kapital auf die Statutenbestimmung verwiesen wird, welche diese Vorrechte näher umschreibt (M. WIDMER, 100; für die Konsequenz der fehlenden Angabe der Vorrechte in der Statutenbestimmung über das bedingte Kapital s. Art. 653h N 3). Bei Aktien mit unterschiedlichem Nennwert, aber gleicher Stimmkraft sollte bei den Titeln mit dem niedrigeren Nennwert die Bezeichnung **Stimmrechtsaktien** beigefügt werden, um auch diese Art des Vorrechts zu kennzeichnen, wobei dieser Hinweis nicht zwingend ist (s.a. WENGER, 190 Anm. 36).

17 f) Ziff. 6:

Wenn **vinkulierte Namenaktien** bei einem bedingten Kapital ausgegeben werden, hat die Statutenbestimmung auf die **Beschränkung der Übertragbarkeit** hinzuweisen (WENGER, 190 f.; M. WIDMER, 101; FORSTMOSER/MEIER-HAYOZ/NOBEL, § 52 N 362; HELBLING, 74). Die Erhebung dieses Punktes zum notwendigen Statuteninhalt hat zur Konsequenz, dass das Fehlen dieses Hinweises in der Statutenbestimmung über das bedingte Kapital solche neuen Namenaktien zu frei übertragbaren Titeln machen würde, auch wenn andernorts in den Statuten steht, dass die Namenaktien nur mit Zustimmung des VR übertragen werden können (WENGER, 191; s.a. FORSTMOSER/MEIER-HAYOZ/ NOBEL, § 52 N 362 Anm. 125; ferner auch BÖCKLI, § 2 N 215; s.a. Art. 53 Abs. 2 lit. a Ziff. 4 HRegV).

Es genügt eine **Verweisung** auf die Statutenbestimmung, welche die Übertragungsbeschränkung regelt (s. N 17). Die Übertragungsbeschränkung beschlägt grundsätzlich nur den **derivaten Erwerb** (WENGER, 191), d.h. die Übertragung nach Ausübung des Options- oder Wandelrechts vom ersten Erwerber auf seinen Nachfolger. Diese Regelung entspricht derjenigen bei der ordentlichen und genehmigten Kapitalerhöhung durch Ausgabe vinkulierter Namenaktien (s. Art. 652b Abs. 3). Auch die Ausübung eines Options- oder Wandelrechts soll grundsätzlich nicht durch eine Vinkulierung verhindert werden (BÖCKLI, § 2 N 228; M. WIDMER, 101; WENGER, 191; s. Botschaft AG, 127; T. VON PLANTA, 152 ff.). **18**

In der parlamentarischen Beratung hat jedoch eine **Ausnahmeregelung** zu diesem Grundsatz Aufnahme ins Gesetz gefunden. In Art. 653d Abs. 1 wird – als bedingt notwendiger Statuteninhalt – die Möglichkeit vorgesehen, durch Statutenbestimmung auch den *Erwerb von vinkulierten Namenaktien durch Ausübung von Wandel- oder Optionsrechten* vom Erfüllen der statutarischen Voraussetzungen abhängig zu machen. Damit soll die Umgehung der Vinkulierungsbestimmungen – insb. prozentuale Begrenzungen gem. Art. 685d Abs. 1 – durch Erwerb und Ausübung von Options- oder Wandelrechten verhindert werden (s. Art. 653d N 2 ff.). **19**

III. Der bedingt notwendige Statuteninhalt (Abs. 2)

Neben dem in N 17 ff. erwähnten Sachverhalt sieht das Gesetz **im Falle des Ausschlusses des Vorwegzeichnungsrechts der Aktionäre** bei der Ausgabe von Wandel- oder Optionsanleihen noch weitere Angaben vor, welche in die Statutenbestimmung über das bedingte Kapital aufgenommen werden müssen (s. ausführlich M. WIDMER, 125 ff.). Es sind dies: **20**

– die Tatsache, dass das Vorwegzeichnungsrecht der Aktionäre ausgeschlossen ist (s. dazu Art. 653c N 8 ff.);

– die Voraussetzungen für die Ausübung der Wandel- oder Optionsrechte (Ziff. 1; s. N 21);

– die Grundlagen, nach denen der Ausgabebetrag für die neuen Aktien zu berechnen ist (Ziff. 2; s. N 22).

Dieser bedingt notwendige Statuteninhalt wird vom Handelsregisteramt nicht geprüft (LUSSY, AJP 1992, 744).

a) Ziff. 1: **21**

Nachdem in der parlamentarischen Beratung die Idee aufgegeben worden ist, in den Statuten die notwendigen Merkmale der auszugebenden Anleihe aufzuführen, dürfen auch an die **Angaben über die Ausübung der Wandel- oder Optionsrechte** keine allzu konkreten Anforderungen gestellt werden (s. WENGER, 94; M. WIDMER, 158; BÖCKLI, § 2 N 216 ff.; FORSTMOSER, SZW 1992, 61; WATTER, 63 f.). Es genügt nach heutiger Praxis, wenn der **Zeitraum** angegeben wird, innerhalb welchem das Wandel- oder Optionsrecht ab Emission der jeweiligen Anleihe max. ausübbar ist (WENGER, 94 f., 191; M. WIDMER, 158; LADNER, 181; BÖCKLI, § 2 N 217; FORSTMOSER/MEIER-HAYOZ/NOBEL, § 52 N 366; s. Botschaft AG, 125 Ziff. 4). Entsprechend der unterschiedlichen Konzeption von Wandel- und Optionsanleihen kann der max. Zeitraum verschieden festgelegt werden, z.B. für Wandelrechte zehn Jahre, für Optionsrechte fünf Jahre. Angaben über Massnahmen zum Schutze vor Kapitalverwässerung (Botschaft AG, a.a.O.) sind in diesem Zusammenhang jedoch nicht notwendig, weil dafür Art. 653d Abs. 2 von Gesetzes wegen einen Minimalstandard festlegt (s. BÖCKLI, § 2 N 217; ISLER, 733 Anm. 45; Art. 653d N 5 ff.).

22 b) Ziff. 2:

Auch die **Grundlagen für den Ausgabebetrag** (detailliert LADNER, 182 ff., m.w.Nw.) sind nur in allg. Form, nicht in genauen Beträgen oder Prozenten zum dannzumaligen Börsenpreis anzugeben (M. WIDMER, 159; WENGER, 95, 192; FORSTMOSER/MEIER-HAYOZ/NOBEL, § 52 N 367; BÖCKLI, § 2 N 218; Botschaft AG, 125 f. Ziff. 5; WATTER, 69 Anm. 5; ISLER, 733 Anm. 46; strenger STIEGER-CHOPARD, 253 f. und HELBLING, 74, die z.B. die Angabe des Prozentsatzes des Börsenkurses der Aktien fordern). Da diese zusätzlichen Angaben den Schutz des Aktionärs im Falle der Aufhebung des Vorwegzeichnungsrechts bezwecken, muss es genügen, wenn in bestimmbarer Weise der **minimale Ausgabebetrag** für die neuen Aktien umschrieben wird, den der VR bei der Festsetzung des Wandel- oder Optionspreises zu beachten hat (WENGER, 192; LADNER, 186).

23 Bei kotierten Titeln wird der minimale Ausgabepreis zweckmässigerweise mit Bezug auf den bei der Festsetzung der Konditionen der Anleihe geltenden **Börsenkurs** bestimmt. Dabei ist vom Prinzip auszugehen, dass der Anleihensgläubiger sich nicht zu einem günstigeren Preis an der Gesellschaft soll beteiligen können, als der bisherige Aktionär im Zeitpunkt der Begebung der Anleihe an der Börse zahlen muss, wenn er seine prozentuale Kapitalbeteiligung im Hinblick auf die bedingte Kapitalerhöhung erhalten will. In der Regel wird dabei auf den Durchschnitts-Schlusskurs einiger Börsentage abgestellt. Der VR ist dann frei, den Options- oder Wandelpreis je nach Interessenlage der Gesellschaft oder der Marktverhältnisse zum Börsenkurs oder darüber festzusetzen (WENGER, 95 f.; s. MEIER-HAYOZ/VON DER CRONE, § 22 N 18 und § 23 N 15; LADNER, 187; NOBEL, 1178; HENSELER, 53 f. sowie 62 ff.). Eine Festsetzung des Minimalpreises unter dem Marktwert ist möglich (**a.A.** LADNER, 186 f., wonach der Minimalpreis nicht unter dem Börsenkurs des Basisobjekts zum Zeitpunkt der Beschlussfassung festgesetzt werden kann, da die Aktionäre bei Entzug des Vorwegzeichnungsrechts wegen der grossen Gefahr der Verwässerung ihrer Anteile benachteiligt werden), doch erhöht sich damit das Anfechtungsrisiko (s. Art. 653c N 18). Die Bestimmung, dass die Wandel- oder Optionsanleihen zu Marktbedingungen ausgegeben werden müssen, lässt zwar der Gesellschaft sehr viel Spielraum bei der Festsetzung von Zinssatz und Ausgabepreis der Aktien, doch kann diese allg. Umschreibung des Ausgabepreises genügen, wenn die GV unter Kenntnisnahme der Gründe für den Ausschluss des Vorwegzeichnungsrechts die entsprechende Statutenbestimmung genehmigt (BÖCKLI, § 2 N 218 f.; WENGER, 95; s. BGE 121 III 219, 240 f.).

IV. Nicht notwendiger Statuteninhalt

24 Da Art. 653c (i.V.m. Art. 653d Abs. 1) den notwendigen Statuteninhalt abschliessend aufzählt, brauchen insb. folgende Angaben, welche einen Aktionär auch interessieren können, **nicht in den Statuten aufgeführt** zu werden (M. WIDMER, 112):

25 a) eine **Sachübernahmebestimmung,** auch wenn im Zeitpunkt der Beschlussfassung durch die GV bereits fest geplant ist, dass eine Wandel- oder Optionsanleihe zur Finanzierung eines Firmenkaufes oder einer anderen Akquisition demnächst aufgelegt wird (dies wird in der Botschaft AG, 124, offen gelassen; gl.M. FORSTMOSER/ MEIER-HAYOZ/NOBEL, § 52 N 370; BÖCKLI, § 2 N 221; M. WIDMER, 114; C. WIDMER, 380; RUF, 387; WATTER, 69 Anm. 102; ISLER, 732);

b) eine **Zuweisung von nicht ausgeübten oder entzogenen Vorwegzeichnungsrechten;** während nach Art. 650 Abs. 2 Ziff. 8 bei der ordentlichen und genehmigten Kapitalerhöhung dieser Punkt bez. der (meistens handelbaren und einen Wert verkörpernden) Bezugsrechte ausdrücklich durch die GV zu regeln ist, wird dies beim bedingten Kapital nicht verlangt (M. WIDMER, 112 f.; BÖCKLI, § 2 N 221; FORSTMOSER/MEIER-HAYOZ/NOBEL, § 52 N 372; **a.A.** LADNER, 180 f.; T. VON PLANTA, 133);

26

c) den **wichtigen Grund für den Ausschluss des Vorwegzeichnungsrechts;** notwendig ist, dass der VR einen diesbezüglichen Antrag der GV begründet, doch kann dies ausserhalb der Statutenbestimmung geschehen (dies ist ein Gültigkeitserfordernis für den Beschluss über die Statutenbestimmung gemäss BGE 121 III 219, 240). Wenn jedoch der VR ermächtigt werden soll, nur in bestimmten Fällen das Vorwegzeichnungsrecht der Aktionäre ausschliessen zu können, sind diese Fälle aus Gründen der Transparenz und der Rechtssicherheit in die Statuten aufzunehmen (s. Art. 653c N 8 ff.).

27

V. Ausgabe von Wandel- oder Optionsrechten gestützt auf ein bedingtes Kapital

Während das Gesetz ausführlich die Durchführung der Kapitalerhöhung vom Moment der Ausübung von Wandel- oder Optionsrechten an behandelt (Art. 653e–h), ist der erste Teil des Vollzuges der Kapitalerhöhung, nämlich der Entscheid, von der Ermächtigung der GV in einem bestimmten Umfang Gebrauch zu machen, praktisch nicht geregelt. Art. 653b Abs. 3 hält lediglich fest, dass **keine Wandel- oder Optionsrechte ausgegeben** werden dürfen, **bevor** die Statutenbestimmung über das bedingte Kapital **im Handelsregister eingetragen** ist. Früher ausgegebene Rechte wären **nichtig** (HELBLING, 75; WENGER, 204; FORSTMOSER/MEIER-HAYOZ/NOBEL, § 52 N 376; s. Botschaft AG, 126; RUF, 385). Diese Art. 644 Abs. 1 entsprechende Bestimmung ist allerdings sachlich nicht gerechtfertigt und auch nicht in jedem Fall anwendbar. Wenn der GV-Beschluss die Anwendung eines bedingten Kapitals auf bereits ausgegebene Wandel- oder Optionsanleihen erlaubt (s. Art. 653 N 12), so liegt kein Anwendungsfall von Art. 653b Abs. 3 vor. Gesellschaften mit börsenkotierten Aktien können Wandel- oder Optionsrechte auch durch Kauf eigener Aktien am Markt erfüllen, bevor die Statutenbestimmung über das bedingte Kapital im Handelsregister eingetragen ist (s. FORSTMOSER/MEIER-HAYOZ/NOBEL, § 52 N 376 Anm. 129a; WENGER, 204; HELBLING, 75; ferner HAYMANN/REUTTER, ST 2000, 781 ff.). Der Anwendungsbereich von Art. 653b Abs. 3 reduziert sich daher auf Spezialfälle bei nicht kotierten Gesellschaften.

28

Neben der Eintragung der Statutenbestimmung im Handelsregister ist für die Ausgabe von Options- oder Wandelrechten aber auch noch ein **Beschluss des VR** erforderlich. Während sich beim genehmigten Kapital ein Hinweis auf die Notwendigkeit dieses Beschlusses im Gesetz findet (Art. 651 Abs. 4), fehlt ein solcher beim bedingten Kapital. Gleichwohl bedarf es eines solchen Beschlusses, und er ist zwingend vom VR, nicht von der GL zu treffen (Art. 716a Abs. 1 Ziff. 6). Der VR hat insb. für jede Wandel- oder Optionsanleihe die dafür zu reservierende max. Zahl und Art von Aktien festzulegen und bei der Kompetenzdelegation an die GL zur Festsetzung der Konditionen sicherzustellen, dass die statutarischen Minimalerfordernisse betr. Ausgabepreis und Ausübungsdauer sowie allfällige Vorwegzeichnungsrechte oder eine bevorzugte Behandlung

29

von Aktionären gewährleistet sind. Dieser VR-Beschluss ist **nicht öffentlich zu beurkunden** und kann auch als Zirkulationsbeschluss ergehen (REBSAMEN, Handelsregister, N 572; MEISTERHANS, Diss., 262; BÖCKLI, § 2 N 232; RUF, 385 Anm. 187; ISLER, 733).

VI. Entwurf Aktien- und Rechnungslegungsrecht

30 Der Entwurf enthält zwar zu Art. 653b nur eine kleine redaktionelle Änderung in E-Abs. 1 Ziff. 4 (Klarstellung, dass bei Aktionärsoptionen das Bezugsrecht der Aktionäre nicht auszuschliessen ist). Die wesentliche Auswirkung der künftigen Anforderungen an den Statuteninhalt ergibt sich vielmehr aus dem neuen E-Art. 653 Abs. 1. Inskünftig müssen die Statuten für alle fünf Kategorien von bezugsberechtigten Personen diese mit einem Höchstbetrag der für sie reservierten Aktien und Aktiennennwerte aufführen. Zuteilungen von Aktionärsoptionen an Aktionäre (z.B. anstelle einer Dividende) oder von Optionen für Gläubiger (z.B. in einer Sanierung) bedürfen somit zuerst eines GV-Beschlusses und einer statutarischen Grundlage, bevor sie zugesprochen werden können.

Art. 653c

4. Schutz der Aktionäre	**¹ Sollen bei einer bedingten Kapitalerhöhung Anleihens- oder ähnliche Obligationen, mit denen Wandel- oder Optionsrechte verbunden sind, ausgegeben werden, so sind diese Obligationen vorweg den Aktionären entsprechend ihrer bisherigen Beteiligung zur Zeichnung anzubieten.** **² Dieses Vorwegzeichnungsrecht kann beschränkt oder aufgehoben werden, wenn ein wichtiger Grund vorliegt.** **³ Durch die für eine bedingte Kapitalerhöhung notwendige Aufhebung des Bezugsrechtes sowie durch eine Beschränkung oder Aufhebung des Vorwegzeichnungsrechtes darf niemand in unsachlicher Weise begünstigt oder benachteiligt werden.**
4. Protection des actionnaires	¹ Si, lors d'une augmentation conditionnelle du capital, des obligations d'emprunt ou d'autres obligations auxquelles sont liés des droits de conversion ou d'option sont émises, ces obligations doivent être offertes en souscription en priorité aux actionnaires proportionnellement à leur participation antérieure. ² Ce droit peut être limité ou supprimé s'il existe pour cela un juste motif. ³ Nul ne doit être avantagé ou désavantagé de manière non fondée lorsque, par une augmentation conditionnelle du capital, le droit de souscription préférentiel doit être supprimé et que le droit de souscrire préalablement à l'emprunt est limité ou supprimé.
4. Tutela degli azionisti	¹ Qualora l'aumento condizionale del capitale sia connesso con l'emissione di obbligazioni di prestiti o di obbligazioni similari dotate di diritti di conversione o d'opzione, agli azionisti deve essere offerta previamente la sottoscrizione di tali obbligazioni nella stessa proporzione della loro partecipazione anteriore. ² Questo diritto preferenziale di sottoscrizione può essere limitato o soppresso in caso di gravi motivi. ³ La soppressione del diritto d'opzione, necessaria per procedere a un aumento condizionale del capitale, e la limitazione o soppressione del diritto

preferenziale di sottoscrizione non devono avvantaggiare o svantaggiare alcuno in modo incongruo.

Literatur

Vgl. die Literaturhinweise zu Art. 650.

I. Revisionsgeschichte

Die bundesrätliche Fassung der Art. 653b und 653c wurde in der parlamentarischen Beratung unter den Aspekten Aktionärsschutz und Kapitalmarktpraxis eingehend diskutiert und geändert. Dabei wurde das ursprüngliche Konzept, alle relevanten Angaben bez. der Wandel- oder Optionsrechte in den Statuten festzuhalten und ein Entzug des Bezugsrechts der Aktionäre (ausgenommen zugunsten der Arbeitnehmer) nur gegen Entschädigung zu gestatten, liberalisiert. Im Sinne eines Kompromisses wurde den Aktionären bei Wandel- oder Optionsanleihen ein Vorwegzeichnungsrecht eingeräumt, welches zwar entschädigungslos, aber nur aus wichtigen Gründen und unter der weiteren Voraussetzung entzogen werden kann, dass die Statuten Angaben über die Festlegung des Ausgabebetrages der neuen Aktien und der Ausübungsdauer der Options- oder Wandelrechte enthalten (s. BÖCKLI, § 2 N 310; SCHALLER/WEBER, 141 ff.). 1

II. Vorwegzeichnungsrecht

1. Rechtsnatur und Bedeutung

Da beim bedingten Kapital das Bezugsrecht des Aktionärs zwingend ausgeschlossen werden muss, ist das Vorwegzeichnungsrecht des Aktionärs ein **gesetzliches Surrogat,** welches auf **indirektem Weg denselben Zweck wie das Bezugsrecht** erreichen will: Der bisherige Aktionär soll grundsätzlich bei der bedingten Kapitalerhöhung über den anteilmässigen Erwerb neuer Wandel- oder Optionsobligationen die Möglichkeit haben, eine Verwässerung seiner Kapital- und Stimmrechtsquote zu vermeiden. Wie das Bezugsrecht beinhaltet das Vorwegzeichnungsrecht eine vermögensrechtliche und eine mitverwaltungsrechtliche Komponente, und es unterscheidet sich im rechtlichen Sinne nicht von jenem (s. Art. 652b N 1 ff.; ausführlich M. WIDMER, 71 ff., 40; WENGER, 78 f.; LADNER, 153 f.; BÖCKLI, § 2 N 304 ff.; FORSTMOSER/MEIER-HAYOZ/NOBEL, § 40 N 301 ff., § 52 N 338; T. VON PLANTA, 16 f. sowie 20 f.). Das Vorwegzeichnungsrecht ist nur relevant, wenn die mit einer Wandel- oder Optionsanleihe verbundenen Aktien oder PS auf dem Wege des bedingten Kapitals ausgegeben werden. Sind diese Aktien i.S.v. Vorratstiteln bei der Anleihensemission schon geschaffen, wird den Aktionären ggf. ein Bezugsrecht zur Zeichnung solcher Obligationen eingeräumt. 2

Das Vorwegzeichnungsrecht kann dem Aktionär nur bei der **Ausgabe von Wandel- oder Optionsanleihen** zustehen, **nicht** dagegen bei der Einräumung von **Optionen an die Mitarbeiter** oder an die Aktionäre (BÖCKLI, § 2 N 328). Das Vorwegzeichnungsrecht kann bei Wandel- und Optionsanleihen durch Beschluss der GV *entzogen oder beschränkt* werden, wobei die Entscheidung über einen Entzug oder eine Beschränkung auch an den VR delegiert werden kann, sofern die Voraussetzungen, unter denen ein solcher Entzug möglich ist, von der GV festgelegt werden (BGE 121 III 219, 240 f.; s. N 10). Bei **vinkulierten Namenaktien** steht das Vorwegzeichnungsrecht sowohl dem Vollaktionär wie auch dem als Aktionär ohne Stimmrecht eingetragenen Berechtigten zu (Art. 685 f Abs. 2; s. ZINDEL, FS Forstmoser, 1993, 206). 3

4 Der **Umfang des Vorwegzeichnungsrechts** bemisst sich nach der Kapitalbeteiligung des bisherigen Aktionärs gemessen am Nennwert seiner Beteiligung im Verhältnis zum ausgegebenen AK (und allfälligem PS-Kapital) im Zeitpunkt der Anleihensemission. Ob dem Vorwegzeichnungsrecht ein Geldwert zukommt, hängt von der Festsetzung verschiedener Parameter der Options-/Wandelanleihe (wie Bezugskurs, Couponsatz, Options- und Wandelfrist, Options- bzw. Wandelverhältnis und Ausübungs- bzw. Wandelpreis) ab. Ein **Wert** kommt dem **Vorwegzeichnungsrecht** i.d.R. nur dann zu, wenn der Ausübungspreis des Wandel- oder Optionsrechts unter dem Börsen- oder Marktwert der Aktien im Zeitpunkt der Begebung der Anleihe liegt (M. WIDMER, 38 f.; s.a. LADNER, 61, 154) oder dem Aktionär die Möglichkeit geboten wird, sein Vorwegzeichnungsrecht börslich oder ausserbörslich zu veräussern. Ein solcher Handel findet jedoch i.d.R. wegen fehlendem Wert des Rechts sowie der kurzen Vorwegzeichnungsfrist kaum je statt (WENGER, 81). Eine Verpflichtung der Gesellschaft, einen solchen Handel zu gewährleisten, besteht nicht, jedoch kann ein Handel auch durch Dritte (Banken) organisiert werden, wenn Angebot und Nachfrage bestehen.

5 Über die **fehlende Praktikabilität des Vorwegzeichnungsrechts** ist viel geschrieben worden (s. WENGER, 79 f.; ZOBL/ARPAGAUS, 244 ff., 256; BÖCKLI, § 2 N 312, N 329 f.; FORSTMOSER/MEIER-HAYOZ/NOBEL, § 40 N 318 ff.; FORSTMOSER, SZW 1992, 62; WATTER, 64; HIRSCH, 294; RUFFNER/STUPP, 708 ff.; ISLER, 734 ff.; **a.A.** LADNER, 199 ff.; 162 ff., m.w.Nw. zu Lehre und Rechtsprechung; VON BÜREN, ZBJV 1995, 78; s.a. KURER, SZW 1994, 285 ff. sowie 294; A. VON PLANTA, SZW 1992, 207 f. m.V. in Anm. 8 auf die Diskussion in der Presse). So wird zu Recht (s.a. N 7) hervorgehoben, dass das Vorwegzeichnungsrecht zum Nachteil der Gesellschaft verhindere, eine Festübernahme solcher Anleihen durch ein Bankenkonsortium zu den besten Marktkonditionen zu erreichen, dass dem Vorwegzeichnungsrecht bei der Ausgabe der Obligationen zu Marktkonditionen gar kein rechnerischer Wert zukomme und dass normalerweise nur die grösseren Aktionäre über die notwendige Anzahl von Rechten für die Zeichnung einer einzigen Obligation verfügen würden. Seit Inkrafttreten des Aktienrechts 1991 sind Wandel- oder Optionsanleihen mit Vorwegzeichnungsrecht v.a. von kleineren Gesellschaften, welche selten eigenkapitalbezogene Anleihen auf den Markt bringen, mit einem relativ kleinen Gesamtnennwert ausgegeben worden. Bei grossen Volumen und internationaler Platzierung ist der Ausschluss des Vorwegzeichnungsrechts die Regel.

2. Hinweise für die praktische Durchführung

6 Wenn eine Gesellschaft eine Wandel- oder Optionsanleihe mit Vorwegzeichnungsrecht der Aktionäre durchführen will, so hat sie grundsätzlich die Obligationen mit den festgesetzten Bedingungen mittels eines Prospektes **zuerst ihren Aktionären und ggf. Partizipanten zur Zeichnung anzubieten** (WENGER, 79 f.; LADNER, 174 ff.; 61; **a.A.** M. WIDMER, 117 f., welcher den Prospekt erst für die nachfolgende Offerte der Obligationen an das Publikum für notwendig erachtet). Dies erschwert und verteuert die Platzierung (WENGER, 79), ist aber unerlässlich, um die Gleichbehandlung der Aktionäre mit den Drittobligationären zu gewährleisten. Dafür ist vom Gesetz *keine Frist* vorgesehen, doch sollte ähnl. wie bei Bezugsrechten auf neue Aktien eine Zeitspanne von fünf bis zehn Bankwerktagen eingeräumt werden, je nachdem, ob ein Handel für die Vorwegzeichnungsrechte besteht oder nicht (gl.M. M. WIDMER, 113 f.; BÖCKLI, § 2 N 311; für eine kürzere Frist LADNER, 176). Nicht gezeichnete Obligationen sind von der Gesellschaft über eine Bank oder ein Konsortium anschliessend dem Publikum anzubieten, wobei dies je nach der Marktgängigkeit der Konditionen durch Festübernahme oder auf Kommissionsbasis geschehen wird (s. WENGER, 80). Die bei den

Aktionären und im Publikum platzierten Obligationen unterscheiden sich nicht; insb. besteht für beide Arten von Zeichnern derselbe Liberierungszeitpunkt (s. WENGER, 81).

Bei einem Vorgehen gem. N 6 besteht das Risiko, dass die Marktverhältnisse sich im Zeitpunkt des Angebotes an das Publikum erheblich verändert haben und keine weiteren Zeichnungen mehr erfolgen (s.a. LADNER, 62). Die Gesellschaft kann somit nur einen Maximalbetrag der Anleihe festlegen und weiss im Zeitpunkt des Angebotes an die Aktionäre nicht, ob sie die benötigten Fremdmittel wirklich auf dem Kapitalmarkt aufnehmen kann. Wenn eine **Festübernahme des Anleihensbetrages durch ein Bankenkonsortium** für die Gesellschaft wichtig ist, kann auch folgendes Vorgehen gewählt werden (WENGER, 82, bezeichnet das so gewährte Vorwegzeichnungsrecht als «indikatives Vorwegzeichnungsrecht»): 7

a) Die Gesellschaft schliesst mit dem Bankenkonsortium einen Vertrag ab (WENGER, 82, spricht von einem «Vorvertrag»), in welchem der Anleihensbetrag festgelegt, die übrigen Konditionen (insb. Zinssatz, Laufzeit, Wandel- bzw. Optionspreis und -frist) dagegen nur mit einer *Spanne* (minimal und maximal) angegeben werden (WENGER, 82; LADNER, 61, 63; REUTTER, 44 f.). Die Aktionäre werden mittels eines *Vorprospektes,* in welchem diese Rahmenbedingungen bekannt gegeben werden, zur Zeichnung eingeladen.

b) Nach Ablauf der Vorwegzeichnungsfrist werden zwischen der Gesellschaft und den Banken die *definitiven Konditionen* festgelegt und der von den Aktionären nicht gezeichnete Betrag der Obligationen dem Publikum angeboten. Können sich die Parteien nicht auf die definitiven Konditionen einigen, erfolgt keine Begebung der Anleihe und die Zeichnungen, d.h. die Offerten der Aktionäre, fallen dahin (s.a. WENGER, 82 f.).

Ein solches Vorwegzeichnungsverfahren für die Aktionäre ist auf dem schweizerischen Markt möglich (M. WIDMER, 110), kann dagegen auf gewissen internationalen Märkten unter dem anwendbaren ausländischen Recht nicht durchgesetzt werden. Wahrscheinlich würden die meisten Aktionäre von ihrem Vorwegzeichnungsrecht bei noch nicht definitiven Konditionen keinen Gebrauch machen oder es mangels einer genügenden Anzahl berechtigter Aktien nicht ausüben können. Die Diskussion um das Vorwegzeichnungsrecht hat auch an Brisanz verloren, seit in der Praxis in Einzelfällen (s. N 5) zwar eigenkapitalbezogene Anleihen mit (indikativem) Vorwegzeichnungsrecht reibungslos emittiert worden sind, das Vorwegzeichnungsrecht aber nur von einem kleinen Teil der Aktionäre jeweils ausgeübt worden ist (s.a. WENGER, 83 Anm. 36).

III. Aufhebung oder Einschränkung des Vorwegzeichnungsrechts (Abs. 2)

1. Durch GV-Beschluss

Das Vorwegzeichnungsrecht der Aktionäre kann nur durch GV-Beschluss aufgehoben oder eingeschränkt werden, wobei diese Aufhebung oder Einschränkung auch in der **Statutenbestimmung** über das bedingte Kapital zum Ausdruck kommen muss (s. Art. 653b N 20 ff. [BGE 121 III 240 f.; M. WIDMER, 151; WENGER, 88]). Der **GV-Beschluss** ist nur **zustande gekommen,** wenn das Quorum an Aktienstimmen von Art. 704 Abs. 1 oder ein allfälliges höheres statutarisches Quorum für den entsprechenden Antrag erreicht worden ist (WENGER, 89 f.; M. WIDMER, 152; VON BÜREN, ZBJV 1995, 72). 8

9 Aus dem Gesetz geht nicht klar hervor, ob die GV auch beschliessen kann, den Entscheid über die Aufhebung des Vorwegzeichnungsrechts **an den VR zu delegieren**. Nach dem Aktienrecht 1936 hat das BGer eine solche generelle Delegation für zulässig erklärt (BGE 117 II 302 ff. E. 4 e/cc = Pra 1992, 489 f.; s. BÖCKLI, § 2 N 259). Gemäss BGer ist diese Rechtsprechung über eine Delegation des Entscheides betr. den Ausschluss des Bezugsrechts an den VR auch unter dem Aktienrecht 1991 gültig (BGE 121 III 219, 234). Für das neu geschaffene bedingte Kapital wurde ausdrücklich die Delegation der Entzugsbefugnis an den VR bestätigt, sofern die für den Entzug des Vorwegzeichnungsrechts erforderlichen wichtigen Gründe im Delegationsbeschluss mind. in abstrakter Form angegeben werden, also ihre Bestimmung nicht vollständig dem VR überlassen werden (BGE 121 III 219, 240 f.). Dieser Entscheid ist gerade beim zeitlich nicht limitierten bedingten Kapital besonders sachgerecht: Die GV legt die Leitplanken für den Ausschluss des Vorwegzeichnungsrechts fest, und der VR entscheidet im relevanten Zeitpunkt über die für die Gesellschaft unter den gegebenen Marktumständen beste Lösung (s. BÖCKLI, § 2 N 308; zustimmend auch FORSTMOSER/ MEIER-HAYOZ/NOBEL, § 40 N 312, N 316a; ZOBL, SZW 1996, 145; M. WIDMER, 152 f.; **a.A.** LADNER, 187 ff.; T. VON PLANTA, 25; HÜNERWADEL, 38; A. VON PLANTA, SZW 1992, 207 f.).

10 **Praktisch** bedeutet dies, dass die GV bei ihrer Zustimmung zum Antrag auf Schaffung eines bedingten Kapitals

– die Voraussetzungen, d.h. die wichtigen Gründe festlegt, unter denen die Ausgabe von Options- oder Wandelanleihen ohne Vorwegzeichnungsrecht der Aktionäre erfolgen darf (s. dazu N 11 ff.);

– wobei die Nennung der wichtigen Gründe (üblicherweise) im Text der Statutenbestimmung über das bedingte Kapital erfolgt, aber auch sonst in der öffentlichen Urkunde über den GV-Beschluss wiedergegeben werden könnte (s. BÖCKLI, § 2 N 219);

– den VR in den Statuten ermächtigt («das Vorwegzeichnungsrecht kann vom VR ausgeschlossen werden»), den Entscheid darüber selbst zu treffen, ob bei Vorliegen eines wichtigen Grundes das Vorwegzeichnungsrecht ausgeschlossen werden soll oder nicht.

Dieser mit dem Quorum von Art. 704 Abs. 1 gefasste GV-Beschluss könnte dann von nicht zustimmenden Aktionären nach Art. 706 Abs. 2 Ziff. 1 angefochten werden (s. N 21 ff.).

2. Aus wichtigen Gründen

a) Allgemeine Bemerkungen

11 Eine Aufhebung oder Beschränkung des Vorwegzeichnungsrechts ist nach der gesetzlich **zwingenden Bestimmung** von Art. 653c Abs. 2 nur zulässig, wenn ein wichtiger Grund vorliegt (LADNER, 209 ff.; WENGER, 96 ff.; HELBLING, 62 ff.; M. WIDMER, 132 ff., 35). Damit scheint das Gesetz die Rechtsstellung des Aktionärs in gleicher Weise schützen zu wollen wie im *Falle des Bezugsrechts bei einer ordentlichen oder genehmigten Kapitalerhöhung* (s. dazu Art. 652b N 15 ff.; BGE 121 III 219, 240 f.; M. WIDMER, 134 f.; BÖCKLI, § 2 N 304 ff.; NOBEL, 1178; **a.A.** LADNER, 210 f.). Gleichwohl bestehen einige *wesentliche Unterschiede*:

1. Abschnitt: Allgemeine Bestimmungen   12, 13 Art. 653c

a) Bei der ordentlichen und genehmigten Kapitalerhöhung tritt eine allfällige Kapital- und Stimmkraftverwässerung der bisherigen Aktionäre sofort und in eindeutigem Ausmass ein, während bei der bedingten Kapitalerhöhung *unklar* ist, *ob, wann und in welchem Ausmass diese Verwässerung stattfindet* (s. WENGER, 115; BÖCKLI, § 2 N 306).

b) Für die ordentliche und genehmigte Kapitalerhöhung nennt das Gesetz einige Bsp. für den wichtigen Grund (Art. 652b Abs. 2), welche insb. den Sachverhalt betreffen, dass die neuen Aktien nicht in bar, sondern durch Einbringung von Vermögenswerten durch Nichtaktionäre liberiert werden. Mit der Emission einer Anleihe ist jedoch *stets die Aufnahme von Fremdgeld* verbunden, und mit den damit verknüpften Options- oder Wandelrechten wird eine Kapitalerhöhung mit Liberierung in bar oder durch Verrechnung bewirkt (s. Art. 653 N 19 f.). Dementsprechend finden sich in Art. 653c keine ähnl. Bsp. für wichtige Gründe (BÖCKLI, § 2 N 307).

c) Bei der ordentlichen und genehmigten Kapitalerhöhung war die Verstärkung des Aktionärsschutzes bez. des Bezugsrechts unbestritten (s. Art. 652b N 1); beim bedingten Kapital wurde dagegen das Vorwegzeichnungsrecht der Aktionäre vom Nationalrat *gestrichen* und vom Ständerat nachträglich *wieder eingeführt* (s. M. WIDMER, 132 ff.; FORSTMOSER/MEIER-HAYOZ/NOBEL, § 40 N 307; SCHALLER/WEBER, 146, 151, 156).

Bei den Gesellschaften, welche bisher unter dem neuen Aktienrecht von der Möglichkeit der Schaffung eines bedingten Kapitals Gebrauch gemacht haben, ist das Vorwegzeichnungsrecht der Aktionäre i.d.R. ausgeschlossen bzw. der VR für bestimmte Zwecke zu einem Ausschluss ermächtigt worden. Ordentliche Kapitalerhöhungen finden dagegen i.d.R. mit Bezugsrecht der Aktionäre statt, und bei genehmigten Kapitalerhöhungen werden oft Tranchen mit und solche ohne Bezugsrecht beschlossen.

12 Ausgangspunkt für die Frage, wann ein wichtiger Grund für die Aufhebung des Vorwegzeichnungsrechts vorliegt, ist stets die Beurteilung, ob ein solcher Beschluss im **Interesse der Gesellschaft** liegt und für die Verfolgung ihrer rechtmässigen Zwecke **notwendig** ist. Der Beschluss hat sodann das **Gebot der Gleichbehandlung** der Aktionäre und das Prinzip der **schonenden Rechtsausübung** zu beachten (s. BGE 121 III 219, 230). Zum Schluss sind die sich gegenüberstehenden Interessen der AG auf Verwendung des bedingten Kapitals ohne Vorwegzeichnungsrecht und das Interesse der Aktionäre aufgrund der konkreten Umstände im Einzelfall gegeneinander abzuwägen (s. BGE 117 II 300 f. E. 4e = Pra 1992, 489; M. WIDMER, 136 f.; LADNER, 212 ff.; WENGER, 96; BÖCKLI, § 2 N 320 ff.; NOBEL, 1178; HELBLING, 63 f.; T. VON PLANTA, 88 ff., 137; A. VON PLANTA, SZW 1992, 208; HÜNERWADEL, 39 f.; ISLER, 734 f.).

b) Interesse der Gesellschaft

13 Die mit der Aktienrechtsreform 1991 bezweckte Verstärkung der Rechtsstellung des Aktionärs rechtfertigt die Annahme, dass gegenüber der früheren Praxis eine gewisse Verschärfung der Anforderungen an den sachlichen, im Interesse der Gesellschaft liegenden Grund für den Entzug des Vorwegzeichnungsrechts eingetreten ist, aber **keine grundlegende Änderung** der Betrachtungsweise stattgefunden hat. Sodann ist zu berücksichtigen, dass das Gesetz beim bedingten Kapital **keine Anhaltspunkte** gibt, was unter wichtigen Gründen zu verstehen ist. Damit wird der (qualifizierten) Aktionärsmehrheit ein etwas **grösserer Ermessensspielraum** als bei der ordentlichen oder genehmigten Kapitalerhöhung für den Entscheid eingeräumt, was sie als wichtigen Grund im Interesse der Gesellschaft erachten will (M. WIDMER, 138; s.a. NOBEL, Finanzmarktrecht, § 11 N 94; **a.A.** LADNER, 209 ff.).

14 Soweit das bedingte Kapital für Wandel- oder Optionsanleihen eingesetzt werden soll, kann eine Gesellschaft nur zwei Interessen verfolgen: Die Aufnahme von Fremdmitteln zu günstigeren Zinskonditionen, als sie für Anleihen ohne EK-Bezug erhältlich sind, und die Verstärkung der EK-Basis (s. M. WIDMER, 107 sowie 137; BÖCKLI, § 2 N 314 f.). Dies ist das **sachliche Interesse der Gesellschaft.**

15 Da das Aktienrecht 1991 ein **qualifiziertes sachliches Interesse der Gesellschaft verlangt,** um den Entzug des Vorwegzeichnungsrechts zu rechtfertigen, muss der *Zweck der Anleihe* ein für die betreffende Gesellschaft *besonders wichtiger* sein (**a.A.** WENGER, 104; LADNER, 229 f.), etwa:

– Finanzierung der *Erweiterung der Geschäftsaktivitäten* (z.B. durch Erwerb von Unternehmen oder Unternehmensteilen oder grössere Investitionsvorhaben; s.a. M. WIDMER, 147 f.);

– Finanzierung des Erwerbes einer grösseren Beteiligung zwecks Kooperation;

– notwendige *Verbesserung des Verhältnisses von EK zu FK* (v.a. wenn die Marktverhältnisse oder die momentane Situation der Gesellschaft eine ordentliche Kapitalerhöhung als wenig Erfolg versprechend erscheinen lassen; s.a. M. WIDMER, 146 f.);

– Begebung einer *Anleihe im Ausland* (wo ein Vorwegzeichnungsrecht als unzulässige Bevorzugung der Aktionäre gegenüber den anderen Gläubigern angesehen wird; s. WENGER, 103 f.; s.a. LADNER, 227 ff.; M. WIDMER, 148; BÖCKLI, § 2 N 314 f.).

Kein wichtiger Grund ist, für sich allein betrachtet, die *Platzierung zu Marktbedingungen.* Dies käme nach Auffassung des BGer zu Recht i.E. einem allg. Verzicht auf das Vorwegzeichnungsrecht gleich (BGE 121 III 219, 241). Die Ausrichtung der Anleihenskonditionen auf die Marktbedingungen und eine effiziente Platzierung der Anleihe gehören ohnehin in jedem Fall zum Pflichtenheft des VR und der von der Gesellschaft mit der Durchführung der Emission betrauten Bank. Es geht vielmehr um die Bezeichnung eines oder mehrerer wichtiger Gründe zur Rechtfertigung des Eingriffes in die «Verwässerung» der Mitgliedschaftsrechte der Aktionäre (BGE 121 III 219, 241; krit. ZOBL, SZW 1996, 145; s.a. A. VON PLANTA, SZW 1992, 208; LADNER, 226 f.; WENGER, 100; VON BÜREN, ZBJV 1995, 77 f.; NOBEL, 1178).

c) Gleichbehandlung der Aktionäre

16 Das Gebot, dass die Aktionäre grundsätzlich gleich zu behandeln sind, ist vom BGer in ständiger Rechtsprechung anerkannt worden (s. BGE 121 III 230; 117 II 300 = Pra 1992, 489; BGE 102 II 265 ff.; 99 II 55 ff.; 91 II 298 ff.; 69 II 248 ff.) und wurde auch im Gesetz verankert (Art. 706 Abs. 2 Ziff. 3, Art. 717 Abs. 2). Wenn ein GV-Beschluss **alle Aktionäre gleich behandelt,** dann ist das Gleichbehandlungsprinzip i.d.R. **nicht verletzt,** auch wenn die wirtschaftlichen Folgen für die einzelnen Aktionäre unterschiedlich sein mögen (BGE 102 II 267). Ein GV-Beschluss, der das Vorwegzeichnungsrecht für alle Aktionäre in gleicher Weise entzieht oder beschränkt, kann das Gleichbehandlungsgebot daher nicht verletzen (BGE 117 II 302 E. 4 e/aa = Pra 1992, 490; s.a. WENGER, 105 f.; HUGUENIN JACOBS, 187 ff.; s.a. BÖCKLI, § 2 N 318; FORSTMOSER/MEIER-HAYOZ/NOBEL, § 40 N 316).

d) Prinzip der schonenden Rechtsausübung

Das von der Literatur auch für das Aktienrecht aufgestellte Gebot der schonenden Rechtsausübung (s. MEIER-HAYOZ/ZWEIFEL, 383 ff.; MEIER-HAYOZ/FORSTMOSER, § 16 N 196; WENGER, 99) ist nun auch vom BGer anerkannt worden (BGE 121 III 230; 117 II 300 E. 4e = Pra 1992, 488 ff.; s. aber noch BGE 102 II 269 f.). Inhalt und Tragweite des Gebots sind noch nicht völlig klar. Entscheidendes Kriterium ist wohl, ob der Mehrheit der Aktionäre – welche einem Ausschluss des Vorwegzeichnungsrechts zustimmt – die Wahl eines schonenderen Mittels (an welcher die Minderheit interessiert ist) zugemutet werden kann. Dies ist jedoch nur dann zu bejahen, wenn das schonendere Mittel die rechtmässigen Interessen der Mehrheit nicht benachteiligt (WENGER, 99; MEIER-HAYOZ/ZWEIFEL, 393; etwas weitergehend VON GREYERZ, 176 f.). Wenn die Aktionärsmehrheit ein begründetes Interesse hat, dass die Wandel- oder Optionsanleihen durch Festübernahme von Banken zu den für die Gesellschaft günstigsten Konditionen ausgegeben werden können, und dies nur durch Entzug des Vorwegzeichnungsrechts gewährleistet werden kann, ist somit das Prinzip der schonenden Rechtsausübung nicht verletzt (s.a. WENGER, 100; M. WIDMER, 150; FORSTMOSER/MEIER-HAYOZ/NOBEL, § 40 N 316; T. VON PLANTA, 91 ff.; HÜNERWADEL, 40 f.).

17

e) Gesamtwürdigung

Bei der Prüfung der obgenannten drei Kriterien wird der VR – und im Falle einer Anfechtung der Richter – nicht umhin kommen, eine **Gesamtwürdigung aufgrund der Gegebenheiten des Einzelfalles** vorzunehmen (s. BGE 121 III 234 f.; 117 II 301 E. 4 e/aa = Pra 1992, 490; BGE 102 II 268 E. 3; BÖCKLI, § 2 N 281 f., 320 ff.; HIRSCH, 295). Zu beurteilen sind insb. die konkrete Situation der Gesellschaft und ihr qualifiziertes sachliches Interesse am Entzug des Vorwegzeichnungsrechts, das Verhältnis von bedingtem und ausgegebenem AK, die Aktionärsstruktur der Gesellschaft und im Anfechtungsprozess die Interessenlage des klagenden Aktionärs. Eine im Verhältnis zum bestehenden AK geringfügige Grösse des bedingten Kapitals (von etwa 10–15%), eine breite Streuung des AK ohne massgebende Aktionäre (mit mehr als etwa 5–10% Stimmenanteil) sowie eine Festsetzung des Ausgabepreises der neuen Aktien mind. beim Marktwert im Zeitpunkt der Anleihensbegebung können den Entzug des Vorwegzeichnungsrechts besser rechtfertigen, als wenn durch die Ausübung von Wandel- oder Optionsrechten durch Dritte eine erhebliche Kapitalverwässerung eintreten und einen an der Erhaltung seiner Kapitalquote interessierten Aktionär empfindlich treffen kann (s.a. WATTER, Minderheitenschutz im neuen Aktienrecht, AJP 1993, 117 ff., 120). Berücksichtigt werden kann auch, ob sich die Gesellschaft verpflichtet, Zeichnungen von Aktionären – soweit rechtlich oder praktisch möglich – bevorzugt zu behandeln, um so die Auswirkungen des Entzuges des Vorwegzeichnungsrechts zu mindern (M. WIDMER, 150; s. ISLER, 735).

18

IV. Keine unsachliche Begünstigung in der Zuteilung (Abs. 3)

Auch nach einem Entzug des Vorwegzeichnungsrechts aus wichtigem Grund wird der Aktionär durch Art. 653c Abs. 3 noch ein weiteres Mal geschützt: Bei der Ausgabe der Wandel- oder Optionsanleihe dürfen diese Obligationen **nicht bevorzugt einer bestimmten Aktionärsgruppe oder einem oder mehreren Dritten** zugeteilt werden. Bezüglich der Aktionäre ergibt sich diese Verpflichtung des VR bereits aus Art. 717 Abs. 2 (HELBLING, 65 f.). Zur Verhinderung von Zuteilungen an Dritte in einer Weise, welche die bestehenden Beherrschungsverhältnisse in der Gesellschaft verändern könnte, ist die

19

Bestimmung in Art. 653c Abs. 3 dagegen sinnvoll (s. aber BÖCKLI, § 2 N 318). Wenn in einem Sanierungsfall ein Wandeldarlehen primär von einer Gläubigergruppe gewährt wird, liegt darin **keine Begünstigung in unsachlicher Weise,** wenn diese Zuteilung mangels genügend anderer Interessenten erfolgte (M. WIDMER, 150). Ebenso liegt bei einer Zuweisung von Optionen aufgrund eines Mitarbeiterbeteiligungsplanes regelmässig *keine unsachliche Begünstigung der Arbeitnehmer* vor (HELBLING, 66).

20   Eine Verletzung von Art. 653c Abs. 3 hat keinen Einfluss auf die Gültigkeit der Statutenbestimmung des bedingten Kapitals. Sie kann allerdings zu Verantwortlichkeitsansprüchen von geschädigten bisherigen Aktionären gegenüber dem VR und der GL führen (M. WIDMER, 162,164; FORSTMOSER/MEIER-HAYOZ/NOBEL, § 40 N 317 i.V.m. § 40 N 299).

V. Rechtsfolgen und Prozessuales

21   Bezüglich der **Rechtsfolgen** ist zu unterscheiden, ob der Beschluss der GV in Verletzung des qualifizierten Mehrs gefasst oder das Vorwegzeichnungsrecht ohne wichtigen Grund aufgehoben worden ist:

22   a) Ein GV-Beschluss, welcher das **gesetzlich zwingende Quorum von Art. 704** nicht erreicht, ist ein *negativer Beschluss* mit dem Inhalt, dass der gestellte Antrag abgelehnt ist (s. TANNER, Quoren für die Beschlussfassung in der Aktiengesellschaft, Diss. Zürich 1987, 197 f.; M. WIDMER, 162). Wird trotz der Ablehnung des Antrages auf Schaffung eines bedingten Kapitals die Statutenbestimmung dem Handelsregister zur Eintragung angemeldet und eingetragen, so ist nicht nur eine Anfechtungs-, sondern auch eine **Nichtigkeitsklage** gestützt auf Art. 706b Ziff. 3 möglich (s. TANNER, a.a.O., 198 f.; M. WIDMER, 163; BGE 78 III 43; 93 II 35; vgl. jedoch auch 80 II 278). Es gehört zu den Grundstrukturen des Aktienrechts, dass Beschlüsse nur aufgrund einer befürwortenden oder allenfalls gesetzlich geforderten qualifizierten Mehrheit zustande kommen können und nur dann ausgeführt werden dürfen.

23   b) Ist dagegen strittig, ob die qualifizierte Aktienmehrheit das Vorwegzeichnungsrecht aus einem **wichtigen Grund entzogen** oder den Entzug durch VR-Beschluss erlaubt hat, so ist der GV-Beschluss in jedem Falle nur nach Art. 706 Abs. 2 Ziff. 2 **anfechtbar** (STIEGER-CHOPARD, 292; BÖCKLI, § 2 N 313 sowie § 16 N 124; T. VON PLANTA, 140 f.). Die Statutenbestimmung bleibt gültig, bis sie allenfalls aufgrund einer Klage vom Richter mit Wirkung für alle Aktionäre ex tunc aufgehoben worden ist (M. WIDMER, 163; BÖCKLI, § 16 N 128, 131; s.a. MEIER-HAYOZ/FORSTMOSER, § 16 N 175). Zur Verhinderung der Eintragung der Statutenbestimmung im Handelsregister kann der klagende Aktionär eine Einsprache zum Zwecke einer Registersperre gem. Art. 162 HRegV erheben (M. ISLER/VON DER CRONE, 222 ff.; STIEGER-CHOPARD, 297; BÖCKLI, § 16 N 133 ff.). Wird eine im Handelsregister eingetragene Statutenbestimmung nachher, aber innert der Frist von Art. 706a Abs. 1, angefochten, so ist der VR in der Verwendung des bedingten Kapitals beschränkt: Legt er gleichwohl eine Wandel- oder Optionsanleihe auf, so riskiert er bei Gutheissung der Anfechtungsklage, dass die Gesellschaft ihre Verpflichtung zur Ausgabe von Aktien nicht mehr gestützt auf das bedingte Kapital erfüllen kann und die Titel zuerst im Markt erwerben muss, was zu einem Schaden für die Gesellschaft und zu Verantwortlichkeitsansprüchen führen kann. Vor einem rechtskräftigen gerichtlichen Urteil ausgegebene Aktien eines im Handelsregister eingetragenen bedingten Kapitals bleiben jedoch aus Gründen der Rechtssicherheit und des Gläubigerschutzes gültig (WENGER, 200 ff.; s. FORSTMOSER, Aktienrecht, § 15 N 339; s.a. Art. 653h N 4).

Bei einem **Anfechtungsprozess über einen GV-Beschluss,** welcher das Vorwegzeichnungsrecht entzogen hat, ist bez. der *Beweislastverteilung* zwischen dem klagenden Aktionär und der beklagten Gesellschaft auf Folgendes hinzuweisen:

a) Ob ein *wichtiger Grund* für den Entzug des Vorwegzeichnungsrechts vorliegt, ist eine Rechtsfrage, welche der Richter nach Recht und Billigkeit zu entscheiden hat (Art. 4 ZGB; s.a. WENGER, 197).

b) Bezüglich des *relevanten Sachverhalts* trägt jene Partei die Beweislast, welche aus einem Sachumstand Rechte ableiten will. Bezüglich der drei Kriterien des wichtigen Grundes (N 13 ff.) bedeutet dies, dass die Gesellschaft ihr (qualifiziertes) sachliches Interesse zu beweisen hat, der Aktionär hingegen eine allfällige Ungleichbehandlung oder ein der Gesellschaft zur Verfügung stehendes schonenderes Mittel (**a.A.** WENGER, 199, der die Ansicht vertritt, die Gesellschaft müsse beweisen, dass keine Ungleichbehandlung der Aktionäre vorliege und dass der vom Aktionär geltend gemachte schonendere Weg nicht vorteilhafter sei).

c) Der anfechtende Aktionär hat seine *Aktivlegitimation* darzulegen (ZK-BÜRGI, Art. 706 N 50). Nicht notwendig ist, dass der Aktionär ein persönliches Interesse an der Aufhebung des angefochtenen Beschlusses nachweist; er kann auch das Allgemeininteresse geltend machen, dass die GV-Beschlüsse gesetzes- und statutenkonform sein sollen (BGE 122 III 282 E. 3a; 75 II 149 ff.; FORSTMOSER/MEIER-HAYOZ/NOBEL, § 25 N 44).

d) Die Gesellschaft kann jedoch darlegen, dass die *Auswirkungen des Entzuges des Vorwegzeichnungsrechts* wegen des geringen Ausmasses des bedingten Kapitals, der Aktionärsstruktur und des Aktienbesitzes des Klägers unbedeutend sind, was in der Gesamtwürdigung zu berücksichtigen ist (BGE 117 II 305 E. 4 e/cc = Pra 1992, 493).

VI. Entwurf Aktien- und Rechnungslegungsrecht

Art. 653c soll in zweifacher Hinsicht ergänzt werden:

– In einem neuen Abs. 1 sollen bei der Einräumung von Aktionärsoptionen gestützt auf ein bedingtes Kapital die Bestimmungen über das Bezugsrecht bei der ordentlichen Kapitalerhöhung gemäss dem teilw. geänderten E-Art. 652b zur Anwendung kommen.

– Die Aufhebung oder Beschränkung des Vorwegzeichnungsrechts soll bei börsenkotierten Gesellschaften auch ohne wichtigen Grund möglich sein, wenn die Aktionäre die Möglichkeit haben, die Obligationen an der Börse zu angemessenen Bedingungen zu erwerben, wenn sie ihre Beteiligung an der Gesellschaft wahren wollen (E-Art 653c Abs. 3 Ziff. 2; Botschaft Aktien- und Rechnungslegungsrecht, 1647).

VII. Rechtsvergleichung

Im **deutschen Recht** gewährt § 221 Abs. 4 AktG den Aktionären ein Bezugsrecht auf Wandel- und Gewinnschuldverschreibungen. Nach § 186 Abs. 4 AktG kann die Hauptversammlung dieses Bezugsrecht entziehen, wenn die Ausschliessung ordnungsgemäss bekannt gemacht und vom Vorstand in einem schriftlichen Bericht sachlich begründet worden ist. Zwei Urteile des OLG München und des OLG Frankfurt a.M. im Jahre 1991 haben Anfechtungsklagen von Aktionärsseite gegen Hauptversammlungsbe-

Art. 653d

schlüsse zur Ausgabe von Optionsanleihen unter Ausschluss des Bezugsrechts gutgeheissen, weil der Vorstandsbericht nicht den Mindestanforderungen des Gesetzes entsprochen hat (s. WM 1991, 539 ff., 2155 ff.). Obschon diese beiden Urteile den Bezugsrechtsausschluss aus formellen Gründen und nicht in Abwägung der sachlichen Interessen der Gesellschaft und der Aktionäre für unzulässig erklärten, haben sie bewirkt, dass dt. Gesellschaften kaum mehr von der Möglichkeit einer Wandel- oder Optionsanleihe Gebrauch machen.

26 **Ähnliche Regelungen** des Ausschlusses des Bezugsrechts enthalten das österreichische Recht (§ 174 Abs. 4 i.V.m. § 153 öAktG), das frz. Recht (art. 194–2 i.V.m. art. 186 LSC), das it. Recht (art. 2441 CC it.) und das Europarecht (Art. 29 Abs. 4 EU-Kapital-RL).

Art. 653d

5. Schutz der Wandel- oder Optionsberechtigten

[1] **Dem Gläubiger oder dem Arbeitnehmer, dem ein Wandel- oder ein Optionsrecht zum Erwerb von Namenaktien zusteht, kann die Ausübung dieses Rechtes nicht wegen einer Beschränkung der Übertragbarkeit von Namenaktien verwehrt werden, es sei denn, dass dies in den Statuten und im Emissionsprospekt vorbehalten wird.**

[2] **Wandel- oder Optionsrechte dürfen durch die Erhöhung des Aktienkapitals, durch die Ausgabe neuer Wandel- oder Optionsrechte oder auf andere Weise nur beeinträchtigt werden, wenn der Konversionspreis gesenkt oder den Berechtigten auf andere Weise ein angemessener Ausgleich gewährt wird, oder wenn die gleiche Beeinträchtigung auch die Aktionäre trifft.**

5. Protection des titulaires d'un droit de conversion ou d'option

[1] Le créancier ou le travailleur titulaire d'un droit de conversion ou d'option lui permettant d'acquérir des actions nominatives ne peut voir son droit limité par une restriction de la transmissibilité des actions nominatives, à moins que cette réserve n'ait été prévue dans les statuts et dans le prospectus d'émission.

[2] Il ne peut être porté atteinte aux droits de conversion ou d'option par une augmentation du capital-actions, par l'émission de nouveaux droits de conversion ou d'option ou de toute autre manière que si le prix de conversion est abaissé ou qu'une compensation équitable est assurée d'une autre façon aux titulaires de ces droits ou encore si les actionnaires subissent le même préjudice.

5. Tutela dei titolari di un diritto di conversione o d'opzione

[1] Il creditore o lavoratore titolare di un diritto di conversione o d'opzione che gli permetta di acquistare azioni nominative non può essere impedito nell'esercizio di tale diritto in virtù di una limitazione della trasferibilità delle azioni nominative, a meno che questa riserva non sia stata prevista nello statuto e nel prospetto d'emissione.

[2] I diritti di conversione o d'opzione possono essere pregiudicati per effetto di un aumento del capitale azionario, di un'emissione di nuovi diritti di conversione o di opzione o in altra guisa, soltanto se il prezzo di conversione è abbassato o una compensazione adeguata è accordata in altro modo ai titolari oppure se anche gli azionisti subiscono lo stesso pregiudizio.

1. Abschnitt: Allgemeine Bestimmungen 1–4 Art. 653d

Literatur

Vgl. die Literaturhinweise zu Art. 650.

I. Revisionsgeschichte

Der Entwurf des Bundesrates sah nur das in Abs. 2 enthaltene allg. Prinzip vor, dass alle Wandel- oder Optionsanleihen einen Schutz vor Verwässerung der Rechte bei späterer Kapitalveränderung aufweisen müssen. Erst in der parlamentarischen Diskussion wurde die vorher als Art. 653c Abs. 3 aufgeführte Bestimmung von Abs. 1 eingeführt und geändert. Sie ist dann von Bedeutung, wenn vinkulierte Namenaktien bei Ausübung von Wandel- oder Optionsrechten bezogen werden (s. Botschaft AG, 127 f.; SCHALLER/WEBER, 161 ff.). 1

II. Verhältnis von Wandel- oder Optionsrecht zur Vinkulierung (Abs. 1)

Bei Kapitalerhöhungen mit vinkulierten Namenaktien lautet das **Grundprinzip** des Gesetzgebers, dass die Beschränkung der Übertragbarkeit der neuen Namenaktien ausdrücklich von der GV beschlossen werden muss und erst bei der Übertragung dieser Namenaktien vom originären Aktionär auf einen derivativ erwerbenden Aktionär zur Anwendung gelangen darf (s. Art. 652b N 26 ff., Art. 653b N 17 ff.). Wie bei der Ausübung von Bezugsrechten, welche den bisherigen Aktionären bei der ordentlichen oder genehmigten Kapitalerhöhung zugeteilt worden sind, soll die Statutenbestimmung über die Vinkulierung auch bei der Ausübung von Wandel- oder Optionsrechten durch Gläubiger oder Arbeitnehmer nicht zur Ablehnung des Erwerbers als Aktionär der Gesellschaft herangezogen werden dürfen (BÖCKLI, § 2 N 228; WENGER, 124; M. WIDMER, 167; HELBLING, 66). 2

Für das bedingte Kapital sieht Art. 653d Abs. 1 allerdings eine **Ausnahme** von dieser Regel vor: Der Bezug von vinkulierten Namenaktien soll bereits dem *aus den Wandel- oder Optionsrechten Berechtigten verweigert* werden können, sofern die GV dies so beschliesst und als *Vorbehalt* in den Statutentext des bedingten Kapitals aufnimmt und wenn der Emissionsprospekt über die Wandel- oder Optionsanleihe diesen Vorbehalt ebenfalls aufführt (s.a. WENGER, 124, 190 f.; HELBLING, 67; M. WIDMER, 166; FORSTMOSER/MEIER-HAYOZ/NOBEL, § 52 N 362; T. VON PLANTA, 144 f., 152 ff.). Zur **Begründung** dieser Ausnahmeregelung wurde zutreffend darauf hingewiesen, dass manche schweizerischen Publikumsgesellschaften ein Bedürfnis haben, Wandel- oder Optionsanleihen mit Bezugsrechten auf vinkulierte Namenaktien auszugeben. Mit den frei handelbaren Wandel- oder Optionsrechten könnten aber statutarische Vinkulierungsbestimmungen leicht umgangen werden; zudem sei es sinnwidrig, dass beim Kauf von Namenaktien über die Börse der Erwerber als Aktionär abgelehnt werden könne, nicht aber beim Erwerb aus Options- oder Wandelrechten (s. WENGER, 124; SCHALLER/WEBER, 162 f.). 3

Der in der parlamentarischen Diskussion hinzugefügte einschränkende Vorbehalt hat die Aussage von Abs. 1 mit einigen Unklarheiten versehen. Die **Anwendbarkeit der Beschränkung des Bezugs vinkulierter Namenaktien** ist wie folgt zu präzisieren: 4

a) In **keinem Fall als Aktionär abgelehnt** werden dürfen *Vollaktionäre,* welche Wandel- oder Optionsanleihen aufgrund eines Vorwegzeichnungsrechts erworben haben oder denen selbständige Optionen zugeteilt worden sind (BÖCKLI, § 2 N 228; **a.A.** M. WIDMER, 167; T. VON PLANTA, 153), sowie *Arbeitnehmer,* denen Mitarbeiteroptionen eingeräumt wurden (HELBLING, 66). Der Nachweis, dass die Rechte aus diesen primären Zuteilungen (und nicht aufgrund eines späteren Erwerbes von Dritten) geltend gemacht werden, obliegt dem Aktionär oder Arbeitnehmer (zum Aktionär ohne Stimmrecht s. lit. c nachfolgend).

b) Bei Wandel- oder Optionsanleihen darf der **Inhaber einer Wandelobligation oder eines Optionsscheines** nur aus den für alle Erwerber von Namenaktien dieser Gesellschaft geltenden Gründen abgelehnt werden. Diese Gründe müssen aus den Statuten (durch Verweisung im Text über das bedingte Kapital) sowie dem Emissionsprospekt klar hervorgehen. Fehlt diese Angabe im einen oder anderen Dokument, so muss der Berechtigte als Vollaktionär anerkannt werden.

c) Bei **börsenkotierten Namenaktien** können die Beschränkungen nur in den Gründen gem. Art. 685d Abs. 1 f. (insb. einer prozentualen Beschränkung) sowie Art. 4 SchlB Aktienrechtsreform 1991 liegen (BÖCKLI, § 2 N 230). Ein gem. Art. 685g abgelehnter Berechtigter ist gleichwohl als *Aktionär ohne Stimmrecht* im Aktienbuch der Gesellschaft einzutragen (Art. 685f). In gleicher Weise ist ein bisheriger Aktionär ohne Stimmrecht zu behandeln, welcher Wandel- oder Optionsrechte aufgrund eines Vorwegzeichnungsrechts erworben hat.

d) Bei **nicht börsenkotierten Namenaktien** ist eine Wandel- oder Optionsanleihe mit Bezugsrechten auf solche Aktien nicht kapitalmarktfähig und praktisch nicht denkbar, jedoch allenfalls die Ausgabe ähnl. Obligationen (s. Art. 653 N 13). Berechtigte, welche aufgrund einer Statutenbestimmung nach Art. 685b zu Recht abgelehnt würden, könnten auch nicht Aktionäre ohne Stimmrecht werden (Art. 685c), während bei den anderen Berechtigten nur die Anwendbarkeit der escape clause von Art. 685b Abs. 1 den Erwerb der Aktionärsstellung verhindern könnte.

III. Verwässerungsschutz (Abs. 2)

5 Solange die Inhaber von Wandel- oder Optionsrechten die ihnen zustehenden neuen Aktien noch nicht erworben haben, tragen sie das Risiko, dass die GV eine Kapitalveränderung beschliesst, welche erhebliche Auswirkungen auf den Börsen- oder Marktwert der Aktien der Gesellschaft haben kann. Aus diesem Grunde sieht das Gesetz in Art. 653d Abs. 2 einen gewissen **Schutz der Wandel- oder Optionsberechtigten** gegen Beeinträchtigung ihrer Rechtsstellung vor, welcher unter gewissen Voraussetzungen (s. N 6) bei folgenden **Sachverhalten einer Kapitalverwässerung** einsetzen muss (s.a. WENGER, 114 f.; HELBLING, 67; BÖCKLI, § 2 N 225; Botschaft AG, 127 f.; HENSELER, 135 ff.):

a) beim Vollzug einer **ordentlichen oder genehmigten Kapitalerhöhung,** denn diese führt in jedem Fall zu einer Verminderung der Stimmkraft und bei Ausgabe der neuen Aktien unter dem Börsenpreis oder Marktwert überdies zu einer vermögensrechtlichen Schlechterstellung (bei einer ordentlichen oder genehmigten Kapitalerhöhung ist die Differenz zwischen Ausgabepreis und aktuellem Börsenpreis als Grundlage der Berechnung der Verwässerung zu betrachten, s. WENGER, 115 Anm. 16 mit Bsp. zur Verwässerung);

b) bei der Ausgabe von **neuen Wandel- oder Optionsrechten** oder von **selbständigen Optionen** an Aktionäre oder Mitarbeiter, denn auch hier muss jederzeit mit einer solchen Verwässerung von Stimmkraft und anteiligem Kapitalwert gerechnet werden;

c) in **ähnlichen Fällen,** z.B. durch *Kapitalherabsetzung* mit Rückzahlung eines Nennwert-Teilbetrages oder durch Aktiensplit, sofern die Aktien des bedingten Kapitals

1. Abschnitt: Allgemeine Bestimmungen   6–8   Art. 653d

nicht dem reduzierten Nennwert angepasst werden (was allerdings selten ist, weil dadurch Stimmrechtsaktien geschaffen würden).

Keine Kapitalverwässerung i.S. dieser Bestimmung ist dagegen die **Umwandlung von einer Aktienart in eine andere mit gleichem Nennwert,** auch wenn dies möglicherweise eine Kurseinbusse für die umgewandelten Titel zur Folge hat (s. N 7; HELBLING, 67 Anm. 47; **a.A.** BÖCKLI, § 2 N 225, welcher eine derartige nachträgliche Änderung der Aktienstruktur unter den Begriff der «Beeinträchtigung auf andere Weise» i.S.v. Art. 653d Abs. 2 einordnet, falls die Auswirkungen erheblich sind).

Nach Auffassung des Gesetzgebers sind die Wandel- oder Optionsberechtigten nur schutzbedürftig, wenn die **Beeinträchtigung** infolge einer Kapitalveränderung sie **ausschliesslich oder mehr als die bisherigen Aktionäre** trifft. Bei *gleicher Beeinträchtigung entfällt* daher eine Massnahme zum Schutze dieser Berechtigten (M. WIDMER, 65; Botschaft AG, 128). Dies ist als ungerechtfertigt bezeichnet worden, weil die Berechtigten vor Ausübung ihrer Rechte keine Schicksalsgemeinschaft mit den Aktionären bilden, sondern mit der Gesellschaft in einer separaten vertraglichen Beziehung stehen (WENGER, 113; HELBLING, 70 f. m.w.Nw.; FORSTMOSER/MEIER-HAYOZ/NOBEL, § 52 N 347; BÖCKLI, § 2 N 227; NOBEL, 1173 Anm. 21; **a.A.** WIDMER, 65 f., welcher von einer körperschaftlichen und nicht schuldrechtlichen Natur der Options- und Wandelrechte ausgeht und daher eine Schicksalsgemeinschaft bejaht). Dies mag richtig sein; der Gesetzgeber hat jedoch in Abs. 2 nur die unter dem alten Recht gebildete vertragliche Praxis festgeschrieben (FORSTMOSER/MEIER-HAYOZ/NOBEL, § 52 N 347). Für eine Besserstellung der Wandel- oder Optionsberechtigten unter dem Aktienrecht 1991 bestand kein Handlungsbedarf, auch nach internationalen Massstäben nicht. Zudem darf nicht übersehen werden, dass im Aktienrecht 1991 der Aktionärsschutz (insb. bez. des Entzuges des Bezugsrechts) verstärkt worden ist. 6

Ein **angemessener Ausgleich** für die Beeinträchtigung der Wandel- oder Optionsberechtigten ist also nur vorzunehmen, wenn bei einer vollzogenen oder bedingten Kapitalerhöhung das *Bezugs- bzw. Vorwegzeichnungsrecht der Aktionäre nicht entzogen* wird sowie wenn die Folgen einer Kapitalveränderung oder Kapitalumstrukturierung *nicht die gleichen Auswirkungen* haben für die bisherigen Aktionäre und für die Wandel- oder Optionsberechtigten, z.B. in Bezug auf Stimmkraft, wenn die ausgegebenen Aktien einen tieferen Nennwert erhalten als diejenigen des bedingten Kapitals, nicht aber, wenn z.B. alle Inhaberaktien in Namenaktien umgewandelt werden (s.a. WENGER, 115 insb. zum Zeitpunkt der Berechnung der Verwässerung). 7

Die einfachste Art des Ausgleichs für Nachteile ist die **Anpassung des Wandel- oder Optionspreises.** Wenn das Gesetz von «Senkung des Konversionspreises» spricht, darf daraus nicht geschlossen werden, es finde nur bei Wandelobligationen ein Ausgleich statt (s. HELBLING, 68; BÖCKLI, § 2 N 226 Anm. 433; M. WIDMER, 66 Anm. 310; WENGER, 117 Anm. 18, der von «Abrufpreis» spricht). Eine weitere Möglichkeit wäre die **Zuteilung einer grösseren Anzahl Aktien** für dieselben Wandel- oder Optionsrechte (s. WENGER 118 f.). Diese im Ausland (v.a. USA und Grossbritannien) bevorzugte Anpassung scheitert in der Schweiz i.d.R. daran, dass die Aktien schweizerischer Gesellschaften einen zu hohen Preis aufweisen, um eine nicht allzu erhebliche Anpassung kompensieren zu können, und dass die Gesellschaften die unter dem bedingten Kapital noch frei verfügbare Anzahl Aktien lieber für neue Anleihen als für die Anpassung im Zusammenhang mit schon ausgegebenen Anleihen reservieren (s. HELBLING, 68 Anm. 51). Als w*eitere Möglichkeiten* des Ausgleichs kommen in Frage: **Zeichnungsrecht auf die neue Anleihe oder Ausrichtung des Werts der Bezugsrechte in bar** 8

(WENGER, 119; HELBLING, 68). Ein allfälliger Kursverlust ist jedoch nicht zu entschädigen (WENGER, 119 f.).

9   In der **Praxis** wird die Anpassung des bei Begebung der Anleihe fixierten Ausübungspreises während der Wandel- oder Optionsfrist im schweizerischen Kapitalmarkt in den Anleihensbedingungen etwa wie folgt umschrieben:

«Gibt die Gesellschaft während der Wandel- oder Optionsfrist unter Einräumung eines Bezugsrechts an die Aktionäre neue Beteiligungspapiere, Obligationen mit Wandel- oder Optionsrechten oder selbständige Optionen mit einem Bezugspreis unter dem jeweils geltenden Wandel- oder Optionspreis aus, so kann der Inhaber dieser Rechte bis zu einem bekanntzugebenden Stichtag die Rechte ausüben und Titel erwerben, welche das Recht zum Bezug der neuen Beteiligungspapiere, Obligationen oder Optionen beinhalten. Nach dem Stichtag ermässigt sich der jeweils geltende Ausübungspreis wie folgt:

a) bei Bezugsrechten (inkl. Vorwegzeichnungsrechten) um den Durchschnitt der an jedem Tag, max. aber während der ersten zehn Tage des offiziellen Bezugsrechtshandels, an der SWX bezahlten Schlusskurse der den betr. Aktien zustehenden Bezugsrechte; findet kein Bezugsrechtshandel statt, wird der Bezugsrechtspreis von der Gesellschaft festgelegt;

b) bei Optionen um den Durchschnitt des sich aufgrund des Schlusskurses während der ersten zehn Tage an der SWX ergebenden inneren Wertes (durchschnittlicher Kurswert des mittels Option zu beziehenden Titels abzüglich des Ausübungspreises der Option, dividiert durch die für den Erwerb des Titels notwendige Anzahl Optionen) der den betr. Aktien zustehenden Optionen;

c) der Ausübungspreis muss in jedem Falle dem Nennwert der Aktie entsprechen. Sollte während der Wandel- oder Optionsfrist der Nennwert der Aktien der Gesellschaft verkleinert oder vergrössert werden oder sollten Aktien in andere Titel umgetauscht oder ähnliche Massnahmen ohne Wahlmöglichkeit des Aktionärs getroffen werden, so werden bei Ausübung der Wandel- oder Optionsrechte die entsprechenden neuen Titel anstelle der bisherigen geliefert.»

10 Die gesetzliche Regelung von Abs. 2 ist in dem Sinne **zwingend,** dass sie einen **Minimalstandard** für den Verwässerungsschutz setzt, welchen die Gesellschaft in Anleihensbedingungen nicht zuungunsten der Wandel- oder Optionsberechtigten herabsetzen kann (s. WENGER, 112, 125; M. WIDMER, 66; A. VON PLANTA, SZW 1992, 209; differenzierend in Bezug auf Mitarbeiteroptionen HELBLING, 69 f.). Die Gesellschaft setzt ihre Regeln über den Verwässerungsschutz in den jeweiligen **Anleihensbedingungen** fest, nicht in den Statuten (HELBLING, 68; BÖCKLI, § 2 N 226 Anm. 435; WENGER, 112; anders noch Botschaft AG, 128). Sofern die von der Gesellschaft festgesetzten Bestimmungen die gesetzlich geschützten Rechte der Wandel- oder Optionsberechtigten verletzen, hat dies auf die Gültigkeit der Wandel- oder Optionsrechte keinen Einfluss, doch stehen den Berechtigten zusätzlich Schadenersatzansprüche gegen die Gesellschaft zu (WENGER, 112).

IV. Entwurf Aktien- und Rechnungslegungsrecht

11 E-Art. 653d erfährt in Abs. 1 nur eine redaktionelle Änderung, indem er gemäss dem neu festgesetzten Kreis der Berechtigten für den Aktienerwerb aus bedingtem Kapital

auch den Aktionär und die Mitglieder des VR aufführt, im Übrigen aber den in der geltenden Regelung eher unklaren Text (s. N 4) beibehält.

Art. 653e

6. Durchführung der Kapitalerhöhung
a. Ausübung der Rechte; Einlage

¹ Wandel- oder Optionsrechte werden durch eine schriftliche Erklärung ausgeübt, die auf die Statutenbestimmung über die bedingte Kapitalerhöhung hinweist; verlangt das Gesetz einen Emissionsprospekt, so nimmt die Erklärung auch auf diesen Bezug.

² Die Leistung der Einlage durch Geld oder Verrechnung muss bei einem Bankinstitut erfolgen, das dem Bankengesetz vom 8. November 1934 unterstellt ist.

³ Die Aktionärsrechte entstehen mit der Erfüllung der Einlagepflicht.

6. Exécution de l'augmentation
a. Exercice des droits; apports

¹ Le droit de conversion ou d'option est exercé par une déclaration écrite qui se réfère à la disposition statutaire sur l'augmentation conditionnelle du capital; si la loi exige un prospectus d'émission, la déclaration doit également se référer à celui-ci.

² La libération des apports en espèces ou par compensation s'effectue auprès d'un établissement soumis à la loi fédérale du 8 novembre 1934 sur les banques et les caisses d'épargne.

³ Les droits de l'actionnaire naissent au moment de la libération de l'apport.

6. Attuazione dell'aumento
a. Esercizio dei diritti; conferimenti

¹ I diritti di conversione o d'opzione sono esercitati con una dichiarazione scritta che rinvia alla disposizione statutaria sull'aumento condizionale del capitale; se la legge prescrive un prospetto d'emissione, la dichiarazione vi si riferisce parimenti.

² I conferimenti in denaro o mediante compensazione si effettuano presso un istituto bancario soggetto alla legge federale dell'8 novembre 1934 su le banche e le casse di risparmio.

³ I diritti dell'azionista nascono non appena sia stato adempiuto l'obbligo del conferimento.

Literatur

Vgl. die Literaturhinweise zu Art. 650.

I. Die schriftliche Ausübungserklärung (Abs. 1)

Trotz gewisser Unterschiede bei der Entstehung der Aktionärsrechte ist der Vollzug der bedingten Kapitalerhöhung soweit wie praktisch möglich der ordentlichen oder genehmigten Kapitalerhöhung nachgebildet. Die Funktion des Zeichnungsscheins (Art. 652) übernimmt hier die **schriftliche Erklärung des Wandel- oder Optionsberechtigten**, von seinem Recht auf Bezug neuer Aktien Gebrauch machen zu wollen (WENGER, 18 f., 206, der von «Abrufrecht» spricht; FORSTMOSER/MEIER-HAYOZ/NOBEL, § 52 N 381). Die Wandel- oder Optionsrechtsausübung ist ein **Gestaltungsrecht;** als solches ist sie unwiderruflich, bedingungsfeindlich und empfangsbedürftig (s. HELBLING, 76, 131 ff.; WENGER, 9, 206; VON TUHR/PETER, 25, 146 f.). 1

2 Bezüglich des **Inhalts der Ausübungserklärung** ist zunächst Art. 630 zu beachten (FORSTMOSER/MEIER-HAYOZ/NOBEL, § 52 N 382; BÖCKLI, § 2 N 234; HELBLING, 77; s.a. WENGER, 206; Botschaft AG, 128). Sie muss *Anzahl, Art* und *Nennwert* der zu beziehenden Aktien und den *Ausgabebetrag* pro Aktie angeben sowie die bedingungslose Verpflichtung des Ausübenden enthalten, die dem Ausgabebetrag entsprechende Einlage in bar (bei Optionsscheinen) bzw. durch Verrechnung und allfällige Ausgleichszahlung in bar (bei Wandelobligationen) zu leisten. Überdies ist auf die *Statutenbestimmung* der Gesellschaft über das bedingte Kapital hinzuweisen. Sind die Wandel- oder Optionsrechte i.V.m. Anleihensobligationen i.S.v. Art. 1156 ausgegeben worden, für welche ein Emissionsprospekt erstellt werden musste, so ist auch auf diesen *Prospekt* Bezug zu nehmen (WENGER, 18 sowie 206 f.; BÖCKLI, § 2 N 234) Das letztgenannte Erfordernis erachtete der bundesrätliche Entwurf – zu Recht – als überflüssig, weil der Emissionsprospekt im Zeitpunkt der Anleihensbegebung erstellt und bei Ausübung der Wandel- oder Optionsrechte (welche üblicherweise zum grössten Teil erst am Ende der betr. Frist erfolgt) weitgehend gegenstandslos geworden ist (Botschaft AG, 128). Mit dem verlangten Hinweis auf Statuten und Prospekt will der Gesetzgeber offenbar sicherstellen, dass sich der Berechtigte über eine allfällige Vinkulierung der zu beziehenden Namenaktien im Klaren ist. – Grundsätzlich muss es sich bei diesen Bezugnahmen auf die Statuten und den Prospekt um eine *Ordnungsvorschrift* handeln (gl.M. BÖCKLI, § 2 N 234). Wie beim Zeichnungsschein ist nur bei wesentlichen Mängeln Unverbindlichkeit der Ausübungserklärung anzunehmen, und nach der Ausgabe der Aktien aufgrund der Erfüllung der Verpflichtungen des Berechtigten kann sich dieser nicht mehr auf Mängel der Ausübungserklärung berufen (s. Art. 652 N 4; HELBLING, 77).

3 **Adressat der Ausübungserklärung** ist grundsätzlich die *Gesellschaft,* von welcher der Berechtigte die neuen Aktien beziehen will und gegenüber welcher er sich zur Leistung der Einlage in bar oder durch Verrechnung verpflichtet (WENGER, 18 f.; RUF, 386). Da die Erklärung aber der *Bank* einzureichen ist, welche mit dem Vollzug der Kapitalerhöhung notwendigerweise zu beauftragen ist (Art. 653e Abs. 2), kann der Einfachheit halber auch diese Bank als Adressat genannt sein, welche diese Erklärung als direkte Stellvertreterin der Gesellschaft entgegennimmt (WENGER, 19, 207; s.a. Botschaft AG, 129; RUF, 384).

4 In der **Praxis** würden diese vom Gesetz vorgeschriebenen Formalitäten erhebliche administrative Umtriebe auslösen, wenn sie nicht so einfach wie möglich gehandhabt werden können. Die meisten Wandelobligationen und Optionsscheine werden von Banken für ihre in- und ausländischen Kunden im offenen Depot gehalten, und der Kunde übt sein Wandel- oder Optionsrecht gegenüber dieser Bank telefonisch aus in der Erwartung, ohne weitere Formalitäten in den nächsten Tagen über diese Titel verfügen zu können. Es ist deshalb i.d.R. notwendig und ausreichend, wenn diese Bank im eigenen Namen (aber als Vertreterin des Kunden) die Ausübungserklärung unterzeichnet und der von der Gesellschaft mit dem Vollzug beauftragten Bank einreicht. Es braucht auch nicht für jede Aktie eine solche Ausübungserklärung abgegeben zu werden; vielmehr genügt es, wenn eine Bank pro Tag die Ausübungserklärungen von verschiedenen Kunden in einer einzigen Erklärung zusammenfasst (unklar diesbezüglich Botschaft AG, 129). Das Ziel des Gesetzgebers wird nicht durch eine möglichst grosse Zahl von Ausübungserklärungen erreicht, sondern durch eine lückenlose Dokumentation der Ausübungserklärungen bez. aller unter dem bedingten Kapital ausgegebenen Aktien (gl.M. BÖCKLI, § 2 N 235).

II. Die Leistung der Einlagen (Abs. 2)

Da beim bedingten Kapital die Ausgabe der neuen Aktien ohne vorgängige Prüfung des Kapitalerhöhungsverfahrens durch einen Notar und das zuständige Handelsregisteramt erfolgt, wollte der Gesetzgeber die **Prüfung der Voraussetzungen** für die Kapitalerhöhung, insb. die Voll-Liberierung, nicht der Gesellschaft, sondern einer Bank übertragen (Botschaft AG, 129, wo allerdings noch einschränkend von einer kant. Depositenstelle die Rede ist). In Übereinstimmung mit der Gründung (Art. 633) und der ordentlichen oder genehmigten Kapitalerhöhung (Art. 652c i.V.m. Art. 633) kann **jede Bank i.S. des BankG** mit dieser Aufgabe betraut werden. Diese Bank wird zweckmässigerweise in den Bedingungen der Wandel- oder Optionsanleihe als hauptsächliche Options- oder Wandelstelle (principal warrant oder conversion agent) bezeichnet. Nur ein dem BankG unterstelltes Institut kann rechtsgültig für die Gesellschaft neue Aktien unter einem bedingten Kapital ausgeben, nicht jedoch die Gesellschaft selbst oder eine im Ausland domizilierte Bank (FORSTMOSER/MEIER-HAYOZ/NOBEL, § 52 N 388; BÖCKLI, § 2 N 236; WIDMER, 286 f.; WENGER, 208).

Der **Entscheid über die Ausgabe der neuen Aktien** obliegt deshalb der **Bank** und nicht dem in Art. 653f genannten zugelassenen Revisionsexperten (Art. 4 RAG). Die Bank – und nicht jener Revisor – entscheidet darüber, ob die Voraussetzungen für die Ausgabe der neuen Aktien erfüllt und die Kapitalerhöhung demgemäss vollzogen ist. Sie hat deshalb eine besondere Überprüfungspflicht, und nicht nur administrative Pflichten (WENGER, 25 sowie 208 f.; C. WIDMER, 286; HELBLING, 76; Botschaft AG, 129; weniger weit gehend FORSTMOSER/MEIER-HAYOZ/NOBEL, § 52 N 389; differenzierend BÖCKLI, § 2 N 237, wonach diese Handlungen im Rahmen der auftragsrechtlichen Sorgfaltspflichten der Bank erfolgen).

Die **Überprüfungspflichten der Bank** sind insb. die folgenden:

- **Überprüfung der Ausübungserklärungen** bez. des Berechtigten, der Vollständigkeit und der Übereinstimmung mit der vom Ausübenden geleisteten Einlage;
- bei **Optionsrechten,** dass die in Wertpapierform ausgestalteten Optionsscheine vom Berechtigten der Bank zwecks Vernichtung übergeben wurden und der Ausübungsbetrag der Bank zur freien Verfügung der Gesellschaft gutgeschrieben worden ist;
- bei **Wandelrechten,** dass die in Wertpapierform ausgestellten Obligationen vom Berechtigten der Bank zwecks Vernichtung übergeben und dass bei Wandelobligationen ein allfälliges Aufgeld der Bank zur freien Verfügung der Gesellschaft gutgeschrieben worden ist.

Siehe ferner für die Ausübung von Options- und Wandelrechten, welche von Konzerngesellschaften ausgegeben worden sind, Art. 653 N 22, 22a, 22b.

Nach Prüfung dieser Voraussetzungen stellt die Bank dem Unterzeichner der Ausübungserklärung gemäss seiner Weisung die **entsprechende Anzahl neuer Aktien zur freien Verfügung** zu (s. Art. 653 N 21) und zahlt zulasten der Gesellschaft bei Wandelobligationen einen allfälligen in bar zu entrichtenden Differenzbetrag (cash adjustment; WENGER, 210 Anm. 31; C. WIDMER, 286 Anm. 1693). Die vom Ausübenden der Bank in bar geleistete Einlage steht der Gesellschaft anders als bei den anderen Kapitalerhöhungen ohne Blockierung sofort zur freien Verfügung (WENGER, 209; C. WIDMER, 288 f.; FORSTMOSER/MEIER-HAYOZ/NOBEL, § 52 N 390; BÖCKLI, § 2 N 237 Anm. 458; WATTER, 64). Es genügt deshalb, wenn die Einzahlung auf ein Geschäftskonto der Gesellschaft bei der betr. Bank gutgeschrieben wird; die Errichtung eines spez. Kontos für diese Zahlungen ist – abgesehen von ausserordentlichen Situationen (wie Kontoblockierung oder Arrest) – nicht notwendig. Um der Bank eine genaue Kontrolle zu ermöglichen, hat die Gesellschaft der Bank die vom VR für die entsprechende Anleihe reservierte Anzahl Aktien unter dem bedingten Kapital zuzuteilen und sich zu verpflichten, in keiner Weise darüber zu verfügen. Die Bank ihrerseits hat die Gesellschaft sogleich über jede Ausgabe von Aktien zu informieren, so dass zwischen Bank und Gesellschaft eine laufende Abstimmung und Kontrolle über den Stand des bedingten Kapitals und der darunter ausgegebenen Aktien besteht.

8   Die von der zuständigen Bank bei einem bedingten Kapital **ausgegebenen Aktien** bleiben **grundsätzlich gültig,** auch wenn sich nachträglich ergeben sollte, dass z.B. die Ausübungserklärung fehlerhaft oder die Liberierung unvollständig war (BÖCKLI, § 2 N 239). Diese Konsequenz muss gegenüber jedem gutgläubigen Erwerber der Titel gelten (Art. 935 ZGB und Art. 1006 Abs. 2 OR, s. MEIER-HAYOZ/VON DER CRONE, § 19 N 20 f., 32; HELBLING, 77). Gegenüber dem Ausübenden selbst könnte dagegen die ausgegebene Aktie durch richterliches Urteil für ungültig erklärt werden (s.a. ZR 1982, 43 ff.). Die Bank wird gegenüber der Gesellschaft bei unvollständiger Liberierung sowie bei Nachweis eines Schadens infolge Ausgabe der Aktien an einen Unberechtigten ersatzpflichtig. Die Haftung der Bank gegenüber der Gesellschaft ist eine vertragliche (Art. 97 bzw. Art. 394 ff.; WENGER, 26; HELBLING, 77; C. WIDMER, 125). Für die Erfüllung ihrer Aufgaben hat die Bank Anspruch auf eine angemessene Entschädigung durch die Gesellschaft.

III. Entstehung der Aktionärsrechte (Abs. 3)

9   Diese Bestimmung ist grundsätzlich eine Wiederholung von Art. 653 Abs. 2 und will noch einmal klarstellen, dass die **Kapitalerhöhung** beim bedingten Kapital **durch die Leistung der Einlagen vollzogen** ist und die Aktionärsrechte (Stimmrecht wie Vermögensrechte) in diesem Zeitpunkt entstehen (WENGER, 210; BÖCKLI, § 2 N 238; FORSTMOSER/MEIER-HAYOZ/NOBEL, § 52 N 393). Weder eine Handelsregistereintragung noch ein Feststellungsbeschluss des VR noch bei Namenaktien eine Eintragung im Aktienbuch ist für die Entstehung der Rechte erforderlich (s. Botschaft AG, 129; Art. 653 N 21). Nur zur Übertragung der Aktien ist die Verfügbarkeit der Aktientitel erforderlich, sofern die Gesellschaft nicht Namenaktien mit aufgeschobenem oder aufgehobenem Titeldruck hat.

10 Gleichzeitig mit den Aktionärsrechten entsteht auch die Abgabeforderung der ESTV gegenüber der Gesellschaft im Betrage von einem Prozent des Ausgabebetrages der neuen Aktien, d.h. des Wandel- oder Optionspreises. Die Gesellschaft hat jedoch die **Emissionsabgabe** erst dreissig Tage nach Ablauf des Vierteljahres, in dem die Abgabeforderung entstanden ist, an die ESTV zu entrichten (s. Art. 7 lit. a^{bis}, Art. 8 Abs. 1 lit. a, Art. 11 lit. b StG; Art. 9 Abs. 1 StV).

11 Mit der Entstehung der Aktionärsrechte aus bedingtem Kapital werden für den betr. Aktionär **börsenrechtliche Meldepflichten** gem. Art. 20 BEHG und Art. 14 lit. a BEHV-EBK ausgelöst, sofern der Aktionär einen Grenzwert seiner Stimmrechte aufgrund des in jenem Zeitpunkt im Handelsregister eingetragenen AK erreicht oder überschreitet. Für die Berechnung der meldepflichtigen Quoten sind also die im Zuge einer bedingten Kapitalerhöhung ausgegebenen Aktien erst nach der jährlichen bzw. ggf. unterjährigen Statutenanpassung und dem entsprechenden Handelsregistereintrag (s. Art. 653g und 653h) zu berücksichtigen.

Art. 653f

b. Prüfungsbestätigung	**¹ Ein zugelassener Revisionsexperte prüft nach Abschluss jedes Geschäftsjahres, auf Verlangen des Verwaltungsrats schon vorher, ob die Ausgabe der neuen Aktien dem Gesetz, den Statuten und, wenn ein solcher erforderlich ist, dem Emissionsprospekt entsprochen hat.** **² Er bestätigt dies schriftlich.**
b. Attestation de vérification	¹ A la fin de chaque exercice ou plus tôt si le conseil d'administration le requiert, un expert-réviseur agréé vérifie si les actions nouvelles ont été émises conformément à la loi, aux statuts et, le cas échéant, au prospectus d'émission. ² Il l'atteste par écrit.
b. Attestazione di verifica	¹ Alla fine di ogni esercizio, o anteriormente se il consiglio d'amministrazione lo chiede, un perito revisore abilitato verifica se l'emissione delle nuove azioni sia avvenuta conformemente alla legge, allo statuto e, qualora fosse necessario, al prospetto d'emissione. ² Egli attesta per scritto tale conformità.

Literatur

Vgl. die Literaturhinweise zu Art. 650.

I. Aufgaben des zugelassenen Revisionsexperten (Abs. 1)

Wie bei der ordentlichen und genehmigten Kapitalerhöhung wird auch die bedingte Kapitalerhöhung durch einen Revisor überprüft, für welchen das Gesetz einen zugelassenen Revisionsexperten nach Art. 4 RAG verlangt. Er muss die Berufsausbildung gem. Art. 4 RAG abgeschlossen haben (CAMP, Die Revisorengilden unter dem neuen Revisionsrecht, Trex 2007, 87 f.; s. zum früheren Recht BÖCKLI, § 2 N 240). In der parlamentarischen Diskussion zur Aktienrechtsreform 1991 wurde der Vorschlag abgelehnt, dass diese Prüfung stets durch die RS vorgenommen werden soll (s. SCHALLER/WEBER, 169 f.). Da aber Gesellschaften mit ausstehenden Anleihensobligationen sowie mit börsenkotierten Aktien zwingend ein staatlich beaufsichtigtes Revisionsunternehmen (Art. 9 RAG) als RS haben müssen (Art. 727 Abs. 1 Ziff. 1), wird in den meisten Fällen die RS der Gesellschaft die bedingte Kapitalerhöhung überprüfen. Bei Gesellschaften mit an der New York Stock Exchange kotierten Aktien wird sodann von der Securities Exchange Commission verlangt, dass ein anderer Revisor als die RS eine Kapitalerhöhung überprüfen muss. Der Revisor einer bedingten Kapitalerhöhung ist gegenüber der Gesellschaft, den Aktionären und den Gesellschaftsgläubigern gem. Art. 755 verantwortlich. 1

Die **Prüfungsaufgabe** des zugelassenen Revisionsexperten unterscheidet sich wesentlich von jener bei der ordentlichen und genehmigten Kapitalerhöhung. Beim bedingten Kapital bestätigt der Revisor nicht die Vollständigkeit und Richtigkeit des Kapitalerhöhungsberichtes des VR (s. Art. 652f N 3 f.), sondern er prüft, ob der *laufende Vorgang der Ausgabe neuer Aktien* durch die Bank (als Beauftragte der Gesellschaft) Gesetz, Statuten und einem allfälligen Emissionsprospekt entsprochen hat (WENGER, 210 f.; C. WIDMER, 70, 282; BÖCKLI, § 2 N 241). Im Einzelnen handelt es sich um folgende Prüfungen: 2

- Übereinstimmung von Anzahl, Art und Nennwert der ausgegebenen Aktien mit den Statuten und den schriftlichen Ausübungserklärungen der Berechtigten (einschliesslich der Prüfung, ob bei vinkulierten Namenaktien die Statutenbestimmung und der Emissionsprospekt einen Hinweis auf die Beschränkung der Übertragbarkeit enthalten);
- Übereinstimmung der Aktienerwerber mit dem in den Statuten genannten Kreis der Wandel- oder Optionsberechtigten;
- vollständige und richtige Liberierung der neuen Aktien anhand der Bankdokumente (s. dazu WENGER, 210 f.; HELBLING, 78; Botschaft AG, 130; RHB II 572; ISLER, 734).

Nicht zu den Prüfungsaufgaben des Revisors gehören Abklärungen, ob der VR bei der Ausgabe der Obligationen allenfalls statutarische Vorwegzeichnungsrechte verletzt oder eine unsachliche Begünstigung oder Benachteiligung bei der Zuteilung begangen hat (gl.M. BÖCKLI, § 2 N 242; WENGER, 211). Dies ist Sache der Aktionäre sowie allenfalls Gegenstand einer Sonderprüfung nach Art. 697a ff.

3   Als **Zeitpunkt der Prüfung** verlangt das Gesetz im *Minimum* eine Prüfung *nach Abschluss jedes Geschäftsjahres,* in welchem eine bedingte Kapitalerhöhung vollzogen, d.h. neue Aktien aus bedingtem Kapital ausgegeben worden sind (FORSTMOSER/MEIER-HAYOZ/NOBEL, § 52 N 401; WENGER, 211). Diese Prüfung hat kurz nach Abschluss stattzufinden, weil der VR innerhalb von drei Monaten seit Ende des Geschäftsjahres die Anmeldung der Kapitalerhöhung beim Handelsregister vornehmen muss (Art. 653h). *Zusätzlich* zur Prüfung per Ende Geschäftsjahr kann der VR auch noch weitere Prüfungen während des Geschäftsjahres vornehmen lassen und gestützt darauf eine Kapitalerhöhung anmelden (WENGER, 211). Dies wird sich insb. dann empfehlen, wenn eine Prüfung Unstimmigkeiten ergeben hat oder wenn gegen Ende einer Wandel- oder Optionsfrist neue Aktien in grösserem Ausmass ausgegeben werden. Da der Umfang des Bezugsrechts eines Aktionärs grundsätzlich an dem im Handelsregister eingetragenen AK gemessen wird, kann sich auch eine solche zusätzliche Anmeldung vor einer Kapitalerhöhung mit Bezugsrecht aufdrängen. Damit der zugelassene Revisionsexperte seine Prüfungsarbeit fach- und zeitgerecht ausführen kann, sollte er die Aktienausgabe während der Prüfungsperiode **laufend** begleiten und die erforderlichen Unterlagen einsehen können (RHB II 566; C. WIDMER, 286 Anm. 1697).

II. Schriftlicher Prüfungsbericht

4   Am Schluss jeder Prüfungsperiode erstattet der zugelassene Revisionsexperte eine **schriftliche Prüfungsbestätigung an den VR** (BÖCKLI, § 2 N 243). Darin bestätigt er, dass die Ausgabe einer bestimmten Anzahl und Art von Aktien mit einem bestimmten Nennwert dem Gesetz, den Statuten sowie einem allfälligen Emissionsprospekt entsprechen (s. den Mustertext in RHB II 578 f.; HWP IV 48; s.a. WENGER, 211). Dieser Prüfungsbericht ist im *Jahresbericht* der Gesellschaft im Wortlaut wieder zu geben (Art. 663d Abs. 2).

5   Hat der Revisor Anlass zu **Beanstandungen,** so muss er diese dem VR vor Erstellung des Prüfungsberichtes mitteilen. Es ist nicht Sache des Revisors, sondern der Gesellschaft und ggf. der Bank, die beanstandeten Mängel bei der Kapitalerhöhung durch geeignete Massnahmen (z.B. Nachliberierung, neuer GV-Beschluss, Klage auf Ungültigkeit von ausgegebenen Aktien) zu beheben (HELBLING, 79; WENGER, 212 Anm. 41). Nur eine **vorbehaltlose Prüfungsbestätigung** des zugelassenen Revisionsexperten

kann jedoch nach dem Sinn von Art. 653 f Grundlage für den Feststellungsbeschluss des VR und die Eintragung der Kapitalerhöhung in das Handelsregister sein (gl.M. RHB II 4082; WENGER, 212; C. WIDMER, 282; BÖCKLI, § 2 N 243; FORSTMOSER/MEIER-HAYOZ/NOBEL, § 52 N 396 Anm. 146).

III. Entwurf Aktien- und Rechnungslegungsrecht

Die vorgeschlagenen Änderungen zu Art. 653 f sind lediglich formaler Natur und sollen die Verständlichkeit verbessern.

6

Art. 653g

c. Anpassung der Statuten	[1] Nach Eingang der Prüfungsbestätigung stellt der Verwaltungsrat in öffentlicher Urkunde Anzahl, Nennwert und Art der neu ausgegebenen Aktien sowie die Vorrechte einzelner Kategorien und den Stand des Aktienkapitals am Schluss des Geschäftsjahres oder im Zeitpunkt der Prüfung fest. Er nimmt die nötigen Statutenanpassungen vor.
	[2] In der öffentlichen Urkunde stellt die Urkundsperson fest, dass die Prüfungsbestätigung die verlangten Angaben enthält.
c. Adaptation des statuts	[1] A la réception de l'attestation de vérification, le conseil d'administration constate par acte authentique le nombre, la valeur nominale et l'espèce des actions nouvellement émises, ainsi que les privilèges attachés à certaines catégories et l'état du capital-actions à la fin de l'exercice ou au moment de la vérification. Il procède à l'adaptation nécessaire des statuts.
	[2] L'officier public constate dans l'acte authentique que l'attestation de vérification contient les indications exigées.
c. Adeguamento dello statuto	[1] Ricevuta l'attestazione di verifica, il consiglio d'amministrazione accerta con atto pubblico il numero, il valore nominale e la specie delle nuove azioni emesse, come pure i privilegi inerenti a determinate categorie e lo stato del capitale azionario alla fine dell'esercizio annuale o al momento della verifica. Esso procede agli adeguamenti statutari necessari.
	[2] Il pubblico ufficiale accerta nell'atto pubblico che l'attestazione di verifica contiene le indicazioni richieste.

Literatur

Vgl. die Literaturhinweise zu Art. 650.

I. Aufgaben des VR (Abs. 1)

Der **Vollzug** einer bedingten Kapitalerhöhung wird seitens der Gesellschaft durch einen **VR-Beschluss abgeschlossen.** Im Gegensatz zur ordentlichen und genehmigten Kapitalerhöhung ist jedoch hier die Aufgabe des VR *beschränkt.* Er hat mit der Durchführung der Kapitalerhöhung grundsätzlich nichts zu tun und auch keinen Bericht darüber

1

zu erstellen. Seine Aufgabe ist im Wesentlichen *feststellender Natur* und beschränkt sich auf folgende zwei Punkte:

– Feststellung von **Anzahl, Art** und **Nennwert** der zu einem bestimmten *Zeitpunkt* neu ausgegebenen **Aktien;** diese Angaben müssen in der dem VR vorliegenden Prüfungsbestätigung des zugelassenen Revisionsexperten enthalten sein;

– Änderung der Statuten bez. der Bestimmungen des ausgegebenen AK und des bedingten Kapitals; in dem Ausmass, in welchem im relevanten Zeitabschnitt neue Aktien unter dem bedingten Kapital ausgegeben wurden, ist der Gesamtnennwert und die Zahl der ausgegebenen Aktien zu erhöhen und der max. Nennwertbetrag und die Anzahl Aktien des bedingten Kapitals zu reduzieren (s. WENGER, 212 f.; FORSTMOSER/MEIER-HAYOZ/NOBEL, § 52 N 405 ff.; HELBLING, 79; Botschaft AG, 130; BÖCKLI, § 2 N 246; ISLER, 731, 734).

Weitere Änderungen an den Statuten darf der VR nicht vornehmen. Insbesondere ist keine Sachübernahmebestimmung im Zusammenhang mit einer solchen Kapitalerhöhung in die Statuten aufzunehmen (s. Art. 653b N 25), und der VR darf nicht von sich aus eine Übertragungsbeschränkung von Namenaktien einfügen, wenn diese im Beschluss der GV über das bedingte Kapital nicht enthalten war (s. Art. 653b N 17).

2 **Zeitpunkt** der VR-Sitzung ist zweckmässigerweise die erste Sitzung nach Abschluss des Geschäftsjahres. Der VR muss für jeden Bilanzstichtag einen solchen Feststellungsbeschluss treffen, wenn im betr. Geschäftsjahr neue Aktien unter einem bedingten Kapital ausgegeben worden sind (gl.M. WENGER, 213; BÖCKLI, § 2 N 245). Liegt überdies ein Prüfungsbericht zu einem Stichtag während des Geschäftsjahres vor, ist an einer weiteren VR-Sitzung die Erhöhung des AK zu jenem Zeitpunkt festzustellen.

3 Der VR wird seinen Beschluss über die Feststellung der vollzogenen Erhöhung des AK erst vornehmen, wenn eine allfällige Beanstandung des zugelassenen Revisionsexperten behoben ist; er kann die Feststellungen nach Art. 653g nur aufgrund eines vorbehaltlosen Prüfungsberichts treffen. In diesem Sinne wird der VR über den vom Gesetz vorgesehenen Rahmen hinaus die **Kapitalerhöhung** ebenfalls **laufend überwachen,** indem er sicherstellt, dass die Bank die erfolgte Ausgabe neuer Aktien ohne Verzug der Gesellschaft mitteilt, dass bei Namenaktien die Berechtigten in das Aktienbuch eingetragen – oder ggf. abgelehnt – werden und indem er zweckmässigerweise v.a. zu Beginn und bei der Abgabe von Ausübungserklärungen in grösserem Ausmass den zugelassenen Revisionsexperten mit einer Prüfung oder informellen Kontrolle beauftragt (HELBLING, 80; s.a. BÖCKLI, § 2 N 247).

II. Öffentliche Beurkundung des VR-Beschlusses (Abs. 2)

4 Der VR-Beschluss über den Vollzug der bedingten Kapitalerhöhung ist wie bei den anderen Formen der Kapitalerhöhung in einer **öffentlichen Urkunde** abzufassen (WENGER, 212). Der Notar hat an der entsprechenden VR-Sitzung teilzunehmen, um die vom Vorsitzenden getroffenen Feststellungen und vorgelegten Belege in der Urkunde zu erwähnen. Die Beurkundung eines *Zirkulationsbeschlusses* wäre *unzulässig* (s. Art. 652g N 10; BÖCKLI, § 2 N 171; ISLER, 734; **a.A.** WENGER, 212 Anm. 42; GERICKE, 226).

5 In Abweichung von Art. 652g Abs. 2 sind bei der bedingten Kapitalerhöhung folgende **Feststellungen** des Vorsitzenden und die Vorlage folgender **Belege** zu protokollieren:

1. Abschnitt: Allgemeine Bestimmungen **Art. 653h**

a) ein **kurzer Abriss** über den Zeitraum von der GV, welche das bedingte Kapital beschlossen hat, unter Hinweis auf den VR-Beschluss, welcher z.B. eine gewisse Aktienzuteilung für eine Wandel- oder Optionsanleihe vorgenommen hat, bis ggf. zum letzten öffentlich beurkundeten Feststellungsbeschluss des VR, dass in einem bestimmten Betrag eine Kapitalerhöhung durchgeführt worden ist (BÖCKLI, § 2 N 245 Anm. 473, bezeichnet dies als «good practice», aber nicht als gesetzliche Pflicht);

b) die in Art. 52 Abs. 2 lit. a HRegV genannten Aufgaben:

- Auswahl, Nennwert und Art der neu auszugebenden Aktien;
- ggf. der Hinweis, dass die neuen Aktien Stimmrechtsaktien sind;
- im Fall von Vorzugsaktien die damit verbundenen Vorrechte;
- bei vinkulierten Namenaktien ein Hinweis auf die Beschränkung der Übertragbarkeit;
- die Höhe des AK am Schluss des Geschäftsjahres, oder zum Zeitpunkt der Prüfung.

c) Die öffentliche Urkunde muss sodann die Beschlüsse des VR über die Änderung der Statuten betreffend die Höhe des Aktienkapitals und dessen Liberierung und den Betrag des (reduzierten) bedingten Kapitals unter Hinweis auf die beigefügten angepassten Gesellschaftsstatuten wiedergeben (Art. 52 Abs. 2 lit. b. HRegV).

Abschliessend hat der **Notar** gem. Art. 653g Abs. 2 **festzustellen,** dass der vorgelegte Prüfungsbericht die vorbehaltlose Bestätigung enthält, dass die Ausgabe der neuen Aktien dem Gesetz und den Statuten sowie einem allfälligen Emissionsprospekt entsprochen hat (Art. 52 Abs. 2 lit. c). Die Aufgabe des Notars ist somit beschränkt auf eine Kontrolle des Inhalts der Prüfungsbestätigung; eine weiter gehende Prüfungspflicht hat er nicht (MEISTERHANS, Diss., 267; RUF, 387; **a.A.** C. WIDMER, 283 Anm. 1669).

III. Entwurf Aktien- und Rechnunglegungsrecht

Art. 653g ist formal geändert und besser strukturiert, inhaltlich aber im Wesentlichen gleich geblieben.

Art. 653h

d. Eintragung in das Handelsregister	Der Verwaltungsrat meldet dem Handelsregister spätestens drei Monate nach Abschluss des Geschäftsjahres die Statutenänderung an und reicht die öffentliche Urkunde und die Prüfungsbestätigung ein.
d. Inscription au registre du commerce	Dans les trois mois qui suivent la clôture de l'exercice, le conseil d'administration requiert l'inscription de la modification des statuts au registre du commerce en produisant l'acte authentique et l'attestation de vérification.
d. Iscrizione nel registro di commercio	Entro tre mesi dalla chiusura dell'esercizio, il consiglio d'amministrazione notifica al registro di commercio, per iscrizione, la modificazione statutaria e produce all'uopo l'atto pubblico e l'attestazione di verifica.

Literatur

Vgl. die Literaturhinweise zu Art. 650.

I. Die dem Handelsregister einzureichenden Belege

1 Die Anmeldung einer gestützt auf das bedingte Kapital erfolgten Kapitalerhöhung ist vom VR innerhalb von **drei Monaten** seit dem letzten Bilanzstichtag einzureichen. Diese Frist ist im Gegensatz zur Dreimonatsfrist bei der ordentlichen Kapitalerhöhung (Art. 650 Abs. 3) keine Verwirkungsfrist, denn Art. 653h hat den Charakter einer Ordnungsvorschrift (die neuen Aktien sind bereits ausgegeben; BÖCKLI, § 2 N 246; FORSTMOSER/MEIER-HAYOZ/NOBEL, § 52 N 412; KNECHT/KOCH, 97; MEISTERHANS, Diss., 265; WENGER, 214 Anm. 53; Botschaft AG, 131; RUF, 387, Anm. 197). Bei Vorliegen eines Prüfungsberichtes mit einem Stichtag während des Geschäftsjahres besteht für den VR eine analoge Verpflichtung zur Anmeldung innert drei Monaten.

2 Die Anmeldung beim Handelsregister hat folgende **Belege** einzuschliessen (Art. 52 Abs. 1 HRegV; s.a. WENGER, 214; HELBLING, 80):

– die Prüfungsbestätigung des zugelassenen Revisionsexperten; dadurch wird dieses Dokument für jedermann einsehbar;

– die öffentliche Urkunde über die Beschlüsse des VR;

– eine beglaubigte Ausfertigung der angepassten Statuten.

Hingegen müssen der Handelsregisteranmeldung bei einer bedingten Kapitalerhöhung folgende Dokumente nicht beiliegen: die Stampa-Erklärung und ein allfälliger Emissionsprospekt; dagegen kann das Handelsregisteramt eine Erklärung im Zusammenhang mit der Lex Friedrich verlangen (s. REBSAMEN, Handelsregister, N 485; RUF, 387 Anm. 198; Negativbescheinigung II, Formular, s. Art. 652h N 3a).

II. Prüfung und Eintragung durch das Handelsregisteramt

3 Das Handelsregisteramt prüft die eingereichten Unterlagen grundsätzlich nur im Hinblick auf **Vollständigkeit** (s. Art. 52 Abs. 2 HRegV; s.a. WENGER, 214). Ergibt die formelle oder die materielle Inhaltskontrolle die Fehlerhaftigkeit der Unterlagen, so weist das Handelsregisteramt die Anmeldung zur Verbesserung zurück (WENGER, 214; HELBLING, 80 f.). Die ordnungsgemässe Anmeldung führt zur Eintragung der Kapitalerhöhung in das Handelsregister und zur Publikation der Kapitalerhöhung und der Statutenänderung im SHAB (s. WENGER, 214; REBSAMEN/THOMI, 119 f.). Bei der Publikation der Kapitalerhöhung im SHAB wird zudem vermerkt, ob die AK- (oder PS-) Kapitalerhöhung aus bedingtem AK- (oder PS-) Kapital stammt.

4 Die Eintragung der **bedingten Kapitalerhöhung** im Handelsregister hat nur **deklaratorische Wirkung** (s. WENGER, 213; C. WIDMER, 103, 162; HELBLING, 80; KNECHT/KOCH, 97; FORSTMOSER/MEIER-HAYOZ/NOBEL, § 52 N 412; MEISTERHANS, Diss., 266; BÖCKLI, § 2 N 248; s.a. Art. 653 N 3). Verweigert das Handelsregisteramt die Eintragung, so hat dies zunächst keinen Einfluss auf die Frage der Gültigkeit der ausgegebenen, aber noch nicht eingetragenen Aktien. Solche Aktien bleiben entweder gültig oder können durch richterliches Urteil ungültig erklärt werden (s. Art. 653 f N 5). Ist dagegen die Kapitalerhöhung aufgrund eines bedingten Kapitals einmal im Handelsregister eingetragen, dann kommt die mit der Bekanntgabe verbundene Schutzfunktion des AK vollumfänglich zum Tragen. Aus Gründen des *Gläubigerschutzes* kann nunmehr eine

1. Abschnitt: Allgemeine Bestimmungen 1, 2 Art. 653i

fehlerhafte Kapitalerhöhung nicht mehr durch Änderung des Registereintrages oder durch richterliches Urteil, sondern nur noch durch ein Kapitalherabsetzungsverfahren korrigiert werden (s. FORSTMOSER/MEIER-HAYOZ/NOBEL, § 52 N 195; KNECHT/KOCH, 98 lit. l; C. WIDMER, 102; FORSTMOSER, Aktienrecht, § 15 N 338 f.; M. ISLER/VON DER CRONE, 226 f.; **a.A.** WENGER, 202; ZR 1982 43 ff.; s. Art. 652h N 6b).

Art. 653i

7. Streichung	**¹ Sind die Wandel- oder die Optionsrechte erloschen und wird dies von einem zugelassenen Revisionsexperten in einem schriftlichen Prüfungsbericht bestätigt, so hebt der Verwaltungsrat die Statutenbestimmungen über die bedingte Kapitalerhöhung auf.**
	² In der öffentlichen Urkunde stellt die Urkundsperson fest, dass der Prüfungsbericht die verlangten Angaben enthält.
7. Epuration	¹ Après qu'un expert-réviseur agréé a constaté, dans un rapport de révision, l'extinction des droits de conversion ou d'option, les dispositions statutaires relatives à l'augmentation conditionnelle du capital doivent être supprimées par le conseil d'administration.
	² L'officier public constate dans l'acte authentique que le rapport de révision contient les indications exigées.
7. Abrogazione	¹ Dopo che un perito revisore abilitato abbia accertato per scritto l'estinzione dei diritti di conversione o d'opzione, il consiglio d'amministrazione abroga le disposizioni statutarie sull'aumento condizionale del capitale.
	² Il pubblico ufficiale accerta nell'atto pubblico che la relazione di revisione contiene le indicazioni richieste.

Literatur

Vgl. die Literaturhinweise zu Art. 650.

I. Aufhebung der Statutenbestimmung über das bedingte Kapital (Abs. 1)

Im Gegensatz zum genehmigten ist das bedingte Kapital von Gesetzes wegen nicht befristet. Gleichwohl besteht auch hier eine Art. 651a Abs. 2 nachgebildete Vorschrift, dass der VR für die Streichung der Statutenbestimmung über das bedingte Kapital sorgen muss, wenn die **Wandel- oder Optionsrechte erloschen** sind. Art. 653i ist ein Restbestand des mit dem bundesrätlichen Entwurf verfolgten Konzepts, wonach die Statutenbestimmung des bedingten Kapitals für eine ganz bestimmte Wandel- oder Optionsanleihe geschaffen und konsequenterweise gegenstandslos wird, wenn nach Ablauf der Wandel- oder Optionsfrist die Bezugsrechte erlöschen und nicht mehr zum Bezug neuer Aktien berechtigen (Botschaft AG, 131; s.a. WENGER, 215). 1

In der **Praxis** wird es jedoch selten zur Streichung der Statutenbestimmung über das bedingte Kapital kommen, da die Bestimmung i.d.R. die Ausgabe einer unbestimmten Anzahl von Wandel- und Optionsanleihen erlaubt und der max. Nennbetrag wieder erhöht werden kann, bevor die Statutenbestimmung zu streichen ist (s. Art. 653b N 8, Art. 653a N 3a; s.a. FORSTMOSER/MEIER-HAYOZ/NOBEL, § 52 N 418; HELBLING, 81). Das in Art. 653i beschriebene Vorgehen kann aber in der Praxis auch zur Anwendung 2 gelangen, wenn eine **teilweise Streichung** des Inhalts der Statutenbestimmung über das bedingte Kapital notwendig ist, z.B. betr. Aktionärsoptionen oder Optionsrechten von Mitarbeitern.

3 Das **Verfahren einer Streichung** der ganzen oder eines Teils der Statutenbestimmung über das bedingte Kapital entspricht weitgehend demjenigen für den Vollzug einer bedingten Kapitalerhöhung. Das Erlöschen sämtlicher oder der für die Streichung relevanten Wandel- oder Optionsrechte, welche zum Bezug von neuen Aktien unter dem bedingten Kapital berechtigen, ist ebenfalls von einem zugelassen Revisionsexperten in einem schriftlichen Prüfungsbericht zuhanden des VR zu bestätigen (WENGER, 215; s. den Mustertext im RHB II 580, Botschaft RAG, 4035 f.). Der VR beschliesst in Form einer öffentlichen Urkunde die Streichung der ganzen oder eines Teiles der Statutenbestimmung über das bedingte Kapital und meldet diese Streichung dem zuständigen Handelsregisteramt zur Eintragung an, unter Beilage der in Art. 53 Abs. 2 HRegV genannten Belege. Nach Vornahme der Prüfung der Unterlagen nimmt das Handelsregisteramt die Eintragung vor und publiziert im SHAB, dass die Gesellschaft an einem bestimmten Tag die Statuten bez. des bedingten Kapitals geändert hat.

II. Öffentliche Beurkundung des VR-Beschlusses (Abs. 2)

4 Die über den VR-Beschluss abzufassende öffentliche Urkunde entspricht weitestgehend in Bezug auf Form, Inhalt und Prüfungspflicht des Notars der Urkunde über den Feststellungsbeschluss des VR bez. des Vollzuges der bedingten Kapitalerhöhung (s. Art. 653g N 4; Art. 53 Abs. 3 HRegV; WENGER, 215). Es ist deshalb lediglich auf folgende **Besonderheiten** hinzuweisen:

a) Zu den *Feststellungen des Vorsitzenden* gehört ein Hinweis darauf, dass Wandel- oder Optionsrechte bez. eines bestimmten Nennwertbetrages von Aktien nicht fristgerecht ausgeübt worden und deshalb erloschen sind.

b) Die Beschlussfassung des VR über die *Änderung der Statuten* beinhaltet entweder die vollständige Streichung der Statutenbestimmung über das bedingte Kapital oder die Streichung eines Teils derselben unter gleichzeitiger Festsetzung des neuen Wortlautes dieser Statutenbestimmung.

c) Die **notarielle Feststellung** gem. Art. 653i Abs. 2 lautet, der Prüfungsbericht des zugelassenen Revisionsexperten enthalte die vorbehaltlose Bestätigung, dass die Wandel- oder Optionsrechte betr. einen bestimmten Gesamtbetrag des Nennwertes von Aktien des bedingten Kapitals erloschen sind.

Auch hier beschränkt sich die Aufgabe des Notars auf eine Kontrolle des Inhaltes der Prüfungsbestätigung, d.h. eine Kontrolle auf Vollständigkeit hin (MEISTERHANS, Diss., 268).

III. Entwurf Aktien- und Rechnungslegungsrecht

5 E-Art. 653i enthält neu eine detaillierte Regelung je nach Situation, ob die Statutenänderung über das bedingte Kapital erfolgt, weil Wandel- oder Optionsrechte erloschen sind, gar keine Wandel- und Optionsrechte eingeräumt wurden oder die Berechtigten auf die Ausübung der ihnen eingeräumten Wandel- und Optionsrechte schriftlich verzichtet haben (s. Botschaft Aktien- und Rechnungslegungsrecht, 1648).

Art. 654

III. Vorzugsaktien
1. Voraussetzungen

¹ **Die Generalversammlung kann nach Massgabe der Statuten oder auf dem Wege der Statutenänderung die Ausgabe von Vorzugsaktien beschliessen oder bisherige Aktien in Vorzugsaktien umwandeln.**

² **Hat eine Gesellschaft Vorzugsaktien ausgegeben, so können weitere Vorzugsaktien, denen Vorrechte gegenüber den bereits bestehenden Vorzugsaktien eingeräumt werden sollen, nur mit Zustimmung sowohl einer besonderen Versammlung der beeinträchtigten Vorzugsaktionäre als auch einer Generalversammlung sämtlicher Aktionäre ausgegeben werden. Eine abweichende Ordnung durch die Statuten bleibt vorbehalten.**

³ **Dasselbe gilt, wenn statutarische Vorrechte, die mit Vorzugsaktien verbunden sind, abgeändert oder aufgehoben werden sollen.**

III. Actions privilégiées
1. Conditions

¹ L'assemblée générale peut, en vertu d'une clause ou d'une modification des statuts, décider d'émettre des actions privilégiées ou de convertir d'anciens titres en actions privilégiées.

² S'il y a des actions privilégiées, il ne peut être émis de nouvelles actions qui les primeraient qu'avec l'approbation tant d'une assemblée spéciale des actionnaires atteints que d'une assemblée générale de tous les actionnaires. Demeurent réservées les dispositions contraires des statuts.

³ Cette disposition est également applicable en cas de modification ou de suppression de droits de priorité attachés par les statuts aux actions privilégiées.

III. Azioni privilegiate
1. Condizioni

¹ L'assemblea generale può, entro i limiti stabiliti dallo statuto o mediante una modificazione di questo, deliberare l'emissione di azioni privilegiate o la conversione in azioni privilegiate d'azioni esistenti.

² Qualora una società abbia emesso azioni privilegiate, non possono essere emesse nuove azioni, alle quali siano accordati diritti di preferenza in confronto d'azioni privilegiate preesistenti, se non con l'approvazione tanto dei titolari di queste quanto dell'assemblea generale di tutti gli azionisti. Rimane riservato allo statuto di disporre diversamente.

³ La stessa norma vale in caso di modificazione o di soppressione d'un privilegio accordato dallo statuto ad una categoria d'azioni.

Art. 655

aufgehoben

abrogé

abrogato

Art. 656

| 2. Stellung der Vorzugsaktien | ¹ Die Vorzugsaktien geniessen gegenüber den Stammaktien die Vorrechte, die ihnen in den ursprünglichen Statuten oder durch Statutenänderung ausdrücklich eingeräumt sind. Sie stehen im Übrigen den Stammaktien gleich. |

² Die Vorrechte können sich namentlich auf die Dividende mit oder ohne Nachbezugsrecht, auf den Liquidationsanteil und auf die Bezugsrechte für den Fall der Ausgabe neuer Aktien erstrecken.

| 2. Droits attachés aux actions privilégiées | ¹ Les actions privilégiées jouissent des avantages qui leur sont expressément conférés par rapport aux actions ordinaires dans les statuts primitifs ou à la suite d'une modification de ceux-ci. Elles sont assimilées, pour le surplus, aux actions ordinaires. |

² Les avantages peuvent s'étendre notamment aux dividendes, avec ou sans droit aux dividendes supplémentaires, à la part de liquidation et au droit préférentiel de souscription en cas d'émissions futures.

| 2. Diritti inerenti alle azioni privilegiate | ¹ Le azioni privilegiate danno diritto ai vantaggi che loro sono espressamente concessi, in confronto delle azioni ordinarie, dallo statuto primitivo o dalle sue modificazioni. Nel rimanente esse sono parificate alle azioni ordinarie. |

² Possono essere accordati privilegi specialmente nella ripartizione dei dividendi, con o senza diritto a sopraddividendi, e in quella dell'avanzo della liquidazione, come pure a proposito della offerta in opzione di nuove azioni che fossero emesse.

Literatur

AELLIG, Die Stückelung des Aktienkapitals, SAG 1949, 18 ff.; ALTENBURGER/CALDERAN/LEDERER, Schweizerisches Umstrukturierungsrecht, Zürich 2004; BACHMANN, Die Sonderrechte des Aktionärs, Diss. Zürich 1901; BARTHOLD, Mezzanine-Finanzierung von Unternehmensübernahmen und Jungunternehmen, SZW 2000, 224 ff.; BARZ, Grosskommentar AktG, Bd. 1, Halbbd. 2: §§ 76–147, 3. Aufl., Berlin 1970–1975; BÄR, Die Abwehr der Überfremdung nach schweizerischem Aktienrecht, ZGR 1976, 62 ff.; BEELER, Die Wertpapiere im schweizerischen Recht, Aarau 1937; BEHR, Rechnungslegung, Zürich 2005; BEZZENBERGER G., Kommentar zu § 139–141 AktG, in: Hopt Klaus J./Wiedemann Herbert (Hrsg.), AktG, Grosskommentar, 13. Lieferung, §§ 138–147, 4. Aufl., Berlin/New York 1999; BEZZENBERGER T., Vorzugsaktien ohne Stimmrecht, Diss. München, Köln/Berlin/Bonn/München 1991, AHW 74; BOEMLE, Erleichterungen für die Eigenkapitalfinanzierung, in: Helbling Carl (Hrsg.), Rechtliche und betriebswirtschaftliche Aspekte der Aktienrechtsreform, Zürich 1984, SSHW 74, 55 ff. (zit. Erleichterungen); DERS., Mitarbeiteraktien, in: Boemle Max (Hrsg.), Lebendiges Aktienrecht, Zürich 1971, 1 ff. (zit. Mitarbeiteraktien); BOEMLE/STOLZ, Unternehmungsfinanzierung, 13. Aufl., Zürich 2004; BOHRER, Corporate governance and capital market transactions in Switzerland, Habil. Zürich 2005; BURKHALTER, Einheitsaktien, Diss. Basel, Zürich 2001; CAPITAINE, Modification des droits de priorité d'actions privilégiées, SAG 1941, 29 ff.; CARRY, A propos des actions à droit de vote privilégié, SJZ 1930/31, 23 ff. (zit. droit de vote privilégié); DERS., Peut-on attribuer plusieurs voix à une action?, SAG 1929, 17 ff. (zit. plusieurs voix); COX/HAZEN, Cox & Hazen on corporations, 2nd edition, Volume II, New York 2004; DEGIACOMI, Die Grundlagenveränderung bei der Sanierung der Aktiengesellschaft, Diss. Zürich 1958; DEMARMELS, Die Genuss- und Partizipationsscheine nach dem Entwurf für ein neues Aktienrecht, Diss. Zürich 1985; DEPENBROCK, Zur Entwicklung und Bedeutung der Vorzugsaktien in den Aktienrechten der USA und im deutschen Aktienrecht, Diss. Bielefeld 1975; DESSEMONTET, Quelques observations à propos du financement des sociétés anonymes, SAG 1984, 57 ff.; DUBS, Die bedingte Beschlussfassung der Aktionäre an der Generalversammlung, in: Schweizer Rainer J. et al. (Hrsg.), FS für Jean Nicolas Druey zum 65. Geburtstag, Zürich 2002, 355 ff.; EGGER, Das

1. Abschnitt: Allgemeine Bestimmungen
Art. 654–656

Aktienrecht nach den Beschlüssen der Expertenkommission, SJZ 1925, 345 ff.; EPSTEIN/MIRZA, IAS 2003, West Sussex 2003; FORSTMOSER, Der Aktionärbindungsvertrag an der Schnittstelle zwischen Vertragsrecht und Körperschaftsrecht, in: Honsell Heinrich et al. (Hrsg.), Aktuelle Aspekte des Schuld- und Sachenrechts, Zürich 2003, 375 ff. (zit. Aktionärbindungsvertrag); DERS., Vom alten zum neuen Aktienrecht, SJZ 1992, 157 ff. (zit. Vom alten); GEILINGER, Die erschwerten Beschlüsse der Generalversammlung der Aktionäre, Diss. Zürich 1948; GERBER, Gruppenbildung und Gruppenschutz in der Aktiengesellschaft, Diss. Bern 1946; GERHARD, Private investments in public equity (PIPE) – Ein Blick auf PIPE-Transaktionen in der Schweiz, GesKR 4/2006, 286 ff.; GERICKE, Die genehmigte Kapitalerhöhung, Diss. Zürich 1996, SSBR 43; GERSTER, Stimmrechtsaktien, Diss. Zürich 1997, SSHW 183; GEVURTZ, Corporation Law, St. Paul, Minn. 2000; GILSON, Engineering a Venture Capital Market: Lessons from the American Experience, in: Stanford Law Review, 2003, 1067 ff.; GLANZMANN, Die Kontinuität der Mitgliedschaft im neuen Fusionsgesetz, AJP 2004, 139 ff. (zit. Kontinuität); DERS., Kommentar zu Art. 56 FusG, in: Baker & McKenzie (Hrsg.), Fusionsgesetz, Bern 2003 (zit. Fusionsgesetz); HENN/ALEXANDER, Laws of corporations and other business enterprises, 3. ed, St. Paul, Minn. 1983; HOMBURGER, Leitfaden zum neuen Aktienrecht, 3. Aufl., Zürich 1994 (zit. Leitfaden); HORBER, Die Sonderversammlung im Aktienrecht, Zürich 1995, SnA 9 (zit. Sonderversammlung); DERS., Praxis und Probleme der Aktienumwandlung im Zuge der Tendenz zur Einheitsaktie, in: von Büren Roland (Hrsg.), Aktienrecht 1992–1997: Versuch einer Bilanz, Bern 1998, 163 ff. (zit. Einheitsaktie); HUGUENIN JACOBS, Das Gleichbehandlungsprinzip im Aktienrecht, Habil. Zürich 1994; ISLER, Ausgewählte Aspekte der Kapitalerhöhung, AJP 1992, 726 ff.; JÄGGI, Zur Schaffung von privilegierten Aktien und von Genussscheinen, FS Carry, 1964, 79 ff.; JERMINI, Kommentar zu Art. 18 FusG, in: Baker & McKenzie (Hrsg.), Fusionsgesetz, Bern 2003; KÄGI, Die Prioritätsaktien, Diss. Zürich 1918; KEENAN, Company law, 13. ed., Glasgow 2005; KLEIN, Vorzugsaktien in der Bundesrepublik Deutschland und den Vereinigten Staaten von Amerika, Diss. Köln 1981; KRIEGER, Vorzugsaktie und Umstrukturierung, in: FS für Marcus Lutter, Köln 2000, 497 ff.; KÜNG/MEISTERHANS, Handbuch für das Handelsregister, Bd. II, Aktiengesellschaft, 2. Aufl., Zürich 2000; LEDERER/KÄCH, Umwandlung von Partizipationskapital in Aktienkapital aus der Sicht des Handelsregisters, JBHReg 1993, 47 ff.; LEUENBERGER, Die Anonymität des Inhaberaktionärs, Diss. Bern 1996, ASR NF 576; LIEBI, Vorzugsaktien, Diss. Zürich 2007, SSHW 269; LUSSY, Auswirkungen des neuen Aktienrechts auf die Handelsregisterführung, AJP 1992, 740 ff.; LYK, Die Mitarbeiteraktie im neuen Aktienrecht, ST 1986, 94 ff. (zit. Aktienrecht); DERS., Die Mitarbeiteraktie im Wandel der Zeit, SAG 1979, 110 ff. (zit. Wandel); DERS., Die Mitarbeiteraktie in der Schweiz, Zürich 1989 (zit. Schweiz); MARTIN, De la protection des catégories d'actions dans la société anonyme, Diss. Lausanne 1934; MAURER, Das Recht auf den Liquidationsanteil bei der Aktiengesellschaft, Diss. Bern 1951; MEIER, Die Aktiengesellschaft, 3. Aufl., Zürich 2005; MEIER-HAYOZ/FORSTMOSER, Schweizerisches Gesellschaftsrecht, 10. Aufl., Bern 2007; MEILI, Die Lehre der Prioritätsaktien, Zürich 1874; MEISTER, Hybride Finanzierungsinstrumente und -vehikel im grenzüberschreitenden Verhältnis, ASA 2001/2002, 97 ff.; MEISTERHANS, Prüfungspflicht und Kognitionsbefugnis der Handelsregisterbehörde, Diss. Zürich 1996, SSHW 175; MERZ, Kommentar zu Art. 2 ZGB, in: Becker H. (Hrsg.), Berner Kommentar zum Schweizerischen Zivilrecht, Bd. 1, Einleitung und Personenrecht, Einleitung, Art. 1–10 ZGB, Bern 1962; MEYER, Vorrechte aus Vorzugsaktien, Diss. Zürich 1933; MONTAVON/WERMELINGER, Droit et Pratique de la Société Anonyme, Tome I: Droit, Lausanne 1994 (zit. Tome I); DIES., Droit et Pratique de la Société Anonyme, Tome II: Pratique, Lausanne 1994 (zit. Tome II); MOSIMANN, Die Herabsetzung des Grundkapitals bei der Aktiengesellschaft und ihr Einfluss auf die wohlerworbenen Rechte des Aktionärs, Diss. Bern 1938; MUNZINGER, Die Ansprüche der Prioritätsaktien der Gesellschaft der Vereinigten Schweizerbahnen auf Dividenden-Nachzahlungen, Bern 1873; NÄGELI, Der Grundsatz der beschränkten Beitragspflicht, insbesondere der Ausschluss der Nachschusspflicht im Aktienrecht, Diss. Zürich 1948; NOBEL, Bezugsrecht und Bezugsrechtausschluss, AJP 1993, 1171 ff. (zit. Bezugsrecht); DERS., Formelle Aspekte der Generalversammlung: Einberufung, Zulassung, Abstimmung, in: Rechtsfragen um die Generalversammlung, Zürich 1997, SnA 11, 19 ff. (zit. Aspekte); OEHNINGER, Les actions de priorité, Diss. Neuenburg 1928; OTT, Das Bezugsrecht der Aktionäre, Diss. Zürich, Bern 1962, ASR NF 347; PATRY, L'égalité des actionnaires dans la Société anonyme, Semjud 1963, 81 ff. (zit. l'égalité); PETER, Les bons de participation sous l'empire du nouveau droit de la société anonyme, AJP 1992, 752 ff.; PIONTEK, Vorzugsaktien, SAG 1958/59, 197 f.; REBSAMEN/THOMI, Kommentierte Handelsregister-Eintragungstexte zur Aktiengesellschaft nach neuem Recht, Basel 1993; RECKINGER, Vorzugsaktien in der Bundesrepublik Deutschland, DAG 1983, 216 ff.; ROSSELT, Les actions à vote plural et privilégié en droit suisse, Paris 1939; ROSSET, Les tendances du nouveau droit suisse des sociétés, Paris

1939; ROULLET, Les actions privilégiées, SAG 1945, 137 ff.; SPIESS, Der Grundsatz der gleichmässigen Behandlung der Aktionäre, Diss. Zürich 1941; SPRENGER, Die Prioritätsaktien bei schweizerischen Aktiengesellschaften, Diss. Zürich 1932; STOCKAR/HOCHREUTENER, Die Praxis der Bundessteuern, II. Teil: Stempelabgaben und Verrechnungssteuer, Bd. 2, Geltendes Recht (Stempelabgaben), Einschliesslich Nachtrag 58 (2004), Therwil/Basel 2004; STOCKMANN, Aktionär und Statutenänderung, SAG 1949, 121 ff.; SWISS GAAP FER, Fachempfehlungen zur Rechnungslegung, Stiftung für Fachempfehlungen zur Rechnungslegung (Hrsg.), Zürich 2005/06; TANNER, Quoren für die Beschlussfassung in der Aktiengesellschaft, Diss. Zürich 1987, SSHW 100; TSCHÄNI, Leverage Buy-Out (Zivilrechtliche Aspekte), in: Tschäni Rudolf (Hrsg.), Mergers & Acquisitions II, Zürich 2000, 1 ff.; VISCHER/RAPP, Zur Neugestaltung des schweizerischen Aktienrechts, Bern 1968; VOGEL/HEIZ/BEHNISCH, FusG, Zürich 2005; VOLHARD, Kommentar zu §§ 137–141 AktG, in: Kropff Bruno/Semler Johannes (Hrsg.), Münchener Kommentar zum Aktiengesetz, Bd. 4, §§ 118–147, 2. Aufl., München 2004; VON DER CRONE/GERSBACH/KESSLER/DIETRICH/BERLINGER, Das Fusionsgesetz, Zürich 2004; VON GREYERZ, Kapitalersetzende Darlehen, in: Böckli Peter et al. (Hrsg.), FS für Frank Vischer zum 60. Geburtstag, Zürich 1983 (zit. Darlehen); DERS., Ordentliche und genehmigte Kapitalerhöhung, SAG 1983, 94 ff. (zit. Kapitalerhöhung); VON PLANTA, Die genehmigte Kapitalerhöhung – mehr Freiheit und mehr Unsicherheit für den Verwaltungsrat?, in: von Büren Roland (Hrsg.), Aktienrecht 1992–1997: Versuch einer Bilanz, Bern 1998, 311 ff.; VON PLANTA/DU PASQUIER, Die Aktiengesellschaft, SJK, Ersatzkarte 394; VON SALIS, Die Gestaltung des Stimm- und des Vertretungsrechts im schweizerischen Aktienrecht, Diss. Zürich 1996, SSHW 174; VON SALIS-LÜTOLF, Private Equity Finanzierungsverträge, Zürich 2002 (zit. private equity); DERS., Risiko- und Gewinnverteilung bei privaten Finanzierungen, Rechtlicher Gestaltungsspielraum bei Finanzierungsverträgen für Start-Ups und KMU, SJZ 2001, 213 ff. (zit. Risiko); VON STEIGER, Zur Auslegung von Art. 627 OR, SAG 1948, 171 ff. (zit. Auslegung); WIRZ, Die Vereinheitlichung des Aktienkapitals, Diss. Bern 1955; ZIMMERMANN, Stimmrechtsaktien und ähnliche Rechtsgebilde, Zürich 1951; ZUBER, Die mitgliedschaftlichen Rechte der Aktionäre im französischen und schweizerischen Recht, Diss. Bern 1922.

Materialien

Botschaft vom 21. Februar 1928 des Bundesrats an die Bundesversammlung zu einem Gesetzesentwurf über die Revision der Titel XXIV bis XXXIII des schweizerischen Obligationenrechts, BBl 1938 I 205 ff. (zit. Botschaft 1928).

I. Begriff der Vorzugsaktie

1   Durch die Ausgabe von **Vorzugs-** oder **Prioritätsaktien** wird neben den Stammaktionären eine besondere Kategorie von Aktionären geschaffen, denen durch die Statuten (vgl. Art. 627 Ziff. 9) ein Vorrecht eingeräumt wird. Das Vorrecht tritt als Zusatz zum Rechtskomplex hinzu, der allen Aktionären gemeinsam zusteht (ZK-SIEGWART, N 2; KÄGI, 3; MEYER, 108; MARTIN, 181). Gemäss der herrschenden Lehre kann das Vorrecht eine Privilegierung entweder in zeitlicher Hinsicht in der Form eines Vorabbefriedigungsanspruchs oder in quantitativer Hinsicht in der Form eines Mehranspruchs einräumen (vgl. BÖCKLI, § 4 N 160 f., 163; FORSTMOSER/MEIER-HAYOZ/NOBEL, § 41 N 27; VON SALIS-LÜTOLF, private equity, N 507, 670; MONTAVON/WERMELINGER, Tome I, 284; PATRY, précis, 200 f.; MEIER, N 5.29; GERBER, 8 f.; OR-Handkommentar-BURKHALTER, 654 N 1; VON BÜREN/STOFFEL/WEBER, N 277; HUGUENIN JACOBS, 86; OEHNINGER, 42; VON PLANTA/DU PASQUIER, 9; VISCHER/RAPP, 78 ff., 84 ff.). Minderheitsmeinungen verlangen zwingend eine Bevorteilung in zeitlich/hierarchischer Hinsicht (LIEBI, N 185 ff.) und lassen auch eine qualitative Besserstellung in der Form eines den übrigen Aktionären nicht zustehenden Aktionärsrechts zu (BEELER, 217 f.; KÄGI, 4; MEYER, 108; LIEBI, N 194). Das Vorrecht kann nur mit einem aktienrechtlichen (BGE 51 II 412 E. 4; VON GREYERZ, 142; ZK-SIEGWART, Art. 646 N 8 ff.; ZUBER, 66 f.; MAURER, 29; GEILINGER, 98; BACHMANN, 181; GERBER, 17, 25; MEYER, 46, 69; OEHNINGER, 44; MARTIN, 135, 179 ff.; SPIESS, 102 ff.; WIRZ, 27 f.; LIEBI, N 184; **a.M.** noch MEILI, 60; BACHMANN,

198 ff., 204) Vermögensrecht verknüpft werden. Es kann sich weder auf Mitwirkungsrechte noch auf Stimmrechte beziehen (VON SALIS-LÜTOLF, private equity, N 503; VON BÜREN/STOFFEL/WEBER, N 276; NOBEL, Aspekte, 21; ZK-SIEGWART, N 12; BEELER, 217; HORBER, Sonderversammlung, 24; HORBER, Einheitsaktie, 168; TANNER, § 7 N 180; GUHL-DRUEY, § 67 N 18; KÜNG/MEISTERHANS, 47; LEUENBERGER, 81; MEYER, 79; OR-Handkommentar-BURKHALTER, Art. 654 N 1; VON SALIS, 136; LIEBI, N 199 ff.; HGer ZH, 6.2.1995, SJZ 1995, 198 f.; HGer ZH, 31.10.1989, ZR 1989, 228). Eine Ausnahme bilden das Bezugsrecht (vgl. N 28 ff.) und das Vorwegzeichnungsrecht (vgl. N 41), welche mitverwaltungs- und vermögensrechtliche Charakteristiken aufweisen (MEIER-HAYOZ/FORSTMOSER, § 16 N 230 f.).

Einige Autoren räumen auch ein Vorrecht auf das Stimmrecht und die restlichen Mitwirkungsrechte ein (BACHMANN, 195; CAPITAINE, 38; WIRZ, 23 f.; SCHUCANY, Art. 656 N 2; FUNK, Art. 654 N 1; GERBER, 8, 11 ff.; GEILINGER, 99, 108; ROULLET, 137, 140 f.; KÄGI, 143 f.; CARRY, plusieurs voix, 22; CARRY, droit de vote privilégié, 25; ROSSELT, 34 ff.; MARTIN, 190 f.; ZIMMERMANN, 57 f., 82). Nach einer Minderheitsmeinung können sich die Vorrechte auch auf andere Mitwirkungsrechte, nicht aber auf das Stimmrecht beziehen (GERSTER, 98 f.). Es kann aber sein, dass einer Aktie Vorrechte in der Stimmkraft und in finanzieller Hinsicht zugleich zukommen, so dass sie gleichzeitig als Stimm- wie auch als Vorzugsaktie zu betrachten ist (FORSTMOSER/MEIER-HAYOZ/NOBEL, § 41 N 30; GERSTER, 99). Der Umfang des Vorrechts kann sich anhand des Nennwerts oder nach Massgabe von anderen sachlichen Kriterien bestimmen. Aktien mit unterschiedlichen Nennwerten qualifizieren nicht ipso iure als Vorzugsaktien (PIONTEK, 197). Im Übrigen stehen die Vorzugsaktien den Stammaktien gleich (Art. 656 Abs. 1).

Die **Bevorzugung** von bestimmten Aktionären kann allerdings auch **auf andere Weise** als durch die Schaffung von Vorzugsaktien erreicht werden, insb. durch Einräumung von Gründervorteilen *ad personam* (Art. 628 Abs. 3), durch die Ausgabe von Genussscheinen (Art. 657) oder von Prioritäts-PS (Art. 656a Abs. 2) (vgl. N 15) sowie durch die Gewährung von Bauzinsen (Art. 676). 2

II. Zweck der Vorzugsaktie

Durch die Begründung einer Vorzugsaktienstruktur kann vom subsidiären **Grundsatz der Zumessung von Vermögensrechten nach dem effektiv liberierten Aktienkapital bzw. nach Massgabe der Nennwerte (Art. 661)** innerhalb der zwingenden Bestimmungen und Prinzipien des Aktienrechts abgewichen werden (HUGUENIN JACOBS, 78 f.; LIEBI, N 33). Mit anderen Worten, Vorzugsaktien sind ein Instrument für die Zuteilung von Verlusten und Gewinnen in Abweichung des Nennwertprinzips. Vorzugsaktien können dazu dienen, besondere Leistungen im Hinblick auf die Gründung oder den Ausbau einer Aktiengesellschaft auszugleichen, mit dem Vorteil, dass sie, da nicht personengebunden, problemlos übertragen und verwertet werden können. In Familienaktiengesellschaften kann durch Vorzugsaktien den unterschiedlichen Aktionärsinteressen der Familienmitglieder Rechnung getragen werden, indem den im Unternehmen aktiven (Unternehmer-)Aktionären allenfalls durch den Einsatz von Stimmrechtsaktien die stimmenmässige Kontrolle zugeteilt wird und den passiven Aktionären ein möglichst regelmässiger Ertrag durch eine Vorzugsdividende i.V.m. einem Nachbezugsrecht (vgl. N 24 ff.) zugesichert wird (FORSTMOSER/MEIER-HAYOZ/NOBEL, § 41 N 33 ff.; FORSTMOSER, Aktionärbindungsvertrag, 379). 3

4 Begründen zwei Parteien ein 50/50-Joint-venture durch Gründung einer Aktiengesellschaft, so kann bei unterschiedlichen Werten der von den beiden Parteien eingebrachten Sacheinlagen ein Ausgleich durch Gewährung von Vorrechten bei Dividenden und Liquidationserlös geschaffen werden.

Denkbar ist ferner die Ausgabe von Vorzugsaktien einer Joint-venture-Gesellschaft, um nicht als Sacheinlage einbringbare Vermögenswerte, die von einem Joint-venture-Partner eingebracht werden (z.B. Software), dennoch wertmässig auszugleichen.

Vorzugsaktien können auch dazu verwendet werden, sicherzustellen, dass eine (stimmenmässige Minderheits-)Venture-Kapitalbeteiligung, für welche ein Agio bezahlt wurde, im Falle einer Liquidation der Aktiengesellschaft an die Venture-Kapital Aktionäre zurückfliesst.

5 Vorzugsaktien stellen typischerweise **Risikokapital** dar. Sie werden insbesondere bei Sanierungen geschaffen, da Dritte eher bereit sind Kapital einzuschiessen, wenn ihnen finanzielle Sondervorteile eingeräumt werden. Häufig erfolgt dabei die Liberierung der Vorzugsaktien durch Verrechnung mit Forderungen gegenüber der Aktiengesellschaft (Art. 634a Abs. 2. Vgl. auch ZK-SIEGWART, N 20 ff.; BGE 84 III 122 B; BGE 44 III 210 E. 3b)). Die zur Verrechnung gelangende Forderung muss nicht werthaltig sein (Art. 753 N 8; Art. 652c N 4 m.w.Hw.; GUHL-DRUEY, § 66 N 24; VON BÜREN/STOFFEL/WEBER, N 161; **a.M.** BÖCKLI, § 2 N 123 ff. m.w.Hw.; HWP (1998) IV Ziff. 7.2422; KUNZ, § 2 N 47). Vorzugsaktien sind eine atypische Form (BARTHOLD, 224 f.; BOHRER, N 445; TSCHÄNI, 6) von Mezzanine-Kapital und finden insbesondere in den USA bei der Finanzierung von Jungunternehmen standardmässig Verwendung (LIEBI, N 35, 37 ff., 361 ff.).

6 Gelegentlich werden auch **Mitarbeiteraktien** als Vorzugsaktien ausgestaltet. Dabei stellen sich häufig Probleme im Verhältnis zu den Stammaktionären und in Bezug auf die (in der Praxis umstrittene) Befreiung der Mitarbeiter vom Aktionärsrisiko (vgl. BOEMLE, Mitarbeiteraktien, 8 f.; LYK, Wandel, 134; LYK, Schweiz, 108 f.; LYK, Aktienrecht, 94).

7 Die vielzähligen Ausgestaltungsmöglichkeiten einer Vorzugsaktienstruktur ermöglicht es der Aktiengesellschaft, massgeschneiderte Finanzierungslösungen zu treffen. Dabei wird ihr auch ein **finanz- und liquiditätspolitischer Spielraum** eingeräumt. Im Gegensatz zu Fremdkapitalzinsen müssen Dividenden nur ausgerichtet werden, sofern die Aktiengesellschaft einen Bilanzgewinn ausweist oder über entsprechende Reserven verfügt.

8 Ein anderer Grund für die Emission von Vorzugsaktien anstelle von Fremdkapital kann die **Optimierung von Bilanzkennzahlen** (bspw. «debt-to-equity-ratio» oder «equity-to-total-capitalization-ratio») sein.

Die Ausgabe von Vorzugsaktienkapital kann der Verbesserung der **Bonität einer Aktiengesellschaft** dienen, da die Eigenkapitaldecke verstärkt wird (LIEBI, N 42 ff.). In diesem Zusammenhang gilt folgende Faustregel: «Je höher der Eigenkapitalanteil, desto besser das Rating der Aktiengesellschaft» (vgl. Fitch Ratings, Hybrid Securities: Evaluating the Credit Impact – Revisited, 1, 15).

Auch einzelne Kategorien von Vorzugsaktien können mit einem Rating versehen werden. Die **Bonität der einzelnen Kategorien von Vorzugsaktien** beeinflusst den Umfang der mit ihnen verbundenen Vorrechte (vgl. Fitch Ratings, Rating preference stock and hybrid securities of financial institutions, 1). Je schlechter die Bonität einer Kategorie von Vorzugsaktien ist, desto eher muss sie mit umfangreichen Vorrechten verbunden werden.

Vorzugsaktien können als **innovatives Kernkapital** i.S.v. Art. 19 ff. ERV qualifizieren. Innovatives Kernkapital ist hybrid, weil es eigenkapitalähnliche und fremdkapitalähnliche Elemente aufweist. Es kann dazu dienen, die Kernkapitalvorschriften für Finanzinstitute («tier 1-capital») zu erfüllen. Die diesbezüglichen Bestimmungen der ERV legiferieren die bereits vor dem Erlass der ERV geltende Praxis (vgl. EBK-Bulletin 40/2000, 13 ff.) der EBK zu innovativem Kernkapital (vgl. EBK, Basel II, Umsetzung in der Schweiz, Kommentar, Erläuterungen zur Umsetzung der neuen Basler Eigenkapitalvereinbarung (Basel II) in der Schweiz, Oktober 2006, 32 f.). Innovatives Kernkapital kann bis zu einem Anteil von maximal 15% des bereinigten Kernkapitals angerechnet werden (vgl. Art. 20 Abs. 1 ERV). Von grosser Bedeutung ist insbesondere Art. 22 ERV, wonach Kapitalanteile in der Form von Vorzugsaktien, die von Minderheitsaktionären in der Form eines von der Konzernobergesellschaft beherrschten «Special Purpose Vehicle» an voll konsolidierten Konzernuntergesellschaften gehalten werden, bei der konsolidierten Eigenmittelberechnung an das Kernkapital angerechnet werden können.

Die Emission von Vorzugsaktien anstelle von Fremdkapital kann für die Aktionäre in der Form einer Aktiengesellschaft oder einer Genossenschaft **steuerliche Vorteile** haben, sofern sie den Beteiligungsabzug geltend machen können (vgl. Art. 69 f. DBG; Art. 28 Abs. 1 StHG). Dies hat zur Folge, dass die Rendite-nach-Steuern von Vorzugsaktienkapital höher ist als die Rendite-nach-Steuern einer Unternehmensanleihensobligation (LIEBI, N 48 f.). Im Rahmen der Unternehmenssteuerreform II werden neu auch Dividendenerträge von natürlichen Personen im Vergleich zu Fremdkapitalerträgen einkommenssteuerlich bevorzugt behandelt. Erträge aus Beteiligungen von mindestens 10% werden voraussichtlich einer bundesrechtlichen Teilbesteuerung von 50% (Geschäftsvermögen) bzw. einer Teilbesteuerung von 60% oder 50% (Privatvermögen) unterliegen.

	Vorzugsaktie	Unternehmensanleihensobligation
Investierter Betrag	CHF 1000	CHF 1000
Ertrag vor Steuern	CHF 70	CHF 70
Rendite vor Steuern	7% = CHF 70 ÷ CHF 1000	7% = CHF 70 ÷ CHF 1000
Corporate Investor	(Grenzsteuersatz: 35%)	
Ertrag nach Steuern	**CHF 65.10** = CHF 70 (1 − [0.2 × 0.35])	**CHF 45.50** = CHF 70 (1 − 0.35)
Rendite nach Steuern	**6.51%** = CHF 65.10 ÷ CHF 1000	**4.55%** = CHF 45.50 ÷ CHF 1000
Individual Investor		(Grenzsteuersatz: 28%; USTR II; 20%-Beteiligung im Geschäftsvermögen)
Ertrag nach Steuern	**CHF 60.20** = CHF 70 × (1 − (0.5 × 0.28))	**CHF 50.40** = CHF 70 (1 − 0.28)
Rendite nach Steuern	**6.02%** = CHF 60.20 ÷ CHF 1000	**5.04%** = CHF 50.40 ÷ CHF 1000

Tabelle: Steuerliche Behandlung von Zinserträgen und Dividenden auf der Ebene der Investoren

Für die Aktiengesellschaft hat die Begebung von Vorzugsaktienkapital anstelle von Fremdkapital jedoch steuerliche Nachteile zur Folge. Offene und verdeckte Gewinnausschüttungen qualifizieren nicht als geschäftsmässig begründeter Aufwand. Im Gegensatz zu Fremdkapitalzinsen haben sie keine gewinnsteuermindernde Wirkung (Art. 58 Abs. 1 lit. b DBG).

11 Die Emission von Vorzugsaktienkapital kann insbesondere bei «private equity-Finanzierungen» ein Mittel der «corporate governance» sein. Vorzugsaktienkapital **reduziert «agency-costs»,** die aufgrund der unterschiedlichen Interessenlagen der Aktionäre und ihrer Stellvertreter, der Verwaltungsräte und anderer Exekutivpersonen, entstehen können. In diesem Zusammenhang können Vorzugsaktien insbesondere die Kosten vermindern, die aufgrund einer **asymmetrischen Verteilung** von **Informationen** zwischen den Exekutivpersonen und den Aktionären entstehen. Sie entziehen den Exekutivpersonen, die oft Stammaktionäre sind, den wirtschaftlichen Anreiz zur Ausnutzung eines allfälligen Informationsvorsprungs, weil die Vorzugsaktionäre prioritär und i.d.R. auch überproportional an den Früchten solcher Bestrebungen teilhaben. Aus diesem Grund dient eine Vorzugsaktienstruktur auch der **Reduzierung von «monitoring-costs»,** die im Rahmen der Überwachung der Exekutivpersonen durch die Aktionäre anfallen. Sofern Exekutivpersonen selbst Stammaktionäre sind, schaffen Vorzugsaktien **Arbeitsmotivationsanreize,** da die Stammaktionäre i.d.R. erst nach den Vorzugsaktionären in den Genuss von Gewinnausschüttungen kommen. Mit anderen Worten, die Exekutivpersonen müssen einen genügend hohen Bilanzgewinn erwirtschaften, damit die Dividendenvorrechte der Vorzugsaktionäre und die Ansprüche der Stammaktionäre befriedigt werden können. Im Zusammenhang mit Venture-Kapital-Finanzierungen kann eine Vorzugsaktienstruktur insbesondere auch einen **«signaling-effect»** zur Folge haben. Da die Vorzugsaktionäre prioritär in den Genuss allfälliger Vermögensausschüttungen kommen, signalisieren die Gründer und Angestellten als Stammaktionäre Zuversicht in den Erfolg des Jungunternehmens (GILSON, 1072, 1078, 1082).

12 Vorzugsaktien eignen sich auch zur **Portfoliodiversifikation.** Obligationenähnliche Vorzugsaktien (vgl. N 17 f.) haben eine tiefe Korrelation mit Stammaktien, weil ihre Erträge sich im obligationenähnlichen Dividendenvorrecht erschöpfen. Sie werden am überschiessend zur Verteilung gelangenden Bilanzgewinn nicht beteiligt und weisen deshalb nur ein geringes Preissteigerungspotenzial auf. Obligationenähnliche Vorzugsaktien eignen sich deshalb hervorragend als risikomindernde Beimischung zu einem Stammaktienportfolio. Partizipierende Vorzugsaktien haben eine tiefe Korrelation mit Anleihensobligationen, weil sie ein ähnliches Preissteigerungspotenzial wie Stammaktien aufweisen und die mit ihnen verbundenen Dividendenvorrechte nur aus Bilanzgewinn bedient werden können (LIEBI, N 45).

13 Vorzugsaktien i.S.v. Art. 654 f. bilden wohl auch die rechtliche Basis für sogenannte **«tracking stocks»** oder **«Zweigaktien»** (BÖCKLI, § 4 N 434 ff.; MEIER-HAYOZ/FORSTMOSER, § 16 N 233a; KÄGI, 7 f.). Letztere räumen nur eine Beteiligung am Geschäftsergebnis an einem von mehreren Teilbetrieben einer AG ein.

III. Einzelne Vorrechte

14 Die **Aufzählung der Vorrechte** in Art. 656 Abs. 2, nämlich Vorrechte auf die Dividende mit oder ohne Nachbezugsrecht (vgl. N 16 ff.), am Liquidationserlös (vgl. N 33 ff.) und auf die Bezugsrechte (vgl. N 28 ff.), ist **nicht abschliessend** (wie aus der Formulierung «namentlich» hervorgeht). Vielmehr ist auch die Einräumung weiterer Vorrechte möglich, soweit sie sich auf Vermögensrechte (und nicht auf Mitwirkungs-

rechte) beziehen (vgl. auch JÄGGI, 80). Die Vorrechte können innerhalb der zwingenden aktienrechtlichen Schranken in beliebiger Weise ausgestaltet werden. Dabei ist insbesondere auch das Sachlichkeitsgebot (vgl. N 76) und das Gleichbehandlungsprinzip (vgl. N 77) zu berücksichtigen. Nach der hier vertretenen Auffassung ist demgegenüber ein faktisch ganz oder teilweiser Entzug der Vermögensrechte der Stammaktionäre zulässig (eingehend LIEBI, N 208 ff.; PATRY, précis, 207; MONTAVON/WERMELINGER, Tome I, 283 f; **a.M.** ZK-BÜRGI, Art. 660 N 18; HUGUENIN JACOBS, 33; BÖCKLI, § 16 N 169; VON SALIS-LÜTOLF, private equity, N 523, 691; VON BÜREN/STOFFEL/WEBER, N 863, 1116).

Gemäss Art. 656a Abs. 2 finden die Bestimmungen über das Aktienkapital, die Aktie und den Aktionär grundsätzlich auch auf das Partizipationskapital, den Partizipationsschein und den Partizipanten Anwendung. Deshalb können auch **Partizipationsscheine mit Vorrechten** verbunden werden (FORSTMOSER/MEIER-HAYOZ/NOBEL, § 46 N 33 f.; HUGUENIN JACOBS, 90; BÖCKLI, § 5 N 20; DEMARMELS, 86; DESSEMONTET, 63; BOEMLE, Erleichterungen, 67. Vgl. BBl 1983 II, 801). 15

1. Vorrecht auf Dividende

Das **Dividendenvorrecht** ist das bedeutendste Vorrecht. Es konkretisiert sich grundsätzlich im Zeitpunkt des Gewinnverwendungsbeschlusses der Generalversammlung in eine Forderung (LIEBI, N 243). Es bedarf jedoch keiner besonderen Beschlussfassung, sofern die Statuten die Verteilung des Bilanzgewinns und den Umfang des Vorrechts regeln. In diesen Fällen entsteht der Anspruch auf Dividende bereits im Zeitpunkt «der Tatsache des Vorhandenseins eines nach den Statuten zur Verteilung unter die Aktionäre bestimmten Bilanzgewinns», d.h. im Zeitpunkt der Genehmigung der Jahresrechnung (BGE 29 II 452 E. 5; BGE 53 II 250 E. 5). Der Anspruch wird fällig, sobald ein statutenwidriger Gewinnverwendungsbeschluss der Generalversammlung ergangen ist (LIEBI, N 238 ff.). Bezüglich der Ausgestaltung des Dividendenvorrechts besteht ein weites Ermessen (ZK-SIEGWART, N 5; KÄGI, 117). Es muss sich aber anhand von sachlichen Kriterien bestimmen (VON SALIS-LÜTOLF, private equity, N 523). Der Umfang der Dividendenvorrechte kann sich nach Massgabe von objektiv bestimmbaren Kriterien bemessen oder in den Statuten konkret festgelegt werden (LIEBI, N 245). Die Begründung eines Dividendenvorrechts zieht nicht automatisch die Begründung eines Vorrechts am Liquidationserlös nach sich (LIEBI, N 277). 16

Dividendenvorrechte können **obligationenähnlich** ausgestaltet sein. Dabei erschöpft sich die Beteiligung am ausgeschütteten Bilanzgewinn im statutarisch festgelegten Umfang (VON GREYERZ, 77; BOEMLE/STOLZ, 287; KÄGI, 120; GERBER, 9; MEYER, 66; BEELER, 218; LIEBI, N 251 f. Vgl. zum deutschen Recht: DEPENBROCK, 207; KLEIN, 30). Das obligationenähnliche Dividendenvorrecht bezieht sich i.d.R. nur auf das laufende Geschäftsjahr. Es kann aber auch kumulativ (vgl. N 21) eingeräumt werden, d.h. mit einem Nachbezugsrecht (vgl. N 24 ff.) verknüpft sein (LIEBI, N 254). Da sich die Bevorzugung der Vorzugsaktionäre nur auf die Vorrechte bezieht und sie im Übrigen den Stammaktien gleich stehen, ist gemäss Art. 656 Abs. 1 und Art. 661 das Vorliegen eines obligationenähnlichen Dividendenvorrechts nicht zu vermuten. Mit anderen Worten, Dividendenvorrechte sind unter dem Vorbehalt einer abweichenden statutarischen Regelung partizipierend ausgestaltet (vgl. N 19). 17

Verteilung	Vorzugsaktionäre	Stammaktionäre
1. Verteilung	6% des ausgeschütteten Bilanzgewinns	
2. Verteilung		Restliche Ausschüttung

Tabelle: Beispiel für ein obligationenähnliches Dividendenvorrecht

18 Beim **diskontanleihensobligationenähnlichen** Dividendenvorrecht wird ein statutarisch festgelegter Betrag am Ende einer statutarisch festgelegten Zeitdauer in Form einer Dividende an die Vorzugsaktionäre ausgeschüttet (LIEBI, N 252).

Jahr X

Verteilung	Vorzugsaktionäre	Stammaktionäre
	CHF 0.–	CHF 0.–

Jahr X + 1

Verteilung	Vorzugsaktionäre	Stammaktionäre
1. Verteilung	CHF 5	
2. Verteilung		Restliche Ausschüttung

Tabelle: Beispiel für ein diskontanleihensobligationenähnliches Dividendenvorrecht

19 **Partizipierende** Vorzugsaktien ermöglichen eine über das Vorrecht hinausgehende Beteiligung am ausgeschütteten Bilanzgewinn (MEYER, 66; SPRENGER, 2; MUNZINGER, 19; BGE 51 II 412 E. 3. Vgl. auch VON SALIS-LÜTOLF, private equity, N 507; VON SALIS-LÜTOLF, Risiko, 217. Vgl. zum deutschen Recht: RECKINGER, 217; KLEIN, 27. Vgl. zum UK-Recht: KEENAN, 140). Sie räumen den Vorzugsaktionären am gesamthaft ausgeschütteten Bilanzgewinn nicht zwingend mehr oder gleich viel wie den Stammaktionären ein. Haben die Vorzugsaktionäre gegenüber den Stammaktionären einen Mehranspruch, kommen sie in den Genuss einer **Überdividende** (BACHMANN, 201; SPRENGER, 10; GERBER, 9; OEHNINGER, 73; MUNZINGER, 20 f. Vgl. auch ZK-SIEGWART, N 5. Vgl. zum deutschen Recht: DEPENBROCK, 206; KLEIN, 29; LIEBI, N 248). Kommen die Stammaktionäre und Vorzugsaktionäre zu **gleichen Teilen** in den Genuss des gesamthaft ausgeschütteten Bilanzgewinns, kommt dem Dividendenvorrecht lediglich eine vertikale Allokationsfunktion zu (ZK-SIEGWART, N 5; KÄGI, 117 f.; GERBER, 9; MEYER, 66 f.; OEHNINGER, 73; MUNZINGER, 20; LIEBI, N 247 ff. Vgl. zum deutschen Recht: DEPENBROCK, 205; KLEIN, 29). Mit anderen Worten, die Funktion des Vorrechts beschränkt sich auf das Recht, in erster Linie in den Genuss des ausgeschütteten Bilanzgewinns zu kommen. Eine **Unterdividende** wird ausbezahlt, wenn an die Vorzugsaktionäre gesamthaft weniger als an die Stammaktionäre ausgeschüttet wird (ZK-SIEGWART, N 5; GERBER, 9; MEYER, 66 f.; OEHNINGER, 73 f.; MUNZINGER, 9; LIEBI, N 250).

20 Sowohl das obligationenähnliche Dividendenvorrecht als auch Dividendenvorrechte von partizipierenden Vorzugsaktien können nicht kumulativ, kumulativ oder hybrid ausgestaltet werden. Ein **nicht kumulatives** Dividendenvorrecht bezieht sich nur auf das laufende Geschäftsjahr. Fällt für das laufende Geschäftsjahr die Dividende aus, wird sie nicht auf das nachfolgende Geschäftsjahr vorgetragen (vgl. BGE 51 II 412 B c); LIEBI, N 253).

Jahr X

Verteilung	Vorzugsaktionäre	Stammaktionäre
	CHF 0.–	CHF 0.–

Jahr X + 1

Verteilung	Vorzugsaktionäre	Stammaktionäre
1. Verteilung	6% des Nennwerts (Dividendenvorrecht Jahr X + 1)	
2. Verteilung	Nach Massgabe der Nennwerte	

Tabelle: Beispiel für ein nicht kumulatives Dividendenvorrecht

Das **kumulative** Dividendenvorrecht ermöglicht den Vortrag einer Dividende auf spätere Geschäftsjahre, sofern im laufenden Geschäftsjahr keine Dividende ausgerichtet wird. Es ist gemäss Art. 656 Abs. 2 zwingend mit einem Nachbezugsrecht verknüpft und kann sich auf eine bestimmte oder unbestimmte Anzahl von Geschäftsjahren beziehen (FORSTMOSER/MEIER-HAYOZ/NOBEL, § 41 N 27; VON GREYERZ, 77; VON SALIS-LÜTOLF, private equity, N 669; VON SALIS-LÜTOLF, Risiko, 217; ZK-SIEGWART, N 6; OR-Handkommentar-BURKHALTER, Art. 656 N 3; BOEMLE/STOLZ, 287; OEHNINGER, 75; MARTIN, 273 ff.; BEELER, 218; LIEBI, N 254. Vgl. BGE 53 II 250 B; BGE 66 II 43 E. 1). Es kann dem Dividendenvorrecht des laufenden Geschäftsjahres und den Dividendenansprüchen der Stammaktionäre vor- oder nachgehen (LIEBI, N 254). Ein kumulatives Dividendenvorrecht wird nicht vermutet (BGE 26 II 276 E. 2; ZK-SIEGWART, N 6; SCHUCANY, Art. 656 N 2; a.M. MARTIN, 275). 21

Jahr X

Verteilung	Vorzugsaktionäre	Stammaktionäre
	CHF 0.–	CHF 0.–

Jahr X + 1

Verteilung	Vorzugsaktionäre	Stammaktionäre
1. Verteilung	6% des Nennwerts (Dividendenvorrecht Jahr X + 1)	
2. Verteilung	6% des Nennwerts (Dividendenvorrecht Jahr X)	
3. Verteilung	Nach Massgabe der Nennwerte	

Tabelle: Beispiel für ein kumulatives Dividendenvorrecht

Das **hybride** Dividendenvorrecht vereint Charakteristiken des kumulativen und nicht kumulativen Dividendenvorrechts. Ein Vortrag auf das nachfolgende Geschäftsjahr erfolgt nur im Umfang des im laufenden Geschäftsjahr tatsächlich erwirtschafteten und ausschüttbaren Jahresgewinns. In diesem Umfang ist es zwingend mit einer vortragbaren Dividende verbunden (LIEBI, N 255). 22

Jahr X

Verteilung	Vorzugsaktionäre	Stammaktionäre
	CHF 0.–	CHF 0.– (Keine Ausschüttung, obwohl im Jahr X ein ausschüttungsfähiger Jahresgewinn im Umfang von 5% des Nennwerts erwirtschaftet wurde.)

Jahr X + 1

Verteilung	Vorzugsaktionäre	Stammaktionäre
1. Verteilung	6% des Nennwerts (Dividendenvorrecht Jahr X + 1)	
2. Verteilung	5% des Nennwerts (Dividendenvorrecht für Jahr X)	
3. Verteilung	Nach Massgabe der Nennwerte	

Tabelle: Beispiel für ein hybrides Dividendenvorrecht

23 Ist die Frage der **Reihenfolge,** in welcher die angefallene Vorzugsdividende für die zurückliegenden Jahre nachzuzahlen ist, nicht statutarisch geregelt, so ist gemäss einer Lehrmeinung zunächst die Zahlung der laufenden Dividende und hierauf die Nachzahlung der am längsten zurückliegenden Ausstände vorzunehmen (vgl. ZK-SIEGWART, N 7; SCHUCANY, Art. 656 N 2). Nach einer anderen Lehrmeinung geht das Dividendenvorrecht des laufenden Geschäftsjahres den älteren Dividendenvorrechten nach (KÄGI, 135 f.; OEHNINGER, 83; BACHMANN, 203; MEILI, 80; MUNZINGER, 59). Nach der hier vertretenen Auffassung finden Art. 86 f. beim Bestehen einer Vorzugsaktienkategorie bzw. Art. 86 f. analog beim Bestehen von mehreren Vorzugsaktienkategorien Anwendung (LIEBI, N 256, 267 f.). Wird aus den Statuten der Umfang des Dividendenvorrechts nicht ersichtlich, muss dieser Mangel nach Massgabe der sinngemässen Anwendung von Art. 73 Abs. 1 behoben werden. Ein ungenügend konkretisiertes Dividendenvorrecht beträgt daher i.d.R. 5% pro Jahr. Besteht bezüglich der Verteilung des das Vorrecht überschiessenden Bilanzgewinns Unklarheit, gelangt subsidiär Art. 661 zur Anwendung. Demzufolge wird der überschiessende Bilanzgewinn zwischen den Stammaktionären und Vorzugsaktionären nach Massgabe der einbezahlten Beträge verteilt (LIEBI, N 257 f.).

2. Nachbezugsrecht

24 Das **Nachbezugsrecht** ermöglicht es den Vorzugsaktionären, die in einem Geschäftsjahr ausgefallenen Dividenden im nachfolgenden Geschäftsjahr bzw. in den nachfolgenden Geschäftsjahren einzufordern (FORSTMOSER/MEIER-HAYOZ/NOBEL, § 41 N 27; MEYER, 67 f.; ZK-SIEGWART, N 6; BACHMANN, 202; GERBER, 9 f.; MUNZINGER, 21; BÖCKLI, § 12 N 539; VON GREYERZ, 77; OR-Handkommentar-BURKHALTER, Art. 656 N 3; SCHUCANY, Art. 656 N 2; BEELER, 218; BGE 26 II 276 E. 2. Vgl. zum deutschen Recht: DE-

PENBROCK, 193). Das Nachbezugsrecht und das kumulative Dividendenvorrecht (vgl. N 21) bilden eine funktionelle Einheit. Wird das kumulative Dividendenvorrecht nicht befriedigt, nimmt das Nachbezugsrecht als Hilfsrecht automatisch den Rang desselben ein. Es darf das ausgefallene kumulative Dividendenvorrecht nicht übertreffen, kann sich aber auch nur auf einen Teil des ausgefallenen kumulativen Dividendenvorrechts beziehen (LIEBI, N 259 f., 269).

Das **selbstständige Nachbezugsrecht** entsteht im Zeitpunkt, indem der Gewinnverwendungsbeschluss den Ausfall des kumulativen Dividendenvorrechts feststellt. Es fällt dem augenblicklichen Aktionär zu. Dem selbstständigen Nachbezugsrecht kommt ein eigenes rechtliches Schicksal zu (LIEBI, N 263; MEYER, 71; OEHNINGER, 78 f.; KÄGI, 125; ZK-SIEGWART, N 9. Vgl. zum deutschen Recht: VOLHARD, § 140 N 15; DEPENBROCK, 226; RECKINGER, 217). Es wird fällig, sobald die Generalversammlung die Ausschüttung von Bilanzgewinn zur Befriedigung des ausgefallenen kumulativen Dividendenvorrechts beschliesst (vgl. LIEBI, N 261, 263).   25

Im gleichen Zeitpunkt entsteht und verfällt der aus einem **unselbstständigen Nachbezugsrecht** entspringende Anspruch (SPRENGER, 26 f.; MEYER, 70 f.; OEHNINGER, 78; MUNZINGER, 59 f. Vgl. zum deutschen Recht: DEPENBROCK, 225). Legen die Statuten den Umfang der Vorrechte und die Verteilung des Bilanzgewinns konkret fest, entstehen und verfallen die Ansprüche bereits im Zeitpunkt der Genehmigung der Jahresrechnung (vgl. N 16). Der aus einem unselbstständigen Nachbezugsrecht entspringende Anspruch ist bis zu seiner Entstehung und Fälligkeit inhärenter Bestandteil des Mitgliedschaftsrechts und bleibt dem Willen der Aktionärsmehrheit unterworfen. Er kann bis zu diesem Zeitpunkt mittels Statutenänderungsbeschluss aufgehoben oder abgeändert werden (vgl. LIEBI, N 261 f.). In der Regel bedarf es dafür aber der Zustimmung der Sonderversammlung der beeinträchtigten Vorzugsaktionäre (vgl. KÄGI, 124; MEYER, 70 f.; OEHNINGER, 78 f.; ZK-SIEGWART, N 9. Vgl. zum deutschen Recht: BEZZENBERGER G., § 139 N 23; BEZZENBERGER T., 126 f.). Die Forderung verjährt gemäss Art. 127 nach Ablauf von zehn Jahren seit Fälligkeit (LIEBI, N 261). Latente oder bereits entstandene, aber noch nicht verfallene Ansprüche aus Nachbezugsrechten gehen im Zeitpunkt der Auflösung der Aktiengesellschaft unter dem Vorbehalt einer abweichenden statutarischen Regelung unter (LIEBI, N 270; BACHMANN, 201; **a.M.** VON SALIS-LÜTOLF, private equity, N 528; KÄGI, 139 f.).   26

Wird das Nachbezugsrecht in den Statuten nicht genügend **konkretisiert,** muss sein Umfang mittels einer massvollen Auslegung bestimmt werden (BGE 26 II 276 E. 2; GERBER, 10; MEYER, 69 f.). Im Zweifel ist das Nachbezugsrecht gleich hoch wie das Dividendenvorrecht zu veranschlagen, als unselbstständig zu betrachten und auf ein Jahr zu beschränken (vgl. BGE 26 II 276 E. 2; KÄGI, 129; SPRENGER, 27; OEHNINGER, 78 f.).   27

3. Vorrecht auf Bezugsrechte

Wird das Grundkapital einer Aktiengesellschaft – welches sich insbesondere aus Vorzugsaktienkapital zusammensetzt – erhöht, findet Art. 656g grundsätzlich analoge Anwendung. Demnach beziehen die Vorzugsaktionäre nur neu geschaffene Vorzugsaktien und Stammaktionäre nur neu geschaffene Stammaktien, sofern alle Grundkapitalkategorien gleichzeitig und im gleichen Verhältnis erhöht werden. Die Grundkapitalkategorien werden vor diesem Hintergrund sowohl in qualitativer als auch in quantitativer Hinsicht geschützt. In den übrigen Fällen werden die Aktienkategorien nur quantitativ in der Form eines Bezugsrechts «übers Kreuz» geschützt (GERICKE, 243; BÖCKLI, § 5 N 68;   28

LIEBI, N 286 ff. Vgl. AmtlBull NR 1985, 1692). Dabei wird nur der Umfang der Quote am Grundkapital geschützt, aber nicht deren Ausgestaltung. Mittels dem Vorrecht **auf Bezugsrechte** kann von diesen subsidiären gesetzlichen Zuteilungskriterien abgewichen werden (LIEBI, N 289). Das Vorrecht auf Bezugsrechte kann sich aber nur auf die Ausgabe neuer Grundkapitalanteile beziehen. Ein Vorrecht auf den Verkauf von durch die Aktiengesellschaft gehaltenen Grundkapitalanteilen (FORSTMOSER/MEIER-HAYOZ/NOBEL, § 40 N 290) (vgl. N 42) und das Vorrecht auf Genussscheine (vgl. N 47) bedarf einer besonderen statutarischen Grundlage (LIEBI, N 289).

29 In **zeitlicher** Hinsicht kann sich das Vorrecht auf Bezugsrechte nur auf eine bestimmte Anzahl von zukünftigen Grundkapitalerhöhungen erstrecken oder befristet sein (ZK-SIEGWART, Art. 652 N 9; VON PLANTA/DU PASQUIER, 10; MEYER, 75; OEHNINGER, 87 f.; OTT, 10 f.; LIEBI, N 292).

Emissionen	Vorzugsaktionäre	Stammaktionäre
1. Emission	80% der emittierten Aktien	20% der emittierten Aktien
2. Emission	100% der emittierten Aktien (sofern die 2. Emission bis Ende 2010 erfolgt)	0% der emittierten Aktien (sofern die 2. Emission bis Ende 2010 erfolgt)
3. Emission	Nach Massgabe der Nennwerte	

Tabelle: **Beispiel für ein auf mehrere Emissionen bezogenes und befristetes Vorrecht**

30 In **sachlicher** Hinsicht kann sich das Vorrecht auf Bezugsrechte auf die Erhöhung von allen bestehenden oder nur von bestimmten Grundkapitalkategorien erstrecken (OR-Handkommentar-BURKHALTER, Art. 656 N 5; ZK-SIEGWART, Art. 652 N 9; VON PLANTA/DU PASQUIER, 10; MEYER, 75; LIEBI, N 292. Vgl. zum deutschen Recht: KLEIN, 53, 57).

Emissionen	Vorzugsaktionäre	Stammaktionäre
Alle	100% der emittierten Vorzugsaktien	0% der emittierten Vorzugsaktien
	50% der emittierten Partizipationsscheine	50% der emittierten Partizipationsscheine
	Restliche Aktien nach Massgabe der Nennwerte	

Tabelle: **Beispiel für ein Vorrecht auf Erhöhungen einer bestimmten Grundkapitalkategorie**

Denkbar ist auch eine Zuteilung nach rein **quantitativen** Kriterien. Dabei wird den Vorzugsaktionären ein überproportionales Bezugsrecht eingeräumt, sofern die Beteiligung eine statutarisch festgelegte Quote erreicht (LIEBI, N 292). 31

Emissionen	Vorzugsaktionäre	Stammaktionäre
1. Emission	70% der emittierten Aktien, falls die Vorzugsaktionäre mindestens 30% des Aktienkapitals halten. Subsidiär: Zuteilung nach der Anzahl der gehaltenen Vorzugsaktien.	30% der emittierten Aktien, falls die Vorzugsaktionäre mindestens 30% des Aktienkapitals halten. Subsidiär: Zuteilung nach der Anzahl der gehaltenen Stammaktien.
2. Emission	50% der emittierten Aktien. Verteilung nach der Anzahl der gehaltenen Vorzugsaktien.	50% der emittierten Aktien. Verteilung nach der Anzahl der gehaltenen Stammaktien.
Restliche	Restliche Aktien nach der Anzahl der gehaltenen Aktien.	

Tabelle: Beispiel für eine Zuteilung von neu geschaffenen Grundkapitalanteilen nach Massgabe von quantitativen Kriterien

Die Einführung eines Vorrechts auf Bezugsrechte bedarf des **qualifizierten Mehrs** nach Art. 704 Ziff. 6 und unterliegt den Voraussetzungen von Art. 652b (insbesondere muss ein wichtiger Grund vorliegen) (vgl. VON SALIS-LÜTOLF, private equity, N 795; NOBEL, Bezugsrecht, 1172; OR-Handkommentar-BURKHALTER, Art. 656 N 5; VON PLANTA/DU PASQUIER, 10; LIEBI, N 291). Sind die Statuten unklar abgefasst, erstreckt sich das Vorrecht auf alle zukünftigen Erhöhungen aller Grundkapitalkategorien (LIEBI, N 293; MEYER, 75; KÄGI, 145; OEHNINGER, 87). 32

4. Vorrecht am Liquidationserlös

Nach Art. 656 Abs. 2 i.V.m. Art. 660 Abs. 3 und 745 Abs. 1 kann den Vorzugsaktionären ein Vorrecht am **Liquidationserlös** eingeräumt werden. Dadurch kann vom gesetzlich vorgesehenen Liquidationserlösverteilmechanismus i.S.v. Art. 660 Abs. 2 abgewichen werden. Das Vorrecht am Liquidationserlös bezieht sich sowohl auf die konkursamtliche als auch auf die freiwillige Liquidation. Der aus dem Vorrecht am Liquidationserlös entspringende Anspruch wird grundsätzlich im Zeitpunkt des Verteilbeschlusses der Generalversammlung fällig. Sofern die Verteilung des Liquidationserlöses und der Umfang des Vorrechts am Liquidationserlös in den Statuten geregelt werden, entsteht der Anspruch mit der Genehmigung der Liquidationsschlussbilanz bzw. der Liquidationszwischenbilanz (LIEBI, N 275). Das Vorrecht am Liquidationserlös kann nach Massgabe von sachlichen Kriterien in beliebiger Weise festgelegt werden (AELLIG, 21 f.; OEHNINGER, 84; MARTIN, 276; LIEBI, N 277). So kann bspw. in den Statuten vorgesehen werden, dass die Vorzugsaktien zunächst im Umfang des Nennwerts zurückbezahlt werden und der verbleibende Rest auf die Stammaktionäre verteilt wird, oder aber, dass der verbleibende Rest gleichmässig sowohl auf die Vorzugs- wie auch auf die Stammaktionäre zu verteilen ist (vgl. ZK-SIEGWART, N 10; AELLIG, 21 f.; SPRENGER, 50 f.; SCHUCANY, Art. 656 N 2; VON STEIGER, 65; PIONTEK, 198; OR-Handkommentar-BURKHALTER, Art. 656 N 4; GERBER, 10; OEHNINGER, 84; MARTIN, 276 ff. Vgl. zum deutschen Recht: DEPENBROCK, 208 f.; KLEIN, 47 ff. Vgl. zum UK-Recht: KEENAN, 141 f.). 33

34 Das Vorrecht am Liquidationserlös setzt sich aus verschiedenen Elementen zusammen. Grundlage des Vorrechts bildet der «**Grundanteil**» in der Form des einbezahlten Eigenkapitals (vgl. VON SALIS-LÜTOLF, private equity, N 509; ZK-SIEGWART, N 10; KÄGI, 138 f.; OEHNINGER, 84; SPRENGER, 50 f.; MARTIN, 15; LIEBI, N 279).

Verteilung	Vorzugsaktionäre	Stammaktionäre
1. Verteilung	100% des einbezahlten Kapitals	
2. Verteilung		100% des einbezahlten Kapitals
3. Verteilung	Nach Massgabe der Nennwerte	

Tabelle: Beispiel für eine Verteilung nach Massgabe des Grundanteils

35 Wird den Vorzugsaktionären eine über den Grundanteil hinausgehende Beteiligung eingeräumt, spricht man von einem «**Agio**» (BGE 51 II 412 E. 3; VON SALIS-LÜTOLF, private equity, N 509; ZK-SIEGWART, N 10; SPRENGER, 53 f.; KÄGI, 139; SCHUCANY, Art. 656 N 2; GERBER, 10; LIEBI, N 281). Das Agio kann als absoluter Betrag festgelegt werden. Es bemisst sich i.d.R. aber am Nennwert (SPRENGER, 54; SCHUCANY, Art. 656 N 2; OEHNINGER, 85; MUNZINGER, 22; MARTIN, 276; LIEBI, N 281. Vgl. zum deutschen Recht: DEPENBROCK, 209; KLEIN, 49).

Verteilung	Vorzugsaktionäre	Stammaktionäre
1. Verteilung	130% des einbezahlten Kapitals	
2. Verteilung		110% des einbezahlten Kapitals
3. Verteilung	Nach Massgabe der Nennwerte	

Tabelle: Beispiel für eine Verteilung nach Massgabe des Grundanteils mit Agio

Verteilung	Vorzugsaktionäre	Stammaktionäre
1. Verteilung	100% des einbezahlten Kapitals + CHF 100 pro Aktie	
2. Verteilung		100% des einbezahlten Kapitals
3. Verteilung	40% an die Vorzugsaktionäre	60% an die Stammaktionäre

Tabelle: Beispiel für eine Verteilung nach Massgabe des Grundanteils mit Agio in der Form eines absoluten Betrages

36 Dem Vorzugsaktionär kann während der Dauer des Liquidationsverfahrens auch ein «**Marchzins**» gewährt werden. Dieser kann nach Massgabe von variablen Kriterien, des Nennwerts oder des einbezahlten Kapitals festgelegt werden (BGE 51 II 412 E. 3; LIEBI, N 280). Da der Marchzins aus Bilanzgewinn entrichtet wird, verletzt seine Entrichtung das Zinszahlungsverbot i.S.v. Art. 675 Abs. 1 nicht (VON SALIS-LÜTOLF, private equity, N 509; KÄGI, 139; SPRENGER, 53; LIEBI, N 280. Vgl. zum deutschen Recht: DEPENBROCK, 209). Das Vorrecht am Liquidationserlös und seine Komponenten fallen grundsätzlich in den Schutzbereich der Sonderversammlung der beeinträchtigten Vorzugsaktionäre (vgl. N 68 ff.).

Verteilung	Vorzugsaktien	Stammaktien
1. Verteilung	100% des einbezahlten Kapitals	
2. Verteilung	Marchzins von 10% des Nennwerts seit Auflösung der AG	
3. Verteilung	Nach Massgabe der Nennwerte	

Tabelle: Beispiel für eine Verteilung mit Marchzins als Teil des Vorrechts

In den Statuten kann auch festgelegt werden, dass sich das Vorrecht auf bestimmte **Vermögensgegenstände** der Aktiengesellschaft (soweit sie sich im Zeitpunkt der Liquidation im Vermögen der Aktiengesellschaft befinden und nicht verwertet werden mussten) bezieht (vgl. BÖCKLI, § 4 N 163; LIEBI, N 282). So kann bspw. (soweit man die Publizität des Handelsregisters nicht scheut) bei einer Immobilien-Aktiengesellschaft statutarisch festgelegt werden, dass jeder Vorzugsaktie (oder einer bestimmten Kategorie von Vorzugsaktien) im Falle der Liquidation ein bestimmtes Grundstück zugewiesen wird oder dass jedem der Vorzugsaktionäre im Falle der Liquidation ein Vorkaufs-, Kaufs- oder Rückkaufsrecht an einem bestimmten Grundstück der Aktiengesellschaft zustehen soll (Durch die öffentliche Beurkundung der Statuten sind die Formerfordernisse von Art. 657 Abs. 1 ZGB bzw. Art. 216 Abs. 2 gewahrt. Der Bestimmtheitsgrundsatz beim Grundstückkaufvertrag ist nach der hier vertretenen Auffassung auch dann eingehalten, wenn das Vorrecht des Vorzugsaktionärs nur an die im Zeitpunkt der Liquidation noch zum Gesellschaftsvermögen gehörenden Grundstücke geknüpft wird.). 37

Verteilung	Vorzugsaktionäre	Stammaktionäre
1. Verteilung	Grundstück Kataster-Nr. XXXX	
2. Verteilung		100% des einbezahlten Kapitals
3. Verteilung	¼ an die Vorzugsaktionäre	¾ an die Stammaktionäre

Tabelle: Beispiel für ein Vorrecht am Liquidationserlös in der Form von Vermögenswerten

Die Beteiligung der Vorzugsaktionäre am Liquidationserlös kann sich nur auf das Vorrecht beschränken oder kann sich darüber hinaus auch auf den **überschiessend zur Verteilung gelangenden Liquidationserlös** erstrecken. Der überschiessend zur Verteilung gelangende Liquidationserlös wird unter dem Vorbehalt einer abweichenden statutarischen Bestimmung i.S.v. Art. 661 nach Massgabe der liberierten Beträge unter den Vorzugs- und Stammaktionären verteilt (LIEBI, N 284). 38

Die **Rangfolge** von mehreren Vorrechten am Liquidationserlös bestimmt sich in erster Linie nach Massgabe der Statuten. In zweiter Linie finden Art. 86 f. bei Bestehen einer Vorzugsaktienkategorie bzw. Art. 86 f. analog bei Bestehen mehrerer Vorzugsaktienkate- 39 gorien Anwendung. Geben die Statuten über die Höhe des Vorrechts keine schlüssige Auskunft, entspricht das Vorrecht dem Umfang des einbezahlten Kapitals (LIEBI, N 283).

40 Die zum Zwecke einer konstanten Gewinnausschüttung gebildeten **statutarischen Reserven** werden im Zeitpunkt des Auflösungsbeschlusses dem Liquidationskonto zugeschlagen (MONTAVON/WERMELINGER, Tome I, 281; LIEBI, N 285).

5. Vorrecht auf das Vorwegzeichnungsrecht

41 Den Vorzugsaktionären kann ein Vorrecht auf das **Vorwegzeichnungsrecht** eingeräumt werden. Dieses Vorrecht kann vielfältig ausgestaltet werden. Zeitlich kann es sich nur auf eine bestimmte Anzahl zukünftiger Emissionen von Wandelanleihensobligationen bzw. Optionsanleihensobligationen erstrecken oder das Vorrecht nur während eines bestimmten Zeitrahmens gewähren. Das Vorrecht kann sich auch nur auf in bestimmter Art und Weise ausgestaltete Wandelanleihensobligationen bzw. Optionsanleihensobligationen beziehen oder lediglich eine Besserstellung in quantitativer Hinsicht einräumen (LIEBI, N 294).

6. Vorrecht auf Abschluss von Verträgen

42 Die mit Vorzugsaktien verbundenen Vorrechte können sich auf den **Abschluss von Verträgen** beziehen. Solche Vorrechte ermöglichen es den Vorzugsaktionären, beim Abschluss von Verträgen oder im Vertragsabschlussverfahren vor den Stammaktionären berücksichtigt zu werden. Durch das Vorrecht auf Abschluss von Verträgen wird die Vertragsfreiheit der Aktiengesellschaft unterschiedlich stark eingeschränkt. Kann die Aktiengesellschaft über den Abschluss, die Form, den Typ und den Inhalt des abzuschliessenden Vertrags alleine bestimmen, verliert sie lediglich die Partnerwahlfreiheit. Wird dem Vorzugsaktionär zudem ein Recht auf Antragstellung eingeräumt, verliert die Aktiengesellschaft unter Umständen auch die Abschlussfreiheit. Das Vorrecht auf Abschluss von Verträgen kann der Aktiengesellschaft gar einen Kontrahierungszwang (vgl. GUHL-DRUEY, § 2 N 34) auferlegen, indem die Aktiengesellschaft statutarisch zur vorbehaltlosen Annahme eines Antrags des Vorzugsaktionärs verpflichtet wird (LIEBI, N 299 ff.). Denkbar ist auch die Einräumung eines rechtsbegründenden Gestaltungsrechts in der Form von Vorkaufs-, Kaufs- oder Rückkaufsrechten an Gegenständen des Gesellschaftsvermögens. Dabei kann der Vorzugsaktionär durch eine einseitige Willenserklärung einen Vertrag begründen (GAUCH/SCHLUEP/SCHMID/REY, N 65; GUHL-DRUEY, § 2 N 35; MERZ, 72). Der Inhalt des Vorrechts auf Abschluss von Verträgen wird jedoch durch das Sachlichkeitsgebot (vgl. N 76), das Gleichbehandlungsprinzip (vgl. N 77), das Verbot der Einlagerückgewähr (Art. 680 Abs. 2), das Verbot verdeckter Gewinnausschüttungen, das Verbot vor übermässiger Bindung (Art. 27 ZGB) und die Bestimmungen über das Selbstkontrahieren eingeschränkt (LIEBI, N 301 ff.).

7. Vorrecht auf die Tantieme

43 Den Vorzugsaktionären kann ein Vorrecht auf die **Tantieme** zukommen. Ihm kommt Gewicht zu, wenn der zur Ausschüttung gelangende Bilanzgewinn nicht zur Befriedigung aller tantiemeberechtigter Verwaltungsratsmitglieder ausreicht. In diesen Konstellationen ermöglicht das Vorrecht auf die Tantieme die prioritäre Befriedigung vor den übrigen Verwaltungsratsmitgliedern (LIEBI, N 296).

8. Vorrecht auf deklarative Kapitalherabsetzung

Die Statuten können den Vorzugsaktionären ein Vorrecht auf **deklarative Kapitalherabsetzung** gewähren. Dabei werden im Rahmen einer deklarativen Kapitalherabsetzung die Vorzugsaktien nach den Stammaktien herabgesetzt oder herabgestempelt (GERBER, 88 f.; LIEBI, N 311. Vgl. BGE 51 II 412 E. 5).

44

9. Vorrecht auf Benutzung von gesellschaftlichen Anlagen

Die Vorrechte können die Vorzugsaktionäre auch in Bezug auf die **Benutzung von gesellschaftlichen Anlagen** bevorteilen (vgl. ZK-SIEGWART, N 13; PIONTEK, 197 f.; OR-Handkommentar-BURKHALTER, Art. 656 N 6; GEILINGER, 99; MARTIN, 18; LIEBI, N 298). Die Begünstigung darf bei der gewinnstrebigen Aktiengesellschaft aber nicht den Umfang einer Dividende annehmen (BÖCKLI, § 4 N 163; VON BÜREN/STOFFEL/WEBER, N 885). Die Vorrechte auf die Benutzung von gesellschaftlichen Anlagen können sich insbesondere auf die folgenden Rechte erstrecken:

45

- unentgeltliche oder vergünstigte Benutzung von Einrichtungen der Aktiengesellschaft (bspw. Seilbahn, Skilift);
- unentgeltliche oder vergünstigte Dienstleistungen, welche die Aktiengesellschaft erbringt (bspw. Rechtsschutz, Buchhaltung, Gratisfahrten, Flugtickets);
- kostenloser oder verbilligter Bezug von Produkten der Aktiengesellschaft (bspw. Bücher, Instrumente).

10. Vorrecht auf Bauzinsen

Den Vorzugsaktionären kann ein statutarisches Vorrecht auf **Bauzinsen** eingeräumt werden (LIEBI, N 297; **a.M.** ZK-SIEGWART, N 14; GEILINGER, 98). Dadurch wird in zulässiger Weise das Zinszahlungsverbot (Art. 675 Abs. 1) durchbrochen und das Verbot der Einlagerückgewähr (Art. 680 Abs. 2) gewahrt (FORSTMOSER/MEIER-HAYOZ/NOBEL, § 40 N 117; VON GREYERZ, 64; GUHL-DRUEY, § 66 N 9; ZK-BÜRGI, Art. 675, 676 N 10; MONTAVON/WERMELINGER, Tome I, 104; MEIER, N 2.24). Dem Vorrecht auf Bauzinsen kommt besondere Bedeutung zu, sofern die vorhandene Liquidität nicht zur Befriedigung aller Bauzinsberechtigter ausreicht.

46

11. Vorrecht auf Genussscheine

Die Vorrechte können sich auch auf **Genussscheine** beziehen (SCHUCANY, N 2; ZK-SIEGWART, N 13; GEILINGER, 99; LIEBI, N 295). Das Vorrecht auf Genussscheine behandelt die Vorzugsaktionäre in Bezug auf die Emission von Genussscheinen bevorzugt. Aufgrund der qualifizierten Anforderungen an die Ausgabe werden Genussscheine jedoch selten emittiert (FORSTMOSER/MEIER-HAYOZ/NOBEL, § 47 N 21 ff.).

47

12. Kein Vorrecht auf Beteiligung am Beteiligungsveräusserungserlös

In den USA kann den Vorzugsaktionären auch ein Vorrecht auf **Beteiligung am Beteiligungsveräusserungserlös,** welcher aus einem Verkauf einer Stammaktienkapitalbeteiligung an Dritte oder einer M&A-Transaktion mit Dritten entspringt, eingeräumt werden (vgl. N 88). Das Vorrecht spielt in Venture-Kapital-Finanzierungen eine äusserst wichtige Rolle. Dabei wird den Stammaktionären eine statutarische Pflicht zur Teilung der

48

statutarisch bestimmten Beteiligungsveräusserungserlöse mit den Vorzugsaktionären auferlegt. Unter geltendem Schweizer Aktienrecht ist ein solches Vorrecht nicht zulässig, weil es das Verbot der Nebenleistungspflicht (Art. 680 Abs. 1) verletzt und die Grenzen des aktienrechtlichen Mitgliedschaftsrechts überschreitet (LIEBI, N 312 f.).

13. Vorrechte im Rahmen von Umstrukturierungen im Sinne des Fusionsgesetzes

49   Gehen die mit Vorzugsaktien verbundenen Vorrechte im Rahmen einer **Fusion** (Art. 7 Abs. 5 FusG) unter, müssen den ehemaligen Vorzugsaktionären gleichwertige Rechte oder eine angemessene Abgeltung gewährt werden (Botschaft FusG, 4402; LIEBI, N 215). Dasselbe gilt für die **Spaltung** (Art. 7 Abs. 5 FusG i.V.m. Art. 31 Abs. 1 FusG) (Botschaft FusG, 4433), bei der die Vorrechte nicht bloss in wirtschaftlicher Hinsicht beeinträchtigt werden (LIEBI, N 216 f.), und für die **Umwandlung** (Art. 56 Abs. 4 FusG i.V.m. Art. 7 Abs. 5 FusG) (Botschaft FusG, 4451; GLANZMANN, Fusionsgesetz, Art. 56 N 11; VON DER CRONE/GERSBACH/KESSLER/DIETRICH/BERLINGER, N 769; LIEBI, N 218), obwohl ein ausdrücklicher Verweis im FusG fehlt. Keine Kompensation i.S.v. Art. 7 Abs. 5 FusG ist beim Untergang von Vorrechten im Rahmen einer **Vermögensübertragung** (Art. 69 ff. FusG) geschuldet (LIEBI, N 219).

IV. Spezielle Formen: Rückrufbarkeit («redeemable preferred stock») und Wandelbarkeit («convertible preferred stock») von Vorzugsaktien

50   Vorzugsaktien nach Schweizer Recht können nach der hier vertretenen Auffassung **nicht als rückrufbar** («redeemable» oder «callable») ausgestaltet werden. Mit anderen Worten, die Rücknahme von Vorzugsaktien kann nicht gegen den Willen der Aktiengesellschaft bzw. der Vorzugsaktionäre gefordert werden. Der Ausgestaltung von Vorzugsaktien als rückrufbar stehen zwingende aktienrechtliche Bestimmungen entgegen. Die Statuierung eines Rückrufrechts zugunsten der Aktiengesellschaft verbietet Art. 680 Abs. 1, weil es den Vorzugsaktionären eine verpönte vermögensmässige (FORSTMOSER/MEIER-HAYOZ/NOBEL, § 42 N 10 ff. m.w.Hw.; BÖCKLI, § 13 N 447, 350; OR-Handkommentar-VISCHER, Art. 680 N 6; VON BÜREN/STOFFEL/WEBER, N 974; ZK-BÜRGI, Art. 680 N 1 f., 9 ff.) Pflicht – die unfreiwillige Rückgabe eines Vermögenswerts – auferlegen würde. Da unter dem geltenden Aktienrecht eine Aktienamortisation nicht mehr zulässig ist (BÖCKLI, § 2 N 373), kann auch unter diesem Titel kein Rückrufrecht zugunsten der AG begründet werden. Die Begründung eines Rückrufrechts zugunsten der Vorzugsaktionäre wird durch Art. 680 Abs. 2 verhindert, weil die Entrichtung des Gegenwerts der zurückgerufenen Vorzugsaktien einer verpönten Rückforderung des einbezahlten Betrags gleich käme. Gemäss der herrschenden Lehre ist ein Rückrufrecht in der Form eines statutarischen Rücktrittsrechts nicht zulässig (FORSTMOSER/MEIER-HAYOZ/NOBEL, § 44 N 63 ff.; BÖCKLI, § 16 N 203 m.w.Hw.; Art. 680 N 15; **a.M.** KUNZ, Minderheitenschutz, § 4 N 98 ff. m.w.Hw.). De lege ferenda ist die gesetzliche Statuierung eines mit Vorzugsaktien verknüpfbaren Rückrufrechts insbesondere aus Minderheitsschutzgründen und im Sinne einer flexiblen Kapitalbewirtschaftung wünschenswert (LIEBI, N 384 ff.).

51   Vorzugsaktien nach Schweizer Recht können nach der hier vertretenen Auffassung als **wandelbar** («convertible») ausgestaltet werden. Insbesondere kann den Vorzugsaktionären gestützt auf den Vorbehalt in Art. 654 Abs. 2 letzter Satz i.V.m. Art. 654 Abs. 3 und die Ermächtigungsklausel in Art. 654 Abs. 1 i.V.m. Art. 654 Abs. 3 (vgl. N 55, 63) statutarisch das Recht eingeräumt werden, die Vorzugsaktien in Stammaktien zu wandeln bzw. die mit den Vorzugsaktien verbundenen Vorrechte nach Massgabe der Statuten zu

wandeln. Dabei kommt den Vorzugsaktionären eine mittelbare Statutenänderungskompetenz in der Form eines Gestaltungsrechts zu. In Anlehnungen an die Bestimmungen über die Wandelanleihensobligationen nimmt der Verwaltungsrat als Träger der unmittelbaren Statutenänderungskompetenz die nötigen Anpassungen der Statuten vor (vgl. Art. 653g Abs. 1) (LIEBI, N 351, 367 ff. Ähnlich VON SALIS-LÜTOLF, private equity, N 565 ff., 1265. Einschränkend GERHARD, 288). Gemäss der Ermächtigungsklausel in Art. 654 Abs. 1 OR und dem Vorbehalt in Art. 654 Abs. 2 letzter Satz ist auch eine Umwandlung von Stammaktienkapital in Vorzugsaktienkapital möglich (LIEBI, N 383). Sofern Art. 680 Abs. 1 gewahrt wird, kann durch die Statuten der AG auch ein Wandelrecht eingeräumt werden, indem dem Verwaltungsrat die Kompetenz zur Umwandlung von Vorzugsaktien in Stammaktien (Vorbehalt in Art. 654 Abs. 2 letzter Satz i.V.m. Art. 654 Abs. 3) bzw. zur Umwandlung von Stammaktien in Vorzugsaktien übertragen wird (Vorbehalt in Art. 654 Abs. 2 letzter Satz) (LIEBI, N 348, 371). Zulässig unter dem gleichen Vorzeichen ist grundsätzlich auch die Verknüpfung der Statuten mit einer objektiv bestimmbaren Bedingung (bspw. ein IPO oder der Verkauf einer Beteiligung), bei deren Eintritt die Vorzugsaktien automatisch («mandatory convertible») in Stammaktien umgewandelt werden (LIEBI, N 372).

V. Vertretung der Vorzugsaktionäre im Verwaltungsrat

Vorzugsaktien stellen eine Aktienkategorie i.S.v. Art. 709 Abs. 1 dar. Aktienkategorien i.S.v. Art. 709 Abs. 1 haben **Anspruch auf Vertretung im Verwaltungsrat.** Vorzugsaktien mit unterschiedlichen Vorrechten bilden unterschiedliche Vorzugsaktienkategorien, sofern sie sich in rechtlicher Hinsicht (BGE 120 II 47 E. 2c). Vgl. BGE 95 II 555 E. 5; ZK-HOMBURGER, Art. 709 N 188 f.; KRNTA, N 361) – bspw. bezüglich der Rechtsnatur der mit ihnen verbundenen Rechte – unterscheiden. Unterschiede in bloss tatsächlicher Hinsicht – bspw. bezüglich des Umfangs der mit ihnen verknüpften Rechte derselben Rechtsnatur – begründen nicht mehrere Aktienkategorien (LIEBI, N 357). Deshalb bilden bspw. Vorzugsaktien mit einem unterschiedlich hohen Dividendenvorrecht eine einheitliche Aktienkategorie. Gestützt auf Art. 709 Abs. 2 kann diesen unterschiedlichen Serien von Vorzugsaktien statutarisch ein Recht auf Vertretung im Verwaltungsrat eingeräumt werden.

Inhaber von Vorrechten am Liquidationserlös sind vom gleichen Gefahrenszenario betroffen wie Inhaber von Dividendenvorrechten. Ihre Vorrechte können durch Handlungen der Liquidatoren faktisch ausgehebelt werden. Deshalb stellen die Inhaber von Vorrechten am Liquidationserlös eine schützenswerte Minderheit dar. Aus diesem Grund findet nach der hier vertretenen Auffassung Art. 709 Abs. 1 auf die Bestellung von Liquidatoren analoge Anwendung (LIEBI, N 276).

VI. Voraussetzungen für die Schaffung von Vorzugsaktien

1. Bei der Gründung der Aktiengesellschaft

Bereits bei der **Gründung** kann die Ausgabe von Vorzugsaktien (vgl. Art. 630 Ziff. 1) neben Stammaktien beschlossen werden. Dabei sind die Anzahl, der Nominalwert und die einzelnen Vorrechte der Vorzugsaktien in den Statuten genau zu umschreiben (Art. 627 Ziff. 9), indem die Maximalbegrenzung der Vorrechte präzis aufgeführt wird (FORSTMOSER, Aktienrecht, § 7 N 27) oder die Vorrechte aufgrund der statutarischen Umschreibung zumindest objektiv bestimmbar sind. Enthalten die Statuten bloss Angaben über die Rechtsnatur der Vorrechte, jedoch keine Angaben über die konkrete Ausgestaltung der Vorrechte, werden die Konkretisierungsanforderungen nicht erfüllt (LIEBI, N 52). Bereits die Urstatuten können die zukünftige Emission bzw. den Ausschluss einer zukünftigen Emission von Vorzugsaktien vorsehen (ZK-SIEGWART, Art. 627 N 12). Die Zeichnung der Vorzugsaktien muss sowohl Angaben über Anzahl, Nennwert, Art, Kategorie und Ausgabebetrag enthalten als auch bedingungslos zur vollumfänglichen Einlage verpflichten (Art. 630). Fehlende Angaben über die Aktienkategorie haben nicht zwingend die Nichtigkeit der Zeichnung zur Folge (BÖCKLI, § 1 N 180; Art. 630 N 3; OR-Handkommentar-ZUERCHER, Art. 630 N 4). In der Handelsregisteranmeldung müssen die Vorrechte nur summarisch umschrieben werden (REBSAMEN/THOMI, 33; KÜNG/MEISTERHANS, Muster 31900 (AG, Gründung, bar, Vorzugsaktien)). Die Vorrechte werden nur summarisch im Handelsregister eingetragen (REBSAMEN, N 420).

2. Nach der Gründung der Aktiengesellschaft

55 Die nachträgliche Begründung einer Vorzugsaktienstruktur bedarf nach einem Teil der Lehre gemäss Art. 654 Abs. 1 einer **statutarischen Ermächtigungsklausel** (ZK-BÜRGI, Art. 698 N 121; PATRY, précis, 138; ZK-SIEGWART, Art. 627 N 12; DEGIACOMI, 48; GEILINGER, 100 f.; NÄGELI, 151 f.; ROULLET, 138; LIEBI, N 55 ff.; **a.M.** BÖCKLI, § 4 N 159; OR-Handkommentar-BURKHALTER, Art. 654 N 4). Die Statuten können eine **negative Ermächtigungsklausel** enthalten, die eine nachträgliche Emission von Vorzugsaktienkapital gänzlich untersagt (LIEBI, N 65). Eine solche negative Ermächtigungsklausel kann i.d.R. mit dem einfachen Quorum aufgehoben werden (Art. 703). Will man die Stammaktionäre weitergehend schützen, müssen die Statuten ein besonderes Quorum vorsehen (bspw. 90%), welches i.S.v. Art. 654 Abs. 1 nur «nach Massgabe der Statuten» mit demselben Quorum (90%) wieder abgeschafft werden kann.

a) Umwandlung von Stammaktien in Vorzugsaktien

56 Vorzugsaktienkapital kann durch die **Umwandlung von Stammaktienkapital bei gleich bleibender Nennwertstückelung** geschaffen werden. Der Umwandlungsbeschluss wird i.d.R. von der Generalversammlung getroffen (WIRZ, 42 ff. Vgl. REBSAMEN, N 605 f.; KÜNG/MEISTERHANS, Muster 32580 (AG, Aktienumwandlung, Vorzugsaktien)). Er kommt nach Art. 703 mit dem absoluten Mehr der vertretenen Aktienstimmen zustande, bedarf der öffentlichen Beurkundung (Art. 647) und der Eintragung im Handelsregister. In der Handelsregisteranmeldung müssen die Vorrechte nur summarisch umschrieben werden (REBSAMEN/THOMI, 163). Gestützt auf den Vorbehalt in Art. 654 Abs. 2 letzter Satz kann der Umwandlungsbeschluss auch vom Verwaltungsrat gefasst werden (LIEBI, N 84, 349) (vgl. N 60). Die Grundkapitalziffer erfährt im Rahmen der Umwandlung eine Änderung, sofern die bestehenden Aktien zerlegt oder zusammengelegt werden. Die **Zerlegung** setzt einen öffentlich zu beurkundenden Statutenänderungsbeschluss voraus (Art. 626 Ziff. 4 bzw. Art. 627 Ziff. 9 i.V.m. Art. 623 Abs. 1). Die **Zusammenlegung** bedarf sowohl eines öffentlich zu beurkundenden Statutenänderungsbeschlusses als auch der besonderen Zustimmung von allen betroffenen Aktionären (Art. 623). Werden im Rahmen der Umwandlung Vorrechte von Vorzugsaktien beeinträchtigt, bedarf der Umwandlungsbeschluss i.d.R. der Zustimmung der Sonderversammlung der beeinträchtigten Vorzugsaktionäre (LIEBI, N 89, 314 ff.). Werden nach der Gründung Stammaktien in Vorzugsaktien umgewandelt, muss allen Aktionären anteilmässig Gelegenheit zur Umwandlung gegeben werden (ZK-SIEGWART, N 24; BGE 59 II 44 E. 4). Denkbar ist auch, dass im Rahmen einer Kapitalerhöhung die bisherigen Aktien ganz oder teilweise in Vorzugsaktien umgewandelt werden und die neuen Aktien als Stammaktien ausgegeben werden.

b) Schaffung neuer Vorzugsaktien durch Kapitalerhöhung

Wird im Rahmen einer **ordentlichen Kapitalerhöhung** die Ausgabe von Vorzugsaktien 57 beschlossen, so genügt – soweit die Vorrechte nicht Bezugsrechte zum Gegenstand haben (vgl. N 28 ff.) – hierfür das einfache Quorum nach Art. 703. Der öffentlich zu beurkundende Beschluss muss im Sinne einer bedingt notwendigen Angabe über die geschaffenen Vorrechte Aufschluss geben (Art. 650 Abs. 2 Ziff. 2). Aufgrund der identischen Terminologie in Art. 650 Abs. 2 Ziff. 2 und Art. 627 Ziff. 9 müssen die Vorrechte im Erhöhungsbeschluss gleichermassen wie in den Urstatuten konkretisiert werden (LIEBI, N 67. Vgl. auch BÖCKLI, § 2 N 64). Die Vorrechte sind im Zeichnungsschein gleichermassen wie bei der Gründung zu konkretisieren (vgl. N 54) (LIEBI, N 68. Vgl. FORSTMOSER/MEIER-HAYOZ/NOBEL, § 52 N 195; BBl 1983 II, 863). Der allfällig zu erstellende Emissionsprospekt muss über die Vorrechte Aufschluss geben (Art. 652a Abs. 1 Ziff. 2). Die Vorrechte müssen in der Handelsregisteranmeldung nur summarisch umschrieben werden (REBSAMEN/THOMI, 76; KÜNG/MEISTERHANS, Muster 32220 (AG, Kapitalerhöhung, bar, mit Vorzugsaktien)).

Vorzugsaktienkapital kann auch im Rahmen einer **genehmigten Kapitalerhöhung** ge- 58 schaffen werden. Dabei muss der statutenändernde Ermächtigungsbeschluss der Generalversammlung Angaben über die Vorrechte enthalten. Aufgrund der Verweisung in Art. 651 Abs. 3 müssen die Vorrechte wie bei der ordentlichen Kapitalerhöhung konkretisiert werden (LIEBI, N 74). Neben dem Ausgabebetrag, der Art der Einlagen, den Sachübernahmen und des Beginns der Dividendenberechtigung (Art. 651 Abs. 3) kann auch die Ausgestaltung der Vorrechte (bspw. Höhe des Dividendenvorrechts) an den Verwaltungsrat delegiert werden (LIEBI, N 75; VON PLANTA, 313; **a.M.** LUSSY, 743 f.; VON GREYERZ, Kapitalerhöhung, 98 f.). Fraglich ist jedoch, ob die Festlegung der Rechtsnatur der Vorrechte an den Verwaltungsrat delegiert werden kann oder ob im Ermächtigungsbeschluss die Rechtsnatur des Vorrechts (bspw. Vorrecht am Liquidationserlös) ausdrücklich festgehalten werden muss. Im Weiteren wird man sich von den Überlegungen des Bundesgerichts in BGE 121 III 219 E. 1d. c) leiten lassen müssen (LIEBI, N 75).

Bei der Schaffung von Vorzugsaktienkapital im Rahmen einer **bedingten Kapitalerhö-** 59 **hung** müssen die Statuten über die Vorrechte einzelner Kategorien Aufschluss geben (Art. 653b Abs. 1 Ziff. 5). Die Vorrechte müssen gleichermassen wie bei der Gründung konkretisiert werden (BBl 1983 II, 870; LIEBI, N 77). Der Emissionsprospekt muss wie bei der ordentlichen Kapitalerhöhung über die Vorrechte Aufschluss geben. Die schriftliche Ausübungserklärung des Wandel- und Bezugsrechts muss insbesondere Angaben über die Vorrechte der neu geschaffenen Vorzugsaktien enthalten (LIEBI, N 79).

Gestützt auf den Vorbehalt in Art. 654 Abs. 2 letzter Satz und eine entsprechende Statu- 60 tenbestimmung kann dem **Verwaltungsrat** die Kompetenz zur Emission von Vorzugsaktienkapital eingeräumt werden (vgl. N 72) (LIEBI, N 81, 349).

Vorzugsaktienkapital kann gemäss der analogen Anwendung von Art. 622 Abs. 3 bzw. 61 Art. 627 Ziff. 7 i.V.m. Art. 656a Abs. 2 gestützt auf eine statutarische Umwandlungsklausel mittels **Umwandlung von Partizipationskapital** geschaffen werden. Dabei wird das Partizipationskapital ohne Einhaltung der Kapitalherabsetzungsvorschriften i.S.v. Art. 732 ff. auf null herabgesetzt und gleichzeitig im gleichen Umfang durch Vorzugsaktienkapital ersetzt (ISLER, 736; Art. 652d N 5 f.; LUSSY, 751; BÖCKLI, § 5 N 22 ff.; REBSAMEN/THOMI, 92; HORBER, Einheitsaktie, 172 f. Gemäss LEDERER/KÄCH, 48 f., bedarf die Umwandlung bloss einer Umwandlungsklausel i.S.v. Art. 622 Abs. 3 bzw. Art. 627 Ziff. 7 i.V.m. Art. 656a Abs. 2).

3. Spezialgesetzliche Regelungen für SICAV und SICAF

62 Gemäss Art. 40 Abs. 5 KAG können SICAV keine Vorzugsaktien emittieren. Dasselbe gilt nach Art. 113 Abs. 2 KAG auch für SICAF.

VII. Voraussetzungen für die Abschaffung von Vorzugsaktien

63 Aufgrund der Verweisung in Art. 654 Abs. 3 «gilt dasselbe» wie in Art. 654 Abs. 1 auch für die Abänderung und Aufhebung von statutarischen Vorrechten, die mit Vorzugsaktien verbunden sind. Deshalb setzt die Aufhebung einer Vorzugsaktienstruktur eine **statutarische Ermächtigungsklausel** voraus, sofern nicht alle Aktionäre von der Aufhebungshandlung gleichermassen betroffen werden. Dabei findet die Lehre, Rechtsprechung und Praxis zur Umwandlungsklausel i.S.v. Art. 622 Abs. 3 sinngemässe Anwendung (LIEBI, N 91 ff.). Die Aufhebung einer Vorzugsaktienstruktur im Rahmen einer **Liquidation** (Art. 736 ff.) oder im Rahmen von **Umstrukturierungen im Sinne des FusG** bedürfen keiner statutarischen Ermächtigungsklausel i.S.v. Art. 654 Abs. 1 i.V.m. Art. 654 Abs. 3. Diese Aufhebungstatbestände betreffen alle Aktionäre gleichermassen und rechtfertigen deshalb keinen besonderen Schutz der Vorzugsaktionäre (LIEBI, N 128 ff.).

64 Im Sinne von Art. 654 Abs. 1 i.V.m. Art. 654 Abs. 3 setzt die Aufhebung von Vorzugsaktienkapital unter Veränderung der Grundkapitalziffer eine statutarische Ermächtigungsklausel voraus. Die Grundkapitalziffer wird durch das **konstitutive Kapitalherabsetzungsverfahren**, das **deklarative Kapitalherabsetzungsverfahren** und **das Verfahren der Herabsetzung des Vorzugsaktienkapitals mit gleichzeitiger Wiedererhöhung auf einen tieferen, den bisherigen, oder einen höheren Betrag (Art. 57 f. HRegV)** verändert. Gestützt auf den Vorbehalt in Art. 654 Abs. 2 letzter Satz i.V.m. Art. 654 Abs. 3 und eine entsprechende Statutenbestimmung kann auch dem **Verwaltungsrat** die Kompetenz zur Herabsetzung des Vorzugsaktienkapitals übertragen werden (vgl. N 72) (LIEBI, N 109, 350).

65 Die **Umwandlung** von Vorzugsaktienkapital in Stammaktienkapital bei gleich bleibender Grundkapitalziffer setzt i.d.R. die Zustimmung der Sonderversammlung der beeinträchtigten Vorzugsaktionäre voraus (vgl. N 68 ff.). Die Statuten können mit einer objektiv bestimmbaren Bedingung (bspw. ein IPO oder der Verkauf einer Beteiligung) verknüpft werden, bei deren Eintritt Vorzugsaktien in Stammaktien umgewandelt werden (KÄGI, 149; SPRENGER, 150; WIRZ, 29 ff.; OEHNINGER, 71; ZK-SIEGWART, N 41; VON SALIS-LÜTOLF, private equity, N 565). Dem Vorzugsaktionär darf aber keine i.S.v. Art. 680 Abs. 1 verpönte Nebenleistungspflicht auferlegt werden (LIEBI, N 371) (vgl. N 50). Vorzugsaktienkapital kann auch nach Ablauf einer statutarisch bestimmten Frist in Stammaktienkapital gewandelt werden. Statutarische Bestimmungen solcher Art heben nach Massgabe des Vorbehalts in Art. 654 Abs. 2 letzter Satz die Sonderversammlung auf (LIEBI, N 112). Auch der Umwandlungsbeschluss selbst kann befristet (DUBS, 368 f.) bzw. mit einer jederzeit bestimmbaren oder erkennbaren Bedingung verknüpft werden (FORSTMOSER, Vom alten, 162; BGE 84 III 122 E. 1).

66 Eine Vorzugsaktienstruktur kann gestützt auf eine statutarische Ermächtigungsklausel mittels **Zerlegung** oder **Zusammenlegung** aufgehoben werden. Dabei bleibt die Grundkapitalziffer gleich, jedoch verändert sich die Nennwertstückelung. In der Regel bedarf es dafür auch der Zustimmung der Sonderversammlung der beeinträchtigten Vorzugsaktionäre. Letztlich muss der Umwandlungsbeschluss bzw. der Zusammenlegungs- oder Zerlegungsbeschluss zusammen mit dem Protokoll der Sonderversammlung der beein-

trächtigten Vorzugsaktionäre beim Handelsregister angemeldet werden (REBSAMEN, N 608; REBSAMEN/THOMI, 166).

Vorzugsaktienkapital kann mittels **Umwandlung in Partizipationskapital** abgeschafft werden. Dieser Vorgang setzt gemäss der analogen Anwendung der herrschenden Lehre zur Umwandlung von Partizipationskapital in Vorzugsaktienkapital (vgl. N 61) die Schaffung einer statutarischen Umwandlungsklausel nach Massgabe der analogen Anwendung von Art. 622 Abs. 3 bzw. Art. 627 Ziff. 7 i.V.m. Art. 656a Abs. 2 voraus (LIEBI, N 110). 67

VIII. Sonderversammlung der beeinträchtigten Vorzugsaktionäre (Art. 654 Abs. 3)

Nur die Vorrechte (HORBER, Sonderversammlung, 15, 24; KÄGI, 61; LIEBI, N 315; **a.M.** BÖCKLI, § 4 N 170) werden durch das Rechtsinstitut **Sonderversammlung der beeinträchtigten Vorzugsaktionäre** kollektiv (BGE 51 II 412 E. 3; WIRZ, 34; HORBER, Sonderversammlung, 14 f., 27, 29; ZK-SIEGWART, N 34; GEILINGER, 98; STOCKMANN, 127 f.; BURKHALTER T., 324; GERBER, 16, 57, 60; LIEBI, N 315) vor Beeinträchtigungen geschützt (Art. 654 Abs. 2). Die Beeinträchtigung eines Rechtskomplexes, der allen Aktionären gleichermassen zusteht, bedarf nicht der Zustimmung der Sonderversammlung der beeinträchtigten Vorzugsaktionäre (KÄGI, 3; ZK-SIEGWART, N 26; GEILINGER, 101 f.; GERBER, 58; WIRZ, 34 f.; LIEBI, N 331 ff. Vgl. BGE 69 II 246 E. 2b). Die Entstehungsgeschichte der Vorrechte hat keinen Einfluss auf die Schutzwirkungen der Sonderversammlung der beeinträchtigten Vorzugsaktionäre (LIEBI, N 321 ff.). Die Sonderversammlung der beeinträchtigten Vorzugsaktionäre entscheidet in verbindlicher Weise für alle beeinträchtigten Vorzugsaktionäre über die Zulässigkeit einer Beeinträchtigung der Vorrechte. Deshalb stellt sie eine besondere Generalversammlung mit eingeschränkten Kompetenzen dar. Sie übt eine organähnliche Funktion aus (TANNER, § 7 N 5 ff., 30 f.). In organisatorischer Hinsicht finden die Bestimmungen über die Generalversammlung grundsätzlich sinngemässe Anwendung (FORSTMOSER/MEIER-HAYOZ/NOBEL, § 26 N 8, § 41 N 42; KUNZ, § 12 N 178; ROULLET, 141; HORBER, Sonderversammlung, 52, 55; CAPITAINE, 32 f.; ZK-SIEGWART, N 33; GEILINGER, 17, 103 f.; GERBER, 66 ff., 71 ff.; WIRZ, 35; MOSIMANN, 41; LIEBI, N 314 ff.; **a.M.** ROSSET, 139). Beeinträchtigte Vorzugsaktionäre sind grundsätzlich sowohl in der die Vorrechte beeinträchtigenden ordentlichen Generalversammlung als auch in der Sonderversammlung der beeinträchtigten Vorzugsaktionäre stimmberechtigt. Letztere kann vor, gleichzeitig oder nach der ordentlichen Generalversammlung abgehalten werden. Der die Vorrechte beeinträchtigende Generalversammlungsbeschluss wird nur wirksam, sofern der Beschluss der Sonderversammlung der beeinträchtigten Vorzugsaktionäre vorliegt (LIEBI, N 337 f.). Die Sonderversammlung der beeinträchtigten Vorzugsaktionäre und die ordentliche Generalversammlung bzw. der Verwaltungsrat (vgl. N 70) fällen im Rahmen eines Doppelbeschlusses (FORSTMOSER/MEIER-HAYOZ/NOBEL, § 26 N 3; HORBER, Sonderversammlung, 17; HORBER, Einheitsaktie, 171; KUNZ, § 12 N 178 f.; BÖCKLI, § 4 N 170; OR-Handkommentar-BURKHALTER, Art. 654 N 7; LIEBI, N 318 f.) einen identischen Sachentscheid (BGE 69 II 246 E. 2 b; HORBER, Sonderversammlung, 17. Vgl. Botschaft 1928, 29) nur bezüglich der Beeinträchtigung der Vorrechte (LIEBI, N 318). Die Statuten können eine Frist festlegen, innerhalb derer die Beschlussfassung zu ergehen hat. Subsidiär ergibt sich die Dauer der Frist aus dem Grundsatz von Treu und Glauben (LIEBI, N 319). 68

Die **Zustimmung der Sonderversammlung der beeinträchtigten Vorzugsaktionäre** muss eingeholt werden, sofern die Vorrechte beeinträchtigt bzw. aufgehoben werden. 69

Sehen die Statuten die Verteilung der an die Aktionäre auszurichtenden Vermögenswerte in mehreren Schritten vor, wird grundsätzlich jeder Verteilschritt vom Schutzbereich einer besonderen Sonderversammlung der beeinträchtigten Vorzugsaktionäre erfasst (LIEBI, N 198). Mit anderen Worten, die Begründung eines mehrgliedrigen Verteilschemas ist gleichbedeutend mit der Begründung von mehreren Vorzugsaktienkategorien.

70 Die Einberufung der Sonderversammlung der beeinträchtigten Vorzugsaktionäre setzt eine Beeinträchtigung durch formelle Handlungen der Generalversammlung bzw. des Verwaltungsrats und nicht bloss durch Realakte voraus (LIEBI, N 328, 337 f.). Die **Beeinträchtigungshandlungen** werden in Art. 654 Abs. 2 und Abs. 3 unter dem Vorbehalt einer abweichenden Statutenbestimmung abschliessend aufgezählt (GEILINGER, 102 f.; WIRZ, 43; LIEBI, N 329). Verpönte Handlungen sind die Emission von neuem Vorzugsaktienkapital mit Vorrechten gegenüber dem bereits bestehenden Vorzugsaktienkapital bzw. die Abänderung oder Aufhebung von Vorrechten (vgl. FORSTMOSER/MEIER-HAYOZ/NOBEL, § 26 N 14, § 53 N 120; Art. 732 N 3; ZK-SIEGWART, N 26, 36 ff.; TANNER, § 7 N 293; FUNK, Art. 654 N 3; MEYER, 52 f.; MARTIN, 190; GERBER, 77; GEILINGER, 102; VON PLANTA/DU PASQUIER, 11; LIEBI, N 328 f.). Keine Beeinträchtigung der Vorrechte liegt vor, wenn Vorzugsaktien mit identischen oder anderen Vorrechten emittiert werden (ZK-SIEGWART, N 26; CAPITAINE, 32; TANNER, § 7 N 288; FUNK, Art. 654 N 3; ROULLET, 141; GEILINGER, 103; VON STEIGER, 286; BACHMANN, 205 f.; GERBER, 77, 82 f.; LIEBI, N 331 ff. Vgl. WIRZ, 42).

71 Die Beeinträchtigung setzt einen Eingriff in die **rechtliche Substanz der Vorrechte,** nicht bloss eine **Schlechterstellung in wirtschaftlicher Hinsicht** voraus (KÄGI, 62; GEILINGER, 102; MEYER, 52; BURKHALTER T., 324. Vgl. auch HORBER, Einheitsaktie, 174; LIEBI, N 334). Schadenersatzzahlungen oder die Einräumung andersartiger Vorrechte heilen eine Beeinträchtigung nicht. Bleiben die Vorrechte umfangmässig erhalten (bspw. 10% auf CHF 500 000 Nennwert anstelle von 5% auf CHF 1 000 000 Nennwert), liegt keine verpönte Beeinträchtigung vor (LIEBI, N 334; **a.M.** MARTIN, 194; HORBER, Sonderversammlung, 38). Die Beeinträchtigung muss dauerhaft sein (ZK-SIEGWART, N 27 f.; LIEBI, N 330). Die Zustimmung der Sonderversammlung der beeinträchtigten Vorzugsaktionäre stellt eine Rechtsbedingung («conditio iuris») dar (LIEBI, N 337). Deshalb ist sie eine Gültigkeitsvoraussetzung des die Vorrechte beeinträchtigenden Generalversammlungsbeschlusses, Verwaltungsratsbeschlusses bzw. Wandel- oder Optionsrechts (LIEBI, N 337; KÄGI, 66; **a.M.** GERBER, 70 f.; ZK-SIEGWART, N 32; WIRZ, 40 f., die einen Anfechtungsgrund i.S.v. Art. 706 annehmen). Ein Generalversammlungsbeschluss, der die Aufhebung der Sonderversammlung der beeinträchtigten Vorzugsaktionäre vorsieht, bedarf der Zustimmung derselben (VON PLANTA/DU PASQUIER, 10; WIRZ, 41 f.; VON SALIS-LÜTOLF, Risiko, 214 f.; VON STEIGER, Auslegung, 176 ff.; LIEBI, N 339). Soweit durch die Änderung die Stellung der Vorzugsaktionäre verbessert wird (bspw. durch Erhöhung der Vorzugsdividende von 6% auf 8%) oder zumindest keine Verschlechterung eintritt, ist keine Zustimmung der Sonderversammlung der beeinträchtigten Vorzugsaktionäre erforderlich.

72 Gestützt auf den **Vorbehalt in Art. 654 Abs. 2 letzter Satz** kann die Sonderversammlung der beeinträchtigten Vorzugsaktionäre in den Urstatuten oder im Rahmen einer nachfolgenden Statutenänderung vollumfänglich aufgehoben werden (FORSTMOSER/MEIER-HAYOZ/NOBEL, § 26 N 15, § 41 N 38 ff.; CAPITAINE, 31, 38; GEILINGER, 100, 104; VON GREYERZ, 77; FUNK, Art. 654 N 4; PIONTEK, 198; ROULLET, 141; GERBER, 25, 65, 71, 102; REBSAMEN, N 608; Art. 627 N 12; MONTAVON/WERMELINGER, Tome II, 66; REBSAMEN/THOMI, 166; BEELER, 217; MEYER, 60 f.; BURKHALTER T., 324; WIRZ, 28 f.; ZIMMERMANN, 82; STOCKMANN, 126; ZK-SIEGWART, N 29; VON PLANTA/

DU PASQUIER, 10; LIEBI, N 340 ff. Vgl. auch HORBER, Sonderversammlung, 14). Der Vorbehalt erstreckt sich auf alle Elemente von Art. 654 Abs. 2 und Art. 654 Abs. 3. Er ermöglicht es, den Zuständigkeitsbereich der Sonderversammlung der beeinträchtigten Vorzugsaktionäre statutarisch einzuschränken. Gestützt auf den Vorbehalt kann auch dem Verwaltungsrat insbesondere die Kompetenz zur Umwandlung von Vorzugsaktien in Stammaktien bzw. zur Umwandlung von Stammaktien in Vorzugsaktien (vgl. N 51), die Kompetenz zur Erhöhung von Vorzugsaktienkapital (vgl. N 60) und die Kompetenz zur Herabsetzung von Vorzugsaktienkapital (vgl. N 64) eingeräumt werden. Denkbar ist auch die Begründung einer mittelbaren Statutenänderungskompetenz in der Form eines Gestaltungsrechts zugunsten der Vorzugsaktionäre, welches den Vorzugsaktionären ein Recht auf Umwandlung der Vorzugsaktien in Stammaktien bzw. ein Recht auf Abänderung der mit den Vorzugsaktien verbundenen Vorrechte einräumt (vgl. N 51) (LIEBI, N 351).

Die Zustimmung der Sonderversammlung der beeinträchtigten Vorzugsaktionäre muss theoretisch auch bei der Aufhebung von Vorrechten im Rahmen der **Reorganisationen im Sinne des FusG** eingeholt werden (vgl. N 49). Vorbehalten bleibt jedoch die Vermögensübertragung im Sinne des FusG (BSK FusG-GERICKE, Art. 56 N 38; LIEBI, N 352 ff.; **a.M.** ALTENBURGER/CALDERAN/LEDERER, N 56; VOGEL/HEIZ/BEHNISCH, Art. 7 N 37; GLANZMANN, Kontinuität, 147; ZK FusG-BURCKHARDT, Art. 7 N 72; JERMINI, Art. 18 N 17; VON DER CRONE/GERSBACH/KESSLER/DIETRICH/BERLINGER, N 343; BSK FusG-SCHLEIFFER, Art. 18 N 8). Weil i.d.R. aber alle Aktionäre gleichermassen von den Reorganisationen betroffen werden, bedürfen sie faktisch zumeist nicht der Zustimmung der Sonderversammlung der beeinträchtigten Vorzugsaktionäre (LIEBI, N 355). Trotzdem kann den Vorzugsaktionären gestützt auf den Vorbehalt in Art. 654 Abs. 2 letzter Satz i.V.m. Art. 654 Abs. 3 (vgl. N 72) und im Rahmen der aktienrechtlichen Prinzipien (vgl. N 76 f.) ein eigentliches Vetorecht eingeräumt werden, indem die Statuten das Einholen der Zustimmung der Sonderversammlung der beeinträchtigten Vorzugsaktionäre («poison pill») für einzelne Reorganisationen im Sinne des FusG vorsehen (LIEBI, N 340 ff.).

73

Gemäss Art. 656 f Abs. 4 schützt die **besondere Versammlung der betroffenen Partizipanten** die «Vorrechte» von Partizipanten vor Beschränkungen oder Aufhebungen. In diesem Zusammenhang wird der Begriff «Vorrecht» untechnisch verwendet. Er bezeichnet nur die den Partizipanten nach Gesetz und Statuten zustehenden Vermögensrechte (FORSTMOSER/MEIER-HAYOZ/NOBEL, § 26 N 22; BÖCKLI, § 5 N 34; OR-Handkommentar-BURKHALTER, Art. 656 f N 5; PETER, 755; LIEBI, N 356; **a.M.** HOMBURGER, Leitfaden, 42; DEMARMELS, 86; HORBER, Sonderversammlung, 15, 42 FN 87). Die besondere Versammlung der betroffenen Partizipanten schützt die Partizipanten nur vor einer Ungleichbehandlung im Verhältnis zur gleich gestellten Aktienkategorie. Deshalb haben die besondere Versammlung der betroffenen Partizipanten und die Sonderversammlung der beeinträchtigten Vorzugsaktionäre unterschiedliche Wirkungsbereiche. Mit anderen Worten, mit Vorrechten verbundene Partizipationsscheine werden sowohl von der besonderen Versammlung der betroffenen Partizipanten i.S.v. Art. 656 f Abs. 4 als auch von der Sonderversammlung der beeinträchtigten Vorzugspartizipanten i.S.v. Art. 654 f. i.V.m. Art. 656a Abs. 2 geschützt (LIEBI, N 356).

74

Gemäss der **Übernahmekammer der EBK** finden die Bestimmungen über die Sonderversammlung der beeinträchtigten Vorzugsaktionäre keine analoge Anwendung auf eine «Sonderabstimmung» die unter den Minderheitsaktionären im Rahmen der Einführung einer nachträglichen «opting out-Klausel» i.S.v. Art. 22 Abs. 2 BEHG durchgeführt wird (Verfügung der Übernahmekammer der EBK vom 23.6.2000 in Sachen Esec Hol-

75

ding AG/Unaxis Holding AG E. 3d) cc); **a.M.** Empfehlung Esec Holding AG – Stellungnahme der Übernahmekommission an die EBK vom 13.6.2000 E. 4).

IX. Sachlichkeitsgebot, Gebot der schonenden Rechtsausübung und Gleichbehandlungsprinzip

76 Dem **Sachlichkeitsgebot** und dem **Gebot der schonenden Rechtsausübung** kommen bei der Begründung und der Aufhebung einer Vorzugsaktienstruktur Bedeutung zu. Bei der Emission von Vorzugsaktienkapital dürfen die Rechte der Stammaktionäre nicht in unsachlicher Weise beeinträchtigt werden. Bei der Aufhebung einer Vorzugsaktienstruktur werden die Vorzugsaktionäre durch das Sachlichkeitsgebot geschützt. Die Vorrechte dürfen nicht in unsachlicher Weise entzogen oder beschränkt werden (LIEBI, N 134 ff.). Die Vorzugsaktionäre dürfen insbesondere bei der Bildung von beschlussmässigen Reserven (BGE 53 II 250 E. 3) oder von Reserven für Wohlfahrtseinrichtungen der Arbeitnehmer (BGE 72 II 293 E. 4) nicht gegenüber den Stammaktionären benachteiligt werden. Das Sachlichkeitsgebot findet gemäss der bundesgerichtlichen Rechtsprechung keine Anwendung auf die Bildung von Wiederbeschaffungsreserven und stillen Reserven durch den Verwaltungsrat (BGer vom 5.3.2003, 4C.242/2001, E. 4.1; BGer vom 12.10.2004, 4C.386/2002, E. 3.2; **a.M.** LIEBI, N 145). Die Zustimmung der Sonderversammlung der beeinträchtigten Vorzugsaktionäre begründet eine tatsächliche Vermutung, dass der Mehrheitsentscheid für alle Beteiligten die richtige Lösung darstellt (BGE 69 II 246 E. 5).

77 Die Begründung einer Vorzugsaktienstruktur ist eine gesetzlich vorgesehene Möglichkeit, um vom dispositiven Mechanismus zur Verteilung der ausgeschütteten Vermögenswerte abzuweichen (Art. 717 N 24; HUGUENIN JACOBS, 79 f., 84; ZK-HOMBURGER, Art. 717 N 1125; BBl 1983 II, 884 f.; PATRY, l'égalité, 86 f.). Die Anwendung des **Gleichbehandlungsprinzips** wird durch die Begründung einer Vorzugsaktienstruktur nicht ausgeschaltet. Die Stammaktionäre verzichten auch nicht auf die Geltendmachung desselben (Art. 706 N 15b; HUGUENIN JACOBS, 82; ZK-HOMBURGER, Art. 717 N 1125. Vgl. auch OR-Handkommentar-SOMMER/OBERHOLZER, Art. 706 N 11). Die Zustimmung der Sonderversammlung der beeinträchtigten Vorzugsaktionäre zur Beeinträchtigung der Vorrechte rechtfertigt eine allfällige Ungleichbehandlung (BGE 69 II 246 E. 5). Das Gleichbehandlungsprinzip findet auch auf das Verhältnis zwischen Vorzugsaktionären und Stammaktionären und innerhalb einer Vorzugsaktienkategorie Anwendung (FORSTMOSER/MEIER-HAYOZ/NOBEL, § 39 N 39).

X. Bilanzierung

78 Gemäss dem **Schweizerischen Obligationenrecht** erfolgt die Bilanzierung von Vorzugsaktienkapital nach Massgabe von rein rechtlichen Kriterien (BGE 121 III 319 E. 5; BÖCKLI, § 8 N 260; BEHR, 412; Art. 663a N 13; **a.M.** wohl VON GREYERZ, Darlehen, 550 ff.). Vorzugsaktienkapital muss i.S.v. Art. 663a Abs. 1 zum Nominalwert als Eigenkapital bilanziert werden (VON SALIS-LÜTOLF, private equity, N 532; BEHR, 412; MEISTER, 108). Der Anhang sollte über die Struktur und die Veränderung des Eigenkapitals seit dem letzten Bilanzstichtag bzw. über gegebenenfalls vorgetragene Dividenden Aufschluss geben (BÖCKLI, § 8 N 356 (4), 400).

79 Nach **Swiss GAAP FER** werden Vorzugsaktien als Eigenkapital qualifiziert (SWISS GAAP FER, 185, 191). Die mit dem Vorzugsaktienkapital verknüpften Vorrechte müssen im Anhang zur Jahresrechnung offen gelegt werden (SWISS GAAP FER, 187 f.).

Gemäss den **International Accounting Standards** kann Vorzugsaktienkapital sowohl 80
als Eigenkapital als auch als Fremdkapital bilanziert werden. Darüber wird aus dem
Blickwinkel der wirtschaftlichen Betrachtungsweise entschieden. Vorzugsaktien sind
als Fremdkapital zu bilanzieren, sofern in einem bestimmten Zeitpunkt oder während
einer bestimmten Zeitspanne eine direkte oder indirekte Rückkaufsverpflichtung besteht
bzw. die Vorzugsaktionäre den Rückkauf verlangen können. Eine indirekte Rückkaufsverpflichtung besteht, wenn ein sich stufenweise erhöhendes Dividendenvorrecht die
Aktiengesellschaft aus wirtschaftlichen Gründen bald zum Rückkauf von Vorzugsaktienkapital zwingen wird (EPSTEIN/MIRZA, 4, 12, 44). Die zwingenden Bestimmungen
des Schweizer Aktienrechts lassen keinen Raum für die Statuierung einer direkten
Rückkaufsverpflichtung (vgl. N 50), wohl aber für die Begründung einer indirekten
Rückkaufsverpflichtung. Nichtrückkaufbare Vorzugsaktien sind als Eigenkapital zu bilanzieren, sofern der Entscheid über die Ausschüttung von Gewinnanteilen an die Vorzugsaktionäre im alleinigen Ermessen der Aktiengesellschaft liegt (EPSTEIN/MIRZA, 44).
Kommt der Aktiengesellschaft diesbezüglich kein Ermessen zu, muss das Vorzugsak-
tienkapital als Fremdkapital bilanziert werden. Vorzugsaktienkapital ist wohl als Fremdkapital zu bilanzieren, wenn der Generalversammlung das Ermessen in Bezug auf die
Ausschüttung von Gewinnanteilen durch die Statuten entzogen wird (vgl. N 16) (LIEBI,
N 168).

XI. Besteuerung

Das Schweizer Steuerrecht qualifiziert Vorzugsaktienkapital als Eigenkapital (LIEBI, 81
N 174). Die Emission von Vorzugsaktienkapital unterliegt grundsätzlich der **Emissions-
abgabe** (Art. 5 Abs. 1 lit. a StG). Das gilt nicht für die Schaffung von Vorzugsaktienkapital mittels Umwandlung einer bereits besteuerten Agioreserve (Art. 6 Abs. 1 lit. d
StG), mittels Zerlegung von bestehendem Stamm- oder Vorzugsaktienkapital
(STOCKAR/HOCHREUTENER, Art. 5 StG Abs. 1 lit. a, Beteiligungsrechte, Nr. 2, 4), mittels
Umwandlung von Partizipationskapital auf welchem die Emissionsabgabe bereits entrichtet wurde (Art. 6 Abs. 1 lit. g StG) und mittels Zusammenlegung von Stammaktien
oder Vorzugsaktien (LIEBI, N 175). Anerkannte Risikokapitalgesellschaften haben keine
Emissionsabgabe zu entrichten (Art. 4 Abs. 1 RKG).

Handelt es sich beim Aktionär um eine juristische Person, unterliegen die Erträge aus 82
Vorzugsaktienkapital grundsätzlich der **Gewinnsteuer** (Art. 57 DBG; Art. 24 Abs. 1
StHG). Falls es sich bei der Vorzugsaktienkapitalbeteiligung um eine qualifizierte Beteiligung i.S.v. Art. 69 DBG handelt, kann der Beteiligungsabzug geltend gemacht werden
(vgl. Art. 70 DBG; Art. 28 Abs. 1 StHG) (vgl. N 10). Für die Aktiengesellschaft stellen
die Gewinnausschüttungen keinen geschäftsmässig begründeten Aufwand dar, der
steuerlich abzugsfähig ist (Art. 58 Abs. 1 lit. b DBG) (vgl. N 10).

Aus dem Vorzugsaktienkapital in der Form von Dividenden, Gewinnanteilen, Liquida- 83
tionserlösen und anderen geldwerten Vorteilen entspringende Vermögenserträge unterliegen grundsätzlich der **Einkommenssteuer,** sofern sie an natürliche Personen ausgerichtet werden (Art. 20 Abs. 1 lit. c DBG; Art. 7 Abs. 1 StHG). Das gilt auch für aus
dem Geschäftsvermögen entspringende Bezugsrechtserlöse (Art. 20 Abs. 2 DBG; Art. 7
Abs. 4 lit. a StHG). Im Rahmen der Unternehmenssteuerreform II werden Dividenden
aus qualifizierten Beteiligungen nur noch teilbesteuert (vgl. N 10).

Die an die Vorzugsaktionäre oder nahe stehende Personen ausgeschütteten Dividenden, 84
Gewinnanteile und geldwerten Leistungen sind i.d.R. Gegenstand der **Verrechnungssteuer** (Art. 4 Abs. 1 lit. b VStG). Gemäss der ESTV gilt das auch für die Ausgabe von

Bezugsrechten weit unter dem Verkehrswert der Beteiligung (Merkblatt S-02 136 der ESTV vom 16.1.1996 betreffend Aktionärs- und Gratisoptionen). Die Verrechnungssteuer beträgt i.d.R. 35% (Art. 13 Abs. 1 lit. a VStG). Sie kann unter gewissen Umständen auf Gesuch hin im Meldeverfahren erfüllt werden (Art. 24 ff. VStV).

85 Vorzugsaktienkapital unterliegt gleichermassen wie Stammaktienkapital der **kantonalen Kapitalsteuer.** Das steuerbare Eigenkapital besteht aus dem einbezahlten Grundkapital, den offenen Reserven, den aus versteuertem Gewinn gebildeten stillen Reserven und dem verdeckten Eigenkapital (Art. 29 f. StHG).

86 Natürliche Personen haben auf die von ihnen gehaltenen Vorzugsaktien eine **kantonale Vermögenssteuer** zu entrichten. Bei kotierten Aktien entspricht der Vermögenssteuerwert dem Kurswert am Bewertungsstichtag (BSK StHG-ZIGERLIG/JUD, Art. 14 N 18). Bei regelmässig vor- und ausserbörslich gehandelten Vorzugsaktien kommt der Vermögenssteuerwert einem bestimmten Durchschnittskurs bzw. dem abgeleiteten Durchschnitt der haupt-, vor- oder ausserbörslich gehandelten Stammaktien gleich (Art. 15 Abs. 4 StHG). In den übrigen Fällen ergibt sich der Vermögenssteuerwert aus der «Wegleitung zur Bewertung von Wertpapieren ohne Kurswert für die Vermögenssteuer» der Schweizerischen Steuerkonferenz (Kreisschreiben 28 – vom 21.10.2006).

XII. Rechtsvergleich

1. Deutschland

87 Im **deutschen** Recht ist die Schaffung **stimmrechtsloser** Vorzugsaktien zulässig und kommt in der Praxis, namentlich bei börsenkotierten Gesellschaften (KLEIN, 33 ff.; BEZZENBERGER T., 35 ff.), häufig vor (BARZ, § 139 N 1). Gemäss § 139 Abs. 2 AktG ist es erlaubt, bis zur Hälfte des Grundkapitals Vorzugsaktien ohne Stimmrecht auszugeben, wobei dann anstelle des fehlenden Stimmrechts die Aktien zwingend mit einem nachzuzahlenden Vorzug bei der Gewinnverteilung ausgestattet werden müssen. Zudem gewähren solche Vorzugsaktien in der Praxis vielfach Anspruch auf eine Mehrdividende gegenüber den Stammaktien und/oder einen Vorzug bei der Verteilung des Liquidationserlöses (§ 271 Abs. 2 AktG; KRIEGER, 497 ff.). Wird der Vorzugsbetrag in einem Jahr einmal nicht oder nicht vollständig ausbezahlt und der Rückstand im darauf folgenden Jahr nicht nebst dem regulären Vorzug nachgezahlt, so haben die Vorzugsaktionäre das Stimmrecht, bis diese Rückstände nachbezahlt sind.

2. Vereinigte Staaten von Amerika

88 Vorzugsaktien nach **Delaware General Corporation Law** («DGCL») räumen i.d.R. nur Vorrechte auf Dividende oder am Liquidationserlös ein, weil den Aktionären grundsätzlich keine weiteren Vermögensrechte zukommen. Die Vorrechte räumen den Vorzugsaktionären i.d.R. ein Recht ein, bei Ausschüttungen von Bilanzgewinn oder Liquidationserlösen vor den Stammaktionären befriedigt zu werden. Mit anderen Worten, die Vorrechte ermöglichen eine Besserstellung der Vorzugsaktionäre in zeitlich/hierarchischer Hinsicht. Vorrechte auf Dividende können nicht kumulativ, kumulativ oder hybrid ausgestaltet werden. Vorzugsaktien können partizipierend oder obligationenähnlich ausgegeben werden (HENN/ALEXANDER, 286 ff.). Aktiengesellschaften, die nach dem Delaware General Corporation Law organisiert sind, können die Liquidationsereignisse, auf die sich die Vorrechte beziehen, in den Statuten autonom festlegen. Als Liquidationsereignis kann insbesondere eine M&A-Transaktion qualifizieren. Dadurch wird den Stammaktionären eine Pflicht auferlegt. Sie haben die aus den Transaktionen mit Drit-

1. Abschnitt: Allgemeine Bestimmungen   Art. 656a

ten entspringenden Erträge nach Massgabe des statutarisch festgelegten Verteilschlüssels mit den Vorzugsaktionären zu teilen (COX/HAZEN, 1150 ff.; HENN/ALEXANDER, 289). Vorzugsaktien nach Delaware General Corporation Law können somit nicht nur das Verhältnis zwischen der Aktiengesellschaft und den Vorzugsaktionären regeln, sondern auch das Verhältnis zwischen den Aktionären.

Vorzugsaktien nach Delaware General Corporation Law können «callable» bzw. «redeemable» (vgl. N 50) ausgestaltet werden (§ 151 (b) DGCL. Vgl. American Hair & Felt Co. v. Starring, 21 Del.Ch. 431, 2 A.2d 249 (Sup.Ct.1937), aff'g 21 Del.Ch. 380, 191 A.887 (Ch.1937)). Dabei kann der Aktiengesellschaft oder den Vorzugsaktionären ein Rückverkaufsrecht in der Form einer Put-Option eingeräumt werden bzw. die Voraussetzungen des Rückverkaufs in den Statuten festgelegt werden. In der Regel ist der Verwaltungsrat für die Ausübung des Rückkaufsrechts der Aktiengesellschaft zuständig. Der Rückkaufspreis kann in den Statuten zum Vornherein festgelegt und aus einem sogenannten «sinking fund» entrichtet werden (COX/HAZEN, 1158 f.; HENN/ALEXANDER, 285 ff.). Vorzugsaktien, die «callable» bzw. «redeemable» ausgestaltet sind, werden auch als hybrides Aktienkapital bezeichnet, weil sie stark fremdkapitalähnliche Züge aufweisen. **89**

Vorzugsaktien nach Delaware General Corporation Law werden i.d.R. stimmrechtslos oder mit einem bedingten Stimmrecht ausgegeben. Das bedingte **Stimmrecht** wird zum unbedingten, sobald Dividendenzahlungen im Umfang der statutarisch festgelegten Anzahl Jahre ausgefallen sind. Ähnlich wie die Schweizer Vorzugsaktionäre werden die Delaware-Vorzugsaktionäre durch eine Sonderversammlung geschützt (HENN/ALEXANDER, 290 f.; GEVURTZ, 121). Deren Zustimmung muss grundsätzlich nur eingeholt werden, sofern die Anzahl, der Nennwert oder die Vorrechte der Vorzugsaktien verändert werden (§ 242 (b) (2) DGCL). Keine Zustimmung muss zu einer M&A-Transaktion eingeholt werden (Warner Communications Inc. vs. Chris-Craft Indus., 583 A.2d 962 (Del. Ch.1989)). In der Regel räumen die Statuten den Vorzugsaktionären keinen Anspruch auf Wahl von Mitgliedern des Verwaltungsrats ein. Lediglich im Bereich von Venture-Kapital-Finanzierungen ist ein solches Recht weit verbreitet (COX/HAZEN, 1152 f.). **90**

Art. 656a

L. Partizipationsscheine I. Begriff; anwendbare Vorschriften	**¹ Die Statuten können ein Partizipationskapital vorsehen, das in Teilsummen (Partizipationsscheine) zerlegt ist. Diese Partizipationsscheine werden gegen Einlage ausgegeben, haben einen Nennwert und gewähren kein Stimmrecht.** **² Die Bestimmungen über das Aktienkapital, die Aktie und den Aktionär gelten, soweit das Gesetz nichts anderes vorsieht, auch für das Partizipationskapital, den Partizipationsschein und den Partizipanten.** **³ Die Partizipationsscheine sind als solche zu bezeichnen.**
L. Bons de participation I. Définition; dispositions applicables	¹ Les statuts peuvent prévoir un capital-participation divisé en parts (bons de participation). Ces bons de participation sont émis contre un apport; ils ont une valeur nominale et ne confèrent pas le droit de vote. ² Toutes les dispositions relatives au capital-actions, à l'action et à l'actionnaire sont applicables au capital-participation, au bon de participation et au participant à moins que la loi n'en dispose autrement. ³ Les bons de participation doivent être désignés comme tels.

Beat Hess/Corrado Rampini/Till Spillmann

Art. 656a 1

L. Buoni di partecipazione
I. Nozione; disposizioni applicabili

¹ Lo statuto può prevedere un capitale di partecipazione suddiviso in quote (buoni di partecipazione). Tali buoni di partecipazione sono emessi contro un conferimento, hanno un valore nominale e non accordano diritto di voto.

² Salvo disposizione contraria della legge, le norme sul capitale azionario, sull'azione e sull'azionista sono applicabili anche al capitale di partecipazione, al buono di partecipazione e al partecipante.

³ I buoni di partecipazione devono essere designati come tali.

Literatur

BÄR, Die Aktienrechtsreform unter dem Gesichtspunkt des Systems des Gesellschaftsrechts, in: Rechtliche und betriebswirtschaftliche Aspekte der Aktienrechtsreform, 1984 (SSHW 74), 137 ff.; BARTHOLD, Mezzanine-Finanzierung von Unternehmensübernahmen und Jungunternehmen, SZW 2000, 224 ff.; BÖCKLI, Schweizer Aktienrecht, 2. Aufl., Zürich 1996 (zit. 2. Aufl.); BOEMLE, Erleichterung für die Eigenkapitalfinanzierung, in: Rechtliche und betriebswirtschaftliche Aspekte der Aktienrechtsreform, 1984 (SSHW 74), 55 ff. (zit. Erleichterung); DERS., Le capital-participation et les bons de jouissance, ST 1991, 598 ff. (zit. Le capital-participation); DERS., Wertpapiere des Zahlungs- und Kreditverkehrs sowie der Kapitalanlage, 8. Aufl. 1991 (zit. Wertpapiere); BÜCHI/STEINER, Was lange währt, wird endlich gut – ein Plädoyer für einen Rappen Mindestnennwert, SZW 2000, 177 ff.; BÜHLER, Partizipationsscheine – Rechtswirklichkeit und Aktienrechtsreform, ST 1985, 209 ff.; CASUTT, Die Sonderprüfung im künftigen schweizerischen Aktienrecht, 1991 (SSHW 136); VON DER CRONE, Bericht zu einer Teilrevision des Aktienrechts: Nennwertlose Aktien, REPRAX 2002, 1 ff. (zit. Nennwertlose Aktien); DEMARMELS, Die Genuss- und Partizipationsscheine nach dem Entwurf für ein neues Aktienrecht, 1985; EHRAT, Mehr Klarheit für den Verwaltungsrat, AJP 1992, 789 ff.; FORSTMOSER, Zur Revision des schweizerischen Aktienrechts, ZBGR 1973, 77 ff. (zit. ZGBR 1973); DERS., Ungereimtheiten und Unklarheiten im neuen Aktienrecht, SZW 1992, 58 ff. (zit. Ungereimtheiten); GERICKE, Die genehmigte Kapitalerhöhung, 1996; VON GREYERZ, Ausgangslage, Probleme und Werdegang der Aktienrechtsreform, in: Rechtliche und betriebswirtschaftliche Aspekte der Aktienrechtsreform, 1984 (SSHW 74), 1 ff. (zit. Ausgangslage); HOMBURGER, Leitfaden zum neuen Aktienrecht, 3., unveränderte Aufl., Zürich 1994; HORBER, Der Partizipant als vollberechtigter VR in der AG?, NZZ Nr. 180 (1992) 29; KUNZ, Der Minderheitenschutz im schweizerischen Aktienrecht, Bern 2001 (zit. Minderheitenschutz); DERS., Shareholder Value durch Financial Engineering, 1998 (zit. Shareholder); DERS., Der Partizipant im aktienrechtlichen Verantwortlichkeitsrecht, ZBJ 1993, 727 ff. (zit. Verantwortlichkeitsrecht); LEHMANN, Die «kleine Aktienrechtsrevision» (Teil 2), GesKR 4/2007, 420 ff. LYK, Namenaktien versus Inhaberaktien als Einheitstitel von Publikumsgesellschaften – Klarer Punktesieg für die Einheits-Namen-Aktie, SZW 67 (1995), 281 ff.; MEIER, Die Aktiengesellschaft, 1994; MONTAVON/WERMELINGER, Droit et pratique de la société anonyme, Tome I et II, 1994; NOTTER, Das Kapitalerhöhungsverfahren nach dem bundesrätlichen Entwurf 1983 über die Revision des Aktienrechts, 1984; PETER, Les bons de participation sous l'empire du nouveau droit de la société anonyme, AJP 1992, 752 ff.; REYMOND, Suppression et protection du droit de souscription préférentiel dans le nouveau droit de la société anonyme, SZW 4/94, 153 ff.; RUF, Gründung und Kapitalerhöhung im neuen Aktienrecht, BN 1992, 351 ff.; SANWALD, Bedeutung und Zukunft der Inhaberaktien in der Schweiz, REPRAX 2000, 22 ff.; SCHOCH, Zur Kapitalerhöhung durch Verrechnung, NZZ Nr. 202 (1999) 27; SCHWITTER, Die Privatisierung von Kantonalbanken, Diss. Fribourg 2000 (AISUF 195); SPILLMANN, Institutionelle Investoren im Recht der (echten) Publikumsgesellschaften, Diss. Zürich 2004 (SSHW 232); STAEHELIN, Die Familiengesellschaft im neuen Aktienrecht, ST 1991, 602 ff.; STOFFEL, Abschaffung des Nennkapitalsystems im schweizerischen Aktienrecht?, SJZ 2001, 533 ff.; WALDBURGER, Die «kleine Aktienrechtsrevision» (Teil 1), GesKR 4/2007, 411 ff.; WENGER, Das bedingte Kapital im schweizerischen Aktienrecht, 1996; ZINDEL, Bezugsrechte in der Aktiengesellschaft, 1984 (SSHW 78); DERS., Aktionäre ohne Stimmrecht und stimmrechtslose Aktionäre in: Neues zum Gesellschaftsrecht, 1993, 199 ff.

I. Allgemeines

1 Die stimmrechtslose Aktie war dem OR von 1936 nicht bekannt (Art. 692 Abs. 2 altOR, der identisch ist mit der heute geltenden Fassung). Das Bedürfnis der Praxis nach *Eigenkapital ohne Stimmrecht,* nach Ausgabe eines handelbaren und börsengängigen

1. Abschnitt: Allgemeine Bestimmungen 1a Art. 656a

stimmrechtslosen Titels kleineren Nennwerts führte dazu, dass sich *praeter legem* ein Beteiligungspapier entwickelte, das sich auf den Genussschein stützte, als *Finanzierungsmittel* verwendet und zur Abgrenzung vom Genussschein «Partizipationsschein» («PS») genannt wurde (BGE 113 II 528 ff.; Botschaft AG, 799; FORSTMOSER/MEIER-HAYOZ/NOBEL, § 46 N 2 ff.; vgl. die Literaturhinweise zur geschichtlichen Entwicklung bei KUNZ, Minderheitenschutz, § 2 N 64 FN 179). Die Vorteile dieser (hybriden) «Finanzierungsgenussscheine» bestehen aus Sicht der Gesellschaft namentlich darin, dass anders als bei Fremdkapitalfinanzierungen keine Rückzahlungs- und Zinsverpflichtungen bestehen und anders als bei der Eigenkapitalfinanzierung mittels Ausgabe von Aktien keine Verwässerung der Stimmrechte der Aktionäre eintritt (FORSTMOSER/MEIER-HAYOZ/NOBEL, § 46 N 4). Die PS erfreuten sich in den 70er- und 80er-Jahren insb. bei Publikumsgesellschaften grosser Beliebtheit (FORSTMOSER/MEIER-HAYOZ/NOBEL, § 46 N 76; vgl. ferner zur Kapitalaufnahme im Ausland mittels stimmrechtslosen Beteiligungspapieren bereits in den 60er-Jahren BÖCKLI, § 5 N 7). Die Änderung des Obligationenrechts vom 4.10.1991 brachte im Wesentlichen eine *Kodifizierung* dessen, was sich unter dem alten Recht in *der Praxis* bereits durchgesetzt hatte, nahm aber bei vielen Einzelaspekten dieser Praxis gewichtige Zäsuren und Ergänzungen vor (BÜHLER, 209 ff.; BÖCKLI, § 5 N 11 f.; VON GREYERZ, Ausgangslage, 5). Der PS ist im neuen Aktienrecht **als stimmrechtslose Aktie konzipiert.** Es wurden ihm alle Rechte ausser dem Stimmrecht und die damit zusammenhängenden Rechte gewährt (Botschaft AG, 771; BÖCKLI, § 5 N 13). Der Gesetzgeber orientierte sich dabei an **zwei Grundideen** (Botschaft AG, 771): Einerseits gilt der **Grundsatz der Gleichstellung** der PS mit den Aktien (Art. 656a Abs. 2), wonach alle für das Aktienrecht typischen Sondervorschriften auch auf die PS anwendbar sind, sofern im Gesetz nichts anderes vorgesehen ist. Andererseits sichert das **Prinzip der Schicksalsgemeinschaft** die (Vermögens-)Rechte der Partizipanten (Art. 656f Abs. 3), indem die Aktionäre die Stellung der Partizipanten zwar verschlechtern können, indessen nur insofern, als dass die Aktionäre selber ebenfalls eine entsprechende Schlechterstellung in Kauf nehmen.

Die PS haben praktisch zeitgleich mit ihrer erstmaligen gesetzlichen Verankerung im Rahmen der letzten Aktienrechtsrevision stark an Attraktivität verloren. Mitverantwortlich für diese auf den ersten Blick paradoxe Entwicklung – immerhin wurden die PS mit ihrer gesetzlichen Verankerung stark aufgewertet – mag gewesen sein, dass PS im Börsencrash vom Oktober 1987 überproportional in Mitleidenschaft gezogen wurden und der Wert des Stimmrechts den Anlegern durch verschiedene Übernahmeangebote an die Publikumsaktionäre in Erinnerung gerufen wurde (FORSTMOSER/MEIER-HAYOZ/NOBEL, § 46 N 77; zur ökonomischen Bedeutung des Stimmrechts eingehend SPILLMANN, 83 m.w.H.). Mit der zunehmenden Tendenz zur Vereinheitlichung der Kapitalstrukturen, namentlich hin zur Einheitsaktie (vgl. dazu etwa LYK, 281 ff.; SANWALD, 22 ff.), aber auch mit der weiteren Flexibilisierung der Aktie, insb. mit dem Heruntersetzen des Mindestnennwerts auf gegenwärtig CHF 0.01 (KUNZ, Shareholder, 74 f.; PS dienten früher nicht selten als leichtere Papiere neben den zu schwer gewordenen Aktien; vgl. FORSTMOSER/MEIER-HAYOZ/NOBEL, § 46 N 79) und mit der Schaffung der Möglichkeit von bedingtem und genehmigten Kapital, hat der PS sodann in den letzten knapp 20 Jahren gegenüber den Aktien kontinuierlich an Bedeutung verloren. Zudem haben andere Formen der hybriden Finanzierung bzw. Mezzanine-Finanzierungen im Markt den Vorzug gegenüber den PS erhalten (vgl. dazu etwa BARTHOLD, 235 f.). Das PS-Kapital hat gegenwärtig indessen immer noch eine gewisse Bedeutung für die Finanzierung von Kantonalbanken (s. dazu insb. SCHWITTER, 158 ff.; 292 f.). Soweit sich die Kantonalbanken als privatrechtliche AG konstituieren, sind Art. 656a ff. OR anwendbar, nicht jedoch auf Kantonalbanken in öffentlich-rechtlichem Rechtskleid (dazu SCHWITTER, 159 f.).

1b Im Rahmen der **laufenden Aktienrechtsrevision** soll die Begrenzung des PS-Kapitals auf das Doppelte des Aktienkapitals (Art. 656b Abs. 1) für Gesellschaften, deren Partizipationsscheine an der Börse kotiert sind, aufgehoben werden (E-Art. 656b Abs. 1; Botschaft Aktien- und Rechnungslegungsrecht, 3, 29, 67 f.). Bei den übrigen Gesellschaften soll hingegen die bisherige Begrenzung bestehen bleiben. Es handelt sich dabei um einen Kompromiss, weil in der Vernehmlassung Bedenken gegen die im Vorentwurf vorgesehene vollständige Aufhebung der Begrenzung geäussert wurden. Namentlich wurde befürchtet, dass mit dem Wegfall der Limite das Gesellschaftskapital so ausgestaltet werden kann, dass nur wenige am Kapital der AG beteiligte Personen über die Geschicke der Gesellschaft entscheiden, während die Mehrheit der Kapitalgeber als Partizipanten keinen Einfluss auf die Unternehmensführung nehmen können (vgl. dazu Vorentwurf zur Revision des Aktien- und Rechnungslegungsrechts im Obligationenrecht – Zusammenfassung der Vernehmlassungsergebnisse, Februar 2007, 14). Ein am französischen Vorbild orientierter Vorschlag im Expertenbericht von VON DER CRONE, die heutigen (stimmrechtslosen) PS in Aktien mit ruhendem Stimmrecht umzuwandeln, bei welchen das Stimmrecht für die nächsten drei Jahre aktiviert wird, wenn die Gesellschaft in zwei von drei aufeinanderfolgenden Jahre keine Dividende bezahlt (vgl. VON DER CRONE, Nennwertlose Aktien, 20), wurde nicht in den Vorentwurf und Entwurf aufgenommen. Begründet wurde dies damit, dass die Partizipanten mit dem Kauf eines Partizipationsscheins bewusst auf Mitwirkungsrechte verzichten würden und dass das Aufleben des Stimmrechts durch Bezahlung einer minimalen Dividende verhindert werden könnte (Begleitbericht zum Vorentwurf zur Revision des Aktien- und Rechnungslegungsrechts im Obligationenrecht vom 2.12.2005, 28).

II. Begriff des Partizipationsscheins (Abs. 1)

2 Die Statuten *können* ein in Teilsummen zerlegtes Partizipationskapital (PS-Kapital) vorsehen. Im Gegensatz zum AK haben die Gesellschaften lediglich das Recht, nicht aber die Pflicht, ein PS-Kapital zu schaffen (vgl. Art. 620 Abs. 1). Dieses muss nicht bereits bei der Gründung vorhanden sein, sondern kann auch nachträglich geschaffen werden. Das PS-Kapital ist in Teilsummen (PS) zerlegt, welche gegen Einlage ausgegeben werden, einen Nennwert haben und kein Stimmrecht gewähren. Der Begriff «PS» bedeutet somit dreierlei: 1) Zunächst ist darunter eine **Quote des PS-Kapitals** zu verstehen, wie dies in der Legaldefinition von Art. 620 Abs. 1 für die Aktie festgelegt ist. 2) Sodann bedeutet der Begriff «PS» der **Inbegriff der Rechte und Pflichten** des Partizipanten, der echtes Mitglied der Gesellschaft ist und somit einerseits am Gewinn und im Liquidationsfall am residualen Wert des Unternehmens partizipiert, und andererseits mit seiner Einlage am Risiko Teil hat (BÜHLER, 214). 3) Letztendlich bedeutet «PS» die **Urkunde,** in der eine bestimmte Teilsumme des PS-Kapitals verbrieft ist.

3 Diese Urkunde kann blosse Beweisurkunde sein, wird jedoch i.d.R. als *Wertpapier* ausgestaltet (BOEMLE, Erleichterung, 67). Dieses kann auf den Namen oder den Inhaber lauten (Art. 622 Abs. 1). Der (übliche) **Inhaber-PS** stellt ein echtes Inhaberpapier dar (vgl. Art. 689a Abs. 2, Art. 978 Abs. 1) und ist immer frei übertragbar. Der (unübliche) **Namen-PS,** ein gesetzliches Ordrepapier (Art. 684 Abs. 2), ist ohne Beschränkung übertragbar, wenn nicht Gesetz oder Statuten es anders bestimmen (Art. 684 Abs. 1; JÄGGI/DRUEY/VON GREYERZ, 121 f.; BOEMLE, Wertpapiere, 208). Gesetzliche Beschränkungen ergeben sich bei nicht voll liberierten Namen-PS (Art. 685). Die Statuten können eine **Vinkulierung der Namen-PS** vorsehen (Art. 685b f.; BOEMLE, Le capital-participation, 600; Botschaft AG, 802), wobei dies *nur bei nicht börsenkotierten* Namen-PS möglich ist. Börsenkotierte vinkulierte Namen-PS sind rechtlich grundsätzlich nicht möglich, denn die Mitgliedschaftsrechte und die Vermögensrechte kotierter Namenaktien gehen von Gesetzes wegen auf den Erwerber über (Art. 685 f); die Vinkulierung kotierter Namenaktien erfasst damit nur noch das Stimmrecht, welches der PS aber grundsätzlich gar nicht vermittelt (BÖCKLI, § 5 N 32 f.). Immerhin ist eine Vinkulierung kotierter PS insofern möglich, als den PS von den Statuten mit dem Stimmrecht zusammenhängende Rechte gewährt werden (s. dazu auch Art. 656c Abs. 1). Bei vinkulierten kotierten PS ruhen somit bis zur Anerkennung des Partizipanten durch die AG die durch die Statuten eingeräumten mit dem Stimmrecht zusammenhängenden Rechte (s. KUNZ, Minderheitenschutz, § 2 N 64 FN 182). Weiter ist zu beachten, dass sich die *Vinkulierung nur auf den derivativen Erwerb,* nicht aber auf den originären Erwerb anlässlich einer Kapitalerhöhung *beziehen kann,* weil das Bezugsrecht des Partizipanten durch Vinkulierungsvorschriften nicht eingeschränkt werden darf (Art. 652b Abs. 3, Art. 653d Abs. 1; Botschaft AG, 880; DEMARMELS, 92 f.; ZINDEL, 194). Grundsätzlich zulässig ist auch die Schaffung von unverbrieften PS (dazu BÖCKLI, § 5 N 40). Allerdings sind unverbriefte Inhaber-PS als rechtliche Anomalie auszuschliessen, da das Wertpapier mit der Inhaberklausel fehlt und zur Übertragung eine schriftliche Zession nötig würde. Praktisch kommen deshalb lediglich unverbriefte Namen-PS vor (vgl. dazu BÖCKLI, § 5 N 40).

Im *zwingenden Ausschluss des Stimmrechts* liegt der *Hauptunterschied* zwischen PS und *Aktie* (dazu Art. 656c N 1). Die PS werden gegen *Einlage* ins Eigenkapital ausgegeben. Sie unterscheiden sich somit *im Rechtsgrund vom Genussschein,* der überhaupt nicht gegen eine Einlage ausgegeben werden darf, die unter den Aktiven der Bilanz ausgewiesen wird (Art. 657 Abs. 3). Ebenfalls im Gegensatz zum Genussschein muss der PS zwingend einen Nennwert aufweisen. Das PS-Kapital erscheint deshalb – im Unterschied zum Genussschein – auf der Passivseite im Eigenkapital und bildet zusammen mit dem AK das Grundkapital (FORSTMOSER/MEIER-HAYOZ/NOBEL, § 46 N 14). 4

III. Grundsatz der Gleichstellung mit der Aktie (Abs. 2)

Der Grundsatz der **Gleichstellung mit der Aktie** bildet das tragende Element der Regelung der PS. Er besagt, dass alle Vorschriften über das AK, die Aktie und den Aktionär auch für das PS-Kapital, den PS und den Partizipanten gelten, soweit das Gesetz, namentlich Art. 656a–g, nichts anderes vorsieht. Die weit gehende Unterstellung des PS unter das Recht der Aktien hat insb. folgende Auswirkungen: Der PS lautet auf den Namen oder den Inhaber (Art. 622 Abs. 1). Der *Mindestnennwert* für Aktien von einem Rappen (Art. 622 Abs. 4, in Kraft seit 1.5.2001) gilt auch für die PS (zur Herabsetzung des Mindestnennwerts der Aktie auf einen Rappen s. statt vieler BÜCHI/STEINER, 177 ff.; zur Frage der Abkehr vom heutigen Nennwertsystem s. VON DER CRONE, Nennwertlose Aktien, 1 ff.; STOFFEL, Abschaffung des Nennkapitalsystems im schweizerischen Aktienrecht?, SJZ 2001, 533 ff.). Weiter gilt auch das *Verbot der Unterpari-Emission* für den PS (Art. 624 Abs. 1). Ein bei der Überpari-Emission erzieltes *Agio* ist der *allgemeinen Reserve* zuzuweisen (Art. 671 Abs. 2 Ziff. 1); dasselbe gilt für *Gewinne aus der Kaduzierung* von PS (Art. 671 Abs. 2 Ziff. 2). Zum *bedingt notwendigen Statuteninhalt* gehören Bestimmungen über die Höhe des PS-Kapitals und den Betrag der darauf geleisteten Einlage, sowie Anzahl, Nennwert und Art der PS (Art. 626 Ziff. 3 f.). Zu ihrer Verbindlichkeit bedürfen der Aufnahme in die Statuten Bestimmungen über die Zulassung der Umwandlung von Namen-PS in Inhaber-PS und umgekehrt, die Beschränkung der Übertragbarkeit von Namen-PS und über die Vorrechte einzelner Kategorien von PS (Art. 627 Ziff. 7–9). Die Aufbringung eines PS-Kapitals anlässlich der Gründung erfolgt nach den Regeln von Art. 629–635a. Nachträglich wird ein PS-Kapital nach den Regeln über die ordentliche Kapitalerhöhung (Art. 650, 652 ff.) oder im Verfahren der genehmigten oder 5 bedingten Kapitalerhöhung geschaffen (Art. 651, 652 ff., 653 ff., 656b Abs. 5). Vor der Eintragung der Gesellschaft im Handelsregister ausgegebene PS sind nichtig (Art. 644 Abs. 1). Die Gesellschaft ist beim *Erwerb eigener PS* eingeschränkt (Art. 659–659b, 663b Ziff. 10, Art. 671a). Der Partizipant hat denselben Anspruch auf einen Anteil am Bilanzgewinn und am Liquidationsergebnis wie der Aktionär (Art. 660, 656 f). Das PS-Kapital ist in der Bilanz unter dem Eigenkapital gesondert auszuweisen, und ein nicht einbezahltes PS-Kapital ist unter den Aktiven gesondert anzugeben (Art. 663a Abs. 3 f.). In den Vorschriften über die Gewinnverwendung (Art. 671 Abs. 1, 3) ist das PS-Kapital dem AK zuzuzählen (Art. 656b Abs. 3). Für das PS-Kapital dürfen keine Zinsen bezahlt werden (Art. 675 Abs. 1). Das *Verbot der Nebenleistungspflichten und dasjenige der Einlagenrückgewähr* gilt auch für den Partizipanten (Art. 680 Abs. 1 f.). Inhaber-PS dürfen erst nach der Einzahlung des vollen Nennwerts ausgegeben werden (Art. 683). Namen-PS sind, wenn nicht die Statuten etwas anderes bestimmen, ohne Beschränkung übertragbar (Art. 684 Abs. 1), können aber vinkuliert werden (Art. 685b f.; vgl. N 3). Die Übertragung nicht voll liberierter Namen-PS bedarf der Zustimmung der Gesellschaft (Art. 685 Abs. 1). *Jeder Partizipant* kann verlangen, dass ihm eine *Ausfertigung des Jahres- und des Revisionsberichtes* zugestellt wird (Art. 696 Abs. 1 Satz 2; vgl. auch Art. 656d). Jeder Partizipant kann *Beschlüsse der GV*, die gegen das Gesetz oder die Statuten verstossen, beim Richter mit Klage gegen die Gesellschaft *anfechten* (Art. 706 Abs. 1). Ebenfalls kann jeder Partizipant bei Fehlen eines der vorgeschriebenen Organe oder bei unrechtmässiger Besetzung eines dieser Organe die neu eingeführte *Organisationsklage gegen die Gesellschaft* ergreifen (Art. 731b; vgl. zur Organisationsklage LEHMANN, 421 ff.). Zur *Verantwortlichkeitsklage gegen die Organe* (Art. 752 ff.) sind die Partizipanten ebenso legitimiert wie die Aktionäre, wenngleich dem Partizipanten im Unterschied zum Aktionär die Décharge im Verantwortlichkeitsprozess nicht entgegengehalten werden kann (BÖCKLI, § 5 N 61; KUNZ, Minderheitenschutz, § 2 N 65 FN 188; zum Partizipanten im Verantwortlichkeitsprozess s. KUNZ, Verantwortlichkeitsrecht, 730 ff.). Für die Berechnung des Kapitalverlustes (Art. 725 Abs. 1) ist das PS-Kapital zum AK hinzuzuzählen (Art. 656b Abs. 3). Die Herabsetzung des PS-Kapitals erfolgt nach den Regeln der Art. 732 ff. (Botschaft AG, 801 f.). Schliesslich kann der Partizipant gestützt auf Art. 736 Ziff. 4 die Auflösung der Gesellschaft aus wichtigem Grund verlangen, sofern er, allenfalls zusammen mit weiteren Partizipanten oder Aktionären, mindestens 10% des Kapitals erreicht (GUHL/DRUEY, § 67 N 5).

6 Die Gleichstellung mit den Aktien hat weiter zur Folge, dass die unter altem Recht noch vereinzelt vorkommenden *Rückrufklauseln nicht mehr zulässig* sind (STAEHELIN, 603). «Redeemable non-voting shares» sind somit nach neuem Recht nicht mehr möglich (BÖCKLI, § 5 N 17). Die PS können unter neuem Recht somit nur im Kapitalherabsetzungsverfahren, durch einen Beschluss der Aktionäre, den Partizipanten gegen ihren Willen abgenommen, zurückbezahlt und vernichtet werden (BÖCKLI, § 5 N 17). Es ist aber zu beachten, dass dieser Vorgang zusätzlich die Zustimmung einer Sonderversammlung der Partizipanten, welche mit der absoluten Mehrheit der vertretenen Stimmen entscheidet, benötigt (dazu Art. 656f N 5). Von Bedeutung ist schliesslich, dass die Gleichstellung von PS und Aktie bei der *Zusammenlegung von PS eine (offensichtlich ungewollte) Erschwerung* gegenüber dem alten Recht bringt. Während früher die Zusammenlegung von PS durch Mehrheitsbeschluss der Partizipanten bewirkt werden konnte, gelangt nunmehr wegen des Grundsatzes der Gleichstellung Art. 623 Abs. 2 zur Anwendung, so dass die Zusammenlegung nur noch mit *Zustimmung der Betroffenen* möglich ist (FORSTMOSER, Ungereimtheiten, 67).

7 Die Schaffung von **Prioritäts-PS** ist ohne weiteres möglich (Art. 654 Abs. 1). Sollen neue Prioritäts-PS Vorrechte gegenüber bestehenden Aktien erhalten, so ist die Regel von Art. 654 Abs. 2 zu beachten, wonach Voraussetzung zur Ausgabe die Zustimmung einer Sonderversammlung der beeinträchtigten Aktionäre ist (BÖCKLI, § 5 N 20).

Der *Grundsatz* der Gleichstellung erleidet *Ausnahmen* (vgl. dazu die Komm. zu den einzelnen Bestimmungen). Diese hängen entweder mit dem *Ausschluss des Stimmrechts* zusammen oder beruhen auf dem Umstand, dass *neben dem PS-Kapital stets ein AK besteht*, oder tragen der Besonderheit Rechnung, dass es sich beim PS-Kapital um eine *Beteiligung am Risikokapital ohne Mitsprache* handelt. **8**

IV. Bezeichnungszwang (Abs. 3)

Der PS entspricht zwar weitgehend der stimmrechtslosen Aktie, aber auf die Einführung derselben wurde verzichtet (Botschaft AG, 800). Die Partizipationsscheine sind als solche zu bezeichnen. Dieser sog. Bezeichnungszwang dient daher einerseits der Klarstellung und andererseits der **Abgrenzung zum Genussschein,** welcher seinerseits nicht «PS» genannt werden darf (Art. 657 Abs. 3; BÖCKLI, § 5 N 39). Bei unverbrieften (Namen-)PS ist mit BÖCKLI (§ 5 N 40) davon auszugehen, dass es zulässig und gar sachgemäss ist, diese als Partizipations*rechte* zu bezeichnen. **9**

V. Übergangsrecht

Für die altrechtlichen PS wurde ein *besonderes Übergangsrecht* geschaffen (Art. 3 SchlT AG). Der Gesetzgeber begründete dies damit, dass bei den PS ein besonders weitgehender und einschneidender gesetzgeberischer Eingriff vorgenommen wurde, der alle Gesellschaften, die PS ausstehend hatten, zur Anpassung ihrer Statuten zwang. Überdies sollten die neuen Vorschriften, die dem Schutz der Partizipanten dienen, sofort in Kraft treten (Botschaft AG, 940 f.). **10**

Es galt im Bereich der PS keine allgemeine fünfjährige Anpassungsfrist, sondern **sofortiges Wirksamwerden** (BÖCKLI, 2. Aufl., N 2086). Am 1.7.1992 traten die neuen gesetzlichen Vorschriften über die PS (mit Ausnahmen) in Kraft (Art. 3 Abs. 1 SchlT AG). Statuten oder Ausgabebedingungen, die dem neuen Recht widersprachen, traten gleichzeitig ausser Kraft. Das **neue Gesetzesrecht brach somit das alte statutarische Recht** (BÖCKLI, 2. Aufl., N 2089). Die Ausnahmen betreffen die Vorschriften über die Obergrenze des PS-Kapitals und den Grundsatz der vermögensrechtlichen Mindestgleichstellung. **11**

Bezüglich der Frage, welche altrechtlichen Beteiligungspapiere vom neuen Recht erfasst werden sollten, wurde darauf abgestellt, ob die Titel als «PS» oder «Genussscheine» bezeichnet wurden, einen Nennwert hatten und in den Passiven der Bilanz ausgewiesen waren (Art. 3 Abs. 1 Satz 2 SchlT AG). Wenn ein am 1.7.1992 bestehendes Beteiligungspapier diese drei Kriterien nicht erfüllte, unterstand es automatisch den Vorschriften über die Genussscheine neuen Rechts, selbst wenn der Titel als «PS» bezeichnet wurde (Art. 3 Abs. 3 SchlT AG). **12**

Ausnahmen vom Grundsatz des sofortigen Wirksamwerdens der neuen Regelung des PS bestanden **für die Höhenbegrenzung im Verhältnis zum AK** (Art. 656b Abs. 1) und für die **genaue Definition der Vermögensrechte,** die den Partizipanten verliehen sind (Art. 656f). Die altrechtliche Umschreibung der Vermögensrechte in den Statuten konnte somit noch bis zu fünf Jahre seit dem Inkrafttreten rechtliche Geltung behalten. PS-Kapitalien, die bei Inkrafttreten das Doppelte des Aktienkapitals überstiegen, mussten nicht sofort per 1.7.1992 bereinigt werden. Die betroffenen Gesellschaften hatten **13**

fünf Jahre Zeit, um ihre Kapitalstruktur und allenfalls die Statuten anzupassen, indem sie entweder das bestehende PS-Kapital herabsetzten oder das AK, sei es durch Einlagen oder aus Eigenkapital, so erhöhten, dass das höchstzulässige Verhältnis erreicht wurde (Art. 2 Abs. 1 und 2 Satz 1 i.V.m. Satz 3 SchlT AG; BÖCKLI, 2. Aufl., N 2110).

14   Für PS-Kapitalien, die am *1.1.1985 das Doppelte des AK überstiegen,* kennen die Übergangsbestimmung eine Ausnahmeregelung, eine «*Grossvaterklausel*» (Art. 2 Abs. 2 SchlT AG; BÖCKLI, 2. Aufl., N 2109). Entgegen der an sich neu geltenden Begrenzung des Art. 656b Abs. 1 können solche PS-Kapitalien ohne zeitliche Limite beibehalten werden (BÖCKLI, 2. Aufl., N 2109). Hingegen ist es den Gesellschaften, die von dieser Regel profitieren, ab dem 1.7.1992 nicht möglich, ihr PS-Kapital weiter über das gesetzliche Verhältnis zu erhöhen. «Denn hier gilt die eherne Regel: neue Grossväter kommen nicht mehr auf die Welt» (BÖCKLI, 2. Aufl., N 2111).

15   Wie erwähnt, gilt seit dem 1.7.1992 die neue gesetzliche Regelung des PS mit Ausnahme der Obergrenze des PS-Kapitals und dem Grundsatz der vermögensrechtlichen Mindestgleichstellung. Die dem neuen Recht widersprechenden Statutenbestimmungen sind seit diesem Datum ausser Kraft. Für die **Anpassung der Statuten,** insb. die Streichung von nicht mehr geltenden Klauseln, bestand jedoch eine **fünfjährige Anpassungsfrist** (Art. 3 Abs. 2 SchlT AG). In der nämlichen Frist mussten fehlende Bestimmungen, die unter altem Recht allenfalls in den Ausgabebedingungen enthalten waren, in die Statuten aufgenommen werden. Auch waren die Statuten an die nicht sofort in Kraft getretenen Bestimmungen anzupassen (Obergrenze des PS-Kapitals und vermögensrechtliche Mindestgleichstellung). Schliesslich mussten innert dieser Übergangsfrist die erforderlichen Eintragungen im Handelsregister veranlasst und die sich im Umlauf befindlichen Titel, die nicht als PS bezeichnet waren, mit dieser Bezeichnung versehen werden.

16   Für die **Nichtanpassung der Statuten** innert fünf Jahren sieht das Übergangsrecht eine drakonische **Rechtsfolge** vor, die **Auflösung der Gesellschaft** durch den Richter (Art. 2 Abs. 2 SchlT AG; BÖCKLI, 2. Aufl., N 2112). Voraussetzung ist eine mehrfache öffentliche Aufforderung durch amtliche Publikation sowie ein Antrag des Handelsregisterführers. Die Auflösung der Gesellschaft wird nur (aber immerhin) angedroht für die Nichtanpassung der Statuten. Das Versäumnis, die erforderlichen Eintragungen in das Handelsregister zu veranlassen und die im Umlauf befindlichen Titel als «PS» zu bezeichnen (vgl. Art. 3 Abs. 1 SchlT AG), führt nicht zur Auflösung der Gesellschaft.

VI. Verhältnis zum EG-Recht

17   Dem schweizerischen Recht ist die stimmrechtslose Aktie fremd (Art. 692 Abs. 2). Der PS entspricht aber nach neuem Recht einer stimmrechtslosen Aktie. Verbreitet ist der PS als Inhaberpapier ohne Vorzugsrecht. Die Vorschläge für die SE (EG-V-SE Art. 52 Abs. 2 lit. c) sowie die Strukturrichtlinie (Art. 33 EG-V-Strukturrichtlinie) sahen stimmrechtslose Aktien vor, die wie im deutschen (§ 139 Abs. 1 AktG) und französischen Recht (Art. 177–1 LSC) einen Vermögensvorteil gegenüber den stimmberechtigten Aktien gewähren müssen, um gültig zu sein. Dass die PS gewöhnlich ohne Vorzugsrecht ausgestaltet sind, erscheint somit als schweizerische Besonderheit (BÖCKLI, § 5 N 86). Bei der definitiven Ausgestaltung der SE wurde aber auf eine explizite Regelung verzichtet. Gemäss Art. 5 der SE-Verordnung (Verordnung [EG] Nr. 2157/2001 vom 8.10.2001 über das Statut der Europäischen Gesellschaft [SE]) gelten für das Kapital der SE, dessen Erhaltung und dessen Änderungen sowie die Aktien, die Schuldverschreibungen und sonstige vergleichbare Wertpapiere der SE, die Vorschriften, die für eine Aktiengesellschaft mit Sitz in dem Mitgliedstaat, in dem die SE eingetragen ist,

gelten würden. Somit bleibt es den Mitgliedstaaten überlassen, wie sie stimmrechtslose Aktien ausgestalten wollen.

Das deutsche und französische Aktienrecht sehen vor, dass bei nachhaltiger Nichterfüllung der den stimmrechtslosen Aktien gewährten Vorzugsrechte den stimmrechtslosen Aktien das Stimmrecht wieder gewährt wird (§§ 12, 140 AktG; Art. 269–3 LSC). Das bereits in Kraft stehende EG-Recht übernimmt diese Regelung nicht. Die schweizerische Ausgestaltung des PS, die kein solches aufschiebend-bedingtes Stimmrecht kennt, ist daher ohne weiteres mit dem EG-Recht vereinbar (BÖCKLI, § 5 N 87). 18

Gesamthaft ist die Regelung des PS durchaus vereinbar mit den Anforderungen des EG-Rechts. Die europäischen Richtlinien im Bereich des Gesellschaftsrechts stellen Mindestvorschriften für mitgliedschaftliche Rechtsordnungen auf. In Bezug auf die PS ist insb. die zweite gesellschaftsrechtliche Richtlinie (Kapital[schutz]richtlinie), welche sich zur Kapitalstruktur äussert, einschlägig. Diese enthält jedoch keine Vorschriften zu stimmrechtslosen Aktien oder dgl.; Unterschiede bestehen nur in Einzelheiten der rechtlichen Ausgestaltung (BÖCKLI, § 5 N 88). 19

Art. 656b

II. Partizipations- und Aktienkapital	**¹ Das Partizipationskapital darf das Doppelte des Aktienkapitals nicht übersteigen.**
	² Die Bestimmungen über das Mindestkapital und über die Mindestgesamteinlage finden keine Anwendung.
	³ In den Bestimmungen über die Einschränkungen des Erwerbs eigener Aktien, die allgemeine Reserve, die Einleitung einer Sonderprüfung gegen den Willen der Generalversammlung und über die Meldepflicht bei Kapitalverlust ist das Partizipationskapital dem Aktienkapital zuzuzählen.
	⁴ Eine genehmigte oder eine bedingte Erhöhung des Aktien- und des Partizipationskapitals darf insgesamt die Hälfte der Summe des bisherigen Aktien- und Partizipationskapitals nicht übersteigen.
	⁵ Partizipationskapital kann im Verfahren der genehmigten oder bedingten Kapitalerhöhung geschaffen werden.
II. Capital-participation et capital-actions	¹ Le montant du capital-participation ne peut dépasser le double du capital-actions.
	² Les dispositions sur le capital minimum et sur l'apport minimum total ne sont pas applicables.
	³ En matière de limitation du droit qu'a la société d'acquérir ses propres actions, de réserve générale, d'institution d'un contrôle spécial contre la volonté de l'assemblée générale et d'avis obligatoire en cas de perte en capital, le capital-participation doit être ajouté au capital-actions.
	⁴ L'augmentation autorisée ou conditionnelle du capital-actions et du capital-participation ne doit pas dépasser en tout la moitié de la somme du capital-actions et du capital-participation existants.
	⁵ La création d'un capital-participation peut avoir lieu sous forme d'augmentation autorisée ou conditionnelle.

Art. 656b 1–2

II. Capitale di partecipazione e capitale azionario

¹ Il capitale di partecipazione non può eccedere il doppio del capitale azionario.

² Le disposizioni sul capitale minimo e sui conferimenti minimi totali non sono applicabili.

³ In materia di limitazione dell'acquisto delle azioni proprie, di riserva generale, di istituzione di una verifica speciale contro la volontà dell'assemblea generale e di avviso obbligatorio in caso di perdita di capitale, il capitale di partecipazione va aggiunto al capitale azionario.

⁴ L'aumento autorizzato o condizionale del capitale azionario e del capitale di partecipazione non può eccedere in totale la metà della somma del capitale azionario e del capitale di partecipazione esistenti.

⁵ Il capitale di partecipazione può essere creato mediante la procedura dell'aumento autorizzato o condizionale.

Literatur

Vgl. die Literaturhinweise zu Art. 656a.

I. Höhe des Partizipationsscheins-Kapitals (Abs. 1 und 2)

1   Abs. 1 beschränkt die Höhe des PS-Kapitals auf das **Doppelte des Aktienkapitals.** Diese (willkürliche) Grenze beruht auf einem Kompromiss, den die eidg. Räte nach langen Debatten fanden (vgl. dazu etwa BÖCKLI, § 5 N 42). Die Partizipanten bringen Risikokapital auf, ohne (wesentliche) Mitwirkungsrechte zu erhalten. Die Limitierung soll ein vernünftiges, ausgewogenes Verhältnis von Risiko und Einfluss gewährleisten. Damit wird ein *fundamentaler Grundsatz des Gesellschaftsrechts verwirklicht,* dass nämlich der Entscheidungsmacht auch ein persönliches Risiko gegenüberstehen muss, man also die Entscheide nicht mehrheitlich auf fremdes Risiko treffen können soll (BOEMLE, Erleichterung, 69; BÄR, Aktienrechtsreform, 147; DEMARMELS, 54). Die **Begrenzung** des PS-Kapitals auf das Doppelte des AK beansprucht **immer Geltung,** unabhängig davon, ob das PS-Kapital im Rahmen der Gründung oder erst nachträglich mittels einer der Kapitalerhöhungsarten geschaffen wird (dazu N 4 ff.).

1a Im Rahmen der **laufenden Aktienrechtsrevision** soll die Begrenzung des PS-Kapitals auf das Doppelte des Aktienkapitals (Art. 656b Abs. 1) aufgehoben werden für Gesellschaften, deren Partizipationsscheine an der Börse kotiert sind (E-Art. 656b Abs. 1; Botschaft Aktien- und Rechnungslegungsrecht, 3, 29, 67 f.). Für die übrigen Gesellschaften bleibt die bisherige Begrenzung hingegen bestehen. Die vorgeschlagene Kompromisslösung (vgl. zu den Gründen Art. 656a N 1b) lässt verschiedene Fragen offen. U.E. müsste es bei der erstmaligen Schaffung von PS z.B. genügen, dass die PS unmittelbar nach der Kapitalerhöhung kotiert *werden,* was gegenüber den Handelsregisterbehörden durch Einreichung des Kotierungsbeschlusses der Börse oder durch dessen Erwähnung in der öffentlichen Urkunde über den Kapitalerhöhungsbeschluss nachgewiesen werden kann. Hat eine Gesellschaft mehr als eine Kategorie von PS ausstehend, so müsste die Aufhebung der Begrenzung u.E. nur für die kotierte PS-Kategorie gelten. Offen bleibt schliesslich, ob das PS-Kapital im Rahmen einer Kapitalherabsetzung reduziert werden müsste, wenn eine Gesellschaft ihre PS nachträglich dekotiert.

2   Abs. 2 hält fest, dass die Bestimmungen über das Mindestkapital und über die Mindestgesamteinlage keine Anwendung finden. Damit werden die PS hinsichtlich des Mindestkapitals ausdrücklich von der Gleichstellung mit den Aktien freigestellt. Das PS-Kapital kann somit beliebig kleiner sein als CHF 100 000, muss jedoch **mindestens einen Rappen** betragen, da der Mindestnennwert (s. hierzu N 5) auch für PS gilt

1. Abschnitt: Allgemeine Bestimmungen 3–4 Art. 656b

(Art. 622 Abs. 4). Auch die Gesamteinlage kann kleiner sein als CHF 50 000, doch müssen **stets mindestens 20 %** des PS-Kapitals **liberiert** sein (Art. 632 Abs. 1). Teilliberierte PS sind nur als Namen-PS zulässig (Art. 683), welche allerdings selten vorkommen (BÖCKLI, § 5 N 31).

II. Mitberücksichtigung des PS-Kapitals (Abs. 3)

Zur Verdeutlichung der allgemeinen Verweisnorm (Art. 656a Abs. 2) bestimmt Abs. 3, dass in den Bestimmungen über die Einschränkung des Erwerbs eigener Aktien (Art. 659 ff.), die allgemeine Reserve (Art. 671 Abs. 1, 3), die Einleitung einer Sonderprüfung gegen den Willen der GV (Art. 697b Abs. 1) und über die Meldepflicht bei Kapitalverlust (Art. 725 Abs. 1) das PS-Kapital dem AK **zuzuzählen** ist. Der Erwerb eigener Aktien oder PS ist nur zulässig, wenn deren gesamter Nennwert 10 % bzw. 20 % des Aktien- *und* PS-Kapitals nicht übersteigt. Die erste Zuweisung an die allgemeine Reserve (darunter ist diejenige Reserve zu verstehen, die aus Gewinn und Agio gespiesen wird) ist so lange zu machen, bis diese die Höhe von einem Fünftel des einbezahlten Aktien- *und* PS-Kapitals erreicht hat. Die allgemeine Reserve darf, soweit sie die Hälfte des Aktien- *und* PS-Kapitals nicht übersteigt, nur zur Deckung von Verlusten und zur Durchführung von Sozialmassnahmen verwendet werden. Ein Kapitalverlust liegt vor, wenn die Hälfte von Aktien- *und* PS-Kapital und der gesetzlichen Reserven zusammengezählt verloren ist (vgl. zum Ganzen FORSTMOSER/MEIER-HAYOZ/NOBEL, § 46 N 15 ff.).

3

Im Rahmen der **laufenden Aktienrechtsreform** ist auch eine Neufassung von Art. 656 b geplant, dies um dem teilweisen Wegfall der Obergrenze des PS-Kapital Rechnung zu tragen. Der Entwurf sieht vor (mit u.E. nicht stichhaltiger Begründung, vgl. dazu Botschaft Aktien- und Rechnungslegungsrecht, 1656), dass das PS-Kapital bei der Berechnung der Höchstgrenze für den Rückkauf eigener Aktien nicht mehr zum Aktienkapital gezählt wird (E-Art. 656b Abs. 5 i.V.m. Art. 659). Bei der Bildung der gesetzlichen Reserve (Art. 672), der Beurteilung, ob ein Kapitalverlust i.S.v. Art. 725 vorliegt, der Berechnung der zulässigen Obergrenze des bedingten Kapitals (Art. 653a Abs. 1), der Festlegung des Basis- und Maximalkapitals beim Kapitalband (E-Art. 653s) werden gem. Entwurf Aktien- und PS-Kapital zusammengezählt (E-Art. 656b Abs. 3). Der Entwurf sieht zudem vor, dass die Grenzwerte zur Ausübung weiterer Rechte wie die Einleitung einer Sonderprüfung (dannzumal Sonderuntersuchung) und die Anhebung einer Auflösungsklage gesondert zu berechnen sind (E-Art. 656b Abs. 4). Damit sollen die Rechte der Partizipanten und diejenigen der Aktionäre je gestärkt und ein minimaler Schutz ihres Eigentums sichergestellt werden (Botschaft Aktien- und Rechnungslegungsrecht, 1656). Betreffend das Recht auf Einberufung der GV und das Traktandierungsrecht sollen die Grenzwerte ausschliesslich auf der Grundlage des Aktienkapitals (also ohne Einbezug des PS-Kapitals) berechnet werden, was der bereits geltenden Rechtslage entspricht (E-Art. 656b Abs. 6).

3a

III. Genehmigte oder bedingte Kapitalerhöhung (Abs. 4 und 5)

PS-Kapital kann *anlässlich der Gründung* geschaffen werden (Art. 629 ff.). Diesfalls müssen die Gründer in den Statuten die Höhe des PS-Kapitals (kein Mindestkapital; Abs. 2) und den Betrag der darauf geleisteten Einlagen, sowie Anzahl, Nennwert und Art der PS festlegen (Art. 626 Ziff. 3 f.). Ferner müssen sie feststellen, dass sämtliche Titel (Aktien und PS) gültig gezeichnet sind (Art. 630), dass die versprochenen Einlagen dem gesamten Ausgabebetrag entsprechen und dass die gesetzlichen und statutari-

4

schen Anforderungen an die Leistung der Einlagen erfüllt sind (Art. 629 Abs. 2). Die Liberierung kann in bar (Art. 633), durch Verrechnung (Art. 635 Ziff. 2) sowie in Form von Sacheinlagen oder -übernahmen erfolgen (Art. 628 Abs. 1 f., Art. 634, 635 Ziff. 1). Die Vorschrift über die Mindestgesamteinlage findet keine Anwendung (Abs. 2), doch müssen mindestens 20% des Nennwertes jedes PS liberiert sein (Art. 632 Abs. 1).

5   *Häufiger* als die Schaffung anlässlich der Gründung ist die *nachträgliche Schaffung* von PS-Kapital, z.B. bei der Einführung stimmrechtsloser Mitarbeiterbeteiligungen (stock options, employee equity ownership programs u.ä.). Bei der nachträglichen Schaffung kommen die Regeln über die Kapitalerhöhung zur Anwendung. Auch die *erstmalige Ausgabe* von PS wird, da bereits ein AK besteht, als *Kapitalerhöhung* angesehen (Botschaft AG, 876). Alle **drei Arten der Kapitalerhöhung** (ordentliche, genehmigte und bedingte) kommen in Frage (Abs. 5). Die Möglichkeit der ordentlichen Erhöhung des PS-Kapitals ist im Gesetz zwar nicht ausdrücklich erwähnt, jedoch selbstverständlich. Wie für das AK gilt auch für das PS-Kapital, dass eine Kapitalerhöhung auch vorgenommen werden kann, wenn das bisherige Kapital noch nicht voll liberiert worden ist (NOTTER, 13). Für Beschlüsse und Feststellungen sind die gleichen *Beurkundungsvorschriften* zu beachten wie bei der Erhöhung des AK, was dazu führen dürfte, dass manche Gesellschaften in den Statuten die Quorumsbestimmungen für Beschlüsse und Feststellungen des VR im Zusammenhang mit Kapitalerhöhungen dahingehend abfassen, dass der Gang eines einzigen Mitglieds zum Notar genügt, um dort, beschluss- und feststellungsfähig, die öffentliche Beurkundung zu erwirken.

6   Bei der **ordentlichen Kapitalerhöhung** (Art. 650) fasst die *GV* den *Kapitalerhöhungsbeschluss* und beauftragt den *VR* nach ihren *Weisungen* mit der *Durchführung*. Innerhalb von drei Monaten (Art. 650 Abs. 1, 3) sind die PS zu zeichnen (Art. 652), zu liberieren (Art. 652c), der Kapitalerhöhungsbericht zu erstellen und prüfen zu lassen (Art. 652e f.), die Durchführung der Kapitalerhöhung festzustellen, die Statuten zu ändern und die Anmeldung beim Handelsregister vorzunehmen (Art. 652g f.; vgl. zum Ganzen NOTTER, 74 ff.; Botschaft AG, 791 ff.). Sowohl bei der erstmaligen Schaffung von PS-Kapital als auch bei der Erhöhung bereits bestehenden PS-Kapitals im ordentlichen Verfahren gilt die Limitierung auf das Doppelte des AK (Abs. 1).

7   PS-Kapital kann im Verfahren der genehmigten oder bedingten Kapitalerhöhung geschaffen werden (Abs. 5). Bei der **genehmigten Kapitalerhöhung** ermächtigt die GV den *VR* durch Statutenänderung, das PS-Kapital innerhalb eines gewissen Rahmens *in eigener Kompetenz* zu erhöhen. Die Kompetenzdelegation ist *auf zwei Jahre begrenzt* (Art. 651 Abs. 1; NOTTER, 137 ff.). Die Durchführung der genehmigten Kapitalerhöhung folgt im Wesentlichen den gleichen Regeln wie die ordentliche Erhöhung (Art. 652 ff.; vgl. zu den Besonderheiten Art. 651 f.). Wird das PS-Kapital im Verfahren der genehmigten Kapitalerhöhung erstmals geschaffen, ist die Maximalhöhe (das Doppelte des AK) zu beachten (Abs. 1). Handelt es sich dagegen um eine genehmigte Erhöhung bereits bestehenden PS-Kapitals, so gilt *zusätzlich,* dass die Erhöhung insgesamt die *Hälfte der Summe des bisherigen Aktien- und PS-Kapitals nicht übersteigen* darf (Abs. 4; ausführlich dazu GERICKE, 109 ff.).

8   Im Falle der **bedingten Kapitalerhöhung** (Abs. 5) wird durch Beschluss der GV, welcher eine Statutenänderung mit dem in Art. 653b vorgesehenen Inhalt zur Folge hat, bestimmten Personen das Recht eingeräumt, während eines bestimmten Zeitraumes die Ausgabe von neuen Titeln zu verlangen (NOTTER, 73). Das Wesen der bedingten Kapitalerhöhung liegt darin, dass die Schaffung des neuen Kapitals hinsichtlich Ausmass und Zeitpunkt nicht von der Gesellschaft, sondern von Dritten bestimmt wird (Botschaft AG, 797). Wie bei der bedingten Erhöhung des AK kommen auch bei der bedingten Erhö-

1. Abschnitt: Allgemeine Bestimmungen   **Art. 656c**

hung des PS-Kapitals als Bezugsberechtigte nur die gem. Art. 653 Abs. 1 Berechtigten in Frage (s. zu den Berechtigten in praxi und den vorgesehenen Erweiterungen im Rahmen der Revision E-Art. 653 Abs. 1 und Botschaft Aktien- und Rechnungslegungsrecht, 58 f.). Kapitalerhöhung und Titelemission erfolgen im Gleichschritt mit der Ausübung der Wandel- oder Optionsrechte der Anleihensgläubiger bzw. der Bezugsrechte der Arbeitnehmer. Die im bedingten Erhöhungsverfahren ausgegebenen PS müssen voll liberiert sein (Art. 653a Abs. 2). Um die Einbringlichkeit sicherzustellen (Botschaft AG, 873, bestimmt Art. 653e Abs. 2, dass die Liberierung nur durch Barliberierung oder Verrechnung erfolgen kann. Die anderen Arten der Liberierung sind ausgeschlossen. Wie beim genehmigten Kapital bestehen auch hier Schranken, die sicherstellen sollen, dass sich die GV nicht in zu grossem Mass ihrer Kompetenz zur Kapitalgestaltung entäussert (Botschaft AG, 868). Bei der erstmaligen Ausgabe von PS im bedingten Verfahren darf das *bedingte PS-Kapital die Hälfte des AK nicht übersteigen* (Art. 653a Abs. 1). Bei der Erhöhung des PS-Kapitals im bedingten Verfahren darf das *bedingte Kapital die Hälfte der Summe des bisherigen Aktien- und PS-Kapitals nicht übersteigen* (Abs. 4; s. dazu WENGER, 30). Zusätzlich gilt die Maximalhöhe (Abs. 1), wonach das PS-Kapital das AK nicht um mehr als das Doppelte übersteigen darf.

PS-Kapital kann statt durch Einlagen auch zu Lasten des frei verwendbaren Eigenkapitals erhöht werden (Art. 652d). Frei verwendbares Eigenkapital sind der Bilanzgewinn und alle nicht gesetzlich oder statutarisch unwiderruflich gebundenen, d.h. freien, Reserven (Botschaft AG, 865). Bei der Erhöhung aus Eigenkapital findet bloss eine Umgruppierung auf der Passivseite der Bilanz statt (NOTTER, 206). Werden bei der Erhöhung aus Eigenkapital neue PS ausgegeben, bezeichnet man diese als **Gratis-PS** (zur Besteuerung von Gratis-PS s. BGE 118 I 317 ff. und die dort zitierte Literatur sowie das Merkblatt der EstV vom 30.4.1999). Werden keine neuen Titel ausgegeben, sondern nur die Nennwerte der bereits im Umlauf befindlichen PS erhöht, spricht man von einer **Gratisnennwerterhöhung** (NOTTER, 17 f.). Die Gratisnennwerterhöhung ist im Gesetz nicht ausdrücklich vorgesehen, weil deren Zulässigkeit, wie bereits unter dem altOR (FORSTMOSER, Aktienrecht, 15 FN 147), als selbstverständlich angesehen wird. Zu beachten ist, dass die *Erhöhung aus Eigenkapital nur im ordentlichen oder genehmigten Verfahren möglich* ist. Das bedingte Kapitalerhöhungsverfahren ist ausgeschlossen, weil Art. 653 Abs. 2 nur die Barliberierung oder die Verrechnung zulässt, die Liberierung aus Gesellschaftsmitteln somit ausgeschlossen ist (Botschaft AG, 868). 9

Im Rahmen der **laufenden Aktienrechtsrevision** wird Art. 656b Abs. 5 in E-Art. 656a Abs. 4 verschoben und neu darin festgehalten, dass PS auch im Rahmen des (neu zu schaffenden Instituts des) Kapitalbands geschaffen werden können, sofern die GV dies vorsieht. E-Art. 656a Abs. 4 sagt (wie der geltende Art. 656b Abs. 5) nichts, was nicht bereits aufgrund der allgemeinen Verweisnorm von Art. 656b Abs. 2 gelten würde und ist damit gesetzgebungstechnisch verfehlt und überflüssig (vgl. diesbezüglich zum geltenden Art. 656b Abs. 5 auch BÖCKLI, § 5 N 21). 10

Art. 656c

III. Rechtsstellung des Partizipanten 1. Im Allgemeinen	¹ Der Partizipant hat kein Stimmrecht und, sofern die Statuten nichts anderes bestimmen, keines der damit zusammenhängenden Rechte. ² **Als mit dem Stimmrecht zusammenhängende Rechte gelten das Recht auf Einberufung einer Generalversammlung, das**

Teilnahmerecht, das Recht auf Auskunft, das Recht auf Einsicht und das Antragsrecht.

³ Gewähren ihm die Statuten kein Recht auf Auskunft oder Einsicht oder kein Antragsrecht auf Einleitung einer Sonderprüfung (Art. 697*a* ff.), so kann der Partizipant Begehren um Auskunft oder Einsicht oder um Einleitung einer Sonderprüfung schriftlich zuhanden der Generalversammlung stellen.

III. Statut juridique du participant
1. En général

¹ Le participant n'a ni le droit de vote ni, dans la mesure où les statuts n'en disposent pas autrement, aucun des droits qui s'y rapportent.

² Sont considérés comme droits qui se rapportent au droit de vote, le droit de faire convoquer l'assemblée générale, le droit d'y prendre part, le droit d'obtenir des renseignements, le droit de consulter les documents et le droit de faire des propositions.

³ Si les statuts ne leur accordent pas le droit d'obtenir des renseignements ou de consulter les documents, ou le droit de proposer l'institution d'un contrôle spécial (art. 697*a* et s.), les participants peuvent adresser une requête écrite à l'assemblée générale visant à obtenir des renseignements ou à consulter les documents ou encore à faire procéder à un contrôle spécial.

III. Statuto giuridico del partecipante
1. In genere

¹ Il partecipante non ha diritto di voto né, se lo statuto non stabilisce altrimenti, diritti ad esso inerenti.

² Sono considerati diritti inerenti al diritto di voto il diritto di esigere la convocazione dell'assemblea generale e di prendervi parte, il diritto di ottenere ragguagli, di consultare documenti e di proposta.

³ Se lo statuto non gli accorda il diritto di ottenere ragguagli, di consultare documenti o di proporre l'istituzione di una verifica speciale (art. 697*a* segg.), il partecipante può chiedere per scritto all'assemblea generale di ottenere ragguagli, di consultare documenti o di istituire una verifica speciale.

Literatur

Vgl. die Literaturhinweise zu Art. 656a.

I. Ausschluss des Stimmrechts (Abs. 1)

1 Bereits Art. 656a Abs. 1 hält fest, dass der PS kein Stimmrecht vermittelt. Art. 656c Abs. 1 präzisiert dies und entzieht dem Partizipanten nebst dem Stimmrecht auch die damit zusammenhängenden Rechte, lässt aber zu, dass die Statuten ihm diese Rechte einräumen. Der **Ausschluss des Stimmrechts ist zwingend** (BÖCKLI, § 5 N 44; Botschaft AG, 877; KUNZ, Minderheitenschutz, § 2 N 68). Statutenbestimmungen, die den Partizipanten ein Stimmrecht in der GV einräumen, sei es auch nur für ausserordentliche Fälle, sind nichtig. Ebenfalls nichtig wäre eine Statutenbestimmung, die den Partizipanten für diejenigen Fälle, in denen das Gesetz einen Zustimmungsentscheid der Partizipanten verlangt, ein Stimmrecht in der GV einräumen möchte. Dieser Zustimmungsentscheid kann nur in einer Sonderversammlung der Partizipanten (s.a. Art. 656f N 5) getroffen werden, in der die Aktionäre ihrerseits nicht stimmberechtigt sind (BÖCKLI, § 5 N 44 FN 81). Es ist daher klar zu unterscheiden zwischen dem Stimmrecht in der GV, welches dem Partizipanten nie zukommen kann, und dem *Stimmrecht des Partizipanten in der Sonderversammlung*. Dieses Stimmrecht kommt dann zum Tragen, wenn Vorrechte oder statutarisch eingeräumte Mitwirkungsrechte der Partizipanten beschränkt oder aufgehoben werden sollen. Es handelt sich dabei jedoch nicht um eine volle Stimme in Angelegenheiten der Gesellschaft, insb. nicht um die (direkte) Willensbildung der GV,

1. Abschnitt: Allgemeine Bestimmungen　　　　　　　　　　2–4　**Art. 656c**

sondern um eine blosse Einwilligung der Partizipanten in einen körperschaftlichen Gesamtakt der Aktionäre. Einziger Gegenstand dieser Sonderversammlung ist die Gestaltungserklärung, welche die Zustimmung zur Aufhebung eines Rechts der Partizipanten gibt (BÖCKLI, § 5 N 45, zutreffend qualifiziert er in FN 83 diese Gestaltungserklärung als quasivertragliche Willenserklärung im Zusammenhang mit dem Verzicht auf eine wohlerworbene Rechtsposition).

II. Mit dem Stimmrecht zusammenhängende Rechte (Abs. 2)

Abs. 2 stellt klar, welche Rechte als mit dem Stimmrecht zusammenhängende Rechte verstanden werden und gem. Abs. 1 den Partizipanten statutarisch eingeräumt werden können. Bei diesen **statutarischen Mitwirkungsrechten** handelt es sich um das *Einberufungsrecht* (und damit auch das Traktandierungsrecht), das *Teilnahmerecht* (und damit faktisch wohl auch das Debattenrecht), das *Auskunftsrecht*, das *Einsichtsrecht* und das *Antragsrecht* (s. dazu BÖCKLI, § 5 N 62). Selbstverständlich ist es auch zulässig, den Partizipanten nur einzelne dieser Rechte einzuräumen (ausführlicher dazu BÖCKLI, § 5 N 64). Nicht möglich ist hingegen die Einräumung weiterer wesentlicher Mitwirkungsrechte (BÖCKLI, § 5 N 63). Sofern sie eingeräumt werden, richtet sich der Umfang der statutarischen Mitwirkungsrechte (abgesehen vom fehlenden Stimmrecht) nach den entsprechenden Rechten der Aktionäre (Art. 699, 689 ff., 697, 700). Der Vollständigkeit halber sei darauf hingewiesen, dass seit dem 1.1.2008 ein Partizipant, welcher Mitglied des VR ist, in seiner Funktion als Mitglied des VR – unabhängig allfälliger statutarischer Bestimmungen – zur Teilnahme und Antragsstellung an der GV berechtigt ist (Art. 702a). Anders als früher muss der Partizipant, um Einsitz im VR nehmen zu können, nicht mehr zwingenderweise auch Aktionär sein (Art. 656e N 3; vgl. zur Neuordnung der kleinen Aktienrechtsrevision auch WALDBURGER, 417).

2

III. Gesetzliche Mitwirkungsrechte (Abs. 3)

Zu den mitgliedschaftlichen Rechten, die **allen Partizipanten zwingend zustehen,** gehört das Recht auf *Orientierung über die Einberufung der GV zusammen mit den Traktanden und den Anträgen* sowie das Recht, über die von den Aktionären gefassten *Beschlüsse informiert* zu werden (Art. 656d), das *Bekanntgaberecht* (Art. 696), das *Anfechtungsrecht* (Art. 706), das *Recht zur Organisationsklage* (Art. 731b) und das *Recht zur Verantwortlichkeitsklage* (Art. 756 f.) sowie das *Recht, ein Begehren um Auskunft oder Einsicht* oder um *Einleitung einer Sonderprüfung* zu stellen (Abs. 3).

3

Das Recht, schriftlich zuhanden der GV ein **Begehren um Auskunft oder Einsicht** zu stellen, steht den Partizipanten von Gesetzes wegen zu (Abs. 3). Räumen die Statuten den Partizipanten das Recht auf Auskunft oder Einsicht ein, so tritt die *genauere statutarische Definition* mit ihren weitergehenden Rechten *an die Stelle der gesetzlichen Mindestbestimmung* (Art. 697; BÖCKLI, § 5 N 55). Kommt die Gesellschaft ihrer Pflicht zur Auskunft nicht schriftlich, sondern durch mündliche Information an der GV nach, stellt sich die Frage, wie zu verfahren ist, wenn den Partizipanten kein statutarisches Teilnahmerecht eingeräumt wird. Der Meinung von BÖCKLI (§ 5 N 56), der für eine analoge Anwendung von Art. 656d plädiert, ist zuzustimmen. Es ist nicht einzusehen, weshalb die Pflicht nur durch mündliche Auskunft soll erfüllt werden können. Die Gesellschaft kann ihre Auskunftspflicht somit dadurch erfüllen, dass sie den Wortlaut der Auskunft nach der Versammlung am Gesellschaftssitz zu Handen der Partizipanten auflegt.

4

5   Im Unterschied zum bundesrätlichen Entwurf (Botschaft AG, 802) verleiht das Gesetz in Abs. 3 dem einzelnen Partizipanten das Recht, der GV schriftlich den Antrag auf Einleitung einer Sonderprüfung zu stellen. Die Bestimmung ist etwas missverständlich formuliert, da den Partizipanten das **Antragsrecht auf Einsetzung eines Sonderprüfers von Gesetzes wegen zusteht** und nicht davon abhängt, ob die Statuten ihnen dieses Recht einräumen. Dies ergibt sich aus Art. 656a Abs. 2 i.V.m. Art. 656c, wonach den Partizipanten die gleichen Rechte zustehen, wie den Aktionären, sofern das Gesetz nichts anderes vorsieht. Ausnahmen werden aber in Art. 656c nur für das Stimmrecht und die damit zusammenhängenden Rechte statuiert. Gemäss Abs. 2 gehört das Antragsrecht auf Einleitung einer Sonderprüfung nicht zu den mit dem Stimmrecht zusammenhängenden Rechten. Den Partizipanten steht das Sonderprüfungsrecht zu, ohne dass es ihnen von den Statuten eingeräumt werden muss, kann ihnen anderseits durch die Statuten auch nicht entzogen werden (CASUTT, 73). Die Ausübung des Antragsrechts setzt allerdings voraus, dass der *Partizipant vorgängig sein Recht auf Auskunft oder das Recht auf Einsicht ausgeübt hat* (Art. 697a Abs. 1). Dies kann er schriftlich machen, wenn ihm die Statuten kein Teilnahmerecht in der GV gewähren. Wird der Antrag des Partizipanten von der GV abgelehnt, kann er die **Einsetzung eines Sonderprüfers durch den Richter** verlangen (Art. 697b). Für die Berechnung des dafür erforderlichen Kapitals ist das *PS-Kapital zum AK hinzuzuzählen* (Art. 656b Abs. 3; E-Art. 656b Abs. 4 sieht hingegen vor, dass für die Berechnung des erforderlichen Kapitals das PS-Kapital nicht mehr zum AK hinzugezählt wird, sondern die Grenzwerte separat berechnet werden, was zu einer Stärkung der Rechte je nach Situation der Partizipanten oder Aktionäre führt; vgl. dazu bereits Art. 656b N 3a; Botschaft Aktien- und Rechnungslegungsrecht, 68). Erforderlich ist somit, dass der Partizipant **mindestens 10% des Grundkapitals** (Aktien- und PS-Kapital) vertritt. Da es bezüglich des vertretenen Nennwertes von CHF 2 Mio. keine Ausnahmebestimmung analog zu Art. 656b Abs. 3 gibt, gilt die in Art. 656a Abs. 2 vorgesehene Gleichstellung des PS mit der Aktie. Zur Stellung des Begehrens genügt es daher, wenn der Partizipant **PS bzw. Aktien und PS im Nennwert von zwei Millionen Franken** vertritt (CASUTT, 90). (Zur Rechtsstellung des Partizipanten eingehend FORSTMOSER/MEIER-HAYOZ/NOBEL, § 46 N 26 ff.)

Art. 656d

2. Bekanntgabe von Einberufung und Beschlüssen der Generalversammlung

¹ **Den Partizipanten muss die Einberufung der Generalversammlung zusammen mit den Verhandlungsgegenständen und den Anträgen bekannt gegeben werden.**

² **Jeder Beschluss der Generalversammlung ist unverzüglich am Gesellschaftssitz und bei den eingetragenen Zweigniederlassungen zur Einsicht der Partizipanten aufzulegen. Die Partizipanten sind in der Bekanntgabe darauf hinzuweisen.**

2. Communication de la convocation et des décisions de l'assemblée générale

¹ Sont communiqués aux participants la convocation à l'assemblée générale ainsi que les objets portés à l'ordre du jour et les propositions.

² Toute décision de l'assemblée générale est déposée dans les meilleurs délais au siège de la société et à celui de ses succursales inscrites au registre du commerce, de telle sorte que les participants puissent en prendre connaissance. Les participants en sont informés dans la communication qui leur est adressée.

2. Comunicazione della convocazione

¹ La convocazione all'assemblea generale è comunicata ai partecipanti con l'indicazione degli oggetti all'ordine del giorno e le proposte.

1. Abschnitt: Allgemeine Bestimmungen   1, 2   Art. 656d

e delle delibera-	² Ogni deliberazione dell'assemblea generale è posta senza indugio a disposizione dei partecipanti presso la sede della società e presso quella delle sue succursali iscritte nel registro di commercio perché ne possano prendere conoscenza. Tale deposito deve essere segnalato nella comunicazione destinata ai partecipanti.
zioni dell'assem-	
blea generale	

Literatur

Vgl. die Literaturhinweise zu Art. 656a.

I. Normzweck

Art. 656c Abs. 3 sieht das Recht der Partizipanten auf Auskunft oder Einsicht sowie das 1
Antragsrecht auf Einleitung einer Sonderprüfung vor. Zu den Voraussetzungen für die
Ausübung dieser Rechte gehört, dass die Partizipanten über den Zeitpunkt der GV, die
Traktanden und die Anträge informiert werden (Abs. 1). Die hier vorgesehene Orientierung der Partizipanten soll die **Ausübung dieser Rechte ermöglichen.** Das Recht der
Partizipanten auf Anfechtung der GV-Beschlüsse (Art. 656a Abs. 2 i.V.m. Art. 706
Abs. 1) kann ebenfalls nur ausgeübt werden, wenn ihnen die Beschlüsse bekannt gegeben werden. Die Pflicht der Gesellschaft, die Beschlüsse aufzulegen (Abs. 2), stellt die
Ausübung des Anfechtungsrechts sicher. Aus der Ratio von Art. 656d kann damit die
allgemeine Regel abgeleitet werden, dass die Partizipanten Anspruch auf alle Informationen haben, welche sie benötigen, um die Rechte, die ihnen von Gesetzes wegen oder
aufgrund der Statuten zustehen, ausüben zu können (vgl. zu diesem sog. «Need-to-know-Prinzip» und zur Bedeutung der Information für die Willensbildung SPILLMANN,
152 FN 806 m.w.H.).

II. Einberufung der Generalversammlung (Abs. 1)

Die Einberufung der GV muss den Partizipanten zusammen mit den Traktanden und 2
den Anträgen bekannt gegeben werden. Das Gesetz äussert sich nicht explizit zur
Frage, wie viele Tage zum Voraus dies geschehen muss(Botschaft AG, 878). Der
Grundsatz der Gleichstellung der Partizipanten mit den Aktionären (Art. 656a N 5 ff.)
gebietet jedoch implizit, dass diese **Information** den Partizipanten **zur gleichen Zeit
wie den Aktionären** zukommen muss (gl.M. BÖCKLI, § 5 N 53). Art. 700 hält fest,
dass die Einberufung der GV spätestens 20 Tage vor dem Versammlungstag zu erfolgen
hat und dass in der Einberufung die Verhandlungsgegenstände und Anträge bekannt gegeben werden müssen. Daraus ergibt sich, dass auch den Partizipanten die Einberufung
zusammen mit den Traktanden und den Anträgen **spätestens 20 Tage vor der Versammlung** bekannt zu geben ist, ausser die Statuten sehen dafür eine längere Frist vor.
Die Bekanntgabe erfolgt in der für die Aktionäre vorgesehenen Form gem. Art. 700
Abs. 1 (vgl. dazu Art. 700 N 8 f.). Praktisch gesehen wird mit der Einberufung der GV
jedoch immer auch die Auflage des Geschäfts- und Revisionsberichts am Gesellschaftssitz (sowie die Möglichkeit des Bestellens einer Kopie) mitgeteilt, womit die in Art. 696
Abs. 2 vorgesehene Form eingehalten werden muss. D.h. an allfällige *Namenpartizipanten durch schriftliche Mitteilung* und an die *Inhaberpartizipanten durch Veröffentlichung* im SHAB sowie in der von den Statuten vorgesehenen Form (Botschaft AG,
915). *Neu* gegenüber der Regelung des altOR ist, dass die *Anträge* des VR oder derjenigen Aktionäre, welche die Durchführung der GV verlangen, *mit der Einberufung bekannt gegeben* werden müssen. Demgegenüber behalten der Partizipant (sofern statutarisch vorgesehen; vgl. Art. 656c Abs. 2) und der Aktionär das Recht, den VR an der GV

mit mündlichen Anträgen zu überraschen, sofern sich diese im Rahmen der Traktanden bewegen. Diese *Störung der Waffengleichheit* kann durch eine entsprechende Statutenbestimmung aufgehoben werden. Da die Partizipationsscheine meistens als Inhaberpapiere ausgestaltet sind, erfolgt die Bekanntgabe der Anträge mittels Veröffentlichung im SHAB (BÖCKLI, § 5 N 54).

3   Räumen die Statuten den Partizipanten das Recht auf Teilnahme an der GV ein, werden sie nach den für die Aktionäre geltenden Regeln (Art. 700 Abs. 1 f.) zur GV eingeladen und es steht ihnen auch das **Einsichtsrecht in das Protokoll** zu (Art. 702 Abs. 3), welches den Partizipanten sonst verwehrt ist (Botschaft AG, 878). Zu letzterem Punkt gilt es indessen u.E. zu sagen, dass das Protokoll einem Partizipanten im Rahmen einer Anfechtungs- oder Auflösungsklage soweit erforderlich offen stehen muss, selbst wenn die Statuten das Recht auf Teilnahme der Partizipanten an der GV nicht vorsehen. Z.B. muss ein Partizipant, der eine Anfechtungsklage wegen unzulässiger Teilnahme an der Generalversammlung anstrebt, prüfen können, ob die Teilnahme der unberechtigten Personen kausal für den Ausgang der Abstimmung gewesen ist (vgl. 691 Abs. 3; s. zum «Need-to-know-Prinzip» bereits N 1).

4   Ferner ist zu erwähnen, dass den Partizipanten spätestens 20 Tage vor der ordentlichen GV der **Geschäftsbericht und der Revisionsbericht** zur Einsicht am Gesellschaftssitz aufzulegen sind (Art. 696 Abs. 1 i.V.m. Art. 656a Abs. 2). Auch die Partizipanten können verlangen, dass ihnen unverzüglich eine Ausfertigung dieser Unterlagen zugestellt wird. Namenpartizipanten sind darüber durch schriftliche Mitteilung, Inhaberpartizipanten durch Veröffentlichung im SHAB sowie in einer evtl. zusätzlich in den Statuten vorgesehenen Form zu informieren (Art. 696 Abs. 2). Noch während eines Jahres nach der GV kann jeder Partizipant von der Gesellschaft den Geschäftsbericht in der von der GV genehmigten Form sowie den Revisionsbericht verlangen (Art. 696 Abs. 3).

III. Beschlüsse der Generalversammlung (Abs. 2)

5   Den Partizipanten steht von Gesetzes wegen das **Recht auf Orientierung** über die in der GV gefassten Beschlüsse zu (dies beinhaltet u.E. etwa auch die Anzahl der vertretenen Aktien und die Stimmenverhältnisse der einzelnen Beschlüsse, sofern die Gesellschaft diese ausgezählt hat). Die Gesellschaft erfüllt ihre Pflicht durch *unverzügliche Auflegung* der Beschlüsse zur Einsicht der Partizipanten am Gesellschaftssitz und bei den eingetragenen Zweigniederlassungen. Mit BÖCKLI (§ 5 N 59 FN 98) ist anzunehmen, dass es sich bei der Pflicht zur Auflegung der Beschlüsse auch bei den eingetragenen Zweigniederlassungen um ein redaktionelles Versehen handelt. Das Recht der Partizipanten, über die gefassten Beschlüsse informiert zu werden, ermöglicht ihnen den *Entscheid über die Anhebung einer Anfechtungsklage* (Art. 706). Das zu den Schutzrechten gehörende **Recht auf Anfechtung von GV-Beschlüssen** wird den Partizipanten **uneingeschränkt gewährt** und unterscheidet sich nicht vom Anfechtungsrecht der Aktionäre. Es beschränkt sich also nicht auf GV-Beschlüsse, welche die Partizipantenstellung beeinträchtigen (Botschaft AG, 878). Die *zweimonatige Verwirkungsfrist* zur Anhebung der Klage (Art. 706a Abs. 1) *beginnt auch für die Partizipanten mit der GV,* und nicht etwa erst mit der Kenntnisnahme des Beschlusses, zu laufen (Botschaft AG, 878). Die Information über die Beschlüsse der GV müssen den Partizipanten deshalb unbedingt umgehend nach der GV mitgeteilt werden.

6   In der Bekanntgabe sind die Partizipanten ausdrücklich darauf hinzuweisen, dass die GV-Beschlüsse zu ihrer Einsicht aufgelegt werden. Zum *formellen Inhalt der Einberufung* der GV (vgl. Art. 700) gehört somit zwingend dieser Hinweis an die Partizipanten,

1. Abschnitt: Allgemeine Bestimmungen   1–3 Art. 656e

sofern die Bekanntgabe an die Partizipanten nicht separat erfolgt und der Hinweis dort enthalten ist.

Im Rahmen der laufenden **Aktienrechtsrevision** soll das Beschlussprotokoll den Aktionären neu auf elektronischem Weg oder via Post zugänglich gemacht werden (E-Art. 702 Abs. 3). E-Art. 656d Abs. 2 wiederholt diesen Grundsatz für die Partizipanten und korrigiert auch das unter geltendem Recht angesprochene redaktionelle Versehen (s. dazu N 5). 7

Art. 656e

3. Vertretung im Verwaltungsrat

Die Statuten können den Partizipanten einen Anspruch auf einen Vertreter im Verwaltungsrat einräumen.

3. Représentation au conseil d'administration

Les statuts peuvent reconnaître aux participants le droit à un représentant au conseil d'administration.

3. Rappresentanza in seno al consiglio d'amministrazione

Lo statuto può accordare ai partecipanti il diritto di avere un rappresentante nel consiglio d'amministrazione.

Literatur

Vgl. die Literaturhinweise zu Art. 656a.

I. Kein Anspruch auf Vertretung im Verwaltungsrat

Den Partizipanten steht **kein Anspruch** auf eine Vertretung im VR zu. Art. 709 Abs. 1 bestimmt, dass bei verschiedenen Aktienkategorien jede dieser Kategorien Anspruch auf mindestens einen Sitz im VR hat. Nachdem die Partizipanten, abgesehen vom Stimmrecht, den Aktionären grundsätzlich gleichgestellt sind, ist es nicht selbstverständlich, dass ihnen im VR kein garantierter Sitz zugestanden wird. Art. 656e stellt indessen (implizit) klar, dass die Partizipanten *in dieser Hinsicht den Aktionären nicht gleichgestellt* werden sollen (BÖCKLI, § 5 N 46 f.). 1

II. Statutarische Einräumung eines Verwaltungsrats-Sitzes

Hingegen ist es den Gesellschaften freigestellt, den Partizipanten **statutarisch** einen **festen Sitz** im VR einzuräumen, wobei die Statuten auch Bestimmungen über das Wahl- und Vorschlagsverfahren enthalten müssen (weiterführend dazu BÖCKLI, § 5 N 48 f. m. H. auf die durch BGE 66 II 50 und 107 II 179 entwickelten Grundsätze zu Art. 708 Abs. 4 altOR, dem Art. 709 Abs. 1 im Wesentlichen entspricht). In der Regel handelt es sich um *einen einzigen* Sitz, d.h. eine Mindestvertretung. Den Partizipanten *mehrere* Sitze einzuräumen, ist aber ohne weiteres möglich. 2

III. Wählbarkeitsvoraussetzung

Im Rahmen der per 1.1.2008 in Kraft getretenen «kleinen Aktienrechtsreform» sind sowohl das Erfordernis, dass jeder Verwaltungsrat *«Aktionär»* sein muss (Art. 707 Abs. 1 3

Art. 656f

altOR), als auch die Nationalitäts- und Domizilerfordernisse gestrichen worden (vgl. zum Ganzen WALDBURGER, 417 f.). Die Kontroverse, ob ein Partizipant als Verwaltungsrat ebenfalls mindestens eine Pflicht*aktie* halten muss oder ob seine PS-Beteiligung genügt, ist damit hinfällig geworden (vgl. zu dieser Kontroverse die Vorauf., Art. 656e N 3 m.w.H.; ferner WALDBURGER, 417; KUNZ, Minderheitenschutz, § 2 N 81 f.). Ebenso lässt sich nach der Abschaffung der Pflichtaktie die Forderung nicht mehr rechtfertigen, dass der statutarische Vertreter der Partizipanten im VR Partizipant sein müsse.

Art. 656f

4. Vermögensrechte
a. Im Allgemeinen

¹ Die Statuten dürfen die Partizipanten bei der Verteilung des Bilanzgewinnes und des Liquidationsergebnisses sowie beim Bezug neuer Aktien nicht schlechter stellen als die Aktionäre.

² Bestehen mehrere Kategorien von Aktien, so müssen die Partizipationsscheine zumindest der Kategorie gleichgestellt sein, die am wenigsten bevorzugt ist.

³ Statutenänderungen und andere Generalversammlungsbeschlüsse, welche die Stellung der Partizipanten verschlechtern, sind nur zulässig, wenn sie auch die Stellung der Aktionäre, denen die Partizipanten gleichstehen, entsprechend beeinträchtigen.

⁴ Sofern die Statuten nichts anderes bestimmen, dürfen die Vorrechte und die statutarischen Mitwirkungsrechte von Partizipanten nur mit Zustimmung einer besonderen Versammlung der betroffenen Partizipanten und der Generalversammlung der Aktionäre beschränkt oder aufgehoben werden.

4. Droits patrimoniaux
a. En général

¹ Les statuts ne doivent pas défavoriser les participants par rapport aux actionnaires lors de la répartition du bénéfice résultant du bilan et du produit de liquidation, ainsi que lors de la souscription de nouvelles actions.

² S'il y a plusieurs catégories d'actions, les bons de participation doivent au moins être assimilés à la catégorie la moins favorisée.

³ Les modifications des statuts et les autres décisions de l'assemblée générale qui aggravent la situation des participants ne sont autorisées que si elles affectent dans la même mesure les actionnaires auxquels les participants sont assimilés.

⁴ Sauf disposition contraire des statuts, les privilèges et les droits sociaux accordés aux participants par les statuts ne peuvent être supprimés ou modifiés qu'avec l'accord d'une assemblée spéciale des participants concernés et de l'assemblée générale des actionnaires.

4. Diritti patrimoniali
a. In genere

¹ Lo statuto non deve discriminare i partecipanti rispetto agli azionisti nella ripartizione dell'utile risultante dal bilancio e dell'avanzo della liquidazione, come pure nella sottoscrizione di nuove azioni.

² Se vi sono diverse categorie di azioni, i buoni di partecipazione devono essere assimilati almeno alla categoria meno favorita.

³ Le modificazioni statutarie e le altre deliberazioni dell'assemblea generale possono peggiorare la situazione dei partecipanti solo se peggiorano in misura corrispondente la situazione degli azionisti ai quali i partecipanti sono assimilati.

⁴ Salvo disposizione contraria dello statuto, i privilegi e i diritti sociali statutari dei partecipanti possono essere soppressi o limitati soltanto con il consenso di una speciale assemblea dei partecipanti interessati e dell'assemblea generale degli azionisti.

Literatur

Vgl. die Literaturhinweise zu Art. 656a.

I. Allgemeiner Normzweck

Trotz der recht ausführlichen Regelung des PS bleibt die *nähere Ausgestaltung der Rechte der Partizipanten den Statuten überlassen.* Die Änderung von Statutenbestimmungen fällt zwingend in die Kompetenz der GV, in der die Partizipanten zwingend über kein Stimmrecht verfügen. Es würde also in der Macht der Aktionäre stehen, die Stellung der Partizipanten, insb. in vermögensrechtlicher Hinsicht, gegen den Willen der Partizipanten zu verschlechtern. Um die Vermögensrechte (Dividenden, Bezugsrechte, Anteil am Liquidationserlös) der Partizipanten zu schützen, stellt nun dieser Artikel den **Grundsatz der dauernden vermögensrechtlichen Mindestgleichstellung** der Partizipanten mit den Aktionären auf (vgl. etwa DEMARMELS, 51; Botschaft AG, 803). Dieser Grundsatz schliesst aber nur eine Schlechterstellung aus, eine Besserstellung der Partizipanten gegenüber den Aktionären ist zulässig (vgl. zum Prioritäts-PS Art. 656a N 7). Dem Grundsatz der Mindestgleichstellung liegt die **Idee der Schicksalsgemeinschaft** von Partizipant und Aktionär zugrunde (FORSTMOSER, Ungereimtheiten, 66; s. bereits vorne Art. 656a N 1). Wollen die Aktionäre eine Verschlechterung der Stellung der Partizipanten, müssen sie die gleiche Verschlechterung auf sich nehmen. Da der *PS ein Beteiligungsrecht* (ohne Mitverwaltungsrecht) vermittelt und nicht etwa ein Gläubigerrecht, ist der **Schutz des Partizipanten nicht absolut.** Es ist ihm zuzumuten, dass er eine Verschlechterung auf sich nimmt, wenn sie zumindest im gleichen Umfang auch den Aktionär trifft (Botschaft AG, 803; DEMARMELS, 52). Unzulässig wäre allerdings die Schaffung einer möglichst marginalen Aktienkategorie mit dem Zweck, danach die Stellung der Partizipanten auszurichten; das würde am Gebot von Treu und Glauben scheitern (Art. 2 ZGB; Botschaft AG, 803), an dem Abweichungen vom Grundsatz der Mindestgleichstellung im Einzelfall zu messen sind (zu den Folgen der Verletzung dieses Grundsatzes s. Art. 706).

1

II. Prinzip der Gleichbehandlung (Abs. 1)

In Abs. 1 wird das Prinzip der Gleichbehandlung von Partizipant und Aktionär verankert. Die Bestimmung handelt nur von den **statutarischen Vorschriften,** welche den **Partizipanten nicht schlechter stellen** dürfen als den Aktionär. Der Partizipant hat denselben Anspruch auf einen Anteil am Bilanzgewinn und am Liquidationsergebnis wie der Aktionär. Nicht nur in der statutarischen Ausgestaltung des Dividendenrechts, sondern *auch im Beschluss über die Gewinnverwendung* wird Gleichstellung verlangt (Botschaft AG, 879). Der Partizipant darf ferner beim Bezug neuer Aktien nicht schlechter gestellt werden als der Aktionär. Das Bezugsrecht wird damit dem Schutz von Art. 652b und 653c unterstellt (vgl. zum Bezugsrecht Komm. zu Art. 656g). Abs. 1 verlangt **keine vollständige Gleichstellung;** das ergibt sich aus der abschliessenden Aufzählung. So wäre es etwa zulässig, die Aktien nur teilweise, die PS aber voll zu liberieren.

2

III. Verschiedene Aktienkategorien (Abs. 2)

3   Das Prinzip der Gleichstellung des Partizipanten mit dem Aktionär hinsichtlich der Verteilung von Dividende und Liquidationsergebnis sowie hinsichtlich der Bezugsrechte neuer Aktien geht nicht so weit, dass die PS die gleichen Rechte wie die am meisten bevorzugte Aktienkategorie haben müssten. Es bleibt demnach möglich, neben PS auch Vorzugsaktien zu schaffen. Abs. 2 präzisiert, dass die PS zumindest **der am wenigsten bevorzugten bzw. der nicht bevorzugten Aktienkategorie gleichzustellen** sind. Bestehen also zurückgesetzte Stammaktien neben Vorzugsaktien, müssen die *PS mindestens so viele (Vermögens-)Rechte vermitteln wie die Stammaktien* (BÖCKLI, § 5 N 19).

IV. Entsprechende Verschlechterung der Aktionärsstellung (Abs. 3)

4   Die Gleichstellung des Partizipanten mit dem Aktionär wird in Abs. 3 präzisiert. Einerseits wird klargestellt, dass die *Partizipanten dauernd in der Mindestgleichstellung* mit den Aktionären *zu belassen* sind. Andererseits geht aus Abs. 3 hervor, dass die Partizipanten eine **nachträgliche Verschlechterung** ihrer Stellung **akzeptieren müssen,** wenn **die Aktionäre,** denen sie gleichstehen, ebenfalls eine **entsprechende Verschlechterung** erfahren. Das Gesetz spricht von «entsprechender» und nicht von «gleicher» Verschlechterung, um mögliche Sonderfälle angemessen berücksichtigen zu können. So ist es z.B. denkbar, dass eine Beschränkung der Partizipanten im Dividendenrecht durch eine andere Verschlechterung der Rechtsstellung der Aktionäre ausgeglichen wird. Der Entscheid, ob eine entsprechende Verschlechterung vorliegt, hat der Richter unter Würdigung aller Umstände und Auswirkungen der Statutenänderung zu treffen (Botschaft AG, 879; krit. dazu DEMARMELS, 85).

V. Schutz der Vorrechte und statutarischen Mitwirkungsrechte (Abs. 4)

5   Diese Schutzvorschrift ist der in Art. 654 aufgestellten Regelung für die Vorzugsaktien nachgebildet. Unter *«Vorrechten»* sind *alle* mit dem PS verbundenen *Vermögensrechte,* soweit sie eine Besserstellung gegenüber den Stammaktien oder Stammpartizipationsscheinen vermitteln, zu verstehen, namentlich die Dividende, die Beteiligung am Liquidationsüberschuss und das Bezugsrecht. Nebst den vermögensrechtlichen Vorrechten geniessen aber *auch die statutarisch eingeräumten Mitwirkungsrechte* Schutz (z.B. das Recht auf Teilnahme an der GV oder das Recht auf einen Vertreter im VR; vgl. Art. 656c Abs. 2, Art. 656e; dass die Mitwirkungsrechte unter Art. 656f, mit der Marginalie «Vermögensrechte», aufgeführt sind, passt in die Reihe der zahlreichen mit der letzten grossen Aktienrechtsrevision vom 4.10.1991 eingeführten Ungereimtheiten). Eine Statutenänderung reicht nicht aus, um diese beiden Gruppen von Rechten aufzuheben oder abzuändern. Es bedarf vielmehr der **Zustimmung einer besonderen Partizipantenversammlung** (s.a. Art. 656c N 1) sowie der GV der Aktionäre. Insbesondere ist die Zustimmung der Sonderversammlung erforderlich, wenn die PS in einem ins Gewicht fallenden Masse gegenüber den Aktien, denen sie gleichgestellt sind, benachteiligt werden sollen (BÖCKLI, § 5 N 35; KUNZ, Minderheitenschutz, § 2 N 83 ff., m.w.H.). Zutreffend weist BÖCKLI darauf hin, dass das *Wesentlichkeitsprinzip* zu beachten ist, wonach das Gesamtbild der Massnahmen in die Beurteilung einzubeziehen ist (BÖCKLI, § 5 N 35 FN 60). Die Sonderversammlung ist der **einzige Fall, in dem den Partizipanten das Stimmrecht und die übrigen damit verbundenen Rechte, insb. das Antrags- und Debattenrecht, zustehen** (s. dazu bereits Art. 656c Abs. 1 N 1). Für die Einberufung und Durchführung der Sonderversammlung der Partizipanten sowie die Anfechtung des

1. Abschnitt: Allgemeine Bestimmungen   **Art. 656g**

Entscheides über die Zustimmung gelten *sinngemäss die Regeln über die GV* (BÖCKLI, § 5 N 36). Für die Beschlussfassung ist, mangels anders lautender Bestimmung in den Statuten, die absolute Mehrheit der vertretenen Partizipantenstimmen erforderlich (Art. 703; HOMBURGER, 42; BÖCKLI, a.a.O.; DEMARMELS, 87). Das Gesetz behält bezüglich Beschränkung und Aufhebung von Vorrechten und statutarischen Mitwirkungsrechten von Partizipanten eine **abweichende statutarische Ordnung** vor. Für nicht zulässig hielte HOMBURGER (42) eine Statutenbestimmung, die den Verzicht auf die Durchführung der Sonderversammlung vorsähe (gl.M. BÖCKLI, § 5 N 37). Diese Meinung steht allerdings im Widerspruch zum Wortlaut des Gesetzes, der u.E. einen solchen Verzicht durchaus ermöglicht. Es ist nicht einzusehen, weshalb die Statuten kraft Abs. 4 bspw. nicht bestimmen könnten, dass der VR etwa ein statutarisch eingeräumtes Recht auf Teilnahme an der GV unter gewissen Voraussetzungen beschränken oder aufheben darf. Auch das Erfordernis der Durchführung einer Sonderversammlung bei einer Einschränkung oder Aufhebung von Vorrechten oder statutarisch eingeräumten Mitwirkungsrechten könnte gem. Wortlaut u.E. eingeschränkt oder aufgehoben werden. Freilich müsste eine solche Bestimmung mit oder vor der Schaffung des PS-Kapitals eingeführt werden; im Nachhinein würde sie der Zustimmung der Sonderversammlung unterliegen.

Art. 656g

b. Bezugsrechte	**¹ Wird ein Partizipationskapital geschaffen, so haben die Aktionäre ein Bezugsrecht wie bei der Ausgabe neuer Aktien.** **² Die Statuten können vorsehen, dass Aktionäre nur Aktien und Partizipanten nur Partizipationsscheine beziehen können, wenn das Aktien- und das Partizipationskapital gleichzeitig und im gleichen Verhältnis erhöht werden.** **³ Wird das Partizipationskapital oder das Aktienkapital allein oder verhältnismässig stärker als das andere erhöht, so sind die Bezugsrechte so zuzuteilen, dass Aktionäre und Partizipanten am gesamten Kapital gleich wie bis anhin beteiligt bleiben können.**
b. Droits de souscription préférentiels	¹ Lors de la création d'un capital-participation, les actionnaires ont le même droit de souscription préférentiel que lors de l'émission d'actions nouvelles. ² Les statuts peuvent prévoir que les actionnaires ne pourront souscrire que des actions et les participants que des bons de participation, si le capital-actions et le capital-participation sont augmentés simultanément et dans la même proportion. ³ Lorsque seul le capital-participation ou seul le capital-actions est augmenté ou que l'un est augmenté plus que l'autre, les droits de souscription doivent être répartis de manière à permettre aux actionnaires et aux participants de conserver la proportion du capital qu'ils détenaient jusqu'alors.
b. Diritti d'opzione	¹ All'atto della creazione di un capitale di partecipazione, gli azionisti hanno lo stesso diritto d'opzione di cui dispongono in occasione dell'emissione di nuove azioni. ² Se il capitale azionario e il capitale di partecipazione sono aumentati simultaneamente e nella stessa proporzione, lo statuto può prevedere che gli azionisti possano sottoscrivere solo azioni e i partecipanti solo buoni di partecipazione.

³ Se è aumentato solo il capitale di partecipazione o solo il capitale azionario, o se uno di essi è aumentato in misura maggiore dell'altro, i diritti d'opzione devono essere ripartiti in modo da permettere agli azionisti e ai partecipanti di conservare la proporzione del capitale complessivo che possedevano sino allora.

Literatur

Vgl. die Literaturhinweise zu Art. 656a.

I. Allgemeiner Normzweck

1   Die Regelung des PS wird von *zwei Grundgedanken* geprägt. In Art. 656a Abs. 2 wird der *Grundsatz der Gleichstellung mit der Aktie* aufgestellt, der – i.V.m. dem zwingenden Ausschluss des Stimmrechts – den PS zur stimmrechtslosen Aktie macht. Der in Art. 656f verankerte *Grundsatz der vermögensrechtlichen Mindestgleichstellung* der Partizipanten mit den Aktionären *(Schlechterstellungsverbot)* soll das Fehlen des Stimmrechts und die damit verbundene Abhängigkeit von den GV-Beschlüssen durch die Bildung einer Schicksalsgemeinschaft ausgleichen. Bereits diese beiden Grundsätze führen dazu, dass den Partizipanten ein Bezugsrecht auf neue Aktien zukommen muss. Ferner ergibt sich aus Art. 656a Abs. 2 und Art. 656f Abs. 1, dass die Partizipanten dem Schutz von Art. 652b und 653c unterstehen (Botschaft AG, 879; ZINDEL, 189 f.). Art. 656g konkretisiert die eben erwähnten Grundsätze hinsichtlich der Bezugsrechte, indem er das Verhältnis zwischen dem Bezugsrecht der Aktionäre und demjenigen der Partizipanten regelt. Es sollen die Partizipanten vor einer Beeinträchtigung ihrer Vermögensrechte infolge Kapitalerhöhungen genauso geschützt werden wie die Aktionäre (ZINDEL, 190; Botschaft AG, 879).

II. Bezugsrecht der Aktionäre bei der Schaffung von PS-Kapital (Abs. 1)

2   Die **Aktionäre** haben bei der **erstmaligen Schaffung** von PS-Kapital ein **Bezugsrecht,** das den Regeln von Art. 652b und 653c untersteht (Botschaft AG, 879). Bei der Schaffung im Verfahren der bedingten Kapitalerhöhung tritt das Vorwegzeichnungsrecht der Aktionäre an die Stelle des Bezugsrechts. Das Bezugs- bzw. Vorwegzeichnungsrecht auf erstmalig geschaffene PS kann den Aktionären somit nur entzogen werden, wenn dafür ein wichtiger Grund vorliegt und niemand in unsachlicher Weise begünstigt oder benachteiligt wird. Unter dem *Begriff «wichtiger Grund» ist ein «sachlicher» Grund* zu verstehen. Die Gesellschaft muss ein schutzwürdiges Interesse an der Bezugsrechtsbeschränkung haben, und die Einschränkung muss sachlich begründet und erforderlich sein und darf nicht übermässig sein (BÖCKLI, § 2 N 281, 283).

III. Gleiche Erhöhung von PS-Kapital und Aktienkapital (Abs. 2)

3   Abs. 2 regelt das Bezugsrecht für den Fall, dass bereits bestehendes PS-Kapital gleichzeitig und im gleichen Verhältnis erhöht wird wie das AK. «Gleichzeitig» ist die Kapitalerhöhung dann, wenn sie *in derselben GV* beschlossen wurde, währenddem «im gleichen Verhältnis» *«gemessen an der jeweiligen früheren Kapitalbeteiligung»* bedeutet (Botschaft AG, 880). Der Entwurf des Bundesrats sah für diesen Fall den Ausschluss des Bezugsrechts übers Kreuz vor, um die quantitative Gleichstellung unter bestmöglicher Schonung der qualitativen Besserstellung der Aktionäre zu erreichen (Botschaft AG, 880; ZINDEL, 190). Entgegen diesem Vorschlag gibt es nun aber keine zwingende

Vorschrift, wonach bei gleichzeitiger und gleicher Erhöhung des AK und PS-Kapitals das Bezugsrecht einer Kapitalkategorie nur auf neue Anteile derselben Kategorie geht. Es bleibt den **Statuten überlassen**, für diesen Fall das **Bezugsrecht übers Kreuz auszuschliessen**. Enthalten die Statuten keine diesbezügliche Regelung, ist die GV befugt, im Rahmen der allgemeinen Bezugsrechtsregeln fallweise ein Bezugsrecht auf dieselbe Titelkategorie oder ein Bezugsrecht übers Kreuz festzulegen. Aus Art. 652b Abs. 1 ergibt sich, dass das Bezugsrecht auf dieselbe Titelkategorie als Normalfall anzusehen ist. Wenn hingegen den Aktionären der Bezug von PS und den Partizipanten der Bezug von Aktien je im gleichen relativen Nennbetrag ermöglicht werden soll, bedarf es hierfür eines wichtigen Grundes, und es darf niemand in unsachlicher Weise begünstigt oder benachteiligt werden (Art. 652b Abs. 2 f.; BÖCKLI, § 5 N 68).

IV. Ungleiche Erhöhung von PS-Kapital und Aktienkapital (Abs. 3)

In Abs. 3 werden alle übrigen Fälle der Kapitalerhöhung geregelt: Erhöhung allein des AK oder allein des PS-Kapitals oder verhältnismässig stärkere Erhöhung der einen Kapitalart (Botschaft AG, 880). Die Bezugsrechte sind in diesen Fällen so zuzuteilen, dass die Aktionäre und Partizipanten i.S. einer **Erhaltung ihres relativen Besitzstandes** am neuen Grundkapital im **gleichen Verhältnis wie vor der Erhöhung beteiligt bleiben**. Wenn z.B. nur PS ausgegeben werden, führt dies dazu, dass die Bezugsrechte auf diese PS sowohl den Partizipanten wie den Aktionären proportional zu den Nennwerten einzuräumen sind. Die Aktionäre erhalten dadurch ein Bezugsrecht übers Kreuz (BÖCKLI, § 5 N 69). Dadurch, dass das Bezugsrecht der Aktionäre und Partizipanten auf Anteile der anderen Kapitalart geht, wird ihre **quantitative Gleichstellung** gewahrt, doch erfährt ihre **Rechtsstellung eine qualitative Veränderung**. Wird das AK allein oder verhältnismässig stärker als das PS-Kapital erhöht, steht dem Partizipanten ein Bezugsrecht auf Aktien zu, wodurch er eine Besserstellung erfährt, da mit der Aktie mehr Rechte, insb. das Stimmrecht, als mit dem PS verbunden sind. Der Aktionär erleidet eine Verschlechterung seiner Rechtsstellung, da im entsprechenden Fall sein Bezugsrecht auf das mindere, den PS geht (Botschaft AG, 880). Eine *Aufhebung oder Beschränkung* des Bezugsrechts der Aktionäre oder Partizipanten ist möglich, falls dafür ein *wichtiger Grund* vorliegt und *keine unsachliche Begünstigung oder Benachteiligung* erfolgt (Art. 652b Abs. 2). Die Anforderungen an diese beiden Kriterien sind umso strenger, je stärker die Benachteiligung der einen Kategorie von Beteiligten zu Lasten der anderen ist (BÖCKLI, § 5 N 72). Wegen einer allfälligen Vinkulierung von Namenaktien oder Namen-PS darf den Bezugsberechtigten die Ausübung des Bezugsrechts nicht verwehrt werden (Art. 652b Abs. 3). Das Bezugsrecht der Aktionäre und Partizipanten geniesst Vorrang gegenüber dem Interesse der Gesellschaft an der Beschränkung der Übertragbarkeit. (Zur Auslegung von Abs. 2 und 3 vgl. REYMOND, 158 f.).

V. Vorwegzeichnungsrecht auf Wandel- und Optionsanleihen

Auch die Partizipanten geniessen den Schutz von Art. 653c. Werden mittels einer bedingten Kapitalerhöhung Wandel- oder Optionsanleihen ausgegeben, so ist damit von Natur aus eine Aufhebung des Bezugsrechts der bisherigen Anteilseigner verbunden, da die Bezugsrechte Nicht-Aktionären bzw. Nicht-Partizipanten eingeräumt werden. Um den **Besitzstand der bisherigen Aktionäre und Partizipanten zu wahren**, statuiert Art. 653c Abs. 1 deren **obligatorisches Vorwegzeichnungsrecht**. Dieses Vorwegzeichnungsrecht wiederum kann nur beschränkt oder aufgehoben werden, wenn dafür ein wichtiger Grund vorliegt und niemand in unsachlicher Weise begünstigt oder benachteiligt wird (Art. 653c Abs. 2 f.; vgl. zum Ganzen BÖCKLI, § 2 N 304 ff.).

Art. 657

M. Genussscheine

¹ Die Statuten können die Schaffung von Genussscheinen zugunsten von Personen vorsehen, die mit der Gesellschaft durch frühere Kapitalbeteiligung oder als Aktionär, Gläubiger, Arbeitnehmer oder in ähnlicher Weise verbunden sind. Sie haben die Zahl der ausgegebenen Genussscheine und den Inhalt der damit verbundenen Rechte anzugeben.

² Durch die Genussscheine können den Berechtigten nur Ansprüche auf einen Anteil am Bilanzgewinn oder am Liquidationsergebnis oder auf den Bezug neuer Aktien verliehen werden.

³ Der Genussschein darf keinen Nennwert haben; er darf weder Partizipationsschein genannt noch gegen eine Einlage ausgegeben werden, die unter den Aktiven der Bilanz ausgewiesen wird.

⁴ Die Berechtigten bilden von Gesetzes wegen eine Gemeinschaft, für welche die Bestimmungen über die Gläubigergemeinschaft bei Anleihensobligationen sinngemäss gelten. Den Verzicht auf einzelne oder alle Rechte aus den Genussscheinen können jedoch nur die Inhaber der Mehrheit aller im Umlauf befindlichen Genussscheintitel verbindlich beschliessen.

⁵ Zugunsten der Gründer der Gesellschaft dürfen Genussscheine nur aufgrund der ursprünglichen Statuten geschaffen werden.

M. Bons de jouissance

¹ Les statuts peuvent prévoir l'attribution de bons de jouissance à des personnes liées à la société par des mises de fonds antérieures, à des actionnaires, des créanciers, des travailleurs ou à des personnes liées à la société à un titre analogue. Ils doivent indiquer le nombre des bons de jouissance émis et le contenu des droits qui leur sont attachés.

² Les bons de jouissance ne peuvent conférer qu'un droit à une part du bénéfice résultant du bilan ou du produit de liquidation ou qu'un droit préférentiel à la souscription d'actions nouvelles.

³ Le bon de jouissance ne peut avoir de valeur nominale; il ne peut être désigné comme bon de participation ni être émis contre un apport qui soit porté à l'actif du bilan.

⁴ Les porteurs de bons de jouissance constituent de plein droit une communauté à laquelle les dispositions sur la communauté des créanciers dans les emprunts par obligations sont applicables par analogie. Toutefois, la décision de renoncer à certains droits ou à tous les droits découlant des bons de jouissance n'est obligatoire pour tous les porteurs que si elle est prise à la majorité des titulaires de tous les bons en circulation.

⁵ Des bons de jouissance ne peuvent être créés en faveur des fondateurs de la société que si les statuts initiaux le prévoient.

M. Buoni di godimento

¹ Lo statuto può prevedere buoni di godimento a favore di persone che sono in relazione con la società a seguito di una precedente partecipazione finanziaria o quali azionisti, creditori, lavoratori, o per altri motivi analoghi. Esso deve indicare il numero dei buoni di godimento emessi e il contenuto dei diritti ad essi inerenti.

1. Abschnitt: Allgemeine Bestimmungen 1, 2 **Art. 657**

² Mediante i buoni di godimento può essere conferito ai loro titolari soltanto il diritto ad una quota dell'utile risultante dal bilancio o dell'avanzo della liquidazione o all'esercizio di un'opzione in caso d'emissione di nuove azioni.

³ Il buono di godimento non può avere un valore nominale, non può essere denominato buono di partecipazione né essere emesso quale corrispettivo di un conferimento iscritto tra gli attivi del bilancio.

⁴ I titolari dei buoni di godimento formano di diritto una comunione alla quale sono applicabili per analogia le disposizioni sulla comunione dei creditori nei prestiti in obbligazioni. Tuttavia, la decisione di rinunciare a taluni diritti o a tutti i diritti derivanti dai buoni di godimento ha carattere obbligatorio per tutti i titolari soltanto se è presa con la maggioranza assoluta di tutti i buoni in circolazione.

⁵ Buoni di godimento a favore dei promotori possono essere deliberati solo nei limiti stabiliti dallo statuto primitivo.

Literatur

Vgl. die Literaturhinweise zu Art. 656a.

I. Allgemeines

Durch die Verankerung des PS im Gesetz in der Revision vom 4.10.1991 wurde auch die *Revision des Genussscheines notwendig, soweit dies zur Abgrenzung der beiden Beteiligungspapiere erforderlich* war. Die Neufassung übernahm praktisch unverändert die Regelung von Art. 657 altOR und brachte, nebst der klaren Abgrenzung vom PS, eine **Erweiterung des Kreises der Genussberechtigten** und eine sprachliche Straffung der Bestimmung (Botschaft AG, 804, 880; DEMARMELS, 112 f.; für Bsp. s. MEIER, N 181). Die Revision änderte nichts daran, dass der **Genussschein ein Beteiligungsrecht gewährt** und nicht ein Gläubigerrecht. Er vermittelt keine Mitgliedschaftsrechte, sondern **nur Vermögensrechte.** Der Ausschluss der Mitgliedschaftsrechte, der in Art. 657 Abs. 4 altOR explizit erwähnt war, findet sich in der neu gefassten Bestimmung nicht mehr, da dies als unnötig und irreführend betrachtet wurde (Botschaft AG, 880 f.). Die Genussscheine werden üblicherweise in Inhaberpapieren verbrieft. Zulässig sind auch Namengenussscheine, sei es als Ordre- oder Namenpapiere i.S.v. Art. 974 Abs. 2. Die Gesellschaft kann auch unverbriefte Genussrechte ausgeben, wobei sich die Berechtigung dann aus den Statuten ergibt. Solche unverbrieften Genussrechte sind im Zweifel durch schriftliche Zession abtretbar (Art. 165 Abs. 1; BÖCKLI, § 5 N 76 FN 131 f.; MEIER, N 183). Unbekannt ist in der schweizerischen Praxis die Verwendung des nennwertlosen Genussscheins als «tracking vehicle» oder als Mittel zur flexiblen Gestaltung von Dividendenvolumina (z.B. Ausschüttung eines Anteils am Bilanzgewinn an eine ausländische «dividend access facility», die ihrerseits eine Dividende an bestimmte ausländische Aktionäre einer schweizerischen Aktiengesellschaft ausschüttet).

II. Die Schaffung von Genussscheinen (Abs. 1)

Zur klaren Abgrenzung des Genussscheins vom PS nimmt das Gesetz die alte Idee neu auf, dass Genussscheine nur an solche Personen ausgegeben werden sollen, die mit der Gesellschaft «verbunden sind», und erweitert den Kreis der Genussberechtigten (BÖCKLI, § 5 N 74; MONTAVON/WERMELINGER, Tome I, 32). Es wird klargestellt, dass der Genussschein ein Kapitalersatzmittel darstellt, während der PS als Kapitalbeschaffungsmittel dient (DEMARMELS, 114). Die **Ausgabe von Genussscheinen** bleibt an die

Voraussetzung geknüpft, dass die Genussberechtigten **der Gesellschaft einen äquivalenten Vorteil** verschafft haben. Dem Genussschein kommt keine Finanzierungsfunktion zu; vielmehr wird er in jenem Fall ausgestellt, wo die Gesellschaft die ihr entgegengebrachten besonderen Leistungen nicht mit Barmitteln zu entgelten vermag oder bei Sanierungen, um den zu Schaden Gekommenen einen Anspruch auf Beteiligung an den Geschäftserfolgen in künftigen besseren Zeiten zu sichern (GUHL/DRUEY, 734 N 13; MEIER-HAYOZ/FORSTMOSER, 395 N 291; MONTAVON/WERMELINGER, Tome II, 65; SCHOCH, 27). Die Aktionäre und Partizipanten können die Einräumung von Genussrechten aus unsachlichen Gründen, d.h. ohne dass sie ein Entgelt für einen der Gesellschaft eingeräumten Vorteil darstellen, nach Art. 706 Abs. 1 anfechten (DEMARMELS, 115; s.a. BGE 93 II 399). *Neu* werden die *Arbeitnehmer als mögliche Genussberechtigte* aufgeführt. Damit wird den Gesellschaften ein weiteres Instrument zur Einführung der Mitbeteiligung der Arbeitnehmer am Unternehmensgewinn zur Verfügung gestellt, das flexibler ist als die PS und die Mitarbeiteraktien. Durch die Möglichkeit der Gesellschaft, ihre Arbeitnehmer oder bloss ihr Kader durch Ausgabe von Genussscheinen an Gewinn und Substanz oder nur am Gewinn oder nur an der Substanz beteiligen zu können und ihnen überdies Bezugsrechte einzuräumen, wird die Mitbeteiligung im kleinen Rahmen ermöglicht (Botschaft AG, 880).

3 Die *Statuten* müssen nebst der Umschreibung der mit den Genussscheinen verbundenen Rechte auch die Anzahl der ausgegebenen Genussscheine enthalten. In Art. 627 Ziff. 9 wird klargestellt, dass die Bestimmungen über die Genussscheine zu ihrer Verbindlichkeit der Aufnahme in die Statuten bedürfen. Gemäss Art. 45 Abs. 1 lit. m HRegV sind die Anzahl der Genussscheine und die damit verbundenen Rechte ins *Handelsregister* einzutragen (BÖCKLI, § 5 N 79).

III. Vermögensrechte (Abs. 2)

4 Der Genussschein kann nur Ansprüche auf einen *Anteil am Bilanzgewinn* oder *am Liquidationsergebnis* oder auf den *Bezug neuer Aktien* (oder PS) verleihen. Er gewährt ein Beteiligungsrecht ohne Mitverwaltungsrecht, räumt den Berechtigten aber zunächst kein klagbares Forderungsrecht ein. Erst durch den entsprechenden Verteilungsbeschluss, bei dem die Genussscheinberechtigten nicht stimmberechtigt sind, ergibt sich eine Forderung auf Leistung des verbrieften Anteils. Der Beschluss über die Verteilung des Gewinns bzw. des Liquidationsüberschusses konkretisiert den Anteil der Genussscheinberechtigten am verwendbaren Eigenkapital. Inhaltlich wird ihr Anteil durch die von der Gesellschaft beschlossene Definition des Genussrechtes bestimmt (BÖCKLI, § 5 N 73). Der **Genussschein kann nur die drei genannten Vermögensrechte vermitteln** (Botschaft AG, 881), welche auch kumuliert werden können (ausführlich zum Inhalt der Vermögensrechte s. DEMARMELS, 8 ff.). Mitgliedschaftsrechte, insb. das Stimmrecht, kann der Genussschein nicht gewähren.

IV. Abgrenzung vom Partizipationsschein (Abs. 3)

5 Entgegen der Rechtslage nach altOR darf der *Genussschein keinen Nennwert* aufweisen. Es wird damit klargestellt, dass die dem Genussschein eingeräumten Rechte nicht am Nennwert, sondern auf andere Weise, z.B. durch den Bezug auf die Aktien oder PS, auszurichten sind (Botschaft AG, 881). Ferner darf der Genussschein keinesfalls PS genannt werden. Der in Art. 656a Abs. 3 vorgesehene Bezeichnungszwang für *PS* wird ergänzt durch den hier statuierten *Bezeichnungsschutz*. Allerdings besteht **kein Zwang zur Bezeichnung als Genussschein**. Ausserdem kann der Genussschein nicht mehr

gegen eine Einlage ausgegeben werden, die unter den Aktiven der Bilanz ausgewiesen wird. Das Gesetz scheint somit die Möglichkeit offen zu lassen, dass Genussscheine gegen eine Einlage ausgegeben werden können, solange diese *nicht* bilanziert wird. Zutreffend weist BÖCKLI (§ 5 N 78 FN 138) indessen darauf hin, dass eine solche Ausgabe von Genussscheinen ohne Ausweis des Einlagebetrages mit den Grundsätzen einer ordnungsmässigen Rechnungslegung nicht vereinbar wäre. Der **Hauptunterschied** zwischen PS und Genussschein besteht darin, dass der **PS gegen Einlage**, der **Genussschein ohne Einlage** ausgegeben wird. Es ist hier nochmals daran zu erinnern, dass der Genussschein ein Kapitalersatzmittel darstellt, während der PS der Beschaffung von Eigenkapital dient.

V. Gemeinschaft der Genussscheinberechtigten (Abs. 4)

Diese Bestimmung entspricht der Regelung im altOR, lässt jedoch den Hinweis auf den nicht mehr zulässigen Nennwert der Genussscheine fallen. Die Genussscheinberechtigten bilden von Gesetzes wegen eine Gemeinschaft, auf welche die Vorschriften über die Gläubigergemeinschaft bei Anleihensobligationen entsprechende Anwendung finden (Art. 1157 ff.). Diese Verweisung auf Regeln, welche für eine Gläubigergemeinschaft geschaffen wurden, birgt zahlreiche Probleme in sich (vgl. dazu BGE 113 II 530 ff. und die dort zit. Literatur). Immerhin ist die Gemeinschaft dafür zuständig, mit der absoluten Mehrheit aller im Umlauf befindlichen Genussscheine den Verzicht auf einzelne oder alle Rechte aus den Genussscheinen zu beschliessen. Damit schafft das Gesetz die Möglichkeit, eine Minderheit von Genussscheinberechtigten gegen ihren Willen in das Sanierungskonzept der Gesellschaft einzuschliessen, falls die qualifizierte Mehrheit erreicht wird (BÖCKLI, § 5 N 81; MEIER, N 184).

VI. Genussscheine zugunsten der Gründer (Abs. 5)

Diese Bestimmung hält fest, dass *zugunsten der Gründer* nur dann Genussscheine ausgegeben werden dürfen, wenn dies in den *ursprünglichen Statuten* vorgesehen ist. Das bedeutet nicht, dass die Genussscheine auch bei der Gründung ausgegeben werden müssen. Die Ausgabe kann zu einem beliebigen späteren Zeitpunkt erfolgen, sofern sie bei der Gründung in den Statuten vorgesehen war. Die Einschränkung greift im Übrigen nur, wenn die Gründer als separate Gruppe Genussscheine erhalten sollen, nicht aber, wenn sie z.B. als Gläubiger oder Arbeitnehmer, oder in ihrer Eigenschaft als Aktionäre, genussscheinberechtigt werden.

VII. Aufhebung des Präsenzquorums

Für die *Ausgabe von Genussscheinen* verlangte Art. 658 altOR ein Präsenzquorum von mindestens zwei Dritteln sämtlicher Aktien. Diese Bestimmung wurde ersatzlos gestrichen. Die Beschlussfassung über die Schaffung von Genussscheinen erfordert somit keine qualifizierte Mehrheit mehr, sondern untersteht Art. 703, wonach die *absolute Mehrheit der vertretenen Aktienstimmen* genügt.

VIII. Übergangsrecht

Nach dem per 4.10.1991 revidierten Aktienrecht gelten als Genussscheine auch die als «PS» bezeichneten Beteiligungsrechte, die keinen Nennwert haben und nicht unter den Passiven der Bilanz ausgewiesen sind. Im Unterschied zur übergangsrechtlichen Regelung für die PS galt für die Genussscheine die **fünfjährige Anpassungsfrist** (Art. 3

Abs. 3 SchlT AG). Solche Beteiligungsrechte durften also noch fünf Jahre lang als «PS» bezeichnet umlaufen, obwohl der fehlende Nennwert und der fehlende Ausweis auf der Passivseite der Bilanz dies eigentlich verboten hätte. Die Angabe eines Nennwerts für alte Genussscheine ist erst mit Ablauf der Fünfjahresfrist untersagt (BÖCKLI, 2. Aufl., N 2125). Ein Zwang zur Bezeichnung als Genussschein besteht nicht (Botschaft AG, 942). Diese übergangsrechtliche Regelung ermöglichte es den Gesellschaften, nicht gesetzeskonforme Genussscheine innert fünf Jahren an die neue Regelung anzupassen oder sie in PS umzuwandeln. Wurden die «PS» genannten Genussscheine nicht gegen Einlage ausgegeben, so erforderte die Umwandlung, insb. deren Liberierung, welche auch aus Gesellschaftsmitteln erfolgen konnte (Botschaft AG, 942). Innert der nämlichen Frist mussten auch die Statuten angepasst werden.

Art. 658

aufgehoben

abrogé

abrogato

Aufgehoben durch BG vom 4.10.1991 (AS 1992 733; BBl 1983 II 745).

Vorbemerkungen zu Art. 659–659b

Literatur

BINDER, Das Verbot der Einlagenrückgewähr im Aktienrecht, Diss. Bern 1981; BÖCKLI, Neun Regeln der «Best Practice» für den Rückkauf nichtkotierter eigener Aktien, ST 2001, 575 (zit. Best Practice); BOEMLE/FRANK, Die eigenen Aktien in der schweizerischen Rechnungslegungspraxis, ST 2001, 939; BUCHSER/JAUSSI, Zivil- und steuerrechtliche Probleme beim direkten und indirekten Rückkauf eigener Aktien, ASA 70, 619; BURCKHARDT, Der Erwerb eigener Aktien und Stammanteile, Diss. Basel 1983; FOLLIET, Le bilan dans les sociétés anonymes du point de vue juridique et comptable, 1954; GIGER, Der Erwerb eigener Aktien aus aktienrechtlicher und steuerrechtlicher Sicht, Diss. Bern 1995; GREUTER, Das Problem des Erwerbs eigener Aktien im revidierten Obligationenrecht, Diss. Zürich 1948; GRONER, Erwerb eigener Aktien, Diss. Basel 2003; GRONER/MEIER, Aktienrückkäufe und Kursbeeinflussung, SZW 2002, 279; HEINZMANN, Die Herabsetzung des Aktienkapitals, Diss. Freiburg 2004; HELBLING, Mitarbeiteraktien und Mitarbeiteroptionen in der Schweiz, 2. Aufl., Zürich 2003; HONSELL, Der Erwerb eigener Aktien durch die Aktiengesellschaft, in: FS Forstmoser, 561, Zürich 2003; HUGUENIN JACOBS, Das Gleichbehandlungsprinzip im Aktienrecht, Zürich 1994; HÜNERWADEL, Vorratsaktien im Lichte des neuen Aktienrechts, SZW 1993, 37; LÜTOLF/KUNZ, Aktienrückkäufe in der Schweiz, ST 2005, 280; NOBEL, Vom Umgang mit eigenen Aktien, Zürich 1994; OERTLI, Zum Erwerb eigener Aktien, SZW 1994, 261; RUSCH, Interzession im Interesse des Aktionärs, Diss. Zürich 2004; SCHERRER, Der Erwerb eigener Aktien, Diss. Basel 1957; SCHLEIFFER, Der gesetzliche Stimmrechtsausschluss im schweizerischen Aktienrecht, 1993; TURIN, L'acquisition de ses propres actions par la société anonyme, ST 1997, 479; VON PLANTA/IFFLAND, Rachat d'actions de sociétés cotées – problèmes actuels et évolution de la pratique, in: FS Nobel, 277, Bern 2005; WELTI, Aktienrückkauf, Diss. Zürich 2001; WIELAND, Kauf und Verkauf eigener Aktien durch die Aktiengesellschaft nach altem und nach revidiertem Obligationenrecht, SAG 1950, 85 ff., 109 ff.; ZINDEL, Aktienrückkäufe und Kapitalherabsetzungen, in: FS Forstmoser, 571, Zürich 2003.

1 Die Frage nach dem Recht einer AG, ihre eigenen Aktien zu erwerben und zu halten, ist wohl so alt wie das Aktienrecht selbst. Im Vordergrund der Diskussion stehen na-

mentlich vier Problemkreise, die im weitesten Sinne wie folgt umschrieben werden können:

- Schutz des Gesellschaftskapitals (N 2);
- Schutz des Bestimmungsrechts der GV (N 3);
- Gleichbehandlungsgrundsatz (N 4);
- Schutz des **Kapitalmarktes** (N 5).

Der Erwerb eigener Aktien schwächt das Vermögen der Gesellschaft: Nachdem die Aktien einer Gesellschaft nichts anderes als eine Quote ihres Vermögens darstellen, erhält die Gesellschaft beim Erwerb eigener Aktien keinen echten Gegenwert für den von ihr bezahlten Kaufpreis, da sie ja ihr eigenes Vermögen bereits besitzt (FORSTMOSER/ MEIER-HAYOZ/NOBEL, 662 N 131; BGE 117 II 297 = Pra 1992, 486; BAUEN/BERNET/ ROUILLER, 52 N 158; MEIER-HAYOZ/FORSTMOSER, 408 N 77; CHK-TRÜEB, Art. 659 N 3). Weiter vermindert der Erwerb eigener Aktien bei Barzahlung die **Liquidität** der Gesellschaft. Die erworbenen und zum Erwerbspreis bilanzierten Aktien stellen ein gefährdetes Aktivum der Gesellschaft dar, namentlich bei schlechtem Geschäftsgang (FOLLIET, 221 f.). Im Konkurs der Gesellschaft sind sie unmittelbar wertlos. Bei schlechtem Geschäftsgang entsteht eine **Hebelwirkung:** Verluste der Gesellschaft treffen diese nicht nur als Unternehmen, sondern auch als Aktionärin, da sie ebenfalls einen Wertverlust der von ihr gehaltenen eigenen Aktien bewirken, welcher sich wiederum auf die Bilanz niederschlägt und so die schlechte wirtschaftliche Situation der Gesellschaft noch verstärkt. Sie wirken sich doppelt aus und beschleunigen so den Wertzerfall der Aktiven (Botschaft AG, 805; BGE 117 II 297 = Pra 1992, 486; BÖCKLI, 464 N 199; SCHLEIFFER, 100; RUSCH, 86; HELBLING, 110 f.; CHK-TRÜEB, Art. 659 N 5). Der Rückkauf eigener Aktien führt zu einer **Ausschüttung** eigener Mittel der Gesellschaft ausserhalb der ausdrücklich dafür vorgesehenen Instrumente (Dividendenzahlung und Kapitalherabsetzung; vgl. BÖCKLI, 464 N 198; BAUEN/BERNET/ROUILLER, 52 N 158). Erfolgt die Ausschüttung aus gebundenem Kapital, namentlich zu Lasten des Aktienkapitals, führt sie zu einer nach Art. 680 Abs. 2 verbotenen **Kapitalrückzahlung.**

Kann die Gesellschaft mit den im Eigenbesitz gehaltenen Aktien das **Stimmrecht** ausüben, verschiebt sich das Machtgefüge in der Gesellschaft zugunsten des VR. Der VR gewinnt Einfluss auf jenes Organ, dem er rechenschaftspflichtig ist. Auch wenn das Stimmrecht an den von der Gesellschaft gehaltenen Aktien ruht, führt ein Kauf eigener Aktien stets zu einer Schrumpfung der Stimmrechtsbasis und folglich zu einer tendenziellen Verschiebung der Machtverhältnisse im Aktionariat (BÖCKLI, 465 N 202; HELBLING, 111).

Der Erwerb eigener Aktien verletzt *per se* die Regel der **Gleichbehandlung aller Aktionäre** (SCHERRER, 26), zumindest wenn die Regel i.S. einer absoluten Gleichbehandlung verstanden wird (vgl. dazu aber BURCKHARDT, 14). Namentlich in der nicht börsenkotierten Gesellschaft wird so gewissen Aktionären der Ausstieg und die Rückzahlung ihres Risikokapitals ermöglicht. Besteht für die Aktien kein Markt, oder ist die Übertragung durch Vinkulierungsvorschriften erschwert, kann dies für die anderen Aktionäre, die sich als «blockierte» Eigentümer einer durch Auszahlung eines Teils ihrer Eigenmittel geschwächten Gesellschaft wieder finden, nachteilig sein (vgl. FOLLIET, 221, der für nichtkotierte Gesellschaften gar eine Angebotspflicht an alle Aktionäre postuliert).

Kann die Gesellschaft durch Käufe und Verkäufe ihrer Aktien aktiv am Markt teilnehmen, besteht die Gefahr der **Marktbeeinflussung** und -**verfälschung,** in krassen Fällen könnte gar eine strafrechtlich geahndete Kursmanipulation vorliegen (Art. 161bis StGB; vgl. BÖCKLI, 466 N 206 und 429 f.; GRONER/MEIER, 282 f.). Laufende Ankäufe führen zu künstlichen Kurssteigerungen. Bei Beendigung oder beim späteren Verkauf kann der Kurssturz durch die Kumulierung verschiedener Faktoren (Hebelwirkung, Vertrauensverlust, Panikverkäufe) ein Vielfaches der normalen Stärke erreichen (vgl. BÖCKLI, 464 N 197, 465 N 200 f.).

6 Massvoll – und v.a. transparent – eingesetzt, kann der Rückkauf eigener Aktien aber auch ein nützliches **Regulierungsinstrument** sein. Der VR kann durch gezielte Käufe und Verkäufe die Kapitalbedürfnisse der Gesellschaft steuern. Die **Marktliquidität** kann durch die Teilnahme der Gesellschaft erhöht werden, und eine erhöhte Marktliquidität führt im Allgemeinen selbständig zu einem besseren Kursniveau. Eine kotierte Gesellschaft kann ein legitimes Interesse daran haben, ungerechtfertigte Ausschläge des Börsenkurses ihrer Aktien zu glätten, indem sie gezielt eigene Aktien kauft oder verkauft (sog. **Kurspflege**, die im Gegensatz zur Kursmanipulation erlaubt ist; MEIER-HAYOZ/FORSTMOSER, 408 N 78; BAUEN/BERNET, 47 N 158 FN 14; VON PLANTA/IFFLAND, 293 ff.). Im Weiteren kann der im Allgemeinen stark börsenrelevante **Gewinn pro Aktie («earnings per share»)** durch eine Reduktion der Zahl ausstehender Aktien gesteigert werden (s.u. N 11). Zudem kann der Erwerb eigener Aktien dazu dienen, diese für die Abgabe an die Mitarbeiter der Gesellschaft im Rahmen eines Mitarbeiterbeteiligungsplans (**«Stock Option Plan»**) bereitzuhalten (vgl. dazu BÖCKLI, 467 N 210 und 528 N 413 ff.; HELBLING, 107 ff.) oder als Tauschwährung bei geplanten Unternehmensübernahmen einzusetzen (BAUEN/BERNET/ROUILLER, 53 N 158). Bei kleineren Gesellschaften mit wenigen Aktionären kann sich der vorübergehende Erwerb eigener Aktien aufdrängen, wenn ein Aktionär seine Beteiligung verkaufen will, aus Sicht der Gesellschaft jedoch kein genehmer Käufer vorhanden ist und sie die Aktien deshalb selber erwerben will (Art. 685b Abs. 1; MEIER-HAYOZ/FORSTMOSER, 408 N 78; BAUEN/ BERNET/ROUILLER, 52 N 158; BUCHSER/JAUSSI, 619). Schliesslich kann der Rückkauf auch der Abfindung austretender Aktionäre gem. Art. 736 Ziff. 4 dienen (CHK-TRÜEB, Art. 659 N 2; GRONER, 39).

7 Angesichts dieser verschiedenartigen Elemente hat der Gesetzgeber einen **wertenden Entscheid** zu fällen. Am Beispiel des englischen waren die kontinentalen Gesetzgeber traditionell zurückhaltend, so auch der schweizerische (Art. 659 altOR). Demgegenüber haben die amerikanischen Einzelstaaten den Gesellschaften weitgehend die Freiheit zum Aktienrückkauf erhalten.

8 Die **EU-Kapital-RL** enthält eine ausführliche Regelung (Art. 18–24a EU-Kapital-RL 77/91/EWG vom 13.12.1976, ABl. L 26 vom 31.1.1977, 1–13 und deren zwei Änderungen: RL 92/101/EWG vom 23.11.1992, ABl. L 347 vom 28.11.1992, 64–66; RL 2006/68/EG vom 6.9.2006, ABl. L 264 vom 25.9.2006, 32–36).

8a Im Sinne einer **allgemeinen Regel** ist der Gesellschaft der Erwerb eigener Aktien bis in **Höhe ihrer ausschüttungsfähigen Reserven** erlaubt (Art. 19 Abs. 1 Satz 2 lit. b; die frühere allgemeine Schwelle von 10% des gezeichneten Kapitals wurde 2006 abgeschafft). Der Erwerb ist, in der Richtlinie aufgezählte Ausnahmefälle vorbehalten (Art. 19 Abs. 2), **von der GV zu beschliessen,** wobei die Ermächtigung zum Aktienrückkauf für höchstens 5 Jahre erteilt werden kann (Art. 19 Abs. 1 Satz 2 lit. a). **Teilliberierte Aktien** können nicht erworben werden (Art. 19 Abs. 1 Satz 2 lit. c).

8b Für **Sonderfälle** des Erwerbs (z.B. Durchführung einer Kapitalreduktion, unentgeltlich erworbene Aktien, Erwerb aufgrund einer gesetzlichen Bestimmung zum Schutz der

Minderheitsaktionäre, Erwerb im Rahmen eines Kaduzierungs- oder eines Zwangsvollstreckungsverfahrens u.a.) können die Mitgliedstaaten bei der Umsetzung der Richtlinie in ihre nationale Gesetzgebung vorsehen, dass obige drei Regeln des Art. 19 (ausschüttungsfähige Reserven als Grenze, Notwendigkeit eines GV-Beschlusses, Verbot des Erwerbs teilliberierter Aktien) nicht gelten (Art. 20 Abs. 1), wobei in diesen Fällen jedoch eine 10%-Grenze greift. Wird der Grenzwert von 10% des gezeichneten Kapitals überschritten, sind die überschreitenden Titel innert dreier Jahre zu veräussern (Art. 20 Abs. 2) oder durch Kapitalreduktion zu annullieren (Art. 20 Abs. 3).

8c In Verletzung der Art. 19 und 20 erworbene Aktien sind innert einem Jahr, ab deren Erwerb gerechnet, zu veräussern. Geschieht dies nicht, sind die Aktien durch Kapitalreduktion zu annullieren (Art. 21).

8d Die Zeichnung eigener Aktien wird ausdrücklich verboten (Art. 18 Abs. 1). Treuhänderisch erworbene Aktien werden den eigenen Aktien gleichgestellt (Art. 18 Abs. 2). Die Pfandnahme eigener Aktien wird dem Erwerb gleichgestellt (Art. 24). Die Stimmrechte auf eigenen Aktien ruhen (Art. 22 Abs. 1 lit. a). Sofern die Mitgliedstaaten bei der Umsetzung der Richtlinie in ihre nationale Gesetzgebung vorsehen, dass die eigenen Aktien in der Bilanz der Gesellschaft zu aktivieren sind, muss auf der Passivseite ein gleich hoher Betrag in einer gesperrten Reserve ausgewiesen werden (Art. 22 Abs. 1 lit. b). Der Geschäftsbericht der Gesellschaft muss verschiedene Angaben über den Erwerb der eigenen Aktien enthalten (Art. 22 Abs. 2). Der Erwerb durch beherrschte Gesellschaften wird dem Eigenerwerb gleichgestellt (Art. 24a). Die Bevorschussung Dritter zum Erwerb von Aktien der Gesellschaft unterliegt Bedingungen (Art. 23 Abs. 1). Wollen die Mitgliedstaaten den Erwerb eigener Aktien zulassen, so sind sie an den Mindeststandard der Richtlinie gebunden.

9 Die **wirtschaftliche Bedeutung von Aktienrückkäufen** hat in den letzten Jahren stark zugenommen (vgl. BÖCKLI, 469 N 219; s. die statistischen Untersuchungen bei LÜTOLF/KUNZ, 280 f.). Es gibt kaum ein bedeutendes börsenkotiertes Schweizer Unternehmen, das nicht in den letzten Jahren ein oder gar mehrere Aktienrückkaufprogramme durchgeführt hat. Diese Zunahme erklärt sich aus verschiedenen Gründen. Ein wesentlicher Grund liegt darin, dass sich in den letzten Jahren unter dem Druck von zunehmend aktiveren Aktionären die Meinung durchgesetzt hat, eine Gesellschaft solle überschüssige Liquidität nicht horten, sondern an ihre Eigentümer zurückführen, da diese am besten in der Lage seien, über die Verwendung ihres eigenen Kapitals zu entscheiden und dieses am gewinnbringendsten zu investieren (vgl. ZINDEL, 573). Zudem wird aus der Perspektive der effizientesten Allokation des Kapitals als Ressource postuliert, dass die Gesamtheit der Anleger im Schnitt weniger Investitionsfehler machen als das Management eines einzelnen Unternehmens (GRONER, 19 i.f., 21). Zwar könnte eine solche Rückführung von Liquidität auch mittels Dividendenausschüttung erfolgen, doch hat ein Aktienrückkauf den Vorteil der Flexibilität. Während eine einmal beschlossene Dividende vollumfänglich ausgeschüttet werden muss, kann ein Rückkaufprogramm flexibel gestaltet werden (mehrere Tranchen, Suspendierung, vorzeitiger Abbruch). Damit kann schlechterem Geschäftsgang oder unmittelbaren Liquiditätsbedürfnissen (Akquisitionen) besser Rechnung getragen werden (vgl. BÖCKLI, 468 N 214). Zudem haben Gesellschaften die Tendenz, Dividenden eher stabil zu halten und erst dann zu erhöhen, wenn sie sicher sind, die erhöhte Dividende auch in den nächsten Jahren ausschütten zu können. Der Aktienrückkauf erlaubt es, die Dividendenpolitik unabhängig weiterzuführen. Er stellt eine einmalige Sonderausschüttung dar und ist ein wesentlich flexibleres Ausschüttungsinstrument in den Händen des VR (vgl. LÜTOLF/KUNZ, 280; HONSELL, 565 f.; ZINDEL, 574). Weiter ist der Rückkauf auch aus Sicht des Aktionärs flexibler als die Dividendenausschüttung, hat er doch die Wahlmöglichkeit, sich am Rückkauf proportional, bloss teilweise oder gar nicht zu beteiligen (ZINDEL, 576).

10 Es gibt jedoch noch weitere Gründe für die zunehmende Beliebtheit von Aktienrückkäufen. **Erstens** kann ein Unternehmen in die Lage kommen, sich eigene Aktien beschaffen zu müssen, z.B. als Kaufpreisanteil für Akquisitionen (BAUEN/BERNET, 48 N 158; GRONER, 38 f.), zwecks einer breiteren Streuung oder im Gegenteil einer grösseren Konzentration des Aktionariats, im Hinblick auf ein Going Private, als Abwehrmassnahme gegen eine drohende Unternehmensübernahme (ZINDEL, 575) oder für die in den letzten Jahren immer beliebteren Mitarbeiter-Beteiligungen (Employee Stock Options Plans; vgl. BÖCKLI, 467 N 210, 468 N 215). Hier ist ein Aktienrückkauf für eine Gesellschaft das einfachere und flexiblere Mittel zur Beschaffung der notwendigen Aktien als die bedingte Kaptialerhöhung. **Zweitens** haben immer mehr börsenkotierte Unternehmen den Wert eines Rückkaufprogramms als Mittel zur Kurspflege erkannt (vgl. o. N 5 f.); in der Tat treibt die durch das Rückkaufprogramm erhöhte Nachfrage i.d.R. zumindest kurzfristig den Börsenkurs der Aktie in die Höhe, und die Reduktion der Anzahl ausstehender Aktien erhöht bereits als solche den Gewinn pro Aktie (s. N 6). **Drittens** kann bei einer Gesellschaft mit einem hohen Cash-Bestand ein Aktienrückkauf die Gefahr einer unfreundlichen Übernahme reduzieren, gilt doch eine zu hohe Liquidität als Zeichen einer ineffizienten und einfallslosen Bewirtschaftung der Aktiven und folglich einer mangelnden Kompetenz des Managements; als ineffizient geltende Unternehmen können Raider anlocken, welche sich durch das Auswechseln des Managements eine profitablere Führung des an sich gesunden Unternehmens versprechen (vgl. NZZ 1.6.2007, 31). **Viertens** reduziert die Ausschüttung überflüssiger Liquidität das Risiko, dass das Management damit unrentable Investitionen tätigt, die v.a. einen «Fun»-Effekt haben (GRONER/MEIER, 279 nennen als Bsp. dazu unprofitable Trophy Acquisitions, teure Büros und unverhältnissmässiges Sponsoring; s.a. GRONER, 26 f.). **Fünftens** hat die Erhöhung des Unternehmensrisikos durch den Abfluss der liquiden Mittel eine positive Wirkung, denn so steigt der Druck auf das Management, Kosten zu sparen. Überflüssige Mittel sind dagegen ein bequemes Sicherheitspolster, mit dem Verluste aufgefangen und Fehlentscheide verdeckt werden können (GRONER/MEIER, 280; GRONER, 27i.f.).

11 Die Investoren reagieren i.d.R. positiv auf die Ankündigung eines Aktienrückkaufprogramms, und zwar im wesentlichen aus drei Gründen. Erstens erwarten sie, dass der Gewinn durch den Aktienrückkauf künftig auf eine geringere Anzahl Aktien verteilt wird, dass der Gewinn pro Aktie also steigt (sog. **«Gewinnverdichtung»**; s.o. N 6; GRONER/MEIER, 279 f.; GRONER 22; ZINDEL, 573 f.). Diese Erwartungen führen folglich meist zu einer Steigerung des Börsenkurses der Aktien, sobald eine Gesellschaft ein Rückkaufprogramm samt Vernichtung der zurückgekauften Aktien ankündigt. Wenn die Gesellschaft dann aber die zurückgekauften Aktien entgegen ihrer Ankündigung nicht vernichtet, kann die erwartete Gewinnverdichtung gar nie erfolgen, sodass der bereits erfolgten Kurssteigerung im nachhinein die Grundlage entzogen wird; ein solches Verfahren ist u.E. zweifelhaft, es sei denn, die Gesellschaft habe sich dieses Vorgehen ausdrücklich vorbehalten. Zweitens kann die Gesellschaft einen Rückkauf nur dann tätigen, wenn sie über genügend freie Mittel verfügt, sodass ein Rückkauf auf eine gesunde Finanzkraft der Gesellschaft schliessen lässt (ZINDEL, 574). Drittens signalisiert ein Rückkauf generell einen haushälterischen Umgang mit dem Aktionärsvermögen (LÜTOLF/KUNZ, 285).

12 Aktienrückkäufe sind jedoch in Investorenkreisen auch auf Kritik gestossen. Dabei werden hauptsächlich vier Kritikpunkte laut (vgl. NZZ 5.11.2007, 22). **Erstens** wird argu-

mentiert, dass Aktienrückkäufe den Cash flow belasten. **Zweitens** reduziert ein Aktienrückkauf das Eigenkapital und somit die Eigenkapitalquote, womit automatisch die Fremdkapitalquote steigt, auch wenn die Gesellschaft ihre Fremdfinanzierung gar nicht erhöht hat. Eine höhere Fremdkapitalquote kann jedoch zu einer tieferen Bonität des Unternehmens auf dem Kapitalmarkt führen, was sich bei Neu- oder Refinanzierungen in höheren Schuldzinsen und folglich in höheren Kosten niederschlägt (vgl. GRONER, 24). **Drittens** zeuge ein Rückkauf von Einfallslosigkeit des Managements, denn das Unternehmen könnte das Geld auch für das operative Geschäft, für Akquisitionen oder sonst fürs Wachstum einsetzen und so langfristig ggf. mehr Shareholder Value erzeugen als durch einen Aktienrückkauf. **Viertens** kann es vorkommen, dass das Management der Gesellschaft ein Eigeninteresse an der i.d.R. durch den Rückkauf ausgelösten Kurssteigerung hat (s.o. N 11), z.B. wenn es selber Aktien oder employee stock options hält (VON PLANTA/IFFLAND, 293i.f.).

Art. 659

N. Eigene Aktien
I. Einschränkung des Erwerbs

¹ Die Gesellschaft darf eigene Aktien nur dann erwerben, wenn frei verwendbares Eigenkapital in der Höhe der dafür nötigen Mittel vorhanden ist und der gesamte Nennwert dieser Aktien 10 Prozent des Aktienkapitals nicht übersteigt.

² Werden im Zusammenhang mit einer Übertragbarkeitsbeschränkung Namenaktien erworben, so beträgt die Höchstgrenze 20 Prozent. Die über 10 Prozent des Aktienkapitals hinaus erworbenen eigenen Aktien sind innert zweier Jahre zu veräussern oder durch Kapitalherabsetzung zu vernichten.

N. Acquisition par la société de ses propres actions
I. Limitations

¹ La société ne peut acquérir ses propres actions que si elle dispose librement d'une part de ses fonds propres équivalant au montant de la dépense nécessaire et si la valeur nominale de l'ensemble de ces actions ne dépasse pas 10% du capital-actions.

² Lorsque des actions nominatives sont acquises en relation avec une restriction de la transmissibilité, cette limite s'élève à 20% au maximum. Lorsque la société détient plus de 10% de son capital-actions, elle doit ramener cette part à 10% en aliénant ses propres actions ou en les cancellant par une réduction dans les deux ans.

N. Azioni proprie
I. Limitazione dell'acquisto

¹ La società può acquistare azioni proprie solo se possiede capitale proprio liberamente disponibile equivalente all'ammontare dei mezzi necessari per l'acquisto, e se il valore nominale complessivo di tali azioni non eccede il 10 per cento del capitale azionario.

² Se sono acquistate azioni nominative nell'ambito di una restrizione della trasferibilità, il limite massimo è del 20 per cento. Nella misura in cui eccedono il 10 per cento del capitale azionario, le azioni proprie devono, nel termine di due anni, essere alienate o annullate mediante una riduzione del capitale.

Literatur

Vgl. die Literaturhinweise bei den Vorbem. zu Art. 659–659b.

I. Grundsätzliche Erlaubnis. Rahmen. Rechtliche Qualifikation

1 Die Gesellschaft darf eigene **Aktien** im Nennwert von maximal 10% ihres Gesellschaftskapitals, einschliesslich des PS-Kapitals, erwerben. Diese Grenze ist auch auf den Erwerb eigener **Partizipationsscheine** anwendbar, die in die Gesamtberechnung der im Eigenbesitz befindlichen Papiere mit einzubeziehen sind. Die Gesellschaft darf damit in freier Mischung Aktien und Partizipationsscheine erwerben, sofern ihre Gesamtnennwertsumme die Grenze nicht überschreitet (BÖCKLI, 472 N 231; Botschaft AG, 806; BUCHSER/JAUSSI, 620 FN 1). Demzufolge könnte eine Gesellschaft, die vollumfänglich von ihrem Recht Gebrauch gemacht hat, bis zum doppelten Betrag des Aktienkapitals Partizipationsscheine auszugeben (Art. 656b Abs. 1), bis zu 30% ihrer eigenen Aktien halten (vgl. Art. 656b Abs. 3; gl.M. BÖCKLI, 472 N 231; NOBEL, 25; FORSTMOSER/MEIER-HAYOZ/NOBEL, 665 N 156; TURIN, 481; VON PLANTA/IFFLAND, 279 FN 9; HELBLING, 111; WELTI, 244; CHK-TRÜEB, Art. 659 N 8; BUCHSER/JAUSSI, 622 FN 17). Diese **Erlaubnis** besteht unabhängig vom Zweck, der mit dem Erwerb verfolgt wird, und ist zeitlich nicht begrenzt. Insbesondere besteht keine Pflicht, die in diesem Umfang erworbenen Titel im Rahmen einer Kapitalreduktion zu vernichten oder sie innert einer bestimmten Frist wieder zu veräussern (zu den steuerlichen Hemmschwellen s.u. N 16–23a). Auf **Genussscheine**, die kein Nennkapital verkörpern (Art. 657 Abs. 3), ist keine mengenmässige Grenze anwendbar (gl.M. CHK-TRÜEB, Art. 659 N 8; BAUEN/BERNET/ROUILLER, 53 N 160 FN 29 i.f.). Im Rahmen der in u. N 6 f. erläuterten Finanzierungsbestimmungen können sie nach wie vor frei zurückgenommen werden. Nach Praxis des BGer und h.L. gilt die Limite von 10% ebenfalls im Falle des Auskaufs eines klagenden Aktionärs gem. Art. 736 Ziff. 4 (BGE 126 III 266 E. 2.b; BÖCKLI, 469 N 220, 1984 N 202; CHK-TRÜEB, Art. 659 N 10; a.M. GRONER, 159 f., der eine Limite von 30% postuliert, sofern der klagende Minderheitsaktionär belegen kann, dass die Forderungen der Gläubiger weiterhin voll gedeckt sind).

2 Die Grenze von 10% des gesamten Nennkapitals darf bis zu einem Maximum von 20% ausgedehnt werden, wenn die Aktien zur Abwehr unerwünschter Aktienerwerber i.S.v. Art. 685b Abs. 1 zurückgenommen werden. Die Rücknahme im Fall von **Übertragungsbeschränkungen**, die das BGer in seinem viel beachteten Entscheid 110 II 293 für den Sonderfall des Art. 686 Abs. 4 altOR als zulässige Ausnahme vom Erwerbsverbot anerkannt hat, wird damit in verallgemeinerter Form zugelassen, aber gleichzeitig in der Höhe beschränkt. Eine Gesellschaft, welche die maximal zulässige Anzahl von Partizipationsscheinen ausgegeben hat, kann damit vorübergehend bis zu 60% ihrer eigenen Aktien halten (vgl. o. N 1; WELTI, 245; BAUEN/BERNET, 48 N 160 FN 17).

2a Der Kauf und der Wiederverkauf eigener Aktien liegt im ausschliesslichen **Zuständigkeitsbereich des VR** (BÖCKLI, 473 N 235; SCHLEIFFER, 120; TURIN, 483). Im Gegensatz zum EU-Recht ist kein Ermächtigungsbeschluss der Aktionäre nötig (BÖCKLI, Best Practice, 577; BAUEN/BERNET/ROUILLER, 53 N 158 FN 26; CHK-TRÜEB, Art. 659 N 14; vgl. EU-Kapital-RL, Art. 19 Abs. 1 lit. a).

3 Werden die Aktien **unentgeltlich** erworben, kann u.E. die Grenze von 10% des AK ebenfalls überschritten werden (gl.M. TURIN, 481; WELTI, 246; CHK-TRÜEB, Art. 659 N 12 und Art. 659a N 3; vgl. BÖCKLI, 471 N 226, gemäss welchem jedoch ein unentgeltlicher Erwerb nicht unter die Beschränkung von Art. 659 fällt, sondern lediglich die Stimmrechtssuspendierung und die Pflicht zur Offenlegung im Anhang auslöst). Allerdings sind die Folgen des Erwerbs gem. Art. 659 Abs. 2 und Art. 659a zu beachten, namentlich die Pflicht des Wiederverkaufs innert zweier Jahre (vgl. auch ZK-SIEGWART, N 19). Zur Publizität und zur Reservebildung in einem solchen Falle vgl. Art. 659a N 8.

Weder das altOR noch der neue Art. 659 behandeln die Frage des **originären Erwerbs** 4
eigener Aktien. Nach BGE 117 II 297 = Pra 1992, 486 ff. fällt der originäre Erwerb
unter Art. 659 altOR, ja er ist **«absolut unzulässig»**, weil er die Liberierungspflicht verletze (Art. 632 altOR) und weil er einen Akt von Selbstkontrahieren darstelle. Verwiesen wird im Weiteren auf BGE 99 II 60, wo das Verbot allerdings nicht weiter begründet wird. Dass diese «absolute Unzulässigkeit» so absolut nicht sein kann, räumt selbst
das BGer ein, nimmt es doch die Kapitalerhöhung ohne Vermögenszufluss durch Ausgabe von Gratisaktien ausdrücklich aus. Diese Praxis ist u.E. im Lichte des neuen Artikels 659 aufzugeben, und **der originäre ist dem derivativen Erwerb gleichzustellen**
(gl.M. FORSTMOSER/MEIER-HAYOZ/NOBEL, 667 N 165; BÖCKLI, 510 N 352 m.w.Nw.;
NOBEL, 35; OERTLI, 262; CHK-TRÜEB, Art. 659 N 13; **a.M.** SCHLEIFFER, 122). Darf
nämlich die Gesellschaft eigene Aktien derivativ erwerben, so muss sie sie auch bei
der Ausgabe zeichnen dürfen, da das Endergebnis dasselbe ist. Die Tatsache allein,
dass die heilende Wirkung des Registereintrags die Nichtigkeit einer mit der Zeichnung
verbundenen Kapitalrückzahlung verunmöglicht (so BURCKHARDT, 89), reicht u.E.
nämlich nicht aus, den originären Erwerb ein für alle Mal zu verbieten. Die Liberierung
aus Eigenmitteln ist ausdrücklich zugelassen (Art. 652d) und das Gesetz legt nirgendwo
fest, dass durch Umwandlung von frei verwendbarem Eigenkapital geschaffene Aktien
auch effektiv verteilt werden müssen. Selbstverständlich ist, dass sämtliche Schranken
der Art. 659 ff. sowie die darin festgehaltenen Folgen auch für den originären Erwerb
gelten. Zusätzlich sind insoweit, als die Aktien zu Lasten des gesetzlichen Bezugsrechts
der Aktionäre gezeichnet werden, die Voraussetzung für die Einschränkung dieses Bezugsrechts (qualifizierte Mehrheit, wichtiger Grund, keine ungerechtfertigte Begünstigung oder Benachteiligung; vgl. Art. 704 Abs. 1 Ziff. 6 und Art. 652b Abs. 2) bereits
durch die die Kapitalerhöhung beschliessende GV zu erfüllen, denn der Verwaltungsrat
kann später diese zu eigenen Aktien gewordene Tranche der Kapitalerhöhung ohne Einhaltung der spezifischen Bezugsrechtsregeln des Art. 652b weiterverkaufen (BÖCKLI,
510 N 353). Die Zeichnung eigener Aktien muss durch den Wortlaut des Kapitalerhöhungs- oder Ermächtigungsbeschlusses abgedeckt sein, und der Kapitalerhöhungsbericht muss über die Zeichnung Rechenschaft ablegen (BÖCKLI, 511 N 354). Dies bedeutet im Endeffekt, dass der den wichtigen Grund rechtfertigende Verwendungszweck der
von der Gesellschaft gezeichneten Aktien den Aktionären bereits im Zeitpunkt der
Beschlussfassung durch die GV bekannt sein muss. Die Schaffung von durch die Gesellschaft frei verwendbaren «Vorratsaktien» ist deshalb auf dem Weg des originären
Erwerbs nicht möglich. Im Weiteren wäre zu erwägen, ob beim Fehlen eines ausdrücklichen Bezugsrechtsausschlusses den bestehenden Aktionären ein Vorkaufsrecht bei der
Platzierung zu gewähren wäre.

Entgegen der EU-Kapital-RL sowie einem Teil der Doktrin zum altOR (namentlich 5
WIELAND, 99 ff.) ist die grundsätzliche Erlaubnis zum Erwerb auch auf **teilliberierte
Aktien** anwendbar, sofern die Gesellschaft über genügend freie Eigenmittel verfügt, sowohl den Kaufpreis als auch die Restliberierung zu finanzieren (gl.M. OERTLI, 263;
BURCKHARDT, 30 ff.; CHK-TRÜEB, Art. 659 N 10; ausführlich BUCHSER/JAUSSI, 627 ff.;
bejahend auch ZK-SIEGWART, N 14; ausführlich GIGER, 120 ff.; **a.M.** BÖCKLI, 509
N 349 f.). Der dem verkaufenden Aktionär bezahlte Preis hat dem nur teilweise einbezahlten Nennwert Rechnung zu tragen (OERTLI, 263).

Rechtsdogmatisch ist der Erwerb eigener Aktien als **Kaufvertrag** zu **qualifizieren**. Die 5a
Gesellschaft erhält mit dem Kauf eigener Aktien einen werthaltigen Vermögenswert,
den sie jederzeit zum Marktwert wieder veräussern kann. Aus wirtschaftlicher Sicht ist
der Fall derselbe, wie wenn die Gesellschaft werthaltige Aktien eines anderen Unternehmens erworben hätte. Andere (v.a. in der ausländ. Lehre) vertretene Auffassungen,

wonach der Rückkauf als Abfindung und Kapitalausschüttung, oder gar als Einlagerückgewähr zu qualifizieren sei, sind deshalb abzulehnen (s. dazu mit überzeugenden Argumenten HONSELL, 566 f. m.Nw.).

II. Finanzierung

6 Das **gebundene Eigenkapital** der Gesellschaft darf durch den Erwerb eigener Aktien nicht angegriffen werden. Aktienrückkäufe (nach Art. 659 Abs. 1 oder Abs. 2) kommen damit nur in Frage, wenn eigene Mittel zur Verfügung stehen, welche die gesetzlichen **Ausschüttungssperren** überschreiten. Als solche Sperren sind anzusehen das AK, das PS-Kapital, die gesetzlichen Reserven (soweit sie die Hälfte des AK und des PS-Kapitals nicht überschreiten), die Reserven für bereits gehaltene eigene Aktien, die Aufwertungsreserven und etwaige statutarisch gebundene Sonderreserven (BÖCKLI, 471 N 229; GIGER 86; CHK-TRÜEB, Art. 659 N 9; ausführlich TURIN, 480). Statutarische oder andere durch früheren GV-Beschluss zweckgebundene Reserven können jedoch durch einen erneuten GV-Beschluss (wenn nötig mit Statutenänderung) in frei verwendbares Eigenkapital umgewandelt werden (BUCHSER/JAUSSI, 621 FN 8). Der Erwerb wäre demnach auf der Passivseite namentlich zu Lasten des **Gewinnvortrags** und der **freien Reserven** zu bilanzieren, die von der GV nach Speisung der gesetzlichen und statutarischen Reserven ohne Zweckbindung gebildet wurden. Ob der gesperrte Teil der gesetzlichen Reserve beigezogen werden darf, ist in der Lehre umstritten, jedoch u.E. wegen der damit verbundenen Zweckentfremdung der gesetzlichen Reserve abzulehnen (TURIN, 481; BÖCKLI, 833 N 288; vgl. BUCHSER/JAUSSI, 621).

7 Die Frage nach der Existenz genügender Eigenmittel ist aufgrund der letzten **geprüften und von der GV genehmigten Jahresbilanz** zu beurteilen (gl.M. BAUEN/BERNET, 48 N 159; HELBLING, 112). Keinesfalls steht es dem VR zu, aufgrund einer Zwischenbilanz oder einer (noch) nicht genehmigten Jahresbilanz die Existenz freier Reserven zu bejahen (ebenso BÖCKLI, 471 N 227; **a.M.** BURCKHARDT, 25 sowie CHK-TRÜEB, Art. 659 N 9, der – in analoger Anwendung von Art. 652a Abs. 1 Ziff. 5 und Abs. 3 sowie von Art. 652d Abs. 2 – die Erstellung einer Zwischenbilanz postuliert, sofern der letzte Bilanzstichtag mehr als neun Monate zurückliegt). Umgekehrt hat der VR laufenden **Verlusten** Rechnung zu tragen, welche die in der letzten genehmigten Jahresbilanz bestehenden freien Reserven vermindert haben, und er hat im entsprechenden Umfang auf den Erwerb eigener Aktien zu verzichten (vgl. TURIN, 481; BÖCKLI, 471 N 228; HELBLING, 112).

III. Gleichbehandlungsgrundsatz beim Kauf eigener Aktien

7a Die Gesellschaft hat beim Kauf eigener Aktien das **Gleichbehandlungsgebot** zu beachten (Art. 717 Abs. 2; VGer ZH, StE 1997, Nr. 45; BÖCKLI, Best Practice, 577 f.; HÜNERWADEL, 42, CHK-TRÜEB, Art. 659 N 34). Daraus lassen sich drei Grundsätze ableiten (vgl. BÖCKLI, 478 N 248): **Erstens** darf eine Gesellschaft ein Kaufangebot nur dann auf eine Kategorie oder auf einzelne Aktionäre beschränken, wenn sie eine solche Einschränkung sachlich begründen kann und die übrigen Aktionäre durch die Einschränkung nicht diskriminiert, d.h. ungerechtfertigt benachteiligt werden (HUGUENIN JACOBS, 286). Unter diesem Gesichtspunkt darf eine börsenkotierte Gesellschaft u.U. sogar ein Kaufangebot ausschliesslich an ihre Grossaktionäre richten, denn diese können ihre Aktienpakete nicht kurzfristig ohne Kurseinbussen an der Börse abstossen, wohingegen dieser Weg den Kleinaktionären stets offen steht (VON PLANTA/IFFLAND, 297). **Zweitens** muss die Gesellschaft allen veräusserungswilligen Aktionären bei identischer Sachlage dieselben Konditionen anbieten (Preis, Zahlungsfrist usw.; vgl. BÖCKLI, Best Practice, 580 ff.). **Drittens** muss der Erwerb «at arm's length» erfolgen, was bedeutet, dass der Kaufpreis auf den inneren Wert bzw. auf den Börsenkurs abstellen muss, wobei sachlich begründete Korrekturen im Einzelfall zulässig sind. Liegt der Rückkaufpreis ohne sachlichen Grund tiefer als der innere Wert, so stellt die Differenz zwischen den beiden Beträgen eine verdeckte Kapitaleinlage durch den verkaufenden Aktionär dar. Hat umgekehrt die Gesellschaft die Aktien über dem inneren Wert zurückgekauft, so kann eine verdeckte Gewinnentnahme oder eine ungerechtfertigte Kapitalentnahme vorliegen (HELBLING, 124 i.f.; s.u. N 23a). Im Zusammenhang mit der Ermittlung des Rückkaufpreises ist auf die Problematik eines einem einzelnen Aktionär gewährten **Paketzuschlags** einzugehen. Grundsätzlich hat die Gesellschaft kein Interesse daran, einen Paketzuschlag zu bezahlen, da sie das erworbene Aktienpaket i.d.R. nicht als Paket wiederverkaufen kann, ohne die Stimmenverhältnisse im Aktionariat zu verschieben, und dies ist ihr aufgrund der weiter unten entwickelten Grundsätze verwehrt (s.u. N 9a). Aus dieser Tatsache, dass aus Sicht der Gesellschaft ein zu bezahlender Paketzuschlag einen Nonvaleur darstellt, folgt, dass dessen Bezahlung aus dem Blickwinkel der Sorgfaltspflicht des VR problematisch ist (Art. 717 Abs. 1; vgl. Art. 717 N 12). Unseres Erachtens rechtfertigt sich die Bezahlung eines Paketzuschlags nur dann, wenn kumulativ zwei Bedingungen erfüllt sind: Ein kaufwilliger Dritter hätte den Paketzuschlag ebenfalls gewährt (s. dazu BÖCKLI, Best Practice, 581), und der Kauf des Pakets führt zur Ausschaltung des Schädigungspotentials des Paketeigentümers für die Gesellschaft; letztere Bedingung dürfte wohl bloss in Ausnahmefällen erfüllt sein. Schliesslich wäre ein Kauf zu einem überhöhten Preis nicht nur unter dem Aspekt der Gleichbehandlung problematisch, sondern würde zudem Einkommens- und Verrechnungssteuerfolgen nach sich ziehen (vgl. Kreisschreiben Nr. 5 der ESTV vom 19.8.1999, ASA 68, 300, Ziff. 5.1 und 5.2). – Einem Aktionär, der sich im Rahmen eines Aktienrückkaufs nicht gleich behandelt fühlt, steht die Verantwortlichkeitsklage gegen den VR offen (HELBLING, 109).

Der **Gleichbehandlungsgrundsatz** ist sicher dann gewahrt, wenn die Gesellschaft allen Aktionären ein **Rückkaufangebot** macht und von allen verkaufswilligen Aktionären proportional zu ihrem Aktienbesitz Aktien erwirbt (BÖCKLI, Best Practice, 582); desgleichen, wenn sich die Gesellschaft von den Aktionären **Verkaufsofferten** unterbreiten lässt und die günstigsten berücksichtigt; ferner auch, wenn sie an alle Aktionäre **Put-Optionen** ausgibt (dazu s.u. N 22), oder wenn sie die Aktien **an der Börse erwirbt,** wo sie die Identität des verkaufenden Aktionärs nicht kennt (FORSTMOSER/MEIER-HAYOZ/NOBEL, 786 N 80). **7b**

Besonders problematisch unter dem Aspekt der Gleichbehandlung ist die Konstellation des sog. **«Green mail»,** in welchem ein angriffiger Börsenaktor eine bedeutende Beteiligung an einer Gesellschaft aufkauft, um so den VR mit Forderungen unter Druck setzen zu können. Wohl dürfte ihm der VR in einer solchen Situation bis zu 10% (oder ggf. 20%) eigene Aktien abkaufen, doch verstiesse ein solcher Rückkauf i.d.R. gleich in zweifacher Hinsicht gegen den Gleichbehandlungsgrundsatz: Einerseits, weil das Kaufangebot der Gesellschaft bezweckt, einen einzelnen unliebsamen Aufkäufer loszuwerden und deshalb gerade nicht an alle Aktionäre gerichtet ist; andererseits, weil der Aufkäufer für sein Paket i.d.R. einen Paketzuschlag fordern wird, den die Gesellschaft nur unter den oben geschilderten, restriktiven Voraussetzungen bezahlen darf (o. N 7a). Dementsprechend ist ein ausschliessliches Angebot der Gesellschaft mit Überpreis an einen einzelnen aggressiven Aktionär mit dem Gleichbehandlungsgrundsatz kaum vereinbar (BÖCKLI, 480 f. N 254–256; vgl. CHK-TRÜEB, Art. 659 N 35). **7c**

IV. Zeitlicher Rahmen. Wiederverkauf eigener Aktien

8 Die ersten 10% des gesamten Gesellschaftskapitals können von der Gesellschaft **ohne Einschränkung** gehalten werden, unabhängig vom Erwerbsgrund, d.h. selbst wenn sie im Rahmen von Übertragbarkeitsbeschränkungen erworben wurden. Die weiteren 10%, die nur im Rahmen solcher Beschränkungen erworben werden dürfen, sind **innert zweier Jahre zu verkaufen** oder im Rahmen einer **Kapitalherabsetzung** zu vernichten (zur Kapitalherabsetzung vgl. Art. 732 ff. und Art. 55 Abs. 4 HRegV). Die Reduktion auf 10% innert zweier Jahre kann durch beliebige Verkäufe vorgenommen werden; sie muss mithin nicht dieselben Aktien umfassen, die von einem verkaufswilligen Aktionär erworben wurden. Hat die Gesellschaft zuerst für bis zu 10% des Gesellschaftskapitals Partizipationsscheine zurückgenommen und anschliessend Aktien im Rahmen der Vinkulierungsbestimmungen gekauft, kann sie durch den Verkauf der Partizipationsscheine den gesetzlichen Zustand wiederherstellen (gl.M. TURIN, 481; WELTI, 246).

9 Beim Wiederverkauf der durch die Gesellschaft gehaltenen Aktien muss der VR die allgemeine **Sorgfaltspflicht** gegenüber der Gesellschaft beachten (Art. 717 Abs. 1), was einen Verkauf zu nicht marktkonformen Bedingungen ausschliesst. Ein Verkauf an einen Aktionär oder an einen ihm nahe stehenden Dritten zu einem untersetzten Preis würde zudem Verrechnungs- und Einkommenssteuerfolgen auslösen (vgl. Kreisschreiben Nr. 5 der ESTV vom 19.8.1999, ASA 68, 300, Ziff. 5.1 und 5.2). Ein Verkauf zu Vorzugsbedingungen wäre allenfalls zu erwägen, wenn sämtlichen Aktionären ein Vorkaufsrecht gewährt würde (s.u. N 9a).

9a Im Weiteren muss die verkaufende Gesellschaft gegenüber den Aktionären den **Gleichbehandlungsgrundsatz** beachten (Art. 717 Abs. 2; vgl. BGer v. 5.3.2003, 4C.242/2001, E. 5.4). Ein Teil der Lehre leitet aus dem Gleichbehandlungsgrundsatz von Art. 717 eine Verpflichtung des VR ab, die eigenen Aktien prioritär den bestehenden Aktionären anzubieten, und zwar zu denselben Bedingungen und proportional zu ihrem Aktienbesitz (HUGUENIN JACOBS, 287; NOBEL, 36; vgl. Art. 717 N 31; a.M. TURIN, 481). Begründet wird diese analoge Anwendung der Bezugsrechtsregelung der Kapitalerhöhung (Art. 652b) mit der Ähnlichkeit der beiden Transaktionen und mit der sonst für den bestehenden Aktionär drohenden Stimmrechtsverwässerung (FORSTMOSER/MEIER-HAYOZ/NOBEL, 463 N 50). Auch soll der Verwaltungsrat das Geschäft mit den eigenen Aktien nicht zur Steuerung der Zusammensetzung des Aktionariats missbrauchen können (HUGUENIN JACOBS, 287; NOBEL, 36). Unseres Erachtens drängt sich eine differenzierte Betrachtungsweise auf. Einerseits geht es zu weit, aus dem Gesetzestext ein eigentliches «Bezugsrecht» der bestehenden Aktionäre abzuleiten, weil sonst konsequenterweise vor jeder Veräusserung eigener Aktien an Dritte ein besonderer GV-Beschluss für die Einschränkung des Bezugsrechts nötig wäre (BÖCKLI, 496 N 301). Zudem hatte das BGer bereits unter dem altOR entschieden, dass die Bezugsrechtsregelung der Kapitalerhöhung nicht analog auf den Tatbestand der Wiederveräusserung eigener Aktien anzuwenden sei (BGE 88 II 105). Andererseits darf der VR den Wiederverkauf nicht auf die ihm genehmen Personen beschränken, kann es doch nicht angehen, dass der VR die Zusammensetzung der GV, deren Kontrolle er untersteht, selber bestimmt. Gemäss der hier postulierten differenzierten Lösung ist der VR bei Verkäufen von **stimmenmässig unbedeutenden Aktienpaketen** frei. Bei **bedeutenden Aktienverkaufsprogrammen,** welche die Mehrheitsverhältnisse in der Gesellschaft verschieben könnten, muss jedoch der VR so handeln, dass die bestehenden Stimmverhältnisse nicht wesentlich verändert werden. In Frage kommt hier bei börsenkotierten Gesellschaften eine öffentliche Platzierung zu Marktbedingungen, nach Wahl des VR mit oder ohne Vorkaufsrecht der Altaktionäre. Bei nichtkotierten Gesellschaften

1. Abschnitt: Allgemeine Bestimmungen   10, 11   Art. 659

mit kleinem Aktionärskreis, in welchem der Verkauf der Aktien an die Altaktionäre notwendigerweise zu einer Stimmkraftverschiebung an der GV führen würde, hat der VR wohl keine andere Wahl, als die Aktien allen Altaktionären proportional zu deren bestehenden Partizipation anzubieten, oder aber das gesamte Paket einem Neuaktionär zu verkaufen. In jedem Fall darf der VR die Aktionäre untereinander nur insoweit ungleich behandeln, als dies im Interesse der Gesellschaft sachlich begründet und erforderlich ist und keine ungerechtfertigte Begünstigung oder Benachteiligung bewirkt wird (BÖCKLI, 495 N 300; vgl. zum Ganzen GIGER, 146 ff.). Zum Wiederverkauf von durch eine Tochtergesellschaft gehaltene Aktien der Mutter s. DRUEY/VOGEL, Das schweizerische Konzernrecht in der Praxis der Gerichte, Zürich 1999, 291.

Die Geltung der **Zweijahresfrist** setzt voraus, dass der Eigenerwerb im Rahmen einer Übertragungsbeschränkung vorgenommen wurde. Wurde die 10%-Grenze ohne solche Begründung überschritten, ist im sinnvollen Rahmen (unter Berücksichtigung der Marktsituation) sofort zur Liquidation des Überschusses zu schreiten (BÖCKLI, 495 N 299). **10**

V. Folgen der Widerhandlung

Das Erwerbsverbot gem. Art. 659 altOR galt als **Ordnungsvorschrift;** seine Missachtung hatte weder die **Nichtigkeit** des obligatorischen Kausalgeschäfts noch des dinglichen Übertragungsaktes zur Folge, konnte aber im Schadensfall zur **Verantwortlichkeit** des VR führen (BGE 60 II 315; 96 II 22; 110 II 300; FORSTMOSER/MEIER-HAYOZ/NOBEL, 667 N 173; grundlegend dazu, aber **a.M.** WIELAND, 92 ff.). Einzig der Erwerb, der nicht aus ungebundenen eigenen Mitteln finanziert werden konnte und damit zu einer Verletzung des Verbotes der Einlagerückgewähr führte, zog die Nichtigkeitsfolge nach sich (KGer GR, SJZ 1954, 130 f.; WIELAND, 87 f.; BINDER, 92 ff.; BURCKHARDT, 81 f.; GREUTER, 34; NOBEL, Aktienrechtliche Entscheide, 1991, 210). Das revidierte Recht kann sich weitgehend auf die früher entwickelten Grundsätze abstützen. Der Wortlaut des Art. 659 richtet sich wie derjenige des Art. 659 altOR i.S. einer **Handlungsanweisung** an die Gesellschaft und deren VR («... darf ... nur dann erwerben»), ohne damit ihre **Handlungsfähigkeit,** das Können, einzuschränken. Das auf die Übertragung gerichtete Verpflichtungsgeschäft und die nachfolgende Verfügung sind damit, obschon gegen die gesetzliche Handlungsanweisung verstossend, **rechtsgültige Geschäfte** (gl.M. BÖCKLI, 490 N 286 ff.; SCHLEIFFER, 119 f.; TURIN, 482; MEIER-HAYOZ/FORSTMOSER, 408 N 77; BAUEN/BERNET/ROUILLER, 55 N 162 m.Nw.; HEINZMANN, 202 N 410; CHK-TRÜEB, Art. 659 N 24; VON PLANTA/IFFLAND, 304; BUCHSER/JAUSSI, 622; **a.M.** NOBEL, 26, der in jedem Fall, wo nicht freies Eigenkapital – demnach auch lediglich die gebundene Reserve – zum Kauf verwendet wird, aus Gründen des Gläubigerschutzes die Nichtigkeit der Transaktion postuliert). Sie können jedoch im Schadensfall ggf. zur Verantwortlichkeit des VR führen (BAUEN/BERNET/ROUILLER, 55 N 162 i.f. m.Nw.; HEINZMANN, 202 N 410; CHK-TRÜEB, Art. 659 N 26). Wenn der VR beabsichtigt, die Grenze von 10% des AK zu überschreiten, so kann er dieses Risiko einer Haftungsklage bedeutend reduzieren, indem er vorgängig die Genehmigung der GV einholt. Es handelt sich dabei um eine Art «vorweggenommenen Déchargebeschluss» der GV aufgrund der Überlegung, dass die Aktionäre den VR nicht für eine Massnahme haftbar machen können, welcher sie im Voraus zugestimmt haben. Allerdings wirkt ein solcher GV-Beschluss nur gegenüber jenen Aktionären, welche dem Beschluss zugestimmt haben oder ihre Aktien nachträglich im Bewusstsein des Beschlusses erworben haben, nicht aber gegenüber den anderen Aktionären oder den Gläubigern (VON PLANTA/IFFLAND, 304 f.). **11**

12 Das in o. N 11 dargelegte Ordnungsprinzip gilt sicher dann, wenn der Erwerb aus ungebundenen Mitteln finanziert wird. Eine differenziertere Betrachtungsweise drängt sich aber auf, wenn der Erwerb gleichzeitig eine Verletzung des **Kapitalrückzahlungsverbots** gem. Art. 680 Abs. 2 bedeutet (ausführlich dazu BUCHSER/JAUSSI, 623 ff. m.Nw.). Es gilt abzuwägen zwischen dem grundsätzlichen Bedürfnis, die unerlaubte Ausschüttung rückgängig zu machen, und dem Schutz des **guten Glaubens** Dritter, namentlich der Verkäufer an der Börse. Nach BÖCKLI (491 N 288) ist die Nichtigkeit auf die Fälle zu beschränken, in denen beide, der Verkäufer und die erwerbende Gesellschaft, wussten oder hätten wissen sollen, dass das Einlagerückzahlungsverbot verletzt wird, mithin damit in vorsätzlicher oder fahrlässiger **Kollusion** eine Widerrechtlichkeit begehen, die gem. Art. 20 nichtig ist. Dieser Ansicht ist zu folgen (vgl. dazu differenzierend Pra 1997, 300 f.). Zu bemerken bleibt aber, dass die Gesellschaft immer, und der Verkäufer – sofern er nicht an der Börse verkauft, ohne den Käufer zu kennen – zumeist, mindestens fahrlässig handeln. Erstere deshalb, weil es zu den Pflichten des VR gehört, die finanzielle Situation der Gesellschaft zu kennen, Letzterer, weil er als Aktionär zumindest die Situation zur Zeit des letzten genehmigten Geschäftsabschlusses kennen kann. Selbst bei Annahme des Gutglaubensschutzes wird damit die Verletzung des Verbotes der Einlagerückgewähr anlässlich eines direkten Kaufs ausserhalb der Börse zumeist zur Nichtigkeit führen (vgl. TURIN, 482 f.).

VI. Pfandnahme eigener Aktien

13 Nach Art. 659 altOR war die **Pfandnahme** eigener Aktien (z.B. als Sicherheit bei der Gewährung eines Darlehens an einen Aktionär) dem Erwerb gleichgestellt. Im revidierten Gesetzestext ist sie nicht mehr Regelungsgegenstand und damit (im Gegensatz zu Art. 24 Abs. 1 EU-Kapital-RL) grundsätzlich **erlaubt** (BÖCKLI, 508 N 347 m.w.Nw., CHK-TRÜEB, Art. 659 N 12). Erst wenn die Verwertung des Pfandes zu einer Übernahme der Aktien durch die Gesellschaft führen soll, sind die Schranken und Voraussetzungen des Art. 659 zu beachten (**a.M.** OERTLI, 264, der Art. 659 analog auf die Pfandnahme eigener Aktien anwenden will, mit der Folge, dass frei verwendbares Eigenkapital im Umfang des hypothetischen Abschreibungsbedarfs auf dem Darlehen, ohne Berücksichtigung des Pfandes, vorhanden sein müsste und eine Spezialreserve in diesem Umfang zu bilden wäre; diese extensive Auslegung des Gesetzestexts geht u.E. zu weit). In der Tat ist die Annahme eigener Aktien als Pfand eher eine Frage der Abwägung des Kreditrisikos und damit der Bewertung des Pfands als eine solche des Erwerbs eigener Aktien. Sie kann im schlimmsten Fall dazu führen, dass das vermeintlich gesicherte Darlehen zum Blankokredit wird. Die Pfandnahme eigener Aktien ist damit eher an der **Verantwortlichkeit** des VR anzuknüpfen (krit. NOBEL, 24 f.; vgl. zum Ganzen BÖCKLI, 507 N 344 ff., für den die Darlehensgewährung durch die Gesellschaft an den Aktionär das kritische Element darstellt). Unter dem Gesichtspunkt des Stimmrechtes ist die Pfandnahme unproblematisch, bleibt es doch nach Art. 905 ZGB beim Eigentümer der Aktien.

VII. Fiduziarische Geschäfte

14 Nach der Praxis des BGer zu Art. 659 altOR kann die treuhänderische Zeichnung von Aktien durch einen Dritten mit dem Erwerbsverbot vereinbart werden (BGE 117 II 297 = Pra 1992, 486 ff.). Voraussetzung dazu ist aber, dass der Zeichner ein **echtes Aktionärsrisiko** übernimmt, dass er m.a.W. im Konkurs der Gesellschaft kein Recht auf Rückerstattung des Zeichnungsbetrages hat (BÖCKLI, 527 f. N 412). Damit ist es auch

zulässig, dass die Gesellschaft dem Zeichner den Liberierungsbetrag in Form eines Darlehens **vorschiesst,** bleibt dieser doch im Konkursfall als Darlehensforderung der Gesellschaft gegen den Treuhänder vollumfänglich erhalten. Diese Praxis, die namentlich zur Schaffung von Vorratsaktien entwickelt wurde, ist u.E. sachgerecht (vgl. aber HIRSCH, SZW 1991, 293; PETITPIERRE-SAUVAIN, L'acquisition indirecte par la société de ses propres actions, SZW 1992, 221). Auf diese Weise gezeichnete Vorratsaktien sind nicht eigene Aktien i.S.v. Art. 659, und die 10%-Grenze ist nicht anwendbar. Zeichnet ein Dritter neue Aktien als **echter Fiduziar** ohne Übernahme eines Aktionärsrisikos, sei es, dass die Gesellschaft den Zeichnungsbetrag zur Verfügung stellt, sei es, dass sie entsprechende Kredite garantiert, so fällt diese Zeichnung ohne weiteres unter Art. 659, und wird der Gesellschaft selbst angerechnet (vgl. BÖCKLI, 527 f. N 412; GIGER, 46; OERTLI, 264). Im Rahmen der entsprechenden Grenzwerte ist sie zulässig. – Vgl. allgemein zur Frage der Zulässigkeit von **Vorratsaktien** OERTLI, 266 ff. und HÜNERWADEL, passim, sowie zur Unterwerfung von Vorratsaktien unter die Emissionsabgabe ASA 67, 748.

VIII. Verantwortlichkeit des VR

Die im revidierten OR ausgesprochene Erlaubnis zum Erwerb eigener Aktien ändert nichts an den **Gefahren,** die mit dem Geschäft verbunden sind. Auf der Ebene der Verantwortlichkeit führt das revidierte Recht einzig dazu, dass der Erwerb beim Vorliegen sämtlicher Voraussetzungen nicht mehr *per se* ordnungswidrig ist. Nach wie vor hat aber der VR im Rahmen seiner Sorgfaltspflicht die Gefahren für die Gesellschaft abzuwägen. Führt ein (ordnungsmässiger) Erwerb eigener Aktien durch den damit verbundenen **Substanzverlust** zu einem weiteren Schaden, so bleibt der VR dafür verantwortlich, wenn darin eine Sorgfaltspflichtsverletzung gesehen werden muss (vgl. auch BÖCKLI, 481 f. N 260). 15

IX. Steuerrechtliche Aspekte

Gemäss dem am 1.1.1998 in Kraft gesetzten Art. 4a VStG erfüllt der Erwerb eigener Aktien, sei es mit oder ohne vorher beschlossener oder anschliessender Kapitalreduktion, grundsätzlich den Tatbestand der **Teilliquidation,** und der den Nennwert der Aktien überschreitende Teil des Erwerbspreises unterliegt der **Verrechnungssteuer** (vgl. Pra 1999, 977 = ASA 68, 743; BGer v. 27.10.2005, 2A.9/2005; BAUEN/BERNET, 414 N 1182; grundlegend Kreisschreiben Nr. 5 der ESTV vom 19.8.1999, ASA 68, 300 ff. samt dessen «Präzisierung von Ziff. 2.2 des Kreisschreibens» (Fristenstillstand) vom 26.3.2002; s. die Ausführungen zum Kreisschreiben bei BÖCKLI, 499 ff. N 314 ff.; ausführlich zu den Steueraspekten BUCHSER/JAUSSI, 637 ff.). 16

Die Verrechnungssteuer entfällt nur dann, wenn die Gesellschaft Aktien innerhalb der 10%-Grenze gem. Art. 659 erworben hat, dieser Erwerb nicht im Zusammenhang mit einer Kapitalreduktion erfolgte und sie diese Aktien innert sechs Jahren wiederveräussert; beim Kauf vinkulierter Namenaktien im Rahmen von Art. 659 Abs. 2 beträgt diese Frist für die Tranche zwischen 10% und 20% eigener Aktien zwei Jahre (Art. 4a Abs. 2 VStG; Kreisschreiben Nr. 5, Ziff. 2.1; BAUEN/BERNET, 414 N 1184). Für die Berechnung der Einhaltung dieser **Fristen** beim Halten der Aktien wendet die ESTV gemäss Kreisschreiben das Prinzip **«first in first out»** an, was die Gesellschaft insb. bei sukzessiven Aktienkäufen zu einer nachweisbaren Identifikation der jeweils gehaltenen Aktien zwingt (Kreisschreiben Nr. 5, Ziff. 2.1 i.f.). Wenn eine Gesellschaft eigene Aktien aus Anlass einer Verpflichtung erworben hat, die auf einer Wandelanleihe, einer Optionsan- 16a leihe oder einem Mitarbeiterbeteiligungsplan beruht, so steht die Frist bis zum Erlöschen der entsprechenden Verpflichtung still, bei einem Mitarbeiterbeteiligungsplan jedoch längstens während sechs Jahren (Art. 4a Abs. 3 VStG; Kreisschreiben Nr. 5, Ziff. 2.2; vgl. dazu Zirkular Nr. 7023 der SBVg vom 1.12.2000 und ATHANAS/JURT, Fristenstillstand beim Erwerb eigener Aktien – Neuigkeiten zum Begriff des ursprünglichen kausalen Zusammenhangs, IFF Forum für Steuerrecht 2001, 67 ff.; Zirkular der ESTV «Präzisierung von Ziff. 2.2 des Kreisschreibens Nr. 5» (Fristenstillstand) vom 26.3.2002, zit. o. N 16).

17 Die Gesellschaft muss die **Verrechnungssteuer auf den verkaufenden Aktionär überwälzen** (Art. 14 Abs. 1 VStG). Beim Kauf eigener Aktien liegt insofern ein Sonderfall vor, als in den vorerwähnten Fällen erst nach Ablauf der Sechs- (bzw. Zwei-) Jahresfrist feststeht, ob die Gesellschaft die Aktien wieder verkauft hat und ob die Verrechnungssteuer überhaupt anfällt. Eine Überwälzung ist demnach erst nach Ablauf dieser Frist möglich. Das Gleiche gilt für die natürliche Person, welche die verkauften Aktien im Privatvermögen gehalten hat. Der steuerbare Vermögensertrag entsteht mit Ablauf der genannten Fristen (Art. 20 Abs. 1 lit. c Satz 2 DBG; Art. 7 Abs. 1bis StHG). Im Weiteren ist der Gesellschaft bei einem naturgemäss anonymen Kauf eigener Aktien an der Börse die Identität des verkaufenden Aktionärs nicht bekannt, folglich kann sie auch nicht die Verrechnungssteuer auf ihn überwälzen. Gemäss Praxis der ESTV wird in allen Fällen, in denen die Gesellschaft den Nachweis der Überwälzung nicht erbringen kann, der an den verkaufenden Aktionär geflossene Betrag **als Nettoleistung qualifiziert,** die entsprechend «ins Hundert» aufgerechnet wird. Die Verrechnungssteuer stellt in solchen Fällen eine **zusätzliche Gewinnausschüttung** dar, die den Reserven zu belasten ist (Kreisschreiben Nr. 5, Ziff. 2.6). Ist der verkaufende Aktionär der Gesellschaft nicht bekannt (z.B. weil sie die Aktien an der Börse gekauft hat), kann die Verrechnungssteuer nicht zurückgefordert werden und wird letztlich zu einer definitiven Steuerbelastung (Kreisschreiben Nr. 5, Ziff. 3.6).

17a Beim Erwerb eigener Aktien kann die Verrechnungssteuerpflicht bei Vorliegen gewisser Voraussetzungen auch im Meldeverfahren erfüllt werden (BAUEN/BERNET, 414 N 1183). Dies ist der Fall, wenn: (i) die Verrechnungssteuer geschuldet ist, weil Aktien ohne Kapitalherabsetzung erworben und nicht innert Frist wieder veräussert wurden (vgl. Art. 4a Abs. 2 VStG); (ii) die erworbenen Aktien aus dem Geschäftsvermögen des Verkäufers stammen; (iii) der Verkäufer im Zeitpunkt des Erwerbs durch die Gesellschaft in der Schweiz unbeschränkt steuerpflichtig war und (iv) der Verkäufer den Verkauf ordnungsgemäss verbucht hat (vgl. Art. 24a VStV). Bezüglich der Rückgabe von Aktien gilt bei einer natürlichen Person, welche die Aktien im Privatvermögen hält, ein Liquidationsüberschuss immer in jenem Jahr als steuerbarer Vermögensertrag, in welchem die Verrechnungssteuerforderung entsteht (vgl. Art. 20 Abs. 1 lit. c zweiter Satz DBG; Art. 7 Abs. 1bis StHG).

18 Bei einem verkaufenden Aktionär, welcher die Aktien im **Privatvermögen** hält **(Privataktionär),** stellt der Nettoerlös (Differenz zwischen dem Nennwert und dem Verkaufspreis) grundsätzlich einen steuerbaren Kapitalertrag in Form einer Liquidationsdividende dar, auf welchem die Einkommenssteuer zu entrichten ist **(Nennwertprinzip).** Als einkommenssteuerfreier privater Kapitalgewinn gilt das Geschäft bei einem Veräusserer, der die Aktien im Privatvermögen gehalten hat, nur dann, wenn die rückkaufende Gesellschaft sie innerhalb der Grenzen von Art. 659 erworben hat und sie diese vor Ablauf von sechs Jahren (bzw. innerhalb von zwei Jahren bei vinkulierten Namenaktien im Rahmen von Art. 659 Abs. 2) wieder verkauft (Kreisschreiben Nr. 5, Ziff. 4.2 f.).

1. Abschnitt: Allgemeine Bestimmungen   19–23 Art. 659

Im Gegensatz dazu wird ein Aktionär, der die Aktien in seinem **Geschäftsvermögen** 19
hält **(institutioneller Anleger)**, nur auf der Differenz zwischen deren Buchwert und
dem Veräusserungserlös besteuert **(Buchwertprinzip;** Kreisschreiben Nr. 5, Ziff. 4.3).
Die Bestimmungen über den Beteiligungsabzug können ggf. seine Steuerlast noch weiter reduzieren (s. dazu Kreisschreiben Nr. 5, Ziff. 4.3c). Folglich sind Rückkaufangebote
für institutionelle Anleger wesentlich attraktiver als für Privatanleger, wie dies auch die
Praxis in den letzten Jahren bestätigt hat (LÜTOLF/KUNZ, 280; vgl. ZINDEL, 578).

Die Steuerpraxis, die grundsätzlich und auch bei einem Kauf innerhalb der handels- 20
rechtlich zulässigen Grenzen von Art. 659 von einer **Teilliquidation** ausgeht, scheint
sachfremd (vgl. dazu BÖCKLI, 498 N 313, welcher postuliert, gesetzmässig erworbene
eigene Aktien bis zur Schwelle von 10% nur noch unter ganz aussergewöhnlichen Umständen als «teilliquidiert» anzusehen; ausführlich NEUHAUS, Erfahrungen aus steuerlicher Sicht, kritische steuerliche Aspekte des neuen Aktienrechts, ST 1994, 987 ff.; vgl.
auch KUHN/GERBER, Steuerliche Behandlung des Erwerbs eigener Beteiligungsrechte,
ST 1998, 287 ff.).

Die Steuerpraxis birgt zudem ein gefährliches **Vereitelungspotential für die Vinkulie-** 21
rungsbestimmung des Art. 685b Abs. 1 in sich, die letztlich eine Schutzbestimmung
zugunsten eines verkaufswilligen Minderheitsaktionärs sein soll. Der Hinweis der Gesellschaft, sie werde auf den Weiterverkauf innert der Zwei- (bzw. Sechs-)Jahresfrist
verzichten, und die sich daraus ergebende Folge für den Privataktionär, anstelle eines
steuerfreien Kapitalgewinns teilweise steuerbares Einkommen zu realisieren, wird diesen zumeist abschrecken (vgl. zur früheren, aber ähnlichen Praxis der ESTV die Kritik
bei BÖCKLI, 498 N 311–313 m.w.Nw. und bei NOBEL, 33 f.).

Anstatt Aktien zurückzukaufen, kann die Gesellschaft ihren Aktionären auch **Rückga-** 22
berechte (Put-Optionen) ausgeben, welche diese zum Verkauf von Aktien an die Gesellschaft zu im Voraus festgelegten Bedingungen (Preis, Anzahl benötigte Optionen
pro zurückzukaufende Aktie, Laufzeit) berechtigen (vgl. BÖCKLI, 513 N 362; LÜTOLF/
KUNZ, 283; VON PLANTA/IFFLAND, 299 f.). Als solche ist die Ausgabe dieser Put-Optionen **verrechnungssteuer- und einkommenssteuerfrei**, sofern sie im Hinblick auf eine
kurzfristig bevorstehende Kapitalreduktion erfolgt (s. das wegleitende Urteil des BGer
i.S. SGS in Pra 1999, 975 = ASA 68, 739). Erst das Kaufgeschäft bei der Ausübung
der Put-Option unterliegt der Verrechnungs- und Einkommenssteuer. Das BGer begründet diese Unterscheidung damit, dass die Put-Option noch keine geldwerte Leistung,
sondern lediglich eine **Anwartschaft** des Aktionärs darstellt. Der Aktionär erhält durch
die Put-Option noch kein Forderungsrecht gegen die Gesellschaft, sondern lediglich ein
Gestaltungsrecht, nämlich «*die Befugnis, innerhalb zeitlicher Grenzen gemäss bestimmten Bedingungen durch einseitige rechtsgeschäftliche Willenserklärung eine Veränderung im Bestand seiner subjektiven Rechte herbeizuführen*» (Pra 1999, 978 = ASA 68,
744). Für die Gesellschaft ihrerseits stellt die Ausgabe der Put-Option ebenfalls noch
keine verrechnungssteuerpflichtige Ausschüttung dar, sondern lediglich eine **Eventual-**
verpflichtung, denn der Aktionär hat es in der Hand, die Put-Option auszuüben oder
aber darauf zu verzichten. Das BGer weist in seiner Urteilsbegründung auf die Analogie
mit dem Bezugsrecht bei Kapitalerhöhungen hin, welches ebenfalls weder der Verrechnungssteuer, noch der direkten Bundessteuer unterworfen ist (Pra 1999, 978 = ASA 68,
744; vgl. auch VGer ZH, StE 1997, Nr. 45).

Dieser Entscheid des BGer ist zu begrüssen. Allerdings hat sich das BGer eine andere 23
Beurteilung für den Fall vorbehalten, dass die Ausgabe von Put-Optionen zu **Steuer-**
umgehungen führt. Dies wäre insb. dann der Fall, wenn Put-Optionen und/oder Aktien
von Aktionären an bisher nicht beteiligte Dritte veräussert würden. Dann besteht tat-

sächlich die Gefahr, dass die Beteiligungen, die von ihren bisherigen Inhabern im Privatvermögen gehalten worden sind, an solche Personen veräussert werden, bei denen sie zum Geschäftsvermögen gehören und gemäss dem subjektiven System bzw. dem Buchwertprinzip bewertet sind, sodass der Aktienkaufbetrag – und nicht nur deren Nennwert – vom Rückgabepreis abgezogen werden könnte, während die Veräusserer einen **steuerfreien Kapitalgewinn** erzielen würden (Pra 1999, 979 = ASA 68, 745; s. Kreisschreiben Nr. 5, Ziff. 3.5; s.a. BÖCKLI, 513 N 363). In der Praxis führt dies meist dazu, dass handelbare Put-Optionen lediglich an institutionelle Anleger (N 19) mit Sitz in der Schweiz verkauft werden können, welche bereit sind, anstelle des verkaufenden Aktionärs bereits vorher gehaltene Aktien in Ausübung der soeben erworbenen Put-Optionen zu verkaufen und damit ihre Beteiligung an der Gesellschaft abzubauen (VON PLANTA/IFFLAND, 300).

23a Hält die Gesellschaft eigene Aktien, deren Kurswert in der Folge sinkt, so muss sie aus handelsrechtlichen Gründen die notwendigen Abschreibungen vornehmen (Art. 659a N 5), welche die Erfolgsrechnung belasten und deshalb den steuerbaren Reingewinn vermindern. Kauft die Gesellschaft eigene Aktien zu einem höheren Preis als dem Verkehrswert zurück, so gilt die Differenz zwischen dem höheren Rückkaufpreis und dem Verkehrswert als verdeckte Gewinnausschüttung der Gesellschaft an den Aktionär; sie ist bei der Gesellschaft zum steuerbaren Gewinn hinzuzurechnen (CHK-TRÜEB, Art. 659 N 39 m.Nw.) und löst zudem noch Verrechnungssteuerfolgen aus.

X. Kapitalmarktrechtliche Aspekte

24 Die gebräuchlichsten Methoden beim Rückkauf eigener Aktien von börsenkotierten Gesellschaften sind das **öffentliche Aktienkaufangebot,** die Rückkäufe auf einer **zweiten Handelslinie** an der Börse, die Ausgabe von **Put-Optionen** (vgl. dazu N 22 und BÖCKLI, 513 N 362) sowie die **freien Aktienrückkäufe** an der Börse (vgl. VOLKART, Aktienrückkäufe und Eigenkapitalherabsetzungen, ST 1999, 171 ff.; WELTI, 201 ff.; LÜTOLF/KUNZ, 283; CHK-TRÜEB, Art. 659 N 27; s. den Vergleich der Methoden in tabellarischer Form bei VON PLANTA/IFFLAND, 303; vgl. HELBLING, 117 ff.; ZINDEL, 577).

25 Beim **Rückkauf über eine zweite Handelslinie** darf ausschliesslich die zurückkaufende Gesellschaft als Käufer auftreten (s. Rundschreiben Nr. 7 der Zulassungsstelle vom 1.2.2003, Rz 5; Weisung 20 SWX «Handel auf einer separaten Linie» vom 6.10./ 1.11.2005, Ziff. 2.1.2; virt-x/SWX Europe Ltd Handelsweisung Nr. 19 vom 1.11.2005, Ziff. 2; vgl. WELTI, 204; VON PLANTA/IFFLAND, 289 f.). Die Gesellschaft behält auf dem auf der zweiten Handelslinie offerierten Rückkaufpreis die **Verrechnungssteuer** zurück und erfüllt so ihre Pflicht unter dem VStG (Bsp.: angebotener Rückkaufpreis brutto 120, Nennwert der Aktie 20, Verrechnungssteuerrückbehalt 35% auf der Differenz, also auf 100 = 35, ausbezahlter Nettopreis 20 + 65 = 85; vgl. allgemein zur Verrechnungssteuerproblematik beim Aktienrückkauf N 16 ff.). Nachdem jedoch der verkaufende Aktionär – Ausnahmen vorbehalten – die zurückbehaltene Verrechnungssteuer später zurückfordern kann, bedeutet der im Verkaufszeitpunkt erfolgte Verrechnungssteuerabzug für ihn nichts anderes als eine nicht zinstragende Forderung. Um diesen Zinsertragsverlust auszugleichen, offeriert die zurückkaufende Gesellschaft auf der **zweiten** Handelslinie einen im Vergleich zur ersten (ordentlichen) Handelslinie etwas **erhöhten (Brutto-)Kaufpreis** (vgl. dazu u. N 33d).

26 Die Ausgabe von **Put-Optionen** wurde bereits erläutert (o. N 22). Die beiden anderen Methoden bedürfen hier keiner besonderen Erläuterung.

Mit dem Inkrafttreten des BEHG stellte sich bei allen vier Methoden die Frage, ob der Rückkauf eigener Aktien durch eine in der Schweiz börsenkotierte Gesellschaft den Bestimmungen des BEHG über die öffentlichen Kaufangebote unterliegt (krit. dazu BSK BEHG-TSCHÄNI/IFFLAND/DIEM, Art. 22 N 16). Die UEK hat entschieden, dass öffentliche Angebote einer Gesellschaft für ihre eigenen Aktien – einschliesslich der Bekanntgabe der Absicht, eigene Beteiligungspapiere an der Börse zurückzukaufen – **als «öffentliche Kaufangebote» i.S. des Art. 2 lit. e BEHG** zu betrachten sind. Sie unterstehen damit den Bestimmungen von Art. 22 ff. BEHG (öffentliche Kaufangebote). Die UEK kann einen Anbieter von der Beachtung der Bestimmungen über die öffentlichen Kaufangebote **befreien,** wenn Gleichbehandlung, Transparenz, Lauterkeit sowie Treu und Glauben gewährleistet sind und überdies keine Hinweise auf eine Umgehung des BEHG oder anderer Gesetzesbestimmungen vorliegen (vgl. Art. 4 UEV-UEK und Verfügung der Übernahmekammer der EBK vom 4.3.1998, E. 3). Aufgrund dieser Kompetenz erliess die UEK vorerst eine Anzahl von **individuellen Freistellungen.** 27

In der Folge ergänzte die UEK diese Praxis der Freistellung im Einzelfall durch eine **generelle Freistellung,** sowie durch ein System der **Freistellung durch Meldeverfahren** (s. Einzelheiten, nachfolgend zusammengefasst, in der Mitteilung Nr. 1 der UEK «Rückkäufe von Beteiligungspapieren» vom 28.3.2000; krit. dazu GRONER/MEIER, 281 ff.; vgl. VON PLANTA/IFFLAND, 283 f.). Die UEK unterscheidet dabei **3 Kategorien von freigestellten Rückkäufen** (nachfolgend N 29, 30 ff. und 34). 28

Eine **erste Kategorie** bilden jene Rückkäufe, welche sich auf eine Beteiligung von **maximal 2% des Kapitals** der Gesellschaft beziehen. Diese sind von der Anwendung der Regeln über die öffentlichen Kaufangebote **generell freigestellt.** Eine Mitteilung dieser Rückkäufe an die UEK ist nicht einmal notwendig. 29

Bei einer **zweiten Kategorie** von Rückkäufen, welche bestimmte, im Nachfolgenden erläuterte **Voraussetzungen erfüllen** und deshalb ebenfalls freigestellt werden können, muss die Gesellschaft bei der UEK ein Gesuch um **Freistellung durch Meldeverfahren** einreichen. Die UEK entscheidet darauf innert drei Börsentagen, ob die Freistellung durch Meldeverfahren gewährt wird, oder ob ein ordentliches Freistellungsverfahren zu eröffnen ist. 30

Für **Rückkäufe zum Festpreis** und **Rückkäufe zum Marktpreis** gelten die folgenden 6 gemeinsamen Freistellungsvoraussetzungen: 31

a) Der Rückkauf bezieht sich höchstens auf 10% des im Handelsregister eingetragenen Kapitals oder der Stimmrechte der Gesellschaft (s. dazu die Ausführungen bei VON PLANTA/IFFLAND, 284).

b) Die Durchführung des Rückkaufs führt nicht zur Dekotierung eines der betroffenen Titel.

c) Der Rückkauf bezieht sich auf alle Kategorien von kotierten Beteiligungspapieren der Gesellschaft.

d) Die Gesellschaft verpflichtet sich, der UEK und mindestens einem der bedeutenden elektronischen Medien, welche Börseninformationen verbreiten, am ersten Börsentag nach Ablauf des Rückkaufs mitzuteilen, wie viele Titel jeder Kategorie zum Verkauf angedient worden sind.

e) Die Gesellschaft veröffentlicht kein Angebot (bei Rückkäufen zum Festpreis oder durch Ausgabe von Put-Optionen) bzw. unterbricht die Rückkäufe (bei Rückkäufen zum Marktpreis) in folgenden Fällen: Wenn sie die Bekanntgabe einer kursrelevanten Tatsache gemäss den Börsenregeln aufschiebt, während zehn Börsentagen vor der Mitteilung ihrer Finanzergebnisse an die Medien, oder wenn der Stichtag ihres letzten veröffentlichten konsolidierten Abschlusses mehr als neun Monate zurückliegt. – Anzumerken ist, dass diese Bedingung nicht für die übliche Handelstätigkeit von Banken und Effektenhändlern mit eigenen Titeln gilt.

f) Die Gesellschaft gibt der UEK nach Ablauf des Angebots eine Bestätigung über die Einhaltung der Voraussetzungen ab.

32 Für **Rückkäufe zum Festpreis** oder durch **Ausgabe von Put-Optionen** gelten folgende zusätzlichen Voraussetzungen:

a) Das Angebot darf nicht an Bedingungen geknüpft sein.

b) Zwischen den für die verschiedenen Kategorien von Beteiligungspapieren angebotenen Preisen muss ein angemessenes Verhältnis gewahrt sein.

c) Können nicht alle Annahmeerklärungen befriedigt werden, müssen die Annahmeerklärungen proportional berücksichtigt werden.

d) Wenn die Gesellschaft während der Dauer des Angebotes Beteiligungspapiere zu einem über dem Angebotspreis liegenden Preis erwirbt, muss sie diesen Preis allen Empfängern des Angebotes anbieten (**«Best Price Rule»**).

e) Das Angebot ist mindestens zehn Börsentage vor Ablauf der Angebotsfrist zu veröffentlichen, wobei der Angebotspreis offen bleiben kann. Die Gesellschaft hat den Angebotspreis in diesem Fall mindestens drei Börsentage vor Ablauf der Angebotsfrist über die elektronischen Medien bekannt zu geben; das Angebot kann erst nach Bekanntgabe des Angebotspreises angenommen werden.

33 Für **Rückkäufe zum Marktpreis** müssen folgende zusätzlichen Voraussetzungen erfüllt sein (wobei die übliche Handelstätigkeit von Banken und Effektenhändlern mit eigenen Titeln von den Bedingungen b), c) und e) ausgenommen wird):

a) Wenn sich der Rückkauf auf mehrere Kategorien von Beteiligungspapieren bezieht, muss die Gesellschaft gleichzeitig für jede Kategorie von Beteiligungspapieren ein Preisangebot unterbreiten.

b) Während der Dauer des Rückkaufs darf die Gesellschaft auf der ordentlichen Handelslinie pro Börsentag nicht mehr als 25 % des durchschnittlichen Tagesvolumens zurückkaufen, das der betreffende Titel in den jeweils 30 vorangehenden Börsentagen im börslichen Handel auf dieser Handelslinie erzielt hat. Ausgenommen sind sog. **«Bloc trades»**, sofern der Preis für ein solches Paket nicht höher ist als der letztbezahlte Preis oder als der letzte Kurs, der von einer von der Gesellschaft unabhängigen Person bezahlt bzw. offeriert wurde. Eine Beteiligung gilt als Block, wenn sie gemäss den Börsenregeln ausserbörslich gehandelt werden darf (s. dazu AGB SWX, Art. 4.7 lit. a und Weisung 3 «Börsenpflicht» der SWX vom 7.6.2000, Ziff. 2).

c) Auf der ordentlichen Handelslinie darf der Anbieter während der Eröffnungs-, der Schlussauktion eines Börsentags sowie auf der anschliessend an ein «stop trading» durchgeführten Auktion keine Kaufaufträge eingeben. – Grund ist, dass die an diesen Auktionen angebotenen Kurse besondere Beachtung finden und deshalb nicht durch Angebote der Gesellschaft beeinflusst werden sollen.

d) Werden die Rückkäufe über eine spezielle Handelslinie (sog. zweite Handelslinie, s.o. N 25) durchgeführt, darf der auf der zweiten Handelslinie angebotene Preis den auf der ersten Linie angebotenen Preis grundsätzlich nicht um mehr als 5% übersteigen. Ist dies bei einer Einzeltransaktion dennoch der Fall, hat die Gesellschaft dies innerhalb von zehn Börsentagen zu veröffentlichen und zu begründen. – Diese Regel ist im Zusammenhang mit dem auf der zweiten Handelslinie offerierten und bereits erläuterten Mehrpreis zu sehen (s.o. N 25).

e) Werden die Rückkäufe nicht über eine spezielle Handelslinie durchgeführt, hat die Gesellschaft alle zehn Börsentage die Anzahl der im Laufe der letzten zehn Börsentage von ihr ge- bzw. verkauften Titel und die Nettozahl der Titel, die sie seit Beginn des Rückkaufprogramms zurückgekauft hat, zu veröffentlichen.

Die **dritte Kategorie von Freistellungen** betrifft Rückkaufangebote, welche diese Voraussetzungen nicht erfüllen, welche die UEK jedoch **auf Gesuch hin** ebenfalls freistellen kann, soweit dies mit den Zielsetzungen des BEHG zu vereinbaren ist.

Weil Aktienrückkäufe vielfach geeignet sind, den Börsenkurs erheblich (meist positiv) zu beeinflussen (s. Vor Art. 659–659b, N 11), können sie u.U. eine **Ad-hoc-Publizität** gem. Art. 72 KR erfordern (VON PLANTA/IFFLAND, 288 f.; CHK-TRÜEB, Art. 659 N 30; ausführlich GRONER, 338 ff.). Nachdem dies allerdings nur dann der Fall ist, wenn sie beträchtliche Auswirkungen auf die Vermögens- und Finanzlage der Gesellschaft haben, unterstehen übliche Erwerbsgeschäfte wohl in den meisten Fällen der Pflicht zur Ad-hoc-Publizität nicht, wohl aber i.d.R. Aktienrückkäufe in grösserem Umfang zu einem Preis, der über dem Börsenkurs liegt (ZINDEL, 580).

XI. Grosse Aktienrechtsrevision

Gemäss dem Gesetzesentwurf des Bundesrats zur Revision des Aktienrechts (Botschaft Aktien- und Rechnungslegungsrecht vom 21.12.2007, BBl 2008, 1589) kann die Gesellschaft grundsätzlich weiterhin eigene Aktien bis zu einer maximalen Höhe von 10% des Aktienkapitals erwerben. Die bisherige besondere Obergrenze von 20% für den Erwerb im Zusammenhang mit einer Übertragbarkeitsbeschränkung wird jedoch auf den Fall einer Auflösungsklage ausgedehnt. Diese Liberalisierung soll ermöglichen, dass im Falle einer Klage auf Auflösung der Gesellschaft vermehrt die weniger radikale Alternative der Übernahme der Aktien durch die Gesellschaft verwirklicht werden kann. Dadurch wird z.B. das Ausscheiden eines Aktionärs mit einer Minderheitsbeteiligung aus einer privaten Aktiengesellschaft erleichtert. Der Erwerb eigener teilliberierter Aktien (vgl. N 5) ist gemäss der Botschaft rechtlich ausgeschlossen, da die Gesellschaft nicht eine Liberierungsforderung gegen sich selbst erwerben kann. Im Falle eines Kapitalbands soll sich die Obergrenze für den Erwerb eigener Aktien auf der Grundlage des ausgegebenen Kapitals berechnen.

Auch nach dem Gesetzesentwurf soll das Stimmrecht aus eigenen Aktien ruhen, und der Verwaltungsrat darf das Stimmrecht aus solchen Aktien nicht ausüben, ansonsten die Sanktion von Art. 691 Abs. 3 (Anfechtungsklage) greifen soll.

Der Gesetzesentwurf hält weiter ausdrücklich fest, dass das Stimmrecht auch dann ruhen muss, wenn die eigenen Aktien im Rahmen eines Securities Lending, eines Repo-Geschäfts oder eines ähnlichen Rechtsgeschäfts veräussert werden. Erfasst werden sämtliche Rechtsgeschäfte über eigene Aktien, bei denen es sich wirtschaftlich gesehen um eine Leihe handelt. Die dem Rechtsgeschäft zugrunde liegenden Motive sollen aus Gründen der Rechtssicherheit und der Praktikabilität ohne Belang bleiben.

39 Bei der Bilanzierung eigener Aktien nähert sich der Gesetzesentwurf internationaler Praxis an, welche das wirtschaftliche Ergebnis des Erwerbs eigener Aktien besser wiedergibt: Die eigenen Aktien werden im Umfang ihres Anschaffungswerts vom Eigenkapital abgezogen. Begründet wird diese Praxis damit, dass eigene Aktien keine Vermögenswerte darstellen, die wie Forderungen oder Waren im normalen Geschäftsverkehr veräussert werden können; diese Begründung gelte grundsätzlich auch für kotierte Aktien. Zudem werde die Bilanz unnötig verlängert. Im Ergebnis widerspiegeln wichtige Kennzahlen wie die Eigenkapitalquote nicht die wirtschaftliche Realität. Wo Marktwerte bestehen, zwingt die heutige Regelung ferner – im Gegensatz zum Gesetzesentwurf – zu einer laufenden Anpassung der Bewertung. Die Regelung des Entwurfs (Art. 959a Abs. 2 Ziff. 3 lit. e E-Aktien- und Rechnungslegungsrecht) führt zu einem Bruttoausweis: Wie bisher soll das Aktienkapital ungekürzt unter den Passiven bilanziert werden. Neu werden jedoch die eigenen Aktien vom Eigenkapital abgezogen, und zwar bis zu ihrer Veräusserung und in der Höhe ihres Anschaffungswerts (Kaufpreis). Die bisherige Reserve für eigene Aktien wird neu als Minusposten beim Eigenkapital gezeigt, und nicht mehr als separate Reserve ausgewiesen. Diese Darstellung vermittelt den wirtschaftlichen Sachverhalt transparenter: Die für den Erwerb verwendeten Mittel sind bis zur Weiterveräusserung der eigenen Aktien weder für Ausschüttungen an die Aktionärinnen und Aktionäre, noch als Haftungssubstrat für die Gläubiger greifbar. Mit diesem Bruttoausweis und den notwendigen Angaben im Anhang (Art. 959c Abs. 2 Ziff. 4 und 5 E-Aktien- und Rechnungslegungsrecht) liegen (wie im geltendem Recht) die für das Steuerrecht notwendigen Informationen vor (Botschaft Aktien- und Rechnungslegungsrecht, BBl 2008, 1660).

Art. 659a

II. Folgen des Erwerbs	**¹ Das Stimmrecht und die damit verbundenen Rechte eigener Aktien ruhen.** **² Die Gesellschaft hat für die eigenen Aktien einen dem Anschaffungswert entsprechenden Betrag gesondert als Reserve auszuweisen.**
II. Conséquences de l'acquisition	¹ Le droit de vote lié aux actions propres et les droits qui leur sont attachés sont suspendus. ² A raison de la détention de ses propres actions, la société affecte à une réserve séparée un montant correspondant à leur valeur d'acquisition.
II. Conseguenze dell'acquisto	¹ Il diritto di voto delle azioni proprie e i diritti ad esso inerenti sono sospesi. ² La società è tenuta a costituire per le azioni proprie una riserva a sé stante il cui ammontare corrisponde al loro valore d'acquisto.

Literatur

Vgl. die Literaturhinweise bei den Vorbem. zu Art. 659–659b.

I. Stimmrecht

1 Dem VR der Gesellschaft soll es verwehrt sein, mit dem Stimmrecht an eigenen Aktien **Einfluss** auf die Entscheide der GV auszuüben, soll doch der VR nicht jenes Organ beeinflussen können, dem es gem. Art. 698 Rechenschaft schuldig ist (BGE 117 II 297 = Pra 1992, 486; SCHLEIFFER, 100 f.; MEIER-HAYOZ/FORSTMOSER, 409 N 81; BAUEN/BERNET/ROUILLER, 54 N 162 FN 33; HELBLING, 112; CHK-TRÜEB, Art. 659 N 7). Aus diesem Grund **ruhen** die Stimmrechte an eigenen Aktien während der ganzen Dauer des Eigenbesitzes (analog verhält sich die Rechtslage bei der GmbH: s. Art. 783 N 11). Diese Einschränkung gilt auch, wenn die Gesellschaft ihre Aktien unentgeltlich erworben hat (CHK-TRÜEB, Art. 659a N 3). Beim **Wiederverkauf** der Aktien leben sie zugunsten des Erwerbers wieder auf (SCHLEIFFER, 127). Im altOR galt der gleiche Grundsatz (Art. 659 Abs. 5 altOR). Allerdings war damals das Halten eigener Aktien nicht vollständig stimmneutral, wurde es doch durch die **Neutralisation von Aktienstimmen** schwieriger, u.U. sogar unmöglich, ein Präsenzquorum oder nach Massgabe des Gesamtkapitals berechnete, qualifizierte Mehrheiten zu erreichen (vgl. Art. 636, 648, 649, 655 altOR; vgl. auch BURCKHARDT, 98 f., der die im Eigenbesitz gehaltenen Titel für die Bestimmung des Quorums nicht mitberechnet). Nach dem revidierten Gesetz fällt dieses Problem vorbehältlich anders lautender Statutenbestimmungen weg, ist doch das Präsenzquorum verschwunden und werden die qualifizierten Mehrheiten aufgrund der an der GV vertretenen Stimmen errechnet (Art. 704).

Treuhänderisch von Dritten gehaltene Aktien fallen ebenso unter Art. 659a, sofern der Dritte kein eigenes **Aktionärsrisiko** trägt (Art. 659 N 14), muss doch vermutet werden, dass der Treuhänder das Stimmrecht nach den Instruktionen des VR ausübt (vgl. CHK-TRÜEB, Art. 659a N 5). Trägt der fiduziarische Aktionär aber das finanzielle Aktionärsrisiko, so werden seine Aktien nicht als eigene Aktien der Gesellschaft qualifiziert und fallen nicht unter Art. 659a. 2

Da die Gesellschaft an ihren eigenen Aktien kein Stimmrecht hat, kann sie dieses auch **nicht durch bevollmächtigte Dritte** ausüben lassen (SCHLEIFFER, 137 f.). 2a

Kontrovers ist hingegen die Frage, ob bei folgenden Kategorien von Geschäften das Stimmrecht ebenfalls nicht ausgeübt werden darf (s. CHK-TRÜEB, Art. 659a N 6 ff.): 2b

a) **Termingeschäfte,** in welchen sich die Gesellschaft vor der GV zum Kauf eigener Aktien verpflichtet, der Kauf aber erst nach der GV vollzogen wird;

b) Wertpapierleihprogramme **(Securities Lending),** nämlich darlehensähnliche Rechtsgeschäfte, in welchen die Gesellschaft vorübergehend das Eigentum an ihren eigenen Aktien an Dritte überträgt und nach Ablauf der Leihfrist die gleiche Anzahl Aktien zurückerhält;

c) Repurchase Agreements **(Repos)** und **Sell/Buy-back-Transaktionen,** in welchen die Gesellschaft eigene Aktien komptant verkauft und auf Termin zurückkauft.

In der Lehre ist die Auffassung vertreten worden, dass das Stimmrecht in all diesen Fällen in Anlehnung an Art. 691 Abs. 1 ruhen muss, da die Gesellschaft im Zeitpunkt der GV wirtschaftlich Eigentümerin der Aktien ist (FISCHER, Oberstes Organ der Aktiengesellschaft ist die Generalversammlung der Aktionäre, SZW 1998, 234 ff.). Unseres Erachtens geht jedoch diese rein wirtschaftliche Betrachtungsweise zu weit, und es ist in diesen Situationen für die Frage des Stimmrechts grundsätzlich auf die **Eintragung im Aktienbuch im Zeitpunkt der GV** abzustellen (s. für Inhaberaktien Art. 689a Abs. 2 und Art. 689b Abs. 2). Insofern ist das Kriterium dasselbe, wie wenn die obigen Transaktionen zwischen Dritten, und nicht mit der Gesellschaft selber, stattgefunden hätten. Dementsprechend behält bzw. erlangt u.E. in den oben geschilderten Fällen der Vertragspartner der Gesellschaft das Stimmrecht, sofern er im Aktienregister eingetragen ist und er das Stimmrecht unabhängig vom Willen des VR der Gesellschaft aus- 2c

Art. 659a 2d-3

üben kann (vgl. zu diesen Fragen beim Securities Lending BERTSCHINGER, Rechtsprobleme des Securities Lending and Borrowing, Zürich 1994, 47–50; für die Behandlung dieser Fragen nach der Grossen Aktienrechtsreform s.o. Art. 659 N 38). Lediglich dann, wenn er sich mittels **Stimmbindungsvereinbarung** verpflichtet hat, das Stimmrecht gemäss den Weisungen der Gesellschaft auszuüben, oder bei Vorliegen eines **Umgehungsgeschäfts** muss das Stimmrecht in Anwendung von Art. 691 Abs. 1 und Art. 659a Abs. 1 ruhen (OGer ZH, SZW 1997, 37; BÖCKLI, 1381 N 442; FORSTMOSER/MEIER-HAYOZ/NOBEL, 235 N 88e; ROTH/LÄNZLINGER, Die Ausübung des Stimmrechts in der Generalversammlung, SZW 1999, 32). Bei Repurchase Agreements dürfte allerdings eine solche Stimmbindung die Regel sein, ist sie doch im Standard-Rahmenvertrag vorgesehen (Art. 13 Schweizer Rahmenvertrag für Repo-Geschäfte, s. Zirkular Nr. 1457 D der SBVg vom 12.8.1999; vgl. Merkblatt S-02 140 [12.98] «REPO-Geschäft» der ESTV von Dezember 1998).

2d Ist die Fondsleitung eines **Anlagefonds** die Tochtergesellschaft einer Bank, von welcher der Anlagefonds Aktien hält, darf die Fondsleitung das Stimmrecht an diesen Aktien ausüben. Gemäss AFG müssen nämlich die Geschäftsführer der Fondsleitung von der Depotbank unabhängig sein (Art. 9 Abs. 6 AFG), sie müssen den Fonds selbständig verwalten (Art. 6 Abs. 1 AFG), und sie unterstehen der Treuepflicht, ausschliesslich die Interessen der Anleger zu wahren (Art. 12 Abs. 1 AFG). Daraus ergibt sich, dass jegliche Weisungsbefugnis der depotführenden Bank an die Fondsleitung ausgeschlossen ist und sich folglich kein Stimmrechtsausschluss aufdrängt (BÖCKLI, 1385 N 451; CHK-TRÜEB, Art. 659a N 9; differenzierend FORSTMOSER/MEIER-HAYOZ/NOBEL, 234 N 88d; **a.M.** FISCHER, SZW 1998, 237; GRONER, 117 f.).

2e Eine nicht paritätische **patronale Pensionskassenstiftung,** deren Stiftungsrat von der Gesellschaft frei bestimmt wird, wäre wohl in analoger Anwendung von Art. 659a Abs. 1 mit ihren Aktien der Gesellschaft nicht stimmberechtigt, da der VR indirekt auf die Stimmabgabe Einfluss nehmen kann (BÖCKLI, 1383 f. N 447 f.; FORSTMOSER/ MEIER-HAYOZ/NOBEL, 234 N 88c; SCHLEIFFER, 172; CHK-TRÜEB, Art. 659a N 10; GRONER, 119 f.).

2f Im Gegensatz dazu ist eine **paritätische Vorsorgeeinrichtung nach BVG,** deren Stiftungsrat aus gleich vielen Arbeitgeber- und Arbeitnehmervertreten zusammengesetzt ist und in welchem folglich der VR der Gesellschaft nicht über die Mehrheit verfügt, in der GV stimmberechtigt (BÖCKLI, 1384 N 449; FORSTMOSER/MEIER-HAYOZ/NOBEL, 234 N 88c; SCHLEIFFER, 172 f.; **a.M.** GRONER, 120, mit der Begründung, dass die Gesellschaft die Hälfte des paritätischen Stifungsrats besetzt und daher ein faktisches Vetorecht bei der Ausübung des Stimmrechts hat).

2g Wenn in der Generalversammlung Stimmen in Verletzung des Verbots von Art. 659a abgegeben werden, kann eine **Anfechtungsklage** wegen unbefugter Teilnahme i.S.v. Art. 691 Abs. 3 erhoben werden (NOBEL, 20; SCHLEIFFER, 279 f.; CHK-TRÜEB, Art. 659 a N 11; diese Sanktion wird in der Grossen Aktienrechtsreform ausdrücklich vorgesehen, s. Art. 659a Abs. 3 E-Aktien- und Rechnungslegungsrecht, s.o. Art. 659 N 37).

3 Zum Stimmrecht des **Depotvertreters** in der eigenen Generalversammlung vgl. Art. 689d N 24. Zum Stimmrecht bei **wechselseitigen Beteiligungen** und im **Konzernverhältnis** vgl. Art. 659b.

II. Reservenbildung (Abs. 2)

Eigene Aktien sind als **Aktivum** zu bilanzieren. Ihr Erwerb ist daher vorerst erfolgsneutral, findet doch einzig ein Aktiventausch statt. Bliebe es dabei, so würden die als Basis für Gewinnausschüttungen dienenden freien Reserven nicht reduziert, und die eigenen Aktien stellten Teil freien Vermögens dar (BURCKHARDT, 108 ff.). In einer solchen Ausschüttung läge jedoch eine Verletzung des Kapitalrückzahlungsverbotes, stellen doch die eigenen Aktien einzig im Rahmen der Wiederverkaufsmöglichkeit einen selbständigen Wert dar. Folgerichtig verpflichtet der Gesetzgeber die Gesellschaft, eine selbständige **Reserve** in Höhe des Anschaffungswertes der eigenen Aktien zu bilden. Diese Reserve soll auf der Passivseite der Bilanz die Aktivierung des Werts der eigenen Aktien neutralisieren und als **Ausschüttungssperre** wirken, genau gleich wie das AK, das PS-Kapital und die anderen, vom Gesetz und den Statuten vorgesehenen Reservekonten (gl.M. CHK-TRÜEB, Art. 659a N 12; BUCHSER/JAUSSI, 633; vgl. dazu HONSELL, 569, der rechtsdogmatisch die Notwendigkeit der Reserve anzweifelt). 4

Für Banken gilt eine Sonderregelung. Sie sind nicht verpflichtet, für ihre im Rahmen einer üblichen Geschäftstätigkeit erforderlichen Handelsbestände an eigenen Aktien eine Reserve zu bilden (Art. 25 Abs. 5 BankV). Für jene eigene Aktien, welche gem. Art. 11a Abs. 1 lit. b BankV als Kernkapital gelten, müssen jedoch auch sie eine Reserve bilden (CHK-TRÜEB, Art. 659 N 11, Art. 659a N 13). 4a

Nach Art. 671a kann die gesetzliche Reserve für eigene Aktien nur bei Veräusserung oder Vernichtung von Aktien **vermindert** werden. Diese Regel muss in verschiedener Hinsicht Auswirkungen haben: Auf der Aktivseite sind eigene Aktien den auf das Anlagevermögen anwendbaren Regeln zu unterstellen. Sie dürfen in keinem Fall zu einem den **Ankaufswert** überschreitenden Betrag bilanziert werden, wie dies bei einer Qualifikation als **Wertschriften** mit Kurswert nach Art. 667 möglich wäre (vgl. dazu HWP 2.3416, welches zwar eine Bilanzierung zu Kurswerten zulässt, jedoch eine Bewertung nach dem Niederstwertprinzip zum tieferen des Anschaffungs- oder Kurswertes empfiehlt). Eine Bilanzierung über dem Anschaffungswert führte zu einer Insuffizienz der ursprünglichen Reserve (vgl. jedoch HELBLING, Erfahrungen zu den Neuerungen in Rechnungslegung und Revision, ST 1994, 886, der eine Aufwertung auf den Börsenwert zulässt, dann aber auch eine entsprechende Aufstockung der Reserve postuliert, was u.E. im Ansatz richtig ist, jedoch im Endeffekt lediglich die Bilanzsumme unnötig erhöht; vgl. auch CHK-TRÜEB, Art. 659 N 39, der Aufwertungen eigener Aktien zulässt). Bei einem **Wertverlust der erworbenen eigenen Aktien** ist auf der Aktivseite eine entsprechende erfolgswirksame ausserordentliche Abschreibung vorzunehmen, da sonst das aus dem Grundsatz der Bilanzvorsicht abgeleitete Niederstwertprinzip der Aktivenbewertung verletzt würde (s. BÖCKLI, 477 N 246, 834 N 291). Umstritten ist in der Lehre, ob bei einer solchen Abschreibung auch auf der Passivseite eine entsprechende **Korrektur bei der Reserve für eigene Aktien** vorzunehmen ist (s. BÖCKLI, 833 N 289). Dies ist zu bejahen, weil bei einem Verkauf der im Wert gesunkenen Aktien der realisierte Verlust (Differenz zwischen Anschaffungswert und erzieltem Erlös) ebenfalls von der Reserve abgebucht werden kann. Letztlich geht es um eine Reduktion des Passiv-Sperrpostens aufgrund einer erfolgsrechnungswirksamen nachträglichen Werteinbusse auf jenem Aktivposten, für welchen dieser Passiv-Sperrposten gerade gebildet worden war (BÖCKLI, 833 N 291 ff.; gl.M. OERTLI, 268/69 und 272; **a.M.** HWP 2.3416; **a.M.** BUCHSER/JAUSSI, 633; vgl. Botschaft AG, 895 und den Kommentar dazu bei BÖCKLI, 835 N 293; **a.M.** CHK-TRÜEB, Art. 659a N 15, welcher postuliert, dass Wertveränderungen während der Haltefrist ohne Einfluss auf die Reservenbildung sein sollen, sondern direkt zugunsten oder zulasten der Erfolgsrechnung gehen). 5

6 Die Reserve für eigene Aktien wird bei Weitergabe oder Vernichtung der Titel in Höhe des historischen Anschaffungspreises **vermindert.** Bei Weitergabe aller Aktien wird sie definitiv eliminiert, unabhängig vom erzielten Preis. Müsste die Verminderung der Reserve in Höhe des Verkaufserlöses vorgenommen werden, könnte dies im einen Fall zum Wegfall der Reserve trotz weiterbestehendem, teilweisem Eigenbesitz und im andern zum Weiterbestehen der Reserve trotz Wegfall der Aktienposition führen (Botschaft AG, 895). Die **Übertragung der eigenen Aktien auf eine Tochtergesellschaft** gilt nicht als Weitergabe der Titel, die zur Auflösung der Reserve berechtigt. Art. 659b ist auf diesen Tatbestand anwendbar (BÖCKLI, 833 N 289 FN 493).

7 Eigene Aktien können nur mit Schwierigkeiten einer bestehenden Kategorie von Aktiven zugeordnet werden. Sie gehören weder zum Anlage-, noch zum Umlaufvermögen, sondern bilden aus ihrer besonderen Natur eine **eigene Kategorie (a.M.** GIGER, 74, der sie dem Umlaufvermögen zuordnet). Der Gesetzgeber verlangt zwar keinen gesonderten Ausweis auf der Aktivseite der Bilanz, sondern lediglich eine Angabe im Anhang (Art. 663b Ziff. 10). Weil eigene Aktien jedoch eine eigene Kategorie von Aktiven darstellen, drängt es sich u.E. auf, sie trotz Schweigens des Gesetzgebers in einem **eigenen Bilanzposten** auszuweisen (ebenso BÖCKLI, 474 N 237, 819 N 238; **a.M.** GIGER, 75, gemäss welchem sich ein gesonderter Bilanzausweis eigener Aktien nur ausnahmsweise aufdrängt). Eine Vermischung mit dem zum Umlaufvermögen gehörenden Wertschriftenportefeuille (Art. 667) scheint uns aus diesem Grunde nicht sachgerecht (**a.M.** HWP 2.3416; differenzierend BUCHSER/JAUSSI, 632 f.).

8 Die erwähnten Grundsätze brächten es mit sich, dass **ohne Gegenleistung** erworbene eigene Aktien nicht aktiviert werden dürften, da sie keinen Anschaffungswert haben (gl.M. CHK-TRÜEB, Art. 659a N 14; differenzierend BÖCKLI, 474 N 237, 832 N 284, N 932; **a.M.** GIGER, 76/77). Dies hat jedoch zur Folge, dass damit das Bilanzbild künstlich wirkt, da es nicht die wahren Wertverhältnisse wiedergibt. Man könnte sich deshalb fragen, ob solche Aktien nicht zum im Erwerbszeitpunkt gültigen Kurswert oder, bei nicht gehandelten Titeln, zu einem auf der Basis des Buchwerts berechneten Betrag bilanziert werden könnten, wobei aber analog zur oben erläuterten Reserve ein als Reserve für eigene Aktien zu bezeichnender Ausgleichsposten gleicher Höhe in die Bilanz aufzunehmen wäre. In der Lehre wird jedoch mit überzeugenden Argumenten die Meinung vertreten, dass auch bei ohne Gegenleistung erworbenen eigenen Aktien am Grundsatz der Aktivierung zum Anschaffungswert festzuhalten sei, was zu einer **Aktivierung zu Null** oder zum **Erinnerungsfranken** führt und die Bildung einer Sonderreserve unnötig macht (BÖCKLI, 474 N 237, 832 N 284; widersprüchlich GIGER, 77, 97, der zwar eine Aktivierung zum Verkehrs- bzw. Kurswert zulässt, jedoch den Verzicht auf eine Reservebildung postuliert). Unseres Erachtens ist diese Lösung in ihrer Konsequenz vorzuziehen, da sie nicht zu einer Aufblähung der Bilanz führt. Festzuhalten ist aber auf jeden Fall, dass eine allfällige – oben beschriebene – Bilanzierung zu einem höheren Wert stets zur Bildung einer Reserve in gleicher Höhe mit Ausschüttungssperrfunktion führen muss.

III. Ruhen weiterer Rechte

9 Die **mit dem Stimmrecht verbundenen Rechte** ruhen ebenfalls (Art. 659a Abs. 1). Damit sind die in Art. 656c Abs. 2 aufgezählten Rechte gemeint: Recht auf Einberufung einer Generalversammlung, Teilnahmerecht, Recht auf Auskunft, Recht auf Einsicht, Antragsrecht (BÖCKLI, 1385 N 453; NOBEL, 20; SCHLEIFFER, 130; CHK-TRÜEB, Art. 659a N 1; GRONER, 375).

1. Abschnitt: Allgemeine Bestimmungen   9a–11a   Art. 659a

Der Gesetzgeber lässt das auf eigenen Aktien bestehende **Dividendenrecht** nicht ruhen, 9a
und dies zu Recht. Namentlich wenn die Aktien von Tochtergesellschaften gehalten
werden, sind sie gem. Art. 659b eigene Aktien, und die Grenzen und Voraussetzungen
gem. Art. 659 und 659a sind ebenso anwendbar. Mangels eigentlichen Konzernrechtes
ist es aber richtig, wenn die Konzerngesellschaft den Ertrag ihrer Investition auch effektiv einnehmen kann (BÖCKLI, 477 N 244; HELBLING, 113; CHK-TRÜEB, Art. 659a N 2;
vgl. dazu die steuerrechtliche Analyse bei BUCHSER/JAUSSI, 654 f.). Hat die Tochtergesellschaft konzernfremde Minderheitsaktionäre, ist das Weiterbestehen der Dividendenrechte auf den an der Muttergesellschaft gehaltenen Aktien noch wichtiger.

Nach dem altOR war streitig, ob die eigenen Aktien der Gesellschaft ein **Bezugsrecht** 10
auf neue Aktien verschaffen (zustimmend ZK-SIEGWART, Art. 652 N 5; SCHUCANY,
Art. 659 N 10; abl. VON STEIGER, 154; für die Existenz, aber gegen die Ausübbarkeit
FUNK, Art. 659 N 1; BURCKHARDT, 102). Im Einklang mit der hier vertretenen Ansicht,
nach der die Gesellschaft mit ihren freien Mitteln eine eigene Kapitalerhöhung zeichnen
kann (Art. 659 N 4), steht u.E. dem Bezugsrecht der Gesellschaft nichts entgegen (gl.M.
OERTLI, 263; s.a. HÜNERWADEL, 42). Werden die Aktien von Tochtergesellschaften gehalten, ist das Bestehen des Bezugsrechtes noch wichtiger (s. Art. 659b N 10).

IV. Publizität

Eine entscheidende Bedingung zur Zulassung des Erwerbs eigener Aktien ist die **Publi-** 11
zität. Sowohl für den Aktionär, als auch bei kotierten Gesellschaften für den Marktteilnehmer, sind die Transaktionen in eigenen Aktien eine wichtige Information zur Beurteilung der Gesellschaft. Dies hat schon das altOR anerkannt. Nach Art. 659 Abs. 5 alt
OR mussten Erwerbe und Veräusserungen von eigenen Aktien im **Geschäftsbericht**
mitgeteilt werden. Diese Ordnungsvorschrift, die unter dem altOR oft nur halbherzig
befolgt wurde, ist im revidierten Text ausgeweitet und, systematisch richtiger, bei den
Bestimmungen über die Jahresrechnung untergebracht worden. Gemäss Art. 663b
Ziff. 10 muss der **Anhang,** der nach Art. 662 Abs. 2 zwingend zu erstellen ist, Angaben
enthalten über den Erwerb und die Veräusserung eigener Aktien (einschliesslich Umsätze, die von Tochtergesellschaften getätigt wurden) während des vergangenen Geschäftsjahres sowie die Bedingungen **(Preis),** zu denen diese Umsatzgeschäfte getätigt
wurden. Ebenso ist im Anhang die Anzahl Aktien anzugeben, die am Bilanzstichtag direkt oder indirekt gehalten werden. Der **indirekte Erwerb** umfasst jenen durch **Tochtergesellschaften** i.S.v. Art. 659b, sowie u.E. auch den Erwerb durch **Treuhänder,** die
kein eigenes Aktionärsrisiko eingegangen sind und deren Aktien deshalb der Gesellschaft selber zuzurechnen sind (echte Fiduziare; s. Art. 659 N 14 und HWP 2.3610 i.f.).
Der im Anhang offenzulegende Erwerb umfasst u.E. auch **Optionsgeschäfte** auf eigene
Aktien. Verpflichtet sich die Gesellschaft zum Kauf oder Verkauf, sollte der Aktionär
darüber informiert sein.

Bei **Häufung von Transaktionen** wird eine detaillierte Offenlegung jeder Bewegung 11a
an praktische Grenzen stossen und das Gegenteil der erwünschten Transparenz bringen.
Es fragt sich deshalb, ob nicht, gestützt auf den Grundsatz der Wesentlichkeit, **pauschalierte Angaben** genügen, so z.B. der Anfangs- und Schlussbestand, die Gesamtzahl der An- und Verkäufe sowie der Durchschnittspreis. Periodische Zusammenstellungen dürften bei häufigen Transaktionen angemessen sein, NOBEL postuliert, in
Übereinstimmung mit dem HWP, monatliche Zusammenfassungen (NOBEL, 22; HWP
2.3610; BOEMLE/FRANK, 940 f.; CHK-TRÜEB, Art. 659 N 22; vgl. BÖCKLI, 847 N 333;
s.a. Art. 663b N 33 ff. m.w.Nw.).

12 Gemäss Art. 728 Abs. 1 prüft die **Revisionsstelle** u.a., ob die Jahresrechnung Gesetz und Statuten entspricht, und sie erstattet gem. Art. 729 Abs. 1 der GV schriftlich Bericht über das Ergebnis ihrer Prüfung. Da der Anhang nach Art. 662 Abs. 2 Teil der Jahresrechnung ist, ist dessen Prüfung Teil des gesetzlichen Auftrags der Revisionsstelle. Darin liegt die wesentliche Änderung im Verhältnis zum altOR, schrieb dieses doch weder die Erstellung eines Anhangs noch dessen Prüfung durch die Kontrollstelle vor (vgl. Art. 728 Abs. 1 altOR). Stellt die Revisionsstelle die Missachtung der Offenbarungspflicht fest, so hat sie dies nach Art. 729b Abs. 1 umgehend dem VR zu melden, in wichtigen Fällen – die bei Transaktionen in eigenen Aktien oft vorliegen dürften (BÖCKLI, 492 f. N 290) – auch der GV. Dies sollte die Missachtung der Publizitätsvorschrift verhindern.

Art. 659b

III. Erwerb durch Tochtergesellschaften	**1 Ist eine Gesellschaft an Tochtergesellschaften mehrheitlich beteiligt, so gelten für den Erwerb ihrer Aktien durch diese Tochtergesellschaften die gleichen Einschränkungen und Folgen wie für den Erwerb eigener Aktien.** **2 Erwirbt eine Gesellschaft die Mehrheitsbeteiligung an einer anderen Gesellschaft, die ihrerseits Aktien der Erwerberin hält, so gelten diese Aktien als eigene Aktien der Erwerberin.** **3 Die Reservebildung obliegt der Gesellschaft, welche die Mehrheitsbeteiligung hält.**
III. Acquisition par des filiales	1 Si une société détient une participation majoritaire dans des filiales, l'acquisition de ses actions par ces filiales est soumise aux mêmes limitations et a les mêmes conséquences que l'acquisition par la société de ses propres actions. 2 Si une société acquiert une participation majoritaire dans une autre société qui détient elle-même des actions de l'acquéreur, celles-ci sont considérées comme des actions propres de l'acquéreur. 3 Il incombe à la société qui détient la participation majoritaire de constituer une réserve.
III. Acquisto da parte di filiali	1 Se una società ha una partecipazione maggioritaria in proprie filiali, le stesse limitazioni e conseguenze previste per il caso d'acquisto delle azioni proprie valgono per l'acquisto delle sue azioni da parte di tali filiali. 2 Se una società acquista una partecipazione maggioritaria in un'altra società che, a sua volta, possiede azioni della società acquirente, queste ultime azioni sono considerate azioni proprie della società acquirente. 3 L'obbligo di costituire la riserva incombe alla società che detiene la partecipazione maggioritaria.

Literatur

Vgl. die Literaturhinweise bei den Vorbem. zu Art. 659–659b.

I. Allgemeines. Normzweck

1 Bereits unter dem altOR war es anerkannt, dass das Erwerbsverbot eigener Aktien über Tochter- oder sonstwie **abhängige Gesellschaften** leicht umgangen werden konnte. Im

Schrifttum wurde deshalb allgemein die Meinung vertreten, das Erwerbsverbot sei ebenso auf Tochtergesellschaften anwendbar (W. VON STEIGER, Rechtsverhältnisse der Holdinggesellschaften in der Schweiz, ZSR II 1983, 317a; WIELAND, SAG 1947/48, 57 ff.; VON STEIGER, 157; BURCKHARDT, 67 und die dort zitierten Autoren). Ein BGE zur Grundsatzfrage der Anwendbarkeit des Art. 659 altOR fehlte. Einzig für die Ausübung des Stimmrechtes hat das BGer klar entschieden, dass Art. 659 Abs. 5 altOR auch auf Aktien anwendbar sei, deren Aktionär einer **faktischen oder rechtlichen** Beherrschung durch die Gesellschaft unterliegt (BGE 72 II 284). Nach dem revidierten Gesetz ist der Aktienbesitz zu konsolidieren, gelten doch Erwerbe durch Gesellschaften, an denen eine **Mehrheitsbeteiligung** besteht, als Erwerb eigener Aktien durch den Mehrheitsaktionär, der seinerseits auf nicht konsolidierter Basis die Voraussetzungen zu erfüllen und die Folgen des Erwerbs nach Art. 659b zu tragen hat.

II. Der Erwerb durch Tochtergesellschaften

Der Gesetzgeber unterstellt dem Art. 659 Erwerbe durch Tochtergesellschaften, an denen die Gesellschaft **mehrheitlich beteiligt** ist. Im Gegensatz zum BGer in BGE 72 II 284 wird damit nicht auf die effektive Beherrschung, sondern auf die mehrheitliche Beteiligung abgestellt. Die Klarheit der gesetzgeberischen Sprache schliesst es aus, auch die tatsächlich abhängige Gesellschaft einzubeziehen, obschon dies richtiger wäre (gl. M. PETITPIERRE-SAUVAIN, zit. Art. 659 N 14, 222). Der Gesetzgeber war sich des Problems sehr wohl bewusst, hat er doch für die **Konsolidierungspflicht** (Art. 663e) nicht auf die Mehrheitsbeteiligung, sondern auf die einheitliche Leitung abgestellt, die auch auf andere Weise als mit der Stimmenmehrheit erreicht werden kann. Er hat damit in Kauf genommen, dass eine Gesellschaft zwar in die Konsolidierung einzubeziehen ist, für den Erwerb eigener Aktien aber nicht als Tochtergesellschaft gilt. 2

Das Gesetz definiert nicht, was unter **mehrheitlicher Beteiligung** zu verstehen ist, ob **Stimmen-** und **Kapitalmehrheit** vorausgesetzt werden oder ob eine der beiden genügt. Da Art. 659b namentlich Umgehungen der Grundregel des Art. 659 zu verhindern trachtet, **ist auf die Stimmenmehrheit abzustellen,** denn sie erlaubt es, die Tochtergesellschaft als Instrument zum Aktienerwerb einzusetzen (gl.M. BÖCKLI, 502 N 327; BUCHSER/JAUSSI, 633; GIGER, 116; HELBLING, 115 f.). Eine Gesellschaft, welche ohne Kapitalmehrheit die GV einer anderen Gesellschaft dank Stimmrechtsaktien beherrscht, ist demnach unterstellt, während umgekehrt eine Gesellschaft, welche die Kapitalmehrheit hält, sich in der GV jedoch als Minderheitsaktionär findet, nicht unterstellt ist (vgl. SCHLEIFFER, 145, 152). – Ein Teil der Lehre vertritt die Auffassung, es sei auf die Kapitalmehrheit in der Tochtergesellschaft abzustellen, mit der Begründung, dass die Art. 659 ff. OR in erster Linie die Erhaltung des gebundenen Eigenkapitals sicherstellen sollen (FORSTMOSER/MEIER-HAYOZ/NOBEL, 668 N 178; vgl. CHK-TRÜEB, Art. 659b N 5, der je nach Sichtweise differenziert und daher beim Verweis auf Art. 659 Abs. 1 auf die Stimmenmehrheit, beim Verweis auf Art. 659 und 659a Abs. 2 jedoch auf die Kapitalmehrheit abstellt). Unseres Erachtens ist jedoch entscheidend, dass im obigen ersten Fall die Gesellschaft mit ihren Stimmrechtsaktien die GV und damit die Zusammensetzung des VR der Tochter bestimmt, dies trotz kapitalmässiger Minderheitsbeteiligung. Sie hat es deshalb in der Hand, diesen zum Kauf ihrer Aktien anzuhalten; eine Anwendung von Art. 659b drängt sich schon aufgrund dieses faktischen Weisungsrechts der Muttergesellschaft auf, und nicht erst bei Bestehen der Kapitalmehrheit. Im umgekehrten zweiten Fall hat die stimmkraftmässige Minderheitsaktionärin auf den Kaufentscheid der Tochtergesellschaft trotz Kapitalmehrheit keine Einflussmöglichkeit. Eine Anwendung von Art. 659b, die in der Tat aus Kapitalschutzerwägungen wünschbar 3 wäre, führte dazu, dass ihr die – ohne ihr Zutun oder gar gegen ihren Willen – erworbenen Aktien als «eigene Aktien» zugerechnet würden und sie nach Art. 659b Abs. 3 in ihre Bilanz eine Reserve für eigene Aktien aufzunehmen hätte, zu der sie wie die Jungfrau zum Kinde gekommen wäre.

4   Art. 659b soll auch auf Gesellschaften Anwendung finden, an denen nur **indirekt eine mehrheitliche Beteiligung** besteht, namentlich auf Tochtergesellschaften von Tochtergesellschaften (BÖCKLI, 476 N 242, 505 N 337–339; DRUEY/VOGEL, zit. Art. 659 N 9a, 289; CHK-TRÜEB, Art. 659b N 6; vgl. dazu PETITPIERRE-SAUVAIN, zit. Art. 659 N 14, 220 ff.; OERTLI, 265; HELBLING, 116; s. BUCHSER/JAUSSI, 633–636 samt differenzierter Berechnung der Prozentlimite in diesen Fällen). Wird auf die aus der Stimmenmehrheit stammende Beherrschung abgestellt, sind solche Gesellschaften, wenn auch nicht dem Wortlaut, so doch dem Sinne der Bestimmung nach inbegriffen. Das Gleiche gilt demnach auch für Gesellschaften, deren Stimmrechte zu gleichen Teilen von der Muttergesellschaft und von einer Tochtergesellschaft gehalten werden. Für sich genommen hat keine der beiden Aktionärinnen die Mehrheit, gesamthaft gesehen beherrscht die Mutter die entsprechende Gesellschaft aber vollständig.

5   Beherrschung durch **Vertrag,** z.B. mit dem Partner eines **Gemeinschaftsunternehmens,** reicht nach den in o. N 3 angeführten Grundsätzen nicht zur Anwendung des Art. 659b aus (gl.M. CHK-TRÜEB, Art. 659b N 5). Fehlt die Stimmenmehrheit, ermittelt auf direktem oder indirektem Weg, ist nach dem klaren Wortlaut des Gesetzes die Anwendung ausgeschlossen.

III. Die Grenzen des Erwerbs

6   Die **Grenzwerte** für den Erwerb eigener Aktien sind anhand des Aktien- (und PS-) Kapitals der Muttergesellschaft zu errechnen (Botschaft AG, 807), ohne dass das Aktienkapital der Tochtergesellschaft hinzugerechnet wird (BÖCKLI, 503 N 330; HELBLING, 116; CHK-TRÜEB, Art. 659b N 7). Im Sinne einer Konsolidierung sind sämtliche von der Muttergesellschaft selbst, aber auch die von anderen Tochtergesellschaften gehaltenen Aktien und Partizipationsscheine zusammenzurechnen. Nicht einzurechnen sind Aktien der Tochtergesellschaft, die diese selber hält oder durch eine von ihr mehrheitlich kontrollierte Gesellschaft halten lässt. Auf diesen Tatbestand ist Art. 659 direkt anwendbar.

IV. Die Voraussetzungen des Erwerbs

7   Nach der Botschaft darf die Tochtergesellschaft nur Aktien ihrer Muttergesellschaft erwerben, wenn Letztere über frei verwendbare Eigenmittel in Höhe des Erwerbspreises verfügt (Botschaft AG, 807; BÖCKLI, 502 N 329; HELBLING, 116; BUCHSER/JAUSSI, 636). Eine **Konsolidierung der Eigenmittel ist damit ausgeschlossen.** Dies kann zu erstaunlichen Konsequenzen führen: verfügt die Tochtergesellschaft über freie Eigenmittel zum Erwerb, nicht aber die Muttergesellschaft, muss die Tochtergesellschaft vorher eine Dividende in entsprechender Höhe ausschütten, welche die Muttergesellschaft anschliessend der Tochtergesellschaft in Darlehensform zur Finanzierung des Erwerbs zur Verfügung stellen muss (gl.M. CHK-TRÜEB, Art. 659b N 7). Die Begründung liegt im **Schutz der Gläubiger** der Muttergesellschaft, wird doch deren finanzielle Situation durch den Erwerb der Aktien potenziell geschwächt, ohne dass die Gläubiger direkten Zugriff auf die Mittel der Tochtergesellschaft hätten. Im Weiteren wäre die Mutterge-

sellschaft ohne die Dividendenzahlung ausserstande, die Reserve für eigene Aktien zu bilden.

Aus der Tatsache, dass Muttergesellschaften nach Art. 663e i.d.R. eine **konsolidierte Bilanz** aufzustellen haben, darf kein Recht auf Konsolidierung der Eigenmittel zur Finanzierung des Aktienkaufs abgeleitet werden. Die Konzernrechnung vermindert die Bedeutung der separaten Rechnungsabschlüsse nicht. Sie hat einzig **informativen Charakter** und sollte dem Aktionär der Muttergesellschaft ein besseres Bild über die Situation des Konzerns geben. Für den Gläubigerschutz und die Bestimmung über die Erhaltung des Kapitals ist sie hingegen nicht relevant. 8

V. Die Folgen des Erwerbs

Erwirbt die Tochtergesellschaft Aktien ihrer Muttergesellschaft, so hat Letztere die gleiche Reserve zu bilden, wie wenn sie die Aktien selbst erworben hätte (Art. 659b Abs. 3). Damit findet die **Aktivierung der Aktien** und die **Passivierung der Reserve** in **verschiedenen Gesellschaften** statt (gl.M. CHK-TRÜEB, Art. 659b N 12; BUCHSER/JAUSSI, 634). Die Tochtergesellschaft dagegen hat für die Aktien ihrer Mutter keine besonderen Reserven zu bilden. Die **Ausschüttungssperre** wirkt damit nur auf der Stufe der Muttergesellschaft, während sich an der Dividendenfähigkeit der Tochter zugunsten der Mutter und der eventuellen konzernfremden Minderheitsaktionäre nichts ändert. Dies ist sachlich gerechtfertigt, liegt doch beim Halten von Aktien der Muttergesellschaft in der Dividendenzahlung nicht die gleiche Gefahr der Kapitalrückzahlung wie beim direkten Halten eigener Aktien. Für die Tochter sind die Aktien der Muttergesellschaft nicht potenzielle Nonvaleurs, mit Ausnahme der Quote, welche anteilsmässig dem Wert der Tochtergesellschaft im Gesamtvermögen der Muttergesellschaft entspricht. Auf der Stufe der Muttergesellschaft hingegen ist der Teil des Wertes der Beteiligung, der durch ihre Aktien gebildet wird, auf gleiche Weise wie beim direkten Halten eigener Aktien gefährdet. 9

Die **Stimmrechte** an den Aktien der Muttergesellschaft ruhen wie beim direkten Halten eigener Aktien (Art. 659a Abs. 1; BÖCKLI, 503 N 332; CHK-TRÜEB, Art. 659b N 8; ausführlich SCHLEIFFER, 138 ff.). Das **Dividendenrecht** besteht weiter (BÖCKLI, 477 N 244; CHK-TRÜEB, Art. 659b N 8). Dies ist namentlich für eventuelle konzernfremde Minderheitsaktionäre sowie für die Gläubiger der Tochter von Bedeutung. Im Weiteren besteht für die Tochtergesellschaft kein Grund, auf ihren Dividendenanspruch zu verzichten; ein allfälliger Verzicht zugunsten der dividendenpflichtigen Muttergesellschaft könnte ggf. steuerrechtliche Konsequenzen haben. Eine Nichtausschüttung von Dividenden würde zudem der Tochtergesellschaft in unzulässiger Weise Haftungssubstrat entziehen (vgl. HWP 2.3416). Weiter behält die Tochtergesellschaft das Recht zur Anfechtungsklage, obwohl diese methodisch mit der Beschlussfassung in der GV zusammenhängt, denn die von ihr gehaltenen Aktien der Muttergesellschaft beinhalten Vermögensrechte, und der VR der Tochtergesellschaft muss diese wahren können (BÖCKLI, 1385 f. N 453). Ebenso ist die Tochtergesellschaft bei der Ausgabe neuer Aktien der Muttergesellschaft gleich den übrigen Aktionären **zum Bezug berechtigt,** den sie durch Zeichnung (vorausgesetzt, die Muttergesellschaft verfügt über die notwendigen freien Eigenmittel) oder Verkauf des Bezugsrechts nützen kann (vgl. Art. 659a N 10). Die Reserve für eigene Aktien ist diesfalls in der Bilanz der Muttergesellschaft den neuen Gegebenheiten anzupassen. Gilt die **20%-Schwelle** gem. Art. 659 Abs. 2, sind die überzähligen Aktien innert zweier Jahre zu **veräussern** oder zu **vernichten** (vgl. Art. 659 N 8). 10

11 Die **Publizitätsvorschriften** nach Art. 663b Ziff. 10 sind sowohl von der Tochter- als auch von der Muttergesellschaft zu erfüllen (BÖCKLI, 504 N 335; OERTLI, 265; CHK-TRÜEB, Art. 659b N 8; **a.M.** NOBEL, 28). Nach der Botschaft (Botschaft AG, 807) müssen die entsprechenden Informationen nur im **Bilanzanhang** der Muttergesellschaft erscheinen. Dies ist namentlich im Interesse konzernfremder Minderheitsaktionäre abzulehnen (BÖCKLI, 504 N 335). Für die Einzelheiten vgl. Art. 659a N 11 ff. Die gleichen Informationspflichten bestehen auch für den Anhang der **Konzernrechnung,** was allerdings übertrieben erscheint (gl.M. BÖCKLI, 504 N 336).

11a Zu den steuerlichen Folgen des Erwerbs eigener Aktien durch Tochtergesellschaften s. BUCHSER/JAUSSI, 659–669.

VI. Kauf einer Gesellschaft mit Aktienbeständen der Käuferin (Abs. 2)

12 Erwirbt eine Gesellschaft die Mehrheit der Stimmrechte einer **anderen Gesellschaft,** die ihrerseits ein Aktienpaket der Erwerberin hält, so wird es zu einem Paket eigener Aktien (Art. 659b Abs. 2). Macht das fragliche Aktienpaket weniger als 10% des Kapitals der übernehmenden Muttergesellschaft aus, so hat Letztere einzig die Reserve für eigene Aktien in Höhe des seinerzeit von der übernommenen Gesellschaft aufgebrachten Erwerbspreises zu bilden und im Bilanzanhang die nach Art. 663b Ziff. 10 geforderten Angaben zu liefern. Ist der Erwerbspreis nicht mehr bestimmbar, ist es sinnvoll, auf den **Buchwert,** mindestens aber auf den **Nennwert** abzustellen (vgl. dazu für einen analogen Fall SCHULTZ, Fragen zu den eigenen Aktien, ST 1992, 786).

12a Ist das von der übernommenen Gesellschaft gehaltene Paket grösser als 10% des Kapitals der übernehmenden Gesellschaft, ist, in Analogie zu Art. 659 Abs. 2, innert zweier Jahre zum **Verkauf** oder zur **Vernichtung** durch Kapitalherabsetzung zu schreiten (**a.M.** CHK-TRÜEB, Art. 659b N 11, der sofortigen Verkauf oder sofortige Vernichtung durch Kapitalherabsetzung postuliert). Missbräuche vorbehalten, ist auf diesen Fall damit die Frist anzuwenden, die für den (legitimen) Erwerb im Rahmen der Übertragungsabwehr gilt.

13 Schwierigkeiten können entstehen, wenn die übernehmende Gesellschaft **nicht über** genügende **freie Eigenmittel** zur Bildung der neuen Reserven für eigene Aktien verfügt. Sofern vorhanden, können entsprechende Eigenmittel in Form von Dividenden aus der neu erworbenen Gesellschaft bezogen werden, was allerdings unter gewissen Umständen steuerliche Risiken mit sich bringen kann (Verweigerung der Rückerstattung der Verrechnungssteuer, Art. 21 Abs. 2 VStG). Als Ausweg bleibt der sofortige Verkauf oder die Kapitalherabsetzung und Vernichtung der fraglichen Aktien. Kann dies bis zum Bilanzstichtag nicht erreicht werden, ist die Reserve soweit als möglich zu bilden, und zwar durch Umbuchung sämtlicher nicht gebundener Reserven und des vollständigen Gewinnvortrags. Ist dies nicht ausreichend, ist die Gesellschaft verpflichtet, unter Offenlegung im Anhang der Bilanz, zukünftige Gewinne solange der Sonderreserve gutzuschreiben, bis sie die gesetzlich vorgeschriebene Höhe erreicht hat (vgl. SCHULTZ, a.a.O, 786 f.; **a.M.** CHK-TRÜEB, Art. 659b N 13, der sofortigen Verkauf oder Vernichtung durch Kapitalherabsetzung postuliert). Auf diese Weise wird das Ziel des Gesetzgebers, nämlich in Höhe der eigenen Aktien Ausschüttungen zu vermeiden, ebenfalls erreicht.

VII. Die wechselseitige Mehrheitsbeteiligung

Art. 659b behandelt nur einen Fall möglicher **wechselseitiger Beteiligung,** das Halten einer **Minderheit** der Aktien durch eine mehrheitlich gehaltene Tochtergesellschaft. Denkbar sind zwei weitere Fälle, die es in Kürze abzuhandeln gilt. Zuerst die **wechselseitige Minderheitsbeteiligung:** Sie ist bewusst nicht Regelungsgegenstand. Sofern nicht die eine Gesellschaft die andere kontrolliert, erachtet sie der Gesetzgeber als unbedenklich (vgl. N 3 f.; BÖCKLI, 506 N 341). Sie ist **zulässig,** und die Folgen des Art. 659 a sind nicht anwendbar. Bedeutend problematischer ist der Fall, in dem eine Tochtergesellschaft eine **Mehrheitsbeteiligung** ihrer Muttergesellschaft erwirbt (zum altOR vgl. HETTLAGE, Die Begründung von wechselseitigen Beteiligungen auf dem Weg der gegenseitigen Aktienübernahme nach dem schweizerischen OR, SAG 1967, 33 ff. sowie die zusammenfassende Darstellung bei BURCKHARDT, 35 ff., 95 ff.). Dieser Fall ist vom Gesetz ausgeschlossen, verletzt der Erwerb doch das Verbot nach Art. 659 i.V.m. Art. 659b. Verfügt die Mutter aber über freies Eigenkapital in Höhe des von der Tochter finanzierten Erwerbspreises, bleibt der Kauf zwar ordnungswidrig, aber **gültig** (vgl. Art. 659 N 11 f.). Zur **Reservebildung** sind in diesem Falle beide Gesellschaften heranzuziehen, hält doch in dieser Situation die Tochter über ihre Mutter eigene Aktien. Die Tochter ist verpflichtet, die erworbenen Aktien in dem Umfang, der 10% des Aktienkapitals der Mutter überschreitet, sofort zu **veräussern,** sie kann die Zweijahresfrist des Art. 659 Abs. 2 nicht beanspruchen, weil diese nur auf Aktienkäufe im Rahmen von Übertragungsbeschränkungen anwendbar ist (Art. 659 N 10). Nach der allgemeinen Regel des Art. 659a Abs. 1 i.V.m. Art. 659b Abs. 1 müssten die Stimmrechte auf beiden Beteiligungen ruhen, was beide Gesellschaften wieder unabhängig werden liesse. Mit BURCKHARDT (95) ist allerdings darin einig zu gehen, dass dies zum Erreichen des Schutzzweckes der Norm, nämlich die Selbstkontrolle des VR zu verhindern, nicht notwendig ist. Es ist ausreichend, wenn die von der **Tochtergesellschaft** erworbene Mehrheitsbeteiligung an der Mutter **vom Stimmrecht ausgeschlossen** wird, da man davon ausgehen kann, dass die Tochtergesellschaft die Beteiligung auf Begehren ihrer Muttergesellschaft erworben hat. Damit entsteht die eigenartige Situation, dass die verbleibenden **Minderheitsaktionäre** die Kontrolle über die Muttergesellschaft und damit auch über die Tochtergesellschaft erhalten.

VIII. Internationale Verhältnisse

Im internationalen Verhältnis stellt sich die Frage, inwieweit Art. 659 ff. auf den Erwerb der Aktien einer schweizerischen Muttergesellschaft durch ihre **ausländische Tochtergesellschaft** zur Anwendung kommen kann. Die Frage nach der Zulässigkeit des Erwerbs eigener Aktien untersteht dem **Gesellschaftsstatut** und damit dem Recht am statutarischen Sitz der Gesellschaft (Inkorporationsprinzip, Art. 154 IPRG). Daran knüpft sofort die weitere Frage an, welchem Gesellschaftsstatut die Frage zuzuordnen ist, demjenigen der Tochtergesellschaft oder demjenigen der Muttergesellschaft.

Ihrer Natur nach ist die Bestimmung des Art. 659b eine **Attributions-** und nicht eine Handlungsnorm. Hält die Muttergesellschaft eine Mehrheitsbeteiligung, wird Beherrschung angenommen, und damit werden ihr die Handlungen der Tochtergesellschaft zugeordnet. Die in Art. 659 i.V.m. Art. 659b liegende **Handlungsbeschränkung** richtet sich an die Muttergesellschaft und nicht an die Tochter, ist doch das Ziel letztlich im Schutz der Aktionäre und Gläubiger der Muttergesellschaft und im Markt der Muttergesellschaft begründet. Damit ist die auf die schweizerische Muttergesellschaft anwendbare schweizerische Norm auf den Erwerb durch die ausländische Tochtergesellschaft anzuwenden (BÖCKLI, 503 N 333; GIGER, 119 f.; HELBLING, 116; gl.M. CHK-TRÜEB, Art. 659b N 15). Die Voraussetzungen des Erwerbs müssen von der **schweizerischen Mutter** erfüllt sein. Die 10%-Grenze ist gleichermassen anwendbar wie auch die übrigen Folgen des Erwerbs (Ruhen der Stimmrechte, Reserve für eigene Aktien und Publizitätspflicht, Letztere allerdings nur für die Muttergesellschaft, ist die Art der Rechnungslegung doch dem ausländischen Gesellschaftsstatut der Tochtergesellschaft unterstellt).

15b Führt der Erwerb der Aktien auf der Ebene der Muttergesellschaft mangels freien Eigenkapitals zu einer **Einlagerückgewähr**, stösst das schweizerische Recht allerdings an seine Grenzen. Der Erwerb untersteht bei einer ausländischen Käuferin wohl ausländischem Recht (engster räumlicher Zusammenhang gem. Art. 117 Abs. 1 und 3 IPRG), sodass Art. 20 OR nicht zur Anwendung kommt.

16 Der umgekehrte Fall, in dem die **schweizerische Tochtergesellschaft** Aktien ihrer **ausländischen Muttergesellschaft** erwirbt, beurteilt sich analog. Aus der Sicht der schweizerischen Gesellschaft sind die Aktien der Muttergesellschaft nicht eigene Aktien. Die weitere Frage, ob besondere Beschränkungen oder Verbote anwendbar sind, beurteilt sich nach dem Gesellschaftsstatut der ausländischen Muttergesellschaft und fällt damit nicht unter das schweizerische Recht, ebenso wenig wie die Frage, ob das Stimmrecht und die weiteren, damit verbundenen Rechte an solchen Aktien ausgeübt werden dürfen (vgl. BÖCKLI, 503 N 333; GIGER, 120; HELBLING, 116; gl.M. CHK-TRÜEB, Art. 659b N 15).

Zweiter Abschnitt: Rechte und Pflichten der Aktionäre

Vorbemerkung zum Zweiten Abschnitt

1 Am 21.12.2007 hat der Bundesrat die Botschaft zur **Änderung des Obligationenrechts** (Aktienrecht und Rechnungslegungsrecht sowie Anpassung im Recht der Kollektiv- und der Kommanditgesellschaft, im GmbH-Recht, Genossenschafts-, Handelsregister- sowie Firmenrecht) verabschiedet und einen Entwurf zu diesen Änderungen vorgelegt. Als eines der vier Hauptziele verfolgt der Bundesrat damit auch die umfassende Revision des sachlich veralteten Rechnungslegungsrechtes (Botschaft Aktien- und Rechnungslegungsrecht, 1592, 1598 f.).

2 Die Buchführungs- und die Rechnungslegungsvorschriften sollen **rechtsformunabhängig** im 32. Titel ab E-Art. 957 geregelt werden. Durch die einheitliche Ordnung der Rechnungslegung für alle Rechtsformen des Privatrechtes werden die Art. 662–670 des Aktienrechtes folgerichtig aufgehoben.

Es wird auf die Vorbemerkung zum 32. Titel, Vor Art. 957 verwiesen, in welcher die wichtigsten vorgesehenen Änderungen bezüglich Rechnungslegung als Überblick dargestellt werden.

Grundsätzlich wird nachstehend die heutige Rechtslage wiedergegeben und kommentiert.

Art. 660

A. Recht auf Gewinn- und Liquidationsanteil
I. Im Allgemeinen

¹ Jeder Aktionär hat Anspruch auf einen verhältnismässigen Anteil am Bilanzgewinn, soweit dieser nach dem Gesetz oder den Statuten zur Verteilung unter die Aktionäre bestimmt ist.

² Bei Auflösung der Gesellschaft hat der Aktionär, soweit die Statuten über die Verwendung des Vermögens der aufgelösten Gesellschaft nichts anderes bestimmen, das Recht auf einen verhältnismässigen Anteil am Ergebnis der Liquidation.

³ Vorbehalten bleiben die in den Statuten für einzelne Kategorien von Aktien festgesetzten Vorrechte.

A. Droit au bénéfice et liquidation
I. En général

¹ Tout actionnaire a droit à une part proportionnelle du bénéfice résultant du bilan, pour autant que la loi ou les statuts prévoient sa répartition entre les actionnaires.

² Il a droit, lors de la dissolution de la société, à une part proportionnelle du produit de la liquidation, à moins que les statuts ne règlent autrement l'emploi de l'actif de la société dissoute.

³ Les privilèges que les statuts confèrent à certaines catégories d'actions sont réservés.

A. Diritto alla quota degli utili e dell'avanzo della liquidazione
I. In genere

¹ Ogni azionista ha diritto ad una quota proporzionale degli utili risultanti dal bilancio, in quanto, secondo le disposizioni della legge e dello statuto, essi siano destinati ad essere ripartiti fra gli azionisti.

² Sciolta la società, ogni azionista ha diritto ad una quota proporzionale dell'avanzo della liquidazione, in quanto lo statuto non disponga un diverso impiego del patrimonio della società disciolta.

³ Sono salvi i privilegi accordati dallo statuto a determinate categorie di azioni.

Literatur

BERTSCHINGER, Der Anhang im Konzernabschluss nach neuem Aktienrecht, in: Jahrbuch zum Finanz- und Rechnungswesen 1993; BLUMER, Die kaufmännische Bilanz, 10. Aufl. 1989; BODMER/KLEINER/LUTZ, Kommentar zum schweizerischen Bankengesetz, Ausgabe 2000; BOEMLE, Der Jahresabschluss: Bilanz, Erfolgsrechnung, Geldflussrechnung, Anhang, 4. Aufl., 2001; BOEMLE/STOLZ, Unternehmensfinanzierung, 13. Aufl. 2002; BÖCKLI, Revisionsstelle und Abschlussprüfung, in: Schriften zum Aktienrecht, 2007; DEKKER, Aufwertung von Grundstücken und Beteiligungen im neuen Aktienrecht, in: Neues zum Gesellschafts- und Wirtschaftsrecht, 1993; DELLMANN, Bilanzierung nach neuem Aktienrecht, 3. Aufl. 1996; FORSTMOSER, OR 663c – ein wenig transparentes Transparenzgebot, in: Aspekte des Wirtschaftsrechts, Festgabe zum Schweizerischen Juristentag 1994, 69 ff.; HELBLING, Revisions- und Bilanzierungspraxis, 3. Aufl. 1992; HOMBURGER, Leitfaden zum neuen Aktienrecht, 3. Aufl. 1994; PETERLI, Theorie und Praxis der Konzernrechnungslegung und -prüfung in der Schweiz, 1994 (MHS 181); REIMANN/ZUPPINGER/SCHÄRRER, Kommentar zum Zürcher Steuergesetz, Bd. I–IV, Ergänzungsband, 1983; SCHLUEP, Die Wohlerworbenen Rechte des Aktionärs und ihr Schutz nach Schweizerischem Recht, 1955; TSCHÄNI, M&A Transaktionen nach Schweizer Recht, 2003; WÜEST, Schweizerische Rechnungslegung für Kapitalgesellschaften – heute und morgen, 1992 (SSHW 144); ZÜND, Die wichtigsten Reformen in der Rechnungslegung, in: Aktienrechtsreform, 1984 113 ff. (SSTR 59); vgl. ausserdem die Literaturhinweise zu Art. 957.

I. Allgemeines

Im Zuge der Aktienrechtsrevision 1992 wurde Art. 660 gewissen formellen Anpassungen unterzogen, die jedoch keine materiellen Änderungen zur Folge hatten, weshalb die ältere Literatur und Judikatur weiterhin Gültigkeit haben.

2 Das Recht des Aktionärs auf Gewinn- und Liquidationsanteil stellt das bedeutendste **vermögensmässige Recht** des Aktionärs dar. Weitere vermögensmässige Rechte sind: Recht auf Bauzinsen (Art. 676), Recht auf Benutzung der Gesellschaftsanlagen und das Bezugsrecht (Art. 652b), soweit Letzterem in concreto tatsächlich ein Vermögenswert zukommt (zu den vermögensmässigen Rechten des Aktionärs, s. MEIER-HAYOZ/FORSTMOSER, § 16 N 168 ff.; FORSTMOSER/MEIER-HAYOZ/NOBEL, § 40 N 14 ff.; VON GREYERZ, 154 ff.).

3 Art. 660 gilt grundsätzlich gleichermassen für Aktionäre wie Partizipanten (Art. 656a Abs. 2). Im Einzelnen kann auf die Ausführungen zu Art. 656 f. verwiesen werden.

II. Recht auf Anteil am Bilanzgewinn

1. Natur des Rechtes auf Anteil am Bilanzgewinn

4 Nach Art. 646 altOR stellten das Recht auf Dividende und das Recht auf Anteil am Liquidationsergebnis ausdrücklich so genannte **wohlerworbene Rechte** des Aktionärs dar. Im Rahmen der Revision des Aktienrechtes 1992 wurde dieser Gesetzesartikel ersatzlos gestrichen. Materiell war hiermit jedoch keine Änderung beabsichtigt (Botschaft AG, 859 f.; FORSTMOSER/MEIER-HAYOZ/NOBEL, § 39 N 113 ff.).

5 Ob der Terminus der **wohlerworbenen Rechte** weiterhin zu verwenden sei, ist eine formelle Frage von eher untergeordneter Bedeutung (BÖCKLI, Aktienrecht, § 16 N 183, stellt den dogmatischen Ansatzpunkt des subjektiven Rechts des Aktionärs in seiner neuesten Auflage nun nicht mehr bloss in Frage, sondern betrachtet das relativ wohlerworbene Recht als «seit 1. Juli 1992 abgeschafft», weil dieses Recht derart relativiert sei, dass es eben kein Recht mehr darstelle; NOBEL, Aktienrechtliche Entscheide, 2. Aufl., 243, spricht von der Beseitigung des Begriffes und vom Ende einer Epoche des Aktienrechts, wobei auch nach ihm die materiellen Probleme fast unverändert bestehen bleiben. In seiner 3. Aufl. nimmt er zum Thema nicht mehr Stellung; FORSTMOSER/MEIER-HAYOZ/NOBEL, § 39 N 113 ff. verwenden den Terminus weiterhin). Wesentlich im hier zu beurteilenden Zusammenhang ist der im Vergleich zum Recht vor 1992 unveränderte materielle Gehalt der **vermögensmässigen Rechte** des Aktionärs.

2. Ausgestaltung des Rechts

6 Das Recht auf einen Anteil am Bilanzgewinn besteht aus einem absoluten Recht und einem relativen.

a) Gewinnstrebigkeit

7 Der Aktionär hat ein absolutes Recht auf **Gewinnstrebigkeit** der Gesellschaft (MEIER-HAYOZ/FORSTMOSER, § 16 N 262; ZK-BÜRGI, N 11 ff.; SCHLUEP, 51, 53). Dieses Recht kann nur durch die Gründungsstatuten entzogen werden oder im Rahmen einer späteren Statutenrevision, falls der diesbezügliche GV-Beschluss einstimmig gefasst wird, mithin jeder Aktionär ihr zustimmt, Art. 706 Abs. 2 Ziff. 4 (ZK-BÜRGI, N 16; SCHLUEP, 52 f.).

8 Wesentlich ist, dass die Gesellschaft aufgrund des Rechts des Aktionärs nicht eine kurzfristige Gewinnoptimierung anstreben muss. Vielmehr soll ihre **Gewinnstrebigkeit** langfristig ausgerichtet sein und auch auf ihr soziales Umfeld Rücksicht nehmen (BGE 100 II 393; FORSTMOSER/MEIER-HAYOZ/NOBEL, § 40 N 26; FORSTMOSER, Aktienrecht, § 1 N 236 ff.; VON GREYERZ, 156).

b) Recht auf jährliche Dividende

Das Recht des Aktionärs auf Entrichtung einer jährlichen **Dividende** ist bloss ein relatives (FORSTMOSER/MEIER-HAYOZ/NOBEL, § 39 N 118; ZK-BÜRGI, N 6; SCHLUEP, 52, 54). **9**

Der **GV** steht die Kompetenz zur Beschlussfassung über die Verwendung des **Bilanzgewinnes** zu (Art. 698 Abs. 2 Ziff. 4). Im Rahmen dieser Befugnis ist die GV weitgehend frei, einen ausschüttbaren Bilanzgewinn auf neue Rechnung vorzutragen und nicht an die Aktionäre in Form von Dividenden auszuschütten (BGE 99 II 59; 91 II 310; SCHLUEP, 61 ff. mit Auflistung der Beschränkungen des Rechts auf Verteilung des Bilanzgewinnes). **10**

c) Bilanzgewinn, nicht Jahresgewinn als Grundlage

Der Anspruch des Aktionärs auf Dividende bemisst sich nicht am Jahresgewinn. Basis stellt vielmehr der ausschüttbare **Bilanzgewinn** dar. «Dieser bezieht sich nicht nur auf die Verwendung des Ergebnisses des abgelaufenen Geschäftsjahres, sondern schliesst auch die Beschlussfassung über den Vortrag des Bilanzgewinns oder -verlusts aus dem Vorjahr und allenfalls der Verwendung von offenen, frei verfügbaren Reserven mit ein» (HWP I 422). **11**

Auch nach Abschluss eines Verlustjahres kann eine **Dividende** entrichtet werden, soweit es die Liquiditätslage des Unternehmens erlaubt und ausschüttbarer Bilanzgewinn aus dem Vorjahr oder frei verfügbare Reserven den Jahresverlust übersteigen (HWP I 429 f.; FORSTMOSER/MEIER-HAYOZ/NOBEL, § 40 N 32).

3. Recht auf verhältnismässigen Anteil

Das Gesetz statuiert einen Anspruch auf einen verhältnismässigen Anteil am **Bilanzgewinn**. Dieser verhältnismässige Anteil bemisst sich, statutarisch abweichende Regelungen vorbehalten, gemäss Art. 661 und Art. 745 Abs. 1 nach dem nominellen einbezahlten AK. **12**

4. Gesetzliche oder statutarische Schranken des Rechts

Das relative Recht des Aktionärs auf Entrichtung einer jährlichen **Dividende** unterliegt den absoluten Grenzen gemäss Gesetz und Statuten. Soweit das Gesetz oder Statuten zwingende Reservenzuweisungen vorsehen, kann ein Jahresgewinn nicht für Dividendenausschüttungen verwendet werden (FORSTMOSER/MEIER-HAYOZ/NOBEL, § 40 N 41 ff.; SCHLUEP, 65 ff.). **13**

Im Einzelnen handelt es sich um die Pflicht zur Bildung der allgemeinen **gesetzlichen Reserven** nach Art. 671, der Pflicht zur Bildung von **Reserven für eigene Aktien** nach Art. 671a, der Pflicht zur Bildung einer **Aufwertungsreserve** nach Art. 671b sowie der **statutarischen Reserven** nach Art. 672 f. **14**

Entsprechend hält Art. 674 auch fest, dass die Dividende erst festgesetzt werden darf, nachdem die dem Gesetz und den Statuten entsprechenden Zuweisungen an die gesetzlichen und statutarischen Reserven abgezogen worden sind (s. hierzu die Ausführungen zu Art. 674 N 2 ff.). **15**

5. Weitere Schranken des Rechts

16 Mit Blick auf das dauernde Gedeihen des Unternehmens oder der Ausrichtung einer möglichst gleichmässigen Dividende und unter Berücksichtigung der Interessen aller Aktionäre steht einerseits dem VR die Kompetenz zur Bildung **stiller Reserven** zu (Art. 669 Abs. 3) und anderseits der GV die Kompetenz zur Bildung beschlussmässiger Reserven (Art. 674 Abs. 2). Beides schränkt das Recht des Aktionärs auf Entrichtung einer jährlichen Dividende ein (ZK-BÜRGI, N 21 ff.; SCHLUEP, 62 ff.).

6. Unzulässige Einschränkung des Rechts

17 Das relative Recht des Aktionärs auf **Dividende** darf nie willkürlich oder zu unternehmensfremden Zwecken eingeschränkt werden (BGE 99 II 55 ff.; BGE 91 II 299 ff.; ZK-BÜRGI, N 14; s.a. Ausführungen zu Art. 669 Abs. 3, Art. 669 N 30 ff.; zu Art. 674 Abs. 2, Art. 674 N 12 f.). Insbesondere ist auch stets der Grundsatz der Gleichbehandlung einzuhalten, soweit er nicht nach Abs. 3 statutarisch eingeschränkt ist (ZK-BÜRGI, N 30). Das BGer hatte eine Auflösungsklage eines Minderheitsaktionärs gutgeheissen, weil der Hauptaktionär der Gesellschaft systematisch mittels Bezug von Tantiemen die Substanz entzogen hatte (BGE 105 II 121). Das reine Thesaurieren von Gewinnen, ohne schädigende Absicht und willkürliches Verhalten, wird jedoch nie eine unzulässige Einschränkung des Rechts des Aktionärs auf Dividende darstellen, da das Interesse der Unternehmung wohl immer gewahrt bleibt (VON GREYERZ, 157).

III. Recht auf Liquidationsanteil

18 Nebst dem absoluten Recht auf Gewinnstrebigkeit und dem relativen Recht auf Ausschüttung einer jährlichen Dividende steht dem Aktionär ein ebenfalls relativer Anspruch auf einen verhältnismässigen Anteil am Ergebnis der **Liquidation** zu (FORSTMOSER/MEIER-HAYOZ/NOBEL, § 40 N 98 ff.; VON GREYERZ, 158 f.).

19 Wirtschaftlich betrachtet, handelt es sich beim **Liquidationsanteil** einerseits um die **Schlussdividende,** d.h. um die Ausschüttung derjenigen Substanz, welche von der Gesellschaft erarbeitet wurde und die bisher in der Gesellschaft still oder offen zurückbehalten wurde. Anderseits beinhaltet der Liquidationsanteil die Rückzahlung des ursprünglich einbezahlten Liberierungsbetrags, d.h. des Aktienkapitals und des allfälligen Agios (FORSTMOSER/MEIER-HAYOZ/NOBEL, § 40 N 99).

20 Der verhältnismässige Anteil jedes Aktionärs auf einen Anteil am **Liquidationsergebnis** bemisst sich nach Art. 661 und Art. 745 Abs. 1 nach Massgabe des einbezahlten Betrages, soweit nicht die Statuten eine andere Verteilung aufgrund von Vorzugsrechten vorsehen (BÖCKLI, Aktienrecht, § 17 N 63 ff.). Im Zusammenhang mit Art. 661 folgt, dass der Liquidationsanteil eines Aktionärs grundsätzlich gleich zu bestimmen ist wie der verhältnismässige Anspruch auf eine jährliche Dividende. Somit ist auch hier nur auf das tatsächlich liberierte, nominelle AK abzustellen, ohne Einbezug eines allfälligen Agios. Das alleinige Abstellen auf den liberierten Betrag ist auch aus wirtschaftlichen Überlegungen gerechtfertigt, denn nur diese Mittel stehen der Unternehmung gewinnbringend zur Verfügung. Der nicht liberierte Teil kann demgegenüber von der Gesellschaft immer bloss einverlangt werden und bleibt dem Aktionär bis zur tatsächlichen Einzahlung zu weiterer gewinnbringender Investition zur Verfügung (gl.M. SCHLUEP, 77 ff.). Zu einer anderen Verteilung des Gesellschaftsvermögens kommt es nur dann, wenn die Statuten dies vorsehen. Eine derartige Statutenbestimmung kann bereits in den Gründungsstatuten enthalten sein oder im Nachhinein beschlossen werden (zu den

Anforderungen s. N 21 f.). Soweit jedoch mittels nachträglicher Statutenänderung jeder Anspruch des Aktionärs auf einen Anteil am Ergebnis der Liquidation entzogen werden soll, stellt dies einen Eingriff in das absolut geschützte Recht dar und bedarf der einstimmigen Zustimmung aller Aktionäre (FORSTMOSER/MEIER-HAYOZ/NOBEL, § 40 N 103).

IV. Vorbehalt der Vorzugsrechte nach Abs. 3

Soweit statutarische **Vorzugsrechte** nach Art. 654 und 656 bestehen, bemisst sich der Verteilschlüssel für die jährliche Dividende oder den Liquidationsanteil nicht nach dem einbezahlten AK gemäss Art. 661 resp. Art. 745. Vielmehr ist die Verteilung dann gemäss den entsprechenden Statutenbestimmungen vorzunehmen. 21

Solch statutarische Vorzugsrechte können entweder durch die Gründungsstatuten oder nachträglich mit der absoluten Mehrheit der vertretenen Stimmen (Art. 703) durch GV-Beschluss (FORSTMOSER/MEIER-HAYOZ/NOBEL, § 41 N 40 ff.) eingeräumt werden. Wenn die Einräumung neuer Vorzugsrechte die Stellung bestehender Vorzugsrechte tangiert, ist die Bestimmung von Art. 654 Abs. 2 zu beachten, wonach die Durchführung und Zustimmung zweier Versammlungen notwendig ist. Somit stellt auch der jeweils geltende Verteilschlüssel nicht ein absolutes Recht des Aktionärs dar (ZK-BÜRGI, N 18 f.). 22

Art. 661

II. Berechnungsart	Die Anteile am Gewinn und am Liquidationsergebnis sind, sofern die Statuten nicht etwas anderes vorsehen, im Verhältnis der auf das Aktienkapital einbezahlten Beträge zu berechnen.
II. Calcul de ces parts	Sauf disposition contraire des statuts, les parts de bénéfice et de liquidation sont calculées en proportion des versements opérés au capital-actions.
II. Computo	Salvo diversa disposizione dello statuto, le quote d'utili netti e d'avanzo della liquidazione devono essere calcolate in proporzione dei versamenti eseguiti sul capitale azionario.

Literatur

Vgl. die Literaturhinweise zu Art. 660.

I. Allgemeines

Art. 661 konkretisiert den Anspruch des Aktionärs gemäss Art. 660 und wird durch Art. 745 Abs. 1 ergänzt. 1

II. Berechnungsart

Der Anspruch nach Art. 660 auf einen Anteil am Bilanzgewinn oder auf einen Anteil am Ergebnis der Liquidation berechnet sich nach dem Verhältnis des tatsächlich einbezahlten **AK**. Agio oder nicht liberiertes Kapital fällt demnach nicht in die Bemessungsgrundlage. Auf eigene Aktien, welche die Gesellschaft selbst, nicht aber ihre Tochtergesellschaften, hält, werden in der Praxis oft keine Dividenden bezahlt. Im Ge- 2 winnverwendungsvorschlag des Verwaltungsrates an die Generalversammlung sowie im Generalversammlungsbeschluss zur Gewinnverwendung wird dann auf das tiefere **dividendenberechtigte Kapital** Bezug genommen (HWP I 194).

III. Statutarische Vorzugsrechte

Vgl. Art. 660 N 21 f.

Art. 662

B. Geschäftsbericht
I. Im Allgemeinen
1. Inhalt

¹ **Der Verwaltungsrat erstellt für jedes Geschäftsjahr einen Geschäftsbericht, der sich aus der Jahresrechnung, dem Jahresbericht und einer Konzernrechnung zusammensetzt, soweit das Gesetz eine solche verlangt.**

² **Die Jahresrechnung besteht aus der Erfolgsrechnung, der Bilanz und dem Anhang.**

B. Rapport de gestion
I. En général
1. Eléments constitutifs

¹ Le conseil d'administration établit pour chaque exercice un rapport de gestion qui se compose des comptes annuels, du rapport annuel et, lorsque la loi le prescrit, des comptes du groupe.

² Les comptes annuels se composent du compte de profits et pertes, du bilan et de l'annexe.

B. Relazione sulla gestione
I. In genere
1. Elementi costitutivi

¹ Il consiglio d'amministrazione allestisce per ogni esercizio una relazione sulla gestione, che si compone del conto annuale, del rapporto annuale e, in quanto la legge lo esiga, del conto di gruppo.

² Il conto annuale si compone del conto economico, del bilancio e dell'allegato.

Literatur

Vgl. die Literaturhinweise zu Art. 660.

I. Allgemeines

1   Nach Art. 716a Abs. 1 Ziff. 6 hat der VR die unübertragbare Aufgabe, für jedes Geschäftsjahr einen **Geschäftsbericht** zu erstellen.

2   Der Geschäftsbericht besteht aus **Jahresrechnung, Jahresbericht** und **Konzernrechnung,** soweit eine solche verlangt ist (Art. 663e ff.). Die Jahresrechnung setzt sich aus **Bilanz, Erfolgsrechnung** und **Anhang** zusammen (Abs. 2).

3   Der **Geschäftsbericht** ist ein Sammelbegriff, der mindestens zwei, allenfalls drei Elemente umfasst.

4   Nach wie vor ist der Geschäftsbericht schriftlich abzufassen, obwohl dies nicht ausdrücklich erwähnt wird (HOMBURGER, 46).

II. Inhalt des Geschäftsberichtes

1. Jahresrechnung (Abs. 2)

Die **Jahresrechnung** setzt sich aus **Erfolgsrechnung, Bilanz** und **Anhang** zusammen. 5
Sie ist damit einerseits Zahlenwerk (BÖCKLI, Aktienrecht, § 8 N 193 ff., insb. 302), andererseits aber dank Anhang auch eine schriftliche Erläuterung der in Erfolgsrechnung und Bilanz dargelegten Zahlen.

2. Jahresbericht

a) Allgemeines

Der **Jahresbericht** (BÖCKLI, Aktienrecht, § 8 N 403 ff.) stellt den Geschäftsverlauf so- 6
wie die wirtschaftliche und finanzielle Lage der Gesellschaft dar (Art. 663d Abs. 1). Zudem sind die im Geschäftsjahr eingetretenen Kapitalerhöhungen und die jeweils damit verbundenen Prüfungsbestätigungen des Revisors wiederzugeben (Art. 663d Abs. 2).

Der Jahresbericht wird nicht durch die Revisionsstelle geprüft. 6a

Während die Jahresrechnung rein vergangenheitsbezogen ist, enthält der Jahresbericht 6b
auch zukunftsorientierte Aussagen.

b) Darstellung des Geschäftsverlaufes

In der **Darstellung des Geschäftsverlaufes** soll zu sämtlichen für die Unternehmung 7
wesentlichen Faktoren Stellung genommen werden, d.h. zum wirtschaftlichen Umfeld an sich, zum Beschaffungsmarkt, zum Bereich der Leistungserstellung sowie zum Absatz, aber auch zu internen Fragen wie Forschung und Entwicklung oder Personal (BOEMLE, 537 ff.; DELLMANN, 263 ff.; BÖCKLI, Aktienrecht, § 8 N 403 ff.).

c) Darstellung der wirtschaftlichen und finanziellen Lage

Die Darstellung der **wirtschaftlichen Lage** der Gesellschaft muss insb. darauf ausge- 8
richtet sein, die heutige und zukünftige Position der Gesellschaft am Markt aufzuzeigen. Dies erfordert eine sorgfältige Beurteilung der Marktentwicklung sowie der eigenen Möglichkeiten und Chancen. Hierzu gehört auch eine Beurteilung des rechtlichen Umfeldes. Die Durchführung dieser Beurteilung und die Form der Darstellung sind individuell angepasst festzulegen (weitere Ausführungen s. BOEMLE, 539 f.; DELLMANN, 265 f.; BÖCKLI, Aktienrecht, § 8 N 405).

Die Darstellung der **finanziellen Lage** muss über den Inhalt der Jahresrechnung und 9
insb. auch des verbalen Anhanges hinausgehen. Dieser verlangt Informationen zu spezifischen Einzelfragen, währenddem hier eine finanzielle Gesamtbeurteilung der Gesellschaft, insb. mit Blick auf das Umfeld, verlangt ist. Nebst Angaben zur **Liquidität** sind auch Berechnung und Kommentierung von Bilanzkennzahlen zweckdienlich. BÖCKLI, Aktienrecht, § 8 N 406, ist der Ansicht, dass eine aussagekräftige Darstellung der finanziellen Lage nach einer **Geldflussrechnung** rufe. Die Erstellung einer solchen ist nach heutiger Rechtslage nicht zwingend vorgeschrieben. Sie wird jedoch z.B. von Swiss GAAP FER als Bestandteil der Jahresrechnung genannt (Swiss GAAP FER RK, Ziff. 7). Sollte die Darstellung der Finanzlage die ihr zugedachte Aufgabe erfüllen, sind Informationen über die künftige Entwicklung im Finanzbereich notwendig. Da Finanzpläne und Budgets zum Geheimbereich des Unternehmens gehören, ist eine lediglich

verbale Darstellung angemessen (weitere Ausführungen bei BOEMLE, 539 f.; DELL-
MANN, 265 f.; GUHL-DRUEY, § 68 N 9 f.).

d) Kapitalerhöhungen

10 Der Jahresbericht hat auch alle im Geschäftsjahr eingetretenen **Kapitalerhöhungen** zu nennen und die jeweils damit verbundenen **Prüfungsbestätigungen.**

11 Der VR ist zuständig, den **Feststellungsbeschluss** bezüglich erfolgter Kapitalerhöhung zu fällen (**ordentliche** und **genehmigte Kapitalerhöhung**, Art. 652g). Ein entsprechender Beschluss entfällt bei der **bedingten Kapitalerhöhung** (Botschaft AG, 891). Damit hat der Aktionär keinen direkten Einblick in die Durchführung der Kapitalerhöhung. Der Jahresbericht soll diesen Informationsbedarf erfüllen.

12 Der **Erhöhungsbeschluss** der **GV** ist im Jahresbericht nicht zu nennen. Erst die eingetretenen, somit vollzogenen und auch festgestellten Kapitalerhöhungen, die sich bilanzmässig auswirken, fallen unter die Norm (BÖCKLI, Aktienrecht, § 8 N 407).

13 Der VR hat im Jahresbericht nicht nur die Kapitalerhöhungen an sich zu nennen, sondern auch diesbezügliche Details. Nur so kann das Informationsbedürfnis des Aktionärs befriedigt werden. Insbesondere sind der nominelle Betrag der Kapitalerhöhung, die Anzahl ausgegebener Aktien, die Kategorie der Aktien samt allfälligen Vorzugsrechten sowie die **Ausgabebedingungen** zu nennen. Letzteres gilt insb. soweit der VR ermächtigt ist, diese festzulegen (Art. 650 Abs. 2 Ziff. 3, 651 Abs. 3).

14 Nebst den **eingetretenen Kapitalerhöhungen** sind auch die jeweiligen **Prüfungsbestätigungen** im Jahresbericht zu nennen. Im Einzelnen handelt es sich um die Prüfungsbestätigung einer RS (ohne besondere Befähigung, soweit der Revisor nach Art. 727b nicht besonders befähigt sein muss) bezüglich des **Kapitalerhöhungsberichtes** des VR im Zusammenhang mit einer ordentlichen oder genehmigten Kapitalerhöhung (Art. 652e) sowie um die Prüfungsbestätigung durch einen besonders befähigten Revisor bezüglich der Ausgabe neuer Aktien im Zuge einer genehmigten Kapitalerhöhung (Art. 653 f.).

3. Konzernrechnung

15 Die **Konzernrechnung** gehört als drittes Element zum Geschäftsbericht, falls eine solche zu erstellen ist (Art. 663e ff.).

16 Gesetzlich nicht vorgeschrieben ist die Erstellung eines **Konzernjahresberichts** (BÖCKLI, Aktienrecht, § 9 N 92). In der Praxis erweist sich ein solcher jedoch als sinnvoll, wenn mehrere Jahresberichte von Tochtergesellschaften oder Zwischenkonzernen vorliegen und der Überblick über die gesamte Vermögenslage erschwert ist (BÖCKLI, Aktienrecht, § 9 N 94).

III. Funktion des Geschäftsberichtes

17 Der Geschäftsbericht ist ein Informationsinstrument. Gesetzlicher Adressat ist in erster Linie die **GV** (Art. 698 Ziff. 3, Befugnis zur Genehmigung des Jahresberichtes). Zudem richtet sich der Geschäftsbericht aber auch an die nicht an der GV anwesenden Aktionäre (Art. 696, Recht auf Bekanntgabe des Geschäftsberichtes mindestens 20 Tage vor der ordentlichen GV, mittels Auflegung zur Einsicht am Hauptsitz der Gesellschaft oder persönlicher Zustellung).

2. Abschnitt: Rechte und Pflichten der Aktionäre   18–22 Art. 662

Im Weiteren dient der Geschäftsbericht auch der Gesellschaft selbst als Standortbestimmung und er kann von der Gesellschaft zur Information Dritter verwendet werden. **18**

Es liegt im eigenen Interesse der Gesellschaft, einen aussagekräftigen Geschäftsbericht zu erstellen. Idealerweise wird dieser fallweise mit **freiwilligem Inhalt** ergänzt (BOEMLE, 542 ff.; BÖCKLI, Aktienrecht, § 8 N 408). **19**

Die **Offenlegungspflicht** kotierter Gesellschaften und von Gesellschaften, die Anleihensobligationen ausstehend haben, sowie im Falle des Nachweises eines schutzwürdigen Interesses durch Aktionäre, umfasst die Jahresrechnung und die Konzernrechnung, nicht aber den Jahresbericht (Art. 697h). **20**

Das Kotierungsreglement der Schweizer Börse verlangt jedoch die Offenlegung von Informationen, welche mit dem Inhalt des Jahresberichts vergleichbar sind.

IV. Banken

Banken haben im Jahresbericht zusätzlich Angaben über alle wesentlichen Ereignisse, die nach dem Bilanzstichtag eingetreten sind, aufzuführen (Art. 23 Abs. 1 BankV). **20a**

Banken haben weiter allfällige Abweichungen zu den im EBK-RS «06/6 Überwachung und Interne Kontrolle» enthaltenen Bestimmungen im Jahresbericht offen zu legen und zu begründen. Das EBK-RS wurde nach dem «comply or explain»-Ansatz konzipiert, wobei als Ort der Offenlegung der Jahresbericht bestimmt wurde. **20b**

V. Rechtsvergleichung

IAS 1, para. 9 gibt dem Management die Möglichkeit und Beispiele für einen freiwilligen Bericht zur Unternehmenslage (**«Financial Review by Management»**). Ein solcher Bericht befindet sich allerdings ausserhalb des Anwendungsbereiches von IFRS. Ende 2005 veröffentlichte das IASB ein Diskussionspapier zu einem vorgeschriebenen «Management Commentary» («MC»). Dieses ist zum heutigen Zeitpunkt noch nicht umgesetzt. **21**

Die IFRS verlangen als weiteres Element der Jahresrechnung eine detaillierte **Geldflussrechnung** (IAS 1, para. 102; IAS 7). Dabei fordert IAS 7, para. 10 eine Aufteilung der Cashflows der Berichtsperiode in die betriebliche Tätigkeit (operating activities), die Investitionstätigkeit (investing activities) und die Finanzierungstätigkeit (financing activities). Unter IFRS umfasst die Jahresrechnung als Ganzes zudem noch den Bestandteil Veränderung des Eigenkapitals (IAS 1, para. 96 ff.). **21a**

Bei kotierten amerikanischen Gesellschaften, welche den Reporting Anforderungen der SEC entsprechen müssen, übernimmt das sehr detaillierte Form 10-K die Rolle des Jahresberichts (PETERLI, 72). **21b**

Das EU-Recht definiert als Elemente des **Jahresabschlusses** ebenfalls Bilanz, Gewinn- und Verlustrechnung – heute üblicherweise **Erfolgsrechnung** genannt – sowie Anhang (Art. 2 Abs. 1 EU-Jahresabschluss-RL). **21c**

Das EU-Recht zum **Jahresabschluss** weicht in verschiedener Hinsicht jedoch von den aktienrechtlichen Bestimmungen ab. Beispielhaft kann auf folgende Aspekte verwiesen werden: Gliederung von Bilanz sowie Gewinn- und Verlustrechnung (Art. 4, 8–21, 22–30 EU-Jahresabschluss-RL), Inhalt des Anhanges (Art. 43 EU-Jahresabschluss-RL), Details zur Erstellung eines konsolidierten Abschlusses (EU-Konsolidierungs-RL), Nor- **22** men zum Schutz und zur Anpassung des Jahresabschlusses, insb. in Bezug auf Klein- und Mittelbetriebe (Art. 11 EU-Jahresabschluss-RL, Bilanz; Art. 27, Gewinn- und Verlustrechnung; Art. 44, Anhang; Art. 46, Lagebericht; Art. 47, Offenlegung), Bewertung, insb. die Frage der stillen Reserven («true and fair view» nach EU-Recht, ein den tatsächlichen Verhältnissen entsprechendes Bild der Vermögens-, Finanz- und Ertragslage der Gesellschaft, Art. 2 Abs. 3 EU-Jahresabschluss-RL) sowie Gliederung der Reservepositionen, insb. mit zwingendem Ausweis einer Agioreserve (Art. 9 f. EU-Jahresabschluss-RL).

23 Im Weiteren ist gemäss EU-Recht ein **Lagebericht** zu erstellen, der in seiner Funktion dem Jahresbericht entspricht (Art. 46 EU-Jahresabschluss-RL). Unter gewissen Voraussetzungen ist ein konsolidierter Abschluss sowie ein konsolidierter Lagebericht zu erstellen (Art. 1 EU-Konsolidierungs-RL). Inhaltlich bestehen zwischen dem **Lagebericht** nach EU-Recht und dem Schweizer Jahresbericht verschiedene Abweichungen. So sind nach EU-Recht Vorgänge von besonderer Bedeutung, die nach Abschluss des Geschäftsjahres eingetreten sind (Nachtragsbericht), zu kommentieren, ebenso die voraussichtliche Entwicklung der Gesellschaft (Prognosebericht) sowie zwingend der Bereich der Forschung und Entwicklung (Art. 46 EU-Jahresabschluss-RL). Der Lagebericht ist zudem zusammen mit der Jahresrechnung von einem Revisor zu prüfen (Art. 51 Abs. 1 lit. b EU-Jahresabschluss-RL).

24 Entsprechend dem Schweizer Recht ist auch nach EU-Recht die Erstellung einer **Geldflussrechnung** nicht zwingend.

25 Swiss GAAP FER RK, Ziff. 34, regelt den Jahresbericht. Darin müssen mindestens folgende Punkte adressiert werden: Wirtschaftliches Umfeld des vergangenen Jahres, Zukunftserwartungen des wirtschaftlichen Umfeldes, Kommentierung der Bestandteile der Jahresrechnung mittels Kennzahlen und deren Entwicklung sowie einen Ausblick in das folgende Geschäftsjahr, insbesondere betr. Chancen und Risiken.

26 Weiter gehend als die aktienrechtlichen Bestimmungen werden unter Swiss GAAP FER als Elemente der Jahresrechnung eine Geldflussrechnung Swiss GAAP FER 4, Swiss GAAP FER 30, Ziff. 28 ff.) sowie ein Eigenkapitalnachweis (Swiss GAAP FER 24, Ziff. 8) gefordert.

Art. 662a

2. Ordnungsmässige Rechnungslegung

[1] Die Jahresrechnung wird nach den Grundsätzen der ordnungsmässigen Rechnungslegung so aufgestellt, dass die Vermögens- und Ertragslage der Gesellschaft möglichst zuverlässig beurteilt werden kann. Sie enthält auch die Vorjahreszahlen.

[2] Die ordnungsmässige Rechnungslegung erfolgt insbesondere nach den Grundsätzen der:

1. **Vollständigkeit der Jahresrechnung;**
2. **Klarheit und Wesentlichkeit der Angaben;**
3. **Vorsicht;**
4. **Fortführung der Unternehmenstätigkeit;**
5. **Stetigkeit in Darstellung und Bewertung;**

2. Abschnitt: Rechte und Pflichten der Aktionäre — Art. 662a

6. Unzulässigkeit der Verrechnung von Aktiven und Passiven sowie von Aufwand und Ertrag.

³ Abweichungen vom Grundsatz der Unternehmensfortführung, von der Stetigkeit der Darstellung und Bewertung und vom Verrechnungsverbot sind in begründeten Fällen zulässig. Sie sind im Anhang darzulegen.

⁴ Im Übrigen gelten die Bestimmungen über die kaufmännische Buchführung.

2. Etablissement régulier des comptes annuels

¹ Les comptes annuels sont dressés conformément aux principes régissant l'établissement régulier des comptes, de manière à donner un aperçu aussi sûr que possible du patrimoine et des résultats de la société. Ils contiennent les chiffres de l'exercice précédent.

² L'établissement régulier des comptes est régi en particulier par les principes suivants:

1. l'intégralité des comptes annuels;
2. la clarté et le caractère essentiel des informations;
3. la prudence;
4. le principe de continuation de l'exploitation;
5. la continuité dans la présentation et l'évaluation;
6. l'interdiction de la compensation entre actifs et passifs, ainsi qu'entre charges et produits.

³ Des dérogations aux principes de la continuation de l'exploitation, de la continuité dans la présentation et l'évaluation et de l'interdiction de la compensation sont admissibles si elles sont fondées. Elles seront exposées dans l'annexe.

⁴ Les dispositions sur la comptabilité commerciale sont en outre applicables.

2. Rendiconto regolare

¹ Il conto annuale è allestito conformemente ai principi di un regolare rendiconto, in modo da mostrare con la maggior attendibilità possibile lo stato del patrimonio e i risultati d'esercizio della società. Esso contiene anche i dati dell'esercizio precedente.

² Tra i principi di un regolare rendiconto figurano in particolare:

1. la completezza del conto annuale;
2. la chiarezza e l'essenzialità dei dati;
3. la prudenza;
4. la continuità dell'esercizio;
5. la continuità nell'articolazione e nella valutazione;
6. il divieto di compensare attivi e passivi, come pure ricavi e costi.

³ In casi fondati, sono ammissibili deroghe ai principi della continuità dell'esercizio, della continuità nell'articolazione e nella valutazione, e del divieto della compensazione. Esse vanno illustrate nell'allegato.

⁴ Valgono inoltre le disposizioni sulla contabilità commerciale.

Literatur

NÖSBERGER, Wesentlichkeit als Grundsatz ordnungsmässiger Rechnungslegung im schweizerischen Aktienrecht, 1999 (SSTR 161); ZENHÄUSERN/BERTSCHINGER, Konzernrechnungslegung, 2. Aufl., 1995; vgl. ausserdem die Literaturhinweise zu Art. 660.

I. Allgemeines

1 Die Bestimmung über die Grundsätze der **ordnungsmässigen Rechnungslegung (GoR)** lehnt sich an Art. 959 des kaufmännischen Buchführungsrechts an. Die entsprechende ausdrückliche Verweisung findet sich denn auch in Abs. 4. So schreibt Art. 662a die wichtigsten der **allgemein anerkannten kaufmännischen Grundsätze (aakG)** gemäss Art. 959 im Gesetze fest.

II. Ordnungsmässige Rechnungslegung

1. Möglichst zuverlässige Beurteilung der Vermögens- und Ertragslage der Gesellschaft

2 Die Jahresrechnung, bestehend aus Bilanz, Erfolgsrechnung und Anhang, soll eine **möglichst zuverlässige Beurteilung der Vermögens- und Ertragslage der Gesellschaft** vermitteln. Der Terminus *möglichst* macht klar, dass es sich um ein Optimierungspostulat handelt. Sind somit mehrere Alternativen zur Darlegung eines Sachverhaltes gegeben, sollte diejenige gewählt werden, die den zuverlässigeren Einblick gibt.

3 Um dieses Optimierungspostulat zu erfüllen, muss die Jahresrechnung nach den GoR erstellt werden. Die zuverlässige Beurteilung bezieht sich sowohl auf die Vermögens- als auch auf die Ertragslage. Der **Einblick in die Vermögenslage** ergibt sich aus der Bilanz und dem Anhang. Der **Einblick in die Ertragslage** ergibt sich primär aus der Erfolgsrechnung und sekundär aus der Bilanz, aus Erläuterungen im Anhang und allenfalls aus der freiwillig erstellten Geldflussrechnung.

4 Aus dem Gesamtzusammenhang von Art. 662a ergibt sich, dass die in der Botschaft (Botschaft AG, 886) genannte Zielsetzung des möglichst zuverlässigen Einblickes in die Vermögens- und Ertragslage der Gesellschaft im Gesetz nicht umfassend verwirklicht wurde (BÖCKLI, Aktienrecht, § 8 N 112 ff.; BOEMLE, 184). Insbesondere eine für den Aussenstehenden unbemerkbare schlechtere Darstellung des Unternehmens in der Jahresrechnung wurde toleriert, da die Bildung **stiller Reserven** (Art. 669 Abs. 3) erlaubt ist. Die Möglichkeit der Bildung stiller Reserven kann als direkter Widerspruch zu den GoR gesehen werden (NÖSBERGER, 40). Dabei betrifft die Kritik vor allem die betriebswirtschaftlich nicht notwendigen **Willkürreserven. Ermessensreserven** sind demgegenüber mit dem Vorsichtsprinzip begründbar, indem beispielsweise für Prozesse nicht nur die Kosten mit der höchsten Eintrittswahrscheinlichkeit, sondern die des «worst cases» zurückgestellt werden. Die Kritik richtet sich auch nicht gegen **Zwangsreserven,** die sich aus der Differenz zwischen dem tatsächlichen Wert eines Aktivums und dessen Anschaffungs- oder Herstellungskosten ergeben (HWP I 71 ff.). Weitere Ausführungen und Begriffsdefinitionen zu den stillen Reserven siehe Art. 663b, N 26 ff. und Art. 960 N 40.

5 Der oberste Grundsatz der Rechnungslegung, eine möglichst zuverlässige Beurteilung der Vermögens- und Ertragslage der Gesellschaft, wird durch die Zulässigkeit der Bildung und Auflösung stiller Reserven teilweise eingeschränkt. Er stellt ansonsten jedoch den entscheidenden Massstab zur Entscheidung von Einzelfragen dar (HWP I 62).

2. Vorjahreszahlen

6 Zu Vergleichszwecken sind der Jahresrechnung (Bilanz, Erfolgsrechnung und Zahlen im Anhang) die **Vorjahreszahlen** beizufügen (Botschaft AG, 886). Vergleichbare Vorjahreszahlen sollen dem Leser Hinweise über die Entwicklung des Unternehmens geben.

2. Abschnitt: Rechte und Pflichten der Aktionäre   7–9d Art. 662a

Nach dem Grundsatz der **Stetigkeit** müssen Vorjahreszahlen sowie Zahlen des Berichtsjahres nach formell und materiell gleichen Grundsätzen erstellt werden. Abweichungen hiervon sind als Verstoss gegen die Stetigkeit im Anhang darzulegen (Abs. 3; BÖCKLI, Aktienrecht, § 8 N 117). 7

III. Die einzelnen Grundsätze ordnungsmässiger Rechnungslegung (GoR)

Der Gesetzgeber hat folgende GoR ausdrücklich festgeschrieben: **Vollständigkeit** der Jahresrechnung, **Klarheit** und **Wesentlichkeit** der Angaben, **Vorsicht, Fortführung** der Unternehmenstätigkeit, **Stetigkeit** in Darstellung und Bewertung sowie das **Verrechnungsverbot.** Diese Aufzählung der GoR ist nicht abschliessend. Dies ergibt sich aus dem Gesetzeswortlaut, wonach «insbesondere» die oben genannten GoR zu befolgen sind (vgl. auch Botschaft AG, 886; BOEMLE, 102 ff.). 8

Die nachfolgenden Ausführungen beschränken sich darauf, die GoR aus spezifisch aktienrechtlicher Sicht zu beurteilen und die Eigenheiten darzustellen, die im Recht der kaufmännischen Buchführung nicht oder nicht in demselben Ausmasse Geltung haben. Für die zugrunde liegenden Ausführungen sei auf Art. 959 verwiesen. 9

1. Vollständigkeit

Der Grundsatz der **Vollständigkeit** leitet sich aus dem Prinzip der **Bilanzwahrheit** ab. Die Jahresrechnung, Bilanz, Erfolgsrechnung und Anhang dürfen nichts Wesentliches weglassen oder unterdrücken (mehr dazu in BLUMER, 69 ff.). Beispielsweise widerspricht es dem Grundsatz der Vollständigkeit, wenn nur ein Teil der Einnahmen eines Gesellschafters in der Buchhaltung ausgewiesen wird (BGE 125 IV 39). Überdies gilt der GoR der Bilanzwahrheit auch als verletzt, wenn Ausgaben privater Art unter betrieblichem Aufwand ausgewiesen werden (BGE 122 IV 29 f.). 9a

Einzige Ausnahme bildet die so genannte **Schutzklausel** gemäss Art. 663h, die in der Praxis gelegentlich zur Nichtoffenlegung von Beteiligungen angewendet wird (HWP I 63 f.), etwa im Zusammenhang mit geplanten Firmenübernahmen. 9b

2. Klarheit und Wesentlichkeit

Der Grundsatz der **Klarheit** bezieht sich vor allem auf die Gliederung der Jahresrechnung sowie auf die präzise Bezeichnung der einzelnen Positionen (HWP I 64 f.). So stellt die Verbuchung von Personalaufwand in der Erfolgsrechnungsposition Sachaufwand einen klaren Verstoss gegen die ordnungsmässige Rechnungslegung dar und erfüllt den Tatbestand der Falschbeurkundung (BGE 122 IV 28 ff.). 9c

Der Grundsatz der **Wesentlichkeit** ist von sehr allgemeiner Natur (BÖCKLI, Aktienrecht, § 8 N 147). Grundsätzlich ist eine Angabe dann wesentlich, wenn sie das Urteil des Adressaten der Jahresrechnung beeinflusst (HWP I 64; NÖSBERGER, 117). Wesentliche Sachverhalte müssen getrennt ausgewiesen werden. Wesentlichkeit kann **quantitativ** und **qualitativ** beurteilt werden (NÖSBERGER, 131 ff.). Als quantitativ wesentlich werden beispielsweise Sachverhalte genannt, die 5% des Jahresergebnisses vor ausserordentlichen Positionen (NÖSBERGER, 152) oder auch 5% des Ergebnisses vor Steuern überschreiten (HWP II 210). Qualitativ betrachtet können allerdings bereits geringere Sachverhalte wesentlich sein, falls direkt gegen gesetzliche Mindestgliederungen oder Ausweispflichten im Anhang verstossen wird (weitere Ausführungen in NÖSBERGER, 131 ff.). 9d

3. Vorsichtsprinzip

10 Das **Vorsichtsprinzip** steht im Spannungsverhältnis zwischen der möglichst zuverlässigen Beurteilung einer Gesellschaft und dem Recht zur Bildung stiller Reserven, insb. Verwaltungs- oder **Willkürreserven.**

11 Grundsätzlich ist davon auszugehen, dass das Vorsichtsprinzip bloss den Grundsatz der möglichst zuverlässigen Beurteilung der Vermögens- und Ertragslage der Gesellschaft präzisiert. Demnach sollen unter dem Deckmantel des Vorsichtsprinzips nicht in beliebigem Umfang stille Willkürreserven gebildet werden, indem beispielsweise extensive Rückstellungen für Risiken aus hängigen Prozessen gebildet werden, deren Eintrittswahrscheinlichkeit als äusserst gering beurteilt werden, oder aber indem Aktiven durch übermässige Abschreibungen unterbewertet werden (BÖCKLI, Aktienrecht, § 8 N 132; THIEL, ST 1991, 557; BOEMLE, 184).

12 Trotzdem werden stille Reserven nach wie vor in erheblichem Umfang toleriert (Offenlegung beschränkt auf Fälle mit wesentlicher, positiver Beeinflussung des erwirtschafteten Ergebnisses, s. Art. 663b Ziff. 8). Art. 669 Abs. 3 sieht die Möglichkeit der Bildung von Verwaltungs- oder Willkürreserven ausdrücklich vor. Überdies kann der VR davon absehen, überflüssig gewordene Rückstellungen aufzulösen (Art. 669 Abs. 2). Die Pflicht, bei der Bildung stiller Reserven die Interessen der Aktionäre mit zu berücksichtigen, ist eine «zahnlose» Norm.

4. Fortführung der Unternehmenstätigkeit

12a Der Grundsatz der Fortführung der Unternehmenstätigkeit stellt eine allgemeine Annahme dar, gestützt auf die Strategie und Absicht einer Unternehmung (HWP I 66 spricht von einer Prämisse). Falls diese Prämisse nicht mehr erfüllt ist, sind die Bewertungsgrundsätze von Fortführungswerten auf **Liquidationswerte** umzustellen. Beispielsweise sind Sachanlagen, die zuvor über die betriebliche Nutzungsdauer abgeschrieben und entsprechend bilanziert wurden, nun zu erwarteten Veräusserungswerten zu bewerten.

Die Bilanzstruktur wird sich ebenfalls grundsätzlich verändern, da keine langfristigen Positionen mehr enthalten sind.

5. Stetigkeit

13 Der Grundsatz der **Stetigkeit** muss auch im Zusammenhang mit der Pflicht zur Beifügung von Vorjahreszahlen gesehen werden (BÖCKLI, Aktienrecht, § 8 N 117). Erst ein **Vorjahresvergleich** mit Zahlen, welche nach gleichen Gliederungs- und Bewertungsgrundsätzen erstellt wurden, ermöglicht eine kontinuierliche Beurteilung der Vermögens- und Ertragslage einer Gesellschaft.

Die jährliche Erstellung einer Jahresrechnung bildet die Regel. Eine Verkürzung oder Verlängerung des Geschäftsjahres stellt grundsätzlich einen Verstoss gegen die Stetigkeit dar, ebenso Änderungen der Abschreibungsmethode (BÖCKLI, Aktienrecht, § 8 N 140, und HWP I 68, sehen bereits in der willkürlichen Änderung der Abschreibungssätze einen Verstoss gegen die Stetigkeit, wobei das HWP ergänzt, dass es sich um einen nach Abs. 3 zulässigen Verstoss handeln kann.).

Um die Vergleichbarkeit sicherzustellen, müssen Abweichungen vom Grundsatz der Stetigkeit im Anhang offen gelegt und begründet werden (Abs. 3).

6. Unzulässigkeit der Verrechnung von Aktiven und Passiven sowie von Aufwand und Ertrag

Das **Verrechnungsverbot**, auch **Saldierungsverbot** oder **Bruttoprinzip,** entspricht internationalen Standards (BOEMLE, 121 ff.; BÖCKLI, Aktienrecht, § 8 N 143 ff., insb. 146). BÖCKLI (Aktienrecht, § 8 N 145, insb. FN 220) ist hier allerdings noch präziser, indem er eine Unterscheidung zwischen dem Verrechnungsverbot und dem Saldierungsverbot macht. Während das Verrechnungsverbot an das Gesetz anlehnt, resultiert das Saldierungsverbot aus den Gliederungsvorschriften. Zusammengefasst bilden sie das Bruttoprinzip. 14

Eine extensive Auslegung des Verbots liesse z.B. die Saldierung von Erlösen und Erlösminderungen überhaupt nicht zu, d.h. alle Positionen müssten brutto ausgewiesen werden. Eine solche Forderung würde wohl zu weit gehen (BOEMLE, 218, 121 ff.; Botschaft AG, 888). Jedenfalls geht das Verrechnungsverbot jedoch weiter als die Mindestgliederungsvorschriften nach Art. 663 ff. Verrechnungen sind nur noch ausnahmsweise zulässig, soweit ein enger Kausalzusammenhang zwischen den zu verrechnenden Positionen besteht und damit die möglichst zuverlässige Beurteilung der Vermögens- und Ertragslage nicht gefährdet wird. So kann die Verrechnung von Bruttoerlösen mit Erlösminderungen zulässig sein (Botschaft AG, 888). Die Verrechnung von Finanzerträgen und -aufwendungen hingegen wird als eindeutiges Beispiel der Verletzung des Verrechnungsverbotes aufgeführt. Abschreibungen können auch in Zukunft direkt oder indirekt erfolgen; das Delkredere z.B. sollte bei direkter Vornahme betragsmässig erwähnt werden (BOEMLE, 121 ff.). 15

IV. Abweichungen von den Grundsätzen ordnungsmässiger Rechnungslegung

1. Allgemeines

Abs. 3 definiert die zulässigen **Abweichungen von den GoR.** So darf beim Vorliegen eines begründeten Falles von den Grundsätzen der **Unternehmensfortführung,** der **Stetigkeit** der Darstellung und Bewertung und vom **Verrechnungsverbot** abgewichen werden. Die Abweichung ist jedoch zu begründen und im Anhang darzulegen (Art. 663 b Ziff. 12). 16

Zudem ist hier auf die **Schutzklausel** von Art. 663h hinzuweisen. Danach kann generell auf Angaben in der Jahresrechnung, im Jahresbericht und in der Konzernrechnung verzichtet werden, wenn der Gesellschaft oder dem Konzern ansonsten erhebliche Nachteile erwachsen würden. Es genügt dann eine Unterrichtung der RS über die Gründe der Unterlassung. 17

Von allen nicht in der Ausnahmebestimmung von Abs. 3 genannten GoR (**Vollständigkeit, Klarheit, Wesentlichkeit** und **Vorsicht**) darf nicht abgewichen werden. 18

2. Abweichung vom Grundsatz der Unternehmensfortführung

Die Möglichkeit der Abweichung vom Grundsatz der **Unternehmensfortführung** ergibt sich zwingend aus dem Grundsatz der Vorsicht für Unternehmen, deren Fortführung gefährdet ist, da die Liquidationswerte oft unter den Fortführungswerten liegen. 19

Abweichungen vom Grundsatz der Unternehmensfortführung können sich auf die gesamte Jahresrechnung oder bloss auf Teile davon beziehen. Verschiedene Gründe können zu einer Bilanzierung zu Liquidations- oder Veräusserungswerten führen: z.B. frei- 20 willige (teilweise oder vollständige) Betriebsaufgabe, Zwang zur Betriebsaufgabe oder Überschuldung nach Art. 725 Abs. 2 (HWP I 66 f.; PS 570, Ziff. 8).

3. Abweichung vom Grundsatz der Stetigkeit in Darstellung und Bewertung

21 Die Möglichkeit der Abweichung vom Grundsatz der **Stetigkeit** in Darstellung und Bewertung muss jedem Unternehmen gewährt werden. Dies folgt schon aus Art. 663h Abs. 2, wonach jedes Unternehmen die Möglichkeit hat (und wohl auch die Pflicht), seine Jahresrechnung seinen Besonderheiten und damit auch seinen Veränderungen anzupassen.

22 Zudem muss die Möglichkeit solcher Veränderungen jederzeit bestehen, würde ein Unternehmen ansonsten doch in seiner einmal gewählten Bilanzstruktur erstarren und könnte es nach einmal erfolgtem Entscheid von den gesetzlich vorgesehenen Alternativen in Darstellung und Bewertung keinen Gebrauch mehr machen.

23 Abweichungen in der **Darstellung** umfassen etwa Bezeichnung von Bilanzpositionen, oder Gruppierungen innerhalb der Bilanz.

Abweichungen in der **Bewertung** beinhalten beispielsweise Veränderung der Abschreibungsmethode (linear oder degressiv oder die Änderung der Ermittlung der Herstellungskosten [HWP I 67 f.]). Eine Veränderung der Abschreibungsdauer aufgrund einer Veränderung der Lebensdauer des Anlagegutes ist hingegen nicht als ein Verstoss gegen die Stetigkeit zu qualifizieren (HWP I 68).

Eine Abweichung von der Stetigkeit liegt auch vor, wenn die genehmigte Schlussbilanz des Vorjahres nicht mit der Eröffnungsbilanz des Folgejahres übereinstimmt (HWP I 68).

4. Abweichung vom Grundsatz des Verrechnungsverbotes

24 Abweichungen vom Grundsatz des **Verrechnungsverbotes** sollten sehr zurückhaltend erfolgen. Sie schränken die Möglichkeit der zuverlässigen Beurteilung der Vermögens- und Ertragslage einer Gesellschaft stark ein (BÖCKLI, Aktienrecht, § 8 N 179 ff.). Grundsätzlich muss eine Nettodarstellung im Anhang durch eine Bruttodarstellung ergänzt werden (HWP I 71).

5. Abweichung bloss in begründeten Fällen

25 Abweichungen von den drei GoR sind ausdrücklich und nur in **begründeten Fällen** zulässig. Der VR (Art. 716a Abs. 1 Ziff. 6) hat darüber zu befinden, ob ein sachlich begründeter Fall vorliegt (BÖCKLI, Aktienrecht, § 8 N 173 ff.). Wann dies zutrifft, kann nicht abschliessend beurteilt werden. Der Entscheid hängt von den konkreten Gegebenheiten ab. Gründe können etwa eine Änderung der Geschäftstätigkeit oder eine Teilliquidation sein.

6. Darlegung im Anhang

26 Im **Anhang** sind die Abweichungen von den GoR darzulegen. Dabei genügt es nicht, die Abweichung bloss zu beziffern, die Abweichung ist auch zu begründen (Botschaft AG, 888).

V. Verweisung auf die kaufmännische Buchführung

Die **allgemeinen kaufmännischen Buchführungsregeln** gelangen **subsidiär** zur Anwendung (Art. 957 ff.). Diese Verweisung gilt generell und bezieht sich nicht bloss auf die Pflicht zur Bilanzierung in Landeswährung (Art. 960 Abs. 1) oder zur Unterzeichnung der Jahresrechnung (Art. 961), wie dies die Botschaft festhält (Botschaft AG, 888).

27

VI. Rechtsvergleichung

Die IFRS versuchen das Prinzip der **«true and fair view»** (in neueren IFRS-Standards auch **«fair presentation»** genannt) durch ein umfangreiches, kontinuierlich weiterentwickeltes Regelwerk zu verwirklichen. Die im Schweizer Gesetz verankerte Möglichkeit zur Bildung stiller Reserven führt zu einer für den Adressaten der Jahresrechnung nicht ersichtlichen Ergebnisverzerrung und ist dadurch im Widerspruch zum Prinzip der «true and fair view».

28

Nach IFRS gelten, ähnlich dem schweizerischen Recht, die Grundsätze der Fortführung der Unternehmenstätigkeit, der Verständlichkeit, der Relevanz, der Stetigkeit, der Vorsicht, der «substance over form» (i.S.v. wirtschaftlicher Betrachtungsweise), der Vollständigkeit, der Vergleichbarkeit und der Wesentlichkeit (IASB Framework; IAS 1).

29

Gleich wie nach OR wird auch nach IFRS die Angabe von **Vorjahreszahlen** verlangt (IAS 1, para. 36). Um die Vergleichbarkeit der Abschlüsse im Zeitablauf sowie mit den Abschlüssen anderer Unternehmen sicherzustellen, schreibt IAS 8 zudem vor, bei Entdeckung von grundlegenden Fehlern sowie bei Änderungen der Bilanzierungs- und Bewertungsmethoden auch die Vorjahreszahlen rückwirkend anzupassen (Restatement).

30

Das EU-Recht (Art. 2 Abs. 3 EU-Jahresabschluss-RL) fordert im Gegensatz zum Aktienrecht einen Jahresabschluss, der ein den tatsächlichen Verhältnissen entsprechendes Bild der Vermögens-, Finanz- und Ertragslage der Gesellschaft vermittelt. Damit basiert die EU-Jahresabschluss-RL auf dem Grundsatz der **«true and fair view»**.

30a

In Art. 2 Abs. 2 EU-Jahresabschluss-RL wird der Grundsatz der **Klarheit** und **Übersichtlichkeit** postuliert sowie auf die weiteren in dieser Richtlinie enthaltenen Grundsätze verwiesen. Dabei handelt es sich etwa um den Grundsatz der **Wesentlichkeit** (Art. 4 Abs. 3 EU-Jahresabschluss-RL), das **Verrechnungsverbot** (Art. 7 EU-Jahresabschluss-RL), das Prinzip der **Fortführung** der Unternehmung sowie die Stetigkeit, das **Vorsichtsprinzip** und das **Realisationsprinzip** (Art. 31 Abs. 1 EU-Jahresabschluss-RL). Abweichungen von diesen Grundsätzen sind im Anhang anzugeben und hinreichend zu begründen (Art. 31 Abs. 2 EU-Jahresabschluss-RL).

30b

Die in Swiss GAAP FER RK genannten Grundlagen und Grundsätze der ordnungsmässigen Rechnungslegung unterliegen, wie gemäss IFRS, der Maxime der «true and fair view». Die übrigen genannten Grundsätze sind nahezu identisch mit dem schweizerischen Recht.

31

Art. 663

| II. Erfolgsrechnung; Mindestgliederung | ¹ Die Erfolgsrechnung weist betriebliche und betriebsfremde sowie ausserordentliche Erträge und Aufwendungen aus.

² Unter Ertrag werden der Erlös aus Lieferungen und Leistungen, der Finanzertrag sowie die Gewinne aus Veräusserungen von Anlagevermögen gesondert ausgewiesen.

³ Unter Aufwand werden Material- und Warenaufwand, Personalaufwand, Finanzaufwand sowie Aufwand für Abschreibungen gesondert ausgewiesen.

⁴ Die Erfolgsrechnung zeigt den Jahresgewinn oder den Jahresverlust. |
|---|---|
| II. Compte de profits et pertes; structure minimale | ¹ Dans le compte de profits et pertes figurent les produits et les charges d'exploitation, hors exploitation et exceptionnels.

² Les produits comprennent le chiffre d'affaires résultant des ventes et des prestations de services, les produits financiers et les bénéfices provenant de l'aliénation d'actifs immobilisés, présentés séparément.

³ Les charges comprennent les charges de matières et de marchandises, les frais de personnel, les charges financières et les charges d'amortissement, présentées séparément.

⁴ Le compte de profits et pertes fait ressortir le bénéfice ou le déficit de l'exercice. |
| II. Conto economico; articolazione minima | ¹ Il conto economico comprende i ricavi e i costi d'esercizio, quelli estranei all'esercizio e quelli straordinari.

² Nei ricavi vanno indicati separatamente il ricavo da forniture e prestazioni, il reddito finanziario, nonché l'utile risultante dall'alienazione di attivo fisso.

³ Nei costi vanno indicati separatamente le spese per materiali e merci, le spese per il personale, gli oneri finanziari e gli oneri per ammortamenti.

⁴ Il conto economico deve far apparire l'utile o la perdita dell'esercizio. |

Literatur

ZENHÄUSERN/BERTSCHINGER, Konzernrechnungslegung, 2. Aufl., 1995; vgl. ausserdem die Literaturhinweise zu Art. 660.

I. Allgemeines

1 Bezüglich der **Erfolgsrechnung** enthält das Gesetz **Mindestgliederungsvorschriften.** Sie stehen im Zusammenhang mit den Grundsätzen der **Klarheit,** der **Vollständigkeit** sowie des **Verrechnungsverbotes.**

2 Zwingend vorgeschrieben ist mindestens eine Dreiteilung und damit eine klare Trennung von **betrieblichen, betriebsfremden** und **ausserordentlichen Aufwendungen** und **Erträgen** (Abs. 1).

II. Betriebliche, betriebsfremde und ausserordentliche Positionen der Erfolgsrechnung

Die Botschaft (Botschaft AG, 888) grenzt die drei Elemente **betrieblich, betriebsfremd** und **ausserordentlich** wie folgt ab: «Erträge sind betrieblich, wenn sie betriebstypisch und wiederkehrend sind, betriebsfremd, wenn sie wiederkehrend, aber nicht betriebstypisch sind und ausserordentlich, wenn sie nicht wiederkehrend sind. Das Entsprechende gilt für die Aufwendungen.» 3

Entscheidend zur Abgrenzung von Erträgen bzw. Aufwendungen sind demnach die Kriterien **betriebstypisch–betriebsfremd** sowie **wiederkehrend–nicht wiederkehrend** (BÖCKLI, Aktienrecht, § 8 N 194 ff.; HWP I 79 ff.). 4

Nur unregelmässig, aber immer wieder vorkommende Vorfälle sind nicht als **ausserordentlich** zu qualifizieren (HWP I 80). Beispielsweise kommt Aufwendungen infolge sporadischer Überschwemmungen in gefährdeten Regionen ordentlicher Charakter zu. In diesem Sinn können auch gelegentliche Veräusserungen von AV, sofern sie nicht im Zusammenhang mit einer Liquidation stehen, sowie Auflösung von nicht mehr gebrauchten Rückstellungen als ordentliche Positionen gelten (**a.M.** BÖCKLI, Aktienrecht, § 8 N 197 f., welcher allerdings eine Annäherung der Schweizer Praxis an die internationalen Gebräuche feststellt). 4a

Dabei ist es durchaus möglich, dass gewisse Ertrags- oder Aufwandarten je nach Situation und Branche unterschiedlichen Kategorien zuzuordnen sind. So kann etwa ein Ertrag aus einem Verkauf eines Fabrikgebäudes bei einem Immobilienhändler **betrieblich** sein. Die gleiche Transaktion würde sich bei einem Produktionsbetrieb als **betriebsfremd** qualifizieren. 5

Eine Veräusserung im Rahmen einer vollständigen oder teilweisen Betriebsliquidation stellt einen **ausserordentlichen** Ertrag dar. 6

III. Mindestgliederung der Erfolgsrechnung

Nach Abs. 2 enthält die Erfolgsrechnung mindestens folgende **Ertragspositionen: Erlöse aus Lieferungen und Leistungen, Finanzertrag, Gewinne aus Veräusserungen von AV**. Zudem sind Erträge, die nicht diesen drei Kategorien zuzuordnen sind, getrennt in eine der Kategorien «**Übrige betriebliche Erträge**», «**Betriebsfremde Erträge**» oder «**Ausserordentliche Erträge**» (N 17–19) auszuweisen. 7

Nach Abs. 3 enthält die Erfolgsrechnung mindestens folgende **Aufwandspositionen: Material- und Warenaufwand, Personalaufwand, Finanzaufwand, Aufwand für Abschreibungen**. Zudem folgt auch hier, dass Aufwendungen, die nicht diesen vier Kategorien zuzuordnen sind, unter «**Übrige Aufwendungen**», «**Betriebsfremde Aufwendungen**» oder «**Ausserordentliche Aufwendungen**» auszuweisen sind (zur Gliederung s. Art. 958, insb. Tabelle I; HWP I 79 ff.). 8

Der Rechnungslegungsgrundsatz der Klarheit ist auch bei «**Übrige Erträge**» bzw. «**Übrige Aufwendungen**» anzuwenden. Fällt beispielsweise 45 % des Gesamtertrages in diese Position, ist eine sachgerechte weitere Unterteilung unumgänglich (HWP I 241). 8a

Üblicherweise ist der Gliederungsraster von Art. 663, Abs. 2 und 3 OR nur für den betrieblichen Bereich notwendig. Sind betriebsfremde oder ausserordentliche Positionen in der Erfolgsrechnung jedoch wesentlich, ist ebenfalls eine weitere Aufteilung danach erforderlich (FORSTMOSER/MEIER-HAYOZ/NOBEL, § 51 N 102; HWP I 81 ff.). 8b

8c Für **konsolidierte Erfolgsrechnungen** sind keine zusätzlichen Angaben im Gesetz ersichtlich. Die Interpretation der allgemeinen Grundsätze führt zu einer etwas detaillierteren Gliederung (ZENHÄUSER/BERTSCHINGER, 143).

9 Im Verlauf der parlamentarischen Beratungen wurde auf die detaillierte Erwähnung der verschiedenen Wertkorrekturen wie **Abschreibungen, Rückstellungen** und **Wertberichtigungen** im Gesetzestext verzichtet (anders noch Art. 663 Abs. 3 E; AmtlBull NR 1985, 1706 ff.). Nur die Abschreibungen haben explizit den Weg in den definitiven Gesetzestext gefunden.

10 Nebst den genannten Ertrags- und Aufwandpositionen hat die Erfolgsrechnung zudem den **Jahresgewinn** oder **-verlust** zu zeigen (Abs. 4).

IV. Darstellung der Erfolgsrechnung

11 Die Erfolgsrechnung kann in der **Staffel-** oder **Kontoform** dargestellt werden (s. Art. 958). Art. 663 enthält diesbezüglich keine Vorschrift.

12 Inhaltlich ist zwischen dem Gesamtkosten- und Umsatzkostenverfahren zu unterscheiden (Swiss GAAP FER 3, Ziff. 6; BOEMLE, 204 ff.; DELLMANN, 152 ff.). Das **Gesamtkostenverfahren** gliedert die Aufwandpositionen i.S. des Art. 663, indem Material- und Warenaufwand, Personalaufwand und Aufwand für Abschreibungen gesondert ausgewiesen werden. Die Gliederung orientiert sich somit nach Kostenarten. Darin unterscheidet sie sich vom **Umsatzkostenverfahren,** das die Aufwendungen in betriebliche Funktionsbereiche wie Herstellung und Verwaltung/Vertrieb gliedert (DELLMANN, 152).

13 Grundsätzlich sind beide Verfahren gleichwertig. Aufgrund der Gliederungsvorschriften des Art. 663 ist dem **Gesamtkostenverfahren** der Vorzug zu geben, will man vermeiden, dass die nach Art. 663 Abs. 3 geforderten Informationen etwa im Anhang noch separat aufgeführt werden müssen. Ohne solche Erläuterungen wäre das Umsatzkostenverfahren aber wohl nicht mehr OR-konform (BOEMLE, 207; HWP I 83).

V. Einzelne Positionen der Erfolgsrechnung

1. Erlöse aus Lieferungen und Leistungen

14 Die Position «**Erlöse aus Lieferungen und Leistungen**» umfasst alle eigentlichen betrieblichen Umsätze aus Handel, aus hergestellten Produkten, aus erbrachten Leistungen, aus Dienstleistungen usw. Der Ausweis erfolgt entweder brutto oder netto, d.h. nach Abzug von z.B. Rabatten, Skonti oder Retouren, also Aufwendungen, die in unmittelbarem Zusammenhang mit der Erzielung der Bruttoumsätze stehen (Botschaft AG, 888; BOEMLE, 218; HWP I 239 f.; DELLMANN, 156 ff.). Auch bei Nettoausweis sind alle weiteren Aufwendungen, die im Zusammenhang mit der Leistungserstellung oder -erbringung stehen, gesondert auszuweisen (Verrechnungsverbot, Saldierungsverbot, Bruttoprinzip). Die **Mehrwertsteuer** ist im Falle eines Bruttoausweises nicht in den Umsatz miteinzuschliessen und folglich auch nicht als Erlösminderung oder gar als Aufwandposition zu betrachten (BOEMLE, 218).

2. Finanzertrag

15 Die Position «**Finanzertrag**» umfasst z.B. Zinserträge aus Bankguthaben und Darlehen, Erträge aus Wertschriften des Umlaufvermögens (Dividenden, Zinsen, realisierte und nicht realisierte Währungs- und Kursgewinne) und Dividendenerträge aus Beteili-

gungen. Allfälliger Gewinn aus Veräusserung einer Beteiligung ist den Gewinnen aus Veräusserungen von Anlagevermögen zuzuweisen (BOEMLE, 220; HWP I 240; DELLMANN, 165 f.).

3. Gewinne aus Veräusserungen von Anlagevermögen

Die Position «**Gewinne aus Veräusserungen von AV**» kann sich auf Sach-, Finanz- und immaterielle Anlagen beziehen. Wurde ein Gewinn aufgrund vorgehender, übermässiger Abschreibung erzielt, ist dieser als Auflösung von stillen Reserven zu betrachten und gegebenenfalls nach Art. 663b Ziff. 8 OR ausweispflichtig. Verluste aus Veräusserung von AV sind nicht getrennt ausweispflichtig (HWP I 240 f.). 16

4. Übrige betriebliche Erträge

Unter die Position «**Übrige betriebliche Erträge**» (von einigen Autoren auch «sonstiger Betriebsertrag» genannt) ist alles zu subsumieren, was nicht unter eine der anderen genannten und zwingend geforderten Erfolgspositionen fällt, wie z.B. aktivierte Eigenleistungen oder betriebliche Nebenerlöse wie Lizenzeinnahmen oder erhaltene Provisionen (HWP I 81 ff.; BOEMLE, 218 f., insb. FN 3; DELLMANN, 160 f.). 17

5. Betriebsfremde Erträge

Die Position «**Betriebsfremde Erträge**» umfasst die nicht-betriebstypischen Ertragselemente. Eine Aufteilung eines zusammenhängenden Geschäftsvorfalles in eine betriebliche und eine betriebsfremde Komponente ist nicht zu empfehlen. 18

6. Ausserordentliche Erträge

Die Position «**Ausserordentliche Erträge**» umfasst die nicht-wiederkehrenden Ertragselemente, seien sie betrieblich oder betriebsfremd. Unter dem Aspekt der Bilanzklarheit wäre es nicht zulässig, ausserordentliche Erträge im ordentlichen Ertrag auszuweisen, um so die ordentlichen Erträge zu beschönigen. 19

7. Material- und Warenaufwand

Die Position «**Material- und Warenaufwand**» umfasst die Anschaffungs- oder Herstellungskosten der verkauften Produkte oder Leistungen. Darunter fallen alle Kosten für Roh-, Hilfs- und Betriebsstoffe, aber auch diesbezügliche Wertberichtigungen. Minderungen der Einkaufspreise wie Rabatte, Preisnachlässe, Skonti, Retouren etc. sind davon in Abzug zu bringen. Aus Sicht der Klarheit sollten Bestandesveränderungen von Halb- und Fertigfabrikaten sowie angefangene Arbeiten gesondert ausgewiesen werden, da sie in der Regel einen hohen Anteil Personalaufwand enthalten (Swiss GAAP FER 3; BOEMLE, 222; HWP I 242 f.; DELLMANN, 161). 20

Der Buchführende ist grundsätzlich frei, ob er den Material- und Warenaufwand nach der **FIFO-**, der **LIFO-**, der **Standardkosten** oder nach einer anderen Methode bemessen will (HWP I 149 ff.). Er ist ebenfalls frei zu entscheiden, ob er die Abnahme des Halb- und Fertigwarenlagers zu Voll- oder Teilkosten dem Aufwand belasten will, da diesbezüglich auch keine Regeln zur Lagerbewertung bestehen. Allerdings sollte im Rahmen des Stetigkeitsgebotes an einer einmal gewählten Methode festgehalten werden. 21

8. Personalaufwand

22 Die Position «**Personalaufwand**» umfasst Elemente wie Löhne, Gehälter, Gratifikationen, Sozialabgaben, aber auch Personalnebenkosten wie Weiterbildung oder Betriebsverpflegung (HWP I 243; BOEMLE, 223 f.; DELLMANN, 166).

9. Finanzaufwand

23 Die Position «**Finanzaufwand**» umfasst eigentliche Zinsaufwendungen, aber auch Kapitalbeschaffungskosten, realisierte und nicht realisierte Kursverluste auf den Wertschriften des Umlaufvermögens sowie Wechselkursverluste auf Fremdwährungspositionen des Umlaufvermögens (HWP I 244; BOEMLE, 224 f.; DELLMANN, 166).

10. Aufwand für Abschreibungen

24 Die Position «**Abschreibungen**» umfasst den Wertverzehr des Anlagevermögens (HWP I 244 f.; BOEMLE, 225 f.; DELLMANN, 162). Nach dem Grundsatz der Klarheit und der periodengerechten Abgrenzung sollte die Abschreibung grundsätzlich leistungsbezogen sein und damit der tatsächlichen Wertverringerung innerhalb der Rechnungsperiode entsprechen. Der Buchführende ist jedoch in der Wahl der Abschreibungsdauer und der -methode (linear, progressiv, degressiv, leistungs- oder zeitbezogen) grundsätzlich frei (Botschaft AG, 893; BOEMLE, 327 ff.; HWP I 173).

25 Der Begriff der Abschreibungen, dem stichtagsbezogen eine bestimmte Wertverminderung eines Aktivums des Anlagevermögens zugrunde liegt, ist vom Begriff der **Rückstellung,** der eine zeitlich ungewisse und zahlenmässig unbestimmte Grösse von möglichen Forderungen gegenüber der Gesellschaft verkörpert, sowie von anderen **Wertberichtigungen,** die sich auf Posten des Umlaufvermögens beziehen, wie beispielsweise Wertberichtigungen auf dem Warenlager für veraltete Produkte, zu unterscheiden. Sämtliche drei Elemente sind bei der Bilanzierung zu berücksichtigen (Art. 669 Abs. 1). Der gesonderte Ausweis ist jedoch nur für die Abschreibungen gefordert (Botschaft AG, 893; BOEMLE, 225 f.).

26 **Rückstellungen** und **Wertberichtigungen** sind somit über diejenigen Positionen zu bilden und aufzulösen, zu welchen sie wirtschaftlich gehören: Rückstellungen für Personal etwa unter Personalaufwand, Wertberichtigungen auf den Waren unter Material- und Warenaufwand, Wertberichtigungen auf Forderungen gesondert oder unter Übrigem Betriebsaufwand, Wertberichtigungen auf Wertschriften unter Finanzaufwand.

Im Sinne einer klaren Rechnungslegung würde eine Auflösung von nicht benötigten Reserven auf einem separaten Konto favorisiert, ist aber in der Praxis selten anzutreffen (HWP I 392 f.).

11. Übrige betriebliche Aufwendungen

26a Unter «**Übrige betriebliche Aufwendungen**» fallen insb. Kapital- und Ertragssteuern, Verluste aus Veräusserung von AV, aber auch Liegenschaftenaufwand auf betrieblich genutzten Liegenschaften. Grundsätzlich werden hier alle Sachverhalte ausgewiesen, die durch den Grundsatz der Klarheit nicht unter den oben genannten Kategorien ausgewiesen werden können.

12. Betriebsfremde Aufwendungen

Unter die Position «**Betriebsfremde Aufwendungen**» fallen wie bei den betriebsfremden Erträgen die nicht-betriebstypischen Elemente. Es gehören beispielsweise Aufwendungen im Zusammenhang mit nicht-betriebsnotwendigen Aktiven dazu (BOEMLE, 228), wie Wohnliegenschaften in einem Produktionsbetrieb.

13. Ausserordentliche Aufwendungen

Unter die Position «**Ausserordentliche Aufwendungen**» fallen die nicht-wiederkehrenden betrieblichen oder betriebsfremden Aufwendungen. Die Zuteilung ist immer fallbezogen vorzunehmen. Die Definition ist eng auszulegen, da bei bilanzierenden Unternehmen eine gewisse Versuchung besteht, Sachverhalte dem ausserordentlichen Aufwand zu belasten, um damit den ordentlichen Aufwand zu entlasten (HWP I 245).

VI. Wirkungen der Gliederungsvorschriften

Die Gliederung in betriebliche, betriebsfremde und ausserordentliche Erträge/Aufwendungen, kombiniert mit den GoR (Art. 662a Abs. 2, insb. Klarheit und Verrechnungsverbot), hat einen starken Einfluss auf die Aussagekraft der Jahresrechnungen. Schlechte betriebliche Ergebnisse können dadurch nicht mit ausserordentlichen oder betriebsfremden Erträgen kompensiert und netto ausgewiesen werden (BÖCKLI, Aktienrecht, § 8 N 194 f.).

VII. Banken

Banken haben ihre Erfolgsrechnung nach den Spezialbestimmungen des BankG und insb. Art. 25a BankV sowie der Richtlinien der EBK zu den Rechnungslegungsvorschriften der Art. 23–27 BankV zu gliedern (BSK BankG BERNET/PORTMANN, Art. 6 und BODMER/KLEINER/LUTZ-GEIGER, Art. 6 BankG N 158 ff.).

VIII. Rechtsvergleichung

Auch die IFRS enthalten **Gliederungsvorschriften** zur Erfolgsrechnung (IAS 1, para. 81). Gewinn- oder Verlustanteile der Minderheitsaktionäre müssen zudem gemäss IAS 1, para. 82 separat ausgewiesen werden. IFRS kennt gemäss IAS 1, para. 85 keine ausserordentlichen Positionen. Dafür sind gemäss IAS 1, para. 86 wesentliche Aufwands- und Ertragspositionen entweder direkt in der Erfolgsrechnung auszuweisen oder aber im Anhang offen zu legen.

Auch unter IFRS wird explizit zwischen Gesamtkosten- und Umsatzkostenverfahren unterschieden. Beide Verfahren sind zulässig.

Das EU-Recht enthält zur Gewinn- und Verlustrechnung – heute üblicherweise **Erfolgsrechnung** genannt – detaillierte Gliederungsschemata, die bedeutend weiter gehen als die aktienrechtlichen (Art. 22–30 EU-Jahresabschluss-RL). Zudem werden zu gewissen Positionen erläuternde Ausführungen unterbreitet. Grundsätzlich kann die Gewinn- und Verlustrechnung nach dem Gesamtkosten- oder nach dem Umsatzkostenverfahren erstellt werden.

Swiss GAAP FER 3 geht auf die Gliederung der Erfolgsrechnung ein. Sie weicht jedoch lediglich in Details von der Gliederung des Obligationenrechtes ab: Zinsertrag und -aufwand gegenüber nichtkonsolidierten Beteiligungen und Unternehmungen, beispielsweise Schwestergesellschaften und nahe stehende Personen, sind getrennt auszuweisen. Aktionäre, die wesentliche Gesellschaftsanteile halten, gelten beispielsweise als nahe stehende Personen. In konsolidierten Abschlüssen ist der Gewinn- und Verlustanteil der Minderheitsaktionäre ebenfalls getrennt auszuweisen. Schliesslich wird auch unter Swiss GAAP FER explizit zwischen Gesamtkosten- und Umsatzkostenverfahren unterschieden. Beide Verfahren sind ebenfalls zulässig, allerdings müssen bei Wahl des Umsatzkostenverfahrens gewisse Aufwandpositionen im Anhang gesondert ausgewiesen werden (Swiss GAAP FER 3, Ziff. 10).

Art. 663a

III. Bilanz; Mindestgliederung

¹ Die Bilanz weist das Umlaufvermögen und das Anlagevermögen, das Fremdkapital und das Eigenkapital aus.

² Das Umlaufvermögen wird in flüssige Mittel, Forderungen aus Lieferungen und Leistungen, andere Forderungen sowie Vorräte unterteilt, das Anlagevermögen in Finanzanlagen, Sachanlagen und immaterielle Anlagen.

³ Das Fremdkapital wird in Schulden aus Lieferungen und Leistungen, andere kurzfristige Verbindlichkeiten, langfristige Verbindlichkeiten und Rückstellungen unterteilt, das Eigenkapital in Aktienkapital, gesetzliche und andere Reserven sowie in einen Bilanzgewinn.

⁴ Gesondert angegeben werden auch das nicht einbezahlte Aktienkapital, die Gesamtbeträge der Beteiligungen, der Forderungen und der Verbindlichkeiten gegenüber anderen Gesellschaften des Konzerns oder Aktionären, die eine Beteiligung an der Gesellschaft halten, die Rechnungsabgrenzungsposten sowie ein Bilanzverlust.

III. Bilan; structure minimale

¹ Le bilan fait état de l'actif circulant et de l'actif immobilisé, des fonds étrangers et des fonds propres.

² L'actif circulant se subdivise en liquidités, créances résultant de ventes et de prestations de services, autres créances et stocks; l'actif immobilisé, en immobilisations financières, corporelles et incorporelles.

³ Les fonds étrangers se subdivisent en dettes sur achats et prestations de services, autres dettes à court terme, dettes à long terme et provisions pour risques et charges; les fonds propres en capital-actions, réserves légales et autres réserves, et en bénéfice résultant du bilan.

⁴ Sont également indiqués séparément la part non libérée du capital-actions, le montant global des participations, des créances et des dettes envers d'autres sociétés du groupe ou envers les actionnaires qui détiennent une participation dans la société, les comptes de régularisation et le déficit résultant du bilan.

III. Bilancio; articolazione minima

¹ Il bilancio indica l'attivo circolante e l'attivo fisso, il capitale estraneo e il capitale proprio.

² L'attivo circolante va suddiviso in liquidità, crediti risultanti da forniture e prestazioni, altri crediti e scorte; l'attivo fisso, in investimenti finanziari, impianti materiali e investimenti immateriali.

³ Il capitale estraneo va suddiviso in debiti per forniture e prestazioni, altri debiti a breve termine, debiti a lungo termine e accantonamenti; il capitale proprio, in capitale azionario, riserve legali e altre riserve, come pure nell'utile risultante dal bilancio.

⁴ Vanno parimenti indicati in modo separato il capitale azionario non versato, l'ammontare globale delle partecipazioni, dei crediti e dei debiti nei confronti di altre società del gruppo o di azionisti che detengono una partecipazione nella società, i ratei e risconti e la perdita risultante dal bilancio.

Literatur

Vgl. die Literaturhinweise zu Art. 660.

I. Allgemeines

Gleich wie bei der Erfolgsrechnung (Art. 663) gelangen auch bei der **Bilanz Mindestgliederungsvorschriften** zur Anwendung. Danach hat die Bilanz aktivseitig das Umlaufvermögen (**UV**) und das Anlagevermögen (**AV**) gesondert auszuweisen sowie passivseitig das Fremd- (**FK**) sowie das Eigenkapital (**EK**) (Abs. 1). Eine Reihenfolge ist dadurch allerdings nicht vorgegeben, womit das Anlagevermögen durchaus auch vor dem Umlaufvermögen aufgeführt werden kann, wie dies in anlageintensiven Unternehmen oft der Fall ist (HWP I 76).

Diese Vorschriften stehen im Zusammenhang mit den Grundsätzen der **Klarheit,** der **Vollständigkeit** und des **Verrechnungsverbots.** Sie bezwecken eine erhöhte Transparenz (FORSTMOSER, ZSR 1992 I 12) und eine bessere Vergleichbarkeit der Unternehmen untereinander. Zudem stellen sie einen wichtigen Faktor zur zuverlässigen Beurteilung der Vermögens- und Ertragslage einer Gesellschaft dar.

II. Mindestgliederung der Bilanz

Die vier Positionen **UV** und **AV** sowie **FK** und **EK** sind gesondert auszuweisen und überdies gesetzlich zwingend weiter aufzugliedern (Art. 663a Abs. 2 und 3; zur Gliederung s. Art. 958; HWP I 76 ff.).

1. Aktiven: Umlauf- und Anlagevermögen

a) Gliederungsvorschriften

Das UV ist mindestens in **flüssige Mittel, Forderungen aus Lieferungen und Leistungen, andere Forderungen** und **Vorräte** zu gliedern. **Aktive Rechnungsabgrenzungsposten,** wie beispielsweise noch nicht verbuchte ausstehende Zinsguthaben aus gewährten Darlehen, sind zu verbuchen und getrennt auszuweisen.

Ein getrennter Ausweis wird für **Forderungen gegenüber Konzerngesellschaften** verlangt. Konzerngesellschaften umfassen Mutter-, Tochter- und Schwestergesellschaften (HWP I 135 f.). Zusätzlich sind **Forderungen gegenüber Aktionären mit Beteiligungen** auszuweisen, wobei stimmberechtigte Anteile von 20 Prozent und mehr als Beteiligungen gelten (Art. 665a Abs. 2 und 3). Hierbei ist massgebend, welche Beteiligungsverhältnisse per Bilanzstichtag bestehen.

Basierend auf dem Grundsatz der Klarheit der Angaben (Art. 662a Abs. 2) sind Forderungen gegenüber Konzerngesellschaften einerseits und Forderungen gegenüber Aktionären mit Beteiligungen andererseits nicht zusammengefasst auszuweisen.

4b Die beiden Kategorien «**Forderungen aus Lieferungen und Leistungen**» sowie «**Andere Forderungen**» weisen somit je die drei Untergruppen auf:

Forderungen gegenüber Konzerngesellschaften,

Forderungen gegenüber Aktionären mit einer Beteiligung und

Forderungen gegenüber Dritten (HWP I 76 f.; a.M. FORSTMOSER/MEIER-HAYOZ/NOBEL, § 51 N 120 die jeweils Forderungen gegenüber Konzerngesellschaften und Aktionären mit Beteiligungen zusammen ausweisen).

4c Für konsolidierte Bilanzen sind keine zusätzlichen Angaben im Gesetz enthalten. Die Interpretation der allgemeinen Grundsätze führt zu einer geringfügig veränderten Gliederung (ZENHÄUSERN/BERTSCHINGER, 142).

5 Beim **AV** sind die **Finanzanlagen**, die **Sachanlagen**, die **immateriellen Anlagen** sowie das **nicht einbezahlte Aktienkapital** je gesondert auszuweisen.

6 Des Weiteren müssen innerhalb der **Finanzanlagen** die **Gesamtbeträge der Beteiligungen**, die **Forderungen gegenüber anderen Gesellschaften des Konzerns** sowie **gegenüber Aktionären** mit einer Beteiligung je separat ausgewiesen werden. Weitere Finanzanlagen können in einer Position «**Andere Finanzanlagen**» gezeigt werden (HWP I 76 f.).

7 Ebenso müssen innerhalb der **immateriellen Anlagen** die Positionen **Gründungs-, Kapitalerhöhungs- und Organisationskosten** separat ausgewiesen werden, falls sie aktiviert werden (Art. 664). Alle weiteren immateriellen Anlagen können unter **anderen immateriellen Anlagen** gezeigt werden (HWP I 77).

8 Ein **Bilanzverlust** kann getrennt auf der Aktivseite oder als Minusposition im Eigenkapital gezeigt werden, wobei der zweiten Variante der Vorzug gegeben wird, da es sich nicht um ein Aktivum, sondern um einen Korrekturposten innerhalb des Eigenkapitals handelt (HWP I 238).

9 Abgrenzungskriterien zwischen **UV** und **AV** werden vom Gesetzgeber selbst nicht vorgegeben. Diese soll gemäss Botschaft (Botschaft AG, 889) der Lehre überlassen werden. Ein zentrales Abgrenzungskriterium stellt die beabsichtigte Nutzungsdauer dar. Aktiven, deren längerfristige, überjährige Nutzung beabsichtigt ist, werden dem AV zugeordnet (BOEMLE, 297, 317 f.). Darunter fallen typischerweise Aktiven, die der Leistungserstellung dienen. Aktiven, deren Veräusserung innerhalb eines Jahres geplant ist, werden dem Umlaufvermögen zugeordnet. Die Einjahresgrenze entspricht der verbreiteten Auffassung in der Schweizer Rechnungslegungspraxis (DELLMANN, 90; HWP I 122).

2. Passiven: Fremd- und Eigenkapital

a) Gliederungsvorschriften

10 Das Fremdkapital ist mindestens in Schulden aus Lieferungen und Leistungen, andere kurzfristige Verbindlichkeiten, langfristige Verbindlichkeiten und Rückstellungen zu unterteilen. Verbindlichkeiten, deren Rückzahlung am Zeitpunkt der Bilanzerstellung nicht innerhalb eines Jahres geplant sind, sind als langfristig zu qualifizieren (HWP I 122).

11 **Verbindlichkeiten gegenüber Konzerngesellschaften** oder **Verbindlichkeiten gegenüber Aktionären,** die eine Beteiligung an der Gesellschaft halten, sind getrennt auszuweisen. Gemäss dem Grundsatz der Klarheit der Rechnungslegung (Art. 662a Abs. 2) wird vorgeschlagen, dass nach Verbindlichkeiten aus Lieferungen und Leistungen, anderen kurzfristigen Verbindlichkeiten sowie langfristigen Verbindlichkeiten und weiter nach Verbindlichkeiten gegenüber Konzerngesellschaften, Verbindlichkeiten gegenüber Aktionären mit Beteiligungen und Verbindlichkeiten gegenüber Dritten unterteilt wird (HWP I 76 f.; **a.M.** FORSTMOSER/MEIER-HAYOZ/NOBEL, § 51 N 120, die jeweils Verbindlichkeiten gegenüber Konzerngesellschaften und Aktionären mit Beteiligungen zusammen ausweisen).

Das Eigenkapital (EK) ist in Aktienkapital (AK), Partizipationskapital (PS) sowie gesetzliche und andere Reserven und in den Bilanzgewinn/-verlust aufzuteilen (DELLMANN, 116 ff.). Innerhalb der gesetzlichen Reserven sind allgemeine Reserven, Reserven für eigene Aktien und Aufwertungsreserven zu unterteilen (HWP I 78). 12

b) Abgrenzung von Fremd- und Eigenkapital

Der Gesetzgeber nennt keine Abgrenzungskriterien zwischen **FK** und **EK**. Im Einzelfall kann die Abgrenzung jedoch von zentraler Bedeutung und durchaus problematisch sein. Aus wirtschaftlicher Sicht können Zwischenformen von FK oder EK vorliegen, etwa **EK-ersetzende Darlehen,** was steuerlich oft mit verdecktem Eigenkapital bezeichnet wird oder Darlehen, deren Höhe der Verzinsung gewinnabhängig ist. 13

Im Einzelnen ist zur Abgrenzung von der von den Parteien gewählten zivilrechtlichen Gestaltung und ihrem subjektiven Willen auszugehen und nicht von einer wirtschaftlichen Sichtweise (BGE 121 III 319). Fremdkapital liegt demnach immer dann vor, wenn die Causa der Kapitalhingabe in Darlehens- oder anderen vertraglichen Beziehungen liegt und nicht in der Eigenschaft als Gesellschafter. Insbesondere sind die steuerlichen Kriterien zur Erfassung von verdecktem EK als Grundlage einer handelsrechtlichen Umqualifizierung von FK in EK nicht massgebend (VON GREYERZ, Kapitalersetzende Darlehen, in: FS VISCHER, 1983, 552 hält sich bei seiner Argumentation an den «Drittmannstest», ein dem Steuerrecht entnommener Begriff. Dieser ist für das Handelsrecht jedoch abzulehnen).

Eine zivilrechtliche Umqualifizierung von FK zu EK und umgekehrt hat weit reichende Folgen (Verzinsung vs. Gewinnausschüttung, Rückzahlung vs. Kapitalherabsetzung, Berechnungen gemäss Art. 725 Abs. 1 und 2 etc.; s. VON GREYERZ, a.a.O., 547 ff.) 13a

III. Darstellung der Bilanz

Die Bilanz kann wie die Erfolgsrechnung in **Konto-** oder **Staffelform** dargestellt werden. 14

Dabei werden die Aktiven üblicherweise, jedoch nicht zwingend, nach «abnehmender Liquidierbarkeit und zunehmender Bindungsdauer» (DELLMANN, 83) sowie die Passiven mit dem FK beginnend bilanziert (BOEMLE, 288 ff.). 15

IV. Einzelne Positionen der Bilanz

1. Umlaufvermögen

a) Flüssige Mittel

Die Position **«Flüssige Mittel»** umfasst den **Kassenbestand,** die **Postguthaben,** die **Bankguthaben** (Kontokorrent, kurzfristig kündbare Bankeinlagen sowie kurzfristige 16

Festgelder, wobei die Kurzfristigkeit bei maximal sechs Monaten zu begrenzen ist (HWP I 123) sowie die **Checks** (HWP I 123 f.; BOEMLE, 297 f.; DELLMANN, 90 f.).

b) Wertschriften

17 Die gesonderte Aufführung der **Wertschriften** ist nach den gesetzlichen Mindestgliederungsvorschriften nicht ausdrücklich verlangt. Aus dem allgemeinen Grundsatz, die Jahresrechnung so darzustellen, dass die Vermögens- und Ertragslage der Gesellschaft möglichst zuverlässig beurteilt werden kann, folgt aber die Empfehlung zur separaten Bilanzierung der Wertschriften im Umlaufvermögen, da sie den flüssigen Mitteln nur bedingt zugeordnet werden können (DELLMANN, 91 f.).

18 Der Begriff **Wertschriften** deckt sich nicht mit dem obligationenrechtlichen Begriff der **Wertpapiere** (Art. 965 ff.). Einerseits ist er enger, da Wertpapiere auch unter die Bilanzposition Beteiligungen fallen können, andererseits ist er weiter, weil auch nicht in Wertpapierform verbriefte Rechte unter der Position «Wertschriften» aufzuführen sind. Im Einzelnen sind die Wertschriften von den **Beteiligungen** abzugrenzen. Letztere sind nach Art. 665a definiert. Zudem ist zu beachten, dass die Wertschriften sowohl dem UV als auch dem AV zugeordnet werden können. Dienen sie als Liquiditätsreserve oder ist ihre Veräusserung innerhalb eines Jahres beabsichtigt, ist die Bilanzierung im UV zwingend (HWP I 193).

19 Somit gehören zum Wertschriftenbestand Wertpapiere, aber auch etwa andere Anteile an Gesellschaften, denen kein Wertpapiercharakter zukommt sowie weitere handelbare Urkunden und Rechte (weitere Aufzählung s. HWP I 186 f.; BOEMLE, 298 ff.; DELLMANN, 91 f.). Eigene Aktien können der Bilanzposition Wertschriften zugewiesen werden, ein getrennter Ausweis in der Bilanz ist nicht erforderlich (HWP I 196).

c) Forderungen aus Lieferungen und Leistungen

20 Gemäss Botschaft (Botschaft AG, 889) handelt es sich bei den **Forderungen aus Lieferungen und Leistungen** um so genannte Kundenguthaben oder Debitoren, also um die aus der betrieblichen Tätigkeit resultierenden Forderungen.

21 Daraus folgt, dass unter der Position der Forderungen aus Lieferungen und Leistungen bloss die betrieblichen (Art. 663 Abs. 1) Forderungen auszuweisen sind, um derart die fakturierten und noch nicht bezahlten betrieblichen Umsätze am Jahresende offen zu legen (HWP I 129 f.; BOEMLE, 309 f.; DELLMANN, 92 f.). Forderungen aus nicht-betrieblichen oder ausserordentlichen Leistungen sind unter der Position «Andere Forderungen» zu verbuchen.

22 Separat auszuweisen sind auch die Forderungen gegenüber anderen Gesellschaften des Konzerns und Aktionären, die eine Beteiligung an der Gesellschaft halten (Abs. 4).

23 Forderungen, die nicht in diese beiden Kategorien fallen, sind unter Forderungen aus Lieferungen und Leistungen gegenüber Dritten auszuweisen (HWP I 76 f.).

d) Forderungen gegenüber anderen Gesellschaften des Konzerns oder Aktionären, die eine Beteiligung an der Gesellschaft halten.

24 Das entscheidende Merkmal und damit auch Abgrenzungskriterium der Bilanzposition **«Forderungen gegenüber anderen Gesellschaften des Konzerns oder Aktionären, die eine Beteiligung an der Gesellschaft halten»** liegt in der Person des Schuldners. Es handelt sich dabei um eine qualifiziert nahe stehende Person. Qualifiziert nahe stehend deshalb, weil nicht etwa die Forderungen gegenüber allen Aktionären separat aus-

zuweisen sind, sondern nur solche gegenüber Konzerngesellschaften i.S.v. Art. 663e sowie von Aktionären, die eine Beteiligung i.S.v. Art. 665a an der Gesellschaft halten (HWP I 135).

Bei mehrstufigen Konzernen wird davon ausgegangen, dass auch Gesellschaften in «höheren Konzernstufen und benachbarten Teilkonzernen» (HWP I 136) sowie deren Aktionäre mit Beteiligungen einbezogen werden müssen. **25**

Die Motivation des Gesetzgebers, für solche Forderungen einen gesonderten Ausweis in der Bilanz zu verlangen, bestand in der Verstärkung des Schutzes des Verbots der **Einlagerückgewähr** (Art. 680 Abs. 2; Botschaft AG, 889). Falls ein Abschluss zur Konsolidierung verwendet wird, müssen Konzernbeziehungen jedenfalls getrennt ausgewiesen werden, damit sie im Rahmen der Konsolidierung eliminiert werden können. Die Offenlegung der Abhängigkeit von Konzerngesellschaften gibt allfälligen Minderheitsaktionären Informationen betreffend Klumpenrisiken gegenüber dem Konzern (HWP I 135 f.). **26**

Die Gliederung gemäss Abs. 2 findet auch Anwendung auf die Forderungen gegenüber anderen Gesellschaften des Konzerns oder Aktionären mit einer Beteiligung gemäss Abs. 4. Entsprechend sind diese auch in Forderungen aus Lieferungen und Leistungen und andere Forderungen zu unterteilen. **27**

e) Andere Forderungen

Unter die Position «**Andere Forderungen**» sind all diejenigen Forderungen zu subsumieren, die nicht unter eine andere gesondert auszuweisende Bilanzposition fallen (HWP I 133). **28**

Zu denken ist etwa an kurzfristige Darlehen, Forderungen gegenüber der Steuerverwaltung oder gegenüber Sozialversicherungen sowie an Forderungen gegenüber dem Personal (HWP I 133 ff.). **29**

f) Vorräte

Unter die Bilanzposition «**Vorräte**» fallen Roh-, Halb- und Fertigfabrikate, die Betriebs- und Hilfsstoffe und Waren (HWP I 140 ff.; BOEMLE, 312 ff.; DELLMANN, 93 ff.). Eine Unterteilung der Position Vorräte ist nicht vorgeschrieben. Zusätzliche Angaben sind möglich, sollten aber basierend auf dem Grundsatz der Klarheit und Wesentlichkeit im Anhang gemacht werden (HWP I 76). **30**

Bei einem Auftragsfertiger oder einem Dienstleistungsunternehmen können die **angefangenen Arbeiten** das Äquivalent zu den Vorräten darstellen. **31**

g) Übriges Umlaufvermögen

Bei der Position «**Übriges UV**» handelt es sich um eine Sammelposition, der jegliches UV zuzuweisen ist, das nicht gesondert ausgewiesen wird. **32**

Obwohl diese Position nach den gesetzlichen Mindestgliederungsvorschriften nicht gefordert ist, dürfte sie im Allgemeinen aufgrund von Art. 662a Abs. 1 geboten sein, sofern sich spezifische Sachverhalte nicht in die gesetzlich vorgeschriebenen Kategorien einordnen lassen. **33**

h) Rechnungsabgrenzungsposten

34   Bei Bedarf sind aktive **Rechnungsabgrenzungsposten** zu bilden. Diese Rechnungsabgrenzungsposten werden vom Gesetz systematisch getrennt vom übrigen UV (Art. 663a Abs. 2 und 4). Entsprechend müssen sie auch zwingend separat ausgewiesen werden (BOEMLE, 310 ff.)

Sie werden auf den Bilanzstichtag ermittelt, sind kurzfristiger Natur und dienen der periodengerechten Abgrenzung des Aufwandes und Ertrages in der Erfolgsrechnung (HWP I 167).

35   Sie umfassen **transitorische Aktiven** sowie **antizipative Aktiven.** Erstere werden als Korrekturposten gebildet, für Ausgaben des alten Jahres, deren Nutzen für die Gesellschaft aber ins neue Jahr fällt, wie vorausbezahlte Mieten und Versicherungen. Antizipative Aktiven hingegen stellen Leistungen dar, die das Unternehmen erbracht, aber noch nicht erfolgswirksam verbucht, bzw. in Rechnung gestellt hat, wie Zinsguthaben für gewährte Darlehen, noch nicht erhaltene Mietzinszahlungen für das vergangene Geschäftsjahr etc. (HWP I 167 ff.; BOEMLE, 310 ff.; DELLMANN, 103 ff.).

2. Anlagevermögen

a) Sachanlagen

36   Unter **Sachanlagen** werden die dem betrieblichen Leistungserstellungsprozess dienenden Güter des materiellen AV verstanden (HWP I 169; BOEMLE, 319 ff.).

37   Insbesondere sind **Grundstücke, Gebäude, Mobilien** (wie Werkzeuge, Fahrzeuge, Geschäftsausstattungen, Büromobiliar etc.) und **Maschinen** den Sachanlagen zuzuordnen.

b) Finanzanlagen

38   **Finanzanlagen** sind langfristige Investitionen in Forderungen (Darlehen), Wertpapiere, am Finanzmarkt handelbare Rechte, Beteiligungen etc. (HWP I 186 ff.; BOEMLE, 332 ff.). Sie unterscheiden sich gemäss DELLMANN, 95, von Sachanlagen und immateriellen Anlagen dadurch, «dass mit dem in ihnen gebundenen Kapital in fremden Unternehmen und Investitionsprojekten gewirtschaftet wird».

39   Gesetzlich zwingend sind die Finanzanlagen in **Beteiligungen** i.S.v. Art. 665a und andere **Finanzanlagen** zu unterteilen.

40   Zudem sind die langfristigen Forderungen gegenüber anderen Gesellschaften des Konzerns und Aktionären, die eine Beteiligung i.S.v. Art. 665a an der Gesellschaft halten, gesondert auszuweisen.

c) Immaterielle Anlagen

41   Zu den **immateriellen Anlagen** gehören die identifizierbaren Vermögensobjekte wie z.B. Konzessionen, Schutzrechte, Handelsmarken, Nutzungsrechte, Lizenzen, Franchising, Software sowie Forschungs-und Entwicklungskosten (BOEMLE, 335 ff.). Ebenfalls dazu gehört der Goodwill, auch Firmen- oder Geschäftswert genannt, welcher den Mehrbetrag darstellt, um den der Ertragswert bzw. der Kaufpreis des Unternehmens den Gesamtwert aller aktivierten Vermögenswerte abzüglich der Schulden übersteigt. Goodwill lässt sich erklären durch nicht bilanzierungsfähige Vermögenswerte wie z.B. überdurchschnittliche Ertragskraft, positive Zukunftserwartungen, Kundenstamm, Know-how, Ruf der Unternehmung, Qualität der Mitarbeiter und des Managements so-

wie einer effizienten Organisation. Wurde dieser Mehrwert selbst geschaffen, so spricht man vom **originären Goodwill,** welcher nicht aktivierungsfähig ist. Ist hingegen der Goodwill durch den Erwerb des Unternehmens entstanden, handelt es sich um derivativen Goodwill, welcher aktivierungsfähig ist (DELLMANN, 98 ff.).

Im Einzelabschluss bildet der **derivative Goodwill** bei Share Deals integraler Bestandteil der Position Beteiligung. Nur bei Asset Deals wird der Erwerber den Goodwill als separate Position im Einzelabschluss erfassen (TSCHÄNI, 13, 132). Im konsolidierten Abschluss hingegen wird im Rahmen der konzerninternen Eliminationen das Eigenkapital der Beteiligung mit dem Kaufpreis verrechnet. Eine allfällige verbleibende aktive Differenz wird im immateriellen Anlagevermögen immer getrennt als **Goodwill** ausgewiesen (HWP I 182 ff.).

Bezüglich des Goodwills als Sammelbegriff für verschiedenste Arten von immateriellen Rechten ist lediglich der derivativ erworbene Goodwill aktivierungsfähig, nicht aber der originäre selbst erarbeitete (HWP I 184; BK-KÄFER, Art. 960 N 282). **42**

3. Weitere Aktivpositionen

a) Gründungs-, Kapitalerhöhungs- oder Organisationskosten

Nach Art. 664 dürfen **Gründungs-, Kapitalerhöhungs- oder Organisationskosten,** die aus der Errichtung, der Erweiterung oder der Umstellung des Geschäfts entstehen, bilanziert werden. Der Bilanzierende hat somit ein eng begrenztes Aktivierungswahlrecht bezüglich Aufwendungen, die im Zuge des Geschäftsaufbaues entstehen (HWP I, 185; BOEMLE, 344 ff.; DELLMANN, 98 ff.; s. weitere Ausführungen bei Art. 664). **43**

Die Gründungs-, Kapitalerhöhungs- und Organisationskosten sind gesondert innerhalb der immateriellen Anlagen auszuweisen (HWP I 186; FORSTMOSER/MEIER-HAYOZ/NOBEL § 51 N 120; **a.M.** BOEMLE, 344 ff., der einen von den immateriellen Anlagen getrennten Ausweis als notwendig erachtet, nämlich als aktivierter Aufwand. Dieser Position fehlt grundsätzlich der Charakter eines eigentlichen Vermögenswertes und wird somit oftmals «Bilanzierungshilfe» genannt). **44**

b) Nicht einbezahltes Aktien- oder PS-Kapital

Das **nicht voll einbezahlte Aktien- oder PS-Kapital** ist separat in der Bilanz als Aktivum auszuweisen (BOEMLE, 348 f.; DELLMANN, 100 f.). Dieser offene Ausweis dient der Klarheit sowie insb. der Vollständigkeit, indem damit dem Bilanzleser die Information vermittelt wird, dass das Haftungssubstrat AK der Gesellschaft erst teilweise zur Verfügung steht. **45**

c) Bilanzverlust

Ein **Bilanzverlust,** als Resultat aus dem Jahresverlust oder aus Vorjahresverlusten, ist separat auszuweisen, entweder auf der Aktivseite oder als Minusposition im Eigenkapital, wobei die zweite Variante klar favorisiert wird (HWP I 238). Das effektiv übrig bleibende Eigenkapital ist dadurch direkt ersichtlich. **46**

Die GV hat zu entscheiden, ob der Bilanzverlust beim Vorhandensein genügender Reserven mit solchen ganz oder teilweise verrechnet oder ob er offen vorgetragen werden soll (HWP I 238). **47**

4. Fremdkapital

a) Kurzfristiges Fremdkapital

aa) Schulden aus Lieferungen und Leistungen

48 **Schulden aus Lieferungen und Leistungen** sind kurzfristige Zahlungsverpflichtungen, Kreditoren, resultierend aus der betrieblichen Tätigkeit (HWP I 210; BOEMLE, 351 f.; DELLMANN, 107).

49 Die Schulden aus Lieferungen und Leistungen werden in solche gegenüber Konzerngesellschaften, gegenüber Aktionären mit einer Beteiligung und gegenüber Dritten unterteilt (HWP I 78).

50–53 *Die Noten 50–53 entfallen.*

bb) Andere kurzfristige Verbindlichkeiten

54 Als **andere kurzfristige Verbindlichkeiten** qualifizieren diejenigen, welche nicht aus Lieferung und Leistung stammen. Dabei ist die Abgrenzung zwischen kurz- und langfristigen Verbindlichkeiten nicht gesetzlich geregelt. Üblicherweise liegt die Grenze bei einer Restlaufzeit von einem Jahr (DELLMANN, 107 ff.). Die anderen kurzfristigen Verbindlichkeiten werden ebenfalls in solche **gegenüber Konzerngesellschaften, gegenüber Aktionären mit einer Beteiligung** und **gegenüber Dritten** unterteilt (HWP I 78).

cc) Rückstellungen

55 **Rückstellungen** sind nach Art. 669 Abs. 1 zu bilden, «um ungewisse Verpflichtungen und drohende Verluste aus schwebenden Geschäften zu decken». Es handelt sich somit einerseits um Verpflichtungen, deren Bestand noch ungewiss ist und andererseits um solche, deren Bestand gewiss, deren Höhe oder Zeitpunkt der Fälligkeit aber noch unklar ist (Botschaft AG, 893; HWP I 215; BOEMLE, 363 ff.; DELLMANN, 111 ff.; BÖCKLI, Aktienrecht, § 8 N 483 ff.).

56 Zudem lässt das Gesetz ausdrücklich die Bildung von Rückstellungen für **Wiederbeschaffungszwecke** zu. Alternativ kann der VR ebenfalls zu Wiederbeschaffungszwecken auf die Auflösung von überflüssig gewordenen Rückstellungen verzichten (Art. 669 Abs. 2). Überflüssige Rückstellungen, die nicht aufgelöst werden, stellen stille Reserven dar und unterscheiden sich von den nach Art. 669 Abs. 1 zu bildenden Rückstellungen. Ebenso sind die Rückstellungen klar von Wertberichtigungen oder Abschreibungen zu unterscheiden, da diese Positionen Korrekturposten zu den Aktiven darstellen (HWP I 215).

57 Nebst den handelsrechtlich zwingenden Rückstellungen (Art. 669 Abs. 1) sowie den Rückstellungen für Wiederbeschaffungszwecke (Art. 669 Abs. 2) darf der VR weitere **Rückstellungen** bloss unter Beachtung der Regeln zur Bildung stiller Reserven bilden (Art. 669 Abs. 3; Botschaft AG, 893; BOEMLE, 367; BÖCKLI, Aktienrecht, § 8 N 500 ff.: Generalrückstellungen für allgemeine Unternehmensrisiken stellen fiktive Verpflichtungen dar, deren Verbuchung unzulässig ist).

dd) Rechnungsabgrenzungsposten

58 Bei Bedarf sind passive **Rechnungsabgrenzungsposten** zu bilden. Diese sind gesondert auszuweisen (BOEMLE, 355 f.).

Passive Rechnungsabgrenzungen können, analog zu den aktiven Rechnungsabgrenzungsposten, unterteilt werden in **transitorische Passiven** und **antizipative Passiven** (HWP I 167; BOEMLE, 355 f.). 59

b) Langfristiges Fremdkapital

Wie oben ausgeführt, ist die Abgrenzung zwischen **kurz-** und **langfristigen Verbindlichkeiten** nicht gesetzlich geregelt und demnach fliessend. In der schweizerischen Rechnungslegungspraxis liegt die Grenze bei einer Restlaufzeit von einem Jahr (HWP I 122; DELLMANN, 109 f.). 60

Unter langfristige Verbindlichkeiten fallen Darlehen, Hypotheken, Obligationenanleihen etc. Langfristige Verbindlichkeiten **gegenüber Gesellschaften des Konzerns** oder **gegenüber Aktionären mit Beteiligungen,** sind gesondert auszuweisen (Abs. 4). Auch sind langfristige Rückstellungen separat auszuweisen (HWP I 220). 61

Note 62 entfällt. 62

5. Eigenkapital

a) Aktienkapital

Das **AK** ist grundsätzlich mit seinem vollen statutarischen und im Handelsregister eingetragenen Nennwert zu bilanzieren (HWP I, 220 ff.; BOEMLE, 375). Nicht eingezahltes AK ist aktivseitig gesondert auszuweisen (s. N 45). 63

Ordentliche und **genehmigte Kapitalerhöhungen** sind zu bilanzieren, sobald sie statutarisch vollzogen und im Handelsregister eingetragen sind. 64

Zudem ist weiteres AK zu bilanzieren, sobald und soweit von einer **bedingten Kapitalerhöhung** im Zuge der Ausübung von Wandel- oder Optionsrechten Gebrauch gemacht wurde (Art. 653 ff.). Nach Art. 653 Abs. 2 erhöht sich das AK nämlich «[...] ohne weiteres in dem Zeitpunkt und Umfang, als diese Wandel- und Optionsrechte ausgeübt und die Einlagepflichten durch Verrechnung oder Einzahlung erfüllt werden». Hier ist demnach nicht auf die Statuten (Art. 653g) oder den erst später vorzunehmenden Handelsregistereintrag (Art. 653h) abzustellen. Diese Anpassungsbuchungen werden sinnvollerweise quartalsmässig oder halbjährlich im Rahmen der entsprechenden Abschlüsse vorgenommen. 65

b) PS-Kapital

Bezüglich **PS-Kapital** ist analog zu verfahren wie bezüglich AK. 66

Das **Genussscheinkapital** ist demgegenüber mangels Nennwert (Art. 657 Abs. 3) nicht als EK zu bilanzieren. Aus Sicht des Grundsatzes der Vollständigkeit sowie zum Zwecke einer möglichst zuverlässigen Beurteilung der Vermögenslage der Gesellschaft ist jedoch zu verlangen, dass das Genussscheinkapital im Anhang zur Bilanz offen gelegt wird (HWP I 224; BOEMLE, 393 f.). 67

c) Gesetzliche Reserven

Unter den Begriff der **gesetzlichen Reserven** fallen die **allgemeinen Reserven** (Art. 671), die **Reserven für eigene Aktien** (Art. 671a) sowie die **Aufwertungsreserven** (Art. 671b; HWP I 225; BOEMLE, 376 ff..; DELLMANN, 126 ff.). 68

69 Soweit vorhanden, müssen sämtliche drei Arten gesetzlicher Reserven gesondert ausgewiesen werden (Art. 659a Abs. 2 für Reserven für eigene Aktien, 670 Abs. 1 für Aufwertungsreserven).

d) Andere Reserven

70 Der Begriff «**Andere Reserven**» umfasst die **statutarischen** sowie die **beschlussmässigen Reserven,** d.h. die von der GV ohne statutarische Grundlage beschlossenen Reserven (HWP I 225 ff.; BOEMLE, 376 ff.; DELLMANN, 131 ff.).

71 Unter die **statutarischen Reserven** fallen die allgemeinen statutarischen Reserven (Art. 672) sowie die in der Praxis noch selteneren statutarischen Reserven zu Wohlfahrtszwecken (Art. 673).

72 Unter die **beschlussmässigen Reserven** fallen die von der GV für Wiederbeschaffungszwecke, aus Rücksicht auf das dauernde Gedeihen des Unternehmens oder zur möglichst gleichmässigen Ausrichtung von Dividenden beschlossenen Reserven (Art. 674 Abs. 2).

Bildet eine Gesellschaft steuerlich anerkannten Arbeitsbeschaffungsreserven, müssen diese getrennt ausgewiesen werden (HWP I 229 f.).

e) Bilanzgewinn

73 Der Begriff des **Bilanzgewinnes** umfasst den Jahresgewinn oder -verlust, zuzüglich den nicht ausgeschütteten oder anderen Reserven zugewiesenen Bilanzgewinn des Vorjahres.

74 Der Bilanzgewinn steht zur **Gewinnausschüttung** zur Verfügung. Zudem können auch beschlussmässige Reserven ausgeschüttet werden, soweit sie zuvor durch GV-Beschluss wieder zu freien Reserven umgewandelt werden, überdies allgemeine Reserven im Rahmen von Art. 671, soweit sie die Hälfte des AK übersteigen (HWP I 429 ff., **a.M.** Botschaft AG, 889, wo ausgeführt wird: «Nur der Bilanzgewinn steht zur Ausschüttung zur Verfügung.»).

V. Banken

75 **Banken** haben ihre Bilanz nach den Spezialbestimmungen des BankG und insb. Art. 25 BankV sowie der Richtlinien der EBK zu den Rechnungslegungsvorschriften der Art. 23–27 BankV zu gliedern (BSK BankG – BERNET/PORTMANN, Art. 6 und BODMER/KLEINER/LUTZ-GEIGER, Art. 6 BankG N 116 ff.).

VI. Rechtsvergleichung

76 Die IFRS enthalten Regeln zur Gliederung der Bilanz, die über die aktienrechtlichen hinausgehen (IAS 1, para. 51 ff.). Grundsätzlich ist eine Unterteilung der Bilanz in kurzfristige und langfristige Positionen gefordert. Für eine solche Unterscheidung werden explizit (IAS 1, para. 57 und para. 60) die anzuwendenden Kriterien aufgeführt. IAS 1, para. 68 nennt die Mindestangaben für die Bilanz. Eine Reihenfolge dieser Mindestangaben ist unter IFRS nicht zwingend.

77 Auch die EU-Jahresabschluss-RL enthält ein detailliertes Gliederungsschema zur **Bilanz,** das bedeutend weiter geht als das aktienrechtliche (Art. 8–21, EU-Jahresabschluss-RL). Zudem werden zu gewissen Positionen erläuternde Ausführungen unterbreitet.

Im Unterschied zur Schweiz, wo im Rahmen der **Kontoform** aktivseitig üblicherweise nach «abnehmender Liquidierbarkeit und zunehmender Bindungsdauer» (DELLMANN, 83) sowie passivseitig nach der Fristigkeit mit dem FK beginnend bilanziert wird, ist dies gemäss EU-Jahresabschluss-RL grundsätzlich umgekehrt (Art. 9 f. EU-Jahresabschluss-RL). 78

Swiss GAAP FER 3 behandelt die Gliederung der Bilanz. Der Detaillierungsgrad liegt zwischen OR und IFRS, mit starker Anlehnung an das OR. Die Mindestangaben sind in Swiss GAAP FER 3, Ziff. 2 und 3 geregelt. Diese gehen weiter als die aktienrechtlichen und beinhalten z.B. eine explizite Trennung zwischen kurz- und langfristigem Fremdkapital. Swiss GAAP FER 3, Ziff. 3 fordert zusätzlich den gesonderten Ausweis von weiteren vorgegebenen Positionen entweder in der Bilanz oder alternativ im Anhang. 79

Art. 663b

IV. Anhang
1. Im Allgemeinen

Der Anhang enthält:

1. den Gesamtbetrag der Bürgschaften, Garantieverpflichtungen und Pfandbestellungen zugunsten Dritter;

2. den Gesamtbetrag der zur Sicherung eigener Verpflichtungen verpfändeten oder abgetretenen Aktiven sowie der Aktiven unter Eigentumsvorbehalt;

3. den Gesamtbetrag der nichtbilanzierten Leasingverbindlichkeiten;

4. die Brandversicherungswerte der Sachanlagen;

5. Verbindlichkeiten gegenüber Vorsorgeeinrichtungen;

6. die Beträge, Zinssätze und Fälligkeiten der von der Gesellschaft ausgegebenen Anleihensobligationen;

7. jede Beteiligung, die für die Beurteilung der Vermögens- und Ertragslage der Gesellschaft wesentlich ist;

8. den Gesamtbetrag der aufgelösten Wiederbeschaffungsreserven und der darüber hinausgehenden stillen Reserven, soweit dieser den Gesamtbetrag der neugebildeten derartigen Reserven übersteigt, wenn dadurch das erwirtschaftete Ergebnis wesentlich günstiger dargestellt wird;

9. Angaben über Gegenstand und Betrag von Aufwertungen;

10. Angaben über Erwerb, Veräusserung und Anzahl der von der Gesellschaft gehaltenen eigenen Aktien, einschliesslich ihrer Aktien, die eine andere Gesellschaft hält, an der sie mehrheitlich beteiligt ist; anzugeben sind ebenfalls die Bedingungen, zu denen die Gesellschaft die eigenen Aktien erworben oder veräussert hat;

11. den Betrag der genehmigten und der bedingten Kapitalerhöhung;

12. Angaben über die Durchführung einer Risikobeurteilung;

13. allenfalls die Gründe, die zum vorzeitigen Rücktritt der Revisionsstelle geführt haben;

14. die anderen vom Gesetz vorgeschriebenen Angaben.

Art. 663b 26. Titel: Die Aktiengesellschaft

IV. Annexe
1. En général

L'annexe contient les informations suivantes:

1. le montant global des cautionnements, obligations de garantie et constitutions de gages en faveur de tiers;

2. le montant global des actifs mis en gage ou cédés pour garantir des engagements de la société, ainsi que des actifs sous réserve de propriété;

3. le montant global des dettes découlant de contrats de leasing non portées au bilan;

4. les valeurs d'assurance-incendie des immobilisations corporelles;

5. les dettes envers les institutions de prévoyance professionnelles;

6. les montants, les taux d'intérêt et les échéances des emprunts obligataires émis par la société;

7. toute participation essentielle à l'appréciation de l'état du patrimoine et des résultats de la société;

8. le montant global provenant de la dissolution des réserves de remplacement et des réserves latentes supplémentaires dissoutes, dans la mesure où il dépasse le montant global des réserves du même genre nouvellement créées, si le résultat économique est ainsi présenté d'une façon sensiblement plus favorable;

9. des indications sur l'objet et le montant des réévaluations;

10. des indications sur l'acquisition, l'aliénation et le nombre des actions propres que détient la société, y compris de celles qui sont détenues par une autre société dans laquelle la première a une participation majoritaire; sont également mentionnées les conditions auxquelles la société a acquis ou aliéné ses propres actions;

11. le montant de l'augmentation autorisée et de l'augmentation conditionnelle du capital;

12. des indications sur la réalisation d'une évaluation du risque;

13. le cas échéant, les motifs qui ont conduit à la démission de l'organe de révision;

14. les autres indications prévues par la loi.

IV. Allegato
1. In generale

L'allegato contiene:

1. l'ammontare globale delle fideiussioni, degli impegni di garanzia e delle costituzioni di pegni a favore di terzi;

2. l'ammontare globale degli attivi costituiti in pegno o ceduti per garantire impegni della società, come pure degli attivi che si trovano sotto riserva di proprietà;

3. l'ammontare globale dei debiti leasing non iscritti nel bilancio;

4. i valori dell'assicurazione contro l'incendio degli attivi fissi;

5. i debiti nei confronti di istituzioni di previdenza;

6. le somme, i saggi d'interesse e le scadenze delle obbligazioni di prestiti emesse dalla società;

7. ogni partecipazione essenziale per l'apprezzamento dello stato patrimoniale e dei risultati d'esercizio della società;

8. l'ammontare globale proveniente dallo scioglimento delle riserve di sostituzione e dalle altre riserve latenti, nella misura in cui eccede l'ammontare globale delle riserve dello stesso genere nuovamente costituite, se il risultato economico così ottenuto è presentato nella sua entità in modo più favorevole;

9. indicazioni sull'oggetto e sull'ammontare delle rivalutazioni;

10. indicazioni sull'acquisto, sull'alienazione e sul numero delle azioni proprie in possesso della società, ivi comprese quelle possedute da una so-

cietà in cui essa ha una partecipazione maggioritaria; da indicare sono altresì le condizioni a cui la società ha acquistato o alienato le proprie azioni;

11. l'ammontare dell'aumento autorizzato e dell'aumento condizionale del capitale;
12. indicazioni sull'esecuzione di una valutazione dei rischi;
13. se del caso, i motivi delle dimissioni anticipate dell'ufficio di revisione;
14. le altre indicazioni prescritte dalla legge.

Literatur

Vgl. die Literaturhinweise zu Art. 660.

I. Allgemeines

1. Anhang als Element der Jahresrechnung

Der **Anhang** bildet neben Bilanz und Erfolgsrechnung das dritte Element der **Jahresrechnung** (Art. 662 Abs. 2). Dabei ist einerseits ein Anhang zum Einzelabschluss zu erstellen und andererseits ein Anhang zur Konzernrechnung, sofern die Gesellschaft nicht von der Pflicht zur Erstellung einer Konzernrechnung befreit ist (Art. 663g Abs. 2).

Die Noten 2 und 3 entfallen.

2. Funktion des Anhanges

Der Anhang dient wie die Gliederungsvorschriften der **Transparenz** (FORSTMOSER, ZSR 1992 I 12). Dem Bilanzleser sollen mehr Informationen unterbreitet werden, als sie aus Bilanz und Erfolgsrechnung hervorgehen. Damit soll die zuverlässige Beurteilung der Vermögens- und Ertragslage einer Gesellschaft erleichtert werden (Art. 662a Abs. 1; HELBLING, ST 1991, 561). In diesem Sinn wird auch empfohlen, im Anhang zusätzlich Angaben zu machen, die über die gesetzlichen Minimalanforderungen hinausgehen (HWP I 87 f., 259 ff.).

Dabei beziehen sich jedoch alle Angaben im Anhang auf die Rechnungslegung. Sie müssen **objektiv, sachlich** und **nachprüfbar** sein (HWP I 87). Geschäftspolitische Erläuterungen gehören in den Jahresbericht.

Als Bestandteil der Jahresrechnung (Art. 662 Abs. 2) unterliegt der Anhang der Prüfungspflicht durch die **RS** (Art. 728 Abs. 1), was die Aussagekraft zusätzlich erhöht.

3. Prinzipien zur Erstellung des Anhanges

a) Ordnungsmässigkeit

Als Bestandteil der Jahresrechnung unterliegt der Anhang den allgemeinen **GoR** (Art. 662a; HWP I 88). Insbesondere sind die Prinzipien der **Vollständigkeit, Klarheit, Wesentlichkeit** und **Stetigkeit** anzuwenden. Zudem sind auch im Anhang die **Vorjahreszahlen** aufzuführen. Dies gilt auch für die freiwilligen Angaben (HWP I 88).

b) Gliederung des Anhanges

Das Gesetz enthält keine Gliederungsbestimmungen bezüglich des Anhanges. Entsprechend ist der Bilanzierende bei der Gestaltung seines Anhanges frei, solange der

Grundsatz der **Klarheit** und **Vollständigkeit** eingehalten wird. Es dürfte sich im Allgemeinen jedoch aufdrängen, den Anhang gemäss der Abfolge der im Gesetz genannten 14 Punkte zu gliedern (s. Gliederungsvorschläge in HWP I 260 f.).

8   Negativbestätigungen für Anhangspositionen, die in der Berichtsperiode nicht relevant sind, sind nicht erforderlich (HWP I 88).

II. Positionen des Anhanges

1. Bürgschaften, Garantieverpflichtungen und Pfandbestellungen zugunsten Dritter

9   Unter den Begriff der **Bürgschaften** zugunsten Dritter fallen insb. solche nach Art. 492 ff. (HWP I 248).

9a Die ausweispflichtigen Garantieverpflichtungen zugunsten Dritter sind vielfältig und umfassen beispielsweise solidarische Haftungen bei Beteiligungen an einfachen Gesellschaften oder Garantien der Muttergesellschaft gegenüber Schuldnern einer Tochtergesellschaft (HWP I 248 ff.). In der Regel nur pro memoria angegeben werden die Solidarverpflichtungen im Zusammenhang mit einer Mehrwertsteuer-Gruppe.

10 Unter den Begriff Pfandbestellungen fallen alle nach Art 793 ff. ZGB (Grundpfand), Art. 884 ff. ZGB (Faustpfand) und Art. 899 ff. ZGB (Pfand an Wertschriften, Forderungen usw.) bestehenden Belastungen, sofern sie zur Sicherung von Verpflichtungen gegenüber Dritten dienen (HWP I 248). Beispielsweise verpfändete Liegenschaften der Muttergesellschaft zur Sicherung eines Bankkredits der Tochtergesellschaft.

11 Beim Pfand ist jeweils der Betrag der möglichen Inanspruchnahme, der «worst case» auszuweisen. Dieser entspricht maximal dem Buchwert des Pfandes (gl.M. BÖCKLI, Aktienrecht, § 8 N 309; BOEMLE, 404 f.; HWP I 249 f.; **a.M.** BERTSCHINGER, 198; HELBLING, ST 1992, 392).

12 Im Anhang zur **Konzernrechnung** sind **Eventualverpflichtungen** nur auszuweisen, wenn sie gegenüber einer nicht konsolidierten Drittgesellschaft bestehen. Solche gegenüber konsolidierten Unternehmen eliminieren sich gegenseitig im Konzernabschluss.

13 Streitig ist, ob die Eventualverpflichtungen im Anhang zusammen als Gesamtbetrag (BÖCKLI, Aktienrecht, § 8 N 310) oder wie nach altem Recht je in einzelnen Kategorien auszuweisen sind (Art. 670 altOR). Gemäss Botschaft (Botschaft AG, 889) entspricht die Ziff. 1 dem alten Art. 670. Entsprechend kann auch davon ausgegangen werden, dass die drei Elemente weiterhin je gesondert auszuweisen sind (HOMBURGER, 49; HWP I 248; BOEMLE, 403; BERTSCHINGER, 197 ff.).

14 Sobald sich Eventualverbindlichkeiten zu eigentlichen Verlustrisiken aktualisieren, ist nach Art. 669 Abs. 1 eine **Rückstellung** zu bilden. Damit kann der gesonderte Ausweis im Anhang weggelassen werden, da nun die Eventualverbindlichkeit als tatsächliche Rückstellung ihren Niederschlag in der Bilanz gefunden hat (HWP I 250 f.; BÖCKLI, Aktienrecht, § 8 N 311; BOEMLE, 403; HELBLING, ST 1992, 392).

2. Verpfändete oder abgetretene Aktiven sowie solche unter Eigentumsvorbehalt

15 Aktiven, die der **Sicherung eigener Verbindlichkeiten** dienen (im Gegensatz zu Sicherheiten zugunsten Dritter gemäss Ziff. 1), können das Haftungssubstrat für die übrigen und die neuen Gläubiger schmälern. Sie sind deshalb im Gesamtbetrag im Anhang aufzuführen. Rechtlich gesehen kann es sich um ein Grund- oder Faustpfand,

eine Sicherungszession oder ein unter Eigentumsvorbehalt erworbenes Aktivum handeln.

Auszuweisen ist der Gesamtbetrag nach Buchwerten der belasteten Aktiven (anders als bei Pfandbestellungen zugunsten Dritter, s. N 11), nicht etwa der Betrag der sichergestellten Verbindlichkeiten oder die Höhe der Sicherstellung (HWP I 251 f.; BÖCKLI, Aktienrecht, § 8 N 312; BOEMLE, 405 f.). Zudem genügt es, die drei Elemente in einem Gesamtbetrag auszuweisen, obwohl aus Sicht der Klarheit wünschenswert wäre, die drei Positionen je einzeln zu nennen (vgl. hingegen N 13; BÖCKLI, Aktienrecht, § 8 N 313; BOEMLE, 405 f.; HELBLING, ST 1992, 392; BERTSCHINGER, 200 f.).

3. Nichtbilanzierte Leasingverbindlichkeiten

Das Gesetz enthält keine klare Regelung zur Bilanzierung von Leasinggeschäften. Überwiegt das Kaufelement, so liegt ein Finanzleasing vor, welches bilanziert werden sollte. Fehlt es an einer Bilanzierung, so sind die nicht bilanzierten Leasingverbindlichkeiten im Anhang auszuweisen. Sämtliche zukünftig anfallenden Zahlungen aus einem Leasingvertrag sind zu quantifizieren und im Anhang auszuweisen. Da es sich um den Ausweis zukünftiger Verbindlichkeiten handelt, scheint es gerechtfertigt, den Ausweis auf diskontierter Basis zuzulassen (weitere Ausführungen HWP I 252 ff., 337 ff.; BÖCKLI, Aktienrecht, § 8 N 243 ff. und § 8 N 315 f.; BOEMLE, 407 f.; HELBLING, ST 1992, 392; BERTSCHINGER, 200 f.), wobei der Diskontierungszinssatz anzugeben ist (HWP I 253).

4. Brandversicherungswerte der Sachanlagen

Die **Brandversicherungswerte** sind Bestandteil des Anhanges. Dabei genügt es, einen Gesamtbetrag für sämtliche versicherten Sachanlagen auszuweisen.

Die Aussagekraft der Brandversicherungswerte ist begrenzt, berücksichtigen sie doch nicht den Marktwert der Sachanlagen. Entsprechend können sie zu Fehlschlüssen bezüglich stiller Reserven führen. Im Weiteren stellt sich im Rahmen der Erstellung des Anhanges das praktische Problem der Beschaffung der Brandversicherungswerte bei Sachanlagen im Ausland (HWP I 254; BÖCKLI, Aktienrecht, § 8 N 317; BOEMLE, 409 f.; HELBLING, ST 1992, 393; BERTSCHINGER, 201).

5. Verbindlichkeiten gegenüber Vorsorgeeinrichtungen

Hierunter fällt als erstes die Offenlegung der reglementarisch geschuldeten Beiträge, falls noch nicht bezahlt. Gemäss Art. 54 ff. über die berufliche Alters-, Hinterlassenen- und Invalidenvorsorge (BVV 2) darf, aufgrund von Sicherheitsüberlegungen, das Vermögen von **Personalvorsorgeeinrichtungen** nur beschränkt und unter bestimmten Voraussetzungen in einer Forderung gegenüber dem Arbeitgeber bestehen. Somit sind zusätzlich solche Verbindlichkeiten des Arbeitgebers im Anhang offen zu legen, was insb. der Stiftungsaufsicht den Einblick erleichtert (HWP I 254 f.; BÖCKLI, Aktienrecht, § 8 N 319; BOEMLE, 410 ff.; HELBLING, ST 1992, 393; BERTSCHINGER, 202).

Über oben genannte Verbindlichkeiten hinaus, kann sich im Falle einer **Unterdeckung der Personalvorsorgeeinrichtung** eine **moralische Verpflichtung** für die Gesellschaft ergeben. Diese ist erst im Anhang anzugeben und in der Regel zu bilanzieren, wenn der Verwaltungsrat einen entsprechenden Entscheid zur überreglementarischen Zahlungen zu Gunsten der unterdeckten Vorsorgeeinrichtung gemacht hat (Weitergehend: BÖCKLI,

Aktienrecht, § 8 N 321). Seit 1.1.2005 kann sich zudem im Falle einer Unterdeckung eine **gesetzliche Verpflichtung** für die Arbeitgeberfirma ergeben, zur Behebung der Unterdeckung beizutragen (Art. 65d Abs. 3 lit. a BVG). Eine solche Verbindlichkeit ist dann gegeben und zu erfassen, wenn ein vom obersten Organ der Vorsorgeeinrichtung rechtmässig beschlossener Massnahmenplan vorliegt, der Sanierungsbeiträge des Arbeitgebers vorsieht.

6. Angaben zu Anleihensobligationen

21 Zu den **Anleihensobligationen** i.S.v. Art. 1156 ff. sind die Beträge, Zinssätze und Fälligkeiten im Anhang je einzeln anzugeben. Im Gegenzug ist es gemäss Botschaft (Botschaft AG, 890) zulässig, die Anleihensobligationen in der Bilanz bis zum Tage ihrer Rückzahlung als langfristige Verbindlichkeit stehen zu lassen (BÖCKLI, Aktienrecht, § 8 N 322 ff.; BOEMLE, 412 f.; HELBLING, ST 1992, 393; **a.M.** HWP I 255).

22 Durch die Belassung im langfristigen FK besteht die Gefahr, dass die Liquiditätskennzahlen zu vorteilhaft berechnet werden, weshalb die zusätzlichen Angaben der Fälligkeiten im Anhang besonders wichtig sind für eine zuverlässige Bilanzanalyse. Es handelt sich hierbei um die einzige Art des Fremdkapitals, für welche der Gesetzgeber eine Aufgliederung nach Fälligkeit und Verzinsung vorsieht (BOEMLE, 413).

7. Beteiligungen

23 Art. 663a Abs. 4 verlangt, dass der Gesamtbetrag der **Beteiligungen** an anderen Gesellschaften i.S.v. Art. 665a Abs. 2 in der Bilanz gesondert ausgewiesen wird. Zusätzlich sind im Anhang einzeln all jene Beteiligungen i.S.v. Art. 665a Abs. 2 aufzulisten, die wesentlich sind zur Beurteilung der Vermögens- und Ertragslage der Gesellschaft. Demnach sind nicht nur Beteiligungen auszuweisen, bei denen 20% oder mehr der stimmberechtigten Anteile gehalten werden, sondern auch solche, die anderweitig wesentlich für die Beurteilung des Vermögens- und Ertragslage der Gesellschaft sind (BÖCKLI, Aktienrecht, § 8 N 325 ff.; BOEMLE, 415 f.; HELBLING, ST 1992, 393).

24 Unter Anwendung der Schutzklausel Art. 663h Abs. 1 OR kann bspw. im Rahmen von laufenden Unternehmensübernahmen vom Ausweis spezifischer neuer Beteiligungen abgesehen werden.

25 Dem Gesetz ist nicht zu entnehmen, welche Informationen zu den im Anhang aufzuführenden Beteiligungen offen zulegen sind. Gemäss Botschaft (Botschaft AG, 890) handelt es sich mindestens um Firma, Zweck, AK und Beteiligungsquote.

8. Nettobetrag der aufgelösten stillen Reserven

26 Die Fragen rund um die Offenlegung **stiller Reserven** in der Jahresrechnung gehörten zu den umstrittensten im Rahmen der parlamentarischen Beratungen des heutigen Aktienrechts (AmtlBull NR 1985, 1711; 1990, 1361; AmtlBull StR 1988, 475). Das Resultat stellt einen Kompromiss dar. Nicht jede Auflösung stiller Reserven ist im Anhang offen zu legen, sondern bloss eine Nettoauflösung, die das erwirtschaftete Ergebnis wesentlich beeinflusst.

27 Der Begriff der **Wesentlichkeit** ist im üblichen Sinne nach Art. 662a Abs. 2 Ziff. 2 zu verstehen (AmtlBull NR 1990, 1361; **a.M.** FORSTMOSER, SZW 1992, 68). BÖCKLI (Aktienrecht, § 8 N 368) ist der Ansicht, dass «[...] jeder Aktiengesellschaft innerhalb der

Bandbreite von 10% und 20% [...]» des erwirtschafteten Ergebnisses ein Ermessensspielraum einzuräumen sei.

Die Bedeutung des Begriffes des **erwirtschafteten Ergebnisses** ist unklar. Hierauf wurde schon früh von verschiedenen Seiten aufmerksam gemacht (SCHULTZ, ST 1989, 88; TREUHAND-KAMMER, in ihrem Schreiben vom 4.1.1989 an die nationalrätliche Kommission «Aktienrechtsreform»). Es dürfte wohl am ehesten zutreffen, unter dem Begriff des erwirtschafteten Ergebnisses den in der Erfolgsrechnung ausgewiesenen Jahresgewinn zu verstehen, allerdings unter Berücksichtigung gewisser relativierender Aspekte, wie etwa die Grösse von ausserordentlichen Positionen oder den Trend der Rentabilität (BÖCKLI, Aktienrecht, § 8 N 369). 28

Als stille Reserven qualifizieren sich, für die hier zu beurteilende Frage, die **Wiederbeschaffungsreserven** (Art. 669 Abs. 2) sowie die stillen **Verwaltungs-** oder **Willkürreserven,** nicht aber die stillen **Zwangsreserven** (solche fallen unter Art. 663b Ziff. 9). Stille Zwangsreserven entstehen, wenn der Marktwert über den gesetzlichen Höchstbewertungsvorschriften liegt, was beispielsweise bei Liegenschaften häufig der Fall ist. Stille **Ermessensreserven** fallen ebenfalls nicht darunter, da sie lediglich auf einer extensiven Auslegung des Vorsichtsprinzips basieren, indem bspw. bei Schadenersatzforderungen nicht der wahrscheinlichste, sondern der schlechtest mögliche Fall zurückgestellt wird. 29

Auszuweisen ist der **Nettoüberschuss** aller im Geschäftsjahr aufgelösten Wiederbeschaffungsreserven sowie Willkür- oder verwaltungsreserven, abzüglich aller derartigen im gleichen Jahr gebildeten Reserven. Hierzu ist ein Bestandesvergleich dieser stillen Reserven zwischen Beginn und Ende des Geschäftsjahres vorzunehmen (nebst der zwingenden Bestandsaufnahme und Mitteilungspflicht aller stillen Reserven nach Art. 669 Abs. 4). Nicht gefordert ist die Offenlegung der Information, auf welchen Bilanzpositionen stille Reserven gebildet oder aufgelöst wurden. Die Aufführung eines Nettogesamtbetrages genügt (HWP I 256 f.; BÖCKLI, Aktienrecht, § 8 N 363 ff.; BOEMLE, 416 ff.; HELBLING, ST 1992, 394; BERTSCHINGER, 204 f.). 30

9. Aufwertungen

Bei **Aufwertungen** von **Liegenschaften** und **Beteiligungen** zwecks Beseitigung einer **Unterbilanz** nach Art. 670 sind der Gegenstand, der Betrag und der Zeitpunkt jeder einzelnen Aufwertung im Anhang anzugeben. Die Aufwertung ist mindestens so lange im Anhang aufzuführen, wie die Aufwertungsreserve in der Bilanz (Art. 671b) auszuweisen ist, allenfalls aber auch länger, falls die Aufwertungsreserve z.B. in AK umgewandelt wird, das Aktivum jedoch immer noch zu einem über den Anschaffungs- oder Herstellungskosten liegenden Wert aktiviert bleibt (gl.M. HELBLING, ST 1992, 393; **a.M.** BÖCKLI, Aktienrecht, § 8 N 329 FN 559). 31

Irrelevant sind alle Aufwertungen, die nicht über die Anschaffungs- oder Herstellungskosten hinausgehen (HWP I 382 f.; BOEMLE, 422 ff.; HELBLING, ST 1992, 393; BERTSCHINGER, 207 f.). Allenfalls sind diese Bestandteile der Ausweispflicht gemäss Art. 663b Ziff. 8. BÖCKLI (Aktienrecht, § 8 N 330) regt allerdings an, dass solche Wiederaufwertungen freiwillig hierunter offen gelegt werden könnten. 32

10. Eigene Aktien

33 Im Anhang sind detaillierte Angaben zu eigenen Aktien zu machen. So ist die Anzahl der von der Gesellschaft gehaltenen eigenen Aktien anzugeben.

34 Zudem sind die Bedingungen offen zu legen, zu welchen die Gesellschaft die eigenen Aktien erworben oder veräussert hat. Gleiches gilt auch für eigene Aktien, die von einer mehrheitlich beherrschten Tochtergesellschaft gehalten werden (Art. 659b Abs. 3).

35 Diese Information bezweckt, Stimmrechtsverhältnisse an der GV richtig einschätzen zu können (eigene Aktien sind stimmrechtslos: Art. 659a Abs. 1) sowie anhand der Kaufs- und Verkaufskonditionen den Grundsatz der **Gleichbehandlung** aller Aktionäre und die gesetzlichen Grenzen des Erwerbs eigener Aktien überprüfen zu können (Art. 659).

36 Als Grundsatz gilt, dass jede Transaktion mit Datum, Anzahl Titel, Titelkategorie und Bedingungen aufzuführen ist. Nicht abschliessend geklärt ist jedoch die Frage, inwiefern gestützt auf das **Wesentlichkeitsprinzip** Vereinfachungen zulässig sind, insb. bezüglich der Kaufs- und Verkaufsbedingungen. Gerade bei grossen, kotierten Gesellschaften, die regelmässig mit eigenen Aktien handeln, kann die Offenlegung jeder einzelnen Transaktion samt Bedingungen zur praktischen Unmöglichkeit werden.

37 BOEMLE (425) ist der Ansicht, dass die Angabe des Standes eigener Aktien per Jahresbeginn, die Zukäufe pro Titelkategorie zum Durchschnittskurs des ganzen Jahres, die Verkäufe pro Titelkategorie zum Durchschnittskurs des ganzen Jahres und der Schlussstand per Jahresende ausreichend seien. Das HWP vertritt demgegenüber die Ansicht: «Bei grosser Anzahl von Transaktionen mit eigenen Aktien ist auch eine zusammenfassende Darstellung vertretbar (z.B. monatliche Zusammenfassung der Käufe und Verkäufe mit Angabe der durchschnittlich bezahlten Kurse und der bezahlten monatlichen Tiefst- und Höchstkurse)» (HWP I 258).

38 Diese im HWP vorgeschlagene Lösung scheint praktikabel und erfüllt im Allgemeinen die angestrebte Schutzfunktion. Die Gleichbehandlung aller Aktionäre kann durch die Offenlegung der Höchst- resp. Tiefstwerte überprüft werden. Die Stimmenverhältnisse sowie allfällige Fragen im Zusammenhang mit Einlagerückgewähr (Art. 680 Abs. 2) können zudem anhand des Ausweises der Gesamtzahl der gehaltenen eigenen Aktien beurteilt werden (HWP I 257; BÖCKLI, Aktienrecht, § 8 N 332 ff.; BOEMLE, 424 ff.; HELBLING, ST 1992, 395; BERTSCHINGER, 207 f.).

11. Genehmigte und bedingte Kapitalerhöhungen

39 Soweit die GV eine **genehmigte** (Art. 651 ff.) oder **bedingte** (Art. 653 ff.) **Kapitalerhöhung** beschlossen hat, diese jedoch noch nicht durchgeführt ist, schlägt sie sich nicht in der Bilanz nieder. Sie geht bloss aus den Statuten hervor. Diese Diskrepanz ist im Anhang offen zu legen.

40 Im Einzelnen ist der noch nicht ausgeübte Betrag auszuweisen, zudem sollte die Frist, innert welcher die Kapitalerhöhung durchgeführt werden muss oder innert welcher das **Wandel- oder Optionsrecht** auszuüben ist, genannt werden, und es sollten beim bedingten Kapital Details zu den ausgeübten Wandel- oder Optionsrechten genannt werden.

41 Zu beachten ist, dass die im Geschäftsjahr tatsächlich eingetretenen Kapitalerhöhungen im **Jahresbericht** zu nennen sind (Art. 663d Abs. 2; BÖCKLI, Aktienrecht, § 8 N 339 f.; HELBLING, ST 1992, 395; BERTSCHINGER, 208).

12. Angaben über die Durchführung einer Risikobeurteilung

Die Verantwortung für die Risikobeurteilung liegt beim Verwaltungsrat. Dieser ist neu verpflichtet, im Anhang Angaben über die **Durchführung einer Risikobeurteilung** zu machen. Der Revisionsstelle obliegt die Pflicht, diese Angaben des Verwaltungsrats im Rahmen der Prüfung der Jahresrechnung zu testieren. Damit kommt der Risikobeurteilung eine erhöhte Bedeutung zu. Es werden dazu nicht mehr bloss im Jahresbericht Aussagen gemacht, sondern es erfolgt überdies auch eine externe Prüfung und Bestätigung. Im Rahmen von Ziffer 12 des Anhanges wird jedoch nur von Risiken gesprochen, die einen wesentlichen Einfluss auf die Beurteilung der Jahresrechnung haben können, nicht von sämtlichen Risiken (Botschaft RAG, 4036; BÖCKLI, Revisionsstelle und Abschlussprüfung, N 205).

41a

Der Jahresbericht wird von der Revisionsstelle nicht geprüft. Um die Durchführung einer Risikobeurteilung der externen Prüfung zu unterwerfen, sind diesbezügliche Aussagen des Verwaltungsrates im Anhang zu machen. Der bundesrätliche Entwurf (Botschaft RAG, 4023) sah noch vor, die Risikobeurteilung zu einem separaten Prüfungsgegenstand zu machen (E Art. 728a Abs. 1 Ziff. 5). Dies wurde im Rahmen der parlamentarischen Beratung aber fallen gelassen.

41b

Unklarheit besteht, welches Ausmass die Ausführungen des Verwaltungsrates im Anhang annehmen müssen. Genügt es zu bestätigen, dass eine Risikobeurteilung vorgenommen wurde oder braucht es detaillierte Informationen zum Risikomanagement? Gemäss Botschaft hat der Verwaltungsrat Risiken im Zusammenhang mit den sich ständig ändernden Bedingungen im technischen, wirtschaftlichen, sozialen und politischen Umfeld darzulegen (Botschaft RAG, 4036). Daraus folgt, dass ein blosser Hinweis im Anhang auf die erfolgte Risikobeurteilung nicht ausreicht. Vielmehr bedarf es einer **situations- und empfängergerechten** Darlegung der Risikoanalyse, der Einschätzung der Risiken und der getroffenen Massnahmen (BÖCKLI, Revisionsstelle und Abschlussprüfung, 206; ATTESLANDER/CHEETHAM, ST 2007, 36; MOSER/STENZ, ST 2007, 591 ff.). Selbstredend bleiben solche Ausführungen knapp. BÖCKLI (Revisionsstelle und Abschlussprüfung, N 208), will zwischen ordentlicher und eingeschränkt geprüfter Gesellschaft unterscheiden. In Bezug auf Angaben im Anhang zur Risikobeurteilung sieht das Gesetz jedoch keine Differenzierung nach ordentlicher und eingeschränkter Revision vor. Deshalb ist zwar immer der Gesellschaft und ihrem individuellen Risikoprofil angemessen Bericht zu erstatten, eine fixe Unterscheidung zur Berichterstattung zur Risikobeurteilung zwischen ordentlich und eingeschränkt geprüften Gesellschaften ist jedoch abzulehnen.

41c

Mit Blick auf die externe Prüfung besteht Einigkeit darüber, dass die Revisionsstelle keine inhaltliche **Prüfung der Aussagen zur Risikobeurteilung** vorzunehmen hat, also nicht deren Zweckmässigkeit oder Angemessenheit prüft und bestätigt (Botschaft RAG, 4023; BÖCKLI, Revisionsstelle und Abschlussprüfung, N 210). Die formelle Prüfung der Revisionsstelle geht jedoch über die Bestätigung des Vorhandenseins von Angaben hinaus (a.M. ATTESLANDER/CHEETHAM, ST 2007, 32 und 36). Es geht darum, die gemachten Angaben zu verifizieren (BÖCKLI, Revisionsstelle und Abschlussprüfung, N 210), z.B. dass die dargelegte Risikoanalyse tatsächlich erfolgt ist und dass dargelegte Massnahmen tatsächlich getroffen wurden (in diesem Sinne sind wohl auch die Ausführungen zur bloss formellen Prüfung in der parlamentarischen Diskussion zu verstehen). Dabei enthält sich die Revisionsstelle eines Urteils über deren Angemessenheit und Wirksamkeit. Bezüglich anderer Rechtsformen wird für die Rechnungslegung auf die Bestimmungen des Aktienrechts verwiesen. Damit wird auch der Anhang integral erfasst, was bedeutet, dass auch GmbHs, Kommanditaktiengesellschaften, Stiftungen sowie die Kredit- und Versicherungsgenossenschaften eine Risikobeurteilung durchführen,

41d

entsprechende Angaben im Anhang offen legen und durch die Revisionsstelle prüfen lassen müssen. Konzerne müssen einen Anhang sowohl als Bestandteil der Jahresrechnung jeder einzelnen Gesellschaft als auch der Konzernrechnung erstellen. Entsprechend braucht es Aussagen zur Risikobeurteilung sowohl auf Ebene der Einzelgesellschaften als auch auf konsolidierter Ebene. Letztere erfasst damit auch konsolidierte ausländische Tochtergesellschaften und bedarf entsprechender Aussagen samt externer Prüfung.

41e Diese Bestimmung gilt für Geschäftsjahre beginnend am oder nach dem 1.1.2008.

13. Gründe, die zum vorzeitigen Rücktritt der Revisionsstelle geführt haben

41f Neu muss der Verwaltungsrat im Anhang auch die Gründe darlegen, die zum **vorzeitigen Rücktritt der Revisionsstelle** geführt haben. Die Revisionsstelle wird nach Art. 730a für ein bis drei Jahre gewählt, wobei in der Praxis die jährliche Wahl weit verbreitet ist. Tritt die Revisionsstelle somit aus eigenem Antrieb vor Ablauf dieser Frist zurück, so begründet sie dies zuhanden des Verwaltungsrates (Art. 730a Abs. 3), der die Begründung im Anhang offen legen und auch die Generalversammlung vor der Neuwahl einer anderen Revisionsstelle über die Gründe des Rücktritts informieren muss (Botschaft RAG, 4036). Die separate Information der Generalversammlung ist notwendig, weil im Fall eines ausserordentlichen Rücktrittes während der Amtsdauer noch keine Jahresrechnung mit Anhangs vorliegt, die über die Gründe des Rücktritts informiert (Botschaft RAG, 4030).

41g Im Rahmen der allgemeinen Offenlegung nach Art. 697h wird auch der Grund des ausserordentlichen Rücktritts der Revisionsstelle öffentlich gemacht. Zweck dieser Offenlegung ist gemäss Botschaft (Botschaft RAG, 4031) die **Sicherung der Unabhängigkeit der Revisionsstelle.** Es bleibt abzuwarten, ob die Furcht vor der Offenlegung des Grundes für einen ausserordentlichen Rücktritt der Revisionsstelle betroffene Verwaltungsräte tatsächlich zu einem Wechsel in ihrer Haltung zu kritischen Rechnungslegungsfragen bewegen wird.

41h Da es sich bei dieser Bestimmung ausdrücklich um den Bereich des vorzeitigen Rücktritts der Revisionsstelle handelt, müssen keine Gründe im Anhang genannt werden, falls der Verwaltungsrat die Revisionsstelle nach Ablauf ihrer Mandatsdauer nicht erneut zur **Wiederwahl** vorschlägt oder sich diese nicht mehr für eine Wiederwahl zur Verfügung stellt. Gleiches gilt für die Empfehlung des Verwaltungsrates zur Wahl einer anderen Revisionsstelle nach Ablauf der Amtsdauer.

41i Diese Bestimmung gilt für Geschäftsjahre beginnend am oder nach dem 1.1.2008.

14. Andere vom Gesetz vorgeschriebene Angaben

42 Abweichungen vom Grundsatz der **Unternehmensfortführung,** von der **Stetigkeit** der Darstellung und Bewertung und dem **Verrechnungsverbot** müssen im Anhang dargelegt werden (Art. 662a Abs. 3).

42a Bei kotierten Gesellschaften sind **Angaben zu Entschädigung und Beteiligung** (Art. 663b^{bis}) sowie **Beteiligungen bedeutender Aktionäre** (Art. 663c Abs. 1) ebenfalls im Anhang aufzuführen.

42b Bei der Konzernrechnungslegung sind zudem im Anhang die **Konsolidierungs- und Bewertungsregeln** sowie die Abweichungen davon zu nennen (Art. 663g Abs. 2; s. dazu Swiss GAAP FER 30, Ziff. 33 ff., Anhang der Konzernrechnungslegung).

42c Für weitere implizite und explizite Beispiele siehe BÖCKLI (Aktienrecht, § 8 N 342 ff.).

15. Freiwillige Angaben

Der Katalog von Angaben im Anhang ist als Mindestvorschrift zu verstehen. Weitere **freiwillige Angaben** sind zulässig und sollen offen gelegt werden, soweit sie der zuverlässigen Beurteilung der Vermögens- und Ertragslage der Gesellschaft dienen (HWP 259 ff.; danach sind insb. die Bewertungsgrundsätze im Anhang offen zu legen; weitere Ausführungen s. BOEMLE, 434 ff.; BÖCKLI, Aktienrecht, § 8 N 356 f.; HELBLING, ST 1992, 395). 43

III. Banken

Banken haben bei der Erstellung ihres Anhanges nebst Art. 663b auch die bankenrechtlichen Spezialbestimmungen zu beachten. Art. 25c BankV enthält einen Katalog von Positionen, welche im Anhang mit ergänzenden Angaben zu erläutern sind. Entsprechend umfangreicher fällt der Anhang einer Bank im Vergleich mit dem Anhang einer nicht dem BankG unterstehenden AG aus (BSK BankG-BERNET/PORTMANN, Art. 6 und B/K/L-GEIGER, Art. 6 BankG N 178 ff.). 44

Überdies sind die spezialrechtlichen Bestimmungen zu den stillen Reserven zu beachten. In diesem Zusammenhang ist insb. auf die Richtlinien der Eidg. Bankenkommission zu den Rechnungslegungsvorschriften der Art. 23–27 BankV hinzuweisen (Ziff. 30 ff. RL). Danach ist im Gegensatz zur oben erläuterten Ziff. 8 nicht bloss ein Nettobetrag aufgelöster stiller Reserven, d.h. nach Verrechnung mit neu gebildeten stillen Reserven, im Anhang offen zu legen, soweit dieser Betrag das erwirtschaftete Ergebnis wesentlich beeinflusst, sondern jede Auflösung stiller Reserven, soweit sie betragsmässig wesentlich ist (BSK BankG-BERNET/PORTMANN, Art. 6 N 359 ff. und B/K/L-GEIGER, Art. 6 BankG N 160 ff.). Zudem wird die **Wesentlichkeit** definiert: Ziff. 35 RL, 2% des Eigenkapitals oder 20% des Jahresgewinnes. 45

IV. Rechtsvergleichung

Die International Financial Accounting Standards (IFRS) sehen die **Offenlegung** von bedeutend mehr Informationen vor, als dies nach Schweizer Recht der Fall ist (IAS 1). Beispielsweise im Bereich Leistungen an Mitarbeiter, insbesondere Vorsorgeverpflichtungen (IAS 19, insb. para. 120 ff.), sowie in den Bereichen Akquisitionen (IFRS 3), Finanzinstrumente (IFRS 7) und Segment Informationen (IAS 14, bzw. den ab 2009 gültigen IFRS 8) werden deutlich umfangreiche Informationen verlangt. Im Übrigen müssen z.B. auch unter dem Anlagevermögen (IAS 16 und 38) sowie den aktienbasierten Vergütungsinstrumenten an Mitarbeiter (IFRS 2) weitergehende Offenlegungspflichten beachtet werden. 46

Nach EU-Recht ist ein Anhang zu erstellen, der mehr Informationen offen legt, als dies gemäss Schweizer Recht verlangt ist (Art. 43 EU-Jahresabschluss-RL). Insbesondere sind auch Bewertungsmethoden offen zu legen, Nettoumsätze nach **Sparten** und **Regionen** oder Bezüge der Mitglieder der Verwaltungs-, Geschäftsführungs- oder Aufsichtsorgane. 47

Art. 34 EU-Konsolidierungs-RL definiert überdies den Inhalt des Anhanges zum konsolidierten Abschluss. 48

Der Anhang ist in Swiss GAAP FER 6 geregelt. Die Offenlegungsvorschriften nach Swiss GAAP FER 30, Ziff. 31 ff. sind betreffend des Anlagespiegels, des Rückstellungsspiegels und des Konzernanhangs sowie auch der Ausserbilanzgeschäfte (Swiss 49

GAAP FER 5) und den Vorsorgeverpflichtungen (Swiss GAAP FER 16) detaillierter als im Obligationenrecht, jedoch rudimentärer als nach IFRS.

Art. 663b^{bis}

2. Zusätzliche Angaben bei Gesellschaften mit kotierten Aktien
a. Vergütungen

¹ Gesellschaften, deren Aktien an einer Börse kotiert sind, haben im Anhang zur Bilanz anzugeben:

1. alle Vergütungen, die sie direkt oder indirekt an gegenwärtige Mitglieder des Verwaltungsrates ausgerichtet haben;

2. alle Vergütungen, die sie direkt oder indirekt an Personen ausgerichtet haben, die vom Verwaltungsrat ganz oder zum Teil mit der Geschäftsführung betraut sind (Geschäftsleitung);

3. alle Vergütungen, die sie direkt oder indirekt an gegenwärtige Mitglieder des Beirates ausgerichtet haben;

4. Vergütungen, die sie direkt oder indirekt an frühere Mitglieder des Verwaltungsrates, der Geschäftsleitung und des Beirates ausgerichtet haben, sofern sie in einem Zusammenhang mit der früheren Tätigkeit als Organ der Gesellschaft stehen oder nicht marktüblich sind;

5. nicht marktübliche Vergütungen, die sie direkt oder indirekt an Personen ausgerichtet haben, die den in den Ziffern 1–4 genannten Personen nahe stehen.

² Als Vergütungen gelten insbesondere:

1. Honorare, Löhne, Bonifikationen und Gutschriften;

2. Tantiemen, Beteiligungen am Umsatz und andere Beteiligungen am Geschäftsergebnis;

3. Sachleistungen;

4. die Zuteilung von Beteiligungen, Wandel- und Optionsrechten;

5. Abgangsentschädigungen;

6. Bürgschaften, Garantieverpflichtungen, Pfandbestellungen zugunsten Dritter und andere Sicherheiten;

7. der Verzicht auf Forderungen;

8. Aufwendungen, die Ansprüche auf Vorsorgeleistungen begründen oder erhöhen;

9. sämtliche Leistungen für zusätzliche Arbeiten.

³ Im Anhang zur Bilanz sind zudem anzugeben:

1. alle Darlehen und Kredite, die den gegenwärtigen Mitgliedern des Verwaltungsrates, der Geschäftsleitung und des Beirates gewährt wurden und noch ausstehen;

2. Darlehen und Kredite, die zu nicht marktüblichen Bedingungen an frühere Mitglieder des Verwaltungsrates, der Geschäftsleitung und des Beirates gewährt wurden und noch ausstehen;

2. Abschnitt: Rechte und Pflichten der Aktionäre Art. 663b^bis

3. Darlehen und Kredite, die zu nicht marktüblichen Bedingungen an Personen, die den in den Ziffern 1 und 2 genannten Personen nahe stehen, gewährt wurden und noch ausstehen.

⁴ Die Angaben zu Vergütungen und Krediten müssen umfassen:

1. den Gesamtbetrag für den Verwaltungsrat und den auf jedes Mitglied entfallenden Betrag unter Nennung des Namens und der Funktion des betreffenden Mitglieds;

2. den Gesamtbetrag für die Geschäftsleitung und den höchsten auf ein Mitglied entfallenden Betrag unter Nennung des Namens und der Funktion des betreffenden Mitglieds;

3. den Gesamtbetrag für den Beirat und den auf jedes Mitglied entfallenden Betrag unter Nennung des Namens und der Funktion des betreffenden Mitglieds.

⁵ Vergütungen und Kredite an nahe stehende Personen sind gesondert auszuweisen. Die Namen der nahe stehenden Personen müssen nicht angegeben werden. Im Übrigen finden die Vorschriften über die Angaben zu Vergütungen und Krediten an Mitglieder des Verwaltungsrates, der Geschäftsleitung und des Beirates entsprechende Anwendung.

2. Indications supplémentaires pour les sociétés dont les actions sont cotées en bourse
a. Indemnités

¹ Les sociétés dont les actions sont cotées en bourse sont tenues d'indiquer dans l'annexe au bilan:

1. toutes les indemnités qu'elles ont versées directement ou indirectement aux membres du conseil d'administration;

2. toutes les indemnités qu'elles ont versées directement ou indirectement aux personnes auxquelles le conseil d'administration a délégué tout ou partie de la gestion de la société (direction);

3. toutes les indemnités qu'elles ont versées directement ou indirectement aux membres du conseil consultatif;

4. les indemnités versées directement ou indirectement aux anciens membres du conseil d'administration, de la direction et du conseil consultatif lorsqu'elles sont en relation avec leur ancienne activité d'organe de la société ou lorsqu'elles ne sont pas conformes à la pratique du marché;

5. les indemnités non conformes à la pratique du marché qu'elles ont versées directement ou indirectement aux proches des personnes mentionnées aux ch. 1 à 4.

² Les indemnités comprennent notamment:

1. les honoraires, les salaires, les bonifications et les notes de crédit;

2. les tantièmes, les participations au chiffre d'affaires et les autres participations au résultat d'exploitation;

3. les prestations en nature;

4. les participations, droits de conversion et droits d'option;

5. les indemnités de départ;

6. les cautionnements, les obligations de garantie, la constitution de gages en faveur de tiers et autres sûretés;

7. la renonciation à des créances;

8. les charges qui fondent ou augmentent des droits à des prestations de prévoyance;

9. l'ensemble des prestations rémunérant les travaux supplémentaires.

Art. 663bbis   26. Titel: Die Aktiengesellschaft

³ Doivent également être indiqués dans l'annexe au bilan:

1. tous les prêts et autres crédits en cours consentis aux membres du conseil d'administration, de la direction et du conseil consultatif;

2. les prêts et autres crédits en cours consentis aux anciens membres du conseil d'administration, de la direction et du conseil consultatif qui ne sont pas conformes à la pratique du marché;

3. les prêts et autres crédits en cours non conformes à la pratique du marché consentis aux proches des personnes mentionnées aux ch. 1 et 2.

⁴ Les indications sur les indemnités et les crédits doivent inclure:

1. le montant global accordé aux membres du conseil d'administration, ainsi que le montant accordé à chacun d'entre eux, avec mention de son nom et de sa fonction;

2. le montant global accordé aux membres de la direction, ainsi que le montant accordé au membre de la direction dont la rémunération est la plus élevée, avec mention du nom et de la fonction de ce membre;

3. le montant global accordé aux membres du conseil consultatif, ainsi que le montant accordé à chacun d'entre eux, avec mention de son nom et de sa fonction.

⁵ Les indemnités et les crédits perçus par les proches doivent être indiqués séparément. Il n'y a pas lieu de mentionner le nom de ces personnes. Pour le reste, les dispositions régissant les informations à fournir sur les indemnités et les crédits accordés aux membres du conseil d'administration, de la direction et du conseil consultatif sont applicables par analogie.

2. Indicazioni supplementari per le società con azioni quotate in borsa
a. Retribuzioni

¹ Le società con azioni quotate in borsa sono tenute ad indicare nell'allegato del bilancio:

1. tutte le retribuzioni da esse direttamente o indirettamente corrisposte a membri attuali del consiglio d'amministrazione;

2. tutte le retribuzioni da esse direttamente o indirettamente corrisposte a persone cui il consiglio d'amministrazione ha delegato in tutto o in parte la gestione della società (direzione);

3. tutte le retribuzioni da esse direttamente o indirettamente corrisposte a membri attuali del consiglio consultivo;

4. le retribuzioni da esse direttamente o indirettamente corrisposte a ex membri del consiglio d'amministrazione, della direzione e del consiglio consultivo, sempre che abbiano una relazione con l'attività svolta a suo tempo da costoro in veste di organi della società o non siano usuali sul mercato;

5. le retribuzioni non usuali sul mercato da esse direttamente o indirettamente corrisposte a persone vicine a quelle menzionate nei numeri 1–4.

² Sono considerate retribuzioni in particolare:

1. gli onorari, i salari, i bonus e gli accrediti;

2. le partecipazioni agli utili, le partecipazioni alla cifra d'affari e altre forme di partecipazione al risultato dell'esercizio;

3. le prestazioni in natura;

4. l'attribuzione di partecipazioni, di diritti di conversione e d'opzione;

5. le indennità di partenza;

6. le fideiussioni, gli impegni di garanzia, le costituzioni di pegni a favore di terzi e altre forme di garanzia;

7. la rinuncia a crediti;

8. le spese per il conseguimento di prestazioni previdenziali o che ne accrescono l'entità;

9. tutte le prestazioni che retribuiscono lavori supplementari.

2. Abschnitt: Rechte und Pflichten der Aktionäre   Art. 663b^{bis}

³ Nell'allegato del bilancio vanno inoltre indicati:

1. tutti i mutui e crediti non ancora rimborsati concessi ai membri attuali del consiglio d'amministrazione, della direzione e del consiglio consultivo;

2. i mutui e crediti non ancora rimborsati concessi a condizioni non usuali sul mercato a ex membri del consiglio d'amministrazione, della direzione e del consiglio consultivo;

3. i mutui e crediti non ancora rimborsati concessi a condizioni non usuali sul mercato a persone vicine a quelle menzionate nei numeri 1e 2.

⁴ Le indicazioni concernenti le retribuzioni e i crediti devono comprendere:

1. l'importo totale corrisposto al consiglio d'amministrazione e l'importo percepito da ciascun membro, con menzione del suo nominativo e della sua funzione;

2. l'importo totale corrisposto alla direzione e l'importo massimo percepito da un singolo membro, con menzione del suo nominativo e della sua funzione;

3. l'importo totale corrisposto al consiglio consultivo e l'importo percepito da ciascun membro, con menzione del suo nominativo e della sua funzione.

⁵ Le retribuzioni e i crediti concessi a persone vicine ai membri del consiglio d'amministrazione o della direzione vanno dichiarati separatamente. Non è necessario indicare i nominativi di tali persone. Per il rimanente, sono applicabili per analogia le norme concernenti le indicazioni relative alle retribuzioni e ai crediti concessi ai membri del consiglio d'amministrazione e della direzione.

Literatur

AMMANN/SEIZ, Valuing Employee Stock Options: Does the Model Matter?, 60 Financial Analysts Journal 5 (2004), 21 ff.; BAHAR, Executive Compensation: Is Disclosure Enough?, in: Thévenoz/Bahar (Hrsg.), Conflicts of Interest: Corporate Governance and Financial Markets, Genève/Zurich/Bâle 2007, 31 ff.; BERTSCHINGER/ZENHÄUSERN, Konzernabschlüsse verstehen, Zürich 1996; BÖCKLI, Zum Vorentwurf für eine Revision des Aktien- und Rechnungslegungsrechts – Eine kritische Übersicht, GesKR 2006, 4 ff. (zit. Vorentwurf); DERS., Revisionsstelle und Abschlussprüfung nach neuem Recht, Zürich/Basel/Genf 2007 (zit. Revisionsstelle); BÖCKLI/HUGUENIN/DESSEMONTET, Expertenbericht der Arbeitsgruppe «Corporate Governance» zur Teilrevision des Aktienrechts – Mit einem ausgearbeiteten Gesetzesentwurf für eine Revision des 26. Titels des Obligationenrechts «Die Aktiengesellschaft» und Erläuterungen, Zürich/Basel/Genf 2004; BOEMLE, Der Jahresabschluss, 4. Aufl., Zürich 2001; BÖNI, Europäische Corporate Governance und die Bedeutung internationaler Transparenzvorschriften betreffend die Vergütung von Mitgliedern der Unternehmensleitung für kotierte Schweizer Unternehmen, in: Baudenbacher (Hrsg.), Aktuelle Entwicklungen des Europäischen und Internationalen Wirtschaftsrechts – Bd. 9, Basel 2007, 1 ff.; DAENIKER, Vergütung von Verwaltungsrat und Geschäftsleitung schweizerischer Publikumsgesellschaften – Eine Bestandesaufnahme aus rechtsvergleichender Sicht, SJZ (101) 2005, 381 ff.; DAENIKER/NIKITINE, Golden Handshakes, Golden Parachutes und ähnliche Vereinbarungen bei M&A-Transaktionen, in: Tschäni (Hrsg.), Mergers & Acquisitions IX, Zürich 2007, 107 ff.; DÜRR, Die Rückerstattungsklage nach Art. 678 Abs. 2 OR im System der unrechtmässigen Vermögensverlagerungen – Unter besonderer Berücksichtigung übermässiger Entschädigungen an Mitglieder des Verwaltungsrates oder der Geschäftsleitung, Diss. Zürich, Zürich/Basel/Genf 2005 (= SSHW 245); FORSTMOSER, Informations- und Meinungsäusserungsrechte des Aktionärs, in: Druey/Forstmoser (Hrsg.), Rechtsfragen um die Generalversammlung, Zürich 1997, 85 ff.; FORSTMOSER/MEIER-HAYOZ/NOBEL, Schweizerisches Aktienrecht, Bern 1996; HALLAUER/WATTER, Das neue Transparenzgesetz – Fragen zur Umsetzung, ST 2007, 582 ff.; HOFSTETTER, Fünf Jahre Swiss Code of Best Practice – Sonderbericht zur Frage der Entschädigung von Verwaltungsrat und Management in Publikumsgesellschaften, abrufbar unter: <http://www.swissholdings.ch/fileadmin/files/Bericht_Hofstetter_Entsch_digungen.pdf>; HÖHN/WALDBURGER, Steuerrecht – Bd. I, 9. Aufl., Bern/Stuttgart/Wien 2001; KRNETA, Praxiskommentar Verwaltungsrat – Art. 707–726, 754 OR und Spezialgesetze, 2. Aufl., Bern 2005; KUNZ, Das Informationsrecht des Aktionärs in der Generalversammlung, AJP

2001, 883 ff.; LENGAUER/HOLDEREGGER/AMSTUTZ, Neuerungen im Gesellschafts- und Revisionsrecht 2007/2008, Zürich/Basel/Genf 2007; LEU, Variable Vergütungen für Manager und Verwaltungsräte, Diss. Zürich 2005 (= SSHW 243); LOCHER, Kommentar zum DBG – I. Teil, Art. 1–48 DBG, Therwil/Basel 2001; MAIZAR/WATTER, Transparenz der Vergütungen und Beteiligungen von Mitgliedern des Verwaltungsrates und der Geschäftsleitung (Art. 663b^{bis} und 663c Abs. 3 OR) – Entstehungsgeschichte, Normzweck sowie erste praktische Anwendungsfragen, GesKR 2006, 349 ff.; NEUHAUS, Die Besteuerung des Aktienertrages, Diss. Zürich 1988 (= ZStöR 81); NOBEL, Board und Management Compensation – Ein Inventar rechtlicher Art, Zürich/Basel/Genf 2007; REICH, Kommentar zu Art. 16 DBG, in: Zweifel/Athanas (Hrsg.), Kommentar zum schweizerischen Steuerrecht – I/2a Bundesgesetz über die direkte Bundessteuer (DBG) – Art. 1–82, Basel/Genf/München 2000; REIFF, Beiräte als Beratungs- und Führungsgremien bei schweizerischen Aktiengesellschaften, Diss. Zürich, Zürich 1988 (= SSHW 115); RICHNER/FREI/KAUFMANN, Handkommentar zum DBG, Zürich 2003; RISI, Mitarbeiteroptionen und –aktien: Bewertung – Rechnungslegung – Besteuerung, Diss. Zürich 1999; RISI/SCHMID, Steuerliche Bewertung von aktienbasierten Finanzinstrumenten – Anreize für Mitarbeiter, ST 2007, 868 ff.; SCHELLENBERG, Rechnungswesen – Grundlagen, Zusammenhänge, Interpretationen, 3. Aufl., Zürich 2000; STRAUB, Fair Value Measurement Guidance – Aktuelle Überlegungen zur Fair-Value-Ermittlung in der internationalen Rechnungslegung, ST 2007, 432 ff.; SWX SWISS EXCHANGE, Kommentar zur Corporate Governance-Richtlinie (Stand: 1. August 2006), abrufbar unter: <www.swx.com> (zit. SWX-Kommentar); TSCHÄNI/IFFLAND/DIEM, Öffentliche Kaufangebote, Zürich/Basel/Genf 2007; VOGT, Aktienrecht 2006 – Entwicklungen, Bern 2007; WATTER/MAIZAR, Structure of Executive Compensation and Conflicts of Interests – Legal Constraints and Practical Recommendations under Swiss Law, in: Thévenoz/Bahar (Hrsg.), Conflicts of Interest: Corporate Governance and Financial Markets, Genève/Zurich/Bâle 2007, 31 ff. (zit. Executive Compensation); DIES., Aktionärsdemokratie – Über erweiterte Zuständigkeiten der Generalversammlung und Erleichterungen bei der Stimmrechtsausübung in schweizerischen Aktiengesellschaften, in: Breitschmid/Portmann Wolfgang/Zobl (Hrsg.), Grundfragen der juristischen Person – FS für Riemer zum 65. Geburtstag, Bern 2007, 403 ff. (zit. Aktionärsdemokratie); WATTER/ROHDE, Die Spendenkompetenz des Verwaltungsrates, in: Individuum und Verband – Festgabe zum Schweizerischen Juristentag 2006, Zürich 2006, 329 ff.; WEBER/HUBER, Offenlegung von Managemententschädigungen und Management-Transaktionen, in: Reutter/Werlen (Hrsg.), Kapitalmarkttransaktionen II, Zürich/Basel/Genf 2007, 99 ff.; WERLEN/SCHNYDRIG, Festlegung von Entschädigungen der Verwaltungsrats- und Geschäftsleitungsmitglieder durch die Generalversammlung – eine Verbesserung der Corporate Governance?, SZW 2007, 101 ff.; ZINDEL, Aktienrecht und Handelsregisterrecht, in: Forstmoser/Zindel/Sprecher/Abegglen/Baer (Hrsg.), Neuerungen im Schweizer Wirtschaftsrecht, NKF-Schriftenreihe Bd. 12, Zürich 2007, 53 ff.

Materialien

Botschaft zur Änderung des Obligationenrechts (Transparenz betreffend Vergütungen an Mitglieder des Verwaltungsrates und der Geschäftsleitung) vom 23. Juni 2004 (04 044), BBl 2004, 4471–4494 (zit. Botschaft); AmtlBull NR 2005, 106 ff. (Erstrat), 1265 ff. (Differenzen), 1528 (Schlussabstimmung); AmtlBull StR 2005, 538 ff. (Zweitrat), 831 ff. (Differenzen), 878 (Schlussabstimmung); Zwischenbericht der Arbeitsgruppe «Corporate Governance»: Offenlegung von Organentschädigungen und Organkrediten vom 25. März 2003 (abrufbar unter: <www.bj.admin.ch>) (zit. Zwischenbericht «Corporate Governance»); Bericht und Vorentwurf für eine Änderung des Obligationenrechts (Transparenz betreffend Vergütungen an Mitglieder des Verwaltungsrates und der Geschäftsleitung) – Vernehmlassungsunterlagen, November 2003 (abrufbar unter: <www.bj.admin.ch>); Bundesamt für Justiz, Vernehmlassungsergebnisse – Änderung des Obligationenrechts (Transparenz betreffend Vergütungen an Mitglieder des Verwaltungsrates und der Geschäftsleitung), 7. Mai 2004 (abrufbar unter: <www.bj.admin.ch>).

I. Entstehungsgeschichte und Inkrafttreten

1   Am 9.5.2001 reichte NR Pierre Chiffelle eine parlamentarische Initiative (01424n) ein, dank der mittels einer Änderung des OR börsenkotierte AGs verpflichtet werden sollten, in einem Anh. zur Bilanz alle Beträge aufzuführen, die den Mitgliedern des VR aufgrund

ihrer Funktion ausbezahlt wurden sowie alle Beteiligungen dieser Personen an der Gesellschaft anzugeben. Der NR leistete dieser Initiative am 11.3.2002 Folge und setzte die Kommission für Wirtschaft und Abgaben (WAK-NR) für die Ausarbeitung eines Entwurfes ein. Gleichzeitig wurde die Frage der Offenlegung von Vergütungen auch durch das Eidgenössische Justiz- und Polizeidepartement (EJPD) im Rahmen diverser parlamentarischer Vorstösse zum Thema Corporate Governance angegangen. Aus beiden Vorarbeiten gingen etwa zeitgleich Expertengutachten hervor (Zwischenbericht «Corporate Governance» sowie ein unveröffentlichtes Gutachten von Prof. Dr. Max Boemle). In der Folge erarbeitete das BJ unter Berücksichtigung der beiden Expertengutachten einen ersten **VE**, der am 5.12.2003 in die Vernehmlassung geschickt und gesamthaft kontrovers aufgenommen wurde.

Nach einer Überarbeitung des VE verabschiedete der BR am 23.6.2004 die **Botschaft** mit den von ihm vorgeschlagenen Änderungen des OR zu Handen des Parlaments.

Die Behandlung in den Räten fand in der Frühjahrs-, Sommers- sowie Herbstsession des Jahres 2005 statt. Im Rahmen von zeitweise heftig geführten Debatten wurden schliesslich gewisse **Abweichungen vom E des BR** beschlossen. Bei der Offenlegung von Vergütungen wurde die Offenlegungspflicht auf *Beiräte* erweitert und diejenige bei früheren Mitgliedern des VR, der GL oder des Beirates auf *nicht marktübliche* Vergütungen oder Vergütungen, die *in einem Zusammenhang mit der Tätigkeit als Organ der Gesellschaft stehen*, beschränkt. Die Offenlegungspflicht für die dem VR, der GL oder dem Beirat nahe stehenden Personen wurde ebenfalls auf *nicht marktübliche* Vergütungen limitiert. Bei der Offenlegung von Darlehen und Krediten erfolgte analog eine Erweiterung der Offenlegungspflicht auf *Beiräte* und die Offenlegungspflicht für frühere Mitglieder des VR, der GL oder des Beirates sowie für nahe stehende Personen wurde auf *nicht marktübliche* Darlehen/Kredite beschränkt. Zuweilen heftig diskutiert, letztlich aber abgelehnt wurden Vorschläge aus den Reihen von Parlamentariern, die eine individuelle an der Stelle einer globalen Offenlegungspflicht bei Vergütungen bzw. Darlehen/Krediten auf Stufe der GL, eine zwingend erforderliche Statutenbestimmung über die Festlegung der Vergütungen an den VR sowie eine zwingende **Genehmigung der Vergütungen** an den VR bzw. die GL **durch die GV** forderten (vgl. dazu generell etwa WATTER/MAIZAR, Executive Compensation, 76 ff.; BAHAR, 99 ff.; WERLEN/SCHNYDRIG, 101 ff.; DAENIKER/NIKTINE, 113 ff.; ferner auch WATTER/MAIZAR, Aktionärsdemokratie, 417 ff.).

Nach Ablauf der (am 26.1.2006 unbenützt verstrichenen) Referendumsfrist setzte der BR die neuen Bestimmungen am 24.5.2006 per **1.1.2007** in Kraft. Da die Angaben im Anh. zur Bilanz offen gelegt werden müssen und die Bilanz Gegenstand des Jahresberichtes ist, findet die neue Bestimmung erstmals auf jenes Geschäftsjahr Anwendung, das mit oder nach dem 1.1.2007 begonnen hat (MAIZAR/WATTER, 351). Zur Frage der Rückwirkung im Zusammenhang mit dem Vorjahresvergleich vgl. N 80 f. und 95.

II. Normzweck

Unter geltendem schweizerischen Recht können VR-Mitglieder ihre Vergütungen grundsätzlich selbst (gegenseitig) festlegen. Dies führt für die betroffenen Personen zu einem potentiellen Interessenkonflikt. Ähnlich gelagerte Interessenkonflikte können zudem bei der Festsetzung der Vergütungen der Mitglieder der GL durch den VR auftreten (eingehend zu den Interessenkonflikten im Bereich der Vergütung von Organpersonen WATTER/MAIZAR, Executive Compensation, 39 ff.; BAHAR, 94 ff.; LEU, 114 ff.; DAENIKER, 385 ff.; BÖNI, 6; WEBER/HUBER, 101 f.). Zwar bestehen gewisse rechtliche

Schutzvorkehren (Ausstandspflicht, nachträgliche Genehmigung durch ein neben- oder übergeordnetes Organ, Kriterium der Marktüblichkeit), doch sind diese nur beschränkt dazu geeignet, die Interessen der Aktionäre zu wahren (WATTER/MAIZAR, Executive Compensation, 68 ff.; LEU, 118 ff.). So bewirkt etwa der Ausstand des betroffenen VR-Mitgliedes bzw. die Genehmigung durch andere VR-Mitglieder nur, dass die Entschädigung der Mitglieder des VR gegenseitig festgesetzt wird, womit grundsätzlich eine Befangenheit die Regel bleibt. Aus diesen Gründen bedarf es in Ergänzung zu den bestehenden Vorkehren der **Kontrolle durch die Aktionäre** (BAHAR, 99; WATTER/MAIZAR, Executive Compensation, 76 ff.). Es versteht sich dabei von selbst, dass eine effiziente Kontrolle durch die Aktionäre nur dann erfolgen kann, wenn ihnen die zu kontrollierenden Sachverhalte offen gelegt werden.

6   Unter dem **bisherigen Aktienrecht** war die Offenlegung von Vergütungen von VR-Mitgliedern gar nicht, diejenige von Mitgliedern der GL nicht spezifisch geregelt. Zwar war der VR verpflichtet, im Geschäftsbericht über seine Geschäftstätigkeit zu informieren (Art. 696), inkl. den gesamten Personalaufwand aufzuführen (Art. 663 Abs. 3), doch enthielt der Geschäftsbericht keine gesonderten Angaben über die Vergütung von VR- oder GL-Mitgliedern. Auch das Recht der Aktionäre, Auskunft über «Angelegenheiten der Gesellschaft» zu erhalten (Art. 697), konnte diese Lücke in der Praxis kaum füllen, leitete doch die Mehrheit der Lehre aus dieser Bestimmung lediglich eine Pflicht zur **Mitteilung der Gesamtvergütung** ab (vgl. Art. 697 N 13; FORSTMOSER, 105; KUNZ, 889 f.). Diese missliche Informationslage wurde für Aktionäre kotierter Gesellschaften durch die RLCG der SWX Swiss Exchange, ferner auch die RLMT, wesentlich verbessert. Dennoch sah sich der Gesetzgeber aufgerufen, in diesem Bereich selbst zu legiferieren. Ausschlaggebend dafür war primär, dass ihm die von der RLCG verlangten Angaben nicht weit genug gingen (Botschaft, 4477). Des Weiteren erachtete man die Selbstregulierungserlasse der SWX Swiss Exchange als zu wenig demokratisch legitimiert (Botschaft, 4476). Und schliesslich wollte der Gesetzgeber durch eine gesetzliche Verankerung die Sanktionsmöglichkeiten verbessern, zumal diejenigen der SWX Swiss Exchange nur auf die Gesellschaften selbst beschränkt sind (Botschaft, 4477).

7   Mit der nun gesetzlich verankerten Transparenz bei Vergütungen an und Beteiligungen von VR und GL kotierter Gesellschaften wird zweierlei bezweckt: Einerseits soll die erhöhte Transparenz in dem stark von Interessenkonflikten geprägten Bereich der Vergütungen eine verbesserte *Information* (insb. über den Personalaufwand) und damit eine Stärkung der **Kontrollfunktion der Aktionäre** gegenüber dem VR und insb. dem Vergütungsausschuss ermöglichen. Die Aktionäre sollen in der Lage sein, das Ausmass der Vergütungen und damit v.a. auch die Arbeit des VR bzw. des Vergütungsausschusses zu beurteilen und ein nicht genehmes Verhalten (wenn auch nur ex post) sanktionieren können (z.B. durch Abwahl der Mitglieder des Vergütungsausschusses oder durch den Verkauf der Beteiligung; vgl. auch Botschaft, 4474). Andererseits setzt die vorgeschriebene Transparenz gleichzeitig einen **Anreiz für die verantwortlichen Personen**, ihre Vergütungen bereits ex ante sachgerecht festzulegen. Beide Zwecke zielen demnach auf eine **Disziplinierung des VR** ab. Diese Disziplinierung stärkt zum einen die gesellschaftsrechtliche Stellung des Aktionärs, dient zum anderen aber auch dem kapitalmarktrechtlichen Anlegerschutz, indem Anleger durch die Offenlegung das mit einem Erwerb der Aktien verbundene Risiko, aber auch die Chancen einer starken Incentivierung der Führungsorgane, besser einschätzen und so einen informierteren Erwerbsentscheid treffen können (ähnl. auch Botschaft, 4481 und 4492).

III. Normadressat (persönlicher Geltungsbereich)

Aus der Marginalie sowie aus Abs. 1 ergibt sich, dass sich die Offenlegungspflicht auf «Gesellschaften mit kotierten Aktien» bzw. «Gesellschaften, deren Aktien an einer Börse kotiert sind» bezieht. Dies bedarf folgender Präzisierung: **8**

Erstens richtet sich die Norm primär an **AGs mit Sitz in der Schweiz** (Art. 154 Abs. 1 IPRG). Die Anwendung schweizerischen Rechts – und damit von Art. 663b^{bis} – auf ausländische Gesellschaften ist theoretisch zwar denkbar (vgl. Art. 154 Abs. 2 IPRG), dürfte in praxi jedoch kaum je eine Rolle spielen. Gesellschaften mit Sitz im Ausland, deren Beteiligungspapiere an einer schweizerischen Börse kotiert sind, können durch Börsenreglemente aber zur Beachtung von Art. 663b^{bis} verpflichtet werden (so z.B. die SWX Swiss Exchange, welche gestützt auf Ziff. 5.2 des Anh. zur (revidierten) RLCG ausländische Emittenten, deren Beteiligungspapiere an ihrer Börse, nicht aber im Heimatstaat kotiert sind, zur analogen Beachtung von Art. 663b^{bis} verpflichtet). **9**

Zweitens gilt Art. 663b^{bis} nur für Gesellschaften, deren Aktien an einer Börse kotiert sind. Zum Begriff der **Börsenkotierung** kann auf Art. 727 verwiesen werden. Konkret erfasst werden von Art. 663b^{bis} alle Gesellschaften, deren Beteiligungspapiere an der SWX Swiss Exchange kotiert sind. Dazu gehören auch die SMI- und SLI-Gesellschaften, deren Beteiligungspapiere an der englischen Börse SWX Europe (vormals virt-x) gehandelt werden (aber an der SWX Swiss Exchange kotiert sind). Des Weiteren fallen auch Gesellschaften, deren Beteiligungspapiere an der BX Bern eXchange kotiert sind, unter die Norm, obwohl die BX Bern eX-change nur als börsenähnliche Einrichtung bewilligt ist (TSCHÄNI/IFFLAND/DIEM, N 24). Schliesslich gelten auch diejenigen (schweizerischen) Gesellschaften als Publikumsgesellschaften, deren Beteiligungspapiere einzig an einer ausländischen Börse kotiert sind, vorausgesetzt, diese ist als analoge Einrichtung zu betrachten (vgl. auch WEBER/HUBER, 102 FN 9; ferner BSK BEHG-DAENIKER/WALLER, Art. 2 lit. a–c N 32 m.w.Nw.). **10**

Drittens beansprucht die Norm Geltung unabhängig davon, ob Inhaber- oder Namenaktien kotiert sind. Hat eine AG keine Aktien, sondern nur **Partizipationsscheine** oder **Genussscheine** kotiert, gilt die Norm analog (vgl. für Partizipationsscheine Art. 656a Abs. 2). Es ist kein Grund ersichtlich, die Partizipanten bzw. Genussscheininhaber hinsichtlich der Transparenz schlechter zu stellen (ebenso WEBER/HUBER, 103 FN 10); zwar haben sie kein Stimmrecht (und erfüllen insofern keine unmittelbare Kontrollfunktion gegenüber dem VR), doch dient ihnen die Transparenz für den allfälligen Entscheid, die Partizipationsscheine bzw. Genussscheine zu verkaufen (und so zumindest eine mittelbare Kontrollfunktion gegenüber dem VR wahrzunehmen). Gleiches gilt wohl auch, wenn formell gesehen keine Kotierung von Aktien selbst erfolgt, funktional gesehen aber dasselbe Resultat erreicht wird, wie z.B. im Fall von kotierten *depositary receipts* (z.B. ADRs oder GDRs), falls von der Gesellschaft nur solche (und nicht auch die den ADRs und GDRs zugrunde liegenden Aktien) kotiert werden. **11**

Der Vollständigkeit halber erwähnt sei endlich, dass Art. 6a BPG (Entlöhnung und weitere Vertragsbedingungen des obersten Kaders und der Mitglieder leitender Organe von Unternehmen und Anstalten des Bundes) für schweizerische (privatrechtliche) AGs, deren Aktien an einer Börse kotiert sind und die der Bund kapital- und stimmenmässig beherrscht, nicht gilt. Für diese Gesellschaften gilt vielmehr ebenfalls Art. 663b^{bis} (vgl. den revidierten Art. 6a Abs. 6 BPG). **12**

IV. Verhältnis von Art. 663b^{bis} zu Swiss GAAP FER und IFRS

13 Swiss GAAP FER 15 N 10 hält ausdrücklich fest, dass ordentliche Bezüge nahe stehender Personen aus ihrer Tätigkeit als Angestellte oder Organe sowie ordentliche Beiträge an Vorsorgeeinrichtungen nicht als Transaktionen mit nahe stehenden Personen offen zu legen sind. Auch bei aktienbezogenen Vergütungen verzichtet Swiss GAAP FER auf eine spezifische Offenlegung (Swiss GAAP FER 24 N 13). Swiss GAAP FER enthält im Bereich der Offenlegung von Vergütungen bzw. Darlehen/Krediten demnach keine Vorgaben.

14 Im Gegensatz zur Regelung in den Swiss GAAP FER schreibt der internationale Rechnungslegungsstandard **IFRS** im Rahmen der *related party disclosures* u.a. die Offenlegung der sog. *key management compensation* vor (vgl. IAS 24). Zudem regelt IFRS 2 nicht nur die Art der Verbuchung von aktienbezogenen Vergütungen vor, sondern auch die Offenlegung von entsprechenden Angaben (vgl. IFRS 2 N 44 ff.). IAS 19 sieht demgegenüber lediglich im Bereich der *post-employment benefits* eine Offenlegung vor, nicht aber im Bereich der *short and other long term employee benefits* (vgl. IAS 19 N 23, 131).

15 Trotz den Vorgaben in den IFRS ist mit einer Übertragung dieser Vorschriften ins Schweizer Recht Vorsicht geboten, da die **Unterschiede zwischen IFRS und Art. 663 b^{bis}** vielfältig sind (vgl. zum Ganzen HALLAUER/WATTER, 584 ff.). Zunächst ist der Kreis der Personen, welche in Bezug auf die Vergütungen bzw. Darlehen/Kredite offenlegungspflichtig sind, nicht identisch (vgl. IAS 24 N 9 und nachfolgend N 16 ff. sowie eingehender HALLAUER/WATTER, 584 f.). Sodann verlangt Art. 663b^{bis} eine Offenlegung sowohl nach Personen (auf Stufe VR/Beirat individuell, auf Stufe GL gesamthaft mit Ausnahme des am besten verdienenden Mitglieds) als auch nach Kostenarten (vgl. N 16 ff. sowie N 70 ff.), während sich die Offenlegung nach IAS 24 ausschliesslich an den Kostenarten orientiert, d.h. keine Detaillierung nach einzelnen Personen oder Gremien verlangt (HALLAUER/WATTER, 586). Schliesslich kann es Diskrepanzen im Bereich der Ermittlung der offenzulegenden Beträge (Bewertung) geben (eingehend dazu nachfolgend N 73 ff.; vgl. zudem die Bsp. bei HALLAUER/WATTER, 586 f.). Insofern lassen sich die im Rahmen von IAS 24 zu ermittelnden Angaben nur beschränkt für die Offenlegung unter OR heranziehen.

V. Offenlegung von Vergütungen

1. Betroffene Personen

a) Mitglieder des VR und des Beirates

16 Aus Art. 663b^{bis} Abs. 1 Ziff. 1, 3 und 4 ergibt sich, dass Vergütungen dann offenlegungspflichtig sind, wenn sie u.a. gegenwärtigen oder früheren Mitgliedern des VR oder des (allfälligen) Beirates ausgerichtet werden. Dies gilt es wie folgt zu präzisieren:

aa) Der Begriff des «Mitglieds»

17 Als **Mitglied des VR** gilt diejenige Person, die ordnungsgemäss von der GV als Mitglied gewählt wurde bzw. deren Wahl nicht erfolgreich angefochten wurde und die das (annahmebedürftige) Mandat auch angenommen hat (BGE 105 II 132). Zum faktischen Organ vgl. N 28.

18 Der Begriff des **Beirates** wurde mit Art. 663b^{bis} erstmals in das OR eingeführt, ohne das Institut jedoch gesetzlich zu regeln. Ein Beirat wird meistens gestützt auf einen entspre-

chenden VR-Beschluss ins Leben gerufen, seltener durch die GV (KRNETA, N 319; BÖCKLI, § 13 N 431) und kann Beratungsfunktionen, in beschränktem Masse auch Geschäftsführungs- und Aufsichtsfunktionen wahrnehmen (Näheres bei BÖCKLI, § 13 N 429 ff.; KRNETA, N 319 ff.; Art. 716b N 23; FORSTMOSER/MEIER-HAYOZ/NOBEL, § 20 N 34 ff.; REIFF, 130 ff.). Dabei ist eine gewisse Institutionalisierung erforderlich, d.h. der Beirat muss über eine bestimmte Organisation und Stellung gegenüber der Gesellschaft verfügen; der Beizug von Beratern durch den VR etwa, selbst wenn dieser auf regelmässiger Basis erfolgt, führt ohne eine gewisse Institutionalisierung nicht dazu, dass die Berater als Beirat zu qualifizieren sind. Eine eigentliche Organstellung der Beiräte ist jedoch nicht zwingend. Die rechtliche Grundlage einer Beiratsmitgliedschaft kann statutarisch, reglementarisch und/oder schuldvertraglich ausgestaltet sein (eingehend dazu REIFF, 94 ff.). Als Mitglied des Beirates gilt somit, wer nach Massgabe der jeweils anwendbaren (statutarischen, reglementarischen oder schuldvertraglichen) Bestimmungen als Mitglied gewählt bzw. ernannt wurde und der das (annahmebedürftige) Mandat auch angenommen hat.

bb) Gegenwärtige Mitglieder

Bei den **gegenwärtigen Mitgliedern** des VR und des Beirates erstreckt sich die Offenlegung ausschliesslich auf solche Mitglieder, welche im entsprechenden Gremium bei der kotierten und damit offenlegungspflichtigen *(Mutter-)Gesellschaft* amten (vgl. demgegenüber die Ausführungen in N 29 zu den Mitgliedern der GL). Die VR-/Beiratsmitglieder von Konzerntochtergesellschaften sind von der Offenlegung gem. Art. 663b[bis] nicht betroffen, es sei denn, sie seien entweder gleichzeitig auch Mitglied des entsprechenden Gremiums auf Stufe der (Mutter-)Gesellschaft oder als nahe stehende Person zu qualifizieren (zu Letzteren s. nachfolgend N 31 ff.). Die Frage, ob ein VR-/Beiratsmitglied ein *gegenwärtiges* Mitglied ist, beurteilt sich danach, ob die betr. Person im entsprechenden Berichtsjahr wenigstens teilweise noch Mitglied war, also unabhängig davon, ob das Mandat am Stichtag des Berichtsjahres selbst noch bestand oder nicht (zum Umfang der Offenlegung bei unterjährigem Austritt N 65). 19

cc) Frühere Mitglieder

Diejenigen Personen, deren Mandate zu Beginn des entsprechenden Berichtsjahres bereits beendet waren, sind als **frühere Mitglieder** zu qualifizieren. Eine zeitliche Beschränkung für die Berücksichtigung früherer Mitglieder im Rahmen der Offenlegung nach Art. 663b[bis] besteht nicht (zur sachlichen Beschränkung s. nachfolgend N 21 ff.). Damit soll laut Botschaft verhindert werden, dass die Pflicht zur Offenlegung von Bezügen durch die Vereinbarung von langfristig geschuldeten Vergütungen umgangen wird (Botschaft, 4489). 20

Im Gegensatz zur Offenlegung von Vergütungen an gegenwärtige VR-/Beiratsmitglieder setzt die Offenlegung von Vergütungen an frühere solche Mitglieder voraus, dass die Vergütungen entweder in einem **Zusammenhang mit der früheren Tätigkeit** als Organ der Gesellschaft stehen oder **nicht marktüblich** sind (Ziff. 4). Diese durch das Parlament eingeführte Einschränkung dient dazu, die Offenlegung bezüglicher früherer Mitglieder in sachgerechter Weise einzuschränken (AmtlBull StR 2005, 544 ff.; AmtlBull NR 2005, 1267 f.). Die beiden Voraussetzungen bedürfen der Erläuterung. 21

Das Kriterium der **Marktüblichkeit** ist dem schweizerischen Recht nicht fremd; um die Gefahr latenter oder akuter Interessenkonflikte zu bannen, haben sich v.a. im Zusammenhang mit der Treuepflicht des VR (Art. 717) sowie den verdeckten Gewinnausschüttungen nach Art. 678 Abs. 2 (und den damit verbundenen Fragestellungen im Steuer- 22 recht) Ansätze entwickelt, wie die Marktüblichkeit festgestellt werden kann. Gemäss h.L. ist dabei der objektive Drittvergleich der Massstab für die Marktkonformität. Danach ist eine Leistung nur dann marktkonform, wenn sie auch von einem unabhängigen Marktteilnehmer zu gleichen Konditionen erbracht (oder nachgefragt) worden wäre *(dealing at arm's length)* (vgl. auch Art. 678 N 14; MAIZAR/WATTER, 353; LEU, 120 f.; ZINDEL, 55 f.; NEUHAUS, 124 ff.; s.a. die Definition des *fair value* durch die IAS/IFRS, z.B. in IAS 16 N 6; ferner DÜRR, 90 f.).

23 Dabei dürfte die Marktüblichkeit im Zusammenhang mit offen zu legenden Darlehen und Krediten einfacher zu bestimmen sein (s. N 84) als bei Vergütungen. V.a. die bis vor wenigen Jahren noch weit gehende Markttransparenz im Bereich der Vergütungen sowie die unterschiedlichen individuellen Anforderungsprofile und Lohnvorstellungen machen eine Orientierung am Markt schwierig (MAIZAR/WATTER, 352; HOFSTETTER, 26; LEU, 120 m.w.Nw.; DÜRR, 193 ff.). Immerhin wird in Zukunft aufgrund von Art. 663b^{bis} mehr Transparenz herrschen, was die Überprüfung der Marktüblichkeit erleichtern wird. Allerdings ist zu beachten, dass es trotz grundsätzlich zunehmender Markttransparenz u.U. schwierig sein kann, die für ein früheres Mitglied wirklich relevanten Märkte/Saläre zu bestimmen. Dies ist v.a. dann der Fall, wenn die Vergütungen an frühere Mitglieder andere Formen annehmen oder für andere Gegenleistungen erbracht werden als diejenigen für gegenwärtige Mitglieder (wird bspw. ein ehemaliges VR-Mitglied beauftragt, eine Firmenchronik zu schreiben, muss sich eine solche Leistung am ehesten am Lohn eines Journalisten oder Historikers messen, nicht aber an einer Entschädigung für ein vollamtliches VR-Mitglied). Ergänzend wird man deshalb in solchen Fällen wohl nicht darum herum kommen, auch interne Hilfskriterien wie die finanzielle Stellung der Gesellschaft, das mit der Position verbundene Risiko und Anforderungsprofil und die Opportunitätskosten der betroffenen Person heranzuziehen (vgl. dazu WATTER/MAIZAR, Executive Compensation, 45 m.w.Nw.; BÖCKLI, § 13 N 240 f.; NEUHAUS, 173 ff.; FORSTMOSER/MEIER-HAYOZ/NOBEL, § 28 N 130; ferner WEBER/HUBER, 104; BGE 105 II 122; 86 II 163).

24 Das Abstützen auf die Marktüblichkeit setzt voraus, dass der Markt für die entsprechende Leistung hinreichend funktioniert (dies wird allerdings gerade bei Vergütungen an exekutive VR- oder GL-Mitglieder mancherorts bezweifelt, vgl. etwa die Nachweise bei WATTER/MAIZAR, Executive Compensation, 35; HOFSTETTER, 29 ff.). Eine Vergütung, welche in einem nicht richtig funktionierenden Markt üblich ist, kann deshalb keinen genügenden Legitimationsmassstab mehr darstellen. Freilich ist die Beurteilung der Frage, wie weit ein Markt noch richtig funktioniert, schwierig zu beantworten. Bei offensichtlichen Anzeichen eines **Marktversagens** darf u.E. jedenfalls aber nicht mehr auf die offen gelegten Vergütungen allein abgestellt werden; diesfalls müssen also zwingend die vorstehend genannten Hilfskriterien beigezogen werden (ähnl. WEBER/HUBER, 104).

25 Selbst wenn Vergütungen an frühere Mitglieder des VR und des Beirates marktüblich sind, können sie dennoch offenlegungspflichtig sein und zwar dann, wenn sie **«im Zusammenhang mit der früheren Tätigkeit als Organ der Gesellschaft stehen»**. Was darunter verstanden werden soll, war auch im Parlament, welches die Kriterien eingeführt hat, nicht durchwegs klar (vgl. die Debatte in AmtlBull StR 2005, 544 ff. und AmtlBull NR 2005, 1266 ff.). U.E. würde es zu weit gehen, wenn der Zusammenhang einer Entschädigung mit einer früheren Tätigkeit als Organ bereits allein im Umstand der früheren Tätigkeit selbst gesehen würde und dementsprechend alle nachträglichen (und marktüblichen) Vergütungen offen zu legen wären. U.E. ist deshalb diese Regel vielmehr *restriktiv* auf diejenigen Fälle anzuwenden, in denen ein früheres VR-/Beiratsmitglied (marktübliche) Vergütungen erhält, welche als nachträgliche Entschädigung für bereits geleistete Dienste ausgerichtet werden (MAIZAR/WATTER, 352 f.; ähnl. auch LENGAUER/HOLDEREGGER/AMSTUTZ, 20; WEBER/HUBER, 105) oder in denen die Auftragserteilung für die zu entgeltende Tätigkeit in der Zeit erfolgte, als das Amt noch ausgeübt wurde. «Wenn ein Verwaltungsrat aus einer Firma ausgeschieden ist und später in irgendeiner Form mit dieser Firma marktübliche Geschäfte tätigt, sei es als Berater, sei es in einer Funktion einer anderen Gesellschaft, sei es auch als Kunde, dann ist es nicht der Sinn dieser Bestimmung, diese Vergütungen zu veröffentlichen. Wenn aber dieser Verwaltungsrat aus seiner früheren Tätigkeit in dieser Gesellschaft noch weitere Vergütungen erhält oder Vergütungen erhält, die überhaupt nicht marktüblich sind, also mit keiner Gegenleistung oder mit einer viel geringeren Gegenleistung zusammenhängen, dann ist das zu veröffentlichen», Votum von StR DAVID EUGEN, AmtlBull StR 2005, 544; vgl. auch das sinngemässe Votum von GEROLD BÜHRER im NR, AmtlBull NR 2005, 1269; **a.M.** aber wohl CHRISTOPH BLOCHER, AmtlBull NR 2005, 1269).

Diese enge Auslegung rechtfertigt sich des Weiteren deshalb, weil kritische Fälle durch das Kriterium der fehlenden Marktüblichkeit (vgl. N 22) aufgefangen werden. Werden also bspw. Büros, Fahrzeuge, Sekretariatsdienstleistungen o.ä. ehemaligen Organen zur Verfügung gestellt, beurteilt sich die Offenlegung solcher Leistungen primär nach deren Marktüblichkeit (welche in den meisten Fällen wohl zu verneinen ist und entsprechend zur Offenlegung dieser Vorteile verpflichtet). Werden solche Leistungen aber zu marktkonformen Bedingungen angeboten (d.h. erbringt das begünstigte frühere Mitglied noch marktkonforme Gegenleistungen, bspw. in der Form von Beratungsdienstleistungen oder von Kundenbetreuung), wird eine Offenlegung i.d.R. nicht notwendig sein, da sie nicht als Abgeltung von bereits geleisteten oder zum Zeitpunkt der Einsitznahme des betroffenen Mitgliedes noch in Auftrag gegebenen Diensten zu betrachten sind. **26**

b) Mitglieder der GL

Nach Art. 663b^bis Abs. 1 Ziff. 2 werden von der Offenlegung auch die vom VR ganz oder z.T. mit der Geschäftsführung betrauten Personen erfasst (GL). Soweit die Delegation von Geschäftsführungsaufgaben ausschliesslich an Mitglieder des VR erfolgt (also Delegierte bestimmt werden), kommt dieser Ziffer keine eigenständige Bedeutung zu. **27**

Mit Art. 663b^bis wird der Begriff der **«Geschäftsleitung»** erstmals in das OR eingeführt und dahin gehend umschrieben, dass Personen, die vom VR ganz oder z.T. mit der Geschäftsführung betraut sind, erfasst sind. In der Botschaft wird konkretisiert, dass es sich um diejenigen Personen handelt, an die der VR nach Art. 716b Abs. 1 die Geschäftsführung ganz oder teilweise übertragen hat und die unmittelbar dem VR untergeordnet sind (Botschaft, 4481; vgl. auch BÖCKLI/HUGUENIN/DESSEMONTET, 106). Erfasst würde danach also lediglich die oberste Hierarchiestufe unterhalb des VR, welche nach Massgabe eines Organisationsreglements und eines Delegationsentscheides des VR mit Geschäftsführungsaufgaben betraut wurde. Mit Blick auf die *ratio legis* gilt es u.E. jedoch zu beachten, dass dem Begriff der «Geschäftsleitung» kein formelles, sondern ein **funktionales Verständnis** zugrunde gelegt werden sollte. Neben formell vom VR ernannten GL-Mitgliedern (welche meistens in entsprechender Funktion im Handelsregister eingetragen und in internen Dokumenten der Gesellschaft [wie z.B. Organigrammen] als «Geschäftsleitungs»- oder «Konzernleitungsmitglieder» aufgeführt sind) werden demnach auch diejenigen Personen erfasst, die Entscheide, die den formellen Organen vorbehalten sind, tatsächlich treffen oder die eigentliche Geschäftsführung besorgen und so die Willensbildung der Gesellschaft massgebend mitbestimmen (**faktische Organe**); dies gesagt ha- **28** bend, ist es praktisch natürlich kaum zu erwarten, dass Gesellschaften von sich aus faktische Organe identifizieren (vgl. immerhin N 30).

29 Da die Geschäftsführung auch an Personen ausserhalb der betroffenen Gesellschaft delegiert werden kann (Art. 716b Abs. 1), kommen als Mitglieder der GL i.S.v. Art. 663 b[bis] Abs. 1 Ziff. 4 zudem nicht nur Personen in Frage, die auf Stufe der (Mutter-)Gesellschaft, sondern auch solche, die bei einer Tochtergesellschaft angestellt sind oder ganz ausserhalb stehen (anders verhält es sich bei den Mitgliedern des VR/Beirates, s. N 19). Dies ist gerade bei **Konzernen** relevant; der Begriff «Geschäftsleitung» erfasst dort regelmässig die Konzernleitungsmitglieder, unabhängig davon, bei welcher Konzerngesellschaft sie angestellt sind. Erfasst sind u.E. auch Fälle, bei denen Drittgesellschaften mit der Geschäftsführung betreut wurden, was in der Praxis v.a. bei (kotierten) Beteiligungsgesellschaften vorkommt. Befindet sich diese ausserhalb des Konsolidierungskreises, sind die Vergütungen, welche die Managementgesellschaft an ihre GL ausrichtet, nicht offen zu legen, wohl aber die Vergütungen der Konzern(mutter)gesellschaft oder ihrer Tochtergesellschaften an die Managementgesellschaft.

30 Der Begriff der «Geschäftsleitung» wird auch von der SWX Swiss Exchange verwendet und zwar sowohl in der RLCG wie auch in der RLMT; während in der Anfangsphase der RLCG Gesellschaften eine Tendenz zu haben schienen, den Kreis der GL-Mitglieder weit zu ziehen (was das durchschnittliche, pro Kopf ausbezahlte Salär kleiner aussehen lässt), scheint die Notwendigkeit, Management-Transaktionen gem. RLMT melden zu müssen, nun eher die gegenteilige Wirkung zu haben. Der Kreis der GL, der im Rahmen der Offenlegung von Art. 663b[bis] erfasst wird, sollte jedenfalls mit demjenigen Kreis **deckungsgleich** sein, den die RLMT unter dem Begriff «Geschäftsleitung» erfasst.

c) Nahe stehende Personen

31 Um **Umgehungsmöglichkeiten** im Bereich der Offenlegung zu verhindern, sind auch Vergütungen an Personen, die den gegenwärtigen oder früheren Mitgliedern des VR und des Beirates sowie den gegenwärtigen GL-Mitgliedern nahe stehen, offen zu legen (Art. 663b[bis] Abs. 1 Ziff. 5; Botschaft, 4489). Die Offenlegung von Vergütungen an nahe stehende Personen steht allerdings unter der Voraussetzung, dass die in Frage stehende Vergütung **nicht marktüblich** ist (zum Begriff der Marktüblichkeit vgl. N 22).

32 Der Begriff der **nahe stehenden Person** wird im Gesetz zwar nicht definiert, kommt in der schweizerischen Gesetzgebung jedoch verschiedentlich vor. Ursprünglich stammt der Begriff aus dem Steuerrecht (vgl. die Nachweise in Art. 678 N 7), hat mit der Revision von 1991 aber auch Eingang in das OR gefunden (vgl. Art. 678 Abs. 1). Zudem kommt ihm bei Rechnungslegungsstandards eine wichtige Bedeutung zu *(related party transactions;* vgl. Swiss GAAP-FER 15 N 6 ff.; IAS 24 N 9). Im Wesentlichen versteht man unter einer nahe stehenden Person eine Person, die in einer **engen Beziehung** zu jemanden anderem steht, unabhängig davon, ob diese Beziehung **persönlicher, wirtschaftlicher, rechtlicher oder tatsächlicher Natur** ist (Botschaft, 4489; AmtlBull 2005 N 107; Zwischenbericht »Corporate Governance»; Art. 678 N 6 ff.; BÖCKLI, § 12 N 551; DÜRR, 88; LENGAUER/HOLDEREGGER/AMSTUTZ, 19; ferner SWX Kommentar zu Ziff. 5.4 des Anh. der RLCG). Es besteht u.E. kein Anlass, Art. 663b[bis] nicht auch dasselbe (weite) Begriffsverständnis zugrunde zu legen (MAIZAR/WATTER, 353); nur eine weit gefasste Definition kann letztlich gewährleisten, dass Umgehungen verhindert werden. Dabei ist in Kauf zu nehmen, dass jeweils im **Einzelfall** entschieden werden muss, ob eine Person als nahe stehend gilt. Als Bsp. nahe stehender Personen können

etwa nahe Verwandte, Ehe- und Lebenspartner, Gross- oder Mehrheitsaktionäre der Gesellschaft, im Einzelfall aber auch Berater oder andere Vertrauenspersonen eines VR-/ Beirats- oder GL-Mitgliedes genannt werden. Darüber hinaus kann eine Personen- oder Kapitalgesellschaft nahe stehend sein, z.B. dann, wenn die Organperson einen wesentlichen Einfluss auf sie hat (sei es durch Einsitz in der Unternehmensleitung, das Halten einer wesentlichen Beteiligung oder aufgrund eines anderweitigen (faktischen) Einflusses, vgl. auch IAS 24 N 9; Swiss GAAP-FER 15 N 2). Letzteres kann v.a. dort relevant werden, wo z.B. Anwaltskanzleien oder Beratungsunternehmen mandatiert werden, bei der die (gegenwärtige oder frühere) Organperson tätig ist und bei der sie einen wesentlichen Einfluss ausüben kann oder finanziell wesentlich von einem Mandat der fraglichen Gesellschaft profitiert. Wenn bspw. ein VR-Mitglied gleichzeitig Partner in einer Anwaltskanzlei ist und diese Kanzlei eine nicht marktübliche Vergütung erhält (vgl. N 22), ist dies dann offen zu legen, wenn das betr. VR-Mitglied in der Anwaltskanzlei im Führungsgremium Einsitz hat, wesentlich am Gewinn beteiligt ist oder gar direkt eine Art Umsatzprovision erhält. Für weitere Bsp. s. Art. 678 N 7 f. Der Grund für das Vorschieben einer nahe stehenden Person ist grundsätzlich unerheblich; so spielt es keine Rolle, ob die nahe stehende Person zu Umgehungs-, Schenkungs- oder anderweitigen Zwecken als Empfängerin von Vergütungen eingesetzt wird.

Anzumerken ist des Weiteren, dass in **nicht marktüblichen Vergütungen** an einen Dritten oftmals ein **starkes Indiz** dafür zu sehen ist, dass der Dritte eine nahe stehende Person ist, denn der Umstand, dass ein Unternehmen für eine Leistung zuviel bezahlt (oder für die erbrachte eigene Leistung eine zu geringe Gegenleistung verlangt), wird sich oft nur durch die spezifische Nähe zum Begünstigten erklären lassen. Schwierige Abgrenzungsfragen ergeben sich dort, wo durch die kotierte Gesellschaft *gemeinnützige Zuwendungen auf Veranlassung einer Organperson* getätigt werden (vgl. zur Zulässigkeit solcher Zuwendungen WATTER/ROHDE, 333 ff.): Zwar ist der Empfänger hier in aller Regel keine nahe stehende Person, je nach Ausgestaltung und Darstellung der Zuwendung muss diese so aber behandelt werden, wie wenn sie zunächst an die Organperson und von ihr dann an die gemeinnützige Organisation geflossen wäre; anzumerken ist in dieser Konstellation immerhin, dass eine Zuwendung, die einzig im Interesse der «spendenden» Organperson erfolgt, wohl gesellschaftsrechtlich unzulässig ist und der Gesellschaft ein Rückforderungsanspruch zusteht (vgl. WATTER/ROHDE, 341 f.). Hinzuweisen ist schliesslich auch darauf, dass unter IAS 24 und Swiss GAAP-FER 15 sämtliche (wesentlichen) Transaktionen mit nahe stehenden Personen offen gelegt werden müssen, also auch marktübliche Transaktionen. 33

2. *Erfasste Vergütungen*

a) *Allgemeines*

Offen zu legen sind laut Art. 663b^{bis} Abs. 1 Ziff. 1–5 **Vergütungen.** Eine Legaldefinition des Begriffes findet sich im Gesetz nicht, doch führt Art. 663b^{bis} Abs. 2 eine beispielhafte, nicht abschliessende Liste (Botschaft, 4489) von Leistungen an, die als Vergütungen zu gelten haben (vgl. dazu nachfolgend N 44 ff.). Aus der Liste sowie aus den Materialien und dem Normzweck geht hervor, dass unter dem Begriff der Vergütung **sämtliche geldwerten Vorteile,** welche den betroffenen Personen gewährt wurden, erfasst werden sollen und zwar unabhängig von ihrer Form oder ihres Rechtsgrundes (s. insb. Botschaft, 4482; AmtlBull NR 2005, 107 und 110). Schlupflöcher soll es nach Ansicht des Gesetzgebers keine mehr geben. Als geldwerter Vorteil ist insb. jede Leistung zu betrachten, die eine direkte oder indirekte Entreicherung der Gesellschaft bewirkt, sei 34 es weil sie einen Vermögens*abgang* oder einen Verzicht auf einen Vermögens*zugang* darstellt (zum Spezialfall von der von einem Organ veranlassten gemeinnützigen Zuwendung vgl. N 33, und zu geldwerten Vorteilen, welche von Dritten gewährt werden, vgl. N 38). Die *Form* der Leistung (Geld, Sachleistungen, Nutzzuwendungen, etc.) sowie die Frage, ob die Leistung rechtlich einen *Lohnbestandteil* bilde oder nicht, ist unerheblich. Immaterielle Vorteile (wie z.B. Ehrungen oder Beförderungen) sind hingegen vom Begriff der Vergütung nicht erfasst. Der geldwerte Vorteil, der im Rahmen von **vergünstigten Darlehen/Krediten** gewährt wird, ist separat zu erfassen (Art. 663b^{bis} Abs. 3, vgl. N 83 ff.).

35   Zur Frage, ob im Rahmen der Offenlegung ein **Schwellenwert** angewendet werden kann, bei dem nur Vergütungen oberhalb dieses Schwellenwertes offen gelegt werden müssen, vgl. N 68.

36   Wie nachfolgend aufgezeigt wird (N 44 ff.), sind viele der in Abs. 2 verwendeten Begriffe, welche Vergütungskomponenten umschreiben sollen, auslegungsbedürftig. Im Sinne einer allg. RL wird es in Zweifelsfällen oft möglich sein, auf die **steuerliche oder sozialversicherungsrechtliche Behandlung** einer bestimmten Leistung abzustellen, um sie als Vergütung zu qualifizieren oder nicht (vgl. allg. zum steuerlichen Einkommensbegriff HÖHN/WALDBURGER, § 14 N 6 ff.; REICH, N 4 ff.; RICHNER/FREI/KAUFMANN, Art. 16 N 1 ff.; zum sozialversicherungsrechtlichen Einkommensbegriff s. Art. 7 AHVV und die entsprechende Wegleitung des BSV über den massgebenden Lohn [WML] in der AHV, IV und EO vom 1.1.2007, vgl. ferner als konkrete Anwendungsfälle etwa die hier vertretenen Meinungen zu Pauschalspesen [N 47] oder Sachleistungen [N 49]). Obwohl das Steuerrecht damit Ausgangspunkt der Auslegung sein kann, wird i.A. kein Gleichlauf zwischen Lohnausweis und Offenlegung nach Art. 663b^{bis} erreicht werden, da namentlich die steuerrechtliche Behandlung von Optionen sich von der obligationenrechtlichen Offenlegung unterscheiden kann (nach hier vertretener Ansicht kann u.U. aber ein Gleichlauf bei aktienbasierter Entschädigung erreicht werden). Ein weiterer Unterschied besteht bei Leistungen an die AHV/IV und andere Sozialversicherungswerke und bei Pensionskassenbeiträgen, da im Rahmen der obligationenrechtlichen Offenlegung in diesem Bereich nicht nur keine Nettobetrachtung erfolgt, sondern auch der Arbeitgeberbeitrag offen zu legen ist (N 77). Endlich gilt es zu beachten, dass sowohl im Steuer- wie auch Sozialversicherungsrecht lediglich tatsächlich geflossene bzw. realisierte Einkommen massgeblich sind (vgl. BGE 133 V 347 ff. m.w.N.). Blosse Anwartschaften gelten daher nicht als realisiert. Diese im Sozialversicherungs- und Steuerrecht geltende Qualifikation weicht teilweise von der hier vertretenen Auffassung ab (dazu nachfolgend N 39).

37   Da die Offenlegung von Vergütungen leicht dadurch umgangen werden könnte, indem Entschädigungen als Entgelt für andere Dienste als diejenigen der Mitwirkung im VR/Beirat bzw. in der GL vereinbart werden, fallen grundsätzlich auch **nicht im Zusammenhang mit der Mitwirkung als Organ stehende geldwerte Leistungen** unter den Begriff der Vergütung (Botschaft, 4490). Ausnahmen können sich aber etwa dann ergeben, wenn bspw. eine (kotierte) Versicherung eine nach Versicherungsvertrag geschuldete Leistung an ein Mitglied ihres VR ausrichtet; in diesem Fall überwiegt der Charakter einer Kundenleistung, womit keine Offenlegung zu erfolgen hat (werden dagegen keine Prämien verrechnet, ist dieser von der Organperson eingesparte Betrag natürlich offen zu legen). Gleiches würde gelten, wenn bspw. ein VR-Mitglied eines (kotierten) Spielcasinos auf die richtige Zahl setzt und einen Gewinn nach Hause trägt. Offenzulegen sind aber bspw. Entschädigungen unter einem Beratervertrag (zur Frage, wann solche Leistungen als Vergütungen an nahe stehende Personen offen zu legen sind, wenn

die Vergütung nicht direkt an das Organmitglied erfolgt, sondern z.B. an eine Anwalts- oder Architekturbüro, bei welchem die Organperson beteiligt ist, N 32).

Für die Offenlegung ist es unerheblich, ob die Vergütungen von der offenlegungspflichtigen Gesellschaft (direkt) oder über Dritte (indirekt) ausgerichtet werden. Als **indirekte Vergütungen** kommen insb. Vergütungen in Betracht, die von Tochtergesellschaften (z.B. Managementgesellschaften) ausgerichtet werden (Botschaft, 4489). Geldwerte Vorteile, die von **Dritten** gewährt werden, sind immer dann offenlegungspflichtig, wenn mit solchen Vergütungen ein indirekter Vermögensabgang oder ein Verzicht auf einen Vermögenszugang bei der offenlegungspflichtigen Gesellschaft (oder ihren Tochtergesellschaften) verbunden ist. Dies ist etwa dann der Fall, wenn eine Person (z.B. ein Aktionär der Gesellschaft) Vergütungen an die von der Offenlegungspflicht betroffenen Personen ausrichtet (z.B. Prämien beim Erreichen gewisser Ziele oder Optionen, welche zum verbilligten Kauf von Aktien der Gesellschaft berechtigen), dafür aber von der offenlegungspflichtigen Gesellschaft oder einer ihrer Tochtergesellschaften entschädigt wird. Aber auch die von einem Dritten geleistete Vergütung, die von der Gesellschaft *nicht* entschädigt wird, kann offenlegungspflichtig sein, sofern sie *im Hinblick auf die konkrete Organtätigkeit* eines Mitgliedes des VR/Beirates oder in der GL ausgerichtet wird – in diesen Fällen besteht nämlich die Gefahr, dass das entsprechende Mitglied einem Interessenkonflikt ausgesetzt wird, weshalb auch solche (indirekten) Vergütungen von Dritten offen zu legen sind, obwohl sie bei der Gesellschaft weder zu einem Vermögensabgang noch zu einem Verzicht auf einen Vermögenszugang führen (ähnl. auch Botschaft, 4489, wo festgehalten wird, dass durch die Wendung «direkt oder indirekt ausgerichtet» klargestellt werde, dass auch eine Vergütung anzugeben sei, die nicht durch die Gesellschaft selbst, sondern durch eine Konzerngesellschaft oder aber eine Drittperson ausgerichtet worden ist; vgl. auch § 285 Nr. 9 HGB; NOBEL, 74; restriktiv hingegen CHK-IMARK/LIPP, Art. 663b^{bis} OR N 9). Dem Bedürfnis nach weiter gehender Transparenz solcher (Interessen-)Bindungen wird zudem durch die Vorgaben in Rechnungslegungsstandards zu Transaktionen mit nahe stehenden Personen *(related party transactions)* Rechnung getragen (vgl. etwa IAS 24; Swiss GAAP-FER 15).

Art. 663b^{bis} Abs. 1 Ziff. 1–5 verlangen des Weiteren, dass diejenigen Vergütungen offen zu legen sind, die **ausgerichtet** wurden. Es stellt sich in diesem Zusammenhang die grundlegende Frage, ob der Gesetzgeber damit lediglich diejenigen Vergütungen erfassen wollte, die in der Berichtsperiode *tatsächlich zur Auszahlung* (Geldleistungen) bzw. *Gewährung* (übrige Formen der Vergütungen) kamen oder ob vielmehr diejenigen Vergütungen erfasst werden sollten, die den betroffenen Personen *zugesprochen* (aber vielleicht gar nie oder noch nicht ausbezahlt bzw. gewährt) wurden. Die Frage stellt sich insb. bei aufschiebend bedingten Vergütungen, wie z.B. bei zugesprochenen *(granted)*, aber noch nicht definitiv erworbenen *(vested)* Aktien oder Optionen oder bei der Zusprechung eines Bonus, der aber erst in Folgejahren bei Eintreten gewisser künftiger Bedingungen (z.B. bei Erreichen bestimmter Ziele in diesen Folgejahren) ausbezahlt wird oder bei zugesprochenen Vergütungen mit aufgeschobener Auszahlung *(deferred compensation)*.

Wie in N 36 bereits erwähnt, geht das Steuer- und Sozialversicherungsrecht i.d.R. lediglich von tatsächlich geflossenen, d.h. realisierten Einkünften aus. Ob sich diese Qualifikation indes unbesehen auf die Auslegung des Begriffes «ausgerichtet» in Art. 663b^{bis} übertragen lässt, ist u.E. fraglich. Der Wortlaut des Gesetzes lässt keine eindeutigen Schlüsse zu und auch in den Materialien finden sich keine weiterführenden Hinweise. Für die Massgeblichkeit der tatsächlich zur Auszahlung/Gewährung gelangten Vergütungen spricht zwar – abgesehen von der Praktikabilität –, dass die Offenlegung dann wirklich nur das wiedergeben würde, was der von der Offenlegungspflicht betroffenen Person letztlich *definitiv* zugeflossen ist und worüber sie uneingeschränkt verfügen kann, d.h. ihren definitiven Vermögenszuwachs (diese Argumentation würde z.B. bei Optionen für die Erfassung zum Ausübungszeitpunkt und nicht zum Zeitpunkt der Gewährung sprechen). Gegen die Massgeblichkeit der tatsächlich zur Auszahlung/Gewährung gelangten Vergütungen spricht jedoch, dass die mit Art. 663b^{bis} geschaffene Transparenz angesichts des erheblichen Potentials für Interessenkonflikte innerhalb des VR und zwischen dem VR und der GL auf eine Stärkung der Kontrollfunktion der Aktionäre abzielt (vgl. N 7). Bezweckt wird insb. Transparenz darüber, wie die verantwortlichen Personen, d.h. der Vergütungsausschuss und der VR, die Arbeitsleitung eines von der Offenlegungspflicht betroffenen Empfängers aus Gesellschaftsmitteln honorieren. Würde die Transparenz nur auf diejenigen Vergütungen abzielen, die letztlich tatsächlich realisiert werden, wäre dies gleich in mehrfacher Hinsicht problematisch: So würde zunächst verkannt, dass bei einer Offenlegung, die lediglich die tatsächlichen zugeflossenen Leistungen beinhaltet, ein u.U. erheblicher Anteil des gesamten Entschädigungspaketes, welches der betroffenen Person in Honorierung der geleisteten Dienste zugesprochen wurde, gar nie ausgewiesen wird, z.B. weil gewisse *vesting*-Bedingungen von Aktien oder Optionen nicht erfüllt wurden oder weil Optionen im Ausübungszeitpunkt wegen eines Kurszerfalles *out-of-the-money* waren. Dies ist deshalb nicht zu rechtfertigen, weil auch Vergütungen, die u.U. letztlich gar nicht realisiert werden, im Zeitpunkt der Gewährung ein ökonomischer Wert zukommt (MAIZAR/WATTER, 357). Des Weiteren würde die Offenlegung bei aufschiebend bedingten, aufgeschobenen oder nicht definitiv erworbenen Vergütungen oftmals einige Jahre nach deren Gewährung offengelegt. Dies würde die Kontrollfunktion der Aktionäre vereiteln, könnten sie so doch nur sehr verspätet reagieren (z.B. durch eine Abwahl von Mitgliedern des Vergütungsausschusses), wenn sie mit der zugesprochenen Vergütungshöhe oder deren Art nicht einverstanden sind.

41 Als massgeblich sind deshalb vielmehr **die zugesprochenen Vergütungen** und nicht die letztlich realisierten Vergütungen zu betrachten (ebenso, wenn auch nur in Bezug auf die Massgeblichkeit des *grant date* bei Aktien oder Optionen, BÖCKLI, Revisionsstelle, N 213; vgl. auch die Massgeblichkeit des *grant date* bei der Bewertung aktienbasierter Vergütungen gem. IFRS 2, IFRS 2 Appendix A und N BC 88 ff.; zur Eruierung dieses Wertes s. N 77). Anders gesagt führen nach der hier vertretenen Auffassung ein bedingter Anspruch oder eine aufgeschobene Zahlung oder eine noch nicht definitiv erworbene Vergütung i.d.R. (vgl. zu möglichen Ausnahmen nachfolgend N 42) nicht dazu, dass solche Leistungen erst in Folgejahren im Auszahlungs- bzw. Erwerbszeitpunkt auszuweisen sind. **Grundsätzlich sind vielmehr alle Leistungen offen zu legen, die der Organperson während der entsprechenden Berichtsperiode bzw. in Bezug auf diese zugesprochen werden, auch wenn die Auszahlung infolge Aufschub oder Bedingungen bzw. der definitive Erwerb erst später (oder u.U. gar nie) erfolgt.** Der späteren Auszahlung bzw. dem späteren Erwerb kann im Rahmen der Bewertung durch Diskontierung oder bei Bedingungen durch Abzug eines Unsicherheitsfaktors Rechnung getragen werden (vgl. N 77). Dies hat jedoch auch zur Konsequenz, dass eine aufwandsbezogene Betrachtungsweise nicht zwingend mit der Offenlegung nach Art. 663b^{bis} übereinzustimmen hat, es mithin Abweichungen zwischen der nach OR oder Regelwerk verbuchten Aufwendungen (oder Rückstellungen) und den nach Art. 663b^{bis} offenzulegenden Angaben geben kann (vgl. N 13 ff.). Zudem steht die hier vertretene Auffassung in Kontrast zum Zufluss- und Realisationsprinzip im Steuer- und Sozialversicherungsrecht (vgl. N 36).

42 Vom soeben Gesagten abzugrenzen sind Vergütungen, die zwar während einer Berichtsperiode zugesprochen werden, sich aber nicht auf diese, sondern auf **Leistungen in zu-**

künftigen Berichtsperioden beziehen (vorgängig vereinbarte Vergütungen für die Tätigkeit in Folgejahren). Verspricht etwa die Gesellschaft dem CEO für das folgende Jahr, ihm den Bonus zu verdoppeln, falls er dannzumal die vordefinierten Ziele um 20 % übertreffe, ist dieses Versprechen u.E. im Jahr des Versprechens nicht offen zu legen. Ebenso wenig wäre nach der hier vertretenen Ansicht ein Versprechen offen zu legen, wonach eine Organperson im Folgejahr eine Bonuszahlung erhält, sofern sie bis zu einem bestimmten Zeitpunkt im Folgejahr in ihrem Amt bleibt. In all diesen Fällen bezieht sich die Ausrichtung von Vergütungen auf zukünftige Berichtsperioden, weshalb sie u.E. auch erst in der zukünftigen Berichtsperiode offen zu legen sind. Im Einzelfall kann die Abgrenzung aber schwierig sein. Oft hilft für die Frage, auf welche Periode sich ein Versprechen bezieht, die Beantwortung der Vorfrage, ob noch eine Leistung geschuldet ist, wenn der Empfänger bspw. am 1. Januar des Folgejahres versterben würde (wenn noch eine Schuld besteht, bezieht sich die Leistung auf das Vorjahr, wenn nicht, auf das folgende Jahr). Betreffend Aktien- und Optionsplänen gilt in Anwendung des Gesagten Folgendes: Sie werden regelmässig mit der Absicht eingeführt, einen Mitarbeiter über längere Zeit an das Unternehmen zu binden (vgl. dazu WATTER/MAIZAR, Executive Compensation, 49 ff.), weshalb entsprechende Erwerbsbedingungen *(vesting conditions)* oder Haltefristen vereinbart werden. Obwohl auf Basis solcher Pläne gewährte Aktien und Optionen zukunftsgerichtet sind, stellen sie i.d.R. keine vorgängig vereinbarten Vergütungen für die Tätigkeit in Folgejahren dar, da die Zusprechung regelmässig in (Teil-)Honorierung geleisteter Dienste erfolgt und lediglich nebenher eine Bindungswirkung entfaltet (wendet man die Kontrollfrage nach dem Tod an, so ist es meist so, dass im Todesfall zugunsten der Erben ein *vesting* der entsprechenden Aktien oder Optionen erfolgt, wobei Optionen dann typischerweise aber nur noch während einer kurzen Frist ausübbar sind). Sieht ein Aktienplan hingegen vor, dass während fünf Jahren *jährlich* eine bestimmte Anzahl Aktien gewährt wird *(granted shares)* und dass die Anzahl der definitiv zu erwerbenden Aktien *(vested shares)* an das Erreichen bestimmter Zielgrössen in den jeweiligen Berichtsperioden geknüpft wird, dürfte es sich i.d.R. um vorgängig vereinbarte Vergütungen für die Tätigkeit in Folgejahren handeln (wie auch eine Verdoppelung der Barzahlung in den Folgejahren, falls in diesem Jahr ein bestimmtes Ziel erreicht wird, erst dannzumal offen zu legen ist). D.h. in diesen Fällen würde eine jährliche Offenlegung der auf die Leistungsperiode bezogenen Anzahl gewährter Aktien zum jeweiligen *fair value* den Anforderungen des Gesetzes genügen. Anzumerken bleibt ferner, dass es aus Sicht der Kontrolle der Aktionäre über die Leistungen des Vergütungsausschusses (oder des Gesamt-VR) an sich wünschenswert wäre, auch Versprechen zu kennen, die nur die Folgejahre betreffen, sie werden u.E. aber von Art. 663b^{bis} nicht erfasst.

Zu den **Modalitäten der Offenlegung** (Umfang, Aufschlüsselung und Detaillierungsgrad, Bewertung, periodengerechte Abgrenzung und Vorjahresvergleich) vgl. nachfolgend N 63 ff.   43

b) Vergütungen gemäss Abs. 2 im Besonderen

Wie in N 34 erwähnt, fallen sämtliche geldwerten Vorteile unter den Begriff der Vergütung, unabhängig von ihrer Form oder ihres Rechtsgrundes. Art. 663b^{bis} Abs. 2 enthält eine **nicht abschliessende** (Botschaft, 4489) Liste von geldwerten Vorteilen. Zweck dieser Liste ist primär nicht, für die Offenlegung einen «Raster» zu bieten (vgl. dazu N 70 ff.), sondern exemplarisch aufzuzeigen, was insb. als geldwerter Vorteil zu qualifizieren ist und dementsprechend im Rahmen der Offenlegung berücksichtigt werden muss.   44

45 Unabhängig von der nicht abschliessenden Aufzählung in Abs. 2 ist die **Vertragsdauer** von Organpersonen de lege lata nicht offen zu legen (vgl. aber RLCG, Ziff. 4.3). Im Rahmen der vom BR vorgeschlagenen Aktienrechtsrevision vom 21.12.2007 soll jedoch zumindest die Dauer der Verträge von Mitgliedern der GL inskünftig offenlegungspflichtig sein (vgl. Art. 697quater Abs. 1 Ziff. 2 a.E. E-OR).

aa) Honorare/Löhne/Bonifikationen/Gutschriften (Ziff. 1)

46 Ziff. 1 zielt auf die periodisch ausgerichteten **Bar-Vergütungen** ab. Dabei ist es unerheblich, ob sie fix oder variabel ausgestaltet sind (vgl. aber zur Forderung nach getrennter Offenlegung N 71). Laut der Botschaft stellen Honorare und Löhne zwar typischerweise Formen der fixen Entschädigung dar, während Bonifikationen und Gutschriften variabel seien (Botschaft, 4489), zwingend ist dies aber nicht, da die Form der Entschädigung unabhängig von deren fixer oder variabler Ausgestaltung ist (WATTER/MAIZAR, Executive Compensation, 48). Als Vergütung i.S.v. Ziff. 1 gelten also etwa Honorarzahlungen an den VR/Beirat sowie Lohnzahlungen an die Mitglieder der GL. Des Weiteren fallen aber auch Sondervergütungen wie Gratifikationen i.S.v. Art. 322d oder Prämien und Provisionen darunter. Wie in N 34 erwähnt, ist es für die Offenlegung unerheblich, ob die einzelnen Elemente eigentliche Lohnbestandteile bilden.

47 Auslagenersatzzahlungen bzw. «Spesen» (Art. 327a f. bzw. Art. 402 Abs. 1 analog) bewirken keine Besserstellung der betroffenen Person, sondern stellen sie so, wie wenn sie die Auslagen nicht selbst getätigt hätte. Ein geldwerter Vorteil muss aber etwa dann angenommen werden, wenn **Pauschalspesen** vereinbart werden und die betr. Person diese erkennbarerweise nicht ausschöpft, weil sie ausserordentlich hoch sind, so dass offensichtliche Anzeichen dafür bestehen, dass es sich bei den Pauschalspesen nicht (nur) um eine Ersatzzahlung handelt, sondern um eine effektive Vergütung (zur analogen Betrachtungsweise im Steuerrecht s. etwa LOCHER, Art. 17 N 25; RICHNER/FREI/KAUFMANN, Art. 17 N 43). Die Abgrenzung ist im einzelnen freilich schwierig: Es kann auf jeden Fall nicht Sinn von Pauschalspesen sein, dass eine «Schattenrechnung» geführt werden muss, damit Ende Jahr eruiert werden kann, ob ein «überschüssiger» Betrag verbleibt. Nötig ist wohl eine ex ante-Betrachtung, womit bspw. dann, wenn eine Pauschalspesenregelung von den zuständigen Steuerbehörden akzeptiert wurde, vermutungsweise davon ausgegangen werden kann, dass sie keinen Vergütungscharakter hat. Wo Pauschalspesen ausgerichtet werden, dann aber dennoch sämtliche Auslagen rückerstattet werden, liegt demgegenüber klarerweise eine Vergütung vor.

bb) Tantiemen/Beteiligungen am Umsatz/andere Beteiligungen am Geschäftsergebnis (Ziff. 2)

48 Diese Ziff. erklärt insb. Vergütungen als offenlegungspflichtig, die sich in irgendwelcher Form in Abhängigkeit des Geschäftsergebnisses definieren. Dies gilt insb. für die gesetzlich geregelten Tantiemen i.S.v. Art. 677 (vgl. daselbst) und Anteile am Geschäftsergebnis i.S.v. Art. 322a, doch werden natürlich auch nicht explizit im Gesetz geregelte Formen erfolgsabhängiger Entschädigungen erfasst.

cc) Sachleistungen (Ziff. 3)

49 Laut der Botschaft handelt es sich bei Sachleistungen «um die in der Praxis oft ausgerichteten Zusatzleistungen, die nicht in der Ausrichtung oder Gutschrift von Bargeld bestehen *(fringe benefits)*» (Botschaft, 4490). Darunter fallen also etwa die unentgeltliche oder vergünstigte Gewährung von firmeneigenen oder externen **Waren und Dienstleistungen** wie etwa Fahrzeuge oder elektronische Geräte, Reiseabonnements (z.B. General-

abonnement, vgl. zum Halbtax-Abonnement N 68), Fitnessabonnements, die Übernahme von Wohn- und Umzugskosten (soweit diese keinen Spesencharakter haben, vgl. N 47), ferner von Honoraren für bestimmte Beratungsdienstleistungen (z.B. private Steuerberatung), Mitgliedschaftsbeiträge oder Weiterbildungskosten. Beiträge des Arbeitgebers an Krankenversicherungen oder Pensionskassen werden von Ziff. 8 erfasst und die Zuteilung von Beteiligungen, Wandel- und Optionsrechten, obwohl auch diese Sachleistungen darstellen, von Ziff. 4.

Soweit allerdings Sachleistungen für die Ausübung der Geschäftstätigkeit notwendig sind (wie in aller Regel z.B. Telefone oder Laptops, aber auch die Benützung eines Fahrzeugs zu Geschäftszwecken), stellen sie für die betr. Person keinen geldwerten Vorteil dar; nur soweit sie auch privat genützt werden können (was insb. bei Fahrzeugen oft der Fall ist), sind sie bez. dieses **Privatanteils** als Vergütungen zu qualifizieren (vgl. zur steuerlichen Behandlung die u.E. im vorliegenden Bereich auch herangezogen werden kann, etwa RICHNER/FREI/KAUFMANN, Art. 16 N 87 ff.; ferner KNÜSEL, Art. 17 N 5; zur Bewertung des Privatanteils s. N 77).

dd) Zuteilung von Beteiligungen/Wandel- und Optionsrechten (Ziff. 4)

Als Vergütungen gelten des Weiteren gewährte Beteiligungen, also **Aktien, Partizipations-** oder **Genussscheine.** In der Regel wird es sich dabei um Beteiligungspapiere der Gesellschaft oder einer ihrer Tochtergesellschaften handeln, zwingend ist dies jedoch nicht. Soweit Beteiligungen nicht übertragen, sondern stattdessen Barbeträge ausgeschüttet werden, die dann für den Kauf von Beteiligungsrechten eingesetzt werden, werden die entsprechenden Beträge bereits unter Ziff. 1 erfasst; falls für den Kauf Darlehen zur Verfügung gestellt werden, ist dies unter Darlehen/Kredite offen zu legen (vgl. N 83 ff.).

Die **Zusprechung von Beteiligungspapieren** gilt als Vergütung und zwar unabhängig davon, ob die Beteiligungspapiere für den definitiven Rechtserwerb (aufschiebenden oder resolutiven) Bedingungen *(vesting conditions)* oder Verfügungssperren *(selling/transfer restrictions)* unterworfen sind, vgl. bereits N 39. Allerdings können solche Einschränkungen bei der Bewertung berücksichtigt werden, vgl. N 77.

Nebst Beteiligungspapieren gelten auch zugesprochene Wandel- und Optionsrechte als Vergütung. **Wandelrechte** werden üblicherweise im Zusammenhang mit der Aufnahme von FK gewährt und räumen dem Fremdkapitalgeber während einer gewissen Frist (Wandelfrist) das Recht ein, anstelle der Rückzahlung/weiteren Verzinsung zu den im Voraus festgelegten Bedingungen den Umtausch in ein Beteiligungspapier zu verlangen. Wandelrechte kommen im Rahmen der Vergütung von Organpersonen kotierter Gesellschaften selten vor (dies im Gegensatz zu nicht kotierten Gesellschaften, welche von Private Equity Investoren beherrscht werden – dort muss sich das Management oft mit wandelbarem FK beteiligen) – fraglich ist dann auch, ob die Offenlegung nicht entfallen muss, da die Wandelmöglichkeit für ein Darlehen gegeben wird, das bspw. ein VR-Mitglied der Gesellschaft gibt und dafür einen niedrigen Zins in Kauf nimmt. Verbreitet anzutreffen (wenn auch weniger als noch zur Zeit um die Jahrtausendwende) sind demgegenüber **Optionen,** welche das Recht einräumen, ein Beteiligungspapier (oder einen Bruchteil oder ein Mehrfaches davon) während einer bestimmten Frist oder an einem bestimmten Termin zu einem im Voraus festgelegten Preis zu erwerben (selten auch; zu veräussern). Wie bei den Beteiligungspapieren ist es auch bei Wandel- und Optionsrechten unerheblich, ob deren definitiver Erwerb von allfälligen Bedingungen abhängig gemacht oder deren Veräusserung Schranken unterworfen wird. Zur Bewertung solcher Einschränkungen s. N 77. Ebenfalls offenlegungspflichtig sind unter diesem Titel auch zum Kauf verbilligt angebotene Aktien oder Optionen. Schliesslich fallen auch **anderweitige Finanzinstrumente** (wie Swaps, Forwards, strukturierte Produkte), welche den Organpersonen zugesprochen werden, unter die Offenlegungspflicht.

54 Beteiligungen und Optionen werden regelmässig im Rahmen von **Mitarbeiterbeteiligungsplänen** gewährt. Die **nachträgliche Anpassung** von solchen Plänen ist im Rahmen von Art. 663b^{bis} per se nicht offenlegungspflichtig (hingegen besteht eine Offenlegungspflicht im Rahmen von Ziff. 5.1 des Anh. zur RLCG, vgl. dazu SWX-KOMMENTAR, Ziff. 5.1 N 3). Anders ist die Lage, wenn dem Offenlegungspflichtigen durch die Änderung eines Planes ein konkreter Vorteil zukommt, bspw. der Ausübungspreis einer bereits eingeräumten Option angepasst wird *(repricing)*, die Ausübungsdauer verlängert oder bspw. eine Verfügungssperre verkürzt wird; Analoges gilt, wenn Bedingungen für den definitiven Erwerb *(vesting conditions)*, die bei der Einräumung mit einem Bewertungsabschlag berücksichtigt wurden (vgl. N 77) aufgehoben oder gelockert werden. Hier hat im Jahr der Änderung eine Offenlegung des durch die Planänderung eingetroffenen Vorteils je offenlegungspflichtiger Person zu erfolgen, wobei für die Bewertung der Wert unter dem neuen Plan mit dem Wert der im Planänderungszeitpunkt den Optionen bzw. Aktien zukommt, zu vergleichen ist (und nicht mit dem ursprünglich offengelegten Wert); die Begründung für diese Ansicht liegt darin, dass ansonsten bspw. statt der (offenlegungspflichtigen) Gewährung neuer Optionen einfach ältere, schon eingeräumte Optionen mit mehr Wert versehen werden könnten.

55 Zu berücksichtigen sind lediglich die für den relevanten Zeitraum zugesprochenen Beteiligungen bzw. Wandel-/Optionsrechte, der *gesamte Bestand* ist im Rahmen von Art. 663c Abs. 3 separat offen zu legen.

ee) Abgangsentschädigungen (Ziff. 5)

56 Werden Leistungen im Hinblick auf die Beendigung einer Anstellung bzw. eines Mandates (vorgängig oder ad hoc) vereinbart, spricht man von **Abgangsentschädigungen** (ähnl. auch BÖCKLI, § 13 N 248 f.). Häufig werden diese für den Fall vereinbart, dass die betroffene Person im Rahmen einer Übernahme ihre Anstellung verliert *(golden parachutes)* oder dass ihr frühzeitig gekündigt wird *(golden hand-shakes)*. Hintergrund solcher Abgangsentschädigungen ist die Überlegung, dass Organe durch den finanziellen Anreiz einer Abgangsentschädigung ihre natürliche Risikoaversion überkommen sollen, um auch dort im Interesse der Gesellschaft tätig zu sein, wo ihre eigenen Interessen gefährdet sind (vgl. die Ausführungen bei WATTER/MAIZAR, Executive Compensation, 58 f. m.w.Nw.). Ohne hier auf die Frage nach der rechtlichen Zulässigkeit solcher Klauseln einzugehen (vgl. dazu etwa DAENIKER/NIKITINE, 122 ff.; BÖCKLI, § 13 N 250 ff. und 255 ff.; WATTER/MAIZAR, Executive Compensation, 58 ff.), sind diese für Interessenkonflikte äusserst anfälligen Leistungen (Botschaft, 4490) jedenfalls im Rahmen der Offenlegung von Vergütungen zu berücksichtigen. Angesichts der Einmaligkeit einer allfälligen Zahlung rechtfertigt es sich u.E., Abgangsentschädigungen nicht bereits im Jahr der Zusprechung (bedingtes Verpflichtungsgeschäft) auszuweisen (wobei diesfalls die Möglichkeit, dass keine Auszahlung erfolgt, bei der Bewertung entsprechend berücksichtigt werden könnte), sondern im Jahr, wenn die Entschädigung tatsächlich ausgelöst wird (nicht dagegen erst bei tatsächlicher Auszahlung). Soweit es sich bei den Abgangsentschädigungen um *golden parachutes* handelt, sind diese zudem im Rahmen von Ziff. 7.2 des Anh. der RLCG im Corporate Governance-Berichtsteil offen zu legen.

ff) Bürgschaften/Garantieverpflichtungen/Pfandbestellungen zugunsten Dritter/andere Sicherheiten (Ziff. 6)

Gewährt die Gesellschaft einer von der Offenlegungspflicht betroffenen Person eine Sicherheit in Form einer Bürgschaft, Garantie oder dgl., **verbilligt** dies i.d.R. die **Kapitalaufnahme** dieser Person, weshalb ihr ein geldwerter und damit offenlegungspflichtiger Vorteil zugute kommt. Zudem werden bei solchen Geschäften gewisse wirtschaftliche Risiken dieser Person auf die Gesellschaft verlagert, weshalb solche Geschäfte auch unter diesem Aspekt relevant sind (Botschaft, 4490). Zum Begriff der Bürgschaft und ihrer Abgrenzung zu den verschiedenen Arten von Garantien vgl. BSK OR I-PESTALOZZI, Art. 111 N 21 sowie Vor Art. 492–512 N 7. Bei Pfandbestellungen kann es sich um die Einräumung von Grundpfand- (Art. 793 ff. ZGB) oder Fahrnispfandrechten (Art. 884 ff. ZGB) handeln. Als «andere Sicherheiten» kommt insb. der gesetzlich nicht geregelte Schuldbeitritt in Betracht. Erfolgt eine Schuldübernahme (Art. 176) durch die Gesellschaft, ohne dass im internen Verhältnis Gesellschaft/Organperson eine entsprechende Ausgleichszahlung erfolgt, dürfte dies hingegen nach Ziff. 7 (vgl. N 59) offen zu legen sein. Zur Bewertung der Einräumung von Sicherheiten, vgl. N 74. 57

Laut Botschaft ist der Wortlaut von Ziff. 6 weiter gefasst als bei Art. 663b Ziff. 1, da der Offenlegungspflicht nicht nur die zur Sicherung einer Forderung eingegangenen Eventualverbindlichkeiten, sondern sämtliche Verpflichtungen, welche die Funktion einer Sicherheit erfüllen (wie insb. auch ein Schuldbeitritt), unterstehen (Botschaft, 4490). 58

gg) Verzicht auf Forderungen (Ziff. 7)

Durch einen **Forderungsverzicht** seitens der Gesellschaft verzichtet diese auf einen entsprechenden Vermögenszugang. Dies entspricht dem geldwerten Vorteil des Empfängers, weshalb auch Forderungsverzichte als Vergütungen qualifizieren. Der Erlass von gewährten Darlehen/Krediten oder der Verzicht auf die Geltendmachung von Schadenersatzansprüchen dürften klassische Anwendungsfälle darstellen. 59

hh) Aufwendungen, die Ansprüche auf Vorsorgeleistungen begründen oder erhöhen (Ziff. 8)

Unter Vorsorgeleistungen werden gemeinhin Leistungen verstanden, welche im Fall von Alter, Tod oder Invalidität, aber auch Krankheit und Unfall ausgerichtet werden. Soweit direkt oder indirekt Leistungen (insb. Versicherungsprämien) erbracht werden, die Ansprüche auf solche Vorsorgeleistungen begründen oder erhöhen, gelten diese Leistungen als Vergütungen. Im Bereich der staatlichen Vorsorge fallen die Arbeitgeberbeiträge an die **AHV/IV** darunter (bzw. Arbeitgeber- und Arbeitnehmerbeiträge, falls die Offenlegung nach dem Nettozufluss erfolgt, vgl. N 78). Bei der **beruflichen Vorsorge** gelten als Aufwendungen die Arbeitgeberbeiträge (inkl. die Beträge für den allfälligen Einkauf von Beitragsjahren) sowohl im Rahmen der obligatorischen wie auch überobligatorischen Versicherung (inkl. Arbeitnehmerbeiträgen, falls diese bei der Offenlegung von Salärzahlungen abgezogen wurden, Botschaft, 4490). Von der Offenlegungspflicht sind wohl auch Arbeitgeberbeiträge an eine unterdeckte Vorsorgeeinrichtung erfasst, wobei solche Zuschüsse dann natürlich auf die einzelnen Organmitglieder umgelegt werden müssen. Des Weiteren fallen Arbeitgeberbeiträge im Rahmen der Berufs- und Nichtberufsunfallversicherung sowie der Krankenversicherung darunter. Nicht erfasst sind demgegenüber Leistungen, die eine *Pensionskasse* an frühere Mitglieder erbringt, da eine solche Leistung keinen Vermögensabgang bei der offenlegungspflichtigen Gesellschaft bewirkt und auch nicht im Hinblick auf eine konkrete (aktuelle) Organtätigkeit ausgerichtet wird (vgl. N 38). 60

jj) Sämtliche Leistungen für zusätzliche Arbeiten (Ziff. 9)

61 Wie in N 37 bereits erwähnt, könnte die Offenlegung von Vergütungen leicht dadurch umgangen werden, indem Entschädigungen als Entgelt für **andere Dienste** als diejenigen der Mitwirkung im VR/Beirat bzw. in der GL vereinbart werden. Um dies zu verhindern, fallen auch nicht im Zusammenhang mit der Mitwirkung als Organ stehende geldwerte Leistungen unter den Begriff der Vergütung (Botschaft, 4480 und 4490). Angesprochen sind insb. Rechtsanwälte oder anderweitige Berater, die neben ihrer Organtätigkeit Beratungs- oder andere Dienstleistungen für die Gesellschaft oder ihre Tochtergesellschaften erbringen. Zur Frage, wie die Offenlegung zu erfolgen hat, wenn das in Frage stehende Mandat nicht an die Organperson direkt, sondern z.B. an das Anwaltsoder das Beratungsunternehmen, bei welchem er beteiligt ist, vergeben wird, vgl. N 32.

62 Ziff. 9 kann auf den ersten Blick zu Abgrenzungsschwierigkeiten führen, wenn z.B. ein Rechtsanwalt zum «früheren Mitglied» wird. In diesen Fällen sind die Vergütungen bekanntlich nur offen zu legen, sofern sie nicht marktüblich sind oder im Zusammenhang mit der früheren Organtätigkeit stehen. Da ein früheres Mitglied aufgrund des Austrittes aber keine «zusätzliche Arbeit» mehr verrichten kann, besteht das Abgrenzungsproblem nur scheinbar. Die Offenlegung der Entschädigung für die Arbeit eines früheren Mitgliedes beurteilt sich ausschliesslich danach, ob sie als marktunüblich, als nachträgliche Vergütung oder als Vergütung für ein Mandat, welches ihm noch während seines Einsitzes im VR/Beirat bzw. in der GL vergeben wurde, zu qualifizieren ist (vgl. dazu N 20 ff.).

3. Modalitäten der Offenlegung

a) Umfang der Offenlegung

63 Laut Art. 663b^{bis} Abs. 4 Ziff. 1 müssen die Angaben zu den Vergütungen den **Gesamtbetrag** für den VR und den **auf jedes Mitglied entfallenden Betrag** unter Nennung des Namens und der Funktion des betr. Mitglieds umfassen. Dasselbe gilt für den Beirat (Art. 663b^{bis} Abs. 4 Ziff. 3). Bei der GL hingegen müssen die Angaben nebst dem Gesamtbetrag für das Gremium nur **den höchsten auf ein Mitglied entfallenden Betrag** unter Nennung des Namens und der Funktion des betr. Mitgliedes umfassen (Art. 663 b^{bis} Abs. 4 Ziff. 2). Der jeweils offen zu legende **Gesamtbetrag** setzt sich aus der Summe der Beträge der einzelnen Mitglieder des betroffenen Gremiums (VR, Beirat oder GL) zusammen (exkl. nahe stehende Personen). Der auf ein Mitglied entfallende **Betrag** entspricht der Summe aller Vergütungselemente dieses Mitgliedes.

64 Die Offenlegung hat für jedes Gremium (VR, Beirat und GL) **separat** zu erfolgen. Ergeben sich bei den Mitgliedschaften Überschneidungen (etwa wenn ein VR-Mitglied zusätzlich Einsitz in der GL hat bzw. sog. Delegierter ist) und unterscheidet das Entschädigungspaket nach Vergütungen für die Mitwirkung im VR bzw. in der GL, hat eine entsprechende Aufteilung der Vergütungen auf das VR- und GL-Gremium zu erfolgen (immerhin ist beim VR anzumerken, dass noch zusätzliche Entschädigungen an ihn fliessen, die in der GL-Offenlegung enthalten sind). Fällt der höchste auf ein GL-Mitglied entfallende Betrag auch nach der Aufteilung noch auf die betroffene Person, ist sie zweimal individuell offen zu legen, einmal als VR-Mitglied und einmal als das am besten verdienende GL-Mitglied (dort auch wieder mit einem Querverweis auf die VR-Offenlegung), ansonsten ist auf Stufe GL die Vergütung derjenigen Person offen zu legen, auf die der höchste Betrag entfällt. Differenziert das Entschädigungspaket einer Person, welche in zwei Gremien (also insb. VR und GL) amtet, nicht nach den

Funktionen in den entsprechenden Gremien, sind sämtliche Bezüge im höheren Gremium (also beim VR) offen zu legen. Im tieferen Gremium (also bei der GL) ist diese Person dann u.E. nicht mehr einzubeziehen, d.h. als höchste Entschädigung an ein Mitglied der GL gilt die Vergütung des am besten verdienenden nächsten Mitgliedes dieses Gremiums, das dem VR nicht angehört (oft also der Lohn des CFO, seltener auch eines COO); denkbar ist aber auch, dass auf Stufe GL dann noch einmal der Lohn des Delegierten ausgewiesen bzw. auf die Offenlegung seines Lohnes als Mitglied des VR verwiesen wird.

Soweit eine Person **unterjährig** aus dem VR/Beirat oder der GL **ausgeschieden** ist (und deshalb für die entsprechende Berichtsperiode als gegenwärtiges Mitglied gilt, vgl. N 19), beschränkt sich der offenlegungspflichtige Umfang auf diejenigen Vergütungen, die ihm für seine Tätigkeit bis zum Zeitpunkt des Ausscheidens zugesprochen wurden. Allfällige spätere Vergütungen sind nur insoweit offen zu legen, als sie die Voraussetzungen der Offenlegung von Vergütungen an frühere Mitglieder erfüllen. 65

Da die Vergütungen an die Mitglieder der GL mit Ausnahme des bestbezahlten Mitgliedes global auszuweisen sind und die so offen gelegten Beträge nur in Kenntnis der davon betroffenen Anzahl GL-Mitglieder informativ sind, ist u.E. im Hinblick auf das Prinzip der Klarheit auch die **Anzahl GL-Mitglieder** anzugeben (vgl. auch Ziff. 4.1 der RLCG). 66

Nicht explizit geregelt ist der Umfang der Offenlegung von Vergütungen an **frühere Mitglieder** des VR/Beirates bzw. der GL. Soweit diese Personen offenlegungspflichtige Vergütungen erhalten haben, sind diese u.E. zwar separat (d.h. getrennt von den gegenwärtigen Mitgliedern), betr. Umfang aber analog zu den gegenwärtigen Mitgliedern anzugeben (d.h. namentlich und einzeln nur bei früheren VR-Mitgliedern). Ebenfalls separat auszuweisen, sind die Vergütungen an **nahe stehende Personen** (Art. 663b^{bis} Abs. 5 Satz 1). Eine Namensnennung ist hier nicht erforderlich (Art. 663b^{bis} Abs. 5 Satz 2), doch muss u.E. aus der Offenlegung hervorgehen, welchem VR-/Beirats- oder welchem GL-Mitglied die betroffene Person nahe steht (bei Letzterem allerdings nur dort, wo es sich um das bestbezahlte Mitglied handelt). 67

Die Offenlegung im Rahmen der Vorgaben von Art. 663b^{bis} hat **vollständig** zu erfolgen. Als Bestandteil der Jahres-/Konzernrechnung unterliegt der Anh. aber den allg. Grundsätzen ordnungsgemässer Rechnungslegung (Art. 662 Abs. 1 bzw. Art. 663g Abs. 1 i.V.m. Art. 662a), weshalb sich eine Gesellschaft grundsätzlich auch auf das ebenfalls zu diesen Grundsätzen zählende Prinzip der Wesentlichkeit (vgl. dazu Art. 662a N 9d) berufen und qualitativ oder quantitativ unwesentliche Vergütungen weg lassen kann (z.B. die Zurverfügungstellung eines Halbtax-Abonnements, die Gratisreinigung des Autos, etc.). Insofern sollte es auch zulässig sein, gewisse **Schwellenwerte** für die Erfassung von Vergütungselementen anzuwenden, vorausgesetzt die Schwellenwerte werden offen gelegt. U.E. ist es jedoch nicht zulässig, den Schwellenwert relativ zur «Vermögens- und Ertragslage» der Gesellschaft oder zur Höhe der Gesamtvergütung der von der Offenlegungspflicht betroffenen Person festzulegen, da dies selbst bei niedrigen Prozentsätzen (oder Bruchteilen davon) zu sehr hohen (absoluten) Beträgen führen kann. Ein Schwellenwert ist vielmehr in absoluter Höhe festzulegen, wobei es das Ziel sein muss, nur offensichtliche de minimis-Fälle in der Offenlegung zu vermeiden; ein so eruierter Schwellenwert dürfte sich pro in Frage stehendes Ereignis i.d.R. im tiefen dreistelligen Bereich und gesamthaft im tiefen fünfstelligen Bereich bewegen (vgl. auch die Hinweise auf die recht grosszügige Schwellenwertregelung in den USA in N 115 ff.). 68

69 Die Anwendbarkeit der sog. **Schutzklausel** (Art. 663h Abs. 1) dürfte kaum je möglich sein, da Angaben über Vergütungen und Darlehen/Kredite regelmässig keinen erheblichen Nachteil für die Gesellschaft oder den Konzern bringen dürfte. Die Verankerung der Offenlegungspflicht im Gesetz schliesst zudem auch Ansprüche aus Persönlichkeits- und/oder Datenschutzrecht aus (vgl. Art. 28 Abs. 2 ZGB bzw. Art. 13 DSG).

b) Aufschlüsselung und Detaillierungsgrad der Vergütungselemente

70 Der jeweils individuell offen zu legende Betrag von VR-/Beiratsmitgliedern sowie des am besten verdienenden GL-Mitgliedes ist u.E. nicht nur als (nomineller) **Totalbetrag,** sondern zusätzlich aufgeschlüsselt auf die **einzelnen Vergütungselemente** offen zu legen. Zwar spricht das Gesetz in Abs. 4 selbst nur von der Offenlegung des «Betrages», doch ergibt sich die Erforderlichkeit der Aufschlüsselung nicht nur zweifellos aus den Materialien (Botschaft, 4491: «Die Angaben zu Vergütungen und Krediten sind nach deren einzelnen Bestandteilen zu gliedern»; s.a. die Voten von GEROLD BÜHRER und CHRISTOPH BLOCHER in AmtlBull NR 2005, 110 bzw. 112), sondern auch aus dem Zweck der Norm, kann eine informierte und effektive Ausübung der Kontrollrechte doch nur dann sicher gestellt werden, wenn die einzelnen Elemente (und damit ihr Gewicht im Rahmen der individuellen Gesamtentschädigung, insb. z.B. das Verhältnis fixe/variable Vergütung) offen gelegt werden (so auch explizit Botschaft, 4491; vgl. zudem VOGT, 9 f.; MAIZAR/WATTER, 354 FN 45; offen gelassen bei WEBER/HUBER, 107).

71 Abs. 2 kann dabei für die Aufschlüsselung als «Raster» dienen. U.E. ist es jedoch durchaus auch zulässig, **andere Kategorien von Vergütungselementen** zu bilden, vorausgesetzt, dass die in einer Kategorie zusammen genommenen Elemente sachlich eng miteinander zusammen hängen und die Gewichtung einzelner Positionen innerhalb der Kategorie dadurch nicht ungebührlich verschleiert wird. Fraglich ist, ob eine Aufschlüsselung gem. IAS 24 N 16 (die eine Aufteilung nach kurzfristig fälligen Leistungen an Arbeitnehmer, Leistungen nach Beendigung des Arbeitsverhältnisses, anderen langfristig fälligen Leistungen, Leistungen aus Anlass der Beendigung des Arbeitsverhältnisses und aktienbasierten Vergütungen vorschreibt) noch den hier geforderten Anforderungen genügt. Unabhängig von der jeweils vorgenommenen Kategorienbildung sollten **fixe und variable Vergütungen** jedenfalls unterschieden werden; ebenso sollten **Aktien und Optionen** separat ausgewiesen werden.

72 Als Bestandteil der Jahres- sowie Konzernrechnung unterliegt der Anh. den allg. Grundsätzen ordnungsgemässer Rechnungslegung (vgl. N 68). Aus dem **Klarheitsprinzip** (vgl. dazu Art. 662a N 9c) ergibt sich dabei im Besonderen, dass die jeweiligen Positionen bzw. Kategorien *eindeutig, präzise und verständlich* zu bezeichnen sind. Zieht man zusätzlich den Normzweck zur Auslegung herbei, ergibt sich u.E., dass eine informierte Ausübung von Aktionärsrechten bzw. eine disziplinierende Wirkung der Transparenz nur dann gewährleistet werden kann, wenn die einzelnen Vergütungselemente bzw. die Kategorien von Vergütungselementen durch Angabe der **wesentlichen Faktoren/Eigenschaften** konkretisiert werden. Im Einzelnen bedeutet dies, dass die Vergütungselemente bzw. Kategorien mindestens wie folgt zu präzisieren sind (vgl. auch MAIZAR/WATTER, 354 f.):

– Werden Bar- bzw. Buchgeldleistungen als Kategorie ausgewiesen, müssen diese einen Hinweis auf die Ausrichtungsgründe enthalten (z.B. Löhne oder Honorare für VR-/GL-Tätigkeit, variable Bonuszahlungen, Honorare für zusätzliche Leistungen, etc.).

- Die Kategorie Sachleistungen muss einen Hinweis auf die darunter fallenden Leistungen enthalten (z.B. Club-Mitgliedschaften; Büroinfrastruktur für frühere VR-Mitglieder; Firmenfahrzeuge, etc.).

- Zugesprochene Aktien müssen Aufschluss über die Art, Anzahl, Nennwert und den allfälligen Kauf- bzw. Anrechnungspreis geben. Des Weiteren sind Angaben über allfällige Ausübungssperren sowie über allfällige Bedingungen für den definitiven Erwerb *(vesting conditions)* immer dann zu machen, wenn diese bei der Bewertung berücksichtigt wurden (vgl. N77); wo bei der Bewertung keine Berücksichtigung solcher Elemente erfolgt, genügt u.E. ein Hinweis darauf, ob solche Elemente bestehen oder nicht.

- Wandel- und Optionsrechte müssen die Art, Anzahl, die Laufzeit, das Bezugs-/Wandelverhältnis und den Ausübungs-/Wandelpreis angeben, ferner das allfällige Bestehen von *vesting conditions* und allfällige Ausübungssperren. Zum Detaillierungsgrad der Offenlegung von *vesting conditions* und Ausübungssperren s. die Ausführungen im vorstehenden Absatz.

- Bürgschaften, Garantien und andere Sicherheiten müssen Angaben zur gesicherten Leistung, Dauer und allfälligen Gegenleistung der betroffenen Person enthalten.

- Beiträge an Vorsorgeleistungen müssen Auskunft über die darunter fallenden Arten von Vorsorge (z.B. berufliche Vorsorge, Krankenversicherung) erteilen.

c) Bewertung der einzelnen Vergütungselemente

Aus der Pflicht, den Gesamtbetrag pro Gremium bzw. den Betrag pro VR-/Beiratsmitglied bzw. des am besten verdienenden GL-Mitgliedes anzugeben, ergibt sich zudem, dass die einzelnen Vergütungselemente **bewertet** werden müssen, um überhaupt zusammen gezählt werden zu können (MAIZAR/WATTER, 356). Die Bewertungspflicht erstreckt sich ausnahmslos auf sämtliche Vergütungselemente.

Die **Bewertung** der Vergütungselemente wird in Art. 663b^{bis} nicht spezifisch geregelt. U.E. ist von einer **einheitlichen fair value-Betrachtung** auszugehen, d.h. der Wert der einzelnen Vergütungselemente ist einheitlich aufgrund dessen zu eruieren, was unter Drittbedingungen *(at arm's length)* gelten würde (ebenso BÖCKLI/HUGUENIN/DESSEMONTET, 175; BÖCKLI, VE, 12, wenn auch nur im Zusammenhang mit Optionen; vgl. generell zur Ermittlung des *fair value* STRAUB, 432ff.) bzw. Dritte z.B. für eine Sachleistung bezahlen würden. Die Methode zur Eruierung des *fair value* bleibt den Gesellschaften aber anheim gestellt. Kann ein *fair value* nicht zuverlässig eruiert werden, hat die Gesellschaft eine anderweitige Wertbestimmung vorzunehmen (was auch das Abstellen auf Steuerwerte ermöglicht), wobei in jedem Fall die Grundlagen einer solchen anderweitigen Wertbestimmung offen gelegt werden müssen (Art. 662a Abs. 3 analog; MAIZAR/WATTER, 357).

Eine Bewertung nach den allg. **gesetzlichen Grundsätzen,** konkret nach den Vorschriften zur kaufmännischen Buchführung (Art. 960) bzw. aktienrechtlichen (Art. 663h ff.) und/oder spezialgesetzlichen Buchführung eignet sich nicht für Art. 663b^{bis}, da die gesetzlichen Vorgaben je nach zu bewertendem Gut unterschiedliche Bewertungsansätze vorsehen und ausserdem gewisse Vergütungselemente buchhalterisch gar nicht erfassen, was für die Zwecke der Offenlegung der Vergütungen (und Darlehen/Kredite) jedoch nicht richtig sein kann. Insofern kann es durchaus vorkommen, dass die im Rahmen von Art. 663b^{bis} offenzulegenden Angaben bzw. Werte von denjenigen im Personalaufwand nach OR abweichen (vgl. auch BÖCKLI/HUGUENIN/DESSEMONTET, 175).

76 Obwohl **IFRS** die Offenlegung von Vergütungen ebenfalls regelt (vgl. N 14), ist bei der Heranziehung der gem. IFRS eruierten Werte für die Zwecke von Art. 663b^{bis} Vorsicht geboten (vgl. eingehender HALLAUER/WATTER, 586 f.). So ist etwa zu beachten, dass die Kosten von aktienbezogenen Vergütungen in Abhängigkeit spezifischer Anstellungsbedingungen z.T. über mehrere Jahre verbucht werden, was dazu führt, dass im Rahmen von IAS 24 bei aktienbezogenen Vergütungen lediglich diejenigen Beträge offengelegt werden, die in der entsprechenden Berichtsperiode verbucht wurden. Dies widerspricht jedoch dem Sinn und Zweck der Offenlegungsvorschrift von Art. 663b^{bis}, welche den Aktionären und Anlegern generell Auskunft darüber erteilen will, wie viel einer Organperson in Bezug auf das entsprechende Berichtsjahr vom VR gewährt bzw. versprochen wurde (HALLAUER/WATTER, 587; **a.M.** offenbar BÖCKLI, Revisionsstelle, N 213).

77 Im Einzelnen kann für die Bewertung von Vergütungselementen folgendes festgehalten werden:

– **Bar-/Buchgeldvergütungen** sind nominal zu bewerten bzw. erfassen; auszuweisen ist entweder der Nettozufluss (nach Abzug von Sozial- und Pensionskassenbeiträgen) oder der Bruttozufluss; im ersten Fall ist der Arbeitgeber- und Arbeitnehmerbeitrag dann bei der Offenlegung der Vorsorgeleistungen entsprechend aufzunehmen. Wird eine Entschädigung erst später ausbezahlt, darf sie diskontiert werden. Unterliegt die Auszahlung einer Bedingung (z.B. Anstellung auch im Auszahlungszeitpunkt) kann dies mit einem Abschlag berücksichtigt werden, der das Risiko der Organperson, die Zahlung nicht zu erhalten, widerspiegelt. Der Abschlag muss aber objektiv begründbar sein (so kann u.E. auf die historische Fluktuationsrate von GL-Mitgliedern abgestellt werden, wenn eine Vergütung aufgeschoben wird und eine Anstellung im Auszahlungszeitpunkt Bedingung ist).

– Die Eruierung des *fair value* von **Sachleistungen** dürfte i.d.R. wenig Probleme aufwerfen. So kann bspw. bei zur Verfügung gestellten Firmenfahrzeugen auf Leasingraten oder – bez. des für die Offenlegung relevanten Privatanteils – auf die steuerliche Betrachtung (vgl. dazu etwa LOCHER, N 58 ff.; KNÜSEL, N 5 zu Art. 17) abgestellt werden, bei Mitgliedschaften auf die Mitgliederbeiträge, die Dritte zu bezahlen hätten (wobei es u.E. aber auch zulässig ist, auf die tatsächlichen Kosten der Gesellschaft abzustellen, wenn sie bspw. wegen eines Mengenrabatts weniger bezahlt als ein unabhängiger Dritter).

– Bei **Bürgschaften, Garantieverpflichtungen, Pfandbestellungen zugunsten Dritter und anderen Sicherheiten** können zur Eruierung des *fair value* marktübliche Kommissionsbeträge (v.a. bei Organpersonen mit einwandfreier Bonität) oder die Zinsdifferenz zwischen einem theoretischen ungesicherten Kredit an die betr. Organperson und dem tatsächlich von ihr zu bezahlenden tieferen Zinssatz herangezogen werden; die Sicherstellung kann dann mittels in ein jährliches Äquivalent aufgeschlüsselt werden.

– Besondere Schwierigkeiten der Bewertung können sich insb. bei **Aktien und Optionen** ergeben (vgl. dazu auch MAIZAR/WATTER, 356 f.; grundlegend zur Bewertung von Aktien und Optionen RISI, 125 ff.), die gewissen einschränkenden Zuteilungsbestimmungen unterliegen wie z.B. über deren definitiven Erwerb *(vesting conditions)* und/oder deren Veräusserbarkeit *(selling/transfer restrictions)*. Da diese Einschränkungen den ökonomischen Wert der Aktien/Optionen beeinträchtigen, kann u.E. eine sachgemässe Berücksichtigung dieser wertvermindernden Faktoren erfolgen (z.B. gem. IFRS 2 oder gem. Steuerwerten, vgl. für Veräusserungsbeschränkungen das

Kreisschreiben Nr. 5 vom 30.4.1997, das einen prozentualen Abzug pro Jahr Verfügungssperre erlaubt), wobei auch in diesem Fall die angewendeten Berechnungsgrundlagen offen zu legen sind. Bei Optionen kann konkret so vorgegangen werden: Zunächst hat eine Bewertung der Option nach anerkannten Modellen zu erfolgen (z.B. nach Black/Scholes generell zu Bewertungsmodellen im Rahmen von Vergütungen AMMANN/SEIZ, 21 ff.); soweit ein Modell gewählt wird, das *vesting conditions* oder Verfügungsbeschränkungen nicht berücksichtigt, können Abzüge von dem von der Formel definierten Wert gemacht werden, wobei u.E. die Höhe des Abzuges und der Grund dafür offen zu legen ist. Dabei muss die Höhe des Abzuges natürlich objektiv nachvollziehbar sein (vgl. das Bsp. mit der Fluktuationsrate im ersten Unterabsatz dieser N). Nach der hier vertretenen Auffassung ausgeschlossen ist jedoch die Heranziehung des Wertes, welcher sich im Rahmen von IFRS 2 durch die verteilte Verbuchung über mehrere Jahre hinweg ergeben kann (vgl. N 76).

Der **Zeitpunkt der Bewertung** richtet sich grundsätzlich nach demjenigen der Gewährung. Bei Aktien und Optionen bedeutet dies insb., dass der Zeitpunkt der Zuteilung *(grant date)* massgebend ist und zwar unabhängig von allfälligen Einschränkungen wie z.B. *vesting conditions* oder, *selling/transfer restrictions* (zur Begründung vgl. N 39). **78**

d) Periodengerechte Abgrenzung

Da die Offenlegung im Anh. und damit im Rahmen der Jahres- bzw. Konzernrechnung zu erfolgen hat, sind die Vergütungen periodengerecht abzugrenzen (sog. *accrual basis*, welche bereits in Art. 663 und 663a Abs. 4 implizit enthalten ist, BÖCKLI, § 10 N 46; BÖCKLI/HUGUENIN/DESSEMONTET, 175 f.; vgl. auch IFRS Framework N 22; Swiss GAAP-FER Rahmenkonzept N 11). Somit sind also all diejenigen Vergütungen zu erfassen, die mit Bezug auf das entsprechende Berichtsjahr gewährt wurden, selbst dann, wenn der Zeitpunkt der Auszahlung oder des definitiven Rechtserwerbs nach dem Stichtag des Berichtsjahres liegen sollte (vgl. auch Botschaft, 4491; vgl. ferner N 41 zum Versprechen von Leistungen für zukünftige Perioden). Ausnahmen davon sind in begründeten Fällen zulässig, wobei die Begründung aber offen zu legen ist. **79**

e) Vorjahresvergleich

Wie in N 69 bereits erwähnt, unterliegt der Anh. wie die übrigen Bestandteile der Jahresrechnung den Grundsätzen ordnungsgemässer Rechnungslegung, womit auch im Anh. Vorjahreszahlen anzugeben sind (vgl. Art. 662a N 6). Da die gem. Art. 663b^{bis} offen zu legenden Angaben im Anh. zu erfolgen haben (s. eingehend N 96 ff.), müssen also auch **Vorjahreszahlen** angegeben werden. **80**

Im Rahmen der Offenlegung von Angaben aus dem **Jahr 2006** (welche in der Jahres-/Konzernrechnung 2007 als Vorjahreszahlen zu veröffentlichen wären), stellt sich allerdings die Frage, ob die Pflicht zur Angabe von Vorjahreszahlen nicht zu einer **unzulässigen Rückwirkung** des neuen Art. 663b^{bis}, der per 1.1.2007 in Kraft getreten ist, führen würde. Nach Art. 1 SchlT ZGB liegt eine unzulässige Rückwirkung dann vor, wenn das neue Recht die vom alten Recht getroffenen Anweisungen bez. Tatsachen, welche sich vor dem Inkrafttreten des neuen Rechts ereignet haben, nicht respektiert (vgl. BSK ZGB II-VISCHER, Art. 1 SchlT N 12). Art. 1 SchlT ZGB gilt im gesamten Bundesprivatrecht und erfasst auch alle seitherigen und zukünftigen Änderungen (vgl. die Nachweise in BSK ZGB II-VISCHER, Art. 1 SchlT N 2 sowie Art. 1 Schluss-/Übergangsbest. zu den Titeln XXIV–XXXIII zum OR). Durch den Erlass von Art. 663b^{bis} erfolgt zwar keine direkte Rückwirkung, da die Bestimmung die Offenlegung bez. früherer Jahre gerade nicht vorsieht. Hingegen führt Art. 663b^{bis} zusammen mit der in **81**

Art. 662a Abs. 1 Satz 2 statuierten Pflicht zur Angabe von Vorjahreszahlen zu einer *indirekten* Rückwirkung, da nicht durch eine neue, sondern eine bereits bestehende Norm auf Vergütungen abgestützt würde, welche im Jahr 2006 gewährt wurden und sich mithin vor Inkrafttreten des Art. 663b^{bis} ereignet haben. Art. 663b^{bis} ist seit dem 1.1.2007 in Kraft und gilt somit für Vergütungen, welche ab dem Jahr 2007 gewährt werden (s. N 4). Im Jahr 2006 bestand noch keine gesetzliche Pflicht zur Offenlegung von Vergütungen. Für den Schutz des Normadressaten kann es u.E. nicht darauf ankommen, ob sich eine Rückwirkung direkt oder indirekt aus dem Gesetz ergibt. Tatsache ist, dass die Beachtung der Pflicht zur Angabe von Vorjahreszahlen i.E. auf dasselbe hinauslaufen würde, wie wenn bereits ab 2006 eine Offenlegungspflicht gegolten hätte. Wird das Bestehen einer Pflicht an Sachverhalte angeknüpft, die sich vor dem Inkrafttreten eines Erlasses verwirklicht haben, liegt eine unzulässige (echte) Rückwirkung vor (vgl. auch HÄFELIN/MÜLLER/UHLMANN, Allgemeines Verwaltungsrecht, 5. Aufl., Zürich/St. Gallen/Basel/Genf 2006, N 341). Aus diesem Grund käme auch die Pflicht zur Vornahme eines Vorjahresvergleich in den Jahres-/Konzernrechnungen des Jahres 2007 einer unzulässigen Rückwirkung von Art. 663b^{bis} i.S.v. Art. 1 SchlT ZGB gleich. Auf den Vorjahresvergleich im Jahr 2007 kann deshalb **verzichtet** werden. Freilich steht den Gesellschaften offen, freiwillig einen Vorjahresvergleich zu publizieren und diese Zahlen dann auch prüfen zu lassen.

82 Keine unzulässige Rückwirkung liegt hingegen vor, wenn in den Angaben über das Geschäftsjahr 2007 auch **Vergütungen an frühere Mitglieder,** also solche, die vor dem 31.12.2006 aus einem der offenlegungspflichtigen Organe ausgeschieden sind, offen gelegt werden müssen. Die Offenlegungspflicht knüpft hier zwar an einen Sachverhalt vor Inkrafttreten an (Ausscheiden der Organperson), doch verlangt sie nicht die Offenlegung von Vergütungen, die vor Inkrafttreten, sondern lediglich solche, welche nach Inkrafttreten, nämlich während des Geschäftsjahres 2007, zugesprochen wurden.

VI. Offenlegung von Darlehen/Krediten

1. Betroffene Personen

83 Art. 663b^{bis} Abs. 3 Ziff. 1 schreibt die Offenlegung von gewährten und noch ausstehenden Darlehen/Krediten vor, die **gegenwärtigen Mitgliedern des VR und des Beirates sowie GL-Mitgliedern** gewährt wurden (vgl. zum Begriff «Mitglied» N 17 ff.). Die Offenlegungspflicht besteht allerdings nur soweit, als die gewährten Darlehen/Kredite noch **ausstehend** sind. Ein Darlehen/Kredit hat dann als noch ausstehend zu gelten, wenn zum Zeitpunkt des **Stichtages der Bilanz** die Forderungen noch nicht getilgt sind.

84 Darlehen/Kredite, die **früheren** Mitgliedern des VR und des Beirates gewährt wurden und noch ausstehen, sind nur dann offenlegungspflichtig, wenn sie zu **marktunüblichen Bedingungen** gewährt wurden. Dabei dürfte die Marktüblichkeit einfacher zu konkretisieren sein als bei Vergütungen: Als **marktüblich** gilt – wie bereits schon in N 22 näher ausgeführt – jede Leistung, die von einem unabhängigen Marktteilnehmer zu gleichen Konditionen erbracht worden wäre *(dealing at arm's length).* Bei Darlehen und Krediten lässt sich die mangelnde Marktüblichkeit der Konditionen etwa an Blankokrediten von Banken messen (als Hilfskriterium kann man sich die Frage stellen, ob die Zinssätze unter den von der ESTV jährlich in einem Rundschreiben publizierten Mindestzinssätzen für geldwerte Leistungen liegen). Aber auch eine übermässig lange Laufzeit kann marktunüblich sein, insb. wenn keine Amortisationszahlungen vorgesehen sind. Des Weiteren können eine mangelnde Kreditwürdigkeit oder die Darlehenshöhe auf eine Marktunüblichkeit schliessen lassen. Endlich können auch fehlende oder zu geringfügige Sicherheiten auf marktunübliche Bedingungen deuten.

Schliesslich sind auch diejenigen noch ausstehenden Darlehen/Kredite offenlegungspflichtig, die den gegenwärtigen oder früheren Mitgliedern des VR, des Beirates oder der GL **nahe stehenden Personen** zu marktunüblichen Bedingungen gewährt wurden. Vgl. zum Begriff der nahe stehenden Person N 31 und zur Marktunüblichkeit N 22 und 84. 85

2. Erfasste Darlehen/Kredite

Das **Darlehen** wird in Art. 312 definiert als Vertrag, bei welchem sich der Darleiher zur Übertragung des Eigentums an einer Summe Geldes oder an andern vertretbaren Sachen verpflichtet, der Borger dagegen zur Rückerstattung von Sachen der nämlichen Art in gleicher Menge und Güte. Die Vorschriften über den Darlehensvertrag finden nebst der Gewährung von Bargeld (oder anderen vertretbaren *Sachen)* auch (analoge) Anwendung auf die Gewährung von Buchgeld bzw. Forderungen (vgl. BSK OR I-SCHÄRER/MAURENBRECHER, Art. 312 N 7). Des Weiteren wird auch das *securities lending* (Wertpapierleihe) als Darlehensvertrag qualifiziert (s. BSK OR I-SCHÄRER/MAURENBRECHER, Art. 312 N 31). 86

Das Darlehen bildet jedoch nur eine mögliche Form von Kreditgeschäften. **Kreditgeschäfte** zeichnen sich i.A. durch die «zeitweilige Überlassung von Kaufkraft im Vertrauen auf die Rückzahlungswilligkeit des Kreditierten» aus (MAURENBRECHER, 77). Neben dem Darlehen erfasst der Begriff des Kredits bzw. Kreditgeschäfts also insb. auch die *Leistung von Vorschüssen,* welche im Hinblick auf eine bereits bestehende (oder erst entstehende), aber noch nicht fällige Forderung geleistet werden (im Zwischenbericht «Corporate Governance», 4, wurden die Vorschüsse neben Darlehen und Krediten noch explizit aufgeführt) sowie die *Stundung von Forderungen,* bei der der Eintritt der Fälligkeit der Forderung hinausgeschoben wird. 87

Für die Offenlegung ist unerheblich, ob die Darlehen/Kredite **direkt oder indirekt** gewährt wurden. Die Wendung «direkt oder indirekt» kommt im Gegensatz zu den Ziff. 1–5 in Abs. 1 (Vergütungen) in Abs. 3 (Darlehen/Kredite) zwar nicht explizit vor, doch drängt sich eine analoge Auslegung aufgrund des Normzwecks auf. Zur indirekten Gewährung vgl. mutatis mutandis N 38. 88

Die Gewährung von Darlehen und Krediten an VR-/Beirats- oder GL-Mitglieder erfolgt zuweilen, um diesen Personen den Erwerb von Aktien oder die Ausübung von Optionen auf Aktien der Gesellschaft oder die Bezahlung von Steuern, die bei aktienbasierter Entschädigung anfallen können, zu finanzieren (vgl. auch WATTER/MAIZAR, Executive Compensation, 61). Aufgrund des bei solchen Geschäften vorhandenen Potentials für Interessenkonflikte werden sie einer separaten Offenlegungspflicht unterworfen (Botschaft, 4482; vgl. auch die Restriktionen bei der Vergabe von Organkrediten in Art. 4ter BankG). Unterliegen solche Darlehen/Kredite marktunüblichen Konditionen, entspricht die Differenz zwischen den vergünstigten Konditionen und den Marktkonditionen einem geldwerten Vorteil und damit einem offenlegungspflichtigen Vergütungselement. Dieser geldwerte Vorteil ist aber nicht im Rahmen der Vergütungen, sondern eben im Rahmen der Darlehen/Kredite offen zu legen (wobei der geldwerte Vorteil hier nicht spezifisch zu beziffern und zu bewerten ist, vgl. N 91 f. und 93). Werden andererseits Forderungen der Gesellschaft aus Darlehen/Kredite erlassen, kommt dies einem entsprechenden Vermögensabgang gleich, der im entsprechenden Berichtsjahr im Rahmen 89

3. Modalitäten der Offenlegung

a) Umfang der Offenlegung

90 Der Umfang der Offenlegung richtet nach Abs. 4 und damit sinngemäss nach dem Umfang der offen zu legenden Vergütungen, weshalb auf die entsprechende Kommentierung mutatis mutandis verwiesen werden kann (s. N 63 ff.). Abs. 4 spricht zwar nur von «Krediten», ohne «Darlehen» zu erwähnen, doch handelt es sich hierbei um ein redaktionelles Versehen ohne inhaltliche Konsequenzen. Zur Frage der Bewertung vgl. N 89 und 93.

Aufschlüsselung und Detaillierungsgrad der Darlehen/Kredite

91 Analog zur Offenlegung der Vergütungen sind auch hier die einzelnen Kreditgeschäfte aufgeschlüsselt darzulegen, wobei die Anzahl möglicher Formen von Darlehen/Krediten wesentlich beschränkter ist als bei den Vergütungen (s. vorne N 70 ff.).

92 Dem Klarheitsprinzip folgend (vgl. N 72) sind zudem die **wesentlichen Faktoren/Eigenschaften** der Darlehen/Kredite anzugeben. Darlehen müssen insb. einen Hinweis auf die Darlehensvaluta, Laufzeit, Zinssatz und Sicherheiten enthalten (MAIZAR/WATTER, 355). Vorschüsse sind unter Hinweis auf ihren Vorschusscharakter betragsmässig auszuweisen. Und Stundungen müssen die gestundete Forderung (Betrag, Rechtsgrund) und die allfällige Stundungsfrist bezeichnen.

b) Bewertung der Darlehen/Kredite?

93 Auch bei Darlehen und Krediten ist der **Gesamtbetrag** pro Gremium sowie der individuelle **Betrag** pro VR-/Beiratsmitglied bzw. desjenigen GL-Mitglieds mit dem höchsten Darlehensbetrag offen zu legen. Im Gegensatz zu den Vergütungen erachten wir es hier jedoch als sachgerechter, die Darlehen/Kredite nicht zu bewerten, sondern vielmehr im Nominalbetrag auszuweisen, auch wenn z.B. ein tiefer Zins an sich bewertungsmässig und aus Sicht der Gesellschaft dazu führen müsste, dass das Darlehen mit einem tieferen Wert eingesetzt werden müsste. Der Gesamtbetrag bzw. Betrag setzt sich gleich wie bei den Vergütungen zusammen, d.h. aus der Summe der einzelnen Beträge bzw. aus der Summe der einzelnen Darlehens-/Kreditelemente.

c) Periodengerechte Abgrenzung

94 Im Gegensatz zu den Vergütungen sind hier nicht diejenigen Darlehen/Kredite auszuweisen, die im entsprechenden Berichtsjahr bzw. für das entsprechende Berichtsjahr gewährt wurden, sondern es sind laufend alle Darlehen/Kredite anzuführen, die gewährt und im Berichtsjahr (d.h. per Bilanzstichtag) noch **ausstehend** waren (vgl. schon N 83). Eine periodengerechte Abgrenzung ist daher nicht notwendig.

d) Vorjahresvergleich

95 Vgl. die Ausführungen in N 80 f., welche mutatis mutandis auch für Darlehen/Kredite gelten.

VII. Ort der Offenlegung

1. Allgemeines

Die im Rahmen von Art. 663b^bis offen zu legenden Angaben haben laut Abs. 1 im **Anh.** zur Jahresrechnung platziert zu werden. Dies erklärt auch die systematische Stellung der neuen Bestimmung, welche hierarchisch unter dem «Geschäftsbericht» (Art. 662) und dort unter dem «Anhang» (Art. 663b) figuriert. Die Angaben, welche bis anhin gestützt auf Art. 663b im Anhang erbracht werden mussten, müssen auch weiterhin und unverändert aufgeführt werden. Art. 663b^bis sieht lediglich eine **Erweiterung** der von Gesetzes wegen erforderlichen Angaben im Anhang vor, sofern es sich um AGs handelt, deren Aktien an einer Börse kotiert sind. Inhaltlich sind partielle Überschneidungen aber nicht auszuschliessen, da z.B. Bürgschaften, Garantieverpflichtungen und Pfandbestellungen zugunsten Dritter sowohl im Rahmen des Anhangs gem. Art. 663b Ziff. 1 als auch im Rahmen der Offenlegung der Vergütungen (Art. 663b^bis Abs. 2 Ziff. 6) berücksichtigt werden müssen.

96

Zur **Prüfungspflicht** der RS vgl. nachfolgend N 100 ff.

97

2. In Konzernverhältnissen

In Konzernverhältnissen stellt sich die Frage, ob die Angaben zu den Vergütungen bzw. Darlehen/Krediten im Anhang zur **Jahresrechnung** (Einzelabschluss) oder im Anhang zur **konsolidierten Jahresrechnung** (Konzernrechnung) oder in beiden zu erfolgen haben. Weder die Materialien noch der Wortlaut geben darüber direkt Aufschluss. Systematisch figuriert die Bestimmung zwar unter dem Geschäftsbericht und innerhalb davon hierarchisch gleich gestellt mit den Bestimmungen über die Konzernrechnung, was zur Annahme verleiten könnte, dass die Angaben nur im Anhang zum Einzelabschluss zu machen sind. Indirekt ergibt sich aber aus Art. 663e Abs. 1, dass der Anhang der Konzernrechnung sinngemäss dem Anhang des Einzelabschlusses zu entsprechen hat und deshalb auch dessen inhaltlichen Anforderungen genügen muss. Dies entspricht auch der h.L. und Praxis unter bisherigem Recht, wonach der Anh. zur Konzernrechnung nebst den in Art. 663g Abs. 2 genannten Konsolidierungs- und Bewertungsregeln alle Angaben enthalten muss, welche auch für den Anh. zum Einzelabschluss gem. Art. 663b vorgeschrieben sind (vgl. etwa BÖCKLI, § 9 N 90; FORSTMOSER/MEIER-HAYOZ/NOBEL, § 51 N 14 sowie 225; Schweizer Handbuch der Wirtschaftsprüfung, 275; BOEMLE, 624; CHK-EBERLE, Art. 663g OR N 7; BERTSCHINGER/ZENHÄUSERN, 273; SCHELLENBERG, 227; Art. 663g N 3). Es ist nicht einzusehen, weshalb an dieser Auffassung durch die Einfügung des neuen Art. 663b^bis, der systematisch als Unterkapitel der Marginalie «Anhang» erscheinen wird, etwas geändert werden sollte. Die von Art. 663b^bis geforderten Angaben haben deshalb an sich sowohl im Anh. zum Einzelabschluss wie auch im Anh. zur Konzernrechnung zu erfolgen (ebenso BÖCKLI, Revisionsstelle, N 215; CHK-IMARK/LIPP, Art. 663b^bis OR N 4).

98

Bemerkenswert ist nun allerdings der Umstand, dass Art. 663b^bis Abs. 1 in allen Ziffern festhält, dass nicht nur alle direkten, sondern auch *indirekten Vergütungen* im Hinblick auf die Offenlegung erfasst werden müssen. Obwohl diese Wendung in Abs. 3 (Offenlegung von Darlehen/Krediten) fehlt, gilt dies auch dort (vgl. N 88). Soweit also Personen Vergütungen oder Darlehen/Kredite von Konzerntochtergesellschaften oder Dritten gewährt erhalten, finden diese bereits im (ansonsten nicht-konsolidierten) Anh. zum Einzelabschluss Berücksichtigung (vgl. auch die ähnl. Ausführungen in der Botschaft, 4489). Da zudem der Kreis der von der Offenlegungspflicht erfassten GL-Mitglieder funktional,

99

d.h. unabhängig von ihrer Anstellung innerhalb eines Konzerns, gezogen wird (vgl. N 28), wird sich eine Offenlegung gem. Art. 663b^{bis} im Anh. zur konsolidierten Jahresrechnung von der Darstellung im Anh. zum Einzelabschluss nicht unterscheiden (HALLAUER/WATTER, 583 f.). Praktisch relevant ist dies insb. dort, wo die Konzernmuttergesellschaft Holdingstatus hat und die GL-Mitglieder bei einer Managementgesellschaft angestellt sind; in diesen Fällen finden die Vergütungen in der Erfolgsrechnung der obersten Gesellschaft gar keinen Niederschlag. Eine Offenlegung im Anh. zum Einzelabschluss wäre demnach **identisch** mit derjenigen im Anh. zur Konzernrechnung, was wenig Sinn macht. Zudem ist die üblicherweise gedrängte Form der Darstellung im Anh. nicht geeignet, dem Aktionär ein klares Bild über die Verhältnisse zu vermitteln (vgl. dazu auch die hier vorgeschlagenen tabellarischen Übersichten im Bsp. nach N 119). Letzteres ist umso wichtiger geworden, als die an der SWX Swiss Exchange kotierten Gesellschaften nach der ab 1.1.2007 in Kraft tretenden Fassung der RLCG im Corporate Governance-Kapitel nur noch den Inhalt und das Festsetzungsverfahren der Entschädigungen und der Beteiligungsprogramme offen legen müssen (Ziff. 5.1 des Anh. zur RLCG). Zudem wird der Inhalt des Anh. der Konzernrechnung durch Regelwerke (insb. IAS/IFRS) vorgegeben, an die sich die RS bei ihren Testaten halten wollen. U.E. ist es deshalb vorzuziehen, die Offenlegung nach Art. 663b^{bis} entweder **nur im Anh. des Einzelabschlusses** zu machen, wobei dann im Anh. zur Konzernrechnung ein entsprechender Verweis anzubringen ist (am besten wohl in dem Abschnitt des Anh., der sich mit der Entschädigung des *key management* befasst) (gl.M. HALLAUER/WATTER, 583 f.; ähnl. auch WEBER/HUBER, 108) oder auf eine Offenlegung in beiden Anhängen zu verzichten und diese stattdessen separat (insb. mittels einer graphisch klaren Darstellung) im **Corporate Governance-Berichtsteil** vorzunehmen, wobei in den Anhängen zu beiden Rechnungen dann ebenfalls entsprechende Verweise erfolgen müssen (vgl. zur Möglichkeit des **Verweises** auch MAIZAR/WATTER, 358; LENGAUER/HOLDEREGGER/AMSTUTZ, 23; WEBER/HUBER, 108). Erfolgt die Offenlegung im Anh. mittels Verweises, erstreckt sich die Prüfungspflicht der RS auch auf den referenzierten Text. Für den Fall, dass für den Einzelabschluss und den konsolidierten Abschluss unterschiedliche RS amten, sollte die Prüfung u.E. durch diejenige RS erfolgen, die den Einzelabschluss prüft.

3. Exkurs: Prüfungspflicht der Revisionsstelle

100 Die gesetzliche Verortung der Angaben gem. Art. 663b^{bis} im Anh. zur Bilanz führt dazu, dass sie der Prüfungspflicht durch ein **staatlich beaufsichtigtes Revisionsunternehmen** unterliegen (Art. 727 Abs. 1 Ziff. 1 lit. a i.V.m. Art. 727b Abs. 1 i.V.m. Art. 728 a Abs. 1 Ziff. 1 i.V.m. Art. 662 Abs. 2). Damit soll die wirksame Durchsetzung der Transparenz im Bereich der Vergütungen gewährleistet werden (Botschaft, 4484).

101 Gemäss Art. 728a Abs. 1 Ziff. 1 hat die RS zu prüfen, ob die Jahresrechnung und ggf. die Konzernrechnung den gesetzlichen Vorschriften, den Statuten und dem gewählten (privaten) Regelwerk entsprechen. In Bezug auf die im Rahmen von Art. 663b^{bis} offen zu legenden Angaben bedeutet dies Folgendes:

– Die RS hat zu prüfen, ob die Vergütungen und Darlehen/Kredite im Anh. vollständig und richtig offen gelegt werden (Botschaft, 4484). Die **Prüfung der Vollständigkeit** beinhaltet in einem ersten Schritt die Verifizierung dessen, ob alle von der Offenlegungspflicht erfassten Personen in der Offenlegung auch tatsächlich berücksichtigt wurden. Dies gilt insb. dort, wo Vergütungen oder Darlehen/Kredite an nahe stehende Personen gewährt werden (praktisch dürfte die RS dies so prüfen, dass sie vom VR oder der GL entsprechende Erklärungen und Angaben verlangt, vgl. dazu etwa PS 550 N 7 ff.). In einem zweiten Schritt ist zu prüfen, ob alle Vergütungen und Darlehen/Kredite, die an die entsprechenden Personen geleistet wurden, vollständig in die Offenlegung eingeflossen sind, wobei auch hier praktisch schwergewichtig mit Erklärungen, allenfalls auch mit Stichproben gearbeitet werden muss. Besonders zu beachten sind dabei Vergütungen oder Darlehen/Kredite, welche indirekt (z.B. über Konzerntochtergesellschaften) gewährt werden oder die unübliche Formen annehmen.

– Die **Prüfung der Richtigkeit** bezieht sich auf die Übereinstimmung der im Anh. gem. Art. 663b[bis] offen gelegten Angaben mit den tatsächlich gewährten Vergütungen bzw. Darlehen/Krediten. Im Zentrum steht somit die Überprüfung der Höhe (und insb. die Nachvollziehbarkeit der Bewertung), des Rechtsgrundes und der Person des Empfängers. Die Prüfung der Richtigkeit der Angaben durch die RS erstreckt sich aber nicht auf die Gesetzmässigkeit der Vergütungen (insb. z.B. bez. deren Höhe) bzw. Darlehen/Kredite selbst, sondern lediglich auf deren korrekte Offenlegung im Anh. (ebenso BÖCKLI, Revisionsstelle, N 216; vgl. auch die Komm. zu Art. 728a Abs. 3).

– Die Einhaltung **statutarischer Vorschriften** wird im Bereich der Offenlegung von Vergütungen und Darlehen/Krediten von geringer praktischer Bedeutung sein, da die wenigsten Gesellschaften einschlägige Bestimmungen in den Statuten haben. Im Hinblick auf die laufende (grosse) Aktienrechtsrevision, welche eine Ergänzung von Art. 627 vorsieht, könnte sich dies in Zukunft allenfalls ändern.

– Die Einhaltung im Hinblick auf gewählte (private) Regelwerke (an der SWX Swiss Exchange insb. IAS/IFRS und US-GAAP, ferner auch Swiss GAAP-FER) ist vorliegend wenig relevant, da die Vorgaben von Art. 663b[bis] i.d.R. nichts mit den Vorgaben von privaten Regelwerken zu tun haben.

Die Prüfungspflicht der RS ändert aber nichts daran, dass primär der **VR** der offenlegungspflichtigen Gesellschaft für die Offenlegung **verantwortlich** ist (vgl. Art. 716a Ziff. 6). Daraus folgt, dass sich die RS im Rahmen ihres Prüfungsauftrages i.d.R. auf die von der Gesellschaft zur Verfügung gestellten Angaben bzw. ihre Aussagen stützen kann. Der VR ist denn auch gesetzlich verpflichtet, der RS alle Unterlagen zu übergeben und alle Auskünfte (ggf. schriftlich) zu erteilen, die sie für die Erfüllung ihrer Aufgabe benötigt (Art. 730b Abs. 1). Konkret wird sich die RS in ihrer Arbeit darauf beschränken können, abzuklären, ob die Gesellschaft die Daten über ihre VR-/Beirats- und GL-Mitglieder in einer nachvollziehbaren und sinnvollen Art ermittelt hat und ob die im Anh. publizierten Daten den erhaltenen Angaben entsprechen. Immerhin muss sie aber im Zweifel an der Richtigkeit der Angaben nachfragen. 102

VIII. Folgen der Verletzung der Offenlegungspflicht

Die Nichtbeachtung der Offenlegungspflicht kann verschiedene Folgen nach sich ziehen: 103

Laut Art. 728c Abs. 1 muss die RS Verstösse gegen Gesetz, die Statuten oder (neu) das Organisationsreglement dem VR schriftlich melden. Handelt es sich um wesentliche Verstösse oder solche, gegen die der VR keine angemessenen Massnahmen ergriffen hat, muss überdies die GV informiert werden (Art. 728c Abs. 2). So oder anders muss die RS aber in ihrem Revisionsbericht das Resultat der Prüfung festhalten und gestützt darauf die **Jahresrechnung bzw. Konzernrechnung** bei Feststellung von nicht korrigierten Mängeln in Bezug auf die Offenlegungspflicht nicht oder nur mit Einschränkun- 104 gen zur Abnahme empfehlen (vgl. Art. 728b Abs. 2). Anstelle dieser drastischen Massnahme wird die RS in der Praxis Verstösse dem VR vorab mitteilen und deren gemeinsame Bereinigung anstreben (MAIZAR/WATTER, 359).

105 Die Verletzung der Offenlegungspflicht gem. Art. 663b^bis stellt gleichzeitig die Verletzung einer aktienrechtlichen Pflicht des VR dar. Als solche ist die Verletzung grundsätzlich geeignet, eine Pflichtverletzung im Rahmen einer **zivilrechtlichen Verantwortlichkeitsklage** zu begründen. Sofern die übrigen Voraussetzungen gegeben sind (Schaden, Kausalzusammenhang, Verschulden), können die Mitglieder des VR (bzw. je nachdem auch die RS) somit verantwortlich und ersatzpflichtig werden. In der Praxis wird dieses Sanktionsmittel jedoch kaum von Bedeutung sein, da der Nachweis des Vorliegens eines kausalen Schadens oft scheitern dürfte; denkbar wäre immerhin der Nachweis, dass eine bestimmte Entschädigungspraxis bei korrekter Offenlegung nicht weiter geführt worden wäre (z.B. wegen Abwahl der Mitglieder des Vergütungsausschusses).

106 Eine spezifische, auf Art. 663b^bis zugeschnittene Strafnorm besteht nicht. Die Verletzung der Offenlegungspflicht kann für Mitglieder des VR, der GL und der RS aber dennoch **strafbar** sein, etwa dann, wenn sie vorsätzlich unwahre oder unvollständige Angaben über die Vergütungen oder Darlehen/Kredite machen oder machen lassen, vorausgesetzt, die Angaben sind von erheblicher Bedeutung und können einen anderen zu schädigenden Vermögensverfügungen veranlassen (Art. 152 StGB). Dieser Tatbestand steht ausserdem in echter Konkurrenz mit den Urkundendelikten gem. Art. 251 ff. StGB. Auch die Erfüllung des Tatbestandes der ungetreuen Geschäftsbesorgung (Art. 158 StGB) ist denkbar.

107 Des Weiteren stellt die Verletzung der gesetzlichen Offenlegungspflicht durch ausländische Emittenten, welche ihre Beteiligungspapiere an der SWX Swiss Exchange, nicht aber im Heimatstaat kotiert haben, eine Verletzung der RLCG dar, was zu entsprechenden **Sanktionen seitens der SWX Swiss Exchange** führen kann (vgl. Art. 81 Ziff. 3 KR). Die Gefahr von Sanktionen der SWX Swiss Exchange besteht aber auch für inländische Emittenten: Obwohl im Zuge des Inkrafttretens von Art. 663b^bis die einschlägigen Bestimmungen in der RLCG stark gekürzt wurden, kann eine Verletzung von Art. 663b^bis durch inländische Emittenten gestützt auf Art. 81 Ziff. 3 KR zu Sanktionen der SWX Swiss Exchange führen (Veröffentlichung falscher oder irreführender Informationen). Schliesslich gilt es zu bedenken, dass die Ziff. 5.1 des Anh. zur RLCG (Offenlegung der Entschädigungspolitik) auch weiterhin zu beachten ist und deren Verletzung zu Sanktionen führen kann.

108 Die Nichtbeachtung der Offenlegungspflicht kann schliesslich auch **gesellschaftsinterne Sanktionen** nach sich ziehen, z.B. die Kündigung des Arbeitsverhältnisses eines GL-Mitgliedes durch die Gesellschaft (z.B. weil dieses Mitglied der Gesellschaft gegenüber die Nähe eines Empfängers einer Leistung nicht offen gelegt hat) oder die Abberufung eines VR-Mitgliedes aus einem Ausschuss gem. Art. 726 Abs. 1. Daneben bestehen die **allg. «Sanktionsmittel»** der Aktionäre, wie etwa die Verweigerung der Décharge (Art. 698 Abs. 2 Ziff. 5), die Nichtwiederwahl oder Abberufung von VR-Mitgliedern (Art. 705) oder die Rückerstattung übermässiger Bezüge (Art. 678; vgl. dazu insb. DÜRR, 169 ff.; LEU, 141 ff.).

IX. Internationales

1. Europäische Union

Am 14.12.2004 erliess die EU-Kommission auf Anregung eines Expertenberichts (vgl. dazu NOBEL, 69 f.) eine «**Empfehlung** zur Einführung einer angemessenen Regelung für die Vergütung von Mitgliedern der Unternehmensleitung börsennotierter Gesellschaften» (2004/913/EG, ABl L 385 vom 29.12.2004, 55 ff.). Die Empfehlung ist – wie es ihre Bezeichnung andeutet – nicht verbindlich, doch behält sich die Kommission bei ungenügender Umsetzung durch die Mitgliedstaaten weitere Schritte vor (vgl. Ziff. 8.1 der Empfehlung); vgl. für einen Zwischenbericht der EU-Kommission per 19.7.2007, der eine mehrheitliche, aber noch nicht zufriedenstellende Umsetzung der Empfehlung konstatiert, SEC[2007] 1022). In der Empfehlung werden die Mitgliedstaaten aufgefordert, (i) die Vergütungspolitik des Unternehmens offen zu legen und von der Jahreshauptversammlung bindend oder konsultativ genehmigen zu lassen, (ii) die Vergütung der Mitglieder der Unternehmensleitung individuell offen zu legen und (iii) die Regelungen aktienbasierter Vergütungen der bindenden Abstimmung durch die Jahreshauptversammlung zu unterwerfen.

Was die hier interessierende **Offenlegung der Vergütung der Mitglieder der Unternehmensleitung** betrifft, sollen sämtliche Personen, die Mitglieder der Verwaltungs-, Geschäftsführungs- oder Aufsichtsorgane sind (Ziff. 2.1), jeweils individuell die ihnen ausgerichteten oder auszurichtenden Vergütungen bzw. Honorare (Ziff. 5.3), Aktien und Aktienoptionen (Ziff. 5.4), betrieblichen Altersvorsorgeleistungen (Ziff. 5.5) sowie ihre erhaltenen Darlehen, Vorschüsse und Bürgschaften (Ziff. 5.6) offen legen. Der Umfang und Detaillierungsgrad der Offenlegung ist grundsätzlich mit Art. 663b^{bis} vergleichbar, wobei die Empfehlung im Bereich der Aktien und Optionen allerdings zuweilen etwas weiter geht: So sind bei aktienbasierten Vergütungen die Anzahl und Konditionen der gewährten Aktien oder Optionen, die Anzahl der im Berichtsjahr ausgeübten Optionen unter Angabe der Anzahl betroffener Aktien und der Ausübungskurse sowie allfällige Änderungen der Konditionen offen zu legen (vgl. Ziff. 5.4). Die Empfehlung sieht als **Ort der Offenlegung** den Jahresabschluss, dessen Anh. oder den im Rahmen der Vergütungspolitik zu erstellenden Vergütungsbericht vor (Ziff. 5.1).

Daneben sehen die EU-Jahresabschluss-RL, 78/660/EWG des Rates vom 25.7.1978 über den Jahresabschluss von Gesellschaften bestimmter Rechtsformen (ABl L 222 vom 14.8.1978, 11 ff.) und die EU-Konsolidierungs-RL, 83/349/EWG des Rates vom 13.6.1983 über den konsolidierten Abschluss (ABl L 193 vom 18.7.1983, 1 ff.) vor, dass im Anh. zum Jahresabschluss u.a. die Bezüge und Vorschüsse/Kredite der Mitglieder der Verwaltungs-, Geschäftsführungs- oder Aufsichtsorgane sowie die ihnen gewährten Kredite anzugeben sind, wobei die Angaben zusammengefasst für jede dieser Personengruppe zu machen sind. Die konkrete Umsetzung dieser RL oblag den jeweiligen Mitgliedstaaten.

2. Bundesrepublik Deutschland

Gemäss dem durch das Vorstandsvergütungs-Offenlegungsgesetz revidierten und seit anfangs 2006 geltenden § 285 Nr. 9 HGB (vgl. dazu NOBEL, 72 ff. m.w.Nw.) müssen sämtliche Kapitalgesellschaften im Anh. zur Bilanz für die Mitglieder des Geschäftsführungsorgans, eines Aufsichtsrats, eines Beirats oder einer ähnl. Einrichtung jeweils für jede Personengruppe folgende Angaben offen legen:

- Die für die Tätigkeit im Geschäftsjahr gewährten Gesamtbezüge (Gehälter, Gewinnbeteiligungen, Bezugsrechte und sonstige aktienbasierte Vergütungen, Aufwandsentschädigungen, Versicherungsentgelte, Provisionen und Nebenleistungen jeder Art). Bezugsrechte und sonstige aktienbasierte Vergütungen sind mit ihrer Anzahl und dem beizulegenden Zeitwert zum Zeitpunkt ihrer Gewährung anzugeben; spätere Wertveränderungen, die auf einer Änderung der Ausübungsbedingungen beruhen, sind zu berücksichtigen. Bei einer börsennotierten AG sind zusätzlich unter Namensnennung die Bezüge **jedes einzelnen Vorstandsmitglieds,** aufgeteilt nach erfolgsunabhängigen und erfolgsbezogenen Komponenten sowie Komponenten mit langfristiger Anreizwirkung, gesondert anzugeben (lit. a);

- Die Gesamtbezüge (Abfindungen, Ruhegehälter, Hinterbliebenenbezüge und Leistungen verwandter Art) der **früheren Mitglieder** der bezeichneten Organe und ihrer Hinterbliebenen. Ferner ist der Betrag der für diese Personengruppe gebildeten Rückstellungen für laufende Pensionen und Anwartschaften auf Pensionen und der Betrag der für diese Verpflichtungen nicht gebildeten Rückstellungen anzugeben (lit. b);

- Die gewährten **Vorschüsse und Kredite** unter Angabe der Zinssätze, der wesentlichen Bedingungen und der ggf. im Geschäftsjahr zurückgezahlten Beträge sowie die zugunsten dieser Personen eingegangenen Haftungsverhältnisse (lit. c);

113 Eine vergleichbare Regelung wurde durch das Vorstandsvergütungs-Offenlegungsgesetz zudem auch für **Konzernunternehmen** eingeführt (vgl. § 314 HGB). Schliesslich wurden durch das **Übernahmerichtlinie-Umsetzungsgesetz** vom 8.7.2006 weitergehende Informationspflichten der Gesellschaften und Konzernunternehmen in Zusammenhang mit *golden parachutes* in HGB integriert (vgl. § 289 Abs. 4 und 315 HGB).

114 Der **Deutsche Corporate Governance Kodex (DCGK)** enthält – in Ergänzung zu den verbindlichen Vorgaben des HGB – Empfehlungen zur Offenlegung der Vorstands- und Aufsichtsratsbezüge (vgl. dazu NOBEL, 75 f. m.w.Nw.). Diese fordern nicht nur die individuelle und aufgeschlüsselte Offenlegung der Vorstands-, sondern auch der Aufsichtsratsbezüge (Ziff. 4.2.4 bzw. 5.4.5 DCGK). Gesellschaften, die von den Empfehlungen des DCGK abweichen wollen, sind dem Grundsatz «*comply-or-explain*» unterworfen (§ 161 AktG).

3. Vereinigte Staaten von Amerika (USA)

115 Vorgaben in Bezug auf die Offenlegung von Vergütungen an die Unternehmensleitung bestehen im Schedule A Item 14 des Securities Act of 1933 sowie in Abschnitt 12(b) des Securities and Exchange Act of 1934, welche jedoch durch eine Reihe von Rules der SEC konkretisiert und erweitert wurden. Mitte 2006 verabschiedete die SEC die über 400 Seiten starke «Executive Compensation and Related Person Disclosure»-Rule (Release Nos. 33–8732A; 34–54302A; IC-27444A; File No. S7–03–06). Damit wurden u.a. die bereits bestehenden Regelungen im Bereich der Offenlegung der Vergütungen massgeblich verschärft (vgl. dazu auch HOFSTETTER, 33 ff.; NOBEL, 78 ff.).

116 Neu müssen börsenkotierte Gesellschaften (vgl. N 118) jährlich im Rahmen einer sog. **«Compensation Discussion and Analysis (CD&A)»** Aufschluss über die Ziele der Vergütungspolitik, die verwendeten Vergütungselemente und die Gründe ihrer Verwendung sowie die Berechnung der Entschädigungen (Formeln) geben. Bei Optionen ist insb. die Praxis bez. des Zeitpunkts der Gewährung und deren Bewertung zu erläutern. Die CD&A unterliegt im Gegensatz zu dem bisher zu erstellenden «Compensation Co-

mittee Report» der Beglaubigungspflicht des CEO und CFO; der «Compensation Committee Report» wird inskünftig im Wesentlichen Bezug auf die CD&A nehmen und selbst keine weiteren materiellen Aussagen enthalten.

Im Anschluss an die CD&A hat eine detaillierte **tabellarische sowie deskriptive Offenlegung** in folgenden Bereichen zu erfolgen: **117**

– Individuelle Offenlegung der ausgerichteten oder auszurichtenden Vergütungen des CEO, CFO und drei anderen höchst bezahlten Managementmitglieder über die vergangenen drei Jahre («Summary Compensation Table»). Sämtliche Vergütungselemente sind zu bewerten (Optionen zwingend gem. FAS 123; massgebend ist das *grant date*). Der Schwellenwert für die Erfassung von sog. *«perquisites and other personal benefits»* wurde auf USD 10 000 reduziert.

– Individuelle Offenlegung aller laufenden Vergütungspläne (z.B. Bonuspläne, Aktien-/ Optionspläne), welche insb. auch über (geschätzte) zukünftige Vergütungsströme aus solchen Plänen zugunsten der o. genannten Personen informieren soll (sog. «Grants of Plan-Based Awards Table»).

– Zudem müssen der Gesamtbestand von Aktien und Optionen sowie die Ausübung von Optionen und der definitive Erwerb von Aktien durch die genannten Personen sehr detailliert und individuell offen gelegt werden (sog. «Outstanding Equity Awards at Fiscal Year-End Table» und «Option Exercises and Stock Vested Table»).

– Ferner sind Angaben über Pensionierungspläne und nachträgliche Vergütungen an die genannten Personen zu machen («Pension Benefits Table» und «Nonqualified Defferred Compensation Table»).

– Schliesslich müssen neu auch die Vergütungen an die «directors» individuell und analog zur Summary Compensation Table offen gelegt werden («Director Compensation Table»).

Die neuen Regelungen gelten uneingeschränkt für Gesellschaften mit einer Marktkapitalisierung von USD 700 Mio. und mehr. Kleinere Gesellschaften profitieren von Erleichterungen. **Ausländische Gesellschaften** *(foreign private issuers)* fallen nicht unter diese Regelung, sofern sie die gem. Form 20-F erforderlichen Informationen vollständig offen legen. Die neuesten Vorgaben der SEC stellen bez. Informationsgehalt weltweit wohl das strengste Offenlegungsregime im Bereich der Vergütungen dar. **118**

Zu beachten gilt es schliesslich, dass mit Erlass des Sarbanes-Oxley Act Darlehen/Kredite zugunsten von *executives* nach Massgabe von Section 402(a) verboten wurden. **119**

Zur Offenlegung von **Beteiligungen von Organpersonen** vgl. zudem Art. 663c N 64 f. **120**

X. Anhang: Beispiele für Offenlegung

1. Gegenwärtige Mitglieder des VR (inkl. nahe stehende Personen)

	VR 1 VR-Präsident		VR 2 Mitglied		VR 3 Mitglied		VR total		nahe stehende Personen	
	Jahr 2	Jahr 1	**Jahr 2**	Jahr 1	**Jahr 2**	Jahr 1	**Jahr 2**	Jahr 1	**Jahr 2**	Jahr 1
VERGÜTUNGEN										
Bar-/Buchgeld										
Honorar fix (netto)	**40 000**	35 000	**30 000**	30 000	**30 000**	30 000	**100 000**	95 000		
Honorar variabel (netto)										
Aktien/Optionen										
Aktien (fix)	**10 000**[1]	2 000[2]	**7 500**[3]	1 000[4]	**7 500**[3]	1 000[4]	**25 000**	4 000		
Optionen (variabel)										
Sachleistungen										
Auto[5] und Abonnements[6]	**8 000**	8 000					**8 000**	8 000		
Aufwendungen für Vorsorge										

	(höchstverdienende Person); CEO		GL total		nahe stehende Personen	
	Jahr 2	Jahr 1	**Jahr 2**	Jahr 1	**Jahr 2**	Jahr 1
VERGÜTUNGEN						
Bar-/Buchgeld						
Lohn fix (netto)	**200 000**	180 000	**1 800 000**	1 500 000		
Lohn variabel (netto)	**350 000**	250 000	**2 500 000**	2 000 000		
Aktien/Optionen						
Aktien (fix)	**100 000**[10]	80 000[11]	**800 000**	600 000		
Optionen (variabel)	**100 000**[12]	80 000[13]	**800 000**	600 000		

	VR 1 VR-Präsident		VR 2 Mitglied		VR 3 Mitglied		VR total		nahe stehende Personen	
	Jahr 2	Jahr 1	**Jahr 2**	Jahr 1	**Jahr 2**	Jahr 1	**Jahr 2**	Jahr 1	**Jahr 2**	Jahr 1
Beiträge an berufliche Vorsorge und AHV/IV [7]	**11 600**	9 000	**8 200**	3 450	**8 200**	3 450	**28 000**	15 900		
Beiträge für Kranken-/Unfallversicherungen	**1 000**	1 000	**1 000**	1 000	**1 000**	1 000	**3 000**	3 000		
Entgelt für zusätzliche Arbeiten										
Für anwaltliche Beratung für die Gesellschaft			**20 000**	5 000			**20 000**	5 000		
Sicherheiten										
Bürgschaften	**5 000**[8]	0					**5 000**	0		
TOTAL	**75 600**	55 000	**65 800**	40 450	**65 800**	40 450	**207 200**	135 900		
DARLEHEN/KREDITE										
Darlehen									**50 000**[9]	
TOTAL									**50 000**	

1 200 Namenaktien der Gesellschaft à je CHF 1.– Nennwert; 3-jährige Verfügungssperre; bewertet zu CHF 50.–, zusammengesetzt aus CHF 60.– (Marktpreis im Zuteilungszeitpunkt) und Abzug von CHF 10.– (wegen Verfügungssperre).
2 50 Namenaktien der Gesellschaft à je CHF 1.– Nennwert; 3-jährige Verfügungssperre; bewertet zu CHF 40.–, zusammengesetzt aus CHF 48.– (Marktpreis im Zuteilungszeitpunkt) abzüglich von CHF 8.– (wegen Verfügungssperre).
3 150 Namenaktien der Gesellschaft à je CHF 1.– Nennwert; 3-jährige Verfügungssperre; Bewertung gem. FN 1.
4 25 Namenaktien der Gesellschaft à je CHF 1.– Nennwert; 3-jährige Verfügungssperre; Bewertung gem. FN 2.
5 Überlassung eines Fahrzeuges (Bewertung zu 50 % der tatsächlichen Leasingrate für die Gesellschaft, da der Privatanteil 50 % beträgt) und Abonnements (Bewertung gem. tatsächlichen Kosten der Gesellschaft).
6 Arbeitgeber- und Arbeitnehmerbeiträge an die überobligatorische PK der Gesellschaft (je 50 %).
7 Kredit der Bank X zugunsten von VR 1, besichert durch die Gesellschaft mit einer Garantiesumme von CHF 500 000.– über den vollen Betrag; bewertet nach marktüblichen Garantiekommissionen.
8 Darlehen zugunsten einer VR 3 nahe stehenden Person; besichert durch 500 Namenaktien à je CHF 1.– Nennwert der Gesellschaft; Laufzeit unbestimmt, Zinssatz 2 %.

2. Mitglieder der GL (inkl. nahe stehende Personen)

	(höchstverdienende Person); CEO		GL total		nahe stehende Personen	
	Jahr 2	Jahr 1	**Jahr 2**	Jahr 1	**Jahr 2**	Jahr 1
Sachleistungen						
Auto[14] Mitgliedschaften[15]	**30 000**	25 000	**190 000**	150 000		
Aufwendungen für Vorsorge						
Beiträge an berufliche Vorsorge[16]	**95 000**	80 000	**600 000**	500 000		
Beiträge für Kranken-/ Unfallversicherungen	**20 000**	15 000	**140 000**	100 000		
Abgangsentschädigungen			**300 000**[17]	0		
TOTAL	895 000	710 000	**7 130 000**	5 300 000		
DARLEHEN/KREDITE						
Darlehen					200 000[18]	0
TOTAL					200 000	0

1 2000 Namenaktien der Gesellschaft à je CHF 1.– Nennwert; 3-jährige Verfügungssperre; bewertet zu CHF 50.–, zusammengesetzt aus CHF 60.– (Marktpreis im Zuteilungszeitpunkt) und Abzug von CHF 10.– (wegen Verfügungssperre).
2 2000 Namenaktien der Gesellschaft à je CHF 1.– Nennwert; 3-jährige Verfügungssperre; bewertet zu CHF 40.–, zusammengesetzt aus CHF 48.– (Marktpreis im Zuteilungszeitpunkt) und Abzug von CHF 8.– (Verfügungssperre).
3 16 000 Namenaktien der Gesellschaft à je CHF 1.– Nennwert; 3-jährige Verfügungssperre; bewertet gem. FN 1.
4 12 000 Namenaktien der Gesellschaft à je CHF 1.– Nennwert; 3-jährige Verfügungssperre; bewertet gem. FN 2.
5 5 000 Call-Optionen auf Namenaktien à je CHF 1.– Nennwert der Gesellschaft; 1 Option berechtigt zum Bezug von 1 Namenaktie zu einem Ausübungspreis von CHF 60.–; definitiver Erwerb der Optionen *(vesting)* abgängig von diversen Bedingungen, u.a. der fortbestehenden Anstellung im [Jahr]; Bewertung gem. Black-Scholes; Abzug von CHF 5.-/Option wegen *vesting conditions*.
6 2 000 Call-Optionen auf Namenaktien à je CHF 1.– Nennwert der Gesellschaft; 1 Option berechtigt zum Bezug von 1 Namenaktie zu einem Ausübungspreis von CHF 55.–; definitiver Erwerb der Optionen *(vesting)* abgängig von diversen Bedingungen, u.a. der fortbestehenden Anstellung im Jahr 2009; Bewertung gem. Black-Scholes; Abzug von CHF 5–/Option wegen *vesting conditions*.
7 40 000 Call-Optionen auf Namenaktien à je CHF 1.– Nennwert der Gesellschaft; vgl,. FN 5 für Angaben über Ausübungspreis, *vesting conditions*, Bewertung.
8 15 000 Call-Optionen auf Namenaktien à je CHF 1.– Nennwert der Gesellschaft; vgl,. FN 6 für Angaben über Ausübungspreis, *vesting conditions*, Bewertung.
9 Gewährung von Fahrzeugen (Bewertung zu 50% der tatsächlichen Leasingrate der Gesellschaft, da der Privatanteil 50% beträgt) und Mitgliedschaften (Bewertung gem. tatsächlichen Kosten der Gesellschaft).
10 Gesetzliche Abgaben plus Arbeitgeber- und Arbeitnehmerbeiträge an die überobligatorische PK der Gesellschaft (je 50%).
11 Einmalige Abgangsentschädigungen in bar an ein Mitglied der GL, welches per 30.6.2007 ausgeschieden ist.
12 Darlehen an eine dem CEO nahe stehende Person; besichert durch 5'000 Namenaktien à je CHF 1.– Nennwert der Gesellschaft; Laufzeit unbestimmt, Zinssatz 2%.

3. Frühere Mitglieder des VR/Beirates und der GL (inkl. nahe stehende Personen)

	Ex-VR 1 Ex-Präsident VR		Ex-VR 2 Ex-Mitglied VR		Ex-GL-Mitglied Ex-CEO		Total		nahe stehende Personen	
	Jahr 2	Jahr 1	**Jahr 2**	Jahr 1	**Jahr 2**	Jahr 1	**Jahr 2**	Jahr 1	**Jahr 2**	Jahr 1
Sachleistungen										
Fahrzeug; Büro (inkl. Sekretariat)	**20 000**	20 000	**10 000**	10 000	**2000**	2000	**32 000**	32 000		
Aufwendungen für Vorsorge										
Beiträge an berufliche Vorsorge	25 000	25 000	**15 000**	15 000	**30 000**	30 000	**70 000**	70 000		
Entgelt für zusätzliche Arbeiten										
Für anwaltliche Beratung	**25 000**	0							**10 000**[19]	0

1 Fahrzeug; Büro (inkl. Sekretariat).
2 Nahe stehende Person von Ex-VR 1.

Art. 663c

b. Beteiligungen

¹ Gesellschaften, deren Aktien an einer Börse kotiert sind, haben im Anhang zur Bilanz bedeutende Aktionäre und deren Beteiligungen anzugeben, sofern diese ihnen bekannt sind oder bekannt sein müssten.

² Als bedeutende Aktionäre gelten Aktionäre und stimmrechtsverbundene Aktionärsgruppen, deren Beteiligung 5 Prozent aller Stimmrechte übersteigt. Enthalten die Statuten eine tiefere prozentmässige Begrenzung der Namenaktien (Art. 685*d* Abs. 1), so gilt für die Bekanntgabepflicht diese Grenze.

³ Anzugeben sind weiter die Beteiligungen an der Gesellschaft sowie die Wandel- und Optionsrechte jedes gegenwärtigen Mitglieds des Verwaltungsrates, der Geschäftsleitung und des Beirates mit Einschluss der Beteiligungen der ihm nahe stehenden Personen unter Nennung des Namens und der Funktion des betreffenden Mitglieds.

b. Participations

¹ Les sociétés dont les actions sont cotées en bourse sont tenues d'indiquer dans l'annexe au bilan les actionnaires importants et leurs participations pour autant qu'elles en aient connaissance ou doivent en avoir connaissance.

² Sont réputés actionnaires importants, les actionnaires et les groupes d'actionnaires liés par des conventions de vote, dont la participation dépasse 5% de l'ensemble des voix. Si une limite inférieure en pour-cent de la propriété en actions nominatives (art. 685*d,* al. 1) est fixée par les statuts, cette limite est déterminante pour l'obligation de publier.

³ Doivent également être indiquées les participations ainsi que les droits de conversion et d'option de chacun des membres du conseil d'administration, de la direction et du conseil consultatif y compris les participations des personnes qui leur sont proches, avec mention de leur nom et de leur fonction.

b. Partecipazioni

¹ Le società con azioni quotate in borsa sono tenute, in quanto li conoscano o li dovrebbero conoscere, ad indicare, nell'allegato del bilancio, gli azionisti importanti e le loro partecipazioni.

² Sono azionisti importanti gli azionisti e i gruppi di azionisti legati da convenzioni di voto, la cui partecipazione eccede il 5 per cento dell'insieme dei voti. Se lo statuto prevede un limite inferiore, in per cento, del numero di azioni nominative (art. 685*d* cpv. 1), questo limite è determinante per l'obbligo di indicare.

³ Vanno dichiarati anche le partecipazioni alla società e i diritti di conversione e di opzione detenuti da ciascun membro attuale del consiglio d'amministrazione, della direzione e del consiglio consultivo, incluse le partecipazioni delle persone a lui vicine, con indicazione del suo nominativo e della sua funzione.

Literatur

ABEGGLEN, Wissenszurechnung bei der juristischen Person und im Konzern, bei Banken und Versicherungen – Interessenkonflikte und Chinese Walls bei Banken und Wertpapierhäusern, Habil. Bern, Bern 2004; AMSTUTZ, Bankenrechtliche Pflicht zur Offenlegung wesentlicher Kapitaleigner – Bundesgerichtsentscheid vom 11. September 1998 (BGE 124 II 581 ff.), ST 1999, 561 ff.; CEREGHETTI, Offenlegung von Unternehmens-Beteiligungen im schweizerischen Recht, Diss. St. Gallen, Chur/Zürich 1995; FORSTMOSER, OR 663c – ein wenig transparentes Transparenzgebot, in:

Walder/Jaag/Zobl (Hrsg.), Aspekte des Wirtschaftsrechts – Festgabe zum Schweizerischen Juristentag 1994, Zürich 1994, 69 ff.; GOTSCHEV, Koordiniertes Aktionärsverhalten im Börsenrecht – Eine ökonomische und rechtsvergleichende Analyse der organisierten Gruppe gemäss Börsengesetz, Diss. Zürich, Zürich/Basel/Genf 2005 (= SSHW 240); HORBER, Die Informationsrechte des Aktionärs – Eine systematische Darstellung, Zürich 1995 (zit. Informationsrechte); DERS., Divergierende Anknüpfungskriterien bei der Offenlegung von Beteiligungen nach Aktienrecht und Börsengesetz, SJZ 92 (1996), 309 ff. (zit. Offenlegung); KISTLER, Die Erfüllung der (aktien- und börsenrechtlichen) Meldepflicht und Angebotspflicht durch Aktionärsgruppen, Diss. Zürich 2001 (= SSHW 212); RÖTHLISBERGER, Offenlegung der Beteiligungsverhältnisse bei Publikumsgesellschaften, Diss. Bern, Bern 1998 (= ASR 612); SWX SWISS EXCHANGE, Kommentar zur Richtlinie betr. Offenlegung von Management-Transaktionen, Stand: 1. Juli 2005, abrufbar unter: <http://www.swx.com/download/admission/regulation/guidelines/swx_guideline_20050701-2_commentary_de.pdf> (zit. SWX, Kommentar RLMT); WALTER, Die Wissenszurechnung im schweizerischen Privatrecht, Diss. Zürich, Bern 2005 (= ASR 690); WATTER, Über das Wissen und den Willen einer Bank, in: Gehrig Bruno/Schwander Ivo (Hrsg.), Banken und Bankrecht im Wandel – FS für Beat Kleiner, Zürich 1993, 125 ff.; vgl. im Übrigen die Literaturhinweise zu Art. 663b[bis].

Materialien

Betr. Abs. 1 und 2: Botschaft über die Revision des Aktienrechts vom 23. Februar 1983 (83 015), Sonderdruck; AmtlBull NR 1990, 1362 ff.; AmtlBull StR 1991, 65.

Betr. Abs. 3: Botschaft zur Änderung des Obligationenrechts (Transparenz betreffend Vergütungen an Mitglieder des Verwaltungsrates und der Geschäftsleitung) vom 23. Juni 2004 (04 044), BBl 2004, 4471–4494 (zit. Botschaft); AmtlBull NR 2005, 106 ff. (Erstrat), 1265 ff. (Differenzen), 1528 (Schlussabstimmung); AmtlBull StR 2005, 538 ff. (Zweitrat), 831 ff. (Differenzen), 878 (Schlussabstimmung); Zwischenbericht der Arbeitsgruppe «Corporate Governance»: Offenlegung von Organentschädigungen und Organkrediten vom 25. März 2003 (abrufbar unter: <www.bj.admin.ch>) (zit. Zwischenbericht «Corporate Governance»); Bericht und Vorentwurf für eine Änderung des Obligationenrechts (Transparenz betreffend Vergütungen an Mitglieder des Verwaltungsrates und der Geschäftsleitung) – Vernehmlassungsunterlagen, November 2003 (abrufbar unter: <www.bj.admin.ch>); Bundesamt für Justiz, Vernehmlassungsergebnisse – Änderung des Obligationenrechts (Transparenz betreffend Vergütungen an Mitglieder des Verwaltungsrates und der Geschäftsleitung), 7. Mai 2004 (abrufbar unter: <www.bj.admin.ch>).

I. Entstehungsgeschichte/Inkrafttreten

1. Abs. 1 und 2 (Offenlegung bedeutender Aktionäre)

Art. 663c Abs. 1 und 2 wurden im Rahmen der Aktienrechtsrevision von 1991 eingeführt. In der Botschaft des BR fehlte jedoch eine entsprechende Regelung und auch in den ersten Behandlungen durch die Räte wurde nichts vorgeschlagen, was der definitiven Regelung entsprochen hätte. Erst im Differenzbereinigungsverfahren wurde aufgrund eines Antrags der nationalrätlichen Kommission eine Regelung, wie sie heute gilt, angeregt (vgl. eingehend dazu RÖTHLISBERGER, 63 ff.). Eine eigentliche Diskussion fand indes nur im NR statt (AmtlBull NR 1990, 1362 f.; Näheres dazu bei FORSTMOSER, 72 ff.; KISTLER 45 f.), im StR passierte die Fassung diskussionslos (AmtlBull StR 1991, 65). Die vom Parlament genehmigte Fassung wurde in der Schlussredaktion zwar materiell nochmals abgeändert, indem die Offenlegungspflicht von «Gesellschaften mit kotierten Aktien» auf «Gesellschaften mit kotierten Namenaktien» beschränkt wurde, doch wurde dies infolge der starken Kritik letztlich wieder rückgängig gemacht (AS 1992 751 und dazu FORSTMOSER, 75; KISTLER, 46).

Art. 663c Abs. 1 und 2 traten in der heute geltenden Fassung am 1.7.1992 in Kraft. Da die Angaben im Anh. zur Bilanz offen gelegt werden müssen und die Bilanz Gegenstand des Jahresberichtes bildet, fanden die neuen Bestimmung erstmals auf jenes Geschäftsjahr Anwendung, das mit oder nach dem 1.7.1992 begonnen hatte.

2. Abs. 3 (Offenlegung von Beteiligungen und Wandel-/Optionsrechten von VR, Beirat und GL)

3   Art. 663c Abs. 3 wurde mit den im Jahr 2005 beschlossenen Änderungen des OR im Zusammenhang mit der Transparenz betr. Vergütungen an Mitglieder des VR und der GL (Änderung vom 7.10.2005, AS 2006 2629) eingefügt. Die endgültige Fassung von Abs. 3 weicht insofern von dem E des BR ab, als das Parlament die Offenlegungspflicht von Abs. 3 auf Beiräte zu erweitern, sie aber gleichzeitig nur auf *gegenwärtige* Mitglieder zu beschränken beschloss, jeweils mit Einschluss der ihnen nahe stehenden Personen. Vgl. eingehender zur Entstehungsgeschichte die Ausführungen und Nachweise in Art. 663b^{bis} N 1 ff.

4   Abs. 3 trat zusammen mit dem neuen Art. 663b^{bis} am 1.1.2007 in Kraft. Analog zu dem in N 2 Gesagten, findet diese neue Bestimmung erstmals auf jenes Geschäftsjahr Anwendung, das mit oder nach dem 1.1.2007 begonnen hat. Zur Frage, ob Vorjahreszahlen für das Geschäftsjahr 2006 offen zu legen sind, vgl. N 51.

5   Mit Inkrafttreten des neuen Abs. 3 wurde auch die Marginalie von Art. 663c von «Beteiligungsverhältnisse bei Publikumsgesellschaften» in «b. Beteiligungen» geändert.

II. Normzweck

1. Offenlegung bedeutender Aktionäre (Abs. 1 und 2)

6   Obwohl die Angaben im Anh. zur Bilanz zu erfolgen haben (vgl. dazu eingehend N 54 ff.), zielt die Offenlegung bedeutender Aktionäre (Abs. 1 und 2) nicht auf die Beurteilung der Vermögens- und Ertragslage der Gesellschaft ab, sondern auf die **Offenlegung der Beherrschungsverhältnisse in einer Gesellschaft** (BÖCKLI, § 8 N 375; FORSTMOSER, 78; BGE 124 II 584). Die übrigen Aktionäre sollen wissen, welche Aktionäre erheblichen Einfluss auf die GV und (damit indirekt auf die Geschäftsführung) ausüben können, da bei ihnen die Gefahr besteht, dass sie zulasten der Gesellschaft bzw. der übrigen Aktionäre ihre eigenen partikularen Interessen verfolgen, bspw. durch Ausnützung von Insiderinformationen (AmtlBull NR 1990, 1362 f.) oder das Durchsetzen von Spezialkonditionen in ihren Vertragsbeziehungen mit der Gesellschaft. Mit der Offenlegung wird den Aktionären somit ein Teil der zur Entscheidfindung (Verkauf der Aktien, Ausübung der Mitgliedschaftsrechte) benötigten Informationen zugänglich gemacht und ein allfälliger Informationsvorsprung der Unternehmensleitung beseitigt (CEREGHETTI, 213; KISTLER, 45; FORSTMOSER, 79; RÖTHLISBERGER, 67 ff.; FORSTMOSER/MEIER-HAYOZ/NOBEL, § 39 N 9). In diesem Sinne bezweckt die Norm eine durch Transparenz herbeigeführte **Entschärfung des potentiellen Interessenkonfliktes** zwischen den bedeutenden Aktionären und den (übrigen) Minderheitsaktionären.

7   Die Offenlegung bedeutender Aktionäre ist aber nicht nur gesellschaftsrechtlich, sondern auch **kapitalmarktrechtlich** fundiert: Die Information über die Beherrschungsverhältnisse in einer Gesellschaft dient auch der Entscheidfindung der Anleger, da der Bestand (und die Veränderungen) von Aktienpositionen bedeutender Aktionäre Aufschluss über die mögliche Rendite oder den künftigen Kursverlauf geben kann. Damit stellt die Information eine wesentliche Kapitalmarktinformation dar, die Investitionsentscheide beeinflussen kann (RÖTHLISBERGER, 69; CEREGEHETTI, 275 f.). Ausserdem trägt die Of-

fenlegung solcher Informationen zum Funktionieren des Unternehmenskontrollmarktes bei (vgl. eingehend CEREGHETTI, 257 ff. und 275 ff.; RÖTHLISBERGER, 68 und 70; BÖCKLI, § 8 N 387 ff.). Insofern dient die Norm aus kapitalmarktrechtlicher Sicht also nicht nur dem Anleger-, sondern auch dem Funktionsschutz.

Die Bestimmungen über die Offenlegung bedeutender Aktionäre (Abs. 1 und 2) können allerdings keine bzw. nur eine **sehr bedingte Effektivität** beanspruchen. Da die Gesellschaft und nicht der Aktionär Adressat der Norm ist (s. dazu N 12) und der Gesellschaft die vollständigen Informationen über bedeutende Aktionäre nicht immer vorliegen können (etwa bei Inhaber- oder Dispoaktien), ist die Aussagekraft der im Anh. offen gelegten Information in Bezug auf die Vollständigkeit begeschränkt. Bereits im Parlament wurde die Bestimmung deshalb nur als «halber Schritt vorwärts» taxiert (Votum von BR MORITZ LEUENBERGER, AmtlBull NR 1990, 1363). Seit Inkrafttreten von Art. 20 BEHG im Jahre 1997 hat sich die Möglichkeit der Kenntnisnahme der Gesellschaft über die bedeutenden Aktionäre stark verbessert. Wenn der statutarische Vinkulierungswert unterhalb des Schwellenwerts gem. Art. 20 BEHG liegt, verbleibt jedoch bei Dispoaktien immer noch Raum für Unkenntnis der Gesellschaft; zudem kann es sein, dass die Gesellschaft den genauen Beteiligungsstand eines Aktionärs, der eine Meldung gem. Art. 20 BEHG gemacht hat, nicht kennt, da Veränderungen im Bestand innerhalb der meldepflichtigen Schwellenwerte keine Meldepflichten auslösen. Somit weist die Offenlegungsnorm also auch heute noch Ineffizienzen auf bzw. mutet etwas «veraltet» an in Anbetracht der viel aktuelleren Informationen, welche Anlegern aufgrund des BEHG zur Verfügung gestellt wird. Dennoch sollte die Vorschrift beibehalten werden. Um Differenzen in der Auslegung zu vermeiden, sind wir allerdings der Meinung, dass sich die Auslegung von Art. 663c Abs. 1 und 2 möglichst nahe an der Vorschrift von Art. 20 BEHG (und deren entsprechenden Bestimmungen auf Verordnungsstufe) orientieren sollte. 8

2. Offenlegung von Beteiligungen sowie Wandel-/Optionsrechten von Organpersonen (Abs. 3)

Wie bei der Offenlegung bedeutender Aktionäre geht es auch bei der Offenlegung von Beteiligungen und Wandel-/Optionsrechten von Organpersonen (Abs. 3) um die Entschärfung eines Interessenkonfliktes, diesmal jedoch nicht um jenen zwischen Gross- und Minderheitsaktionären, sondern um jenen zwischen Organpersonen und Aktionären: Organpersonen haben direkten **Einfluss auf die Geschäftsführung** der Gesellschaft; dabei besteht die Gefahr, dass sie ihre eigenen Interessen vor die Interessen der Gesellschaft (und damit auch der anderen Aktionäre) stellen. Eine Möglichkeit, diesen *principal-agent*-Konflikt zu entschärfen, besteht darin, die **Interessen** der Organpersonen mit denjenigen der Gesellschaft bzw. ihrer Aktionäre durch Beteiligungsprogramme für Organpersonen bzw. durch die damit verbundene Risikoträgerschaft in einem bestimmten Ausmass **gleichzuschalten** (vgl. zum Ganzen WATTER/MAIZAR, Executive Compensation, 49 ff., m.w.Nw.). Sowohl für bestehende wie auch potentielle Aktionäre ist die Information über den Bestand (und die Veränderungen) der Beteiligung von Organpersonen eine wichtige Information, weshalb sie gem. Abs. 3 richtigerweise nun offen gelegt werden muss; je höher der Anteil einer Beteiligung einer Organperson ist, desto höher dürfte ihr Interesse an einer positiven Zukunft der Gesellschaft und damit an einem positiven Beitrag durch eigene Leistungen sein. 9

Es gilt jedoch zu beachten, dass die Beteiligung von Organpersonen an der Gesellschaft nicht sämtliche Interessenkonflikte zwischen ihnen und den Aktionären bereinigen, son- 10 dern u.U. auch neue schaffen kann. Die Beteiligung an der Gesellschaft kann Organpersonen zur **Verfolgung kurzfristiger Interessen** verleiten, welche sich im Aktienkurs und damit im Wert ihrer Beteiligung niederschlagen (z.B. hohe Dividendenausschüttungen, Aktienrückkaufprogramme, Kursmanipulation etc., vgl. eingehend dazu WATTER/MAIZAR, Executive Compensation, 39 ff., m.w.Nw.; s.a. Botschaft, 4482; ferner NOBEL, 64). Die Offenlegung gem. Abs. 3 dient deshalb auch dazu, den Aktionären Aufschluss über das Ausmass des ökonomischen Interesses der Organpersonen an der Gesellschaft *(economic exposure)* zu geben, um allfällige Eigeninteressen der Organpersonen besser identifizieren zu können. Schliesslich trägt die Offenlegung gem. Abs. 3 auch dem Umstand Rechnung, dass Organpersonen über **Insiderinformationen** verfügen, welche sie veranlassen können, die Beteiligung an der Gesellschaft auf- oder abzubauen (oder abzusichern, vgl. dazu aber N 41 f.). Durch die Offenlegung soll entsprechendes Verhalten von Organpersonen transparent gemacht werden, was Aktionären u.U. Rückschlüsse auf den Geschäftsgang der Gesellschaft erlaubt (ähnl. auch Botschaft, 4482). – Zu bedauern ist in diesem Zusammenhang, dass Veräusserungspositionen einer Organperson in Form von Optionsrechten zwar offen gelegt werden müssen, nicht aber solche in Form anderer Finanzinstrumente (vgl. hierzu auch N 46). Eine Regelung, wie sie im Rahmen des revidierten und am 1.12.2007 in Kraft getretenen Art. 20 BEHG vorgesehen ist, wäre u.E. im Rahmen der Offenlegung i.S.v. Abs. 3 durchaus wünschenswert, insb. um abschätzen zu können, ob das Management das Risiko von «long positions» abgesichert hat.

11 Zur Rechtsnatur von Abs. 3 vgl. N 7.

III. Normadressat (persönlicher Geltungsbereich)

12 Aus der Marginalie zu Art. 663b^bis und 663c sowie aus Abs. 1 von Art. 663c ergibt sich, dass sich die Offenlegungspflicht auf «Gesellschaften mit kotierten Aktien» bzw. «Gesellschaften, deren Aktien an einer Börse kotiert sind» bezieht. Zum Begriff der Börsenkotierung kann auf die Komm. zu Art. 727 verwiesen werden. Besonders hervorzuheben gilt es, dass die Norm auch dann Geltung beansprucht, falls nur **Partizipationsscheine (oder Genussscheine)** kotiert sind. Es ist nicht einzusehen, weshalb die Offenlegung bedeutender Aktionäre zu unterbleiben hat, nur weil die Beteiligungspapiere dieser bedeutenden Aktionäre nicht kotiert sind (ebenso RÖTHLISBERGER, 71; **a.M.** HORBER, Informationsrechte, N 148, der allerdings den hier gezogenen Unterschied zwischen dem Anknüpfungskriterium von Art. 663c und dem Gegenstand der Offenlegung vermischt; BSK BEHG-WEBER, Art. 20 N 15).

13 Für die unter das **BankG** fallenden **Institute** gilt eine spezialgesetzliche Grundlage für die Offenlegung bedeutender Aktionäre (s. Art. 6 Abs. 4 und 5 BankG i.V.m. Art. 25c Abs. 1 Ziff. 3.10.2 BankV), deren Regelungsgehalt aber im Wesentlichen Art. 663c entspricht (vgl. eingehender BGE 124 III 581 ff. und dazu AMSTUTZ, 561 ff.; vgl. ferner auch die Meldepflicht in Art. 3 Abs. 5 und 6 BankG). Ferner sind **vertragliche Anlagefonds, SICAVs** und die **SICAFs** verpflichtet, die Buchführungsregeln des Aktienrechts zu beachten (vgl. Art. 87 und 117 KAG; inwieweit dieser Verweis auch Art. 663c (und Art. 663b^bis) einschliesst (und inwieweit ein solcher Einschluss gerade bei vertraglichen Anlagefonds überhaupt sinnvoll ist), kann an dieser Stelle nicht weiter vertieft werden. Bei **Versicherungen** besteht keine spezialgesetzliche Grundlage für die Offenlegung bedeutender Aktionäre (vgl. aber die Meldepflicht bei wesentlichen Veränderungen im Aktionariat in Art. 4 Abs. 2 lit. f i.V.m. Art. 5 Abs. 2 VAG).

IV. Offenlegung bedeutender Aktionäre (Abs. 1 und 2)

1. Voraussetzungen der Offenlegung

a) Vorhandensein bedeutender Aktionäre

Abs. 2 definiert als bedeutende Aktionäre diejenigen Aktionäre und stimmrechtsverbundenen Aktionärsgruppen, deren Beteiligung 5% aller Stimmrechte bzw. einen allfälligen tieferen Vinkulierungswert in den Statuten übersteigt. Dies bedarf wie folgt der Präzisierung:

Erfasst sind **Aktionäre**, d.h. Eigentümer bzw. Inhaber von Inhaber- oder Namenaktien. Die Aktien selbst müssen nicht kotiert sein, es genügt, wenn andere Beteiligungsrechte der Gesellschaft kotiert sind (vgl. N 12). Ebenso unerheblich ist es, ob die Aktien Vinkulierungs- oder Stimmrechtsbeschränkungen unterworfen sind. Ein allfälliger Bestand an **eigenen Aktien** ist nicht im Rahmen von Art. 663c, sondern gem. Art. 663b Ziff. 10 offen zu legen.

Partizipanten oder **Genussscheininhaber,** welchen von Gesetzes wegen kein Stimmrecht zukommen kann, werden von der Offenlegungspflicht hingegen nicht erfasst. Dies ergibt sich aus Abs. 2, der bedeutende Aktionäre anhand der Stimmrechte definiert, welche aber Partizipanten und Genussscheininhabern gerade nicht zukommen (ebenso RÖTHLISBERGER, 73 f.; FORSTMOSER, 82; BÖCKLI, § 8 N 381; BSK BEHG-WEBER, Art. 20 N 13; CHK-IMARK-LIPP, Art. 663c OR N 7). Während also an einer Börse kotierte Partizipationsscheine oder Genussscheine zur Anwendbarkeit von Art. 663c führen (vgl. N 12), bilden sie keinen Gegenstand der Offenlegungspflicht gem. Art. 663 c Abs. 1 und 2. Nicht erfasst werden (de lege lata) schliesslich auch **Inhaber von Wandel- und Optionsrechten** (CEREGHETTI, 216; RÖTHLISBERGER, 74). Dies ist vom Zweck der Norm her gesehen unbefriedigend, da auch eine latente Möglichkeit der Einflussnahme auf die Geschäftsführung der Gesellschaft aus Sicht des bestehenden oder zukünftigen Aktionärs eine wesentliche Information darstellt (vgl. auch Abs. 3, der die Wandel-/Optionsrechte explizit erfasst; s. ferner Art. 13 Abs. 1 lit. a BEHV-EBK; **a.A.** RÖTHLISBERGER, 74, der einer Angabe von Wandel- und Optionsrechten insb. aufgrund der möglichen «Irreführung» ablehnend gegenüber steht; ebenfalls abl. CEREGHETTI, 216). Die Norm sollte daher de lege ferenda auch Inhaber von Wandel- und Optionsrechten explizit erfassen. Zur Frage, ob auch andere Finanzinstrumente erfasst werden sollten, s. N 42 und zur Forderung, im Rahmen der möglichen Auslegung generell eine Angleichung zur Regelung von Art. 20 BEHG (samt den entsprechenden Bestimmungen auf Verordnungsstufe) anzustreben, N 8.

Aktionäre gelten nur dann als **«bedeutend»,** wenn ihre Beteiligung 5% aller Stimmrechte bzw. einen allfälligen tieferen Vinkulierungswert in den Statuten übersteigt. Für die Zwecke der Anwendung der Norm stellt sich die Frage, welche Bezugsgrössen für die Berechnung massgebend sind. Dabei muss zwischen der Bezugsgrösse auf Stufe der Gesellschaft (Nenner) und auf Stufe des Aktionärs (Zähler) differenziert werden:

— Der Nenner setzt sich aus der gesamten Anzahl Stimmrechte zusammen, welche sich zum Zeitpunkt des Stichtages aus dem Eintrag im Handelsregister ergeben und zwar unabhängig davon, ob sie ausübbar sind oder nicht (vgl. N 8; FORSTMOSER, 81; RÖTHLISBERGER, 77 f.; HORBER, Informationsrechte, N 151; BÖCKLI, § 8 N 378; **a.M.** CEREGHETTI, 220 f., VON BÜREN, 89). Nicht ausübbare, aber für die Berechnung folglich zu berücksichtigende Stimmrechte können sich aus Dispoaktien, Namenaktien ohne Stimmrecht gem. Art. 685 f Abs. 3, Aktien, welche den Schwellenwert einer statutarischen Stimmrechtsbeschränkung übersteigen oder eigenen Aktien der Gesellschaft, ergeben. Allfällige Partizipations- und Genussscheine sind nicht zu berücksichtigen (KISTLER, 48; RÖTHLISBERGER, 73; FORSTMOSER, 81). Der Nenner setzt sich damit gleich wie bei der Regelung von Art. 20 BEHG zusammen (vgl. Art. 10 Abs. 2 BEHV-EBK). Eine Unschärfe des Handelsregistereintrages, welche sich aus allfälligen im Rahmen des bedingten Aktienkapitals ausgegebenen, aber im Handelsregister noch nicht registrierten Aktien (vgl. Art. 653g und h) ergibt, ist dabei in Kauf zu nehmen (vgl. auch BSK BEHG-WEBER, Art. 20 N 38).

– Der Zähler, also die Beteiligung des Aktionärs, setzt sich ebenfalls aus der gesamten Anzahl der ihm per Stichtag zukommenden Stimmrechte, ob ausübar oder nicht, zusammen (FORSTMOSER, 82; HORBER, Informationsrechte, N 152; KISTLER, 48 f.; RÖTHLISBERGER, 77 f.; BÖCKLI, § 8 N 378).

18 Was den in Abs. 3 verankerten Schwellenwert von 5% betrifft, ist zu beachten, dass der Mindest-Schwellenwert in Art. 20 BEHG seit dem 1.12.2007 von 5% auf 3% reduziert wurde (Änderung vom 22.6.2007). Dieser neue Mindest-Schwellenwert soll inskünftig auch in Art. 663c entsprechend vorgesehen werden (vgl. Botschaft Aktien- und Rechnungslegungsrecht, 1673 f.).

19 Sehen die Statuten einen tieferen Vinkulierungswert in den Statuten vor, richtet sich die Offenlegungspflicht nach diesem Wert (Art. 663c Abs. 2 Satz 1). Neben dem tieferen Vinkulierungswert kommt eine tiefere **statutarische Stimmrechtsbeschränkung** als Grenzwert **nicht** in Betracht. Dies geht insb. aus der Entstehungsgeschichte hervor, wurde der Grenzwert der statutarischen Stimmrechtsbeschränkung doch explizit zugunsten des Vinkulierungswerts fallen gelassen (vgl. dazu RÖTHLISBERGER, 75 f.; gl.M. wohl auch BÖCKLI, § 8 N 379).

20 Das Erreichen des massgeblichen Schwellenwertes kann entweder durch einen einzigen Aktionär oder auch durch eine sog. «stimmrechtsverbundene Aktionärsgruppe» erfolgen (Art. 663c Abs. 2 Satz 1). Laut dem Protokoll der nationalrätlichen Kommission ist für die Definition der Aktionärsgruppe auf die Stimmbindung abzustellen und zwar unabhängig davon, ob diese auf einem Vertrag, einer Konzernabhängigkeit, Kapitalverpflichtung oder auf einem anderen Grund beruht (zit. in: RÖTHLISBERGER, 80 f.). Der Begriff wird in der h.L. jedoch dahingehend konkretisiert, dass ledglich eigentliche Aktionärspools, welche eine *gemeinsame und dauerhafte Ausübung des Stimmrechts* bezwecken, erfasst werden (CEREGHETTI, 214; diesem folgend RÖTHLISBERGER, 81; BÖCKLI, § 8 N 383). Das Element der Dauerhaftigkeit wird v.a. mit der systematischen Stellung der Norm und den dadurch abgeleiteten Forderungen nach einer wahren und klaren Information im Rahmen der Rechnungslegung begründet; punktuell abgestimmte Verhaltensweisen an einer einzelnen GV erfüllen das Kriterium der Dauerhaftigkeit damit nicht. Damit weicht der aktienrechtliche Gruppenbegriff allerdings von dem börsenrechtlichen (Art. 15 Abs. 2 lit. b BEHV-EBK) ab, da Letzterer auch nur vorübergehende Stimmbindungen erfasst (vgl. dazu GOTSCHEV, N 404). Theoretisch ist somit denkbar, dass eine nach Art. 20 BEHG gemeldete Gruppe nicht als stimmrechtsverbundene Aktionärsgruppe gem. Art. 663c qualifiziert wird. Allerdings wird die offenlegungspflichtige Gesellschaft in aller Regel eine börsengesetzlich gemeldete Gruppe auch offen legen (s.a. N 16 zur erwünschten Angleichung von Art. 663c und Art. 20 BEHG).

b) Kenntnis der Gesellschaft

21 Eine Offenlegung bedeutender Aktionäre hat laut Abs. 1 nur insofern zu erfolgen, als sie der Gesellschaft «bekannt sind oder bekannt sein müssten».

Eine AG als juristische Person kann selbst nie über ein Wissen verfügen, es kann ihr 22
höchstens ein Wissen natürlicher Personen zugerechnet werden (WALTER, 224). In der
schweizerischen Literatur und Rechtsprechung ist die Frage, welches Wissen *welcher*
Personen einer Gesellschaft zugerechnet werden kann, umstritten (vgl. dazu ABEGGLEN,
44 ff.; WALTER, 190 ff.; WATTER, 125 ff.; ferner Art. 718 N 35). Allerdings zeichnet sich
seit ein paar Jahren in beiden Sphären eine Abkehr von der (formalen) Theorie der absoluten Wissensvertretung, wonach das Wissen jeder vertretungsberechtigten Person
massgebend ist, ab. Neuerdings wird für die Wissenszurechnung bei juristischen Personen vielmehr darauf abgestellt, **ob das betr. Wissen innerhalb ihrer Organisation aus objektiver Sicht und in zumutbarer Weise abrufbar ist** (Urteil des BGer v.
21.8.2001, 5C.104/2001, E. 4c)bb) m.w.Nw.; BGE 109 II 342 f.; vgl. dazu grundlegend
ABEGGLEN, 44 ff. und 126 ff.; WALTER, 191 ff.; s. ferner auch den Entscheid der Zulassungsstelle der SWX Swiss Exchange in ZUL-MT I/06, N 36 ff.). Ob die Person, die
Kenntnis hat, gleichzeitig auch Organ ist, ist unerheblich, es genügt, wenn es sich dabei
um qualifizierte Mitarbeiter handelt und die Information aufgrund unzureichender interner Organisation nicht weitergeleitet wurde (BGE 109 II 342 f.).

Die aus objektiver Sicht und in zumutbarer Weise erforderliche Abrufbarkeit von rele- 23
vantem Wissen bildet nicht nur den Massstab für die Zurechenbarkeit von tatsächlich
vorhandenem Wissen von Personen innerhalb der Gesellschaft, sondern auch für die
Zurechenbarkeit von Wissen, welches eine oder mehrere Personen innerhalb der Gesellschaft haben müsste(n). Die Formel umfasst also sowohl die Kenntnis als auch das
Kenntnis-Haben-Müssen (ebenso ABEGGLEN, 132; ähnl. auch WALTER, 133 f.; WATTER, 136 ff.). Die Formel deckt sich mit den Anforderungen von Art. 3 Abs. 2 ZGB,
wonach eine Person, der ein Umstand bei gebotener Aufmerksamkeit hätte bekannt
sein können, sie aber infolge mangelnder Sorgfalt tatsächlich nicht kannte, ihren guten
Glauben verliert (ABEGGLEN, 129 und 132). Die gebotene Aufmerksamkeit gebietet
insb., im Rahmen der ordnungsgemässen Organisation und Zumutbarkeit interne Stellen
oder Informationen abzufragen (ähnl. ABEGGLEN, 129). Eine darüber hinausgehende,
mithin externe **Nachforschungspflicht,** besteht hingegen nicht (FORSTMOSER, 79;
BÖCKLI, § 8 N 380; VON BÜREN, 89 f.; CEREGHETTI, 201; RÖTHLISBERGER, 82 f.; KISTLER, 49; HORBER, Informationsrechte, N 53).

Für die Auslegung von Art. 663c Abs. 1 und 2 bedeutet dies konkret Folgendes: 24

Sind bereits **Meldungen gem. Art. 20 BEHG** an die Gesellschaft und/oder die zustän- 25
dige Börse erfolgt, liegt mithin eine öffentliche Information vor, besteht kein Raum für
das Argument, die Gesellschaft habe keine Kenntnis davon gehabt und auch keine solche haben müssen. Eine ordnungsgemässe Organisation muss sicherstellen, dass diese
Information abrufbar ist. Das gilt übrigens auch in jenen Fällen, in denen die Schwellenwerte gem. BEHG mit Aktien erreicht, über- oder unterschritten werden, die nicht
kotiert sind, da sich die Meldepflicht gem. Art. 20 BEHG auch auf nicht kotierte Aktien
erstreckt (vorausgesetzt, dass zumindest andere Kategorien von Beteiligungspapieren
der Gesellschaft kotiert sind, vgl. BSK-BEHG-WEBER, Art. 20 N 31a ff.).

Sind **keine Meldungen gem. Art. 20 BEHG** ergangen (sei es, weil sie unzulässiger- 26
weise unterlassen wurden oder weil ein tieferer Vinkulierungswert in den Statuten verankert ist) oder ist unklar, ob sich ein einmal gemeldeter Beteiligungsstand ohne Grenzwertüber- oder unterschreitung verändert hat, richtet sich die Kenntnis bzw. das
Kenntnis-Haben-Müssen der Gesellschaft nach den konkreten Umständen im Einzelfall:

– Handelt es sich bei den in Frage stehenden Beteiligungspapieren um **Namenaktien,**
richtet sich die Kenntnis bzw. das Kenntnis-Haben-Müssen zumindest nach den ak-

tuellsten Einträgen im Aktienbuch (FORSTMOSER, 83; RÖTHLISBERGER, 83; KISTLER, 49). Soweit es sich um nicht im Aktienbuch eingetragene Aktien handelt (Dispoaktien), sind anderweitige Informationen, über die die Gesellschaft bereits verfügt, zu berücksichtigen; dabei sind insb. intern die **verantwortlichen Stellen zu befragen,** eine darüber hinausgehende sowie eine externe Nachforschungspflicht besteht jedoch nicht (vgl. N 23).

– Auch bei **Inhaberaktien** sind Informationen soweit zu berücksichtigen, als sie gesellschaftsintern vorhanden sind. Die Zutrittskontrolle anlässlich der GV kann aufgrund der Möglichkeiten der Anonymitätswahrung von wirtschaftlich Berechtigten (vgl. statt Vieler FORSTMOSER, 83) allerdings nur in beschränktem Masse als Informationsquelle dienen (FORSTMOSER, 83; diesem folgend KISTLER, 50; VON BÜREN, 89 f.).

27 Das Gesagte verdeutlicht, dass es sich bei Art. 663c Abs. 1 und 2 bis zum Inkrafttreten von Art. 20 BEHG um eine lex imperfecta handelte (vgl. N 12).

2. Modalitäten der Offenlegung

a) Umfang und Detaillierungsgrad der Offenlegung

28 Laut Abs. 1 sind «bedeutende Aktionäre und deren Beteiligungen» anzugeben. Der exakte Umfang und Detaillierungsgrad dieser Angaben geht aus dem Gesetz jedoch nicht hervor und ist folglich durch Auslegung zu ermitteln. Grundsätzlich gilt, dass der Umfang und Detaillierungsgrad einerseits von den verfügbaren Kenntnissen der Gesellschaft abhängt, denn sie kann nicht mehr offen legen, als sie selbst weiss (oder wissen muss). Andererseits unterliegen die Angaben im Anh. den Grundsätzen ordnungsgemässer Rechnungslegung (Art. 662a Abs. 1 Satz 1), womit sie insb. gem. dem Prinzip der Klarheit *eindeutig, präzise und verständlich* zu sein haben (ebenso FORSTMOSER, 78 f.).

aa) Identität der bedeutenden Aktionäre

29 Erstens ist die **Identität** der bedeutenden Aktionäre offen zu legen. Sofern die Angaben bekannt sind, sind die Namen, der Wohnsitz und die Staatsangehörigkeit bei natürlichen Personen bzw. die Firma und der Sitz bei juristischen Personen zu nennen (beruht die Information der Gesellschaft auf der Offenlegungsmeldung gem. Art. 20 BEHG, verfügt sie über alle diese Angaben, vgl. Art. 17 Abs. 1 lit. d BEHV-EBK; ebenso RÖTHLISBERGER, 87; vgl. auch CEREGHETTI, 218; wohl auch KISTLER, 51 FN 35).

30 Es wäre mit dem Normzweck unvereinbar, wenn sich die Offenlegungspflicht nur auf diejenigen Personen beschränken würde, die formell zwar Aktionäre sind, die Aktien jedoch für einen anderen, den wirtschaftlich Berechtigten, halten (z.B. Treuhänder/Nominees, Trusts, Konzerngesellschaften, aber auch Sitz- bzw. Briefkastengesellschaften). Daraus folgt, dass neben den (formellen) Aktionären auch die **wirtschaftlich berechtigten Personen** offen zu legen sind, sofern sie bekannt sind (ebenso CEREGHETTI, 214 und 218 f.; RÖTHLISBERGER, 87; FORSTMOSER, 85; gl.M. auch BGE 124 III 581 ff., dies allerdings in Bezug auf die bankengesetzliche Offenlegungspflicht, welche sich von Art. 663c gerade in diesem Punkt leicht unterscheidet, vgl. N 13). In diesem Zusammenhang ist zudem darauf hinzuweisen, dass auch die Personen offen gelegt werden müssen, welche die **Nutzniessung** an Aktien eingeräumt erhalten haben, da sie gem. Art. 755 ZGB auch über die Stimmrechte verfügen (vgl. auch Art. 11 BEHV-EBK; CEREGHETTI, 215). Zur Frage der Offenlegung von Pfandgläubigern vgl. CERE-

GHETTI, 215 f. Zur Meldepflicht von kollektiven Kapitalanlagen bzw. Fondsleitungen vgl. Art. 16 BEHV-EBK. Bei der **Wertpapierleihe (securities lending),** welches als Darlehen qualifiziert wird (vgl. BSK OR I-SCHÄRER/MAURENBRECHER, Art. 312 N 31), erhält der Borger die der Transaktion zugrundeliegenden Wertpapiere (oder Wertrechte) zu vollem Eigentum (bzw. Inhaberschaft) übertragen; dementsprechend wird der Borger (formeller) Aktionär, welcher bei den gegebenen Voraussetzungen nach Art. 663c offen zu legen ist; da der Borger aber zur Rückübertragung von Wertpapieren der gleichen Art verpflichtet ist (Art. 312), ist u.E. neben dem Borger auch der Entleiher unter Art. 663c offen zu legen. Nur so ist sichergestellt, dass nicht der Eindruck erweckt wird, ein grösserer Aktionär sei wirtschaftlich beteiligt, obwohl er in Tat und Wahrheit die Aktien nur ausgeliehen hat.

Werden die massgeblichen Schwellenwerte nicht nur durch einen einzigen Aktionär, sondern durch eine **stimmrechtsverbundene Aktionärsgruppe** (vgl. dazu N 20) überschritten, ist die Identität der jeweiligen Mitglieder bzw. ihrer wirtschaftlich Berechtigten je einzeln offen zu legen (ebenso RÖTHLISBERGER, 87; CEREGHETTI, 219); dabei wird sich die Gesellschaft auf die i.d.R. erfolgte Offenlegungsmeldung der meldepflichtigen Gruppe gem. Art. 20 BEHG abstützen können (vgl. Art. 20 Abs. 3 lit. b BEHG). 31

bb) Beteiligungen der bedeutenden Aktionäre

Der Detaillierungsgrad der Angaben über die Beteiligungen ist umstritten. Aus dem Zweck der Norm ergibt sich, dass die Einflussmöglichkeiten auf die Gesellschaft im Zentrum der Transparenzbestrebungen stehen. Anzugeben ist deshalb zunächst und unbestrittenermassen der Stimmrechtsanteil, der dem bedeutenden Aktionär zukommt (vgl. auch Art. 25c Abs. 1 Ziff. 3.10.2 BankV). In Anlehnung an die Vorgaben der börsengesetzlichen Meldepflicht sind u.E. darüber hinaus aber auch die Art und Anzahl der Aktien sowie die damit verbundenen Stimmrechte, ob ausübbar oder nicht, offen zu legen (s.a. N 7 der Voraufl.; RÖTHLISBERGER, 87; **a.M.** BÖCKLI, § 8 N 374 und 386; FORSTMOSER, 84 f.; CHK-IMARK/LIPP, Art. 663c OR N 5), wobei bei nichtausübbaren Stimmrechten auch darzulegen ist, wie viele Stimmrechte ausübbar sind. Die Offenlegungsmeldungen gem. BEHG können als Grundlage der Offenlegung dienen, wobei eine weitergehende Kenntnis der Gesellschaft vorbehalten bleibt. Im Rahmen der Gruppenmeldung kann sich die Offenlegung analog zur Regelung im BEHG auf die Angabe der Gesamtbeteiligung der Gruppe bzw. der damit verbundenen Stimmrechte beschränken (Art. 20 Abs. 3 lit. a BEHG); hat die Gesellschaft keine weitergehende Kenntnis (was aber insbes. dann der Fall sein kann, wenn ein Gruppenmitglied mehr als 5 % aller Stimmrechte bzw. mehr als den allfälligen tieferen statutarischen Prozentsatz hält) ist die Beteiligung bzw. der Stimmrechtsanteil der einzelnen Gruppenmitglieder also nicht anzugeben.. 32

cc) Weitere Angaben

Aus dem Prinzip der Klarheit ergibt sich, dass zudem der **massgebliche Stichtag** (vgl. dazu N 35), die **Informationsquelle** sowie allfällige **weitere Informationen** (z.B. über die treuhänderische Stellung eines Aktionärs) anzugeben sind (FORSTMOSER, 84 f.; RÖTHLISBERGER, 87; KISTLER, 52). 33

Die Angaben über die bedeutenden Aktionäre im Anh. unterliegen wie die übrigen Bestandteile der Jahresrechnung den Grundsätzen ordnungsgemässer Rechnungslegung (Art. 662a Abs. 1 Satz 1) und damit auch der Pflicht, Vorjahreszahlen anzugeben (vgl. Art. 662a N 6). Dementsprechend müssen die Angaben gem. Art. 663c Abs. 1 und 2 also **Vorjahresangaben** enthalten (ebenso KISTLER, 50). 34

b) Massgeblicher Stichtag

35 Aus der systematischen Stellung der Bestimmung im Rahmen der aktienrechtlichen Rechnungslegung ergibt sich, dass der Bilanzstichtag der **massgebliche Stichtag** ist; ergeben sich allerdings **nach dem Stichtag wesentliche Veränderungen,** sind diese (bis Redaktionsschluss des Geschäftsberichts) zusätzlich zu berücksichtigen, da die Offenlegung auf eine möglichst zeitnahe Wiedergabe der Tatsachen abzielt (wie hier CEREGHETTI, 224 f.; i.E. gleich auch FORSTMOSER, 84; diesem folgend RÖTHLISBERGER, 88 und KISTLER, 53; **a.M.** BÖCKLI, § 8 N 385, der auf die notwendige Konsistenz zwischen Stichtag der Bilanz und des Anh. hinweist).

c) Ausnahmen von der Offenlegung

36 Da die Pflicht zur Offenlegung bedeutender Aktionäre gesetzlich vorgesehen ist, sind Ansprüche gestützt auf das **Persönlichkeitsrecht und/oder Datenschutzrecht ausgeschlossen** (vgl. Art. 28 Abs. 2 ZGB bzw. Art. 13 DSG; wie hier auch FORSTMOSER, 88; BÖCKLI, § 8 N 382). Die Vorschrift schliesst ferner auch ein Recht des Aktionärs auf Anonymität aus, das Interesse an der Transparenz des Marktes wird höher gewichtet als jenes des Aktionärs an Geheimhaltung (BGE 124 II 585 f.).

37 Art. 20 BEHV-EBK sieht bei Vorliegen wichtiger Gründe **Ausnahmen** von der börsengesetzlichen Meldepflicht vor. Es stellt sich die Frage, ob auch im Bereich der aktienrechtlichen Offenlegung wichtige Gründe zu einer Ausnahme führen können. Die Möglichkeit von Ausnahmen ist in Art. 663c selbst nicht vorgesehen, doch könnte Art. 663h (Schutzklausel) einen Anknüpfungspunkt für eine Ausnahme bieten. Allerdings würde dies voraussetzen, dass die Offenlegung bedeutender Aktionäre einen erheblichen Nachteil für die Gesellschaft oder den Konzern mit sich bringt; dies wird jedoch regelmässig zu verneinen sein (dezidiert KISTLER, 55; zurückhaltend auch FORSTMOSER, 89; BÖCKLI, § 8 N 382; RÖTHLISBERGER, 88 f.).

38 Ein spezialgesetzlich geregelter Ausnahmefall kann sich immerhin bei **Banken** ergeben. Soweit eine Bank Informationen über ihre bedeutenden Aktionäre ausschliesslich im Zuge ihrer Geschäftstätigkeit erfahren hat, darf (und muss) sie diese unter Berufung auf das Bankkundengeheimnis (Art. 47 BankG) unter Verschluss behalten (FORSTMOSER, 88; ähnl. HORBER, Informationsrechte, N 154). Mit Einführung der börsengesetzlichen Meldepflicht wurde jedoch auch dieser Ausnahmetatbestand weitgehend bedeutungslos, da diese bekanntlich dem wirtschaftlich Berechtigten obliegt (vgl. Art. 9 Abs. 1 BEHV-EBK).

V. Offenlegung der Beteiligungsverhältnisse von VR-/Beirats- und GL-Mitglieder (Abs. 3)

1. Voraussetzungen der Offenlegung

a) Beteiligungen und Wandel-/Optionsrechte von gegenwärtigen Mitgliedern des VR, Beirates und der GL

39 Laut Abs. 3 müssen die Beteiligungen und Wandel-/Optionsrechte **jedes gegenwärtigen Mitgliedes des VR, Beirates und der GL** angegeben werden. Die Beteiligungen **nahe stehender Personen** müssen ebenfalls berücksichtigt werden, sind aber gem. Wortlaut von Abs. 3 nicht separat offen zu legen, sondern zur entsprechenden Organperson hinzu zu addieren. Zur Frage, wer als ein gegenwärtiges Mitglied und wer als eine nahe stehende Person gilt, kann auf Art. 663b[bis] N 16 ff. und N 31 ff. verwiesen werden.

Unter den Begriff der **Beteiligungen** fallen Aktien, Partizipations- und Genussscheine **40**
der von der Offenlegungspflicht betroffenen Gesellschaft (nicht jedoch der Aktienbesitz
in nicht kotierten Tochtergesellschaften), welche die betr. Personen direkt oder indirekt
halten. Indirektes Halten liegt vor, wenn die wirtschaftliche Berechtigung und das formelle Eigentum (bzw. die Inhaberschaft) an der Beteiligung auseinanderfallen (z.B.
durch Einschaltung eines Treuhänders/Nominee). Für die Offenlegung ist es unerheblich, welcher Rechtsgrund oder Ursprung den von den betroffenen Personen gehaltenen
Beteiligungen zugrunde liegt; erfasst werden also nicht nur etwa Beteiligungen, welche
den betroffenen Personen im Rahmen der Vergütung gewährt wurden, sondern auch Beteiligungen, die sie anderweitig erhalten haben (z.B. durch Kauf im Markt, durch Wertschriftenleihe oder durch eine Schenkung oder Erbschaft).

Des Weiteren sind Wandel- und Optionsrechte offen zu legen. **Wandelrechte** werden **41**
üblicherweise im Zusammenhang mit der Aufnahme von FK gewährt und räumen dabei
dem Fremdkapitalgeber während einer gewissen Frist (Wandelfrist) das Recht ein, anstelle der Rückzahlung/weiteren Verzinsung zu den im Voraus festgelegten Bedingungen den Umtausch in ein Beteiligungspapier zu verlangen. Die unter Abs. 3 offen zu
legenden Wandelrechte haben sich jedenfalls stets auf Beteiligungspapiere der betroffenen Gesellschaft zu beziehen. **Optionsrechte** räumen das Recht ein, ein Beteiligungspapier (oder einen Bruchteil oder ein Mehrfaches davon) während einer bestimmten
Frist oder an einem bestimmten Termin zu einem im Voraus festgelegten Preis zu erwerben oder zu veräussern. Abs. 3 erfasst nebst Erwerbsrechten (Call-Optionen) also
insb. auch Veräusserungsrechte (Put-Optionen). Der Wortlaut steht einer Subsumtion
von solchen Rechten nicht entgegen und auch eine teleologische Auslegung lässt u.E.
darauf schliessen, dass auch Veräusserungsrechte offen zu legen sind, denn Abs. 3 zielt
auf eine Offenlegung des Ausmasses der aktuellen (Beteiligungen) und latenten (Wandel-/Optionsrechte) Beteiligung von Organpersonen an der Gesellschaft; ob die latente
Beteiligung auf eine Aufstockung oder eine Reduktion hinausläuft, kann dabei nicht
ausschlaggebend sein. Die in N 9 ff. genannten Gründe für die Offenlegung des (aktuellen oder latenten) Beteiligungsstandes gelten m.a.W. also nicht nur für den Auf-, sondern gleichermassen auch für den Abbau von Beteiligungen (vgl. auch Botschaft,
4491, wo die Offenlegung von Wandel- und Optionsrechten damit begründet wird,
dass diese die Geschäftsführung einzelner Personen beeinflussen können). Hinzu
kommt, dass Veräusserungsrechte geeignet sind, die mit Aktien oder Optionen sonst
verbundene Anreizwirkung, im Interesse der Gesellschaft und ihrer Aktionäre zu handeln, zu neutralisieren (WATTER/MAIZAR, Executive Compensation, 55). Aus diesen
Gründen sind Veräusserungsrechte u.E. ebenfalls zu erfassen. Eine Verrechnung der Positionen (z.B. eine Verrechnung einer gewissen Anzahl Call-Optionen mit Put-Optionen) ist aus Transparenzgründen abzulehnen.

Unklar ist, ob auch **anderweitige Finanzinstrumente** (Swaps, Forwards, Zertifikate, **42**
Contracts for Difference etc.) erfasst werden. Dagegen spricht in erster Linie der Wortlaut, der keine Hinweise auf solche Finanzinstrumente enthält. Des Weiteren zielt
Art. 663c auf eine Offenlegung des Ausmasses der (aktuellen oder latenten) Beteiligung
von Organpersonen innerhalb der Gesellschaft ab (vgl. N 6), was die Erfassung von Finanzinstrumenten, die keine Beteiligung und damit keine Einflussmöglichkeiten auf die
Gesellschaft verschaffen oder betreffen, ausschliessen würde. Berücksichtigt man jedoch, dass die periodische Offenlegung von Beteiligungen und Wandel-/Optionsrechten
von Organpersonen auch das Ausnützen von Insiderwissen von Organpersonen verhindern soll (vgl. N 9 ff.) und auch die *«economic exposure»* einer Organperson aufzeigen
soll, wäre es stossend, die Offenlegung nur auf gewisse Finanzinstrumente (Wandel-/
Optionsrechte) zu beschränken. U.E. wäre es deshalb wünschenswert, zumindest dieje-

nigen Finanzinstrumente zu erfassen, die entweder den tatsächlichen Erwerb von Beteiligungen *(physical settlement)* wenn nicht direkt vorsehen, so zumindest zulassen oder deren Wert massgeblich durch den Wert des Beteiligungspapiers der betroffenen Gesellschaft bestimmt ist (im Gegensatz zur RLMT, wo für die Beurteilung, ob ein Wert massgeblich vom Wert des Beteiligungspapiers abhängig ist, bereits ein Anteil von 33% genügt [vgl. SWX, Kommentar RLMT, Rz 6 N 3] wäre es u.E. für Abs. 3 adäquater, auf einen Anteil von mehr als 50% abzustellen). Konsequenz von Letzterem wäre insb., dass nebst synthetischen Beteiligungsrechten (wie *stock appreciation rights (SAR)* oder *phantom stocks)* auch Zertifikate, die vom Wert der Gesellschaft abhängen, Swaps oder in bar abzugeltende Optionen *(cash-settled options)* offenlegungspflichtig wären (vgl. auch Art. 13 Abs. 1 lit. a revBEHV-EBK).

43   Wie bei den Beteiligungen ist es schliesslich auch hier unerheblich, welcher Rechtsgrund oder Ursprung dem Erwerb solcher Rechte zugrunde liegen. Im Gegensatz zu den Vergütungen sind u.E. aber lediglich diejenigen Rechte anzugeben, die von den betroffenen Personen **definitiv erworben** wurden *(vested)*. Unerheblich ist ausserdem, ob diese Rechte Ausübungs- oder Übertragungsbeschränkungen unterworfen sind oder anderweitig bedingt sind. Die Beschränkungen und Bedingungen sind u.E. jedoch offen zu legen (vgl. N 48).

44   Im Gegensatz zur Offenlegung bedeutender Aktionäre (Abs. 1 und 2) gilt die Offenlegungspflicht der Beteiligungen und Wandel-/Optionsrechte der genannten Personen **unabhängig von einem Schwellenwert.**

b) Kenntnis der Gesellschaft?

45   Anders als Abs. 1 schreibt Abs. 3 zwar nicht explizit vor, dass die Gesellschaft die Angaben nur soweit zu veröffentlichen hat, als sie davon Kenntnis hat oder haben müsste, doch ist eine Kenntnis logischerweise Voraussetzung dafür, dass die Gesellschaft Angaben offen legen kann. Im Gegensatz zu Abs. 1 und 2 wird sich die Gesellschaft jedoch nicht darauf berufen können, keine Kenntnis gehabt zu haben und auch keine Kenntnis gehabt haben zu müssen, da es der Gesellschaft aus objektiver Sicht regelmässig zuzumuten ist, das betr. Wissen innerhalb ihrer Organisation abzurufen (vgl. N 22). Ausserdem sind die gegenwärtigen Mitglieder des VR, Beirates und der GL, sei es arbeitsvertraglich oder auftrags-/gesellschaftsrechtlich, gegenüber der Gesellschaft verpflichtet, vollständige und korrekte Angaben über ihre Beteiligungen und Wandel-/Optionsrechte zu machen (s. schon MAIZAR/WATTER, 355 FN 58). Die Gesellschaft hat damit bei den intern zuständigen Stellen (vorab wohl bei der Personal- oder Buchhaltungsabteilung) und bei den entsprechenden Organpersonen nachzufragen. Freilich kann sie im letzteren Fall nicht verhindern, dass Organpersonen Falschangaben machen (vgl. dazu N 60).

46   Anzumerken ist schliesslich, dass die Gesellschaft wegen der Pflicht der Mitglieder des VR/Beirates bzw. der GL, Management-Transaktionen der Gesellschaft gegenüber offen zu legen (vgl. RLMT), stets die Möglichkeit hat, eine Art Plausibilitätstest zu machen.

2. Modalitäten der Offenlegung

a) Umfang und Detaillierungsgrad

aa) Identität der betroffenen Person

47   Laut Abs. 3 ist der (vollständige) **Name** und die **Funktion** des betroffenen Mitgliedes anzugeben. Nicht offen zu legen sind die **nahe stehenden Personen,** ihre Positionen werden dem entsprechenden Mitglied zugerechnet.

bb) Beteiligungen und Wandel-/Optionsrechte

Analog zur Offenlegung der Beteiligungen bedeutender Aktionäre (N 32) sind der **48** **Stimmrechtsanteil,** die Art und Anzahl der Aktien sowie die damit verbundenen Stimmrechte anzugeben. Da sich der Stimmrechtsanteil allerdings v.a. bei grösseren Gesellschaften oft in Bruchteilen von Promillen bewegen wird, ist es u.E. auch zulässig, bei Positionen unter einem bestimmten (offen gelegten) Schwellenwert (z.B. 0.1 %) einen Hinweis anzubringen, wonach der Stimmrechtsanteil der betroffenen Person unterhalb dieses Schwellenwertes liegt (vgl. dazu das Bsp. im Anh. nach N 65). Zudem sind auch Angaben über allfällige Veräusserungssperren *(selling/transfer restrictions)* oder (bei Optionen) Ausübungsbeschränkungen zu machen.

Bei der Offenlegung von **Wandel-/Optionsrechten** muss mindestens die Art (Wandel- **49** recht, Call-/Put-Option), Anzahl, der Ausübungspreis, die allfällige Sperrfrist sowie die damit potentiell verbundenen Stimmrechte angegeben werden. Soweit Wandel-/Optionsrechte mit einem Wahlrecht versehen sind, welches den tatsächlichen Bezug der Beteiligung oder eine Abgeltung in bar erlaubt, ist ein entsprechender Hinweis ebenfalls erforderlich. Die Offenlegung anderweitiger Finanzinstrumenten (vgl. N 42) richtet sich nach deren spezifischen Eigenheiten.

Wie in N 44 erwähnt, besteht die Offenlegungspflicht unabhängig von einem Schwel- **50** lenwert. Die Einführung eines **Wesentlichkeitswertes,** wonach auf Beteiligungen und Wandel-/Optionsrechte unterhalb davon verzichtet werden kann, ist u.E. nicht zulässig.

cc) Vorjahresangaben

Die Angaben gem. Abs. 3 müssen wie diejenigen gem. Abs. 1 und 2 **Vorjahresanga-** **51** **ben** enthalten (vgl. N 34). Zur Frage, ob bei der erstmaligen Anwendung von Abs. 3 auch für das Geschäftsjahr 2006 Vorjahresangaben zu machen sind, vgl. die Ausführungen in Art. 663b[bis] N 81, welche mutatis mutandis auch für Abs. 3 gelten.

b) Massgeblicher Stichtag

Analog zur Offenlegung bedeutender Aktionäre ist grundsätzlich auf den Stichtag der **52** Bilanz abzustellen, wobei **wesentliche Veränderungen nach dem Stichtag** entsprechend zu berücksichtigen sind (vgl. N 35).

c) Ausnahmen von der Offenlegung?

Vgl. die hier analog geltenden Ausführungen in N 36. **53**

VI. Ort der Offenlegung

1. Allgemeines

Laut Abs. 1 sind die Angaben über bedeutende Aktionäre (und die Beteiligungen und **54** Wandel-/Optionsrechte von Organpersonen) im Anh. zur Bilanz offen zulegen. Dies erklärt auch die systematische Stellung der neuen Bestimmung, welche hierarchisch unter dem «Geschäftsbericht» (Art. 662) und dort unter dem «Anhang» (Art. 663b) figuriert. Die Angaben, welche bis anhin gestützt auf Art. 663b im Anh. erbracht werden mussten, müssen auch weiterhin und unverändert erbracht werden. Art. 663c sieht lediglich eine **Erweiterung** der von Gesetzes wegen erforderlichen Angaben im Anh. vor.

55 In **Konzernverhältnissen** haben die als gesetzliches Minimum vorgeschriebenen Angaben gem. Art. 663c grundsätzlich sowohl im Anh. zum Einzelabschluss wie auch im Anh. zur Konzernrechnung zu erfolgen (vgl. zur Begründung Art. 663b^{bis} N 98 ff.). Zur Möglichkeit, auf den Einzel- bzw. Konzernanhang oder den Corporate Governance-Berichtsteil zu **verweisen,** s. Art. 663b^{bis} N 99).

2. Exkurs: Prüfungspflicht der Revisionsstelle

56 Die gesetzliche Verortung der Angaben gem. Art. 663c im Anh. zur Bilanz führt dazu, dass sie der **Prüfungspflicht** des staatlich beaufsichtigten Revisionsunternehmen unterliegen (Art. 728a Abs. 1 Ziff. 1 i.V.m. Art. 662 Abs. 2).

57 Gem. Art. 728a Abs. 1 hat die RS insb. zu prüfen, ob die Jahresrechnung und ggf. die Konzernrechnung den gesetzlichen Vorschriften, den Statuten und dem gewählten (privaten) Regelwerk entsprechen (zur Frage, ob die für den Einzelabschluss oder die für die Konzernrechnung verantwortliche RS gemeint ist, vgl. Art. 663b^{bis} N 101). In Bezug auf die im Rahmen von Art. 663c offen zu legenden Angaben bedeutet dies Folgendes:

- Die RS hat zu prüfen, ob die Angaben über bedeutende Aktionäre und die Beteiligungen bzw. Wandel-/Optionsrechte von Organpersonen im Anh. vollständig und richtig offen gelegt werden (Botschaft, 4484). Die **Prüfung der Vollständigkeit** beinhaltet in einem ersten Schritt die Verifizierung dessen, ob alle von der Offenlegungspflicht erfassten Personen in der Offenlegung auch tatsächlich berücksichtigt wurden. In einem zweiten Schritt ist zu prüfen, ob alle Beteiligungen bzw. Wandel-/Optionsrechte vollständig in die Offenlegung eingeflossen sind. Dies gilt insb. dort, wo Beteiligungen oder Wandel-/Optionsrechte von den Organpersonen nahe stehenden Personen gehalten werden (vgl. auch PS 550 N 7 ff.). Praktisch wird dabei so vorgegangen werden, dass die Gesellschaft von den offenlegungspflichtigen Organpersonen schriftliche Erklärungen über ihren Bestand an offen zu legenden Titeln/Rechten verlangt und auch darüber, welche Bestände von nahe stehenden Personen gehalten werden.

- Die **Prüfung der Richtigkeit** bezieht sich auf die Übereinstimmung der im Anh. gem. Art. 663c offen gelegten Angaben mit den tatsächlichen Verhältnissen. Im Zentrum steht somit die Überprüfung der Grösse und Zusammensetzungen der Beteiligungen bzw. Wandel-/Optionsrechte. Auch hier kann die RS auf die vorgenannten Erklärungen abstellen.

- Die Einhaltung **statutarischer Vorschriften** wird in diesem Bereich von geringer praktischer Bedeutung sein, da die wenigsten Gesellschaften einschlägige Bestimmungen in den Statuten enthalten.

- Die Einhaltung im Hinblick auf gewählte (private) **Regelwerke** (an der SWX Swiss Exchange insb. IFRS und US-GAAP, ferner auch Swiss GAAP FER) ist in diesem Zusammenhang unerheblich, da die Vorgaben von Art. 663c nichts mit denjenigen von privaten Regelwerken zu tun haben.

58 Die Prüfungspflicht der RS ändert aber nichts daran, dass primär der **VR** der offenlegungspflichtigen Gesellschaft für die Offenlegung **verantwortlich** ist (vgl. Art. 716a Ziff. 6). Daraus folgt, dass sich die RS im Rahmen ihres Prüfungsauftrages i.d.R. auf die von der Gesellschaft zur Verfügung gestellten Angaben bzw. ihre Aussagen stützen kann. Der VR ist denn auch gesetzlich verpflichtet, der RS alle Unterlagen zu übergeben und alle Auskünfte (ggf. schriftlich) zu erteilen, die sie für die Erfüllung ihrer Aufgabe benötigt (Art. 730b Abs. 1). Konkret wird sich die RS in ihrer Arbeit darauf beschränken können, abzuklären, ob die Gesellschaft die Daten über ihre VR-/Beirats- und GL-Mitglieder in einer nachvollziehbaren und sinnvollen Art ermittelt hat und ob die im Anh. publizierten Daten den erhaltenen Angaben entsprechen. Immerhin muss sie aber bei Zweifel über der Richtigkeit der Angaben nachfragen (z.B. wenn Meldungen von Managementtransaktionen, welche eine Abweichung erklären würden, fehlen).

VII. Folgen der Verletzung der Offenlegungspflicht

Die Nichteinhaltung der Offenlegungspflicht durch die Gesellschaft kann verschiedene Folgen nach sich ziehen; es kann diesbezüglich auf die Ausführungen zu Art. 663b^{bis} N 103 ff. verwiesen werden, welche mutatis mutandis auch für Art. 663c gelten. 59

Anzumerken gilt es immerhin, dass die Gesellschaft bei Abs. 3 (im Gegensatz zu den Vergütungen) auf korrekte Angaben der Organpersonen angewiesen ist. Machen Organpersonen Falschangaben, hat sich die Gesellschaft zu überlegen, ob und ggf. wie sie die fehlbare Person **sanktionieren** will. Des Weiteren verpflichtet die (revidierte) RLCG der SWX Swiss Exchange ausländische Emittenten, welche ihre Beteiligungspapiere an der SWX Swiss Exchange, nicht aber im Heimatstaat kotiert haben, anders als bei Art. 663b^{bis}, nicht zur analogen Befolgung von Art. 663c; dementsprechend drohen im Falle der Nichtbeachtung auch keine Sanktionen **seitens der SWX Swiss Exchange gestützt auf die RLCG.** Vgl. aber die Ausführungen zu Art. 663b^{bis} N 107. 60

VIII. Internationales

1. Europäische Union (EU)

Auf EU-Ebene wurde erstmals mit den Art. 85 ff. der sog. EU-Zulassungs-RL (RL 2001/34/EG vom 28.5.2001 über die Zulassung von Wertpapieren zur amtlichen Börsennotierung und über die hinsichtlich dieser Wertpapiere zu veröffentlichenden Informationen, ABl L 184 vom 6.7.2001, 1 ff.) eine Offenlegungspflicht betr. bedeutende Aktionäre eingeführt. Dabei handelte es sich aber um eine (von gewissen Schwellenwerten abhängige) Meldepflicht des jeweiligen Erwerbers also eine Regelung analog zu Art. 20 BEHG. Mit dem Erlass der **EU-Transparenz-RL** wurde die Regelung in der EU-Zulassungs-RL gestrichen und durch eine neue Regelung (Art. 9 ff.) ersetzt. Da es sich aber auch bei Art. 9 ff. der EU-Transparenz-RL um eine Meldepflicht des Erwerbers handelt, welche die Gesellschaft verpflichtet, die entsprechende Meldung innert drei Handelstagen nach Erhalt der Meldung zu veröffentlichen, handelt es sich nicht um eine mit der Publizitätsvorschrift von Art. 663c vergleichbare Regelung. 61

Die **EU-Jahresabschluss-RL,** 78/660/EWG des Rates vom 25.7.1978 über den Jahresabschluss von Gesellschaften bestimmter Rechtsformen (ABl L 222 vom 14.8.1978, 11 ff.) sowie die **EU-Konsolidierungs-RL,** 83/349/EWG des Rates vom 13.6.1983 über den konsolidierten Abschluss (ABl L 193 vom 18.7.1983, 1 ff.), welche den Mindestinhalt des Anh. regeln, sehen keine mit Art. 663c vergleichbare Offenlegungspflicht vor. Zu den unter diesen RL offen zu legenden Vergütungen vgl. Art. 663b^{bis} N 110 f.. Die «Empfehlung der Kommission zur Einführung einer angemessenen Regelung für die Vergütung von Mitgliedern der Unternehmensleitung börsennotierter Gesellschaften» (2004/913/EG, ABl L 385 vom 29.12.2004, 55 ff.) schreibt bez. der Offenlegung der Beteiligungsverhältnisse von Organpersonen ebenfalls keine spezifische Offenlegung vor. Lediglich die im Rahmen der Vergütung zugesprochenen Beteiligungspapiere und Wandel-/Optionsrechte müssen offen gelegt werden (vgl. dazu Art. 663b^{bis} N 111). 62

Schliesslich sieht auch die **EU-Marktmissbrauchs-RL,** welche Bestimmungen über Management-Transaktionen enthält (Art. 6 Abs. 4), keine Offenlegungspflicht bez. Beteiligungen von Organpersonen vor. Auf EU-Ebene besteht somit keine mit Art. 663c vergleichbare Offenlegungspflicht.

2. Bundesrepublik Deutschland

63 Die gesellschaftsrechtlichen Vorschriften zum Inhalt des Anh. verlangen keine Angaben über bedeutende Aktionäre oder die Beteiligungsverhältnisse von Organpersonen (vgl. § 160 AktG; §§ 285 und 314 HGB). Auch der Deutsche Corporate Governance Kodex, dessen Beachtung dem *comply-or-explain*-Prinzip untersteht (§ 161 AktG), enthält keine diesbezüglichen Vorgaben. Im Wertpapierhandels-Gesetz (WpHG) wird sodann «nur» die kapitalmarktrechtliche Meldepflicht analog zu Art. 20 BEHG geregelt (§§ 21 ff. WpHG). Zur Offenlegung von zugesprochenen Beteiligungen an Organpersonen vgl. die Ausführungen zu Art. 663b^{bis} N 112 ff. Auch in Deutschland fehlt demzufolge eine mit Art. 663c vergleichbare Offenlegungspflicht.

3. Vereinigte Staaten von Amerika (USA)

64 Abschnitt 13(d)(1) des US-SEA verpflichtet jede Personen, die an mehr als 5 % der Aktien einer börsenkotierten Gesellschaft wirtschaftlich berechtigt ist, diesen Sachverhalt anhand des Formblattes Schedule 13D innert zehn Tagen an die Gesellschaft und die SEC zu melden. Institutionelle Investoren fallen grundsätzlich auch unter diese Regelung, wobei z.T. abweichende Vorschriften oder auch Erleichterungen bez. des Inhalts der Meldung bestehen. Parallel zur Regelung im US-SEA verlangt Abschnitt 16 des US-SA von Aktionären, welche mehr als 10 % halten sowie von Organpersonen *(officers, directors)* die Meldung der Zusammensetzung ihrer Beteiligungen an der Gesellschaft sowie des wirtschaftlich Berechtigten. Die Meldung hat innerhalb von zehn Tagen seit dem Erwerb der Beteiligung bzw. seit der Ernennung zur Organperson zu erfolgen. Allfällige spätere Änderungen sind innerhalb von zwei Handelstagen zu melden (die Einführung dieser Bestimmung erfolgt durch Abschnitt 403(a) des Sarbanes-Oxley Act). Bei beiden Bestimmungen, welche massgeblich durch Item 403 der SEC Regulation S-K konkretisiert werden, handelt es sich um kapitalmarktrechtliche Meldepflichten, die mit der Publizitätsvorgabe von Art. 663c nicht vergleichbar sind.

65 Mit Erlass der «Executive Compensation and Related Person Disclosure»-Rule der SEC (Release Nos. 33–8732A; 34–54302A; IC-27444A; File No. S7–03–06) Ende Dezember 2006 wurden die Offenlegungsvorschriften u.a. im Bereich der Vergütungen an Organpersonen massgeblich verschärft (vgl. dazu Art. 663b^{bis} N 115 ff.). Diese Rule sieht explizit vor, dass Aktien- und Optionsbestände von Organpersonen auch in periodischen Berichten detailliert offen gelegt werden.

IX. Anhang: Beispiel für Offenlegung gemäss Abs. 3

	Anzahl Aktien[1] (Stimmrechtsanteil[2])		Anzahl Wandelrechte (potentieller Stimmrechtsanteil)		Anzahl Optionsrechte (potentieller Stimmrechtsanteil)		Anzahl anderweitiger Finanzinstrumente[3]	
	Jahr 2	Jahr 1	Jahr 2	Jahr 1	Jahr 2	Jahr 1	Jahr 2	Jahr 1
VR 1 VR-Präsident	800 000[4] (2.7%)	750 000[5] (2.5%)			30 000[6] (<0.1%)	0		
VR 2 Mitglied	30 000[4] (<0.1%)	25 000[5] (<0.1%)	2000[7] (<0.1%)	0	5000[6] (<0.1%)	0		
VR 3 Mitglied	20 000[4] (<0.1%)	10 000[5] (<0.1%)			5000[6] (<0.1%)	0		
GL 1 CEO	145 000[8] (0.5%)	80 000[9] (0.3%)			60 000[6] (0.2%) 30 000[10] (<0.1%)	0 0	1[11]	0
GL 2 CFO	130 000[8] (0.4%)	70 000[9] (0.2%)			40 000[6] (0.1%) 20 000[10] (<0.1%)	0 0		
GL 3 COO	100 000[8] (0.3%)	60 000[9] (0.2%)			40 000[6] (0.1%)	0		
Etc.								

1. 1000 Namenaktien à je CHF 1.– Nennwert der Gesellschaft entsprechen insgesamt 0.0034% sämtlicher Stimmrechte der Gesellschaft.
2. Auf eine Stelle nach dem Komma gerundet.
3. Vgl. N 42 zur Frage, ob diese Instrumente offenlegungspflichtig sind.
4. Namenaktien à je CHF 1.– Nennwert der Gesellschaft; 10 000 Namenaktien unterliegen bis [Zeitpunkt] einer Veräusserungssperre.
5. Namenaktien à je CHF 1.– Nennwert der Gesellschaft; 6'000 Namenaktien unterliegen bis [Zeitpunkt] einer Veräusserungssperre.
6. Call-Optionen im Verhältnis 1:1 auf Namenaktien à je CHF 1.– Nennwert der Gesellschaft zu einem Ausübungspreis von CHF 60.–; ausübbar ab [Zeitpunkt] bis [Zeitpunkt].
7. Wandelrechte aus einem Darlehen über CHF 80 ‹000, das die betr. Person der Gesellschaft gewährt hat, wandelbar im Verhältnis 1:1 in Namenaktien à je CHF 1.– Nennwert der Gesellschaft zu einem Wandelpreis von CHF 40.–; wandelbar bis [Zeitpunkt].
8. Namenaktien à je CHF 1.– Nennwert der Gesellschaft; 100 000 Namenaktien unterliegen bis [Zeitpunkt] einer Veräusserungssperre.
9. Namenaktien à je CHF 1.– Nennwert der Gesellschaft; 50 000 Namenaktien unterliegen bis [Zeitpunkt] einer Veräusserungssperre.
10. Put-Optionen im Verhältnis 1:1 auf Namenaktien à je CHF 1.– Nennwert der Gesellschaft zu einem Ausübungspreis von CHF 50.–; ausübbar bis [Zeitpunkt].
11. Termingeschäft, unter welchem 30 000 Namenaktien à je CHF 1.– Nennwert der Gesellschaft per [Zeitpunkt] verkauft werden.

Art. 663d

V. Jahresbericht	¹ Der Jahresbericht stellt den Geschäftsverlauf sowie die wirtschaftliche und finanzielle Lage der Gesellschaft dar.
	² Er nennt die im Geschäftsjahr eingetretenen Kapitalerhöhungen und gibt die Prüfungsbestätigung wieder.
V. Rapport annuel	¹ Le rapport annuel de gestion expose la marche des affaires ainsi que la situation économique et financière de la société.
	² Il mentionne les augmentations de capital-actions de l'exercice et reproduit l'attestation de vérification.
V. Rapporto annuale	¹ Il rapporto annuale espone l'andamento degli affari, come pure la situazione economica e finanziaria della società.
	² Esso menziona gli aumenti del capitale intervenuti nell'esercizio e riproduce l'attestazione di verifica.

Es kann auf die Ausführungen in Art. 662 N 6 ff. verwiesen werden.

Art. 663e

VI. Konzernrechnung 1. Pflicht zur Erstellung	¹ Fasst die Gesellschaft durch Stimmenmehrheit oder auf andere Weise eine oder mehrere Gesellschaften unter einheitlicher Leitung zusammen (Konzern), so erstellt sie eine konsolidierte Jahresrechnung (Konzernrechnung).
	² Die Gesellschaft ist von der Pflicht zur Erstellung einer Konzernrechnung befreit, wenn sie zusammen mit ihren Untergesellschaften zwei der nachstehenden Grössen in zwei aufeinander folgenden Geschäftsjahren nicht überschreitet:
	1. Bilanzsumme von 10 Millionen Franken;
	2. Umsatzerlös von 20 Millionen Franken;
	3. 200 Vollzeitstellen im Jahresdurchschnitt.
	³ Eine Konzernrechnung ist dennoch zu erstellen wenn:
	1. die Gesellschaft Beteiligungspapiere an einer Börse kotiert hat;
	2. die Gesellschaft Anleihensobligationen ausstehend hat;
	3. Aktionäre, die zusammen mindestens 10 Prozent des Aktienkapitals vertreten, es verlangen;
	4. dies für eine möglichst zuverlässige Beurteilung der Vermögens und Ertragslage der Gesellschaft notwendig ist.
VI. Comptes de groupe 1. Etablissement obligatoire	¹ La société qui, par la détention de la majorité des voix ou d'une autre manière, réunit avec elle sous une direction unique une ou plusieurs sociétés (groupe de sociétés) doit établir des comptes annuels consolidés (comptes de groupe).
	² La société est libérée de l'obligation de dresser des comptes de groupe si, au cours de deux exercices successifs, deux des valeurs suivantes ne sont pas dépassées par la société mère et ses filiales:

2. Abschnitt: Rechte und Pflichten der Aktionäre 1–1b **Art. 663e**

1. total du bilan de 10 millions de francs;
2. chiffre d'affaires de 20 millions de francs;
3. 200 emplois à plein temps en moyenne annuelle.

³ Les comptes de groupe restent cependant obligatoires si:
1. la société a des titres de participations cotés en bourse;
2. la société est débitrice d'un emprunt par obligations;
3. des actionnaires qui représentent 10% au moins du capital-actions l'exigent ou si
4. cela est nécessaire pour révéler aussi exactement que possible l'état du patrimoine et les résultats de la société.

VI. Conto di gruppo
1. Allestimento obbligatorio

¹ La società che, attraverso una maggioranza di voti o in altra guisa, riunisce sotto una direzione unica una o più altre società (gruppo di società) deve allestire un conto consolidato annuale (conto di gruppo).

² La società è liberata dall'obbligo di allestire il conto di gruppo qualora, per due esercizi consecutivi, insieme con le società ad essa affiliate, non oltrepassi due dei valori seguenti:
1. bilancio complessivo di 10 milioni di franchi;
2. cifra d'affari di 20 milioni di franchi;
3. media annua di 200 posti a tempo pieno.

³ Il conto di gruppo dev'essere tuttavia allestito qualora:
1. titoli di partecipazione della società siano quotati in borsa;
2. la società sia debitrice di un prestito in obbligazioni;
3. azionisti che rappresentino insieme almeno il 10 per cento del capitale azionario lo richiedano;
4. sia necessario per rilevare il più esattamente possibile lo stato del patrimonio e i risultati d'esercizio della società.

Literatur

ALLENSPACH, Konzernrechnungslegung aus internationaler Sicht, 1992; DRUEY/VOGEL, Das schweizerische Konzernrecht in der Praxis der Gerichte, 1999; MEYER, Ordnungsmässigkeit der Konzernrechnung, in: Grundsätze ordnungsmässiger Rechnungslegung, 65 ff. (SSTR 97); DERS., Konzernrechnung: Aussagekräftige konsolidierte Abschlüsse unter Beachtung nationaler und internationaler Accountingstandards, 2007 (zit. Konzernrechnung); ZENHÄUSERN, Konzernrechnungslegung und -prüfung, 2. Aufl. 1991; ZENHÄUSERN/BERTSCHINGER, Konzernrechnungslegung, 2. Aufl., Zürich 1995; ZÜND, Einheitliche Leitung – Bedeutung und Tauglichkeit des Begriffs, in: Druey (Hrsg.), Das St. Galler Konzernrechtsgespräch, 1988, 77 ff.; DERS., Neuerungen bei der Rechnungslegung, 17 ff. in: Helbling (Hrsg.), Rechtliche und betriebswirtschaftliche Aspekte der Aktienrechtsreform, 1984 (SSHW 74); vgl. ausserdem die Literaturhinweise zu Art. 662a und 660.

I. Allgemeines

Art. 663e statuiert eine Pflicht zur **Konzernrechnungslegung**. Abs. 1 verlangt von den Obergesellschaften von Konzernen die Erstellung konsolidierter Jahresrechnungen. Abs. 2 nimmt kleinere Konzerne von der Pflicht aus, wobei Abs. 3 diese Befreiungsmöglichkeit wieder einschränkt. 1

Die Bemessung der **Gewinnausschüttungen** basiert auf den **Einzelabschlüssen** und nicht auf der Konzernrechnung. 1a

Obwohl bei der Erstellung der Konzernrechnung von einer **fiktiven rechtlichen Einheit** ausgegangen wird, bleibt die **Haftung** für finanzielle Verbindlichkeiten primär bei den 1b

Art. 663e 2–4

einzelnen Gesellschaften. Ein **Durchgriff** ist unter gewissen Umständen möglich (BGE 120 II 331).

II. Zweck der Konzernrechnung

2   Mit der **Konzernrechnung** soll der zuverlässige Einblick in die Vermögens- und Ertragslage einer Gesellschaft auch dann gewährleistet werden, wenn die Tätigkeiten in rechtlich selbständige Gesellschaften ausgegliedert sind; die Jahresrechnung der Obergesellschaft allein kann hier diesen Einblick (Art. 663e Abs. 3 Ziff. 4, 663g Abs. 2) nicht vermitteln (Botschaft AG, 817; BÖCKLI, Aktienrecht, § 8 N 8, § 8 N 32 f., § 9 N 3 ff.; BOEMLE, 553 ff.).

2a Allein das Aufaddieren der Bilanzen und Erfolgsrechnungen der Konzerngesellschaften zu Summenbilanzen und -erfolgsrechnungen bietet noch keinen sicheren Einblick, da diese beispielsweise durch konzerninternen Umsatz und Gewinn, bzw. durch konzerninterne Forderungen und Verbindlichkeiten, aufgebläht sind. Deshalb müssen aus den aufaddierten Einzelabschlüssen der Konzerngesellschaften alle Transaktionen durch Konsolidierungsbuchungen eliminiert werden, die sich nicht ergeben hätten, wenn der Konzern eine einzige rechtliche Einheit gewesen wäre (BOEMLE, 556). Bezweckt wird damit – wie mit der Rechnungslegung schlechthin – zum einen die **Selbstinformation** der Konzernleitung (interne Konzernrechnung als Führungsinstrument), zum anderen **die Information Aussenstehender,** soweit diese einblicksberechtigt sind (externe Konzernrechnung als Instrument zur Rechenschaft) – neben den sog. **Minderheiten** evtl. auch die Partizipanten, Gläubiger, Arbeitnehmer und eine weitere, interessierte Öffentlichkeit.

III. Gegenstand der Konzernrechnung

3   Mit der Umschreibung der Konzernrechnung als «**konsolidierte Jahresrechnung**» weist das Gesetz auf Art. 662 Abs. 2 hin, der die Bestandteile der Jahresrechnung benennt. Mithin besteht auch die **Konzernrechnung** aus der **Bilanz,** der **Erfolgsrechnung** und dem **Anhang** (Botschaft AG, 819), welche allesamt aus einer Konsolidierung (s. Art. 663g) hervorzugehen haben. Die Konzernrechnung wird so erstellt, wie wenn der Konzern selber eine rechtliche Einheit wäre. Eine eigentliche Geldflussrechnung ist auch im Konzern nicht obligatorisch (BÖCKLI, Aktienrecht, § 9 N 92). **Jahresrechnung, Jahresbericht** sowie **konsolidierte Jahresrechnung (Konzernrechnung)** bilden nach Art. 662 Abs. 1 den **Geschäftsbericht.** Ein Konzernjahresbericht muss jedoch nicht erstellt werden. Für die meisten Unternehmen ist es trotzdem ratsam, freiwillig einen solchen Verbalbericht über den Konzern zu erstellen und dem Einzeljahresbericht beizufügen (BÖCKLI, Aktienrecht, § 9 N 93 f.; HIRSCH, SAG 1984, 82).

IV. Konsolidierungspflicht

4   Die Pflicht zur Erstellung einer **Konzernrechnung** setzt das Bestehen eines **Konzerns** voraus (Abs. 1). Dessen Definition – **Zusammenfassung** einer oder mehrerer Gesellschaften unter **einheitlicher Leitung** durch **Stimmenmehrheit** oder **auf andere Weise** – folgt der Definition des deutschen Aktiengesetzes, Art. 1 ff. EU-Konsolidierungs-RL, und entspricht der etablierten Betriebswirtschaftslehre (Botschaft AG, 817).

2. Abschnitt: Rechte und Pflichten der Aktionäre   5–8 **Art. 663e**

1. Obergesellschaft

Die zusammenfassende **Obergesellschaft** ist eine **AG** oder hat eine Rechtsform, deren   5
Buchführung den aktienrechtlichen Bestimmungen untersteht (vgl. Art. 764 Abs. 2:
KAG; Art. 805: GmbH; Art. 858 Abs. 2: Kreditgenossenschaft oder konzessionierte Versicherungsgenossenschaft; gl.M. BÖCKLI, Aktienrecht, § 9 N 20; offen BOEMLE, 556;
a.M. ZENHÄUSERN/BERTSCHINGER, 57; **a.M.** HWP I 268, die die Ansicht vertreten,
dass nur AG's zur Erstellung einer Konzernrechnung verpflichtet sein können). Die Bestimmungen richten sich generell an Gesellschaften mit Sitz in der Schweiz (Botschaft
AG, 818). Diese Gesellschaften können selber Untergesellschaften ausländischer Konzerne sein oder Untergesellschaften von schweizerischen Gesellschaften, die selbst nicht
den aktienrechtlichen Bestimmungen unterliegen (ZENHÄUSERN/BERTSCHINGER, 48).

2. Untergesellschaften

Zur Auslösung der Konsolidierungspflicht braucht es die Zusammenfassung einer oder   6
mehrerer **Untergesellschaften** mit der Obergesellschaft. Grundsätzlich brauchen einem
Konzern somit nur zwei Gesellschaften anzugehören. Auf Sitz und Rechtsform der Untergesellschaft(en) kommt es nicht an (HWP I 266; ZENHÄUSERN/BERTSCHINGER, 68);
es kann sich um ausländische Gesellschaften sowie um Gesellschaften anderer Rechtsformen handeln (Botschaft AG, 818, wo richtigerweise nur zivilrechtlich selbständige
Formen angeführt werden).

3. Parallelkonzerne

Dem Wortlaut nach geht der Begriff der konzernmässigen **Zusammenfassung** grund-   7
sätzlich von einem Subordinations- und nicht auch von einem Koordinationsverhältnis
aus, wie es bei Parallel- oder Gleichordnungskonzernen der Fall ist. Die Erläuterungen
(Botschaft AG, 817f.) nehmen denn auch an sich auf den **Unterordnungskonzern** Bezug. Es wird aber auch deutlich erwähnt, dass mit dem Begriff der Zusammenfassung
«auf andere Weise» auch statutarische, vertragliche oder personelle Verflechtungen zwischen Parallel- oder Gleichordnungskonzernen erfasst werden (Botschaft AG, 818). Daraus folgt, dass auch diese so verbundenen Konzerne der Konsolidierungspflicht unterstehen, sofern tatsächlich und allenfalls gemeinsam die Funktion der leitenden
Obergesellschaft ausgeübt wird (ZENHÄUSERN/BERTSCHINGER, 55f.).

4. Einheitliche Leitung

Der Begriff der **einheitlichen Leitung** wird im Gesetz nicht weiter umschrieben. Frag-   8
lich ist, ob für das Schweizer Recht die einheitliche Leitung erst vorliegt, wenn die Einflussnahme oder Beherrschung effektiv ausgeübt wird und nicht bloss wie gemäss dem
«**Control-Prinzip**» die Möglichkeit dazu gegeben ist (Leitungsprinzip: BÖCKLI, Aktienrecht, § 9 N 23; BÖCKLI, ST 1994, 369ff.; DRUEY/VOGEL, 44ff.; HWP I 268; offen:
FORSTMOSER/MEIER-HAYOZ/NOBEL, § 51 N 204; **a.M.** MEYER, 35f., der in Anlehnung
an die internationalen Rechnungslegungsstandards das Control-Prinzip auch für das
schweizerischen Recht als angemessen erachtet). Gemäss dem Leitungsprinzip wird
eine Gesellschaft, die zwar stimmenmässig eine Untergesellschaft beherrscht, tatsächlich jedoch keinen (Konzern-) Einfluss auf die Leitung der Untergesellschaft ausübt
(z.B. reine Finanzholding), nicht konsolidierungspflichtig.

Im Sinne eines möglichst sicheren Einblicks sollte dem Control-Prinzip eher der Vorzug
gegeben werden, da in der Praxis eine gewisse Versuchung besteht, Tochtergesellschaf-

ten mit finanziellen Problemen nicht oder im Falle von Akquisitionen so spät wie möglich zu konsolidieren. Gerichtlich wurde diese Frage bisher nicht entschieden.

9   Die Botschaft AG enthält weitere Präzisierungen zur Erfassung der einheitlichen Leitung. Danach sind die **Stimmenmehrheiten** klassisches Konzernierungsmittel. «Sie gibt die Möglichkeit, die GV der andern Gesellschaft zu beherrschen und damit die Zusammensetzung der Verwaltungs- und Leitungsorgane zu bestimmen» (Botschaft AG, 818). Von entscheidender Bedeutung sind jedoch die weiterführenden Aussagen, wonach «die einheitliche Leitung auch auf statutarischer, vertraglicher oder personeller Grundlage erfolgen» kann (Botschaft AG, 818). Es wird dann von Vertrags- oder Personenkonzernen gesprochen (ZENHÄUSERN/BERTSCHINGER, 23 f.).

9a **Vertragliche Vereinbarungen** betr. der einheitlichen Leitung oder bspw. Personalunion der Verwaltungsorgane zweier Gesellschaften können demnach zu einem konsolidierungspflichtigen Gleichordnungskonzern führen (Botschaft AG, 818 f.). Immer dann also, wenn eine Gesellschaft einer anderen Gesellschaft Weisungen bezüglich ihrer Geschäftsführung erteilt oder eine Gesellschaft die Unternehmenspolitik einer anderen befolgt, ist von einheitlicher Leitung auszugehen (Botschaft AG, 818). Um von einheitlicher Leitung zu sprechen, ist es jedoch nicht notwendig, alle zur Geschäftsführung einer Gesellschaft (Art. 716 Abs. 2) zählenden Entscheidungen zu koordinieren. Vielmehr genügt eine Abstimmung der zentralen, meist als **«Geschäftspolitik»** oder **«Unternehmenspolitik»** bezeichneten Entscheide (HWP I 267). So ergibt sich gemäss Botschaft (Botschaft AG, 818) die einheitliche Leitung auch bereits aus der Abhängigkeit einer Gesellschaft von einer anderen in **Finanzierungsfragen.** Demnach untersteht eine Gesellschaft, die «ihre Finanzierungsentscheide im Gebiet der eigenen Mittel nicht selbständig treffen kann», der einheitlichen Leitung.

10 Im Rahmen eines **«Joint-Venture»** (Gemeinschaftsunternehmen) gründen zwei oder mehrere juristisch und wirtschaftlich voneinander unabhängige Partner ein Unternehmen oder beteiligen sich an einem bereits bestehenden zur gemeinsamen Zweckverfolgung. Bezüglich Konsolidierungspflicht ergeben sich daraus folgende Fallkonstellationen:

10a Liegt eine Minderheitsbeteiligung **(Minority Joint-Venture)** vor und fehlt es an weiteren vertraglichen oder personellen Verknüpfungen, die zu einer einheitlichen Leitung führen würden, ist das Joint Venture nicht voll zu konsolidieren. Umfasst die Minderheitsbeteiligung einen Umfang von 20–49%, ist die Anwendung der Equity-Methode angemessen (zur Equity-Methode: ZENHÄUSERN/BERTSCHINGER, 329 ff.).

10b Liegt eine Mehrheitsbeteiligung vor **(Majority Joint-Venture)** oder liegen andere Sachverhaltselemente aus vertraglicher oder personeller Art vor, die eine dominierende Rolle eines Partners ergeben, ist das Joint-Venture aufgrund der einheitlichen Leitung voll zu konsolidieren (ZENHÄUSERN/BERTSCHINGER, 69; VON BÜREN, 26).

10c In den führungsmässig problematischen Fällen, in denen beide Parteien zu je 50% beteiligt sind und zudem auch vertraglich und personell aufgrund einer absoluten Gleichstellung der beiden Parteien eine Patt-Situation vorliegt, ist die Konzernpolitik nicht durchsetzbar und eine einheitliche Leitung sowie die volle Konsolidierungspflicht sind zu verneinen (ZENHÄUSERN/BERTSCHINGER, 69). In diesem Fall sollte nach der Equity-Methode vorgegangen werden. Alternativ kann auch die Quotenkonsolidierung Anwendung finden (FORSTMOSER/MEIER-HAYOZ/NOBEL, § 51 N 243, sehen die Quotenkonsolidierung in diesem Fall als die übliche Methode; BÖCKLI, Aktienrecht, § 9 N 47). Sind an einem Joint-Venture mehrere Parteien beteiligt, so wäre es widersprüchlich, wenn jeder Partei eine beherrschende Rolle zugebilligt würde, ergo soll ein Joint-Venture maximal bei einem Partner voll konsolidiert werde.

V. Befreiung von der Pflicht zur Erstellung einer Konzernrechnung

Die Pflicht zur Erstellung einer Konzernrechnung fällt dahin, wenn bestimmte quantitative Grössenschwellen während einer bestimmten Zeitdauer nicht überschritten werden und zugleich weder der Kapitalmarkt beansprucht wird noch Minderheiten ein Interesse zeigen, noch die möglichst zuverlässige Beurteilung der Vermögens- und Ertragslage der Gesellschaft (Art. 662a Abs. 1) eine Konzernrechnung notwendig machten. Zudem kann die Pflicht zur Erstellung einer Konzernrechnung nach Art. 663 f. entfallen.

1. Unterschreitung bestimmter Grössenschwellen

Werden zwei der folgenden drei Grössen in zwei aufeinander folgenden Jahren nicht überschritten, entfällt die Konsolidierungspflicht:

Bilanzsumme 10 Mio. Franken (Ziff. 1),

Umsatzerlös 20 Mio. Franken (Ziff. 2),

200 **Vollzeitstellen** im Jahresdurchschnitt (Ziff. 3).

Nach Wortsinn und Zweck der Bestimmung verstehen sich die Beträge der Bilanzsumme und des Umsatzerlöses unkonsolidiert, d.h. lediglich als Aufsummierung der Werte der Einzelabschlüsse (gl.M. HWP I 269; BÖCKLI, Aktienrecht, § 9 N 26; BERTSCHINGER, ST 1991, 566; a.M. VON BÜREN, 91). Umschreibungen der drei Grössen gibt das Gesetz keine. Aufgrund der lockeren Gliederungs- und Bewertungsvorschriften kann **die Bilanzsumme** erheblich beeinflusst werden, beispielsweise durch aktivseitige Bildung von stillen Reserven, durch Darlehensrückzahlung oder auch durch Sale and Lease Back Transaktionen. Der **Umsatzerlös** entspricht dem «Erlös aus Lieferungen und Leistungen» (Art. 663 Abs. 2); seine Bestimmung wird in besonderen Branchen (z.B. Banken und Versicherungen) Probleme bereiten. Der vormals verwendete Begriff «Arbeitnehmer» ist per 1.1.2008 ersetzt worden durch **«Vollzeitstellen im Jahresdurchschnitt».** Diese können aus Praktikabilitätsgründen bei stabilen Verhältnissen vom Jahresanfangs- und Jahresendstand ausgehend ermittelt werden, bei stärkeren Fluktuationen sollte mindestens auf die Zahlen per Quartalsende und zu Jahresbeginn abgestellt werden (HWP I 269).

Zwei der drei Obergrenzen dürfen in zwei aufeinander folgenden Geschäftsjahren nicht überschritten werden. Gemeint sind damit das jeweilige Berichts- und Vorjahr. Dabei wird nicht verlangt, dass dieselben beiden Obergrenzen in beiden Geschäftsjahren nicht überschritten werden. Es muss sich somit nicht zweimal um dieselben Kriterien handeln (HWP I 269). Die Kontrollrechnung muss jedoch nach Ablauf eines jeden Geschäftsjahres erneut vorgenommen werden. Generell sollte eine allfällig bevorstehende Konsolidierungspflicht aufgrund von Budgetzahlen frühzeitig abgeschätzt werden, da eine rückwirkende Konsolidierung oft äusserst aufwendig ist.

Mit fortschreitender Geldentwertung wird es, wenn eine Gesetzesrevision unterbleibt, faktisch zur Senkung der Hürde der beiden erstgenannten betragsmässigen Obergrenzen kommen, wodurch die dritte ihre Bedeutung verliert (BÖCKLI, Aktienrecht, § 9 N 27).

2. Zusätzliche Voraussetzungen

15 Selbst wenn die Voraussetzungen nach Abs. 2 zur Befreiung von der Pflicht zur Erstellung einer Konzernrechnung erfüllt sind, muss eine solche nach Abs. 3 beim Erfüllen gewisser weiterer Voraussetzungen erstellt werden.

16 Nach Ziff. 1 besteht die Pflicht zur Erstellung einer Konzernrechnung immer, wenn die Gesellschaft Beteilungspapiere (Art. 656 Abs. 2; HWP I 269 f.) an einer **Börse kotiert** hat.

17 Nach Ziff. 2 besteht die Pflicht zur Erstellung einer Konzernrechnung zudem zwingend, sofern die Obergesellschaft **Anleihensobligationen** (Art. 1156 ff.) ausstehend hat. Damit soll dem öffentlichen (Gläubiger-)Interesse Rechnung getragen werden.

18 Nach Ziff. 3 können Aktionäre, die zusammen mindestens 10% Prozent des AK vertreten, die Erstellung einer Konzernrechnung verlangen. Dieses Recht, als Ausfluss des **Minderheitenschutzes,** kann die Gesellschaft mit wesentlichen praktischen Schwierigkeiten konfrontieren, da die rückwirkende Erstellung einer Konzernrechnung ohne geeignete Vorbereitungsmassnahmen problematisch ist. Entsprechende Anträge sollten spätestens ein halbes Jahr vor Ablauf des Geschäftsjahres beim Verwaltungsrat eingehen (HWP I 269 f.).

19 Nach Ziff. 4 ist zudem immer dann eine Konzernrechnung zu erstellen, wenn dies für eine **möglichst zuverlässige Beurteilung der Vermögens- und Ertragslage** der Gesellschaft notwendig ist. Hier wird somit auf die GoR nach Art. 662a verwiesen. Kann die zuverlässige Beurteilung ohne Konzernrechnung nicht gewährleistet werden, so besteht eine zwingende Pflicht zur Erstellung einer solchen. Es ist offensichtlich, dass der Anwendungsbereich von Ziff. 4 nicht abschliessend definiert werden kann. Die explizite Verweisung auf Art. 662a macht aber deutlich, dass auch bei Kleinkonzernen bloss dann auf die Erstellung einer Konzernrechnung verzichtet werden kann, wenn einfache Verhältnisse vorliegen (Botschaft AG, 808; BÖCKLI, Aktienrecht, § 9 N 28 ff.; SCHULTZ, ST 1984, 140 f.; HWP I 270).

19a Als Bestimmungsgrössen für die Einfachheit bzw. Komplexität sind etwa die Anzahl Konzerngesellschaften, der Anteil Konzerngesellschaften mit Jahresrechnung in Fremdwährung, die Anzahl Fremdwährungen sowie Umfang und Komplexität der innerkonzernlichen Beteilungs- und Leistungsbeziehungen heranzuziehen. Im Zweifelsfall ist deshalb davon auszugehen, dass die Gesellschaft konsolidierungspflichtig ist. Der Entscheid und die Verantwortung dafür liegen beim VR.

VI. Banken

20 **Banken** sind unter gewissen Voraussetzungen nach dem BankG (Art. 6) sowie der BankV (Art. 23a) zur Erstellung einer Konzernrechnung verpflichtet. Im Gegensatz zum OR wird das Kriterium der einheitlichen Leitung als Voraussetzung für die Konsolidierung nicht genannt. Die Konsolidierungspflicht für Banken setzt somit früher ein (vgl. BSK BankG-BERNET/PORTMANN, Art. 6 N 35 ff.).

21 Der Zweck der Erstellung einer Konzernrechnung besteht in der Ermittlung der tatsächlichen Vermögens-, Finanz- und Ertragslage des Bankkonzerns (Art. 25d Abs. 1 BankV) und in der Bestimmung der nach Bankenrecht notwendigen **Eigenmittel** (Art. 4 Abs. 1 BankG, Art. 1 ff., insb. Art. 6 ERV). Im Gegensatz zum OR ist die Konzernrechnung nach den bankengesetzlichen Bestimmungen zwingend nach dem Prinzip von «true and fair view» zu erstellen (vgl. BSK BankG-BERNET/PORTMANN, Art. 6 N 59 ff.).

VII. Rechtsvergleichung

International, so auch bei den IFRS, hat sich die Anknüpfung der Konzernrechnungspflicht an die Beherrschungsmöglichkeit («Control-Prinzip») durchgesetzt, ohne dass die Beherrschung oder gar die einheitliche Leitung faktisch ausgeübt sein muss. 22

IAS 27 befasst sich mit dem Unterordnungskonzern. Das Control-Prinzip bildet die Basis zur Konsolidierungspflicht von Untergesellschaften. Eine Konsolidierungsbefreiung für kleine Unternehmensgruppen kennt IFRS nicht. Es sind grundsätzlich auch branchenfremde und kurzfristig gehaltene Tochtergesellschaften konsolidierungspflichtig. Untergesellschaften, die nicht dem Control-Prinzip der Obergesellschaft unterworfen sind, müssen nach der Equity-Methode und nicht bloss at-cost bilanziert werden, sofern die Obergesellschaft einen wesentlichen Einfluss ausüben kann (IAS 28). Joint-Ventures sollen quotenkonsolidiert werden. Alternativ ist auch die Equity-Methode zulässig (IAS 31). 23

Die EU-Konsolidierungs-RL regelt die Erstellungspflicht mit etlichen Wahlrechten der Mitgliedstaaten. Die Pflicht gilt für EU-Kapitalgesellschaften, die einem Unterordnungskonzern vorstehen; dieser ist durch das Vorliegen rechtlicher Beherrschungsmittel (Stimmenmehrheit oder andere) sowie ergänzend (Wahlrechte) durch Arten faktischer Beherrschung, darunter die einheitliche Leitung, gekennzeichnet. Kapitalgesellschaften, die einem Gleichordnungskonzern angehören, können auch verpflichtet werden (Wahlrecht). Die Pflicht kann ausgedehnt werden auf Unternehmen anderer Rechtsform, soweit Kapitalgesellschaften als Untergesellschaften vorliegen (Wahlrecht). Die Obergrenzen der grössenabhängigen Befreiung (Wahlrecht) sind gemäss EU-Konsolidierungs-RL Art. 4 i.V.m. EU-Jahresabschluss-RL Art. 27 höher als hierzulande und werden von Zeit zu Zeit revidiert. Reine Holdings dürfen gesondert befreit werden. Neben der Konzernrechnung, als deren Bestandteil eine Geldflussrechnung verlangt werden kann (Wahlrecht), ist ein verbaler Konzernlagebericht zu erstellen. 24

Unter Swiss GAAP FER (Swiss GAAP FER 30, Ziff. 47) ist es erlaubt, unbedeutende Tochterorganisationen von der Vollkonsolidierung auszunehmen, sofern diese beherrschten Organisationen auch in ihrer Summe unbedeutend sind. 25

Art. 663f

2. Zwischengesellschaften	[1] Ist eine Gesellschaft in die Konzernrechnung einer Obergesellschaft einbezogen, die nach schweizerischen oder gleichwertigen ausländischen Vorschriften erstellt und geprüft worden ist, so muss sie keine besondere Konzernrechnung erstellen, wenn sie die Konzernrechnung der Obergesellschaft ihren Aktionären und Gläubigern wie die eigene Jahresrechnung bekanntmacht. [2] Sie ist jedoch verpflichtet, eine besondere Konzernrechnung zu erstellen, wenn sie ihre Jahresrechnung veröffentlichen muss oder wenn Aktionäre, die zusammen mindestens 10 Prozent des Aktienkapitals vertreten, es verlangen.
2. Filiale mère	[1] Toute société qui est comprise dans le compte consolidé d'une société mère, établi et vérifié selon les dispositions du droit suisse ou d'un droit étranger équivalent, et qui porte le compte consolidé à la connaissance des

actionnaires et des créanciers comme ses propres comptes annuels, n'est pas tenue de dresser un compte de groupe particulier.

² Elle est cependant tenue de dresser un compte de groupe particulier lorsqu'elle a l'obligation de publier ses comptes annuels ou que des actionnaires représentant 10% au moins du capital-actions l'exigent.

2. Società intermedie ¹ La società che sia compresa nel conto di gruppo della società preposta, allestito e verificato secondo le disposizioni svizzere o secondo disposizioni estere equivalenti, e che metta azionisti e creditori al corrente di questo conto di gruppo così come del proprio conto annuale, non è tenuta ad allestire un proprio conto di gruppo.

² Essa è tuttavia tenuta ad allestirlo, qualora abbia l'obbligo di pubblicare il proprio conto annuale o azionisti rappresentanti insieme almeno il 10 per cento del capitale azionario lo richiedano.

Literatur

Vgl. die Literaturhinweise zu Art. 662a.

I. Allgemeines

1 Art. 663 f stellt eine Sonderregelung für **Zwischengesellschaften** dar. Danach werden Gesellschaften, welche einen **Teilkonzern** innerhalb eines konsolidierungspflichtigen **Gesamtkonzerns** zusammenfassen, unter bestimmten Voraussetzungen von der Konsolidierungspflicht befreit.

2 Der Gesetzgeber geht davon aus, dass die Informationsbedürfnisse der Aktionäre und Gläubiger von Zwischengesellschaften durch die Bekanntmachung der Konzernrechnung der Konzernobergesellschaft genügend gedeckt sind und somit auf eine weitere Konzernrechnung auf mittlerer Ebene verzichtet werden kann. Dennoch soll die Konsolidierungspflicht erhalten bleiben, wenn eine Offenlegungspflicht besteht oder wenn Aktionäre, welche mindestens 10% der Stimmen auf sich vereinigen, eine konsolidierte Jahresrechnung ausdrücklich verlangen.

II. Befreiung von Zwischenkonzernen

1. Voraussetzungen

3 Damit eine Zwischengesellschaft von der Pflicht der Erstellung einer Konzernrechnung (Teilkonzernrechnung) freigestellt wird, müssen nach Art. 663 f Abs. 1 verschiedene positive Voraussetzungen erfüllt sein (BÖCKLI, Aktienrecht, § 9 N 31 ff.; HWP I 270 f.; BOEMLE, 567 f.):

4 a) Die **Zwischengesellschaft** hat ihren Sitz in der Schweiz.

5 b) Die Obergesellschaft des Gesamtkonzerns hat eine Konzernrechnung erstellt, in der auch die **Zwischengesellschaft voll-** oder evtl. **quotenkonsolidiert einbezogen** wurde. Die Rechtsform und der Sitz der Obergesellschaft sind ohne Bedeutung.

6 c) Die **Konzernrechnung** der Obergesellschaft wird den Aktionären und Gläubigern der Zwischengesellschaft wie die eigene Jahresrechnung **bekannt gemacht.** Somit muss die Konzernrechnung inkl. Revisionsbericht spätestens 20 Tage vor der ordentlichen GV der Aktionäre am Gesellschaftssitz zur Einsicht aufgelegt werden.

d) Die Konzernrechnung der Obergesellschaft muss nach schweizerischen oder gleichwertigen ausländischen Vorschriften erstellt und geprüft werden. Die **Gleichwertigkeit** ist im Einzelfall zu prüfen. Da die amerikanischen Standards (US GAAP) sowie die internationalen Rechnungslegungsstandards (IFRS) wesentlich detaillierter und weiter entwickelt sind, kann davon ausgegangen werden, dass diese als mindestens gleichwertig zu betrachten sind (BOEMLE, 568; BERTSCHINGER, ST 1991, 568; HWP I 271). Weitere Standards sind bezüglich der Gleichwertigkeit daraufhin zu prüfen, ob sie i.S.v. Art. 662a eine möglichst zuverlässige Beurteilung der Vermögens- und Ertragslage eines Konzernes vermitteln. Da die EU-Jahresabschluss-RL und die EU-Konsolidierungs-RL viele Wahlrechte bei der nationalen Umsetzung offen lassen, ist eine Beurteilung der nationalen Regelwerke und Abschlüsse auf ihre Gleichwertigkeit hin aufgrund verschiedener Kriterien erforderlich (ZENHÄUSERN/BERTSCHINGER, 345 ff.; **a.M.** HWP I 271, das die nationalen Abschlüsse von europäischen Ländern nach Umsetzung der beiden Richtlinien i.d.R. als grundsätzlich gleichwertig betrachtet).

e) Der Verzicht auf die Erstellung der Teilkonzernrechnung und der Hinweis auf die gleichwertige ausländische Konzernrechnung sind im **Anhang** zur Jahresrechnung des Einzelabschlusses aufzuführen. Die RS hat diese Angaben, insb. die Gleichwertigkeit, zu bestätigen (BERTSCHINGER, ST 1991, 568).

f) Zur Beurteilung der Gleichwertigkeit stellt sich die Frage, in welcher **Sprache** und **Währung** die Konzernrechnung der Obergesellschaft vorliegen muss. Auch diese Frage ist grundsätzlich aus Sicht von Art. 662a zu beantworten. Demnach ist jede Sprache und Währung zuzulassen, die beim Bilanzleser einen zuverlässigen Einblick in die Vermögens- und Ertragslage gewährt (HWP I 271.; BOEMLE, 568 f.; BERTSCHINGER, ST 1991, 568). Im Einzelnen dürften aus sprachlicher Sicht Deutsch, Englisch, Französisch und Italienisch gleichwertig sein.

g) Zu beachten ist, dass ein Zwischenkonzern auch ganz grundsätzlich von der Pflicht zur Erstellung einer Konzernrechnung befreit sein kann. Dies trifft dann zu, wenn die **Zwischengesellschaft keinen beherrschenden Einfluss** auf ihre Untergesellschaften ausübt, weil dieser Einfluss und damit die einheitliche Leitung direkt von der obersten Konzernspitze aus erfolgt.

2. Ausnahmen von der Befreiung

Auch wenn die Befreiungskriterien von Art. 663 f Abs. 1 erfüllt sind, hat eine Zwischengesellschaft in den folgenden Fällen eine Konzernrechnung zu erstellen:

a) wenn eine **Offenlegungspflicht** i.S.v. Art. 697h besteht; dies ist dann der Fall, wenn die Zwischengesellschaft **Anleihensobligationen** ausstehend hat oder wenn ihre Aktien oder PS an einer **Börse kotiert** sind;

b) wenn Aktionäre, welche zusammen mindestens 10% des AK vertreten, es verlangen **(Minderheitenschutz).**

III. Rechtsvergleichung

Ebenso ist nach IAS 27 eine Befreiung eines Teilkonzerns zulässig, wenn die Obergesellschaft so gut wie alle Anteile an dieser Zwischengesellschaft hält. Diese Befreiung ist angemessen, da speziell internationale Konzernen meistens vielstufig sind und somit unzählige Subkonsolidierungen durchgeführt werden müssten. IAS 27, Par. 10 regelt abschliessend die Voraussetzungen zur Ausnahme einer Konsolidierungspflicht der Obergesellschaft.

15 Auch das EU-Recht kennt eine Befreiung von der Konsolidierungspflicht von Gesellschaften, welche gleichzeitig Tochtergesellschaft eines grösseren Unternehmenskreises sind (Art. 7, 11 EU-Konsolidierungs-RL). Der ausländische Abschluss inkl. Lagebericht muss entweder direkt nach der EU-Konsolidierungs-RL erstellt worden oder sonst gleichwertig mit einem nach dieser Richtlinie erstellten Abschluss sein.

16 Swiss GAAP FER macht keine spezifischen Angaben betreffend die Möglichkeit zur Befreiung von Teilkonzernen.

Art. 663g

3. Erstellung	**¹ Die Konzernrechnung untersteht den Grundsätzen ordnungsmässiger Rechnungslegung.** **² Im Anhang zur Konzernrechnung nennt die Gesellschaft die Konsolidierungs- und Bewertungsregeln. Weicht sie davon ab, so weist sie im Anhang darauf hin und vermittelt in anderer Weise die für den Einblick in die Vermögens- und Ertragslage des Konzerns nötigen Angaben.**
3. Etablissement	¹ Les comptes de groupe sont soumis aux principes régissant l'établissement régulier des comptes annuels. ² Dans l'annexe aux comptes de groupe, la société mentionne les règles de consolidation et les règles d'évaluation. Lorsqu'elle s'en écarte, elle l'indique dans l'annexe et fournit d'une autre manière les indications permettant de se rendre compte de l'état du patrimoine et des résultats du groupe.
3. Allestimento	¹ Il conto di gruppo è soggetto ai principi del rendiconto regolare. ² Nell'allegato del conto di gruppo la società menziona le regole di consolidamento e le regole di valutazione. Ove se ne scosti, deve indicarlo nell'allegato e fornire in altro modo i dati necessari per conoscere lo stato del patrimonio e i risultati d'esercizio del gruppo.

Literatur

Vgl. die Literaturhinweise zu Art. 662a.

I. Allgemeines

1 Art. 663g enthält die gesetzlichen Bestimmungen zur **Erstellung der Konzernrechnung.** Diese Bestimmungen sind jedoch äusserst rudimentär ausgefallen. Es wird einzig statuiert, dass die Konzernrechnung den **GoR** untersteht. Weitere **Konsolidierungs-** oder **Bewertungsregeln** werden im Gesetz nicht genannt.

2 Der Bilanzierende hat sich demnach selbst für die im Einzelfall angepassten Regeln zu entscheiden. Diese selbst gewählten Regeln müssen im **Anhang** zur Konzernrechnung genannt werden. Aufgrund der Tatsache, dass Abweichungen von den einmal gewählten Regeln ebenso im Anhang zu nennen sind, kommt der Wahl der Konsolidierungs- und Bewertungsregeln im Zuge der Erstkonsolidierung bedeutendes Gewicht zu.

II. Allgemeine Vorschriften zur Rechnungslegung

Obwohl in Art. 663g nicht ausdrücklich erwähnt, sind die für den Einzelabschluss geltenden allgemeinen Vorschriften zur Rechnungslegung sinngemäss auch für die Konzernrechnung anzuwenden (BOEMLE, 619; HWP I 274 f.; BERTSCHINGER, ST 1991, 569). Zu diesen Anforderungen gehören insb.:

Die Gewährleistung eines möglichst **zuverlässigen Einblicks in die Vermögens- und Ertragslage** der Gesellschaft (Art. 662a Abs. 1);

die Angabe der **Vorjahreszahlen** (Art. 662a Abs. 1);

die **Mindestgliederungsvorschriften** für Erfolgsrechnung und Bilanz, (Art. 663 f.) angewandt auf die Konzernrechnung (ZENHÄUSERN/BERTSCHINGER, 142 f. geben einen entsprechenden Raster vor);

die **Schutzklausel** (Art. 663h) sowie das Recht auf Anpassung an die Besonderheiten des Unternehmens;

die Vorschriften zur **Publizität** (Art. 697h);

die inhaltlichen Mindestvorschriften für den **Anhang** (Art. 663b; BOEMLE, 624 f.; HELBLING, ST 1992, 391 ff.; ZENHÄUSERN/BERTSCHINGER, 116 ff.).

Betreffend der im Anhang zu nennenden **Konsolidierungs- und Bewertungsrichtlinien** sollten zumindest folgende Angaben gemacht werden:

Umschreibung des Konsolidierungskreises;

Beschreibung der Behandlung der nichtkonsolidierten Beteiligungen;

Beschreibung der **Bewertungsgrundsätze** sowie

gegebenenfalls Angaben zu den **Umrechnungskursen** (a.M. HWP I 275 f., das weitere Angaben gemäss angewandtem Rechnungslegungsstandard fordert und damit die detaillierteren Angaben nach dem neuen Swiss GAAP FER 30, Ziff. 33 ff., welcher den im HWP zitierten FER 8 ersetzt hat, als minimal betrachtet).

III. Grundsätze ordnungsmässiger Konzernrechnungslegung

Die allgemeinen GoR nach Art. 662a sind im Rahmen der Erstellung einer Konzernrechnung sinngemäss anzuwenden, um Konsolidierungs- und Bewertungsregeln zu definieren, die im Einzelfall eine möglichst zuverlässige Beurteilung der Vermögens- und Ertragslage der Gesellschaft erlauben.

Im Einzelnen kann auf folgende, nicht abschliessende Regeln verwiesen werden:

1. Stetigkeit

Um die Aussagefähigkeit der Konzernrechnung im Zeitvergleich sicherzustellen, hat die **Erstellung der Konzernrechnung** jedes Jahr nach den gleichen **Konsolidierungsregeln** zu erfolgen. Dies gilt insb. für den **Abschlussstichtag**, die **Bewertung** und **Gliederung**, den **Konsolidierungskreis**, die **Kapitalkonsolidierungsmethode** und die **Fremdwährungsumrechnung**. Eine Änderung dieser Grundsätze ist im **Anhang** zu erwähnen, zusammen mit weiteren Angaben bezüglich der Auswirkungen dieser Abweichungen, soweit dies für den Einblick in die Vermögens- und Ertragslage des Konzerns notwendig ist (Art. 663g Abs. 2; HWP I 285; ZENHÄUSERN/BERTSCHINGER, 45).

2. Einheitlichkeit

7 Voraussetzung für eine aussagekräftige Konzernrechnung ist die **Einheitlichkeit der Rechnungslegung** aller erfassten Unternehmen in den folgenden Bereichen (MEYER, 55 ff.; BOEMLE, 573 ff.; FORSTMOSER/MEIER-HAYOZ/NOBEL, § 51 N 228 ff.):

Abschlussstichtag,

Kontenplan und Kontierung,

Bewertungsgrundsätze und

Währungsumrechnung. Die entsprechenden Grundsätze sind im Sinne der Ordnungsmässigkeit im konzerninternen, so genannten «accounting manual» festzuhalten (HWP I 281).

a) Gleicher Abschlussstichtag

8 Grundsätzlich sind die Abschlüsse der Konzerngesellschaft auf einen einheitlichen **Abschlussstichtag** sowie über dieselbe Rechnungsperiode zu erstellen. Können nicht alle Tochtergesellschaften oder die Konzernobergesellschaft aus bilanzpolitischen Gründen auf den gleichen Stichtag abschliessen, so müssen wichtige Entwicklungen zwischen den Abschlussstichtagen der Tochter- und der Muttergesellschaft berücksichtigt werden. Abweichungen vom Konzernstichtag von bis zu drei Monaten sind im Allgemeinen möglich, sofern die Tochtergesellschaft im Rahmen des Gesamtkonzerns relativ unbedeutend ist (HWP I 285 f.). Bei grösserer Bedeutung ist ein Zwischenabschluss zu erstellen. Eine Abweichung des Abschlusstermins der Konzernobergesellschaft vom Stichtag ist vertretbar, sofern dies sachlich begründet ist, ein Zwischenabschluss erstellt wird und im Anhang darauf hingewiesen wird (HWP I 286; BOEMLE, 573).

b) Einheitliche Kontenpläne und Kontierungsrichtlinien

9 Um den Grundsätzen der **Klarheit** und **Wahrheit** zu genügen, müssen die Einzelabschlüsse nach einheitlichen **Kontenplänen** und **Kontierungsrichtlinien** erstellt werden. Dies erfolgt entweder, indem sämtliche Konzerngesellschaften ihre Einzelabschlüsse nach einheitlichen Richtlinien erstellen oder indem die nach unterschiedlichen Richtlinien erstellten Abschlüsse danach umgegliedert und umkontiert werden (BOEMLE, 574; HWP I 287). Aufgrund des Zeitalters von Konsolidierungssoftware wird dies heute in der Praxis mittels Definition von entsprechenden Buchungskreisen erreicht.

c) Einheitliche Bewertung

10 Die einheitliche **Bewertung** ist ein zentraler Grundsatz ordnungsmässiger Konsolidierung. Sowohl die Bewertungsmethoden als auch die Wertansätze müssen im Rahmen der Wesentlichkeit einheitlich geregelt sein. Die Bewertung kann grundsätzlich nach dem **Buchwertprinzip**, dem **Anschaffungswertprinzip** oder dem **Tageswertprinzip** erfolgen (HWP I 288 f.; BOEMLE, 574 ff.; Botschaft AG, 819). Da der Konzernabschluss nicht massgebend für den Gläubigerschutz ist, sondern primär der objektiven Informationsgewinnung dient, hat das aktienrechtliche Niederstwert- und Vorsichtsprinzip untergeordnete Bedeutung.

11 Die Konsolidierung auf der Basis von **Buchwerten** wird in der Schweiz immer noch praktiziert. Danach werden die in den externen Einzelbilanzen eingesetzten Werte unverändert übernommen. Dies führt jedoch bei internationalen Konzernen zu uneinheitlicher Bewertung, insb. durch die Bildung stiller Reserven. Aufgrund dieser Tatsache ver-

mag diese Methode den Anforderungen nach einer aussagekräftigen Konzernrechnung nicht zu genügen, da sie den Grundsätze der Stetigkeit und der Einheitlichkeit widerspricht (BOEMLE, 575; ZENHÄUSERN/BERTSCHINGER, 150; **a.M.** HWP I 273, welches die Buchwertkonsolidierung als zulässig betrachtet). Entsprechend verlangen Swiss GAAP FER 30, Ziff. 14, sowie IFRS 3, dass bei einer Akquisition die Nettoaktiven zum aktuellen Werten bzw. den «Fair Values» zu bewerten sind (siehe N 13).

Eine Konsolidierung auf der Basis von **Anschaffungswerten** unterscheidet sich von jener auf der Basis von Buchwerten insb. dadurch, dass in diesen Werten stille Willkürreserven eliminiert werden. Dadurch wird eine wesentliche Verbesserung der Aussagefähigkeit der Konzernrechnung gegenüber dem Buchwertprinzip erreicht (HWP I 289). Diese Methode ist in der Schweiz sehr verbreitet (ZENHÄUSERN/BERTSCHINGER, 151). 12

Eine Konsolidierung zu **Tageswerten** (auch aktuelle Werte oder Fair Values genannt) basiert für sämtliche Bilanzpositionen oder bloss einzelne (z.B. Grundstücke) auf Wiederbeschaffungs- oder Liquidationswerten, je nachdem, ob eine Fortführung der Unternehmenstätigkeit angenommen wird oder nicht. Diese Bewertungsmethode hat den Vorteil, dass sämtliche stillen Reserven (auch die Zwangsreserven) ausgewiesen werden und dadurch das in der Konzernbilanz ausgewiesene EK dem betriebswirtschaftlichen Substanzwert entspricht. Diese Durchbrechung des Imparitäts- und Vorsichtsprinzips lässt sich rechtfertigen, da z.B. Dividenden aufgrund des Einzelabschlusses und nicht aufgrund der Konzernrechnung bemessen werden (BOEMLE, 575 ff.; HWP I 289 f.) 13

3. Konsolidierungskreis

Aus dem Grundsatz der **Vollständigkeit** ergibt sich, dass grundsätzlich sämtliche Untergesellschaften in den **Konsolidierungskreis** einzubeziehen sind, soweit sie unter einheitlicher Leitung einer schweizerischen Obergesellschaft stehen (Art. 663e Abs. 1; BÖCKLI, Aktienrecht, § 9 N 37). 14

Zusätzlich sollten, gemäss dem «Control-Prinzip», auch Untergesellschaften einbezogen werden, an denen die Obergesellschaft die Mehrheit hält, aber keine effektive Leitungsfunktion ausübt (Art. 663e N 11). 15

Von einer Konsolidierung einer Untergesellschaft kann jedoch aus verschiedenen Gründen auch abgesehen werden, wenn sie beispielsweise nur vorübergehend gehalten wird, sie sich im Konkurs oder Nachlass befindet, erhebliche und andauernde Beschränkungen bestehen, wie drohende Verstaatlichung, falls sie in einer grundsätzlich andern Branche tätig oder von geringer Bedeutung (Wesentlichkeit) ist (Botschaft AG, 817) oder auch aufgrund der Schutzklausel (Art. 663h Abs. 1) (HWP I 286 f.; ZENHÄUSERN/BERTSCHINGER, 75, die auch unverhältnismässigen Aufwand als Ausschlussgrund sehen; enger BÖCKLI, Aktienrecht, § 9 N 39 ff., der lediglich die Wesentlichkeit, Branche/Bilanzbild und die Schutzklausel nennt). 16

Die Noten 17–19 entfallen. 17–19

4. Methoden zur Konsolidierung

Grundsätzlich kann die Konzernrechnung nach dem Prinzip der **Vollkonsolidierung** oder derjenigen der **Quotenkonsolidierung** erstellt werden. 20

Im Zuge der **Vollkonsolidierung** (MEYER, 117 ff.) werden die Untergesellschaften unabhängig von der tatsächlichen Höhe der Beteiligung umfassend mit Aktiven, Passiven, 21

Aufwand und Ertrag in die Konsolidierung einbezogen. Dies bedeutet, dass die Werte in der Bilanz und Erfolgsrechnung zu denen der Obergesellschaft addiert und anschliessend die Transaktionen zwischen Ober- und Untergesellschaft eliminiert werden. In einem zweiten Schritt werden Minderheitsanteile nach der **Einheitstheorie** als gesonderter EK-Posten, nach der **Interessentheorie** als FK oder nach einer dritten Theorie als Posten dazwischen ausgewiesen. Entsprechend der gewählten Theorie ist auch der Gewinn der Minderheiten auszuweisen (BOEMLE, 594 f.; ZENHÄUSERN/BERTSCHINGER, 238; MEYER, 117 ff.).

22 Im Allgemeinen erfüllt nur eine **Vollkonsolidierung** der Unternehmen im Konsolidierungskreis die Anforderungen an eine ordnungsmässige Rechnungslegung (Botschaft AG, 819; BOEMLE, 571 ff.; BÖCKLI, Aktienrecht, § 9 N 46).

23 Im Zuge der **Quotenkonsolidierung** (ZENHÄUSERN/BERTSCHINGER, 337 ff.; BOEMLE, 593 f.) werden Aktiven und Passiven sowie Aufwand und Ertrag der Tochtergesellschaft nur in dem Anteil in die konsolidierte Rechnung einbezogen, wie dies dem prozentualen Beteiligungsanteil entspricht.

24 Diese Quotenkonsolidierung findet zunehmend bei **Joint-Ventures** Anwendung (HWP I 300; BÖCKLI, Aktienrecht, § 9 N 47).

25 **Beteiligungen zwischen 20 und 50 %** und ohne beherrschenden Einfluss durch die Obergesellschaft sollten nach der so genannten **Equity-Methode** erfasst werden, soweit trotz Minderheitsbeteiligung ein gewisser (aber kein beherrschender) Einfluss auf die Gesellschaft ausgeübt wird. Hierbei handelt es sich nicht eigentlich um eine Konsolidierungsmethode, da gruppeninterne Rechtsbeziehungen nicht eliminiert werden. Vielmehr wird der Wert der Beteiligung gemäss ihrem anteiligen ausgewiesenen Eigenkapital jährlich neu bewertet und in der Konzernbilanz der Obergesellschaft erfolgswirksam nachgeführt. Zudem wird das anteilige Periodenergebnis ausgewiesen (ZENHÄUSERN/BERTSCHINGER, 329 ff.).

26 Nach der Equity-Methode sind auch die Beteiligungen zu erfassen, welche grundsätzlich in den Konsolidierungskreis gehören, aus einem der oben genannten Gründe jedoch ausgeklammert wurden (BOEMLE, 571 f., 595 ff.; HWP I 301 ff.; BÖCKLI, Aktienrecht, § 9 N 48 f.).

27 **Minderheitsbeteiligungen,** normalerweise **unter 20 %,** bei welchen kein oder bloss ein unbedeutender Einfluss durch die Obergesellschaft ausgeübt wird, sind grundsätzlich zum **Anschaffungswert,** unter Berücksichtigung allfälliger Abschreibungen, zu bilanzieren (BOEMLE, 572; HWP I 301 f.).

5. Kapitalkonsolidierung

28 In der **Summenbilanz,** die aufgrund der Additionen der Bilanzen der Untergesellschaften zu der Obergesellschaft entsteht, sind aktivseitig die Werte der Beteiligungen der Untergesellschaften enthalten. Passivseitig besteht das EK der Summenbilanz aus den aufaddierten Eigenkapitalien der einzelnen Konzerngesellschaften. Das EK der Untergesellschaften ist somit aktiv- und passivseitig in der Summenbilanz ausgewiesen. Um nicht fiktives EK in der konsolidierten Bilanz auszuweisen, müssen die Aktiv- und Passivpositionen gegeneinander verrechnet werden.

29 Bezahlt die Obergesellschaft beim Kauf der Untergesellschaft mehr als das ausgewiesene EK der Untergesellschaft und bleibt auch nach der konzerneinheitlichen **Neubewertung** der Aktiven und Passiven der Untergesellschaft und der **Verrechnung des Ei-**

genkapitals der Beteiligung mit dem entsprechenden EK der Summenbilanz aktivseitig ein Restbetrag in der Position Beteiligung, wird diese Differenz **aktive Kapitalaufrechnungsdifferenz** genannt.

Die Grösse der **Kapitalaufrechnungsdifferenz** wird stark beeinflusst von den Bewertungsansätzen, die im Konzern gelten. Wird beispielsweise die **Neubewertungsmethode** gewählt, werden alle stillen Reserven in der Bilanz der akquirierten Untergesellschaft aufgelöst, ihr EK steigt dadurch, entsprechend verringern sich die Kapitalaufrechnungsdifferenzen. 30

Für die Behandlung des eher selten Falles der **passiven Kapitalaufrechnungsdifferenz** wird auf die Speziallitteratur verwiesen (ZENHÄUSERN/BERTSCHINGER, 190 ff.). 30a

Diese **Kapitalkonsolidierung** kann grundsätzlich nach **der angelsächsischen oder der deutschen** Methoden erfolgen: 31

Die **angelsächsische Methode** teilt sich auf in **die Purchase-**, die **modifizierte angelsächsische** und die **Pooling-of-Interest Methode** (BOEMLE, 583 ff.; HWP I 294 ff.; ZENHÄUSERN/BERTSCHINGER, 192 ff.). Um der möglichst zuverlässigen Beurteilung der Vermögens- und Ertragslage nach Art. 663e Abs. 3 Ziff. 4 gerecht zu werden, wird die Verwendung der Purchase-Methode empfohlen, welche sich auch international klar durchgesetzt hat. Folglich erläutert MEYER die anderen beiden Methoden nicht mehr. 32

Bei der **Purchase-Methode** wird die Kapitalaufrechnungsdifferenz im Rahmen der Erstkonsolidierung den einzelnen Bilanzpositionen mit stillen Reserven zugerechnet. Die verteilte Kapitalaufrechnungsdifferenz wird über den gleichen Zeitraum abgeschrieben wie die Position, der sie zugerechnet wurde. 33

Die verbleibende Kapitalaufrechnungsdifferenz wird auf eine neue Position (gekaufter oder auch derivativer) **Goodwill** umgebucht (HWP I 296). Goodwill wird üblicherweise über eine Dauer von 5 bis 20 Jahren abgeschrieben entsprechend der Erwartung des Gewinnbeitrages der erworbenen Untergesellschaft. Eine direkte Verrechnung mit EK ist problematisch.

Um einen korrekten konsolidierten Gewinn auszuweisen, ist der sachgerechten Zuordnung der Kapitalaufrechnungsdifferenz grosse Bedeutung zuzumessen. In der Praxis besteht die Versuchung, die Erfolgsrechnung zu entlasten, indem die Kapitalaufrechnungsdifferenz möglichst Positionen zugerechnet wird, die über einen sehr langen Zeitraum abschreibbar sind, wie beispielsweise Liegenschaften oder Goodwill und möglichst nicht solchen Positionen, welche eine kurze Abschreibungsdauer aufweisen wie beispielsweise der übernommene Kundenstamm, der oft nur einige wenige Jahre gehalten werden kann.

Bei der **modifizierten angelsächsischen Methode** entfällt die Verteilung der Kapitalaufrechnungsdifferenz auf die Bilanzpositionen der Untergesellschaft. 33a

Die **Pooling-of-Interest Methode** kann angewendet werden, falls die Akquisition der Untergesellschaft mit Aktientiteln der Obergesellschaft bezahlt wird. Die Bilanz und Erfolgsrechnung der Untergesellschaft werden zu ihren Buchwerten in die Konsolidierung einbezogen und die neuen Aktien der Obergesellschaft werden zu Nominalwerten eingesetzt. Eine allfällige Kapitalaufrechnungsdifferenz kann direkt mit dem EK verrechnet werden. 33b

Nach der sog. **Deutschen Methode** zur Kapitalkonsolidierung wird vom Beteiligungswert der Obergesellschaft jährlich das aktuelle bilanzierte EK der Untergesellschaft abgezogen. Die verbleibende Differenz stellt die Kapitalaufrechnungsdifferenz dar. Die 33c stillen Reserven der Tochtergesellschaft werden nicht berücksichtigt. Die Kapitalaufrechnungsdifferenz schwankt jährlich aufgrund des veränderten Eigenkapitals der Untergesellschaft. Eine zu Beginn aktive Kapitalaufrechnungsdifferenz kann somit im Laufe der Zeit auch passiv werden. Die Kapitalaufrechnungsdifferenz wird nicht systematisch über die Erfolgsrechnung abgeschrieben, sondern bleibt als Restgrösse in der Bilanz stehen und muss bloss dann abgeschrieben werden, wenn sich der Wert der Untergesellschaft reduziert (ZENHÄUSERN/BERTSCHINGER, 190 ff.).

33d Die Deutsche Methode enthält verschiedene Schwächen und gilt heute als überholt. Da andere Methoden dem Grundsatz der möglichst zuverlässigen Beurteilung der Vermögens- und Ertragslage wesentlich besser entsprechen, wird die Deutsche Methode als nicht mehr zulässig erachtet (BÖCKLI, Aktienrecht, § 9 N 56; BOEMLE, 583; weniger streng HWP I 298, das die Methode in einfachen und übersichtlichen Verhältnissen als vertretbar erachtet). Bezeichnenderweise ist in Deutschland selber, bedingt durch die Massgeblichkeit der EU-Konsolidierungs-RL, die Deutsche Methode der Purchase-Methode gewichen (ZENHÄUSERN/BERTSCHINGER, 193).

6. Fremdwährungsumrechnung

34 Die Theorie und Praxis hat verschiedene Methoden entwickelt, um Abschlüsse von ausländischen Untergesellschaften in die Konzernwährung der Obergesellschaft umzurechnen (MEYER, 173 ff.; BOEMLE, 603 ff.; ZENHÄUSERN/BERTSCHINGER, 297 ff.; ALLENSPACH, 7 ff.; insb. auch Swiss GAAP FER 30, Ziff. 19, 61 ff.). Im Einzelnen geht es insb. um die **Stichtagskurs-Methode,** die **Umrechnung nach der Fristigkeit,** die **Nominal-/Sachwert-Methode,** bzw. die modifizierte Nominal-/Sachwert-Methode, sowie die **Umrechnung nach dem Zeitbezug** (ZENHÄUSERN/BERTSCHINGER, 299). Das Aktienrecht schreibt keine Umrechnungsmethode vor und gewährt damit im Rahmen der GoR und den allgemeinen Vorschriften zur Rechnungslegung die freie Wahl. Daher sollte jene Umrechnungsmethode gewählt werden, welche den besten Einblick in die Vermögens- und Ertragslage des Konzerns gibt (HWP I 290). Am weitesten verbreitet ist, nicht zuletzt dank ihrer einfachen Anwendung, die Stichtagskursmethode, bei der die Bilanz zum Jahresendkurs und die Erfolgsrechnung zum Durchschnittskurs umgerechnet werden. Im Gegensatz zum Einzelabschluss werden Wechselkursdifferenzen im Rahmen der Konsolidierung über das EK und nicht über die Erfolgsrechnung verbucht. Die einmal gewählte Umrechnungsmethode darf zudem aufgrund des Stetigkeitsprinzips nicht willkürlich geändert werden.

7. Eliminierung konzerninterner Beziehungen

35 Konzerninterne Beziehungen finden ihren Niederschlag in den **Erfolgsrechnungen, Bilanzen** und **Anhängen** der Untergesellschaften und der Obergesellschaften.

In der **Erfolgsrechnung** müssen gegenseitige Umsätze aus Lieferungen und Leistungen, gegenseitige übrige Aufwendungen und Erträge sowie Beteiligungserträge und -verluste eliminiert werden (HWP I 302 ff.; ZENHÄUSERN/BERTSCHINGER, 161 ff.).

Neben der Kapitalkonsolidierung müssen in der **Bilanz** gegenseitige Schulden und Forderungen sowie aktivierte Zwischengewinne aus internen Lieferungen, beispielsweise im Warenlager oder im Anlagevermögen, eliminiert werden. Aufgrund der zahlreichen Veränderungen gegenüber den Einzelabschlüssen müssen auch Rückstellungen für Steuern im Konzernabschluss neu berechnet werden.

Auch im **Anhang** sind Eliminationen vorzunehmen, beispielsweise bei gegenseitigen Eventualverbindlichkeiten oder gegenseitigen Leasingtransaktionen.

IV. Angabe der Konsolidierungs- und Bewertungsregeln im Anhang

Betreffend die im Anhang zu nennenden **Konsolidierungs -und Bewertungsrichtlinien** sollten zumindest folgende Angaben gemacht werden: **36**

Umschreibung des **Konsolidierungskreises,** wobei auf 663b Ziff. 7 Bezug genommen werden kann, indem beispielsweise festgehalten wird, dass alle dort genannten Mehrheitsbeteiligungen vollkonsolidiert werden. **36a**

Darstellung der Konsolidierungsgrundsätze, inkl. der Behandlung der nichtkonsolidierten Beteiligungen. **37**

Darstellung der Bewertungsgrundsätze. **37a**

Bei Konzernen mit Abschlüssen in Fremdwährung ist anzugeben, wie **Fremdwährungen** umgerechnet wurden (s. HWP I 275 f., das die detaillierteren Angaben nach Swiss GAAP FER 30, Ziff. 33, welcher den im HWP zitierten FER 8 ersetzt hat, als minimal betrachtet). **37b**

Die Gesellschaft hat im Rahmen der Wahlmöglichkeiten diejenigen oben genannten **Konsolidierungs-** und **Bewertungsregeln** anzuwenden, welche einen möglichst zuverlässigen Einblick in die Vermögens- und Ertragslage des Konzerns gewähren und damit den GoR entsprechen. **38**

Dem Prinzip der **Stetigkeit** folgend, ist die Gesellschaft grundsätzlich an die von ihr angewandten Konsolidierungs- und Bewertungsregeln gebunden. Eine Veränderung ist wiederum im **Anhang** ausweispflichtig. **39**

V. Rechtsvergleichung

Die **Gliederung** von Bilanz und Erfolgsrechnung ist in den EU-Richtlinien sehr detailliert geregelt. Dabei werden etliche Wahlrechte für die Gestaltung von Bilanz und Erfolgsrechnung genannt. Während die einheitliche Bewertung im OR nicht ausdrücklich gefordert wird, sich aber aus den GoR ergibt, ist sie in Art. 18 und 29 EU-Konsolidierungs-RL verankert. **40**

Die EU lässt in ihren Richtlinien die Wahl zwischen der **Bewertung** zu Anschaffungs- oder jener zu Tageswerten zu. Die IFRS verlangen grundsätzlich eine Bewertung zu Tageswerten (Fair Values). **41**

Die EU-Normen verlangen, dass bei **Abschlussstichtagen** von Tochtergesellschaften, die mehr als drei Monate vor dem Bilanzierungszeitpunkt liegen, für das betreffende Unternehmen ein separater Zwischenabschluss zu erstellen ist (Art. 27 EU-Konsolidierungs-RL). Bei weniger als drei Monaten sind wichtige Entwicklungen zwischen den Abschlussstichtagen der Tochtergesellschaften und jenen der Muttergesellschaft zu berücksichtigen. Die IFRS (IAS 27, Par. 26) sieht vor, dass die Abschlussstichtage grundsätzlich gleich zu sein haben und besteht auf die Erstellung eines separaten Zwischenabschlusses, falls dem nicht so ist. Nur in Fällen von Unausführbarkeit kann darauf verzichtet werden. **42**

Sowohl im EU-Recht als auch im Schweizer Recht werden im Gegensatz zu den IFRS auch Gleichordnungskonzerne der Konsolidierungspflicht unterstellt, wobei zwangsläufig eine Kapitalkonsolidierung entfällt. Das Control-Prinzip findet sowohl im EU-Recht **43** als auch nach den IFRS Anwendung. Der Begriff des Gleichordnungskonzern findet praktisch nur in Lehrbüchern seinen Niederschlag und führt kaum zu praktischen Anwendungen (BÖCKLI, Aktienrecht, § 11 N 148).

44   Was die **Konsolidierungsmethode** betrifft, so verlangen sowohl das EU-Recht als auch die IFRS, dass Mehrheitsbeteiligungen mittels der Vollkonsolidierung in den Konsolidierungskreis einzubeziehen sind.

Bei 50% Beteiligungen toleriert die EU i.S. eines Wahlrechtes sowohl die Quotenkonsolidierung als auch die Equity-Methode (Art. 21, 23 EU-Konsolidierungs-RL). Die IFRS sieht für Joint-Ventures die Quotenkonsolidierung vor, erlaubt aber die Alternative der Equity-Methode (IAS 31, Par. 30 und 38)

45   Der Mindestinhalt des **Anhanges** zur Konzernrechnung nach dem Schweizer Aktienrecht ist im Vergleich zu den EU-Bestimmungen und den IFRS knapp gefasst. Die IFRS fordert im Anhang u.a. Angaben zu den Bewertungs- und Bilanzierungsmethoden, Management-Annahmen, Angaben zum Konsolidierungskreis, Segmentberichterstattung, Anlagespiegel, Angaben zur Konzernsteuerbelastung, Rückstellungsspiegel sowie ergänzende Informationen zu den in den Abschlussbestandteilen dargestellten Posten (IAS 1, Par. 103 ff.). Die Veränderung des Eigenkapitals (IAS 1, Par. 96 ff.) und die Geldflussrechnung (IAS 1, Par. 102; IAS 7) bilden, wie der Anhang auch, separate Bestandteile der Konzernrechnung, werden in der Praxis aber oftmals zusammen dargestellt. Hingegen ist der Ausweis des Gewinnes pro Aktie nicht im Anhang, sondern direkt in der Erfolgsrechnung aufzuführen (IAS 33, Par. 66).

46   Bezüglich der **Fremdwährungsumrechnung** hat es die EU unterlassen, verbindliche Postulate zu erlassen. Die Methode der Währungsumrechnung ist einzig im Anhang zu nennen. Bezüglich der Erfolgsrechnung steht es den EU-Ländern frei, Durchschnitts- oder Jahresendkurse vorzuschreiben (Art. 34 Abs. 1 EU-Konsolidierungs-RL). Die IFRS sind diesbezüglich wesentlich detaillierter (IAS 21).

47   Bezüglich der **Kapitalkonsolidierung** schreiben sowohl die EU-Richtlinien als auch die IFRS die angelsächsische Purchase Methode vor. Bei IFRS ist der Goodwill zu aktivieren und muss jährlich mittels eines Impairment Test auf seine Werthaltigkeit überprüft werden (IFRS 3 und IAS 36). Nach EU-Recht ist der Goodwill i.d.R. über maximal fünf Jahre abzuschreiben, diese Abschreibungsdauer von fünf Jahren kann allerdings verlängert werden, sofern die Nutzungsdauer diese Periode übersteigt (Art. 19 Abs. 1, Art. 30 Abs. 1 EU-Konsolidierungs-RL).

48   Die EU schreibt im Gegensatz zu den IFRS zudem die Erstellung eines Konzern-**Lageberichtes** verbindlich vor (Art. 1 EU-Konsolidierungs-RL). Nicht verbindlich vorgeschrieben ist nach EU-Recht, im Gegensatz zu den IFRS, die Erstellung einer konsolidierten **Geldflussrechnung.** Die EU Mitgliedstaaten haben diesbezüglich ein Wahlrecht (Art. 16 Abs. 6 EU-Konsolidierungs-RL).

49   Die Vorschriften nach Swiss GAAP FER liegen umfangmässig wiederum zwischen dem OR und den IFRS. Zur Kapitalkonsolidierung wird für vollkonsolidierte Untergesellschaften die **angelsächsische Purchase Methode** verlangt (Swiss GAAP FER 30, Ziff. 9). Zusätzlich werden als Elemente der Konzernrechnung eine **Geldflussrechnung** (Swiss GAAP FER 4, Swiss GAAP FER 30, Ziff. 28 ff.), sowie ein **Eigenkapitalnachweis** (Swiss GAAP FER 24, Ziff. 8) gefordert. Im Konzernanhang sind nebst einem **Anlagespiegel** und einem **Rückstellungsspiegel** (Swiss GAAP FER 30, Ziff. 31 f.) u.a. zusätzliche Informationen zu **Steuern** (Swiss GAAP FER 11) und zu den **Vorsorgeverpflichtungen** (Swiss GAAP FER 16) erforderlich.

Art. 663h

VII. Schutz und Anpassung	**¹ In der Jahresrechnung, im Jahresbericht und in der Konzernrechnung kann auf Angaben verzichtet werden, welche der Gesellschaft oder dem Konzern erhebliche Nachteile bringen können. Die Revisionsstelle ist über die Gründe zu unterrichten.**
	² Die Jahresrechnung kann im Rahmen der Grundsätze der ordnungsmässigen Rechnungslegung den Besonderheiten des Unternehmens angepasst werden. Sie hat jedoch den gesetzlich vorgeschriebenen Mindestinhalt aufzuweisen.
VII. Protection et adaptation	¹ Dans les comptes annuels, le rapport annuel et les comptes de groupe, on peut omettre les indications qui risquent de causer des préjudices importants à la société ou au groupe. L'organe de révision est informé des motifs de cette omission.
	² Les comptes annuels peuvent être adaptés aux particularités de l'entreprise dans les limites des principes régissant l'établissement régulier des comptes. Ils doivent toutefois avoir le contenu minimal prévu par la loi.
VII. Protezione e adeguamento	¹ Il conto annuale, il rapporto annuale e il conto di gruppo possono omettere le indicazioni suscettibili di comportare gravi pregiudizi per la società o per il gruppo. L'ufficio di revisione deve essere informato dei motivi.
	² Nel quadro dei principi del rendiconto regolare, il conto annuale può essere adeguato alle particolarità dell'impresa. Esso deve nondimeno avere il contenuto minimo prescritto dalla legge.

I. Allgemeines

Die sog. **Schutzklausel** bezüglich der Jahresrechnung, des Jahresberichtes und der Konzernrechnung nach Abs. 1 sowie die Klausel über die **Anpassung** der Jahresrechnung an die Besonderheiten des Unternehmens nach Abs. 2 wird vom Gesetzgeber als Gegengewicht zu den 1992 verfeinerten Rechnungslegungsvorschriften gesehen.

Eine der Schutzklausel ähnliche Bestimmung, die das **Auskunfts- und Einsichtsrecht** der Aktionäre regelt, findet sich in Art. 697. Sowohl Art. 697 als auch Art. 663h haben zum Zweck, die Interessen der Gesellschaft zu schützen (BÖCKLI, Aktienrecht, § 8 N 187 f.).

II. Verzicht auf Angaben im Geschäftsbericht: Schutzklausel

1. Schutzklausel als Kompromiss

Die **Schutzklausel** stellt einen gesetzlichen Kompromiss dar zwischen den Interessen der aussenstehenden Bilanzleser an möglichst detaillierter Information zur **möglichst zuverlässigen Beurteilung der Vermögens- und Ertragslage der Gesellschaft oder des Konzerns** und den Interessen der Gesellschaft oder des Konzerns an **Geheimhaltung** wesentlicher Informationen.

Der Gesetzgeber nimmt damit eine Einschränkung der Zuverlässigkeit der Beurteilung der Vermögens- und Ertragslage der Gesellschaft bewusst in Kauf.

Hervorzuheben ist, dass im Rahmen der Schutzklausel immer nur ein Weglassen von Angaben zur Diskussion steht. Alle weiteren Rechnungslegungsvorschriften behalten unverändert ihre Gültigkeit, insb. die Höchstwertvorschriften, das Imparitätsprinzip, das Realisationsprinzip etc. (s. Ausführungen zu Art. 960 Abs. 3).

2. Erheblicher Nachteil für die Gesellschaft oder den Konzern

6   Auf Angaben darf bloss dann verzichtet werden, wenn der Gesellschaft oder dem Konzern durch Offenlegung eben dieser Angaben ein **erheblicher Nachteil** erwachsen würde. In der Botschaft waren noch alternativ die Interessen der Gesellschaft, bzw. des Konzerns oder die Landesinteressen geschützt (Botschaft AG, 891, Art. 663e E). Letztere fanden aber nicht Eingang ins Gesetz (AmtlBull NR 1991, 848).

7   Wann eine Offenlegung irgendwelcher Informationen einer Gesellschaft oder einem Konzern erhebliche Nachteile bringen kann, ist nicht generell zu beantworten (HWP I 63 f.). Nur ein Abwägen im Einzelfall kann zu einer angemessenen Lösung führen.

8   Negativ kann festgehalten werden, dass blosse **Publizitätsscheue** nie durch die Schutzklausel gerechtfertigt werden kann. Ebenso kann es nicht angehen, gestützt auf die Schutzklausel, ein falsches Bild über die Vermögens- und Ertragslage der Gesellschaft abzugeben, z.B. mittels Verstoss gegen die Höchstwertvorschriften oder das Realisationsprinzip.

9   Positiv gilt demnach, dass sich der erhebliche Nachteil immer am Markt oder etwa gegenüber Konkurrenten auswirken muss. Der **Gläubigerschutz** hingegen darf mittels Inanspruchnahme der Schutzklausel nicht beeinträchtigt werden (HWP I 63 f.). Nicht gedeckt von der Schutzklausel sind zudem Interessen spezifischer Aktionärskreise oder des Managements.

3. Verzicht auf Angaben in der Jahresrechnung, dem Jahresbericht und in der Konzernrechnung

10   Das Recht auf Angaben zu verzichten, besteht grundsätzlich bezüglich aller drei Elemente des **Geschäftsberichtes** (Art. 662 Abs. 1): Jahresrechnung, Jahresbericht und Konzernrechnung. Beispielhaft gilt Folgendes:

a) Jahresrechnung

11   Die **Jahresrechnung** besteht aus Erfolgsrechnung, Bilanz und Anhang (Art. 662 Abs. 2).

12   In der **Erfolgsrechnung** und der **Bilanz** kann z.B. auf den gesonderten Ausweis einzelner Positionen verzichtet werden und es kann das **Verrechnungsverbot,** selbst ohne Offenlegung im Anhang (Art. 662 Abs. 3), eingeschränkt werden (BÖCKLI, Aktienrecht, § 8 N 183). Keiner Einschränkung zugänglich sind jedoch z.B. die gesetzlichen Reservebestimmungen (Art. 671 ff.).

13   Im **Anhang** kann etwa auf Angaben zu Beteiligungen verzichtet werden, falls der Gesellschaft ansonsten ein erheblicher Nachteil drohen würde (BÖCKLI, Aktienrecht, § 8 N 327; HWP I 64). Dies kann der Fall sein, falls eine Beteiligung im Zuge einer Akquisition nicht offen gelegt werden soll (BOEMLE, 416), nicht jedoch, wenn es um das Verschweigen einer Not leidenden Beteiligung geht, um damit die eigene Bonität hochzuhalten. Weglassungen anderer Elemente des Anhanges dürfen unter dem Stichwort der Schutzklausel nur mit Zurückhaltung erfolgen, dienen solche Informationen doch pri-

mär dem Gläubigerschutz sowie der Information des Aktionärs und enthalten keine marktrelevanten Informationen.

b) Jahresbericht

Der **Jahresbericht** hat den Geschäftsverlauf sowie die wirtschaftliche und finanzielle Lage der Gesellschaft darzustellen (Art. 663d). 14

Insbesondere die **Darstellung des Geschäftsverlaufes** kann zur Offenlegung sensitiver Informationen über das Marktgeschehen, die eigene Positionierung am Markt oder die Einschätzung des Marktes generell führen. Ebenso sind Ausführungen zu Forschung und Entwicklung geeignet, zentrale Aspekte der eigenen Ausrichtung sowie zukünftiger Produkte der Allgemeinheit zugänglich zu machen. Beides kann zu erheblichen Nachteilen für die offen legende Gesellschaft und zu entsprechenden Vorteilen für die Konkurrenz führen. Entsprechend handelt es sich hier um einen Anwendungsfall der Schutzklausel. 15

Ähnlich zu beurteilen sind auch Angaben über die **wirtschaftliche Lage** der Gesellschaft. Auch diese stellen die Unternehmen aus heutiger Sicht und bezüglich ihrer zukünftigen Positionierung im dann zu erwartenden Umfeld dar. Soweit es sich hierbei um nicht allgemein bekannte Informationen handelt, kann ein erhebliches Interesse an Geheimhaltung bestehen, um nicht Wettbewerbsvorteile zu verlieren. Entsprechend liegt auch hier ein möglicher Anwendungsfall der Schutzklausel. 16

Kaum unter die Schutzklausel fallen jedoch Aspekte zur **finanziellen Lage.** Selbst wenn sich die Darstellung einer schlechten finanziellen Lage als Wettbewerbsnachteil erweist, darf auf sie im Jahresbericht nicht unter dem Stichwort der Schutzklausel verzichtet werden. 17

c) Konzernrechnung

Bezüglich der Konzernrechnung kommt ein Weglassen von Informationen z.B. in Bezug auf den Anhang in Frage und hier im Zusammenhang mit der Darstellung des **Konsolidierungskreises** und der damit verbundenen Offenlegung der Beteiligungen sowie allenfalls der **Konsolidierungsmethode.** Allenfalls kann im Anhang auch auf die Auflistung von Abweichungen von den Konsolidierungs- oder Bewertungsregeln verzichtet werden (Art. 663g Abs. 2). 18

BÖCKLI (Aktienrecht, § 9 N 40) nennt als weiteres Beispiel das Recht, in äusserst seltenen Fällen eine Gesellschaft völlig aus der Konsolidierung auszuklammern, falls dem Konzern oder der Gesellschaft aus der Nennung eben dieser Gesellschaft ein erheblicher Nachteil droht. 19

4. Unterrichtung der RS

Soweit der **VR** von der **Schutzklausel** Gebrauch machen will und der Ansicht ist, zur Vermeidung **erheblicher Nachteile** auf die Offenlegung bestimmter Angaben verzichten zu können, hat er die **RS** über sein Vorhaben samt Begründung **zu unterrichten.** 20

Die **RS** hat zu prüfen, ob tatsächlich erhebliche Nachteile drohen und ob der Eintritt dieser Nachteile kausal mit der Offenlegung der fraglichen Angaben verbunden ist. 21

22 Ist auch die RS der Ansicht, ein solcher Nachteil drohe und das Weglassen von Angaben sei deshalb gerechtfertigt, so wird sie Abnahme dieser Jahresrechnung unter Weglassung der fraglichen Angaben gestützt auf Art. 663h empfehlen (Art. 729 Abs. 1).

23 Ist sie jedoch der Ansicht, es drohe der Gesellschaft kein erheblicher Nachteil aus der Offenlegung der fraglichen Angaben, so hat sie zu beurteilen, ob sie die Jahresrechnung trotzdem ohne Einschränkung zur **Abnahme** empfehlen kann oder ob sie **Abnahme trotz Einschränkung** unter Hinweis auf die mangelnde Vollständigkeit oder gar **Rückweisung der Jahresrechnung** empfehlen soll (Art. 729 Abs. 1; HWP I 382 f.; BÖCKLI, Aktienrecht, § 8 N 190).

III. Anpassung der Jahresrechnung

1. Hintergrund

24 Die detaillierten gesetzlichen Regelungen zur Erstellung der **Jahresrechnung** führen im Allgemeinen zu angemessenen Lösungen im Interesse aller Interessierten. In Einzelfällen mögen die starren Normen jedoch ihr Ziel verfehlen. Die Jahresrechnung ist dann an die konkreten Gegebenheiten einer Gesellschaft oder einer Branche anzupassen, um ein möglichst zuverlässiges Bild der Vermögens- und Ertragslage zu vermitteln.

25 Da die gesetzlichen Regelungen primär auf Industrie- oder Handelsunternehmen ausgerichtet sind, deckt der Anwendungsbereich dieser Norm insb. **Banken, Finanzgesellschaften** und **Versicherungen** ab (BÖCKLI, Aktienrecht, § 8 N 191 f.). Gerade für Banken und Versicherungen bestehen jedoch spezialgesetzliche Rechnungslegungsvorschriften, die zusätzlich oder anstelle der obligationenrechtlichen anzuwenden sind.

2. Einhaltung der Grundsätze ordnungsmässiger Rechnungslegung

26 Die Anpassung der Jahresrechnung hat immer innerhalb der **GoR** zu erfolgen. Die gesetzliche Motivation zur Gewährung des Rechts auf Anpassung der Jahresrechnung liegt gerade darin, die möglichst zuverlässige Beurteilung der Vermögens- und Ertragslage zu fördern. Entsprechend dient die Anpassung der Jahresrechnung an die spezifischen Eigenheiten einer Gesellschaft diesem Ziel und darf nur zu diesem Zweck erfolgen.

3. Mindestinhalt der Jahresrechnung

27 Die Anpassung der Jahresrechnung darf nie soweit gehen, dass auf eines ihrer drei Elemente ganz verzichtet würde (Art. 662 Abs. 2). **Bilanz, Erfolgsrechnung** und **Anhang** stellen immer zwingende Bestandteile dar, die bloss einzeln angepasst werden dürfen, soweit es dem besseren Einblick in die Vermögens- und Ertragslage der Gesellschaft dient.

Art. 664

VIII. Bewertung
1. Gründungs-, Kapitalerhöhungs- und Organisationskosten

Gründungs-, Kapitalerhöhungs- und Organisationskosten, die aus der Errichtung, der Erweiterung oder der Umstellung des Geschäfts entstehen, dürfen bilanziert werden. Sie werden gesondert ausgewiesen und innerhalb von fünf Jahren abgeschrieben.

VIII. Evaluation
1. Frais de fondation, d'augmentation du capital et d'organisation

Les frais de fondation, d'augmentation du capital-actions et d'organisation qui sont nécessités par la constitution, l'extension ou la transformation de l'entreprise peuvent être portés au bilan. Ils doivent être indiqués séparément et amortis en cinq ans.

VIII. Valutazione
1. Spese di costituzione, d'aumento del capitale e d'organizzazione

Possono essere iscritte nel bilancio le spese di costituzione, d'aumento del capitale e d'organizzazione necessarie per la costituzione, l'ampliamento o la trasformazione dell'impresa. Esse vanno indicate separatamente e devono essere ammortizzate nel termine di cinque anni.

I. Allgemeines

Art. 664 erlaubt die Aktivierung von **Gründungs-, Kapitalerhöhungs- und Organisationskosten** im Sinne einer Ausnahmeregelung. Verwaltungskosten fallen nicht unter diese Bestimmung, andere Formen von originärem Goodwill ebenfalls nicht. Die Aktivierung solcher Kosten ist bloss im Zusammenhang mit der Neuerrichtung, der Erweiterung oder der Umstellung des Geschäftes zulässig. 1

II. Aktivierungsfähigkeit

Üblicherweise wird an die **Aktivierungsfähigkeit** nicht-materieller Rechte die Anforderung der Übertragbarkeit oder allgemein der Verkehrsfähigkeit gestellt, nebst dem allgemeinen Erfordernis der Werthaltigkeit über den nächsten Bilanzstichtag hinaus (BK-KÄFER, Art. 958 N 300, 355; BÖCKLI, § 8 N 424; VON GREYERZ, 226). Diese Voraussetzungen sind bei Gründungs-, Kapitalerhöhungs- und Organisationskosten meist nicht erfüllt. Trotzdem erklärt sie das OR ausdrücklich als aktivierungsfähig (BÖCKLI, § 8 N 425; FORSTMOSER/MEIER-HAYOZ/NOBEL, § 50 N 237; BOEMLE, 263 ff.). Die gesetzliche Regelung ist in einem weit verstandenen Sinne Ausdruck des in Art. 665 statuierten **Herstellungs-Kostenprinzips.** Dem Grundsatz nach steht sie ansonsten jedoch im Widerspruch zum Verbot der Aktivierung von originärem Goodwill. 2

Artikel 664 bietet eine Bilanzierungshilfe (HWP I 185; DELLMANN, 103). Der Bilanzierende hat ein Aktivierungswahlrecht. Er kann demnach die Gründungs-, Kapitalerhöhungs- und Organisationskosten aktivieren, muss aber nicht (FORSTMOSER/MEIER-HAYOZ/NOBEL, § 50 N 247). Ebenso ist eine bloss teilweise Aktivierung zulässig (DELLMANN, 102). 3

III. Kosten im Zuge der Errichtung, der Erweiterung oder der Umstellung des Geschäftes

4 Allgemein gilt, dass unter die Begriffe **Gründungs-, Kapitalerhöhungs- und Organisationskosten** nicht beliebige Verwaltungs- und auch nicht beliebige Organisationskosten fallen. Vielmehr handelt es sich dabei um Aufwendungen, die im Zuge der Errichtung, der Erweiterung oder der Umstellung des Geschäftes entstehen (Botschaft AG, 892).

5 Unter **Errichtung** wird jede Neuaufnahme der betrieblichen Tätigkeit subsumiert. Unter **Erweiterung** fällt z.B. die Eröffnung einer neuen Zweigniederlassung, die Begründung einer Tochtergesellschaft, der wesentliche Ausbau der bestehenden betrieblichen Tätigkeiten, die Erschliessung eines neuen Marktes oder auch die Einführung neuer Produkte (BOEMLE, 345). Unter **Umstellung** wird eine signifikante Veränderung der betrieblichen Tätigkeit verstanden, z.B. im Rahmen einer neuen Zwecksetzung. Jeder dieser Vorfälle unterscheidet sich qualitativ von der Fortführung und auch dem Ausbau der ordentlichen Geschäftstätigkeit (BÖCKLI, § 8 N 426).

IV. Gründungs-, Kapitalerhöhungs- und Organisationskosten

6 **Gründungskosten** fallen im Zuge der Geschäftsaufnahme an und setzen sich unter anderem aus Kosten der öffentlichen Beurkundung des Gründungsaktes, Gebühren für Registereintragungen, Bankspesen, Kosten für die Ausgabe von Aktien, Emissionskosten allgemein, Emissionsabgaben im Speziellen, Beratungshonorare etc. zusammen (ZK-BÜRGI, N 13; DELLMANN, 102, der von Kosten spricht, die notwendig sind «um die rechtliche Existenz des Unternehmens zu ermöglichen»).

7 **Kapitalerhöhungskosten** decken sich von der Art her weitgehend mit den Gründungskosten (DELLMANN, 102).

8 **Organisationskosten** umfassen all die Aufwendungen, welche mit der Errichtung, Erweiterung oder Umstellung eines Geschäftes in direktem Zusammenhang stehen (DELLMANN, 102). Es handelt sich üblicherweise um ausserordentliche Aufwendungen, z.B. Errichtung einer Zweigniederlassung oder Tochtergesellschaft (FORSTMOSER/MEIER-HAYOZ/NOBEL, § 50 N 246) oder auch Restrukturierungskosten (BÖCKLI, § 8 N 426).

V. Bilanzierung und Abschreibung

9 Die **Gründungs-, Kapitalerhöhungs- und Organisationskosten** sind in der Bilanz gesondert auszuweisen. Sie dürfen nicht mit der nach Art. 663a gesondert auszuweisenden Position der **immateriellen Anlagen** in einer einzigen Position zusammengefasst werden (HWP I 186; BÖCKLI, § 8 N 246 i.V.m. N 427; FORSTMOSER/MEYER-HAYOZ/NOBEL, § 50 N 248; DELLMANN, 102). Es handelt sich nicht um immaterielle Werte, sondern um eine Bilanzierungshilfe (HWP I 185), deren Nichtaktivierung nicht stille Reserven verkörpert (DIETERLE, 74).

10 Die aktivierten Kosten sind innerhalb von fünf Jahren abzuschreiben. Die Frist von fünf Jahren ist eine Maximalfrist. Eine raschere Abschreibung ist zulässig, allenfalls sogar geboten. Die Abschreibungsmethode ist nicht gesetzlich vorgegeben. Es empfiehlt sich, linear oder degressiv abzuschreiben und dies (falls wesentlich) im Anhang zu vermerken (BÖCKLI, § 8 N 427). Die jährliche Bewertung dieses Aktivums hat nach den üblichen Grundsätzen zur Bewertung immaterieller Rechte zu erfolgen (HWP I 186; aus-

schlaggebend für die Bewertung ist der zukünftige Nutzen). Die direkte Belastung des Eigenkapitals ist unstatthaft (BÖCKLI, § 8 N 431).

VI. Rechtsvergleichung

IAS 38 Ziff. 69 verbietet die Aktivierung derartiger Kosten ausdrücklich. 11

Nach Art. 9 lit. c sowie 34 EU-Jahresabschluss-RL können Errichtungs- und Erweiterungskosten des Unternehmens aktiviert werden. Die aktivierten Aufwendungen müssen innerhalb von fünf Jahren abgeschrieben werden.

Art. 665

2. Anlagevermögen a. Im Allgemeinen	Das Anlagevermögen darf höchstens zu den Anschaffungs- oder den Herstellungskosten bewertet werden, unter Abzug der notwendigen Abschreibungen.
2. Actif immobilisé a. En général	L'actif immobilisé peut être évalué au plus à son prix d'acquisition ou à son coût de revient, déduction faite des amortissements nécessaires.
2. Attivi fissi a. In genere	L'attivo fisso non può essere valutato con un importo superiore al prezzo d'acquisto o di costo, da cui vanno dedotti gli ammortamenti necessari.

I. Allgemeines

Die Definition des AV ergibt sich aus den Gliederungsvorschriften in Art. 663a. Demnach fällt sowohl das materielle als auch das immaterielle AV unter die Bewertungsregeln von Art. 665 (BÖCKLI, § 8 N 440). Art. 665a, der eine lex specialis zu Art. 665 darstellt, erfasst zudem die Finanzanlagen, insb. die Beteiligungen (Botschaft AG, 892). 1

Zur Abgrenzung von AV und UV vgl. Art. 663a N 10. 2

II. Anschaffungs- oder Herstellungskosten

Zur Bewertung des AV gilt das **Kostenwertprinzip**. Demnach ist das AV zu **Anschaffungs- oder Herstellungskosten** zu aktivieren. 3

Unter die **Anschaffungs- oder Herstellungskosten** fallen sämtliche Aufwendungen im Zusammenhang mit der Beschaffung oder Herstellung eines Produktes. So können im Rahmen der Beschaffung insb. Vergütungen an Dritte wie Kaufpreis, Gebühren, Verkehrssteuern, Transportkosten, Provisionen, Einrichtungskosten etc. ebenso aktiviert werden, aber auch etwa die im Zusammenhang mit der Beschaffung oder Herstellung von Produkten anfallenden Fremdfinanzierungskosten. Im Rahmen der Herstellung sind insb. die Fertigungslöhne, die Material-, die Fertigungsgemein-, die Lagerhaltungskosten etc. zu erfassen. Nicht aktivierungsfähig sind demgegenüber die allgemeinen Verwaltungskosten, was e contrario auch aus Art. 664 folgt, wonach allgemeine Verwaltungskosten nicht aktivierbar sind (HWP I 180 f.; BOEMLE, 147 ff., 152 ff.). 4

Unter diesem Titel können auch produktbezogene **Forschungs- und Entwicklungskosten** aktiviert werden, sofern ein bestimmtes Ergebnis erzielt wurde, dessen Werthaltigkeit konkret über den nächsten Bilanzstichtag hinaus nachgewiesen werden kann 5

(BOEMLE, 346; BK-KÄFER, Art. 958 N 375; HWP I 183). Nicht aktivierungsfähig ist jedoch der originär erarbeitete **Goodwill** (BK-KÄFER, Art. 960 N 282; HWP I 183 f.; BOEMLE, 580 ff.).

III. Höchstwertprinzip

6 Die Anschaffungs- oder Herstellungskosten stellen einen **Höchstwert** dar. Das **AV** darf demnach nicht höher als zu den **Anschaffungs- oder Herstellungskosten** bewertet werden (s.a. die diesbezüglichen Ausführungen zu Art. 960).

7 **Aufwertungen** über diesen **Höchstwert** hinaus, z.B. auf den Wiederbeschaffungswert, sind im Aktienrecht, im Gegensatz zum kaufmännischen Buchführungsrecht nach Art. 960, nicht zulässig (ZK-BÜRGI, N 6).

8 Die einzige Ausnahme zu den allgemeinen Höchstwertvorschriften umschreibt Art. 670, der die **Aufwertung** von Grundstücken und Beteiligungen über die Anschaffungs- oder Herstellungskosten hinaus zur Beseitigung einer Unterbilanz zulässt.

9 **Aufwertungen** bis zu diesem Höchstwert sind jedoch zulässig, soweit entsprechende stille Reserven vorhanden sind, die durch übermässige Abschreibungen oder durch erneute Wertsteigerung, nach vorhergehendem Wertzerfall gebildet wurden (HWP I 173).

9a Die Anwendung des Höchstwertprinzips kann bewirken, dass sog. **Zwangsreserven** entstehen. Dies ist die Differenz zwischen dem aktienrechtlichen Höchstwert und dem tatsächlichen Wert (HWP I 71 ff.).

IV. Niederstwertprinzip

10 Nach dem **Niederstwertprinzip** sind die Anschaffungs- oder Herstellungskosten mittels Abschreibungen dann entsprechend herabzusetzen, wenn der **subjektive Geschäftswert** (Art. 960) oder der **Marktwert** unter diesem Kostenwert liegt (BGE 93 II 25 f.). Dabei ist auf den Wert des Gutes für das spezifische Gesamtunternehmen abzustellen (ZK-BÜRGI, N 4; s.a. Art. 960), es sind aber auch der Verschleiss sowie die technische Alterung zu berücksichtigen.

10a Das Niederstwertprinzip kann ebenfalls Zwangsreserven bewirken, da der jeweils tiefere Wert zu bilanzieren ist.

V. Imparitätsprinzip

10b Gemäss dem Imparitätsprinzip müssen Verluste sofort ausgewiesen werden, Gewinne oder Mehrwerte aber erst bei deren Realisierung (HWP I 15 f.; FORSTMOSER/MEIER-HAYOZ/NOBEL, § 50 N 268).

VI. Abschreibungen

11 Vom Höchstwert der Anschaffungs- oder Herstellungskosten sind die notwendigen **Abschreibungen** in Abzug zu bringen. Diese Pflicht zur Abschreibung ist Ausdruck des Niederstwert- sowie des Periodizitätsprinzips und stellt letztlich sicher, dass i.S.v. Art. 662a eine zuverlässige Beurteilung der Vermögens- und Ertragslage der Gesellschaft möglich ist.

Der Begriff der notwendigen Abschreibungen wird nicht weiter erläutert. Der Bilanzierende hat sich demnach an die weiteren, in diesem Zusammenhang relevanten Grundsätze zu halten. Demnach muss er mindestens insoweit Abschreibungen vornehmen, als dies der Tageswert oder der subjektive Geschäftswert fordern. Betriebswirtschaftlich wird unterschieden zwischen planmässigen und ausserplanmässigen Abschreibungen (HWP I 171 f.). Die planmässigen Abschreibungen bemessen sich an der Nutzungsdauer (vgl. N 15) oder an Leistungsgrössen des wirtschaftlichen Gutes. Ausserplanmässige Abschreibungen werden durch Ereignisse ausserhalb des üblichen Geschäftsganges ausgelöst (aussergewöhnliche Wertminderungen, vgl. BOEMLE, 225 f., 324 ff.). Darüber hinausgehende Abschreibungen darf er im Rahmen des **Vorsichtsprinzips** vornehmen, ist jedoch an die Grenzen gemäss Art. 669 gebunden. Danach sind weitergehende Abschreibungen zu **Wiederbeschaffungszwecken** (Art. 669 Abs. 2) oder zur Bildung stiller Reserven nur zulässig, soweit die **Rücksicht auf das dauernde Gedeihen des Unternehmens** oder die **Ausrichtung einer möglichst gleichmässigen Dividende** unter Berücksichtigung der Interessen der Aktionäre dies rechtfertigen (Art. 669 Abs. 3). Zudem muss stets der allgemeine Grundsatz von Art. 662a beachtet werden, wonach die Jahresrechnung eine möglichst zuverlässige Beurteilung der Vermögens- und Ertragslage der Gesellschaft ermöglichen soll.

Grundsätzlich steht es jedem Bilanzierenden frei, wie er die Abschreibung verbuchen und darstellen will. So kann er direkt abschreiben, indem der Buchwert um die Abschreibung herabgesetzt und netto ausgewiesen wird oder er kann indirekt/brutto abschreiben, indem die ursprünglichen Anschaffungs- oder Herstellungskosten weitergeführt werden und die Abschreibungen im Gesamtbetrag entweder als Aktivminusposten gezeigt werden oder gar als Passivposten (von Letzterem ist jedoch abzuraten, da dies zu einer Bilanzaufblähung führt; HWP I 173 f.; BOEMLE, 122 f., 327; DELLMANN, 215 ff.).

Der Bilanzierende kann gestützt auf sachliche Argumente zwischen den verschiedenen **Abschreibungsmethoden** wählen (linear, degressiv, progressiv, leistungsbezogen, Abschreibung bezogen auf die Anschaffungskosten oder auf den Buchwert; vgl. Botschaft, 893, HWP I 174; BOEMLE, 327 ff.; BÖCKLI, § 8 N 467 ff.; DELLMANN, 207). Zudem ist er auch in der Anwendung des Abschreibungssatzes grundsätzlich frei (Botschaft AG, 887, 893).

Um dem Gebot der möglichst zuverlässigen Beurteilung der Vermögens- und Ertragslage nach Art. 662a gerecht zu werden, hat der Bilanzierende für jedes Anlagegut Überlegungen bezüglich seiner **Nutzungsdauer** anzustellen. Diese Nutzungsdauer ist bei der Bestimmung des Abschreibungssatzes und der Abschreibungsmethode zugrundezulegen. Dies gilt insb. auch zur Bestimmung der Abschreibung immaterieller Werte (DELLMANN, 207).

Zudem ist der Bilanzierende nach dem Grundsatz der **Stetigkeit** (Art. 662a) an die einmal gewählte Abschreibungsmethode gebunden. Er hat planmässig abzuschreiben. Soll die Abschreibungsmethode geändert werden, so ist dies zu begründen und die Begründung samt Auswirkungen sind im Anhang darzulegen (Art. 662a Abs. 3; vgl. auch BÖCKLI, § 8 N 435). Eine unbegründete Abweichung vom Grundsatz der Stetigkeit kann eine Veränderung der stillen Reserven bewirken und ist, im Falle einer Auflösung von stillen Reserven in wesentlichem Ausmass, im Anhang zu erläutern (Art. 663b Ziff. 8). Eine Änderung der Nutzungsdauer mit entsprechender Auswirkung auf die Abschreibungsdauer ist nicht ausweispflichtig.

Art. 665a

17 In der Praxis wird sich der Bilanzierende bei der Bemessung der Abschreibung oft an die steuerlich zulässigen Maximalsätze halten (vgl. Merkblatt über Abschreibungen auf dem AV geschäftlicher Betriebe <http://www.estv.admin.ch>).

VII. Rechtsvergleichung

18 Nach IAS 16 ist das AV grundsätzlich nach Anschaffungs- oder Herstellungskosten zu bilanzieren, wobei eine Aufwertung auf den Verkehrswert zulässig ist. Im Ausmasse der Aufwertung ist eine gesonderte Reservenposition auszuweisen (IAS 16, Ziff. 31 ff.). IAS 36 befasst sich detailliert mit Fragen der Verminderung der Werthaltigkeit («Impairment»).

19 Im Unterschied zum OR verlangt IAS 16, Ziff. 73 die Offenlegung eines **Anlagespiegels** oder **-gitters,** aus welchem die Entwicklung der einzelnen Posten des AV hervorgeht (Anschaffungs- oder Herstellungskosten und kumulierte Abschreibungen, Währungsumrechnungseffekte, Zu- und Abgänge, Abschreibungen im Geschäftsjahr).

20 Ebenfalls im Unterschied zum OR verlangen die IFRS eine strikte Einzelbewertung der Aktiven (und auch Passiven), d.h. Bewertung pro Aktivum und nicht nur pro Bilanzposition. Nach OR genügt eine «Einzelbewertung je Anlagegruppe gemäss Bilanz» (HWP I 119 ff.).

21 Die EU-Jahresabschluss-RL stellt zur Bewertung des AV ebenfalls auf die **Anschaffungs- oder Herstellungskosten** ab (Art. 32, 35 EU-Jahresabschluss-RL). Davon kann jedoch in ganz bestimmten Fällen abgewichen werden. Soweit ein EU-Mitgliedsstaat dies zulässt, ist eine Bewertung zu **Wiederbeschaffungskosten** oder nach einer anderen Methode, die der Inflation Rechnung trägt **(inflation accounting)**, zulässig, oder es darf eine Neubewertung der Sach- sowie Finanzanlagen erfolgen (Art. 33 EU-Jahresabschluss-RL). Im Umfang der Aufwertung ist eine gesondert auszuweisende Neubewertungsrücklage zu bilden, die einer Ausschüttungssperre unterliegt (vgl. hierzu Art. 671b).

22 Das EU-Recht verlangt die Offenlegung eines **Anlagespiegels** oder **-gitters** sowie die Anwendung des Grundsatzes der Einzelbewertung analog IAS 16 (Art. 15 Abs. 3 bzw. Art. 31 EU-Jahresabschluss-RL).

Art. 665a

b. Beteiligungen   ¹ **Zum Anlagevermögen gehören auch Beteiligungen und andere Finanzanlagen.**

² **Beteiligungen sind Anteile am Kapital anderer Unternehmen, die mit der Absicht dauernder Anlage gehalten werden und einen massgeblichen Einfluss vermitteln.**

³ **Stimmberechtigte Anteile von mindestens 20 Prozent gelten als Beteiligung.**

b. Participations   ¹ Les participations et autres immobilisations financières font également partie de l'actif immobilisé.

² Les participations sont des parts du capital d'autres sociétés, qui sont détenues à titre de placement durable et qui permettent d'exercer une influence déterminante.

2. Abschnitt: Rechte und Pflichten der Aktionäre   1–7   Art. 665a

³ Les parts donnant droit à 20% des droits de vote au moins sont considérées comme participation.

b. Partecipazioni

¹ Fanno parte dell'attivo fisso anche le partecipazioni e gli altri investimenti finanziari.

² Per partecipazioni s'intendono quote del capitale di altre imprese, che sono possedute a titolo d'investimento durevole e che procurano un'influenza determinante.

³ Quote rappresentanti almeno il 20 per cento dei diritti di voto sono considerate come partecipazioni.

I. Allgemeines

Beteiligungen gehören zu den **Finanzanlagen** (Art. 663a Abs. 2) und damit zum **AV** (Abs. 1).   1

Die **Finanzanlagen** müssen in der Bilanz gesondert ausgewiesen werden (Art. 663a Abs. 2). Innerhalb dieser Finanzanlagen sind die **Beteiligungen** nochmals auszuscheiden und getrennt von den anderen Finanzanlagen zu bilanzieren (**Mindestgliederungsvorschrift**, Art. 663a Abs. 4). Zudem muss jede Beteiligung, die für die Beurteilung der Vermögens- und Ertragslage der Gesellschaft wesentlich ist, im **Anhang** aufgeführt werden (Art. 663b Ziff. 7).   2

II. Legaldefinition der Beteiligung

Das Gesetz definiert **Beteiligungen** als **Anteile am Kapital anderer Unternehmen**, die mit der **Absicht dauernder Anlage** gehalten werden und einen **massgeblichen Einfluss** vermitteln. Es wird von Gesetzes wegen vermutet, dass stimmberechtigte Anteile von mindestens 20% einen massgeblichen Einfluss auf eine Gesellschaft zu vermitteln vermögen.   3

Die Definition der Beteiligung umfasst grundsätzlich zwei Komponenten, eine subjektive und eine objektive (Botschaft AG, 892). Das subjektive Element liegt in der **Absicht dauernder Anlage,** das objektive in der Vermittlung des **massgeblichen Einflusses.** Zudem wird gefordert, dass es sich um **Anteile am Kapital anderer Unternehmen** handelt.   4

III. Absicht dauernder Anlage

Zur Feststellung der **Absicht dauernder Anlage** kann auf die allgemeine Abgrenzung von AV und UV verwiesen werden (Botschaft AG, 892; s. hierzu Art. 663a N 10). Demnach kann diese Absicht dann als gegeben betrachtet werden, wenn die Anteile für länger als 1 Jahr gehalten werden sollen.   5

Durch diese Absicht dauernder Anlage unterscheiden sich die Beteiligungen von den **Wertschriften** nach Art. 667, bei welchen es sich um kurzfristige Investitionen handelt und damit um UV.   6

IV. Vermittlung eines massgeblichen Einflusses

Anteile an anderen Unternehmen gelten nur dann als Beteiligungen, wenn sie einen massgeblichen Einfluss zu vermitteln vermögen. Auch die Botschaft erkennt, dass der Begriff der **Vermittlung eines massgeblichen Einflusses** auslegungsbedürftig sei (Bot-   7

Art. 666

schaft AG, 892). Eine abschliessende Umschreibung ist nicht möglich. Obwohl die Frage nach dem massgeblichen Einfluss ein objektives Kriterium darstellt, muss deren Beantwortung nach individuellen Gesichtspunkten erfolgen.

8   Immer dann jedoch, wenn die Gesellschaft mindestens 20% der stimmberechtigten Anteile an einem Unternehmen hält, liegt eine Beteiligung vor (Abs. 3). Hier handelt es sich um eine nicht widerlegbare gesetzliche Vermutung (praesumptio iuris et de iure).

9   Diese gesetzliche Vermutung schliesst jedoch Anteile von weniger als 20%, die trotzdem einen massgeblichen Einfluss vermitteln und damit zu Beteiligungen i.S.v. Art. 665 a werden, nicht aus (DELLMANN, 97; **a.M.** BOEMLE, 332 f.). Gefordert wird ja nicht ein beherrschender Einfluss, sondern bloss ein massgeblicher. Dies ist an sich mit jeder Minderheitsbeteiligung möglich (Botschaft AG, 148). Die Beherrschung kann sich aus einer gesellschaftsrechtlichen Stellung, aber auch aus wirtschaftlichen Beziehungen ergeben (DELLMANN, 97).

10 Fehlt es an dieser Beherrschung, liegt aber trotzdem AV vor, so ist die Position unter den **anderen Finanzanlagen** zu bilanzieren.

V. Anteile am Kapital anderer Unternehmen

11 Unter den Begriff der Beteiligungen fallen nur **Anteile am Kapital anderer Unternehmen.** Demnach stellen Forderungen keine Beteiligungen dar (HWP I 197). Ausserdem spielt die Rechtsform des Unternehmens, an welchem Anteile bestehen, keine Rolle (DELLMANN, 97; HWP I 196 f.).

VI. Bewertung der Beteiligungen

12 Aus der Systematik des Gesetzes folgt, dass die Beteiligungen den Bewertungsregeln des AV unterliegen. Damit stellen die **Anschaffungs- oder Herstellungs- (= Investitions-) Kosten** den höchsten zulässigen Buchwert dar (Ausnahme Art. 670). Nach dem **Niederstwertprinzip** ist der Wertminderung mittels Abschreibungen entsprechend Rechnung zu tragen.

13 Im Einzelnen ist es zur **Bewertung** einer Beteiligung grundsätzlich notwendig, Aktiven und Passiven der unterliegenden Gesellschaft («von unten nach oben») zu bewerten sowie ihre Ertragslage zu beurteilen (innerer Wert; vgl. auch HWP I 198 f.). Es kommen dazu grundsätzlich verschiedene Bewertungsverfahren in Frage (v.a. Discounted Cash Flow Methode, reine Ertragswertmethode, evtl. auch reine Substanzwertmethode und andere; s. HELBLING, Unternehmungsbewertung und Steuern, 9. Aufl., Düsseldorf 1998, SSTR 10, 530 ff.). Oft genügen in der Praxis summarische Bewertungsverfahren, z.B. ein Vergleich zwischen Buchwert der Beteiligung und anteilmässiger Substanz (= ausgewiesene Eigenmittel; HWP I 200).

Art. 666

3. Vorräte

¹ Rohmaterialien, teilweise oder ganz fertig gestellte Erzeugnisse sowie Waren dürfen höchstens zu den Anschaffungs- oder den Herstellungskosten bewertet werden.

² Sind die Kosten höher als der am Bilanzstichtag allgemein geltende Marktpreis, so ist dieser massgebend.

3. Stocks
¹ Les matières premières, les produits en cours de fabrication et les produits finis ainsi que les marchandises peuvent être évalués au plus à leur prix d'acquisition ou à leur coût de revient.

² Toutefois, si ces coûts sont supérieurs au prix généralement pratiqué sur le marché à la date du bilan, ce prix est déterminant.

3. Scorte
¹ Le materie gregge, i prodotti in corso di fabbricazione e quelli finiti, come pure le merci, non possono essere valutati con un importo superiore al loro prezzo d'acquisto o di costo.

² Se tali prezzi sono superiori a quello corrente nel giorno determinante per il bilancio, va considerato quest'ultimo prezzo.

I. Allgemeines

Die Bewertung der Vorräte erfolgt ebenfalls nach dem **Niederstwertprinzip** maximal zu **Anschaffungs- oder Herstellungskosten (Kostenwertprinzip)** oder dem tieferen **Marktwert (Tageswertprinzip)** (Botschaft AG, 148; BÖCKLI, § 8 N 450; s.a. Ausführungen zu Art. 960). 1

II. Vorräte

Vorräte umfassen nach dem Wortlaut des Gesetzes Rohmaterialien, teilweise oder ganz fertig gestellte Erzeugnisse sowie Waren. Im Einzelnen fallen somit Roh-, Halb- und Fertigfabrikate, Betriebs- und Hilfsstoffe sowie Handelswaren unter den Begriff der Vorräte (weitere Ausführungen hierzu s. HWP I 140 ff.; BOEMLE, 312 f.). 2

III. Bestandesermittlung

Die am Bilanzstichtag vorhandenen Vorräte sind mittels **Inventarisation** zu ermitteln. Es kann hierzu auf die Ausführungen zu Art. 958 N 7 ff. verwiesen werden. 3

IV. Bewertung nach dem Niederstwertprinzip

Für Vorräte gilt ein doppeltes **Niederstwertprinzip**. Es ist entweder nach dem **Kostenwertprinzip (Anschaffungs- oder Herstellungskosten)** oder nach dem **Tageswertprinzip (Marktwert)** zu bilanzieren, was immer tiefer ist (the lower of cost or market). Im Aktienrecht sind im Gegensatz zum Recht der kaufmännischen Buchführung Aufwertungen bei steigenden Marktpreisen oder bei steigendem subjektivem Geschäftswert über den Kostenwert hinaus nicht zulässig (s. Art. 960 N 18). 4

1. Anschaffungs- oder Herstellkosten

Unter die **Anschaffungs- oder Herstellungskosten** fallen sämtliche Aufwendungen im Zusammenhang mit der Beschaffung oder Herstellung eines Produktes (Vollkosten). So können im Rahmen der Beschaffung insb. Vergütungen an Dritte wie Kaufpreis, Gebühren, Verkehrssteuern, Transportkosten, Provisionen, Einrichtungskosten etc. aktiviert werden. Im Rahmen der Herstellung sind insb. die Fertigungslöhne, die Materialkosten, die Fertigungsgemeinkosten, Lagerhaltungskosten etc. zu erfassen. Nicht aktivierungsfähig sind demgegenüber die allgemeinen Verwaltungskosten (vgl. auch HWP I 146 f.; BOEMLE, 147 ff., 312 ff.; BÖCKLI, § 8 N 451). 5

6 Im Rahmen der Bewertung der Vorräte, samt Zu- und Abgängen, stehen verschiedene Methoden zur Verfügung: **Durchschnittspreis; FIFO-Verfahren** (first in – first out: Verbrauch der zuerst angeschafften Erzeugnisse); **LIFO-Verfahren** (last in – first out: Verbrauch der zuletzt eingegangenen Erzeugnisse); **HIFO-Verfahren** (highest in – first out: Verbrauch der am teuersten angeschafften Erzeugnisse); **Festwertverfahren** (der eiserne Bestand wird zu einem festen, gleich bleibenden Preis bilanziert, der so tief angesetzt wird, dass er die Wiederbeschaffungskosten nicht überschreitet); **Standardkosten-Verfahren** (HWP I 149 ff.; BOEMLE, 143 ff.).

2. Marktpreis

7 Der Gesetzgeber hat den Begriff des allgemein geltenden **Marktpreises** nicht näher umschrieben. Damit ist insb. offen, ob als Niederstwert auf den Preis am Beschaffungs- oder am Absatzmarkt abzustellen sei.

8 VON GREYERZ spricht in diesem Zusammenhang von einem dreifachen Niederstwertprinzip: Wert nach Anschaffungs- oder Herstellungskosten, Wert auf dem Beschaffungsmarkt, Wert auf dem Absatzmarkt (VON GREYERZ, 233).

9 Differenzierter ist die Betrachtung, wonach für bei Dritten bezogene Roh- und Halbfabrikate sowie Betriebs- und Hilfsstoffe grundsätzlich auf den Preis am **Beschaffungsmarkt** abzustellen ist, während bei Fertigprodukten der Preis am **Absatzmarkt** beizuziehen ist (HWP I 151 ff.; BÖCKLI, § 8 N 452). Entsprechend besteht nicht eine dritte Stufe des Niederstwertprinzipes. Vielmehr ist je nach Fertigungsgrad auf den Marktpreis am Beschaffungs- oder Absatzmarkt abzustellen, um zu bestimmen, ob die Vorräte zu Anschaffungs- oder Herstellungskosten bilanziert werden dürfen oder zu einem allfällig tieferen Marktwert.

V. Pauschale Wertberichtigung von 33% (Warenlagerreserve)

10 Aus steuerlicher Sicht stellt die Bildung einer pauschalen Wertberichtigung auf Vorräten im Umfange von bis zu 33% des Buchwertes abzugsfähigen Aufwand dar.

11 Von dieser Möglichkeit wird häufig Gebrauch gemacht, so dass die Buchwerte oft unter den gesetzlich geforderten Niederstwerten nach Art. 666 liegen. Damit werden stille Reserven gebildet, was im Rahmen von Art. 669 Abs. 3 zulässig ist. Die Auflösung solcher stillen Reserven muss allenfalls im Anhang offen gelegt werden, falls dadurch das Ergebnis wesentlich günstiger dargestellt wird (Art. 663b Ziff. 8).

VI. Zeitpunkt der Bewertung

12 Der geltende Wortlaut spricht vom allgemein am **Bilanzstichtag** geltenden **Marktpreis** (Botschaft AG, 148; BÖCKLI, § 8 N 452). Demnach besteht die Verpflichtung, Ereignisse oder Erkenntnisse, die nach dem Bilanzstichtag eingetreten sind, im Rahmen der Bilanzierung dann zu berücksichtigen, wenn ihre Ursache vor dem Bilanzstichtag lag (HWP I 50, insb. 375 ff.; BÖCKLI, N 862 ff.; BOEMLE, 465 ff.; Grundsätze zur Abschlussprüfung 1996, Treuhand-Kammer, Nr. 8: Ereignisse nach dem Bilanzstichtag; Schweizer Prüfungsstandards (PS) 2004, Treuhand-Kammer, PS 560: Ereignisse nach dem Bilanzstichtag).

(Randnummern 13–14 entfallen)

2. Abschnitt: Rechte und Pflichten der Aktionäre   1–3 **Art. 667**

VII. Rechtsvergleichung

Nach IAS 2 sind die Vorräte zu Anschaffungs- oder Herstellungskosten oder zum tieferen Marktpreis zu bewerten. Zur Bewertung stehen das Durchschnittswertverfahren oder FIFO zur Verfügung (IAS 2, Ziff. 25). 15

Das EU-Recht geht bezüglich **Vorräten** ebenfalls von der Bewertung zu **Anschaffungs- oder Herstellungskosten** oder zum tieferen Marktpreis (Art. 39 EU-Jahresabschluss-RL) aus. Ebenso gelten die Bewertungsmethoden nach Durchschnittswerten, LIFO und FIFO. Diese werden explizit genannt (Art. 40 EU-Jahresabschluss-RL). 16

Art. 667

4. Wertschriften ¹ **Wertschriften mit Kurswert dürfen höchstens zum Durchschnittskurs des letzten Monats vor dem Bilanzstichtag bewertet werden.**

² **Wertschriften ohne Kurswert dürfen höchstens zu den Anschaffungskosten bewertet werden, unter Abzug der notwendigen Wertberichtigungen.**

4. Titres ¹ Les titres cotés en bourse peuvent être évalués au plus au cours moyen qu'ils ont enregistré le dernier mois précédant la date du bilan.

² Les titres non cotés en bourse peuvent être évalués au plus à leur prix d'acquisition, déduction faite des corrections de valeur nécessaires.

4. Titoli ¹ I titoli quotati in borsa non possono essere valutati con un importo superiore al loro corso medio durante l'ultimo mese che ha preceduto il giorno determinante per il bilancio.

² I titoli non quotati in borsa non possono essere valutati con un importo superiore al loro prezzo d'acquisto, da cui vanno dedotte le correzioni di valore necessarie.

I. Allgemeines

Art. 667 definiert als Höchstwert für die Bewertung von Wertschriften mit Kurswert den Durchschnittskurs des letzten Monats vor dem Bilanzstichtag. Für Wertschriften ohne Kurswert gelten die Anschaffungskosten abzüglich Wertberichtigungen als Höchstwert. 1

Art. 667 ist als Ausnahme zum Höchstwert gemäss Anschaffungswert-Prinzip zu sehen (BÖCKLI, § 8 N 455). Die Bilanzierung zu Anschaffungswerten ist jedoch erlaubt (HWP I 192). Es besteht also ein Wahlrecht bezüglich einer allfälligen Aufwertung über die Anschaffungskosten hinaus (HWP I 192; BÖCKLI, § 8 N 454) für die Bilanzierung von Wertschriften mit Kurswert. Zu beachten ist dabei allerdings, dass die Bewertung dem Grundsatz der Stetigkeit genügen muss, d.h. es darf nicht willkürlich die Bewertungsmethode geändert werden, auch wenn es sich um eine andere erlaubte Methode handelt. Eine Methodenänderung ist im Anhang offen zu legen (BÖCKLI, § 8 N 454). 2

II. Begriff der Wertschriften

Der Begriff der **Wertschriften** im Gesetzestext unterscheidet sich vom Begriff der Wertpapiere. Es wird damit zum Ausdruck gebracht, dass Art. 667 nicht bloss die Wertpapiere i.S.v. Art. 965 ff. erfasst. Vielmehr umfasst der Begriff der Wertschriften nebst 3 den eigentlichen Wertpapieren auch andere übertragbare und handelbare Rechte, soweit es sich nicht um Forderungen, Checks oder Wechsel handelt (HWP I 186 ff.; BOEMLE, 298 ff.).

III. Abgrenzungen zwischen Wertschriften, Beteiligungen und anderen Finanzanlagen

4   Anteile an anderen Unternehmen können sowohl Wertschriften, Beteiligungen, aber auch andere Finanzanlagen darstellen. Entsprechend hat der Bilanzierende klar zwischen **Wertschriften** einerseits und **Beteiligungen,** resp. **anderen Finanzanlagen** andererseits zu unterscheiden (LUTZ, FS Helbling, 257 f.; DELLMANN, 96; HWP I 193). Bei Beteiligungen und anderen Finanzanlagen handelt es sich um **AV.** AV wird mit der Absicht dauernder Anlage gehalten (s. Art. 665a N 5 f., Art. 663a N 10). Beteiligungen nach Art. 665a im Speziellen liegen vor, soweit nebst dieser Absicht dauernder Anlage auch ein massgeblicher Einfluss auf das andere Unternehmen ausgeübt wird. Fehlt es an diesem massgebenden Einfluss, besteht die Absicht des dauernden Haltens aber trotzdem, so liegt eine **andere Finanzanlage** nach Art. 665a Abs. 1 vor (s. die Ausführungen zu Art. 665a N 7 ff.).

5   Demgegenüber handelt es sich bei Wertschriften um **UV** (BÖCKLI, § 8 N 455). Liegt die Absicht dauernder Anlage nicht vor und handelt es sich demnach weder um eine Beteiligung noch um eine andere Finanzanlage nach Art. 665a, so ist nach den Bestimmungen der Wertschriften zu bilanzieren.

IV. Abgrenzung von Wertschriften mit und ohne Kurswert

6   Früher wurde zur Abgrenzung von **Wertschriften mit oder ohne Kurswert** i.d.R. allein darauf abgestellt, ob ein Papier einen Börsenkurswert hatte oder nicht (ZK-BÜRGI, N 5). Dies entspricht jedoch nach heutigem Verständnis nicht mehr der ratio legis, obwohl der französische Gesetzestext immer noch von titres cotés spricht. Entscheidend muss vielmehr sein, ob ein regelmässiger Handel, börslich oder ausserbörslich, mit den zu beurteilenden Wertschriften vorliegt oder nicht (HWP I 191; BOEMLE, 299; LUTZ, a.a.O., 259; FORSTMOSER/MEIER-HAYOZ/NOBEL, § 50 N 276). Anderseits genügt die blosse Möglichkeit zum Handel im Sekundärmarkt nicht, um unter die Kategorie der Wertschriften mit Kurswert zu fallen.

V. Bewertung von Wertschriften mit Kurswert

7   **Wertschriften mit Kurswert** dürfen höchstens zum **Durchschnittskurs des letzten Monates vor dem Bilanzstichtag** bewertet werden. Es gilt somit das Tageswertprinzip, jedoch modifiziert, da nicht auf den Kurs per Bilanzstichtag abzustellen ist. Das Gesetz lässt für diese Bilanzposition bewusst einen Verstoss gegen das Imparitätsprinzip, das Realisationsprinzip, das Kostenwertprinzip und das Niederstwertprinzip zu (s.a. Art. 960; ferner Botschaft AG, 148; BOEMLE, 300; BÖCKLI, § 8 N 453 f.; DELLMANN 198; HWP I 191).

8   **Aufwertungen** über die Anschaffungskosten hinaus sind somit zulässig, es besteht aber keine diesbezügliche Pflicht. Obwohl dadurch stille Reserven geschaffen werden, ist Art. 669 Abs. 3 vom VR nicht zu beachten.

9   Wesentlich ist zudem, dass an die Aufwertung über die Anschaffungskosten hinaus nicht die gleichen Anforderungen gestellt werden, wie dies für die Aufwertung von

2. Abschnitt: Rechte und Pflichten der Aktionäre   10–17 **Art. 667**

Grundstücken oder Beteiligungen nach Art. 670 der Fall ist, und dass auch keine Offenlegungspflichten bestehen, ausser es liege eine Auflösung stiller Reserven vor (Art. 663b Ziff. 8).

Das Abstellen auf den Kurs per Bilanzstichtag kann aus Gründen der Vereinfachung nur dann zulässig sein, wenn dieser tiefer ist als der Durchschnittskurs des letzten Monats vor dem Bilanzstichtag oder wenn die Abweichung nicht wesentlich ist (HWP I 191; BOEMLE, 300 f.). 10

Der **Börsenkurs** ist bei Wertschriften mit Kurswert aber auch dann als Höchstwert zu verstehen, wenn die Anschaffungskosten, der subjektive Geschäftswert oder auch der innere Wert über dem momentanen Börsenkurs liegen. Zufällige Schwankungen an der Börse nach unten sind somit sofort auszuweisen und können nicht gestützt auf andere Bewertungskriterien überbrückt werden (LUTZ, a.a.O., 257). 11

VI. Bewertung von Wertschriften ohne Kurswert

Im Gegensatz zu den Wertschriften mit Kurswert dürfen die **Wertschriften ohne Kurswert** höchstens zu den **Anschaffungskosten** bewertet werden. Hier gelten somit das Imparitäts-, das Realisations-, das Kostenwert- und das Niederstwertprinzip. 12

Zudem hält Abs. 2 ausdrücklich fest, dass die notwendigen Wertberichtigungen in Abzug zu bringen sind. Damit wird gegenüber Art. 669 materiell nichts Zusätzliches ausgesagt. Die Anschaffungskosten stellen einen Höchstwert dar, der herabzusetzen ist, falls der Tageswert tiefer liegt. 13

(Randnummer 14 entfällt)

Unter pari ausgegebene Papiere (Zero- und Discountbonds etc.), nicht aber solche, die am Sekundärmarkt unter pari erworben, ursprünglich aber zu pari emittiert wurden, dürfen pro rata temporis aufgewertet werden (anteilmässige, periodische Aufwertung), selbst wenn sie keinen Kurswert aufweisen (LUTZ, a.a.O., 260 f.). Wirtschaftlich kommt dies nämlich einer sofortigen Reinvestition vereinnahmter und damit zu bilanzierender Erträge gleich. 15

Weitergehende Aufwertungen über die Anschaffungskosten hinaus sind nach neuem Recht klarerweise nicht mehr zulässig (HWP I 192; **a.M.** noch zum alten Recht ZK-BÜRGI, N 7 f., der eine Aufwertung nach altem Recht gestützt auf einen hohen Ertragswert oder gestützt auf den Steuerwert als zulässig erachtete). 16

VII. Eigene Aktien

In der Literatur besteht keine Einigkeit darüber, ob **Eigene Aktien** i.S.v. Art. 659 ff. im UV, AV, als Sonderposten in den Aktiven oder als Korrekturposten des Eigenkapitals auszuweisen sind (s. Ausführungen zu Art. 671a, sowie BOEMLE, 301 ff.). Werden die eigenen Aktien als Wertschriften bilanziert, fallen sie bei Vorliegen eines Kurswertes unter Art. 667 Abs. 1 und ohne Vorliegen eines Kurswertes unter Abs. 2. (**a.M.** BOEMLE, 303 ff., wonach der Kaufpreis generell Höchstwert sein soll; BK-KÄFER, Art. 958 N 384, wonach eigene Aktien keinen Wert darstellen). 17

Art. 668

aufgehoben

abrogé

abrogato

Art. 669

5. Abschreibungen, Wertberichtigungen und Rückstellungen

¹ Abschreibungen, Wertberichtigungen und Rückstellungen müssen vorgenommen werden, soweit sie nach allgemein anerkannten kaufmännischen Grundsätzen notwendig sind. Rückstellungen sind insbesondere zu bilden, um ungewisse Verpflichtungen und drohende Verluste aus schwebenden Geschäften zu decken.

² Der Verwaltungsrat darf zu Wiederbeschaffungszwecken zusätzliche Abschreibungen, Wertberichtigungen und Rückstellungen vornehmen und davon absehen, überflüssig gewordene Rückstellungen aufzulösen.

³ Stille Reserven, die darüber hinausgehen, sind zulässig, soweit die Rücksicht auf das dauernde Gedeihen des Unternehmens oder auf die Ausrichtung einer möglichst gleichmässigen Dividende es unter Berücksichtigung der Interessen der Aktionäre rechtfertigt.

⁴ Bildung und Auflösung von Wiederbeschaffungsreserven und darüber hinausgehenden stillen Reserven sind der Revisionsstelle im einzelnen mitzuteilen.

5. Amortissements, corrections de valeur et provisions pour risques et charges

¹ Des amortissements, corrections de valeur et provisions pour risques et charges sont effectués dans la mesure où ils sont nécessaires selon les principes généralement admis dans le commerce. Des provisions pour risques et charges sont notamment constituées pour couvrir les engagements incertains et les risques de pertes sur les affaires en cours.

² Le conseil d'administration peut à des fins de remplacement procéder à des amortissements, à des corrections de valeur et à la constitution de provisions pour risques et charges supplémentaires; il peut également renoncer à dissoudre des provisions pour risques et charges devenues superflues.

³ Des réserves latentes supplémentaires sont admissibles dans la mesure où elles sont justifiées pour assurer d'une manière durable la prospérité de l'entreprise ou la répartition d'un dividende aussi constant que possible compte tenu des intérêts des actionnaires.

⁴ La constitution et la dissolution de réserves de remplacement et de réserves latentes supplémentaires doivent être communiquées dans le détail à l'organe de révision.

5. Ammortamenti, correzioni di valore e accantonamenti

¹ Nella misura in cui siano necessari conformemente ai principi generalmente ammessi nel commercio, devono essere effettuati ammortamenti, correzioni di valore e accantonamenti. Gli accantonamenti vanno costituiti, in particolare, per coprire impegni incerti e perdite probabili da affari in corso.

² Il consiglio d'amministrazione può procedere ad ammortamenti, correzioni di valore e accantonamenti supplementari, come pure rinunciare a sciogliere

2. Abschnitt: Rechte und Pflichten der Aktionäre 1–6 **Art. 669**

accantonamenti divenuti superflui, in quanto tali operazioni siano necessarie a fini di sostituzione.

³ Ulteriori riserve latenti sono ammissibili in quanto giustificate per garantire durevolmente la prosperità dell'impresa o la ripartizione di un dividendo quanto costante possibile, tenendo conto degli interessi degli azionisti.

⁴ La costituzione e lo scioglimento di riserve di sostituzione e di ulteriori riserve latenti devono essere comunicati in modo dettagliato all'ufficio di revisione.

I. Allgemeines

Die Bestimmungen des Art. 669 OR befassen sich mit sämtlichen betriebswirtschaftlich notwendigen **Wertkorrekturen**. 1

Der Gesetzeswortlaut unterscheidet klar zwischen Abschreibungen, Wertberichtigungen und Rückstellungen. 2

Abschreibungen und **Wertberichtigungen** beziehen sich auf Aktivposten. Dabei spricht man bei Wertkorrekturen auf dem AV von Abschreibungen und bei solchen auf Gütern des UV von Wertberichtigungen (zur Abgrenzung s. Ausführungen zu Art. 663a N 10; vgl. auch BBl 1983 II 893; BÖCKLI, § 8 N 465; FORSTMOSER/MEIER-HAYOZ/NOBEL, § 50 N 282 ff.; BOEMLE, 225 f.). **Rückstellungen** stellen demgegenüber FK dar. 3

II. Abschreibungen

1. Begriff der Abschreibungen

Nach Art. 665 ist das AV höchstens zu den Anschaffungs- oder Herstellungskosten zu bilanzieren, unter Abzug der notwendigen Abschreibungen. Der Begriff der **notwendigen Abschreibungen** wird weder in Art. 665 noch in Art. 669 abschliessend definiert. Art. 669 verweist bloss auf die aakG nach Art. 959. Daraus folgt, dass mittels Abschreibungen ein möglichst sicherer Einblick in die wirtschaftliche Lage des Geschäftes erbracht werden soll, und es soll nach den GoR nach Art. 662a Abs. 1 eine möglichst zuverlässige Beurteilung der Vermögens- und Ertragslage ermöglicht werden. 4

Demnach sind **Abschreibungen** einerseits vorzunehmen, um eine periodengerechte Verteilung der Anschaffungs- oder Herstellungskosten für das AV zu erreichen (BBl 1983 II 893 «den Anschaffungspreis auf die Nutzungsdauer zu verteilen»; BOEMLE, 324 f.; BÖCKLI, § 8 N 151) und andererseits, um per Bilanzstichtag bloss die tatsächlich vorhandene Substanz auszuweisen. Zudem dienen Abschreibungen der Bereitstellung der Mittel für Investitionen (BÖCKLI, § 8 N 475; BOEMLE, 324 ff.). 5

2. Bilanzierung der Abschreibungen

Grundsätzlich steht es jedem Bilanzierenden frei, wie er die **Abschreibung** in der Bilanz darstellen will. So kann er direkt abschreiben, indem der Buchwert um die Abschreibung herabgesetzt wird oder er kann indirekt/brutto abschreiben, indem die Abschreibungen in einem Passivkonto separat ausgewiesen werden (BBl 1983 II 893; BOEMLE, 327; HWP I 67; BÖCKLI, § 8 N 437 f.; DELLMANN, 215 ff.). Bei direkter Abschreibung kann es sich aus Sicht der Klarheit aufdrängen, die kumulierten Abschreibungen in einer Vorkolonne in der Bilanz auszuweisen (s. BOEMLE, 121 f., der die Ansicht vertritt, dass die Klarheit der Darstellung erheblich gestört sei, wenn z.B. Anschaffungswerte der Sachanlagen mit kumulierten Abschreibungen verrechnet, d.h. netto ausgewiesen würden). 6

7 Von Bedeutung ist im Weiteren die Pflicht, Abschreibungen in der **Erfolgsrechnung** gesondert auszuweisen (Art. 663 Abs. 2).

3. Abschreibungsmethode

8 Der Bilanzierende kann gestützt auf sachliche Argumente zwischen den verschiedenen **Abschreibungsmethoden** wählen (linear, degressiv, progressiv, leistungsbezogen, bezogen auf die Anschaffungskosten oder auf den Buchwert; BBl 1983 II 893; HWP I 173 f.; BOEMLE, 327 ff.; BÖCKLI, § 8 N 468 ff.; DELLMANN, 207). Zudem ist er auch in der Anwendung des Abschreibungssatzes grundsätzlich frei (BBl 1983 II 887, 893).

9 Aufgrund des **Niederstwertprinzips** kann der Bilanzierende aber gezwungen sein, von der einmal gewählten Abschreibungsmethode abzuweichen, um z.B. einem ausserordentlichen Wertzerfall Rechnung zu tragen (BÖCKLI, § 8 N 474; DELLMANN, 206 ff.).

4. Planmässige Abschreibungen

10 Im Einzelnen ist vor allem bei der Vornahme von Abschreibungen als Ausfluss ordnungsmässiger Rechnungslegung der Grundsatz der **Stetigkeit** zu beachten (Art. 662a Abs. 2 Ziff. 5). Demnach hat sich der Bilanzierende Klarheit über die voraussichtliche Nutzungsdauer eines Aktivums zu verschaffen. Zudem hat er sich für die angemessene **Abschreibungsmethode** zu entscheiden. Im Weiteren ist der korrekte Buchwert i.S. der Anschaffungs- oder Herstellungskosten festzulegen (DELLMANN, 207 f.). Ist dies erfolgt, so ist i.S. **planmässiger Abschreibungen** grundsätzlich an der einmal gewählten Abschreibungsmethode festzuhalten (BBl 1983 II 893; BÖCKLI, § 8 N 435; BOEMLE, 133 f.).

11 Das Recht zur Bildung **stiller Reserven** (Abs. 3) relativiert aber die Pflicht zur Vornahme planmässiger Abschreibungen (BBl 1989 II 893). Die planmässigen Abschreibungen sind gegebenenfalls bei der internen Erfassung der stillen Reserven zu berücksichtigen.

12 Abweichungen von der einmal gewählten **Abschreibungsmethode** sind zudem zulässig, soweit sie im Anhang begründet und betragsmässig offen gelegt werden (Art. 662a Abs. 3; s. Art. 662a N 21 ff.). Sie können nach dem Niederstwertprinzip bei rascherem Wertzerfall als erwartet auch geboten sein (HWP I 67; BÖCKLI, § 8 N 435).

13 In der Höhe der **Abschreibungssätze** ist der Bilanzierende grundsätzlich frei, soweit er das Niederstwertprinzip einhält (BBl 1983 II 887 f.). Dies geht aus dem Recht zur Bildung stiller Reserven hervor (Art. 669 Abs. 3).

III. Wertberichtigungen

1. Begriff der Wertberichtigungen

14 **Wertberichtigungen** beziehen sich auf das UV, insb. auf Debitoren, Wertschriften und Vorräte. Die Wertberichtigungen dienen der möglichst zuverlässigen Beurteilung der Vermögens- und Ertragslage der Gesellschaft und sind Ausfluss des Niederstwertprinzips (Art. 662a Abs. 1; BBl 1983 II 893; BÖCKLI, § 8 N 480 f.).

15 Die früher in der Praxis verwendete Bezeichnung der **Delkredere**-Rückstellung ist nach aktuellem Recht eindeutig nicht mehr korrekt, handelt es sich hier doch um eine Wertberichtigung eines Aktivums und gerade nicht um eine Rückstellung i.S. einer Verbind-

lichkeit (BÖCKLI, § 8 N 481; BGE 113 II 52). Ebenso unrichtig ist der oft verwendete Begriff der Abschreibungen auf Warenvorräten. Es handelt sich auch hier um eine Wertberichtigung.

2. Darstellung der Wertberichtigungen

Wertberichtigungen können als Passivum ausgewiesen werden. Treffender ist jedoch der Abzug vom betroffenen Aktivum in einer Vorkolonne der Bilanz (HWP I 208 f.; DELLMANN, 219 f.). **16**

3. Bemessung der Wertberichtigungen

Wertberichtigungen sind im Grundsatz entsprechend den tatsächlichen Wertverminderungen zu bemessen. Für **Forderungen aus Lieferungen und Leistungen** hat sich in der Praxis jedoch eine pauschale Wertberichtigung etabliert. Häufig werden dabei die aus steuerlicher Sicht geprägten Prozentsätze angewendet, die üblicherweise für inländische Forderungen bei 5% und für ausländische Forderungen bei 10% liegen (HWP I 208; MASSHARDT, Art. 49 N 69). So weit die Anwendung dieser pauschalen Prozentsätze jedoch zur Bildung stiller Reserven führt, ist grundsätzlich die Einschränkung von Abs. 3 zu beachten. **17**

IV. Rückstellungen

1. Begriff der Rückstellungen

Rückstellungen sind zu bilden, um ungewisse Verpflichtungen oder drohende Verluste aus schwebenden Geschäften zu decken. **18**

Ungewisse Verpflichtungen sind solche, deren Bestand noch ungewiss ist, und solche, deren Höhe oder Zeitpunkt der Fälligkeit noch unklar ist (BBl 1983 II 893; HWP I 215, BOEMLE, 363 f.; BÖCKLI, § 8 N 483 ff.; DELLMANN, 111 ff.). Im Weiteren sind nach dem **Imparitätsprinzip** auch für allfällige Verluste aus schwebenden, mithin noch nicht erfüllten Geschäften Rückstellungen zu bilden. Darunter können etwa allfällige Verluste aus Eventualverbindlichkeiten fallen (BGE 116 II 536). **19**

Die Bildung von Rückstellungen soll ebenso wie die Bildung von Wertberichtigungen und die Vornahme von Abschreibungen eine möglichst zuverlässige Beurteilung der Vermögens- und Ertragslage ermöglichen (Art. 662a Abs. 1). **20**

2. Darstellung der Rückstellungen

Rückstellungen sind in der Bilanz gesondert unter dem FK auszuweisen (Art. 663a Abs. 3). Sie dürfen nicht in einer gemeinsamen Position mit dem anderen FK oder den Rechnungsabgrenzungsposten zusammengefasst werden. **21**

3. Bemessung der Rückstellungen

Rückstellungen sind nach dem **Vorsichtsprinzip** zu bewerten. Sämtliche Risiken, die in Verbindlichkeiten resultieren können, sind demnach zu bemessen (HWP I 217; BOEMLE, 367). Hingegen sind Pauschal- oder Generalrückstellungen für allgemeine, nicht konkretisierte Unternehmensrisiken nicht zulässig, da hiermit **fiktive Verbindlichkeiten** geschaffen würden (BBl 1983 II 893; BOEMLE, 367). Über das betriebswirt- **22** schaftlich Notwendige hinausgehende Rückstellungen sind demnach nur innerhalb der Grenzen von Abs. 3 zulässig.

V. Zusätzliche Abschreibungen, Wertberichtigungen und Rückstellungen für Wiederbeschaffungszwecke

1. Begriff der Wiederbeschaffungsreserven

23 Der VR darf für Wiederbeschaffungszwecke zusätzliche Abschreibungen, Wertberichtigungen und Rückstellungen bilden oder er kann davon absehen, überflüssig gewordene Rückstellungen aufzulösen (Art. 669 Abs. 2).

24 Solche Wertkorrekturen stellen grundsätzlich **stille Reserven** dar. Entsprechend spricht man auch von Wiederbeschaffungsreserven (s. Terminologie in Art. 663b Ziff. 8). Sie können ohne Beachtung der in Abs. 3 genannten Voraussetzungen zur Bildung stiller Reserven geäufnet werden (BBl 1983 II 893; HWP I 231).

25 Wiederbeschaffungsreserven sind Teil eines «**Inflation Accounting**», indem der Preissteigerung bestimmter zu ersetzender Aktiven Rechnung getragen wird (BK-KÄFER, Art. 958 N 649; BÖCKLI, § 8 N 516 f.). Wiederbeschaffungsreserven dienen der Selbstfinanzierung und basieren auf der Idee der Substanzerhaltung (DIETERLE, 123, 146).

2. Bemessung der Wiederbeschaffungsreserven

26 Das Ausmass der zulässigen **Wiederbeschaffungsreserven** ist limitiert durch die realistischerweise zu erwartenden Wiederbeschaffungskosten (BBl 1983 II 893; HWP I 232). Dem VR kommt in diesem Bereich ein erheblicher Ermessensspielraum zu, ist es doch recht schwierig, objektive Kriterien zur Bemessung von Wiederbeschaffungskosten zu erstellen (IMBACH, ST 1983, 7). Zudem ist es dem VR erlaubt, bloss auf einem Teil der Aktiven Wiederbeschaffungsreserven zu bilden oder diese bloss teilweise und nicht im maximal möglichen Umfange aufzubauen.

3. Darstellung der Wiederbeschaffungsreserven

27 Üblicherweise werden **Wiederbeschaffungsreserven** durch spezielle Rückstellungen für Wiederbeschaffungszwecke gebildet. Werden sie unter der allgemeinen Position Rückstellungen verbucht, geht daraus nicht hervor, welche Rückstellungen für ungewisse Verpflichtungen sowie drohende Verluste aus schwebenden Geschäften gemacht wurden und welchen Wiederbeschaffungszwecken dienen (THIEL, ST 1991, 556). In Anwendung des Klarheitsgebotes sind die Rückstellungen für Wiederbeschaffungszwecke gesondert als solche auszuweisen (BÖCKLI, § 8 N 527; Art. 662a Abs. 2 Ziff. 2).

28 Diese zusätzlichen Wertkorrekturen, aber auch das Stehenlassen von **überflüssig gewordenen Rückstellungen** führen zur Bildung stiller Reserven. Die Bildung und Auflösung von Wiederbeschaffungs- und darüber hinausgehenden stillen Reserven sind der RS mitzuteilen (Art. 669 Abs. 4). Die stillen Reserven sind jährlich aufgrund der Differenz zwischen Buchwert und dem gesetzlich zulässigen Höchstwert zu ermitteln (HWP I 234 f.). Der Gesamtbetrag der aufgelösten Wiederbeschaffungsreserven und der darüber hinausgehenden stillen Reserven muss zudem im Anhang offen gelegt werden, soweit dieser Saldo die Summe der neu gebildeten Reserven übersteigt und dadurch das erwirtschaftete Ergebnis wesentlich günstiger dargestellt wird (Art. 663b Ziff. 8).

Rückstellungen für Wiederbeschaffungszwecke sind von den offenen **Reserven für** 29
Wiederbeschaffungszwecke nach Art. 674 Abs. 2 Ziff. 1 zu unterscheiden. Bei Letzteren handelt es sich um von der GV geäufnete Reserven (also EK), bei Ersteren um Verbindlichkeiten, deren Ausweis und Höhe im Ermessen des VR liegen.

VI. Stille Reserven

1. Betriebswirtschaftlich notwendige Wertkorrekturen nach Abs. 1

Abschreibungen, Wertberichtigungen und **Rückstellungen** nach Abs. 1 sind zu bilden, so weit sie nach **aakG** notwendig sind. Demnach sind solche Wertkorrekturen in 30 dem Umfange zu bilden, wie dies notwendig ist, um eine möglichst zuverlässige Beurteilung der Vermögens- und Ertragslage der Gesellschaft zu ermöglichen. Die Bildung weitergehender Wertkorrekturen ist nach Abs. 1 weder gefordert noch zulässig.

2. Weitere Wertkorrekturen nach Abs. 3

Abs. 3 lässt die Bildung weitergehender **Wertkorrekturen** (Abschreibungen, Wertbe- 31 richtigungen, Rückstellungen), d.h. Wertkorrekturen, die über das betriebswirtschaftlich Notwendige hinausgehen, ausdrücklich zu, sofern gewisse Voraussetzungen vorliegen.

Damit wird der Grundsatz von Abs. 1, wonach bloss die betriebswirtschaftlich notwen- 32 digen Wertkorrekturen zu bilden sind, ganz wesentlich eingeschränkt, und die Bildung **stiller Reserven** ist auch nach neuem Aktienrecht in ganz wesentlichem Umfange möglich.

In diesem Zusammenhang ist darauf hinzuweisen, dass der ursprüngliche Gesetzeswort- 33 laut, wie er der Botschaft zugrunde lag, im Zuge der parlamentarischen Beratungen noch geändert wurde. Gemäss Botschaft (BBl 1983 II 969) war die Zulässigkeit der Bildung zusätzlicher Wertkorrekturen insb. davon abhängig, ob «Gründe besonderer Vorsicht» dies rechtfertigten. Diese Schranke fand keinen Eingang in den definitiven Gesetzeswortlaut.

3. Arten stiller Reserven

Nach herkömmlicher Auffassung ist zwischen folgenden Arten stiller Reserven zu unterscheiden (BBl 1983 II 812):

Zwangsreserven: Zwangsreserven werden nicht durch Massnahmen des Bilanzierenden 34 gebildet, sondern ergeben sich aufgrund von Wertsteigerungen der Aktiven. Aufgrund der gesetzlichen Höchstwertvorschriften darf der Bilanzierende diese Wertsteigerungen nicht ausweisen, solange sie nicht tatsächlich realisiert sind (Ausnahme: Art. 670; vgl. HWP I 230 f.; BOEMLE, 166; BÖCKLI, § 8 N 543 ff., der von stillen Reserven spricht, die «ausserhalb der erfolgswirksamen Vorgänge anwachsen»; DELLMANN, 239; IMBACH, ST 1983, 7).

Ermessensreserven: Ermessensreserven entstehen dann, wenn bei verschiedenen mög- 35 lichen betriebswirtschaftlichen Wertansätzen der vorsichtigere gewählt wird (HWP I 71 f.; BOEMLE, 169; DELLMANN, 240; IMBACH, ST 1983, 7). Im Rahmen der ordnungsmässigen Rechnungslegung (Art. 662a) ist der VR verpflichtet, vorsichtig zu bilanzieren. Demnach liegt es auch in seiner Kompetenz und Pflicht, über die Bildung derartiger Ermessensreserven zu befinden.

36 **Willkür-** oder **Verwaltungsreserven:** Willkür- oder Verwaltungsreserven werden vom Bilanzierenden bewusst (BOEMLE, 166 f., der deshalb von «stillen Absichtsreserven» und nicht von Willkür- oder Verwaltungsreserven spricht) und erfolgswirksam (BÖCKLI, § 8 N 543) gebildet (HWP I 72, 231; IMBACH, ST 1983, 7).

4. Regelungsinhalt von Abs. 3

37 Abs. 3 von Art. 669 bezieht sich bloss auf die Willkür- oder Verwaltungsreserven (oder stillen Absichtsreserven), somit auf die Art stiller Reserven, die erfolgswirksam gebildet wird. Zwangs- oder Ermessensreserven sind von Abs. 3 nicht erfasst (BBl 1983 II 812).

5. Zulässige und unzulässige Willkür- oder Verwaltungsreserven

38 Nach den GoR ist die Bildung von **Willkür- oder Verwaltungsreserven** durch Weglassen von Aktiven, Nicht-Verbuchen von Erträgen oder Verbuchung fiktiver Schulden unzulässig (HWP I 73, 234; BÖCKLI, § 8 N 552 ff.; THIEL, ST 1991, 556; FORSTMOSER/ MEIER-HAYOZ/NOBEL, § 50 N 90; relativierend aber DIETERLE, 76).

39 Zulässig ist die Bildung stiller Willkür- oder Verwaltungsreserven demnach bloss im Rahmen der Bildung von Wertkorrekturen (Abschreibungen, Wertberichtigungen oder Rückstellungen) sowie im Rahmen der Nicht-Auflösung überflüssig gewordener Rückstellungen (BÖCKLI, § 8 N 554).

6. Voraussetzungen zur Bildung von Willkür- oder Verwaltungsreserven

40 Gemäss dem Wortlaut von Abs. 3 ist die Bildung von Willkür- oder Verwaltungsreserven bloss dann zulässig, wenn sie alternativ aus **Rücksicht auf das dauernde Gedeihen des Unternehmens** oder auf die **Ausrichtung einer möglichst gleichmässigen Dividende** erfolgt und zudem kumulativ diese Bildung unter **Berücksichtigung der Interessen der Aktionäre** gerechtfertigt ist.

41 Fest steht, dass die Bildung **stiller Reserven** einer sachlichen Begründung bedarf. Im Rahmen der Beurteilung dieser sachlichen Begründung kommt dem Bilanzierenden nach wie vor grosses Ermessen zu (THIEL, ST 1991, 556 ff. spricht denn auch von den stillen Reserven als ungelöstem Problem; BOEMLE, 184 ist der Ansicht, stille Reserven seien weiterhin uneingeschränkt zulässig. Ebenso: GUHL-DRUEY 767 N 60; DIETERLE, 44, 156 f.; a.M. FORSTMOSER/MEIER-HAYOZ/NOBEL, § 50 N 85 FN 19). So lassen sich insb. kaum objektivierbare Kriterien aufstellen, anhand welcher allgemein beurteilt werden könnte, ob auf das dauernde Gedeihen des Unternehmens Rücksicht genommen wird. Fest steht einzig, dass mit der Bildung stiller Reserven nicht unternehmensfremde Ziele angestrebt werden dürfen (BBl 1983 II 815). Aus den Materialien (AmtlBull NR 1985, 1719) geht zudem hervor, dass mit der Norm auch ein Schutz von Minderheitsaktionären angestrebt wurde. Obwohl im definitiven Gesetzestext bloss von den Interessen der Aktionäre gesprochen wird (im Gegensatz zur Botschaft, wo noch von den Interessen aller Aktionäre die Rede war), sind nach dem klaren Willen des Gesetzgebers die Interessen aller Aktionäre und damit insb. auch diejenigen der Minderheitsaktionäre zu schützen (BÖCKLI, § 8 N 557: nach ihm liegt die Bedeutung dieser Norm v.a. in jenen Fällen, in denen die Dividendeninteressen der Minderheitsaktionäre tangiert sind).

42 Für sich alleine betrachtet schränkt die neue Norm die Zulässigkeit der Bildung stiller Reserven kaum ein. Zu beachten ist jedoch, dass der Bilanzierende auch verpflichtet ist, die Vermögens- und Ertragslage der Gesellschaft möglichst zuverlässig darzustellen

(Art. 662a Abs. 1). Aus der Systematik folgt demnach, dass das Recht zur Bildung stiller Reserven eine Ausnahme zur allgemeinen Norm darstellt. Die Ausübung dieses Rechts hat deshalb zurückhaltend und bloss bei Vorliegen der geforderten sachlichen Rechtfertigung zu erfolgen (BÖCKLI, § 8 N 561).

VII. Mitteilungspflicht

Bildung und Auflösung von Wiederbeschaffungsreserven nach Abs. 2 und stillen Reserven nach Abs. 3 sind der RS im Einzelnen mitzuteilen. Diese Mitteilungspflicht bedingt, dass sich der Bilanzierende selbst Rechenschaft über den Umfang der stillen Reserven ablegt, den Bedarf an Wiederbeschaffungsreserven quantifiziert und die Notwendigkeit bestehender Rückstellungen überprüft. Wesentlich und im Vergleich zu Art. 663 Abs. 3 altOR verschärft ist die Pflicht, im Einzelnen Mitteilung zu erstatten. Eine pauschale Beurteilung der Situation genügt demnach nicht mehr. Vielmehr muss sich der VR im Detail über die Veränderungen der stillen Reserven ins Bild setzen (lassen), vgl. BÖCKLI, § 8 N 563 f. Die RS ihrerseits hat festzustellen, ob die Beurteilung durch den VR korrekt erfolgt ist oder nicht (IMBACH, ST 1983, 8; DIETERLE, 46, 95 ff.). **43**

Eine weitergehende Offenlegungspflicht besteht jedoch bloss im Rahmen von Art. 663b Ziff. 8, wo verlangt wird, die Nettoauflösung der stillen Reserven im Anhang offen zu legen, wenn durch die Auflösung das erwirtschaftete Ergebnis wesentlich günstiger dargestellt wird. Den Begriffen «erwirtschaftetes Ergebnis» und «wesentlich» kommt dabei eine Schlüsselstellung zu. Sie sind beide nicht definiert und damit unklar (FORSTMOSER/MEIER-HAYOZ/NOBEL, § 50 N 95 zur Wesentlichkeit; BÜHLMANN, 187 ff. und 190 ff., wo sich eine Zusammenstellung verschiedener quantitativer Merkmale befindet). **44**

VIII. Rechtsvergleichung

Die International Financial Reporting Standards gehen vom Prinzip des true and fair view aus (IFRS Framework par. 46; IAS 1 par. 13). Gemäss diesem Prinzip hat ein Jahresabschluss ein tatsächliches Bild der Vermögens-, Finanz- und Ertragslage zu entsprechen. Willkür oder Verwaltungsreserven sind nicht gestattet. **45**

Die EU-Richtlinien basieren ebenfalls auf dem Grundsatz der **true and fair view** (Art. 2 EU-Jahresabschluss-RL; Willkür- oder Verwaltungsreserven sind von wenigen Ausnahmen abgesehen unzulässig [z.B. aus steuerlichen Gründen: Art. 35 EU-Jahresabschluss-RL]). Rückstellungen sind nur in der Höhe des notwendigen Betrages anzusetzen (Art. 42 EG-4-Jahresabschluss-RL) und Wertberichtigungen sind planmässig während der Nutzungsdauer vorzunehmen (Art. 35 EU-Jahresabschluss-RL). Damit besteht in der Frage der stillen Reserven weiterhin eine massgebliche Diskrepanz zwischen dem Schweizer Aktienrecht und EU-Recht (BÖCKLI, § 8 N 593 f.; THIEL, ST 1991, 558 f.; FORSTMOSER/MEIER-HAYOZ/NOBEL, § 68 N 73). **46**

Dieselbe Diskrepanz besteht auch gegenüber den Swiss GAAP FER. Diese geht auch vom Prinzip des true and fair aus (Swiss GAAP FER Rahmenkonzept 1). Willkür- oder Verwaltungsreserven sind nicht gestattet. **47**

Art. 670

6. Aufwertung	**¹ Ist die Hälfte des Aktienkapitals und der gesetzlichen Reserven infolge eines Bilanzverlustes nicht mehr gedeckt, so dürfen zur Beseitigung der Unterbilanz Grundstücke oder Beteiligungen, deren wirklicher Wert über die Anschaffungs- oder Herstellungskosten gestiegen ist, bis höchstens zu diesem Wert aufgewertet werden. Der Aufwertungsbetrag ist gesondert als Aufwertungsreserve auszuweisen.** **² Die Aufwertung ist nur zulässig, wenn ein zugelassener Revisor zuhanden der Generalversammlung schriftlich bestätigt, dass die gesetzlichen Bestimmungen eingehalten sind.**
6. Réévaluation	¹ Si la moitié du capital-actions et des réserves légales n'est plus couverte par suite d'une perte résultant du bilan, les immeubles ou les participations dont la valeur réelle dépasse le prix d'acquisition ou le coût de revient peuvent être réévalués au plus jusqu'à concurrence de cette valeur afin d'équilibrer le bilan déficitaire. Le montant de la réévaluation doit figurer séparément au bilan comme réserve de réévaluation. ² La réévaluation ne peut intervenir que si un réviseur agréé atteste par écrit à l'intention de l'assemblée générale que les conditions légales sont remplies.
6. Rivalutazione	¹ Se la metà del capitale azionario e delle riserve legali non è più coperta in seguito ad una perdita risultante dal bilancio, i fondi o le partecipazioni il cui valore reale ecceda il prezzo d'acquisto o di costo possono essere rivalutati fino a concorrenza di tale valore, allo scopo di equilibrare il bilancio deficitario. L'ammontare della rivalutazione deve figurare separatamente nel bilancio come riserva di rivalutazione. ² La rivalutazione può aver luogo solo se un revisore abilitato attesti per scritto, a destinazione dell'assemblea generale, che sono adempiute le condizioni legali.

I. Allgemeines

1   Der Anwendungsbereich zur **Aufwertung von Grundstücken und Beteiligungen** ist limitiert auf Fälle, bei welchen die Höchstwertvorschriften von Art. 665 überschritten werden. Bis zur Grenze der **Anschaffungs- oder Herstellungskosten** (s. hierzu Art. 665 N 3 ff.) kann demnach unbesehen von Art. 670 aufgewertet werden (HWP I 378 ff.; BOEMLE, 423). Aufwertungen innerhalb der Höchstwertvorschriften nach Art. 665 wirken sich höchstens im Rahmen der Offenlegungspflicht nach Art. 663b Ziff. 8 aus. Art. 670 geht über diese Höchstwerte hinaus und stellt damit einen gesetzlich sanktionierten Verstoss gegen die allgemeinen Höchstwertvorschriften sowie gegen das Imparitäts- und das Realisationsprinzip dar (BBl 1983 II 894). Ausnahmsweise ist es somit zulässig, Zwangsreserven ohne tatsächliche Realisation aufzulösen (zu den Zwangsreserven s. Art. 669 N 34).

2   Die Norm bezweckt, einen legalen Weg zur Beseitigung eines **Kapitalverlustes** bereitzustellen, wenn eine Gesellschaft einerseits wesentliche Verluste realisiert hat, andererseits aber nach wie vor über bedeutende stille Zwangsreserven verfügt. Beim Vorliegen einer solchen Konstellation wäre die Einleitung der Massnahmen nach Art. 725 Abs. 1 nicht angemessen.

II. Gesetzliche Regelung

1. Gegenstand der Aufwertung

Note 3 entfällt. 3

Aufgewertet werden dürfen nur **Grundstücke** oder **Beteiligungen**. Beim Begriff der Grundstücke kann auf das Sachenrecht verwiesen werden (Art. 655 Abs. 2 ZGB), beim Begriff der Beteiligungen auf Art. 665a (BBl 1983 II 894; HWP I 379; DEKKER, 100). 4

2. Kapitalverlust als Voraussetzung zur Aufwertung

Eine Aufwertung ist nur dann zulässig, wenn die **Hälfte des AK und der gesetzlichen Reserven** infolge eines **Bilanzverlustes** nicht mehr gedeckt sind. 5

Liegt dies vor, so spricht man von einem **Kapitalverlust** (s.a. Art. 725) bzw. einer **Unterbilanz i.S.v. Art. 670** (BOEMLE, 279 ff., insb. 280; DEKKER, 102 f., 104 ff.; Schweizer Prüfungsstandard 290 B; FORSTMOSER/MEIER-HAYOZ/NOBEL, § 50 N 306, sprechen von einer qualifizierten Unterbilanz, d.h. ein Kapitalverlust i.S.v. Art. 725). In diesem Zusammenhang sind die beiden Begriffe als Synonym zu verstehen (DELLMANN, 130 f.). Der Begriff der Unterbilanz wird jedoch auch in anderem Zusammenhang verwendet (Art. 735, 788) und ist dort nach der bisher vorherrschenden Definition zu verstehen, wonach von einer Unterbilanz die Rede ist, wenn das nominelle AK/PS-Kapital nicht mehr voll gedeckt ist (Schweizer Prüfungsstandard 290 B). Um Klarheit über den jeweiligen Inhalt des Begriffes der Unterbilanz zu verschaffen, wird es demnach notwendig sein, im Zusammenhang mit Art. 670 von einer Unterbilanz i.S.v. Art. 670 bzw. einem Kapitalverlust (Schweizer Prüfungsstandard 290 B) und nicht bloss von einer Unterbilanz zu sprechen. 6

Zum **AK** gehört in diesem Zusammenhang auch ein allfälliges PS-Kapital (Art. 656a Abs. 2 und 656b Abs. 3). Nicht einbezahltes AK ist nicht in Abzug zu bringen, da man vom nominellen Aktienkapital bzw. nominellen PS-Kapital ausgeht (Schweizer Prüfungsstandard 290 O). 7

Die **gesetzlichen Reserven** umfassen die allgemeinen Reserven nach Art. 671 bis zu einer Quote von 50% des gesamten Nominalkapitals des Agios (FORSTMOSER/MEIER-HAYOZ/NOBEL, § 50 N 29; BÖCKLI, § 8 N 271; HWP I 225), die Reserven für eigene Aktien nach Art. 671a und allfällige bereits bestehende Aufwertungsreserven nach Art. 671b (Schweizer Prüfungsstandard 290 O). Dies folgt aus dem klaren Wortlaut der Norm. Es wird nicht bloss von den allgemeinen Reserven nach Art. 671 gesprochen, sondern generell von den gesetzlichen Reserven (BBl 1983 II 894, 927: diese verweist zwar nur auf Art. 671 und 671a, da Art. 671b jedoch erst im Verlaufe der parlamentarischen Beratungen aufgenommen wurde, ist sinngemäss aber auch Art. 671b einzubeziehen; FORSTMOSER/MEIER-HAYOZ/NOBEL, § 50 N 196; BÖCKLI, § 8 N 297, in 1. Aufl. noch **a.M.**; DELLMANN, 126 ff.). 8

Abzustellen ist auf die jeweils vorliegende Bilanz in ihrer Gliederung und Darstellung. Voraussetzung einer Aufwertung ist demnach weder eine vorgängige Auflösung aller stillen Willkür- oder Verwaltungsreserven (BOEMLE/STOLZ, Unternehmensfinanzierung, 630; HWP I 379; FORSTMOSER/MEIER-HAYOZ/NOBEL, § 50 N 308; METTLER/NADIG, ST 1993, 440) noch eine weitestgehende Verrechnung des Bilanzverlustes mit Reserven (DEKKER, 102) obwohl dies zu empfehlen wäre. Ebenso ist im Gegensatz zu Art. 725 Abs. 1 nicht bloss auf die letzte Jahresbilanz abzustellen, vielmehr kann sich der Kapitalverlust auch aus einer Zwischenbilanz ergeben. 9

3. Aufwertungsbetrag

10 Die Aufwertung darf höchstens bis zum **wirklichen Wert** (HWP I 380; BÖCKLI, § 8 N 445) der Grundstücke oder Beteiligungen erfolgen, gestützt auf eine Einzelbewertung. Dies setzt selbstredend voraus, dass der wirkliche Wert tatsächlich über dem Buchwert und den Anschaffungs- oder Herstellungskosten liegt. Die Botschaft nennt dies die materielle Voraussetzung der Aufwertung (BBl 1983 II 894; DEKKER, 101).

11 Der Gesetzgeber hat richtigerweise nicht normiert, wie der wirkliche Wert zu bestimmen sei. Die Vorgehensweise und die **Bewertungsmethode** zur Bestimmung des wirklichen Wertes eines Aktivums müssen im Einzelfall festgelegt werden (BBl 1983 II 894). Dabei werden die üblichen Bewertungsmethoden für Grundstücke und Beteiligungen Anwendung finden. Es liegt letztlich in der Verantwortung des VR, den wirklichen Wert festzustellen (DEKKER, 103; BÖCKLI, § 15 N 215).

12 Das Ausmass der Aufwertung ist nicht geregelt (BÖCKLI, § 8 N 278, FN 476; BOEMLE, 386). Dabei ist pro aufzuwertendem Aktivum eine bloss teilweise Aufwertung genauso zulässig wie eine Aufwertung bis zum Maximalwert, dem wirklichen Wert. Im Total muss die Unterbilanz beseitigt werden (DEKKER, 106f.). Bezüglich des Begriffs der Beseitigung der Unterbilanz besteht Unklarheit, wobei drei mögliche Lösungen bestehen: (1) Aufwertung bis zur buchmässigen Deckung der Hälfte des Aktienkapitals und der gesetzlichen Reserven, (2) Aufwertung bis zur buchmässigen Deckung des Aktienkapitals oder (3) Aufwertung bis zur buchmässigen Deckung des Aktienkapitals und der gesetzlichen Reserven (HWP I 381 lässt alle 3 Varianten zu; BÖCKLI § 8 N 278, favorisiert Variante 3; FORSTMOSER/MEIER-HAYOZ/NOBEL, § 50 N 313 halten fest, dass nicht über die Unterbilanz hinaus aufgewertet werden darf). Variante 3 macht am meisten Sinn.

4. Ausweis der Aufwertung als Aufwertungsreserve

13 Erfolgt eine Aufwertung über die Anschaffungs- oder Herstellungskosten hinaus, so ist dieser Betrag gesondert als **Aufwertungsreserve** in der Bilanz auszuweisen (Art. 671b; s. hierzu auch BBl 1983 II 894, die eine gesonderte Aufwertungsreserve noch als entbehrlich betrachtet, sowie später dann AmtlBull StR 1988, 501 ff., wo zur Vermeidung von Ausschüttungen der Aufwertungen an der Aufwertungsreserve festgehalten wurde). In dem Umfange, in welchem der Buchwert vor der Aufwertung unter den Anschaffungs- oder Herstellungskosten lag, entfällt die Pflicht zum separaten Ausweis als Aufwertungsreserve (DEKKER, 101 f.). In diesem Umfange kann sich aber eine Pflicht zur Offenlegung im Anhang ergeben (Art. 663b Ziff. 8).

14 Diese Aufwertungsreserve stellt eine **Sperrgrösse** dar, indem sie als **Ausschüttungssperre** wirkt (HWP I 382; BOEMLE, 386; DELLMANN, 130) und auch nicht mit einem **Bilanzverlust** verrechnet werden darf (BÖCKLI, § 8 N 298; DEKKER, 108f.). Die Unterbilanz wird durch diese Darstellungsweise nicht wirklich beseitigt (Kritik dazu: BÖCKLI, § 8 N 277 f.).

15 Die Aufwertungsreserve kann nur durch Umwandlung in AK sowie durch Wiederabschreibung oder Veräusserung der aufgewerteten Aktiven aufgelöst werden (Art. 671b; DEKKER, 109 ff.; BÖCKLI, § 8 N 279 ff.).

5. Offenlegung der Aufwertung im Anhang

16 Jede Aufwertung nach Art. 670 ist im **Anhang** mit Angaben über Gegenstand und Betrag offen zu legen (Art. 663b Ziff. 9). Die Pflicht zum Ausweis im Anhang besteht, solange die Aufwertungsreserve besteht (HWP I 257; BÖCKLI, § 8 N 329).

6. Bestätigung der RS zuhanden der GV

Als formelle Voraussetzung bezeichnet die Botschaft (BBl 1983 II 894) das Erfordernis, dass eine Aufwertung bloss dann vorgenommen werden darf, wenn die **RS** zuhanden der GV schriftlich bestätigt, dass die gesetzlichen Bestimmungen eingehalten wurden (HWP II 436 f., mit Textbeispielen). Die RS hat demnach zu prüfen, ob ein Kapitalverlust vorliegt und wie hoch der wirkliche Wert der Grundstücke oder Beteiligungen ist. Danach bestätigt sie Art und Umfang der Aufwertung sowie generell die gesetzmässige Durchführung (DEKKER, 103). 17

Entgegen der in der Botschaft (BBl 1983 II 894) vertretenen Ansicht muss die Bestätigung **nicht** von einem **besonders befähigten Revisor** erfolgen (AmtlBull NR 1985, 1721; DEKKER, 99). 18

In den Folgejahren hat die RS die Aufwertung nicht mehr i.S.v. Art. 670 Abs. 2 zuhanden der Generalversammlung zu bestätigen, der Ausweis erfolgt im Anhang (HWP I 383; BÖCKLI, § 8 N 329). 19

Art. 671

C. Reserven
I. Gesetzliche Reserven
1. Allgemeine Reserve

¹ 5 Prozent des Jahresgewinnes sind der allgemeinen Reserve zuzuweisen, bis diese 20 Prozent des einbezahlten Aktienkapitals erreicht.

² Dieser Reserve sind, auch nachdem sie die gesetzliche Höhe erreicht hat, zuzuweisen:

1. ein bei der Ausgabe von Aktien nach Deckung der Ausgabekosten über den Nennwert hinaus erzielter Mehrerlös, soweit er nicht zu Abschreibungen oder zu Wohlfahrtszwecken verwendet wird;
2. was von den geleisteten Einzahlungen auf ausgefallene Aktien übrig bleibt, nachdem ein allfälliger Mindererlös aus den dafür ausgegebenen Aktien gedeckt worden ist;
3. 10 Prozent der Beträge, die nach Bezahlung einer Dividende von 5 Prozent als Gewinnanteil ausgerichtet werden.

³ **Die allgemeine Reserve darf, soweit sie die Hälfte des Aktienkapitals nicht übersteigt, nur zur Deckung von Verlusten oder für Massnahmen verwendet werden, die geeignet sind, in Zeiten schlechten Geschäftsganges das Unternehmen durchzuhalten, der Arbeitslosigkeit entgegenzuwirken oder ihre Folgen zu mildern.**

⁴ **Die Bestimmungen in Absatz 2 Ziffer 3 und Absatz 3 gelten nicht für Gesellschaften, deren Zweck hauptsächlich in der Beteiligung an anderen Unternehmen besteht (Holdinggesellschaften).**

⁵ **Konzessionierte Transportanstalten sind, unter Vorbehalt abweichender Bestimmungen des öffentlichen Rechts, von der Pflicht zur Bildung der Reserve befreit.**

⁶ ...

Art. 671 1, 2   26. Titel: Die Aktiengesellschaft

C. Réserves
I. Réserves légales
1. Réserve générale

¹ 5% du bénéfice de l'exercice sont affectés à la réserve générale jusqu'à ce que celle-ci atteigne 20% du capital-actions libéré.

² Sont aussi affectés à cette réserve, même lorsqu'elle a atteint la limite légale:

1. après paiement des frais d'émission, le produit de l'émission des actions qui dépasse la valeur nominale en tant qu'il n'est pas affecté à des amortissements ou à des buts de prévoyance;

2. le solde des versements opérés sur des actions annulées, diminué de la perte qui aurait été subie sur les actions émises en leur lieu et place;

3. 10% des montants qui sont répartis comme part de bénéfice après le paiement d'un dividende de 5%.

³ Tant que la réserve générale ne dépasse pas la moitié du capital-actions, elle ne peut être employée qu'à couvrir des pertes ou à prendre des mesures permettant à l'entreprise de se maintenir en temps d'exploitation déficitaire, d'éviter le chômage ou d'en atténuer les conséquences.

⁴ Les dispositions de l'al. 2, ch. 3, et al. 3, ne sont pas applicables aux sociétés dont le but principal est de prendre des participations dans d'autres entreprises (sociétés holding).

⁵ Sous réserve des dispositions de droit public, les entreprises de transport concessionnaires ne sont pas tenues de constituer cette réserve.

⁶ ...

C. Riserve
I. Riserve legali
1. Riserva generale

¹ Il 5 per cento dell'utile dell'esercizio è assegnato alla riserva generale sino a che questa abbia raggiunto il 20 per cento del capitale azionario versato.

² Sono altresì assegnati a questa riserva, anche quando essa abbia raggiunto l'ammontare legale:

1. il ricavo proveniente dall'emissione di azioni ed eccedente il loro valore nominale, dopo copertura delle spese d'emissione, nella misura in cui non sia utilizzato per ammortamenti o a scopi di previdenza;

2. il saldo dei versamenti effettuati su azioni annullate, diminuito della perdita che fosse stata subita con le azioni emesse in loro sostituzione;

3. il 10 per cento degli importi distribuiti a titolo di partecipazione all'utile dopo il versamento di un dividendo del 5 per cento.

³ La riserva generale, in quanto non superi la metà del capitale azionario, può essere adoperata solo per sopperire a perdite o per prendere misure che permettano all'impresa di reggersi in tempo di cattivo andamento degli affari, d'evitare la disoccupazione dei propri dipendenti o d'attenuarne le conseguenze.

⁴ Le disposizioni contenute nel capoverso 2 numero 3 e nel capoverso 3 non si applicano alle società il cui scopo consiste prevalentemente nella partecipazione ad altre imprese (società holding).

⁵ Salve le disposizioni del diritto pubblico, le imprese di trasporto concessionarie non sono soggette all'obbligo di costituire la riserva.

⁶ ...

I. Allgemeines

1 *Note 1 entfällt.*

2 Systematisch ist Art. 671 einerseits im Zusammenhang mit Art. 671a (Reserve für eigene Aktien) und Art. 671b (Aufwertungsreserve) zu sehen, anderseits mit Art. 672 (Statutarische Reserven im Allgemeinen), Art. 673 (Statutarische Reserven zu Wohlfahrtszwecken für Arbeitnehmer) und Art. 674 (Verhältnis des Gewinnanteils zu den Reserven). Zudem ist auch auf Art. 624 (Ausgabebetrag für Aktien, insb. der aufgehobene Abs. 3, der das Agio ausdrücklich den gesetzlichen Reserven zuwies) zu verweisen sowie auf Art. 675 (Dividenden).

Entscheidend ist die Erkenntnis, dass es sich bei den gesetzlichen Reserven um eine rechnerische Passivposition handelt. Ihr steht keine reale Grösse gegenüber, aus der z.B. Investitionen «finanziert» werden könnten. Insofern war der im alten Recht verwendete Begriff des Reservefonds auch irreführend (BBl 1983 II 895; ZK-BÜRGI, N 16). 3

II. Gliederung der offenen Reserven

Die Reserven gliedern sich in die **gesetzlichen Reserven,** die **statutarischen Reserven** (Art. 672 f.), die **beschlussmässigen Reserven** (Art. 674 Abs. 2 f.) sowie die **freien Reserven.** 4

Die gesetzlichen Reserven bestehen aus der allgemeinen Reserve, der Reserve für eigene Aktien (Art. 671a) sowie der Aufwertungsreserve (Art. 672b). 5

III. Zuweisungen zur allgemeinen Reserve

1. Erste Zuweisung

5% des Jahresgewinnes gem. Art. 663 Abs. 4 sind der **allgemeinen Reserve** zuzuweisen. Diese Zuweisung wird als **erste Zuweisung** (HWP I 423; ZK-BÜRGI, N 29, 44; BÖCKLI, § 8 N 270; BOEMLE, 251) bezeichnet und ist jährlich zwingend vorzunehmen, bis die allgemeine Reserve die Höhe von 20% des einbezahlten AK erreicht hat. 6

Der zugrunde zu legende **Jahresgewinn** ergibt sich aus der Erfolgsrechnung (Art. 663 Abs. 4; ZK-BÜRGI, N 35). 7

Basis zur Bestimmung der 20% ist bloss das **einbezahlte AK.** Nicht einbezahltes Kapital fällt somit ausser Betracht. Das PS-Kapital ist für die Zwecke der Reservezuweisung dem AK gleichgestellt (Art. 656a Abs. 2, insb. Art. 656b Abs. 3; HWP I 423). 8

Die Bildung der allgemeinen Reserve bis zur Höhe der 20% steht nicht im Belieben der Organe der Gesellschaft (ZK-BÜRGI, N 45). Auch der GV steht es nicht frei, über die erste Zuweisung zu befinden. Solange die 20% Grenze nicht erreicht ist und ein Jahresgewinn erwirtschaftet wird, ist die Zuweisung zwingend vorzunehmen. Verstösse dagegen führen zur **Anfechtbarkeit** (Art. 706) des entsprechenden GV-Beschlusses (ZK-BÜRGI, N 82). 9

Die erste Zuweisung ist selbst dann vorzunehmen, wenn ein **Bilanzverlust** aus dem Vorjahre besteht, der in der Bilanz brutto als Aktivum ausgewiesen wird (BÖCKLI, § 12 N 525). Dies folgt aus der Tatsache, dass die erste Zuweisung allein auf dem ausgewiesenen Jahresgewinn basiert und nicht auf Vorjahresresultaten. Es liegt dann in der Kompetenz der GV, in einem separaten Schritt über die Verrechnung des Bilanzverlustes mit den freien oder allgemeinen Reserven zu befinden **(a.M.** HWP I 424; ZK-BÜRGI, N 36 ff.; SCHUCANY, N 2: danach kann von einer ersten Zuweisung vollständig abgesehen werden, wenn der Bilanzverlust den Jahresgewinn übersteigt). BÖCKLI, § 8 N 275 empfiehlt eine möglichst rasche Beseitigung eines Verlustvortrages, falls Reserven vorhanden sind. Es besteht dazu aber keine Pflicht (GIGER, 87). 10

2. Zweite Zuweisung

11 Schüttet eine Gesellschaft Gewinnanteile aus, so hat sie nach Abs. 2 Ziff. 3 eine **zweite Zuweisung** an die allgemeinen Reserven vorzunehmen, falls der Gesamtbetrag der ausgeschütteten Gewinne eine 5%-ige Dividende überschreitet (BBl 1983 II 895; ZK-BÜRGI, N 60).

12 Soweit demnach nicht mehr als **5% Dividende,** bemessen auf Jahresbasis (HWP I 425) als Prozentsatz des einbezahlten und dividendenberechtigten AK und allenfalls PS-Kapitals, ausgeschüttet wird, bleibt es bei einer allfälligen ersten Zuweisung (ZK-BÜRGI, N 51 ff., insb. N 57, der vom «privilegierten Bezug einer Grunddividende von 5%» spricht; SCHUCANY, N 7).

13 Jede darüber hinausgehende **Ausrichtung von Gewinnanteilen** verpflichtet jedoch zur Bildung zusätzlicher allgemeiner Reserven. Als **Gewinnanteile** gelten insb. Dividenden an Aktionäre, Partizipanten und Genussscheininhaber, Tantiemen, nicht aber z.B. Zinsen auf partiarischen Darlehen oder jahresgewinnabhängige Saläre von Angestellten (HWP I 424; ZK-BÜRGI, N 59; SCHUCANY, N 7). Es ist dabei unerheblich, in welchem Geschäftsjahr die ausgerichteten Gewinnanteile erwirtschaftet wurden. Die **erste Zuweisung** ist allein abhängig vom **Jahresgewinn,** die **zweite von den ausgerichteten Gewinnanteilen** (SCHUCANY, N 7; BÖCKLI, § 8 N 270; a.M. HOMBURGER, 57, der unter Abzug der ersten Zuweisung nur 95% der ausgerichteten Gewinnanteile berücksichtigt).

14 Im Gegensatz zur ersten Zuweisung nach Abs. 1 nennt das Gesetz im Rahmen der zweiten Zuweisung in Abs. 2 Ziff. 3 keine Höchstgrenze. Mit Blick auf Abs. 3, der sich über die Verwendung der allgemeinen Reserve ausspricht, ist es vertretbar, von einer zweiten Zuweisung abzusehen, wenn höhere Gewinnanteile als 5% Dividende ausgeschüttet werden, die Gesellschaft jedoch bereits eine allgemeine Reserve ausweist, die mindestens 50% des nominellen AK und allenfalls PS-Kapitals entspricht (BÖCKLI, § 12 N 525; FORSTMOSER/MEIER-HAYOZ/NOBEL, § 50 N 20). Aus Gründen der Klarheit mag es im Einzelfall geboten sein, auf den Verzicht auf Reservenzuweisung ausdrücklich hinzuweisen (HWP I 428; VON GREYERZ, 236).

3. Speisung der Agio-Reserve

15 Ein bei der Ausgabe von Aktien oder PS (Art. 656a Abs. 2) über den Nennwert hinaus erzielter Mehrerlös (**Agio**) ist nach Abs. 2 Ziff. 1 zwingend den allgemeinen Reserven zuzuweisen (HWP I 426; ZK-BÜRGI, N 64; SCHUCANY, N 5; ZK-SIEGWART, Art. 624 N 14).

16 Dies folgt auch aus dem aufgehobenen Art. 624 Abs. 3 altOR, da dessen materieller Inhalt unverändert weiter gilt (BBl 1983 II 853).

17 Diese Pflicht zur Äufnung von **allgemeinen Reserven** ist betragsmässig unbegrenzt. Sie gilt sowohl bei Gründung einer Gesellschaft als auch bei Kapitalerhöhung (ZK-BÜRGI, N 64).

18 Diese Norm bezweckt, in einem ersten Schritt sämtliche Kapitaleinlagen der Gesellschafter, ob auf Nennwert oder Agio erbracht, gleich zu behandeln und dem Verbot der Einlagerückgewähr nach Art. 680 Abs. 2 zu unterwerfen (davon zu unterscheiden ist die Frage der Zulässigkeit späterer Dividendenausschüttungen zu Lasten derart gebildeter allgemeiner Reserven, s. N 28 ff.).

Von der Zuweisung des Agios zur allgemeinen Reserve darf bloss abgewichen werden, soweit Ausgabekosten gedeckt werden, Abschreibungen vorgenommen werden oder eine Verwendung zu Wohlfahrtszwecken erfolgt (ZK-BÜRGI, N 67 f.). Hierzu ist jedoch festzuhalten, dass der Anwendungsbereich dieser Ausnahmen sehr begrenzt ist. Allesamt gehen sie nämlich von reinen Bilanztransaktionen aus. Es wird das EK reduziert, ohne dass in der Erfolgsrechnung ein entsprechender Aufwand ausgewiesen wird. Damit wird es möglich, einen betriebswirtschaftlich zu hohen Jahresgewinn auszuweisen (BOEMLE, 657 f.). Im Weiteren mutet eine Verwendung von Agio für Wohlfahrtszwecke der Angestellten heute praxisfremd an. Aufgrund des Klarheitsprinzips (Art. 662a Abs. 2 Ziff. 2) ist zu fordern, dass derartige Bilanztransaktionen im Anhang offen gelegt werden. 19

4. Kaduzierungsgewinn

Soweit im Rahmen einer **Kaduzierung** nach Art. 681 ein Gewinn entsteht, ist dieser zwingend den allgemeinen Reserven zuzuweisen (HWP I 224 und 427; ZK-BÜRGI, N 69 ff.; SCHUCANY, N 6; FORSTMOSER/MEIER-HAYOZ/NOBEL, § 44 N 47). 20

IV. Verwendung der allgemeinen Reserve

Die gesetzlichen Reservebestimmungen bezwecken, eigene Mittel in der Gesellschaft zurückzubehalten. Entsprechend sind die Möglichkeiten zur Verwendung **allgemeiner Reserven** eng definiert. Die **GV** ist zuständig, über Reservezuweisungen oder Verwendung von Reserven zu entscheiden (Art. 698 Ziff. 4). Der Entscheid erfolgt auf Antrag des VR. 21

1. Grundsatz

Als Grundsatz gilt, dass über **allgemeine Reserven** dann frei verfügt werden darf, wenn sie die Hälfte des AK oder allenfalls PS-Kapitals (Art. 656a Abs. 2, Art. 656b Abs. 3) überschreiten (ZK-BÜRGI, N 85). Dabei ist auf das nominelle AK und PS-Kapital abzustellen, nicht bloss auf das einbezahlte (HWP I 427; ZK-BÜRGI, N 85; SCHUCANY, N 8). 22

Soweit die 50%-Grenze nicht erreicht ist, sind die Einschränkungen nach Abs. 3 zu beachten. 23

2. Einschränkungen

Erreichen die allgemeinen Reserven die Hälfte des AK oder allenfalls PS-Kapitals nicht, so dürfen sie bloss zur Deckung von Verlusten oder für Massnahmen verwendet werden, die geeignet sind, in Zeiten schlechten Geschäftsganges das Unternehmen durchzuhalten, der Arbeitslosigkeit entgegenzuwirken oder ihre Folgen zu mildern. 24

Insbesondere, und darin liegt die Hauptbedeutung dieser Norm, dürfen **allgemeine Reserven,** soweit diese die 50%-Grenze nicht überschreiten, nicht als Gewinnanteile ausgeschüttet werden. 25

Zudem macht die Norm deutlich, dass ein **Bilanzverlust** mit bestehenden allgemeinen Reserven verrechnet werden darf und somit nicht zwingend offen ausgewiesen werden muss. Dabei ist die Frage kontrovers, ob im Rahmen der Verrechnung eines Bilanzverlustes vorerst freie Reserven zu verwenden sind und erst bei deren vollständiger Auflösung auf die allgemeinen Reserven gegriffen werden kann. Der ratio legis entsprechend 26 dürfte dies zu bejahen sein (HWP I 428; BOEMLE, 279; **a.M.** ZK-BÜRGI, N 96 ff., insb. N 7 i.f., wonach von Fall zu Fall zu entscheiden sei).

27 Die weitere Bedeutung dieser Norm ist eng begrenzt (BOEMLE, 376 f.). Existenzsichernde Massnahmen oder Massnahmen gegen die Arbeitslosigkeit sollten immer erfolgswirksam verbucht werden und nicht als reine Bilanztransaktionen dargestellt werden.

3. Verwendung der Agio-Reserve

28 Das **Agio** stellt im Rahmen der Verwendung allgemeiner Reserven ein spezielles Problem dar, zu welchem in der Literatur unterschiedliche Auffassungen vertreten werden (ausführliche Literaturverweise bei BÖCKLI § 12 N 527, FN 913).

29 Einerseits wird argumentiert, Agio dürfe nie in Form von Dividenden an die Aktionäre zurückfliessen. So führt BÖCKLI (BÖCKLI, § 8 N 271) etwa aus, die allgemeine gesetzliche Reserve sei nur «insoweit frei verwendbar, als sie sowohl die Summe aller Agios wie die Quote von 50% des gesamten Nennkapitals übersteigt». Demnach ist nach dieser Auffassung jede spätere Ausschüttung des Agios in Form von Dividende unzulässig. Das Agio wäre in dieser Hinsicht dem nominellen Kapital gleichzustellen (ZK-BÜRGI, N 64; SCHUCANY, 5; VON BÜREN, N 1073).

30 Andere Autoren sind jedoch der Ansicht, das Agio falle unter die allgemeinen Bestimmungen zu den allgemeinen Reserven und damit insb. unter Abs. 3 (HWP I 426; GIGER, 89 f.; VON GREYERZ, 236, der sogar noch einen Schritt weitergeht und bereits die Zuweisung von Agio in die freien Reserven zulassen will, soweit die allgemeinen Reserven bereits mehr als 50% des AK ausmachten. Diese Ansicht ist jedoch abzulehnen: s.o. N 15 ff.). Demnach wäre eine Ausschüttung von Agio unter Beachtung der übrigen gesetzlichen Anforderungen an eine Dividendenausschüttung zulässig. Im Einzelnen ist zu diesem Meinungsstreit wie folgt Stellung zu nehmen:

31 Systematisch von zentraler Bedeutung ist Art. 671 Abs. 3 und damit die Einschränkung bezüglich der Verwendung allgemeiner Reserven, soweit diese nicht 50% des AK übersteigen und der daraus resultierende Umkehrschluss, dass **allgemeine Reserven** grundsätzlich frei verwendbar sind, soweit sie die 50% Grenze übersteigen.

32 Zudem ist in Bezug auf das Agio Art. 675 Abs. 2 von Bedeutung, wonach Dividenden bloss aus **Bilanzgewinn** und aus hierfür gebildeten Reserven ausgerichtet werden dürfen. Unter dem Begriff der hierfür gebildeten Reserven sind grundsätzlich alle Reservepositionen zu verstehen, die für Gewinnausschüttungen in Frage kommen, m.a.W. die nicht einer Ausschüttungssperre unterliegen. Sprachlich bedeutend ist, dass das Gesetz nicht von Bilanzgewinn und daraus gebildeten Reserven spricht, sondern von Bilanzgewinn und hierfür gebildeten Reserven.

33 Im Weiteren ist auf das Verbot der **Einlagerückgewähr** nach Art. 680 Abs. 2 und das Verbot der **Interimsdividenden** zu verweisen. Aus Ersterem ist insb. zu schliessen, dass auch ein Agio im Jahre der Emission nicht unmittelbar wieder ausgeschüttet werden darf. Aus Letzterem folgt, dass eine Ausschüttung von Agio überhaupt nur zur Diskussion stehen kann, so weit die GV die Jahresrechnung genehmigt hat, welche die Kapitalerhöhung mit Agio beinhaltet.

34 Als zusätzliches Element ist zu beachten, dass die gesetzlichen Reservebestimmungen keine Unterscheidung zwischen erarbeiteten Mitteln und eingelegten Reserven vorschreiben (s.a. BOEMLE, 376, der von einer Vermengung von erarbeitetem und einbe-

zahltem Kapital durch den Schweizer Gesetzgeber spricht). Entsprechend kann ein aussenstehender Bilanzleser auch nicht erkennen, ob allgemeine Reserven selbst erarbeitet wurden oder aus einer Emission mit Agio herrühren.

Zuletzt ist auch auf die Tatsache hinzuweisen, dass neue Reservepositionen bestehen, die ex lege einer **Ausschüttungssperre** unterliegen (Art. 671a, Reserve für eigene Aktien; Art. 671b, Aufwertungsreserve). Bezüglich Agio fehlt es hingegen an einer solchen Ausnahmebestimmung. 35

Zusammenfassend ist Folgendes festzuhalten: Der Gesetzgeber statuiert vier Fälle von Zuweisung zu den allgemeinen Reserven. Im Übrigen hat es der Gesetzgeber unterlassen, nebst Art. 671 Abs. 1 Ziff. 1 weitere Spezialnormen für **Agioreserven** zu erlassen, obwohl solche aus wirtschaftlicher Sicht vertreten werden könnten. Entsprechend sind bezüglich **Agio** die allgemeinen Regeln anzuwenden. Daraus ist zu schliessen, dass das Agio wie die anderen drei Fälle von Reservezuweisung gem. Art. 671 Abs. 1 und 2 immer den **allgemeinen Reserven** zuzuweisen ist. Zudem darf das Agio im Jahre der Emission nicht in Form von Dividenden ausgeschüttet werden (Verbot der **Einlagerückgewähr** sowie Verstoss gegen die formellen Anforderungen an eine rechtmässige Dividendenausschüttung). Nach Abschluss des Jahres der Emission und nach Genehmigung der diesbezüglichen Jahresrechnung stellt Agio, wie etwa die Zuweisungen aus Superdividende, Bestandteil der allgemeinen Reserven dar und unterliegt in Bezug auf Gewinnausschüttungen den Einschränkungen nach Abs. 3. Soweit demnach sämtliche Zuweisungen zu den allgemeinen Reserven nach Abs. 2 zusammen, also inkl. Agio, die 50%-Grenze übersteigen, darf auch ein Agio in Form von Dividenden wieder an die Aktionäre ausgeschüttet werden. 36

V. Reserven bei Holdinggesellschaften

Gesellschaften, deren statutarischer oder tatsächlicher Zweck (HWP I 425) hauptsächlich im Halten von Beteiligungen an anderen Unternehmen besteht (**Holdinggesellschaften),** unterliegen speziellen Bestimmungen bezüglich Reservezuweisung sowie Verwendung allgemeiner Reserve. 37

Einerseits entfällt für Holdinggesellschaften die Pflicht zur Vornahme der **zweiten Zuweisung** nach Abs. 2 Ziff. 3. Andererseits kann eine Holdinggesellschaft über ihre **allgemeine Reserve** frei verfügen, soweit diese 20% des einbezahlten AK oder allenfalls PS-Kapitals übersteigt (HWP I 428; SCHUCANY, N 9; BÖCKLI, § 8 N 272, mit Ausnahme des Teils der aus Agio stammt; a.M. ZK-BÜRGI, N 118, wo vertreten wird, auch eine Holdinggesellschaft könne über die allgemeine Reserve erst dann frei verfügen, wenn diese 50% des AK übersteige). 38

Diese Erleichterungen stützen sich auf die Annahme, dass die unterliegenden Gesellschaften den generellen Reservebestimmungen genügen und damit den Gläubigerschutz sicherstellen (SCHUCANY, N 9). 39

VI. Konzessionierte Transportanstalten

Konzessionierte Transportanstalten sind grundsätzlich von der Pflicht zur Reservenbildung gänzlich befreit (Abs. 5). Ausnahmen davon können sich aufgrund des öffentlichen Rechts ergeben. 40

VII. Versicherungseinrichtungen

41 **Versicherungseinrichtungen** haben ihre Reserven nach dem von der zuständigen Aufsichtsbehörde genehmigten Geschäftsplan zu bilden.

42 Diese Norm hat im Zuge der Aktienrechtsrevision sprachliche Anpassungen erfahren, ohne jedoch inhaltlich zu ändern (HOMBURGER, 57). So wird nicht mehr von konzessionierten Versicherungsgesellschaften, sondern generell von den Versicherungseinrichtungen gesprochen. Zudem wurde der Bundesrat durch die Aufsichtsbehörde ersetzt.

43 Im Einzelnen bestimmen hierzu Art. 3 VAG, dass eine Versicherungseinrichtung, die nach Art. 2 VAG der Aufsicht untersteht, einer Bewilligung bedarf, und Art. 4 VAG, dass dem Bewilligungsgesuch ein Geschäftplan beizulegen ist. Änderungen hinsichtlich des Geschäftsplanes sind nach Art. 5 VAG erneut genehmigungspflichtig.

44 Im Weiteren hält Art. 26 VAG fest, dass die Versicherungseinrichtungen über eine Reserve verfügen müssen, die abhängig ist von Art und Umfang des von der Versicherungseinrichtung selbst getragenen Risikos. Die Aufsichtsbehörde bestimmt die Höhe der Reserve. Diese stützt sich hierzu auf den Geschäftsplan, aus welchem die Geschäftsaktivitäten und die damit verbundenen Risiken hervorzugehen haben.

VIII. Banken

45 **Banken** unterliegen in Bezug auf die Bildung und Verwendung von Reserven der lex specialis gem. Art. 5 BankG (B/K/L-LUTZ, Art. 5 BankG N 19; ZK-BÜRGI, N 124 ff.).

IX. Rechtsvergleichung

46 Gemäss IFRS können die verschiedenen Reservepositionen separat ausgewiesen werden, um insbesondere dem Bedürfnis des Bilanzlesers nach zusätzlichen Informationen gerecht zu werden (IFRS Framework par. 65). Es wird empfohlen, dass erarbeitete Reserven und von den Aktionären eingelegte Reserven je gesondert ausgewiesen werden (**earned surplus** oder **retained earnings** versus **capital surplus**).

47 Die Gliederung des EK nach EU-Recht ist vergleichbar mit derjenigen gemäss OR. Weitergehend ist jedoch das Erfordernis, **Agio** separat auszuweisen. Terminologisch ist zu beachten, dass in der EU von **Rücklagen** und nicht von Reserven gesprochen wird (Art. 9 f. EU-Jahresabschluss-RL). Ebenfalls bestehen Normen bezüglich Ausschüttung, wonach vermieden werden soll, dass das gezeichnete Kapital oder die gesetzlich bzw. statutarisch definierten Rücklagen, welche mit einer Ausschüttungssperre belegt sind, an die Gesellschafter ausgeschüttet werden (Art. 15 EU-Kapital-RL).

48 Swiss GAAP FER fordert den separaten Ausweis, indem Kapitalreserven (Agio) gesondert von den erarbeiteten Reserven ausgewiesen werden. Im Gegensatz zum OR verlangt Swiss GAAP FER, dass nicht einbezahltes AK oder PS-Kapital ebenfalls gesondert als Minusposten innerhalb des Eigenkapitals in der Bilanz ausgewiesen wird (Swiss GAAP FER 24–7).

Art. 671a

2. Reserve für eigene Aktien	Die Reserve für eigene Aktien kann bei Veräusserung oder Vernichtung von Aktien im Umfang der Anschaffungswerte aufgehoben werden.
2. Réserve pour actions propres	La réserve constituée par la société à raison de la détention de ses propres actions peut être dissoute dans la limite de leur valeur d'acquisition si les actions sont aliénées ou cancellées.
2. Riserva per azioni proprie	La riserva per azioni proprie può essere sciolta nella misura dei valori d'acquisto se le azioni sono alienate od annullate.

I. Allgemeines

1. Grundsätze zum Erwerb eigener Aktien

Der Erwerb **eigener Aktien** i.S.v. Art. 659 ff. wirft verschiedene Fragen im Zusammenhang mit der Bilanzierung auf. Für die Rechnungslegung von Bedeutung sind insb. Ausweis bzw. Gliederung, Bewertung und Reservenbildung. Unter den Begriff eigene Aktien fallen Aktien, Partizipationsscheine (Art. 656a Abs. 2 und Art. 656b Abs. 3) und Genussscheine (GIGER, 28 f. und 84; BÖCKLI, § 4 N 355; **a.M.** HWP I 194 wonach Genussscheine nicht unter diesen Begriff fallen, da sie keinen Nominalwert besitzen und daher kein Haftungssubstrat darstellen). Terminkäufe (FORSTMOSER/MEIER-HAYOZ/NOBEL, § 50 N 171a), put-Rechte zulasten der Gesellschaften und Rückkaufsangebote der Gesellschaft (HELBLING, ST 1994, 886; BÖCKLI, § 4 N 362) fallen ebenfalls unter den Anwendungsbereich der Norm. NOBEL spricht sich für die Zulassung der Zeichnung eigener Aktien aus freien Mitteln aus (NOBEL, Vom Umgang mit eigenen Aktien, Schriften zum neuen Aktienrecht, Zürich 1994, 35; ebenso FORSTMOSER/MEIER-HAYOZ/NOBEL, § 50 N 164 f.). Auch der Erwerb der genannten Wertschriften und Derivate durch eine Tochtergesellschaft, an der die Gesellschaft mehrheitlich beteiligt ist, fällt unter diese Bestimmung. Unglücklicherweise deckt sich der Begriff der mehrheitlichen Beteiligung (Art. 659b) nicht mit dem Begriff der einheitlichen Leitung, welcher zur Bestimmung des Konsolidierungskreises heranzuziehen ist (NOBEL, Vom Umgang mit eigenen Aktien, Schriften zum neuen Aktienrecht, Zürich 1994, 28). Die Handelsbestände bei Banken und Effektenhändlern sind gemäss Rundschreiben EBK vom 25.8.1993 Ziff. 10 nicht mit einzubeziehen (FORSTMOSER/MEIER-HAYOZ/NOBEL, § 50 N 157).

Den Gefahren und Risiken (BBl 1983 II 804 f.; GIGER, 9 ff.; BÖCKLI, § 4 N 195 ff.; NOBEL, Vom Umgang mit eigenen Aktien, Schriften zum neuen Aktienrecht, Zürich 1994, 17) des Erwerbes eigener Aktien werden vom Gesetzgeber durch verschiedene Massnahmen wie Gleichbehandlungsgebot, Insider Strafnormen und ruhendes Stimmrecht begegnet. Die geltenden Anforderungen zum Erwerb eigener Aktien stehen im Dienste des EK-Schutzes (Verbot der **Einlagerückgewähr**, Art. 680 Abs. 2; HWP I 360; BÖCKLI, § 4 N 222). Gestützt hierauf und zum Zwecke der Klarheit besteht die Pflicht, im Betrage des Anschaffungswertes für eigene Aktien eine gesonderte **Reserve für eigene Aktien** auszuweisen (Art. 659a Abs. 2).

Der Schutzgedanke spiegelt sich auch in der Pflicht wider, im **Anhang** zur Bilanz Angaben über Erwerb, Veräusserung und Anzahl der von der Gesellschaft gehaltenen eigenen Aktien anzugeben sowie die Bedingungen, zu denen die Gesellschaft die eigenen Aktien erworben oder veräussert hat, offen zu legen (Art. 663b Ziff. 10).

4 Die Reserve für eigene Aktien stellt eine Sperrgrösse dar. Sie wirkt als **Ausschüttungssperre** (BBl 1983 II 895; HWP I 227, 360; BÖCKLI, § 4 N 236; FORSTMOSER/MEIER-HAYOZ/NOBEL, § 50 N 159 ff.; BOEMLE, 306; DELLMANN, 124; GIGER, 85). Zudem darf die Reserve für eigene Aktien auch nicht mit einem **Bilanzverlust** verrechnet werden (BBl 1983 II 895; HWP I 227; BÖCKLI, § 8 N 293).

2. Gliederungsfragen

5 Grundsätzlich bestehen vier Möglichkeiten zum Ausweis der eigenen Aktien: (1) als UV, (2) als AV, (3) als Sonderposten in den Aktiven oder (4) als Korrekturposten im EK. Das UV wird bevorzugt durch GIGER, 73 und FORSTMOSER/MEIER-HAYOZ/NOBEL, § 50 N 260, je nach Realisierbarkeit Ausweis im UV oder AV schlagen BOEMLE, 302 und das HWP I 196 vor. Dagegen zieht BÖCKLI, § 8 N 238 f. vor, eigene Aktien als Sonderposten in den Aktiven auszuweisen, weil es weder UV noch AV sei. Im Weiteren lehnt BÖCKLI, § 8 N 238 f. das anglo-amerikanische System, die direkte Verrechnung der eigenen Aktien mit dem Eigenkapital zum Zeitpunkt des Erwerbes ab, da dies nicht mit dem im Schweizer Gesetz verankerten Bruttoausweis der eigenen Aktien und deren Reserven vereinbar ist.

5a Nach der hier vertretenen Ansicht sollte die Verkehrsfähigkeit (kotierte oder nichtkotierte Titel, mehr oder weniger schwer veräusserbare Anteile) und der Verwendungszweck (hierzu auch HWP I 196) der eigenen Aktien bei der Bilanzierung in Betracht gezogen werden. Vorübergehend gehaltene Aktien sollten in den Aktiven aufgeführt werden. Falls sie leicht veräusserbar sind, insb. Aktien mit Kurswerten, sollten sie als Wertschriften im UV ausgewiesen werden. Falls sie schwer veräusserbar sind oder voraussichtlich mittelfristig im Bestand bleiben, werden sie im Anlagevermögen aufgeführt (vgl. auch BOEMLE, 302). Handelt es sich um ein Eigenkapitalinstrument (Vorratsaktien oder Kapitalherabsetzung), sollte dies entsprechend im EK als Korrekturposten zum Ausdruck gebracht werden. Auch langfristig gehaltene, schwer veräusserbare eigene Aktien widerspiegeln als Korrekturposten im EK die Eigentums- und Kapitalverhältnisse besser als wenn sie brutto als Aktivum ausgewiesen werden. Der Ausweis in einer separaten Bilanzposition ist gesetzlich nicht für die eigenen Aktien, wohl aber für die diesbezüglich zwingend zu bildende Reserve vorgeschrieben (Art. 659a Abs. 2). Der Klarheit wegen empfiehlt sich auch in den Aktiven ein gesonderter Posten.

3. Bewertung eigener Aktien

6 Grundsätzlich sind eigene Aktien zum Anschaffungswert zu bilanzieren. Im Weiteren ist im Rahmen der **Bewertung eigener Aktien** die bilanzmässige Eingliederung von Bedeutung. Je nach Behandlung als AV oder UV sind unterschiedliche Höchstwerte massgeblich. Liegen Wertschriften mit Kurswert vor, so gilt bei UV der Durchschnittskurs des letzten Monates vor dem Bilanzstichtag als Höchstwert und Aufwertungen über den Anschaffungswert sind allenfalls zulässig (Art. 667 Abs. 1). Kommt den eigenen Aktien kein Kurswert zu oder werden die eigenen Aktien als Finanzanlagen aktiviert, so stellt der Anschaffungswert den Höchstwert dar (Art. 667 Abs. 2, 665; BOEMLE, 302).

7 Wertverminderungen der eigenen Aktien unter den Anschaffungswert sind mittels **Wertberichtigungen** (bei Verbuchung als UV) oder **Abschreibungen** (bei Verbuchung als AV) erfolgswirksam zu verbuchen (s. Art. 669 N 34 ff., 14 ff.). Wesentlich ist, dass derartige Wertverminderungen ohne Einfluss auf die Höhe der Reserve für eigene Ak-

tien bleiben. Diese Reserve ist so lange in unverändertem Betrage weiterzuführen, wie die Gesellschaft die eigenen Aktien hält (BBl 1983 II 895; HWP I 227; DELLMANN, 124). Diese fixe Grösse zeigt auf, wie viele Mittel den Aktionären im Rahmen des Rückkaufes von eigenen Aktien zugeflossen sind (**a.M.** BÖCKLI, wonach die ungleiche Behandlung der Aktiven und Reserven nicht einsichtig sei, da die Funktion der Ausschüttungssperre in jedem Fall gesichert sei (BÖCKLI, § 4 N 291 f.)). Der Wortlaut von Art. 659a Abs. 2 lässt keine Zweifel an der Bemessung der Reserven offen und die Abschreibung bzw. Bildung einer erfolgswirksamen Wertberichtigung auf den eigenen Aktien gebieten die Grundsätze ordnungsmässiger Rechnungslegung.

In gewissen Situationen kann sich eine Pflicht zur Bewertung der eigenen Aktien zum Nominalwert ergeben. Dies gilt insb. dann, wenn keine Absicht besteht, die eigenen Aktien in absehbarer Zeit wieder zu veräussern, oder wenn die eigenen Aktien als Vorratsaktien im Zuge der Platzierung einer Wandel- oder Optionsanleihe ausgegeben wurden, oder wenn die eigenen Aktien z.B. als Vorratsaktien im Zusammenhang mit einem Mitarbeiterbeteiligungsplan ausgegeben wurden. **8**

Zusammenfassend betrachtet ergibt sich, dass die Aussage, eigene Aktien stellten stets einen **Non-Valeur** dar und hätten deshalb für die Gesellschaft selbst keinen echten Wert (BBl 1983 II 895; FORSTMOSER/MEIER-HAYOZ/NOBEL, § 50 N 131; BK-KÄFER, Art. 958 N 384, jedoch noch unter der alten Rechtsordnung), nach heutiger Rechtslage eindeutig nicht mehr korrekt ist. Dies zeigt sich auch darin, dass die Vermögensrechte eigener Aktien im Gegensatz zu den Stimmrechten (Art. 659a Abs. 1) gerade nicht ruhen (BÖCKLI, § 4 N 244). Eigene Aktien sind im Konkursfall, also in einer Liquidationsbilanz, bestimmt wertlos, unter Fortführungsbedingungen im Zusammenhang mit Handelsbeständen und der Kurspflege verkörpern sie aber unbestreitbar realisierbare Werte. Zwischen diesen Extremwerten liegen vielfältige Möglichkeiten auf der Wertskala. **9**

II. Bildung der Reserve für eigene Aktien

Die **Reserve für eigene Aktien** ist im Zeitpunkt des Erwerbs eigener Aktien zu bilden und nicht erst im Rahmen der Gewinnverwendung. Sie erfolgt mittels Umbuchung frei verfügbarer Reserven oder eines Bilanzgewinnes in Reserven für eigene Aktien (HWP I 195). Nicht zum frei verwendbaren EK i.S.v. Art. 659 gehören das Aktienkapital, das Partizipationskapital, die allgemeinen Reserven, soweit sie 50% des Aktien- und Partizipationskapitals nicht überschreiten (vgl. hierzu Art. 671 N 36 betreffend Agio), Reserven für eigene Aktien, Aufwertungsreserven (Art. 671b), statutarische Reserven und Reserven, welche durch Beschluss der GV für andere Zwecke als für eigene Aktien gebildet wurden (GIGER, 86; **a.M.** BÖCKLI, § 8 N 288). **10**

Betragsmässig entspricht die Reserve für eigene Aktien dem **Anschaffungspreis**. Diese Reserve darf so lange nicht verändert werden, wie die Gesellschaft ihre eigenen Aktien hält (BBl 1983 II 895; s.o. N 2 und 8). **11**

III. Auflösung der Reserve für eigene Aktien

Die Reserve für eigene Aktien darf nur in zwei Fällen aufgelöst werden: bei **Veräusserung oder Vernichtung der eigenen Aktien**. Der aufzulösende Betrag entspricht dem Anschaffungswert der veräusserten oder vernichteten Aktien. **12**

13 Solange eigene Aktien demnach weder veräussert noch vernichtet (auf dem Wege der Kapitalherabsetzung) werden, ist die Reserve für eigene Aktien in ihrem ursprünglichen Betrage beizubehalten.

14 Entsprechend bleiben **Wertberichtigungen** oder **Abschreibungen** eigener Aktien immer ohne Einfluss auf die Reserve für eigene Aktien (BBl 1983 II 895; s.a. N 8). Ebenso hat die GV nicht die Kompetenz, über den Bestand der Reserven für eigene Aktien zu befinden (BÖCKLI, § 8 N 299).

15 Werden die eigenen Aktien (teilweise oder ganz) veräussert oder vernichtet, so muss die Reserve für eigene Aktien (teilweise oder ganz) ausgebucht werden. Dies folgt einerseits aus dem Grundsatz der **Klarheit** (Art. 662 Abs. 2) sowie der Bilanzwahrheit (HWP I 24 f.) und andererseits aus der Tatsache, dass mit der Veräusserung oder Vernichtung der eigenen Aktien das Bedürfnis nach Einlageschutz entfällt. Die Kann-Formulierung im Gesetzeswortlaut darf nicht als Wahlrecht verstanden werden (GIGER, 98; **a.M.** NOBEL, Vom Umgang mit eigenen Aktien, Schriften zum neuen Aktienrecht, Zürich 1994, 21).

16 Dabei ist die Reserve für eigene Aktien selbst dann im vollen Betrage auszubuchen, wenn aus der Veräusserung ein Verlust resultiert, wenn m.a.W. die Veräusserung unter dem ursprünglichen Anschaffungswert erfolgt. Jede andere Betrachtung hätte zur Folge, dass die Gesellschaft bei Veräusserung eigener Aktien unter dem Anschaffungswert eine Reserve für eigene Aktien weiterführen müsste, obwohl sie keine eigenen Aktien mehr hält (BBl 1983 II 895; BÖCKLI, § 8 N 291).

17 Wird bloss ein Teil der eigenen Aktien veräussert oder vernichtet und hat die Gesellschaft die eigenen Aktien zu unterschiedlichen Preisen erworben, so stehen verschiedene Bewertungsmöglichkeiten offen, um den relevanten Anschaffungswert und damit den Betrag an aufzulösender Reserve für eigene Aktien zu bestimmen. In Frage kommen die LIFO-, FIFO- oder die Durchschnittsmethode (BBl 1983 II 896). Es dürfte in den meisten Fällen sinnvoll sein, die Durchschnittsmethode anzuwenden (HWP I 227).

IV. Rechtsvergleichung

18 Unter IFRS hat der Ausweis der eigenen Aktien als Korrekturposten im EK, im Eigenkapitalnachweis und im Anhang zu erfolgen (IAS 32, insb. para. 33 f.). Es wird keine Reserve für eigene Aktien gebildet. Transaktionen mit eigenen Aktien werden unter IFRS als Geschäfte zwischen ehemaligen und verbleibenden Investoren interpretiert und bewirken keine erfolgswirksame Buchungen, sondern nur Buchungen innerhalb des Eigenkapitals. Betreffend Umfang der Bestände eigener Aktien im Konzern gilt IAS I para. 76 (a) (vi), wonach auch assoziierte Gesellschaften zum anteiligen Eigenkapital (Equity-Methode) erfasst werden. Dies steht im Gegensatz zum Schweizer Recht, wo nur mehrheitsbeteiligte Tochtergesellschaften (Art. 659b) betroffen sind.

19 Nach EU-Recht wird gleich wie nach OR der Erwerb eigener Aktien insb. an die Voraussetzung geknüpft, dass höchstens 10% des gezeichneten Kapitals erworben werden, dass ein dem Anschaffungspreis entsprechender Betrag an ausschüttbaren Rücklagen besteht und dass im Betrage der aktivierten eigenen Aktien eine nicht verfügbare Rücklage ausgeschieden wird (Art. 15 ff. EU-Kapital-RL insb. Art. 22). Die Zeichnung eigener Aktien ist gem. Art. 18 Abs. 1 EU-Kapital-RL untersagt.

20 Swiss GAAP FER folgt IFRS, indem die eigenen Aktien als separater Minusposten im Eigenkapital ausgewiesen werden und keine Reserve gebildet wird (Swiss GAAR FER 24-7).

Art. 671b

3. Aufwertungsreserve	Die Aufwertungsreserve kann nur durch Umwandlung in Aktienkapital sowie durch Wiederabschreibung oder Veräusserung der aufgewerteten Aktiven aufgelöst werden.
3. Réserve de réévaluation	La réserve de réévaluation ne peut être dissoute que par transformation en capital-actions, par amortissement ou par aliénation des actifs réévalués.
3. Riserva di rivalutazione	La riserva di rivalutazione può essere sciolta soltanto se trasformata in capitale azionario, nonché mediante riammortamento o alienazione degli attivi rivalutati.

I. Allgemeines

Für Aufwertungen i.S.v. Art. 670 ist eine gesonderte Aufwertungsreserve zu bilden, soweit die Aufwertung über die Anschaffungs- oder Herstellungskosten hinausgeht, (s. Art. 670 N 13 ff.; AmtlBull NR 1985, 1721 f.). Nicht gesondert auszuweisen ist eine Aufwertung, soweit sie die Anschaffungs- oder Herstellungskosten nicht überschreitet. In diesem Umfange kann sich aber unter dem Aspekt der Auflösung stiller Reserven eine Pflicht zur Offenlegung im Anhang ergeben (Art. 663b Ziff. 8). 1

Die Aufwertungsreserve stellt eine Sperrgrösse dar, indem sie als **Ausschüttungssperre** wirkt (HWP I 382; DELLMANN, 130) und auch nicht mit einem **Bilanzverlust** verrechnet werden darf (BÖCKLI, § 8 N 298). 2

Eine Aufwertung nach Art. 670 ist überdies im **Anhang** mit Angaben über Gegenstand und Betrag offen zu legen (Art. 663b Ziff. 9). 3

II. Bildung einer Aufwertungsreserve

Die **Aufwertung** hat grundsätzlich über die Erfolgsrechnung zu erfolgen mit anschliessender **Bildung der Aufwertungsreserve**. Eine Buchung allein in der Bilanz ist abzulehnen (**a.M.** Wahlrecht: HWP I 381 f.; METTLER/NADIG, ST 1993, 440). Dies folgt aus den GoR nach Art. 662a, insb. nach dem Verrechnungsverbot. Mit BÖCKLI (§ 8 149 und § 8 444) ist als Grundsatz festzuhalten, dass eine «Verkettung zwischen Erfolgsrechnung und Bilanz» besteht und sich Bilanzen «von engen Ausnahmen abgesehen – nicht anders verändern als durch einen Finanzierungsvorgang einerseits oder den Saldo der erfolgswirksamen Vorgänge andererseits». 4

III. Auflösung der Aufwertungsreserve

Das Gesetz nennt abschliessend drei Fälle, in welchen eine **Auflösung der Aufwertungsreserve** zulässig ist: Umwandlung in AK, Wiederabschreibung der aufgewerteten Aktiven oder Veräusserung der aufgewerteten Aktiven. Diese Limitierung steht im Zusammenhang mit der Ausschüttungssperre und dem Verbot der Verrechnung einer Aufwertungsreserve mit einem Bilanzverlust (N 1 ff.). 5

Im Einzelnen ist zu den drei Fällen Folgendes auszuführen (s. weitere Ausführungen bei HWP I 382; BOEMLE, 386; DELLMANN, 130): 6

Art. 672

1. Umwandlung in AK

7 Die **Umwandlung in AK** betrifft nur den Fall einer Gratiskapitalerhöhung. Reserven werden in nominelles AK umgewandelt. Im Zuge dieser Umwandlung darf eine Aufwertungsreserve verwendet und somit aufgelöst werden. Die Umwandlung bewirkt eine noch stärkere Bindung dieser EK-Position (BÖCKLI, § 8 N 280).

2. Wiederabschreibung der aufgewerteten Aktiven

8 Im Gleichschritt mit der **Wiederabschreibung aufgewerteter Aktiven** darf die Aufwertungsreserve wieder aufgelöst werden. Die Abschreibung stellt einen erfolgswirksamen Vorgang dar, die Auflösung der Aufwertungsreserve ist eine Umbuchung innerhalb der Reservepositionen.

3. Veräusserung der aufgewerteten Aktiven

9 Mit der **Veräusserung der aufgewerteten Aktiven** verliert die Aufwertungsreserve ihre Bedeutung. Der Wert des Aktivums wird nun realisiert, womit das Schutzbedürfnis und damit verbunden die Pflicht zur Reservebildung entfällt.

10 Unabhängig vom tatsächlichen Veräusserungswert ist die gesamte Aufwertungsreserve aufzulösen, somit selbst bei einem Verkauf unter dem aufgewerteten Buchwert (BÖCKLI, § 8 N 281). Die Auflösung hat der gewählten Buchungslogik bei der Bildung zu folgen (HWP I 382). Der Gewinn aus Veräusserung von AV ist gem. Art. 663 Abs. 2 gesondert auszuweisen.

IV. Rechtsvergleichung

11 Nach IFRS ist die Bildung und Auflösung der Aufwertungsreserve i.S.v. Kapitalerhaltungsanpassungen nicht über die Erfolgsrechnung zu buchen (IFRS Framework par. 81).

12 Im Umfange der Aufwertung ist gleich wie im OR nach EU-Recht eine gesondert auszuweisende Neubewertungsrücklage zu bilden, die einer Ausschüttungssperre unterliegt (Art. 9 f., 33 EU-Jahresabschluss-RL).

Art. 672

II. Statutarische Reserven
1. Im Allgemeinen

¹ Die Statuten können bestimmen, dass der Reserve höhere Beträge als 5 Prozent des Jahresgewinnes zuzuweisen sind und dass die Reserve mehr als die vom Gesetz vorgeschriebenen 20 Prozent des einbezahlten Aktienkapitals betragen muss.

² Sie können die Anlage weiterer Reserven vorsehen und deren Zweckbestimmung und Verwendung festsetzen.

II. Réserves statutaires
1. En général

¹ Les statuts peuvent prescrire que la réserve sera augmentée de montants supérieurs à 5% du bénéfice de l'exercice et excédera les 20% légalement fixés du capital-actions libéré.

² Ils peuvent aussi prévoir la constitution d'autres réserves et en déterminer la destination et l'emploi.

II. Riserve statutarie
1. In genere

¹ Lo statuto può disporre che alla riserva sia assegnata una frazione dell'utile dell'esercizio maggiore del 5 per cento e che la riserva debba ammontare a più del 20 per cento legalmente prescritto del capitale azionario versato.

² Esso può prevedere la costituzione di altre riserve e determinarne la destinazione e l'impiego.

I. Allgemeines

Note 1 entfällt. 1

Die **statutarischen Reserven** stehen im Gegensatz zu den in Art. 671 genannten gesetzlichen Reserven. Gesetzliche Reserven sind zwingend zu bilden, statutarische Reserven bloss bei entsprechender Grundlage und nur so lange, wie diese Grundlage besteht. 2

II. Grundlage statutarischer Reserven

Es liegt in der Kompetenz der **GV**, eine Bestimmung zur Äufnung zusätzlicher Reserven in die Statuten aufzunehmen. Ist dies erfolgt, so bindet dies die Gesellschaft, solange diese statutarische Bestimmung besteht. 3

Die statutarische Bestimmung hat auch festzuhalten, auf welcher Bemessungsbasis die Reserven vorzunehmen sind (Jahresgewinn, AK, vor oder nach Ausrichtung einer Minimaldividende; vgl. SCHUCANY, N 2). Zudem muss aus ihr die Zweckbestimmung sowie die Verwendung der **statutarischen Reserven** hervorgehen. 4

III. Zweckbestimmung und Verwendung statutarischer Reserven

Von Gesetzes wegen ist vorgesehen, dass **statutarische Reserven** dazu dienen können, die **erste Zuweisung** zu den **allgemeinen Reserven** zu erhöhen, sei es durch Zuweisung eines höheren als des gesetzlich geforderten Satzes von 5% des Jahresgewinnes oder sei es durch Anhebung des Mindestbetrages von 20% des einbezahlten AK. Damit wird die Ausschüttungssperre für erarbeitete Mittel vergrössert. Derart gebildete statutarische Reserven unterliegen denselben Verwendungsbeschränkungen wie die allgemeinen gesetzlichen Reserven nach Art. 671 (ZK-BÜRGI, N 5). 5

Zudem räumt das Gesetz der **GV** die Kompetenz ein, weitere Reserven mit anderer Zweckbestimmung zu statuieren. Dabei bestehen im Rahmen der Zweckumschreibung kaum Grenzen (ZK-BÜRGI, N 8 ff., insb. 14). Auch bestehen bezüglich der Bildung statutarischer Reserven nicht dieselben gesetzlichen Voraussetzungen, die zur Bildung stiller Verwaltungsreserven nach Art. 669 Abs. 3 oder zur Bildung beschlussmässiger Reserven nach Art. 674 Abs. 2 zu erfüllen sind (HOMBURGER, 59). 6

Die Verwendung statutarischer Reserven richtet sich so lange alleine nach deren statutarischer Grundlage, als nicht ein **Bilanzverlust** verrechnet wird. Die Verrechnung eines Bilanzverlustes hat in einem ersten Schritt gegen freie Reserven zu erfolgen, dann gegen **beschlussmässige** und **statutarische Reserven** und erst zuletzt gegen **allgemeine gesetzliche Reserven** (HWP I 427 f., unterscheidet nur zwischen freien und allgemeinen Reserven; BOEMLE, 254., belastet zuerst die «statutarischen oder die freiwilligen Reserven»; a.M. ZK-BÜRGI, N 96 ff., insb. N 7 i.f., wonach von Fall zu Fall zu entscheiden sei). 7

Markus Neuhaus/Patrick Balkanyi

IV. Änderung statutarischer Reservebestimmungen

8 Grundsätzlich liegt es gleichermassen in der Kompetenz der **GV**, eine statutarische Reservenbestimmung abzuändern oder aufzuheben, wie es in ihrer Kompetenz liegt, eine solche zu begründen.

9 Soweit jedoch eine statutarische Reservenbestimmung eine erste Zuweisung von mehr als 5% des Jahresgewinnes verlangt, verbleibt die derart gebildete Reserve auch nach Aufhebung der entsprechenden statutarischen Reservebestimmung mit einer Ausschüttungssperre belastet, soweit sie zusammen mit der allgemeinen gesetzlichen Reserve nicht 20% des einbezahlten Aktienkapitals übersteigt (SCHUCANY, N 1).

10 Weitere statutarische Reserven können nach Aufhebung ihrer statutarischen Grundlage den freien Reserven zugewiesen werden (ZK-BÜRGI, N 16; SCHUCANY, N 2) oder nach Änderung der statutarischen Grundlage ihrem neuen Zweck zugeführt werden.

Art. 673

2. Zu Wohlfahrtszwecken für Arbeitnehmer	Die Statuten können insbesondere auch Reserven zur Gründung und Unterstützung von Wohlfahrtseinrichtungen für Arbeitnehmer des Unternehmens vorsehen.
2. A des fins de prévoyance en faveur de travailleurs	Les statuts peuvent aussi prévoir la constitution en particulier de réserves destinées à créer et à soutenir des institutions de prévoyance en faveur des travailleurs de l'entreprise.
2. A scopo di previdenza a favore di lavoratori	Lo statuto può in particolare prevedere anche la costituzione di riserve destinate a creare e sostenere istituzioni di previdenza a favore di lavoratori dell'impresa.

I. Allgemeines

1 *Note 1 entfällt.*

2 Bei Art. 673 handelt es sich um einen gesetzlich statuierten Anwendungsfall von Art. 672.

II. Reserven für Wohlfahrtseinrichtungen

1. Zuständigkeit zur Bildung von Reserven für Wohlfahrtseinrichtungen

3 Die Kompetenz zur Begründung einer statutarischen Grundlage zur Bildung von **Reserven für Wohlfahrtszwecke** liegt allein bei der **GV**. Sobald eine derartige Grundlage besteht, ist die GV gebunden, Zuwendungen statutengemäss vorzunehmen. Sie ist jedoch frei, die statutarische Grundlage wieder aufzuheben, um weitere Zuweisungen zu vermeiden und um über bereits gebildete statutarische Reserven für Wohlfahrtszwecke wieder frei zu verfügen (s. Art. 672 N 7 ff.).

2. Zweck der Reserven für Wohlfahrtseinrichtungen

4 Die Reserven für Wohlfahrtseinrichtungen können sowohl der Gründung von **Wohlfahrtsfonds,** als auch der Unterstützung bestehender Wohlfahrtsfonds zugunsten der

Arbeitnehmer dienen, wobei es sich bei den Wohlfahrtsfonds insb. auch um juristisch verselbständigte Einheiten, z.B. Stiftungen, handeln kann (ZK-BÜRGI, N 30).

Selbstredend handelt es sich bei den hier angesprochenen Reserven für Wohlfahrtszwecke immer um zweckgebundene Reserven zur Speisung freiwilliger Vorsorge. Die gesetzliche **Personalvorsorge,** ob im Rahmen des gesetzlichen Minimums oder im überobligatorischen Bereich, erfolgt aufgrund arbeitsrechtlicher Bestimmungen (Art. 331 ff.) sowie insb. aufgrund des BVG. 5

III. Bedeutung der Norm aus heutiger Sicht

Seit längerem ist zu beobachten, dass Art. 673 stark an Bedeutung verloren hat (VON GREYERZ, 237; BÖCKLI, § 1 N 331 und § 8 N 273). Die «Wohlfahrt» der Arbeitnehmer wird heute im Rahmen der **Personalvorsorge** sichergestellt. Der Gesetzgeber hat hierfür ein neues, vielfältiges Instrumentarium geschaffen, indem die Personalfürsorgestiftung im Stiftungsrecht geregelt ist (Art. 89bis ZGB), die Beitragspflicht von Arbeitnehmer und Arbeitgeber besteht (Art. 331 ff.) sowie weitere Schutzbestimmungen im BVG. 6

Note 7 entfällt. 7

Im Weiteren ist festzuhalten, dass eine Reserve für Wohlfahrtszwecke als EK einer Gesellschaft bloss so lange ausgewiesen werden sollte, wie die entsprechenden Mittel nicht definitiv dem Vorsorgezweck zugeführt sind. Sobald die definitive Zuweisung jedoch erfolgt, muss eine entsprechende Rückstellung als Verbindlichkeit ausgewiesen werden, die erfolgswirksam zu bilden ist. Die Reserve soll dann aufgelöst werden. 8

Art. 674

III. Verhältnis des Gewinnanteils zu den Reserven	¹ Die Dividende darf erst festgesetzt werden, nachdem die dem Gesetz und den Statuten entsprechenden Zuweisungen an die gesetzlichen und statutarischen Reserven abgezogen worden sind. ² Die Generalversammlung kann die Bildung von Reserven beschliessen, die im Gesetz und in den Statuten nicht vorgesehen sind oder über deren Anforderungen hinausgehen, soweit 1. dies zu Wiederbeschaffungszwecken notwendig ist; 2. die Rücksicht auf das dauernde Gedeihen des Unternehmens oder auf die Ausrichtung einer möglichst gleichmässigen Dividende es unter Berücksichtigung der Interessen aller Aktionäre rechtfertigt. ³ Ebenso kann die Generalversammlung zur Gründung und Unterstützung von Wohlfahrtseinrichtungen für Arbeitnehmer des Unternehmens und zu anderen Wohlfahrtszwecken aus dem Bilanzgewinn auch dann Reserven bilden, wenn sie in den Statuten nicht vorgesehen sind.
III. Relations entre dividende et réserves	¹ Le dividende ne peut être fixé qu'après que les affectations aux réserves légales et statutaires ont été opérées conformément à la loi et aux statuts. ² L'assemblée générale peut décider la constitution de réserves qui ne sont prévues ni par la loi ni par les statuts ou qui en excèdent les exigences, dans la mesure où cela est:

1. nécessaire à des fins de remplacement;

2. justifié pour assurer d'une manière durable la prospérité de l'entreprise ou la répartition d'un dividende aussi constant que possible compte tenu des intérêts de tous les actionnaires.

³ Elle peut aussi, même à défaut de toute disposition statutaire, constituer des réserves sur le bénéfice résultant du bilan, pour créer et soutenir des institutions de prévoyance au profit de travailleurs de l'entreprise ou des institutions analogues.

III. Relazione tra il dividendo e le riserve

¹ Il dividendo non può essere determinato prima che siano state assegnate alle riserve legali e statutarie le somme loro destinate dalla legge e dallo statuto.

² L'assemblea generale può deliberare la costituzione di riserve che non siano previste dalla legge e dallo statuto o che ne eccedano le esigenze, nella misura in cui ciò sia:

1. necessario per scopi di sostituzione;

2. giustificato per garantire durevolmente la prosperità dell'impresa o la ripartizione di un dividendo quanto costante possibile, tenendo conto degli interessi di tutti gli azionisti.

³ L'assemblea generale può parimenti, anche quando ciò non sia previsto dallo statuto, costituire riserve prelevate sull'utile risultante dal bilancio, con cui creare e sostenere istituzioni di previdenza a favore di lavoratori dell'impresa o destinate ad altri scopi di previdenza.

I. Allgemeines

1 Art. 674 regelt einerseits das Verhältnis zwischen der Bildung von gesetzlichen und statutarischen Reserven sowie der Entrichtung von Dividenden. Andererseits verankert er das Recht der GV, über die gesetzlichen und statutarischen Reserven hinaus **beschlussmässige Reserven** zu äufnen (ZK-BÜRGI, N 1).

II. Verhältnis der Bildung gesetzlicher und statutarischer Reserven zum Recht auf Dividende

2 Jeder Aktionär hat Anspruch auf einen verhältnismässigen Anteil am Bilanzgewinn, soweit dieser nach dem Gesetz oder den Statuten zur Verteilung unter die Aktionäre bestimmt ist, m.a.W. soweit dieser zur Ausschüttung zur Verfügung steht und nicht einer Ausschüttungssperre unterliegt (Art. 660; VON GREYERZ, 157 ff.; FORSTMOSER/MEIER-HAYOZ/NOBEL § 40 N 17 ff.).

3 Das Gesetz statuiert damit eine klare Abfolge, wonach das **vermögensmässige Recht** des Aktionärs auf **Dividende** im Range hinter der **Reservenbildung** steht (ZK-BÜRGI, N 3).

4 **Dividenden** dürfen erst entrichtet werden, nachdem die gesetzlichen und statutarischen Reservezuweisungen erfolgt sind. Bezüglich der gesetzlichen Reserven gilt diese Reihenfolge absolut, bezüglich der statutarischen bloss dann, wenn die Statuten nichts Abweichendes festhalten (SCHUCANY, N 1). Oft sehen Bestimmungen bezüglich statutarischer Reserven aber vor, dass solche erst zu äufnen sind, nachdem eine bestimmte Mindestdividende ausgeschüttet wurde (ZK-BÜRGI, N 4).

5 Im Einzelnen ist somit die **erste Zuweisung** zu den **allgemeinen Reserven** vorzunehmen, sofern ein Jahresgewinn ausgewiesen wird. Überdies sind **statutarische Reserven** zu äufnen, soweit dies den Statuten entspricht. Zudem sind allfällige **Aufwertungsre-**

serven oder **Reserven für eigene Aktien** zu bilden. Erst dann darf eine Gewinnausschüttung erfolgen. Falls Gewinnanteile entrichtet werden, die eine 5%-ige Dividende übersteigen, ist überdies eine **zweite Zuweisung** vorzunehmen. Soweit die GV es beschliesst, sind überdies **beschlussmässige Reserven** zu bilden.

III. Beschlussmässige Reserven nach Abs. 2

1. Grundsatz

Der **GV** kommt die Kompetenz zu, so genannte **beschlussmässige Reserven** zu bilden. 6

Beschlussmässige Reserven können dazu dienen, die gesetzlichen oder statutarischen Reserven zu erhöhen oder sie können völlig unabhängig davon gebildet werden. 7

Im Gegensatz zu den gesetzlichen Reserven, die zwingend von der GV zu beschliessen sind und den statutarischen Reserven, die bei entsprechender Grundlage in unbegrenztem Masse und mit beliebiger Zweckbindung gebildet werden können, ist die Bildung beschlussmässiger Reserven nur zulässig, soweit gesetzlich definierte Voraussetzungen erfüllt sind. 8

2. Voraussetzungen im Einzelnen

Beschlussmässige Reserven können von der GV durch einfachen Beschluss geäufnet werden, soweit sie zu **Wiederbeschaffungszwecken** notwendig sind oder soweit die Rücksicht auf das **dauernde Gedeihen des Unternehmens** oder auf die **Ausrichtung einer möglichst gleichmässigen Dividende** ihre Bildung unter Berücksichtigung der Interessen aller Aktionäre rechtfertigt. 9

Damit sind an die Zulässigkeit der Bildung offener, beschlussmässiger Reserven durch die GV dieselben Anforderungen gestellt wie an die Bildung stiller **Wiederbeschaffungs-** oder stiller **Verwaltungsreserven** durch den VR (Art. 669 Abs. 2 f.; s. Art. 669 N 23 ff., 40 ff.; BBl 1983 II 896; BOEMLE, 166 ff., 382 ff; HOMBURGER, 59). 10

Insbesondere gilt es auch hier, den Schutz der **Aktionärsminderheiten** sicherzustellen. Gemäss ausdrücklichem Gesetzeswortlaut sind die Interessen aller Aktionäre zu berücksichtigen, soweit **Dividendenausgleichsreserven** oder **Reserven mit Rücksicht auf das dauernde Gedeihen des Unternehmens** geäufnet werden (s. Wortlaut von Art. 669 Abs. 3, wo nur von den Interessen der Aktionäre gesprochen wird. Aus den Materialien geht jedoch klar hervor, dass sowohl in Art. 669 Abs. 3 als auch in Art. 674 Abs. 2 nicht bloss die Aktionäre als Gesamtheit geschützt werden sollen, sondern die Interessen aller verschiedenen Aktionäre, AmtlBull NR 1985, 1719). 11

3. Verhältnis der Bildung beschlussmässiger Reserven zum Recht auf Dividende

Die Tatsache, dass an die Zulässigkeit der Bildung **beschlussmässiger Reserven** die Erfüllung bestimmter Voraussetzungen geknüpft ist, bewirkt im Gegensatz zum Bereich der gesetzlichen und statutarischen Reserven, dass hier das Recht des Aktionärs auf Dividende der Bildung von Reserven vorgeht. Nur soweit die gesetzlich definierten Voraussetzungen erfüllt sind, darf das **vermögensmässige Recht** des Aktionärs auf **Dividende** eingeschränkt werden. 12

Trotz der gesetzlichen Anforderungen an die Bildung beschlussmässiger Reserven bleibt der **GV** ein breiter Beurteilungsspielraum (BGE 72 II 293 ff.; ZK-BÜRGI, N 6; 13

FORSTMOSER/MEIER-HAYOZ/NOBEL, § 40 N 26). Gleich wie bei der Bildung von **Willkür- oder Verwaltungsreserven (s. Art. 669 N 40)** werden sich die Auswirkungen dieser Anforderungen darauf reduzieren zu verhindern, dass beschlussmässige Reserven für unternehmensfremde Ziele eingesetzt werden oder um **Minderheitsaktionäre** dividendenmässig systematisch auszutrocknen (s. Art. 669 N 30 ff.) oder etwa Aktienkurse aufgrund tiefer Dividendenausschüttungen missbräuchlich niedrig zu halten.

4. Verhältnis des Gewinnvortrages auf neue Rechnung zum Recht auf Dividende

14   Der **GV** steht die Kompetenz zur Beschlussfassung über die Verwendung des **Bilanzgewinnes** zu (Art. 698 Abs. 2 Ziff. 4). Im Rahmen dieser Befugnis ist die GV weitgehend frei, einen ausschüttbaren Bilanzgewinn auf neue Rechnung vorzutragen und nicht an die Aktionäre in Form von **Dividenden** auszuschütten (BGE 99 II 59; 91 II 310).

15   Diese Kompetenz schränkt das Recht des Aktionärs auf Entrichtung einer jährlichen Dividende weitestgehend ein. Das relative Recht des Aktionärs auf Dividende darf jedoch auch in diesem Zusammenhang nie willkürlich oder zu unternehmensfremden Zwecken eingeschränkt werden (ZK-BÜRGI, Art. 660 N 14; Art. 669 N 30 ff.; s.a. vorne 12 ff.). Insbesondere ist auch stets der Grundsatz der **Gleichbehandlung** einzuhalten, soweit er nicht nach Abs. 3 statutarisch eingeschränkt ist (ZK-BÜRGI, Art. 660 N 30).

IV. Reserven für Wohlfahrtseinrichtungen nach Abs. 3

16   Nach Abs. 3 steht der GV auch ohne gesetzliche Verpflichtung und ohne statutarische Grundlage das Recht zur Bildung **beschlussmässiger Reserven** für **Wohlfahrtseinrichtungen** für Arbeitnehmer des Unternehmens oder zu anderen Wohlfahrtszwecken zu.

17   Wie im Rahmen von Art. 673 können die Reserven für Wohlfahrtszwecke auch hier sowohl der Gründung neuer als auch der Unterstützung bestehender **Wohlfahrtsfonds** dienen, und es kann sich auch hier um juristisch verselbständigte Einheiten, z.B. Stiftungen, handeln (ZK-BÜRGI, N 30).

18   Gleich wie im Rahmen von Art. 673 handelt es sich bei den hier angesprochenen Reserven für Wohlfahrtszwecke immer um Reserven zur Speisung freiwilliger Vorsorge. Die gesetzliche **Personalvorsorge,** ob im Rahmen des gesetzlichen Minimums oder im überobligatorischen Bereich, erfolgt heute aufgrund arbeitsrechtlicher Bestimmungen (Art. 331 ff.) sowie insb. aufgrund des BVG.

19   Im Gegensatz zu den **statutarischen Reserven** für Wohlfahrtszwecke nach Art. 673 brauchen die hier zur Diskussion stehenden Reserven nicht zwingend für die Wohlfahrt der Arbeitnehmer des Unternehmens eingesetzt zu werden. Es liegt im Belieben der GV, Reserven auch für andere Wohlfahrtszwecke zu äufnen.

20   Abschliessend ist auch hier auf die Problematik der Norm hinzuweisen. Gleich wie zu Art. 673 ist aus heutiger Sicht festzustellen, dass dieser Bestimmung keine grosse Bedeutung mehr zukommt (s. Art. 673 N 6 ff.).

Art. 675

**D. Dividenden,
Bauzinse und
Tantiemen
I. Dividenden**

¹ Zinse dürfen für das Aktienkapital nicht bezahlt werden.

² **Dividenden dürfen nur aus dem Bilanzgewinn und aus hierfür gebildeten Reserven ausgerichtet werden.**

D. Dividendes, intérêts intercalaires et tantièmes
I. Dividendes

¹ Il ne peut être payé d'intérêts sur le capital-actions.

² Des dividendes ne peuvent être prélevés que sur le bénéfice résultant du bilan et sur les réserves constituées à cet effet.

D. Dividendi, interessi per il periodo d'avviamento e tantièmes
I. Dividendi

¹ Non possono essere attribuiti interessi a favore del capitale azionario.

² Possono essere prelevati dividendi solo sopra l'utile risultante dal bilancio e sulle riserve all'uopo costituite.

Literatur

AEPLI, Zur Entschädigung des Verwaltungsrates, AJP 2002, 269 ff.; ALTDORFER, Verdeckte Gewinnausschüttungen und AHV, ST 1985, 72 f.; BÄR, Aktuelle Fragen des Aktienrechts, ZSR 1966 II 321 ff.; BALLERSTEDT, Kapital, Gewinn und Ausschüttung bei Kapitalgesellschaften, 1949; BERGER, Die Bilanzierung verdeckter Gewinnausschüttungen nach Art. 678 Abs. 2 OR, AJP 2000, 1112 ff.; BANZ, Sicherheiten zugunsten von Aktionären (sog. Upstream Securities), in: FS Zobl, 2004, 191 ff.; BINDER, Das Verbot der Einlagerückgewähr im Aktienrecht, Diss. Bern 1981; BOCHUD, Darlehen an Aktionäre, 1991; BLUM, Cash Pooling: Gesellschaftsrechtliche Aspekte, AJP 2005, 705 ff.; BÖCKLI, Aktienrechtliches Sondervermögen und Darlehen an Aktionäre, in: FS Vischer, 1983, 527 ff. (zit. Sondervermögen); DERS., Darlehen an Aktionäre als aktienrechtlich kritischer Vorgang, ST 1980, 4 ff. (zit. Darlehen); DERS., Der Rangrücktritt im Spannungsfeld von Schuld- und Aktienrecht, in: FS Schluep, 1988, 339 ff. (zit. Rangrücktritt); DERS., Gesellschaftsrechtliche und steuerrechtliche Aspekte bei der Gründung einer Aktiengesellschaft durch Umwandlung einer Personengesellschaft, StR 1973, 393 ff. (zit. Gründung); DERS., Zum Börsengesetz von 1995: neue Rechtsinstitute und neue Probleme, BJM 1998, 225 ff. (zit. Börsengesetz); BOEMLE/STOLZ, Unternehmensfinanzierung, 13. Aufl. 2002; BURCKHARDT, Der Erwerb eigener Aktien und Stammanteile, Diss. Basel 1983; BÜRGI, Die Vorschriften über die Gewinnverteilung gemäss Art. 674 und 677, SAG 1948/49, 1 ff.; VON BÜREN/STEINER, Der Vorentwurf für eine Reform des Rechts der Gesellschaft mit beschränkter Haftung, ZBJV 1999, 460 ff.; VON BÜREN/BÄHLER, Gründe für die gesteigerte Attraktivität der GmbH, recht 1996, 17 ff.; DIES., Eingriffe des neuen Börsengesetzes ins Aktienrecht, AJP 1996, 391 ff.; BUYER, Gewinn und Kapital, 1989; CASUTT, Rechtliche Aspekte der Verteilung der Prozesskosten im Anfechtungs- und Verantwortlichkeitsprozess, in: FS Forstmoser, 1993, 79 ff.; DAENIKER, Vergütung von Verwaltungsrat und Geschäftsleitung schweizerischer Publikumsgesellschaften, SJZ 2005, 381 ff.; DÖLLERER, Verdeckte Gewinnausschüttungen und verdeckte Einlagen bei Kapitalgesellschaften, 2. Aufl. 1990; DRUEY/VOGEL, Das schweizerische Konzernrecht in der Praxis der Gerichte, 1999; DÜRR, Die Rückerstattungsklage nach Art. 678 Abs. 2 im System der unrechtmässigen Vermögensverlagerungen, Diss. Zürich 2005; DUSS, Überlegungen zur steuerrechtlichen Behandlung einer Dividendengarantie, StR 1978, 49 ff.; EDELMANN, Der unberechtigte Empfang von Zinsen und Gewinnanteilen bei der Aktiengesellschaft und der GmbH, Diss. Freiburg i.Ue. 1941; FELLMANN, Abgrenzung der Dienstleistungsverträge zum Arbeitsvertrag und zur Erbringung von Leistungen als Organ einer Gesellschaft, AJP 1997, 172 ff.; FOLLIET, Répartition dans les S.A. des bénéfices et des pertes en l'absence de dispositions statutaires, SAG 1946/47, 182 ff. (zit. Répartition); DERS., La prime sur émission d'actions et le Code des Obligations, ZSR 1951 I 31 ff. (zit. Prime); FORSTMOSER, Aktionärbindungsverträge, in: FS Schluep, 1988, 359 ff. (zit. Aktionärbindungsverträge); DERS., Sachausschüttungen im Gesellschaftsrecht, in: FS Keller, 1989, 701 ff. (zit. Sachausschüttungen); GEHRIG, Der Tatbestand der verdeckten Gewinnausschüttung an einen nahestehenden Dritten, 1998; GIGER, Der Erwerb eigener Aktien, Diss. Bern 1995; GLANZMANN, Der Darlehensvertrag mit einer Aktiengesellschaft

Peter Kurer

aus gesellschaftsrechtlicher Sicht, Diss. Bern 1997; GRAF, Verträge zwischen Konzerngesellschaften, 1988; GURTNER, Steuerfolgen des neuen Aktienrechts, ST 1992, 477 ff.; HANDSCHIN/TRUNIGER, Die neue GmbH, 2. Aufl. 2006; HENGGELER, Verdeckte Gewinnausschüttungen der Aktiengesellschaft, SAG 1941/42, 50 ff.; HERREN, Statutarische Berechtigung zum Erwerb von Aktien- und GmbH-Anteilen, 1973; HEUBERGER, Die verdeckte Gewinnausschüttung aus Sicht des Aktienrechts und des Gewinnsteuerrechts, Diss. Bern 2001; HÖHN (Hrsg.), Handbuch des internationalen Steuerrechts der Schweiz, 2. Aufl. 1993; HUGUENIN JACOBS, Das Gleichbehandlungsprinzip im Aktienrecht, 1994; ISLER, Verdeckte Gewinnausschüttungen bei Aktiengesellschaften, SAG 1955/56, 57 ff.; JUNG/AGNER, Kommentar zur direkten Bundessteuer – Ergänzungsband zur 2. Aufl. des Kommentars von Heinz Masshardt, 1989; KÄNZIG, Die direkte Bundessteuer, Bd. II, 2. Aufl. 1992 (zit. BdBSt); KÄSER, Abgrenzung zwischen Erwerbs- und Ertragseinkommen in der AHV, ST 1986, 103 ff.; KISTLER, Die Dividende, SAG 1960/61, 86 ff., 206 ff.; KLEINER, Bankgarantie, 4. Aufl. 1990; KUNZ, Die Klagen im Schweizer Aktienrecht, 1997; KÜNZLER, Konzernübertragung im Privat- und Steuerrecht, 2006; LANGE, Verdeckte Gewinnausschüttungen, 7. Aufl. 1998; LEHNER, Gemeinsame Charakterzüge und Wirkungen der aktienrechtlichen Vorkaufsrechte, SAG 1953/54, 189 ff., 218 ff.; LEU, Variable Vergütungen für Manager und Verwaltungsräte, 2005; LOCHER E. R., Die Gewinnverwendung in der Aktiengesellschaft, 1983; LOCHER, P., Die verdeckte Gewinnausschüttung im Aktien- und Steuerrecht, in: von Büren (Hrsg.) Aktienrecht 1992–1997: Versuch einer Bilanz, 1998, 249 ff.; LUTTER, Kölner Kommentar zum Aktiengesetz, 2. Aufl. 1988; MASSHARDT, Kommentar zur direkten Bundessteuer, 2. Aufl. 1985; MEIER-SCHATZ, Kommentar zum Bundesgesetz über die Börsen und den Effektenhandel, 2000, Art. 20 N 5 f.; MONTAVON/WERMELINGER, Droit et pratique de la société anonyme, Tome I, 1994; MÜLLER, Der Schutz der Aktiengesellschaft vor unzulässigen Kapitalentnahmen, Diss. Bern 1997; NEUHAUS, Verdeckte Gewinnausschüttungen, 1997 (SSTRK 150), 9 ff. (zit. Gewinnausschüttungen); DERS., Steuerliche Konsequenzen des neuen Aktienrechts, ST 1997, 485 ff. (zit. Konsequenzen); DERS., Unternehmensbesteuerung nach neuem Aktienrecht, ST 1994, 81 ff. (zit. Unternehmensbesteuerung); DERS., Die Besteuerung des Aktienertrages, Diss. Zürich 1988; NOBEL, Querbezüge zwischen Aktienrecht und Börsengesetz, ST 1997, 463 ff.; DERS., Börsengesellschaftsrecht?, in: FS Rolf Bär, 1998, 301 ff.; DERS., Vom Umgang mit eigenen Aktien, SnA 6 (1994); OCHSNER, Über das Eigenkapital der Aktiengesellschaft, Diss. Zürich 1971; Office fédéral de la justice, Qualification du COTO sous l'angle du droit commercial, StR 1992, 250 ff.; DU PASQUIER/OERTLE, Les restrictions au transfert des actions nominatives liées, AJP 1992, 758 ff.; PETER, L'action révocatoire dans les groupes de sociétés, SAG 1989, 1 ff.; PFUND, Verrechnungssteuer, 1971; VON PLANTA, Die Haftung des Hauptaktionärs, 1981; PLÜSS, Die Rechtsstellung der VR-Mitglieder, 1990; PROBST, Die verdeckte Gewinnausschüttung im schweizerischen Handelsrecht, 1981; REICH, Verdeckte Vorteilszuwendungen zwischen verbundenen Unternehmen, ASA 1985/86, 609 ff.; REYMOND, Dividendes cachées et rendement des sociétés anonymes, SAG 1983, 14 ff.; RIVIER, Réflexions sur le prêt d'une société anonyme à son actionnaire, ASA 1985/86, 14 ff.; RUCKSTUHL, Die Zulässigkeit von Interimsdividenden nach schweizerischem Recht, Diss. Zürich 1974; RUSCH, Interzession im Interesse des Aktionärs, Diss. Zürich 2004; RUSSI, Die Gewinnverschiebung, insbesondere bei Partnerwerken der Elektrizitätswirtschaft, und die Frage der Sonderbesteuerung, Diss. Zürich 1979; SALZGEBER-DÜRIG, Das Vorkaufsrecht und verwandte Rechte an Aktien, 1970; SCHÄRER, Von Kapitaleinlagen und Gewinnausschüttungen und deren steuerrechtlicher Behandlung bei der Aktiengesellschaft und beim Aktionär, ASA 1974/75, 273 ff.; SCHMID, Das feste Grundkapital bei der Aktiengesellschaft, Diss. Zürich 1948; SCHUCANY, Die Rückerstattung ungerechtfertigt bezogener Liquidationsanteile im Aktienrecht, SAG 1945/46, 66 f. (zit. Rückerstattung); SCHULTZ, Zur Problematik von Darlehen an Aktionäre aus der Sicht der Kontrollstelle, in: FS zum 50-jährigen Bestehen der Schweiz. Treuhand- und Revisionskammer, 1975, 238 ff.; SPIRO, Die Begrenzung privater Rechte durch Verjährungs-, Verwirkungs- und Fatalfristen, 1975; SPÖRRI, Die aktienrechtliche Rückerstattungspflicht, Diss. Zürich, 1996; VON STEIGER, Die sogenannten Bauzinsen bei der Aktiengesellschaft, SAG 1937/38, 141 ff. (zit. Bauzinsen); DERS., Können schweizerische Aktiengesellschaften Vierteljahresdividenden ausschütten?, SAG 1964, 132 ff. (zit. Vierteljahresdividenden); DERS., Rechtsfragen betreffend das Agio und den gesetzlichen Reservefonds, insbesondere bei Holdinggesellschaften, SAG 1949/50, 85 ff. (zit. Agio); STUCCHI/MOGHINI, Art. 678 CO: Aspetti legali e fiscali e posizione dell'ufficio di revisione, ST 1995, 752 ff.; TANNER, Die Auswirkungen des neuen Aktienrechts auf Gesellschaften mit beschränkter Haftung, Genossenschaften und Bankaktiengesellschaften, in: FS Forstmoser, 1993, 31 ff.; THALMANN/WAIBEL, Endlich – die Interimsdividende setzt sich im schweizerischen Recht durch, SZW 2007, 18 ff.; TSCHÄNI, M&A-Transaktionen nach Schweizer Recht, 2003; VISCHER, Rechts- und Sachgewährleistung bei Sacheinlage- und Übertragungsverträgen über Unternehmen, SJZ 2004, 105 ff.; VOGEL, Kapitalersetzende «Sanierungs»-Darlehen im Konzern, SZW 1993, 299 ff.; VON DER CRONE, Angebotspflicht, SZW Sondernummer, 1997, 44 ff.; WALDER, Die Einhaltung gesetzlicher und statutarischer Vorschriften bei der Einmann-AG, SAG 1949/50, 158 ff.; WATTER, Verdeckte Gewinnausschüttungen, 1997 (SSTRK 150), 137 ff.; DERS., Gewinnverschiebungen bei Aktiengesellschaften im schweizerischen Handelsrecht, AJP 1996, 135 ff. (zit. Gewinnverschiebungen); K. WEBER, Dividendenpolitik, Diss. Zürich 1955 (zit. Dividendenpolitik); R. H. WEBER, Vertrags- bzw. Statutengestaltung und Minderheitenschutz, 1992, 71 ff. (SAV 11) (zit. Statutengestaltung); WIDLER, Verdeckte Gewinnausschüttungen und der Rückerstattungsanspruch nach neuem Aktienrecht, Zürcher Steuerpraxis 1993, 234 ff.; WIDMER, Die Liberierung im schweizerischen Aktienrecht, Diss. Zürich 1997; WOHLMANN, Zu den Verweisungen im Recht der GmbH auf das Aktienrecht, SZW 1995, 139 ff.; DERS., Die Treuepflicht des Aktionärs, Diss. Zürich 1968 (zit. Treuepflicht); WÜRSCH, Der Aktionär als Konkurrent der Gesellschaft, 1989; ZINDEL, Bezugsrechte in der Aktiengesellschaft, Diss. Zürich 1984; ZOBL, Kommentar zum Bundesgesetz über die Börsen und den Effektenhandel, 2000, Einleitung, N 53 ff. (zit. Kommentar); DERS., Das Börsenrecht der Schweiz, 1998 (zit. Börsenrecht); ZWEIFEL/ATHANAS (Hrsg.), Kommentar zum Schweizerischen Steuerrecht I/2a, DBG, 2000.

I. Normzweck und verwandte Normen

Die Norm will sicherstellen, dass dem Aktionär ein Ertrag auf dem eingesetzten Kapital nur in Form von **Dividenden** aus erwirtschaftetem *Gewinn* zufliesst. Zu diesem Zweck verbietet Abs. 1 die *Verzinsung* des Aktienkapitals und enthält Abs. 2 die Vorschrift, dass Dividenden nur aus dem *Bilanzgewinn* oder aus zu diesem Zweck gebildeten *Reserven* ausgeschüttet werden dürfen. 1

Art. 675 ist im Zusammenhang mit den übrigen Bestimmungen der Randtitel D und E **(Art. 676–679)**, dem *Kapitalrückzahlungsverbot* **(Art. 680 Abs. 2),** den Bestimmungen über die *gesetzlichen Reserven* **(Art. 671** ff.) sowie den gesetzlichen *Bewertungsregeln* **(Art. 662–670)** und den formellen Bestimmungen über die korrekte *Gewinnverwendung* (N 12) zu sehen. Mit all diesen Bestimmungen will der Gesetzgeber das Vermögen der Gesellschaft schützen und insb. dreierlei unterbinden: 2

a) dass die Gesellschaft dem Aktionär seine **Einlage** zurückbezahlt, also anderes als selbst erwirtschaftetes Vermögen ausschüttet (zu einigen Ausnahmen für *Bauzinsen* s.u. Art. 676 N 1); 3

b) dass die Gesellschaft ihr gesamtes erwirtschaftetes **Vermögen** ausschüttet, ohne die gesetzlich vorgesehenen Reserven zu bilden; 4

c) dass die Gesellschaft irgendeine Ausschüttung vornimmt, ohne die gesetzlichen Vorschriften über die **Bewertung** ihres Vermögens und die Form der **Beschlussfassung** für Ausschüttungen zu beachten. 5

Ratio legis all dieser Normen ist sowohl der *Schutz der Gläubiger* (vgl. BGE 117 IV 267) wie auch der *Gesellschaft* selbst (vgl. BGE 97 IV 14). Es geht also nicht in erster Linie um die **Substanzhaltung** zugunsten der Aktionäre. Die Vermögensschutznormen gelten deshalb auch vorbehaltlos für die *Einmann-AG* (vgl. WALDER, SAG 1949/50, 158 ff.). 6

Die Bestimmung gilt über den Verweis von Art. 656a Abs. 2 auch für Dividenden an **Partizipanten** und *Genussscheininhaber* (vgl. Art. 657 Abs. 2). 7

Die Norm ist gegenüber dem **altOR** unverändert, mit Ausnahme der Ersetzung des Begriffes «Reingewinn» durch «Bilanzgewinn», was lediglich eine Anpassung an die neue Terminologie darstellt. 8

Peter Kurer

II. Zinsverbot (Abs. 1)

9   Das **Zinsverbot** erfasst alle Arten von festen Verpflichtungen der Gesellschaft, ihren Aktionären für das von diesen eingesetzte AK eine periodisch wiederkehrende Leistung oder sonstige fest umschriebene, erfolgsunabhängige Gegenleistungen zu erbringen. Verboten sind neben eigentlichen *Kapitalzinsen* insb. feste *Renditeversprechen* oder *Dividendengarantien* der Gesellschaft; dies gilt auch für den Fall, dass derartige Versprechen im Innenverhältnis durch Dritte gedeckt sind (zu Dividendengarantien von Dritten im Aussenverhältnis s.u. N 39).

10   Ausgenommen vom Verbot sind einzig **Bauzinsen** gemäss Art. 676.

11   Nicht vom Verbot erfasst werden Zinsen auf **Darlehen,** die Aktionäre der Gesellschaft gewähren.

III. Beschränkung der Ausschüttung (Abs. 2)

12   Abs. 2 enthält eine materielle Beschränkung für **Gewinnausschüttungen.** Danach darf die Gesellschaft Dividenden nur aus dem Bilanzgewinn oder aus dafür gebildeten Reserven ausschütten. Die Bestimmung gibt dem Aktionär keinen Dividendenanspruch; dieser bemisst sich vielmehr nach Art. 660 Abs. 1.

13   Dividende ist der Anteil am Reingewinn, den die Gesellschaft an ihre Aktionäre, Partizipanten oder Genussscheininhaber ausschüttet (vgl. VON GREYERZ, 249). Die Ausschüttung erfolgt überwiegenderweise in bar, kann ausnahmsweise aber auch in Sachwerten bestehen (sog. Naturaldividende, s.u. N 33). Sofern die Statuten nichts anderes vorsehen, werden die Dividenden im Verhältnis der auf das AK einbezahlten Beträge berechnet (Art. 661).

14   Der **Bilanzgewinn** ist eine Position des Eigenkapitals (Art. 663a Abs. 3) und setzt sich aus dem Jahresgewinn (Art. 663 Abs. 4) sowie der Gesamtheit der auf die neue Rechnung vorgetragenen Gewinne aus früheren Jahren zusammen (vgl. BÖCKLI, § 12 N 520 FN 891). Um festzustellen, ob und in welcher Höhe die Ausschüttung einer Dividende möglich ist, müssen die Jahresergebnisse und Vorträge aus früheren Jahren miteinander ver- bzw. zusammengerechnet werden. Damit kann die Gesellschaft auch dann eine Dividende ausschütten, wenn ein Jahresverlust vorliegt, der Gewinnvortrag aber höher ist als dieser Verlust, ebenso wenn die Bilanz zwar einen Verlustvortrag ausweist, dieser aber durch den Jahresgewinn übertroffen wird.

15   Unter dem Begriff der «hierfür gebildeten Reserven» sind in erster Linie Reserven zu verstehen, die in der Bilanz als **Dividendenreserve,** *Dividendenausgleichsfonds* u.Ä. bezeichnet werden; zudem erfasst er Reserven, die der Dividendenzahlung nebst anderen Zwecken dienen, wie z.B. *«Investitions- und Dividendenausgleichsfonds»* (SCHUCANY, N 4; ZK-BÜRGI, Art. 675/676 N 5). Über den engen Gesetzeswortlaut hinaus und entgegen der anscheinend von SCHUCANY (N 4) vertretenen Ansicht kann die Gesellschaft aber auch Dividenden aus weiteren frei verfügbaren Reserven ausschütten, und zwar unter folgenden Voraussetzungen (vgl. VON GREYERZ, 64; GUHL-DRUEY, § 66 N 8; BURCKHARDT, 24):

16   a) **Allgemeine Reserven:** Allgemeine Reserven sind diejenigen gesetzlichen Reserven, die gemäss den Bestimmungen von Art. 671 gebildet werden. Nach Art. 671 Abs. 3 dürfen diese allgemeinen Reserven, soweit sie die Hälfte des AK und des PS-Kapitals (Art. 656b Abs. 3) nicht übersteigen, nur zur Deckung von Verlusten oder zu Massnahmen verwendet werden, die es dem Unternehmen erlauben, in schlechten

2. Abschnitt: Rechte und Pflichten der Aktionäre   17–19   Art. 675

Geschäftszeiten durchzuhalten oder die Arbeitslosigkeit und ihre Folgen zu bekämpfen. Aus dieser Bestimmung wird zu Recht der Umkehrschluss gezogen, dass der die Hälfte des Nennkapitals übersteigende Teil der allgemeinen Reserven zur freien Verfügung der GV steht (ZK-BÜRGI, Art. 671 N 85; BÖCKLI, § 8 N 271; HWP 1426; BURCKHARDT, 24). Sie kann daraus auch eine Dividende entrichten.

b) Allgemeine Reserven bei **Holdinggesellschaften**: Aus Art. 671 Abs. 4 wird in der Praxis abgeleitet, dass sich für Holdinggesellschaften der gesperrte Betrag der allgemeinen Reserven lediglich auf die in Art. 671 Abs. 1 vorgeschriebenen 20% des AK und PS-Kapitals belaufe (HWP 1429; vgl. ZK-SIEGWART, Einl. N 193); nach dieser, der ratio legis entsprechenden Ansicht können somit Holdinggesellschaften Dividenden aus der allgemeinen Reserve ausschütten, sofern diese höher ist als die genannten 20% des AK und PS-Kapitals (gl.M. BÖCKLI, § 8 N 272; **a.M.** VON STEIGER, 254; ZK-BÜRGI, Art. 671 N 118). Zum Begriff der Holdinggesellschaft vgl. ZK-SIEGWART, Einl. N 152 ff.; HWP 1425.   **17**

c) Allgemeine Reserven bei **Banken**: Hier ist zusätzlich Art. 5 BankG zu beachten (vgl. B/K/L-LUTZ, insb. Art. 5 N 19).   **18**

d) **Agio**: Das in N 16 Festgehaltene gilt insoweit, als der allgemeine Reservefonds durch die sog. erste Zuwendung gemäss Art. 671 Abs. 1 und die sog. zweite Zuwendung i.S.v. Art. 671 Abs. 2 Ziff. 3 geäufnet wurde. Umstritten ist dagegen, ob diese Ausführungen auch gelten, wenn der 50% des Nennkapitals übersteigende Betrag durch die Zuweisung von Agios gemäss Art. 671 Abs. 2 Ziff. 1 gespeist wurde. Ein Teil der Lehre stellt sich auf den Standpunkt, das Agio dürfe selbst dann nicht an die Aktionäre zurückfliessen, wenn die allgemeinen Reserven die Hälfte des Nennkapitals übersteigen (so BÖCKLI, § 8 N 301 FN 509 und § 12 N 526 ff.; DERS., Sondervermögen, 534 f.; VON STEIGER, 87 ff.; VON BÜREN et al., STOFFEL, N 1093; i.E. auch TSCHÄNI, 195 N 46). Demgegenüber weist ein anderer Teil der Lehre darauf hin, dass der Gesetzgeber den Rückfluss des Agios auch andernorts (Verwendung der Agios zur Bildung stiller Reserven) nicht konsequent verhindert habe, was letzten Endes eine Rückführung über Art. 671 Abs. 3 bzw. eine Zuweisung zu den freien Reserven zulasse (FORSTMOSER, Aktienrecht, § 9 N 54; ZK-BÜRGI, Art. 671 N 67; BSK OR I-NEUHAUS, Art. 671 N 28 ff.; OCHSNER, 83; VON GREYERZ, 236; HWP 1426 f.; offen gelassen bei FORSTMOSER/MEIER-HAYOZ/NOBEL, § 50 N 22 FN 2 und 3, § 50 N 29 FN 6). Meines Erachtens ist in der Praxis die zweite Ansicht vorzuziehen, was zu folgender Lösung führt: Die unmittelbare Rückführung des Agios ist nicht zulässig (s. Art. 680 N 19); dies schliesst insb. auch eine Rückführung im Emissionsjahr aus; aus diesem Grund darf die Gesellschaft auch keine Ausschüttungen aus einem speziellen Agiofonds vornehmen, der nur aus solchen Aufgeldern geäufnet wurde und z.B. in Anwendung der EU-Jahresabschluss-RL separat ausgewiesen wird (**a.M.** BINDER, 103, wobei es sich hier im schweizerischen Recht um eine freiwillige Rechnungslegungsnorm handelt). Weist die Gesellschaft demgegenüber das Agio den allgemeinen Reserven zu, dann gilt für Dividendenausschüttungen auch diesbezüglich die an und für sich klare Regelung von Art. 671 Abs. 3; damit darf die Gesellschaft selbst dann eine Dividendenausschüttung aus dem die Hälfte des Nennkapitals übersteigenden Betrag der allgemeinen Reserven vornehmen, wenn diese teilweise auf Agiozahlungen zurückzuführen sind und dadurch indirekt Agios an die Aktionäre zurückfliessen. Jede andere Lösung widerspricht dem Wortlaut von Art. 671 Abs. 3 und ist zudem unpraktikabel, weil zu Lasten der allgemeinen Reserven auch Abschreibungen vorgenommen und allfällig daraus resultierende stille Reserven später wieder zu ihren Gunsten aufgelöst werden können, womit man   **19**

Peter Kurer

die Herkunft der Mittel oftmals gar nicht mehr verfolgen kann. Hätte der Gesetzgeber die Rückführung des Agios verhindern wollen, hätte er eine entsprechende Spezialnorm erlassen (zur Diskussion im Rahmen der Aktienrechtsreform s. BINDER, 103).

20 e) **Andere gesetzliche Reserven:** Die durch das rev. OR geschaffenen zusätzlichen Formen von gesetzlichen Reserven, nämlich die Reserve für eigene Aktien (Art. 671 a) und die Aufwertungsreserve (Art. 671b) sind gesperrte Posten des Eigenkapitals. Die Gesellschaft darf daraus keinerlei Ausschüttungen vornehmen (BÖCKLI, § 8 N 296; HWP 1428 f.).

21 f) **Freie Reserven:** Freie Reserven sind Reserven, welche die Gesellschaft ohne Zweckbindung schafft, und zwar entweder aufgrund einer statutarischen Bestimmung (Art. 672) oder direkt aufgrund eines entsprechenden Beschlusses der GV (Art. 674 Abs. 2). Dividendenausschüttungen aus derartigen freien Reserven sind zulässig (ZK-BÜRGI, Art. 675/676 N 5; HWP 1429).

22 g) **Gebundene Reserven,** die auf eine statutarische Grundlage oder einen Beschluss der GV zurückgehen, können durch einen entsprechenden Beschluss der GV bzw. eine Statutenänderung aufgelöst und in freie Reserven überführt werden, womit die Gesellschaft sie für Dividendenausschüttungen verwenden darf (ZK-BÜRGI, Art. 672 N 16; SCHUCANY, Art. 672 N 2; BURCKHARDT, 24).

23 h) Liegt ein **Bilanzverlust** vor, ist eine Ausschüttung aus irgendeiner Art von Reserven nur insoweit möglich, als der aus diesen Reserven verwendbare Betrag den Bilanzverlust übersteigt.

24 Für die Frage, ob genügend ausschüttbare Mittel vorhanden sind, ist grundsätzlich auf den Bilanzstichtag, d.h. den letzten Tag des **Geschäftsjahres,** abzustellen. Dabei ist jedoch immer der Grundsatz zu beachten, dass Gewinnausschüttungen zu unterbleiben haben, wenn nach dem (Bilanz-)Stichtag gravierende Umstände eintreten, welche zusammen mit einer Gewinnausschüttung zu einer Kapitalrückzahlung oder einer Ausschüttung aus gebundenen Reserven führen würden (HWP 1430, 435).

25 Eine Gesellschaft, die eine Dividende ausschütten will, hat nicht nur die materielle Beschränkung gemäss Abs. 2, sondern auch mehrere formelle Voraussetzungen zu beachten: Es muss ein **Jahresabschluss** vorliegen, und die Revisoren müssen diesen geprüft und über das Ergebnis ihrer Prüfung schriftlich Bericht erstattet haben (Art. 728–729c); die **RS** hat insb. auch zu überprüfen, ob der Antrag über die Verwendung des Bilanzgewinnes dem Gesetz und den Statuten entspricht (Art. 728 Abs. 1); spätestens 20 Tage vor der ordentlichen GV sind der **Geschäftsbericht** und der **Revisionsbericht** den Aktionären am Gesellschaftssitz zur Einsicht aufzulegen, worüber die Gesellschaft die Aktionäre unterrichten muss (Art. 696 Abs. 1 f.); schliesslich hat die GV über die Dividende zu beschliessen (Art. 698 Abs. 2 Ziff. 4), wobei sie anders entscheiden kann, als der VR beantragt hat (BÖCKLI, § 12 N 522 FN 896); vor der Ausschüttung sind die gesetzlich und statutarisch vorgeschriebenen Einlagen in die Reserven vorzunehmen (Art. 671 ff.).

26 Vorbehältlich eines abweichenden Entscheides der GV wird die Dividende sofort mit dem **GV-Beschluss** *fällig* (s. RUCKSTUHL, 18; LOCHER, 137). Mit diesem Beschluss wandelt sie sich zu einem unentziehbaren Gläubigerrecht (ZK-BÜRGI, Art. 660/661 N 36) und untersteht, sofern sie erst später bezahlt wird, nicht mehr der Entnahmesperre von Abs. 2.

27 Von der beschlossenen Dividende hat die Gesellschaft die **Verrechnungssteuer** von 35% abzuziehen und die entsprechenden Beträge unter gleichzeitiger Meldung an die

2. Abschnitt: Rechte und Pflichten der Aktionäre   28–34 **Art. 675**

eidgenössische Steuerverwaltung abzuliefern (Art. 21 VStV). Für allfällige ausländische Aktionäre reduziert sich dieser Satz u.U. gemäss den Bestimmungen des anwendbaren Doppelbesteuerungsabkommens. Der inländische Steuerpflichtige kann die ihm abgezogene Verrechnungssteuer im Rahmen der ordentlichen Steuererklärung oder separat zurückfordern; für Ausländer gelten die einschlägigen steuerrechtlichen Bestimmungen seines Heimatstaates bzw. die Normen des anwendbaren Doppelbesteuerungsabkommens; in gewissen Fällen kann die Gesellschaft die Verrechnungssteuer auf dem Wege des sog. Meldeverfahrens erledigen, so insb. bei Gratiskapitalerhöhungen und Naturaldividenden (Art. 24 ff. VStV).

Ein Verstoss gegen Abs. 2 führt zur **Nichtigkeit** des Ausschüttungsbeschlusses (BÖCKLI, Aktienrecht, § 12 N 529, 531; VON STEIGER, 204; ZK-BÜRGI, Art. 675/676 N 2); die Gesellschaft bzw. die Aktionäre können gemäss Art. 678 Rückerstattung an die Gesellschaft verlangen (s. Art. 678 N 18 ff.). Schwere Verletzungen der Norm können zudem aktien-, ja strafrechtliche Verantwortlichkeiten nach sich ziehen (vgl. BGE 97 IV 10; 117 IV 159). 28

Nebst den Regeln von Abs. 2 hat die Gesellschaft auch darauf zu achten, dass die Dividendenausschüttung nicht einen unverantwortbaren **Liquiditätsentzug** bewirkt (HWP 1433 ff.). 29

IV. Sonderprobleme

Bezüglich Ausschüttung unterschiedlich hoher Dividenden an verschiedene Aktionäre und das Problem der **Gleichbehandlung der Aktionäre** s. Art. 660 N 17, 20 ff. 30

Besondere Arten von Ausschüttungen sind: 31

a) **Stockdividende:** Hier wandelt die Gesellschaft einen Teil des Bilanzgewinnes oder der Reserven in Aktien und verteilt sie an die Aktionäre (vgl. im Einzelnen BOEMLE/STOLZ, 487 ff.; zur Frage der Zulässigkeit vgl. ZK-BÜRGI, Art. 660/661 N 29; FORSTMOSER, Sachausschüttungen, 702 f.). Bei richtiger Betrachtung handelt es sich aber bei der Stockdividende gar nicht um eine Ausschüttung, sondern um eine Gratiskapitalerhöhung (ZINDEL, 143 ff.); es liegt keine eigentliche Dividende vor. Hingegen stellt nach Auffassung des Bundesamtes für Justiz und der Steuerbehörden die Ausgabe von sog. COTOs eine unter dem Gesichtspunkt von Art. 675 zu betrachtende Gewinnausschüttung dar (vgl. Office fédéral de la justice, StR 1990, 250 ff.). 32

b) **Naturaldividende:** Hier verteilt die Gesellschaft auf dem Wege einer Gewinnausschüttung Sachwerte an ihre Aktionäre. In Frage kommen Produkte wie Transportscheine oder Hotelverbilligungen, aber v.a. auch die Übertragung von ganzen Unternehmensteilen oder Beteiligungen im Rahmen von Reorganisationen (VON GREYERZ, 249). Derartige Naturaldividenden setzen die Zustimmung des empfangenden Aktionärs voraus, sofern es sich nicht nur um Nebenleistungen, leicht verwertbare Waren oder um Gesellschaften handelt, deren Zweck auf die Ausschüttung von Naturaldividenden abzielt (FORSTMOSER, Sachausschüttungen, 705; ZK-BÜRGI, Art. 660/661 N 28 f.). 33

Auch bei diesen Sonderformen von Dividenden ist die **Entnahmesperre** des Abs. 2 zu beachten. Bei Naturaldividenden setzt diese u.U. eine vorangehende Wertberichtigung der ausgeschütteten Sachwerte und damit eine Berichtigung des Bilanzgewinnes voraus; für die Anwendung von Art. 675 ist von den berichtigten Werten auszugehen. Zusätz- 34 lich ist eine allfällige Verrechnungssteuer zu beachten, sofern sie nicht auf dem Weg des Meldeverfahrens gemäss Art. 24 VStV erledigt wird. Im Übrigen empfiehlt es sich, bei derartigen Ausschüttungen die steuerrechtlichen Konsequenzen für die Gesellschaft und die in- und ausländischen Aktionäre genau abzuklären.

35 **Ausserordentliche Dividenden** sind Ausschüttungen, die anlässlich einer ausserordentlichen GV beschlossen und aus Gewinnen von früheren als dem laufenden Jahr ausgeschüttet werden. Derartige ausserordentliche Dividenden sind zulässig, sofern die Entnahmesperre von Abs. 2 beachtet wird, und zwar auch dann, wenn bereits anlässlich einer vorangegangenen ordentlichen GV eine Dividende ausgeschüttet wurde. Sind anfänglich vorhandene ausschüttbare Reserven oder Gewinne durch zwischenzeitlich eingetretene Verluste aufgebraucht, ist eine Ausschüttung in sinngemässer Anwendung von Abs. 2 nicht mehr zulässig. Die RS hat gemäss Art. 728 Abs. 1 zu überprüfen, ob der Dividendenantrag Gesetz und Statuten entspricht (HWP 1433 f.); ein eigentlicher Revisionsbericht ist demgegenüber nicht notwendig. Gegebenenfalls hat die Gesellschaft die sog. zweite Zuwendung gemäss Art. 671 Abs. 2 Ziff. 3 vorzunehmen.

36 **Interims- oder Zwischendividenden** sind Ausschüttungen, die die Gesellschaft aus dem Gewinn des laufenden Jahres bezahlt. Derartige Interimsdividenden sind in der Schweiz de lege lata, anders als in manchen ausländischen Rechtsordnungen, nicht zulässig (VON GREYERZ, 249; nicht eindeutig BÖCKLI, § 12 N 532; **a.M.** THALMANN/WAIBEL, 20 FN 14 m.V., welche die Ansicht vertreten, dass die Ausschüttung einer Interimsdividende möglich sein sollte, wenn die für ordentliche Dividenden vorgesehenen Kapitalschutznormen eingehalten werden). Werden dennoch solche Interimsdividenden ausgeschüttet, so hat die Gesellschaft einen Rückforderungsanspruch nach den Regeln von Art. 678 Abs. 1.

37 Von der eigentlichen Interimsdividende zu unterscheiden ist die **Akontodividende** (oder *Dividendenvorschuss*). Hier handelt es sich um eine Bevorschussung der zukünftigen Dividende; rechtlich liegt ein Darlehen vor, dessen Rückzahlung mit der späteren Dividende verrechnet wird. BÖCKLI (§ 12 N 533 und N 544 f.) erblickt darin einen aktienrechtlich kritischen Vorgang; m.E. ist aber zu differenzieren: Die Dividendenbevorschussung ist zulässig, wenn die Einschränkungen für Darlehen an Aktionäre eingehalten werden (vgl. Art. 680 N 22; gl.M. FORSTMOSER/MEIER-HAYOZ/NOBEL, § 40 N 58 und N 348); zahlt eine Publikumsgesellschaft oder eine andere Gesellschaft mit zahlreichen Aktionären solche Akontodividenden, so sind diese nicht zulässig, da angesichts der grossen Zahl von Aktionären die Rückforderung kaum sinnvoll durchführbar ist und deshalb kein ernst gemeintes Darlehen vorliegt; hier ist eine Akontodividende wohl nur möglich, wenn eine Drittpartei die Rückzahlung zuverlässig garantiert; anders zu urteilen ist dagegen z.B., wenn eine Gesellschaft im Konzernverhältnis einer grundsätzlich rückzahlungsfähigen und rückzahlungswilligen Muttergesellschaft einen Dividendenvorschuss abliefert (vgl. VON GREYERZ, 250 zur Hinweispflicht der RS).

38 Zulässig ist die **Forfaitierung**, d.h. der Verkauf der zukünftigen Dividende durch den Aktionär, da die Gesellschaft davon nicht berührt wird, solange sie die tatsächliche Ausschüttung nicht garantiert.

39 Mit einer **Dividendengarantie** sichern Dritte den Aktionären die Ausschüttung einer bestimmten Dividende zu (ZK-BÜRGI, Art. 675/676 N 3; vgl. auch KLEINER, 24; DUSS, StR 1978, 49 ff.). Dies ist zulässig, solange die Gesellschaft die Garantie nicht im Innenverhältnis deckt (N 9; vgl. BGE 46 II 159 f.).

40 Zu verdeckten Gewinnausschüttungen s. Art. 678 N 12 ff.

2. Abschnitt: Rechte und Pflichten der Aktionäre   **Art. 676**

Für die Frage, wie ein Unternehmen seine **Dividendenpolitik** gestalten und als Instrument zur Unternehmensfinanzierung einsetzen kann, s. BOEMLE/STOLZ, 481 ff., und generell WEBER, Dividendenpolitik. 41

V. Rechtsvergleichung

Im EU-Gesellschaftsrecht ist der fragliche Komplex in Art. 15 f. **EU-Kapital-RL** geregelt; Art. 675 ist m.E. damit kompatibel (ebenso BÖCKLI, § 12 N 529, § 12 N 589 f.). Art. 15 Abs. 2 EU-Kapital-RL erlaubt den Mitgliedstaaten bereits heute, Abschlagsdividenden, d.h. Interimsdividenden, aufgrund von Zwischenbilanzen unter bestimmten Bedingungen zuzulassen. 42

Das AktG enthält in § 57 Abs. 2 ein analoges Zinsverbot und in § 58 Abs. 4 eine Beschränkung der Ausschüttung auf den Gewinn. 43

VI. Ausblick Revision Aktienrecht

Der Entwurf zur Revision des Aktien- und Rechnungslegungsrechts sieht die Schaffung eines neuen Art. 675a vor (E-Aktien- und Rechnungslegungsrecht, 1769). Durch diese neu einzuführende Bestimmung soll dem verstärkten Bedürfnis der Praxis für die Ausrichtung einer Zwischen- oder Interimsdividende Rechnung getragen werden, indem der Entwurf eine klare gesetzliche Grundlage für diese Ausschüttung schafft (Botschaft Aktien- und Rechnungslegungsrecht, 1662 f.). 44

Die Ausrichtung einer Interimsdividende bedarf gemäss Art. 675a Abs. 1 E-Aktien- und Rechnungslegungsrecht einer ausdrücklichen Grundlage in den Statuten sowie eines Beschlusses der GV, welcher gestützt auf eine Zwischenbilanz ergeht, die nicht älter als sechs Monate sein darf. 45

Abs. 2 der neu einzufügenden Bestimmung verlangt sodann, dass die Erstellung einer Zwischenbilanz in jedem Fall auf einer summarischen Erfolgsrechnung zu basieren hat. Ein Anhang ist dann vorausgesetzt, wenn die darin enthaltenen Informationen wesentliche Auswirkungen auf die Beurteilung der Bilanz haben können. Sofern die Gesellschaft verpflichtet ist, eine Revision durchzuführen, muss auch die Zwischenbilanz vor dem Beschluss der GV geprüft werden. 46

Im Weiteren sind gemäss Abs. 3 von Art. 675a E-Aktien- und Rechnungslegungsrecht für die Ausrichtung einer Interimsdividende die Bestimmungen zur Dividende massgeblich. 47

Art. 676

II. Bauzinse ¹ **Für die Zeit, die Vorbereitung und Bau bis zum Anfang des vollen Betriebes des Unternehmens erfordern, kann den Aktionären ein Zins von bestimmter Höhe zu Lasten des Anlagekontos zugesichert werden. Die Statuten müssen in diesem Rahmen den Zeitpunkt bezeichnen, in dem die Entrichtung von Zinsen spätestens aufhört.**

² **Wird das Unternehmen durch die Ausgabe neuer Aktien erweitert, so kann im Beschlusse über die Kapitalerhöhung den neuen Aktien eine bestimmte Verzinsung zu Lasten des Anlage-**

Art. 676 1–4   26. Titel: Die Aktiengesellschaft

kontos bis zu einem genau anzugebenden Zeitpunkt, höchstens jedoch bis zur Aufnahme des Betriebes der neuen Anlage zugestanden werden.

II. Intérêts intercalaires

¹ Un intérêt d'un montant déterminé, qui est porté au débit du compte d'installation, peut être prévu en faveur des actionnaires pour la période des travaux de préparation et de construction de l'entreprise; il cessera d'être payé dès l'exploitation normale de celle-ci. Les statuts indiqueront, dans ces limites, le moment à partir duquel le paiement des intérêts cessera.

² Lorsque la société décide, pour étendre le cercle de ses opérations, d'émettre de nouvelles actions, elle peut attribuer à celles-ci un intérêt déterminé, qui est mis à la charge du compte d'installation; cet intérêt n'est consenti que jusqu'à une date exactement fixée et qui ne pourra être postérieure à la mise en exploitation des installations nouvelles.

II. Interessi per il periodo d'avviamento

¹ Per lo spazio di tempo necessario ai lavori di preparazione e d'impianto dell'impresa e fino al principio dell'esercizio normale della medesima, possono essere espressamente attribuiti agli azionisti interessi, in una misura determinata, da iscriversi nel conto d'impianto. Entro questi limiti, lo statuto deve indicare il momento, dopo il quale questi interessi non potranno più essere pagati.

² Se l'impresa è ampliata mediante l'emissione di nuove azioni, la deliberazione d'aumento del capitale sociale può attribuire alle nuove azioni interessi, in una misura determinata, da iscriversi nel conto d'impianto, fino ad una data esattamente indicata e che non potrà essere posteriore al principio dell'esercizio dell'impresa ampliata.

Literatur

Vgl. die Literaturhinweise zu Art. 675.

I. Normzweck. Allgemeines

1   Die Norm bezweckt, die Finanzierung von Unternehmen zu erleichtern, die zuerst gebaut werden müssen und deshalb über längere Zeit keinen Ertrag erwirtschaften. Aus diesem Grund wird erlaubt, dass die Gesellschaft **Bauzinsen** zu Lasten des Anlagekontos an die Aktionäre ausbezahlt. Dabei handelt es sich in rechtlicher Hinsicht nicht um eigentliche Zinsen, da die entsprechenden Zahlungen nicht an einen Gläubiger zur Bedienung eines Krediets gehen, sondern den Aktionären als minimaler Ertrag für ihre Einlage zufliessen. Es liegt also faktisch eine *Kapitalrückzahlung* vor, und die Norm ist damit nicht nur eine Ausnahme von den Regeln des Art. 675, sondern auch eine Durchbrechung des allgemeinen Kapitalrückzahlungsverbots gemäss Art. 680 Abs. 2 (SCHMID, 96). Das Recht auf Bauzinsen ist *wohlerworben* (SCHUCANY, Art. 646 N 6). Vgl. im Übrigen zur rechtlichen Natur der Bauzinsen: VON STEIGER, 61 ff.; BÜRGI, Art. 675/676 N 7.

2   Keine Bauzinsen i.S.v. Art. 676 sind normale **Baukreditzinsen,** welche die Gesellschaft für einen von einem Aktionär oder anderen Gläubiger geleisteten Baukredit entrichtet.

3   Abs. 1 behandelt die **Gründung,** Abs. 2 die **Erweiterung** des Unternehmens durch eine neue Anlage. Inhaltlich sind die beiden Bestimmungen identisch.

4   Die Norm ist gegenüber dem **altOR** unverändert.

II. Voraussetzungen

1. Dauernde Anlage

Die Gesellschaft muss eine **dauernde Anlage** errichten. Darunter ist eine Investition von wesentlicher Bedeutung wie z.B. eine Fabrik, ein Gebäude oder eine Transportanlage zu verstehen, deren Realisierung eine längere Zeit beansprucht. Im Falle der Kapitalerhöhung muss es sich um eine Erweiterung des Unternehmens durch eine Anlage handeln (Abs. 2).

2. Statutarische Grundlage

Das Bauzinsversprechen setzt in formeller Hinsicht voraus, dass es in den **Statuten** begründet ist (s.a. Art. 627 Ziff. 3). Dies gilt auch, wenn die Gesellschaft erst im Rahmen einer *Kapitalerhöhung* solche Bauzinsen zusichert, was sich aus Art. 627 Ziff. 3 ergibt. Im letzteren Fall muss das Bauzinsversprechen zudem in den *Kapitalerhöhungsbeschluss* aufgenommen werden und darf nur zugunsten der neu ausgegebenen Aktien lauten (Abs. 2). Die statutarische Bestimmung muss sowohl die *Höhe* wie die *Dauer* der Bauzinszahlungen genau festlegen; die Dauer ist kalendermässig und nicht nur allgemein, z.B. bis zur Betriebsaufnahme, zu bestimmen (BGE 37 II 73). Eine nachträgliche Verlängerung, Erhöhung oder Reduktion ist nicht zulässig (zur nachträglichen Verlängerung SJZ 1993, 310; zur Erhöhung ZK-BÜRGI, Art. 675/676 N 13).

3. Begrenzung durch Bauzeit und statutarische Frist

Die Gesellschaft darf die Bauzinsen nur für die **Dauer** der Bauzeit und lediglich bis zum Ablauf der statutarischen Frist (N 6) entrichten; endet das eine früher als das andere, erlischt das Bauzinsversprechen mit dem früheren Ereignis (ZK-BÜRGI, Art. 675/676 N 13).

4. Verbuchung über Anlagekonto

Die Gesellschaft hat ein **Anlagekonto** zu führen, dem die Bauzinsen zusammen mit den übrigen Anschaffungs- und Herstellungskosten zu belasten sind (N 10).

III. Rechtsfolgen

Die Gesellschaft entrichtet dem Aktionär die Bauzinsen im Rahmen der **statutarischen Bestimmungen** (N 6), wobei für die Auszahlung nicht der *Nennwert*, sondern die tatsächlich vom Aktionär geleistete *Einlage* massgebend ist (VON STEIGER, Aktiengesellschaft, 62).

In ihren Büchern verbucht die Gesellschaft die Bauzinsen entsprechend ihrem Charakter nicht als Zinsaufwand, sondern aktiviert sie im Rahmen des **Anlagekontos** (vgl. HWP 1432). Ansonsten würde in all jenen Fällen eine Unterbilanz entstehen, in denen diese Ausgaben nicht durch ein Agio oder anderweitige Einnahmen der Gesellschaft ausgeglichen werden.

Unrechtmässig bezahlte Bauzinsen führen zur **Rückerstattungspflicht** gemäss den Regeln von Art. 678 (vgl. VON STEIGER, Bauzinsen, 145).

Steuerlich ist die Aktivierung der Bauzinsen anerkannt, solange der Buchwert der Anlage durch ihren Verkehrswert gedeckt ist (BRÜLISAUER/KUHN, in: Zweifel/Athanas,

Art. 58 DBG N 77 m.V.). Bauzinsen unterliegen der Verrechnungssteuer, und zwar auch dann, wenn sie faktisch zu Lasten des Kapitals bezahlt werden (PFUND, Art. 4 VStG N 3.34).

13 Im **Konkurs** der Gesellschaft kann der Aktionär Bauzinsen bis zum Eröffnungstag geltend machen (Art. 208 f. SchKG; VON STEIGER, 63).

IV. Rechtsvergleichung

14 Im EU-Gesellschaftsrecht ist Art. 15 **EU-Kapital-RL** massgebend. Dort wird keine Ausnahme für Bauzinsen gemacht (BÖCKLI, § 12 N 590). Art. 676 ist deshalb nicht mit dem EU-Gesellschaftsrecht zu vereinbaren (vgl. Botschaft Aktien- und Rechnungslegungsrecht, 1632 f.). Bei der Umsetzung dieser Richtlinie in Deutschland wurde denn auch folgerichtig die Art. 676 entsprechende Bestimmung in § 57 Abs. 3 AktG aufgehoben; vgl. LUTTER, § 57 AktG N 1, 82.

Art. 677

III. Tantiemen	Gewinnanteile an Mitglieder des Verwaltungsrates dürfen nur dem Bilanzgewinn entnommen werden und sind nur zulässig, nachdem die Zuweisung an die gesetzliche Reserve gemacht und eine Dividende von 5 Prozent oder von einem durch die Statuten festgesetzten höheren Ansatz an die Aktionäre ausgerichtet worden ist.
III. Tantièmes	Des parts de bénéfice ne peuvent être attribuées aux membres du conseil d'administration que si elles sont prélevées sur le bénéfice résultant du bilan, après les affectations à la réserve légale et la répartition d'un dividende de 5% ou d'un taux supérieur prévu par les statuts.
III. Partecipazione agli utili (tantièmes)	Quote di utili possono essere attribuite agli amministratori solo se prelevate sull'utile risultante dal bilancio, dopo l'assegnazione alla riserva legale e la ripartizione, tra gli azionisti, di un dividendo del 5 per cento o della percentuale superiore che fosse prevista nello statuto.

Literatur

Vgl. die Literaturhinweise zur Art. 675.

I. Normzweck. Allgemeines

1 Die Bestimmung normiert die Voraussetzungen einer **Gewinnausschüttung** an *VR-Mitglieder;* die Rechtsfolgen ungerechtfertigter Ausschüttungen werden in Art. 678 f. geregelt.

2 Unter **Tantieme** i.S.v. Art. 677 ist eine statutarisch vorgesehene Gewinnbeteiligung der Verwaltungsräte zu verstehen. Aufgrund dieser Norm kann eine Gesellschaft die Mitglieder ihres VR am Erfolg beteiligen und damit ihren Einsatz für das Gedeihen des Unternehmens fördern.

3 Von der Tantieme zu unterscheiden sind feste Vergütungen, insb. sog. **VR-Honorare,** die gewinnunabhängig an die Verwaltungsräte entrichtet werden (N 20 ff.). Ebenfalls keine Tantiemen i.S.v. Art. 677 sind gewinnabhängige Zahlungen an Mitglieder der GL

oder andere Angestellte der Gesellschaft (auch Prämien, Boni, Gratifikationen etc. genannt; vgl. Art. 322a) oder Aktien- bzw. Optionsprogramme (ESOPs) für VR-Mitglieder.

Ein Mitglied des VR steht in einem vertraglichen Verhältnis zur Gesellschaft. Dieser sog. **Geschäftsbesorgungsvertrag** umfasst sowohl gesellschafts- wie schuldrechtliche Elemente und wird mit Bezug auf seine schuldrechtlichen Komponenten je nachdem als Arbeitsvertrag, Auftrag oder Innominatvertrag qualifiziert (vgl. im Einzelnen MEIER-HAYOZ/FORSTMOSER, § 16 N 458 f.; FORSTMOSER/MEIER-HAYOZ/NOBEL, § 28 N 2 ff.; PLÜSS, 113 ff.; FELLMANN, 179 f.). Die Tantieme stellt eine Form der Vergütung dar, die das VR-Mitglied für Dienstleistungen im Rahmen dieses Geschäftsbesorgungsvertrages für die Gesellschaft erbringt. Obwohl die Tantieme einer statutarischen Grundlage bedarf (N 6), hat das einzelne Mitglied einen Anspruch ex contractu auf diese Vergütung (BGE 75 II 25 = Pra 1949, 361 sowie unveröff. Entscheid des BGer 4C.386/2002, E. 3.4.2; DÜRR, § 1 N 15 FN 29 m.w.H.; N 12). 4

Der rev. Artikel unterscheidet sich von Art. 677 **altOR** nebst rein begrifflichen Anpassungen dadurch, dass der Gesetzgeber das Erfordernis der Sockeldividende von 4% auf 5% anhob. 5

II. Voraussetzungen

1. Statutarische Grundlage (Art. 627 Ziff. 2)

Die Ausrichtung von Tantiemen setzt eine **statutarische Grundlage** voraus; eine rein vertragliche Abmachung ist nicht ausreichend. Das BGer hat in BGE 84 II 552 ff. und 91 II 310 ff. ausdrücklich an einer strikten Beachtung von Art. 627 Ziff. 2 und dem Erfordernis einer statutarischen Grundlage festgehalten und anders lautende Meinungen in der Literatur (z.B. ZK-BÜRGI, N 21 f.; vgl. GUHL-DRUEY, § 71 N 35) zurückgewiesen. Trotz dieser klaren Praxis ist es m.E. aber zulässig, dass die Gesellschaft im Rahmen eines Arbeitsvertrages einem Mitglied des VR mit nachgeordneter Geschäftsführungsfunktion (z.B. dem Delegierten, vgl. PLÜSS, 129 f.) einen gewinnorientierten Lohnbestandteil zusichert; es handelt sich dann um einen nach Art. 322a zu beurteilenden Vorgang. 6

Die **Statuten** können den Tantiemenanspruch genau als Prozentsatz des Jahres- oder Bilanzgewinnes festlegen oder allgemein als angemessene Gewinnbeteiligung umschreiben (ZK-BÜRGI, N 20). Sehen die Statuten allerdings nur eine Entschädigung des VR für seine Tätigkeit vor, die durch die GV festzulegen ist, handelt es sich nach der Praxis des BGer nicht um eine Tantieme, sondern um ein Honorar ohne Gewinnbeteiligungscharakter (N 23; vgl. BGE 84 II 552 ff.); bei einer solchen Bestimmung muss die Gesellschaft darauf achten, dass sie den Verwaltungsräten nicht *verschleierte Tantiemen* ausschüttet, also eine verdeckte Gewinnausschüttung i.S.v. Art. 678 Abs. 2 vornimmt; eine solche liegt vor, wenn sich die Entschädigung nicht durch angemessene ökonomische Überlegungen und insb. durch den Grad der Bemühungen des VR rechtfertigen lässt oder wenn für die Höhe der Entschädigung massgeblich auf den Gewinn abgestellt wird (vgl. die detaillierten Erwägungen des BGer in den wiederholten Fällen Brandt gegen Fabriques des Boites «La Centrale», BGE 82 II 148 ff.; 84 II 550 ff.; 86 II 159 ff.). Auch in diesen Fällen darf die GV allerdings die Ertragsentwicklung des Unternehmens berücksichtigen (BGE 86 II 164). Im Übrigen ist die GV in ihrem *Ermessen* weitgehend frei, und der Richter darf nur zurückhaltend intervenieren (BGE 82 II 150). 7

2. GV-Beschluss

8 Die Ausschüttung von Tantiemen darf sodann nur aufgrund eines **Beschlusses der GV** erfolgen, was sich aus Art. 698 Abs. 2 Ziff. 4 ergibt: Legen die Statuten die Tantieme nicht prozentmässig fest, kann die GV diese in ihrem freien *Ermessen* bestimmen (ZK-BÜRGI, N 6). Sie muss allerdings darauf achten, dass sie die Tantiemen nicht völlig unangemessen hoch festsetzt und dadurch den Dividendenanspruch bzw. die Rechte der *Minderheitsaktionäre* gefährdet (vgl. auch BGE 105 II 120 ff. E. 4).

3. Bilanzgewinn

9 Das Gesetz hält ausdrücklich fest, dass Tantiemen nur aus dem **Bilanzgewinn** ausgeschüttet werden dürfen. Dieser umfasst nach der neuen gesetzlichen Terminologie sowohl den Jahresgewinn wie auch allfällige Gewinnvorträge bzw. Gewinnverluste (vgl. Art. 663a Abs. 3 i.V.m. Art. 663 Abs. 4, 675). Obwohl es kaum dem Normzweck entspricht, ermöglicht das Gesetz damit, Tantiemen aus nur vorgetragenen Gewinnen zu entrichten, selbst wenn für die betreffende Rechnungsperiode ein Verlust resultierte (**a.M.** für das altOR VON GREYERZ, 252; dagegen ZK-BÜRGI, N 15). Angesichts der klaren gesetzlichen Umschreibung und anders als in Art. 675 Abs. 2 ist dagegen eine Ausschüttung aus freien Reserven unzulässig (so bereits VON GREYERZ, 252; **a.M.** ZK-BÜRGI, N 15 mit weiterführender Literatur).

4. Sockeldividende und Zuführung an die allgemeinen Reserven

10 Bevor die Gesellschaft eine Tantieme ausrichten darf, muss sie die **erste Zuweisung** von 5% des Jahresgewinnes an die allgemeinen Reserven gemäss Art. 671 Abs. 1 vorgenommen und den Aktionären eine **Sockeldividende** von 5% ausgerichtet haben. Die *Statuten* können höhere Anforderungen vorsehen (ZK-BÜRGI, N 25 ff.; BGE 75 II 156). Die Zahlung der Tantieme löst die **zweite Zuweisung** an die allgemeinen Reserven gemäss Art. 671 Abs. 2 Ziff. 3 aus.

5. VR-Mandat

11 Nur Mitglieder des VR können Empfänger einer Tantieme i.S.v. Art. 677 sein und dies nur für ihre Tätigkeit als **VR-Mitglied.**

III. Rechtsfolgen

12 Sind die Voraussetzungen einer statutarischen Grundlage und des Vorhandenseins eines Bilanzgewinnes gegeben, haben die Mitglieder des VR einen **Rechtsanspruch** auf die Tantieme. Verweigert die GV in einer solchen Situation die Auszahlung der Tantieme, kann das betroffene Mitglied des VR seinen Anspruch wie ein normaler Gläubiger auf dem Weg einer *Leistungsklage* geltend machen; er muss nicht den Weg der *Anfechtungsklage* nach Art. 706 gehen (BGE 75 II 149, bestätigt im unveröff. Entscheid des BGer 4C.386/2002; **a.M.** ZK-BÜRGI, N 25).

13 Die Tantieme wird mit dem Beschluss der GV fällig (vgl. zur **Fälligkeit** ZK-BÜRGI, N 29) und, unter Vorbehalt einer allfälligen Anfechtungsklage, zum unentziehbaren *Gläubigerrecht,* das auch im Konkurs der Gesellschaft geltend gemacht werden kann; ein *Konkursprivileg* kommt höchstens in Ausnahmefällen in Frage (analog zu SJZ 1978, 363; ZR 1978, Nr. 25; vgl. BGE 112 V 57 ff., insb. 64 ff.; zur älteren Literatur und Praxis ZK-BÜRGI, N 36).

2. Abschnitt: Rechte und Pflichten der Aktionäre   14–21   Art. 677

Bestimmt die GV die **Aufteilung** der Tantieme unter die einzelnen Mitglieder des VR   14
nicht selbst, ist der VR oder ein von ihm bestimmter Ausschuss zuständig, die entsprechende Aufteilung vorzunehmen. Auch vertragliche oder reglementarische Regelungen sind denkbar.

Vorauszahlungen der Tantieme vor der Bilanzgenehmigung sind nicht zulässig, wohl   15
aber **Akonto-Tantiemen,** die als Vorschüsse verbucht werden (analog zur Dividende, s.o. Art. 675 N 37; ZK-BÜRGI, N 17).

Bei **vorzeitigem Austritt** aus dem VR ist die Tantieme pro rata temporis geschuldet,   16
und zwar vom Beginn der relevanten Rechnungsperiode bis zum massgebenden Rücktritts- oder Abberufungsdatum, d.h. dem Zeitpunkt, auf den der Rücktritt bzw. die Abberufung gemäss Rücktrittserklärung bzw. GV-Beschluss wirksam ist (ZK-BÜRGI, N 13; vgl. BGE 111 II 483 E. 1b). Vorbehalten bleiben eine anders lautende Regelung in Statuten oder Vertrag sowie allfällige Entschädigungsansprüche aufgrund der vorzeitigen Auflösung der Beziehung zwischen VR und Gesellschaft (vgl. Art. 705 Abs. 2).

Ungerechtfertigt bezogene Tantiemen sind der Gesellschaft gemäss Art. 678 Abs. 1   17
zurückzuerstatten (Art. 678 N 9 ff.).

In **steuerrechtlicher Hinsicht** wird die Tantieme aus dem bereits versteuerten Reingewinn   18
ausgeschüttet und kann nicht als Aufwand vom steuerlichen Reingewinn abgezogen werden (anders als feste VR-Honorare). Tantiemen unterliegen nicht der *Verrechnungssteuer,* es sei denn, sie qualifizieren als verdeckte Gewinnausschüttung, d.h. sie werden eher im Verhältnis zum Aktienbesitz als zur Leistung der Verwaltungsräte ausbezahlt (PFUND, Art. 4 VStG N 3.16; PrBdSt, Art. 4 Abs. 1 lit. b VStG, Nr. 33). Beim Empfänger stellen Tantiemen steuerpflichtiges Einkommen, und zwar *Arbeitseinkünfte* dar (Art. 17 Abs. 1 DBG). Auch Mitglieder des VR, die im Ausland domiziliert sind, unterliegen normalerweise für diese Bezüge der schweizerischen Steuerhoheit (Art. 5 Abs. 1 lit. b DBG); Bund und Kantone erheben Quellensteuern auf solchen Einkünften (Art. 84 Abs. 2 und Art. 93 Abs. 1 DBG; Art. 35 Abs. 1 lit. c StHG); eine Befreiung von der Steuerpflicht kann sich aus den anwendbaren Doppelbesteuerungsabkommen ergeben, z.B. im Verhältnis zu den USA (vgl. HÖHN, 144.).

Für die Zwecke der **AHV/IV/EO** gelten Tantiemen als beitragspflichtiger Lohn (Art. 7   19
lit. h AHVV; Merkblatt AHV 2.01 Ziff. 10 lit. i); etwas anderes gilt allenfalls dann, wenn die Tantieme effektiv nicht für Arbeit geleistet wird, sondern reinen Kapitalertrag darstellt (vgl. KÄSER, ST 1986, 103 ff.). Über den Verweis von Art. 3 Abs. 1 AVIG gilt die gleiche Regel auch für Beiträge an die Arbeitslosenkasse.

IV. VR-Honorare

In der Praxis wurden die Tantiemen zunehmend durch *feste Vergütungen* an die Mitglieder   20
des VR, meistens **VR-Honorare** genannt, verdrängt (ausführlich zu solchen festen Vergütungen ZK-BÜRGI, N 31 ff.). Die Gesellschaft kann solche Honorare auch zusätzlich zu einer Tantieme entrichten (DAENIKER, 384). Das Gesetz enthält keine Regelung dieser Art der Entschädigung der Verwaltungsräte. Anders als bei der Tantieme (N 13) handelt es sich von Anfang an um ein unentziehbares Gläubigerrecht. Im Übrigen besteht der Unterschied zur Tantieme in Folgendem:

a) Auch die VR-Honorare sind oftmals in den **Statuten** vorgesehen, meistens jedoch   21
   nur in Form eines Anspruches auf ein angemessenes Entgelt (N 7). Die statutarische

Grundlage ist aber anders als bei den Tantiemen nicht zwingend. Ausreichend ist auch eine *vertragliche Grundlage*.

22 b) Das Honorar setzt nur dann einen **Beschluss der GV** voraus, wenn dies in den Statuten so festgelegt ist. Oftmals wird das Honorar vom *VR* oder einem seiner *Ausschüsse* festgelegt.

23 c) Seiner Natur einer festen Entschädigung entsprechend wird das Honorar nicht als ein Anteil am Gewinn, sondern betragsmässig festgelegt (zur **Bemessung** s. BÖCKLI, § 13 N 240, vgl. jedoch N 243 FN 454; BGE 82 II 148 ff.; 84 II 550 ff.; 86 II 159 ff.). Neben globalen Beträgen kommen *Sitzungs- oder Taggelder* vor.

24 d) Für handels- wie steuerrechtliche Zwecke darf die Gesellschaft derartige Honorare als **Aufwand** der Erfolgsrechnung belasten (es sei denn, es liege eine *verdeckte Gewinnausschüttung* vor, MASSHARDT, Art. 49 Abs. 1 lit. b BdBSt N 26 lit. a; BRÜLISAUER/KUHN, in: Zweifel/Athanas, Art. 58 DBG N 94). Aus steuerlicher Sicht ist das VR-Honorar grundsätzlich als unselbständiger Erwerb zu qualifizieren (BGE 121 I 259 ff.).

25 Ist ein VR-Honorar übersetzt, liegt u.U. eine **verschleierte Tantieme** vor, die als solche unzulässig wäre (s.o. N 7 und dort zit. Praxis des BGer; VON GREYERZ, 253).

26 Die Ausführungen über die Tantiemen gelten analog auch für feste **VR-Honorare** für folgende Fälle: Frage des Konkursprivileges (N 13), vorzeitiger Austritt aus dem VR (N 16), steuerliche Behandlung als Arbeitseinkünfte beim Empfänger (N 18; dagegen andersartige Behandlung bei der Gesellschaft), Behandlung im Sozialversicherungsrecht (N 19) und Rückforderungsanspruch der Gesellschaft für ungerechtfertigte Bezüge (Art. 678 N 9 ff.).

V. Rechtsvergleichung

27 Der Vorschlag zu einer fünften Richtlinie des Rates nach Art. 54 Abs. 3 lit. g EWGV über die Struktur der Aktiengesellschaft sowie die Befugnisse und Verpflichtungen ihrer Organe (ABl. Nr. C 240 vom 9.9.1983, 2–38; bzw. ABl. Nr. C 321 vom 12.12.1991, 9–12), welcher in Art. 8 vorsah, dass entsprechende Vergütungen nicht vom betroffenen Organ selbst festgelegt werden konnten, wurde fallen gelassen. Die neueren Tendenzen der EU zur Vergütungsthematik finden sich in der **Mitteilung der Kommission an den Rat und das Europäische Parlament vom 21.5.2003** (KOM/2003/284), 17 ff., insb. 19. Der Bericht hält für börsenkotierte Gesellschaften fest, dass Entgelte nicht durch die betroffenen Personen selbst, sondern durch unabhängige Instanzen, z.B. spezielle Ausschüsse, festzulegen sind. Es wird weiter empfohlen, dass die Aktionäre über die an den Aktienkurs gebundenen Komponenten von Direktorenentgelten Beschluss fassen sollen.

Art. 678

E. Rückerstattung von Leistungen
I. Im Allgemeinen

[1] Aktionäre und Mitglieder des Verwaltungsrates sowie diesen nahe stehende Personen, die ungerechtfertigt und in bösem Glauben Dividenden, Tantiemen, andere Gewinnanteile oder Bauzinse bezogen haben, sind zur Rückerstattung verpflichtet.

[2] **Sie sind auch zur Rückerstattung anderer Leistungen der Gesellschaft verpflichtet, soweit diese in einem offensichtlichen**

Missverhältnis zur Gegenleistung und zur wirtschaftlichen Lage der Gesellschaft stehen.

³ Der Anspruch auf Rückerstattung steht der Gesellschaft und dem Aktionär zu; dieser klagt auf Leistung an die Gesellschaft.

⁴ Die Pflicht zur Rückerstattung verjährt fünf Jahre nach Empfang der Leistung.

E. Restitution de prestations
I. En général

¹ Les actionnaires et les membres du conseil d'administration, ainsi que les personnes qui leur sont proches, qui ont perçu indûment et de mauvaise foi des dividendes, des tantièmes, d'autres parts de bénéfice ou des intérêts intercalaires sont tenus à restitution.

² Ils sont également tenus de restituer les autres prestations de la société qui sont en disproportion évidente avec leur contre-prestation et la situation économique de la société.

³ L'action en restitution appartient à la société et à l'actionnaire; celui-ci agit en paiement à la société.

⁴ L'obligation de restitution se prescrit par cinq ans à compter de la réception de la prestation.

E. Restituzione di prestazioni
I. In genere

¹ Gli azionisti e gli amministratori, come pure le persone loro vicine, che abbiano riscosso indebitamente e in mala fede dividendi, tantièmes, altre quote di utili o interessi per il periodo d'avviamento, sono tenuti a restituirli.

² Essi devono restituire anche altre prestazioni della società, in quanto siano manifestamente sproporzionate rispetto alla loro controprestazione e alla situazione economica della società.

³ Il diritto di chiedere la restituzione spetta alla società e all'azionista; la domanda giudiziale di quest'ultimo è volta ad una prestazione alla società.

⁴ L'obbligo di restituzione si prescrive in cinque anni dal momento in cui la prestazione è stata ricevuta.

Literatur

Vgl. die Literaturhinweise zu Art. 675.

I. Normzweck. Allgemeines. Verhältnis zu Art. 62 ff.

Art. 678 schafft in der Form der Rückerstattungsklage ein spezielles Rechtsmittel zur **Rückforderung** ungerechtfertigter Leistungen der Gesellschaft an Aktionäre, Verwaltungsräte und andere nahe stehende Personen. Im Konkurs der Gesellschaft geht der Norm *Art. 679* als lex specialis vor, soweit es um die Rückforderung von Tantiemen geht. 1

Der Zweck der Norm besteht in erster Linie in der **Sanktionierung** der Verletzung der materiellen Ausschüttungssperren, wie sie in Art. 675 ff. enthalten sind. In zweiter Linie werden aber auch die formellen Normen für eine rechtsgültige Ausschüttung geschützt (s. Art. 675 N 25; N 19 f.). Seit der Revision von 1991 enthält die Norm zudem in Abs. 2 eine materielle Verbotsnorm bez. verdeckter Gewinnausschüttungen. 2

Art. 678 ist lex specialis zu den allgemeinen Normen über die **ungerechtfertigte Bereicherung** gemäss Art. 62 ff. (ZK-BÜRGI, N 4; FORSTMOSER/MEIER-HAYOZ/NOBEL, § 50 N 113). Sie unterscheidet sich von dieser insb. durch das Erfordernis der *Bösgläubigkeit* des Empfängers (N 27) und durch eine andere Verjährungsregel (N 32). Im alten Recht war umstritten, ob und in welchen Fällen nebst der Rückerstattungsklage auf die *Kon-* 3 *diktionsklage* zurückgegriffen werden konnte (ZK-BÜRGI, N 27 f.; PROBST, 151 f.). Das OR 1991 hat nun aber die Reichweite von Art. 678 stark vergrössert; die Norm umfasst nicht mehr nur ungerechtfertigt bezogene Dividenden, Bauzinsen und Tantiemen, sondern jede Art von *ungerechtfertigten Gewinnanteilen* und insb. auch die verdeckten Gewinnausschüttungen. Die nach altem Recht bestehenden Subsumtionsprobleme bei *Liquidationsanteilen*, verdeckten Gewinnausschüttungen u.Ä. sind dadurch eliminiert, und Art. 678 stellt nun eine in ihrem Anwendungsbereich *abgeschlossene Sonderregelung* bei ungerechtfertigten Gewinnverschiebungen von AG dar. Bei Fehlen des bösen Glaubens des Empfängers oder Ablauf der fünfjährigen Frist ist deshalb m.E. die Klage abzuweisen und nicht ersatzweise allgemeines Bereicherungsrecht anzuwenden (**a.M.** SPÖRRI, 277 f.). Vorbehalten bleibt die Anwendung von Art. 63 auf irrtümlich ausbezahlte, formell noch nicht beschlossene Gewinnteile, die auch der gutgläubige Empfänger zurückerstatten muss (vgl. ZK-BÜRGI, N 9).

4   Nicht in den Anwendungsbereich der Norm fallen Zahlungen, die das Verbot der **Kapitalrückgewähr** verletzen (dazu Art. 680 N 17 ff.).

5   Die Norm ist gegenüber dem **altOR** stark erweitert und verschärft, insb. durch die Erstreckung auf nahe stehende Personen, auf jede Art von ungerechtfertigten Gewinnanteilen und auf die verdeckte Gewinnausschüttung.

II. Zur Person des rückerstattungspflichtigen Empfängers

6   **Rückerstattungspflichtig** sind sowohl im Fall der ungerechtfertigten Gewinnentnahme (Abs. 1) wie im Fall der verdeckten Gewinnausschüttung (Abs. 2) nur Aktionäre und Mitglieder des VR sowie diesen nahe stehende Personen.(differenzierend zu Abs. 2: DÜRR, § 7 N 39, § 8 N 69 ff., welcher unter Ausdehnung des sachlichen Anwendungsbereichs Aktionäre, Mitglieder des VR sowie auch Mitglieder der Geschäftsleitung und diesen nahe stehende Personen als rückerstattungspflichtig erachtet, sofern diesen eine gewisse Kapital- oder Verwaltungsmacht in der Gesellschaft zukommt).

7   Der Begriff der **nahe stehenden Person** wurde im Rahmen der Aktienrechtsrevision in die Bestimmung eingefügt; er stammt aus dem Steuerrecht (so namentlich in Art. 20 Abs. 1 VStV; gleich im Recht der direkten Steuern, s. MASSHARDT Art. 49 BdBSt 24; BRÜLISAUER/KUHN, in: Zweifel/Athanas, Art. 58 DBG N 98). Nahe stehend i.S. der Bestimmung sind Drittpersonen, die Aktionären oder Verwaltungsräten aufgrund enger persönlicher oder wirtschaftlicher, rechtlicher oder tatsächlicher Bindungen verbunden sind (vgl. BÖCKLI, § 12 N 551; vgl. Kommentar zur Corporate Governance-Richtlinie der SWX Swiss Exchange zu Kapital 5 RLCG, <http://www.swx.com/admission/regulation/guidelines_de.html>). Ob eine Person nahe stehend ist, kann nur unter Abwägung aller faktischen Gegebenheiten des Falles festgestellt werden, da es kein objektives Kriterium gibt, das in allen Fällen zu einer klaren Antwort führt. Ein Nahestehen ist immer dann indiziert, wenn die fragliche Leistung einem unabhängigen Dritten in dieser Art nicht erbracht worden wäre (PrBdSt, Art. 20 Abs. 1 VStV Nr. 10; MASSHARDT, Art. 49 BdBSt N 24; BGer, ASA 1976/77, 595 ff., 599; PROBST, 13 ff.).

8   Bei natürlichen Personen wird sich das **Nahestehen** regelmässig aus einer engen *verwandtschaftlichen Beziehung* ergeben. Bei Gesellschaften sind insb. andere Gesellschaften des gleichen *Konzerns* als nahe stehend zu betrachten, und zwar nicht nur Mutter- oder Grossmutter-, sondern auch Schwestergesellschaften (BGer, StE 1991, B 72.13.22 Nr. 22; Steuerrekurskommission ZH I, StE 1990, B 72.13.22 Nr. 17; REICH, in: Zweifel/Athanas, Art. 20 DBG N 52 f. m.Nw.; zum Konzernbegriff allgemein vgl. GRAF, 6 ff. m.

Nw.; VON BÜREN, 77 ff.; neu Art. 663e). Nebst dem Konzernverhältnis kommen aber auch andere Formen der engen *finanziellen Verflechtung* in Frage; so kann ein dominierender Hauptgläubiger eine nahe stehende Person sein (PrBdSt, Art. 20 Abs. 1 VStV Nr. 11); ebenso eine andere beteiligte Person in einer Verschachtelungskonstruktion, die nicht ein eigentliches Konzernverhältnis darstellt (vgl. BGer, ASA 1976/77, 595 ff., 600). Nahe stehend sind auch Strohmänner, Treuhänder und Beauftragte der eigentlichen Beteiligten, die in eigenem Namen, aber auf Rechnung der Beteiligten die Leistung in Empfang nehmen (PrBdSt, Art. 20 Abs. 1 VStV Nr. 6). Nahe stehend sind ferner Personen, denen es aufgrund einer Abmachung mit den Aktionären erlaubt ist, die Gesellschaft für ihre eigenen Zwecke wie ein Beteiligter zu benutzen (PrBdSt, Art. 20 Abs. 1 VStV Nr. 7, 9, 11, 13). Das Nahestehen kann sich auch daraus ergeben, dass sich die Betroffenen mit Aktionären in einer einfachen Gesellschaft zusammengeschlossen haben und deshalb die fragliche Leistung erhalten (PrBdSt, Art. 20 Abs. 1 VStV Nr. 8). Schliesslich kann sich das Nahestehen aus dem Erhalt von Retrozessionen aus Handelsgeschäften ergeben (PrBdSt, Art. 20 Abs. 1 VStV Nr. 12).

III. Gegenstand der Rückerstattungspflicht nach Abs. 1: Der Gewinnanteil

Mit Bezug auf den Gegenstand der Rückerstattungspflicht knüpft das Gesetz in Abs. 1 an eigentliche **Gewinnentnahmen** an. Gemäss Gesetz sind dies in erster Linie Dividenden (Art. 675), Bauzinsen (Art. 676) und Tantiemen (Art. 677). Das Gesetz erwähnt aber auch «andere Gewinnanteile». Darunter sind v.a. die sog. *Gewinnvorwegnahmen* zu subsumieren. Eine solche liegt vor, wenn ein Beteiligter oder eine ihm nahe stehende Person Leistungen, die der Gesellschaft zustehen, direkt vereinnahmt (BÖCKLI, § 12 N 559; GURTNER, ST 1988, 478). Als andere Gewinnanteile i.S.v. Abs. 1 müssen auch *verschleierte Ausschüttungen* wie Abzweigung von Gewinnen über fiktive Geschäfte oder völlig übersetzte Bezüge gelten; der Übergang zur verdeckten Gewinnausschüttung i.S.v. Abs. 2 ist hier allerdings fliessend (vgl. die synonyme Verwendung der Begriffe durch das VGer ZH StE 1990, B 72.13.22 Nr. 16; zur genaueren terminologischen Abgrenzung vgl. PROBST, 2 ff.; NEUHAUS, 88 ff.; RUSSI, 23 f.; (zur Rückforderung übersetzter VR-Honorare vgl. BÖCKLI, § 13 N 242; DÜRR, § 14 N 1 ff.; LEU, 141 ff.).

Unter altem Recht war umstritten, ob auch die ungerechtfertigte Ausrichtung von **Liquidationsanteilen** unter die Rückerstattungsnorm von Art. 678 zu subsumieren sei (verneinend ZK-BÜRGI, N 29 unter Hinweis auf die Gesetzesmaterialien; bejahend SCHUCANY, Rückerstattung, 66 f. unter Annahme einer Gesetzeslücke). Nach neuem Recht sind m.E. auch Liquidationsanteile in dem Umfang durch den Begriff «andere Gewinnanteile» erfasst, als sie aufgelaufene Gewinne und nicht Kapitalrückzahlungen darstellen (**a.M.** SPÖRRI, 126 ff.).

Keinen Gewinnanteil und keine Ausschüttung stellt die Einräumung von **Bezugsrechten** dar, auch wenn sie den Erwerb von Aktien weit unter dem wirklichen Wert erlauben (vgl. ZINDEL, 54, 96 f., 121, 306 f. m.Nw.). Der Vorgang kann deshalb nicht unter die Norm von Art. 678 subsumiert werden. Das Gleiche gilt für die Stockdividende (Gratiskapitalerhöhung), da auch hier keine Ausschüttung vorliegt (ZINDEL, 143 ff.; NEUHAUS, 227; Art. 675 N 32).

Differenzierend zur Abgrenzung des Anwendungsbereichs von Abs. 1, s. DÜRR, § 1 N 3 ff., 28 und KÜNZLER, 96, welche unter Abs. 1 nur solche Ausschüttungen subsumieren, die auf einem formellen Beschluss der Generalversammlung beruhen und alle übrigen Ausschüttungen Abs. 2 unterstellen.

IV. Gegenstand der Rückerstattungspflicht nach Abs. 2: Die verdeckte Gewinnausschüttung

12   Neu unterstellt das OR 1991 in Abs. 2 ausdrücklich auch die so genannte **verdeckte Gewinnausschüttung** der Rückerstattungspflicht von Art. 678 (WATTER, Gewinnverschiebungen, 143 f.; WIDLER, 234 ff.); nach altem Recht war unklar, ob eine derartige Rückerstattungspflicht nach der Norm oder vielmehr nach Art. 62 ff. zu beurteilen war (vgl. PROBST, 152 für Subsumtion unter Art. 62 ff.; ebenso GRAF, 159; **a.M.** BOCHUD, 202 ff. m.Nw.). Das Konzept der verdeckten Gewinnausschüttung wurde im Wesentlichen im Steuerrecht entwickelt, weshalb zum Verständnis auf die reiche steuerrechtliche Literatur und Praxis verwiesen werden kann (s. BRÜHLISAUER/KUHN, in: ZWEIFEL/ATHANAS, N 103 ff. zu Art. 58 DBG; LOCHER, 256 ff.; GEHRIG, 49 ff.; MASSHARDT, Art. 49 BdBSt N 24 ff.; PFUND, Art. 4 VStG N 3.53 ff. m.Nw.; KÄNZIG, Art. 49 BdBSt N 73 ff.; NEUHAUS, 96 ff.; DERS., Gewinnausschüttungen, 13 ff., 50 ff.; DERS., Konsequenzen, 490 ff.; DERS., Unternehmensbesteuerung, 81 ff.; SCHÄRER, ASA 1974/75, 273 ff.; differenzierend DÜRR, § 8 N 69 f.; zur verdeckten Gewinnausschüttung unter altem Gesellschaftsrecht s. insb. PROBST, v.a. 64 ff.; BOCHUD, 162 ff. m.Nw.).

13   Nach der gesetzlichen Definition bestehen verdeckte Gewinnausschüttungen in Leistungen der Gesellschaft an Aktionäre, Mitglieder des VR und diesen nahe stehenden Personen, soweit sie zur Gegenleistung und zur wirtschaftlichen Lage der Gesellschaft in einem offensichtlichen Missverhältnis stehen. Damit bestehen drei objektive Voraussetzungen für eine **verdeckte Gewinnausschüttung:**

14   a) **Missverhältnis zwischen Leistung und Gegenleistung:** Die verdeckte Gewinnausschüttung kommt im Gewande eines *Austauschgeschäftes* zwischen der Gesellschaft und dem Leistungsempfänger daher: Obwohl die Parteien eine Verschiebung von Gewinnen, die von der Gesellschaft erwirtschaftet wurden, an den Leistungsempfänger beabsichtigen, schütten sie diese Gewinne nicht einfach aus, sondern verstecken sie in einem Geschäft mit unangemessenen Bedingungen. Dabei leistet die Gesellschaft mehr, als sie eigentlich müsste, oder sie erhält weniger, als ihr zustehen würde (vgl. Analogie zu Art. 21). Zwecks Feststellung des Missverhältnisses ist v.a. zu überprüfen, ob die fragliche Leistung auch einem unabhängigen Dritten in dieser Form erbracht worden wäre *(sog. dealing at arm's length);* wichtigster Massstab sind die herrschenden Marktkonditionen; fehlt ein Markt, sind andere Hilfskriterien beizuziehen (vgl. NEUHAUS, 172). Massgebend zur Bestimmung des Missverhältnisses ist der Zeitpunkt des Vertragsschlusses bzw. – bei Fehlen eines solchen – der Zeitpunkt des Beschlusses der Gesellschaft (analog zu Art. 21; vgl. BK-KRAMER, Art. 21 N 19).

15   Verdeckte Gewinnausschüttungen liegen in folgenden Fällen vor (vgl. für eine detaillierte Analyse und vertiefte Beispiele NEUHAUS, 96 ff., 172 ff.; DERS., Gewinnausschüttungen, 22 ff.; WATTER, 144 ff.; WIDLER, 236 ff.: KÄNZIG, Art. 49 BdBSt N 73 ff.; SCHÄRER, ASA 1974/75, 273 ff.; PROBST, 22 ff.; BOCHUD, 162 ff., HEUBERGER, 3 ff., jeweils m.Nw.): Die Gesellschaft entrichtet zu hohe Entschädigungen für Arbeits- oder sonstige Dienstleistungen, sie zahlt übersetzte Darlehenszinsen oder Lizenzgebühren für ihr vom Gesellschafter zur Verfügung gestellte Darlehen oder immaterielle Werte, sie erwirbt vom Aktionär einen Vermögenswert (z.B. eine Beteiligung) zu einem übersetzten Preis. Umgekehrt: der Gesellschafter bezahlt einen zu tiefen Zins für ein ihm gewährtes Darlehen, die Gesellschaft räumt dem Aktionär ein nicht vertretbares Darlehen ein (dazu NEUHAUS, 194 ff.; BOCHUD, 69 ff.) und veräussert ein Aktivum (eine Beteiligung, eine Liegenschaft) zu einem zu tiefen Preis. Anfällig für verdeckte Gewinnausschüttungen sind insb. auch Leistungen innerhalb eines *Konzernverbandes* (z.B. Verrechnungspreise,

Managementleistungen, Austausch von Beteiligungen etc.; vgl. GRAF, 165 ff.; NEUHAUS, 200 ff.; VON BÜREN, 159 ff., insb. 166 ff.; DRUEY/VOGEL, 300 ff.; zur Sonderproblematik der Verrechnungspreise von Partnerwerken der Elektrizitätswirtschaft vgl. RUSSI, 79 ff.; BGer, StE 1992, B 72.13.22 Nr. 23).

16 b) **Missverhältnis zur wirtschaftlichen Lage der Gesellschaft:** Nach dem Wortlaut von Abs. 2 scheint der Gesetzgeber eine verdeckte Gewinnausschüttung nur dann anzunehmen, wenn das unangemessene Austauschgeschäft gleichzeitig im Hinblick auf die wirtschaftliche Lage der Gesellschaft nicht vertretbar ist. Dies ist offensichtlich sinnwidrig (so auch BÖCKLI, § 12 N 556, jedoch mit teilweise anderer Begründung; ausführlich SPÖRRI, 198 ff.; HUGUENIN JACOBS, 275). Das Missverhältnis zur wirtschaftlichen Lage der Gesellschaft sollte deshalb m.E. nicht i.S. einer eigentlichen Gefährdung der wirtschaftlichen Lage, sondern lediglich i.S. einer spürbaren Auswirkung verstanden werden: Steht das Missverhältnis zwischen Leistung und Gegenleistung einmal fest, sollte der Richter zusätzlich prüfen, ob dadurch die wirtschaftliche Lage der Gesellschaft beeinträchtigt wird, d.h. ihr Gewinn spürbar vermindert oder ihr Eigenkapital geschmälert oder zusätzlichen, unvertretbaren Risiken ausgesetzt wird. Dabei ist insb. auch das wirtschaftliche Umfeld (i.S. der wirtschaftlichen Lage) zu beachten: Eine für die Gesellschaft unvorteilhafte Beteiligungsveräusserung an eine hundertprozentige Muttergesellschaft, welche die Tochter ansonsten wirtschaftlich stützt und finanziert, ist in diesem Sinne anders zu beurteilen, als das gleiche Geschäft zugunsten eines Hauptaktionärs einer Publikumsgesellschaft, das zu einer Schmälerung des inneren Wertes der Aktie und damit zu einer Schädigung der Minderheitsaktionäre führt.

17 c) **Offensichtlichkeit des Missverhältnisses:** Nach dem klaren Wortlaut liegt eine verdeckte Gewinnausschüttung nur dann vor, wenn die in lit. a und b hievor dargelegten Missverhältnisse «offensichtlich» sind. Der Gesetzgeber wollte kleinliche Nachrechnereien (Botschaft AG, 897) verhindern und den Gesellschaften die Ausübung *geschäftsmässigen Ermessens* überlassen. Insbesondere stellen weder ungeschickte geschäftliche Dispositionen noch die Einräumung von besonders günstigen Konditionen unter nahe stehenden Gesellschaften einfach verdeckte Gewinnausschüttungen dar. Erst wenn die Gewinnverschiebung als solche offensichtlich ist, liegt eine verdeckte Gewinnausschüttung vor. Ähnlich wie in der für die Beurteilung von Tantiemen entwickelten Rechtsprechung (Art. 677 N 7) sollte der Richter die verdeckte Gewinnausschüttung deshalb nur dann ahnden, wenn sich für das fragliche Geschäft keine vernünftige wirtschaftliche Begründung finden lässt (vgl. auch NEUHAUS, 102; DAENIKER, 388; FORSTMOSER/MEIER-HAYOZ/NOBEL, § 50 N 120; GLANZMANN, 177 und HUGUENIN JACOBS, 276 wollen zur Beurteilung der Offensichtlichkeit die zu Art. 21 entwickelten Kriterien heranziehen).

V. Voraussetzungen der Rückerstattungspflicht

1. Überblick

18 Die **Pflicht zur Rückerstattung** besteht unter zwei Voraussetzungen (Botschaft AG, 897): Im objektiven Sinn vorausgesetzt wird die *Ungerechtfertigtheit* der Leistung, im subjektiven die *Bösgläubigkeit* des Empfängers. Diese Voraussetzungen werden lediglich in Abs. 1 ausdrücklich genannt, gelten aber selbstverständlich auch für *verdeckte Gewinnausschüttungen*. Diese Voraussetzungen sind nicht auch in Abs. 2 erwähnt, weil verdeckte Gewinnausschüttungen per definitionem ungerechtfertigte Gewinnentnahmen darstellen und nach Ansicht des Gesetzgebers der böse Glaube regelmässig vorliegt (Botschaft AG, 897; letztere Annahme ist nicht unbedingt zu teilen; insb. im Konzernverhältnis sind Situationen denkbar, wo die verdeckte Gewinnausschüttung guten Glaubens erfolgt).

2. Ungerechtfertigtheit

19 **Ungerechtfertigt** ist die Ausschüttung, wenn der Gewinn in *Verletzung von Gesetz oder Statuten* ausgerichtet wurde (Botschaft AG, 897). Im Vordergrund steht dabei ein Verstoss gegen die *materiellen Ausschüttungsbeschränkungen* von Art. 675 ff. Der Sanktionierungsbereich von Art. 678 geht aber über die Verletzung dieser materiellen Beschränkungen hinaus und erfasst insb. auch die formellen Voraussetzungen für einen gültigen *Ausschüttungsbeschluss.* So ist ungerechtfertigt die Gewinnentnahme, die nicht durch die zwingend zuständige GV (Art. 698 Abs. 2 Ziff. 4) oder ohne Vorliegen eines Revisionsberichtes (Art. 729c Abs. 2) erfolgt. Aber auch die Grundsätze der Bilanzwahrheit und -klarheit und der ordnungsgemässen Rechnungslegung (Art. 662a, 959) sowie die Vorschriften über die Alimentierung der gesetzlichen Reserven (Art. 671) liegen im Sanktionierungsbereich von Art. 678 (BERGER, 1113 f.). Eine Ausschüttung ist z.B. dann ungerechtfertigt, wenn sie aus zu Unrecht ausgewiesenen Gewinnen erfolgt (Botschaft AG, 897); in anderen Fällen wird die Verletzung dieser Vorschriften indirekt in Kauf genommen, z.B. wenn die Gewinnentnahme als (fiktiver) Aufwand verbucht oder infolge der verschleierten Ausschüttung eine an und für sich gebotene Zuweisung an die Reserven umgangen wird. In seltenen Fällen wird eine Gewinnentnahme zwar keine gesetzliche, dafür aber eine statutarische Bestimmung verletzen, insb. bei einer Entnahme aus einem durch eine statutarische Bestimmung gesperrten Reservefonds (vgl. BÖCKLI, § 4 N 230).

20 Der Begriff «Ungerechtfertigkeit» in Art. 678 Abs. 1 setzt immer eine Verletzung gesetzlicher oder allenfalls statutarischer Regeln voraus. Liegt keine solche Verletzung bzw. keine verdeckte Gewinnausschüttung i.S.v. Abs. 2 vor, besteht keine Rückerstattungspflicht. Im Rahmen dieser Bestimmungen hat die Gesellschaft freies **Ermessen,** eine Ausschüttung vorzunehmen oder ein Geschäft abzuschliessen. Der Richter darf nicht überprüfen, ob diese Ermessensausübung wirtschaftlich gerechtfertigt ist.

21 Ungerechtfertigt sind unzulässige **Zwischen- oder Interimsdividenden** (zur Frage, in welcher Form derartige Ausschüttungen zulässig sind, vgl. Art. 675 N 36 f.).

22 **Gewinnvorwegnahmen,** *verschleierte Ausschüttungen* oder Bezug von Gewinnanteilen über *fiktive Geschäfte* sind immer ungerechtfertigt i.S. des Gesetzes, da hier in jedem Fall zumindest die formellen Voraussetzungen für eine Ausschüttung umgangen werden.

23 Keine ungerechtfertigten Leistungen sind dagegen **Gewinnausgleichszahlungen** an beteiligte oder unbeteiligte Dritte, welche die Gesellschaft im Rahmen einer Gewinngemeinschaft *(Gewinnpool)* entrichtet, soweit diese durch den Gesellschaftszweck und die Statuten gedeckt sind und nicht auf eine verdeckte Gewinnausschüttung hinauslaufen (vgl. im Einzelnen VON PLANTA, 31 f.; GRAF, 106 ff.). Das Gleiche gilt für entsprechende Zahlungen im Rahmen von Betriebspachten oder Betriebsüberlassungsverträgen (VON PLANTA, 32 f.; GRAF, 109 f.).

24 **Sanierungs- und ähnliche Hilfeleistungen** an eine andere Gesellschaft des gleichen Konzerns sind dann gerechtfertigt, wenn die leistende Gesellschaft im Rahmen ihres eigenen, auf den Konzern abgestimmten Zwecks handelt und die Leistung diesen Zweck auch tatsächlich fördert (GRAF, 156 ff.; VOGEL, 303 f.); allerdings darf es nicht zu einer Rückzahlung aus dem Kapital oder der Ausschüttung gesperrter Reserven kommen, da

2. Abschnitt: Rechte und Pflichten der Aktionäre   25–28a **Art. 678**

sonst eine Verletzung von Art. 680 Abs. 2 oder Art. 671 ff. vorliegt (vgl. dazu GLANZ-MANN, 106 ff., 179 ff.).

Darlehen an Aktionäre oder nahe stehende Personen qualifizieren dann als ungerechtfertigte Leistungen, wenn entweder auf Seiten des Darlehensnehmers keine ernst gemeinte Tilgungsabsicht vorliegt (fiktives Darlehen) oder der Schuldner bereits im Zeitpunkt der Darlehensgewährung eindeutig nicht zur Rückzahlung in der Lage ist (BÖCKLI, Sondervermögen, 542; für eine ausführliche Diskussion und weitere Literatur vgl. BOCHUD, 141, insb. 162; GLANZMANN, 176 ff.; HWP 1354 subsumiert solche Darlehen unter Abs. 2; m.E. liegt bei derartigen fiktiven Darlehen oder Darlehen ohne jegliche Rückzahlungsmöglichkeit aber ein Fall von Abs. 1 vor). Gegebenenfalls ist auch eine Entliberierung oder ein Verstoss gegen Art. 680 Abs. 2 gegeben (s. Art. 680 N 22). Für die sinngemässe Anwendung dieser Grundsätze auf die Interzession im Interesse eines Aktionärs ohne (adäquate) Gegenleistung, RUSCH, 102 f., 139; zur Anwendung von Art. 678 auf Darlehen der übernommenen Gesellschaft an die Übernahmegesellschaft im Rahmen eines Leveraged Buy-Out, TSCHÄNI, 193 N 37 ff., insb. 197 N 51 ff. 25

Für die Anwendung der Bestimmung im Cash Pooling, s. BLUM, 705 ff. 25a

Die *Zustimmung* aller Beteiligten kann die fehlende Rechtfertigung nicht **heilen.** Eine ungerechtfertigte Gewinnentnahme verstösst gegen zwingende gesetzliche Bestimmungen (im Einzelnen s.o. N 19). Diese Verstösse wiegen schwer und erfüllen in aller Regel die im Gesetz nun ausdrücklich genannten Nichtigkeitstatbestände von Art. 706b Ziff. 3, 714 und 729c Abs. 2 (Nichtigkeit war allerdings schon im alten Recht anzunehmen; PROBST, 123 f.; GRAF, 159). Eine Korrektur kann im formellen Bereich (nicht aber bei einer Verletzung der materiellen Ausschüttungssperren) durch einen *nachträglichen GV-Beschluss* bewirkt werden (GRAF, 159; vgl. BÖCKLI, Sondervermögen, 542; zur Frage der Gültigkeit von geheimen, d.h. nicht protokollierten GV-Beschlüssen vgl. bejahend BOCHUD, 167 ff., 194 f.; **a.M.** BÖCKLI, § 12 N 530 f.). Ist lediglich eine statutarische Bestimmung verletzt, kann der Mangel allenfalls auch durch eine nachträgliche *Änderung der Statuten* geheilt werden (vgl. BÖCKLI, § 4 N 230). 26

3. Bösgläubigkeit

Mit dem Erfordernis der **Bösgläubigkeit** unterscheidet sich Art. 678 von den allgemeinen Regeln des Bereicherungsrechts gemäss Art. 62 ff. Bösgläubigkeit ist nur gegeben, wenn der Empfänger die fehlende Rechtfertigung des Bezugs kennt oder bei Anwendung gebührender Sorgfalt hätte kennen müssen (ZK-BÜRGI, N 11 ff.). Ob böser Glaube vorliegt, kann insb. beim Bezug von Dividenden schwierig zu bestimmen sein. Es ist hier dem Aktionär nicht zuzumuten, dass er von allen ihm zur Verfügung stehenden Kontrollrechten Gebrauch macht, um die Rechtmässigkeit des Dividendenbeschlusses zu überprüfen; im Normalfall kann er auf den Antrag des VR und den Revisionsbericht vertrauen (ZK-BÜRGI, N 13). Umgekehrt wird im Fall von Gewinnvorwegnahmen und Ausschüttungen durch fiktive Geschäfte regelmässig böser Glaube vorliegen. 27

Gemäss **Art. 3 Abs. 1 ZGB** ist der *gute Glaube* zu vermuten, womit im Einzelfall die Bösgläubigkeit des Leistungsempfängers nachzuweisen ist (**a.M.** BÖCKLI, § 12 N 554; offen gelassen bei FORSTMOSER/MEIER-HAYOZ/NOBEL, § 50 N 122; differenziert SPÖRRI, 216 ff.). 28

A.M. DÜRR, § 7 N 10, welcher im Fall von Abs. 2 Bösgläubigkeit als nicht vorausgesetzt erachtet. 28a

VI. Aktiv- und Passivlegitimation. Fälligkeit, Verjährung und Prozesskosten, Gerichtsstand

1. Aktiv- und Passivlegitimation

29 Zur **Klage** legitimiert ist die Gesellschaft, die sich zu diesem Zweck durch den VR vertreten lässt (Abs. 3). Nach neuem Aktienrecht kann nun zusätzlich auch jeder einzelne Aktionär die Rückforderungsklage einleiten, wobei seine Klage auf Leistung an die Gesellschaft geht (für ein selbständiges Klagerecht des Aktionärs bei Verletzung des Anspruchs auf relative Gleichbehandlung, HUGUENIN JACOBS, 267 ff., 282 ff., sowie dazu KUNZ, 143 ff.). Nach wie vor nicht legitimiert ist der Gläubiger der Gesellschaft.

30 **Passivlegitimiert** sind die Empfänger der ungerechtfertigt bezogenen Gewinnanteile oder der verdeckten Gewinnausschüttung, also Aktionäre, Verwaltungsräte, ihnen nahe stehende Personen oder Gesellschaften einschliesslich allfällige Nutzniesser oder Inhaber von Dividendencoupons (vgl. KUNZ, 69 m.Nw.; differenzierend DÜRR, § 8, insb. N 72 ff., 92).

2. Fälligkeit

31 Die Rückleistungspflicht wird im Zeitpunkt der ungerechtfertigten Leistung **fällig**, d.h. bei Leistungen ohne bzw. aufgrund nichtiger Beschlüsse im Zeitpunkt der Leistung und bei Leistungen aufgrund anfechtbarer Beschlüsse im Zeitpunkt der Vollstreckbarkeit des den Beschluss aufhebenden Urteils. Vom Zeitpunkt der Inverzugsetzung an sind Verzugszinsen geschuldet. Zur Rückleistungspflicht gehören – dem Charakter des Anspruchs als Condictio entsprechend – jedoch auch die vom Empfänger bezogenen Zinsen. Da die Voraussetzung des Rückleistungsanspruches generell die Bösgläubigkeit des Empfängers voraussetzt, muss Letzterer denjenigen Zinsbetrag zurückerstatten, den er auf dem empfangenen Betrag hätte beziehen können. Ein entsprechender Bereicherungsnachweis muss nicht erbracht werden.

3. Verjährung

32 Die Klage verjährt nach fünf Jahren (Abs. 4). Es handelt sich hier um eine Sondernorm zur allgemeinen **Verjährungsfrist** des Bereicherungsrechts nach Art. 67 Abs. 1 und geht dieser in jeder Hinsicht vor. So beginnt die Verjährungsfrist in jedem Fall mit dem Empfang der Leistung, und es kommt nicht darauf an, wann die Gesellschaft oder der klagende Aktionär vom Rückerstattungsanspruch Kenntnis erhalten hat. Umgekehrt ist die Verjährung nach fünf Jahren definitiv, womit man selbst bei nichtigen GV- oder anderen Organbeschlüssen nicht auf die allgemeine absolute Verjährungsfrist von zehn Jahren nach Art. 67 Abs. 1 zurückgreifen kann (gl.M. KUNZ, 73).

4. Prozesskosten

33 Es fehlt eine Bestimmung wie in Art. 706a Abs. 3 oder Art. 756 Abs. 2, wonach der Richter dem Kläger selbst bei dessen Unterliegen einen Teil der **Kosten** abnehmen und der Gesellschaft übertragen kann. Ein Teil der Lehre möchte die Bestimmung von Art. 756 Abs. 2 analog angewendet wissen (AEPLI, 278; CASUTT, 93; LEU, 143). Dieser Meinung wird hier in Abweichung von der ersten Auflage nicht mehr gefolgt (gl.M. SPÖRRI, 259 ff.; MÜLLER, 67; KUNZ, 93 m.V.; offen gelassen bei FORSTMOSER/MEIER-HAYOZ/NOBEL, § 50 N 125 und wohl auch bei BÖCKLI, § 12 N 565).

5. Gerichtsstand

Das Gesetz enthält keine ausdrückliche Bestimmung über den Gerichtsstand der Rück- **33a** erstattungsklage i.S.v. Art. 678 OR. Die Klage ist daher am Wohnsitzgerichtsstand des Beklagten geltend zu machen, nicht etwa in Analogie zur Verantwortlichkeitsklage am Gesellschaftssitz (Handelsgericht St. Gallen, 7.7.1998: GVP-SG 1998 Nr. 4, 10–11). Unter dem seit 1.1.2000 geltenden Gerichtsstandsgesetz ist damit auf Art. 3 Abs. 1 lit. a GestG abzustellen und nicht auf Art. 29 GestG. Im Fall der Streitgenossenschaft (subjektive Klagenhäufung) ist nun gemäss Art. 7 Abs. 1 GestG das für eine beklagte Partei zuständige Gericht für alle beklagten Parteien zuständig.

VII. Verhältnis zur Anfechtungsklage

In aller Regel liegt einer Rückerstattungsklage ein nichtiger Akt der Gesellschaft bzw. **34** ihrer Organe zugrunde, so insb. ein Verstoss gegen die zwingenden Zuständigkeitsbestimmungen, die zwingenden Entnahmesperren gem. Art. 675–677 oder ein Tatbestand gem. Art. 706b, 714 und 729c Abs. 2. In all diesen Fällen kann der Kläger direkt die Rückerstattungsklage anhängig machen und sich auf die *Nichtigkeit* berufen, ohne diese vorher feststellen lassen zu müssen. Beruht das Rückerstattungsbegehren indessen auf einem bloss anfechtbaren GV-Beschluss, stellt sich die Frage des Verhältnisses gem. Art. 678 zu Art. 706a und insb. das Problem, ob sich der Kläger auch nach Ablauf der zweimonatigen Anfechtungsfrist gem. Art. 706a Abs. 1, aber innert der Fünfjahresfrist gem. Art. 678 Abs. 4, auf die **Anfechtbarkeit** berufen und Rückerstattung verlangen kann. Dies ist zu verneinen (so ZK-BÜRGI, N 17, 30, 40, gl.M. BÖCKLI, § 12 N 548 FN 963; DÜRR, § 4 N 20 FN 39 und mit ausführlicher Begründung SPÖRRI, 280 ff.; **a.M.** SCHUCANY, N 5; AEPLI, 278). Der Mangel eines bloss anfechtbaren (d.h. nicht nichtigen) Leistungsbeschlusses wird nach der gesetzlichen Ordnung von Art. 706a nach Ablauf der Anfechtungsfrist geheilt und der Beschluss damit definitiv gültig (vgl. BGE 86 II 87 f.); somit sind auch die gestützt auf einen solchen Beschluss erfolgten Leistungen der Gesellschaft als gültig und nicht (mehr) als ungerechtfertigt i.S.v. Art. 678 zu qualifizieren; der kurzen Befristung von Art. 706a liegt die Idee zugrunde, die Gesellschaft und die übrigen Beteiligten sollten nach Ablauf der Frist aus Gründen der Rechtssicherheit Gewissheit haben, dass die Beschlüsse gültig sind; dies gilt m.E. insb. auch im Bereich der Rückforderungen von Leistungen; es wäre z.B. unvertretbar, dass eine Gesellschaft noch nach fünf Jahren ihre Dividende zurückfordern könnte, weil die entsprechende GV ohne Anwesenheit eines Revisors durchgeführt wurde (Art. 729c Abs. 2). Nach dem unbenutzten Ablauf der zweimonatigen Anfechtungsfrist hat die fünfjährige Rückerstattungsfrist mit Bezug auf GV-Beschlüsse somit nur noch für eigentlich nichtige Beschlüsse Bedeutung.

VIII. Rechtsvergleichung

Die **EU-Kapital-RL** sieht in Art. 16 eine Art. 678 entsprechende Rückerstattungspflicht **35** vor, beschränkt diese aber ausdrücklich auf die Verletzung der materiellen Ausschüttungssperren des Art. 15.

IX. Ausblick Revision Aktienrecht

Der Anspruch auf Rückerstattung gemäss Art. 678 wird im Entwurf zur Revision des **36** Aktien- und Rechnungslegungsrechts neu geregelt und gegenüber der geltenden Fassung ausgedehnt, indem auch Mitglieder der Geschäftsleitung und diesen nahe stehende

Art. 679

Personen zum Kreis der Rückerstattungspflichtigen gezählt werden sollen (E-Aktien- und Rechnungslegungsrecht, 1769 f.). Gemäss Botschaft Aktien- und Rechnungslegungsrecht, 1663 ist unter der Geschäftsleitung das oberste operative Führungsorgan zu verstehen, welches hierarchisch unmittelbar dem Verwaltungsrat untergeordnet ist.

37 In Abs. 1 zu Art. 678 E-Aktien- und Rechnungslegungsrecht soll auf das Erfordernis der Bösgläubigkeit verzichtet und die Regelung so den allgemeinen Grundsätzen des Bereicherungsrechts angepasst werden (Botschaft Aktien- und Rechnungslegungsrecht, 1663 f.). In diesem Sinne verweist auch der neu einzufügende Abs. 3 zu Art. 678 E-Aktien- und Rechnungslegungsrecht betreffend Umfang der Rückerstattung auf Art. 64 des allgemeinen Bereicherungsrechts. Gemäss dieser Bestimmung muss der gutgläubige Empfänger die Leistung nur dann zurückerstatten, wenn er zum Zeitpunkt der Geltendmachung des Rückerstattungsanspruchs noch bereichert ist.

38 In Art. 678 Abs. 2 E-Aktien- und Rechnungslegungsrecht soll sodann das Erfordernis des Missverhältnisses zur wirtschaftlichen Lage durch jenes zur Ertragslage der Gesellschaft ersetzt werden, da die geltende Verweisung auf die gesamte wirtschaftliche Lage der Gesellschaft zu weit gehe (vgl. Botschaft Aktien- und Rechnungslegungsrecht, 1664).

39 Vgl. auch die materielle Neuerung in Art. 693 Abs. 3 Ziff. 5 E-Aktien- und Rechnungslegungsrecht. Danach soll sich in Zukunft auch bei Klagen auf Rückerstattung gemäss Art. 678 das Stimmrecht nicht nach der Zahl, sondern nach dem Nennwert der Aktien richten (Botschaft Aktien- und Rechnungslegungsrecht, 1670).

Art. 679

II. Tantiemen im Konkurs

¹ Im Konkurs der Gesellschaft müssen die Mitglieder des Verwaltungsrates alle Tantiemen, die sie in den letzten drei Jahren vor Konkurseröffnung erhalten haben, zurückerstatten, es sei denn, sie weisen nach, dass die Voraussetzungen zur Ausrichtung der Tantiemen nach Gesetz und Statuten erfüllt waren; dabei ist insbesondere nachzuweisen, dass die Ausrichtung aufgrund vorsichtiger Bilanzierung erfolgte.

² **Die Zeit zwischen Konkursaufschub und Konkurseröffnung zählt bei der Berechnung der Frist nicht mit.**

II. Tantièmes en cas de faillite

¹ En cas de faillite de la société, les membres du conseil d'administration doivent restituer les tantièmes qu'ils ont reçus au cours des trois ans précédant l'ouverture de la faillite, à moins qu'ils ne prouvent que les conditions posées par la loi et les statuts pour la distribution de tantièmes étaient remplies et en particulier que cette distribution était fondée sur un bilan établi avec prudence.

² La période séparant l'ajournement et l'ouverture de la faillite n'est pas prise en considération dans le calcul du délai.

II. Partecipazioni agli utili in caso di fallimento della società

¹ Nel fallimento della società gli amministratori devono restituire tutte le quote di utili ricevute nel corso dei tre anni che hanno preceduto la dichiarazione del fallimento, salvo che provino che le condizioni previste dalla legge e dallo statuto per la distribuzione di tali quote erano soddisfatte; in particolare deve essere provato che la distribuzione si basava su un bilancio allestito con prudenza.

2. Abschnitt: Rechte und Pflichten der Aktionäre   1–7 **Art. 679**

² Nel computo del termine non è compreso il periodo tra la dilazione e la dichiarazione del fallimento.

Literatur

Vgl. die Literaturhinweise zur Art. 675.

I. Normzweck. Allgemeines

Art. 679 ist lex specialis zu **Art. 678** und regelt die Ausschüttung von Tantiemen an VR-Mitglieder. Der Gesetzgeber hat den Anwendungsbereich der Norm auf den Bezug von *Tantiemen* eingeschränkt und gleichzeitig die Regelung durch *Beweislastumkehr* verschärft, indem neu die Empfänger nachzuweisen haben, dass ihre Bezüge gerechtfertigt waren. Zudem wurde der Verweis auf Art. 64–66 gestrichen. Die Norm war unter dem alten Recht bedeutungslos und wird es bleiben, da der Gesetzgeber die Vorschrift zwar schärfer gestaltet hat (Botschaft AG, 898), sie aber nach neuem klaren Gesetzestext auf den ohnehin seltenen Fall der Tantiemen beschränkte (N 3).   1

II. Voraussetzungen

Die Bestimmung findet nur im **Konkurs** der Gesellschaft Anwendung, nicht bereits bei Einleitung eines Nachlassverfahrens (SCHUCANY, N 1).   2

Die **Rückerstattungspflicht** erstreckt sich nach ausdrücklichem Gesetzestext neu lediglich auf Tantiemen und nicht auch auf andere Bezüge der Verwaltungsräte. Bezüge von Aktionären oder nahe stehenden Personen fallen nicht unter die Sonderbestimmung (zum Begriff der Tantieme vgl. Art. 677 N 2). Erfasst werden auch verschleierte Tantiemen (vgl. Art. 677 N 7; **a.M.** SPÖRRI, 296 f.).   3

Der Sonderbestimmung unterworfen sind alle Tantiemenbezüge, die drei Jahre vor der Konkurseröffnung erfolgten (Art. 171, 175, 189, 194 SchKG). Die Fristberechnung richtet sich nach Art. 77 Abs. 1 Ziff. 3. Gemäss Abs. 2 wird die Zeit zwischen einem allfälligen Konkursaufschub i.S.v. Art. 725a nicht mitgerechnet; zur Bestimmung der **Dreijahresfrist** ist somit vom Zeitpunkt der Erteilung des Konkursaufschubes an zurückzurechnen (Botschaft AG, 898).   4

Abs. 1 Hs. 1i.f. bewirkt eine gegenüber Art. 678 umgekehrte **Beweislast:** Die Empfänger selbst haben nachzuweisen, dass die Voraussetzungen gemäss Art. 678 und die übrigen formellen Voraussetzungen für den Tantiemenbezug erfüllt waren (zu diesen Voraussetzungen s. Art. 677 N 6 ff.). Dabei ist insb. auch nachzuweisen, dass die Ausrichtung aufgrund vorsichtiger Bilanzierung erfolgte (Art. 662a Abs. 2 Ziff. 3; vgl. ZK-BÜRGI, N 10).   5

Sind diese objektiven Voraussetzungen für einen gerechtfertigten Bezug nicht erfüllt, besteht ohne weiteres die Pflicht zur Rückerstattung. Anders als bei Art. 678 ist **Bösgläubigkeit** keine Voraussetzung, und der Einwand des gutgläubigen Bezugs bringt keine Entlastung (vgl. ZK-BÜRGI, N 7).   6

III. Aktivlegitimation. Verjährung

Aktivlegitimiert ist die Konkursverwaltung. Dem Aktionär steht m.E. ein Klagerecht i.S.v. Art. 678 Abs. 3 zu, in Analogie zu Art. 757 Abs. 2 jedoch nur, wenn die Konkursverwaltung auf die Klage verzichtet (gl.M. SPÖRRI, 296). In beiden Fällen lautet die   7

Klage auf Leistung an die Konkursmasse. Ein Gläubiger kann ggf. Abtretung der Forderung gemäss Art. 260 SchKG verlangen.

8 Als **Beklagte** kommen nach klarem Gesetzestext nur Personen in Frage, die im fraglichen Zeitraum Mitglieder des VR der Gesellschaften waren (a.M. SPÖRRI, 296).

9 Unklar ist, welche **Verjährungsfrist** zur Anwendung kommt. Die Fünfjahresfrist gemäss Art. 678 Abs. 4, obwohl gesetzessystematisch nahe liegend, ist im Zusammenspiel mit der dreijährigen Verwirkungsfrist und insb. einem allfälligen Konkursaufschub (Abs. 2) sachfremd. Damit muss man m.E. auf die bereicherungsrechtlichen Verjährungsfristen von Art. 67 zurückgreifen, die sich mit der Dreijahresfrist gut vertragen (für eine sinngemässe Anwendung von Art. 678 Abs. 4, SPÖRRI, 305 f.).

10 Unabhängig von Art. 679 kann sich die Konkursverwaltung auch **subsidiär** auf Art. 678 stützen, um weiter zurückliegende Tantiemen, die ungerechtfertigt waren, zurückzufordern. Es gelten dann aber die dortigen Voraussetzungen.

Art. 680

F. Leistungspflicht des Aktionärs
I. Gegenstand

¹ Der Aktionär kann auch durch die Statuten nicht verpflichtet werden, mehr zu leisten als den für den Bezug einer Aktie bei ihrer Ausgabe festgesetzten Betrag.

² Ein Recht, den eingezahlten Betrag zurückzufordern, steht dem Aktionär nicht zu.

F. Versements des actionnaires
I. Objet

¹ Les actionnaires ne peuvent être tenus, même par les statuts, à des prestations excédant le montant fixé, lors de l'émission, pour l'acquisition de leurs titres.

² Ils n'ont pas le droit de réclamer la restitution de leurs versements.

F. Versamenti degli azionisti
I. Oggetto

¹ Neppure per disposizione statutaria gli azionisti possono essere tenuti a prestazioni eccedenti la somma determinata dalla società per l'acquisto delle azioni al momento dell'emissione.

² Essi non hanno diritto di farsi restituire ciò che hanno versato.

Literatur

Vgl. die Literaturhinweise zu Art. 675.

I. Normzweck. Allgemeines

1 Die Norm regelt das Verhältnis zwischen dem Vermögen des Aktionärs und demjenigen der Gesellschaft. In Abs. 1 stellt sie den Grundsatz auf, dass der Aktionär nicht zu mehr als zur Einzahlung seines Kapitalanteiles verpflichtet werden kann; damit wird die **Leistungspflicht des Aktionärs** gegenüber der Gesellschaft beschränkt; die Norm spezifiziert den Grundsatz von Art. 620 Abs. 2 und ergänzt das gegenüber Dritten geltende Prinzip des Ausschlusses der persönlichen Haftung (N 5 ff.). Mit Inkrafttreten des BG über die Börsen und den Effektenhandel vom 24.3.1995 (BEHG) wurde für börsenkotierte Aktien der in Abs. 1 verankerte Fundamentalsatz, wonach der Aktionär allein zur Liberierung der von ihm übernommenen Aktien verpflichtet werden kann, stark relativiert bzw. modifiziert (MEIER-HAYOZ/VON DER CRONE, § 19 N 3; VON BÜREN/BÄHLER, 401 f.) (N 9). Das BEHG begründete so genannte börsengesetzliche Aktionärspflichten

2. Abschnitt: Rechte und Pflichten der Aktionäre   2–7 **Art. 680**

(NOBEL, Börsengesellschaftsrecht, 306 ff.), wobei in der Lehre die Meinungen über die Rechtsnatur dieser zusätzlichen Aktionärspflichten auseinander gehen (VON DER CRONE, Angebotspflicht, 4 ff.; BÖCKLI, Börsengesetz, 258 ff.; ZOBL, Kommentar, Einleitung, N 53 ff.).

Abs. 2 stellt im Gegenzug den Grundsatz auf, dass der Aktionär seine Einlage nicht zurückfordern kann, womit das Vermögen der Gesellschaft gegenüber dem Aktionär zugunsten der Gläubiger geschützt wird (N 15 ff.). Lehre und Praxis wenden Abs. 2 auch i.S. eines eigentlichen Verbotes an, dem Aktionär die Einlage zurückzuerstatten (**Verbot der Einlagerückgewähr**, s.u. N 17 ff.). Damit reflektiert die Norm den Grundsatz der Erhaltung des Nennkapitals und des vollen Kapitalschutzes. 2

Über den Verweis von Art. 656a Abs. 2 gilt Art. 680 auch für den Partizipanten und das **PS-Kapital** (Botschaft AG, 802). 3

Der Wortlaut der Norm ist gegenüber dem **altOR** unverändert; Lehre und Rechtsprechung zum alten Recht können daher grundsätzlich zur Auslegung herangezogen werden. Einen Einfluss auf die Norm haben jedoch die neuen Vinkulierungs- und die in N 1 erwähnten börsenrechtlichen Bestimmungen. 4

II. Die Beschränkung der Leistungspflicht des Aktionärs

Abs. 1 enthält zwei Elemente: Einerseits umschreibt er den Umfang der **Leistungspflicht des Aktionärs** gegenüber der Gesellschaft (u. N 6 f.); andererseits enthält er die Bestimmung, dass auch die Statuten die so umschriebene Leistungspflicht nicht erweitern dürfen (N 8 ff.). 5

Den **Umfang** der Leistungspflicht definiert das Gesetz wie folgt: Der Aktionär ist verpflichtet, den bei Ausgabe der Aktie festgelegten Betrag zu bezahlen. Diese Verpflichtung bedeutet in erster Linie die Pflicht zur *Liberierung* des vollen *Nennwertes*, da eine Unterpariemission nach Art. 624 nicht zulässig ist. Gibt die Gesellschaft die Aktien über dem Nennwert aus (Art. 624), erstreckt sich die Leistungspflicht des Aktionärs auch auf Zahlung des *Agios* (FORSTMOSER/MEIER-HAYOZ/NOBEL, 539 N 18 f.). Die *Form* der Einlageleistung richtet sich nach Art. 633, die *Verzugsfolgen* nach Art. 681 (vgl. zum Ganzen WIDMER, 171 f.). 6

Irgendwelche weiteren Verpflichtungen des Aktionärs sind im OR nicht vorgesehen; insb. bestehen ex lege keine persönlichen Verpflichtungen wie **Treuepflichten** oder **Konkurrenzunterlassungspflichten** (BGE 105 II 128; 91 II 305 und unveröff. Entscheid des BGer 4C.143/2003; vgl. für eine differenzierte Diskussion WOHLMANN, Treuepflicht; WÜRSCH; FORSTMOSER/MEIER-HAYOZ/NOBEL, § 42 N 8 ff.). Grundsätzlich ist der Aktionär nicht verpflichtet, die Interessen der Gesellschaft zu vertreten; er kann auch nicht belangt werden, wenn er die Gesellschaft direkt oder indirekt konkurrenziert. Allein der allgemeine Rechtsgrundsatz von Treu und Glauben vermag seinem Verhalten Grenzen zu setzen (MEIER-HAYOZ/FORSTMOSER, § 16 N 156). Indessen können sich für in der Gesellschaft aktiv mitwirkende Aktionäre und v.a. Verwaltungsräte weitere Verpflichtungen, insb. Treuepflichten, ergeben; diese leiten sich dann aber nicht aus der Aktionärseigenschaft, sondern aus der Organstellung, dem Arbeitsvertrag oder ihrem Vertragsverhältnis zur Gesellschaft ab (MEIER-HAYOZ/FORSTMOSER, § 16 N 470; FORSTMOSER/MEIER-HAYOZ/NOBEL, § 42 N 43 ff.; WOHLMANN, Treuepflicht, 115 f., 144 f., 104 sowie 108; MONTAVON/WERMELINGER, Tome I, 106). 7

Art. 680 8–10   26. Titel: Die Aktiengesellschaft

8   Abs. 1 hält ferner fest, dass auch die **Statuten** keine weiteren Leistungspflichten vorsehen können; dies schliesst ein, dass derartige Verpflichtungen auch nicht durch GV-Beschluss begründet werden können (für generelle Nichtigkeit solcher Beschlüsse ZK-BÜRGI, N 9; für Beschränkung auf die zustimmenden Aktionäre bzw. Konversion FORSTMOSER, Aktienrecht, 484 FN 370; differenziert WIDMER, 160).

8a Das OR schliesst lediglich die Einführung zusätzlicher Leistungspflichten durch die Statuten aus. Eine allgemeine gesetzliche Verankerung wird durch Abs. 1 nicht verboten. Die zwingende Natur des Absatzes erstreckt sich nicht auf andere Erlasse (MEIER-HAYOZ/VON DER CRONE, § 19 N 3; **a.M.** BÖCKLI, § 8 N 387 ff.

Das BEHG begründet in Bezug auf börsenkotierte Aktien zwei neue Aktionärspflichten. Gemäss Art. 20 BEHG ist der Aktionär, der Aktien einer Gesellschaft mit Sitz in der Schweiz, deren Beteiligungspapiere mindestens teilweise kotiert sind, erwirbt, und dadurch die Grenzwerte von 5, 10, 20, $33^{1/3}$, 50 und $66^{2/3}$ % der Stimmrechte erreicht, verpflichtet, dies der Gesellschaft und der Börse, an der die betreffenden Papiere kotiert sind, zu melden (ZOBL, Börsenrecht, Art. 20 N 5; NOBEL, Börsengesetz, 466). Nicht so bei Partizipations- und Genussscheinen, da diesen per definitionem kein Stimmrecht anhaftet (MEIER-SCHATZ, Art. 20 N 5). Art. 32 BEHG verpflichtet den Aktionär, der den Grenzwert von $33^{1/3}$% der Stimmrechte erreicht, für alle kotierten Beteiligungspapiere der Zielgesellschaft ein Kaufangebot zu unterbreiten (BÖCKLI, § 7 N 243 f.). Durch diese börsenrechtlichen Pflichten greift das BEHG massiv ins Aktienrecht ein (VON BÜREN/BÄHLER, 401 f.).

9   Das Verbot erstreckt sich klarerweise auf die Begründung weiterer **vermögensmässiger Pflichten** des Aktionärs, die über die Leistung der Einlage hinausgehen, wie z.B. statutarische Nachschuss- bzw. Zuschusspflichten (WIDMER, 157). Nicht darunter fallen allfällige Statutenklauseln, welche für die verspätete Liberierung eines Aktionärs eine Konventionalstrafe vorsehen (WIDMER, 158). Unklar ist demgegenüber, ob und in welchem Umfang Abs. 1 auch die statutarische Begründung von nicht direkt vermögensmässigen Leistungen, sog. *Nebenverpflichtungen,* verhindert. Darunter sind *Statutenbestimmungen* über *Treuepflichten* des Aktionärs (WOHLMANN, Treuepflicht), *Konkurrenzverbote* (WÜRSCH, 107 ff.), *Verpflichtungen zur Übernahme von Aktien* (HERREN, 97 f.), *Warenlieferungs- oder Warenabnahmeverpflichtungen* zu verstehen (vgl. hierzu Komm. zu Art. 620 OR). Die h.L. legt das Verbot von Abs. 1 strikt aus (ZK-BÜRGI, N 9 f.; FORSTMOSER/MEIER-HAYOZ/NOBEL, 540 N 28; VON STEIGER, Aktiengesellschaft, 19). Sie blieb allerdings nicht unwidersprochen. BÄR möchte das Verbot bei personenbezogenen Klein-AG relativieren (z.B. mit Bezug auf Konkurrenzverbote, BÄR, ZSR 1966 II 497 f.; s.a. WOHLMANN, 107 f.); nach HERREN und WÜRSCH wäre die Einführung statutarischer Leistungspflichten des Aktionärs nicht generell verboten, sondern nur dann, wenn damit ein erhöhtes finanzielles Risiko für die Aktionäre verbunden ist (HERREN, 95; WÜRSCH, 115). Indessen gilt es zu beachten, dass AG als gewinnstrebige Unternehmen immer in einem ökonomischen Umfeld agieren; irgendwelche Unterlassungspflichten eines Aktionärs begründen damit fast zwingend einen Wettbewerbsvorteil für die Gesellschaft und damit eine versteckte Leistung des Aktionärs, womit sie wiederum unter das Verbot von Abs. 1 fallen.

10 Nach h.L. mit Abs. 1 vereinbar sind demgegenüber statutarische **Vorkaufsrechte** (LEHNER, SAG 1953/54, 189 ff., 218 ff.; VON STEIGER, 141 ff.; SALZGEBER-DÜRIG, 270 f.; HERREN, 95 f.; BÄR, ZSR 1966 II 496 f.; WEBER, SAV 11, 84; zu beachten sei indessen die Problematik nach dem neuen Vinkulierungsregime und insb. Art. 685b Abs. 7, dazu BÖCKLI, § 6 N 295 ff.; **a.M.** DU PASQUIER/OERTLE, AJP 1992, 761). Bezüglich anderer Arten von statutarischen Erwerbsberechtigungen s. HERREN, 27 ff. Statutarische Vor-

kaufs- und andere Erwerbsberechtigungen sind indessen dann unzulässig, wenn sie dem Aktionär faktisch einen ökonomischen Nachteil auferlegen, z.B. weil der vorgesehene Übertragungspreis unter dem Markt- oder inneren Wert liegt oder mit einer Übernahmeverpflichtung korreliert (HERREN, 96 f.; darin kann man auch einen Verstoss gegen Art. 685b Abs. 7 erblicken, DU PASQUIER/OERTLE, AJP 1992, 761).

Für den Sonderfall von zwangsweisen **Aktienamortisationen** aufgrund statutarischer Bestimmungen s. FORSTMOSER, Aktienrecht, 531 ff. **11**

Freiwillige oder vertraglich **vereinbarte Mehrleistungen** der Aktionäre widersprechen Abs. 1 nicht (BGE 105 Ib 411; ZK-BÜRGI, N 20 ff.; WIDMER, 161). Im Vordergrund stehen hier insb. freiwillige Leistungen bei den sog. stillen Sanierungen; zur Frage, ob die Gesellschaft dabei «freiwillige» Zuzahlungen indirekt erzwingen kann, indem sie den zuzahlenden Aktionären finanzielle Vorteile anbietet (insb. Einräumung von Prioritätsrechten) oder den nichtzahlenden Nachteile androht, s. ZK-BÜRGI, N 24 ff. und FORSTMOSER, Aktienrecht, 485; ZK-SIEGWART, Art. 620 OR N 30; zur steuerrechtlichen Behandlung von freiwilligen Zuzahlungen s. JUNG/AGNER, Art. 49 N 12; vgl. aber auch MASSHARDT, Art. 49 Abs. 1 lit. a N 11 f. Auch keinen Verstoss gegen Art. 680 stellen Mehrleistungen von Aktionären dar, die auf einem anderen Rechtsverhältnis als der Mitgliedschaft beruhen, selbst wenn sie in den Statuten bekräftigt werden (WÜRSCH, 118, 120). **12**

Wollen die Aktionäre in einer generellen Art unter sich weitere Leistungs- oder Nebenpflichten vereinbaren, sind sie angesichts Abs. 1 auf den Abschluss eines **ABV** oder die Begründung einer sog. **Doppelgesellschaft,** bei welcher die Aktionäre gleichzeitig Mitglieder einer einfachen Gesellschaft sind, angewiesen (anstelle vieler je m.Nw. FORSTMOSER, Aktionärbindungsverträge, 362 ff.; BÖCKLI, § 12 N 572 ff.; zur Doppelgesellschaft GUHL-DRUEY, 753 N 198; ZK-BÜRGI, N 12). Eine *statutarische Verpflichtung* der Aktionäre, dem ABV oder der zweiten Gesellschaft beizutreten, widerspricht indessen Abs. 1. Der gleiche Effekt kann aber für Namenaktien, die nicht an der Börse kotiert sind, über eine Vinkulierungsvorschrift erzielt werden, die im Hinblick auf die Zusammensetzung des Aktionärkreises den Erwerb von Aktien nur Parteien des ABV oder Mitgliedern der zweiten Gesellschaft erlaubt, was wohl mit Art. 685b Abs. 2 vereinbar ist (bejahend für den analogen Fall der Zugehörigkeit zu einer Partei BÖCKLI, § 6 N 257; DU PASQUIER/OERTLE, AJP 1992, 759). **13**

Rechtsfolge eines Verstosses gegen Abs. 1 ist Nichtigkeit der entsprechenden Statutenbestimmung; zur Frage der **Nichtigkeit** eines entsprechenden GV-Beschluss s.o. N 8; zur Frage einer möglichen Konversion in sondervertragliche Abmachungen vgl. ZK-BÜRGI (N 14) und WÜRSCH (116 ff.). Der Handelsregisterführer muss die Eintragung in Anwendung von Art. 940 Abs. 2 zurückweisen (ZK-BÜRGI, Art. 678 N 16; WÜRSCH, 119 f.); ein allfälliger Eintrag vermag die Nichtigkeit nicht zu heilen (ZK-BÜRGI, ibid.). Der Aktionär kann zudem jederzeit die Nichtigkeit klage- oder einredeweise geltend machen (ZK-BÜRGI, N 17). **14**

III. Ausschluss der Einlagerückforderung und des Austritts (Abs. 2)

Nach seinem Wortlaut versagt Abs. 2 dem Aktionär in erster Linie das Recht, den von ihm auf seinen Aktien einbezahlten Betrag zurückzufordern (vgl. BGE 110 II 300 f. E. 3b). Dem Aktionär ist es mithin verwehrt, unter **Rückzug seiner Einlage** aus der Gesellschaft auszutreten; er kann sich seiner Mitgliedschaft nur mittels Verkauf seiner Aktien entledigen (WIDMER, 61). Art. 32 BEHG statuiert jedoch eine zusätzliche Art **15**

Austrittsrecht, indem es ab einem gewissen Prozentsatz an Stimmrechten den Aktionär zwingt, den übrigen Gesellschaftern ein Übernahmeangebot zu unterbreiten (VON BÜREN/BÄHLER, 401).

Ausfluss des Verbots der Einlagerückgewähr sind Art. 675 Abs. 1 und 2 (Art. 675 N 2; FORSTMOSER/MEIER-HAYOZ/NOBEL, § 50 N 110; MEIER-HAYOZ/FORSTMOSER, § 16 N 72).

16 Der **einbezahlte Betrag** umfasst für den Zweck dieses Rückforderungsausschlusses sowohl den *Nennbetrag* der Aktie wie auch ein aus einer Überpariemission stammendes *Agio* (Art. 624; s. BINDER, 25; für den Fall der Rückgewähr vgl. aber N 19). Der Rückforderungsausschluss gemäss Abs. 2 verbietet es der Gesellschaft auch, ein *Rückforderungsrecht* statutarisch, mittels GV-Beschluss oder vertraglich einzuräumen; eine entsprechende Statutenbestimmung, ein solcher GV-Beschluss oder Vertrag ist nichtig (ZK-BÜRGI, N 30; BINDER, 27), ebenso die *Stundung* der Einzahlungsschuld (ZK-Bürgi, ibid.) oder ein Versprechen der Gesellschaft, die Aktien zu einem bestimmten Preis zurückzunehmen (BINDER, 27). Demgegenüber vertritt WIDMER die Ansicht, ein Erlass von der Einzahlungspflicht sollte unter gewissen Voraussetzungen möglich sein (63).

IV. Verbot der Einlagerückgewähr

1. Grundsatz

17 Abs. 2 schliesst nicht nur die eigentliche Rückforderung durch den Aktionär aus. Die Norm ist nach klarer Lehre und Praxis vielmehr zweiseitig und verbietet der Gesellschaft zusätzlich, aus dem geschützten Gesellschaftsvermögen Leistungen an den Aktionär vorzunehmen (so die Auslegung des BGer bereits in BGE 35 II 308, sodann in 65 I 147 etc.; vgl. BINDER, 31 f.; FORSTMOSER/MEIER-HAYOZ/NOBEL, § 50 N 107 ff.). In den Anwendungsbereich dieses «**Verbotes der Einlagerückgewähr**» fallen dabei nicht nur eigentliche Ausschüttungen aus diesem Sperrvermögen, sondern ggf. auch andere Finanztransaktionen der Gesellschaft, die eine Kapitalrückgewähr herbeiführen können, wie *Darlehen* an Aktionäre (N 22) oder der *Erwerb eigener Aktien* (N 24). Ein Verstoss gegen dieses zentrale Verbot des aktienrechtlichen Kapitalschutzes führt zur *Nichtigkeit* der fraglichen Transaktion und zu einer entsprechenden Rückleistungspflicht des Empfängers gegenüber der Gesellschaft (N 26 ff.). Eine Ausnahme zu diesem Grundsatz bildet der Fall der Liquidation (BGE 123 III 482).

2. Geschütztes Kapital

18 Unter das i.S.v. Abs. 2 gesperrte und damit durch das Verbot der Einlagerückgewähr geschützte Kapital fallen in erster Linie das nominale AK sowie (über den Verweis von Art. 656a Abs. 2) nun auch das PS-Kapital, also das gesamte **Nennkapital** (GLANZMANN, 72 ff.).

19 In der Lehre ist umstritten, ob und in welchem Umfang auch das aus Überpariemissionen stammende **Agio** rückgewährgeschützte Substanz i.S.v. Abs. 2 darstellt. Man findet in der Literatur jede Position von einer vorbehaltlosen Unterwerfung des Agios unter Abs. 2 (BOCHUD, 152, 214; BÖCKLI, § 12 N 526 f.; PROBST, 71) bis zur Feststellung, das Verbot der Kapitalrückgewähr umfasse lediglich das eigentliche Nennkapital der Gesellschaft und nicht das übrige gebundene Vermögen (BINDER, 31, 101, vgl. auch 26, widersprüchlich 24). Dazwischen gibt es vermittelnde bis vage Vorschläge für die

Behandlung des Agios (vgl. im Einzelnen Art. 675 N 19). Diese Unklarheit stammt im Wesentlichen daher, dass es der Gesetzgeber unterlassen hat, bei den Vorschriften über die Behandlung von Reserven klar zwischen Rücklagen aus Gewinnen und Kapitalrücklagen zu unterscheiden. Solange eine klare gesetzliche Bestimmung fehlt, wonach Agio einer generell gesperrten Kapitalrücklagereserve zuzuweisen ist, gilt m.E. Folgendes: Agio ist ein Teil des einbezahlten Kapitals i.S.v. Abs. 2, was sich aus dem klaren Wortlaut der Bestimmung i.V.m. Art. 624 ergibt; anders als von BINDER (29 ff.) vorgeschlagen, ist es nicht sinnvoll und kommt einer Auslegung gegen den klaren Wortlaut gleich, wenn man den Umfang des gesperrten Vermögens beim Verbot der Einlagerückgewähr enger umschreibt als im Falle des Ausschlusses der Rückforderung (N 16). Damit darf die Gesellschaft das vom Aktionär empfangene Agio nicht zurückerstatten. Die Behandlung des Agios ändert sich indessen dann, wenn es in Anwendung von Art. 671 Abs. 2 Ziff. 1 in die gesetzlichen Reserven eingebucht wird, was normalerweise am Ende des Emissionsjahres der Fall sein wird. Es verlässt damit den Schutzbereich von Abs. 2 und ist dann nur noch nach den Regeln von Art. 671 Abs. 3 gebunden; daher kann die Gesellschaft indirekt Agio an die Aktionäre zurückführen, sobald die gesetzlichen Reserven die Hälfte des Nennkapitals übersteigen (so i.E. auch BINDER, 26; BANZ, 198; KÜNZLER, 61; gl.M. WIDMER, 62; a.M. DÜRR, § 4 N 20 FN 39 m.V.; s. ferner Art. 675 N 19).

Gesetzliche Reserven sind nicht nach Abs. 2 gebunden (wie anscheinend ZK-BÜRGI, N 34; BÖCKLI, Sondervermögen, 538 f. FN 74 annehmen), sondern fallen unter die Sperrvorschriften von Art. 671 Abs. 3 i.V.m. Art. 678 (gl.M. FORSTMOSER/MEIER-HAYOZ/NOBEL, § 50 N 29); abgesehen vom Sonderfall «Agio» (N 19), handelt es sich nämlich nicht um einbezahltes Kapital, sondern um erwirtschaftete Gewinne. Das Gleiche gilt für statutarisch gebundene Reserven (Art. 675 N 22). **20**

Die gemäss Abs. 2 rückgewährgeschützte Substanz (also das Nennkapital, s.o. N 18) sowie die gesetzlich geschützten Reserven (Art. 671 Abs. 3, Art. 671a, 671b; N 20) bilden in ihrer Gesamtheit das **gesetzlich gebundene Vermögen** der Gesellschaft (vgl. BURCKHARDT, 24). **21**

3. Verbotene Vermögensverschiebungen

Gegen das Verbot der Einlagerückgewähr können nicht nur eigentliche Rückzahlungen oder sonstige Vermögensverschiebungen an den Aktionär zu Lasten des Kapitals verstossen, sondern auch gewisse Finanztransaktionen, die indirekt eine solche Rückgewähr herbeiführen. Dies kann in erster Linie bei **Darlehen** an Aktionäre der Fall sein, die weder durch die ungebundenen noch die anderweitig als durch Abs. 2 gebundenen Mittel der Gesellschaft (zum letzteren Fall N 18 ff.) und damit nur noch durch das gesperrte Kapital gedeckt sind (eingehend GLANZMANN). In der Literatur ist umstritten, in welchen Fällen solche Darlehen gegen das Verbot der Einlagerückgewähr verstossen (vgl. RUSCH, 139 ff.; TSCHÄNI, 194 N 42 ff.; für eine Übersicht mit zahlreichen Hinweisen s. BOCHUD, 150 ff.; HWP 1353 ff.; SCHULTZ, 239 f.; BINDER, 84 f.; PROBST, 25 f., 76 f.; BÖCKLI, Sondervermögen, insb. 538 FN 71; GUHL-DRUEY, 732 N 103). Hier wird die Ansicht vertreten, dass ein Darlehen dann gegen das Verbot der Einlagerückgewähr verstösst, wenn entweder nie eine ernst zu nehmende Rückzahlungsabsicht bestand *(fiktives Darlehen)* oder der Aktionär von Anfang an nicht in der Lage war, das Darlehen zurückzuzahlen (so oder ähnlich HWP 1354; BINDER, 84; PROBST, 25 f.; BÖCKLI, Sondervermögen, 538 N 71; BÖCKLI erblickt indessen in allen Darlehen, die nicht durch die frei verfügbaren Mittel der Gesellschaft gedeckt sind, die nachträgliche Herbeiführung **22** einer Teilliberierung mit entsprechender Rückerstattungspflicht; für ein generelles Verbot von solchen, nur durch das Nennkapital gedeckten Darlehen SCHULTZ, 239 f.; sehr differenzierend BOCHUD, 214, 391). Fällt die Bonität des Darlehensnehmers erst nachträglich weg, ist mit Abschreibungen bzw. Rückstellungen zu arbeiten, womit allenfalls Art. 725 (und nicht Abs. 2) zur Anwendung kommt.

23 Eine unzulässige Rückzahlung von AK liegt ebenfalls vor, wenn ein Aktionär für die **Liberierung** der von ihm gezeichneten Aktien ein kurzfristiges Darlehen aufnimmt und ihm die Gesellschaft diesen Betrag zur Rückzahlung an den Gläubiger wieder überweist (BGE 109 II 129 E. 2b; BÖCKLI, § 1 N 203).

24 Auch der **Erwerb von eigenen Aktien** oder PS kann gegen das Verbot der Einlagerückgewähr verstossen. Dies ist dann der Fall, wenn der Erwerb dieser Beteiligungspapiere ganz oder teilweise zu Lasten des Nennkapitals erfolgt (so die h.M. BURCKHARDT, 26 ff. m.Nw.; FORSTMOSER/MEIER-HAYOZ/NOBEL, § 50 N 132; GUHL-DRUEY, 714 N 11 ff.; GIGER, 13, 89 ff.; vgl. für den Fall des Erwerbs eigener Aktien bei Verweigerung der Zustimmung zum Aktienübergang an Erben BGE 110 II 300 f. E. 3b [krit. dazu NOBEL, Umgang, 16; **a.A.** BINDER, 93; BGE 60 II 319 f., die eine Rückgewähr nur in dem Umfang annehmen, als der Erwerb über dem inneren Wert erfolgt]). Die h.M. ist zwischenzeitlich durch die neue Formulierung von Art. 659 Abs. 1 bestätigt worden; obwohl Art. 659 Abs. 1 an und für sich nur eine Ordnungsvorschrift darstellt, nimmt der Gesetzgeber im Verletzungsfall gleichzeitig einen Verstoss gegen das Verbot der Einlagerückgewähr an (s. Botschaft AG, 804; s. aber MEIER-HAYOZ/FORSTMOSER, § 16 N 77). Damit ist auch bei solchen Beteiligungserwerben wie bei anderen Verstössen gegen das Verbot der Einlagerückgewähr **Nichtigkeit** anzunehmen (so auch NOBEL, 210; **a.M.** BÖCKLI, § 4 N 287 ff., der unter Hinweis auf den Verkehrsschutz Nichtigkeit nur bei Bösgläubigkeit des Veräusserers annimmt; vgl. für eine differenzierte Analyse, insb. bei Vermittlungsgeschäften, BURCKHARDT, 32 ff.). Für den Erwerb von Aktien durch Tochtergesellschaften und das Eingehen von Wechselbeteiligungen gilt dasselbe (vgl. im Einzelnen BURCKHARDT, 35 ff.; FORSTMOSER/MEIER-HAYOZ/NOBEL, 668 N 175 ff. sowie neu Art. 659b und dortiger Komm.).

4. Rechtsfolgen

25 Ein Verstoss gegen das Verbot der Einlagerückgewähr führt zur absoluten **Nichtigkeit** der entsprechenden Transaktion. Zur Korrektur stehen im Wesentlichen zwei Rechtsbehelfe zur Verfügung:

26 a) Infolge der Rückzahlung entsteht ein nachträgliches **Non-versé** und die Einlagepflicht des Aktionärs lebt mit sofortiger Fälligkeit wieder auf (BGE 109 II 129 E. 2 unter Hinweis auf SJ 1969, 155; vor diesem BGE war in der Lehre umstritten, ob man von einem Wiederaufleben der Einzahlungspflicht oder vielmehr von einer ungerechtfertigten Bereicherung auszugehen hat; vgl. m.w.Nw. BURCKHARDT, 32 f.; BINDER, 38 ff., der qua Lückenfüllung eine eigenständige Anspruchsgrundlage annimmt; **a.M.** DÜRR, § 5 N 46 ff., N 55, der nicht das Wiederaufleben der Liberierungspflicht sondern grundsätzlich einen Rückerstattungsanspruch gestützt auf Art. 678 Abs. 1 bzw. Abs. 2 annimmt). (Vgl. zur Rückliberierung WIDMER, 64 f.) Der VR muss m.E. die Rückforderung umgehend in die Wege leiten; Art. 634a gilt hier nicht, da die Vollliberierung (oder die entsprechende Liberierung) bereits einmal beschlossen wurde und nicht mehr rückgängig gemacht werden kann. Die Forderung ist unverjährbar (**a.M.** BGE 102 II 361 E. 4b = Pra 1977, 162 ff. E. I/4b; BÖCKLI, § 1 N 181 ff. und KÜNZLER, 62, wonach die Zehnjahresfrist von Art. 127 gilt; die Verjäh-

2. Abschnitt: Rechte und Pflichten der Aktionäre **Art. 681/682**

rung beginnt nach VON STEIGER, 165, im Zeitpunkt der Zahlungsaufforderung durch den VR zu laufen; nach SPIRO, 59 FN 23, 268 im Zeitpunkt der Konkurseröffnung; nach BÖCKLI, § 1 N 176 mit dem Verwaltungsratsbeschluss).

b) Da Nichtigkeit vorliegt, ist in allen Fällen, bei denen Fahrnis oder Grundstücke übertragen wurden, eine **Eigentumsklage** nach Art. 641 ZGB möglich (BINDER, 38; BURCKHARDT, 32 für den Fall des Erwerbes eigener Aktien). 27

Nicht anwendbar ist dagegen die **Rückforderungsklage** nach Art. 678 (wie HWP 1354 annimmt), weil sich diese Bestimmung nach klarem Gesetzestext auf ungerechtfertigte Gewinnausschüttungen und nicht auf Kapitalrückzahlungen bezieht (a.M. SPÖRRI, § 18). 28

5. Konkurrenz mit der Rückforderung nach Art. 678

Kommt es zu einer Kapitalrückgewähr an einen Aktionär, wird u.U. nicht nur das gemäss Abs. 2 gesperrte Nennkapital tangiert, sondern gleichzeitig anderweitig gebundenes Vermögen der Gesellschaft ausbezahlt. Dies ist dann der Fall, wenn gleichzeitig ein Verstoss gegen Art. 675 ff. oder eine **verdeckte Gewinnausschüttung** nach Art. 678 Abs. 2 vorliegt. In einem solchen Fall sind die Rechtsbehelfe gemäss N 26 f. und Art. 678 parallel je für die entsprechende Verletzung anzuwenden. Das kann nach Ablauf der Fünfjahresfrist von Art. 678 Abs. 4 dazu führen, dass nur noch jener Teil der unzulässigen Vermögensverschiebung zurückgefordert werden kann, der auf eine Rückzahlung des Nennkapitals hinauslief. 29

V. Rechtsvergleichung

Gemäss Art. 12 **EU-Kapital-RL** dürfen die Aktionäre nicht von der Verpflichtung befreit werden, ihre Einlage zu leisten; zu Art. 15 f. derselben Richtlinie vgl. Art. 678 N 35. Das Verbot der Einlagerückgewähr findet sich auch in § 57 Abs. 1 AktG; demgegenüber sieht das AktG in §§ 54 f. nicht nur die Verpflichtung der Aktionäre zur Liberierung, sondern auch die Möglichkeit statutarischer Nebenpflichten vor. 30

VI. Revision des Aktienrechts

Die Bestimmung von Art. 680 soll gemäss Botschaft Aktien- und Rechnungslegungsrecht, 1664 f. sprachlich umgeschrieben werden, ohne dass aber die Substanz eine Veränderung erfahren würde. 31

Art. 681

II. Verzugsfolgen
1. Nach Gesetz und Statuten

¹ **Ein Aktionär, der den Ausgabebetrag seiner Aktie nicht zur rechten Zeit einbezahlt, ist zur Zahlung von Verzugszinsen verpflichtet.**

² **Der Verwaltungsrat ist überdies befugt, den säumigen Aktionär seiner Rechte aus der Zeichnung der Aktien und seiner geleisteten Teilzahlungen verlustig zu erklären und an Stelle der ausgefallenen neue Aktien auszugeben. Wenn die ausgefallenen Titel bereits ausgegeben sind und nicht beigebracht werden können, so ist die Verlustigerklärung im Schweizerischen Han-**

Art. 681/682

26. Titel: Die Aktiengesellschaft

delsamtsblatt sowie in der von den Statuten vorgesehenen Form zu veröffentlichen.

³ Die Statuten können einen Aktionär für den Fall der Säumnis auch zur Entrichtung einer Konventionalstrafe verpflichten.

II. Effets de la demeure
1. Aux termes de la loi et des statuts

¹ Les actionnaires qui ne libèrent pas leurs actions en temps utile doivent des intérêts moratoires.

² Le conseil d'administration peut déclarer en outre qu'ils sont déchus des droits résultant de leur souscription et que leurs versements sont acquis à la société, et émettre des actions nouvelles en lieu et place de celles qui ont été ainsi annulées. Si les titres déjà émis ne sont pas restitués, l'annulation sera publiée dans la *Feuille officielle suisse du commerce* et, au surplus, en la forme prévue par les statuts.

³ Les statuts peuvent aussi frapper d'une peine conventionnelle les actionnaires en demeure.

II. Effetti della mora
1. Legali e statutari

¹ L'azionista, che non ha versato a tempo debito il prezzo di emissione delle sue azioni, è tenuto al pagamento degli interessi moratori.

² Il consiglio d'amministrazione può, inoltre, dichiarare l'azionista moroso decaduto sia dai diritti come sottoscrittore, sta dal diritto di ripetere i parziali versamenti già fatti, ed emettere nuove azioni in luogo di quelle così annullate. Qualora i titoli già emessi per le azioni annullate non siano restituiti, l'annullamento deve essere pubblicato nel *Foglio ufficiale svizzero di commercio* ed inoltre nella forma prescritta dallo statuto.

³ Lo statuto può anche comminare una pena convenzionale all'azionista moroso.

Art. 682

2. Aufforderung zur Leistung

¹ **Beabsichtigt der Verwaltungsrat, den säumigen Aktionär seiner Rechte aus der Zeichnung verlustig zu erklären oder von ihm die in den Statuten vorgesehene Konventionalstrafe zu fordern, so hat er im Schweizerischen Handelsamtsblatt sowie in der von den Statuten vorgesehenen Form mindestens dreimal eine Aufforderung zur Einzahlung zu erlassen, unter Ansetzung einer Nachfrist von mindestens einem Monat, von der letzten Veröffentlichung an gerechnet. Der Aktionär darf seiner Rechte aus der Zeichnung erst verlustig erklärt oder für die Konventionalstrafe belangt werden, wenn er auch innerhalb der Nachfrist die Einzahlung nicht leistet.**

² **Bei Namenaktien tritt an die Stelle der Veröffentlichungen eine Zahlungsaufforderung und Ansetzung der Nachfrist an die im Aktienbuch eingetragenen Aktionäre durch eingeschriebenen Brief. In diesem Falle läuft die Nachfrist vom Empfang der Zahlungsaufforderung an.**

³ **Der säumige Aktionär haftet der Gesellschaft für den Betrag, der durch die Leistungen des neuen Aktionärs nicht gedeckt ist.**

2. Appels de versements

¹ Si le conseil d'administration se propose de déclarer les actionnaires en demeure déchus de leurs droits de souscripteurs ou de leur réclamer l'exécution de la clause pénale prévue par les statuts, elle doit publier au moins

2. Abschnitt: Rechte und Pflichten der Aktionäre   1 – 3   Art. 681/682

trois fois des appels de versements dans la *Feuille officielle suisse du commerce* et, au surplus, en la forme prévue par les statuts, en leur impartissant un nouveau délai d'un mois au moins à compter de la dernière publication. La déchéance ne peut être prononcée et l'application de la clause pénale ne peut être exigée que si l'actionnaire ne paie pas non plus dans le nouveau délai.

² Pour les titres nominatifs, la sommation a lieu par un avis adressé sous pli recommandé aux actionnaires inscrits sur le registre des actions. Dans ce cas, le nouveau délai court à partir de la réception de l'avis.

³ L'actionnaire en demeure est tenu, envers la société, du montant qui n'est pas couvert par les prestations du nouvel actionnaire.

2. Diffida al pagamento

¹ Quando il consiglio d'amministrazione si proponga di dichiarare l'azionista moroso decaduto dai suoi diritti come sottoscrittore o di esigerne la pena convenzionale prevista nello statuto, essa deve diffidarlo al pagamento almeno tre volte sul *Foglio ufficiale svizzero di commercio* ed inoltre nella forma prescritta dallo statuto, assegnandogli un termine supplementare di almeno un mese a far data dall'ultima pubblicazione. Solo se l'azionista non paga neppure nel termine supplementare, esso può essere dichiarato decaduto dai suoi diritti come sottoscrittore o può essergli chiesta la pena convenzionale.

² Se le azioni sono nominative, le pubblicazioni sono sostituite da una diffida, con assegno del termine supplementare, fatta per lettera raccomandata all'azionista iscritto nel libro delle azioni. In questo caso, il termine supplementare corre dal ricevimento della diffida.

³ L'azionista moroso risponde verso la società della perdita da essa subita nell'emissione delle azioni destinate a sostituire quelle annullate.

Literatur

Vgl. die Literaturhinweise zu Art. 675.

I. Normzweck. Allgemeines

Art. 681 f. regeln die Folgen der **nicht rechtzeitigen Erfüllung** der Liberierungspflicht (zum Zeitpunkt der Entstehung der Liberierungspflicht s. WIDMER, 162). Die beiden Normen sind gegenüber dem alten Aktienrecht unverändert; einzig der Begriff der Verwaltung wurde durch den des VR ersetzt.   1

Nach Ansicht von VISCHER sollte im Fall der **Schlechterfüllung** der Liberierungspflicht bei Rechts- oder Sachmängeln der eingelegten Sache im Rahmen eines Sacheinlagevertrages (z.B. infolge Überbewertung der Sacheinlage) der Gesellschaft die Möglichkeit der Kaduzierung ebenfalls eingeräumt werden, obwohl die Schlechterfüllung an sich kein Fall der nicht rechtzeitigen Erfüllung i.S.v. Art. 681 darstellt (VISCHER, 112).   1a

II. Begriff des Verzuges

Gemäss Art. 681 Abs. 1 tritt der **Verzug** ein, wenn ein Aktionär den Ausgabebetrag seiner Aktien nicht zur rechten Zeit einbezahlt.   2

Die Bestimmung gilt sowohl für Aktionäre wie auch, über den Verweis von Art. 656a Abs. 2, für Partizipanten. Unter dem **Aktionär** ist in erster Linie der Aktienzeichner zu verstehen (WIDMER, 164). Im Fall einer Veräusserung von Namenaktien tritt an dessen Stelle der Erwerber, sobald die Gesellschaft der Übertragung zugestimmt hat (WIDMER, 165 f.) (Art. 685c; vgl. in diesem Zusammenhang auch Art. 687, der nach BGE 86 II   3

92 f. E. 2 jedoch nicht analog auf Inhaberaktien angewendet werden kann; nach BGE 90 II 173 ff. wirkt der Eintrag ins Aktienbuch zudem nicht konstitutiv); bei börsenkotierten Aktien richtet sich der Übergang der Liberierungspflicht nach Art. 685 f Abs. 1 (eingehend dazu WIDMER, 166 ff.).

4   Der Begriff des **Ausgabebetrages** umfasst sowohl den *Nennbetrag* wie auch ein allfälliges *Agio* (Art. 624). Dabei gilt die Bestimmung sowohl für den Fall von Bareinlagen wie auch bei Säumnis mit der Leistung einer Sacheinlage.

5   Der **Zahlungstermin** für die Liberierung ergibt sich aus den Statuten oder wird durch Beschluss des VR nachträglich festgelegt (Art. 634a Abs. 1). Der Verzug tritt ohne Mahnung ein (ZK-BÜRGI, N 4; WIDMER, 183).

III. Rechtsfolgen

1. Überblick

6   Das Gesetz erwähnt ausdrücklich als **Rechtsfolgen:** Verzugszins (N 7), Konventionalstrafe (N 8) sowie die Verlustigerklärung der Mitgliedschaft, d.h. die sog. Kaduzierung (N 11 ff.). Daneben stehen der Gesellschaft eine allfällige Schadenersatzklage (N 9) und, alternativ zur Kaduzierung, die Leistungsklage zur Verfügung (N 10). (Vgl. WIDMER, 190 f.)

2. Verzugszins

7   Der **Verzugszins** ist ohne weitere Mahnung ab dem Datum des Zahlungstermins geschuldet (N 5). Ist der Zinssatz nicht in den Statuten festgelegt, beträgt er 5% (Art. 104). Die Gesellschaft kann allfällige Dividenden oder Bauzinsen mit der Verzugszinsforderung verrechnen (vgl. zum Ganzen WIDMER, 185 f.).

3. Konventionalstrafe

8   Eine **Konventionalstrafe** ist nur dann geschuldet, wenn sie in den Statuten ausdrücklich vorgesehen ist (Art. 681 Abs. 3, Art. 627 Ziff. 5). Die entsprechende Statutenbestimmung muss im Zeitpunkt der Ausgabe der Aktien bestehen; eine nachträgliche Aufnahme einer solchen Vorschrift bedürfte der Zustimmung aller betroffenen Aktionäre (ZK-BÜRGI, N 6 m.Nw.). Anders als im Fall der Verzugszinsen, kann die Konventionalstrafe erst nach einer vorgängigen Zahlungsaufforderung und der Gewährung einer Nachfrist von mindestens einem Monat gefordert werden (Art. 682 Abs. 1 f.). Die Konventionalstrafe ist, sofern sie die Statuten vorsehen, unabhängig vom Eintritt eines Schadens geschuldet (vgl. Art. 161 Abs. 1 und dortiger Komm.). Eine übermässige Konventionalstrafe unterliegt einer allfälligen richterlichen Herabsetzung gemäss Art. 163 Abs. 3. Auch nach Leistung der Konventionalstrafe ist der Aktionär uneingeschränkt zur Liberierung verpflichtet (Art. 160 Abs. 2; N 10). Die Konventionalstrafe besteht grundsätzlich in einer Geldleistung; es ist demzufolge ausgeschlossen, dass die Gesellschaft als Konventionalstrafe eine Sperre der Mitgliedschaftsrechte vorsieht (ZK-BÜRGI, N 10). Die Gesellschaft kann den entsprechenden Geldbetrag frei verwenden (vgl. zum Ganzen WIDMER, 186 ff.).

4. Ersatz weiteren Schadens

Unabhängig von den Bestimmungen von Art. 681 kann die Gesellschaft von einem säumigen Aktionär nebst dem Verzugszins **Ersatz weiteren Schadens** verlangen (Art. 106 Abs. 1) (ZK-BÜRGI, N 12 f.), wobei dem säumigen Aktionär diesfalls die Exkulpation offen steht. Sehen die Statuten eine Konventionalstrafe vor, muss die Gesellschaft das Verschulden des Aktionärs nachweisen, sofern sie einen weiteren Schaden geltend macht (vgl. Art. 161 Abs. 2). 9

5. Liberierungspflicht

Die Zahlung von Verzugszins, Konventionalstrafe oder Schadenersatz befreit nicht von der **Liberierungspflicht.** Der Gesellschaft ist es ihrerseits nicht möglich, gegen Leistung der Konventionalstrafe oder des Schadenersatzes auf die Leistung der Einlage zu verzichten. Ein solcher Verzicht wäre einer Kapitalrückgewähr gleichzusetzen und demgemäss nichtig. Daraus folgt, dass der VR an der Forderung auf Leistung der Einlage festhalten muss und die Einlage ggf. auf dem Wege der Zwangsvollstreckung bzw. der Leistungsklage einzufordern hat. Etwas anderes gilt nur dann, falls er den Weg der Kaduzierung wählt. 10

IV. Kaduzierung

Die **Kaduzierung** ist ein Verfahren, mit dem der VR einen Aktionär, der mit der Leistung seiner Einlage säumig ist, seiner Rechte aus der Zeichnung sowie seiner geleisteten Teilzahlungen verlustig erklärt und anstelle der ausgefallenen neue Aktien ausgibt (Art. 681 Abs. 2). Die Bestimmungen des Gesetzes über die Kaduzierung sind zwingender Natur; die Gesellschaft kann sie weder wegbedingen, noch die Voraussetzungen der Kaduzierung ändern (zur Rechtsnatur der Kaduzierung s. ZK-BÜRGI, N 15). Der Kaduzierung können jede Art von Aktien und PS unterliegen, gleichgültig, ob sie verbrieft sind oder nicht. Die Kaduzierung setzt in jedem Fall *Säumigkeit* mit der Leistung des Ausgabebetrages (einschliesslich eines allfälligen Agios, vgl. Art. 624) voraus (WIDMER, 191). Eine Kaduzierung wegen Nichtleistung von Verzugszinsen, Konventionalstrafen oder Schadenersatz ist nicht möglich (zur Nichtleistung der Sicherstellung vgl. ZK-BÜRGI, N 24; VON STEIGER, 167; WIDMER, 183 f.). (Allgemeine Übersicht bei FORSTMOSER/MEIER-HAYOZ/NOBEL, § 44 N 17 ff.) Für börsenkotierte Aktien hat das BEHG eine neue Art Ausschlussrecht begründet, die Kraftloserklärung von Beteiligungspapieren nach Art. 33 BEHG. Danach kann ein Aktionär, der 98% der Stimmrechte einer Gesellschaft hält, innert einer Frist von drei Monaten vom Richter verlangen, dass die restlichen Beteiligungspapiere gegen Auskauf kraftlos erklärt werden (VON BÜREN/BÄHLER, 401). 11

Aus Art. 682 ergibt sich, wie der VR vorzugehen hat: Er hat zuerst eine erneute **Zahlungsaufforderung** unter Ansetzung einer *Nachfrist* von mindestens einem Monat zu erlassen. In dieser Zahlungsaufforderung hat der VR angesichts der Schwere des Eingriffes auch über die Folgen ihrer Nichtbeachtung (d.h. die Verlustigerklärung) zu orientieren. Bei Inhaberaktien erfolgt die Aufforderung durch dreimalige Publikation im SHAB, wobei diesfalls die Nachfrist von mindestens einem Monat von der letzten Veröffentlichung an zu laufen beginnt. Im Fall von Namenaktien tritt an die Stelle der Veröffentlichung ein eingeschriebener Brief an den im Aktienbuch eingetragenen Aktionär (Art. 682 Abs. 2). In jedem Fall hat die Zahlungsaufforderung klar anzugeben, um welche Aktien es sich handelt und welcher Betrag zu leisten ist. Bis zur Mitteilung der 12

Verlusterklärung kann der Aktionär seine Aktien gültig liberieren und dadurch den Verlust seiner Rechte verhindern (BGE 113 II 276 E. 3c).

13   Leistet der säumige Aktionär auch nach Ablauf der Nachfrist nicht, so kann der VR den betreffenden Aktionär seiner Mitgliedschaft und der von ihm bereits erbrachten Leistungen verlustig erklären. Die **Mitteilung der Kaduzierung** erfolgt wiederum durch Veröffentlichung oder persönliche Mitteilung. Sind bereits Aktienurkunden ausgegeben, die sich nicht wieder beibringen lassen, so hat die Verlustigerklärung aus Gründen des Verkehrsschutzes durch Publikation zu erfolgen, und zwar im SHAB sowie in der von den Statuten vorgesehenen Form (ZK-BÜRGI, N 33). Die Kaduzierung wird durch die Veröffentlichung oder den Zugang der persönlichen Mitteilung wirksam (BGE 113 II 276 f.). Gegen den Entscheid der Kaduzierung kann der Aktionär Einreden oder eine Feststellungsklage erheben; möglich ist allenfalls auch eine Erfüllungsklage (BGE 113 II 276 = Pra 1988, 19 E. 2b).

14   Bei nur **geringfügiger Verspätung** (in casu um einen Tag) ist eine Kaduzierung nicht möglich, und der Aktionär kann gegen den Beschluss des VR vorgehen (BGE 113 II 277) (vgl. zum Verfahren WIDMER, 192 ff.).

15   Durch die Kaduzierung verliert der Aktionär sämtliche **Aktionärsrechte,** d.h. sowohl die Mitverwaltungs- und Schutzrechte als auch die Vermögensrechte; auch die Gesellschaft kann diese Rechte nicht ausüben; sie ruhen (vgl. Art. 659a Abs. 1). Der Aktionär verliert zudem die bereits geleisteten Teilzahlungen und hat keinen Anspruch auf deren Rückleistung. Demgegenüber behält er den Anspruch auf bereits fällig erklärte Dividenden (ZK-BÜRGI, N 39 f.). Die Verlustigerklärung bewirkt zudem die Annullierung der von der Kaduzierung erfassten Aktientitel, sofern solche bereits ausgegeben wurden. Im Anschluss an die Kaduzierung ist der VR im Rahmen seiner Verantwortung, eine volle Deckung für das Nennkapital aufzubringen, verpflichtet, anstelle der ausgefallenen, neue Aktien auszugeben. Die Art der Verwertung steht im Ermessen der Verwaltung, wobei sie darauf achten muss, einen möglichst hohen Preis zu erzielen. Sie kann indessen, sofern dies nötig sein sollte, kaduzierte Aktien auch unter pari ausgeben (Art. 624 Abs. 1). Erzielt die Gesellschaft einen Kaduzierungsgewinn, weil die Summe der übrig bleibenden Einzahlungen der kaduzierten Aktien und des Erlöses der Verwertung ihren Nennbetrag übersteigt, verbleibt der entsprechende Überschuss der Gesellschaft und ist gemäss Art. 671 Abs. 2 Ziff. 2 den gesetzlichen Reserven zuzuweisen. Entsteht aus der Kaduzierung umgekehrt ein Ausfall, so haftet der kaduzierte Aktionär gemäss Art. 682 Abs. 3 für den entsprechenden Verlust der Gesellschaft (WIDMER, 199). Geht die Gesellschaft Konkurs, so hat unter der Voraussetzung von Art. 687 Abs. 2 nebst dem kaduzierten Aktionär auch der ursprüngliche Zeichner der Namenaktie solidarisch für den Ausfall einzustehen (vgl. im Übrigen für die Kaduzierung im Konkurs BGE 90 II 167 ff.; ZK-BÜRGI, N 69 ff.; WIDMER, 199).

15a Zur Kaduzierung vor dem Eintrag einer Kapitalerhöhung im Handelsregister, s. BGE 132 III 668.

V. Rechtsvergleichung

16   Das **AktG** enthält in §§ 63 f. eine den Art. 681 f. analoge Regelung; der säumige Aktionär schuldet danach einen Verzugszins von 5% und hat auch weiteren Schaden zu ersetzen; die Statuten können zudem Konventionalstrafen vorsehen. Nach Ablauf einer Nachfrist kann der säumige Aktionär sodann seiner Rechte und der bereits geleisteten Einzahlungen verlustig erklärt werden.

Art. 683

G. Ausgabe und Übertragung der Aktien I. Inhaberaktien	**¹ Auf den Inhaber lautende Aktien dürfen erst nach der Einzahlung des vollen Nennwertes ausgegeben werden.** **² Vor der Volleinzahlung ausgegebene Aktien sind nichtig. Schadenersatzansprüche bleiben vorbehalten.**
G. Emission et transfert I. Actions au porteur	¹ Les actions au porteur ne peuvent être émises que si elles ont été libérées à concurrence de leur valeur nominale. ² Les titres émis auparavant sont nuls. Demeure réservée l'action en dommages-intérêts.
G. Emissione e trasferimento delle azioni I. Azioni al portatore	¹ Non possono emettersi azioni al portatore se non dopo che sia stato versato l'intero valore nominale. ² I titoli emessi prima del versamento dell'intiero loro valore nominale sono nulli. Rimangono riservate le azioni di risarcimento.

I. Einleitung

Inhaberaktien sind **Inhaberpapiere** i.S.v. Art. 978. Allein die Vorlage des Wertpapieres berechtigt den Inhaber, die in der Aktie verkörperten Mitgliedschafts- und Vermögensrechte auszuüben. Art. 683 wurde im Zuge der Aktienrechtsrevision von 1991 nicht abgeändert. 1

II. Ausgabe von Inhaberaktien

Zur rechtsgültigen Ausgabe bedarf die Inhaberaktie formell der **Unterzeichnung** durch wenigstens ein Mitglied des VR (Art. 622 Abs. 5). Zudem muss sie gewisse Mindestangaben enthalten, so den Nennwert und die Bezeichnung als «Aktie». Die Bezeichnung als Aktie macht den Titel aufgrund der verkehrsüblichen Bedeutung dieser Qualifikation zum Wertpapier, ohne dass es hierzu noch einer ausdrücklichen Wertpapierklausel bedarf. Fehlt es an dieser Form oder an diesen Angaben, so gilt der Titel u.U. nicht als Wertpapier, sondern als einfache Beweisurkunde, etwa für den Nachweis der Liberierung des Nennwerts (ZK-JÄGGI, Art. 965 N 279). 2

Abs. 1 verbietet die Ausgabe nicht voll liberierter Inhaberaktien. Diese Bestimmung ist zwingenden Rechts. Sie dient dem **Schutz des Gesellschaftskapitals** und entspricht Art. 687, welcher die Liberierung von Namenaktien betrifft. Das Gesetz wiederholt dasselbe Verbot für auf den Inhaber lautende und für Inhaberaktien ausgegebene Interimsscheine (Art. 688). Die von Abs. 1 verlangte Liberierung muss den gesamten Nennwert der Aktien umfassen. Die Bedeutung dieser Vorschrift für Inhaberaktien, die *über pari* mit einem nicht liberierten Aufpreis (Agio) ausgegeben werden, ist in der Doktrin umstritten. Gewisse Autoren betrachten das Agio als Bestandteil des Nennwertes (vgl. ZK-BÜRGI, Art. 683 N 6; FUNK, Art. 683 N 2). 3

Vor Volleinzahlung ausgegebene Aktien sind **nichtig** (Abs. 2). Analoges gilt für auf den Inhaber lautende Interimsscheine (Art. 688 Abs. 1). Die Nichtigkeit betrifft indes nur das Wertpapier selbst, nicht aber die Eigenschaft als Aktionär der Gesellschaft (FUNK, N 3). Die Übertragung von Aktien, die – weil nicht *voll* liberiert – nichtig sind, entfaltet keine Rechtswirkungen. Der Zeichner der Inhaberaktien bleibt allein Aktionär, vorbehältlich einer Zession seiner Rechte i.S.v. Art. 164. Nichtige Inhaberaktien können 4 durch die Gesellschaft wieder ausgegeben werden, sobald sie voll einbezahlt wurden. Dies gilt zumindest, soweit die Wiederausgabe das Verkehrsschutzinteresse nicht gefährdet (ZK-BÜRGI, Art. 683 N 12).

5   Aktionärsrechte können mithin nicht in Inhaberaktien verkörpert werden, solange diese nicht voll liberiert sind. Die Ausgabe von **Quittungen,** welche die Gesellschaft in der Zwischenzeit zu Beweiszwecken erstellt, bleibt indes möglich.

6   Die Gesellschaft hat für die Ausgabe nicht voll liberierter Inhaberaktien aufgrund der Organhaftung einzustehen (Art. 722). Sie ist gehalten, ihre Aktionäre (soweit diese gutgläubig sind), möglicherweise sogar Dritte (z.B. den Erwerber oder den Pfandgläubiger nichtiger Titel), für den durch die unerlaubte Ausgabe verursachten **Schaden zu entschädigen** (Abs. 2; FUNK, N 3). Die Gesellschaft ist selber berechtigt, gegen die Verantwortlichen einer solchen Ausgabe vorzugehen, sofern ihr dadurch ein Schaden entstanden ist (Art. 754 Abs. 1).

III. Übertragung von Inhaberaktien

7   Die Übertragung von Inhaberaktien erfolgt gemäss den allgemeinen Vorschriften des Wertpapierrechts (Art. 967), d.h. durch die **Übertragung des Besitzes an der Urkunde** zu Eigentum. Die Notwendigkeit der Indossierung oder Zession entfällt. Im Gegensatz zu vinkulierten Namenaktien (vgl. Art. 685a ff.) kann die Gesellschaft, welche Inhaberaktien ausgegeben hat, sich ihrer Übertragung nicht widersetzen. Der Erwerber der Inhaberaktien erhält *automatisch* die Aktionärseigenschaft, mit allen daraus fliessenden Mitgliedschafts- und Vermögensrechten. In Übereinstimmung mit den Vorschriften über den Besitz entfaltet die Übertragung von Inhaberaktien zu Eigentum Wirkungen für den gutgläubigen Erwerber, auch wenn sie einem vorgängigen Besitzer ohne oder gegen seinen Willen abhanden gekommen sind (Art. 935 ZGB).

8   Wurden die Inhaberaktien nicht oder nicht *gültig* ausgegeben (z.B. weil sie nicht voll liberiert wurden), hat die Übertragung der Aktionärsrechte mittels einer schriftlichen **Zession** zu erfolgen (Art. 164). Um Wirkungen zu entfalten, ist diese Zession der Gesellschaft anzuzeigen.

IV. Pfandrecht und Nutzniessung

9   Zur **Verpfändung von Inhaberaktien** genügt die Übertragung der Urkunde an den Pfandgläubiger (Art. 967 Abs. 1; vgl. auch Art. 901 Abs. 1 ZGB). Sofern die Aktien nicht ausgegeben wurden, bedarf es zu ihrer Verpfändung eines schriftlichen Pfandvertrages (Art. 900 Abs. 3 ZGB).

10 Das *Pfandrecht* erstreckt sich grundsätzlich nur auf die aus der Inhaberaktie fliessenden **Vermögensrechte.** Der Aktionär bleibt zur Ausübung der Mitgliedschaftsrechte allein berechtigt (Art. 905 ZGB). Die Parteien können indes eine abweichende Regelung treffen und die Verpfändung auf die Mitgliedschaftsrechte ausdehnen. Diesfalls hat der Besitzer der verpfändeten Inhaberaktien eine besondere Vollmacht des Aktionärs vorzulegen, um die Mitgliedschaftsrechte auszuüben (Art. 689b Abs. 2). Die vorgenannten Regeln gelten nur im Verhältnis zwischen Eigentümer und Pfandgläubiger, da grundsätzlich jeder, der sich gegenüber der Gesellschaft als Besitzer ausweist, die Mitgliedschaftsrechte aus Inhaberaktien ausüben kann (Art. 689a Abs. 2). Der Pfandgläubiger hat seinerseits Anspruch auf die noch nicht verfallenen, auf den verpfändeten Aktien

2. Abschnitt: Rechte und Pflichten der Aktionäre   Art. 684

bezahlten Dividenden (Art. 904 Abs. 1 ZGB), mit Ausnahme derjenigen Fälle, in denen der Anspruch auf Dividendenzahlung in getrennten Coupons verurkundet ist (Art. 904 Abs. 2 ZGB). Das Pfandrecht erstreckt sich auch auf den Liquidationserlös (Art. 745 Abs. 1). Gemäss überwiegender Lehrmeinung stehen das Bezugsrecht ebenso wie allfällige Gratisaktien dem Aktionär und nicht dem Pfandgläubiger zu (ZK-BÜRGI, Art. 683 N 25). Eine gegenteilige vertragliche Abmachung bleibt jedoch vorbehalten. Im Übrigen ist der Pfandgläubiger nach dem Grundsatz von Treu und Glauben verpflichtet, dem Aktionär die Ausübung seiner Rechte zu gestatten, insb. des Stimmrechts und des Bezugsrechts, indem er etwa die verpfändeten oder bei einem Dritten hinterlegten Titel herausgibt. In der Ausübung seiner Rechte hat der Aktionär das Interesse des Pfandgläubigers auf Werterhaltung des Pfands zu wahren (ZK-BÜRGI, Art. 683 N 27).

Für die **Begründung eines Nutzniessungsrechts** an Inhaberaktien bedarf es der Übertragung des Besitzes an den Nutzniesser sowie ggf. der Übertragung der Dividendencoupons (Art. 746 ZGB). Im Gegensatz zur Verpfändung vermittelt die Nutzniessung dem Nutzniesser ein **umfassendes Nutzungsrecht** auf den Gegenstand der Nutzniessung, vorbehältlich einer gegenteiligen Vereinbarung (Art. 745 Abs. 2, Art. 755 ff. ZGB). Der Nutzniesser hat Anspruch auf Zahlung der Dividenden und vertritt die Aktien an der GV (Art. 690 Abs. 2). Es verbleiben dem Eigentümer die Bezugsrechte (BGE 82 II 493) sowie ggf. Gratisaktien (aber nicht die diesbezüglichen Dividenden – BGE 46 II 473) und die Anteile am Liquidationserlös oder der Rückzahlung des Kapitals (ZK-BÜRGI, Art. 683 N 34). Auch hier ist eine gegenteilige Vereinbarung der Parteien vorbehalten.   11

Gemäss der überwiegenden Lehre sind sowohl der Nutzniesser als auch der Eigentümer berechtigt, **GV-Beschlüsse** im Rahmen von Art. 706 ff. **anzufechten** (ZK-BÜRGI, Art. 683 N 38; FUNK, Art. 690 N 3).   12

V. IPR

Die **aus den Inhaberaktien fliessenden Rechte** sowie deren **Übertragung** unterstehen dem auf die Gesellschaft anwendbaren Recht, mithin also *schweizerischem Recht* (Art. 155 lit. f IPRG). Die **Verpfändung** von Inhaberaktien untersteht hingegen dem von den Parteien gewählten Recht oder, mangels Rechtswahl, dem Recht am gewöhnlichen Aufenthalt des Pfandgläubigers (Art. 105 Abs. 1 f. IPRG). Unabhängig von den vorgenannten Regeln braucht sich die Gesellschaft kein anderes Recht entgegenhalten zu lassen als dasjenige, dem das verpfändete Recht untersteht, also das schweizerische Recht. Die Gesellschaft kann sich folglich den Wirkungen einer Verpfändung widersetzen, die nicht gemäss den nach schweizerischem Recht anwendbaren Grundsätzen begründet wurde (Art. 105 Abs. 3 IPRG).   13

Art. 684

II. Namenaktien	**¹ Die Namenaktien sind, wenn nicht Gesetz oder Statuten es anders bestimmen, ohne Beschränkung übertragbar.**
	² Die Übertragung durch Rechtsgeschäft kann durch Übergabe des indossierten Aktientitels an den Erwerber erfolgen.
II. Actions nominatives	¹ Sauf disposition contraire de la loi ou des statuts, les actions nominatives sont librement transmissibles.

	² Le transfert par acte juridique peut avoir lieu par la remise du titre endossé à l'acquéreur.
II. Azioni nominative	¹ Le azioni nominative sono, salvo contraria disposizione della legge o dello statuto, liberamente trasferibili.
² Il trasferimento in virtù di un negozio giuridico può farsi mediante consegna all'acquirente del titolo girato.

Literatur

BENZ, Aktienbuch und Aktionärswechsel, Diss. Zürich 1981; BRUNNER, Wertrechte – nicht verurkundete Rechte mit gleicher Funktion wie Wertpapiere, Bern 1996; DEFFERRARD, Le transfert des actions nominatives liées non cotées, Fribourg, 1999; FORSTMOSER/LÖRTSCHER, Namenaktien mit aufgeschobenem Titeldruck, SAG 1987, 50 ff.; KRUMMENACHER, Die Verpfändung von Namenaktien mit aufgeschobenem Titeldruck, in: Basler Studien zur Rechtswissenschaft, Reihe A: Privatrecht, Bd. 45, Basel, Genf und München 1999; LYK, Auf dem Weg zur formlosen Übertragung kotierter Namenaktien; Buchmässige Übertragbarkeit bald zwingende Voraussetzung für Kotierung, ST 11/1995, 1011 ff.; SCHMID-TSCHIRREN, «Papierlose» Wertpapiere. Der Register-Schuldbrief und die Bucheffekten als Beispiele einer Weiterentwicklung des schweizerischen Wertpapierrechts in SCHINDLER [Schriftleiter], Aus der Werkstatt des Rechts, FS zum 65. Geburtstag von Heinrich Koller, Basel/Genf/München 2006, 183 ff.; WIELAND, Das Aktienbuch und der Rechtsübergang an Namenaktien, 1945; ZOBL/LAMBERT, Zur Entmaterialisierung der Wertpapiere, SZW 1991, 117 ff.

I. Einleitung

1 Die Übertragung von Namenaktien erfolgt durch Übergabe des indossierten Aktientitels (Abs. 2). Es handelt sich also um **gesetzliche Ordrepapiere** gemäss Art. 967 Abs. 2. Artikel 684 hat durch die Revision des Aktienrechts von 1991 lediglich redaktionelle Änderungen erfahren.

II. Ausgabe von Namenaktien

2 Im Gegensatz zu der auf Inhaberaktien anwendbaren Regelung ist die **Ausgabe von nicht voll liberierten Namenaktien** möglich. Die Ausgabe kann erfolgen, sobald die Gesellschaft im Handelsregister eingetragen und jede Aktie mindestens zu 20 % ihres Nennwertes liberiert worden ist und sie zusammen ein Mindestkapital von CHF 50 000 verkörpern. Die vor dieser Mindestliberierung ausgegebenen Namenaktien sind nichtig (ZK-BÜRGI, Art. 684 N 6). Anstelle der Aktien kann die Gesellschaft Interimsscheine ausgeben, die auf den Namen zu lauten haben (Art. 688 Abs. 3).

3 Der *im Aktienbuch eingetragene Namenaktionär* und, in gewissen Fällen, der *Zeichner* der Namenaktien bleiben der Gesellschaft gegenüber zur **vollständigen Liberierung verpflichtet** (vgl. hierzu Art. 687). Die Nichteinhaltung dieser Verpflichtung führt zu Verzugszinsen und ggf. zum Verlust der Aktionärsrechte sowie der Kraftloserklärung der betreffenden Namenaktien (vgl. hierzu Art. 681 f.).

4 Anstelle von einzelnen Aktien umfassenden Aktientiteln kann die Gesellschaft Aktienzertifikate ausgeben, die eine Mehrzahl von Aktien umfassen. Der Aktionär hat jedoch das Recht, von der Gesellschaft jederzeit Aktientitel über einzelne Aktien zu verlangen (JÄGGI/DRUEY/VON GREYERZ, 107). Im Übrigen ist die Frage kontrovers, inwiefern der Aktionär über ein **unentziehbares Recht auf Verurkundung seiner Mitgliedschaft** besitzt (bejahend ZK-BÜRGI, Vor Art. 683–687 N 22 ff.; MEIER-HAYOZ/VON DER CRONE, § 5 N 197; **abl.** JÄGGI/DRUEY/VON GREYERZ, 108; ZOBL/LAMBERT, 129; BRUNNER, 129 f.). Die Frage stellt sich insb. für Gesellschaften, deren Namenaktien bei der SIS Se-

gaInterSettle AG in Sammelverwahrung sind. Im Rahmen des SIS-Namenaktiensystems erfolgt die Ausübung der aus den Namenaktien fliessenden Vermögensrechte aufgrund von Bucheinträgen und nicht mittels Abtrennung von Inhabercoupons (s.a. Botschaft BEG, 9323 f. und SCHMID-TSCHIRREN, 188 f.). Das Stimmrecht seinerseits wird durch die Ausgabe von Depotbescheinigungen der Banken sichergestellt (ZOBL/LAMBERT, 127). In der Praxis sehen heute viele Publikumsgesellschaften in ihren Statuten vor, dass Aktientitel nur noch auf Gesuch des Aktionärs (Namenaktien mit aufgeschobenem Titeldruck) oder gar nicht mehr ausgegeben werden (Namenaktien mit aufgehobenem Titeldruck). Immerhin besteht nach h.L. ein unentziehbares Recht des Aktionärs auf Bescheinigung der Aktionärseigenschaft in Form einer Beweisurkunde (FORSTMOSER/ MEIER-HAYOZ/NOBEL, § 43 N 4; BRUNNER, 130; BÖCKLI, § 4 N 123 f.; VON BÜREN/ STOFFEL/WEBER, 57 N 257).

III. Übertragung der Namenaktien

Zur Übertragung der Namenaktien bedarf es grundsätzlich der **Indossierung und Übergabe der Urkunden** (Art. 967 Abs. 1 f.). Gleiches gilt für Interimsscheine für Namenaktien (Art. 688 Abs. 3 i.f.). Die auf die Indossierung anwendbaren Bestimmungen sind diejenigen des Wechselrechts (Art. 1001 ff.). Das Indossament kann blanko erfolgen. Alsdann wird die Namenaktie wie ein Inhaberpapier übertragen, solange das Indossament nicht vervollständigt wurde (BGE 81 II 202). Anstelle einer Indossierung können die Aktien auch Gegenstand einer *schriftlichen Zession* bilden (Art. 164). Die Zession ist die einzige Übertragungsart, sofern die Aktientitel noch nicht ausgegeben wurden. Die Übertragung mittels Indossament ist ebenfalls ausgeschlossen, wenn es sich um Namenaktien mit aufgeschobenem oder aufgehobenem Titeldruck handelt. Diesfalls erfolgt die Übertragung regelmässig mittels Zession. Üblicherweise wird eine Abtretungsvollmacht oder eine Blankozession zugunsten der Gesellschaft oder der depotführenden Bank zum Zeitpunkt des Eintragungsgesuchs bei der Gesellschaft ausgestellt (ZOBL/LAMBERT, 130; BRUNNER, 138 ff.).

Die statutarische Aufhebung der Übertragbarkeit von Namenaktien, welche das alte Recht vorsah (Art. 627 Ziff. 8 altOR), ist seit der Revision von 1991 unzulässig. Unserer Meinung nach erlaubt es das neue Recht aber weiterhin, die Indossierung als Übertragungsmodus von Namenaktien mittels der sog. **Rektaklausel** auszuschliessen. Denn in der Tat liegt in der Umwandlung der Namenaktie von einem Ordrepapier in ein Namenpapier keine gemäss Art. 685b Abs. 7 unerlaubte Erschwerung der Übertragbarkeit, geht es hier doch lediglich um die formellen Modalitäten der Übertragung. Mangels Spaltung der Aktionärsrechte besteht unter dem neuen Recht das Bedürfnis nach Rektaklauseln allerdings kaum mehr.

Der **Erwerb durch Indossament** führt zum Erwerb des Eigentums an der Namenaktie und der Aktionärseigenschaft, sofern die Bedingungen des Wechselrechts erfüllt sind (guter Glaube und ununterbrochene Indossamentskette). Im Gegensatz dazu führt eine **Zession** nur zur Übertragung derjenigen Rechte, welche der Zedent aus eigenem Recht übertragen kann, und steht somit unter dem Vorbehalt von Rechtsmängeln, welche ggf. dessen Rechtsstellung berühren (BGE 90 II 164). Praktisch ist der *gutgläubige Erwerb* von Namenaktien, die Gegenstand eines Sammeldepots bilden oder deren Druck aufgeschoben oder aufgehoben ist, daher ausgeschlossen (BK-JÄGGI, Art. 967 N 176 f.; ZOBL/ LAMBERT, 134).

Neben der obgenannten Übertragung durch Rechtsgeschäft können die Namenaktien **kraft Gesetzes** übertragen werden, was ohne Indossament und Übertragung der Urkunde wirksam ist. Das Gesetz nennt den Erwerb durch Auftrag (BGE 124 III 350), Erbgang, Erbteilung, eheliches Güterrecht oder Zwangsvollstreckung (Art. 401 Abs. 1, Art. 685 Abs. 1, Art. 685b Abs. 4, Art. 685c Abs. 2, Art. 685d Abs. 3). Die Wirkungen einer gesetzlichen Übertragung von Namenaktien sowie die Übertragungsbeschränkungen, welche vorgesehen werden können, unterscheiden sich von denjenigen einer vertraglichen Übertragung (vgl. hierzu Art. 685 N 3 ff.).

9 Im Verhältnis zur Gesellschaft wird der Eigentümer einer Namenaktie erst mit seiner **Eintragung im Aktienbuch** anerkannt (Art. 686 Abs. 4). Gemäss heute einhelliger Lehre kommt der Eintragung jedoch lediglich *deklaratorische* Bedeutung zu, weshalb der Aktionär seine Mitgliedschaft auch auf andere Weise als durch den Aktienbucheintrag darzutun vermag (ZK-BÜRGI, Art. 685 N 9; FORSTMOSER/MEIER-HAYOZ/NOBEL, § 43 N 84; BENZ, 114). Dennoch ist es grundsätzlich diese Eintragung, welche den Aktionär zur Ausübung der Mitgliedschaftsrechte gegenüber der Gesellschaft legitimiert (Art. 689a Abs. 1). Der Erwerber von Namenaktien beantragt seine Eintragung im Aktienbuch unter Vorlage eines Erwerbsausweises (Art. 686 Abs. 2).

10 Art. 684 behält in Abs. 1 gewisse **Beschränkungen der freien Übertragbarkeit von Namenaktien** vor, welche entweder aus dem Gesetz (z.B. nicht voll liberierte Aktien, Art. 685) oder aus den Statuten der Gesellschaft folgen. Die Art der zulässigen statutarischen Übertragungsbeschränkungen hängt davon ab, ob die Namenaktien an der Börse kotiert sind oder nicht (vgl. hierzu Art. 685b, d). Falls die Übertragbarkeit der Namenaktien, kraft gesetzlicher oder statutarischer Bestimmung, beschränkt ist, ist die Zustimmung der Gesellschaft notwendig, damit die Übertragung volle Rechtswirkung entfaltet. Die Wirkungen einer Zustimmungsverweigerung durch die Gesellschaft hängen von der Kotierung oder Nichtkotierung der Aktien sowie von der Art des Erwerbs ab (vertraglich oder gesetzlich, Art. 685c, f).

IV. Verpfändung und Nutzniessung

11 Die **Verpfändung von Namenaktien** bedarf der *Übertragung* der Urkunde und deren *Indossierung* oder einer *schriftlichen Abtretungserklärung,* welche auf der Aktie selbst angebracht sein kann (Art. 899, 901 Abs. 2 ZGB). Die Eintragung der Verpfändung im Aktienbuch ist für ihre Gültigkeit nicht notwendig; das Gesetz sieht dies im Übrigen, im Gegensatz zur Nutzniessung, auch nicht vor (Art. 686). Die Bestimmungen über die Wirkungen der Verpfändung sind die gleichen, welche auf Inhaberaktien anwendbar sind (vgl. Art. 683 N 10). Der Pfandgläubiger, welcher die mit den verpfändeten Aktien verbundenen Mitgliedschaftsrechte ausüben will, hat hierzu eine schriftliche Vollmacht des eingetragenen Aktionärs vorzulegen (Art. 689a Abs. 1). Anders als bei den Inhaberaktien (Art 689a Abs. 2) kann die Gesellschaft nicht auf den Besitz der Urkunde abstellen, um die Berechtigung des Inhabers anzuerkennen. Die Verpfändung von Namenaktien mit aufgeschobenem oder aufgehobenem Titeldruck erfordert den Abschluss eines schriftlichen Pfandvertrags (Art. 900 ZGB). Zur Vermeidung von Mehrfachabtretungen wird in den Statuten von Publikumsgesellschaften häufig eine «Pfandklausel» und eine «Anzeigeklausel» aufgenommen; deren Vereinbarkeit mit der geltenden Vinkulierungsordnung ist umstritten (vgl. hierzu BRUNNER, 165 f.; KRUMMENACHER, 32 ff.). Die Pfandklausel beschränkt die Verpfändbarkeit der Namenaktien auf die Buch führende Bank, während die Anzeigeklausel die Anzeige der Zession an die Gesellschaft zum Gültigkeitserfordernis erhebt.

12 Die **Begründung einer Nutzniessung** (Art. 745 ZGB) an Namenaktien folgt denselben Formvorschriften wie die Verpfändung (Übertragung der indossierten Urkunde, Zession

2. Abschnitt: Rechte und Pflichten der Aktionäre   **Art. 685**

oder Verpflichtungserklärung). Der Nutzniesser ist im Aktienbuch einzutragen. Die Eintragung begründet dessen Berechtigung im Verhältnis zur Gesellschaft, namentlich was die Ausübung der Mitgliedschaftsrechte betrifft (Art. 686). Zu den Wirkungen der Nutzniessung vgl. Art. 683 N 11 f.

Die Begründung eines **Nutzniessungsrechts an vinkulierten Namenaktien** bedarf der Zustimmung der Gesellschaft: die Übertragungsbeschränkungen sind auf die Begründung einer Nutzniessung unmittelbar anwendbar (Art. 685a Abs. 2). Das Gesetz sieht hingegen keine analoge Bestimmung für die Verpfändung von Namenaktien vor. Eine solche kann demnach frei begründet werden. Nach h.L. ist die Begründung einer statutarischen Übertragungsbeschränkung für die Verpfändung unzulässig (vgl. Art. 685a N 6; ZOBL, 164 f.; FORSTMOSER/MEIER-HAYOZ/NOBEL, § 45 N 34; BÖCKLI, § 6 N 115 und 291; DEFFERRARD, 30). Diese unterschiedliche Behandlung rechtfertigt sich u.E. damit, dass dem Nutzniesser der *volle Genuss* an den betreffenden Namenaktien, insb. auch das Stimmrecht zusteht (Art. 683 N 11). Aufgrund dieser Eigenschaft könnte die Nutzniessung sonst leicht dazu missbraucht werden, allfällige Übertragungsbeschränkungen für vinkulierte Namenaktien zu unterlaufen.   13

V. IPR

Gemäss Art. 155 lit. f IPRG unterstehen die Namenaktien dem auf die Gesellschaft anwendbaren Recht, mithin also dem schweizerischen Recht. Hinsichtlich des auf die Verpfändung anwendbaren Rechts vgl. Art. 683 N 13.   14

Art. 685

H. Beschränkung der Übertragbarkeit
I. Gesetzliche Beschränkung

¹ Nicht voll liberierte Namenaktien dürfen nur mit Zustimmung der Gesellschaft übertragen werden, es sei denn, sie werden durch Erbgang, Erbteilung, eheliches Güterrecht oder Zwangsvollstreckung erworben.

² Die Gesellschaft kann die Zustimmung nur verweigern, wenn die Zahlungsfähigkeit des Erwerbers zweifelhaft ist und die von der Gesellschaft geforderte Sicherheit nicht geleistet wird.

H. Restriction à la transmissibilité
I. Restriction légale

¹ Les actions nominatives qui ne sont pas intégralement libérées ne peuvent être transférées qu'avec l'approbation de la société, sauf s'il s'agit d'actions acquises par succession, partage successoral, en vertu du régime matrimonial ou dans une procédure d'exécution forcée.

² La société ne peut refuser son approbation que si la solvabilité de l'acquéreur est douteuse et que les sûretés exigées par la société n'ont pas été fournies.

H. Limitazione della trasferibilità
I. Limitazione legale

¹ Le azioni nominative non integralmente liberate possono essere trasferite solo con l'approvazione della società, salvo che si tratti di azioni acquistate per successione, divisione ereditaria, in virtù del regime matrimoniale dei beni o in un procedimento d'esecuzione forzata.

² L'approvazione può essere rifiutata solo se la solvibilità dell'acquirente è dubbia e se non sono state fornite le garanzie chieste dalla società.

Art. 685

Literatur

AEBERSOLD/FISCHER, Der unbekannte Inhaberaktionär als gesellschaftsrechtlicher Störfall, AJP 7/ 2000, 787 ff.; APPENZELLER, Stimmbindungsabsprachen in Kapitalgesellschaft, Diss. Zürich 1996 (SSHW 173), Zürich 1996; BÄR, Wichtige Neuerungen im revidierten Aktienrecht, BN 1992, 391 ff.; DERS., Die Spaltung der vinkulierten Namenaktie – wieder aufgegriffen aus zweifach aktuellem Anlass, SAG 1989, 125 ff.; BAUMGARTNER, Die Vinkulierungsvorschriften des neuen Aktienrechts und das schweizerische Ausländerrecht, SZW 1992, 149 ff.; BENZ, Gelockerte Vinkulierung, in: FS Forstmoser, 1993, 55 ff.; BLUM, Rechtsmängel bei der Übertragung von Aktien, AJP 2007, 694 ff.; BÖCKLI, Zankapfel der Aktienrechtsrevision: die Vinkulierung der Namenaktien, SAG 1988, 149 ff.; DERS., Wesentliche Änderungen in der Vinkulierung der Namenaktien, ST 1991, 583 ff.; DERS., Aktionärsbindungsverträge, Vinkulierung und statuarische Vorkaufsrechte unter neuem Aktienrecht, ZBJV 129, 1993, 475 ff.; DERS., Schweizer Aktienrecht, 3. Aufl. Zürich 2004; BORGEAUD, Die Vinkulierung aus Sicht der Wirtschaft, ST 1991, 587 ff.; BRÜGGER, Aspekte des Börsenhandels mit vinkulierten Namenaktien, SZW 1992, 215 ff.; BRUNNER, Wertrechte – nicht verurkundete Rechte mit gleicher Funktion wie Wertpapiere, Bern 1996; VON BÜREN, Erfahrungen schweizerischer Publikumsgesellschaften mit dem neuen Aktienrecht, ZBJV 131 (1995), 68 ff.; VON BÜREN/STOFFEL/SCHNYDER/CHRISTEN-WESTERBERG, Aktienrecht, Zürich 2000; CAMPANOVO/LORANDI/AUCKENTHALER, Neues Aktienrecht: Handlungsbedarf? Eine Checkliste, AJP 3 (1993), 360 ff.; FORSTMOSER, Ungereimtheiten und Unklarheiten im neuen Aktienrecht, SZW 1992, 58 ff.; DERS., Vom alten zum neuen Aktienrecht, SJZ 1992, 137 ff., 157 ff.; DERS., Welchen Spielraum lässt die neue Vinkulierungsordnung, ST 1991, 592 ff.; DERS., Die Vinkulierung: ein Mittel zur Sicherstellung der Unterwerfung unter Aktionärsbindungsverträge?, in: Aktienrecht 1992–1997, Versuch einer Bilanz zum 70. Geburtstag von Rolf Bär (zit. Vinkulierung); DERS., Handlungsbedarf bei altrechtlichen Aktiengesellschaften, SJZ 93 (1997) Nr. 5, 86 ff; FORSTMOSER/ PLÜSS, Probleme von Publikumsgesellschaften mit der «Lex Friedrich» unter neuem Aktienrecht, SJZ 89 (1993) Nr. 18, 297 ff.; FORSTMOSER/RAEBER, Entwicklungen im Gesellschaftsrecht – Handelsgesellschaften und Genossenschaften – und im Wertpapierrecht, SJZ 94 (1998) Nr. 21, 464 ff.; FORSTMOSER/UNTERSANDER, Entwicklungen im Gesellschaftsrecht – Handelsgesellschaften und Genossenschaften – und im Wertpapierrecht, SJZ 95 (1999) Nr. 2, 470 ff.; HERREN, Statutarische Berechtigung zum Erwerb von Aktien als Übertragungsbeschränkungen, SAG 1975, 41 ff.; HUGUENIN JACOBS, Das Gleichbehandlungsprinzip im Aktienrecht, Zürich 1994; KLÄY, Bundesgesetzgebung im Bereich des privaten Wirtschaftsrechts sowie des Börsenrechts, SZW 1990, 122 ff., 301 ff., SZW 1991, 161 ff., 312 ff.; DERS., Statutengestaltung bei der Vinkulierung nicht kotierter Aktien, BN 1997, 49 ff. (zit. Statutengestaltung); DERS., Überblick über den Schlussbericht der Groupe de réflexion «Gesellschaftsrecht», SZW 3/94, 135 ff.; DERS., Die Neuregelung der Vinkulierung im Überblick, ST 5/1997, 433 ff.; DERS., Die Vinkulierung, Theorie und Praxis im neuen Aktienrecht, Basel und Frankfurt 1997 (zit.: Vinkulierung); DERS., Das Fusionsgesetz – ein Überblick, BN 2004, 186 ff. (zit.: Fusionsgesetz); KÖPFLI, Der Ausschluss der Minderheitsaktionäre nach einem öffentlichen Übernahmeangebot, SJZ 94 (1998) Nr. 3, 53 ff.; KRATZ, Die genossenschaftliche Aktiengesellschaft, Diss. Zürich 1996 (SSHW 166), Zürich 1996; KRUMMENACHER, Die Verpfändung von Namenaktien mit aufgeschobenem Titeldruck, Basler Studien zur Rechtswissenschaft, Reihe A: Privatrecht, Bd. 45, Basel, Genf und München 1999; KUNZ, Die Klagen im Schweizer Aktienrecht, Zürich 1997; KUNZ, Der Minderheitenschutz im schweizerischen Aktienrecht, Bern 2001 (zit. Minderheitenschutz); KUSTER, Das Escrow Agreement im Bankengeschäft am Beispiel des Verkaufs nicht kotierter Aktien, SZW 2/96, 68 ff.; LÜSCHER, Statuarische Konkurrenzklauseln – Voraussetzungen und Schranken der Ablehnung von Konkurrenten als Erwerber von nicht kotierten Namenaktien, SZW 4/97, 141 ff.; LUSSY, Auswirkungen des neuen Aktienrechts auf die Handelsregisterführung, BN 1992, 420 ff.; LUTZ, Vinkulierte Namenaktien, insb. ihr Erwerb ohne Rechtsgeschäft, Diss. Zürich 1988; LYK, Namenaktien versus Inhaberaktien von Publikumsgesellschaften – Klarer Punktsieg für die Einheits-Namen-Aktie, SZW 6/95, 281 ff.; MEER, Der Übergang vinkulierter Namenaktien durch Vermögensübertragung nach Fusionsgesetz, recht 2005, 153 f.; MEIER I., Einstweiliger Rechtsschutz im Aktienrecht, FS für H. U. Walder, Zürich 1994, 67 ff.; MEIER R., Die Aktiengesellschaft, Ein Rechtshandbuch für die praktische Arbeit in der schweizerischen Aktiengesellschaft, 2. Aufl. Zürich 1994, 107 ff.; MEIER-SCHATZ, Statutarische Vorkaufsrechte unter neuem Aktienrecht, SZW 1992, 224 ff.; MESSERLI, Die Verweigerung der Zustimmung zur Übertragung vinkulierter Namenaktien gemäss Art. 685b revOR – verfahrenstechnische Aspekte, SJZ 89 (1993) Nr. 14, 241 ff.; MEYER, Vinkulierte Aktien in der Zwangsverwertung, SJZ 93 (1997) Nr. 2, 22 ff.; MONTAVON, La Société Anonyme, Lausanne 1999; MONTAVON/WER-

MELINGER/FAVRE, Droit et Pratique de la Société Anonyme, Lausanne 1994; MÜLLER/LIPP/PLÜSS, Der Verwaltungsrat, Ein Handbuch für die Praxis, Zürich 1999; NOBEL, EG-Gesellschaftsrecht und Schweizer Aktienrecht im Vergleich, ST 1992, 421 ff.; DU PASQUIER/OERTLE, Les restrictions au transfert des actions nominatives liées, AJP 1992, 758 ff.; PLETSCHER, Vinkulierungsvorschriften bei kotierten Gesellschaften und statutarische Freiheit, SZW 1992, 210 ff.; RAPP, L'application du nouveau droit de la société anonyme aux sociétés fondées avant son entrée en vigueur – problèmes urgents de droit transitoire, SZW 1992, 106 ff.; DERS., Actions nominatives liées, in: CIOCCA (Hrsg.), Le nouveau droit des sociétés anonymes, Conférences et séminaires organisés par les Facultés de droit romandes, 1993, 305 ff.; REYMOND, Les clauses statutaires d'agrément, SZW 1992, 259 ff.; RIVIER, Problemes de mise en œuvre du nouveau droit de la société anonyme, SJ 1995, 185 ff.; SCHLEIFFER, Der gesetzliche Stimmrechtsausschluss im schweizerischen Aktienrecht nach bisherigem und revidiertem Recht, Bern 1993, 241 ff.; SCHMID, Zum Begriff der Börsenkotierung im revidierten Aktienrecht, SJZ 1992, 330 ff.; SUTER, Kognition des Handelsregisterführers in Bezug auf statuarische Übertragungsbeschränkungen für Namenaktien nach neuem Aktienrecht, Jahrbuch des Handelsregisters 1993, 55 ff.; TERCIER/ STOFFEL, Das Gesellschaftsrecht 1996/97, SZW 6/97, 234 ff.; TERCIER/ STOFFEL, Das Gesellschaftsrecht 1998/98, SZW 6/99, 304 ff.; THOMI, Stellungnahmen der Oltner Arbeitstagung, REPRAX 1/99, 62 ff.; TROXLER, Die Vinkulierung nicht-kotierter Aktien; Voraussetzungen, Gestaltungsmöglichkeiten und Vorkaufsrecht, ST 1–2/1996, 52 ff.; TSCHÄNI, Vinkulierung nicht börsenkotierter Aktien, Ein Leitfaden für die Statutenänderung, Zürich 1997; VON SALIS, Fusionsgesetz, Zürich 08/2004, <www.fusionsgesetz.ch/fusg_082004.pdf>; WATTER, Minderheitenschutz im neuen Aktienrecht, AJP 1993, 117 ff.; DERS., Bestimmung des Werts vinkulierter Namenaktien, Besprechung eines Bundesgerichtsentscheides, AJP 1995, 106 ff.; WEBER, Vertrags- bzw. Statutengestaltung und Minderheitenschutz, in: Das neue Aktienrecht, wichtige Reformen aus anwaltlicher Sicht (SAV 11); ZINDEL, Aktionäre ohne Stimmrecht und stimmrechtslose Aktionäre, in: FS Forstmoser, 1993, 199 ff.; ZOBL, Zur Verpfändung vinkulierter Namenaktien nach neuem Aktienrecht, SZW 4/94, 162 ff.

I. Einleitung

Die Artikel 685–685g regeln die Beschränkungen, welche die Übertragbarkeit von Namenaktien einer Aktiengesellschaft beeinträchtigen können. Die Gesetzessystematik unterscheidet zwischen den **gesetzlichen** (Art. 685) und den **statutarischen** Beschränkungen der Übertragbarkeit (Art. 685a–g). Die zulässigen statutarischen Übertragungsbeschränkungen unterscheiden sich je nachdem, ob die Namenaktien an der Börse kotiert sind oder nicht.

Gesetzliche Übertragungsbeschränkungen sind *per definitionem* unabhängig von jeglicher statutarischen Bestimmung anwendbar, während Übertragungsbeschränkungen statutarischer Natur zu ihrer Gültigkeit einer ausdrücklichen Aufnahme in die Gesellschaftsstatuten bedürfen. Die Rechtsnatur einzelner Beschränkungen ist in der Doktrin allerdings umstritten, so etwa das Verbot, Namenaktien fiduziarisch zu erwerben (Art. 685b Abs. 3 für nicht börsenkotierte Aktien, Art. 685d Abs. 2 für börsenkotierte Aktien).

II. Gesetzliche Beschränkungen

Art. 685 unterstellt die **Übertragung von nicht voll liberierten Namenaktien** der Zustimmung der Gesellschaft. Die Gesellschaft kann ihre Zustimmung zur Übertragung der Aktien verweigern, wenn die *Zahlungsfähigkeit des Erwerbers* zweifelhaft ist und sofern die Gesellschaft vorgängig *Sicherheit* gefordert hat und diese nicht geleistet wurde. Beide Bedingungen müssen kumulativ erfüllt sein. Die Einforderung von Sicherheiten zielt darauf ab, die zukünftige Einzahlung des nicht liberierten Teils der Aktien sicherzustellen; die Sicherheiten können durch den Veräusserer, den Erwerber oder einen Dritten gestellt werden. Die Gesellschaft kann Sicherheit nur insofern verlangen, als die Zahlungsfähigkeit des Erwerbers nicht feststeht oder von diesem nicht

Art. 685a

glaubhaft gemacht wird. Es steht im freien Ermessen der Gesellschaft, die Art sowie die Höhe der zu leistenden Sicherheit den Umständen des Einzelfalles entsprechend festzulegen (ZK-BÜRGI, Art. 686 N 56).

4 Die gesetzliche Übertragungsbeschränkung von Art. 685 folgt aus der Systematik von Art. 687, wonach allein **der Erwerber** nicht voll liberierter Namenaktien mit seiner Eintragung für die Einzahlung der noch ausstehenden Beträge haftet (KUNZ, Minderheitenschutz, § 4 N 151). Der Veräusserer wird hingegen von jeder diesbezüglichen Verpflichtung gegenüber der Gesellschaft befreit, sofern er nicht der ursprüngliche Zeichner der Aktien ist (Art. 687 Abs. 2 f.).

5 Abs. 1 i.f. sieht eine **Ausnahme** für Namenaktien vor, welche im Rahmen einer **gesetzlichen Übertragung** erworben wurden (Erbgang, Erbteilung, eheliches Güterrecht, Zwangsvollstreckung). In diesen Fällen ist der Erwerb von Namenaktien, auch wenn sie nicht voll liberiert sind, nicht an die Zustimmung der Gesellschaft gebunden. Unabhängig von der Zahlungsfähigkeit des Erwerbers der Aktien kann diese somit keine Sicherheiten verlangen. Das Gesetz sieht die Möglichkeit der Übernahme derart übertragener Aktien zu ihrem Börsenkurs oder zu ihrem wirklichen Wert nicht mehr vor, wie dies unter Art. 686 Abs. 4 altOR noch der Fall war. Es steht den Gesellschaften, deren Namenaktien an der Börse nicht kotiert sind, indes frei, diese Möglichkeit in den Statuten wieder einzuführen (Art. 685b).

III. Intertemporales Recht

6 Art. 1 SchlT AG verweist auf den Schlusstitel des ZGB. Gemäss dessen Art. 3 sind durch das Gesetz geregelte Rechtsverhältnisse, unabhängig vom Willen der Beteiligten, unmittelbar nach dem neuen Recht zu beurteilen, auch wenn sie vor diesem Zeitpunkt begründet worden sind. In Anwendung dieses Grundsatzes ist die gesetzliche Beschränkung von Art. 685 am 1.7.1992 in Kraft getreten. Von diesem Zeitpunkt an kann eine Gesellschaft ihre Zustimmung zur Übertragung von nicht voll liberierten Namenaktien nur noch verweigern, wenn die Bedingungen von Art. 685 (und nicht mehr diejenigen von Art. 686 Abs. 3 f. altOR) erfüllt sind.

Art. 685a

II. Statutarische Beschränkung 1. Grundsätze	¹ Die Statuten können bestimmen, dass Namenaktien nur mit Zustimmung der Gesellschaft übertragen werden dürfen. ² Diese Beschränkung gilt auch für die Begründung einer Nutzniessung. ³ Tritt die Gesellschaft in Liquidation, so fällt die Beschränkung der Übertragbarkeit dahin.
II. Restriction statutaire 1. Principes	¹ Les statuts peuvent prescrire que le transfert des actions nominatives est subordonné à l'approbation de la société. ² Cette restriction vaut aussi pour la constitution d'un usufruit. ³ Si la société entre en liquidation, les restrictions de la transmissibilité tombent.
II. Limitazione statutaria 1. Principi	¹ Lo statuto può stabilire che il trasferimento delle azioni nominative richieda l'approvazione della società. ² Tale limitazione vale anche per la costituzione di un usufrutto.

³ Se la società entra in liquidazione, la limitazione della trasferibilità decade.

Literatur

Vgl. die Literaturhinweise zu Art. 685.

I. Normzweck

Art. 685a stellt die im Zusammenhang mit den statutarischen Beschränkungen der Übertragung von Namenaktien **allgemein anwendbaren Grundsätze** auf. Diese Prinzipien sind auf alle vinkulierten Namenaktien anwendbar, ob an der Börse kotiert oder nicht.

Zusätzlich zur gesetzlichen Beschränkung von Art. 685 gewährt das Gesetz den Gesellschaften die Möglichkeit, in ihren **Statuten** Bestimmungen zur Beschränkung der freien Übertragbarkeit von Namenaktien vorzusehen. Mangels solcher ausdrücklichen statutarischen Bestimmungen gilt der Grundsatz der freien Übertragbarkeit gemäss Art. 684: Eine Gesellschaft hat keine Möglichkeit, sich der Übertragung ihrer Namenaktien zu widersetzen und hat jeden Erwerber im Aktienbuch einzutragen.

Die zulässigen **statutarischen Übertragungsbeschränkungen** unterscheiden sich je nachdem, ob die Namenaktien der Gesellschaft an der Börse kotiert sind oder nicht (Art. 685b N 2 ff., Art. 685d N 4 ff.). Zum Begriff der Börsenkotierung vgl. Art. 685d N 1 ff.

II. Wirkungen statutarischer Beschränkungen

Der Wortlaut von Art. 685a bringt die eigentliche Rechtslage nur unvollständig zum Ausdruck. Denn die **Wirkungen** einer statutarischen Beschränkung der freien Übertragbarkeit von Namenaktien divergieren je nachdem, ob die Aktien an der Börse kotiert sind oder nicht. So geht, mit Ausnahme einer gesetzlichen Übertragung, keines der in einer *nicht kotierten Namenaktie* verkörperten Rechte vor der Zustimmung der Gesellschaft zur Übertragung auf den Erwerber über (Art. 685c Abs. 1). Demgegenüber gehen bei *börsenkotierten Namenaktien* mit Ausnahme des Stimmrechts und der damit zusammenhängenden Rechte sämtliche Rechte auch ohne Zustimmung der Gesellschaft auf den Erwerber über, wobei in Bezug auf den *Zeitpunkt* des Übergangs unterschieden wird, ob der Erwerb börslich oder ausserbörslich erfolgt (Art. 685f Abs. 1). Für die rechtlichen Konsequenzen von Mängeln bei der Übertragung von vinkulierten Namenaktien, vgl. BLUM, 697 ff.

Die **Eintragung** des Erwerbers **im Aktienbuch** nach erfolgter Zustimmung durch die Gesellschaft zeitigt lediglich *deklaratorische* Wirkungen. Dem Eintrag kommt jedoch eine wichtige Legitimationsfunktion im Verhältnis zur Gesellschaft zu (vgl. Art. 686 N 5).

III. Begründung einer Nutzniessung

Abs. 2 bestimmt, dass die statutarischen Beschränkungen hinsichtlich der Übertragung von Namenaktien ebenso auf die **Begründung eines Nutzniessungsrechtes** an Namenaktien Anwendung finden (Art. 745 ZGB). Die Gesellschaft kann sich somit der Begründung eines Nutzniessungsrechts aus den gleichen Gründen widersetzen, aus denen sie die Eigentumsübertragung ablehnen darf. Die Vinkulierungsbestimmung in den Gesellschaftsstatuten hat dies nicht ausdrücklich vorzusehen. Gemäss h.L. ist demgegenüber eine statutarische Beschränkung der Verpfändbarkeit von vinkulierten Namenaktien nicht zulässig, da dies eine gem. Art. 685b Abs. 7 gesetzeswidrige Erschwerung der Übertragbarkeit darstellen würde (ZOBL, 166; BRUNNER, 168; FORSTMOSER/MEIER-HAYOZ/NOBEL, § 45 N 34).

IV. Wegfall der statutarischen Beschränkungen

7   Statutarische Vinkulierungsbestimmungen fallen von Gesetzes wegen dahin, sobald die Gesellschaft **in Liquidation tritt** (Abs. 3). Von diesem Zeitpunkt an gilt wiederum der Grundsatz der freien Übertragbarkeit der Namenaktien (Art. 684 Abs. 1).

V. Zuständigkeit zum Entscheid über Anerkennungsgesuch

8   Unter Vorbehalt einer gegenteiligen Bestimmung in den Statuten (Art. 716 Abs. 1) ist der **VR zuständig** für den Entscheid über die Anerkennung eines Aktionärs sowie die Einforderung der in Art. 685 vorgesehenen Sicherheiten. Der VR ist ebenfalls zuständig, um über den Umfang und die Zulässigkeit der vorgesehenen Sicherheiten zu befinden. Der VR kann diese Entscheidungsbefugnis ggf. an einen Ausschuss oder an die Direktion delegieren (Art. 716 Abs. 2), sofern die Statuten eine solche Kompetenzdelegation ausdrücklich vorsehen (Art. 716b Abs. 1). Die Delegation geschieht im Rahmen der vom Verwaltungsrat erlassenen Instruktionen. Fehlt eine solche Delegationsmöglichkeit, ist das Zustimmungsverfahren gemeinsam durch alle Mitglieder des VR durchzuführen (Art. 716b Abs. 3).

9   Zulässig ist, dass die Gesellschaftsstatuten diese Kompetenz der GV vorbehalten. Die Zuweisung der Entscheidungsbefugnis über die Zustimmung zur Übertragung von Namenaktien an die GV hat zur Folge, dass eine ausserordentliche GV für jede Übertragung einzuberufen ist. Diese Lösung mag für Gesellschaften, die einen beschränkten Aktionärskreis aufweisen und deren Namenaktien nicht kotiert sind, angebracht sein: Die Gesellschaft verfügt über eine Frist von drei Monaten, um über ein Gesuch um Zustimmung zur Übertragung der Namenaktien zu entscheiden (Art. 685c Abs. 3). Die Zuständigkeit der GV stellt jedoch Gesellschaften, deren Namenaktien kotiert sind, vor kaum überwindbare praktische Probleme. Das Gesetz setzt nämlich den Gesellschaften mit kotierten Namenaktien eine Frist von bloss 20 Tagen, um über das Gesuch des Erwerbers um Anerkennung zu entscheiden (Art. 685g). Diese Frist ist demnach gleich lang wie die gesetzliche Mindestfrist zur Einberufung der GV (Art. 700 Abs. 1).

VI. Richterliche Kontrolle der Übertragungsbeschränkungen

10 Die richterliche Kontrolle über die Entscheide, mit welchen die Gesellschaft die Übertragung von vinkulierten Namenaktien billigt oder ablehnt, ist im Gesetz nicht ausdrücklich geregelt. **GV-Beschlüsse** können Gegenstand einer Anfechtungsklage bilden (Art. 706 Abs. 2), welche innert einer Frist von zwei Monaten seit der GV anzuheben ist (Art. 706a Abs. 1). **Beschlüsse des VR,** der für solche Entscheide regelmässig zuständig sein wird, sind hingegen nicht einer unmittelbaren richterlichen Kontrolle unterworfen, mit Ausnahme der Nichtigkeitsklage von Art. 706b, welche kraft Art. 714 anwendbar ist. Ein Nichtigkeitsgrund i.S.v. Art. 706b wird im Zusammenhang mit der Übertragung von vinkulierten Namenaktien indessen kaum je gegeben sein (BÖCKLI, § 6 N 78).

2. Abschnitt: Rechte und Pflichten der Aktionäre 11–14 Art. 685a

Art. 685c Abs. 3 für nicht kotierte Aktien und Art. 685 f Abs. 4 für kotierte Aktien regeln die *Konsequenzen* einer ungerechtfertigten oder gesetzeswidrigen Ablehnung der Übertragung von vinkulierten Namenaktien und setzen damit den Bestand einer richterlichen Kontrolle voraus. Ferner sieht das Gesetz im Zusammenhang mit der Unterbreitung eines *Übernahmeangebots für nicht kotierte Namenaktien* die Möglichkeit vor, im Streitfall den Richter anzurufen (Art. 685b Abs. 5). Unserer Meinung nach muss ganz allgemein jede Ablehnung der Übertragung von vinkulierten Namenaktien der richterlichen Überprüfung unterliegen, und zwar *unabhängig davon, welches Organ* diesen Entscheid gefällt hat. Der Aktionär besitzt einen **Anspruch auf Zustimmung der Gesellschaft** zu einer statutarisch nicht ausgeschlossenen Aktienübertragung. Dieser Anspruch ist mit der Aktionärseigenschaft verbunden und besteht gegenüber der Gesellschaft, gleichgültig welches ihrer Organe mit der Gewährung oder Verweigerung der Zustimmung betraut ist. Denn es ist die Gesellschaft als solche und nicht eines ihrer Organe, die durch das Gesetz verpflichtet ist, die Aktienübertragung anzuerkennen, soweit diese nicht durch die Statuten rechtsgültig beschränkt ist (BGE 76 II 67). Die Möglichkeit eines solchen Vorgehens ist jedenfalls für die *Ablehnung* der Übertragung von kotierten und nicht kotierten Aktien gegeben. 11

Der Gegenstand des angefochtenen Beschlusses sowie die Art der in Frage stehenden Namenaktien (kotiert oder nicht kotiert) bestimmen über die **Aktivlegitimation** zur Klageerhebung: Das Recht, die *Ablehnung eines Anerkennungsgesuchs* anzufechten, steht im Falle von *nicht kotierten Aktien* dem *Veräusserer* der Aktien zu (BGE 76 II 69). Sodann steht diesem das Recht zu, um das von der Gesellschaft formulierte Übernahmeangebot anzufechten; dies jedoch mit Ausnahme der gesetzlichen Übertragung, wo die Aktivlegitimation dem *Erwerber* zusteht (Art. 685b Abs. 5; **a.M.** BÖCKLI, § 6 N 206, 207 und 221, der sowohl den Veräusserer als auch den Erwerber als aktivlegitimiert erachtet). Im Falle von *kotierten Aktien* – angesichts der Wirkungen der Übertragung (Art. 685 f N 2 ff.) – steht die Aktivlegitimation dagegen dem *Erwerber* als «Aktionär ohne Stimmrecht» zu (BÖCKLI, § 6 N 174). Dies deshalb, weil der Erwerber börsenkotierter Namenaktien mit dem Erwerb, bzw. mit der Einreichung des Anerkennungsgesuchs bei der Gesellschaft, die *Aktionärsstellung* erhält, die insb. auch das mitgliedschaftliche Klagerecht gegen die Gesellschaft begründet. **Passivlegitimiert** im Prozess ist die Gesellschaft. 12

Dritte sind unserer Meinung nach nicht aktivlegitimiert, eine Entscheidung der Gesellschaft anzufechten, mit welcher die Übertragung vinkulierter Namenaktien gebilligt oder abgelehnt wird. Insbesondere ein *Aktionär* der Gesellschaft dürfte sich der *Anerkennung* eines Erwerbers sowie dessen *Eintragung im Aktienbuch* nicht widersetzen können. Es bleibt ggf. die Möglichkeit einer Verantwortlichkeitsklage i.S.v. Art. 754 ff., etwa wegen Verletzung des Gleichbehandlungsgebots (Art. 717 Abs. 2), sofern durch die strittige Entscheidung dem Aktionär ein Schaden entsteht. 13

Die gerichtliche Klage ist eine **Leistungsklage** und nicht eine Feststellungsklage (ebenso KUNZ, 26). Gegenstand der Klage ist nämlich die Anerkennung des als Aktionär zu Unrecht abgewiesenen Erwerbers und dessen Eintragung im Aktienbuch (BGE 76 II 68), bzw. im Falle der Anfechtung des Übernahmeangebots die Ermittlung des wirklichen Werts der Aktien. Das Gesetz äussert sich nicht über die **Frist,** innert der die Klage einzuleiten ist. Angesichts des in Frage stehenden Rechtsanspruchs (Recht des Aktionärs auf eine statutarisch nicht ausgeschlossene Aktienübertragung) sollte sie grundsätzlich zu jeder Zeit erhoben werden können. Der *strittige Beschluss* wird jedoch unter gewissen Umständen als konkludent anerkannt zu gelten haben. Dies etwa dann, wenn er nicht innerhalb der für die Anfechtung des Übernahmeangebots geltenden gesetzlichen Frist von 14

einem Monat angefochten wird (Art. 685b Abs. 6) oder der Erwerber seine Eintragung im Aktienbuch als «Aktionär ohne Stimmrecht» aufgrund längerdauernder Untätigkeit konkludent anerkennt. Zur Frage des einstweiligen Rechtsschutzes vgl. MEIER I., 74 ff.

VIa. Übertragungsbeschränkungen bei der SICAV

14a Die Investmentgesellschaft mit variablem Kapital (SICAV) ist eine Gesellschaft deren Kapital in Unternehmer- und Anlegeraktien aufgeteilt ist (Art. 36 Abs. 1 lit. b KAG).

14b Grundsätzlich sind die Aktien einer SICAV frei übertragbar (Art. 40 Abs. 3 KAG). Eine *gesetzliche* Übertragungsbeschränkung analog zu Art. 685 ist bei der SICAV nicht relevant, da die Aktien der SICAV vollständig in bar zu liberieren sind (Art. 40 Abs. 2 KAG). Zu der Beschränkung der Übertragbarkeit von SICAV-Aktien, vgl. BSK KAG-RAYROUX/GERBER, Art. 40 N 16 ff.

VII. IPR

15 Gemäss Art. 155 lit. f IPRG unterstehen die statutarischen Beschränkungen der Übertragung von Namenaktien sowie deren Wirkungen dem auf die Gesellschaft anwendbaren Recht, mithin also dem schweizerischen Recht.

VIII. Intertemporales Recht

16 Art. 2 SchlT AG bestimmt, dass Aktiengesellschaften ihre Statuten innerhalb einer Frist von fünf Jahren den Anforderungen des neuen Rechts anzupassen haben. Nach Ablauf dieser Frist fallen diejenigen Bestimmungen, die mit dem neuen Recht unvereinbar sind, dahin (Art. 2 Abs. 3 SchlT AG). Gemäss dieser Regelung entfalten die vor dem 1.7.1992 aufgrund von Art. 686 altOR aufgenommenen statutarischen Übertragungsbeschränkungen ihre Wirkungen während der *gesamten* Übergangsfrist von fünf Jahren, auch wenn die besagten Beschränkungen den Anforderungen des neuen Rechts nicht genügen (Art. 685b, d).

17 Die *Wirkungen* der statutarischen Beschränkungen der freien Übertragbarkeit von Namenaktien und folglich auch die Rechtsstellungen der Veräusserer und Erwerber werden hingegen seit dem 1.7.1992 durch das neue Recht bestimmt (Art. 685c, f; FORSTMOSER, SJZ 1992, 157 ff.).

Art. 685b

2. Nicht börsenkotierte Namenaktien
a. Voraussetzungen der Ablehnung

¹ Die Gesellschaft kann das Gesuch um Zustimmung ablehnen, wenn sie hierfür einen wichtigen, in den Statuten genannten Grund bekanntgibt oder wenn sie dem Veräusserer der Aktien anbietet, die Aktien für eigene Rechnung, für Rechnung anderer Aktionäre oder für Rechnung Dritter zum wirklichen Wert im Zeitpunkt des Gesuches zu übernehmen.

² Als wichtige Gründe gelten Bestimmungen über die Zusammensetzung des Aktionärskreises, die im Hinblick auf den Gesellschaftszweck oder die wirtschaftliche Selbständigkeit des Unternehmens die Verweigerung rechtfertigen.

2. Abschnitt: Rechte und Pflichten der Aktionäre Art. 685b

³ Die Gesellschaft kann überdies die Eintragung in das Aktienbuch verweigern, wenn der Erwerber nicht ausdrücklich erklärt, dass er die Aktien im eigenen Namen und auf eigene Rechnung erworben hat.

⁴ Sind die Aktien durch Erbgang, Erbteilung, eheliches Güterrecht oder Zwangsvollstreckung erworben worden, so kann die Gesellschaft das Gesuch um Zustimmung nur ablehnen, wenn sie dem Erwerber die Übernahme der Aktien zum wirklichen Wert anbietet.

⁵ Der Erwerber kann verlangen, dass der Richter am Sitz der Gesellschaft den wirklichen Wert bestimmt. Die Kosten der Bewertung trägt die Gesellschaft.

⁶ Lehnt der Erwerber das Übernahmeangebot nicht innert eines Monates nach Kenntnis des wirklichen Wertes ab, so gilt es als angenommen.

⁷ Die Statuten dürfen die Voraussetzungen der Übertragbarkeit nicht erschweren.

2. Actions nominatives non cotées en bourse
a. Motifs de refus

¹ La société peut refuser son approbation en invoquant un juste motif prévu par les statuts ou en offrant à l'aliénateur de reprendre les actions pour son propre compte, pour le compte d'autres actionnaires ou pour celui de tiers, à leur valeur réelle au moment de la requête.

² Sont considérés comme de justes motifs les dispositions concernant la composition du cercle des actionnaires qui justifient un refus eu égard au but social ou à l'indépendance économique de l'entreprise.

³ La société peut en outre refuser l'inscription au registre des actions si l'acquéreur n'a pas expressément déclaré qu'il reprenait les actions en son propre nom et pour son propre compte.

⁴ Si les actions ont été acquises par succession, partage successoral, en vertu du régime matrimonial ou dans une procédure d'exécution forcée, la société ne peut refuser son approbation que si elle offre à l'acquéreur de reprendre les actions en cause à leur valeur réelle.

⁵ L'acquéreur peut demander que le juge du siège de la société détermine la valeur réelle. La société supporte les frais d'évaluation.

⁶ Si l'acquéreur ne rejette pas l'offre de reprise dans le délai d'un mois après qu'il a eu connaissance de la valeur réelle, l'offre est réputée acceptée.

⁷ Les statuts ne peuvent rendre plus dures les conditions de transfert.

2. Azioni nominative non quotate in borsa
a. Condizioni del rifiuto

¹ La società può respingere la domanda di approvazione, se invoca un grave motivo previsto dallo statuto o se offre all'alienante di assumere le azioni per proprio conto, per conto di altri azionisti o per conto di terzi al loro valore reale al momento della domanda.

² Sono considerati gravi motivi le disposizioni concernenti la composizione della cerchia degli azionisti, le quali giustifichino il rifiuto tenuto conto dello scopo sociale o dell'indipendenza economica dell'impresa.

³ La società può inoltre rifiutare l'iscrizione nel libro delle azioni se l'acquirente non dichiara espressamente che ha acquistato le azioni in proprio nome e per proprio conto.

⁴ Se le azioni sono state acquistate per successione, divisione ereditaria, in virtù del regime matrimoniale dei beni o in un procedimento d'esecuzione

forzata, la società può respingere la domanda d'approvazione soltanto se offre all'acquirente di assumere le azioni al loro valore reale.

⁵ L'acquirente può richiedere che il giudice del luogo in cui la società ha la propria sede determini il valore reale. Le spese di stima sono a carico della società.

⁶ Se l'acquirente non respinge l'offerta d'assunzione nel termine di un mese da quando ha avuto conoscenza del valore reale, l'offerta si considera accettata.

⁷ Lo statuto non può stabilire condizioni che rendano più difficile la trasferibilità.

Literatur

Vgl. die Literaturhinweise zu Art. 685.

I. Normzweck

1 Art. 685b umschreibt die statutarischen Beschränkungen der freien Übertragbarkeit, welche für **nicht börsenkotierte** Namenaktien zulässig sind. Zum Begriff der *Börsenkotierung* vgl. Art. 685d N 1 ff. Die Vorschrift umschreibt gewisse Gründe (die «wichtigen Gründe»), welche es der Gesellschaft erlauben, sofern in den Statuten vorgesehen, die Übertragung der Aktien abzulehnen (N 2 ff.). Das Gesetz bietet im Übrigen der Gesellschaft die Möglichkeit, dem Erwerber die Übernahme seiner Aktien zum wirklichen Wert anzubieten, ohne dass ein wichtiger Grund vorzuliegen hat (N 9 ff.). Art. 685b regelt überdies den fiduziarischen Erwerb von Namenaktien (N 15 f.) sowie die zulässigen statutarischen Abweichungen von der gesetzlichen Regelung (N 17 ff.).

II. Die wichtigen Gründe

2 Die Gesellschaft kann ihre Zustimmung zur Übertragung von nicht kotierten Aktien ablehnen, sofern sie sich hierfür auf einen **wichtigen, in den Statuten vorgesehenen Grund** berufen kann. Diesfalls ist die Gesellschaft, unter Vorbehalt der Fälle einer gesetzlichen Übertragung (Art. 685b Abs. 4) und einer gegenteiligen statutarischen Bestimmung (N 17 ff.), nicht verpflichtet, die fraglichen Aktien vom Veräusserer zu übernehmen. Im Falle der Ablehnung ist die Übertragung mangels Zustimmung der Gesellschaft schlichtweg *unwirksam,* wobei der Veräusserer im Aktienbuch der Gesellschaft eingetragen bleibt (Art. 685c).

3 Gemäss Art. 685b Abs. 2 müssen die in den Statuten vorgesehenen «wichtigen Gründe» die *Zusammensetzung des Aktionärskreises* unter Bezugnahme auf den **Gesellschaftszweck** oder die **wirtschaftliche Selbständigkeit** des Unternehmens betreffen. Ein statutarischer Verweis auf Art. 685b Abs. 2 genügt nicht. Um rechtswirksam zu sein, sind wichtige Gründe *ausdrücklich* in die Statuten der Gesellschaft aufzunehmen und für jede Gesellschaft unter Berücksichtigung der besonderen Umstände des Einzelfalles zu konkretisieren (Gesellschaftszweck, Tätigkeit, Aktionärskreis) (BN 1997 89–93).

4 Der **Gesellschaftszweck** vermag ggf. die Ablehnung von Aktionären zu rechtfertigen, deren Person oder Tätigkeit mit dem Gesellschaftszweck unvereinbar sind. In diesem Zusammenhang ist es nötig, dass der Gesellschaftszweck ausdrücklich den Kreis derjenigen Personen umschreibt, zu deren Nutzen die Gesellschaft betrieben wird, z.B. eine Familie, eine religiöse oder politische Vereinigung, Angehörige eines bestimmten Berufszweiges oder eines geographisch definierten Gebietes. Die fehlende Zugehörigkeit

des Erwerbers zu diesem Personenkreis könnte dann einen wichtigen Grund für dessen Nichtanerkennung als Aktionär darstellen (ebenso KURER, Art. 680 N 13; TSCHÄNI 19 f.; VON BÜREN/STOFFEL/WEBER, 70, N 322; krit. dazu KLÄY, Vinkulierung, 172 f.). Daneben kann auch der Gesellschaftszweck (gleich wie die wirtschaftliche Selbständigkeit der Gesellschaft) einen Rechtfertigungsgrund für die Ablehnung eines Erwerbers bilden, der in einem *Konkurrenzverhältnis* zur Gesellschaft steht. Das Gleiche gilt in Bezug auf Personen, deren erklärte Ziele dem Gesellschaftszweck zuwiderlaufen. In all diesen Fällen bedarf es jedoch einer **ausdrücklichen Statutenbestimmung** zur Begründung eines wichtigen Ablehnungsgrundes (BÖCKLI, § 6 N 244 ff.; FORSTMOSER/MEIER-HAYOZ/NOBEL, § 44 N 156 ff.; KLÄY, Vinkulierung, 142 ff.; LÜSCHER, 143 ff.; REYMOND, 262).

Wie der Gesellschaftszweck bildet auch die **Wahrung der wirtschaftlichen Selbständigkeit** der Gesellschaft einen wichtigen statutarischen Grund zur Ablehnung von Personen, die mit der Gesellschaft in einem Wettbewerbsverhältnis stehen. Nach Möglichkeit ist der Begriff der «Konkurrenz» in den Statuten zu umschreiben. Die Wahrung der wirtschaftlichen Selbständigkeit rechtfertigt auch die Nichtanerkennung einer Aktienübertragung, die zu einer Eingliederung der Gesellschaft in einen Konzern führen würde. Dieser Grund ermöglicht es auch, jeden *Kontrollwechsel* an einer Gesellschaft zu verhindern (BÖCKLI, § 6 N 268 ff.; KLÄY, SZW 1991, 161 f.; TSCHÄNI, 18).   5

Das *Mass der Gefährdung,* das für die Annahme eines wichtigen Ablehnungsgrundes vorliegen muss, ist in der Literatur umstritten. Nach unserer Auffassung ist dazu eine **konkrete Gefährdung** des Gesellschaftszwecks oder der wirtschaftlichen Selbständigkeit notwendig. Aus diesem Grunde wäre bei Erwerb einer einzigen Aktie durch einen Konkurrenten ein Ablehnungsgrund nicht gegeben. Hingegen wäre anders zu urteilen, wenn der Erwerb einer Beteiligung in Frage steht, welche wegen ihrer Grösse gewisse besondere Rechte vermittelt. Dies wäre etwa der Fall bei einer Beteiligung von 10%, welche das Einberufungsrecht der GV (Art. 699 Abs. 3), das Recht auf Ernennung eines Sonderprüfers (Art. 697b) oder das Recht auf Auflösung der Gesellschaft (Art. 736 Ziff. 4) begründet (ebenso BÖCKLI, § 6 N 267; KLÄY, SZW 1991, 161 f.; LÜSCHER, 144 f.; VON BÜREN/STOFFEL/WEBER, 71 N 323; **a.M.** FORSTMOSER/MEIER-HAYOZ/NOBEL, § 44 N 146; REYMOND, 262). Die prozentmässige Begrenzung, analog zur Regelung für börsenkotierte Aktien in Art. 685d Abs. 1, ist für nicht kotierte Namenaktien nicht vorgesehen. Eine solche Klausel kann jedoch aus praktischen Überlegungen gerechtfertigt sein, um den statutarischen Zweck oder die wirtschaftliche Selbständigkeit der Gesellschaft zu bewahren (BÖCKLI, § 6 N 270 ff.; krit. REYMOND, 262). Im BGE 4C.35/2007 (E. 3.4) hat das BGer entschieden, dass eine prozentmässige Begrenzung von 9.5% gerechtfertigt sei, um die wirtschaftliche Selbständigkeit der Gesellschaft zu bewahren.   6

Der Erhalt des **schweizerischen Charakters** der Gesellschaft ist als wichtiger Grund in Art. 685b nicht vorgesehen. Der Gesetzgeber hat diesen im Vorentwurf enthaltenen Grund fallen gelassen und durch Art. 4 SchlT AG ersetzt, der indes gemäss Wortlaut nur auf kotierte Aktien anwendbar ist. Der Ausschluss ausländischer Aktionäre bedeutet unserer Meinung nach für Gesellschaften, deren Namenaktien nicht kotiert sind, dann einen wichtigen Grund, wenn der Erwerb von Aktien die Tätigkeit der Gesellschaft beschränkt oder die Verwirklichung ihres Gesellschaftszweckes gefährdet (ebenso BÖCKLI, § 6 N 282; TSCHÄNI, 24). Diese Beschränkungen ergeben sich aus der in gewissen Bereichen anwendbaren Bundesgesetzgebung (vgl. Art. 4 SchlT AG N 5), derzufolge die Nationalität des Aktionariats der betroffenen Gesellschaften eine Voraussetzung zur Ausübung ihrer Tätigkeit darstellt (Bedingung zur Erteilung einer Bewilligung   7 oder einer Konzession, Notwendigkeit einer besonderen Bewilligung im Falle einer ausländischen Beherrschung usw.). Dies gilt insb. für *Immobiliengesellschaften,* Art. 4 Abs. 1 lit. e BewG. Die Erfüllung des Zwecks solcher Gesellschaften fordert in der Tat, dass jede Person als Aktionär abzuweisen ist, welche die Ausländereigenschaft i.S. des BewG besitzt. In diesen Fällen bildet die Nationalität des Erwerbers aufgrund des *Zwecks,* bzw. aufgrund der *wirtschaftlichen Selbständigkeit* der betreffenden Gesellschaft, einen wichtigen Grund zur Ablehnung. Eine ausdrückliche Bestimmung in den Statuten ist hierzu jedoch notwendig (vgl. BAUMGARTNER, 153 ff.; BÖCKLI, § 6 N 284; DU PASQUIER/OERTLE, 760). Die Zulässigkeit einer Nationalitätsklausel für Gesellschaften, deren Tätigkeit keiner gesetzlichen Beschränkung unterworfen ist, dürfte schwieriger zu begründen sein (BAUMGARTNER, 154). Diese Möglichkeit ist restriktiv auszulegen, namentlich angesichts der Befugnis der Gesellschaft, die betreffenden Aktien zu ihrem wirklichen Wert zu übernehmen (N 9 ff.).

8 Der Ablehnungsentscheid sowie dessen Begründung im Lichte der anwendbaren statutarischen Bestimmungen sind dem Veräusserer innert der gesetzlichen **Frist** von drei Monaten zuzustellen (Art. 685c Abs. 3), ansonsten die Zustimmung von Gesetzes wegen vermutet und die Übertragung rechtskräftig wird (vgl. Art. 685c N 7 ff.).

III. Übernahmeangebot

9 Zusätzlich zur Möglichkeit der Gesellschaft, aufgrund eines in den Statuten vorgesehenen wichtigen Grundes die Übertragung nicht kotierter Namenaktien abzulehnen, steht es ihr offen, dem Veräusserer die **Übernahme** der zu übertragenden Aktien **anzubieten.** Diese von der Doktrin als *«escape clause»* qualifizierte Befugnis kann durch die Gesellschaft ohne jede Begründung ausgeübt werden (s. jedoch BGE 4C.242/2001, E. 5 und BGE 4C.202/2006, E. 4 für Beispiele missbräuchlicher Übernahmeangebote). Im besonderen Fall einer Übertragung kraft Gesetzes (Erbgang, Erbteilung, eheliches Güterrecht oder Zwangsvollstreckung) kann die Gesellschaft keinen wichtigen Grund zur Ablehnung der Übertragung von nicht kotierten Namenaktien anführen. Will sie den Rechtsnachfolger ablehnen, hat sie diesem die Übernahme der Aktien anzubieten (Art. 685b Abs. 4).

9a Umstritten ist, ob die Ausnahmeregelung von Art. 685b Abs. 4 auch auf **Fusionen, Spaltungen und Vermögensübertragungen nach FusG** Anwendung findet. Das BGer hat in BGE 109 II 130 erklärt, Art. 685b Abs. 4 sei auf Zwangsfusionen anwendbar (i.c. eine Verstaatlichung einer Bank), dann aber die Frage für vertraglich vereinbarte Fusionen ausdrücklich offen gelassen. U.E. rechtfertigt es sich, dass eine Aktienübertragung in Folge einer *Fusion* oder einer Spaltung i.S.v. Art. 29 Abs. 1 FusG *(Aufspaltung)* unter Art. 685b Abs. 4 fällt (KLÄY, Vinkulierung, 205 ff.; s.a. BÖCKLI, § 6 N 288; a.M. LUTZ, Vinkulierte Namenaktien, 170 ff.; VON SALIS, Ziff. II.16.15). Der Untergang einer juristischen Person, z.B. in Folge einer Fusion oder einer Aufspaltung, ist mit dem Tod einer natürlichen Person vergleichbar. Die Subsumierung unter Art. 685b Abs. 4 und Art. 685c Abs. 2 stellt sicher, dass die (vinkulierten) Aktien in Folge der Fusion oder der Spaltung nicht herrenlos werden. Es stellt sich jedoch die Frage, ob auch die Spaltung i.S.v. Art. 29 Abs. 2 FusG *(Abspaltung)* sowie die *Vermögensübertragung* unter Art. 685b Abs. 4 und Art. 685c Abs. 2 fallen. Dies würde eine Gleichstellung aller unter das FusG fallenden Tatbestände gewährleisten. Andererseits besteht das Risiko, dass die Vinkulierungsbestimmungen durch eine als Abspaltung oder Vermögensübertragung gestaltete Transaktion durchbrochen würden. U.E. hängt die Antwort von dem Ziel der Abspaltung bzw. Vermögensübertragung ab. Wird sie dazu verwendet, das *gesamte Vermögen* eines Rechtssubjektes zu übertragen, rechtfertigt sich eine analoge Behandlung zur Fusion. Ist jedoch nur ein *Vermögens- oder Betriebsteil* von der Vermögensübertragung erfasst und besteht das übertragende Rechtssubjekt fort, sollten Art. 685b Abs. 4 und Art. 685c Abs. 2 nicht anwendbar sein (s. KLÄY, Fusionsgesetz, 229; MEER, 163). Vorbehalten bleiben Situationen, in denen die im FusG geregelten Tatbestände missbraucht werden, um die statutarischen Vinkulierungsbestimmungen zu umgehen. In solchen Fällen sind Art. 685b Abs. 4 und 685c Abs. 2 nicht anwendbar.

Die Notwendigkeit einer **ausdrücklichen Verankerung** des Übernahmeangebots in den Statuten wird – trotz entgegenstehender Gesetzessystematik – durch die h.L. abgelehnt (BÖCKLI, § 6 N 197; FORSTMOSER/MEIER-HAYOZ/NOBEL, § 44 N 161 FN 53; REYMOND, 259 f.; VON BÜREN/STOFFEL/WEBER, 72 N 328; KUNZ, Der Minderheitenschutz im schweizerischen Aktienrecht, § 4 N 174, s.a. BGE 4C.242/2001, E. 2.2). **10**

Das von der Gesellschaft formulierte Übernahmeangebot kann für **eigene Rechnung** oder für **Rechnung anderer Aktionäre** oder für **Rechnung Dritter** erfolgen. Der Erwerb für Rechnung der Gesellschaft ist in den Grenzen des Art. 659 Abs. 2 zulässig, d.h. bis zu 20% des Aktienkapitals, sofern die Gesellschaft hierzu über frei verwendbares EK verfügt. Diese Begrenzung findet auf den Erwerb für Rechnung von Aktionären oder Dritten keine Anwendung. Das Übernahmeangebot muss für alle, nicht nur einen Teil der angebotenen Aktien erfolgen (FORSTMOSER/MEIER-HAYOZ/NOBEL, § 44 N 167, für ein Beispiel aus der Praxis, s. PKG 2001, 21 und den Kommentar von TERCIER/STOFFEL, SZW 2004/1, 75). **11**

Das Übernahmeangebot der Gesellschaft hat zum **wirklichen Wert** der angebotenen Aktien zu erfolgen (Abs. 1). Das Gesetz enthält keine weitere Definition des Begriffs «wirklicher Wert». Gemäss h.L., der sich das BGer in BGE 120 II 259 (bestätigt in BGE 4C.363/2000, E. 3b) angeschlossen hat, bestimmt sich der wirkliche Wert als Gesamtwert der Gesellschaft auf der Grundlage von Substanz- und Ertragswert (innerer Aktienwert). Dabei ist grundsätzlich auf den Fortführungswert des Unternehmens abzustellen. Nach BGE 120 II 259 besteht indes keine bundesrechtliche Regel, wonach der Liquidationswert der Gesellschaft in jedem Fall die untere Bewertungsgrenze bildet. Nach einem Teil der Lehre sollte der Unternehmenswert nicht einfach proportional auf die betroffenen Aktien übertragen werden. Je nach Einflusschance sollte ein *Paketzuschlag* oder ein *Minderheitsabzug* in die Rechnung miteinbezogen werden (GUHL-DRUEY, 748 N 80; LUTZ, 285 f.; s.a. BBl 1983 II 901). Dieser Lehrmeinung kann jedoch entgegen gehalten werden, dass Art. 685b Abs. 1 auf den wirklichen Wert der *Aktien* und nicht auf den wirklichen Wert der *Beteiligung* an der Gesellschaft abstellt. In der Praxis könnte die (gegebenenfalls richterliche) Ermittlung eines allfälligen Paketzuschlages oder Minderheitsabzuges auch zu erheblichen Schwierigkeiten führen, da eine solche Wertkorrektur von zahlreichen Elementen (u.a. auch von subjektiven Elementen) abhängt, wie z.B. den Absichten des Erwerbers, dem Umfang des veräusserten Aktienpakets oder der vorbestehenden Beteiligung des Erwerbers an der Gesellschaft (für die Objektivierung des wirklichen Wertes, s.a. BÖCKLI, § 6 N 231). **12**

Können sich die Parteien über den wirklichen Wert nicht einigen, sieht Abs. 5 die **Anrufung des Richters** am Sitz der Gesellschaft vor. Bei der Ermittlung des wirklichen Werts anfallende Gerichtskosten und Auslagen für den Beizug von Experten werden von der Gesellschaft getragen. Obgleich der Wortlaut dieser Bestimmung sich allein auf die Fälle der *Übertragung kraft Gesetzes* zu beziehen scheint (Abs. 5 spricht vom Erwerber und nicht vom Veräusserer, an den das Übernahmeangebot gerichtet ist), wird man davon ausgehen müssen, dass die Bestimmung ebenfalls auf die Fälle der **13** rechtsgeschäftlichen Übertragung Anwendung findet (FORSTMOSER, SZW, 66; DU PASQUIER/OERTLE, 760 f.).

14 Das Übernahmeangebot ist dem Veräusserer, bzw. dem Erwerber im Falle einer gesetzlichen Übertragung, innerhalb von drei Monaten seit Erhalt des Gesuchs um Anerkennung durch die Gesellschaft zu unterbreiten (Art. 685c Abs. 3). Der Veräusserer, bzw. der Erwerber, verfügt alsdann über eine **Frist** von einem Monat seit Erhalt des Übernahmeangebotes, um eine Entscheidung zu treffen. Mangels Ablehnung oder Bestreitung des wirklichen Werts innert dieser Frist gilt das Übernahmeangebot als angenommen (Abs. 6). Bei einer gerichtlichen Feststellung des wirklichen Werts der Aktien verfügt der Veräusserer, bzw. der Erwerber im Falle einer gesetzlichen Übertragung, über eine Frist von einem Monat ab Eintritt der formellen Rechtskraft des Gerichtsurteils, um das Angebot der Gesellschaft anzunehmen oder abzulehnen (Abs. 6).

14a Zusätzlich zum wirklichen Wert der Aktien hat der Veräusserer, bzw. der Erwerber im Falle einer gesetzlichen Übertragung, das Recht auf Zins (Art. 73 Abs. 1, 104 Abs. 1), und zwar vom Zeitpunkt des Gesuchs um Anerkennung bzw. des Gesuchs um Eintragung ins Aktienbuch an (BGE 120 II 259). Wird während der Verfahrensdauer eine Dividende bezahlt, ist diese ebenfalls den Zinsen zuzurechnen.

IV. Fiduziarischer Erwerb

15 Gemäss Abs. 3 kann die Gesellschaft die Übertragung an einen Erwerber ablehnen, der nicht ausdrücklich erklärt, dass er die Aktien **im eigenen Namen** und **für eigene Rechnung** erworben hat *(fiduziarischer Erwerb)*. Die Rechtsnatur dieses Ablehnungsgrundes, der sich für börsenkotierte Aktien in Art. 685d Abs. 2 wieder findet, ist in der Doktrin umstritten. Er ist im Gesetz unter den statutarischen Übertragungsbeschränkungen aufgeführt; dennoch ist die Lehre überwiegend der Auffassung, dass dieser Ablehnungsgrund auf *alle* vinkulierten Namenaktien Anwendung findet, und zwar unabhängig davon, ob er in einer ausdrücklichen statutarischen Klausel enthalten ist (BÖCKLI, § 6 N 285; FORSTMOSER/MEIER-HAYOZ/NOBEL, § 44 N 171). Eine solche Auslegung dürfte auch richtig sein. Sie rechtfertigt sich angesichts des Normzwecks, der darin besteht, eine Umgehung der statutarischen Übertragungsbeschränkungen durch Strohmänner zu unterbinden. Dieser Ablehnungsgrund setzt indessen das Bestehen einer Vinkulierungsbestimmung in den Statuten voraus (vgl. REYMOND, 259 f.; Art. 685d N 9).

16 Auf Ersuchen der Gesellschaft hin hat der Veräusserer eine **Erklärung des Erwerbers** vorzulegen, in der Letzterer bestätigt, dass der Erwerb in seinem Namen und für seine Rechnung erfolgt. Aufgrund der Vorlage dieser Bestätigung bewilligt die Gesellschaft die Übertragung der Aktien, sofern nicht andere Ablehnungsgründe vorliegen. Stellt die Gesellschaft im Nachhinein fest, dass die Bestätigung des Erwerbers aufgrund von falschen Angaben erging, rechtfertigt dies die Streichung der Eintragung im Aktienbuch (Art. 686a).

V. Abweichende statutarische Regelungen

17 Abs. 7 bestimmt, dass die **Statuten** die Voraussetzungen der Übertragbarkeit von vinkulierten, nicht börsenkotierten Namenaktien **nicht erschweren** dürfen. Jede Beschränkung, die über die Regelung von Art. 685b hinausgeht, ist mithin gesetzeswidrig. Die Statuten können hingegen eine **Erleichterung** der gesetzlichen Regelung der Beschränkungen der Übertragbarkeit von vinkulierten Namenaktien vorsehen. Es ist etwa zulässig, die freie Übertragbarkeit zwischen Aktionären oder an eine durch einen Aktionär

kontrollierte Gesellschaft vorzusehen. Die Statuten können weiter vorsehen, dass jeder Ablehnung einer Übertragung, auch wenn ihr ein wichtiger Grund zugrunde liegt, ein Übernahmeangebot zum wirklichen Wert hinsichtlich der betreffenden Aktien zu folgen hat oder dass jeder Ablehnungsentscheid auch im Falle eines Übernahmeangebotes zu begründen ist (Botschaft AG, 902).

Die statutarische Bezeichnung eines **unabhängigen Dritten** (Schiedsrichter, Experte) zur **Bestimmung des wirklichen Wertes** der Aktien vorgängig oder anstelle eines gerichtlichen Vorgehens im Falle eines Übernahmeangebotes dürfte dem Grundsatz nach zulässig sein (REYMOND, 260). Die Bezeichnung der *RS der Gesellschaft* scheint jedoch angesichts der bestehenden Verbindungen zwischen der Gesellschaft und den Revisoren kaum zu rechtfertigen sein (BÖCKLI, § 6 N 235; FORSTMOSER/MEIER-HAYOZ/NOBEL, § 44 N 169 f.). Auf jeden Fall ist eine statutarische Vorschrift einem *gesetzlichen Rechtsnachfolger* nicht entgegenzuhalten: Diesem steht es gemäss Abs. 5 frei, den Richter am Sitz der Gesellschaft anzurufen. 18

Der in Abs. 1 festgelegte Übernahmewert lässt der Gesellschaft wenig Spielraum. So verstösst gegen das Gesetz jede statutarische Klausel, welche einen geringeren als den wirklichen Wert der zu übertragenden Aktien vorsieht (Nennwert, Wert der Nettoaktiven usw.). Die Statuten können hingegen einen **höheren als den wirklichen Wert** vorsehen, z.B. den durch einen Dritterwerber angebotenen Preis (MEIER-SCHATZ, 226; krit. FORSTMOSER/MEIER-HAYOZ/NOBEL, § 44 N 169). Die Festlegung einer Berechnungsmethode in den Statuten selbst bleibt möglich, sofern es diese Methode tatsächlich erlaubt, den wirklichen Wert der Aktien zu bestimmen (BÖCKLI, § 6 N 232; LUTZ, 295). 19

Die Gültigkeit von **statutarischen Vorkaufsrechten,** deren Nichteinhaltung mittels Ablehnung des Erwerbers durch die Gesellschaft sanktioniert wird, bleibt in der Doktrin umstritten. Mit der h.L. ist heute aber davon auszugehen, dass es sich dabei um eine unbotmässige Einschränkung i.S.v. Abs. 7 handelt (BÖCKLI, § 6 N 297; FORSTMOSER, Vinkulierung 103 f.). Eine solche Statutenbestimmung wird indessen als zulässig erachtet, sofern das Vorkaufsrecht formell durch die Gesellschaft und zu einem Wert ausgeübt wird, der zumindest dem wirklichen Wert der Aktien entspricht. In dieser Form stellt nämlich das Vorkaufsrecht einen Anwendungsfall des in Abs. 1 vorgesehenen Übernahmeangebots dar, das durch die Gesellschaft für Rechnung ihrer Aktionäre ausgeübt werden kann (vgl. in diesem Sinne WEBER, 84 f.; MEIER-SCHATZ, 224; REYMOND, 261; RAPP, Actions nominatives liées, 309 f.). Demgegenüber ist eine Bestimmung in den Statuten, wonach der Nichtbeitritt zu einem ABV einen wichtigen Grund zur Ablehnung einer Aktienübertragung bildet, als solche nicht gültig, es sei denn, der wesentliche Inhalt des ABV werde in den Statuten offen gelegt (ebenso FORSTMOSER, Vinkulierung, 98 f.). Eine solche Klausel würde die Übertragbarkeit der Namenaktien entgegen Abs. 7 *erschweren.* 20

VI. Intertemporales Recht

Gemäss Art. 2 Abs. 3 SchlT AG ist die durch Art. 685b eingeführte Regelung betr. die statutarischen Übertragungsbeschränkungen von nicht börsenkotierten Namenaktien bis zum 30.6.1997 auf Gesellschaften nicht anwendbar, deren Statuten eine Vinkulierungsvorschrift nach altem Recht vorsehen. Nach Ablauf dieser Übergangsfrist werden die mit Art. 685b unvereinbaren Vinkulierungsbestimmungen rechtsunwirksam. Es stellt sich in diesem Zusammenhang die Frage, ob die **Übertragungsbeschränkungen mangels Anpassung** an das neue Recht nach Ablauf der Übergangsfrist gänzlich dahinfallen, ob aus den vinkulierten Namenaktien m.a.W. frei übertragbare, gleichsam «entfes- 21 selte» Namenaktien werden. Die sachgerechte Lösung besteht u.E. darin, die betreffenden Aktien nach wie vor als vinkuliert zu betrachten, als Ablehnungsgrund jedoch nur noch die Vermeidung des fiduziarischen Aktienerwerbs und die Übernahme zum wirklichen Wert zuzulassen. Dies dürfte am ehesten dem Willen der betroffenen Gesellschaften entsprechen und gleichzeitig würde damit auch der neuen Regelung der Übertragungsbeschränkungen Genüge getan (ebenso BÖCKLI § 19 N 32). In diesem Sinn offenbar auch die Praxis der HR-Ämter, welche den Vinkulierungsvermerk aufgrund altrechtlicher Statuten nicht gelöscht haben (THOMI, 64).

Art. 685c

b. Wirkung

[1] Solange eine erforderliche Zustimmung zur Übertragung von Aktien nicht erteilt wird, verbleiben das Eigentum an den Aktien und alle damit verknüpften Rechte beim Veräusserer.

[2] Beim Erwerb von Aktien durch Erbgang, Erbteilung, eheliches Güterrecht oder Zwangsvollstreckung gehen das Eigentum und die Vermögensrechte sogleich, die Mitwirkungsrechte erst mit der Zustimmung der Gesellschaft auf den Erwerber über.

[3] Lehnt die Gesellschaft das Gesuch um Zustimmung innert dreier Monate nach Erhalt nicht oder zu Unrecht ab, so gilt die Zustimmung als erteilt.

b. Effets

[1] Tant que l'approbation nécessaire au transfert des actions n'est pas donnée, la propriété des actions et tous les droits en découlant restent à l'aliénateur.

[2] En cas d'acquisition d'actions par succession, partage successoral, en vertu du régime matrimonial ou dans une procédure d'exécution forcée, la propriété du titre et les droits patrimoniaux passent immédiatement à l'acquéreur, les droits sociaux, seulement au moment de l'approbation par la société.

[3] L'approbation est réputée accordée si la société ne la refuse pas dans les trois mois qui suivent la réception de la requête ou rejette celle-ci à tort.

b. Effetti

[1] L'alienante conserva la proprietà delle azioni e tutti i diritti connessi sino a che non sia data l'approvazione necessaria per il loro trasferimento.

[2] In caso d'acquisto delle azioni per successione, divisione ereditaria, in virtù del regime matrimoniale dei beni o in un procedimento d'esecuzione forzata, la proprietà del titolo e i diritti patrimoniali passano all'acquirente immediatamente, mentre i diritti sociali solo al momento dell'approvazione da parte della società.

[3] L'approvazione si considera accordata se la società non respinge la relativa domanda entro tre mesi dalla ricezione o se la respinge a torto.

Literatur

Vgl. die Literaturhinweise zu Art. 685.

I. Vorbemerkungen

Art. 685c regelt die **Wirkungen der Übertragung** vinkulierter Namenaktien, die **nicht** **1** **kotiert** sind. Die Übertragung vinkulierter, börsenkotierter Aktien wird abweichend in Art. 685 f geregelt. Art. 685c legt im Übrigen das Verfahren zur Zustimmung durch die Gesellschaft zur Übertragung fest.

II. Wirkungen der Zustimmung durch die Gesellschaft

Gemäss Art. 684 sind Namenaktien dem Grundsatz nach frei übertragbar. Demgemäss **2** entfaltet jede Übertragung volle Rechtswirksamkeit im Zeitpunkt ihrer Ausführung (Eigentumsübergang, Begründung einer Nutzniessung oder eines Pfandrechts). Im Gegensatz dazu bleibt die Übertragung vinkulierter, nicht kotierter Namenaktien **rechtsunwirksam,** solange die Gesellschaft ihre notwendige Zustimmung nicht erteilt hat. In der Zwischenzeit geht entsprechend der *Einheitstheorie* kein Mitgliedschafts- oder Vermögensrecht auf den Erwerber über (Art. 685c Abs. 1). Einzige Ausnahme bildet der Fall der gesetzlichen Übertragung (vgl. N 5). Darüber hinaus statuiert Abs. 1, dass selbst das **Eigentum am Aktientitel** nicht ohne die Zustimmung der Gesellschaft übergeht. Diese Vorschrift unterscheidet sich vom früheren Recht und stellt eine Abweichung von den allgemeinen Prinzipien des Wertpapiers dar (JÄGGI/DRUEY/VON GREYERZ, 112 ff.; MEIER-HAYOZ/VON DER CRONE, § 19 N 35 ff.).

Bis zum Zeitpunkt der Zustimmung zur Übertragung der Aktien bleibt der **Veräusserer** **3** **Alleinberechtigter,** um die mit den Aktien verbundenen *Mitgliedschafts- und Vermögensrechte* auszuüben. Der Veräusserer nimmt, als eingetragener Aktionär, an der GV teil und übt das Stimmrecht aus. Unter dem Vorbehalt anders lautender Statutenbestimmungen, welche die Möglichkeit der Stimmrechtsvertretung auf Aktionäre beschränken (Art. 689 Abs. 1), kann der Erwerber ggf. den Veräusserer aufgrund einer hierfür ausgestellten schriftlichen Vollmacht vertreten (Art. 689 Abs. 2).

Art. 685c findet gemäss Art. 685a Abs. 2 auch auf die **Begründung einer Nutzniessung** **4** Anwendung.

Abs. 2 behält eine besondere Regelung für nicht börsenkotierte Aktien vor, die Gegen- **5** stand einer **gesetzlichen Übertragung** bilden (zum Geltungsbereich von Art. 685c Abs. 2 OR, s. Komm. zu Art. 685b N 9 und 9a): Für diese Aktien gehen das *Eigentum* sowie die *Vermögensrechte* sogleich auf den Erwerber über; die *Mitgliedschaftsrechte* werden hingegen erst *mit der Zustimmung* der Gesellschaft übertragen. Die Gesellschaft kann die Übertragung auch aus wichtigen Gründen nicht ablehnen; es steht ihr lediglich frei, dem Erwerber die Übernahme seiner Aktien zum wirklichen Wert anzubieten (Art. 685b Abs. 4). In der Zeit zwischen der gesetzlichen Übertragung und der Zustimmung der Gesellschaft (oder dem Erwerb der Aktien), können die mit den Aktien verbundenen Mitgliedschaftsrechte weder durch den Veräusserer, der das Eigentum an den Aktien verloren hat, noch durch den Erwerber ausgeübt werden. Die fraglichen Aktien können während dieser Zeit an der GV nicht vertreten werden.

Im Falle eines **Übernahmeangebotes** gehen sowohl das Eigentum als auch sämtliche **6** Rechte direkt vom Veräusserer, bzw. vom gesetzlichen Erwerber, auf die Gesellschaft über. Obwohl sich das Gesetz dazu nicht explizit äussert, ist aus grundsätzlichen Erwägungen davon auszugehen, dass ein Übernahmeangebot stets namens der Gesellschaft zu erfolgen hat. Handelt diese für Rechnung von Aktionären oder Dritten, so liegt demzufolge *indirekte Stellvertretung* vor, so dass es für den Rechtserwerb durch den indirekt Vertretenen einer weiteren Übertragung der betreffenden Aktien bedarf (vgl.

Art. 32 Abs. 3). Eine *direkte Stellvertretung* durch die Gesellschaft braucht sich der Veräusserer, bzw. der Erwerber im Falle des Rechtsübergangs von Gesetzes wegen, aus Gründen des Kreditrisikos demgegenüber nicht gefallen zu lassen.

III. Verfahren

7 Die Gesellschaft verfügt über eine **Frist von drei Monaten,** um die Übertragung der Aktien zu genehmigen oder abzulehnen. Diese Frist beginnt mit dem Eingang des Gesuchs um Anerkennung bei der Gesellschaft zu laufen. Der Entscheid der Gesellschaft hat gemäss den allgemeinen Grundsätzen des schweizerischen Obligationenrechts innerhalb dieser Frist in den Machtbereich des Veräusserers, bzw. des Erwerbers im Falle einer gesetzlichen Übertragung, zu gelangen. Es ist nicht erforderlich, dass Letzterer tatsächlich von der Antwort der Gesellschaft Kenntnis genommen hat (BSK OR I-BUCHER, Art. 10 N 4). Erfolgt die Ablehnung nicht innerhalb der besagten Frist, wird die *Zustimmung von Gesetzes wegen vermutet* und entfaltet volle Rechtswirkung.

8 Dem **Ablehnungsentscheid** der Gesellschaft muss eine gesetzliche Übertragungsbeschränkung (Art. 685), ein wichtiger statutarischer Grund oder ein Übernahmeangebot zugrunde liegen. Die Begründung der Ablehnung ist dem Veräusserer, bzw. im Falle einer gesetzlichen Übertragung dem Erwerber, durch die Gesellschaft vorzugsweise schriftlich mitzuteilen.

9 Im Falle eines **Übernahmeangebots** hat der Veräusserer, bzw. der Erwerber im Falle einer gesetzlichen Übertragung, einen Monat, um eine Entscheidung zu treffen. Schweigt er auf das Angebot, wird dessen Annahme vermutet. Die Berechnung der Fristen hat auch diesfalls nach den Grundsätzen der *Empfangstheorie* zu erfolgen.

10 Ist der **Ablehnungsentscheid** der Gesellschaft **ungerechtfertigt,** wird die Übertragung der Aktien rechtswirksam. Es gehen alle mit den Aktien verbundenen Rechte auf den Erwerber über. Im Gegensatz zu der für börsenkotierte Aktien geltenden Regelung (Art. 685 f Abs. 4), bestimmt das Gesetz den **Zeitpunkt** nicht, in dem die Übertragung ihre Rechtswirkungen entfaltet. Der Grundsatz der Rechtssicherheit gebietet eine Auslegung analog zu Art. 685 f Abs. 4: Wirkung *ex nunc* des Feststellungsurteils betr. Unzulässigkeit des Ablehnungsentscheids der Gesellschaft und ggf. Schadenersatzpflicht der Gesellschaft.

IV. Intertemporales Recht

11 Im Einklang mit Art. 3 SchlT ZGB, der kraft Verweises in Art. 1 SchlT AG anwendbar ist, richten sich die rechtlichen Wirkungen der Aktienübertragung seit dem 1.7.1992 nach dem neuen Recht. Diese Regelung gilt auch für Gesellschaften, deren Vinkulierungsbestimmungen dem neuen Recht nicht entsprechen (FORSTMOSER, SJZ, 157, 159). Etwas anderes gilt, wenn die Statuten der Gesellschaft Bestimmungen enthalten, die in *selbständiger Art und Weise* die Modalitäten und Wirkungen der Übertragung vinkulierter Namenaktien regeln, sofern diese vom neuen Recht abweichen. Dies ist insb. dann der Fall, wenn die Statuten ausdrücklich eine Spaltung der Aktionärsrechte vorsehen. In solchen Fällen gehen die statutarischen Bestimmungen für die Dauer der Übergangsfrist vor (BÖCKLI, § 19 N 27; FORSTMOSER, SJZ, 158).

Art. 685d

3. Börsenkotierte Namenaktien a. Voraussetzungen der Ablehnung	[1] Bei börsenkotierten Namenaktien kann die Gesellschaft einen Erwerber als Aktionär nur ablehnen, wenn die Statuten eine prozentmässige Begrenzung der Namenaktien vorsehen, für die ein Erwerber als Aktionär anerkannt werden muss, und diese Begrenzung überschritten wird. [2] **Die Gesellschaft kann überdies die Eintragung in das Aktienbuch verweigern, wenn der Erwerber auf ihr Verlangen nicht ausdrücklich erklärt, dass er die Aktien im eigenen Namen und auf eigene Rechnung erworben hat.** [3] Sind börsenkotierte Namenaktien durch Erbgang, Erbteilung oder eheliches Güterrecht erworben worden, kann der Erwerber nicht abgelehnt werden.
3. Actions nominatives cotées en bourse a. Conditions de refus	[1] La société ne peut refuser comme actionnaire l'acquéreur d'actions nominatives cotées en bourse que si les statuts prévoient une limite en pour-cent des actions nominatives jusqu'à laquelle un acquéreur doit être reconnu comme actionnaire, et que cette limite est dépassée. [2] La société peut en outre refuser l'inscription au registre des actions si, sur sa demande, l'acquéreur n'a pas déclaré expressément avoir acquis les actions en son propre nom et pour son propre compte. [3] Si des actions nominatives cotées en bourse ont été acquises par succession, partage successoral ou en vertu du régime matrimonial, l'acquéreur ne peut pas être refusé comme actionnaire.
3. Azioni nominative quotate in borsa a. Condizioni del rifiuto	[1] La società può rifiutare come azionista l'acquirente di azioni nominative quotate in borsa, soltanto se lo statuto prevede un limite massimo, in per cento, del numero di azioni nominative per le quali l'acquirente deve essere riconosciuto come azionista, e questo limite è superato. [2] La società può inoltre rifiutare l'iscrizione nel libro delle azioni se, su sua domanda, l'acquirente non dichiara espressamente che ha acquistato le azioni in proprio nome e per proprio conto. [3] Se azioni nominative quotate in borsa sono state acquistate per successione, divisione ereditaria o in virtù del regime matrimoniale dei beni, l'acquirente non può essere rifiutato come azionista.

Literatur

Vgl. die Literaturhinweise zu Art. 685.

I. Begriff der Börsenkotierung

Eine Definition des Begriffs der **«Börsenkotierung»** fehlt im Gesetz. Die h.L. geht gestützt auf den Normzweck und in Anlehnung an Art. 2 Abs. 1 lit. d BEHG davon aus, dass damit die Zulassung der Namenaktien einer AG mit Sitz in der Schweiz zum Handel an einem geregelten Markt aufgrund eines besonderen Zulassungsverfahrens gemeint ist (SCHMID, 330; FORSTMOSER, SZW, 63 f.; KLÄY, SZW 1991, 312 f. Anm. 8; BRUNNER, 143; BÖCKLI, § 6 N 52; MEIER-HAYOZ/VON DER CRONE, § 19 N 46). Auf die Schweiz bezogen heisst dies, dass die Namenaktien im Haupt- oder Nebensegment der SWX Swiss Exchange kotiert sein müssen. Nicht als börsenkotiert i.S. des Gesetzes gelten Namenaktien, für die zwar ein regelmässiger Handel besteht, dieser Handel sich 1 aber ohne die Mitwirkung der Gesellschaft, deren Aktien gehandelt werden, gebildet hat (etwa auf Initiative eines sog. «Market Makers» hin). Ausschlaggebend für die Annahme einer Börsenkotierung i.S.v. Art. 685d ist also, ob es die Gesellschaft in der Hand hat, *selber* über die Kotierung ihrer Namenaktien zu bestimmen (ebenso BRÜGGER, 219; SCHMID, 332; RAPP, Actions nominatives liées, 306). Denn es kann nicht der Sinn des Gesetzes sein, die Gesellschaft gegen ihren Willen oder ohne ihr Wissen den im Vergleich zu den auf nicht kotierte Namenaktien anwendbaren strengeren Vinkulierungsvorschriften für börsenkotierte Namenaktien zu unterwerfen.

2   Abs. 1 präzisiert nicht, ob sich die Börsenkotierung auch auf die Kotierung an **ausländischen Börsen** erstreckt. Aus dem Normzweck heraus ist diese Frage u.E. ohne weiteres zu bejahen, will das Gesetz in Bezug auf börsenkotierte Namenaktien doch einerseits die *Handelbarkeit* sicherstellen und andererseits hinsichtlich der Ablehnungsgründe eine gewisse *Transparenz* für den Börsenanleger schaffen, was beides unabhängig davon gelten muss, wo der Börsenhandel stattfindet (ebenso BRÜGGER, 219; BRUNNER, 143; RAPP, Actions nominatives liées, 307; BÖCKLI, § 6 N 53). Dies umso mehr, als sich die Übertragung von Mitgliedschaftsrechten im Verhältnis zu Schweizer Gesellschaften nach Schweizer IPR klarerweise nach dem Gesellschaftsstatut, also Schweizer Recht beurteilt (vgl. N 17). Voraussetzung der Qualifikation als «börsenkotierte Namenaktie» muss aber auch bei einer ausländischen Börse sein, dass der Börsenhandel auf Antrieb und mit Zustimmung der Gesellschaft selber stattfindet.

3   Gemäss dem klaren Wortlaut des Gesetzes wird bei der Frage der Börsenkotierung einzig auf die **Kotierung der Namenaktien** abgestellt. Es ist m.a.W. unerheblich, ob die betreffende Gesellschaft allenfalls als «Publikumsgesellschaft» gilt, weil ihre Inhaberaktien oder Partizipationsscheine an einer schweizerischen oder ausländischen Börse kotiert sind. Aus denselben Überlegungen kann es für die Anwendbarkeit von Art. 685d auch nicht genügen, wenn bestimmte (obligatorische) Rechte an den Namenaktien der Gesellschaft an einer schweizerischen oder ausländischen Börse gehandelt werden, etwa in der Form von Stillhalteroptionen, American Deposit Receipts (ADR) oder Certificates of Deposit.

II. Zulässige Ablehnungsgründe

1. Prozentmässige Begrenzung

4   Der weitaus bedeutungsvollste Ablehnungsgrund ist in Art. 685d Abs. 1 statuiert und besteht in der **prozentmässigen Begrenzung** der Namenaktien, bei deren Überschreitung ein Erwerber als Aktionär bzw. als Nutzniesser (Art. 685a Abs. 2) von der Gesellschaft abgelehnt werden kann. Der Sinn der **Quotenregelung** wird allgemein darin gesehen, der Gesellschaft ein bestimmtes Mass an Kontrolle über die Zusammensetzung ihres Aktionärskreises zu geben, was angesichts der Rechtsfolgen beim Erwerb börsenkotierter Namenaktien gemäss Art. 685 f allerdings zu relativieren ist (vgl. Art. 685 f N 1 ff.), sowie eine gewisse Streuung des Aktienbesitzes sicherzustellen (BÖCKLI, § 6 N 55 ff.). Die Aufnahme der Quotenregelung in die Statuten erfordert, wie jede Beschränkung der Übertragbarkeit von Namenaktien, gemäss Art. 704 Abs. 1 Ziff. 3 einen mit qualifizierter Mehrheit gefassten GV-Beschluss. Ein solcher Beschluss unterliegt zwingend dem **Rückwirkungsverbot,** so dass er keinen Einfluss auf bereits im Aktienbuch eingetragene Aktionäre haben kann (Besitzstandgarantie). Den allgemeinen Regeln entsprechend entfaltet ein solcher Beschluss erst mit seiner Eintragung im Handelsregister Wirkung gegenüber jedermann (Art. 643), doch steht es der Gesellschaft

2. Abschnitt: Rechte und Pflichten der Aktionäre   5–7   Art. 685d

im Verhältnis zu ihren Aktionären wohl frei, das Inkrafttreten des Beschlusses auf den Tag der GV zurückzuverlegen (so BÖCKLI, § 6 N 70).

Mangels gegenteiliger gesetzlicher Anordnung ist die Gesellschaft bei der **Berechnung** 5 der prozentmässigen Beschränkung grundsätzlich frei, ob sie die Begrenzung der Namenaktien im Verhältnis zu sämtlichen Aktien, einschliesslich Inhaberaktien, oder lediglich im Verhältnis zu den Namenaktien festlegen will (ebenso BÖCKLI, § 6 N 65). Geht es der Gesellschaft mit der Quotenregelung jedoch primär um die Kontrolle über die Zusammensetzung des Aktionariats, so erscheint die Einbeziehung der Inhaberaktien wenig sinnvoll, da sich deren Besitz nicht kontrollieren lässt (vgl. auch Empfehlung 1 der Arbeitsgruppe der Schweizer Börsen, SZW 1993, 82). Bestehen bei einer AG verschiedene Kategorien von Namenaktien, wie z.B. Stimmrechts- oder Vorzugsnamenaktien neben Stamm-Namenaktien, so steht es der AG frei, die prozentmässige Begrenzung in Bezug auf jede dieser Kategorien selbständig festzulegen (BÖCKLI, § 6 N 65). In die Berechnung der Quote mit einzubeziehen ist im Übrigen auch das *bedingte Kapital* (aufgrund der Ausgabe von Wandel- oder Optionsrechten), *nicht* dagegen das noch nicht ausgegebene *genehmigte Aktienkapital*.

Bei der Festlegung der prozentmässigen Begrenzung fragt es sich, ob es zulässig ist, 6 **Unterscheidungen bezüglich der Art der Aktionäre** zu treffen und z.B. zwischen natürlichen und juristischen Personen oder zwischen «Investoren» und «industriellen Partnern» zu unterscheiden (bejahend BÖCKLI, § 6 N 56; abl. HUGUENIN JACOBS, 109 ff.; krit. DU PASQUIER/OERTLE, 762 f.). Einigkeit herrscht darüber, dass durch eine solche Differenzierung nicht wiederum i.E. verpönte Kriterien in die statutarische Vinkulierungsordnung eingeführt werden können, wie etwa eine besondere Quote für Ausländer, Konkurrenten u.Ä. Im Hinblick auf das nunmehr auch gesetzlich verankerte *Prinzip der Gleichbehandlung der Aktionäre* (Art. 717 Abs. 2) ist eine Abstufung in der Quotenregelung u.E. nur insoweit zulässig, als sie sich auf *sachgemässe* und *objektive Kriterien* stützt, die für die Aktionäre einsehbar sind (ebenso BRUNNER, 150). In diesem Sinne wäre also eine Unterscheidung zwischen natürlichen und juristischen Personen durchaus vertretbar, während die Begriffe «Investoren» und «industrielle Partner» für Interpretationen Raum lassen und damit den Anforderungen an die Objektivität nicht genügen (i.E. ebenso HUGUENIN JACOBS, 112). Für die an der Schweizer Börse SWX kotierten Namenaktien gilt die Richtlinie betreffend Handelbarkeit von Namenaktien der Schweizerischen Zulassungsstelle vom 24.4.1996. Darin werden die Emittenten verpflichtet, die für ihre vinkulierten Namenaktien geltenden Eintragungskriterien offen zu legen.

Das BGer hat unter dem alten Recht in BGE 117 II 290 = Pra 1992, 479 (Canes vs. 7 Nestlé) eine Statutenbestimmung geschützt, gemäss der die Quotenregelung nicht nur einzelne Aktionäre erfasste, sondern darüber hinaus auch **Aktionärsgruppen,** welche sich zum Zweck des gemeinsamen Erwerbs von Aktien zusammentun oder die durch Kapital, Stimmkraft, Leitung oder auf andere Weise miteinander verbunden sind. Mit der h.L. ist davon auszugehen, dass solche Statutenklauseln auch unter dem neuen Recht zulässig sind (BÖCKLI, § 6 N 60 ff.; FORSTMOSER, ST, 593; HUGUENIN JACOBS, 113 f.; PLETSCHER, 211 f.). Einschränkend ist allerdings festzuhalten, dass sich das statutarische Koalitionsverbot nur auf den *Erwerb* von Namenaktien beziehen kann, während die nachträgliche Abstimmung des Aktionärsverhaltens in allfälligen ABV davon nicht erfasst wird; nach dem Aktienerwerb ist die Koalitionsfreiheit gewährleistet. Die Frage der Behandlung von Aktionärsgruppen wird heute im Wesentlichen im Zusammenhang mit den Meldepflichten und der Regelung von öffentlichen Kaufangeboten unter dem BEHG abgehandelt, worauf hier verwiesen wird (Art. 22 Abs. 3, Art. 24 Abs. 3, Art. 31 Abs. 1 und 2 und Art. 32 BEHG).

2. Erwerb auf fremde Rechnung

8   Ein weiterer Ablehnungsgrund wird der AG in Abs. 2 von Art. 685d zuerkannt für den Fall, dass der Erwerber auf Verlangen nicht ausdrücklich erklärt, die Aktien **im eigenen Namen** und **auf eigene Rechnung** erworben zu haben *(«Treuhandvinkulierung»).* Der Zweck dieser Bestimmung liegt in der Unterbindung des Strohmännertums zur Umgehung der statutarischen Quotenregelung. Selbstverständlich bietet diese Bestimmung keinen absoluten Schutz vor Umgehungen, doch ist ihre Durchsetzbarkeit gegenüber dem früheren Recht deutlich verbessert worden, indem das Gesetz in Art. 686a nunmehr klarstellt, dass Aktionäre, welche die Eintragung im Aktienbuch durch falsche Angaben erwirkt haben, aus dem Aktienbuch gestrichen werden können. Zudem stellt sich hier die Frage einer strafrechtlichen Falschbeurkundung (BÖCKLI, § 6 N 62).

9   Gemäss h.L. bedarf die Bestimmung von Art. 685d Abs. 2 zu ihrer Gültigkeit nicht der **ausdrücklichen Aufnahme in die Statuten,** da sie unmittelbar aus dem Gesetz folgt (BÖCKLI, N 643 und ihm folgend PLETSCHER, 211; FORSTMOSER/MEIER-HAYOZ/NOBEL, § 44 N 171). Obschon eine systematische Auslegung des Gesetzes eigentlich gegen diese Auffassung sprechen würde, indem Art. 685d klarerweise unter dem Titel «Statutarische Beschränkung» steht, legt es der Normzweck nahe (Unterbindung von Umgehungen statutarischer Beschränkungen), diesen Grund als unmittelbar gesetzlichen zu betrachten. Nach Wortlaut und Systematik der Gesetzesbestimmung ist nicht klar, ob die Treuhandvinkulierung gem. Art. 685d Abs. 2 nur im Zusammenhang mit einer statutarischen Prozentklausel gültig ist, gleichsam zu deren Absicherung vor Umgehungen, oder ob sie als selbständige Vinkulierungsklausel in den Statuten verankert werden kann. Die wohl h.L. geht u.E. zu Recht davon aus, dass die Treuhandvinkulierung einen selbständigen Charakter und unabhängig von einer Prozentklausel Bestand hat (BÖCKLI, § 6 N 120; DUBS/BRÜGGER, 288).

10 Im Übrigen ist auf die unpräzise Formulierung der Bestimmung aufmerksam zu machen, indem nicht wie in Abs. 1 richtigerweise von der «Ablehnung des Aktionärs» die Rede ist, sondern von der «Verweigerung der Eintragung des Aktionärs im Aktienbuch». Nach h.L. und Rechtsprechung hat nun aber die Eintragung des Aktionärs im Aktienbuch bloss *deklaratorische Wirkung,* womit sie lediglich ein Indiz für die Aktionärseigenschaft darstellt (BÖCKLI N 322b; FORSTMOSER/MEIER-HAYOZ/NOBEL, § 43 N 84). **Konstitutiv** und damit für die Anerkennung eines Erwerbers als Aktionär entscheidend ist aber allein die **Zustimmung der Gesellschaft** zu dessen Gesuch um Anerkennung (vgl. auch Art. 685g).

3. Ablehnung von Ausländern im Hinblick auf Bundesgesetzgebung

11 Dieser in Art. 4 SchlT AG verankerte Ablehnungsgrund stellt noch die letzte statthafte **Höchstlimite** (im Gegensatz zur Höchstquote) für Aktionäre gemäss neuem Recht dar. Es wird diesbezüglich auf die Kommentierung von Art. 4 SchlT AG verwiesen.

4. Übergang kraft Erbgangs, Erbteilung oder ehelichen Güterrechts

12 Im Gegensatz zur Regelung unter dem früheren Recht sowie unter Art. 685b Abs. 4 gesteht Abs. 4 der Gesellschaft im Falle von börsenkotierten Namenaktien nicht das Recht zu, denjenigen Erwerber abzulehnen, der die Aktien durch **Erbgang, Erbteilung** oder **eheliches Güterrecht** erworben hat. Weder eine statutarische Quotenregelung noch Art. 4 SchlT AG, welcher gemäss Wortlaut lediglich als Ergänzung zu Art. 685d Abs. 1 gedacht ist, vermögen den Übergang auf die Erben bzw. den Ehegatten zu verhindern

(BÖCKLI, N 641; Art. 4 N 3 SchlT AG). Im Vergleich zur Regelung unter Art. 685b Abs. 4 fällt auf, dass der Aktienübergang kraft *Zwangsvollstreckung* hier nicht aufgeführt ist. Eine plausible Erklärung für diese unterschiedliche Regelung ist nicht ersichtlich. Unseres Erachtens liegt daher kein qualifiziertes Schweigen, sondern ein (weiteres) redaktionelles Versehen des Gesetzgebers vor (gl.M. KUNZ, Der Minderheitenschutz im schweizerischen Aktienrecht, § 4 N 175 m.w.H.; **a.M.** KLÄY, Vinkulierung, 291; BÖCKLI § 6 N 114). Bei der Übertragung von börsenkotierten vinkulierten Namenaktien im Rahmen der Tatbestände des FusG *(Fusion, Spaltung und Vermögensübertragung)* gelten dieselben Überlegungen wie für nicht börsenkotierte vinkulierte Namenaktien (vgl. Art. 685b N 9a). Zudem können solche Tatbestände eine Ausnahme zur Höchstquote rechtfertigen (vgl. N 13 f.).

III. Zulässigkeit von Ausnahmen zur Höchstquote

Die Quotenregelung schreibt vor, dass jeder Erwerber von börsenkotierten Namenaktien einen **gesetzlichen Anspruch** darauf hat, bis zu einer bestimmten prozentmässigen Grenze von der Gesellschaft als Aktionär anerkannt zu werden (vgl. die gesetzliche Formulierung «... für die ein Erwerber als Aktionär anerkannt werden muss ...»). Diese Formulierung lässt es wohl zu, dass die Gesellschaft Erwerber auch über diese Grenze hinaus als Aktionäre anerkennt (so BÖCKLI, § 6 N 71 ff., der jedoch zugibt, dass der Übergang von der Ausnahme im Einzelfall zur Willkür fliessend ist; PLETSCHER, 212; krit. DU PASQUIER/OERTLE, 763). Mit Rücksicht auf das *Prinzip der Gleichbehandlung der Aktionäre* sowie die *Forderung nach Transparenz der Ablehnungsgründe* darf nun aber die Gewährung von Ausnahmen jedenfalls nicht lediglich gestützt auf eine allgemein gehaltene «**Kann-Vorschrift**» erfolgen (**a.M.** PLETSCHER, 212). Vielmehr müssen die Statuten selbst die Ausnahmetatbestände möglichst präzise umschreiben und sich hierbei an objektiven Kriterien orientieren (i.E. ebenso HUGUENIN JACOBS, 111 f.; **a.M.** BÖCKLI, § 6 N 71). Andernfalls würde der Willkür Tür und Tor geöffnet. Vgl. hierzu auch BGer v. 2.7.2001, 2A.394/2000 i.S. Baumgartner Papiers Holding SA, der sich mit dieser Frage allerdings nur am Rande im Zusammenhang mit einem Verwaltungsverfahren zu Art. 32 BEHG (Pflicht zur Unterbreitung eines öffentlichen Übernahmeangebots) auseinander setzt (vgl. auch TSCHÄNI, SZW 2001, 298 ff.). 13

Objektiv beachtliche Gründe, welche eine Ausnahme zur Quotenregelung zu rechtfertigen vermögen, sind etwa der Erwerb von Aktien infolge Fusion, die Übernahme von eigenen Aktien der Gesellschaft, welche diese aus rechtlichen Gründen veräussern muss, die Erbringung einer Sacheinlage u.Ä. (vgl. BÖCKLI, § 6 N 75; ob der von BÖCKLI angeführte Grund der «Sondersituation» ebenfalls beachtlich wäre, ist unter dem Gesichtspunkt der Objektivität zweifelhaft). 14

Schwierigkeiten bereiten die **Rechtsfolgen** einer in Verletzung obiger Grundsätze gewährten Ausnahmebewilligung bzw. einer zu Unrecht verweigerten Erteilung einer Ausnahmebewilligung (vgl. hierzu auch Art. 685a N 10 ff.). Das Gesetz selbst sanktioniert in Art. 685 f Abs. 4 nur die widerrechtliche *Ablehnung eines Anerkennungsgesuchs.* Was die *Bewilligung einer Ausnahme* unter Verletzung gesetzlicher oder statutarischer Grundsätze angeht, so steht dem interessierten Aktionär nur dann ein unmittelbarer Rechtsbehelf, nämlich die Anfechtungsklage nach Art. 706 f., zur Verfügung, wenn die Ausnahme aufgrund eines GV-Beschlusses gewährt wurde. In der Regel werden solche Beschlüsse jedoch dem VR obliegen, dessen Entscheidungen nicht der Anfechtungsklage unterliegen (BGE 76 II 61). Das Vorliegen eines Nichtigkeitsgrundes gemäss Art. 714 i.V.m. Art. 706 kann ausgeschlossen werden, so dass lediglich noch der Weg 15 über die Verantwortlichkeitsklage gemäss Art. 754 ff. offen steht, wobei die von der Ausnahmebewilligung betroffenen Aktionäre eine unmittelbare Schädigung geltend zu machen hätten. Der Nachweis eines Vermögensschadens wird hier allerdings regelmässig Mühe bereiten. Die von BÖCKLI vorgeschlagene Lösung einer Klage auf Feststellung, dass die Ausnahmebewilligung gegen das Gesetz verstösst, dürfte den betroffenen Aktionären i.E. wohl weiterhelfen, obschon mit der Feststellungsklage keine Änderung des Aktienbucheintrages erwirkt werden kann: Im Hinblick auf seine Verantwortlichkeit wird sich der VR hüten, dem Feststellungsurteil nicht auch die entsprechende Änderung des Aktienbucheintrags folgen zu lassen (BÖCKLI, § 6 N 78). Grundsätzlich anders verhält es sich, wenn in Missachtung der anwendbaren statutarischen Richtlinien betr. Gewährung von Ausnahmebewilligungen *ein Anerkennungsgesuch abgelehnt wird.* Diesfalls liegt unseres Erachtens ein direkter Anwendungstatbestand von Art. 685 f Abs. 4 vor (vgl. hierzu Art. 685a N 10 ff., Art. 685 f N 11). Das Anfechtungsrecht steht insb. auch dem Aktionär ohne Stimmrecht zur Verfügung (vgl. Art. 685 f N 7).

IV. Zuständigkeit

16 Das Gesetz äussert sich nicht darüber, welches Organ der Gesellschaft zuständig ist zum Entscheid über ein Anerkennungsgesuch (vgl. auch Art. 685a N 8 f.). Die Statuten können diese Frage daher frei regeln. Typischerweise wird nicht die GV für zuständig erklärt werden, sondern – wie schon unter dem alten Recht – der VR. Diese Zuständigkeitsordnung ist praktisch zwingend, weil in Art. 685g eine Ablehnungsfrist von nur 20 Tagen vorgesehen ist, was zur Einberufung und Abhaltung einer GV bei einer Publikumsgesellschaft wegen der zwanzigtägigen Einberufungsfrist von Art. 700 Abs. 1 nicht ausreicht (BÖCKLI, N 567). Die Statuten können den VR ermächtigen, die Kompetenz zum Entscheid über Anerkennungsgesuche nach Massgabe eines Organisationsreglements zu delegieren (Art. 716b Abs. 1).

V. IPR

17 Im Verhältnis zur Gesellschaft bestimmen sich die Voraussetzungen der Ablehnung eines Erwerbers von börsenkotierten Namenaktien stets nach dem Gesellschaftsstatut, also nach Schweizer Recht (Art. 155 lit. f IPRG; BÖCKLI, § 6 N 53). Dies gilt unabhängig davon, wo die börsenkotierten Namenaktien erworben wurden. Ein Vorbehalt ist in Bezug auf Art. 685d Abs. 3 am Platz: Das Vorliegen eines Rechtsübergangs kraft Erbgangs, Erbteilung oder ehelichen Güterrechts kann sich nach kollisionsrechtlichen Grundsätzen in diesen Bereichen durchaus nach ausländischem Recht bestimmen (Art. 52, 54, 91 IPRG).

VI. Intertemporales Recht

18 Kraft Art. 2 SchlT AG galten die unter altem Recht statutarisch vorgesehenen Vinkulierungsgründe noch während der Dauer der Übergangsfrist von fünf Jahren, also bis zum 30.6.1997. Bestimmte daher eine Publikumsgesellschaft in ihren Statuten, dass ein Erwerber von Namenaktien ohne Angabe von Gründen abgelehnt werden konnte, so war diese Regelung bis zum Ablauf der Übergangsfrist noch rechtens. Hat es die Gesellschaft **versäumt, ihre Vinkulierungsbestimmungen rechtzeitig anzupassen,** wurde die neue gesetzliche Regelung unmittelbar anwendbar. Laut überwiegender Lehrmeinung führte dieses Versäumnis jedoch nicht dazu, dass die statutarischen Übertragungsbeschränkungen überhaupt wegfielen und die vinkulierten Namenaktien zu gewöhnli-

chen Namenaktien wurden, womit sie nur noch den gesetzlichen Beschränkungen von Art. 685 unterlagen (vgl. Art. 685b N 21). Vielmehr blieben die Namenaktien vinkuliert, und die Gesellschaft kann ihre Übertragung noch ablehnen, falls der Erwerber sich weigert, ihr gegenüber zu erklären, dass er die Aktien auf eigene Rechnung erworben hat (685d Abs. 2).

Was die Ablehnung eines Erwerbers betrifft, der die kotierten Namenaktien infolge **Erbgangs, Erbteilung** oder **ehelichen Güterrechts** erlangt hat, so war u.E. die neue Regelung von Art. 685d Abs. 3 auch auf die Übergangsfrist anwendbar, es sei denn, die Statuten begnügten sich nicht, wie das üblicherweise der Fall war, mit einem allgemeinen Vorbehalt in Bezug auf Art. 686 Abs. 4 altOR, sondern enthielten selbst eine entsprechende autonome statutarische Ordnung (ebenso FORSTMOSER, SJZ, 158). 19

Art. 685e

b. Meldepflicht — Werden börsenkotierte Namenaktien börsenmässig verkauft, so meldet die Veräussererbank den Namen des Veräusserers und die Anzahl der verkauften Aktien unverzüglich der Gesellschaft.

b. Obligation d'annoncer — Si des actions nominatives cotées en bourse sont vendues en bourse, la banque de l'aliénateur annonce immédiatement à la société le nom du vendeur et le nombre d'actions vendues.

b. Obbligo di annunciare — Se azioni nominative quotate in borsa sono vendute in borsa, la banca dell'alienante annuncia senza indugio alla società il nome dell'alienante e il numero di azioni vendute.

Literatur

Vgl. die Literaturhinweise zu Art. 685.

I. Allgemeiner Normzweck

Ein Hauptzweck der Aktienrechtsrevision von 1992 war die Überwindung der Spaltung der Aktionärsrechte in Vermögensrechte und Mitgliedschaftsrechte und damit zusammenhängend die **Abschaffung der Figur des «Buchaktionärs»** (vgl. die vom BGer entwickelte Spaltungstheorie, BGE 114 II 57 m.w.Nw.). Da im Falle von börsenkotierten Namenaktien zugunsten der Handelbarkeit der Namenaktien auf die einheitliche Behandlung des Übergangs von Vermögens- und Mitgliedschaftsrechten bewusst verzichtet wurde (AmtlBull StR 1988, 482), wollte der Gesetzgeber wenigstens der Existenz des Buchaktionärs ein Ende setzen (vgl. AmtlBull StR 1988, 483). Zur Erreichung dieses Ziels wurde eine **Meldepflicht der Veräussererbank** bei «börsenmässigen» Verkäufen statuiert. Obschon die Gesellschaft damit noch nicht erfährt, wer der neue Erwerber der Aktien ist, ermöglicht sie es ihr wenigstens, den Veräusserer aus dem Aktienbuch auszutragen. Wie unter Art. 685f zu zeigen sein wird, ist zwar damit die Abschaffung der Figur des Buchaktionärs i.S. des alten Rechts mit einer Ausnahme gewährleistet (vgl. Art. 685f N 5), doch die Schaffung von Dispoaktien wird mit dieser Meldepflicht nicht verhindert. Dazu hätte es zusätzlich zur Meldepflicht der Veräussererbank auch einer entsprechenden Pflicht des Erwerbers bzw. der Erwerberbank be- 1 durft. Obwohl eine solche im Gesetzgebungsverfahren erwogen wurde, fand sie schliesslich keine Aufnahme ins Gesetz (AmtlBull StR 1988, 498 f.).

II. Anwendungsbereich

1. Börsenmässiger Verkauf

2 Im Zusammenhang mit dem Rechtsübergang an börsenkotierten Namenaktien unterscheidet das Gesetz zwischen **«börsenmässigem»** und **«ausserbörslichem Verkauf»** (Art. 685 f Abs. 1). Das Gesetz verwendet beide Begriffe, ohne sie näher zu definieren. Angesichts der Schwierigkeiten, die sich bereits bei der Frage ergeben, was unter einer Börse zu verstehen ist (vgl. FORSTMOSER/MEIER-HAYOZ/NOBEL, § 61 N 28), verwundert es nicht, dass der Begriff des «börsenmässigen Erwerbs» noch keine endgültige Klärung erfahren hat. Gemäss *überwiegender Lehrmeinung* ist auf folgende **Abgrenzungskriterien** abzustellen (FORSTMOSER, SZW, 64; FORSTMOSER/MEIER-HAYOZ/NOBEL, § 44 N 213 FN 89; BRUNNER, 147; BRÜGGER, 218): (1) Vorliegen eines Börsenauftrags seitens des Veräusserers; (2) Erstellen einer Börsenabrechnung durch die Veräussererbank unter In-Rechnung-Stellung eines offiziellen Börsenkurses; (3) i.S. eines negativen Abgrenzungskriteriums wird verlangt, dass sich Veräusserer und Erwerber nicht kennen (BÖCKLI, § 6 N 149; krit. dazu BRÜGGER, 218). Einigkeit besteht darüber, dass der Veräusserer als Kunde der Veräussererbank im Hinblick auf die unterschiedliche Regelung des Rechtsübergangs je nachdem, ob die Aktien «börsenmässig» oder «ausserbörslich» verkauft wurden, nicht das Risiko dafür zu tragen hat, auf welche Weise der von ihm in Auftrag gegebene Aktienverkauf durch die Bank abgewickelt wird. Aus diesem Grunde spielt es keine Rolle, ob die Bank den Auftrag mittels Selbsteintritt oder bankinterner Kompensation erfüllt (AmtlBull StR 1988, 494).

2. Veräussererbank

3 Die Meldepflicht trifft die **«Veräussererbank»**. Der Gesetzgeber versprach sich davon eine bessere Durchsetzbarkeit der Bestimmung, als wenn die Pflicht dem Veräusserer auferlegt worden wäre (AmtlBull 1991, 73). Gemäss einhelliger Lehre wird unter «Bank» i.S. dieser Bestimmung nicht eine Bank gemäss dem BankG verstanden, sondern allgemein solche Institute, die als Banken oder Effektenhändler den Börsenauftrag des Veräusserers ausführen (BÖCKLI, N 662). In erster Linie wird diese Meldepflicht die Börsenmitglieder treffen (BRÜGGER, 219). Im SIS-Namenaktiensystem erfolgt diese Meldung durch die Veräussererbank automatisch (BRUNNER, 146 FN 214). Wie sich diese Meldepflicht mit dem in Art. 47 BankG verankerten *Bankgeheimnis* vereinbaren lässt, ist unklar. Es ist aber davon auszugehen, dass die Meldepflicht als *lex specialis* Vorrang hat gegenüber Art. 47 BankG und die Bank insofern von ihrer Geheimhaltepflicht entbindet.

III. Gegenstand der Meldepflicht und Rechtsfolgen

4 Gegenstand der Meldepflicht sind gemäss Wortlaut des Gesetzes der **Name des Veräusserers** sowie die **Anzahl der verkauften Aktien.** Aufgrund dieser Meldung hat die Gesellschaft den Veräusserer für die entsprechende Anzahl Aktien aus dem Aktienregister auszutragen (Art. 685 f Abs. 1). Im Unterschied zur Praxis unter dem alten Recht verunmöglicht es diese Neuregelung selbst im Bereich der kotierten Namenaktien – soweit sie börsenmässig übertragen werden –, dass die Gesellschaft im Aktienbuch weiterhin «Buchaktionäre» führt. Gleichzeitig wird dadurch auch die Bildung von Dispoak-

tien erschwert, mangels Meldepflicht des Erwerbers jedoch nicht ausgeschlossen (BÖCKLI, § 6 N 152 ff.; Art. 685 f N 9).

IV. Zeitpunkt der Meldung

Laut Gesetz ist die Meldung «**unverzüglich**» vorzunehmen. Allgemein wird davon ausgegangen, dass damit eine Zeitspanne von drei Bankwerktagen gemeint ist, womit eine Übereinstimmung mit den geltenden Börsenusanzen erreicht wäre (vgl. Art. 18 Usanzen der Schweizer Börse SWX; BÖCKLI, § 6 N 150; BRÜGGER, 219). 5

V. Durchsetzung der Meldepflicht

Sowohl der Veräusserer als auch die Gesellschaft haben einen unmittelbaren gesetzlichen Durchsetzungsanspruch gegen die Veräussererbank. Zusätzlich kann darüber hinaus ggf. Schadenersatz gegen die Bank geltend gemacht werden. Praktisch wird eine **gerichtliche Durchsetzung des Anspruchs** wohl nur in denjenigen Fällen vorkommen, wo bei der Gesellschaft ein Gesuch um Anerkennung eingeht, ohne dass die Veräussererbank zuvor den Verkauf der entsprechenden Aktien gemeldet hat und Streit darüber besteht, ob die Veräusserung börsenmässig oder ausserbörslich stattgefunden hat (mit den damit verbundenen unterschiedlichen Rechtsfolgen betr. Zeitpunkt des Rechtsübergangs nach Art. 685 f). 6

VI. IPR

Findet der börsenmässige Verkauf der Aktien an einer ausländischen Börse und unter Mitwirkung einer nach **ausländischem Recht organisierten Veräussererbank** statt, so fragt es sich, ob diese ebenfalls der Meldepflicht von Art. 685e untersteht. Die Frage entscheidet sich letztlich danach, ob Art. 685e als *gesellschaftsrechtliche Norm* aufzufassen ist oder ob sie, entgegen ihrer systematischen Unterbringung im Gesellschaftsrecht, als eine *vertragsrechtliche Vorschrift* begriffen werden muss. Unseres Erachtens ist Letzteres zutreffend. Denn die Meldepflicht der Veräussererbank ist eine gesellschaftrechtsfremde Bestimmung (die Veräussererbank steht in keinem gesellschaftsrechtlichen Verhältnis zur betreffenden Gesellschaft), deren Hauptanliegen das Funktionieren der Börsen ist. Wird die Bestimmung als dem Vertragsrecht zugehörig betrachtet, wird in aller Regel entweder Auftragsrecht oder – bei Selbsteintritt der Bank – Kaufrecht zur Anwendung gelangen. In beiden Fällen darf davon ausgegangen werden, dass aufgrund einer allgemeinen und ausdrücklichen Rechtswahl der Bank deren Heimatrecht anwendbar ist (gl.M. BÖCKLI, § 6 N 53 FN 109). Die Anwendbarkeit schweizerischen Rechts dürfte jedenfalls die Ausnahme sein. 7

Art. 685f

c. Rechtsübergang

¹ Werden börsenkotierte Namenaktien börsenmässig erworben, so gehen die Rechte mit der Übertragung auf den Erwerber über. Werden börsenkotierte Namenaktien ausserbörslich erworben, so gehen die Rechte auf den Erwerber über, sobald dieser bei der Gesellschaft ein Gesuch um Anerkennung als Aktionär eingereicht hat.

Art. 685f

² Bis zur Anerkennung des Erwerbers durch die Gesellschaft kann dieser weder das mit den Aktien verknüpfte Stimmrecht noch andere mit dem Stimmrecht zusammenhängende Rechte ausüben. In der Ausübung aller übrigen Aktionärsrechte, insbesondere auch des Bezugsrechts, ist der Erwerber nicht eingeschränkt.

³ Noch nicht von der Gesellschaft anerkannte Erwerber sind nach dem Rechtsübergang als Aktionär ohne Stimmrecht ins Aktienbuch einzutragen. Die entsprechenden Aktien gelten in der Generalversammlung als nicht vertreten.

⁴ Ist die Ablehnung widerrechtlich, so hat die Gesellschaft das Stimmrecht und die damit zusammenhängenden Rechte vom Zeitpunkt des richterlichen Urteils an anzuerkennen und dem Erwerber Schadenersatz zu leisten, sofern sie nicht beweist, dass ihr kein Verschulden zur Last fällt.

c. Transfert du droit

¹ Si des actions nominatives cotées en bourse sont acquises en bourse, les droits passent à l'acquéreur du fait de leur transfert. Si des actions nominatives cotées en bourse sont acquises hors bourse, les droits passent à l'acquéreur dès que celui-ci a déposé auprès de la société une demande de reconnaissance comme actionnaire.

² Jusqu'à cette reconnaissance, l'acquéreur ne peut exercer ni le droit de vote qui découle de l'action ni les autres droits attachés au droit de vote. L'acquéreur n'est pas restreint dans l'exercice de tous les autres droits, en particulier du droit de souscription préférentiel.

³ Les acquéreurs non encore reconnus par la société sont, après le transfert du droit, inscrits au registre des actions comme actionnaires sans droit de vote. Leurs actions ne sont pas représentées à l'assemblée générale.

⁴ En cas de refus illicite de l'acquéreur, la société est tenue de reconnaître son droit de vote ainsi que les droits attachés au droit de vote à partir du jour du jugement; elle est en outre tenue de réparer le dommage que l'acquéreur a subi du fait de son refus à moins qu'elle ne prouve qu'aucune faute ne lui est imputable.

c. Trasferimento dei diritti

¹ Se azioni nominative quotate in borsa sono acquistate in borsa, i diritti passano all'acquirente con il trasferimento. Se azioni nominative quotate in borsa sono acquistate al di fuori di essa, i diritti passano all'acquirente soltanto quando egli ha presentato alla società la domanda intesa ad essere riconosciuto come azionista.

² Fino al riconoscimento, l'acquirente non può esercitare né il diritto di voto inerente alle azioni, né gli altri diritti connessi con il diritto di voto. Nell'esercizio di tutti gli altri diritti, in particolare di quello d'opzione, l'acquirente non è limitato.

³ Gli acquirenti non ancora riconosciuti dalla società sono iscritti nel libro delle azioni, dopo il trasferimento dei diritti, come azionisti senza diritto di voto. Le loro azioni non sono rappresentate nell'assemblea generale.

⁴ Qualora l'acquirente venga illecitamente rifiutato come azionista, la società è tenuta a riconoscere a decorrere dalla decisione giudiziale il suo diritto di voto e gli altri diritti connessi con il diritto di voto. Essa è inoltre tenuta a risarcire l'acquirente per il danno cagionato in quanto non provi che non gli incombe nessuna colpa.

2. Abschnitt: Rechte und Pflichten der Aktionäre   1–3 Art. 685f

Literatur

Vgl. die Literaturhinweise zu Art. 685.

I. Allgemeines

In Abweichung vom Prinzip der «*Einheit der Aktionärsrechte*», wie es für die Übertragung nicht kotierter Namenaktien gilt, sieht das Gesetz für die **kotierten Namenaktien** einen **separaten Übergang** des «*Stimmrechts und der damit zusammenhängenden Rechte*» und der «*übrigen Aktionärsrechte*» vor. Zu begründen ist diese unterschiedliche Regelung mit der Sicherstellung der börslichen Handelbarkeit von kotierten Namenaktien. Denn anders als bei nicht kotierten ist bei den kotierten Namenaktien eine Rückabwicklung des Verkaufs mangels Anerkennung des Erwerbers durch die Gesellschaft praktisch ausgeschlossen (AmtlBull StR 1991, 471). Zwar wird in Abs. 1 der Bestimmung noch einheitlich vom Übergang «der Rechte» gesprochen, doch macht die Formulierung in Abs. 2 deutlich, dass eben nur die aus der Aktie fliessenden Forderungsrechte unmittelbar mit dem Kauf bzw. dem Gesuch um Anerkennung übergehen, während das Stimmrecht und die damit zusammenhängenden Rechte bis zum Zeitpunkt der eigentlichen Anerkennung des Erwerbers durch die Gesellschaft suspendiert bleiben. Indem es an einer zeitlichen Begrenzung dieser Suspendierung fehlt und der Erwerber bei Einreichung des Gesuchs um Anerkennung ohne weiteres als **«Aktionär ohne Stimmrecht»** ins Aktienbuch einzutragen ist und – selbst bei nachfolgender Verweigerung der Anerkennung – als solcher eingetragen bleibt, wurde im Bereich der kotierten Namenaktien *de facto* eine *gesetzliche Spaltung* der Aktionärsrechte geschaffen. Dabei wurde der frühere «Buchaktionär» neu durch den «Aktionär ohne Stimmrecht» ersetzt (BÖCKLI, § 6 N 129; DU PASQUIER/OERTLE, 762). Im Ergebnis wird mit dieser Ordnung der Gesellschaft die Kontrolle über die kapitalmässige Beteiligung ihres Aktionariats entzogen, was im Hinblick auf gewisse BG nicht ohne Bedeutung ist (vgl. Art. 4 N 6 SchlT AG).

1

II. Rechtsübergang

1. Börsenmässig erworbene Namenaktien

Laut Abs. 1 gehen die Rechte an **börsenmässig erworbenen Namenaktien** mit deren **Übertragung** auf den Erwerber über. Zum Begriff des «börsenmässigen Erwerbs» vgl. Art. 685e N 2. Gemäss Abs. 2 Satz 1 **ruhen** jedoch bis zu seiner Anerkennung das **Stimmrecht** sowie alle andern mit dem Stimmrecht zusammenhängenden Rechte. Mit andern Worten gehen mit der rechtsgültigen Übertragung kotierter Namenaktien aufgrund eines börsenmässigen Erwerbs die *Mitgliedschaft* (Aktionärsstellung) als solche sowie sämtliche *Vermögensrechte,* namentlich das Dividendenrecht, das Bezugsrecht und das Recht auf den Liquidationserlös, auf den Erwerber über. Auf sein Gesuch hin und bei entsprechendem Nachweis der Übertragung ist der Erwerber von der Gesellschaft ohne weiteres als Aktionär ohne Stimmrecht ins Aktienbuch einzutragen (Abs. 3).

2

2. Ausserbörslich erworbene Namenaktien

Im Unterschied zu den börsenmässig erworbenen Namenaktien erfolgt der Rechtsübergang bei **ausserbörslich erworbenen Namenaktien** in Bezug auf die Vermögensrechte nicht unmittelbar mit Übertragung, sondern erst *mit Einreichung des Gesuchs um Anerkennung* durch den Erwerber (Abs. 1 Satz 2). Zu diesem Zeitpunkt ist der «ausserbörs-

3

liche Erwerber» auch als Aktionär ohne Stimmrecht im Aktienbuch einzutragen (Abs. 3). Gleich wie im Falle der börsenmässig erworbenen kotierten Namenaktien ruht auch bei den ausserbörslich erworbenen Namenaktien das Stimmrecht und die damit verbundenen Aktionärsrechte bis zur Anerkennung des Erwerbers durch die Gesellschaft (Abs. 2).

3. Zeitpunkt des Rechtsübergangs

4 Gemäss Wortlaut des Gesetzes erfolgt der Rechtsübergang beim **börsenmässigen Erwerb** mit der «**Übertragung**» der Namenaktien. Damit ist nicht die *Verpflichtung,* d.h. der Abschluss des Kaufvertrages (oder evt. eines Options- oder Terminvertrages), sondern die *Verfügung* über die Aktien, also dessen Erfüllung gemeint (BÖCKLI, § 6 N 136). Je nach Übertragungsart, der die betreffende Aktie untersteht, ist der Zeitpunkt ein anderer: Ist der Aktientitel blankoindossiert, erfolgt die Übertragung im Zeitpunkt der Lieferung bzw. des entsprechenden Bucheintrags; im Falle des Vollmachtindossaments ist auf den Zeitpunkt der Anbringung des Indossaments abzustellen; besteht weder ein Blankoindossament noch ein Vollmachtindossament, so ist entscheidend der Zeitpunkt der Einsendung des Aktientitels durch den Verkäufer an die Bank oder die Gesellschaft; bei den Namenaktien mit aufgeschobenem und aufgehobenem Titeldruck ist auf den Zeitpunkt der Vornahme der Zession bzw. den entsprechenden Bucheintrag abzustellen (vgl. auch Zirkular Nr. 1028 D der Schweizerischen Bankiervereinigung vom 30.6.1992 sowie BRUNNER, 162 ff.). Zwecks Vereinfachung und Vereinheitlichung der Übertragung von börsenkotierten Namenaktien, haben die interessierten Marktteilnehmer (Emittenten, Banken, Börse) ein Modell erarbeitet, das heute für die an der Schweizer Börse SWX kotierten Namenaktien allgemein Anwendung findet. Das Modell basiert auf dem Grundsatz, dass der Bankkunde und Aktionär pro Bank und Depot nur einmal ein Eintragungsgesuch unterzeichnet, welches dann für alle Namenaktien schweizerischer Publikumsgesellschaften gilt (sog. Prinzip der Einmal-Eintragungsermächtigung; vgl. Richtlinie der Schweizerischen Zulassungsstelle betreffend Handelbarkeit von Namenaktien vom 24.4.1996). Was die Dividendenberechtigung angeht, so ist darauf hinzuweisen, dass diese kraft allg. Regeln des Kaufrechts (Art. 185) beim börsenmässigen Erwerb bereits mit *Abschluss* des entsprechenden Kaufvertrags auf den Käufer übergeht (vgl. Art. 2 Usanzen der Schweizer Börse SWX).

5 Einfacher ist die Bestimmung des Zeitpunkts des Rechtsübergangs, wenn kotierte Namenaktien **ausserbörslich** erworben werden. Hier sagt das Gesetz, dass die Rechte auf den Erwerber übergehen, sobald dieser ein Gesuch um Anerkennung als Aktionär eingereicht hat. Entscheidend ist hier also der Tag, an dem das Anerkennungsgesuch bei der Gesellschaft eingeht. Da das Gesetz bei der ausserbörslichen Veräusserung von Namenaktien weder eine Meldepflicht des Verkäufers noch eine Frist zur Einreichung des Gesuchs vorsieht, ist es denkbar, dass die solchermassen übertragenen Aktionärsrechte ähnlich wie im Falle des Buchaktionärs «verwaisen». Der Verkäufer hat mit der Veräusserung der Aktien sein Interesse an der Gesellschaft verloren und der Erwerber besitzt mangels Einreichung eines Anerkennungsgesuchs keinerlei Rechte gegenüber der Gesellschaft (BÖCKLI, § 6 N 146). Im Unterschied zum Buchaktionär i.S. der Spaltungstheorie bleibt freilich der Veräusserer für die Zeit bis zur Einreichung des Anerkennungsgesuchs durch den Erwerber Vollaktionär bzw. Aktionär ohne Stimmrecht, d.h. er behält auch die aus der Aktie fliessenden Forderungsrechte (vgl. hierzu N 9).

III. Der Aktionär ohne Stimmrecht

Im Ergebnis führt die in Art. 685 f vorgesehene Regelung der Rechtsübertragung an kotierten Namenaktien zur Schaffung von *zwei verschiedenen Kategorien* von Namenaktionären, die beide im Aktienbuch eingetragen sind, nämlich dem «**Namenaktionär ohne Stimmrecht**» und dem «**Namenaktionär mit Stimmrecht**» oder «**Vollaktionär**» (BÖCKLI, § 6 N 137; ZINDEL, 201 f.; BRUNNER, 148 ff.). Damit stellt sich die Frage nach der Rechtsstellung des «Namenaktionärs ohne Stimmrecht». 6

Auszugehen ist von der Feststellung, dass dem Aktionär ohne Stimmrecht die **Mitgliedschaft** an der AG und somit die eigentliche **Aktionärsstellung** zukommt. Dies ergibt sich aus der konzeptionellen Ausgestaltung des Rechtsübergangs, indem grundsätzlich sämtliche Rechte mit Erwerb der Aktien bzw. mit Einreichung des Anerkennungsgesuchs auf den Erwerber übergehen, die Ausübung des Stimmrechts jedoch bis zu seiner Anerkennung ruht, d.h. *suspendiert* ist (i.E. ebenso BÖCKLI, § 6 N 135; ZINDEL, 205). Zur Frage der Rechtsstellung der Aktionäre ohne Stimmrecht äussert sich das Gesetz nur gerade in Abs. 3, wo festgehalten wird, dass die «entsprechenden Aktien in der GV als nicht vertreten gelten». Gestützt auf diese Bestimmung ist bloss klar, dass dem Aktionär ohne Stimmrecht weder das Stimmrecht noch sonstige Mitwirkungsrechte, wie etwa das Teilnahmerecht, das Antragsrecht oder das Recht auf Auskunft oder Einsicht, in der GV zustehen. Demgegenüber sind dem Aktionär ohne Stimmrecht die Einladung zur GV und die daran gefassten Beschlüsse – analog zum Partizipanten (Art. 656d) – zur Kenntnis zu bringen. Denn auch als Aktionär ohne Stimmrecht hat er ein berechtigtes Interesse daran, dass die an der GV gefassten Beschlüsse, die ihn ja gleichermassen treffen wie einen Vollaktionär, in Übereinstimmung mit Gesetz und Statuten ergehen (gl.M. ZINDEL, 207; BRUNNER 150, FN 242; BÖCKLI, § 6 N 140). Klar ist auch, dass die Aktionäre ohne Stimmrecht bzw. die von diesen gehaltenen Aktien bei der *Berechnung qualifizierter Mehrheiten* nicht zu berücksichtigen sind (BÖCKLI, § 6 N 142). 7

IV. Verhältnis zu Art. 686 Abs. 4

Das Gesetz sieht zwar in Art. 685e eine Pflicht der Veräussererbank vor, der Gesellschaft den börsenmässigen Verkauf von Namenaktien zu melden, eine entsprechende *Mitteilungspflicht für den Erwerber fehlt hingegen*. Dennoch bestimmt Abs. 1 in Bezug auf börsenmässig erworbene Namenaktien, dass die Rechte mit der Übertragung auf den Erwerber übergehen, und laut Abs. 2 derselben Vorschrift ist der Erwerber in der Ausübung der Vermögensrechte nicht eingeschränkt. Dies ist unter dem Blickwinkel von Art. 686 Abs. 4 problematisch. Gleich wie unter dem früheren Recht gilt nämlich gemäss dieser Bestimmung als Aktionär im Verhältnis zur Gesellschaft nur, **wer im Aktienbuch eingetragen ist.** Die Frage drängt sich daher auf, in welchem Verhältnis diese beiden Vorschriften zueinander stehen. 8

Ausgangspunkt zur Lösung des Problems bildet die Bestimmung in Art. 686 Abs. 4: Aktionär im Verhältnis zur Gesellschaft ist nur, wer im Aktienbuch eingetragen ist. Der Erwerber, der kein Gesuch um Anerkennung als Aktionär bei der Gesellschaft einreicht, ist im Verhältnis zur Gesellschaft somit überhaupt nicht Aktionär, und zwar unabhängig davon, ob die Namenaktien börsenmässig oder ausserbörslich gekauft wurden. Aufgrund der bloss *deklaratorischen Wirkung* des Aktienbucheintrages und gestützt auf die Bestimmungen von Art. 685f Abs. 2, 2. Satz wird aber der Aktionär, der die Namenaktien börsenmässig erworben hat, dennoch Gläubiger der Gesellschaft bezüglich der aus den Aktien fliessenden Vermögensrechte. Erbringt daher die Gesellschaft Leistungen vermögensrechtlicher Art an den Aktionär, wie z.B. Dividenden- oder Kapitalrück- 9 zahlungen, wird dieser dadurch nicht ungerechtfertigt bereichert (ebenso nun BÖCKLI, § 6 N 164, FN 287; BRUNNER, 152). Im Rahmen des SIS-Namenaktiensystems werden solche Zahlungen denn auch regelmässig an die Depotbank des Aktienerwerbers geleistet, selbst wenn sich dieser gegenüber der Gesellschaft nicht zu erkennen gibt (BÖCKLI, § 6 N 165; BRUNNER, 152 f.). Damit aber gibt es auch nach neuem Recht weiterhin sog. **Dispoaktien,** Namenaktien also, die Inhaberpapieren gleich im Markt zirkulieren (vgl. auch BÄR, 414). Erst wenn der Erwerber der Gesellschaft ein Gesuch um Anerkennung als Aktionär gestellt hat, wird er im Verhältnis zu dieser Aktionär i.S.v. Art. 686 Abs. 4, indem ihn die Gesellschaft entweder als Aktionär mit Stimmrecht oder wenigstens als Aktionär ohne Stimmrecht im Aktienbuch einzutragen hat. Es liegt daher im eigenen Interesse des Erwerbers, ein Anerkennungsgesuch zu stellen. BÖCKLI (§ 6 N 164) spricht deshalb zu Recht von einer «*Obliegenheit*» des Erwerbers, sich bei der Gesellschaft zu melden. Das Bestehen solcher Dispoaktien sollte zwar die Beschlussfähigkeit der GV nicht mehr beeinträchtigen, weil unter dem neuen Recht sämtliche (gesetzlichen) Präsenzquoren abgeschafft sind, doch führt es zu einer Schwächung der Gesellschaft in einem möglichen Übernahmekampf: Je geringer der Bestand an eingetragenen Aktionären mit Stimmrecht ist, desto tiefer liegt die Schwelle für eine beherrschende Einflussnahme durch einen «Angreifer» (vgl. BÖCKLI, § 6 N 132 f.).

9a In der Praxis der schweizerischen Publikumsgesellschaften ist der Bestand an Dispoaktien seit dem Inkrafttreten des neuen Aktienrechts zum Teil erheblich angewachsen (vgl. BRUNNER, 158 f.; BÖCKLI, § 6 N 165 ff.). Diese Entwicklung steht im Widerspruch zum Bedürfnis der Gesellschaften nach Transparenz ihrer Aktionärsstruktur. Um dem Abhilfe zu schaffen, wurde im Rahmen des SIS-Namenaktiensystems das sog. SIS-Nominee-Modell geschaffen. Danach wird die SIS als stimmrechtslose Aktionärin im Aktienbuch eingetragen mit der (vertraglichen) Verpflichtung der Gesellschaft, unter Wahrung des Bankgeheimnisses ihrer Mitglieder, Angaben über die Aktionärsstruktur zu machen (hierzu BRUNNER, 156 und 169 ff.; vgl. auch FORSTMOSER/MEIER-HAYOZ/NOBEL, § 44 N 241 f.).

V. Ablehnung des Anerkennungsgesuchs

10 Lehnt die Gesellschaft das Gesuch um Anerkennung ab, so wird der Erwerber nicht als «Aktionär mit Stimmrecht» im Aktienbuch eingetragen. Sein **Stimmrecht** und alle damit verbundenen Aktionärsrechte bleiben damit **permanent** (d.h. bis zu einem Verkauf der Aktien an einen «Vollaktionär») **suspendiert.** Die Ablehnung bedeutet demgegenüber nicht, dass der Erwerber auch als «Aktionär ohne Stimmrecht», als welcher er bereits ins Aktienbuch eingetragen wurde, gestrichen wird. Vielmehr bleibt ihm diese Stellung trotz der Ablehnung erhalten. Dies gilt auch für den Fall, dass die Ablehnung nicht mit der Prozentklausel begründet wird, sondern mit der Unwilligkeit bzw. Unfähigkeit des Erwerbers, der Gesellschaft gegenüber zu erklären, dass er die Aktien auf eigene Rechnung erworben hat (Art. 685d Abs. 2). Folglich steht der Eintragung von *Treuhändern* (z.B. Banken) im Aktienbuch als «Aktionäre ohne Stimmrecht» nichts im Wege (zum SIS-Nominee-Modell, vgl. N 9a; zur Frage der Bekanntgabe des Treugebers [oder wirtschaftlich Berechtigten an den Namenaktien] durch den Treuhänder, vgl. DUBS/BRÜGGER, 282 ff.).

11 Gegen die Ablehnung eines Anerkennungsgesuchs als Aktionär mit Stimmrecht kann der Erwerber den **Richter** anrufen. Obwohl das Gesetz hierzu schweigt, ist davon auszugehen, dass damit ein von der Anfechtungsklage gemäss Art. 706 f. unabhängiges Klagerecht gemeint ist, so dass weder die dort vorgesehenen Klagegründe noch die

Klagefrist zur Anwendung gelangen. Kommt der Richter zum Schluss, dass die Ablehnung widerrechtlich war, ist der Erwerber «vom Zeitpunkt des richterlichen Urteils an» (und nicht etwa auf den Tag der Einreichung des Anerkennungsgesuchs) als Aktionär mit Stimmrecht anzuerkennen. Dieser Zeitpunkt bestimmt sich daher grundsätzlich nach kantonalem Prozessrecht.

Das Gesetz sieht zudem eine **Schadenersatzpflicht** der Gesellschaft vor, «sofern sie nicht beweist, dass ihr kein Verschulden zur Last fällt». Dieser Exkulpationsbeweis untersteht den allgemeinen, im Zusammenhang mit Art. 97 anwendbaren Regeln (vgl. BSK OR I-WIEGAND, Art. 97 N 40 ff.). Der Nachweis eines Schadens dürfte dem Kläger regelmässig Mühe bereiten, da sich die Eintragung lediglich in Bezug auf die Nicht-Vermögensrechte des Aktionärs, nämlich das Stimmrecht und die damit zusammenhängenden Rechte bezieht. Massgebend für die Berechnung eines allfälligen Vermögensschadens wird sein die Differenz zwischen dem tatsächlichen Vermögensstand des Klägers zum Zeitpunkt des Urteils und dem hypothetischen Vermögensstand zum selben Zeitpunkt unter der Annahme, dass das Gesuch innert der gesetzlichen Frist von 20 Tagen genehmigt worden wäre (ebenso BÖCKLI, § 6 N 185). 12

VI. IPR

Ebenso wie die Voraussetzungen richten sich die Folgen des Rechtsübergangs an kotierten Namenaktien im Verhältnis zur Gesellschaft gemäss schweizerischem IPR nach dem Gesellschaftsstatut und somit nach Schweizer Recht (Art. 155 lit. f IPRG). 13

VII. Intertemporales Recht

Unter Vorbehalt einer **autonomen Regelung in den Statuten** richtete sich der Rechtsübergang an kotierten Namenaktien nach den gesetzlichen Bestimmungen. Damit erstreckte sich der zeitliche Anwendungsbereich von Art. 685f i.d.R. auf Rechtsübertragungen an börsenkotierten Namenaktien, die nach dem 1. 7. 1992 erfolgt sind (FORSTMOSER, SJZ, 159; DU PASQUIER/OERTLE, 764). 14

Art. 685g

d. Ablehnungsfrist	**Lehnt die Gesellschaft das Gesuch des Erwerbers um Anerkennung innert 20 Tagen nicht ab, so ist dieser als Aktionär anerkannt.**
d. Délai de refus	Si la société ne refuse pas la reconnaissance de l'acquéreur dans les 20 jours, celui-ci est réputé reconnu comme actionnaire.
d. Termine di rifiuto	Se la società non rifiuta il riconoscimento entro venti giorni, l'acquirente è riconosciuto come azionista.

Literatur

Vgl. die Literaturhinweise zu Art. 685.

I. Bestimmung der Frist

1 Das Gesetz äussert sich nicht zur Frage, wann die Frist von 20 Tagen, die der Gesellschaft zur Ablehnung eines Anerkennungsgesuchs gesetzt ist, zu laufen beginnt oder wann sie endet. Der **Beginn der Frist** ist vernünftigerweise auf den Tag festzulegen, an dem *das Gesuch* bei der Gesellschaft tatsächlich *eingeht*. Was die Mitteilung der Ablehnung betrifft, ist von der im Bereich des OR geltenden *Empfangstheorie* auszugehen, sodass die **Frist** an dem Tag **endet**, an dem die Mitteilung in den Machtbereich des Erwerbers gelangt (BSK OR I-BUCHER, Art. 10 N 4). Damit aber liegt die Gefahr, dass die Mitteilung beim Aktionär gar nie eintrifft, bei der *Gesellschaft,* was im Falle von im Ausland wohnhaften Aktionären sowie im Hinblick auf die damit verbundene Rechtsfolge (vgl. N 2) ein nicht geringes Risiko darstellt (DU PASQUIER/OERTLE, 764).

II. Fiktion der Anerkennung

2 Ergeht der Ablehnungsentscheid nicht innerhalb von 20 Tagen, gilt der Erwerber als anerkannt. Das Gesetz knüpft an die Nichteinhaltung der Ablehnungsfrist also eine sehr starke Rechtsfolge, indem es eine **Fiktion**, d.h. eine unwiderlegbare gesetzliche Vermutung, zugunsten der Anerkennung aufstellt.

III. Intertemporales Recht

3 Sofern die nach altem Recht abgefassten Statuten keine besondere, selbständige Regelung betr. die Modalitäten der Ablehnung eines Eintragungsgesuchs enthielten, welche gemäss Art. 2 SchlT AG noch für die Dauer der Übergangsfrist Gültigkeit behielten, kam die Bestimmung von Art. 685g unmittelbar auf alle nach dem Inkrafttreten des neuen Rechts eingereichten Anerkennungsgesuche zur Anwendung (FORSTMOSER, SJZ, 159; DU PASQUIER/OERTLE 764).

Art. 686

4. Aktienbuch
a. Eintragung

¹ Die Gesellschaft führt über die Namenaktien ein Aktienbuch, in welches die Eigentümer und Nutzniesser mit Namen und Adresse eingetragen werden.

² Die Eintragung in das Aktienbuch setzt einen Ausweis über den Erwerb der Aktie zu Eigentum oder die Begründung einer Nutzniessung voraus.

³ Die Gesellschaft muss die Eintragung auf dem Aktientitel bescheinigen.

⁴ Im Verhältnis zur Gesellschaft gilt als Aktionär oder als Nutzniesser, wer im Aktienbuch eingetragen ist.

4. Registre des actions
a. Inscription

¹ La société tient un registre des actions, qui mentionne le nom et l'adresse des propriétaires et des usufruitiers d'actions nominatives.

² L'inscription au registre des actions n'a lieu qu'au vu d'une pièce établissant l'acquisition du titre en propriété ou la constitution d'un usufruit.

³ La société est tenue de porter cette mention sur le titre.

⁴ Est considéré comme actionnaire ou usufruitier à l'égard de la société celui qui est inscrit au registre des actions.

4. Libro delle azioni a. Iscrizione	¹ La società tiene un libro delle azioni, che indica il nome e l'indirizzo dei proprietari e degli usufruttuari delle azioni nominative. ² L'iscrizione nel libro delle azioni ha luogo soltanto ove sia provato l'acquisto in proprietà dell'azione o la costituzione di un usufrutto su di essa. ³ La società è tenuta a far menzione sul titolo dell'avvenuta iscrizione. ⁴ Nei confronti della società si considera azionista o usufruttuario soltanto chi è iscritto nel libro delle azioni.

Literatur

VON BALLMOOS, Legitimation und materielle Berechtigung – von der Bedeutung und den Folgen des Aktienbucheintrags unter neuem Aktienrecht bei börsenkotierten Gesellschaften, in: Aktienrecht 1992–1997, Versuch einer Bilanz, Bern 1998; BENZ, Aktienbuch und Aktionärswechsel, Diss. Zürich 1981; EPPENBERGER, Information des Aktionärs, Auskunfts- oder Mitteilungspflicht?, Diss. St. Gallen 1989; FORSTMOSER/LÖRTSCHER, Namenaktien mit aufgeschobenem Titeldruck, SAG 1987, 50 ff.; FORSTMOSER, Die Rückgängigmachung von Eintragungen im Aktienbuch – problemlos oder unzweideutig rechtswidrig?, SAG 1989, 173 ff.; VON GREYERZ, Aktionärsschutz im neuen Aktienrecht, ZBJV 1984, 441 ff.; KÜNG, Aberkennung der Aktionärseigenschaft durch den VR?, SAG 1989, 181 ff.; PESTALOZZI-HENGGELER, Die Namenaktie und ihre Vinkulierung, Diss. Zürich 1948; NOBEL/GRONER, Transnationales und Europäisches Aktienrecht, Bern 2006; ZOBL, Zur Frage der Einblicknahme in das Aktienbuch, SZW 1992, 49 ff.

I. Allgemeines

Art. 686 entspricht dem früheren Art. 685. Die hauptsächlichen Änderungen ergeben sich aus der Tatsache, dass neu nicht nur der Eigentümer im Aktienbuch einzutragen ist, sondern auch der **Nutzniesser.** Dies hat zu verschiedenen redaktionellen Änderungen gegenüber dem Text von Art. 685 altOR geführt (Botschaft AG, 903). **1**

Gibt die Gesellschaft *Namenaktien* aus, ist sie **verpflichtet, ein Aktienbuch zu führen.** Diese Pflicht trifft den VR (FORSTMOSER/MEIER-HAYOZ/NOBEL, § 43 N 76); aufgrund der allgemeinen gesetzlichen Zuständigkeitsordnung bleibt dieser auch verantwortlich, wenn er diese Aufgabe nach Massgabe eines Organisationsreglementes delegiert hat (Art. 716b Abs. 1). Die Pflicht zur Eröffnung des Aktienbuchs entsteht nach überwiegender Lehrmeinung sogleich mit der Eintragung der Gesellschaft im Handelsregister und nicht erst mit der eigentlichen Ausgabe von Aktientiteln (ZK-BÜRGI, Art. 685 N 2 m.w.Nw.). Dem Aktionär steht das Recht zu, im Säumnisfall die Einrichtung des Aktienbuches gerichtlich zu erzwingen (SCHUCANY, Art. 685 N 1). Auch darüber, wie das Aktienbuch *formell* zu führen ist, äussert sich das Gesetz nicht. Zweckmässig und üblich ist, dass das Aktienbuch als *Aktienstellenregister* geführt wird, d.h. für jeden Aktientitel ist ein besonderes Blatt vorzusehen. Während bei privaten Gesellschaften das Aktienbuch in Papierform (Buch, lose Blätter, Kartothek) nach wie vor die Regel sein dürfte, werden grössere Publikumsgesellschaften mit kotierten Namenaktien das Aktienbuch auf EDV führen. Aufgrund der Aktienrechtsrevision haben Gesellschaften mit kotierten Namenaktien neu praktisch *zwei getrennte Register* zu führen, eines für die «Aktionäre mit Stimmrecht», d.h. die Vollaktionäre, und eines für die «Aktionäre ohne Stimmrecht» (vgl. Art. 685 f N 6). **2**

II. Gegenstand der Eintragung

Einzutragen sind der **Eigentümer** der Namenaktie sowie auch der **Nutzniesser** (die Eintragung stand gemäss Lehre und Praxis dem Nutzniesser auch bereits unter altem Recht zu; vgl. ZK-BÜRGI, Art. 685 N 11; Botschaft AG, 903). Bei Mit- oder Gesamtei- **3** gentum an der Aktie sind alle Berechtigten aufzuführen. Auch der formell als Eigentümer auftretende *Treuhänder* ist einzutragen, allerdings hinsichtlich vinkulierter Namenaktien nur unter dem Vorbehalt von Art. 685b Abs. 3 und Art. 685d Abs. 2, wobei im Falle börsenkotierter Namenaktien der Treuhänder jedenfalls als «Aktionär ohne Stimmrecht» im Aktienbuch einzutragen ist (vgl. Art. 685 f N 10). Die notwendigen Angaben bezüglich der Person des Berechtigten sind *der Name und die Adresse*. Im Hinblick auf allfällige BG, die von der AG den Nachweis ihres schweizerischen Charakters verlangen, ist zusätzlich auch die *Nationalität* des Aktionärs einzutragen. Wird das Aktienbuch nicht als Aktienstellenregister geführt, so ist neben der Person des Aktionärs zweckmässigerweise auch die *Anzahl* der von ihm gehaltenen *Aktien* aufzuführen. Sehen die Statuten vor, dass Mitteilungen auch mittels Telex oder Telefax gemacht werden können, sind die entsprechenden Angaben ebenfalls ins Aktienbuch aufzunehmen. Zu fordern ist ferner, dass die Eintragungen jeweils zu datieren sind (ZK-BÜRGI, Art. 685 N 6).

III. Bedeutung der Eintragung

4   Das Aktienbuch hat als Mitgliedschaftsverzeichnis *rein privaten* Charakter und entfaltet somit lediglich Wirkungen im Innenverhältnis zwischen Gesellschaft und Aktionär (ZK-BÜRGI, Art. 685 N 8). Es ist *nicht Geschäftsbuch* i.S.v. Art. 962 (BGE 69 II 315; PESTALOZZI-HENGGELER, 42; ZOBL, 52 f.). Gemäss einhelliger Lehrmeinung kommt dem Eintrag im Aktienbuch nicht konstitutive, sondern lediglich **deklaratorische Bedeutung** zu (ZK-BÜRGI, Art. 685 N 9; BENZ, 114; BÖCKLI,§ 6 N 325; FORSTMOSER/MEIER-HAYOZ/NOBEL, § 43 N 84; ZOBL, 50; BGE 90 II 171). Die Eintragung begründet die widerlegbare Vermutung, dass die im Aktienbuch eingetragene Person Aktionärin der Gesellschaft ist (BGE 124 III 354).

IV. Wirkung der Eintragung

5   Der Eintrag im Aktienbuch verschafft dem Eingetragenen die notwendige **Legitimation** als Aktionär im Verhältnis zur Gesellschaft (Abs. 4). Zudem dient er der Gesellschaft im Zusammenhang mit gewissen Mitteilungspflichten als Grundlage (ZK-BÜRGI, Art. 685 N 12 f.). Die Gesellschaft darf als Aktionär nur betrachten, wer im Aktienbuch eingetragen ist. Dividendenzahlungen oder die Zuteilung von Bezugsrechten sind, vorbehältlich deren wertpapiermässiger Verurkundung in Inhabercoupons, folglich nur an Personen gestattet, die im Aktienbuch eingetragen sind (vgl. hierzu auch Art. 685 f N 9). Im Gegensatz zur altrechtlichen Regelung ist die Anerkennung des Erwerbers durch die AG aufgrund von Art. 685c Abs. 1 auch für den Übergang des *Eigentums* am Titel einer nicht kotierten vinkulierten Namenaktie massgebend. Insofern gibt das Aktienbuch zumindest für nicht kotierte vinkulierte Namenaktien neu auch Aufschluss über die tatsächlichen **sachenrechtlichen Verhältnisse** am Aktientitel.

V. Ausweis über Erwerb

6   Laut Abs. 2 von Art. 686 setzt die Eintragung einen **Ausweis über den Erwerb** der Aktie zu Eigentum bzw. die **Errichtung einer Nutzniessung** voraus. Im Normalfall bedeutet dies, dass der Gesellschaft entweder der mit dem Indossament versehene Titel oder allenfalls die schriftliche Abtretungserklärung vorzulegen ist (NOBEL/GRONER, Transnationales und Europäisches Aktienrecht, 529). Sind die Namenaktien in der Form von Einwegzertifikaten ausgegeben, ist der übertragene Titel zwecks Annullation

der Gesellschaft einzureichen. Bei der Namenaktie mit aufgeschobenem oder aufgehobenem Titeldruck ist ebenfalls eine Abtretungserklärung, aus praktischen Gründen allenfalls eine auf die Gesellschaft oder die Buch führende Bank ausgestellte Abtretungsvollmacht, vorzulegen (vgl. FORSTMOSER/LÖRTSCHER, 53; Art. 685 f N 4). Die originären Aktionäre sind von der Gesellschaft ex officio einzutragen (ZK-BÜRGI, Art. 685 N 16). Gehen Namenaktien kraft *Erbrechts* oder *ehelichen Güterrechts* über, so sind die entsprechenden Nachweise betr. Erbenstellung bzw. Ehegatteneigenschaft zu erbringen. Nach neuem Recht dürfte es zumindest für vinkulierte Namenaktien klar sein, dass zur Eintragung stets ein Gesuch des Erwerbers notwendig ist (strittig unter altem Recht, ob auch der Veräusserer dazu befugt war; vgl. ZK-BÜRGI, Art. 685 N 23). Dies deshalb, weil dem Grundsatz nach der Veräusserer von vinkulierten Namenaktien hinsichtlich sämtlicher Aktionärsrechte seine Stellung als Aktionär bis zur formellen Anerkennung des Erwerbers durch die Gesellschaft behält (Art. 685c).

Die Gesellschaft hat das Recht und – gegenüber dem Veräusserer, Erblasser oder Miterben – die Pflicht zur **Prüfung** der Übertragung sowohl in formeller als auch in materieller Hinsicht (zum Umfang dieser Prüfung ZK-BÜRGI, Art. 685 N 25 f.). Unterlässt die Gesellschaft die Prüfung, kann sie gegenüber dem gelöschten Aktionär haftbar werden (PESTALOZZI-HENGGELER, 48; **a.M.** JÄGGI, SAG 1950/51, 176). Bei börsenkotierten vinkulierten Namenaktien ist freilich zu beachten, dass das neue Gesetz eine Meldepflicht der Veräussererbank im Falle des börsenmässigen Verkaufs statuiert (Art. 685e). Aufgrund dieser Meldung allein und ohne weiteren Nachweis betr. Übertragung der Aktientitel ist die Gesellschaft befugt und verpflichtet, die Löschung des Veräusserers vorzunehmen. Erfolgte die Meldung durch die Veräussererbank zu Unrecht, so wird daher nicht die Gesellschaft, sondern allenfalls die Veräussererbank dem im Aktienbuch gelöschten Aktionär schadenersatzpflichtig (vgl. Art. 685e N 6). 7

VI. Einsichtnahme ins Aktienbuch

Das neue Aktienrecht hat die bereits unter altem Recht diskutierte Frage nach der **Einsichtnahme ins Aktienbuch** nicht entschieden. Unbestritten ist, dass neben der Gesellschaft selbst jeder Aktionär ein Recht auf Einsicht in das Aktienbuch hat in Bezug auf seinen eigenen Eintrag. Dieses Recht ergibt sich unmittelbar aus der Mitgliedschaft (ZK-BÜRGI, Art. 685 N 27; BÖCKLI, § 6 N 329). Was die Einsichtnahme durch Aktionäre in Einträge von Drittpersonen betrifft, so entscheidet darüber gemäss Art. 697 in erster Linie der VR. Lehnt dieser ab, kann der Aktionär an die GV gelangen. Der Umfang der Einsichtnahme ist in jedem Fall auf das für die Ausübung der Aktionärsrechte Notwendige zu beschränken (Art. 697 Abs. 2), wobei der VR eine Interessenabwägung zwischen den schutzwürdigen Interessen der Gesellschaft und denjenigen des Antragstellers vorzunehmen hat (ZOBL, 54 ff.). Verweigert der VR die Einsicht, steht dem Aktionär ein direktes Klagerecht gegen die Gesellschaft zu (Art. 697 Abs. 4; vgl. hierzu BÖCKLI, § 6 N 332). *Nicht-Aktionäre,* etwa Gläubiger der Gesellschaft, können sich nicht auf Art. 697 berufen und besitzen somit überhaupt kein Einsichtsrecht. 8

VII. Bescheinigung auf Aktientitel

Abs. 3 schreibt vor, dass die Gesellschaft die Eintragung auf dem Aktientitel zu bescheinigen hat. Zweck dieser Vorschrift ist es, den **Gleichlauf von Aktienbucheintrag und Aktientitel** zu gewährleisten (ZK-BÜRGI, Art. 685 N 29). Es handelt sich hierbei um eine reine *Ordnungsnorm,* welche die Gültigkeit der Übertragung des Aktientitels selbst in keiner Weise beeinträchtigt (PESTALOZZI-HENGGELER, 60). 9

Art. 686a

b. Streichung	Die Gesellschaft kann nach Anhörung des Betroffenen Eintragungen im Aktienbuch streichen, wenn diese durch falsche Angaben des Erwerbers zustande gekommen sind. Dieser muss über die Streichung sofort informiert werden.
b. Radiation	La société peut, après avoir entendu la personne concernée, biffer les inscriptions au registre des actions lorsque celles-ci ont été faites sur la base d'informations fausses données par l'acquéreur. Celui-ci doit en être immédiatement informé.
b. Cancellazione	Sentito l'interessato, la società può cancellare iscrizioni nel libro delle azioni, qualora siano state operate in base ad indicazioni errate dell'acquirente. Questi deve esserne immediatamente informato.

Literatur

Vgl. die Literaturhinweise zu Art. 686.

I. Allgemeines

1   Unter altem Recht war umstritten, ob und unter welchen Voraussetzungen die Gesellschaft das **Recht** besass, einen einmal **eingetragenen Aktionär nachträglich aus dem Aktienbuch zu streichen.** Das rev. Aktienrecht hat diese Frage in Art. 686a entschieden, und zwar i.S. der Gesellschaft, indem diese das Recht erhält, auch **ohne Vorliegen eines richterlichen Urteils,** unter gewissen Umständen einen Aktionär aus dem Aktienbuch zu streichen (vgl. BGE 117 II 309). Im Vergleich zum früheren Recht führt dies praktisch zu einer *Umkehr der Prozessrollen:* Während früher die Gesellschaft auf Abänderung des Eintrags klagen musste, darf sie nach heutigem Recht die Streichung selber vornehmen, so dass es am Betroffenen liegt, den Rechtsweg zu beschreiten (BÖCKLI, § 6 N 186).

II. Voraussetzungen

2   Die Streichung eines Aktionärs ist nur unter *zwei Voraussetzungen* zulässig: Die Eintragung muss durch **falsche Angaben** des Eingetragenen erwirkt worden sein und der **Betroffene** muss vorgängig zur Streichung **angehört werden.** Als «falsche Angaben» kommen bei vinkulierten Namenaktien insb. solche in Betracht, bei denen der Erwerber der Gesellschaft gegenüber wahrheitswidrig erklärt hat, die betreffenden Aktien auf eigene Rechnung erworben zu haben (Art. 685b Abs. 3, Art. 685d Abs. 2), bei frei übertragbaren Namenaktien etwa solche über den Erwerbsgrund. Die in Frage stehenden Angaben müssen im *Zeitpunkt der Eintragung* falsch sein, und sie müssen *kausal* sein für die Eintragung des betreffenden Erwerbers als Aktionär. Da die Streichung einer Eintragung rechtlich einer einseitigen Aufhebung einer früheren Willenserklärung der Gesellschaft (der Anerkennung als Aktionär) i.S.v. Art. 23 ff. gleichkommt, muss als weitere Voraussetzung die **Einhaltung der relativen Einjahresfrist von Art. 31 Abs. 1** hinzutreten. Unterlässt es die Gesellschaft trotz Kenntnis der falschen Angaben, den Betroffenen innert Jahresfrist seit Kenntnis der Unwahrheit der Angaben aus dem Aktienregister zu streichen, so hat sie dieses Recht verwirkt (BÖCKLI, § 6 N 187; MEIER-HAYOZ/FORSTMOSER, § 16 N 312).

2. Abschnitt: Rechte und Pflichten der Aktionäre   Art. 687

Zum Schutze des Aktionärs vor einer heimlichen Löschung durch die Gesellschaft sieht 3
das Gesetz eine **Mitteilungspflicht** an den Betroffenen vor. Damit wird dieser in die
Lage versetzt, seine Löschung durch die Gesellschaft ggf. gerichtlich anzufechten.

III. Rechtsfolgen

Die Rechtsfolgen der Streichung sind verschieden, je nachdem, ob es sich bei den vin- 4
kulierten Namenaktien um börsenkotierte handelt oder nicht. Im Falle nicht kotierter
vinkulierter Namenaktien führt die Streichung im Verhältnis zur Gesellschaft zum **Verlust der Aktionärsstellung** und sämtlicher damit zusammenhängender Rechte (Einheit
der Aktionärsrechte, Art. 685c). Sind hingegen börsenkotierte vinkulierte Namenaktien
Gegenstand der Streichung und beziehen sich die falschen Angaben lediglich auf die
Eintragung als Aktionär mit Stimmrecht – was die Regel sein wird –, so kann der Betroffene verlangen, in die Rubrik «**Aktionär ohne Stimmrecht**» übertragen zu werden
(BÖCKLI, § 6 N 188). Bei frei übertragbaren Namenaktien führt die Streichung zum Le-
gitimationsverlust als Aktionär gegenüber der Gesellschaft (vgl. Art. 686 N 5). In Übereinstimmung mit den Rechtsfolgen bei der einseitigen Aufhebung einer Willenserklärung (Art. 23 ff.) ist davon auszugehen, dass die Streichung *ex tunc* Wirkung entfaltet.
Damit stellt sich die Frage, ob GV-Beschlüsse, die unter Mitwirkung des nachträglich
aus dem Aktienbuch gestrichenen Aktionärs zustande gekommen sind, *anfechtbar* sind.
Aufgrund der in Art. 706a Abs. 1 aufgestellten Verwirkungsfrist von zwei Monaten
kann wohl nur eine Streichung innert dieser Frist zu einer Anfechtung des betreffenden
GV-Beschlusses führen; demgegenüber muss eine Streichung nach Ablauf dieser Frist
unberücksichtigt bleiben.

IV. Intertemporales Recht

Vorbehältlich einer anders lautenden statutarischen Regelung, welche während der 5
Übergangsfrist noch Geltung beanspruchen darf (Art. 2 SchlT AG), ist Art. 686a *sofort
anwendbar*.

Art. 687

5. Nicht voll einbezahlte Namenaktien

¹ Der Erwerber einer nicht voll einbezahlten Namenaktie ist der Gesellschaft gegenüber zur Einzahlung verpflichtet, sobald er im Aktienbuch eingetragen ist.

² **Veräussert der Zeichner die Aktie**, so kann er für den nicht einbezahlten Betrag belangt werden, wenn die Gesellschaft binnen zwei Jahren seit ihrer Eintragung in das Handelsregister in Konkurs gerät und sein Rechtsnachfolger seines Rechtes aus der Aktie verlustig erklärt worden ist.

³ Der Veräusserer, der nicht Zeichner ist, wird durch die Eintragung des Erwerbers der Aktie im Aktienbuch von der Einzahlungspflicht befreit.

⁴ Solange Namenaktien nicht voll einbezahlt sind, ist auf jedem Titel der auf den Nennwert einbezahlte Betrag anzugeben.

5. Actions nominatives non entièrement libérées

¹ L'acquéreur d'une action nominative qui n'est pas intégralement libéré répond des versements à l'égard de la société dès qu'il est inscrit sur le registre des actions.

² Lorsque le souscripteur aliène son action, il peut être recherché pour le montant non versé si la société est déclarée en faillite dans les deux ans qui suivent son inscription sur le registre du commerce et si l'ayant cause a été déclaré déchu de ses droits d'actionnaire.

³ L'aliénateur qui n'est pas souscripteur est, dès l'inscription de l'acquéreur sur le registre des actions, délié de l'obligation de faire des versements.

⁴ Tant que des actions nominatives ne sont pas libérées à concurrence de leur valeur nominale, le montant versé doit être indiqué sur le titre.

5. Azioni nominative non interamente versate

¹ L'acquirente di un'azione nominativa, della quale il prezzo d'emissione non è stato interamente pagato, è responsabile verso la società dell'ammontare non versato, tosto ch'egli sia iscritto nel libro delle azioni.

² Il sottoscrittore, che aliena la sua azione, può essere costretto a pagare l'ammontare non versato, se la società cade in fallimento entro due anni dalla sua iscrizione nel registro di commercio e se l'azionista che ha preso il posto del sottoscrittore è dichiarato decaduto dal suo diritto come tale.

³ L'iscrizione dell'acquirente nel libro delle azioni libera l'alienante, che non sia sottoscrittore, dall'obbligo di pagare l'ammontare non versato.

⁴ Finché il valore nominale d'azioni nominative non è stato interamente versato, si deve indicare su ciascun titolo l'importo effettivamente pagato.

Literatur

Vgl. die Literaturhinweise zu Art. 686.

I. Allgemeiner Normzweck

1 Die Pflicht zur Liberierung seiner Aktien ist die **einzige Pflicht,** die den Aktionär gegenüber der Gesellschaft trifft (Art. 680 Abs. 1). Sie stellt die Grundlage für das Aufbringen des AK dar, und an ihre Einhaltung sind entsprechend strenge Anforderungen zu stellen. Art. 687 bildet Teil des gesetzlichen Sicherheitsdispositivs zum Schutz des AK, indem er eine sofortige Einzahlungspflicht für den Erwerber einer teilliberierten Namenaktie und eine besondere Haftung des Zeichners solcher Namenaktien aufstellt.

II. Haftung von Erwerber und Zeichner

2 Mit der Eintragung ins Aktienbuch wird der Erwerber einer nicht vollliberierten Namenaktie zur Einzahlung des Restbetrags verpflichtet (Abs. 1), und gleichzeitig wird der Veräusserer, ausgenommen der Zeichner, aus seiner Haftung gegenüber der Gesellschaft entlassen (Abs. 3). Im Zusammenhang mit der neuen, für börsenkotierte Namenaktien geltenden Eintragungsordnung ist davon auszugehen, dass die Eintragung als «Aktionär ohne Stimmrecht» genügt, um diese Pflicht auszulösen. Für die **Art der Einzahlung** wird auf Art. 633 ff. verwiesen. Der **Umfang der Einzahlungspflicht** erstreckt sich sowohl auf den Nennwert als auch auf ein allfälliges Agio, wobei Letzteres nur vom Zeichner geschuldet ist (ZK-BÜRGI, Art. 687 N 3). Kommt der Erwerber seiner Einzahlungspflicht nicht nach, hat er allenfalls ein Kaduzierungsverfahren nach Art. 681 f. zu gewärtigen.

3 Eine **besondere Haftung** gilt für den **Zeichner.** Dieser haftet für die Einzahlung des Aktienbetrags selbst dann, wenn er die Aktie veräussert hat. Allerdings ist seine Haftung an *zwei Voraussetzungen* gebunden: Erstens muss die Gesellschaft innert zwei Jahren seit ihrer Eintragung in das Handelsregister in Konkurs geraten und zweitens muss sein Rechtsnachfolger kaduziert worden sein (Abs. 3). Trotz des engen Gesetzeswort-

lauts, der vom «Rechtsnachfolger» spricht, ist gemäss h.L. damit nicht nur der unmittelbare Rechtsnachfolger des Zeichners, sondern der letzte Erwerber gemeint (ZK-BÜRGI, Art. 687 N 16).

III. Vermerk auf Aktie

Zum Schutze des Erwerbers nicht voll einbezahlter Namenaktien bestimmt Abs. 4, dass der **nicht einbezahlte Betrag** auf dem betreffenden **Aktientitel** anzugeben ist. Es handelt sich hier um eine blosse *Ordnungsvorschrift,* deren Nichtbeachtung die Einzahlungspflicht des Erwerbers als solche nicht berührt. Adressat dieser Ordnungsnorm ist die Gesellschaft, gegen die der Erwerber allenfalls eine Schadenersatzforderung besitzt, wenn sie es unterlässt, den notwendigen Vermerk auf dem Titel anzubringen. Fehlt der Vermerk auf dem Aktientitel und hat der Veräusserer nicht auf die bestehende Liberierungspflicht aufmerksam gemacht, kann der Kaufvertrag überdies wegen Grundlagenirrtums oder Täuschung angefochten werden (BGE 79 III 114).

4

Art. 688

III. Interimsscheine

1 Auf den Inhaber lautende Interimsscheine dürfen nur für Inhaberaktien ausgegeben werden, deren Nennwert voll einbezahlt ist. Vor der Volleinzahlung ausgegebene, auf den Inhaber lautende Interimsscheine sind nichtig. Schadenersatzansprüche bleiben vorbehalten.

2 Werden für Inhaberaktien auf den Namen lautende Interimsscheine ausgestellt, so können sie nur nach den für die Abtretung von Forderungen geltenden Bestimmungen übertragen werden, jedoch ist die Übertragung der Gesellschaft gegenüber erst wirksam, wenn sie ihr angezeigt wird.

3 Interimsscheine für Namenaktien müssen auf den Namen lauten. Die Übertragung solcher Interimsscheine richtet sich nach den für die Übertragung von Namenaktien geltenden Vorschriften.

III. Certificats intérimaires

1 Il ne peut être établi de certificats intérimaires au porteur que pour les actions au porteur libérées à concurrence de leur valeur nominale. Les certificats établis avant la libération sont nuls. Demeure réservée l'action en dommages-intérêts.

2 S'il est établi des certificats intérimaires nominatifs pour des actions au porteur, ils ne peuvent être transférés qu'en la forme prévue pour la cession de créances; toutefois, le transfert n'a effet envers la société que s'il lui a été communiqué.

3 Pour les actions nominatives, les certificats intérimaires doivent être nominatifs. Le transfert est régi par les dispositions applicables à ces actions.

III. Certificati provvisori

1 Non possono emettersi certificati provvisori al portatore se non per azioni al portatore, di cui sia stato versato l'intiero valore nominale. I certificati provvisori al portatore emessi prima del versamento dell'intiero loro valore nominale sono nulli. Rimangono riservate le azioni di risarcimento.

2 Se per azioni al portatore sono emessi certificati provvisori nominativi, essi possono essere trasferiti solo in conformità delle norme sulla cessione

di crediti; tuttavia il trasferimento diventa efficace di fronte alla società solo ove le sia notificato.

³ Per azioni nominative, non possono emettersi se non certificati provvisori nominativi. Il trasferimento di tali certificati soggiace alle norme sul trasferimento delle azioni nominative.

Literatur

BOEMLE, Aktienzertifikate, Interims- und Lieferscheine, Diss. St. Gallen 1955; SALATHE, Der Interimsschein und andere interimistische Papiere, Diss. Basel 1941; ZOBL/LAMBERT, Zur Entmaterialisierung der Wertpapiere, SZW 1991, 117 ff.; vgl. ausserdem die Literaturhinweise zu Art. 686.

I. Allgemeiner Normzweck

1   Interimsscheine stellen **provisorische Ausweise** über die Eigenschaft als Aktionär dar, solange die Gesellschaft noch keine definitiven Aktientitel ausgegeben hat, und berechtigen zu deren Bezug. In der Praxis spielen sie heute nicht zuletzt aufgrund der allgemein feststellbaren Entmaterialisierung der Wertpapiere (s. Botschaft BEG, 9323 f.) und der damit zusammenhängenden allmählichen Umstellung des Börsenhandels von der effektiven Lieferung von Aktientiteln auf das System des blossen Bucheintrags kaum mehr eine Rolle. Interimsscheine dürfen nicht vor der Eintragung der Gesellschaft im Handelsregister ausgegeben werden, andernfalls sind sie nichtig (ZK-BÜRGI, Art. 688 N 18). Art. 688 hat durch die Aktienrechtsrevision von 1991 keine Änderung erfahren.

II. Inhalt der Interimsscheine

2   Interimsscheine verkörpern einerseits die **vollen Aktionärsrechte,** d.h. die Mitgliedschaftsrechte ebenso wie die Vermögensrechte. Andererseits verurkunden sie das Versprechen der Gesellschaft auf Lieferung der definitiven Aktientitel nach ihrem Erscheinen (ZK-BÜRGI, Art. 688, N 13). Darüber hinaus stellen sie den Nachweis über die erfolgte Einzahlung des Aktienausgabebetrags dar. Gemäss h.L. ist es zulässig, dass eine Mehrzahl von Aktien in einem einzigen Interimsschein verkörpert werden.

III. Arten von Interimsscheinen

3   Interimsscheine können sowohl für **Inhaber-** als auch für **Namenaktien** ausgegeben werden. Laut Abs. 1 der Bestimmung darf die Gesellschaft Interimsscheine in Form von Inhaberpapieren nur für *vollliberierte Inhaberaktien* ausgeben, was in Anbetracht der Vorschrift von Art. 683 nur konsequent ist. In Verletzung dieser Norm ausgegebene, auf den Inhaber lautende Interimsscheine sind nichtig. An Stelle von Inhaberaktien emittierte auf den Namen lautende Interimsscheine haben nach h.L. zwar den Charakter von Wertpapieren (ZK-BÜRGI, N 23), allerdings mit der Besonderheit, dass sie nicht durch Indossament, sondern nur mittels Zession übertragen werden können (Abs. 2). Zum Schutze der Gesellschaft ist die Zession ihr gegenüber zudem erst mit ihrer *Anzeige* wirksam.

4   Interimsscheine für Namenaktien können kraft klarer gesetzlicher Regelung ausschliesslich in Form von **Namenpapieren** bestehen (Abs. 3). Im Gegensatz zu den an Stelle von Inhaberaktien ausgegebenen Namenpapieren handelt es sich hierbei jedoch um gesetzliche Ordrepapiere, die daher nach den für die Übertragung von Namenaktien allge-

mein gültigen Regeln übertragen werden können, d.h. mittels Indossament und allenfalls unter Beachtung der anwendbaren statutarischen Vinkulierungsbestimmungen.

Art. 689

J. Persönliche Mitgliedschaftsrechte
I. Teilnahme an der Generalversammlung
1. Grundsatz

¹ Der Aktionär übt seine Rechte in den Angelegenheiten der Gesellschaft, wie Bestellung der Organe, Abnahme des Geschäftsberichtes und Beschlussfassung über die Gewinnverwendung, in der Generalversammlung aus.

² Er kann seine Aktien in der Generalversammlung selbst vertreten oder durch einen Dritten vertreten lassen, der unter Vorbehalt abweichender statutarischer Bestimmungen nicht Aktionär zu sein braucht.

J. Droits sociaux inhérents à la qualité d'actionnaire
I. Participation à l'assemblée générale
1. Principe

¹ Au sein de l'assemblée générale, l'actionnaire exerce ses droits, notamment ceux qui concernent la désignation des organes, l'approbation du rapport de gestion et la décision concernant l'emploi du bénéfice.

² Il peut représenter lui-même ses actions à l'assemblée générale ou les faire représenter par un tiers qui, sauf disposition contraire des statuts, ne sera pas nécessairement actionnaire.

J. Diritti personali inerenti alla qualità di azionista
I. Partecipazione all'assemblea generale
1. Principio

¹ Negli affari sociali l'azionista esercita i suoi diritti nell'assemblea generale, in particolare quelli che concernono la designazione degli organi, l'approvazione della relazione sulla gestione e la deliberazione sull'impiego dell'utile.

² Egli può rappresentare personalmente le proprie azioni nell'assemblea generale, o farle rappresentare da un terzo, il quale, salvo disposizione contraria dello statuto, non deve necessariamente essere azionista.

Literatur

AEPPLI, Die Aktiengesellschaften und ihre Aktionäre, 1978; AMSTUTZ, Macht und Ohnmacht des Aktionärs, 2007; VON BALLMOOS, Die Berechtigung zur Teilnahme an der GV, NZZ Nr. 51 vom 3.3.1993; DERS., Legitimation und materielle Berechtigung – von der Bedeutung und den Folgen des Aktienbucheintrags, FS Bär, 1998, 1 ff. (zit. FS Bär); BÄR, Aktuelle Fragen des Aktienrechts, ZSR 1966 II 399 ff.; BENZ, Aktienbuch und Aktionärswechsel, Diss. Zürich 1981; BERTSCHINGER, Rechtsprobleme des Securities Lending and Borrowing, Bd. I/II, 1994/95; BEUTHEL, Electronic Corporate Governance: Online and Virtual Shareholder Meetings and Shareholder Participation in Switzerland and Germany, Diss. St. Gallen 2006; BINDER, Die Verfassung der Aktiengesellschaft, 1987; BÖCKLI, Das Aktienstimmrecht und seine Ausübung durch Stellvertreter, 1961; DERS., Zum Vorentwurf für eine Revision des Aktien- und Rechnungslegungsrechts, GesKR 2006, 4 ff. (zit. Aktienrechtsreform); BUSSE, Depotstimmrecht der Banken, 1962; VON BÜREN, Erfahrungen schweizerischer Publikumsgesellschaften mit dem neuen Aktienrecht, ZBJV 1995, 57 ff.; CLEIS, Das Internet im Dienst der Aktionärsdemokratie, NZZ vom 12./13.5.2007; VON DER CRONE, Bericht zu einer Teilrevision des Aktienrechts, Teil 2: Generalversammlung (zit. Teil 2); DERS., Bericht zu einer Teilrevision des Aktienrechts, Teil 4: Stimmrechtsvertretung/Dispoaktien, REPRAX 2003, 1 ff. (zit. Teil 4); DERS., Die Internet-Generalversammlung, in: Neuere Tendenzen im Gesellschaftsrecht, FS Forstmoser, 2003, 155 ff.; VON DER CRONE/LEU, Stimmrechtsvertretung beim Déchargebeschluss, SZW 2002, 205 ff.; DIETZI, Die Aktienrechtsreform aus der Sicht eines Bankjuristen, ST 1983; DOHM, Les accords sur l'exercice du droit de vote de l'actionnaire, 1971; DRUEY, Beschluss des Obergerichts des Kantons Zürich vom 16. Juli 1996 in Sachen BK Vision AG c. Schweizerische Bankgesellschaft, SZW 1997, 34 ff.; economiesuisse, Vernehmlassung vom 31. Mai 2006; EISENRING, Wettbewerb der «Hauptversammlungs-Kulturen» in der EU – Die elektronische Stimmabgabe gewinnt bei grossen deutschen Unternehmen an Bedeutung, NZZ vom 12./

13.5.2007; EMCH/RENZ/BÖSCH, Das Schweizerische Bankgeschäft, 4. Aufl. 1993, 541 ff.; FISCHER, Oberstes Organ der Aktionäre ist die Generalversammlung der Aktionäre – Gedanken zum Depotstimmrecht in der eigenen Generalversammlung und zu «eigenen» Aktien im Sinne von Art. 659a Abs. 1 OR, SZW 1998, 231 ff.; FORSTMOSER, Aktionärbindungsverträge, FS Schluep, 1988, 359 ff.; DERS., Alter Wein in neuen Schläuchen?, ZSR 1992 I 26 (zit. ZSR 1992); GAUTSCHI, Das Depotstimmrecht der Banken, in: Probleme der Aktienrevision, Berner Tage für die juristische Praxis, 1972, 123 ff.; GLETTIG, Die dinglichen Rechte an Aktien, Diss. St. Gallen 1953; VON GREYERZ, Aktionärsschutz im neuen Aktienrecht, ZBJV 120/1984; HENN, Handbuch des Aktienrechts, 1991 (zit. Handbuch); HENN, Die Rechte des Aktionärs, Köln 1984 (zit. Rechte); HOMBURGER, Leitfaden zum neuen Aktienrecht, 1991 (zit. Leitfaden); DERS., Die Aktienrechtsreform aus der Sicht eines Anwalts, ST 1983, 42 f. (zit. ST 1983); HOFSTETTER, Bericht «Corporate Governance in der Schweiz», economiesuisse 2001; DERS., Modernere Spielregel für die Aktionärsdemokratie, NZZ vom 29./30.4.2006, 33; HUPPERT, Perspektiven für das Depotstimmrecht der Banken, BB 1970; ISLER, Die virtuelle Generalversammlung, Vortragsreihe EIZ vom 28. März 2003; JÄGGI, Vom Abstimmungsverfahren in der AG, FS Obrecht, 1961 (zit. FS Obrecht); DERS., Ungelöste Fragen des Aktienrechts (289 ff.), Von der Bedeutung der Aktiengesellschaft (330 ff.), Vom Abstimmungsverfahren in der Aktiengesellschaft (315 ff.), Aktionär und Tagesordnung der Generalversammlung (327 ff.), Von der Beratung an der Generalversammlung der Aktiengesellschaft (330 ff.) in: Privatrecht und Staat, 1976 (zit. Aufsätze); KAESTLIN, Die Funktionen der Generalversammlung der Aktiengesellschaft, 1973; KLÄY, Die Vinkulierung. Theorie und Praxis im neuen Aktienrecht, Diss. Basel 1996; KÜNZLE, Die Ausübung des Aktien-Stimmrechts durch Institutionelle Vertreter und Institutionelle Anleger und die Corporate Governance in der Schweiz und den USA, FS Forstmoser, 2003, 415 ff.; KÜPFER, Treuhänderische Unternehmensbeteiligung unter besonderer Berücksichtigung der Nominee-Eintragung bei schweizerischen Publikumsgesellschaften, Diss. Basel 1997; KURER, Besprechung des Urteils des Zürcher Handelsgerichts vom 15. September 1994, i.S. BK Vision c. SBG, SZW 1994, 285 ff.; LAMBERT, Die Durchführung einer Generalversammlung an zwei verschiedenen Tagungsorten, REPRAX 2000, 36 ff.; LEUENBERGER, Die Anonymität des Inhaberaktionärs, Diss. Bern 1996; OLIGIATI, Schweizerische Nominees im Aktienregister amerikanischer Publikumsgesellschaften, 1995; PATAK, Die virtuelle Generalversammlung im schweizerischen Aktienrecht, 2005; PÜTTNER, Das Depotstimmrecht der Banken, 1963; RASCH, Depotstimmrecht und Beteiligungsmacht, NJW 1976, 501 ff.; RAYNOSCHEK, Die Ausübung des aktienrechtlichen Stimmrechtes durch Banken als Legitimationsträger, Bank Archiv 1973; REYMOND, L'assemblée générale et les droits des actionnaires, in: Le nouveau droit des sociétés anonymes, 1993, 131 ff., 425 ff.; ROTH/LÄNZLINGER, Die Ausübung des Stimmrechts in der Generalversammlung – Depotvertretung in der eigenen Generalversammlung und eigene Aktien, SZW 1999, 27 ff.; RÜDLINGER, Die grosse Aktienrechtsrevision als nächste Herausforderung, ST 2006, 388 ff.; RUOFF, Stimmrechtsvertretung, Stimmrechtsermächtigung und Proxy-System – Stimmrechtsausübung durch Intermediäre in Aktionärsversammlungen – Deutschland, Schweiz und USA im Rechtsvergleich, 1999; RUFFNER, Aktive Grossaktionäre: Neue Herausforderung für das Aktienrecht? Eine neoinstitutionalistische Analyse des Zielkonfliktes zwischen Liquidität und Kontrolle in Publikumsgesellschaften, in: Aktuelle Fragen zum Wirtschaftsrecht, FS Schluep, 1995, 233 ff.; VON SALIS, Die Gestaltung des Stimm- und des Vertretungsrechts im schweizerischen Aktienrecht, Diss. Zürich 1996; SCHAAD, Das Depotstimmrecht der Banken nach schweizerischem und deutschem Recht, Diss. Zürich 1972; SCHERRER, Die Stimmrechtsausübung durch Depotvertreter, Diss. Zürich 1996 (zit. Diss.); DERS., Die Stellung des Aktionärs im EG-Recht unter besonderer Berücksichtigung seines Stimmrechts – Ein Vergleich mit dem schweizerischen Recht, SSHW 207, 2001; SCHETT, Stellung und Aufgaben der Verwaltung einer AG bei der Durchführung der ordentlichen GV, 1977; SCHLEIFFER, Der gesetzliche Stimmrechtsausschluss im schweizerischen Aktienrecht, Diss. Bern 1993; SCHLUEP, Die wohlerworbenen Rechte des Aktionärs und ihr Schutz nach schweizerischem Recht, Diss. St. Gallen 1955; SCHMITT, Das Verhältnis zwischen Generalversammlung und Verwaltung in der Aktiengesellschaft, 1991, 97 ff.; SCHÖNE, Haftung des Aktionärs-Vertreters für pflichtwidrige Stimmrechtsausübung, WM 1992; SCHORER, Reformvorschläge über das Depotstimmrecht aus der Sicht der Arbeitsgruppe, in: Aktienrechtsreform, Zu Entwurf und Botschaft 1983, 1984 (SSTRK 59), 101 ff.; DERS., Verstärkung von Stellung und Funktion der Organe, SAG 1983; SCHWARZENBACH, Stimmverhalten des unabhängigen Stimmrechtsvertreters, Jusletter vom 20. Oktober 2003/NZZ vom 7.10.2003, 29; STADLIN, Über die Rechtsstellung des Eigentümers von in Nutzniessung stehenden Aktien, SAG 1944/45, 185 ff.; VON STEIGER, Fragen betreffend das Bezugsrecht bei nutzniessungsbelasteten und verpfändeten Aktien, FS Bürgi, 1971, 377 ff. (zit. Fragen); STEINER, Der Einsatz neuer Informations- und Kommunikationstechniken in

Publikumsgesellschaften/Eine rechtsvergleichende Darstellung USA – Schweiz, Jusletter vom 24. Februar 2003; STUDER, Die Einberufung der Generalversammlung der Aktiengesellschaft, Diss. Zürich 1995; TANNER, Quoren für die Beschlussfassung in der Aktiengesellschaft, Diss. Zürich 1987; TILLMANN, Kritische Beurteilung der Reformvorschläge über das Depotstimmrecht, in: Aktienrechtsreform, Zum Entwurf und Botschaft 1983, 1984 (SSTRK 59), 87 ff. (zit. SSTRK 1984); DERS., Das Depotstimmrecht der Banken, Diss. Zürich 1985 (zit. Diss.); VALLENTHIN, Die Stimmrechtsvertretung durch Banken nach dem Aktiengesetz von 1965, 1966; VISCHER/RAPP, Zur Neugestaltung des schweizerischen Aktienrechts, 1968, 136 ff.; WAIDACHER, Die Rechtsbeziehungen zum unabhängigen Stimmrechtsvertreter im schweizerischen Aktienrecht, FS Forstmoser, 1993, 187 ff.; DERS., Institutionelle Stimmrechtsvertretung, Diss. Zürich 1997 (zit. Diss.); WEBER-DÜRLER, Gesellschafterversammlung, Urabstimmung und Delegiertenversammlung als Beschlussfassungsformen im schweizerischen Gesellschaftsrecht, 1973 (zit. Gesellschaftsrecht); DERS., Das Depotstimmrecht der Banken, SAG 1974, 49 ff. (zit. 1974); WOHLMANN, Zur Organvertretung im neuen Schweizerischen Aktienrecht, SJZ 1994, 116 ff. (zit. SJZ 1994); DERS., Stimmrechtsvertretung beim Déchargebeschluss, SZW 2003, 111 f. (zit. SZW 2003); ZIHLMANN, Abstimmungsvereinbarungen im schweizerischen Aktienrecht, SAG 1972, 237 ff.; ZINDEL, Bezugsrechte in der Aktiengesellschaft, Diss. Zürich 1984; DERS., Aktionäre ohne Stimmrecht und stimmrechtslose Aktionäre, FS Forstmoser, 2003, 571 ff. (zit. FS Forstmoser); ZISWILER, Der gesetzliche Ausschluss vom Stimmrecht gemäss Art 695 Abs. 1 OR (Beschlüsse über die Entlastung des Verwaltungsrates), SZW 2003, 54 ff.

I. Allgemeines

Im Vergleich zu Art. 689 altOR 1936 enthält Art. 689 inhaltlich unverändert nur noch die beiden ersten Absätze, welche sich mit den Grundsätzen für die **Teilnahme an der GV** und der Ausübung der **persönlichen Mitgliedschaftsrechte** befassen. Der Aktionär kann die ihm persönlich zustehenden Mitgliedschaftsrechte entweder selber wahrnehmen oder sie durch einen Dritten (Vertreter) ausüben lassen. Mit Ausnahme der Pflicht zur Einzahlung des Aktienbetrages (Liberierungspflicht) stehen dem Aktionär nur Rechte und keine weiteren Pflichten zu (VON GREYERZ, 162 ff.). 1

1. Mitgliedschafts- und Vermögensrechte

Die Rechte des Aktionärs werden unterteilt in **Mitgliedschafts- und Vermögensrechte.** Unter den **Mitgliedschaftsrechten** (häufig auch «Herrschaftsrechte» oder «Mitverwaltungsrechte» genannt) werden in erster Linie das Recht auf **Teilnahme an der GV** («Teilnahmerecht»; N 14 ff.), das **Stimmrecht** (N 20 ff.), die Kontrollrechte, das Recht auf Einleitung einer Sonderprüfung sowie die Klagerechte verstanden. 2

Zu den **Mitgliedschaftsrechten** gehören noch zahlreiche weitere Einzelrechte des Aktionärs, von denen einige im Gesetz gar nicht erwähnt sind: Das Recht auf Mitgliedschaft und auf seine Verurkundung; das Recht auf die Art der Aktie (Namen- und Inhaberaktie); das Recht auf freie Übertragbarkeit der Aktie; das Recht auf Abhaltung einer GV pro Geschäftsjahr; das Recht auf Einberufung der GV und das Recht, die Traktandierung eines Verhandlungsgegenstandes mit Antrag zu verlangen (Minderheitsrechte); das Recht auf Bekanntgabe der Traktandenliste mit Anträgen dazu; das Recht auf Diskussion in der GV und das Antragsrecht zu bestehenden Traktanden, das Recht auf Auskunft und Einsicht, das Recht auf Abgabe von Erklärungen zu Protokoll, das Recht auf Einsprache wegen Teilnahme Unberechtigter (BÖCKLI, Aktienrecht, § 12 N 71, 134; VON GREYERZ, 141 ff.; ZK-BÜRGI, Art. 688 N 2; SCHUCANY, N 1). 3

Zu den **Vermögensrechten** zählen das Recht auf Dividende, das Recht auf den Liquidationsanteil und das Bezugsrecht (Art. 656 f, 656 g; VON GREYERZ, 154 ff.; ZK- BÜRGI, Vorbem. N 61 ff.). 4

2. Vermeidung der Spaltung bei Namenaktien

5 Zwischen den Mitgliedschafts- und Vermögensrechten besteht ein natürlicher Zusammenhang. Beide Rechtspakete sind mit der Aktie verknüpft. Sie können grundsätzlich nicht auf verschiedene Personen aufgespalten werden. Die vom BGer seinerzeit begründete **Spaltungstheorie** für vinkulierte Namenaktien (BGE 114 II 57, 90 II 235, 83 II 297; BÖCKLI, Aktienrecht, § 6 N 13) ist vom Gesetzgeber weitgehend aufgegeben worden.

a) Bei nicht börsenkotierten Namenaktien

6 Beim Erwerb von **nicht börsenkotierten Namenaktien** verbleiben Eigentum und alle Mitgliedschafts- und Vermögensrechte solange beim Veräusserer, als die AG nicht ihre Zustimmung zur Übertragung erteilt hat (Art. 685c Abs. 1); die **Spaltung der Aktionärsrechte** wird so vermieden (BÖCKLI, Aktienrecht, § 6 N 194 ff.). Lehnt die AG das Gesuch um Zustimmung ab, so sorgt Art. 685b Abs. 1 (Bekanntgabe der zulässigen statutarischen Gründe zur die Ablehnung oder Pflicht der AG zur Abgabe eines Übernahmeangebotes), dass es nicht zur Spaltung der Aktionärsrechte kommt. Beim Erwerb von Namenaktien durch Erbgang, Erbteilung, eheliches Güterrecht oder Zwangsvollstreckung gehen Eigentum und Vermögensrechte sogleich, die Mitgliedschaftsrechte erst mit der Zustimmung der AG auf den Erwerber über (Art. 685b Abs. 4); hier kommt es vorübergehend zu einer Spaltung der Aktionärsrechte. Bei Ablehnung des Erwerbers muss die AG ein Übernahmeangebot machen, damit die Spaltung der Aktionärsrechte wieder dahin fällt. Bei Zustimmung wird der Erwerber als *Aktionär mit Stimmrecht* ins Aktienbuch eingetragen. Lehnt die AG das Gesuch um Zustimmung innert dreier Monate nicht oder zu Unrecht ab, so gilt die Zustimmung als erteilt (Art. 685c Abs. 3).

b) Bei börsenkotierten Namenaktien

7 Beim Erwerb von **börsenkotierten Namenaktien** geht das Eigentum beim börsenmässigen Erwerb mit der Übertragung und beim nicht börsenmässigen Erwerb mit der Stellung des Eintragungsgesuchs auf den Erwerber über (Art. 685f Abs. 1). Bis zur Anerkennung durch die AG wird der Erwerber als *Aktionär ohne Stimmrecht* ins Aktienbuch eingetragen (Art. 685f Abs. 2, 3). Sind börsenkotierte Namenaktien durch Erbgang, Erbteilung oder eheliches Güterrecht erworben worden, kann der Erwerber nicht abgelehnt werden (Art. 685d Abs. 3). Wird gerichtlich festgestellt, dass die Ablehnung widerrechtlich erfolgt ist, so hat die AG das Stimmrecht vom Zeitpunkt des richterlichen Urteils an anzuerkennen (Art. 685f Abs. 4). Lehnt die AG das Gesuch des Erwerbers um Anerkennung innert 20 Tagen nicht ab, so ist dieser als Aktionär mit Stimmrecht anerkannt (Art. 685g). Auch hier kommt es vorübergehend zu einer **Spaltung der Aktionärsrechte.**

8 Die AG erhält Kenntnis von der Veräusserung börsenkotierter Namenaktien entweder aufgrund der gesetzlichen Meldepflicht der Veräussererbank (Art. 685e) und wohl auch der Effektenhändler (BÖCKLI, Aktienrecht, § 6 N 150) oder durch das Eintragungsgesuch des Erwerbers. Der Veräusserer wird im Aktienbuch gestrichen; er ist nicht ein Buchaktionär, sondern überhaupt nicht mehr Aktionär (BÖCKLI, Aktienrecht, § 6 N 158). Es entsteht eine leere Mitgliedschaftsstelle im Aktienbuch (BÖCKLI, Aktienrecht, § 6 N 326). Bis zur Anerkennung des Erwerbers durch die AG kann dieser weder das Stimmrecht noch andere mit dem Stimmrecht zusammenhängende Rechte ausüben; es ist suspendiert. In der Ausübung aller übrigen Aktionärsrechte ist der Erwerber nicht eingeschränkt (Art. 685f Abs. 2). Noch nicht von der AG anerkannte Erwerber, die ein Eintragungsgesuch gestellt haben, sind nach dem Rechtsübergang als **Aktionäre ohne**

Stimmrecht ins Aktienbuch einzutragen (ZINDEL, FS Forstmoser, 199 ff.). Die entsprechenden Aktien gelten in der GV als nicht vertreten; das Stimmrecht ruht (Art. 685 f Abs. 3).

Mit der *Ablehnung des Eintragungsgesuches* durch die AG, ist der Erwerber als Aktionär ohne Stimmrecht im Aktienbuch eingetragen. Im Verhältnis zur AG steht fest, dass er das Stimmrecht und die weiteren damit verknüpften Rechte nicht ausüben kann. Die Vermögensrechte stehen ihm zu (BÖCKLI, Aktienrecht, § 6 N 192). Falls er die Namenaktien börsenmässig verkauft, so kommt die Meldepflicht gem. Art 685e zum Tragen. Falls er die Namenaktien nicht börsenmässig verkauft, bleibt sein Eintrag im Aktienbuch als **Aktionär ohne Stimmrecht** bestehen; die AG erhält i.d.R. keine Kenntnis vom Verkauf. Er wird die Vermögensrechte aus diesen Namenaktien ausüben, auch wenn er nicht mehr Eigentümer dieser Namenaktien und damit nicht mehr Aktionär ohne Stimmrecht ist. Sein Status ist mit demjenigen des Buchaktionärs vergleichbar, welcher die Vermögensrechte für den jeweiligen Eigentümer der Namenaktien, der anonym bleibt, unter Inanspruchnahme des Bankensystems geltend macht. In dieser Hinsicht unterscheidet sich dieser Buchaktionär, der als Aktionär ohne Stimmrecht im Aktienbuch eingetragen ist, nicht vom *Dispo-Aktionär*. Wenn dem so ist, könnte er auch im Aktienbuch gestrichen werden; damit entsteht eine zwar eine leere Mitgliedschaftsstelle. Will er die nicht mit der Rechtsausübung in der GV verknüpften Mitgliedschaftsrechte (Art. 689 N 18) geltend machen, hat er den Nachweis gegenüber der AG zu erbringen, dass er wirklich noch ein Aktionär ohne Stimmrecht ist; er kann auch ein neues Eintragungsgesuch stellen. Durch die Streichung erleidet er keine Einbusse seiner Rechtsstellung, falls sie seit Ablehnung des Eintragungsgesuches nicht verändert hat. 9

Falls der Erwerber börsenkotierter Namenaktien kein Eintragungsgesuch stellt oder stellen will, entstehen **Dispo-Aktien** (zur Verbreitung: Art. 689c N 40; BÖCKLI, Aktienrecht, § 6 N 153). Die mit der Namenaktie verknüpften Vermögensrechte können entgegen der gesetzgeberischen Absicht ungehindert weiterveräussert werden (N 9); die Entstehung von Dispo-Aktien ist in Zunahme begriffen. Eine Sanktion (Nichtausübbarkeit der Vermögensrechte, Dahinfallen des Dividendenanspruchs, endgültiger Rechtsverlust nach Zeitablauf, Ordnungsbussen) für denjenigen Erwerber, der kein Eintragungsgesuch stellt, ist nicht vorhanden (BÖCKLI, Aktienrecht, § 6 N 154). Die gesetzliche Meldepflicht der Veräussererbank und der Effektenhändler bezieht sich nur auf die Daten des Veräusserers und nicht auch auf jene des Erwerbers (BÖCKLI, Aktienrecht, § 6 N 152 ff.). Es gibt verschiedene Gründe, weshalb sich die Erwerber nicht ins Aktienbuch eintragen lassen wollen (hohe Transaktionskosten, kompliziertes Eintragungssystem, Wahrung der Anonymität etc.). Die Entstehung von Dispo-Aktien wird noch dadurch gefördert, dass die AG bereit ist, die auf den nicht angemeldeten Erwerber entfallende Dividende an seine Dispo-Adresse auszuzahlen (BÖCKLI, Aktienrecht, § 6 N 165; VON DER CRONE, Teil 2, 12 ff.; Botschaft Aktien und Rechnungslegungsrecht, 1619 f.; Lösungsmöglichkeiten: Art. 689c N 44 ff.). 10

3. Bedeutung der Mitgliedschaftsrechte

Ob die **Mitgliedschafts- oder Vermögensrechte** für den Aktionär **wichtiger** sind, hängt von der Interessenlage im Einzelfall ab. Formal gesehen ist i.d.R. das Eigentum an der Aktie die Voraussetzung für die Wahrnehmung der Mitgliedschafts- und Vermögensrechte. Zwischen ihnen besteht eine enge Verbindung, so dass die Zuordnung von Rechten in die eine oder andere Gruppe nicht immer leicht fällt (ZK-BÜRGI, Art. 688 N 4). Bei einer kleinen AG dürften die Mitgliedschaftsrechte als Voraussetzung für die 11

Mitwirkung im Unternehmen eine grössere Rolle spielen als bei Gross- oder Publikumsgesellschaften; dies muss jedoch nicht immer so sein. Bei Publikumsgesellschaften sind Grossaktionäre mehr an den Mitgliedschaftsrechten und Kleinaktionäre fast nur an den Vermögensrechten interessiert. Es gibt immer weniger Privatpersonen, die Aktien halten; zugenommen haben die institutionellen Investoren wie Pensionskassen (Art. 49a Abs. 2: Notwendigkeit von Regeln für die Ausübung ihrer Aktionärsrechte), Versicherungen, Banken, Beteiligungsgesellschaften, Aktien- und Hedgefonds (AMSTUTZ, 14 f.). Bei einer AG mit Stimmrechtsaktien werden die Mitgliedschaftsrechte für die Stimmrechtsaktionäre im Vordergrund stehen.

12 Die Aktionäre unterlassen es häufig, ihre Interessen selbst zu vertreten und die vorhandenen Einflussmöglichkeiten voll auszunützen, weil auch die entsprechende Zeit nicht zur Verfügung steht. Wer sich nur um die Vermögensrechte und nicht um das Stimmrecht kümmert, verschafft dem VR und der GL eine Machtposition, die ausgenützt wird, sodass die legitimen Interessen der Investoren und Kleinaktionäre das Nachsehen haben. Die gleiche Wirkung erzielen die «aktivistischen» Aktionärsgruppen (BÖCKLI, Aktienrecht, § 12 N 49 ff.), die wegen der an der GV nicht vertretenen **Dispo-Aktien** eine übermässige Macht entfalten, die im Widerspruch zum Kapitaleinsatz steht (Art. 689c N 42). Es wird dann von der **«Ohnmacht» der Aktionäre** gesprochen, obwohl sie oft selbstverschuldet ist (AMSTUTZ, 19, 93 f.). Immerhin zeichnet sich ab, dass gewisse institutionelle Investoren ihren Einfluss auf die Entscheide von AG vermehrt geltend machen.

4. Persönliche Mitgliedschaftsrechte im Besonderen

13 Die **persönlichen Mitgliedschaftsrechte** umfassen jene Rechte, welche der Aktionär in der GV ausübt, um am Gesellschaftsleben teilzunehmen. Auch einzelne *Aktien im Gesamt- oder Miteigentum* können durch einen gemeinsamen Vertreter in der GV vertreten werden (Art. 690 Abs. 1; s.a. Art. 689d N 15). Bei *Aktien in Nutzniessung* steht das Stimmrecht dem Nutzniesser zu; vorbehalten bleiben anders lautende Statutenbestimmungen (BÖCKLI, Aktienrecht, § 12 N 137 f.).

a) Teilnahmerecht (= formelles Stimmrecht)

14 Voraussetzung für die Ausübung der **persönlichen Mitgliedschaftsrechte** in der GV bildet das **Teilnahmerecht**. Es wird deshalb häufig auch als formelles Stimmrecht bezeichnet und besteht unabhängig vom materiellen **Stimmrecht** (ZK-BÜRGI, Art. 688 N 16). Der Aktionär hat nur ein Teilnahmerecht und keine **Teilnahmepflicht**. Ebensowenig besteht eine **Stimmpflicht**. Sie dürfen auch nicht durch die Statuten eingeführt werden, weil solche Pflichten gegen die Grundstruktur der AG verstossen würden. Hingegen ist es zulässig, dem Aktionär oder Vertreter die im Zusammenhang mit der Teilnahme entstandenen Auslagen zu ersetzen. Auch andere Anreize zur Teilnahme an der GV (z.B. Geschenke) sind vertretbar, sofern es sich um Naturalgaben handelt, deren Wert das übliche Mass nicht überschreitet.

15 Die Teilnahme an der GV setzt voraus, dass eine GV rechtsgültig, d.h. in gesetzes- und statutengemässer Weise, einberufen worden ist. Bei schwer wiegend fehlerhafter Einberufung der GV kann gar keine GV im Rechtssinne stattfinden (ZK-BÜRGI, N 9; zurückhaltend: BÖCKLI, Aktienrecht, § 12 N 111 f.). In Missachtung dieser Voraussetzung gefasste Beschlüsse oder Wahlen sind entweder anfechtbar oder ausnahmsweise nichtig (Art. 691; BÖCKLI, Aktienrecht, § 12 N 88 f., 110 f., 489 ff.). Die Pflicht zur Einberufung einer GV mindestens einmal pro Geschäftsjahr obliegt in erster Linie dem VR. Auch

die Aktionäre haben unter den Voraussetzungen von Art. 699 Abs. 3 ein **Einberufungsrecht**. Der Gesetzgeber betrachtet das Recht auf Einberufung der GV als ein Mitgliedschaftsrecht, das unmittelbar mit **dem Stimmrecht des Aktionärs zusammenhängt** (Art. 656c Abs. 3).

Nichtaktionäre, die auch nicht rechtmässig Aktionäre vertreten, haben kein Recht auf Teilnahme an der GV. Kein Teilnahmerecht hat der Veräusserer von börsenkotierten Namenaktien, auch wenn der Erwerber noch nicht im Aktienbuch der AG eingetragen ist (BÖCKLI, Aktienrecht, § 6 N 141). 16

Nicht teilnahmeberechtigt an der GV ist der **Aktionär ohne Stimmrecht** (N 8 f.), auch wenn er Aktionär sein sollte (BÖCKLI, Aktienrecht, § 6 N 143, 316). Er kann gemäss ausdrücklicher gesetzlicher Anordnung weder das Stimmrecht noch andere mit dem Stimmrecht zusammenhängende Rechte in der GV ausüben (Art. 685f Abs. 2 Satz 1, Art. 656c Abs. 2; N 20 ff.). Unter diesen Umständen wäre es sinnlos, ihm ein Teilnahmerecht an der GV einzuräumen (BÖCKLI, Aktienrecht, § 6 N 142 f.; ZINDEL, FS Forstmoser, 205 f.). 17

Auch ohne Teilnahme- und Stimmrecht an der GV ist der Aktionär ohne Stimmrecht ein Aktionär, dem die nicht mit der Rechtsausübung in der GV verknüpften Mitgliedschaftsrechte (Anfechtungsrecht, Recht auf Verantwortlichkeitsklage, Bezugsrecht etc.) zustehen. Er hat fast die Rechtsstellung der Partizipanten; selbst den Partizipanten steht das Teilnahmerecht an der GV nur zu, falls die Statuten es ihm einräumen. Wird das Eintragungsgesuch des Erwerbers abgelehnt, so ist er im Aktienbuch, der als **Aktionär ohne Stimmrecht** eingetragen ist, zu **streichen**; die Mitgliedschaftsstelle im Aktienbuch bleibt leer. Es steht ihm frei, die Namenaktien zu veräussern – ein Vorgang, welcher der AG nicht in jedem Fall zur Kenntnis gebracht werden muss – oder erneut ein Eintragungsgesuch zu stellen (BÖCKLI, Aktienrecht, § 6 N 144; N 9). 18

Kein eigentliches **Teilnahmerecht** steht der **RS** zu; sie ist von Gesetzes wegen verpflichtet, an der GV anwesend zu sein (Art. 697 Abs. 1; Umkehrschluss aus Art. 729c Abs. 3). Im Hinblick auf die den Aktionären zustehenden und in der GV auszuübenden Kontrollrechte hat neben dem **VR** (BÖCKLI, Aktienrecht § 12 N 172), soweit die Geschäftsführung an Dritte übertragen worden ist, auch die **GL** in der GV anwesend zu sein, auch wenn die Mitglieder der GL nicht selbst Aktionäre sein sollten (Art. 697 Abs. 1; § 118 Abs. 2 Satz 1 AktG). In der GV können auch Personen (Experten, Protokollführer, Notar, Medienvertreter, Gäste) zugelassen werden, die nicht Aktionäre und daher vom Stimmrecht ausgeschlossen sind; darüber entscheidet der VR bzw. der Vorsitzende der GV (SCHETT, 33 ff.). 19

b) Materielles Stimmrecht

Das wichtigste Mitgliedschaftsrecht in der GV ist das **Stimmrecht**. Das Stimmrecht umfasst das Recht auf Mitwirkung sowohl bei (Sach-)Abstimmungen als auch bei Wahlen. Stimmberechtigt in der GV ist der Aktionär bzw. sein Vertreter, es sei denn, das Stimmrecht sei aufgrund von gesetzlichen oder statutarischen Stimmrechtsbeschränkungen für alle oder einzelne Traktanden ausgeschlossen. Der Aktionär hat in der GV sowohl ein aktives als auch ein passives Wahlrecht; eine Wahlannahmepflicht besteht jedoch nicht. Soweit das passive Wahlrecht mit der Aktionärseigenschaft verknüpft ist, steht es grundsätzlich nur dem Aktionär und nicht auch seinem Vertreter zu (Art. 707 Abs. 1, 2). 20

Mit dem Stimmrecht hängen noch unmittelbar weitere Einzelrechte des Aktionärs **zusammen**: Das Diskussions- und Antragsrecht, das Recht zur Abgabe von Erklärungen 21 zu Protokoll, das Recht zum Einspruch wegen Teilnahme Unberechtigter zu Protokoll, das Recht auf Auskunft und Einsicht (Art. 656c Abs. 2; JÄGGI, Aufsätze, 332; HENN, Handbuch, 296).

22 Das **Diskussionsrecht** beinhaltet die Befugnis, im Rahmen des Verhandlungsgegenstandes gemäss Traktandenliste Fragen zu stellen, Stellungnahmen (Voten) sowie Abstimmungs- oder Wahlparolen abzugeben (zur Beschränkung des Rederechts s. HENN, Rechte, 30). Die Verweigerung der Zulassung zur Diskussion gilt als Anfechtungstatbestand. Das **Antragsrecht** (Beschlussvorschlag) steht dem Aktionär bzw. seinem Vertreter sowohl bez. des formellen Vorgehens (Traktandenliste, Abstimmungsprozedere usw.) als auch bez. der Sachfragen und Wahlen zu. Er darf seine Anträge auch begründen. Die Anträge müssen sich auf die Verhandlungsgegenstände gemäss Traktandenliste beziehen. Davon ausgenommen sind lediglich Anträge auf Einberufung einer ausserordentlichen GV oder auf Durchführung einer Sonderprüfung sowie Anträge an die GV zur Traktandierung eines Verhandlungsgegenstandes für die nächste GV.

c) Gesetzliche und statutarische Stimmrechtsbeschränkungen

23 Zu den **gesetzlichen Stimmrechtsbeschränkungen** zählen der Stimmrechtsausschluss bei eigenen Aktien (Art. 659a f.) und der mit der Geschäftsführung befassten Personen bei der Entlastung des VR (Art. 695 Abs. 1; BÖCKLI, Aktienrecht, § 12 N 148).

24 Das Stimmrecht und die damit verbundenen Rechte all jener Aktien, die als **eigene Aktien** gelten, ruhen (Art. 659a Abs. 1). Folglich dürfen auch sie an der GV nicht vertreten werden. Als eigene Aktien der AG werden auch die über Tochter- oder sonstige abhängige Gesellschaften erworbenen Aktien dieser AG betrachtet (Art. 659b Abs. 1 und 2). Darunter sollen nach einer nicht unbestrittenen Auffassung auch die von abhängigen Fondsleitungen im Sondervermögen verwalteten eigenen Aktien dieser AG fallen (Urteil des HGer ZH vom 2.9.1996 in Sachen BK Vision AG/SBG, 89 ff.; SJZ 1995, 196 ff.; VON SALIS, 250; BÖCKLI, Aktienrecht, § 12 N 444 ff. bejaht grundsätzlich auch den Stimmrechtsauschluss für paritätische Vorsorgestiftungen, nicht jedoch für Anlagefonds; a.A. ROTH/LÄNZLINGER, 33; SCHERRER, Diss., 133; FORSTMOSER/MEIER-HAYOZ/NOBEL, § 24 N 88d). Eine *vorübergehende fiduziarische Übertragung* des Eigentums an diesen Aktien auf einen Dritten, um ihm die Ausübung des Stimmrechts zu ermöglichen, müsste als *Umgehung der gesetzlichen Stimmrechtsbeschränkungen* und somit als unbefugte Teilnahme betrachtet werden (Art. 691; N 45).

25 Anders verhält es sich mit **Vorratsaktien,** die keine eigenen Aktien sind und daher vertreten werden dürfen (BGE 117 II 306 f. E. 4 f = Pra 1992, 494 f.). Es ist grundsätzlich auch zulässig, dass eine Tochtergesellschaft **treuhänderisch** für Dritte Aktien der Muttergesellschaft hält und das Stimmrecht aus diesen Aktien ausübt (vgl. BGE 81 II 541; § 135 Abs. 2 AktG), soweit die Stimmrechtsausübung (z.B. bei der Entlastung des VR) nicht ausgeschlossen ist.

26 Bei der Beschlussfassung über die **Entlastung des VR** haben Personen, die in irgendeiner Weise an der Geschäftsführung teilgenommen haben, **kein Stimmrecht** (Art. 695 Abs. 1). Dieser Stimmrechtsausschluss gilt für den Aktionär, der in irgendeiner Weise an der Geschäftsführung teilgenommen hat, also nicht nur Mitglieder des VR (BÖCKLI Aktienrecht, § 12 N 436 ff.). Ein solcher Aktionär darf auch nicht einen Vertreter mit der Stimmrechtsausübung beauftragen; dies wäre eine unerlaubte Umgehung der Stimmrechtsbeschränkungen und unstatthaft (Art. 691 Abs. 1). Ein bei der Entlastung des VR vom Stimmrecht ausgeschlossener Aktionär darf auch nicht indirekt seinen Einfluss auf die Beschlussfassung geltend machen (z.B. im Rahmen eines Aktionärbin-

dungsvertrages). Ferner darf er bei der Beschlussfassung über die Entlastung des VR auch nicht andere Aktionäre vertreten, selbst wenn sie ihm Spezialvollmacht erteilt haben; somit ist der Organvertreter bei der Entlastung des VR vom Stimmrecht ausgeschlossen (BGE 128 III 42; BÖCKLI, Aktienrecht N 440).

Statutarisch besteht die Möglichkeit, die Stimmkraft der Aktionäre, welche mehrere Aktien besitzen, im Rahmen der Vinkulierung (Art. 685d Abs. 1) oder durch Höchststimmrechtsklauseln (Art. 692 Abs. 2) sowie das Vertretungsrecht (Art. 627 Ziff. 10, 689 Abs. 2) **einzuschränken bzw. auszuschliessen.** Die Aufzählung ist abschliessend (BÖCKLI, Aktienrecht, § 12 N 435). 27

Zudem kann das Stimmrecht durch **verwaltungsrechtliche Massnahmen** suspendiert werden (Art. 23ter Abs. 1bis BankG; Art. 32 BEHG; BÖCKLI, Aktienrecht, § 12 N 462). 28

Es gibt keinen **Stimmrechtsauschluss wegen Interessenkonflikts.** Mit Ausnahme bei der Entlastung des VR gilt für den Aktionär, dass er auch in eigener Sache ein Stimmrecht hat (BÖCKLI, Aktienrecht, § 12 N 454 ff.). 29

d) Mitgliedschaftsrechte der Partizipanten

Die Partizipanten haben zwingend kein **Stimmrecht** und, sofern die Statuten nichts anderes bestimmen, keines der **damit zusammenhängenden Rechte** (Art. 656c Abs. 1). Die mit dem Stimmrecht zusammenhängenden Rechte sind in Art. 656c Abs. 2 aufgezählt (N 21). Wird dem Partizipanten statutarisch lediglich das **Teilnahmerecht** an der GV zugestanden, so steht ihm, wenn keine Präzisierung in den Statuten vorgenommen worden ist, neben dem allgemeinen Diskussionsrecht auch das Recht zu, Erklärungen oder Einsprachen zu Protokoll abzugeben. 30

II. Normzweck

1. Grundsatz der Ausübung der Mitgliedschaftsrechte in der GV

Der Aktionär hat seine Mitgliedschaftsrechte grundsätzlich **in der GV,** welche i.d.R. am Sitz der AG durchzuführen ist (BÖCKLI, Aktienrecht, § 12 N 90 f.), auszüben. Zu den Angelegenheiten der AG, bei denen der Aktionär in der GV mitzuwirken befugt ist, gehören die in Art. 698 Abs. 2 aufgezählten unübertragbaren Befugnisse der GV, die teilweise in Art. 689 Abs. 1 nochmals aufgezählt werden. Die gesetzliche Zuständigkeit der GV kann in Angelegenheiten der AG statutarisch wohl kaum erweitert, aber sicher nicht vermindert werden (ZK-BÜRGI, N 7; krit. für Erweiterung: BÖCKLI, Aktienrecht, § 12 N 33 ff.). 31

Der Gesetzgeber hat an der Versammlung der Aktionäre, **GV** genannt, festgehalten und die Abschaffung der GV abgelehnt und auch die Ersetzung der GV durch eine Delegiertenversammlung verworfen. Somit gehört die GV zur Grundstruktur der AG. Die Einführung der Delegiertenversammlung auf statutarischer Basis ist daher unzulässig. Solche Beschlüsse und Wahlen der GV wären unwirksam und daher nichtig (Art. 706b Ziff. 3). 32

Die **schriftliche Stimmabgabe** (BÖCKLI, Aktienrecht, § 12 N 147) oder eine vorgängige oder nachträgliche schriftliche Zustimmung zu Beschlüssen oder Wahlen der GV ist wirkungslos (VISCHER/RAPP, 140). Beschlüsse oder Wahlen auf dem Zirkulationswege, wie sie für die Tätigkeit des VR gem. Art 713 Abs. 2 vorgesehen sind, sowie **Urabstimmungen** (BÖCKLI, Aktienrecht, § 12 N 7) oder die nachträgliche Unterzeichnung des Protokolls durch alle Aktionäre sind nicht zugelassen (BGE 67 I 346 E. 3; 93 II 35 = Pra 33

1967, 370; NOBEL, 97 ff., 102 ff.; ZK-BÜRGI, N 6; BÖCKLI, Aktienrecht, § 12 N 52 m.w. H.). Das Gleiche gilt für Beschlüsse oder Wahlen in der Zuständigkeit der GV, die anlässlich eines Telefon- oder Telekonferenzgespräches oder auf ähnl. Wege gefasst werden; derartige Konferenzgespräche sind keine Versammlung der Aktionäre. Die so zustande gekommenen Beschlüsse und Wahlen wären daher unwirksam und nichtig (N 32).

2. Ausübung von Mitgliedschaftsrechten ausserhalb der GV

34 Der Aktionär kann nur ausnahmsweise seine **Mitgliedschaftsrechte ausserhalb der GV ausüben** (BÖCKLI, Aktienrecht, § 12 N 135). Er kann unter den Voraussetzungen von Art. 699 Abs. 3 entweder die Einberufung einer GV oder die Traktandierung eines Verhandlungsgegenstandes verlangen. Überdies hat er vor der GV Anspruch auf Zustellung des Geschäfts- und Revisionsberichtes (Art. 696 Abs. 1). Ferner kann er bei Glaubhaftmachung eines schutzwürdigen Interesses eine schriftliche Orientierung über die Organisation der Geschäftsführung verlangen (Art. 716b Abs. 2). Er kann noch während eines Jahres nach der GV von der AG den Geschäfts- und Revisionsbericht (Art. 696 Abs. 3) sowie den Sonderprüfungsbericht mit Stellungnahmen (Art. 697f Abs. 2) beziehen sowie Einsicht in das Protokoll der GV nehmen (Art. 702 Abs. 3). Schliesslich versteht es sich von selbst, dass er die Klagerechte ausserhalb der GV wahrzunehmen hat. Klagen auf Auskunft und Einsicht und auf Einleitung einer Sonderprüfung setzen voraus, dass der Aktionär seine Rechte bereits in der GV erfolglos ausgeübt hat (Art. 697 Abs. 4; Art. 697b Abs. 1). Alle diese Mitgliedschaftsrechte stehen dem Aktionär ohne Stimmrecht weitgehend nicht zu (N 18).

3. Mitgliedschaftsrechte der Partizipanten

35 Soweit den **Partizipanten** mit dem Stimmrecht zusammenhängende Rechte statutarisch eingeräumt worden sind, hat er sie ebenfalls grundsätzlich **in der GV** wahrzunehmen. Gewähren ihm die Statuten kein Recht auf Auskunft oder Einsicht oder kein Antragsrecht auf Einleitung einer Sonderprüfung, so kann der Partizipant, sofern er nicht berechtigt ist, an der GV teilzunehmen, Begehren um Auskunft oder Einsicht oder um Einleitung einer Sonderprüfung schriftlich **zu Handen der GV** stellen (Art. 656c Abs. 3). Diese Regelung macht Sinn, weil der teilnahmeberechtigte Partizipant nicht besser gestellt sein soll als der Aktionär, welcher diese Rechte ebenfalls in der GV geltend machen muss.

III. Ausübung der Mitgliedschaftsrechte in der GV durch den Aktionär

36 Die Mitgliedschaftsrechte werden in der GV in erster Linie durch den **Aktionär** selbst ausgeübt. Das Gesetz spricht davon, dass der Aktionär seine Aktien in der GV selbst vertreten könne, obwohl es sich nicht um eine Vertretung im juristischen Sinne handelt (Art. 689 Abs. 2).

37 Dem Aktionär ist der **fiduziarische** (treuhänderische) **Eigentümer** von Aktien gleichgestellt (ZK-BÜRGI, N 12, 14; BGE 115 II 472 f.; 109 II 241 f.; NOBEL, 122 ff.; SemJud 1978, 520 f.). Durch die Übertragung von Aktien zu Eigentum erhält der fiduziarische Eigentümer nach aussen die Rechtsstellung eines eigenberechtigten Aktionärs. Eine Umgehung von gesetzlichen oder statutarischen **Stimmrechtsbeschränkungen** durch fiduziarische Übertragung von Aktien ist rechtsmissbräuchlich (N 24; ZK-BÜRGI, N 15; SCHETT, 30 f.). Die Teilnahme eines solchen Aktionärs in der GV müsste als unbefugte Teilnahme betrachtet werden.

Werden Namenaktien («**Nominee-Aktien**») im Aktienbuch für die Stimmrechtsausübung auf eine Gesellschaft («Nominee-Gesellschaft») eingetragen, ohne dass im internen Verhältnis zwischen Aktionär und Nominee-Gesellschaft rechtlich zwingend eine Eigentumsübertragung stattfindet, liegt ebenfalls ein fiduziarisches Rechtsverhältnis vor. Die Nominee-Gesellschaft ist wirtschaftlich Vertreterin des Aktionärs und an die **Weisungsbefolgungspflicht** gebunden, auch wenn sie zur Stimmrechtsausübung keiner Vollmacht bedarf; Art. 689b Abs. 2 ist nicht anwendbar. 38

IV. Ausübung der Mitgliedschaftsrechte in der GV durch Vertreter

1. Grundsatz der Vertretbarkeit

Unmittelbar aus Art. 689 ergibt sich der Grundsatz, dass der Aktionär sich in der GV vertreten lassen kann. Eine extensive Auslegung des Gesetzestextes braucht es dazu nicht (**a.A.** ZK-BÜRGI, N 17). Die Stimmrechtvertretung ist auch in der Universalversammlung i.S.v. Art. 701 rechtlich zulässig (BÖCKLI, Aktienrecht, § 12 N 55 f.). Der **Grundsatz der Vertretbarkeit** der Aktie fliesst auch aus der Natur der Mitgliedschaftsrechte. Es handelt sich nicht um höchstpersönliche, vertretungsfeindliche Rechte (VISCHER/RAPP, 136; HENN, Handbuch, 297 N 22). Die Vertretbarkeit kann durch die Statuten nicht allgemein verboten werden; eine solche Statutenbestimmung wäre nichtig (ZK-BÜRGI, N 18). 39

Zulässig ist es, wenn ein Aktionär, der **mehrere Aktien** hat, die Vertretung in der GV auf verschiedene Vertreter aufteilt (ZK-BÜRGI, N 19), sofern nicht die Umgehung von gesetzlichen oder statutarischen *Stimmrechtsbeschränkungen* bezweckt wird (N 45). 40

Gesetzliche Vertreter sind in der GV zuzulassen; sie können statutarisch selbst dann nicht ausgeschlossen werden, wenn die Statuten nur die Vertretung durch einen anderen Aktionär zulassen. Juristische Personen, Körperschaften und Anstalten sowie Handelsgesellschaften werden durch ihre gesetzlichen Organe vertreten. Dies gilt auch für den Willensvollstrecker, den Vertreter von Erben- und den Verwalter von Stockwerkeigentümergemeinschaften, für den Inhaber der elterlichen Gewalt und für die vormundschaftlichen Vertreter (Vormund, Beistand, Beirat), für die Konkursverwaltung bez. der Aktien im Eigentum der Konkursmasse. Nach dem seit 1.1.1988 in Kraft stehenden Güterrecht ist kein Ehepartner mehr gesetzlicher Vertreter des andern (BK-HAUSHEER/REUSSER/GEISER, Art. 201 ZGB N 210). 41

Die **vertraglich begründete** *individuelle* und *institutionelle* **Stellvertretung** von Aktionären in der GV beruht auf den obligationenrechtlichen Stellvertretungsregeln (Art. 32 ff.) und basiert i.d.R. auf dem Auftragsrecht (Art. 396 Abs. 2; Art. 689b N 5 ff.). Unabhängig davon, ob der Vertreter das Stimmrecht im Namen des Aktionärs oder im Falle der Inhaberaktien in eigenem Namen ausübt, treten im Gegensatz zur allgemeinen (verdeckten) Stellvertretung die **Wirkungen** beim Aktionär ein. 42

2. Schranken des Vertretungsrechts

a) Allgemeines

Der vertraglich eingesetzte individuelle Stimmrechtsvertreter sowie die institutionellen Stimmrechtsvertreter haben die gesetzlichen und statutarischen **Stimmrechtsbeschränkungen,** die den *Vertretenen* treffen, zu beachten (BGE 81 II 540; TILLMANN, Diss., 18; BÖCKLI, Aktienrecht, § 12 N 309). Die gesetzlichen und statutarischen Stimmrechtsbeschränkungen gelten unter Vorbehalt anders lautender Statutenbestimmungen, auch 43 für die Vertreter, es sei denn, die Statuten enthalten für institutionelle Stimmrechtsvertreter Ausnahmebestimmungen (a.A. BÖCKLI, Aktienrecht, § 12 N 479 ff.).

44 Schranken des Vertretungsrechts bilden die gesetzlichen und statutarischen **Stimmrechtsbeschränkungen** (Art. 691 N 1 ff.; BRUNNER, Streifzug durch die Statuten schweizerischer Publikums-Aktiengesellschaften, 1976, 76 ff.). Der Vertreter kann nicht nur aus Gründen (z.B. bei der Entlastung des VR), die in der Person des Aktionärs liegen, in der Stimmrechtsausübung beschränkt oder davon ausgeschlossen sein, sondern es treffen ihn auch alle jene den Ausschluss oder die Beschränkung des Stimmrechtes bedingenden Faktoren, die in seiner eigenen Person (BGE 128 III 142; BGer v. 7.2.2002, 4C.324/2001 E. 3a und b; BÖCKLI, Aktienrecht § 12 N 440; ZISWILER bezieht sich auch auf den gewillkürten Vertreter, SZW 2003, 54 ff.; SCHLEIFFER, 210 f.; WOHLMANN, SJZ 1994, 118 f.) begründet sind.

45 Die Missachtung von **gesetzlichen oder statutarischen Stimmrechtsbeschränkungen** ist unstatthaft (Art. 691 Abs. 1). Beschlüsse und Wahlen, bei denen nicht befugte Personen teilgenommen haben, unterliegen grundsätzlich der Anfechtung (BÖCKLI, Aktienrecht, § 112 N 489).

b) Gesetzliche Stimmrechtsbeschränkungen

46 Bez. der gesetzlichen Stimmrechtsbeschränkungen wird auf Art. 659a Abs. 1, Art. 695 Abs. 1 verwiesen (N 23 ff.).

c) Statutarische Stimmrechtsbeschränkungen

47 Die Möglichkeiten der statutarischen Stimmrechtsbeschränkungen werden in N 27 aufgezeigt. Die Statuten dürfen den Grundsatz der Vertretbarkeit der Aktien nicht sachlich (z.B. Geheimsphäre der AG), sondern nur in persönlicher Hinsicht einschränken. Zulässig, wenn auch nicht ganz unproblematisch, ist eine statutarische Bestimmung, wonach sich ein Aktionär **nur durch einen anderen Aktionär** vertreten lassen darf, weil sie bei Inhaberaktien sinnlos ist (BÖCKLI, Aktienrecht, § 12 N 483 ff.). Zusätzliche statutarische Einschränkungen (z.B. bez. Geschlecht oder Beruf) sind nicht zulässig und hätten Nichtigkeit zur Folge (BÖCKLI, Aktienrecht, § 12 N 435), ausgenommen Vorschriften bez. Nationalität, die sich per analogiam auf Art. 4 SchlT OR abstützen lassen (VOLKEN, «Soweit und solange» und überhaupt: zu Art. 4 SchlT/OR, in: von Büren, Aktienrecht 1992–1997: Versuch einer Bilanz, Bern 1998, 373 ff.; a.A. ZK-BÜRGI, N 21 m.w. Nw.; SCHETT, 26 f.).

48 Auch die **Stimmrechtsvertretung durch institutionelle Stimmrechtsvertreter** (Art. 689b N 3) oder die Vertretung gestützt auf **Generalvollmachten oder Generalermächtigungen** beim Depotvertreter insb. bei Inhaberaktien kann statutarisch nicht generell ausgeschlossen werden (SCHAAD, 71; TILLMANN, Diss., 18). Die Beschränkungen in der Auswahl des Vertreters dürfen nicht zu einer unbilligen Erschwerung der Stimmrechtsvertretung führen (RAYNOSCHEK, 182).

49 In den Statuten verbreitet sind sog. **Höchststimmrechtsklauseln,** welche das Stimmrecht des Aktionärs, welcher mehrere Aktien besitzt, beschränkt (Art. 692 Abs. 2 Satz 2; Art. 627 Ziff. 10). Weitergehend und problematisch sind die Höchststimmrechtsklauseln, wenn sie auch das Stimmrecht der Stimmrechtsvertreter limitieren (TILLMANN, Diss., 117).

50 Beschränkungen des Vertretungsrechts können in den ursprünglichen Statuten enthalten sein. **Nachträglich** dürfen Beschränkungen des Vertretungsrechts nur **eingeführt wer-**

2. Abschnitt: Rechte und Pflichten der Aktionäre   Art. 689a

den, wenn sachliche Gründe bestehen und die Interessen der AG höher zu bewerten sind als die Interessen der Aktionäre und der Grundsatz der Gleichbehandlung der Aktionäre gewahrt wird (ZK-BÜRGI, N 22).

3. Vertretungsrecht der Partizipanten

Wird den Partizipanten statutarisch ein Teilnahmerecht an der GV zugestanden, so sind sie auch berechtigt, sich **vertreten zu lassen.** Sofern die Statuten nicht besondere Bestimmungen für die Vertretung der Partizipanten enthalten, gelten die Bestimmungen für die Vertretung der Aktionäre entsprechend.   51

V. Revisionsvorlage 2007

Die **Revisionsvorlage 2007** hält an der GV nach wie vor fest. Hingegen soll die GV an *mehreren Tagungsorten* (BÖCKLI, Aktienrecht, § 12 N 11 ff.; Art. 701b E) und die *Durchführung im Ausland* (Art. 701b E) zulässig sein und gesetzlich geregelt werden. Unter bestimmten Voraussetzungen kann gänzlich auf einen räumlichen Tagungsort verzichtet werden (sog. elektronische oder *virtuelle GV;* Art. 701d E; Botschaft Aktien- und Rechnungslegungsrecht, 1592; Begleitbericht zum VE, 29 ff., 78 f.; BÖCKLI, Aktienrecht, § 12 N 8 ff.).   52

Die **Revisionsvorlage 2007** berücksichtigt die EU-Aktionärs-RL, welche primär die Teilnahme von gebietsfremden Aktionären an der GV erleichtern will, weitgehend. Abweichungen bestehen z.B. bei der *Durchführung einer elektronischen GV,* welche gemäss Revisionsvorlage 2007 nicht gegen den Willen des Aktionärs durchgeführt werden darf, und bei der *Erteilung der Vollmacht* zur Teilnahme an der GV auf elektronischem Weg, welche der VR zulassen kann, wenn er will (Art. 689a Abs. 1bis E). Diese beiden Abweichungen hängen damit zusammen, dass das Teilnahmerecht an der GV als ein fundamentales Aktionärsrecht betrachtet wird. Aus diesem Grunde dient die im Entwurf vorgesehene Zustimmung aller Aktionäre zum Schutz jener Aktionäre, die keinen Zugang zu den elektronischen Kommunikationsmitteln haben oder mit ihnen nicht vertraut sind (Botschaft Aktien- und Rechnungslegungsrecht, 1630 f.; Begleitbericht zum VE, 29 ff., 80 ff.).   53

Art. 689a

2. Berechtigung gegenüber der Gesellschaft	¹ **Die Mitgliedschaftsrechte aus Namenaktien kann ausüben, wer durch den Eintrag im Aktienbuch ausgewiesen oder vom Aktionär dazu schriftlich bevollmächtigt ist.**
	² **Die Mitgliedschaftsrechte aus Inhaberaktien kann ausüben, wer sich als Besitzer ausweist, indem er die Aktien vorlegt. Der Verwaltungsrat kann eine andere Art des Besitzesausweises anordnen.**
2. Légitimation à l'égard de la société	¹ Peut exercer les droits sociaux liés à l'action nominative quiconque y est habilité par son inscription au registre des actions ou par les pouvoirs écrits reçus de l'actionnaire.
	² Peut exercer les droits sociaux liés à l'action au porteur quiconque y est habilité comme possesseur en tant qu'il produit l'action. Le conseil d'administration peut prévoir la production d'un autre titre de possession.

| 2. Legittimazione nei confronti della società | ¹ Può esercitare i diritti sociali inerenti all'azione nominativa chi è iscritto nel libro delle azioni o vi è autorizzato mediante una procura scritta dell'azionista.
² Può esercitare i diritti sociali inerenti all'azione al portatore chi si legittima esibendo l'azione. Il consiglio d'amministrazione può stabilire un altro modo di provare il possesso. |
|---|---|

Literatur

Vgl. die Literaturhinweise zu Art. 689.

I. Allgemeines

1   Art. 689 Abs. 3 und 4 altOR sind inhaltlich übernommen und in Art. 689a verselbständigt worden. Um die Mitgliedschaftsrechte in der GV ausüben zu können, muss der Aktionär oder sein Vertreter seine formelle Berechtigung (**Legitimation**) gegenüber der AG **nachweisen**. Gelingt ihm dies nicht, ist der Aktionär oder sein Vertreter an der GV nicht zuzulassen.

2   Die **Legitimationsprüfung** und die Abgabe der Stimmkarten unmittelbar bei der Türkontrolle eignen sich nur für eine kleine AG. Sonst gilt die Zutrittskarte mit den Stimmkarten als Ausweis der erfolgten Legitimationsprüfung (BÖCKLI, Aktienrecht, § 12 N 131 f.).

3   **Fragen der Zulassung zur GV** sind durch den VR, welcher die GV vorzubereiten hat, und nicht durch die GV zu entscheiden (JÄGGI, FS Obrecht, 319 f.; SCHETT, 38; Art. 699, 702 Abs. 1, Art. 716a Abs. 1 Ziff. 6; BÖCKLI, Aktienrecht, § 12 N 99). Im Gegensatz zum deutschen Recht besteht keine gesetzliche Verpflichtung der AG, ein Teilnehmerverzeichnis zu führen (§ 129 AktG). In der Praxis kommt die AG um eine Präsenzliste über die erschienen und vertretenen Aktionäre nicht herum (BÖCKLI, Aktienrecht, § 12 N 133); sie wird i.d.R. an der GV nicht zur Einsicht aufgelegt (Art. 689c N 31).

II. Legitimation bei Namenaktien

1. Im Allgemeinen

4   Zu den übertragbaren Aufgaben des VR gehört auch die **Führung des Aktienbuches** (BÖCKLI, § 13 N 161); diese anspruchsvolle Aufgabe ist z.B. an ein auf die Führung des Aktienbuchs spezialisiertes Unternehmen technisch delegierbar; die Verantwortung bleibt beim VR. Führt die AG gesetzeswidrig überhaupt kein Aktienbuch, so liegt i.d.R. eine Pflichtverletzung des VR vor, die Schadenersatzpflicht nach sich ziehen könnte. Bei Nichtvorhandensein eines Aktienbuches muss der Namenaktionär seine Legitimation ohne Eintrag im Aktienbuch erbringen können.

5   Der VR legt in der Einladung zur GV die Einzelheiten der Teilnahme und der Stimmberechtigung fest (BÖCKLI, Aktienrecht, § 12 N 100, 125). Für den Nachweis der Legitimation bei Namenaktien ist – wie in Art. 686 Abs. 4 festgehalten – der **Eintrag im Aktienbuch** massgebend, unabhängig davon, ob die AG in Urkunden verbriefte Namenaktientitel oder Namenaktienzertifikate ausgegeben oder statutarisch Rektaktien geschaffen hat oder nicht.

6   Ausnahmsweise ist bei börsenkotierten Namenaktien jener Aktionär auch ohne Eintrag im Aktienbuch legitimiert, welcher die Aktien börsenmässig erworben und ein Eintragungsgesuch gestellt hat, das jedoch innert der Frist von 20 Tagen entweder nicht abge-

lehnt oder nicht behandelt worden ist (Art. 685g). Er muss in der GV zugelassen werden (FORSTMOSER/MEIER-HAYOZ/NOBEL, § 23 N 72; VON BALLMOOS, FS Bär, 1 ff.).

Der Nachweis des Eintrags im Aktienbuch als Namenaktionär mit Stimmrecht ist einerseits zwingend erforderlich und andererseits i.d.R. auch ausreichend (BÖCKLI, Aktienrecht, § 6 N 320). Die AG stellt dem Namenaktionär häufig eine auf seinen Namen ausgestellte **Zutrittskarte** (auch «Eintritts-« oder «Stimmrechtskarte» genannt) und die Stimmrechtsunterlagen direkt an die Adresse des obligatorisch im Aktienbuch eingetragene Adresse des Aktionärs zu (Art. 686 Abs. 1). Bei Namenaktien sollte die AG die **Zutrittskarte** schon aus Gründen der Überprüfung der Teilnahmeberechtigung nur auf den Namen des im Aktienbuch eingetragenen Aktionärs mit Stimmrecht, also nicht auf den Inhaber, ausstellen. An der GV darf vom Inhaber der Zutrittskarte ein Ausweis über seine Identität, die mit der auf der Zutrittskarte erwähnten Person übereinstimmen muss, verlangt werden; in der Praxis wird dies kaum getan. Gesetzlich nicht verlangt wird vom Namenaktionär, dass er sich zur Teilnahme an der GV anmeldet oder seine Namenaktie bei einer Depotstelle hinterlegt (anders § 123 Abs. 2 Satz 1 AktG).

7

Der VR kann zur Feststellung der Teilnahme- und Stimmberechtigung der Namenaktionäre festlegen, dass im Aktienbuch ab einem bestimmten Stichtag vor der GV bis zu deren Durchführung (= **Sperrfrist**) grundsätzlich keine Eintragungen von Namenaktionären mit Stimmrecht mehr vorgenommen werden (Art. 702 Abs. 1, Art. 716a Abs. 1 Ziff. 6; BÖCKLI, Aktienrecht, §§ 6 N 39 ff., 12 N 125; FORSTMOSER/MEIER-HAYOZ/NOBEL, § 23 N 669; **a.A.** VON BÜREN, ZBJV 1995, 58 f.; STUDER, 21). Die Wahl des Stichtages muss durch den Zweck sachlich begründet und vertretbar sein. Eine unsachliche Beschränkung des Teilnahmerechts könnte zur Anfechtung der GV-Beschlüsse oder Wahlen führen.

8

Aktionäre, welche börsenkotierte Namenaktien während der Sperrfrist verkaufen, dürfen an der GV nicht mehr teilnehmen. Sie müssen daher nach Eingang der entsprechenden Meldung der Veräusserbank als **Aktionäre gestrichen** werden. Nach Eingang des Eintragungsgesuches wird der Erwerber als Aktionär ohne Stimmrecht eingetragen.

9

2. Legitimation des Vertreters bei Namenaktien

Ist die Stimmrechtsvertretung vertraglich begründet worden, so hat sich der Stimmrechtsvertreter durch eine **schriftliche Vollmacht** des im Aktienbuch eingetragenen **Aktionärs mit Stimmrecht** auszuweisen. Die Vollmacht muss eigenhändig unterschrieben sein (Rep 1989, 506). Sie kann auf bestimmte oder unbestimmte Zeit ausgestellt werden (§ 135 Abs. 2 Satz 1 AktG sieht keine Befristung mehr vor); vorbehalten bleibt das jederzeitige Widerrufsrecht. Die Vollmacht hat Beweisfunktion und ist der AG zu übergeben und mit dem Protokoll der GV aufzubewahren (BÖCKLI, Aktienrecht, § 12 N 125, 197). Die Aufbewahrungsfrist sollte 10 Jahre betragen. Die AG darf einen Ausweis über die Identität des Vertreters und, falls die Statuten die Vertretung eines Namenaktionärs nur durch einen anderen (Namen-) Aktionär vorschreiben, über diese Eigenschaft verlangen. Zusätzliche statutarische Vorschriften, wie etwa das Erfordernis der Beglaubigung der Vollmacht, gehen zu weit.

10

Der **gesetzliche Vertreter** des Namenaktionärs bedarf keiner Vollmacht. Er hat sich jedoch anderweitig durch entsprechende Belege (Handelsregisterauszug, Ernennungsurkunde usw.) als gesetzlicher Vertreter **auszuweisen** (SCHETT, 27); vorbehalten bleiben besondere statutarische Vorschriften.

11

3. Legitimation ohne Aktienbucheintrag

12 Wird wohl ein Aktienbuch geführt, sind aber seine formellen Eintragungen am Stichtag unrichtig, so erlaubt das Gesetz dem Wortlaut nach den Nachweis der Legitimation **ohne formellen Aktienbucheintrag** nicht. In der Literatur und Praxis wurde es jedoch stets bei entsprechendem Legitimationsnachweis als zulässig betrachtet, z.B. die Erben eines Namenaktionärs oder ihren Vertreter zuzulassen, auch wenn der Eintrag der Erben im Aktienbuch trotz Zustimmung der AG (Art. 685c Abs. 2) noch nicht erfolgen konnte oder wenn der Eintrag eines Namenaktionärs wegen Verschuldens oder Nachlässigkeit der AG nicht vorgenommen worden war (ZK-BÜRGI, Art. 689 N 62; BÖCKLI, Aktienrecht, § 12 N 125).

13 Das Aktienbuch ist kein Register öffentlichen Glaubens und der Eintrag hat keine konstitutive Bedeutung (BGE 90 II 171 ff.; NOBEL, 113 ff.). Der Nichteintrag oder der nicht richtige Eintrag im Aktienbuch schliesst den **Gegenbeweis** nicht aus. Der nicht eingetragene Namenaktionär hat in diesem Falle seine Legitimation trotz fehlenden Aktienbucheintrags **anderweitig nachzuweisen.** Gelingt ihm rechtzeitig vor der GV dieser Nachweis und wird er von der AG trotzdem nicht als legitimiert zur Teilnahme an der GV betrachtet, so muss ihm e contrario von Art. 691 Abs. 3 das Recht zustehen, die GV-Beschlüsse oder Wahlen unter den dort genannten Voraussetzungen anzufechten.

III. Legitimation bei Inhaberaktien

1. Im Allgemeinen

14 Sofern die Statuten nicht bereits entsprechende Bestimmungen enthalten, ist der VR verpflichtet, die erforderlichen **Anordnungen für die Legitimation** der Inhaberaktionäre in der Einberufung der GV, welche im SHAB veröffentlicht werden muss (Art. 696 Abs. 2), zu erlassen (Art. 702 Abs. 1, Art. 716a Abs. 1 Ziff. 6; BÖCKLI, Aktienrecht, § 12 N 100). Bei Inhaberaktien ist die direkte Kontaktnahme und Zustellung der GV-Unterlagen i.d.R. nicht möglich.

15 Für die **Legitimation des Inhaberaktionärs** gegenüber der AG genügt es, dass er den **Besitz des Inhaberpapiers** nachweist, indem er die Aktienurkunde (Aktie oder Zertifikat) an der GV vorlegt. Eine statutarische Erschwerung dieser Legitimation wäre unzulässig, weil sie mit dem Wesen der Inhaberpapiere nicht vereinbar wäre. Insb. kann der sich so legitimierende Inhaberaktionär nicht gezwungen werden, der AG seine Identität bekanntzugeben. Der *Gegenbeweis* dafür, dass der Inhaber formell und materiell nicht berechtigt sei, ist dadurch nicht ausgeschlossen (BGE 112 II 360; NOBEL, 120 ff.; ZK-BÜRGI, Art. 689 N 41).

16 Am häufigsten schreiben die Statuten oder der VR in der Einladung zur GV vor, dass die Legitimation durch eine **Bescheinigung** oder durch eine **Zutrittskarte,** welche entweder von der AG oder von der Hinterlegungsstelle ausgestellt wird, zu erbringen ist. Hinterlegungsstellen sind zumeist inländischen Banken, eine andere Depotstelle (z.B. Notar) oder die AG selbst, sofern die Inhabertitel bei dieser Stelle bis nach durchgeführter GV hinterlegt und gesperrt bleiben. Auf diese Weise lässt sich die Legitimationsprüfung bei Inhaberaktien vor die GV vorverlegen. Auch hier ist ein Stichtag, der nur einige Werktage vor dem Datum der GV liegen muss, notwendig (BÖCKLI, Aktienrecht, § 112 N 126). Unbillige Vorschriften des VR bez. Ort, Zeitpunkt und Dauer der Hinterlegung sind rechtsmissbräuchlich und können zur **Anfechtung** der entsprechenden GV-Beschlüsse oder Wahlen und zu Schadenersatz des VR führen.

Der VR kann in der Einberufung der GV die Ausgabe von Zutrittskarten anordnen, die 17
auf den Namen oder auf den Inhaber lauten (BÖCKLI, Aktienrecht, § 12 N 128 f.), oder
er kann beide Arten von **Zutrittkarten** zulassen. Je nach Vorgehen muss der Inhaberaktionär oder sein Vertreter seine Identität der AG offen legen oder nicht. Bei nicht verbrieften Inhaberaktien sind keine Inhabertitel ausgegeben worden; eine Identifikation ist unerlässlich, um feststellen zu können, ob es sich um einen registrierten Inhaberaktionär handelt (BÖCKLI, Aktienrecht, § 12 N 130).

Der **Hinterlegungsort** kann durch die Statuten oder durch die Anordnungen des VR 18
festgelegt werden. Die Hinterlegungsstelle hat i.d.R. ausdrücklich zu bestätigen, dass die Inhaberaktien bis nach Durchführung der GV gesperrt bleiben werden. Die AG darf überdies Angaben über die Nummern der hinterlegten Aktien verlangen, sofern auf diese Weise der AG kein mit dem Wesen der Inhaberpapiere nicht vereinbarer Einblick in die Eigentumsverhältnisse der Aktionäre ermöglicht wird.

Die **Hinterlegungsfrist** kann erst nach Einberufung der GV beginnen und dauert bis 19
nach durchgeführter GV. Die Berücksichtigung von Eigentumsänderungen während der Sperrfrist kann der AG nicht zugemutet werden. Häufig werden jedoch die **Bescheinigungen** der Depotstellen oder die **Zutrittskarten** nicht auf den Namen, sondern auf den Inhaber ausgestellt, so dass sich Änderungen der Eigentumsverhältnisse ohne Mitwirkung der AG vollziehen können; die Identität des Inhabers der Zutrittskarte muss nicht offen gelegt werden.

Auch der Aktionär, der nachweist, dass ihm die Inhabertitel unrechtmässig **abhanden** 20
gekommen sind, muss von der AG zur GV zugelassen werden. Bei AG, die weder Titel noch Zertifikate ausgegeben haben, muss der Nachweis durch Zeichnungsscheine bzw. Zessionsurkunden oder **auf andere** durch die Statuten oder den VR angeordnete **Art und Weise** erbracht werden (SCHETT, 40).

2. Legitimation des Vertreters bei Inhaberaktien

Bei Inhaberaktien kann der Eigentümer seinem Vertreter nach aussen durch Übertragung des Aktienbesitzes die Legitimation zur Teilnahme und Stimmberechtigung in der 21
GV und damit die Stellung eines Eigentümers verschaffen, ohne dass im internen Verhältnis die Absicht einer Eigentumsübertragung zwischen den Vertragsparteien besteht (= **Legitimationsübertragung**). Die auf diese Weise übertragenen Inhaberaktien verbleiben in dessen Eigentum und fallen somit im Gegensatz zur fiduziarischen Eigentumsübertragung nicht in die Konkursmasse des Vertreters. Der Legitimationsbevollmächtigte bleibt, obwohl er das Stimmrecht in eigenem Namen ausübt, im Gegensatz zum fiduziarischen Eigentümer von Aktien Stellvertreter des Aktionärs (ZK-BÜRGI, N 16, 35 ff.; BÖCKLI, Aktienrecht, § 12 N 126). Die Legitimationsübertragung kommt auch bei Namenaktien vor (Art. 689d N 9; § 135 Abs. 7 AktG). Der Besitzer der Inhaberaktie darf die Mitgliedschaftsrechte nur ausüben, wenn er vom Inhaberaktionär hierzu intern «in einem besonderen Schriftstück» ermächtigt worden ist (Art. 689b Abs. 2; Art. 689b N 21).

Dieser Betrachtungsweise liegt die sog. **Legitimationsübertragung** zugrunde, welche 22
von der Theorie und Praxis seit jeher als zulässig anerkannt worden ist (befürwortend BGE 72 II 282 f.; VON STEIGER, 70 FN 95 m.Nw.; VON GREYERZ, 123; SCHAAD, 60 ff. m.w.Nw.; SCHETT, 29 f.; **abl.** WEBER-DÜRLER, Gesellschaftsrecht, 50 f.; GAUTSCHI, 134; HAGMANN, 27). Die Folge der Legitimationsübertragung ist ein Auseinanderfallen

von Innen- und Aussenverhältnis: Im Aussenverhältnis wird eine Eigentumsübertragung kundgetan, obwohl im Innenverhältnis bloss eine Ermächtigung zur Ausübung des Stimmrechts im eigenen Namen beabsichtigt wird.

23 Obwohl im Verhältnis zur AG der Besitz der Inhaberaktien für die Legitimation zur Teilnahme an der GV ausreicht, handelt es sich bloss um eine **gesetzliche Vermutung**, die **umgestossen** werden kann (HGer ZH in ZR 1970, 264; ZR 1965, 242 ff.; NOBEL, 125 ff.).

IV. Legitimation des Partizipanten

24 Sofern die Partizipanten ein Recht auf Teilnahme an der GV haben, hat der VR die notwendigen Vorkehrungen auch für die Teilnahme des Partizipanten oder seines Vertreters zu treffen, sofern dies nicht bereits durch die Statuten geschehen ist (BÖCKLI, Aktienrecht, § 12 N 101 ff.). Sowohl bei auf den Inhaber als auch bei auf den Namen lautenden PS dürfte sich statt der Vorlage die Hinterlegung als geeignetes Mittel für die Erbringung der **Legitimation** aufdrängen, da i.d.R. auch beim Namen-PS kein Register geführt wird.

V. Revisionsvorlage 2007

25 Die **Revisionsvorlage 2007** will es der AG ermöglichen, bei der Vorbereitung und Durchführung der GV elektronische Mittel einzusetzen (Botschaft Aktien- und Rechnungslegungsrecht, 1592, 1600; Begleitbericht zum VE, 30 ff., 80 ff.). Nicht nur die Einberufung der GV (Art. 700 Abs. 1 E) und die Erteilung der Vertretungsvollmacht für die Stimmrechtsvertretung (Art. 689a Abs. 1bis E) soll auf elektronischem Wege zulässig sein, sondern auch die Verwendung elektronischer Mittel in der GV, so dass die Teilnahme und Stimmrechtsausübung via Internet möglich wird, bis hin zur elektronischen (virtuellen) GV (Art. 701d E). Die praktischen Erfahrungen fehlen noch; die Kosten der Einführung dürfen nicht unterschätzt werden (EISENRING, 31). Dadurch ist noch nicht gesichert, dass die Präsenz der anwesenden und vertretenen Aktienstimmen an der GV ansteigt und dadurch die GV für die Aktionäre zu einem obersten Organ der Willensbildungs- und Kontrollfunktion wird (AMSTUTZ, 107; economiesuisse, 26 f.).

Art. 689b

3. Vertretung des Aktionärs
a. Im Allgemeinen

¹ **Wer Mitwirkungsrechte als Vertreter ausübt, muss die Weisungen des Vertretenen befolgen.**

² **Wer eine Inhaberaktie aufgrund einer Verpfändung, Hinterlegung oder leihweisen Überlassung besitzt, darf die Mitgliedschaftsrechte nur ausüben, wenn er vom Aktionär hierzu in einem besonderen Schriftstück bevollmächtigt wurde.**

3. Représentation de l'actionnaire
a. En général

¹ Quiconque exerce des droits sociaux en qualité de représentant est tenu de suivre les instructions du représenté.

² Le possesseur d'une action au porteur mise en gage, déposée ou prêtée, ne peut exercer les droits sociaux que s'il a reçu de l'actionnaire un document spécial l'autorisant à le représenter.

2. Abschnitt: Rechte und Pflichten der Aktionäre **1–5 Art. 689b**

3. Rappresentanza ¹ Chi esercita diritti sociali quale rappresentante è tenuto a seguire le istru-
dell'azionista   zioni del rappresentato.
a. In genere
                   ² Il possessore di un'azione al portatore costituita in pegno, depositata o
                   prestata può esercitare i diritti sociali soltanto se ne è stato autorizzato dal-
                   l'azionista con speciale scrittura.

Literatur

Vgl. die Literaturhinweise zu Art. 689.

I. Einleitung

Die Bestimmung von Art. 689b Abs. 1 (**Weisungsbefolgungspflicht**) ist neu. Hingegen 1
entspricht Art. 689 Abs. 2 (**Vollmacht bei Inhaberaktien in einem besonderen Schriftstück**) inhaltlich Art. 689 Abs. 5 altOR. Aus dem Marginale zur Bestimmung von Art. 689b ergibt sich, dass insb. die Weisungsbefolgungspflicht eine Kernbestimmung des Aktienvertretungsrechts darstellt, die für alle Stimmrechtsvertreter von Aktien gilt.

Bei der **Stimmrechtsvertretung** handelt es sich um die Vertretung des Aktionärs in der 2
GV zwecks Ausübung des Stimmrechts. Das Gesetz verwendet nicht immer den Ausdruck Stimmrechtsvertretung (Art. 689c). Oft wird von der Ausübung der **Mitgliedschaftsrechte** (Art. 689a, Art. 689b Abs. 2) oder von der Ausübung der **Mitwirkungsrechte** (Art. 689b Abs. 1, Art. 689d Abs. 1) oder allgemein von der **Vertretung** (Art. 689c) gesprochen. Aufgrund der parlamentarischen Debatte ergibt sich, dass diese Differenzierungen bewusst gemacht worden sind (AmtlBull NR 1985, 1727). Der Begriff Mitgliedschaftsrechte und Vertretung beinhaltet sämtliche Rechte des Aktionärs, darunter auch die Stimmrechtsvertretung. Die Mitwirkungsrechte umfassen nicht nur die Stimmrechtsvertretung, sondern sämtliche dem Aktionär in der GV zustehenden **persönlichen Mitgliedschaftsrechte** (vgl. Art. 689 N 2 f.).

Bei der **individuellen** (gewillkürten) **Stimmrechtsvertretung** beauftragt der Aktionär 3
eine individuell von ihm ausgesuchte Drittperson mit der Stimmrechtsvertretung. Der individuelle Stimmrechtsvertreter muss die allenfalls statutarisch vorgegebenen Voraussetzungen dafür erfüllen. Bei der **institutionellen Stimmrechtsvertretung** beauftragt der Aktionär entweder den Depotvertreter, ein Organ oder eine andere abhängige Person der AG oder den von der AG bezeichneten unabhängigen Stimmrechtsvertreter mit der Vertretung seiner Aktienstimmen (BÖCKLI, Aktienrecht, § 12 N 237 ff.). Die Regelung der institutionellen Stimmrechtsvertretung ist vor allem für Publikumsgesellschaften konzipiert (FORSTMOSER/MEIER-HAYOZ/NOBEL, § 24 N 123).

Die **gewerbsmässigen Stimmrechtsvertreter** – z.B. Aktionärsvereinigungen – zählen 4
nicht zu den institutionellen Stimmrechtsvertretern; sie gehören zu den individuellen Stimmrechtsvertretern und haben im Gesetz keine spezielle Regelung erfahren (§ 136 Abs. 9 AktG stellt sie weitgehend den Depotvertretern gleich). Gegen Entgelt verpflichten sie sich, für die von ihnen vertretenen, hauptsächlich institutionellen Anleger die Aufsichtsfunktion in den AG aktiv wahrzunehmen und entsprechend das Stimmrecht auszuüben (VON DER CRONE, Teil 2, 9 ff.).

II. Rechtsverhältnis zwischen Aktionär und Vertreter im Allgemeinen

Der Aktionär beauftragt seinen Stimmrechtsvertreter, für ihn an der GV teilzunehmen 5
und für ihn die persönlichen Mitgliedschaftsrechte, insb. das Stimmrecht, auszuüben. Diese Tätigkeit des Vertreters stellt eine typische Geschäftsbesorgung für einen andern

dar. Es handelt sich um ein zweiseitiges Rechtsgeschäft. Der Vertreter ist bei Annahme des Auftrages nicht nur berechtigt, sondern auch verpflichtet, den Aktionär in der GV zu vertreten. Auf derartige Geschäftsbesorgungen ist das **Auftragsrecht** anwendbar (Art. 392 ff.; TILLMANN, Diss., 36 ff.). Bezieht sich die Vertretungsbefugnis nicht nur auf eine einzelne GV einer AG, so liegt ein Dauerauftragsverhältnis vor.

6   Die Erteilung einer Vollmacht oder Ermächtigung ist ein einseitiges Rechtsgeschäft, welches den Vertreter wohl zur Vertretung des Aktionärs in der GV ermächtigt, ihn aber nicht verpflichtet (WEBER-DÜRLER, Gesellschaftsrecht, 71). Vom Sinn und Zweck der gesetzlichen Regelung her gesehen muss zumindest für die institutionellen Stimmrechtsvertreter eine **Verpflichtung zur Vertretung des Aktionärs** angenommen werden, wenn eine Vollmacht oder Ermächtigung entgegengenommen worden ist (gl.A. BÖCKLI, Aktienrecht, § 12 N 272).

7   Bei der individuellen Stimmrechtsvertretung bedarf der Auftrag des Aktionärs an einen Dritten zu seiner Vertretung in der GV der gegenseitigen übereinstimmenden Willensäusserung. Eine besondere Formvorschrift ist dabei nicht zu beachten. Hingegen ist erforderlich, dass der Beauftragte die Stimmrechtsvertretung ausdrücklich oder stillschweigend übernimmt. Das kann dadurch geschehen, dass der Vertreter die für die Vertretung in der GV erforderliche Vollmacht entgegennimmt oder sich die entsprechende Ermächtigung zur Vertretung in eigenem Namen geben lässt. Der **Auftrag** zur Stimmrechtsvertretung muss auch als **angenommen** gelten, wenn der Vertreter Weisungen für die Stimmrechtsausübung entgegennimmt. Der Auftrag ist nur entgeltlich, sofern ein Entgelt verabredet oder üblich ist. Der Beauftragte ist zur Ausführung des Auftrages erst verpflichtet, wenn er den Auftrag angenommen hat. Es besteht also keine gesetzliche Pflicht zur Annahme des Auftrages. Dies gilt auch für die Vertretung des Aktionärs in der GV. Es gibt somit **keinen Kontrahierungszwang** selbst nicht für jene Personen, die gewerbsmässig – wie die Aktionärsvereinigungen – sich zur Stimmrechtsvertretung anbieten (anders § 135 Abs. 10 AktG).

8   Die Vertretung des Aktionärs kann nur wahrgenommen werden, wenn der Vertreter an der GV teilnimmt. In der GV kann der Vertreter i.d.R. sämtliche **persönlichen Mitgliedschaftsrechte** ausüben. In der Praxis übernimmt der Vertreter lediglich die **Stimmrechtsvertretung**, d.h. er hat nur für die Ausübung des Stimmrechts in der GV besorgt zu sein. Es stellt sich vorerst die Frage, ob der Vertreter verpflichtet ist, an der GV persönlich teilzunehmen. Wer den Auftrag des Aktionärs, ihn an der GV zu vertreten, übernimmt, ist verpflichtet, an der GV grundsätzlich *persönlich teilzunehmen* oder das Stimmrecht, falls vorhanden, durch seine Organe, vertretungsberechtigten Personen oder Mitarbeiter ausüben zu lassen; dazu bedarf der Vertreter keiner Zustimmung des Aktionärs. Es stellt sich sodann die weitere Frage, ob der Vertreter seinerseits einen Unterbeauftragten (andere Bank, Rechtsanwalt etc.) mit der Vertretung des Aktionärs in der GV beauftragen kann (**Substitution**). Dies ist zu bejahen, wenn der Aktionär dem Vertreter dazu in der Vollmacht oder Ermächtigung ausdrücklich die Befugnis erteilt hat. Auch bei Fehlen einer solchen Ermächtigung darf davon ausgegangen werden, dass der Beauftragte dazu üblicherweise befugt oder aufgrund der Umstände genötigt ist, wenn ihm die Teilnahme am Ort der GV nicht persönlich zugemutet werden kann (Art. 398 Abs. 3; anders § 135 Abs. 3 AktG).

9   Die Vertretung von Aktien **ausländischer AG** kann dem Vertreter i.d.R. nicht zugemutet werden, es sei denn, der Vertreter habe sich dazu angeboten und er sei auch zur Substitution befugt. Die Voraussetzungen für die Teilnahme in der GV der ausländischen AG und für die Ausübung des Stimmrechts bestimmen sich nach dem für die ausländische AG massgebenden Recht.

Der Beauftragte ist nach allgemeinem Auftragsrecht grundsätzlich verpflichtet, bei seinem Auftraggeber **Weisungen einzuholen**. Er hat nämlich den Auftrag sorgfältig auszuführen und die berechtigten Interessen seines Auftraggebers zu wahren, was die Einholung von Weisungen notwendig machen kann (Art. 398 Abs. 1 i.V.m. Art. 321a Abs. 1).

Der Vertreter ist verpflichtet, seinem Auftraggeber zumindest auf Verlangen **Rechenschaft** über die GV i.A. und insb. über die Ausübung des Stimmrechts durch ihn abzulegen. Der Vertreter hat ihm von Gesetzes wegen auch alles an Unterlagen und Entgelt zukommen zu lassen, was er in Ausführung des Auftrages erhalten hat.

Das Auftragsverhältnis kann sowohl durch den Auftraggeber als auch durch den Beauftragten grundsätzlich jederzeit **widerrufen oder gekündigt** werden (Art. 404 Abs. 1). Dieser Grundsatz gilt auch im Stellvertretungsrecht (Art. 34 Abs. 1); ein im Voraus erklärter Verzicht auf das Widerrufsrecht ist ungültig (Art. 34 Abs. 2). Der Widerruf entfaltet gegenüber der AG erst Wirkungen, wenn sie davon Kenntnis erhält (Art. 34 Abs. 3; BÖCKLI, Aktienrecht, § 12 N 144). Die Kündigung durch den Beauftragten darf nicht zur Unzeit erfolgen, also nicht unmittelbar vor der GV oder vor der Periode, in welcher GV üblicherweise stattfinden (TILLMANN, Diss., 50 ff.).

III. Weisungsbefolgungspflicht des Vertreters im Besonderen

Der Vertreter ist verpflichtet, die von seinem Auftraggeber erteilten **Weisungen zu befolgen**. Ein *Abweichen von den erhaltenen Weisungen* ist insofern zulässig, als nach den Umständen die Einholung einer Erlaubnis nicht tunlich und überdies anzunehmen ist, der Auftraggeber würde sie bei Kenntnis der Sachlage erteilt haben (Art. 397 Abs. 1).

Die obligationenrechtliche **Weisungsbefolgungspflicht** ist neu ausdrücklich in Art. 689 b Abs. 1 festgehalten worden. Diese Pflicht gilt für sämtliche Aktionärsvertreter und damit sowohl für die individuelle als auch für die institutionelle Stimmrechtsvertretung (VON SALIS, 324 f.; BÖCKLI, Aktienrecht, § 12 N 255). Auf diese Weise hat das Gesetz zwingend eine Rechtspflicht im Innenverhältnis zwischen Aktionär und Vertreter angeordnet, unabhängig davon, auf welcher Grundlage das Vertretungsverhältnis beruht. Die Weisungsbefolgungspflicht gilt auch für die **gesetzlichen Vertreter,** soweit die einschlägigen gesetzlichen Bestimmungen dies zulassen. Zudem bezieht sich die Weisungsbefolgungspflicht auf sämtliche dem Aktionär in der GV zustehenden **persönlichen Mitgliedschaftsrechte** und nicht nur auf die **Stimmrechtsausübung** (BÖCKLI, Aktienrecht, § 12 N 258).

Der Aktionär kann seinen Vertreter beauftragen, das Stimmrecht jeweils i.S. der Zustimmung oder Ablehnung des Antrages des VR oder i.S. der Zustimmung oder Ablehnung eines andern Antrages auszuüben oder sich der Stimme zu enthalten. Der Vertreter ist verpflichtet, die **Weisungen** des Auftraggebers bez. der Stimmrechtsausübung **zu befolgen**. Ein Abweichen von den einmal erhaltenen Weisungen ist nur im Rahmen von Art. 397 Abs. 1 zulässig. Die Nichtbefolgung der erhaltenen Weisungen hat nur bei Inhaberaktien keinen Einfluss auf die Gültigkeit der Stimmabgabe (**a.A.** BÖCKLI, Aktienrecht, § 12 N 145; s. N 25).

IV. Formelle Legitimation des Vertreters in der GV

1. Einzelvollmacht oder Generalvollmacht bei Namenaktien

16 Der Vertreter des im Aktienbuch eingetragenen Aktionärs mit Stimmrecht legitimiert sich in der GV durch eine schriftliche Vollmacht des Namenaktionärs (Art. 689a N 10), die er der AG anlässlich der GV vorlegt und übergibt oder die vom Namenaktionär direkt der AG zugestellt wird. Die AG lässt dem Vertreter dann die Zutrittskarte zur GV zukommen; er kann, sofern die AG dies zulässt, durch schriftliche Vollmacht auf der Zutrittskarte die Stimmrechtsvertretung übertragen. Eine Vollmacht kann entweder für eine einzige GV (**Spezial- oder Einzelvollmacht**) ausgestellt werden oder die Vollmacht berechtigt den Vertreter bis zu einem allfälligen Widerruf zur Vertretung des Namenaktionärs in allen GV, unabhängig um welche AG es geht (**Generalvollmacht**). Sowohl die Einzel- als auch die Generalvollmacht sind der AG zu übergeben. Aus diesem Grunde ist die Generalvollmacht bei Namenaktien kaum praktikabel. Sowohl die Generalvollmacht als auch die Einzelvollmacht können eine Substitutionsklausel enthalten; sie sind jederzeit widerruflich (Art. 34).

2. Vollmacht oder Ermächtigung bei Inhaberaktien

17 Auch bei Inhaberaktien ist eine Vertretung gestützt auf eine **Vollmacht** möglich, aber eher selten (BÖCKLI, Aktienrecht, § 12 N 126, 143). In einem solchen Fall übt der Vertreter das Stimmrecht im Namen des vertretenen Inhaberaktionärs aus. Die Vollmachtsurkunde ist der AG vorzulegen und ihr zu übergeben. Der Inhaberaktionär, welcher sich eine auf seinen Namen lautende **Zutrittskarte** für die GV beschafft hat, kann selbst noch in der GV einen Dritten mit seiner Vertretung beauftragen, indem er ihm eine entsprechende schriftliche Vollmacht auf der Zutrittskarte erteilt, sofern die AG dies so zulässt.

18 Wer sich als Besitzer von Inhaberaktien ausweist, ist gegenüber der AG zur Teilnahme an der GV und zur Stimmrechtsausübung legitimiert. Insoweit bei der Hinterlegung, Verpfändung oder bei der Legitimationsübertragung oder anderweitigen «leihweisen Überlassung» keine Übertragung des Eigentums an der Aktie stattfindet, behält der Eigentümer auch das Stimmrecht (Art. 905 ZGB ausdrücklich für die Verpfändung). Damit sich der Besitzer von Inhaberaktien die Stimmrechtsvertretung nicht anmassen kann, verlangt der Gesetzgeber zum Schutz des Inhaberaktionärs eine **schriftliche Ermächtigung** des Eigentümers «in einem besonderen Schriftstück» an den sich durch den Aktienbesitz legitimierenden Vertreter. Werden die Zutrittskarten auf den Inhaber ausgestellt, so legitimiert sich der Vertreter durch die ihm übergebene **Zutrittskarte;** vorbehalten bleiben anderslautende Statutenbestimmungen oder andere Anordnungen des VR (**a.A.** LEUENBERGER, 150 ff.). Auch ein solcher Vertreter bedarf aber einer schriftlichen Ermächtigung des Aktieneigentümers.

19 Diese **Ermächtigung** ist ihrer Natur nach keine Vollmacht, sondern eine ausdrücklich von seiten des Aktieneigentümers gegenüber dem Besitzer der Inhaberaktie erklärte Befugnis, das Stimmrecht aus diesen Inhaberaktien ausüben zu dürfen und zwar in eigenem Namen, obwohl der Vertreter nicht Eigentümer der Inhaberaktien ist (nach § 135 Abs. 4 AktG erfolgt die Ausübung des Stimmrechts im Namen des Aktionärs oder, falls es die Vollmacht bestimmt, «im Namen dessen, den es angeht»). Richtigerweise müsste es daher in Art. 689b Abs. 2 nicht Vollmacht, sondern Ermächtigung heissen (gl.A. BÖCKLI, Aktienrecht, § 12 N 142; TILLMANN, Diss., 137 f.). Diese Ermächtigung bei Inhaberaktien ist, wie ausdrücklich noch in Art. 689 Abs. 5 altOR festgehalten, nur im In-

nenverhältnis zwischen Aktieneigentümer und Vertreter erforderlich (BÖCKLI, Aktienrecht, § 12 N 142, 260). Sie muss der AG weder vorgelegt noch ausgehändigt werden (BÖCKLI, Aktienrechtsreform, § 12 N 143). Die AG hat auch kein Recht auf Einsicht in diese Ermächtigung.

Die Ermächtigung kann wiederum nur für eine einzelne GV (**Spezial- oder Einzelermächtigung**) oder für jede GV, unabhängig davon, um welche AG es geht (**Generalermächtigung**), ausgestellt werden. Die Zulässigkeit der Generalermächtigung wird jedoch zu Unrecht bezweifelt (GAUTSCHI, 132 f.). Aus der gesetzlichen Umschreibung «in einem besonderen Schriftstück» in Art. 689b Abs. 2 lässt sich nicht ein Verbot der Generalermächtigung ableiten. In der besonderen Urkunde können, müssen aber nicht Weisungen bez. der Stimmrechtsausübung durch den Vertreter enthalten sein (§ 135 Abs. 2 Satz 3 AktG). Sie darf eine Substitutionsklausel enthalten (§ 135 Abs. 3 AktG). 20

Das Gesetz verlangt die Schriftform für diese Ermächtigung. Die Erteilung der Vertretungs-«Vollmacht» muss überdies **«in einem besonderen Schriftstück»** erfolgen, d.h. sie muss ein eigenständiges Schriftstück sein. Auf diese Weise wollte der Gesetzgeber dafür sorgen, dass der Aktionär sich bewusst wird, dass er durch Unterzeichnung dieses Schriftstücks den Besitzer der Aktien (z.B. Depotvertreter) zur Aktienvertretung ermächtigt (BÖCKLI, Aktienrecht, § 12 N 239). Diese Ermächtigung darf daher nicht als Klausel in einem Schriftstück enthalten sein, das andere Rechtsbeziehungen regelt. Somit genügt die Ermächtigung in den AGB der Bank, im Depotreglement oder in der Verpfändungsurkunde diesen Erfordernissen nicht. Werden die Formerfordernisse nicht beachtet, so fehlt es an einer rechtsgültigen Ermächtigung des Aktienbesitzers zur Stimmrechtsausübung. 21

V. Effektenleihe und Reprogeschäfte

Effektenleihe und Reprogeschäfte kommen i.d.R. bei einer AG mit börsenkotierten Aktien vor; auch eine nicht börsenkotierte AG kann davon betroffen sein. Bei der **Effektenleihe** («securities lending») veräussert ein Aktionär seine Aktien ganz oder teilweise an einen Dritten mit der Absprache, dass der Veräussernde nach Ablauf einer bestimmten Frist vom Dritten i.d.R. Aktien der gleichen AG in gleicher Anzahl zurückerhält. Beim **Repro-Geschäft** kommt es ebenfalls zur Veräusserung von Aktien mit anschliessender «Rückübertragung» von Aktien der gleichen AG. Beide Rechtsgeschäfte sind dadurch gekennzeichnet, dass der Veräussernde während der Dauer der «Ausleihe» das Eigentum an den Aktien verliert und demzufolge während dieser Zeit nicht Aktionär der AG ist. Es ist zweifelhaft, ob sich der Veräussernde dieser Rechtsfolgen stets bewusst ist, weil er fälschlicherweise annimmt, dass er nach wie vor Aktionär sei, weil seine Aktien lediglich «ausgeliehen» worden seien. 22

Diese oder ähnl. Geschäfte können von Dritten oder auch von der GL der AG selbst genutzt werden, um verdeckt Einfluss auf die Willensbildung in der **eigenen GV** zu erlangen (VON DER CRONE, Auf dem Weg zum Recht der Publikumsgesellschaften, 2000, 17 FN 70: das Stimmrecht wurde i.c. durch den unabhängigen Stimmrechtsvertreter i.S. der Anträge des VR der AG ausgeübt, ohne dass er Stimm-Instruktionen hatte.). 23

Diese Geschäfte kommen sowohl bei Inhaber- als auch bei Namenaktien vor. Die EBK verlangt die **ausdrückliche, separat erteilte Zustimmung des Bankkunden zum securities lending** (EBK-JB 2002, 47 f.); sie tritt anstelle der in Art. 689b nicht verlangten Ermächtigung in einem besonderen Schriftstück für Inhaberaktien. Inhaberaktien fallen unter Art. 689b Abs. 2. Es gilt das in N 18 ff. Gesagte. Diese Regelung gilt nicht für Na- 24 menaktien, unabhängig davon, ob sie vinkuliert und/oder börsenkotiert sind oder nicht. Immerhin ist bei vinkulierten Namenaktien die Zustimmung der AG für die Eintragung ins Aktienbuch erforderlich (Art. 685c Abs. 1). Solange diese Zustimmung nicht erteilt worden ist oder falls bei börsenkotierten, vinkulierten Namenaktien das Eintragungsgesuch fristgerecht abgelehnt worden ist (Art. 689g), ist der Erwerber in der GV nicht zugelassen (Art. 689a Abs. 1; N 6).

VI. Rechtsfolgen bei Verletzung der Pflichten durch den Vertreter

1. Anfechtungsrecht im Aussenverhältnis

25 Übt der Vertreter eines Namenaktionärs das Stimmrecht in der GV ohne rechtsgültige Vollmacht oder in Missachtung der in der Vollmacht festgehaltenen und auch gegenüber der AG bekanntgegebenen Weisungen des Namenaktionärs aus, so können die GV-Beschlüsse oder Wahlen unter den Voraussetzungen von Art. 691 Abs. 3 von jedem Aktionär **angefochten** werden. In dieser Situation ist die Befolgung der in der Vollmacht enthaltenen und der AG bekannt gegebenen Weisungen des Aktionärs **Gültigkeitserfordernis für die Stimmabgabe** in der GV (**a.A.** BÖCKLI, Aktienrecht, § 12 N 145, 258 f.).

26 Diese Auffassung geht davon aus, dass die Befolgung von Stimm-Instruktionen ein Gültigkeitserfordernis darstellen, weil bei Namenaktien im Gegensatz zur Ermächtigung bei Inhaberaktien die Vollmacht der AG auszuhändigen und somit nicht nur das Innenverhältnis Namenaktionär – Vertreter betroffen ist, sondern auch das Verhältnis des Namenaktionärs zur AG. Es ist durchaus verständlich, dass das Verfahren der Stimmrechtsausübung nicht mehr praktikabel wäre und die Abstimmungs- und damit Rechtssicherheit gefährdet würde, wenn die **weisungswidrige Stimmrechtsausübung** zur Anfechtung führen würde (BÖCKLI, Aktienrecht, § 12 N 145, 258 f.). Der Gesetzgeber hätte dies klar regeln müssen (§ 135 Abs. 6 AktG). Überdies setzt sich der Vertreter bei Nichtbefolgung der erteilten Weisungen der Gefahr aus, gegenüber dem vertretenen Namenaktionär **schadenersatzpflichtig** zu werden.

27 Fehlt es im internen Verhältnis zwischen Inhaberaktionär und Vertreter an einer rechtsgültigen Ermächtigung i.S.v. Art. 689b Abs. 2, so stellt dies infolge der bloss internen Wirkungen keinen Anfechtungstatbestand dar. Der Inhaberaktionär kann in der Ermächtigung zusätzlich festhalten, wie das Stimmrecht durch den Vertreter ausgeübt werden soll. Hält sich der Vertreter nicht an diese Stimm-Weisungen des Inhaberaktionärs, so hat dies (da nur das Innenverhältnis berührt ist) keinen Einfluss auf die **Gültigkeit der Stimmrechtsabgabe** in der GV, unabhängig davon, ob sie der AG bekannt gegeben worden sind oder nicht (gl.A. BÖCKLI, Aktienrecht, § 12 N 145).

28 Fehlt es an dieser Ermächtigung, so ist die Stimmabgabe des Vertreters selbst dann gültig, wenn die AG wusste, dass es an der Ermächtigung gefehlt hat. Die Ausübung des Stimmrechts trotz Fehlens der gesetzlich vorgeschriebenen Ermächtigung stellt eine Pflichtverletzung des Vertreters dar, die aber (da sie nur das Innenverhältnis berührt), nicht zu einer **Anfechtung** der GV-Beschlüsse oder Wahlen führen kann (vgl. RBOG 1976, 61 f.). Hingegen kann eine **Schadenersatzpflicht** gegenüber dem Inhaberaktionär entstehen.

29 Werden gesetzliche oder statutarische Stimmrechtsbeschränkungen durch den Vertreter umgangen, so ist zu berücksichtigen, dass jeder Aktionär gegen die **Teilnahme unberechtigter Personen in der GV Einspruch** erheben oder nachträglich die GV-Beschlüsse oder Wahlen unter den Voraussetzungen von Art. 691 Abs. 3 **anfechten** kann.

30 Im Gegensatz zu § 405 AktG bestehen keine **Strafbestimmungen,** welche Ordnungswidrigkeiten im Zusammenhang mit der Stimmrechtsvertretung ahnden.

2. Schadenersatzpflicht im Innenverhältnis

Der Vertreter macht sich gegenüber dem Aktionär **schadenersatzpflichtig,** falls er seine Pflichten verletzt und dadurch dem Aktionär nachweisbar ein Schaden entstanden sein sollte (RASCH, 501 ff.). Zu den **Pflichtverletzungen** gehören sowohl die Nichtbeachtung der Weisungseinholungs- als auch der Weisungsbefolgungspflicht. Ferner kann ein nicht vertretbares Abweichen von den erhaltenen Weisungen des Aktionärs oder von der gesetzlichen Grundregel gem. Art 689d Abs. 2 Hs. 2 in Betracht fallen. Schliesslich gehört auch die Stimmrechtsausübung ohne oder ohne rechtsgültige Vollmacht oder ohne Ermächtigung des Aktionärs dazu. Ob Pflichtverletzungen insb. der institutionellen Stimmrechtsvertreter auch zur Schadenersatzpflicht gegenüber den übrigen Aktionären führen können, wird vom konkreten Sachverhalt abhängen und ist umstritten (bejahend Landgericht Düsseldorf, WM 1991, 1955).

31

VII. Revisionsvorlage 2007

Mit der **Revisionsvorlage 2007** soll die *Depot- und Organvertretung* sowohl bei der AG mit börsenkotierten als auch bei der AG mit nicht börsenkotierten Aktien abgeschafft werden; eine AG mit börsenkotierten Aktien muss einen *unabhängigen Stimmrechtsvertreter* einsetzen und die Vertretung kann nur noch bei einer nicht börsenkotierten AG auf andere Aktionäre beschränkt werden, wobei jeder Aktionär die Ernennung eines unabhängigen Stimmrechtsvertreters verlangen kann (Art. 689c N 37 ff.).

32

Ferner will die **Revisionsvorlage 2007** beim securities lending oder ähnl. Geschäften eine Ausweitung der zulässigen Vinkulierungsbestimmungen für börsenkotierte Namenaktien vornehmen, indem die AG die Anerkennung von Personen, die Aktien erworben haben, auch verweigern kann, wenn der Erwerb im Rahmen eines securities lending oder eines ähnl. Rechtsgeschäfts erfolgt ist (Art. 685d Abs. 2 E; Botschaft Aktien- und Rechnungslegungsrecht, 1614 f.). Lehnt die AG die Anerkennung ab, so dürfen die betroffenen Personen nicht an der GV teilnehmen (Art. 685 f Abs. 2) bzw. das Stimmrecht ruht, wenn es um eigene Aktien der AG geht (Art. 659a Abs. 2 E; Anfechtungsgrund bei Missachtung gem. Art 659a Abs. 3 E).

33

Art. 689c

b. Organvertreter	Schlägt die Gesellschaft den Aktionären ein Mitglied ihrer Organe oder eine andere abhängige Person für die Stimmrechtsvertretung an einer Generalversammlung vor, so muss sie zugleich eine unabhängige Person bezeichnen, die von den Aktionären mit der Vertretung beauftragt werden kann.
b. Par un membre d'un organe de la société	Si la société propose aux actionnaires de les faire représenter à une assemblée générale par un membre de ses organes ou par une autre personne dépendant d'elle, elle doit aussi désigner une personne indépendante que les actionnaires puissent charger de les représenter.
b. Da parte di un membro di un organo della società	Se propone agli azionisti un membro dei suoi organi o altra persona da essa dipendente per rappresentarli in un'assemblea generale, la società è tenuta a designare altresì una persona indipendente che gli azionisti possano scegliere come loro rappresentante.

Literatur

Vgl. die Literaturhinweise zu Art. 689.

I. Ausgangslage

1. Allgemeines zur institutionellen Stimmrechtsvertretung

1 Der Gesetzgeber wollte mit der institutionellen Stimmrechtsvertretung die Vertretung der Aktionäre in der GV erleichtern, um das Funktionieren der GV in Publikumsgesellschaften einigermassen sicherzustellen. Zu den **institutionellen Stimmrechtsvertretern** zählen die **Organvertreter** (Art. 689c), der **unabhängige Stimmrechtsvertreter** (Art. 689c) und die **Depotvertreter** (689d). Art. 689c trägt der Tatsache Rechnung, dass die AG bei den heute verbreiteten Namenaktien die Stimmrechtsvollmachten formularmässig direkt bei den Aktionären einholt (BÖCKLI, Aktienrecht, § 12 N 241, 280). Die Verwendung des Begriffs «Depotstimmrecht» für die institutionelle Stimmrechtsvertretung allg. oder für die Depotvertretung ist daher nicht sachgerecht (BÖCKLI, Aktienrecht, § 12 N 246 ff.).

2 Das «Proxy»-Stimmrecht kommt vom angelsächsischen Bereich. Die Erteilung von Stimmrechtsvollmachten ist in den USA die Regel und die persönliche Anwesenheit der Aktionäre eher ungewöhnlich. Die weitgehend weisungsgebundene und durch die Kapitalmarktbehörde geregelte Stimmrechtsausübung erfolgt zumeist durch Gesellschaftsorgane in der GV der US-amerikanischen AG (BÖCKLI, Aktienrecht, § 12 N 323, 346). Es handelt sich somit um eine Organvertretung. Die Gesellschaftsorgane sind an einer hohen Präsenz an der GV interessiert. Erlaubt ist die Verwendung elektronischer Mittel für die Verbreitung von Informationen der AG, für die Vollmachterteilung und die Durchführung der GV (VON DER CRONE, Teil II, 13 ff.; CLEIS, 31).

3 Es ist nicht ausgeschlossen, dass der institutionelle Stimmrechtsvertreter in der GV gleichzeitig auch als individueller Stimmrechtsvertreter auftritt. Zur Beurteilung der Frage, ob **individuelle Stimmrechtsvertretung** vorliegt oder nicht, sind die konkreten Umstände mitzuberücksichtigen. Nur wenn die Person, welche als Organvertreter, als unabhängiger Stimmrechtsvertreter oder als Depotvertreter in der GV auftritt, z.B. von jemandem aus dem Familienkreis mit der Stimmrechtsvertretung beauftragt worden ist, so liegt i.d.R. eine individuelle Stimmrechtsvertretung vor (WOHLMANN, SJZ 1994, 116 f.; WAIDACHER, Diss., 25 ff.; VON SALIS, 321).

II. Organvertreter

1. Allgemeines

4 Die AG selbst macht – unabhängig von der Aktienart – ihren Aktionären i.d.R. bei der Einberufung zur GV oder auf der zugestellten Zutrittskarte einen Vorschlag für eine Stimmrechtsvertretung durch ein Organ. Wichtig ist, dass der Vorschlag für die Stimmrechtsvertretung durch ein Organ von der AG herkommt und sich der Vorschlag an die Aktionäre richtet und beinhaltet, dass die AG ein Mitglied ihrer Organe (selten) oder eine andere abhängige Person für die Stimmrechtsvertretung vorschlägt. Nicht erforderlich ist, dass die AG bei ihrem Vorschlag bereits ein **Mitglied ihrer Organe oder eine andere abhängige Person für die Stimmrechtsvertretung** namentlich nennt. Es genügt, wenn sie ihren Aktionären bekanntgibt, selbst für die Vertretung der Aktien besorgt zu sein, falls der Aktionär eine entsprechende Vollmacht blanko, d.h. ohne Namen des Beauftragten, ausstellt oder den Auftrag zur Stimmrechtsvertretung an die AG un-

terzeichnet und der AG zukommen lässt. Empfiehlt sich die AG in der Einladung zur GV für die Stimmrechtsvertretung besorgt zu sein, so schliesst dies sinngemäss auch ohne ausdrückliche Substitutionsklausel nicht aus, den unabhängigen Stimmrechtsvertreter z.B. mit der Vertretung von oppositionellen Stimmen zu beauftragen; eine direkte Beauftragung des unabhängigen Stimmrechtsvertreters durch den Aktionär würde klare Verhältnisse schaffen (N 17).

Schlägt die AG den Aktionären ein Mitglied ihrer Organe oder eine andere abhängige Person für die Stimmrechtsvertretung vor, so muss sie gleichzeitig den Aktionären auch eine **unabhängige Person** namentlich und mit Adresse bekanntgeben, die vom Aktionär mit der Stimmrechtsvertretung beauftragt werden kann. Diese Aufgabe gehört zu den übertragbaren Befugnissen des VR (Art. 702 Abs. 1). In Publikumsgesellschaften wird regelmässig bereits mit der Einladung zur GV ein unabhängiger Stimmrechtsvertreter vorgeschlagen. Kommt der VR dieser Pflicht nicht nach, so kann jeder Aktionär beim Richter die Bestellung eines unabhängigen Stimmrechtsvertreters verlangen, auch wenn aus zeitlichen Gründen nur noch eine Verschiebung der GV und eine Neueinberufung mit einem unabhängigen Stimmrechtsvertreter in Frage kommt (BÖCKLI, Aktienrecht, § 12 N 288 hält dies zwar nicht für praktikabel, aber vermutlich wohl rechtens). Gleich müsste vorgegangen werden, wenn die Unabhängigkeit eines von der AG vorgeschlagenen unabhängigen Stimmrechtsvertreters streitig ist.

Macht die AG ihren Aktionären keinen Vorschlag für die Stimmrechtsvertretung, nimmt sie jedoch an die AG gerichtete Aufträge von Aktionären zur Stimmrechtsvertretung an, so liegt dennoch ein Fall von **Organvertretung** vor. Hingegen fehlen die Voraussetzungen dafür, dass sie den Aktionären einen unabhängigen Stimmrechtsvertreter vorschlagen muss. Dies kommt häufig bei einer AG mit einem kleinen Aktionärskreis vor, sofern die Aktionäre überhaupt nicht im Voraus auf die Ernennung eines unabhängigen Stimmrechtsvertreters verzichten.

Die AG kann von sich aus statt eines Organvertreters im Voraus einen Dritten als **unabhängigen Stimmrechtsvertreter** benennen. Dann hat sie ihn als solchen zu bezeichnen, wenn er nicht als Organvertreter gelten soll (N 8). Die Typen der institutionellen Stimmrechtsvertreter im Gesetz müssen als abschliessend betrachtet werden.

2. Definition

Unter den Organen der AG i.w.S. sind sowohl die GV als auch der VR und die RS zu verstehen. Zu den Organen der AG i.e.S. gehören sämtliche zur Geschäftsführung oder Vertretung befugte Personen (Art. 55 Abs. 2 ZGB; Art. 722). Massgebendes Kriterium für das Vorliegen eines **Organvertreters** ist nicht die Organstellung dieser Person, sondern ihre Abhängigkeit von der AG. Das Gesetz spricht sich nicht weiter darüber aus, unter welchen Voraussetzungen eine Abhängigkeit von der AG vorliegt. Die für die Unabhängigkeit der RS entwickelten Grundsätze in Art. 727c können im gegenteiligen Sinn als Richtschnur herangezogen werden. Der Begriff der Abhängigkeit soll nach dem Willen des Gesetzgebers weit gefasst werden, um Umgehungsversuche zu verunmöglichen (vgl. N 20, 25). Ein Auftragsverhältnis zwischen der AG und dem Dritten kann unter bestimmten Umständen ebenfalls eine ausreichende Abhängigkeit von der AG begründen (N 7).

Als **Organvertreter** sind somit die Mitglieder des VR und der GL sowie die vertretungsberechtigten Personen und übrigen Mitarbeiter der zum gleichen Konzern gehörenden AG zu betrachten. Auch die Aktionäre, die einen massgebenden Einfluss auf die AG ausüben, und ggf. ihre Organe, vertretungsberechtigen Personen und übrigen Mitarbeiter müssen als Organvertreter angesehen werden.

3. Vollmacht oder Ermächtigung beschränkt auf eine einzige GV

10 Der Organvertreter kann das Stimmrecht je nach Vertretungsverhältnis im Namen des Aktionärs oder in eigenem Namen ausüben. **Die Stimmrechtsvollmacht oder -ermächtigung** zugunsten des Organvertreters darf von Gesetzes wegen nur für eine einzelne GV **(Einzelvollmacht oder -ermächtigung)** Gültigkeit haben (BÖCKLI, Aktienrecht, § 12 N 287; HOMBURGER, Leitfaden, 71).

4. Stimmrechtsbeschränkungen

11 Auch der Organvertreter hat die gesetzlichen und statutarischen **Stimmrechtsbeschränkungen** des Vertretenen (z.B. bei der Entlastung des VR gem. Art 695 Abs. 1) und allfällige statutarische Stimmrechtsbeschränkungen, die für ihn Gültigkeit haben, zu beachten (Art. 689 N 43). Somit ist auch ein vom Stimmrecht ausgeschlossener Organvertreter der AG nicht berechtigt, für einen nicht mit der Geschäftsführung befassten Aktionär z.B. bei der Entlastung des VR das Stimmrecht auszuüben, selbst wenn eine Spezialvollmacht mit ausdrücklichen Stimm-Instruktionen vorliegt (Art. 689 N 44).

12 Wie beim unabhängigen Stimmrechtsvertreter (N 21 f.) ist auch beim Organvertreter die **Legitimation** jedes von ihm vertretenen Aktionärs vor der GV zu überprüfen; die Verantwortung dafür trägt der VR.

5. Weisungseinholungs- und Weisungsbefolgungspflicht

13 Der Organvertreter ist gesetzlich nicht ausdrücklich verpflichtet, Weisungen bez. der Stimmrechtsausübung einzuholen. Das ist stossend und schwer verständlich (BÖCKLI, Aktienrecht, § 12 N 282 ff.). Auch die Organvertretung ist nicht unproblematisch (TILLMANN, Diss., 126 f.). Die **Weisungseinholungspflicht** müsste gerade auch für den abhängigen Organvertreter gelten; hier müsste Art. 689d Abs. 1 analog zur Anwendung kommen. Die formularmässige Einzelvollmacht oder Einzelermächtigung kann bereits eine allgemeine Weisung (z.B. Zustimmung zu den Anträgen des VR) an den Organvertreter enthalten, wie er das Stimmrecht auszuüben hat, falls der Aktionär keine speziellen Weisungen erteilt hat. Hat der Aktionär überhaupt keine Weisungen erteilt, würde es sich aufdrängen, die in Art. 689d Abs. 2 Hs. 2 für den Depotvertreter festgelegte Lösung auch für den Organvertreter zur Anwendung zu bringen (gl.A. BÖCKLI, Aktienrecht, § 12 N 285; BINDER, 199). Hier besteht eine unechte Gesetzeslücke, die durch den Richter in diesem Sinne geschlossen werden müsste (**a.A.** VON BÜREN, ZBJV 1995, 60 f.; WOHLMANN, SJZ 1994, 116 ff.). Hingegen gilt auch für den Organvertreter die Verpflichtung, dass er die ihm erteilten **Weisungen** des vertretenen Aktionärs **zu befolgen hat** (Art. 689b Abs. 1). In Erfüllung der Weisungsbefolgungspflicht kann er bei Abstimmungen und Wahlen u.U. gezwungen sein, **uneinheitlich** stimmen zu müssen (BÖCKLI, Aktienrecht, § 12 N 279 f., 302).

III. Unabhängige Stimmrechtsvertreter

1. Ernennung

14 Die AG muss bei der Organvertretung den Aktionären gleichzeitig eine **unabhängige Person** bezeichnen, die sie mit der Stimmrechtsvertretung beauftragen können (Art. 689c). Sie

kann es auch tun, wenn sie die Organvertretung nicht anbietet. Unterlässt sie dies, kann jeder Aktionär beim Richter darum ersuchen (N 5).

2. Unabhängigkeit

Der **unabhängige Stimmrechtsvertreter** muss jene Unabhängigkeit aufweisen, die gerade der Organvertreter nicht hat. Die in Art. 727c für die RS aufgezählten konzernweiten Unvereinbarkeitskriterien können auch für den unabhängigen Stimmrechtsvertreter als Leitlinie dienen. Weil diese Unabhängigkeitsvorschriften für die RS massiv verschärft worden sind, wird es der AG nicht leicht fallen, eine derart unabhängige Person zu finden. Wird die Unabhängigkeit streitig, ist der Richter anzurufen (N 5). Es stellt sich daher die Frage, ob bei der AG der VR bzw. die GL noch die richtige Ernennungsbehörde ist oder ob nicht die GV diese Ernennung im Voraus, d.h. an der vorgängigen GV, vornehmen sollte. Ist die AG nicht in der Lage, einen unabhängigen Stimmrechtsvertreter zu bezeichnen, so darf sie auch keinen **Organvertreter** für die Stimmrechtsvertretung vorschlagen. 15

3. Beschränkungen des Stimmrechts und der Vertretung

Auch der unabhängige Stimmrechtsvertreter hat die **gesetzlichen und statutarischen Stimmrechtsbeschränkungen** zu beachten; es gilt das in Art. 689 N 43 zum Organvertreter Gesagte. 16

Es stellt sich die Frage, ob der **unabhängige Stimmrechtsvertreter** überhaupt Aktionär der AG sein darf oder muss. Die Tatsache, dass der unabhängige Stimmrechtsvertreter auch Aktionär der AG ist, schliesst nicht im Voraus seine Unabhängigkeit aus. Hingegen hat er auch die statutarisch vorgeschriebenen Voraussetzungen (z.B. Aktionärseigenschaft) zu erfüllen und z.B. Höchststimmrechtsklauseln zu beachten; vorbehalten bleiben anders lautender Statutenbestimmungen, die Ausnahmeregelungen vorsehen können (**a.A.** BÖCKLI, Aktienrecht, § 12 N 294). Die Ernennung durch die AG hat lediglich zur Folge, dass der Aktionär keinen Vertreter suchen muss. Deshalb ist es sachlich gerechtfertigt, wenn generell die institutionelle Stimmrechtsvertretung Stimmrechtsbeschränkungen für sich ausgenommen würde; da der Gesetzgeber dies unterlassen hat, soll die AG es in den Statuten tun. 17

Der unabhängige Stimmrechtsvertreter kann je nach Vertretungsverhältnis das Stimmrecht im Namen des Aktionärs oder in eigenem Namen ausüben. Aufgrund ausdrücklicher gesetzlicher Vorschrift (Art. 689c a.E.) bedarf der unabhängige Stimmrechtsvertreter einer Vollmacht oder Ermächtigung, die ihm nur für eine einzige GV (**Einzelvollmacht oder Einzelermächtigung**) ausgestellt werden kann (BÖCKLI, Aktienrecht, § 12 N 293). Um klare Rechtsverhältnisse zu schaffen, sollte sie ihm direkt vom Aktionär ohne Vermittlung der AG erteilt werden. 18

4. Weisungseinholungs- und Weisungsbefolgungspflicht

Die formularmässige Einzelvollmacht oder Einzelermächtigung kann bereits eine allgemeine Weisung (z.B. Zustimmung zu den Anträgen des VR) an den unabhängigen Stimmrechtsvertreter enthalten, wie er das Stimmrecht auszuüben hat, falls der Aktionär keine speziellen Weisungen erteilt hat (BÖCKLI, Aktienrecht, § 12 N 291). Gesetzlich ist er nicht ausdrücklich verpflichtet, **Weisungen** bez. der Stimmrechtsausübung **einzuholen**. Hat der Aktionär ihm keine oder keine klaren Weisungen erteilt, so wird der unab- 19 hängige Stimmrechtsvertreter Weisungen einholen müssen, sofern er dazu zeitlich noch in der Lage ist, obwohl eine gesetzliche Pflicht dazu nicht besteht (gl.A. WAIDACHER, Diss., 116; a.A. VON BÜREN, ZBJV 1995, 61 ff.; WOHLMANN, SJZ 1994, 116 ff.). Sonst müsste er sich der Stimme enthalten, weil kein Ausbleiben von speziellen Weisungen vorliegt.

20 Die allgemeine Regel von Art. 689d Abs. 2 Hs. 2 bei Ausbleiben von speziellen Weisungen des Aktionärs bezieht sich vom Wortlaut und der Stellung im Gesetz her nur auf die Depotvertretung. Eine generelle Anwendbarkeit dieser Regel wäre zwar erwünscht, ist jedoch nicht Gesetzeswortlaut geworden (**a.A.** BÖCKLI, Aktienrecht, § 12 N 292). Auch für ihn gilt, dass er die ihm erteilten **Weisungen** des vertretenen Aktionärs **zu befolgen hat** (Art. 689b Abs. 1). Die AG hat kein Weisungsbefugnis bez. der Stimmrechtsausübung (**a.A.** BÖCKLI, Aktienrecht, § 12 N 292). Diese Befugnis steht allein dem vertretenen Aktionär zu. Würde der unabhängige Stimmrechtsvertreter Weisungen der AG befolgen, müsste seine Unabhängigkeit verneint werden. Seine Funktion gestattet es ihm, in Erfüllung der Weisungsbefolgungspflicht bei Abstimmungen u.U. **uneinheitlich stimmen** zu müssen (N 13).

5. Legitimationsprüfung durch die AG

21 Auch die vom unabhängigen Stimmrechtsvertreter vertretenen Aktionäre müssen berechtigt sein, an der GV teilzunehmen und das Stimmrecht auszuüben. Die in den Statuten und durch den VR festgelegten Anordnungen für die **Legitimation** gelten für alle individuellen und institutionellen Stimmrechtsvertretern, somit auch für die vom unabhängigen Stimmrechtsvertreter vertretenen Aktionäre. Die AG ist daher berechtigt, die Legitimation der Aktionäre zu überprüfen. So verfügt einzig die AG über das Aktienbuch und kann feststellen, ob die vom unabhängigen Stimmrechtsvertreter vertretene Person Namenaktionär mit Stimmrecht ist und ob aufgrund einer gesetzlichen oder statutarischen Stimmrechtsbeschränkung das Stimmrecht generell oder für ein bestimmtes Traktandum ausgeschlossen ist. Zu überprüfen gilt es auch, ob Aktien nicht mehrfach vertreten werden und ob die Zutrittskarten echt sind. Es können auch mit «verbundenen Aktionären» Fragen und Unklarheiten auftreten, die vor Beginn der GV geklärt sein müssen (BÖCKLI, Aktienrecht, § 12 N 472 ff.).

22 Was die gesetzlichen und statutarischen **Stimmrechtsbeschränkungen** des einzelnen Aktionärs angeht, ist der unabhängige Stimmrechtsvertreter auf Informationen der AG angewiesen. Solche Stimmrechtsbeschränkungen können den unabhängigen Stimmrechtsvertreter, der sie beachten muss, von der Stimmrechtsvertretung generell oder bei einzelnen Traktanden ausschliessen. Auch solche Fragen müssen im Rahmen der Legitimationsprüfung durch die AG spätestens vor Beginn der GV bereinigt werden.

6. Auftragsverhältnisse

a) Allgemein

23 Der unabhängige Stimmrechtsvertreter wird vom VR oder der GL der AG ernannt. Dadurch entsteht zwischen ihm und der AG ein *auf Gesetz begründetes,* **besonderes Auftragsverhältnis**. Es besteht darin, dass sich der unabhängige Stimmrechtsvertreter gegenüber der AG verpflichtet, die Aktienvertretung von jenen Aktionären, die ihn damit beauftragen, zu übernehmen. Mangels anderer gesetzlicher Bestimmungen kommen Art. 394 ff. zur Anwendung. Auf die besonderen Anforderungen an die *Unabhängigkeit* ist bereits hingewiesen worden (N 8 f.). Von der Sache her ist es etwas fragwürdig,

2. Abschnitt: Rechte und Pflichten der Aktionäre   **24–28 Art. 689c**

wenn der unabhängige Stimmrechtsvertreter sich zur Vertretung von Aktionären anbietet, jedoch nicht von der Versammlung der Aktionäre (GV) bestimmt, sondern durch den VR bzw. die GL der AG ernannt wird.

Daneben und in erster Linie ist der unabhängige Stimmrechtsvertreter ein zur Stimmrechtsvertretung *Beauftragter des Aktionärs.* Auch dieses Verhältnisse unterliegt dem **Auftragsverhältnis.**   24

b) Instruktion

Der unabhängige Stimmrechtsvertreter hat die ihm durch Art. 689c übertragenen Aufgaben zu besorgen. Der Umfang ergibt sich aus der Natur des zu besorgenden Geschäftes; die *AG* hat ihm diesbezüglich **keine Instruktionen** zu erteilen (N 20). Die AG hat jedoch dafür besorgt zu sein, dass die Aktionäre den unabhängigen Stimmrechtsvertreter mit der Stimmrechtsvertretung durch Zusendung der entsprechenden Unterlagen direkt beauftragen können. Der *Aktionär* sollte den unabhängigen Stimmrechtsvertreter direkt beauftragen (N 18). Gleichzeitig sollte der Aktionär die Möglichkeit erhalten, formularmässig dem unabhängigen Stimmrechtsvertreter Weisungen für die Stimmrechtsausübung zu erteilen, die auch von den Anträgen des VR abweichen können.   25

Der Aktionär hat dem unabhängigen Stimmrechtsvertreter **Instruktionen für die Stimmrechtsausübung** zu erteilen. Mangels Vorliegen von Stimm-Instruktionen hat er sich in der GV der Stimme zu enthalten. Dies ist ungenau, weil i.d.R. auch die Stimmenthaltung eine Willensäusserung ist. Der unabhängige Stimmrechtsvertreter ist in diesem Fall von der Stimmrechtsvertretung ausgeschlossen. Die dadurch entstehenden Probleme der Stimmenauszählung an der GV können nur noch elektronisch gelöst werden, weil zu jedem Traktandum bzw. vor jeder Abstimmung die stimmberechtigten Aktienstimmen ermittelt werden müssten.   26

c) Rechenschaftsablegung

Es stellt sich die Frage, ob der unabhängige Stimmrechtsvertreter die AG vor der GV laufend oder auf Verlangen der AG über die Stimmrechtsvertretungen generell und detailliert zu **informieren** hat (Art. 400). Die AG möchte bereits vor der GV über die zu erwartende Abstimmungsergebnisse Bescheid wissen, damit sie u.U. noch Massnahmen einleiten kann. Aufgrund des Auftragsverhältnisses müsste eine solche Informationspflicht des unabhängigen Stimmrechtsvertreters bejaht werden; eine Verneinung dieser Informationspflicht, da sie zweckfremd ist, hilft nicht. Die AG hat auch bei den durch den unabhängigen Stimmrechtsvertreter vertretenen Aktionären die Legitimation zu überprüfen (N 21 f.); dies geschieht i.d.R. gemäss den Anordnungen des VR entweder ausserhalb der GV oder unmittelbar vor dem Zutritt zur GV. Schliesslich hat der unabhängige Stimmrechtsvertreter spätestens in der GV die Anzahl der von ihm vertretenen und zur Teilnahme und Stimmrechtsausübung an der GV zugelassenen Aktien der AG bekannt zu geben, damit der Vorsitzende diese Angaben der GV mitteilen kann (Art. 689e).   27

Der unabhängige Stimmrechtsvertreter hat dem Aktionär zumindest auf Verlangen **Rechenschaft** darüber abzulegen, wie er das Stimmrecht ausgeübt hat. Falls er die erteilten Weisungen nicht befolgt hat, müsste er von sich aus, den vertretenen Aktionär orientieren und Gründe dafür angeben.   28

Hans-Peter Schaad

d) Geheimhaltungsverpflichtung und Aktenaufbewahrung

29 Der unabhängige Stimmrechtsvertreter unterliegt von Gesetzes wegen keiner **Geheimhaltungsverpflichtung.** Dennoch sind die ihm zur Verfügung stehenden Informationen weder für ihn selbst oder für andere Aktionäre und schon gar nicht für Dritte bestimmt. Die für Aktionäre relevanten Informationen werden anlässlich der GV offen gelegt (Art. 689e Abs. 2). Es sollte diesbezüglich mit ihm eine Vereinbarung abgeschlossen werden.

30 Was die **Aufbewahrung der Akten** anbelangt, so ist sie Aufgabe des unabhängigen Stimmrechtsvertreters, weil er von Aktionären mit der Stimmrechtsvertretung beauftragt worden ist. Überlässt er diese Unterlagen der AG, so hat er vertraglich sicherzustellen, dass diese Akten vollständig und unverändert bleiben und ihm jederzeit auf Verlangen zur Verfügung gestellt werden können. Der unabhängige Stimmrechtsvertreter muss allfälligen gerichtlichen Herausgabebegehren fristgerecht Folge leisten können. Was die **Aufbewahrungsfrist** angeht, so fallen die Akten des unabhängigen Stimmrechtsvertreters nicht unter Art. 962. Für die Festlegung der Dauer der Aktenaufbewahrung sind die Klagefristen gem. Art. 706a und 706b bestimmend und auch zu beachten, dass die Nichtigkeit von GV-Beschlüssen jederzeit geltend gemacht werden kann. Es drängt sich daher eher die 10-jährige Aufbewahrungsfrist auf (BÖCKLI, Aktienrecht, § 12 N 197).

e) Überwachung

31 Die Tätigkeit des unabhängigen Stimmrechtsvertreters unterliegt keiner direkten **Überwachung durch die AG;** an der GV erfolgt eine beschränkte Überwachung durch den Vorsitzenden und allenfalls durch die Stimmenzähler, deren Ernennung gemäss Statuten entweder durch den VR oder die GV erfolgt und deren Aufgabenkreis i.d.R. nicht oder sehr eng umschrieben ist; immerhin haben sie in der Praxis regelmässig mindestens die Präsenzliste zu unterzeichnen und damit die Richtigkeit zu bescheinigen (Art. 689a N 3). Würde der unabhängige Stimmrechtsvertreter durch die GV ernannt (N 15), wäre sie auch formell für die Überwachung seiner Tätigkeit zuständig.

32 Die **Überwachung** der Tätigkeit des unabhängigen Stimmrechtsvertreters **durch den Aktionär** selbst, der den unabhängigen Stimmrechtsvertreter beauftragt hat, ist nicht möglich, weil sich die Tätigkeit des unabhängigen Stimmrechtsvertreters vor und während der GV abspielt, an welcher der Aktionär nicht anwesend ist.

f) Entschädigung

33 Die **AG** wird diesen unabhängigen Stimmrechtsvertreter nach Vereinbarung oder wie üblich entschädigen müssen (Art. 402 Abs. 1). Die **Entschädigung** wird vom Aufwand abhängen; die Auslagen sind ihm ebenfalls zu ersetzen. Eine übermässige Entschädigung könnte seine Unabhängigkeit in Frage stellen (vgl. Art. 728 Abs. 2 Ziff. 6, 7).

34 Der **Aktionär,** welcher den unabhängigen Stimmrechtsvertreter mit der Stimmrechtsvertretung beauftragt hat, zahlt i.d.R. keine **Entschädigung** an ihn, es sei denn für Sonderleistungen.

g) Beendigung und Haftung

35 Die Stimmrechtsvertretung des unabhängigen Stimmrechtsvertreters ist mit der GV der AG **beendet.** Das Auftragsverhältnis könnte von jedem Teile jederzeit widerrufen oder gekündigt werden (Art. 404 Abs. 1). Weil der unabhängige Stimmrechtsvertreter durch

den VR oder die GL der AG ernannt wird, kann er auch nur von der AG **abberufen** werden. Die GV ist dafür nicht zuständig, weil er nicht von ihr gewählt oder beauftragt worden ist (Art. 705 Abs. 1).

Die **Haftung** des unabhängigen Stimmrechtsvertreters ergibt sich primär aus dem Auftragsrecht. Er haftet für getreue und sorgfältige Ausführung des ihm übertragenen Geschäftes (Art. 398 Abs. 2). Bei *Pflichtverletzungen* wird er **schadenersatzpflichtig** (Art. 689b N 31). Als Geschädigte fallen in Betracht die AG, der vertretene Aktionär und auch andere Aktionäre, wenn der unabhängige Stimmrechtsvertreter mit entscheidenden Aktienstimmen an der GV bzw. Abstimmung nicht anwesend war oder das Stimmrecht *weisungswidrig* wahrgenommen hat. Bei einem *vorzeitigen Rücktritt* des unabhängigen Stimmrechtsvertreters würde er sich sowohl gegenüber der AG als auch gegenüber den Aktionären, die ihn mit der Vertretung beauftragt haben, schadenersatzpflichtig machen. 36

IV. Revisionsvorlage 2007 und institutionelle Stimmrechtsvertretung

Die **Revisionsvorlage 2007** sieht ferner (Art. 689 N 52 f., Art. 689a N 25, Art. 689b N 32 f., Art. 689d N 33, Art. 689e N 10) die **Abschaffung der institutionellen Stimmrechtsvertretung durch Organvertreter und Depotvertreter** vor (unerwünscht: Schweizerische Bankiervereinigung, Vernehmlassung vom 19.6.2006, 4 f.) und lässt nur die institutionelle Stimmrechtsvertretung durch einen oder mehrere unabhängige Stimmrechtsvertreter zu (Botschaft Aktien- und Rechnungslegungsrecht AG, 1591, 1665 ff.; Begleitbericht zum VE, 66 ff.; Art. 689c Abs. 4 E). Das Depotstimmrecht der Banken sei durch die Weisungseinholungspflicht zwar verbessert worden, jedoch sachlich immer noch unbefriedigend, weil die Aktionäre sich häufig nicht bewusst seien, dass sie der Bank eine Vertretungsvollmacht eingeräumt hätten, und Ersuchen der Bank um Weisungen für die Ausübung des Stimmrechts oft unbeantwortet blieben. Bei der Organvertretung enthielten die Formulare der AG zur Stimmrechtsvertretung häufig einen Passus, dass den Anträgen des VR zugestimmt werde (Botschaft Aktien- und Rechnungslegungsrecht, 1613). 37

Aus diesen Gründen sieht die **Revisionsvorlage 2007** vor, dass eine AG mit börsenkotierten Aktien vor jeder GV einen oder mehrere **unabhängige(n) Stimmrechtsvertreter** einzusetzen hat (Art. 689c Abs. 1 E); die Erteilung von Dauervollmachten zu Gunsten des unabhängigen Stimmrechtsvertreters durch den Aktionär ist nicht zulässig (Botschaft Aktien- und Rechnungslegungsrecht, 1668 f.; Art. 689c Abs. 1 E). Bei einer AG, deren Aktien nicht börsenkotiert sind und deren Statuten vorsehen, dass ein Aktionär sich nur durch einen anderen Aktionäre in der GV vertreten lassen kann, muss auf Verlangen eines Aktionärs ein unabhängiger Stimmrechtsvertreter ernannt werden, den die AG noch vor der GV allen Aktionären bekannt geben muss (Art. 689d E). Der unabhängige Stimmrechtsvertreter darf das Stimmrecht nur ausüben, wenn er zu den angekündigten Anträgen Weisungen erhalten hat; ansonsten hat er sich der Stimme zu enthalten (Art. 689c Abs. 3, 689d Abs. 6 E). Werden in der GV nicht angekündigte Anträge gestellt, so übt er das Stimmrecht gemäss den Empfehlungen des VR aus, sofern der Aktionär für diesen Fall nicht eine andere Weisung erteilt hat (Art. 689c Abs. 4, Art. 689d Abs. 6 E). 38

Die Abschaffung der Organ- und Depotvertretung in der **Revisionsvorlage 2007** wurde in der Vernehmlassung **kritisiert**, indem dadurch Zufallsentscheidungen begünstigt und die schweigende Mehrheit der Aktionäre benachteiligt würden. Dagegen wird vorgebracht, dass die unverfälschte Willensbildung in der GV nur gewährleistet sei, wenn 39 der Aktionär der mit der Vertretung beauftragten Person klare Instruktionen zur Stimmrechtsausübung z.B. durch einfaches Ankreuzen auf dem Vollmachtsformular, erteile; dieser Grundsatz wird selbst beim unabhängigen Stimmrechtsvertreter im Falle von nicht angekündigten Anträgen (Art. 689c Abs. 4 E) durchbrochen (Botschaft Aktien- und Rechnungslegungsrecht, 1614). Die einfache und kostengünstige Möglichkeit der Stimmrechtsvertretung durch den Depot- oder Organvertreter liegt im Interesse der Aktionäre und entspricht einem praktischen Bedürfnis (VON DER CRONE, Teil 2, 9f.).

40   Ein Ziel der **Revisionsvorlage 2007** ist der **Ausbau der Aktionärsrechte,** damit die Aktionäre namentlich in grossen Publikumsgesellschaften mit stark zersplittertem Aktionariat ihre Interessen besser wahrnehmen können (Botschaft Aktien- und Rechnungslegungsrecht, 1607). Dieses Ziel wird einmal dadurch angestrebt, dass für Beschlussfassung und Wahlen nicht mehr die vertretenen, sondern die abgegebenen Aktienstimmen massgebend sein sollen; Enthaltungen werden zwingend nicht zu den abgegebenen Aktienstimmen gezählt (Art. 703 E; Botschaft Aktien- und Rechnungslegungsrecht, 1683 f.). Auf diese Weise wird der Einfluss der an der GV anwesenden und vertretenen Aktionäre wohl gestärkt. Der anwesende oder vertretene Aktionär ist gesetzlich nicht verpflichtet, bei Abstimmungen und Wahlen entweder im zustimmenden («Ja») oder ablehnenden («Nein») Sinn zu stimmen; auch die Enthaltungen bringen eine Willensäusserung des Aktionärs zum Ausdruck (offenbar **a.A.** BÖCKLI, Aktienrecht, § 12 N 263, 283). Es ist daher nicht einzusehen, weshalb diese Enthaltungen als nicht abgegebene Stimmen betrachtet werden sollen. Will ein Aktionär sich der Stimme enthalten, so ist ihm zu empfehlen, auf seine Anwesenheit oder Vertretung u.U. ganz verzichten. Die Regelung lädt nicht zu vermehrter Teilnahme oder Vertretung an der GV ein. Die praktischen Probleme der Auszählung des Abstimmungsergebnisses (BÖCKLI, Aktienrecht, § 12 N 354 ff.) sind beim Einsatz von elektronischen Mitteln in der GV lösbar.

41   Die **Revisionsvorlage 2007** berücksichtigt nicht, wie gross die **Präsenz an der GV** ist. Die Stärkung der Aktionärsrechte kann sich auch nachteilig für Kleinaktionäre und u.U. für die AG auswirken, wenn Aktionärsgruppen («Aktionärs-Aktivismus») vorhanden sind, welche die GV dominieren. An der GV fehlen alle jene Aktionäre, welche an einem passiven Investment interessiert sind und keinen Gebrauch vom Stimmrecht in der GV machen. Dazu gehören jene Namenaktionäre, die sich nicht in das Aktienbuch eintragen lassen (Dispo-Aktien). Sie machen in der AG einen bedeutenden Prozentsatz (bis zu 50% oder mehr) aus (AMSTUTZ, 100); sie fehlen an der GV. Ferner sind die Inhaber- und Namenaktionäre zu nennen, die sich bis anhin durch Depotvertreter vertreten liessen; ob sie und insb. die Inhaberaktionäre neu den unabhängigen Stimmrechtsvertreter damit beauftragen, ist offen.

42   Die **Revisionsvorlage 2007** nimmt den Aktionären durch die Abschaffung des Organ- und Depotstimmrechts Möglichkeiten zur Vertretung an der GV weg, weil mit dem unabhängigen Stimmrechtsvertreter **keine gleichwertige Alternative** geschaffen wird. Die Abschaffung der Organvertretung ist teilweise nachvollziehbar, weil die AG i.d.R. keine oppositionellen Stimmen vertreten will, die mit ihren Interessen, d.h. mit den Anträgen des VR, in Widerspruch stehen. Aus diesem Grunde lehnen die AG indirekt die Weisungseinholungs- und die Weisungsbefolgungspflicht ab, indem sie grundsätzlich nur den Anträgen des VR zustimmen wollen. Die Vertretung der oppositionellen Stimmen, welche die Organvertretung in einen Interessenkonflikt bringt, löst der unabhängige Stimmrechtsvertreter. Selbst die Befürworter der Abschaffung des Organstimmrechts müssen zur Kenntnis nehmen, dass es nach wie vor die populärste Art der Stimmrechtsausübung ist (AMSTUTZ, 103; economiesuisse, 13 f.; VON DER CRONE, Teil 2, 6). Die Namenaktionäre können sich durch den unabhängigen Stimmrechtsvertreter vertreten

lassen. Dennoch ist die Stimmrechtsvertretung durch den unabhängigen Stimmrechtsvertreter unter den Erwartungen geblieben (VON DER CRONE, Teil 2, 6 f.). Nicht gelöst wird das Problem der bis anhin durch Depotvertreter vertretenen Inhaberaktionäre; auch die Weiterleitung der GV-Unterlagen ist gesetzlich nicht gewährleistet, weil die Inhaberaktionäre der AG nicht bekannt und die Depotvertreter zur Einholung und Weiterleitung nicht verpflichtet sind. Die Inhaberaktionäre werden sich i.d.R. nicht durch den unabhängigen Stimmrechtsvertreter vertreten lassen. Dennoch ist die Bedeutung des Depotstimmrechts zurückgegangen (VON DER CRONE, Teil 2, 7 f.). Durch die Abschaffung der Organ- und Depotvertretung wird die Präsenz an der GV in gewissen Publikumsgesellschaften zurückgehen und die Gefahr der Dominanz der GV durch Aktionärsgruppen wird zunehmen; dies liegt nicht im Interesse der Kleinaktionäre, der passiven Investoren und der AG. Es würde der Zielsetzung der Revisionsvorlage 2007 eher entsprechen, alle Möglichkeiten der Stimmrechtsvertretung zur Verfügung zu stellen, welche zur Präsenz der Aktionäre an der GV beitragen und sie möglicherweise verstärken.

Die **Revisionsvorlage 2007** statuiert den Grundsatz für den unabhängigen Stimmrechtsvertreter, dass er das Stimmrecht nur ausüben darf, wenn ausdrückliche Instruktionen für die Stimmrechtsausübung vorliegen; dies stellt eine Radikallösung dar, die zu weit geht (economiesuisse, 14 f.). «Auch wer keine Weisungen erteilt, signalisiert mit der Erteilung der Vollmacht, dass er am Anlass mitwirken will»; die heutige Verfälschung des Aktionärswillens in der GV kommt dadurch zustande, dass Gross- oder organisierte Aktionäre u.U. einen weit über ihrem Kapitaleinsatz liegenden Einfluss auf die GV zum Nachteil der Kleinaktionäre erhalten (AMSTUTZ, 104). Auf diese Weise (Stimmrechtsausübung grundsätzlich nur bei Vorliegen von Stimm-Instruktionen) soll der **geäusserte Wille der Aktionäre in der GV zur Geltung** kommen. Dieser Grundsatz könnte ohne weiteres auf die Organ- und Depotvertretung ausgedehnt werden; dann bräuchte es die Abschaffung der Organ- und Depotvertretung nicht. Der Aktionär muss nicht nur zur Erteilung einer Vollmacht zur Stimmrechtsvertretung, sondern regelmässig auch zur Erteilung von Stimm-Instruktionen angehalten werden; werden Stimm-Instruktionen erteilt, so kommt der tatsächliche Wille des Aktionärs in der GV zum Ausdruck. Für den Fall, dass der vor jeder GV um Stimm-Instruktionen ersuchte Aktionär solche nicht erteilt, so ist zu entscheiden, ob die Regelung von Art. 689d Abs. 2 (ähnl. Art. 689c Abs. 4 E für den unabhängigen Stimmrechtsvertreter bei nicht angekündigten Anträgen) zur Anwendung gelangen soll oder nicht; diese Aktionäre haben durch Ausstellung der Vollmacht kundgetan, dass sie an der Stimmrechtsvertretung interessiert sind. Die Organvertretung könnte in den Fällen, wo es oppositionelle Stimmen zu vertreten gäbe, die Vertretung grundsätzlich ablehnen oder darauf hinweisen, dass in diesem Fall die Vertretung durch den unabhängigen Stimmrechtsvertreter zu erfolgen hat.

Nicht gelöst in der **Revisionsvorlage 2007** (Botschaft Aktien- und Rechnungslegungsrecht 1619 ff.; Begleitbericht zum VE, 18) wird das Problem der **Dispo-Aktien** (Art. 689 N 9 f., 12) der AG mit börsenkotierten Namenaktien, obwohl eine Lösung dieses oft als harmlos dargestellten Problems als notwendig erscheint, weil ohne die Vertretung der Dispo-Aktien in der GV die Willensäusserungen der Aktionäre die Abstimmungsergebnisse verzerren (AMSTUTZ, 101; BÖCKLI, Aktienrecht, § 6 N 131 ff.). Im Vordergrund stehen folgende Lösungen:

– Einmal ist es bereits heute rechtlich möglich, dem Dispo-Aktionär bei börsenkotierten Namenaktien nicht nur das Stimmrecht, sondern ihm auch die **Vermögensrechte nicht ausüben zu lassen,** solange er nicht im Aktienbuch eingetragen ist bzw. solange er kein Eintragungsgesuch gestellt hat (vgl. BÖCKLI, Aktienrecht, § 6 N 151 ff.). Ohne Eintragungsgesuch kann er auch nicht als Aktionär ohne Stimmrecht, welcher die Vermögensrechte geltend machen kann (Art. 685f Abs. 3), und schon gar nicht als Aktionär mit Stimmrecht ins Aktienbuch eingetragen werden. Er ist im Verhältnis zur AG nicht als Aktionär zu behandeln und kann somit auch die Vermögensrechte nicht ausüben (BÖCKLI, Aktienrecht, § 6 N 155 ff.). Der Druck des Kapitalmarktes ist derart gross, dass die AG jeweils die auf die Dispo-Aktien entfallende Dividende an die entsprechende Bank zuhanden des der AG nicht bekannten Erwerbers auszahlt; die AG billigt somit die Entstehung von Dispo-Aktien und der Gesetzgeber hat von Sanktionen bei Unterlassung des Eintragungsgesuchs abgesehen (BÖCKLI, Aktienrecht, § 6 N 165, 191). Es wird daher verlangt, die Idee des Entzugs der Vermögensrechte bei der Revisionsvorlage 2007 wieder in Erwägung zu ziehen. Diese Idee lässt sich bei börsenkotierten Namenaktien kaum realisieren; dagegen sind nicht nur die Banken, sondern i.A. auch die jeweils betroffene AG. Anders sieht es bei AG mit nicht börsenkotierten Namenaktien aus; die AG könnte die für Dispo-Aktionäre bestimmte Dividende zurückhalten und nur an die im Aktienbuch eingetragenen Aktionäre zahlen, sofern die Dividende nicht in eine Coupons verbrieft ist.

46 – Sodann könnte ein **Nominee-System** Abhilfe schaffen (vorgeschlagen von economiesuisse, 16 f.; VON DER CRONE, Teil 2, 15 f.). Die Veräussererbank hat bei börsenmässigem Verkauf von Namenaktien eine Meldepflicht bez. Namen und Anzahl der verkauften Namenaktien gegenüber der AG (Art. 685e). Weil solche Namenaktien börsenmässig erworben werden, sollte die Erwerberbank verpflichtet werden, sich als Nominee ins Aktienbuch eintragen zu lassen, bis die AG dem Eintragungsgesuch des Erwerbers formell oder durch Fristablauf zugestimmt hat; bei Zustimmung wird der Erwerber anstelle des Nominee als Aktionär mit Stimmrecht eingetragen. Wird das Eintragungsgesuch abgelehnt, bleibt der Eintrag des Nominee bez. dieser Namenaktien entweder bestehen oder er fällt dahin; beim Dahinfallen der Eintragung des Nominee bleibt die Mitgliedschaftsstelle leer. In diesem Fall werden diese Namenaktien stimmrechtslos, bis sich ein neuer Erwerber eintragen lässt, der von der AG aufgrund seines Eintragungsgesuches ausdrücklich oder stillschweigend anerkannt wird. Wird bei börsenmässigem Erwerb von Namenaktien überhaupt kein Eintragungsgesuch gestellt, bleibt die Erwerberbank als Nominee im Aktienbuch eingetragen. Auch der ausserbörsliche Erwerb von Namenaktien, welcher die börsengesetzliche Meldepflicht auslöst, könnte in dieses Nominee-System einbezogen werden. Der Nominee ist in diesem Fall nicht ein Depotvertreter, sondern ein Treuhänder des Erwerbers, welcher der wirtschaftlich Berechtigte dieser Namenaktien ist (BÖCKLI, Aktienrecht, § 6 N 172 f.). Der Nominee muss nicht unbedingt eine Bank sein; es kann auch ein Dritter in Betracht kommen, der für die gewerbsmässige Übernahme dieser Funktion entschädigt werden müsste. So besteht bereits heute bei der SIS SegaInterSettle AG, Olten, ein praktiziertes Modell. Der Nominee sollte gesetzlich verpflichtet werden, diese Namenaktien an der GV bez. Präsenz zu vertreten und übt das Stimmrecht nur aus, wenn er vom Erwerber Stimm-Instruktionen erhalten hat. Will der Erwerber das Stimmrecht selbst ausüben, muss er sich ins Aktienbuch eintragen lassen. Die AG muss diese Nominees im Aktienbuch nur eintragen lassen, wenn sie damit einverstanden ist, d.h. wenn sie solche treuhänderische Aktionäre gestützt auf die Statuten oder öffentlich bekannt gemachter Praxis zulässt; dies bedeutet eine Ausnahme vom Grundsatz «know your shareholder» (economiesuisse, 17). Zur Einführung des Nominee-Systems müsste eine Übergangszeit geschaffen werden. Fraglich ist, ob die Banken angesichts der schon bisher geübten Kritik an ihrer Stimmrechtsvertretung diese Funktion übernehmen wollen.

47 – Schliesslich könnte für die Dispo-Aktien auch die in Deutschland gesetzlich geregelte Lösung bei der Schaffung eines Nominee-Systems mitberücksichtigt werden.

2. Abschnitt: Rechte und Pflichten der Aktionäre — Art. 689d

Danach gilt im Verhältnis zur AG auch nur als Aktionär, wer im Aktienregister (Art. 67 Abs. 1 AktG) eingetragen ist (§ 67 Abs. 2 AktG). Wird die Namensaktie übertragen, so erfolgen Löschung und Neueintragung im Aktienregister auf Mitteilung und Nachweis (§ 67 Abs. 3 AktG). Die bei der Übertragung oder Verwahrung von Namensaktien mitwirkenden Kreditinstitute sind verpflichtet, der AG die für die Führung des Aktienregisters erforderlichen Angaben gegen Erstattung der notwendigen Kosten zu übermitteln (§ 67 Abs. 4 Satz 1 **AktG; gesetzliche Meldepflicht des Erwerbers durch die Kreditinstitute**). Wird der Inhaber von Namensaktien nicht in das Aktienregister eingetragen, so ist das depotführende Kreditinstitut bzw. Finanzdienstleistungsinstitut auf Verlangen der AG an dessen Stelle gesondert in das Aktienregister eintragen zu lassen (§ 67 Abs. 4 Satz 2 AktG; **Nominee-System).** Das im Aktienregister eingetragene Kreditinstitut nimmt sodann die Pflichten des Depotvertreters war (§§ 128, 135). Die Verpflichtung der Banken zur Meldung des Erwerbers wäre neu. Der Erwerber müsste unter Androhung von Sanktionen verpflichtet werden, ein Eintragungsgesuch zu stellen. Ob die Banken bereit sind, sich als Nominee ins Aktienbuch eintragen zu lassen, bleibt offen; als Nominee käme auch eine Nominee-Gesellschaft für die gewerbsmässige Übernahme dieser Funktion in Frage, die entschädigt werden müsste.

Wird im Rahmen der Revisionsvorlage 2007 die Präsenz an der GV durch Einführung eines Nominee-Systems für Dispo-Aktien erhöht, dürfen diese Nominees, weil das Stimmrecht nur ausgeübt werden darf, wenn Stimm-Instruktionen vorliegen, bei der Beschlussfassung und Wahlen nicht so behandelt werden, als wären sie gar nicht vertreten (Art. 703 E). **Für die Beschlussfassung und Wahlen** müssten nicht die abgegebenen, sondern grundsätzlich **die an der GV vertretenen Aktienstimmen** massgebend sein, ohne dass die Statuten diesen Grundsatz ändern können (abw. Art. 703). Dass die Dispo-Aktien an der GV vertreten sind und durch ihre Präsenz das Abstimmungsergebnis beeinflussen können, ist nicht unbillig. Beim börsenmässigen Erwerb von Namenaktien geht das Eigentum an den Namenaktien und damit die Vermögensrechte auf sie über (Art. 685 f Abs. 1); ihre Aktien werden vom Nominee in eigenem Namen, jedoch auf Rechnung der Erwerbers, gehalten. 48

Art. 689d

c. Depotvertreter

¹ **Wer als Depotvertreter Mitwirkungsrechte aus Aktien, die bei ihm hinterlegt sind, ausüben will, ersucht den Hinterleger vor jeder Generalversammlung um Weisungen für die Stimmabgabe.**

² **Sind Weisungen des Hinterlegers nicht rechtzeitig erhältlich, so übt der Depotvertreter das Stimmrecht nach einer allgemeinen Weisung des Hinterlegers aus; fehlt eine solche, so folgt er den Anträgen des Verwaltungsrates.**

³ **Als Depotvertreter gelten die dem Bankengesetz vom 8. November 1934 unterstellten Institute sowie gewerbsmässige Vermögensverwalter.**

c. Par un dépositaire

¹ Pour exercer les droits sociaux liés aux actions reçues en dépôt, le représentant dépositaire demande des instructions au déposant avant chaque assemblée générale, pour exercer son droit de vote.

Hans-Peter Schaad

² Si les instructions du déposant ne sont pas données à temps, le représentant dépositaire exerce le droit de vote conformément aux instructions générales du déposant; à défaut de celles-ci, il suit les propositions du conseil d'administration.

³ Sont considérés comme représentants dépositaires les établissements soumis à la loi fédérale du 8 novembre 1934 sur les banques et les caisses d'épargne ainsi que les gérants de fortune professionnels.

c. Da parte di un depositario

¹ Per esercitare i diritti sociali delle azioni ricevute in deposito, il rappresentante depositario chiede al deponente istruzioni per il voto, prima di ogni assemblea generale.

² Se le istruzioni del deponente non sono date tempestivamente, il rappresentante depositario esercita il diritto di voto conformemente alle istruzioni generali del deponente; in difetto di queste segue le proposte del consiglio d'amministrazione.

³ Sono considerati rappresentanti depositari gli istituti soggetti alla legge federale dell'8 novembre 1934 su le banche e le casse di risparmio, come pure gli amministratori professionali di beni.

Literatur

Vgl. die Literaturhinweise zu Art. 689.

I. Ausgangslage

1   Die deutsche Lösung (§ 135 AktG) für die Ausübung des Stimmrechts durch Kreditinstitute und geschäftsmässig Handelnde, wonach die Banken die Mitteilungen der AG ihren Kunden zustellen, eigene Vorschläge für die Ausübung des Stimmrechts vorlegen, den Aktionär um Weisungen ersuchen und ihn in der Hauptversammlung vertreten und seine Weisungen befolgen müssen, ist nach langen parlamentarischen Debatten nicht übernommen worden. Es ist unbestritten, dass die Einschaltung von Zwischenstellen für die Ausübung des Aktienstimmrechts eine Notwendigkeit ist. Ohne diese Zwischenstellen könnte der Wille der Aktionäre bei wichtigen Entscheidungen in der GV von Publikumsgesellschaften gegenüber der Machtposition der Verwaltung und gegenüber dem Einfluss der institutionellen Grossinvestoren oder aktivistischen Aktionärsgruppierungen noch weniger zur Geltung gelangen. Der Hinweis auf die Möglichkeit von Missbräuchen rechtfertigt es nicht, die Stimmrechtsausübung durch **Depotvertreter** abzuschaffen. Eine solche Abschaffung würde mehr schaden als nützen (BÖCKLI, Aktienrecht, § 12 N 252; FORSTMOSER/MEIER-HAYOZ, 155; BÄR, ZSR 1966 II 399 ff.; HUPPERT, 222; KAESTLIN, 38 ff., 74 ff.). Die dauernde Kritik hat dazu geführt, dass das Depotstimmrecht an Bedeutung verloren hat.

II. Begriff des Depotvertreters

1. Banken

2   Als **Depotvertreter** gelten die i.S.v. Art. 1 BankG unterstellten Bankinstitute. Massgebend ist somit, ob die EBK dem Institut eine Bewilligung zur Ausübung der Banktätigkeit erteilt oder die Finanzgesellschaft dem BankG unterstellt hat. Unter den Begriff Depotvertreter fallen somit sämtliche inländische Banken sowie ausländische Banken mit Sitz oder einer Zweigniederlassung in der Schweiz. Als Depotvertreter müssten jedoch auch ausländische Banken ohne Sitz oder Zweigniederlassung in der Schweiz betrachtet werden, welche als Vertreter an der GV einer schweizerischen AG teilnehmen

und für ihre Kunden das Stimmrecht ausüben. Institute, die dem BankG nicht unterstehen, gelten nicht als Depotvertreter i.S.v. Art. 689d. Solche Institute sind nur Depotvertreter, wenn sie als gewerbsmässige Vermögensverwalter (N 4) gelten (gl.A. BÖCKLI, Aktienrecht, § 12 N 254). Ebenfalls nicht als Depotvertreter kann jene AG angesehen werden, welche die Aktien ihrer Aktionäre (meist ohne Kosten für die Aktionäre) zur Aufbewahrung entgegennimmt, sofern damit keine Vermögensverwaltung verbunden ist. Übernimmt die AG jedoch die Stimmrechtsvertretung, dürften die Voraussetzungen für die Anwendung der Bestimmungen über die Organvertretung gegeben sein (WAIDACHER, Diss., 53 f.).

Das im Auftrage ihrer Kunden ausgeübte Stimmrecht durch Banken wird immer noch **Depotstimmrecht** bezeichnet, obwohl dies sachlich nicht mehr gerechtfertigt ist (BÖCKLI, Aktienrecht, § 12 N 237 f.). Heute wird von Depotstimmrecht gesprochen, unabhängig davon, ob das Stimmrecht gestützt auf eine Vollmacht oder Ermächtigung oder für Inhaber- oder Namenaktien ausgeübt wird. Früher bezog sich der Begriff eigentlich nur auf die Ausübung des Stimmrechts aus Inhaberaktien in Kundendepots der Banken (SCHAAD, 4 f.; UMBRICHT-MAURER, Das Depotgeschäft, 1976, 12; **a.A.** TILLMANN, Diss., 3). Es versteht sich von selbst, dass das Depotstimmrecht nur jene Aktien umfasst, die von den Kunden bei dieser Bank hinterlegt worden sind. Dabei spielt es keine Rolle, ob die Bank die Aktien selbst verwahrt oder bei einem Dritten verwahren lässt. Die Ausübung des Stimmrechts aus Aktien, die sich im **Eigenbestand** (Nostrobestand) der Bank befinden, fallen nicht unter das Depotstimmrecht (BÖCKLI, Aktienrecht, § 12 N 193); damit gelten diesbezüglich auch nicht die für Depotvertreter massgebenden Bestimmungen. Hingegen sind die Bestimmungen für Depotvertreter auch dann anwendbar, wenn eine Bank das Stimmrecht aus Aktien, die der Kunde bei einer andern Bank hinterlegt hat, ausüben will, sofern es sich bei der stimmrechtsausübenden Bank gleichzeitig um einen gewerbsmässigen Vermögensverwalter handelt. 3

2. Gewerbsmässige Vermögensverwalter

Der Begriff des **gewerbsmässigen Vermögensverwalters** ist im Gesetz nicht definiert. Unter «Vermögensverwalter» werden alle jene verstanden, die gewerbsmässig Gelder und Wertschriften entgegennehmen, sie ausschliesslich auf Rechnung ihrer Kunden anlegen und über eine entsprechende Organisation verfügen. In Frage kommen Effektenhändler, Vermögensverwalter, Treuhänder, Rechtsanwälte, Notare, Geschäftsagenten und Makler, sofern sie Aktien von Kunden selbst verwahren oder bei Banken verwahren lassen und in der GV von AG als Massenvertreter auftreten. Nicht dazu gehören Aktionärsvereinigungen oder andere gewerbsmässige Stimmrechtsvertreter (anders § 135 Abs. 9 AktG). Sie sind als **individuelle Stimmrechtsvertreter** zu betrachten (Art. 689b N 3). 4

Die Tätigkeit des **Vermögensverwalters** muss in der Entgegennahme und Anlage von Geldern und Wertschriften von seiten seiner Kunden bestehen. Zwischen dem Vermögensverwalter und dem Kunden muss ein mündlicher oder schriftlicher Vermögensverwaltungsvertrag vorliegen. Diese Vermögensverwaltungstätigkeit muss für Rechnung des Kunden **gewerbsmässig** erfolgen. Nicht erforderlich ist jedoch, dass die Vermögensverwaltungstätigkeit eine ausschliessliche sein muss; der Vermögensverwalter kann durchaus noch andere Tätigkeiten ausüben. Sie muss nicht einmal hauptberuflich erfolgen; vorstellbar ist auch eine nebenberufliche Tätigkeit als Vermögensverwalter. 5

Die Vermögensverwaltung muss für Rechnung des Kunden erfolgen. Die Verwaltung des im Eigentum des **Vermögensverwalters** stehenden **Eigenbestandes** stellt keine De- 6 potvertretung dar. Der Vermögensverwalter muss die Aktien für Rechnung des Kunden bei sich, bei einer Bank oder anderen Stelle verwahren. Es spielt dabei keine Rolle, ob er dies in eigenem Namen (Sammeldepot) oder im Namen des Kunden tut. Wesentlich ist, dass der Vermögensverwalter berechtigt ist, über das Depot in dem Sinne zu verfügen, dass er *Anlagen tätigen* kann. Ein Vermögensverwalter, der seinen Kunden nur *beratend* zur Verfügung steht, kann nicht als gewerbsmässiger Vermögensverwalter i.S.v. Art. 689d betrachtet werden.

7   Schliesslich muss der gewerbsmässige **Vermögensverwalter** in der GV als *Massenvertreter* auftreten. Dies bedeutet, dass er das Stimmrecht aus dem für Rechnung seiner Kunden verwalteten Aktien ausüben will. Diese Voraussetzung ist erfüllt, wenn er seine Kunden mündlich oder schriftlich um die Stimmrechtsvertretung ersucht. Es spielt dabei keine Rolle, ob ihm schliesslich von einem oder mehreren Kunden Vollmacht bzw. Ermächtigung zur **Aktienvertretung** erteilt worden ist.

III. Grundlagen der Stimmrechtsausübung durch den Depotvertreter

1. Verpflichtung zur Stimmrechtsausübung

8   Eine formelle **Verpflichtung der Depotvertreter zur Stimmrechtsvertretung** besteht nicht (anders § 135 Abs. 10 AktG). Ebenso wenig besteht eine Verpflichtung, Aufträge zur Stimmrechtvertretung anzunehmen *(Kontrahierungszwang)*. Eine Pflicht zur Stimmrechtsvertretung ergibt sich indirekt aus der Regelung der institutionellen Stimmrechtsvertretung. Verfügt der Depotvertreter über eine Vollmacht oder Ermächtigung zur Stimmrechtsvertretung, so gelten die Weisungseinholungs- und -befolgungspflicht und damit die gesetzliche Anweisung zur Stimmrechtsausübung (BÖCKLI, Aktienrecht, § 12 N 272). Mit der *Entgegennehmen der Vollmacht oder Ermächtigung* verpflichtet sich der Depotvertreter zur Stimmrechtsvertretung. Dies ergibt sich auch aufgrund des Auftragsverhältnisses zwischen Aktionär und Depotvertreter (Art. 689b N 6).

2. Vollmacht oder Ermächtigung

9   Depotvertreter, welche für ihre Kunden Inhaber- oder Namenaktien verwahren, dürfen das Stimmrecht für ihre Kunden nur ausüben, wenn entweder eine **Vollmacht** oder eine **Ermächtigung** seitens des Kunden vorliegt.

10 Die Vollmacht oder Ermächtigung kann für die Vertretung der Aktien in einer bestimmten GV einer AG erteilt werden (**Einzelvollmacht** oder **Einzelermächtigung**). Zulässig ist aber nach wie vor die **Generalvollmacht** oder **Generalermächtigung,** welche einem Depotvertreter unter Vorbehalt des Widerrufsrechts auf unbestimmte Dauer die Befugnis gibt, die Stimmrechtsvertretung für Aktien des Kunden jeweils in der GV jeder AG wahrzunehmen (gl.A. BÖCKLI, Aktienrecht, § 12 N 277).

11 Bei **Namenaktien** hat sich der Depotvertreter durch Vorlegen einer von seinem Kunden, d.h. von einem im Aktienbuch eingetragenen Aktionär mit Stimmrecht ausgestellten **Vollmacht,** die meistens auf der Zutrittskarte erteilt wird, gegenüber der AG zu legitimieren. Ist der Depotvertreter aufgrund einer Legitimationsübertragung im Aktienbuch eingetragen, bedarf er im Gegensatz zur fiduziarischen Eintragung einer **Ermächtigung** seitens seines Kunden (Art. 689a N 15; § 135 Abs. 7 AktG).

12 Auch bei **Inhaberaktien** ist es möglich, dass der Kunde seinen Depotvertreter mit einer der AG vorzulegenden **Vollmacht** ermächtigt, in seinem Namen das Stimmrecht für ihn an der GV auszuüben. In der Regel wird der Depotvertreter bei Inhaberaktien die Aus-

stellung einer **Zutrittskarte,** die entweder auf seinen Namen oder auf den Inhaber lautet, veranlassen, die es ihm aufgrund des durch den Aktienbesitz gegenüber der AG erbrachten Legitimation gestattet, das Stimmrecht im eigenen Namen auszuüben. Der Kunde hat jedoch «in einem besonderen Schriftstück» den Depotvertreter zur Stimmrechtsausübung zu ermächtigen, welche **Ermächtigung** der AG nicht vorzulegen ist (anders § 135 Abs. 1 Satz 1 AktG, der nur die Vollmacht zulässt; Art. 689b N 20).

Auch der Depotvertreter hat die gesetzlichen und statutarischen **Stimmrechtsbeschränkungen** zu beachten, soweit die Statuten ihn nicht ausdrücklich davon ausnehmen (Art. 689 N 43; **a.A.** BÖCKLI, Aktienrecht, § 12 N 276, 309, 479 ff.). 13

Die **Legitimation** des von einem Depotvertreter vertretenen Aktionärs muss von der AG spätestens vor der Zulassung zur GV **überprüft** werden (Art. 689c N 21 f.). 14

Inhaber- und Namenaktien von Kunden werden bei den Depotvertretern i.d.R. **sammelverwahrt.** Der Kunde verliert dann seinen Alleineigentumsanspruch an bestimmten Titeln, behält aber als Miteigentümer eine entsprechende Quote am Gesamtbestand. Die Frage, ob im Hinblick auf Art. 690 Abs. 1 das Stimmrecht aus diesen Aktien nur durch einen gemeinsamen Vertreter ausgeübt werden könne, wird unter Hinweis darauf, dass das Stimmrecht ein Gebrauchsrecht i.S.v. Art. 648 ZGB ist, welches von jedem einzelnen Miteigentümer selbständig ausgeübt werden kann, verneint (TILLMANN, Diss., 28; BK-MEIER-HAYOZ, Art. 648 ZGB N 4 f. und 17 ff.; **a.A.** GAUTSCHI, 145 f.). 15

IV. Weisungseinholungspflicht des Depotvertreters

Nach langwierigen Debatten im Parlament wurde schliesslich jeder Depotvertreter verpflichtet, vor jeder GV, an welcher er das Stimmrecht für den Kunden ausüben will, um Weisungen für die Stimmabgabe zu jedem Traktandum nachzusuchen (AmtlBull NR 1985, 1728 ff., 1990, 1383 ff., 1991, 852 ff.; AmtlBull StR 1988, 504 ff., 1991, 75). Eine Beschränkung der **Weisungseinholungspflicht** auf «wichtige Traktanden» wurde abgelehnt. Die gesetzliche Regelung verschärft die Praxis, wie sie in den Richtlinien der Schweizerischen Bankiervereinigung von 1980 (abgedruckt in TILLMANN, Diss., 183 f., nunmehr aufgehoben) umschrieben worden ist. In Deutschland besteht die Weisungseinholungspflicht schon lange (§ 128 Abs. 2 Satz 3 AktG). 16

Der Gesetzgeber hält am Obligatorium der **Weisungseinholung** zu jedem Traktandum vor der GV fest (BÖCKLI, Aktienrecht, § 12 N 262), obwohl er eingesteht, dass die Aktionäre wohl kaum von ihrem Weisungsrecht vermehrt Gebrauch machen werden. Immerhin nimmt er an, dass bei umstrittenen Geschäften u.U. der wirkliche Wille des vertretenen Aktionärs häufiger anstelle des vermuteten Willens zum Ausdruck kommen könnte. Das Depotstimmrecht der Banken soll in ein Stimmrecht der Depotkunden umgewandelt werden (VON GREYERZ, ZBJV 1984, 446 FN 6). Der Einwand, das Einholen von Weisungen zu jedem Traktandum vor jeder GV sei ein Leerlauf und verursache unnötigen Papierkrieg, ist nur teilweise berechtigt (BÖCKLI, Aktienrecht, § 12 N 263; DERS., SJZ 1984, 268; SCHORER, SAG 1983, 120; **a.A.** DIETZI, ST 1983, 23; TILLMANN, SSTRK 1984, 87 ff.). 17

Diese Regelung bringt den Depotvertretern einen Mehraufwand. Der Gesetzgeber geht davon aus, dass es den Depotvertretern mit den Mitteln der Technik und angesichts der Tatsache, dass die gesetzliche Einberufungsfrist auf 20 Tage verlängert worden ist, möglich sein werde, solche **Weisungen zur Stimmrechtsausübung** rechtzeitig einzuholen. Es genügt, wenn solche Weisungen auf einem computergerechten, auswertbaren 18

Formular mit den Anträgen des VR und u.U. der Aktionäre (Art. 700 Abs. 2) zu jedem Traktandum eingeholt werden (BÖCKLI, Aktienrecht, § 12 N 46, 263).

19 Weil Kunden oft auf die Zustellung der Korrespondenz durch den Depotvertreter verzichten (die **Korrespondenz** wird im Auftrage des Kunden durch den Depotvertreter **zurückbehalten**), dürften viele Kunden innert Frist keine tatsächliche Kenntnis davon erhalten, dass der Depotvertreter um die Erteilung von Weisungen nachgesucht hat.

20 Der Depotvertreter darf davon ausgehen, dass der Kunde über die Anträge des VR und über oppositionelle Anträge, soweit sie durch die AG und die Medien bekanntgegeben worden sind, informiert ist, so dass es keiner **besonderen Orientierung** durch den Depotvertreter mehr bedarf. Namenaktionäre erhalten die Unterlagen direkt von der AG zugestellt. Inhaberaktionäre können die Unterlagen für die GV bei der AG einsehen und die Zustellung dieser Dokumente verlangen (Art. 696 Abs. 1). Eine gesetzliche **Weiterleitungspflicht von Unterlagen der AG** besteht im Gegensatz zu § 128 Abs. 1 AktG nicht. Sie könnte sich höchstens aus dem mit dem Kunden abgeschlossenen Depotvertrag ergeben. Auch vom Auftragsrecht her gesehen besteht, abgesehen von der Rechenschaftsablage, keine Pflicht des Depotvertreters zur Weiterleitung von Unterlagen der AG.

V. Weisungsbefolgungspflicht des Depotvertreters

1. Allgemeines

21 Der Depotvertreter ist **verpflichtet,** wenn er das Stimmrecht an der GV ausüben will, **Weisungen** des Kunden **entgegenzunehmen und sie zu befolgen;** dies gilt für jeden Vertreter, der Mitwirkungsrechte ausübt (689b Abs. 1). Er muss dies selbst dann tun, wenn die Weisungen für die Stimmabgabe den Interessen der AG oder jenen des Depotvertreters zuwiderlaufen (BÖCKLI, Aktienrecht, § 12 N 273). Der Depotvertreter darf sich in einer solchen Situation auch nicht der Stimme enthalten. Es gibt keinen allgemeinen Stimmrechtsausschlussgrund der «Interessenkollision» (BÖCKLI, Aktienrecht, § 12 N 456; gl.A. VON GREYERZ, 147; **a.A.** GAUTSCHI, 141; Art. 689 N 29). Wenn der Depotvertreter verpflichtet ist, die Weisungen des Kunden zu befolgen und, falls weder spezielle noch allgemeine Weisungen des Kunden vorliegen sollten, den Anträgen des VR zuzustimmen, so liegt in dieser gesetzlichen Handlungsanweisung bei Vorliegen einer Vollmacht oder Ermächtigung eine **Verpflichtung zur Stimmrechtsausübung** (BÖCKLI, Aktienrecht, § 12 N 255). Die Weisung des Kunden muss inhaltlich so sein, dass sie vom Depotvertreter befolgt werden kann. Ist die Weisung unklar, so hat der Depotvertreter allenfalls durch Rückfrage beim Kunden ihren Sinn zu ermitteln; ist dies nicht mehr möglich, so hat er sich der Stimme zu enthalten.

22 Depotvertreter wollen in der GV i.d.R. das Stimmrecht und nicht auch andere **Mitwirkungsrechte** für den Kunden (z.B. Auskunftsrechte, Antragsrechte etc.) ausüben. Sie sind jedoch von Gesetzes wegen gehalten, zwar nur Weisungen für die Stimmabgabe beim Kunden einzuholen, jedoch verpflichtet, sämtliche Weisungen des Kunden zur Ausübung der Mitwirkungsrechte, die auch Auskunftsbegehren, Voten, Anträge etc. umfassen können, zu befolgen (anders § 128 Abs. 2 AktG). In Erfüllung der **Weisungsbefolgungspflicht** können sie bei Abstimmungen und Wahlen u.U. gezwungen sein, verschiedene, sich gegenseitig **widersprechende Stimmen** abgeben zu müssen. Als weisungsgebundene Beauftragte steht dem rechtlich nichts im Wege (JÄGGI, Aufsätze, 242 ff. m.w.Nw.; Art. 689c N 13, 20).

2. Gesetzliche Grundrege bei Ausbleiben von Weisungen

Ebenfalls umstritten war im Parlament, was geschehen soll, wenn der Kunde keine Weisungen erteilt. Gibt der Kunde trotz Verlangen dem Depotvertreter keine (**Spezial-**) **Weisungen** bekannt oder treffen sie nicht rechtzeitig beim Depotvertreter ein, so darf der Depotvertreter das Stimmrecht nach den allgemeinen Weisungen des Hinterlegers ausüben, sofern der Hinterleger solche allgemeinen Weisungen erteilt hat. Hat der Kunde keine solchen allgemeinen Weisungen erteilt, so ist der Depotvertreter von Gesetzes wegen gehalten, den **Anträgen des VR zuzustimmen** (Art. 689d Abs. 2); es gibt kein Stimmrechtsausschluss mangels Weisung (BÖCKLI, Aktienrecht, § 12 N 266; anders § 128 Abs. 2 Satz 4 AktG: Stimmrecht i.S. der Empfehlung des Kreditinstituts; schlechte Lösung). Diese Lösung (Zustimmung zu den Anträgen des VR) ist nicht überall auf Zustimmung gestossen (zustimmend BÖCKLI, § 12 N 265 f., 268; krit. FORSTMOSER, ZSR 1992 I 26). Nach Art. 689 Abs. 5 altOR war das Stimmrecht des Aktionärs «in dessen Interesse» auszuüben; diese Bestimmung ist weggefallen. Auch der Vorschlag der proportionalen Verteilung der tatsächlich ausgeübten Stimmen durch die teilnehmenden Aktionäre und jener Stimmen, abgegeben durch die weisungsgebundenen Vertreter der Aktionäre, auf die weisungslos erteilten Vollmachten ist zwar interessant, jedoch nicht Gesetz geworden (BÖCKLI, Aktienrecht, § 12 N 269, 335 ff., 342); der wirkliche Wille der vertretenen Aktionäre kommt auf diese Weise auch nicht zum Ausdruck.

3. Notwendigkeit ausdrücklicher Weisungen

Einen **eigenen Vorschlag für die Ausübung des Stimmrechts** muss der Depotvertreter nicht machen (anders § 128 Abs. 2 Satz 1 AktG). Möchte der Depotvertreter gegen die Anträge des VR stimmen und/oder oppositionelle Anträge unterstützen oder sich der Stimme enthalten, so hat er seine Kunden um entsprechende Weisungen zu ersuchen. Er darf das Stimmrecht in dem von ihm gewünschten Sinne nur ausüben, wenn dazu das ausdrückliche Einverständnis des Kunden vorliegt. Andernfalls ist das Stimmrecht nach der **gesetzlichen Grundregel** auszuüben.

4. Abweichen von der gesetzlichen Grundregel oder von Kundenweisungen

In Fällen, wo die Anträge des VR den Interessen der Aktionäre offensichtlich zuwiderlaufen und aufgrund der besonderen Umstände die rechtzeitige Einholung von Weisungen bei den Depotkunden nicht möglich ist, können die Depotvertreter in Anwendung von Art. 397 Abs. 1 das **Stimmrecht,** in Abweichung von den Weisungen, **im wohlverstandenen Interesse des Aktionärs** ausüben (abl. FORSTMOSER, ZSR 1992 I 26). Art. 689d Abs. 2 Hs. 2 schliesst die Anwendbarkeit von Art. 397 Abs. 1 nicht aus (gl.A. SCHÖNE, 210 m.w.Nw.).

Es dürfte sich auch empfehlen, den Kunden von sich aus zu **orientieren,** wenn das Stimmrecht in Abweichung der gesetzlichen Grundregel oder der (Spezial-)Weisungen des Kunden ausgeübt worden ist (TILLMANN, Diss., 17; § 135 Abs. 8 AktG).

VI. Depotvertretung in der eigenen GV

Auch in der eigenen GV des Depotvertreters sind die Vorschriften betr. **Depotvertreter** einzuhalten. Vorerst gelten die allgemeinen Ausführungen für die formelle Legitimation des Vertreters in der GV: Der Vertreter des im Aktienbuch eingetragenen Aktionärs mit

Stimmrecht legitimiert sich in der GV durch eine schriftliche **Vollmacht** des Namenaktionärs (Art. 689b N 16). Wer sich als Besitzer von Inhaberaktien ausweist, ist gegenüber der AG zur Teilnahme an der GV und zur Stimmrechtsausübung legitimiert; die schriftliche **Ermächtigung** des Eigentümers an den sich durch den Aktienbesitz legitimierenden Vertreter hat nur interne Wirkungen (Art. 689b N 18 ff.).

28 **In der eigenen GV** des Depotvertreters kann die AG die Inhaber- und Namenaktien auch als **Depotvertreterin** vertreten. Die Generalvollmacht oder -ermächtigung ist zulässig; mangels Weisungen des Aktionärs stimmt die Depotvertreterin den Anträgen des VR zu (anders § 135 Abs. 1 Satz 2 AktG, der ausdrückliche Weisungen verlangt). Ein Interessenkonflikt entsteht, wenn der Aktionär eine *oppositionelle Haltung* gegenüber der Bank einnimmt. Weil der Depotvertreter weisungsgebunden ist, ist auch die Vertretung von oppositionellen Stimmen in der eigenen GV zulässig, jedoch unschön; deshalb wurde auch der unabhängige Stimmrechtsvertreter (N 30) geschaffen (BÖCKLI, Aktienrecht, § 12 N 302).

29 Wenn die Bank **in der eigenen GV** den Aktionären für deren Inhaber- und Namenaktien auch die **Organvertretung** anbietet, so muss sie gleichzeitig auch einen unabhängigen Stimmrechtsvertreter vorschlagen. Die Organvertretung beruht auf der Einzelvollmacht oder Einzelermächtigung. Was die Weisungseinholungspflicht angeht, so ist sie gesetzlich nicht verankert; die Bank wird um Weisungen ersuchen müssen. Bleiben Weisungen aus, so kann das Stimmrecht nicht ausgeübt werden. Die Weisungsbefolgungspflicht ergibt sich aus Art. 689b Abs. 1; ein Stimmrechtsausschluss besteht bei der Erteilung der Entlastung des VR.

30 Der **unabhängige Stimmrechtsvertreter** ist geschaffen worden, damit auch **oppositionelle Stimmrechte** zur Ausübung kommen, nachdem die AG es insb. auch in der eigenen GV ablehnen, oppositionelle Stimmen zu vertreten. In analoger Anwendung der Regelung bei der Organvertretung soll daher auch bei der AG, die als Depotvertreterin in der eigenen GV auftritt, ein **unabhängiger Stimmrechtsvertreter** vorgeschlagen werden (gl.M. BÖCKLI, Aktienrecht, § 12 N 299; WAIDACHER, Diss., 69 f.). Auf diese Weise kann der Interessenkonflikt gelöst werden.

31 Der schweizerische Gesetzgeber wollte die Depotvertretung der AG in der eigenen GV weder beschränken noch die anderen Depotvertreter bevorzugen. Die Auffassung, dass auf die Depotvertretung in der eigenen GV zwingend die Bestimmungen über die Organvertretung anwendbar sein müssen (FISCHER, 232 f.; SCHLEIFFER, 182), ist daher abzulehnen (gl.A. ROTH/LÄNZLINGER, 28 ff.; SCHERRER, Diss., 204 f.; WAIDACHER, Diss., 50 ff.). Im Gegensatz zu Deutschland müssen keine ausdrücklichen (Spezial-) Weisungen des Kunden vorliegen, um das Stimmrecht ausüben zu können (§ 135 Abs. 1 Satz 3 AktG). Anders als bei der Organvertretung ist bei der Depotvertretung selbst in der eigenen GV die Generalvollmacht zugelassen (BÖCKLI, Aktienrecht, § 12 N 277, 301; a.A. SCHLEIFFER, 182 f.). Dies ist auch sachlich gerechtfertigt, weil die Depotvertretung auch in der eigenen GV der AG auf einem besonderen Vertrauensverhältnis zwischen der AG und dem Aktionär beruht (Urteil des HGer ZH vom 2.9.1996 in Sachen BK Vision AG/SBG, 35 ff.; SJZ 1995, 196 ff.)

VII. Entschädigung

32 Bis vor kurzem hat der Aktionär für die Stimmrechtsvertretung i.A. keine Vergütung entrichten müssen. Hingegen hat die AG von sich aus häufig die Depotvertreter für ihre **Umtriebe entschädigt.** Darin liegt kein Fall des verbotenen Stimmenkaufs (NO-

2. Abschnitt: Rechte und Pflichten der Aktionäre   Art. 689e

BEL, 137 m.w.Nw.). Die Verabredung einer Vergütung für die Stimmrechtsvertretung unterliegt nach wie vor der freien Parteiabrede. Die Depotvertreter sind jedoch nur noch bereit, die Stimmrechtsvertretung zu übernehmen, wenn sie vom Aktionär oder von der AG für ihre Umtriebe, die beachtlich sein können, entschädigt werden (AEPPLI, 21). Mit der Abschaffung der Quoren in der GV ist die Stimmrechtsvertretung eher eine Dienstleistung für den Aktionär als für die AG geworden.

VIII. Revisionsvorlage 2007

Die **Revisionsvorlage 2007** sieht die Abschaffung der institutionellen Stimmrechtsvertretung durch Organvertreter und Depotvertreter vor und lässt nur die institutionelle Stimmrechtsvertretung durch einen oder mehrere unabhängige(n) Stimmrechtsvertreter zu (Art. 689c N 37 ff.). 33

Art. 689e

d. Bekanntgabe

¹ Organe, unabhängige Stimmrechtsvertreter und Depotvertreter geben der Gesellschaft Anzahl, Art, Nennwert und Kategorie der von ihnen vertretenen Aktien bekannt. Unterbleiben diese Angaben, so sind die Beschlüsse der Generalversammlung unter den gleichen Voraussetzungen anfechtbar wie bei unbefugter Teilnahme an der Generalversammlung.

² Der Vorsitzende teilt die Angaben gesamthaft für jede Vertretungsart der Generalversammlung mit. Unterlässt er dies, obschon ein Aktionär es verlangt hat, so kann jeder Aktionär die Beschlüsse der Generalversammlung mit Klage gegen die Gesellschaft anfechten.

d. Communication

¹ Les organes, les représentants indépendants et les représentants dépositaires communiquent à la société le nombre, l'espèce, la valeur nominale et la catégorie des actions qu'ils représentent. A défaut de ces informations, les décisions de l'assemblée générale sont annulables aux mêmes conditions qu'en cas de participation sans droit à l'assemblée générale.

² Le président communique ces informations à l'assemblée générale globalement pour chaque mode de représentation. Si, malgré la demande d'un actionnaire, il omet ces informations, tout actionnaire peut attaquer les décisions de l'assemblée générale en actionnant la société.

d. Comunicazione

¹ Gli organi, i rappresentanti indipendenti e i rappresentanti depositari comunicano alla società il numero, la specie, il valore nominale e la categoria delle azioni da essi rappresentate. In assenza di tali indicazioni, le deliberazioni dell'assemblea generale possono essere impugnate alle stesse condizioni che nel caso di partecipazione illecita all'assemblea generale.

² Il presidente comunica queste indicazioni all'assemblea generale globalmente per ogni modo di rappresentanza. Se, pur essendone richiesto da un azionista, non le fornisce, ogni azionista può impugnare le deliberazioni dell'assemblea generale convenendo in giudizio la società.

Literatur

Vgl. die Literaturhinweise zu Art. 689.

I. Meldepflicht der institutionellen Stimmrechtsvertreter

1 Sämtliche **institutionellen Stimmrechtsvertreter** (Organvertreter, unabhängige Stimmrechtsvertreter, Depotvertreter) haben **Angaben** gegenüber der AG über die von ihnen in der GV vertretenen fremden Aktien zu machen. Der Gesetzgeber meint mit dem Begriff «Organe» die in Art. 689c umschriebenen Organvertreter. Auf diese Weise soll der Verdacht möglicher missbräuchlicher Machtausübung durch die institutionellen Stimmrechtsvertreter beseitigt werden.

2 Die **institutionellen Stimmrechtsvertreter** haben der AG Angaben über die von ihnen institutionell vertretenen Aktien nach Anzahl und je nach Art der Aktien (Namen- und Inhaberaktien) und je nach Kategorie (z.B. Stammaktien, Vorzugsaktien i.S.v. Art. 654; Stimmrechtsaktien i.S.v. Art. 693) unter Erwähnung des Nennwertes der einzelnen Aktienart und -kategorie zu machen (BÖCKLI, Aktienrecht § 12 N 311 f.). Wegen der Gleichstellungsklausel von Art. 656a Abs. 2 muss der institutionelle Vertreter die entsprechenden Angaben auch für die **Partizipationsscheine** machen, sofern die Statuten den Partizipanten gewisse mit dem Stimmrecht zusammenhängende Rechte, z.B. das Teilnahmerecht an der GV (Art. 689 N 30), einräumen, obwohl der Partizipant kein Stimmrecht hat.

3 Die institutionellen Stimmrechtsvertreter haben diese **Angaben** nicht nur in jenen Fällen zu machen, wo sie gestützt auf eine Vollmacht im Namen des vertretenen Aktionärs auftreten, sondern auch dort, wo sie aufgrund der Vertretungsverhältnisse (insb. bei Inhaberaktien) berechtigt sind, das Stimmrecht in eigenem Namen auszuüben. Die Angaben der institutionellen Stimmrechtsvertreter sind von der AG allenfalls durch die Stimmenzähler der GV zu prüfen (Art. 689c N 31).

4 Keine Meldepflicht besteht für institutionelle Stimmrechtsvertreter bez. der von ihnen im **Eigenbestand** gehaltenen Aktien und bez. der von ihnen auf individueller Basis beruhenden Stimmrechtsvertretung (Art. 689c N 3).

5 Der institutionelle Stimmrechtsvertreter ist gehalten, diese Angaben der AG bei Beginn der GV bekannt zu geben (BÖCKLI, Aktienrecht, § 12 N 314 f.). Unterlässt es der institutionelle Stimmrechtsvertreter, die verlangten Angaben zu machen oder sind sie unrichtig, so können die GV-Beschlüsse oder Wahlen von jedem Aktionär unter den Voraussetzungen von Art. 691 Abs. 3 **angefochten** werden, sofern die AG nicht beweist, dass die Mitwirkung des pflichtwidrig handelnden Stimmrechtsvertreters objektiv aufgrund seiner Stimmenzahl keinen Einfluss auf die Beschlussfassung gehabt hätte.

II. Bekanntgabe der institutionellen Stimmrechtsvertretung durch den Vorsitzenden

6 Der **Vorsitzende der GV** ist verpflichtet, die von den **institutionellen Stimmrechtsvertretern** der AG bekanntgegebenen Angaben gesamthaft, d.h. nicht nach einzelnen Vertretern, der GV bekanntzugeben. Er muss daher nicht einmal die Anzahl der Depotvertreter bekanntgeben, obwohl dies zweckmässig wäre, um Unterlassungen von Meldungen von Stimmrechtsvertretern feststellen zu können. Der Vorsitzende der GV ist von der Sache her gehalten, diese Angaben wenn möglich vor den Abstimmungen und Wahlen, spätestens jedoch vor Schluss der GV, zu machen.

7 Die vom Vorsitzenden mündlich gemachten Angaben über die institutionelle Stimmrechtsvertretung sind zwingend in das **Protokoll** aufzunehmen (Art. 702 Abs. 2 Ziff. 1; BÖCKLI, Aktienrecht, § 12 N 193). Demzufolge hat das Protokoll Angaben darüber zu

2. Abschnitt: Rechte und Pflichten der Aktionäre **Art. 690**

enthalten, wieviele Aktien zu welchem Nennwert pro Inhaber- und Namenaktien sowie pro andere Aktienkategorie (Vorzugsaktien, Stimmrechtsaktien) durch die institutionellen Stimmrechtsvertreter gemäss der Bekanntgabe durch den Vorsitzenden vertreten worden sind. Ein nachträglicher Vermerk dieser Angaben im Protokoll ohne tatsächliche Bekanntgabe durch den Vorsitzenden an der GV genügt nicht.

Die Beschlüsse der GV können von jedem Aktionär mit Erfolg **angefochten** werden, wenn der Vorsitzende der GV die Vertretungsverhältnisse der institutionellen Stimmrechtsvertreter auch nicht bekanntgibt, nachdem diese Angaben von einem Aktionär in der GV ausdrücklich verlangt worden sind (BÖCKLI, Aktienrecht, § 12 N 318). Offen ist die Frage, ob es bei der Anfechtung der GV-Beschlüsse oder Wahlen darauf ankommt, ob die Mitwirkung der institutionellen Stimmrechtsvertreter Einfluss auf die Beschlussfassung gehabt hat oder nicht. Art. 689e Abs. 2 sagt dazu nichts. In der Botschaft (BBl 1983 II 745 ff. Ziff. 212.24) wird ausdrücklich darauf hingewiesen, dass die Einschränkung von Art. 691 Abs. 3 keine Anwendung finde. Somit liegt eine klare Meinung des Gesetzgebers vor, auch wenn dadurch der **Mitteilung** über die **institutionelle Stimmrechtsvertretung** durch den Vorsitzenden eine Bedeutung zugemessen wird, die sie von der Sache her an sich nicht verdient (HOMBURGER, ST 1983, 42 f.; krit. SCHMITT, 108; a.A. BÖCKLI, Aktienrecht, § 12 N 320 f.). Das Problem wird dadurch entschärft, dass für eine derartige **Anfechtungsklage** Voraussetzung bildet, dass mindestens ein Aktionär die Bekanntgabe der institutionellen Vertretung vor dem Schluss der GV ausdrücklich und erfolglos verlangt hat (BÖCKLI, Aktienrecht, § 16 N 120). 8

Im Gesetz nicht geregelt ist die Frage, was geschieht, wenn der Vorsitzende entweder von sich aus oder auf Verlangen eines Aktionärs **unrichtige Angaben** über die institutionelle Stimmrechtsvertretung macht. Von der Schwere der Abweichung wird es abhängen, ob im Einzelfall auch unter Berücksichtigung des Prinzips der Verhältnismässigkeit die **Anfechtbarkeit** der Beschlüsse der GV bejaht werden muss. 9

Mit der Abschaffung der institutionellen Stimmrechtsvertretung durch Organvertreter und Depotvertreter gemäss **Revisionsvorlage 2007** hat nur noch der unabhängige Stimmrechtsvertreter der AG die Anzahl, Art, Nennwert und Kategorie der von ihm vertretenen Aktien bekannt zu geben (Art. 689e Abs. 1 E) und der Vorsitzende teilt diese Angaben der GV mit (Art. 689 Abs. 2 E; Botschaft Aktien- und Rechnungslegungsrecht, 1669). 10

Art. 690

4. Mehrere Berechtigte	¹ Steht eine Aktie in gemeinschaftlichem Eigentum, so können die Berechtigten die Rechte aus der Aktie nur durch einen gemeinsamen Vertreter ausüben.
	² Im Falle der Nutzniessung an einer Aktie wird diese durch den Nutzniesser vertreten; er wird dem Eigentümer ersatzpflichtig, wenn er dabei dessen Interessen nicht in billiger Weise Rücksicht trägt.
4. S'il y a plusieurs ayants droit	¹ Lorsqu'une action est la propriété de plusieurs personnes, celles-ci ne peuvent exercer que par un représentant commun les droits attachés à leur titre.
	² L'action grevée d'un droit d'usufruit est représentée par l'usufruitier; celui-ci est responsable envers le propriétaire s'il ne prend pas ses intérêts en équitable considération.

4. In caso di proprietà collettiva e d'usufrutto	¹ Se un'azione è oggetto di proprietà collettiva, le persone che ne sono proprietarie possono esercitare i diritti che loro derivano dall'azione solo per mezzo d'un rappresentante comune. ² L'azione gravata da usufrutto è rappresentata dall'usufruttuario; questi è responsabile verso il proprietario se non abbia equo riguardo agli interessi del medesimo.

Literatur

Vgl. die Literaturhinweise zu Art. 689.

I. Allgemeines

1   Im Hinblick auf den Grundsatz der **Unteilbarkeit** der **Rechte an einer Aktie** im Verhältnis zwischen Aktionär und Gesellschaft regelt Art. 690 diejenigen Tatbestände, bei denen sich die Frage stellt, wie **mehrere Inhaber von Rechten** an derselben Aktie die aus der Aktie fliessenden Mitgliedschaftsrechte gegenüber der Gesellschaft auszuüben haben. Ziel dieser Bestimmung ist es nicht, die Aufteilung der Rechte an einer Aktie zu verhindern; es geht vielmehr darum, die Ausübung der Stimmrechte an solcherart gehaltenen Aktien in der GV zu ordnen (VON GREYERZ, 132) bzw. eine Aufsplittung der durch eine Aktie verkörperten Mitgliedschaftsstelle auf verschiedene Teilstellen zu verhindern (FORSTMOSER/MEIER-HAYOZ/NOBEL, § 45 N 11).

2   In Art. 690 geregelt sind die Fälle des **gemeinschaftlichen Eigentums** sowie der **Nutzniessung an Aktien.** An anderer Stelle (Art. 685 ff.) regelt das OR die vor der Revision des Aktienrechts durch Lehre und Rechtsprechung entwickelte Spaltung der Aktionärsrechte im Falle der Übertragung vinkulierter Namenaktien, allerdings unter gleichzeitiger – nicht vollständiger – Absage an die Spaltungstheorie (BÖCKLI, Aktienrecht, § 6 N 14). Übrig geblieben sind Fragmente der Spaltungstheorie lediglich im Falle der Übertragung börsenkotierter Namenaktien bis zur Anerkennung des Erwerbers durch die Gesellschaft (Art. 685 f Abs. 2), wobei die mit diesen Aktien verbundenen Stimmrechte bis zum Entscheid der Gesellschaft ruhen (BÖCKLI, Aktienrecht, § 6 N 135), und im Falle des Übergangs nicht börsenkotierter Namenaktien durch Erbgang, Erbteilung, eheliches Güterrecht oder Zwangsvollstreckung (Art. 685b Abs. 4 i.V.m. Art. 685c Abs. 2). Ob hier insb. beim Übergang kraft ehelichen Güterrechts oder Zwangsvollstreckung die Stimmrechte bis zur Zustimmung der Gesellschaft durch den bisherigen Aktionär ausgeübt werden dürfen, regelt das Gesetz nicht; im Hinblick auf die ausdrückliche Regelung in Art. 685 f Abs. 2 betr. börsenkotierter Namenaktien ist hier wohl von einem qualifizierten Schweigen des Gesetzgebers – und damit vom Verbleiben der Stimmrechte beim Buchaktionär – auszugehen.

3   Einige vor der Gesetzesrevision 1991 gesetzlich nicht geregelte Aspekte der Nutzniessung an Aktien haben Aufnahme ins Gesetz gefunden. So erfassen **statutarische Einschränkungen der Übertragbarkeit** von Namenaktien auch die **Begründung der Nutzniessung** (Art. 685a Abs. 2) und sind **Nutzniesser an Namenaktien** kraft gesetzlicher Vorschrift mit Namen und Adresse ins **Aktienbuch** einzutragen (Art. 686 Abs. 1).

II. Vertretung der Rechte aus Aktien in gemeinschaftlichem Eigentum

4   Rechte aus Aktien, die sich im gemeinsamen Eigentum mehrerer Personen befinden, sind in der GV durch einen **gemeinsam bestellten Vertreter** auszuüben. Ob es sich im Verhältnis zwischen den beteiligten Eigentümern um Miteigentum oder um Gesamt-

2. Abschnitt: Rechte und Pflichten der Aktionäre   5–9 **Art. 690**

eigentum handelt, macht insoweit keinen Unterschied. Sofern die Statuten keine abweichende Regelung vorsehen (Art. 689 Abs. 2), kann als Vertreter der Gemeinschaft auch ein Dritter bestimmt werden, der weder Mitglied der Gemeinschaft noch sonst Aktionär zu sein braucht.

Wird die Vertretung der **Gesamthänder** oder **Miteigentümer** durch ein Mitglied der Gesamthandsgemeinschaft oder durch einen Miteigentümer ausgeübt, so stellt sich die – praktisch kaum bedeutungsvolle – Frage, ob der Vertreter als **Stellvertreter** oder **kraft eigenen Rechts** handelt. Im Falle des Gesamteigentümers, dessen Rechte an der gesamthänderisch gehaltenen Sache auf die ganze Sache gehen (Art. 652 ZGB), ist von **Handeln aus eigenem Recht** auszugehen (so offenbar auch ZK-BÜRGI, N 5 f.; **a.A.** VON GREYERZ, 132). Allerdings wird das Recht des Gesamthänders durch das Recht der übrigen Gesamteigentümer eingeschränkt, wobei Gesamthänder ohne abweichende gesetzliche oder vertragliche Regelung das gemeinsame Eigentum einstimmig auszuüben haben (Art. 653 Abs. 2 ZGB). Das **Recht des Miteigentümers** geht demgegenüber stets nur auf einen **Teil der Sache,** weshalb er mit Bezug auf die Anteile der übrigen Miteigentümer nur als **Stellvertreter** handeln kann. Immerhin ist es dem Miteigentümer unbenommen, jederzeit die **Aussonderung** seines Miteigentumsanteils zu verlangen (BGer in 5A.561/2007 vom 2.11.2007), wodurch er über die ihm nach der Teilung zustehenden Aktien ohne Zustimmung der übrigen Miteigentümer verfügen kann. Dies gilt nicht nur im Fall der Sammelverwahrung von Inhaberaktien von Publikumsgesellschaften (sog. modifiziertes oder labiles Miteigentum), sondern generell für alle Formen von Miteigentum an einem Aktienpaket (FORSTMOSER/MEIER-HAYOZ/NOBEL, § 45 N 6 ff.; BGE 112 II 415 f.). 5

Während sich bei **Inhaberaktien** der Vertreter gesamthänderisch oder in Miteigentum gehaltener Aktien der Gesellschaft gegenüber durch den **Besitz am Inhaberpapier** hinreichend **legitimiert,** bedarf der Vertreter im Falle von **Namenaktien** einer **schriftlichen Ermächtigung** der Mit- bzw. Gesamteigentümer. Der die Miteigentümer Vertretende hat eine Vollmacht der Vertretenen vorzuweisen; demgegenüber reicht es beim vertretenden Gesamthänder aus, wenn er eine schriftliche Erklärung der übrigen Gesamthänder beibringt, wonach diese auf die Ausübung ihrer Rechte verzichten. Diese Unterscheidung ist die Folge davon, dass Letzterer – im Gegensatz zum Miteigentümer – aus eigenem Recht an der ganzen Sache handelt. 6

Im **Aktienbuch** sind alle Miteigentümer oder Gesamteigentümer einzutragen (Art. 686). Es empfiehlt sich, auch den Vertreter der Gemeinschaft einzutragen, wobei der Eintrag eine schriftliche Ermächtigung voraussetzt (ZK-BÜRGI, N 7). Gemäss wohl h.L. kann eine **Erbengemeinschaft** als Aktionärin eingetragen werden; sie wird entweder durch den Willensvollstrecker vertreten, oder, falls kein solcher ernannt worden ist, durch einen gemeinsam bezeichneten Vertreter (FORSTMOSER/MEIER-HAYOZ/NOBEL, § 45 N 5, m.w.H.). 7

Während für die **Wahl des Vertreters** im Falle von Miteigentum die Zustimmung der Mehrheit der Miteigentümer ausreicht, bedarf es bei Gesamthandsverhältnissen mangels einer abweichenden Vorschrift Einstimmigkeit. Die Stellung des gesamthänderisch Berechtigten ist deshalb ungleich stärker, da er gemeinsames Handeln wirkungsvoll verhindern kann (BK-MEIER-HAYOZ, Art. 653 ZGB N 3 ff.). Solchenfalls bleibt den übrigen Gesamthändern nurmehr der Gang zum Richter, um einen gemeinsamen Vertreter ernennen zu lassen (SCHUCANY, N 1; ZK-BÜRGI, N 9). 8

Die Frage, ob einzelne Miteigentümer oder Gesamteigentümer diejenigen Rechte, die nicht anlässlich der GV ausgeübt werden, trotz der Bestellung eines gemeinsamen Ver- 9 treters **selbständig** ausüben können (so insb. das Anfechtungsrecht, Art. 706), hat BÜRGI im Jahre 1957 unter Berufung auf ENSSLIN (69) und GLETTIG (18 f.) vorerst bejaht (ZK-BÜRGI, Art. 690 N 10). Im Rahmen der Kommentierung zu Art. 706 hat sich BÜRGI 12 Jahre später jedoch der gegenteiligen – und zutreffenden – Meinung von SCHLUEP (290) angeschlossen (ZK-BÜRGI, Art. 706 N 50; gl.M. OGer TI, Rep 1976, 230 ff.).

III. Vertretung von Aktien im Falle der Nutzniessung

10 Zur **Bestellung einer Nutzniessung** an Aktien bedarf es der Übertragung der Aktionärsrechte auf den Erwerber (Art. 746 ZGB). Sind die Aktionärsrechte verbrieft, so ist bei Inhaberaktien die Übertragung des Besitzes am Titel ausreichend (ZK-BÜRGI, Art. 683 N 30). Namenaktien sind als Ordrepapiere zusätzlich mit einem Indossament zu versehen. Sind die Namenaktien in den Statuten als Namenpapiere (Rektaaktien) ausgestaltet worden, bedarf es zur Übertragung einer schriftlichen Zession (BÖCKLI, Aktienrecht, § 4 N 172). Unverbriefte Aktionärsrechte sind in jedem Fall durch schriftliche Zession zu übertragen (Art. 165 Abs. 1).

11 Die Frage, ob die Bestellung einer Nutzniessung an vinkulierten Namenaktien denselben Beschränkungen unterliegt wie die Übertragung vinkulierter Namenaktien als solche, hat der Gesetzgeber anlässlich der Revision 1992 positiv beantwortet. Art. 685a bestimmt nunmehr ausdrücklich, dass **statutarische Beschränkungen** hinsichtlich der Übertragung von Namenaktien auch für die **Begründung einer Nutzniessung** gelten.

12 Das Gesetz gewährt dem Nutzniesser das **Recht auf Besitz, Gebrauch und Nutzung** der Sache. Gleichzeitig obliegt dem Nutzniesser die Verwaltung der Sache, wobei er bei der Ausübung dieser Rechte nach den Regeln einer **sorgfältigen Wirtschaft** zu verfahren hat (Art. 755 Abs. 3 ZGB). Der **Umfang** der Nutzniessung an Aktien beschränkt sich deshalb nicht auf die aus den Aktien fliessenden Vermögensrechte, sondern erfasst **sämtliche Mitgliedschaftsrechte,** weshalb die gesetzliche Regelung, wonach dem Nutzniesser das Recht zusteht, die Aktien in der GV zu vertreten, folgerichtig ist (FORSTMOSER/MEIER-HAYOZ/NOBEL, § 45 N 13; VON GREYERZ, 132 f.). Das aktienrechtliche Korrelat zur Pflicht des Nutzniessers zu sorgfältiger Wirtschaft (Art. 755 Abs. 3 ZGB) findet sich in der Bestimmung, wonach der Nutzniesser dem Eigentümer ersatzpflichtig wird, falls er dessen Rechte im Rahmen der Ausübung des Stimmrechts nicht angemessen Rechnung trägt. Stehen wichtige Entscheidungen an, die sich direkt oder indirekt auf die Stellung der Aktionäre auswirken könnten, so ist dem Nutzniesser vor der Ausübung des Stimmrechts zu empfehlen, mit dem Eigentümer der Aktien Rücksprache zu nehmen (VON STEIGER, 149). Die **Schadenersatzpflicht** des Nutzniessers richtet sich nach den Voraussetzungen von Art. 97 OR bzw. von Art. 41 OR.

13 Die Regelung in Art. 690 Abs. 2 ist **dispositiver Natur** (VON STEIGER, 150; ZK-BÜRGI, N 22; VGer LU, LGVE 1974 II 50, 88 ff.). Es ist deshalb zulässig, das Stimmrecht durch Parteivereinbarung dem Eigentümer der Aktien zu überlassen (was im Verhältnis zur Gesellschaft allerdings nur mittels statutenkonformer Bevollmächtigung des Eigentümers durch den Nutzniesser durchgesetzt werden kann; vgl. BÖCKLI, Aktienrecht, § 12 N 137) oder die Vertretung der Aktien im Falle der Nutzniessung durch den Eigentümer in den Gesellschaftsstatuten vorzuschreiben (gl.M. VON STEIGER, 150; VON GREYERZ, 134). Die v.a. von STADLIN (189 f.) und, gestützt auf diesen, von BÜRGI (ZK-BÜRGI, N 21) vertretene Auffassung, wonach dem Eigentümer trotz Vertretung der Aktie durch den Nutzniesser das Recht zur Teilnahme an der GV mit beratender Stimme zustehe, ist abzulehnen. Art. 690 Abs. 2 ist nicht auf die Ausübung des Stimm-

2. Abschnitt: Rechte und Pflichten der Aktionäre   14, 15   Art. 690

rechts beschränkt, sondern bezieht sich auf das Recht zur Teilnahme an der GV schlechthin (Marginalie zu Art. 689), was gegen eine gemeinsame Ausübung eines Teils der aus der Teilnahme an der GV fliessenden Rechte spricht. Es ist der Gesellschaft deshalb freigestellt, ob sie den Eigentümer der Aktien neben dem Nutzniesser die Teilnahme an der GV gestatten will.

Die Rechte des Nutzniessers beschränken sich auf den **Vermögensertrag**. Sie erstrecken sich **nicht** auf die **Substanz des Nutzniessungsgutes**. Vermögensertrag stellen in erster Linie die von der GV während der Dauer der Nutzniessung beschlossenen **Dividenden** und Naturalausschüttungen dar. Werden zu Lasten der Reserven Aktien liberiert und anteilsmässig an die bisherigen Aktionäre verteilt (sog. **Gratisaktien)**, so fallen diese Aktien ins Eigentum des Aktionärs, unterstehen aber ihrerseits der Nutzniessung (F. VON STEIGER, Fragen, 380). In der Lehre ist unbestritten, dass das **Bezugsrecht** an neuen Aktien dem Eigentümer und nicht dem Nutzniesser zusteht und dass solcherart bezogene Aktien grundsätzlich nicht der Nutzniessung unterstehen, da sie vom Eigentümer gegen Bezahlung eines Ausgabepreises erworben worden sind (F. VON STEIGER, Fragen, 382 f.; ZK-BÜRGI, N 30 f.; VON GREYERZ, 133). Unterschiedlich wird jedoch die Frage beantwortet, ob der Nutzniesser allenfalls dann einen Entschädigungsanspruch gegen den Eigentümer hat, falls und insofern die neuen Aktien teilweise zu Lasten der Reserven unter dem inneren Wert ausgegeben werden, wodurch sich der Anteil pro bisherige Aktien und damit das Nutzniessungsvermögen verkleinert. VON GREYERZ (133) und OTT (101) sind solchenfalls der Auffassung, dass der Nutzniesser Anspruch darauf hat, dass derjenige Teil der neu ausgegebenen Aktien der Nutzniessung unterstellt wird, der den Ersatz für die den bisherigen Aktien entzogene Kapitalbasis darstellt. Ohne dies näher zu quantifizieren, schliesst sich BÜRGI in besonderen Fällen bei unverhältnismässig starker Verminderung des Dividendenertrags der bisherigen Aktien dieser Auffassung an (ZK-BÜRGI, N 31). Demgegenüber vertritt F. VON STEIGER (Fragen, 383) – unter Berufung auf GLETTIG (111) und mit allerdings wenig überzeugendem Hinweis auf Schwierigkeiten in der praktischen Durchführung der von OTT vorgeschlagenen Lösung – die Auffassung, dass sich der Nutzniesser die Verminderung des Nutzniessungsgutes ersatzlos gefallen lassen müsse. Insoweit die Rechte des Nutzniessers auf Vermögensertrag an bisherigen Aktien durch die Ausübung von Bezugsrechten beeinträchtigt werden, ist der Eigentümer dem Nutzniesser richtigerweise zum Ersatz verpflichtet (so auch ZK-BÜRGI, Art. 683 N 34; ZINDEL, 122 ff.), wobei der Ersatz nach Möglichkeit mittels Unterstellung eines die Verwässerung ausgleichenden Teils der neu bezogenen Aktien unter die Nutzniessung, andernfalls in bar zu erfolgen hat (BÖCKLI, Aktienrecht, § 12 N 138).

Nachdem v.a. fiskalpolitische Erwägungen den so genannten **Cash or Title Options** (COTO) ein frühzeitiges Ende bereitet haben, hat die Frage, wem im Falle der Nutzniessung an Aktien bei der Ausgabe von COTO die Wahlrechte zustehen, nurmehr theoretische Bedeutung. Weil sich die divergierenden Interessen des Nutzniessers und des Eigentümers anhand des COTO-Modells anschaulich dokumentieren lassen, ist auf diese Frage dennoch kurz einzugehen. Die Ausgabe von COTO bedingt in erster Linie eine Kapitalerhöhung bzw. einen diesbezüglichen Beschluss der GV, anlässlich derer der Nutzniesser stimmberechtigt ist. Es steht deshalb in erster Linie in der Macht des Nutzniessers, zugunsten einer ihm zufallenden ordentlichen Dividende die Ausgabe von COTO zu verhindern. Beschliesst die GV dennoch die Ausgabe von COTO, so ist für die weitere Beantwortung der gestellten Frage von entscheidender Bedeutung, dass es sich bei der COTO nicht etwa um einen Dividendenersatz handelt, sondern dass sie dem Aktionär die Wahl ermöglicht, sich innert einer bestimmten Frist an einer Kapitalerhöhung zu beteiligen oder auf den Bezug neuer Aktien (durch Geltendmachung der

Art. 691

Barabgeltung oder durch Verkauf des Bezugsrechts an der Börse) zu verzichten. Die COTO erweist sich deshalb als ein Bezugsrecht mit Rückkaufswertgarantie (HERZOG, ST 1990, 380), dessen Ausübung dem Eigentümer und nicht dem Nutzniesser zusteht (vgl. zum Ganzen BÖCKLI, ASA, 505 ff.).

16 Gemäss h.L. sind sowohl der Aktionär als auch der Nutzniesser berechtigt, **Beschlüsse der GV anzufechten** (Art. 706; ZK-BÜRGI, N 16; VON STEIGER, 151). Diese Regelung rechtfertigt sich nicht zuletzt im Hinblick auf die oftmals divergierenden Interessen des Aktionärs und des Nutzniessers in wichtigen Fragen der Gesellschaftspolitik. So ist der Nutzniesser an einer grosszügigen Dividendenpolitik interessiert, während der Aktionär – und mit ihm auch die Gesellschaft – eine Reservebildung befürwortet. Dass man vom Nutzniesser nicht erwarten kann, dass er sich u.U. *contre coeur* für den Aktionär in die Bresche schlägt, ist nahe liegend. Ebenso sind dem Aktionär neben dem Nutzniesser konsequenterweise die **Kontroll- und Auskunftsrechte** zuzugestehen (gemäss FORSTMOSER/MEIER-HAYOZ/NOBEL, § 45 N 22, ist dies sachlich angemessen, mit dem Wortlaut von Art. 690 Abs. 2 aber nicht vereinbar).

Art. 691

II. Unbefugte Teilnahme	¹ **Die Überlassung von Aktien zum Zwecke der Ausübung des Stimmrechts in der Generalversammlung ist unstatthaft, wenn damit die Umgehung einer Stimmrechtsbeschränkung beabsichtigt ist.** ² **Jeder Aktionär ist befugt, gegen die Teilnahme unberechtigter Personen beim Verwaltungsrat oder zu Protokoll der Generalversammlung Einspruch zu erheben.** ³ **Wirken Personen, die zur Teilnahme an der Generalversammlung nicht befugt sind, bei einem Beschlusse mit, so kann jeder Aktionär, auch wenn er nicht Einspruch erhoben hat, diesen Beschluss anfechten, sofern die beklagte Gesellschaft nicht nachweist, dass diese Mitwirkung keinen Einfluss auf die Beschlussfassung ausgeübt hatte.**
II. Participation sans droit à l'assemblée générale	¹ Il est interdit d'abandonner des actions pour permettre au représentant d'exercer le droit de vote à l'assemblée générale si cet abandon a pour but de rendre illusoire une restriction apportée à ce droit. ² Tout actionnaire peut protester auprès du conseil d'administration contre une participation illicite à l'assemblée générale ou faire inscrire son opposition au procès-verbal de l'assemblée. ³ Lorsque des personnes qui n'ont pas le droit de participer à l'assemblée générale coopèrent à l'une de ses décisions, chaque actionnaire peut l'attaquer en justice, même faute de toute protestation préalable, à moins que la preuve ne soit faite que cette coopération n'a exercé aucune influence sur la décision prise.
II. Partecipazione illecita	¹ Non è lecito rimettere azioni in vista dell'esercizio del diritto di voto, se ciò sia fatto nell'intenzione d'eludere una restrizione di tale diritto. ² Ogni azionista può opporsi, presso il consiglio d'amministrazione o con iscrizione nel processo verbale, a che partecipino all'assemblea generale persone che non vi hanno diritto. ³ Qualora ad una deliberazione dell'assemblea generale abbiano cooperato persone, che non avevano il diritto di parteciparvi, ogni azionista, ancorché

non si sia opposto alla loro partecipazione può contestare davanti al giudice la deliberazione in quanto la società convenuta non provi che la deliberazione stessa sarebbe stata presa anche senza tale cooperazione.

Literatur

Vgl. die Literaturhinweise zur Art. 689.

I. Allgemeines

Art. 691 untersagt, Aktien **zwecks Umgehung** von **Stimmrechtsbeschränkungen** an Dritte zu übertragen. Dies als Ausnahme des Grundsatzes, wonach Aktionäre ihre Aktien in der GV durch Dritte – oder, sofern dies in den Statuten vorgeschrieben ist, durch andere Aktionäre – vertreten lassen können (Art. 689 Abs. 2 i.V.m. Art. 627 Ziff. 10). Derartige Stimmrechtsbeschränkungen können sich aus den Statuten (Art. 627 Ziff. 10) oder aus dem Gesetz ergeben (Art. 659a, 695).

Art. 691 Abs. 1 zielt darauf ab, die Teilnahme derer an der GV zu verhindern, die aufgrund **simulierter Rechtsgeschäfte** die Stellung eines Aktionärs bloss zu Umgehungszwecken erlangt haben. Insoweit handelt es sich deshalb um einen **Spezialtatbestand von Art. 18** (BGE 71 II 277; so i.E. auch BÖCKLI, Aktienrecht, § 12 N 493).

Gleichzeitig erfasst Art. 691 (insb. Abs. 2 und 3) jedoch ganz allgemein die unbefugte Teilnahme an der GV schlechthin und ermöglicht es jedem Aktionär, einerseits Einsprachen gegen die Teilnahme eines Unbefugten an der GV zu erheben und anderseits den Beschluss einer GV anzufechten, an dem ein Unbefugter teilgenommen hat.

II. Die Überlassung von Aktien zwecks Umgehung einer Stimmrechtsbeschränkung

Statutarische Stimmrechtsbeschränkungen sind weiterhin zulässig, sofern der **Grundsatz der Gleichbehandlung** der Aktionäre beachtet und Art. 692 Abs. 2 eingehalten wird, wonach jeder Aktionär in der GV mindestens über eine Stimme verfügt. Bestehen derartige statutarische Beschränkungen, so ist es unzulässig, wenn ein Aktionär einen Teil der von ihm gehaltenen Aktien ohne die tatsächliche Absicht der Verschaffung uneingeschränkten Eigentums an diesen Aktien zu Umgehungszwecken auf Dritte überträgt (BGE 71 II 280). Unter diesem Blickwinkel sind namentlich auch **Stimmbindungsvereinbarungen** kritisch zu prüfen; sie sind nichtig, wenn damit Stimmrechtsbeschränkungen umgangen werden sollen (FORSTMOSER/MEIER-HAYOZ/NOBEL, § 24 N 94; Art. 692 N 12).

Eine **gesetzliche Stimmrechtsbeschränkung** besteht in erster Linie in Art. 695, wonach diejenigen Personen, die in irgendeiner Weise an der Geschäftsführung teilgenommen haben, bei Beschlüssen über die Entlastung des VR kein Stimmrecht haben (Art. 695 N 3 ff.). Die Überlassung von Aktien zur Umgehung der Stimmrechtsbeschränkungen bei sog. **Déchargebeschlüssen** ist deshalb unstatthaft.

Das im OR vor der Gesetzesrevision 1991 enthaltene Verbot der **Vertretung eigener Aktien** in der GV (Art. 659 Abs. 5 altOR) ist als Folge des nach rev. OR innerhalb gewisser Schranken (Art. 659) nunmehr zulässigen Erwerbs eigener Aktien durch die Bestimmung ersetzt worden, gemäss welcher das **Stimmrecht eigener Aktien ruht** (Art. 659a Abs. 1). Das revidierte OR hat zudem den von der Praxis und der Rechtsprechung entwickelten Grundsatz, wonach das Verbot der Vertretung eigener Aktien nicht durch deren Übertragung auf eine **Tochtergesellschaft** umgangen werden darf, in Art. 659b gesetzlich geregelt. Ist eine Gesellschaft an einer Tochtergesellschaft mehrheitlich beteiligt, so ruhen die Stimmrechte von Aktien der Gesellschaft, die durch die Tochtergesellschaft gehalten werden. Nach Art. 691 unzulässig ist ferner z.B. die Übertragung eigener Aktien auf einen Treuhänder oder Strohmann. Im Zusammenhang mit der prozessualen Auseinandersetzung zwischen der BK Vision AG und der (damaligen) SBG ist die Frage aufgeworfen worden, ob die Übernahme des mit den Aktien verbundenen wirtschaftlichen Risikos durch die Gesellschaft bereits hinreichenden Grund für die Annahme eines Umgehungsgeschäftes böte (vgl. FISCHER, SZW 5/98, 231 ff. m.w. H.). Genannt wurden bspw. der Terminkauf eigener Aktien, die Wertpapierleihe (Securities Lending), das Einräumen von Put-Optionen auf eigene Aktien sowie der Erwerb eigener Aktien auf Rechnung Dritter (am Beispiel des Anlagefonds). Die Übernahme des wirtschaftlichen Risikos kann u.U. durchaus ein Indiz für das Vorliegen eines Umgehungstatbestandes sein; für sich allein rechtfertigt sie jedoch nicht, das entsprechende Geschäft als Umgehungsgeschäft zu qualifizieren. Entscheidend ist vielmehr, ob der das Stimmrecht ausübende Aktionär frei über die Ausübung des Stimmrechts an den Aktien entscheidet oder ob er dies fremdbestimmt, d.h. gestützt auf Absprachen mit der Gesellschaft oder aufgrund von deren Weisungen tut (BÖCKLI, Aktienrecht, § 12 N 442; ROTH/ LÄNZLINGER, SZW 1/99, 27, 30 ff., m.w.H.; vgl. dazu auch den Beschluss des OGer ZH vom 16.7.1996 betreffend den Antrag der BK Vision AG gegen die SBG auf Einsetzung eines Sonderprüfers, SZW 1/97, 34 f.; vgl. sodann FORSTMOSER/MEIER-HAYOZ/ NOBEL, § 24 N 88a ff.). Obwohl vom Wortlaut von Art. 691 nicht direkt erfasst, wird auch die Überlassung von Aktien an der Tochtergesellschaft an einen Dritten zum Zweck der Umgehung von Art. 659b (und damit indirekt zur Umgehung von Art. 659a Abs. 1) Vor Art. 691 nicht standhalten.

7   Nach wie vor unproblematisch ist demgegenüber die Ausübung der Stimmrechte der Muttergesellschaft an Aktien der Tochtergesellschaft (ZK-BÜRGI, N 12).

III. Einspruchsrecht des Aktionärs

8   Gemäss Art. 702 ist der VR gehalten, die für die Feststellung der Stimmrechte erforderlichen Anordnungen zu treffen. Dazu gehört auch, dass der VR die Teilnahme Unberechtigter an der GV verhindert. In erster Linie trifft diese Pflicht den Vorsitzenden der GV (VON STEIGER, 191). Zudem ist jeder **Aktionär** berechtigt, **Einspruch gegen die Teilnahme Unberechtigter** zu erheben (ZK-BÜRGI, N 19). Er ist dazu jedoch nicht verpflichtet; insb. bleibt ihm das **Anfechtungsrecht** gem. Art. 691 Abs. 3 selbst dann erhalten, wenn er von seinem Einspracherecht nach Art. 691 Abs. 2 keinen Gebrauch gemacht hat.

9   Ob es dem Aktionär offen steht, innerhalb der zweimonatigen Anfechtungsfrist (Art. 706a Abs. 1) auch nach der GV gegen die Teilnahme Unberechtigter beim VR Einsprache zu erheben (so SCHUCANY, Art. 691 N 2), ist nur von theoretischer Bedeutung, denn der Beschluss der GV kommt – unter Vorbehalt des Anfechtungsrechts nach Art. 706 und Art. 691 Abs. 3 – selbst dann zustande, wenn Unberechtigte daran teilgenommen haben (vgl. BGer in 4C.107/2005, wonach die Teilnahme Unberechtigter an einem Déchargebeschluss zur Anfechtbarkeit, nicht aber zur Nichtigkeit des Beschlusses führt; BÖCKLI, Aktienrecht, § 12 N 494). Nach durchgeführter GV steht für die Beseitigung des allenfalls unrechtmässig zustande gekommenen Beschlusses nurmehr die Anfechtungsklage zur Verfügung; der Beschluss der GV kann auf blosse Einsprache hin nicht mehr beseitigt oder abgeändert werden (so zutreffend BÖCKLI, Ak-

tienrecht, § 12 N 498). Wer sich gegen die Teilnahme Unberechtigter an der GV zur Wehr setzen will, tut deshalb gut daran, von diesem Recht vor oder während der GV Gebrauch zu machen. Dies insb. im Hinblick auf die Frage, wem im späteren Anfechtungsprozess die Klägerrolle – und damit verbunden die **Behauptungslast** hinsichtlich der Berechtigung des zugelassenen bzw. abgewiesenen Teilnehmers – zukommt (u. N 15).

Das Gesetz lässt unbeantwortet, wem im Streit über die Zulassung eines Teilnehmers die **Entscheidungskompetenz** zukommt. Nachdem es sich bei diesem Entscheid jedoch lediglich um einen Ordnungsentscheid handelt, der zwar die Parteirollen für einen Anfechtungsprozess verteilt, nicht aber die materiellrechtliche Frage der Berechtigung der Teilnehmer an der GV beantwortet, rechtfertigt es sich, den Entscheid dem Vorsitzenden zu überlassen, wer über die allenfalls strittige Berechtigung eines Teilnehmers zu befinden hat (SCHUCANY, N 2; VON STEIGER, 191; JÄGGI, FS Obrecht, 3; SCHETT, 103). **10**

Nachdem der Entscheidung über die **Zulassung** an der GV nur eine vorläufige und **keine materiellrechtliche Wirkung** zukommt, sollte sich das diese Frage entscheidende Gremium grundsätzlich auf die Prüfung der formellen Legitimation der Versammlungsteilnehmer beschränken und nur bei offensichtlichen Umgehungstatbeständen eingreifen. Wie das BGer im Falle von Inhaberaktien festgestellt hat, ist es mit Art. 689 Abs. 4 altOR (Art. 689a Abs. 2) z.B. nicht vereinbar, wenn der Besitzer von Inhaberaktien wegen zivilrechtlicher Mängel des Erwerbsgeschäfts vom Stimmrecht ausgeschlossen wird (BGE 112 II 360). **11**

IV. Anfechtung des GV-Beschlusses

Die Anfechtungsklage gem. Art. 691 Abs. 3 ist ein Unterfall der allgemeinen Anfechtungsklage nach Art. 706 (BGE 122 III 279 ff.). Beschlüsse der GV, die unter Mitwirkung von Personen zustande gekommen sind, die zur Teilnahme an der GV nicht berechtigt waren, sind nicht nichtig, sondern **anfechtbar** (BGer in 4C.107/2005, E. 2.2 ff.; BGE 96 II 18 ff.; OGer ZH, ZR 1987, 84). Das Anfechtungsrecht erlischt, wenn die Klage nicht spätestens zwei Monate nach der GV angehoben wird (Art. 706a Abs. 1). **12**

Das Anfechtungsrecht gem. Art. 691 Abs. 3 ist ein (in früherer Terminologie) wohlerworbenes Recht des Aktionärs (Art. 646 altOR), das diesem nur mit dessen Zustimmung entzogen werden kann (BGE 96 II 24). **13**

Zur Anfechtung **legitimiert** ist in erster Linie jeder **Aktionär**, aber auch derjenige, der zu Unrecht von der Teilnahme an der GV ausgeschlossen worden ist (ZK-BÜRGI, Art. 691 N 27 f.). BÖCKLI (Aktienrecht, § 12 N 501) bejaht zudem die Aktivlegitimation der Gesellschaft, soweit der VR dadurch die Interessen der Gesellschaft an einer ordnungs- und rechtmässig durchgeführten GV vertritt. Zuzulassen ist nach zutreffender Auffassung auch die sog. **positive Stimmrechtsklage,** mit welcher der Beschluss der GV angefochten werden kann, dessen Zustandekommen darauf zurückzuführen ist, dass stimmberechtigte Stimmen zu Unrecht nicht mitgezählt worden sind. Diese Anfechtungsklage führt nicht nur zur Aufhebung des angefochtenen Beschlusses, sondern zudem zur Feststellung des korrekten Abstimmungsergebnisses durch den Richter (BÖCKLI, Aktienrecht, § 12 N 500 m.w.H.). Passivlegitimiert ist in beiden Fällen die Gesellschaft. In BGE 122 III 279 ff. hat das BGer einem Aktionär, dessen Klage sich als Reflexklage (und zur Unterstützung der Gesellschaft) gegen die Teilnahme Unberechtigter auf Seiten eines anderen Anfechtungsklägers an der Abstimmung in der GV ge- **14**

Art. 692

richtet hatte, das Rechtschutzinteresse abgesprochen, weil sich selbst bei Gutheissung seiner Klage nichts am Ausgang der Abstimmung geändert hätte. Es sei Sache der Gesellschaft, im ersten Anfechtungsprozess sämtliche Einreden und Verteidigungsmittel zu erheben; die Gesellschaft sei zur Kausalitätswiderlegung dabei umfassend zuzulassen.

15 Im Hinblick auf die Frage der **Behauptungs- bzw. Substantiierungslast** (und nicht der Beweislast, wie in der Voraufl. vertreten) ist von wesentlicher Bedeutung, wem im Anfechtungsverfahren die Klägerrolle zukommt. Insoweit hat der Entscheid im Einspracheverfahren **erhebliche praktische Bedeutung** (BÖCKLI, Aktienrecht, § 12 N 496). Klagt ein Aktionär, weil ein Unberechtigter zur Beschlussfassung zugelassen wurde, so hat er je nach den anwendbaren prozessualen Vorschriften ein hinreichend substantiiertes Behauptungsfundament (und letztlich den Nachweis) mangelnder Berechtigung zu liefern, was v.a. bei Umgehungstatbeständen (Art. 691 Abs. 1) zu erheblichen Schwierigkeiten führen kann. Hinzu kommt, dass der Gesellschaft stets der Gegenbeweis zusteht, dass die Mitwirkung des behaupteterweise Unberechtigten bzw. die Nichtzulassung desjenigen, der von der Teilnahme an der GV ausgeschlossen worden ist, keinen Einfluss auf den Ausgang der Abstimmung in der GV hatte. Diese gesetzlich vorgesehene Einschränkung des Anfechtungsrechts soll verhindern, dass die Tätigkeit der Gesellschaft durch Anfechtungsklagen blockiert wird. Es ist dabei auf die tatsächlichen Stimmenverhältnisse abzustellen, weshalb sich hypothetische Ausführungen darüber, wie der zu Unrecht nicht Zugelassene gestimmt hätte, erübrigen (ZK-BÜRGI, Art. 691 N 31; BGE 71 II 277; HGer ZH, ZR 1965, 245).

Art. 692

III. Stimmrecht in der Generalversammlung
1. Grundsatz

¹ **Die Aktionäre üben ihr Stimmrecht in der Generalversammlung nach Verhältnis des gesamten Nennwerts der ihnen gehörenden Aktien aus.**

² **Jeder Aktionär hat, auch wenn er nur eine Aktie besitzt, zum mindesten eine Stimme. Doch können die Statuten die Stimmenzahl der Besitzer mehrerer Aktien beschränken.**

³ **Bei der Herabsetzung des Nennwerts der Aktien im Fall einer Sanierung der Gesellschaft kann das Stimmrecht dem ursprünglichen Nennwert entsprechend beibehalten werden.**

III. Droit de vote à l'assemblée générale
1. Principe

¹ Les actionnaires exercent leur droit de vote à l'assemblée générale proportionnellement à la valeur nominale de toutes les actions qui leur appartiennent.

² Chaque actionnaire a droit à une voix au moins, même s'il ne possède qu'une action. La société peut toutefois limiter, dans les statuts, le nombre de voix attribué au porteur de plusieurs actions.

³ Si, lors d'un assainissement, la valeur nominale des actions a été réduite, le montant primitif peut être maintenu pour la détermination du droit de vote.

III. Diritto di voto nell'assemblea generale
1. Regola fondamentale

¹ Gli azionisti esercitano il loro diritto di voto nell'assemblea generale in proporzione del valore nominale complessivo delle azioni che possiedono.

² Ogni azionista ha almeno un voto anche se possegga una sola azione. Lo statuto può tuttavia limitare il numero dei voti spettanti ai possessori di più azioni.

2. Abschnitt: Rechte und Pflichten der Aktionäre 1–5 **Art. 692**

³ Qualora si riduca il valore nominale delle azioni in occasione d'un assestamento della società, il diritto di voto può essere conservato in conformità del valore nominale primitivo.

Literatur

Vgl. die Literaturhinweise zur Art. 689.

I. Allgemeines

Art. 692 enthält die wesentlichen Grundsätze über die Ausübung des **Stimmrechts** der Aktionäre. Dazu gehört vorerst die Feststellung, dass das Stimmrecht in der GV auszuüben ist; briefliche Stimmabgabe sowie sog. **Zirkularbeschlüsse** sind nach h.L. und Rechtsprechung unzulässig und ein solcherart gefasster Beschluss der Aktionäre **nichtig** (FORSTMOSER/MEIER-HAYOZ/NOBEL, § 23 N 9 ff.; ZK-BÜRGI, Art. 692 N 2; VON STEIGER, 181; BGE 67 I 347). 1

Das Stimmrecht gehört gemäss der Formulierung des inzwischen aufgehobenen Art. 646 altOR insoweit zu den sog. wohlerworbenen Rechten des Aktionärs, als dem Aktionär das Recht auf mindestens eine Stimme nicht entzogen werden kann (SCHLUEP, 133; ZK-BÜRGI, N 8 ff.). Art. 706b Ziff. 1 bestimmt nunmehr ausdrücklich, dass Beschlüsse der GV, die das **Mindeststimmrecht** (Art. 692 Abs. 2) des Aktionärs entziehen oder einschränken, nichtig sind. Der Aktionär ist zur Ausübung des Stimmrechts berechtigt, nicht verpflichtet (ZK-BÜRGI, N 4). Abweichende vertragliche Abmachungen (z.B. in einem ABV) vermögen eine **Stimmpflicht** im Verhältnis zwischen Gesellschaft und Aktionär **nicht zu begründen** (vgl. u. N 10 ff.). 2

Massgebend für die Ausübung des Stimmrechts ist der gesamte **Nennwert** der dem Aktionär gehörenden Aktien. Daran vermag nicht zu ändern, dass ausgegebene Namenaktien nicht voll liberiert worden sind (Art. 632 Abs. 1; ZK-BÜRGI, N 3; SCHUCANY, N 2), und das Stimmrecht des Aktionärs bleibt selbst dann mit wenigstens einer Stimme erhalten, wenn der Nennwert seiner Aktien auf null herabgesetzt worden ist (BGE 121 III 428; FORSTMOSER/MEIER-HAYOZ/NOBEL, § 24 N 17 FN 3 m.H. auf BGE 86 II 83). Vorbehalten bleiben jedoch die sog. Stimmrechtsaktien (vgl. Art. 693 N 1 ff.). 3

Art. 692 Abs. 2 lässt es trotz des in Abs. 1 enthaltenen Grundsatzes zu, dass in den **Statuten** (Art. 627 Ziff. 10) das Stimmrecht des Besitzers mehrerer Aktien **eingeschränkt** wird. So sind statutarische Bestimmungen, wonach jedem Aktionär unabhängig von der Anzahl gehaltener Aktien nur eine Stimme zusteht, grundsätzlich zulässig (vgl. u. N 7 ff.). Solchenfalls **ruht das Stimmrecht** der gemäss statutarischer Bestimmung «überzähligen» Aktien (FORSTMOSER/MEIER-HAYOZ/NOBEL, § 24 N 60). 4

Gemäss Lehre und Rechtsprechung steht die Stimmabgabe als individuelle Willenserklärung mit rechtsgeschäftlichem Charakter unter dem Vorbehalt der **Anfechtung** gestützt auf **Willensmängel** (Art. 23 ff.; VON GREYERZ, 189; ZK-BÜRGI, N 5 f.; BGE 65 II 15 ff.; 51 II 69 ff.). Der Aktionär, der einen GV-Beschluss – und nicht nur seine eigene Stimmabgabe – unter Berufung auf Willensmängel anfechten will, hat dies innert der Zweimonatsfrist gem. Art. 706a und nicht innerhalb der Jahresfrist von Art. 31 zu tun (FORSTMOSER/MEIER-HAYOZ/NOBEL, § 25 N 45; ZK-BÜRGI, N 7; VON GREYERZ, 189). Seine Anfechtungsklage ist jedoch – analog zu Art. 691 Abs. 3 – nur dann materiell zu prüfen, falls eine andere Stimmabgabe dieses Aktionärs das Gesamtergebnis der Beschlussfassung in der GV beeinflusst hätte (ZK-BÜRGI, N 7). 5

II. Beschränkungen des Stimmrechts

1. Gesetzliche Beschränkungen

6   Das OR enthält in Art. 695 (Déchargebeschlüsse), Art. 659a Abs. 1 und 659b (eigene Aktien), Art. 685c Abs. 2 (Rechtsübergang bei nicht börsenkotierten Namenaktien beim Erwerb durch Erbgang, Erbteilung, eheliches Güterrecht oder Zwangsvollstreckung) und Art. 685 f Abs. 2 (Rechtsübergang bei börsenkotierten Namenaktien) Bestimmungen, die das Stimmrecht eines Aktionärs beschränken. Weitergehende gesetzliche Beschränkungen bestehen nicht. Insbesondere existiert nach herrschender Auffassung kein Stimmrechtsausschluss wegen Interessenkonfliktes (BÖCKLI, Aktienrecht, § 12 N 454 ff.).

2. Statutarische Beschränkungen

7   Solange das in Art. 692 Abs. 2 enthaltene Mindeststimmrecht erhalten bleibt, sind **statutarische Stimmrechtsbeschränkungen** grundsätzlich zulässig (Art. 627 Ziff. 10). Unproblematisch ist die Einführung statutarischer Stimmrechtsbeschränkungen namentlich in den Urstatuten im Zusammenhang mit der Gründung der AG (BÖCKLI, Aktienrecht, § 12 N 476; FORSTMOSER/MEIER-HAYOZ/NOBEL, § 24 N 65; VON GREYERZ, 147).

8   Die **spätere Einführung** statutarischer Stimmrechtsbeschränkungen greift grundsätzlich in wohlerworbene Rechte des Aktionärs ein. Sie ist gemäss zutreffender Auffassung nur dann zulässig, wenn sie sachlich gerechtfertigt und im Hinblick auf das angestrebte Ziel verhältnismässig ist sowie dem **Grundsatz der Gleichbehandlung** der Aktionäre Rechnung trägt (FORSTMOSER/MEIER-HAYOZ/NOBEL, § 24 N 66 ff.; ZK-BÜRGI, N 9 ff.; BÖCKLI, Aktienrecht, § 12 N 477). Das BGer erachtet eine Ungleichbehandlung verschiedener Aktionäre dann als zulässig, wenn sie ein unumgänglich nötiges Mittel zur Verfolgung des Gesellschaftszwecks ist (BGE 102 II 265; 99 II 58; 95 II 555; 93 II 406; 91 II 300 f.; FORSTMOSER/MEIER-HAYOZ/NOBEL, § 39 N 11 ff.). Zu bedenken ist, dass jede statutarische Beschränkung des Stimmrechts dem Grundprinzip «one share, one vote» widerspricht (BÖCKLI, Aktienrecht, § 12 N 476).

9   Als **unzulässig** erscheinen unter diesem Gesichtspunkt statutarische Bestimmungen, die ein **Vetorecht** eines Aktionärs vorsehen (gl.M. BÖCKLI, Aktienrecht, § 12 N 364), sachlich nicht zu rechtfertigende Unterschiede bez. der Nationalität einzelner Aktionäre machen oder die Möglichkeit der Vertretung in der GV übermässig erschweren oder gar verbieten (ZK-BÜRGI, N 17 ff.). Zulässig sind demgegenüber die in der Praxis häufig verwendeten Statutenbestimmungen, wonach sich Aktionäre nur durch andere Aktionäre vertreten lassen dürfen (Art. 689 Abs. 2 i.V.m. Art. 627 Ziff. 10), oder wonach ein Vertreter nur einen Aktionär vertreten darf.

3. Vertragliche Stimmrechtsbeschränkungen

10 **Vertragliche Vereinbarungen** eines Aktionärs mit anderen Aktionären oder mit Dritten **(ABV)**, wonach sich der Aktionär verpflichtet, seine Stimmen in der GV in einen bestimmten Sinne abzugeben, sind innerhalb bestimmter Schranken **grundsätzlich zulässig** (BGE 109 II 43 ff.; ZK-BÜRGI, N 27 ff.; DOHM, 56 ff.). Allerdings schaffen sie Rechte und Pflichten nur zwischen den Parteien, wozu die Gesellschaft nicht gehört, weshalb eine in Verletzung des Stimmbindungsvertrages abgegebene Stimme der Gesellschaft gegenüber gültig ist. Ein ABV trifft den Aktionär daher auf der Ebene des Dürfens, nicht des Könnens (FORSTMOSER, ABV, 365 ff.; FORSTMOSER/MEIER-HAYOZ/NOBEL, § 39 N 159).

2. Abschnitt: Rechte und Pflichten der Aktionäre　　　　　　　　　　**Art. 693**

Stimmbindungsvereinbarungen sind nur innerhalb der Grenzen der **Vertragsfreiheit** 11
gültig und dürfen weder gegen zwingende gesetzliche Bestimmungen, die öffentliche
Ordnung, die guten Sitten noch gegen das Recht der Persönlichkeit verstossen (Art. 19
Abs. 2; Art. 27 ZGB; BGE 109 II 45). Dazu gehört das in der h.L. unbestrittene **Verbot
des sog. Stimmenkaufs**, der als unsittlich und daher als rechtlich unverbindlich qualifiziert wird (FORSTMOSER, ABV, 379; GLATTFELDER, 269a; ZK-BÜRGI, N 33; offen gelassen im Urteil des HGer ZH vom 30.8.1990 ZR 1990, 93).

Unzulässig sind Stimmbindungsvereinbarungen ferner, wenn sie der **Umgehung** statuta- 12
rischer oder gesetzlicher **Stimmrechtsbeschränkungen** dienen. Häufig anzutreffen
waren in diesem Zusammenhang bisher Vereinbarungen, mit denen statutarische Vinkulierungsvorschriften umgangen werden sollten; derartige Vereinbarungen sind rechtsmissbräuchlich und unbeachtlich (BGE 114 II 64; 109 II 43; 81 II 539; HGer ZH, ZR
1990 93 ff.; FORSTMOSER/MEIER-HAYOZ/NOBEL, § 24 N 94; FORSTMOSER, ABV,
377 ff.; ZK-BÜRGI, N 32).

Auch wenn Stimmrechtsvereinbarungen die Gesellschaft nicht berechtigen oder ver- 13
pflichten können, steht den Parteien dieser Vereinbarung nicht nur der Anspruch auf
Schadenersatz oder allenfalls auf Bezahlung einer **Konventionalstrafe** zu, sondern zudem der **Anspruch auf Realerfüllung**. In einem wegweisenden Entscheid hat das
KassGer ZH zutreffend festgestellt, dass die Frage, ob eine in Verletzung des ABV in
der GV abgegebene Stimme der Gesellschaft gegenüber gültig sei, mit der Frage, ob
der ABV den Vertragspartnern einen klagbaren Anspruch auf Erfüllung der vertraglichen Pflichten gewähre, nichts zu tun habe (ZR 1984, 141). Unter Hinweis auf GLATT-
FELDER (341a ff.) und ZIHLMANN (237 ff.) bejahte das KassGer ZH alsdann den Anspruch auf Realerfüllung, dem vorgängig der GV im Verfahren um vorsorglichen
Rechtsschutz zum Durchbruch verholfen werden kann (zustimmend FORSTMOSER/
MEIER-HAYOZ/NOBEL, § 39 N 191 ff. sowie LÖRTSCHER, Realerfüllung und vorsorglicher Rechtsschutz beim Aktionärbindungsvertrag, ST 1986, 192 f.).

III. Beibehaltung des Stimmrechts im Falle der Sanierung

In **Sanierungsfällen** gestattet es Art. 692 Abs. 3 als Ausnahme des in Abs. 1 festgehal- 14
tenen Grundsatzes, dass trotz einer Herabsetzung des Nennwerts der Aktien das ursprüngliche Stimmrecht dieser Aktien erhalten bleibt. Erforderlich ist dazu allerdings
ein entsprechender Vermerk in den Statuten im Rahmen einer Statutenänderung (VON
STEIGER, 53; ZK-BÜRGI, N 45). Solcherart geschaffene Sanierungsstimmrechtsaktien
sind keine Stimmrechtsaktien i.S.v. Art. 693, weshalb in Sanierungsfällen der Nennwert
von Namen- und Inhaberaktien unter Belassung ihrer ursprünglichen Stimmrechte herabgesetzt werden kann.

Art. 693

2. Stimmrechts-　　¹ **Die Statuten können das Stimmrecht unabhängig vom Nenn-**
aktien　　　　　　**wert nach der Zahl der jedem Aktionär gehörenden Aktien
　　　　　　　　festsetzen, so dass auf jede Aktie eine Stimme entfällt.**

　　　　　　　　² **In diesem Falle können Aktien, die einen kleineren Nennwert
　　　　　　　　als andere Aktien der Gesellschaft haben, nur als Namenaktien
　　　　　　　　ausgegeben werden und müssen voll liberiert sein. Der Nenn-**

wert der übrigen Aktien darf das Zehnfache des Nennwertes der Stimmrechtsaktien nicht übersteigen.

³ **Die Bemessung des Stimmrechts nach der Zahl der Aktien ist nicht anwendbar für:**

1. **die Wahl der Revisionsstelle;**

2. **die Ernennung von Sachverständigen zur Prüfung der Geschäftsführung oder einzelner Teile;**

3. **die Beschlussfassung über die Einleitung einer Sonderprüfung;**

4. **die Beschlussfassung über die Anhebung einer Verantwortlichkeitsklage.**

2. Actions à droit de vote privilégié

¹ Les statuts peuvent déclarer que le droit de vote sera exercé proportionnellement au nombre des actions de chaque actionnaire sans égard à leur valeur nominale, de telle sorte que chaque action donne droit à une voix.

² Dans ce cas, des actions de valeur nominale inférieure à d'autres actions de la société ne peuvent être émises que comme actions nominatives et doivent être intégralement libérées. La valeur nominale des autres actions ne peut pas être plus de dix fois supérieure à celle des actions à droit de vote privilégié.

³ La détermination du droit de vote proportionnellement au nombre d'actions ne s'applique pas lorsqu'il s'agit de:

1. désigner l'organe de révision;

2. désigner les experts chargés de vérifier tout ou une partie de la gestion;

3. décider l'institution d'un contrôle spécial;

4. décider l'ouverture d'une action en responsabilité.

2. Azioni con diritto di voto privilegiato

¹ Lo statuto può determinare il diritto di voto secondo il numero delle azioni appartenenti a ciascun azionista, senza riguardo al loro valore nominale, di modo che ogni azione dia diritto ad un voto.

² In questo caso, azioni di valore nominale inferiore a quello di altre della società possono essere emesse solo come azioni nominative e il loro prezzo d'emissione dev'essere interamente versato. Il valore nominale delle altre azioni non può essere più di dieci volte superiore a quello delle azioni con diritto di voto privilegiato.

³ La determinazione del diritto di voto secondo il numero delle azioni non vale per:

1. la nomina dell'ufficio di revisione;

2. la designazione di periti incaricati di verificare la gestione o parti di essa;

3. la deliberazione sulla proposta di istituire una verifica speciale;

4. la deliberazione sulla questione se debba essere promossa un'azione di responsabilità.

Literatur

Vgl. die Literaturhinweise zur Art. 689.

I. Allgemeines

1 Stimmrechtsaktien sind Aktien mit einem kleineren Nennwert als andere Aktien, auf die nach den Statuten (Art. 627 Ziff. 10) unabhängig von ihrem Nennwert eine Stimme in

2. Abschnitt: Rechte und Pflichten der Aktionäre   2–8   Art. 693

der GV entfällt (BGE 116 II 526). Nur diese Art der (indirekten) Stimmrechtsaktie ist gemäss schweizerischem OR zulässig, nicht jedoch die Schaffung von Aktien gleichen Nennwerts mit unterschiedlicher Stimmkraft (ZK-BÜRGI, N 12; BÖCKLI, Aktienrecht, § 4 N 131; FORSTMOSER/MEIER-HAYOZ/NOBEL, § 24 N 101).

In Übereinstimmung mit der Regelung des altOR dürfen Stimmrechtsaktien auch nach neuem Recht nur als **Namenaktien** ausgegeben werden und müssen **vollständig einbezahlt** sein. Damit wird eine zusätzliche Verstärkung der bereits eingetretenen Stimmrechts-«Hebelwirkung» verhindert (BÖCKLI, Aktienrecht, § 4 N 132, insb. FN 172).   2

Die **Einführung** von Stimmrechtsaktien in den Statuten ist ein «wichtiger Beschluss» i.S.v. Art. 704 und bedarf des Beschlusses einer GV, der mindestens zwei Drittel der vertretenen Stimmen und die absolute Mehrheit der vertretenen Aktiennennwerte auf sich vereinigt. Damit wurden die Voraussetzungen für die Einführung von Stimmrechtsaktien gegenüber dem bisherigen Recht erheblich erleichtert, verlangte doch Art. 648 altOR diesbezüglich die Zustimmung von mindestens zwei Dritteln des gesamten (nicht bloss des vertretenen) Aktienkapitals. Immerhin wird die Erleichterung, die das neue Recht bietet, teilweise dadurch wieder aufgehoben, dass das Stimmrechtsprivileg beim Kriterium der Mehrheit der vertretenen Aktiennennwerte ausgeschaltet ist. Gerade bei Publikumsgesellschaften mit weit gestreuter Aktionärschaft (und der deshalb unter der Herrschaft des altOR vielfach auftretenden Schwierigkeiten, das nach Art. 648 altOR geforderte Präsenzquorum zu erreichen) bedeutet die Gesetzesänderung jedoch eine erhebliche Erleichterung.   3

Wie Art. 648 Abs. 2 altOR bestimmt auch das neue Recht (Art. 704 Abs. 3), dass Namenaktionäre, die dem Beschluss über die Einführung von Stimmrechtsaktien nicht zugestimmt haben, während sechs Monaten nach dessen Veröffentlichung im SHAB an statutarische Beschränkungen der Übertragbarkeit der Namenaktien nicht gebunden sind.   4

Neu bestimmt Art. 693 Abs. 2 jedoch, dass der Nennwert der Stammaktien das **Zehnfache** des Nennwertes der Stimmrechtsaktien **nicht übersteigen darf**. Diese Schranke ist **zwingender Natur** (BGE vom 12.2.1998 in: Pra 87, Nr. 120, 678). So dürfen z.B. Gesellschaften mit Stammaktien à nominal CHF 1000 keine Stimmrechtsaktien ausgeben, deren Nominalwert unter CHF 100 liegt. Diese Einschränkung soll ein allzu grosses Auseinanderfallen von Stimmkraft und Kapitaleinlage verhindern (Botschaft Aktien- und Rechungslegungsrecht, 1670).   5

In Übereinstimmung mit der Rechtsprechung und Doktrin zu Art. 648 Abs. 1 altOR ist festzuhalten, dass ein **qualifizierter Beschluss** gem. Art. 704 Abs. 1 Ziff. 2 nicht nur bei der Einführung, sondern bei jeder Schaffung von Stimmrechtsaktien vorliegen muss, sofern dadurch eine Schwächung der proportionalen Stimmkraft der Aktionäre stattfindet (BGE 116 II 525 ff.; HGer ZH, ZR 1989, 225; BÖCKLI, Aktienrecht, § 12 N 369 ff.; TANNER, N 152 f.; GUHL/DRUEY, § 67 N 22; MÜLLHAUPT, 211).   6

Werden **verschiedene Kategorien** von Aktien geschaffen, so haben die Statuten den Aktionären jeder Kategorie wenigstens ein **Mitglied im VR** zu sichern (Art. 709 Abs. 1). Diese Bestimmung dient nicht dem Schutz der stimmrechtsprivilegierten Aktionäre, die sich in der Praxis i.d.R. selbst zu helfen wissen, sondern in erster Linie dem Schutz der im Stimmrecht benachteiligten Stammaktionäre (unzutreffend insoweit ZK-BÜRGI, N 4; richtig BÖCKLI, Aktienrecht, § 4 N 144).   7

Unechte Stimmrechtsaktien lassen sich dadurch begründen, dass Namenaktien ausgegeben werden, ohne vollständig (mindestens aber zu 20%, Art. 632) liberiert zu sein (FORSTMOSER/MEIER-HAYOZ/NOBEL, § 24 N 102). Wer solche Aktien erwirbt, braucht   8 nicht den vollen Kapitalbetrag einzusetzen, was es ihm ermöglicht, eine grössere Stückzahl nicht vollständig liberierter Aktien zu erwerben. Allerdings bleibt dieser Aktionär im Umfang des nicht liberierten Betrages der Gesellschaft gegenüber nachschusspflichtig (ZK-BÜRGI, N 15).

9   Das OR unterstellt lediglich die Einführung von Stimmrechtsaktien (wozu richtigerweise nicht nur die erstmalige, sondern auch jede zusätzliche, das Verhältnis unter den bestehenden Aktienkategorien verändernde Ausgabe von Stimmrechtsaktien zu zählen ist; vgl. o. N 6) der Quorumsvorschrift von Art. 704 Abs. 1 Ziff. 2. Uneinheitlich präsentieren sich die Lehrmeinungen zur Frage, welche Modalitäten mit Bezug auf eine Statutenänderung zur Anwendung kommen, mit der die Stimmrechtsaktien **abgeschafft** werden. Ein Teil der Lehre ist der Auffassung, Stimmrechtsaktien seien Vorzugsaktien i.S.v. Art. 654, weshalb der Aufhebungsbeschluss der GV zusätzlich der Zustimmung einer Sonderversammlung der beeinträchtigten Stimmrechtsaktionäre gem. Art. 654 Abs. 2 bedürfe (RÖTHLISBERGER, 73 f. m.H.). Nach der hier vertretenen Auffassung sind Stimmrechtsaktien indes **keine Vorzugsaktien,** weshalb Art. 654 Abs. 2 weder direkt noch analog zur Anwendung gelangt (gl.M. BÖCKLI, Aktienrecht, § 12 N 379 ff.; FORSTMOSER/MEIER-HAYOZ/NOBEL, § 26 N 16; VON DER CRONE, 100; TANNER, 259; HORBER, Sonderversammlung, 29 f.; RÖTHLISBERGER, 54). Der **Aufhebungsbeschluss** kann demnach mit dem **absoluten Mehr der vertretenen Stimmen** gefasst werden (**a.A.** insoweit BÖCKLI, Aktienrecht, § 4 N 146, der entgegen der in der ersten Auflage seines Werkes vertretenen Auffassung, es bedürfe lediglich der Zustimmung der absoluten Mehrheit, die Meinung vertritt, dass sowohl für die Einführung wie für die Abschaffung der Stimmrechtsaktien in Anlehnung an die sog. «Siegwart-Regel» dieselben Quorumsbestimmungen [qualifiziertes Mehr gem. Art. 704] gelten; vgl. auch ZK-BÜRGI, N 19). Entscheidend ist diesbezüglich, dass Stimmrechtsaktien – im Gegensatz zu den Vorzugsaktien – über ein Selbstschutzpotential verfügen, das die Stimmrechtsaktionäre in der Abstimmung der GV nach Massgabe der konkreten Verhältnisse einsetzen können. Weshalb diesbezüglich zwischen einem «typischen» Fall (bei dem der Aufhebungsbeschluss ohne die Zustimmung der Stimmrechtsaktionäre praktisch nicht zu fassen ist) und einem «atypischen» Fall (bei dem die Stimmrechtsaktionäre aufgrund der konkreten Verhältnisse überstimmt werden können) unterschieden werden sollte (wie RÖTHLISBERGER, 78 ff. befürwortet), ist nicht einzusehen. Wer Stimmrechtsaktien trotz der Tatsache erwirbt, dass die Stimmenverhältnisse den Stimmrechtsaktionären keine absolute Kontrolle über die Abstimmung in der GV verschaffen, tut dies *en connaissance de cause;* das Gesetz bietet keine Handhabe, diesen Fall anders als den sog. «typischen» Fall zu behandeln. Allerdings wird ein solcher Beschluss auch im sog. «atypischen» Fall ohne die Zustimmung der Mehrheit der Stimmrechtsaktionäre praktisch kaum zustande kommen.

II. Einschränkungen des Stimmrechtsprivilegs

10 Gemäss Art. 693 Abs. 3 ist das Stimmrechtsprivileg **ausgeschlossen** bei der **Wahl der RS** (Art. 727), bei der **Ernennung von Sachverständigen** zur Prüfung der Geschäftsführung oder einzelner Teile (Art. 731 Abs. 2), bei der **Beschlussfassung** über die **Einleitung einer Sonderprüfung** (Art. 697b) und bei der **Beschlussfassung** über die Anhebung einer **Verantwortlichkeitsklage** (Art. 752 ff.; das BGer hat in 4C.165/2006 E. 3 zu Recht festgestellt, dass es bundesrechtskonform ist, den Ausschluss des Stimmrechtsprivilegs nicht nur für die Beschlussfassung über die Anhebung der Verantwortlichkeitsklage, sondern auch für die Wahl des Prozessbeistands anzuwenden). In diesen Fällen bemisst sich die Stimmkraft nach dem Nominalwert der Aktien. Besonders zu

2. Abschnitt: Rechte und Pflichten der Aktionäre

beachten ist dabei insb. die im rev. OR eingeführte neue Regelung betr. die Einleitung einer Sonderprüfung; stimmenmässig benachteiligte Aktionäre, die mindestens zehn Prozent des Aktienkapitals oder Aktien im Nennwert von CHF 2 Mio. vertreten, haben damit ein nicht zu unterschätzendes Angriffsmittel gegen die herrschende Stimmenmehrheit der Stimmrechtsaktionäre in der Hand, das u.a. als Vorbereitung für eine spätere Verantwortlichkeitsklage in Zukunft von einiger Bedeutung sein wird.

Eine weitere Einschränkung des Stimmrechtsprivilegs besteht in der Vorschrift von Art. 704 Abs. 1, wonach für den Beschluss der GV in «**wichtigen**» **Angelegenheiten** (Art. 704 Abs. 1 Ziff. 1–8) nicht nur zwei Drittel der vertretenen Stimmen, sondern zusätzlich die absolute **Mehrheit** der vertretenen **Aktiennennwerte** erforderlich ist. In wichtigen Fragen der Weiterentwicklung der Gesellschaft erhalten die Inhaber der Nennwertmehrheit dadurch ein bedeutendes Gewicht. **11**

III. Übergangsrecht

Gesellschaften, die unter dem Regime der **Schluss- und Übergangsbestimmungen** zum altOR Stimmrechtsaktien mit einem Nennwert von weniger als zehn Franken beibehalten haben, sowie Gesellschaften, die bereits **vor Inkrafttreten** des OR Stimmrechtsaktien eingeführt hatten, deren Nennwert das nach neuem Recht zwingend vorgeschriebene Mindestverhältnis von 1:10 im Vergleich zum Nennwert der Stammaktien verletzt, ist es laut Art. 5 SchlT AG erlaubt, die bisherige, nun gesetzwidrige Regelung **beizubehalten.** Eine Verpflichtung zur Anpassung der Statuten besteht nicht. **12**

Für die Ausgabe neuer Aktien seit Inkrafttreten der Regelung in Art. 693 Abs. 2 gilt diese Befreiung jedoch nicht mehr; der Nennwert der neuen Aktien darf höchstens das Zehnfache des Nennwerts der kleineren Aktien bzw. muss mindestens 10% des Nennwerts der grösseren Aktien betragen. Hat z.B. eine AG unter dem Regime des altOR Stammaktien zu CHF 5000 und Stimmrechtsaktien zu CHF 100 ausgegeben, so beträgt die Schnittmenge des gem. Art. 5 SchlTAG zulässigen Nennwerts der neuen Aktien CHF 500 bis CHF 1000. **13**

Art. 694

3. Entstehung des Stimmrechts	Das Stimmrecht entsteht, sobald auf die Aktie der gesetzlich oder statutarisch festgesetzte Betrag einbezahlt ist.
3. Naissance du droit de vote	Le droit de vote prend naissance dès que le versement fixé par la loi ou les statuts a été opéré sur l'action.
3. Inizio del diritto di voto	Il diritto di voto nasce non appena sia versato sull'azione l'importo determinato dalla legge o dallo statuto.

Literatur

Vgl. die Literaturhinweise zur Art. 689.

Das Stimmrecht **entsteht** nicht etwa zum Zeitpunkt der Zeichnung der Aktie, sondern mit der Erfüllung der Liberierungspflicht, ohne Rücksicht darauf, ob Aktientitel existieren oder ausgegeben worden sind. Die Liberierungspflicht ist erfüllt, sobald der gesetzlich oder statutarisch festgesetzte Betrag eingezahlt ist. Das Stimmrecht entsteht deshalb **1** auch in jenen Fällen vollumfänglich, wo gemäss Statuten nur ein Teil des Nominalbetrages zu liberieren ist, denn es richtet sich nach dem Nennwert der Aktie, nicht nach der Höhe der Liberierung (SCHUCANY, Art. 694; ZK-BÜRGI, N 3 f.).

2   Werden im Rahmen einer Kapitalerhöhung neue Aktien ausgegeben, so wird die Erhöhung im Aussenverhältnis zwar erst mit deren Eintragung im Handelsregister wirksam; im Innenverhältnis gilt jedoch Art. 694, wonach das Stimmrecht mit der Zeichnung und Liberierung der Aktien entsteht. Unter Vorbehalt abweichender Beschlussfassung in der GV sind diese neuen Aktienstimmen ab Feststellungsbeschluss des VR zur Abstimmung zuzulassen (BÖCKLI, Aktienrecht, § 1 N 400 sowie § 2 N 167; FORSTMOSER/ MEIER-HAYOZ/NOBEL, § 44 N 12).

Art. 695

4. Ausschliessung vom Stimmrecht ¹ Bei Beschlüssen über die Entlastung des Verwaltungsrates haben Personen, die in irgendeiner Weise an der Geschäftsführung teilgenommen haben, kein Stimmrecht.

² ...

4. Droit de vote exclu   ¹ Les personnes qui ont coopéré d'une manière quelconque à la gestion des affaires sociales ne peuvent prendre part aux décisions qui donnent ou refusent décharge au conseil d'administration.

² ...

4. Esclusione dal diritto di voto   ¹ Le persone che hanno in qualsiasi modo partecipato alla gestione degli affari non possono dare il voto nelle deliberazioni riguardanti il discarico al consiglio d'amministrazione.

² ...

I. Allgemeines

1   Als bedeutende Ausnahme des jedem Aktionär zustehenden Stimmrechts schliesst Art. 695 diejenigen Aktionäre vom **Beschluss** über die **Entlastung des Verwaltungsrates** aus, die an der Geschäftsführung der Gesellschaft teilgenommen haben. Nachdem das Stimmrecht ein (im altrechtlichen Sinne) wohlerworbenes Recht darstellt und jeder Aktionär gemäss zwingender gesetzlicher Vorschrift (Art. 692 Abs. 2) das Recht auf mindestens eine Stimme besitzt, ist das in Art. 695 Abs. 1 enthaltene Verbot restriktiv zu interpretieren (SCHLUEP, 135; ZK-BÜRGI, N 15; FORSTMOSER/MEIER-HAYOZ, 146).

2   Art. 695 bezieht sich nur auf die Beschlussfassung über die Entlastung, **nicht** jedoch auf die der Beschlussfassung vorausgehende **Diskussion** bzw. die **Teilnahme** an derselben. Sowohl an der Diskussion über die Entlastung als auch am Beschluss über die Abnahme der Jahresrechnung und die Genehmigung des Jahresberichts dürfen die nach Art. 695 ausgeschlossenen Personen teilnehmen (FORSTMOSER, Verantwortlichkeit, N 434; ZK-BÜRGI, N 3). Über die Wirkungen des Entlastungsbeschlusses in sachlicher Hinsicht vgl. Art. 698 Abs. 2 Ziff. 5 bzw. Art. 758 Abs. 1.

II. Die von Art. 695 erfassten Personen

3   Bei der Beschlussfassung über die Entlastung haben nicht nur die Mitglieder des VR, sondern sämtliche Personen in den **Ausstand** zu treten, die dem nach Art. 754 Abs. 1

massgebenden Personenkreis angehören (FORSTMOSER, Verantwortlichkeit, N 417). Ausgenommen sind lediglich die Mitglieder der RS (Art. 695 Abs. 2). Zum Ausstand verpflichtet sind demnach grundsätzlich auch leitende Angestellte, soweit sie über Geschäftsführungskompetenzen verfügen (Prokuristen, Handlungsbevollmächtigte; massgebend ist wie im altOR der Begriff des faktischen Organes, SCHLUEP, 134; ZK-BÜRGI, N 10; BÖCKLI, Aktienrecht, § 18 N 109).

Vom Wortlaut von Art. 695 Abs. 1 wird nur die Entlastung des VR erfasst. Gemäss einhelliger Lehrmeinung (und sinnvollerweise in Übereinstimmung mit dem Anwendungsbereich von Art. 754) kann jedoch auch anderen mit der Verwaltung und Geschäftsführung der Gesellschaft betrauten Personen Entlastung erteilt werden (FORSTMOSER, Verantwortlichkeit, N 455; ZK-BÜRGI, N 6). Einen Anspruch auf Entlastung haben jedoch nur die Mitglieder des VR (FORSTMOSER, Verantwortlichkeit, N 455, insb. FN 893). 4

In der Regel werden die Mitglieder des VR und die Geschäftsführung gesamthaft und als Einheit entlastet. Dies schliesst allerdings nicht aus, den Beschluss über die **Entlastung nach Gruppen** aufzuteilen, so dass zuerst die Mitglieder des VR, dann die Geschäftsführung und schliesslich weitere in Einzelfällen an der Geschäftsführung Beteiligte entlastet werden. Mit Art. 695 nicht vereinbar ist jedoch, dass im Falle einer derartigen Gliederung des Entlastungsbeschlusses die vom Beschluss gerade nicht betroffenen, Art. 695 grundsätzlich aber unterstellten Personen an der Abstimmung teilnehmen (ZK-BÜRGI, N 9). 5

Wer gem. Art. 695 vom Stimmrecht ausgeschlossen ist, darf weder als Vertreter eines anderen Aktionärs beim Entlastungsbeschluss mitwirken, noch seine Aktien zwecks Ausübung des Stimmrechts an eine Drittperson übertragen. Dieses Umgehungsverbot (Art. 691 Abs. 1) bezieht sich auch auf fiduziarische Verhältnisse (SCHLUEP, 134 f.). Ein Verstoss gegen diese Vorschrift führt zur Anfechtbarkeit, nicht zur Nichtigkeit des Beschlusses (BGer in 4C.107/2005, E. 2.3 f.). 6

In der Lehre war umstritten, ob der Ausschluss vom Stimmrecht auch den **Organvertreter** als institutionellen Stimmrechtsvertreter i.S.v. Art. 689c erfasst, und dies selbst dann, wenn er aufgrund von Weisungen eines von der Abstimmung nicht ausgeschlossenen Aktionärs dessen Stimmen ausübt (für einen Ausschluss SCHLEIFFER, 210; dagegen BÖCKLI, Aktienrecht, 2. Aufl., N 1360h ff., N 1410h; WOHLMANN, Zum Organvertreter im neuen Schweizerischen Aktienrecht, SJZ 90, 118 sowie die 2. Aufl. dieses Werkes; dagegen unter der Bedingung, dass keine Interessenkollision besteht, so etwa im Fall der Unterstützung des Antrags auf Verweigerung der Entlastung WATTER/DUBS, Der Déchargebeschluss, AJP 2001, 922 f.). Das Bundesgericht hat dieser Diskussion in BGE 128 III 142 ff. insoweit ein vorläufiges Ende bereitet, als es Art. 695 Abs. 1 in dem Sinn weit auslegte, als es dadurch alle Personen, die als Organ vom Entlastungsbeschluss betroffen sind, vom Stimmrecht ausschloss, und zwar nicht bloss mit den eigenen Stimmen, sondern auch mit den Stimmen derer, von denen sie unter Erteilung von Weisungen mit der Vertretung in der GV beauftragt worden sind. Das Bundesgericht gewichtete dabei den in dieser Situation latent vorhandenen Interessenkonflikt als wichtiger als allfällige Praktikabilitätsüberlegungen, die einer liberaleren Anwendung von Art. 695 das Wort redeten. Dem Wortlaut des Gesetzes folgend kann eine Lösung hier darin bestehen, dass ein Stimmrechtsvertreter ernannt wird, dem keine Organfunktion zukommt (so auch BÖCKLI, Aktienrecht, § 12 N 303 ff.; allerdings wird hier aufgrund der Umstände des Einzelfalls zu prüfen sein, ob kein Umgehungskonstrukt vorliegt, dem der Rechtsschutz zu verweigern ist). 7

8 Gemäss richtiger Auffassung können **Einmanngesellschaften** und Gesellschaften, bei denen sämtliche Aktionäre Einsitz im VR haben, keinen rechtsgültigen Entlastungsbeschluss fassen (VON GREYERZ, 184; mit detaillierter Begründung und dem Hinweis auf die Lehrmeinungen FORSTMOSER, Verantwortlichkeit, N 426 ff.).

9 Ob eine **juristische Person** als Aktionärin zur Abstimmung über die Entlastung eines von ihr in den VR der betreffenden Gesellschaft entsandten Vertreters zuzulassen ist, wird in der Lehre unterschiedlich beantwortet. Als zu weitgehend abzulehnen ist das von SCHUCANY (N 2) vertretene generelle Verbot der Stimmrechtsausübung durch eine juristische Person, die einen Vertreter in den VR der Gesellschaft delegiert hat. Richtig ist demgegenüber die von der Mehrheit der Lehrmeinungen vertretene Auffassung, dass das Stimmrecht der juristischen Person dann ausgeschlossen ist, wenn der zu Entlastende die juristische Person **beherrscht** (BÖCKLI, Aktienrecht, § 12 N 439; FORSTMOSER, Verantwortlichkeit, N 420; SCHLUEP, 134; mit ausführlicher Stellungnahme zum gleichen Ergebnis kam das HGer ZH, ZR 1976 Nr. 22).

10 Gemäss früherer gesetzlicher Bestimmung erfasste der in Art. 695 Abs. 1 enthaltene Stimmrechtsausschluss **Mitglieder der RS** als Aktionäre nicht (altArt. 695 Abs. 2), da diese an der Geschäftsführung der Gesellschaft nicht mitwirken. Diese Bestimmung ist im Zug der Revision des GmbH-Rechts ersatzlos gestrichen worden.

Art. 696*

IV. Kontrollrechte der Aktionäre
1. Bekanntgabe des Geschäftsberichtes

¹ Spätestens 20 Tage vor der ordentlichen Generalversammlung sind der Geschäftsbericht und der Revisionsbericht den Aktionären am Gesellschaftssitz zur Einsicht aufzulegen. Jeder Aktionär kann verlangen, dass ihm unverzüglich eine Ausfertigung dieser Unterlagen zugestellt wird.

² **Namenaktionäre sind hierüber durch schriftliche Mitteilung zu unterrichten, Inhaberaktionäre durch Bekanntgabe im Schweizerischen Handelsamtsblatt sowie in der von den Statuten vorgeschriebenen Form.**

³ **Jeder Aktionär kann noch während eines Jahres nach der Generalversammlung von der Gesellschaft den Geschäftsbericht in der von der Generalversammlung genehmigten Form sowie den Revisionsbericht verlangen.**

IV. Droits de contrôle des actionnaires
1. Communication du rapport de gestion

¹ Le rapport de gestion et le rapport de révision sont mis à la disposition des actionnaires au siège de la société, au plus tard 20 jours avant l'assemblée générale ordinaire. Chaque actionnaire peut exiger qu'un exemplaire de ces documents lui soit délivré dans les meilleurs délais.

² Les titulaires d'actions nominatives en sont informés par une communication écrite, les titulaires d'actions au porteur par une publication dans la *Feuille officielle suisse du commerce* et, au surplus, en la forme prévue par les statuts.

³ Tout actionnaire peut encore, dans l'année qui suit l'assemblée générale, se faire délivrer par la société le rapport de gestion dans la forme approuvée par l'assemblée générale ainsi que le rapport de révision.

---

* Für die Unterstützung in der Materialaufarbeitung geht der Dank an Frau lic. iur. Orsolya Fercsik Schnyder.

2. Abschnitt: Rechte und Pflichten der Aktionäre   Art. 696

IV. Diritti di controllo degli azionisti
1. Comunicazione della relazione sulla gestione

¹ Venti giorni almeno prima dell'assemblea generale ordinaria devono depositarsi presso la sede della società, perché possano esservi consultate dagli azionisti, la relazione sulla gestione e la relazione dei revisori. Ogni azionista può esigere che un esemplare di questi documenti gli sia inviato senza indugio.

² I titolari di azioni nominative sono informati mediante una comunicazione scritta, i titolari di azioni al portatore mediante un avviso pubblicato nel «Foglio ufficiale svizzero di commercio», come pure nella forma prescritta dallo statuto.

³ Ogni azionista può ancora, nell'anno seguente l'assemblea generale, esigere dalla società la relazione sulla gestione nella versione approvata dall'assemblea generale e la relazione dei revisori.

Literatur

AFFOLTER, Die Durchsetzung von Informationspflichten im Zivilprozess, Diss. St. Gallen 1994; BÄCHTOLD, Die Information des Verwaltungsrates, Diss. Bern 1997; BERTSCHINGER, Arbeitsteilung und aktienrechtliche Verantwortlichkeit, Zürich 1999; BINDER, Die Verfassung der Aktiengesellschaft, Diss. Basel 1987; BÖCKLI/BÜHLER, Vorabinformationen an Grossaktionäre: Möglichkeiten und Grenzen nach Gesellschafts- und Kapitalmarktrecht, SZW 2005, 101 ff.; BÜCHLER, Das Kontrollrecht der Aktionäre, Diss. Zürich 1971; DE CAPITANI, Das Bankgeheimnis im Konzern, SZW 1997, 76 ff.; DOVÉ/HONEGGER, Zum Einsichtsrecht des Gläubigers, ST 1–2/96, 70 ff.; DRUEY, Geheimsphäre des Unternehmens, Basel/Stuttgart 1977 (zit. DRUEY); DERS., Information contra Geheimnisschutz – Abwägung im Einzelfall?, SAG 1984, 104 ff. (zit. SAG); DERS., Die Information des Outsiders in der AG, in: Symposium Bär, Bern 1993, 69 ff. (zit. Information); DERS., Information als Gegenstand des Rechts, Zürich 1995 (zit. Gegenstand); DERS., Vom Informations- zum Kommunikationsrecht, in: Festschrift Forstmoser, Zürich 2003, 115 ff. (zit. FS Forstmoser); EIGENMANN, Publizität und Gesellschaftsgeheimnisse bei der AG, SAG 1953/54, 1 ff., 33 ff.; EPPENBERGER, Information des Aktionärs – Auskunfts- oder Mitteilungspflicht?, Diss. St. Gallen 1989; FLÜHMANN, Haftung aus Prüfung und Berichterstattung gegenüber Dritten, Diss. St. Gallen 2004; FORSTMOSER, Informations- und Meinungsäusserungsrechte des Aktionärs, in: Druey/Forstmoser, Rechtsfragen um die Generalversammlung, Zürich 1997, 85 ff.; GABRIELLI, Das Verhältnis des Rechts auf Auskunftserteilung zum Recht auf Einleitung einer Sonderprüfung, Diss. Basel 1997; GIGER, Corporate Governance als neues Element im schweizerischen Aktienrecht, Diss. Zürich 2003; HAUSER, Informationsbeschaffung als Rechtsproblem, Diss. Zürich 1978; HOFSTETTER, Die Gleichbehandlung der Aktionäre in börsenkotierten Gesellschaften, SZW 1996, 222 ff.; HORBER, Die Informationsrechte des Aktionärs, Zürich 1995 (zit. Informationsrechte); DERS., Das Auskunftsbegehren und die Sonderprüfung – siamesische Zwillinge des Aktienrechts, SJZ 1995, 165 ff. (zit. Sonderprüfung); HUGUENIN JACOBS, Das Gleichbehandlungsprinzip im Aktienrecht, Habil. Zürich 1994; HUNGERBÜHLER, Die Offenlegung aus der Sicht des Unternehmens, Fribourg 1994; KUNZ, Das Informationsrecht des Aktionärs in der Generalversammlung, AJP 2001, 883 ff. (zit. AJP 2001); DERS., Der Minderheitenschutz im schweizerischen Aktienrecht, Bern 2001 (zit. Minderheitenschutz; § 12 N 10 ff. entsprechen weitgehend AJP 2001); LÜSCHER, Statutarische Konkurrenzklauseln – Voraussetzungen und Schranken der Ablehnung von Konkurrenten als Erwerber von nicht kotierten Namenaktien, SZW 1997, 141 ff.; MAROLDA MARTINEZ, Information der Aktionäre nach Schweizerischem Aktien- und Kapitalmarktrecht, Diss. Zürich 2006; NEIDHARDT, Das Einsichtsrecht des Aktionärs, Diss. Zürich 1929; DERS., Vom Recht des Einzelaktionärs auf Auskunft in der Generalversammlung, SAG 1931/32, 94 ff.; OLTRAMARE, L'Information des Actionnaires, ST 1965, 29 ff.; SCHLUEP, Die wohlworbenen Rechte des Aktionärs, Diss. St. Gallen 1955 (zit. Rechte); DERS., Das Auskunftsrecht als wohlerworbenes Recht, SAG 1955/56, 129 ff. (zit. SAG); SCHUCANY, Sieben Auskunftsrechtsfragen, SAG 1962/63, 65 ff.; SLINGERLAND, Die Aufsicht über die Geschäftsführung bei Kapitalgesellschaften […], Diss. Zürich 1982; STÜCKELBERGER, Unternehmensinformation und Recht, Diss. Zürich 2004; VISCHER, Beurteilung der Aktienrechtsreform aus der Sicht des Verwaltungsrates, in: Helbling (Hrsg.), Rechtliche und betriebswirtschaftliche Aspekte der Aktienrechtsreform, Zürich 1984, 155 ff.; VISCHER/RAPP, Zur Neugestaltung des schweizerischen Aktienrechts, Bern 1968, 206 ff.; WALTHER, Zur Rechtsanwendung wertungsbedürftiger Minderheits-Schutznormen im schweizerischen Aktienrecht, Diss. Bern 1987; WEBER, Vertrags- bzw. Statutengestaltung und Minderheitenschutz, in: Schweizerischer Anwaltsverband, Das neue Aktienrecht, Zürich 1992, 71 ff. (zit. SAV); WENNINGER, Die aktienrechtliche Schweigepflicht, Diss. Zürich 1983; WIDMER, Das Recht des Aktionärs auf Auskunftserteilung de lege lata und de lege ferenda (Art. 697 OR), Diss. Zürich 1961; WYSS, Das Recht des Aktionärs auf Auskunftserteilung (Art. 697 OR), unter besonderer Berücksichtigung des Rechts der Unternehmenszusammenfassungen, Diss. Zürich 1953; ZOBL, Zur Frage der Einblicknahme in das Aktienbuch, SZW 1992, 49 ff.

1   Die früher schon mit der Marginalie **«Kontrollrechte der Aktionäre»** versehenen Art. 696 und 697, die ein Hilfsmittel zur Wahrnehmung weiterer Rechte bereit stellen (MAROLDA MARTINEZ, 91) und die Aktionäre als Marktteilnehmer adressieren (FLÜHMANN, 90), sind anlässlich der Revision 1991 einer gewissen, wenn auch materiell nicht sehr weit gehenden Revision unterzogen worden. Art. 696 beinhaltet das allgemeine, unentziehbare Informationsrecht, dessen Zweck darin besteht, den Aktionären Einblick in die wirtschaftliche Lage der Gesellschaft zu gewähren und die Grundlage für die Haftbarmachung der Organe oder den Handel mit den Aktien zu schaffen (vgl. Botschaft, 88; BGE 133 III 456; ZK-BÜRGI, Vor Art. 696/97 N 1 f.). Die gesetzlichen Informationsrechte sind an sich auf absolute Gleichbehandlung der Aktionäre angelegt (HOFSTETTER, 223; MAROLDA MARTINEZ, 97 ff.); um unterschiedlichen Situationen und Aktionärsbedürfnissen indessen Rechnung tragen zu können, sieht das Gesetz in Art. 696–697h ein dreistufiges Informationskonzept vor (BGE 133 III 457; FORSTMOSER/MEIER-HAYOZ/NOBEL, § 40 N 149). Art. 696 betrifft die sog. «spontane» Information durch die Gesellschaft, im Gegensatz zur «reaktiven» Information bei der Auskunft gemäss Art. 697 (EPPENBERGER, 64 ff., 96 ff.; KUNZ, AJP 2001, 883 f.); mit dem in Art. 697a–g verankerten Institut der Sonderprüfung wird schliesslich versucht, den Konflikt zwischen Offenlegungs- und Geheimhaltungsinteressen durch die Einschaltung eines Dritten zu überbrücken (vgl. FORSTMOSER, 89).

I. Bekanntgabe des Geschäftsberichts

1. Grundsatz

2   Art. 696 ordnet an, dass gewisse Dokumente (Geschäftsbericht und Revisionsbericht) rechtzeitig vor Abhaltung der GV bekannt zu geben sind; materiell geht es dabei um eine Konsequenz aus dem Aktionärsanspruch auf eine gesetzes- und statutenmässige Einberufung der GV als Voraussetzung für eine sinnvolle Ausübung der Mitgliedschaftsrechte (zur vergleichbaren Interessenlage vgl. auch RVJ 1975, 316). Die Vorschrift ist **zwingendes Recht,** kann mithin durch die Statuten nicht abgeschwächt werden (ZK-BÜRGI, N 2; MAROLDA MARTINEZ, 108 f.). Die Ausübung der Kontrollrechte ist ein Recht, nicht eine Pflicht (ZK-BÜRGI, Vor Art. 696/97 N 15).

3   Anlässlich der Revision 1991 ist die Frist zur Auflegung der entsprechenden Dokumente – analog der Einberufungsfrist der GV (Art. 700 Abs. 2) – von 10 auf 20 Tage verlängert worden. Diese Frist kann statutarisch nur erstreckt, nicht aber verkürzt werden. Die Bekanntgabe hat einmal jährlich, vor der ordentlichen GV, zu erfolgen, soweit nicht Spezialgesetze besondere Publizitätsvorschriften festlegen, wie z.B. im Falle der Banken (Art. 6 Abs. 3 BankG) und der Versicherungen (vgl. ZK-SIEGWART, Einl. N 138, 148).

2. Umfang der Bekanntgabe (Abs. 1)

4   Als bekannt zu gebende Dokumente nennt Abs. 1 den **Geschäftsbericht** und den **Revisionsbericht** (nicht in der Marginalie). Diese sprachliche Straffung gegenüber dem Aktienrecht 1936, das noch ausdrücklich die Gewinn- und Verlustrechnung sowie die Bi-

lanz erwähnt hat, ändert nichts an der Rechtslage. Der Ausdruck «Geschäftsbericht» bezeichnet im Aktienrecht 1991 die Gesamtheit von Zahlenwerk und Wortbericht, d.h. von Jahresrechnung (bestehend aus Erfolgsrechnung, Bilanz und Anhang) und Jahresbericht (BÖCKLI, § 8 N 193 ff. und N 403 ff.), einschliesslich – soweit erforderlich (Art. 663e) – der Konzernrechnung (vgl. MAROLDA MARTINEZ, 116 ff. m.w.V.). Nicht zum Geschäftsbericht gehören – ungeachtet deren grösserer Bedeutung (Art. 651a, 652g) – die VR-Protokolle (MAROLDA MARTINEZ, 113).

Der schriftlich abzugebende Geschäftsbericht hat über den **Vermögensstand** und die **Tätigkeit** der Gesellschaft im Geschäftsjahr Auskunft zu geben und den Jahresabschluss zu erläutern (Art. 663d; SCHLUEP, Rechte, 170). Zugleich soll der Geschäftsbericht Grundlage für die Diskussion des Jahresergebnisses und der Gewinnverwendung in der GV sein, weshalb er so abzufassen ist, dass sich die Aktionäre ein Urteil über die **finanzielle** und **betriebstechnische** Lage der Gesellschaft und über die Geschäftsaussichten machen können (ZK-BÜRGI, N 23; EPPENBERGER, 86 f.). Mündliche Erläuterungen des VR vermögen den schriftlichen Geschäftsbericht nicht zu ersetzen (ZR 1975, 59). Das Gesetz spricht sich zum Umfang des Geschäftsberichts nicht aus; abzustellen ist im Einzelfall auf die besonderen Verhältnisse und das Geheimhaltungsinteresse der Gesellschaft hinsichtlich bestimmter Informationen (im Einzelnen SCHLUEP, Rechte, 172 ff.). Nach Konkurseröffnung kommt Art. 8a SchKG zur Anwendung (SemJud 2001 I 374). 5

Der **Revisionsbericht** ist nur verständlich, wenn das Jahresergebnis aus der Bilanz ersichtlich ist und sich aus der Erfolgsrechnung ergibt, wie das Ergebnis zustande gekommen ist (Bilanzwahrheit und -klarheit). Die Jahresrechnung ist nach den allgemeinen Vorschriften über die kaufmännische Buchführung (Art. 957–963) und den aktienrechtlichen Sonderbestimmungen (Art. 662–670; vgl. BGE 133 III 458 und 459 f.; BÖCKLI, § 8 N 108 ff. m.w.V.; MAROLDA MARTINEZ, 119 ff.) zu erstellen. Die Aussagekraft von Erfolgsrechnung und Bilanz ist durch die neuen Vorschriften über die Jahresrechnung (Art. 662 ff.), durch zwei neue Informationsmittel, nämlich den Anhang (Art. 663b), der bei börsenkotierten Gesellschaften auch bedeutende Aktionäre und deren Beteiligungen anzugeben hat (Art. 663c), und – soweit erforderlich – die Konzernrechnung (Art. 663e), sowie durch die Neuregelung der stillen Reserven (Art. 669) etwas verbessert worden. Hingegen lassen sich neue Angaben geheim halten, deren Offenlegung der Gesellschaft erhebliche Nachteile bringen könnte (Schutzklausel: Art. 663h). Die Anträge des VR über die Gewinnverwendung müssen nicht mehr speziell aufgelegt werden, weil sie mit den übrigen Anträgen (Art. 700 Abs. 2) ohnehin bekannt zu geben sind (Botschaft, 162). Hingegen hat der Revisionsbericht die Anträge auf Abnahme oder Rückweisung der Rechnung mit der Stellungnahme zum Vorschlag des VR zur Gewinnverteilung zu enthalten (ZK-BÜRGI, N 20). 6

3. Form der Bekanntgabe (Abs. 2)

Die Form der Bekanntgabe richtet sich grundsätzlich nach den statutarischen Bestimmungen. Zwingend sieht Abs. 2 vor, dass die Mitteilung der Auflage der Dokumente an alle im Aktienbuch eingetragenen **Namenaktionäre** zu erfolgen hat; eine Bekanntmachung im Handelsamtsblatt ist in diesem Falle nicht nötig. Hingegen ist für die Bekanntmachung an **Inhaberaktionäre** zusätzlich zu den statutarisch vorgesehenen Publikationsorganen eine mindestens einmalige Veröffentlichung im Handelsamtsblatt erforderlich (ZK-BÜRGI, N 10), ausser wenn alle Inhaberaktionäre bekannt sind und implizit darauf verzichten (VON STEIGER, 50, 185). Die «Bekanntgabe» ist empfangsbedürftig, muss also vor Beginn des Fristenlaufes beim Empfänger eintreffen. 7

II. Auslieferung des Geschäftsberichts

8 Das revidierte Aktienrecht lindert die Auflegungsvorschriften in beschränktem Masse: So sind gemäss Abs. 3 Geschäfts- und Revisionsbericht nur noch am Gesellschaftssitz, nicht mehr am Sitz von Zweigniederlassungen, aufzulegen. Eine Pflicht zur automatischen Zustellung dieser Dokumente an die Aktionäre sieht Art. 696 nicht vor. Die Gesellschaft hat aber eine Pflicht, die Aktionäre darauf hinzuweisen (BÖCKLI, § 12 N 80; MAROLDA MARTINEZ, 123), dass sie die unverzügliche **Zustellung** einer **Ausfertigung** der entsprechenden Dokumente verlangen können (Abs. 1 Satz 2). Zudem hat jeder Aktionär das Recht, während eines Jahres nach der GV von der Gesellschaft den Geschäftsbericht in der von der GV genehmigten Form sowie den Revisionsbericht zu beziehen (anstelle der früheren Auflegung während eines Jahres). Ehemalige Aktionäre müssen zusätzlich den Nachweis eines schützenswerten Interesses erbringen (so BGer, 4C.9/2003, E. 2 [nicht abgedruckt in BGE 129 III 499]; dazu CARBONARA/VON DER CRONE, SZW 2004, 88, 90 f.). Das Gesetz sieht keine ausdrückliche Kostenregelung vor; es ist davon auszugehen, dass die Gesellschaft wie gemäss bisherigem Recht (Art. 696 Abs. 2 altOR) Herstellung und Versand der entsprechenden Dokumente auf eigene Kosten zu veranlassen hat (vgl. FORSTMOSER/MEIER-HAYOZ/NOBEL, § 40 N 165 FN 34).

III. Revision

9 Mit der Aktienrechtsrevision soll die Kostenlosigkeit der Zustellung des Geschäftsberichts für die Aktionäre ausdrücklich in Abs. 3 festgehalten werden; hingegen ist die Idee, dass Publikumsgesellschaften eine elektronische Veröffentlichung des Geschäftsberichts durch das Handelsregister vorsehen können, angesichts des Widerstandes in der Vernehmlassung nicht weiter verfolgt worden (Botschaft Aktien- und Rechnungslegungsrecht, 1670).

Art. 697

2. Auskunft und Einsicht	¹ Jeder Aktionär ist berechtigt, an der Generalversammlung vom Verwaltungsrat Auskunft über die Angelegenheiten der Gesellschaft und von der Revisionsstelle über Durchführung und Ergebnis ihrer Prüfung zu verlangen. ² Die Auskunft ist insoweit zu erteilen, als sie für die Ausübung der Aktionärsrechte erforderlich ist. Sie kann verweigert werden, wenn durch sie Geschäftsgeheimnisse oder andere schutzwürdige Interessen der Gesellschaft gefährdet werden. ³ Die Geschäftsbücher und Korrespondenzen können nur mit ausdrücklicher Ermächtigung der Generalversammlung oder durch Beschluss des Verwaltungsrates und unter Wahrung der Geschäftsgeheimnisse eingesehen werden. ⁴ Wird die Auskunft oder die Einsicht ungerechtfertigterweise verweigert, so ordnet sie der Richter am Sitz der Gesellschaft auf Antrag an.
2. Renseignements et consultation	¹ Lors de l'assemblée générale, tout actionnaire peut demander des renseignements au conseil d'administration sur les affaires de la société et à l'organe de révision sur l'exécution et le résultat de sa vérification.

2. Abschnitt: Rechte und Pflichten der Aktionäre 1, 2 Art. 697

² Les renseignements doivent être fournis dans la mesure où ils sont nécessaires à l'exercice des droits de l'actionnaire. Ils peuvent être refusés lorsqu'ils compromettraient le secret des affaires ou d'autres intérêts sociaux dignes de protection.

³ Les livres et la correspondance ne peuvent être consultés qu'en vertu d'une autorisation expresse de l'assemblée générale ou d'une décision du conseil d'administration et pour autant que le secret des affaires soit sauvegardé.

⁴ Si les renseignements ou la consultation ont été refusés indûment, le juge du siège de la société statue sur requête.

2. Ragguagli e consultazione

¹ Nell'assemblea generale ogni azionista può chiedere al consiglio d'amministrazione ragguagli sugli affari della società, e all'ufficio di revisione sull'esecuzione e il risultato della sua verifica.

² I ragguagli devono essere dati nella misura in cui sono necessari per l'esercizio dei diritti dell'azionista. Possono essere rifiutati se compromettessero segreti d'affari o altri interessi della società degni di protezione.

³ I libri e la corrispondenza possono essere consultati soltanto in virtù di un'autorizzazione espressa dell'assemblea generale o di una decisione del consiglio d'amministrazione, sempreché i segreti d'affari siano salvaguardati.

⁴ Il giudice del luogo in cui la società ha la propria sede ordina, su richiesta, che i ragguagli siano forniti o la consultazione autorizzata, se sono stati rifiutati in modo ingiustificato.

Literatur

Vgl. die Literaturhinweise zu Art. 696.

Das individuelle Auskunfts- und Einsichtsrecht von Art. 697 ergänzt das allgemeine Kontrollrecht der Aktionäre gemäss Art. 696. Während Art. 696 die von der Verwaltung zu erbringende spontane, allgemeine Information regelt, befasst sich Art. 697 mit der **reaktiven, speziellen Information** (EPPENBERGER, 5, 64 ff., 96 ff.; BINDER, 79 ff.). Das Informationsrecht ist ein grundsätzlich **unentziehbares,** im Einzelfall aber **beschränkbares Recht** (FORSTMOSER, 87; eingehend zum Informationsrecht des Gesellschafters DRUEY, Gegenstand, 407 ff.). Entgegen einer verbreiteten Auffassung (BGE 95 II 161; VON GREYERZ, 149 f.) hat das Informationsrecht weniger den Charakter eines Mitgliedschaftsrechts als den eines **Schutzrechts,** das den effizienten Gebrauch der Mitwirkungsrechte ermöglicht (FORSTMOSER/MEIER-HAYOZ/NOBEL, § 40 N 141; GABRIELLI, 16; MAROLDA MARTINEZ, 146). Das Auskunftsrecht hat jedoch eine selbständige, nicht nur eine vorbereitende «Stellung» (BGE 109 II 48; 95 II 161; 82 II 217; **a.A.** noch BGE 53 II 75). Die Bestimmung von Art. 697 ist in der Revision 1991 sprachlich grundlegend umgeschrieben worden, ohne dass die Substanz aber eine starke Veränderung erfahren hätte (vgl. Botschaft, 89). Inhaltlich geht es um das Ausmass der den Aktionären zu vermittelnden Information; diesbezüglich ist das Auskunfts- und Einsichtsrecht des Aktionärs insbesondere vom Informationsanspruch des Verwaltungsrates abzugrenzen (Art. 715a; vgl. BÄCHTOLD, 136).

I. Auskunftsrecht (Abs. 1, 2)

1. Wesen des Auskunftsrechts

Das Auskunftsrecht ist ein Individualrecht zum Zweck der reaktiven Informationsvermittlung, d.h. ein **individuelles Recht auf kollektive Information** auch der Mitaktio- 2 näre (BGE 112 II 147; ZR 1975, 59; EPPENBERGER, 126f.; HUGUENIN JACOBS, 192; GABRIELLI, 19f.; MAROLDA MARTINEZ, 130f.; KUNZ, AJP 2001, 884; HORBER, Informationsrechte, N 48 ff.; vgl. auch die Abstützung des Gleichbehandlungsgrundsatzes auf Art. 697 in BGE 95 II 161), das die Gesellschaft – bei Vorliegen der entsprechenden Voraussetzungen – zur Informationsoffenlegung verpflichtet (ZK-BÜRGI, N 6; allgemein zu den Informationspflichten und -ansprüchen sowie deren rechtlicher Begründung, EPPENBERGER, 7ff., 42 ff., 59 ff.). Anspruchsberechtigt ist jeder Aktionär; dem Partizipanten steht das Auskunftsrecht nur zu, wenn es die Statuten ihm ausdrücklich einräumen (Art. 656c Abs. 2; vgl. GABRIELLI, 19; krit. dazu BINDER, 251; zum umstrittenen Anspruch auf Sonderprüfung vgl. Art. 697a N 30).

3   Auch wenn die ausdrückliche Statuierung des zwingenden Charakters des Auskunfts- und Einsichtsrechts (Art. 697 Abs. 4 altOR) in der Revision 1991 weggefallen ist, ändert sich an der Unentziehbarkeit des Anspruches als Minderheitenrecht im Lichte seiner präventiven Funktion nichts: Eine über die gesetzlichen Voraussetzungen hinausgehende Beschränkung des Auskunfts- und Einsichtsrechts ist unzulässig (WEBER, 83; FORSTMOSER, 99; KUNZ, AJP 2001, 884). Umstritten ist hingegen die Möglichkeit der **Erweiterung des Auskunfts-** und **Einsichtsrechts** über die Grenze des Geschäftsgeheimnisses hinaus bei entsprechendem Mehrheitsbeschluss der GV: Auch wenn die GV das oberste Organ ist und den VR abzuberufen vermag, ist mit der Mehrheitsmeinung davon auszugehen, der VR sei berechtigt, den Geschäftsgeheimnissen ungeachtet eines anders lautenden GV-Beschlusses zum Durchbruch zu verhelfen (ZK-BÜRGI, Vor Art. 696/97 N 13, Art. 697 N 9 f.; FORSTMOSER, 98; EPPENBERGER, 92–94 m.V.). Wenn Geschäftsgeheimnisse tangiert sind, kann sich überdies auch ein Minderheitsaktionär gegen die Offenlegung zur Wehr setzen (vgl. ZStR 1988, 371).

2. Zeitpunkt und Adressaten des Auskunftsrechts (Abs. 1)

4   Gemäss Gesetzeswortlaut ist das Auskunftsrecht an der **GV** auszuüben (Abs. 1). Diese gegenüber dem alten Aktienrecht etwas verschärfte Formulierung bedeutet aber nur, dass das Auskunftsrecht anlässlich der GV («lors de l'assemblée») ausgeübt wird (auch elektronisch denkbar, wenn die entsprechenden technischen Möglichkeiten bestehen: GIGER, 238) und schliesst nicht aus, dass ein Aktionär schon vor der GV dem VR oder der Revisionsstelle seine Fragen unterbreitet (Botschaft, 163; FORSTMOSER/MEIER-HAYOZ/NOBEL, § 40 N 167). Die Voranfrage ist sogar erwünscht, weil der VR nur so in Punkten, die besonderer Abklärung bedürfen, an der GV angemessen Auskunft zu erteilen vermag (vgl. auch MAROLDA MARTINEZ, 134f.; KUNZ, AJP 2001, 894). Der Swiss Code of Best Practice sieht nun für Publikumsgesellschaften in Ziff. 6 und 8 auch Informationsaufgaben des VR vor. Das Auskunftsbegehren und die erteilte Auskunft sind zu protokollieren (Art. 702 Abs. 2 Ziff. 3), doch erfolgt keine formelle Beschlussfassung (KUNZ, AJP 2001, 895).

5   Verbessert ist seit der Revision 1991 die Formulierung der Adressaten des Auskunftsbegehrens: Der Aktionär kann vom **VR** Auskunft über die Angelegenheiten der Gesellschaft und von der **Revisionsstelle** über Durchführung und Ergebnis ihrer Prüfung verlangen (Abs. 1); die Revisionsstelle ist somit zutreffend nicht mehr primärer Ansprechpartner (zum alten Recht ZK-BÜRGI, N 12 ff.). Zur Beantwortung genereller Fragen, auch über den Inhalt der Jahresrechnung, ist der VR zuständig; die Revisionsstelle beantwortet Fragen, welche ihre Prüfungstätigkeit und deren Ergebnis betreffen (Botschaft, 163). Eine allfällige **Verweigerung** der Auskunft ist zu **begründen** (SCHLUEP, Rechte, 133; SCHUCANY, 68). Keine Auskunftsrechte stehen dem Fiduzianten

2. Abschnitt: Rechte und Pflichten der Aktionäre 6, 7 **Art. 697**

als Nicht-Aktionär zu (LIPS-RAUBER, Die Rechtsbeziehung zwischen dem beauftragten fiduziarischen Verwaltungsrat und dem Fiduzianten, Diss. Zürich 2005, 84).

3. Umfang des Auskunftsrechts (Abs. 2)

Der Auskunftsanspruch als unentziehbares Recht ist für den Aktionär im Hinblick auf die richtige **Willensbildung** in der GV von Bedeutung (z.B. Rechnungsvorlagen, Geschäftsführung des VR, Revisionstätigkeit: im Einzelnen FORSTMOSER, 92). Zudem ist ein **Kapitalgeber** regelmässig interessiert zu wissen, wie das zur Verfügung gestellte Kapital verwendet wird (SCHLUEP, Rechte, 183; VISCHER/RAPP, 206; EPPENBERGER, 54; BJM 1967, 33 ff. betr. Anlagefonds; zur Teilnahme am Kapitalmarkt auch MAHARI, Rückkehr zur Aktionärsherrschaft als unternehmerische Chance und rechtspolitischer Impuls, SAG 1988, 17; OLTRAMARE, 33, «control by exit»). Beim Auskunftsrecht kann es nur um Aufschlüsse allgemeiner Natur, nicht um die Vermittlung von Einzelheiten über die Geschäftsführung gehen (SemJud 1992, 342 f.; vgl. dazu THEVENOZ, SZW 1993, 60 ff.; FORSTMOSER, 94 f.). Durchsetzen lässt sich der Anspruch gemäss den weitgehend als Blankettnormen formulierten Bedingungen (KUNZ, AJP 2001, 885) deshalb nur insoweit, als positiv die Auskunft für die Ausübung der Aktionärsrechte erforderlich ist und negativ keine Geschäftsgeheimnisse oder andere schutzwürdige Interessen der Gesellschaft gefährdet werden (Abs. 2). Eine Privilegierung der **Grossaktionäre** in Form zusätzlicher Informationen erscheint aufgrund der aktienrechtlichen Gleichbehandlungspflicht problematisch (eingehend FORSTMOSER, 106 ff.; KUNZ, AJP 2001, 897 f.; BÖCKLI/BÜHLER, 101 ff.; MAROLDA MARTINEZ, 97 ff.; vgl. auch HOFSTETTER, 228 ff.; umfassend zum Gleichbehandlungsprinzip HUGUENIN JACOBS), weil jeder Aktionär ungeachtet seiner Kapitalbeteiligung grundsätzlich dieselben Informationsrechte hat; die Gleichbehandlungspflicht besteht jedoch nur unter gleichen Verhältnissen (Art. 717 Abs. 2). Dementsprechend ist die Erteilung zusätzlicher Informationen an Grossaktionäre an sich nur dann zulässig, wenn dieselben Informationen jedem darum ersuchenden Aktionär zugänglich gemacht werden; privilegierende Informierung lässt sich deshalb nur bei Vorliegen besonderer Umstände (etwa die Verpflichtung eines Grossaktionärs, seine Aktien für eine bestimmte Zeit zu halten oder Veräusserungen nur in Absprache mit der Gesellschaft vorzunehmen) rechtfertigen (vgl. FORSTMOSER, 107; weitergehend HOFSTETTER, 228 ff., der einem ökonomischen Ansatz folgend in der Mehrung des langfristigen Unternehmenswerts eine Rechtfertigung für die Ungleichbehandlung der Aktionäre sieht).

6

a) Erforderlichkeitskriterium

Die zusätzlich verlangten Informationen müssen der Ausübung der Aktionärsrechte dienen; in Frage steht somit ein **aktuelles Rechtsschutzinteresse.** Verlangt ist ein Sachzusammenhang der Frage mit der Tätigkeit der Gesellschaft und den zur Debatte stehenden Traktanden (BGer, 4C.234/2002 v. 4.6.2003, E. 4.1/4.2; FORSTMOSER/MEIER-HAYOZ/NOBEL, § 40 N 170 ff.; HORBER, Informationsrechte, N 489 ff.; STÜCKELBERGER, 27; MAROLDA MARTINEZ, 147 f.). Im Rahmen der GV geht es insb. um die Ausübung des Stimmrechts. Durch die Formulierung der Anfrage kann der Aktionär die Informationsbeschaffung auch steuern (vgl. SLINGERLAND, 145). Im Hinblick auf das Veräusserungsrecht muss der durchschnittliche Aktionär sich überdies ein Bild über den wirklichen Wert seiner Aktien machen können (vgl. o. N 6; Botschaft, 163; BGE 132 III 76). Das Erforderlichkeitskriterium kann sich auf alle Bereiche der Gesellschaft und der Geschäftsführung beziehen, d.h. auf alle Tatsachen, die einen Einfluss auf die **wirtschaftliche** und **finanzielle Lage** der Gesellschaft auszuüben vermögen, nicht aber

7

auf sachfremde Zwecke (vgl. BÖCKLI, § 12 N 152; KUNZ, AJP 2001, 888; MAROLDA MARTINEZ, 137 f. und 142 ff.; ZOBL, 54; vgl. auch Art. 697a N 25 f.). Als Aufwandpositionen sind Honorare des VR und Saläre der GL relevante Angelegenheiten der AG und können (zumindest in der Gesamtzahl) Gegenstand der Auskunft sein (R. MÜLLER, Der Verwaltungsrat als Arbeitnehmer, Zürich 2005, 99). Die Anforderungen an den Interessennachweis sind im Zweifel nicht zu überspannen; auch ist der Mehrheitswille in GV oder VR nicht zwingend massgeblich (KUNZ, AJP 2001, 888 f.).

b) Geschäftsgeheimnisse und andere schutzwürdige Gesellschaftsinteressen

8   Geschäftsgeheimnisse und andere schutzwürdige Gesellschaftsinteressen (dazu LAMBERT, Das Gesellschaftsinteresse als Verhaltensmaxime [...], Diss. Zürich 1992, 41 ff.; eingehend zum Geschäftsgeheimnis DRUEY, Gegenstand, 365 ff.; MAROLDA MARTINEZ, 150 ff.) gehen dem Auskunftsrecht vor. Die Gesellschaft muss deshalb keine für einen Konkurrenten wesentlichen Informationen wie etwa ihre Preisbildungsgrundlagen oder den Stand ihrer Forschung preisgeben (vgl. LÜSCHER, 147 FN 29). Bereits unter dem alten Recht ist der Begriff «Geschäftsgeheimnis» extensiv i.S.v. «Gesellschaftsinteressen» bzw. «Wahrung wohlverstandener Gesellschaftsinteressen» verstanden worden (SCHLUEP, Rechte, 184; ZK-BÜRGI, N 34; vgl. auch DRUEY, SAG, 107). In der Hinzufügung der anderen **schutzwürdigen Interessen** durch die Revision 1991 kann somit nicht eine Verengung des Schutzbereichs des Auskunftsrechts gesehen werden; ebenso wenig gibt es eine Vermutung zu Gunsten der Gesellschaftsinteressen (KUNZ, AJP 2001, 887; vgl. auch STÜCKELBERGER, 45 und 56; BÖCKLI/BÜHLER, 105; MAROLDA MARTINEZ, 154 ff. und 160 ff.).

9   Im Einzelfall hat wegen der fehlenden Loyalitätspflicht der Aktionäre (vgl. KUNZ, AJP 2001, 898) eine **Güterabwägung** zwischen den Gesellschaftsinteressen und dem Informationsanspruch des Aktionärs stattzufinden (krit. zum Interessenabwägungsprozess allgemein DRUEY, FS Forstmoser, 119; STÜCKELBERGER, 28). Generelle Richtlinien lassen sich kaum formulieren (eingehend WYSS, 106 ff.; WALTHER, 89 ff.; EPPENBERGER, 168 ff.; KUNZ, AJP 2001, 887 ff.; MAROLDA MARTINEZ, 162 ff., 165 ff., 172 ff.). Relevant sind etwa die **Umstände**, z.B. der Zeitpunkt und der Hintergrund der Anfrage, sowie die Struktur und Grösse der AG. In ausserordentlichen Verhältnissen kann das Auskunftsrecht weiter gehen als in Normalsituationen (vgl. FORSTMOSER, 94). Im **Einzelfall** ist jeweilen differenzierend (z.B. eher Aufschlüsse allgemeiner Natur als Preisgabe von Einzelheiten) vorzugehen (vgl. SemJud 1992, 340 ff.; dazu THEVENOZ, SZW 1993, 60 ff.). Zudem ist die **Schutzklausel** von Art. 663h, die eine Informationsverweigerung wegen erheblicher Nachteile für die Gesellschaft ermöglicht, analog auf das Auskunftsrecht anzuwenden (Botschaft, 147; BÖCKLI, § 8 N 327, § 12 N 160). Letztlich widerspiegelt sich in diesem Abwägungsprozess auch ein Stück Kompetenzabgrenzung zwischen der an Information interessierten GV und dem die Geheimhaltung wahrenden VR (vgl. DRUEY, 205).

10 Während Jahren hat in der Lehre die Tendenz geherrscht, anzunehmen, dass die Einzelinteressen im Zweifel zurücktreten müssen (SCHLUEP, Rechte, 385 ff.); der Auskunftsanspruch könne nur dort Schutz finden, «wo die Gesellschaftsinteressen keine andere Lösung verlangen» (SCHLUEP, Rechte, 416; vgl. auch ZK-BÜRGI, Vor Art. 696/97 N 6; Art. 697 N 39; zurückhaltender FORSTMOSER/MEIER-HAYOZ/NOBEL, § 40 N 175 ff., die zwischen absoluten und relativen Geschäftsgeheimnissen unterscheiden; ebenso KUNZ, AJP 2001, 889). Das BGer hat in BGE 82 II 216 ähnlich argumentiert: Selbst wenn der Aktionär ein allgemeines Interesse im Auge habe, genüge es für die Verweigerung der Auskunft, dass dieses Interesse in der Betrachtungsweise des VR, welcher den bes-

seren Einblick in die Gesellschaftsangelegenheiten habe, geringer sei als dasjenige der Gesellschaft (betr. stille Reserven); es müsse deshalb ausreichen, dass die Gesellschaft das Interesse glaubhaft mache, das ihr die Verweigerung der verlangten Auskünfte gebiete (krit. VON STEIGER, ZBJV 1958, 89 ff.; ZK-BÜRGI, N 39 a.E.). In BGE 109 II 47 hat das Bundesgericht die Voraussetzungen des Interessennachweises der Gesellschaft aber insoweit verschärft, als verlangt worden ist, eine **Gefährdung** des **Gesellschaftsinteresses** sei durch konkrete Vorbringen zu behaupten und müsse überdies wahrscheinlich sein (vgl. auch BGer, 4C.234/2002 v. 4.6.2003, E. 4.3; FORSTMOSER/MEIER-HAYOZ/NOBEL, § 40 N 179; BÖCKLI, § 12 N 155). Es genügt nicht, lediglich zu behaupten, eine bestimmte Information gehöre zur Geheimsphäre der Gesellschaft (BGer, 4A_440/2007 v. 6.2.2008, E. 2.1). Gemäss heutiger Auffassung soll der Verweigerung der Auskunft demnach Ausnahmecharakter zukommen (VON BÜREN/STOFFEL/WEBER, N 935). Teilweise wird auch für die Anwendung einer Saldo-Methode plädiert (KUNZ, AJP 2001, 886; MAROLDA MARTINEZ, 169 f.) oder eine Vorrangregel zugunsten der Aktionäre postuliert (GIGER, 250 f.).

Leitlinien in diesem **Interessenabwägungsprozess** zwischen «Skylla und Charybdis» (BÄR, BN 1992, 410) sind somit (vgl. FORSTMOSER/MEIER-HAYOZ/NOBEL, § 40 N 180 ff.; WIDMER, 45): (1) Keine Auskunft ist zu geben bei offenbarem Rechtsmissbrauch. (2) Die Schranken der Auskunftserteilung werden mitbestimmt durch die besondere wirtschaftliche und rechtliche Struktur der AG und den Zeitpunkt des Begehrens. (3) Das Geheimhaltungsinteresse muss konkret berechtigt und sachlich begründet sein. (4) Die Auskunftsverweigerung ist zu begründen. (5) Die Gesellschaft darf durch die Auskunft nicht geschädigt werden. (6) Das Verweigerungsrecht gibt kein Recht auf Unwahrheit. Als einzelne konkrete Richtlinien lassen sich formulieren: 11

– Die Auffassung, dass die Auskunft beschränkt ist auf die Informationsaspekte, die von den Dokumenten gemäss Art. 696 abgedeckt sind (sog. «Spiegelbildtheorie»: EPPENBERGER, 143 ff.; DRUEY, Information, 80 f.; NOBEL, Aktienrechtliche Entscheide, 230), erscheint (ungeachtet der konzeptionellen Einheitlichkeit) als zu restriktiv, weil die Auskunft damit auf eine reine Erläuterung des Kontrollrechtes reduziert würde, was den gesetzgeberischen Absichten kaum entsprechen dürfte (so nun auch MAROLDA MARTINEZ, 132 f.). Vielmehr ist Auskunft zu geben über **alles, was Gegenstand des Geschäftsberichtes** sein kann, z.B. Personalpolitik, Unternehmensstrategie, Forschung und Entwicklung (vgl. BGE 109 II 48; SemJud 1992, 340; 1978, 521; BÖCKLI, § 12 N 153; WENNINGER, 239; KUNZ, AJP 2001, 888). Zu informieren ist auch über interne Organisationsreglemente (Art. 716b Abs. 2; WATTER, AJP 1993, 122) und zumindest über die Gesamtzahl der ausgerichteten VR-Honorare (KUNZ, AJP 2001, 889 f.). 12

– Solange **stille Reserven** gebildet und aufgelöst werden dürfen (Art. 669), ist eine umfassende Information darüber ausgeschlossen. Überwiegend wird deshalb dafür gehalten, Auskunftsbegehren zu den stillen Reserven seien auf die Frage zu beschränken, ob deren Bildung und Verwendung gemäss Gesetz erfolge und ob der VR seiner Mitteilungspflicht nachgekommen sei (SCHLUEP, Rechte 189; ZK-BÜRGI, N 39; EPPENBERGER, 158 f.; WEBER, SJZ 1993, 301 f. [zit. Vor Art. 677a]; KUNZ, AJP 2001, 890; BÖCKLI, § 12 N 157; vgl. auch BGE 82 II 221 und BGer, 4C.234/2002 v. 4.6.2003, E. 5). Die Revisionsstelle kann und muss die Frage des gesetzmässigen Vorgehens des VR aber beantworten. 13

– Das **Aktienbuch** als Ganzes kann der Aktionär nicht umfassend einsehen, weil es sich nicht um ein Geschäftsbuch handelt (BGE 69 II 315; SemJud 1971, 427, 431 f.; ZOBL, 52 f. m.V.; ZK-BÜRGI, Art. 685 N 28; FORSTMOSER, 100, 103; KUNZ, 14

AJP 2001, 892; wohl auch VON STEIGER, 28; weitere Literatur bei DRUEY, SAG, 107 FN 19; **a.A.** ZR 1979, 59 = SJZ 1981, 12 betr. Genossenschaft; BSK OR I-DU PASQUIER/OERTLE, Art. 686 N 8). Auskunft über Eintragungen anderer Personen erhält der Aktionär nur insoweit, als ein ausreichender Zusammenhang zwischen seinem Begehren und dem von ihm zur Ausübung der Aktionärsrechte verfolgten Zweck nachgewiesen ist (BÖCKLI, § 12 N 158; ZOBL, 55 ff.; MAROLDA MARTINEZ, 184 ff.). Eine Begründung für die Einsichtsverweigerung ist nicht zwingend (KUNZ, AJP 2001, 892 f.).

c) Konzernverhältnisse

15 Im Grundsatz geht die Lehre heute davon aus, dass sich das Auskunftsrecht grundsätzlich auch auf **Konzernverhältnisse** ohne Drittbeteiligung erstreckt (BERTSCHINGER, N 320). Ob der Aktionär der herrschenden (Holding)Gesellschaft jedoch auch Angaben über die abhängigen Betriebsgesellschaften im Falle von **Mehrheitsbeteiligungen** mit Drittaktionären verlangen kann, ist umstritten. Das OGer ZH (SAG 1973, 49) hat vor über 30 Jahren nicht auf die formelle Rechtslage, sondern auf die wirtschaftlichen Verhältnisse abgestellt und ist davon ausgegangen, dass herrschende und abhängige Gesellschaft eine wirtschaftliche Einheit bilden. Konkret hat danach der Aktionär Anspruch auf Mitteilung des Jahresberichts (inkl. Gewinn- und Verlustrechnung und Bilanz) und des Revisionsberichts der Tochtergesellschaften sowie Anspruch auf Mitteilung, wie das Ergebnis zustande gekommen ist (eingehender FORSTMOSER/MEIER-HAYOZ/NOBEL, § 40 N 197 ff. und MAROLDA MARTINEZ, 236 ff.; vgl. auch BÖCKLI, § 12 N 159; WYSS, 257, 265; SCHLUEP, Rechte, 245 f.; DE CAPITANI, 81; zurückhaltender EPPENBERGER, 157 f.; NOBEL, Aktienrechtliche Entscheide, 287). Ein Entscheid des Genfer Cour de Justice bestätigt, dass der Aktionär jedenfalls ein Recht habe, sich zu vergewissern, dass seine Rechte nicht durch Transaktionen zwischen den Konzerngesellschaften geschädigt werden (SemJud 1992, 338 ff., 342; vgl. auch THEVENOZ, SZW 1993, 63). Das Bundesgericht hat sich erstmals in BGE 132 III 71 eingehend mit dem Auskunfts- und Einsichtsrecht im Konzern auseinandergesetzt und dabei (in konsequenter Fortsetzung seiner allgemeinen Überlegungen) die Anspruchsberechtigung auf Unterlagen der Konzernobergesellschaft konzentriert, aber ergänzt, dass auch Unterlagen einer abhängigen Gesellschaft unter die Auskunft bzw. Einsicht fallen können, wenn sie sich bei der Konzernobergesellschaft befinden und für die Ausübung der Aktionärsrechte als erforderlich erweisen (BGE 132 III 75; vgl. auch NÄNNI/VON DER CRONE, SZW 2006, 150, 152 f.). Ob das Bundesgericht indessen mit der Annahme, die Konzernrechnung enthalte grundsätzlich ausreichende Informationen für die Ausübung ihrer Rechte durch die Aktionäre (BGE 132 III 77), nicht etwas gar weit geht, bleibt immerhin eine berechtigte Frage (vgl. NÄNNI/VON DER CRONE, SZW 2006, 158). Bei **Minderheitsbeteiligungen** in Konzernverhältnissen ist hingegen die absolute Geheimhaltungspflicht zu beachten, die eine Gesellschaft Dritten gegenüber hat: Auskunft zu geben ist somit nur auf Fragen, die für die Muttergesellschaft von direkter Relevanz sind und die Diskretionsinteressen der Dritten nicht beeinträchtigen (vgl. FORSTMOSER/MEIER-HAYOZ/NOBEL, § 40 N 203).

II. Einsichtsrecht (Abs. 3)

16 Gegenstand des parallel zum Auskunftsrecht konzipierten Einsichtsrechts sind die nicht abschliessend aufgezählten **Geschäftsbücher** und **Korrespondenzen;** diese Begriffe sind extensiv auszulegen (BGer, 4C.234/2002 v. 4.6.2003, E. 4.2.1 analog und 6.2; BGE 132 III 75; SCHLUEP, Rechte, 180; KUNZ, AJP 2001, 891; STÜCKELBERGER, 29;

MAROLDA MARTINEZ, 182 f.). Zu den Geschäftsbüchern gehören auch die Generalversammlungsprotokolle; diesbezüglich geht die h.L. (ZK-BÜRGI, Art. 702 N 31; VON GREYERZ, 188) aber gestützt auf Art. 702 davon aus, dass die Einsicht voraussetzungslos und selbst für die Vorjahre, d.h. ohne Erfüllung der formellen und materiellen Voraussetzungen von Abs. 3, zu gewähren ist. Beim Auskunfts- und Einsichtsrecht handelt es sich um unabhängige Ansprüche (keine Subsidiarität: KUNZ, AJP 2001, 899).

Das Gesetz äussert sich zum Zeitpunkt der Geltendmachung des Einsichtsrechts nicht; weil ohnehin ein formeller GV- oder VR-Beschluss zu ergehen hat, ist anzunehmen, dass ein Gesuch um Einsichtnahme beliebig gestellt werden kann und an der folgenden entsprechenden Sitzung zu behandeln ist. Das Einsichtsrecht hängt von der **Erfüllung formeller** und **materieller Voraussetzungen** ab (vgl. auch ZOBL, 51 f.): 17

– Formell wird Einsicht nur mit ausdrücklicher **Ermächtigung** der **GV** oder kraft **Beschlusses** des **VR** gewährt. Die Zuständigkeit ist alternativ gegeben (SCHLUEP, Rechte, 179). Wird das Einsichtsrecht anlässlich der GV geltend gemacht, erscheint es als richtig, dass dieses Organ über das Begehren entscheidet. In den übrigen Fällen hat der VR das Entscheidungsorgan zu bestimmen. GV oder VR können einen diesbezüglichen Beschluss nach freiem Ermessen und – gemäss (zweifelhafter) Mehrheitsmeinung (ZK-BÜRGI, N 17; SCHUCANY, 69; offen gelassen bei FORSTMOSER, 99) – ohne Bekanntgabe der Gründe fassen (anders bei Analogie zur Auskunft: vgl. o. N 5 a.E.; für eine Begründungspflicht auch GABRIELLI, 45 f.). Der Beschluss ist nicht anfechtbar, doch kann der Aktionär sein Einsichtsrecht gerichtlich geltend machen (Abs. 4, N 20 ff.; a.A. KUNZ, AJP 2001, 891). 18

– Materiell ist die Einsicht nur unter **Wahrung** der **Geschäftsgeheimnisse** möglich (BGer, 4C.234/2002 v. 4.6.2003, E. 6.3). Der zum Auskunftsrecht verwendete Begriff der «anderen schutzwürdigen Interessen der Gesellschaft» (Abs. 2) wird beim Einsichtsrecht in Abs. 3 nicht aufgenommen; ob damit eine bewusste Einengung der Gesellschaftsinteressen bezweckt werden wollte, scheint zweifelhaft; der Begriff der «Geschäftsgeheimnisse» ist zudem vage genug, um eine richterliche Angleichung zu erleichtern (WEBER, 72; vgl. auch MAROLDA MARTINEZ, 205 f.). Jedenfalls ist die Einsicht umfangmässig auf das notwendige Mass zu beschränken. Ein Teil der Lehre räumt dem VR sogar das Recht ein, die Einsicht trotz eines gegenteiligen GV-Beschlusses zu verweigern, wenn Geschäftsgeheimnisse dadurch beeinträchtigt werden könnten (STÜCKELBERGER, 30 m.V.). 19

III. Klagerecht (Abs. 4)

Seit der Revision 1991 ist die Möglichkeit der richterlichen Anordnung der Auskunftserteilung und Einsichtnahme ausdrücklich im Gesetz festgehalten, auch wenn eine nicht zu übersehende Kulanzwirkung des Auskunftsrechts unabhängig von der Klagedrohung besteht (DRUEY, FS Forstmoser, 125). Es handelt sich bei diesem Recht auf richterliche Durchsetzung um ein selbstständiges Recht, das für sich allein durchgesetzt werden kann und nicht etwa mit einem Anfechtungsbegehren oder einer Verantwortlichkeitsklage zusammenhängen muss (vgl. SZW 1993, 59; FORSTMOSER/MEIER-HAYOZ/NOBEL, § 40 N 196). Auch besteht die Möglichkeit, alternativ zur klageweisen Durchsetzung des Auskunfts- und Einsichtsbegehrens bei Vorliegen der Voraussetzungen die Einleitung eines Sonderprüfungsverfahrens zu veranlassen (vgl. HORBER, Sonderprüfung, 165 ff.; MAROLDA MARTINEZ, 222 f.). Die als Informationsklage zu bezeichnende Durchsetzung des Auskunftsanspruches bezieht sich auf ein Tun der Gesellschaft, nämlich die Bereitstellung oder Übermittlung von Informationen, und stellt somit eine Leis- 20 tungsklage dar (AFFOLTER, 53; GABRIELLI, 51; KUNZ, AJP 2001, 889; eingehend zur Klage MAROLDA MARTINEZ, 209 ff.). Eine **Frist** zur Einreichung der entsprechenden Klage **besteht nicht** (BGer, 4C.234/2002 v. 4.6.2003, E. 3; ZK-BÜRGI, N 29; MAROLDA MARTINEZ, 223 f.); mithin tritt keine Verwirkung ein, doch kann die Geltendmachung im Falle eines langen Zuwartens als rechtsmissbräuchlich erscheinen (vgl. auch PKG 1975, 179). Zuständig ist der **Einzelrichter** im summarischen Verfahren am Domizil der Gesellschaft (§ 219 Ziff. 16 ZPO ZH; für den Kanton TG vgl. RBOG 1993, 120 ff.; MAROLDA MARTINEZ, 227 ff.). Für Einzelheiten zur Aktiv- und Passivlegitimation vgl. MAROLDA MARTINEZ, 212 ff., zur Streitwertberechnung DIES., 225 ff.

21 Das **Klagebegehren** muss den Auskunfts- bzw. Einsichtsanspruch **konkret umschreiben,** es lässt sich nicht generell Auskunft/Einsicht verlangen (BÖCKLI, § 12 N 163; im Einzelnen WYSS, 226 ff. und zur Substantiierung insbes. MAROLDA MARTINEZ, 217 ff.). Klagevoraussetzung ist die vorgängige (erfolglose) Geltendmachung des Auskunfts- oder Einsichtsbegehrens in der GV (ZOBL, 51 f.; GABRIELLI, 52; KUNZ, AJP 2001, 897; MAROLDA MARTINEZ, 220 f.); der Verweigerung der Informationsvermittlung durch den VR ist die Nichtbehandlung des Begehrens gleichzusetzen. Die Subsidiarität ist aber insoweit nicht streng zu vollziehen, als Klage auf Auskunft erhoben werden kann, wenn entweder die Auskunft gemäss Abs. 1/2 oder die Einsicht gemäss Abs. 3 verweigert worden ist (ZR 1948, 203 f.; ZK-BÜRGI, N 28). Die der Deckung eines Informationsbedürfnisses dienende Auskunftsklage geht i.d.R. der Verantwortlichkeitsklage (BJM 1989, 391), der Auflösungsklage (RVJ 1986, 350 f.; vgl. auch BGE 105 II 118) und dem prozessualen Editionsbegehren (PKG 1975, 179) vor.

22 Im richterlichen Verfahren steht insb. das **Ausmass der Geschäftsgeheimnisse** und der weiteren schutzwürdigen Gesellschaftsinteressen zur Diskussion (o. N 8 ff.; vgl. BGE 109 II 47; 82 II 216; SemJud 1992, 340 ff. = SZW 1993, 59 ff. mit Anm. von THEVENOZ). Das Gericht entscheidet, ob der ablehnende Entscheid vertretbar ist (BGer, 4C.234/2002 v. 4.6.2003, E. 6.3). Nicht haltbar ist eine willkürliche Auskunfts- oder Einsichtsverweigerung. Grundsätzlich ist zwar der Aktionär beweispflichtig, dass die Auskunft bzw. Einsicht ungerechtfertigterweise verweigert worden ist (zum Ausmass des Glaubhaftmachens bzw. zur Wahrscheinlichkeit des Rechtsschutzinteresses vgl. auch MAROLDA MARTINEZ, 164 f.); konkret wird aber auch von der Gesellschaft verlangt werden müssen, nachzuweisen, dass entweder die Auskunft bzw. Einsicht bereits erteilt worden ist oder dass die zu konkretisierenden Geschäftsgeheimnisse oder andere schutzwürdige Interessen unter den gegebenen Umständen vorgehen. Dass beim Einsichtsrecht wegen des stärkeren Tangierens von Gesellschaftsinteressen das Anlegen eines strengeren Massstabes als beim Auskunftsrecht angebracht ist (Botschaft, 164), erscheint zweifelhaft (ZOBL, 54 FN 56). Das richterlich angeordnete Einsichtsrecht kann sich auf die Originalakten beziehen, nicht nur wie bis zum 1.7.1992 auf beglaubigte Abschriften (BÄR, BN 1992, 410); je nach den Umständen vermag der Richter aber auch nur die Vorlage beglaubigter Auszüge von gewissen Dokumenten anzuordnen.

23 Der letztinstanzliche kantonale Entscheid ist ein mit der Berufung an das Bundesgericht weiterziehbarer Endentscheid (Zivilrechtsstreitigkeit, Art. 44–46 OG: BGE 120 II 356 = Pra 1995, 946; BGE 112 II 147; 109 II 48; 95 II 161; SemJud 1987, 115 f.).

IV. Revision

24 Im Rahmen der Aktienrechtsrevision soll im Nachgang zur Regelung von Art. 74a des Kotierungsreglements der SWX Stock Exchange eine ausführlichere Regelung betreffend das Auskunfts- und Einsichtsrecht sowie die Offenlegungspflichten in den Art. 697–

2. Abschnitt: Rechte und Pflichten der Aktionäre **Art. 697a**

697^{sexies} dazu beitragen, dass den Anforderungen einer sachgerechten Corporate Governance besser genügt wird (Botschaft Aktien- und Rechnungslegungsrecht, 1670).

Neu räumt der Entwurf in E-Art. 697 Abs. 2 den Aktionären von **nicht kotierten** Gesellschaften ein **jederzeitiges** Recht auf **schriftliche** Auskunft über Angelegenheiten der Gesellschaft durch den VR ein. Der Vorschlag im Vorentwurf, ein schriftliches, jederzeitiges Auskunftsrecht auch bei börsenkotierten Gesellschaften zu gewähren, wurde in der Vernehmlassung wegen einer möglichen grossen administrativen Mehrbelastung kritisiert und deshalb vom Bundesrat fallen gelassen (Botschaft Aktien- und Rechnungslegungsrecht, 1671). Das bisher mit dem Auskunftsrecht im gleichen Artikel geregelte Einsichtsrecht verschiebt der Entwurf in eine separate Bestimmung (E-Art. 697bis), genauso wie das Klagerecht des Aktionärs (E-Art. 697ter), das sich materiell aber nicht ändern soll. Eine Neuerung stellt bezüglich des Einsichtsrechts E-Art. 697bis Abs. 3 dar, welcher das Einsichtsrecht der Aktionäre auch mit Bezug auf die **Konzernobergesellschaft** gewährt (Botschaft Aktien- und Rechnungslegungsrecht, 1672).

25

Bezüglich Offenlegung der Managemententschädigungen baut der Entwurf die heutige Regelung in einer den Anforderungen der Corporate Governance besser entsprechenden Art aus. E-Art. 697^{quater} übernimmt die Regelung von Art. 663b^{bis} OR mit der Ergänzung, dass die börsenkotierten Gesellschaften jetzt neu auch **die Dauer der Verträge**, die den Entschädigungen zu Grunde liegen, im Anhang der Jahresrechnung angeben müssen (Botschaft Aktien- und Rechnungslegungsrecht, 1673). Die Offenlegungspflicht soll jedoch nicht nur bei börsenkotierten Gesellschaften ausgedehnt werden: E-Art. 697 ^{quinquies} sieht ein Auskunftsrecht über Vergütungen, Darlehen und Kredite gemäss E-Art. 697^{quater} auch bei **nicht kotierten** Gesellschaften vor; bisher bestand die Bekanntgabepflicht seitens der Gesellschaft nur bei börsenkotierten Gesellschaften. Dies ist ein wichtiger Schritt in Richtung Transparenz und Schutz des Eigentums der Aktionäre bei nicht kotierten Gesellschaften (Botschaft Aktien- und Rechnungslegungsrecht, 1673). Ergänzend soll gemäss E-Art. 697^{sexies} die Offenlegungspflicht betreffend bedeutende Aktionäre und deren Beteiligungen bei börsenkotierten Gesellschaften an die auf den 1.12.2007 in Kraft gesetzten Änderungen des Börsengesetzes (Art. 20) angepasst werden (Botschaft Aktien- und Rechnungslegungsrecht, 1673 f.).

26

Art. 697a

V. Recht auf Einleitung einer Sonderprüfung 1. Mit Genehmigung der Generalversammlung	^{1} Jeder Aktionär kann der Generalversammlung beantragen, bestimmte Sachverhalte durch eine Sonderprüfung abklären zu lassen, sofern dies zur Ausübung der Aktionärsrechte erforderlich ist und er das Recht auf Auskunft oder das Recht auf Einsicht bereits ausgeübt hat. ^{2} **Entspricht die Generalversammlung dem Antrag, so kann die Gesellschaft oder jeder Aktionär innert 30 Tagen den Richter um Einsetzung eines Sonderprüfers ersuchen.**
V. Droit à l'institution d'un contrôle spécial 1. Avec l'accord de l'assemblée générale	^{1} Tout actionnaire peut proposer à l'assemblée générale l'institution d'un contrôle spécial afin d'élucider des faits déterminés, si cela est nécessaire à l'exercice de ses droits et s'il a déjà usé de son droit à être renseigné ou à consulter les pièces. ^{2} Si l'assemblée générale donne suite à la proposition, la société ou chaque actionnaire peut, dans le délai de 30 jours, demander au juge de désigner un contrôleur spécial.

Art. 697a

| V. Diritto all'istituzione di una verifica speciale
1. Con l'accordo dell'assemblea generale | ¹ Ogni azionista può proporre all'assemblea generale che sia eseguita una verifica speciale destinata a chiarire determinati fatti, in quanto ciò sia necessario per l'esercizio dei suoi diritti ed egli già si sia valso del suo diritto di ottenere ragguagli o di consultare documenti.

² Se l'assemblea generale accede alla proposta, la società od ogni azionista può, entro trenta giorni, chiedere al giudice di designare un controllore speciale. |

Literatur

BÄR, Wichtige Neuerungen im revidierten Aktienrecht, BN 1992, 391 ff.; BINDER, Die Verfassung der Aktiengesellschaft, Diss. Basel 1987; BÖCKLI, § 16 N 2–98; Botschaft AG, 90 ff., 164 ff.; CASUTT, Die Sonderprüfung im künftigen schweizerischen Aktienrecht, Diss. Zürich 1991 (zit. CASUTT); DERS., Das Institut der Sonderprüfung, ST 1991, 574 ff. (zit. ST 1991); DERS., Was brachte die Sonderprüfung als neues Instrument des Aktionärsschutzes? Praktische Erfahrungen der ersten zehn Jahre, ST 2002, 506 ff. (zit. ST 2002); CLEMM/LIENAU, Sonderprüfung nach deutschem Aktienrecht, SAG 1984, 94 ff.; CORBOZ, Le recours en reforme en tribunal fédéral, SemJud 2000 II, 1 ff.; DOVÉ/HONEGGER, Zum Einsichtsrecht des Gläubigers, ST 1–2/96, 70 ff.; DRUEY, Beschluss des Obergerichts des Kantons Zürich vom 16. Juli 1996 in Sachen BK Vision AG c. Schweizerische Bankgesellschaft, SZW 1997, 34 ff. (zit. SZW 1997); DÜGGELIN, Die Sonderprüfung als Rechtsbehelf des Aktionärs zur Kontrolle der Verwaltung einer AG, Diss. Bern 1977 (zit. DÜGGELIN); DERS., Die Sonderprüfung, ST 1984, 262 ff. (zit. ST); FORSTMOSER/MEIER-HAYOZ/NOBEL, § 35; GABRIELLI, Das Verhältnis des Rechts auf Auskunftserteilung zum Recht auf Einleitung einer Sonderprüfung, Diss. Zürich 1997; GASSMANN, Akienrechtliche Sonderprüfung – doch mehr als nur ein Papiertiger?, recht 1995, 234 ff.; VON GREYERZ, Aktionärsschutz im neuen Aktienrecht, ZBJV 1984, 441 ff.; HIRSCH, Le contrôle spécial, in: Ciocca, Le nouveau droit des sociétés anonymes, Lausanne 1993, 411 ff.; HORBER, Die Informationsrechte des Aktionärs, Zürich 1995 (zit. Informationsrechte); DERS., Das Auskunftsbegehren und die Sonderprüfung – siamesische Zwillinge des Aktienrechts, SJZ 1995, 165 ff. (zit. Sonderprüfung); JÄNIG, Die aktienrechtliche Sonderprüfung, Baden-Baden 2005; KUNZ, Das Informationsrecht des Aktionärs in der Generalversammlung, AJP 2001, 883 ff. (zit. AJP 2001); DERS., Der Minderheitenschutz im schweizerischen Aktienrecht, Bern 2001 (zit. Minderheitenschutz); DERS., Kommentar zu Art. 697a ff. OR, in: OF-Kurzkommentar, Zürich 2001 (zit. Kommentar); DERS., Zu den Haftungsvoraussetzungen und zu einigen weiteren Themen der aktienrechtlichen Verantwortlichkeit, AJP 1998, 1267 ff. (zit. Verantwortlichkeit); DERS., Zur Subsidiarität der Sonderprüfung, SJZ 1996, 1 ff. (zit. Sonderprüfung); LÜSCHER, Statutarische Konkurrenzklauseln – Voraussetzungen und Schranken der Ablehnung von Konkurrenten als Erwerber von nicht kotierten Namenaktien, SZW 1997, 141 ff.; MAROLDA MARTINEZ (zit. Art. 696); PAULI, Le droit au contrôle spécial dans la société anonyme, Diss. Fribourg 2004; PEDROJA, Die Sonderprüfung im neuen Aktienrecht, AJP 1992, 774 ff.; ROTH PELLANDA, Q & A zur Klage auf Durchführung einer Sonderprüfung nach Art. 697a ff. OR, GesKR 2007, 294 ff.; SCHMITT, Das Verhältnis zwischen Generalversammlung und Verwaltung in der Aktiengesellschaft, Diss. Basel 1991, 92 ff.; SCHNEIDER, Schutz des Unternehmensgeheimnisses vor unbefugter Verwertung, Diss. St. Gallen 1989; SCHWARZENBACH, Die Sonderprüfung und Fact-Finding-Gutachten im Hinblick auf die Verantwortlichkeit, in: Bühler (Hrsg.), Informationspflichten des Unternehmens im Gesellschafts- und Börsenrecht, Bern/Stuttgart/Wien 2003, 67 ff.; VOCK, Prozessuale Fragen bei der Durchsetzung von Aktionärsrechten, Diss. Zürich 2000; WEBER, Sonderprüfung – Hürdenlauf ohne Ende für den Aktionär?, in: FS Rolf Bär, Bern 1998, 401 ff. (zit. Sonderprüfung); DERS., Stille Reserven und Sonderprüfung, SJZ 1993, 301 ff. (zit. SJZ); DERS., Vertrags- bzw. Statutengestaltung und Minderheitenschutz, in: Schweizerischer Anwaltsverband, Das neue Aktienrecht, 1992, 71 ff. (zit. SAV); WEBER/WILLI, Informationsrechte im privaten Bereich – Aktuelle Entwicklungen bei der Offenlegung von Informationen, digma 2004, 154 ff.; vgl. auch die Literaturhinweise zu Art. 696.

Aus der Rechtsprechung: vgl. BGE 120 II 393 (dazu BÄR, ZBJV 1996, 452 f.; VOGEL, SZW 1996, 79 ff.; WATTER, AJP 1995, 230 ff.); BGE 123 III 261 (dazu CASUTT, AJP 1998, 110 ff.; MÜNCH, ZBJV 1997, 508 ff.); BGE 129 III 301 (dazu FORSTMOSER/HARDER SCHULER, SJZ 2003, 562); BGE 133 III 133 (dazu FORSTMOSER/STÖCKLI, SJZ 2007, 517); BGE 133 III 180 (dazu DUBS, AJP 2007, 1193 ff.); BGE 133 III 453; BGer, 4C.64/2003 v. 18.7.2003 (dazu FORSTMOSER/PEYER, SJZ 2004, 517 f.; VOGT, in: Arter/Jörg, Entwicklungen im Gesellschaftsrecht I, Bern 2006, 88 ff.);

BGer, 4C.165/2004 v. 30.7.2004 (dazu VOGT, in: Arter/Jörg, I, 87 f.); BGer, 4C.179/2005 v. 2.11. 2005 (dazu VOGT, in: Arter/Jörg, Entwicklungen im Gesellschaftsrecht II, Bern 2007, 185 f.); BGer, 4C.233/2005 v. 2.11.2005; BGer, 4P.183/2005 v. 2.11.2005; BGer, 4C.412/2005 v. 23.2. 2006 (dazu VOGT, in: Arter/Jörg, II, 186); BGer, 4C.190/2005 v. 6.9.2006; GVP SG 2001, 137 ff.; BGer, 4A_359/2007 v. 26.11.2007; BGer, 4A_440/2007 v. 6.2.2008; GVP ZG 2002, 170 ff.; GVP ZG 2003, 180 ff.; ZR 2002, 33 (= SJZ 2002, 520 f.).

Materialien

AmtlBull NR 1985, 1669, 1765 ff.; 1990, 1386 f.; AmtlBull StR 1988, 505 ff.; 1991, 75.

I. Allgemeines

1. Wesen und Zweck der Sonderprüfung

Das durch die Aktienrechtsreform 1991 neu eingeführte Institut der Sonderprüfung bezweckt vornehmlich die **Verbesserung** der **Rechtsstellung** des **Minderheitsaktionärs** durch die Verpflichtung der Organe zur Offenlegung bestimmter gesellschaftlicher Vorgänge (BGE 120 II 396; WEBER, Sonderprüfung, 401; CASUTT, 6 ff., 20 ff. m.V.; weitere Literatur zur Entstehungsgeschichte zit. bei BÖCKLI, § 16 N 3 FN 6; zum aktienrechtlichen Kontrolldefizit allgemein BINDER, 36 f., 134 f.). Die Sonderprüfung ist eine *aperiodisch*, d.h. zu beliebigen Zeitpunkten *durchgeführte Prüfung* von sachlich grundsätzlich nicht beschränkten, aber *bestimmten Bereichen* der *Unternehmung* (WEBER, Sonderprüfung, 401). Vom Ergebnis her liegt zwar keine eigentliche Prüfung vor, weil kein Urteil zum Ist- und Soll-Zustand abzugeben, sondern eine reine Sachverhaltsabklärung vorzunehmen ist (CASUTT, 5). 1

Die Sonderprüfung ist der verlängerte Arm des Auskunftsrechts; beide Institute verfolgen denselben Zweck, nämlich Information und Kontrolle des Aktionärs effizienter auszugestalten, um die Ausübung anderer Aktionärsrechte (z.B. Verantwortlichkeits-, Anfechtungsklage) zu erleichtern (vgl. KUNZ, Verantwortlichkeit, 1279 f.). Die Sonderprüfung kann **subsidiär** als **letztes Mittel** eingreifen, wenn das Auskunfts- und Einsichtsrecht keine Hilfe bringt (BGE 133 III 461; 123 III 264; FORSTMOSER/MEIER-HAYOZ/NOBEL, § 35 N 50; eingehender zur Subsidiarität hinten N 27 m.V. und allgemein KUNZ, Subsidiarität, 1 ff.; zum Verhältnis zwischen den beiden Instituten GABRIELLI, 144 ff. und HORBER, Sonderprüfung, 165 ff.). Der Subsidiaritätsgrundsatz ergibt sich aus Art. 697a Abs. 1 und betrifft einen personellen, sachlichen und verfahrensmässigen Aspekt (vgl. N 27; WEBER, Sonderprüfung, 403 f.). Die Subsidiarität ist auch sachlich gerechtfertigt, z.B. wegen des Fehlens einer Treuepflicht des Aktionärs, der Tangierung der Geheimsphäre der AG, der nicht zu vernachlässigenden Kostenfolgen sowie der Überlastung der Gerichte. Inhaltlich untersteht der Anspruch auf Sonderprüfung uneingeschränkt dem Grundsatz der sofortigen Anwendbarkeit des Aktienrechts 1991 (kein Fall des Rückwirkungsverbots), und zwar unabhängig davon, wann sich der zu prüfende bestimmte Sachverhalt ereignet hat (BGE 120 II 396; WEBER, Sonderprüfung, 407); auch «altrechtliche» Vorgänge sind mithin einer Sonderprüfung zugänglich (vgl. GASSMANN, 236). 2

2. Abgrenzungen

Die Sonderprüfung ist von anderen Prüfungsarten der Gesellschaft wie folgt abzugrenzen (CASUTT, 8 ff.; PEDROJA, 775; HWP 1998, N 7.53): 3

4   Die **Abschlussprüfung** ist eine durch die Revisionsstelle als Organ durchgeführte periodische Prüfung, die sich allgemein auf die Rechnungslegung und die Jahresrechnung sowie auf deren Übereinstimmung mit dem Gesetz bezieht, der Sonderprüfer als aussenstehender Experte untersucht punktuell eine bestimmte Sachlage.

5   **Besondere Revisionsberichte** sind bei Vorliegen einer speziellen Situation zu erstatten (z.B. Sacheinlage bei Gründung oder Kapitalerhöhung, Kapitalherabsetzung), der Sonderprüfer wird auf Antrag einzelner Aktionäre zu einem beliebigen Zeitpunkt tätig.

6   Die Aktionärsmehrheit kann **besondere Sachverständige** zur Prüfung der Geschäftsführung oder einzelner ihrer Teile einsetzen (Art. 731 Abs. 2), für die Einsetzung des Sonderprüfers genügt – unter Mitwirkung des Richters – eine Aktionärsminderheit.

7   Der **gerichtliche Sachverständige** wird vom Richter bestellt und dient der Beweiserhebung im Prozess, sein Gutachten stellt ein unmittelbares Beweismittel dar; demgegenüber wird der Sonderprüfer aussergerichtlich tätig und verschafft lediglich Beweismaterial.

3. Rechtsvergleichung

8   **Deutschland:** Bereits das deutsche HGB von 1897 hat die Sonderprüfung gekannt; 1937 ist sie ins AktG übernommen und 1965 in den §§ 142 ff. AktG konkret ausgestaltet worden. Die Sonderprüfung des deutschen Rechts hat die schweizerische Entwicklung massgeblich beeinflusst (VISCHER/RAPP, 171). Sie ist sehr detailliert und umschreibt konkret die einzelnen Vorgehensschritte (dazu JÄNIG, 200 ff.; CLEMM/LIENAU, 95 ff.; DÜGGELIN, 111 ff.). Im Unterschied zum französischen und ähnlich zum schweizerischen Recht hat gemäss AktG in erster Linie die Hauptversammlung die Kompetenz zur Einleitung einer Sonderprüfung und kann eine Aktionärsminderheit beim Gericht die Einsetzung eines Sonderprüfers beantragen, wenn die Hauptversammlung den Antrag abweist (JÄNIG, 245 f., 249, 321 f.). Jedoch beschliesst in Deutschland die Hauptversammlung im Unterschied zur schweizerischen Regelung nicht nur über die Abklärung bestimmter Sachverhalte, sondern sie trifft auch die Entscheidung über die Person des Prüfers (JÄNIG, 325 f.). Das AktG kennt drei Arten von Sonderprüfungen, nämlich die Sonderprüfung über Vorgänge bei der Gründung oder Geschäftsführung (§§ 142 ff.), die Sonderprüfung wegen unzulässiger Unterbewertung bestimmter Bilanzposten oder wegen Unvollständigkeit des Geschäftsberichtes (§§ 258 ff.) und die Sonderprüfung über Beziehungen zu verbundenen Unternehmen (§ 315); die beiden letztgenannten Arten haben nur eine geringe Bedeutung erlangt. Im Unterschied zum schweizerischen und ähnlich zum französischen Recht knüpft die deutsche Regelung betreffend Prüfungsgegenstand an ausgewählte Sachverhalte im Leben der Aktiengesellschaft an und stellt die Tätigkeit der Verwaltungsorgane in den Vordergrund (JÄNIG, 202 f.).

9   **Frankreich:** Die Sonderprüfung war erstmals summarisch in Art. 226 des Gesetzes über die Handelsgesellschaften (Loi du 24 juillet 1966, no. 66–537 sur les sociétés commerciales) sowie in Art. 195 und 195–1 der Verordnung dazu (décret n° 67–236 du 23 mars 1967) als expertise de gestion oder expertise de minorité geregelt (JÄNIG, 90). Das Gesetz über die Handelsgesellschaften ist im Jahre 2000 als zweites Buch in den Code de Commerce überführt worden; deshalb befindet sich die inhaltlich unveränderte Regelung über die Sonderprüfung jetzt in Art. 223–37 des Code de Commerce (JÄNIG, 92). Die expertise de gestion ist dadurch charakterisiert, dass der Kreis der zur Initiierung berechtigten Personen im Gegensatz zur Schweiz nicht auf die Aktionäre begrenzt ist, sondern dass auch institutionelle Aktionärsverbindungen und weitere politi-

2. Abschnitt: Rechte und Pflichten der Aktionäre   10–13 Art. 697a

sche Ämter antragsberechtigt sind, welche jedoch von ihrem Recht selten Gebrauch machen (JÄNIG, 163). Gemäss dem neu eingeführten, nur für die Aktionäre obligatorischen Vorverfahren müssen – ähnlich wie in der Schweiz – die Aktionäre vor der Antragsstellung beim Gericht um eine Sonderprüfung die Verwaltung schriftlich um Auskunft ersuchen (JÄNIG, 163). Das Gericht hat bei der Ernennung des Sonderprüfers, bei der Festlegung des Prüfungsauftrages und bei der Festlegung der Rechte des Sonderprüfers weit gefasste Kompetenzen (JÄNIG, 144). Prüfungsgegenstand sind aber nur Massnahmen, welche im Zusammenhang mit der Leitung und Führung der Gesellschaft stehen (JÄNIG, 203); im Gegensatz zur Schweiz kann in der Sonderprüfung auch die Ordnungs- und Zweckmässigkeit eines Geschäftsvorganges beurteilt werden (im Einzelnen GUYON, Expertise de gestion, Juris-Classeur des Sociétés, Fasc. 134-D, 1985).

Europa: Der ursprüngliche «Vorschlag eines Statuts für europäische Aktiengesellschaften» vom 10.10.1970 hat in Art. 97–99 auch die Sonderprüfung enthalten (DÜGGELIN, 152 f.); der überarbeitete Entwurf der EG-Kommission vom 25.8.1989 verzichtete jedoch auf die Einbeziehung der Sonderprüfung (vgl. ABl. 1989 Nr. C 263, 41 ff.; KELLERHALS/TRÜTEN, Neues zur Europäischen Aktiengesellschaft, SJZ 2001, 337 ff.), weshalb auch die verabschiedete Fassung der EG Verordnung Nr. 2157/2001 des Rates vom 8.10.2001 über das Statut der Europäischen Gesellschaft (SE) (vgl. ABl. 2001 Nr. L 294, 1 ff.) keine Bestimmung betreffend die Sonderprüfung enthält. 10

4. Interessenlagen, Bewertung des Rechtsinstituts

a) Ziel der Sonderprüfung ist es, die Aktionäre in die Lage zu versetzen, einen gesellschaftsinternen **Vorgang korrekt beurteilen** zu können; die Sonderprüfung hat also einen Sachverhalt verständlich zu klären und Beweismaterial zu verschaffen. Der Bericht wird dadurch zur Grundlage für den Aktionär, um seine Rechte optimaler auszunützen und weitere **Entscheide über** die **Rechtsausübung** (z.B. Verantwortlichkeitsklage; vgl. KUNZ, Verantwortlichkeit, 1279 f.) zu fällen. Die Sonderprüfung ist aber ein reines Untersuchungsinstrument, das keine rechtlichen Folgerungen aufnimmt oder entsprechende Wirkungen zeitigt; sie erlaubt auch nicht die Beurteilung der Ordnungs- und Zweckmässigkeit eines Vorganges (vgl. N 16 f.; FORSTMOSER/MEIER-HAYOZ/NOBEL, § 35 N 13; CASUTT, 21 f.; MAROLDA MARTINEZ, 249 f.; ROTH PELLANDA, 295). Direkte Eingriffe in die AG kraft Sonderprüfung sind deshalb nicht möglich. 11

Während es beim Aktionär um Wissensvermittlung geht, hat die Gesellschaft ein Interesse an der Geheimhaltung ihrer Interna (Zukunftspläne, stille Reserven, Prestige, ungestörter Geschäftsgang). Die Gesellschaft ist aber auch an einer erfolgreichen, korrekten und effizienten Durchführung einer Sonderprüfung i.S. einer Funktionskontrolle interessiert (zum Ganzen CASUTT, 25 ff.). Ohne eine gewisse **Publizität** ist eine funktionierende Kontrolle der Organe durch die Aktionäre indessen nicht möglich (dazu MEIER-SCHATZ, Wirtschaftsrecht und Unternehmenspublizität, Zürich 1989, 218 ff.). Die Sonderprüfung hat deshalb die Funktion eines Scharniers (BINDER, 258), Filters (CASUTT, 18; DERS., ST 1991, 575; VON GREYERZ, ZBJV 1984, 456) bzw. Schleusensystems (DRUEY, SAG 1984, 111; WEBER, SAV, 77) zwischen den Aktionären und der Gesellschaft und hat die Aufgabe, die berechtigten Geheimhaltungsinteressen der Gesellschaft mit den Informationsinteressen der Aktionäre in Einklang zu bringen; der Sonderprüfer kann deshalb auch als «Treuhänder» bezeichnet werden (so FORSTMOSER, SJZ 1992, 140; DERS., ZSR 1992 I 12 f.). 12

b) Eine **Bewertung** des neuen Instituts der Sonderprüfung anhand der bisher ergangenen Gerichtsentscheide (vgl. vor N 1) sowie der in der Literatur geäusserten Bedenken 13

Rolf H. Weber   871

und Erwartungen muss differenziert ausfallen. Zunächst ist darauf hinzuweisen, dass ein erklärtes Ziel der Einführung des Instituts der Sonderprüfung, nämlich das Abschätzen der Prozessrisiken einer allfälligen Verantwortlichkeitsklage (vgl. Botschaft, 91), kaum erreicht wird: Erhält nämlich der Verwaltungsrat Décharge, erlischt das Klagerecht auch für diejenigen Aktionäre, welche nicht zugestimmt haben, sechs Monate nach dem Entlastungsbeschluss (Art. 758 Abs. 2 OR; vgl. FORSTMOSER/MEIER-HAYOZ/NOBEL, § 35 N 112 f.; von BÜREN/STOFFEL/WEBER, N 948). Die Durchführung einer Sonderprüfung wird der Vorbereitung einer Verantwortlichkeitsklage deshalb nur dann dienen können, wenn die Entlastung verweigert wurde und die ordentliche fünfjährige Verjährungsfrist gemäss Art. 760 läuft; dies dürfte jedoch meist nur der Fall sein, wenn die GV die Sonderprüfung veranlasst, nicht dagegen, wenn eine Minderheit sie beantragt (FORSTMOSER/MEIER-HAYOZ/NOBEL, § 35 N 114). Immerhin vermögen die Ergebnisse einer Sonderprüfung die Prozessführung erheblich zu erleichtern und zu unterstützen; zu empfehlen ist deshalb, mit Anhebung der Verantwortlichkeitsklage sogleich deren Sistierung zu beantragen (FORSTMOSER/MEIER-HAYOZ/NOBEL, § 35 N 116; vgl. § 53 II ZPO ZH). Indessen beeinträchtigen hohe Anforderungen der Gerichtspraxis an das Glaubhaftmachen und an die thematische Identität zwischen Sonderprüfung und Auskunftsrecht sowie ggf. die Kostenfolgen die Beliebtheit der Sonderprüfung beträchtlich (GUHL/DRUEY, § 67 N 55; vgl. auch BGE 123 III 264). Fest steht zudem, dass es sich bei der Sonderprüfung um ein Untersuchungsmittel handelt, das zeitintensiv ist (zum Problem der zu langen Verfahrensdauer MAROLDA MARTINEZ, 259 f. und hinten N 34) und nur nach Überwindung verschiedener Hürden (z.B. Antrag auf Auskunft und Einsetzung eines Sonderprüfers, richterliche Bewilligung der Sonderprüfung, Durchführung der Prüfung, Bereinigung des Berichts unter Mitwirkung des Richters, Vorlage des Berichts an der nächsten GV; vgl. Beispiel «Kraftwerk Glattalp» bei DÜGGELIN, 185 ff.) zum Erfolg führt. Das «Schleusensystem» kann deshalb zu einem prozeduralen Hindernislauf werden (BÖCKLI, § 16 N 7; WEBER, Sonderprüfung, 402; JÄNIG, 47; MAROLDA MARTINEZ, 251). Der Einfluss der Sonderprüfung auf das Verhalten des VR wird deshalb als «nicht überwältigend» bezeichnet (CASUTT, ST 2002, 511; krit. auch MAROLDA MARTINEZ, 264 f.).

14 Trotz der angeführten Erschwernisse vermag der Sonderprüfungsbericht aber durchaus eine brauchbare Materialsammlung z.B. für eine spätere Verantwortlichkeitsklage (so – wenn zwar etwas eng – Botschaft, 90; vgl. KUNZ, Verantwortlichkeit, 1279 f.), eine andere Klage oder ein gesellschaftsrechtliches Anliegen (vgl. N 18 ff., 26) abzugeben. Vorrangig ist jedoch wohl die **prophylaktische Wirkung,** welche diesem Institut als Minderheitenschutzrecht zukommt und die Gesellschaften zu einer besseren Informationspolitik veranlasst (WEBER, Sonderprüfung, 413; BÖCKLI, § 16 N 4; RUEDIN, 1390; CASUTT, ST 1991, 577; MAROLDA MARTINEZ, 251 f.); um eine drohende Sonderprüfung abzuwenden, wird der Verwaltungsrat den Minderheitsaktionären oft freiwillig die verlangten Auskünfte erteilen (FORSTMOSER/MEIER-HAYOZ/NOBEL, § 35 N 118), was sich als Fortschritt werten lässt (vgl. auch CASUTT, ST 2002, 507 und 511).

II. Gegenstand der Sonderprüfung

15 Die Sonderprüfung betrifft «**bestimmte Sachverhalte**» (Abs. 1). Der Gegenstand der Sonderprüfung wird somit eingegrenzt durch den Begriff «Sachverhalt» und die Kennzeichnung «bestimmt».

1. Sachverhalt

Die Sonderprüfung als **reines Untersuchungsinstrument** mit eingeschränktem Anwendungsbereich kann nur der Abklärung von Sachverhalten dienen, Prüfungsgegenstand sind somit Tatsachen (HWP 1998, N 7.5421). Der Sonderprüfer hat lediglich festzustellen (Informationen, Fakten), nicht zu werten (vgl. GABRIELLI, 79; CASUTT, ST 2002, 506 f.; JÄNIG, 48 f.). Der Sonderprüfungsbericht ist ein tatsachenorientierter **Erläuterungsbericht** (z.B. über Vertragsinhalte, Rabatte, Mittelentzug, verwandschaftliche Beziehungen), welcher den Aktionären die korrekte Beurteilung des fraglichen Vorganges ermöglicht. Dem Sonderprüfer sollte es aber gestattet sein, nicht nur Tatsachen aneinander zu reihen, sondern zumindest auch die Zusammenhänge aufzuzeigen (CASUTT, ST 2002, 508). Abgeklärt werden können Gegenstände aus allen Bereichen der Gesellschaft (zu den Besonderheiten in Konzernverhältnissen vgl. Art. 697d N 8).

Die Kognition des Sonderprüfers beinhaltet nicht die Beurteilung von Legalität und Opportunität bestimmter Entscheide oder gar des Verschuldens betroffener Personen (Botschaft, 91; WEBER, Sonderprüfung, 407; CASUTT, 44; JÄNIG, 49; ROTH PELLANDA, 303; krit. dazu BINDER, 276). **Nicht Gegenstand** der Sonderprüfung sein können zudem **Rechtsfragen** (z.B. Widerrechtlichkeit einer Handlung, adäquater Kausalzusammenhang). Für die Abgrenzung zwischen Rechts- und Tatfragen ist auf die Grundsätze des Zivilprozessrechts zurückzugreifen (vgl. Art. 697d N 4 und GABRIELLI, 80 f.). Der Sonderprüfer kann auch nicht **Ermessensentscheide** der Organe oder die Frage der Angemessenheit oder Zweckmässigkeit von Geschäftsentscheiden beurteilen (FORSTMOSER/MEIER-HAYOZ/NOBEL, § 35 N 26): Bei entsprechender Auftragsumschreibung sind z.B. die Organsaläre nur festzustellen, nicht auf ihre Rechtfertigung hin zu prüfen (CASUTT, 47; BÖCKLI, § 16 N 53 FN 83; **a.A.** Botschaft, 165); die Frage nach den Honoraren und weiteren Bezügen des Verwaltungsrates ist nur als Gesamtzahl, nicht aber aufgeschlüsselt auf die einzelnen Mitglieder zu beantworten (vgl. Art. 697 N 7 und FORSTMOSER [zit. Art. 696], 105).

Der Grundsatz, dass die Sonderprüfung keine Geschäftsführungsprüfung ist, lässt sich in der Praxis in verschiedenen Fällen jedoch nicht leicht umsetzen. Grenzfälle sind etwa (CASUTT, 57 ff.):

– **Dividendenausschüttung:** Möglich ist die Überprüfung der Frage, ob die Dividendenausschüttung im Rahmen der Einhaltung der Gesetzesvorschriften erfolgt ist.

– Ausmass der **Angaben im Geschäftsbericht** und bei Kapitalerhöhungen: Falsche Angaben im Geschäftsbericht (Art. 662a ff.) schädigen i.d.R. die Gesellschaft nicht; bei Kapitalerhöhungen lässt sich durch den Sonderprüfer hingegen feststellen, welches die wirklichen Gründe eines Bezugsrechtsausschlusses sind (CASUTT, 60).

– Einzelheiten des **Aktionärskreises:** Gegenstand der Sonderprüfung können nicht Daten sein, die im Aktienbuch eingetragen sind; überprüfbar ist nur die formell richtige Eintragung von Namenaktionären (BÖCKLI, § 16 N 63; weniger restriktiv CASUTT, 60 f.).

– **Stille Reserven:** Die apodiktische Aussage, die Rechtmässigkeit der Bildung oder Auflösung stiller Reserven lasse sich nicht durch eine Sonderprüfung klären (Botschaft, 91), vermag nicht zu überzeugen: Die willkürliche Schaffung oder Auflösung stiller Reserven ist gesetzeswidrig (Art. 669 Abs. 3); hat ein Aktionär Indizien für ein entsprechendes Verhalten des VR, muss eine Untersuchung des Vorfalles i.S. einer Tatsachenfeststellung möglich sein. Weil aber die gesetzliche Regelung zu den stillen Reserven nicht illusorisch gemacht werden darf, ist – zumal dem Sonderprüfer kein

Werturteil zusteht – bei der Festlegung des Umfanges der Prüfung an das Glaubhaftmachen des Fehlverhaltens des VR ein strenger Massstab anzulegen (eingehender WEBER, SJZ 1993, 303 f.; vgl. auch CASUTT, 58, 196, 214 f.; KUNZ, AJP 2001, 890; VISCHER [zit. Art. 696], 169; HWP 1998, N 7.58; BÖCKLI, § 16 N 51 und N 63 [abw. von 2. Aufl.]).

2. Bestimmter Sachverhalt

23   Der Sonderprüfer hat «bestimmte» (einzelne, konkrete) Sachverhalte abzuklären, **nicht** eine **umfassende Untersuchung** der Geschäftsführung vorzunehmen. Die Sonderprüfung steht nur zur Beschaffung von Informationen zur Verfügung, welche gesellschaftsinterne Verhältnisse betreffen; es ist deshalb ausgeschlossen, einen Sonderprüfer mit einer allgemeinen Untersuchung der Marktlage in einem bestimmten Wirtschaftssektor zu beauftragen (BGE 123 III 264; BGer, 4C.190/2005 v. 6.9.2006, E. 3.2; vgl. auch WEBER, Sonderprüfung, 406; JÄNIG, 49 f.). Die Sonderprüfung ist demnach ein Untersuchungsinstrument (Erläuterungsbericht, der die einen Aktionär interessierenden Tatsachen enthält), d.h. eine «fact finding mission» (VON GREYERZ, ZBJV 1984, 457 f.; vgl. auch BR KOPP, AmtlBull NR 1985, 1773), **nicht** eine **«fishing expedition»** (BGer, 4C.190/2005 v. 6.9.2006, E. 3.4.2; BÖCKLI, § 16 N 53; ROTH PELLANDA, 305). Die Fragestellung hat individualisiert zu sein (als Beispiele vgl. AppGer BS v. 28.2.95, AJP 1995, 1088: Information über im Rahmen einer Liquidation veräusserte Gegenstände; BGE 120 II 399: Details von Veräusserungs- und Erwerbsgeschäften, die möglicherweise der Generalversammlung hätten vorgelegt werden müssen; BGer, 4C.165/2004 v. 30.7.2004, E. 3.3: Fragen zu verdeckter Gewinnausschüttung und Bauprojekt; vgl. auch DRUEY, SZW 1997, 39). In der Regel ist nicht die gesamte Jahresrechnung, sondern nur der anvisierte «kritische» Teil zu prüfen; hingegen wird bei der Beurteilung von Gründungs- und Kapitalerhöhungsvorgängen dem Sonderprüfer eine erhöhte Flexibilität eingeräumt werden müssen (CASUTT, 49 m.V.). Dieser Grundsatz der Bestimmtheit der Abklärung gilt auch bei Zustimmung zum Sonderprüfungsantrag durch die GV. Erteilt die GV weitergehende Aufträge, bestellt sie nicht einen Sonderprüfer, sondern einen besonderen Sachverständigen gemäss Art. 731 Abs. 2.

III. Materielle Voraussetzungen der Sonderprüfung

24   Die materiellen Voraussetzungen der Sonderprüfung sind **je nach** der **Art** der **Antragstellung** in Art. 697a und Art. 697b **unterschiedlich** ausgestaltet: Stimmt die GV einem Sonderprüfungsantrag mehrheitlich zu, setzt Art. 697a Abs. 1 nur voraus, dass die Sonderprüfung «zur Ausübung der Aktionärsrechte erforderlich» und das Auskunfts- bzw. Einsichtsrecht ausgeübt worden ist. Ordnet hingegen der Richter die Sonderprüfung gestützt auf einen Minderheitsantrag an, muss zusätzlich glaubhaft gemacht werden, dass «Gründer oder Organe Gesetz oder Statuten verletzt und damit die Gesellschaft oder die Aktionäre geschädigt haben» (Art. 697b Abs. 2). Grund dafür sind die zusätzlichen Kosten, Umtriebe und Geheimnisschutzrisiken bei einem Minderheitsantrag. Auch im weniger restriktiven Fall der Mehrheitszustimmung zur Sonderprüfung ist deren Gegenstand aber nicht unbeschränkt, d.h. die Kontrollkompetenzen der GV lassen sich nicht beliebig erweitern, die gegenständliche Beschränkung auf bestimmte Sachverhalte ist einzuhalten (N 23; CASUTT, 37 f.; PEDROJA, 776).

1. Erforderlichkeitskriterium

Die Sonderprüfung muss für die Ausübung von Aktionärsrechten erforderlich sein. Dieses Erforderlichkeitskriterium ist nur erfüllt, wenn der Antragsteller ein **aktuelles Rechtsschutzinteresse** hat (BGer, 4C.165/2004 v. 30.7.2004, E. 5; ZR 2002, 38; FORSTMOSER/MEIER-HAYOZ/NOBEL, § 35 N 29; WEBER, Sonderprüfung, 407; GABRIELLI, 82; JÄNIG, 50 f.; MAROLDA MARTINEZ, 253; ROTH PELLANDA, 301); bei vernünftiger Betrachtungsweise muss mithin ein Anlass bestehen, an der Vollständigkeit und Richtigkeit der Antworten des Verwaltungsrates auf das Auskunftsbegehrens des Aktionärs bzw. an der Rechtfertigung der Auskunftsverweigerung zu zweifeln (BGE 123 III 266). Der Anwendungsbereich entspricht im Übrigen demjenigen beim Auskunftsrecht gemäss Art. 697 Abs. 2 (dort N 7). In Frage kommen somit Sachverhalte, die für die Beurteilung der Lage der Gesellschaft von Bedeutung sind; es hat ein erkennbarer **Zusammenhang** zwischen dem Sonderprüfungsbegehren und der **Ausübung** der **Aktionärsrechte** vorzuliegen (BGer, v. 6.9.2006, 4C.190/2005, E. 3.2). Diese Voraussetzung ist nicht gegeben bei rechtsmissbräuchlichen Fragen, bei Anfragen zu den persönlichen Verhältnissen von Organpersonen, bei bereits bekannten Sachverhalten (mit dem Problem, dass der Aspekt des «Bekanntseins» mehr oder weniger grosszügig ausgelegt werden kann; vgl. dazu DRUEY, SZW 1997, 40) sowie bei offensichtlichen Informationsinteressen von Konkurrenten (WEBER, Sonderprüfung, 408). Nicht erforderlich ist hingegen, dass der Antragsteller in der Generalversammlung die Décharge der Organe verweigert (vgl. CASUTT, 2; **a.A.** GASSMANN, 239) oder bereits Verantwortlichkeitsklage eingereicht hat (eingehender FORSTMOSER/MEIER-HAYOZ/NOBEL, § 35 N 112 ff.).

Das Erforderlichkeitskriterium kann sich auf **alle Bereiche** der **Gesellschaft** und der Geschäftsführung beziehen, d.h. auf alle Tatsachen, die einen Einfluss auf die wirtschaftliche und finanzielle Lage der Gesellschaft haben, inkl. Gegenstände, für die das Gesetz bereits eine spezifische Prüfung durch Revisoren vorsieht (z.B. Sacheinlage, Kapitalherabsetzung). Mit der Wendung «zur Ausübung der Aktionärsrechte» ist v.a. an die Verantwortlichkeitsklage, aber auch an die Nichtgenehmigung der Jahresrechnung, die Abwahl von VR oder Revisionsstelle (BÖCKLI, § 16 N 50) und an die Rückerstattungsklage (Art. 678 f.) gedacht (CASUTT, 51; eher restriktiv Botschaft AG, 91; VON GREYERZ, ZBJV 1984, 456 f.). **Beziehungen zu Dritten** (z.B. zu verbundenen Unternehmen) können nur in eingeschränktem Rahmen Gegenstand der Sonderprüfung sein; die zum Auskunftsrecht angeführten Überlegungen und Differenzierungen gelten analog (Art. 697 N 15; vgl. FORSTMOSER/MEIER-HAYOZ/NOBEL, § 35 N 78 FN 25; BÖCKLI, § 16 N 28 FN 29; ROTH PELLANDA, 304); ein umfassender Durchgriff auf Vorgänge in Konzerngesellschaften ist demnach nicht möglich (vgl. Art. 697d N 8).

2. Subsidiarität

Die Einsetzung eines Sonderprüfers kann – wegen des Schädigungsrisikos (CASUTT, 19) – erst beantragt werden, nachdem der Aktionär ein **Begehren um Auskunft** oder **Einsicht** gestellt hat (BGE 133 III 135; 123 III 264; KUNZ, AJP 2001, 899); zudem müssen die Gegenstände weitgehend deckungsgleich sein (eingehend GABRIELLI, 160 ff.; vgl. auch Art. 697c N 3b). Wie hoch die Anforderungen an die thematische Identität anzusetzen sind, ist in der Lehre umstritten (vgl. BGer, 4C.165/2004 v. 30.7.2004, E. 4; BÖCKLI, § 16 N 41; WEBER, Sonderprüfung, 403 f.; CASUTT, 72; KUNZ, Subsidiarität, 3; KUNZ, Minderheitenschutz, § 12 N 62 ff.; VOCK, 46; PAULI, 212 f.; JÄNIG, 51 f.; MAROLDA MARTINEZ, 254; vgl. auch HORBER, Sonderprüfung, 165 f.). Das BGer erklärt «das Informationsbedürfnis der antragstellenden Aktionäre, wie es der Verwaltungsrat nach Treu und Glauben aus dem vorgängigen Auskunfts- und Einsichtsbegehren erkennen musste», für massgeblich (BGE 123 III 265; vgl. auch ZR 2002, 37 f.; ROTH PELLANDA, 303 f.). Ein solches Begehren ist vor oder an der GV, die über den Sonderprüfungsantrag befindet, zu stellen. Mit Blick auf ein eventuelles späteres Sonderprüfungsverfahren sind die Fragen gut zu überlegen (CASUTT, ST 2002, 507). Das Begehren und die Auskunft darauf sind zu protokollieren (Art. 702 Abs. 2 Ziff. 3). Der Verweigerung der Auskunftserteilung ist die **unbefriedigende Informationsvermittlung** gleichzustellen. «Ausübung» des Auskunftsrechts gemäss Abs. 1 bedeutet lediglich Geltendmachung gegenüber den Organen, nicht prozessuale Durchsetzung (Botschaft, 92; BÖCKLI, § 16 N 41); der Antrag auf Einreichung eines Sonderprüfers lässt sich als Alternative zur Klage auf Auskunft verstehen (BGE 133 III 135; FORSTMOSER [zit. Art. 696], 109). Die Subsidiarität betrifft den Bezug zum Auskunftsrecht des Aktionärs; hingegen muss ein Verwaltungsrat, der Aktionär ist, nicht zuerst das Auskunftsrecht gemäss Art. 715a geltend machen (BGE 133 III 137 mit detaillierter Begründung).

IV. Einleitungsverfahren

28   Die Sonderprüfung wird in zwei Verfahrensabschnitten abgewickelt. Das **Einleitungsverfahren** beginnt mit der erstmaligen Antragstellung in der GV und endet mit dem richterlichen Entscheid über die Durchführung der Sonderprüfung (Art. 697a–c), wobei formell und materiell zwischen dem Fall der Zustimmung durch die GV (Art. 697a) und der Ablehnung durch die GV (Art. 697b) zu unterscheiden ist. Im **Hauptverfahren** geht es um die Durchführung der Sonderprüfung (Art. 697d–f; vgl. auch Entscheidungsbaum zur Sonderprüfung bei PEDROJA, 777).

1. Antragstellung

29   Der Antrag zur Einsetzung eines Sonderprüfers kann an jeder GV gestellt werden, er braucht – wie der Gegenstand – **nicht traktandiert** zu sein (Art. 700 Abs. 3; Botschaft, 171; FORSTMOSER/MEIER-HAYOZ/NOBEL, § 35 N 38; ROTH PELLANDA, 300; vgl. auch HORBER, Reprax 2000, 73 f.). Der Antrag lässt sich auch noch nach Auflösung der Gesellschaft oder nach handelsregisterlicher Wiedereintragung der Gesellschaft stellen.

30   **Antragsberechtigt** sind **Aktionäre,** nicht aber Gläubiger (inkl. Inhaber von Options- und Wandelanleihen) und Arbeitnehmer (abgelehnt im Nationalrat: AmtlBull NR 1985, 1766 ff.) der Gesellschaft. Den Partizipanten lässt sich ein Recht auf Einleitung einer Sonderprüfung statutarisch einräumen (Art. 656c Abs. 1); selbst bei Fehlen einer solchen Bestimmung ist – nicht zuletzt im Lichte der Mitberücksichtigung des PS-Kapitals beim Minderheitenquorum – den Partizipanten aber gestützt auf Art. 656c Abs. 3 ein Antragsrecht an der Generalversammlung (und beim Richter) zuzuerkennen (WEBER, Sonderprüfung, 404; FORSTMOSER/MEIER-HAYOZ/NOBEL, § 35 N 35; eingehender dazu HORBER, N 1103 f.; 1203; GABRIELLI, 101 f.). Antragsberechtigt ist auch ein vom VR zu Unrecht abgelehnter, d.h. eingetragener, aber stimmrechtsloser Aktionär (Art. 685f Abs. 2 i.V.m. Art. 656c Abs. 2). Zwischen dem Antragsteller für die Auskunft bzw. Einsicht und dem Antragsteller für die Sonderprüfung braucht keine Personenidentität zu bestehen (eingehend nun zu dieser früher umstrittenen Frage BGE 133 III 136; vgl. auch GVP SG 2002, 170 ff.; WEBER, Sonderprüfung, 403; BÖCKLI, § 16 N 40; BINDER, 261 FN 212; KUNZ, Subsidiarität, 4; CASUTT, ST 2002, 508; MAROLDA MARTINEZ, 257 f.). Hingegen hat sich der Sonderprüfungsantrag auf den gleichen Gegenstand zu beziehen wie der Auskunftsantrag, d.h. einen Konnex zu den gestellten Fragen zu

schaffen (CASUTT, ST 2002, 508). Ohne Antrag an der GV kann der Richter nicht angerufen werden (Subsidiaritätsprinzip, N 27).

2. Beschlussverfahren

Der **VR** ist **verpflichtet,** den **Antrag** in der GV **zur Abstimmung zu bringen,** auch wenn er aus formellen oder materiellen Gründen den Antrag ablehnt (vgl. GABRIELLI, 105). An der GV hat der VR die Möglichkeit, seine Auffassung kundzutun und das Ausmass des Auskunftsrechts zu diskutieren. Die Pflicht zur Vorlage gilt auch dann, wenn der VR im Anschluss an die GV noch Informationen nachzuliefern gewillt ist. Weigert sich der VR, das Beschlussverfahren trotz Wahrnehmung der Abstimmungsverfolgungs-Obliegenheit seitens des Aktionärs (KUNZ, Minderheitenschutz, § 12 N 67 ff.) durchzuführen, ist nicht die GV anzufechten, sondern aus prozessökonomischen Gründen ist darin eine Ablehnung des Antrags auf Einsetzung eines Sonderprüfers zu sehen, d.h. der Aktionär kann direkt den Antrag nach Art. 697b stellen (vgl. AGVE 1998, 40 f.; BÖCKLI, § 16 N 37; GABRIELLI, 109; CASUTT, 75, 77; BINDER, 262 f.; JÄNIG, 53 f.; ROTH PELLANDA, 300). «Mitstreiter» geben sich u.U. an der GV zu erkennen. 31

In der Abstimmung entscheidet die **absolute Mehrheit** der **vertretenen Stimmen.** Die erhöhte Stimmkraft von Stimmrechtsaktien ist ausser Kraft gesetzt (Art. 693 Abs. 3 Ziff. 3). Ein Stimmrechtsausschluss für Verwaltungsräte gemäss Art. 695 findet nicht statt (BÖCKLI, N 1861 FN 18; BÜRGI, Art. 695 N 15; CASUTT, 80 f.; **a.A.** TANNER, Quoren für die Beschlussfassung in der AG, Diss. Zürich 1987, 125 FN 245). Eine statutarische Erschwerung der Beschlussfassung (Art. 703/704) ist zulässig (CASUTT, 79; WEBER, SAV, 81; **a.A.** BÖCKLI, § 16 N 36). Der Verwaltungsrat hat keine Kompetenz, anstelle der GV ein Sonderprüfungsbegehren anzuerkennen (ROTH PELLANDA, 303). 32

3. Einsetzung des Sonderprüfers

Auch bei der praktisch seltenen Zustimmung durch die GV (Ausnahme: Fall SAirGroup [dazu CASUTT, ST 2002, 510]) ist der Sonderprüfer **vom Richter einzusetzen** (entgegen § 142 Abs. 1 AktG und einem Vorstoss im Ständerat, AmtlBull StR 1988, 506), um eine grösstmöglichste Gewähr für dessen Unabhängigkeit zu erreichen (CASUTT, 32; FORSTMOSER/MEIER-HAYOZ/NOBEL, § 35 N 51). Antragsberechtigt ist jeder Aktionär und Partizipant (nicht zwingend der ursprüngliche Antragsteller an der GV) sowie – auf Antrag des Nationalrates (AmtlBull NR 1985, 1669) – die Gesellschaft selber; weil der Richter das Prüfungsthema festlegt, ist auch beim Antrag der Gesellschaft eine sachwidrige Verfahrensbeeinflussung unwahrscheinlich. Die 30-Tage-Frist in Abs. 2 ist eine nicht unterbrechbare Verwirkungsfrist (ROTH PELLANDA, 302). Der Richter hat die formellen und materiellen Voraussetzungen der Antragsberechtigung summarisch zu prüfen (vgl. AGVE 1992, 92 ff.; FORSTMOSER/MEIER-HAYOZ/NOBEL, § 35 N 52; GABRIELLI, 106 FN 461, mit Verweis auf verschiedene kantonale Zivilprozessordnungen). 33

V. Revision

Angesichts der sehr unterschiedlichen Einschätzung der Wirkung, welche die Sonderprüfung zugunsten der Aktionäre zu entfalten vermag (vgl. N 14 f.), erstaunt es nicht, dass bereits seit Jahren über eine «Nachbesserung» in Bezug auf das Rechtsinstitut der Sonderprüfung gesprochen wird. Zum Zwecke der Erleichterung der Rechtsausübung durch die Aktionäre hat der Expertenbericht BÖCKLI/HUGUENIN/DESSEMONTET vom 34

30.11.2003 (S. 116 ff.) folgende Massnahmen vorgeschlagen (vgl. auch BÖCKLI, § 16 N 17 ff.): (1) Der Schwellenwert für das Gesuch an den Richter zur Einleitung der Sonderprüfung sollte auf 5% des Aktienkapitals oder Aktien im Börsenwert von CHF 1 Mio. gesenkt werden. (2) Glaubhaft zu machen sei vom Aktionär die Gesetzes- oder Statutenverletzung (mit zusätzlicher Möglichkeit der Verletzung des Organisationsreglementes), nicht mehr aber die Schädigung von Gesellschaft oder Aktionären, insoweit hätte das Kriterium der Eignung zu genügen. (3) Im Sinne einer Straffung des Instanzenzuges sollte nur noch ein kantonales Gericht und die Beschwerde an das Bundesgericht vorgesehen werden. (4) Zwecks Klarstellung der Kostentragung sei festzuhalten, dass es nicht nur um Gerichtskosten, sondern auch um Parteientschädigungen gehe.

35 Mit der geplanten Aktienrechtsrevision soll der Begriff «Sonderprüfung» durch «Sonderuntersuchung» ersetzt werden (Botschaft Aktien- und Rechnungslegungsrecht, 1674). In Weiterentwicklung der vorgenannten Expertenvorschläge will der Bundesrat bei Ablehnung der Sonderuntersuchung durch die GV die Schwellenwerte für die Einreichung des Gesuches beim Richter auf 0,5% des Aktienkapitals/der Stimmen oder Aktien im Nennwert von mind. CHF 1 Mio. bei börsenkotierten Gesellschaften und auf 5% des Aktienkapitals/der Stimmen oder Aktien im Nennwert von mind. CHF 250 000 bei nicht börsenkotierten Gesellschaften senken, um die hohe Eintrittshürde für Aktionäre zu mildern (Botschaft Aktien- und Rechnungslegungsrecht, 1674). Zudem wird klargestellt, dass auch Fragen gestellt werden dürfen, die Gegenstand der Diskussion des Sonderuntersuchungsbegehrens an der GV gewesen sind (E-Art. 697b Abs. 2). Weiter wird der Nachweis des Glaubhaftmachens abgeschwächt, indem nur noch die Eignung für eine Schädigung von AG oder Aktionären darzutun ist, doch genügen blosse Behauptungen insoweit nicht (E-Art. 697b Abs. 3). Die Verkürzung des Instanzenzuges soll in der schweizerischen Zivilprozessordnung geregelt werden (Art. 246 lit. c Ziff. 8 E-ZPO; Botschaft Aktien- und Rechnungslegungsrecht, 1675). Die Regelungen in Art. 697c, 697d und 697e erfahren nur kleinere sprachliche Änderungen. Die Kostentragungsnorm von Art. 697g wird mit einer etwas präziseren Formulierung gestrafft.

Art. 697b

2. Bei Ablehnung durch die Generalversammlung

¹ Entspricht die Generalversammlung dem Antrag nicht, so können Aktionäre, die zusammen mindestens 10 Prozent des Aktienkapitals oder Aktien im Nennwert von 2 Millionen Franken vertreten, innert dreier Monate den Richter ersuchen, einen Sonderprüfer einzusetzen.

² Die Gesuchsteller haben Anspruch auf Einsetzung eines Sonderprüfers, wenn sie glaubhaft machen, dass Gründer oder Organe Gesetz oder Statuten verletzt und damit die Gesellschaft oder die Aktionäre geschädigt haben.

2. En cas de refus de l'assemblée générale

¹ Si l'assemblée générale ne donne pas suite à la proposition, des actionnaires représentant 10% au moins du capital-actions ou des actions d'une valeur nominale de 2 millions de francs peuvent, dans les trois mois, demander au juge la désignation d'un contrôleur spécial.

² Les requérants ont droit à la désignation d'un contrôleur spécial lorsqu'ils rendent vraisemblable que des fondateurs ou des organes ont violé la loi ou les statuts et qu'ils ont ainsi causé un préjudice à la société ou aux actionnaires.

2. Abschnitt: Rechte und Pflichten der Aktionäre   1–4   Art. 697b

2. In caso di rifiuto da parte dell'assemblea generale	¹ Se l'assemblea generale non accede alla proposta, la designazione giudiziale di un controllore speciale può essere chiesta, entro il termine di tre mesi, da azionisti che rappresentino insieme almeno il 10 per cento del capitale azionario o azioni per un valore nominale di 2 milioni di franchi. ² I richiedenti hanno diritto alla designazione di un controllore speciale ove rendano verosimile che promotori od organi hanno violato la legge o lo statuto e danneggiato in tal guisa la società o gli azionisti.

Wenn die GV den Antrag auf Einleitung einer Sonderprüfung ablehnt (Art. 697a), kann – in zweiter Linie – deren **Anordnung** durch den **Richter** erfolgen. Diesfalls sind aber **erschwerte formelle Voraussetzungen** (mindestens 10% des Aktienkapitals oder Aktien im Nennwert von 2 Millionen Franken) zu erfüllen und **erschwerte materielle Voraussetzungen** (Verletzung von Gesetz oder Statuten und Schädigung von Gesellschaft oder Aktionären) glaubhaft zu machen. Das Individualrecht wandelt sich somit zum Minderheitenrecht. In der Praxis ist Art. 679b regelmässig die «Einlasspforte» zur Sonderprüfung gewesen (vgl. Art. 697a N 33); die zweite Schlüsselstelle ist hernach die Bereinigung des Sonderprüfungsberichts (Art. 697e Abs. 2).   1

I. Formelle Voraussetzungen der Sonderprüfung

Lehnt die GV einen Sonderprüfungsantrag ab oder weigert sich der VR, den Antrag der GV zum Beschluss vorzulegen (Art. 697a N 31), kann eine Minderheit, die **10%** des **Aktienkapitals** oder Aktien im Nennwert von **CHF 2 Mio.** (unabhängig vom einbezahlten Kapital) vertritt (keine Personenidentität: Art. 697a N 30), den Antrag beim Richter wiederholen. Das Partizipationskapital ist allenfalls mitzuberechnen (Art. 656c Abs. 2; vgl. Art. 697a N 30). Das gesetzliche Quorum schützt davor, dass ein Querulant die Organe der AG beschäftigt, missbräuchliche Verfahren einleitet und erhebliche Kosten verursacht (Botschaft, 91, 165; BGer, 4C.412/2005 v. 23.2.2006, E. 3.3; BÖCKLI, § 16 N 24, 26; krit. BÄR, BN 1992, 404, 410; DÜGGELIN, ST, 264 f. für Ausgestaltung als Individualrecht). Eine statutarische Erschwerung der Minderheitsquoren ist unzulässig (Botschaft, 139; WEBER, SAV, 83), eine Erleichterung hingegen möglich (FORSTMOSER/MEIER-HAYOZ/NOBEL, § 35 N 46).   2

Die Aktionärseigenschaft der gesuchstellenden Minderheit kann erst nach der GV erworben werden (BGE 133 III 136; vgl. auch Art. 697a N 30), vorausgesetzt, dass der Auskunftsanspruch ordnungsgemäss geltend gemacht worden ist, muss aber gemäss Rechtsprechung bis zur Entscheidung des Richters andauern (so BGE 133 III 182 mit eingehender Begründung; krit. dazu mit überzeugenden Argumenten DUBS, AJP 2007, 1196 ff.; ebenso ROTH PELLANDA, 302); hingegen dürfen die Aktien während der Durchführung der Sonderprüfung verkauft werden (CASUTT, 91 f.; Rep 1999, 221 ff.). Weitere persönliche Voraussetzungen (z.B. Teilnahme an der GV, persönliches Interesse) sind nicht zu erfüllen.   3

Die **Frist** von **drei Monaten** zur Suche von «Mitstreitern» ist relativ lange; es handelt sich aber um eine Verwirkungsfrist (ROTH PELLANDA, 302). Zudem muss die Sonderprüfung weiterhin für die Ausübung der Aktionärsrechte erforderlich sein (Art. 697a Abs. 2; CASUTT, 56).   4

Rolf H. Weber

II. Materielle Voraussetzungen der Sonderprüfung

5   Für die vom Richter angeordnete Sonderprüfung gelten grundsätzlich dieselben materiellen Voraussetzungen wie für die von der GV angenommene Sonderprüfung (Bestimmtheit des abzuklärenden Sachverhaltes, Erforderlichkeitskriterium, Subsidiarität zur Auskunft); zusätzlich sind aber noch weitere Voraussetzungen zu erfüllen, nämlich die **Glaubhaftmachung der Gesetzes- oder Statutenverletzung** durch Gründer oder Organe und die **Schädigung von Gesellschaft oder Aktionären** (Abs. 2). Die gesuchstellende Minderheit muss – als Eingrenzung des Anwendungsbereichs der Sonderprüfung – diese beiden Voraussetzungen kumulativ durch entsprechende Anhaltspunkte glaubhaft machen. Ungeachtet der Quorumsbestimmungen, welche die Gesellschaft vor kleinen querulatorischen Minderheiten, trölerischen Anträgen, Raider-Vorgehensweisen usw. schützen, haben mithin auch **sachliche Gründe** für die Sonderprüfung zu sprechen, um zu verhindern, dass z.B. unnötige Kosten bei der Gesellschaft anfallen (CASUTT, 34 f.; vgl. FORSTMOSER/MEIER-HAYOZ/NOBEL, § 35 N 48).

6   – **Verletzung von Gesetz oder Statuten** durch (irgendwelche) Organe oder Gründer bedeutet Verstoss gegen geschriebene Rechtsnormen oder ungeschriebene aktienrechtliche Grundsätze (z.B. Verletzung von Sorgfaltspflichten, Gebot der schonenden Rechtsausübung). Verletzung meint Pflichtwidrigkeit oder Widerrechtlichkeit einer Tätigkeit, nicht nur Unzweckmässigkeit (WEBER, Sonderprüfung, 408, JÄNIG, 59 f.). Aus der Gerichtspraxis (vgl. auch Art. 697a vor N 1) können dazu folgende Beispiele angeführt werden (WEBER, Sonderprüfung, 409): Verletzung der Sorgfalts- oder Treuepflicht, z.B. durch fehlende Interessenwahrung oder Nichtbeachtung eines Interessenkonfliktes bei einem Aktienkauf (Art. 717 Abs. 1; BGE 120 II 393); Verletzung des Gleichbehandlungsgebotes (Art. 706 Abs. 2 Ziff. 3, Art. 717 Abs. 2; Fall Publicitas, vgl. NZZ Nr. 143 v. 24.6.1993, 29; Nr. 280 v. 1.12.1993, 40; Nr. 294 v. 17.12.1993, 33; Fall X c. Y AG, BezGer ZH v. 21.2.1996; BGE 123 III 261 bez. Verrechnungspreise an Aktionäre); unzulässige Ausübung des Stimmrechts bei eigenen Aktien (Art. 659a; OGer ZH i.S. BK Vision/SBG v. 16.7.1996, Erw. III D 1c, teilw. publiziert bei DRUEY, SZW 1997, 34 ff.); unzutreffende Angaben über die Zahl der erworbenen/gehaltenen eigenen Aktien (Art. 663b Ziff. 10; vgl. DRUEY, SZW 1997, 40); Ausübung des Stimmrechts unter unzulässiger Umgehung einer Stimmrechtsbeschränkung (Art. 691 Abs. 1; vgl. DRUEY, SZW 1997, 38); Verletzung von Bilanzierungsvorschriften (Art. 662a; vgl. BGE 120 II 393); Rückerstattung ungerechtfertigter Leistungen an nahe stehende Personen (Art. 678; vgl. Fall Publicitas, vgl. NZZ Nr. 143 v. 24.6.1993, 29; Nr. 280 v. 1.12.1993, 40; Nr. 294 v. 17.12.1993, 33; Fall X c. Y AG, BezGer ZH v. 21.2.1996; BGE 123 III 261); pflicht- oder kompetenzwidrig beschlossene Erwerbs- und Veräusserungsgeschäfte (Art. 718a; vgl. BGE 120 II 393); verdeckte Gewinnausschüttung und fragwürdiges Bauprojekt (BGer, 4C.165/2004 v. 30.7.2004).

7   – **Schädigung von Gesellschaft oder Aktionären** bedeutet eine eingetretene, unfreiwillige Vermögensverminderung, nicht nur eine zukünftige oder drohende Schädigung. Nicht relevant sind Vermögensschädigungen Dritter. Die Voraussetzung der Schädigung der Gesellschaft oder von Aktionären geht sehr weit, weil dadurch ein präventives Eingreifen der Minderheit vor Entstehung eines Schadens verunmöglicht wird (CASUTT, 290); an sich sollte eine drohende Schädigung ausreichen (WEBER, Sonderprüfung, 409 f.; GABRIELLI, 113; zur Revisionsvorlage vgl. Art. 697a N 35). Neben dem Schaden ist auch der Kausalzusammenhang glaubhaft zu machen, obwohl Abs. 2 nicht ausdrücklich darauf hinweist (BGer, 4C.190/2005 v. 6.9.2006, E. 3.2; BÖCKLI, § 16 N 44; GABRIELLI, 114; **a.A.** PEDROJA, 778; umbestimmt CA-

2. Abschnitt: Rechte und Pflichten der Aktionäre   **Art. 697c**

SUTT, 55 f., 97). In der Regel wird in Lehre und Rechtsprechung kein allzu strenger Massstab beim Kausalzusammenhang angelegt (BÖCKLI, § 16 N 44); im Einzelfall kann es aber doch zu schwierigen Ermessensfragen kommen (z.B. Beeinflussung der Mitarbeiter, vgl. DRUEY, SZW 1997, 39).

Die gesuchstellende Minderheit hat prozessual Tatsachen zu behaupten, die belegen, dass (1) die entsprechenden Ereignisse sich zugetragen haben und dass (2) die Rechtsverletzung vorliegt. Mit Bezug auf Tatsachen darf das Gericht weder blosse Behauptungen genügen lassen, noch einen stringenten Beweis verlangen (BGer v. 26.11.2007, 4A_359/2007, E. 2.2). Aufgrund konkreter Anhaltspunkte hat eine gewisse **Wahrscheinlichkeit** für das Vorliegen der behaupteten Tatsachen zu bestehen, d.h. die Tatsachen sind ausreichend glaubhaft zu machen (vgl. im Einzelnen dazu Art. 697c N 3). 8

Art. 697c

3. Einsetzung

¹ Der Richter entscheidet nach Anhörung der Gesellschaft und des seinerzeitigen Antragstellers.

² **Entspricht der Richter dem Gesuch, so beauftragt er einen unabhängigen Sachverständigen mit der Durchführung der Prüfung. Er umschreibt im Rahmen des Gesuches den Prüfungsgegenstand.**

³ **Der Richter kann die Sonderprüfung auch mehreren Sachverständigen gemeinsam übertragen.**

3. Désignation

¹ Le juge statue après avoir entendu la société et la personne qui a requis le contrôle spécial à l'assemblée générale.

² Si le juge agrée la requête, il charge un expert indépendant de l'exécution du contrôle. Il définit l'objet du contrôle dans les limites de la requête.

³ Le juge peut aussi confier le contrôle spécial conjointement à plusieurs experts.

3. Istituzione

¹ Il giudice decide dopo aver sentito la società e la persona che ha proposto la verifica speciale all'assemblea generale.

² Se accoglie la richiesta, il giudice incarica un perito indipendente di eseguire la verifica. Egli ne delimita l'oggetto entro i limiti della richiesta.

³ Il giudice può altresì deferire la verifica speciale a più periti congiuntamente.

I. Anordung der Sonderprüfung (Abs. 1)

Abs. 1 vermerkt nur kurz, dass der Richter nach Anhörung der Parteien über das Gesuch zur Einsetzung eines Sonderprüfers entscheidet. Das Aktienrecht enthält somit keine prozessrechtlichen Vorschriften. Sachlich ist ein einfaches und möglichst rasches Verfahren geboten; angemessen ist somit das **summarische Verfahren,** wie es bei Begehren um Auskunftserteilung gilt (Art. 697 Abs. 4; für ZH vgl. § 219 Ziff. 13 ZPO; vgl. auch AGVE 1992, 93; FORSTMOSER/MEIER-HAYOZ/NOBEL, § 35 N 52; ROTH PELLANDA, 298). Für das summarische Verfahren spricht auch, dass die materiellen Voraussetzungen gemäss Art. 697b Abs. 2 nur glaubhaft zu machen sind. Zuständig ist (im nichtstreitigen Verfahren subsidiär neben dem Domizil des Gesuchstellers: ZR 2002, 1

33 f.) der Richter am Sitz der Gesellschaft (vgl. BGer, 4C.412/2005 v. 23.2.2006, E. 2; ROTH PELLANDA, 300 f.); die Parteien haben ein Anhörungsrecht (Abs. 1).

2   Der **Richter** hat die **formellen Voraussetzungen** (z.B. Legitimation des Antragstellers, Subsidiarität gegenüber dem Auskunfts- oder Einsichtsrecht, gleicher Gegenstand von Auskunfts- und Sonderprüfungsbegehren, Gutheissungs- oder Ablehnungsbeschluss in der GV) und die **materiellen Voraussetzungen** (z.B. zulässiger Sonderprüfungsgegenstand) zu **prüfen.** Der VR kann einwenden, ausreichend Auskunft gegeben zu haben; die Beurteilung hat gemäss GV-Protokoll zu erfolgen, die gegebene Auskunft ist auf ihren Informationsgehalt hin zu würdigen (WALTHER [zit. Art. 696], 133 f.).

3   Die materiellen Voraussetzungen sind ausreichend glaubhaft zu machen (Art. 697b Abs. 2). Der Richter hat die Tatsachen in sachlicher und rechtlicher Hinsicht zu würdigen. **Glaubhaftmachung** bedeutet, dass aufgrund konkreter Anhaltspunkte und in vorläufiger richterlicher Würdigung der Tatsachen in sachlicher und rechtlicher Hinsicht eine **gewisse Wahrscheinlichkeit** für deren Vorliegen gegeben sein muss, selbst wenn deren Verwirklichung nicht mit Sicherheit vorausgesagt werden kann (**Plausibilität:** GULDENER, Schweizerisches Zivilprozessrecht, 3. Aufl. Zürich 1979, 323 FN 27; vgl. zur Thematik BGer, 4C.64/2003 v. 18.7.2003, E. 5.3; 4C.179/2005 v. 2.11.2005, E. 4.2.1; 4C.412/2005 v. 23.2.2006, E. 3.3; 4C.190/2005 v. 6.9.2006, E. 3.2 und E. 3.4.1; GVP ZG 2000, 134; GVP ZG 2002, 172; WEBER, Sonderprüfung, 410; FORSTMOSER/MEIER-HAYOZ/NOBEL, § 35 N 49; BÖCKLI, § 16 N 44; CASUTT, ST 2002, 510 mit FN 30; SCHWARZENBACH, 76 f.; JÄNIG, 60 f.; ROTH PELLANDA, 304 f.). Das Gericht hat dabei «in wertender Abwägung der sich gegenüberstehenden Interessen die von den Gesuchstellern behaupteten Verdachtsmomente auf ihre Wahrscheinlichkeit hin zu überprüfen» (BGE 120 II 398). Präzise ausgedrückt, sind im Übrigen nicht die Tatsachen, sondern die behaupteten Fakten glaubhaft zu machen (WEBER, Sonderprüfung, 410; vgl. DRUEY, SZW 1997, 40; HIRSCH, 416 f.).

3a Im Zusammenhang mit Rechtsfragen geht es nicht um Beweisfragen, sondern darum, dass sich die rechtlichen Argumente als einigermassen aussichtsreich und oder doch zumindest als vertretbar erweisen müssen (WEBER, Sonderprüfung, 411; VOGEL, SZW 1996, 81 f.). Mit dem BGer hat sich in der Lehre mehrheitlich die Meinung durchgesetzt, dass ein allzu strenger Massstab in der Beurteilung des Glaubhaftmachens nicht angewendet werden dürfe (zusätzlich zu den Nachweisen in N 3 vgl. BGE 120 II 397 ff.; WATTER, AJP 1995, 231; BÄR, ZBJV 1996, 452 f.; VOGEL, SZW 1996, 81). In den verschiedenen Kantonen werden zwar nicht immer gleiche Anforderungen an das Glaubhaftmachen der Voraussetzungen gestellt (vgl. WEBER, SAV, 76 f.; streng betr. Glaubhaftmachung OGer ZH, SZW 1997, 34 f.). Ist die Frage der rechtlichen Qualifikation des Verhaltens nicht liquid, sollte – wie in Zweifelsfällen – dem Gesuch stattgegeben werden, damit nach Durchführung der Sonderprüfung erneut darüber befunden werden kann (CASUTT, 99, 102). Für den Entscheid des Richters ist das Geheimhaltungsinteresse der Gesellschaft nicht relevant; darüber ist erst im Rahmen der Bereinigung des Sonderprüferberichts zu befinden (Art. 697e N 6 ff.).

3b Das Glaubhaftmachen von Tatsachen spielt auch im Zusammenhang mit der Konkretisierung des umstrittenen Prinzips der Subsidiarität (Art. 697a N 30) eine erhebliche Rolle. Eine Ausweitung des Prüfungsgegenstandes durch neue Fragen ist unzulässig (SCHWARZENBACH, 78), doch müssen Konkretisierungsfragen vor dem Richter noch möglich sein (SCHWARZENBACH, 70; vgl. auch Art. 697a N 35 zur Revision). Rechtsprechung und Lehre gehen zutreffend davon aus, dass die Anforderungen an das Glaubhaftmachen des Subsidiaritätsprinzips nicht übersteigert werden dürfen (ZR 2002, 37; CASUTT, ST 2002, 508 f.; SCHWARZENBACH, 71 ff.; MAROLDA MARTINEZ, 257 f.).

Abs. 1 unterscheidet nicht danach, ob der Sonderprüfer mit oder ohne Zustimmung der **4** GV eingesetzt werden soll. Sachlich ist aber zu differenzieren (vgl. FORSTMOSER/ MEIER-HAYOZ/NOBEL, § 35 N 53): (1) Hat die GV dem Sonderprüfungsantrag zugestimmt, ist das Gerichtsverfahren nicht kontradiktorisch, sondern der **freiwilligen Gerichtsbarkeit** zuzuordnen (dazu ZR 2002, 33), mit der Folge, dass eine Berufung an das BGer nicht zulässig ist (vgl. CASUTT, 84 f., 88; ROTH PELLANDA, 299 und 303). (2) Stimmt die GV dem Sonderprüfungsantrag nicht zu, liegt hingegen ein **streitiges Verfahren** vor und den Parteien muss innerkantonal ein Rechtsmittel zustehen, das der Oberinstanz freie Kognition gibt (AppGer BS v. 28.2.1995, AJP 1995, 1087 ff. m.Bem. von TRACHSLER; zur Verkürzung des Instanzenzuges in der Aktienrechtsrevision vgl. Art. 697a N 35).

Der letztinstanzliche ordentliche kantonale Entscheid ist vermögensrechtlicher Natur **4a** und lässt sich mit Berufung an das BGer (Art. 45–48 OG) weiterziehen, weil es sich um eine endgültig entschiedene Zivilrechtsstreitigkeit handelt (BGE 120 II 394; BGer, 4C.165/2004 v. 30.7.2004, E. 1.2; BGer, 4C.412/2005 v. 23.2.2006, E. 1; BGer, 4C.190/2005 v. 6.9.2006, E. 1; CORBOZ, 7). Früher war die Berufung nur bei Ablehnung der Sonderprüfung möglich, seit anfangs 2007 ist die Einheitsbeschwerde auch im freiwilligen Verfahren möglich (Art. 72 Abs. 1 BGG). Eine Berufung lässt sich nicht mehr gegen einen letztinstanzlichen Entscheid gestützt auf ein ausserordentliches Rechtsmittel einreichen und ist bei der Behandlung einer (ausserordentlichen) Beschwerde der Vorbehalt von Art. 84 Abs. 2 OG zu prüfen (vgl. BGer, 4P.183/2005 v. 2.11.2005 und 4C.233/2005 zu KassGer SG). Ungeachtet der Tatsache, dass nur ein summarisches Verfahren stattfindet, erwächst der endgültige Entscheid in materielle Rechtskraft (VOGEL, SZW 1996, 82; vgl. auch WEBER, Sonderprüfung, 406).

Tatsächliche Feststellungen der Vorinstanz, wie sie im Sonderprüfungsverfahren oft vor- **4b** kommen, kann das Bundesgericht nicht überprüfen (BGer, 4C.412/2005 v. 23.2.2006, E. 2; BGer, 4C190/2005 v. 6.9.2006, E. 2; BGer, 4C.353/2006 v. 28.2.2007, E. 5).

II. Einsetzung des Sonderprüfers (Abs. 2)

1. Bestimmung des Prüfungsgegenstandes

Abs. 2 Satz 2 verpflichtet den Richter, den **Prüfungsgegenstand** (bei Zustimmung und **5** Ablehnung durch GV) zu **umschreiben.** Dieser Aufgabe hat sich der Richter vor der Bestimmung der Person des Sonderprüfers anzunehmen, weil die Personenwahl von der sachlichen Ausrichtung der Prüfung abhängen kann. Abs. 2 Satz 2 bezieht sich vom Wortlaut her auf die Anordnung der Sonderprüfung gestützt auf ein Minderheitsgesuch, weil sich der Umfang bei Zustimmung durch die GV aus dem Antrag an der GV und aus dem vorangegangenen Auskunftsbegehren ergibt, soweit dem Bestimmtheitserfordernis Genüge getan ist (vgl Art. 697a N 23). Bei einem Minderheitsgesuch ist der Umfang des Prüfungsgegenstandes auf die glaubhaft gemachten Rechtsverletzungen und die damit im Zusammenhang stehenden sachlichen Gesichtspunkte auszurichten. Überschiessende Anträge sind zu begrenzen; nicht Gegenstand sein kann die Abklärung bekannter Sachverhalte oder die Beurteilung von Rechtsfragen bzw. Prozesschancen (ZR 2002, 37 f.; FORSTMOSER/MEIER-HAYOZ/NOBEL, § 35 N 62 f.; GABRIELLI, 121; Beispiele bei CASUTT, 126).

Der Prüfungsgegenstand und damit der Umfang der Berichterstattung wird definitiv **6** vom Richter festgelegt; der Sonderprüfer kann lediglich die Prüfungshandlungen, d.h. die Untersuchungstätigkeit, in pflichtgemässem Ermessen bestimmen (vgl. ZR 2002,

36 ff.). Bezüglich der Tätigkeit als solcher hat der Richter aber keine Auflagen zu machen.

2. Bestimmung der Person des Sonderprüfers

7   Der Richter hat als Sonderprüfer einen **ausgewiesenen Experten,** der **unabhängig** und **sachkundig** ist, zu finden (vgl. FORSTMOSER/MEIER-HAYOZ/NOBEL, § 35 N 54; JÄNIG, 56). Die persönlichen Anforderungen des Sonderprüfers sind sachbezogen; eine besondere Befähigung ist nicht erforderlich, generell ist Durchsetzungsvermögen erwünscht. Der Richter kann Vorschläge der Beteiligten entgegennehmen (zur Anhörung der Parteien ROTH PELLANDA, 305), braucht ihnen aber angesichts des ihm eingeräumten grossen Ermessen nicht zu folgen (ZR 2002, 35 f.; BÖCKLI, § 16 N 58; GABRIELLI, 122; MAROLDA MARTINEZ, 260).

8   Unabhängigkeit bedeutet **Weisungsungebundenheit** (Botschaft, 91, 185); an den Sonderprüfer sind strengere Unabhängigkeits-Anforderungen als an den Revisor (Art. 727c) zu stellen (vgl. BÖCKLI, § 16 N 58 f.; ROTH PELLANDA, 305). Die Unabhängigkeit bezieht sich nicht nur auf den VR und die Geschäftsleitung, sondern auch auf die Aktionäre und die Revisionsstelle (FORSTMOSER/MEIER-HAYOZ/NOBEL, § 35 N 56; CASUTT, 130).

9   Abs. 3 ermächtigt den Richter ausdrücklich, **mehrere Sonderprüfer** einzusetzen. Dieses Vorgehen wird dann erwünscht sein, wenn ein einziger Sonderprüfer nicht alle benötigten Kenntnisse hat oder den Bericht nicht innert nützlicher Frist erstellen kann. Auch **juristische Personen** (ausser die Revisionsstelle: BÖCKLI, § 16 N 58 f.) kommen, soweit die Unabhängigkeit gewahrt ist, als Sonderprüfer in Frage (FORSTMOSER/MEIER-HAYOZ/NOBEL, § 35 N 55; CASUTT, 132), selbst wenn sich dies nicht ausdrücklich aus dem Gesetz ergibt. Weil die Wahl des Sonderprüfers entscheidend vom Prüfungsgegenstand abhängt, lassen sich nicht allgemeine Vorzugskriterien formulieren.

10 Der Vertrag zwischen dem Sonderprüfer und der Gesellschaft (nicht der Aktionärsminderheit oder dem Richter) kommt mit Annahme des richterlichen Angebotes zur Durchführung der Sonderprüfung – unabhängig von einer Willensäusserung der Gesellschaft – zustande; der angefragte Sonderprüfer unterliegt keiner Kontrahierungspflicht. Materiell handelt es sich nicht um ein reines Mandatsverhältnis, weil die Rechtsbeziehungen zwischen der Gesellschaft und dem Sonderprüfer als «Beauftragtem» der Disposition der Parteien weitgehend entzogen und durch spezifische aktienrechtliche Bestimmungen geregelt sind; Auftragsrecht kann aber insoweit herangezogen werden, als nicht die gesetzliche Regelung oder die Natur der Sonderprüfung eine andere Lösung verlangen (vgl. Art. 697d N 3; CASUTT, 122; FORSTMOSER/MEIER-HAYOZ/NOBEL, § 35 N 66).

Art. 697d

4. Tätigkeit

¹ **Die Sonderprüfung ist innert nützlicher Frist und ohne unnötige Störung des Geschäftsganges durchzuführen.**

² **Gründer, Organe, Beauftragte, Arbeitnehmer, Sachwalter und Liquidatoren müssen dem Sonderprüfer Auskunft über erhebliche Tatsachen erteilen. Im Streitfall entscheidet der Richter.**

³ **Der Sonderprüfer hört die Gesellschaft zu den Ergebnissen der Sonderprüfung an.**
⁴ **Er ist zur Verschwiegenheit verpflichtet.**

4. Activité

¹ Le contrôle spécial doit être effectué dans un délai utile sans perturber inutilement la marche des affaires.

² Les fondateurs, les organes, les mandataires, les travailleurs, les curateurs et les liquidateurs sont tenus de renseigner le contrôleur spécial sur les faits importants. En cas de litige, le juge tranche.

³ Le contrôleur spécial entend la société sur le résultat du contrôle spécial.

⁴ Il est soumis au devoir de discrétion.

4. Attività

¹ La verifica speciale deve essere effettuata entro un termine utile e senza perturbare l'andamento degli affari.

² I promotori, gli organi, i mandatari, i lavoratori, i commissari e i liquidatori sono tenuti a fornire ragguagli al controllore speciale sui fatti rilevanti. In caso di disaccordo, decide il giudice.

³ Il controllore speciale sente la società sul risultato della verifica speciale.

⁴ Egli è soggetto al dovere di discrezione.

Mit Art. 697d beginnt das «**Hauptverfahren**» in der Durchführung der Sonderprüfung. Dieses Hauptverfahren scheint in der Praxis bisher keine grösseren Probleme verursacht zu haben (CASUTT, ST 2002, 507; vgl. auch MAROLDA MARTINEZ, 260 f.). 1

I. Durchführung der Sonderprüfung (Abs. 1)

1. Rechtsverhältnis zum Sonderprüfer

Der Sonderprüfer wird aufgrund eines privatrechtlichen Vertrages aktiv. Ungeachtet der Einsetzung durch den Richter liegt **keine Tätigkeit von Amtes wegen** oder eine Amtspflicht vor (GABRIELLI, 124); der Sonderprüfer erhält ein Honorar, nicht eine öffentlich-rechtliche Gebühr (CASUTT, 107 ff.). Der Sonderprüfer steht in einem **Rechtsverhältnis zur Gesellschaft**, auch wenn eine Aktionärsminderheit seine Einsetzung verlangt, was sich nicht zuletzt aus den Mitwirkungsmöglichkeiten der Gesellschaft ergibt (Art. 697c Abs. 2, Art. 697e Abs. 2, Art. 697g; GABRIELLI, 124). Intern begründen mehrere, mit dem Sonderprüfer nicht vertraglich in Beziehung stehende Minderheitsaktionäre, sofern keine besonderen vertraglichen Absprachen getroffen werden, eine einfache Gesellschaft (CASUTT, 112). 2

Das Rechtsverhältnis zwischen dem Sonderprüfer und der Gesellschaft stellt kein reines Mandatsverhältnis dar (Art. 697c N 10), doch kann Auftragsrecht insoweit herangezogen werden, als nicht die gesetzliche Regelung oder die Natur der Sonderprüfung eine andere Lösung verlangen (vgl. FORSTMOSER/MEIER-HAYOZ/NOBEL, § 35 N 66; JÄNIG, 67). Die Sonderprüfung ist demnach persönlich durchzuführen, ein Beizug von Erfüllungsgehilfen und Substituten gemäss Art. 101 und 398 f. kann indessen im Interesse der Auftragsdurchführung erfolgen. Hingegen unterliegt der Sonderprüfer, der im Interesse der Aktionäre eingesetzt wird, nicht einer spezifischen auftragsrechtlichen Treuepflicht zur Gesellschaft, wohl aber kraft Abs. 4 der Pflicht zur Verschwiegenheit. Das Unabhängigkeitserfordernis ergibt sich aus Art. 697c Abs. 2. Interessenkollisionen sind zu vermeiden, bei der Tätigkeit erlangte Kenntnisse dürfen im persönlichen Interesse nicht ausgenützt werden. Die Entlöhnung erfolgt gemäss Aufwand (Art. 394 Abs. 3). 3

4 Abweichungen vom üblichen Auftragsrecht ergeben sich daraus, dass die Gesellschaft weder ein Weisungsrecht (Art. 397) noch ein jederzeitiges fristloses Kündigungsrecht (Art. 404) hat (vgl. GABRIELLI, 125), weil sonst die richterliche Einsetzung und Aufgabenumschreibung sinnlos wäre; der Sonderprüfer hat somit «Anordnungen» der Gesellschaft nicht zu beachten. Derselbe Grundsatz gilt für mögliche Auflagen der GV, ausser wenn sie durch einstimmigen Beschluss zustande gekommen sind (CASUTT, 146). Ebenso hat die gesuchstellende Minderheit kein Weisungsrecht und auch kein durchsetzbares Anhörungsrecht, sie kann nur Anregungen einbringen. Kraft Umschreibung des Prüfungsauftrages vermag der Richter Weisungen (z.B. Auftragspräzisierungen) zu erteilen (Botschaft, 166); konkrete Richtlinien sollten aber nur zurückhaltend vorgeschrieben werden (CASUTT, 147 f.).

2. Einzelheiten der Durchführung

5 Das Gesetz enthält keine konkreten Vorschriften zur Durchführung der Sonderprüfung. Die Vorgehensweise des Sonderprüfers, der eine Mittelstellung zwischen den Organen und den Minderheitsaktionären einnimmt, muss sich am richterlichen Auftrag orientieren, unter Beachtung der Grundsätze der **Zielerreichung** (Bildung eines fundierten Urteils über den fraglichen Sachverhalt) und der **Objektbezogenheit** (Vorgänge, die direkt oder indirekt Gegenstand der Sonderprüfung bilden, CASUTT, 137). Vor Beginn der Prüfung verschafft sich der Sonderprüfer mit Vorteil einen Überblick über die gesamte Organisation und den Zustand des Unternehmens. Das Ausmass der Untersuchungstätigkeit bestimmt der Sonderprüfer nach pflichtgemässem Ermessen, ausgehend von den Verdachtsmomenten und Indizien gemäss den eingereichten Anträgen (HWP 1998, N 7.561). Untersuchungstätigkeit bedeutet zudem, nicht gestaltend auf die Gesellschaftsangelegenheiten einzuwirken.

6 Die Sonderprüfung ist **«innert nützlicher Frist»** durchzuführen (Abs. 1); die Lehre sieht zwecks Vorlegung an der nächsten GV eine Zielgrösse von einem Jahr (CASUTT, 141; JÄNIG, 57; vgl. auch FORSTMOSER/MEIER-HAYOZ/NOBEL, § 35 N 68), doch dauern die Verfahren in der Praxis meist länger. Die Sonderprüfung ist «ohne unnötige Störung des Geschäftsganges» (Abs. 1) abzuwickeln, weil sie eine Belastung für die Gesellschaft darstellen kann. Dieser Grundsatz ist immerhin im Verhältnis zur Auskunftspflicht gemäss Abs. 2 und zum Anhörungsrecht gemäss Abs. 3 zu sehen.

7 Der Sonderprüfungsbericht hat über einen **bestimmten Sachverhalt** zu berichten. Der Sonderprüfer darf deshalb den Auftragsumfang nicht von sich aus erweitern, selbst wenn er zufällig weitere interessante Tatsachen entdeckt oder strafrechtliche Handlungen von Organen feststellt; über Zufallsfunde ist nicht zu berichten (CASUTT, 199 f.; HWP 1998, N 7.591; PEDROJA, 779).

7a Die Durchführung der Sonderprüfung ist nur sinnvoll, solange die Gesellschaft aufrecht stehend ist, denn die erarbeiteten Informationen sollen anlässlich der nächsten GV die Willensbildung der Aktionäre beeinflussen können (BÖCKLI, § 16 N 91; SCHWARZENBACH, 79 f.). Nach Insolvenzeintritt (Konkurseröffnung, Nachlassvertrag mit Vermögensabtretung) ist es Sache der zuständigen Organe gemäss SchKG, die Verantwortlichkeiten abzuklären. Während der Dauer der provisorischen und der endgültig bewilligten Nachlass-Stundung bzw. des vom Richter bewilligten Konkursaufschubes hat der Sachwalter über die Zweckmässigkeit der Fortführung der Sonderprüfung zu befinden; im Fall SAir Group (Swissair) hat der Sachwalter das Verfahren eingestellt (vgl. dazu BÖCKLI, § 16 N 92 f.).

3. Konzernverhältnisse im Besonderen

Die Ausdehnung der Sonderprüfung auf Konzernverhältnisse ist im Gesetz nicht vorgesehen, doch erstreckt sich das Recht auf Einleitung einer Sonderprüfung grundsätzlich auch auf Konzernbeziehungen (eingehend dazu BÖCKLI, § 16 N 9 ff.). Die Lehre geht jedoch davon aus, dass in Analogie zum Auskunftsrecht Informationen aus Konzerngesellschaften für die Sonderprüfung nur in eingeschränktem Rahmen (ausser im Falle einer 100%-Kontrolle: vgl. GVP ZG 2003, 180 ff.) und in Berücksichtigung der Geheimhaltungsinteressen der Gesellschaft heranziehbar sind (Art. 697 N 15; vgl. FORSTMOSER/MEIER-HAYOZ/NOBEL, § 35 N 78 FN 25); in Konzernverhältnissen müssen demnach die Organe der betroffenen Muttergesellschaften über ihre Kenntnisse bei der Tochtergesellschaft berichten (WEBER, Sonderprüfung, 412; HWP 1998, N 7.57; vgl. auch FORSTMOSER/MEIER-HAYOZ/NOBEL, § 35 N 78); hingegen kann der Sonderprüfer bei fehlender Personenidentität die Organe von Untergesellschaften grundsätzlich nicht direkt befragen (GVP SG 2001, 137 ff.; FORSTMOSER/MEIER-HAYOZ/NOBEL, § 35 N 78; offener für «Vor-Ort-Kontrollen» hingegen BÖCKLI, § 16 N 12).

II. Stellung der Gesellschaft

1. Auskunftspflicht (Abs. 2)

Abs. 2 umschreibt diejenigen Personen, die auskunftspflichtig sind. Der Begriff **«Organ»** erfasst sowohl die formellen Organe (inkl. fiduziarische bzw. stille VR, Suppleanten, Beiräte) als auch die faktischen Organe, die korporative Aufgaben selbständig ausüben (CASUTT, 152 f.; HWP 1998, N 7.566). Der beherrschende Hauptaktionär, der aktiv und direkt auf die Geschicke der Gesellschaft einwirkt, ist unter Umständen faktisches Organ (FORSTMOSER/MEIER-HAYOZ/NOBEL, § 35 N 75). Zu den **Gründern** gehören nicht nur die formellen Gründer, sondern alle, die irgendwie (z.B. als Hinter- oder Strohmänner) an der Gründung mitgewirkt haben (CASUTT, 154 f.). Weiter auskunftspflichtig sind Liquidatoren, Sachwalter, Arbeitnehmer, und Beauftragte als «Auffangtatbestand» für Personen, die nicht unter eine andere Kategorie fallen (GABRIELLI, 124 Anm. 565 a.E.). Alle Personen sind für die Zeit ihrer Tätigkeit in den Diensten der Gesellschaft auch nach dem Ausscheiden auskunftspflichtig (GABRIELLI, 125; BINDER, 274; HWP 1998, N 7.566; JÄNIG, 63 f.).

Die Schranken der Auskunft liegen in der **Erheblichkeit einer Tatsache** für eine sorgfältige Prüfung der in Frage stehenden Gegenstände; das Auskunftsrecht ist demgemäss nicht uneingeschränkt (**a.A.** implizit Botschaft, 92). Die betroffenen Auskunftspersonen (z.B. Rechtsanwälte, Revisoren) können sich aber gegenüber dem Sonderprüfer nicht auf zivilrechtlich oder strafrechtlich abgesicherte Schweigepflichten berufen (vgl. Botschaft, 92; CASUTT, 161 f.); in kritischen Fällen vermag der Richter immer noch die Streichung einer bestimmten Aussage gemäss Art. 697e Abs. 2 zu veranlassen.

Das **Einsichtsrecht** wird in Art. 697d nicht ausdrücklich erwähnt (anders § 145 Abs. 1 AktG). Dennoch muss auch das Einsichtsrecht als von Abs. 2 erfasst erachtet werden (Botschaft, 166; FORSTMOSER/MEIER-HAYOZ/NOBEL, § 35 N 77; VON GREYERZ, ZBJV 1984, 457); es bezieht sich auf alle Unterlagen der Gesellschaft, die im Rahmen des Prüfungsgegenstandes relevant sind. Der Sonderprüfer muss auch Zugang zu den Protokollen des VR haben, doch darf er sie wegen der Geheimhaltungsinteressen lediglich als Hintergrundinformationen verwenden (BÖCKLI, § 16 N 68). Unterlagen im Besitze Dritter können nur beigezogen werden (z.B. von der Konzernobergesellschaft), sofern sie kraft eines besonderen Rechtsverhältnisses der Gesellschaft herausgegeben werden müssten (FORSTMOSER/MEIER-HAYOZ/NOBEL, § 35 N 78; CASUTT, 159; HWP 1998, N 7.566; vgl. auch DÜGGELIN, 130 ff.). Ein Dritter, der vom Richter zur Herausgabe von Unterlagen verpflichtet wird, kann gegen den richterlichen Entscheid nicht Berufung einreichen (keine Zivilrechtsstreitigkeit), sondern nur (staatsrechtliche) Beschwerde (BGE 129 III 301, 304).

12 Der Sonderprüfer hat **keine Zwangsmittel,** um seine Anliegen durchzusetzen. In Streitfällen hat der Richter zu entscheiden (Abs. 2 Satz 2). Zuständig sein sollte derselbe Richter im summarischen Verfahren wie der Richter bei der Einsetzung (GABRIELLI, 127; JÄNIG, 65 f.). Der Sonderprüfer hat das Bestehen der Auskunftspflicht, das betroffene Organ als Prozessgegner hingegen die Unerheblichkeit einer Tatsache glaubhaft zu machen. Gegen einen positiven Entscheid sollten – als sachgerechte Lösung – keine Rechtsmittel, gegen einen negativen Entscheid nur ausserordentliche Rechtsmittel (staatsrechtliche Beschwerde) gewährt werden (zur Rechtsmittel-Beschränkung CASUTT, 165). Verweigern Organe oder andere auskunftspflichtige Personen die Auskunft, kann der Richter Ordnungsbusse oder Ungehorsamsstrafe androhen; daneben vermag sich eine aktienrechtliche Verantwortlichkeit zu ergeben. Die Verweigerung des Auskunfts- und Einsichtsrechts ist im Bericht festzuhalten.

2. Anhörungsrecht (Abs. 3)

13 Die Gesellschaft ist vor Abfassung des Berichts anzuhören (zum späteren Anhörungsrecht Art. 697e Abs. 3), d.h. die Ergebnisse des Sonderprüfungsberichts sind der Gesellschaft vorzulegen, um Missverständnisse zu vermeiden (Abs. 3; Botschaft, 167; GABRIELLI, 129). Während der Untersuchung kann der Sonderprüfer die Organe anhören, er ist dazu aber – zwecks Vermeidung einer Objektivitätsgefährdung – nicht verpflichtet; die Organpersonen haben in dieser Phase auch kein Anhörungsrecht.

III. Schweigepflicht des Sonderprüfers (Abs. 4)

14 Grundlage der Schweigepflicht des Sonderprüfers gemäss Abs. 4 ist die auftragsrechtliche Schweigepflicht (BSK OR I-WEBER, Art. 398 N 10 ff.; BK-FELLMANN, Art. 398 N 39 ff.); es handelt sich – abweichend vom deutschen Sonderprüfungsrecht – um eine **umfassende Schweigepflicht** (analog zu Art. 730 Abs. 2 betr. Revisoren; GABRIELLI, 128). Abs. 4 geht über den Grundsatz der Wahrung der Geschäftsgeheimnisse im Bericht gemäss Art. 697e Abs. 1 hinaus.

15 Die Schweigepflicht gilt **gegenüber jedermann** (inkl. Aktionäre). Grundsätzlich sind **alle Informationen** geheim zu halten, soweit sie nicht einer breiteren Öffentlichkeit bekannt sind, unabhängig von der Art der Wahrnehmung. Aus der Schweigepflicht folgt, dass keine Anzeigepflicht bei «negativen Entdeckungen» besteht (o. N 7). Die Schweigepflicht betrifft Tatsachen, Wertungen und Vermutungen. Die Schweigepflicht dauert – auftragsrechtlich – über die Mandatsbeendigung hinaus an.

16 Die Schweigepflicht kann **ausnahmsweise** im Rahmen der Berichterstattung zur Wahrnehmung berechtigter Interessen **durchbrochen** werden (z.B. zeitlich dringende Anzeige bei Vermögensverdunkelung: CASUTT, 182 f.). Die **prozessualen Auskunftspflichten** des Sonderprüfers (Zivil-/Strafrecht) sind im Einzelnen **umstritten** (GABRIELLI, 128 f.; vgl. CASUTT, 183 ff.; WENNINGER [zit. Art. 696], 250 ff.): Im Grundsatz sollte der Sonderprüfer in Zivil- und Strafprozessen zur Aussage verpflichtet sein und sich dadurch weder zivil- noch strafrechtlich verantwortlich machen. Im Zivilprozess können prozessuale Schutzmassnahmen (vgl. z.B. § 145 ZPO ZH) erlassen und der Sonderprüfer spezi-

fisch gestützt auf eine Interessenabwägung von seiner Auskunftspflicht (vgl. z.B. § 160 ZPO ZH) befreit werden. Im Strafprozess ist das Verhältnismässigkeitsprinzip (Beschränkung der Sachverhaltsabklärung) besonders zu beachten.

Art. 697e

5. Bericht

1 Der Sonderprüfer berichtet einlässlich über das Ergebnis seiner Prüfung, wahrt aber das Geschäftsgeheimnis. Er legt seinen Bericht dem Richter vor.

2 Der Richter stellt den Bericht der Gesellschaft zu und entscheidet auf ihr Begehren, ob Stellen des Berichtes das Geschäftsgeheimnis oder andere schutzwürdige Interessen der Gesellschaft verletzen und deshalb den Gesuchstellern nicht vorgelegt werden sollen.

3 Er gibt der Gesellschaft und den Gesuchstellern Gelegenheit, zum bereinigten Bericht Stellung zu nehmen und Ergänzungsfragen zu stellen.

5. Rapport

1 Le contrôleur spécial rend compte du résultat de son contrôle de manière détaillée, tout en sauvegardant le secret des affaires. Il présente son rapport au juge.

2 Le juge transmet le rapport à la société qui, le cas échéant, lui indique les passages du rapport qui portent atteinte au secret des affaires ou à d'autres intérêts sociaux dignes de protection; il décide si ces passages doivent de ce fait être soustraits à la consultation des requérants.

3 Il donne l'occasion à la société et aux requérants de prendre position sur le rapport épuré et de poser des questions supplémentaires.

5. Rapporto

1 Il controllore speciale riferisce in modo dettagliato, ma salvaguardando i segreti d'affari, sul risultato della sua verifica. Egli presenta il suo rapporto al giudice.

2 Il giudice trasmette il rapporto alla società e decide, a richiesta di quest'ultima, se determinati passaggi del rapporto ledano segreti d'affari od altri interessi sociali degni di protezione e se debbano essere pertanto sottratti alla consultazione dei richiedenti.

3 Egli dà alla società e ai richiedenti l'occasione di esprimersi sul rapporto appurato e di presentare domande complementari.

I. Erstellung des Sonderprüfungsberichts

1. Form und Inhalt des Berichts

Das Gesetz regelt die Form des Berichts nicht; angeordnet wird lediglich, dass der Bericht dem Richter einzureichen ist (Abs. 1). Unter diesen Umständen ist **Schriftlichkeit** notwendig, bei mehreren Sonderprüfern hat eine klare Identifikation der Aussagen zu erfolgen. Der Bericht ist vom Sonderprüfer zu unterzeichnen (Art. 729 Abs. 1 analog).

Der Bericht soll «**einlässlich**» sein (Abs. 1), sich also nicht auf einen Kurzkommentar (wie z.B. Bericht der Revisionsstelle: Art. 729) beschränken. Als sachgerecht erscheint eine Orientierung am ausführlichen Erläuterungsbericht gemäss Art. 729a (Botschaft, 167, 187; FORSTMOSER/MEIER-HAYOZ/NOBEL, § 35 N 80). Vorerst hat der Bericht den vom Richter umschriebenen Auftrag genau wiederzugeben und den Ablauf der Prüfung (z.B. Prüfungshandlungen, Auskunftsverweigerung usw.) darzustellen (PEDROJA, 780). Der Bericht hat des Weiteren diejenigen Tatsachen zu enthalten, die für die Beurteilung des zu prüfenden Vorgangs relevant sind, d.h. die Aktionäre sind in die Lage zu versetzen, sich ein eigenes fundiertes Urteil über den fraglichen Sachverhalt bilden zu können (Botschaft, 167; GABRIELLI, 133; HWP 1998, N 7.51). Der Grundsatz der Zielerreichung ist für Umfang sowie Art und Weise der Berichterstattung massgebend (CASUTT, 192 f.).

3   Allgemeine Grundsätze des Berichts sind Objektbezogenheit, Objektivität, Wahrheit, Vollständigkeit und Klarheit (CASUTT, 193 f.). **Objektbezogenheit** bedeutet auch, dass der Prüfungsgegenstand für den Sonderprüfer verbindlich ist und er diesen nicht erweitern kann, wenn er feststellt, dass in anderen Bereichen Fehler begangen worden sind, die für die Aktionäre von Interesse wären (sog. Zufallsfunde: vgl. Art. 697d N 7; GABRIELLI, 133). Immerhin lässt sich nicht übersehen, dass die Auswahl der Tatsachen z.T. nicht wertungsfrei geschehen kann; eine Bewertung von Tatsachen ist insb. bei komplexen Sachverhalten u.U. auch für das richtige Verständnis nicht völlig auszuschliessen (CASUTT, 197; BINDER, 276).

2. Wahrung der Geschäftsgeheimnisse (Abs. 1/2)

4   Der Sonderprüfer ist verpflichtet, die Geschäftsgeheimnisse (dazu Art. 697 N 8 ff.) der Gesellschaft zu wahren, d.h. nicht unnötig zu offenbaren (Abs. 1). Bei der Berichterstattung ist somit die Interessenkollision zwischen dem Geheimhaltungsinteresse der Gesellschaft und dem Informationsinteresse der Aktionäre zu lösen (zum Fehlen klarer Richtlinien: Botschaft, 90, 92, 167). Der Sonderprüfer darf zwar in die Geheimsphäre des Unternehmens eingreifen, doch ist er gleichzeitig verpflichtet, darüber i.d.R. nicht Bericht zu erstatten (zur Widersprüchlichkeit BÖCKLI, § 16 N 67). Es gilt der Grundsatz **«volles Prüfen – beschränktes Berichten»** (VON GREYERZ, ZBJV 1984, 456). Die Verantwortung fällt damit letztlich auf den Sonderprüfer zurück (vgl. auch WALTHER [zit. Art. 696], 124 ff.). Immerhin ist nicht zu übersehen, dass breite Geheimbereiche (z.B. Herstellungsverfahren, Patentsituation, Kundenlisten) i.d.R. für die Sonderprüfung nicht relevant sind. Ob die Wendung «wahrt die Geschäftsgeheimnisse» i.S. eines Vorranges der Geheimnisse gewertet werden darf, ist umstritten (bejahend BÖCKLI, § 16 N 67; verneinend CASUTT, ST 1991, 576). Schutzwürdige Geheimhaltungsinteressen der Gesellschaft sind jedenfalls anzuerkennen, wenn sie offensichtlich überwiegen (vgl. WEBER, Sonderprüfung, 413; FORSTMOSER/MEIER-HAYOZ/NOBEL, § 35 N 98; GABRIELLI, 134. In Deutschland bestimmt der Prüfer nach seinem pflichtgemässen Ermessen selbst, was in den Bericht aufzunehmen ist (CASUTT, 191). In der Schweiz ist zur Güterabwägung ein Bereinigungsverfahren vorgesehen (Abs. 2); nach Anhörung der Gesellschaft entscheidet der Richter, wie weit der Geheimbereich der Gesellschaft geht (vgl. FORSTMOSER/MEIER-HAYOZ/NOBEL, § 35 N 99).

5   Zu schützen sind diejenigen Geheimnisse, deren Offenlegung der Gesellschaft Schaden zufügen könnte (BGE 103 IV 284 = Pra 1978, 73 f.; Botschaft, 92; CASUTT, 202). Das in Abs. 1 erwähnte Geschäftsgeheimnis entspricht den **schutzwürdigen (berechtigten) Interessen** der Gesellschaft in Abs. 2 (Botschaft, 92; DRUEY, SAG 1984, 108; EPPENBERGER [zit. Art. 696], 170 f.). Der Vorbehalt der Geschäftsgeheimnisse in Abs. 1 ist eine allgemeine Leitlinie im Rahmen der umfassenden Prüfung, bei einzelnen Streitfragen kommt das Bereinigungsverfahren gemäss Abs. 2 zum Zuge. Um die konkrete Bestimmung des Umfanges des Geschäftsgeheimnisses beurteilen zu können, muss somit

die Berichterstattung auch den Ablauf der Prüfung umfassen (Quellen, Beweismaterial: DÜGGELIN, 135, 182).

II. Bereinigung des Sonderprüfungsberichts

1. Bereinigungsverfahren (Abs. 2)

Der Richter, dem der Bericht zugestellt wird, kann von Amtes wegen – bei offensichtlichen Verletzungen der Berichtspflicht – **Korrekturen** verlangen, nicht aber selber gestaltend eingreifen (GABRIELLI, 134). Danach ist der Bericht der Gesellschaft zuzustellen, die innert der anzusetzenden Frist beantragen kann, unzulässige und geheimhaltungswürdige Stellen zu streichen (Abs. 2). Zuständig ist der Einzelrichter im summarischen Verfahren. Der Richter entscheidet auf Begehren der Gesellschaft ohne Beteiligung der Gesuchsteller: Geschäftsgeheimnisse sind insoweit offen zu legen, als sie für das Verständnis der Prüfungsergebnisse unbedingt notwendig oder Gegenstand der Untersuchung selbst sind (vgl. auch Botschaft, 167).

Die Bereinigung ist ein schwieriger **Interessenabwägungsprozess.** Dem Richter obliegt die Aufgabe der Abwägung zwischen den Informationsinteressen der Aktionäre und den Geheimhaltungs- sowie anderen schutzwürdigen Interessen der Gesellschaft (vgl. FORSTMOSER/MEIER-HAYOZ/NOBEL, § 35 N 93). Entscheidend ist m.E. der Grundsatz der Zielerreichung, nicht der Gesellschafts- oder Aktionärsinteressen. Eine wichtige (bzw. sogar kritische) Information ist deshalb in den Bericht aufzunehmen, auch wenn eine Schädigung der Gesellschaft nicht ausgeschlossen ist (CASUTT, 209; BÖCKLI, § 16 N 69; FORSTMOSER/MEIER-HAYOZ/NOBEL, § 35 N 99; JÄNIG, 69 f.; weitergehend hingegen GABRIELLI, 135 f.). Mit der Einführung der Sonderprüfung nimmt der Gesetzgeber eine gewisse Schädigung der Gesellschaft durch die Preisgabe sensibler Interna in Kauf, weil gesamthaft für alle Beteiligten eine positive Wirkung erwartet wird (langfristiges Gedeihen des Unternehmens: CASUTT, ST 1991, 577). Bei substantiellen Streichungen ist der Sonderprüfer nochmals zur Stellungnahme einzuladen, weil dadurch eine Verfälschung der Berichterstattung eintreten könnte (BÖCKLI, § 16 N 70).

Kriterien für das **Bereinigungsverfahren** sind (1) der Bezug der umstrittenen Stelle zum Gegenstand der Sonderprüfung, (2) das Ausmass der Verletzung schutzwürdiger Interessen (ungeachtet des konkreten Geheimnisbegriffs), und zwar zwecks Vermeidung eines von der Gesellschaft glaubhaft zu machenden Schadens (ungenügend ist z.B. blosser Hinweis auf stabile Aktienkurse), (3) die Erforderlichkeit der Stelle für die Beurteilung des Prüfungsgegenstandes. Ausführungen, die zur Entscheidfindung im Hinblick auf die Ausübung von Aktionärsrechten nichts beitragen, können demnach gestrichen werden (vgl. FORSTMOSER/MEIER-HAYOZ/NOBEL, § 35 N 87; GABRIELLI, 135). Nicht publik zu machen sind geheime Angaben, die nur der Verdeutlichung der Berichterstattung dienen, oder die besonders schutzwürdig sind (CASUTT, 210 ff.; vgl. auch die gute Kategorienbildung bei DÜGGELIN, 138). Demgegenüber sind all jene Passagen zuzulassen, bei denen keine Verletzung von Geschäftsgeheimnissen oder anderer schützenswerter Interessen der Gesellschaft in Frage stehen (vgl. FORSTMOSER/MEIER-HAYOZ/NOBEL, § 35 N 88; GABRIELLI, 135). Je wichtiger hingegen eine Tatsache für die Beurteilung des Gegenstandes der Sonderprüfung ist, umso eher vernachlässigbar erscheint der Geheimnisschutz, z.B. wenn die Angaben die Sachverhaltsabklärung unmittelbar betreffen oder für das Verständnis des Berichts unerlässlich sind (CASUTT, 214 f.).

2. Stellungnahmen der Betroffenen (Abs. 3)

9 Nach Abschluss des Bereinigungsverfahrens hat der Richter der Gesellschaft und den Gesuchstellern im Verfahren (bei Zustimmung der GV dem ursprünglichen Antragsteller, analog zu Art. 697c Abs. 1) Gelegenheit zu geben, zum Bericht Stellung zu nehmen und Ergänzungsfragen zu stellen. Zwecks Vermeidung weiterer Verzögerungen sollte das Verfahren mündlich sein (BÖCKLI, § 16 N 72) oder sich in der Abgabe einer schriftlichen Stellungnahme erschöpfen (GABRIELLI, 137). **Ergänzungsfragen** müssen gegenständlich zulässig sein (z.B. keine Rechts- oder Einschätzungsfragen) und einen hinreichenden Zusammenhang mit der Sonderprüfung aufweisen (Objektbezogenheit: CASUTT, 219; PEDROJA, 780; FORSTMOSER/MEIER-HAYOZ/NOBEL, § 35 N 91). Kann eine zulässige Frage nicht beantwortet werden, hat der Sonderprüfer seine Tätigkeit nochmals aufzunehmen (Informationsbeschaffung; vgl. GABRIELLI, 138). Die Antworten zu den Ergänzungsfragen und die Stellungnahmen der Betroffenen sind dem Bericht beizufügen und ergeben zusammen den «Sonderprüfungsbericht».

3. Richterlicher Entscheid

10 Das Gesetz sieht keine Bestimmung zum Verfahrensabschluss vor. Prozessual wird aber ein **Erledigungsentscheid,** der die bereinigte Fassung des Berichts und die zugelassenen Stellungnahmen/Ergänzungsfragen, welche Grundlage für die Präsentation des Berichts an die GV darstellen (Art. 697f Abs. 1), genau bezeichnet, zu fällen sein (GABRIELLI, 138). Gegen den Entscheid des Richters über den zu präsentierenden Sonderprüfungsbericht will die Lehre nur ein ausserordentliche Rechtsmittel einräumen; wenn das Verfahren «innert nützlicher Frist» (Art. 697d Abs. 1) durchzuführen ist, müsse eine Beschränkung auf Beschwerden wegen Willkür oder offensichtlicher und gravierender Verfahrensmängel Platz greifen (BÖCKLI, § 16 N 75; vgl. auch CASUTT, 206f.). In gewissen Kantonen (z.B. Zürich: Rekurs) unterliegt das Rechtsmittel aber keinen solchen Beschränkungen und hat aufschiebende Wirkung. Das Bundesgericht geht von einer Zivilrechtsstreitigkeit i.S.v. Art. 46 OG aus und lässt die Berufung grundsätzlich zu (BGer, 4P.183/2005 v. 2.11.2005, E. 3.2).

11 Gesamthaft betrachtet erscheint das **Bereinigungsverfahren** gemäss Art. 697e als recht schwerfällig. Dieses ausgeklügelte, in Deutschland und Frankreich nicht bekannte Schleusensystem vermag zwar letztlich eine interessengerechte Informationsvermittlung zuhanden der Aktionäre zu bewirken, doch dürfte es in der Praxis zeitlich aufwändig und auch kostspielig sein, was dem Instrument der Sonderprüfung wiederum einen Teil der Wirksamkeit raubt (WEBER, SAV, 77).

III. Beendigung des Sonderprüfungsverhältnisses

1. Beendigung der Sonderprüfung

12 Die Beendigung des Sonderprüfungsverhältnisses ist im Gesetz nicht ausdrücklich geregelt. Die ordentliche Beendigung tritt mit **Erfüllung der wahrzunehmenden Aufgaben,** d.h. der Überreichung des Berichts an den Richter und Beantwortung allfälliger Ergänzungsfragen, ein (Abs. 3).

13 Eine **ausserordentliche Beendigung** kann durch **Widerruf** des Sonderprüfungsantrages seitens der gesuchstellenden Minderheit erfolgen. Der Richter hat (im summarischen Verfahren) den Widerruf nach Feststellung der Ordnungsmässigkeit der Willensbildung der Minderheit und Anhörung der Gesellschaft ohne materielle Prüfung –

vorbehältlich eines Einspruches der Gesellschaft – auszusprechen (CASUTT, 231; DÜGGELIN, 145). Des Weiteren ist ein Widerruf durch einstimmigen Beschluss der GV möglich; diese Anordnung ist durch den Richter zu vollziehen. Hingegen lässt sich die Sonderprüfung nicht durch eine einfache Mehrheit der GV oder durch richterliche Anordnung von Amtes wegen beenden.

Bei Beendigung des Sonderprüfungsverhältnisses hat der Sonderprüfer die **Akten,** die ihm zur Verfügung gestellt worden sind, **zurückzugeben;** Auftragsrecht ist analog anzuwenden (Art. 400; BSK OR I-WEBER, Art. 400 N 12; HWP 1998, N 7.565; umstritten betr. geheimhaltungswürdige Notizen: bejahend CASUTT, 150 f.; verneinend WENNINGER [zit. Art. 696], 139; vgl. auch ZR 1994, 25 ff.). 14

2. Weiterführung der Sonderprüfung

Das Sonderprüfungsverhältnis endet in der Regel bei Eintritt eines Beendigungsgrundes von Art. 405 Abs. 1 OR. Fällt die Gesellschaft in Konkurs oder unter Nachlassstundung, treten grundsätzlich die zwangsvollstreckungsrechtlichen Mittel an die Stelle der Sonderprüfung, ausser wenn der zuständige Verwalter deren Fortführung anordnet und finanziert (vgl. Art. 697d N 7a). Der Sonderprüfer hat ein jederzeitiges und unbeschränktes **Kündigungsrecht** gemäss Art. 404 Abs. 1 (d.h. nicht zur Unzeit), das er durch Mitteilung an den Richter auszuüben vermag (BÖCKLI, § 16 N 71). Die bisherigen Erkenntnisse hat der Sonderprüfer aber in einem Bericht zusammenzufassen (Abs. 1 analog; CASUTT, 236). 15

Der **Richter** kann dem Sonderprüfer nicht nur Weisungen erteilen, sondern ihn auch von Amtes wegen **abberufen,** weil er eine Mitverantwortung im Verfahren trägt. Der Abrufungsantrag dürfte in aller Regel – als Korrelat zum fehlenden Kündigungsrecht – von der Gesellschaft stammen, wobei der Beschluss von der GV, nicht vom VR, zu fällen ist. Die GV muss wichtige Gründe in der Person des Sonderprüfers (analog zur Willensvollstreckung) geltend machen (Bruch des Vertrauensverhältnisses, fehlende fachliche Qualifikationen oder mangelnde Objektivität). Ebenso vermag die gesuchstellende Minderheit die Abberufung aus Gründen, die in der Person des Sonderprüfers liegen, zu beantragen, nicht aber eine andere Minderheit (zum Ganzen CASUTT, 237 ff.; HWP 1998, N 7.51022). 16

IV. Verantwortlichkeit des Sonderprüfers

1. Zivilrechtliche Verantwortlichkeit

Weil der Sonderprüfer **keine Organstellung** (auch nicht i.w.S.) innehat, unterliegt er nicht der aktienrechtlichen Verantwortlichkeit von Art. 754 f. (vgl. FORSTMOSER/MEIER-HAYOZ/NOBEL, § 35 N 109; BÖCKLI, § 16 N 87; CASUTT, 245 ff.). 17

Die vertraglichen Ansprüche der Gesellschaft beurteilen sich nach **Auftragsrecht:** Der Sonderprüfer hat die Sorgfalt zu beachten, die ein gewissenhafter Vertreter seines Faches unter den gegebenen Umständen beachten würde (BSK OR I-WEBER, Art. 398 N 27). Relevante Aspekte sind das Übernahmeverschulden, die Beachtung der Regeln der Kunst, die Berücksichtigung der konkreten Gegebenheiten (BSK OR I-WEBER, Art. 398 N 28; CASUTT, 249 f.; JÄNIG, 67 f.). Der Schaden der Gesellschaft kann etwa in einer Rufschädigung (z.B. ungerechtfertigte Prozesse) liegen (PEDROJA, 782). Des Weiteren ist der adäquate Kausalzusammenhang nachzuweisen. Als Verschulden gilt grobe und leichte Fahrlässigkeit. Im (schon beschränkten) Rahmen des Auftragsrechts 18

Art. 697f

wäre eine Haftungsbeschränkung m.E. zulässig (BSK OR I-WEBER, Art. 398 N 34; a.A. CASUTT, 251). Im Übrigen gelten die üblichen Regeln zur Beweislastverteilung sowie zur Schadenersatzberechnung und -bemessung (z.B. Abzug für Selbstverschulden).

19 Haben **mehrere Ersatzpflichtige** (z.B. Organe und Sonderprüfer) einen Schaden verursacht, gilt **Solidarität** im Aussenverhältnis, wenn auch gestützt auf unterschiedliche Rechtsgründe (Art. 754/55, 398). Art. 759 (betr. Reduktion wegen leichten Verschuldens) ist analog anzuwenden (CASUTT, 256 f.). Über die Verteilung des Schadens im Innenverhältnis entscheidet der Richter nach pflichtgemässem Ermessen (Art. 50/51, 759 Abs. 2 analog); bei gemeinsamer Prüfung durch mehrere Sonderprüfer besteht Solidarität (Art. 403 Abs. 2).

20 Die **Aktionäre** haben grundsätzlich nur einen **ausservertraglichen Anspruch** gegen den Sonderprüfer. Abgesehen von den allgemeinen Nachteilen des Deliktsrechts (kurze Verjährung, Hilfspersonenhaftung, Beweislast) stellt sich das Problem der Widerrechtlichkeit, weil nach h.L. die Verursachung eines reinen Vermögensschadens, der in aller Regel vorliegen dürfte, ausser bei Verletzung einer besonderen Schutznorm nicht widerrechtlich ist (vgl. BGE 111 II 474; GAUCH/SWEET, Deliktshaftung für reinen Vermögensschaden, in: FS Keller, Zürich 1989, 117, 123 f.). Vertragsansprüche von Aktionären liessen sich aber wohl über die Rechtsfigur des Vertrages mit Schutzwirkung zugunsten Dritter oder der Vertrauenshaftung begründen (dazu BK-WEBER, Vor Art. 97–109 N 46 f. sowie Art. 97 N 81 ff.). CASUTT (266 ff.) konstruiert – durch Lückenfüllung (gemäss Art. 1 Abs. 2 ZGB) – einen **eigenständigen gesetzlichen Anspruch** der Aktionäre; anspruchsberechtigt sind danach alle Aktionäre (nicht aber Dritte, Gläubiger und Organe) für den unmittelbaren Schaden aufgrund einer Falschdarstellung im Sonderprüfungsbericht (ablehnend BÖCKLI, § 16 N 88 f.).

2. Strafrechtliche Verantwortlichkeit

21 Im Falle einer Verletzung der Untersuchungs- und Berichtspflicht kommen **Urkundenfälschung** (Falschbeurkundung i.S.v. Art. 251 StGB) und **unwahre Angaben über Handelsgesellschaften** und Genossenschaften (Art. 152 StGB) in Frage (a.A. BÖCKLI, § 16 N 91); vorausgesetzt ist die vorsätzliche Tatbegehung (im Einzelnen CASUTT, 272 ff. m.V.; JÄNIG, 68). Nicht anwendbar sind hingegen die Bestimmungen über passive Bestechung (Art. 315 StGB) und die Annahme von Geschenken (Art. 316 StGB), weil der Sonderprüfer keine Hilfsperson des Richters ist. Des Weiteren untersteht der Sonderprüfer – in extensiver Auslegung des Begriffs Revisor in Art. 321 StGB – der Bestimmung über die Verletzung des Berufsgeheimnisses (CASUTT, 277). In spezifischen Fällen vermag ein Fehlverhalten des Sonderprüfers auch unter die Verletzung des Bankgeheimnisses (Art. 47 BankG), die Verletzung des Fabrikations- und des Geschäftsgeheimnisses (Art. 162 StGB), den wirtschaftlichen Nachrichtendienst (Art. 273 StGB) oder die Insiderstrafnorm (Art. 161 StGB) zu fallen.

Art. 697f

6. Behandlung und Bekanntgabe

[1] Der Verwaltungsrat unterbreitet der nächsten Generalversammlung den Bericht und die Stellungnahmen dazu.

[2] Jeder Aktionär kann während eines Jahres nach der Generalversammlung von der Gesellschaft eine Ausfertigung des Berichtes und der Stellungnahmen verlangen.

6. Délibération et communication	¹ Le conseil d'administration soumet le rapport et les prises de position à l'assemblée générale suivante. ² Tout actionnaire peut, dans l'année qui suit l'assemblée générale, exiger de la société un exemplaire du rapport et des prises de position.
6. Deliberazione e comunicazione	¹ Il consiglio d'amministrazione sottopone il rapporto e le osservazioni all'assemblea generale successiva. ² Ogni azionista può, nell'anno seguente l'assemblea generale, esigere dalla società un esemplare del rapporto e delle osservazioni.

Der im richterlichen Verfahren bereinigte Sonderprüfungsbericht ist der nächsten GV vorzulegen (Abs. 1), auch wenn sie der Sonderprüfung nicht zugestimmt hat (Botschaft, 167). Ebenso ist dem Gesuchsteller, der den Bericht in der richterlichen Schlussphase schon eingesehen hat (Art. 697e Abs. 3), ein Exemplar auszuhändigen (BÖCKLI, § 16 N 77). Der Bericht betrifft als Informationsquelle die ganze Gesellschaft. **1**

Vorzulegen ist der Bericht der nächsten GV. Der VR ist nicht verpflichtet, eine ausserordentliche GV einzuberufen, doch hat die Minderheit i.S.v. Art. 699 Abs. 3 das Recht, dies zu verlangen (FORSTMOSER/MEIER-HAYOZ/NOBEL, § 35 N 101). Auch die Stellungnahmen im richterlichen Verfahren sind bekannt zu geben (Art. 697e N 9; Botschaft, 167). Weil Abs. 1 von «unterbreiten» spricht, geht es nicht um ein Traktandum im eigentlichen Sinne, sondern um ein **Orientierungstraktandum,** zu dem eine Debatte, nicht aber ein Beschluss möglich ist (WEBER, Sonderprüfung, 412; BÖCKLI, § 16 N 79). Der Sonderprüfungsbericht kann jedoch zu einem Beschlussfassungstraktandum gemacht werden, wenn der VR dies wünscht oder eine relevante Minderheit (Art. 699 Abs. 3) dies verlangt (BÖCKLI, § 16 N 91; GABRIELLI, 139 f.). Weil eine sinnvolle Debatte ohne Kenntnisnahme des Sonderprüfungsberichts durch die Aktionäre unmöglich ist, muss davon ausgegangen werden, dass der VR den Bericht – analog dem Geschäftsbericht (Art. 696) – rechtzeitig aufzulegen und auf Verlangen den Aktionären zuzustellen hat (BÖCKLI, § 16 N 90). Der Sonderprüfer braucht an der GV nicht teilzunehmen. **2**

Jeder Aktionär ist während eines Jahres berechtigt, ein **Exemplar** des Sonderprüfungsberichts zu **verlangen** (Abs. 2). Dieses Recht steht auch dem Neuerwerber von Aktien zu (CASUTT, 222). Das Gesetz regelt die Kostentragung nicht; in Analogie zu Art. 697g sind die Kosten grundsätzlich von der Gesellschaft zu übernehmen (CASUTT, 223; vgl. auch FORSTMOSER/MEIER-HAYOZ/NOBEL, § 35 N 103 FN 39). Kein Recht auf einen Sonderprüfungsbericht haben Gläubiger und Arbeitnehmer. Das Gesetz sieht überdies keine strenge Offenlegungspflicht gemäss Art. 697h Abs. 1 (Veröffentlichung im SHAB) vor (BÖCKLI, § 16 N 92). **3**

Der **Bericht** hat **keine Bindungswirkung** für spätere Verfahren (z.B. Verantwortlichkeitsprozess), der Bericht vermag auch nicht als vorsorgliche Beweisabnahme (vgl. z.B. § 231 ZPO ZH) oder Schiedsgutachten zu dienen. Der spätere Richter ist an die Tatsachendarstellung des Sonderprüfers nicht gebunden (BINDER, 276 f.). Der Sonderprüfungsbericht ist somit kein Beweismittel, aber eine Zeugnisurkunde mit erhöhter Glaubwürdigkeit, weil sie von einem unabhängigen Fachmann stammt (CASUTT, 225; PEDROJA, 781; HWP 1998, N 7.594). Der Richter hat über strittige Tatsachen Beweis abzunehmen und das Ergebnis zu würdigen. Der Bericht ändert auch nichts an der üblichen Beweislastverteilung. Der Sonderprüfer kann Zeuge sein; seine Schweigepflicht gibt ihm kein Zeugnisverweigerungsrecht (Art. 697d N 16). Wegen Interessenkollision ist hingegen eine Einsetzung des Sonderprüfers als gerichtlicher Sachverständiger nicht möglich (CASUTT, 227). **4**

Art. 697g

7. Kostentragung	¹ Entspricht der Richter dem Gesuch um Einsetzung eines Sonderprüfers, so überbindet er den Vorschuss und die Kosten der Gesellschaft. Wenn besondere Umstände es rechtfertigen, kann er die Kosten ganz oder teilweise den Gesuchstellern auferlegen. ² Hat die Generalversammlung der Sonderprüfung zugestimmt, so trägt die Gesellschaft die Kosten.
7. Frais	¹ Si le juge agrée la requête tendant à désigner un contrôleur spécial, il met l'avance et les frais à la charge de la société. Si des circonstances particulières le justifient, il peut mettre tout ou partie des frais à la charge des requérants. ² Si l'assemblée générale a consenti au contrôle spécial, la société en supporte les frais.
7. Onere delle spese	¹ Se accoglie la richiesta di designare un controllore speciale, il giudice pone l'anticipo e le spese a carico della società. Ove circostanze particolari lo giustifichino, può addossare le spese integralmente o in parte ai richiedenti. ² Se l'assemblea generale ha approvato la verifica speciale, la società ne sopporta le spese.

1 Die Kostenregelung ist im Nationalrat sehr umstritten gewesen (AmtlBull NR 1985, 1770 ff.). Ziel dieser sozialverträglichen Neuregelung ist es (analog zu Art. 706a Abs. 3 und Art. 756 Abs. 2), den Minderheitsaktionär nicht wegen der hohen Kosten vom Antrag auf Einsetzung eines Sonderprüfers abzuhalten (Botschaft, 168; zur Revision vgl. Art. 697a N 35).

2 Die Regelung von Art. 697g betrifft nur die **Kosten der Sonderprüfung** (und die Leistung des entsprechenden Kostenvorschusses), nicht des summarischen Einleitungsverfahrens, über das nach den üblichen Regeln abzurechnen ist (vgl. BGer, 4C.190/2005 v. 6.9.2006, E. 4; ZR 2002, 38 f.; FORSTMOSER/MEIER-HAYOZ/NOBEL, § 35 N 108; GABRIELLI, 140). Wird das Verfahren gegenstandslos, weil die Gesellschaftsorgane die notwendigen Informationen nachliefern, ist die Gesellschaft als Verursacherin kostenpflichtig (betr. Zulässigkeit von Klagrückzug und -anerkennung vgl. AGVE 1998, 43 f.); im Übrigen beurteilt sich die Kostentragung nach dem Obsiegen im Verfahren (zur Streitwertberechnung vgl. ROTH PELLANDA, 298). Stimmt die GV dem Sonderprüfungsantrag zu, genehmigt sie die Prüfung und hat damit alle Kosten zu tragen, inkl. die Gerichtskosten für die Einsetzung des Sonderprüfers (vgl. BÖCKLI, § 16 N 84 FN 150).

3 Indem Abs. 1 die Kosten für die Sonderprüfung grundsätzlich der Gesellschaft aufbürdet, wird der **Minderheitsaktionär nicht** mit **grossen Kostenrisiken belastet** (im Fall SAir Group beliefen sich die Kosten auf CHF 3 Mio. [JÄNIG, 73]). Zur Kostentragung gehört auch die Leistung eines Vorschusses durch die Gesellschaft, ausser im Falle ihres Konkurses. Leistet die Gesellschaft den Kostenvorschuss nicht, sollten die Gesuchsteller den Vollzug des Leistungsurteils verlangen können (BÖCKLI, § 16 N 85). Gegen querulatorische Begehren von Aktionären lassen sich die materiellen Schranken der Anordnung der Sonderprüfung einsetzen (vgl. CASUTT, 284 f.; JÄNIG, 73).

4 Immerhin sieht Abs. 1 Satz 2 einen Vorbehalt zulasten der Gesuchsteller vor: Eine Kostenauflage ist gerechtfertigt, wenn die Gesuchsteller ein **Verhalten gegen Treu und**

Glauben an den Tag legen, d.h. wenn sie übereilt, mutwillig oder mit Schädigungsabsicht die Sonderprüfung beantragen (vgl. BÖCKLI, § 16 N 84; GABRIELLI, 140 f.; MAROLDA MARTINEZ, 263 f.; ROTH PELLANDA, 298 f.). Entsprechende Kosten lassen sich dann anteilsmässig nach Köpfen auf die Minderheitsaktionäre unter solidarischer Haftbarkeit verteilen (CASUTT, 286). Ausschlaggebend für diese Sonderregelung muss das Verhalten der Gesuchsteller sein, nicht der Bericht des Sonderprüfers, der nicht als Schlüssel für die Verteilung der Kosten herangezogen werden darf, selbst wenn sich ein Verdacht der Minderheit als unbegründet erweisen sollte.

Der Sonderprüfer rechnet mit der Gesellschaft gemäss Art. 394 Abs. 3 ab (dazu BSK OR I-WEBER, Art. 394 N 35 ff.); übermässige Forderungen des Sonderprüfers muss der Richter im Rahmen eines Moderationsverfahrens herabsetzen können (CASUTT, 287). 5

Art. 697h

K. Offenlegung von Jahresrechnung und Konzernrechnung

¹ Jahresrechnung und Konzernrechnung sind nach der Abnahme durch die Generalversammlung mit den Revisionsberichten entweder im Schweizerischen Handelsamtsblatt zu veröffentlichen oder jeder Person, die es innerhalb eines Jahres seit Abnahme verlangt, auf deren Kosten in einer Ausfertigung zuzustellen, wenn

1. die Gesellschaft Anleihensobligationen ausstehend hat;
2. die Aktien der Gesellschaft an einer Börse kotiert sind.

² Die übrigen Aktiengesellschaften müssen den Gläubigern, die ein schutzwürdiges Interesse nachweisen, Einsicht in die Jahresrechnung, die Konzernrechnung und die Revisionsberichte gewähren. Im Streitfall entscheidet der Richter.

K. Publication des comptes annuels et des comptes de groupe

¹ Après leur approbation par l'assemblée générale, les comptes annuels et les comptes de groupe, accompagnés des rapports des réviseurs, sont publiés dans la *Feuille officielle suisse du commerce* ou délivrés en un exemplaire et à ses frais à toute personne qui en fait la demande dans l'année qui suit l'approbation, si:

1. la société est débitrice d'un emprunt par obligations;
2. les actions de la société sont cotées en bourse.

² Les autres sociétés anonymes autorisent les créanciers qui ont un intérêt digne de protection à consulter les comptes annuels, les comptes de groupe et les rapports des réviseurs. En cas de litige, le juge tranche.

K. Pubblicazione del conto annuale e del conto di gruppo

¹ Dopo essere stati approvati dall'assemblea generale, il conto annuale e il conto di gruppo, accompagnati dalle relazioni dei revisori, devono essere pubblicati nel «Foglio ufficiale svizzero di commercio» o trasmessi, in un esemplare e a sue spese, a chiunque ne faccia domanda nell'anno seguente l'approvazione, se:

1. la società è debitrice di un prestito in obbligazioni;
2. le azioni della società sono quotate in borsa.

² Le altre società anonime devono autorizzare i creditori che dimostrino un interesse degno di protezione, a consultare il conto annuale, il conto di gruppo e le relazioni dei revisori. In caso di disaccordo, decide il giudice.

1 Der zweite Abschnitt im Recht der AG über die Rechte und Pflichten der Aktionäre ist in der Revision durch den Teil K (im Anschluss an die insb. um die Sonderprüfung erweiterte Regelung der persönlichen Mitgliedschaftsrechte) ergänzt worden. Inhaltlich geht es um die Offenlegung von Jahres- und Konzernrechnung. Systematisch wäre eine Regelung im Zusammenhang mit Art. 696 oder den Bestimmungen der Jahresrechnung befriedigender gewesen. In der bevorstehenden Revision des Aktienrechts soll denn auch Art. 697h aufgehoben werden und die sachliche Regelung im Zusammenhang mit der Rechnungslegung erfolgen (Botschaft Aktien- und Rechnungslegungsrecht, 1676).

I. Offenlegung von Dokumenten

1. Betroffene Gesellschaften

2 Die Offenlegungspflicht soll – unstreitig – für «**grosse**» **Gesellschaften** gelten. Der Bundesrat hat in Anlehnung an Art. 11 und 27 der EG-4-Jahresabschlussr. den Kreis der betroffenen Gesellschaften relativ weit gezogen, indem als Kriterium nicht nur die Ausgabe von Anleihensobligationen oder die Börsenkotierung der Aktien, sondern auch die absolute Grösse der Gesellschaft, ausgedrückt durch das Vorliegen von jedenfalls zwei der drei Kennziffern (Bilanzsumme von CHF 50 000 000, Umsatzerlös von CHF 100 000 000, 500 Arbeitnehmer), vorgeschlagen worden ist (Botschaft, 169, 235). In den Räten ist diese Bestimmung sehr umstritten gewesen (AmtlBull NR 1985, 1774 ff.; AmtlBull StR 1988, 508 ff.); schliesslich hat sich eine Mehrheit durchgesetzt, die für eine restriktive Ausgestaltung von Art. 697h votiert hat; nach den Schätzungen des Bundesrates sind mit der jetzigen Regelung ca. 500 Gesellschaften offenlegungspflichtig, was gut der Hälfte im Vergleich zur extensiveren Gesetzesfassung entsprechen dürfte (Botschaft, 169; gemäss BÖCKLI, § 12 N 212 weniger als 500 Gesellschaften). Erfasst werden somit nur Publikums-, nicht allgemein Grossgesellschaften. Faktisch bringt die neue Bestimmung deshalb wenig, weil bei den Publikumsgesellschaften wegen der Börseneinführung von Aktien und Obligationen die Jahres- und Konzernrechnung gemäss Kotierungsreglement der Schweizer Börse SWX offen zu legen sind. Das schweizerische Aktienrecht ist somit weiterhin mit den Vorschriften der EG-1-Publizitätsr. und der EG-4-Jahresabschlussr. nicht völlig kompatibel (BÖCKLI, § 12 N 213).

3 Abs. 1 Ziff. 1 erwähnt «**Anleihensobligationen**» i.S.v. Art. 1156; angesichts dieser Formulierung dürften verwandte Kapitalmarktpapiere, insb. Schuldverschreibungen («Notes» aus Privatplatzierungen), trotz deren wirtschaftlicher Ähnlichkeit und bankenrechtlichen Angleichung nicht erfasst sein (problematisch). Die Wendung «**an einer Börse**» in Abs. 1 Ziff. 2 schliesst in- und ausländische Börsen (Botschaft, 169), aber auch etwaige Nebenbörsen ein.

2. Umfang und Art der Offenlegung

4 Offen zu legen sind – wie bisher gemäss Art. 704 (BGE 119 II 49) – **Jahres- und Konzernrechnung** (derjenigen Gesellschaften, die zu deren Erstellung verpflichtet sind: Art. 663e) mit den dazugehörigen Revisionsberichten. Die Offenlegung ersetzt nicht die Bekanntgabe des Jahresberichts an die Aktionäre gemäss Art. 696 Abs. 3, sondern erfolgt in der endgültigen, von der GV genehmigten, nicht gekürzten Fassung (Botschaft, 168). Nicht bekannt zu machen ist im Rahmen von Art. 697h (abweichend von Art. 47 und 50 der EG-4-Jahresabschlussr.) der Jahresbericht (wörtlicher Teil), der Antrag des VR zur Gewinnverwendung und der entsprechende GV-Beschluss; ebenso besteht keine Pflicht zur Offenlegung von Zwischenberichten. Eine Offenlegung bestimmter Beteiligungen seitens der Aktionäre ist in Art. 20 des Börsengesetzes vorgesehen.

Das Gesetz sieht zwei Möglichkeiten der Offenlegung vor, die gleichwertig sind. Der 5
VR hat die Wahl, ob er die in Abs. 1 erwähnten Dokumente im **Schweizerischen Handelsamtsblatt (SHAB) veröffentlichen** oder **jedem Interessenten zustellen** will. Werden die entsprechenden Begehren während eines Jahres nach Abhaltung der GV vollumfänglich erfüllt, kann auf die Publikation im SHAB verzichtet werden. Obwohl Art. 697h keine Frist zur Veröffentlichung vorsieht, ist davon auszugehen, dass dies ohne Verzug geschehen soll (BÖCKLI, § 12 N 219). Das Gesetz legt ausdrücklich fest, dass die Zustellung auf Kosten des Interessenten erfolgt; praktisch dürfte sich diese Anordnung aber kaum durchsetzen, weil die Umtriebe zur Einkassierung des Unkostenbeitrages i.d.R. wohl grösser sind als die Ausgaben für die unentgeltliche Zustellung der Dokumente.

II. Einsichtsrecht von Gläubigern

Die nicht von Abs. 1 erfassten Gesellschaften unterliegen keiner besonderen Offenlegungspflicht. Diese Gesellschaften haben aber ein **besonderes Einsichtsrecht** der Gläu- 6
biger zu beachten: Gläubiger, die ein schutzwürdiges Interesse nachweisen, können sich Einsicht in die Jahresrechnung, Konzernrechnung und den Revisionsbericht, nicht aber in den Jahresbericht, verschaffen. Einsicht zu geben ist in dieselben Dokumente, die von den Publikumsgesellschaften offen zu legen sind (Abs. 2: Formulierung ohne Inhaltsänderung von Abs. 1 abweichend). Bei fehlender Aussagekraft dieser Dokumente erscheint es sachgerecht, dem Gläubiger Einsicht zu gewähren in die erstellte, aber noch nicht durch eine Generalversammlung genehmigte Jahresrechnung oder in die übrigen Geschäftsbücher, insb. das Inventar, die Betriebsrechnung und die Buchungsbelege (vgl. ZR 1995, 130; eingehender dazu DOVÉ/HONEGGER, 70 ff.). Zu den Gläubigern gehören auch die Arbeitnehmer, die aktienrechtlich keine Präferenzstellung geniessen (abgelehnt in AmtlBull StR 1988, 508 ff.). Die Gläubiger haben ein Recht auf Einsicht, nicht auf Aushändigung der Unterlagen. Das Einsichtsrecht dauert – auch wenn dies im Gesetz nicht ausdrücklich gesagt ist – ein Jahr (ZR 1995, 129; BÖCKLI, § 12 N 221).

Das Kriterium des schutzwürdigen Interesses kann nicht dazu dienen, Neugierde zu be- 7
friedigen, Geschäftsgeheimnisse zu erfahren oder Konkurrenzverhältnisse auszukundschaften (vgl. dazu LÜSCHER [Art. 696], 147 FN 29). Vielmehr muss die **Forderung** in ihrer **Einbringlichkeit** als **gefährdet** erscheinen, ungeachtet der Frage der Fälligkeit, des Entstehungsgrunds und Umfangs; relevant sind alle Anzeichen, die auf finanzielle Schwierigkeiten der Gesellschaft hindeuten (GVP 1996 Nr. 49 = SZW 1997, 242; ZR 1995, 129; Botschaft, 169; FORSTMOSER/MEIER-HAYOZ/NOBEL, § 48 N 11; FLÜHMANN, 12 f. und 91). Die Schutzwürdigkeit ist insb. nach Einleitung eines nicht offensichtlich aussichtslosen Forderungsprozesses anzunehmen (GVP 1998 Nr. 49 = SJZ 2000, 192 f.).

Im Gegensatz zum früheren Recht (Art. 704; dazu BGE 99 Ib 439) kann sich der Gläu- 8
biger **direkt** an die **Gesellschaft** wenden, ohne den Handelsregisterführer bemühen zu müssen. Ein Anspruch besteht aber nur auf Einsicht in die genannten Dokumente, nicht auf deren Aushändigung, auch nicht in Form einer Kopie. Gemäss Abs. 2 Satz 2 entscheidet im Streitfall der Richter (vgl. BGE 119 II 49, wonach dieser Hinweis nicht als um der öffentlichen Ordnung und Sicherheit willen aufgestellt zu erachten ist). Art. 697 h enthält keine prozessualen Vorschriften, das summarische Verfahren erscheint als zur Durchsetzung des Anspruchs sachgerecht (RBOG 1993, 121; vgl. § 219 Ziff. 16 ZPO ZH). Der Gläubiger hat dabei seine Gläubigereigenschaft glaubhaft zu machen, nicht hingegen den Bestand der Forderung zu beweisen (GVP 1998 Nr. 49 = SJZ 2000, 192 f.; TC VD v. 21.9.1993 = SJZ 1994, 389); die Anforderungen an die Glaubhaftma-

Art. 698

chung des schutzwürdigen Interesses dürfen nicht überspannt werden (Botschaft, 169). Dem Richter steht in rechtlicher und tatsächlicher Hinsicht eine umfassende Prüfungskognition zu (BGE 120 II 354; RFJ 1996, 49 ff. = SZW 1997, 240).

Dritter Abschnitt: Organisation der Aktiengesellschaft

A. Die Generalversammlung

Art. 698

I. Befugnisse

¹ Oberstes Organ der Aktiengesellschaft ist die Generalversammlung der Aktionäre.

² Ihr stehen folgende unübertragbare Befugnisse zu:

1. die Festsetzung und Änderung der Statuten;
2. die Wahl der Mitglieder des Verwaltungsrates und der Revisionsstelle;
3. die Genehmigung des Jahresberichtes und der Konzernrechnung;
4. die Genehmigung der Jahresrechnung sowie die Beschlussfassung über die Verwendung des Bilanzgewinnes, insbesondere die Festsetzung der Dividende und der Tantieme;
5. die Entlastung der Mitglieder des Verwaltungsrates;
6. die Beschlussfassung über die Gegenstände, die der Generalversammlung durch das Gesetz oder die Statuten vorbehalten sind.

I. Ses pouvoirs

¹ L'assemblée générale des actionnaires est le pouvoir suprême de la société.

² Elle a le droit intransmissible:

1. d'adopter et de modifier les statuts;
2. de nommer les membres du conseil d'administration et de l'organe de révision;
3. d'approuver le rapport annuel et les comptes de groupe;
4. d'approuver les comptes annuels et de déterminer l'emploi du bénéfice résultant du bilan, en particulier de fixer le dividende et les tantièmes;
5. de donner décharge aux membres du conseil d'administration;
6. de prendre toutes les décisions qui lui sont réservées par la loi ou les statuts.

I. Poteri

¹ L'assemblea generale degli azionisti costituisce l'organo supremo della società anonima.

² All'assemblea generale spettano i poteri intrasmissibili seguenti:

1. l'approvazione e la modificazione dello statuto;
2. la nomina degli amministratori e dei membri dell'ufficio di revisione;
3. l'approvazione del rapporto annuale e del conto di gruppo;

3. Abschnitt: Organisation der Aktiengesellschaft   **Art. 698**

> 4. l'approvazione del conto annuale, come pure la deliberazione sull'impiego dell'utile risultante dal bilancio, in modo particolare la determinazione del dividendo e della partecipazione agli utili;
>
> 5. il discarico agli amministratori;
>
> 6. le deliberazioni sopra le materie ad essa riservate dalla legge o dallo statuto.

Literatur

ABOLFATHIAN-HAMMER, Das Verhältnis von Revisionsstelle und Revisor zur Aktiengesellschaft, Bern 1992; VON BALLMOOS, Die Berechtigung zur Teilnahme an der GV, Noch immer im Belieben der Gesellschaft?, NZZ vom 3.3.1993, Nr. 51, 38; DERS., Legitimation und materielle Berechtigung – von der Bedeutung und den Folgen des Aktienbucheintrages unter dem neuen Aktienrecht bei börsenkotierten Gesellschaften, in: von Büren (Hrsg.), Aktienrecht 1992–1997, Versuch einer Bilanz, FS Rolf Bär, Bern 1998, 1 ff.; BERTSCHINGER, Ausgewählte Fragen zur Einberufung, Traktandierung und Zuständigkeit der Generalversammlung, AJP 2001, 901 ff.; DERS., Zuständigkeit der Generalversammlung der Aktiengesellschaft – ein unterschätzter Aspekt der Corporate Governance, in: Schweizer/Burkert/Gasser (Hrsg.), FS Jean-Nicolas Druey, Zürich 2002, 309 ff.; BIANCHI, Die Traktandenliste der Generalversammlung der Aktiengesellschaft, Zürich 1982; BÖCKLI, Die Leitungsbefugnisse des Präsidenten in der Generalversammlung, in: Druey/Forstmoser (Hrsg.), Rechtsfragen um die Generalversammlung, Zürich 1997, 47 ff.; DERS., Die Revisionsstelle im Dilemma: Zurückweisung des Jahresabschlusses oder Aufschub der Rechnungsabnahme?, in: Lachat/Hirsch (Hrsg.), De Lege Ferenda; Reflexions sur le droit désirable en l'honneur du Professeur Alain Hirsch, Genf 2004, 193 ff.; BÖCKLI/BÜHLER, Rechtliche Grenzen der Selbstbehinderung der Aktiengesellschaft durch ihre Statuten, in: Vogt/Stupp/Dubs (Hrsg.), Unternehmen – Transaktion – Recht, Liber Amicorum für Rolf Watter, Zürich/St. Gallen 2008, 37 ff.; BRUDERER, Das Antragsrecht des Aktionärs, Diss. St. Gallen 1980; BÜRGI, Möglichkeiten des statutarischen Minderheitenschutzes in der personalistischen AG, Zürich 1987; BUSCH, Die Übertragung der Geschäftsführung auf den Delegierten des Verwaltungsrates, FS Peter Forstmoser, Zürich 1993, 69 ff.; CASUTT, Rechtliche Aspekte der Verteilung der Prozesskosten im Anfechtungs- und Verantwortlichkeitsprozess, FS Peter Forstmoser, Zürich 1993, 79 ff.; VON DER CRONE, Auf dem Weg zu einem Recht der Publikumsgesellschaften, ZBJV 1997, 73 ff.; DERS., Die Internet-Generalversammlung, in: von der Crone (Hrsg.), Neuere Tendenzen im Gesellschaftsrecht, FS Peter Forstmoser, Zürich/Basel/Genf 2003, 155 ff.; DERS., Interessenkonflikte im Aktienrecht, SZW 1994, 1 ff.; DERS., Lösung von Pattsituationen bei Zweimanngesellschaften, SJZ 1993, 37 ff.; VON DER CRONE/KESSLER, Die Leitung der Generalversammlung, SZW 2004, 2 ff.; DAENIKER, Die Stichtagsregelung bei der Generalversammlung schweizerischer Publikumsgesellschaften, in: Vogt/Stupp/Dubs (Hrsg.), Unternehmen – Transaktion – Recht, Liber Amicorum für Rolf Watter, Zürich/St. Gallen 2008, 125 ff.; DRUEY, Mängel des GV-Beschlusses, in: Druey/Forstmoser (Hrsg.), Rechtsfragen um die Generalversammlung, Zürich 1997, 131 ff.; DUBS, Beschlussvoraussetzungen und deren Abgrenzung von anderen Bedingungen für die Rechtswirksamkeit von Aktionärsbeschlüssen, in: Kramer/Nobel/Waldburger (Hrsg.), FS Peter Böckli, Zürich 2006, 445 ff. (zit. Beschlussvoraussetzungen); DERS., Das Traktandierungsbegehren im Aktienrecht, Zürich/St. Gallen 2008; DERS., Der Genehmigungsbeschluss als neuartige Kompetenz-Kompetenz der Aktionäre gemäss Artikel 627 Ziffer 14 E-OR – Zum Vorschlag der eingeschränkten Flexibilisierung der aktienrechtlichen Kompetenzordnung, SZW 2008, 159 ff.; DERS., Die Abgrenzung der Beschlusskompetenz der Aktionäre von der Ausführung des Akionärsbeschlusses durch den Verwaltungsrat nach Artikel 716a Abs. 1 Ziffer 6 OR – Grundlagen der Beschlussvollzugskompetenz des Verwaltungsrates und Anwendung auf den Fusionsbeschluss, in: Vogt/Stupp/Dubs (Hrsg.), Unternehmen – Transaktion – Recht, Liber Amicorum für Rolf Watter, Zürich/St. Gallen 2008, 161 ff. (zit. FS Watter); DERS., Die bedingte Beschlussfassung der Aktionäre an der Generalversammlung, in: Schweizer/Burkert/Gasser (Hrsg.), FS Jean Nicolas Druey, Zürich 2002, 355 ff. (zit. FS Druey); FORSTMOSER, Ungereimtheiten und Unklarheiten im neuen Aktienrecht, SZW 1992, 58 ff.; DERS., Vom alten zum neuen Aktienrecht, SJZ 1992, 137 ff.; DERS., Organisation und Organisationsreglement nach neuem Aktienrecht, 1992; DERS., Eingriffe der Generalversammlung in den Kompetenzbereich des Verwaltunsgrates – Möglichkeiten und Grenzen, SZW 1994, 169 ff.; DERS., Informations- und Meinungsäusserungsrechte des Aktionärs, in: Druey/Forstmoser (Hrsg.), Rechtsfragen um die Generalversammlung, Zürich 1997, 85 ff.; FORSTMOSER/HIRSCH, Der Entwurf zur Revision des Aktienrechts, Einige konkrete Vorschläge,

SAG 1985, 29 ff.; GERSTER, Stimmrechtsaktien, Zürich 1997; GLANZMANN, Das Proporzwahlverfahren (Cumulativ Voting) als Instrument der Corporate Governance, in: Schweizer/Burkert/Gasser (Hrsg.), Festschrift für Jean-Nicolas Druey, Zürich 2002, 401 ff.; VON GREYERZ, Anfechtung eines Generalversammlungsbeschlusses, SAG 1976, 163 ff.; HABSCHEID, Statutarische Schiedsgerichte und Schiedskonkordat, Einige grundsätzliche Fragen, SAG 1985, 157 ff.; HAEFLIGER, Die Durchführung der Generalversammlung bei der Aktiengesellschaft, Bern 1978; HIRSCH, Les limites des compétences de l'assemblée générale et du conseil d'administration, in: Druey/Forstmoser (Hrsg.), Rechtsfragen um die Generalversammlung, Zürich 1997, 7 ff.; HORBER, Das Traktandierungsrecht des Aktionärs, REPRAX 2000, 72 ff.; DERS., Die Konsultativabstimmung in der Generalversammlung der Aktiengesellschaft, SJZ 2005, 101 ff.; DERS., Parlamentsregeln in der Generalversammlung der Aktiengesellschaft?, AJP 2001, 931 ff.; HUGUENIN JACOBS, Das aktienrechtliche Gleichbehandlungsprinzip, in: von Büren (Hrsg.), Aktienrecht 1992–1997, Versuch einer Bilanz, FS Rolf Bär, Bern 1998, 181 ff.; JÄGGI, Vom Abstimmungsverfahren in der Aktiengesellschaft, in: Gauch/Schnyder (Hrsg.), Privatrecht und Staat, Gesammelte Aufsätze, Zürich 1976, 315 ff.; KLÄY, Die Vinkulierung – Theorie und Praxis im neuen Aktienrecht, Basel/Frankfurt a.M. 1997; KOLLER, Die aktienrechtliche Anfechtungsklage, recht 1988, 51 ff.; KUNZ, Die Klagen im Schweizer Aktienrecht, Zürich 1997; DERS., Das Einberufungsrecht für GV sowie weitere Aktionärsrechte zwischen Hammer und Amboss von Managementwillkür und Rechts(un)sicherheit, Jusletter 19. November 2007 (zit. Jusletter); DERS., Das Informationsrecht des Aktionärs in der Generalversammlung, AJP 2001, 883 ff.; DERS., Der Minderheitenschutz im schweizerischen Aktienrecht, Bern 2001; DERS., Richterliche Handhabung von Aktionärsstreitigkeiten – zu einer Methode für Interessenabwägungen sowie zur «Business Judgment Rule», in: Schweizer/Burkert/Gasser (Hrsg.), FS Jean Nicolas Druey, Zürich 2002, 445 ff.; LAMBERT, Die Durchführung einer Generalversammlung an zwei verschiedenen Tagungsorten, REPRAX 2000, 36 ff.; LEHMANN, Missbrauch der aktienrechtlichen Anfechtungsklage, Zürich 2000; MEIER-SCHATZ, Die Entscheidung durch die Generalversammlung von Fragen aus dem Kompetenzbereich des Verwaltungsrates, in: von Büren (Hrsg.), Aktienrecht 1992–1997, Versuch einer Bilanz, FS Rolf Bär, Bern 1998, 263 ff.; MÜLLER, Unübertragbare und unentziehbare Verwaltungsratskompetenzen und deren Delegation an die Generalversammlung, AJP 1992, 784 ff.; NOBEL, Das Aktienrecht nicht vergewaltigen, Jusletter 26. November 2007 (zit. Jusletter); DERS., Formelle Aspekte der Generalversammlung, in: Druey/Forstmoser (Hrsg.), Rechtsfragen um die Generalversammlung, Zürich 1997, 19 ff. (zit. Formelle Fragen); POLEDNA, Die Übertragung öffentlichrechtlicher Grundsätze auf Abstimmungen an der Generalversammlung, AJP 2001, 924 ff.; RHEIN, Die Nichtigkeit von VR-Beschlüssen, Zürich 2001; RIEMER, Anfechtungs- und Nichtigkeitsklage im schweizerischen Gesellschaftsrecht, Bern 1998; DERS., Die Einstellung eines von der Generalversammlung der Aktiengesellschaft gewählten Verwaltungsratspräsidenten oder eines sonstigen Verwaltungsratsmitgliedes durch den Verwaltungsrat (Art. 726 Abs. 2 OR), in: Schweizer/Burkert/Gasser (Hrsg.), FS Jean Nicolas Druey, Zürich 2002, 527 ff.; RÜEDE/HADENFELDT, Schweizerisches Schiedsgerichtsrecht, 2. Aufl., Zürich 1993; SCHETT, Stellung und Aufgaben der Verwaltung einer Aktiengesellschaft bei der Durchführung der ordentlichen Generalversammlung, Zürich 1977; VON SALIS, Die Gestaltung des Stimm- und des Vertretungsrechts im schweizerischen Aktienrecht, Zürich 1996; SCHLEIFFER, Der gesetzliche Stimmrechtsausschluss im schweizerischen Aktienrecht, Bern 1993; SCHMITT, Das Verhältnis zwischen Generalversammlung und Verwaltung in der Aktiengesellschaft, Zürich 1991; SCHNEIDER, Le droit de l'actionnaire de proposer une résolution au vote de l'Assemblée générale, AJP 1998, 547 ff.; SCHWANDER/DUBS, Die positive Beschlussfeststellungsklage im Aktienrecht – Gegenstand, Verhältnis zur Anfechtungsklage und prozessuale Fragen, in: von Büren (Hrsg.), Aktienrecht 1992–1997, Versuch einer Bilanz, FS Rolf Bär, Bern 1998, 343 ff.; STUDER, Die Einberufung der Generalversammlung der Aktiengesellschaft, Bern 1995; SPILLMANN, Institutionelle Investoren im Recht der (echten) Publikumsgesellschaften, Diss. Zürich 2004; TANNER, Die Generalversammlung im multimedialen Zeitalter, in: Gauch/Schmid (Hrsg.), Die Rechtsentwicklung an der Schwelle zum 21. Jahrhundert, Zürich 2001, 473 ff.; DIES., Neuerungen für die Beschlussfassung in der GV, AJP 1992, 765 ff.; DIES., Quoren für die Beschlussfassung in der Generalversammlung, Zürich 1987 (zit. Quoren); THALMANN/WAIBEL/BUNDI, Endlich – die Interimsdividende setzt sich im schweizerischen Recht durch, SZW 2007, 18 ff.; TRUFFER, Die Sachverständigen zur Prüfung der Geschäftsführung (Art. 731a Abs. 3 OR), in: Vogt/Stupp/Dubs (Hrsg.), Unternehmen – Transaktion – Recht, Liber Amicorum für Rolf Watter, Zürich/St. Gallen 2008, 405 ff.; VOCK, Prozessuale Fragen bei der Durchsetzung von Aktionärsrechten, Zürich 2000; WATTER, Minderheitenschutz im neuen Aktienrecht, AJP 1993, 117 ff.; WATTER/DUBS, Der Déchargebeschluss, AJP 2001, 908 ff.; WATTER/MAIZAR, Aktionärsdemokratie – über erweiterte Zuständigkeiten der Generalversammlung bei der

Stimmrechtsausübung in schweizerischen Aktiengesellschaften, in: Breitschmid/Portmann/Rey/Zobl (Hrsg.), Grundfragen der juristischen Person, FS Hans Michael Riemer, Bern 2007, 403 ff.; ZÄCH/ SCHLEIFFER, Statutarische qualifizierte Quoren, SZW 1992, 263 ff.

I. Allgemeines (Abs. 1)

1. Die Generalversammlung als Organ der AG

Das Aktienrecht legt im dritten Abschnitt unter dem Titel «Organisation der AG» zwingend fest, dass die AG **drei (ordentliche) Organe** aufweisen muss: Die GV (Art. 698–706b), den VR (Art. 707–726) und die RS (Art. 727–731a). Als ausserordentliches Organ der AG können die Liquidatoren betrachtet werden, die nur in speziellen Konstellationen (Liquidationsstadium) fungieren; ihre Tätigkeit ist im fünften Abschnitt (Auflösung der AG) geregelt (Art. 739 ff.). 1

Organe sind nicht Stellvertreter, sondern Bestandteile der Aktiengesellschaft. Sie sind **Funktions-** (VON GREYERZ, 181) **oder Verwaltungsträger** (HAEFLIGER, 9) der AG (vgl. zur funktionellen Begriffsbestimmung auch ZK-BÜRGI, Vor Art. 698–731 N 18 f.). Ausgehend von diesem Verständnis ist die GV als Organ der AG primär durch ihre gesetzlich zugewiesenen Aufgaben charakterisiert: Normsetzung, Wahl und Beaufsichtigung der übrigen Organe, Entscheidung über Eigenkapitalstruktur und Gewinnverwendung etc. (vgl. N 17 ff.). Die Willensbildung der AG in den nach Gesetz oder Statuten den Aktionären zugewiesenen Kompetenzbereichen erfolgt in der GV mittels Beschlussfassung (zu den verschiedenen Arten der Beschlussfassung s. Art. 703 N 4b f.). Diese Willensbildung ist insb. von der eigentlichen Geschäftsführung zu unterscheiden, die das Gesetz dem VR als geschäftsführendem Organ zuweist (Art. 716 Abs. 2). 1a

Obschon die GV nach dem Wortlaut des Gesetzes «oberstes Organ» der AG ist, kann Träger von Rechten und Pflichten nur die AG selbst sein (ZK-BÜRGI, N 1), da nur die Gesellschaft als Körperschaft eigene Rechtspersönlichkeit besitzt (MEIER-HAYOZ/ FORSTMOSER, 265 f.). Die GV ist – im Gegensatz zum VR – ein sog. **inneres Organ,** d.h. ein willenbildendes und verpflichtendes Organ, das grundsätzlich nicht gegen aussen auftritt. Sie wird grundsätzlich auch – anders als der VR und abgesehen von dem in Art. 700 Abs. 3 erwähnten Sonderfall der Beschlussfassung über die Einberufung einer ausserordentlichen GV – nicht von sich aus, sondern nur auf Einberufung in den im Gesetz oder den Statuten vorgesehenen Fällen tätig. 2

Als GV gilt die **Versammlung der Aktionäre.** Diese Qualifikation ist allerdings in mehrfacher Hinsicht präzisierungsbedürftig. Insbesondere ist die Aktionärsstellung von der Zutrittsberechtigung zur GV (Teilnahmebefugnis i.w.S.), von der Mitwirkungsberechtigung an der GV bzw. an den Beschlussfassungen im Allgemeinen (Teilnahmeberechtigung i.e.S.) und von der Stimmberechtigung bei der einzelnen Beschlussfassung klar zu unterscheiden. So setzt bspw. die Teilnahmebefugnis i.e.S. von Gesetzes wegen nicht Aktionärseigenschaft voraus; evtl. ist aber aufgrund einer statutarischen Vorschrift nur zur Vertretung eines Aktionärs und mithin zur Teilnahme berechtigt, wer selbst Aktionär ist. Was im Weiteren die Mitwirkungsberechtigung an der GV anbelangt, ist vor allem auf folgenden Aspekt hinzuweisen: Bei börsenkotierten vinkulierten Namenaktien können von Gesetzes wegen zwei Klassen von Aktionären entstehen, solche mit und solche ohne Stimmrecht (Art. 685 f Abs. 3; vgl. im Einzelnen KLÄY, 274 ff.). Namenaktien ohne Stimmrecht gelten in der GV als nicht vertreten (Art. 685 f Abs. 3). Der Aktionär ohne Stimmrecht i.S.v. Art. 685 f Abs. 3 kann auch alle mit dem Stimmrecht verbundenen Mitwirkungsrechte, insb. das Einberufungs- (Art. 699 Abs. 3), das Teilnahme- (Art. 689), das Auskunfts- (Art. 697 Abs. 1), das Einsichts- (Art. 697 3

Abs. 3) und das Antragsrecht (Art. 700 Abs. 4), nicht geltend machen (Art. 685 f Abs. 2 i.V.m. Art. 656c Abs. 2; AmtlBull StR 1991, 6021 f.; BÖCKLI, § 6 N 135 ff.; vgl. auch KLÄY, 282 ff. und FORSTMOSER/MEIER-HAYOZ/NOBEL, § 44 N 217 ff.).

4 Die Einräumung der einem Aktionär zustehenden Rechte in der GV an einen **Dritten** ist unzulässig. Gegenteilige Vereinbarungen oder ein gegenteiliges Vorgehen an der GV sind mit dem Gesetz nicht zu vereinbaren (BGE 96 II 18). Eine beschränkte Ausnahme von diesem Grundsatz findet sich in Art. 1160 Abs. 2 für *Vertreter von Gläubigergemeinschaften* bei Anleihensobligationen. Diese sind befugt, an Verhandlungen der Organe (GV, VR und RS) der Anleihensschuldnerin mit beratender Stimme teilzunehmen und Fragen zu stellen, sofern die Anleihensschuldnerin mit ihren Verpflichtungen aus der Anleihe in Verzug ist und soweit Gegenstände verhandelt werden, welche die Interessen der Anleihensgläubiger betreffen (ZK-BÜRGI, Art. 699 N 15; Art. 1160 Abs. 2 f.).

4a Die **«unbefugte Teilnahme»** an der GV ist, soweit solche Teilnehmer in entscheidender Weise bei der Beschlussfassung mitwirken, mit der Stimmrechtsklage des Art. 691 Abs. 3 sanktioniert. «Unbefugte Teilnahme» ist als Oberbegriff zu verstehen und erfasst verschiedenartige aktienrechtliche Unregelmässigkeiten beim gesamten Vorgang der Beschlussfassung einschliesslich der Stimmrechtsausübung an der Generalversammlung. Als unbefugte Teilnahme gelten verschiedene Arten der Beeinflussung und Verfälschung der korporativen Willensbildung durch Verletzung von statutarischen oder gesetzlichen Bestimmungen über die Teilnahme-, die Mitwirkungs- oder die Stimmberechtigung, wie etwa die Zustimmung zu einem Antrag eines «Gastes» (d.h. einer Person, die weder stimmberechtigter Aktionär noch rechtsgültiger Vertreter eines solchen ist) oder die Nichtbeachtung von statutarischen Höchststimmausübungsklauseln (vgl. zum Begriff der unbefugten Teilnahme und den erfassten Konstellationen im Allgemeinen SCHWANDER/DUBS, 346 ff.). Als Rechtsbehelf zur Korrektur eines *Teils* der verschiedenen Tatbestände der unbefugten Teilnahme i.S.v. Art. 691 Abs. 3 steht nach der hier vertretenen Auffassung die **positive Beschlussfeststellungsklage** zur Verfügung (zu diesem Rechtsbehelf Art. 706 N 9c).

5 Die Aktionäre einer Gesellschaft können sich auch ausserhalb der GV, z.B. in der Rechtsform einer AG, GmbH, Genossenschaft oder eines Vereins, zusammenschliessen und im gesetzlichen Rahmen des entsprechenden Rechtsinstituts organisieren oder einen **Aktionärbindungsvertrag** (ABV) eingehen. ABV sind zwar für die AG nicht bindend, jedoch als Rechtsgeschäfte unter Aktionären zulässig und zwar selbst dann, wenn damit *inter partes* eine erhebliche Beschränkung des Stimmrechts verbunden ist (BGE 96 II 18; BÖCKLI, § 12 N 572 ff.). Durch Statutenbestimmungen oder GV-Beschluss kann ausserdem auch ein **Aktionärsausschuss** gebildet werden; diesem dürfen jedoch keine Befugnisse übertragen werden, die zwingend den Organen (GV, VR und RS) der AG zustehen (HAEFLIGER, 10 f.).

6 Die GV bildet nach dem Gesetz das ausschliessliche Forum, in welchem die Aktionäre ihre Mitgliedschaftsrechte persönlich oder durch Vertreter ausüben. Dennoch wird in der Praxis oft, namentlich bei einem sehr kleinen Aktionärskreis, eine Versammlung der Aktionäre nicht wirklich durchgeführt, sondern dadurch ersetzt, dass Protokolle unterzeichnet werden. In diesen Fällen erfolgt oft auch keine frist- und formgerechte Einberufung (Art. 699 f.). Dieses Vorgehen ist gesetzeswidrig; immerhin steht aber in kleinen Verhältnissen die Möglichkeit der **Universalversammlung** zur Verfügung (ZK-BÜRGI, N 15).

7 **Zirkularbeschlüsse** sind rechtlich wirkungslos (BGE 67 I 347; OGer ZH ZR 1982, 45; BÖCKLI, § 12 N 52; ZK-BÜRGI, N 12), und zwar selbst dann, wenn sämtliche Aktionäre

zugestimmt haben (FORSTMOSER/MEIER-HAYOZ/NOBEL, § 23 N 12); ausgenommen sind Beschlussgegenstände, bei denen das Gesetz eine «Entscheidung» auf schriftlichem Weg durch die Aktionäre ausdrücklich zulässt oder vorsieht, wie etwa beim «Beschluss» nach Art. 727a Abs. 2. Ebenso wenig sind grundsätzlich – besondere gesetzliche Regelungen vorbehalten – schriftlich zu Handen des Vorsitzenden einer GV abgegebene Stimmen gültig, es sei denn, dass dies nach den konkreten Umständen als Bevollmächtigung an den Vorsitzenden zur Stimmabgabe, allenfalls verbunden mit einer konkreten Weisung, verstanden werden kann (BÖCKLI, § 12 N 147; ZK-TANNER, Art. 698 N 69). Im Gegensatz zur Genossenschaft (Art. 880, 892) ist die Einführung der **Delegiertenversammlung** oder der **Urabstimmung** unzulässig (JÄGGI, Abstimmungsverfahren, 315; FORSTMOSER/MEIER-HAYOZ/NOBEL, § 23 N 13). Eine Statutenbestimmung solchen Inhalts bei der AG ist nichtig (BÖCKLI, § 16 N 168).

2. Verhältnis zwischen Generalversammlung und Verwaltungsrat

Nach der herrschenden Lehre stehen die beiden Organe GV und VR entsprechend der **Paritätstheorie** nicht hierarchisch über- bzw. untereinander, sondern funktional nebeneinander, indem jedem Organ bestimmte Aufgabenbereiche zugewiesen sind, innerhalb derer es grundsätzlich ausschliesslich regelungszuständig ist (vgl. FORSTMOSER, Eingriffe, 170; FORSTMOSER/MEIER-HAYOZ/NOBEL, § 20 N 9 ff.; BÖCKLI, § 12 N 3 und § 13 N 286; zur Absage an die Omnipotenztheorie vgl. Botschaft AG, 842; zum alten Aktienrecht ZK-BÜRGI, N 2 f. und Vor N 38 ff.; s. zu der Paritätstheorie und zur Omnipotenztheorie sowie deren verschiedenen Ausprägungen insb. ZK-TANNER, N 9 ff.). Dem Wortlaut des Gesetzes, das die GV ausdrücklich als «oberstes Organ der AG» bezeichnet, wird nur formelle Bedeutung beigemessen. Auch auf dem Boden der Paritätstheorie können jedoch verschiedene Aspekte nicht übersehen werden, die auch materiell zu einem gewissen *Primat der GV* unter den Organen führen (sie werden i.d.R. denn auch nicht verkannt); man kann auch von einer «eingeschränkten Omnipotenztheorie» sprechen (s. ZK-TANNER, N 37 ff.): Die GV entscheidet über die grundlegendsten Gegenstände der AG, wie Festsetzung und Änderung der Statuten (unter Beachtung des zwingenden Rechts), Kapitalstruktur, Zusammensetzung und Abberufung der Organe (VR und RS) und Gewinnverwendung. Auf zwei Arten kann die GV zudem massgebenden Einfluss auf die Geschäftsführung ausüben: Zum einen kann sie den VR jederzeit und ohne Angabe von Gründen abberufen (Art. 705). Zum anderen wird der in den Statuten festzuschreibende Zweck der AG durch einen Aktionärsbeschluss festgelegt, was der GV die Möglichkeit eröffnet, durch entsprechende statutarische Zweckumschreibung bzw. durch deren Änderung in einem gewissen Umfang eigentliche Geschäftsführungsentscheide an sich zu ziehen, die bei einer umfassenderen Zweckumschreibung dem VR vorbehalten wären. Zu beachten ist zudem, dass der materielle Gehalt der das Verhältnis zwischen GV und VR (mit-)bestimmenden unübertragbaren und unentziehbaren Aufgaben des VR gem. Art. 716a Abs. 1 im Einzelnen auslegungsbedürftig ist und diese Vorschrift in einem gewissen Spannungsverhältnis zu Art. 698 Abs. 2 Ziff. 6 steht, wonach die GV Beschlüsse über Gegenstände fassen kann, welche die Statuten ihrer Kompetenz unterwerfen (vgl. zu dieser Problematik BERTSCHINGER, 903 ff.). Auch zu Gegenständen ausserhalb ihres Zuständigkeitsbereiches ist es der GV zudem nicht verwehrt, Diskussionen zu führen und Konsultativabstimmungen abzuhalten (Art. 699 N 28 f.; Art. 703 N 4b); die Resultate werden sich oft faktisch auf die Entscheidfindung des VR auswirken, und auch rechtliche Implikationen sind nicht ausgeschlossen (so wird der VR es oft nicht ohne Verletzung seiner Sorgfaltspflicht gem. Art. 717 Abs. 1 unterlassen können, eine ihm von der GV empfohlene Geschäftsführungsmassnahme zumindest ernsthaft zu prüfen).

8a Der VR selbst kann dadurch eine Art Kompetenzverschiebung bewirken, dass er beim Abschluss eines Rechtsgeschäfts mit Dritten innerhalb seines Kompetenzbereiches die Zustimmung der GV (rechtsgeschäftlich) als Bedingung vereinbart. Ein derartiger **Genehmigungsvorbehalt** (oder: Zustimmungsvorbehalt) zugunsten der Aktionäre liegt vor, wenn der Verwaltungsrat seine Beschlusskompetenz ausübt, aber aus eigenem Ermessen die Rechtsbeständigkeit seines Beschlusses von der Zustimmung der Aktionäre abhängig macht. Der Genehmigungsvorbehalt ist keine aktienrechtliche Kompetenz im eigentlichen Sinne. Im Ergebnis wird bei einem solchen rechtsgeschäftlichen Genehmigungsvorbehalt durch die GV bestimmt, ob das Geschäft gelten soll oder nicht. Ein entsprechender (Zustimmungs-)Beschluss der GV verstösst nicht gegen die aktienrechtliche Zuständigkeitsordnung; auch liegt bei einem solchen Vorgehen weder eine Delegation nach oben noch ein Eingriff der GV in die Kompetenzen des VR vor (vgl. dazu BGE 100 II 384 ff., insb. 387 ff.). Durch einen solchen Beschluss der GV wird die aktienrechtliche Verantwortlichkeit des VR nicht ausgeschlossen; hingegen dürften die zustimmenden Aktionäre ihre Klageberechtigung aufgegeben haben.

8b Nach dem Konzept des Gesetzes ist die **Kompetenzausscheidung** zwischen der GV und dem VR insofern **lückenlos und ausschliesslich,** als immer entweder die GV oder der VR einen rechtsverbindlichen Beschluss fassen kann. Bausteine der gesetzlichen Kompetenzausscheidung sind die folgenden Bestimmungen: Die einzelnen unübertragbaren Befugnisse der GV gem. Art. 698 Abs. 2 Ziff. 1–5; die Verweisung auf die in anderen Gesetzesartikeln festgelegten Kompetenzen der GV und auf die ihr in den Statuten zugewiesenen Kompetenzen (Kompetenz-Kompetenz) gem. Art. 698 Abs. 2 Ziff. 6; die unübertragbaren und unentziehbaren Aufgaben des VR nach Art. 716a Abs. 1 und die in Art. 716 Abs. 1 vorgegebene Auffangzuständigkeit des VR. Aus dem Inhalt dieser Bestimmungen lässt sich für die Prüfung, wer für die Willensbildung der Gesellschaft hinsichtlich eines konkreten Gegenstandes kompetent ist, folgender Ablauf herleiten (Mechanismus nach MEIER-SCHATZ, 266): In einem ersten Schritt ist zu bestimmen, ob der fragliche Entscheidgegenstand entweder (a) in den Katalog von Art. 716a Abs. 1 eingereiht werden kann (oder eine andere zwingende Gesetzesnorm anwendbar ist, die den VR als zuständig erklärt) oder (b) in den Kompetenzbereich der GV nach Art. 698 Abs. 1 Ziff. 1–5 fällt. Ist einer dieser fixen Kompetenzbereiche betroffen, so ist die Entscheidzuständigkeit festgelegt. Andernfalls ist in einem zweiten Schritt zu prüfen, ob die GV (a) aufgrund einer anderen Gesetzesbestimmung zur Beschlussfassung kompetent ist oder (b) die entsprechende Kompetenz aufgrund einer rechtmässigen (d.h. die zwingende Gesetzesordnung beachtenden) statutarischen Regelung an sich gezogen hat (Art. 698 Abs. 2 Ziff. 6). Wenn sich die Unzuständigkeit der GV ergibt, kommt in einem dritten Schritt die Auffangzuständigkeit des VR gem. Art. 716 Abs. 1 zur Anwendung.

Die Zuordnung der Entscheidungszuständigkeit an die Generalversammlung bezüglich einer bestimmten Gesellschaftsangelegenheit sagt über den materiellen Gehalt dieser zugewiesenen Kompetenz i.d.R. nichts aus. In Bezug auf die materielle Ausprägung einer der Generalversammlung zugeordneten Kompetenz ist die umfassende Beschlusskompetenz von der blossen Genehmigungskompetenz zu unterscheiden (zur Unterscheidung dieser beiden Ausprägungen der Kompetenzen der GV s. DUBS, Genehmigungskompetenz, 161 ff. m.w.H.): Liegt eine Gesellschaftsangelegenheit in der Beschlusskompetenz der Aktionäre, können die Aktionäre den materiellen Gehalt des Beschlusses unter Beachtung der gesetzlichen Vorgaben im eigenen Ermessen selbst festlegen. Diese **Beschlusskompetenz** der Aktionäre ist somit insofern umfassend, als über die Zuständigkeit zur Herbeiführung der Existenz eines rechtsverbindlichen Aktionärsbeschlusses hinausgehend die Aktionäre auch im Rahmen des Gesetzes und der Statuten den materiellen Gehalt des Beschlusses *im eigenen Ermessen* festlegen können (natürlich ist zu

3. Abschnitt: Organisation der Aktiengesellschaft   8c, 8d   Art. 698

beachten, dass für jeden Beschluss resp. Beschlussgegenstand ein Mindestgehalt vorausgesetzt ist). Rechtstechnisch wird diese (einzig durch das Gesetz und allenfalls die Statuten eingeschränkte) Ermessensfreiheit der Aktionäre durch das freie Antragsrecht der Aktionäre gewährleistet. Ist den Aktionären hingegen die **Genehmigungskompetenz** zugewiesen, können die Aktionäre den ihnen vorgelegten Antrag nur gutheissen oder ablehnen; eine inhaltliche Ausgestaltung des Beschlusses über die Ausübung des Antragsrechts ist allerdings nicht möglich. Eine Genehmigungskompetenz der Generalversammlung beruht entweder auf besonderen gesetzlichen Regelungen oder auf einer statutarischen Bestimmung. Typische Beschlussgegenstände, bei denen den Aktionären (lediglich) die Genehmigung zugewiesen ist, sind die Beschlussfassungen über den Jahresbericht, die Jahres- und die Konzernrechnung. Das aktienrechtliche Kompetenzgefüge wird erst durch die **Beschlussvollzugskompetenz des Verwaltungsrates** vervollständigt resp. lückenlos: Als Beschlussvollzugskompetenz des Verwaltungsrats gilt die unübertragbare und unentziehbare Aufgabe des Verwaltungsrates, die Beschlüsse der Generalversammlung durchzuführen resp. «auszuführen» (s. Art. 716a Abs. 1 Ziff. 6). Der sachliche Umfang dieser Beschlussvollzugskompetenz des Verwaltungsrats lässt sich natürlich nur in Bezug auf einen konkreten Beschlussgegenstand festlegen (s. zur Beschlussvollzugskompetenz des Verwaltungsrates und deren Einordnung in die aktienrechtliche Kompetenzordnung DUBS, FS Watter, 161 ff.).

Die aktienrechtliche Kompetenzausscheidung zwischen GV und VR wird im **Börsengesellschaftsrecht** modifiziert, indem die Entscheidzuständigkeit der GV zu Lasten der Geschäftsführungsbefugnis des VR ausgedehnt wird: In einem Übernahmeverfahren darf der VR nach der Veröffentlichung der Voranmeldung oder des Angebotes (wenn keine Voranmeldung erfolgt) keine Rechtsgeschäfte mehr beschliessen, mit denen der Aktiv- oder der Passivbestand der Gesellschaft in bedeutender Weise verändert wird. GV-Beschlüsse unterliegen dieser Beschränkung nicht (Art. 29 Abs. 2 BEHG; zur Konkretisierung dieser Kompetenzverschiebung im Übernahmekontext s. Art. 35 UEV-UEK; vgl. auch BERTSCHINGER, Zu den börsengesetzlichen Kompetenzen des Verwaltungsrates und der Generalversammlung bei Unternehmensübernahmen, SJZ 1998, 329 ff.; WERLEN, Die Rechtsstellung der Zielgesellschaft im Übernahmekampf, Zürich 2001, 224 ff.; FRAUENFELDER, Die Pflichten der Zielgesellschaft gemäss Art. 29 BEHG, Zürich 2001, 151 ff.). Art. 29 Abs. 2 BEHG statuiert nicht etwa nur einen Genehmigungsvorbehalt, sondern eine eigentliche Kompetenzverschiebung; er stellt eine in das Aktienrecht eingreifende materielle Änderung der Kompetenzordnung dar.   **8c**

Das Bundesgericht hat in **aussergewöhnlichen Situationen** (d.h. im Falle eines fehlenden oder eines handlungsunfähigen Organs, eines Insichgeschäfts oder eines Interessenkonflikts) zugelassen, dass die aktienrechtliche Kompetenzzuweisung durchbrochen wird. Der GV einer verwaltungslosen AG kann ausnahmsweise die Kompetenz zu Verwaltungshandlungen zukommen (BGE 78 II 374 f.). Umgekehrt kann ausnahmsweise der VR in die Kompetenzen der GV eingreifen, wenn einschneidende Massnahmen zur Erhaltung des Betriebs dringend geboten sind und eine rechtzeitige Beschlussfassung durch die GV unmöglich ist (BGE 116 II 320 ff.). Im Weiteren ist in Fällen des Selbstkontrahierens oder der Doppelvertretung durch VR-Mitglieder je nach der Sachlage allenfalls eine besondere Ermächtigung oder eine Genehmigung durch die GV notwendig (vgl. BGE 127 III 332 ff., 335: sofern nicht andere zeichnungsberechtigte VR-Mitglieder zur Verfügung stehen, die als «nebengeordnetes Organ» die Genehmigung erteilen können). Auch wenn ein anderweitiger Interessenkonflikt zwischen der AG und dem handelnden Organ vorliegt und der beteiligte Dritte davon Kenntnis hat oder haben könnte, kann je nach der konkreten Sachlage eine Genehmigung der GV erforderlich sein (vgl. BGE 126 III 361 ff.).   **8d**

3. Verhältnis zwischen Generalversammlung und Revisionsstelle

9   Zwischen der GV und der RS besteht weder ein Über- noch ein Unterordnungsverhältnis, obwohl die GV Wahlorgan ist (Art. 698 Abs. 2 Ziff. 2). Das Verhältnis zwischen diesen beiden Organen ist geprägt vom Unabhängigkeitserfordernis (welches je nach Revisionsart unterschiedlicher Ausprägung ist; s. Art. 728 und 729): Die RS muss grundsätzlich nicht nur vom VR, sondern auch von einem Mehrheitsaktionär unabhängig sein und darf grundsätzlich auch nicht andere Aufgaben von der AG übernehmen, die mit ihrem Prüfungsauftrag unvereinbar wären. Die RS prüft «stellvertretend» für den Aktionär, der nur sehr eingeschränkte Kontrollrechte hat (Art. 696 f.; Recht auf Information, Auskunft und Einsicht), die vom Gesetz für die betreffende Revisionsart vorgegebenen Gegenstände in dem gesetzlich festgelegten Umfang (s. Art. 728a, 729a) und erstattet der Generalversammlung – bei der ordentlichen Revision zusätzlich dem Verwaltungsrat (s. Art. 728b Abs. 1, Art. 728c Abs. 1) – einen Revisionsbericht (s. Art. 728 b Abs. 2, Art. 729b). Bei ihren Beschlüssen ist die GV allerdings – unter Vorbehalt des Beschlusses über die Gewinnverwendung, der ohne entsprechenden Bericht der RS nicht gefasst werden kann (s. DUBS, FS Böckli, 458 ff.) – nicht an die Empfehlungen der RS gebunden; die Aktionäre können sich darüber hinwegsetzen.

4. GV-Typen

10 Das Gesetz unterscheidet zwischen der **ordentlichen** und der **ausserordentlichen GV** (Art. 699 Abs. 2). Art. 701 regelt die *Universalversammlung,* die aber nicht einen dritten Typus, sondern vielmehr eine besondere Art der Durchführung einer (ordentlichen oder ausserordentlichen) GV darstellt. Für beide GV-Typen gem. Art. 699 Abs. 2 gelten dieselben Regeln, wobei die Formvorschriften i.w.S. für die Einberufung (Traktandierung eingeschlossen) nicht eingehalten werden müssen, wenn die GV in der Form einer Universalversammlung zustande kommt (Art. 701 Abs. 1). Eine Universalversammlung kann auch ohne Einberufung im formellen Sinne stattfinden.

II. Unübertragbare Befugnisse der Generalversammlung (Abs. 2)

1. Allgemeines

11 Das Gesetz weist der GV «**unübertragbare Befugnisse**» (Art. 698 Abs. 2) zu, während der VR «unübertragbare und unentziehbare Aufgaben» (Art. 716a Abs. 1) zu erfüllen hat. Die unterschiedliche Terminologie kann damit erklärt werden, dass die GV durch die Statuten *unter Beachtung der durch Art. 698 und 716a gesetzten Grenzen* bestimmen kann, welche Aufgaben dem VR zugewiesen oder entzogen werden (Art. 698 Abs. 2 Ziff. 1 i.V.m. Art. 716 f.; BGE 117 II 290 = Pra 1992, 479). Dem VR fehlt hingegen eine entsprechende Kompetenz; er nimmt im Sinne einer Auffangkompetenz jene Aufgaben wahr, die nicht nach Gesetz oder Statuten in die Kompetenz der GV fallen (Art. 716 Abs. 1). Die Aktionäre können auf die Kompetenzordnung auch in der Weise Einfluss ausüben, dass sie durch eine engere oder weitere Fassung des Gesellschaftszwecks in den Statuten (Art. 626 Ziff. 2) die Art der Geschäftstätigkeit der AG fast beliebig bestimmen können (FORSTMOSER, Organisation, 22).

Noten 12 und 13 entfallen

14 Die GV nimmt mit ihren Aufgaben gem. Abs. 2 zusammenfassend folgende Funktionen wahr (ZK-BÜRGI, N 3): **Normgebungsfunktion** (Festsetzung und Änderung der Statuten; Art. 698 Abs. 2 Ziff. 1), **Aufsichtsfunktion** (Wahlen, Abberufungen, Déchargeertei-

lung und Genehmigung der Berichte und Rechnungen; Art. 698 Abs. 2 Ziff. 2–5) sowie **Verwaltungsfunktion** (Verwendung des Gewinns sowie weitere gesetzliche oder statutarische Kompetenzen; Art. 698 Abs. 2 Ziff. 4, 6).

2. Festsetzung und Änderung der Statuten (Abs. 2 Ziff. 1)

Gemäss Ziff. 1 gehört die Festsetzung und Änderung der Statuten zu den unübertragbaren Befugnissen der GV. Diese Feststellung des Gesetzes ist insofern zu präzisieren, als bei der Kapitalerhöhung der VR den Vollzug feststellt und die Statuten entsprechend ändert (Art. 651a, 652g, 653g und 653i; FORSTMOSER, SZW 1992, 69). Im Weiteren erfolgt die Festsetzung der Statuten bei der Gründung einstimmig im Errichtungsakt (Art. 629; BÖCKLI, § 1 N 211). Es handelt sich dabei nicht um eine GV i.S.v. Art. 698. 15

Zur Festsetzung der Statuten gehört u.a. die Festlegung des **Zwecks** der Gesellschaft (Art. 626 Ziff. 2), der seinerseits den Umfang der Vertretungsmacht der Zeichnungsberechtigten bestimmt (Art. 718a Abs. 1). Soll die Gesellschaft ein Rechtsgeschäft eingehen, das mit dem geltenden statutarischen Zweck nicht vereinbar ist (wovon ein Spezialfall derjenige ist, dass das Geschäft als [Teil-]Liquidationshandlung erscheint; dazu eingehend BÖCKLI, § 13 N 497 ff., § 17 N 76 ff.), so ist daher eine Statutenänderung (Anpassung der Zweckklausel) erforderlich. Entgegen einer in der Lehre vorgetragenen Ansicht (FORSTMOSER/MEIER-HAYOZ/NOBEL, § 22 N 78) kennt das schweizerische Aktienrecht hingegen nach der hier vertretenen Auffassung weder eine Kategorie von «faktisch» oder «materiell zweckändernden» GV-Beschlüssen (ein Beschluss, der gegen die Statuten verstösst, ist vielmehr anfechtbar, selbst wenn das zu einer Statutenänderung erforderliche Quorum erreicht wäre; FORSTMOSER/MEIER-HAYOZ/NOBEL, § 10 N 1), noch ein ungeschriebenes gesetzliches Erfordernis der Zustimmung der GV zu Geschäften von ausserordentlich grosser Bedeutung oder Tragweite, die sich aber im Rahmen des statutarischen Zwecks bewegen (etwas anderes folgt auch nicht aus BGE 100 II 384 ff., der allerdings insoweit abzulehnen ist, als er für *ausserhalb* des statutarischen Zwecks liegende Geschäfte eine Genehmigung des Rechtsgeschäfts selbst durch die GV zu verlangen oder zuzulassen scheint: VON GREYERZ, SAG 1976, 173; KUMMER, ZBJV 1976, 153). 15a

3. Wahlen und Abberufungen (Abs. 2 Ziff. 2 und 6)

Gemäss Ziff. 2 wählt die GV den **VR** und die **RS** (s. auch Art. 730 Abs. 1); sie ist dabei aber insofern eingeschränkt, als die Wählbarkeitsvoraussetzungen zu beachten sind (vgl. Art. 707 ff., 727 ff.). Ausserdem kann die GV den VR und die RS abberufen (Art. 698 Abs. 2 Ziff. 6, Art. 705), Ersatzleute bezeichnen (Art. 727) und die Organisation der RS regeln (Art. 731a Abs. 1). Soweit statutarisch vorgesehen, kann die GV auch den **Präsidenten des VR** wählen (Art. 712 Abs. 2); es handelt sich bei dieser Wahl insofern um eine Ausnahme, als die Organisation des VR eine unübertragbare und unentziehbare Aufgabe des VR selbst ist (FORSTMOSER/MEIER-HAYOZ/NOBEL, § 22 N 19; vgl. zu den Einflussmöglichkeiten der GV auf die Organisation FORSTMOSER, Eingriffe, 173 ff.). 16

Gestützt auf eine statutarische Grundlage kann die Wahl des Verwaltungsrates auch in einem besonderen Wahlverfahren erfolgen: Den Aktionären können pro Aktie so viele Stimmrechte zugewiesen werden wie Mitglieder des Verwaltungsrates zu wählen sind, wobei die Aktionäre alle ihre Stimmen für einen Kandidaten einsetzen können (System des cumulative voting; s. dazu im Einzelnen GLANZMANN, FS Druey, 401 ff.). Dieses Wahlverfahren ermöglicht es Minderheiten, Mitglieder des Verwaltungsrates auch gegen den Willen des Mehrheitsaktionärs zu wählen. 16a

16b Die Generalversammlung kann die Wahlgeschäfte im Rahmen dessen, was das Gesetz und die Statuten zulassen, inhaltlich ausgestalten. Die Wahl eines Mitglieds des VR kann z.B. auch nur für ein Jahr erfolgen, auch wenn die Statuten eine Amtszeit von zwei Jahren vorsehen (eine Wahl für eine längere Amtszeit als in den Statuten vorgesehen wäre demgegenüber statutenwidrig und deswegen anfechtbar). Die wesentlichen Beschränkungen einer konkretisierenden Ausgestaltung des Wahlgeschäfts ergeben sich aus den zwingend vorgeschriebenen Pflichten der Mitglieder des VR und dem Recht zur Selbstorganisation des VR (wobei diese Ausgestaltungsgrenze im besonderen Masse auslegungsbedürftig ist). Eine Konkretisierung der Aufgaben der Revisionsstelle im Wahlgeschäft ist im Gesetz in Art. 731a Abs. 1 ausdrücklich vorgesehen (und nicht abschliessend sind die entsprechenden Grenzen in Art. 731 Abs. 2 vorgegeben).

16c Die Generalversammlung kann gem. Art. 731a Abs. 2 zur Prüfung der Geschäftsführung oder einzelner Teile der Geschäftsführung Sachverständige wählen (s. insb. TRUFFER, FS Watter, 405 ff.). Eine derartige Wahl von Sachverständigen ist mit einem klaren Auftrag an den Sachverständigen zu verbinden, wobei sich dieser Auftrag an die aktienrechtlichen Rahmenbedingungen zu halten hat (namentlich können dem Sachverständigen keine Entscheidungszuständigkeiten von Organen zugewiesen werden).

4. Genehmigung des Jahresberichtes und der Konzernrechnung (Abs. 2 Ziff. 3)

17 Der **Geschäftsbericht**, bestehend aus dem Jahresbericht, der Jahresrechnung und allenfalls der Konzernrechnung, wird gem. Art. 662 Abs. 1 und Art. 716a Abs. 1 Ziff. 6 vom VR erstellt. Die Konzernrechnung wird als ergänzender Zusatz zum Jahresbericht verstanden. Der Gesetzgeber hat darauf verzichtet, einen Konzernjahresbericht zu verlangen, so dass die Zahlen der Konzernrechnung nicht verbal erläutert werden müssen. Die GV kann den Jahresbericht und die Konzernrechnung genehmigen, kritisieren, Vorbehalte dazu anbringen, sie zurückweisen oder zur Prüfung der Geschäftsführung – insgesamt oder einzelner Teile davon – Sachverständige ernennen (Art. 731 Abs. 2). Demgegenüber hat die GV nicht die Kompetenz, Änderungen am Jahresbericht, an der Jahres- oder der Konzernrechnung vorzunehmen (FORSTMOSER/MEIER-HAYOZ/NOBEL, § 22 N 39): Die GV hat in Bezug auf diese Beschlussgegenstände lediglich eine Genehmigungskompetenz. Im Gesetz nicht vorgesehen ist die Genehmigung des Revisionsberichts. Dieser muss gemäss den gesetzlichen Vorschriften lediglich zur Kenntnis der GV gebracht werden, zur Einsicht aufliegen und auf Verlangen den Aktionären unverzüglich zugestellt werden (Art. 696; Art. 729 Abs. 1).

18 Die **Genehmigung** der periodischen Berichterstattung bedeutet lediglich einen Verzicht der GV auf weitere Auskunft und auf zusätzliche Prüfungen und steht grundsätzlich einer Verweigerung der Décharge nicht entgegen (ZK-BÜRGI, N 61). Die Ausübung von Auskunftsrechten wird durch eine Zustimmung zum Jahresbericht nicht beschränkt.

5. Genehmigung der Jahresrechnung und Beschlussfassung über die Gewinnverwendung (Abs. 2 Ziff. 4)

19 Gemäss Ziff. 4 hat die GV (auf Empfehlung der RS, s. Art. 728b, 729b, 731) über die **Genehmigung der Jahresrechnung** Beschluss zu fassen. Die rechtsgültige Beschlussfassung setzt voraus, dass erstens der Revisionsbericht vorliegt und zweitens – bei der ordentlichen Revision – der Revisor anwesend ist, wobei die GV die Möglichkeit hat, durch einen einstimmigen Beschluss auf die Anwesenheit des Revisors zu verzichten. Sofern der Revisionsbericht fehlt, ist der Beschluss nichtig (Art. 731 Abs. 3; s. DUBS,

FS Böckli, 458 ff.); die Abwesenheit des Revisors führt hingegen (sofern nicht die GV einstimmig zustimmt) lediglich zur Anfechtbarkeit des Beschlusses (Art. 731 Abs. 3 Satz 2). Die schriftliche Empfehlung der RS lautet auf Genehmigung mit oder ohne Einschränkungen oder auf Rückweisung der Jahresrechnung. Die GV kann die Jahresrechnung mit oder ohne Vorbehalte genehmigen oder an den VR zurückweisen (ZK-BÜRGI, N 52; BÖCKLI, § 12 N 20); hingegen kann sie die Jahresrechnung weder selbst ändern (FORSTMOSER/MEIER-HAYOZ/NOBEL, § 22 N 39) noch dem VR diesbezüglich bindende Anweisungen erteilen (a.A. wohl BÖCKLI, § 12 N 20, FN 32 für eine «allgemeine, vom Verwaltungsrat zu konkretisierende Anweisung»; s. insb. auch BÖCKLI, FS Hirsch, 193 ff.), da den Aktionären nur eine Genehmigungskompetenz zugewiesen ist. Genehmigt die GV eine Jahresrechnung, obwohl die RS Rückweisung empfohlen hat, stellt sich für die RS die Frage, ob sie sich zur Wiederwahl stellen will oder zurücktreten soll. Die RS begeht keine Pflichtverletzung, wenn sie nicht demissioniert, solange sie ihren Prüfungs- und Berichtspflichten nachkommt (ABOLFATHIAN-HAMMER, 29 f.). Im Falle der Verweigerung der Genehmigung der Jahresrechnung kann die GV zum einen keine Gewinnverwendung beschliessen; zum andern hat der VR die Jahresrechnung zu überarbeiten und so bald als möglich einer ausserordentlichen GV zur erneuten Beschlussfassung vorzulegen (denn es kann im Falle der Ablehnung der Jahresrechnung keine rechtsgültige Eröffnungsbilanz erstellt werden).

Note 20 entfällt

Der Beschluss über die Verwendung des Bilanzgewinns setzt voraus, dass die Jahresrechnung genehmigt ist, da nur diesfalls der verwendbare Bilanzgewinn verbindlich feststeht (FORSTMOSER/MEIER-HAYOZ/NOBEL, § 22 N 42; DUBS, FS Böckli, 460 f.). Der Aktionär hat Anspruch auf einen verhältnismässigen Anteil am Bilanzgewinn, soweit dieser zur Verteilung kommt (Art. 660 Abs. 1). Ein rechtmässiger Beschluss der GV über die **Gewinnentnahme** ist an die folgenden Voraussetzungen gebunden (BÖCKLI, § 12 N 518 ff.): Dividenden (hinsichtlich Tantiemen vgl. Art 677) dürfen nur aus dem Bilanzgewinn und «hierfür gebildeten Reserven» ausgeschüttet werden (Art. 675 Abs. 2; die letztere Formulierung ist allerdings u.E. nicht wörtlich zu nehmen: Es muss sich einfach um ausgewiesenes Eigenkapital handeln, das nicht nach den Vorschriften von Art. 671 ff. der Disposition der GV entzogen ist); die Dividende muss sich auf einen von der GV genehmigten Jahresabschluss beziehen; dieser muss von den Revisoren geprüft worden sein, und es muss ein schriftlicher Revisionsbericht an der GV vorgelegen haben (zudem wird grundsätzlich die Anwesenheit eines Revisors verlangt, Art. 731 Abs. 3); liegt ein Antrag des VR zur Dividende vor, muss dieser von der RS in einem schriftlichen Bericht auf Übereinstimmung mit Gesetz und Statuten geprüft werden (Art. 728a Abs. 1 Ziff. 1; Art. 729a Abs. 1 Ziff. 1); die Berichte müssen 20 Tage vor der GV zur Einsicht aufliegen (Auflagepflicht) und auf Verlangen unverzüglich in Kopie zugestellt werden, worauf in gebührender Form hinzuweisen ist (Hinweispflicht; Art. 696). Wenn eine der gesetzlichen Voraussetzungen fehlt, kann der Ausschüttungsbeschluss – als Grundsatz – angefochten werden. Nichtigkeit des Beschlusses ist anzunehmen, wenn die Jahresrechnung nicht genehmigt wurde oder wenn kein entsprechender Prüfungsbericht der Revisionsbericht vorliegt; der Gewinnverwendungsbeschluss ist auch nichtig, soweit eine Ausschüttung zu Lasten des Grundkapitals oder gesperrter gesetzlicher Reserven erfolgen soll (vgl. Art. 706b N 16a). Neben Dividenden in Bargeld kann die GV auch eine Sachausschüttung an die Aktionäre beschliessen (zu den Schranken insb. FORSTMOSER/MEIER-HAYOZ/NOBEL, § 22 N 66 ff.).

Das Gesetz lässt die Ausschüttung von *echten* **Zwischendividenden** (Interimsdividenden), d.h. von Dividenden aus Gewinnen des laufenden Geschäftsjahres, die noch nicht in einer geprüften und genehmigten Bilanz ausgewiesen sind, nicht zu (BÖCKLI, § 12 N 532 f.; **a.A.** THALMANN/WAIBEL/BUNDI, 18 ff.). Möglich bleibt die darlehensweise *Bevorschussung* einer zukünftigen Dividende durch den VR, die vorerst in den Büchern der Gesellschaft als Forderung gegenüber den Aktionären zu verbuchen ist (vgl. VON GREYERZ, 250), was aber ein in verschiedener Hinsicht heikles Unterfangen ist. Zulässig sind auch *ausserordentliche Dividenden* zu Lasten eines bereits genehmigten Jahresabschlusses; den Ausschüttungsbeschluss muss aber eine (ausserordentliche) GV fassen (vgl. zu den weiteren Voraussetzungen BÖCKLI, § 12 N 534 f.). Im Gegensatz zur Dividende ist die Ausschüttung von **Tantiemen** nur zulässig, wenn dies in den Statuten ausdrücklich vorgesehen ist (Art. 627 Ziff. 2; BGer v. 12.10.2004, 4C.386/2002, E. 3.1 m. V. auf BGE 91 II 298, 311).

23 Art. 678 verpflichtet Aktionäre und Mitglieder des VR sowie diesen nahe stehende Personen auf Klage hin zur **Rückerstattung von Dividenden** und von Tantiemen, die ungerechtfertigt und in bösem Glauben bezogen wurden. Anspruchsberechtigt ist die Gesellschaft; daneben kann auch jeder Aktionär auf Leistung an die Gesellschaft klagen. Die Pflicht zur Rückerstattung verjährt erst fünf Jahre nach Empfang der Leistung (zu den Rechtsfolgen bei Verletzung von Ausschüttungsvorschriften vgl. BÖCKLI, § 12 N 547 ff.).

6. Entlastung (Abs. 2 Ziff. 5)

24 Die Entlastungserteilung (Décharge) gilt als **negative Schuldanerkennung** mit dem Inhalt, dass gegen die aktienrechtlich verantwortlichen Geschäftsführungsorgane für eine bestimmte Zeitspanne bezüglich der bekannten Geschäftsvorfälle keine Forderungen der Gesellschaft bestehen (vgl. zur materiellen Tragweite der Déchargeerteilung WATTER/ DUBS, 910 ff. m.w.H.). Ansprüche der Aktionäre und Gläubiger aus unmittelbarem Schaden bleiben vom Entlastungsbeschluss unberührt. Die GV kann neben VR-Mitgliedern auch anderen mit der Verwaltung und Geschäftsführung betrauten Personen Entlastung erteilen, sofern diesen Personen Organstellung zukommt. Auch den Mitgliedern der RS kann Décharge erteilt werden (FORSTMOSER, Verantwortlichkeit, N 455). Die Entlastung kann allgemein für eine bestimmte Zeitspanne ausgesprochen werden oder sich auf einen oder mehrere bestimmte Geschäftsvorfälle beziehen. Der genaue Gegenstand der Décharge ist durch Auslegung des Beschlussantrages zu ermitteln (vgl. dazu WATTER/ DUBS, 911 f.). Ein Anspruch auf Entlastung besteht nicht, wohl aber ein Anspruch auf Durchführung des Entlastungsverfahrens (wobei aus berechtigten Gründen die Beschlussfassung aufgeschoben werden kann, vgl. allgemein zum Entlastungsverfahren WATTER/DUBS, 914 ff. m.w.H.).

25 Die Décharge kann in einer Abstimmung allen Mitgliedern des VR erteilt werden, oder es kann für jedes Mitglied eine separate **Beschlussfassung** erfolgen. Auch im Falle einer Globalabstimmung wird nicht dem VR als Organ Entlastung erteilt, sondern es werden lediglich mehrere Einzeldéchargen für die Mitglieder des VR gemeinsam ausgesprochen. Gemäss dem Stimmrechtsausschluss des Art. 695 Abs. 1 können Organpersonen bei der eigenen Entlastung weder mitstimmen noch mitstimmen lassen, und zwar weder mit eigenen Stimmen noch (grundsätzlich) mit durch die Organperson vertretenen Stimmen (vgl. BGE 128 III 142, 145; FORSTMOSER/MEIER-HAYOZ/NOBEL, § 24 N 80; SCHLEIFFER, 209 ff.). Nach der hier vertretenen Auffassung ist der Anwendungsbereich dieses Stimmverbots allerdings aus funktionalen Gründen dahin gehend eingeschränkt, dass Organpersonen nur dann vom Stimmverbot erfasst sind, wenn eine potentielle Interessenkollision bei der Ausübung des Stimmrechts besteht, was insb. bei der Vertretung durch Organpersonen zu beachten ist (im Einzelnen WATTER/DUBS, 919 ff. m.H.; anders

BGE 128 III 142). Bei der Beschlussfassung über die Décharge gilt nach der hier vertretenen Auffassung aufgrund von Art. 693 Abs. 3 Ziff. 4 das Nennwertprinzip (WATTER/DUBS, 916 ff. m.H.; a.A. etwa FORSTMOSER, Verantwortlichkeit, N 415).

Ein Entlastungsbeschluss zeigt nur in dem Umfange **Wirkungen,** als ein Sachverhalt 26 bekannt gegeben wurde oder erkennbar war (z.B. notorische Tatsachen, vgl. BGE 95 II 320 = Pra 1970, 223; zu den bekanntgegebenen Tatsachen vgl. BGer v. 29.6.2005, 4C.107/2005, E. 3.2; WATTER/DUBS, 911 ff. m.w.H.). Die Entlastung wirkt nur gegenüber der Gesellschaft und den zustimmenden Aktionären, nicht gegenüber Dritten (Art. 758). Die Kenntnisse einzelner Aktionäre und der RS können der GV nicht angerechnet werden, sofern das Wissen nicht bekannt gegeben wurde. Private Kenntnis sämtlicher Aktionäre kann demgegenüber der Kenntnis der GV gleichgesetzt werden (FORSTMOSER, Verantwortlichkeit, N 449 ff.).

7. Weitere Befugnisse gemäss Gesetz und Statuten (Abs. 2 Ziff. 6)

Die GV beschliesst über alle ihr **gesetzlich oder statutarisch übertragenen Aufgaben** 27 (Art. 698 Abs. 2 Ziff. 6). Ungenau ist der Gesetzeswortlaut, soweit statutarische Befugnisse der GV als unübertragbar bezeichnet werden; diese (nicht aber die gesetzlichen) kann die GV jederzeit durch Änderung der Statuten an andere Organe übertragen (ZK-BÜRGI, N 6; BGE 117 II 290 = Pra 1992, 479, 491). Die in Art. 698 Abs. 2 Ziff. 1–6 genannten Befugnisse stehen der GV nur so lange im vollen Umfang zu, als die AG nicht in Liquidation ist. Danach sind ihre Befugnisse auf die zur Durchführung der Liquidation erforderlichen Handlungen beschränkt, die ihrer Natur nach nicht von den Liquidatoren selbst vorgenommen werden können (Art. 739 Abs. 2).

Das **Gesetz** weist der GV verschiedenste weitere Entscheidgegenstände zu (wobei in ei- 28 nigen dieser Fälle eine Statutenänderung notwendig und daher schon Art. 698 Abs. 2 Ziff. 1 anwendbar ist; vgl. für eine Aufzählung auch FORSTMOSER/MEIER-HAYOZ/NOBEL, § 22 N 56 ff.), wie etwa: Zerlegung oder Zusammenlegung von Aktien (Art. 623), ordentliche oder genehmigte Erhöhung des AK (Art. 650 f.), Ausgabe von Vorzugsaktien (Art. 654) und PS (Art. 656a), Schaffung von Genussscheinen (Art. 657), Bildung von ausserordentlichen Reserven (neben gesetzlichen und statutarischen Reserven, Art. 674 Abs. 2), Einführung von Stimmrechtsaktien (Art. 693 Abs. 1), Ermächtigung zur Einsicht in die Geschäftsbücher und Korrespondenzen (Art. 697 Abs. 3), Beschluss über die Durchführung einer Sonderprüfung (Art. 697a), Kapitalherabsetzung (Art. 732), Beschluss über die Auflösung der Gesellschaft (Art. 736 Ziff. 2), Übertragung der Liquidation an Dritte (Art. 740) sowie Verbot des Freihandverkaufes von Aktiven in der Liquidation (Art. 743 Abs. 4).

Eine ungeschriebene gesetzliche Zuständigkeit der GV für Geschäfte und Gegenstände 29 von besonders **grosser Tragweite** für die Gesellschaft besteht nach der hier vertretenen Ansicht im schweizerischen Recht nicht (vgl. dazu N 15a).

Die Frage, inwieweit die Zuweisung zusätzlicher Kompetenzen an die GV in der Form 30 einer **statutarischen Bestimmung** gegen Art. 716a Abs. 1 (dem VR unentziehbar zugewiesene Aufgaben) verstösst, ist eine Frage der *Auslegung jener Bestimmung und der Subsumtion.* Liegt ein Beschlussgegenstand innerhalb des dem VR in Art. 716a Abs. 1 vorbehaltenen Aufgabenbereichs, so ist jedenfalls eine Konsultativabstimmung der Aktionäre darüber gleichwohl zulässig (FORSTMOSER, Eingriffe, 176; BÖCKLI, § 12 N 42). Eine «Delegation nach oben» hingegen, verstanden als Delegation der Geschäftsführung durch den VR an die GV wäre wohl selbst aufgrund einer statutarischen Grund-

Art. 699

lage grundsätzlich unzulässig (vgl. dazu § 12, N 40 ff. und § 13 N 289 ff.; FORSTMOSER, Eingriffe, 171; FORSTMOSER/MEIER-HAYOZ/NOBEL, § 30 N 71; MÜLLER, 784 ff.; auch das BGer hält bereits zum alten Aktienrecht in BGE 100 II 384 ff., 388, fest, dass «die Verwaltung die ihr zugewiesenen Befugnisse ... nicht an die ihr übergeordnete Generalversammlung <delegieren> kann»).

31 Hinzuweisen ist noch auf die Sondersituation eines **Interessenkonflikts:** Wenn sich einzelne oder alle Mitglieder des VR oder der VR als solcher in einem Interessenkonflikt bezüglich eines bestimmten Geschäftsvorganges befinden – was auch der Fall sein kann, wenn ein Geschäft mit dem Mehrheitsaktionär berührt ist –, so kann es zweckmässig sein, das fragliche Rechtsgeschäft der GV zur Beschlussfassung vorzulegen (BÖCKLI, § 12 N 44; VON DER CRONE, 9 f.; WATTER, 123). Eine solche Beschlussfassung der GV ist in jedem Fall als Konsultativabstimmung zulässig (wobei es im Falle der Betroffenheit des Mehrheitsaktionärs die Aussagekraft erhöht, wenn dieser an der Abstimmung nicht teilnimmt); je nach den konkreten Umständen kann die Genehmigung durch die GV zudem aus vertretungsrechtlichen Gründen sogar zur Gültigkeit eines Rechtsgeschäfts erforderlich sein (vgl. N 8d).

Art. 699

II. Einberufung und Traktandierung
1. Recht und Pflicht

¹ Die Generalversammlung wird durch den Verwaltungsrat, nötigenfalls durch die Revisionsstelle einberufen. Das Einberufungsrecht steht auch den Liquidatoren und den Vertretern der Anleihensgläubiger zu.

² Die ordentliche Versammlung findet alljährlich innerhalb sechs Monaten nach Schluss des Geschäftsjahres statt, ausserordentliche Versammlungen werden je nach Bedürfnis einberufen.

³ Die Einberufung einer Generalversammlung kann auch von einem oder mehreren Aktionären, die zusammen mindestens 10 Prozent des Aktienkapitals vertreten, verlangt werden. Aktionäre, die Aktien im Nennwerte von 1 Million Franken vertreten, können die Traktandierung eines Verhandlungsgegenstandes verlangen. Einberufung und Traktandierung werden schriftlich unter Angabe des Verhandlungsgegenstandes und der Anträge anbegehrt.

⁴ Entspricht der Verwaltungsrat diesem Begehren nicht binnen angemessener Frist, so hat der Richter auf Antrag der Gesuchsteller die Einberufung anzuordnen.

II. Convocation et inscription à l'ordre du jour
1. Droit et obligation

¹ L'assemblée générale est convoquée par le conseil d'administration et, au besoin, par les réviseurs. Les liquidateurs et les représentants des obligataires ont également le droit de la convoquer.

² L'assemblée générale ordinaire a lieu chaque année dans les six mois qui suivent la clôture de l'exercice; des assemblées générales extraordinaires sont convoquées aussi souvent qu'il est nécessaire.

³ Un ou plusieurs actionnaires représentant ensemble 10% au moins du capital-actions peuvent aussi requérir la convocation de l'assemblée générale. Des actionnaires qui représentent des actions totalisant une valeur nominale de 1 million de francs peuvent requérir l'inscription d'un objet à l'ordre du jour. La convocation et l'inscription d'un objet à l'ordre du jour doivent être requises par écrit en indiquant les objets de discussion et les propositions.

⁴ Si le conseil d'administration ne donne pas suite à cette requête dans un délai convenable, la convocation est ordonnée par le juge, à la demande des requérants.

II. Convocazione e iscrizione all'ordine del giorno
1. Diritto e obbligo

¹ L'assemblea generale è convocata dal consiglio d'amministrazione e, quando occorra, dall'ufficio di revisione; il diritto di convocarla spetta anche ai liquidatori ed ai rappresentanti degli obbligazionisti.

² L'assemblea generale ha luogo ogni anno, entro sei mesi dalla chiusura dell'esercizio annuale; ogni qualvolta lo richieda il bisogno, si convocano assemblee straordinarie.

³ Uno o più azionisti, che rappresentano insieme almeno il 10 per cento del capitale azionario, possono pure chiedere per scritto la convocazione dell'assemblea generale. Azionisti che rappresentano azioni per un valore nominale di 1 milione di franchi possono chiedere l'iscrizione di un oggetto all'ordine del giorno. La convocazione e l'iscrizione all'ordine del giorno devono essere chieste per scritto, indicando l'oggetto e le proposte.

⁴ Qualora il consiglio d'amministrazione non dia seguito entro un congruo termine a siffatta domanda, la convocazione sarà ordinata dal giudice ad istanza dei richiedenti.

Literatur

Vgl. die Literaturhinweise zu Art. 698.

I. Allgemeines

Art. 699 und 700 stehen gemeinsam unter dem Randtitel «II. Einberufung und Traktandierung»; Art. 699 unter dem Titel «1. Recht und Pflicht». Neben dem Recht und der Pflicht zur Einberufung und Traktandierung bzw. zu deren Veranlassung (Abs. 1 und 3) regelt Art. 699 auch den Zeitpunkt der GV (Abs. 2) sowie die richterliche Durchsetzung des Einberufungs- und Traktandierungsrechts (Abs. 4). Während sich aus zwingenden gesetzlichen Vorschriften und den allenfalls weitergehenden statutarischen Bestimmungen für den VR und ausnahmsweise für andere Organe *Pflichten* zur Einberufung und Durchführung der GV ergeben (Art. 699 ff.), sind Aktionäre aktienrechtlich nicht verpflichtet, an einer GV teilzunehmen. Statutarische **Pflichten zur Teilnahme** an der GV sind in jeder Ausprägung nichtig, weil sie einer gesetzlich nicht vorgesehenen Verpflichtung des Aktionärs gleichkommen (Art. 680 Abs. 1; ZK-BÜRGI, N 4). Davon zu unterscheiden sind Bestimmungen in einem ABV, die Aktionäre – allenfalls gegenseitig – verpflichten, an Beschlussfassungen teilzunehmen. Solche Vertragsbestimmungen sind zulässig, haben aber lediglich obligatorische Wirkungen *(inter partes)* und sind gegenüber der Gesellschaft unverbindlich (BÖCKLI, § 12 N 578 f.).

1

II. Zur Einberufung der Generalversammlung Berechtigte (Abs. 1 und 3)

1. Verwaltungsrat

Im Normalfall wird die GV durch den VR einberufen. Die Einberufung der GV zählt zum Aufgabenbereich «Vorbereitung der GV» gem. Art. 716a Abs. 1 Ziff. 6 und ist somit eine unübertragbare und unentziehbare Aufgabe des VR (bemerkenswert ist, dass dessen ungeachtet auch die GV selbst eine GV einberufen kann, vgl. N 11). Wenn die Statuten nichts anderes bestimmen, wird der **VR-Beschluss über die Einberufung** der GV mit der Mehrheit der abgegebenen Stimmen gefasst (OGer LU, SJZ 1966, 330; Art. 713). Da die Einberufung der GV zum Aufgabenbereich des VR nach Art. 716a

2

Abs. 1 gehört, können nur Vorbereitungsarbeiten und die Ausführung des Einberufungsbeschlusses delegiert werden (Art. 716a Abs. 2), nicht aber diejenigen weiteren Beschlüsse, die im Hinblick auf die Einberufung der GV erforderlich sind (vgl. zu den einzelnen Beschlüssen und Handlungen des VR zur Ausarbeitung der Einberufung BÖCKLI, § 13 N 398). Für die eigentliche Einladung (Publikation, Brief) muss jedenfalls die Unterzeichnung durch ein zeichnungsberechtigtes Mitglied des VR genügen (Art. 718 Abs. 1 analog); man wird hier aber nicht formalistisch sein, wenn nur die Urheberschaft des VR aus den Umständen ersichtlich ist (etwa bei Unterzeichnung durch den Präsidenten, auch wenn er nach aussen nur Kollektivunterschrift führt, oder durch einen Sekretär des VR).

2a Eine **Minderheit des VR** muss sich das Aktionärsrecht gem. Abs. 3 nutzbar machen, wenn sie eine GV durchführen will (ZK-BÜRGI, N 6 ff.; VON GREYERZ, 186), kann aber auch während einer GV den Antrag zur Einberufung einer weiteren GV mit den von der Mehrheit etwa unterdrückten Traktanden gem. Art. 700 Abs. 3 stellen, über den dann die Aktionäre abzustimmen haben.

2. Revisionsstelle

3 Die GV kann nach Abs. 1 «nötigenfalls» durch die RS einberufen werden. Aus dem Wortlaut geht hervor, dass die Einberufung durch die RS den **Ausnahmefall** darstellt (ZK-BÜRGI, N 10; VON GREYERZ, 220; BIANCHI, 29; STUDER, 4 f.). Die Notwendigkeit kann sich allerdings aus den verschiedensten Gründen ergeben, und ihre Feststellung ist Aufgabe der RS selbst. Besonders zu beachten ist in diesem Zusammenhang Art. 728c Abs. 2, wonach bei der Anwendung der ordentlichen Revision die RS die Generalversammlung über Verstösse gegen das Gesetz oder die Statuten zu informieren hat, wenn diese Verstösse wesentlich sind oder wenn der Verwaltungsrat auf Grund der schriftlichen Meldung der Revisionsstelle über Verstösse keine angemessenen Massnahmen ergreift. Diese «Anzeigepflichten» der Revisionsstelle können die Grundlage für die Notwendigkeit einer Einberufung der GV durch die RS sein. Da die RS grundsätzlich ein zur Einberufung berechtigtes Organ ist, sollte die fehlende Notwendigkeit einer erfolgten Einberufung als blosse Ordnungswidrigkeit behandelt werden und nicht zur Anfechtbarkeit der Beschlüsse der GV führen, wo die Einberufung nicht geradezu schikanös erscheint (ZK-BÜRGI, N 13, nimmt demgegenüber sogar Nichtigkeit an).

4 Die **ordentliche GV** soll innert der gesetzlichen Frist von sechs Monaten normalerweise nur vom VR einberufen werden (BGE 86 II 171, 177, 183), weil die Einberufung der GV zu den unübertragbaren und unentziehbaren Aufgaben des VR zählt. Das Einberufungsrecht der RS stellt zusammen mit der Anzeigepflicht gem. Art. 728c einen Einbruch in die sonst dem VR zustehende Befugnis dar.

5 Als **Ausnahmesituationen** oder **wichtige Fälle,** welche die Einberufung der GV durch die RS rechtfertigen, gelten z.B. die folgenden Sachverhalte: Der VR ist zufolge von Landesabwesenheit, Krankheit oder Tod objektiv zur Einberufung nicht in der Lage (BGE 93 II 22, 28; einziger VR war gestorben); der VR unterlässt ohne sachlichen Grund und bösgläubig die Einberufung der GV (z.B. in Verletzung von Art. 699 Abs. 2 oder Art. 725 Abs. 1; BGE 86 II 171, 179); die RS erklärt den Rücktritt und will diesen sofort erläutern; bei der Prüfungstätigkeit oder auf Anzeige hin (z.B. durch Aktionäre, Angestellte, ein einzelnes VR-Mitglied, Gläubiger usw.) werden gravierende Geschäftsführungsmängel und Gesetzesverstösse durch den VR festgestellt, die zur sofortigen Information der GV zwingen (Art. 728c). In diesen Fällen hat die RS eine Pflicht und

nicht nur ein Recht, die GV einzuberufen (ZK-BÜRGI, N 10 ff.; VON GREYERZ, 220 f.; BIANCHI, 40).

Im Falle der Einberufung der GV durch die RS stellt sich die Frage, ob die RS auch befugt ist, **Traktanden** (mit oder ohne Anträge) anzugeben und bejahendenfalls, welche Verhandlungsgegenstände zulässig sind (vgl. dazu auch NOBEL, 22). Da die Gründe für die Pflicht zur Angabe der Traktanden in der Einberufung (Art. 700 Abs. 2) auch im Falle der Einberufung durch die RS zutreffen, muss der RS das Recht (und die Pflicht) zur Festlegung der Verhandlungsgegenstände der von ihr einberufenen GV grundsätzlich zuerkannt werden. Nachdem die Traktandierung und die Stellung von Anträgen aber als Vorbereitungshandlung zur GV an sich unentziehbare Aufgaben des VR sind (Art. 716a Abs. 1 Ziff. 6), sollte die RS von sich aus nur solche Verhandlungsgegenstände traktandieren, die in unmittelbarem Zusammenhang mit der Notwendigkeit der Einberufung durch die RS stehen (BIANCHI, 29) und eigene Anträge der RS nur dann, wenn dies unausweichlich erscheint. Denn die Aktionäre, die an einer solchen GV teilnehmen, sollen aufgrund der ihnen von der RS eröffneten Informationen selbst Beschlussanträge stellen. Auch wenn die GV durch die RS einberufen wird, können die Aktionäre unter den Voraussetzungen von Abs. 3 die Traktandierung von zusätzlichen Verhandlungsgegenständen verlangen.

3. Liquidatoren und Vertreter von Anleihensgläubigergemeinschaften

Die Befugnis der **Liquidatoren** zur Einberufung der GV wird nur dann relevant, wenn die Liquidation von besonderen Liquidatoren und nicht vom VR durchgeführt wird (Art. 740). Bleibt der VR auch während der Liquidation bestehen, ist die Einberufung der GV grundsätzlich weiterhin seinem Tätigkeitsbereich zugeordnet (ZK-BÜRGI, N 14; STUDER, 5).

Ohne Einschränkung haben **Vertreter von Anleihensgläubigergemeinschaften** das Recht zur Einberufung; sie sind zudem zur beratenden Teilnahme an der GV befugt, soweit die AG in Verzug ist und Gegenstände verhandelt werden, welche die Interessen der Anleihensgläubiger berühren (Art. 1160). Diese gesetzlichen Grundlagen können durch die Anleihensbedingungen ergänzt werden (ZK-BÜRGI, N 15 f.). Liquidatoren und Anleihensgläubigervertreter haben mit dem Recht auf Einberufung auch das Recht, Verhandlungsgegenstände zu traktandieren und Anträge zu stellen; allerdings beschränkt sich dieses Recht auf Verhandlungsgegenstände, die unmittelbar mit den spezifischen Funktionen des Einberufenden im Zusammenhang stehen (BIANCHI, 29; NOBEL, 23).

Note 9 entfällt

4. Partizipanten (Art. 656c Abs. 2)

Obgleich die Statuten den Partizipanten kein Stimmrecht zuerkennen können (Art. 656a Abs. 1, Art. 656c Abs. 1), ist die Zuteilung von mit dem Stimmrecht zusammenhängenden **Mitwirkungsrechten** möglich, so z.B. ausdrücklich die Einräumung des Einberufungsrechts (Art. 656c Abs. 2 nennt weiter das Teilnahmerecht gem. Art. 689, das Antragsrecht gem. Art. 700 Abs. 4 sowie das Auskunfts- und Einsichtsrecht gem. Art. 697). Sofern die Statuten dieses Recht den Partizipanten gewähren, sollten auch die Modalitäten seiner Ausübung in den Statuten geregelt werden. Von Gesetzes wegen haben die Partizipanten das Recht, von der Einberufung benachrichtigt zu werden (Art. 656d Abs. 1).

5. Generalversammlung

11 Ein Sonderfall der Einberufung der GV ist auch die Beschlussfassung der GV selbst über die Einberufung einer nächsten (i.d.R. ausserordentlichen) GV. Eine solche Einberufung kann jeder Aktionär anlässlich einer beliebigen GV durch Ausübung seines Antragsrechts initiieren, und zwar ohne dass die Einberufung vorgängig als Verhandlungsgegenstand traktandiert ist (Art. 700 Abs. 3). Dieser Beschluss kann mit der absoluten Mehrheit der vertretenen Aktienstimmen gefällt werden (Art. 703; abweichende Statutenbestimmungen bleiben vorbehalten).

11a Ein derartiger Antrag anlässlich der Generalversammlung (i.S. des Art. 700 Abs. 3) auf Einberufung einer ausserordentlichen Generalversammlung muss mindestens ein (rechtsgültiges) Traktandum mit einem Antrag enthalten; zusätzlich kann der Antrag den Verwaltungsrat beauftragen, die GV in einem bestimmen Zeitrahmen durchzuführen, bei überblickbaren Verhältnissen muss es auch möglich sein, dass mit dem Antrag der Zeitpunkt gerade fixiert wird (soweit dem VR die Einberufung in zeitlicher Hinsicht ermöglicht wird). Eine (positive) Beschlussfassung über den Antrag ersetzt die Einberufung zur GV grundsätzlich nicht. Mit einem Beschluss sind die Einberufungsmodalitäten nicht eingehalten: es bleibt Aufgabe des VR, die Einberufung formgerecht bekannt zu machen.

6. Aktionäre (Abs. 3 Satz 1)

12 Das Einberufungsrecht der Aktionäre ist im Gesetz als ein **Minderheitsrecht** ausgestaltet, nicht als ein Individualrecht; sofern ein Aktionär allerdings die Voraussetzungen für die Ausübung des Einberufungsrechts allein erfüllt, kann sich das Einberufungsrecht im konkreten Anwendungsfall zum Recht eines einzigen Aktionärs wandeln: Ein Aktionär oder eine Gruppe von Aktionären, die zusammen mindestens 10% des AK i.S.v. Art. 620 Abs. 1 *vertreten,* können die Einberufung einer GV verlangen. Bestehen PS, wird das PS-Kapital bei der Berechnung der 10%-Schwelle nicht mitgezählt, ausser den Partizipanten ist statutarisch das Einberufungsrecht zuerkannt (BÖCKLI, § 12 N 61). Massgebend ist für die Berechtigung zum Einberufungsbegehren, dass die 10%-Hürde in dem Zeitpunkt erreicht ist, in dem das Begehren gestellt wird. Aktionäre, die zwar nicht 10% des AK, aber Aktien im Nennwert von mindestens CHF 1 Mio. vertreten, haben gemäss dem Wortlaut des Gesetzes zwar ein Traktandierungs-, aber kein Einberufungsrecht (und umgekehrt). Es wird diesbezüglich allerdings in der Lehre zu Recht eine ausdehnende Auslegung vertreten, wonach beide Kriterien bei beiden Rechten alternativ gelten sollen (BÖCKLI, § 12 N 61 ff.; nur für das Traktandierungsrecht aber FORSTMOSER/MEIER-HAYOZ/NOBEL, § 23 N 26; STUDER, 7, 83 f.; vgl. auch N 23). Eine Statutenbestimmung, welche die 10%-Schwelle erhöht oder weitere Voraussetzungen vorschreibt, ist nichtig; die Statuten können jedoch die Anforderungen senken oder ein Individualrecht vorsehen.

13 Für ein Einberufungsbegehren vorausgesetzt ist, dass der Urheber mindestens 10% des AK **«vertritt».** Was mit dieser formellen Ausübungsvoraussetzung gemeint ist, ist durch Auslegung zu ermitteln: Bei der Beurteilung, bei welchen Gegebenheiten 10% des AK als formelle Ausübungsvoraussetzung vertreten sind, sind zwei Themen zu unterscheiden: Zum einen muss der das Einberufungsveranlassungrecht ausübende Aktionär mit mindestens einer Stimme an der GV teilnehmen können (Ein-Stimmen-Erfordernis) und zum anderen muss die Aktienvertretungsschwelle von 10% des AK erreicht werden (s. DUBS, Traktandierungsbegehren, N 45 ff.). Bei Namenaktien setzt das Ein-Stimmen-Erfordernis als Grundvoraussetzung der Berechtigung zur Rechtsausübung die Eintragung als Vollaktionär im Aktienbuch mit mindestens einer Stimme voraus (s. dazu DUBS, Traktandierungsbegehren, N 49 ff.). Bei der Errechnung der Aktienvertretungsschwelle sind alle Aktien zu berücksichtigen, an denen der Rechtsausübende aus Sicht der Gesellschaft berechtigt ist (unabhängig von der Zuerkennung des Stimmrechts). Mit der «Vertretung von Aktien» als Mengenvoraussetzung der Berechtigung nimmt das Gesetz somit nicht auf die Berechtigung zur Ausübung des Stimmrechts Bezug; *es genügt die Berechtigung an den Aktien als solche, soweit diese von der Gesellschaft anerkannt ist* (s. DUBS, Traktandierungsbegehren, N 56 f.). Da es auf die Ausübbarkeit der Stimmrechte nicht ankommt, hat eine prozentmässige Beschränkung der Vollaktionärsstellung i.S. des Art. 685d Abs. 1 und eine Stimmrechtsbeschränkung i.S. des Art. 692 Abs. 2 keine Auswirkungen auf die Berechnung der Aktienvertretungs-Schwelle (s. BERTSCHINGER, Einberufung, 902, DUBS, Traktandierungsbegehren, N 61 ff.; KUNZ, Jusletter, N 22 ff.; **a.A.** FORSTMOSER, Meinungsäusserungsrechte, 117 FN 192; NOBEL, 24 f.; DERS., Jusletter, N 13 ff). Demnach sind namentlich im Falle börsenkotierter vinkulierter Namenaktien allfällige Aktien ohne Stimmrecht bei der Berechnung der 10%-Schwelle mitzuzählen (obschon diese Aktien gem. Art. 685 f Abs. 3 *in* der GV als «nicht vertreten» gelten). Aktionäre können auf verschiedene Weise zusammenwirken, um die Aktienvertretungs-Schwelle gemeinsam zu erreichen (s. zu den Arten der gemeinsamen Rechtsausübung DUBS, Traktandierungsbegehren, N 103 ff.)

14 Das Begehren um Einberufung einer Generalversammlung ist nur rechtsgültig, wenn gleichzeitig mindestens ein **Verhandlungsgegenstand** (Traktandum) und ein damit verbundener konkreter **Antrag** in Schriftform dem VR zugestellt wird (BÖCKLI, § 12 N 64; zu den Anforderungen an das Traktandum und den Antrag vgl. N 27 ff.).

15 Im Gegensatz zu anderen einberufungsberechtigten Personen oder Instanzen können die Aktionäre die GV nicht selbst einberufen, sondern lediglich die Einberufung durch den VR verlangen, haben also nur ein **mittelbares Einberufungsrecht:** Insoweit ist es ein Einberufungsveranlassungsrecht (ZK-TANNER, N 70 ff.). Die Pflicht des VR nach Art. 716a Abs. 1 Ziff. 6 verlangt, dass er die GV unverzüglich vorzubereiten beginnt und die notwendigen Massnahmen einleitet, damit die GV so rasch als möglich durchgeführt werden kann.

7. Durchsetzung des Einberufungsrechts durch gerichtliche Anordnung (Abs. 4)

16 Das Recht eines oder mehrerer Aktionäre auf Einberufung einer GV gem. Abs. 3 kann gerichtlich durchgesetzt werden, wenn der VR dem Begehren um Einberufung nicht binnen **«angemessener Frist»** nachkommt. Diese angemessene Frist kann nur anhand der konkreten Umstände bestimmt werden; massgebend sind v.a. der Verhandlungsgegenstand der GV, die Grösse und Organisation der Gesellschaft sowie der Zeitaufwand zur Vorbereitung der GV (es werden etwa vier bis sechs Wochen zur Vorbereitung einer ordentlichen GV genannt; vgl. ZK-BÜRGI, N 26 ff., 29; FORSTMOSER/MEIER-HAYOZ/NOBEL, § 23 N 24). Der Antrag richtet sich gegen die Gesellschaft, vertreten durch den VR (FORSTMOSER/MEIER-HAYOZ/NOBEL, § 23 N 33; wahlweise gegen den VR als Organ gemäss OGer ZH, ZR 1955, 373 f.; vgl. auch KGer ZG, SJZ 1998, 44 f.). Bei der Beurteilung der Klage hat der Richter lediglich zu prüfen, ob die Antragsteller Aktionäre sind (BGE 112 II 145, 147), die formellen Voraussetzungen von Art. 699 Abs. 3 Satz 1 erfüllt sind und tatsächlich ein Begehren an den VR gestellt wurde, dem innert angemessener Frist nicht entsprochen wurde (BGE 102 Ia 209, 211).

17 Die Kantone verweisen Anträge nach Abs. 4 i.d.R. in das summarische Verfahren, was eine beförderliche Erledigung ermöglichen soll. Nach der Rechtsprechung des BGer hat der Antragsteller seine Aktionärseigenschaft nicht zu beweisen, sondern lediglich **glaubhaft zu machen** (BGE 102 Ia 209, 210 f.; bei Inhaberaktien gilt der Inhaber als zur Einberufung legitimiert), weil die strittigen Fragen an der GV erneut verhandelt werden können. Der richterliche Entscheid hat danach bloss vorsorglichen Charakter und bindet weder die GV noch den Richter anlässlich einer späteren Anfechtungsklage (BGE 112 II 145 ff., 147). Der gerichtliche Prüfungsgegenstand der Einberufungsklage scheint gerichtlich bislang nicht detailliert geklärt zu sein: Das BGer hat sich dahingehend geäussert, dass das Gericht lediglich prüfe, «ob formelle Voraussetzungen für den Antrag gegeben sind» und feststellt, dass «die Verwaltung dem Gesuch nachkommen muss, wenn die formellen Voraussetzungen erfüllt sind» (BGer v. 4.6.2004, C.272/2001, E. 5.2). Ob das BGer mit diesen Ausführungen lediglich im konkret zu entscheidenden Fall sicherstellen wollte, dass der VR resp. der Richter die Zweckmässigkeit des Begehrens nicht prüfen dürfe oder eine eigentliche materiell-rechtliche Prüfung der Gültigkeit der in einem Begehren vorgelegten Traktanden und Anträge wirklich ablehnt, muss präzisiert werden. Nach der hier vertretenen Auffassung hat der VR auch diese materiell-rechtlichen Gültigkeitsvoraussetzen eines Begehrens zu prüfen (s. zu diesen Voraussetzungen Dubs, Traktandierungsbegehren, N 74 ff.).

19 Nach der bundesgerichtlichen Rechtsprechung kann der Richter nicht nur den VR anweisen, eine GV einzuberufen, sondern die GV auch gleich selbst einberufen; dies jedenfalls dann, wenn Gefahr im Verzug steht und durch ein weiteres Verzögern der GV gesellschaftliche Aktivitäten völlig blockiert würden, resp. wenn ein sofortiges Abhalten der GV für das Überleben der Gesellschaft entscheidend ist (BGE 132 III 555; anders noch OGer ZH, ZR 1988, 225; der richterliche Befehl war hier zusätzlich mit der Androhung verbunden worden, dass im Unterlassungsfalle das örtlich zuständige Notariat die GV einberufen und durchführen werde; vgl. auch Justizkommission ZG, SJZ 1986, 298 f.). Kommt der VR der richterlichen Anordnung, eine GV einzuberufen, nicht nach und ist für den Säumnisfall nicht eine Androhung anbegehrt (was in jedem Fall zu empfehlen ist) und ausgefällt worden, muss im Vollstreckungsverfahren die ersatzweise Abgabe der Erklärung auf Einberufung und die Durchführung der GV durch einen Dritten, i.d.R. einen Notar, verlangt werden (BGE 105 II 114, 117).

Gemäss der unter dem OG geltenden Rechtsprechung waren Begehren nach Abs. 4 keine Zivilstreitigkeiten, womit lediglich die staatsrechtliche Beschwerde gegeben war (BGE 112 II 147). Davon ausgehend ist zu erwarten, dass auch unter den neuen BGG lediglich die subsidiäre Verfassungsbeschwerde offen steht.

III. Ordentliche und ausserordentliche Generalversammlung (Abs. 2)

20 Die ordentliche GV findet alljährlich innerhalb von sechs Monaten nach Abschluss des Geschäftsjahres statt; eine ausserordentliche GV erfolgt je nach Bedarf (Abs. 2). Der VR ist zur Einberufung einer ausserordentlichen GV explizit verpflichtet, wenn die letzte Jahresbilanz zeigt, dass die Hälfte des AK und der gesetzlichen Reserven nicht mehr gedeckt ist (Kapitalverlust; *Art. 725 Abs. 1),* oder wenn Bevollmächtigte und Beauftragte, die von der GV ernannt worden sind, vom VR in ihren Funktionen eingestellt werden *(Art. 726 Abs. 2).*

21 Der VR ist zwar nicht verpflichtet, aber befugt, wenn Aktionäre nach Art. 699 Abs. 3 eine ausserordentliche GV verlangen, die diesbezüglichen Verhandlungsgegenstände mit Anträgen stattdessen in die Traktandenliste einer unmittelbar bevorstehenden ordentlichen GV aufzunehmen, sofern dies nach Art. 700 noch möglich ist (KassGer SG, SJZ 1968, 321). Abgesehen von der Vorschrift über den Zeitpunkt der ordentlichen GV

3. Abschnitt: Organisation der Aktiengesellschaft   22–25   **Art. 699**

macht das Gesetz *keinen Unterschied* zwischen der ordentlichen und der ausserordentlichen GV (HAEFLIGER, 12).

Die Pflicht zur Abhaltung der ordentlichen GV innerhalb von **sechs Monaten nach** **22** **Abschluss des Geschäftsjahres** ist zwingend; Statutenbestimmungen, die eine längere Frist vorsehen, dürfen nicht ins Handelsregister eingetragen werden (Art. 940; BGE 107 II 246, 248). Es handelt sich bei dieser Frist allerdings nur um eine *Ordnungsvorschrift;* im Falle des Überschreitens der Frist wird weder die Versammlung ungültig, noch sind die gefassten Beschlüsse anfechtbar, selbst wenn keine wichtigen Gründe für die Verzögerung vorliegen (vgl. VON GREYERZ, 188; ZK-BÜRGI, N 36 und BÖCKLI, § 12 N 59 FN 100). Bei der Ansetzung des Versammlungszeitpunktes soll auf die konkreten Umstände (Ort, Verkehrsverbindungen usw.) angemessen Rücksicht genommen werden. Bei schikanöser Ansetzung der GV können ihre Beschlüsse angefochten werden (ZK-BÜRGI, N 37; allerdings wäre die dort genannte Ansetzung an einem Sonn- oder Feiertag nach heutiger Anschauung wohl nicht mehr in jedem Fall zu beanstanden).

IV. Traktandierungsrecht (Abs. 3 Satz 2)

1. Berechtigte

Ein Aktionär oder eine Gruppe von Aktionären (s. zur gemeinsamen Ausübung des **23** Traktandierungsrechts DUBS, Traktandierungsbegehren, N 103 ff.), die Aktien im Nennwert von mindestens **CHF 1 Mio.** »vertreten«, haben ein selbständiges Recht zur Ergänzung der Traktandenliste (der bundesrätliche Entwurf hatte für diese Aktionäre noch das Einberufungsrecht vorgesehen; vgl. Botschaft AG, 170, 236 f.). Das im Gesetz als Minderheitsrecht konzipierte Traktandierungsrecht ist vom individuellen Antragsrecht des Aktionärs zu einem gegebenen Verhandlungsgegenstand (Art. 700 Abs. 4) zu unterscheiden. Über den Wortlaut des zweiten Satzes des Abs. 3 hinaus ist für die Ausübung des Traktandierungsrechts alternativ auch das Vertreten von **10 % des AK** ausreichend (BÖCKLI, § 12 N 60 ff.; FORSTMOSER/MEIER-HAYOZ/NOBEL, § 23 N 27; NOBEL, 24; HORBER, Traktandierungsrecht, 73; **a.A.** KUNZ, Minderheitenschutz, § 11 N 141 ff.). Das Einberufungsrecht gem. Abs. 3 Satz 1 umfasst schon insofern ein Traktandierungsrecht, als das Einberufungsbegehren zwingend einen Verhandlungsgegenstand mit Beschlussantrag enthalten muss, um rechtsgültig zu sein; auch aufgrund teleologischer Überlegungen ist einberufungsberechtigten Aktionären ein Traktandierungsrecht zuzugestehen (vgl. dazu TANNER, Neuerungen, 767).

Traktandierungsberechtigt sind Aktionäre, die Aktien im Nennwert von mindestens **24** CHF 1 Mio. (oder von mindestens 10 % des AK) **»vertreten«** und von der Gesellschaft mit mindestens einer Stimme als Aktionär anerkannt sind (im Einzelnen N 13 und insb. DUBS, Traktandierungsbegehren, N 45 m.w.H.); auf die Berechtigung zur Stimmrechtsausübung in diesem Ausmass wird nicht abgestellt, so dass z.B. Stimmbegrenzungen keine Auswirkungen haben und bei Namenaktien alle im Aktienbuch mit oder ohne Stimmrecht eingetragenen Aktien bei der Berechnung der Aktienvertretungsschwelle mit zu zählen sind (vgl. auch N 13).

Die **Statuten** können die Voraussetzungen des Traktandierungsrechts herabsetzen (die-**25** ses aber nicht strengeren oder weiteren Voraussetzungen unterwerfen, vgl. BIANCHI, 52). Das Traktandierungsrecht kann in den Statuten auch als individuelles Aktionärsrecht ausgestaltet werden. Zudem können die Statuten das Recht auf weitere Personen ausdehnen; namentlich kann es durch die Statuten auch den **Partizipanten** eingeräumt werden (Art. 656c Abs. 2).

Dieter Dubs/Roland Truffer

26 Nach Art. 700 Abs. 3 OR kann auf entsprechenden Antrag eines Aktionärs – und zwar auch ohne dass ein solcher Beschlussgegenstand traktandiert ist – die **GV** über die Einberufung einer ausserordentlichen GV Beschluss fassen. Ein solcher Antrag auf Einberufung muss zwingend einen Verhandlungsgegenstand nennen. Somit kann der Sache nach in einem solchen Fall auch die GV ein «Traktandierungsrecht» ausüben. Darauf aufbauend muss es auch möglich sein, dass die GV für eine kommende ordentliche oder ausserordentliche GV vom VR die Traktandierung eines Verhandlungsgegenstandes verlangt (vgl. dazu BIANCHI, 52). Dieses Vorgehen wird sich wohl dann als sinnvoll erweisen, wenn sich aus Geschäften, die unter einem Traktandum «Varia» besprochen werden, über die aber mangels gehöriger Ankündigung nicht beschlossen werden kann, ein Handlungsbedarf ergibt.

2. Materielle Aspekte

27 Die Rechtsgültigkeit des Traktandierungsbegehrens setzt formal voraus, dass es einen Verhandlungsgegenstand (Traktandum) angibt und zu diesem einen konkreten Beschlussantrag enthält, also inhaltlich vollständig ist. Bei der Prüfung der materiell-rechtlichen Gültigkeit des Traktandierungsbegehrens sind das vorgelegte Traktandum sowie der entsprechende Antrag als Einheit zu beurteilen (s. dazu und zu den nachfolgend aufgeführten materiell-rechtlichen Gültigkeitsvoraussetzungen im Einzelnen DUBS, Traktandierungsbegehren, N 74 ff. m.w.H.); ein Traktandierungsbegehren ist materiell-rechtlich rechtsgültig, wenn (i) es die allgemeinen Anforderungen an die Ausgestaltung des Traktandums und des Antrags erfüllt, (ii) die sich aus der aktienrechtlichen Anfechtungs- und Nichtigkeitsordnung ergebenden allgemeinen Inhaltsschranken eingehalten werden, (iii) der Grundsatz der Einheit der Materie beachtet wird, (iv) der Beschlussgegenstand in den Kompetenzbereich der Generalversammlung fällt und (v) der mit dem Begehren angestrebte Beschluss im Wirkungsbereich der Gesellschaft liegt. Wesentlich ist somit, dass der verlangte Verhandlungsgegenstand Grundlage eines inhaltlich möglichen und rechtlich zulässigen GV-Beschlusses sein kann (BÖCKLI, § 12 N 65; vgl. zum Gegenstand des Begehrens HORBER, Traktandierungsrecht, 75 f.); dies impliziert allerdings nur, das unter dem verlangten Traktandum überhaupt ein zulässiger GV-Beschluss gefasst werden kann; denn der gestellte Antrag bindet die GV nicht: Ist er unzulässig, kann er noch an der GV im Rahmen des Traktandums durch einen zulässigen ersetzt werden. Mangelhafte Traktandierungsbegehren sind entsprechend der Ausprägung des Mangels vom Verwaltungsrat unterschiedlich zu behandeln (s. im Einzelnen DUBS, Traktandierungsbegehren, N 170 ff.).

28 Beurteilungsgrundlage für die Zulässigkeit des Traktandierungsbegehrens in materieller Hinsicht sind somit v.a. die Tatbestände der Nichtigkeit (vgl. insb. Art. 706b). Traktandierungsbegehren, die im Falle der Zustimmung der GV zum gestellten Antrag (oder zu einem anderen, der vom Traktandum abgedeckt ist) nicht zu einem nichtigen, sondern lediglich zu einem **anfechtbaren Beschluss** führen würden, sind nach der hier vertretenen Auffassung vom VR der GV *grundsätzlich* zur Beschlussfassung vorzulegen; bei ausgewählten Anfechtungsgründen, die sich durch eine gewisse Schwere des Rechtsverstosses auszeichnen, ist allerdings ausnahmsweise auf das Begehren nicht einzutreten (s. im Einzelnen DUBS, Traktandierungsbegehren, N 185). Diese vermittelnde Auffassung beruht darauf, dass es grundsätzlich nicht die Aufgabe des VR ist, über die Anfechtungsfrage vor der Beschlussfassung vorweg zu entscheiden. Nach dem auch hier geltenden Konzept des Gesetzes sind anfechtbare Beschlüsse an sich rechtsgültig und bleiben es, sofern eine Anfechtung unterbleibt. Allerdings kann auch der VR den gefassten GV-Beschluss anfechten, und er kann seine diesbezügliche Absicht der GV vor

der Beschlussfassung mitteilen. Vom Beschlussantrag ist im Weiteren zu verlangen, dass er die notwendige Bestimmtheit aufweist, um das Anliegen der Gesuchsteller erkennen zu lassen und im Falle seiner Erhebung zum Beschluss einen klaren Willensinhalt auszudrücken. Ein (abgeschwächter) Bestimmtheitsgrundsatz gilt auch für den anbegehrten Verhandlungsgegenstand: Die Aktionäre müssen aufgrund der Umschreibung des Traktandums erkennen können, worüber an der GV beraten wird und über den Rahmen möglicher Beschlussinhalte Kenntnis haben (vgl. Art. 700 N 11). Nur so kann das Traktandum seiner Informationsfunktion im Hinblick auf die GV gerecht werden.

Sofern das Traktandierungsbegehren einen Beschlussgegenstand beschlägt, der in die **Entscheidkompetenz des VR** (oder eines anderen Organs) und nicht der GV fällt, so stellt sich nach den oben dargelegten Grundsätzen die Frage, ob darin ein Nichtigkeits- oder bloss ein Anfechtungsgrund liegt. Liegt der Beschlussgegenstand offensichtlich nicht im Kompetenzbereich der GV, muss der VR den im Begehren vorgelegten Beschlussgegenstand nicht in die Traktandenliste aufnehmen. Da allerdings die Rechtslage gerade bei Fragen der Kompetenzabgrenzung zwischen VR und GV oft unklar und umstritten ist, sollte so oder so im Zweifelsfalle das Traktandum der GV vorgelegt und die Entscheidung der Kompetenzfrage dem Anfechtungs- (bzw. auf Feststellung der Nichtigkeit gerichteten) Prozess überlassen werden. **29**

3. Form, Abänderbarkeit und Zeitverhältnisse

Das Traktandierungsbegehren ist mit einem Nachweis der Berechtigung beim VR schriftlich einzureichen (Art. 699 Abs. 3 Satz 3). Obwohl das Gesetz keine Vorschrift darüber enthält, ist das Traktandierungsrecht **zeitlich beschränkt.** Sofern die Einladung zur GV bereits publiziert wurde, ist es i.d.R. zu spät, weil auch hinsichtlich der Ankündigung von zusätzlichen Traktanden die Frist von 20 Tagen gem. Art. 700 eingehalten werden muss und der VR für die Vorbereitung, Prüfung der Berechtigung und Mitteilung ebenfalls Zeit benötigt (BÖCKLI, § 12 N 68; TANNER, Neuerungen, 767 f., erachtet eine Frist von zwei bis drei Wochen vor Aufstellung der Tagesordnung als ausreichend; s. zu den zeitlichen Verhältnissen auch DUBS, Traktandierungsbegehren, N 70 ff.). Aus praktischer Sicht ist deshalb zu empfehlen, eine Vorschrift über den Zeitpunkt der Einreichung von Verhandlungsgegenständen und Anträgen nach Art. 699 Abs. 3 in die Statuten der AG aufzunehmen (angemessen erscheint z.B. in grossen Gesellschaften eine Frist von 45 Tagen vor der GV). Bei Fehlen einer entsprechenden Statutenbestimmung ist es zweckmässig, dass der VR eine Aufforderung zur Einreichung von Traktandierungsbegehren mit Angabe eines Stichtags (letzter zulässiger Tag für den Eingang eines Begehrens) publiziert. **30**

Das Traktandierungsbegehren kann vom Urheber jederzeit, auch während der GV, zurückgezogen werden. Dessen ungeachtet wird der einmal in der Einberufung aufgeführte Verhandlungsgegenstand an der GV behandelt (und darüber Beschluss gefasst) werden müssen, sofern ein anderer Aktionär (oder der VR) einen entsprechenden Antrag zum zurückgezogenen Traktandum stellt (s. zum Rückzug des Traktandierungsbegehrens DUBS, Traktandierungsbegehren, N 90 ff.). Der *Verhandlungsgegenstand* kann nach Ablauf des Stichtags zur Einreichung von Begehren nicht mehr **abgeändert** werden (vorbehalten bleibt die Zustimmung des VR, sofern die Korrektur in der Einberufung noch möglich ist); demgegenüber kann der gestellte *Antrag* jederzeit vor der Beschlussfassung (also auch während der mündlichen Behandlung des Traktandums anlässlich der GV) vom Urheber des Traktandierungsbegehrens gestützt auf Art. 700 Abs. 4 geändert werden, ohne dass dies vorbehalten wurde (s. zur Änderung des Trak- **31** tandierungsbegehrens DUBS, Traktandierungsbegehren, N 96 ff.). Dritte stimmberechtigte Aktionäre sind gestützt auf Art. 700 Abs. 4 jederzeit zur Stellung von Gegenanträgen im Rahmen des anbegehrten Verhandlungsgegenstandes berechtigt (vgl. Art. 700 N 18 ff.). Alle diese Anträge müssen vom Versammlungsleiter der GV zur Abstimmung gebracht werden. Die Abänderung des ursprünglichen Antrags und die Stellung von Gegenanträgen finden im Rechtsmissbrauch eine Grenze.

32 Vom Rückzug des Traktandierungsbegehrens ist die *schlichte Streichung* eines Verhandlungsgegenstandes durch die einberufende Instanz (oder den Versammlungsleiter) zu unterscheiden, die *grundsätzlich* nicht zulässig ist. Traktandierte Verhandlungsgegenstände sind der GV vorzulegen; lediglich wenn ausnahmsweise ein Traktandum offensichtlich gegenstandslos geworden ist, darf auf die Behandlung dieses Geschäfts verzichtet werden (vgl. BÖCKLI, Leitungsbefugnisse, 65; s. zum Vorlagezwang für traktandierte Gegenstände auch Art. 700 N 11).

4. Durchsetzung

33 Nach einer strengen Wortlautbetrachtung von Abs. 4 könnte nur das Einberufungsrecht, nicht auch das Traktandierungsrecht gerichtlich durchgesetzt werden. Die h.L. bejaht dessen ungeachtet zu Recht, dass die Traktandierung als solche vor Gericht selbständig eingeklagt werden kann, und zwar auch erst nach Veröffentlichung der Einberufung der GV. Das Recht der Durchsetzung der Einberufung impliziert in gewisser Weise schon ein Recht zur Durchsetzung einer Traktandierung, da mit dem Einberufungsbegehren auch Traktanden vorgeschrieben werden können und müssen (vgl. zur Zulässigkeit der selbständigen **Traktandierungsklage** KUNZ, Klagen, 156 f.; BÖCKLI, § 12 N 73; FORSTMOSER/MEIER-HAYOZ/NOBEL, § 23 N 31 ff. m.w.H.; HORBER, Traktandierungsrecht, 79; DUBS, Traktandierungsbegehren, N 123 ff.). Zudem zeigt die Entstehungsgeschichte von Art. 699, dass ein redaktionelles Versehen des Gesetzgebers vorliegt (gl.M. ZK-HOMBURGER, Art. 716a N 612 ff.). Als in den parlamentarischen Beratungen ein besonderes Traktandierungsrecht in Abs. 3 mit aufgenommen wurde, war wohl übersehen worden, dass der unveränderte Wortlaut von Abs. 4 nicht mehr mit dem neuen Wortlaut von Abs. 3 übereinstimmte. In der neuen Fassung regelt Abs. 3 zwei verschiedene Minderheitsrechte (Einberufungs- und Traktandierungsrecht), während Abs. 4 unverändert nur ein Minderheitsrecht (das Einberufungsrecht) nennt. Es könnte auch argumentiert werden, dass für das Traktandierungsrecht eine echte Gesetzeslücke vorliegt, die durch analoge Heranziehung von Abs. 4 zu füllen ist.

34 Sofern die Ergänzung der Traktandenliste gerichtlich angeordnet wird, wird der VR i.d.R. zwecks Einhaltung des Grundsatzes, dass die Einberufung alle Verhandlungsgegenstände aufführen muss, über die rechtsgültige Beschlüsse gefasst werden sollen (Art. 700 Abs. 2), sowie aufgrund der 20-tägigen Mindestfrist (Art. 700 Abs. 1), gezwungen sein, die GV **neu anzusetzen** und erneut einzuberufen (BÖCKLI, § 12 N 73; a.M. HORBER, Traktandierungsrecht, 79, nach dessen Ansicht die Traktandenliste spätestens an der GV durch Aufnahme des richterlich angeordneten Verhandlungsgegenstandes ergänzt werden kann; es würde folglich in diesem Fall eine weitere Ausnahme vom Grundsatz in Art. 700 Abs. 3 vorliegen). Eine Ausnahme vom Grundsatz der Neuansetzung der GV ist dann in Betracht zu ziehen, wenn die richterliche Ergänzung der Traktandenliste zeitlich derart erfolgen kann, dass die Aktionäre noch zeitgerecht darüber orientiert werden können und auch noch die Möglichkeit haben, ihre Weisungen an Vertreter entsprechend den veränderten Tagesordnungspunkten abzugeben (s. DUBS, Traktandierungsbegehren, N 124).

Art. 700

2. Form

¹ Die Generalversammlung ist spätestens 20 Tage vor dem Versammlungstag in der durch die Statuten vorgeschriebenen Form einzuberufen.

² In der Einberufung sind die Verhandlungsgegenstände sowie die Anträge des Verwaltungsrates und der Aktionäre bekanntzugeben, welche die Durchführung einer Generalversammlung oder die Traktandierung eines Verhandlungsgegenstandes verlangt haben.

³ Über Anträge zu nicht gehörig angekündigten Verhandlungsgegenständen können keine Beschlüsse gefasst werden; ausgenommen sind Anträge auf Einberufung einer ausserordentlichen Generalversammlung, auf Durchführung einer Sonderprüfung und auf Wahl einer Revisionsstelle infolge eines Begehrens eines Aktionärs.

⁴ Zur Stellung von Anträgen im Rahmen der Verhandlungsgegenstände und zu Verhandlungen ohne Beschlussfassung bedarf es keiner vorgängigen Ankündigung.

2. Mode de convocation

¹ L'assemblée générale est convoquée selon le mode établi par les statuts, 20 jours au moins avant la date de la réunion.

² Sont mentionnés dans la convocation de l'assemblée générale les objets portés à l'ordre du jour, ainsi que les propositions du conseil d'administration et des actionnaires qui ont demandé la convocation de l'assemblée ou l'inscription d'un objet à l'ordre du jour.

³ Aucune décision ne peut être prise sur des objets qui n'ont pas été dûment portés à l'ordre du jour, à l'exception des propositions déposées par un actionnaire dans le but de convoquer une assemblée générale extraordinaire, d'instituer un contrôle spécial ou d'élire un organe de révision.

⁴ Il n'est pas nécessaire d'annoncer à l'avance les propositions entrant dans le cadre des objets portés à l'ordre du jour ni les délibérations qui ne doivent pas être suivies d'un vote.

2. Forma

¹ La convocazione dell'assemblea generale deve farsi nella forma prescritta dallo statuto, almeno venti giorni prima di quello fissato per l'adunanza.

² Sono indicati nella convocazione gli oggetti all'ordine del giorno, come pure le proposte del consiglio d'amministrazione e degli azionisti che hanno chiesto la convocazione dell'assemblea generale o l'iscrizione di un oggetto all'ordine del giorno.

³ Nessuna deliberazione può essere presa su oggetti che non siano stati debitamente iscritti all'ordine del giorno; sono eccettuate le proposte di convocare un'assemblea generale straordinaria, di procedere a una verifica speciale e di designare un ufficio di revisione in seguito a una richiesta di un azionista.

⁴ Non occorre comunicare anticipatamente le proposte che entrano nell'ambito degli oggetti all'ordine del giorno né le discussioni non seguite da un voto.

Literatur

Vgl. die Literaturhinweise zu Art. 698.

I. Allgemeines

1 Die Regelungen über **Frist, Form und Inhalt** der Einberufung der GV bezwecken den Schutz der Aktionäre (und der Partizipanten, Art. 656d Abs. 1), indem sie die Möglichkeit der Ausübung ihrer Mitwirkungsrechte gewährleisten (die Statuten können den Partizipanten einzelne Mitwirkungsrechte ausdrücklich einräumen, Art. 656c Abs. 2). Es werden die Voraussetzungen dafür geschaffen, dass namentlich das Stimmrecht (Art. 692; Partizipanten haben nie ein Stimmrecht, Art. 656a Abs. 1, Art. 656c Abs. 1), das Teilnahme- (Art. 689), das Auskunfts- und Einsichts- (Art. 697) sowie das Antragsrecht (Art. 700 Abs. 4) in sinnvoller Weise wahrgenommen werden können (vgl. auch Art. 656c Abs. 3), indem die Aktionäre (und Partizipanten) mit solchen Informationen versorgt werden, dass sie gestützt darauf entscheiden können, ob und auf welche Art sie ihre Mitwirkungsrechte ausüben wollen. Die Aktionäre und Partizipanten sollen weder durch den Zeitpunkt noch wegen des Ortes oder Inhalts (Traktanden und VR-Anträge) einer GV überrumpelt werden (ZK-BÜRGI, N 1). Jeder Aktionär soll insb. in der Lage sein, rechtzeitig zu entscheiden, ob er seine Anwesenheit an der GV überhaupt als notwendig betrachtet; auch sollen die Aktionäre sich gegebenenfalls auf einzelne Traktanden vorbereiten können (BGE 103 II 141, 143), um z.B. eigene Abstimmungsanträge zu stellen.

2 Zwischen **ordentlicher und ausserordentlicher GV** macht das Gesetz hinsichtlich der Einberufungsformen keinen Unterschied. Die Vorschriften über Frist, Form und Inhalt der Einberufung sind nur dann nicht einzuhalten, wenn die Voraussetzungen der **Universalversammlung** (Art. 701) erfüllt sind.

2a Werden einzelne Vorschriften über Frist, Form oder Inhalt der Einberufung **nicht eingehalten** oder beruft eine unzuständige Instanz eine GV ein, so stellt sich bezüglich der Rechtsfolgen zunächst die Frage, ob überhaupt eine GV im Rechtssinne zustande gekommen ist; kann eine Versammlung nicht als GV qualifiziert werden, so können an ihr auch keine GV-Beschlüsse gefasst werden. Ist die Frage zu bejahen, so kann der Mangel immerhin zur Anfechtbarkeit der gefassten Beschlüsse führen (nach der h.L. in bestimmten Fällen auch zur Nichtigkeit; vgl. zum Ganzen Art. 706b N 17 ff. und zu den Voraussetzungen für die Qualifikation einer Zusammenkunft als GV etwa TANNER, Quoren, 205 sowie – auch für eine Übersicht über verschiedene Auffassungen – STUDER, 115 ff.).

II. Einberufungsfrist (Abs. 1)

3 Das Gesetz verlangt die Einberufung der GV «spätestens **20 Tage** vor dem Versammlungstag». Diese Frist soll es unter anderem ermöglichen, dass die Rechtsinstitute der Organ- und der Depotvertretung (unter Beachtung der Pflicht zur Weisungseinholung) ihre Funktion erfüllen können. Bei der Berechnung der Einberufungsfrist ist zu beachten, dass Inhaberaktionäre durch Bekanntmachung im SHAB, Namenaktionäre aber durch schriftliche Mitteilung von der Auflage der Unterlagen zur ordentlichen GV zu unterrichten sind (Art. 696 Abs. 2; das wird leicht übersehen, denn der Wortlaut von Art. 700 Abs. 1 verlangt lediglich die Einhaltung der statutarischen Formvorschriften und Art. 696 Abs. 2 steht systematisch in einem anderen Zusammenhang).

4 Bei Einberufung durch **Publikation,** z.B. **im SHAB** (die Statuten können weitergehende Erfordernisse aufstellen und müssen sich jedenfalls zum Thema äussern: Art. 626 Ziff. 5, 7), läuft die Frist zwischen der **Veröffentlichung** der Einladung und dem Tage der GV, wobei der Tag der Veröffentlichung und der Tag der Versammlung nicht mitgezählt werden (Art. 77 Abs. 1 Ziff. 1; BÖCKLI, § 12 N 83; ZK-BÜRGI, N 9).

Bei der **schriftlichen Einberufung** (auch hier können die Statuten nähere Regelungen treffen; Art. 626 Ziff. 5, 7) tritt an die Stelle der Publikation die Versendung der Einberufung. Massgebend für den Fristbeginn ist die Postaufgabe, wobei dieser Tag wie auch der Tag der GV selbst bei der Berechnung der 20 Tage nicht mitgezählt werden (BÖCKLI, § 12 N 86; NOBEL, 25; **a.M.** FORSTMOSER/MEIER-HAYOZ/NOBEL, § 23 N 42 f. und ZK-TANNER, N 8, welche die Frist nur dann als eingehalten betrachten, wenn die Einladung 20 Tage vor der GV – den Tag der Versammlung nicht eingerechnet – beim Empfänger eintrifft oder jedenfalls eintreffen kann). 5

Die Gesellschaft trägt das **Risiko** der korrekten Einberufung der GV (wobei aufgrund von Art. 716a Abs. 1 Ziff. 6 der VR verantwortlich ist): Bei Publikationen für Verzögerungen bei Redaktion, Druck oder Auslieferung des Presseerzeugnisses; beim Postversand für die rechtzeitige Postaufgabe. Aus organisatorischen Gründen sollte der VR spätestens fünf Monate nach Schluss des Geschäftsjahres (vgl. Art. 699 Abs. 2) alle für die Einberufung der ordentlichen GV notwendigen Beschlüsse gefasst und alle Massnahmen zu ihrer Vorbereitung getroffen haben. Hingegen setzt die Korrektheit der Einberufung nicht voraus, dass sie auch erfolgreich ist, also jedem Adressaten tatsächlich zugeht bzw. zur Kenntnis kommt: Namentlich trägt der Aktionär das Risiko des Postlaufes. 6

Die **Minimalfrist** von 20 Tagen ist relativ zwingend: sie kann in den Statuten nicht verkürzt werden (FORSTMOSER/MEIER-HAYOZ/NOBEL, § 23 N 40; BÖCKLI, § 12 N 46 f.); die Statuten können die Frist aber verlängern. Die zwingende Natur führt nicht dazu, dass ein Aktionär im konkreten Einzelfall nicht auf die Einhaltung der zu seinem Schutz aufgestellten Frist verzichten könnte (BGer v. 27.6.2000, 4C.88/2000). Obwohl das Gesetz keine Maximalfrist kennt, sollten die Statuten i.d.R. nicht mehr als 30 Tage verlangen. Andernfalls wird es der GV verunmöglicht, in ausserordentlichen und entscheidenden Situationen (vgl. etwa Art. 725) die wichtigen und notwendigen Beschlüsse innert nützlicher Frist zu treffen (BGE 116 II 320, 323 f.). 7

III. Form der Einberufung (Abs. 1)

Entgegen dem zu engen Wortlaut des Abs. 1 (Einberufung «in der durch die Statuten vorgeschriebenen Form») hat die Einberufung in der durch Statuten (Art. 626 Ziff. 5, 7) *und Gesetz* vorgeschriebenen Form zu erfolgen. *Art. 696 Abs. 2* verlangt, dass die Auflage der Berichte am Gesellschaftssitz spätestens 20 Tage vor der ordentlichen GV (sowie die Möglichkeit des Bestellens einer Kopie) den Aktionären in bestimmter Form mitgeteilt wird. Dies könnte theoretisch getrennt von der Einberufung geschehen; praktisch wirken sich die Formvorschriften in Art. 696 Abs. 2 jedoch für die ordentliche GV wie Einberufungsvorschriften aus (FORSTMOSER/MEIER-HAYOZ/NOBEL, § 23 N 45 ff.; ohne Differenzierung Botschaft AG, 915). Die Mitteilung ergeht an Namenaktionäre schriftlich an die im Aktienbuch registrierte Adresse (Art. 686 i.V.m. Art. 696 Abs. 2), an Inhaberaktionäre durch Publikation im SHAB (Art. 696 Abs. 2). Die Statuten können weitere Publikationsorgane vorsehen oder den VR ermächtigen, weitere Publikationsorgane selbst zu bestimmen (Art. 626 Ziff. 5, 7). 8

Statutarisch kann auch das Erfordernis der schriftlichen Einladung bzw. Mitteilung konkretisiert werden: Etwa ob die Versendung mit A-, B- oder eingeschriebener Post zu erfolgen hat, was gesetzlich nicht geregelt ist. Nach der hier vertretenen Auffassung 9 würde dem Erfordernis der **Schriftlichkeit** in Art. 696 auch eine andere Form der Übermittlung entsprechen, die den Nachweis durch Text ermöglicht, wie etwa Telex, Telefax oder E-Mail (Art. 13 ist m.a.W. nicht analog heranzuziehen). Der vorsichtige VR wird aber gleichzeitig auch die Post benutzen.

IV. Inhaltliche Ausgestaltung der Einberufung (Abs. 2)

1. Allgemeines zum Inhalt

10 Das Gesetz unterscheidet zwischen den **Verhandlungsgegenständen und Anträgen,** welche direkt in der Einberufung enthalten sein müssen (Abs. 2), und weiteren Unterlagen zur GV, die zunächst lediglich zur Einsicht aufgelegt, aber auf Verlangen «unverzüglich» in Kopie den Aktionären zugestellt werden müssen (Art. 696). Soweit direkte Kenntnisgabe vorgeschrieben ist, genügt die Auflage am Gesellschaftssitz dem Gesetz nicht (Art. 696 Abs. 1; BÖCKLI, § 12 N 79). Die Statuten können die Informationsrechte der Aktionäre erweitern.

10a Aufbau und Inhalt der Traktandenliste einer ordentlichen GV richten sich i.d.R. nach den in Art. 698 Abs. 2 genannten Geschäften (BIANCHI, 19 ff.). Inhaltlich lässt sich die Einladung in folgende Hauptbestandteile aufteilen (dazu FORSTMOSER/MEIER-HAYOZ/NOBEL, § 23 N 53 ff.; BÖCKLI, § 12 N 90 ff.): Örtliche und zeitliche Angaben zur GV; Traktandenliste und Anträge; administrative Hinweise (s. zum Inhalt der Einberufung im Einzelnen ZK-TANNER, N 22 ff.).

10b Wesentlich ist zudem, dass aus der Einberufung zur GV klar erkennbar ist, wer Urheber der Einberufung ist, damit die Aktionäre die Kompetenz des einberufenden Organs resp. der einberufenden Instanz beurteilen und gegebenenfalls auch gerichtlich prüfen lassen können.

2. Verhandlungsgegenstände (Traktandenliste) und Anträge

11 Das Traktandum *bezeichnet abstrakt die Angelegenheit der Gesellschaft, über welche die Aktionäre beraten und Beschluss fassen sollen.* Ein Traktandum (Verhandlungsgegenstand) muss der GV in derselben Form, wie in der Einberufung zur GV bekanntgegeben, zur Verhandlung vorgelegt werden (zu diesem Grundsatz des Vorlagezwangs vgl. DUBS, Traktandierungsbegehren, N 201 und zu den Fällen der ausnahmsweisen Absetzung eines Traktandums vgl. DERS., N 212 ff.). Der verlangte Grad der **Bestimmtheit** der Traktanden wird im Gesetz nicht umschrieben. Unabhängig davon, dass die Traktanden zwingend mit Anträgen ergänzt werden müssen, ist wegen der jederzeit zulässigen Abänderung des ursprünglichen Antrags und der Möglichkeit von Gegenanträgen zu verlangen, dass ein Verhandlungsgegenstand derart bestimmt umschrieben wird, dass das Traktandum *nach Treu und Glauben als vernünftige abstrakte Verallgemeinerung des dazu gestellten konkreten Antrages (d.h. des beantragten Beschlussinhalts) erscheint* (s. im Einzelnen zur Ausgestaltung des Traktandums DUBS, Traktandierungsbegehren, N 15 ff.). Der Aktionär muss klar erkennen können, über welche Gegenstände beraten werden soll und welchen Inhalt ein Beschluss unter diesem Traktandum unter Berücksichtigung möglicher Abänderungen des ursprünglichen Antrags oder Gegenanträge aufweisen kann (vgl. dazu BGE 114 II 193, 196 f.; es handelt sich bei der Frage des Detaillierungsgrades des Traktandums um eine «Umkehroperation» der Anwendung des Vertrauensprinzips, welches nach der hier vertretenen Auffassung für Abs. 4 Geltung hat; vgl. auch N 19). Allgemein ausgedrückt gilt der Grundsatz, «dass die Umschreibung der einzelnen Verhandlungsgegenstände für einen durchschnittlichen Ak-

tionär klar verständlich sein muss» (BGE 121 III 424). Der Verwaltungsrat hat ein Interesse, die von ihm der GV zur Beschlussfassung vorgelegten ausserordentlichen Traktanden möglichst eng und präzis zu fassen, so dass für die Stellung von inhaltlich abweichenden (Gegen-)Anträgen kaum Raum bleibt. Einer zu engen Fassung der Traktanden steht allerdings das individuelle Antragsrecht des Aktionärs nach Abs. 4 entgegen; der VR darf nicht durch eine *treuwidrig* enge Fassung des Traktandums dem Aktionär faktisch sein Antragsrecht entziehen (indem der Aktionär ohne Überschreitung des bekannt gegebenen Verhandlungsgegenstandes keinerlei Gegenanträge einbringen, sondern nur den VR-Antrag annehmen oder ablehnen könnte). Eine bedingte Traktandierung, bei welcher die Bedingungslage im Zeitpunkt der Eröffnung der Verhandlung des Traktandums darüber entscheidet, ob es überhaupt zu einer Verhandlung (Beratung und Beschlussfassung) des Traktandums kommt, ist grundsätzlich zulässig (vgl. zur bedingten Traktandierung im Einzelnen DUBS, Traktandierungsbegehren, N 109 ff.).

Die **Änderung der Traktanden** ist grundsätzlich nur unter Beachtung der gesetzlichen (oder längeren statutarischen) Einberufungsfrist möglich. Das Gleiche gilt für andere Änderungen der Einberufung zur GV, insb. eine Änderung des Ortes oder der Zeit der Versammlung. Demgegenüber sind Präzisierungen der Traktanden oder Erläuterungen dazu, die materiell am Verhandlungsgegenstand nichts ändern, noch zu Beginn der GV möglich, ohne dass dies zur Anfechtbarkeit der gefassten Beschlüsse führt (vgl. BÖCKLI, § 12 N 115). 11a

Die in der Einberufung aufgeführten Verhandlungsgegenstände müssen grundsätzlich immer **mindestens einen konkreten Antrag** zum Traktandum enthalten. Als Antrag gilt jeder sachlich-konkrete Vorschlag zur Lösung der durch den Verhandlungsgegenstand eingegrenzten Gesellschaftsangelegenheit (vgl. zum Antrag im Einzelnen DUBS, Traktandierungsbegehren, N 11 ff. m.w.H.). Der Antrag ist im Grundgehalt der vorgeschlagene Beschlusswortlaut (BÖCKLI, § 12 N 93), im Falle der Zustimmung der GV folglich der Inhalt des gefassten Beschlusses: «Ein ‹Antrag› ist stets ein Beschlussvorschlag: wenn angenommen, muss er sich inhaltlich als gültiger Generalversammlungsbeschluss darstellen können» (BÖCKLI, § 12 N 178). Aus dieser Funktion des Antrages leiten sich die inhaltlichen Anforderungen ab, die für die Qualifikation als Antrag vorausgesetzt sind: Die *gehörige Ausgestaltung* des Antrags setzt voraus, dass er hinreichend bestimmt (oder bestimmbar) und vollständig ist, und natürlich ist auch der Grundsatz der Traktandengebundenheit der Antragstellung zu beachten (s. zur Ausgestaltung des Antrages im Einzelnen DUBS, Traktandierungsbegehren, N 21 ff.). Stichworte genügen somit i.d.R. nicht, es sei denn, es gehe um regelmässig wiederkehrende Traktanden wie die Genehmigung der Rechnungen und Berichte oder die Entlastung. Auch beabsichtigte Änderungen der Statuten sind als Anträge mit der Einberufung im vollen Wortlaut bekannt zu geben (BÖCKLI, § 12 N 96). 11b

Neben den Traktanden muss die Einberufung zur GV diejenigen Anträge enthalten, (1) die der VR von sich aus der GV vorlegt, (2) die dem VR mit einem Traktandierungsbegehren i.S.v. Art. 699 Abs. 3 von **Aktionären** eingereicht wurden oder (3) die dem VR mit einem Begehren um Durchführung einer GV i.S.v. Art. 699 Abs. 3 von Aktionären eingereicht wurden (BÖCKLI, § 12 N 93). Eine anders lautende Bestimmung in den Statuten vorbehalten, müssen andere Anträge von Aktionären nicht in der Einberufung aufgeführt werden, selbst wenn der VR wegen frühzeitiger Kenntnis dazu in der Lage wäre (BÖCKLI, § 12 N 78). Hingegen sollte der VR seine eigenen allfälligen Gegenanträge zu Anträgen von Aktionären in der Einberufung angeben. Dies ist namentlich im Hinblick auf die Depotvertretung (und die Organvertretung) zu fordern, die dem Grundsatze folgt, dass ohne Weisung zugunsten der Anträge des VR gestimmt wird, womit implizit 11c davon ausgegangen wird, dass diese dem Aktionär bekannt sind (HORBER, Traktandierungsrecht, 79).

11d Anträge können von ihrem Urheber grundsätzlich jederzeit vor der Beschlussfassung **zurückgezogen oder** im Rahmen des Verhandlungsgegenstandes **geändert** werden, auch noch während der Behandlung des Traktandums anlässlich der GV (vgl. N 18 ff.).

11e Die Festlegung der **Reihenfolge** der an der GV zu behandelnden **Traktanden** obliegt dem VR (BÖCKLI, Leitungsbefugnisse, 60; HORBER, Traktandierungsrecht, 78; s. auch DUBS, Traktandierungsbegehren, N 149 ff.). Aktionäre, die ein Traktandierungsbegehren stellen, haben grundsätzlich keinen Anspruch auf eine bestimmte Einreihung ihres anbegehrten Traktandums (dazu SCHETT, 64; DUBS, Traktandierungsbegehren, N 155 ff. und 165); es ist aber *grundsätzlich* als eigenständiger Verhandlungsgegenstand in die Traktandenliste einzugliedern (vorbehalten bleiben Fälle, in denen aus Gründen der Sachdienlichkeit der Beschlussfassung nur der Antrag des Begehrens wörtlich in die Einberufung aufzunehmen ist; s. DUBS, Traktandierungsbegehren, N 151 ff.). Der VR hat seine Befugnis zur Festlegung der Tagesordnung derart auszuüben, dass die Traktanden in einem *sachlogischen Kontext* erscheinen; die gewählte Reihenfolge soll eine zweckmässige Willensbildung fördern und namentlich nicht der Fassung widersprüchlicher (d.h. sich gegenseitig ausschliessender) Beschlüsse Vorschub leisten. Der Vorsitzende kann zu Beginn der GV eine begründete Änderung der Abfolge der Traktanden bekannt geben. Die Aktionäre haben hingegen keine Kompetenz, zu Beginn der GV eine Abstimmung über die Tagesordnung zu verlangen, um die Reihenfolge der Traktanden abzuändern.

3. Hinweis auf Auflage der Berichte

12 Vor jeder ordentlichen GV, sinnvollerweise mit der Einberufung, sind die Aktionäre ausdrücklich darauf hinzuweisen (Namenaktionäre schriftlich, Inhaberaktionäre durch Publikation im SHAB; Art. 696 Abs. 2, 3), dass der **Geschäftsbericht** (Art. 662 ff.; Jahresbericht, Jahresrechnung sowie Konzernrechnung bei Gesellschaften, die konzernrechnungspflichtig sind; Art. 663e) und der **Revisionsbericht** (Art. 729) am Gesellschaftssitz zur Einsicht aufliegen und jedem Aktionär auf Verlangen unverzüglich eine Ausfertigung zugestellt wird (Art. 696 Abs. 2, Hinweispflicht; BÖCKLI, § 12 N 97). Nicht ausdrücklich hinzuweisen ist auf das Recht jedes Aktionärs, noch während eines Jahres nach der GV von der AG den Geschäftsbericht in der von der GV genehmigten Form sowie den Revisionsbericht zu verlangen (Art. 696 Abs. 3).

4. Administrative Anordnungen des Verwaltungsrats

13 Neben dem gesetzlich und statutarisch vorgeschriebenen Inhalt der Einberufung hat der VR je nach Grösse, Struktur bzw. Organisation der Gesellschaft auch **administrative Regeln** für die Durchführung der GV bekannt zu geben. Diese Anordnungen dienen der Feststellung der Stimmberechtigung (vgl. Art. 702 Abs. 1) und der Abwicklung der Stimmrechtsausübung und beziehen sich namentlich etwa auf folgende Punkte (dazu BÖCKLI, § 12 N 99): Wo und bis wann (i.d.R. bis zum Tag nach Durchführung der GV) Inhaberaktien zwecks Prüfung der Legitimation zur Ausübung des Stimmrechts und der anderen Mitwirkungsrechte hinterlegt werden müssen (Art. 689a Abs. 2; kotierte Aktien sollen i.d.R. nicht nur am Sitz der Gesellschaft, sondern auch bei einer oder mehreren Grossbanken hinterlegt werden können); welche Anforderungen an Depotbescheinigungen von Banken gestellt werden; bis zu welchem Stichtag das Aktienbuch für die Eintragung eines Erwerbers von Namenaktien (Art. 689a Abs. 1) zwecks Feststellung der Teilnahme- und Stimmberechtigung geöffnet ist und innert welcher Frist nach Eingang des Gesuches neue Eintragungen im Aktienbuch erfolgen (Art. 686, beachte aber Art. 685 f Abs. 3); nähere Regeln und Anordnungen für die individuelle und die institutionelle Stimmrechtsvertretung (Depot- und Organvertretung; Art. 689 ff.) sowie Angaben über die Vergabe von Zutritts- oder Stimmkarten.

5. Bekanntmachungen und Hinweise an Partizipanten

Den Partizipanten muss die Einberufung der GV zusammen mit den Verhandlungsgegenständen und den Anträgen (des VR und der Aktionäre nach Art. 699 Abs. 3) bekannt gegeben werden (**Art. 656d Abs. 1;** strittig ist die analoge Anwendung auf Aktionäre ohne Stimmrecht i.S.v. Art. 685 f.; ZK-HOMBURGER, Art. 716a N 603 ff.). Mit der Bekanntgabe der GV sind die Partizipanten ausdrücklich darauf hinzuweisen, dass jeder Beschluss der GV unverzüglich nach der GV am Gesellschaftssitz «und bei den eingetragenen Zweigniederlassungen» (vgl. aber BÖCKLI, § 5 N 59) der Gesellschaft zur Einsicht der Partizipanten aufliegen wird (Art. 656b Abs. 2). Auch die Hinweise gem. Art. 696 Abs. 2 sind in die Bekanntgabe an die Partizipanten aufzunehmen (Art. 656a Abs. 2; BÖCKLI, § 12 N 113). **14**

Verleihen die Statuten den Partizipanten Mitwirkungsrechte (Art. 656c), sind mit der Einberufung auch die notwendigen **administrativen Regeln** für die Ausübung dieser Mitwirkungsrechte bekannt zu geben, z.B. wo und bis wann (i.d.R. bis zum Tag nach der Durchführung der GV) PS zwecks Prüfung der Legitimation zur Ausübung der statutarischen Rechte hinterlegt werden müssen (Art. 656c Abs. 2), Anordnungen über die Ausübung des Rechts auf Stellvertretung (BÖCKLI, § 12 N 101 ff.). **15**

V. Folgen mangelhafter Traktandierung (Abs. 3)

Ist ein in der Einberufung genanntes Traktandum nach den dargelegten Kriterien (o. N 11 ff.) zu weit, zu eng oder zu unklar gefasst, verlässt die GV mit ihren Beschlüssen den durch ein Traktandum gesteckten thematischen Rahmen oder wendet sie sich einem überhaupt nicht angekündigten Verhandlungsgegenstand zu, so ist die Gültigkeit der entsprechenden GV-Beschlüsse in Frage gestellt. Die Abgrenzung zwischen Tatbeständen der **Anfechtbarkeit** und der **Nichtigkeit** ist dabei im Einzelnen kaum geklärt (vgl. im Einzelnen Art. 706b N 17 ff.); die Rechtsfolge der Nichtigkeit wird in der Lehre im Allgemeinen nur für gravierende Fälle gefordert (vgl. etwa BÖCKLI, § 12 N 110 ff.). **15a**

Anträge und Beschlüsse über Verhandlungsgegenstände, die nicht gehörig angekündigt wurden, sind – grundsätzlich – nur zulässig, wenn die Voraussetzungen der **Universalversammlung** gem. Art. 701 Abs. 1 erfüllt sind (BGE 86 II 95, 97; Botschaft AG, 915). Von diesem Grundsatz ausdrücklich ausgenommen sind gem. Abs. 3 Beschlüsse über die Einberufung einer **ausserordentlichen GV** (Art. 699 Abs. 2), über die Durchführung einer **Sonderprüfung** (Art. 697a; analog auch für die Bestellung von Sachverständigen zur Prüfung der Geschäftsführung nach Art. 731a Abs. 3; vgl. TRUFFER, 415 f.) und über die Wahl einer Revisionsstelle infolge eines Begehrens eines Aktionärs nach Art. 727a Abs. 4 (FORSTMOSER, SZW 1992, 70, weist ausserdem zu Recht darauf hin, dass es wenig Sinn mache, wenn in der GV *auf die Anwesenheit eines Revisors* gem. Art. 729c Abs. 3 durch einstimmigen Beschluss *verzichtet* werden könne, dies aber im Voraus traktandiert werden müsse; insoweit wäre Art. 700 Abs. 3 unvollständig, den- **16** noch sei auch hier aus Vorsicht die Traktandierung zu empfehlen; vgl. auch FORSTMO-SER/MEIER-HAYOZ/NOBEL, § 22 N 37 FN 13).

Note 17 entfällt

VI. Individuelles Antragsrecht (Abs. 4)

18   Die Stellung von **Gegenanträgen** und damit auch die **Änderung von Anträgen** im sachlichen Rahmen rechtsgenügend angekündigter Verhandlungsgegenstände ist vor und auch noch während der GV schriftlich oder mündlich möglich. Dieses Recht hat zum einen der VR; es steht aber auch als Individualrecht jedem einzelnen Aktionär zu (BÖCKLI, § 12 N 71; FORSTMOSER/MEIER-HAYOZ/NOBEL, § 23 N 30). Das Gesetz verlangt nicht, dass Gegenanträge im Voraus bekannt gegeben werden (BIANCHI, 6; Botschaft AG, 915, nur so könne das Informationsbedürfnis mit dem freien Diskussionsrecht und der Forderung nach Flexibilität vereinbart werden).

18a Zur Stellung von traktandengebundenen Anträgen anlässlich der GV berechtigt sind – abgesehen vom Organ VR – die als stimmberechtigte Personen an die GV zugelassenen Teilnehmer: Personen, die als Aktionäre oder als Vertreter von Aktionären an der GV teilnehmen, sind zur spontanen Stellung von Anträgen gestützt auf Abs. 4 berechtigt. Nicht antragsberechtigt sind somit namentlich Personen, die vom Vorsitzenden als Gäste zugelassen wurden oder auch die RS. Stellt aber der Vorsitzende der GV einen von einer nicht antragsberechtigten Person vorgelegten Antrag zur Abstimmung, wird der Mangel resp. die fehlende Antragsberechtigung insoweit geheilt, als der gefasste Beschluss gültig ist, sofern keine Beschlussanfechtung wegen «unbefugter Teilnahme» (Art. 691 Abs. 3) erfolgt.

19   Eine Schranke dieses individuellen Antragsrechts liegt – abgesehen vom Rechtsmissbrauchsverbot – allerdings (auch) im Grundsatz der Traktandengebundenheit der Antragstellung: Der neue Antrag muss sich im materiellen **Rahmen des Verhandlungsgegenstandes** befinden. Dies erfordert der Zweck der Bekanntgabe der Verhandlungsgegenstände: Die Traktandenliste dient als Informationsgrundlage für den Entscheid zur Teilnahme (oder Nichtteilnahme) an den Beschlussfassungen der GV. Bei der Beurteilung, ob ein neuer Antrag von einem aufgeführten Verhandlungsgegenstand gedeckt ist, ist somit massgebend, wie der Aktionär als Empfänger der Traktandenliste unter Berücksichtigung der konkreten Umstände nach Treu und Glauben ein Traktandum versteht (vgl. auch N 11). Demgemäss kann z.B. unter dem Traktandum «Wahlen» kein Antrag auf Abberufung eines VR gestellt werden (Art. 705 N 5a). Alle vor oder während der GV im sachlich zulässigen Rahmen eingebrachten Anträge sind an der GV zur Abstimmung zu bringen, es sei denn, es handle sich um solche mit unsittlichem, unmöglichem oder aus anderen Gründen widerrechtlichem Inhalt (BIANCHI, 6; vgl. BÖCKLI, § 12 N 178; Anfechtungsgründe genügen allerdings nicht), oder die Antragstellung sei offensichtlich rechtsmissbräuchlich (etwa im Falle einer Filibuster-Taktik), oder im Falle einer (positiven) Beschlussfassung würde ein Widerspruch zu einer früheren Beschlussfassung über ein Traktandum der gleichen Generalversammlung bewirken (vorbehalten bleiben natürlich ausdrückliche Aufhebungsbeschlüsse von zeitlich zuvor gefassten vom materiellen Gehalt her identischen Beschlüssen).

20   Für den **VR** impliziert das individuelle Antragsrecht des Aktionärs die Pflicht, im Rahmen der Vorbereitung der GV alles Zumutbare zu unternehmen und zu veranlassen, damit der effektiven Ausübung des Rechts nichts entgegensteht. So hat der VR z.B. bei einer von ihm beantragten Kapitalherabsetzung abzuklären, welches unter Berücksichti-

3. Abschnitt: Organisation der Aktiengesellschaft   **Art. 701**

gung der erforderlichen Deckung der Forderungen der Gläubiger (festzustellen im besonderen Revisionsbericht gem. Art. 732 Abs. 2) der höchstmögliche Betrag der Herabsetzung ist, der von einem Aktionär in Abweichung vom Antrag des VR beantragt werden könnte. Zudem erscheint eine unnötig enge Fassung von Verhandlungsgegenständen wegen der damit verbundenen Vereitelung von Gegenanträgen als unzulässig (N 11).

VII. Verhandlungen ohne Beschlussfassung (Abs. 4)

Die **Verhandlung ohne Beschlussfassung** ist an der GV auch über nicht gehörig angekündigte Traktanden jederzeit möglich und auch ausdrücklich zulässig (auch blosse Konsultativabstimmungen dürfen dabei durchgeführt werden). Dies geschieht sinnvollerweise unter dem Traktandum «Varia» (bzw. «Verschiedenes»; BIANCHI, 24 f.). Unter **Varia** können auch Anträge von Aktionären behandelt werden – freilich ohne verbindliche Beschlussfassung –, die anlässlich der Behandlung von anderen, gehörig angekündigten Traktanden gestellt werden, aber deren Rahmen überschreiten. 21

VIII. Widerruf der Generalversammlung und Korrektur der Einberufung

Der **Widerruf** der Einberufung einer GV, allenfalls verbunden mit einer neuen Einberufung, ist bei Vorliegen sachlicher Gründe zulässig (v.a. wenn sich die der Einberufung zugrunde liegende Sachlage verändert hat). Ein solcher Grund liegt namentlich dann vor, wenn nach der Einberufung ausserordentliche und unvorhersehbare Umstände eingetreten sind (BÖCKLI, § 12 N 116; der angekündigte Verhandlungsgegenstand einer ausserordentlichen GV ist z.B. obsolet geworden). 22

Unbedeutende **Korrekturen der Einberufung und Präzisierungen**, die aus der Sicht der Aktionäre ihre Informationslage nicht verändern und auch ihre Vorbereitung nicht materiell betreffen, sind nach der hier vertretenen Auffassung ohne zeitliche Einschränkung zulässig. 23

Art. 701

3. Universal-versammlung	¹ **Die Eigentümer oder Vertreter sämtlicher Aktien können, falls kein Widerspruch erhoben wird, eine Generalversammlung ohne Einhaltung der für die Einberufung vorgeschriebenen Formvorschriften abhalten.**
	² **In dieser Versammlung kann über alle in den Geschäftskreis der Generalversammlung fallenden Gegenstände gültig verhandelt und Beschluss gefasst werden, solange die Eigentümer oder Vertreter sämtlicher Aktien anwesend sind.**
3. Réunion de tous les actionnaires	¹ Les propriétaires ou les représentants de la totalité des actions peuvent, s'il n'y a pas d'opposition, tenir une assemblée générale sans observer les formes prévues pour sa convocation.
	² Aussi longtemps qu'ils sont présents, cette assemblée a le droit de délibérer et de statuer valablement sur tous les objets qui sont du ressort de l'assemblée générale.
3. Riunione di tutti gli azionisti	¹ I proprietari o i rappresentanti di tutte le azioni possono, purché nessuno vi si opponga, tenere un'assemblea generale anche senza osservare le formalità prescritte per la convocazione.

Dieter Dubs/Roland Truffer

² Finché i proprietari od i rappresentanti di tutte le azioni sono presenti, siffatta assemblea può validamente trattare tutti gli argomenti di spettanza dell'assemblea generale e deliberare su di essi.

Literatur

Vgl. die Literaturhinweise zu Art. 698.

I. Allgemeines

1 Als Universalversammlung gilt jede ordentliche oder ausserordentliche GV, an der **sämtliche Aktien widerspruchslos anwesend oder vertreten** sind (Abs. 1; BGE 86 II 95, 99; dies ist im Falle von Inhaberaktien nicht immer einfach zu bestimmen: vgl. etwa BGE 123 IV 132 ff.). Die Anwesenheit der Mitglieder des Verwaltungsrats ist bei einer Universalversammlung (auch unter Berücksichtigung der Regel des Art. 702a) nicht erforderlich; aber auch die Universalversammlung muss *grundsätzlich* – vorbehalten bleiben Notsituationen wie Handlungsunfähigkeit des VR oder pflichtwidriges resp. treuwidriges Untätigwerden des VR – entweder durch den VR selbst konstituiert werden oder der VR hat einen Dritten – d.h. eine Person, die nicht dem Organ VR angehört – mit der Konstituierung beauftragt (ein derartiger Auftrag kann auch implizit erteilt werden; s. Art. 702 N 24). Es handelt sich somit bei der Universalversammlung nicht um eine besondere, der GV gegenüberzustellende Institution und auch nicht so sehr um eine bestimmte Kategorie von GV, sondern eher um eine besondere Eigenschaft einer GV, an die das Gesetz als Rechtsfolge die Entbehrlichkeit vorangehender Einberufungsformalitäten knüpft. Liegen die gesetzlichen Voraussetzungen der Universalversammlung vor, kann irgendeine Zusammenkunft von Aktionären und/oder Vertretern von Aktien einer Gesellschaft zu einer GV erklärt werden, sofern alle Aktionäre und Vertreter von Aktionären zustimmen. Die Vorschriften über die Universalversammlung bezwecken, das Verfahren zur Ausübung der Befugnisse des obersten Organs der AG bei Gesellschaften mit beschränkter Anzahl von Aktionären (namentlich Familien- und Einmann-AG) zu vereinfachen und erleichtern; sie lassen zudem zu, dass in ausserordentlichen Konstellationen ohne Einhaltung der Formvorschriften für die Einberufung eine beschlussfähige Versammlung erreicht werden kann (ZK-BÜRGI, N 1 ff.; BÖCKLI, § 12 N 53). Schliesslich sind bei der Einberufung einer GV unterlaufene Fehler unbeachtlich, wenn die GV als Universalversammlung zustande kommt.

2 Die Universalversammlung ist nach dem Gesagten eine GV. Das Gesetz entbindet die Gesellschaft bei der Durchführung einer Universalversammlung einzig von der Einhaltung der für die Einberufung der GV vorgeschriebenen gesetzlichen (Art. 700) und statutarischen Formen (Art. 626 Ziff. 5); alle weiteren **gesetzlichen und statutarischen Vorschriften,** die auf die GV anwendbar sind, gelten auch für die Universalversammlung (VON STEIGER, SAG 1939, 194 f.; dazu gehören namentlich die Protokollierungspflicht nach Art. 702 [vgl. BGE 123 IV 135 und 120 IV 201], die Quoren nach Art. 703 f., aber auch der Stichentscheid des Vorsitzenden, die Notwendigkeit der öffentlichen Beurkundung bestimmter Beschlüsse usw.).

II. Voraussetzungen

3 Die Qualifikation einer GV als Universalversammlung setzt grundsätzlich (vgl. im Falle von PS N 3b) zweierlei voraus: Erstens wird die **Anwesenheit oder Vertretung sämtlicher Aktien** verlangt, und zweitens müssen alle Aktionäre oder Vertreter ausdrücklich oder stillschweigend der Durchführung der GV zustimmen. Der **Widerspruch** kann

sich gegen die Abhaltung der GV als solche oder gegen die Beschlussfassung über einzelne Traktanden richten (gl.M. ZK-TANNER, Art. 698 N 87; **a.A.** BÖCKLI, § 12 N 53), wobei noch während der Versammlung neue Traktanden hinzukommen können. Ist vor der Versammlung oder zu Beginn kein Widerspruch erfolgt, ist die Versammlung jedenfalls so lange beschlussfähig, als alle Aktien vertreten sind und ein Widerspruch weiterhin unterbleibt. Erscheint ein im Voraus widersprechender Aktionär dennoch, hat er seinen Widerspruch zu erneuern, andernfalls gilt der Widerspruch als zurückgenommen. Nicht vorausgesetzt ist, dass alle Aktien auch stimmen; Stimmenthaltung bleibt folglich ohne Einfluss auf den Charakter der Versammlung. Ein Widerspruch nur gegen die Beschlussfassung über einzelne Anträge ist unzulässig (im Gegensatz zum Widerspruch gegen ein Traktandum als solches; möglich ist zudem natürlich die Stellung von Gegenanträgen; vgl. zum Widerspruch generell ZK-BÜRGI, N 10 ff.).

Die Anwesenheit sämtlicher Aktien ist während der ganzen Dauer der Universalversammlung zwingend erforderlich; endet sie, so entfällt vom selben Moment an (aber nicht rückwirkend) auch die Eigenschaft der Zusammenkunft als Universalversammlung. Dies hat zur Folge, dass jeder, der auch nur eine Aktie besitzt oder vertritt, nicht nur das Zustandekommen einer Universalversammlung als solche verhindern kann (durch Widerspruch oder Abwesenheit), sondern auch die Beschlussfassung über einzelne Traktanden, indem er etwa die Versammlung vor der entsprechenden Beschlussfassung verlässt **(Vetorecht einer Aktie).** Nach dem Weggang eines Aktionärs oder Vertreters gefasste Beschlüsse der Versammlung sind unzulässig, sofern nicht die Versammlung auch als gewöhnliche GV beschlussfähig ist; ob sie nichtig oder anfechtbar sind, beurteilt sich dann nach den im konkreten Fall vorliegenden Einberufungsmängeln (vgl. Art. 706b N 18 f.; die Lehre spricht z.T. generell von Nichtigkeit, geht dabei aber wohl vom Fall aus, dass überhaupt keine Einberufung erfolgt ist). Vor dem Weggang gefasste Beschlüsse bleiben grundsätzlich rechtsgültig (vgl. ZK-BÜRGI, N 6; BÖCKLI, § 12 N 54; FORSTMOSER/MEIER-HAYOZ/NOBEL, § 23 N 6).

3a

Die Betrachtung der gesetzlichen Schutzvorschriften zugunsten von Partizipanten im Rahmen der GV legt nahe, dass die Bestimmungen über die Universalversammlung grundsätzlich nur dann greifen, wenn eine Gesellschaft keine PS begeben hat (vorbehalten bleibt das ausdrückliche Einverständnis aller Partizipanten zur Durchführung einer Universalversammlung): Das Aktienrecht verlangt, dass den **Partizipanten** die Einberufung der GV zusammen mit Traktanden und Anträgen bekannt gegeben wird (Art. 656d Abs. 1). Zudem sind Partizipanten bereits mit der Einberufung darauf hinzuweisen, dass jeder GV-Beschluss am Gesellschaftssitz und bei eingetragenen Zweigniederlassungen zur Einsicht der Partizipanten aufliegen wird (Art. 656d Abs. 2). Diese Vorschriften dienen dem Schutz der Partizipanten, welche – wie Aktionäre – einen Anspruch darauf haben, dass die grundlegenden Verfahrensvorschriften eingehalten werden. Die Durchführung einer Universalversammlung mit gänzlichem Verzicht auf die Einhaltung der für die Einberufung geltenden Formvorschriften erscheint mit diesen Rechten der Partizipanten kaum vereinbar (vgl. BÖCKLI, § 12 N 57; ZK-TANNER, Art. 701 N 62 ff; **a.A.** FORSTMOSER/MEIER-HAYOZ/NOBEL, § 46 N 50 FN 21: nachträgliche Information genügt). Immerhin kann das widerspruchslose Vertretensein sämtlicher Aktien an einer GV bestimmte Einberufungsmängel heilen, welche die Partizipanten nicht berühren, wie etwa die Nichteinhaltung einer statutarisch vorgeschriebenen Form bei der Einladung der Aktionäre.

3b

III. Zuständigkeit und Durchführung der Universalversammlung

4 Liegen die Voraussetzungen der Universalversammlung vor, kann auf die Einhaltung aller für die Einberufung geltenden Formvorschriften (Art. 700) verzichtet werden. In sachlicher Hinsicht ist die Universalversammlung unter Wahrung der übrigen gesetzlichen und statutarischen Vorschriften über die GV berechtigt, über alle der **Zuständigkeit der GV** unterworfenen Gegenstände zu verhandeln und Beschlüsse zu fassen bzw. Wahlen durchzuführen (Art. 701 Abs. 2; ZK-BÜRGI, N 2).

5 Auch für die Durchführung der Universalversammlung, die Art der Abstimmungen und Wahlen etc. gelten – anders lautende statutarische Bestimmungen vorbehalten – dieselben gesetzlichen und statutarischen Regeln wie für die GV, die nicht als Universalversammlung qualifiziert (ZK-BÜRGI, N 14; FORSTMOSER/MEIER-HAYOZ/NOBEL, § 23 N 5). Die nachträgliche oder vorgängige schriftliche Zustimmung von abwesenden Aktionären zu den Beschlüssen der Universalversammlung ist unwirksam (es sei denn, sie könnte als Vollmacht zur Vertretung ihrer Aktien ausgelegt werden), weil bei Abwesenheit eines Aktionärs keine Universalversammlung zustande kommen kann (ZK-BÜRGI, N 8). Auch Universalversammlungen können – wie jede andere GV – nicht auf dem **Zirkular- oder Korrespondenzweg** durchgeführt werden (BGE 128 III 142, 145; OGer ZH ZR 1982, 43, 45; BÖCKLI, § 12 N 52).

IV. Vertretung

6 Die Stimmrechtsvertretung an einer Universalversammlung ist **möglich;** es gelten die gesetzlichen und statutarischen Regeln der GV (BÖCKLI, § 12 N 55): Die Erteilung einer Vollmacht (Art. 32 ff.) eines Aktionärs an einen Dritten ist zulässig, soweit die Statuten nicht Vertretung durch Aktionäre verlangen (Art. 689 Abs. 2 i.V.m. Art. 627 Ziff. 10). Für die individuelle Vertretung von Namenaktien ist eine schriftliche Vollmacht (Art. 689a Abs. 1), für die individuelle Vertretung von Inhaberaktien (vgl. zur möglichen Problematik bei Inhaberaktien z.B. BGE 123 IV 132 ff.) ist der Besitz der Aktie erforderlich (Art. 689a Abs. 2). Im Innenverhältnis zwischen Vertreter und Vertretenem muss im Falle der Verpfändung, Hinterlegung oder leihweisen Überlassung einer Inhaberaktie die Ermächtigung in einem «besonderen Schriftstück» enthalten sein (Art. 689b Abs. 2), was allerdings die Gültigkeit der Vertretung gegenüber der Gesellschaft nicht berührt (eingehend BÖCKLI, § 12 N 142). Fehlen im Übrigen die gesetzlichen oder statutarischen Voraussetzungen der Vertretung, so gelten die entsprechenden Aktien als nicht rechtsgültig vertreten, und die Universalversammlung ist nicht als solche zustande gekommen (OGer ZH, ZR 1982, 43, 45 f.).

7 Zur Anwendung gelangen bei einer Universalversammlung grundsätzlich auch die Vorschriften über die **Depot- und Organvertretung** sowie den **unabhängigen Stimmrechtsvertreter;** in der Praxis werden sie infolge der fehlenden ordentlichen Einberufung allerdings kaum von Bedeutung sein (BÖCKLI, § 12 N 56). Dennoch wird auch bei der Universalversammlung das Protokoll nach Art. 702 über Anzahl, Art, Nennwert und Kategorie der Aktien, die von Aktionären, von Organ- und Depotvertretern sowie von unabhängigen Stimmrechtsvertretern vertreten wurden, Auskunft zu geben haben.

Art. 702

III. Vorbereitende Massnahmen; Protokoll

¹ Der Verwaltungsrat trifft die für die Feststellung der Stimmrechte erforderlichen Anordnungen.

² Er sorgt für die Führung des Protokolls. Dieses hält fest:

1. Anzahl, Art, Nennwert und Kategorie der Aktien, die von den Aktionären, von den Organen, von unabhängigen Stimmrechtsvertretern und von Depotvertretern vertreten werden;
2. die Beschlüsse und die Wahlergebnisse;
3. die Begehren um Auskunft und die darauf erteilten Antworten;
4. die von den Aktionären zu Protokoll gegebenen Erklärungen.

³ Die Aktionäre sind berechtigt, das Protokoll einzusehen.

III. Mesures préparatoires; procès-verbal

¹ Le conseil d'administration prend les mesures nécessaires pour constater le droit de vote des actionnaires.

² Il veille à la rédaction du procès-verbal. Celui-ci mentionne:

1. le nombre, l'espèce, la valeur nominale et la catégorie des actions représentées par les actionnaires, les organes, ainsi que les représentants indépendants et les représentants dépositaires;
2. les décisions et le résultat des élections;
3. les demandes de renseignements et les réponses données;
4. les déclarations dont les actionnaires demandent l'inscription.

³ Les actionnaires ont le droit de consulter le procès-verbal.

III. Misure preparatorie; processo verbale

¹ Il consiglio d'amministrazione prende le misure necessarie per l'accertamento dei diritti di voto.

² Esso provvede alla tenuta del processo verbale. Quest'ultimo indica:

1. il numero, la specie, il valore nominale e la categoria delle azioni rappresentate dagli azionisti, dagli organi, dai rappresentanti indipendenti e dai rappresentanti depositari;
2. le deliberazioni e i risultati delle nomine;
3. le domande di ragguagli e le relative risposte;
4. le dichiarazioni date a verbale dagli azionisti.

³ Gli azionisti hanno diritto di consultare il processo verbale.

Literatur

Vgl. die Literaturhinweise zu Art. 698.

I. Allgemeines

1 Die Vorbereitung der GV zählt zu den unübertragbaren Aufgaben des VR (Art. 716a Abs. 1 Ziff. 6); daraus folgt auch seine Zuständigkeit, für die korrekte Durchführung der GV zu sorgen und die dafür erforderlichen Massnahmen zu treffen, wozu der Erlass von Anordnungen hinsichtlich der Feststellung und Ausübung der Stimmrechte gehört. Abs. 1 erscheint somit als Anwendungsfall von Art. 716a Abs. 1 Ziff. 6. Da der GV als oberstem Organ der AG indessen die Regelung ihres eigenen Funktionierens nicht

schlechthin entzogen sein sollte, ist diese Bestimmung einschränkend auszulegen; sie steht namentlich der Festlegung von Regeln für die Durchführung der GV in den Statuten oder in einem von der GV erlassenen Reglement nicht entgegen (zum Inhalt eines *GV-Reglements* vgl. HORBER, Parlamentsregeln in der Generalversammlung, 932 ff.).

2   Das Gesetz enthält, abgesehen von den Regeln über Einberufung und Bekanntmachungen (Art. 699–701, 656d, 696) und über das Teilnahme-, das Stimm- und das Vertretungsrecht (Art. 689–695) in Art. 702–704 einzelne Vorschriften über die Vorbereitung und Durchführung der GV. Damit sind bei weitem nicht alle Fragen beantwortet, die sich in diesem Bereich stellen. Da auch die Statuten regelmässig nicht über den Gesetzeswortlaut hinausgehende Regelungen enthalten und die wenigsten Gesellschaften über GV-Reglemente verfügen, bleibt es in dem weiten weder gesetzlich noch statutarisch oder reglementarisch geregelten Bereich dem VR überlassen, wie die GV vorbereitet und durchgeführt wird. Dem Präsidenten des VR kommt dabei besondere Bedeutung zu (zu den Aufgaben des Präsidenten im Einzelnen s. insb. BÖCKLI, Leitungsbefugnisse, 47 ff.). Es ist (auch) möglich, wenn auch nicht verbreitet, für die Durchführung der GV eine *Geschäftsordnung* aufzustellen, welche auch für die Vorbereitung nutzbar gemacht werden kann; sie kann in die Statuten aufgenommen oder durch die GV am Anfang der Tagesordnung genehmigt werden (HAEFLIGER, 58 f.).

II. Die Zulassungsprüfung (Abs. 1)

1. Allgemeines

3   Die Regel von Abs. 1 ist insofern lediglich eine **organisatorische Vorschrift** (VON BALLMOOS, Berechtigung, 38), als die Feststellung, wer als Aktionär bzw. als Partizipant (oder als Vertreter von Aktien oder von PS) zur Ausübung der Mitgliedschaftsrechte in der GV berechtigt ist, dem Gesetz (Art. 689 ff.), den Statuten (z.B. Art. 689 Abs. 2, Art. 692 Abs. 2, Art. 693; häufig ist die Vorschrift, dass als Vertreter nur Aktionäre in Frage kommen) sowie den Anordnungen des VR (Art. 689a Abs. 2) zu entnehmen ist. Vom VR zu treffende Grundsatzentscheide über Fragen der Zulassung, der Teilnahmeberechtigung und der Stimmberechtigung sind vor der GV Sache des Gesamtverwaltungsrates; während der GV – namentlich im Falle eines Einspruchs i.S.v. Art. 691 Abs. 2 – entscheidet der Versammlungsleiter (vgl. BÖCKLI, Leitungsbefugnisse, 64).

4   Die **Prüfung** des Teilnahme- und des Stimmrechts der Aktionäre und, soweit Partizipanten statutarisch ein Teilnahmerecht eingeräumt ist, die Prüfung des Teilnahmerechts der Partizipanten (Art. 656c Abs. 2) an der GV erfolgt primär gemäss einer diesbezüglichen statutarischen Regelung. Enthalten die Statuten keine Vorschriften, was die Regel ist, erfolgt die Prüfung gemäss den Anordnungen des VR, sofern auch kein GV-Reglement vorhanden ist. Die Einberufung der GV enthält i.d.R. Anordnungen über die Voraussetzungen der Teilnahme und die Prüfung der Teilnahme- und der Stimmberechtigung; diese Anordnungen sollten dergestalt sein, dass möglichst keine Unsicherheiten bleiben (vgl. Art. 700 N 10 ff.).

4a Zur Teilnahme an der GV berechtigt sind die stimmberechtigten Aktionäre; die Teilnahmeberechtigung ist aber zum einen von der generellen Stimmberechtigung an der GV (v.a. bestimmt durch Vinkulierungs-, Höchststimm- und Höchststimmausübungsklauseln in den Statuten) und zum anderen von der Stimmberechtigung bei der Beschlussfassung zu einzelnen Traktanden (hier kommen Stimmrechtsausschlüsse hinzu) zu unterscheiden. Zwischen dem Stimmrecht und dem Teilnahmerecht besteht eine beschränkte Korrelation, indem die Ausübung des Stimmrechts zwar die Teilnahmeberechtigung bedingt, die Teilnahmeberechtigung jedoch nicht auch schon das Stimmrecht gewährt (zum Verhältnis von Teilnahme- und Stimmrecht vgl. SCHLEIFFER, 17 f.). Die vom VR getroffenen Anordnungen betreffend Teilnahme- und Stimmberechtigung sollten gewährleisten, dass es zu keiner «unbefugten Teilnahme» an den Beschlussfassungen i.S.v. Art. 691 kommen kann. Gegen eine Teilnahme unberechtigter Personen an der GV kann jeder Aktionär beim VR oder zu Protokoll der GV Einspruch erheben (Art. 691 Abs. 2); als Rechtsbehelf gegen die unbefugte Teilnahme an den Beschlussfassungen (zum Begriff vgl. SCHWANDER/DUBS, 346 ff.) steht jedem Aktionär die Stimmrechtsklage nach Art. 691 Abs. 3 zur Verfügung (vgl. auch Art. 698 N 4a).

2. Anordnungen des Verwaltungsrats über die persönliche Teilnahme

a) Publikumsgesellschaften

Bei Publikumsgesellschaften ist heute eine zeitlich vorverlegte Prüfung der Berechtigung von **Inhaberaktionären** durch in der Einberufung der GV bezeichnete Prüfungsstellen üblich. In den Anordnungen des VR in der Einladung der Inhaberaktionäre zur GV werden diesfalls Stellen bezeichnet (i.d.R. die Gesellschaft und bestimmte Banken), bei denen bis zu einem bestimmten (i.d.R. bis zum letzten) Tage vor der GV Zutritts- und Stimmkarten bezogen werden können, und es wird darauf hingewiesen, dass Zutritts- und Stimmkarten nur gegen Hinterlegung der Inhaberaktien bis zum Tage nach der GV oder gegen Vorlage eines Depotscheins einer Bank oder einer Bankbescheinigung über die Hinterlegung in einem bis zum Tage nach der GV gesperrten Depot abgegeben werden. Solche Anordnungen des VR sind zweckmässig und aufgrund von Art. 689a Abs. 2 Satz 2 ausdrücklich zulässig; es bleibt allerdings die Frage, ob nicht ein Aktionär, der an der Versammlung selbst seine Inhaberaktien vorlegt, in jedem Fall zugelassen werden muss (so STUDER, 21; **a.A.** FORSTMOSER/MEIER-HAYOZ/NOBEL, § 23 N 69). Es handelt sich um eine Frage der Auslegung von Art. 689a Abs. 2.

5

Zur Bestimmung der Teilnahmeberechtigung der **Namenaktionäre** ist primär auf das Aktienbuch abzustellen (Art. 689a Abs. 1; der Eintrag im Aktienbuch hat aber keine konstitutive Wirkung und entspricht u.U. nicht der materiellen Rechtslage, vgl. BÖCKLI, § 4 N 101 und § 6 N 162; FORSTMOSER/MEIER-HAYOZ/NOBEL, § 43 N 84; KLÄY, 350). Die Anordnungen des VR bezüglich der Teilnahmeberechtigung in der Einberufung legen i.d.R. einen Stichtag fest (dazu N 11 ff.), verweisen evtl. auf den Tag, bis zu welchem Eintragungsgesuche bei der Gesellschaft eingehen müssen, damit sie noch vor dem Stichtag behandelt werden, und halten fest, dass Aktionäre, die Aktien vor der GV verkaufen, für diese Aktien nicht mehr stimmberechtigt sind (bzw. nicht mehr teilnahmeberechtigt sind, wenn sie alle ihre Aktien verkauft haben). Bei vinkulierten Namenaktien (die in der Praxis überwiegen) kann sich dieses Vorgehen auf die gesetzlichen Bestimmungen über den Rechtsübergang und die Ausübbarkeit der Mitwirkungsrechte stützen (vgl. im Einzelnen N 11 ff.); bei frei übertragbaren Namenaktien ist hingegen zumindest im Gesetzestext keine Grundlage ersichtlich (für Namenaktien fehlt auch eine Art. 689a Abs. 2 Satz 2 entsprechende Vorschrift; vgl. aber BÖCKLI, § 6 N 40).

6

Da jeder Aktionär verlangen kann, dass ihm unverzüglich eine Ausfertigung der Unterlagen zur ordentlichen GV (**Geschäfts- und Revisionsbericht**) zugestellt wird (das Gesetz verlangt zudem zwingend, dass die Aktionäre ausdrücklich darauf aufmerksam gemacht werden; Art. 696 Abs. 2), ist zu empfehlen, allen Aktionären die Unterlagen unaufgefordert zuzusenden oder zumindest eine Bestellkarte mit der Einberufung zukommen zu lassen.

7

b) Kleingesellschaften

8   Bei Gesellschaften mit einer kleinen Anzahl von Aktionären ist die **Vorprüfung** durch Banken etc. regelmässig zu aufwendig und angesichts der überschaubaren, oft auch durch persönliche Beziehungen geprägten Verhältnisse gar nicht notwendig. Betreffend die Zulassungsprüfung kann die Anordnung des VR darauf hinweisen, dass die Stimmkarten am Versammlungstag bei der Türkontrolle bezogen werden können, und zwar gegen Vorweisung der Inhaberaktien oder gegen Vorlage eines Depotscheins oder einer Bankbescheinigung, welche die Hinterlegung in einem gesperrten Depot bis zum Tage nach der GV bestätigt. Namenaktionäre, die am Tage der Versammlung im Aktienbuch eingetragen sind, können die Stimmkarten z.B. bei der Türkontrolle gegen Vorweisung eines gültigen Personalausweises erhalten.

9   Sind **Inhaberaktien nicht verbrieft,** hat der Nachweis der Berechtigung des Aktionärs auf andere Weise zu geschehen. In Frage kommen etwa Interimsscheine (Art. 688) oder der notarielle Errichtungsakt zusammen mit einer lückenlosen Kette von Abtretungserklärungen.

c) Partizipanten

10 Wenn Partizipanten **Mitwirkungsrechte statutarisch eingeräumt** werden (Art. 656c: das Teilnahmerecht gem. Art. 689; das Recht auf Auskunft und Einsicht gem. Art. 697; das Antragsrecht gem. Art. 700 Abs. 4; vgl. auch Art. 697a Abs. 1 i.V.m. Art. 656c Abs. 3), ist auch deren Berechtigung zur Teilnahme an der GV zu prüfen, und der VR sollte Anordnungen darüber bereits in der Einberufung erlassen und publizieren (eine Bekanntgabe der GV ist ohnehin zwingend vorgeschrieben; Art. 656d). Weil Partizipanten in der GV kein Stimmrecht haben (es kann ihnen auch statutarisch nicht eingeräumt werden; Art. 656a Abs. 1, Art. 656c Abs. 1), ist bei der Teilnahme von Partizipanten zu empfehlen, immer sowohl Eintritts- als auch Stimmkarten zu verteilen. Inhaber- und Namenaktionäre mit Stimmrecht erhalten Eintritts- und Stimmkarten (vgl. Art. 685f Abs. 2: Namenaktionäre ohne Stimmrecht haben keine Mitwirkungsrechte und insb. kein Teilnahmerecht an der GV und erhalten demnach auch keine Eintrittskarte; BÖCKLI, § 6 N 128 ff.), Partizipanten nur Eintrittskarten.

d) Erwerb und Veräusserung von vinkulierten Namenaktien und die Teilnahme an der GV (insbesondere die Bestimmung eines Stichtages)

11 Werden **vinkulierte Namenaktien** nach der Einberufung, aber noch vor der Abhaltung der GV zufolge Rechtsgeschäfts, Erbgangs, Erbteilung, Zwangsvollstreckung oder ehelichen Güterrechts erworben, stellt sich die Frage, wer die Aktien an der GV vertreten kann. Dabei ist gemäss der gesetzlichen Systematik zwischen **börsenkotierten** und **nicht börsenkotierten** Namenaktien zu unterscheiden (nicht kotierte Art. 685b f.; kotierte Art. 685d ff.).

12 Beim rechtsgeschäftlichen Erwerb **nicht börsenkotierter** Namenaktien mit beschränkter Übertragbarkeit verbleiben das Eigentum an den Aktien und alle damit verknüpften Rechte beim Veräusserer, solange die erforderliche Zustimmung der Gesellschaft zur Übertragung nicht erteilt wurde (Art. 685c Abs. 1). Das Gesetz schreibt vor, innert welcher Frist die Gesellschaft über das Gesuch zu entscheiden hat (innert drei Monaten, Art. 685c Abs. 3; anders bei börsenkotierten Aktien, Art. 685g). Werden nicht börsenkotierte, vinkulierte Namenaktien durch Erbgang, Erbteilung, eheliches Güterrecht oder Zwangsvollstreckung erworben, gehen das Eigentum und die Vermögensrechte so-

gleich, die Mitwirkungsrechte erst mit der Zustimmung der Gesellschaft auf den Erwerber über (Art. 685c Abs. 2).

Bleibt das Aktienbuch aufgrund von statutarischen Vorschriften oder Anordnungen des VR vom Tage der Einberufung an bis zum Tage nach der GV für Eintragungen geschlossen (ein Zeitraum von mindestens 20 Tagen; Art. 700 Abs. 1), oder entscheidet die Gesellschaft aus anderen Gründen bis zum Tage nach der GV nicht über ein Gesuch um Eintragung im Aktienbuch, bleibt noch der Veräusserer gegenüber der Gesellschaft aufgrund der Eintragung im Aktienbuch berechtigt und kann die Mitwirkungsrechte an der GV ausüben. **13**

Bei **börsenkotierten** vinkulierten Namenaktien ist zwischen dem Rechtsübergang und der Berechtigung zur Ausübung der mit der Aktie verknüpften Rechte zu unterscheiden. Im Hinblick auf den *Übergang* der aus einer Aktie fliessenden Rechte gilt Folgendes: Werden börsenkotierte Namenaktien *börsenmässig* verkauft, so gehen «die Rechte mit der Übertragung [der Aktie] auf den Erwerber» über (Art. 685f Abs. 1 Satz 1), wobei die Veräusserbank den Namen des Veräusserers und die Anzahl der verkauften Aktien unverzüglich der Gesellschaft zu melden hat (Art. 685e). Bei einem *ausserbörslichen Erwerb* von Aktien gehen die Rechte auf den Erwerber über, sobald dieser bei der Gesellschaft ein Gesuch um Anerkennung als Aktionär eingereicht hat (Art. 685f Abs. 1 Satz 2). Bezüglich der *Ausübbarkeit* der aus einer Aktie fliessenden Rechte unterscheidet das Aktienrecht zwischen dem *Stimmrecht und den damit zusammenhängenden Rechten* einerseits und den *«übrigen Aktionärsrechten»* (wie etwa dem Bezugs- und dem Dividendenrecht) andererseits. Bei Letzteren fallen der Zeitpunkt des Rechtsübergangs und die Ausübungsmöglichkeit zusammen, bei Ersteren hingegen nicht. Art. 685f Abs. 2 setzt diesbezüglich fest, dass der Erwerber das mit den Aktien verknüpfte Stimmrecht und die damit zusammenhängenden Rechte bis zu seiner Anerkennung durch die Gesellschaft *nicht* ausüben kann. Die betreffenden Rechte ruhen also und können *weder* vom Erwerber *noch* vom Veräusserer ausgeübt werden. Das Gesetz bringt diese Rechtslage auch zum Ausdruck, indem es bestimmt, dass die betreffenden Stimmen an der Generalversammlung als nicht vertreten gelten (Art. 685f Abs. 3). Der Begriff «mit dem Stimmrecht zusammenhängende Rechte» (Art. 685f Abs. 2) meint in Analogie zu Art. 656c Abs. 2 das Recht auf Einberufung der Generalversammlung, das Teilnahmerecht, das Recht auf Auskunft, das Recht auf Einsicht und das Antragsrecht. **14**

Im **Aktienbuch** reflektiert sich der Aktionärswechsel im Falle einer *börsenmässigen* Veräusserung in der Art, dass der Veräusserer bis zum Eingang der Meldung durch die Veräusserbank noch eine Art «Buchaktionär» ist. Auf die Meldung der Veräusserbank hin ist er sofort und bedingungslos im Aktienbuch zu streichen («Austragung»). Mit der Austragung wird die entsprechende Mitgliedschaftsstelle im Aktienbuch leer (Dispo-Aktie) und bleibt leer, bis der Erwerber das Gesuch um Anerkennung als Aktionär stellt, auf welches hin er nach Art. 685f Abs. 3 Satz 1 – vorläufig – als «Aktionär ohne Stimmrecht» eingetragen wird. Im Falle einer *ausserbörslichen* Veräusserung ist die entsprechende Mitgliedschaftsstelle zu keinem Zeitpunkt leer, sondern der Veräusserer bleibt bis zum Moment, an dem der Erwerber das Gesuch um Anerkennung stellt, Aktionär und der Erwerber wird nach dem Eingang seines Gesuchs bei der Gesellschaft sofort als Aktionär ohne Stimmrecht eingetragen. Entscheidet die Gesellschaft sofort nach Eingang des Gesuchs, den Erwerber als Aktionär mit Stimmrecht anzuerkennen, ist eine vorläufige Eintragung als Aktionär ohne Stimmrecht nicht erforderlich. **15**

Aus den dargestellten Grundsätzen der gesetzlichen Regelung ergeben sich für die Teilnahmeberechtigung bei **börsenmässiger Übertragung** folgende Konsequenzen: Nach Art. 685f Abs. 1 verliert der Veräusserer im Augenblick der Übertragung, d.h. des Ver- **15a** fügungsgeschäftes über die Aktie, alle Rechte als Aktionär. Er ist somit nach Übertragung der Aktie nicht mehr berechtigt, an der Generalversammlung teilzunehmen. Das Teilnahmerecht an der Generalversammlung sowie das Stimmrecht gehen mit der Übertragung der Aktien auf den Erwerber über; *ausüben* kann der Erwerber diese Rechte jedoch erst, wenn er von der Gesellschaft als Aktionär anerkannt worden ist oder wenn die Gesellschaft die 20-Tage-Frist gem. Art. 685g unbenützt hat verstreichen lassen.

16 Damit angesichts der geschilderten Rechtslage die Teilnahmeberechtigung fristgerecht festgestellt werden kann, legen die Gesellschaften i.d.R. einen **Stichtag zur Bestimmung der Teilnahmeberechtigung** fest (vgl. zu der Stichtagsregelung im Einzelnen DAENIKER, FS Watter, 125 ff. und BÖCKLI, § 6 N 39 ff.). Nach der hier vertretenen Auffassung kann ein Stichtag auch in den Statuten festgehalten werden (z.B. 10 Tage vor dem Tag der GV; vgl. zur Kompetenzfrage N 1). Am Stichtag (im hier verstandenen Sinne) wird das Aktienbuch für Neuerwerber bis zum Tag nach der GV geschlossen, d.h. es werden in dieser Zeit keine Eintragungsgesuche behandelt.

17 Die Einzelheiten bezüglich des Stichtages bei börsenkotierten Aktien sind in der Lehre umstritten: Ein Teil der Lehre hält es für zulässig, auf einen **vor dem Datum der Einberufung der GV liegenden Stichtag** abzustellen (NOBEL, 27; wohl auch BÖCKLI, § 6 N 40); der andere Teil vertritt die – u.E. zutreffende – Meinung, dass das Setzen eines Stichtages vor dem Datum der Einberufung nicht zulässig ist, da die Einberufungsfrist nicht kürzer sein kann als die 20-tägige Frist zur Ablehnung eines Anerkennungsgesuchs gem. Art. 685g (FORSTMOSER/MEIER-HAYOZ/NOBEL, § 23 N 70 ff.; VON BALLMOOS, Legitimation, 4 ff.; STUDER, 41 ff.; vgl. auch KLÄY, 368 ff.; bei nicht kotierten Aktien besteht hingegen eine Frist von drei Monaten: Art. 685c Abs. 3). Die Frage, ab welchem Stichtag das Aktienbuch geschlossen werden kann, beschlägt die Fragen, wann das Stimmrecht (und die damit zusammenhängenden Rechte) auf den Erwerber einer Aktie übergehen, und ab welchem Zeitpunkt der Erwerber diese Rechte ausüben kann. Wie oben dargelegt statuiert das Gesetz folgenden Rahmen: Der Veräusserer verliert bei der börsenmässigen Veräusserung mit der Übertragung der Aktie alle aus ihr fliessenden Rechte, insb. das Teilnahmerecht an der GV, wobei aber der Eintrag im Aktienbuch bis zur Meldung der Veräusserung durch die Veräussererbank gem. Art. 685e in dem Sinne legitimierende Wirkung hat, als sich die Gesellschaft bei der Prüfung der Legitimation zur Geltendmachung von Mitgliedschaftsrechten grundsätzlich auf dessen Richtigkeit verlassen darf. Der Erwerber kann das Teilnahmerecht an der GV ausüben, wenn die Gesellschaft die 20-tätige Frist gem. Art. 685g unbenützt hat verstreichen lassen oder ihn innerhalb der besagten 20 Tage als Aktionär mit Stimmrecht anerkannt hat. Damit die gesetzlichen Vorgaben berücksichtigt werden, ist folgendes Vorgehen angezeigt: Zur Feststellung der Teilnahmeberechtigung ist (1) ein Stichtag festzulegen, ab dem bis nach der GV keine Anerkennungsgesuche mehr behandelt und demgemäss keine Neueintragungen ins Aktienbuch als Aktionär mit Stimmrecht mehr vorgenommen werden. Dieser Stichtag *darf* nicht mehr als 20 Tage vor dem Datum der GV und *sollte* möglichst nahe bei diesem Datum liegen, aber den Versand von Zutritts- und Stimmkarten nach dem Stichtag noch erlauben. (2) Behandelt die Gesellschaft Anerkennungsgesuche nicht am Tage ihres Einganges, so ist in der Einberufung zur GV auch festzuhalten, bis wann Gesuche eingehen müssen, um noch bis zum Stichtag behandelt zu werden; auch dieses Datum darf nicht mehr als 20 Tage vor dem Tag der GV liegen, da die Frist von Art. 685g mit dem Eingang des Gesuches zu laufen beginnt. Schliesslich ist (3) im Einladungstext explizit darauf hinzuweisen, dass Aktionäre, die Aktien vor der GV veräussert haben, im Ausmasse dieser Veräusserung nicht mehr stimmberechtigt sind und die Stimmkarten demgemäss zurückzugeben bzw. zur Anpassung vorzulegen haben.

3. Anordnungen des Verwaltungsrats über die Teilnahme von Vertretern

a) Allgemeines

Der Aktionär kann seine Aktien an der GV selber vertreten oder durch einen Dritten vertreten lassen, der die Weisungen des Aktionärs zu befolgen hat (Art. 689 Abs. 2; Art. 689b Abs. 1). Zur Erleichterung der Zulassungsprüfung und der Protokollierung der Vertretungsverhältnisse ist es zweckmässig, bereits mit der Einladung gewisse **Anordnungen** über die Handhabung der Vertretung von Aktien an der GV bekannt zu machen. 18

Die Vertretung ist im Aktienrecht ausführlich geregelt (Art. 689 ff.). Das Gesetz unterscheidet zwischen **individuellen** und **institutionellen Stimmrechtsvertretern** (unter diesen Begriff fallen Depot- und Organvertreter sowie unabhängige Stimmrechtsvertreter; Art. 689c f.). Das Protokoll der GV muss Angaben über die Anwesenheit institutioneller Stimmrechtsvertreter enthalten (Art. 702 Abs. 2 Ziff. 1); der Vorsitzende hat diese Angaben zudem in der Versammlung zu verkünden (Art. 689e Abs. 2). Darum verlangt das Gesetz, dass institutionelle Stimmrechtsvertreter der Gesellschaft Anzahl, Art, Nennwert und Kategorie der von ihnen vertretenen Aktien bekannt geben (Art. 689e Abs. 1; zur Frage, ob der institutionelle Vertreter auch die eigenen Aktien zu bezeichnen hat, z.B. die Bank-Aktien aus dem Nostro-Bestand; BÖCKLI, § 12 N 193, gegenüber WATTER, AJP 1993, 120 FN 32). 19

b) Individuelle Stimmrechtsvertretung

Die Statuten können das Recht des Aktionärs, sich an der GV vertreten zu lassen, einschränken, indem nur Aktionäre als Vertreter zugelassen werden (Art. 689 Abs. 2 i.V.m. Art. 627 Ziff. 10). Solche **statutarischen Vorschriften** sind v.a., aber nicht ausschliesslich, hinsichtlich der Vertretung von Namenaktien anzutreffen. Regelmässig enthält die Stimmkarte eine vorbereitete Vollmacht. 20

c) Institutionelle Stimmrechtsvertretung

Wird Aktionären für eine GV ein **Organvertreter** vorgeschlagen, d.h. die Vertretung durch ein VR-Mitglied oder einen Mitarbeiter der RS oder durch eine andere abhängige Person (Mitarbeiter der AG oder Anwalt), so hat sie zugleich auch eine unabhängige Person als «**unabhängigen Stimmrechtsvertreter**» zu bezeichnen (Art. 689c). Diesbezügliche weitere Anordnungen mitsamt vorbereiteten Vollmachten sind regelmässig dem Stimmmaterial beigelegt, das dem Aktionär zugestellt wird. 21

4. Streitigkeiten

Ist bei der Zulassungsprüfung oder später strittig, ob einem Aktionär oder Partizipanten das behauptete Mitwirkungsrecht zusteht, oder ob ein Vertreter rechtsgenügend bevollmächtigt ist, hat der VR zu entscheiden, ob dieser Person die Zulassung zur GV bzw. die Mitwirkung an der Beschlussfassung zu verweigern ist; der GV steht kein solcher Entscheid zu. Die Teilnahmeberechtigung kann allerdings verbindlich nur vom Richter entschieden werden. Diesbezügliche Entscheide des VR haben **keine rechtsgestaltende Wirkung,** sondern sind nur für die konkrete GV von Bedeutung. Der Abgewiesene kann zur Feststellung seiner Berechtigung den Richter anrufen; dieser ist nicht an den Entscheid der Gesellschaft gebunden (ZK-BÜRGI, Art. 691 N 22 ff.). 22

Wird ein Aktionär zu Unrecht ausgeschlossen oder wirken Unberechtigte an der GV mit, können Beschlüsse von jedem Aktionär, unabhängig davon, ob in der GV Einspruch erhoben wurde, **angefochten** werden (Art. 691 Abs. 3; SCHLEIFFER, 295 ff.; 23

Dieter Dubs/Roland Truffer

SCHWANDER/DUBS, 343 ff.). Der Gesellschaft bleibt aber der Nachweis offen, dass die Mitwirkung von Unberechtigten bzw. der Ausschluss eines Berechtigten in der GV keinen Einfluss auf die Beschlussfassung (d.h. auf die Annahme oder Ablehnung von Anträgen, nicht bloss auf das Stimmenverhältnis) gehabt hat (HAEFLIGER, 22; ZK-BÜRGI, Art. 691 N 26 ff.).

23a Bei unklarer Rechtslage über die Teilnahmeberechtigung eines Aktionärs (das Gleiche gilt auch im Falle der strittigen Anwendung von Stimmrechtsbeschränkungen oder -ausschlüssen) kann es zweckmässig sein, die Beschlussfassung der GV **doppelt auszuzählen** («durchzuführen»), d.h. einmal mit und einmal ohne die Beteiligung der Person, deren Stimmrecht strittig ist (JÄGGI, Abstimmungsverfahren, 320). Allerdings hat diesfalls der Vorsitzende der GV den Aktionären an der GV klar mitzuteilen, welches Beschlussergebnis der VR als rechtsverbindlich erachtet, damit über den (ggf. anzufechtenden, vgl. Art. 706 N 2a) Beschlussinhalt Klarheit besteht.

III. Der Vorsitzende der Generalversammlung

24 Das Gesetz verlangt nicht ausdrücklich, dass ein Versammlungsleiter die GV präsidiert (vgl. immerhin für den Fall der Teilnahme institutioneller Vertreter Art. 689e Abs. 2); dennoch wird faktisch jemand die Leitung der Versammlung zu übernehmen und diese durchzuführen haben (HAEFLIGER, 59). Die **Statuten** können den Vorsitz in der GV frei festlegen (vgl. N 1; FORSTMOSER/MEIER-HAYOZ/NOBEL, § 23 FN 74; ZK-TANNER, Art. 702 N 128 ff.; **a.A.** wohl BÖCKLI, Leitungsbefugnisse, 61 f.). Regelmässig wird dabei der Präsident, bei seiner Verhinderung der Vizepräsident oder ein anderes Mitglied des VR als Vorsitzender der GV bestimmt (ZK-BÜRGI, N 16). Die GV ist an die statutarische Regelung gebunden und kann sich (ohne formelle Statutenänderung) nicht darüber hinwegsetzen, auch nicht einstimmig. Fehlt eine statutarische Regelung, hat der **VR** den Vorsitzenden der GV zu bezeichnen (s. auch VON DER CRONE/KESSLER, 4 m. w.H.). Die GV ist nicht kompetent, einen Versammlungsleiter durch Beschluss zu bestimmen (oder abzuberufen), es sei denn, der VR komme seiner Aufgabe in Verletzung seiner Pflicht nicht nach; subsidiär ist notbehelfsmässig eine Bestimmungskompetenz der GV zur Wahl des Vorsitzenden in aussergewöhnlichen Situationen zu bejahen, etwa dann, wenn kein Mitglied des VR zu einer einberufenen GV erscheint (s. auch VON DER CRONE/KESSLER, 5 m.w.H.). Aufgabe des Versammlungsleiters ist es, die GV zu konstituieren (dazu BÖCKLI, Leitungsbefugnisse, 62 ff.).

25 Der Vorsitzende der GV hat sich bei der Versammlungsleitung v.a. an den **Grundsatz der Verhältnismässigkeit** zu halten und die berechtigten Interessen der Anwesenden zu wahren (ZK-BÜRGI, N 21). Anordnungen in Überschreitung seines Ermessens haben die Anfechtbarkeit der dadurch beeinflussten Beschlüsse der GV zur Folge. Als weitere Handlungsmaximen sind das Gleichbehandlungs- sowie das Neutralitätsgebot und die Entscheidungseffizienz für das Verhalten des Versammlungsleiters relevant (dazu BÖCKLI, Leitungsbefugnisse, 51 ff.; s.a. VON DER CRONE/KESSLER, 11 ff.). Jede Leitungsmassnahme des Versammlungsleiters, die sich für die Teilnehmer als Einschränkung auswirkt, muss durch das Gebot der Entscheidungseffizienz begründet sein, darf nicht gegen das Gleichbehandlungsprinzip oder die Neutralitätspflicht verstossen und muss verhältnismassig sein (BÖCKLI, Leitungsbefugnisse, 54 f.). Wichtige **Ordnungsmassnahmen** des Vorsitzenden sind: Redezeitbeschränkung, Wegweisung, Unterbrechung der Versammlung (nicht aber normalerweise der Abbruch der GV; BÖCKLI, § 12 N 175). Die GV ist nicht Beschwerdeinstanz gegen Ordnungsmassnahmen des Vorsitzenden. Diese unterliegen auch nicht selbständig der Anfechtungsklage; erst der im An-

schluss an die Anordnung des Vorsitzenden gefasste Beschluss ist anfechtbar (HAEFLI-GER, 60 ff.).

IV. Protokoll der Generalversammlung (Abs. 2 und 3)

1. Protokollführung (Abs. 2)

Zu den Pflichten des VR gehört es, für die Führung des Protokolls der GV zu sorgen. **26** Der Protokollführer wird vom Vorsitzenden (allenfalls von der GV) bestimmt und braucht nicht Aktionär zu sein. Er kann auch ein Angestellter der Gesellschaft oder ein Dritter sein (z.B. ein Notar). Das GV-Protokoll ist ein **Beschlussprotokoll,** welches im Wesentlichen die Anträge und die Ergebnisse (Stimmenverhältnis und Feststellung des Ergebnisses durch den Vorsitzenden) der Abstimmungen und Wahlen wiedergibt. Die Debatten sind nicht zu protokollieren, es sei denn, dies werde durch die Statuten angeordnet oder von Aktionären verlangt (Erklärungen zum Protokoll, Abs. 2 Ziff. 4). In strittigen Verhältnissen oder bei strittigen Traktanden ist ein ausführlicheres Protokoll mit detaillierten Angaben zu empfehlen, welche den Beweiswert des Protokolls erhöhen (z.B. Beigabe der Stimmzettel usw.; HAEFLIGER, 95). Es besteht weder eine gesetzliche Pflicht noch ein Recht der GV, über die Genehmigung des GV-Protokolls abzustimmen. Das Protokoll kann jederzeit ergänzt oder berichtigt werden (HAEFLIGER, 95 f.; zustimmend ZK-TANNER, Art. 702 N 236; **a.A.** BÖCKLI, § 12 N 194). Der Nachweis der Unrichtigkeit oder Unvollständigkeit bleibt Aktionären in jedem Fall vorbehalten, selbst wenn eine Amtsperson mit der Protokollführung betraut wurde (ZK-BÜRGI, N 32).

Das Protokoll der GV ist als solches zu kennzeichnen, hat den Namen der Gesellschaft **27** sowie Ort und Datum der Versammlung zu enthalten und wird regelmässig vom Vorsitzenden und vom Protokollführer unterzeichnet (ZK-BÜRGI, N 25 ff.). Der **Mindestinhalt** ist gesetzlich vorgegeben (Art. 702 Abs. 2): Detaillierte Angaben über die Ausübung der institutionellen Stimmrechtsvertretung (Ziff. 1; unerlässlich dürfte auch die Protokollierung der diesbezüglichen Mitteilung an die GV sein, weil Aktionären, sofern darüber Auskunft verlangt wurde, diese aber nicht erteilt wurde, ein Anfechtungsrecht zusteht; Art. 689e); das Ergebnis der Wahlen und Abstimmungen (Ziff. 2); Begehren um Auskunft von Aktionären (und Partizipanten, soweit statutarisch vorgesehen; Art. 656c Abs. 2) und die darauf erteilten Antworten (Ziff. 3); zu Protokoll gegebene Erklärungen von Aktionären (und von Partizipanten, soweit statutarisch vorgesehen; Art. 656c Abs. 2 Ziff. 4). Die Vorschriften über den Minimalinhalt des Protokolls sind zwingend, können aber durch die Statuten ergänzt werden (Botschaft AG, 171). Das GV-Protokoll ist offenbar nicht zwingend zu unterzeichnen (**a.A.** BÖCKLI, § 12 N 194; ZK-TANNER, Art. 702 N 219 ff.), jedenfalls fehlt eine ausdrückliche Vorschrift darüber (vgl. Art. 713 Abs. 3 für VR-Protokolle).

2. Öffentliche Beurkundung

Jeder Beschluss der GV über die **Änderung der Statuten** muss nach Art. 647 Abs. 1 **28** öffentlich beurkundet werden; zudem schreibt das Gesetz diese Form noch für Kapitalerhöhungsbeschlüsse (Art. 650 Abs. 2; vgl. auch Art. 652g, 653g und i) sowie für den Beschluss über die Auflösung der AG (Art. 736 Ziff. 2) vor.

3. Einsicht in das Protokoll (Abs. 3)

29   Aktionäre und Partizipanten (Art. 656a Abs. 2) haben das Recht, die Protokolle der GV einzusehen (aus diesem Grund dürfte es nicht genügen, wenn ein Protokoll lediglich auf einem Tonband oder Datenträger vorliegt; eine **Abschrift** oder ein **Ausdruck** ist wohl notwendig). Zudem sind für die Partizipanten alle Beschlüsse der GV unverzüglich am Gesellschaftssitz aufzulegen (Art. 656d Abs. 2). Diese Pflicht ist v.a. dann relevant, wenn die Partizipanten an der GV nicht teilnehmen können (Art. 656c Abs. 2).

V. Einzelfragen

30   Die **Konstituierung der Versammlung** erfolgt durch den VR und – während der GV – durch den Versammlungsleiter (BÖCKLI, Leitungsbefugnisse, 61 ff.). Von der GV bestimmt werden kann hingegen der Stimmenzähler, sofern die Statuten dies vorsehen; dieses Geschäft ist nicht zu traktandieren (ZK-BÜRGI, N 16 ff.). Die Zulassung von **Gästen** (z.B. Journalisten, Sachverständigen usw.) liegt in der Zuständigkeit des Vorsitzenden. Gäste haben kein Anrecht auf Anwesenheit, denn die GV ist eine Versammlung von Aktionären und nicht öffentlich (HAEFLIGER, 21, 68); sie haben kein Antragsrecht und dürfen an den Beschlussfassungen nur insoweit mitwirken, als ihnen der Vorsitzende der GV als «Sachverständigen» das Wort erteilt, um der GV sachdienliche Ausführungen zu einem Verhandlungsgegenstand vorzutragen.

31   Der Vorsitzende kann die Verwendung von **Tonbandgeräten** zur Aufnahme der Verhandlungen anordnen oder zulassen. Die Verwendung eines Tonbandes soll bekannt gegeben werden, um einen Verstoss gegen Art. 179bis StGB auszuschliessen. Der einzelne Aktionär hat keinen Anspruch auf Benutzung eines Tonbandes. Die unerlaubte Benutzung bewirkt aber nicht die Anfechtbarkeit der Beschlüsse (HAEFLIGER, 96).

32   Unzulässig ist der **Ausschluss von Aktionären** von der GV, die Interessen vertreten, die mit denen der Gesellschaft kollidieren. Auch der Konkurrent der AG hat uneingeschränkten Zugang zur GV, sofern er als Aktionär die Voraussetzungen für eine Teilnahme erfüllt. Dem Mehrheitsaktionär, welcher den Konkurrenten ausschliessen will, bleibt nur die Auflösung der AG verbunden mit der Übernahme der Aktiven und Passiven (BGE 91 II 298). Jeder Aktionär darf, unter Vorbehalt der Bestimmungen, die ihn vom Stimmrecht ausschliessen (Art. 695), und der Anfechtungsgründe (Art. 706 Abs. 2 Ziff. 2 f.), mit jeder Stimmabgabe grundsätzlich uneingeschränkt seine eigenen Interessen verfolgen, selbst wenn diese mit den Interessen der Gesellschaft nicht übereinstimmen; denn es gibt im Aktienrecht keinen *allgemeinen* Stimmrechtsausschlussgrund der Interessenkollision (vgl. dazu BÖCKLI, § 12 N 454 ff.).

Art. 702a

IV. Teilnahme der Mitglieder des Verwaltungsrates	Die Mitglieder des Verwaltungsrates sind berechtigt, an der Generalversammlung teilzunehmen. Sie können Anträge stellen.
IV. Participation des membres du conseil d'administration	Les membres du conseil d'administration ont le droit de prendre part à l'assemblée générale. Ils peuvent faire des propositions.

IV. Partecipazione
dei membri del
consiglio d'amministrazione

I membri del consiglio d'amministrazione hanno diritto di partecipare all'assemblea generale. Possono presentare proposte.

Literatur

Vgl. die Literaturhinweise zu Art. 698.

I. Allgemeines

In Folge der Pflicht von Mitgliedern des VR, mindestens eine Aktie der Gesellschaft zu besitzen (Qualifikationsaktie), konnten Mitglieder des VR vor der Gesetzesrevision 2005 als Aktionäre – und somit aus eigenem Recht – an der Generalversammlung teilnehmen (gemäss dem abgeschafften Art. 707 Abs. 2 konnten als Mitglieder des VR gewählte Nicht-Aktionäre ihr Amt erst antreten, nachdem sie Aktionäre geworden waren). Mit der Abschaffung der Qualifikationsaktie musste eine Ersatzregelung geschaffen werden, sollten die Mitglieder des VR weiterhin berechtigt sein, an der GV teilzunehmen. Eine Teilnahme der Mitglieder des VR an der GV ist durchaus zweckmässig: Die Vorbereitung der GV zählt zu den unübertragbaren und unentziehbaren Aufgaben des Gesamtverwaltungsrates und die Teilnahme der Mitglieder des VR an der GV ermöglicht es dem VR (als Organ), an der GV einzuschreiten und auf zuvor gefasste Beschlüsse betreffend Fragen der Durchführung der GV im Verlaufe der GV zurückzukommen. Gestützt auf Art. 697 können Aktionäre vom VR Auskunft verlangen. Die zweckgerichtete Auskunftserteilung kann es erforderlich machen, dass der VR sich während der Versammlung kurz berät oder dass ein Mitglied des VR auf Grund seiner Spezialkenntnisse oder besonderen Funktionen im VR die Auskunft anstelle des Versammlungsvorsitzenden erteilt. Das Organ VR muss aber auch während der Beratung anlässlich der Versammlung von Aktionären gestellter Anträge (Art. 700 Abs. 4) Stellung nehmen können, allenfalls sogar seinen ursprünglichen Beschlussantrag an die GV auf Grund der Debatte ändern können. Eine derartige Änderung resp. Stellungnahme zu einem Aktionärsantrag erfordert oftmals einen erneuten Beschluss des VR. 1

II. Die GV-Zutrittsberechtigung für Mitglieder des Verwaltungsrats nach Satz 1 (formelle Teilnahmeberechtigung)

Der materielle Gehalt dieser Gesetzesnorm könnte dahingehend verstanden werden, dass ein «wirkliches» materielles Teilnahme*recht* für Mitglieder des Verwaltungsrates in Satz 1 statuiert wird. Unabhängig von den einzelnen Ausprägungen eines derartigen Verständnisses würden sich die Folgefragen stellen, ob die Mitglieder des VR wegen dieses Charakters als materielles Teilnahmerecht gleich wie die Aktionäre nach den Vorgaben des Gesetztes und der Statuten zu einer GV einzuladen sind und welche Auswirkung ein derartiges Teilnahmerecht auf das Abhalten einer Universalversammlung hat (s. zu diesen Themen WALDBURGER, Die «kleine Aktienrechtsrevision» [Teil 1] – Neuerungen in den Bereichen Gründung, Organisation, Vertretung, GesKR 2007, 417; BARTHOLD/JÖRG, Kleine Aktienrechtsrevision, ST 2006, 495). 2

Nach der hier vertretenen Auffassung räumt Satz 1 den Mitgliedern des VR lediglich ein (rein passives) *Anwesenheitsrecht* an der Generalversammlung ein. Entsprechend diesem Verständnis ist diese Bestimmung eine **Zutrittsregelung für die Generalversammlung:** Das Organ Verwaltungsrat und anlässlich der Generalversammlung deren Vorsitzender werden durch das Gesetz angewiesen, jedes Mitglied des VR auf entspre- 3 chendes Verlangen an die Generalversammlung zuzulassen (und jedem Mitglied im Rahmen der Verhandlungsordnung auf entsprechendes Begehren das Wort zu erteilen; s. N 5). Dass Satz 1 nur ein «nacktes» Teilnahmerecht für Mitglieder des VR begründet, ergibt sich aus folgender Überlegung: Das Gesetz weist in Art. 692 den Aktionären – und zwar ausschliesslich diesen Personen – das Stimmrecht zu. Gemäss Art. 689 Abs. 1 üben diese Aktionäre ihre Mitwirkungsrechte in den Angelegenheiten der Gesellschaft in der Generalversammlung aus. Die Ausübung der Mitgliedschaftsrechte an der Generalversammlung setzt das Teilnahmerecht an der Generalversammlung voraus. In diesem Sinne leitet sich das materielle Teilnahmerecht der Aktionäre aus der eigenen Stimmberechtigung ab. Da dem Mitglied des VR ohne Aktionärsstellung diese Stimmberechtigung fehlt, kann er aus eigenem Recht auch kein materielles Teilnahmerecht geltend machen (und durch Satz 1 kann keine derartige Rechtsposition vermittelt werden, da die damit begründete Zuerkennung eines wirklichen Teilnahmerechts systemfremd wäre). Eine systematische Betrachtungsweise bestätigt dieses Verständnis der blossen Zutrittsregelung: Die Teilnahmeberechtigung des Mitglieds des VR wird nicht unter der Marginalie «Rechte des Verwaltungsrats» aufgeführt, sondern ist im Bereich der Regelung der Generalversammlung verortet.

4   Als Folge der Qualifikation dieser Norm als blosse Zutrittsregelung resp. als Anweisung an den Versammlungsleiter, jedes Mitglied des VR auf entsprechendes Begehren an der GV teilnehmen zu lassen, gilt namentlich: Mitglieder des VR sind grundsätzlich nicht gemäss den Vorschriften des Gesetzes und der Statuten zu einer GV einzuladen (da der VR im Hinblick auf eine GV zwingend Beschlüsse zu fassen hat [s. die Aufgabe der «Vorbereitung der GV» nach Art. 716a Abs. 1 Ziff. 6], ist jedes Mitglied über die Durchführung einer GV informiert). Eine Universalversammlung kann auch ohne Anwesenheit (oder Zustimmung) der Mitglieder des VR abgehalten werden (ebenso GLANZMANN, Die kleine Aktienrechtsrevision, ZBGR 2/2007, 69 ff.).

III. Das «Antragsrecht» des Mitglieds des Verwaltungsrats nach Satz 2

5   Es wird gerichtlich zu klären sein, ob Satz 2 den Mitgliedern des Verwaltungsrats aus Gründen ihrer Organzugehörigkeit ein Antragsrecht gewährt oder ob der materielle Gehalt dahingehend zu reduzieren ist, dass mit «Antragsrecht» nur ein Rederecht gemeint ist (s. DUBS, Die GV-Teilnahmebefugnis für Mitglieder des Verwaltungsrats nach Art. 702a OR – Materieller Gehalt und (praktisch keine) Folgen für die Praxis, GesKR 2008, 254 ff.).

6   Unabhängig davon, ob Satz 2 dieser Norm ein materielles Antragsrecht für Mitglieder des VR statuiert oder als blosses Rederecht verstanden wird, ist wesentlich, dass die Handlung des «Zur-Abstimmung-Stellens» eines Antrags durch den Versammlungsvorsitzenden in Bezug auf die fehlende Antragsberechtigung des Antragstellers insoweit heilende Wirkung hat, als der auf einem von einem nicht antragsberechtigten Teilnehmer gestellten Antrag beruhende (positive) Beschluss rechtswirksam ist, sofern keine Anfechtung des Beschlusses wegen des Tatbestandes der «unbefugten Teilnahme» (Art. 691 Abs. 3) erfolgt.

7   Fest steht auf jeden Fall, dass Satz 2 kein «Antrag» ist, welcher i.S.v. Art. 700 Abs. 2 in der Einberufung zur Generalversammlung aufzunehmen ist. Als Antrag in die Einberufung aufzunehmen sind ausschliesslich Anträge des Organs VR.

Art. 703

V. Beschlussfassung und Wahlen 1. Im Allgemeinen	Die Generalversammlung fasst ihre Beschlüsse und vollzieht ihre Wahlen, soweit das Gesetz oder die Statuten es nicht anders bestimmen, mit der absoluten Mehrheit der vertretenen Aktienstimmen.
V. Décisions et élections 1. En général	Si la loi ou les statuts n'en disposent pas autrement, l'assemblée générale prend ses décisions et procède aux élections à la majorité absolue des voix attribuées aux actions représentées.
V. Deliberazioni e nomine 1. In genere	Salvo contraria disposizione della legge o dello statuto, l'assemblea generale prende le sue deliberazioni e fa le nomine di sua competenza a maggioranza assoluta di voti delle azioni rappresentate.

Literatur

Vgl. die Literaturhinweise zu Art. 698.

I. Allgemeines

Unter dem Randtitel «Beschlussfassung und Wahlen» finden sich in Art. 703 f. Vorschriften über die Quoren für die GV. Grundsätzlich ist zwischen **Beschlussquoren** (Notwendigkeit der *Zustimmung* einer bestimmten Anzahl Stimmen, berechnet nach Kapital, Aktienzahl, Köpfen o.a.) und **Präsenzquoren** (Notwendigkeit der *Anwesenheit* von Kapital, Aktienzahl oder Köpfen) zu unterscheiden. Im Gesetz finden sich mit Ausnahme von Art. 701 nur Beschlussquoren: 1

Art. 703 regelt das **allgemeine Beschlussquorum,** Art. 704 das **qualifizierte gesetzliche Beschlussquorum.** Die Regelung von allfälligen Präsenzquoren bleibt den Statuten überlassen; vorbehalten ist einzig das «Präsenzquorum» des Art. 701 Abs. 1 und 2, wonach eine Universalversammlung nur dann zustande kommt, wenn Eigentümer oder Vertreter sämtlicher Aktien anwesend sind. Hinzuweisen ist auch auf Art. 706 Abs. 2 Ziff. 4 und Art. 729c Abs. 3, die die Zustimmung aller Aktionäre bzw. die Einstimmigkeit der vertretenen Stimmen als Beschlussquorum vorschreiben. 2

Von den Quoren zu unterscheiden sind die Vorschriften über den doppelten Zustimmungsentscheid der GV einerseits und einer speziellen Versammlung andererseits **(Doppelbeschluss;** z.B. Art. 654 Abs. 2 betr. Vorzugsaktien; Art. 656f Abs. 4 betr. PS), die eine weitere gesetzliche Art der Erschwerung der Beschlussfassung darstellen. 3

Im Weiteren sind die Quorumsvorschriften von den gesetzlichen Vorschriften über die **Stimmrechtsaktien** (Art. 693) und über statutarische **Stimmrechtsbeschränkungen** (Höchststimmklauseln; Art. 692 Abs. 2) zu trennen. Wie Quorumsvorschriften führen auch Höchststimmklauseln zu einer Begrenzung der Stimmrechtsmacht von Mehrheitsaktionären und damit zu einer Erweiterung der Stimmrechtsmacht der Minderheitsaktionäre. Die Einführung von Stimmrechtsaktien bedeutet eine Abkehr von der Bemessung des Stimmrechts nach dem Nennwert der Aktie. Die Klasse der Stimmrechtsaktionäre bekommt dabei – gemessen am Nennwert der Aktien – im Vergleich zu den Stammaktionären ein grösseres Gewicht in der GV (BGE 95 II 555, 561; BÖCKLI, § 4 N 128 ff.; zu den Ausnahmen s. Art. 693 Abs. 3). 4

II. Beschluss und Beschlussfassung

4a Die GV ist primär ein Organ zur Willensbildung der AG (Art. 698 N 1a f.). Bei Körperschaften, die das Recht erst als Personen definiert, ist es auch Aufgabe des Rechts zu bestimmen, wie ihr Wille festgelegt werden soll. Dies geschieht, indem das Resultat bestimmter willensbildender Tätigkeiten der Mitglieder der Gesellschaft als ihr eigener Wille zugerechnet wird. Bei der Beschlussfassung in der GV ist demgemäss die Stimmabgabe der Gesellschafter als Rechtshandlung von dem Beschluss der GV zu unterscheiden; der Beschluss der GV gilt als von den Willenserklärungen der einzelnen Aktionäre abgekoppelter selbständiger Rechtsakt (HAEFLIGER, 110 ff.). Der Beschluss gilt als **Rechtsgeschäft** (z.B. GAUCH/SCHLUEP/SCHMID/REY, N 132; GUHL/DRUEY, § 69 N 49), bei dem nach einer vorgegebenen Verbandsordnung vermittels der Kundgabe von Einzelwillen der Gesellschafter eine rechtsverbindliche kollektive Willensentscheidung der Gesellschaft herbeigeführt wird. Angesichts dieser Rechtsnatur und in Anwendung von Art. 7 ZGB können Beschlüsse der GV dem Grundsatz nach bedingt oder terminiert gefasst werden (vgl. RIEMER, N 73 und 206; FORSTMOSER, Vom alten zum neuen Aktienrecht, 162). Die Grenzen der Zulässigkeit einer bedingten Beschlussfassung beginnen dort, wo die Aktionäre die materielle Tragweite des Beschlussinhalts im Zeitpunkt der Beschlussfassung nicht mehr klar erkennen können (s. zur bedingten Beschlussfassung auch DUBS, FS Druey, 355 ff.).

4b Eine Unterscheidung von Abstimmungen in der GV bezüglich ihrer Rechtsverbindlichkeit geht dahin, ob es sich um eine **Konsultativabstimmung oder** um eine rechtsverbindliche **Beschlussfassung** der GV handelt. Einer (grundsätzlich immer und zu jeder Frage zulässigen) Konsultativabstimmung fehlt die rechtliche Verbindlichkeit; da von vornherein feststeht, dass aus einer Konsultativabstimmung kein rechtsverbindlicher Beschluss hervorgeht, kann das Resultat einer ausdrücklich nur konsultativen Abstimmung auch nicht angefochten werden. Zu einer Konsultativabstimmung der GV kommt es insb. dann, wenn der VR den Aktionären einen Beschlussgegenstand zur Abstimmung unterbreiten möchte, der gemäss der aktienrechtlichen Kompetenzausscheidung in seine Entscheidungskompetenz fällt (vgl. Art. 698 N 8 f.; BÖCKLI, § 12 N 40 ff.; FORSTMOSER, Eingriffe der GV, 173; vgl. auch BGE 100 II 384).

4c Bei normsetzenden Beschlüssen in der Form der Statutenänderung ist bezüglich der Wirkungen zu unterscheiden, ob es sich um eine **Statutenänderung mit Aussenwirkung** handelt oder dem statutenändernden Beschluss **nur Innenwirkungen** zukommen. Statutenänderungen mit reiner Innenwirkung im Verhältnis der Aktionäre untereinander und zur Gesellschaft – wie etwa die Einführung von Stimmrechtsbeschränkungen oder Beschlussquoren – werden mit der Verkündung des Beschlussinhalts grundsätzlich unmittelbar rechtswirksam (vorbehalten bleibt natürlich eine befristete oder aufschiebend bedingte Beschlussfassung). Demgegenüber treten Aussenwirkungen der Statutenänderung (d.h. solche gegenüber Dritten) gemäss der Grundregel des Art. 932 Abs. 2 am ersten Werktag nach der Publikation im SHAB ein (s. zur Rechtslage unter der alten Fassung von Art. 647 BGE 84 II 40 f.; BÖCKLI, § 1 N 397 ff.; FORSTMOSER/MEIER-HAYOZ/ NOBEL, § 9 N 12 ff.).

4d Das Verfahren der **Durchführung der Beschlussfassung** regelt der Versammlungsleiter, soweit keine gesetzlichen oder statutarischen Bestimmungen (und auch kein GV-Reglement) zur Anwendung kommen (zu den Abstimmungsmodalitäten insb. BÖCKLI, Leitungsbefugnisse, 65 ff.). Was die GV bei jedem Traktandum inhaltlich beschlossen hat, ergibt sich aus der Bekanntgabe des Abstimmungsergebnisses an der GV; mit der Verkündung des Beschlussergebnisses an die Aktionäre durch den Versammlungsleiter während der GV wird der Beschlussinhalt bestimmt (und mithin das Rechtsgeschäft

«Beschluss» zur Vollendung gebracht; das Verkündete gilt unter dem Vorbehalt der Anfechtung selbst dann, wenn der Versammlungsleiter aus den vorangehenden Abstimmungsvorgängen einen falschen Schluss zieht, vgl. Art. 706 N 2a). Eine Berichtigung des Beschlussinhaltes durch den Versammlungsleiter ist bei offensichtlichen Fehlern während der GV möglich, nach Abschluss der Versammlung ist hingegen eine Änderung nur mittels der positiven Beschlussfeststellungsklage oder der Anfechtungsklage möglich (vgl. dazu auch BÖCKLI, Leitungsbefugnisse, 72 f.).

III. Quorumsarten

Grundtypen der möglichen Ausgestaltung von Quoren sind das Beschluss- (oder: Stimmen-) und das Präsenzquorum: Das **Beschlussquorum** ist eine Vorschrift über die Beschlussfassung selbst und nimmt auf die Resultatsermittlung im engeren Sinne Bezug: Regelungsgegenstand sind die Zahl notwendiger «Ja»-Stimmen, damit ein positiver Beschluss zustande kommt, und die Kriterien ihrer Bemessung (TANNER, Quoren, 44 f.). Das **Präsenzquorum** erfordert zur Beschlussfassung eine bestimmte minimale Anwesenheit in der GV (TANNER, Quoren, 43). 5

Diese beiden Grundarten von Quoren bedingen immer die ausdrückliche oder stillschweigende Verknüpfung mit den Attributen Berechnungsmassstab (der Stimmkraft), (Stimmen-)Erfordernis und Berechnungsgrundlage, damit die Annahme oder Ablehnung eines Beschlussinhaltes festgestellt werden kann (vgl. dazu TANNER, Quoren, 46 ff.; FORSTMOSER/MEIER-HAYOZ/NOBEL, § 24 N 6 ff.). Der **Berechnungsmassstab** konkretisiert das Quorum dahin gehend, dass zu dessen Feststellung etwa auf die Kapitalbeteiligung nach Nennwerten, die Anzahl Aktien oder die Köpfe abgestellt wird. Das **(Stimmen-)Erfordernis** legt fest, welche Mehrheit zur Annahme des Beschlusses ausreichend ist; es kann namentlich die relative, die absolute oder eine qualifizierte Mehrheit vorgegeben sein: Das relative (oder einfache) Mehr stellt ausschliesslich auf die abgegebenen Stimmen ab, so dass ein Beschluss zustande gekommen ist, wenn mehr «Ja»-Stimmen als «Nein»-Stimmen abgegeben werden (es enthält mithin auch bereits eine Aussage über die Berechnungsgrundlage); jegliche Art von Stimmenthaltungen sind bei der Ergebnisermittlung nicht zu berücksichtigen. Demgegenüber verlangt des absolute Mehr die Mehrheit der (gemäss der anwendbaren Berechnungsgrundlage) massgebenden Stimmen. Qualifizierte Mehrheiten stellen höhere Anforderungen für die Annahme eines Beschlussgegenstandes (bspw. die Zustimmung von zwei Dritteln der massgebenden Stimmen). Die **Berechnungsgrundlage** setzt ausgehend vom Berechnungsmassstab die Bezugsgrösse des (Stimmen-)Erfordernisses fest; es kann etwa auf die Gesamtzahl der in der Gesellschaft bestehenden Stimmen, die vertretenen und stimmberechtigten Stimmen, die abgegebenen Stimmen oder grundsätzlich eine andere Grösse abgestellt werden. Bei der statutarischen Festlegung von Beschlussquoren ist den verschiedenen Attributen bei der Formulierung Beachtung zu schenken, um Unklarheiten zu vermeiden. 6

Grundsätzlich und soweit sachlich möglich, können die beiden Grundarten der Quoren mit ihren verschiedenen Attributen durch die Statuten zu **beliebig ausgestalteten Quorumsbestimmungen** kombiniert und so den Bedürfnissen, Eigenarten und konkreten Verhältnissen jeder AG angepasst werden (ZK-BÜRGI, N 20). Abgesehen von begrifflichen Schranken setzen die zwingenden gesetzlichen Quoren dem Gestaltungsfreiraum Grenzen, allenfalls nur einseitig in erschwerendem Sinne (vgl. TANNER, Quoren, 62 f.). Zudem bestehen materielle Grenzen der Ausgestaltung hinsichtlich funktionsnotwendiger Beschlussgegenstände (vgl. Art. 704 N 13 ff.). 6a

IV. Allgemeines gesetzliches Beschlussquorum (Art. 703)

7 Soweit Gesetz (Art. 704 Abs. 1, Art. 706 Abs. 2 Ziff. 4, Art. 729c Abs. 3) oder Statuten (Art. 627 Ziff. 11 i.V.m. Art. 704 Abs. 2) keine andere zulässige Regelung statuieren, fasst die GV ihre Beschlüsse (Wahlen und Abstimmungen) mit der **absoluten Mehrheit der vertretenen Aktienstimme**n. Dieses allgemeine gesetzliche Quorum ist – wie das qualifizierte gesetzliche Quorum des Art. 704 – ein reines **Beschlussquorum** (Stimmenquorum) und damit unabhängig von der Anwesenheit einer bestimmten Anzahl von Aktienstimmen (Präsenz von Aktien), eines bestimmten Anteils am AK (Präsenz von Kapital) oder einer bestimmten Anzahl von Aktionären (Präsenz von Köpfen).

8 **Berechnungsgrundlage** für das absolute Mehr bilden nach dem Gesetz die (durch den Aktionär oder einen Stimmrechtsvertreter) an der GV vertretenen und stimmberechtigten (vgl. N 9) Aktienstimmen, nicht die an der Beschlussfassung tatsächlich teilnehmenden (d.h. stimmenden) Aktienstimmen oder «gültig abgegebenen» Stimmen. Darauf oder auf abweichende statutarische Vorschriften sollte der Vorsitzende vor der ersten Abstimmung hinweisen (ZÄCH/SCHLEIFFER, SZW 1992, 263 ff.).

9 Bei der Berechnung der vertretenen Stimmen gelten die zufolge gesetzlicher (z.B. Art. 659a, eigene Aktien; Art. 685f Abs. 3, vinkulierte Namenaktien ohne Stimmrecht; Art. 695, Entlastung) oder statutarischer Vorschrift (Art. 692 Abs. 2, Stimmrechtsbeschränkungen) **vom Stimmrecht ausgeschlossenen Aktien** als nicht vertreten und sind folglich bei der Ergebnisermittlung nicht mitzuzählen (BÖCKLI, § 12 N 355; ZK-BÜRGI, N 7; TANNER, Quoren, 122 f.; SCHLEIFFER, 286). Stimmenthaltungen und alle nicht gültig abgegebenen Stimmen wirken sich hingegen auf das Ergebnis wie «Nein»-Stimmen aus.

10 Das **absolute Mehr** ist erreicht, wenn bei gerader Zahl die Hälfte plus eine, bei ungerader Zahl die Hälfte plus eine halbe der vertretenen Stimmen zugunsten des Beschlusses gestimmt haben (BÖCKLI, § 12 N 354). Dies bringt es mit sich, dass – wie erwähnt – nicht gültig abgegebene Stimmen sowie Stimmenthaltungen für das Ergebnis bedeutungsvoll sind (ZK-BÜRGI, N 7). Eine echte Stimmenthaltung ist nicht möglich (natürlich kann ein Aktionär mit der einen Hälfte seiner Stimmen «Ja» und mit der anderen «Nein» stimmen), da die nicht oder nicht «richtig» stimmenden Aktien als vertreten gelten und damit bei der Auszählung der absoluten Mehrheit den gleichen Effekt wie «Nein»-Stimmen haben. Ein Aktionär kann sich nur «faktisch» der Stimme enthalten, indem er vor der Abstimmung den Saal verlässt oder an der GV gar nicht teilnimmt; dadurch gelten seine Aktien als nicht vertreten und werden bei der Berechnung des absoluten Mehrs auch nicht berücksichtigt (ZÄCH/SCHLEIFFER, 263 ff.). Es sollte wohl aber auch zugelassen werden, dass ein Aktionär oder Vertreter, ohne den Versammlungsort physisch zu verlassen, ausdrücklich erklärt, bei einem bestimmten Verhandlungsgegenstand seine Aktien nicht zu vertreten.

11 Das Abstellen auf die vertretenen Aktienstimmen als Berechnungsgrundlage bedingt, dass der Vorsitzende der GV während der ganzen Versammlung eine genaue **Kontrolle über die vertretenen Aktienstimmen** führen muss, so dass für jede Beschlussfassung die massgebende Zahl separat festgestellt werden kann (BÖCKLI, § 12 N 357). Zu diesem Zweck werden bei Grossgesellschaften Aktionäre, die im Verlaufe der Versammlung den Versammlungsort verlassen oder betreten, von einer Türkontrolle erfasst. Das Ergebnis wird kurz vor der Abstimmung dem Protokollführer und dem Vorsitzenden gemeldet, und dieser fordert daraufhin die Anwesenden auf, bis nach der Abstimmung die Versammlung nicht mehr zu verlassen.

3. Abschnitt: Organisation der Aktiengesellschaft   11a–16   Art. 703

Bei **paritätischen Zweimanngesellschaften** ist jedes Mehrheitserfordernis gleichbedeu-   11a
tend mit Einstimmigkeit, sofern beide Aktionäre anwesend oder vertreten sind. Bei Uneinigkeit und sofern in den Statuten kein Stichentscheid (dieser ist auch bei Zweimanngesellschaften zulässig; N 12) vorgesehen ist, entsteht an der GV eine Pattsituation (VON
DER CRONE, SJZ 1993, 37 ff.). Ist in den Statuten für diesen Fall auch keine anderweitige Lösung vorgesehen, bleibt nur der Weg zum Richter nach Art. 736 Ziff. 4.

V. Statutarische Quoren

Der auf statutarischer Grundlage beruhende **Stichentscheid** des Präsidenten bzw. des   12
Vorsitzenden der GV kann als eigentliche Ausnahme von der Berechnung der Mehrheiten nach Aktienstimmen betrachtet werden; fehlt eine entsprechende Statutenbestimmung, ist ein Stichentscheid des Präsidenten widerrechtlich (BGE 95 II 555; BÖCKLI,
§ 12 N 358 f.; ZK-BÜRGI, Art. 698 N 24 ff.; auch bei statutarischer Grundlage gemäss
KUNZ, Minderheitenschutz, § 12 N 83) und ein Antrag, der gleich viele «Ja»-Stimmen
wie «Nein»-Stimmen auf sich vereinigt bzw. die im konkreten Fall erforderliche Mehrheit um eine Stimme verpasst, gilt als abgelehnt (FORSTMOSER/MEIER-HAYOZ/NOBEL,
§ 24 N 57). Der statutarisch begründete Stichentscheid des Vorsitzenden ist auch bei paritätischen Zweimanngesellschaften (beide Gesellschafter besitzen je die Hälfte des AK)
zulässig, und zwar selbst dann, wenn der Stichentscheid sich nicht durch wirtschaftliche
Erwägungen rechtfertigen lässt, die Interessen des einen Aktionärs ohne Grund benachteiligt und die Sonderinteressen des anderen Aktionärs bevorzugt. Dem unterlegenen
Aktionär bleibt in einer solchen Situation nur die Auflösungsklage nach Art. 736 Ziff. 4
(vgl. BGE 95 II 555, 562) oder die Berufung auf Art. 2 ZGB (vgl. BGE 102 II 265).

Die Statuten können – unter Vorbehalt der Beschlüsse gem. Art. 704 Abs. 1 – die **Be-**   13
schlussfassung erleichtern; insb. können die Statuten beim allgemeinen gesetzlichen
Quorum die Massgeblichkeit des relativen Mehrs erklären. Wird auf das relative Mehr
abgestellt, ist Bemessungsgrundlage immer die Summe der «Ja»- und «Nein»-Stimmen
(TANNER, Quoren, 114 f.).

Statutarisch kann auch festgelegt werden, dass beim allgemeinen Beschlussquorum   14
nicht auf die vertretenen, sondern auf die **abgegebenen Aktienstimmen** oder auf die
abgegebenen Stimmkarten abgestellt wird. Bei Massgeblichkeit der «abgegebenen
Stimmen» sind u.E. leer eingelegte Stimmkarten nicht in die Berechnungsgrundlage
einzubeziehen, denn es wurde in diesem Fall zwar eine Stimmkarte, nicht aber eine
Stimme abgegeben (**a.A.** TANNER, Quoren, 60 f., 113 f., 136; FORSTMOSER/MEIER-
HAYOZ/NOBEL, § 24 FN 7; vgl. auch Art. 808 N 11). Bei keinem dieser Quoren kommt
es auf die Anzahl anwesender bzw. vertretener Aktionäre an, was die Durchführung der
GV, namentlich bei grösseren Gesellschaften, erleichtert. Zudem erlaubt die Möglichkeit der echten Stimmenthaltung (ggf. auch in der Form des Leereinlegens) eine differenziertere Willensäusserung durch den Aktionär.

Eine Einschränkung bei der Ausgestaltung von Quoren (im Rahmen der gesetzlichen   15
Schranken) in dem Sinne, dass immer eine *Mehrheit* einem Beschluss zustimmen
müsste, ist nicht anzunehmen. Als Element des Minderheitenschutzes kann statutarisch
für bestimmte Beschlüsse ein **Minderheitsquorum** festgelegt werden (FORSTMOSER/
MEIER-HAYOZ/NOBEL, § 24 N 54; TANNER, Quoren, 63).

Statutenbestimmungen, die einer **Erschwerung der Beschlussfassung** im Vergleich zur   16
gesetzlichen Regelung gleichkommen, können nur mit dem entsprechenden vorgesehenen Mehr in die Statuten aufgenommen werden (Art. 704 Abs. 2; zu den materiellen
Schranken Art. 704 N 13 ff.).

VI. Einzelfragen

17 Sofern Aktionäre Traktandierungsbegehren mit entsprechenden Anträgen (Art. 699 Abs. 3) oder individuelle Anträge zu einem vorgegebenen Traktandum (Art. 700 Abs. 4) stellen, die sich mit den Beschlussanträgen des VR oder untereinander gegenseitig *ausschliessen*, hat der Versammlungsleiter über das Verfahren der Abstimmung zu entscheiden. Die zweckmässige und korrekte (d.h. den Willen der Versammlung akkurat ermittelnde und das Gebot der Neutralität des Versammlungsleiters beachtende) Vorgehensweise kann wohl nur im konkreten Einzelfall bestimmt werden; zu beachten sind dabei insb. die relative «Nähe» der verschiedenen Beschlussanträge zueinander und die anwendbaren Beschlussquoren (vgl. für Vorschläge zum Abstimmungverfahren etwa BÖCKLI, § 12 N 179). Sofern sich lediglich zwei **sich ausschliessende Beschlussanträge** gegenüberstehen (die unter demselben oder unter verschiedenen Verhandlungsgegenständen stehen können, wobei Ersteres den Regelfall darstellt), erscheint es oft sinnvoll, zunächst über jeden separat abzustimmen. Werden einer oder beide Anträge abgelehnt, ist der Verhandlungsgegenstand behandelt; wenn hingegen beide angenommen werden, sind die beiden Anträge in einer zusätzlichen Abstimmung sich direkt gegenüberzustellen, in der das relative Mehr zwischen den beiden (bereits mit dem jeweils erforderlichen Mehr angenommenen) Anträgen entscheidet, die nicht gleichzeitig Bestand haben können. Ist über mehr als zwei sich gegenseitig ausschliessende Beschlussanträge abzustimmen, wird es hingegen i.d.R. sinnvoll sein, zunächst durch Abstimmungen mit Gegenüberstellung von Anträgen den relativ chancenreichsten auszumitteln und diesen abschliessend allein zur Annahme mit dem erforderlichen Quorum vorzulegen.

18 Beim Vorgang der Beschlussfassung können **Willensmängel** einen Einfluss ausüben, indem die Stimmabgabe einzelner oder aller Aktionäre von ihnen bestimmt ist; teilweise wird auch von einem Willensmangel des Beschlusses als solchen gesprochen, wenn eine genügende Anzahl von Aktionären betroffen war. Für die Geltendmachung von Willensmängeln seiner Stimmabgabe durch einen Aktionär (etwa wenn ihm diese in einem Verantwortlichkeitsprozess gem. Art. 758 Abs. 1 entgegengehalten wird) gilt an sich Art. 31 mit einer relativen Jahresfrist. Eine Beseitigung des GV-Beschlusses selbst hat hingegen innerhalb der ordentlichen Anfechtungsfrist nach Art. 706a Abs. 1 durch Klage zu erfolgen; durch blosse Ungültigerklärung von Stimmabgaben i.S.v. Art. 31 kann er nicht in Frage gestellt werden (vgl. BÖCKLI, § 12 N 189 f. und 229; DRUEY, 138 f.; vgl. auch Art. 706 N 7). Nach Ablauf der zweimonatigen Anfechtungsfrist kann ein mit Willensmängeln behafteter Beschluss nur noch durch einen Gegenbeschluss korrigiert werden.

19 Vom Problem der Willensmängel zu unterscheiden ist das Bestreben des VR oder eines Aktionärs, den gefassten Beschluss der GV aufgrund einer Sinnesänderung durch einen eigentlichen Gegenbeschluss aufzuheben. Ein solcher **«Widerruf» eines GV-Beschlusses** ist grundsätzlich möglich (vgl. zu dem Spezialfall eines Widerrufs des Auflösungsbeschlusses BGE 123 III 473 ff.). Der Beschluss zur Aufhebung des früher gefassten Beschlusses wirkt allerdings grundsätzlich *ex nunc;* sofern der frühere Beschluss unanfechtbar geworden ist, kann eine rückwirkende Berichtigung nicht stattfinden. Immerhin sollte innerhalb der Anfechtungsfrist wohl auch eine rückwirkende Aufhebung zugelassen werden, da die Gesellschaft nach der hier vertretenen Ansicht (Art. 706 N 27) bei Zustimmung der GV eine Anfechtungsklage anerkennen könnte und diesfalls der Beschluss *ex tunc* dahinfallen würde (vgl. auch BÖCKLI, § 12 N 229 mit weiterer Differenzierung).

Art. 704

2. Wichtige Beschlüsse

¹ Ein Beschluss der Generalversammlung, der mindestens zwei Drittel der vertretenen Stimmen und die absolute Mehrheit der vertretenen Aktiennennwerte auf sich vereinigt, ist erforderlich für:

1. die Änderung des Gesellschaftszweckes;
2. die Einführung von Stimmrechtsaktien;
3. die Beschränkung der Übertragbarkeit von Namenaktien;
4. eine genehmigte oder eine bedingte Kapitalerhöhung;
5. die Kapitalerhöhung aus Eigenkapital, gegen Sacheinlage oder zwecks Sachübernahme und die Gewährung von besonderen Vorteilen;
6. die Einschränkung oder Aufhebung des Bezugsrechtes;
7. die Verlegung des Sitzes der Gesellschaft;
8. die Auflösung der Gesellschaft.

² Statutenbestimmungen, die für die Fassung bestimmter Beschlüsse grössere Mehrheiten als die vom Gesetz vorgeschriebenen festlegen, können nur mit dem vorgesehenen Mehr eingeführt werden.

³ Namenaktionäre, die einem Beschluss über die Zweckänderung oder die Einführung von Stimmrechtsaktien nicht zugestimmt haben, sind während sechs Monaten nach dessen Veröffentlichung im Schweizerischen Handelsamtsblatt an statutarische Beschränkungen der Übertragbarkeit der Aktien nicht gebunden.

2. Décisions importantes

¹ Une décision de l'assemblée générale recueillant au moins les deux tiers des voix attribuées aux actions représentées et la majorité absolue des valeurs nominales représentées est nécessaire pour:

1. la modification du but social;
2. l'introduction d'actions à droit de vote privilégié;
3. la restriction de la transmissibilité des actions nominatives;
4. l'augmentation autorisée ou conditionnelle du capital-actions;
5. l'augmentation du capital-actions au moyen des fonds propres, contre apport en nature ou en vue d'une reprise de biens et l'octroi d'avantages particuliers;
6. la limitation ou la suppression du droit de souscription préférentiel;
7. le transfert du siège de la société;
8. la dissolution de la société.

² Les dispositions statutaires qui prévoient pour la prise de certaines décisions une plus forte majorité que celle prévue par la loi ne peuvent être adoptées qu'à la majorité prévue.

³ Les titulaires d'actions nominatives qui n'ont pas adhéré à une décision ayant pour objet la transformation du but social ou l'introduction d'actions à droit de vote privilégié ne sont pas liés par les restrictions statutaires de la transmissibilité des actions pendant un délai de six mois à compter de la publication de cette décision dans la *Feuille officielle suisse du commerce*.

2. Deliberazioni importanti	¹ Una deliberazione dell'assemblea generale approvata da almeno due terzi dei voti rappresentati e dalla maggioranza assoluta dei valori nominali rappresentati è necessaria per:

1. la modificazione dello scopo sociale;

2. l'introduzione di azioni con diritto di voto privilegiato;

3. la limitazione della trasferibilità delle azioni nominative;

4. l'aumento autorizzato o condizionale del capitale;

5. l'aumento del capitale con capitale proprio, mediante conferimento in natura o per un'assunzione di beni, e la concessione di vantaggi speciali;

6. la limitazione o soppressione del diritto d'opzione;

7. il trasferimento della sede della società;

8. lo scioglimento della società.

² Le disposizioni statutarie che prevedono, per talune deliberazioni, una maggioranza superiore a quella prescritta dalla legge possono essere adottate soltanto alla maggioranza prevista.

³ I titolari di azioni nominative che non abbiano aderito ad una deliberazione concernente la modificazione dello scopo sociale o l'introduzione di azioni con diritto di voto privilegiato non sono vincolati, durante un periodo di sei mesi dalla pubblicazione di questa deliberazione nel «Foglio ufficiale svizzero di commercio», alle limitazioni statutarie della trasferibilità delle azioni.

Literatur

Vgl. die Literaturhinweise zu Art. 698.

I. Allgemeines

1 Das Zustandekommen von «wichtigen Beschlüssen» – so die Bezeichnung im Gesetz – setzt nach Abs. 1 im Vergleich zum allgemeinen gesetzlichen Quorum (Art. 703) eine qualifizierte Mehrheit voraus; Abs. 1 ist aber wie das allgemeine gesetzliche Quorum als reines **Beschlussquorum** (Stimmenquorum) ausgestaltet. Als weitere gesetzliche Erschwerungen der Beschlussfassung in der GV sind das Präsenzquorum bei einer Universalversammlung nach Art. 701 (Anwesenheit sämtlicher Aktien) sowie die Einstimmigkeitserfordernisse gem. Art. 706 Abs. 2 Ziff. 4 (Aufhebung der Gewinnstrebigkeit) und Art. 729c Abs. 3 (Verzicht auf die Anwesenheit des Revisors) zu nennen.

II. Das qualifizierte gesetzliche Beschlussquorum (Abs. 1)

1. Die Doppelhürde

2 Ein dem qualifizierten gesetzlichen Quorum zugeordneter Beschluss ist zustande gekommen, wenn die **Doppelhürde** von zwei Dritteln der vertretenen Stimmen und der absoluten Mehrheit der vertretenen Nennwerte erreicht wurde. Berechnungsgrundlage sind nach dem Gesetz die *vertretenen* Stimmen (wie bei Art. 703) und die *vertretenen* Nennwerte, wobei vom Stimmrecht ausgeschlossene Aktien als nicht vertreten gelten und vertretene, aber nicht gültig abgegebene Stimmen und Stimmenthaltungen sich auf das Abstimmungsergebnis wie «Nein»-Stimmen auswirken (vgl. Art. 703 N 9).

3 Weichen die Statuten hinsichtlich der Bemessung und Ausübung des Stimmrechts nicht vom Gesetz ab, so werden das Stimm- und das Kapitalquorum gleichzeitig erreicht, d.h. sofern zwei Drittel der vertretenen Aktien zugestimmt haben, ist auch das absolute

3. Abschnitt: Organisation der Aktiengesellschaft 3a–5 **Art. 704**

Mehr der vertretenen Kapitalnennwerte erreicht worden. Insofern ist in diesen Fällen die Doppelhürde bedeutungslos. Sofern aber die Statuten **Stimmrechtsaktien** eingeführt (Art. 693) oder die Stimmenzahl für Aktienpakete von einer bestimmten Grösse beschränkt haben (Art. 692 Abs. 2, **Höchststimmklauseln**), beginnt das Kapitalquorum zu greifen (TANNER, Quoren, 349 f.; BÖCKLI, § 4 N 142).

Nach Massgabe der Voraussetzungen für einen entsprechenden Beschluss nach Abs. 2 kann das qualifizierte gesetzliche Beschlussquorum statutarisch verschärft oder auf weitere Beschlussgegenstände ausgedehnt werden (Art. 627 Ziff. 11 i.V.m. Art. 704 Abs. 2); unzulässig sind hingegen Statutenbestimmungen, die für die Beschlüsse nach Abs. 1 weniger weitgehende Mehrheiten verlangen. Diese (einseitige) Unzulässigkeit ergibt sich aus der Qualifikation von Abs. 1 als Schutznorm (TANNER, Quoren, 349). Es handelt sich somit bei dem qualifizierten gesetzlichen Quorum um ein **einseitig zwingendes Quorum** (BÖCKLI, § 12 N 362; FORSTMOSER/MEIER-HAYOZ/NOBEL, § 24 N 28; TANNER, Quoren, 349), das durch die Statuten nicht ausgeschaltet werden kann. 3a

Während beim allgemeinen gesetzlichen Beschlussquorum nach Art. 703 ein Abstellen auf die (gültig) **abgegebenen Stimmen** oder die **abgegebenen Stimmkarten** als Berechnungsgrundlage statutarisch zulässig ist (vgl. Art. 703 N 14), entfallen diese Möglichkeiten beim qualifizierten gesetzlichen Beschlussquorum nach Art. 704 infolge seines einseitig zwingenden Charakters. Denn eine solche Umschreibung der Bemessungsgrundlage kommt einer Erleichterung der Beschlussfassung gleich, was bei den Beschlüssen des Art. 704 unzulässig ist (vgl. BÖCKLI, § 12 N 362 und 388 ff.). Sofern die Statuten einer Gesellschaft somit etwa auf die «gültig abgegebenen Stimmen» abstellen, ändert dies nichts daran, dass diese Gesellschaft bei den Beschlüssen nach Abs. 1 bei der Ergebnisermittlung auf die vertretenen Aktien (Stimmen und Nennwert) abstellen muss (BÖCKLI, § 12 N 391). Nicht zu beanstanden wäre immerhin die statutarische Einführung eines (dritten) *kumulativen* Stimmenerfordernisses für Beschlüsse gem. Abs. 1 auf solcher Berechnungsgrundlage. 3b

2. Die Berechnung der Quoren

Da Abs. 1 (wie auch Art. 703) als reines Beschlussquorum (Stimmenquorum) ausgestaltet ist, können die diesem Quorum unterliegenden Beschlüsse ohne Rücksicht auf die Zahl der an der GV vertretenen Aktien gefasst werden: Das Quorum bezieht sich auf die Abstimmung selbst und es zählen lediglich die an der GV **vertretenen** und für die konkrete Beschlussfassung **stimmberechtigten Aktien** (vgl. Art. 703 N 9). Ein Beschluss kommt deshalb im Extremfall auch dann zustande, wenn nur eine Aktie an der GV vertreten ist und der Beschluss nur diese Stimme auf sich vereinigt. Bei paritätischen Zweimanngesellschaften (beide Gesellschafter besitzen die Hälfte des AK) und sofern beide Aktionäre anwesend oder vertreten sind, bedeutet jedes Mehrheitserfordernis Einstimmigkeit (VON DER CRONE, SJZ 1993, 37 ff.). 4

Wegen der Bezugnahme auf die stimmberechtigten Aktien als Berechnungsgrundlage gelten die von einer Stimmrechtsbeschränkung oder einem Stimmrechtsausschluss erfassten Aktien als nicht vertreten; **Stimmenthaltungen** und ungültige abgegebene Stimmen vermindern demgegenüber die Berechnungsbasis nicht und wirken sich daher bei der Ergebnisermittlung nach Art. 704 zwingend (die Statuten können dies wegen des einseitig zwingenden Charakters nicht ändern) als «Nein»-Stimmen aus. 5

III. Wichtige Beschlüsse (Abs. 1 Ziff. 1–8)

6 Art. 704 Abs. 1 unterstellt in den Ziff. 1–8 die folgenden **Beschlussgegenstände** dem gesetzlichen qualifizierten Beschlussquorum von zwei Dritteln der vertretenen Aktienstimmen und dem absoluten Mehr der vertretenen Aktiennennwerte: Änderung des Gesellschaftszweckes (Ziff. 1), Einführung von Stimmrechtsaktien (Ziff. 2), Einführung oder Verschärfung der Vinkulierung (Ziff. 3), genehmigte oder bedingte Kapitalerhöhung (Ziff. 4), Kapitalerhöhung aus EK, gegen Sacheinlage oder zwecks Sachübernahme sowie die Gewährung von besonderen Vorteilen (Ziff. 5), Einschränkung oder Aufhebung des Bezugsrechts (Ziff. 6), Verlegung des Sitzes der Gesellschaft (Ziff. 7), Auflösung der Gesellschaft (Ziff. 8).

Note 7 entfällt

8 Als **Einführung von Stimmrechtsaktien** gilt jede Statutenänderung oder Kapitaltransaktion, die entweder den Übergang vom gesetzlich vorgesehenen System des Stimmrechts nach Massgabe der Aktiennennwerte (Art. 692 Abs. 1) zu einem System von Aktien mit unterschiedlicher Stimmkraft pro Franken Nennwert oder eine Erweiterung (oder Änderung, unter Vorbehalt der Abschaffung) dieses Systems bewirkt, unabhängig davon, wie die Transaktion im Einzelnen ausgestaltet ist; eine unmittelbare Beeinträchtigung von Aktionären durch die «Einführung» von Stimmrechtsaktien ist nicht vorausgesetzt (BÖCKLI, § 12 N 369 ff.; teilweise **a.M.** FORSTMOSER/MEIER-HAYOZ/NOBEL, § 24 N 37 ff.; **a.M.** TANNER, 237 ff.; vgl. zur ganzen Problematik GERSTER, 111 ff.). Unter Ziff. 2 sind somit neben der eigentlichen Einführung von Stimmrechtsaktien als neuer Aktienkategorie auch die Ausgabe weiterer Stimmrechtsaktien (derselben oder einer zusätzlichen Kategorie; **a.A.** BÖCKLI, § 12 N 371), wenn bereits Stimmrechtsaktien bestehen, oder die Umwandlung von Stamm- in Stimmrechtsaktien zu subsumieren. Bei einer Kapitalerhöhung mit Ausgabe von Stimmrechtsaktien ist eine Beeinträchtigung z.B. nicht schon dann ausgeschlossen, wenn das Bezugsrecht der bisherigen Aktionäre proportional zu ihrem Aktienbesitz gewahrt ist. Entscheidend ist vielmehr, ob bei Nichtausübung des Bezugsrechts die relative Stimmkraft des bisherigen Aktionärs (im Unterschied zur absoluten, für die es keinen Schutz gibt) überproportional geschmälert wird oder nicht. Dies ist z.B. der Fall, wenn ausschliesslich Stimmrechtsaktien oder solche in einem Ausmass ausgegeben werden, das im Vergleich zum Verhältnis der bisher bestehenden Aktienkategorien als überproportional erscheint (BGE 116 II 525, 529 ff.; HGer ZH, ZR 1989, 225). Kein Anwendungsfall der Ziff. 2 ist die proportionale Erhöhung der Zahl der Stimmrechts- wie auch der Stammaktien (FORSTMOSER/MEIER-HAYOZ/NOBEL, § 24 N 38). Für die Abschaffung von Stimmrechtsaktien ist das Beschlussergebnis nach Massgabe von Art. 703 zu ermitteln; nach der hier vertretenen Auffassung bestehen keine ausreichenden Gründe dafür, vom klaren Wortlaut abzuweichen (vgl. zu dieser Thematik GERSTER, 183 ff. m.w.H.; **a.A.** insb. BÖCKLI, § 12 N 375 ff.).

IV. Statutarische Quoren (Abs. 2)

1. Einführung qualifizierter Quoren

9 Statutenbestimmungen (nach Art. 627 Ziff. 11), die für die Fassung bestimmter Beschlüsse «grössere Mehrheiten» als die vom Gesetz in Art. 703 und 704 Abs. 1 vorgesehenen Mehrheiten verlangen, können nur mit dem vorgesehenen Mehr eingeführt werden. Der Wortlaut von Art. 627 Ziff. 11 und Art. 704 Abs. 2 nimmt bei einer engen Auslegung nur auf qualifizierte bzw. grössere *Mehrheiten* Bezug, womit nur Beschlussquoren (Stimmenquoren, Mehrheiten bemessen nach Stimmen, Kapital o.a.), nicht aber Präsenzquoren (Anwesenheitserfordernisse) erfasst wären. Dessen ungeachtet ist aber ausgehend vom Zweck des Abs. 2 anzunehmen, dass diese Regel insb. auch für die Einführung von Präsenzquoren zur Anwendung gelangt. Die Bestimmung dient der Vermeidung unüberwindlicher Quorumsbestimmungen; gerade die Einführung von Präsenzquoren stellt aber eine besondere Gefahr für die Beschlussfähigkeit der GV dar. Abs. 2 beansprucht daher auch für die Einführung von Präsenzquoren Geltung. In Ausdehnung des zu engen Wortlautes ist Abs. 2 auf **jegliche Art erschwerender Bestimmungen über die Beschlussfassung** anwendbar (ZÄCH/SCHLEIFFER, SZW 1992, 265 f.; FORSTMOSER, SZW 1992, 69; FORSTMOSER/MEIER-HAYOZ/NOBEL, § 24 N 20; KUNZ, Minderheitenschutz, § 12 FN 336; TANNER, AJP 1992, 771; **a.A.** BÖCKLI, § 12 N 396 m.H. auf den Wortlaut des Gesetzes).

Note 10 entfällt

2. Abschaffung qualifizierter Quoren

Die Abschaffung qualifizierter statutarischer Beschluss- und Präsenzquoren regelt das Gesetz nicht ausdrücklich, denn nach seinem Wortlaut ist Abs. 2 lediglich auf die Einführung, aber nicht auf die Abschaffung qualifizierter Quoren anwendbar. Die Regel des Abs. 2 kann aber auch auf die Beseitigung von statutarischen Beschluss- und Präsenzquoren angewendet werden, denn sie ist in solchen Statutenbestimmungen i.d.R. nach richtiger Auslegung mit enthalten. Andernfalls – d.h. bei Geltung des allgemeinen gesetzlichen Quorums für die Abschaffung qualifizierter statutarischer Quoren – wäre die Rechtsverbindlichkeit solcher Quoren untergraben, weil sie problemlos auszuschalten wären; nur die **Anwendung des statutarischen Quorums** auch auf seine eigene Abschaffung ist mit dem Sinn und Zweck solcher Bestimmungen vereinbar. Es gilt somit i.E., dass sowohl die Einführung wie auch die Beseitigung von Statutenbestimmungen über qualifizierte Quoren mit der einzuführenden bzw. abzuschaffenden Mehrheit (bzw. Präsenz) beschlossen werden müssen (TANNER, AJP 1992, 771; ZÄCH/ SCHLEIFFER, SZW 1992, 266; BÖCKLI, § 12 N 401). Um Unklarheiten zu vermeiden, ist die Aufnahme einer ausdrücklichen Bestimmung in diesem Sinne in die Statuten zweckmässig.

11

Ein Blick auf die **Aktienrechtsrevision** von 1991 bestätigt i.E. diese Auffassung: Art. 648 Abs. 1 altOR, der die Beseitigung von Bestimmungen der Statuten über die Erschwerung der Beschlussfassung in der GV einem Quorum von zwei Dritteln des gesamten Grundkapitals unterworfen hatte, wurde bei der Aktienrechtsrevision von 1991 ersatzlos gestrichen. Allerdings dürfte es sich dabei um ein Versehen des Gesetzgebers handeln, der im Zuge der Abschaffung der Präsenzquoren die beiden anderen in Art. 648 Abs. 1 altOR geregelten und dem qualifizierten Präsenzquorum unterliegenden Geschäfte zwar neu in Art. 704 Abs. 1 Ziff. 1 f. übernommen, dabei aber übersehen hat, dass Abs. 2 gemäss dem Wortlaut nur auf die Einführung, aber nicht auf die Abschaffung qualifizierter Quoren anwendbar ist (vgl. Botschaft AG, 916 f.).

12

3. Gestaltungsfreiheit und inhaltliche Schranken

Abgesehen vom einseitig zwingenden Charakter des gesetzlichen qualifizierten Quorums nach Abs. 1 für die betreffenden Beschlussgegenstände der GV ist die Gesellschaft **grundsätzlich frei,** statutarisch festzulegen, welche Erfordernisse sie für das Zustandekommen von GV-Beschlüssen (Wahlen und Abstimmungen) aufstellen will. Die Statu-

13

ten können also *grundsätzlich* für alle vom Gesetz als «nicht wichtig» qualifizierten Beschlüsse (vgl. die Marginalie zu Art. 704) Erleichterungen vorsehen. Für «wichtige» wie auch für «nicht wichtige» Beschlüsse können sodann grundsätzlich Erschwerungen oder sogar vereinzelt *Einstimmigkeit* vorgesehen werden (das Gesetz selbst verlangt vereinzelt Einstimmigkeit: Art. 706 Abs. 2 Ziff. 4, 729c Abs. 3, und das ablehnende *obiter dictum* des BGer in BGE 117 II 313 ist u.E. im Zusammenhang mit dem dort in Frage stehenden Beschlussgegenstand zu sehen und nicht zu verallgemeinern, vgl. N 14a; für prinzipielle Unzulässigkeit eines Einstimmigkeitquorums aber BÖCKLI, § 12 N 364 und 427).

14 Die Statuten können namentlich anstatt auf das gesetzlich vorgesehene absolute Mehr (Art. 703) auf ein **relatives Mehr** abstellen (mehr «Ja»- als «Nein»-Stimmen bzw. die verhältnismässig grösste Anzahl Stimmen für einen Antrag; vgl. auch Art. 713 Abs. 1), oder aber ein besonderes qualifiziertes Mehr (zwei Drittel, drei Viertel usw.) einführen. Insbesondere sind auch **Kombinationen** von Beschluss- und Präsenzquoren möglich (vgl. Art. 703 N 6a; zur Gestaltungsfreiheit vgl. BÖCKLI, § 12 N 406).

14a Die Gestaltungsautonomie der GV bei der Festsetzung statutarischer Erschwerungen der Beschlussfassung findet allerdings eine Grenze darin, dass die Fassung der für das (rechtmässige) Funktionieren der Gesellschaft **notwendigen Beschlüsse** nicht blockiert werden darf. Dies betrifft einerseits diejenigen Gegenstände, über die von der GV notwendigerweise regelmässig zu beschliessen ist: Wahl des VR, Wahl der RS, Genehmigung der Jahresrechnung und Gewinnverwendung (vgl. zu diesen vier «unbedingt notwendigen Beschlüsse» BÖCKLI/BÜHLER, FS Watter, 46 f.). Andererseits müssen auch Beschlüsse möglich bleiben, die im Einzelfall für die Ausübung der Aufsichtsfunktion der GV unerlässlich sind, namentlich die Anordnung einer Sonderprüfung, die Ernennung von Sachverständigen i.S.v. Art. 731 Abs. 2 sowie die Abberufung von Organen (Art. 705; vgl. ZK-BÜRGI Art. 703 N 25). Für solche Gegenstände ist gemäss einer Lehrmeinung, die zum Wortlaut des Gesetzes in einem gewissen Spannungsverhältnis steht, vom Ergebnis her allerdings besticht, das gesetzliche Quorum von Art. 703 als einseitig zwingend anzuwenden (BÖCKLI, § 12 N 365 und 427 f. und BÖCKLI/BÜHLER, FS Watter, 47 f., allerdings bei der Abberufung nur, soweit ein vom Betroffenen zu vertretender wichtiger Grund vorliege), so dass jegliche statutarische Erschwerungen hier unwirksam wären. Zumindest ist in diesen Fällen aber die Einführung von Quoren unzulässig, die eine Beschlussfassung faktisch zu verunmöglichen drohen (BGE 117 II 313 betr. Art. 705; ZK-BÜRGI Art. 703 N 26; a.A. TANNER, 175 ff.; KUNZ, Minderheitenschutz, § 12 N 91).

4. Zweck und Gefahren erschwerter statutarischer Quoren

15 Statutarische qualifizierte Beschluss- und Präsenzquoren für die Beschlussfassung in der GV können als Rechtsbehelfe zum **Schutz der Minderheitsaktionäre** betrachtet werden sowie als ein Mittel, um Zufallsentscheide zu vermeiden und die Kontinuität der Gesellschaft zu fördern. Gleichzeitig bergen sie aber die Gefahr in sich, dass die Gesellschaft bestimmte Beschlüsse überhaupt nicht mehr fassen kann (zu den sog. «Petrifizierungsklauseln» oder «Lock-up-Klauseln» s. TANNER, 67 ff.; BÖCKLI, § 12 N 395 ff.) und damit im Extremfall ihre Funktionsfähigkeit verliert (ZK-BÜRGI, Art. 703 N 25 f.). Dieser Gefahr begegnet Abs. 2 nur teilweise, weil auf den Zeitpunkt der Einführung der Erschwerung abgestellt wird und zukünftige Veränderungen in der Struktur der Gesellschafter unberücksichtigt bleiben. Bei der Einführung statutarischer Quoren sind die Aktionärs- und Kapitalstruktur der Gesellschaft (und deren zukünftige Entwicklung), die Schutzwürdigkeit von Minderheitsinteressen, der Grad der beabsichtigten Erschwerung der Beschlussfassung sowie die davon betroffenen Beschlüsse zu berücksichtigen (ZK-BÜRGI, Art. 703 N 25).

Note 16 entfällt

Mit einer Erschwerung der Mehrheitserfordernisse (hinsichtlich Kapital oder Aktienzahl) kann die «Beschlussmacht» vom Mehrheitsaktionär insoweit zu den Minderheiten verschoben werden, als kleineren Aktionärsgruppen oder Minderheitsgruppen die Möglichkeit eröffnet wird, positive Beschlussfassungen zu verhindern (sog. **Sperrminorität**). Präsenzquoren (hinsichtlich Kapital oder Aktienzahl) gewährleisten dagegen, dass über statutarisch ausgewählte Geschäfte an der GV nicht gültig beschlossen werden kann, sofern nicht eine bestimmte Anzahl von Aktionären oder die Eigentümer eines bestimmten Anteils am AK an der GV teilnehmen oder sich vertreten lassen. Präsenzquoren sind v.a. bei Gesellschaften sinnvoll, in denen Aktionäre eine aktive Rolle in der Gesellschaft innehaben, lässt sich so doch verhindern, dass die Abwesenheit eines Aktionärs dazu ausgenützt wird, über wichtige Geschäfte zu beschliessen oder zu seinem Nachteil Statutenänderungen vorzunehmen (besonders bei paritätischen Zweimanngesellschaften; ZÄCH/SCHLEIFFER, SZW 1992, 265; VON DER CRONE, SJZ 1993, 37 ff.). 17

Hohe Präsenzquoren können bei **Publikumsgesellschaften** nicht leicht erreicht werden und führen mithin tendenziell zu dauernder Beschlussunfähigkeit. Qualifizierte Quoren eignen sich hier v.a. zur Erschwerung von «unfreundlichen», d.h. vom amtierenden Verwaltungsrat nicht goutierten Übernahmen bzw. zur Befestigung diesem Zweck dienender Statutengestaltungen; im Vordergrund stehen dabei qualifizierte Quoren für die Aufhebung von Stimmrechtsbeschränkungen, die Umwandlung von Namen- in Inhaberaktien, die Abschaffung von Vinkulierungsvorschriften (Abs. 1 Ziff. 3 ist hier nicht anwendbar), die Verkürzung oder Staffelung der Amtsdauer des VR, die Abwahl eines bestimmten Teils des VR und die Auflösung der AG durch Liquidation. 18

5. Beschlussunfähigkeit der GV

Eine wichtige Anschlussthematik bei der Einführung von statutarischen Quoren (Beschluss- und Präsenzquoren) ist jene, ob und ggf. welche **Behelfe** für den Fall bereitgestellt werden können, dass solche Quoren aus faktischen Gründen nicht mehr erreicht werden können (vgl. auch Art. 736 Ziff. 4). Im Hinblick auf diese Situation könnte in die Statuten eine an Art. 649 Abs. 2 altOR inspirierte Bestimmung aufgenommen werden, wonach, nachdem in einer ersten GV das statutarische Quorum nicht erreicht werden konnte, eine zweite GV einzuberufen ist, in der dann die Beschlüsse mit einem erleichterten Quorum gefasst werden könnten (ZÄCH/SCHLEIFFER, SZW 1992, 265). Ein solches Vorgehen ist bei paritätischen Zweimanngesellschaften (beide Aktionäre besitzen die Hälfte des AK) allerdings wirkungslos, wenn auch an der zweiten GV beide Aktionäre anwesend sind; in solchen Pattsituationen bleibt einzig der Weg zum Richter nach Art. 736 Ziff. 4 (VON DER CRONE, SJZ 1993, 37 ff.). 19

Beruht die Beschlussunfähigkeit auf einer (möglichen) Überschreitung der statutarischen Gestaltungsfreiheit hinsichtlich der in den Statuten festgelegten Quoren, ist stets auch die Frage der Nichtigkeit der fraglichen Statutenbestimmung zu prüfen (vgl. BÖCKLI/BÜHLER, 57 ff.). 19a

V. Vorrechte von Namenaktionären (Abs. 3)

20 Namenaktionäre, die an der GV gegen eine Zweckänderung (Abs. 1 Ziff. 1) oder gegen die Einführung von Stimmrechtsaktien (Abs. 1 Ziff. 2; vgl. zum Begriff N 8) gestimmt haben, sind nach Abs. 3 während sechs Monaten nach der Veröffentlichung im SHAB an statutarische **Beschränkungen der Übertragbarkeit** der Aktien nicht gebunden. Es geht bei dieser Bestimmung um statutarische (Art. 685a ff.) und nicht um gesetzliche (Art. 685) Beschränkungen der Übertragbarkeit. Diese Regelung schützt das Interesse der Namenaktionäre am Fortbestand des bisherigen Gesellschaftszwecks und der relativen Stimmkraft seiner Aktien in der GV; der Namenaktionär kann zwar die entsprechende Beschlussfassung nicht verhindern (vgl. demgegenüber Art. 74 ZGB für den Verein), dafür aber ohne Behinderung durch Vinkulierungsbestimmungen zur «Abstimmung mit den Füssen» schreiten.

Art. 705

VI. Abberufung des Verwaltungsrates und der Revisionsstelle

¹ **Die Generalversammlung ist berechtigt, die Mitglieder des Verwaltungsrates und der Revisionsstelle sowie allfällige von ihr gewählte Bevollmächtigte und Beauftragte abzuberufen.**
² **Entschädigungsansprüche der Abberufenen bleiben vorbehalten.**

VI. Droit de révoquer le conseil d'administration et l'organe de révision

¹ L'assemblée générale peut révoquer les membres du conseil d'administration et les réviseurs, ainsi que tous fondés de procuration et mandataires nommés par elle.
² Demeure réservée l'action en dommages-intérêts des personnes révoquées.

VI. Revoca del consiglio d'amministrazione e dell'ufficio di revisione

¹ L'assemblea generale può revocare gli amministratori ed i revisori, come pure gli altri procuratori e mandatari ch'essa avesse nominati.
² Rimangono riservate le azioni di risarcimento che spettassero alle persone revocate.

Literatur

Vgl. die Literaturhinweise zu Art. 698.

I. Allgemeines

1 Die GV hat das Recht, Mitglieder des VR und der RS sowie weitere von ihr gewählte Organpersonen oder Beauftragte abzuberufen; als gem. Art. 698 Abs. 1 «oberstes Organ» der Gesellschaft ist sie nicht nur Wahlorgan (Art. 698 Abs. 1 Ziff. 2; Art. 698 N 20), sondern auch Aufsichtsorgan und in dieser Eigenschaft u. a. befugt, die von ihr gewählten Personen jederzeit wieder abzuberufen.

1a Der VR kann – auch bei Vorliegen wichtiger Gründe resp. schwerwiegenden Pflichtverletzungen – eines seiner Mitglieder nicht aus eigener Kompetenz abberufen. Als «notrechtliche Massnahme» im Interesse der Gesellschaft ist es aber möglich, dass der VR durch Beschluss ein von der GV gewähltes Mitglied in seinen Funktionen einstellt und unmittelbar eine GV einberuft, um in Bezug auf diese Einstellung eine Entscheidung der GV einzuholen (s. zu dieser Einstellung in der Funktion RIEMER, FS Druey, 527 ff. und Art. 726 Abs. 2 OR).

II. Rücktritt

Dem Abberufungsrecht der GV steht das Rücktrittsrecht der Mitglieder von VR und RS **2** gegenüber (**Demissionsrecht**), das Art. 730a Abs. 3 für die RS ausdrücklich regelt. Die Bekanntgabe des Rücktritts ist rechtlich eine einseitige, empfangsbedürftige Willenserklärung und bedarf daher nicht der Genehmigung der GV oder des VR (BGE 104 Ib 321 = Pra 1979, 318; ZK-BÜRGI, N 7; BÖCKLI, § 13 N 57). Wie die Abberufung wirkt auch der Rücktritt *ex nunc* (BGE 104 Ib 321 = Pra 1979, 318). Die Rücktrittserklärung des Mitglieds des VR kann mündlich oder schriftlich erfolgen (wobei Letzteres aus nahe liegenden Gründen zu empfehlen ist). Adressat der Erklärung ist grundsätzlich ein Mitglied des VR (i.d.R. der Präsident des VR; die h.L. sieht nur ihn oder seinen Stellvertreter als Empfänger: BÖCKLI, § 13 N 57; FORSTMOSER/MEIER-HAYOZ/NOBEL, § 27 N 44), denn jedes Mitglied ist zur Vertretung der Gesellschaft nach aussen befugt, sofern nicht die Statuten oder das Organisationsreglement etwas anderes bestimmen (Art. 718); sofern alle Mitglieder des VR gleichzeitig zurücktreten, ist die Rücktrittserklärung an die GV zu richten, die die Neubestellung des VR vorzunehmen hat und die vom alten VR als letzte Amtshandlung einzuberufen ist (gemäss BÖCKLI, § 13 N 57 genügt auch Mitteilung an den Hauptaktionär oder an einberufungsberechtigte Minderheitsaktionäre; vgl. BGE 112 V 4 f. und Komm. zu Art. 711).

Im **Zeitpunkt der Rechtswirksamkeit** des Rücktritts enden alle durch Gesellschafts- **3** recht begründeten Rechte und Pflichten des VR. Gegenüber der AG wirkt der Rücktritt von dem Zeitpunkt an, in dem die Erklärung dem Adressaten zugegangen ist bzw. (so das BGer) der VR vom Rücktritt tatsächlich Kenntnis genommen hat *(«Innenverhältnis»:* BGE 104 Ib 323 = Pra 1979, 318; vgl. auch ZK-BÜRGI, N 8); die Tätigkeit des VR ist somit nicht etwa weiter auszuüben, bis das Ausscheiden im Handelsregister eingetragen ist. Allerdings findet sich in Lehre und Rechtsprechung die Aussage, «gegenüber gutgläubigen Dritten» würden die Abberufung und der Rücktritt erst mit der Publikation wirken («Aussenverhältnis»; genauer: an dem nächsten Werktag, der auf den aufgedruckten Ausgabetag derjenigen Nummer des SHAB folgt, in der die Eintragung der betreffenden Änderung im Handelsregister veröffentlicht ist, Art. 932 Abs. 2; Botschaft AG, 175; BÖCKLI, § 13 N 59 m.w.H.; BGE 104 Ib 324; vgl. aber BGE 111 II 484 f. und 112 V 5 f.; vgl. auch FORSTMOSER/MEIER-HAYOZ/NOBEL, § 27 N 55 ff.). Soweit damit mehr gesagt sein soll, als dass der Gesellschaft eine im Handelsregister eingetragene und noch nicht gelöschte Vertretungsberechtigung des Ausgeschiedenen von gutgläubigen Dritten entgegengehalten werden kann (vgl. Art. 34 Abs. 3), ist diese Auffassung abzulehnen: Ist der Rücktritt oder die Abberufung einmal «im Innenverhältnis» wirksam geworden, so fehlt dem Ausgeschiedenen das Recht ebenso wie die Pflicht, sich weiter mit den Angelegenheiten der Gesellschaft zu befassen. Damit ist es aber auch ausgeschlossen, dass er etwa Gläubigern gegenüber für sein Verhalten in dieser Zeit noch nach Art. 754 f. haftbar werden könnte. Die Pflicht zur unverzüglichen Anmeldung des Ausscheidens beim Handelsregister trifft ebenfalls nicht den Ausscheidenden, sondern den verbleibenden (oder ggf. neu gewählten) VR der Gesellschaft (Art. 711 Abs. 1, Art. 727e Abs. 4; vgl. aber BGE 111 II 484 f. und ZK-HOMBURGER, Art. 711 N 250); auch eine Organhaftung infolge Kundgabe (FORSTMOSER, Verantwortlichkeit, N 765) ist daher mangels Anrechenbarkeit der Kundgabe nicht begründet.

Der Rücktritt als Mitglied des VR bedarf keiner Rechtfertigung oder Angabe von Grün- **3a** den; erfolgt die Rücktrittserklärung allerdings **«zur Unzeit»,** kann dies Schadenersatzansprüche der Gesellschaft nach sich ziehen (analoge Anwendung des Rechtsgedankens von Art. 404 Abs. 2; vgl. ZK-BÜRGI, Art. 708 N 19).

3b Im Falle des Rücktritts der RS (bzw. eines Mitgliedes dieses Organs) muss diese hingegen die Gründe dafür dem VR angeben, der sie der nächsten GV mitzuteilen hat (s. Art. 730a Abs. 3). Zusammen mit der Publikation des Rücktritts im SHAB ergibt sich dadurch eine Verstärkung der Kontrollmechanismen zugunsten der Aktionäre (Art. 641 Ziff. 10, Art. 727e Abs. 4; BÖCKLI, § 15 N 93).

4 Die Löschung eines abberufenen oder zurückgetretenen VR-Mitglieds (das Gleiche gilt für die RS) im Handelsregister muss durch den VR (d.h. ein Mitglied mit Einzelzeichnungsberechtigung oder durch zwei Mitglieder des VR, sofern dieser aus mehreren Mitgliedern besteht) angemeldet werden. Der Betroffene kann selbst, unter Einreichung der Belege (z.B. des Rücktrittsschreibens), die Löschung anmelden (Art. 17 Abs. 2 lit. a HRegV).

III. Die Abberufung (Abs. 1)

1. Abberufung des Verwaltungsrats

5 Die Abberufung eines Mitglieds des VR ist von der Nichtwiederwahl nach Ablauf der Amtsdauer zu unterscheiden. Das Abberufungsrecht kann die GV grundsätzlich jederzeit gegenüber einzelnen oder allen Mitgliedern des VR ausüben (vgl. immerhin Art. 762 Abs. 2 und für den Spezialfall von Art. 709 FORSTMOSER/MEIER-HAYOZ/NOBEL, § 27 N 40 f.). Eine Begründungspflicht besteht nicht (BGE 80 II 118 = Pra 1954, 377). Voraussetzung der Abberufung ist, dass der Beschlussgegenstand rechtsgenügend traktandiert ist und ein entsprechender Antrag vorliegt. Das **Traktandum «Abberufung von VR-Mitgliedern»** kann vom VR selbst angesetzt oder von einer Aktionärsminderheit nach Art. 699 Abs. 3 verlangt werden; allenfalls können Minderheitsaktionäre zwecks Abwahl von VR-Mitgliedern auch gestützt auf Art. 699 Abs. 3 eine ausserordentliche GV verlangen. Beim Beschluss über die Abberufung darf das betroffene VR-Mitglied als Aktionär mitstimmen; im Gegensatz zur Entlastung nach Art. 695 sieht das Gesetz hier keinen Tatbestand des Stimmrechtsausschlusses vor.

5a Umstritten ist, ob eine Abberufung von VR-Mitgliedern unter dem allgemein gehaltenen **Traktandum «Wahlen»** möglich ist (abl. BÖCKLI/BODMER, Abwahl eines VR während der Amtszeit?, NZZ vom 14.8.2001, 23; STUDER, 92 f.; DUBS, Traktandierungsbegehren, N 147; bejahend FORSTMOSER/MEIER-HAYOZ/NOBEL, § 23 N 110; HANDSCHIN, Zulässige Abwahl eines Verwaltungsrates, NZZ vom 28.8.2001, 19). Angesichts der Bedeutung der Zusammensetzung des VR im Hinblick auf die Kontrolle über die Gesellschaft und des ausserordentlichen Charakters einer Abberufung muss der Aktionär wohl darauf vertrauen können (vgl. dazu Art. 700 N 11 und 19), dass unter dem Routinetraktandum «Wahlen» nur über Neu- und Bestätigungswahlen Beschluss gefasst wird und Abberufungen ausserhalb des Rahmens des Verhandlungsgegenstandes liegen (auch wenn natürlich über die Zuwahl von mehreren VR das Kontrollgefüge ebenfalls verändert werden kann; hier setzen jedoch oft Statutenbestimmungen über die Höchstzahl von VR-Mitgliedern eine Grenze).

6 Das Recht der GV zur Abberufung darf in den Statuten *materiell* nicht beschränkt werden, indem etwa die Abwahl als VR von einem wichtigen Grund abhängig gemacht würde; denn analog zum Auftragsverhältnis (Art. 404 Abs. 1) gilt jeder bei der Abberufung geltend gemachte Grund als wichtig: es geht um das **Vertrauensverhältnis** zwischen GV und VR (BÖCKLI, § 13 N 63). Insoweit ist das Abberufungsrecht zwingender Natur (FORSTMOSER/MEIER-HAYOZ/NOBEL, § 27 N 39).

3. Abschnitt: Organisation der Aktiengesellschaft   7–11 Art. 705

Demgegenüber gilt es grundsätzlich als zulässig, die Abberufung formell zu erschweren, indem die Statuten die Abberufung einem **qualifizierten Beschluss**- oder **Präsenzquorum** oder einer Kombination von beiden unterstellen; eine beliebte Spielart sind Bestimmungen, welche die gleichzeitige Abberufung eines grösseren Teils des VR (z.B. mehr als ein Drittel; vgl. BGE 117 II 290 = Pra 1992, 479, E. 7) einem qualifizierten Beschlussquorum unterwerfen. Allerdings ist der statutarische Gestaltungsspielraum begrenzt, da die Wahrnehmung der Aufsichtsfunktion der GV in Frage steht (vgl. Art. 704 N 14a). Das BGer hat ausgeführt, das Mass der Erschwerung dürfe die Abberufung nicht unmöglich machen. Die konkrete Grenze, so das BGer weiter, könne nur im Einzelfall festgelegt werden, wobei das Erfordernis der Einstimmigkeit aber von vornherein unzulässig wäre (BGE 117 II 313; in der Lehre wird als obere Grenze etwa eine Dreiviertelmehrheit genannt, ZK-BÜRGI, Art. 703 N 26). Die Sichtweise des BGer bietet einen minimalen Funktionsschutz; man kann sich allerdings fragen, ob nicht für die Abberufung (wie auch für die Wahl von VR und RS) Erschwerungen des gesetzlichen Quorums von Art. 703 überhaupt abzulehnen sind, sei es generell, sei es zumindest in dem Fall (der in besonderem Masse die Aufsichtsfunktion der GV beschlägt), dass für die Abberufung ein wichtiger Grund geltend gemacht wird, der im Verhalten des betreffenden VR begründet ist (so BÖCKLI, § 12 N 366; BÖCKLI/BÜHLER, FS Watter, 47 f.; vgl. Art. 704 N 14a).   7

2. Abberufung der Revisionsstelle

Die GV kann die RS jederzeit und ohne Angabe eines wichtigen Grundes abberufen (Art. 730a Abs. 4 ist somit klarer formuliert als Art. 705). Hinzu kommt das Recht jedes Aktionärs, durch Klage gegen die Gesellschaft die Abberufung eines Revisors zu verlangen, der die Voraussetzungen für das Amt nicht erfüllt (BÖCKLI, § 15 N 100). Ein analoges Klagerecht auf Abberufung des VR fehlt genauso wie eine Vorschrift über fachliche Anforderungen an den VR.   8

3. Abberufung von Bevollmächtigten und Beauftragten

Das Recht zur Abberufung erfasst **alle von der GV gewählten Personen.** Der Präsident (Art. 712) und der Delegierte des VR (Art. 718), beide Mitglieder des VR, die i.d.R. von diesem in ihre besondere Funktion eingesetzt werden (vgl. aber Art. 712 Abs. 2), können durch die GV indirekt abberufen werden, indem ihnen das VR-Mandat entzogen wird (BUSCH, 75).   9

Zu den unübertragbaren und unentziehbaren Aufgaben des VR gehört die Ernennung und die Abberufung der mit der Geschäftsführung (zur Delegation der Geschäftsführung ist eine statutarische Grundlage notwendig, Art. 716b) und der Vertretung (Art. 718 Abs. 2) betrauten Personen (Art. 716a Abs. 1 Ziff. 4). Zudem ernennt der VR Prokuristen und andere Bevollmächtigte (Art. 721). Die Statuten können diese Befugnisse keinem anderen Organ, namentlich nicht der GV, zuteilen. Die Möglichkeit der GV, selbst «**Bevollmächtigte und Beauftragte**» einzusetzen, ist daher eher begrenzt; einen Anwendungsfall bilden immerhin die in Art. 731 Abs. 2 genannten Sachverständigen zur Prüfung der Geschäftsführung.   10

IV. Entschädigungsansprüche (Abs. 2)

Massgebend für die **rechtlichen Beziehungen** zwischen der AG und den verschiedenen Organpersonen (Mitglieder des VR und der RS) und von der GV gewählten Beauftrag-   11

Art. 706

ten und Bevollmächtigten sind die gesellschaftsrechtlichen Beschlüsse (Wahl und Abberufung durch die GV), die Statuten und Reglemente, der obligationenrechtliche Vertrag, welcher den Aufgaben der Organe, Beauftragten und Bevollmächtigten zugrunde liegt, sowie die gesetzlichen Vorschriften (Art. 707 ff., 727 ff.; BGE 100 II 384, 388; ZK-BÜRGI, Art. 708 N 1).

12 In **obligationenrechtlicher Hinsicht** handelt es sich i.d.R. um ein Auftragsverhältnis oder einen Arbeitsvertrag, obwohl das gesamte Verhältnis als Vertrag *sui generis* bezeichnet wird (ZK-BÜRGI, Art. 708 N 8; BÖCKLI, § 13 N 88 f.). Durch die Abberufung werden die gesellschaftsrechtlichen, aber nicht die vertraglichen Beziehungen zum Organ, Beauftragten oder Bevollmächtigten mit sofortiger Wirkung beendigt (BGE 112 V 1, 5; 111 II 480, 482). Der gesetzliche Vorbehalt von Entschädigungsansprüchen gem. Abs. 2 hat vertragsrechtlich keine selbständige Bedeutung. Der Entschädigungsanspruch des Abberufenen richtet sich nach dem obligationenrechtlichen Grundverhältnis, i.d.R. also nach Auftrags- (Art. 404 Abs. 2) oder Arbeitsvertragsrecht (Art. 336 ff.; BGE 112 V 1, 5; 111 II 480, 482).

13 Liegt ein **Arbeitsvertrag** vor, muss die Gesellschaft bei der Abberufung einen wichtigen Grund für eine fristlose Auflösung des Arbeitsverhältnisses nachweisen (Art. 337), andernfalls hat sie dem Arbeitnehmer zu ersetzen, was er verdient hätte, wenn das Arbeitsverhältnis unter Einhaltung der Kündigungsfrist oder durch Ablauf der bestimmten Vertragszeit beendigt worden wäre, und riskiert die Anordnung einer zusätzlichen Entschädigung durch den Richter (Art. 337c Abs. 1 und 3). Können wichtige Gründe nachgewiesen werden, hat die Gesellschaft unter Umständen selber Anspruch auf Schadenersatz (Art. 337b). Liegt ein **Auftragsverhältnis** vor, ist eine Beendigung grundsätzlich jederzeit möglich und zulässig. Nur wenn diese zur Unzeit erfolgt, ist Schadenersatz geschuldet (Art. 404). Der Anspruch auf eine Tantieme entfällt sofort mit der Abberufung (Art. 677; ZK-BÜRGI, Art. 726 N 16).

14 Neben Entschädigungsansprüchen kann die Abberufung Ansprüche auf **Genugtuung** begründen, wenn sie in einer Art und Weise erfolgt ist (z.B. unter Bekanntmachung unzutreffender Gründe in der Presse), die eine unzulässige Verletzung des Betroffenen in seiner Persönlichkeit darstellt (Art. 28 ff. ZGB; Art. 49 OR; ZK-BÜRGI, Art. 726 N 17). Weil die Abberufung ohne Grundangabe zulässig ist, hat der Abberufene hingegen keinen Anspruch, analog zu Art. 335 Abs. 2 eine Begründung zu verlangen und den GV-Beschluss für unberechtigt oder willkürlich erklären zu lassen (BGE 80 II 118 = Pra 1954, 377).

Art. 706

VII. Anfechtung von Generalversammlungsbeschlüssen
1. Legitimation und Gründe

¹ Der Verwaltungsrat und jeder Aktionär können Beschlüsse der Generalversammlung, die gegen das Gesetz oder die Statuten verstossen, beim Richter mit Klage gegen die Gesellschaft anfechten.

² Anfechtbar sind insbesondere Beschlüsse, die

1. unter Verletzung von Gesetz oder Statuten Rechte von Aktionären entziehen oder beschränken;

2. in unsachlicher Weise Rechte von Aktionären entziehen oder beschränken;

3. eine durch den Gesellschaftszweck nicht gerechtfertigte Ungleichbehandlung oder Benachteiligung der Aktionäre bewirken;

4. die Gewinnstrebigkeit der Gesellschaft ohne Zustimmung sämtlicher Aktionäre aufheben.

3–4 ...

[5] Das Urteil, das einen Beschluss der Generalversammlung aufhebt, wirkt für und gegen alle Aktionäre.

VII. Droit d'attaquer les décisions de l'assemblée générale
1. Qualité pour agir et motifs

[1] Le conseil d'administration et chaque actionnaire peuvent attaquer en justice les décisions de l'assemblée générale qui violent la loi ou les statuts; l'action est dirigée contre la société.

[2] Sont en particulier annulables les décisions qui:

1. suppriment ou limitent les droits des actionnaires en violation de la loi ou des statuts;

2. suppriment ou limitent les droits des actionnaires d'une manière non fondée;

3. entraînent pour les actionnaires une inégalité de traitement ou un préjudice non justifiés par le but de la société;

4. suppriment le but lucratif de la société sans l'accord de tous les actionnaires.

3 et 4 ...

[5] Le jugement qui annule une décision de l'assemblée générale est opposable à tous les actionnaires, et chacun d'eux peut s'en prévaloir.

VII. Diritto di contestare le deliberazioni dell'assemblea generale
1. Legittimazione e motivi

[1] Il consiglio d'amministrazione ed ogni azionista hanno il diritto di contestare davanti al giudice le deliberazioni dell'assemblea generale contrarie alla legge o allo statuto; l'azione è diretta contro la società.

[2] Possono essere contestate in particolare le deliberazioni che:

1. sopprimono o limitano i diritti degli azionisti, in violazione della legge o dello statuto;

2. sopprimono o limitano incongruamente i diritti degli azionisti;

3. provocano per gli azionisti un'ineguaglianza di trattamento o un pregiudizio non giustificati dallo scopo della società;

4. sopprimono lo scopo lucrativo della società senza il consenso di tutti gli azionisti.

3e 4 ...

[5] L'annullamento per sentenza delle deliberazioni ha effetto per tutti gli azionisti.

Literatur

Vgl. die Literaturhinweise zu Art. 698.

I. Allgemeines

Neben der Verantwortlichkeitsklage (Art. 752 ff.) wohl die wichtigsten Klagen des Aktienrechts sind die Klage auf Anfechtung und die Klage auf Feststellung der Nichtigkeit von Beschlüssen der GV (Art. 706 ff.). Da sich die Klagen nicht gegen die gleiche Partei richten, ist eine klare **Abgrenzung zwischen Anfechtungs- und Verantwortlichkeitsklage** notwendig (ZK-BÜRGI, N 6 f.). Nach der bundesgerichtlichen Rechtsprechung ist die Anfechtungsklage subsidiär zur Verantwortlichkeitsklage (BGE 81 II 462; 92 II 246); demnach unterliegt ein GV-Beschluss nicht der Anfechtungsklage, wenn im Zusammenhang mit dem gerügten Mangel auch ein Tatbestand der aktienrechtlichen Verantwortlichkeit geltend gemacht werden könnte. Diese Rechtsprechung wird von der Lehre zu Recht kritisiert. Das Anfechtungsrecht nach Art. 706 (und das Recht auf Feststellung der Nichtigkeit nach Art. 706b) einerseits und der Verantwortlichkeitsanspruch nach Art. 754 ff. anderseits sollten in Konkurrenz zueinander stehen. Denn beide Klagen haben unterschiedliche Beklagte, einen unterschiedlichen (Prozess-)Gegenstand, unterschiedliche Prozessvoraussetzungen und zudem eine unterschiedliche Rechtsnatur (zur Klagekonkurrenz BÖCKLI, § 18 N 456; FORSTMOSER/MEIER-HAYOZ/NOBEL, § 25 N 7; DRUEY, 134 f.; KUNZ, Klagen, 111). Mit DRUEY (135) sind namentlich zwei Argumente hervorzuheben: Zum einen wird das Anfechtungsinteresse durch die Möglichkeit der Behaftung von Organen insoweit nicht konsumiert, als die Gesellschaft im Falle der Anfechtung nach der Aufhebung des GV-Beschlusses den Mangel korrigieren und nicht lediglich Schadenersatz verlangen kann. Zum andern muss ein unrechtmässiger GV-Beschluss unabhängig von einer Verantwortlichkeitsklage für ungültig erklärt werden können, da er andernfalls für die geschäftsführenden Organe (auch und gerade mit Hinblick auf eine solche Klage) legitimierend wirkt.

1a Anfechtungsklagen können **rechtsmissbräuchlich** erhoben werden; missbräuchlich sind namentlich die zweckwidrige, die nutzlose und die schikanöse Klageerhebung (vgl. zu diesen Fallgruppen und der Thematik im Allgemeinen LEHMANN, 7 ff.). Als wichtigster Anwendungsfall der rechtsmissbräuchlichen Klage gilt ihre zweckwidrige Verwendung durch einen Aktionär, der ihr Schädigungspotential bewusst ausnützt, um einen ungerechtfertigten Sondervorteil zu erzwingen (LEHMANN, 133). Bei der Abwehr missbräuchlicher Anfechtungsklagen kommt bereits dem auf den privatrechtlichen Einspruch nach Art. 162 HRegV folgenden Massnahmeverfahren grosse Bedeutung zu (vgl. im Einzelnen LEHMANN, 249 ff.).

2 Neben den Klagen auf Anfechtung und auf Feststellung der Nichtigkeit von GV-Beschlüssen und der Verantwortlichkeitsklage kennt das Aktienrecht noch eine Anzahl **anderer Klagen** (für einen Überblick vgl. insb. KUNZ, Klagen, 40 ff.; VOCK, 6 ff.): Namentlich die *Auflösungsklage* (Art. 736 Ziff. 4), die Klage auf *Behebung eines Mangels in der Organisation der Gesellschaft (Art. 731b)*, jene auf *Rückerstattung von Leistungen* an die Gesellschaft (Art. 678 Abs. 3), die Klage auf *Auskunft und Einsicht* (Art. 697 Abs. 4; das Recht kann unabhängig von einer Anfechtungsklage nach Art. 706 durchgesetzt werden, s. BGE 109 II 47), die Klage auf Durchführung einer *Sonderprüfung* (Art. 697b), jene auf *Einsicht in die Jahresrechnung*, die Konzernrechnung und die Revisionsberichte (Art. 697h Abs. 2) sowie die Klage auf *Einberufung einer GV* (Art. 699 Abs. 4).

2a Der Beurteilung einer Anfechtungsklage logisch voran geht die eindeutige **Identifizierung ihres Objekts,** nämlich die Feststellung, welchen Beschluss die GV überhaupt gefasst hat. Nach der hier vertretenen Auffassung ist für diese Frage grundsätzlich allein auf die *Verkündung* des Ergebnisses der Willensbildung der GV durch deren Vorsitzenden abzustellen (BÖCKLI, § 12 N 183; DERS., Leitungsbefugnisse, 72 f.; DRUEY, 144 f.; **a.A.** TANNER, Quoren, 154 f. m.w.H.); nur so besteht eine einigermassen klare Ausgangslage für den Prozess (und auch eine eindeutige, aus dem Protokoll ersichtliche Rechtslage, wenn die Anfechtung unterbleibt). Hat also der Vorsitzende bei der Verkündung einen Fehler begangen (sei es, dass er ein falsches Ergebnis der Stimmenauszählung bekannt gab, sei es, dass er ein richtiges Auszählungsergebnis falsch wertete, also z.B. einen Antrag als angenommen erklärte, der eine höhere als die erreichte Mehrheit benötigt hätte), so gilt gleichwohl das, was verkündet wurde, als Beschluss der GV; der Fehler ist mit der Anfechtungsklage geltend zu machen (hievon scheint auch das BGer bei seinen Ausführungen zur positiven Beschlussfeststellungsklage in BGE 122 III 284f. auszugehen; vgl. ferner BGE 86 II 88). Nur wo eine ausdrückliche Verkündung des Ergebnisses unterblieben ist (etwa weil bei einer Abstimmung mit Handerheben unter wenigen Personen das Ergebnis für jeden unmittelbar erkennbar war; auch diesfalls sollte der Vorsitzende es allerdings verkünden), ist für die Identifizierung des gefassten Beschlusses auf den Abstimmungsvorgang selbst zurückzugreifen.

II. Anfechtungsberechtigung (Abs. 1)

1. Die Berechtigten

Gemäss Abs. 1 ist der VR und jeder einzelne Aktionär – unabhängig von der Anzahl Aktien, die er vertritt (eine Aktie genügt, BGE 117 II 290) – berechtigt, Beschlüsse der GV beim Richter mit Klage gegen die Gesellschaft anzufechten. Die Zustimmung zum Beschluss schliesst eine spätere Anfechtung durch den zustimmenden Aktionär nicht per se aus (vgl. N 6). Auch Aktionäre, die nicht an der GV teilgenommen haben, sind berechtigt, Klage zu erheben (BGE 99 II 55, 57). Passivlegitimiert ist immer die Gesellschaft (wobei der VR i.d.R. der Vertreter der Gesellschaft im Anfechtungsprozess ist; Art. 706a Abs. 2e contrario, vgl. ZK-TANNER, Art. 706a N 47 ff.). 3

Anfechtungsberechtigt ist nicht das einzelne Mitglied des VR als solches, sondern der **VR als Organ;** ist freilich ein VR-Mitglied auch Aktionär, so kann es in dieser Eigenschaft klagen (KOLLER, 54). Sofern der VR klagt (zum Thema einer diesbezüglichen *Pflicht* DRUEY, 153f.), hat der Richter einen besonderen Vertreter für die Gesellschaft als Beklagte zu bestimmen (Art. 706a Abs. 2; BÖCKLI, § 16 N 102). Legitimiert zur Anfechtungsklage sind auch der **Partizipant** (aufgrund seiner grundsätzlichen Gleichstellung mit dem Aktionär gemäss Art. 656a Abs. 2; auch Art. 656c Abs. 1 und 2e contrario) und der Aktionär ohne Stimmrecht (Art. 685 f Abs. 2; dazu DRUEY, 151 f.; BÖCKLI, § 16 N 101, 104 f.; FORSTMOSER/MEIER-HAYOZ/NOBEL, § 25 N 42). Die Inhaber von Genussscheinen sind nur dann anfechtungsberechtigt, wenn ihnen dieses Recht in den Statuten zugewiesen wird (DRUEY, 152; FORSTMOSER/MEIER-HAYOZ/NOBEL, § 47 N 33; KUNZ, Klagen, 61; anders BÖCKLI, § 16 N 106, wenn Genussscheininhaber als Beteiligte betroffen sind). Gläubiger sind hingegen nicht zur Anfechtung berechtigt. 4

Bezüglich des **Rechtsschutzinteresses** als Klagevoraussetzung (vgl. etwa VOGEL/SPÜHLER, Grundriss des Zivilprozessrechts, 7. Aufl., Bern 2001, 190) besteht bei der Anfechtungsklage insoweit eine Besonderheit, als der Aktionär mit ihr nicht unbedingt nur seine eigenen Interessen, sondern auch diejenigen der Gesellschaft und allenfalls anderer Aktionäre wahren kann. Die Anfechtungsklage sowie die Klage auf Feststellung der Nichtigkeit sind Rechtsbehelfe, die gewährleisten sollen, dass bestimmte Vorgänge innerhalb der Gesellschaft entsprechend den gesetzlichen und statutarischen Regeln ablaufen. Deswegen steht auch einem Aktionär, der am Beschluss selber nicht persönlich interessiert ist, die Anfechtungsklage zur Verfügung, um gesetzes- und statutenkonforme Beschlussfassungen durchzusetzen (DRUEY, 134; vgl. zum Anfechtungsinteresse auch VOCK, 96 ff.). Zur Erhebung der Anfechtungsklage ausreichend ist mit anderen Worten die Absicht des Aktionärs, die Interessen der Gesellschaft zu wahren (FORSTMOSER/MEIER-HAYOZ/NOBEL, § 25 N 44; ausdrücklich auch BGE 122 III 282, allerdings mit dem verwirrlichen Nachsatz, es sei erforderlich, dass durch ein gutheissendes Urteil die Rechtsstellung des anfechtenden Aktionärs berührt werde – es muss genügen, dass die Aufhebung des GV-Beschlusses die Rechtslage für die *Gesellschaft* verändert). 4a

Sofern die GV den angefochtenen Beschluss rechtsgültig wieder aufhebt, geht das Anfechtungsinteresse i.d.R. unter, was zur Abschreibung des Anfechtungsprozesses wegen Gegenstandslosigkeit führt (N 28; VOCK, 98; ZR 1991, Nr. 61).

2. Veräusserung des Beteiligungspapiers nach der GV

5   Mit dem Verkauf seiner Beteiligungspapiere (Aktien, PS) verliert der Verkäufer seine Anfechtungsberechtigung; der Erwerber erwirbt jedoch mit den Beteiligungsrechten zugleich das Anfechtungsrecht. Erfolgt die Veräusserung nach der Klageeinleitung, ist der Erwerber der Aktien oder PS berechtigt, anstelle des Veräusserers in das laufende Anfechtungsverfahren einzutreten (vgl. dazu DRUEY, 152; VOCK, 91 f.; **a.M.** insb. ZK-BÜRGI, N 50 und ROHRER, 55). Dies ergibt sich aus der Besonderheit des Rechtsschutzinteresses bei der Anfechtungsklage: Es geht bei der Anfechtung auch um die rechtmässige Ausgestaltung des Gesellschaftslebens im Interesse der Gesellschaft und aller Aktionäre in der Zukunft (DRUEY, 152). Der Erwerber von Aktien oder PS muss sich mit dem rechtswidrigen Beschluss nicht abfinden; daran haben weder die Gesellschaft noch die Mehrheit ein schützenswertes Interesse (KOLLER, 55).

3. Stimmabgabe und Anfechtung

6   Nach der h.L. und der bundesgerichtlichen Rechtsprechung sind grundsätzlich nur diejenigen Aktionäre anfechtungsberechtigt, die gegen den GV-Beschluss gestimmt oder sich der Stimme enthalten (oder gar nicht an der GV teilgenommen) haben; eine Anfechtung im Falle der **Zustimmung** verstösst demgemäss schlechthin gegen Treu und Glauben (BGE 74 II 41, 43; 99 II 57; FORSTMOSER/MEIER-HAYOZ/NOBEL, § 25 N 45; KUNZ, Klagen, 82 f.; ZK-BÜRGI, N 60; VOCK, 97; ROHRER, 83). Ausgehend davon, dass sich eine Anfechtung (soweit sie materiell berechtigt ist) gegen gesetzes- und/oder statutenwidrige Gesellschaftsakte richtet und insoweit im Interesse aller Gesellschafter und der Gesellschaft selbst erfolgt, kann die frühere Zustimmung des Klägers zum GV-Beschluss aber nicht ohne weiteres schon die Annahme eines offensichtlichen Rechtsmissbrauchs rechtfertigen; massgebend ist dafür vielmehr eine umfassende Einzelfallbetrachtung (vgl. DRUEY, 134 FN 10).

7   Sofern ein Aktionär bei der Beschlussfassung an der GV seine zustimmende Stimme irrtümlich abgegeben hat und der **Irrtum** i.S.v. Art. 23 ff. wesentlich ist (BGE 95 II 320 = Pra 1970, 217; für andere Willensmängel gem. Art. 28 ff. gilt Entsprechendes), steht auch dem irrenden Aktionär trotz Zustimmung zum Beschluss unbestrittenermassen die Anfechtungsklage zu. Die Frist zur Anfechtung des Beschlusses bestimmt sich auch diesfalls nach Art. 706a Abs. 1 (und nicht nach Art. 31; DRUEY, 138 f.; BÖCKLI, § 12 N 189, § 16 N 121; FORSTMOSER/MEIER-HAYOZ/NOBEL, § 25 N 45 FN 49). Der irrende Aktionär kann dabei einerseits Anfechtungsgründe nach Abs. 1 und Abs. 2 Ziff. 1–4 geltend machen; andererseits kann er den Beschluss mit der Begründung gerichtlich für ungültig erklären lassen, dass dieser ohne seine wegen Willensmangel ungültigen Stimmen nicht zustande gekommen wäre (Art. 691 Abs. 3 analog; DRUEY, 138 f. mit Differenzierungen zu Informationsmängeln; KOLLER, 55 f.; BGE 74 II 41, 43 = Pra 1948, 214).

III. Anfechtungsgründe (Abs. 1 und 2)

1. Allgemeines

Mit der Anfechtungsklage kann nur gegen **Rechtsverletzungen** vorgegangen werden. Die Angemessenheit oder Zweckmässigkeit eines GV-Beschlusses ist nicht selbständig mittels einer Anfechtungsklage gerichtlich überprüfbar (BGE 117 II 308; 100 II 392 f.; vgl. FORSTMOSER/MEIER-HAYOZ/NOBEL, § 25 N 15, 59 f.); allerdings können die Anfechtungsgründe von Abs. 2 Ziff. 2 und 3 im Einzelfall durchaus zum Miteinbezug solcher Kriterien in die Entscheidfindung führen (vgl. N 15). Erforderlich ist zudem eine konkrete Rechtsverletzung, nicht lediglich eine virtuelle (dass etwa eine Statutenbestimmung derart weit gefasst ist, dass sie missbräuchlich ausgelegt werden könnte, ist kein Anfechtungsgrund; vielmehr muss der angefochtene Beschluss als solcher Gesetz oder Statuten verletzen, BGE 117 II 308).

Das Gesetz umschreibt die Anfechtungsgründe in einer Generalklausel (Abs. 1) und in vier nicht abschliessend zu verstehenden Einzeltatbeständen (Abs. 2 Ziff. 1–4). Mit dieser **Regelungstechnik** konnte auf eine umfangreiche Aufzählung sämtlicher möglichen Typen von Rechtsverletzungen verzichtet werden. Aufgrund der offenen Formulierung der Generalklausel wie auch eines Teils der Einzeltatbestände obliegt die Konkretisierung der Anfechtungsgründe weitgehend Lehre und Rechtsprechung. Von den vier Einzeltatbeständen ist nur derjenige von Abs. 2 Ziff. 1 ohne weiteres in der Generalklausel enthalten (und hat damit keine eigenständige Bedeutung); demgegenüber kodifizieren Ziff. 2–4 von Abs. 2 Grundsätze des Aktienrechts, die an keiner anderen Stelle des Gesetzes ausdrücklich statuiert sind (vgl. immerhin Art. 717 Abs. 2, der sich aber an den VR richtet) und daher ohne ihre Erwähnung in Art. 706 Abs. 2 höchstens (wie teilweise vor der Aktienrechtsrevision von 1991 angenommen) als ungeschriebenes Gesetzesrecht von der Generalklausel erfasst sein könnten.

Eine **systematische Einteilung der Anfechtungsgründe**, die nicht unmittelbar im Gesetzeswortlaut aufscheint, ist für ihre Konkretisierung wie auch für die Abgrenzung von Anfechtbarkeit und Nichtigkeit (vgl. Art. 706b N 8 ff., 17 ff.) von einiger Bedeutung: Die Anfechtung kann sich einerseits auf Mängel stützen, welche den *Inhalt des Beschlusses* betreffen, und andererseits auf Mängel in seinem *Zustandekommen* (obschon Letztere im Gesetzestext weniger deutlich angesprochen sind: DRUEY, 137; FORSTMOSER/MEIER-HAYOZ/NOBEL, § 25 N 2). Zu den Mängeln im Zustandekommen gehören auch Fehler des Vorsitzenden der GV bei der Verkündung der Beschlüsse, so etwa in der Auszählung der Stimmen oder bei der Anwendung von Quoren (vgl. oben N 2a). Bei den Inhaltsmängeln können im Weiteren solche, die einer durch den Beschluss (vorgeblich) geschaffenen Rechtsnorm anhaften, von anderen unterschieden werden (ein Beispiel für die erste Kategorie wäre etwa die Aufnahme einer gesetzwidrigen Bestimmung in die Statuten, eines für die zweite Kategorie eine Kapitalerhöhung mit gegen das Gesetz verstossendem Ausschluss des Bezugsrechts). Diese letztere Unterscheidung ist namentlich für die Abgrenzung von Nichtigkeit und Anfechtbarkeit von Bedeutung (FORSTMOSER/MEIER-HAYOZ/NOBEL, § 25 N 107 ff.; vgl. im Einzelnen Art. 706b N 8 ff.).

Mängel im Zustandekommen eines Beschlusses müssen, um seine Anfechtbarkeit zu begründen, für die Beschlussfassung **kausal** gewesen sein. Dieses Erfordernis ist ausdrücklich nur in Art. 691 Abs. 3 für die Stimmrechtsklage festgehalten, gilt aber allgemein bei der Anfechtung wegen Verfahrensmängeln (FORSTMOSER/MEIER-HAYOZ/NOBEL, § 25 N 18; DRUEY, 137; RIEMER, N 80; vgl. auch BÖCKLI, § 12 N 506). Mit dem Erfordernis ist allerdings auch die in Art. 691 Abs. 3 vorgeschriebene Beweislastumkehr

9c Als besondere Ausprägung der Anfechtungsklage gilt die Stimmrechtsklage (BÖCKLI, § 16 N 110), die in Art. 691 Abs. 3 geregelt ist. Mit der Stimmrechtsklage wird ein besonderer Mangel im Zustandekommen des Beschlusses gerügt: die unbefugte Teilnahme i.S.v. Art. 691. Art. 691 Abs. 3 ist auch Rechtsgrundlage der positiven Beschlussfeststellungsklage, die in Konstellationen der unbefugten Teilnahme auf die Herstellung des rechtmässigen Beschlussergebnisses gerichtet ist und als spezielle Ausprägung der allgemeinen Stimmrechtsklage gilt (zur positiven Beschlussfeststellungsklage vgl. BÖCKLI, § 12 N 500; SCHWANDER/DUBS, 343 ff.; SCHLEIFFER, 312 f.; VOCK, 121 ff.; KUNZ, Klagen, 106; die Frage ihrer Zulässigkeit wird offengelassen in BGE 122 III 284 f. und BGer, SJ 2001, 465 f.).

2. Generalklausel (Abs. 1): Verletzung von Gesetz oder Statuten

10 Gemäss der Generalklausel des Abs. 1 sind Beschlüsse der GV, die gegen Gesetz oder Statuten verstossen, mit Klage gegen die Gesellschaft anfechtbar. Worauf die Generalklausel mit «Gesetz» Bezug nimmt, bedarf der Auslegung. Nach der hier vertretenen Auffassung bezieht sich dieser Begriff in Abs. 1 nicht auf die gesamte Rechtsordnung (so aber RIEMER, N 92, 112; wohl auch FORSTMOSER/MEIER-HAYOZ/NOBEL, § 25 N 17), sondern nur auf das Aktienrecht, allerdings in einem weiten Sinne: neben spezifisch aktienrechtlichen Bestimmungen sind auch etwa die allgemeinen Bestimmungen über die juristischen Personen (RIEMER, N 97) sowie «allgegenwärtige» Rechtsgrundsätze erfasst, wie z.B. Art. 2 oder Art. 27, 28 ZGB (DRUEY, 132 f.; ausführlich zu ungeschriebenen Rechtsgrundsätzen RIEMER, N 100 ff.; als Bsp. für entsprechende Anfechtungsgründe vgl. BGE 98 II 96, 98; 100 II 386 f.; 117 II 308 ff., 312). Das Anfechtungsrecht ist hingegen nicht auf die Verletzung von Normen beschränkt, die den Aktionärsschutz bezwecken (DRUEY, 133); noch weniger auf die Verletzung von Aktionärs*rechten* (RIEMER, N 13).

3. Beschränkung oder Entzug von Aktionärsrechten unter Verletzung von Gesetz oder Statuten (Abs. 2 Ziff. 1)

11 Gemäss Ziff. 1 ist ein GV-Beschluss anfechtbar, wenn durch ihn statutarisch oder gesetzlich gewährte Aktionärsrechte in einer das Gesetz oder die Statuten verletzenden Weise «entzogen oder beschränkt» werden. Auch hier schliesst das «Gesetz» ungeschriebene Rechtsgrundsätze mit ein (KOLLER, 55). Der Wortlaut «entziehen oder beschränken» ist irreführend: da eine gegen zwingendes Gesetzesrecht verstossende generell-abstrakte Regelung stets nichtig ist (vgl. Art. 706b N 8b), geht es hier in Abs. 2 Ziff. 1 nicht so sehr um Entzug oder Beschränkung, sondern schlicht um die *Verletzung* (Nichtbeachtung im Einzelfall) gesetzlicher oder statutarischer Aktionärsrechte. Hauptsächlich sind Beschlüsse der Mehrheit erfasst, welche Aktionärsrechte verletzen, die im zweiten Abschnitt der Bestimmungen über die AG (Rechte und Pflichten der Aktionäre; Art. 660–697h) geregelt sind.

4. Beschränkung oder Entzug von Aktionärsrechten in unsachlicher Weise (Abs. 2 Ziff. 2)

12 Ziff. 2 gelangt zur Anwendung, wenn durch den Entzug oder die Beschränkung eines Aktionärsrechts (in generell-abstrakter Weise) oder durch seine Nichtbeachtung oder

Beschneidung im Einzelfall (vgl. etwa Art. 652b zum Bezugsrecht) zwar keine spezifische Gesetzes- oder Statutenregel verletzt wird, die Einschränkung aber in unsachlicher Weise erfolgt (BÖCKLI, § 16 N 113). Unsachlich in diesem Sinne ist jedenfalls, was nicht die Förderung des Gesellschaftsinteresses (wenigstens) zum Ziel hat: Die Stimmenmacht der Mehrheit darf nicht **zweckwidrig** zur Verfolgung aussergesellschaftlicher Ziele ausgeübt werden (FORSTMOSER/MEIER-HAYOZ/NOBEL, § 25 N 25); die Klage ist dann gutzuheissen, wenn die Aktionärsrechte nicht zur Förderung der Interessen der Gesellschaft, sondern zur Verfolgung persönlicher Ziele der Mehrheit beschränkt oder entzogen wurden (Botschaft AG, 884; vgl. auch BÖCKLI, § 16 N 113: «aus partikulären Gründen»). Solche Umschreibungen legen die Folgerung nahe, dass in Ziff. 2 ein subjektiver Test verankert wurde (der dann in Ziff. 3 durch einen objektiven ergänzt wird; andernfalls wäre wohl Ziff. 2 in Ziff. 3 vollständig enthalten), der Richter mithin die *Motive* der beschliessenden Mehrheit prüfen muss. Oft wird der Richter allerdings mangels anderer Beweismittel aus dem Inhalt des getroffenen Beschlusses auf die Motive schliessen müssen.

13 Die h.L. subsumiert unter Ziff. 2 allerdings auch Verstösse gegen das **Verhältnismässigkeitsprinzip** bzw. gegen das **Gebot der schonenden Rechtsausübung,** die unbestrittenermassen objektive Kriterien enthalten und ein wichtiges Thema der Anfechtungsklage darstellen (BÖCKLI, § 16 N 113; FORSTMOSER/MEIER-HAYOZ/NOBEL, § 25 N 25; VON SALIS, 13 ff., der «in unsachlicher Weise» als «nicht sachlich *gerechtfertigt*» liest; zum Gebot der schonenden Rechtsausübung vgl. VON SALIS, 18 f. m.w.H.; KUNZ, Minderheitenschutz, § 8 N 90; unter altem Recht BGE 117 II 300). Diese Fälle passen aber nach der hier vertretenen Abgrenzung besser unter Ziff. 3 (vom Gesellschaftsinteresse nicht gerechtfertigte Benachteiligung von Aktionären) als unter das subjektiv gefärbte Kriterium der Unsachlichkeit in Ziff. 2; zudem wird so der Anwendungsbereich dieser Grundsätze nicht auf die Beeinträchtigung von Aktionärs*rechten* beschränkt, was bedauerlich wäre (die Erfassung z.B. eines Sachverhaltes wie desjenigen von BGE 99 II 55 ff. wäre dadurch in Frage gestellt, der bei FORSTMOSER/MEIER-HAYOZ/NOBEL, § 25 N 26, als Bsp. für Ziff. 2 genannt ist; vgl. aber HUGUENIN JACOBS, FN 4).

13a Der **Entwurf des Bundesrates** von 1983 hatte noch einen qualifizierten Verstoss gegen das Sachlichkeitsgebot verlangt (Art. 660a Ziff. 2 E-OR: «in offensichtlich unsachlicher Weise»), namentlich um zu verhindern, dass die Gerichte eine Zweckmässigkeitsprüfung vorzunehmen haben (AmtlBull NR 1985, 1693). Dieses erschwerende Erfordernis ist im Verlaufe der Beratungen sinnvollerweise gestrichen worden (BÖCKLI, § 16 N 113).

5. Nicht gerechtfertigte Ungleichbehandlung oder Benachteiligung (Abs. 2 Ziff. 3)

14 Ziff. 3 gelangt zur Anwendung auf Beschlüsse, welche eine «Ungleichbehandlung oder Benachteiligung der Aktionäre bewirken», sofern dieses odium nicht durch den Beitrag des Beschlusses zur Förderung des Gesellschaftsinteresses («Gesellschaftszweck» ist in diesem Sinn zu lesen: BÖCKLI, § 16 N 114; FORSTMOSER/MEIER-HAYOZ/NOBEL, § 25 N 27) aufgewogen wird. Die **Benachteiligung** kann alle oder nur einzelne Aktionäre betreffen (die Ungleichbehandlung erscheint somit als Sonderfall der Benachteiligung von Aktionären; **a.A.** VON SALIS, 25 ff., für den «Benachteiligung» die nicht formelle, aber wirtschaftliche *Ungleichbehandlung* meint), und sie muss nicht rechtlicher, sondern kann auch bloss faktischer Natur sein. Der Anwendungsbereich des Anfechtungsgrundes ist mithin sehr breit: es genügt, dass irgendeinem Aktionär aus dem Beschluss irgendein Nachteil erwächst.

15 Die Entscheidung über die Anfechtungsklage ist aufgrund einer **Interessenabwägung** zu treffen (Botschaft AG, 885; BÖCKLI, § 16 N 114; eingehend VON SALIS, 14 ff. und zu Interessenabwägungen allgemein KUNZ, Minderheitenschutz, § 9, vgl. insb. N 80, 83 ff.): Eine Benachteiligung von Aktionären ist nur dann durch das Gesellschaftsinteresse *gerechtfertigt,* wenn sie zu seiner Förderung geeignet ist, das schonendste taugliche Mittel zum angestrebten Zweck darstellt und schliesslich der Vorteil für die Gesellschaft den gerügten Nachteil für die Aktionäre (oder für einzelne von ihnen) im Urteil des Richters überwiegt. Der Massstab ist hier eindeutig ein objektiver; auf die Motive der beschliessenden Mehrheit kommt es nicht an. Das durch den Gesetzeswortlaut indizierte Prüfungsprogramm schliesst somit die Forderungen ein, die in der Lehre unter dem Titel des *Verhältnismässigkeitsprinzips* oder des *Gebotes der schonenden Rechtsausübung* erhoben werden (vgl. o. N 13).

15a Die Breite des Anwendungsbereiches von Ziff. 3 (der im Gegensatz zu Ziff. 1 und 2 insb. nicht auf die Beeinträchtigung von Aktionärsrechten beschränkt ist) sowie der Respekt vor der Autonomie der AG und dem Mehrheitsprinzip rufen nach einer **gewissen Zurückhaltung** des Richters bei der Überprüfung der von der GV vorgenommenen Interessenwertung, die allerdings auch nicht zu weit gehen darf, sollen der Schutz des Aktionärs und namentlich das Gebot der schonenden Rechtsausübung nicht Theorie bleiben. Die Aufgabe des Richters geht jedenfalls über eine blosse Prüfung des Beschlusses auf Willkür oder offensichtlichen Rechtsmissbrauch (Art. 2 Abs. 2 ZGB) hinaus. Vor der Aktienrechtsrevision von 1991 schlug das Pendel der Rechtsprechung eindeutig zu weit in die Richtung der Respektierung des Mehrheitsprinzips aus (DRUEY, 159; FORSTMOSER/MEIER-HAYOZ/NOBEL, § 25 N 60).

15b Durch die ausdrückliche Nennung der Ungleichbehandlung der Aktionäre (die ja immer auch eine Benachteiligung der einen Gruppe impliziert) als Anfechtungsgrund anerkennt Ziff. 3 die Geltung des **Gleichbehandlungsprinzips** im Aktienrecht (dazu etwa FORSTMOSER/MEIER-HAYOZ/NOBEL, § 39 N 11 ff.; HUGUENIN JACOBS, 181 ff.; DIES., Das Gleichbehandlungsprinzip im Aktienrecht, Zürich 1994, 67 ff.; VON SALIS, 25 ff.). Abgesehen davon, dass Ziff. 3 vom Gesellschaftsinteresse gerechtfertigte Abweichungen vom Grundsatz der Gleichbehandlung zulässt, ist allerdings bereits der Massstab der als gedanklicher Ausgangspunkt dienenden Gleichbehandlung variabel und muss im Einzelfall zunächst durch Auslegung des Gesetzes bestimmt werden: im Bereich der Vermögensrechte ist es i.d.R. der auf die von einem Aktionär gehaltenen Aktien einbezahlte Betrag (vgl. Art. 661); im Bereich der Informationsrechte ist die absolute Gleichbehandlung der Aktionäre der Ausgangspunkt etc. In einzelnen Bestimmungen geht das Gesetz selbst von der grundsätzlichen Zulässigkeit bestimmter Ungleichbehandlungen der Aktionäre aus, namentlich in den Vorschriften über Vorzugsaktien (Art. 654) und Stimmrechtsaktien (Art. 693) sowie über den Ausschluss vom Bezugsrecht (Art. 652b Abs. 2); das entbindet indes die Gesellschaft nicht vom Erfordernis der Rechtfertigung solcher Ungleichbehandlungen durch das Gesellschaftsinteresse, wenn ihre Einführung bzw. Vornahme angefochten wird (Botschaft AG, 884 f.).

6. Aufhebung der Gewinnstrebigkeit (Abs. 2 Ziff. 4)

16 Gemäss Ziff. 4 sind schliesslich jene (sonderbaren) GV-Beschlüsse anfechtbar, welche die Gewinnstrebigkeit (zum Begriff FORSTMOSER/MEIER-HAYOZ/NOBEL, § 2 N 53 ff.) der AG ohne die Zustimmung sämtlicher Aktionäre aufheben. Ein Beschluss dieses Inhalts verlangt mithin nicht nur Einstimmigkeit der Anwesenden, sondern kann nur an einer GV getroffen werden, an der sämtliche Aktien entweder anwesend oder vertreten sind (Art. 701). Von Ziff. 4 nicht betroffen ist der jährliche GV-Beschluss über die Gewinnverwendung (Botschaft AG, 821).

7. Weitere im Gesetz vorgesehene Anfechtungsfälle

Nicht alle vom Gesetz genannten Anfechtungstatbestände finden sich in Art. 706. Eine Klage auf Anfechtung von GV-Beschlüssen ist ausdrücklich auch in folgenden Bestimmungen vorgesehen: **17**

Sofern institutionelle Stimmrechtsvertreter der Gesellschaft nicht über Anzahl, Nennwert und Kategorie der von ihnen vertretenen Aktien Auskunft geben, sind die GV-Beschlüsse gem. *Art. 689e Abs. 1* unter den Voraussetzungen von Art. 691 Abs. 3 anfechtbar. Nach *Art. 689e Abs. 2* kann zudem jeder Aktionär Beschlüsse der GV anfechten, wenn es der Vorsitzende der Versammlung trotz Aufforderung durch einen Aktionär unterlassen hat, Auskunft über die institutionelle Vertretung von Aktien an der GV zu erteilen. Ob es der Gesellschaft auch im Falle von Abs. 2 offen steht, den Nachweis der fehlenden Kausalität zu erbringen, ist umstritten, da hier im Gegensatz zu Abs. 1 der Hinweis auf die Bestimmung über die unbefugte Teilnahme fehlt (trotzdem für das Kausalitätserfordernis BÖCKLI, § 12 N 318 ff.; FORSTMOSER/MEIER-HAYOZ/NOBEL, § 25 FN 32; **a.A.** Botschaft AG, 832). **18**

Note 19 entfällt

Nach *Art. 731 Abs. 3* sind GV-Beschlüsse über die Abnahme der Jahresrechnung und über die Verwendung des Bilanzgewinns anfechtbar, wenn kein Revisor anwesend war und auf seine Anwesenheit nicht einstimmig verzichtet worden ist. **20**

Anfechtungsrelevant in materieller Hinsicht ist insb. auch *Art. 652b Abs. 2* über die Aufhebung des Bezugsrechts aus wichtigen Gründen, indem er den Massstab für die Rechtfertigung der Aufhebung oder Einschränkung dieses Aktionärsrechts nennt und somit für diesen Fall den Anfechtungsgrund von Art. 706 Abs. 2 Ziff. 3 präzisiert. Daneben kann je nach dem in Frage stehenden Mangel ein Bezugsrechtsausschluss auch nach Ziff. 1 oder 2 angefochten werden. **20a**

Art. 691 Abs. 3 normiert die Regel (vgl. N 9c), wonach diejenigen Beschlüsse der GV anfechtbar sind, bei denen Personen, die zur Teilnahme an der GV nicht befugt waren, in entscheidender Weise mitgewirkt haben (vgl. dazu insb. BÖCKLI, § 12 N 499). Diese Vorschrift ist analog auch dann anwendbar, wenn ein Aktionär zu Unrecht von der Teilnahme an der GV oder von der Ausübung des Stimmrechts, namentlich mit Bezug auf einzelne Beschlüsse, ausgeschlossen wurde (FORSTMOSER/MEIER-HAYOZ/NOBEL, § 25 N 34; SCHLEIFFER, 295 ff.). Die Gesellschaft kann solchen Klagen allerdings grundsätzlich mit dem Nachweis begegnen, dass die unbefugte Mitwirkung bzw. der unberechtigte Ausschluss ohne Einfluss auf die Beschlussfassung war (OGer ZH, ZR 1987, 84; **a.A.** SCHLEIFFER, 303, wenn ein Aktionär zu Unrecht nicht nur vom Stimmrecht, sondern von der Teilnahme an der GV überhaupt ausgeschlossen wurde). **21**

8. Anfechtungsfälle in Lehre und Gerichtspraxis

Der Gesetzgeber hat die meisten Anfechtungstatbestände in genereller und offener Weise umschrieben, v.a. um eine Weiterentwicklung und flexible einzelfallbezogene Handhabung des Rechts zu gewährleisten. Deswegen sind Anwendungsfälle der Gerichtspraxis und Beispiele der Lehre besonders bedeutsam. Es wurde etwa in den folgenden Fällen Anfechtbarkeit von GV-Beschlüssen angenommen (ohne dass hier zu **22** den einzelnen Entscheidungen bzw. Äusserungen Stellung bezogen werden soll; vgl. auch die weiteren Bsp. zum alten Recht bei ZK-BÜRGI, N 26 ff.):

23 Wenn Vorschriften über die **Einberufung** der GV verletzt wurden (BÖCKLI, § 12 N 110 ff. mit Abgrenzung zu Verletzungen von Einberufungsvorschriften, die Nichtigkeit zur Folge haben sollen; vgl. DRUEY, 140 f., und Art. 706b N 17 ff.), z.B. wenn die **Verhandlungsgegenstände** entgegen Art. 700 Abs. 2 bei der Einberufung nicht genügend genau bekannt gegeben wurden, so dass Aktionäre nicht wussten, worüber verhandelt wird (BGE 103 II 141, 144); wenn **Quorumsvorschriften** nicht beachtet wurden (DRUEY, 144 f.; vgl. Art. 706b N 18); wenn an der Beschlussfassung Gemeindedelegierte als Vertreter der Mehrheit der Aktien mitgewirkt haben, ohne über die nach kantonalem öffentlichem Recht erforderliche **Vertretungsbefugnis** zu verfügen (BGE 110 II 196); wenn das Gebot der **Gleichbehandlung** aller Aktionäre oder das **Rechtsmissbrauchsverbot** verletzt wurden, wobei es sein kann, dass das Gleichbehandlungsgebot nicht verletzt ist, aber dennoch Rechtsmissbrauch vorliegt (BGE 117 II 290 = Pra 1992, 479; BGE 102 II 265, 268); wenn unsachliche oder unnötige Abweichungen vom **Gleichbehandlungsgrundsatz** vorgenommen wurden (BGE 99 II 55, 58; 95 II 157, 162 f.; 93 II 393, 406); wenn nicht stimmberechtigte Personen i.S.v. Art. 695 an einem Déchargebeschluss mitgewirkt haben (BGer v. 29.6.2005, 4C.107/2005, E. 2.2); wenn gegen die **aktienrechtliche Ordnung der Zuständigkeit** der Organe, die sich im Einzelnen aus Gesetz und Statuten ergibt, verstossen wurde (BGE 100 II 384, 387 ff.; vgl. aber Art. 706b N 8a); wenn der Streit über die Unverbindlichkeit eines Aktienkaufvertrages, welcher die Mehrheit der Aktienstimmen lahm legte, von einem Aktionär dazu ausgenutzt wurde, mit seinen Minderheitsstimmen eine Kapitalerhöhung durchzuführen, und dieser damit Einfluss auf die Mehrheitsverhältnisse ausübte (Verstoss gegen **Treu und Glauben,** BGE 98 II 96, 99); wenn die Verwaltung die Stimmen nicht so zählte, wie sie vom Aktionär abgegeben wurden, sondern so, wie dieser sie nach ABV hätte abgeben müssen (HGer ZH, ZR 1970, 260 ff.).

IV. Wirkungen der Anfechtung (Abs. 5)

24 Wird ein GV-Beschluss aufgrund einer Anfechtungsklage durch Urteil aufgehoben, so wirkt das Urteil gemäss ausdrücklicher gesetzlicher Vorschrift **für und gegen alle Aktionäre**, obwohl nur die Gesellschaft beklagt ist. Die Anfechtungsklage wird in einem Zweiparteienprozess zwischen dem Anfechtungskläger und der Gesellschaft entschieden (die Mehrheit oder die GV sind nie Partei; VON GREYERZ, 193). Dennoch ist auch eine prozessuale Intervention von weiteren am Ausgang des Prozesses interessierten Personen nach Massgabe der anwendbaren kantonalen Prozessordnungen grundsätzlich auf Seiten beider Parteien möglich (FORSTMOSER/MEIER-HAYOZ/NOBEL, § 25 N 70). Die Abweisung der Anfechtungsklage hat keine rechtliche Bedeutung für die Anfechtung desselben Beschlusses durch andere Klageberechtigte (BGE 122 III 284; FORSTMOSER/ MEIER-HAYOZ/NOBEL, § 25 N 62 f.; DRUEY, 161).

25 Der angefochtene GV-Beschluss kann entweder aufgehoben werden (Kassation mit Wirkung ex tunc, ZK-BÜRGI, N 71), was einem **auflösenden Gestaltungsurteil** gleichkommt (BGE 110 II 387 = Pra 1985, 33), oder der Richter kann die Klage abweisen. Bis zur Aufhebung ist der Beschluss rechtsgültig, steht aber unter der Resolutivbedingung der erfolgreichen Anfechtung (DRUEY, 161). Erfasst der Mangel nur Teile des GV-Beschlusses, gelangt die Regelung von Art. 20 Abs. 2 analog zur Anwendung (BÖCKLI, § 16 N 131). Ausgeschlossen ist im Falle der Anfechtungsklage nach Art. 706 allerdings ein Gestaltungsurteil, mit dem der GV-Beschluss abgeändert würde (BÖCKLI,

§ 16 N 131; FORSTMOSER/MEIER-HAYOZ/NOBEL, § 25 N 61). Eine Klage, die neben der Aufhebung des angefochtenen GV-Beschlusses die Verurteilung der Gesellschaft zur erneuten Beschlussfassung (z.B. über Wahlen oder die Einführung von Stimmrechtsaktien) verlangt, ist grundsätzlich unzulässig, wobei es Ausnahmen im Rahmen des Rechtsmissbrauchsverbotes gibt (OGer ZH, ZR 1982, 216).

Beschlüsse der GV dürfen grundsätzlich von VR schon während der Anfechtungsfrist **vollzogen** werden (FORSTMOSER/MEIER-HAYOZ/NOBEL, § 25 N 57); im Einzelfall mag sich allerdings aufgrund besonderer Umstände aus der Sorgfaltspflicht (Art. 717 Abs. 1) eine Pflicht zum Zuwarten ergeben (vgl. DRUEY, 155). Dem **Handelsregisterführer** ist es grundsätzlich verwehrt, sich gegen die Eintragung von bloss anfechtbaren GV-Beschlüssen zu stellen (BGE 114 II 68, 70 f.); er hat anfechtbare Beschlüsse unverzüglich einzutragen, wenn kein privatrechtlicher Einspruch i.S.v. Art. 162 ff. HRegV vorliegt (FORSTMOSER/MEIER-HAYOZ/NOBEL, § 25 N 57). 26

V. Vergleichsweise Erledigung und Anerkennung von Anfechtungsklagen

Nach der bundesgerichtlichen Rechtsprechung ist bei einer Klage auf Anfechtung eines GV-Beschlusses die Aufhebung des Beschlusses nur durch Urteil und nicht durch Vergleich möglich; dabei spielt es keine Rolle, ob ein gerichtlicher oder ein aussergerichtlicher Vergleich vorliegt (BGE 80 I 385, 389 f. = Pra 1955, 127; FORSTMOSER/MEIER-HAYOZ/NOBEL, § 25 N 73; **a.M.** DRUEY, 156 f., KGer ZG, ZGGVP 1993/94, 122 f.). Demzufolge kann die Anfechtungsklage grundsätzlich auch nicht anerkannt werden. Es geht allerdings in Wahrheit hier kaum darum, dass der Gesellschaft als Prozesspartei die Verfügungsmacht über den Streitgegenstand entzogen wäre (so aber BGE 80 I 390; BÖCKLI, § 16 N 138), sondern um eine Frage des Willensbildungsprozesses resp. um ein **Kompetenzproblem:** Der VR, der grundsätzlich die Gesellschaft im Prozess vertritt, soll nicht durch Anerkennung oder Vergleich einen allenfalls rechtsgültigen Beschluss der GV beseitigen können (vgl. auch BGE 122 III 283 f.). Ein Vergleich oder eine Klageanerkennung mit Zustimmung der GV ist aber zuzulassen (FORSTMOSER/MEIER-HAYOZ/NOBEL, § 25 N 73 und FN 69); die Aktionäre müssen die Möglichkeit haben, über diesen Beschlussgegenstand zu verfügen (und auf den angefochtenen Beschluss zurückzukommen). Demgegenüber ist ein Klagerückzug des Anfechtungsklägers natürlich ohne weiteres möglich (vgl. zur Frage der Zulässigkeit einer Abstandszahlung bei Klagerückzug DRUEY, 157; LEHMANN, 69 ff.). 27

Obwohl nach vielen Prozessordnungen auch bei Anfechtungsklagen ein **Sühnvorstand** vor dem Friedensrichter verlangt wird, ist der Sinn dieses Verfahrens wegen der mangelnden Dispositionsbefugnis des VR als Vertreter der beklagten Partei beeinträchtigt. Die einsichtig gewordene Mehrheit kann aber eine ausserordentliche GV mit dem Traktandum und Antrag einberufen lassen, den angefochtenen Beschluss aufzuheben (vgl. die Bsp. aus der Rechtsprechung bei LEHMANN, 187 ff.). Wenn die GV nach der Rechtshängigkeit der Anfechtungsklage einen Beschluss fasst, der den angefochtenen Beschluss entweder vollumfänglich ersetzt oder derart abändert, dass die gerügten Mängel beseitigt werden, wird das Anfechtungsverfahren gegenstandslos; der Kläger hat kein Rechtsschutzinteresse mehr an der Beurteilung der Klage (VOCK, 98; BGE 86 II 165, allerdings hat das BGer nicht geprüft, ob der angefochtene GV-Beschluss auch gültig aufgehoben wurde). Im Falle der Aufhebung des angefochtenen GV-Beschlusses mit Wirkung *ex nunc* ist für die Gegenstandslosigkeit zusätzlich erforderlich, dass der Anfechtungskläger keine schutzwürdigen Interessen an einer Aufhebung des Beschlusses *ex tunc* (und somit an der Aufrechterhaltung der Klage) hat (LEHMANN, 189 ff.). 28

Wird zum Zweck der Aufhebung des Beschlusses eine ausserordentliche GV einberufen, so kann es sinnvoll sein, den Anfechtungsprozess zur Vermeidung von Kosten und Umtrieben zu sistieren.

Art. 706a

2. Verfahren

¹ Das Anfechtungsrecht erlischt, wenn die Klage nicht spätestens zwei Monate nach der Generalversammlung angehoben wird.

² Ist der Verwaltungsrat Kläger, so bestellt der Richter einen Vertreter für die Gesellschaft.

³ Der Richter verteilt die Kosten bei Abweisung der Klage nach seinem Ermessen auf die Gesellschaft und den Kläger.

2. Procédure

¹ L'action s'éteint si elle n'est pas exercée au plus tard dans les deux mois qui suivent l'assemblée générale.

² Si l'action est intentée par le conseil d'administration, le juge désigne un représentant de la société.

³ En cas de rejet de la demande, le juge répartit librement les frais entre la société et le demandeur.

2. Procedura

¹ Il diritto di contestare le deliberazioni si estingue se l'azione non e proposta entro due mesi dall'assemblea generale.

² Se l'azione è proposta dal consiglio d'amministrazione, il giudice designa un rappresentante della società.

³ In caso di reiezione dell'azione, il giudice, secondo il proprio apprezzamento, ripartisce le spese tra la società e l'attore.

Literatur

Vgl. die Literaturhinweise zu Art. 698.

I. Allgemeines

1   Die früher in Art. 706 Abs. 2 f. altOR enthaltenen Vorschriften sind bei der Revision von 1991 in Art. 706a zusammengefasst, redaktionell angepasst und durch eine Bestimmung über die Regelung der **Kostenfolgen** im Anfechtungsprozess ergänzt worden (Botschaft AG, 839 f.; 917).

II. Anfechtungsfrist (Abs. 1)

2   Die Anfechtungsfrist von zwei Monaten ist eine **Verwirkungsfrist.** Somit ist eine richterliche Verlängerung oder die Unterbrechung der Frist durch Parteihandlungen nicht möglich. Die Frist beginnt am Tage nach der GV zu laufen und nicht erst dann, wenn der GV-Beschluss vom abwesenden Aktionär zur Kenntnis genommen wurde. Sie gilt als eingehalten, wenn die Klage vor Ablauf der Frist, d.h. spätestens am Tag des zweiten Monats, der die gleiche Zahl trägt wie der Tag der GV, angehoben wurde (Art. 77 Abs. 1 Ziff. 3; ZK-BÜRGI, Art. 706 N 67; VON GREYERZ, 193). Das BGer hat entschieden, dass innert der Anfechtungsfrist nicht nur Klage erhoben werden muss, sondern dabei auch die angerufenen **Anfechtungsgründe** abschliessend bezeichnet werden müs-

3. Abschnitt: Organisation der Aktiengesellschaft   3–8 Art. 706a

sen; ein Nachschieben von Anfechtungsgründen später im Prozess sei unzulässig (BGE 86 II 87 f.).

Bestimmt das Bundesrecht wie hier, dass ein Recht innert einer Verwirkungsfrist nur 3
durch Klageerhebung gewahrt werden kann, so ist der **Begriff der Klageerhebung** ein solcher des Bundesrechts, und kantonales Prozessrecht findet keine Anwendung. Obwohl die Vorschriften über die Verjährung grundsätzlich nur analog auf die Verwirkung angewendet werden können, gilt nach der Rechtsprechung des BGer für die Verwirkung der gleiche Begriff der Klageerhebung wie im Rahmen von Art. 135 Ziff. 2 für die Verjährung. Dabei genügt die erste prozesseinleitende bzw. -vorbereitende Handlung des Klägers, mit der in bestimmter Form der Schutz des Richters angerufen wird (BGE 118 II 479, 487). Demnach wird die Verwirkungsfrist durch Klage oder Ladung zum Sühnversuch eingehalten.

Bei **Benutzung der Post** muss die Eingabe an den Friedensrichter oder die Klageschrift 4
an das Gericht vor Ablauf der Frist bei einer schweizerischen Poststelle aufgegeben werden (BGE 114 II 261 ff.). In den übrigen Fällen muss die Eingabe am letzten Tag der Frist direkt an die Bestimmungsstelle (d.h. Gericht oder Friedensrichter) gelangt sein.

Es stellt sich hier die Frage, ob ein der Anfechtungsklage vorausgehendes **Begehren** 5
um Erlass vorsorglicher Massnahmen, das i.d.R. auf eine Einsprache beim Handelsregisterführer im Verfahren nach Art. 162 ff. HRegV folgt, zur Wahrung der Verwirkungsfrist genügt. Das BGer scheint diese Frage jedenfalls dann zu bejahen, wenn **identische Anträge** sowohl im Massnahmebegehren als auch in der Anfechtungsklage gestellt werden (BGE 110 II 387 = Pra 1985, 33; an einer Identität fehlt es jedenfalls dann, wenn mit dem Massnahmebegehren bloss eine Registersperre zur Sicherung der Vollstreckung des Urteils in der Hauptsache sowie ein Verbot an die Gesellschaft, den Beschluss zu vollziehen, mit der Hauptklage dagegen die Aufhebung des GV-Beschlusses verlangt wird, was die Regel ist; gl.M. ZK-TANNER, Art. 706a N 22).

Wird die Anfechtungsklage wegen Unzuständigkeit des Gerichts oder wegen eines ver- 6
besserlichen Fehlers «angebrachtermassen zurückgewiesen» und ist die Frist von zwei Monaten derweil abgelaufen, so steht dem Anfechtungskläger in analoger Anwendung von Art. 139 eine Nachfrist von 60 Tagen zu, um die Anfechtungsklage zuständigen Ortes verbessert wieder einzureichen (BGE 109 III 49, 51 f.)

III. Bestellung eines ausserordentlichen Vertreters für die Gesellschaft (Abs. 2)

Hat der VR als Organ der Gesellschaft beschlossen, einen GV-Beschluss anzufechten, 7
bestellt der Richter für die Gesellschaft einen **ausserordentlichen Vertreter,** der von den Organen unabhängig ist. Diese Vorschrift will dem Interessenkonflikt begegnen, der entstehen würde, wenn der VR sowohl Kläger als auch Vertreter der Beklagten wäre. Die anwendbare kantonale Prozessordnung hat zu bestimmen, in welchem Verfahren der Vertreter der Gesellschaft bestimmt wird (im Kanton ZH ist nicht der für die Anfechtungsklage zuständige Richter, sondern der Einzelrichter im summarischen Verfahren zuständig; § 219 lit. c Ziff. 18 ZPO-ZH).

Aus dieser Vorschrift ergibt sich auch, dass grundsätzlich der **VR** die Gesellschaft ver- 8
tritt, wenn ein Aktionär Klage erhebt (ZK-BÜRGI, Art. 706 N 56 f.). Abs. 2 ist analog anzuwenden, wenn alle Mitglieder des VR in ihrer Eigenschaft als Aktionäre eine Anfechtungsklage erheben. Wenn hingegen nur einzelne Mitglieder des VR den GV-Beschluss als Aktionäre anfechten, wird die Gesellschaft vom VR vertreten, wobei die Kläger in den Ausstand zu treten haben.

Dieter Dubs/Roland Truffer

IV. Kosten (Abs. 3)

9   Vor der Revision von 1991 war das Prozessrisiko bei Anfechtungsklagen für einzelne Aktionäre deshalb erheblich, weil der Streitwert nach dem Interesse der Gesellschaft am Prozessausgang und nicht nach jenem des klagenden Aktionärs bemessen wurde (BGE 66 II 43, 48). Das Gleiche gilt unverändert auch unter dem neuen Aktienrecht, doch ist der Richter nun ermächtigt, die Kosten bei Abweisung der Klage nach seinem **Ermessen** auf die Gesellschaft und den Kläger zu verteilen (ein Eingriff des Bundes in die Zuständigkeit der Kantone auf dem Gebiete des Zivilprozesses).

10 Folgende Elemente können für den **richterlichen Ermessensentscheid** bei der Kostenverteilung eine Rolle spielen: Erfolgsaussichten bei Einleitung des Prozesses, Informationsstand des Klägers vor dem Prozess, vorprozessuales Verhalten der Gesellschaft, Ziele der Klage, prozessuales Verhalten der Parteien, Entscheidungsgründe (z.B. Praxisänderungen, Klärung offener Fragen), finanzielle Interessen und Verhältnisse des Klägers (CASUTT, 87 ff.; BGer v. 11.7.2007, 4A.43/2007, E. 7).

11 Mit der Zulässigkeit eines Billigkeitsentscheides wird das **Kostenrisiko** des in guten Treuen klagenden Aktionärs zwar verringert, aber **nicht beseitigt** (Botschaft AG, 839 f.; BGer v. 27.6.2000, 4C.88/2000, E. 4c); vgl. auch den analogen Art. 756 Abs. 2). Der Gesetzgeber hat darauf verzichtet, die noch klägerfreundlichere Kostenregelung, die für die Sonderprüfung eingeführt wurde, auch für die Anfechtungsklage zu übernehmen (Art. 697g), offenbar um rechtsmissbräuchlichen Klagen vorzubeugen (BÖCKLI, § 16 N 125).

V. Zuständigkeit

12 Die Anfechtungsklage richtet sich gegen die Gesellschaft. Damit ist die **örtliche Zuständigkeit** des Richters am **Gesellschaftssitz** (Art. 626 Ziff. 1) gegeben (Art. 3 Abs. 1 lit. b GestG). Die **sachliche Zuständigkeit** bestimmt sich nach Massgabe der im konkreten Fall anwendbaren kantonalen Prozessordnung (ZK-BÜRGI, Art. 706 N 65 f.).

VI. Einspracheverfahren und vorsorgliche Massnahmen

13 Eine wesentliche Funktion erfüllt die registerrechtliche Einsprache nach **Art. 162 ff. HRegV** (vgl. zur entsprechenden Regelung in Art. 32 Abs. 2 aHRegV etwa KUNZ, Klagen, 168; VOCK, 187 und aus der Rechtsprechung BGE 133 III 368 ff. und VGer ZH, REPRAX 2007, 46 ff.). Soll verhindert werden, dass ein anfechtbarer GV-Beschluss auf Anmeldung durch den VR hin im Handelsregister eingetragen wird, bevor der Anfechtungsprozess entschieden ist, und damit ein Rechtszustand geschaffen wird, der nur schwer wieder rückgängig zu machen wäre, kann die Eintragung im Handelsregister durch einen schriftlichen Einspruch nach Art. 162 Abs. 1 HRegV vorläufig verhindert werden. Auf Einsprache hin wird die Eintragung ins Tagesregister vorläufig nicht vorgenommen. Damit die Eintragung nicht erfolgt, muss der Einsprecher dem Handelsregisteramt innert zehn Tagen nachweisen, dass er dem Gericht ein Gesuch um Erlass einer vorsorglichen Massnahme gestellt hat (insofern bewirkt der Einspruch eine provisorische Sperre von zehn Tagen). Unterbleibt dieser Nachweis der Gesuchseinreichung oder hat das Gericht das Gesuch um Erlass einer vorsorglichen Massnahme rechtskräftig abgelehnt, nimmt das Handelsregister die Eintragung vor. Wird das Gesuch hingegen gutgeheissen, ersetzt die vorsorgliche Verfügung des Richters die vorläufige Sperrung durch den Handelsregisterführer.

Gemäss dem neuen BGG können Entscheide im kantonalen Massnahmeverfahren lediglich dann mittels Einheitsbeschwerde angefochten werden, falls sie ein Verfahren im Sinne eines Endentscheides abschliessen oder, wenn sie als selbständige Zwischenentscheide ergehen, falls ein nicht wieder gutzumachender Nachteil droht (vgl. hierzu Rechtsprechung unter dem OG: BGE 97 I 481, 486 ff.). 14

Art. 706b

VIII. Nichtigkeit Nichtig sind insbesondere Beschlüsse der Generalversammlung, die:

1. das Recht auf Teilnahme an der Generalversammlung, das Mindeststimmrecht, die Klagerechte oder andere vom Gesetz zwingend gewährte Rechte des Aktionärs entziehen oder beschränken;

2. Kontrollrechte von Aktionären über das gesetzlich zulässige Mass hinaus beschränken oder

3. die Grundstrukturen der Aktiengesellschaft missachten oder die Bestimmungen zum Kapitalschutz verletzen.

VIII. Nullité Sont nulles en particulier les décisions de l'assemblée générale qui:

1. suppriment ou limitent le droit de prendre part à l'assemblée générale, le droit de vote minimal, le droit d'intenter action ou d'autres droits des actionnaires garantis par des dispositions impératives de la loi;

2. restreignent les droits de contrôle des actionnaires davantage que ne le permet la loi ou

3. négligent les structures de base de la société anonyme ou portent atteinte aux dispositions de protection du capital.

VIII. Nullità Sono nulle in particolare le deliberazioni dell'assemblea generale che:

1. sopprimono o limitano il diritto di partecipare all'assemblea generale, il diritto di voto minimo, il diritto di proporre azione o altri diritti degli azionisti garantiti imperativamente dalla legge;

2. limitano i diritti di controllo degli azionisti oltre la misura ammessa dalla legge; o

3. non rispettano le strutture fondamentali della società anonima o violano le disposizioni sulla protezione del capitale.

I. Allgemeines

Das Aktienrecht von 1936 regelte die Anfechtbarkeit von GV-Beschlüssen, nicht ausdrücklich jedoch die Nichtigkeit. Mit der **Revision des Aktienrechts von 1991** wurde in Art. 706b auch die Nichtigkeit von GV-Beschlüssen gesetzlich geregelt (und gemäss Art. 714 gelten für VR-Beschlüsse die gleichen Nichtigkeitsgründe sinngemäss; vgl. dazu RHEIN; ZK-HOMBURGER, Art. 714 passim; SJ 2000, 437 ff.). Da jedoch bereits im alten Aktienrecht zwischen nichtigen und anfechtbaren GV-Beschlüssen unterschieden wurde und die Absicht des Gesetzgebers 1991 darin bestand, die geltende Rechtslage zu kodifizieren, ist die ältere Rechtsprechung unbestrittenermassen für die Auslegung von Art. 706b zu beachten. 1

Die **Rechtsprechung unter dem Aktienrecht von 1936** nahm die Abgrenzung zwischen Anfechtbarkeit und Nichtigkeit im Wesentlichen wie folgt vor: Ein GV-Beschluss 2 war anfechtbar, wenn er gegen die Statuten oder gegen zwingende oder dispositive Gesetzesvorschriften verstiess, die lediglich dem Schutz der privaten Interessen der einzelnen Aktionäre dienten (BGE 80 II 271, 275). Nichtigkeit lag hingegen vor, wenn ein Beschluss gegen die Grundstruktur der AG verstiess oder mit Rechtssätzen, die dem Schutz der Gläubiger oder der Wahrung von öffentlichen Interessen dienten, unvereinbar war (BGE 86 II 88). Nichtigkeit sollte ebenfalls vorliegen, wo ein GV-Beschluss «unmöglich oder widerrechtlich [«contrario alle leggi»] ist oder gegen die guten Sitten oder gegen das Recht der Persönlichkeit verstösst» (BGE 93 II 33 = Pra 1967, 369, E. 3; vgl. auch BGE 114 II 68, 70 f.). Mit Blick auf Mängel im Zustandekommen wurde festgehalten, nichtig seien «alle von einer gar nicht in gültiger Weise zustande gekommenen bzw. beschlussunfähigen Generalversammlung gefassten Beschlüsse, sei es, dass nur ein Teil der Aktionäre eingeladen, dass die Generalversammlung von einer unzuständigen Stelle einberufen worden ist oder dass Nichtaktionäre an der Beschlussfassung entscheidend mitgewirkt haben» (BGE 115 II 473; vgl. aber Art. 691 Abs. 3, der in der Revision von 1991 nicht geändert wurde).

3 Wie die vorstehende Zusammenfassung erahnen lässt, bereitete die tatbeständliche Abgrenzung zwischen anfechtbaren und nichtigen GV-Beschlüssen erhebliche Schwierigkeiten (KOLLER, 53; Hinweise zu Auffassungen in der Lehre bei KUNZ, Minderheitenschutz, § 12 N 189). Der Gesetzgeber hat die Unklarheiten mit der Aktienrechtsrevision 1991 nicht beseitigt, sondern eher verschlimmert (krit. auch DRUEY, 146; FORSTMOSER/MEIER-HAYOZ/NOBEL, § 25 N 87). **Wortlaut und Gliederung von Art. 706b** sind **irreführend,** da sie einerseits grundlegende Unterscheidungen bei den Beschlussmängeln ausser Acht lassen und andererseits ohne ersichtlichen Grund einzelne Fälle der Nichtigkeit erwähnen und andere verschweigen. Die neuere Lehre löst sich denn auch in der Abgrenzung der Nichtigkeitstatbestände weitgehend vom Gesetzestext, was vom ausdrücklich nicht abschliessenden Charakter der Aufzählung («insbesondere») erleichtert wird.

3a Im Verhältnis zu allgemeinen Bestimmungen des Zivilrechts, die aufgrund von Art. 7 ZGB grundsätzlich auch im Aktienrecht (analoge) Anwendung finden, ist Art. 706b als **nicht exkl. Spezialnorm** zu betrachten (FORSTMOSER/MEIER-HAYOZ/NOBEL, § 25 N 91 FN 88; vgl. auch DRUEY, 148): GV-Beschlüsse, die einen unmöglichen oder unsittlichen Inhalt haben, können aufgrund von Art. 20 OR nichtig sein; solche, die eine übermässige Bindung der Gesellschaft oder der Mitglieder bewirken, aufgrund von Art. 27 ZGB (vgl. BGE 93 II 30, 33); für die Missachtung einer gesetzlich vorgeschriebenen Form (des Beschlusses selbst; etwa der öffentlichen Beurkundung, z.B. Art. 647 Abs. 1) gilt schliesslich Art. 11 Abs. 2 OR (RIEMER, N 259, 282 ff.; vgl. ZK-BÜRGI, Art. 706 N 12; FORSTMOSER/MEIER-HAYOZ/NOBEL, § 25 N 117; BGE 93 II 35 ff.: Nichtigkeit wegen Nichtaufnahme einer Leistungspflicht des Genossenschafters in die Statuten; vgl. aber auch KGer FR, RFJ/FZR 1999, 49).

II. Nichtigkeit und ihre Geltendmachung

4 Nichtige GV-Beschlüsse sind **von Anfang an unwirksam;** sie werden vom Recht als überhaupt nicht zustande gekommen betrachtet (ZK-BÜRGI, Art. 706 N 15; allgemein zur Bedeutung DRUEY, 142 ff.; für eine Relativierung ZK-HOMBURGER Art. 714 N 400 ff.). Die Nichtigkeit ist nachträglich nicht heilbar (relativierend nun BGer v. 2.2.2006, 5C.143/2005, E. 2: «Das Rechtssicherheitsgebot sowie der Grundsatz von Treu und Glauben gebieten, dass der Zeitablauf je nach der konkreten Situation selbst den Makel der Nichtigkeit zu «heilen» vermag.»; vgl. auch ZK-TANNER, Art. 706b

N 186 ff.). Demgegenüber sind anfechtbare GV-Beschlüsse gültig und bleiben es, sofern sie nicht rechtzeitig und erfolgreich angefochten werden (vgl. Art. 706 N 24 ff.).

Nichtigkeit eines GV-Beschlusses kann inzident, durch Einwendung in einem beliebigen Verfahren, oder selbständig durch Feststellungsklage geltend gemacht werden und muss zudem von Amtes wegen beachtet werden (BGE 100 II 384, 387). Betroffen sind v.a. die **Gerichte,** aber auch das Handelsregister, sofern der Beschluss an einem Mangel leidet, der ihn *eindeutig* als nichtig erscheinen lässt (BGE 114 II 68, 70 f.). Der Richter kann in analoger Anwendung von Art. 20 Abs. 2 den GV-Beschluss ganz oder auch nur teilweise für nichtig erklären (BGE 84 II 550 = Pra 1959, 92), aber nicht ergänzen (vgl. Art. 706 N 25).

Die Geltendmachung der Nichtigkeit ist grundsätzlich an **keine (Verwirkungs-)Frist** gebunden (relativierend nun BGer v. 2.2.2006, 5C.143/2005, E. 2). Sie kann grundsätzlich von **jedermann,** der ein Interesse daran hat, jederzeit geltend gemacht werden; eine Grenze setzt nur der Vorbehalt des offenbaren Rechtsmissbrauchs (Art. 2 Abs. 2 ZGB). Die Nichtigkeit kann im Gegensatz zur Anfechtbarkeit auch von einem Gläubiger oder von Dritten (z.B. Genussscheininhaber, Fiskus, Konkurrenten) geltend gemacht werden, wobei allerdings die Feststellungsklage ein schutzwürdiges Interesse an der Feststellung der Nichtigkeit voraussetzt (BGE 115 II 468, 473; BÖCKLI, § 16 N 156).

Die dargestellten Eigenheiten der Nichtigkeitsfolge können zu einer enormen **Rechtsunsicherheit** führen, weil jeder gesellschaftliche Willensbildungsakt noch nach Jahr und Tag potentiell den gravierenden Folgen der anfänglichen Unwirksamkeit ausgesetzt ist. Aus Gründen der Verkehrssicherheit wird daher in der Lehre verlangt, dass sich die Gerichte hier Zurückhaltung auferlegen (BÖCKLI, § 16 N 157; Botschaft AG, 883; VON GREYERZ, 194 f.). Dies bedeutet zugleich, dass die Rechtsfolge auf den Tatbestand zurückwirkt, indem die Nichtigkeitstatbestände immer mit Blick auf die Nichtigkeitsfolge ausgelegt und angewendet werden sollen (vgl. DRUEY, 136); diesem Aspekt der Rechtsanwendung kommt dann besondere Bedeutung zu, wenn die Rückabwicklung einen bereits vollzogenen Beschlusses Folge der Nichtigkeit wäre (s. BGer v. 2.2.2006, 5C.143/2005, E. 2). Mehr noch als generelle richterliche Zurückhaltung dienen der Rechts- und Verkehrssicherheit indessen klare Kriterien. Die Entscheidung über Nichtigkeit oder blosse Anfechtbarkeit generell als Frage der richterlichen Interessenabwägung im Einzelfall zu sehen (so wohl FORSTMOSER/MEIER-HAYOZ/NOBEL, § 25 N 87) oder etwa auf eine allmähliche, einzelfallweise Klärung der offenen Fragen durch die Rechtsprechung warten zu wollen, ist daher problematisch; die Lehre und – soweit sie dazu Gelegenheit erhält – die Rechtsprechung sollten vielmehr versuchen, die Tatbestände der Nichtigkeit in einer Weise einzugrenzen, die die richterliche Entscheidung voraussehbar macht.

III. Tatbestände der Nichtigkeit

1. Überblick

Die neuere Lehre betont zu Recht, dass einerseits bei der Annahme von Fällen der Nichtigkeit Zurückhaltung angebracht (BÖCKLI, § 16 N 157 und 163; FORSTMOSER/ MEIER-HAYOZ/NOBEL, § 25 N 86) und dass andererseits die Bestimmung der Tatbestände der Nichtigkeit mit Blick auf die Nichtigkeitsfolge vorzunehmen ist (DRUEY, 136). Diese Vorgaben führen zum *Grundsatz der Subsidiarität der Nichtigkeitsfolge,* wonach die Nichtigkeit von GV-Beschlüssen jedenfalls nur dort anzunehmen ist, wo ihre blosse Anfechtbarkeit (oder gar die Unbeachtlichkeit des Mangels) aus spezifischen

Gründen keine genügende Sanktion darstellen würde (in der Tendenz findet sich dieser Ansatz wohl in BGer v. 2.2.2006, 5C.143/2005, E. 2, wobei dieser Entscheid eine Stockwerkeigentümerschaft betrifft): etwa weil diejenigen, deren gesetzlich geschützte Interessen vom Mangel betroffen werden, zur Anfechtung nicht berechtigt sind; weil das Gesetz, indem es zwingendes Recht statuiert, die grundsätzliche Geltung bestimmter Regeln der Disposition der dadurch Begünstigten entziehen will; oder weil der in Frage stehende Mangel selbst eine Anfechtung gerade vereitelt. In Anwendung dieser Kriterien können primär **zwei «echte» Tatbestände der Nichtigkeit von GV-Beschlüssen** identifiziert werden, die Art. 706b ganz oder bruchstückhaft anspricht: Nichtig sind erstens Beschlüsse der GV, die für die Gesellschaft *Recht zu setzen vorgeben,* das zwingendem Gesetzesrecht widerspricht (insb. in der Form von Statutenbestimmungen; dazu N 8b). Zweitens macht die Verletzung von Gesetzesbestimmungen einen Beschluss nichtig, die den *Kapitalschutz* bezwecken, sofern im Einzelfall auch tatsächlich gesperrte Teile des Eigenkapitals der Gesellschaft angetastet werden (dazu N 16 f.). Eine dritte, gewissermassen **unechte Fallgruppe** der Nichtigkeit von GV-Beschlüssen liegt vor, wo bei richtiger Betrachtung überhaupt keine GV stattgefunden hat oder kein Beschluss gefasst wurde (dazu N 17 ff.).

8a Bei der Diskussion der Nichtigkeit von GV-Beschlüssen ist auch zu bedenken, dass die GV ein **Organ der AG** ist und rechtlich in jedem Fall nicht mehr tun kann, als deren Willen festzulegen (und in speziellen Fallgestaltungen gegen aussen zu erklären). Fasst die GV somit einen Beschluss zu einem Gegenstand, für den es auf den Willen der Gesellschaft gar nicht ankommt (wie wenn etwa die GV einer AG die Absetzung des VR einer anderen AG – oder des Bundesrates – beschliessen würde; ferner gehört hierher wohl das Bsp. von FORSTMOSER/MEIER-HAYOZ/NOBEL, § 25 N 113: Verpflichtung eines Exekutivorgans der Gesellschaft zu deliktischem Verhalten), so bleibt der Beschluss ohne rechtliche Wirkung. Vergleichbar liegen die Dinge, wenn die GV über einen Gegenstand beschliesst, der zwar die Gesellschaft betrifft, aber in die **Kompetenz eines anderen Organs** fällt, etwa in den Bereich der unentziehbaren Aufgaben des VR. Auch in diesem Fall wäre die Annahme der rechtlichen Unbeachtlichkeit des GV-Beschlusses konsequent, denn ihre Abstimmungen vermögen nur in denjenigen Bereichen einen der Gesellschaft zuzurechnenden Willen zu bilden, für die das Gesetz es vorsieht (für Nichtigkeit etwa BERTSCHINGER, Arbeitsteilung und aktienrechtliche Verantwortlichkeit, Zürich 1999, N 250; RIEMER, N 281 m.H. zur schwankenden Rechtsprechung; z.T. wird bei Unzuständigkeit auch eine Missachtung der Grundstrukturen i.S.v. Ziff. 3 angenommen). Dies ist jedoch umstritten (für blosse Anfechtbarkeit BGE 100 II 387; FORSTMOSER/MEIER-HAYOZ/NOBEL, § 25 N 22, vgl. aber N 127).

8b Wohl der wichtigste Fall der Nichtigkeit von GV-Beschlüssen, der im Gesetzestext aber nicht hinreichend zum Ausdruck kommt (und durch die Erwähnung [nur] der zwingend gewährten *Aktionärsrechte* in Ziff. 1 und 2 sowie die Verweisung auf die «Grundstrukturen der Aktiengesellschaft» in Ziff. 3 eher verschleiert wird; vgl. N 9 ff.), liegt darin begründet, dass die Gesellschaft und damit auch die GV als Organ ihrer Willensbildung nicht in der Lage sind, verbandsinternes **Recht zu setzen, das im Widerspruch zu zwingenden Gesetzesbestimmungen** steht. Ein Beschluss, mit dem die GV nicht nur eine konkrete Rechtshandlung vornimmt (Wahl, Genehmigung, Entlastung etc.), sondern für die Zukunft gesellschaftsinternes Recht zu schaffen vorgibt, ist daher im Falle des Verstosses gegen zwingendes Gesetzesrecht insoweit immer nichtig. Es bedarf hier weder einer besonderen Eigenschaft der verletzten Gesetzesnorm (ausser ihrem zwingenden Charakter; etwa dass sie die «Grundstrukturen» der Gesellschaft beträfe oder öffentlichen Interessen diente) noch eines irgendwie qualifizierten Verstosses dagegen (RIEMER, N 288; für Nichtigkeit in diesen Fällen «in der Regel» auch FORSTMOSER/MEIER-

HAYOZ/NOBEL, § 25 N 108). Die Nichtigkeit folgt direkt aus der zwingenden Natur der Gesetzesbestimmung (und damit indirekt aus den Motiven, die den Gesetzgeber bewogen haben, die Regel als zwingend zu bezeichnen): Es wäre damit nicht vereinbar, wenn die Aktionäre einer Gesellschaft sie durch Beschlussfassung in der GV und Verstreichenlassen der Anfechtungsfrist eben doch für ihre Gesellschaft dauerhaft ausser Kraft setzen könnten. Der Anwendungsbereich dieses Nichtigkeitsgrundes umfasst in erster Linie Beschlüsse, die eigentliche generell-abstrakte Regeln statuieren, wofür das wichtigste Bsp. der Erlass von Statutenbestimmungen ist (FORSTMOSER/MEIER-HAYOZ/NOBEL, § 25 N 108 ff.; RIEMER, N 288). Allerdings stellt sich die Frage, ob nicht auch Beschlüsse mit durchaus konkretem Inhalt erfasst sein müssten (etwa der Beschluss, dass die nächste ordentliche GV auf bloss 10-tägige Frist einberufen werden könne), sofern nur die Rechtslage mit Wirkung für die Zukunft geändert werden soll. Grenzfälle sind jedenfalls nicht ausgeschlossen (etwa im Bereich der Gestaltung des Grundkapitals).

2. Entzug oder Beschränkung von gesetzlich zwingend gewährten Aktionärsrechten (Ziff. 1)

Der Entzug oder die Beschränkung von gesetzlich zwingend gewährten Aktionärsrechten (Ziff. 1 a.E.) erfasst als Teil-Generalklausel auch alle übrigen in Ziff. 1 und 2 genannten Fälle der Nichtigkeit. Beispielhaft genannt werden in Ziff. 1 das Recht des Aktionärs auf Teilnahme an der GV (Art. 689 Abs. 1), das Mindeststimmrecht (Art. 692 Abs. 2) sowie die Klagerechte; diese Aufzählung ergänzt Ziff. 2 durch die Nennung der Kontrollrechte. Das Ganze bildet einen Anwendungsfall des Nichtigkeitstatbestandes der **Rechtsetzung** im Konflikt zu zwingendem Gesetzesrecht (oben N 8b; vgl. BÖCKLI, § 16 N 158; Botschaft AG, 882, für Beschränkungen des Teilnahmerechts: «dauernd und generell ... beschränken»). Werden gesetzliche Aktionärsrechte (seien sie zwingend oder dispositiv, Individual- oder Gruppenrechte) hingegen durch einen Beschluss im Einzelfall verletzt, sei es bezüglich seines Inhaltes oder seines Zustandekommens (ein Aktionär wird z.B. von der Teilnahme an der GV ausgeschlossen, eine Stimme nicht gezählt, ein Bezugsrecht im konkreten Fall in unzulässiger Weise entzogen etc.), so stellt sich *unter diesem Aspekt* nur die Frage der Anfechtbarkeit, nicht die der Nichtigkeit (DRUEY, 147; **a.A.** FORSTMOSER/MEIER-HAYOZ/NOBEL, § 25 N 115; ZK-HOMBURGER, Art. 714 N 351; vgl. aber N 19 f.). 9

Obwohl das in Ziff. 1 genannte Recht des Aktionärs auf Teilnahme an der GV (Art. 689 Abs. 1) eng mit dem Recht auf Vertretung in der GV (Art. 689 Abs. 2) zusammenhängt, soll gemäss der Botschaft von 1983 eine ungerechtfertigte Beschränkung der Vertretungsrechte nur zur Anfechtbarkeit führen (Botschaft AG, 882). Dies ist abzulehnen; es gelten vielmehr für das **Vertretungsrecht** dieselben Grundsätze wie für das Teilnahmerecht: Ein genereller Entzug ist nichtig (FORSTMOSER/MEIER-HAYOZ/NOBEL, § 25 N 94), die Verletzung im Einzelfall ist hingegen ein Fall der Anfechtbarkeit. 10

Infolge Verstosses gegen gesetzlich zwingend gewährte Rechte des Aktionärs nichtig sind auch statutarische Bestimmungen, welche Aktionäre in der **freien Stimmabgabe** oder die GV in der freien Beschlussfassung beschränken wollen, etwa indem gewisse Beschlüsse – vorbehalten bleiben Fälle, in denen der GV von Gesetzes wegen oder aufgrund der Statuten nur die Genehmigungskompetenz zusteht – nur auf Antrag des VR sollen gefasst werden können (BÖCKLI, § 16 N 161). Verpflichtungen solcher Art können nach wie vor durch einen ABV, der aber grundsätzlich nur obligatorische Wirkung (inter partes) hat, eingegangen werden (Botschaft AG, 882). 11

Note 12 entfällt

3. Unzulässige Beschränkung der gesetzlichen Kontrollrechte (Ziff. 2)

13 Rechtsetzende GV- Beschlüsse (vgl. N 8b f.) betreffend Beschränkungen der **Kontrollrechte** des Aktionärs sind nichtig, sofern sie das gesetzlich zulässige Mass überschreiten. Unter die Kontrollrechte fallen namentlich das Recht auf **Bekanntgabe des Geschäftsberichts** (Art. 696), das Recht auf **Auskunft und Einsicht** (Art. 697) sowie das Recht auf Einsetzung eines **Sonderprüfers** (Art. 697a ff.).

13a Zu den Kontrollrechten des Aktionärs in einem weiteren Sinne zählen auch andere der GV gegenüber dem VR zustehende Aufsichtsinstrumente. Der Nichtigkeitsfolge unterliegt etwa eine Statutenbestimmung, die eine Abberufung des VR während der Amtsperiode ausschliesst oder die Décharge an den VR als erteilt erklärt, wenn nicht eine qualifizierte Mehrheit gegen die Entlastung stimmt (zu diesen und weiteren Fällen BÖCKLI, § 16 N 168).

4. Missachtung der Grundstrukturen der AG und Verletzung der Bestimmungen zum Kapitalschutz (Ziff. 3)

a) Allgemeines

14 Ziff. 3 wurde erst spät in den parlamentarischen Beratungen auf Vorschlag der ständerätlichen Kommission ins Gesetz eingeführt (AmtlBull StR 1988, 512). Die von dieser Vorschrift erfassten Nichtigkeitstatbestände können dennoch nicht als Neuschöpfung des Gesetzgebers bezeichnet werden, vielmehr hat die Aktienrechtsrevision 1991 versucht, die bisherige Lehre und Rechtsprechung zu kodifizieren (vgl. ZK-BÜRGI, Art. 706 N 8 ff.).

b) Missachtung der Grundstrukturen der AG

15 Die Missachtung der «Grundstrukturen» der AG ist nach der hier vertretenen Auffassung, wie bereits die Tatbestände von Ziff. 1 und 2, als Sonderfall des Nichtigkeitsgrundes der gegen zwingendes Gesetzesrecht verstossenden **Rechtsetzung** (N 8b) zu verstehen. Gesetzesverletzungen im Einzelfall führen demgegenüber nur zur Anfechtbarkeit, auch wenn die verletzte Norm die Grundstruktur der Gesellschaftsform betrifft (**a.A.** BÖCKLI, § 16 N 158, obschon wohl alle seine Bsp. in N 168 Fälle der Rechtsetzung sind). Diese Auslegung rechtfertigt sich insb. deshalb, weil abgesehen von der in Ziff. 3 separat erwähnten Verletzung von Kapitalschutzvorschriften Fälle einer Verletzung schutzwürdiger Drittinteressen durch eine gesetzwidrige Willensbildung der AG im Einzelfall kaum vorstellbar sind (vgl. etwa die Bsp. bei RIEMER, N 291, die u.E. allesamt entweder anderen Ungültigkeitsgründen zugeordnet werden können – vgl. z.B. N 3a und 8b –, oder aber keine Nichtigkeit rechtfertigen). Die Grundstruktur der AG verletzen würden etwa die Einführung eines einseitigen Rechts auf Rückruf von Aktien durch den VR, die Einführung einer Nachschusspflicht oder einer persönlichen Haftung des Aktionärs (Art. 620 Abs. 2 i.V.m. Art. 680 Abs. 1), die Ausgabe von nennwertlosen Aktien (Art. 622 Abs. 4), die Einführung des Stimmrechts für Partizipanten (Art. 656c Abs. 1), die Zulassung der Urabstimmung, (allgemein) von Zirkularbeschlüssen der Aktionäre oder die Übertragung aller Aufgaben der GV auf den VR (Art. 698 Abs. 2), die Abschaffung der RS oder des VR (vgl. weitere Anwendungsfälle bei BÖCKLI, § 16 N 168; zum Recht vor 1992: ZK-BÜRGI, Art. 706 N 8 f.; VON GREYERZ, 195).

c) Verletzung der Bestimmungen zum Kapitalschutz

Im Gegensatz zu den anderen in Art. 706b genannten Fällen der Nichtigkeit erfasst derjenige der Verletzung von Kapitalschutzbestimmungen nicht nur rechtsetzende GV-Beschlüsse (vgl. N 8b), sondern **auch** solche, die **im Einzelfall** gesetzwidrige Anordnungen treffen oder in Verletzung des Gesetzes zustandekommen. Kapitalschutzbestimmungen sind etwa klarerweise verletzt im Falle einer Unterpari-Emission (Art. 624) oder der Rückgewähr von einbezahltem AK (Art. 680 Abs. 2; weitere Anwendungsfälle bei BÖCKLI, § 16 N 171 ff.; zur altrechtlichen Ordnung ZK-BÜRGI, Art. 706 N 8 f.; VON GREYERZ, 195). Ausdrücklich als nichtig bezeichnet wird vom Gesetz ferner ein Beschluss über die Genehmigung der Jahresrechnung (und allenfalls der Konzernrechnung) sowie über die Verwendung des Bilanzgewinns, wenn kein Revisionsbericht vorliegt (Art. 731 Abs. 3).

16

Das Problem dieses Nichtigkeitsgrundes liegt in der Auslegungsbedürftigkeit des Begriffs der **«Bestimmungen zum Kapitalschutz»**. Sind nur Bestimmungen erfasst, die spezifisch den Schutz des *Grundkapitals* der Gesellschaft im Auge haben (wie insb. Art. 680 Abs. 2; so FORSTMOSER/MEIER-HAYOZ/NOBEL, § 25 N 98 f., § 50 N 130; vgl. aber auch die extensive Auslegung dieser Bestimmung bei MÜLLER, Der Schutz der Aktiengesellschaft vor unzulässigen Kapitalentnahmen, Bern 1997, 55 f.), oder geht es um den Schutz ihres Vermögens und damit ihres Kapitals schlechthin, so dass etwa ein Dividendenbeschluss bei Fehlen einer gesetzlichen Voraussetzung stets nichtig wäre (so grundsätzlich BÖCKLI, § 12 N 547, § 16 N 172, allerdings nur «in gravierenden Fällen», und i.E. MÜLLER, a.a.O.)? Der Grund für die ausnahmsweise Statuierung der Nichtigkeit von nicht-rechtsetzenden Beschlüssen, dass nämlich auch die Interessen der (nicht anfechtungsberechtigten) Gläubiger betroffen sind, indiziert an sich eine Beschränkung auf den Schutz derjenigen Kapitalquoten, die der Verfügung der Aktionäre entzogen sind: des Grundkapitals und der gesetzlichen Reserven (soweit diese einem Ausschüttungsverbot unterliegen). Andererseits besteht aber das Problem, dass bestimmte Vorschriften des Aktienrechts mit dem Vermögen der Gesellschaft im Allgemeinen automatisch auch das Grundkapital schützen, und Art. 731 Abs. 3 bildet ein Indiz dafür, dass der Gesetzgeber solche Vorschriften mit dem Nichtigkeitsgrund miterfassen wollte. Dem Dilemma ist nach der hier vertretenen Auffassung dadurch zu begegnen, dass zwar grundsätzlich alle dem Vermögensschutz dienenden Bestimmungen als «Bestimmungen zum Kapitalschutz» in den Blick genommen werden, bei den nicht spezifisch grundkapitalbezogenen Vorschriften aber eine Verletzung nur zur Nichtigkeit führen kann, wenn im konkreten Fall das Grundkapital und die gesperrten gesetzlichen Reserven tatsächlich beeinträchtigt wurden (vgl. auch FORSTMOSER/MEIER-HAYOZ/NOBEL, § 25 N 100, und ZK-HOMBURGER, Art. 714 N 398).

16a

5. Formelle Mängel

Die im Gesetz ausdrücklich genannten Nichtigkeitsgründe beschlagen primär inhaltliche Mängel des GV-Beschlusses (vgl. immerhin N 16). Auch schwerwiegende **Mängel in seinem Zustandekommen** («formelle Mängel») können indessen zur Nichtigkeit eines GV-Beschlusses führen (BÖCKLI, § 16 N 174). Diese Nichtigkeit aus formellen Gründen wird teilweise unterschieden vom Falle eines Schein- oder Nichtbeschlusses, dem Sachverhalt also, dass von vornherein kein GV-Beschluss vorliegt, weil entweder gar keine GV im Rechtssinne zustande gekommen ist oder anlässlich einer solchen ein Beschluss nicht gefasst wurde (FORSTMOSER/MEIER-HAYOZ/NOBEL, § 25 N 117; vgl. auch BGer v. 5.6.2007, 4P.331/2006, E. 4.2.3; zum Nichtzustandekommen einer GV wegen Einberu-

17

fungsmängeln eingehend STUDER, 115 ff.; vgl. auch ZK-BÜRGI, Art. 706 N 11; KOLLER, 53 f.). Ein formeller Mangel der Beschlussfassung i.w.S. liegt auch vor, wenn echte Beschlussvoraussetzungen nicht erfüllt sind; auch diesfalls liegt ein Nichtbeschluss vor (s. zu den Beschlussvoraussetzungen DUBS, FS Böckli, 445 ff.).

18 Wie bei inhaltlichen Mängeln wird auch bei einer Verletzung von Form- und Verfahrensvorschriften in **Lehre und Rechtsprechung** (zu Recht) der Grundsatz statuiert, dass die Nichtigkeit (oder der Schein- oder Nichtbeschluss) die Ausnahme und die Anfechtbarkeit die Regel ist (BGE 115 II 468, 473 f.; BÖCKLI, § 12 N 110; ZK-BÜRGI, Art. 706 N 11 f.; RIEMER, N 270; anders noch BGE 93 II 35; OGer ZH, ZR 1982, 44 f.). Aus formellen Gründen als nichtig beurteilt wurden etwa Beschlüsse, die an einer «GV» gefasst wurden, von der ein Teil der Aktionäre mangels Kenntnisnahme von einer in anderer als der statutarisch vorgeschriebenen Form erfolgten *Einberufung* nicht wussten (Publikation statt Brief; OGer ZH, SAG 1969, 213; gemäss STUDER, 124 f., liegt keine GV vor, wenn nicht alle Aktionäre und nötigenfalls Partizipanten eingeladen wurden) oder die nicht vom *zuständigen Organ* einberufen wurde (BGE 71 I 388, i.c. Vereinsversammlung; krit. DRUEY, 148; differenzierend STUDER, 122 f.). Nach einer umstrittenen Lehrmeinung soll die Nichteinhaltung der gesetzlichen *Mindest-Einberufungsfrist* von 20 Tagen (Art. 700 Abs. 1) zur Nichtigkeit der gefassten Beschlüsse führen (BÖCKLI, § 12 N 111, 1924; STUDER, 127; **a.A.** FORSTMOSER/MEIER-HAYOZ/NOBEL, § 25 N 93; ZK-HOMBURGER, Art. 714 N 357; vgl. auch KGer GR, PKG 1993, 14 f. betr. Versammlung der Stockwerkeigentümer). Während es grundsätzlich nur zu Anfechtbarkeit führen soll, wenn der gefasste Beschluss nicht oder unzureichend *traktandiert* war (BGer, SAG 1939/40, 178 f.; ZR 1998, 118; BÖCKLI, § 12 N 92; vgl. auch BGE 114 II 199; 103 II 141 ff.; offen gelassen in BGE 78 III 47; **a.A.** STUDER, 133 f.), wird für den Fall eines völligen Fehlens von Traktanden in der Einladung (wie auch von *Ort und Zeit;* vgl. aber BGer, SAG 1939/40, 178 f.) Nichtigkeit erwogen (BÖCKLI, § 12 N 112; ZK-HOMBURGER, Art. 714 N 352b; RIEMER, N 271). Dies erscheint inkonsistent, ist doch der Mangel im letzteren Fall für den Empfänger der Einladung immerhin ersichtlich und damit die fristgerechte Anfechtung der Beschlüsse möglich, wogegen im ersteren Fall der an der GV nicht teilnehmende Empfänger die Frist u.U. ahnungslos wird verstreichen lassen. Keine GV-Beschlüsse und daher unwirksam sind in einem *Zirkulationsverfahren* gefasste Beschlüsse (BGE 67 I 347; ZK-TANNER, Art. 689 N 67). Die Ansicht hingegen, Beschlüsse einer *Universalversammlung* seien ohne weiteres nichtig, wenn nicht alle Aktien anwesend oder vertreten waren (OGer ZH, ZR 1982, 44; anders aber BGE 86 II 95, 97: anfechtbar; vgl. auch BGE 114 II 71) geht zu weit – es liegt dann einfach keine Universalversammlung im Rechtssinne (mehr) vor, je nach den Umständen aber evtl. immer noch eine GV mit nur zur Anfechtbarkeit ihrer Beschlüsse führenden Mängeln. Abzulehnen ist die Nichtigkeitsfolge auch dort, wo das für einen Beschluss erforderliche *Quorum* nicht erreicht wurde (vgl. Art. 706 N 2a: die Verkündung konstituiert den GV-Beschluss, auch wenn sie auf einem Fehler beruht; anders BGE 78 III 43; RIEMER, N 277 m.w.H.; i.E. auch TANNER, 195 ff., 198 f.: negativer Beschluss; wie hier aber BGE 86 II 88; 80 II 278; KGer FR, FZR/RFJ 1999, 48 ff. für die Genossenschaft). Für weitere diskutierte Anwendungsfälle der Nichtigkeit vgl. FORSTMOSER/MEIER-HAYOZ/NOBEL, § 25 N 118 ff.; BÖCKLI, § 16 N 174.

19 Ob neben dem Tatbestand des Schein- oder Nichtbeschlusses (vgl. N 17) überhaupt noch Fälle der Nichtigkeit aus formellen Gründen anzuerkennen sind, erscheint zweifelhaft (vgl. auch FORSTMOSER/MEIER-HAYOZ/NOBEL, § 25 N 117, mit dem Vorschlag, für die Rechtsanwendung auf die Unterscheidung zu verzichten). Eine solche Kategorie ist jedenfalls dann wohl entbehrlich, wenn nicht traktandierte Beschlüsse als Nichtbe-

schlüsse behandelt werden, indem Art. 700 Abs. 3 als entsprechende *gesetzliche Fiktion* gelesen wird. Damit ist allerdings noch nicht viel gesagt, denn auf welche (anderen) Fälle das Verdikt der «Nicht-GV» und demzufolge des Scheinbeschlusses oder des «Nicht-Beschlusses» passt, ist wiederum eine **schwierige Wertungsfrage.**

Nach dem Grundsatz, dass keine unheilbare Unwirksamkeit anzunehmen ist, wo die befristete Anfechtbarkeit als genügende Sanktion erscheint (oben N 8; **Grundsatz der Subsidiarität** der Nichtigkeitsfolge), muss ein grundlegendes Kriterium darin liegen, ob ein bestimmter Mangel im Zustandekommen des Beschlusses gerade dessen rechtzeitige Anfechtung durch einen Aktionär vereitelt. Dies kann der Fall sein, weil einem Aktionär die Abhaltung einer Zusammenkunft von Aktionären gar nicht zur Kenntnis kommt; weil er keinen Anlass hat, darin eine GV und in den Ergebnissen daher taugliche Objekte für eine Anfechtungsklage zu erblicken; oder weil er mit der Beschlussfassung über bestimmte Gegenstände an einer bestimmten GV nicht rechnen musste (vgl. Art. 700 Abs. 3). Entgegen der vorherrschenden Auffassung (BÖCKLI, § 16 N 174, FORSTMOSER/MEIER-HAYOZ/NOBEL, § 25 N 117, 122, 124; ZK-HOMBURGER, Art. 714 N 350; vgl. auch BGE 115 II 473) sollte es hingegen für die Annahme einer Nicht-GV nicht genügen, dass einer wesentlichen Zahl von Aktionären die Teilnahme an der Versammlung oder die Mitwirkung am Beschluss verunmöglicht wurde (etwa wegen eines Streites über die Stimmberechtigung), solange im Übrigen die Versammlung klar als GV erkenntlich war und die Anfechtung für die Ausgeschlossenen ohne weiteres möglich blieb (vgl. auch BGE 78 III 46 f.). Wie etwa das Bsp. der versehentlichen Nichteinladung eines einzelnen Aktionärs bei einer Grossgesellschaft zeigt (ein Tippfehler bei der Erfassung im Aktienregister kann genügen), kann jedoch auch in Fällen, wo einem Aktionär die Anfechtungsmöglichkeit verbaut war, nicht einfach unbesehen auf Nichtigkeit geschlossen werden, ohne eine untragbare Rechtsunsicherheit heraufzubeschwören (kategorisch für Nichtzustandekommen der GV bei Nichteinladung eines Aktionärs aber STUDER, 124 f.). Der Richter sollte bei der Beurteilung der Frage des Schein- oder Nichtbeschlusses (bzw. der Nichtigkeit aus formellen Gründen) vielmehr in einem ersten Schritt prüfen, ob nach dem Grundsatz der Subsidiarität die Nichtigkeitsfolge überhaupt in Frage kommt. In einem zweiten Schritt ist nötigenfalls zu prüfen, ob ihre Annahme sich unter dem Gesichtspunkt der **Rechts- und Verkehrssicherheit** vertreten lässt (hier verbleibt somit ein Rest von – allerdings generalisierender – richterlicher Interessenabwägung, vgl. N 7). Es ist dabei zu bedenken, dass in Extremfällen der Gesellschaft auch die Berufung auf die Verspätetheit einer Anfechtungsklage in Anwendung von Art. 2 Abs. 2 ZGB verwehrt werden kann; bei diesem Prozessthema können namentlich auch Erwägungen in die Entscheidfindung einfliessen, die Art. 706b fremd sind, wie etwa das Verschulden der Gesellschaft an dem Mangel (von dem RIEMER, N 269, im Fall der Nichteinladung oder Nichtzulassung Teilnahmeberechtigter die Nichtigkeit abhängig macht) und das Gewicht des Bedürfnisses nach Schutz des Vertrauens in den Bestand des Beschlusses im Einzelfall.

B. Der Verwaltungsrat

Art. 707

I. Im Allgemeinen 1. Wählbarkeit	¹ Der Verwaltungsrat der Gesellschaft besteht aus einem oder mehreren Mitgliedern. ² ... ³ Ist an der Gesellschaft eine juristische Person oder eine Handelsgesellschaft beteiligt, so ist sie als solche nicht als Mitglied des Verwaltungsrates wählbar; dagegen können an ihrer Stelle ihre Vertreter gewählt werden.
I. En général 1. Eligibilité	¹ Le conseil d'administration de la société se compose d'un ou de plusieurs membres. ² ... ³ Lorsqu'une personne morale ou une société commerciale est membre de la société, elle ne peut avoir la qualité de membre du conseil d'administration, mais ses représentants sont éligibles en son lieu et place.
I. In genere 1. Eleggibilità	¹ Il consiglio d'amministrazione della società si compone di uno o più membri. ² ... ³ Le persone giuridiche e le società commerciali non possono, anche se azionisti, essere membri del consiglio d'amministrazione, ma sono eleggibili, in luogo d'esse, i loro rappresentanti.

Literatur

ALBERS-SCHÖNBERG, Haftungsverhältnisse im Konzern, 1980 (SSHW 44); BESSENICH, Zum Erfordernis der Aktionärseigenschaft der Vertreter einer juristischen Person im Verwaltungsrat (Art. 707 Abs. 3 OR), AJP 1995, 455 ff.; BÖCKLI/FORSTMOSER/RAPP, Vorentwurf für eine Reform des Rechts der GmbH, Vernehmlassungsunterlage 1999 (zit. VE GmbH); DIES., Expertenbericht zum Vorentwurf für eine Reform des Rechts der GmbH, Vernehmlassungsunterlage 1999 (zit. Expertenbericht VE GmbH); BUCHMANN, Organisation der Verwaltungsräte in 20 der grössten Aktiengesellschaften in der Schweiz, 1976; BURCKHARDT, Die Pflichten und die Verantwortlichkeit der Verwaltung der Aktiengesellschaft nach schweizerischem, französischem und deutschem Recht, 1969 (masch. geschr.); VON BÜREN, Erfahrungen schweizerischer Publikumsgesellschaften mit dem neuen Aktienrecht, ZBJV 1995, 57 ff.; COUCHEPIN, Les pouvoirs de l'administrateur/directeur, SAG 1967, 21 ff.; DE CAPITANI, Der delegierte Verwaltungsrat, SJZ 1994, 347 ff.; EHRAT, Mehr Klarheit für den Verwaltungsrat, AJP 1992, 789 ff.; EIGENMANN, Das Reglement der Aktiengesellschaft, Die AG im neuen OR, Heft 11, 1952; EUGSTER/VON DER CRONE, Rechtliche Stellung des Geschäftsführers im Konzern, SZW 2004, 434 ff.; FALKEISEN, Die Vertretung juristischer Personen im Verwaltungsrat, 1947; FORSTMOSER, Würdigung der Aktienrechtsreform aus der Sicht der Rechtswissenschaft, in: Rechtliche und betriebswirtschaftliche Aspekte der Aktienrechtsreform, 1984, 109 ff. (SSHW 74); DERS., Kritische Beurteilung der Reformvorschläge für die Verwaltung, in: Aktienrechtsreform, 1984, 57 ff. (SSTR 59); DERS., Eingriffe der Generalversammlung in den Kompetenzbereich des Verwaltungsrates, SZW 1994, 169 ff.; VON GREYERZ, Die Verwaltung in der privaten Aktiengesellschaft, in: Die Verantwortung des Verwaltungsrates in der AG, 1978, 57 ff. (SSHW 29); HENN, Handbuch des Aktienrechts, 6. Aufl. 1998; HILL, Sind grosse Verwaltungsräte effizient?, NZZ Nr. 82 vom 9./10.4.1994, 33 f.; HIRSCH, L'organe de contrôle dans la société anonyme, 1965; HOFER, Die Geschäftsführung der Aktiengesellschaft nach schweizerischem und deutschem Recht, unter Mitberücksichtigung des Aufsichtsrates, im Vergleich, 1944; HORBER, Der Partizipant als vollberechtigter VR in der AG?, NZZ, Fernausgabe Nr. 180 vom 7.8.1992, 13; JÄGGI, Ein Gerichtsurteil über den «abhängigen» (fiduziarischen) Verwaltungsrat, SJZ 1960, 1 ff.; KÄCH, Durch das Handelsregisteramt des Kantons Zürich häufig zu beanstandende Mängel,

JBHReg 1994, 39 ff.; Kolb, Die rechtliche Stellung der Mitglieder der Verwaltung nach schweizerischem Aktienrecht, 1935; Kammerer, Die unübertragbaren und unentziehbaren Kompetenzen des Verwaltungsrates, 1997 (SSHW 180); Krneta, Der Anwalt als Organ einer juristischen Person, Das Anwaltsgeheimnis (2), Zürich 1994, 7 ff. (zit. Anwalt); Lambert, Das Gesellschaftsinteresse als Verhaltensmaxime des Verwaltungsrates der Aktiengesellschaft, 1992 (ASR 535); Hoffmann-Becking (Hrsg.), Münchener Handbuch des Gesellschaftsrechts, Aktiengesellschaft, Bd. 4, 3. Aufl. 2007 (zit. Münchener Handbuch); Lazopoulos, Massnahmen zur Bewältigung von Interessenskonflikten im Verwaltungsrat, AJP 2006, 139 ff.; Lips-Rauber, Die Rechtsbeziehung zwischen dem beauftragten fiduziarischen Verwaltungsrat und dem Fiduzianten, 2005 (SSHW 241); Montavon, Droit Suisse de la SA, 3. A. 2004; Nobel, Klare Aufgaben für den Verwaltungsrat, ST 1992, 531 ff.; A. von Planta, Die Haftung des Hauptaktionärs, 1981; F. von Planta, Der Interessenkonflikt des Verwaltungsrates der abhängigen Konzerngesellschaft, 1988; Plüss, Die Rechtsstellung des Verwaltungsratsmitgliedes, 1990 (SSHW 130); Schildknecht, Arbeitnehmer als Verwaltungsräte abhängiger Konzerngesellschaften, 1997 (ASR 592); Schmitt, Das Verhältnis zwischen Generalversammlung und Verwaltung in der Aktiengesellschaft, 1991 (SSHW 137); G. Schucany, Die Vertreter juristischer Personen im Verwaltungsrat einer Aktiengesellschaft, 1949; Schulthess, Funktionen der Verwaltung einer Aktiengesellschaft, 1967; Schulz-Dornburg, Die Verwaltung der Aktiengesellschaft in Deutschland und der Schweiz, 1966; Stämpfli, Die gemischtwirtschaftliche Aktiengesellschaft, 1991 (ASR 533); Stauber, Das Recht des Aktionärs auf gesetz- und statutenmässige Verwaltung, 1985 (SSHW 79); F. von Steiger, Stimmrecht und Wählbarkeit von urteilsfähigen minderjährigen oder bevormundeten Aktionären und Genossenschaftern, SAG 1942/43, 117 ff. (zit. Stimmrecht); ders., Verwaltungsrat und Prokurist in einer Person?, SAG 1944/45, 165 ff. (zit. Verwaltungsrat); Steiner, Kann ein Konkursit Mitglied des Verwaltungsrates einer Aktiengesellschaft sein?, SAG 1933/34, 193 f.; Stoffel, Le conseil d'administration et la responsabilité des administrateurs et réviseurs, in: Le nouveuau droit des sociétés anonymes (CEDIDAC 23), 1993, 159 ff.; Thalmann, Die Treuepflicht der Verwaltung der Aktiengesellschaft, 1975; Trigo Trindade, Le conseil d'administration de la société anonyme, 1996; Vischer, Zur Stellung und Verantwortung des Verwaltungsrates in der Grossaktiengesellschaft, in: Die Verantwortung des Verwaltungsrates in der AG, 1978, 71 ff. (SSHW 29); F. Vischer/Rapp, Zur Neugestaltung des schweizerischen Aktienrechts, 1968; A. Vogel, Die Haftung der Muttergesellschaft als materielles, faktisches oder kundgegebenes Organ der Tochtergesellschaft, 1997; Vögeli/Geiger, Verwaltungsräte von Tochtergesellschaften im Konzern, SJZ 2006, 73 ff.; Vollmar, Grenzen der Übertragung von gesetzlichen Befugnissen des Verwaltungsrates an Ausschüsse, Delegierte und Direktoren, 1986; Weber, Vertretung im Verwaltungsrat, 1994 (SSHW 155); Wolf, Die Unhaltbarkeit des Aktionärrequisits für die Verwaltung der Aktiengesellschaft, SJZ 1930/31, 241 f.; Zobl, Probleme der organschaftlichen Vertretungsmacht, ZBJV 1989, 289 ff.

I. Allgemeines

1. Inhalt

Art. 707 enthält, entgegen dem Wortlaut der Marginalie und der Gesetzessystematik, keine ausdrücklichen **Wählbarkeitsvoraussetzungen i.e.S.,** d.h. Mindestanforderungen an die VR-Mitglieder, ohne deren Erfüllung eine Wahl in den VR nicht erfolgen kann bzw. bei deren Nichtbeachtung die Wahl mangelhaft ist. Art. 707 Abs. 1 schreibt lediglich vor, dass der VR aus einem oder mehreren Mitgliedern bestehen kann, ohne jedoch weiter auf die Wählbarkeit einzugehen. Abs. 3 enthält eine *negative Wählbarkeitsvoraussetzung i.e.S.,* wonach **juristische Personen** nicht als solche in den VR gewählt werden können, sondern stattdessen nur eine natürliche Person als «Vertreter» wählbar ist.

Art. 707 regelt die Wählbarkeit auch **nicht abschliessend.** Neben der aus Abs. 3 resultierenden Anforderung der physischen Persönlichkeit existieren eine Reihe **weiterer Voraussetzungen,** die sich teils aus allgemeinen Rechtsgrundsätzen, teils aus besonderen Gesetzesbestimmungen ergeben (N 15 ff.).

3 Die **Wahl** des VR steht in der unübertragbaren Zuständigkeit der GV (Art. 698 Abs. 2 Ziff. 2).

2. Revision

4 Ein vom BR bereits im Rahmen der Aktienrechtsrevision vom 4.10.1991 vorgeschlagener Abs. 4, der in Anlehnung an § 100 Abs. 2 Ziff. 1 AktG (vgl. auch L. 225–21, L. 225–77 C.com.) die **Anzahl der VR-Mandate** pro Person in Gesellschaften mit börsenkotierten oder vorbörslich gehandelten Aktien auf zehn begrenzen wollte (BBl 1983 II 917f., 981), ist im Parlament klar verworfen worden (AmtlBull NR 1985, 1782f.; StR 1988, 512 f.). Allerdings kann die Anzahl der VR-Mandate pro Person weiterhin in den Statuten beschränkt werden (BÖCKLI, § 13 N 45).

4a Im Zuge der Revision des GmbH-Rechts wurde die Anforderung gestrichen, wonach Mitglieder des VR zwingend Aktionäre sein müssen (Art. 707 Abs. 1 OR 1936i.f.) und ihr Amt erst antreten können, nachdem sie Aktionäre geworden sind (Art. 707 Abs. 2 OR 1936). Damit hat der Gesetzgeber der langjährigen Kritik an diesen als überholt beurteilten Regelungen, welche zudem durch den Einsatz von «Strohmännern» einfach zu umgehen waren (dazu die Voraufl., Art. 707 N 6 ff.), Rechnung getragen (BBl 2002, 3228 f.).

II. Anzahl der Verwaltungsräte

5 Das schweizerische Recht schreibt weder eine *Unter-* noch eine *Obergrenze* für die **Anzahl der VR-Mitglieder** fest (anders z.B. Art. 89 L. 225–17 C.com.: i.d.R. mind. 3, höchstens 18 Mitglieder; § 95 AktG: mind. drei, höchstens 21 Aufsichtsratsmitglieder, abhängig vom Grundkapital). Ausdrücklich zugelassen ist der **Einmann-VR** (Art. 707 Abs. 1). Die Anzahl der VR-Mitglieder ist in den *Statuten* festzulegen, wobei die Angabe einer Höchst- und einer Mindestzahl ausreichend und, im Hinblick auf eine grössere Flexibilität, auch empfehlenswert ist (ZK-BÜRGI, Art. 708 N 32 f.; SCHULTHESS, 37 f.; ZK-HOMBURGER, N 4 f.). In der *Praxis* lässt sich ein Zusammenhang zwischen der Anzahl der VR-Mitglieder und der Grösse der Gesellschaft bzw. ihrer volkswirtschaftlichen Bedeutung und Verflechtung mit anderen Unternehmen nachweisen (BUCHMANN, 73 ff.). Aus betriebswirtschaftlicher und gruppentheoretischer Sicht wird allerdings darauf hingewiesen, dass i.d.R. eine Gruppe von fünf bis acht Mitgliedern die optimale Grösse des VR hinsichtlich Effizienz, Komplementarität und Entscheidungsqualität darstellt (HILL, a.a.O.).

III. Aktionärsqualität nicht mehr Voraussetzung

6 Der noch im Art. 707 Abs. 1 OR 1936 enthaltene Grundsatz, wonach die Mitglieder des VR **Aktionäre** sein müssen, war eine historische Reminiszenz an die Ursprünge des Aktienrechts (WOLF, 242) und wurde damit *begründet,* dass die VR-Mitglieder durch eine eigene Kapitalbeteiligung und die damit verbundene Beteiligung an Gewinn und Verlust besonders an den Geschicken der AG interessiert seien; der VR-Aktionär werde dadurch von den vermögensrechtlichen Auswirkungen einer nachlässigen Amtsführung unmittelbar betroffen (SCHMITT, 24 f.; ZK-BÜRGI, N 2; HOFER, 20 f.). Diese Argumentation war jedoch *nicht stichhaltig* (siehe Vorauflage, Art. 707 N 6 ff) und wurde vom Gesetzgeber im Zuge der Revision des GmbH-Rechts gestrichen (BBl 2002, 3228 f.).

3. Abschnitt: Organisation der Aktiengesellschaft   7–16 Art. 707

Die *Erfüllung* dieser Vorschrift bot in der *Praxis* ohnehin kaum Schwierigkeiten, da sie   7
durch die zulässige Wahl von **Strohmännern** oder **fiduziarischen VR-Mitgliedern**
(N 26) sowie die treuhänderische Übertragung mindestens einer Aktie umgangen werden konnte (ZK-BÜRGI, N 3; FUNK, N 2; SCHMITT, 25; FORSTMOSER/MEIER-HAYOZ/NOBEL, § 27 N 4).

Die angegebenen Noten entfallen.   8–14

IV. Weitere Wählbarkeitsvorschriften. Einzelfragen

1. Physische Persönlichkeit

Abs. 3 enthält eine *negative Wählbarkeitsvoraussetzung* i.e.S. und bestimmt, dass weder   15
juristische Personen (Vereine, Stiftungen, AG, KAG, GmbH, Genossenschaften, juristische Personen des öffentlichen Rechts) noch Handelsgesellschaften (Kollektiv- und Kommanditgesellschaften) als solche in den VR wählbar sind. Somit kann Mitglied des VR nur eine **natürliche Person** sein. Aktives und passives Wahlrecht fallen bei der juristischen Person auseinander (PLÜSS, 7 FN 13). Der (vereinzelt kritisierte, KOLB, 29 ff.; VOGEL, 347 f.) Ausschluss juristischer Personen von einer Mitgliedschaft im VR betont den *höchstpersönlichen Charakter* des VR-Mandates (G. SCHUCANY, 24) und die erhöhte persönliche Verantwortlichkeit der VR-Mitglieder (ZK-BÜRGI, N 8; BGE 58 I 383 ff.). Allerdings kann u.U. auch ohne formelle Organstellung eine Haftung der hinter einer natürlichen Person stehenden juristischen Person gegeben sein (dazu u. N 40 f., und VOGEL, 314 ff.).

Art. 707 Abs. 1 E-Aktien- und Rechnungslegungsrecht sieht jetzt ausdrücklich vor, dass   15a
der VR der Gesellschaft «aus einer oder mehreren natürlichen Personen» bestehen soll (Botschaft Aktien- und Rechnungslegungsrecht, 96).

2. Inkompatibilitätsvorschriften

a) Öffentlich-rechtliche Inkompatibilitätsvorschriften

Aktienrechtlich besteht keine Beschränkung der Wählbarkeit von Personen, die in einem   16
Angestelltenverhältnis zu einer öffentlich-rechtlichen Körperschaft stehen oder beamtet sind. Allerdings können **öffentlich-rechtliche Bestimmungen** die Annahme eines VR-Mandates gänzlich untersagen (Art. 144 Abs. 2 BV; Genfer Notariatsgesetz, BGer, SJ 1990, 97 ff. = SZW 1990, 294) oder von der Erfüllung gewisser Bedingungen abhängig machen (z.B. Art. 23 BPG i.V.m. Art. 91 BPV; § 53 Personalgesetz des Kantons ZH; PLÜSS, 17). Dadurch sollen einerseits *Interessenkonflikte* vermieden und Gewähr für die *Neutralität* und Unparteilichkeit des Staates gegenüber den Bürgern geschaffen werden, andererseits soll die Erhaltung der vollen Arbeitskraft der staatlichen Angestellten und Beamten für das Gemeinwesen sichergestellt werden (ZK-BÜRGI, N 22). Obwohl sich auch Beamte für die Ausübung einer nebenberuflichen Tätigkeit grundsätzlich auf die Handels- und Gewerbefreiheit berufen können, ist es bspw. zulässig, einem Bezirksanwalt für Wirtschaftsdelikte die Übernahme eines VR-Mandates gestützt auf kantonales Beamtenrecht zu untersagen (BGE 121 I 326, 328 f.; s.a. Sachverhalt in BGE 118 IV 239, wo die Übernahme eines VR-Mandates durch Mitglieder der Gemeindeverwaltung gemäss Gemeindereglement nur zulässig war, wenn das Mandat im Interesse der Gemeinde liegt und die darauf anfallenden Tantiemen an die Gemeinde abgeführt werden). Das Verhältnis zwischen AG und dem in den VR gewählten Beamten oder öffentlich-rechtlichen Angestellten wird dadurch jedoch nicht berührt (KOLB, 50).

b) Privatrechtliche Inkompatibilitätsvorschriften

17 Art. 728 fordert, dass die **Revisoren** u.a. vom VR der kontrollierten AG **unabhängig sein müssen,** was eine *absolute Unvereinbarkeit* von VR- und Revisionsmandat zur Folge hat. Ist die RS Aktionärin der kontrollierten AG (Art. 728 Abs. 2 Ziff. 2) oder von einem Mehrheitsaktionär abhängig, so kann sie (als natürliche Person) weder Mitglied des VR werden, noch (als juristische Person) sich gemäss Art. 707 Abs. 3 im VR vertreten lassen (PLÜSS, 12). Ebenso wenig können *VR-Mitglieder der RS,* selbst wenn sie nicht persönlich mit der Prüfung befasst sind, im VR der kontrollierten AG Einsitz nehmen (so jetzt ausdrücklich Art. 728 Abs. 3; ähnlich bereits VON STEIGER, Aktiengesellschaft, 279). *Zweck* dieser Regelung ist die Sicherstellung der Neutralität und Objektivität der RS (BÖCKLI, § 13 N 46; ZBGR 79 [1998] 283).

18 Fraglich war unter der Herrschaft des OR 1936, ob ein nicht mit der Prüfung beauftragter **Angestellter der RS** in den VR der kontrollierten AG gewählt werden kann (befürwortend Max XI/309; PLÜSS, 12; **abl.** KS des EJPD vom 20. 7. 1954, BBl 1954 II 201, welches auch unter dem revidierten Aktienrecht zu beachten ist, JBHReg 1993, 176). Die Gefahr einer Beeinträchtigung der Unabhängigkeit der RS ist hier deutlich geringer als bei der Wahl eines VR-Mitgliedes der RS, sofern der Angestellte faktisch keinen Einfluss auf die Willensbildung der RS ausübt oder aufgrund der Arbeitsverteilung innerhalb der RS die Wahrscheinlichkeit der konkreten Einflussnahme äusserst gering ist. Diese Frage wird jetzt von Art. 728 Abs. 4 geklärt: auch Arbeitnehmer der RS, welche an der Revision *nicht* beteiligt sind, dürfen *nicht* Mitglied des VR der geprüften Gesellschaft sein.

19 Art. 728 Abs. 1, 2 Ziff. 1 OR statuiert eine **zweiseitige Inkompatibilitätsvorschrift** (KS des EJPD vom 20.7.1954, BBl 1954 II 201). Sowohl die Wahl eines VR-Mitgliedes in die RS als auch die Wahl eines Revisors zum VR-Mitglied sind ungültig; bei Wahl einer Person in beide Organe kann diese nur eine Wahl annehmen (ZK-BÜRGI, N 11). Anderer Meinung ist PLÜSS, 12, wonach Art. 727 OR 1936 (entspricht weitgehend Art. 727c OR 1991) ein einseitiges Wählbarkeitserfordernis für die Mitglieder der RS enthalte. Die Wahl eines VR-Mitgliedes in die RS sei ungültig, während die Wahl eines Revisors in den VR nicht die Ungültigkeit der Wahl, sondern lediglich das Dahinfallen des Revisionsmandates zur Folge habe, da eine Wählbarkeitsvoraussetzung für die Wahl in die RS nicht mehr erfüllt sei (ähnlich HIRSCH, 81 f.; SCHULTHESS, 26; ZK-HOMBURGER, N 113). Diese Auffassung ist jedoch unzutreffend, da Art. 731 Abs. 1 der GV verbietet, der RS Aufgaben des VR zuzuteilen (VON STEIGER, Aktiengesellschaft, 279). Ist nicht einmal die Übertragung einzelner VR-Aufgaben zulässig, so muss erst recht die Wahl der RS oder eines ihrer Mitglieder in den VR unzulässig sein. In diesem Sinne jetzt ausdrücklich Art. 728.

3. Nationalitätserfordernis

20 Die bisher in Art. 708 OR 1936 enthaltenen Nationalitäts- und Domizilanforderungen (zur Kritik unter dem alten Recht, s. Voraufl., Art. 708 N 1 ff.), wurden ersatzlos gestrichen. Damit ging der Gesetzgeber über den Vorschlag des Bundesrates hinaus, welcher nur die Abschaffung des Nationalitätserfordernisses vorgeschlagen hatte (BBl 2002, 3229). Neu muss nur noch eine zur Vertretung befugte Person in der Schweiz wohnhaft sein; diese Anforderung kann durch ein VR-Mitglied oder einen Direktor erfüllt werden (Art. 718 Abs. 3).

4. Handlungsfähigkeit

Abzulehnen ist die vielfach in der Literatur vertretene Auffassung, die Wahl in den VR setze *lediglich Urteilsfähigkeit,* nicht aber volle **Handlungsfähigkeit** voraus (so Art. 718 N 6, ferner FORSTMOSER/MEIER-HAYOZ/NOBEL, § 27 N 8; MONTAVON, 552; BK-BUCHER, Art. 19 ZGB N 352 ff. m.w.Nw.; zweifelnd, aber i.E. ebenso ZK-BÜRGI, N 14; VON STEIGER, Aktiengesellschaft, 223; SCHULTHESS, 27; SCHUCANY, N 3), da der VR nicht in eigenem Namen handle und nicht sich selbst, sondern die AG verpflichte (VON STEIGER, Stimmrecht, 119 f.). Zwar kann die Zulassung der Wahl beschränkt Handlungsfähiger in den VR durchaus gewisse Vorteile im Rahmen der Nachfolge in Familienaktiengesellschaften haben (ZK-BÜRGI, N 14), doch kann dieser eher atypische Fall i.d.R. durch Mündigerklärung nach Art. 15 ZGB gelöst werden (PLÜSS, 9 FN 29). **21**

Gegen die Zulassung eines **beschränkt Handlungsfähigen** als VR-Mitglied spricht neben dem Widerspruch, dass dieser als Aktionär bei Abstimmungen in der GV sein Stimmrecht durch seinen gesetzlichen Vertreter ausüben muss, im VR aber *selbst* mitwirkt (VON STEIGER, Aktiengesellschaft, 223), v.a. die Tatsache, dass der beschränkt Handlungsfähige bei der Übernahme des Amtes und bei Demission von der *Zustimmung* seines gesetzlichen Vertreters *abhängig ist.* Wird diese verweigert, so verpflichtet er die AG dennoch im rechtsgeschäftlichen Verkehr aufgrund des von der AG geschaffenen Rechtsscheins. Eine organschaftliche Verantwortlichkeit trifft ihn jedoch ohne Genehmigung der Rechtsgeschäfte durch seinen gesetzlichen Vertreter nicht (BK-BUCHER, Art. 19 ZGB N 356), was insb. im Hinblick auf den Schutz der Gläubiger und der der Wahl nicht zustimmenden Aktionäre zu unhaltbaren Resultaten führt. Die Zustimmung des gesetzlichen Vertreters zur Übernahme des VR-Mandates kann auch nicht ohne weiteres als Zustimmung zur Organschaft an sich (so aber BK-BUCHER, Art. 19 ZGB N 357) und damit als Einwilligung in alle zukünftigen VR-Handlungen des beschränkt Handlungsfähigen gewertet werden, da eine generelle Einwilligung nur zulässig ist, «*wenn der Kreis der gebilligten Geschäfte und der sie veranlassenden Lebensverhältnisse vom Zustimmenden überblickt und die möglichen Auswirkungen dieser Geschäfte von ihm ermessen*» werden können (BK-BUCHER, Art. 19 ZGB N 97 m.w. Nw.; es ist durchaus denkbar, dass ein VR-Geschäft zwar von Art. 718a Abs. 1 gedeckt ist, jedoch ausserhalb des soeben umschriebenen Kreises liegt). Ob und in welchem Umfang dies bei der Zustimmung des gesetzlichen Vertreters zur Ausübung des VR-Mandates gegeben ist, hängt von den konkreten Umständen des Einzelfalles ab (z.B. vom Tätigkeitsbereich der AG und den unternehmerischen Fähigkeiten des gesetzlichen Vertreters). Die damit verbundene *Rechtsunsicherheit* ist weder mit den strengen Pflichten und dem «*aussergewöhnlichen Mass an Verantwortung*» (SCHULZ-DORNBURG, 37) des VR-Mitgliedes vereinbar, noch in Übereinstimmung mit der standardisierten Vertretungsmacht eines VR-Mitgliedes und dem formalisierten Sonderrechtscharakter des Handelsrechts (dazu ZOBL, Probleme, 289 f.). Richtigerweise muss deshalb ein VR-Mitglied *voll handlungsfähig* i.S.v. Art. 19 ZGB sein (i.E. wie hier ZK-VON STEIGER, Art. 811 N 7a für die GmbH; VON GREYERZ, 201; PLÜSS, 7 ff.; BÖCKLI, § 13 N 36; ZK-HOMBURGER, N 75 ff.; KRNETA, N 34; ausdrücklich auch §§ 76 Abs. 3, 100 Abs. 1 AktG, Art. 2382, 2399 CC it.). **22**

Da der *Konkurs* die Handlungsfähigkeit nicht beeinträchtigt, können **Konkursite** grundsätzlich in den VR gewählt werden (KOLB, 25; STEINER, Konkursit, 193 f.; ZK-BÜRGI, N 16; anders Art. 2382, 2399 CC it.; gemäss § 76 Abs. 3 AktG können wegen Konkursstraftaten Verurteilte nicht in den Vorstand gewählt werden). Fallen jedoch die Aktien eines VR-Mitgliedes in dessen Konkursmasse oder werden sie gepfändet, so verliert er seine Aktionärseigenschaft. **23**

5. Direktoren und Prokuristen

24 **Zulässig** ist die Wahl von **Angestellten, Direktoren** und **Prokuristen** in den VR oder die Bestellung eines VR-Mitgliedes zum Direktor oder Prokuristen (anders § 105 Abs. 1 AktG für den Aufsichtsrat; einschränkend Art. L. 225–22 C.com.). Dies selbst dann, wenn die betreffende Person als VR-Mitglied nur kollektivzeichnungsberechtigt ist, als Prokurist oder Direktor aber das Recht auf Einzelunterschrift hat (BGE 67 I 342, 348 ff. – mehrköpfiger VR, nichtzeichnungsberechtigtes Mitglied als Prokurist; BGE 86 I 105, 110 ff. – kollektivzeichnungsberechtigtes VR-Mitglied mit Einzelprokura; BGE 91 I 360, 363 f. – kollektivzeichnungsberechtigtes VR-Mitglied als einzelzeichnungsberechtigter Direktor; PLÜSS, 16 f., 75, 129 f.; ZK-BÜRGI, N 17 f.; **a.M.** F. VON STEIGER, Verwaltungsrat, 165 ff.; krit. für Direktoren COUCHEPIN, 22 ff.). Die Möglichkeit, VR-Mitglieder zu Geschäftsführern zu bestellen, ergibt sich bereis aus Art. 716b Abs. 1 OR; die Frage nach dem Sinn einer – an sich zulässigen – Personalunion zwischen VR und Geschäftsleitung kann jedoch nur nach sorgfältiger Abwägung der konkreten Umstände für jede einzelne AG beantwortet werden (ZK-HOMBURGER, N 119; zu Recht krit.: KRNETA, N 89).

25 Prokurist oder **Direktor** stehen in diesen Fällen in einem **doppelten Rechtsverhältnis** zur AG. Organschaftliches Verhältnis und Arbeitsverhältnis stehen *parallel* nebeneinander (BGer, SJZ 100 [2004] 215 f.), wobei im *Innenverhältnis* je nach Amtshandlung und Auftreten die auf das jeweilige Rechtsverhältnis anwendbaren Vorschriften zum Tragen kommen (PLÜSS, 129). Solange der Betreffende im *Aussenverhältnis* mit Vertretungsbefugnis handelt, ist für Dritte ohne Bedeutung, ob er dies als VR-Mitglied, Prokurist oder Direktor tut (PLÜSS, 75 FN 393).

6. Fiduziarischer VR

26 Die **treuhänderische Ausübung eines VR-Mandates** für eine andere Person ist **grundsätzlich zulässig** (BK-GAUTSCHI, Art. 397 N 13c; THALMANN, 58 ff.; ZK-BÜRGI, N 23 ff.; VON GREYERZ, Verwaltung, 65; FORSTMOSER, Verantwortlichkeit, N 697 f.; LIPS-RAUBER, 81; krit.: BÖCKLI, § 13 N 623 ff.; für Einmann-Gesellschaften: ZR 1959, 179, 188 ff.; JÄGGI, Gerichtsurteil, 1 ff.; A. VON PLANTA, 46; str., vgl. ALBERS-SCHÖNBERG, 90 ff.; F. VON PLANTA, 108 ff.; A. VON PLANTA, 41 ff., je m.w.Nw.). Das fiduziarische VR-Mitglied hat gegenüber der AG dieselben Pflichten wie jedes andere VR-Mitglied auch (zu den Pflichten s.u. Komm. zu Art. 716a ff.) und haftet der AG für die ordnungsgemässe Ausführung seines Amtes (BGE 122 III 195, 198 ff., mit Anm. in SZW 1996, 271). Die drohende aktienrechtliche Verantwortlichkeit stellt einen wesentlichen Anreiz für das Handeln des Fiduziars im Rahmen des Gesellschaftsinteresses dar (VON GREYERZ, Verwaltung, 65). Das *Weisungsrecht des Fiduzianten* und damit die individuelle Treuepflicht des Fiduziars gegenüber dem Fiduzianten treten im Verhältnis zur Gesellschaft hinter der allgemeinen *Treuepflicht* des VR-Mitgliedes gegenüber der Gesellschaft zurück (THALMANN, 44 f., 59 f.). **Weisungen** des Fiduzianten sind deshalb grundsätzlich nur zulässig, sofern der Fiduziar bei deren Befolgung im Rahmen des ihm als VR-Mitglied zustehenden Ermessens handelt, wobei das Ermessen stets sorgfältig und pflichtgemäss im Interesse der Gesellschaft auszuüben ist (ähnlich KRNETA, N 178; LIPS-RAUBER, 160 ff; BURCKHARDT, 164 f.; FORSTMOSER, Verantwortlichkeit, N 698; ZK-HOMBURGER, N 924 ff.; vgl. ALBERS-SCHÖNBERG, 92 f.; zum Ermessensspielraum LAMBERT, 187 ff.). Die Weisungsbefugnis ist somit regelmässig auf den Ermessensspielraum beschränkt. Lediglich bei Einmann-AG wie z.B. hundertprozentigen Konzerntochtergesellschaften ist aufgrund der speziellen Interessenlage und des Nichtvorhandenseins von schutzwürdigen Minderheitsaktionären ein weiteres Weisungsrecht als zulässig

zu erachten (vgl. JÄGGI, Gerichtsurteil, 3 ff.; ALBERS-SCHÖNBERG, 90 ff.; F. VON PLANTA, 114; A. VON PLANTA, 45 ff.).

26a Art. 663e geht ausdrücklich von der Zulässigkeit der Zusammenfassung mehrerer Gesellschaften unter *einheitlicher Leitung* aus, womit implizit im **Konzernverbund** auch ein Recht der Obergesellschaft zur Erteilung von Weisungen an die Untergesellschaft anerkannt wird (DE CAPITANI, 349; KRNETA, N 199 ff.). Dabei stellen sich jedoch im Einzelfall delikate Abgrenzungsfragen (SCHILDKNECHT, 123 f.; LIPS-RAUBER, 79). Selbst wo mangels Minderheitsaktionären eine Gefährdung der Interessen anderer Aktionäre ausgeschlossen ist, geht das Interesse der Gläubiger an der Erhaltung der Zahlungsfähigkeit der Gesellschaft den Konzerninteressen grundsätzlich vor. Unzulässig wäre deshalb, wenn der VR einer Konzerntochter deren Zahlungsunfähigkeit herbeiführt, um bspw., durchaus im Konzerninteresse, die Honorierung von Schadenersatzansprüchen gegen die Tochter zu vermeiden. Der VR einer Konzerntochter gerät dabei, insb. wenn einzelne VR-Mitglieder gleichzeitig Mitglied des VR oder Direktoren der Obergesellschaft sind, in ein problematisches Spannungsverhältnis zwischen Konzerntreue und Gläubigerschutz. Konsequent, aber in Anbetracht der klaren gesetzlichen Regelung der Sorgfalts- und Treuepflicht des VR (Art. 717) zu weitgehend ist die von VON BÜREN vertretene Auffassung (VON BÜREN, 84 f.), der im Konzernverbund eine völlige Weisungsgebundenheit des abhängigen VR-Mitglieds für zulässig hält und im Falle einer Verantwortlichkeitsklage gegen den abhängigen VR wegen Verletzung seiner Pflichten in der Konzerngesellschaft lediglich einen Freistellungsanspruch aus dem Mandatsverhältnis zwischen Konzernobergesellschaft und VR annimmt. In der Praxis kann der abhängige VR nur unter dem Vorbehalt des Vorrangs der gesetzlichen und statutarischen Pflichten zur Einhaltung von Weisungen der Obergesellschaft verpflichtet werden (BÖCKLI, § 13 N 477, 622; für eine ausdrückliche Regelung in separaten Mandatsverträgen: VÖGELI/GEIGER, 77 ff.). Die organschaftlichen Pflichten des abhängigen VR-Mitglieds haben Vorrang vor etwaigen arbeitsvertraglichen Pflichten gegenüber der entsendenden Konzernobergesellschaft (BGE 130 III 213; krit. dazu: EUGSTER/VON DER CRONE, SZW 2004, 434, 441 f.).

26b Nimmt der Fiduziant über den Fiduziar aktiv Einfluss auf die Wahrnehmung der VR-Aufgaben, so ist er gegenüber der Gesellschaft und den Aktionären ebenfalls zivil- und strafrechtlich verantwortlich (BGE 76 II 164, 166; 78 IV 28, 30 ff.; ZK-BÜRGI, N 26; BURCKHARDT, 167, 171 f.) und haftet aktienrechtlich als **materielles oder faktisches Organ** (NOBEL, Entscheide, 73; LIPS-RAUBER, 158 f.; FORSTMOSER, Verantwortlichkeit, N 657 ff., 703 ff.; SAG 1988, 164 = GVP 1987, 83; zu diesem Begriff auch BGE 117 II 432, 441 ff.; Pra 1992, 600 ff.; ALBERS-SCHÖNBERG, 38 ff. m.w.Nw.). Da das fiduziarische VR-Mitglied von der GV gewählt wird, **endet** sein Mandat nicht mit Beendigung des fiduziarischen Rechtsverhältnisses, sondern es gelten die ordentlichen Beendigungsgründe (Art. 710 N 11a ff.). Regelmässig wird allerdings der Vertrag zwischen Fiduziant und Fiduziar die Pflicht zum Rücktritt als Folge der Beendigung des Vertrages vorsehen; in diesem Fall hat der Fiduziant gegenüber dem Fiduziar, *nicht aber gegenüber der AG,* einen obligatorischen Anspruch auf Abgabe einer Demissionserklärung bzw. auf Schadenersatz wegen Nichterfüllung einer Vertragspflicht, sofern der Fiduziar den Rücktritt verweigert.

27 Verpflichtet sich ein **Rechtsanwalt,** im Auftrage eines Mandanten als Strohmann ein VR-Mandat zu übernehmen, im Rahmen dieses Mandates jedoch keinerlei Aktivitäten zu entfalten, so kann dies eine Verletzung der *Standesregeln* darstellen (JdT 1980 III 123 ff. = SAG 1981, 70 ff.). Grundsätzlich ist jedoch die Übernahme eines fiduziarischen VR-Mandates durch einen Anwalt im o. N 26 umschriebenen Rahmen zulässig (zu weitgehend KRNETA, Anwalt, 15, wonach der als VR mandatierte Anwalt stets die Interessen des Mandanten vor den Interessen der Gesellschaft wahren soll). Zur Problematik der Doppelstellung als VR und Rechtsvertreter der Gesellschaft: KRNETA, N 126 ff.

7. Suppleanten, stille und faktische VR-Mitglieder

28 Die Statuten können die Wahl von **Suppleanten** oder **Ersatzpersonen** in den VR vorsehen, die bei Verhinderung eines bestimmten VR-Mitgliedes aus objektiv zwingenden Gründen an den Sitzungen teilnehmen (so ausdrücklich § 101 Abs. 3 AktG für den Aufsichtsrat; zum Begriff: WEBER, 3 f.; allg. KRNETA, N 298 ff.). Dies entspricht insb. dann einem *praktischen Bedürfnis,* wenn die Statuten für den VR hohe Präsenzquoren aufstellen (PLÜSS, 83). Zumindest im Kanton Zürich werden Suppleanten auch im Handelsregister eingetragen (KÄCH, 46 f.). *Problematisch* ist die Rechtsstellung der Suppleanten insofern, als diese nicht regelmässig an den VR-Sitzungen teilnehmen und deshalb gegenüber den ordentlichen VR-Mitgliedern ein Informationsdefizit haben (STAUBER, 63; PLÜSS, 82 f.). Das Gesetz sieht aber keine Reduktion der Mitwirkungsrechte und -pflichten der VR-Mitglieder entsprechend ihrer Stellung im VR vor, so dass an Suppleanten insb. bezüglich Wahl, Handelsregistereintrag und Verantwortlichkeit dieselben Anforderungen gestellt werden müssen wie an gewöhnliche VR-Mitglieder (ZK-BÜRGI, Art. 708 N 43 ff.; VON STEIGER, Aktiengesellschaft, 228 f.; PLÜSS, 82 m.w.Nw.), was jedoch bedingt, dass auch die Suppleanten regelmässig über den Geschäftsgang zu orientieren sind; **a.M.** FORSTMOSER, Verantwortlichkeit, N 739; VOLLMAR, 124; VON GREYERZ, Verwaltung, 67, welche die *Verantwortlichkeit* auf die Sachverhalte beschränken wollen, an denen der Suppleant tatsächlich mitgewirkt hat. Abgesehen davon, dass nach dieser Auffassung eine Verantwortlichkeit des Suppleanten bei pflichtwidriger *Unterlassung* i.d.R. ausgeschlossen wäre, findet diese Ansicht keine Stütze im Gesetz, das eine derartige Beschränkung der Verantwortlichkeit nicht vorsieht.

29 **Stille VR-Mitglieder** sind Personen, die zwar ordnungsgemäss in den VR gewählt worden sind, deren Wahl jedoch weder im Handelsregister eingetragen noch anderweitig publik gemacht worden ist. Dadurch kann gewissen Personen eine VR-Tätigkeit im *Verborgenen* ermöglicht werden. Auch für stille VR-Mitglieder gelten grundsätzlich dieselben Voraussetzungen wie für ordentliche VR-Mitglieder. Als formelle Mitglieder der Verwaltung (die Eintragung im Handelsregister ist nur deklaratorisch, s.u. Art. 710 N 8) i.S.v. Art. 754 Abs. 1 unterliegen sie der vollen aktienrechtlichen *Verantwortlichkeit* (VON GREYERZ, 202 f.; FORSTMOSER/MEIER-HAYOZ/NOBEL, § 28 N 128; einschränkend noch FORSTMOSER, Verantwortlichkeit, N 699 f., wo eine Verantwortlichkeit gegenüber den Gläubigern nur dann angenommen wurde, wenn die stillen VR-Mitglieder auch tatsächlich Organfunktionen im materiellen Sinn ausüben). Erfährt der Handelsregisterführer von der Wahl eines VR-Mitgliedes, das nicht zur Eintragung angemeldet worden ist, hat er die Massnahmen nach Art. 941, 943 OR und Art. 60 HRegV zu ergreifen. Wird die eintragungspflichtige Tatsache der Wahl eines VR-Mitglieds gegenüber dem Handelsregister verschwiegen, so kann damit der strafrechtliche Tatbestand der unwahren Angaben gegenüber dem Handelsregister erfüllt sein (Art. 153 StGB; BÖCKLI, § 13 N 91).

29a Von stillen VR-Mitgliedern zu unterscheiden sind Personen, welche – obwohl nicht in den VR gewählt – dennoch organtypische VR-Kompetenzen ausüben und insbesondere direkt auf die Beschlussfassung im VR einwirken. Solche **«faktischen»**, «verdeckten» oder «de-facto» **VR-Mitglieder** unterstehen im Bereich ihrer Mitwirkung derselben Verantwortlichkeit wie gewählte VR-Mitglieder (FORSTMOSER/MEIER-HAYOZ/NOBEL, § 28 N 183 f.) und sind nur im Rahmen der Ausübung der einheitlichen Leitung im Konzernverhältnis rechtlich akzeptabel (BÖCKLI, § 13 N 92 f.; vgl. auch die Komm. zu Art. 754).

8. Statutarische Schranken

Über die erwähnten gesetzlichen Mindestanforderungen hinaus können die **Statuten** *weitere Vorschriften über die Wählbarkeit* in den VR aufstellen und das passive Wahlrecht weiter einschränken (VON STEIGER, Aktiengesellschaft, 222; SCHULTHESS, 26; SCHUCANY, N 3), so z.B. hinsichtlich Nationalität, fachlicher Qualifikationen (TRIGO TRINDADE, 52 f.), Unabhängigkeit (Beschränkung der Anzahl und/oder Art weiterer VR-Mandate), Konkurrenzverbot, Höchst- oder Mindestalter, Amtszeitbeschränkung, Familienangehörigkeit (nur in Familiengesellschaften, krit. PLÜSS, 19), Wohnsitz, Beruf usw. (BÖCKLI, § 13 N 43 ff.; EIGENMANN, 49 f.; ZK-BÜRGI, N 12; KRNETA, N 60 ff.). Dabei sind allerdings die *allgemeinen Grundsätze des Aktienrechts* wie Gleichbehandlungsgebot, Verbot des Rechtsmissbrauchs, Erfordernis sachlicher Gründe und der Grundsatz schonender Rechtsausübung (FORSTMOSER/MEIER-HAYOZ/NOBEL, § 21 N 14) zu beachten. *Unhaltbar* wäre eine Beschränkung des passiven Wahlrechts auf männliche Aktionäre (anders noch ZK-BÜRGI, N 12), wohingegen die Anknüpfung an bestimmte persönliche Eigenschaften wie Religionszugehörigkeit, Parteimitgliedschaft etc. für sog. «Tendenzbetriebe» zulässig wäre. Für zulässig erachtet wurde die *Inkompatibilität* von VR-Mandat und unabhängiger gewerbsmässiger Ausübung der Hausverwaltung in einer Immobilien-AG zur Vermeidung von Interessenkonflikten (SJ 1982, 597, 601), auch wenn die entsprechende Statutenbestimmung nur auf einen einzigen Aktionär zutraf. Da der VR das für die Geschäftsführung massgebende Gremium ist, muss in der Anwalts-AG die Mehrheit der VR-Mitglieder im Anwaltsregister eingetragen sein (ZR 2006, 295, 303). 30

Statutarische Wählbarkeitsvorschriften für Vertreter von **Aktionärskategorien** oder **Minderheiten** nach Art. 709 haben den allgemeinen Anforderungen nach N 15 ff. zu genügen, ebenso wie entsprechende Regelungen in **ABV** (PLÜSS, 19 ff.). **Unzulässig**, da unvereinbar mit dem Wahlrecht der GV (Art. 698 Abs. 2 Ziff. 2), ist die Einräumung eines **Vetorechts** oder eines zwingenden Vorschlagsrechts an aussenstehende Dritte (BGE 59 II 264, 282; VON GREYERZ, 200; PLÜSS, 21; vgl. aber Art. 762). Hingegen ist es zulässig, wenn sich Aktionäre in ABV gegenseitig vertraglich verpflichten, die von bestimmten Aktionärsgruppen vorgeschlagenen Kandidaten in den VR zu wählen, solange nicht zwingende Wählbarkeitsvoraussetzungen verletzt werden oder der vorgeschlagene Kandidat nicht offensichtlich ungeeignet ist. 31

9. Ausstandspflicht

Den VR trifft auch die Pflicht, Interessenkonflikte weitestgehend zu vermeiden sowie potentielle Interessenkonflikte aufzudecken (BÖCKLI, § 13 N 599 ff.). Sollten dennoch ausnahmsweise direkte persönliche Interessenkonflikte auftreten (bspw. im Zusammenhang mit dem geplanten Abschluss eines Vertrages zwischen der Gesellschaft und dem VR oder einer ihm nahe stehenden natürlichen oder juristischen Person), trifft das betroffene VR-Mitglied eine **Ausstandspflicht** (TRIGO TRINDADE 147 ff.; BÖCKLI, § 13 N 633 ff.; LAZOPOULOS, 146 (jew. mit ausführlicher Begründung) sowie die Pflicht, mittels geeigneter Massnahmen die Sicherstellung der Gesellschaftsinteressen zu gewährleisten (BGE 130 III 219 E. 2.2.2). 31a

V. Vertretung juristischer Personen im VR

1. Grundsatz

32 Da das VR-Mandat *höchstpersönlicher Natur* ist (G. SCHUCANY, 13 f.), sind Handelsgesellschaften und juristische Personen (dazu N 15) als solche nicht in den VR wählbar (vgl. auch Art. 41 HRegV). Stattdessen können aber ihre **Vertreter** gewählt werden, denen die Mitgliedschaftsstellung mit sämtlichen Rechten und Pflichten eines gewöhnlichen VR-Mitgliedes zukommt (SJ 1998, 628; ZK-BÜRGI, N 27; krit. SCHULTHESS, 23; anders z.B. Art. L. 225-20 C.com., wonach die juristische Person in die Verwaltung gewählt werden kann, dort aber durch eine entsandte physische Person handelt; allerdings kann gemäss Art. L. 225-47 C.com. nur eine physische Person zum Präsidenten gewählt werden).

2. Wahl und Abberufung

33 Die Zuständigkeit zur Wahl des Vertreters in den VR liegt unentziehbar bei der GV (Art. 698 Abs. 2 Ziff. 2, unter Vorbehalt von Art. 762). Die juristische Person bzw. die Handelsgesellschaft schlägt der GV einen Kandidaten zur Wahl vor (*«offene Vertretung»*), wobei sie zur Durchsetzung dieser Wahl über einen entsprechenden Einfluss in der GV verfügen muss (THALMANN, 52), da gegenüber der AG kein Anspruch auf die Wahl eines Vertreters besteht (VISCHER, 92). Ein statutarisches oder vertragliches **Vorschlagsrecht** kann der juristischen Person nur unter Vorbehalt der Wahl durch die GV und unter Beachtung der allgemeinen Grundsätze von Art. 19–21 OR und Art. 27 ZGB eingeräumt werden (ZK-BÜRGI, N 31; G. SCHUCANY, 37; FALKEISEN, 77 ff.).

34 Mit dem Dahinfallen der Aktionärseigenschaft als Wählbarkeitsvoraussetzung (s.o. N 1, 4) in den VR ist jetzt geklärt, dass weder die juristische Person noch das VR-Mitglied Aktionär der Gesellschaft zu sein hat (zur bisherigen Lage s. Voraufl., N 34). Genau genommen ist damit der Wortlaut von Abs. 3 insofern nicht mehr korrekt, als dass darin weiterhin von juristischen Personen oder Handelsgesellschaften gesprochen wird, die an der Gesellschaft «beteiligt» sind, was aber mit dem Wegfall des Aktionärserfordernisses als Wählbarkeitsvoraussetzung keinen Sinn mehr ergibt. Klarer wäre gewesen, in Abs. 1 ausdrücklich festzuhalten, dass nur natürliche Personen Mitglied des VR sein können. *De lege ferenda* soll dies jetzt ausdrücklich klargestellt werden (Art. 707 Abs. 1 E-Aktien- und Rechnungslegungsrecht). Weiterhin enthält der Entwurf für eine Änderung des Aktien und Rechnungslegungsrechts die damit überflüssige Bestimmung, dass bei Beteiligungen einer juristischen Person oder Handelsgesellschaft an deren Stelle ihre Vertreter in den VR gewählt werden können (Art. 707 Abs. 2 E-Aktien- und Rechnungslegungsrecht); dies mit der wenig überzeugenden Begründung, dass dadurch «das besondere Rechtsverhältnis der Vertretung juristischer Personen im Verwaltungsrat angesprochen» werde (Botschaft Aktien- und Rechnungslegungsrecht, 96).

35 Abgesehen von der Aufstellung eines *negativen Wählbarkeitserfordernisses i.e.S.* (N 1), ist Art. 707 Abs. 3 bedeutungslos (so bereits unter dem bisherigen Recht VON BÜREN, 84, und BESSENICH, 458). Eine juristische Person, die über genügend Einfluss in der GV verfügt, kann ohne weiteres einen fiduziarischen Aktionär in den VR portieren und ist auf Art. 707 Abs. 3 nicht angewiesen, während eine juristische Person ohne ausreichenden Einfluss ohne Absprache mit anderen Aktionären auch nach Abs. 3 keinen Vertreter in den VR entsenden kann (ähnlich FALKEISEN, 76).

36 Das Recht zur **Abberufung** des Vertreters steht *ausschliesslich der GV* zu (Art. 705 i.V.m. Art. 698 Abs. 2 Ziff.. 6; e contrario aus Art. 762 Abs. 4; VISCHER, Stellung, 92).

Damit unvereinbar ist die Einräumung eines statutarischen oder vertraglichen Abberufungsrechts der vertretenen juristischen Person (ZK-BÜRGI, Art. 705 N 6; PLÜSS, 92 f.).

3. Rechtsverhältnis zwischen Vertreter und vertretener juristischer Person bzw. Handelsgesellschaft

Die **Stellung des Vertreters** kann, muss aber nicht, an ein bereits bestehendes *Rechtsverhältnis* mit der juristischen Person wie z.B. Arbeitsvertrag oder Organstellung (VR-Mitglied, Geschäftsführer, Mitglied des Vereinsvorstandes etc.) geknüpft sein (G. SCHUCANY, 41, 65). Dieses *bestehende Rechtsverhältnis* wird bei der Wahl als Vertreter in den VR um die weitere vertragliche Verpflichtung zur interessenwahrenden Ausübung des VR-Mandates *erweitert* (ähnlich PLÜSS, 79, der jedoch die Entstehung eines *zusätzlichen* Rechtsverhältnisses annimmt). Besteht noch keine rechtliche Beziehung zwischen Vertreter und vertretener juristischer Person, so entsteht durch die Annahme der Wahl eine *auftragsähnliche Beziehung* (G. SCHUCANY, 64; ALBERS-SCHÖNBERG, 88). Der Vertreter verpflichtet sich dabei, die *Weisungen* der delegierenden juristischen Person im Rahmen der Interessen der aufnehmenden AG zu befolgen (ZR 1959, 179, 192), wobei die *Treuepflicht* zur delegierenden juristischen Person hinter der Treuepflicht aus dem VR-Mandat gegenüber der aufnehmenden AG zurücktritt (THALMANN, 55 ff.; G. SCHUCANY, 49 ff.; ALBERS-SCHÖNBERG, 93; N 26; BÖCKLI, § 13 N 477; ähnl. DE CAPITANI, 348). Dies gilt auch für Rechtanwälte als Vertreter juristischer Personen (**a.M.** offenbar KRNETA, Anwalt, 15). Weisungen der vertretenen juristischen Person sind nur im Rahmen der gesetzlichen und statutarischen Treue- und Sorgfaltspflicht des Vertreters als VR-Mitglied zulässig; der Vertreter hat als Mitglied des Exekutivorgans der aufnehmenden AG *primär die Interessen der AG* wahrzunehmen (so jetzt ausdrücklich BGE 130 III 213; krit. EUGSTER/VON DER CRONE, 441 f.). Der Umfang der *Weisungsbefugnis* des Vertretenen entspricht deshalb der Freiheit eines unabhängigen VR-Mitgliedes bei der pflichtgemässen und sorgfältigen Ausübung seines am Gesellschaftsinteresse orientierten *Ermessens*. Widersprechende Weisungen sind rechtswidrig, ihre Nichtbeachtung durch den Vertreter führt deshalb nicht zu einer Schadenersatzpflicht gegenüber dem Vertretenen (G. SCHUCANY, 64; ALBERS-SCHÖNBERG, 92 f.; vgl. auch Nw. in N 26; **a.M.** FALKEISEN, 83, der eine Weisungsbefugnis generell ablehnt; für eine ausführliche Regelung in separaten Mandatsverträgen: VÖGELI/GEIGER, 77 ff.). Zur Lage im Konzern o. N 26a. 37

Das dem Vertreter als VR-Mitglied zustehende **Honorar,** das **Sitzungsgeld** oder die **Tantiemen** stehen grundsätzlich dem Vertreter zu, eine Abführung an die vertretene juristische Person kann jedoch vertraglich vorgesehen werden (SJ 1998, 628 f.; G. SCHUCANY, 66). 38

Das **Dahinfallen des Rechtsverhältnisses** zwischen Vertreter und juristischer Person impliziert nicht unmittelbar eine Beendigung des VR-Mandates, da dies einem verbindlichen Abberufungsrecht eines Dritten gleichkäme (PLÜSS, 103 m.w.Nw.; KRNETA, N 152; MONTAVON, 569; **a.M.** offenbar ZK-BÜRGI, N 32 für den Fall, dass der Vertreter ausschliesslich im Hinblick auf das Rechtsverhältnis mit der juristischen Person gewählt worden ist; FALKEISEN, 79, 85 f.). Die Statuten (oder das Organisationsreglement, KRNETA, N 153) können jedoch für diesen Fall eine **Beendigung** des VR-Mandates vorsehen. Vertraglich ist der Vertreter gegenüber dem Vertretenen i.d.R. verpflichtet, bei einem Dahinfallen des Rechtsverhältnisses sein Mandat niederzulegen (ZK-BÜRGI, N 32; G. SCHUCANY, 41; THALMANN, 52 f.). Das jederzeitige **Abberufungsrecht** der GV aus Art. 705 bleibt dadurch unberührt. 39

4. Verantwortlichkeit und Haftung

40 Aus dem persönlichen Charakter des VR-Mandates folgt die **unmittelbare persönliche aktienrechtliche Verantwortlichkeit des Vertreters** (ZK-BÜRGI, N 34; FORSTMOSER, Verantwortlichkeit, N 718 m.w.Nw.). Ob daneben die juristische Person für Handlungen des Vertreters haftet, ist umstritten (GVP 1983, 144 = SAG 1986, 38 mit Anm.). Während einerseits mit der Begründung, der physische Vertreter werde nur aufgrund seiner Beziehungen zur juristischen Person gewählt, eine Haftung sowohl des Vertreters als auch des Vertretenen angenommen wird, lehnt ein anderer Teil der Lehre jegliche Haftung der vertretenen juristischen Person ab, da der Vertreter von der GV gewählt und nicht entsandt werde und ausserdem eine analoge Bestimmung zu Art. 762 Abs. 4 fehle (vgl. FORSTMOSER, Verantwortlichkeit, N 719 ff.; ZK-BÜRGI, N 33). Zwischen diesen beiden *Extremlösungen* gewinnt heute eine *vermittelnde und differenzierende Auffassung* an Boden. Danach besteht eine Haftung der juristischen Person nicht immer, sondern nur dann, wenn sie aufgrund ihres tatsächlichen Einflusses auf die Geschäftsführung der AG als **faktisches Organ** angesehen werden kann (GVP 1983, 144 = SAG 1986, 38 mit Anm.; GVP 1987, 83 ff.; VOGEL, 205 ff., 389 ff.; FORSTMOSER, Verantwortlichkeit, N 722 ff.; KRNETA, N 150, jew. m.w.Nw.; ZK-BÜRGI, N 34). Diesem Ansatz ist insofern *zuzustimmen*, als die juristische Person ausdrücklich nicht formelles VR-Mitglied und damit formelles Organ werden kann und eine Art. 762 Abs. 4 entsprechende Sondernorm fehlt, eine automatische Haftung aus Organstellung somit nicht eintreten kann (abzulehnen deshalb STÄMPFLI, 95 ff., der bei offener Vertretung eine Organhaftung der vertretenen juristischen Person unmittelbar aus Art. 707 Abs. 3 herleitet). Andererseits vermeidet diese Lösung Unbilligkeiten, die bei einer kategorischen Ablehnung jeglicher Haftung der juristischen Person auftreten können, sobald diese über ihren Vertreter tatsächlich aktiv auf den VR Einfluss nimmt. Ausserdem ermöglicht dieser Ansatz Lösungen, die auf die konkreten Umstände zugeschnitten sind und stellt aufgrund seiner Verknüpfung mit der Lehre von der faktischen Organschaft klar definierte Kriterien zur Beurteilung des Einzelfalles zur Verfügung (i.E. ebenso VOGEL, 209 ff.; FORSTMOSER, Verantwortlichkeit, N 727; demgegenüber haftet gemäss Art. L. 225–20 C.com. die vertretene juristische Person und deren Vertreter solidarisch, wobei jedoch die juristische Person als solche Mitglied des VR ist).

41 Daneben wird eine **Haftung** der vertretenen juristischen Person auch aus Art. 55 Abs. 2 ZGB/Art. 722 OR hergeleitet, falls der *Vertreter gleichzeitig Organ der vertretenen juristischen Person* ist (FORSTMOSER, Verantwortlichkeit, N 728; ALBERS-SCHÖNBERG, 152 ff.; STÄMPFLI, 93 f.). Die Anwendbarkeit von Art. 55 ZGB/722 OR setzt jedoch voraus, dass der Vertreter in seiner Eigenschaft als Organ der vertretenen Person gehandelt hat (BGE 96 I 474, 479; 68 II 91, 98; 55 II 23, 27; 54 II 142, 145), was weitgehend vom Grad der Integration zwischen Tochter- und Muttergesellschaft sowie der Stellung des Vertreters in der Konzernorganisation bzw. seiner Stellung als Organ in der Muttergesellschaft abhängt (krit. VISCHER, 91 f.; bejahend für Doppelorganschaft im Konzernverbund: ALBERS-SCHÖNBERG, 161 f.; ebenso bei hundertprozentiger Abhängigkeit VOGEL, 202 ff., 391 ff.; A. VON PLANTA, 64 ff., 70). Ebenfalls diskutiert wird eine Haftung aus Art. 55, falls der Vertreter völlig weisungsgebunden ist und ohne eigenen Willen handelt (FORSTMOSER, Verantwortlichkeit, N 728; A. VON PLANTA, 70 ff.; ALBERS-SCHÖNBERG, 164 ff.). Abgesehen davon, dass in diesen Fällen bereits eine Haftung aus faktischer Organschaft besteht, fehlt auch eine völlige Weisungsgebundenheit angesichts der eingeschränkten Weisungsbefugnis (N 26 f.) selbst bei weisungsunterworfenen Konzerngesellschaften (ALBERS-SCHÖNBERG, 127; A. VON PLANTA, 75; FORSTMOSER, Verantwortlichkeit, N 712).

Die Haftung des **verdeckten Vertreters** ist nach den Grundsätzen über das **fiduziarische VR-Mitglied** zu behandeln, d.h. die verdeckt vertretene juristische Person haftet als faktisches Organ bei tatsächlicher aktiver Einflussnahme auf die Geschäftstätigkeit der AG (N 26; FORSTMOSER, Verantwortlichkeit, N 729; A. VON PLANTA; 79). 42

5. Doppelorganschaft

Besteht der VR der aufnehmenden AG ausschliesslich aus einem oder mehreren Vertretern einer juristischen Person, die gleichzeitig Organ der delegierenden juristischen Person sind, so hat der VR bei Rechtsgeschäften zwischen der AG und der vertretenen juristischen Person die Grundsätze über das Verbot des **Selbstkontrahierens** und des **Insichgeschäftes** zu beachten (BGE 106 Ib 145, 148 m.w.Nw.; vgl. auch u. Komm. zu Art. 718a). *Zulässig* sind Selbstkontrahieren und Insichgeschäfte zwischen zwei Gesellschaften durch einen gemeinsamen Vertreter bei ausdrücklicher oder stillschweigender Ermächtigung durch den Vertretenen (BGE 98 II 211, 219; 93 II 461, 481). Eine *stillschweigende Ermächtigung* wird im Verhältnis zwischen *Konzerngesellschaften* angenommen (ZR 1978, 126) sowie dann, wenn die *Natur des Geschäftes* eine Benachteiligung ausschliesst (BGE 93 II 461, 481; 63 II 173f.). Zulässig ist auch die *nachträgliche Genehmigung* eines Insichgeschäftes durch die GV (BGE 99 Ia 1, 9; 95 II 442, 453; ZK-BÜRGI, N 36) oder ein anderes zeichnungsberechtigtes Mitglied des VR (BGE 127 III 332 ff.; zum Ganzen ZOBL, Probleme, 301 ff., 309 ff. m.w.Nw.; LAZOPOULOS, 141 ff.; krit. zur Genehmigung durch die GV: BÖCKLI, § 13 N 647 f.). 43

Setzt sich der VR der aufnehmenden AG neben Vertretern i.S.v. Art. 707 Abs. 3 noch aus anderen VR-Mitgliedern zusammen, so müssen die Vertreter bei Beschlüssen über Verträge zwischen der vertretenen juristischen Person und der aufnehmenden AG grundsätzlich *nicht* in den **Ausstand** treten (FUNK, N 3; ZK-BÜRGI, N 36; a.M. DE CAPITANI, 349; s.o. N 37). Üben die Vertreter im VR aber einen beherrschenden Einfluss aus, so haben sie gleichwohl die Grundsätze über die Doppelvertretung zu beachten. 44

VI. Rechtsvergleichung

Deutschland: Zu den **Wählbarkeitsvoraussetzungen** insb. § 76 Abs. 2 f. AktG (**Vorstand**); §§ 100, 105 AktG (**Aufsichtsrat**); zum statutarischen *Entsendungsrecht* in den Aufsichtsrat § 101 Abs. 2 AktG. Daneben sind für **Arbeitnehmervertreter** im Aufsichtsrat die besonderen Vorschriften des Mitbestimmungsrechts zu beachten (Montan-Mitbestimmungsgesetz vom 21.5.1951; Betriebsverfassungsgesetz vom 11.10.1952; Mitbestimmungsergänzungsgesetz vom 7.8.1956; Mitbestimmungsgesetz für Grossunternehmen vom 4.5.1976; Münchener Handbuch, § 28 N 9 ff.; HENN, 245 ff., 295 ff.). 45

Frankreich: Art. L. 225–17 ff. C.com. für Aktiengesellschaften mit monistischer Leitungsstruktur (nur VR, *«conseil d'administration»*); Art. L. 225–57 ff C.com. für die dualistische AG (Direktion und Aufsichtsrat, *«directoire et conseil de surveillance»*). Art. L. 225–27, L. 225–79 C.com. räumen die Möglichkeit ein, den Arbeitnehmern statutarische Mitbestimmungsrechte zu gewähren. Die Wahl jur. Personen ist ausdrücklich zugelassen (Art. L. 225–20, L. 225–76 C.com.). 46

Die mit Gesetzesnovelle (Loi N° 94–1) vom 3. Januar 1994 eingeführte **«Société par actions simplifiée»** (Art. L. 227–1 ff. C.com.) sieht eine stark vereinfachte Organisation vor. Insbesondere können die Regeln für die Leitung der Gesellschaft in den Statuten festgelegt werden (Art. L. 227–5 C.com.), und die Wahl einer juristischen Person als «président» oder «dirigeant» ist ausdrücklich zugelassen (Art. L. 227–7 C.com.). Ge- 46a

Art. 709

dacht ist diese vereinfachte Form der AG insb. für Konzerngesellschaften sowie Gemeinschaftsunternehmen («Joint Ventures»).

47 **Italien:** Art. 2380, 2382 CC it. (Verwaltung, *amministrazione»)*; Art. 2397, 2399 CC it. (Aufsichtsrat, *«collegio sindacale»*).

48 **Europarecht:** Art. 2 Abs. 1 **EG-V-Strukturr.** schreibt vor, dass das nationale Recht die Möglichkeit zur Wahl zwischen dem dualistischen (Leitungs- und Aufsichtsorgan) und dem monistischen (nur Verwaltungsorgan) System einräumen muss, und stellt gewisse (umstrittene) Anforderungen an die *Arbeitnehmervertretung* im Aufsichts- oder Verwaltungsorgan der AG auf (Art. 4 Abs. 2, Art. 4b ff., Art. 21b Abs. 2, Art. 21d ff. EG-V-Strukturr.). Mitglied des Leitungsorgans oder geschäftsführendes Mitglied des Verwaltungsorgans können nur natürliche Personen werden (Art. 5 Abs. 1, Art. 21k Abs. 1; falls die nationalen Regelungen die Mitgliedschaft juristischer Personen im Aufsichts- oder Verwaltungsorgan vorsehen, haben diese sich, unbeschadet der Haftung der juristischen Person, durch voll verantwortliche natürliche Personen vertreten zu lassen (Art. 5 Abs. 2, Art. 21k Abs. 2 EG-V-Strukturr.). Die Verordnung (EG) Nr. 2157/2001 über ein Statut der **Europäischen Gesellschaft** (Societas Europaea, «SE») vom 8.10.2001, welche am 8.10.2004 in Kraft trat, sieht in Art. 38 lit. b vor, dass die SE entweder über ein Aufsichts- und ein Leitungsorgan («dualistisches System») oder über ein Verwaltungsorgan («monistisches System») verfügen muss. Einzelheiten regeln die Art. 39–42 EG-SE (dualistisches System) sowie Art. 43–45 EG-SE (monistisches System); Art. 46–51 enthalten Bestimmungen, die auf beide Systeme anwendbar sind. Art. 47 Abs. 1 EG-SE sieht vor, dass auch eine *juristische Person* Mitglied eines Organs sein kann, sofern das Aktienrecht des Sitzstaates nichts anderes bestimmt. Ist eine juristische Person Organmitglied, so hat sie sich durch eine natürliche Person vertreten zu lassen. Für die Wählbarkeitsvoraussetzungen von Personen in Leitungs-, Aufsichts- und Verwaltungsorganen verweist Art. 47 Abs. 2 EG-SE auf das jeweils anwendbare Recht des Sitzstaates. Ausgeschlossen ist im dualistischen System die gleichzeitige Mitgliedschaft in Aufsichts- und Verwaltungsorgan. Die Beteiligung von Arbeitnehmern ist in der «Richtlinie 2001/86/EG vom 8.10.2001 zur Ergänzung des Statuts der Europäischen Gesellschaft hinsichtlich der Beteiligung der Arbeitnehmer» geregelt.

Art. 708

aufgehoben

abrogé

abrogato

Art. 709

2. Vertretung von Aktionärskategorien und -gruppen

¹ **Bestehen in Bezug auf das Stimmrecht oder die vermögensrechtlichen Ansprüche mehrere Kategorien von Aktien, so ist durch die Statuten den Aktionären jeder Kategorie die Wahl wenigstens eines Vertreters im Verwaltungsrat zu sichern.**

² **Die Statuten können besondere Bestimmungen zum Schutz von Minderheiten oder einzelnen Gruppen von Aktionären vorsehen.**

3. Abschnitt: Organisation der Aktiengesellschaft 1, 2 **Art. 709**

2. Représentation de catégories et de groupes d'actionnaires

¹ S'il y a plusieurs catégories d'actions en ce qui concerne le droit de vote ou les droits patrimoniaux, les statuts assurent à chacune d'elles l'élection d'un représentant au moins au conseil d'administration.

² Les statuts peuvent prévoir des dispositions particulières pour protéger les minorités ou certains groupes d'actionnaires.

2. Rappresentanza di categorie e di gruppi di azionisti

¹ Ove esistano varie categorie di azioni per quanto concerne il diritto di voto o i diritti patrimoniali, lo statuto deve assicurare agli azionisti di ogni categoria l'elezione di almeno un rappresentante nel consiglio d'amministrazione.

² Lo statuto può prevedere disposizioni particolari a protezione delle minoranze o di singoli gruppi di azionisti.

Literatur

BENOÎT, La représentation de groupes et de minorités d'actionnaires à l'administration des sociétés anonymes, 1956; BRUNNER, Streifzug durch die Statuten schweizerischer Publikums-Aktiengesellschaften, 1976 (ASR 444); GERBER, Gruppenbildung und Gruppenschutz in der Aktiengesellschaft, 1946 (ASR 230); GUBLER, Die Regelung der Minderheitenvertretung im schweizerischen Aktienrecht, SAG 1939/40, 171 ff.; HELD, Die Vertretung von Aktionärgruppen in der Verwaltung (Art. 708, Al. 4 OR), SJZ 1939/40, 64 ff., 236 ff.; HOFMANN, Wandelungen und Tendenzen in der Machtstellung und Zusammensetzung der Verwaltung privater Aktiengesellschaften, 1954; KUMMER, Die privatrechtliche Rechtsprechung des Bundesgerichtes im Jahre 1981, ZBJV 1983, 217 ff.; MÜNCH, Das Recht einer Aktionärsminderheit auf Vertretung im Verwaltungsratder Aktiengesellschaft, de lege lata und de lege ferenda, 1976; ROHRER, Aktienrechtliche Anfechtungsklage, 1979; E. SCHUCANY, Stimmenkumulierung und -konzentrierung bei der Wahl des Verwaltungsrates, SAG 1958/59, 129 ff.; F. VON STEIGER, Der sog. Verwaltungsratsproporz, SAG 1938/39, 193 ff. (zit. Verwaltungsratsproporz); TANNER, Quoren für die Beschlussfassung in der Aktiengesellschaft, 1987 (SSHW 100); ZIMMERMANN, Stimmrechtsaktien und ähnliche Rechtsgebilde, Die AG im neuen OR, Heft 10, 1951; vgl. auch die Literaturhinweise zu Art. 707.

I. Allgemeines

1. Inhalt

Abs. 1 sichert bei Bestehen verschiedener näher umschriebener **Aktienkategorien** den Aktionären jeder Kategorie die Wahl eines Vertreters in den VR zu. Abs. 2 ermöglicht die statutarische Einräumung besonderer Schutzbestimmungen für **Minderheitsaktionäre** oder **Aktionärsgruppen**. 1

2. Aktienrechtsrevision vom 4.10.1991

Art. 709 entspricht weitgehend Art. 708 Abs. 4 und 5 OR 1936. Der in Abs. 4 OR 1936 verwendete Begriff der «Gruppe von Aktionären mit verschiedener Rechtsstellung» wurde durch den Terminus der **Aktienkategorie** ersetzt, um so eine Abgrenzung gegenüber den **Minderheiten** und **Aktionärsgruppen** nach Abs. 2 und eine Vereinheitlichung der Gesetzesterminologie zu erzielen (BBl 1983 II 918, 854). In den parlamentarischen Beratungen wurde der Begriff der Kategorie dahin gehend präzisiert, dass die Aktien einer Kategorie sich hinsichtlich des Stimmrechts und der vermögensrechtlichen Ansprüche von den Aktien einer anderen Kategorie abheben müssen (damit wurde teilweise einem Bedenken von FORSTMOSER, Beurteilung, 72 FN 20, Rechnung getragen), und das im OR 1936 und im Entwurf des BR vorgesehene Recht wichtiger Aktionärsgruppen bzw. -kategorien auf Vertretung im Ausschuss aufgehoben (AmtlBull StR 1988, 513; BÖCKLI, § 13 N 74; ausführlich ZK-HOMBURGER, N 179 ff.). 2

3 In Abs. 2 wurde der Hinweis gestrichen, dass die Statuten zum Schutze von Minderheiten und Aktionärsgruppen weitere Bestimmungen über die **Wahlart** aufstellen können (BBl 1983 II 918).

3. Revision vom 16.12.2005

3a Im Rahmen der OR-Revision vom 16.12.2005 wurde lediglich die durch den Wegfall von Art. 708 bedingte Anpassung der Nummerierung der Randtitel vorgenommen.

II. Vertreter von Aktionärskategorien im VR (Abs. 1)

1. Normzweck. Rechtsnatur

4 Die Einräumung eines Rechts auf Vertretung im VR an Aktionäre mit *Aktien verschiedener Kategorien* (früher «Gruppen von Aktionären», Art. 708 Abs. 4 OR 1936) bezweckte ursprünglich den **Schutz** der Sparer und Obligationäre, deren Forderungen gegen die AG im Sanierungsfall in Aktien (i.d.R. Vorzugsaktien) umgewandelt worden sind, oder aber den Schutz der Stammaktionäre, die infolge wiederholter Sanierungen mit Ausgabe von Vorzugs- oder Stimmrechtsaktien in die Minderheitsstellung gedrängt worden sind. Die Vertretung im VR soll ihnen als den i.d.R. schwächeren und schutzbedürftigeren Aktionären eine **bessere Kontrolle** und ein **Mitspracherecht** bei Entscheidungen einräumen, die unmittelbare Auswirkungen auf den Ertrag ihrer Beteiligung haben könnten (BENOÎT, 240 f.; HOFMANN, 95; MÜNCH, 45, 54 f.; GERBER, 107 f.; HELD, 64 f.). Abs. 1 enthält insofern auch ein Element des **Minderheitenschutzes,** als dass diesen Aktionären auch dann ein Sitz im VR (und damit ein Informations- und Mitspracherecht, MÜNCH, 23 f.; HOFMANN, 71 f.; SCHULTHESS, 32) garantiert wird, wenn sie einen solchen aufgrund der Stimmverhältnisse an der GV nicht durchsetzen können (BGE 66 II 43, 49; 95 II 555, 565; ZWR 1981, 230, 234). Grundsätzlich ist das Vertretungsrecht jedoch *neutral* ausgestaltet und nicht an eine Minderheitenposition, sondern lediglich an das Bestehen verschiedener Aktienkategorien gebunden und steht den Aktionären *jeder* Kategorie zu.

5 Abs. 1 ist **zwingender Natur** und stellt gegenüber der AG ein Gebot an den Statuteninhalt auf (BGE 66 II 43, 50; 95 II 555, 565; ZWR 1981, 230, 234). Bestehen verschiedene Aktienkategorien i.S. des Gesetzes, so *müssen* die Statuten die Wahl mindestens eines Vertreters einer jeden Kategorie in den VR ermöglichen (BGE 107 II 179, 183 = SAG 1981, 177 ff. mit Anm. HOMBURGER), wobei die *statutarische Ausgestaltung* im Rahmen der allgemeinen Grundsätze des Aktienrechts frei ist, solange das vorgegebene Ziel erreicht wird. Das Recht nach Abs. 1 fällt nicht unter die in Art. 627 Ziff. 9 genannten Vorrechte *einzelner* Kategorien von Aktien, da es sich beim Vertretungsrecht *nicht* um das Recht einer *einzelnen* Kategorie, sondern um ein allgemeines, *allen* Aktienkategorien zustehendes Recht handelt. Art. 709 Abs. 1 wäre folgerichtig unter den *zwingenden Statuteninhalt* nach Art. 626 zu subsumieren.

6 Die betroffenen Aktionäre können im Einzelfall, d.h. anlässlich der Wahlen in den VR, und in Kenntnis der jeweiligen Umstände, auf ihr Vertretungsrecht **verzichten** (BGE 107 II 179, 187; Justizdepartement BS, ZBGR 1942, 209), nicht jedoch im Voraus generell und stillschweigend.

7 Erfüllen die Statuten die Anforderungen von Abs. 1 **nicht,** so muss der Handelsregisterführer dennoch die Eintragung vornehmen, da er nur bei Verletzung zwingender, im Interesse der Öffentlichkeit oder Dritter aufgestellter Bestimmungen die Eintragung ablehnen kann (BGE 117 II 186, 189; 114 II 68, 70; 107 II 246 ff.; 91 I 360, 362), Abs. 1 aber trotz seiner zwingenden Natur nur zum Schutz von Aktionären verschiedener Kategorien aufgestellt worden ist (VON STEIGER, Verwaltungsratsproporz, 192 ff.). Die betroffenen Aktionäre müssen bei Nichtbeachtung ihr Recht mit den Rechtsbehelfen nach Art. 643 Abs. 3 (Auflösung; unverhältnismässig) und 706 (Anfechtung eines das Vertretungsrecht verweigernden oder einschränkenden GV-Beschlusses) durchsetzen (VON STEIGER, Verwaltungsratsproporz, 194 f.; ZK-HOMBURGER, N 205) bzw. eine Leistungsklage gegen die AG anstrengen, gestützt auf Art. 709 Abs. 1 (ZK-BÜRGI, Art. 708 N 55 m.w.Nw.; einschränkend ZK-HOMBURGER, N 202). Dies führt zu einer mit dem Schutzgedanken der Norm (N 4; BENOÎT, 229) nur *schwer zu vereinbarenden Benachteiligung der betroffenen Aktionäre* durch die Umkehr der Klägerrolle und damit der Beweislast, wenn sich die Betroffenen berechtigterweise (ZIMMERMANN, 57 f.) auf ihr Recht trotz fehlender Statutenbestimmung berufen wollen. Die gegenteilige Auffassung, wonach die Eintragung in diesen Fällen von Amtes wegen abzulehnen sei (Justizdepartement BS, SAG 1942/43, 73; BENOÎT, 229 f., 248 f., 305; ZIMMERMANN, 59 f.), ist aber mit der klaren BGer-Praxis zur Kognitionsbefugnis des Handelsregisterführers bei materiellrechtlichen Fragen unvereinbar.

In der **Praxis** finden sich entsprechende Statutenbestimmungen wohl wegen fehlender 8 direkter Rechtsfolgen bei Verstoss gegen diese Bestimmung und aufgrund der Tatsache, dass das Gesetz, unter Vorbehalt anderweitiger Statutenbestimmungen, lediglich die Wahl *eines* Vertreters vorschreibt, äusserst selten (FORSTMOSER/MEIER-HAYOZ/NOBEL, § 27 N 82; BUCHMANN, 33 ff.; BRUNNER, 106 ff.; MÜNCH, 62 ff.; KRNETA, N 358 f.).

2. Aktienkategorien

Die vom Ständerat in der Revision von 1991 eingefügte Präzisierung stellt klar, dass 9 sich die Aktien verschiedener Kategorien in ihrer **Rechtsstellung** bezüglich des **Stimmrechts** und der **vermögensrechtlichen Ansprüche unterscheiden** müssen (BGE 120 II 47, 50 f.). Abs. 1 findet demnach keine Anwendung, wenn nur Inhaber- und Namenaktien vorhanden sind (BÖCKLI, § 13 N 73; FORSTMOSER/MEIER-HAYOZ/NOBEL, § 27 N 80; KRNETA, N 363; ebenso bereits unter Art. 708 Abs. 4 OR 1936 ZWR 1981, 230, 238 f.; VON GREYERZ, 202; ZK-BÜRGI, Art. 708 N 52; **a.M.** BRUNNER, 94 ff.; VON STEIGER, Verwaltungsratsproporz, 194; PLÜSS, 19). Die Unterschiede zwischen den Kategorien müssen in den Statuten festgeschrieben und *nicht bloss vorübergehender Natur* sein (MÜNCH, 53; FUNK, Art. 708 N 4; ZK-BÜRGI, Art. 708 N 51). Anwendbar ist Abs. 1 demzufolge, falls eine AG **Vorzugsaktien** (Unterschiede gegenüber Stammaktien bezüglich der Vermögensrechte, z.B. Dividendenanspruch, Liquidationsanteil, Bezugsrecht, vgl. Komm. zu Art. 654, 656; MÜNCH, 7 f.; GERBER, 6 ff.; VON GREYERZ, 202; ZK-BÜRGI, Art. 708 N 48) und/oder **Stimmrechtsaktien** (Vorrechte gegenüber den Stammaktien bez. des Stimmrechts, vgl. Komm. zu Art. 693; ZWR 1981, 230, 238) ausgegeben hat, nicht aber wenn die Aktionäre nur bezüglich ihrer Interessenlage, nicht aber nach ihrer Rechtsstellung, in verschiedene Gruppen eingeteilt sind (BGE 120 II 47, 51 f., mit Anm. in AJP 1994, 1470 f.; MONTAVON, 562). Keine Aktienkategorie i.S.v. Abs. 1 stellen trotz unterschiedlicher vermögensrechtlicher Stellung Aktien dar, mit denen ein Recht auf *Bauzinsen* (Art. 676) verbunden ist, da dieses nur befristet zugesichert werden kann (GERBER, 8 f.). Ebenfalls nicht unter Abs. 1 fallen die *Partizipanten,* die (auch unter der neuen Regelung von Art. 656a Abs. 2, BÖCKLI, § 13 N 73) von den typischen Mitgliedschaftsrechten des Aktionärs ausgeschlossen sind (BGE 105 Ib 175, 177; die statutarische Einräumung eines Vertretungsrechts der Partizipanten ist aber gemäss Art. 656e möglich). Auch die Einräumung eines Abordnungsrechts an ein an der AG beteiligtes *Gemeinwesen* (Art. 762 N 19) begründet keinen Anspruch der privaten Aktionäre auf Vertretung nach 709 Abs. 1 (BGE 120 II 47, 51 f.; STÄMPFLI, 141 f.; **a.M.** VON GREYERZ, 312). Dies deshalb, weil das Abordnungs*recht* des Gemeinwesens nicht in seiner Aktionärsstellung, sondern in der besonderen Stellung der öffentlichen Hand gestützt auf einer Statutenbestimmung gemäss Art. 762 begründet ist (Anm. zu BGE 120 II 47 in AJP 1994, 1470 ff.).

10 Für das Bestehen einer Aktienkategorie spielt die **Anzahl** der betroffenen Aktionäre bzw. Aktien keine Rolle. Bereits eine einzige Aktie oder ein einziger Aktionär mit unterschiedlicher Rechtsstellung i.S.v. Abs. 1 reichen aus (BGE 66 II 43, 49; 95 II 555, 565; ZWR 1981, 230, 238; GERBER, 5; MÜNCH, 54).

3. Wahl und Abberufung

11 Das Gesetz regelt den **Wahlmodus** für Vertreter nach Abs. 1 nicht, sondern schreibt einerseits vor, dass bei Vorhandensein verschiedener Aktienkategorien jeder Kategorie die Wahl wenigstens eines Vertreters zu sichern ist (Abs. 1), anderseits der VR zwingend durch die GV gewählt werden muss (Art. 698 Abs. 2 Ziff. 2). Das BGer hat diese gegensätzlichen Anforderungen in einem wegleitenden Entscheid (BGE 66 II 43 ff.) überzeugend zusammengeführt. Den Aktionären der Kategorie, die sich stimmenmässig in der Minderheit befindet und so an der GV ihren Kandidaten nicht durchzusetzen vermag, steht ein *verbindliches Vorschlagsrecht* für einen VR-Kandidaten zu; die GV kann die Wahl des vorgeschlagenen Vertreters nur *aus wichtigem Grund* verweigern (ständige Rechtsprechung und h.L., BGE 66 II 43, 50 ff.; 107 II 179, 183 f.; ZWR 1981, 230, 236 f.; TRIGO TRINDADE, 97 f.; ZK-BÜRGI, Art. 708 N 57 ff., 61; BÖCKLI, § 13 N 68; MÜNCH, 57; MONTAVON, 562 f.; PLÜSS, 14 f.; ZIMMERMANN, 61 f.; i.E. ähnlich, aber mit anderem Verfahren: BENOÎT, 270 ff., 327 ff.; krit. GERBER, 110 ff.; **a.M.** HELD, 64 ff.; VON STEIGER, Verwaltungsratsproporz, 195 ff.).

12 **Wählbar** als Vertreter kann nur eine den betroffenen Aktionären genehme Vertrauensperson sein (BGE 66 II 43, 51; 107 II 179, 185), die nach der Neufassung von Art. 707 Abs. 1 keine Aktien mehr besitzen muss. Aktienbesitz kann jedoch nach wie vor durch eine entsprechende Statutenbestimmung vorausgesetzt werden. Allerdings kann nicht gefordert werden, dass der Vertreter «vornehmlich» an der betreffenden Aktienkategorie interessiert sein muss (so BGE 66 II 43, 52; BENOÎT, 159 f.; GUBLER, 176), da ausreichend ist, wenn die gewählte Person das durch den Vorschlag manifestierte Vertrauen der betroffenen Aktionäre besitzt sowie über die zur Ausübung eines VR-Mandates erforderlichen persönlichen und fachlichen Qualifikationen verfügt und die allgemeinen *Wählbarkeitsvoraussetzungen* (Art. 707 N 6 f., 15 ff.) erfüllt (ebenso BRUNNER, 88 f.).

13 Keine Stellung genommen hat das BGer zur Frage, *wie* die Aktionäre einer Kategorie ihren **verbindlichen Wahlvorschlag** zu Händen der GV ermitteln (KUMMER, 219 f.). Da die Aktionäre einer Aktienkategorie i.d.R. keine homogene Gruppe mit fester Organisation und geregeltem Willensbildungsmechanismus bilden, hat die AG hierzu den Aktionären jeder Aktienkategorie die Möglichkeit einzuräumen, gesondert über einen Kandidaten zu beschliessen, der dann der GV zur Wahl vorgeschlagen wird. Die Beschlussfassung kann in einer *Sonderversammlung* analog Art. 654 Abs. 2 vorgenommen werden, die im Vorfeld der GV oder anlässlich der GV, z.B. während einer Unterbrechung der GV, abgehalten wird (GERBER, 64 ff.; BENOÎT, 95 ff.; KUMMER, 220; allgemein zur Sonderversammlung nach Art. 654 Abs. 2: ZK-SIEGWART, Art. 654–656 N 33 ff.; TANNER, 211 ff.; unvereinbar mit dem zwingenden Charakter von Abs. 1 BRUNNER, 87, der die Sonderversammlung nur auf Antrag analog Art. 699 Abs. 3

3. Abschnitt: Organisation der Aktiengesellschaft 14–17 **Art. 709**

durchführen will). Unter Vorbehalt einer anderweitigen statutarischen Regelung sind auf die Sonderversammlung die Bestimmungen über die GV analog anwendbar (TANNER, 211 f. m.w.Nw.). Sonderversammlungsbeschlüsse werden demnach grundsätzlich mit *einfachem Stimmenmehr* gefasst. *Stimmberechtigt* sind alle Aktionäre, die Aktien der betreffenden Kategorie halten. Der Beschluss der Aktienkategorie über den Vertretungsvorschlag ist separat nach Art. 706 *anfechtbar* (BGE 69 II 246, 251 f.), wobei eine erfolgreiche Anfechtung auch einen Anfechtungsgrund für den darauf abstellenden Beschluss der GV bildet; *anfechtungsberechtigt* sind die Aktionäre der betroffenen Kategorie (ZIMMERMANN, 63 ff.).

Der **Wahlvorschlag** ist insofern **verbindlich,** als die GV davon nicht ohne wichtigen **14** Grund abweichen kann. Massgebend für die Beurteilung der *Ablehnungsgründe* kann nur das Interesse der AG sein, wobei insb. die persönlichen und fachlichen Qualifikationen des Vorgeschlagenen in Betracht gezogen werden müssen (BGE 66 II 43, 51 f.; ZWR 1981, 230, 237; ZK-HOMBURGER, N 205; ZK-BÜRGI, N 59 f.; BENOÎT, 264 ff., 328).

Wählt die GV den vorgeschlagenen Kandidaten nicht, so ist der entsprechende GV- **15** Beschluss von den Aktionären der betroffenen Kategorie **anfechtbar.** *Streitentscheidend* ist dabei die Beantwortung der Frage, ob die Wahl aus *wichtigem Grund* verweigert worden ist oder nicht. Stellt das Gericht fest, dass kein wichtiger Grund zur Ablehnung des Kandidaten vorliegt, so *muss* die GV nach BGE 66 II 43 ff. die Wahl vornehmen. Die Rechtslage ist diesfalls eindeutig, und der Kläger kann sein Klagebegehren mit einem Antrag auf Abgabe einer Willenserklärung bzw. auf Beschlussfassung durch die GV verbinden, wobei das Urteil an die Stelle des GV-Beschlusses tritt, ohne dass der Richter – angesichts der klaren Rechtslage – sein Ermessen an Stelle desjenigen der GV setzt (ähnlich BÖCKLI, § 13 N 70; SCHUCANY, Art. 708 N 4; einschränkend ZIMMERMANN, 66, der die beschlussersetzende Wirkung des Urteils erst nach erwiesener Nichtbefolgung des Urteils an einer zweiten GV annimmt; allgemein zu dieser Urteilswirkung OGer ZH, SAG 1983, 126 ff.; STAUBER, 130 ff., 136; ROHRER, 112 f.). Diese beschlussersetzende Wirkung des Urteils führt schneller und einfacher zum Ziel als die in BGE 66 II 43, 54 wohl aufgrund eines entsprechenden Antrags ausgesprochene dreimonatige Frist zur Ansetzung einer neuen GV und Vornahme der Wahl unter Befolgung des Urteilsdispositivs (ebenfalls für Ansetzung einer Frist ZWR 1981, 230, 237; ZK-BÜRGI, N 61; BRUNNER, 91 f.).

Die **Klage** auf Durchsetzung eines Vertretungsanspruches nach Abs. 1 ist **vermögens-** **16** **rechtlicher Natur** (SJ 1967, 295; offen gelassen in BGE 66 II 43, 47 f.; bejaht in BGE 107 II 179, 181 f.; ebenso KRNETA, N 374; **a.M.** BENOÎT, 226).

Die **Abwahl** eines Vertreters nach Abs. 1 muss zwingend durch die GV erfolgen **17** (Art. 705). Um allerdings das verbindliche Vorschlagsrecht gemäss BGE 66 II 43 ff. nicht durch eine jederzeit mögliche Abwahl illusorisch zu machen, muss die Abwahl entweder auf Vorschlag der betroffenen Aktienkategorie vorgenommen werden, oder aber auf Initiative der GV, wobei allerdings auch hier der Vorbehalt des wichtigen Grundes (N 14) gelten muss (THALMANN, 48 f.; PLÜSS, 91 f.; BÖCKLI, § 13 N 84). Sofern die Statuten vorsehen, dass Vertreter von Aktionärskategorien über entsprechende Aktien verfügen müssen, ist eine statutarische Klausel weiterhin zulässig, die den Vertreter zu einer Niederlegung des VR-Mandates verpflichtet, sobald er nicht mehr Aktionär der betreffenden Kategorie ist (PLÜSS, 98 f.). Folgt die GV dem Vorschlag der betroffenen Kategorie nicht, so kann der nicht abgewählte Vertreter nicht mehr als Vertreter der Kategorie betrachtet werden (TRIGO TRINDADE, 99); die Aktionäre der betroffenen Kategorie müssen dann einen Anspruch auf die Wahl eines neuen, von ihnen bezeichneten Vertreters haben.

4. Rechtsstellung des Vertreters

18 Zwischen dem Vertreter und den Aktionären der vertretenen Kategorie besteht vor der Wahl i.d.R. kein Vertragsverhältnis (PLÜSS, 19); durch die Annahme der Wahl (Art. 710 N 7) als Vertreter der betreffenden Kategorie entsteht jedoch ein **Auftrags- oder auftragsähnliches Verhältnis,** wonach der Vertreter verpflichtet ist, im Rahmen der ihm bei der pflichtgemässen Erfüllung des VR-Mandates zustehenden **Ermessensfreiheit** die Interessen seiner Kategorie besonders zu berücksichtigen. Grundsätzlich steht der Vertreter jedoch in denselben Rechten und Pflichten zur AG wie jedes andere VR-Mitglied auch und hat insb. die Interessen der Gesellschaft vor denjenigen der Aktienkategorie zu wahren (BGE 66 II 43, 51; THALMANN, 47 ff.; MÜNCH, 90 f.; ZK-BÜRGI, Art. 708 N 58; SCHULTHESS, 33; BÖCKLI, § 13 N 72; DE CAPITANI, 349; FORSTMOSER/MEIER-HAYOZ/NOBEL, § 28 N 162 f.; Art. 707 N 37). Dem Vertreter stehen gegenüber den Angehörigen der vertretenen Aktienkategorie auch keinerlei weitergehenden Informationsrechte oder -pflichten zu (KRNETA, N 368; weitergehend für eine Informationspflicht, sofern die Interessen der vertretenen Aktienkategorie betroffen sind: MONTAVON, 567).

5. Recht auf Vertretung im VR-Ausschuss

19 Das in Art. 708 Abs. 4 Satz 2 OR 1936 und noch in Art. 709 Abs. 1 Satz 2 E 1983 vorgesehene Recht wichtiger Gruppen bzw. Kategorien auf Vertretung in **VR-Ausschüssen** war bereits unter OR 1936 nur vage umschrieben und schwer handhabbar (ZK-BÜRGI, Art. 708 N 62; MÜNCH, 102 f.; krit. BRUNNER, 100 ff.). Der Ständerat hat diese Bestimmung diskussionslos *gestrichen* (AmtlBull StR 1988, 513; BÖCKLI, § 13 N 74). *Statutarisch* kann ein Recht auf Vertretung im VR-Ausschuss jedoch weiterhin unter Beachtung insb. des Gleichbehandlungsgrundsatzes beibehalten oder neu eingeräumt werden.

III. Minderheitenschutz (Abs. 2)

1. Anwendungsbereich. Rechtsnatur. Normzweck

20 Entgegen Art. 708 Abs. 5 OR 1936 sieht Art. 709 Abs. 2 nicht mehr vor, dass die besonderen Bestimmungen zum Schutz von Minderheiten oder verschiedenen Aktionärsgruppen die *Wahlart* betreffen müssen. Dieser Zusatz wurde bei der Gesetzesrevision von 1991 als «*unnötig einschränkend*» angesehen und gestrichen (BBl 1983 II 918). Der Gesetzeswortlaut liesse somit einen weiten Spielraum für den Anwendungsbereich von Abs. 2 zu. Aus der *systematischen Stellung* der Bestimmung und der Marginalie zu Art. 709 ergibt sich jedoch, dass die in **Abs. 2** vorgesehenen **Minderheiten- und Gruppenschutzbestimmungen** weiterhin nur die **Vertretung im VR** betreffen, *nicht aber einen darüber hinausgehenden statutarischen Minderheitenschutz* (gl.M. BÖCKLI, § 3 N 75). Dabei können neu auch Regelungen, die über die blosse Wahlart hinausgehen, wie z.B. Vorschriften über die Art und Weise der Vertretung, vorgesehen werden.

21 Abs. 2 ist, im Gegensatz zu Abs. 1, **nicht zwingender Natur,** und ein Anspruch von Minderheiten oder Aktionärsgruppen auf Vertretung im VR ist von der Einräumung eines solchen Rechtes in den Statuten abhängig (BGE 95 II 555, 566; 107 II 179, 183; ZWR 1981, 230, 239 f.; ZK-BÜRGI, N 64). Damit ist Abs. 2 genau genommen überflüs-

sig, da die GV im Rahmen der aktienrechtlichen Grundsätze (Rechtsmissbrauchsverbot, Gleichbehandlungsgebot und Verhältnismässigkeit) sowieso *statutarische Minderheitenschutzbestimmungen* aufstellen (und auch wieder abschaffen) kann (BRUNNER, 82; G. SCHUCANY, 33 f.). Ein statutarisches Vertretungsrecht für Minderheiten kann von der GV jederzeit wieder mit derselben Mehrheit *abgeschafft* werden, mit welcher es eingeführt worden ist (analog Art. 704 Abs. 2; vgl. auch Art. 762 N 26; TRIGO TRINDADE, 113).

Zweck einer Vertretung von Minderheiten oder verschiedenen Aktionärsgruppen im VR ist die *Einbeziehung möglichst vieler Aktionärskreise* in die Leitung der AG und damit eine breite Abstützung des VR, die Mitverantwortung der Minderheiten für die Geschäftsführung sowie eine Erleichterung des Interessenausgleichs und Meinungsaustausches zwischen den Aktionärsgruppen (in diesem Sinne setzt sich LAMBERT, 207, 232 f. für eine verstärkte Nutzung dieser Vorschrift ein), was auch zu einer Vermeidung gerichtlicher Auseinandersetzungen führen kann (vgl. BENOÎT, 235 ff.). Angesichts der möglichen positiven Wirkungen ist deshalb die Auffassung unhaltbar, wonach die Vertreter ihr Amt lediglich als «Pfründe» betrachten und im VR die Rolle von blossen «Beisitzern» spielen, die den Verhandlungen «ohne Verständnis» folgen (so aber VON GREYERZ, Verwaltung, 65). **22**

2. Minderheiten und Aktionärsgruppen

Minderheiten und Aktionärsgruppen bestehen aus einem oder mehreren Aktionären, die sich in *persönlicher Hinsicht*, in ihren *wirtschaftlichen Interessen* in der AG oder ihrer *Rechtsstellung* (str. unter OR 1936, vgl. die entgegengesetzten Auffassungen von ZK-BÜRGI, Art. 708 N 63; BENOÎT, 323) nach aussen erkennbar *unterscheiden*. Während der **Begriff der Minderheit** ein relatives Kriterium, abhängig vom Verhältnis der Anzahl der Aktionäre, Stimm- oder Vermögensrechte der einzelnen Gruppen zueinander, darstellt, erscheint die **Aktionärsgruppe** als Oberbegriff, der an ein nach aussen erkennbares allgemeines Unterscheidungskriterium anknüpft und somit sowohl Aktionäre einer bestimmten Kategorie als auch eine Minderheit umfassen kann. Diesen Gruppierungen muss, um nach Abs. 2 Beachtung finden zu können, ein gewisser *Dauercharakter* zukommen; nicht erfasst werden z.B. Interessenverbindungen bezüglich einzelner Traktanden an der GV oder blosse Zufallskoalitionen (ZK-BÜRGI, Art. 708 N 63; BENOÎT, 203). Eine abstrakte Umschreibung der Kriterien, die für die Zugehörigkeit zu einer Minderheit oder einer Aktionärsgruppe erfüllt sein müssen, ist schwierig (BENOÎT, 206 f.; VISCHER/RAPP, 158 f.), weshalb eine genaue Definition in den *Statuten* empfehlenswert ist (BRUNNER, 83; BENOÎT, 207 f., 323). **23**

Als **Beispiele** für Minderheiten oder Aktionärsgruppen i.S.v. Abs. 2 werden genannt: Privataktionäre und Munizipalgemeinde (ZWR 1981, 230 ff.; BGE 107 II 179 = SAG 1981, 177 ff. mit Anm. HOMBURGER); Inhaber- und Namenaktionäre (FORSTMOSER/MEIER-HAYOZ/NOBEL, § 27 N 91; KRNETA, N 381); A- und B-Aktionäre (TRIGO TRINDADE, 101 f.; BÖCKLI, § 13 N 77); Gross- und Kleinaktionäre (ZK-BÜRGI, Art. 708 N 63); Partner in Gemeinschaftsunternehmen (ZK-HOMBURGER, N 197); Lieferanten und Abnehmer der Gesellschaft (MÜNCH, 58; VON STEIGER, Verwaltungsratsproporz, 196); Angehörige der Gründerfamilie, Partei-, Religions-, Sprach- oder Berufsgruppenzugehörigkeit, Arbeitnehmer (BENOÎT, 207 ff.); Inhaber von Genussscheinen (MONTAVON, 565 f.), immer vorausgesetzt, sie sind gleichzeitig auch Aktionäre. Nicht möglich ist dagegen in Ermangelung einer Bestimmung analog Art. 656e die Einräumung eines Vertretungsrechts an Anleihensobligationäre mit Wandeloptionen (**a.M.** MONTAVON, **24**

567), zumindest so lange, als die Wandeloption noch nicht (teilweise) ausgeübt ist und die Obligationäre (noch) nicht Aktionäre sind.

3. Ausgestaltungsmöglichkeiten

25 **Allgemeine Schranken** bei der Einräumung zusätzlicher Rechte an Minderheiten und Aktionärsgruppen stellen das *Gleichbehandlungsgebot* sowie der Grundsatz der *Wahl des VR durch die GV* (Art. 698 Abs. 2 Ziff. 2) auf. Die Einräumung von Vertretungsrechten im VR muss somit an *sachlich* gerechtfertigte Kriterien anknüpfen (was insb. bei der Berücksichtigung persönlicher Eigenschaften problematisch sein kann) und das Wahlrecht der GV zumindest in dem in BGE 66 II 43 ff. umschriebenen Kern (N 11 ff.) unangetastet lassen (MÜNCH, 59; BENOÎT, 285; FUNK, Art. 708 N 5; implizit BGE 107 II 179, 184 ff.).

26 **Unmöglich** ist somit die Gewährung eines absolut bindenden *Entsendungsrechts* an einzelne Aktionärsgruppen oder eines Entsendungsrechts an Dritte analog Art. 762 (MÜNCH, 62; BENOÎT, 225; de lege ferenda schlagen HIRSCH/NOBEL in ihrem Projekt für eine private AG, SZW 1997, 126, 134, ein Vertretungsrecht für Aktionäre oder Aktionärsgruppen mit mindestens 20% Beteiligung vor). Ebenso unzulässig ist die Einräumung eines VR-Mandates an *Mitarbeitervertreter,* sofern keine Mitarbeiteraktien bestehen (BÖCKLI, § 13 N 77; PLÜSS, 6, 21 FN 92). Es steht der Gesellschaft jedoch frei, unabhängig davon, ob Mitarbeiteraktien ausgegeben wurden oder nicht, den Mitarbeitern ein *Vorschlagsrecht* zu Händen der GV für die Wahl eines Mitarbeitervertreters in den VR einzuräumen (TRIGO TRINDADE, 110 f.).

27 **Zulässig** ist dagegen die Gewährung eines verbindlichen *Vorschlagsrechts* unter Vorbehalt wichtiger Gründe analog Abs. 1 an Gruppierungen i.S.v. Abs. 2 (ZK-BÜRGI, Art. 708 N 68), die Einführung des *Proportionalwahlrechts* (SCHUCANY, Stimmenkumulierung, 129 f.; BENOÎT, 290 ff.; ZK-BÜRGI, Art. 708 N 70; MÜNCH, 59 ff.; allgemein zur Proportionalwahl HOFMANN, 70 ff.) oder die *Stimmenkumulierung* (jeder Aktionär hat ebenso viele Stimmen, wie VR-Mitglieder zur Wahl stehen, und kann seine Stimmen nach Belieben auf einen oder mehrere Kandidaten verteilen, SCHUCANY, Stimmenkumulierung, 131 ff.; BENOÎT, 299 f.; ZK-BÜRGI, Art. 708 N 70; BÖCKLI, § 13 N 80 f.; krit. TRIGO TRINDADE, 102 ff.). Das Wahlverfahren kann im Rahmen des Gesetzes frei gestaltet werden (FUNK, Art. 708 N 5). Klargestellt ist durch die redaktionelle Änderung des Wortlauts von Abs. 2 in der Revision von 1991 die Zulässigkeit von über das Wahlverfahren hinausgehenden Schutzvorschriften, wie z.B. die bereits unter dem OR 1936 anerkannte Möglichkeit, den Aktionären jeder Kategorie über das in Abs. 1 garantierte Minimum hinaus weitere VR-Sitze zuzusichern (MÜNCH, 58; BENOÎT, 287; ZK-BÜRGI, Art. 708 N 66).

28 Die **praktische Bedeutung** von Abs. 2 ist sehr gering (ZK-BÜRGI, Art. 708 N 65; BUCHMANN, 34; MÜNCH, 66; BRUNNER, 106). Stattdessen werden Minderheits- oder Gruppenschutzbestimmungen i.d.R. in *ABV* vereinbart (KRNETA, N 382 f.; BÖCKLI, § 13 N 78). Dies hat den Vorteil, dass eine Realexekution durchgesetzt werden kann (ZR 1984, 139 ff.), eine Kundgabe nach aussen nicht erfolgen muss und die Abänderung nicht an die Vorschriften über die Statutenänderung gebunden ist (ZK-BÜRGI, Art. 708 N 67; PLÜSS, 21 f.).

3. Abschnitt: Organisation der Aktiengesellschaft   **Art. 710**

IV. Rechtsvergleichung

Deutschland: Gemäss § 101 Abs. 2 AktG können die Statuten für bestimmte Aktionäre 29
oder Inhaber bestimmter Aktien ein **Entsendungsrecht** *in den Aufsichtsrat* begründen.
Sofern die Vorschriften des Mitbestimmungsrechts (Art. 707 N 45) gelten, haben die Arbeitnehmer Anspruch auf die Wahl von **Arbeitnehmervertretern,** die nicht Aktionäre
sein müssen, in den Aufsichtsrat, wobei die Hauptversammlung an die entsprechenden
Wahlvorschläge gebunden ist (§§ 95 Satz 5, 96, 101 Abs. 1 AktG). Daneben hat jeder
Aktionär ein unverbindliches **Vorschlagsrecht** für die Wahl von Aufsichtsratsmitgliedern (§§ 127, 137 AktG; vgl. auch MÜNCH, 114 ff.).

Frankreich: Das Gesetz sieht *kein allgemeines Vertretungsrecht* für Aktionäre verschie- 30
dener Kategorien vor. Nach Art. L. 225–27 ff. und L. 225–79 C.com. können die Statuten den **Arbeitnehmern** ein Recht auf Vertretung im Conseil d'administration bzw. im
Conseil de surveillance einräumen.

Italien: Der CC it. kennt *kein Vertretungsrecht* im Verwaltungs- oder Aufsichtsrat für 31
bestimmte Aktionäre oder Arbeitnehmer.

Europarecht: Gemäss Art. 4 Abs. 2, Art. 4b ff. und Art. 21b Abs. 2, Art. 21d ff. **EG-V-** 32
Strukturr. müssen die Statuten der AG je nach anwendbarem Mitbestimmungsmodell
den **Arbeitnehmern** das Recht zur Wahl eines Teils der Mitglieder des Aufsichts- oder
Verwaltungsorgans einräumen. Art. 47 **EG-SE** enthält einen Vorbehalt zugunsten *nationaler Rechtsvorschriften,* welche auch einer Minderheit von Aktionären oder anderen
Personen oder Stellen die Bestellung eines Teils der Organmitglieder erlauben. Für die
Beteiligung der Arbeitnehmer verweist Art. 1 Abs. 4 EG-SE auf die «Richtlinie 2001/
86/EG vom 8.10.2001 zur Ergänzung des Statuts der Europäischen Gesellschaft hinsichtlich der Beteiligung der Arbeitnehmer».

Art. 710

3. Amtsdauer	**¹ Die Mitglieder des Verwaltungsrates werden auf drei Jahre gewählt, sofern die Statuten nichts anderes bestimmen. Die Amtsdauer darf jedoch sechs Jahre nicht übersteigen.** **² Wiederwahl ist möglich.**
3. Durée des fonctions	¹ Les membres du conseil d'administration sont élus pour trois ans, sauf disposition contraire des statuts. La durée des fonctions ne peut cependant excéder six ans. ² Les membres du conseil d'administration sont rééligibles.
3. Durata del mandato	¹ Gli amministratori sono eletti per tre anni, salvo disposizione contraria dello statuto. La durata del mandato non può tuttavia superare i sei anni. ² È ammessa la rielezione.

Literatur

BÜHLER, Amtspraxis zum Handelsregisterrecht aus den Jahren 1990/1991, SZW 1992, 80 ff.; FELLMANN, Abgrenzung der Dienstleistungsverträge zum Arbeitsvertrag und zur Erbringung von Leistungen als Organ der Gesellschaft, AJP 1997, 172 ff.; GAMPER, Ausscheiden aus der Verwaltung einer juristischen Person, JBHReg 1992, 30 ff.; SCHAUB, La radiation des administrateurs démissionnaires, SAG 1966, 241 ff.; DERS., La démission d'un administrateur peut-elle être valablement adressée au président?, SAG 1969, 116 ff.; DERS., La démission de l'administrateur unique, SAG

1987, 118 f.; DERS., Pour la radiation des administrateurs: une disposition superflue, SJZ 1987, 116 f.; STEINER, Die Amtsdauer der Mitglieder des Verwaltungsrates, SAG 1942/43, 29 ff.; DERS., Die Wahl der Verwaltungsratsmitglieder durch Kooptation, SAG 1951/52, 71 f.; vgl. auch die Literaturhinweise zu Art. 707.

I. Allgemeines

1. Inhalt

1   Art. 710 legt unter Vorbehalt anderweitiger Statutenbestimmungen die **Amtsdauer** der VR-Mitglieder fest und beschränkt die **Höchstdauer** des VR-Mandates auf sechs Jahre, wobei Wiederwahl zugelassen wird.

2. Aktienrechtsrevision vom 4.10.1991

2   Die Bestimmung entspricht inhaltlich Art. 708 Abs. 1 OR 1936. Das Parlament hat die vom Bundesrat vorgeschlagene **dispositive Amtsdauer** von einem Jahr (BBl 1983 II 918; Art. 710 Abs. 1 E 1983) zugunsten der früheren Dreijahresregelung verworfen und kleinere redaktionelle Änderungen vorgenommen (AmtlBull NR 1985, 1783; StR 1988, 513). Die in Art. 708 Abs. 2 OR 1936 vorgesehene Möglichkeit, den ersten VR in den Statuten zu bestimmen, ist ersatzlos aufgehoben worden. Demnach ist der erste VR nun an der Gründungsversammlung zu wählen. Ebenfalls gestrichen wurde der in Art. 708 Abs. 3 OR 1936 enthaltene Grundsatz, wonach bei Ausscheiden einzelner VR-Mitglieder die Verwaltung bis zur nächsten GV von den verbleibenden Mitgliedern weitergeführt wird, da dies als selbstverständlich angesehen wurde (BÖCKLI, § 13 N 53 FN 113).

3. Entwurf für eine Änderung des Aktien- und Rechnungslegungsrechts

2a Gemäss Art. 710 Abs. 1 E-Aktien- und Rechnungslegungsrecht soll die GV die Mitglieder des VR neu *jährlich* wählen, wobei über die Wahl eines jeden Mitgliedes *einzeln* abzustimmen ist. Wiederwahlen *in corpore* sollen somit nicht mehr möglich sein (Botschaft Aktien- und Rechnungslegungsrecht, 96).

II. Amtsdauer

3   Die Mitglieder des VR werden zwingend *durch die GV* gewählt (Art. 698 Abs. 2 Ziff. 2; einzige *Ausnahme:* Art. 762, statutarisches Entsendungsrecht einer öffentlich-rechtlichen Körperschaft), wobei die Wahl in der Praxis auf Vorschlag des VR erfolgt (KRNETA, N 392). Die **Amtsdauer** kann in den Statuten frei festgelegt werden und beträgt **höchstens** sechs Jahre und i.d.R. **mindestens** ein Jahr, wobei theoretisch auch eine kürzere Amtsdauer vorgesehen werden kann, wenn dadurch die Funktionsfähigkeit des VR nicht beeinträchtigt wird (z.B. bei Wahl eines Nachfolgers auf den zwischen zwei ordentliche GV fallenden Termin des Amtsendes des Vorgängers). *De lege ferenda* soll die Wahl jährlich erfolgen (d.h. die Amtsdauer beträgt von Gesetzeswegen immer ein Jahr), und zwar für jedes VR-Mitglied einzeln (Art. 710 Abs. 1 E-Aktien- und Rechnungslegungsrecht). Dies soll einen wichtigen Beitrag zur Verbesserung der Corporate Governance darstellen und den Aktionären insb. ermöglichen, jedes Jahr die Leistung der VR-Mitglieder individuell zu bewerten. Damit wird den Aktionären auch ermöglicht, eine indirekte Stellungnahme zur Höhe der an die Verwaltungsräte bezahlten Vergütungen abzugeben (Botschaft Aktien- und Rechnungslegungsrecht, 23, 96). Die **Wahlperiode** beginnt, Annahme der Wahl vorausgesetzt, mit dem Datum der GV, wel-

3. Abschnitt: Organisation der Aktiengesellschaft

che die Wahl vorgenommen hat (ZK-HOMBURGER, N 222; KRNETA, N 400), und endet, unter Vorbehalt anderweitiger Statutenbestimmungen, mit der ordentlichen GV, die auf den Ablauf des Geschäftsjahres, für welches die Wahl vorgenommen worden ist, folgt. Die Wahlperiode dauert somit *von GV zu GV* (ZWR 1975, 308, 322; MONTAVON, 87; PATRY, 250; FUNK, Art. 708 N 2; SCHUCANY, Art. 708 N 2; ZK-BÜRGI, Art. 708 N 36; ebenso für die Revisionsstelle, aber offen gelassen für den VR: BGE 86 II 171, 179; offen gelassen in BJM 1955, 14 ff.; ausdrücklich so § 102 AktG; überholt STEINER, Amtsdauer, 29 f., und ZBGR 1943, 43). Findet nach dem Ende des Geschäftsjahres, für welches die Wahl vorgenommen worden ist, keine GV statt, so verlängert sich die Amtsperiode bis zu der GV, die über das entsprechende Geschäftsjahr beschliesst (MONTAVON, 87; KRNETA, N 410). **Wiederwahl** ist *möglich* und die Regel (ZK-BÜRGI, Art. 708 N 39). Die *Statuten* können überdies weitere Regelungen betr. die Amtsdauer vorsehen, so z.B. die vollständige Erneuerung des VR nach einer bestimmten Anzahl von Jahren, die periodische Erneuerung eines bestimmten Teils des VR, einen bestimmten Turnus von VR-Mandaten, Beschränkung oder Ausschluss der Wiederwahl usw. (ZK-BÜRGI, Art. 708 N 36 f.; PLÜSS, 89 f.; FUNK, Art. 708 N 2). *Ausgeschlossen,* da mit dem Wahlrecht der GV unvereinbar, ist die statutarische Festschreibung einer automatischen stillschweigenden Wiederwahl (PLÜSS, 90 FN 470). Haben sich aber die Aktionäre in einem *ABV* zur Wiederwahl verpflichtet, so ist eine gerichtliche Anordnung der Wahl als Realexekution aus dem ABV zulässig (ZR 1984, 139 ff.).

Wird ein VR-Mitglied nach Ablauf seiner Amtszeit weder abgewählt noch wieder gewählt (weil bspw. die Wiederwahl schlichtweg vergessen wurde), übt aber sein Amt weiterhin aus, so ist darin eine stillschweigende Verlängerung der Amtsperiode zu sehen (ähnl. KRNETA, N 404, und BÖCKLI, § 13 N 58, der jedoch nur eine einmalige stillschweigende Verlängerung zulassen und danach das VR-Mitglied als faktisches Organ behandeln will; da der VR in diesem Fall jedoch weiterhin im Handelsregister eingetragen bleibt, sein Amt weiterhin ausübt und auch von der GV toleriert wird, scheint es sachgerechter, ihn als ordentlichen, stillschweigend wiedergewählten VR zu qualifizieren). 3a

Scheidet ein VR-Mitglied während seiner Amtsperiode aus dem VR **aus,** werden die Geschäfte bis zur nächsten Wahl von den verbleibenden VR-Mitgliedern weitergeführt (so ausdrücklich Art. 708 Abs. 3 OR 1936); **Kooptation** ist unzulässig (STEINER, Kooptation, 71; VON GREYERZ, 200; PATRY, 249; W. STOFFEL, 164; anders Art. L. 225–24, L. 225–78 C.com. und Art. 2386 CC it., die Kooptation bis zur nächsten GV zulassen, im Falle des CC it. allerdings unter Vorbehalt der Zustimmung des Aufsichtsrates), entsprechende Statutenbestimmungen sind nichtig (BÖCKLI, § 13 N 53). Ist durch das Ausscheiden die *Beschlussfähigkeit* gefährdet oder nicht mehr gegeben, hat der Rest-VR eine ausserordentliche GV zur Vornahme von Ergänzungswahlen einzuberufen (ZK-BÜRGI, Art. 708 N 27). 4

III. Fehlen des VR

Fallen alle Mitglieder des VR während der Amtsperiode **aus** oder werden nach Ablauf der Amtsdauer keine Neuwahlen vorgenommen, ist eine ausserordentliche GV zur Vornahme der **Neuwahl** des VR gemäss Art. 699 Abs. 1 von der RS oder vom Richter auf Antrag der Aktionäre nach Art. 699 Abs. 3 einzuberufen. Gutgläubige Dritte können sich aber weiterhin auf die Vertretungsbefugnis gemäss Handelsregistereintrag verlassen, falls die bisherigen VR-Mitglieder nicht gelöscht worden sind (VON GREYERZ, 203; PLÜSS, 104; ZK-BÜRGI, Art. 708 N 18; BÖCKLI, § 13 N 60; s.o., N 3a, und unten Art. 710 N 11). 5

Martin Wernli

Art. 710 6-8

6   Sollte eine **Neubestellung** des VR durch eine ausserordentliche GV **nicht möglich** sein, konnte der AG bisher als Notbehelf vorübergehend ein **Verwaltungsbeistand** gemäss Art. 393 Ziff. 4 ZGB bestellt werden (BGE 71 II 214, 217 f. – kein Beistand, wenn VR besteht, die Rechtmässigkeit seiner Bestellung aber bestritten wird; BGE 69 II 20 ff. – einziges VR-Mitglied verstorben und Aktionäre in Übersee, Abhalten einer GV aufgrund der politischen Verhältnisse unmöglich, Beistandschaft und Vermögensverwaltung nach Art. 393 Ziff. 4 i.V.m. 419 ZGB; vgl. auch BGE 94 I 562, 565 = Pra 1969 81 f.; allgemein STAUBER, 147 ff.; SCHUMACHER, Beistandschaft in der AG, 1981, passim). Ist die *Funktionsstörung äusserst kurzer Natur*, können auch ausserhalb des VR stehende Personen Verwaltungshandlungen ausführen, z.B. die RS (ZK-BÜRGI, Vor Art. 698 N 7) oder die GV (BGE 78 II 369, 374 f.; ZR 1970, 49, 51 – alle Aktionäre bekannt und GV funktionsfähig). Fehlt dagegen ein VR und ist die GV dauerhaft vollständig paralysiert, bleibt als letzter Ausweg nur die *Auflösung* der AG (Rep 1940, 418 f.). Verfügt die AG nur noch über einen VR im Ausland, der die Geschäfte führt, war auch bisher kein Beistand zu bestellen (SJ 1962, 216 f.; ähnlich SJ 1969, 202 f.). Nach Wegfall von Art. 708 OR, welcher zwingend vorsah, dass mind. ein zur Vertretung befugtes VR-Mitglied in der Schweiz wohnhaft ist, ist dies zulässig und wird nicht mehr sanktioniert. Eine AG ohne VR ist handlungs- und prozessunfähig (Verwaltungsgericht ZH, RB 1987, 34). Mit Inkrafttreten der Revision des GmbH-Rechts sieht jedoch Art. 731b neu eine vollständige Neuordnung des Vorgehens bei Mängeln in der Organisation der Gesellschaft vor (s.u. Art. 713 N 18 sowie Kommentierung zu Art. 731 b sowie BBl 2002, 3231 ff. und Botschaft Aktien- und Rechnungslegungsrecht, 104). Eine Beistandschaft nach Art. 393 ZGB ist darum nicht mehr erforderlich (BÖCKLI, § 13 N 96).

IV. Rechtsbeziehung zwischen VR-Mitglied und AG

1. Entstehung

7   **Begründet** wird das Rechtsverhältnis zwischen VR-Mitglied und AG durch die von der GV vorzunehmende **Wahl**, die kein einseitiges Rechtsgeschäft, sondern einen Antrag i.S.v. Art. 3 ff. darstellt, und die **Annahme der Wahl** durch die gewählte Person (WEBER, 56 ff.; LAMBERT, 117 ff.; PLÜSS, 25 f., 120; ZK-BÜRGI, Art. 708 N 1). Der Gewählte ist zur Annahme der Wahl nicht verpflichtet (KOLB, 47 f.; VON GREYERZ, 203; PLÜSS, 29 f.). Während die Wahl die gesetzlichen (Art. 698 Abs. 2 Ziff. 2, 703; s.a. Art. 707 N 15 ff.) und statutarischen *Formvorschriften* erfüllen muss, um gültig zu sein, kann die Annahme auch *formlos*, z.B. konkludent durch Unterzeichnung der Handelsregisteranmeldung (BGE 105 II 130, 132 f. = Pra 1979, 529 f.), erfolgen.

8   Nach Wahl und (evtl. konkludenter) Annahme wird das neue oder wiedergewählte VR-Mitglied ins **Handelsregister** eingetragen (Art. 929 Abs. 1, Art. 931a), wobei die Eintragung nicht Voraussetzung für die Gültigkeit der Bestellung und somit lediglich deklaratorischer Natur ist (FORSTMOSER, Verantwortlichkeit, N 699, 749; VON STEIGER, Aktiengesellschaft, 224; VON GREYERZ, 202 f.; ZK-BÜRGI, Art. 708 N 23; ggf. hat der Handelsregisterführer bei Kenntnisnahme von einer Nichtanmeldung die Massnahmen nach Art. 941, 941a, 943 OR und Art. 60 HRegV zu ergreifen); gutgläubigen Dritten kann die VR-Stellung des Gewählten jedoch erst nach Eintragung und Veröffentlichung entgegengehalten werden (Art. 932 Abs. 2; VON STEIGER, Aktiengesellschaft, 224; PLÜSS, 30). Die Anmeldung einer Wahl in den VR im HR ist vom VR Präsidenten oder seinem Stellvertreter sowie dem Sekretär oder einem weiteren VR Mitglied zu unterzeichnen (Art. 22 Abs. 2 HRV).

2. Rechtsnatur

Charakteristisch für das VR-Mandat ist, dass sein Inhalt einerseits weitgehend durch das Gesellschaftsrecht vorgezeichnet ist, während andererseits die gesellschaftsrechtlichen Regeln das Rechtsverhältnis nicht vollständig abdecken und somit Raum für vertragliche Gestaltung in sich bergen. Daraus wird geschlossen, dass das Rechtsverhältnis zwischen VR-Mitglied und GV ein *zivilrechtlicher Innominatvertrag sui generis* sei, der auftrags-, evtl. auch arbeitsvertragsähnliche Komponenten enthalte (h.L. BGE 75 II 149, 153 = Pra 1949, 360 f.; JAR 1991, 141, 143 f.; ZR 1984, 187 ff.; KOLB, 5 ff.; ZK-BÜRGI, Art. 708 N 5 ff., 13 ff. m.w.Nw.; SCHUCANY, Art. 707 N 1; THALMANN, 12 ff.; VON STEIGER, Aktiengesellschaft, 220; SCHULTHESS, 18 ff.; VON GREYERZ, 203; FUNK, Art. 707 N 1; LAMBERT, 117 ff.; WEBER, 50 ff., 65 ff.). Der Eigenart des VR-Mandates besser gerecht wird jedoch die Auffassung, wonach es sich um ein **organschaftliches Rechtsverhältnis mit gesellschaftsrechtlicher und vertragsrechtlicher Doppelnatur** handelt, auf das nach Art. 7 ZGB die allgemeinen Grundsätze des Vertragsrechts ergänzend anzuwenden sind (BÖCKLI, § 13 N 88; PLÜSS, 114 ff., 118 f., 121 ff. m.w.Nw.; für zwei verschiedene [Vertrag *und* Organstellung], aber parallele und eng zusammenhängende Rechtsverhältnisse WEBER, 53 ff., in Anlehnung an die deutsche Lehre). In ihren praktischen Konsequenzen gleichen sich die beiden Meinungen jedoch weitgehend an, da unbestritten ist, dass ein Grossteil der Rechte und Pflichten des VR-Mitgliedes durch die Bestimmungen des Gesellschaftsrechtes zwingend vorgegeben ist und das Rechtsverhältnis zumindest vertragsähnlichen Charakter hat, weshalb der Allgemeine Teil des OR und aufgrund der Auffangklausel von Art. 394 Abs. 2 Auftragsrecht ergänzend zur Lückenfüllung von Gesetz, Statuten und GV-Beschlüssen heranzuziehen sind (FELLMANN, 179 f.; ZK-BÜRGI, Art. 708 N 16; ähnl. MONTAVON, 569).

9

Entgeltlichkeit des VR-Mandates ist im Gesetz nicht vorgesehen, aber *anzunehmen* (BGE 75 II 149, 153 = Pra 1949, 360 ff.; Max X/653 = SJZ 1962, 105; EIGENMANN, 50; VON STEIGER, Aktiengesellschaft, 225) und durch die mit der aktienrechtlichen Verantwortlichkeit verbundenen finanziellen Risiken auch *gerechtfertigt* (BGE 111 II 480 ff.). Die *Höhe des Entgeltes* richtet sich im Einzelfall mangels statutarischer oder reglementarischer Festsetzung u.a. nach dem jeweiligen Aufwand, der Stellung des VR-Mitgliedes, dem mit der Ausübung des VR-Mandats verbundenen Risiko, dem Erfolg der Geschäftsführung und der Finanzlage der AG (BGE 105 II 114, 122 m.w.Nw.; BÖCKLI, § 13 N 240 ff.; SCHILDKNECHT, 59 f.; PLÜSS, 47, 71 f.; Bsp. bei MONTAVON, 573 ff.). Die Vergütung kann in Form von *Tantiemen* (Art. 677, statutarische Grundlage zwingend, Art. 627 Ziff. 2; BGE 75 II 149, 153 ff. = Pra 1949, 360 ff.; BGer 12.10. 2004, SZW 2005, 92 ff.), *festem Entgelt* (bei vollamtlicher Tätigkeit die Regel) oder *Sitzungsgeldern* geleistet werden (VON STEIGER, Aktiengesellschaft, 225; PLÜSS, 73). Forderungen des VR gegen die konkursite Gesellschaft auf Zahlung des VR-Entgeltes oder von Tantiemen fallen mangels Unterordnungsverhältnis nicht unter das Konkursprivileg von Art. 219 Abs. 4 lit. a SchKG; dies auch dann nicht, wenn zwischen Gesellschaft und VR-Mitglied ein Arbeitsverhältnis besteht (ständ. Rspr., BGE 118 III 46, 49 f.).

10

Gemäss Richtlinie «RLCG» vom 17.4.2002, einer Ergänzung zum Kotierungsreglement der Schweizer Börse, sind börsenkotierte Gesellschaften verpflichtet, die Gesamtbezüge der Geschäftsleitung und des Verwaltungsrates sowie die Bezüge des höchstbezahlten Mitgliedes offenzulegen. Neu ist dies in Art. 663b^{bis} (in Kraft seit 1.1.2007) ausdrücklich geregelt. Der Entwurf für eine Änderung des Aktien- und Rechnungslegungsrechts sieht jetzt eine Streichung dieser Bestimmung und eine ausführliche Regelung der Offenlegung der VR- und Geschäftsleitungsvergütungen für börsenkotierte Gesellschaften in Art. 697^{quater} E-Aktien- und Rechnungslegungsrecht vor. Für private Gesellschaften

10a

ist in Anbetracht der unterschiedlichen Interessenlage, insbesondere des grösseren Bedürfnisses an Vertraulichkeit, keine automatische Offenlegung, sondern ein gesetzliches Auskunftsrecht der Aktionäre über Vergütungen, Darlehen und Kredite an die VR-Mitglieder vorgesehen (Art. 697^{quinquies} E-Aktien- und Rechnungslegungsrecht; allg. dazu Botschaft Aktien- und Rechnungslegungsrecht, 20, 84 f.).

10b Tantiemen sind von Gesetzes wegen offenzulegen (Art. 698 Abs. 2 Ziff. 4 i.V.m. Art. 697h).

V. Ausscheiden eines VR-Mitglieds

1. Beendigung des VR-Mandats

11 Ausser durch **Ablauf der Amtsdauer** kann das VR-Mandat auch durch Abberufung, Demission, Tod oder Eintritt der Handlungs- bzw. Urteilsunfähigkeit **enden.**

11a **Vorzeitige Beendigung** ist durch jederzeitige **Abberufung** nach Art. 705 möglich, die allerdings u.U. zu vertragsrechtlichen Entschädigungsansprüchen führen kann (BGE 111 II 480, 482 f.; JAR 1991, 141, 145 f.; KRNETA, N 457; nur für eine Beendigung der Organstellung, aber Fortdauer der vertraglichen Rechte und Pflichten WEBER, 55). Die Abwahl erfolgt durch einseitige empfangsbedürftige Willenserklärung der GV, die auf einem formgültigen Beschluss basiert und keiner Begründung bedarf (KOLB, 76 f.; ähnl. BÖCKLI, § 13 N 61 ff..; vgl. Komm. zu Art. 705; zur Abberufung von Aktienkategorievertretern nach Art. 709 s.o., Art. 709 N 17; zur Abberufung von Vertretern öffentlich-rechtlicher Körperschaften nach Art. 762 s.u., Art. 762 N 16). Verschärfte *Präsenz- und Beschlussquoren* an der GV für die Abberufung von VR-Mitgliedern bergen einerseits die Gefahr der Beschlussunfähigkeit und können andererseits zu unternehmerisch unhaltbaren Situationen führen, wenn die von der Mehrheit der GV gewünschte Abwahl eines VR-Mitglieds am Präsenzquorum scheitert (BÖCKLI, § 13 N 64 f.). Unbedenklich sind aber Statutenbestimmungen, die verschärfte Beschlussquoren für die Abwahl eines bedeutenden Teils des VR vorsehen (so BGE 117 II 290, 313 f., für die gleichzeitige Abwahl von mehr als einem Drittel der VR-Mitglieder; diesbezügl. ungenau ZK-HOMBURGER, N 231).

11b Dem VR-Mitglied selbst steht ein **Demissionsrecht** analog Art. 404 zu (BGE 104 Ib 321, 323 f. = Pra 1979, 318 f.; KOLB, 77 f.; ZK-BÜRGI, Art. 708 N 19; SCHAUB, SAG 1969, 116 f.; PLÜSS, 97 ff.); eine *Ausübung zur Unzeit* kann Schadenersatzansprüche der AG nach sich ziehen (Art. 404 Abs. 2; SCHAUB, SAG 1966, 242; VON STEIGER, Aktiengesellschaft, 226; BÖCKLI, § 13 N 56). Die Demissionserklärung wird als bedingungsfeindliche empfangsbedürftige Willenserklärung unter Vorbehalt der Rechte gutgläubiger Dritter mit Empfang durch den VR-Präsidenten oder ggf. durch den Vizepräsidenten wirksam (BGE 111 II 480, 483; 104 Ib 321, 323 f. = Pra 1979, 318 f. m.w.Nw.; BÖCKLI, § 13 N 57; SCHAUB, SAG 1966, 243; DERS., SAG 1969, 119 ff.; Ausübung eines Gestaltungsrechts). Treten das einzige oder alle VR-Mitglieder zurück, ist die Demission an die ggf. zu diesem Zweck einzuberufende GV (FUNK, Art. 705 N 1; VON STEIGER, Aktiengesellschaft, 228; PLÜSS, 99 f. m.w.Nw.; GAMPER, 30; BÜHLER, 87; **a.M.** ZK-BÜRGI, Art. 705 N 12), an den Alleinaktionär (BGE 112 V 1, 4 f.; **a.M.** SCHAUB, SAG 1987, 118) oder, falls bekannt, an alle Aktionäre (GAMPER, 31 f.) zu richten. **Weitere Beendigungsgründe** sind *Tod* (VON STEIGER, Aktiengesellschaft, 227) oder *Handlungsunfähigkeit* des VR-Mitgliedes (s. aber Art. 707 N 21 f.; wenn entgegen der hier vertretenen Ansicht nicht Handlungs-, sondern lediglich Urteilsfähigkeit gefordert wird, fällt das Mandat erst mit Eintritt der Urteilsunfähigkeit dahin, PLÜSS,

3. Abschnitt: Organisation der Aktiengesellschaft   11c–11g Art. 710

100). Die *Löschung der AG* führt automatisch zur Auflösung des VR-Mandates (ZK-BÜRGI, Art. 708 N 20 f.).

Bereits vor Aufhebung von Art. 708 OR stellte der *Verlust der Aktionärseigenschaft* oder ein nachträglicher *Verstoss gegen Nationalitäts- und Domizilvorschriften* keinen Beendigungsgrund dar. **11c**

2. Wirkung des Ausscheidens aus dem VR

Intern, d.h. gegenüber der Gesellschaft und den informierten Aktionären, **wirkt** die **Abberufung** oder **Demission** unmittelbar ab dem Zeitpunkt des Zugangs der entsprechenden Willenserklärung an den Betroffenen (bei Abberufung) oder die Gesellschaft (bei Demission; BGE 111 II 480, 483 f.; zum Adressaten der Demissionserklärung s.o. N 11b). Haftung und Verantwortlichkeit aus formeller Organstellung enden intern in diesem Zeitpunkt (FORSTMOSER, Verantwortlichkeit, N 767; s. aber N 11 f). **11d**

Im **Aussenverhältnis** bzw. gegenüber den nichtinformierten Aktionären entfaltet das Ausscheiden seine Wirkung jedoch gemäss Art. 932 Abs. 2 erst am nächsten auf die Eintragung der **Löschung im Handelsregister** folgenden Werktag (BGE 104 Ib 321, 324 f. = Pra 1979, 318 ff.; ZR 1967, 235, 239; BBl 1983 II 919; SCHAUB, SJZ 1987, 116; ZK-BÜRGI, Art. 708 N 23; VON GREYERZ, 203; PLÜSS, 110 f.). Die *Organhaftung* besteht gutgläubigen Dritten und Aktionären gegenüber bis zu diesem Zeitpunkt fort. Eine *Verantwortlichkeit* des Ausgeschiedenen ist allerdings vom Vorliegen eines Verschuldens abhängig. Hat der Ausgeschiedene keinen Einfluss auf den Geschäftsgang mehr, ist ein Verschulden i.d.R. zu verneinen. Da er jedoch sein Ausscheiden aus dem VR selbst beim Handelsregister anmelden kann (Art. 938b Abs. 2), liegt ein Verschulden u.U. auch dann vor, wenn er um den Fortbestand des Eintrags gewusst, aber nichts zu dessen Löschung unternommen hat (FORSTMOSER, Verantwortlichkeit, N 768 m.w. Nw.; BGE 109 V 94 f.; ungenau insofern BBl 1983 II 919). Vgl. auch BGE 111 II 480, 484 f., wo festgehalten wurde, dass sich die Haftung eines (in casu GmbH-)Geschäftsführers nicht allein daraus ergebe, dass er im Zeitpunkt der schädigenden Handlung oder Unterlassung im Handelsregister eingetragen gewesen sei, sondern daraus, dass er die Möglichkeit gehabt habe, den Schaden zu verursachen oder zu verhindern. Aufgrund der besonderen Umstände dieses Falles (Fortbestehen der Eintragung während vier [!] Jahren nach der Abwahl des Geschäftsführers) sowie der zurückhaltenden Formulierung kann dieser Entscheid aber nicht verallgemeinert werden (so auch FORSTMOSER/MEIER-HAYOZ/NOBEL, § 27 N 57). Demgegenüber endet die Haftung eines VR-Mitglieds nach Art. 52 AHVG stets mit dem *tatsächlichen* Ausscheiden aus dem VR, nicht erst mit der Löschung im Handelsregister. Dies deshalb, weil die Verantwortlichkeit nach Art. 52 AHVG auf der gesetzlichen Pflicht beruht, für die Bezahlung der Sozialversicherungsbeiträge zu sorgen und nicht der gute Glaube eines privaten Gläubigers auf die VR-Stellung nach Handelsregistereintrag zu schützen ist (BGE 126 V 61 ff.). **11e**

Keinen Einfluss hat das Ausscheiden aus dem VR naturgemäss auf eine Haftung aus materieller Organstellung oder aus Kundgabe (FORSTMOSER, Verantwortlichkeit, N 769 f.; vgl. auch BGE 112 V 1, 5; allg. zur materiellen Organstellung und zur Organstellung durch Kundgabe, FORSTMOSER, Verantwortlichkeit, N 657 ff., 676 ff.; A. VOGEL, 330 ff.). **11f**

Problematisch ist der **Rücktritt des einzigen VR-Mitgliedes oder des gesamten VR,** wenn der Gesellschaft keine Gelegenheit zur Bestellung eines neuen VR gegeben worden ist. Unvereinbar mit der Rechtsnatur des *Demissionsrechts* als bedingungsfeindliches Gestaltungsrecht (BGE 111 II 480, 483) wäre es, wenn der VR so lange im Amt **11g**

Art. 710 11h–11j

zu bleiben hätte, bis die Nachfolge gesichert ist (so aber SCHAUB, SAG 1987, 119), oder wenn die Demission u.U. als rechtsmissbräuchlich qualifiziert würde (so GAMPER, 32), was wohl deren Nichtigkeit zur Folge haben müsste. Vielmehr begeht der zurücktretende VR in diesem Fall eine *Verletzung seiner Sorgfalts- und Treuepflichten* nach Art. 717, die nach Art. 754 Abs. 1 oder aber analog Art. 404 Abs. 2 zur Schadenersatzpflicht des Ausscheidenden führen kann.

VI. Anmeldung des Ausscheidens durch die Gesellschaft

11h Das Ausscheiden von im HReg. als Organ jur. Personen eingetragener Personen aus ihrem Amt muss von der betroffenen jur. Person unverzüglich angemeldet werden (Art. 938b Abs. 1; bisher Art. 711 Abs. 1 OR 1991). Neu kann auch die ausscheidende nat. Person ihre Löschung jederzeit selbst anmelden (dazu unten Komm. zu Art. 938b), ohne dabei die 30-tägige Frist zu beachten, die in Art. 711 OR 1991 vorgesehen war (vgl. dazu Voraufl., Art. 711 N 11 ff.).

VII. Anmeldung des Ausscheidens durch den Ausscheidenden

1. Normzweck

11i Als Antwort auf die unbefriedigende BGer-Praxis, wonach das ausgeschiedene VR-Mitglied nicht mehr zur Vertretung der AG befugt sei und deshalb sein Ausscheiden nicht selbst beim Handelsregister anmelden könne, sondern auf das ordnungsgemässe Handeln der AG vertrauen müsse (BGE 104 Ib 321, 324 = Pra 1979, 318 f.), ermöglichte Art. 25a HRegV in der Fassung vom 21. 4. 1982 (AS 1982 I 558) die *unmittelbare* und *sofortige* Anmeldung durch den Ausgeschiedenen selbst. Bei unverzüglicher Anmeldung durch den Ausgeschiedenen führte dies i.d.R. innerhalb von 20–25 Tagen zur *Löschung* im Handelsregister. Dagegen konnte nach Art. 711 Abs. 2 und Art. 25a HRegV in der Fassung vom 9. 6. 1992 der Ausgeschiedene die *Anmeldung* erst nach einer Frist von 30 Tagen vornehmen, was gegenüber der bisherigen Rechtslage eine *Schlechterstellung* des ausgeschiedenen VR-Mitgliedes bewirkte (SCHAUB, SJZ 1987, 117). Die Begründung des Gesetzgebers, dies sei erforderlich, um bei Rücktritt des einzigen VR-Mitgliedes der Gesellschaft Gelegenheit zur Neuwahl des VR zu geben (BBl 1983 II 919), beruhte auf einer problematischen Interessenabwägung zugunsten der Gesellschaft (EHRAT, 791 FN 31; ebenfalls krit. ZK-HOMBURGER, N 248). Im *Normalfall*, d.h. bei ordnungsgemässem Funktionieren der AG, wird die Neubestellung des VR keine Probleme bereiten und das Ausscheiden des (einzigen) VR-Mitgliedes ordnungsgemäss angemeldet werden. Abs. 2 war jedoch gerade dann relevant, wenn sich die AG in einer kritischen Situation befindet und der (Rest-)VR nicht mehr pflichtgemäss handelt, somit auch die Anmeldung des Ausscheidens eines VR-Mitgliedes kaum fristgerecht vornehmen wird; gerade dann wäre es aber für den Ausgeschiedenen eminent wichtig, seine Löschung im Handelsregister so schnell als möglich selbst verlangen zu können und nicht erst den Ablauf der dreissigtägigen Frist nach Abs. 2 abwarten zu müssen (gl.M. FORSTMOSER, Beurteilung, 63). Konsequent ist deshalb die neu eingeführte Einräumung der Möglichkeit zur *sofortigen* Anmeldung durch das ausgeschiedene VR-Mitglied in Art. 938b Abs. 2.

2. Vorgehen

11j Der Anmeldung sind als Belege beizufügen das GV- oder VR-Protokoll über die Abberufung oder den Rücktritt bzw. eine Kopie des Demissionsschreibens. Sind diese Unter-

3. Abschnitt: Organisation der Aktiengesellschaft   12–15 Art. 710

lagen nicht verfügbar, kann der Ausgeschiedene die Tatsache seiner **Demission** gegenüber dem Handelsregisterführer *mündlich oder schriftlich* zu Protokoll geben. *Eingetragen* wird die Löschung erst, nachdem der Antragsteller die erforderliche Gebühr bezahlt hat (Art. 21 Abs. 3 Gebührentarif; zum Ganzen GAMPER, 30 f.; BÜHLER, 86 f.).

VIII. Rechtsvergleichung

Deutschland: Das *Aufsichtsratsmandat erlischt* spätestens an der Hauptversammlung, die über die Entlastung für das *vierte* Geschäftsjahr nach Beginn der Amtszeit beschliesst, wobei das Geschäftsjahr, in dem die Amtszeit beginnt, nicht mitgerechnet wird (§ 102 AktG). Die *Abberufung* ist nach § 103 AktG möglich, unter Vorbehalt des Mitbestimmungsrechts.   **12**

Vorstandsmitglieder werden vom Aufsichtsrat auf höchstens fünf Jahre bestellt, wobei eine Verlängerung der Amtszeit um weitere fünf Jahre zulässig ist (§ 84 Abs. 1 AktG). Die Bestellung eines Vorstandsmitglieds kann vom Aufsichtsrat nur aus wichtigem Grund widerrufen werden (§ 84 Abs. 3 AktG). Bei Fehlen eines erforderlichen Vorstandsmitglieds ist in dringlichen Fällen auf Antrag eines Beteiligten ein Mitglied vom Gericht zu bestellen (§ 85 Abs. 1 AktG).   **12a**

Der *Vorstand* hat jede Änderung in der Zusammensetzung des Vorstandes und des *Aufsichtsrates* unverzüglich beim Handelsregister anzumelden (§§ 81, 106 AktG).   **12b**

Frankreich: Die maximale *Amtsdauer* beträgt *sechs Jahre* für den Conseil d'administration und den Conseil de surveillance; für das *directoire* beträgt die Amtsdauer *zwei bis sechs Jahre* (Art. L. 225–62 C.com., Wiederwahl ist möglich (Art. L. 225–18, L. 22–75 C.com.); bei Ausfall eines Mitgliedes während der Amtsperiode, kann das Amt durch *Kooptation* provisorisch bis zur nächsten Wahl neu besetzt werden (Art. L. 225–24, L. 225–78 C.com.). Eine Abberufung ist jederzeit möglich (Art. L. 225–18 Abs. 2 C.com.).   **13**

Änderungen in der Zusammensetzung der Leitungsorgane müssen innerhalb eines Monats durch die *Gesellschaft* beim Handelsregister angemeldet werden (Art. 22 décret no. 84–406 vom 30.5.1984 «relatif au registre du commerce et des sociétés»).   **13a**

Italien: Die *Amtszeit* des Aufsichtsrates beträgt *drei Jahre,* wobei eine *Abberufung* nur aus wichtigem Grund und nach gerichtlicher Bestätigung möglich ist (Art. 2400 CC it.). Bei Ausscheiden während der Amtszeit wird das Amt durch vorherbestimmte Suppleanten bis zur nächsten Wahl neu besetzt (Art. 2401 CC it.). Die Höchstdauer des VR-Mandates beträgt *drei Jahre;* bei Wegfall eines Mitgliedes während der Amtsperiode wird die Lücke bis zur nächsten ordentlichen Wahl unter Vorbehalt der Zustimmung des Aufsichtsrates («collegio sindacale») durch Kooptation geschlossen. Mitglieder des VR können jederzeit abberufen werden (Art. 2383, 2386 CC it.).   **14**

Legt ein Mitglied der Verwaltung sein Amt nieder, so hat es dies dem VR und dem Aufsichtsratsvorsitzenden schriftlich mitzuteilen. Die *Wirkung* der Amtsniederlegung tritt sofort ein, vorausgesetzt die Mehrheit der Verwaltungsmitglieder verbleibt im Amt, andernfalls erst dann, wenn die Mehrheit der Verwaltung wieder bestellt ist; das Ausscheiden aus dem Amt ist innerhalb von 15 Tagen beim Unternehmensregister anzumelden (Art. 2385 CC it.). Für den Aufsichtsrat: Art. 2400 Abs. 3 CC it.   **14a**

Europarecht: Art. 46 Abs. 1 EG-SE legt die **Höchstdauer** des Leitungs-, Aufsichts- oder Verwaltungsorganmandates auf *sechs Jahre* fest; Wiederwahl ist unter Vorbehalt anderslautender Satzungsbestimmungen zulässig (Art. 46 Abs. 2 EG-SE). Nach Art. 7,   **15**

2¹ᵐ **EG-V-Strukturr.** darf die Amtszeit der Mitglieder des Aufsichtsorgans bzw. der nichtgeschäftsführenden Mitglieder des Verwaltungsorgans ebenfalls *sechs Jahre* nicht überschreiten, wobei auch hier Wiederwahl zugelassen wird. Das *Abberufungsrecht* regeln Art. 13 und 21 t EG-V-Strukturr.

Art. 711

aufgehoben

abrogé

abrogato

1 Neu für alle im HR eingetragenen Gesellschafter allgemein geregelt in Art. 938, 938a, 938b.

Art. 712

II. Organisation 1. Präsident und Sekretär	¹ **Der Verwaltungsrat bezeichnet seinen Präsidenten und den Sekretär. Dieser muss dem Verwaltungsrat nicht angehören.** ² **Die Statuten können bestimmen, dass der Präsident durch die Generalversammlung gewählt wird.**
II. Organisation 1. Président et secrétaire	¹ Le conseil d'administration désigne son président et le secrétaire. Celui-ci n'appartient pas nécessairement au conseil. ² Si les statuts le prévoient, le président peut être élu par l'assemblée générale.
II. Organizzazione 1. Presidente e segretario	¹ Il consiglio d'amministrazione designa il suo presidente e un segretario. Questi non deve necessariamente appartenere al consiglio. ² Lo statuto può disporre che il presidente sia eletto dall'assemblea generale.

Literatur

HUNGERBÜHLER, Der Verwaltungsratspräsident, 2003 [SSHW219]; NOBEL, Le rôle du président du conseil, SZW 2004, 19; E. SCHUCANY, Die Beschlussfassung des Verwaltungsrates, SAG 1957/58, 167 ff.; WUNDERER, Der Verwaltungsrats-Präsident, 1995 (SSHW 163); WYDLER, Die Protokollführung im schweizerischen Aktienrecht, 1956.; vgl. auch die Literaturhinweise zu Art. 707.

I. Allgemeines

1. Inhalt

1 Der VR wählt seinen **Präsidenten** und seinen **Sekretär,** der nicht Mitglied des VR sein muss, selbst. Die Statuten können aber eine Wahl des Präsidenten durch die GV vorsehen.

3. Abschnitt: Organisation der Aktiengesellschaft 2–4 **Art. 712**

2. Aktienrechtsrevision vom 4.10.1991

Abs. 1 Satz 1 entspricht **Art. 714 Abs. 1 OR 1936,** wobei die Bezeichnung «Protokoll- 2
führer» durch «Sekretär» ersetzt wurde. Neu hinzugefügt sind Abs. 1 Satz 2 und Abs. 2,
der in der Revision umstritten war (BBl 1983 II 919; AmtlBull StR 1988, 513; Amtl-
BullNR 1990, 1388; AmtlBull StR 1991, 75 f.).

II. Normzweck. Rechtsnatur

1. Selbstorganisation

Der Gesetzgeber lässt der AG bei der Ausgestaltung der inneren Organisation des VR 3
grösstmögliche Freiheit und schreibt zwingend für den *mehrköpfigen* VR (SCHUCANY,
Art. 714 N 1; ZK-BÜRGI, Art. 714 N 1; VOLLMAR, 128) nur die Bestellung eines **Präsidenten** und eines **Sekretärs** vor. Grundsätzlich gilt das Prinzip der **Selbstorganisation,**
d.h. der VR befindet selbst über die interne Aufgabenverteilung, sofern die Statuten
nichts anderes vorsehen. Diese Freiheit gewährt eine *weitgehende Flexibilität* bei der
Anpassung der inneren VR-Struktur an die sehr unterschiedlichen Anforderungen, die
je nach Organisation, Grösse und Geschäftsbereich der Gesellschaft an den VR gestellt
werden (PATRY, 249; EIGENMANN, 43 ff.; SCHULTHESS, 99 f.; FUNK, Art. 714 N 1;
KRNETA, N 467). Hat der VR z.B. die Geschäftsführung *delegiert* (Art. 716b), beschränkt sich seine Rolle weitgehend auf die Ausübung der Oberaufsicht über die Gesellschaft. In diesem Fall wird er seine Aufgabe i.d.R. als Gesamtkollegium erfüllen
und ist für die Zeit zwischen den VR-Sitzungen auf ein gut funktionierendes Sekretariat
angewiesen. Führt der VR dagegen die Geschäfte *selbst* oder durch einen *Ausschuss,*
was v.a. bei kleinen und mittleren Gesellschaften der Fall ist, kann eine weitere Aufgabenteilung und die Besetzung weiterer Chargen neben dem Präsidentenamt erforderlich
sein (VON STEIGER, Aktiengesellschaft, 234; ZK-BÜRGI, Art. 714 N 2 f.; VOLLMAR,
138). Empfehlenswert kann insb. die Bestellung eines Vizepräsidenten sein, der bei Verhinderung des Präsidenten zur Unterzeichnung der Handelsregisteranmeldungen befugt
ist (Art. 22 Abs. 2 HRegV; KÄCH, 39 f.).

2. Rechtsnatur

Der Grundsatz der Selbstorganisation ist **dispositiv.** Art. 716a Abs. 1 Ziff. 2, der die 4
Festlegung der Organisation zu den *«unübertragbaren und unentziehbaren Aufgaben»*
des VR zählt, bezieht sich in Anbetracht seiner Entstehung und Stellung im Gesetz nur
auf das bei Delegation vorgeschriebene *Organisationsreglement* nach Art. 716b, nicht
aber auf die innere Organisation des VR nach Art. 712 (str.; gl.M. BÖCKLI, § 13
N 101 f.; MONTAVON 152; WEBER, 80 ff.; EHRAT, 791 FN 33; STOFFEL, 169, 175,
179 ff.; ebenso für die interne Organisation des VR, nicht aber für die Bezeichnung
weiterer Amtsträger neben dem Präsidenten TRIGO TRINDADE, 128 f., 185). Die **Statuten** können die Organisation des VR unter Vorbehalt von Art. 716b (Delegation) direkt
regeln und insb. die Wahl des Präsidenten, aber auch des Sekretärs oder anderer Chargen, durch die GV vorsehen (VON STEIGER, Aktiengesellschaft, 220 FN 172; ZK-
BÜRGI, Art. 714 N 6; FUNK, Art. 714 N 1). Für den Präsidenten ist dies jetzt ausdrücklich im Hinblick auf die Bedeutung seiner Funktion (BBl 1983 II 919) in Abs. 2 festgehalten, während dies für die weiteren Funktionen und den Sekretär mit der bisherigen
Praxis anzunehmen ist (gl.M. FORSTMOSER, Beurteilung, 59 f.; EHRAT, 791). Damit
kann der Kapitalmehrheit eine verstärkte Einflussnahme auf den VR zugesichert werden
(ZK-BÜRGI, Art. 714 N 7); **a.M.** FORSTMOSER, Eingriffe, 174 f.; KRNETA, N 469 f.;

HUNGERBÜHLER, 24 ff.; ZK-HOMBURGER, N 255; KAMMERER, 147 f., 153 ff.; FORSTMOSER/MEIER-HAYOZ/NOBEL, § 29 N 2 ff., § 30 N 66 (wobei diese Meinung von Mitautor NOBEL nicht geteilt wird, FORSTMOSER/MEIER-HAYOZ/NOBEL § 30 N 66 FN 23, § 31 N 25 FN 12). Die gegenteilige Ansicht stützt sich vorwiegend auf die Gesetzesmaterialien, insb. BBl 1983 II 919 (zu Art. 711 Abs. 2) und BBl 1983 II 830, worin das Prinzip der Paritätstheorie festgelegt werde. Dies ist v.a. deshalb nicht überzeugend, weil gerade in Art. 714 E 1983 die Möglichkeit vorgesehen war, die interne Tätigkeit des VR in den Statuten oder einem vom VR zu erlassenden Reglement zu regeln. Die Streichung von Art. 714 E 1983 in den parlamentarischen Beratungen erfolgte aber gerade nicht in der Absicht, die statutarische Regelungsmöglichkeit auszuschliessen, sondern nur deshalb, um die Organisation von kleineren oder Familien-AG nicht durch den *zwingenden* Erlass einer Geschäftsordnung zu belasten (dazu WEBER, 82; BÖCKLI, § 13 N 103). Der VR kann deshalb seine *interne* Organisation so lange selbst festlegen, als nicht die Statuten einschlägige Regeln enthalten; dem VR kommt diesbezüglich eine «Auffangkompetenz» zu (dies gilt nicht für die Organisation bei Delegation der Geschäftsführung, welche zwingend vom VR festgelegt werden muss, Art. 716a Abs. 1 Ziff. 2, Art. 716b Abs. 1). Die *Handelsregisterpraxis* dazu ist uneinheitlich. Während verschiedene Handelsregisterämter Statutenbestimmungen, welche die interne Organisation des VR regeln, nicht beanstanden (vgl. Nw. bei KAMMERER, 158), scheint das Handelsregister des Kantons Zürich in ständiger Praxis Statutenbestimmungen, welche die Konstituierung des Verwaltungsrates (mit Ausnahme der Wahl des Präsidenten durch die GV) betreffen, zurückzuweisen (KÄCH, 50), was allerdings in Anbetracht der beschränkten Kognitionsbefugnis des Handelsregisterführers (Art. 940 Abs. 2) sowie der umstrittenen Rechtslage zumindest zweifelhaft erscheint.

5 Enthalten die Statuten keine Regelung über die **Wahl** des Präsidenten und des Sekretärs, so *muss* der (mehrköpfige, s.o. N 3) VR diese Funktionen selbst besetzen. Unterlässt er dies, kann das in einem Verantwortlichkeitsverfahren von Bedeutung sein (ZK-BÜRGI, Art. 714 N 5; SCHULTHESS, 101). Halten die Statuten lediglich fest, dass die GV den Präsidenten wählen *kann* und unterbleibt die Wahl durch die GV, so ist nach wie vor der VR zur Bestimmung seines Präsidenten verpflichtet (REPrax 1999, 66 f.).

III. Präsident

1. Terminologie

6 Die deutsche **Gesetzesterminologie** verwendet neben dem Begriff «*Präsident*» auch das Wort «*Vorsitzender*» (Art. 713 Abs. 3), während die romanischen Gesetzestexte nur die Begriffe «*président*» bzw. «*presidente*» kennen. Richtigerweise wäre in der deutschen Terminologie zwischen dem auf Dauer gewählten «Vorsitzenden» (so die deutsche Übersetzung des Fremdwortes «Präsident») einerseits und dem «Tagespräsidenten» bzw. «Verhandlungsleiter», d.h. derjenigen Person, welche ad hoc den Vorsitz übernimmt, andererseits zu unterscheiden. Trotz der terminologischen Unschärfe ist mit der h.L. davon auszugehen, dass die Funktionen von (gewähltem) «Präsident» und (Tages-) »Vorsitzendem» auseinander fallen können (BÖCKLI, § 13 N 106; NOBEL, Entscheide, 166; TRIGO TRINDADE, 144 f.; ZK-HOMBURGER, N 312; KRNETA, N 531; **a.M.** VON STEIGER, Aktiengesellschaft, 220, und noch die 1. Aufl. dieses Kommentars; vgl. auch u. Art. 713 N 13a).

3. Abschnitt: Organisation der Aktiengesellschaft   7–10 **Art. 712**

2. Aufgaben

Das Gesetz regelt die Stellung des Präsidenten nur sehr knapp und lässt der AG auch 7
hier grosse Flexibilität bei der Zuteilung der Aufgaben. **Ausdrücklich zugewiesen** sind
dem Präsidenten die **folgenden Aufgaben:** Stichentscheid bei Pattsituationen im VR
(Art. 713 Abs. 1); Mitunterzeichnung des VR-Protokolls (Art. 713 Abs. 3); Einberufung
von Sitzungen auf Antrag eines VR-Mitgliedes (Art. 715); Ermächtigung zur Auskunftsgewährung ausserhalb von Sitzungen und zur Einsichtnahme in Bücher und Akten (Art. 715a); Vornahme der Anmeldungen beim Handelsregister (zusammen mit dem
Sekretär oder einem weiteren Mitglied, Art. 22 Abs. 2 HRegV).

Weitere Aufgaben können ihm im *Reglement* oder in den *Statuten* übertragen werden 8
oder ergeben sich aus seiner *natürlichen Führungsposition* im VR (BÖCKLI, § 13 N 314;
ZK-HOMBURGER, N 259; KRNETA, N 505 ff.; NOBEL, SZW 2004, 21). Insbesondere hat
der Präsident bei der Einberufung von VR-Sitzungen deren Ort und Zeit festzulegen,
eine Traktandenliste aufzustellen, die Sitzung vorzubereiten und zu leiten, d.h. zu eröffnen, die Präsenz festzustellen, die Diskussion zu leiten und einen geordneten Ablauf sicherzustellen, bei Meinungsverschiedenheiten zu schlichten, die Abstimmungsergebnisse bekannt zu geben sowie Erklärungen anderer VR-Mitglieder entgegenzunehmen
und ggf. weiterzuleiten (vgl. E. SCHUCANY, Beschlussfassung, 172; STAUBER, 69;
SCHULTHESS, 60, 104 f.; HOFER, 33 f.; VON STEIGER, Aktiengesellschaft, 237 f.; ZK-
BÜRGI, Art. 714 N 9 f., 12; BUCHMANN, 86; für eine detaillierte Darstellung aus managementorientierter Sicht und gestützt auf empirische Erhebungen vgl. WUNDERER, 91 f.,
141 ff.; allgemein: HUNGERBÜHLER, 90 ff.). Ausserdem übernimmt er regelmässig den
Vorsitz in der GV (EIGENMANN, 39; SCHULTHESS, 133; FUNK, Art. 714 N 2). Dem Präsidenten kommt zudem die umfassende Verantwortung für die Mitgestaltung der VR-
Kultur, der VR-Struktur und der VR-Führungssysteme, für die Auswahl und Zusammensetzung des VR, die Führung der VR-Mitglieder sowie die verfahrensmässige Leitung des VR und der GV zu (WUNDERER, 228).

Vor allem dann, wenn kein Delegierter vorhanden ist, kommen dem Präsidenten neben 9
seinen formellen Aufgaben aufgrund seiner Stellung als *primus inter pares* (STAUBER,
72) besondere Pflichten als **Repräsentant** und **passivem Vertreter des VR** zwischen
den VR-Sitzungen zu (BÖCKLI, § 13 N 116; HUNGERBÜHLER, 92). Der Präsident übernimmt dann die Funktion des Bindegliedes zwischen dem Gesamtverwaltungsrat und
der GV, der RS und der Geschäftsleitung (TRIGO TRINDADE, 187 f.). In *dringlichen Fällen* hat er *selbst* unverzüglich die erforderlichen Massnahmen zu treffen (MONTAVON,
609; FORSTMOSER/MEIER-HAYOZ/NOBEL, § 31 N 53; VON STEIGER, Aktiengesellschaft,
237; ZK-BÜRGI, Art. 714 N 13), wodurch er z.B. gerade im Übernahmekampf einen
entscheidenden Einfluss ausüben kann (BÖCKLI, § 13 N 483). Allgemein hat der Präsident eine Auffangkompetenz («compétence résiduelle»), welche sich auf alle für ein reibungsloses Funktionieren des Entscheidungs- und Leitungsorgans erforderlichen Aspekte erstreckt (TRIGO TRINDADE, 188 f.).

3. Stellung

Durch die ihm zugewiesenen Aufgaben und seine faktische Stellung verfügt der Präsi- 10
dent über wesentlich mehr Macht als die übrigen VR-Mitglieder. Er geniesst eine **besondere Vertrauensstellung,** was an seine Persönlichkeit erhöhte Anforderungen stellt
und ihn zur wichtigsten Person in der Leitung der AG machen kann (EIGENMANN, 59 f.;
SCHULZ-DORNBURG, 63 f.; KRNETA, N 481 ff.; NOBEL, SZW 2004, 23). Die Aufgaben
und das damit verbundene erhöhte Risiko rechtfertigen i.d.R. eine gegenüber den ande-

ren VR-Mitgliedern *erhöhte Entlohnung* (ZK-BÜRGI, Art. 714 N 11). Aufgrund der besonderen Machtstellung des VR Präsidenten muss der VR Präsident einer Anwalts AG selbst im Anwaltsregister eingetragen sein (ZR 2006, 295, 303).

11 Zur Wahrung des **Machtgleichgewichts** zwischen Geschäftsführungs- und Aufsichtsfunktion sowie zur Vermeidung von übermässiger Machtkonzentration in einer Person schreibt Art. 8 Abs. 2 der Bankenverordnung eine strikte personelle Trennung zwischen Oberleitung und Geschäftsführung vor (vgl. auch Art. 3 Abs. 2 lit. a BankG). Eine ähnliche Massnahme zur Sicherung der Unabhängigkeit von Geschäftsführung und Aufsicht wäre insb. auch für grosse Aktiengesellschaften i.S.v. Art. 727b OR angemessen und könnte in den Statuten vorgesehen werden (gl.M. SCHULTHESS, 103 f.; ähnlich § 105 AktG und Art. 39 Abs. 3 EG-SE, die eine strikte Inkompatibilität von Aufsichts- und Leitungsfunktion vorschreiben).

4. Abberufung

12 Konstituiert sich der VR selbst, kann er den Präsidenten auch selbst analog Art. 726 jederzeit **abwählen** (SCHUCANY, Art. 714 N 1; FUNK, Art. 714 N 2; SCHULZ-DORNBURG, 64; VON STEIGER, Aktiengesellschaft, 237 FN 240; vgl. BGE 72 II 91, 110). Die *VR-Mitgliedschaft* des Abgewählten wird dadurch *nicht betroffen*. Wird der Präsident dagegen von der GV bestimmt, so kann er nur durch die GV von seinem Präsidentenamt abberufen werden; der VR muss jedoch nach Art. 726 jederzeit die Möglichkeit haben, den Präsidenten in seiner Funktion einzustellen (BÖCKLI, § 13 N 110; MONTAVON, 609). Das jederzeitige **Abberufungsrecht** der GV gemäss Art. 705 gilt auch für den vom VR bzw. der GV gewählten Präsidenten (ZK-BÜRGI, Art. 714 N 17 f.).

IV. Sekretär

13 Bereits unter dem OR 1936 war es selbstverständlich, dass der Sekretär vorbehaltlich einer anderweitigen statutarischen Regelung *nicht Mitglied des VR* und damit auch *nicht Aktionär* sein muss (so nun ausdrücklich Abs. 1 Satz 2; FORSTMOSER, Würdigung, 132; DERS., Beurteilung, 60; SCHULTHESS, 106; ZK-BÜRGI, Art. 714 N 19). Durch die neue Bezeichnung des bisherigen Protokollführers (Art. 714 Abs. 1 OR 1936) als «*Sekretär*» wird deutlich gemacht, dass dieser nicht nur das **VR-Protokoll** nach Art. 713 zu führen hat (dazu Art. 713 N 25 ff.), sondern auch die gesamte *Administration* des VR betreuen kann (BBl 1983 II 919). Die Tätigkeit des Sekretärs beschränkt sich aber auf Aufgaben rein administrativer Natur und umfasst *keinerlei Geschäftsführungsfunktion*. Ist er nicht gleichzeitig VR, hat er *keine Organstellung* inne (VON GREYERZ, Verwaltung, 66; FORSTMOSER, Verantwortlichkeit, N 742; BÖCKLI, § 13 N 108). Nicht im Einklang mit dem Wortlaut des revidierten Art. 712 Abs. 1 ist die Auffassung von ZK-HOMBURGER, N 254, wonach ausreichend sei, wenn der Sekretär für eine oder mehrere Sitzungen bezeichnet wird, da bereits dann dem Gesetz Genüge getan werde, wenn die Protokollierung sichergestellt sei (wie hier STOFFEL, 168).

14 Die **Haftung** des Sekretärs richtet sich nach seiner tatsächlichen Stellung (BBl 1983 II 919). Ist er *Mitglied des VR*, ist sein Amt als Sekretär für die Haftung innerhalb des VR-Kollegiums von Bedeutung (WYDLER, 114). Ist er *nicht Mitglied des VR*, besteht nur eine Hilfspersonenhaftung nach Art. 101 und er haftet ggf. gegenüber der Gesellschaft aus Arbeitsvertrag oder Auftrag. Die Führung des *Protokolls* gehört zu den aktienrechtlichen Pflichten des VR; dieser, nicht der Sekretär, trägt die Verantwortung für

3. Abschnitt: Organisation der Aktiengesellschaft   **Art. 713**

die ordnungsgemässe Erfüllung dieser Pflicht (WYDLER, 110 ff.; VOLLMAR, 137; vgl. aber Art. 713 N 31).

Da der Sekretär über die *notwendige Sachkenntnis* zur Erfüllung seiner Aufgabe verfügen muss und direkten *Einblick in die Interna der Geschäftsleitung* erhält, wird er, sofern er nicht zugleich VR-Mitglied ist, meistens aus dem Kreis der Direktionsmitglieder bestellt (SCHULTHESS, 106) und ist oftmals auch Rechtskonsulent des VR (BUCHMANN, 108). Die Unterzeichnung einer besonderen Geheimhaltungsverpflichtung (so KRNETA, N 690) erübrigt sich, sofern der Sekretär als Angestellter der Gesellschaft aufgrund der arbeitsrechtlichen Sorgfalts- und Treuepflicht zur Geheimhaltung der ihm anvertrauten Kenntnisse verpflichtet ist. 15

V. Rechtsvergleichung

Deutschland: Der **Vorsitzende des Aufsichtsrates** und sein **Stellvertreter** werden nach den Bestimmungen der Satzung durch den Aufsichtsrat selbst gewählt (§ 107 Abs. 1 AktG); besteht der **Vorstand** aus mehreren Personen, kann der Aufsichtsrat den Vorstandsvorsitzenden bestimmen (§ 84 Abs. 2 AktG). 16

Frankreich: Der VR wählt selbst eine natürliche Person zu seinem **Präsidenten**, den er jederzeit abberufen kann; die Statuten müssen eine Altersgrenze (dispositiv bei 65 Jahren) vorsehen; niemand kann Präsident von mehr als fünf Verwaltungsräten sein (Art. L. 225–19, 225–21 C.com.). In Aktiengesellschaften mit *dualistischer Struktur* wählt der Aufsichtsrat ebenfalls selbst seinen Präsidenten und Vizepräsidenten; der Präsident der Geschäftsführung («directoire») wird vom Aufsichtsrat bestellt (Art. L. 225–81, L. 225–59 C.com.). 17

Italien: Der **Aufsichtsratsvorsitzende** wird von der GV gewählt, wenn möglich aus der Liste der amtlich bestellten Rechnungsprüfer (Art. 2397 f. CC it.), was auf die Kontrollfunktion des Aufsichtsrates hinweist. Die **Verwaltung** wählt ihren **Vorsitzenden** selbst, falls er nicht von der GV bestimmt wird (Art. 2380 Abs. 4 CC it.). 18

Europarecht: Bei der **SE** wählt das *Aufsichts- oder Verwaltungsorgan* aus seiner Mitte einen **Vorsitzenden** (das oder die Mitglieder des Leitungsorgans werden i.d.R. vom Aufsichtsorgan bestimmt, Art. 39 Abs. 2 EG-SE). Wird jedoch die Hälfte der Organmitglieder von *Arbeitnehmern* bestellt, darf nur ein von den Aktionären bestelltes Organmitglied zum Vorsitzenden gewählt werden (Art. 42 und 45 EG-SE). 19

Art. 713

2. Beschlüsse

¹ Die Beschlüsse des Verwaltungsrates werden mit der Mehrheit der abgegebenen Stimmen gefasst. Der Vorsitzende hat den Stichentscheid, sofern die Statuten nichts anderes vorsehen.

² Beschlüsse können auch auf dem Wege der schriftlichen Zustimmung zu einem gestellten Antrag gefasst werden, sofern nicht ein Mitglied die mündliche Beratung verlangt.

³ Über die Verhandlungen und Beschlüsse ist ein Protokoll zu führen, das vom Vorsitzenden und vom Sekretär unterzeichnet wird.

Martin Wernli

2. Décisions

¹ Les décisions du conseil d'administration sont prises à la majorité des voix émises. Le président a voix prépondérante, sauf disposition contraire des statuts.

² Elles peuvent aussi être prises en la forme d'une approbation donnée par écrit à une proposition, à moins qu'une discussion ne soit requise par l'un des membres du conseil d'administration.

³ Les délibérations et les décisions du conseil d'administration sont consignées dans un procès-verbal signé par le président et le secrétaire.

2. Decisioni

¹ Le decisioni del consiglio d'amministrazione sono prese a maggioranza dei voti emessi. Il presidente ha voto preponderante, salvo disposizione contraria dello statuto.

² Le decisioni possono essere prese anche sotto forma dell'annuenza scritta ad una proposta, purché la discussione orale non sia chiesta da un amministratore.

³ Sulle discussioni e decisioni è tenuto un processo verbale, firmato dal presidente e dal segretario.

Literatur

BIBER/WATTER, Notariatspraxis bei Gründung und ordentlicher Kapitalerhöhung, AJP 1992, 701 ff.; BÖCKLI, Revision des Aktienrechts, SJZ 1984, 257 ff.; ENGEL, Le calcul des votes et des majorités en droit privé suisse, SJZ 1985, 302 ff.; JAGMETTI, Die Nichtigkeit von Massnahmen der Verwaltung der Aktiengesellschaft, 1958; KOHLER, Die Anfechtbarkeit von Beschlüssen der Verwaltung in der Aktiengesellschaft, 1950 (ASR 278); SCHAUB, La voix prépondérante du président, SAG 1960/61, 100 ff.; DERS., Droit des sociétés anonymes: Quelle majorité au conseil d'administration?, SJZ 1986, 159 ff.; E. SCHUCANY, Die Beschlussfassung des Verwaltungsrates, SAG 1957/58, 167 ff.; DERS., Verantwortlichkeit wegen Absenz und Stimmenthaltung im VR, SJZ 1964, 229 f.; G. SCHUCANY, Die Willensbildung der Verwaltung der Aktiengesellschaft, SAG 1959/60, 1 ff.; STEINER, Beschlussunfähigkeit des Verwaltungsrates, SAG 1941/42, 56 ff.; STEBLER, Die Anfechtbarkeit von Beschlüssen des Verwaltungsrates der Aktiengesellschaft, 1944; TANNER, Quoren für die Beschlussfassung in der Aktiengesellschaft, 1987 (SSHW 100); TROTTMANN, Können die Statuten einer Aktiengesellschaft vorsehen, dass sich ein Verwaltungsratsmitglied bei der Beschlussfassung des Rates durch ein anderes Ratsmitglied vertreten lassen kann?, JBHReg 1993, 51 ff.; WATTER, Gründung und Kapitalerhöhung im neuen Aktienrecht, 1992, 55 ff. (SAV 11); WYDLER, Die Protokollführung im schweizerischen Aktienrecht, 1956; vgl. auch die Literaturhinweise zu Art. 707.

I. Allgemeines

1. Inhalt

1 Abs. 1 regelt die erforderliche **Mehrheit** für die **Beschlussfassung** im VR und weist dem Präsidenten unter Vorbehalt einer abweichenden Regelung in den Statuten den *Stichentscheid* zu. Abs. 2 enthält Vorschriften über die *schriftliche Beschlussfassung*, und Abs. 3 schreibt die Führung eines *Verhandlungs- und Beschlussprotokolls* vor.

2. Aktienrechtsrevision vom 4.10.1991

2 Abs. 1 wurde durch die Aktienrechtsrevision von 4.10.1991 **neu eingefügt** und entspricht der bis dahin gängigen Praxis. Während Art. 713 Abs. 1 E 1983 den *Stichentscheid* des Präsidenten zwingend vorsah, hat das Parlament diese Regel unter den Vorbehalt anderweitiger Statutenbestimmungen gestellt. Abs. 2 entspricht weitgehend Art. 716 Satz 1 OR 1936, und Abs. 3 gibt die in Art. 715 Abs. 1 OR 1936 enthaltene Regel wieder. Nicht in das neue Recht übernommen wurde die in Art. 715 Abs. 2 OR

3. Abschnitt: Organisation der Aktiengesellschaft 3–5 **Art. 713**

1936 ausdrücklich vorgesehene Pflicht zur Protokollführung im *Einmann-VR* und die Aufnahme von *Zirkulationsbeschlüssen* in das Protokoll gemäss Art. 716 Satz 2 altOR (BBl 1983 II 919 f.; AmtlBull NR 1985, 1783; AmtlBull StR 1988, 513 f.; AmtlBull NR 1990, 1388; AmtlBull StR 1991, 76).

II. Ordentliche Beschlussfassung (Abs. 1 Satz 1)

1. Terminologie

Der Terminus «**Beschluss**» impliziert die Meinungsbildung innerhalb eines Kollegiums 3 von mehreren (mindestens zwei) Personen und bezeichnet das gemeinsam festgelegte oder nach Abstimmung gefundene Ergebnis einer Beratung. Besteht ein VR nur aus einer Person, fasst er dagegen einen «**Entschluss**». Da der *Einmann-VR* ausdrücklich zugelassen ist, sind seine Entschlüsse den Beschlüssen des Kollegialorgans gleichzusetzen (JAGMETTI, 65 f.; KOHLER, 56 f.; WYDLER, 97 f.; TANNER, 21 ff.).

2. Willensbildung im VR und in VR-Sitzungen

Die **Willensbildung im VR** findet i.d.R. durch *Beschlussfassung* nach Beratung und 4 Abstimmung an *Sitzungen* statt (KRNETA, N 691 ff.; KOLB, 53; VON STEIGER, Aktiengesellschaft, 233; ZK-BÜRGI, N 17, Art. 716 N 6). An die Stelle von Sitzungen können auch *Telefon- oder Videokonferenzen* treten (vgl. WEBER, 140 f.; TANNER, 326; STAUBER, 65; BÖCKLI, § 13 N 136; einschränkend EIGENMANN, 47). Ausserdem kann die Beschlussfassung auch auf dem *Zirkulationsweg* erfolgen (N 19 ff.). Die *Anzahl* der Sitzungen pro Jahr ist gesetzlich nicht festgelegt und ergibt sich aus den konkreten Umständen, insb. der inneren Organisation der Geschäftsführung (Delegation, Ausschuss, Geschäftsführung durch den Gesamt-VR), Geschäftsanfall und Grösse der AG oder des VR, muss aber den VR-Mitgliedern die *ordnungsgemässe Ausübung* ihrer gesetzlichen und statutarischen Pflichten ermöglichen, da sie sich sonst einer Verantwortlichkeitsklage ausgesetzt sehen können (ZK-BÜRGI, N 17; SCHULTHESS, 59). Deshalb hat jedes VR-Mitglied die Möglichkeit, jederzeit die *Einberufung* einer Sitzung gemäss Art. 715 zu verlangen (s.u. Komm. zu Art. 715). Pro Jahr ist mindestens eine Sitzung abzuhalten (TANNER, 327; ZK-BÜRGI, N 17; EIGENMANN, 44; so ausdrücklich § 110 Abs. 3 AktG). Im Allgemeinen werden pro Jahr vier bis fünf Sitzungen durchgeführt (KRNETA, N 731). Sind alle VR-Mitglieder anwesend und wird kein Widerspruch erhoben, so kann eine VR-Sitzung auch ohne vorherige Einladung stattfinden («*Universalversammlung*», analog Art. 701; WEBER, 119 m.w.Nw.).

Jedes VR-Mitglied hat *zwingend* ein **Recht auf Teilnahme an den VR-Sitzungen** (ZR 5 1912, 295 f.; E. SCHUCANY, Beschlussfassung, 168; VON STEIGER, Aktiengesellschaft, 233; STAUBER, 62; PLÜSS, 48, 75). Beschlüsse, die an Sitzungen gefasst werden, zu denen nicht alle VR-Mitglieder eingeladen worden sind, sind *nichtig*, sofern die **mangelhafte Einberufung** für die Abwesenheit kausal war (Art. 714 N 12, 715 N 8). Zur Information in Sachfragen ist auch die Beiziehung und Teilnahme von Sachverständigen und Direktoren zulässig oder sogar Pflicht (BGE 97 II 403, 413; TC VD, SJZ 1941/42, 73 f. m.w.Nw.; FORSTMOSER, Verantwortlichkeit, N 305; PLÜSS, 33; EIGENMANN, 45 ff.). Allerdings hat sich deren Funktion auf Beratung und Auskunftsgewährung zu beschränken. Wirken sie massgeblich an der Beschlussfassung mit, so kann der entsprechende Beschluss wegen **Mitwirkung Unbefugter** *nichtig* sein (ZK-BÜRGI, N 26; KRNETA, N 759; Art. 714 N 12; **a.M.** BÖCKLI, § 13 N 275), wobei im Einzelfall auf den Grad der Einwirkung abzustellen ist (ZK-HOMBURGER, N 372 ff.).

6 Korrelat des Teilnahme*rechts* ist die **Pflicht** des VR-Mitglieds **zur Teilnahme** an den Sitzungen (E. Schucany, Verantwortlichkeit, 229; G. Schucany, Willensbildung, 4; Kolb, 54; von Steiger, Aktiengesellschaft, 233; ZK-Bürgi, N 1; Tanner, 319) und die Pflicht zur Mitwirkung an Abstimmungen (E. Schucany, Verantwortlichkeit, 229 f.; ders., Beschlussfassung, 174; Stauber, 62; Tanner, 319 f.; Krneta, N 719). Ein **Fernbleiben** des VR-Mitgliedes ist nur zulässig im Falle höherer Gewalt oder bei Vorliegen eines anderen, im Wirtschaftsleben gemeinhin akzeptierten Grundes (ZK-Bürgi/Nordmann, Art. 753/754 N 93; Forstmoser, Verantwortlichkeit, N 308 ff.; Tanner, 320). Bei *unentschuldbarer Abwesenheit,* erkennbarer vermögensgefährdender Bedeutung des zu fassenden Beschlusses, Unterlassen von Massnahmen zur Verhinderung desselben und Kausalität der Abwesenheit kann die aktienrechtliche Verantwortlichkeit des Abwesenden gegeben sein (E. Schucany, Verantwortlichkeit, 229 f.; ders., Beschlussfassung, 173 f.; vgl. Forstmoser, Verantwortlichkeit, N 312; Weber, 99 ff.).

2a. Regelungskompetenz

6a Die Regelung der **internen Organisation** des VR ist sowohl im Organisationsreglement als auch in den Statuten möglich (str., s.o. Art. 712 N 4). *Quoren* für die Beschlussfähigkeit (Präsenzquoren) oder Beschlussfassung (Stimmenquoren) können deshalb sowohl in den Statuten oder, falls dort keine Regelung getroffen wird, in einem internen VR-Reglement («reglement d'administration») festgelegt werden. Demgegenüber erachten Forstmoser (Eingriffe, 175) und Forstmoser/Meier-Hayoz/Nobel (§ 30 N 66 und § 31 N 19; nicht aber Mitautor Nobel, a.a.O. § 30 N 66 FN 23 und § 31 N 25 FN 12) die Festlegung von Quoren nur im Organisationsreglement, *nicht* aber in den Statuten für zulässig. Dies in konsequenter Fortführung der – hier abgelehnten – Auffassung, wonach gem. Art. 716a Abs. 1 Ziff. 2 auch die Festlegung der internen Organisation zu den unentziehbaren und unübertragbaren Aufgaben des VR gehört (dazu o. Art. 712 N 4).

3. Beschlussfähigkeit

7 Schreiben Statuten oder Reglement kein **Präsenzquorum** vor, ist der VR analog Art. 703 bei jeder Präsenz **beschlussfähig** (E. Schucany, Beschlussfassung, 170 f.; von Steiger, Aktiengesellschaft, 233 f.; ZK-Bürgi, Art. 716 N 5; Tanner, 328 ff.; Weber, 118 ff.). Zur Vermeidung von Zufallsmehrheiten oder Beschlussfassung durch ein einziges VR-Mitglied können statutarische oder reglementarische Präsenzquoren empfehlenswert sein (so Schaub, majorité, 159 f., Präsenzquorum von 50%; vgl. auch Buchmann, 79; Ehrat, 791 FN 41; Krneta, N 763 ff.), sofern dadurch nicht die Gefahr einer Beschlussunfähigkeit des VR geschaffen wird. Kritisch sind Präsenzquoren von mehr als der Hälfte der VR-Mitglieder, wobei jedoch auf die konkreten Umstände des Einzelfalls (wie z.B. Grösse der Gesellschaft und des VR oder Wohnort der Mitglieder) abzustellen ist (ähnl. Trigo Trindade, 132 f.; für generelle Unzulässigkeit von Quoren über 2/3 Böckli, § 13 N 122). Vor dem Hintergrund des Kopfstimmenprinzips (s.u. N 8) erscheint die Zulässigkeit einer Regelung, welche die Beschlussfähigkeit von der Anwesenheit bestimmter VR-Mitglieder (bspw. des Präsidenten oder Vizepräsidenten) abhängig macht, fraglich (befürwortend: Trigo Trindade, 134).

4. Beschlussfassung

Der VR fasst seine Beschlüsse durch *Annahme oder Ablehnung eines gestellten Antrags* (STAUBER, 61 f.). Das **Antragsrecht** steht jedem VR-Mitglied zu (ZK-BÜRGI, Art. 716 N 4; STAUBER, 62; PLÜSS, 48). Jedes VR-Mitglied hat nur eine Stimme, ein **Mehrfachstimmrecht** ist **ausgeschlossen** (BGE 71 I 187 ff.; SCHUCANY, Art. 713 N 1; FORSTMOSER/MEIER-HAYOZ/NOBEL, § 31 N 22; TRIGO TRINDADE, 143 f.; ZK-BÜRGI, Art. 716 N 9; SCHULTHESS, 65 f.; BÖCKLI, § 13 N 127; TROTTMANN, 53). Die Beschlüsse werden gemäss Abs. 1 mit der *Mehrheit der abgegebenen Stimmen* gefasst, wobei Leerstimmen nicht mitzuzählen sind (relatives Mehr, FORSTMOSER, Würdigung, 123; DERS., Beurteilung, 61; EHRAT, 791 FN 38). Diese Bestimmung entspricht der bisherigen Praxis (Max XI/309; VON GREYERZ, SPR VIII/2, 206; PATRY, 229; G. SCHUCANY, Willensbildung, 5; ENGEL, calcul, 304) und ist dispositiver Natur (gl.M. SCHAUB, majorité, 160; FORSTMOSER, Würdigung, 123; DERS., Beurteilung, 61; TANNER, 358 f.; EHRAT, 791 FN 40). Abweichende statutarische oder reglementarische **Quoren** sind somit zulässig (TANNER, 336 f.; MONTAVON, 625 f.; grundsätzlich befürwortend, aber restriktiv für die Einräumung von Vetorechten, welche Minderheiten begünstigen, TRIGO TRINDADE, 135 ff.). Für zulässig erachtet wird die Einführung eines statutarischen *Einstimmigkeits*erfordernisses für bestimmte Beschlüsse, auch wenn dies wenig sinnvoll ist und in der Praxis zur Blockierung der Entscheidungsfähigkeit des VR führen kann (EIGENMANN, 47; ZK-BÜRGI, Art. 716 N 7; OGer LU, Max XI/310 = SJZ 1966, 330 = SAG 1966, 245, 249; TANNER, 338 f.; STOFFEL, 167 f.; KRNETA, N 776). Gegen die Zulässigkeit von Einstimmigkeitsvorschriften spricht, dass diese einem Vetorecht und damit einem – verbotenen – Mehrstimmrecht gleichkommen (TRIGO TRINDADE, 138, 141; de lege ferenda für eine Zulässigkeit des Mehrstimmrechts in Abhängigkeit der Bedeutung der von einem VR vertretenen Gesellschafterinteressen: MONTAVON, 627). Nach BÖCKLI (§ 13 N 121) ist das von Art. 713 Abs. 1 geschützte Rechtsgut die «Erhaltung der Entscheidungs- und Handlungsfähigkeit des Exekutivorgans», weshalb die Festlegung zu restriktiver Beschlussquoren, welche in letzter Konsequenz der Minderheit im VR ein negatives Entscheidungsrecht gewähren würde, unzulässig ist. Letztendlich muss es jedoch der Gesellschaft bzw. dem VR selbst überlassen werden, wie stark die Beschlussfassung eingeschränkt werden soll. Eine «Blockadepolitik» bei Vorliegen restriktiver Beschlussquoren wäre einerseits im Rahmen der Verantwortlichkeit des betreffenden VR-Mitgliedes zu berücksichtigen und kann andererseits zur Abwahl des entsprechenden VR-Mitgliedes durch die GV führen.

Die VR-Mitglieder **geben ihre Stimme** nach Diskussion der Anträge **offen ab.** Für die Beurteilung der Verantwortlichkeit der einzelnen VR-Mitglieder ist die Nachvollziehbarkeit der Stimmabgabe unentbehrlich. Da alle VR-Mitglieder der *Treuepflicht* unterliegen und deshalb über die Beratungen im VR Stillschweigen zu wahren haben, ist eine geheime Abstimmung auch nicht im Hinblick auf Geheimhaltungsinteressen der AG oder persönliche Interessen der VR-Mitglieder gerechtfertigt (vgl. E. SCHUCANY, Beschlussfassung, 172; STAUBER, 68 f.; ebenso KK-MERTENS, § 108 N 38; zurückhaltend ZK-BÜRGI, Art. 716 N 12; SCHULTHESS, 62, die eine geheime Abstimmung bei Vorliegen einer entsprechenden Statutenbestimmung zulassen, und ZK-HOMBURGER, N 307, wonach der Abstimmungsmodus vom VR-Präsidenten festzulegen ist; grundsätzlich für die Zulässigkeit der geheimen Abstimmung bei Vorliegen heikler Einzelfragen: KRNETA, N 790 ff.; BÖCKLI, § 13 N 125). Eine Rechtfertigung der geheimen Abstimmung in den Fällen, in denen ein VR Mitglied wegen seines Abstimmungsverhaltens mit «Retourkutschen» zu rechnen hat (so BÖCKLI, a.a.O.) ist nicht stichhaltig; derartiges Verhalten im VR ist nicht mit der Pflicht der VR Mitglieder zur Wahrung der Gesellschaftsinteressen vereinbar. Auch das Argument von BÖCKLI und KRNETA (beide a.a.O.) wonach bei geheimen Abstimmungen ein VR Mitglied eine Protokollerklärung mit seiner persönlichen Stellungnahme abgeben kann, ist nicht überzeugend, da die Interessenlage im Zeitpunkt der Abstimmung nicht notwendigerweise mit derjenigen im Zeitpunkt der Geltendmachung der Verantwortlichkeit übereinstimmen muss und deshalb in diesem späteren Zeitpunkt die Transparenz und damit die Ermittlung der Verantwortlichkeit bei geheimer Abstimmung ohne Vorliegen einer Protokollerklärung nicht mehr gewährleistet wäre.

10 Aus der höchstpersönlichen Natur des VR-Mandats wird geschlossen, dass eine **Stellvertretung** im VR unzulässig sei; jedes VR-Mitglied müsse Gelegenheit haben, an der Sitzung zu den gestellten Anträgen Stellung nehmen zu können und sich in der Diskussion nach Abwägen aller Argumente eine Meinung bilden zu können (STEBLER, 40; E. SCHUCANY, Beschlussfassung, 172; ZK-BÜRGI, Art. 708 N 41; SCHULTHESS, 65; VON GREYERZ, 206; STAUBER, 65 f.; PLÜSS, 84 f.; BÖCKLI, § 13 N 128 ff.; STOFFEL, 167; KRNETA, N 288 ff.; zweifelnd VON STEIGER, Aktiengesellschaft, 234; **a.M.** HOFER, 31; EIGENMANN, 46; TROTTMANN, 53 f., die zumindest eine Stellvertretung durch andere VR-Mitglieder zulassen). Der i.A. zur Begründung dieser Meinung herbeigezogene BGE 71 II 277, 279 f. lässt jedoch offen, ob die Vertretung bei Vorliegen einer entsprechenden Statutenbestimmung zulässig wäre. Stellvertretungsklauseln lassen sich auch verschiedentlich in den Statuten grösserer AG nachweisen (BUCHMANN, 54 f.; TROTTMANN, 52). Aus *praktischen Gründen* sollte eine Stellvertretung zumindest dann zulässig sein, wenn sie aufgrund einer entsprechenden Statutenbestimmung durch ein anderes VR-Mitglied erfolgt, die Vollmacht sachlich und zeitlich genau eingegrenzt und das zu behandelnde Traktandum bekannt ist. Dies ist insb. dann der Fall, wenn sich die Beschlussfassung lediglich auf die Feststellung einer Tatsache (z.B. Art. 652g, 653g Abs. 1) richtet (gl.M. WATTER, Gründung, 60 FN 66; BIBER/WATTER, 707 FN 65; EHRAT, 792; **a.M.** BÖCKLI, § 13 N 128; weitergehend für ein allgemeines statutarisch begründetes Stellvertretungsrecht durch andere VR-Mitglieder WEBER, passim, insb. 169 ff.; TROTTMANN, 54), oder aber der Antrag bereits vorgängig beraten wurde und erst an einer späteren Sitzung zur Abstimmung ansteht (sofern zwischenzeitlich keine neuen Tatsachen bekannt geworden sind). Sowohl das deutsche als auch das französische Recht und das SE-Statut lassen Stellvertretung ausdrücklich zu (N 37 ff.).

10a Die **Handelsregisterpraxis** zur Stellvertretung im VR ist uneinheitlich (vgl. die Ergebnisse einer entsprechenden Umfrage bei WEBER, 32, sowie die Ausführungen bei TROTTMANN, 54, und KÄCH, 47 f.). Das Handelsregister des Kantons Zürich weist in ständiger Praxis Statutenbestimmungen, welche die Vertretung von VR-Mitgliedern durch andere Mitglieder oder Dritte vorsehen, als gesetzeswidrig zurück, ebenso VR-Protokolle, aus denen die Vertretung eines VR-Mitglieds ersichtlich ist (KÄCH, 47 f.). In Anbetracht der divergierenden Lehrmeinungen und Handelsregisterpraxis sowie des Fehlens einschlägiger Rechtsprechung empfiehlt es sich in der Praxis, anstelle der Beschlussfassung mit Vollmacht an der VR-Sitzung einen Zirkulationsbeschluss herbeizuführen. Das VR-Mitglied, welches bereit ist, eine Vollmacht zur Stimmabgabe zu erteilen, wird a fortiori mit der Durchführung der schriftlichen Beschlussfassung einverstanden sein. Wenn auch die gegen eine generelle Zulässigkeit der Stellvertretung im VR angeführten Argumente für sich genommen berechtigt sind, so wäre zumindest im o. N 10 umschriebenen engen Rahmen eine *Lockerung der bisherigen strengen Praxis* insb. im Hinblick auf international verflochtene Unternehmen *wünschbar.*

10b Streitig ist auch die Zulässigkeit der **schriftlichen Stimmabgabe** durch ein abwesendes VR-Mitglied. Zumindest im o. N 10, für die Stellvertretung umschriebenen Rahmen sollte dies jedoch bei Vorliegen einer entsprechenden statutarischen oder reglementari-

3. Abschnitt: Organisation der Aktiengesellschaft   **11–14 Art. 713**

schen Regelung aus praktischen Gründen und in Analogie zum Zirkulationsbeschluss möglich sein (vgl. WEBER, 141 f., m.w.Nw.; ZK-BÜRGI, Art. 708 N 41, 716 N 9; PLÜSS, 85; **a.M.** BÖCKLI, § 13 N 131; HUNGERBÜHLER, 111 f.; ZK-HOMBURGER, N 296; E. SCHUCANY, Beschlussfassung, 122; krit. STAUBER, 66).

Das **Abstimmungsverfahren** wird i.d.R. durch den Präsidenten festgelegt. Die Abstimmung erfolgt durch Handheben, Kopfnicken oder anderes konkludentes Handeln (SCHULTHESS, 62; WYDLER, 89). Aufgrund der begrenzten Mitgliederzahl bereitet die Ermittlung des Ergebnisses in der Praxis keine Probleme (ZK-BÜRGI, Art. 716 N 11). Der Beschluss ist mit Abgabe der letzten Stimme gefasst und die Bekanntgabe des Ergebnisses durch den Präsidenten lediglich deklaratorischer Natur (so für das dt. AktG KK-MERTENS, § 108 N 39 f.). **11**

5. Aufhebung von Beschlüssen

Noch nicht ausgeführte VR-Beschlüsse bzw. Beschlüsse, die noch keine Aussenwirkung entfaltet haben, können vom VR **jederzeit** durch spätere Beschlüsse **aufgehoben** oder **abgeändert** werden (BGE 88 II 98, 104; FUNK, Art. 716 N 1; ZK-BÜRGI, Art. 716 N 26; STAUBER, 112). **12**

6. Stichentscheid des Vorsitzenden (Abs. 1 Satz 2)

Ergibt die Auswertung einer Abstimmung, dass gleichviel Stimmen für wie gegen einen Antrag abgegeben wurden, kann der Vorsitzende entscheiden, ob der Antrag abgelehnt oder angenommen wird **(Stichentscheid).** **13**

Unter dem Begriff «*Vorsitzender*» ist, entgegen der in der 1. Aufl. dieses Kommentars, Art. 712 N 6 und 713 N 4, geäusserten Ansicht, mit der h.L. nicht nur der gewählte Präsident des VR, sondern auch der sog. «Tagespräsident», d.h. dasjenige VR-Mitglied zu verstehen, welches eine VR-Sitzung in Abwesenheit des Präsidenten leitet (FORSTMOSER/MEIER-HAYOZ/NOBEL, § 31 N 30; BÖCKLI, § 13 N 106 f.; TRIGO TRINDADE, 144 f.; ZK-HOMBURGER, N 312; KRNETA, N 777; HUNGERBÜHLER, 84). Allerdings ist zu beachten, dass der Stichentscheid i.d.R. nur bei umstrittenen Vorlagen zur Anwendung kommt und deshalb die Einräumung dieses Rechts von nicht zu unterschätzender Bedeutung für die Geschicke der Gesellschaft sein kann. Eine Ausübung des Stichentscheides nur durch den (gewählten) Präsidenten stellt zumindest sicher, dass dieses Recht in den Händen der von der GV oder dem VR im Hinblick auf ihre persönlichen und fachlichen Qualitäten (s.o. Art. 712 N 8 ff.) mit dem Amt des Präsidenten betrauten Person liegt, was bei einer Ausübung durch den Tagesvorsitzenden nicht der Fall ist. Es sollte deshalb möglich sein, statutarisch oder reglementarisch den Stichentscheid nur dem gewählten Präsidenten vorzubehalten (so auch MONTAVON, 627 f.). **13a**

Die ausdrückliche **Zulässigkeit des Stichentscheids** des Vorsitzenden bei Stimmengleichheit entspricht der herrschenden Praxis unter dem OR 1936 (BGE 71 II 277, 279; 95 II 555, 559; BÖCKLI, § 13 N 117; ZK-BÜRGI, Art. 716 N 10; SCHUCANY, Art. 712 N 2; SCHMITT, 30; anders SCHAUB, voix prépondérante, 102). Im Gesetzgebungsverfahren wurde klargestellt, dass es sich hierbei um *dispositives Recht* handelt (AmtlBull NR 1985, 1783), wobei die Nichtzulassung des Stichentscheides in den Statuten ausdrücklich erwähnt sein muss (ebenso Art. L. 225–37 Abs. 4, L. 225–82 Abs. 4 C.com.; krit. FORSTMOSER, Würdigung, 123; DERS., Beurteilung, 61; SCHAUB, majorité, 160 f.). Dies ist insofern konsequent, als das subsidiär anwendbare dispositive Recht damit eine Blockierung des VR in Pattsituationen ausschliesst. **14**

7. Beschlussunfähigkeit

15 Bei **dauerhaftem Dissens und tiefgreifenden Interessengegensätzen im VR** kann auch der Stichentscheid des Präsidenten nur bedingt Abhilfe schaffen. Da der Richter sein Ermessen nicht an die Stelle desjenigen des VR setzen kann, ist die Anordnung einer beschlussersetzenden richterlichen Massnahme in Angelegenheiten der Geschäftsführung i.d.R. nicht möglich (E. SCHUCANY, Beschlussfassung, 172 f.; ZK-BÜRGI, Art. 716 N 21; vgl. aber Art. 709 N 15). Zur **Wiederherstellung der Entscheidungsfähigkeit** kann die GV einzelne VR-Mitglieder oder den Gesamt-VR abberufen und neu wählen, um so tragfähige Mehrheiten im VR zu schaffen (STAUBER, 153 f.; ZK-BÜRGI, Art. 716 N 20; SCHULTHESS, 55 f.).

16 Demgegenüber ist ein **Klagerecht des Aktionärs auf Abberufung** eines VR-Mitglieds bei Weigerung der GV, den VR neu zu bestellen, im Gesetz **nicht vorgesehen** und wäre auch praktisch ohne Wirkung, da das Ersatzmitglied wiederum von der GV und damit von der Mehrheit gewählt werden müsste bzw. abberufen werden könnte (STAUBER, 155 f.).

17 Aufgrund der klaren Zuweisung der Geschäftsführungskompetenz an den VR (Art. 716 Abs. 2, 716a) hat der VR bei *Entscheidungsunfähigkeit* nicht mehr die Möglichkeit, umstrittene Einzelfragen der **GV** zur Beschlussfassung zu unterbreiten (FORSTMOSER, Eingriffe, 171, 172 f.; BÖCKLI, § 13 N 145; KAMMERER, 130 f.; **a.M.** für das OR 1936 STEINER, Beschlussunfähigkeit, 57; ZK-BÜRGI, Art. 716 N 20; SCHULZ-DORNBURG, 63); unbenommen bleibt jedoch die Möglichkeit, der GV strittige Einzelfragen zur konsultativen Stellungnahme zu unterbreiten; vgl. auch u. Komm. zu Art. 716.

18 Zur Behebung einer nur **vorübergehenden Beschlussunfähigkeit** des VR konnte der AG bisher ein **Verwaltungsbeistand** nach Art. 393 Ziff. 4 ZGB bestellt werden, der die im Einzelfall erforderlichen Massnahmen traf und für die Wiederherstellung der Beschlussfähigkeit z.B. durch Einberufung einer ausserordentlichen GV und Neuwahl des VR sorgte (vgl. den Sachverhalt in BGE 76 II 51 ff. sowie ZK-BÜRGI, Art. 716 N 22; FUNK, Art. 712 N 1; SJ 1966, 505, 510; s.a. Nw. Art. 710 N 6; **a.M.** E. SCHUCANY, Beschlussfassung, 173, der jedoch nur den Fall dauerhafter Funktionsunfähigkeit im Auge hat). War der VR dagegen **dauerhaft beschlussunfähig** und eine Neuwahl des VR durch die GV z.B. wegen Beschlussunfähigkeit der GV oder Unerreichbarkeit der Aktionäre nicht möglich, so blieb als letzter Ausweg nur die Auflösung der Gesellschaft gemäss Art. 736 Ziff. 4 (Rep 1940, 418 f.; E. SCHUCANY, Beschlussfassung, 173; ZK-BÜRGI, N 23; STAUBER, 155, 157 ff.; allgemein zur Auflösungsklage BGE 109 II 140, 142 = Pra 1983, 649 ff.; BGE 105 II 114 ff.; 84 II 44 ff. = Pra 1958, 181 ff.). Mit Inkrafttreten der Revision des GmbH-Rechts werden die Rechtsfolgen bei Mängeln in der Organisation der Gesellschaft neu einheitlich in Art. 731b geregelt (s. dazu unten Komm. zu Art. 731b sowie BBl 2002, 3231 ff.). Obwohl nach dem Wortlaut diese Bestimmung nur bei Fehlen eines vorgesehenen Organs oder bei nicht rechtmässiger Zusammensetzung eines Organs anwendbar ist, umfasst der Anwendungsbereich von Art. 731b gemäss BBl 2002, 3232 auch die Fälle der Handlungsunfähigkeit eines Gesellschaftsorgans. Vor diesem Hintergrund ist davon auszugehen, dass die Rechtsfolgen des Art. 731b auch auf die Fälle der Beschlussunfähigkeit des VR Anwendung finden und somit für eine Beistandschaft nach Art. 393 ZGB kein Raum mehr bleibt.

III. Beschlussfassung auf dem Zirkulationsweg (Abs. 2)

1. Grundsätzliches. Verfahren

Zirkulationsbeschlüsse sind Beschlüsse, die durch schriftliche Zustimmungserklärung   19
zu gestellten Anträgen ausserhalb von VR-Sitzungen zustande kommen (SCHUCANY,
Art. 716). Der gestellte *Antrag* sollte so gefasst sein, dass er durch einfaches «Ja» oder
«Nein» beantwortet werden kann (ZK-HOMBURGER, N 331) und ist vom VR-Präsidenten den einzelnen VR-Mitgliedern unter Ansetzung einer *Frist für die Stimmabgabe*
schriftlich zu unterbreiten. Der Beschluss ist gefasst, wenn die erforderliche Mehrheit
der VR-Mitglieder bis zum Ablauf der Frist dem VR-Präsidenten schriftlich (auch telegrafisch, per Telefax oder auf elektronischem Wege mit zertifizierter elektronischer Unterschrift gem. Art. 14 Abs. 2bis OR, nicht aber telefonisch, Art. 13 OR; TANNER, 325 m.
w.Nw.; KRNETA, N 815; STOFFEL, 168; WEBER, 139) ihre Zustimmung mitgeteilt hat
(ZK-BÜRGI, Art. 716 N 14). Falls die erforderliche Mehrheit bereits vor Ablauf der Frist
erreicht wird, ist der Beschluss zwar zustande gekommen, steht aber unter der *aufschiebenden Bedingung*, dass bis Fristablauf kein Antrag auf mündliche Beratung
(dazu N 22 ff.) gestellt wird (TANNER, 334). *Stillschweigen* ist unter dem Vorbehalt besonderer Umstände nicht als Zustimmung zu qualifizieren (SCHUCANY, Art. 716; VON
STEIGER, Aktiengesellschaft, 234 FN 232; ZK-BÜRGI, Art. 716 N 15; TANNER, 333;
BÖCKLI, § 13 N 138). Die *Frist zur Stimmabgabe* hat, sofern nicht in Statuten oder Reglement geregelt, den konkreten Umständen wie z.B. der Dringlichkeit des zu fassenden Beschlusses angemessen zu sein. Unterbleibt das Ansetzen einer Frist, beurteilt
sich die Rechtzeitigkeit der Antworten analog Art. 5.

Das **Gesetz lässt Zirkulationsbeschlüsse vorbehaltlos zu** (gl.M. FORSTMOSER/MEIER-   20
HAYOZ/NOBEL, § 31 N 47; TANNER, 325 FN 76; WEBER, 147 f.) und bietet keine Stütze
dafür, dass mangels der Möglichkeit zu (kontroversem) Meinungsaustausch und Gelegenheit der Willensbildung an einer Sitzung diese Art der Beschlussfassung nur bei
Traktanden geringerer Tragweite oder bei Vorliegen wichtiger Gründe Anwendung finden soll (so aber ZK-BÜRGI, Art. 716 N 13; SCHULTHESS, 63; WYDLER, 89; STEBLER,
17 f.). Zwar mag es *politisch sinnvoll* sein, wichtige Beschlüsse von grosser Tragweite
nur nach Beratung im Kollegium zu verabschieden, dem wird jedoch dadurch Rechnung getragen, dass gemäss Abs. 2 i.f. jedes VR-Mitglied eine *mündliche Beratung* verlangen kann (und dies ggf. zur Erfüllung seiner Sorgfaltspflicht auch tun sollte). Einstimmigkeit ist somit lediglich für die Zustimmung zum Zirkulationsverfahren, nicht
aber für den zu fassenden materiellen Beschluss erforderlich (s.u. N 23).

Erschwert wird die Beschlussfassung auf dem Zirkulationsweg, wenn das Gesetz die   21
öffentliche Beurkundung eines Beschlusses vorschreibt. Der Notar hat dann z.B.
nach Art. 652g Abs. 2 zu prüfen, ob den VR-Mitgliedern alle erforderlichen Unterlagen
vorgelegt worden sind (BIBER/WATTER, 707). Dies geschieht am einfachsten an einer
VR-Sitzung im Beisein des Notars. Andernfalls wäre nachzuweisen, dass *jedem VR-Mitglied* mit dem Antrag und der Aufforderung zur schriftlichen Stimmabgabe alle erforderlichen Unterlagen *zugestellt* worden sind, was u.U. sehr zeitaufwendig sein kann.
Allerdings akzeptiert das Handelsregister des Kantons ZH öffentlich beurkundete Zirkulationsbeschlüsse nicht als Handelsregisterbelege (KÄCH, 48 f.; allg. **abl.** zur Beurkundung von Zirkulationsbeschlüssen: KRNETA, N 823 m.w.N.; BÖCKLI, § 13 N 143). Praktischen Bedenken kann dadurch Rechnung getragen werden, dass für zu beurkundende
Beschlüsse im Rahmen einer Kapitalerhöhung die Anwesenheit eines VR-Mitglieds als
ausreichend festgelegt wird.

2. Antrag auf mündliche Beratung

22 Wird einem VR-Mitglied ein Antrag zur schriftlichen Abstimmung zugestellt, kann es ohne Angabe von Gründen eine **mündliche Beratung** verlangen. Ist es der Auffassung, dass ein Austausch von Argumenten bzw. eine detailliertere Information zu seiner oder der anderen VR-Mitglieder Willensbildung erforderlich ist, *muss* das Mitglied eine mündliche Beratung verlangen, um seiner Sorgfaltspflicht Genüge zu tun. Das Recht auf Beantragung der mündlichen Beratung besteht innerhalb der gesetzten Frist auch dann, wenn bereits die Mehrheit der VR-Mitglieder ihre Zustimmung oder Ablehnung zu dem Antrag mitgeteilt haben, da der Beschluss diesfalls aufschiebend bedingt ist (N 19).

23 Das *individuelle Recht* eines jeden VR-Mitglieds auf mündliche Beratung kommt einem **Einstimmigkeitserfordernis bezüglich des schriftlichen Verfahrens** gleich. Die *Zustimmung* zum schriftlichen Verfahren kann ausgedrückt werden durch Annahme oder Ablehnung des Antrags, Stillschweigen (wobei allerdings die Zustellung des Beschlussantrages nachweisbar sein muss, BÖCKLI, § 13 N 141 f.) oder Rücksendung einer leeren Antwortkarte. Demgegenüber ist die *Ablehnung* des Verfahrens ausdrücklich zu erklären bzw. die mündliche Beratung ausdrücklich zu verlangen. Im *Zweifelsfall*, z.B. bei Rücksendung einer Antwortkarte mit dem Vermerk «nicht einverstanden», ist der Wille des Absenders durch Auslegung zu ermitteln (TANNER, 331 ff.).

24 Nur die **Beratung** muss auf Antrag mündlich erfolgen; die darauf folgende *Abstimmung* kann dagegen auf dem Zirkulationsweg durchgeführt werden (PLÜSS, 49 f. FN 248). Wenn z.B. den VR-Mitgliedern nach der Beratung eine Bedenkzeit eingeräumt werden soll, wäre ein erneutes Verlangen der mündlichen Beratung rechtsmissbräuchlich, sofern nicht neue oder vorher unbekannte Umstände eingetreten sind, die eine neuerliche Beratung rechtfertigen würden.

IV. Das VR-Protokoll

1. Zweck und Funktion

25 Das Protokoll des VR ist das *«Gedächtnis» der Gesellschaft* (WYDLER, 25) und dient zum **Nachweis** über die Beschlüsse und Verhandlungen des VR, ist aber nicht Voraussetzung für deren Gültigkeit (BK-WEISS, Einl. N 227; WYDLER, 23, 87 f.; KOHLER, 82 f.; STEBLER, 41 ff.). Gegenüber den abwesenden VR-Mitgliedern erfüllt es eine **Aufklärungs- und Kontrollfunktion** (ZK-BÜRGI, Art. 715 N 1; STAUBER, 70; KRNETA, N 848) und ist für die Beurteilung der ordnungs- und pflichtgemässen Geschäftsführung im Verantwortlichkeitsfall innerhalb des VR und gegenüber Aktionären und Gläubigern von grundlegender Bedeutung (WYDLER, 28; ZK-BÜRGI, Art. 715 N 1; FORSTMOSER, Verantwortlichkeit, N 848). Das Protokoll ist auch Beleg dafür, dass die gesetzlich vorgeschriebenen VR-Beschlüsse gefasst worden sind.

26 Als reine **Privat- oder Beweisurkunde** (SAG 1961/62, 110) unterliegt das Protokoll grundsätzlich der *freien Beweiswürdigung* durch den Richter, wobei aber i.d.R. bis zum Beweis des Gegenteils die Exaktheit des Protokolls angenommen wird (ZR 1960, 330, 333). Bei der Beweiswürdigung sind insb. die formelle Korrektheit, die Klarheit der Aufzeichnungen, die Person des Protokollführers sowie die Zeitspanne zwischen Sitzung und Aufzeichnung zu berücksichtigen (WYDLER, 81 ff.). *Erhöhte Beweiskraft* hat das Protokoll, wenn die Auszüge der letzten Sitzung den VR-Mitgliedern zur Kenntnisnahme und Genehmigung an der nächsten Sitzung zugesandt werden (EIGENMANN, 48; WYDLER, 92; OGer LU, Max XI/310 = SAG 1966, 245, 248).

3. Abschnitt: Organisation der Aktiengesellschaft   27–31 **Art. 713**

Das Protokoll ist ein *gesellschaftsinternes Dokument,* kann aber u.U. den Charakter **27** einer **Schuldanerkennung** i.S.v. Art. 82 SchKG haben, wenn im Protokoll eine Schuldverpflichtung der Gesellschaft klar anerkannt ist und das Dokument durch Personen unterzeichnet worden ist, die gemäss Statuten zeichnungsberechtigt sind (PKG 1957, 99, 101; ebenso: KRNETA, N 854; **a.M.** Extraits 1988, 27 f. mit der formalistischen Begründung, es handle sich beim VR-Protokoll nur um die schriftliche Ausfertigung eines mündlichen Beschlusses, weshalb es an der gemäss Art. 82 SchKG erforderlichen Schriftlichkeit fehle; JdT 1976 II 95A). Ebenfalls **a.M.** BÖCKLI, § 13 N 156, wobei jedoch übersehen wird, dass es sich hier nur um Ausnahmefälle handeln kann; etwaigen Bedenken im Hinblick auf eine Verletzung von Geheimhaltungspflichten und Persönlichkeitsrechten kann durch die Anfertigung beglaubigter Protokollauszüge begegnet werden.

2. Pflicht zur Protokollführung

Der **VR** ist als **Kollegium** zur sorgfältigen und wahrheitsgetreuen Protokollierung verpflichtet und dafür verantwortlich (WYDLER, 44 f.; ZK-BÜRGI, Art. 715 N 3 f.). Die *Protokollführung selbst* wird i.d.R. durch den Sekretär besorgt (zu dessen Haftung s.o. Art. 712 N 14). Das Protokoll ist an der nächsten VR Sitzung zur *Genehmigung* vorzulegen. Genehmigte Korrekturvorschläge sind in das neue VR-Protokoll aufzunehmen. Nicht genehmigte Korrekturwünsche können allenfalls als Protokollerklärung berücksichtigt werden (BÖCKLI, § 13 N 153; KRNETA, N 842 f.). **28**

Die ausdrückliche Pflicht zur **Protokollführung im Einmann-VR** gemäss Art. 715 **29** Abs. 2 OR 1936 wurde nicht in das rev. Aktienrecht übernommen, da dies weder sinnvoll noch durchsetzbar sei (so BBl 1983 II 920; gemäss BÖCKLI, Revision, 260 ist dies jedoch genau das Gegenteil der Auffassung der mit der Ausarbeitung der Gesetzesvorlage befassten Arbeitsgruppe). Aus *Funktion und Zweck* des Protokolls, insb. im Hinblick auf seine *Beweisfunktion* im Verantwortlichkeitsfall, folgt aber, dass auch der Einmann-VR ein Protokoll über seine Entschlüsse zu führen hat (gl.M. FORSTMOSER, Beurteilung, 61 f.; TANNER, 23; STAUBER, 71; BÖCKLI, § 13 N 152; DERS., Revision, 260; MONTAVON, 628). Dass die Protokollführung im Einmann-VR problematisch ist, da die Aufzeichnungen oft unterlassen werden oder leicht gefälscht werden können und deshalb von geringer Beweiskraft sind (WYDLER, 103 f.; ZK-BÜRGI, Art. 715 N 15; VON GREYERZ, 206), ist allenfalls im Rahmen der Beweiswürdigung zu berücksichtigen, steht aber der Protokollierungspflicht an sich nicht im Wege (ähnlich JAGMETTI, 66; STAUBER, 71 FN 295). Das **Fehlen des Protokolls** hat allerdings keine Nichtigkeit eines VR-Entschlusses im Einmann-VR zur Folge (BGE 133 III 77) und stellt damit lediglich eine Pflichtverletzung dar, welche u.U. im Verantwortlichkeitsfall von Bedeutung sein kann.

Die **Pflicht zur Protokollführung beginnt** mit dem Eintrag der AG im Handelsregister **30** und **endet** mit der vollständigen Löschung, umfasst also auch die Liquidationsperiode (WYDLER, 50 f.).

Eine **Verletzung der Protokollführungspflicht** kann theoretisch mit der *Verantwort-* **31** *lichkeitsklage* gerügt werden. Praktisch ist dies jedoch wenig Erfolg versprechend, da die Kausalität zwischen Pflichtverletzung und Schaden kaum je nachweisbar sein dürfte (WYDLER, 118 ff.; FORSTMOSER, Verantwortlichkeit, N 848).

3. Inhalt

32 **In das Protokoll aufgenommen** werden *Verhandlungen* und *Beschlüsse* des VR bzw. Entschlüsse des Einzelverwaltungsrates. Zur Erfüllung der Beweisfunktion ist die Angabe von Firma, Ort, Datum und Präsenz sowie die Unterschriften von Präsident und Sekretär erforderlich (ZK-BÜRGI, N 12 f.; TANNER, 152 f.). Die *Diskussionen* sind zusammenzufassen und summarisch wiederzugeben. Ausserdem enthält das Protokoll alle gestellten bzw. behandelten Anträge, Voten und Protokollerklärungen einzelner VR-Mitglieder (z.B. bei ausdrücklichem Widerspruch gegen einzelne Beschlüsse), Abstimmungsresultate und Wahlergebnisse (WYDLER, 87 ff.; EIGENMANN, 48; ZK-BÜRGI, Art. 715 N 9 ff.; STAUBER, 70; BÖCKLI, § 13 N 149 ff.). Das Protokoll hat wahrheitsgetreu zu sein. Eine Falschprotokollierung kann den Straftatbestand der Urkundenfälschung erfüllen (Art. 251 Ziff. 1 Abs. 2 StGB; ZR 1972, 350, 359).

33 *Zirkulationsbeschlüsse* sind ebenfalls zu protokollieren, auch wenn die entsprechende Regelung aus Art. 716 Satz 2 OR 1936 nicht in das rev. Aktienrecht übernommen worden ist (BBl 1983 II 920). Bei Fehlen einer schriftlichen Rückmeldung hat das Protokoll auch den Nachweis der Zustellung der Beschlussanträge an alle VR-Mitglieder zu enthalten (nicht aber notwendigerweise bei Mehrheitsentscheiden, sofern – zustimmende oder ablehnende – Rückmeldungen *aller* VR-Mitglieder zum gestellten materiellen Beschlussantrag vorliegen, ungenau insofern BÖCKLI, § 13 N 143).

34 Das Protokoll des **Einmann-VR** enthält die Entschlüsse des einzigen VR, die im Interesse des Nachweises einer ordnungs- und pflichtgemässen Geschäftsführung durch eine kurze Begründung zu ergänzen sind (FUNK, Art. 715 N 3; SCHUCANY, Art. 715 N 2; JAGMETTI, 66; zur Bedeutung der Begründung für eine Nachvollziehbarkeit der Entscheide LAMBERT, 250).

4. Form

35 Das Protokoll ist **schriftlich** zu führen und vom VR-Präsidenten und dem Sekretär (im Einmann-VR ohne Sekretär vom einzigen VR) zu **unterschreiben.** Die *Unterschrift* ist *nicht Gültigkeitserfordernis,* aber für die Beweiskraft von Bedeutung (ZK-BÜRGI, Art. 715 N 12). Tonbandaufzeichnungen genügen mangels Unterschrift nicht. Ausserdem sind die Sprechenden meist nur schwer zu identifizieren und die Nachschlagbarkeit ist stark erschwert (**a.M.** WYDLER, 94 ff.).

5. Aufbewahrung

36 Da das Protokoll interne Gesellschaftsangelegenheiten behandelt, ist es i.d.R. gegenüber Dritten **geheim zu halten** und an einem sicheren Ort **aufzubewahren** (PLÜSS, 41; BÖCKLI, § 13 N 154). Das Protokoll ist zwar kein kaufmännisches Buch i.S.v. Art. 957–961, gehört jedoch zu den gemäss Art. 962 von der *zehnjährigen Aufbewahrungspflicht* erfassten Geschäftsbüchern und unterliegt im Prozess der *Editionspflicht* gemäss Art. 963 (BK-KÄFER, Art. 957 N 200 m.w.Nw., 962 N 37; ZK-BÜRGI/NORDMANN, Art. 747 N 10; WYDLER, 48 ff.; KRNETA, N 851; HUNGERBÜHLER, 105; **a.M.** BÖCKLI, § 13 N 154 f.).

V. Rechtsvergleichung

37 **Deutschland:** Der **Aufsichtsrat** ist **beschlussfähig,** wenn unter Vorbehalt abweichender Satzungsbestimmungen die Hälfte der Mitglieder, mindestens aber drei, an der Beschlussfassung teilnehmen. Abwesende Mitglieder können ihre Stimme *schriftlich abgeben*. Schriftliche, telephonische oder telegraphische Abstimmung ist nur zulässig, wenn kein Mitglied *Einspruch* erhebt (§ 108 AktG). Ein Mitglied kann sich an den Sitzungen durch ein Nichtmitglied *vertreten* lassen, sofern dies die Satzung vorsieht (§ 109 Abs. 3 AktG). Sitzungen müssen mindestens zweimal im Jahr abgehalten werden, für nicht börsenkotierte Gesellschaften kann der Aufsichtsrat festlegen, dass eine Sitzung pro Jahr ausreichend ist (§ 110 Abs. 3 AktG). Der Aufsichtsrat entscheidet grundsätzlich mit dem **einfachen Mehr der abgegebenen Stimmen** (§§ 28 i.V.m. 32 BGB; KK-MERTENS, § 108 N 41). Der **Stichentscheid** des Vorsitzenden kann in der Satzung vorgesehen werden (KK-MERTENS, § 108 N 45). Gemäss § 107 Abs. 2 AktG ist über die Sitzungen ein **Protokoll** («Niederschrift») zu führen. Die Beschlussfähigkeit und Beschlussfassung des **Vorstandes** ist in der Geschäftsordnung zu regeln, die einstimmig zu beschliessen ist (§ 77 Abs. 2 AktG; KK-MERTENS, § 77 N 27 ff.).

Frankreich: Der **Verwaltungs- oder Aufsichtsrat** ist nur **beschlussfähig,** wenn mindestens die Hälfte der Mitglieder anwesend ist. Beschlüsse sind mindestens mit der Mehrheit der anwesenden oder vertretenen Stimmen zu fassen. Sehen die Statuten nichts Gegenteiliges vor, obliegt dem Präsidenten den **Stichentscheid** (Art. L. 225–37, L. 225–82 C.com.). Ein Mitglied des Verwaltungs- oder Aufsichtsrates kann sich durch ein anderes Mitglied mit schriftlicher Vollmacht **vertreten** lassen. Kein Mitglied darf jedoch mehr als eine Vollmacht vorweisen (Art. 83–1, 107–1 décret no. 67–236 vom 23.3.1967 «sur les sociétés commerciales»). Über die Sitzungen ist ein **Protokoll** zu führen, das neben der Unterschrift des Präsidenten öffentlich paraphiert werden muss (Art. 85 f., 109 f. décret no. 67–236 vom 23.3.1967).

Italien: Beschlussfähigkeit der Verwaltung liegt vor, wenn mindestens die Mehrheit aller im Amt befindlichen Verwaltungsmitglieder anwesend ist. **Vertretung** ist *nicht* zulässig. Die Beschlüsse werden i.d.R. mit absolutem Stimmenmehr gefasst (Art. 2388 CC it.). Der **Aufsichtsrat** muss **mindestens ein Mal pro Vierteljahr** zusammentreten; es besteht Teilnahmepflicht bei Androhung des Ausschlusses im Falle zweimaliger unentschuldbarer Abwesenheit. Die Beschlussfassung erfolgt mit absolutem Stimmenmehr (Art. 2404 CC it.). Sowohl über die Beschlüsse der Verwaltung als auch über die Beschlüsse des Aufsichtsrates ist ein **Protokoll** anzufertigen (Art. 2404 Abs. 3, Art. 2421 Ziff. 4 f. CC it.).

Europarecht: Art. 50 EG-SE legt fest, dass das **Aufsichts-, Leitungs- oder Verwaltungsorgan** nur dann *beschlussfähig* ist, wenn mindestens die Hälfte der Mitglieder anwesend oder *vertreten* sind. Vertretung ist somit grundsätzlich zulässig. *Beschlüsse* werden mit der *Mehrheit* der anwesenden oder vertretenen Stimmen *gefasst*. Besondere Bestimmungen gelten, sofern eine Vertretung der Arbeitnehmer vorgesehen ist. Dem Vorsitzenden steht unter Vorbehalt anderslautender Satzungsbestimmungen der *Stichentscheid* zu. Setzt sich das Aufsichtsorgan aber zur Hälfte aus Arbeitnehmervertretern zusammen, ist der Stichentscheid des Vorsitzenden (der stets aus dem Kreis der von den Aktionären bestellten Organmitglieder gewählt wird, s.o. Art. 712 N 19) zwingend.

Art. 714

3. Nichtige Beschlüsse	Für die Beschlüsse des Verwaltungsrates gelten sinngemäss die gleichen Nichtigkeitsgründe wie für die Beschlüsse der Generalversammlung.
3. Décisions nulles	Les motifs de nullité des décisions de l'assemblée générale s'appliquent par analogie aux décisions du conseil d'administration.
3. Decisioni nulle	I motivi di nullità delle deliberazioni dell'assemblea generale si applicano per analogia alle decisioni del consiglio di amministrazione.

Literatur

BÄR, Die Aktienrechtsreform unter dem Gesichtspunkt des Systems des Gesellschaftsrechts, in: Rechtliche und betriebswirtschaftliche Aspekte der Aktienrechtsreform, 1984, 137 ff. (SSHW 74); FORSTMOSER/HIRSCH, Der Entwurf zur Revision des Aktienrechts: Einige konkrete Vorschläge, SAG 1985, 29 ff.; HOMBURGER, Zum Minderheitenschutz, SAG 1984, 75 ff.; DERS., Klagerechte und Minderheitenschutz, in: Aktienrechtsreform, 1984, 51 ff. (SSTR 59); JAGMETTI, Die Nichtigkeit von Massnahmen der Verwaltung der Aktiengesellschaft, 1958; KOHLER, Die Anfechtbarkeit von Beschlüssen der Verwaltung in der Aktiengesellschaft, 1950 (ASR 278); NENNINGER, Der Schutz der Minderheit in der Aktiengesellschaft nach schweizerischem Recht, 1974; RHEIN, Die Nichtigkeit von VR-Beschlüssen, 2001; RIEMER, Anfechtungs- und Nichtigkeitsklage im schweizerischen Gesellschaftsrecht, 1998; SCHLUEP, Die wohlerworbenen Rechte des Aktionärs und ihr Schutz nach schweizerischem Recht, 1955; SIEGWART, Die Anfechtung von Beschlüssen der Verwaltung einer Aktiengesellschaft, SJZ 1943/44, 421 ff.; STEBLER, Die Anfechtbarkeit von Beschlüssen des Verwaltungsrates der Aktiengesellschaft, 1944; TANNER, Quoren für die Beschlussfassung in der Aktiengesellschaft, 1987 (SSHW 100); WEHRLI, Der fehlerhafte Verwaltungsratsbeschluss einer Aktiengesellschaft, SJZ 1944/45, 100 ff.; vgl. auch die Literaturhinweise zu Art. 707.

I. Allgemeines

1. Inhalt

1 Die für GV-Beschlüsse geltenden Nichtigkeitsgründe (Art. 706b) sind sinngemäss auch auf Beschlüsse des VR anwendbar.

2. Aktienrechtsrevision vom 4.10.1991

2 Art. 660 E 1983 enthielt unter der Überschrift «Schutz der Aktionärsrechte» eine **neue Bestimmung** über die Nichtigkeit der *«Beschlüsse der GV und des VR»*. Die in Ziff. 1 und 2 von Art. 660 E 1983 vorgesehenen Nichtigkeitsgründe waren textgleich mit Art. 706b Ziff. 1 und 2. Im NR wurde Art. 660 E 1983 diskussionslos angenommen (AmtlBull NR 1985, 1692), der StR verschob diese Bestimmung jedoch, soweit sie GV-Beschlüsse betraf, aus *«Gründen der Systematik»* an die Stelle von Art. 706b (AmtlBull StR 1988, 474), fügte das Wort *«insbesondere»* und Ziff. 3 hinzu. Die Regelung der Nichtigkeit von VR-Beschlüssen unter Verweis auf Art. 706b wurde unter Art. 714 platziert und ebenfalls ohne Diskussion verabschiedet (AmtlBull StR 1988, 514; AmtlBull NR 1990, 1388).

II. Normzweck

3 Während die **Anfechtbarkeit** von VR-Beschlüssen nach ständiger Rechtsprechung und h.L. zu Recht ausgeschlossen ist (BGE 109 II 239, 243 f.; 76 II 51 ff.; ZR 1987, 310 f.;

3. Abschnitt: Organisation der Aktiengesellschaft 4, 5 Art. 714

OGer LU, Max XI/476 = SAG 1969, 214 f. = SJZ 1969, 39 f.; HGer SG, SJZ 1940/41, 158 f.; FUNK, Art. 716 N 1; ZK-HOMBURGER, N 420 ff.; ZK-BÜRGI, Art. 716 N 24; BK-WEISS, Einl. N 238 ff.; RIEMER, N 48; NENNINGER, 123 f.; JAGMETTI, 99 ff.; KOHLER, 62 ff.; VON GREYERZ, 191 f.; KRNETA, N 855 FF.; BÖCKLI, § 13 N 264 f.; BBl 1983 II 883; a.M. für Anfechtbarkeit SIEGWART, Anfechtung, 423 ff.; WEHRLI, 102; STEBLER, 86 ff.; aus neuerer Zeit STAUBER, 165 ff.; unentschieden VON STEIGER, Aktiengesellschaft, 238), folgt die Möglichkeit der **Nichtigkeit** von VR-Beschlüssen bereits aus allgemeinen Rechtsgrundsätzen (JAGMETTI, 18 f.; STAUBER, 119) und war auch unter der Herrschaft des OR 1936 ohne ausdrückliche gesetzliche Regelung unumstritten (vgl. BGE 109 II 239, 244; ZR 1986, 90, 92; OGer LU, Max XI/476 = SAG 1969, 214 f. = SJZ 1969, 39 f.; SIEGWART, Anfechtung, 422 f.; ZK-BÜRGI, Art. 716 N 25; STAUBER, 119 ff. m.w.Nw.).

Ziel der ausdrücklichen gesetzlichen Regelung der Nichtigkeit ist die *Verstärkung des* 4 *Aktionärsschutzes* durch Erleichterung der Klagemöglichkeiten und Klarstellung der Unterscheidung zwischen Anfechtbarkeit und Nichtigkeit (BBl 1983 II 768). Dadurch sollte kein neues Recht geschaffen, sondern lediglich Lehre und Rechtsprechung wiedergegeben und Raum für weitere Entwicklungen offen gelassen werden (BBl 1983 II 823). Dieses Ziel ist *nicht erreicht* worden. Die zur Unterscheidung von Anfechtbarkeit und Nichtigkeit verwendeten Begriffe sind unklar, die vorgenommenen Abgrenzungen unscharf, die aufgeführten Beispiele lenken von den klaren, von Rechtsprechung und Lehre herausgearbeiteten Kriterien ab und sind zudem zugleich weiter und enger als diese (HOMBURGER, Minderheitenschutz, 75 f.; DERS., Klagerechte, 52; FORSTMOSER/HIRSCH, 32; EHRAT, 792; NOBEL, Aufgaben, 532; BÖCKLI, § 13 N 266 ff.).

Problematisch ist aufgrund der unterschiedlichen Funktion von GV- und VR-Beschlüs- 5 sen v.a. die von Art. 714 aufgestellte **Analogie zur Nichtigkeit von GV-Beschlüssen** gemäss Art. 706b (gegen eine Analogie bereits JAGMETTI, 76), da die dort insb. in Ziff. 1 und 2 aufgeführten Nichtigkeitsgründe auf GV-typische Beschlüsse zugeschnitten sind, die so im VR nicht oder nur selten gefasst werden (BÖCKLI, § 13 N 267; krit. auch: RHEIN, 151 ff.). Fraglich ist insb., wie weit die Analogie zu gehen habe. Angesichts der Entstehung von Art. 714 (N 2) müssten die Nichtigkeitsgründe von Art. 706b *wörtlich* auch für VR-Beschlüsse gelten und würden mithin nur eine dort erwähnte Verletzung der Aktionärsrechte, nicht aber der entsprechenden VR-typischen Rechte (wie z.B. Recht des VR-Mitgliedes auf Teilnahme an VR-Sitzungen) umfassen. Die im Gesetzgebungsverfahren eingeführte Analogie in Art. 714 lässt dagegen den Schluss zu, dass nur eine *entsprechende Beeinträchtigung* der VR-Rechte durch VR-Beschlüsse, analog der Beeinträchtigung der Aktionärsrechte durch GV-Beschlüsse, abgedeckt werden soll (grammatikalische Auslegung). Eine *teleologische Betrachtung* führt jedoch zu einer Kombination dieser Ergebnisse: Nichtig sind insb. VR-Beschlüsse, die entweder auf die in Art. 706b genannte Art Aktionärsrechte *oder* analog Art. 706b Rechte der VR-Mitglieder verletzen. Die Unterscheidung ist jedoch von geringer praktischer Relevanz, da die im Gesetz aufgeführten Nichtigkeitsgründe nur als beispielhafte Enumeration zu verstehen sind *(«insbesondere»)* und deshalb die von Lehre und Rechtsprechung herausgearbeiteten Kriterien für die Beantwortung der Frage nach der Nichtigkeit von VR-Beschlüssen weiterhin primär massgebend sind, die Aufzählung in Art. 714 i.V.m. Art. 706b damit genau genommen *überflüssig* ist.

III. Nichtigkeit

1. Folgen. Geltendmachung

6 Die **Nichtigkeitsfolgen** sind im Gesetz nicht umschrieben, ergeben sich aber aus *allgemeinen Rechtsgrundsätzen* und insb. aus Art. 20 OR (Art. 7 ZGB; OGer LU, Max XI/ 476 = SAG 1969, 214 f. = SJZ 1969, 39 f.; JAGMETTI, 18 f., 100; STAUBER, 121 ff.; vgl. auch VON STEIGER, Aktiengesellschaft, 204). Die Nichtigkeit eines VR-Beschlusses hat dessen absolute Unwirksamkeit *erga omnes* zur Folge. Nichtigkeit ist unheilbar und unverjährbar und von Amtes wegen zu beachten. Sie kann **von jedem,** der ein rechtliches Interesse nachweist, **gegenüber jedermann jederzeit geltend gemacht** werden (BSK OR I-HUGUENIN, Art. 19/20 N 53 m.w.Nw.; RIEMER, N 294, 298; VON STEIGER, Aktiengesellschaft, 204 f.; ZK-BÜRGI, Art. 706 N 14 f.; BK-WEISS, Einl. N 226; STEBLER, 22 f.; JAGMETTI, 19 f.; SCHLUEP, 283; STAUBER, 119 ff.; BBl 1983 II 823). Dabei sind jedoch stets die Schranken des Rechtsmissbrauchs (Art. 2 Abs. 2 ZGB) sowie der Grundsatz des Schutzes des guten Glaubens Dritter (Art. 3 ZGB) zu berücksichtigen (RIEMER, N 298 ff.).

7 Die **Geltendmachung** kann *mittels Einwendung* oder durch *Klage auf Feststellung der Nichtigkeit* des VR-Beschlusses erfolgen (STEBLER, 22 ff.; JAGMETTI, 114 ff.; STAUBER, 120; RHEIN, 258 ff.). *Aktivlegitimiert* ist jeder Aktionär und jedes VR-Mitglied, das in seinen persönlichen Interessen oder in seinem allgemeinen Interesse an der Aufrechterhaltung eines geordneten Geschäftsganges verletzt wird (BK-WEISS, Einl. N 230; STAUBER, 121, 126), ggf. auch jeder Dritte, der durch einen nichtigen VR-Beschluss direkt betroffen ist. *Passivlegitimiert* ist die AG (SCHLUEP, 283). Ein Feststellungsurteil bei Gutheissung der Klage wirkt *erga omnes;* wird die Klage abgewiesen, tritt die Wirkung nur *inter partes* ein (STAUBER, 126 f. m.w.Nw.; BÖCKLI, § 13 N 266, allg. dazu auch RIEMER, N 294 ff.).

8 Ist Nichtigkeit nicht gegeben, bleibt den Aktionären und ggf. den Gläubigern als **Rechtsbehelf gegen rechtswidrige VR-Beschlüsse** die Einleitung einer *Verantwortlichkeitsklage* gegen den VR. Ausserdem kann der Aktionär u.U. eine *Leistungsklage* auf Erlass eines VR-Beschlusses oder Abgabe einer Willenserklärung gegen die AG erheben (BGE 76 II 51, 68; FUNK, Art. 712 N 1; BK-WEISS, Einl. N 236 ff.; JAGMETTI, 116 ff.; STAUBER, 108) oder an einer (ausserordentlichen) GV die Abwahl des VR anstrengen (ZK-BÜRGI, Art. 716 N 26). Als *ultima ratio* ist auch eine Klage auf *Auflösung* der AG möglich (KOHLER, 96 ff.; JAGMETTI, 116 ff.; STAUBER, 156 ff.). Abzulehnen ist dagegen insb. im Hinblick auf die Kompetenzzuweisungen in Art. 698 und 716a ein Recht einer VR-Minderheit auf *Weiterzug* eines VR-Beschlusses an die GV (VON STEIGER, Aktiengesellschaft, 200; BÖCKLI, § 13 N 145; grundsätzlich gl.M. BK-WEISS, Einl. N 234; **a.M.** SCHULTHESS, 57 unter unzutreffender Berufung auf ZK-BÜRGI, Art. 716 N 26; einschränkend für Weiterzug NENNINGER, 126; SIEGWART, Anfechtung, 422).

9 Da der VR seine noch nicht durchgeführten Beschlüsse jederzeit **aufheben** oder **abändern** darf (Art. 713 N 12), kann ein überstimmtes VR-Mitglied auch einen **Antrag auf Wiedererwägung und erneute Beschlussfassung** stellen (ZK-BÜRGI, Art. 716 N 26; STAUBER, 112). Zumindest muss es im Hinblick auf seine Verantwortlichkeit seinen Widerspruch gegen einen vermeintlich rechtswidrigen VR-Beschluss zu Protokoll geben (KOHLER, 102 f.; STAUBER, 112 m.w.Nw.; FORSTMOSER, Verantwortlichkeit, N 313).

2. Nichtigkeitsgründe

a) Grundsätzliches

Die einschneidenden Folgen der Nichtigkeit stellen ein erhebliches **Risiko für die Rechtssicherheit und -klarheit** im Geschäftsleben dar (ZK-BÜRGI, Art. 706 N 21; VON STEIGER, Aktiengesellschaft, 206; SCHLUEP, 288; NENNINGER, 122 f.; KRNETA, N 862) und können zu nicht sachgerechten oder nur schwer durchsetzbaren Lösungen führen, bspw. bei Nichtigerklärung eines Jahre zurückliegenden und implementierten VR-Beschlusses (ZK-HOMBURGER, N 400 ff.). Gerade bei Beschlüssen des VR, der die Gesellschaft nach aussen vertritt und oft wichtige Entscheide über die Geschäftsführung zu treffen hat, duldet die praktische Umsetzung keinerlei Aufschub, wenn der ordentliche Geschäftsgang nicht über Gebühr beeinträchtigt werden soll (KOHLER, 85; HOMBURGER, Minderheitenschutz, 76 f.; BÖCKLI, § 13 N 278). **Nichtigkeit ist deshalb nur im äussersten Fall** und **mit grösster Zurückhaltung** *bei Vorliegen schwerwiegender und dauerhafter Verstösse gegen zwingendes, im öffentlichen Interesse aufgestelltes Recht oder gegen die strukturwesentlichen Normen und fundamentale Ordnung des Aktienrechts* anzunehmen (STEBLER, 30 ff.; KOHLER, 77 f.; STAUBER, 121 ff.; BÄR, Aktienrechtsreform, 150 f.; CJ GE, SJ 2000, 437, 441; ähnl. ZK-HOMBURGER, N 346; MONTAVON, 629; **a.M.** JAGMETTI, 104, der die Schranken der Nichtigkeitsgründe aufgrund mangelnder Anfechtungsmöglichkeit bei VR-Beschlüssen weiter ziehen will als bei GV-Beschlüssen). *Nicht ausreichend* ist *blosse Statutenwidrigkeit* (OGer LU, Max XI/ 476 = SAG, 1969, 215 = SJZ 1969, 40; SCHLUEP, 278; HOMBURGER, Anm. in SAG 1988, 134; JAGMETTI, 108; ungenau insoweit ZR 1987, 310 f.; **a.M.** STEBLER, 45 f.; differenzierend RHEIN, 211 ff.), es sei denn, die Statutenbestimmung sei zwingend im öffentlichen Interesse aufgestellt worden (BÖCKLI, § 13 N 276; KRNETA, N 864).

b) Allgemeine Nichtigkeitsgründe

VR-Beschlüsse können sowohl aus *formellen* wie auch aus *materiellen Gründen* nichtig sein.

aa) Formelle Nichtigkeitsgründe

Nichtig ist ein VR-Beschluss aus **formellen Gründen** insb. dann, wenn:

- ein *Nichtbeschluss* vorliegt (BÄR, Aktienrechtsreform, 150 f.; STAUBER, 122 f.; BÖCKLI, § 13 N 275), weil z.B. der Beschluss durch ein anderes Organ als den VR gefasst wurde (z.B. vom Präsidenten oder einem Ausschuss), gar keine Willensäusserung des VR vorliegt (JAGMETTI, 111; SCHLUEP, 280), lediglich eine informelle Versammlung stattgefunden hat (unter Vorbehalt der ausdrücklich von allen Mitgliedern akzeptierten Durchführung einer Universalversammlung, RIEMER, N 267), oder bereits die Wahl des VR nichtig gewesen ist (STEBLER, 47; BK-WEISS, Einl. N 227);

- die Beschlussfassung an einer Sitzung erfolgte, an der aufgrund *mangelhafter oder unterlassener Einberufung* nicht alle VR-Mitglieder anwesend waren, sofern der Formmangel für die Absenz kausal war (RIEMER, N 269; ZR 1912, 295 f.; BK-WEISS, Einl. N 227; STEBLER, 34 ff.; KOHLER, 81 f.; JAGMETTI, 106 f.; SCHLUEP, 280; STAUBER, 122; TANNER, 323; Art. 715 N 8); zu Recht zurückhaltend TRIGO TRINDADE, 123 FN 440 f., die einen schwerwiegenden Verstoss gegen das Teilnahmerecht als Voraussetzung der Nichtigkeit fordert;

- ein Beschluss unter *Verletzung statutarischer oder reglementarischer Quoren* zustande gekommen ist (RIEMER, N 275 ff.; ZK-BÜRGI, Art. 716 N 25; **a.M.** für reglementarische Quoren: ZK-Homburger, N 370), wobei auf die Schwere des Verstosses sowie darauf abzustellen ist, ob die Quorumsverletzung das Abstimmungsresultat beeinträchtigt hat;

– ein Beschluss unter Mitwirkung von Personen, die dem VR nicht angehören (z.B. von der GV abberufene VR-Mitglieder, aussenstehende Dritte), gefasst wurde und der *Einfluss der Unbefugten* auf die Beschlussfassung massgeblich war (Riemer, N 263; ZK-Bürgi, Art. 713 N 26; BK-Weiss, Einl. N 227; Stebler, 39 f.; Jagmetti, 107; Schluep, 280; Art. 713 N 5);

– ein Beschluss in die von Gesetzes wegen *zwingend vorgeschriebenen Kompetenzen* eines anderen Organs (GV, Art. 698, oder RS, Art. 728) eingreift (z.B. VR-Beschluss über eine Kapitalerhöhung, ZR 1903, 305, 307, vgl. jetzt aber Art. 651a, 653g; Riemer, N 263; BK-Weiss, Einl. N 229; Kohler, 83 f.; Jagmetti, 108; Schluep, 280);

– der Beschluss auf *widerrechtliche* oder *sittenwidrige* Weise zustande gekommen ist, z.B. durch Nötigung, Ausnützung einer Abhängigkeitslage, Täuschung oder durch gegen Treu und Glauben verstossende taktische Manöver zur Beeinflussung und Verzögerung von Sitzungs- und Abstimmungsverlauf (Stebler, 57 ff.).

13 **Keine Nichtigkeit** liegt vor, wenn:

– ein Beschluss *nicht protokolliert* wird (BK-Weiss, Einl. N 227; Stebler, 41 ff.; Kohler, 82 f.; Jagmetti, 108; Schluep, 280; BGE 133 III 77; Art. 713 N 25), es sei denn, mit der Nichtprotokollierung werde die Absicht verfolgt, gefasste Beschlüsse zu verheimlichen (Krneta, N 849, 874);

– ein Beschluss nur gegen (nicht zwingend im öffentlichen Interesse aufgestellte) *Statutenbestimmungen* verstösst (N 10 i.f.);

– der Beschluss nicht an einer formellen Sitzung gefasst wurde, sofern der VR aus nur einem Mitglied besteht (BGE 133 III 77);

– unter dem Herrschaftsbereich von Art. 708 OR 1936 die Beschlussfassung unter Teilnahme ordnungsgemäss gewählter VR-Mitglieder stattfand, die noch *nicht Aktionäre sind* (BK-Weiss, Einl. N 227; Kohler, 79 f.; Jagmetti, 107 f.; Art. 707 N 9), es sei denn, die Gewählten hätten der GV ihre Aktionärseigenschaft bösgläubig vorgespiegelt und die Wahl wäre unter Kenntnis dieses Mangels nicht erfolgt (Kohler, 80).

bb) Materielle Nichtigkeitsgründe

14 VR-Beschlüsse können auch aufgrund **inhaltlicher Mängel** nichtig sein, wenn sie gegen die öffentliche Ordnung verstossen, qualifiziert rechtswidrig, sitten- oder persönlichkeitsrechtswidrig oder unmöglich sind (vgl. BSK OR I-Huguenin, Art. 19/20 N 13; Riemer, N 285). Während bezüglich Gegenstand oder Leistung unmögliche oder sittenwidrige Beschlüsse selten vorkommen dürften (Stauber, 124; vgl. Stebler, 57 ff.; Jagmetti, 109 f.; Nenninger, 122), ist die *qualifizierte Widerrechtlichkeit* von VR-Beschlüssen von grosser praktischer Relevanz. Eine solche ist jedoch aufgrund der schwerwiegenden Folgen nur mit *äusserster Zurückhaltung* anzunehmen (N 10). Beispiele qualifizierter Widerrechtlichkeit sind in Art. 706b aufgeführt (N 17 ff.). Daneben kommen insb. Verstösse gegen allgemeine Rechtsgrundsätze wie das Gebot von Treu und Glauben und das Rechtsmissbrauchsverbot in Betracht, sofern dadurch auch die Rechte Dritter betroffen werden (Stauber, 125; N 10). Ebenfalls nichtig sind Beschlüsse, welche gegen zwingende Rechtsvorschriften verstossen (bspw. gegen Art. 29

Abs. 2 BEHG, vgl. U. BERTSCHINER, Zu den börsengesetzlichen Kompetenzen des Verwaltungsrates und der GV bei Unternehmensübernahmen, SJZ 1998, 329, 331).

3. Spezielle Nichtigkeitsgründe (Art. 714 i.V.m. Art. 706b)

Vgl. dazu betr. die **Verletzung von Aktionärsrechten** die Komm. zu Art. 706b. 15

Der Verweis auf Art. 706b ist neben den in o. N 5 angeführten Gründen deshalb unglücklich, weil Ziff. 1 und 2 dieser Bestimmung wörtlich genommen kaum auf VR-Beschlüsse anwendbar sind (BÖCKLI, § 13 N 267). Bei Befolgung der hier vertretenen teleologischen Auslegung (N 5, andernfalls aus Art. 20) ergibt sich daraus aber eine Liste von Beispielen für **qualifiziert widerrechtliche** und damit nichtige VR-Beschlüsse. 16

Nichtig gemäss Art. 714 i.V.m. Art. 706b Ziff. 1 sind VR-Beschlüsse, die einen *Ausschluss* oder eine *Beschränkung* der folgenden Rechte der VR-Mitglieder zum Gegenstand haben: 17

– das *Recht* der VR-Mitglieder *auf Teilnahme an VR-Sitzungen,* z.B. durch Ausschluss bestimmter Mitglieder von bestimmten Sitzungen, wobei hier die Abgrenzung zur vorsorglichen Einstellung im Amt aufgrund schwerwiegender Verfehlungen eines VR-Mitgliedes bis zur Abwahl an der nächsten GV Schwierigkeiten bereiten kann;

– das *Stimmrecht* des VR-Mitglieds, indem z.B. ein Mehrfachstimmrecht für bestimmte VR-Mitglieder eingeführt (Art. 713 N 8) oder einzelnen Mitgliedern das Stimmrecht nur in einem umgrenzten Sachbereich gewährt wird;

– das *Recht* eines VR-Mitgliedes *auf Einberufung* von VR-Sitzungen (Art. 715);

– das *Recht,* eine *mündliche Beratung* zu verlangen (Art. 713 Abs. 2).

Nichtig gemäss Art. 714 i.V.m. Art. 706b Ziff. 2 sind Beschlüsse, die das *Auskunfts- und Kontrollrecht* der VR-Mitglieder gemäss Art. 715a über das in Art. 715a Abs. 3 f. vorgesehene Mass hinaus einschränken. Dabei wird jedoch nach dem Wortlaut des Gesetzes (vgl. Art. 706b Ziff. 2) nicht vorausgesetzt, dass die Einschränkung des Auskunfts- und Kontrollrechts *willkürlich* erfolgen muss (so aber BÖCKLI, § 13 N 268, und CJ GE, SJ 2000, 437, 441). 18

Gemäss Art. 714 i.V.m. Art. 706b Ziff. 3 Hs. 1 sind Beschlüsse **nichtig,** die gegen die *Grundstruktur der AG* verstossen. Auch diese Bestimmung ist trotz ihres weit gefassten Wortlauts nach den in o. N 10 umschriebenen Grundsätzen eng auszulegen. Im Zusammenhang mit VR-Beschlüssen kommen hier v.a. in Betracht: 19

– die Übertragung oder Delegation von unübertragbaren Kompetenzen des VR gemäss Art. 716a auf andere Organe (GV oder RS) oder die Muttergesellschaft (VON BÜREN, 86);

– die Übertragung von massgeblichen Mitwirkungsbefugnissen auf Dritte (KRNETA, N 879; zurückhaltend: BÖCKLI, § 13 N 275);

– die Beschlussfassung über Gegenstände, die zwingend in den Kompetenzbereich anderer Organe fallen (Art. 698, 728, z.B. Statutenänderung durch VR, ZR 1903, 305, 307; BÖCKLI, § 13 N 270a);

– Kooptation des VR (Art. 710 N 4; BÖCKLI, § 13 N 272; RHEIN, 134);

– die Sanktionierug verdeckter Gewinnausschüttungen, auch in der Form von Sicherungsgeschäften, welche bei Geltendmachung der Sicherungsrechte zu Ausschüttun-

20 Äusserst vage ist ebenfalls der in **Art. 706b Ziff. 3 Hs. 2** enthaltene Begriff der «**Bestimmungen zum Kapitalschutz**», der diskussionslos in den Gesetzestext aufgenommen worden ist (N 2), keine Definition erfahren hat und aufgrund seiner Unbestimmtheit das Risiko einer Ausweitung der Nichtigkeitsfälle in sich birgt (vgl. BÖCKLI, § 16 N 172). Auch diese Vorschrift ist deshalb im Rahmen der bisherigen Praxis *eng auszulegen*. In der Regel fallen die Beschlüsse, welche die Bestimmungen zum Kapitalschutz betreffen, in die Kompetenz der GV (s.o. Komm. zu Art. 706b Ziff. 3). Im Bereich des VR wären theoretisch denkbar ein Beschluss über den Erlass der Liberierungspflicht, ein Beschluss, der gegen das Verbot der Kapitalrückzahlung verstösst (ZK-HOMBURGER, N 398), ein VR-Beschluss, eine Dividende auszuschütten (KRNETA, N 886), der Beschluss einer Kapitalerhöhung oder der Auflösung der Gesellschaft ohne GV-Beschluss (BÖCKLI, § 13 N 271, 273) oder ein Beschluss, der trotz festgestellter Unterbilanz oder Überschuldung (Art. 725) die Einberufung einer GV oder die Anrufung des Richters ausdrücklich ablehnt. In der Praxis wird jedoch ein Verstoss gegen Art. 725 meist in einem Unterlassen der Durchführung der erforderlichen Massnahmen liegen, was eine Nichtigkeit schon mangels Beschluss ausschliesst. Sachgerechter ist ausserdem, in diesen Fällen mit der bisherigen Praxis eine Pflichtverletzung des VR anzunehmen, die zur aktienrechtlichen Verantwortlichkeit führt (Pra 1992, 403 ff.; Rep 1984, 362, 367 ff.; RJN 1983, 70 ff.; FORSTMOSER, Verantwortlichkeit, N 838 ff.; KRNETA, N 888). Nichtigkeitsfolge ist deshalb bei Verstoss gegen Art. 725 auch unter Art. 714 i.V.m. Art. 706b Ziff. 3 Hs. 2 *abzulehnen*.

IV. Rechtsvergleichung

21 Weder das **deutsche** noch das **französische, italienische** oder **europäische Recht** kennen eine ausdrückliche gesetzliche Regelung der Nichtigkeit von Beschlüssen der Geschäftsführungs- oder Aufsichtsorgane. In **Deutschland** ist die Rechtswirkung fehlerhafter Aufsichtsratsbeschlüsse umstritten. Während die h.L. Nichtigkeit *ex tunc* annimmt, vertritt eine bedeutende Mindermeinung die Auffassung, wonach grob fehlerhafte und an einem unheilbaren Mangel leidende Aufsichtsratsbeschlüsse nichtig, Beschlüsse, die an einem heilbaren Mangel leiden anfechtbar (analog § 246 AktG) und Beschlüsse, die nur gegen Ordnungsvorschriften verstossen, gültig sind (HENN, 332; Münchener Handbuch, § 31 N 106 ff. m.w.Nw.).

Art. 715

4. Recht auf Einberufung	Jedes Mitglied des Verwaltungsrates kann unter Angabe der Gründe vom Präsidenten die unverzügliche Einberufung einer Sitzung verlangen.
4. Droit à la convocation	Chaque membre du conseil d'administration peut exiger du président, en indiquant les motifs, la convocation immédiate du conseil d'administration à une séance.
4. Diritto di convocazione	Ogni amministratore può esigere dal presidente, indicando i motivi, la convocazione immediata di una seduta.

3. Abschnitt: Organisation der Aktiengesellschaft   1–4   **Art. 715**

Literatur

ERB, Die richterliche Einberufung von Verwaltungsratssitzungen, in: Wirtschaftsrecht in Bewegung, Festgabe zum 65. Geburtstag von Peter Forstmoser, 2008, 3 ff.; JAGMETTI, Die Nichtigkeit von Massnahmen der Verwaltung der Aktiengesellschaft, 1958; SCHLUEP, Die wohlerworbenen Rechte des Aktionärs und ihr Schutz nach schweizerischem Recht, 1955; E. SCHUCANY, Die Beschlussfassung des Verwaltungsrates, SAG 1957/58, 167 ff.; STEBLER, Die Anfechtbarkeit von Beschlüssen des Verwaltungsrates der Aktiengesellschaft, 1944; TANNER, Quoren für die Beschlussfassung in der Aktiengesellschaft, 1987 (SSHW 100); vgl. auch die Literaturhinweise zu Art. 707.

I. Allgemeines

1. Inhalt

Die Bestimmung gewährt jedem Mitglied des VR ein **individuelles Recht auf Einberufung** von VR-Sitzungen.   1

2. Aktienrechtsrevision vom 4.10.1991

Art. 715 verzichtet gegenüber der entsprechenden Vorschrift in Art. 713 Abs. 2 OR 1936   2
auf das Erfordernis der *Schriftlichkeit* des Einberufungsgesuchs und stellt klar, dass die Anberaumung einer Sitzung auf entsprechendes Verlangen *unverzüglich* zu geschehen hat. Die Pflicht zur *Angabe von Gründen* wurde vom Ständerat eingeführt (AmtlBull NR 1985, 1784; AmtlBull StR 1988, 514; AmtlBull NR 1990, 1388).

II. Normzweck

Das **Recht** eines jeden VR-Mitgliedes, **jederzeit** die **Einberufung einer VR-Sitzung**   3
verlangen zu können, steht in direktem Zusammenhang mit seiner individuellen Sorgfalts- und Treuepflicht (Art. 717) und seiner Verantwortung für eine pflichtgemässe Geschäftsführung (Art. 754). Das VR-Mitglied muss alle Möglichkeiten haben, diese Pflichten zu erfüllen. Erachtet es dafür eine Beratung im Kollegium, die Fassung eines Beschlusses oder die Vornahme einer Wahl für notwendig, so *muss* es zur Vermeidung von Verantwortlichkeitsansprüchen die Gelegenheit haben, ohne administrative Hemmschwellen und ohne Zeitverlust eine VR-Sitzung abhalten zu lassen. Das Einberufungsrecht ist deshalb *unentziehbar* (FUNK, Art. 713 N 4; ZK-BÜRGI, Art. 713 N 17; SCHULTHESS, 59) und kann auch nicht beschränkt (z.B. auf bestimmte Traktanden) oder von einer Mindestzahl der einberufenden VR-Mitglieder abhängig gemacht werden (PLÜSS, 76 FN 395; BÖCKLI, § 13 N 115; KRNETA, N 901).

III. Einberufungsgesuch

Das Gesetz stellt gegenüber der früheren Fassung von OR 1936 klar, dass das **Einberu-**   4
fungsgesuch unter **Angabe der Gründe** (so bereits FUNK, Art. 713 N 4; SCHUCANY, Art. 713 N 2) beim *Präsidenten* einzureichen ist. Die Gründe sind anschliessend vom Präsidenten den anderen VR-Mitgliedern in der Einladung mitzuteilen (N 8). Dies dient der besseren Information der anderen VR-Mitglieder und gibt ihnen die Möglichkeit, sich auf die Sitzung vorzubereiten. Dazu ist der zu behandelnde Sachverhalt anzugeben (PLÜSS, 49 FN 246), wobei an die Detaillierung keine allzu grossen Anforderungen gestellt werden dürfen (gl.M. EHRAT, 791 FN 37). Grundsätzlich steht es im pflichtgemässen Ermessen des einzelnen VR-Mitgliedes, ob die Abhaltung einer Sitzung erforderlich ist oder nicht. Der Präsident kann deshalb die Einberufung nicht mit dem Hinweis auf

die Unwichtigkeit der angeführten Gründe abweisen (ZK-BÜRGI, Art. 713 N 18, unter Berufung auf StenBull NR 1935, 187; STAUBER, 63; **a.M.** EIGENMANN, 44) und hat die *Pflicht,* die Sitzung *unverzüglich,* d.h. so schnell dies angesichts der Dringlichkeit des Sachverhaltes und der konkreten Umstände erforderlich ist (einige Stunden bis wenige Tage nach Einreichen des Gesuches), einzuberufen (STAUBER, 63; PLÜSS, 48 f.). *Ablehnen* kann der Präsident die Einberufung, wenn das Gesuch rechtsmissbräuchlich, z.B. in klar erkennbarer querulatorischer Absicht, gestellt wird (BÖCKLI, § 13 N 115; ERB, 10; ähnlich, aber zu weitgehend, EIGENMANN, 44 f., der die Ablehnung bereits bei Fehlen eines stichhaltigen Grundes zulässt). Grundsätzlich ist jedoch vom Bild des pflichtgemäss handelnden VR-Mitgliedes auszugehen; pflichtwidrige Einberufungsgesuche können ggf. im Rahmen der Verantwortlichkeit von Bedeutung sein.

5 **Adressat** des Gesuchs ist stets der *Präsident,* der mangels statutarischer Regelung auch für die Einberufung zuständig ist (HOFER, 27). Dies gilt auch dann, wenn die Statuten die Zuständigkeit für die Durchführung der Einberufung einer anderen Person übertragen, z.B. dem Delegierten oder einem anderen VR-Mitglied. In diesem Fall hat der Präsident, sofern das Gesuch nicht offensichtlich rechtsmissbräuchlich ist (N 4), die zuständige Person sofort über das Einberufungsbegehren zu unterrichten und die Einberufung zu veranlassen. **Schriftlichkeit** des Gesuches wird nicht mehr verlangt (vgl. demgegenüber Art. 713 OR 1936), so dass das Gesuch formfrei ist und auch mündlich, per Telefon, Telex oder auf elektronischem Wege gestellt werden kann. Schriftlichkeit ist aber aus Beweisgründen zu empfehlen.

6 Zulässig ist eine statutarische Regelung, die dem einzelnen VR-Mitglied ein **unmittelbares Recht auf Einberufung** einer VR-Sitzung einräumt. Dies stellt gegenüber der gesetzlichen Regelung ein Mehr dar und führt zur Steigerung der Effizienz des Verwaltungshandelns durch Ausschaltung administrativer Umwege (ähnlich PLÜSS, 77).

7 **Weigert** sich der Präsident, dem Einberufungsgesuch Folge zu leisten, steht dem Gesuchsteller eine *Leistungsklage* gegen die Gesellschaft auf Einberufung einer VR-Sitzung zu. Der Richter hat dann ggf. selbst eine VR-Sitzung einzuberufen (STAUBER, 151; PLÜSS, 59; BÖCKLI, § 13 N 114; unveröffentlichter Entscheid des Kantonsgerichtspräsidenten ZG vom 23.11.1976, zit. bei HEINI, Das Schweizerische Vereinsrecht, 1988, 70 f., 86 f.; ausführlich dazu: ERB, 12 ff.).

IV. Einberufung

8 **Zuständig** für die Einberufung ist der *Präsident,* unter Vorbehalt anderweitiger statutarischer Bestimmungen (N 5). Ist statutarisch oder reglementarisch ein anderes Mitglied des VR zur Einberufung zuständig, so hat es stets mit dem Präsidenten Rücksprache zu halten (EIGENMANN, 45; ZK-BÜRGI, Art. 713 N 21; SCHULTHESS, 60). Die Einberufung erfolgt unter Vorbehalt statutarischer oder reglementarischer Vorschriften *formfrei* (ZK-HOMBURGER, N 281; HOFER, 27 f.; EIGENMANN, 45; grundsätzlich für Schriftform ZK-BÜRGI, Art. 713 N 2; SCHULTHESS, 60 f.), muss aber zumindest Ort und Zeitpunkt der Sitzung enthalten (E. SCHUCANY, Beschlussfassung, 168). Aus Beweisgründen sollte die Einladung jedoch die *Schriftform* (einschliesslich Telefax und – falls ausdrücklich reglementarisch vereinbart – elektronische Form) wahren, da aufgrund des zwingenden Teilnahmerechts Beschlüsse nichtig sind, die an Sitzungen gefasst wurden, zu denen nicht alle VR-Mitglieder eingeladen worden sind, sofern die Absenz auf die fehlerhafte Einberufung zurückzuführen ist (s.o. Art. 714 N 12; JAGMETTI, 106 f.; STEBLER, 34 ff.; ZK-BÜRGI, Art. 713 N 25, Art. 716 N 3, 25; SCHLUEP, 280; STAUBER, 122; PLÜSS, 59). Die **Einberufungsfrist** bestimmt sich nach Treu und Glauben unter Be-

rücksichtigung der jeweiligen Umstände wie Dringlichkeit, Zusammensetzung und Grösse des VR oder Wohnort der Mitglieder (EIGENMANN, 45; ZK-BÜRGI, Art. 713 N 4; SCHULTHESS, 61; STAUBER, 63 f.; TANNER, 322; ERB, 9). Die statutarische Regelung der Einberufungsfrist ist möglich (PLÜSS, 76 FN 397). Dabei ist jedoch zu beachten, dass solcherart festgesetzte Fristen u.U. abzukürzen oder zu erstrecken sind, insofern also nur als Richtschnur gelten können. Sind alle VR-Mitglieder versammelt, kann analog Art. 701 eine **Universalversammlung** abgehalten werden (TANNER, 324; WEBER, 119). Die Einladung zu ordentlichen VR-Sitzungen sollte die **Angabe der Traktanden** sowie ggf. weitere, für die Beschlussfassung an der VR-Sitzung erforderliche Unterlagen (BÖCKLI, § 13 N 113) enthalten, da die effiziente Ausübung der Mitwirkungsrechte des VR-Mitgliedes die frühzeitige Information über die Verhandlungsgegenstände und die Vorbereitung auf die Sitzung erfordert (STAUBER, 64; TRIGO TRINDADE, 123; KRNETA, 744 ff.). Die Pflicht zur Angabe der Traktanden stellt allerdings eine Ordnungsvorschrift dar, deren Nichtbeachtung i.d.R. nicht die Ungültigkeit eines dennoch gefassten Beschlusses zur Folge hat (ZK-BÜRGI, Art. 713 N 23; TANNER, 322).

V. Rechtsvergleichung

Deutschland: Das *Aktiengesetz* regelt weder Form noch Frist der Einberufung von Aufsichtsratssitzungen. In der Regel enthalten jedoch *Satzung* oder *Reglement* einschlägige Bestimmungen. Üblich ist die *schriftliche Einberufung* unter Angabe der Traktanden, Beilage der erforderlichen Unterlagen und Wahrung einer angemessenen Frist, z.B. von zwei Wochen; ein wirksamer Beschluss über nicht in der Tagesordnung enthaltene Punkte kann nur erfolgen, sofern kein Aufsichtsratsmitglied widerspricht (Münchener Handbuch, § 31 N 35 ff.; HENN, 328). Gemäss § 110 AktG kann *jedes Mitglied oder der Vorstand* unter Angabe von Zweck und Gründen *unverzüglich* die *Einberufung einer Aufsichtsratssitzung* verlangen, die innerhalb von zwei Wochen nach Einberufung abgehalten werden muss. Wird einem Gesuch, das von mindestens zwei Mitgliedern oder dem Vorstand gestellt wurde, nicht entsprochen, so können diese den Aufsichtsrat selbst einberufen.

Frankreich: Die Regelung der Einberufung des VR hat in den *Statuten* zu erfolgen; ein Drittel der Mitglieder kann jedoch unter Angabe der Tagesordnung den VR *selbst einberufen,* sofern die letzte Sitzung mehr als zwei Monate zurückliegt (Art. L. 225–36–1 C.com.). Im dualistischen System regeln ebenfalls die Statuten die Einberufung des Aufsichtsrates; dessen Vorsitzender hat das Kollegium aber mit einer Frist von höchstens zwei Wochen einzuberufen, sofern dies von einem Mitglied der Direktion oder mindestens einem Drittel der Aufsichtsratsmitglieder mit begründetem Gesuch verlangt wird. Leistet er dem Gesuch keine Folge, so können die Gesuchsteller die Einberufung *selbst* vornehmen (Art. 107 décret no. 67–236 vom 23.3.1967).

Europarecht: Bei der **SE** hat im dualistischen System das Leitungsorgan das Aufsichtsorgan mindestens *alle drei Monate* über den Geschäftsgang und die voraussichtliche Entwicklung zu unterrichten (Art. 41 Abs. 1 EG-SE). Im monistischen System muss das Verwaltungsorgan mindestens *alle drei Monate* zusammentreten (Art. 44 Abs. 1 EG-SE).

Art. 715a

5. Recht auf Auskunft und Einsicht

¹ Jedes Mitglied des Verwaltungsrates kann Auskunft über alle Angelegenheiten der Gesellschaft verlangen.

² In den Sitzungen sind alle Mitglieder des Verwaltungsrates sowie die mit der Geschäftsführung betrauten Personen zur Auskunft verpflichtet.

³ Ausserhalb der Sitzungen kann jedes Mitglied von den mit der Geschäftsführung betrauten Personen Auskunft über den Geschäftsgang und, mit Ermächtigung des Präsidenten, auch über einzelne Geschäfte verlangen.

⁴ Soweit es für die Erfüllung einer Aufgabe erforderlich ist, kann jedes Mitglied dem Präsidenten beantragen, dass ihm Bücher und Akten vorgelegt werden.

⁵ Weist der Präsident ein Gesuch auf Auskunft, Anhörung oder Einsicht ab, so entscheidet der Verwaltungsrat.

⁶ Regelungen oder Beschlüsse des Verwaltungsrates, die das Recht auf Auskunft und Einsichtnahme der Verwaltungsräte erweitern, bleiben vorbehalten.

5. Droit aux renseignements et à la consultation

¹ Chaque membre du conseil d'administration a le droit d'obtenir des renseignements sur toutes les affaires de la société.

² Pendant les séances, chaque membre du conseil d'administration peut exiger des renseignements des autres membres ainsi que des personnes chargées de la gestion.

³ En dehors des séances, chaque membre du conseil d'administration peut exiger des personnes chargées de la gestion des renseignements sur la marche de l'entreprise et, avec l'autorisation du président, sur des affaires déterminées.

⁴ Dans la mesure où cela est nécessaire à l'accomplissement de ses tâches, chaque membre du conseil d'administration peut demander au président la production des livres ou des dossiers.

⁵ Si le président rejette une demande de renseignement, d'audition ou de consultation, le conseil d'administration tranche.

⁶ Les réglementations ou décisions du conseil d'administration, qui élargissent le droit aux renseignements et à la consultation des documents des membres du conseil d'administration, sont réservées.

5. Diritto di ottenere ragguagli e di consultare documenti

¹ Ogni amministratore ha il diritto di ottenere ragguagli in tutti gli affari della società.

² In seduta, ogni amministratore, come anche ogni persona incaricata della gestione, è tenuto a fornire ragguagli.

³ Fuori seduta, ogni amministratore può esigere dalle persone incaricate della gestione che lo ragguaglino sull'andamento degli affari e, con l'autorizzazione del presidente, su affari determinati.

⁴ Nella misura necessaria per svolgere le proprie funzioni, ogni amministratore può chiedere al presidente che gli siano prodotti libri ed atti.

⁵ Se il presidente respinge una domanda di ragguagli, di audizione o di consultazione, decide il consiglio d'amministrazione.

⁶ Rimangono salvi gli ordinamenti o le decisioni del consiglio d'amministrazione che ampliano il diritto degli amministratori di ottenere ragguagli e di consultare i documenti.

3. Abschnitt: Organisation der Aktiengesellschaft   1–3 **Art. 715a**

Literatur

BÄCHTOLD, Die Information des Verwaltungsrates, 1997 (ASR 601); BÄR, Wichtige Neuerungen im revidierten Aktienrecht, BN 1992, 391 ff.; DRUEY, Das Informationsrecht des einzelnen Verwaltungsratsmitglieds, SZW 1993, 49 ff.; JÖSLER, Rechtsstreit zwischen Organen und Organmitgliedern, 1998; KUNZ, Die Auskunfts- und Einsichtsrechte des Verwaltungsratsmitglieds, AJP 1994, 572 ff.; DERS. Die Klagen im Schweizer Aktienrecht, Schriften zum neuen Aktienrecht 12, 1997; MÜNCH, Das Recht einer Aktionärsminderheit auf Vertretung im Verwaltungsrat der Aktiengesellschaft, de lege lata und de lege ferenda, 1976; vgl. auch die Literaturhinweise zu Art. 707.

I. Allgemeines

1. Inhalt

Das **Recht der VR-Mitglieder auf Auskunft und Einsicht** ist seit der Aktienrechtsrevision von 1991 in einer eigenen Bestimmung geregelt. Abs. 1 stellt den Grundsatz des *unbeschränkten Auskunftsrechts* auf, der in Abs. 2 für Auskunftsbegehren während der VR-Sitzungen und in Abs. 3 für Auskunftsgewährung ausserhalb der VR-Sitzungen präzisiert und teilweise eingeschränkt wird. Abs. 4 regelt das *Recht auf Einsicht* in Bücher und Akten. Abs. 5 enthält eine Verfahrensbestimmung für den Fall, dass die Gewährung von Auskunft und Einsicht von einer Ermächtigung des Präsidenten abhängig ist, der Präsident diese jedoch verweigert. Abs. 6 stellt klar, dass die gesetzlichen Bestimmungen lediglich *Mindestanforderungen* aufstellen und weitergehende Regelungen möglich sind.   1

2. Aktienrechtsrevision vom 4.10.1991

Art. 715a *erweitert und präzisiert* das bereits in Art. 713 Abs. 1 OR 1936 vorgesehene **Auskunfts- und Einsichtsrecht der VR-Mitglieder.** Dieses in Art. 715 E 1983 mit dem Einberufungsrecht zusammen geregelte Recht wurde vom Ständerat in einen eigenen Artikel übernommen. Gleichzeitig wurden der allgemeine Grundsatz von Abs. 1 sowie die ergänzende Regelung von Abs. 6 angefügt, ohne dass dies weiter erläutert worden wäre. Das in Art. 715 Abs. 2 E 1983 vorgesehene Recht, an den Sitzungen auch von den Arbeitnehmern der Gesellschaft Auskunft verlangen zu können, wurde auf Auskünfte von mit der Geschäftsführung betrauten Personen beschränkt. Eine vom Ständerat in Abs. 3 vorgeschlagene generelle Unterstellung des Auskunftsrechts ausserhalb der Sitzungen unter die Ermächtigung des Präsidenten hat der Nationalrat nicht übernommen, so dass die heutige Fassung mit Art. 715 Abs. 3 E 1983 identisch ist (AmtlBull StR 1988, 514; AmtlBull NR 1990, 1988; AmtlBull StR 1991, 76; ausführlich zur Entstehung BÄCHTOLD, 35 ff.).   2

II. Normzweck

Abhängig von der Organisation der Geschäftsführung (durch den VR selbst, einen Ausschuss, einen Delegierten oder Direktoren) hat das einzelne VR-Mitglied oft keinen direkten Zugang zu Informationen über die Geschäftstätigkeit der AG. Selbst in kleineren Gesellschaften, in denen der VR die Geschäfte selbst führt, kann die Aufgabenverteilung zwischen den VR-Mitgliedern den Einblick eines Mitglieds in die von einem anderen Mitglied des Kollegiums betreuten Geschäftsbereiche erschweren. Dennoch trifft jedes VR-Mitglied grundsätzlich die volle Haftung (Art. 754, 759) für Schäden, die durch Pflichtverletzungen der Mitglieder des Kollegiums entstehen. Diese bereits unter dem OR 1936 erkannte und kritisierte Diskrepanz (ZK-BÜRGI, Art. 713 N 2; SCHULTHESS,   3

154 f.; VON GREYERZ, 200; STAUBER, 86) ist mit der Revision von 1991 durch die stärkere Betonung der Finanz- und Organisationsverantwortung sowie der Überwachungspflicht (BBl 1983 II 841 f., 176; BÖCKLI, § 13 N 163 f.) nochmals akzentuiert worden. Die Verantwortung des VR sowie die solidarische Haftung im Verantwortlichkeitsfall setzen deshalb ein **umfassendes individuelles Recht** jedes VR-Mitgliedes **auf Auskunft** voraus (BÄCHTOLD, 50; VON STEIGER, Aktiengesellschaft, 233; SCHUCANY, Art. 713 N 1; MONTAVON, 571; MÜNCH, 77, 81 f.; STAUBER, 86; BÖCKLI, N 165 ff.; KRNETA, N 920; ähnlich BÄR, 394; STOFFEL, 170; einschränkend DRUEY, 53), das durch ein Recht auf Einsicht in Bücher und Akten der Gesellschaft ergänzt wird (SCHULTHESS, 153; STAUBER, 88 f.; ZK-BÜRGI, Art. 713 N 11). Konsequent war deshalb die Ausweitung der Informationsrechte durch den Entwurf für das neue Aktienrecht (BBl 1983 II 842). Einen wesentlichen Durchbruch stellt aber erst der vom Ständerat in Abs. 1 aufgenommene Grundsatz eines unbeschränkten Auskunftsrechts dar. Das in Abs. 1 statuierte Prinzip des in materieller Hinsicht grundsätzlich unbeschränkten Rechts auf Information (BÄCHTOLD, 118) hat zwar auch, aber nicht nur (so aber KUNZ, Auskunft, 576) programmatischen Charakter und spielt bei der Auslegung der nachfolgenden Absätze aufgrund seiner zentralen Stellung und klaren Aussage eine grundlegende Rolle. Der Gesetzgeber hat damit für das schweizerische Aktienrecht die Grundlage für die Verwirklichung eines wesentlichen Elementes der international geführten Diskussion um «Corporate Governance», nämlich den Anspruch der Mitglieder des obersten gesellschaftlichen Exekutivorgans auf ausreichende und zeitgerechte Information, gelegt (vgl. BÖCKLI, Corporate Governance, SZW 1999, 1 ff., insb. 10, 11 f.). Dem Recht auf Auskunft entspricht auf der anderen Seite die Pflicht des VR-Mitgliedes, bei Vorliegen von Anhaltspunkten für wichtige, die Gesellschaft betreffende Tatsachen die erforderlichen Informationen auch aktiv zu verlangen (TRIGO TRINDADE, 122; BÖCKLI, § 13 N 168).

3a   Das **Recht auf Einsichtnahme** ist demgegenüber weiterhin stärker eingeschränkt, aber jetzt, im Gegensatz zur Regelung unter Art. 713 Abs. 1 OR 1936 (vgl. ZR 1985, 137, 139), immerhin als unentziehbares (BÄCHTOLD, 61) Individualrecht ausgestaltet (Abs. 4; N 11).

III. Das Recht auf Auskunft

1. Grundsatz (Abs. 1)

4   Das **Auskunftsrecht** erstreckt sich grundsätzlich auf *alle Angelegenheiten der Gesellschaft* (überholt insoweit ZR 1990, 298, 300), wobei allerdings ein gewisser Zusammenhang zwischen VR-Mandat und Auskunft bestehen muss (vgl. PLÜSS, 86 f.; DRUEY, 52 ähnl. BÖCKLI, § 13 N 170, der von einem «funktionalen» Zusammenhang spricht; nach KRNETA, N 975, muss das Auskunftsbegehren zusätzlich noch einen «wesentlichen Zielerreichungsbeitrag» leisten. Dieses Kriterium ist aber nur schwer fassbar und öffnet willkürlicher Auskunftsverweigerung Tür und Tor; ausreichend und sachgerechter ist eine Begrenzung des Auskunftsrechts durch die allgemeinen Grundsätze der Verhältnismässigkeit und des Rechtsmissbrauchsverbots). Da bei schweizerischen *Konzern*obergesellschaften die Pflicht des VR die Führung des gesamten Konzerns umfasst, erstreckt sich das Auskunftsrecht auch auf die Konzernuntergesellschaften betreffende Tatsachen (ebenso MONTAVON, 573; KRNETA, N 962). Umgekehrt muss sich das Auskunftsrecht des VR in einer Konzernuntergesellschaft auch auf Tatsachen, welche die Konzernobergesellschaft oder andere Konzerngesellschaften betreffen, erstrecken, sofern diese einen Einfluss auf die Konzerntochter haben (ähnl. KRNETA, N 968 f.; BÖCKLI, § 13 N 182 ff.).

Ausgeschlossen sind weiterhin Auskünfte, die z.B. Privatangelegenheiten von Mitarbeitern betreffen oder zur Befriedigung von Privatinteressen der VR-Mitglieder dienen. So ist die Auskunft zu verweigern, wenn sie von einem ehemaligen VR-Mitglied zur Einholung von Informationen für einen Forderungsprozess verlangt wird, in dem seine Eigenschaft als VR-Mitglied keine Rolle spielt (vgl. ZR 1974, 179, 181 zum Einsichtsrecht, gilt jedoch *mutatis mutandis* auch für das Auskunftsrecht). Ebenfalls verweigert werden kann die Auskunft, wenn die Geltendmachung des Auskunftsrechts rechtsmissbräuchlich erfolgt (CJ GE, SJ 2000, 437, 442 f.: Verlangen von Auskünften zum Zweck, diese in einem aus persönlichen Interessen geführten Schiedsverfahren gegen die Gesellschaft zu verwenden). Das Auskunftsrecht steht dem VR-Mitglied *persönlich* zu (BÖCKLI, § 13 N 180), wobei jedoch zur Abklärung von Sachfragen ein – ggf. zur Vertraulichkeit verpflichteter – Experte beigezogen werden darf (BÄCHTOLD, 58, 81; KUNZ, Auskunft, 579; ZK-HOMBURGER, N 498; KRNETA, N 1032). Fraglich ist, ob das Auskunftsrecht nur den gewählten, oder aber auch den faktischen VR-Mitgliedern zusteht (befürwortend BÄCHTOLD, 75; gegen ein Auskunftsrecht der faktischen VR-Mitglieder: KRNETA, N 923). Angesichts der Tatsache, dass der faktische VR über keinerlei Legitimation zur Ausübung der VR-Rechte verfügt (BÖCKLI, § 13 N 92), ist ein Auskunftsrecht des faktischen VR jedoch abzulehnen. Um die Gleichbehandlung der VR-Mitglieder zu gewährleisten, muss die einem VR-Mitglied zugänglich gemachte Information auch den anderen VR-Mitgliedern zur Verfügung gestellt werden, bspw. durch Offenlegung an der nächsten VR-Sitzung (BÄCHTOLD, 65; KRNETA, N 948 ff.). Das Auskunftsrecht *endet* mit dem Ausscheiden des VR-Mitglieds aus dem VR, auch betreffend Tatsachen, die sich auf Vorgänge während seiner Amtszeit beziehen (GVP 1993 Nr. 37 = SJZ 1995, 218 f.)

Bedenken gegen ein umfassendes Auskunftsrecht stützen sich vorwiegend auf die dadurch angeblich hervorgerufene Gefahr für die berechtigten *Geheimhaltungsinteressen* der Gesellschaft; je nach Zusammensetzung des VR könnten so vertrauliche Informationen an Minderheiten oder die Konkurrenz fliessen (FUNK, Art. 713 N 2; EIGENMANN, 48). Dem ist entgegenzuhalten, dass der VR als von der GV gewähltes verantwortliches Exekutivorgan das persönliche Vertrauen der Anteilseigner geniesst (STAUBER, 87) und zur sorgfältigen Erfüllung seines Mandates verpflichtet ist. Die den VR-Mitgliedern obliegende Treuepflicht (Art. 717) umfasst auch eine Geheimhaltungs- und Schweigepflicht (Art. 717; MÜNCH, 92 f.; BURCKHARDT, 55 ff.; PLÜSS, 40, 70; BÖCKLI, § 13 N 670 ff.; BÄCHTOLD, 83 ff.; ZK-HOMBURGER, N 479), deren Missachtung zur Schadenersatzpflicht aus aktienrechtlicher Verantwortlichkeit führt (MÜNCH, 81 f.) oder auch strafrechtliche Folgen haben kann (Art. 162 StGB; BÄCHTOLD, 90). Jede Verweigerung von Information enthält bereits die Unterstellung eines potentiellen pflichtwidrigen Missbrauchs (STAUBER, 87), was gegen den Grundsatz von Art. 2 Abs. 1 ZGB verstösst. Das Auskunftsrecht des einzelnen VR-Mitglieds kann deshalb nicht durch Geheimhaltungsinteressen der Gesellschaft beschränkt werden (ähnlich ZK-BÜRGI, Art. 713 N 9; PLÜSS, 51; BÄCHTOLD, 137 f.) und ist *extensiv auszulegen* (so bereits ZK-BÜRGI, Art. 713 N 2; VON STEIGER, Aktiengesellschaft, 233; SCHULTHESS, 154 f.; i.E. gl.M. STAUBER, 86 f.; BÖCKLI, § 13 N 165 ff.; BÄCHTOLD, 57; KRNETA, N 915 ff.; MONTAVON, 571). Grenzen des Auskunftsrechts können sich allenfalls aus dem aktienrechtlichen Verhältnismässigkeitsprinzip (insb. hinsichtlich Zeitpunkt und Umfang), dem allgemeinen Rechtsmissbrauchsvorbehalt (CJ GE, SJ 2000, 437, 442 f.) oder in Fällen, in denen ein VR-Mitglied eine Ausstandspflicht trifft, ergeben (BÖCKLI, § 13 N 172). Grundsätzlich handelt es sich jedoch um zurückhaltend auszulegende Ausnahmefälle. Besteht zwischen VR-Mitglied und Gesellschaft ein fortgesetzter Interessenkonflikt, so sollte diesem nicht mit der Verweigerung des Zugangs zu Informationen, sondern mit der Abberufung des betroffenen Mitglieds oder seiner Amtsniederlegung begegnet werden (KUNZ, Auskunft, 579).

2. Auskunft in den VR-Sitzungen (Abs. 2)

6 **In den Sitzungen** des VR hat jedes Mitglied ein *umfassendes Auskunftsrecht* über alle die Gesellschaft betreffenden Angelegenheiten (dazu N 4), das sowohl Informationen über den allgemeinen Geschäftsgang als auch detaillierte Angaben über einzelne Sachgeschäfte umfasst. Grenzen sind dem Auskunftsrecht nur durch die Pflicht des VR-Mitgliedes zur sorgfältigen Ausübung seines Amtes gesetzt. Unzulässig sind deshalb z.B. Auskunftsgesuche, die in querulatorischer oder rechtsmissbräuchlicher Absicht gestellt werden (vgl. DRUEY, 52). Keine Stütze im Gesetz findet die Auffassung von ZK-HOMBURGER, N 470, wonach der Präsident auch in der Sitzung über die Zulassung eines Auskunftsgesuches zu entscheiden habe. In der Sitzung steht vielmehr jedem VR-Mitglied ein selbständiger Anspruch auf direkte Auskunftserteilung zu, der nicht unter dem Vorbehalt einer Zustimmung des Präsidenten steht.

7 **Auskunftspflichtig** sind alle mit der Geschäftsführung betrauten Personen, d.h. VR-Mitglieder, Delegierte, Direktoren, aber auch Prokuristen, Bevollmächtigte und Angestellte, die unter Aufsicht der Geschäftsführung selbständig und in eigener Kompetenz Geschäftsführungsaufgaben wahrnehmen (vgl. BGE 107 II 349, 353 f.; 102 II 353, 359 = Pra 1977, 162, 165; SCHUCANY, Art. 754 N 1; ZK-BÜRGI, Art. 713 N 5; PLÜSS, 52; STAUBER, 87 f.). Damit umfasst der Kreis der Auskunftspflichtigen auch stille und faktische VR-Mitglieder sowie Suppleanten (BÄCHTOLD, 104; KRNETA, N 955). Nicht auskunftspflichtig sind somit nur nicht zeichnungsberechtigte Angestellte und Hilfspersonen. Sofern entsprechende Auskunftsbegehren angemeldet oder zu erwarten sind, sind die auskunftspflichtigen Personen zur VR-Sitzung einzuladen und zur Berichterstattung aufzufordern *(Einladungsrecht,* BÄCHTOLD, 109 ff.). Allerdings kann nicht gefordert werden, dass bei spontaner Anfrage die potentiellen Auskunftspersonen stets abrufbereit zur Verfügung stehen müssen. Die gewünschte Auskunft muss dann sobald wie praktisch möglich nachgereicht werden.

8 Die Auskunftspflicht dieser Personen umfasst nicht nur Antworten auf spezifische Fragen, sondern auch eine spontane **Berichterstattungspflicht** über Angelegenheiten, die für den VR von Bedeutung sind (BÖCKLI, § 13 N 189; so ausdrücklich § 90 AktG), denn nur wer informiert ist, kann auch die richtigen Fragen stellen. Der VR hat daher im Rahmen seiner Organisationsbefugnis (Art. 716a Abs. 1, Abs. 2 Satz 2) für ein angemessenes Berichtswesen zu sorgen (BÖCKLI, § 13 N 190 ff. mit zahlr. Bsp.; vgl. auch DRUEY, 51; BÄCHTOLD, 97 ff.; HUNGERBÜHLER, 72 ff.).

3. Auskunft ausserhalb der VR-Sitzungen (Abs. 3)

9 Während des oft einen grösseren Zeitraum umfassenden Abstands **zwischen den VR-Sitzungen** besteht ebenfalls ein direktes individuelles und unbeschränktes Auskunftsrecht über den *Geschäftsgang,* was ein Korrelat zur persönlichen Verantwortlichkeit des VR-Mitglieds darstellt. Auskünfte über *einzelne Geschäfte* bedürfen dagegen der *Ermächtigung* durch den Präsidenten. Das Grundprinzip des umfassenden Auskunftsanspruchs des VR-Mitglieds nach Abs. 1 führt jedoch zu einer *extensiven Auslegung* des Begriffes «Geschäftsgang» (ebenso KRNETA, N 998; BÄCHTOLD, 122; restriktiver: BÖCKLI, § 13 N 205). Dieser umfasst alles, was nicht nur ein einzelnes, genau bestimmtes und umschriebenes Sachgeschäft betrifft. Zu gewähren sind somit auch Auskünfte

3. Abschnitt: Organisation der Aktiengesellschaft   9a–11   Art. 715a

über einzelne Geschäftsbereiche oder Gruppen von Sachgeschäften, während, unter Vorbehalt des allgemeinen Verhältnismässigkeitsgrundsatzes und des Rechtsmissbrauchsverbots (s.o. N 5), nur *«spezifische, auf Einzelvorfälle bezogene Auskünfte»* (AmtlBull StR 1991, 76) verweigert werden können. Der Begriff des «einzelnen Geschäftsvorfalles» ist im Hinblick auf den Normzweck (s.o. N 3) *restriktiv* auszulegen (ebenso BÄCHTOLD, 122 f.; **a.M.** KUNZ, Auskunft, 576).

Da der Begriff «Geschäftsgang» *dynamisch* zu verstehen ist (BÖCKLI, § 13 N 205), müssen auch Auskünfte über den mittel- bis langfristigen Geschäftsverlauf sowie zeitlich länger zurückliegende Tatsachen wie z.B. Verträge mit Langzeitwirkung oder langfristige Umsatzentwicklungen gewährt werden, da diese u.U. zur Beurteilung der gegenwärtigen Lage von Bedeutung sein können (zu eng und unklar BÖCKLI, § 13 N 205, der nur Auskünfte über «Wohl und Wehe in der unmittelbar zuvor zurückgelegten Geschäftstätigkeit» zulassen will; wie hier BÄCHTOLD, 123 FN 474).   9a

Notwendige Voraussetzung zur ordnungsgemässen Durchführung einer VR-Sitzung ist, dass sich die VR-Mitglieder ordnungsgemäss und in Kenntnis der zu behandelnden Sachthemen auf die Sitzung vorbereiten können. Das Auskunftsrecht zwischen den Sitzungen gewährt deshalb auch einen *Anspruch auf rechtzeitige und vollständige Abgabe von Unterlagen vor der Sitzung* in dem Umfang, wie er im Hinblick auf die traktandierten und zu behandelnden Themenkreise gefordert ist (ausführlich dazu: BÖCKLI, § 13 N 208 ff.; KRNETA, N 990). Der Kreis der Auskunftspflichtigen ausserhalb der Sitzungen deckt sich mit jenem von Abs. 2 (s.o. N 7), da sich die Auskunftspflicht der hier nicht ausdrücklich erwähnten anderen VR-Mitglieder bereits aus der allgemeinen Sorgfalts- und Treuepflicht gem. Art. 717 ergibt (BÄCHTOLD, 104 f., 112).   9b

Die Unterstellung der Auskunft über detaillierte Sachgeschäfte unter die **Ermächtigung des Präsidenten** dient in Anbetracht von Abs. 1 primär dazu, den Präsidenten über die verlangten Detailauskünfte zu unterrichten (BÄR, 393). Die Ermächtigung zur Einholung von Auskünften kann *ausnahmsweise* nur dann vorenthalten werden, wenn konkrete *vorrangige Gesellschaftsinteressen* dies rechtfertigen (BÖCKLI, § 13 N 207). Immerhin bleibt dem auskunftsbegehrenden VR-Mitglied die Möglichkeit, jederzeit eine VR-Sitzung einzuberufen (Art. 715), für die die Ermächtigung des Präsidenten nicht mehr erforderlich ist (Art. 715a Abs. 2).   10

IV. Einsicht in Bücher und Akten (Abs. 4)

Sowohl während als auch ausserhalb der VR-Sitzungen (BBl 1983 II 921) bleibt das **individuelle Recht auf Einsicht** (nicht aber das Kopieren, BÄCHTOLD, 125) **in Bücher und Akten** (womit sowohl eigentliche Geschäftsbücher i.S.v. Art. 957 ff. sowie die Korrespondenz, nicht aber das Aktienbuch gemeint sind, BÖCKLI, § 13 N 221 m.w.N; *für das Recht auf Einsicht ins Aktienbuch:* KRNETA, N 1023 ff.) weiterhin an eine *Ermächtigung* gebunden, auch wenn im Gegensatz zu Art. 713 Abs. 1 Satz 2 OR 1936 diese nicht mehr vom Gesamt-VR, sondern grundsätzlich nur vom *Präsidenten* zu erteilen ist (BBl 1983 II 921). Das Einsicht begehrende VR-Mitglied hat glaubhaft zu machen, dass die Einsichtnahme zur Erfüllung seiner Sorgfalts- und Kontrollpflichten tatsächlich erforderlich ist (BÖCKLI, § 13 N 218), wobei an die Glaubhaftmachung keine hohen Anforderungen gestellt werden dürfen. Diese gegenüber dem Auskunftsrecht *restriktivere Lösung* ist zu bedauern, da die Einsicht in Bücher und Akten die Grundlage für die Überprüfung der Auskünfte ist und das Einsichtsrecht die natürliche Ergänzung des Auskunftsrechts darstellt (MÜNCH, 83 ff.). Eine Beschränkung der Einsicht ist mit der umfassenden Haftung der VR-Mitglieder nicht vereinbar. Etwaigen Geheimhaltungsin-   11 teressen der Gesellschaft wird auch hier durch die den VR-Mitgliedern auferlegte *Geheimhaltungspflicht* genügend Rechnung getragen. Das Einsichtsrecht ist deshalb ebenfalls *extensiv auszulegen* (BÄR, 393 f.; ZK-BÜRGI, Art. 713 N 12; MÜNCH, 85 f.; **a.M.** BÖCKLI, § 13 N 219) und kann nur dann verweigert werden, wenn der fehlende Zusammenhang mit der Erfüllung der VR-Aufgaben *offensichtlich ist* (N 4). Eine Ablehnung mit dem Hinweis auf die dadurch verursachten administrativen Aufwendungen ist nicht zulässig (STAUBER, 89). Auch hier bietet die allgemeine Sorgfaltspflicht ausreichenden Schutz, da das Begehren detaillierter Einsichtnahme ohne sachliche Rechtfertigung nicht als pflichtgemässe Ausübung des VR-Mandates gelten kann oder sogar rechtsmissbräuchlich ist.

V. Ermächtigung durch den Präsidenten und Entscheid des Gesamt-VR (Abs. 5)

12 Verweigert der Präsident ausserhalb der Sitzungen die Einholung von Auskünften über einzelne Geschäfte (Abs. 3) bzw. während oder ausserhalb der Sitzungen die Einsichtnahme in Bücher und Akten (Abs. 4), hat der **Gesamt-VR** auf *Antrag* des abgewiesenen Gesuchstellers (BBl 1983 II 921; unpräzise aber der Gesetzestext) über die Gewährung der Auskunft oder Einsicht **zu entscheiden** (das in Abs. 5 erwähnte *Gesuch um Anhörung* wurde vom Ständerat eingeführt, AmtlBull StR 1988, 514, und beruht wohl auf einem gesetzgeberischen Versehen, da ein entsprechendes «Anhörungsrecht» weder in Abs. 3 noch in Abs. 4 enthalten ist; gemeint ist wohl eine besondere Form des Auskunftsbegehrens). Ein ablehnender Entscheid ist vom VR sachlich zu begründen (ZK-BÜRGI, Art. 713 N 7). Betrifft die Verweigerung allerdings die Ermächtigung nach Abs. 3, so kann der Gesuchsteller sein Auskunftsbegehren an der Sitzung erneut stellen, ohne dass eine Ablehnung durch den Präsidenten möglich wäre; die Entscheidung durch den Gesamt-VR ist somit in diesem Fall nicht erforderlich (ähnl. BÄCHTOLD, 64 f.; allerdings können u.U. die Mitverwaltungsräte die Auskunft verweigern, JÖSLER, 32).

13 Der **VR-Entscheid** ist mangels Weiterzugsmöglichkeit innerhalb der AG (Art. 714 N 8) **endgültig** (vgl. auch STAUBER, 88; JÖSLER, 32 f.). Allerdings kann sich eine ungerechtfertigte Verweigerung der Auskunft oder Einsicht erschwerend auf die Verantwortlichkeit des oder der die Information Verweigernden auswirken (STOFFEL, 171) bzw. entlastend auf das VR-Mitglied, dem die Information verweigert wurde. Dem abgewiesenen VR-Mitglied verbleibt die Möglichkeit einer *Protokollerklärung* (JÖSLER, 31) oder, in schwerwiegenden Fällen, der *Demission* (eine vereinzelt postulierte Rücktritts*pflicht* des die Information vergeblich verlangenden VR-Mitgliedes bei wiederholter oder systematischer Verweigerung des Auskunftsrechts, so KUNZ, Auskunft, 578; DERS. Klagen, 155, geht in dieser Allgemeinheit zu weit und wäre allenfalls im Zusammenhang mit der Schadensminderungspflicht i.S.v. Art. 44 Abs. 1 zu diskutieren). Ausserdem kann es eine gerichtliche *Durchsetzung* der Informationsrechte mittels *Leistungsklage* anstrengen (befürwortend JÖSLER, 71 ff.; DRUEY, 53; GUHL/KOLLER/SCHNYDER/DRUEY, § 71 N 45; STAUBER, 85 FN 408, 88, 151; PLÜSS, 59; BÄCHTOLD, 178 ff.; RHEIN, 91 f.; MONTAVON, 572; **a.M.** BÖCKLI, § 13 N 223 ff.; ZK-HOMBURGER, N 47; KUNZ, Auskunft, 578; DERS., Klagen, 155; TRIGO TRINDADE, 127; CJ GE, SJ 2000, 437, 439 f.; offen: KRNETA, N 1054 f., mit Verweis auf die geringe praktische Bedeutung dieser Frage). Entgegen BÖCKLI, a.a.O., handelt es sich bei der Leistungsklage auf Auskunft nicht um einen Verstoss gegen den Grundsatz der Nichtanfechtbarkeit von VR-Beschlüssen, d.h. um eine «Anfechtungsklage auf Umwegen», sondern um die *Durchsetzung eines unentziehbaren gesetzlichen Individualrechts* eines (aktivlegitimierten) VR-

Mitglieds gegenüber der (passivlegitimierten) Gesellschaft (nicht gegen die anderen VR-Mitglieder; ähnl. BÄCHTOLD, 184 ff., unter Verweis auf BGE 76 II 51, 68), auf Information, welches zur pflichtgemässen Ausführung der dem VR-Mitglied übertragenen Aufgaben von grundlegender Bedeutung ist (JÖSLER, 71). Als weiterer Rechtsbehelf gegen einen die Auskunft oder Einsicht verweigernden VR-Beschluss kann bei Vorliegen der entsprechenden gesetzlichen Voraussetzungen auch eine *Nichtigkeitsklage* gem. Art. 714 angehoben werden (s.o. Art. 714 N 18; JÖSLER, 36 f.; CJ GE, SJ 2000, 437, 440 ff.), welche allerdings nicht zur Erteilung der verweigerten Auskunft führt und insofern nicht unmittelbar zur Durchsetzung des eigentlich verfolgten Ziels dient. Angesichts der unterschiedlichen Funktion und Ausgestaltung des Auskunftsrechts von VR-Mitglied und Aktionär bietet die Stellung eines Auskunftsgesuches (Art. 697) durch das abgewiesene VR-Mitglied in seiner Eigenschaft als Aktionär an der nächsten GV keinen auch nur annähernd gleichwertigen Ersatz (JÖSLER, 33 f.). Die Beantragung einer *Sonderprüfung* (Art. 697a ff.) bleibt allerdings möglich (JÖSLER, 34 f.), ist jedoch aufwendig und kann sich nur auf die dem VR-Mitglied als Aktionär zustehenden (wesentlich weniger weitgehenden) Informationsrechte beziehen. Bestehen im VR länger dauernde und tief greifende Unterschiede betr. die Gewährung von Einsicht, bleibt nur die Einberufung einer GV zur Vornahme von *Neuwahlen* mit dem Ziel der Bestellung eines handlungsfähigen VR (ZK-BÜRGI, Art. 713 N 16; vgl. auch Art. 713 N 15 ff.).

VI. Erweiterung der Informationsrechte (Abs. 6)

Gemäss Abs. 6 sind Regelungen und Beschlüsse des VR, die das Auskunfts- und Einsichtsrecht **erweitern,** ausdrücklich zulässig. Daraus folgt einerseits, dass die in Abs. 1 bis 5 geregelten Rechte einen **zwingenden Mindeststandard** setzen, der nicht unterschritten werden darf; die vom Gesetz gewährten Rechte sind **unentziehbar** (BBl 1983 II 842). Andererseits können die in Abs. 3 und 4 aufgestellten Beschränkungen, d.h. das Erfordernis der vorherigen Ermächtigung durch den Präsidenten, völlig aufgehoben oder der Kreis der Auskunftspflichtigen ausgedehnt werden, wobei dies angesichts des klaren Gesetzeswortlauts nicht durch eine Statutenbestimmung, sondern nur durch ein VR-Reglement oder einen speziellen VR-Beschluss möglich ist (für eine reglementarische Ordnung NOBEL, Aufgaben, 532; EHRAT, 792). Denkbar ist auch die Einführung eines qualifizierten Mehrs für die Ablehnung des Antrags an den Gesamt-VR gem. Abs. 5.

VII. Rechtsvergleichung

Deutschland: Der Vorstand hat gegenüber dem Aufsichtsrat eine **umfassende Berichterstattungspflicht,** die auch das Recht des Aufsichtsratskollegiums oder des einzelnen Aufsichtsratsmitgliedes umfasst, vom Vorstand einen Bericht zu verlangen. Allerdings ist das **individuelle Auskunftsrecht** des Aufsichtsratsmitgliedes dahin gehend **beschränkt,** dass ein einzelnes Mitglied nur einen Bericht an den gesamten Aufsichtsrat verlangen kann (§ 90 AktG). Neben dem Berichterstattungsanspruch verfügt der Aufsichtsrat auch über ein ausgedehntes Einsichtsrecht (§ 111 Abs. 2 AktG).

Frankreich: Im *monistischen System* verfügt der VR über alle Rechte, die notwendig sind, um seine Aufgaben zu erfüllen (Art. L. 225–35 Abs. 1 C.com.). Daraus wird ein **ausgedehntes Informationsrecht** der VR-Mitglieder abgeleitet. Im *dualistischen System* steht dem Aufsichtsrat ein **weit reichendes Informations- und Einsichtsrecht** zu, das durch eine vierteljährliche Berichterstattungspflicht der Direktion ergänzt wird (Art. L. 225–68 Abs. 3 f. C.com.).

17 **Italien:** Die Mitglieder des Aufsichtsrates können neben den periodisch vorgeschriebenen Kontrollen jederzeit auch **individuell Kontroll- und Inspektionshandlungen** vornehmen sowie von der Verwaltung Auskunft über den Geschäftsgang der Gesellschaft oder bestimmte Geschäfte verlangen (Art. 2403 CC it.).

18 **Europarecht:** Gem. Art. 41 **EG-SE** ist im *dualistischen System* das Leitungsorgan gegenüber dem Aufsichtsorgan zur periodischen, bzw. bei Vorliegen besonderer Umstände zur spontanen **Berichterstattung** verpflichtet. Das Aufsichtsorgan kann vom Leitungsorgan jegliche Information einfordern, welche zur Ausübung seiner Kontrollpflichten erforderlich sind. Nur wenn dies das jeweilige nationale Recht vorsieht, kann jedes Mitglied des Aufsichtsorgans individuell von dieser Informationsmöglichkeit Gebrauch machen. Im *monistischen System* kann jedes Mitglied des Verwaltungsorgans von allen Informationen, die diesem Organ *übermittelt* werden, Kenntnis nehmen (Art. 44 Abs. 2 EG-SE). Die EG-SE-Verordnung sieht demnach kein umfassendes Informations- und Auskunftsrecht des einzelnen Organmitglieds vor. Für das individuelle Recht auf Zugang zu Informationen ist somit nach wie vor die anwendbare nationale Gesetzgebung massgebend. Art. 11 und 21r **EG-V-Strukturr.** sehen Berichterstattungs- und Informationsrechte vor, wobei das Auskunfts- und Einsichtsrecht **nicht individuell** ist, sondern nur vom Gesamtorgan oder aber von mindestens einem Drittel seiner Mitglieder geltend gemacht werden kann.

Art. 716

III. Aufgaben 1. Im Allgemeinen	¹ Der Verwaltungsrat kann in allen Angelegenheiten Beschluss fassen, die nicht nach Gesetz oder Statuten der Generalversammlung zugeteilt sind. ² Der Verwaltungsrat führt die Geschäfte der Gesellschaft, soweit er die Geschäftsführung nicht übertragen hat.
III. Attributions 1. En général	¹ Le conseil d'administration peut prendre des décisions sur toutes les affaires qui ne sont pas attribuées à l'assemblée générale par la loi ou les statuts. ² Il gère les affaires de la société dans la mesure où il n'en a pas délégué la gestion.
III. Attribuzioni 1. In genere	¹ Il consiglio d'amministrazione può deliberare su tutti gli affari che non siano attribuiti all'assemblea generale dalla legge o dallo statuto. ² Esso gestisce gli affari della società nella misura in cui non abbia delegato la gestione.

Literatur

BERTSCHINGER, Arbeitsteilung und aktienrechtliche Verantwortlichkeit, Zürich 1999 (zit. Arbeitsteilung); DERS., Zuständigkeit der Generalversammlung – ein unterschätzter Aspekt der Corporate Governance, in: Schweizer/Burkert/Gasser (Hrsg.), FS für Jean Nicolas Druey zum 65. Geburtstag, Zürich/Basel/Genf 2002, 399 ff. (zit. FS Druey); DUBS, Die Abgrenzung der Beschlusskompetenz der Aktionäre von der Ausführung des Aktionärsbeschlusses durch den Verwaltungsrat nach Art. 716a Abs. 1 Ziffer 6 OR, in: Vogt/Stupp/Dubs (Hrsg.), Unternehmen – Transaktion – Recht, Liber Amicorum für Rolf Watter zum 50. Geburtstag, Zürich/St. Gallen 2008, 161 ff. (zit. Beschlusskompetenz); DERS., Der Genehmigungsbeschluss als neuartige Kompetenz-Kompetenz der Aktionäre gemäss Artikel 627 Ziff. 14 E-OR, SZW 2008, 159 ff. (zit. Genehmigungsbeschluss); FORSTMOSER, Eingriffe der Generalversammlung in den Kompetenzbereich des Verwaltungsrates –

Möglichkeiten und Grenzen, SZW 1994, 169 ff.; ISELI, Führungsorganisation im Aktien-, Banken- und Versicherungsrecht, Diss. Zürich 2008; KUNZ, Der Minderheitenschutz im schweizerischen Aktienrecht, Bern 2001; MEIER-SCHATZ, Über die Zusammenarbeit des Verwaltungsrats mit der Generalversammlung, ST 1995, 823 ff.; MÜLLER, Unübertragbare und unentziehbare Verwaltungsratskompetenzen und deren Delegation an die GV, AJP 1992, 784 ff.; VON PLANTA, Der Interessenkonflikt des Verwaltungsrates der abhängigen Konzerngesellschaft, Diss. Zürich 1988; ROTH PELLANDA, Organisation des Verwaltungsrates – Zusammensetzung, Arbeitsteilung, Information und Verantwortlichkeit, Diss. Zürich 2007; SCHMITT, Das Verhältnis zwischen GV und Verwaltung in der AG, Diss. Basel 1991; SIBBERN, Einfluss der Generalversammlung auf die Geschäftsführung – Delegation vs. Konsultation, in: Vertrauen – Vertrag – Verantwortung, FS für Hans Caspar von der Crone zum 50. Geburtstag, Zürich/Basel/Genf 2007, 229 ff.; STAUBER, Das Recht des Aktionärs auf gesetz- und statutenmässige Verwaltung, Diss. Zürich 1985; WEGMÜLLER, Die Ausgestaltung der Führungs- und Aufsichtsaufgaben des schweizerischen Verwaltungsrates, Diss. Bern 2008.

I. Allgemeines

Wie im Recht von 1936 (Art. 721 Abs. 1 altOR 1936) ist der VR auch im geltenden Recht «**Kompetenzauffangbecken**» (so auch BERTSCHINGER, FS Druey, 312). Das geltende Recht präzisiert aber im Unterschied zum früheren Recht, dass zusätzliche **Kompetenzen der GV** (die RS wird – entgegen Art. 721 Abs. 2 altOR 1936 – auch indirekt nicht mehr erwähnt) nur **statutarisch** geschaffen werden können (dazu N 4), während die GV unter dem Recht von 1936 auch durch GV-«Beschlüsse» in die Aufgaben des VR eingreifen konnte (Art. 721 Abs. 1 altOR 1936).

Gesetzlich der GV zugewiesene Kompetenzen ergeben sich insb. aus Art. 698, daneben aber auch aus den Art. 650, 651, 652b, 654, 697a, 731, 732 und 736.

Seine Kompetenzen hat der VR nach dem Gesetzestext durch Entscheide in Form von **Beschlüssen** wahr zu nehmen (vgl. Art. 713); gemeint ist damit, dass der VR im Rahmen der von ihm festzulegenden Organisation (s. hierzu ausführlich Art. 716a N 9 ff. sowie Art. 716b N 1 ff.) innerhalb seines Kompetenzbereiches tätig zu werden hat.

II. Die statutarische Kompetenzzuweisung

Zunächst wird in Art. 716 Abs. 1 festgehalten, dass die Statuten über die in N 2 aufgeführten Geschäfte hinaus grundsätzlich weitere Kompetenzen der GV zuweisen können (weitergehend BERTSCHINGER, der die «blosse» Traktandierung eines Geschäftes und ein diesbezüglicher Beschluss anlässlich der GV für eine Kompetenzattraktion genügen lässt, s. BERTSCHINGER, FS Druey, 317). Besteht eine statutarische Kompetenz zu Gunsten der GV, so liegt die inhaltliche Ausgestaltung eines GV-Beschlusses unter Beachtung der gesetzlichen Vorgaben im freien Ermessen der Aktionäre (sog. «Beschlusskompetenz»; vgl. auch DUBS, Beschlusskompetenz, 164). Ihre Einschränkung findet diese Möglichkeit zur **Kompetenzattraktion durch die GV** aber in Art. 716a, wo das Gesetz «unübertragbare und unentziehbare» Aufgaben des VR definiert, die weder von einer allfälligen GL noch von der GV wahrgenommen werden können (Botschaft AG, 842; MÜLLER, 785; vgl. auch Art. 811 N 2 ff. zur Rechtslage bei der GmbH). Dementsprechend sind Beschlüsse der GV bez. einer Statutenänderung, die in den Bereich von Art. 716a eingreifen, nichtig (MEIER-SCHATZ, 824; vgl. auch BÖCKLI, § 13 N 294). Hingewiesen sei in diesem Zusammenhang darauf, dass diejenigen Entscheide des VR, welche eine *faktische Änderung des Gesellschaftszweckes* nach sich ziehen würden (als typisches Anwendungsbeispiel kann etwa der Verkauf des wichtigsten Aktivums dienen), im zwingenden Kompetenzbereich der GV liegen (s. Art. 698 Abs. 2 Ziff. 1 i.V.m. Art. 626 Ziff. 2) und deshalb immer eine Statutenänderung und damit einen Beschluss der GV erforderlich machen (vgl. hierzu ROTH PELLANDA, N 520; FORSTMOSER/ MEIER-HAYOZ/NOBEL, § 10 N 1). Auch ist im Rahmen der geplanten **Revision des Aktien- und Rechnungslegungsrechts** die Aufnahme einer Bestimmung ins OR vorgesehen (Art. 627 Ziff. 4 E 2007), nach welcher der GV auf statutarischem Wege die Zuständigkeit zur Festlegung der Entschädigungen des VR und ihnen nahestehenden Personen sowie betr. der Ausrichtung von Mitarbeiteroptionen eingeräumt werden soll (Botschaft Aktien- und Rechnungslegungsrecht, 1609, 1638; ausführlich hierzu Art. 716a N 49) – wobei dies u.E. schon unter dem geltenden Recht möglich, wenn aber auch nicht zwingend empfehlenswert, ist (ausführlich hierzu Art. 716a N 47, 49).

5   Umgekehrt können die Kompetenzen der GV durch eine statutarische Bestimmung nur sehr bedingt **an den VR übertragen werden:** So sind bspw. die Befugnisse nach Art. 698 unübertragbar (Botschaft AG, 921); insb. ist in diesen Bereichen auch eine Reduktion der Kompetenz der GV auf eine blosse Genehmigung von VR-Beschlüssen nicht möglich (BÖCKLI, § 13 N 297).

6   Von der Kompetenzattraktion durch die GV zu unterscheiden ist der Fall, in welchem der VR über eine Angelegenheit noch gar keinen Beschluss gefasst und die Angelegenheit der GV übergeben möchte oder den VR-Beschluss insofern bedingt hat, als ein zustimmender GV-Beschluss für notwendig erklärt wird (sog. «Genehmigungsbeschluss»). Im Schrifttum ist die Zulässigkeit einer solchen **Kompetenzdelegation durch den VR an die GV,** wofür namentlich im Konzernverhältnis ein Bedürfnis besteht (vgl. VON PLANTA, 170; STAUBER, 113), umstritten: Teile der Lehre betrachten ein solches Vorgehen bei sämtlichen VR-Aufgaben und damit insb. auch bei den «undelegierbaren und unentziehbaren» Aufgaben nach Art. 716a Abs. 1 als zulässig (MÜLLER, 785 ff.), andere wiederum bejahen eine Zulässigkeit ausserhalb von Art. 716a Abs. 1 (BERTSCHINGER, Arbeitsteilung, N 249 ff.; KUNZ, § 12 N 128 ff.), während Dritte die Zulässigkeit einer Delegation auch im Bereich der grundsätzlich delegierbaren Geschäftsführung verneinen (BÖCKLI, § 12 N 34, § 13 N 290; MÜLLER/LIPP/PLÜSS, 150; FORSTMOSER/MEIER-HAYOZ/NOBEL, § 30 N 71 f.; SIBBERN, 232 ff. m.w.H.). Nach der hier vertretenen Meinung besteht im Rahmen der delegierbaren Aufgaben stets die Möglichkeit zur Kompetenzdelegation durch den VR an die GV (**a.M.** noch ROTH PELLANDA, N 516 ff.); dies unabhängig davon, ob die Statuten eine Klausel enthalten, wonach die GV über alle Gegenstände Beschluss fassen kann, die ihr vom VR zum Entscheid vorgelegt werden. Mit dem Inkrafttreten der geplanten **Revision des Aktien- und Rechnungslegungsrechts** wird sich dies aber insofern ändern, als inskünftig eine statutarische Bestimmung notwendig sein wird, damit die GV Entscheide des VR genehmigen darf (vgl. Art. 627 Ziff. 14 E 2007; s. hierzu auch Botschaft Aktien- und Rechnungslegungsrecht, 1637 f.). Faktisch kommt der GV in diesen Fällen lediglich die Kompetenz (i.S. eines Vetorechts) zu, einen den Aktionären vorgelegten Antrag des VR gutzuheissen oder zu verwerfen, nicht aber diesen Antrag selbst materiell zu gestalten (vgl. hierzu DUBS, Genehmigungsbeschluss, 161 ff.). Das Vorlegen eines GV-Beschlusses führt in diesen Fällen dazu, dass sich die Verantwortlichkeit des VR gegenüber der Gesellschaft und gegenüber den zustimmenden Aktionären (nicht aber gegenüber den Gläubigern und den nicht(zu)stimmenden Aktionären) darauf reduziert, dass der VR der GV korrekte Beschlussgrundlagen geliefert hat (weniger weitgehend BGE 100 II 384 ff.; wie hier MEIER-SCHATZ, 826). Anzumerken ist, dass die GV einen Beschluss selbstverständlich verweigern darf, um allfällige Verantwortlichkeitsansprüche nicht zu verlieren (ebenso MÜLLER, 786 f.).

7   In der Spezialgesetzgebung findet sich eine **Modifikation der aktienrechtlichen Kompetenzausscheidung zwischen GV und VR** für den Fall eines öffentlichen Übernah-

meverfahrens: Nach Art. 29 Abs. 2 BEHG wird dem VR zwischen Veröffentlichung des Angebotes und des Ergebnisses über ein allfälliges Zustandekommen desselben die Kompetenz zum Abschluss von Rechtsgeschäften entzogen, welche eine bedeutende Veränderung des Aktiv- und Passivbestandes der Gesellschaft mit sich bringen würden, und diese Kompetenz an die GV übertragen (vgl. auch Art. 698 N 8c). Eine weitere Ausnahme besteht nach der bundesgerichtlichen Praxis bei einer vorübergehenden Funktionsunfähigkeit des VR (BGE 78 II 369 ff.; 69 II 21 ff.) sowie bei Interessenkonflikten oder Insichgeschäften des VR, sofern nicht andere zeichnungsberechtigte VR-Mitglieder zur Verfügung stehen, welche als sog. nebengeordnetes Organ das konkrete Geschäft genehmigen können (vgl. BGE 127 III 332 ff.; vgl. auch Art. 698 N 8d). Bei diesen Ausnahmen handelt es sich aber nicht um eigentliche Anwendungsfälle einer Delegation, sondern um **Sonder- resp. Notsituationen,** welche ihrerseits die GV zum Handeln verpflichten.

Ebenfalls auf einer anderen Ebene liegt die Frage, inwieweit in einem **ABV** die Kompetenzausscheidung abgeändert werden kann, was etwa so gemacht wird, dass für gewisse wichtige, an sich dem VR vorbehaltene Entscheide (z.B. Grossinvestitionen, Genehmigung des Budgets) ein Aktionärsbeschluss (allenfalls sogar mit Einstimmigkeit unter den Aktionären) verlangt wird. Hier gilt, dass im Aussenverhältnis und der AG gegenüber die gesetzlichen und statutarischen Kompetenzzuweisungsregeln zur Anwendung gelangen, während im Innenverhältnis (d.h. unter den Aktionären) aus einem VR-Entscheid, der ohne entsprechende Zustimmung der Aktionäre erfolgt, Schadenersatzpflichten (und sofern vereinbart auch Konventionalstrafen) aus dem vertraglichen Verhältnis entstehen können, wenn die Vertragsparteien «ihre» VR-Mitglieder nicht zu ABV-konformem Verhalten angehalten haben. In solchen Fällen findet sich neben dem ABV zumeist auch entsprechende Mandatsverträge zwischen den Aktionären und den VR-Mitgliedern. 8

III. Die Geschäftsführungskompetenz

Art. 716 Abs. 2 erklärt den **VR** als grundsätzlich für die **Geschäftsführung** zuständig; im Zusammenspiel mit der in Art. 717 verankerten Sorgfaltspflicht ergibt sich, dass dieses Geschäftsführungsrecht gleichzeitig eine (allerdings teilweise delegierbare) **Geschäftsführungspflicht** ist. Die Aufgaben eines schweizerischen VR sind damit von der gesetzlichen Konzeption her klar verschieden von denjenigen eines deutschen Aufsichtsrates, welcher keine geschäftsführende Funktion ausübt (Botschaft AG, 840 f.; vgl. hierzu auch Art. 716b N 2). Der Begriff «Geschäftsführung» ist gesetzlich nicht definiert; Lehre und Schrifttum verstehen darunter sämtliche auf die Verfolgung des Gesellschaftszweckes gerichteten Tätigkeiten (s. zur Unterscheidung zwischen interner Leitung der Gesellschaft und Vertretung der Gesellschaft WEGMÜLLER, 6 ff., 92 f.; s. auch ISELI, 168 ff.). 9

Die Geschäftsführung steht allen VR-Mitgliedern vermutungsweise **gesamthaft** zu (Art. 716b Abs. 3; vgl. Art. 716b N 31 f.). Gleichzeitig weist der Art. 716 Abs. 2 darauf hin, dass der VR die Geschäftsführung ganz oder teilweise **delegieren** kann, womit eine Annäherung an das sog. **Trenn-** oder **Boardsystem** möglich wird (vgl. Art. 716b N 2); die Voraussetzungen dieser Übertragung sind in Art. 716b Abs. 1 und 2 (vgl. Art. 716b N 4 ff.) geregelt, die Grenzen in Art. 716a (vgl. Art. 716a N 1 ff.). 10

IV. Kompetenzkonflikte zwischen den Organen

11 Das Schweizer Recht kennt keine Normen zu Organstreitigkeiten, d.h. für Fälle in denen sich z.B. GV und VR um eine Kompetenz streiten (vgl. zum Ganzen: JÖSLER, Rechtsstreit zwischen Organen und Organmitgliedern, Diss. St. Gallen 1998). Das OR gibt aber dem VR das Recht, die GV-Beschlüsse als kompetenzwidrig anzufechten (Art. 706), sofern nicht im Einzelfall sogar die Nichtigkeit eines solchen GV-Beschlusses gegeben ist (Art. 706b Ziff. 3). Wo sich der VR in die Kompetenzen der GV einmischt, dürfte eine Abberufung des VR nach Art. 705 die adäquate Antwort der GV sein; denkbar sind selbstverständlich auch die Verweigerung der Décharge, Verantwortlichkeitsklagen oder die Geltendmachung einer allfälligen Nichtigkeit eines solchen VR-Beschlusses (vgl. Art. 714 N 6 ff.).

V. IPR

12 Nach Art. 154 und 155 lit. e und f IPRG werden die Beziehungen der Organe untereinander und die Organisation der Organe durch das Recht geregelt, nach dem die Gesellschaft gegründet wurde (Gesellschaftsstatut, vgl. auch BSK IPRG-VON PLANTA/EBERHARD, Art. 151 N 19 zur Rechtswahl).

Art. 716a

2. Unübertragbare Aufgaben

¹ Der Verwaltungsrat hat folgende unübertragbare und unentziehbare Aufgaben:

1. die Oberleitung der Gesellschaft und die Erteilung der nötigen Weisungen;

2. die Festlegung der Organisation;

3. die Ausgestaltung des Rechnungswesens, der Finanzkontrolle sowie der Finanzplanung, sofern diese für die Führung der Gesellschaft notwendig ist;

4. die Ernennung und Abberufung der mit der Geschäftsführung und der Vertretung betrauten Personen;

5. die Oberaufsicht über die mit der Geschäftsführung betrauten Personen, namentlich im Hinblick auf die Befolgung der Gesetze, Statuten, Reglemente und Weisungen;

6. die Erstellung des Geschäftsberichtes sowie die Vorbereitung der Generalversammlung und die Ausführung ihrer Beschlüsse;

7. die Benachrichtigung des Richters im Falle der Überschuldung.

² Der Verwaltungsrat kann die Vorbereitung und die Ausführung seiner Beschlüsse oder die Überwachung von Geschäften Ausschüssen oder einzelnen Mitgliedern zuweisen. Er hat für eine angemessene Berichterstattung an seine Mitglieder zu sorgen.

3. Abschnitt: Organisation der Aktiengesellschaft — Art. 716a

2. Attributions inaliénables

¹ Le conseil d'administration a les attributions intransmissibles et inaliénables suivantes:

1. exercer la haute direction de la société et établir les instructions nécessaires;
2. fixer l'organisation;
3. fixer les principes de la comptabilité et du contrôle financier ainsi que le plan financier pour autant que celui-ci soit nécessaire à la gestion de la société;
4. nommer et révoquer les personnes chargées de la gestion et de la représentation;
5. exercer la haute surveillance sur les personnes chargées de la gestion pour s'assurer notamment qu'elles observent la loi, les statuts, les règlements et les instructions données;
6. établir le rapport de gestion, préparer l'assemblée générale et exécuter ses décisions;
7. informer le juge en cas de surendettement.

² Le conseil d'administration peut répartir entre ses membres, pris individuellement ou groupés en comités, la charge de préparer et d'exécuter ses décisions ou de surveiller certaines affaires. Il veille à ce que ses membres soient convenablement informés.

2. Attribuzioni inalienabili

¹ Il consiglio d'amministrazione ha le attribuzioni intrasmissibili e inalienabili seguenti:

1. l'alta direzione della società e il potere di dare le istruzioni necessarie;
2. la definizione dell'organizzazione;
3. l'organizzazione della contabilità e del controllo finanziario, nonché l'allestimento del piano finanziario, per quanto necessario alla gestione della società;
4. la nomina e la revoca delle persone incaricate della gestione e della rappresentanza;
5. l'alta vigilanza sulle persone incaricate della gestione, in particolare per quanto concerne l'osservanza della legge, dello statuto, dei regolamenti e delle istruzioni;
6. l'allestimento della relazione sulla gestione, la preparazione dell'assemblea generale e l'esecuzione delle sue deliberazioni;
7. l'avviso al giudice in caso di eccedenza dei debiti.

² Il consiglio d'amministrazione può attribuire la preparazione e l'esecuzione delle sue decisioni o la vigilanza su determinati affari a comitati di amministratori o a singoli amministratori. Provvede per un'adeguata informazione dei suoi membri.

Literatur

AMSTUTZ, Macht und Ohnmacht des Aktionärs, Zürich 2007; ATTESLANDER/CHEETHAM, Vorschläge der Unternehmen zum IKS, ST 2007, 30 ff.; BACHMANN, Compliance – Rechtliche Grundlagen und Risiken, ST (2007), 93 ff.; BAHAR, Executive Compensation: Is Disclosure Enough?, in: Thévenoz/Bahar (Hrsg.), Conflicts of Interest – Corporate Governance and Financial Markets, Genf/Zürich/Basel 2007, 85 ff.; BAK, Audit Committee – Instrument der Unternehmensüberwachung des Verwaltungsrates, Diss. Zürich 2005; BÄRTSCHI, Verantwortlichkeit im Aktienrecht, Diss. Zürich 2001; BERTSCHINGER, Arbeitsteilung und aktienrechtliche Verantwortlichkeit, Zürich 1999; BEYELER, Konzernleitung im schweizerischen Privatrecht, Diss. Zürich 2004; BÖCKLI, Revisionsstelle und Abschlussprüfung nach neuem Recht, Zürich 2007 (zit. Revisionsstelle); DERS., Audit Committee, Zürich 2005 (zit. Audit Committee); DERS., Corporate Governance und «Swiss Code of Best Practice», in: von der Crone/Weber/Zäch/Zobl (Hrsg.), Neuere Tendenzen im Gesellschaftsrecht, FS für Peter Forstmoser zum 60. Geburtstag, Zürich/Basel/Genf 2003, 257 ff. (zit. FS Forstmoser); DERS., Die Abberufung von Geschäftsleitungsmitgliedern durch den Verwaltungsrat: Befugnis, Verpflichtung, Verhältnismässigkeit, in: von Büren (Hrsg.), Aktienrecht 1992–1997: Versuch einer Bilanz, Zum 70. Geburtstag von Rolf Bär, 1998, 35 ff. (zit. FS Bär); DERS., Die unentziehbaren Kernkompetenzen des Verwaltungsrates, Zürich 1994 (zit. Kernkompetenzen); BOUTELLIER/FISCHER/PALAZZESI/BUSER, Ansatz zur Prüfung der Risikobeurteilung, ST 2006, 615 ff.; BUFF, Compliance – Führungskontrolle durch den Verwaltungsrat, Diss. Zürich 2000; BUOB, Verwaltungsrat und Geschäftsleitung – Funktionen und Aufgaben, in: Müller/Volkart (Hrsg.), Handbuch für den Verwaltungsrat, Zürich 2002, 11 ff.; VON DER CRONE, Arbeitsteilung im Verwaltungsrat, in: Baer (Hrsg.), Verwaltungsrat und Geschäftsleitung, Bern/Stuttgart/Wien 2006, 79 ff.; VON DER CRONE/CARBONARA/MAROLDA MARTÍNEZ, Corporate Governance und Führungsorganisation in der Aktiengesellschaft, SJZ 2004, 405 ff.; EHRAT, Mehr Klarheit für den Verwaltungsrat, AJP 1992, 789 ff.; ERNY, Oberleitung und Oberaufsicht – Führung und Überwachung mittlerer Aktiengesellschaften aus der Sicht des Verwaltungsrates, Diss. Zürich 2000; GLAUS, Unternehmensüberwachung der schweizerischen Verwaltungsräte, Diss. St. Gallen 1990; FISCHER, Oberstes Organ der Aktiengesellschaft ist die Generalversammlung der Aktionäre, SZW 1998, 231 ff.; FORSTMOSER, Monistische oder dualistische Unternehmensverfassung? Das Schweizer Konzept, ZGR 5–6/2003, 688 ff. (zit. Unternehmensverfassung); FORSTMOSER/HIRSCH, Der Entwurf zur Revision des Aktienrechts: einige Vorschläge, SAG 1985, 29 ff.; GIGER, Corporate Governance als neues Element im schweizerischen Aktienrecht, Diss. Zürich 2003; GLAUS, Unternehmensüberwachung durch schweizerische Verwaltungsräte, Diss. Zürich 1990; JÖRG, Das Mitglied des Verwaltungsrates als Superman?, Pflichten und Tips, in: Jörg/Arter (Hrsg.), Entwicklungen im Gesellschaftsrecht I, Bern 2006, 279 ff.; JUD, Die Überwachung der Unternehmen durch deren Organe, Diss. Zürich 1996; KÄCH, Die Rechtsstellung des Vertreters einer juristischen Person im Verwaltungsrat der Aktiengesellschaft, Diss. Zürich 2001, Bamberg 2002; KUNZ, Die Annahmeverantwortung von Mitgliedern des Verwaltungsrats, Diss. Zürich 2004; LAZOPOULOS, Interessenkonflikte und Verantwortlichkeit des fiduziarischen Verwaltungsrates, Diss. Zürich/Basel/Genf 2004; LEU, Variable Vergütungen für Manager und Verwaltungsräte, Diss. Zürich 2005; LIPS-RAUBER, Die Rechtsbeziehung zwischen dem beauftragten fiduziarischen Verwaltungsrat und dem Fiduzianten, Diss. Zürich 2005; MEIER-SCHATZ, Der unabhängige Verwaltungsrat, in: Schweizer/Burkert/Gasser (Hrsg.), FS für Jean Nicolas Druey zum 65. Geburtstag, Zürich/Basel/Genf 2004, 479 ff.; MOSER/STENZ, Angaben über die Durchführung einer Risikobeurteilung, ST 2007, 591 ff.; NADIG/MARTI/SCHMID, Interne Kontrolle in mittelgrossen Schweizer Unternehmen, Kontrollminimum oder umfassendes IKS?, ST 2006, 112 ff.; NOBEL, Board and Management Compensation, Zürich/Basel/Genf 2007 (zit. Compensation); DERS., Corporate Governance und Aktienrecht, in: von der Crone/Weber/Zäch/Zobl (Hrsg.), Neuere Tendenzen im Gesellschaftsrecht, FS für Peter Forstmoser zum 60. Geburtstag, Zürich/Basel/Genf 2003, 325 ff. (zit. FS Forstmoser); PETER, Les comités dans les groupes (vers un ou des comités de groupe?), SZW 76 (2004), 54 ff.; PÖSCHEL/WATTER, Rechtliche Pflichten und Verantwortung der Führungsorgane, ST 2006, 816 ff.; ROHNER, Rechtskenntnisse im Verwaltungsrat, in: Zindel/Peyer/Schott (Hrsg.), Wirtschaftsrecht in Bewegung, Festgabe zum 65. Geburtstag von Peter Forstmoser, Zürich/St. Gallen 2008, 103 ff.; ROTH PELLANDA, Organisation des Verwaltungsrates, Zusammensetzung – Arbeitsteilung – Information und Verantwortlichkeit, Diss. Zürich 2007; RUEPP, Die Aufteilung der Konzernleitung zwischen Holding- und Managementgesellschaft, Diss. Zürich 1994; SCHETT, Stellung und Aufgaben der Verwaltung einer AG bei der Durchführung der ordentlichen GV, Diss. Zürich 1977; SIBBERN, Einfluss der Generalversammlung auf die Geschäftsführung – Delegation vs. Konsultation, in: Vertrauen – Vertrag – Verantwortung, FS für Hans Caspar von der Crone, Zürich/Basel/Genf 2007, 229 ff.; STAEHELIN, Die «unübertragbaren Aufgaben» des Verwaltungsrates einer Familienaktiengesellschaft, SZW 1992, 200 ff.; STÖCKLI, Unübertragbare Aufgaben des Verwaltungsrates, AJP 1994, 581 ff.; TANNER, Die Auswirkungen des Aktienrechts auf Gesellschaften mit beschränkter Haftung, Genossenschaften und Bankaktiengesellschaften, in: Schluep/Isler (Hrsg.), Neues zum Gesellschafts- und Wirtschaftsrecht, Zum 50. Geburtstag von Peter Forstmoser, Zürich 1993; THOM/BRÖNNIMANN, Die Organisation des Verwaltungsrates, NZZ vom 4. Januar 2002, 23; TURIN, Eléments pour une nouvelle interprétation de l'art. 716a al. 1 ch. 4 CO, REPRAX 1999, 38 ff.; VISCHER, Schadloshaltungsklauseln in Mandatsverträgen fiduziarischer Verwaltungsräte, AJP 2003, 491 ff.; WATTER, Verwaltungsratsausschüsse und Delegierbarkeit von Aufgaben, in: von der Crone/Weber/Zäch/Zobl (Hrsg.), Neuere Tendenzen im Gesellschaftsrecht, FS für Peter Forstmoser zum 60. Geburtstag, Zürich/Basel/Genf 2003, 183 ff.; WATTER/MAIZAR, Structure of Executive Compensation and Conflicts of Interests – Legal Constraints and practical Recommendations under Swiss Law, in Thévenoz/Bahar (Hrsg.),

Conflicts of Interest, Corporate Governance and Financial Markets, Genf/Zürich/Basel 2007, 31 ff.; WATTER/NÜESCH, Der Anwalt als Organ, in: Haftpflicht des Rechtsanwaltes, Tagung der Winterthur-Versicherungen vom 20. September 2006, Zürich/St. Gallen 2006, 25 ff.; WATTER/ROTH PELLANDA, Die «richtige» Zusammensetzung des Verwaltungsrates, in: Weber (Hrsg.), Verantwortlichkeit im Unternehmensrecht III, Zürich/Basel/Genf 2006, 47 ff.

I. Allgemeines

Art. 716a bestimmt jenen Teil der Aufgaben und Pflichten des VR, den weder die GV statutarisch «nach oben» an sich selber (vgl. Art. 716 N 4) noch der VR «nach unten» an die GL übertragen kann (Botschaft AG, 921). Gegenüber dem Botschaftstext der Aktienrechtsrevision von 1991 wurden die einzelnen Aufgaben teilweise etwas umformuliert, die Grundidee einer Aufzählung solcher **unübertragbaren** Rechte und Pflichten aber übernommen. Präzisiert wurde im Parlament, dass diese Aufgaben auch **unentziehbar** sind. Häufig wird argumentiert, Art. 716a sei ein Beleg dafür, dass die **Paritätstheorie** nun positivrechtlich verankert sei und der Omnipotenztheorie eine Absage erteilt wurde (vgl. auch Botschaft AG, 842, ferner etwa ZK-HOMBURGER, N 514 m.V.). U.E. ist diese Ansicht insoweit zu relativieren, als die GV die VR-Mitglieder nicht nur wählt, sondern sie v.a. auch jederzeit abberufen kann (Art. 705) – selbst wenn die GV in den in Art. 716a aufgezählten Bereichen formell keine Beschlusskompetenz hat (vgl. immerhin Art. 716 N 7), kann sie durch die Bestimmung der Zusammensetzung des VR (und die Drohung, einzelne oder alle VR-Mitglieder abzuwählen) faktisch auch in diesen Bereichen den Entscheid beeinflussen; dies gilt insb. bei Gesellschaften mit kleinem Aktionariat, etwa bei Tochtergesellschaften im Konzern. Für das (freiwillige) **Unterbreiten von Beschlüssen durch den VR an die GV** und die Bedeutung eines ABV sei auf Art. 716 N 6, 8 verwiesen. 1

Nach hier vertretener Ansicht ist die **Aufzählung von Art. 716a abschliessend**; andere vom Gesetz dem VR vorbehaltene Beschlüsse (Einforderung nachträglicher Liberierung, Entscheide im Zusammenhang mit Kapitalerhöhungen, Prüfung der fachlichen Qualifikation von Revisoren) können u.E. rechtsgültig insb. an einen Ausschuss des VR delegiert werden (die genannten Beschlüsse bspw. an ein «Audit Committee» s. hierzu N 39 ff.; vgl. auch Art. 716 N 6 zur Übertragung durch den VR an die GV). 2

In der Praxis sind häufig sog. **fiduziarische VR** anzutreffen, die ihr Mandat als VR auf vertraglicher Grundlage (sei es mittels eines Arbeits-, Mandats- oder Aktionärbindungsvertrages; vgl. LIPS-RAUBER, 33 ff.; KÄCH, 13 ff.; LAZOPOULOS, 21 ff.) und allenfalls auch gestützt auf Art. 707 Abs. 3, Art. 709 Abs. 1 oder Art. 762 für einen Dritten (oder in dessen Interesse) ausüben. Solche Konstellationen finden sich bspw. in Konzernsituationen (ausführlich hierzu VÖGELI/GEIGER, 73 ff.) und dort, wo der Vertretene zwar seine Interessen gewahrt haben, aber selbst nicht öffentlich bekannt sein möchte. Aufgrund der dadurch entstehenden Interessen- bzw. Pflichtenkollision (sog. *doppelter Pflichtennexus*), welche dazu führen kann, dass mit der Erfüllung der einen reziprok die andere Pflicht verletzt wird, war lange Zeit umstritten, ob die Rechtsfigur des fiduziarischen Interessenvertreters überhaupt zulässig ist; sowohl Schrifttum (so etwa FORSTMOSER/MEIER-HAYOZ/NOBEL, § 28 N 175 ff.; KRNETA, N 172; BÖCKLI, § 13 N 631; s.a. ZK-HOMBURGER, N 921 ff. m.w.H.) als auch Rechtsprechung anerkennen heute dieses Institut grundsätzlich (BGer 4C.143/2003 v. 14.10.2003; vgl. zum Spezialfalls des Anwaltes WATTER/NÜESCH, 25 ff.). Hingegen ist die Zulässigkeit einer häufig mit solchen Konstellationen einhergehenden *Übertragung von Weisungsrechten* an den Vertretenen und damit an einen Dritten (i.A. den Hauptaktionär) nach wie vor umstritten: Teile der Lehre vertreten die Ansicht, dass eine solche Verpflichtung zur Befolgung von Weisun- 3 gen (und dies insb. im Bereich von Art. 716a) unzulässig und damit widerrechtlich gem. Art. 20 sowie entsprechend (zumindest teil-)nichtig ist (so etwa VÖGELI/GEIGER, 78; LIPS-RAUBER, 160; MÜLLER/LIPP/PLÜSS, 13 f.; wohl auch BÖCKLI, § 13 N 627; ZK-HOMBURGER, N 919 ff., 927, 929 lehnt nur Dritte, nicht aber Aktionäre als Weisungsgeber ab; s. für eine Zusammenstellung der verschiedenen Lehrmeinungen BEYELER, 87 ff.). U.E. ist zu unterscheiden (vgl. auch WATTER/NÜESCH, 35): Im externen Verhältnis kann sich der fiduziarische VR nie damit entschuldigen, er hätte gem. Weisungen des Vertretenen (der durch sein Weisungsrecht i.d.R. auch im externen Verhältnis zum haftbaren faktischen Organ wird; vgl. BÄRTSCHI, 264) handeln müssen und deshalb die Interessen der Gesellschaft nicht uneingeschränkt wahren können. Im internen Verhältnis ist dagegen eine Bindung grundsätzlich möglich (**a.M.** für Verhältnisse ausserhalb von Konzernsituationen BÖCKLI, § 13 N 624; vgl. zur allfälligen Reduktion des Auftragsumfanges u.) – insb. wird etwa ein VR-Mitglied in einer Konzerntochter selbstverständlich bei der ihn entsendenden Mutter nachfragen (müssen), wie bspw. das Rechnungswesen ausgestalten oder die Finanzkontrolle organisiert soll; analoges gilt in Joint Ventures, wo Mandatsverhältnisse ebenfalls typisch sind (s. zu weiteren diesbezüglichen Fragen, auch ausserhalb von Art. 716a, WATTER/NÜESCH, 34 f.). *De lege lata* ist eine solche Bindung grundsätzlich auch nicht offenlegungsbedürftig (ZK-HOMBURGER, N 931; vgl. auch KRNETA, N 191; BAUEN/VENTURI VR, N 67; **a.M.** BÖCKLI, § 13 N 631), wobei eine *Offenlegung* aber dann zu erfolgen hat, wenn ein sich manifestierter und nicht nur potentieller Interessenkonflikt vorliegt, was sich aus Art. 717 ergibt (vgl. hierzu auch Ziff. 16 SCBP; vgl. ferner für den Spezialfall des Anwaltes WATTER/NÜESCH, 40 f.); eine Offenlegung wird oft auch deshalb notwendig, weil das fiduziarisch agierende VR-Mitglied sonst die für die Instruktionseinholung notwendige Information gar nicht weitergeben kann, vgl. WATTER/NÜESCH, 42 ff. und Art. 717 N 21 f.); dazu wird i.d.R. nämlich die Zustimmung des Gesamt-VR notwendig sein. Stets muss eingeschlossener Inhalt eines rechtsgültigen Mandatsvertrages sein, dass das fiduziarische VR-Mitglied Instruktionen zu widerrechtlichem Handeln nicht zu befolgen hat (ein Bsp. für eine solche Klausel, bei der generell das Gesellschaftsinteresse den Vorrang erhält, findet sich bei ROTH PELLANDA, N 338); sinnvoll ist auch die Ergänzung, dass im Falle fehlender Weisungen der fiduziarische Veraltungsrat im vermuteten Interesse des Unternehmens handeln kann (statt in demjenigen seines Auftraggebers, WATTER/NÜESCH, 37), sofern man nicht überhaupt annimmt, dass der Inhalt des Auftrages immer insoweit «reduziert» auszulegen ist, als vom fiduziarischen VR-Mitglied nicht verlangt werden kann, dass er gegen das Gesellschaftsinteresse agiert und sich damit im externen Verhältnis verantwortlich macht (BÖCKLI, § 13 N 627; WATTER/NÜESCH, 37). Angesichts des (zusätzlichen) Haftungsrisikos, welches ein Mandat als fiduziarisches VR-Mitglied mit sich bringt, werden in den vertraglichen Vereinbarungen zwischen Treugeber und fiduziarischem VR-Mitglied oft *Haftungsausschlüsse und Schadloshaltungsklauseln* aufgenommen, die den Vertretenen verpflichten, dem fiduziarischen VR-Mitglied allfällige zu erbringende Leistungen aufgrund einer aktienrechtlichen Verantwortlichkeit zu ersetzen (ausführlich hierzu WATTER/NÜESCH, 38 ff.; VISCHER, Schadloshaltungsklauseln, 492 ff.; vgl. auch JÖRG, 289).

II. Die unübertragbaren Aufgaben im Einzelnen

1. Die Oberleitung (Ziff. 1)

4 Das Gesetz erklärt nur die Oberleitung (nicht die Leitung schlechthin) der Gesellschaft als unübertragbare Aufgabe des VR: Unter diesen Begriff fallen die Festlegung der **Strategie** des Unternehmens (ausführlich hierzu ROTH PELLANDA, N 463 ff.) innerhalb

3. Abschnitt: Organisation der Aktiengesellschaft   5–9 Art. 716a

des statutarischen Zweckes (Zielfestsetzung) sowie die **Wahl der Mittel** für die Zielerreichung und die **Kontrolle** der Zielkonformität der Handlungen der GL (Botschaft AG, 921 f.; ähnl. BÖCKLI, § 13 N 303 ff.; vgl. auch ERNY, 124 ff.). Oft wird sich auch die GV direkt oder indirekt zur Strategie äussern müssen, etwa indem sie (was allerdings sehr selten nötig ist) die Zweckklausel in den Statuten anpasst oder (viel häufiger) eine Kapitalerhöhung genehmigt, die erforderlich ist, um die durch den VR festgelegte Strategie zu finanzieren. Im Weiteren sanktioniert die GV die vom VR gewählte Strategie durch Wiederwahl (oder ggf. Abwahl) der VR-Mitglieder (vgl. N 1).

Die **Durchsetzung** der **Strategie** erfolgt durch den Erlass von «Weisungen» an die geschäftsführenden Organe, worunter reglementarische Anordnungen generell-abstrakter Natur (s. hierzu Art. 716b N 4 f.) und schriftliche oder mündliche Instruktionen fallen können; selbstverständlich ist, dass die GL diesen Anordnungen Folge zu leisten hat (Botschaft AG, 922; BÖCKLI, § 13 N 310 ff.). Zuständig für den Erlass dieser Weisungen ist an sich der VR, praktisch erfolgen die Anordnungen aber durch den VR-Präsidenten oder den Delegierten des VR, welche über die nötige Präsenz im Unternehmen verfügen (krit. ZK-HOMBURGER, N 547).   5

Zur Oberleitung gehören auch das **Risikomanagement** und die **Risikobeurteilung** (MÜLLER/LIPP/PLÜSS, 201; CHK-IMARK/LIPP, Art. 663b N 17; MOSER/STENZ, 595 vgl. auch Ziff. 19.2 SCBP; **a.M.** BAUEN/BERNET, N 707 FN 36), wobei letzteres nach heute allg. akzeptiertem betriebswirtschaftlichen Verständnis die folgenden vier Hauptelemente umfasst: (1) Risikoidentifikation; (2) Risikoabschätzung (nach Eintretenswahrscheinlichkeit und potentieller Schadenshöhe); (3) Risikoeinschränkung (d.h. Abklärung, ob das Risiko in Kauf genommen und bspw. durch andere betriebliche Abläufe reduziert oder durch Kauf von Versicherungsschutz finanziell abgefedert werden soll) und (4) Schadensbehebung (vgl. BÖCKLI, Revisionsstelle, N 192 ff.; BOUTELLIER/FISCHER/PALAZZESI/BUSER, 615). Die konkrete Ausgestaltung des Risikomanagement ist dann aber stark abhängig von der Komplexität, der Grösse und der Finanzierung der Gesellschaft (MÜLLER/LIPP/PLÜSS, 202). Auch der Kategorisierung der Risiken kommt in der Praxis eine grosse Bedeutung zu; grundsätzlich wird unterschieden in: (1) allg. Unternehmensrisiko; (2) Marktrisiko; (3) Gegenparteirisiko sowie in (4) operationelle Risiken (vgl. BÖCKLI, Revisionsstelle, N 199 ff.). Mit der im Rahmen der Revision des GmbH-Rechts erfolgten Einführung des neuen Art. 663b Ziff. 12 sind im Anhang der Jahresrechnung *«Angaben über die Durchführung einer Risikobeurteilung»* zu machen (vgl. hierzu Art. 663b N 41).   6

Im **Konzern** umfasst der Begriff sowohl die Oberleitung der Muttergesellschaft als auch sämtlicher gem. Art. 663e Abs. 1 in den Konsolidierungskreis fallenden Tochtergesellschaften (ebenso KRNETA, N 1202 ff.; BERTSCHINGER, Arbeitsteilung, N 293; CHK-PLÜSS/KUNZ/KÜNZLI, Art. 716a N 3; vgl. auch PETER, 61 ff. der die Institutionalisierung eines sog. «comité de groupe» empfiehlt).   7

Die übrigen in Art. 716a Abs. 1 umschriebenen unübertragbaren Aufgabenbereiche des VR stellen teilweise eine **Konkretisierung des Begriffes der in Art. 716a Abs. 1 Ziff. 1** verankerten undelegierbaren Zuständigkeit des VR zur Oberleitung der Gesellschaft dar (Botschaft AG, 921).   8

2. Die Festlegung der Organisation (Ziff. 2)

Während im Entwurf zum Aktienrecht von 1991 noch von der «Aufstellung des Organisationsreglements» (ausführlich hierzu Art. 716b N 5 ff.) die Rede war, spricht das Gesetz nun allg. vom «Festlegen der Organisation».   9

Art. 716a 10–12

10 Diese Festlegung der Organisation umfasst (vgl. etwa BÖCKLI, N 1537 ff.) in erster Linie die **Bestimmung der Führungsorganisation,** d.h. die Wahl zwischen einer monistischen, einer quasi-dualistischen bzw. einer dem franz. Modell des Président Directeur Général angeglichenen Führungsebene (ausführlich hierzu Art. 716b N 1 ff.); dazu gehört die Umschreibungen der zentralen Stellen (bzw. Abteilungen), deren Verhältnisse untereinander (Hierarchie, Berichterstattung) sowie die Definition der einzelnen Aufgabenbereiche und Pflichten (insb. das Ausmass der Delegation von Geschäftsführungsaufgaben, vgl. Art. 716b N 4 ff.). Eine weitere Frage ist etwa, wie gross die GL und der VR sein sollen; letztere Frage ist allerdings in den Statuten zu regeln; dort wo die Statuten jedoch eine Bandbreite (oder gar nur eine Mindestzahl) angeben, hat der VR im Rahmen seiner Traktandierungskompetenz der GV einen ihm vernünftig erscheinenden Vorschlag zu machen. Auch zur Bestimmung der Führungsorganisation gehört die Regelung der Frage, ob der Vorsitzende der GL (heute meist «CEO» genannt) Geschäftsführungsentscheide alleine trifft oder ob diese in einer GL-Sitzung zu treffen sind.

11 Undelegierbar i.S.v. Art. 716a ist nur die Organisation der dem VR **direkt unterstellten Stellen** (ähnl. Botschaft AG, 922; KUNZ, 111). Die Organisation untergeordneter Stellen und die Organisation innerhalb der GL kann dieser oder einem allfällig vorhandenen Delegierten des VR übertragen werden (EHRAT, 795). Sicherstellen muss der VR als Gremium immerhin, dass die Berichterstattung über wichtige Vorfälle auch aus dem Aufgabenbereich solcher untergeordneten Stellen zeitgerecht erfolgen kann. In diesem Zusammenhang ist ausserdem der Aufbau eines **Informationssystems** innerhalb der Gesellschaft und von dieser nach aussen zu nennen, sofern diese Aufgabe nicht bereits als Teil der strategischen Führungspflicht des VR gem. Art. 716a Abs. 1 Ziff. 1 betrachtet wird (vgl. hierzu ROTH PELLANDA, N 458).

12 Zur Organisationspflicht gehört insb., dass **sich der VR** – spez. wenn er die Geschäfte selber leitet – **eine Organisation gibt** (vgl. auch Art. 716b N 21). Grösstenteils überlässt das OR die diesbezügliche Ausgestaltung dem VR, womit eine autonome, den jeweiligen Verhältnissen angepasste Gestaltung möglich wird. Zwingend vorgesehen ist lediglich die Bestellung eines Präsidenten (Art. 712) beim mehrköpfigen VR sowie die Ernennung eines Sekretärs (der wiederum nicht VR-Mitglied sein muss; ausführlich zur Funktion des Sekretärs ROTH PELLANDA, N 632), wobei das Gesetz eine geringe Anzahl weiterer Bestimmungen enthält, die zumindest indirekt einen Einfluss auf die Organisation haben, wie bspw. die Pflicht zur Führung eines Protokolls über die VR-Sitzungen (vgl. BÖCKLI, § 13 N 101 m.w.H.). Von wesentlich grösserer Bedeutung als die marginalen gesetzlichen Anforderungen an die Führungsorganisation sind die **Regelwerke der «Corporate Governance»,** welche neben der Aufgabenteilung (vgl. Ziff. 21 ff. SCBP) eine Vielzahl an weiteren Empfehlungen für eine optimalen Organisation des VR enthalten (vgl. etwa Ziff. 14, 16 SCBP; s.a. die RLCG, deren Bestimmungen sich – im Unterschied zum SCBP – auf die Offenlegung u.a. der gewählten Organisation beschränken, insofern aber zumindest einen indirekten Einfluss auf deren Ausgestaltung besitzen). Den Nachweis, dass der VR seiner Pflicht zur Organisation des eigenen Gremiums nachgekommen ist, wird er nur erbringen können, wenn er die Grundsätze **schriftlich** festgelegt hat (ebenso BÖCKLI, § 13 N 321). Dies geschieht mit Vorteil in einem schriftlichen **Reglement,** das neben den eigentlichen Aufgaben und Kompetenzen insb. auch Vorschriften zur inneren Organisation und Verfahrensweise, namentlich über die Einberufung der Sitzungen, Präsenz- und Beschlussquoren, Ausstandspflichten, Entschädigungsfragen u.Ä. enthalten wird (FORSTMOSER/MEIER-HAYOZ/NOBEL, § 28 N 32 ff.). Dieses Geschäftsreglement kann mit dem Organisationsreglement zusammenfallen (vgl. Art. 716b N 21).

Zur Festlegung der Organisation i.S.v. Art. 716a Abs. 1 Ziff. 2 gehört auch die **Bestimmung der Unternehmensstruktur,** d.h. bspw. die Beantwortung der Frage, ob die Gesellschaft sich als Konzern in Tochtergesellschaften gliedert oder als Stammhaus mit Filialen agieren soll. 13

Schliesslich sei darauf hingewiesen, dass der VR mit der Festlegung der Führungsorganisation seine Pflicht noch nicht getan hat; erforderlich ist auch die **regelmässige Überprüfung** und ggf. die Anpassung der einmal gewählten Organisation an veränderte Rahmenbedingungen (vgl. Ziff. 14.2 SCBP; vgl. auch BÖCKLI, Kernkompetenzen, 25 f.; BUOB, 17); dazu gehört bspw. die Anpassung der entsprechenden Reglemente (vgl. Art. 716b N 5). 14

3. Die Finanzverantwortung (Ziff. 3)

Der finanziellen Gesamtführung der Gesellschaft kommt eine wesentliche Bedeutung zu, weshalb der Gesetzgeber die Verantwortung des VR für den Bereich der Finanzen zu den undelegierbaren und unübertragbaren Aufgaben zählt (ausführlich hierzu MÜLLER/LIPP/PLÜSS, 150 ff.). 15

Der VR ist verantwortlich für die Ausgestaltung des **Rechnungswesens,** was namentlich die Schaffung einer entsprechenden Organisation, welche eine ordnungsgemässe und zeitnahe zahlenmässige Erfassung aller Geschäftsvorfälle garantiert (vgl. N 12; s.a. WATTER, 186 sowie ausführlich MÜLLER/LIPP/PLÜSS, 162 ff.) sowie die Wahl des Rechnungslegungsstandards umfasst (CHK-PLÜSS/KUNZ/KÜNZLI, Art. 716a N 5). Wo die Erstellung einer konsolidierten Rechnung notwendig ist (Art. 663e Abs. 1, Art. 662 Abs. 1), erstreckt sich die Pflicht des VR selbstverständlich auch hierauf. Das Rechnungswesen wird als *Informationsinstrument* und *Führungsmittel* verstanden (Botschaft AG, 922), womit es u.a. so zu organisieren ist, dass der VR einen umfassenden (durch stille Reserven nicht verfälschten) Einblick in die finanziellen Entwicklungen und Lage des Unternehmens erhält, indem bspw. monatlich zumindest Umsatzzahlen ermittelt werden, vorzugsweise aber auch die Kosten in dieser Periode, damit der VR den Periodengewinn vor Zinsen, Steuern und Abschreibungen (EBITDA) kennt. Noch besser wäre es, wenn dem VR monatlich der EBIT oder gar die Gewinnzahlen nebst anderen, teilweise branchenspezifischen Kennzahlen, wie etwa der Umsatzrentabilität (ROS), dem Betriebsergebnis in Prozent des betrieblich eingesetzten Kapitals (ROA) oder der Summe der Debitorenausstände und deren durchschnittliches Alter, zur Verfügung stehen würden. Typischerweise wird der VR im Rahmen seiner Führungsverantwortung als Teil des *Budgetprozesses* Zielgrössen für diese Zahlen definieren und dann einschreiten, wenn Abweichungen erkennen lassen, dass das Budget nicht erreicht werden kann (vgl. WATTER, 186 f.). 16

Auch ist die **Finanzkontrolle** sicherzustellen, dies durch eine den Umständen angepasste Kontrollorganisation, wobei einerseits die Echtzeitkontrolle durch geeignete Mittel zur Überwachung und Erhaltung des finanziellen Gleichgewichts und der Liquidität und andererseits ein internes Kontrollsystem (IKS) einzurichten ist (vgl. JÖRG, 311; MÜLLER/LIPP/PLÜSS, 191 ff.; ATTESLANDER/CHEETHMA, 31 f.; NADIG/MARTI/SCHMID, 112 ff.; s.a. Ziff. 19 SCBP); das IKS soll dabei sicherstellen, dass alle Geschäftsvorfälle zeit- und periodengerecht erfasst werden und durch geeignete Massnahmen (bspw. Vieraugenprinzip, Aufteilen der Funktionsschritte auf verschiedene Personen) zu verhindern versuchen, dass das Zahlenwerk manipuliert werden kann. Obwohl Art. 731 nur der GV die Kompetenz gibt, der RS weitere Aufgaben zu erteilen, ist es u.E. möglich, der RS gewisse Überwachungsfunktionen in diesem Bereich aufzuerlegen (zurückhaltend ZK- 17

HOMBURGER, N 569), wobei die Verantwortlichkeit aber beim VR verbleibt und die zusätzlichen Aufgaben die Unabhängigkeit der RS nicht beeinträchtigen dürfen (vgl. Art. 731a Abs. 2).

18 Demgegenüber erachtet das Gesetz die **Finanzplanung** unverständlicherweise (BÖCKLI, § 13 N 354, spricht von einem «hasenfüssigen Zusatz des Parlamentes») nicht als unbedingt notwendig. Finanzplanung geht weiter als die **Budgetierung** (die ihrerseits wohl stets «notwendig» ist) indem sie u.a. das Vorhandensein genügender Liquidität sicher stellt (Botschaft AG, 922) und das anzustrebende Verhältnis zwischen Eigen- und Fremdfinanzierung festlegt (vgl. auch N 16 zur Führung mittels Kennzahlen). Entsprechend geht es darum, dass der VR dafür sorgt, dass eine Finanzplanung vorgenommen wird und dass der VR – etwa über Liquiditätsengpässe – rechtzeitig im Voraus orientiert wird. De lege lata kann der VR diese Aufgabe delegieren, darf sie aber nicht gänzlich vernachlässigen.

4. Die Ernennung und Abberufung der GL und der Zeichnungsberechtigten (Ziff. 4)

19 Unübertragbar ist lediglich die **Wahl und Abwahl der dem VR direkt unterstellten GL-Mitglieder**, während die Besetzung der unteren Stellen an die GL übertragen werden kann (vgl. auch N 11).

20 Nach dem Wortlaut des Gesetzes kann hingegen die Bestimmung des **Vertretungs- und Zeichnungsrechtes** nicht delegiert werden (vgl. auch Botschaft AG, 922; Art. 721 N 2; vgl. ferner zur Gesetzgebungsgeschichte ZK-HOMBURGER, N 573). Diese Ordnung überzeugt nicht (vgl. die Zusammenstellung der Kritik bei ZK-HOMBURGER, N 573a), da hierarchische Stellung und Zeichnungsrecht hierzulande stark miteinander verknüpft sind. U.E. kann der Gesetzestext aber so ausgelegt werden, dass die Besetzung von Stellen durch die GL, die der VR in seinem Organisationsreglement mit Zeichnungsrecht ausgestattet hat, direkt zu einem Zeichnungsrecht führen (bspw. kann nach dieser Ansicht das Reglement bestimmen, dass einem Leiter einer Filiale oder dem Chef der Buchhaltung ein bestimmtes Zeichnungsrecht zukommt: Wenn diese Personen – ebenfalls nach dem Reglement – durch die GL ernannt werden, können sie ab Ernennung für die Gesellschaft rechtsgeschäftlich handeln; ähl. BERTSCHINGER, Arbeitsteilung, N 148; FORSTMOSER/HIRSCH, 36; KRNETA, N 1265; **a.M.** JÖRG, 315). TURIN erlaubt gar eine Delegation, falls die betr. Person «nur» ein Zeichnungsrecht, nicht aber eigentliche Geschäftsführungskompetenzen hat (TURIN, 38 ff.). Der «Fehler» der gesetzlichen Ordnung wird ferner insoweit relativiert, als die Anmeldung von Zeichnungsberechtigten an das Handelsregister ohnehin einer Unterschrift von zwei VR-Mitgliedern oder von einem VR-Mitglied mit Einzelzeichnungsberechtigung bedarf (Art. 17 Abs. 1 lit. c HRegV), womit sich zumindest ein Teil des VR so oder anders mit dem Zeichnungsrecht befassen muss. In der Praxis ist es häufig auch so, dass die GL einen Beschluss betr. die Übertragung der Vertretung zuhanden des VR fasst, welcher diesen Beschluss dann genehmigt und beim Handelsregister anmeldet (VON BÜREN/STOFFEL/WEBER, N 634).

21 Bei der Wahl der GL-Mitglieder und der mit der Vertretung betrauten Personen muss der VR selbstverständlich die **cura in eligendo** beachten, was ein Einholen von Referenzen und persönliche Gespräche vor der eigentlichen Wahl verlangen kann; diese Aufgaben werden heute in gewissen VR vom Nominierungsausschuss wahrgenommen (dazu N 43 f.).

22 Als letzte Konsequenz der **cura in custodiendo** (dazu N 23 ff.) muss der VR einen *Geschäftsführer* oder einen *Zeichnungsberechtigten* sofort abberufen, falls der Betreffende

sein Amt nicht oder nicht mehr zur Zufriedenheit des VR erfüllen kann (vgl. Art. 726 N 3). Dazu gehört auch die Pflicht des VR die von ihm *mit besonderen Funktionen oder Aufgaben betrauten VR-Mitglieder* aus diesen Sonderfunktionen bei Unzufriedenheit abzuberufen (eine statutarische oder reglementarische Beschränkung des Abberufungsrechts auf wichtige Gründe ist unzulässig; vgl. FORSTMOSER/MEIER-HAYOZ/NOBEL, § 22 N 29; BÖCKLI, FS Bär, 39; BGE 80 II 118 E. 1); eine Ausnahme besteht einzig für den VR-Präsidenten, sofern er aufgrund einer statutarischen Bestimmung durch die GV gewählt worden ist (vgl. Art. 712 Abs. 2), wobei diesfalls eine Suspendierung des betroffenen VR-Mitgliedes durch den Gesamt-VR bis zum definitiven Entscheid durch die GV möglich ist (ausführlich hierzu ROTH PELLANDA, N 573 ff.; vgl. hierzu auch Art. 726 N 9). Im Unterschied zur GL verliert das VR-Mitglied durch eine Abberufung oder Suspendierung von Sonderfunktionen durch den Gesamt-VR lediglich seine zusätzlichen Funktionen und Aufgaben, da zur Abberufung aus den allg. mit dem Mandat als VR verbundenen Rechten und Pflichten einzig die GV zuständig ist (vgl. Art. 705).

5. Die Oberaufsicht über die mit der operativen Führung betrauten Personen (Ziff. 5)

Wo die Geschäftsführung übertragen ist, muss der VR diese überwachen bzw. seiner *cura in custodiendo* nachkommen. Die Überwachungspflicht des alten Rechts von 1936 (Art. 722 Abs. 2 Ziff. 3 altOR 1936) ist in eine Oberaufsicht umgewandelt worden (s. zum Begriff und Gehalt der Oberaufsicht insb. JUD, 14 ff.), dies allerdings ohne materielle Konsequenzen (vgl. auch Art. 754 Abs. 2). Ihre Legitimation findet diese Pflicht zur Überwachung hauptsächlich in der **Interessenwahrung zu Gunsten der Aktionäre** (zur Legitimation durch weitere Interessen s. JUD, 20 ff.) und stellt eines der wichtigsten Mechanismen zur Überwindung der Prinzipal-Agent-Problematik dar (ausführlich hierzu ROTH PELLANDA, N 76 ff.). 23

Aus funktionaler Sicht geht es bei der Oberaufsicht um die Feststellung etwaiger Abweichungen des Ist- vom Soll-Zustand, d.h. um die **Übereinstimmung von operativer mit strategischer Führung** (ERNY, 238 f.; JUD, 11 ff.). Die Beaufsichtigung ist einerseits eine **normative,** indem das OR verlangt, dass die Einhaltung von Gesetzen (vgl. auch BÖCKLI, § 13 N 393 zur Insidernorm), Statuten, Reglementen und Weisungen überwacht wird (BUFF, 107; BACHMANN, 93; vgl. auch Ziff. 20 SCBP); sie erstreckt sich aber auch (und wohl insb.) auf **betriebswirtschaftliche Aspekte,** indem die Zweckmässigkeit und Zielkonformität von Entscheiden und Abläufen zu überprüfen ist (vgl. Botschaft AG, 923; BÖCKLI, § 13 N 374 ff.; generell zu betriebswirtschaftlichen Aspekten GLAUS, 46 ff., 146 ff.). I. A. dürfte eine vergangenheitsorientierte Ex-post-Überwachung genügen. Betriebswirtschaftlich sinnvoller wäre allerdings eine laufende Überwachung, bei der Entscheidungen der GL noch beeinflusst werden können (GLAUS, 154; vgl. allerdings auch ZK-HOMBURGER, N 593 f., mit dem richtigen Hinweis, dass «Beeinflussung» zu «Mitentscheidung» und damit zu Mithaftung führen kann); Ziel sollte sein, eine Art «Frühwarnsystem» zu entwickeln. 24

Zur Oberaufsicht gehört aber nicht nur die sachliche Überwachung der Geschäftsführung im materiellen Sinne, sondern auch die **personelle Überwachung** der damit beauftragten Personen (ROTH PELLANDA, N 475), wobei diese Verpflichtung teilweise auch aus der in Art. 716a Abs. 1 Ziff. 4 verankerten Zuständigkeit für Wahl und Abberufung der GL abgeleitet wird (s. hierzu N 19 ff.). 25

26 Bei der Oberaufsicht handelt es sich um eine **kontinuierliche Aufgabe des VR;** hingegen geht es nicht darum, dass der VR Einzelhandlungen nachprüft (deshalb auch «Oberaufsicht» und nicht «Kontrolle»), sondern er hat durch ein geeignetes Berichterstattungssystem (Art. 716b N 7) mit entsprechenden Meldepflichten, ergänzt allenfalls – und insb. bei grösseren Verhältnissen – durch ein internes **Kontrollsystem** (bspw. durch zeitnahe Finanzkennzahlen, vgl. N 12, denkbar auch durch einen direkt rapportierenden «Controller», vgl. GLAUS, 241 ff.), sicherzustellen, dass er über die Tätigkeit der GL orientiert bleibt, um ggf. einschreiten zu können (PÖSCHEL/WATTER, 819 f.).

27 Zu Recht wird darauf hingewiesen, dass sich die Oberaufsicht auch auf die **Tätigkeit** der internen und externen **RS** erstrecken sollte (JÖRG, 311), damit der GV allenfalls deren Ersetzung empfohlen werden kann. Diese Aufgabe ist allerdings delegierbar, bei Publikumsgesellschaften wird diese Aufsicht heute oft auf ein Audit Committee übertragen (vgl. BÖCKLI, § 13 N 385 ff.; dazu N 39 ff.).

28 Von besonderer Bedeutung für die Oberaufsicht ist das Vorhandensein der entsprechenden **Kenntnisse** – insb. der unternehmensspezifischen Branchenkenntnisse – im VR, ohne welche auch eine objektive und zeitnahe Information durch die GL nicht wirklich hilfreich ist (ausführlich zu den Kenntnissen und Fähigkeiten, über die ein VR verfügen sollte ROTH PELLANDA, N 245 ff.; WATTER/ROTH PELLANDA, 78 ff.; ausführlich zu den notwendigen Rechtskenntnissen ROHNER, 103 ff.).

6. Geschäftsbericht und Vorbereitung der GV (Ziff. 6)

29 Im Rahmen der Vorbereitung der (ordentlichen) GV hat der VR namentlich den **Geschäftsbericht** (Art. 662) zu erstellen bzw. dessen Erstellung sicherzustellen, also die Erfolgsrechnung, die Bilanz samt Anhang und allenfalls die Konzernrechnung. Er hat im Weiteren den Jahresbericht (Art. 663d) vorzubereiten; diese Unterlagen hat er (neben weiteren notwendigen Dokumenten, Art. 728 Abs. 2) der RS zur Prüfung zu unterbreiten. Aus dem Kotierungsreglement (vgl. Art. 65 Kotierungsreglement) und dem Bankenrecht (Art. 23b BankV) ergeben sich je nach Gesellschaft auch Pflichten im Zusammenhang mit der Erstellung von Halbjahresabschlüssen.

30 Des Weiteren hat der VR einen Beschluss über den der GV zu unterbreitenden **Dividendenantrag** zu fassen, ein Tagungslokal für die GV zu bestimmen, die **Einladungen** für die GV samt Traktandenliste (mit Anträgen, Art. 700 Abs. 2) vorzubereiten und diese nach Erhalt der geprüften Rechnung zu versenden, die **Eintrittskontrolle** an der GV, **Protokollführung** und **Stimmenzählung** (Art. 702) sicherzustellen. Allenfalls sind auch Traktandierungsbegehren von Aktionären (vgl. Art. 699 Abs. 3) zu berücksichtigen, ferner gelten die vorgenannten Pflichten *mutatis mutandis* auch bei ausserordentlichen GV (vgl. für den Fall einer strittigen GV, wo sich auch die Frage der Neutralitätspflicht des VR stellt WATTER/RAMPINI, Proxy Fights, in: Tschäni (Hrsg.), Mergers & Acquisitions III, Zürich 2001, 1 ff.; vgl. ferner zu allg. Fragen ZK-HOMBURGER, N 600 ff.).

31 Nicht zu den unübertragbaren Aufgaben gehört dagegen die **Leitung der GV,** die in aller Regel einer einzelnen Person, meist dem Präsidenten des VR anvertraut wird. Möglich ist es zudem, die Leitung einem Aktionär oder einem Dritten zu übertragen, wobei u.E. diese Möglichkeit auch dann besteht, wenn die Statuten – was allerdings sehr häufig der Fall ist – dies nicht explizit vorsehen.

32 Festgehalten ist schliesslich, dass der VR die **Beschlüsse der GV auszuführen** hat, was auch dann gilt, wenn die GV nichts über die Ausführung angeordnet hat. Gemeint ist die Verantwortung für die Ausführung dieser Beschlüsse (BÖCKLI, § 13 N 399); verlangt

ist damit lediglich Instruktion und Überwachung. Zu denken ist praktisch etwa an die Anmeldung von Statutenänderungen beim Handelsregister (gem. Art. 17 Abs. 1 lit. c HRegV durch zwei VR-Mitglieder oder ein VR-Mitglied mit Einzelzeichnungsberechtigung) oder an die Durchführung der Dividendenzahlungen; hierunter fällt zudem die Ausführung von Beschlüssen, die der VR der GV freiwillig vorgelegt hat (vgl. Art. 716 N 6). Eine Anfechtungsklage gegen einen GV-Beschluss wird die Ausführungspflicht (und das Ausführungsrecht) in aller Regel aufheben, dies wenigstens solange das Gericht nicht einstweilige Massnahmen zugunsten des Klägers abgelehnt hat.

7. Die Benachrichtigung des Richters nach Art. 725 (Ziff. 7)

Diese **Anzeigepflicht** nach Art. 725 ist unübertragbar; der entsprechende Beschluss obliegt dem Gesamt-VR, welcher damit für die Beachtung der Vorschriften von Art. 725 haftet. Zwar erwähnt das Gesetz nur die Benachrichtigungspflicht nach Art. 725 Abs. 2, doch dürften auch die Pflichten nach Art. 725 Abs. 1 undelegierbar sein, da die GL die GV ja nicht selber einberufen kann (ebenso BÖCKLI, § 13 N 402) und der VR hinter den Sanierungsmassnahmen (die von der GL aber geplant werden können) stehen muss.

III. Die Arbeit in Ausschüssen (Abs. 2)

1. Hintergrund, Notwendigkeit und Entwicklung

Es ist heute unbestritten und selbstverständlich, dass der VR (zumindest ab einer gewissen Grösse) im gesetzlichen Rahmen gewisse Aufgaben und Funktionen – und dabei geht es heute nicht mehr nur um die Geschäftsführung – delegiert und damit nur noch die wesentlichsten Ausflüsse seiner Funktion als Gesamtgremium wahrnimmt (ebenso BÖCKLI, FS Forstmoser, 275; THOM/BRÖNNIMANN, 23). Eine solche (interne) Arbeitsteilung wird aus verschiedenen Gründen für eine effektive und effiziente Funktionsfähigkeit des VR als Wesentlich erachtet: Neben dem offensichtlichen Argument, dass ein paralleles Arbeiten in Ausschüssen es den VR-Mitgliedern erlaubt, sich mit gewissen ihnen besser vertrauten Themen vertieft auseinander zu setzen und diese zu diskutieren (ROTH PELLANDA, N 628), werden als Begründung für die Arbeit in Ausschüssen auch die zusätzlichen Anforderungen, welche durch die Corporate-Governance-Bewegung an die VR-Mitglieder gestellt werden (ausführlich hierzu ROTH PELLANDA, N 23 ff., N 540 ff.; vgl. auch VON DER CRONE, 82), die sich aus der Sorgfalts- und Treuepflicht (Art. 717) ergebende Notwendigkeit zur **Vermeidung von Interessenkonflikten** (vgl. Art. 717 N 8a) sowie zur **Wahrung einer Machtbalance** (vgl. MEIER-SCHATZ, 501) als Gründe angeführt. In diesem Zusammenhang wird die Bildung von Ausschüssen und deren Besetzung mit nicht-exekutiven und wenn möglich sogar unabhängigen VR-Mitgliedern als wichtiges Mittel betrachtet, gewisse Führungsaufgaben des VR wirkungsvoll erledigen zu können (zur Differenzierung zwischen nicht-exekutiven und unabhängigen VR-Mitgliedern s. ROTH PELLANDA, N 290 f.).

Auch wenn es dem VR bereits unter dem Aktienrecht von 1936 möglich war (nach NOBEL, FS Forstmoser, 329, ist die alte Formulierung der heutigen Gesetzesversion sogar vorzuziehen), aus seiner Mitte einen oder mehrere Ausschüsse zu bestellen, so führten solche Ausschüsse in der Schweiz dennoch während langer Zeit ein eher untergeordnetes Dasein; dies galt wenigstens für Ausschüsse im heutigen Sinn – ziemlich verbreitet waren lange Zeit Ausschüsse (etwa «VR-Komitee» genannt), welche praktisch die ganze VR-Tätigkeit auf sich vereinigten und die übrigen, oft sehr zahlreichen VR-Mitglieder nur kurz vor dem gemeinsamen Essen summarisch über die eigene Tätigkeit unterrichteten. Heute ist demgegenüber die **Forderung nach einer Bildung von (mehreren) Ausschüssen** – insb. für den VR einer Publikumsgesellschaft – **omnipräsent** und wird unter dem Blickwinkel der Corporate Governance mehrheitlich als *state of the art* betrachtet (statt aller WATTER, 183; VON DER CRONE/CARBONARA/MAROLDA MARTÍNEZ, 405 f.). Entsprechend ist eine zunehmende Verbreitung der Ausschussbildung in der Praxis festzustellen (so bereits GLAUS, 198; FORSTMOSER, Unternehmensverfassung, 707; GIGER, 326).

36 Ebenso empfehlen die **Regelwerke der Corporate Governance** die Bildung von Ausschüssen: Gem. Ziff. 21.1 SCBP sollen bestimmte Sach- und Personalbereiche einer vertieften Analyse durch Ausschüsse unterzogen werden und für börsenkotierte Gesellschaften verlangt Ziff. 3.5 des Anhangs zur RLCG eine umfangreiche Transparenz über die Ausschussbildung. Schliesslich wird seit dem Inkrafttreten des EBK-Rundschreibens «Überwachung und interne Kontrolle» (EBK-RS 06/6) von Instituten des Bank- und Finanzsektors gefordert, dass bei Erfüllung gewisser Kriterien (z.B. Kotierung der Beteiligungstitel, vgl. EBK-RS 06/6 Rz 32 ff.) ein Prüfungs- und Revisionsausschuss eingerichtet wird; ein Nichteinhalten dieser Vorschrift zieht eine Begründungspflicht im Jahresbericht nach sich (EBK-RS 06/6, Rz 37).

2. Kompetenzen und Verantwortlichkeit

37 Das Gesetz hält fest, dass **im Bereich von Art. 716a Abs. 1** nur die **Vorbereitung, Ausführung** und **Überwachung** einzelnen Mitgliedern oder Ausschüssen des VR übertragen werden darf. Die Verantwortung für die Erfüllung der Pflichten verbleibt hier somit grundsätzlich beim VR als Gremium: Namentlich sind die entsprechenden Entscheidungen (z.B. nach Vorbereitung durch einen Ausschuss) durch den Gesamt-VR zu fällen (Botschaft AG, 923 f.); erfüllt bspw. ein VR-Mitglied, an das die Benachrichtigung des Richters nach Art. 716a Abs. 1 Ziff. 7 delegiert wurde, seine Aufgabe schuldhaft nicht, haftet dafür der Gesamt-VR, wobei die Haftung i.E. vergleichbar mit derjenigen nach Art. 101 ist (WATTER, 190; vgl. auch VON DER CRONE, 90 ff., insb. 93 f.). Immerhin dürfen Fehler in der Entscheidvorbereitung, -ausführung oder -überwachung dann den nicht beteiligten VR-Mitgliedern grundsätzlich nicht entgegengehalten werden, wenn sie diese Fehler nicht erkennen konnten (WATTER, 189). Auch muss es u.E. (ähnl. wie bei einer Delegation der Geschäftsführung) zulässig sein, dass der VR als Gesamtgremium lediglich über die wesentlichen Grundzüge einer Aufgabe entscheidet und die Detailregelung den Ausschüssen überlässt (vgl. ROTH PELLANDA, N 604).

38 Nicht ausdrücklich im Gesetz geregelt sind demgegenüber Ausschüsse, denen auch die **wesentlichen Entscheidkompetenzen** übertragen werden; die Lehre sieht dies u.E. zu Recht im Bereich der delegierbaren Aufgaben grundsätzlich als zulässig an und subsumiert solche Ausschüsse unter Art. 716b (FORSTMOSER/MEIER-HAYOZ/NOBEL, § 29 N 33 ff.; ROTH PELLANDA, N 604; WEGMÜLLER, 130). Damit sind für Ausschüsse mit Entscheidkompetenzen die Voraussetzungen der Delegation zu beachten: Es bedarf einer Ermächtigung durch die GV zur Delegation der Geschäftsführung in den Statuten und den Erlass eines auch die Ausschusstätigkeit ordnenden Organisationsreglements durch den VR (vgl. auch Art. 716b N 20).

3. Prüfungs- und Revisionsausschuss (sog. Audit Committee)

39 Die Institutionalisierung eines Audit Committee ist heute – insb. bei börsenkotierten Gesellschaften – **nicht mehr wegzudenken** (vgl. auch die Empfehlung in Ziff. 23.1

3. Abschnitt: Organisation der Aktiengesellschaft   40–44 Art. 716a

SCBP) und bildet zunehmend eine der Voraussetzungen für den Zugang zum Kapitalmarkt (seit den 1970er-Jahren müssen bspw. die an der New York Stock Exchange kotierten Gesellschaften über einen solchen Ausschuss verfügen, vgl. ROTH PELLANDA, N 603 m.w.H.).

Bei der **Besetzung** des Audit Committee ist darauf zu achten, dass sich der Ausschuss nicht nur aus nicht exekutiven und vorzugsweise unabhängigen (für die Mitglieder von Ausschüssen von Bank- und Finanzinstitutionen sind überdies die Anforderungen der Rz 38 i.V.m. RZ 20 ff. des EBK-RS 06/6 zu beachten) VR-Mitgliedern zusammensetzt (vgl. Ziff. 23.1 SCBP), sondern diese zudem im Finanz- und Rechnungswesen erfahren und damit *financially literate* sind (WATTER/ROTH PELLANDA, 90 ff.; vgl. auch Ziff. 23.2 SCBP). 40

Typische **Aufgaben** eines Audit Committee sind etwa: (i) Kenntnisnahme aller internen und externen Revisionsberichte; (ii) Überwachung der externen und internen Revision, namentlich betr. ihrer Wirksamkeit, Unabhängigkeit und deren Zusammenwirken; (iii) Überwachung des internen Kontrollsystems (IKS), des Risikomanagements und der Compliance (s. hierzu BACHMANN, 94); (iv) Überprüfung der Zwischen- und Jahresabschlüsse und der entsprechenden Pressemitteilungen; (v) Empfehlung an den VR betr. des Entscheids über die Vorlage der Einzel- und allenfalls auch der Konzernabschlüsse an die GV (vgl. WATTER, 191; BÖCKLI, Audit Committee, 22 f.). Durch die Wahrnehmung dieser Aufgaben wird das Audit Committee zum Bindeglied und zur Koordinierungsstelle zwischen dem VR und der RS, womit eine zeitnahe und umfassende Information sowie ein kontinuierlicher Einfluss durch den VR möglich wird (ROTH PELLANDA, N 610). 41

Ob dem Audit Committee **eigene Entscheidungskompetenzen** übertragen werden können, ist umstritten; u.E. ist insb. eine vollumfängliche Delegation der *Überwachung der Unabhängigkeit der RS* sowie des *Antrages an die GV betr. die Wieder- oder Neuwahl der Revisionsstelle* an den Ausschuss möglich (WATTER, 191 ff.; BÖCKLI, § 13 N 425; vgl. aber auch BAK, 63 f.; **a.M.** VON DER CRONE/CARBONARA/MAROLDA MARTÍNEZ, 408; GIGER, 327). 42

4. Nominierungsausschuss (sog. Nomination Committee)

Da die Besetzung der GL und des VR von entscheidender Bedeutung für den Erfolg eines Unternehmens ist, dürfte unbestritten sein, dass den diesbezüglichen Aufgaben (inkl. einer umfassenden Nachfolgeplanung) oberste Priorität einzuräumen ist und die Entscheide des VR auf der Grundlage einer vertieften und fundierten Vorbereitung getroffen werden sollten. Die **Bildung** eines Nominierungsausschusses **empfiehlt sich** aber auch aufgrund der Zeitintensität solcher Aufgaben (vgl. Ziff. 27 SCBP). 43

Die **Entscheidungskompetenzen** betr. der Wahl und Abberufung der obersten, dem VR direkt unterstellten Hierarchieebene stellen gem. Art. 716a Abs. 1 Ziff. 4 ebenso eine nicht delegierbare Aufgabe dar, wie die Wahl und Abberufung der VR-Mitglieder, für welche nach Art. 698 Abs. 2 Ziff. 2 zwingend die GV zuständig ist (WATTER, 195). Delegierbar ist hingegen – wie in Ziff. 27.1 SCBP empfohlen – die *Festlegung der Grundsätze für die Auswahl von Kandidaten für den VR* sowie die *Vorbereitung einer Auswahl* anhand dieser Kriterien. Auch delegierbar ist u.E. die *Qualifikation der GL und weiterer Mitarbeiter* (AMSTUTZ, 169 ff.; vgl. auch ROTH PELLANDA, N 614). Häufig sind die Nominierungsausschüsse zudem für die *Einführung neuer VR-Mitglieder,* die *Planung der Weiterbildung* und die *Nachwuchsförderung* zuständig, sofern diese Aufgabe nicht dem VR-Präsidenten übertragen wird (vgl. BÖCKLI, § 13 N 413a). 44

5. Entschädigungsausschuss (sog. Renumeration/Compensation Committee)

45 Vor allem unter unternehmenspolitischen Gesichtspunkten sind die Entschädigungen der obersten Führungsebene in den letzten Jahren zu einem emotionalen, nicht endenden Thema in der Öffentlichkeit geworden und haben unter anderem zu einer Pflicht der **Offenlegung** solcher Vergütungen geführt (vgl. Art. 663b^{bis}, 663c sowie die Ziff. 5 des Anhangs zur RLCG).

46 Da Entschädigungen als Anreiz ein wichtiges Instrument zur Erreichung der angestrebten Gesellschaftsziele und zur Überwindung des Prinzipal-Agent-Problems (ausführlich hierzu ROTH PELLANDA, N 76 ff.) darstellen, sollten die entsprechenden Entscheide eine möglichst unabhängige Abstützung finden, weshalb die Bildung eines Entschädigungsausschusses, der sich ausschliesslich aus nicht-exekutiven VR-Mitgliedern zusammensetzt, zumindest für grössere Unternehmen **empfohlen wird** (vgl. ROTH PELLANDA, N 617 f.; Ziff. 25 SCBP). Teilweise wird der Entschädigungs- mit dem Nominierungsausschuss zu einem Gremium vereinigt (WATTER, 196).

47 Auch wenn die Festsetzung der Entschädigung von VR und GL nicht im Katalog von Art. 716a Abs. 1 enthalten ist, so sind Entschädigungssysteme als wichtiger Teil des Anreizsystems von strategischer Bedeutung und ist zumindest ihre Ausgestaltung (d.h. das System, die Art der Entschädigung sowie die Höhe der gesamten Entschädigung) unter die in Art. 716a Abs. 1 genannten Oberleitung der Gesellschaft zu subsumieren. **Delegierbar** ist u.E. hingegen der Entscheid über die Festsetzung der individuellen Entschädigungen innerhalb des vom Gesamt-VR festgelegten Rahmens.

48 Bei der Festsetzung der Entschädigung ist zu beachten, dass die **variablen Entschädigungsbestandteile** auf den langfristigen und nachhaltigen Erfolg ausgerichtet werden, und die Quantität der Entschädigung nachvollziehbar von der Entwicklung zweier Grössen, nämlich dem persönlichen Beitrag des Einzelnen und dem Unternehmenserfolg, abhängig gemacht wird (ausführlich zur konkreten Ausgestaltung variabler Entschädigungen LEU, 176 ff.; s.a. Ziff. 26 SCBP und WATTER/MAIZAR, 45 ff.). Zwecks einer Angleichung der Interessen der Aktionäre an diejenigen der VR- und GL-Mitglieder ist eine zumindest teilweise Entlöhnung mit (gesperrten) Aktien (WATTER/ROTH PELLANDA, 55) oder Optionen, deren Ausübungspreis gewissen Vorgaben unterliegt (WATTER/MAIZAR, 52 ff.) auch heute als sinnvoll zu erachten; dies insb. dann, wenn dadurch wertvolle Mitarbeiter an das Unternehmen gebunden werden können («vesting») und die Systeme so angepasst werden, dass Misserfolge in folgenden Jahren auch dazu führen können, dass ein Teil der einmal zugesprochenen Entschädigung wieder verfallen kann («clawback»).

49 Im Rahmen der geplanten **Revision des Aktien- und Rechnungslegungsrechts** ist die Aufnahme einer Bestimmung ins OR vorgesehen (Art. 627 Ziff. 4 E 2007), nach welcher der *GV auf statutarischem Wege die Zuständigkeit zur Festlegung der Entschädigungen des VR und ihnen nahestehenden Personen sowie betr. der Ausrichtung von Mitarbeiteroptionen eingeräumt werden soll* (Botschaft Aktien- und Rechnungslegungsrecht, 1638). Dies ist u.E. in zweierlei Hinsicht als problematisch zu betrachten: Einerseits erfordert die Delegation eine ausführliche Statutenbestimmung, welche die Art der Mitsprache und deren Folgen unmissverständlich festlegt und andererseits ist es höchst fraglich, ob die Aktionäre über die für die Ausgestaltung der Entschädigungssysteme als auch die Art und Höhe der einzelnen Entschädigungen notwendigen Informationen und v.a. die Möglichkeit zur differenzierten Leistungsbeurteilung verfügen. Überdies hätte ein solches System zur Konsequenz, dass der VR gar keine gültigen Managementverträge mehr abschliessen könnte, da ihm die Kompetenz zur Festlegung der Entschädigung fehlen würde. Realistischerweise kann dementsprechend höchstens eine Mitsprache der GV bei der Festlegung der Entschädigungsgrundsätze in Frage kommen (vgl. auch NOBEL, Compensation, 116 ff.; BAHAR, 93, 126 ff.; ROTH PELLANDA, N 622; SIBBERN, 233). Schliesslich ist die Aufnahme einer Bestimmung ins OR geplant (Art. 717b E 2007), welche die an der Börse kotierten Gesellschaften verpflichtet, bei einer Einsitznahme ders. Personen in mehreren VR und/oder GL eine *gegenseitige Einflussnahme auf die Festsetzung der Entschädigungen auszuschliessen* (Botschaft Aktien- und Rechnungslegungsrecht, 1688 f.).

6. Weitere Ausschüsse

Neben den o.g. häufigsten Formen finden sich in der Praxis weitere Ausschüsse wie etwa sog. **ad-hoc-Ausschüsse,** die zur Wahrnehmung besonderer Aufgaben (z.B. betr. der Sanierung einer Tochtergesellschaft, der Abwehr eines unfreundlichen Übernahmeangebotes (sog. Defense Committee), der Untersuchung besonderer Vorfälle) nur für eine bestimmte Zeit gebildet werden (ROTH PELLANDA, N 624; KRNETA, N 1667). Relativ häufig anzutreffen ist aber auch ein auf ständiger Basis gebildeter **Strategieausschuss,** wobei zu beachten ist, dass einem solchen Ausschuss insb. im Zusammenhang mit Akquisitionsobjekten gewisse Entscheidungskompetenzen übertragen werden können, solange die konkrete Akquisition nicht zu einer Strategieänderung führt (WATTER, 197). 50

7. Notwendigkeit einer angemessenen Berichterstattung

In Art. 716a Abs. 2 wird festgehalten, dass bei einer Delegation der untergeordneten Aufgaben für eine **angemessene Berichterstattung** zu sorgen ist (s. hierzu auch ROTH PELLANDA, N 629, 685 ff.); dabei ist u.E. zu fordern, dass an die Quantität und Qualität der weiterzugebenden Informationen immer dann ein strenger Massstab anzulegen ist, wenn eine volle Verantwortlichkeit des Gesamt-VR bestehen bleibt, um dem VR ein rechtzeitiges Eingreifen zu ermöglichen.. 51

Anzumerken bleibt in diesem Zusammenhang, dass die Zersplitterung der Verwaltungsratsarbeit in (unkoordinierte) Ausschüsse und der damit einhergehende Verlust der einheitlichen Führung sowie der erhöhte Koordinations- und Informationsaufwand die grössten **Nachteile der Ausschussbildung** darstellen (für weitere Nachteile s. ROTH PELLANDA, N 629). 52

8. Etablierung sog. Committee Charter

Werden Ausschüsse gebildet, so empfiehlt sich der **Erlass sog. Committee Charter** durch den Gesamt-VR, in welchen die Grundzüge der Organisation der Ausschüsse geregelt werden (s. ROTH PELLANDA, N 193 ff.). Fehlen solche Reglemente, so ist u.E. zumindest das Organisationsreglement sinngemäss anzuwenden (vgl. Ziff. 21.2 SCBP), wobei im Falle der Delegation von Entscheidungskompetenzen die Grundzüge derselben explizit im Organisationsreglement aufzunehmen sind. 53

IV. EU-Recht und IPR

Die Europäische Kommission hat am 15.2.2005 eine Empfehlung erlassen, welche die **Bildung von Ausschüssen** und deren Besetzung mit unabhängigen Personen empfiehlt (vgl. Empfehlung der Kommission vom 15.2.2005 [2005/162/EG] zu den Aufgaben 54

Art. 716b

von nicht geschäftsführenden Direktoren/Aufsichtsratsmitgliedern/börsennotierter Gesellschaften sowie zu den Ausschüssen des Verwaltungs-/Aufsichtsrats; ABl. L 52 vom 25.2.2005, 51–63).

55 Zum **anwendbaren Recht** kann auf Art. 716 N 12 verwiesen werden.

Art. 716b

3. Übertragung der Geschäftsführung

¹ **Die Statuten können den Verwaltungsrat ermächtigen, die Geschäftsführung nach Massgabe eines Organisationsreglementes ganz oder zum Teil an einzelne Mitglieder oder an Dritte zu übertragen.**

² **Dieses Reglement ordnet die Geschäftsführung, bestimmt die hierfür erforderlichen Stellen, umschreibt deren Aufgaben und regelt insbesondere die Berichterstattung. Der Verwaltungsrat orientiert Aktionäre und Gesellschaftsgläubiger, die ein schutzwürdiges Interesse glaubhaft machen, auf Anfrage hin schriftlich über die Organisation der Geschäftsführung.**

³ **Soweit die Geschäftsführung nicht übertragen worden ist, steht sie allen Mitgliedern des Verwaltungsrates gesamthaft zu.**

3. Délégation de la gestion

¹ Les statuts peuvent autoriser le conseil d'administration à déléguer tout ou partie de la gestion à un ou plusieurs de ses membres ou à des tiers conformément au règlement d'organisation.

² Ce règlement fixe les modalités de la gestion, détermine les postes nécessaires, en définit les attributions et règle en particulier l'obligation de faire rapport. A la requête d'actionnaires ou de créanciers de la société qui rendent vraisemblable l'existence d'un intérêt digne de protection, le conseil d'administration les informe par écrit au sujet de l'organisation de la gestion.

³ Lorsque la gestion n'a pas été déléguée, elle est exercée conjointement par tous les membres du conseil d'administration.

3. Delega della gestione

¹ Lo statuto può autorizzare il consiglio d'amministrazione a delegare integralmente o in parte la gestione a singoli amministratori o a terzi, conformemente al regolamento d'organizzazione.

² Il regolamento stabilisce le modalità di gestione, determina i posti necessari, ne definisce le attribuzioni e disciplina in particolare l'obbligo di riferire. Il consiglio d'amministrazione, a domanda di azionisti o di creditori della società che giustificano un interesse degno di protezione, li informa per scritto sull'organizzazione della gestione.

³ Nella misura in cui non sia stata delegata, la gestione è esercitata dagli amministratori congiuntamente.

Literatur

ALLEMANN, Das Verhältnis des Reglements zu den Statuten der Aktiengesellschaft, Diss. Zürich 1951; BÄRTSCHI, Verantwortlichkeit im Aktienrecht, Diss. Zürich 2001; BERTSCHINGER, Organisationsreglemente, Orientierungsanspruch über die Organisation der Geschäftsführung und aktienrechtliche Verantwortlichkeit bei Delegation, SZW 1997, 185 ff. (zit. Organisationsreglemente); BLEICHER/LEBERL/PAUL, Unternehmensverfassung und Spitzenorganisation, Wiesbaden 1989; BÖCKLI, Verwaltungsrat oder Aufsichtsrat? – Konvergenz der Systeme in der Spitzenverfassung der Aktiengesellschaft, in: Rau-Reist/Reist/Rau (Hrsg.), Durchblick – FS zum 65. Geburtstag von

Walter Reist, Hinwil/Zürich 1992, 337 ff. (zit. FS Reist); DERS., Konvergenz: Annäherung des monistischen und des dualistischen Führungs- und Aufsichtssystems, in: Hommelhoff/Hopt/von Werder (Hrsg.), Handbuch Corporate Governance, Köln/Stuttgart 2003, 201 ff. (zit. Konvergenz); BUSCH, Die Übertragung der Geschäftsführung auf den Delegierten des Verwaltungsrates, in: Schluep/Isler (Hrsg.), Neues zum Gesellschafts- und Wirtschaftsrecht, Zum 50. Geburtstag von Peter Forstmoser, Zürich 1993, 69 ff.; CHAPPUIS, Règlement d'organisation du conseil d'administration et directives de l'employeur, GesKR 2007, 68 ff.; FORSTMOSER, Organisation und Organisationsreglement nach neuem Aktienrecht, Zürich, 1992 (zit. Organisation); DERS., Monistische oder dualistische Unternehmensverfassung? Das Schweizer Konzept, ZGR 5–6/203, 688 ff. (zit. Unternehmensverfassung); GARBARSKI/MACALUSO, La responsibilité de l'entreprise et de ses organes dirigeants à l'épreuve du droit pénal administratif, SZW 2008, 833 ff.; GIGER, Corporate Governance als neues Element im schweizerischen Aktienrecht, Diss. Zürich 2003; HOPT, Erwatungen an den Verwaltungsrat in Aktiengesellschaften und Banken – Bemerkungen aus deutscher und europäischer Sicht, SZW 2008, 235 ff.; HORBER, Die Kompetenzdelegation beim Verwaltungsrat der AG und ihre Auswirkungen auf die aktienrechtliche Verantwortlichkeit, Diss. Zürich 1986; ISELI, Führungsorganisation im Aktien-, Banken- und Versicherungsrecht, Diss. Zürich 1997; KUMMER, Organisationsreglement in der Aktiengesellschaft, ST 2006, 916 ff.; KUNZ, Rechtsnatur und Einredeordnung der aktienrechtlichen Verantwortlichkeitsklage, Bern 1993 (zit. Verantwortlichkeitsklage); DERS., Der Minderheitenschutz im schweizerischen Aktienrecht, Bern 2001 (zit. Minderheitenschutz); DERS., Transparenz für den Gläubiger der Aktiengesellschaft, SJZ 2003, 53 ff. (zit. Transparenz); DERS., Die Annahmeverantwortung von Mitgliedern des VR, Diss. St. Gallen 2004 (zit. Annahmeverantwortung); LUTTER, Societas Europaea, in: Nobel (Hrsg.), Internationales Gesellschaftsrecht – einschliesslich internationales Kapitalmarktrecht, Bern 2004, 19 ff.; VON MOOS-BUSCH, Das Organisationsreglement des Verwaltungsrates, Diss. Zürich 1995; MÜLLER, Der Verwaltungsrat als Arbeitnehmer, Zürich/Basel/Genf 2005; NOBEL, Monismus oder Dualismus: ein corporatologisches Scheinproblem?, in: Baer (Hrsg.), Verwaltungsrat und Geschäftsleitung, Bern/Stuttgart/Wien 2006, 9 ff. (zit. Monismus); DERS., Board und Management Compensation, Zürich/Basel/Genf 2007 (zit. Compensation); PLÜSS, Die Rechtsstellung des Verwaltungsratsmitgliedes, Diss. Zürich 1990; REIFF, Beiräte als Beratungs- und Führungsgremien bei schweizerischen Aktiengesellschaften, Diss. Zürich 1988; ROTH PELLANDA, Organisation des Verwaltungsrates – Zusammensetzung, Arbeitsteilung, Information und Verantwortlichkeit, Diss. Zürich 2007; SIBBERN, Einfluss der Generalversammlung auf die Geschäftsführung – Delegation vs. Konsultation, in: Vertrauen – Vertrag – Verantwortung, FS für Hans Caspar von der Crone, Zürich/Basel/Genf 2007, 229 ff.; STÜCKELBERGER, Unternehmensinformation und Recht, Diss. Zürich 2004; UMBACH, Das Organisationsreglement als Mittel zum Schutz vor Verantwortlichkeitsansprüchen, in: Weber (Hrsg.), Verantwortlichkeit im Unternehmensrecht III, Zürich/Basel/Genf 2006, 25 ff.; WATTER/ROTH PELLANDA, Die «richtige» Zusammensetzung des Verwaltungsrates, in: Weber (Hrsg.), Verantwortlichkeit im Unternehmensrecht III, Zürich/Basel/Genf 2006, 47 ff.; WEGMÜLLER, Die Ausgestaltung der Führungs- und Aufsichtsaufgaben des schweizerischen Verwaltungsrates, Diss. Bern 2008; ZÜRCHER, Der Gläubigerschutz im schweizerischen Aktienrechts-Konzern, Diss. Bern 1993; ZWICKER, Der Inhalt des Organisationsreglements nach dem neuen Aktienrecht, ST 1994, 55 ff.; vgl. ausserdem die Literaturhinweise zu Art. 716a.

I. Allgemeines zur Organisation der Führungsebene

Nach dem gesetzlichen Grundkonzept ist die Verfassung der AG in der Schweiz **«monistisch» d.h. einstufig** ausgestaltet (vgl. Art. 716 N 9 f.), indem sowohl die Überwachungs- als auch die Geschäftsführungsfunktionen grundsätzlich durch den VR in corpore als sog. «Träger zweier Hüte» wahrgenommen werden. Damit besteht – etwa im Unterschied zur dualistischen Struktur der Leitungsorgane in Deutschland (s. für einen Vergleich der Modelle insb. BÖCKLI, FS Reist, 339 ff.) – eine personelle und funktionale Identität der Führungsebene. Dennoch ist die Delegation von Geschäftsführungskompetenzen an einzelne VR-Mitglieder oder Dritte heute auch in der Schweiz – zumindest bei grösseren Gesellschaften – üblich und teilweise sogar erforderlich (statt aller FORSTMOSER, Unternehmensverfassung, 689, 705). Diese **Möglichkeit zur Flexibilität** findet ihre gesetzliche Verankerung in Art. 716b und bildet die Grundlage zur Anpassung des

1

Organisationsmodells an die konkreten Gegebenheiten, wobei namentlich die Grösse des Unternehmens und ihr operatives und geographisches Tätigkeitsgebiet sowie die Nähe von Unternehmensleitung und Aktionariat einen Einfluss auf die Organisation haben (ROTH PELLANDA, N 154); ein anderer Faktor kann im Einzelfall auch aus dem Vorhandensein (oder Fehlen) entsprechender Führungstalente sein.

2 Möglich ist damit neben der monistischen Grundstruktur eine Annäherung an das amerikanische **Board-System,** in welchem sich externe nebenamtliche und geschäftsführende VR-Mitglieder gegenüberstehen (ausführlich zum Board-Modell WEGMÜLLER, 160, 183 ff.); verwirklicht werden kann aber auch eine dem deutschen Trenn- bzw. **dualistischen System** nachempfundene Organisation mit einem Aufsichtsgremium und einem Geschäftsführungsorgan, was in der Schweiz für den Banken- und Versicherungssektor sogar gesetzlich vorgeschrieben ist (so verlangt Art. 3 Abs. 2 lit. a BankG i.V.m. Art. 8 Abs. 2 BankV ausdrücklich eine personelle Trennung zwischen VR und GL und Art. 13 Abs. 1 AVO verbietet bei privaten Versicherungsunternehmen grundsätzlich eine Personalunion zwischen dem VR-Präsidenten und dem Vorsitzenden der GL; ausführlich zur Führungsorganisation bei Banken und Versicherungen ISELI, 177 ff., 250 ff.). Ein rein dualistisches System ist allerdings nach schweizerischem Recht nicht zulässig, da die strategische Führung und damit auch die entsprechende Verantwortlichkeit ebenso zu den nicht delegierbaren Kompetenzen des VR gehört wie das Recht, eine erfolgte Delegation der operativen Führung ganz oder teilweise rückgängig zu machen (vgl. Art. 716a N 19 ff. sowie nachfolgend N 4 ff.). Denkbar ist schliesslich, die Macht in der Gesellschaft weitestgehend beim Delegierten (und/oder Präsidenten) des VR zu konzentrieren, womit die Organisation dem französischen Vorbild des **Président Directeur Général** angeglichen wird (vgl. dazu ausführlich BÖCKLI, § 13 N 551 ff., 966; FORSTMOSER, Organisation, 13 f.; NOBEL, Monismus, 26; Botschaft AG, 921).

3 Zu beachten ist, dass heute erhebliche **Konvergenztendenzen** bestehen, indem bei der dualistischen Struktur oft eine Zusammenarbeit zwischen Vorstand und Aufsichtsrat stattfindet und sich andererseits innerhalb des monistischen Modells eine gewisse Trennung der Funktionen herauskristalisiert (ausführlich hierzu BÖCKLI, Konvergenz, 215 ff.). Dazu kommen für beide Modelle die Forderungen nach einer Professionalisierung der Verwaltungs- bzw. Aufsichtsratsmitglieder und nach einer Bildung von Ausschüssen; schliesslich erlauben beide Systeme die Errichtung einer kollegial oder eher direktorial organisierten Führungsspitze (BLEICHER/LEBERL/PAUL, 30). International findet sich schliesslich zunehmend die Verankerung der Wahlfreiheit zwischen dem monistischen und dualistischen System, so etwa in Frankreich und für die Societas Europaea (HOPT, 237; ROTH PELLANDA, N 155).

II. Voraussetzungen einer Delegation der Geschäftsführung (Abs. 1 und 2)

1. Formelle Voraussetzungen

4 Auch wenn nach Art. 716a Abs. 1 Ziff. 2 die Festlegung der inneren Organisation einer AG grundsätzlich dem VR als unübertragbare und unentziehbare Aufgabe zugewiesen ist (vgl. Art. 716a N 9 ff.) und ihn somit die Pflicht zur «Bestellung seines eigenen Hauses» trifft, so wird dieses Prinzip der Selbstorganisation insb. durch die in Art. 716b vorgesehene Kompetenz der GV durchbrochen, über die Befugnis des VR zur Delegation der Geschäftsführung entscheiden zu können. Notwendig für eine solche Delegation ist damit zunächst eine **statutarische Ermächtigung der GV** (vgl. auch Art. 627 Ziff. 12; EHRAT, 794); verzichtet die GV auf diese Ermächtigung, so obliegt die Ge-

3. Abschnitt: Organisation der Aktiengesellschaft   5–8   Art. 716b

schäftsführung zwingend dem VR als Gesamtgremium (BUSCH, 73). Im Gegensatz zum alten Recht von 1936 ist heute eine direkte Vornahme der Delegation durch einen Beschluss der GV nicht mehr möglich; vorschreiben darf die GV dem VR aber statutarisch *a maiore minus*, dass er die Geschäftsführung nur an Delegierte des VR oder Dritte übertragen darf; auch kann vorgeschrieben werden, dass gewisse Organkompetenzen auf der Stufe des Gesamt-VR verbleiben müssen (ebenso FORSTMOSER, Organisation, 33; KAMMERER, 86, 150; vgl. auch BÖCKLI, § 13 N 535 f., 536; **a.M.** KRNETA, N 1634 ff.; ZH-HOMBURGER, N 734; ROTH PELLANDA, N 498 f.: WEGMÜLLER, 109 f.). In praktischer Hinsicht kann die GV so oder anders durch ihr Wahl- (vgl. Art. 698 Abs. 2 Ziff. 2) und Abberufungsrecht (vgl. Art. 705) den VR so zusammensetzen, dass er von einer statutarischen Ermächtigung mit einer grossen Wahrscheinlichkeit entsprechend den Aktionärswünschen Gebrauch machen wird.

Erforderlich ist sodann der **Erlass eines schriftlichen Organisationsreglements durch den VR,** welches gewisse Organfunktionen, namentlich Willensbildungsfunktionen, auf einzelne VR-Mitglieder oder auf Dritte überträgt (zum notwendigen Inhalt des Organisationsreglements s. nachfolgend N 6 ff.). Die Genehmigung des Organisationsreglements erfordert einen förmlichen Beschluss des Gesamt-VR, welcher den Anforderungen von Art. 713 zu entsprechen hat (VON MOOS-BUSCH, 61; BAUEN/VENTURI, VR, N 357). Schliesslich ist – und dieser Punkt erfährt praktisch viel zu wenig Beachtung – das Organisationsreglement jeweils den sich allfällig ändernden operativen Gegebenheiten anzupassen, so dass stets die aktuelle Führungsorganisation wiedergespiegelt wird (vgl. auch Ziff. 14.2 SCBP). Der Ausdruck «Reglement» impliziert überdies, dass der Gesetzgeber davon ausgeht, dass **generell-abstrakte Formulierungen** erlassen werden (ebenso UMBACH, 42). Notwendig ist hingegen nicht ein eigentliches Reglement im wörtlichen Sinne, sondern es kann sich auch – und insb. bei kleineren Unternehmen mit überschaubaren Verhältnissen – als angemessen erweisen, die Delegation in einem Protokoll des VR (zumeist dem Konstituierungsbeschluss) festzuhalten (so wohl auch BGE 4A.503/2005 v. 22.2.2008, E. 3.2.2; 4A.501/2007 v. 22.2.2008, E. 3.2.2), sofern dieses Protokoll den materiellen Voraussetzungen einer Delegation entspricht (s. nachfolgend N 6 ff.). 5

2. Materielle Voraussetzungen

Notwendig ist, dass neben den formellen Voraussetzungen in **materieller Hinsicht die Schranken von Art. 716a** beachtet werden. 6

Inhaltlich schreibt das Gesetz in Art. 716b Abs. 2 vor (vgl. die Musterreglemente bei EHRAT, 794 f.; MÜLLER/LIPP/PLÜSS, 707 ff.), dass das Organisationsreglement die *Geschäftsführung bzw. deren Verteilung ordnet* und die *hierfür erforderlichen Stellen sowie deren Aufgaben* umschreibt (vgl. dazu N 9 ff.). Die Regelung der nächstunteren Organisationsstufen muss demgegenüber nicht im Organisationsreglement enthalten sein (ZWICKER, 56). Auch ist die *Berichterstattung* zu regeln, damit sichergestellt wird, dass die delegierende Stelle ihrer cura in custodiendo nachkommen kann (vgl. ZK-HOMBURGER, N 742; UMBACH, 40). Selbstverständlich hat sich der VR beim Erlass des Reglements *an den* konkreten Anforderungen *des jeweiligen Unternehmens zu orientieren;* z.B. wird er den Rhythmus der Berichterstattung je nach Geschäftstätigkeit des Unternehmens bestimmen müssen. 7

Möglich und in der Praxis häufig zu finden ist, dass sich der VR die Beschlussfassung oder ein **Genehmigungsrecht für gewisse wichtige Geschäfte** (s. etwa die Liste bei GLAUS, 123; vgl. auch WATTER/ROTH PELLANDA, 65) vorbehält (sog. «Genehmigungs- 8

Rolf Watter/Katja Roth Pellanda

vorbehalt»; ebenso BÖCKLI,, § 13 N 426, 528 ff.; vgl. auch Ziff. 11.2SCBP), was dazu führt, dass der VR für allfällige Fehlentscheide in diesem Bereich vollumfänglich haftbar bleibt (wenn auch nur analog zu einem Geschäft, dass er von einen Ausschuss hat vorbereiten lassen, vgl. Art. 716a Abs. 2).

3. Mögliche Delegationsempfänger

9   Nach Art. 716b Abs. 1 kann eine **Delegation der Geschäftsführung entweder an ein oder an mehrere VR-Mitglied(er)** (sog. «Delegierte» des VR) **oder an Dritte** (sog. «Mitglieder der GL» oder «Direktoren») **erfolgen,** wobei für die Terminologie auf Art. 718 N 11 und N 15 verwiesen sei.

10 Dabei wird heute – und dies u.E. zu Recht – eine sog. **Personalunion** zwischen dem VR-Präsidenten und dem hauptsächlichen Geschäftsführer (heute meist als «Chief Executive Officer» oder «CEO» bezeichnet) zunehmend als problematisch betrachtet und mit den Argumenten der «check and balances», der «restricting power» und dem «Vieraugenprinzip» insb. für Publikumsgesellschaften die Doppelspitze gefordert (ausführlich zu den Vor- und Nachteilen WATTER/ROTH PELLANDA, 71 ff.; ROTH PELLANDA, N 311 ff.; vgl. auch Ziff. 18.2 des SCBP, welche für den Fall der Personalunion die Etablierung entsprechender Kontrollmassnahmen – wie etwa die Einsetzung eines nicht-exekutiven VR-Mitgliedes als sog. «Lead Director» mit besonderen Befugnissen – verlangen).

11 Daneben besteht die Tendenz eine **Delegation gewisser Befugnisse an die GV** für zulässig zu erachten. Unbestritten ist heute, dass der VR eine Angelegenheit (z.B. Beschluss des VR über den Kauf eines Drittunternehmens) und dies auch, falls sie sich im Bereich von Art. 716a Abs. 1 bewegt, der GV zur Fassung eines sog. *Konsultativbeschlusses* vorlegen kann (FORSTMOSER/MEIER-HAYOZ/NOBEL, § 30 N 72; ROTH PELLANDA, N 523 ff.; BÄRTSCHI, 314 f.; SIBBERN, 240; einschränkend KUNZ, nach welchem Konsultativabstimmungen lediglich im Bereich von Art. 716a Abs. 1 möglich sein sollen, KUNZ, Minderheitenschutz, § 12 N 131); dies insb. zur Überwindung eines sich manifestierten Interessenkonfliktes beim VR (vgl. BGE 131 III 640 E. 4.2; 83 II 57 E. 2, 3). Liegt *vor der Beschlussfassung durch die GV bereits ein diesbezüglicher Beschluss des VR vor,* so führt ein solches Vorgehen nicht zu einer Kompetenzverschiebung zu Gunsten der GV und besitzt entsprechend auch keine Bindungswirkung für den VR. Da zustimmende Aktionäre (nicht jedoch allfällige Gläubiger), welche im Falle einer «connaissance de cause» entschieden haben, keine verantwortlichkeitsrechtlichen Ansprüche mehr geltend machen können, entfaltet ein solcher Konsultativbeschluss dennoch eine gewisse Rechtswirkung und entspricht letztlich einer Déchargeerteilung (ROTH PELLANDA, N 525). Hat der *VR über eine Angelegenheit noch gar keinen Beschluss gefasst* und möchte dieser die Angelegenheit der GV vorlegen oder hat der VR einen Beschluss insofern bedingt ausgestaltet, als ein zustimmender GV-Beschluss für notwendig erklärt wird, so überlässt der VR den Entscheid letztlich der GV, so dass eine *Kompetenzdelegation durch den VR an die GV* vorliegt (s. zur Zulässigkeit eines solchen Vorgehens Art. 716 N 6 sowie zur statutarischen *Kompetenzattraktion* durch die GV selbst Art. 716 N 4).

12 Auf der Stufe einer Einzelgesellschaft ist die Geschäftsführung an eine natürliche Person zu delegieren, während im Falle eines Konzerns die Leitungsfunktionen auch durch eine konzerninterne **Managementgesellschaft** erfüllt werden können (RUEPP, 71 ff.). In der Praxis finden sich solche Delegationen von Geschäftsführungsaufgaben an Managementgesellschaften auch ausserhalb von Konzernen, wobei die Zulässigkeit einer sol-

chen Delegation insofern fraglich ist, als Organfunktionen aufgrund der persönlichen Haftung grundsätzlich nicht durch juristische Personen wahrgenommen werden können. Allerdings ändert diese «Zwischenschaltung» einer juristischen Person nichts an der Tatsache, dass diejenigen Personen, welche innerhalb der Managementgesellschaft effektiv die Geschäftsführungsaufgaben für die Drittgesellschaft wahrnehmen, zumindest als materielle (faktische) Organe zu betrachten sind und entsprechend für allfällige Verfehlungen nach Art. 754 persönlich zur Verantwortung gezogen werden können. Im Zusammenhang mit der *Offenlegung solcher Verhältnisse* sei darauf hingewiesen, dass kotierte Gesellschaften gem. Ziff. 4.1 RLCG die Kernelemente von Managementverträgen mit Drittgesellschaften (oder natürlichen Personen) dann offen zu legen haben, wenn sich die Mandatierten ausserhalb des Konzerns befinden. Zudem sind gem. Art. 663b^{bis} die Vergütungen publik zu machen, welche an Managementgesellschaften (sowohl innerhalb als auch ausserhalb eines Konzerns) ausgerichtet werden. Nicht offen zu legen sind indes diejenigen Vergütungen, welche die Managementgesellschaft selbst ihren GL-Mitgliedern ausrichtet (vgl. hierzu Art. 663b^{bis} N 29).

13 Ebenso wie Mitglieder einer herkömmlichen GL können **Beiräte** zum Kreis der Drittpersonen gehören, denen (gewisse) Geschäftsführungskompetenzen übertragen werden (eingehend dazu, wenn auch unter altem Recht REIFF, 146 ff.; vgl. auch FORSTMOSER/MEIER-HAYOZ/NOBEL, § 20 N 34 ff.). In der Schweiz fehlt – im Gegensatz zu Deutschland – eine gesetzliche Regelung ebenso wie eine einheitliche Definition des Begriffes «Beirat». Mit der Aufnahme des Art. 663b^{bis} wurde der Begriff erstmals in das OR eingeführt, ohne das Institut jedoch gesetzlich zu regeln (vgl. Art. 663b^{bis} N 17 f. betr. der Pflicht zur Offenlegung von Vergütungen an Beiräte). Teilweise wird darunter ein dauerndes Gremium verstanden, welches dem VR beratend zur Seite steht; andere subsumieren unter diesen Begriff sog. Sachverständige, die der VR – wie in Ziff. 14 SCBP vorgeschlagen – für wichtige Geschäfte in Anspruch nehmen kann oder muss. Entsprechend gibt es Beiräte, welche lediglich Konsultativaufgaben wahrnehmen und denen keine Aufgaben im Bereich der Geschäftsführung zukommen (ROTH PELLANDA, N 528). Für eine Subsumtion unter den Begriff des «Beirat» ist u.E. eine gewisse Institutionalisierung erforderlich, d.h. der Beirat muss über eine bestimmte Organisation und Stellung gegenüber der Gesellschaft verfügen; nicht zwingend ist hingegen eine eigentliche Organstellung. Als rechtliche Grundlage einer Beiratsmitgliedschaft kommen statutarische oder reglementarische sowie auch schuldvertragliche Bestimmungen in Frage. Der effektive Nutzen von Beiräten wird in der Lehre als begrenzt betrachtet und auch in der Praxis finden sich Beiräte zunehmend seltener (vgl. etwa KRNETA, N 324 f.).

14 Teile der Lehre verlangen darüber hinaus, dass die **Delegation der Geschäftsführung nur an ein Organ** – und nicht etwa an eine Hilfsperson – erfolgen dürfe (s. etwa KUMMER, 918; KUNZ, Verantwortlichkeitsklage, 196); so oder anders wird die Hilfsperson kraft Delegation der Geschäftsführung zumeist eine faktische Organstellung erhalten (HORBER, 148 f.; BÖCKLI, § 18 N 131; VON BÜREN/STOFFEL/WEBER, N 1239). Auch ohne spez. statutarische Basis ist es möglich, das **Erledigen von blossen Hilfsaufgaben** zu delegieren, was nicht zu einer Übertragung der Organstellung führt (vgl. u. N 17 und BÄRTSCHI, 255; ROTH PELLANDA, N 759).

15 Eine **Weiterdelegation von Geschäftsführungsaufgaben durch die GL an Dritte** ist u.E. dann möglich, wenn die Weiterdelegation durch den VR als zulässig erklärt wurde und die Grundzüge der Delegation durch die GL ebenfalls reglementarisch festgehalten werden (**a.M.** EHRAT, 795).

III. Wirkungen einer rechtsgültigen Delegation der Geschäftsführung

16 Eine rechtsgültig vorgenommene Delegation bewirkt v.a., dass sich im Bereich der übertragenen Geschäftsführung die persönliche **Haftung der vorgesetzten Stelle(n)** – insb. der nicht geschäftsführenden VR-Mitglieder – nach Art. 754 Abs. 2 **auf die** *curae in eligendo, instruendo und custodiendo* **reduziert** (FORSTMOSER, Organisation, 37; ausführlich BÖCKLI, § 18 N 118 ff.; vgl. auch BGE 122 III 195, E. 3a).

17 **Voraussetzung** dieser Haftungsreduktion ist allerdings, dass eine statutarische Ermächtigung, eine schriftliche Fixierung der Delgationsgrundsätze vorliegen sowie die getroffenen Regelungen zweckmässig sind, z.B. für eine der Geschäftstätigkeit des Unternehmens entsprechende adäquate Berichterstattung gesorgt wird (vgl. N 7). Sind die formellen und materiellen Mindestanforderungen nicht erfüllt, so haften die delegierenden VR-Mitglieder trotz Delegation weiterhin umfassend für allfällige rechts- und pflichtwidrige Handlungen der Geschäftsführung (vgl. BGE 4A.503/2005 v. 22.2.2008, E. 3.3; 4A.501/2007 v. 22.2.2008, E. 3.3; FORSTMOSER, Organisation, 37 f.; ZÜRCHER, 154; NOBEL, Compensation, 58; BÄRTSCHI, 250; ROTH PELLANDA, N 185, 201, 500, 755; a.M. BERTSCHINGER, der eine Haftungsbeschränkung auch ohne Vorliegen eines Organisationsreglements zulassen möchte, sofern die gelebte Organisation anhand von Zeugenaussagen oder Dokumenten einer Beweisführung zugänglich ist (BERTSCHINGER, Arbeitsteilung, N 116 ff.; BERTSCHINGER, Organisationsreglement, 190 ff.; ebenso KUNZ, Annahmeverantwortung, 102 f.).

18 Auf Seiten derjenigen Personen, die Stellen mit delegierten Geschäftsführungsaufgaben besetzen, **bewirkt die Übertragung, dass die entsprechenden Rechte und Pflichten nun diesen Personen zustehen** und deren Verletzung zu einer Verantwortlichkeit ders. nach Art. 754 Abs. 1 führen kann.

19 Diese Haftungsbeschränkung der delegierenden VR-Mitglieder findet ihre Rechtfertigung in der Arbeitsteilung (s. N 20) und die sich aus Art. 716b Abs. 2 ergebende **Pflicht zur Transparenz** über die gewählte Organisation gegenüber den betroffenen Aktionären und Gläubigern ermöglicht ein gezieltes Vorgehen gegen die schädigenden Personen (ausführlich hierzu ROTH PELLANDA, N 761).

IV. Weiterer möglicher Inhalt eines Organisationsreglements nebst einer Delegation der Geschäftsführung

20 Auch wenn nach Art. 716b Abs. 1 eine gesetzliche Pflicht zum Erlass eines Organisationsreglements nur besteht, sofern der VR von einer vorhandenen statutarischen Ermächtigung zur Delegation der Geschäftsführung Gebrauch macht, so können in einem Organisationsreglement auch Aufgaben delegiert werden, die nicht als eigentliche Organfunktionen zu qualifizieren sind (ebenso FORSTMOSER, Organisation, 34), wobei hier eine Regelung im Organisationsreglement u.E. nicht zwingend erforderlich ist. Hinzuweisen ist jedoch darauf, dass die Delegation nicht organschaftlicher Funktionen oft nicht nur ein Recht, sondern geradezu eine Pflicht ist, da sich die Organe von nicht notwendigerweise selbst vorzunehmenden Aufgaben nach Möglichkeit entlasten müssen. Der Erlass eines Reglements ist aber auch dann notwendig, wenn die gesetzlich vorgesehene **Einzelzeichnungsberechtigung der VR-Mitglieder wegbedungen** werden soll und eine entsprechende Statutenbestimmung fehlt (vgl. Art. 718 N 8 ff., 12).

21 Vor der Aktienrechtsrevision von 1991 wurde nach ihrem Inhalt zwischen dem **Organisations-** und dem **Geschäftsreglement** (oder der Geschäftsordnung) **unterschieden** (ALLEMANN, 50; EHRAT, 793; vgl. zur etwas anderen Terminologie auch ZK-HOMBURGER,

N 727). Letzteres delegiert keine Organfunktionen, sondern regelt die innere Organisation und Verfahrensweise des erlassenden Organs; dazu gehören u.a. Einberufungsvorschriften, Vorschriften zur Durchführung von Sitzungen, Präsenz- und Beschlussfassungsvorschriften (z.B. Ausstandspflichten), Regelungen der Vertretungsbefugnis und der Funktion des VR-Präsidenten, Bestimmungen zum Informationsfluss sowie zur Geheimhaltung (vgl. KUMMER, 916 f.). Eine Pflicht zum Erlass eines solchen Geschäftsreglements folgt u.E. für jeden VR aus Art. 716a Abs. 1 Ziff. 1 f. (vgl. Art. 716a 12), wobei es insb. bei kleineren Unternehmen mit überschaubaren Verhältnissen genügen kann, wenn ein **Beschluss über die für die Gesellschaft und den VR gewählte Organisation** gefasst wird, und in einem Protokoll des VR (zumeist dem Konstituierungsbeschluss) festgehalten wird. Sofern auf jegliche (schriftliche) Regelung verzichtet wird, kann sich der VR der aktienrechtlichen Verantwortlichkeit nach Art. 754 i.V.m. Art. 716a Abs. 1 und Art. 717 (vgl. ROTH PELLANDA, N 200, 710; MÜLLER, 320) sowie das Unternehmen der strafrechtlichen Verantwortlichkeit nach Art. 102 StGB ausgesetzt sehen (ausführlich hierzu ROTH PELLANDA, N 717 ff.; vgl. auch ISELI, N 372 ff.; GARBARSKI/MACALUSO, 833 ff.). Mittlerweile findet man in der Praxis zumeist auch die organisatorischen Vorschriften im Organisationsreglement, so dass kaum mehr separate Geschäftsreglemente vorhanden sind (vgl. auch CHAPPUIS, 69).

Schliesslich sei darauf hingewiesen, dass sich heute insb. bei Publikumsgesellschaften eine ganze **Reihe weiterer Reglemente** über die Art und Weise finden, wie gewisse Aufgaben wahrgenommen werden. Verfügt ein VR über Ausschüsse, so sollte u.E. neben dem Organisationsreglement auch ein sog. *«Committee Charter»* für jeden Ausschuss erlassen oder zumindest entsprechende Regelungen ins Organisationsreglement aufgenommen werden (vgl. Art. 716a N 53). Im Falle von Namenaktien kann sich der Erlass eines *Eintragungs- und Vinkulierungsreglements* empfehlen, welches bei Publikumsgesellschaften eine durchaus taugliche Abwehrmassnahme gegen unfreundliche Übernahmen darstellen kann. Bei Publikumsgesellschaften finden sich etwa *Reglemente, wann die VR-Mitglieder in Aktien der eigenen Gesellschaft handeln dürfen und wie sie solche Transaktionen zu melden haben.*

Zusammen mit den Statuten und allfälligen weiteren Reglementen (vgl. N 22) stellt das Organisationsreglement die **privatautonome Quelle der Führungsorganisation** dar und bildet einen wesentlichen Teil des sog. *nexus of contracts,* aus welchem ein Unternehmen besteht (vgl. ROTH PELLANDA, N 163).

Im Rahmen der geplanten **Revision des Aktien- und Rechnungslegungsrechts** ist die gesetzliche Verankerung der Pflicht des VR zur *Festlegung der inneren Organisation und ggf. der Ausschüsse des VR im Organisationsreglement* vorgesehen. Ebenfalls zum zwingenden Inhalt des Reglements sollen neben der *Ordnung der Geschäftsführung* und der Modalitäten der Berichterstattung auch die *wichtigen Geschäfte gehören, die der Genehmigung durch den VR bedürfen* (vgl. Botschaft Aktien- und Rechnungslegungsrecht, 1687). Auch wenn der geplante Wortlaut des Gesetzes (vgl. Art. 716c Abs. 4 E 2007) lediglich ein Informationsrecht über die Organisation der Geschäftsführung aufführt, soll sich der Anspruch gem. der Botschaft auf den zwingenden Mindestinhalt und damit u.a. auch auf die innere Organisation des VR beziehen (Botschaft Aktien- und Rechnungslegungsrecht, 1687).

V. Bedeutung des Organisationsreglements

Neben der Bedeutung für die aktienrechtliche Verantwortlichkeit der VR-Mitglieder und der Delegationsempfänger im Falle einer Delegation der Geschäftsführung (s. hierzu

N 16 ff.) sowie für die strafrechtliche Verantwortlichkeit des Unternehmens (s. hierzu N 21), besitzt das Organisationsreglement – und dies wird auch heute noch zumeist vergessen – eine **Bindungswirkung für den VR.** Selbst wenn im Unterschied zu den Statuten der Erlass und die Abänderung des Organisationsreglements keinen gesetzlichen Formvorschriften unterworfen wird und damit die allg. Regeln der Beschlussfassung gem. Art. 713 gelten, ändert dies nichts daran, dass der VR an sein Organisationsreglement gebunden bleibt, was insb. die Pflicht zur Beachtung allfälliger qualitativer und/oder quantitativer Beschlussvoraussetzungen (wie etwa ein Präsenz- oder Beschlussquorum oder die Erforderlichkeit einer Traktandierung der Verhandlungsgegenstände) nach sich zieht (ROTH PELLANDA, N 197 f.). Werden solche Beschlussvoraussetzungen nicht eingehalten, so ist u.E. in Analogie zu Art. 16 wegen Nichterfüllens der Formvorschrift grundsätzlich von der Nichtigkeit des entsprechenden VR-Beschlusses auszugehen (**a.M.** ZK-HOMBURGER, N 370).

26 Steht der materielle Gehalt einzelner Bestimmungen des Organisationsreglements in Frage, so hat die **Auslegung dann analog zur Vertragsinterpretation** zu erfolgen (GIGER, 114), wenn diese Bestimmung Interna des VR betrifft; demgegenüber sind Bestimmungen, welche als Orientierungsmittel für Dritte (z.B. eine allfällige GL) dienen, analog zu einem Rechtssatz (i.S. der Verordnung) auszulegen.

VI. Offenlegung des Inhaltes des Organisationsreglements

27 Das **Informationsrecht** der Aktionäre und der Gläubiger über den Inhalt des Organisationsreglements bzw. über die Organisation der Gesellschaft wurde bei der Aktienrechtsrevision 1991 durch das Parlament eingeführt, nachdem der BR noch vorgeschlagen hatte, dass das Organisationsreglement beim Handelsregister zu hinterlegen sei und damit nach Art. 930 öffentlich zugänglich gewesen wäre (vgl. Botschaft AG, 843, 925; s.a. ZK-HOMBURGER, N 724).

28 Im Unterschied zur *Pflicht einer Bekanntgabe des Geschäftsberichtes nach Art. 696* hat der VR nur dann über die Organisation der Geschäftsführung zu orientieren, wenn ein **Aktionär oder Gesellschaftsgläubiger dies schriftlich verlangt** und ein **schutzwürdiges Interesse** glaubhaft machen kann. Nach der h.L. ist für die Aktionäre ein schutzwürdiges Interesse unter dem Vorbehalt des offensichtlichen Rechtsmissbrauches stets gegeben (statt aller STÜCKELBERGER 116; krit. hingegen BERTSCHINGER, Organisationsreglement, 187) und auch für die Gesellschaftsgläubigern sind keine allzu hohen Anforderungen zu stellen, so dass es genügen muss, wenn nicht blosse Neugierde, sondern sachliche Gründe (z.B. bevorstehende Vertragsverhandlungen, ein drohender Konkursfall der Gesellschaft oder die geplante Einreichung einer Verantwortlichkeitsklage) hinter einer Anfrage stehen. Vom *Recht auf Auskunft und Einsicht nach Art. 697* unterscheidet sich der **Anspruch auf Auskunft** nicht nur dadurch, dass er auch Gesellschaftsgläubigern offen steht, sondern dass der Anspruch **jederzeit,** d.h. auch ausserhalb der GV geltend gemacht werden kann. Der wesentlichste Unterschied zur *Einleitung einer Sonderprüfung nach Art. 697a ff.* besteht darin, dass sich der Inhalt des Informationsanspruchs **auf die Organisation der Geschäftsführung beschränkt** und damit nur begrenzt die verwaltungsrätliche Aufgabenzuweisung und Arbeitsweise umfasst: So besteht namentlich kein Anspruch auf Informationen über eine allfällige Ausschussbildung innerhalb des VR (ROTH PELLANDA, N 660).

29 Die **Orientierung hat schriftlich zu erfolgen** und erstreckt sich einerseits auf den Inhalt des Organisationsreglements, andererseits aber auch auf die tatsächlich gelebte Organisation. Entsprechend kann nicht auf ein überholtes Reglement abgestellt werden,

sondern es sind die realen betriebsinternen *«up-to-date»* Verhältnisse anzugeben, es sei denn, der Inhalt eines nicht mehr aktuellen Reglements sei für den Antragstellenden wesentlich (ROTH PELLANDA, N 658). Die Auskunft hat u.E. sowohl die namentliche Nennung der Funktionsträger als auch deren tatsächliches materielles Aufgabengebiet zu umfassen (**a.M.** KUNZ, Transparenz, 60, insb. FN 79). Hingegen besteht *kein Anspruch auf Einsicht in das Organisationsreglement oder Erhalt einer Kopie desselben* (ausführlich hierzu BÖCKLI, § 13 N 333).

Trotz Fehlens eines gesetzlich implementierten Klagerechts kann der Informationsanspruch im Falle der Auskunftsverweigerung durch den VR **mittels einer Leistungsklage** gegen die Gesellschaft auf schriftliche Orientierung über die Organisation **gerichtlich durchgesetzt werden** (ausführlich hierzu BERTSCHINGER, Arbeitsteilung, N 135 ff.; vgl. auch KUNZ, Minderheitenschutz, § 11 N 9; KRNETA, N 1764; BÖCKLI, § 13 N 335; CHK-PLÜSS/KUNZ/KÜNZLI, Art. 717 N 5). 30

VII. Vermutung gesamthafter Geschäftsführung (Abs. 3)

Während im Recht von 1936 die Geschäftsführung (zum Begriff s. Art. 716 N 9) und die Vertretung dem VR vermutungsweise gesamthaft zustanden, gilt dies seit der Aktienrechtsrevision von 1991 nur noch für die Geschäftsführung (vgl. demgegenüber Art. 718 Abs. 1). Dies bedeutet kein Erfordernis der Einstimmigkeit, wohl aber die **Notwendigkeit, über Geschäftsführungsakte im Gesamt-VR abzustimmen** (vgl. zur Beschlussfassung des VR Art. 713). 31

Wo die Statuten keine Übertragung der Geschäftsführung vorsehen bzw. der VR von einer statutarischen Ermächtigung zur Delegation keinen Gebrauch macht, kann der interne Entscheidungsprozess sehr zeitraubend werden. Dies wenigstens dann, wenn der VR aus vielen Mitgliedern besteht; praktisch wird der VR in solchen Konstellationen mit **häufigen Sitzungen** und/oder Ausschüssen (ausführlich hierzu Art. 716a N 34 ff.) arbeiten müssen. 32

VIII. Exkurs: Die Rechtsbeziehung zwischen einem geschäftsführenden Verwaltungsrat und der Gesellschaft

Die Ernennung eines VR-Mitgliedes oder eines Dritten in eine Geschäftsführungsfunktion bewirkt im ersten Fall eine Änderung der **schuldrechtlichen Beziehung** zwischen der Gesellschaft und dem VR (dazu Art. 710 N 9 f.), beim Dritten wird eine Beziehung zur Gesellschaft erst geschaffen. 33

Das Verhältnis zwischen einem VR zur Gesellschaft, welcher gleichzeitig Einsitz in der GL nimmt, wird von der Mehrheit der Lehre als **doppeltes Rechtsverhältnis** qualifiziert, wobei sowohl das VR-Mandat als auch das vertragliche Rechtsverhältnis parallel nebeneinander bestehen. Umstritten ist, ob letzteres Rechtsverhältnis durch das Auftrags- oder das Arbeitsvertragsrecht bestimmt wird: Das Weisungsrecht des Gesamt-VR gegenüber dem Delegierten führt nicht zu einem typischen Subordinationsverhältnis, weil der Delegierte grundsätzlich auch an den entsprechenden Beschlüssen des VR beteiligt sein muss. Teilweise wird in der Lehre aber auch danach unterschieden, ob es sich bei der Tätigkeit um eine haupt- oder nebenberufliche Tätigkeit handelt (vgl. ZK-HOMBURGER, N 747 ff.; ROTH PELLANDA, N 582 m.w.H.). Nach der Rechtsprechung des BGer ist die Qualifizierung des Rechtsverhältnisses zwischen einem Organ und der Gesellschaft jeweils aufgrund der Besonderheiten des konkreten Falles vorzunehmen (BGE 130 III 213 E. 2.1; 128 III 129 E. 1). 34

35 Insbesondere bestimmt das so geschaffene Grundverhältnis, ob eine **Entlassung oder eine Niederlegung des Amtes als Geschäftsführer** grundsätzlich gem. den auftragsrechtlichen Bestimmungen jederzeit oder nur bei Berücksichtigung der arbeitsvertraglichen Kündigungsfristen möglich ist und ob allenfalls Entschädigungen zu leisten sind. Eine **Abberufung** als VR durch die GV ist hingegen grundsätzlich jederzeit – und unabhängig von der Weiterführung einer Geschäftsführungstätigkeit – möglich (ROTH PELLANDA, N 583 m.w.H.; **a.M.** BUSCH, 75).

IX. EG-Recht und IPR

36 Nach Art. 38 lit. b der Verordnung über das Statut der **Societas Europaea** (ABl. Nr. L.294/1 vom 10.11.2001) kann die Hauptversammlung einer europäischen AG – unabhängig vom nationalen Recht – zwischen einem Aufsichts- und Leitungs- (dualistisches System) oder einem Verwaltungsorgan (monistisches System) wählen (ausführlich hierzu LUTTER, 33).

37 Für die Bestimmung des **anwendbaren Rechtes** kann auf Art. 716 N 12 verwiesen werden.

Art. 717

IV. Sorgfalts- und Treuepflicht	¹ Die Mitglieder des Verwaltungsrates sowie Dritte, die mit der Geschäftsführung befasst sind, müssen ihre Aufgaben mit aller Sorgfalt erfüllen und die Interessen der Gesellschaft in guten Treuen wahren. ² Sie haben die Aktionäre unter gleichen Voraussetzungen gleich zu behandeln.
IV. Devoirs de diligence et de fidélité	¹ Les membres du conseil d'administration, de même que les tiers qui s'occupent de la gestion, exercent leurs attributions avec toute la diligence nécessaire et veillent fidèlement aux intérêts de la société. ² Ils doivent traiter de la même manière les actionnaires qui se trouvent dans la même situation.
IV. Obbligo di diligenza e di fedeltà	¹ Gli amministratori e i terzi che si occupano della gestione sono tenuti ad adempiere i loro compiti con ogni diligenza e a salvaguardare secondo buona fede gli interessi della società. ² Devono trattare allo stesso modo gli azionisti che si trovano nella stessa situazione.

Literatur

BÄCHTOLD, Die Information des Verwaltungsrates, Diss. Zürich, Bern 1997; BÄRTSCHI, Verantwortlichkeit im Aktienrecht, Diss. Zürich 2001; BÖCKLI, in: von der Crone/Weber/Zäch/Zobl (Hrsg.), Neuere Tendenzen im Gesellschaftsrecht, FS für Peter Forstmoser zum 60. Geburtstag, Zürich/Basel/Genf 2003, 257 ff. (zit. FS Forstmoser); BÖCKLI/BÜHLER, Vorabinformationen an Grossaktionäre: Möglichkeiten und Grenzen nach Gesellschafts- und Kapitalmarktrecht, SZW 2005, 101; BÜRGI/VON DER CRONE, Haftung für AHV-Beiträge, SZW 2002, 348 ff.; DRUEY, Unternehmensinterne Informationsversorgung, in: Bühler (Hrsg.), Informationspflichten des Unternehmens im Gesellschafts- und Börsenrecht, Bern/Stuttgart/Wien 2003 (zit. Informationspflichten); EUGSTER/VON DER CRONE, Rechtliche Stellung des Geschäftsführers im Konzern, SZW 2004, 434 ff.; FORSTMOSER, Informations- und Meinungsäusserungsrechte des Aktionärs, in: Druey/Forstmoser, Rechtsfragen um die Generalversammlung, Zürich 1997, 85 ff. (zit. Generalversammlung); DERS., Interessenkonflikte von Verwaltungsratsmitgliedern, in: Vogt/ Zobl (Hrsg.), Der Allgemeine Teil und das Ganze, Liber Amicorum für Hermann Schulin, Basel 2002, 9 ff. (zit. Interessenkonflikte); DERS., Gewinnmaximierung oder soziale Verantwortung?, in: Kiesow/Ogorek/Simitis (Hrsg.), Summa – Dieter Simon zum 70. Geburtstag, Frankfurt am Main 2005, 207 ff. (zit. Summa); DERS., Corporate Responsibility und Reputation – zwei Schlüsselbegriffe an der Schnittstelle von Recht, Wirtschaft und Gesellschaft, in Vogt/Stupp/Dubs (Hrsg.), Unternehmen – Transaktion – Recht, Liber Amicorum für Rolf Watter zum 50. Geburtstag, Zürich/St. Gallen 2008, 197 ff. (zit. Corporate Responsibility); GARBARSKI, La responsabilité civile et pénale des organes dirigeants de sociétés anonymes, Diss. Lausanne, Zürich 2006; GLANZMANN, Die Verantwortlichkeitsklage unter Corporate Governance-Aspekten, ZSR NF 119 (2000), 2. Halbbd., 135 ff.; GRASS, Business Judgement Rule, Schranken der richterlichen Überprüfbarkeit von Management-Entscheidungen in aktienrechtlichen Verantwortlichkeitsprozessen, Diss. Zürich 1998; GLAUS, Unternehmensüberwachung durch schweizerische Verwaltungsräte, Diss. St. Gallen, Zürich 1990; HANDSCHIN, Treuepflicht des Verwaltungsrates bei der gesellschaftsinternen Entscheidfindung, in: von der Crone/Weber/Zäch/Zobl (Hrsg.), Neuere Tendenzen im Gesellschaftsrecht, FS für Peter Forstmoser zum 60. Geburtstag, Zürich/Basel/Genf 2003, 169 ff.; HENN, Die Gleichbehandlung der Aktionäre in Theorie und Praxis, AG 1985, 240 ff.; HOPT/ROTH, Die Sorgfaltspflicht der Aufsichtsratsmitglieder, in: Kramer/Nobel/Waldburger (Hrsg.), FS für Peter Böckli zum 70. Geburtstag, Zürich/Basel/Genf 2006, 413 ff.; HUGUENIN JACOBS, Das Gleichbehandlungsprinzip im Aktienrecht, Zürich 1994; ISLER, Sorgfalt und Haftung des Verwaltungsrates, in: Weber (Hrsg.), Verantwortlichkeit im Unternehmensrecht, Zürich/Basel/Genf 2003, 1 ff. (zit. Sorgfalt); DERS., Das Übernahmeverschulden des Verwaltungsrates, in: Weber, Verantwortlichkeit im Unternehmensrecht III, Zürich/Basel/Genf 2006, 1 ff. (zit. Übernahmeverschulden); JÖRG, Das Mitglied des Verwaltungsrates als Superman?, in: Jörg/Arter, Entwicklungen im Gesellschaftsrecht I, Bern 2006, 279 ff.; KÄCH, Die Rechtsstellung des Vertreters einer juristischen Person im Verwaltungsrat der Aktiengesellschaft, Diss. Zürich, Bamberg 2002; KISSLING, Der Mehrfachverwaltungsrat, Diss. Zürich/Basel/Genf 2006; KUNZ, Die Annahmeverantwortung von Mitgliedern des Verwaltungsrats, Diss. Zürich/Basel/Genf 2004 (zit. Annahmeverantwortung); LAMBERT, Das Gesellschaftsinteresse als Verhaltensmaxime des Verwaltungsrates in der Aktiengesellschaft, Diss. Zürich 1992; LAZOPOULOS, Interessenkonflikte und Verantwortlichkeit des fiduziarischen Verwaltungsrates, Diss. Zürich 2004; LIPS-RAUBER, Die Rechtsbeziehung zwischen dem beauftragten fiduziarischen Verwaltungsrat und dem Fiduzianten, Diss. Zürich 2005; NEUHAUS/WATTER, Handels- und steuerrechtliche Aspekte von Up-, Down- und Sidestream-Garantien zugunsten von Konzerngesellschaften, in: Kramer/Nobel/Waldburger (Hrsg.), FS für Peter Böckli zum 70. Geburtstag, Zürich/Basel/Genf 2006, 173 ff.; MAROLDA MARTÍNEZ, Information der Aktionäre nach schweizerischem Aktien- und Kapitalmarktrecht, Diss. Zürich/Basel/Genf 2006; NIKITINE, Die aktienrechtliche Organverantwortlichkeit nach Art. 754 Abs. 1 OR als Folge unternehmerischer Fehlentscheide, Diss. Zürich, Zürich/St. Gallen 2007; NUSSBAUMER/VON DER CRONE, Verhältnis zwischen gesellschafts- und schuldrechtlicher Verpflichtung, SZW 2004, 138 ff.; PEYER, Das «vernünftige» Verwaltungsratsmitglied oder der objektivierte Fahrlässigkeitsbegriff in der aktienrechtlichen Verantwortlichkeit, in: Zindel/Peyer/Schott (Hrsg.), Wirtschaftsrecht in Bewegung – Festgabe zum 65. Geburtstag von Peter Forstmoser, Zürich/Basel/Genf/St. Gallen 2008, 85 ff.; VON PLANTA, Der Interessenkonflikt des Verwaltungsrates der abhängigen Konzerngesellschaft, Diss. Zürich 1988; PLÜSS, Die Rechtsstellung des Verwaltungsratsmitgliedes, Diss. Zürich 1990; ROHNER, Rechtskenntnisse im Verwaltungsrat, in: Zindel/Peyer/Schott (Hrsg.), Wirtschaftsrecht in Bewegung – Festgabe zum 65. Geburtstag von Peter Forstmoser, Zürich/Basel/Genf/St. Gallen 2008, 103 ff.; ROTH PELLANDA, Organisation des Verwaltungsrates, Diss. Zürich 2007; SCHUCANY G., Die Willensbildung der Verwaltung der Aktiengesellschaft, SAG 32 (1959), 1 ff.; STOCKMANN, Zum Problem der Gleichbehandlung der Aktionäre, in: Boemle/Geiger/Pedrazzini/Schluep (Hrsg.), Lebendiges Aktienrecht: Festgabe zum 70. Geburtstag von Wolfhart Friedrich Bürgi, 1971; STAEHELIN/SARASIN, Gesteigerte Anforderungen und gemilderte Solidarität, in: von Büren (Hrsg.), Aktienrecht 1992–1997: Versuch einer Bilanz, Zum 70. Geburtstag von Rolf Bär, Bern 1998, 363 ff.; STÜCKELBERGER, Unternehmensinformation und Recht, Diss. Zürich 2004; VETTER, Der verantwortlichkeitsrechtliche Organbegriff gemäss Art. 754 Abs. 1 OR, Diss. St. Gallen 2007; WATTER, Unternehmensübernahmen, 1990 (zit. Unternehmensübernahmen); DERS., Minderheitenschutz im neuen Aktienrecht, AJP 1993, 117 ff. (zit. Minderheitenschutz); DERS., Gewinnverschiebungen bei Aktiengesellschaften im schweizerischen Handelsrecht, AJP 1996, 135 ff. (zit. Gewinnverschiebungen); DERS., Die Informationsversorgung des Aktionärs insbesondere die SWX-Richtlinie betreffend Information zur Corporate Governance, in: Bühler (Hrsg.), Informationspflichten des Unternehmens im Gesellschafts- und Börsenrecht, Bern/Stuttgart/Wien 2003, 33 ff. (zit. Informationsversorgung); WATTER/NÜESCH, Anwalt als Organ, in: Haftpflicht des Rechtsanwaltes, Zürich/St. Gallen 2006, 31 ff.; WATTER/ROHDE, Die Spendenkompetenz des Verwaltungsrates, in: Zäch et al. (Hrsg.), Individuum und Verband, Festgabe zum Schweizerischen Juristentag 2006, Zürich 2006, 329 ff.; WATTER/ROTH PELLANDA, Die «richtige» Zusammensetzung des Verwaltungsrates, in: Weber (Hrsg.), Verantwortlichkeit im Unternehmensrecht III, Zürich 2006, 47 ff.; WATTER/SPILLMANN, Corporate Social Responsibility – Leitplanken für den Verwaltungsrat Schweizerischer Aktiengesellschaften, GesKR 2–3/2006, 94 ff.; WENNINGER, Die aktienrechtliche Schweigepflicht, Diss. Zürich 1983; WOHLMANN, «Typischer Aktionär» und «Shareholder Value», in: von Büren (Hrsg.), Aktienrecht 1992–1997: Versuch einer Bilanz. Zum 70. Geburtstag von Rolf Bär, Bern 1998, 415 ff. (zit. Aktionär); DERS., Der Aktionär als Teil des Netzwerks Aktiengesellschaft, in: von der Crone/Weber/Zäch/Zobl (Hrsg.), Neuere Tendenzen im Gesellschaftsrecht, FS für Peter Forstmoser zum 60. Geburtstag, Zürich/Basel/Genf 2003, 367 ff. (zit. Tendenzen); WÜRSCH, Der Aktionär als Konkurrent der Gesellschaft, Diss. Zürich 1989; ZINDEL, Aktionäre ohne Stimmrecht und stimmrechtslose Aktionäre, in: Schluep/Isler (Hrsg.), Neues zum Gesellschafts- und Wirtschaftsrecht, zum 50. Geburtstag von Peter Forstmoser, Zürich 1993, 199 ff.

I. Allgemeines

1   Art. 722 des OR 1936 regelte lediglich die **Sorgfaltspflicht** des VR. Demgegenüber enthält das geltende Recht explizit nebst der auch nach altem Recht anerkannten **Treuepflicht** eine **Gleichbehandlungspflicht** der Aktionäre, welche erst im Parlament eingeführt wurde (Botschaft AG, 925, 984).

2   Art. 717 ist v.a. im **Verantwortlichkeitsrecht** von Wichtigkeit (vgl. NIKITINE, 82 f.), da dort unter dem Stichwort der «Pflichtverletzung» abgeklärt werden muss, ob sich die VR-Mitglieder und die anderen zur Verantwortlichkeit gezogenen Personen (s. zum personellen Anwendungsbereich von Art. 717 ausführlich ZK-HOMBURGER, N 768 f.; VETTER, 30 f.) bei der Wahrnehmung ihrer Aufgaben im Rahmen von Art. 717 bewegen und damit die entsprechenden Handlungsmaximen berücksichtigt haben, wobei Verletzungen der Sorgfalts- und Treuepflicht dabei in aller Regel zu indirektem, Verstösse gegen das Gleichbehandlungsgebot zu direktem Schaden der Aktionäre führen.

II. Sorgfaltspflicht

3   Der VR als Gremium und seine Mitglieder haben den ihnen gem. Art. 716, 716a, den Statuten und allenfalls auch gem. einem Organisationsreglement übertragenen **Aufgaben mit aller Sorgfalt** nachzukommen; gleiches gilt für Dritte, denen nach Art. 716b Geschäftsführungsaufgaben übertragen wurden. Sorgfalt bedeutet die Anwendung der gebotenen Umsicht und Vorsicht, welche ein vernünftiger Mensch bei der jeweiligen Aufgabenerfüllung an den Tag legen würde (ausführlich zu Begriff und Bedeutung der Vernunft PEYER, 87 ff.) und bedingt u.a. ein gesetzeskonformes Verhalten (WATTER/SPILLMANN, 107; BÄRTSCHI, 243). Unsorgfältig handelt selbstverständlich auch derjenige, der die Erledigung einer gebotenen Aufgabe vollständig oder teilweise **unterlässt** (s. hierzu BGE 122 III 198 E. 3; BÖCKLI, § 13 N 566; GLAUS, 57 ff.).

4   In der Lehre und der Rechtsprechung wird teilweise bereits eine Sorgfaltspflicht bei der **Mandatsannahme** statuiert, indem gefordert wird, dass Kandidaten ein VR-Mandat ablehnen müssen, sofern sie den Anforderungen – etwa in fachlicher (ausführlich zu den notwendigen Fähigkeiten und Kenntnissen WATTER/ROTH PELLANDA, 78 ff.; ROHNER, 105 ff.) oder zeitlicher Hinsicht – nicht gewachsen sind (BÖCKLI, § 13 N 564; JÖRG, 283; BGE 122 III 200 E. 3; 97 II 411 E. 5). Dieser Auffassung ist insoweit nicht zuzustimmen, als eine solche Pflichtverletzung nicht alleine haftungsbegründend sein kann:

Erst das Nichterfüllen von konkreten Aufgaben führt zu einer Haftung, wobei aufgrund des objektivierten Sorgfaltsmassstabes das betroffene VR-Mitglied dann allerdings nicht vorbringen kann, es habe einen Handlungsbedarf nicht erkannt oder zum Handeln keine Zeit gehabt (WATTER/ROTH PELLANDA, 81 f.; ebenso BÄRTSCHI, 258 f.; ZK-HOMBURGER, N 818; KRNETA, N 1824; ISLER, Übernahmeverschulden, 6 ff.; **a.M.** KUNZ, Annahmeverantwortung, 8 f., sowie wohl auch GLANZMANN, 161; FORSTMOSER/MEIER-HAYOZ/NOBEL, § 28 N 19 ff.). Insofern vermag ein Übernahmeverschulden eine Pflichtverletzung nicht zu entschuldigen (ebenso ISLER, Übernahmeverschulden, 15). Zuzustimmen ist der zitierten Lehre insoweit, als eine Pflicht zur **Mandatsniederlegung** besteht, wenn das VR-Mitglied erkennt, dass es den Aufgaben nicht gewachsen ist. Haftungsbegründend sind aber auch hier nur wieder konkrete Verletzungen.

Nach Rechtsprechung und Lehre ist der **Sorgfaltsmassstab zu objektivieren,** d.h. *diligentia quam in suis* genügt nicht (BGE 113 II 56 E. 3; 99 II 179 E. 1; **a.M.** ZK-HOMBURGER, N 821): Das Verhalten eines VR-Mitgliedes wird mit dem Verhalten verglichen, das billigerweise von einer abstrakt vorgestellten, vernunftgemäss handelnden Person in einer vergleichbaren Situation erwartet werden kann (BÖCKLI, § 13 N 575; STAEHELIN/SARASIN, 370; BGE 122 III 198 E. 3). Sämtliche Abweichungen von dieser Fiktion «nach unten» führen zur Bejahung einer Sorgfaltspflichtverletzung. Wo ein VR-Mitglied über **überdurchschnittliche Kenntnisse** verfügt, welche der AG bekannt sind, ist u.E. im Fachbereich des betr. VR-Mitgliedes ein höherer Massstab anzulegen, insoweit stellt der objektivierte Sorgfaltsmassstab nur eine **untere Grenze** dar (so nun auch das BGE 4C.201/2001 vom 19.6.2002, E. 2.2.1). 5

Selbstverständlich ist, dass sich die Sorgfalt eines VR-Mitgliedes nach dem Wissensstand **im Zeitpunkt der fraglichen Handlung oder Unterlassung** richtet und damit eine ex-ante Beurteilung stattzufinden hat, wobei wiederum als Wissensstand das anzunehmen ist, was sorgfältige VR-Mitglieder wissen müssten und könnten (vgl. auch NIKITINE, 85). Entsprechend ist vom Richter im Verantwortlichkeitsprozess zu beachten, dass man im Nachhinein stets klüger ist: Deshalb ist bspw. bei einer nachträglichen Überprüfung von Investitionsentscheiden durch den Richter grösste Zurückhaltung angebracht (vgl. auch GRASS, 109 ff., der sogar – analog zur Rechtslage in den USA – die Überprüfung auf die Art der Entscheidfindung beschränken will). Zu diesen Überlegungen gehört auch die Aussage, dass das Eingehen unternehmerischer Risiken keine Unsorgfalt darstellt – Risikoscheu zu sein, hingegen schon eher. Zu Recht spricht BÖCKLI deshalb auch von einer «Pflicht zum Vorangehen und Initiieren, einer Pflicht zum Streben und Wagen» (BÖCKLI, § 13 N 580). Als mit der Geschäftsführung des konkreten Unternehmens Unkundiger hat der Richter folglich bei seiner Entscheidfällung zu beachten, dass der VR im Rahmen des Gesellschaftsinteressens **zu einem unternehmerischen Handeln verpflichtet** ist, welches per se zum Eingehen gewisser Risken führen muss (ausführlich hierzu KRNETA, N 1803 ff.; vgl. auch HOPT/ROTH, 414 ff.). 6

Die **Sorgfaltspflicht** des VR **umfasst namentlich folgende Facetten** (vgl. auch die Nachweise bei FORSTMOSER, Verantwortlichkeit, N 782 ff.): 7

– Der VR hat sich (z.B. durch Bildung von Ausschüssen) und dem Unternehmen (so etwa bei der Delegation der Geschäftsführung) eine *angemessene Organisation* zu geben, insofern obliegt ihm eine Gestaltungspflicht (ROTH PELLANDA, N 710; s. hierzu auch Ziff. 11 SCBP sowie Art. 716a N 9 ff.). Bei einer befugten Delegation der Geschäftsführung beschränkt sich die Sorgfaltspflicht des VR darauf, die geeigneten Personen auszusuchen, entsprechend zu instruieren und zu überwachen (BGE 114 V 223 E. 4; 108 V 202 E. 3; 103 V 124 E. 6; 97 II 411 E. 5; s. auch Art. 716b N 16 ff.; ausführlich KRNETA, N 1789, 1830 ff. sowie zum Kriterium einer befugten 7a

Delegation ROTH PELLANDA, N 497 ff.) sowie sich laufend über den Geschäftsgang zu informieren (s. BGE 4C.358/2005 vom 12.2.2007, E. 5.2). Verwandt mit dieser Pflicht, bzw. ein Teilaspekt davon, ist die Pflicht zu einer adäquaten Nachfolgeplanung, dies sowohl auf Stufe des VR als auch auf der Ebene einer allfälligen GL.

8 – Der VR hat in einem angemessenen Rhythmus *Sitzungen* abzuhalten (s. hierzu auch Ziff. 14.1 SCBP), wobei die VR-Mitglieder rechtzeitig über die Traktanden zu informieren und mit den notwendigen Unterlagen zu versehen sind, so dass eine saubere Entscheidungsbasis vorhanden ist; schliesslich sind über die Sitzungen auch Protokolle zu führen (ausführlich hierzu ROTH PELLANDA, N 633). Die VR-Mitglieder haben die Sitzungen vorzubereiten und an ihnen teilzunehmen (so bereits SCHUCANY, 4; KISSLING, N 196; GLAUS, 58 f.; ZK-HOMBURGER, N 813) sowie ganz allg. genügend Zeit in ihre Arbeit zu investieren (BGE 97 II 411 E. 5; ausführlich zum Aspekt der zeitlichen Ressourcen ROTH PELLANDA, N 262 ff., 570).

8a – Der VR hat für Fälle von *manifestierten Interessenkonflikten* bei einzelnen VR-Mitgliedern Massnahmen zu ergreifen, wobei sich u.E. aus der Sorgfaltspflicht ergibt, dass der Ausstand des betroffenen VR-Mitgliedes bei Diskussion und Beschlussfassung nicht immer eine geeignete Massnahme darstellt (WATTER/ROTH PELLANDA, 76 ff.; vgl. auch ZK-HOMBURGER, N 899; **a.M.** KRNETA, N 1898; BÖCKLI, § 13 N 643 ff.; s.a. Botschaft Aktien- und Rechnungslegungsrecht, 1688). Mit der *Revision des Aktien- und Rechnungslegungsrechts* ist die Aufnahme einer neuen Bestimmung vorgesehen (Art. 717a VE OR 2007), in welcher die Mitglieder des VR und der GL verpflichtet werden, den Präsidenten des VR (bzw. dessen Stellvertreter, sofern der VR-Präsident selbst in einem Interessenkonflikt steht) bei Interessenkonflikten unverzüglich und vollständig über die Konfliktsituation zu informieren. Soweit erforderlich hat der VR-Präsident bzw. dessen Stellvertreter den Gesamt-VR zu informieren und es sind die notwendigen Massnahmen zur Wahrung der Gesellschaftsinteressen durch das Gremium zu treffen, wobei das vom Konflikt betroffene VR-Mitglied bei der Beschlussfassung über die Massnahme in den Ausstand treten muss (vgl. Botschaft Aktien- und Rechnungslegungsrecht, 1688). Eine ähnl. Regelung ist bereits in Ziff. 16.1 SCBP vorgesehen. Mit der Revision ist überdies die Aufnahme einer neuen Bestimmung vorgesehen (Art. 717b E 2007), nach welcher im Falle von Überkreuzverflechtungen im VR und der GL von kotierten Gesellschaften eine gegenseitige Einflussnahme auf die Festsetzung der Vergütungen ausgeschlossen werden muss, ansonsten die entsprechenden Beschlussfassungen nichtig sind (vgl. Botschaft Aktien- und Rechnungslegungsrecht, 1688 f.; sowie zur Problematik der sog. *interlocking directors* i.A. ROTH PELLANDA, N 327 m.w.H.).

9 – Der VR hat sich von *Spezialisten beraten* zu lassen (s. BGE 4C.358/2005 vom 12.2.2007, E. 5.2.1; BGE 114 V 224 E. 4; vgl. hierzu auch ISLER, Sorgfalt, 16 f.), wenn er sich in grössere Geschäfte einlässt und die entsprechende Fachkompetenz im VR nicht vorhanden ist. So dürfte der VR z.B. für einen Unternehmenskauf Juristen und Buchsachverständige hinzuziehen müssen.

10 – Bei seinen Investitions- und anderen Entscheiden (z.B. betr. Lieferanten) hat der VR – wo möglich – auf eine angemessene *Risikoverteilung* zu achten bzw. Klumpenrisiken zu vermeiden (BGE 113 II 57 E. 3; 99 II 180 E. 1; Vorinstanz in ZR 1973, Nr. 58, 143 ff.); Voraussetzung für einen Investitionsentscheid ist ein *angemessener «return on investment»*. Das Bonitätsrisiko von Gegenparteien mit hohen Verbindlichkeiten ist abzuschätzen (ZK-HOMBURGER, N 816) und Gelder sind *zinstragend* anzulegen (BGE 99 II 184 E. 4).

- Der VR hat die Pflicht, sich sehr weitgehend um die *AHV-Belange* der AG zu kümmern, nachdem die Gerichte Art. 52 AHVG unverständlich weit auslegen und aus einer Haftung für grobe Fahrlässigkeit eine Garantenhaftung gemacht haben (vgl. nun immerhin Aspekte wie Kausalzusammenhang und Selbstverschulden berücksichtigend BGE 124 V 255 E. 4; 122 V 185, 186 E. 3, jeweils m.V. auf frühere Entscheide; zu Recht krit. BÖCKLI, § 13 N 572; FORSTMOSER, Die persönliche Verantwortlichkeit des VR und ihre Vermeidung, SAV 11, 1992, 14; WATTER, Entscheidbesprechung in AJP 1994, 510 ff.; s.a. BÜRGI/VON DER CRONE, 352 f.). 11

- Besondere Sorgfalt ist dort angezeigt, wo *Interessen der Aktionäre* ein Geschäft diktieren (BGE 113 II 57 E. 3; SJ 1982, 226): So dürfen Zahlungen innerhalb eines *Konzerns* nicht ohne kommerziellen Grund getätigt werden (BGE 110 Ib 132 E. 3 = Pra 1984, 257); überhaupt ist jedes Eingehen eines *Geschäftes ohne adäquate Gegenleistung* ein Verstoss gegen die Sorgfaltspflicht (ZR 1960, Nr. 130, 330 ff., 333; WATTER, Gewinnverschiebungen, 135 ff.; vgl. auch NEUHAUS/WATTER, 190 ff.). 12

- Der VR hat *Generalversammlungen einzuberufen* (BÖCKLI, FS Forstmoser, 266) sowie im Falle der Ausgabe von Namenaktien für die *Führung eines Aktienbuches* besorgt zu sein und – im Rahmen der gesetzlichen Vorgaben – den Entscheid über die Voraussetzungen zur Eintragung als Aktionär mit Stimmrecht zu fällen (ROTH PELLANDA, N 481, insb. FN 1556 m.w.H.; s.a. FORSTMOSER/MEIER-HAYOZ/NOBEL, § 43 N 76; BÖCKLI, § 13 N 161 f.). 12a

- Der VR hat ein der Gesellschaft angepasstes *internes Kontrollsystem und Risikomanagement* zu errichten (s. hierzu Ziff. 19 f. SCBP sowie Art. 663, 727). Im Rahmen der *Überwachungspflicht* sind die erhaltenen Berichte sorgfältig und krit. zu lesen und es sind ggf. Zusatzfragen zu stellen (BGE 114 V 223 E. 4). Verdachtsmomente können ein Grund für eine Pflicht zur erhöhten Aufmerksamkeit sein (so nun auch BGer v. 12.2.2007, 4C.358/2005, E. 5.2.1). 13

- Den praktisch wohl häufigsten Ansatzpunkt für Verantwortlichkeitsklagen bilden die *Vernachlässigung von Buchführungspflichten* und die *Missachtung der Vorschriften bei Kapitalunterdeckung oder Überschuldung* (vgl. Art. 725; s.a. FORSTMOSER, Verantwortlichkeit, N 835 ff.). 14

- Abzuwarten bleibt, ob die Richter bei künftigen Verantwortlichkeitsklagen die Einhaltung der *Regeln einer guten Corporate Governance* (so etwa diejenigen des Swiss Code of Best Practice) unter dem Aspekt des sorgfältigen Handelns ebenfalls als erforderlich erachten werden, was u.E. der Fall sein sollte (vgl. ROTH PELLANDA, N 36, 707 m.w.H.); allerdings wird oft nicht ein Verstoss gegen die Good Corporate Governance einen Schaden bewirken, sondern nur ein konkretes Fehlverhalten, das dann aber durch fehlende Governance begünstigt gewesen sein mag. 14a

III. Treuepflicht

Die **Treuepflicht** (vgl. auch den strafrechtlichen Tatbestand von Art. 158 StGB) geht noch einen Schritt weiter als die Sorgfaltspflicht und bedeutet insb., dass das VR-Mitglied seine eigenen Interessen und diejenigen der ihm nahe stehender Personen hinter die Interessen der AG zu stellen hat (vgl. auch N 12). Insofern charakterisiert sich die Treuepflicht letztlich als *Interessenwahrungspflicht* (vgl. ZK-HOMBURGER, N 771, 773; NIKITINE, 179). Tatsächlich dürfte es so sein, dass es unter dem Stichwort «Treuepflicht» v.a. darum geht, diejenigen Verhaltensweisen von VR-Mitgliedern zu verhindern, bei denen typischerweise eigene Interessen mit denjenigen der AG kollidieren. 15

Besteht auch nur die Gefahr einer Interessenkollision, so hat der VR durch geeignete Massnahmen (z.B. Bestimmung des Wertes einer Transaktion durch Anwendung eines objektiven Beurteilungsmassstabes, durch Einholen einer Fairness Opinion, durch Genehmigung durch ein über- oder nebengeordnetes Organ oder allenfalls durch Ausstand bei der Beschlussfassung; dazu BÖCKLI, § 13 N 633 ff.; FORSTMOSER/MEIER-HAYOZ/NOBEL, § 28 N 32 ff.; ROTH PELLANDA, N 342 ff.) sicherzustellen, dass die Interessen der AG den Vorrang erhalten bzw. *at arm's length* gehandelt wird (NIKITINE, 83 f.). Handelt ein VR nicht im Interesse der AG, sondern in demjenigen von Aktionären, sich selbst oder von Drittpersonen, so sind gem. der bundesgerichtlichen Rechtsprechung und der Lehre *strenge Massstäbe* anzulegen (BGE 113 II 56 E. 3a; s. KRNETA, N 1853 m.w.H.). Anzumerken bleibt, dass der VR diese Prinzipien auch aus steuerrechtlichen Gesichtspunkten zu befolgen hat, könnten doch nicht im (primären) Interesse der AG liegende Aufwendungen durch die Behörden aufgerechnet werden, was zu Konsequenzen bei der Ertragssteuer und – praktisch oft noch viel gravierender – zu Verrechnungssteuern führen kann (vgl. WATTER, Gewinnverschiebung, 135 ff.; ferner NEUHAUS, Verdeckte Gewinnausschüttungen aus steuerrechtlicher Sicht, Zürich 1997 sowie NEUHAUS/WATTER, 200 ff.).

16 Das **Gesellschaftsinteresse,** an dem der VR sein Handeln nach dem Gesetzestext zu messen hat, wird als selbständige, durch den VR im Rahmen der von der GV vorgegebenen Leitplanken definierten Verhaltensweise ohne normativen Charakter verstanden (LAMBERT, 219 ff.;). Als Richtschnur für die Beachtung des Gesellschaftsinteresses ist in erster Linie der *statutarische Zweck* zu berücksichtigen, wobei im Rahmen der Zweckverfolgung dann insb. für eine *nachhaltige Steigerung des Unternehmenswertes* und damit des «Shareholder Value» zu sorgen ist (vgl. N 37 ff., ferner ZK-HOMBURGER, N 772 ff.; FORSTMOSER, Summa, 225; KRNETA, N 1083 f., 1793; WOHLMANN, Aktionär, 418 f.). Zunehmend an Relevanz gewinnt die aus dem amerikanischen Rechtskreis und der *Shareholder-* versus *Stakeholder-*Doktrin entstammende *Corporate Social Responsibility,* nach welcher die (volkswirtschaftlich bedeutenden) Unternehmen, nicht nur die gesetzlichen Normen einzuhalten und die (finanziellen) Interessen der Aktionäre zu wahren haben, indem sie für letztere einen Mehrwert schaffen, sondern auch dazu verpflichtet sind, sich sozial verantwortlich und umweltverträglich zu verhalten (in diese Richtung tendierend BGE 100 II 393 E. 4; krit. WATTER/SPILLMANN, 105 ff.; vgl. auch WATTER/ROHDE, 338; bei ZK-HOMBURGER, N 797 ff. sowie die Aufzählung der verschiedenen Elemente einer *Corporate Responsibility* bei FORSTMOSER, Corporate Responsibility, 201).

16a Auch in **Konzernverhältnissen** erstreckt sich die Treuepflicht grundsätzlich einzig auf die Interessen derjenigen Gesellschaft, deren Organ das VR-Mitglied ist (BGE 130 III 219 E. 2.2.2); es sei denn, der statutarische Zweckartikel sehe die Förderung des Konzerninteresses vor oder die Tochtergesellschaft sei vollständig beherrscht (ebenso HANDSCHIN, 175; FORSTMOSER/MEIER-HAYOZ/NOBEL, § 28 N 168; EUGSTER/VON DER CRONE, 440 f.; GARBARSKI, 147 f.), wobei u.E. – zumindest sofern Gläubiger und andere Aktionäre vorhanden sind – die Orientierung an den Konzerninteressen nicht zu einer Zahlungsunfähigkeit der konkreten Tochtergesellschaft führen darf (ähnl. BÖCKLI, § 13 N 619; ZK-HOMBURGER, N 938; KRNETA, N 1894).

17 Wo ein Voranstellen der Interessen des VR-Mitgliedes nach guten Treuen oder nach der Natur des Geschäfts (z.B. bei Objekten mit Marktpreisen) ausgeschlossen werden kann, ist auch ein **Selbstkontrahieren** zulässig (vgl. N 15, Art. 718a N 12 und Art. 718b N 2 ff.). Eine Ausnahme vom Verbot des Selbstkontrahierens gilt aber auch dann, wenn durch das Ergreifen besonderer Massnahmen (Einholung einer Fairness Opinion, stillschweigende oder explizite Ermächtigung sowie nachträgliche oder allenfalls auch vorgängige Genehmigung durch ein neben- oder übergeordnetes Organ) eine Garantie dafür besteht, dass das Geschäft *at arm's length* abgeschlossen wird (BGE 127 III 333 E. 3; 126 III 363 E. 3; vgl. hierzu auch ROTH PELLANDA, N 342 ff.). Immer zu beachten sind die Voraussetzungen des mit der Revision des GmbH-Rechtes am 1.1.2008 in Kraft getretenen Art. 718b, welcher grundsätzlich die Einhaltung des Formerfordernisses der Schriftlichkeit verlangt (vgl. hierzu Art. 718b N 4 ff.).

Als problematisch erweist sich die Stellung von **gesetzlichen** (vgl. Art. 707 Abs. 3, Art. 709, 762 OR) **und fiduziarischen Interessenvertretern** im VR einer Gesellschaft (s. hierzu auch Art. 716a N 3), da sich diese VR-Mitglieder grundsätzlich in einem doppelten Pflichtennexus befinden, indem sie gegenüber den delegierenden Personen oder Gruppen einer mandatsrechtlichen oder -ähnl. Loyalitätspflicht und gleichzeitig der Gesellschaft gegenüber einer Treuepflicht unterliegen. Eine wesentliche Akzentuierung erfährt diese Problematik, wenn sich der Interessenvertreter verpflichtet hat, nach den Weisungen des Vertretenen zu handeln. Unbestritten ist, dass im Kollisionsfall den Interessen der Gesellschaft gegenüber denjenigen des Vertretenen der Vorrang eingeräumt werden muss. Divergierende Meinungen bestehen demgegenüber, ob im Rahmen der sog. Ermessensfreiheit allfällige Weisungen berücksichtigt werden dürfen, was u.E. zu bejahen ist (vgl. auch Art. 716a N 3; ausführlich hierzu ZK-HOMBURGER, N 921 ff.; ROTH PELLANDA, N 332 ff.; vgl. zur Stellung des fiduziarischen VR auch LAZOPOULOS, 67 ff.; NUSSBAUMER/VON DER CRONE, 139 ff.). **17a**

Im Unterschied zu den anderen Handelsgesellschaften hat der Gesetzgeber für die AG kein explizites Konkurrenzverbot statuiert. Nach der Lehre stellt die **Konkurrenzierung** der AG durch ein VR-Mitglied jedoch eine Verletzung der Treuepflicht dar (vgl. etwa PLÜSS, 42 f.; FORSTMOSER/MEIER-HAYOZ/NOBEL, § 28 N 35 ff.; MÜLLER/LIPP/PLÜSS, 233, 239 f.; WÜRSCH, 30 f.; GARBARSKI, 143). Unzulässig ist es namentlich, wenn ein VR ein an die AG herangetragenes Geschäft im eigenen Namen und auf eigene Rechnung abwickelt (ausführlich zu den verschiedenen Konkurrenzierungssituationen ZK-HOMBURGER, N 884 ff.). Konkurrierende Geschäfte eines VR-Mitglieds können von der AG nach den Grundsätzen der Geschäftsführung ohne Auftrag (Art. 423) oder in Analogie zu Art. 464 Abs. 2 an sich gezogen werden. Verboten ist *nicht nur eine direkte Konkurrenzierung,* sondern u.U. auch eine Einsitznahme im VR einer Konkurrenzgesellschaft oder eine erhebliche Beteiligung an einer solchen Gesellschaft (vgl. KRNETA, N 1912; krit. bez. der Frage der Durchsetzbarkeit eines Konkurrenzverbotes BÖCKLI, § 13 N 611). *Ausnahmen* sind dort denkbar, wo die (Wieder-)Wahl eines VR-Mitgliedes erfolgt, obwohl der GV bekannt ist, dass der Betreffende die AG konkurrenziert (ausführlich hierzu KUNZ, Annahmeverantwortung, 24 ff.; vgl. auch WÜRSCH, 31). Insofern kann einem Konkurrenzverbot im Organisationsreglement auch nur eine beschränkte Wirkung zukommen (ROTH PELLANDA, N 191, 391). Vgl. auch die Komm. zum weitergehenden Art. 818. **18**

Die Treuepflicht des VR verbietet auch das Ausnützen von **Insiderwissen** (vgl. Art. 161 StGB) bei eigenen Aktienkäufen (ausführlich zur strafrechtlichen Norm über Insidergeschäfte BÖCKLI, § 13 N 614 ff.; KRNETA, N 1861 ff.); an dieser Aussage ändert sich auch dann nichts, wenn die AG selbst vermögensmässig nicht direkt geschädigt wird, da sich hier ein indirekter Schaden aus der negativen Publizität und der verminderten Attraktivität der AG auf dem Kapitalmarkt ergeben kann. **19**

IV. Pflicht zur Verschwiegenheit

20 Lehre und Schrifttum leiten aus der in Art. 717 verankerten Treuepflicht überdies eine Pflicht zur Verschwiegenheit der einzelnen VR-Mitglieder ab (statt aller BÄCHTOLD, 84; a.M. ZK-BÜRGI, Art. 722 N 11).

20a Ein **Geheimnis** wird nach Lehre und Rechtsprechung als eine relativ unbekannte Tatsache definiert, an der ein Geheimnisherr ein berechtigtes Geheimhaltungsinteresse sowie den Willen zur Geheimhaltung hat (vgl. etwa BGE 103 IV 283 E. 2, statt aller STÜCKELBERGER, 44 ff.). Dabei wird zwischen *absoluten und relativen Geheimnissen* unterschieden: Bei absoluten Geheimnissen ist der Geheimnisträger – im Unterschied zu den sog. relativen Geheimnissen – von Gesetzes oder Vertrags wegen zur Wahrung der Geheimhaltung verpflichtet (WENNINGER, 13, 118). Zu den absoluten Geheimnissen gehört bspw. das Bank- sowie das Börsen- und Effektenhändlergeheimnis (DRUEY, Informationspflichten, 17; s.a. N 20d). Was effektiv als «geheim» zu betrachten ist, unterliegt einem ständigen Wandel, wobei sich in der Frage der Offenlegung unternehmensrelevanter Informationen in der letzten Zeit ein Paradigmawechsel abgezeichnet und die Erkenntnis durchgesetzt hat, dass Transparenz für das gute Funktionieren marktwirtschaftlicher Mechanismen von grundlegender Bedeutung ist (vgl. WATTER, Informationsversorgung, 35 f.). Thematisiert wurde diese Problematik insb. im Zusammenhang mit der Vorabinformation von Grossaktionären (ausführlich BÖCKLI/BÜHLER, 106 ff.) und der Offenlegung von Vergütungen und Beteiligungen bei schweizerischen Publikumsgesellschaften (vgl. Art. 663b[bis] N 16 ff. und Art. 663c N 6 ff.).

20b Ob eine konkrete Tatsache geheim zu halten ist, bestimmt sich – angesichts der Tatsache, dass die Pflicht zur Verschwiegenheit aus der Treuepflicht von Art. 717 abgeleitet wird – primär nach dem Gesellschaftsinteresse. Geheimhaltungsbedürftig sind damit diejenigen Verhältnisse, deren Publizität materielle oder immaterielle Nachteile für die AG zur Folge haben. Grundsätzlich werden **sämtliche Kenntnisse von der Geheimhaltungs- und Schweigepflicht** umfasst, **welche das VR-Mitglied im Rahmen seiner Amtstätigkeit erhält** und die nicht Gegenstand des Allgemeinwissens und damit nicht bereits bekannt sind (KRNETA, N 1901; ausführlich zum Begriff der Unbekanntheit WENNINGER, 103 ff.). Namentlich umfasst werden damit gesellschaftsinterne Umstände, welchen den VR-Mitgliedern im Hinblick auf seine Tätigkeit zur Kenntnis gebracht werden (z.B. finanzielle Einzelheiten wie Margen, betriebswirtschaftliche Konzepte, laufende Vertragsverhandlungen, bestehende Geschäftsbeziehungen aber auch die Aktionärsstruktur, Eintragungen im Aktienbuch) sowie der Inhalt der Sitzungsprotokolle und hier insb. das Abstimmungsverhalten und -ergebnis (PLÜSS, 40 f.).

20c Es versteht sich von selbst, dass Rechtsfolge dieser Geheimhaltungs- und Schweigepflicht nicht nur ein **Verbot zur Mitteilung** der geheimzuhaltenden Tatsachen an Dritte ist, sondern auch das **Verbot** umfasst, **die entsprechenden Dokumente** (Geschäftsakten, Sitzungsunterlagen, Korrespondenz, u.ä.) **an Dritte herauszugeben oder diesen zur Einsicht weiterzuleiten** (KÄCH, 106 f.; VON PLANTA, 56; s. WENNINGER, 137 f. zum – grundsätzlich erlaubten – Beizug von Beratern und FORSTMOSER/MEIER-HAYOZ/NOBEL, § 28 N 44 ff. zu Spezialfällen). Die Pflicht zur Geheimhaltung bedeutet nicht, dass VR-Mitglieder keine Unterlagen nach Hause mitnehmen (was in der Praxis manchmal unverständlicherweise immer noch vertreten wird) oder dass Protokolle nur zentral aufbewahrt werden dürfen, denn solche Praktiken führen dazu, dass sich VR-Mitglieder nicht korrekt auf Sitzungen vorbereiten oder überhaupt ihr Amt nicht richtig ausüben können. Wesentlich ist jedoch, dass die sich im Besitz der VR-Mitglieder befindlichen Gesellschaftsakten so aufbewahrt werden, dass sie Dritten nicht zugänglich sind (ZK-HOMBURGER, N 842).

3. Abschnitt: Organisation der Aktiengesellschaft **20d–21 Art. 717**

Da einer AG als juristische Person der Geheimhaltungswille fehlt, ist der **VR** als Gremium für solche Informationen zugleich **oberster Geheimhaltungsträger und Geheimnisherr** (vgl. zum VR als Geheimnisherr MAROLDA MARTÍNEZ, 42 ff.; BÖCKLI, § 13 N 672; BAUEN/VENTURI, VR, N 200; LIPS-RAUBER, 85 f.), der zu beachten hat, dass interne und externe Offenheit für die AG oft vorteilhafter ist als Geheimniskrämerei. Richtschnur ist stets das Gesellschaftsinteresse. Stützt sich eine Informationspreisgabe auf ein Reglement oder eine ausdrückliche oder implizite Regel des VR und dient sie den Interessen der AG, so bestehen unter dem Gesichtspunkt der aktienrechtlichen Treuepflicht im Falle der Weitergabe grundsätzlich keine Probleme (BÖCKLI, § 13 N 672). *Absolute Geschäftsgeheimnisse* (s. hierzu auch N 20a) können jedoch – im Unterschied zu den sog. *relativen Geschäftsgeheimnissen* – auch bei einer Einwilligung des VR als Gremium und einer entsprechenden Interessenlage der AG grundsätzlich nicht publik gemacht werden (vgl. die Ausführungen von KRNETA, N 1906; FORSTMOSER/MEIER-HAYOZ/NOBEL, § 28 N 52; BÄCHTOLD, 85 FN 315). Festzuhalten ist in diesem Zusammenhang, dass eine Entbindung von der Schweigepflicht durch den Gesamt-VR das Verantwortlichkeitsrisiko nicht aufzuheben vermag, sondern es lediglich auf mehrere Schultern verteilt. Grund hierfür ist, dass in einem allfälligen Verantwortlichkeitsprozess letztlich der Richter zu entscheiden hat, ob eine Preisgabe von Informationen an Dritte dem Gesellschaftsinteresse widerspricht und damit ein Verstoss gegen die Treuepflicht von Art. 717 gegeben ist (ebenso KISSLING, N 211); auch hier muss aber der Richter ex ante entscheiden und darf nicht sein Ermessen anstelle der Beurteilung durch den der Sache viel näher stehenden VR setzen (vgl. auch N 6). Erwähnt sei schliesslich, dass die Pflicht zur Verschwiegenheit nicht durch die GV mittels einer entsprechenden Beschlussfassung aufgehoben werden kann (ebenso FORSTMOSER, Generalversammlung, 98). **20d**

Die **Geheimhaltungspflicht erstreckt sich auch auf die Zeit nach Mandatsbeendigung** (wobei ein Verstoss gegen die Pflicht zur Verschwiegenheit dann nach Art. 41 zu ahnden wäre); eine **Aktenrückgabepflicht** besteht u.E. aber nur dort, wo überwiegende Gesellschaftsinteressen bestehen (**a.M.** KISSLING, 35; ZK-BÜRGI, Art. 722 N 12). **20e**

Einen Sonderfall stellen die sog. **Vertreter nach Art. 707 Abs. 3, 709 und 762** im VR sowie der **fiduziarische VR** dar (s. hierzu auch Art. 716a N 3), da sich diese zumeist in einem doppelten Pflichtennexus befinden, indem sie als VR-Mitglieder grundsätzlich einer Verschwiegenheitspflicht und gleichzeitig gegenüber den delegierenden Personen oder Gruppen einer mandatsrechtlichen oder –ähnl. Loyalitätspflicht unterstehen. U.E. ist die Lösung dieses Pflichtenkonfliktes je nach Vertretungssituation unterschiedlich: Für die aufgrund einer Statutenbestimmung und damit *auf der Grundlage von Art. 709 gewählten Vertreter* zum Schutz von Minderheiten oder einzelnen Aktionärsgruppen gilt eine umfassende Verschwiegenheitspflicht, da Aktionäre ihrerseits keiner Geheimhaltungspflicht und keinem Konkurrenzverbot (ausführlich hierzu WÜRSCH, 107 ff.) unterstehen (s. hierzu auch BÖCKLI/BÜHLER, 104 f.; WOHLMANN, Tendenzen, 371 f.) und somit bei einer Weitergabe von Informationen die Gefahr einer Schädigung der AG entsehen würde (FORSTMOSER/MEIER-HAYOZ/NOBEL, § 28 N 48; BÖCKLI, § 13 N 668). Eine über Art. 697 hinausgehende Weitergabe von Informationen an einzelne Aktionäre würde ausserdem einen Verstoss gegen den Grundsatz der Gleichbehandlung der Aktionäre bedeuten (vgl. hierzu N 22 ff.). Bei *Vertretungssituationen nach Art. 707 Abs. 3, 762 sowie beim fiduziarischen VR* ist danach zu unterscheiden, ob die delegierende Person gegenüber ihrem Vertreter weisungsberechtigt ist, wobei hier zu beachten ist, dass dies u.U. zu einer faktischen Organschaft des Weisungserteilenden führen kann (ebenso FORSTMOSER/MEIER-HAYOZ/NOBEL, § 28 N 40 FN 35; vgl. zum Sonderfall des Anwaltes als fiduziarischer VR WATTER/NÜESCH, 32 ff. sowie ROTH PELLANDA, N 368 ff.; s.a. **21**

N 17a). Diesfalls besteht ein Anspruch auf den Erhalt derjenigen Informationen, welche für die Erteilung von Weisungen erforderlich sind, wobei in der Lehre keine Einigkeit bez. des Umfanges besteht: Während KRNETA und HOMBURGER ein weitgehendes Informationsrecht befürworten (KRNETA, N 146 ff.; ZK-HOMBURGER, N 934; ähnl. WENNINGER, 165 f.), vertreten FORSTMOSER/MEIER-HAYOZ/NOBEL die Ansicht, dass lediglich der VR der delegierenden AG, welcher seinerseits einer Geheimhaltungspflicht untersteht, ein solch umfassendes Informationsrecht besitzt (FORSTMOSER/MEIER-HAYOZ/NOBEL, § 28 N 46). U.E. muss die Informationsdurchlässigkeit – **mit Ausnahme von Konzernverhältnissen** – auch hier eine starke Einschränkung erfahren (vgl. auch BÖCKLI, § 13 N 477; BÄRTSCHI, 268; LIPS-RAUBER, 87 ff.). Dies hat namentlich in Konkurrenzverhältnissen zu gelten, bei welchen die Argumentation von FORSTMOSER/MEIER-HAYOZ/NOBEL insofern ins Leere läuft, als der VR der delegierenden AG seinerseits nur soweit einer Verschwiegenheitspflicht unterliegt, als dies im Interesse seiner AG ist und somit einer Verwertung der erhaltenen Informationen nichts im Wege steht. Hingewiesen sei an dieser Stelle überdies auf FORSTMOSER, welcher festhält, dass im Falle von (auch nur potentiellen) Geschäftsbeziehungen die Schweigepflicht strikte zu beachten ist (FORSTMOSER, Interessenkonflikte, 17). Ganz anders argumentieren BAUEN/VENTURI, welche die Meinung vertreten, dass vertrauliche Informationen grundsätzlich weiter geleitet werden können, sofern dem Gesamt-VR das fiduziarische Verhältnis bekannt ist (BAUEN/VENTURI, VR, N 67; ebenso Krenta N 193). In eine ähnliche Richtung tendierend auch der BR in seiner *Botschaft zur Revision des Aktien- und Rechnungslegungsrechtes,* wo im Zusammenhang mit Art. 707 festgehalten wird, dass sich aus dem Vertretungsverhältnis zwischen einer juristischen Person oder Handelsgesellschaft und einer natürlichen Person betreffend der Einsitznahme im Verwaltungsrat einer Gesellschaft ergibt, dass der Vertreter die Auftraggeberin über die Arbeit des Verwaltungsrates informieren darf (Botschaft Aktien- und Rechnungslegungsrecht, 1685).

21a Die sich aus Art. 717 ergebende **aktienrechtliche Pflicht zur Verschwiegenheit geht in zweierlei Hinsicht über den Bereich von Art. 162 StGB hinaus:** Einerseits fallen auch sensitive Interna, welche nicht die Qualität schutzwürdiger Geheimnisse haben, deren Bekannt werden aber der AG schadet unter die gesellschaftsrechtliche Geheimhaltungs- und Schweigepflicht und andererseits stellt auch das bloss fahrlässige Ausplaudern bereits einen Verstoss gegen Art. 717 dar (BÖCKLI, § 13 N 671). Je nach konkretem Sachverhalt kann sich überdies die Frage nach einem **Verstoss gegen Art. 158, 161 und 321 StGB sowie Art. 2 und 6 UWG** stellen.

V. Gleichbehandlungspflicht

22 Mit der Aktienrechtsrevision von 1992 fand der seit langem anerkannte **Grundsatz der relativen Gleichbehandlung** aller Aktionäre seine gesetzliche Verankerung, indem in Art. 717 die explizite Gleichbehandlungspflicht *des VR* (trotz Gesetzeswortlautes wohl eher des Organs als des VR-Mitgliedes, vgl. FORSTMOSER/MEIER-HAYOZ/NOBEL, § 28 N 65 und § 30 N 19) gesetzlich festgehalten wurde, während die Gleichbehandlung unter Aktionären indirekt aus Art. 706 Abs. 2 Ziff. 3 folgt. Unbestritten ist, dass auch gegenüber *Aktionären ohne Stimmrecht* und *Partizipanten* eine Gleichbehandlungspflicht besteht (ZINDEL, 208 f., 213 FN 81); gem. bundesgerichtlicher Rechtsprechung besteht auch eine solche gegenüber den *Gläubigern* einer AG (vgl. Entscheid des BGE 5C.29/2000 vom 19.9.2000, E. 4b/aa). Praktisch bewirkt diese Norm v.a. einen Schutz der im VR nicht vertretenen Minderheiten in einer AG (s.a. BÖCKLI, § 13 N 682; vgl. generell WATTER, Minderheitenschutz, 117, 121). Positiv verankert war die Gleichbehandlungspflicht stets im Genossenschaftsrecht (Art. 854) und in Umsetzung von Art. 42 EU-Kapital-RL in den europäischen Gesetzen (vgl. etwa § 53a AktG).

3. Abschnitt: Organisation der Aktiengesellschaft   23–29 Art. 717

Art. 717 verlangt keine absolute Gleichbehandlung, sondern nur eine solche «unter gleichen Voraussetzungen» und damit eine relative Gleichbehandlung (statt aller GARBARSKI, 153 f. m.w.H.). Abweichungen sind zulässig, falls die Lage der Aktionäre verschieden ist, was insb. aus der Tatsache folgt, dass im Prinzip – entgegen dem Gesetzestext – Aktien, und nicht Aktionäre, gleich zu behandeln sind. So kann eine Ungleichbehandlung von Gross- und Kleinaktionären gerechtfertigt sein, sofern ein sachlicher Grund (ein Gesellschaftsinteresse) dafür besteht und der Eingriff nicht unverhältnismässig ist (vgl. BGE 117 II 312 E. 6). Das letztere Gebot wird durch die Elemente der **Geeignetheit** und **Erforderlichkeit** und durch das **Übermassverbot** konkretisiert (i.E. ähnl. BÖCKLI, § 13 N 680). Dennoch hat diese Bestimmung eine grosse rechtliche Bedeutung für den Minderheitenschutz (ebenso BÖCKLI, § 13 N 693).   23

Namentlich bleiben etwa auch **statutarische Ungleichbehandlungen möglich**, soweit sie das Gesetz zulässt (hier erfolgt sowieso eine entsprechende Genehmigung der Aktionäre in der GV). Zu denken ist an die spez. Rechtsstellung von Vorzugsaktien oder Stimmrechtsaktien. Auch die Ungleichbehandlung eines Aktionärs, dessen Aktien ab einem gewissen Prozentsatz einem Vertretungsverbot unterliegen (Art. 692 Abs. 2), ist möglich. Zu unterscheiden ist im Einzelfall aber zwischen der Ungleichbehandlung in den Gründungsstatuten und der Ungleichbehandlung durch nachträgliche Statutenänderung. Letztere kann sich im Einzelfall als nach Art. 706 anfechtbar erweisen.   24

Eine Ausnahme vom Gleichbehandlungsgrundsatz gilt auch, wenn der **Aktionär auf die Anwendung** des **Grundsatzes verzichtet.** Nicht denkbar ist dagegen eine statutarische Vorschrift, wonach der VR das Gleichbehandlungsgebot nicht zu beachten habe; ein solcher Beschluss wäre nach Art. 706b nichtig.   25

In diesem Rahmen sind die **formelle** und die **materielle Ungleichbehandlung** zu unterscheiden. Bei der Ersteren ist der Verstoss leicht erkennbar, indem z.B. nur Titel vom Grossaktionär zurückgekauft werden; die materielle Ungleichbehandlung bewirkt erst kombiniert mit anderen Elementen eine «Ungerechtigkeit», z.B. indem zwar alle Aktionäre unter gleichen Bedingungen an eine GV eingeladen werden, aber klar ist, dass der Tagungsort (oder das Datum) für einige Aktionäre unzumutbar ist. Keine Ungleichbehandlung liegt aber vor, wenn sich diese aus einem spez., in der persönlichen Situation des Aktionärs liegenden Umstand ergibt, z.B. in seiner mangelnden Liquidität.   26

In BGE 88 II 105 E 3. hat das BGer festgehalten, das Gleichbehandlungsgebot gelte dort nicht, wo ein Aktionär einer Gesellschaft ihr nicht in dieser Qualität, sondern **als Dritter** (als Käufer von Aktien dieser Gesellschaft) gegenübertritt. U.E. lässt sich dieser Entscheid mit dem heutigen Recht nicht mehr vereinbaren.   27

Praktische **Wichtigkeit** hat das Gleichbehandlungsgebot **v.a. in folgenden Konstellationen:**   28

– *Eintragungspraxis* bei vinkulierten, nicht kotierten Namenaktien: Hier hat der Verkäufer (als ausscheidender Aktionär) einen Anspruch darauf, dass das Eintragungsgesuch für seinen Käufer nach den gleichen Grundsätzen behandelt wird wie Gesuche bei anderen Handänderungen. Bei kotierten Aktien hat der Käufer einen entsprechenden Anspruch (vgl. auch ZINDEL, 208). Analoge Überlegungen gelten, wo der VR nach statutarischer Vorschrift über *Ausnahmen* zu *Höchststimmbegrenzungen* oder *Prozentklauseln* entscheiden kann, wobei sich der VR bei der Genehmigung von solchen Ausnahmefällen nach dem Gesellschaftsinteresse zu orientieren hat.   29

30 – Umstritten ist die Frage, inwieweit Grossaktionäre (insb. institutionelle Anleger wie Fondsmanager oder grosse Vermögensverwalter) weitergehende *Informationen* über das Unternehmen erhalten dürfen, wenn die anderen Aktionäre nicht gleichzeitig Zugang zu denselben Informationen erhalten (vgl. ZK-HOMBURGER, N 1114 ff.; BÖCKLI, § 13 N 700 ff. sowie ausführlich BÖCKLI/BÜHLER, 107 ff.; vgl. auch KRNETA, N 1926 ff.); Bei börsenkotierten Gesellschaften führt die «ad hoc-Publizitätspflicht» dazu, dass bei wichtigen Informationen alle Kapitalmarktteilnehmer praktisch gleichzeitig über zentrale Ereignisse informiert werden müssen.

31 – Die *Gesellschaft übernimmt* vinkulierte Aktien nach Art. 685b Abs. 1 zum wirklichen Wert auf Rechnung der anderen Aktionäre: Diese haben ein Anrecht, dass ihnen die Aktien proportional zum jetzigen Besitz angeboten werden.

32 – Behandlung von *Auskunfts-* und *Einsichtsbegehren* der Aktionäre.

33 – Rückkaufsofferten für eigene Aktien (vgl. zur Situation bei der kotierten Gesellschaft die Mitteilung Nr. 1 der UEK vom 28.3.2000) und generell alle *Rechtsgeschäfte mit Aktionären*, soweit diese mit der Aktionärseigenschaft in Zusammenhang stehen (vgl. KRNETA, N 1935 f.). Eine Gleichbehandlungspflicht ist v.a. dort gegeben, wo diese Rechtsgeschäfte für den Aktionär interessant sind, so auch bei *Zuteilung von Aktien* oder Anleihen, in den Fällen, in denen das Bezugsrecht oder das Vorwegzeichnungsrecht ausgeschlossen wurde oder nicht gilt, wie beim Verkauf eigener Aktien. Soweit es sich um verdeckte Gewinnzuwendungen handelt, ist Art. 678 Abs. 2 anwendbar, der aber nur Fälle mit «offensichtlichem Missverhältnis» abdeckt.

34 – Unterstützung von *Übernahmeangebot* Dritter, welche nur möglich ist, falls dieser Dritte die Aktionäre im Rahmen des Angebotes (und in der Zeit, in welcher dieses Angebot offen ist) gleich behandelt (dies gilt bei kotierten Gesellschaften nach Art. 24 Abs. 2 BEHG und für andere Gesellschaften gestützt auf Art. 717 Abs. 2; vgl. hierzu auch WATTER, Pflichten und Handlungsmöglichkeiten des VR in Übernahmesituationen, Mergers & Aquisitions IV, Europa Institut Zürich, 2002, 3 f.). Immerhin darf der Dritte einem Mehrheitsaktionär eine Kontrollprämie bezahlen (vgl. Art. 32 Abs. 4 BEHG für kotierte Gesellschaften – diese Bestimmung färbt auf den Bereich nicht kotierter Gesellschaften insoweit ab, als der VR an sich zur Verfügung stehende Abwehrmittel nicht einzusetzen braucht, wenn sich eine Kontrollprämie in diesem Rahmen bewegt).

35 – Einladung an die *GV*: wird einzelnen Inhaberaktionären die Einladung per Post zugesandt, wäre es ein Verstoss gegen den Gleichbehandlungsgrundsatz, wenn die übrigen nur per Publikation kontaktiert werden, obwohl deren Adressen bekannt sind (HENN, 247).

36 Die **Durchsetzung** des Gleichbehandlungsgebotes wird in praktischer Hinsicht v.a. durch die Verantwortlichkeitsklage benachteiligter Aktionäre erfolgen (allenfalls nach einer Sonderprüfung), weil das Gleichbehandlungsgebot verletzende VR-Beschlüsse nicht anfechtbar sind. Oft wird es sich um einen *direkten Schaden* handeln, der von den geschädigten Aktionären vom VR geltend gemacht werden kann und im Gutheissungsfall zu einer Zahlung an den Aktionär führen wird (vgl. Art. 754; ähnl. BÖCKLI, § 13 N 683). Denkbar ist bei Ungleichbehandlungen namentlich auch die Einreichung einer Rückforderungsklage durch die AG selbst oder einen Aktionär (auf Leistung an die AG) sowie die Rechtsmissbrauchseinrede der AG, wenn der begünstigte Aktionär seinen Anspruch geltend macht (s. BÖCKLI, § 13 N 683; vgl. auch BAUEN/VENTURI, VR, N 220 ff.).

VI. Pflicht zur Gewinnstrebigkeit

Der VR hat seine Tätigkeit nach dem **Gesellschaftsinteresse** (vgl. N 16) auszurichten, welches wiederum von den Aktionären definiert wird. Abgesehen von Spezialfällen, bedeutet dies i.d.R., dass der VR sich bemühen muss, den **Wert der AG** und damit den Wert der Beteiligung des Aktionärs (also den *shareholder value*) **nachhaltig zu maximieren** (vgl. WATTER, Unternehmensübernahmen, N 7; WOHLMANN, Aktionär, 415 ff.; **a.M.** etwa FORSTMOSER/MEIER-HAYOZ/NOBEL, § 28 N 26 ff.). 37

Wertmaximierungspflicht in diesem Sinne **bedeutet** nicht, dass sich der VR auf kurzfristige Erfolge konzentrieren soll (vgl. WATTER, Unternehmensübernahmen, N 10 ff.); auch ist nicht erforderlich, dass möglichst hohe Dividenden bezahlt werden müssen: Ob Gewinne als Dividenden ausgeschüttet, durch Aktienrückkauf an die Aktionäre zurückgeführt oder im Unternehmen reinvestiert werden, liegt letztlich im Entscheid der Mehrheit der Aktionäre und dem von ihnen gewählten VR (vgl. Art. 698 Abs. 2 Ziff. 4, Art. 669 Abs. 2 und 3 OR). Nicht gemeint ist schliesslich, dass der VR zur Gewinnmaximierung Arbeitnehmer- oder Gläubigerinteressen vernachlässigen oder gar Gesetze missachten soll. Gerechtfertigt können auch Spenden an gemeinnützige Institutionen sein, obwohl zu fordern ist, dass ein VR solche Zuwendungen eher aus den eigenen Taschen als aus den fremden der AG bestreiten soll (vgl. ausführlich zur Spendenkompetenz des VR WATTER/ROHDE, 329 ff.; vgl. auch ZK-HOMBURGER, N 965 ff.). Zulässig ist auch ein Sponsoring kultureller oder anderer Veranstaltungen, sofern sich der VR davon einen langfristigen Vorteil für die AG verspricht. 38

Ausnahmen von der Gewinnmaximierungspflicht können durch einstimmigen Aktionärsbeschluss statuiert werden (s. hierzu auch Art. 706 Abs. 2 Ziff. 4); in der AG mit einem kleinen Aktionärskreis können sich auch stillschweigende Ausnahmen ergeben (vgl. Details bei WATTER, Unternehmensübernahmen, N 17). 39

Die Gewinnmaximierungspflicht unterscheidet die AG von der Genossenschaft (vgl. Art. 902). 40

VII. EU-Recht und IPR

Neben der schon erwähnten Bestimmung von Art. 42 EU-Kapital-RL (N 22) betr. **Gleichbehandlung** ist zu erwähnen, dass die Europäische Kommission am 15.2.2005 eine Empfehlung erlassen hat, welche darauf abzielt, die Zahl unabhängiger Personen in Leitungs- und Aufsichtsorganen und Ausschüssen zu erhöhen, um u.a. **Interessenkonflikte** zu vermeiden (vgl. Empfehlung der Kommission vom 15. Februar 2005 (2005/162/EG) zu den Aufgaben von nicht geschäftsführenden Direktoren/Aufsichtsratsmitgliedern/börsennotierter Gesellschaften sowie zu den Ausschüssen des Verwaltungs-/Aufsichtsrats; ABl. L 52 vom 25.2.2005, 51–63). 41

Für die **Bestimmung des anwendbaren Rechts** kann auf Art. 716 N 12 verwiesen werden. 42

Art. 718

V. Vertretung 1. Im Allgemeinen	**¹ Der Verwaltungsrat vertritt die Gesellschaft nach aussen. Bestimmen die Statuten oder das Organisationsreglement nichts anderes, so steht die Vertretungsbefugnis jedem Mitglied einzeln zu.** **² Der Verwaltungsrat kann die Vertretung einem oder mehreren Mitgliedern (Delegierte) oder Dritten (Direktoren) übertragen.** **³ Mindestens ein Mitglied des Verwaltungsrates muss zur Vertretung befugt sein.** **⁴ Die Gesellschaft muss durch eine Person vertreten werden können, die Wohnsitz in der Schweiz hat. Dieses Erfordernis kann durch ein Mitglied des Verwaltungsrates oder einen Direktor erfüllt werden.**
V. Représentation 1. En général	¹ Le conseil d'administration représente la société à l'égard des tiers. Sauf disposition contraire des statuts ou du règlement d'organisation, chaque membre du conseil d'administration a le pouvoir de représenter la société. ² Le conseil d'administration peut déléguer le pouvoir de représentation à un ou plusieurs de ses membres (délégués) ou à des tiers (directeurs). ³ Un membre du conseil d'administration au moins doit avoir qualité pour représenter la société. ⁴ La société doit pouvoir être représentée par une personne domiciliée en Suisse. Un membre du conseil d'administration ou un directeur doit satisfaire à cette exigence.
V. Rappresentanza 1. In genere	¹ Il consiglio d'amministrazione rappresenta la società nei confronti dei terzi. Salvo disposizione contraria dello statuto o del regolamento d'organizzazione, ogni amministratore ha il potere di rappresentare la società. ² Il consiglio d'amministrazione può delegare il potere di rappresentanza a uno o più amministratori (delegati) o a terzi (direttori). ³ Almeno un amministratore dev'essere autorizzato a rappresentare la società. ⁴ La società deve poter essere rappresentata da una persona domiciliata in Svizzera. Tale requisito può essere adempito da un amministratore o da un direttore.

Literatur

ABEGGLEN, Wissenszurechnung bei der juristischen Person und im Konzern, bei Banken und Versicherungen, Habil. Bern 2004 (zit. Wissenszurechnung); DERS., Wissenszurechnung im Konzern? ZBJV 2006, 1 ff. (zit. ZBJV); BARTHOLD/JÖRG, Kleine Aktienrechtsrevision – Revision des Aktienrechts im Schatten der GmbH-Revision, ST 2006, 494 ff.; BORGHI/CORNU, Libre circulation des personnes et exigences de nationalité et de domicile en droit suisse des société, AJP 2007, 947 ff.; CHOU, Wissen und Vergessen bei juristischen Personen, Diss. Basel 2001; COTTIER/KRAFFT/LOCHER/VON BÜREN, Sind Nationalitäts- und Wohnsitzerfordernisse für Gesellschaftsorgane mit den völkerrechtlichen Verpflichtungen der Schweiz vereinbar?, REPRAX 1/2004, 1 ff.; DITESHEIM, La représentation de la société anonyme, Diss. Lausanne 2001; GLANZMANN, Die kleine Aktienrechtsrevision, ZBGR 2007, 69 ff.; GLANZMANN/ROBERTO, Wer darf Bundesgesetze erlassen? Fragwürdige Gesetzeskorrekturen durch die Redaktionskommission, NZZ vom 4. April 2008, 31; GWELESSIANI, Die Änderungen des Obligationenrechts vom 16. Dezember 2005 aus handelsregisterrechtlicher Sicht, in: Böckli/Forstmoser, 197 ff.; ROTH, Strenges und billiges Recht:

Zum Umfang handelsrechtlicher Vertretungsmacht, ZSR 1985 I 287; SCHÄRER, Die Vertretung der Aktiengesellschaft durch ihre Organe, Diss. Freiburg i.Ue. 1981; STEINMANN, Das neue GmbH-Recht und die übrigen Änderungen des OR, Aktuelle Fragen des Handelsregisterrechts, Tagung des Europa Instituts der Universität Zürich vom 30. Januar 2007, 1 ff.; STUTZ/VON DER CRONE, Kontrolle von Interessenkonflikten im Aktienrecht, SZW 2003, 102 ff.; M. WALTER, Die Wissenszurechnung im schweizerischen Privatrecht, Diss. Zürich 2004; WATTER, Die Verpflichtung der AG aus rechtsgeschäftlichem Handeln ihrer Stellvertreter, Prokuristen und Organe, Diss. Zürich 1985 (zit. Verpflichtung); DERS., Über das Wissen und den Willen einer Bank, in: Gehrig/Schwander (Hrsg.), Banken und Bankrecht im Wandel, FS für Beat Kleiner, Zürich 1993, 125 ff. (zit. Wissen); ZOBL, Probleme der organschaftlichen Vertretungsmacht, ZBJV 1989, 289 (zit. ZBJV); DERS. Haftung der Gesellschaft für die Vertretungshandlungen ihrer Organe in der bundesgerichtlichen Rechtsprechung, in: von Büren (Hrsg.), Aktienrecht 1992–1997: Versuch einer Bilanz, Bern 1998, 435 ff. (zit. Haftung)

I. Allgemeines

Art. 718 entspricht weitgehend dem Art. 717 altOR 1936, wobei anders als damals (wo die Vertretung durch «alle Mitglieder der Verwaltung gemeinsam» vorgesehen war) vermutungsweise jedem Mitglied des VR ein Einzelzeichnungsrecht zusteht. Das geltende Recht unterscheidet in der Systematik zwischen der **Geschäftsführung** als internem Leiten der Gesellschaft (Art. 716 f.) und der **Vertretung** bzw. dem Handeln gegenüber Dritten. Gemeint ist mit Letzterem primär das **Abschliessen** von **Verträgen,** wobei aber auch einseitige Rechtsgeschäfte, rechtsgeschäftsähnliche Willenserklärungen, Verfügungsgeschäfte und Tathandlungen unter den Begriff der Vertretung fallen (vgl. auch BSK OR I-WATTER/SCHNELLER, Art. 32 N 3 ff.).

Gegenüber der damaligen Botschaft wurde der Gesetzestext nicht geändert (Botschaft über die Revision des Aktienrechts vom 23.2.1983, BBl 1983 II, 925 f., 985), **Abs. 3 und 4** wurden im Rahmen der GmbH-Revision am 16.12.2005 geändert – die neue Regelung ist seit 1.1.2008 in Kraft, wobei aber überraschenderweise Unklarheit besteht, welcher Text überhaupt gilt. Das Parlament hat nämlich (in der Vorlage, die dem Referendum unterlag) den seit 1992 geltenden Abs. 3 gestrichen und durch den Text ersetzt, der heute in Abs. 4 steht (vgl. BBl 2005, 7324). Der heutige Abs. 3 (welcher der Fassung von Abs. 3 altOR entspricht) wurde dann später durch die Redaktionskommission wieder eingefügt (vgl. AS 2007, 4791 und zum Ganzen GLANZMANN/ROBERTO, 31) – falls argumentiert würde, dass dieser neu eingefügte Abs. 3 dem vom Parlament beschlossenen Text widerspricht (was zumindest der Wortlaut der Referendumsvorlage indiziert und auch durch die Entstehungsgeschichte bestätigt scheint, vgl. GLANZMANN/ROBERTO, 31, nicht aber der hier vertretenen Meinung entspricht, vgl. N 14), müsste wohl die Fassung gelten, wie sie das Parlament verabschiedet hat (vgl. dazu – in sozusagen umgekehrter Konstellation – BGE 111 II 375 E. 2). Im Rahmen der geplanten nächsten Aktienrechtsrevision soll lediglich die Nummerierung der Marginalie ändern (vgl. Botschaft Aktien- und Rechnungslegungsrecht, BBl 2008, 1784).

Geschäftsführungs- und Vertretungskompetenzen werden praktisch meist der gleichen Organisationsstufe innerhalb eines Unternehmens übertragen (wovon das alte Recht implizit ausging). Wegen der gesetzlich nur bedingt möglichen Begrenzung des Vertretungsrechtes wird dieses nach aussen gegenüber den Geschäftsführungskompetenzen aber oft «**überschiessen**». Gesellschaften können dies im Einzelfall auch ausnützen, indem z.B. nach der intern notwendigen Genehmigung eines Geschäftes auf Stufe des VR die Direktion mit der Unterzeichnung der dem VR im Entwurf vorliegenden Verträge beauftragt wird.

4 Satz 1 von Abs. 1 hält zunächst fest, dass der **VR** die Gesellschaft nach aussen vertritt und ein entsprechendes Recht damit e contrario **weder der GV noch der RS** zusteht. In BGE 78 II 369 wurde allerdings die – m.E. aus der Perspektive des heutigen Aktienrechts problematische – Ansicht vertreten, notfalls könne auch die GV die Gesellschaft nach aussen vertreten, so etwa im Fall, wo der VR nur vorübergehend nicht besetzt und keine weiteren zeichnungsberechtigten Personen vorhanden seien (ebenfalls kritisch gegenüber der Einräumung einer derartigen Notkompetenz KRNETA, N 1952). In SJZ 1985, 115 wurde hingegen zu Recht klar festgehalten, dass die RS nicht für die AG handeln kann. Vgl. zu den gesetzlich vorgesehenen Ausnahmen, in welchen Nicht-Exekutivorgane die AG vertreten dürfen, OR-Handkommentar-GLANZMANN, Art. 718 N 3.

II. Allgemeine Voraussetzungen für rechtsgeschäftliches Vertreten

5 Neben dem Vorhandensein einer **Organvollmacht** (bzw. einer «Zeichnungs»- oder «Vertretungsbefugnis»; vgl. dazu N 17; Art. 718a N 2 ff.) ist für eine Vertretungswirkung notwendig, dass die zeichnungsberechtigte Person **im Namen der AG** handelt (vgl. Art. 719 N 1 f.). Falls das zweite Element nicht gegeben ist, gilt Art. 32 Abs. 2, wonach eine Vertretungswirkung dennoch zustande kommt, wenn der Dritte auf ein Vertretungsverhältnis schliessen musste oder es ihm gleichgültig war, mit wem er kontrahiert (Art. 719 N 5). Fehlt es dagegen am ersten Element, der Organvollmacht, ist zu prüfen, ob eine Vertretungswirkung wegen **Gutglaubensschutzes des Dritten** (dazu N 8 ff.) oder einer **Genehmigung** (N 21) eintritt.

6 Weiter ist vorausgesetzt, dass das für die AG handelnde Organ **urteilsfähig** ist (vgl. zur umstrittenen – und m.E. entgegen Art. 707 N 21 ff. zu verneinenden – Frage, ob nicht Handlungsfähigkeit verlangt werden soll, WATTER, Verpflichtung, N 209 f.; zur entsprechenden Frage im bürgerlichen Stellvertretungsrecht BSK OR I-WATTER/SCHNELLER, Art. 32 N 21). Ein **Vertretungswille** bildet dagegen nach hier vertretener Ansicht i.A. keine Voraussetzung (vgl. BSK OR I-WATTER/SCHNELLER, Art. 32 N 18), kann aber bei Realakten eine Rolle spielen.

7 Wo eine Vertretungswirkung nicht eintritt, ist weiter zu prüfen, ob die Gesellschaft allenfalls nach den Grundsätzen der *culpa in contrahendo* wenigstens **schadenersatzpflichtig** wird (vgl. BGE 121 III 176; WATTER, Verpflichtung, N 239 ff.; Art. 722 N 10). Die ohne Organvollmacht handelnde Person wird nach Art. 39 ersatzpflichtig.

III. Die Vertretung durch VR-Mitglieder

8 Entgegen Art. 717 Abs. 3 altOR 1936 bestimmt das Gesetz in Satz 2 des Abs. 1, dass jedes VR-Mitglied **vermutungsweise einzelzeichnungsberechtigt** ist. Der Gesetzgeber hat sich damit von der fast stets derogierten Gesamtvertretung des alten Rechts (ebenso § 78 Abs. 2 AktG) gelöst, aber nicht zum praktisch verbreiteten Kollektivzeichnungsrecht zu zweien gewechselt, sondern gleichsam ins andere Extrem, zum vermuteten Einzelzeichnungsrecht (vgl. zum entsprechenden Schritt im Recht der GmbH Art. 814 Abs. 1). Dies führt praktisch zu einem erneuten Zwang einer **statutarischen** oder **reglementarischen Abänderung** der gesetzlichen Ordnung (N 11).

9 Zu beachten ist auch, dass im geltenden Recht **Geschäftsführung und Vertretung nicht mehr parallel** geregelt sind: Im internen Bereich gilt vermutungsweise ein gesamthaftes Geschäftsführungsrecht (Art. 716b N 18 f.), im externen eine Einzelzeichnungsberechtigung.

3. Abschnitt: Organisation der Aktiengesellschaft 10–13 **Art. 718**

Bei Fehlen einer statutarischen oder reglementarischen Ordnung dürfen sich Dritte dann 10
nicht auf das gesetzlich vermutete Einzelzeichnungsrecht verlassen, wenn das **Handelsregister** einen anderen Eintrag enthält (Art. 720 N 4; **a.M.** offenbar FORSTMOSER, Vom alten zum neuen Aktienrecht, SJZ 1992, 137, 165); dies folgt schon daraus, dass das Organisationsreglement für die «Aussenwelt» nur bedingt (und praktisch gar nicht) einsehbar ist (Art. 716b Abs. 2 Satz 2). Im internen Verhältnis bedeutet Abs. 1, dass ein Mitglied des VR grundsätzlich verlangen kann, als Einzelzeichnungsberechtigter im Handelsregister eingetragen zu werden, falls Statuten oder Organisationsreglement nichts anderes bestimmen.

Statuten oder das **Organisationsreglement** können vorsehen, dass die Mitglieder des 11
VR z.B. nur – soweit überhaupt vertretungsberechtigt – ein Kollektivzeichnungsrecht (meist zu zweien) haben; ein Einzelzeichnungsrecht könnte dagegen z.B. für den Präsidenten stipuliert werden. Sinnvollerweise wird es dabei dem VR überlassen bleiben, zu entscheiden, ob alle Mitglieder ein Zeichnungsrecht haben oder dieses Recht nur an so genannte **Delegierte** (Abs. 2) übertragen werden soll. Anzumerken bleibt, dass die **Terminologie** im derzeit geltenden Recht wenig geglückt ist: Der Delegierte war früher dasjenige VR-Mitglied, das grosse Teile der Geschäftsführung (und auch der Vertretung) besorgte, bzw. exekutives VR-Mitglied war. Das geltende Recht scheint dagegen den Ausdruck «Delegierter» nur noch an das Zeichnungsrecht knüpfen zu wollen, obwohl es ohne weiteres möglich bleibt, einen Delegierten zu bezeichnen und daneben in der Geschäftsführung nicht aktive (sog. nichtexekutive) VR-Mitglieder mit (und ohne) Zeichnungsrecht zu haben.

Offen lässt das Gesetz die Frage, ob der VR ein Kollektivzeichnungsrecht im Organisa- 12
tionsreglement einführen kann, wenn ihn die **Statuten nicht** zu dessen **Erlass** (im Rahmen von Art. 716b) ermächtigen. Die Frage ist m.E. zu bejahen (i.E. beipflichtend KRNETA, N 1948). Eine Kompetenz, seine Geschäfte zu regeln, hat der VR auch ausserhalb von Art. 716b (Art. 716a N 7 ff.; Art. 716b N 12 f.). Zu dieser Kompetenz gehört auch das Recht, zu ordnen, wie der VR nach aussen auftreten soll. Diese Ermächtigung folgt weiter a maiore minus auch aus Abs. 2: Wenn der VR die Vertretung an Dritte übertragen kann, kann er für sich selber auch ein Kollektivzeichnungsrecht vorsehen (vgl. auch N 16).

Der Spielraum im internen Verhältnis ist insoweit beschränkt, als die revidierten Abs. 3 13
und 4 vorschreiben, dass **wenigstens ein Mitglied** des **VR und zusätzlich ein VR-Mitglied oder ein Direktor mit Wohnsitz in der Schweiz** zur Vertretung befugt sein müssen (vgl. N 2 und 14 zur Geltung von Abs. 3 und ferner N 16a f.). Sowohl das Vertretungsrecht auf Stufe VR (Abs. 3), wie auch das Vertretungsrecht einer in der Schweiz wohnhaften Person (Abs. 4) können – analog zur schon unter Art. 718 Abs. 3 altOR und Art. 717 Abs. 1 Satz 2 altOR 1936 etablierten Praxis (vgl. etwa ZK-BÜRGI, Art. 717 N 11) – entweder durch eine Person oder durch beispielsweise 2 Personen mit Kollektivzeichnungsrecht zu zweien erfüllt werden. Möglich sind damit etwa folgende Kombinationen: VR-Mitglieder A und B, beide mit Wohnsitz im Ausland, können Kollektivzeichnungsrecht zu zweien haben (die Vorgabe von Abs. 3 ist dann erfüllt), falls zusätzlich 2 Direktoren C und D mit Wohnsitz in der Schweiz ebenfalls kollektiv zeichnen können (womit Abs. 4 erfüllt ist). Falls B Wohnsitz in der Schweiz hat, genügt es, wenn Direktor C auch ein Kollektivzeichnungsrecht hat. Nicht genügend ist es nach dem Wortlaut von Abs. 4, wenn das Vertretungsrecht in der Schweiz nur von einem Prokuristen wahrgenommen wird (hingegen ist ein Zeichnungsrecht ohne Bezeichnung als «Direktor» zulässig). Vgl. ferner zum Fall, wo eine Gesellschaft nur zwei kollektivzeichnungsberechtigte VR-Mitglieder hat und eines abgewählt wird BGE 133 III 77,

80: das verbleibende Mitglied erhält dann «automatisch» ein Einzelzeichnungsrecht (dazu auch Art. 718a N 21).

14 Wie in N 2 schon ausgeführt ist nun aber unklar, ob Abs. 3 überhaupt noch gilt, nachdem diese Bestimmung ja bloss durch die Redaktionskommission eingefügt wurde und argumentiert werden kann, dass der Wille des Parlamentes, spez. des StR, ein anderer war, vgl. GLANZMANN/ROBERTO, 31; berücksichtigt man aber die Parallelbestimmung im Recht der GmbH (Art. 814 Abs. 2) und den Umstand, dass der VR für einige seiner zwingenden von ihm zu erfüllenden Aufgaben die Gesellschaft vertreten können muss (vgl. etwa Art. 716a Abs. 1 Ziff. 7), muss man trotz der Willensäusserungen im StR von einem Versehen des Gesetzgebers ausgehen (vgl. auch STEINMANN, 12 und GWELLESIANI, 188) und annehmen, dass die Korrektur der Redaktionskommission angezeigt war (wenn auch in Anbetracht von Art. 57 f. des Parlamentsgesetzes wohl sehr weitgehend), **Abs. 3 somit rechtsgültig** ist. Abs. 3 wird denn heute auch von den Handelsregisterbehörden ohne Wenn und Aber angewandt (vgl. etwa FAQ des Handelsregisteramtes Zürich, Frage 17).

IV. Übertragung der Vertretung an Dritte (Direktoren)

15 Vorab ist analog zur Lage beim Delegierten (N 11) zu bedauern, dass das geltende Recht den Titel des **«Direktors»** einzig an das Vertretungsrecht knüpft, anstatt an die Geschäftsführungskompetenzen. Im Alltagsleben ist der Titel des «Direktors» nämlich mit einer hierarchischen Stellung, nicht mit einem Zeichnungsrecht verbunden (vgl. zum Ganzen auch KRNETA, N 1953).

16 Die Übertragung des Zeichnungsrechtes an Dritte setzt zwar nicht theoretisch, wohl aber praktisch voraus, dass der VR auch Geschäftsführungskompetenzen nach Art. 716b delegiert hat. Obwohl das Gesetz dies nicht explizit vorschreibt, ist damit der logische Ort für die **Einräumung** eines **Zeichnungsrechtes** das **Organisationsreglement**, das einer bestimmten Direktionsstelle ein Vertretungsrecht einräumt. Denkbar ist aber auch, dass der VR einzelnen Direktoren (i.S.v. Geschäftsführern) ein Zeichnungsrecht durch **Beschluss** zuspricht.

V. Wohnsitzerfordernis des Vertretungsberechtigten

16a Während das bisherige Recht trotz des zunehmend internationalen Wirtschaftsumfeldes in oft kritisierter Weise verlangte, dass die Mitglieder des VR mehrheitlich in der Schweiz wohnhaft sein und das Schweizer Bürgerrecht oder zumindest das Bürgerrecht eines Mitgliedstaates der EU oder der EFTA besitzen müssen (vgl. Art. 708 altOR; vgl. zur Kompatibilität von Nationalitäts- und Wohnsitzerfordernissen mit den völkerrechtlichen Verpflichtungen der Schweiz COTTIER/KRAFFT/LOCHER/VON BÜREN, 1 ff.), wird dieses **Nationalitäts- und Domizilerfordernis für Verwaltungsräte** nun mit dem Inkrafttreten der «kleinen Aktienrechtsrevision» ersatzlos aufgehoben. Das revidierte, ab 1.1.2008 geltende Recht verlangt in Art. 718 Abs. 4 nunmehr nur noch, dass eine der Personen, welche die Gesellschaft vertreten können, in der Schweiz Wohnsitz hat. Dabei kann dieses Erfordernis gem. expliziter gesetzlicher Anordnung entweder durch ein Mitglied des VR oder durch eine Direktorin oder einen Direktor erfüllt werden (krit. zur EU-Kompatibilität dieser Regelung BORGHI/CORNU, 954 f.).

16b Wenngleich die ersatzlose Streichung des Nationalitäts- und Domizilerfordernisses für die Mitglieder des VR grundsätzlich begrüssenswert ist, dürfte sie im Hinblick auf die **Durchsetzung von Verantwortlichkeitsansprüchen** Erschwerungen mit sich bringen.

Sofern sich nämlich der pflichtwidrig handelnde VR ausschliesslich aus nicht in der Schweiz wohnhaften Personen zusammensetzt, wird er in Zukunft dann schwieriger zu belangen sein, wenn die Vollstreckung von Urteilen erschwert ist. Je nach Umständen können dann die Aktivlegitimierten auch nicht gegen den in der Schweiz wohnhaften Direktor vorgehen, da diesem u.U. keine Pflichtverletzung vorgeworfen werden kann (vgl. zum Ganzen GLANZMANN, 76; BARTHOLD/JÖRG, 496; vgl. zur diesbezüglichen parlamentarischen Debatte bei der entsprechenden Parallelbestimmung im GmbH-Recht AmtlBull 2005 N 102 ff. vom 2.3.2005 und S 631 ff. vom 15.6.2005).

VI. Rechtsgrund und Umfang der Organvollmacht

Rechtstechnisch wird das Vertretungsrecht (bzw. die «Vertretungsbefugnis», das «Zeichnungsrecht» oder die «Organvollmacht»; vgl. auch N 20) durch eine **Bevollmächtigung** eingeräumt (WATTER, Verpflichtung, N 154 m.w.Nw.; ähnl. STUTZ/VON DER CRONE, 104, welche ebenfalls auf die strukturelle Verwandtschaft zwischen der Organvertretung und der bürgerlichen Stellvertretung hinweisen) und nicht durch Gesetz oder Statuten (so aber VON TUHR/PETER, 378). Die Bevollmächtigung als solches ist oft nicht als isoliertes Rechtsgeschäft erkennbar, da sie meist in der **Wahl** in eine Funktion mit Vertretungsrecht enthalten ist. Die Bevollmächtigung kann auch im Rahmen eines **Konstituierungsbeschlusses** des VR erfolgen. Von dieser Bevollmächtigung zu unterscheiden ist der Anstellungsvertrag, den das Organ mit der AG haben kann (vgl. Art. 716b N 20). Denkbar ist auch eine **stillschweigende Bevollmächtigung,** wobei sich der Wille der bevollmächtigenden Instanz auch aus dem Dulden eines Auftretens als Organ ergeben kann (vgl. N 26). Wo somit z.B. der Präsident nach dem Organisationsreglement ein Einzelzeichnungsrecht hat und die GV den Präsidenten wählt (Art. 712 Abs. 2), ist die Bevollmächtigung im Wahlakt der GV enthalten. Analoges gilt, wo das Reglement Direktoren generell ein Kollektivzeichnungsrecht zu zweien einräumt und die Wahl eines Direktors durch einen VR-Beschluss erfolgt. 17

Die Bevollmächtigung bestimmt auch den **Umfang der Organvollmacht,** wobei der dem Vertretungsorgan nach Treu und Glauben erkennbare Wille der bevollmächtigenden Instanz ausschlaggebend ist. Dabei ist anzunehmen, dass sich das Zeichnungsrecht in aller Regel auf die dem Organ zugeordneten spezifischen Geschäftsführungsaufgaben beschränkt: Der Personalchef im Range eines Direktors mit Zeichnungsberechtigung darf Arbeitsverträge oder Verträge mit Vorsorgeeinrichtungen abschliessen oder kündigen; hingegen darf er in aller Regel weder das Fabrikgebäude veräussern noch Lagereinkäufe tätigen, da dafür Personen in anderen Funktionen zuständig sind. Wo allerdings für das Vertretungsorgan keine spezifischen Beschränkungen ersichtlich sind, darf es annehmen, es könne die AG im Rahmen von Art. 718a vertreten (WATTER, Verpflichtung, N 178; vgl. auch Art. 718a N 5). 18

Zu beachten ist aber, dass dieser Bereich des «Dürfens» von der Frage zu trennen ist, ob ein ausserhalb dieses Rahmens abgeschlossener Vertrag nicht dennoch Rechtsgültigkeit hat (vgl. dazu Art. 718a), was die h.L. unter dem Terminus **«Vertretungsmacht»** behandelt, welche der internen Vertretungsbefugnis gegenübergestellt wird. Auch nach der hier vertretenen Ansicht kommt eine Vertretungswirkung bei einem Überschreiten der Vertretungsbefugnis meist zustande, dies aber wegen **Gutglaubensschutzes** des Dritten und nicht wegen einer (im Gesetz auch nirgends vorgesehenen) abstrakten Vertretungsmacht (vgl. Art. 718a N 10; wie hier auf den Begriff der «Vertretungsmacht» verzichtend DITESHEIM, 207 ff., 243 ff., 248 f.; vgl. zum bürgerlichen Stellvertretungsrecht BSK OR I-WATTER/SCHNELLER, Art. 33 N 13 und BSK OR I-WATTER, Art. 460 N 12 ff.). 19

20 Nach einer erfolgten Bevollmächtigung ist die Gesellschaft zur **Registrierung des Vertreters im Handelsregister** verpflichtet (Art. 720).

21 Das zur Bevollmächtigung zuständige Organ kann ein Rechtsgeschäft eines (noch nicht, oder nur in einem Teilumfang bevollmächtigten) Organs **genehmigen** (Art. 38, 40; vgl. BSK OR I-WATTER/SCHNELLER, Art. 38 N 1 ff.). Weiter kann jedes Organ ein Geschäft genehmigen, falls es dieses selber durchführen könnte (vgl. WATTER, Verpflichtung, N 214; BGE 127 III 332 und 335; weiterführend STUTZ/VON DER CRONE, 106 ff.). Wo die fragliche Handlung ausserhalb des objektiv verstandenen Gesellschaftszweckes liegt, ist eine solche Genehmigung nur **durch die GV möglich** (vgl. Art. 718a N 2; WATTER, Verpflichtung, N 213). Eine Genehmigung durch die GV ist weiter auch beim Selbstkontrahieren des VR denkbar (ZOBL, ZBJV, 311; BGE 50 II 185). Die Genehmigung ist entweder an das seine Kompetenz überschreitende Organ oder an den Dritten zu richten (WATTER, Verpflichtung, N 213 ff.).

VII. Die zeitliche Geltung der Organvollmacht

22 Grundsätzlich besteht die Organvollmacht **ab Zugang** der **Bevollmächtigung** (vgl. N 17, also z.B. durch Mitteilung der Wahl), sofern nicht ein Termin in der Bevollmächtigung enthalten ist, was zumindest stillschweigend oft der Fall sein wird (WATTER, Verpflichtung, N 190). Eine laufende Änderung der Firma hindert die vertretungsberechtigten Organe selbstverständlich nicht daran, Verträge im Namen der AG abzuschliessen (BGE 130 III 363 ff.).

23 **Beendigt** wird die Organvollmacht durch **Widerruf,** welcher ebenfalls empfangsbedürftig ist (ZK-BÜRGI, Art. 726 N 5). Ab Empfang und bis zur tatsächlichen Kenntnis des Widerrufes gilt bei der im Handelsregister nicht eingetragenen Vollmacht Art. 37 (vgl. N 25 nachfolgend zum eingetragenen Zeichnungsrecht): Das Organ verpflichtet die AG weiter, ausser der Dritte wisse um das Erlöschen. **Zuständig für den Widerruf** sind die bevollmächtigende Instanz und der Gesamt-VR (Art. 716a N 15 ff., Art. 726 N 3 ff.). Der Widerruf kann auch stillschweigend erfolgen, insb. durch Kündigung des Grundverhältnisses (Art. 716b N 20).

24 Beendigungsgründe sind auch die **Demission** (vgl. auch Art. 711 Abs. 2 zur Löschung des eigenen Eintrages und Art. 716b N 22); zum Erlöschen der Organvollmacht führen auch **Tod, Verschollenerklärung** und **Verlust** der **Handlungsfähigkeit** (vgl. dazu näher WATTER, Verpflichtung, N 192b, 209, ferner auch N 6 für das Genügen blosser Urteilsfähigkeit), dieselbe Wirkung hat die **Auflösung** der **juristischen Person.** Dort wird die Organvollmacht allenfalls in eine Vollmacht der Liquidatoren umgewandelt.

25 Nach Beendigung der Vertretungsbefugnis hat die AG für die **Löschung** im **Handelsregister** zu sorgen (Art. 938b Abs. 1), ansonsten der Eintrag (weiterhin) Ansatzpunkt für einen Gutglaubensschutz bildet (N 27). Fraglich – und m.E. zu bejahen – ist, ob bei Widerruf einer nie eingetragenen Organvollmacht analog zu Art. 461 Abs. 1 eine Löschung erfolgen sollte (WATTER, Verpflichtung, N 193c). Zur allfälligen Pflicht, einen Partner, mit dem man in Verhandlungen steht, zu orientieren: BGE 106 II 346, 351.

VIII. Anscheins- und Duldungsvollmacht

26 **Anscheins- und Duldungsvollmachten** (zu Letzteren N 17) sind auch bei (angeblichen) Vertretungsorganen denkbar. Auszugehen ist bei der Anscheinsvollmacht analog zum Stellvertretungsrecht (BSK OR I-WATTER/SCHNELLER, Art. 33 N 16) von der

3. Abschnitt: Organisation der Aktiengesellschaft   27–30 Art. 718

Frage, ob wegen einer **Kundgabe** der (tatsächlich nicht oder nicht in diesem Umfang bestehenden) Organvollmacht der gutgläubige Dritte zu schützen ist (WATTER, Verpflichtung, N 228 ff.). Eine **Kundgabe ausserhalb** des **Handelsregisters** durch das zur Bevollmächtigung zuständige Organ – etwa durch fahrlässige Aussagen, aber auch durch ein Dulden eines Auftretens als Organ – kann nämlich Ansatzpunkt für einen Gutglaubensschutz sein; im letzteren Fall könnte allerdings auch eine stillschweigende Bevollmächtigung des Organs vorliegen (vgl. N 17; WATTER, Verpflichtung, N 230) – diesfalls besteht – anders als bei der Anscheins- oder Duldungsvollmacht – kein Anspruch gegen das handelnde Organ nach Art. 39.

Bei einer **Kundgabe** im **Handelsregister** ist zu unterscheiden zwischen einem falschen Eintrag (dazu N 28) und der verschuldet unterbliebenen Löschung des Eintrages (vgl. N 25 und Art. 938b Abs. 1): Im letzteren Fall gilt analog zur Rechtslage beim Prokuristen (BSK OR I-WATTER, Art. 461 N 3), dass der noch bestehende Eintrag Anlass für einen Gutglaubensschutz bildet und dem Dritten nur Bösgläubigkeit (nicht aber fahrlässiges Nichtwissen) schadet, da die AG ihrer Pflicht zur Löschung nicht nachgekommen ist. 27

Auch ein **falscher Handelsregistereintrag** kann als Kundgabe einer Vertretungsbefugnis gelten. Fraglich ist, wann einem Dritten der Fehler entgegengehalten werden kann: 28

– Wo die Eintragung einer eintragbaren Beschränkung wegen eines Versehens bei der AG unterbleibt, schadet dem Dritten nur positive Kenntnis des wahren Sachverhaltes (vgl. Art. 718a N 16).

– Wo ein Fehler des Handelsregisterführers vorliegt, schadet dem Dritten ebenfalls nur positive Kenntnis des wahren Sachverhaltes, wenn die AG den Eintrag im Grundsatz veranlasst hat, also z.B. ein Direktor irrtümlich als einzel- statt kollektivzeichnungsberechtigt eingetragen wurde: hier ist der AG nämlich eine Überprüfung des Eintrages zuzumuten (WATTER, Verpflichtung, N 233; Art. 928 N 4).

– Wo keine Veranlassung der AG vorliegt, also z.B. A irrtümlich als Direktor bei der B AG eingetragen wird, bietet der Eintrag zwar auch noch Ansatzpunkt für einen Gutglaubensschutz, der Dritte darf sich aber nur dann auf seinen guten Glauben berufen, wenn er die nötige Sorgfalt beachtet hat (vgl. Art. 718a N 11 zum Sorgfaltsmassstab; ferner WATTER, Verpflichtung, N 234).

IX. Spezialfälle

Willensmängel bei der Vollmachtserteilung sind denkbar und können mittels Anfechtung geltend gemacht werden (vgl. BSK OR I-WATTER/SCHNELLER, Art. 33 N 27 f.). Nachdem Vollmachten aber sowieso stets widerrufbar sind, ist von praktischer Relevanz nur die Frage, wie sich eine solche Anfechtung auf schon getätigte Handlungen des Vertretungsorgans auswirkt. Wo noch **keine Kundgabe** der Organvollmacht stattgefunden hat, beseitigt eine erfolgreiche Anfechtung auch die Bindungswirkung schon getätigter Rechtsgeschäfte (WATTER, Verpflichtung, N 200). Wo eine **Kundgabe** ausserhalb des Handelsregisters erfolgt ist, heilt der gute Glaube des Dritten den Mangel der dahin gefallenen Organvollmacht (vgl. Art. 718a N 11 zum Sorgfaltsmassstab); bei schon erfolgtem Handelsregistereintrag schadet dem Dritten nur positive Kenntnis des Willensmangels (vgl. WATTER, Verpflichtung, N 202 für Spezialfälle). 29

Bei der **Substitution** ist zu unterscheiden zwischen der Erteilung einer bürgerlichen oder kaufmännischen Vollmacht (dazu Art. 721) und der Einräumung einer (Unter-) Or- 30 ganvollmacht. Letzteres ist nur möglich, soweit dazu eine interne Berechtigung besteht, was sich namentlich aus dem Organisationsreglement ergeben kann.

31 Vgl. zum **Handeln in Doppelstellung** (wo eine Person für beide Parteien vertretungsbefugt ist) und zum **Selbstkontrahieren** (das Vertretungsorgan ist gleichzeitig Vertragspartner) neu nun Art. 718b, ferner Art. 718a N 12 f.

32 Kollusion, das Eingehen von **Eigengeschäften** (das Vertretungsorgan handelt mit einem Dritten, aber im eigenen Interesse, z.B. indem es namens der AG eine eigene Schuld verbürgt) und **interessenwidriges Verhalten** sind nach hier vertretener Ansicht von der Organvollmacht nicht gedeckt (vgl. auch BSK OR I-WATTER/SCHNELLER, Art. 33 N 19), denn das Vertretungsorgan muss nach Treu und Glauben wissen und erkennen, dass die bevollmächtigende Instanz solche Geschäfte nicht will. In den letzten beiden Fällen kann aber der gute Glaube des Dritten dennoch zu einer Vertretungswirkung führen (Art. 718a N 11).

33 Denkbar ist schliesslich auch, dass sich die Vertretungsbefugnis eines Organs aufgrund einer **Bevollmächtigung nach den Regeln der bürgerlichen Stellvertretung** gem. Art. 32 ff. ergeben kann (SAG 1961/62, 241). So wird in der Praxis nicht selten auch einer aktienrechtlichen Organperson für ein bestimmtes Geschäft, für welches sie nur kollektiv zeichnungsberechtigt ist, eine bürgerliche Vollmacht für den Abschluss mit Einzelunterschrift erteilt (FORSTMOSER/MEIER-HAYOZ/NOBEL, § 30 N 90). Dementsprechend kann einem kollektivzeichnungsberechtigten Mitglied des VR auch eine **Prokura** erteilt werden (BGE 86 I 105, 110 ff., BSK OR I-WATTER, Art. 460 N 8).

X. Passiv- und Wissensvertretung

34 Die Vertretungsbefugnis schliesst immer auch das Recht ein, **Willenserklärungen namens der AG zu empfangen** (BSK OR I-WATTER/SCHNELLER, Art. 32 N 5, 26; vgl. auch § 78 Abs. 2 AktG). Umgekehrt hängt bei den Organen einer AG die passive Vertretungsmacht jedoch nicht von der Einräumung einer aktiven Vertretungsbefugnis ab, d.h. jedes Organ einer AG ist Passivvertreter (WATTER, Verpflichtung, N 274; **a.M.** FORSTMOSER/MEIER-HAYOZ/NOBEL, § 30 FN 55); dies gilt selbst für das faktische Organ im Bereich der von ihm usurpierten Leistungstätigkeit (vgl. BGE 122 III 227 und 124 III 420 f.). In ZR 72, 155 ff. hat das OGer ZH festgehalten, dass die Vorladung zur Konkursverhandlung an ein aus dem VR ausgeschiedenes, im Handelsregister aber noch nicht gelöschtes Mitglied des VR rechtsgültig erfolgt sei, auch wenn der Konkursrichter vom Ausscheiden wusste (was allerdings eine m.E. bei positivem Wissen der Konkursverwaltung eine zu weitgehende Ansicht ist).

35 Bei der **Wissensvertretung** geht es um die Problematik, welches Wissen einer AG zuzurechnen ist, wenn es z.B. um die Beurteilung der Fragen geht, ob die Gesellschaft einen Umstand kennt (vgl. etwa Art. 60 oder 200), ob die AG gutgläubig ist (vgl. z.B. Art. 935 ZGB) bzw. ihr ein fahrlässiges Nichtwissen vorgeworfen werden kann (Art. 752) oder sie ihr ganzes Wissen für eine erfolgreiche Auftragsabwicklung einsetzt (vgl. statt vieler WATTER, Wissen, 125 ff.). Das BGer hat in seiner neueren Rechtsprechung die lange Zeit vorherrschende Theorie der «absoluten Wissenszurechnung», wonach der AG voraussetzungslos das Wissen aller an einem konkreten Geschäft irgendwie beteiligten Personen, insb. auch das Wissenmüssen von Organen, zuzurechnen ist, aufgegeben (vgl. zur Theorie der «absoluten Wissenszurechnung» ausführlich CHOU, N 165 ff.; WALTER, 190 ff. und 207 ff.). In einem unveröffentlichten Entscheid (4C.335/1999 vom 25.8.2000, wiedergegeben in SZW 2001, 285, besprochen bei ABEGGLEN,

Wissenszurechnung, 53 ff.) hielt das BGer fest, dass sich eine AG das Wissen ihres Organs nur dann anrechnen lassen müsse, wenn das Organ unmittelbar am betr. Geschäft mitwirkte oder wenn das Wissen aufgrund mangelnder Organisation nicht weitergeleitet wurde (vgl. zur Entwicklung der Rechtsprechung ABEGGLEN, Wissenszurechnung, 46 ff. und WALTER, 196 ff.). In einem weiteren, versicherungsrechtlichen Urteil v. 21.8.2001, 5C.104/2001, E. 4c) bb), bezeichnet es das BGer als «Grundsatz der Wissenszurechnung», «dass eine juristische Person [dann] über rechtlich relevante Kenntnis eines Sachverhaltes verfügt, wenn das betr. Wissen innerhalb ihrer Organisation objektiv abrufbar ist» (krit. dazu WALTER, 239 ff.). Damit folgt das BGer nun einem rein **funktionalen Ansatz** bei der Wissenszurechnung, indem es der juristischen Person sämtliches Wissen zurechnet, das innerhalb der Organisation abrufbar ist, und zwar unabhängig von der (Organ-)Eigenschaft derjenigen Person, welche das entsprechende Wissen inne hat bzw. inne haben müsste (bereits seit längerem eine funktionale Betrachtungsweise vertretend WATTER, Wissen, 136 ff.). Vgl. zur Wissenszurechnung im Konzern ABEGGLEN, Wissenszurechnung, 229 ff. und DERS., ZBJV, *passim*.

XI. Vertretung in der Rechtswirklichkeit

In der Praxis wird das Zeichnungsrecht oft der **hierarchischen Stellung angepasst:** 36
Der Präsident hat z.B. ein Einzelzeichnungsrecht, Direktoren ein Kollektivzeichnungsrecht zu zweien, Prokuristen ein Kollektivzeichnungsrecht, das zusätzlich auf den Hauptsitz oder die Filiale begrenzt ist.

Es ist dabei auch üblich, Funktionen mit einer gewissen hierarchischen Stellung ein 37
Zeichnungsrecht einzuräumen, obwohl gar nicht vorgesehen ist, dass diese Vertreter Rechtsgeschäfte namens der AG abschliessen. Dies hat (zumindest im letzten Jahrhundert) etwa bei Banken zu einer sehr hohen Anzahl von Unterschriftsträgern geführt. Festzustellen ist neuerdings eine Tendenz, sämtlichen Angestellten eines Unternehmens ein Zeichnungsrecht einzuräumen, ohne dieses im Handelsregister zu registrieren; dahinter steht die Erkenntnis von Unternehmen, dass sie sich aus Gründen ihrer Reputation sowieso nicht darauf berufen können oder wollen, einem ihrer Angestellten habe es an einer Vollmacht gefehlt (vgl. bspw. die Anzeige der damaligen Ciba-Geigy AG in der NZZ vom 5.5.1993, 28).

XII. Beweislast

Bei einer **Klage des Dritten gegen das Organ,** hat dieses zu beweisen, dass es das Geschäft nicht für sich, sondern für die AG abgeschlossen hat, gilt doch auch in diesem Bereich eine Vermutung für Eigengeschäfte (vgl. BSK OR I-WATTER/SCHNELLER, Art. 32 N 34). Bei einer **Klage gegen die AG** kann sich diese darauf berufen, ihr Organ habe in concreto ein Eigengeschäft abgeschlossen; beweispflichtig dafür, dass das Organ für die AG gehandelt hat, ist dann ebenfalls der Dritte. 38

Eine **Klage der AG gegen den Dritten** impliziert die Organvollmacht schon, da die 39
Klage bei einem allfälligen Mangel in dieser Vollmacht eine Genehmigung darstellen würde; eine Ausnahme gilt aber bei Geschäften, die innert einer Frist vorzunehmen sind (vgl. BSK OR I-WATTER/SCHNELLER, Art. 32 N 36). Nachzuweisen hat die AG damit i.A. nur den Umstand, dass ihr Organ im Namen der AG handelte.

XIII. EU-Recht und IPR

40 Vgl. Art. 718a N 25 für das IPR und Art. 718a N 27 zum EU-Recht.

Art. 718a

| 2. Umfang und Beschränkung | ¹ Die zur Vertretung befugten Personen können im Namen der Gesellschaft alle Rechtshandlungen vornehmen, die der Zweck der Gesellschaft mit sich bringen kann.
² Eine Beschränkung dieser Vertretungsbefugnis hat gegenüber gutgläubigen Dritten keine Wirkung; ausgenommen sind die im Handelsregister eingetragenen Bestimmungen über die ausschliessliche Vertretung der Hauptniederlassung oder einer Zweigniederlassung oder über die gemeinsame Vertretung der Gesellschaft. |
|---|---|
| 2. Etendue et limitation | ¹ Les personnes autorisées à représenter la société ont le droit d'accomplir au nom de celle-ci tous les actes que peut impliquer le but social.
² Une limitation de ces pouvoirs n'a aucun effet envers les tiers de bonne foi; font exception les clauses inscrites au registre du commerce qui concernent la représentation exclusive de l'établissement principal ou d'une succursale ou la représentation commune de la société. |
| 2. Estensione e limitazione | ¹ Le persone autorizzate a rappresentare la società possono fare, in nome di essa, tutti gli atti conformi al fine sociale.
² Una limitazione di questo potere di rappresentanza è senza effetto per i terzi di buona fede; sono eccettuate le clausole iscritte nel registro di commercio che regolano la rappresentanza esclusiva della sede principale o di una succursale o la rappresentanza in comune della società. |

Literatur

CHAPPUIS, Abus du pouvoir de représentation: le fondé de procuration devenu organe, AJP 1997, 689 ff.; GUTZWILLER, Einzelhandlungen des Kollektivvertreters, SAG 1983, 19 ff.; HUGUENIN, Insichgeschäfte im Aktienrecht, in: Kramer/Nobel/Waldburger (Hrsg.), FS für Peter Böckli zum 70. Geburtstag, Zürich 2006, 521 ff.; KOLLER, Der gute und der böse Glaube im allgemeinen Schuldrecht, Habil. Freiburg 1985; MESSERLI, Die Sorgfalt beteiligter Parteien bei missbräuchlicher Ausübung der Vertretungsmacht durch ein Gesellschaftsorgan, SJZ 1997, 17 ff.; NEUHAUS/WATTER, Handels- und steuerrechtliche Aspekte von Up-, Down- und Sidestream-Garantien zugunsten von Konzerngesellschaften, in: Kramer/Nobel/Waldburger (Hrsg.), FS für Peter Böckli zum 70. Geburtstag, Zürich 2006, 173 ff.; WATTER/ROHDE, Die Spendenkompetenz des Verwaltungsrates, in: Zäch/Breining-Kaufmann et al. (Hrsg.), Individuum und Verband, Festgabe zum Schweizerischen Juristentag 2006, Zürich 2006, 329 ff.; vgl. ausserdem die Literaturhinweise zu Art. 718.

I. Allgemeines

1 Art. 718a entspricht weitgehend Art. 718 altOR 1936. Es wurde lediglich bei der Zweckgrenze die «Ermächtigung» zu einem Handeln durch ein «Können» ersetzt. Gegenüber der Botschaft wurde der Gesetzestext nicht verändert (Botschaft über die Revision des Aktienrechts vom 23.2.1983, BBl 1983 II 926, 985). In der nächsten Aktienrechtsrevision ist keine Änderung von Art. 718a vorgesehen.

3. Abschnitt: Organisation der Aktiengesellschaft 2–4 Art. 718a

II. Die Zweckgrenze (Abs. 1)

Die Zweckgrenze nach Abs. 1 schränkt nicht nur das Vertretungsrecht ein; sie umschreibt gleichzeitig die **Grenze** der **Geschäftsfähigkeit** der AG: Der VR vertritt die Gesellschaft nach aussen (Art. 718 Abs. 1), er kann aber nur im Rahmen des Zwecks (vgl. neuestens zu dessen Formulierung Art. 118 Abs. 1 HRegV) handeln. Auch die GV ist an die Zweckgrenze gebunden, zweckwidrige Beschlüsse sind anfechtbar. Immerhin ist zu beachten, dass die GV den Zweck der Gesellschaft erweitern kann, dies allerdings nur unter Beachtung des Quorums von Art. 704 Abs. 1 Ziff. 1. Dies bedeutet im vorliegenden Zusammenhang v.a., dass die **GV** zweckwidrige Handlungen des VR nachträglich **genehmigen kann,** dies allerdings nur mit dem in Art. 704 vorgeschriebenen Quorum. In Einzelfällen kann diese Genehmigung allerdings anfechtbar oder sogar nichtig sein (vgl. Bsp. bei WATTER, Verpflichtung, N 127; ferner BGE 100 II 384, 390, wo ein zweckwidriger Zusammenarbeitsvertrag von der GV zu genehmigen war).

Das BGer fasst die Zweckgrenze in seiner Rechtsprechung seit jeher weit auf. **Jenseits der Zweckgrenze** liegen nach der bundesgerichtlichen Ansicht nur Geschäfte, die der Zweck nicht mit sich bringen kann, d.h. die durch diesen geradezu ausgeschlossen sind (vgl. dazu etwa BGE 95 II 450, wo das BGer den Grundsatz formulierte, dass unter Art. 718 Abs. 1 altOR 1936 «nicht nur diejenigen Rechtshandlungen fallen, die dem Vertretenen nützlich sind oder in seinem Betrieb gewöhnlich vorkommen, sondern alle Rechtshandlungen, die, objektiv betrachtet, im Interesse des von ihm verfolgten Zweckes liegen können, d.h. durch diesen nicht geradezu ausgeschlossen werden»; bestätigt in BGE 116 II 323 sowie in der unveröffentlichten E. 2a von BGE 126 III 361). Auch aus Verkehrsschutzüberlegungen dürfen Geschäfte nur mit grosser Zurückhaltung als zweckfremd gelten, ist nach Art. 933 Abs. 1 eine Einwendung des Dritten, er hätte den Zweck nicht gekannt, doch ausgeschlossen und ein Gutglaubensschutz nicht möglich (WATTER, Verpflichtung, N 173 f.; vgl. ferner N 27 nachfolgend zum EU-Recht).

Diese Verkehrsschutzüberlegungen führen weiter dazu, dass das in Frage stehende Geschäft nach **bundesgerichtlicher Rechtsprechung typisiert** zu betrachten ist (BGE 111 II 284, 289; anders noch BGE 95 II 450) und sich somit die Frage stellt, ob die Zweckklausel aus objektiver Sicht einen bestimmten Geschäftstyp zulässt. So fällt etwa die Anstellung und Entlassung von Mitarbeitern ohne weiteres in den Kreis derjenigen Rechtshandlungen, welche vom Zweck einer operativ tätigen Gesellschaft gedeckt sind (BGE 128 III 134). Eine typisierte Betrachtung scheint aber einerseits zu weit, andererseits zu eng zu sein: Es ist kaum anzunehmen, dass der Gesetzgeber ganze Typen von Rechtshandlungen ausschliessen wollte; auch ist es so, dass typischerweise unzulässige Handlungen (z.B. eine Schmiergeldzahlung) sich im Einzelfall als sehr zweckförderlich erweisen können. Richtiger scheint es demnach, von den für den Verkehr erkennbaren Merkmalen eines Geschäftes auszugehen, und dieses an einem weit interpretierten Zweck zu messen: Nur wenn dieser das Geschäft gänzlich ausschliesst, kann sich die AG darauf berufen, dass das Rechtsgeschäft für sie wegen eines Zweckverstosses nicht verbindlich sei (vgl. auch Art. 722 N 10 zu allfälligen Schadenersatzfolgen und etwa WATTER/ROHDE, 335 f. zur Frage, ob Spenden möglich sind, wenn der Zweck sie nicht erwähnt). In der Praxis ist die Zweckgrenze jedoch von sehr geringer Bedeutung. Als zweckwidrig zu erachten ist bspw. etwa die Veräusserung aller Betriebsanlagen (ohne Liquidationsbeschluss) bzw. des gesamten Betriebes (vgl. BGE 100 II 390 f.) oder sehr grosse, die wirtschaftliche Kraft einer Gesellschaft übersteigende Schenkungen (WATTER, Verpflichtung, N 174c; vgl. zur Erbringung unentgeltlicher Leistungen ZR 1999, 249 sowie ZR 1990, 63, generell zu Spenden ferner WATTER/ROHDE, 335 f.) wie auch die Benachrichtigung des Richters wegen Überschuldung ohne vorgängigen VR-Beschluss (OR-Handkommentar-GLANZMANN, Art. 718a N 2, m.V. auf OGer LU, ZBJV 1972, 320 f.). Im Falle der Veräusserung des gesamten Betriebes gestattete das BGer allerdings ein Vorgehen des VR bei Dringlichkeit mit der m.E. nicht überzeugenden Begründung, dass der Zweck der Gesellschaft wegen Konkursreife sowieso nicht mehr erreichbar sei (BGE 116 II 323; vgl. zur analogen Anwendung dieser Rechtsprechung auf Prokuristen BSK OR I-WATTER, Art. 459 N 4).

5 Hinzuweisen ist ferner darauf, dass Art. 718a Abs. 1 auch eine **interne Bedeutung** hat, gibt die Norm doch dem Vertretungsberechtigten vor, dass er nur Rechtsgeschäfte abschliessen darf, die zweckkonform und im Interesse der AG sind. Hier ist die Sicht eine interne: zu fragen ist, ob das Vertretungsorgan das *fragliche Rechtsgeschäft nach Treu und Glauben als zweckkonform – bzw. als den Zweck fördernd – betrachten durfte* (WATTER, Verpflichtung, N 177). Muss sich das getreue Organ sagen, ein konkretes Geschäft schade der AG, verstösst es gegen Abs. 1 und macht sich intern verantwortlich. Aus dieser Überlegung folgt auch, dass **interessen- und pflichtwidriges Handeln** stets ausserhalb der Organvollmacht liegt (so i.E. nun BGE 126 III 361, 363 f.; CHAPPUIS, 689 und 691 m.V. u.a. auf unveröffentlichte Teile von BGE 121 III 176; ZOBL, ZBJV, 296; i.E. gleich, allerdings unter Berufung auf so genannten «Missbrauch der Vertretungsmacht», unveröffentlichter BGer v. 25.10.1988, 4C.37; vgl. auch WATTER/ROHDE, 336 ff. zu Spenden oder NEUHAUS/WATTER, 191 zu Garantien zugunsten des Aktionärs).

III. Die internen Beschränkungen der Vertretungsbefugnis (Abs. 2 Hs. 1)

1. Im Allgemeinen

6 Die AG darf das Vertretungsrecht der Vertretungsorgane zu allen zweckmässigen Geschäften (N 2 ff.) **intern beliebig begrenzen** (ZOBL, ZBJV, 294 f., 437 f.; FORSTMOSER/MEIER-HAYOZ/NOBEL, § 30 N 100), etwa indem einzelne Rechtshandlungen von der Organvollmacht ausgenommen werden, summenmässige Kompetenzlimiten aufgestellt werden oder ein Kollektivzeichnungsrecht vorgesehen wird. Formell können sich solche Beschränkungen aus dem Organisationsreglement, aus Weisungen oder aus einem Arbeitsvertrag ergeben. Auch stillschweigende Grenzen sind zu beachten: So darf etwa ein Direktor nicht annehmen, er habe intern gesehen das Recht, Verträge abzuschliessen, die eine andere Abteilung als die von ihm geleitete betreffen (Art. 718 N 18; vgl. auch N 5). Rechtstechnisch gilt, dass sich die Grenzen der Organvollmacht aus dem Umfang der Bevollmächtigung ergeben (Art. 718 N 18).

7 Analog zu einem (intern gesehen) zweckwidrigen Geschäft (N 5) macht sich das Vertretungsorgan **intern verantwortlich**, wenn es schädigende Geschäfte abschliesst, die ausserhalb seiner Kompetenzen liegen. Bei schädigenden Geschäften besteht somit eine Ersatzpflicht.

2. Die Wirkung interner Beschränkungen auf Dritte

8 Interne Beschränkungen der Vertretungsbefugnis haben – mit Ausnahme der Filial- und Kollektivklausel (dazu N 15 ff.) – **gutgläubigen Dritten gegenüber keine Wirkung;** dies gilt auch für diejenigen Geschäfte, von denen das Organ weiss, dass sie den Interessen der Gesellschaft zuwiderlaufen (N 5). Anders gesagt, der Dritte darf davon ausgehen, dass **Vertretungsorgane Vertretungsbefugnis im Umfang der objektiven Zweckgrenze** haben. Im Gegensatz zum deutschen Recht, in welchem die Unbeschränkbarkeit der Vertretungsbefugnis Dritten gegenüber so weitgehend ist, dass Dritten nicht einmal Kenntnis der Beschränkung schadet (KK-MERTENS, § 82 AktG N 38),

3. Abschnitt: Organisation der Aktiengesellschaft   9–11 Art. 718a

schützt das Schweizer Recht *richtigerweise* aber nur den gutgläubigen Dritten (ebenso das BGer, vgl. die Verweise in N 5; vgl. ferner CHAPPUIS, 695 ff.). Anzufügen ist aber, dass auch im vermeintlich strikten deutschen Recht Ausnahmen zugelassen werden, dort unter dem Stichwort «Treu und Glauben» bzw. unter Berufung auf einen so genannten «Missbrauch der Vertretungsmacht» (KK-MERTENS, § 82 AktG N 39 f.). Zu beachten ist ferner, dass das deutsche Recht einen häufigen Fall der Interessenskollision (Gewährung und Besicherung von Krediten an Vorstandsmitglieder) separat regelt, vgl. § 89 AktG).

Damit ist in Zweifelsfällen in der juristischen Analyse folgendermassen vorzugehen (vgl. auch Art. 718 N 5 ff.):   9

a) Zunächst ist zu fragen, ob ein konkretes Vertreterhandeln **innerhalb** der allenfalls begrenzten **Organvollmacht** liegt, wobei eine Begrenzung explizit angeordnet sein kann oder für den Vertreter nach Treu und Glauben erkennbar sein muss (N 5 f.).

b) Wo dies verneint werden muss, ist sodann zu fragen, ob die AG (durch vertretungsberechtigte Organe, allenfalls sogar durch die GV, vgl. N 2; BGE 126 III 361, 365 f. für Situationen mit einem Einzelaktionär) das Geschäft **genehmigt** hat (Art. 718 N 21).

c) Wo auch dies verneint werden muss, ist zu untersuchen, ob (a) eine Kundgabe der Organvollmacht im Handelsregister oder anderswo stattgefunden hat und ob (b) der **gute Glauben** des Dritten den Mangel in der Vollmacht heilen kann (KOLLER, N 205 ff. für das Stellvertretungsrecht; BSK OR I-WATTER, Art. 460 N 12 ff.). Dies wiederum führt zur Frage, ob der Dritte mit der **nötigen Sorgfalt** handelte (N 11).

d) Falls eine Vertretungswirkung mangels Kundgabe oder mangels guten Glauben verneint werden muss, ist zu prüfen, ob der Dritte nicht einen **Schadenersatzanspruch** gegen die Gesellschaft (nebst demjenigen gegen das handelnde Organ) erhält (BGE 121 III 176; Art. 718 N 7; 722 N 10; CHAPPUIS, 697 ff.; ZOBL, ZBJV, 301; DERS., Haftung, 440 ff.; WATTER, Verpflichtung, N 236 ff.).

Ein Teil der Lehre und teilweise noch das BGer (vgl. aber o. N 5 und insb. nun die   10
Analyse bei CHAPPUIS, 689 ff.) unterscheidet demgegenüber die intern wirkende Vertretungsbefugnis (analog zu N 6 f.) von der (im Gesetz allerdings nicht erwähnten) externen **Vertretungsmacht** (vgl. ZOBL, 294 ff., spez. FN 25 m.V.; DERS., Haftung, 436 ff.), welche alle Handlungen innerhalb der objektiven Zweckgrenze umfasst. Hauptbegründung dieser Ansicht liegt darin, dass die Annahme einer Vertretungsmacht aus Verkehrsschutzgründen notwendig sei; übersehen wird aber, dass nur der gutgläubige Dritte Verkehrsschutz verdient und damit eben die Frage dieses guten Glaubens zentral ist. Auch muss diese Lehre unter dem Stichwort «Missbrauch der Vertretungsmacht» Korrekturmechanismen schaffen, die dann letztendlich auch den Wissensstand des Dritten berücksichtigen (ZOBL, 297 ff.; BGE 126 III 361; vgl. zum vorliegend vertretenen Ansatz auch BSK OR I-WATTER/SCHNELLER, Art. 33 N 13).

Bei der **Bestimmung des guten Glaubens** des Dritten ist zunächst zu beachten, dass   11
dessen Vorhandensein vermutet wird (Art. 3 ZGB) und Dritte davon ausgehen dürfen, dass die Vertretungsbefugnis von Vertretungsorganen nur durch die objektiv verstandene Zweckgrenze beschränkt ist (N 8). Eine Berufung des Dritten auf seinen guten Glauben ist damit nur ausgeschlossen, falls er die Begrenzung kannte oder nach Art. 3 Abs. 2 ZGB unaufmerksam war (so auch ZR 2005, 257 ff.). Aus Verkehrsschutzüberlegungen dürfen dabei an die Sorgfalt des Dritten keine hohen Anforderungen gestellt werden; eine Erkundigungspflicht bei der AG oder bei anderen Organen besteht nur, wenn sich

Indizien einer mangelnden Vertretungsbefugnis zu einem an Sicherheit grenzenden Verdacht verdichten (BGE 119 II 23, wo allerdings ein Doppelstandard definiert ist; vgl. dazu die richtige Kritik bei CHAPPUIS 696 m.V. auf unpublizierte Teile von BGE 121 III 176; vgl. ferner WATTER, Verpflichtung, N 80, 224; ebenso i.E. der in N 5 zit. unveröffentlichte BGE). Höhere Anforderungen können allenfalls dort gelten, wo das Organ erkennbare Eigeninteressen verfolgt, nämlich bei den so genannten **Eigengeschäften,** bei denen etwa ein Vertretungsorgan namens der AG eine Bürgschaft für einen eigenen Kredit abschliesst: hier können die Umstände die kreditgebende Bank zwingen, bei der Gesellschaft die Vertretungsbefugnis zu überprüfen (vgl. hierzu auch ZOBL, ZBJV, 307 f.; vgl. zur analogen Situation beim Eingehen einer Solidarhaftung namens der Gesellschaft für ein an das Organ gewährtes Darlehen ZR 2005, 257 ff.).

12 Kein Gutglaubensschutz ist nach dem Gesagten im Falle des **Selbstkontrahierens** möglich, bei dem ja gar kein Dritter beteiligt ist: Eine Vertretungswirkung tritt hier nur ein, wenn das Vertretungsorgan in guten Treuen davon ausgehen konnte, es sei zu einem Selbstkontrahieren berechtigt (vgl. nun auch das Formerfordernis von Art. 716b): Dies darf es dann tun, wenn eine Benachteiligung der AG nach der Natur des Geschäftes, z.B. wegen dem Vorhandensein von Marktkursen, ausgeschlossen ist (BGE 93 II 482 f.; vgl. auch BSK OR I-WATTER/SCHNELLER, Art. 33 N 19; ZOBL, ZBJV, 301 ff.) oder eine (stillschweigende) Ermächtigung zum Selbstkontrahieren anzunehmen ist, was namentlich im Konzernverhältnis und generell in Situationen mit einem Alleinaktionär der Fall sein kann (illustrativ zu Letzterem ZR 2005, 257 ff., wo u.a. festgehalten wird, dass auch dann von einer Einmanngesellschaft auszugehen ist, wenn neben dem Hauptaktionär zwei weitere treuhänderische Verwaltungsräte und somit – damals – auch Aktionäre existieren, jedoch wirtschaftlich gesehen sämtliche Aktien dem Hauptaktionär zuzurechnen sind; ZR 1978, 126; vgl. auch BGE 126 III 366, wo das BGer klarstellt, dass die Gleichbehandlung einer Einpersonen-AG mit einer AG, die von einem Organ bloss mehrheitlich beherrscht wird, ihre Grenzen im Schutz der Minderheitsaktionäre findet, indem beim Vorliegen eines blossen Beherrschungsverhältnisses nicht von einer stillschweigenden Ermächtigung zum Selbstkontrahieren auszugehen ist, sondern das fragliche Geschäft mittels eines anfechtbaren Beschlusses zu genehmigen sei). Wird über den Alleinaktionär der Konkurs eröffnet und gehen die Mitgliedschaftsrechte der Aktien auf die Konkursverwaltung über, so kann von diesem Zeitpunkt an nicht mehr von einer stillschweigenden Bevollmächtigung durch die GV ausgegangen werden (dies hat auch Einfluss auf Eigengeschäfte, denn vom Zeitpunkt der Konkurseröffnung an ist die Interessenkollision des Vertreters der Gesellschaft für Dritte erkennbar, weshalb diese nicht mehr gutgläubig von der Vertretungsmacht eines handelnden Verwaltungsrates ausgehen können, vgl. ZR 2005, 257 ff.). In konzeptioneller Hinsicht scheint das BGer – im Unterschied zum vorliegend vertretenen Ansatz (vgl. auch BSK OR I-WATTER/SCHNELLER, Art. 33 N 19) – jedoch von einer Art Verbot mit Ausnahmen auszugehen, indem es das Selbstkontrahieren als grundsätzlich unzulässig bezeichnet und als Folge die betr. Rechtsgeschäfte per se als ungültig erachtet, es sei denn die Gefahr einer Benachteiligung des Vertretenen sei aufgrund der Natur des Rechtsgeschäftes ausgeschlossen oder die Gesellschaft habe den Vertreter zum Geschäftsabschluss mit sich selbst explizit oder stillschweigend ermächtigt (BGE 127 III 333; 126 III 361; 106 Ib 148; 89 II 321; krit. zu dieser Rechtsprechung HUGUENIN 526 ff.). Im Ergebnis werden mit der Anwendung des bundesgerichtlichen Ansatzes aber dieselben Lösungen erreicht, wie mit dem vorliegend vertretenen (mit detaillierter Begründung zum hier vertretenen Resultat auch DITESHEIM, 303 ff., 310 ff.).

12a Ein Selbstkontrahieren liegt ebenfalls vor, wo ein Organ einen untergeordneten Unterschriftsberechtigten anweist, mit ihm ein Geschäft zu tätigen (BGE 89 II 321, 323 f.).

Möglich ist natürlich stets, dass unabhängige Mitglieder des VR oder die GV das entsprechende Geschäft genehmigen (vgl. Art. 718 N 21). Zur Genehmigung ist jedes Mitglied des VR nach Massgabe seiner Organvollmacht befugt (BGE 127 III 334; in BGE 128 III 136 geht das BGer noch weiter, indem es festhält, dass der Mangel beim Handeln einer bloss kollektivzeichnungsberechtigten Person durch Zustimmung eines zweiten ebenfalls bloss Kollektivzeichnungsberechtigten im Nachhinein geheilt werden kann; anders hingegen die Übernahmekommission, welche mit dem Argument des Vier-Augen-Prinzips für spezifische Beschlussfassungen bei Konfliktsituationen das Handeln von mindestens zwei unabhängigen Verwaltungsräten verlangt, vgl. deren Empfehlung i.S. Scintilla AG vom 30.6.2004, Erw. 6.2.2.3). 12b

Für das **Handeln in Doppelstellung** gilt das in N 12 Gesagte analog, wobei die Vertretungsbefugnis auf Seiten beider juristischen Personen untersucht werden muss (vgl. auch BGE 98 II 211, 219). Angemerkt sei, dass bei einem Handeln in Doppelstellung die Berufung auf den guten Glauben wegen Wissenszurechnung oft ausgeschlossen ist (Art. 718 N 34 f.). 13

Definitionsgemäss ausgeschlossen ist ein Gutglaubensschutz bei **Kollusion** (Art. 718 N 32); dagegen sind die in der Lehre diskutierten Fälle der **Anscheins- und Duldungsvollmacht** (Art. 718 N 26 ff.) nach dem vorstehenden Lösungsansatz (N 9) anzugehen. 14

IV. Die Spezialfälle: das Kollektivzeichnungsrecht und die Begrenzung auf die Filiale oder den Hauptsitz (Abs. 2 Hs. 2)

1. Allgemeines

Als einzige im Handelsregister **eintragbare Beschränkungen** der Organvollmacht erlaubt das OR die Eintragung eines Kollektivzeichnungsrechtes und die Begrenzung des Zeichnungsrechts auf den Hauptsitz oder die Filiale. Sind diese Begrenzungen tatsächlich eingetragen, können sie jedem Dritten – auch dem gutgläubigen – entgegengehalten werden (Art. 933 Abs. 1). Vgl. aber immerhin Art. 722 N 10 zur allfälligen Haftung aus unerlaubter Handlung und N 21 zur Annahme einer Erweiterung der Vollmacht. 15

Andererseits darf der Dritte sich aber auch darauf verlassen, dass keiner dieser Spezialfälle vorliegt, falls **kein Handelsregistereintrag** besteht; ihm schadet dann nach Art. 933 Abs. 2 nur nachweisbare **positive Kenntnis** einer nur intern vereinbarten Kollektivklausel (WATTER, Verpflichtung, N 182, 221). 16

2. Die Bedeutung einer Filialklausel bzw. einer Beschränkung auf den Hauptsitz

Die Filialklausel ist praktisch relevant, falls der **Zweck der Filiale** enger formuliert ist als derjenige der gesamten Gesellschaft (vgl. WATTER, Verpflichtung, N 83 m.Nw. und Bsp.). Da auch dann nur wenige Geschäfte als nicht filialkonform gelten werden, ist die praktische Bedeutung einer Filialklausel gering, auch wenn sie in der Praxis recht häufig verwendet wird, dies offenbar aber v.a. zur innerbetrieblichen hierarchischen Abstufung. Letztlich wird damit nur solchen Geschäften die Vertretungswirkung versagt, bei denen der Dritte erkennen kann, dass eine Filiale ein solches Geschäft nicht ausführen kann (vgl. auch KRNETA, N 1973). Dies kann praktisch v.a. bei Investitionsentscheiden der Fall sein, wenn es z.B. um Anschaffung von Computern für andere Filialen geht (vgl. auch BSK OR I-WATTER, Art. 460 N 2 ff.). 17

Wiederum gilt aber, dass die **interne Betrachtungsweise** eine andere ist: Der Direktor einer Filiale wird intern meist genau wissen, welche Geschäfte er erledigen kann oder 18 welche Kunden er an eine andere Filiale zu verweisen hat. Diese internen Beschränkungen sind extern aber nur relevant, falls dem Dritten mangelnde Sorgfalt vorgeworfen werden kann (N 11).

3. Die Bedeutung einer Kollektivklausel

19 Beim Eintrag einer Kollektivklausel ist die Unterschrift des einen Vertreters «ohne die Mitwirkung der übrigen nicht verbindlich», Art. 460 Abs. 2 (vgl. BSK OR I-WATTER, Art. 460 N 7 ff.). Meist ist Kollektivunterschrift zu zweien vorgesehen, somit das Handeln einer weiteren Person erforderlich. Im schriftlichen Verkehr ist es nicht notwendig, dass die Unterschriften gleichzeitig angebracht werden (vgl. zur Ausübung einer Kollektivvollmacht i.A. BSK OR I-WATTER/SCHNELLER, Art. 33 N 25). In der Praxis ist die Einführung einer Kollektivunterschrift i.S. eines «Vieraugenprinzipes» ein einfaches Mittel, unvorsichtiges Handeln oder gar Betrugsfälle zu verhindern, kann damit Grundstein eines internen Kontrollsystems sein (ähnl. KRNETA, N 1974, der eine Einzelzeichnungsberechtigung nur dort für sinnvoll erachtet, wo der VR-Präsident bspw. gleichzeitig Mehrheitsaktionär ist und somit weitgehend über das Schicksal der AG bestimmen kann, oder in kleinen, überblickbaren Verhältnissen).

20 **Möglich** ist die Statuierung von **Kombinationsmöglichkeiten** (A nur mit B, B nur mit C); diese Spielarten waren lange Zeit nach der Praxis der Registerbehörden nicht eintragbar (vgl. Rundschreiben des EHRA an die kant. Handelsregisterämter vom 7.10.1968); BGE 121 III 368 hat aber nun die Eintragung solcher Regelungen zugelassen (vgl. auch die Entscheidbesprechung von WATTER, AJP 1996, 225 ff.).

4. Die Rechtslage bei Einzelhandlungen des Kollektivvertreters insbesondere

21 Handelt ein Kollektivvertreter allein, kann eine **Vertretungswirkung dennoch eintreten,** falls

– das Kollektivvertretungsrecht (evtl. auch stillschweigend) in eine Einzelzeichnungsberechtigung umgewandelt wurde (WATTER, Verpflichtung, N 184, 91; denkbar ist das etwa, wo die Gesellschaft dem Kollektivvertreter erlaubt, Geschäfte per Telefon abzuschliessen); massgebend ist, ob der Kollektivvertreter selber nach Treu und Glauben annehmen durfte, seine Befugnis sei erweitert worden (so z.B. im Falle, wo eines der beiden kollektivzeichnungsberechtigten Mitglieder des VR von der GV abgewählt wird, womit das verbleibende VR-Mitglied von Gesetzes wegen bevollmächtigt sein muss, die Gesellschaft zu vertreten, selbst wenn evtl. ein abw. Eintrag im Handelsregister besteht, vgl. dazu BGE 133 III 77 ff.; ähnl. der BGH in einem Hinweisbeschluss vom 26.2.2007, II ZR 330/05, wiedergegeben in WM 2007, 1332 ff., in Bezug auf eine GmbH; vgl. auch Art. 718 N 13);

– der Kollektivvertreter eine bürgerliche Einzelvollmacht erhalten hat (GUTZWILLER, 21);

– ein anderer Kollektivvertreter (oder ein einzelzeichnungsberechtigtes Organ) einer Einzelzeichnung vorgängig zugestimmt hat (zu den Grenzen BSK OR I-WATTER, Art. 461 N 10) oder diese Einzelhandlung nachträglich genehmigt.

22 Liegt keiner der in N 21 genannten Fälle vor, so ist ein **Gutglaubensschutz des Dritten** grundsätzlich ausgeschlossen. In Spezialfällen kann aber dennoch wegen Gutglaubensschutzes eine Vertretungswirkung eintreten, dies namentlich dann, wenn der Dritte wegen einer entsprechenden (fahrlässigen) Kundgabe der AG (bzw. eines berechtigten

3. Abschnitt: Organisation der Aktiengesellschaft   23–27   Art. 718a

Vertretungsorganes) annehmen darf, die Vertretungsbefugnis sei erweitert worden (WATTER, Verpflichtung, N 219). Dies gilt etwa dort, wo eine Gesellschaft mehrfach Einzelhandlungen eines Kollektivvertreters akzeptiert (es kann dann aber auch vorkommen, dass der Kollektivvertreter selber annehmen darf, er habe die intern die Berechtigung zur Einzelunterschrift erhalten, vgl. N 21; vgl. zum Ganzen auch KRNETA, N 1988 f.).

Wenn eine der beiden Unterschriften **ungültig oder gefälscht** ist, erhält der Dritte keinen Vertragsanspruch, wohl aber i.d.R. einen Schadenersatzanspruch gegen die AG (Art. 722 N 10). Ebenso wenig entsteht ein Vertragsanspruch, wenn die Zweitunterschrift wegen **Urteilsunfähigkeit** ungültig ist (WATTER, Verpflichtung, N 220). 23

5. Wissens- und Passivvertretung bei Kollektivvertretung

In diesem Bereich gilt, dass sowohl der **Empfang von Willenserklärungen** durch einen Kollektivvertreter als auch das **Wissen eines Kollektivvertreters** der AG zugerechnet werden. Vgl. im Übrigen Art. 718 N 34 f. 24

V. EU-Recht und IPR

Art. 158 IPRG bestimmt als Ausnahme zu Art. 155 lit. i IPRG (und auch anders als Art. 126 IPRG), dass sich eine Gesellschaft nicht auf die Beschränkung der Vertretungsbefugnis eines Organs oder eines Vertreters berufen könne, die dem Recht des Staates des gewöhnlichen Aufenthaltes oder der Niederlassung des Vertragspartners unbekannt ist, es sei denn, dieser habe die Beschränkung gekannt oder hätte sie kennen müssen (vgl. BSK IPRG-WATTER, Art. 158 N 6 ff.). Soweit **ausländische Gesellschaften in der Schweiz auftreten,** ist damit davon auszugehen, dass gegenüber dem gutgläubigen Dritten höchstens die Beschränkungsmöglichkeiten des Schweizer Rechts anwendbar sind; für **Schweizer Gesellschaften,** die mit ausländischen Vertragspartnern kontrahieren, dürfte es im europäischen Raum schwierig sein, Begrenzungen aus dem Zweck der Gesellschaft geltend zu machen (N 27). 25

Bei schweizerischen Zweigniederlassungen ausländischer Unternehmen gilt bez. der Vertretung Art. 160 Abs. 2 IPRG. 26

Betr. die **Zweckgrenze** bestimmt Art. 9 Abs. 1 Satz 2 der EU-Publizitäts-RL, dass die Mitgliedstaaten vorsehen können, dass Handlungen, die den Unternehmensgegenstand überschreiten, dann unverbindlich sind, wenn die Gesellschaft dem Dritten Kenntnis nachweist oder ihr der Nachweis gelingt, dass der Dritte über die Begrenzung nicht in Unkenntnis sein konnte; festgehalten wird auch, dass die blosse Publikation in den Statuten keine Kenntnis des Dritten bewirkt. Abs. 2 bestimmt, dass andere Begrenzungen Dritten gegenüber nie geltend gemacht werden können. Anerkannt ist allerdings, dass ein Rechtsmissbrauchsvorbehalt möglich ist (WATTER, Verpflichtung, N 181). Im Bereich derjenigen Geschäfte, in denen sich das handelnde Organ in einem **Interessenskonflikt** befinden kann (und damit Genehmigungen nötig werden, vgl. N 5; Art. 718 N 21), sollte gem. dem geänderten (aber 1994 wieder zurückgezogenen) Vorschlag einer fünften RL des Rates nach Art. 54 Abs. 3 lit. g EWGV über die Struktur der Aktiengesellschaft sowie die Befugnisse und Verpflichtungen ihrer Organe (ABl. C 240 vom 9.9.1983, 2–38) bestimmt werden, dass eine mangelnde Genehmigung einem Dritten dann entgegengehalten werden kann, wenn er um das Fehlen der Genehmigung wusste oder er darüber nach den Umständen nicht in Unkenntnis sein konnte (vgl. Art. 21p Abs. 4 und 21s Abs. 3 dieses Vorschlages). Möglich ist nach EU-Recht auch ein Kollektivzeichnungsrecht (Art. 9 Abs. 3 EU-Publizitäts-RL). Erwähnenswert ist weiter der Vor- 27 schlag der Arbeitsgruppe zur Vereinfachung des Gesellschaftsrechts, wonach die Erteilung von Vollmachten an Vertreter der Gesellschaft, die nicht ihren Organen angehören, mittels Eintragung in das entsprechende Register offengelegt werden sollen (vgl. dazu Seite 3 der Empfehlungen der Arbeitsgruppe zur Vereinfachung des Gesellschaftsrechts bez. der Vereinfachung der ersten und zweiten Gesellschaftsrechts-RL).

Art. 718b

3. Verträge zwischen der Gesellschaft und ihrem Vertreter	Wird die Gesellschaft beim Abschluss eines Vertrages durch diejenige Person vertreten, mit der sie den Vertrag abschliesst, so muss der Vertrag schriftlich abgefasst werden. Dieses Erfordernis gilt nicht für Verträge des laufenden Geschäfts, bei denen die Leistung der Gesellschaft den Wert von 1000 Franken nicht übersteigt.
3. Contrat entre la société et son représentant	Si la société est représentée par la personne avec laquelle elle conclut un contrat, celui-ci doit être passé en la forme écrite. Cette exigence ne s'applique pas aux opérations courantes pour lesquelles la prestation de la société ne dépasse pas 1000 francs.
3. Contratti tra la società e il suo rappresentante	Se all'atto della conclusione di un contratto la società è rappresentata dalla persona con cui conclude il contratto, questo dev'essere steso per scritto. Tale esigenza non si applica alle operazioni correnti per le quali la prestazione della società non supera 1000 franchi.

Literatur

BARTHOLD/JÖRG, Kleine Aktienrechtsrevision – Revision des Aktienrechts im Schatten der GmbH-Revision, ST 8/2006, 494 ff.; GLANZMANN, Die kleine Aktienrechtsrevision, ZBGR 88/2007, 69 ff.; HOLDEREGGER, Neuerungen im Gesellschaftsrecht mit vertieftem Fokus auf einen Vergleich der GmbH mit der AG, in: Lengauer/Zwicker/Rezzonico (Hrsg.), Chancen und Risiken rechtlicher Neuerungen 2006/2007, Zürich/Basel/Genf 2007, 7 ff.; JACCARD/BARUH, L'équilibre des pouvoirs dans le cadre de la révision du droit de la SA, SZW 2008, 135 ff.; KISSLING, Der Mehrfachverwaltungsrat, Diss. Zürich 2006; LAZOPOULOS, Interessenkonflikte und Verantwortlichkeit des fiduziarischen Verwaltungsrates, Diss. Zürich 2004; MÜLLER, Der Verwaltungsrat als Arbeitnehmer, Zürich 2005; ROTH PELLANDA, Organisation des Verwaltungsrates – Zusammensetzung, Arbeitsteilung, Information und Verantwortlichkeit, Diss. Zürich 2007; VOGT, Aktienrecht – Entwicklungen 2006, Bern 2007; WALDBURGER, Die «kleine» Aktienrechtsrevision (Teil 1) – Neuerungen in den Bereichen Gründung, Organisation, Vertretung, GesKR 2007, 411 ff.

Materialien

Vorentwurf für eine Reform des Rechts der Gesellschaft mit beschränkter Haftung, Vernehmlassungsunterlage vom April 1999 (zit. VE-GmbH); Expertenbericht zum Vorentwurf für eine Reform des Rechts der Gesellschaft mit beschränkter Haftung (zit. Expertenbericht GmbH); Zusammenstellung der Vernehmlassungen, Vorentwurf für eine Reform des Rechts der Gesellschaft mit beschränkter Haftung (VE-GmbH), Bern 2000 (zit. Vernehmlassungen GmbH).

I. Allgemeines

1   Die Erfahrung und auch die bundesgerichtliche Rechtsprechung (s. etwa BGE 4C.25/2005 vom 15.8.2005 sowie BGE 127 III 332 ff.; 126 III 361 ff.; 120 II 5 ff., 98 II 211 ff.) zeigen, dass in der Praxis vergleichsweise oft Fälle vorkommen, bei denen der für das Zustandekommen einer ausgewogenen Vereinbarung vorausgesetzte Interessen-

gegensatz zwischen den an einem Rechtsgeschäft beteiligten Parteien nicht spielt, weil bspw. ein Vertretungsberechtigter einer Gesellschaft als Vertreter derselben mit sich selbst ein Rechtsgeschäft abschliesst (sog. Selbstkontrahieren, vgl. auch Art. 718a N 12 ff.), als Vertreter beider Vertragsparteien auftritt (sog. Doppelvertretung) oder beim Abschluss eines Rechtsgeschäftes sonst wie einem Interessenkonflikt unterliegt. In Anlehnung an Art. 5 der EU-Einpersonen-RL sah der schweizerische Gesetzgeber im VE für eine Reform des Rechts der GmbH vor, dass Verträge, die zwischen dem einzigen Aktionär und der von ihm vertretenen Gesellschaft abgeschlossen werden, schriftlich abzufassen oder zu protokollieren seien, es sei denn, es handle sich um Verträge des laufenden Geschäfts, die zu Marktbedingungen abgeschlossen werden (s. Art. 717 Abs. 3 VE-GmbH; Expertenbericht GmbH, 58). Diese Regelung wurde in der Vernehmlassung grundsätzlich begrüsst, jedoch wurde zu Recht eingewendet, dass nicht einzusehen sei, weshalb diese Bestimmung nur für die Einpersonengesellschaft gelten solle und dass eine Einschränkung auf Verträge, die nicht zu Marktbedingungen abgeschlossen werden, zu wenig klar sei (vgl. dazu Vernehmlassungen GmbH, 272 ff.; Botschaft GmbH, 3230).

II. Anwendungsbereich

Die nun zu Gesetz gewordene Fassung von Art. 718b nimmt diese Kritik auf und verlangt dann die Schriftform, wenn die Gesellschaft beim Abschluss eines Vertrages durch diejenige Person vertreten wird, mit der sie den Vertrag abschliesst. Dabei ist es unerheblich, ob es sich um eine Einpersonengesellschaft handelt, ob ein *Fall des Selbstkontrahierens* (z.B. Entschädigung der VR-Mitglieder) *oder ein solcher der Doppelvertretung* vorliegt (vgl. zu den verschiedenen Arten von Insichgeschäften Art. 718a N 12 f.); das Schriftlichkeitserfordernis erfasst sämtliche dieser **Insichgeschäfte** (ebenso KISSLING, N 256; GLANZMANN, 77; **a.M.** CHK-PLÜSS/KUNZ/KÜNZLI, N 6, welche das Schriftlichkeitserfordernis von Art. 718b nur auf die sog. Doppelvertretung angewendet wissen wollen). Konsequenter Weise sollte diese Regelung u.E. analog in allen Konstellationen Anwendung finden, in denen sich die Vertreter der Gesellschaft **in einer vergleichbaren Interessenkollision** befinden, so z.B. beim Abschluss von Rechtsgeschäften mit den dem Vertreter der Gesellschaft nahe stehenden Angehörigen oder bei Konfliktsituationen mit Partikulärinteressen von Drittpersonen, zu denen der Vertreter der Gesellschaft in einem besonderen Verhältnis steht (s. zu solchen Konstellationen ROTH PELLANDA, N 287 ff.). Noch einen Schritt weiter gehen diejenigen Teile der Lehre, welche unter den Begriff «Vertretung» nicht nur die Vertretung als solche, sondern auch den **Einfluss auf die Willensbildung eines Dritten** subsumieren (WALDBURGER, 419), was u.E. grundsätzlich gerechtfertigt ist (so etwa wenn das einzige VR-Mitglied einer Gesellschaft den einzelzeichnungsberechtigten Geschäftsführer «bittet» im Namen der Gesellschaft mit ihm als Privatperson einen Vertrag abzuschliessen; vgl. auch Art. 718a N 12a).

Fraglich ist, ob Art. 718b dem Wortlaut entsprechend lediglich **Verträge** und damit zweiseitige Rechtsgeschäfte umfasst oder – was u.E. der ratio legis dieser Bestimmung besser entspricht – auch **einseitige Willenserklärungen** darunter fallen, sofern diese ein Insichgeschäft darstellen oder ein damit vergleichbarer Interessenkonflikt vorliegt (s. hierzu WALDBURGER, 419; ein Beispiel hierzu wäre etwa die Kündigung eines für die AG günstigen Vertrages mit einem VR-Mitglied durch diese Person).

III. Erfordernis der Schriftform

4 Ist für einen Vertrag die schriftliche Form gesetzlich vorgesehen, so müssen nach Art. 13 OR einerseits der **Erklärungsinhalt,** d.h. die essentialia negotii, und andererseits die **Unterschriften aller Personen,** welche durch ihn verpflichtet werden, schriftlich festgehalten werden (vgl. BSK OR I-SCHWENZER, Art. 13 N 3). Werden die essentialia negotii aufgeführt, so genügt u.E. auch eine Protokollierung des (ermächtigenden oder genehmigenden) Beschlusses des zuständigen Organs bezüglich eines spezifischen Vertrages (**a.M.** wohl WALDBURGER, 418); ungenügend ist hingegen die Protokollierung einer generellen Ermächtigung zum Abschluss von Geschäften unter Interessenkonfliktsituationen sowie die blosse Dokumentierbarkeit eines Vertrages (in diese Richtung tendierend aber GLANZMANN, 78; s.a. N 11).

IV. Die Freigrenze von CHF 1 000 bei Verträgen des laufenden Geschäfts

5 Vom Schriftlichkeitserfordernis ausgenommen ist der Abschluss von Verträgen des laufenden Geschäfts, bei denen die Leistung der Gesellschaft den Wert von CHF 1 000 nicht übersteigt.

6 Richtiger Ansicht zufolge sind für die Berechnung der **Freigrenze von CHF 1 000** diejenigen Preise massgebend, die unabhängigen Dritten für die Erbringung der entsprechenden Leistung in Rechnung gestellt werden würden (Botschaft GmbH, 3230) oder diese zu bezahlen bereit wären, ansonsten Art. 718b ohne weiteres seines Zweckes beraubt werden könnte. Massgebend ist damit eine *objektive* und von der Gegenleistung unabhängige *Bewertung* der von der Gesellschaft zu erbringenden Leistung (VON BÜREN/STOFFEL/WEBER, N 647). Der Wert von Leistungen, die Gegenstand von verschiedenen, jedoch innerlich zusammenhängenden Verträgen sind, ist für die Bestimmung der Erreichung der Freigrenze von CHF 1 000 zusammenzuzählen (WALDBURGER, 419). Soweit die vertraglichen Leistungen (auch bei Anwendung angemessener Sorgfalt) nicht bewertet werden können, gibt es beim Abschluss eines Insichgeschäftes auch keine Möglichkeit von der Freigrenze und dem damit einhergehenden Verzicht auf das Schriftlichkeitserfordernis zu profitieren. Verträge, welche von der Gesellschaft erbrachte Leistungen beinhalten, die sich nicht in Geld beziffern lassen, sind somit stets schriftlich abzufassen (Botschaft GmbH, 3230). Festzuhalten ist in diesem Zusammenhang, dass die Summengrenze von CHF 1 000 selbst im Bereich der laufenden Geschäfte relativ niedrig ist (ebenso GLANZMANN, 78).

7 Neben der Einhaltung der Freigrenze von CHF 1 000 verlangt der Gesetzgeber für die Dispens von der Schriftform die Erfüllung einer weiteren Voraussetzung, indem stipuliert wird, dass es sich beim konkreten Rechtsgeschäft um einen **Vertrag des «laufenden Geschäfts»** handeln muss (Botschaft GmbH, 3230; GLANZMANN, 77; WALDBURGER, 418). Dahinter steht die gesetzgeberische Absicht, für den Abschluss von – für die betroffene Gesellschaft – atypischen Geschäften einen zusätzlichen Schutzmechanismus zu installieren.

V. Verhältnis zu den weiteren materiellen Anforderungen, die an gültige Insichgeschäfte gestellt werden

8 Unter dem bisherigen, vor dem Inkrafttreten des Art. 718b geltenden Recht ging das BGer in ständiger Rechtsprechung davon aus, dass **Insichgeschäfte** vom Vertreter trotz mangelnder Vertretungsmacht dann rechtswirksam abgeschlossen werden können, wenn die Gefahr einer Benachteiligung des Vertretenen aufgrund der Natur des Rechtsge-

schäftes (z.B. beim Vorhandensein von Marktkursen) ausgeschlossen ist, ein objektiver Beurteilungsmassstab angewendet oder eine Fairness Opinion eingeholt wurde, der Vertretene den Vertreter zum Geschäftsabschluss mit sich selbst (explizit oder stillschweigend) ermächtigt oder ein über- bzw. nebengeordnetes Organ der Gesellschaft das entsprechende Rechtsgeschäft (nachträglich oder allenfalls auch vorgängig) genehmigt hat (so etwa BGE 126 III 363 E. 3; vgl. hierzu auch Art. 718a N 12 ff. m.w.H. sowie ausführlich zum Umgang mit Interessenkonflikten i.A. ROTH PELLANDA, N 342 ff., 360; LAZOPOULOS, 113 ff.). Hingewiesen sei in diesem Zusammenhang darauf, dass ein **unter einer sonstigen Interessenkonfliktsituation** (s. hierzu auch N 2) **abgeschlossenes Geschäft** nach der bundesgerichtlichen Rechtsprechung nur dann ungültig ist, wenn der Interessenkonflikt für den Dritten erkennbar war oder der Dritte den Interessenkonflikt bei Anwendung der gebührenden Sorgfalt hätte erkennen müssen (BGE 126 III 363 E. 3; vgl. auch ROTH PELLANDA, N 360). Gegen das unter einem Interessenkonflikt handelnde Organ bleibt aber auch diesfalls die Möglichkeit der Erhebung einer Verantwortlichkeitsklage offen (s. zu den weiteren möglichen Rechtsfolgen ROTH PELLANDA, N 375 ff.).

In diesem Zusammenhang stellt sich mit der Einführung des neuen Art. 718b die Frage, ob das Schriftlichkeitserfordernis beim Abschluss von Insichgeschäften (und Geschäften, die unter einer vergleichbaren Interessenkonstellation abgeschlossen werden) kumulativ zu den bisherigen, von der bundesgerichtlichen Rechtsprechung entwickelten materiellen Anforderungen Geltung beansprucht, oder ob die bisherigen Anforderungen nicht mehr zu beachten sind und die Gültigkeit derartiger Geschäfte ausschliesslich von der Einhaltung des Schrifterfordernisses abhängig gemacht werden soll (Frage offen gelassen sowohl in der Botschaft GmbH, 3230 als auch im CHK-PLÜSS/KUNZ/KÜNZLI, N 6). Nach der vorliegend vertretenen Ansicht ist davon auszugehen, dass das **Schriftlichkeitserfordernis kumulativ zu den bisherigen materiellen Anforderungen Geltung beansprucht,** zumal die in der bundesgerichtlichen Rechtsprechung für die Gültigkeit von Insichgeschäften entwickelten Anforderungen materiell-rechtlicher Natur sind, indem sie auf die Beseitigung von Interessenkonflikten abzielen, während es sich beim Schriftlichkeitserfordernis i.S.v. Art. 718b um ein Erfordernis rein formeller Natur handelt, welches die saubere Dokumentation von Insichgeschäften sicherstellen soll (gl. M. GLANZMANN, 77 f. mit dem u.E. nicht zutreffenden Hinweis, dass die Dokumentation von Insichgeschäften wohl hauptsächlich in kleineren Verhältnissen von Bedeutung sein dürfte; i.E. ebenfalls gl.M. BARTHOLD/JÖRG, 496; vgl. auch VOGT, 19 f.; JACCARD/BARUH, 141).

VI. Rechtsfolgen der Verletzung des Schriftlichkeitserfordernisses

Im schweizerischen Recht führt die Nichtbeachtung einer gesetzlich vorgeschriebenen Form grundsätzlich zur **Nichtigkeit** des entsprechenden Rechtsgeschäftes, es sei denn, das Gesetz ordne im Einzelfall eine andere Rechtsfolge an (vgl. Art. 11 Abs. 2; insofern jedoch nur einzelne Bestimmungen eines Vertrages formbedürftig sind, ist in analoger Anwendung von Art. 20 Abs. 2 Teilnichtigkeit zu vermuten, wenn nicht anzunehmen ist, dass die Parteien den Vertrag ohne den nichtigen Teil überhaupt nicht geschlossen hätte, vgl. dazu und für weitere Hinweise BSK OR I-SCHWENZER, Art. 11 N 16 ff.).

Dies bedeutet im vorliegenden Zusammenhang, dass sämtliche Rechtsgeschäfte mit Charakter eines Insichgeschäftes (oder unter einer vergleichbaren Interessenkollision abgeschlossene Rechtsgeschäfte), bei denen der Wert der Gegenleistung der Gesellschaft CHF 1 000 übersteigt und bei denen es sich nicht um Verträge des «laufenden Geschäfts» handelt und die entgegen der ausdrücklichen Ordnung von Art. 718b nicht schriftlich abgeschlossen worden sind, der Rechtsfolge der Nichtigkeit unterliegen (so auch Botschaft GmbH, 3230, wo von der «Gültigkeit» des Rechtsgeschäftes gesprochen wird; **a.M.** GLANZMANN, 78 f.). Insofern ist Art. 718b als **Gültigkeitserfordernis i.S.v. Art. 13** zu betrachten, dessen Missachtung grundsätzlich zur Nichtigkeit des entsprechenden Rechtsgeschäftes führt. Teile der Lehre machen demgegenüber geltend, dass die Vorschrift von Art. 718b entweder als Ordnungs- und nicht als Gültigkeitsvoraussetzung zu betrachten oder zumindest der Begriff der Schriftlichkeit nicht i.S.v. Art. 13 auszulegen sei und es vielmehr auch genügen müsse, wenn die Gesellschaft einen entsprechenden Beschluss gefasst hat oder das fragliche Rechtsgeschäft dokumentierbar ist (vgl. GLANZMANN, 78). Vorliegend wird diese letzte Meinung insofern übernommen, als zur Erfüllung des Gültigkeitserfordernisses entweder der Vertrag schriftlich abgefasst sein muss, oder dann der (ermächtigende oder genehmigende) Beschluss des zuständigen Organs zu protokollieren ist, wobei hier eine Generalvollmacht zum Abschluss von Geschäften unter Interessenkonflikt aber nicht genügen kann, sondern jeweils das fragliche Geschäft zu protokollieren (und allenfalls zu genehmigen) ist (vgl. dazu auch N 4). Im Falle eines nachträglichen Genehmigungsbeschlusses ist die Nichtigkeit damit in dem Sinne als «schwebend» zu betrachten, als bei später erfolgter Protokollierung dieses Beschlusses die Wirkungen des Geschäftes wieder an dessen (nicht korrekt dokumentierten) Abschlusszeitpunkt anknüpfen.

12 Gut beraten dürfte dabei die vertragsschliessende Person bzw. das zuständige Gremium sein, wenn nicht nur das Geschäft, sondern auch dessen **Marktkonformität** schriftlich festgehalten wird; denn dies ist eine der materiellen Voraussetzungen, deren Erfüllung ein Insichgeschäft überhaupt erst wirksam werden lässt (vgl. N 8 f.).

VII. Einhaltung weiterer Voraussetzungen

13 Selbstverständlich bleibt es dem VR unbenommen, im Organisationsreglement eine spezielle Klausel zum Abschluss und zur Genehmigung von Insichgeschäften (oder unter einer vergleichbaren Interessenkollision abgeschlossene Rechtsgeschäfte) aufzunehmen, welche die Einhaltung **weiterer Voraussetzungen** stipuliert (z.B. die Verpflichtung zur Einholung einer sog. Fairness Opinion oder zur Genehmigung durch den Gesamt-VR bei Geschäften mit einem Wert von über CHF 10 000); die Aufnahme einer solchen Klausel in die Statuten ist hingegen aufgrund der Organisationskompetenz des VR nicht zulässig (ebenso MÜLLER, 497 f.).

14 Insofern den von der bundesgerichtlichen Rechtsprechung aufgestellten materiellen Anforderungen an Insichgeschäfte Rechnung getragen wird (vgl. dazu N 8 f.), kann auch die **in Art. 718b statuierte Regelung modifiziert** werden, indem bspw. Schriftlichkeit für sämtliche Insichgeschäfte verlangt wird (vgl. MÜLLER, 517, wobei die dort angegebenen Freigrenzen gegen die gesetzlichen Vorgaben verstossen).

Art. 719

4. Zeichnung	Die zur Vertretung der Gesellschaft befugten Personen haben in der Weise zu zeichnen, dass sie der Firma der Gesellschaft ihre Unterschrift beifügen.
4. Signature	Les personnes autorisées à représenter la société signent en ajoutant leur signature personnelle à la raison sociale.

3. Abschnitt: Organisation der Aktiengesellschaft   **1–6 Art. 719**

4. Firma   Le persone autorizzate a rappresentare la società firmano per essa, aggiungendo alla ditta sociale la propria firma.

Literatur

Vgl. die Literaturhinweise zu Art. 718.

Analog zum bürgerlichen Stellvertretungsrecht (vgl. BSK OR I-WATTER/SCHNELLER, Art. 32 N 16 ff.) ist es im Gesellschaftsrecht notwendig, dass das Vertretungsorgan dem Dritten gegenüber zu erkennen gibt, dass es nicht für sich persönlich, sondern **für die Gesellschaft handelt.** Dies gilt nicht nur für die in Art. 719 angesprochenen schriftlichen Verträge, sondern für alle Rechtsbeziehungen (Art. 718 N 5).   1

Ähnlich zur Rechtslage beim Prokuristen (BSK OR I-WATTER, Art. 458 N 13) bestimmt das Gesetz in dem von der Revision 1992 nicht tangierten Art. 719, wie die **Vertreter der AG** Schriftstücke zu unterzeichnen haben, nämlich so, dass sie ihrer Unterschrift die Firma der Gesellschaft beifügen müssen (so ebenfalls noch Art. 26 Abs. 1 altHRegV). Wie bei der Prokura gilt aber, dass es sich um eine blosse **Ordnungsvorschrift** handelt (WATTER, Verpflichtung, N 203 m.V. auf das analoge deutsche Recht). Formalakte wie Wechselzeichnungen oder öffentlich zu beurkundende Verträge sind aber in der vom Gesetz vorgeschriebenen Form zu unterzeichnen (ZK-BURGI, Art. 719/20 N 4), wenn m.E. auch keine Nichtigkeit folgt, falls dies nicht gemacht wird (vgl. N 5; **a.M.** OR-Handkommentar-GLANZMANN, Art. 719, N 2) – eine Vermutung für Eigengeschäfte besteht so oder anders (vgl. Art. 718 N 38), so dass die Rechtsfolge der Nichtigkeit zu einschneidend ist, wenn es der einer der beiden Parteien gelingt, schlüssig nachzuweisen, dass es dem Willen der Parteien entsprach, ein Geschäft namens der AG abzuschliessen (vgl. auch N 5); allerdings müssen in diesen Fällen strenge Anforderungen an den Beweis gestellt werden, vergleichbar etwa mit der Konstellation, wo mündlich vereinbarte Abweichungen zu einem schriftlichen Vertrag behauptet werden (vgl. ferner N 5).   2

Anwendbar ist die Vorschrift von Art. 719 auf **zeichnungsberechtigte Mitglieder des VR und auf Direktoren.** Für Prokuristen gilt dagegen, dass ein Hinweis auf die Funktion grundsätzlich verlangt ist (Art. 458 Abs. 1; vgl. auch Art. 26 Abs. 3 altHRegV).   3

Eigenhändig braucht nur die eigentliche Unterschrift zu sein, nicht aber die Firmenbezeichnung; die Unterschrift darf im Rahmen von Art. 14 faksimiliert sein oder in Form einer qualifizierten, elektronischen Signatur bestehen (vgl. auch KRNETA, N 2000 m.w. H.). Die **Firmenbezeichnung** hat im Geschäftsverkehr der Eintragung im Handelsregister zu entsprechen (vgl. Art. 954a OR und Art. 326ter Abs. 1 StGB).   4

Wo die **Unterschrift nicht den Erfordernissen von Art. 719 entspricht,** z.B. das Vertretungsorgan nur seine Unterschrift unter ein Dokument gesetzt hat, dürfte eine Vertretungswirkung oft gestützt auf Art. 32 Abs. 2 dennoch eintreten, wird der Vertragspartner doch oft aus den Umständen erkennen, dass das Vertretungsorgan der AG nicht für sich selber, sondern eben für die AG handelt (ZBGR 2005, 341 ff.; vgl. auch SJZ 1940/41, 249; explizit § 36 GmbHG). Eine Vertretungswirkung tritt auch ein, wenn es dem Dritten gleichgültig ist, mit wem er kontrahiert (vgl. zum Ganzen BSK OR I-WATTER/ SCHNELLER, Art. 32 N 17 ff.; ferner Art. 718 N 5). Vgl. zur Beweislast auch Art. 718 N 38 f. und N 2).   5

Bei **Kollektivvertretern** ist die Unterschrift beider Vertreter nötig. Denkbar sind immerhin auch Fälle, wo eine Vertretungswirkung auch bei nur einer Unterschrift eintritt (Art. 718a N 21).   6

7 Während das schweizerische Recht – im Unterschied zum ausländischen Recht (vgl. § 80 AktG oder Art. 4 EU-Publizitäts-RL über Angaben in Geschäftsbriefen) – bis zum Inkrafttreten des FusG am 1.7.2004 und der damit einhergehenden Einfügung von Art. 936a Abs. 3 (welcher dem BR die Kompetenz einräumt, mittels Erlass von Ausführungsbestimmungen vorzusehen, dass eine AG im Rechtsverkehr auf Briefen, Bestellscheinen und Rechnungen nebst der Firma auch ihre Identifikationsnummer anzugeben hat) keine im Gesetz verankerten Anforderungen an das Auftreten einer AG im Rechtsverkehr stellte (vgl. immerhin Art. 2 Abs. 1 des im Jahre 1994 abgeschafften BG betr. Strafbestimmungen zum Handelsregister- und Firmenrecht), sieht der nun neu eingefügte Art. 954a (welcher Art. 47 altHRegV entspricht) vor, dass eine AG in der Korrespondenz, auf Bestellscheinen und Rechnungen sowie Bekanntmachungen die im Handelsregister eingetragene Firma vollständig und unverändert angeben muss; vgl. auch den ebenfalls neuen Art. 326ter StGB.

Art. 720

5. Eintragung	Die zur Vertretung der Gesellschaft befugten Personen sind vom Verwaltungsrat zur Eintragung in das Handelsregister anzumelden, unter Vorlegung einer beglaubigten Abschrift des Beschlusses. Sie haben ihre Unterschrift beim Handelsregisteramt zu zeichnen oder die Zeichnung in beglaubigter Form einzureichen.
5. Inscription	Le conseil d'administration est tenu de communiquer au préposé au registre du commerce, en vue de leur inscription, les noms des personnes qui ont le droit de représenter la société, en produisant la copie certifiée conforme du document qui leur confère ce droit. Elles apposent leur signature en présence du fonctionnaire préposé au registre ou la lui remettent dûment légalisée.
5. Iscrizione	Il Consiglio d'amministrazione deve notificare per l'iscrizione all'ufficio del registro di commercio le persone autorizzate a rappresentare la società, producendo una copia autenticata della deliberazione che conferisce loro tale facoltà. Esse devono fare la loro firma davanti all'ufficio del registro di commercio o produrla autenticata.

Literatur

KÜNG/MEISTERHANS, Handbuch für das Handelsregister, Bd. II, Aktiengesellschaft, 2. Aufl., Zürich 2000.

1 Der von den Revisionen 1992 und 2008 nicht tangierte Art. 720 – 1992 es wurde lediglich das Wort «Verwaltung» durch den Ausdruck «VR» ersetzt, 2008 die Nummerierung des Randtitels angepasst – legt zunächst eine Pflicht der Gesellschaft und des VR fest, die zur **Vertretung befugten Personen im Handelsregister registrieren zu lassen.** Für Personen mit Zeichnungsrecht, aber ohne Organvollmacht, gilt Art. 721. Für die Eintragung gilt Art. 21 HRegV. Für den Umfang des Eintrages neu Art. 119 HRegV.

2 Die Anmeldungspflicht ist aber eine blosse Ordnungsvorschrift: Für die Vertretungsbefugnis hat der Eintrag **keine konstitutive Wirkung** (vgl. BGE 96 II 442 f. und die dort zitierten Entscheide; vgl. auch Art. 718 N 22). Entscheidend für das Vorliegen einer Ver-

tretungsbefugnis ist vielmehr der Zeitpunkt des Zugangs der Bevollmächtigung (vgl. Art. 718 N 17).

Ein **Unterlassen der Eintragung** hat für die Gesellschaft v.a. dann Konsequenzen, wenn die Organvollmacht auf ein Kollektivzeichnungsrecht oder auf die Filiale begrenzt wird: Hier darf nämlich der Dritte davon ausgehen, dass der fehlende Eintrag bedeutet, eine entsprechende Begrenzung bestehe nicht (Art. 718a N 16). Eine Schadensersatzpflicht nach Art. 942 dürfte demgegenüber kaum je gegeben sein, da ein Dritter aus der Unterlassung des Eintrages kaum je einen Schaden erleiden wird.

Der auf Papier oder elektronisch eingereichten Anmeldung an das zuständige Handelsregister sind beizufügen (vgl. auch Art. 931 und 932 und Art. 16 ff. HRegV):

a) Der eigentliche Anmeldungstext, der dem später im SHAB publizierten Text entspricht. Oft erstellen aber auch die Handelsregisterbehörden den Text und lassen ihn anschliessend unterzeichnen, dies gem. Art. 17 Abs. 1 lit. c HRegV entweder von zwei Mitgliedern des VR oder von einem Mitglied des VR mit Einzelzeichnungsberechtigung alleine.

b) Eine beglaubigte Kopie oder das bzw. ein Original des Beschlusses des ernennenden Organs, vgl. Art. 23 HRegV. Bei Mitgliedern des VR ist dies der GV-Beschluss und allenfalls zusätzlich ein VR-Beschluss, falls diesem die Zuteilung der Zeichnungskompetenz obliegt. Kein VR-Beschluss braucht eingereicht zu werden, wenn alle VR-Mitglieder die Anmeldung unterzeichnen (Art. 23 Abs. 3 HRegV).

c) Ein beglaubigtes Unterschriftenmuster in der von Art. 719 vorgeschriebenen Form (Art. 21 HRegV). Die zeichnungsberechtigte Person kann ihre Unterschrift stattdessen auch beim Handelsregister zeichnen. Zeichnet sie die Unterschrift beim Handelsregisteramt, so muss sie ihre Identität durch einen gültigen Pass oder eine gültige Identitätskarte nachweisen (Art. 21 Abs. 2 HRegV).

Die **Registrierung** und die **Publikation** der neuen Zeichnungsberechtigten im SHAB richtet sich im Übrigen nach den Art. 931 ff. und 45 Abs. 1 lit. o und 119 HRegV. Ins Handelsregister können folgende Personen bzw. Bezeichnungen eingetragen werden (vgl. REBSAMEN, N 470; KÜNG/MEISTERHANS, 53; Art. 934 N 5):

– Prokuristen (vgl. Art. 721);

– Zeichnungsberechtigte ohne Titel (vgl. auch Art. 721 N 8);

– Geschäftsführer;

– Mitglieder der GL bzw. Vorsitzender der GL;

– VR-Sekretäre;

– Direktoren (Mitglied der Direktion oder Vorsitzender der Direktion), Vizedirektoren, stellvertretende Direktoren, Subdirektoren, Generaldirektoren.

– Nicht eingetragen werden können Bezeichnungen wie Ehrenpräsident, Direktionspräsident, Abteilungsleiter (REBSAMEN, 21; FORSTMOSER/MEIER-HAYOZ/NOBEL, § 30 N 112 ff.).

Neben der Pflicht zur Anmeldung der Vertretungsorgane besteht auch eine Pflicht zur **Löschung** ausgeschiedener Organe (vgl. Art. 937, 938b; Art. 711 altOR wurde aufgehoben). Die «Löschung» eines gar nie eingetragenen Organvertreters kann empfehlenswert sein (Art. 718 N 25). Meldet eine AG das Ausscheiden einer eingetragenen Person beim Handelsregister nicht an, so kann die betroffene Person, d.h. ein ausgeschiedenes VR-

Mitglied oder ein anderes zeichnungsberechtigtes Organ, selbst die Löschung verlangen (Art. 938b Abs. 2; Art. 17 Abs. 2 lit. altHRegV, Art. 17 Abs. 2 HRegV).

7   Überhaupt ist **jede Änderung** anzugeben (Art. 937), z.B. eine neu eingeführte Beschränkung auf Kollektivvertretung (vgl. hierzu N 3). Änderungen der Angaben über Namen, Heimatort (Staatsangehörigkeit), Wohnort einer im Handelsregister eingetragenen Person können auch durch diese angemeldet werden (Art. 17 Abs. 2 lit. b HRegV).

8   Zu beachten ist, dass ein **falscher Handelsregistereintrag** u.U. zu einer Vertretungswirkung führen kann (vgl. Art. 718 N 28).

Art. 721

6. Prokuristen und Bevollmächtigte	Der Verwaltungsrat kann Prokuristen u.a. Bevollmächtigte ernennen.
6. Fondés de procuration et mandataires commerciaux	Le conseil d'administration peut nommer des fondés de procuration et d'autres mandataires commerciaux.
6. Procuratori e mandatari	Il consiglio d'amministrazione può nominare procuratori e altri mandatari.

I. Allgemeines

1   Art. 716a Abs. 1 Ziff. 4 bestimmt, dass der VR die mit der Vertretung betrauten Personen zu bestimmen habe. Art. 718 Abs. 2 erlaubt es, Direktoren mit der Vertretung zu betrauen, Art. 721 deckt die übrigen Zeichnungsberechtigten ab. Gegenüber der Botschaft wurde der jetzt geltende Text nicht verändert (Botschaft über die Revision des Aktienrechts vom 23.2.1983, BBl 1983 II, 926, 985), 2008 wurde die Nummerierung des Randtitels geändert. Eine Änderung in der kommenden Revision des Aktienrechts ist nicht geplant.

2   Fraglich ist, ob die **Ernennungskompetenz** nicht statutarisch – so noch Art. 721 Abs. 3 altOR 1936 – oder reglementarisch vom VR an die GL **delegiert** werden kann, was praktisch in Grossunternehmen einem echten Bedürfnis entsprechen würde: Ob der Gesetzgeber die aus dem Wortlaut scheinbar folgende Delegationsfeindlichkeit wirklich wollte (Botschaft über die Revision des Aktienrechts vom 23.2.1983, BBl 1983 II, 926; FORSTMOSER, Organisation und Organisationsreglement nach neuem Aktienrecht, Zürich 1992, 25) ist umstritten (TURIN, zitiert in Art. 716a N 16). M.E. kann der Gesetzestext i.S. eines Gleichlaufs von hierarchischer Stellung und Vertretungskompetenz dahingehend ausgelegt werden, dass bspw. die Besetzung von Stellen durch die GL, welche gem. dem vom VR erlassenen Organisationsreglement mit Vertretungsrecht ausgestattet sind, unmittelbar zu einer Vertretungsbefugnis der betroffenen Person führt (vgl. Art. 716a N 16 und Art. 718 N 17; vgl. zum Ganzen auch KRNETA, N 2012 f. m.w. H.). Immerhin scheint die Praxis der Handelsregisterämter zumindest bei Banken eine Ernennung durch die GL zu akzeptieren (OR-Handkommentar-GLANZMANN, Art. 721, N 1; ZK-HOMBURGER, N 1184 mit dem Hinweis, dass die Ausnahme für Banken i.d.R. damit begründet wird, dass das BankG eine Zweiteilung in Oberleitung und Geschäftsführung verlange, und die Ernennung von Prokuristen u.a. Bevollmächtigten der Geschäftsführung obliege).

3. Abschnitt: Organisation der Aktiengesellschaft **Art. 722**

Keine Unterschriftsberechtigung kann **juristischen Personen** verliehen werden (BGE 3
108 II 122, 129 = Pra 1982, 609); vgl. nun auch explizit Art. 120 HRegV.

II. Die Ernennung von Prokuristen

Prokuristen (zum Begriff BSK OR I-WATTER, Art. 458 N 4 ff.) haben eine einem Vertre- 4
tungsorgan vergleichbare **Vertretungsbefugnis;** eine Einschränkung besteht lediglich
im Bereich der Grundstücksgeschäfte (BSK OR I-WATTER, Art. 459 N 2 ff.). Eine Prokura kann auch einem Mitglied des VR erteilt werden (vgl. Art. 718 N 33).

Der Prokurist ist ins **Handelsregister** einzutragen (BSK OR I-WATTER, Art. 458 N 9 f.). 5

Für die möglichen **Begrenzungen der Vollmacht** und deren Wirkung auf Dritte kann 6
auf BSK OR I-WATTER, Art. 460 N 2 ff. verwiesen werden. Wo ein Prokurist ein Kollektivzeichnungsrecht zu zweien hat, kann er die Gesellschaft mit einem kollektivzeichnungsberechtigten Mitglied des VR oder einem Direktor vertreten.

III. Die Ernennung anderer Bevollmächtigter

Art. 721 bedeutet betr. «anderer Bevollmächtigter» zunächst, dass der VR **Handlungs-** 7
bevollmächtigte i.S.v. Art. 462 bestimmen kann (vgl. BSK OR I-WATTER, Art. 462
N 2 ff.). Handlungsbevollmächtigte sind im Handelsregister nicht eintragbar (vgl. aber
auch N 8 und Art. 718 N 37 zu neueren praktischen Tendenzen).

Die Registerpraxis erlaubt darüber hinaus auch die Eintragung von Personen mit einem 8
Zeichnungsrecht (vgl. auch Art. 720 N 5), ohne dass diese Personen explizit als Direktoren bezeichnet werden. Teilweise besteht in diesen Fällen eine Organvollmacht und
nicht eine auf Art. 721 abgestützte Bevollmächtigung.

IV. IPR

Anwendbar ist für das Auftreten von Prokuristen u.a. Bevollmächtigten Art. 126 IPRG 9
und nicht Art. 155 lit. i und 158 IPRG (vgl. auch Art. 718a N 25).

Art. 722

VI. Haftung der Organe	**Die Gesellschaft haftet für den Schaden aus unerlaubten Handlungen, die eine zur Geschäftsführung oder zur Vertretung befugte Person in Ausübung ihrer geschäftlichen Verrichtungen begeht.**
VI. Responsabilité pour les organes	La société répond des actes illicites commis dans la gestion de ses affaires par une personne autorisée à la gérer ou à la représenter.
VI. Responsabilità per il fatto degli organi	La società risponde del danno che una persona, a cui è affidata la sua gestione o rappresentanza, ha cagionato con atti illeciti commessi nell'esercizio d'incombenze sociali.

Literatur

GARBARSKI, La responsabilité civile et pénale des organes dirigeants de sociétés anonymes, Diss.
Lausanne 2005; SPITZ, Deliktische Eigenhaftung von Organ- und Hilfspersonen, SJZ 2003, 165;
vgl. ausserdem die Literaturhinweise zu Art. 718 und 718a.

I. Allgemeines

1 Art. 722 entspricht Art. 718 Abs. 3 altOR und wiederholt den allg. Grundsatz von Art. 55 ZGB, wonach die **Gesellschaft für unerlaubte Handlungen ihrer Organe ausservertraglich haftet.** Voraussetzung für eine solche Zurechnung ist das Verhalten eines Organs, das die allg. Voraussetzungen der Schadenersatz- oder Genugtuungspflicht erfüllt (OFTINGER/STARK, II/1, 273); zusätzlich ist nötig, dass die Schädigung bei der Ausübung geschäftlicher Verrichtungen verursacht wird.

2 Während im Bereich der **Verantwortlichkeitsklage** durch Gläubiger versucht wird, für einen im Verhältnis zur AG entstandenen Schaden von einem Organ Ersatz zu erhalten, gibt Art. 722 dem Geschädigten die Möglichkeit, «umgekehrt» vorzugehen, indem er ein durch einen Organ verursachten Schaden bei der AG geltend macht.

3 Unerlaubte Handlungen im Bereich der AG können nicht nur im strafrechtlichen (N 18), sondern auch im zivilrechtlichen Sinn nur von natürlichen Personen begangen werden; diese Handlungen werden dann der AG entweder über Art. 722 oder Art. 55 ZGB **zugerechnet.**

3a Anlässlich der **Revision** des GmbH-Rechts wurde mit Wirkung auf 1.1.2008 die deutschsprachige Marginalie von «Organhaftung» in «Haftung der Organe» geändert. In der Botschaft Aktien- und Rechnungslegungsrecht, 100 wird nun richtigerweise vorgeschlagen, im deutschen Text von «Haftung für Organe» zu sprechen.

II. Haftungsvoraussetzungen

1. Schaden aus unerlaubter Handlung

4 Erste **Voraussetzung** eines Anspruches aus Art. 722 gegen die AG ist ein durch eine unerlaubte Handlung verursachter Schaden, somit ein Anspruch aus **Art. 41 ff.** gegen den Schädiger (BGE 124 III 299; 121 III 180). Neben einem **Schaden** (BSK OR I-SCHNYDER, Art. 41 N 2 ff.) müssen **Widerrechtlichkeit** oder Sittenwidrigkeit (BSK OR I-SCHNYDER, Art. 41 N 15 ff.; KRNETA, N 2029 ff. – problematisch ist diese Voraussetzung, weil das Organverhalten oft einen reinen Vermögensschaden bewirkt; vgl. zum sog. Gefahrensatz und Haftung wegen Unterlassung BGE 124 III 300; zur Heranziehung von Art. 2 ZGB BGE 124 III 301 f.), ein **adäquater Kausalzusammenhang** zwischen dem schadensbegründenden Verhalten und dem Schaden (BSK OR I-SCHNYDER, Art. 41 N 8 ff.) und ein (irgendwie geartetes) **Verschulden** des Organs (KRNETA, N 2041; BSK OR I-SCHNYDER, Art. 41 N 6 ff.) nachgewiesen werden (vgl. BSK OR I-SCHNYDER, Art. 41 N 22 ff. m.Nw.).

5 Bsp. aus der Gerichtspraxis betr. folgende Fälle:

- Verkehrsunfälle (ZR 1970, 371, 373; KK-MERTENS, § 76 AktG N 35) und Bauunfälle (BGE 87 II 184, 189 = Pra 1961, 143);
- Falschauskünfte, spez. falsche Kreditauskünfte (BGE 89 II 239, 251; BGHZ 49, 19), Falschaussagen (ZR 1945, 162) oder ein falsches Arbeitszeugnis (BGE 101 II 69);
- culpa in contrahendo (BGE 89 II 239) und Ersatz für vollmachtloses Handeln insb. (BGE 121 III 176; 105 II 289, vgl. Nw. in Art. 718a N 9);
- Fälschung, Betrug (vgl. dazu N 10);
- Konzernhaftung bei sog. Doppelorganschaft (BGE 124 III 299).

3. Abschnitt: Organisation der Aktiengesellschaft   6–9 Art. 722

2. Schadensverursachung durch eine zur Geschäftsführung oder Vertretung befugte Person

Der Geschädigte hat nur dann neben seinem Anspruch gegen den Schädiger (Art. 55 Abs. 3 ZGB) eine Ersatzforderung gegen die AG, wenn eine zur **Geschäftsführung oder Vertretung befugte Person handelte**; gemeint ist aber mehr, nämlich ein Organ (BÖCKLI, § 13, N 515). Lange Zeit wurde der Organbegriff gem. Art. 754 mit jenem der Art. 55 ZGB bzw. Art. 722 gleichgesetzt. Dies wurde vom BGer bez. der Geltendmachung von mittelbarem Schaden im Zusammenhang mit Art. 754 präzisiert (BGE 117 II 570), indirekt aber für den «Aussenbereich» bestätigt. 6

Damit bieten die Handlungen **folgender Personen** Ansatzpunkt für eine Anwendung von Art. 722: 7

– formelle Organe, d.h. im Handelsregister als Mitglieder des VR oder als Direktoren eingetragene Personen;

– materielle Organe, d.h. Personen, die – ohne registriert zu sein – korporative Aufgaben selbständig wahrnehmen (BGE 87 II 184, 188), wobei im Weiteren nötig sein dürfte, dass diese Tätigkeit nach aussen erkennbar ist (WATTER, Verpflichtung, N 143, 145 m.Bsp.);

– Organe, die nach aussen den Anschein von Organkompetenzen erwecken (FORSTMOSER, Der Organbegriff im aktienrechtlichen Verantwortlichkeitsrecht, in: Forstmoser/Schluep [Hrsg.], Freiheit und Verantwortung im Recht, FS zum 60. Geburtstag von Arthur Meier-Hayoz, Bern 1982, 134 f.; GARBARSKI, 47 ff.), ohne dass die AG dagegen einschreiten würde;

– Prokuristen, falls ihnen Organqualität zukommt (der Umstand, das sie «zur Vertretung berechtigte Personen» sind, genügt für sich nicht).

Vgl. ferner rechtsvergleichend zum deutschen Organisationsverschulden, das dann angenommen wird, wenn die juristische Person für die Erledigung gewisser Tätigkeiten Hilfspersonen statt Organe i.S.v. § 31 BGB einsetzt (statt vieler GRUNEWALD, Die Haftung von Organmitgliedern nach Deliktsrecht, ZHR 1993, 451 ff., 453).

Abgelehnt wurde die Organeigenschaft z.B. für einen Bauführer (BGE 87 II 184, 187 = Pra 1961, 143; ebenso BGE 81 II 223). 8

3. Schadensverursachung in Ausübung geschäftlicher Verrichtung

Die AG trifft keine Einstandspflicht, wenn die unerlaubte Handlung nicht in Ausübung geschäftlicher Verrichtungen, sondern entweder **«privat»** oder nur bei **Gelegenheit** ders. erfolgte (BGE 105 II 289, 294 ff.; 101 Ib 436; vgl. hierzu auch BSK OR I-SCHNYDER, Art. 55 N 8 f.; BSK OR I-WIEGAND, Art. 101 N 10; T. LUTERBACHER, Die Schadensminderungspflicht, Zürich 2005, 10, spez. FN 44; BÖCKLI, § 13 N 516 – er spricht von «Wirkungszusammenhang»). Da das Begehen von unerlaubten Handlungen nie zur Ausübung von Organpflichten gehören kann, liegt der geforderte Zusammenhang dann vor, wenn zwischen dem schadenstiftenden Verhalten und der Organtätigkeit ein erkennbarer, innerer («funktionaler», vgl. BGer 2P.224/2005, E. 3.3) Zusammenhang besteht, bzw. wenn die Handlung im allg. Wirkungskreis des Organs begangen wurde (WATTER, Verpflichtung, N 243). Vgl. im Weiteren auch die analoge Wendung in Art. 102 StGB (vgl. dazu GARBARSKI, 410 f.). Die Tatsache, dass das Organ im eigenen Interesse und nicht in demjenigen der AG gehandelt hat, schliesst eine Zurechnung nicht aus (BGE 121 III 180). 9

10 Das Erfordernis ist in folgenden Fällen gegeben (wobei zu betonen ist, dass als «Basis» stets eine unerlaubte Handlung des Organs nötig bleibt, vgl. BGE 124 III 299 ff.):

- **rechtsgeschäftliches oder rechtsgeschäftsähnliches Auftreten** von Organen, z.B. vollmachtloses Auftreten (BGE 121 III 179; 105 II 289, 295; 89 II 239, 251 mit der Bemerkung, Vertretungsmacht sei nicht nötig; vgl. ferner WATTER, Verpflichtung, N 239 ff., BÖCKLI, § 13 N 501, FN 910); zu beachten ist, dass ein Schadenersatz in diesen Bereichen oft wegen eines Selbstverschuldens des Dritten reduziert wird – oder gar entfällt; hätte der Dritte nämlich mit der geforderten Sorgfalt gehandelt, hätte er in aller Regel einen Vertragsanspruch gegen die AG erhalten (vgl. Art. 718a N 11; WATTER, Verpflichtung, N 246; vgl. etwas anders CHAUDET, La responsabilité délictuelle de la personne morale: En particulier lors de l'abus du pouvoir de représentation par un organe, SJZ 1998, 10 ff., der die Zurechnung allerdings eher über Art. 39 und Art. 55 Abs. 2 ZGB sieht, womit ein Selbstverschulden oft zum Verlust des Anspruchs führen würde);

- bei **culpa in contrahendo,** etwa dem **Fälschen** der Unterschrift des zweiten Kollektivvertreters (BGE 105 II 289; WATTER, Verpflichtung, N 249), bei falschen Kreditauskünften und anderen Falschangaben (vgl. Sachverhalt in BGE 107 II 151; 89 II 239, 250 ff.) oder bei Tatbeständen einer **Vertrauenshaftung** (KRNETA, N 2034; LIPS-RAUBER, Die Rechtsbeziehungen zwischen dem beauftragten fiduziarischen VR und dem Fiduzianten, Zürich 2005, 146);

- bei **Körperverletzungen** und **Sachbeschädigungen,** die einem Dritten zugefügt werden, z.B. bei Verkehrsunfällen, ZR 1970, 371, 373;

- bei **Untätigbleiben** in Fällen, wo ein Organ erkennt, dass sich die Gesellschaft eine Verletzung des Grundsatzes von Treu und Glauben im Geschäftsverkehr zu Schulden kommen lässt (BGE 101 Ib 422, 437);

- bei Bekanntgabe **falscher Unternehmenszahlen** durch Führungsorgane (vgl. WATTER/REICHENBERG, La responsabilité des sociétés cotées en bourse liée à leurs communications financières défaillantes, AJP 2005, 969 ff., 972, 975);

- als **Basis für eine Konzernhaftung,** wo der Mutter via Art. 722 widerrechtliches Verhalten ihrer Organe, die bei der Tochtergesellschaft tätig werden, zugerechnet wird (BGE 124 III 299 ff.), wobei die Mutter aber oft auch direkt als Organ gestützt auf Art. 754 eingeklagt werden kann (vgl. BEYELER, Konzernleitung im schweizerischen Privatrecht, Diss. Zürich 2004, 270, 297; BAUMANN, Die Familienholding, Diss. Zürich 2005, 216; KISSLING, Der Mehrfachverwaltungsrat, Zürich 2006, 195; GARBARSKI, 44 ff.);

- **Unterlassung von Verkehrssicherungspflichten, Organisations- und Aufsichtspflichtverletzungen,** vgl. dazu SPITZ, 167 ff.: Art. 722 OR ist in diesen Bereichen allerdings oft nicht relevant, weil die entsprechenden Pflichten oft die AG treffen, der Geschädigte also ohnehin einen «direkten» Anspruch gegen die AG hat und nicht erst eine deliktische Eigenhaftung des Organs konstruieren muss, um dann via Art. 722 auch gegen die AG vorgehen zu können;

- Generell alles **strafbare Verhalten von Organen** (vgl. dazu GARBARSKI, 271 ff.).

11 Hingegen ist das Erfordernis nicht erfüllt bei Handlungen, welche dem **Privatbereich** zuzuordnen sind (in BGE 101 Ib 437 wird ein *offensichtliches* Auftreten als Privatperson verlangt).

III. Klagemodalitäten

Für Klagen aus unerlaubter Handlung – auch solchen gem. Art. 722 – gelten die besonderen **Gerichtsstände** von Art. 25 ff. GestG. Demnach hat der Kläger die Wahl, ob er an seinem Wohnsitz oder Sitz oder am Sitz der beklagten Gesellschaft klagen möchte. Daneben hat er auch die Möglichkeit am Handlungs- oder Erfolgsort vorzugehen (Art. 25 GestG; KURTH/BERNET, Art. 25 GestG N 29 ff., in: Kellerhals/Werdt/Güngerich [Hrsg.], Gerichtsstandsgesetz, Kommentar zum Bundesgesetz über den Gerichtsstand in Zivilsachen, Bern 2005). 12

Den Kläger trifft die **Beweislast** für sämtliche Haftungsvoraussetzungen (N 4, 6 f., 9). 13

Für die **Verjährung** gilt Art. 60; die längere strafrechtliche Verjährung nach Art. 60 Abs. 2 ist auch für juristische Personen betr. der Haftung für ihre Organe anwendbar (BSK OR I-DÄPPEN, Art. 60 N 12; BGE 111 II 429, 439 ff.; 132 III 661, 665). 14

IV. Abgrenzungen

Die Haftung für **Hilfspersonen nach Art. 55** grenzt sich von Art. 722 so ab, dass bei Art. 722 die Organeigenschaft und das Verschulden des handelnden Organs nachzuweisen sind. Bei Hilfspersonen genügt der Nachweis einer Verursachung, die AG kann sich aber durch den Sorgfaltsbeweis entlasten (Details bei KRNETA, N 2044 ff.; OFTINGER/STARK, II/1, 279). 15

Art. 101 ist dann anwendbar, wenn die juristische Person vertragliche Verpflichtungen nicht durch Organe, sondern durch Hilfspersonen erfüllt. Der Zurechnungsmechanismus ist allerdings im praktischen Ergebnis sehr ähnl. Unterschiede bestehen immerhin etwa im Bereich der **Freizeichnungsmöglichkeit**: Beim Einsatz von Organen ist Art. 100 anwendbar, beim Einsatz von Hilfspersonen Art. 101 Abs. 2 und 3. 16

Bez. der Abgrenzung zu **Art. 55 ZGB** gilt Folgendes: Im Bereich der Vertretungsorgane gilt bez. der Zurechnung unerlaubter Handlungen an die Gesellschaft Art. 722 als *lex specialis;* Anwendung findet aber Art. 55 Abs. 3 ZGB für die persönliche Haftung des Organs (vgl. auch BGE 106 II 257, 259). Bei einer Schädigung durch die GV oder die RS (vgl. WATTER, Verpflichtung, N 242) ist stets Art. 55 ZGB anwendbar. Art. 55 Abs. 2 ZGB ist auch insoweit weiter als Art. 722, als diese Bestimmung generell «sonstiges Verhalten» der Organe der juristischen Person zuordnet (vgl. etwa BGE 132 III 609, 614 betr. die erste Instanz), also bspw. auch Tathandlungen oder Handlungen, die dann einer paulianischen Anfechtung unterliegen (vgl. auch etwa REBSAMEN, Die Gleichbehandlung der Gläubiger durch die Aktiengesellschaft, Diss. Fribourg 2004, Rz 227 und 379). 17

Bez. der Abgrenzung zur **Verantwortlichkeitsklage** kann auf N 2 verwiesen werden; vgl. ferner zur **strafrechtlichen Verantwortlichkeit** von Organen FORSTMOSER/MEIER-HAYOZ/NOBEL, § 21 N 16 ff. und GARBARSKI, 271 ff. Seit 2003 verfolgt Art. 102 StGB einen Art. 722 vergleichbare Zweck, indem die juristische Person für gewisse Handlungen ihrer Organe und Angestellten bei Vorliegen von Organisationsmängel, welche die Einzelverfolgung ausschliessen, strafrechtlich einzustehen hat (vgl. etwa POSTIZZI, Fusionsgesetz und Unternehmensstrafrecht, AJP 2007, 175 ff. und 187 f.; GARBARSKI, 405 ff.). 18

Kausalhaftungen, wie sie in Art. 56, 58 oder in der Spezialgesetzgebung zu finden sind, sind keine Anwendungsfälle von Art. 722, soweit eine AG betroffen ist; diese Normen führen zu einer Haftung einer AG, weil diese ebenso wie eine natürliche Person Werk- 19

V. Selbstverschulden

20 Insbesondere im Bereich des Vertretungsrechts ist Art. 722 nur dann anwendbar, wenn den Dritten ein Selbstverschulden trifft (ansonsten erhält er als Folge des Handelns eines vollmachtlosen Vertreters in aller Regel einen Vertragsanspruch, vgl. Art. 718a N 9). Dieses Selbstverschulden muss schadenersatzmindernd berücksichtigt werden (BGE 121 III 182). Fraglich ist, ob das grobe Verschulden der Gesellschaft dieses Verschulden des Dritten wieder aufwiegen kann (so WATTER, Verpflichtung, N 247; anders aber nun explizit BGE 121 III 182; wie hier CHAPPUIS, 701).

VI. IPR

21 In der Lehre ist umstritten, ob das Gesellschaftsstatut nach Art. 154 und 155 IPRG auch die Frage regelt, ob eine Zurechnung nach Art. 722 möglich ist, ebenso ob Art. 722 dort anwendbar ist, wo ausländische Gesellschaften i.S.v. Art. 159 IRPG von der Schweiz aus geführt werden (ersteres bejahend und zweiteres verneinend BSK IPRG-VON PLANTA/EBERHARD, Art. 159 N 21 m.V., vgl. ferner SCHNYDER, Europa und das internationale Gesellschaftsrecht der Schweiz, SZW 1993, 13).

Art. 723–724

aufgehoben

abrogé

abrogato

Art. 725

VII. Kapitalverlust und Überschuldung
1. Anzeigepflichten

¹ Zeigt die letzte Jahresbilanz, dass die Hälfte des Aktienkapitals und der gesetzlichen Reserven nicht mehr gedeckt ist, so beruft der Verwaltungsrat unverzüglich eine Generalversammlung ein und beantragt ihr Sanierungsmassnahmen.

² Wenn begründete Besorgnis einer Überschuldung besteht, muss eine Zwischenbilanz erstellt und diese einem zugelassenen Revisor zur Prüfung vorgelegt werden. Ergibt sich aus der Zwischenbilanz, dass die Forderungen der Gesellschaftsgläubiger weder zu Fortführungs- noch zu Veräusserungswerten gedeckt sind, so hat der Verwaltungsrat den Richter zu benachrichtigen, sofern nicht Gesellschaftsgläubiger im Ausmass dieser Unterdeckung im Rang hinter alle anderen Gesellschaftsgläubiger zurücktreten.

³ Verfügt die Gesellschaft über keine Revisionsstelle, so obliegen dem zugelassenen Revisor die Anzeigepflichten der eingeschränkt prüfenden Revisionsstelle.

3. Abschnitt: Organisation der Aktiengesellschaft — Art. 725

VII. Perte de capital et surendettement
1. Avis obligatoires

¹ S'il ressort du dernier bilan annuel que la moitié du capital-actions et des réserves légales n'est plus couverte, le conseil d'administration convoque immédiatement une assemblée générale et lui propose des mesures d'assainissement.

² S'il existe des raisons sérieuses d'admettre que la société est surendettée, un bilan intermédiaire est dressé et soumis à la vérification d'un réviseur agréé. S'il résulte de ce bilan que les dettes sociales ne sont couvertes ni lorsque les biens sont estimés à leur valeur d'exploitation, ni lorsqu'ils le sont à leur valeur de liquidation, le conseil d'administration en avise le juge, à moins que des créanciers de la société n'acceptent que leur créance soit placée à un rang inférieur à celui de toutes les autres créances de la société dans la mesure de cette insuffisance de l'actif.

³ Si la société ne dispose pas d'un organe de révision, il appartient au réviseur agréé de procéder aux avis obligatoires qui incombent à l'organe de révision chargé du contrôle restreint.

VII. Perdita di capitale ed eccedenza dei debiti
1. Avvisi obbligatori

¹ Se risulta dall'ultimo bilancio annuale che la metà del capitale azionario e delle riserve legali non è più coperta, il consiglio d'amministrazione convoca immediatamente l'assemblea generale e le propone misure di risanamento.

² Se esiste fondato timore che la società abbia un'eccedenza di debiti, deve essere allestito un bilancio intermedio soggetto alla verifica di un revisore abilitato. Ove risulti da tale bilancio che i debiti sociali non sono coperti né stimando i beni secondo il valore d'esercizio, né stimandoli secondo il valore di alienazione, il consiglio d'amministrazione ne avvisa il giudice, salvo che creditori della società accettino, per questa insufficienza d'attivo, di essere relegati a un grado inferiore a quello di tutti gli altri creditori della società.

³ Se una società non dispone di un ufficio di revisione, gli avvisi obbligatori relativi alla verifica limitata incombono al revisore abilitato.

Literatur

ATHANAS/SUTER, Steuerliche Aspekte von Sanierungen, in: Vito Roberto (Hrsg.), Sanierung der AG, Schriften zum neuen Aktienrecht Bd. 17; BAUDENBACHER/BLANKE, Die GmbH gestern, heute und morgen, SZW 1996, 49 ff.; BLICKENSTORFER, Die genossenschaftsrechtliche Verantwortlichkeit, 1987; BÖCKLI, Der Rangrücktritt im Spannungsfeld von Schuld- und Aktienrecht, in: FS Schluep, 339 ff. (zit. Rangrücktritt); DERS., Revisionsstelle und Abschlussprüfung, 2007; BRUNNER, Insolvenz und Überschuldung der Aktiengesellschaft, AJP 1992, 806 ff.; CAMPONOVO, Die Benachrichtigung des Konkursrichters durch die aktienrechtliche Revisionsstelle, SZW 1996, 211 ff.; DERS., Die Verantwortlichkeit der Revisionsstelle im Spiegel von Rechtsprechung und Literatur: Pflichtverletzung, Schaden, adäquater Kausalzusammenhang und Verschulden/-Solidarität seit Inkrafttreten des neuen Aktienrechts, ST 2004, 72 ff.; DERS., Neues Revisionsrecht – offene juristische Fragen, ST 2008, 204 ff.; CHAUDET, Ajornement de la faillite de la société anonyme, 2001; DUBACH, Der Konkursaufschub nach Art. 725a OR: Zweck, Voraussetzung und Inhalt, SJZ 1998, 149 ff., 181 ff.; DALLEVES, Dépôt du bilan, ajournement de faillite et nouveau droit concordataire, in Verantwortlichkeit des Verwaltungsrates, 89 ff.; DRUEY, Kapitalverlust und Überschuldung, ST 1988, 99 ff.; DUSS, Der Rangrücktritt des Gesellschaftsgläubigers bei Aktiengesellschaften, 1971; FREY, Unternehmerisches Handeln trotz Überschuldung, ST 1988, 342 f.; DERS., Handfestes zu Art. 725 II und III OR, ST 1985, 75 ff.; FORSTMOSER, Der Richter als Krisenmanager? Überlegungen zu Art. 725 OR, in FS Hans Walter, 263 ff.; GANI, Concordat et ajournement de la faillite: protection du débiteur ou des créanciers?, BlSchKG 2004, 201 ff.; GIROUD, Die Konkurseröffnung und ihr Aufschub bei der Aktiengesellschaft, 2. Aufl. 1981; GLANZMANN, Der Darlehensvertrag mit einer Aktiengesellschaft aus gesellschaftsrechtlicher Sicht; Diss. St. Gallen 1996; GLANZMANN, Die Pflichten des Verwaltungsrates und der Geschäftsführung in finanziellen Krisensituationen, in: Vito Roberto (Hrsg.), Schriften zum neuen Aktienrecht Bd. 17; GLANZMANN/ROBERTO, Verantwortlichkeit des Verwaltungsrates in Sanierungssituationen, in: Praxis zum unternehmerischen Verantwortlichkeitsrecht, 2004; GLAUSER, La fusion d'assainissement, ST 2004, 1000 ff.; VON GREY-

Hanspeter Wüstiner

ERZ, Kapitalersetzende Darlehen, FS Vischer, 1983, 547 ff. (zit. Kapitalersetzende Darlehen); DERS., Prüfung, Berichterstattung und Vorgehen bei Kapitalverlusten, in: Aufgaben und Verantwortlichkeit der Kontrollstelle, 1979; DERS., Zum Rangrücktritt, SZW 1983, 27 ff.; HANDSCHIN, Die Pflichten und die Verantwortlichkeit des Verwaltungsrats im Sanierungsfall, ZBJV 2000, 433 ff.; HELBLING, Kapitalverlust, Überschuldung und Zahlungsunfähigkeit, ST 1999, 459 ff.; HELDNER, Rangrücktritt und Kontrollstelle, ST 1988, 113 ff.; HERZOG, Der Rangrücktritt nach Aktienrecht, ST 1996, 979 ff.; HOLD, Das kapitalersetzende Darlehen im schweizerischen Aktien- und Konkursrecht, Diss. St. Gallen 1999; HOPT, Die Aufgaben der Revisionsstelle in der finanziellen Krise der AG, ST 8/02, 643 ff.; HIRSCH, Responsabilité de l'organe de révision – Portée d'une «postposition de créance» pour l'évaluation du dommage, SZW 5/2007, 412 ff.; HÜTTE, Art. 725 bezweckt nicht den Schutz von Neugläubigern, ST 1988, 304 ff.; KISTLER, Perte de capital et surendettement, ST 1993, 103 ff., 209 ff.; KOEFERLI, Der Sanierer einer Aktiengesellschaft, SSHW, Bd. 158, 1994; KOLLER/KLÄY, Das Mittel der gesetzlichen Verweisung im Gesellschaftsrecht (Zur «Breitenwirkung» des revidierten Aktienrechts), in: Aktienrecht 1992–1997: Versuch einer Bilanz, 1998, 193 ff.; KRAMPF/SCHULER, Die aktuelle Praxis des Konkursrichters des Bezirksgerichts Zürich zu Überschuldungsanzeige, Konkursaufschub und Insolvenzerklärungen juristischer Personen, AJP 202, 1060 ff.; KUNZ, Pflicht der aktienrechtlichen Revisionsstelle zur Überschuldungsanzeige, ST 1998, 506 ff.; LANZ, Kapitalverlust, Überschuldung und Sanierungsvereinbarung, 1985; LÜTHI, Unternehmenskrisen und Restrukturierungen, 1988; LUTERBACHER, Ein wegweisendes Bundesgerichtsurteil zur Verantwortlichkeit der Revisionsstelle, ST 2000, 1267 ff.; METTLER/NADIG, Zur Aufwertung von Grundstücken und Beteiligungen nach neuem Aktienrecht, ST 1993, 437 ff.; PETER/PEYROT, L'Ajournement de la Faillite (Article 725a OR) dans la Jurisprudence Genevois, SJ 2006, 43 ff.; PESTALOZZI, Rangrücktritt oder Benachrichtigung des Richters, SZW 1992, 180 f.; RIHM, Nachrangige Schuldverpflichtungen, 1992; RUEDIN, Le Moment de l'Avis au Juge, AJP 2003, 1329 ff.; Treuhand-Kammer, Der Rangrücktritt, Fachmitteilung der Treuhand-Kammer Nr. 7, 1996; SCHÖNENBERGER, Der Konkursaufschub nach Art. 725a OR, BlSchKG 2002, 161 ff.; VOUILLOZ, Perte de Capital, Surendettement, Ouverture et Ajourneement de la faillite l'Etat des Lieux (Art. 725 et 725a CO), ST 2004, 312 ff.; WITMER, Der Rangrücktritt im schweizerischen Aktienrecht; DERS., Rechtlich legitimierte Überschuldung und Anfechtungstatbestände, AJP 2006, 148 ff.

I. Normzweck. Allgemeines

1 Art. 725 ist zum Schutz der Allgemeinheit, der Gläubiger, der Aktionäre und der Gesellschaft aufgestellt (BGE 121 III 425 E. 3; ZK-BÜRGI, N 1 f.; LANZ, 74 ff., 106 ff.; GIROUD, 56 f.) und **verbietet eine Teilnahme am Geschäftsverkehr ohne eigene Mittel**, d.h. ohne Haftungs- und Kreditbasis (BÖCKLI, Rangrücktritt, 345), mit der Ausnahme des richterlichen Konkursaufschubes bei Sanierungsaussichten (Art. 725a). Art. 725 bezweckt den **Schutz des AK**, d.h. der **Erhaltung eines Risikokapitals.** Da die Aktionäre nicht persönlich für die Schulden der AG haften, verbietet Art. 725 Abs. 2 einer überschuldeten Gesellschaft, weiter am Geschäftsverkehr teilzunehmen, zusätzliche Verbindlichkeiten einzugehen und ihre Aktiven zum Nachteil der Gläubiger aufzubrauchen (VON GREYERZ, SZW 1983, 27; PATRY, Bd. II, 32). Art. 725 f. verbieten, das unternehmerische Risiko auf die Gläubiger (d.h. Fremdkapitalgeber) abzuwälzen. Zur Kapitalausstattungspflicht s. BÖCKLI, § 13 N 728 ff. m.w.V.; Art. 165 StGB.

2 Das AK schützen auch die Bestimmungen über die Geschäftsführung (Art. 716a), die kaufmännische Buchführung (Art. 662 ff., 957 ff.), die gesetzlichen Reserven (Art. 671 ff.), die Liberierung (Art. 632 ff., 652 ff.), das Verbot der Kapitalrückgewähr (Art. 678 f.), den Erwerb eigener Aktien (Art. 659 ff.) und über die Dividenden, Bauzinse und Tantiemen (Art. 675 ff.). Das AK wird zudem durch die strafrechtlichen Tatbestände der Gläubigerschädigung durch Vermögensminderung (Art. 164 StGB), der Misswirtschaft (Art. 165 StGB; z.B. ungenügende Kapitalausstattung (s. BGer v. 9.5.2008, 6B.54/2008), unverhältnismässigen Aufwand), die Unterlassung der Buchführung (Art. 166 StGB) und die ordnungswidrige Führung der Geschäftsbücher (Art. 325 StGB) wie auch durch die Art. 285 ff. SchKG geschützt (s.a. GLANZMANN/ROBERTO, 92 ff.).

3. Abschnitt: Organisation der Aktiengesellschaft 3–7a **Art. 725**

Die Anzeige des Kapitalverlustes (Abs. 1) und die Einberufung einer GV dienen unmittelbar dem **Aktionärsschutz**. Die Aktionäre haben einen Anspruch, über die gefährdete finanzielle Situation ihrer Gesellschaft und die Sanierungspläne des VR informiert zu werden, bevor das gesamte Eigenkapital aufgebraucht ist. An der GV sollen sie über die einzuleitenden Massnahmen, wie eine Sanierung oder Liquidation der Gesellschaft, sowie über eine allfällige Absetzung des VR entscheiden können (N 26 ff.). Zudem schützt die Anzeige des Kapitalverlustes die Vermögensrechte des Aktionärs, der sich durch einen Verkauf seiner Aktien vor weiteren Verlusten schützen kann (LANZ, 74 f.). Die Anzeige des Kapitalverlustes schützt auch den Fortbestand der Gesellschaft (Botschaft AG, 183; ZK-BÜRGI, N 2; LANZ, 75 ff.) und dient Gläubiger- und Arbeitnehmerinteressen (BÖCKLI, § 13 N 713). 3

Abs. 2 (s. N 29 ff.) dient unmittelbar dem **Schutz der Gläubiger**. Durch die Anzeige der Überschuldung soll eine gleichmässige Befriedigung der Gläubiger sichergestellt und verhindert werden, dass einzelne Gläubiger bevorzugt behandelt oder der Konkurs verschleppt wird, ein wirtschaftlich ungesundes Unternehmen zu noch grösseren Verlusten kommt und das Zwangsvollstreckungssubstrat der Gläubiger geschmälert wird (BGE 121 III 425 E. 3; BGer v. 16.11.1999, 4C.117/1999; ZR 1994, Nr. 56, 172; FORSTMOSER/MEIER-HAYOZ/NOBEL, 827 N 36; GIROUD, 55; DRUEY, 99; FUNK, N 2; LANZ, 75, 107; BRUNNER, 812; HWP 3.14, 51). 4

Die Überschuldungsanzeige erfolgt aber auch im **Interesse der Allgemeinheit und der zukünftigen Kreditgeber** (BGE 128 III 180; BGer v. 18.12.2001, 4C.160/2001). Sie verhindert, dass eine Gesellschaft ohne Eigenkapital am Wirtschaftsverkehr teilnimmt und Dritte dadurch Schaden erleiden (BGE 130 V 208; BGE 121 III 425 E. 3; unveröff. BGE C.117/1999 E. 1.a v. 16.11.1999, E. 1. b/bb; 99 Ia 16; 99 II 288; SZW 1995, 313; SZW 1982, 87; BÖCKLI, § 13 N 714; ZK-BÜRGI, N 2; BRUNNER, 812; GIROUD, 56; KISTLER, 104; **a.A.** OGer ZH, Entscheid vom 30.11.1987, zit. bei HÜTTE, 304 ff.). Dritte, welche in Geschäftsverkehr mit einer Gesellschaft treten, dürfen davon ausgehen, dass diese nicht überschuldet ist (SZW 1995, 313) und das Unternehmensrisiko nicht primär von ihnen getragen wird (BÖCKLI, § 13 N 766). 5

Die **Verletzung der Pflichten** gemäss Art. 725 (oder Art. 728c Abs. 3, Art. 729c im Falle der RS) stellt einen **schweren** (PATRY, Bd. II, 172) **Gesetzesverstoss** dar. Für den dadurch entstandenen Schaden haften die verantwortlichen Organe gegenüber den Aktionären und Gläubigern gemäss Art. 754, wobei eine Verletzung der Benachrichtigungspflicht des Richters keinen Anspruch für eine direkte Gläubigerentschädigung begründet (BGE 128 III 180 [E. 2]). 6

Im Rahmen der **Aktienrechtsreform 1991** erfuhren die Bestimmungen über den Kapitalverlust und die Überschuldung formelle und materielle Änderungen. Formell wurden die Absätze 2 und 3 zusammengefasst; Absatz 4 wurde zu Art. 725a. Materiell wurde beim Kapitalverlust die Bezugsgrösse neu definiert (AK plus gesetzliche Reserven). Sodann wurden die Pflichten des VR dahin gehend präzisiert, dass Sanierungsmassnahmen vorzubereiten und allenfalls zu beantragen sind. Eine Überschuldung muss nun aufgrund einer Zwischenbilanz zu Fortführungs- und Veräusserungswerten feststehen. Diese Zwischenbilanzen sind von der RS zu prüfen. Im Weiteren wird klargestellt, dass eine Benachrichtigungspflicht des Richters entfällt, soweit durch Rangrücktritt eine Überschuldung beseitigt wird. 7

Auf den **1.1.2008** wurde neben dem GmbH-Recht auch die **Revisionspflicht im Gesellschaftsrecht neu geregelt.** Damit wird eine differenzierte, rechtsformunabhängige Revisionspflicht für alle buchführungspflichtigen Körperschaften eingeführt (Botschaft 7a

Art. 725 8–11

RAG, 3989 ff.). Neben der eingeschränkten Revision (Review, Art. 727a, 729a) können Kleingesellschaften u.U. ganz auf eine Revisionsstelle verzichten (Opting-out, Art. 727 a). In redaktioneller Hinsicht wurde der Begriff RS in Art. 725 Abs. 2 durch «zugelassenen Revisor» ersetzt, um der Tatsache Rechnung zu tragen, dass nicht jede Gesellschaft zwingend über eine RS verfügt. Die Möglichkeit eines Opting-out bezieht sich nur auf die Prüfung der Jahresrechnung, nicht jedoch auf andere gesetzlich vorgeschriebene Prüfungen (Botschaft RAG, 4002, 4015). Die Verweisungen im Gesellschaftsrecht auf das Recht der AG sind zur Gewährleistung einer einheitlichen Ordnung als **dynamische Verweisungen** zu verstehen (Botschaft RAG, 3990, 4039, 4042; zum Verein und zur Stiftung s. Botschaft RAG 4051, 4054), welchen punktuell die Funktion eines **allgemeinen Teils des Gesellschaftsrecht** zukommt (Botschaft RAG, 3990; für die Überschuldung s. Art. 820, 903 OR, Art. 69b Abs. 3, Art. 83b Abs. 3, Art. 84a ZGB). Einzelunternehmen und Personengesellschaften unterstehen keiner Revisionspflicht (Botschaft RAG, 3996) und wegen der persönlichen Haftung auch nicht den Bestimmungen über die Überschuldung von OR 725 f. **Absatz 3** wurde **neu eingefügt;** ein zugelassener Revisor, welcher ad hoc bei einer Gesellschaft ohne RS Zwischenbilanzen prüft, unterliegt den gleichen Anzeigepflichten wie eine RS.

8   Die **EG-2-Kapitalr.** schreibt in Art. 17 vor, dass bei schweren Verlusten des gezeichneten Kapitals eine GV einzuberufen ist, um zu prüfen, ob die Gesellschaft aufzulösen ist oder andere Massnahmen zu ergreifen sind. Die Definition des schweren Verlustes wird den Mitgliedstaaten überlassen. **Die Verordnung (EG) Nr. 2157/2001 über das Statut der Europäischen Gesellschaft (SE)** sieht ein Mindestkapital von Euro 120 000 für die Europäische Aktiengesellschaft vor (Art. 4) und bestimmt, dass im Falle der Zahlungsunfähigkeit und Zahlungseinstellung die Rechtsvorschriften des Sitzstaates massgeblich sind (Art. 63).

9   Die Überschuldung ist von der **Zahlungsunfähigkeit** (Art. 291 SchKG) zu unterscheiden. Eine Insolvenz kann bestehen, ohne dass eine Überschuldung vorliegt (z.B. bei inkongruenter Finanzierung), stellt aber i.d.R. die Fortführungsfähigkeit in Frage, womit sich unverzüglich die Überschuldungfrage stellt. Die Insolvenz ist bei den Kapitalgesellschaften (im Gegensatz zur Stiftung, s. Art. 84a ZGB) zurzeit ein freiwilliger Konkursgrund, während im Fall der Überschuldung eine gesetzliche Anzeigepflicht besteht. Im Rahmen der nächsten Aktienrechtsreform besteht bei Zahlungsunfähigkeit eine gesetzliche Vermutung einer gesetzlich begründeten Besorgnis einer Überschuldung (Botschaft Aktien- und Rechnungslegungsrecht, 101 f.).

II. Sanierungsmassnahmen

10 Das Gesetz definiert den **Begriff** der Sanierung nicht. Unter Sanierung versteht man Massnahmen finanzieller und organisatorischer Art zur Beseitigung einer finanziellen Krise mit dem Ziel, die Ertragskraft der Gesellschaft wieder herzustellen und die Unterbilanz sofort oder mittelfristig zu beseitigen. Rechtlich bezweckt eine Sanierung, den Fortbestand einer Unternehmung durch finanzielle Massnahmen zu gewährleisten und deren Liquidation durch Beseitigung einer (drohenden) Überschuldung zu verhindern, während der wirtschaftliche Begriff der Sanierung auf die Wiederherstellung der ökonomischen Leistungsfähigkeit und die Erhaltung des Geschäftsbetriebes abzielt (GIROUD, 113; GLAUSER, 1000 f.). Für eine ausführliche Darstellung s.a. KOEFERLI, 3 ff.

11 Die Einleitung von **Sanierungsmassnahmen** bedarf einer gründlichen rechtlichen und betriebswirtschaftlichen Analyse der Ursachen der Unterdeckung des AK. Dabei ist abzuklären, welche Ursachen zur Notlage geführt haben, ob sie tatsächlich und rechtzeitig

behoben werden können und eine Sanierungsfähigkeit der Gesellschaft überhaupt gegeben ist. So ist die Sanierungsfähigkeit bei Einmalverlusten und besonderen Ereignissen anders zu beurteilen als bei strukturellen Schwächen. Neben der Vergangenheit sind auch die Zukunftsaussichten zu analysieren, um die Sanierungswürdigkeit abzuklären. Falls eine Sanierungsfähigkeit nicht bejaht werden kann, darf der VR keine Sanierung vorschlagen (BÖCKLI, § 13 N 751), sondern muss den drohenden Schaden so weit wie möglich begrenzen (BGE 116 II 323) und eine Liquidation der Gesellschaft beantragen (ZK-HOMBURGER, N 1217). Ist eine Sanierungsfähigkeit gegeben, ist der Verwaltungsrat verpflichtet, eine Sanierung zu versuchen (FORSTMOSER, 286; HANDSCHIN, 439).

Die Beseitigung einer Überschuldung oder Unterbilanz führt über eine Bilanzbereinigung. Sie wirkt sich direkt auf die Bilanz und Erfolgsrechnung aus (DRUEY, 103). Die **Sanierung kann über eine Veränderung des Eigenkapitals oder des Fremdkapitals oder durch Fusion (Art. 6 FusG) erfolgen.** Eine finanzielle Sanierung soll immer auch zu einer dauerhaften Verbesserung der Vermögenslage der Gesellschaft führen, was i.d.R. weitere betriebswirtschaftliche Massnahmen bedingt. **12**

Ein Verlustvortrag kann durch **Auflösung von Reserven** (Art. 671 ff.) eliminiert werden. Dabei sind zuerst die freien Reserven aufzulösen (HWP 2.4221/427 f.). Eine sofortige Verbuchung von Verlusten über die gesetzlichen Reserven führt dazu, dass bei nachfolgenden Verlusten die Anzeige des Kapitalverlustes (Art. 725 Abs. 1) durch den VR an die GV zu einem späteren Zeitpunkt erfolgt, als wenn ein Verlustvortrag vorgetragen und nicht sofort mit den Reserven verrechnet wird. **13**

Reicht eine Auflösung der Reserven nicht aus, kann eine Unterbilanz über eine **Abschreibung des AK** durch eine vereinfachte Kapitalherabsetzung (Art. 735) beseitigt werden. Dieses Verfahren setzt voraus, dass nach der Kapitalherabsetzung des AK die Vorschriften über das Mindestkapital noch eingehalten sind (Art. 621, 732). Die Kapitalherabsetzung (wie auch die Ausbuchung des Verlustvortrages über die ausgewiesenen oder stillen Reserven) bedeutet eine rein bilanztechnische Sanierung, bei welcher der Gesellschaft kein neues Kapital zufliesst. Eine solche Sanierung setzt voraus, dass die zukünftige Ertragslage positiv zu beurteilen ist, ansonsten die Gesellschaft bald wieder saniert werden muss. **14**

Genügt eine Kapitalherabsetzung zur Abdeckung der Unterbilanz nicht, sei es wegen den Bestimmungen über das Mindestkapital (Art. 621, 732 Abs. 5), sei es weil die Gesellschaft für eine dauerhafte Sanierung auf neues Kapital angewiesen ist, bedarf es einer **Kapitalherabsetzung unter gleichzeitiger Wiedererhöhung des AK** (s. Art. 735). Die Kapitalerhöhung ist auf die Kapitalbedürfnisse der Gesellschaft abzustimmen. Falls zukünftige Sanierungsverluste zu erwarten sind, ist eine Kapitalerhöhung mit Agio empfehlenswert, damit die Verluste sofort mit der allgemeinen Reserve (Art. 671) verrechnet werden können und nicht in der Bilanz vorgetragen werden müssen. **15**

Eine **Bilanzsanierung über das Fremdkapital** kann durch eine Umwandlung von Fremdkapital in Eigenkapital, einen aussergerichtlichen oder gerichtlichen Nachlassvertrag oder einen Forderungsverzicht der wichtigsten Gläubiger erfolgen. **16**

Art. 6 FusG lässt nun ausdrücklich auch eine **Sanierungsfusion** zu, sofern die eine Gesellschaft (zum Zeitpunkt der Fusion) über genügend frei verwendbares Eigenkapital verfügt bzw. Rangrücktritte vorliegen, welche den Kapitalverlust bzw. die Überschuldung der andern Gesellschaft abdecken (s. ZK-ALBRECHT, Art. 6 FusG N 15; BSK FusG-MEINHARDT, Art. 6 N 16; GLAUSER, 1003 [mit ausführlicher Begründung]; BÖCKLI, § 13, N 205). Ausserhalb von Konzernverhältnissen ist eine Sanierungsfusion unter dem Blickpunkt der Sorgfaltspflicht der Organe nur zu rechtfertigen, soweit damit **16a** ein Erwerb nicht bilanzierbarer Aktiven oder anderer Vorteile (z.B. Goodwill, Knowhow, Distributionsnetz, Übernahme von Mietverträgen, Schutz von Marktanteilen oder Verhinderung eines Markteintritts durch einen Konkurrenten etc.) verbunden ist oder andere Vorteile beinhaltet, der sachlich eine Fusion der gesunden Gesellschaft mit der sanierungsbedürftigen Gesellschaft rechtfertigt (FORSTMOSER/MEIER-HAYOZ/NOBEL, § 57 N 66a; ZK-ALBRECHT, Art 6 FusG N 4, 22). Im Konzernverhältnis können auch andere Überlegungen (z.B. Abwenden eines Reputationsschaden, Beistandspflichten, Garantien, Patronatserklärungen, Haftung aus faktischer Organschaft etc.) eine Sanierungsfusion rechtfertigen. Art. 6 FusG regelt einzig die Voraussetzungen einer Sanierungsfusion und befreit eine überschuldete Gesellschaft bzw. deren Organe grundsätzlich nicht, den Konkursrichter zu benachrichtigen oder eine Sanierungsversammlung einzuberufen (BÖCKLI, § 3, N 203; ZK-ALBRECHT, Art. 6 FusG N 3; BSK FusG-MEINHARDT, Art. 6 N 27, GLAUSER, 1004; CHK-TRIEBOLD, Art. 6 FusG N 3). Eine anstehende Sanierungsfusion kann jedoch eine Sanierungsmassnahme darstellen und – sofern konkrete Aussichten auf deren rasche Realisierung bestehen – einen Verzicht auf eine Benachrichtigung des Richters rechtfertigen (CHK-TRIEBOLD, Art. 6 FusG N 3 m.w.V.; ZK-ALBRECHT, Art. 6 FusG N 3; BSK FusG-MEINHARDT, Art. 6 N 29). Möglich ist auch, ein Begehren um Konkursaufschub zu stellen, um eine Sanierungsfusion vollziehen zu können (ZK-ALBRECHT, Art. 6 FusG N 3; gem. BÖCKLI, § 3, N 203 soll nur dies zulässig sein).

17 Zur **steuerlichen Behandlung** der Sanierung s. ATHANAS/SUTER, 191 ff.; RICHNER/FREI/KAUFMANN, Handkommentar zum DGB, Art. 58 N 59 ff., Art. 67 N 16 ff.; GLAUSER, 1004 ff. (m.w.V.); EStV, Kreisschreiben Nr. 5 Umstrukturierungen vom 1.7.2004.

III. Kapitalverlust (Art. 725 Abs. 1)

1. Begriff

18 Ein **Kapitalverlust** liegt vor, wenn der **bilanzierte Verlustsaldo die Hälfte des AK und der gesetzlichen Reserven** – nach Verrechnung mit den übrigen Reserven (Art. 672 f.) – **übersteigt.** Die gesetzlichen Reserven umfassen die Allgemeine Reserve (Art. 671), die Reserve für eigene Aktien (Art. 671a) und die Aufwertungsreserve (Art. 671b), d.h. die Reserven, welche einem Ausschüttungsverbot unterliegen (KISTLER, 104; KOEFERLI, 85 ff.; Botschaft AG; FORSTMOSER/MEIER-HAYOZ/NOBEL, 670 N 30 ff.; BÖCKLI, § 13 N 718). Massgebend sind die Reserven am Bilanzstichtag gemäss dem letzten ordentlichen Jahresabschluss (HWP 3.1422/47). Die allgemeine Reserve (Art. 671) ist mit dem letztmals von der GV genehmigten Betrag einzusetzen, die Reserve für eigene Aktien mit dem Anschaffungswert der am jeweiligen Bilanzstichtag gehaltenen eigenen Aktien (Botschaft AG). In den Aufwertungsreserven sind alle Aufwertungen bis zum jeweiligen Stichtag der Bilanzerstellung zu berücksichtigen. Soweit die gesetzlichen Reserven keinem Ausschüttungsverbot unterliegen, sind sie bei der Berechnung des Schwellenwertes nicht zu berücksichtigen (ZK-HOMBURGER, N 1205 ff.). **A.A.** BÖCKLI, § 13 N 717, 724, der auch die nicht gesperrten gesetzlichen Reserven (Art. 671 Abs. 3) berücksichtigt, was im Sinne einer frühzeitigen Information und Einberufung einer Sanierungsversammlung und rechtzeitigen Einleitung von Sanierungsmassnahmen zu begrüssen ist (Berechnungsbeispiele s. BÖCKLI, § 13 N 724 und Voraufl. N 1681 ff.).

19 Ein **echter Kapitalverlust** liegt vor, wenn das AK und die gesetzlichen Reserven unter Berücksichtigung aller stillen Reserven zu mehr als der Hälfte verloren sind. Andernfalls handelt es sich um einen **unechten Kapitalverlust,** d.h. der bilanzierte Verlust ist

durch stille Reserven noch gedeckt. Von einer **Unterbilanz** spricht man, wenn die Aktiven das AK und FK nicht mehr voll decken. Der Kapitalverlust stellt einen qualifizierten Tatbestand der Unterbilanz dar.

Zum AK zählt auch das PS-Kapital (Art. 756a Abs. 2; BÖCKLI, § 13 N 717; ZK-HOMBURGER, N 1201; HWP 3.1422/46). **Bezugsgrösse bildet das nominelle Kapital** und nicht nur das einbezahlte (ZK-HOMBURGER, N 1201; ZK-BÜRGI, N 5; LANZ, 35; SCHUCANY, N 1; ZK-VON STEIGER, Art. 817 N 2; **a.A.** FUNK, N 1).

2. Feststellung

Massgebend für die Feststellung des Kapitalverlustes ist i.d.R. die **letzte Jahresbilanz** unter Berücksichtigung allfälliger Ereignisse zwischen dem Bilanzstichtag und der Abgabe des Revisionsberichtes bzw. der Bekanntgabe des Abschlusses (PS 560 [2004], Ziff. 4, Ziff. 8 ff.; BÖCKLI, § 13 N 718). Besteht unter dem Jahr jedoch Veranlassung anzunehmen, dass ein Kapitalverlust vorliegt, ist der VR verpflichtet, eine Zwischenbilanz (und Zwischenerfolgsrechnung) aufzustellen, und darf nicht bis zum Jahresabschluss zuwarten (ZK-BÜRGI, N 4; FUNK, N 1; SCHUCANY, N 1; ZK-VON STEIGER, Art. 817 N 2; BÖCKLI, § 13 N 722; HOPT, 643). Dies ergibt sich aus der Pflicht des VR, die finanzielle Lage der Gesellschaft dauernd zu überwachen (ZK-HOMBURGER, N 1198 f.).

Der **Kapitalverlust** wird aufgrund der buchmässigen **Bilanz zu Fortführungswerten** festgestellt (ZK-BÜRGI, N 7; HWP 3.1422/46; VON STEIGER, Art. 817 N 5). Ausnahmen: die Gesellschaft befindet sich in Liquidation; der Wille zur Fortführung der Gesellschaft fehlt; die Voraussetzungen für eine Fortführung der Gesellschaft sind nicht mehr gegeben (s. PS 570 [2004], Unternehmungsfortführung [Going Concern], 379 ff.), was eine Bilanzierung zu Fortführungswerten nicht mehr rechtfertigt (ausführlich LANZ, 81 ff.). Ein unechter Kapitalverlust (N 19) ist, soweit er nicht über die Auflösung stiller Reserven im Rahmen der gesetzlichen Höchstbewertungsvorschriften (Art. 664 ff.) oder durch zulässige Aufwertungen (Art. 670; allenfalls auch über eine Verwertung von Aktiven mit stillen Reserven) in der Bilanz beseitigt wird, als Kapitalverlust i.S.v. Art. 725 Abs. 1 zu betrachten (LANZ, 88; BÖCKLI, § 13, N 720 f.). Im Rahmen der nächsten Aktienrechtsreform ist vorgesehen, dass in der Zwischenbilanz die Höchstbewertungsvorschriften unbeachtlich sind, soweit Vermögenswerte über die nächsten 12 Monate veräussert werden sollen (Botschaft Aktien- und Rechnungslegungsrecht, 101).

3. Sanierungsversammlung

Ist die Hälfte des AK (N 20) und der gesetzlichen Reserven (N 18) nicht mehr gedeckt, besteht die **Pflicht, eine GV einzuberufen** (Sanierungsversammlung). Schon eingeleitete Sanierungsmassnahmen entbinden nicht von dieser Einberufungspflicht, ebenso wenig der Umstand, dass alle Aktionäre im VR vertreten sind (BGE 93 II 28; VON STEIGER, Art. 817 N 6). Die Einberufung der GV erfolgt durch den VR und bei einer AG in Liquidation durch die Liquidatoren (LANZ, 95). Die Einberufung der GV ist eine nicht delegierbare Pflicht des VR (Art. 716a Ziff. 6; LANZ, 94). Unterlässt er die Einberufung, muss die RS diesen Gesetzesverstoss dem VR und der GV anzeigen (HWP 3.1422/48) und nötigenfalls selbst eine GV einberufen (Art. 729b, 881; BGE 112 II 463; ZK-BÜRGI, N 4; KISTLER, 213 f.; LANZ, 95; FORSTMOSER/MEIER-HAYOZ/NOBEL, 611 N 20). Ein Rangrücktritt, welcher nicht 50% des Aktienkapitals (und allfälliger gesetzlicher Reserven) deckt, entbindet nicht von der Einberufung einer Sanierungsversammlung (BÖCKLI, § 13 N 803 f.).

Art. 725 24–28

24 Die Sanierungsversammlung ist **unverzüglich einzuberufen**. Soweit Zeit gebraucht wird, um die Vermögenslage näher abzuklären oder um Sanierungsvorschläge auszuarbeiten, sind gewisse Verzögerungen statthaft (ZK-VON STEIGER, Art. 817 N 6). Wird ein Kapitalverlust bei der Erstellung der Jahresrechnung festgestellt, darf dessen Bekanntgabe im Rahmen der ordentlichen GV traktandiert werden, sofern diese sofort nach dessen Feststellung stattfindet (LANZ, 96 f.).

25 Für die Einberufung der GV gelten die **Formvorschriften** von Art. 700; im Fall einer Universalversammlung diejenigen von Art. 701. In der Einberufung zur GV ist die Anzeige des Kapitalverlustes zu traktandieren (ZK-BÜRGI, N 8; FUNK, N 1; SCHUCANY, N 1; VON STEIGER, Art. 817 N 6). Sind anlässlich der GV Sanierungsbeschlüsse zu fassen – was das Gesetz vorsieht (N 28) – (z.B. Kapitalherabsetzung, Kapitalerhöhung, Liquidation) oder der VR neu zu bestellen, muss dies auf die Traktandenliste gesetzt und in der Einladung angekündigt werden. Andernfalls muss eine zweite GV einberufen werden (Art. 700 Abs. 3). Falls Sanierungsmassnahmen umstritten sind, sollte die GV ordentlich und unter Angabe aller Traktanden und Anträge einberufen und nicht als Universalversammlung abgehalten werden. Damit kann sichergestellt werden, dass über alle Gegenstände gültig verhandelt und beschlossen werden kann und es nicht im Ermessen eines einzelnen Aktionärs liegt, die Versammlung aufzuheben (Art. 701 Abs. 2).

4. Gegenstand der Sanierungsversammlung

26 Die Sanierungsversammlung bezweckt eine **Orientierung** der Aktionäre über die kritische Vermögenslage und die **Beratung** und **Beschlussfassung** über eine Sanierung der Gesellschaft. Sie dient auch der Wahrung der Vermögensrechte der Aktionäre, insb. deren Anteil am Liquidationserlös und Anspruch auf Dividende, welcher nicht besteht, solange ein Verlustvortrag in der Bilanz ausgewiesen wird (LANZ, 78).

27 Im Rahmen der Sanierungsversammlung muss der VR die Bilanz vorlegen und erläutern (ZK-BÜRGI, N 8; FUNK, N 1). Gemäss Praxis ist dabei die Erstellung einer formellen Zwischenbilanz gesetzlich nicht erforderlich (BGE 121 III 420). Die **Berichterstattung** muss den Aktionären einen umfassenden Einblick in und Auskunft über die aktuelle wirtschaftliche Situation geben, soweit dies für die Ausübung der Aktionärsrechte erforderlich ist (BGE 121 III 420; KISTLER, 104); dazu gehört auch eine Offenlegung allfälliger stiller Reserven (LANZ, 100), der Erfolgsrechnung und eine Geldflussrechnung (BÖCKLI, § 13 N 726 f.), um die Sanierungsmassnahmen und deren Aussichten beurteilen zu können. Es ist vorgesehen, dass in Zukunft der Verwaltungsrat bei drohender Zahlungsunfähigkeit die Generalversammlung zu unterrichten und einen Liquiditätsplan zu erstellen hat und bei Zahlungsunfähigkeit die gleichen Massnahmen wie bei einer Überschuldung zu treffen sind (Botschaft Aktien- und Rechnungslegungsrecht, 101); was die Sorgfaltspflichten des VRs eigentlich heute schon gebieten.

28 Der VR hat die **Pflicht, Sanierungsmassnahmen vorzubereiten und in entschlussreifer Form der GV vorzulegen** (BÖCKLI, 13 N 751). Sie ist über die Sanierungsursachen und die Zukunftsperspektiven der Gesellschaft zu orientieren, welche eine wesentliche Grundlage ihres Entscheides über eine Liquidation, Sanierung oder Fortführung ohne Sanierung bilden. Wenn möglich sollten die Aktionäre vorgängig schriftlich darüber orientiert werden (BÖCKLI, § 13 N 755). Die GV kann nur diejenigen Sanierungsmassnahmen beschliessen, die in ihrer Kompetenz liegen (HANDSCHIN, 444). Falls eine Sanierungsversammlung durch die RS «nach angemessener Ausschöpfung ihres Einflusses auf den Verwaltungsrat» (BÖCKLI, Revisionsstelle und Abschlussprüfung, 299 N 733) einberufen wird, beschränkt sich deren Aufgabe im Wesentlichen auf die Erläuterung

der Bilanz. Es ist nicht die Aufgabe der RS, Sanierungsmassnahmen zu beantragen (LANZ, 102; PS 290 [2004] Pflichten bei Kapitalverlust und Überschuldung, Melde- und Überwachungspflichten. R, 171; BÖCKLI, Revisionsstelle und Abschlussprüfung, 291 N 723 ff.).

IV. Überschuldung

1. Begriff

Eine Überschuldung liegt vor, falls sich aus einer Zwischenbilanz ergibt, dass die **Forderungen der Gesellschaftsgläubiger weder zu Fortführungswerten noch zu Veräusserungswerten gedeckt sind** (ZK-HOMBURGER, N 1235), d.h. das FK die Aktiven übersteigt. Das AK und PS-Kapital, die Reserven und ein allfälliger Gewinnvortrag gelten als Eigenkapital und nicht als Gläubigerforderungen (BGE 47 III 101; FREY, 1985, 82; GIROUD, 55 mit ausführlichen Verweisen; VON STEIGER, Art. 817 N 8). 29

Bei der **echten Überschuldung** ist das Eigenkapital nach Auflösung aller (offenen und stillen) Reserven verloren. Bei der **unechten Überschuldung** ist das Eigenkapital wegen noch vorhandenen stillen Reserven nur buchmässig verloren (LANZ, 38; zu den Konsequenzen s. N 38). Durch die gesetzlich vorgesehenen Aufwertungsmöglichkeiten (Art. 670) wird die Problematik der unechten Überschuldung und deren Konsequenzen (Liquidationsstatus) gemildert. 30

Die Überschuldung stellt **keinen Verstoss gegen das Bilanzrecht** dar (VON STEIGER, SPR VIII/2, 222). Erst eine Unterlassung der daraus entspringenden Pflichten bei einer begründeten Besorgnis einer Überschuldung bildet einen Gesetzesverstoss (BGer v. 18.12.2001, 4C.160/2001, E. 2 d/dd). Hingegen kann die Überschuldung auf eine durch den VR zu verantwortende Ursache zurückzuführen sein, z.B. mangelhafte Überwachung und Budgetierung, das Eingehen von Klumpenrisiken, unerlaubte Handlungen. 31

2. Begründete Besorgnis

Dem VR obliegt die Pflicht, die wirtschaftliche und finanzielle Lage der Gesellschaft im Rahmen seiner Oberleitung (Art. 716a Ziff. 1) kontinuierlich zu überwachen (ZK-HOMBURGER, N 1199; HANDSCHIN, 434). Dabei sind an ihn hohe Anforderungen zu stellen (GIROUD, 91). Wann der VR eine begründete Besorgnis einer Überschuldung haben muss, **beurteilt sich anhand der wirtschaftlichen und finanziellen Lage und der Eigenkapitalbasis im Einzelfall** (GIROUD, 91; HWP 3.1423/48) unter Berücksichtigung der Liquidität bzw. der «burn rate». Bei einer schmalen Eigenkapitalausstattung oder einem bestehenden Verlustvortrag muss der VR die finanzielle Situation der Gesellschaft genau überwachen und laufend darauf achten, ob Anlass für eine begründete Besorgnis einer Überschuldung besteht (BÖCKLI, 13 N 768; DRUEY, 100). 32

Begründete Besorgnis einer Überschuldung besteht immer, wenn die Jahresbilanz oder eine Zwischenbilanz zu Fortführungswerten eine Überschuldung ausweist. Aber auch **andauernde Verlustausweise** («cash drain») in den Zwischenabschlüssen, **ausserordentliche Ereignisse** während des Geschäftsjahres (z.B. Prozesse, Garantien, Bürgschaften, Fehlinvestitionen, Preiszerfall, Verluste bei Beteiligungsgesellschaften oder Klumpenrisiken), welche zu einem grösseren Abschreibungs- oder Rückstellungsbedarf führen, oder Liquiditätsschwierigkeiten können Anlass zu einer begründeten Besorgnis einer Überschuldung geben (BÖCKLI, § 13 N 768; HWP 3.1423/48; VON STEIGER, Art. 817 N 8; BGer v. 27.6.2006, 4C.122/2006; v. 29.12.2006, 6P.164/2006). Anlass, 33 eine begründete Überschuldung anzunehmen, kann auch bestehen, falls die **Fortführung der Unternehmung nicht mehr gewährleistet ist** (HWP 3.14231/49), womit eine Bilanzierung zu Fortführungswerten nicht mehr gerechtfertigt ist und eine Umstellung auf Veräusserungswerte erforderlich wird (DRUEY, 102; VON GREYERZ, 221; ZK-HOMBURGER, N 1232). Beispiele: Wegfall von Lizenzrechten, Ablauf wichtiger Verträge, Verlust wichtiger Absatzmärkte, negativer Prozessausgang, Entzug von Bewilligungen/Konzessionen (weitere Beispiele s. PS 570, Unternehmungsfortführung [Going Concern], 381 f.). Ebenfalls kann **Illiquidität** eine Besorgnis einer Überschuldung begründen (BÖCKLI, § 13 N 768; ZK-BÜRGI, N 9; HANDSCHIN, 436), da dadurch die Fortführung der Gesellschaft gefährdet ist. «Von einer Fortführungsfähigkeit einer Gesellschaft ist dann auszugehen, wenn die Weiterführung der Unternehmenstätigkeit hinreichend, d.h. zeitlich unbeschränkt oder zumindest über einen längeren Zeitraum gewährleistet ist, ...» (OGer ZH, Entscheid v. 14.11.2004; zitiert in CAMPONOVO, ST 2004, 77). In casu wurde eine Liquidität für 2 Monate für eine Fortführungsfähigkeit als ungenügend beurteilt.

34 Solange keine Überschuldung zu Fortführungswerten vorliegt und eine Fortführung der Gesellschaft gewährleistet ist (s. PS 570 [2004], Unternehmungsfortführung [Going Concern], 379 ff.), muss der VR nicht prüfen, ob allenfalls auch eine Überschuldung zu Liquidationswerten vorliegt, da eine Überschuldung sowohl zu Fortführungs- wie auch zu Veräusserungswerten vorliegen muss (N 29).

3. Zwischenbilanz

35 Die **Pflicht,** eine Zwischenbilanz zu Fortführungs- oder Veräusserungswerten zu erstellen, besteht in dem Zeitpunkt, wo der VR bei pflichtgemässer Sorgfalt und ordnungsmässiger Geschäftsführung begründete Besorgnis einer buchmässigen Überschuldung hat oder haben muss (LANZ, 137; ZK-GUTZWILER, Art. 903 N 4; GIROUD, 87; HWP 3.1423/48; FORSTMOSER/MEIER-HAYOZ/NOBEL, 671 N 206). Es handelt sich um Nebenrechnungen zur Ermittlung des noch vorhandenen EK (PS 290 [2004], Einleitung, E, 168). Besteht bei einem VR-Mitglied begründete Besorgnis einer Überschuldung, hat er dies den anderen mitzuteilen und sich dafür einzusetzen, dass eine Zwischenbilanz erstellt wird (BLICKENSTORFER, 58). Die Pflicht, eine Zwischenbilanz zu erstellen, kann nicht vertraglich wegbedungen werden (HELDNER, 113).

36 Die **Zwischenbilanz zu Fortführungswerten** ist auf der Grundlage der letzten Jahresbilanz unter Berücksichtigung aller Geschäftsvorfälle bis zum Stichtag, einschliesslich derjenigen, welche Besorgnis zu einer begründeten Überschuldung gegeben haben, zu erstellen. Damit verbunden ist auch die Erstellung einer Zwischenerfolgsrechnung (BÖCKLI, § 13 N 770, 819). Art. 725 Abs. 2 sieht keine konsolidierte Zwischenbilanz zu Fortführungswerten vor (s.a. Art. 731a Abs. 2; BÖCKLI, § 13 N 770).

37 Die Zwischenbilanz zu Fortführungswerten unterliegt den Grundsätzen der ordnungsmässigen Rechnungslegung (Art. 662a) und den gesetzlichen Bewertungsvorschriften (Art. 960, 664 ff.; PS 290 [2004] Pflichten bei Kapitalverlust und Überschuldung, Einleitung E., 168). Dabei sind auch Forderungen (Eventualverpflichtungen) zu berücksichtigen, welche in naher Zukunft fällig werden (ZR 1995 Nr. 60, 185 unter Verweis auf BRUNNER, 818.) Voraussetzung einer Bilanzierung zu Fortführungswerten ist, «dass eine Gesellschaft weitergeführt wird und die einzelnen Aktiven weiterhin der Leistungserstellung dienen (Anlagevermögen) oder im Vertrieb regulär umgesetzt werden können» (FORSTMOSER/MEIER-HAYOZ/NOBEL, 671 N 206; s. auch PS 570, Unternehmungsfortführung [Going Concern], 379 ff.; PS 290 [2004] Pflichten bei Kapitalverlust und

Überschuldung, Einleitung E., 169). Ist dies nicht gegeben, muss die Zwischenbilanz zu Fortführungswerten – unter Beachtung der gesetzlichen Bewertungsvorschriften – entsprechend korrigiert werden (DRUEY, 102; VON STEIGER, SPR VIII/2, 221), bzw. kommt als Bewertungsbasis nur eine Zwischenbilanz zu Veräusserungswerten in Frage (PS 290 [2004] Pflichten bei Kapitalverlust und Überschuldung, Grundsätze K., 169). Die Bewertungskorrekturen können die Gesellschaft als Ganzes betreffen, einzelne Betriebsteile oder nicht mehr betriebsnotwendiges Vermögen.

Wenn sich aus einer Zwischenbilanz zu Fortführungswerten eine (echte oder unechte) Überschuldung ergibt (oder falls die Unmöglichkeit einer Fortführung feststeht), muss der VR eine **Zwischenbilanz zu Veräusserungswerten** erstellen (BÖCKLI, § 13 N 771; HWP 3.14232/49 f.; DRUEY, 100 f.; ZK-GUTZWILER, Art. 903 N 5 für die Genossenschaft). Alle Aktiven sind zum (objektiv) zu erwartenden Verwertungserlös unter Berücksichtigung der wahrscheinlichen Liquidationsart (i.d.R. Zwangsvollstreckung) zu bewerten. Die aktienrechtlichen Höchstbewertungsvorschriften sind dabei nicht zu beachten. Für die Liquidationskosten (Verwertungskosten, Liquidationssteuern, Sozialpläne, Betriebsverluste während der Liquidationsphase) sind im Status Rückstellungen zu bilden (BÖCKLI, § 13 N 771, FN 310; ZK-HOMBURGER, N 1241 f.; HWP 3.14232/50; **a.A.** AppGer BE v. 6.7.1983, ST 1985, 831; ST 1985, 84; GIROUD, 66; LANZ, 112). Bei Betriebsteilen oder Sachgesamtheiten, die als Ganzes verwertet werden können, kann vom Prinzip der Einzelbewertung abgesehen werden, falls erwartet werden darf, dass ein höherer Gesamtwert in der Liquidation realisiert werden kann (LANZ, 115 f.; HWP 3.14232/50). 38

Die Zwischenbilanzen zu Fortführungs- und zu Veräusserungswerten unterliegen einer **Prüfung durch die RS** (Art. 727 ff.) bzw. einen zugelassenen Revisor (Art. 5 RAG). Zweck dieser Prüfung ist zu verhindern, dass die finanzielle Situation beschönigt wird oder das Auflösungsrecht der GV umgangen wird (ZR 1995 Nr. 49, 149 ff.) und um den gerichtlichen Entscheid über das weitere Vorgehen auf gesicherte Zahlen abstützen zu können (Botschaft RAG, 4037). Das Gesetz schreibt damit eine unabhängige externe Kontrolle vor. Eine Prüfung ist immer vorzunehmen, wenn der VR wegen einer begründeten Besorgnis einer Überschuldung eine Zwischenbilanz erstellt, ungeachtet, ob seine eigene Bewertung eine Überschuldung ergibt oder nicht (ZK-HOMBURGER, N 1247). Die Prüfung durch die RS ist umgehend vorzunehmen, wobei bei offensichtlicher Überschuldung i.S. einer raschen Abklärung und des Gläubigerschutzes auch eine summarische Zwischenbilanz und Überprüfung zuzulassen sind (BÖCKLI, § 13 N 774; N 39b). Zur Problematik der Entlöhnung der RS bei finanziell angespannter Lage s. ZR 104 (2004) 299 ff. 39

Die Zwischenbilanz ist auf ihre Angemessenheit und Vertretbarkeit zu überprüfen. Es geht darum die Überschuldung zu bestätigen, wobei das genaue Ausmass der Überschuldung eine untergeordnete Rolle spielt (PS 290 [2004], Melde- und Überwachungspflichten Y, 172). Das Gesetz äussert sich nicht zu den vorzunehmenden Prüfungshandlungen und zum Prüfungsumfang; die Prüfung der Zwischenbilanzen unterliegt eigenen Regeln und ein «full audit» ist nicht verlangt, um den Prüfungszweck zu erreichen (BÖCKLI, Revisionsstelle und Abschlussprüfung, 299 N 733). Bei Überschuldungsverdacht und Meinungsverschiedenheiten hat der Verwaltungsrat die Einhaltung der Eigenkapitalvorschriften gegenüber der RS nachzuweisen; und nicht umgekehrt (BÖCKLI, Revisionsstelle und Abschlussprüfung, 299 N 742). Bei Rangrücktrittserklärungen muss die RS bzw. der zugelassene Revisor (N 39) deren Rechtsgültigkeit prüfen (ZK-HOMBURGER, N 1247 f.). 39a

In vielen Fällen, wenn der VR sich zu einer Überschuldungsanzeige durchgerungen hat, ist bei einer offensichtlichen Überschuldung das Prüfungserfordernis eine unnötige For- 39b malität, die Kosten verursacht und eine gebotene Konkurseröffnung zum Nachteil der Gesellschaftsgläubiger verzögert, was letztlich niemandem dient (GLANZMANN, 67; zur Praxis s. KRAMPF/SCHULER, 1060 ff.). **Die Prüfung bezweckt zu verhindern, dass die finanzielle Situation beschönigt wird** (Botschaft RAG, 4037; Botschaft Aktienreform 2007). Bei einer vom VR festgestellten Überschuldung sollte eine Konkurseröffnung nicht zum Schaden der Gläubiger und der Allgemeinheit von allzu strengen Anforderungen an eine formelle Prüfung durch die RS abhängig gemacht werden (insbesondere z.B. wenn die Gesellschaft ihre Aktivitäten eingestellt hat oder keine Arbeitnehmerinteressen betroffen sind). In solchen Fällen sollte eine Plausibilitätsprüfung durch den Prüfer genügen, wobei bei offensichtlicher Überschuldung (N 42) auf eine Prüfung verzichtet werden kann (GLANZMANN, 67; zur Praxis s. KRAMPF/SCHULER, 1064 f.; i.d.S. wohl auch BÖCKLI, Revisionsstelle und Abschlussprüfung, 294 N 729). Wenn kein Konkursaufschub beantragt ist oder keine Hinweise auf eine rechtsmissbräuchliche Bilanzdeponierung bestehen, bedarf es in diesem Fall keiner weiteren Entscheidgrundlagen für einen gerichtlichen Entscheid. Für die Erstellung der Zwischenbilanzen ist der VR allein verantwortlich und auf dieser Basis ist zu entscheiden. Eine RS wird sich deshalb i.d.R. hüten, die finanzielle Lage positiver als der VR zu beurteilen. Ebenfalls ist zu berücksichtigen, dass eine Bilanzdeponierung entweder ein Zeichen ist, dass eine Gesellschaft objektiv nicht fortführungs- bzw. sanierungsfähig ist oder deren Organe subjektiv nicht willens sind, eine Sanierung durchzuführen, was i.d.R. eine Sanierung in nützlicher Frist faktisch ausschliesst. Bei fehlender Fortführungsfähigkeit erübrigt sich eine Bilanz zu Fortführungswerten (N 37); entgegen KRAMPF/SCHULER (1064) ist eine Bilanz zu Fortführungswerten (Vermögensstatus) untauglich, eine Fortführungsfähigkeit bzw. -würdigkeit nach betriebswirtschaftlichen Kriterien zu beurteilen (BÖCKLI, Revisionsstelle und Abschlussprüfung, 294 N 728). Ein Entscheid des VRs, wonach eine Fortführungsfähigkeit nicht mehr gegeben ist, ist entgegen KRAMPF/SCHULER, 1064, nicht Gegenstand der Prüfung durch die RS, sondern vom VR und ev. dem Konkursrichter im Rahmen eines Konkursaufschubes zu beurteilen (zur Sanierungspflicht des VR s. HANDSCHIN, 439 ff.; BÖCKLI, Das Ende legitimer Amtsführung bei Eintritt der Überschuldung, in FS Roland Ruedin, 2006, 163 ff.) Alternativ kann der VR auch die Konkurseröffnung über eine **Insolvenzerklärung** herbeiführen, womit sich Zwischenbilanzen erübrigen, was jedoch einen öffentlich beurkundeten Auflösungsbeschluss der GV bedingt (KRAMPF/SCHULER, 1069). Dies bedingt klare Mehrheitsverhältnisse in der GV (Art. 704 OR).

39c   Da eine AG nicht in jedem Fall über eine RS verfügt, wurde in Abs. 2 der Begriff «RS» neu durch den Begriff «zugelassenen Revisor» (Art. 5 RAG) ersetzt. Bei **Gesellschaften ohne RS** (Art. 727a Abs. 2) sind somit die Zwischenbilanzen einem ad hoc bestimmten **zugelassenen Revisor** (Art. 5 RAG) zur Prüfung zu unterbreiten. Bei **Gesellschaften mit einer RS** stellt sich die Frage, ob Art. 725 Abs. 2 eine materielle Änderung beinhaltet, welche dem VR neu erlaubt, frei den Prüfer auszuwählen – sofern er (mindestens) die Anforderungen nach Art. 5 RAG erfüllt – oder die Prüfung der Zwischenbilanz nicht wie bisher durch die von der GV gewählte RS durchzuführen ist. Bei Gesellschaften, die einer Revisionspflicht unterstehen, ist m.E. die Prüfung der Zwischenbilanz **durch die von der GV gewählten RS** vorzunehmen (CAMPONOVO, ST 2008, 209; **a.A.** BÖCKLI, Revisionsstelle und Abschlussprüfung, 296 N 730). Dies bedingt allein schon die subsidiäre Anzeigepflicht der RS (und die damit verbundene Verantwortlichkeit), welche auch bei einer Prüfung durch einen Dritten bestehen bleibt (Art. 728c, 729c; s. CHK-PLÜSS/KUNZ/KÜNZLI, Art. 725 OR N 18). Würde eine Prüfung durch einen dritten Prüfer zugelassen, bestünde die Gefahr, dass die gesetzliche subsidiäre Anzeigepflicht der RS unterlaufen werden kann, wenn diese z.B. vom VR nicht informiert wird, dass Zwischenbilanzen erstellt worden sind und ein Dritter mit deren Prüfung beauftragt worden ist. Eine Prüfung durch die gewählte RS ist auch sachlich geboten, um widersprüchliche Beurteilungen und Verantwortlichkeitsabgrenzungen mit einem von aussen beigezogenen (befähigten) Revisor zu vermeiden und um zu verhindern, dass der Verwaltungsrat in einer Krisensituation einen ihm genehmen Prüfer bestimmt, der dazu bestimmt ist, dessen Zwischenbilanzen kritisch und unabhängig zu prüfen (s. N 39b). Auch aus zeitlichen Gründen drängt sich i.d.R. die RS auf; sie kennt die Gesellschaft von früheren Revisionen, ist schon dokumentiert und kann ohne Einarbeitung umgehend die gebotene Prüfung durchführen.

39d Soweit man der Meinung BÖCKLI (Revisionsstelle und Abschlussprüfung, 296 N 730) – im Geist einer freien Wahlmöglichkeit – folgt, ist einschränkend zu verlangen, dass seitens des Verwaltungsrates **sachliche Gründe vorliegen, die gewählte RS (bzw. GV) zu übergehen** und der Beizug eines Dritten nicht zu zeitlichen Verzögerungen der Prüfung des Zwischenabschlusses führt (z.B. wegen Einarbeitung, Mandatsverhandlungen etc.). In diesem Fall ist auch konsequenterweise der beigezogene Prüfer als faktisches Organ zu betrachten und in die Pflicht zu nehmen mit der Konsequenz, dass dem beigezogenen Prüfer die Anzeigepflichten der RS (728c, 729c) – mit sämtlichen haftungs- und verantwortungsrechtlichen Pflichten – obliegen und dieser in der Praxis auch zur Anzeige an das Gericht als legitimiert anerkannt wird (i.d.S. auch CAMPONOVO, ST 2008, 208). Dadurch wird auch Gefälligkeitsberichten (ohne aktienrechtliche Haftungskonsequenzen) vorgebeugt. Dies würde der ordentlichen RS erlauben, unverzüglich zurückzutreten, ohne dass ein Rücktritt zu Unzeit vorliegt. Zu beachten ist, dass bei Gesellschaften, die einer ordentlichen Revision unterliegen, der beauftragte Prüfer die jeweiligen fachlichen Anforderungen von Art. 727b erfüllen muss (BÖCKLI, Revisionsstelle und Abschlussprüfung, 296 N 732).

39e **Art. 725 Absatz 3** stellt klar, dass bei Gesellschaften ohne RS (Art 727a Abs. 2) der für die Prüfung der Zwischenbilanz beauftragte zugelassene Revisor denselben (subsidiären) Anzeigepflichten untersteht wie die eingeschränkt prüfende RS (Art. 729c) und das opting-out in diesem Fall unbeachtlich ist. Der beigezogene zugelassene Revisor wird in diesem Fall als «zeitlich befristetes Organ» tätig und die Prüfungstätigkeit und **Anzeigepflicht** (bei offensichtlicher Überschuldung) des **zugelassenen Revisors** unterstehen der Revisionshaftung gemäss Art. 755 (CHK-BRUNNER/ROBERTO, Art. 755 OR N 2, 4). Bei Gesellschaften mit einer RS obliegt die Anzeigepflicht der RS – bei einer wörtlichen Auslegung –, auch wenn die Zwischenbilanz von einem Dritten geprüft wird (s. dazu N 39d).

4. Benachrichtigung des Richters

40 Ergibt sich aus der durch die RS geprüften Zwischenbilanz zu Fortführungs- und Veräusserungswerten eine Überschuldung der Gesellschaft, **hat der VR die Pflicht, die Überschuldung unverzüglich dem Richter anzuzeigen** (716a Abs. 1 Ziff. 7). Befindet sich eine Gesellschaft in Liquidation, obliegt die Benachrichtigungspflicht dem Liquidator (FORSTMOSER/MEIER-HAYOZ/NOBEL, 672 N 211). Zur Form des VR-Beschlusses s. SZW 1995, 307 r116. Eine vorgängige Einberufung einer GV ist nicht notwendig (KISTLER, 105). Die Anzeige hat beim nach kantonalem Recht zuständigen Richter am Sitz der Gesellschaft zu erfolgen (ZK-BÜRGI, N 11; GIROUD, 71; LANZ, 144; VON STEIGER, Art. 817 N 10). Ein rechtsgültiger Rangrücktritt mindestens im Umfang der Überschuldung (N 45 ff.) enthebt den VR von seiner Anzeigepflicht.

40a Von einer Benachrichtigung des Richters darf sodann abgesehen werden, falls **konkrete Aussichten auf eine Sanierung** bestehen (BGE 132 II 572 ff.; BGE 116 II 541; 108 V

188; 76 I 167; BGer v. 18.4.2007, 4C.436/2006; BÖCKLI, § 13 N 777, 816 f.; KISTLER, 106; LANZ, 150, PS 290 [2004] Pflichten bei Kapitalverlust und Überschuldung, Sanierungsmassnahmen GG, 176; SGGVP 2004, 154 ff.); **a.A.** ZK-BÜRGI, N 11; GIROUD, 78 f.; RUEDIN, AJP 2003, 1329 ff.; krit. dazu: ZK-HOMBURGER, N 1255 ff.; ablehnend: Hopf, 646 unter Hinweis, dass schon bei Kapitalverlust zwingend Sanierungsmassnahmen zu ergreifen sind und Gläubiger- und Arbeitnehmerschutzbestimmungen verkürzt werden; SCHÖNENBERGER, 166; WITMER, AJP 2006, 150; RUEDIN, 1337). «Ein Aufschieben der Benachrichtigung um mehr als ca. 4 bis 6 Wochen dürfte aber unzulässig sein» (Botschaft Aktien- und Rechnungslegungsrecht, 103; BÖCKLI, Revisionsstelle und Abschlussprüfung, 297 N 734 m.w.V.; s.a. BGer v. 18.4.2007, 4C.436/2006; SZW 1/2008, 99, r37). Dabei ist neben der grundsätzlichen Fortführungsfähigkeit der Gesellschaft auch die Liquiditätssituation (HANDSCHIN, 436 ff., BÖCKLI, § 13 N 726 f., HOPF, 644 f.) wie auch eine positive Einstellung von wichtigen Gläubigern und Lieferanten von Bedeutung. Fehlt es an der Liquidität, um die Kurrantgläubiger zu befriedigen, kommt nur ein Konkursaufschub (725a N 4 ff.) in Frage. Sanierungsbemühungen müssen realistisch und zielführend sein (SZW 1/2008, 99, r37 m.H. auf BGer v. 18.4.2007, 4C.436/2006). Eine Gesellschaft, die ihre Aktivitäten eingestellt und alle Angestellten entlassen hat, ist nicht sanierungsfähig (EBK-Bull 48/2006, 271 ff.). Gemäss BGer v. 19.6.2001, 4C.366/2000 darf auch bei konkreten Aussichten auf eine Sanierung von einer Benachrichtigung des Richters jedoch nur abgesehen werden, «sofern die Forderungen der Gesellschaftsgläubiger nicht durch eine neuerliche Verschlechterung der finanziellen Lage gefährdet werden. [...] Mithin müssen die Voraussetzungen für einen Konkursaufschub nach Art. 725a gegeben sein, da die Gläubiger nicht schlechter gestellt werden dürfen als wenn der Richter benachrichtigt würde. Es muss demnach die dauerhafte finanzielle Gesundung der Gesellschaft erwartet und deren Ertragskraft wieder hergestellt werden können.» In diesem Fall liegt gemäss BGer keine Gefährdung der Gläubigerforderungen vor, auch wenn sich im Nachhinein die Sanierungsbemühungen als unfruchtbar erweisen. Unzulässig ist jedoch eine Herauszögerung, wenn nicht ernsthaft mit einem Sanierungserfolg gerechnet werden kann. «Zu prüfen ist, ob das Risiko, das mit dem Versuch einer Sanierung naturgemäss verbunden ist, durch den ökonomischen Wert der Chance einer Sanierung aufgewogen wird» (BGer v. 19.6.2001, 4C.366/2000 mit Verweis auf DUBACH, 157; BÖCKLI, N 761 ff.; GLANZMANN, 70; FORSTMOSER, 263 ff. [am Beispiel Mikron] m.w.V.). Damit trägt der VR das Risiko, dass beim Scheitern der Sanierung in einem allfälligen Verantwortlichkeitsprozess der Nachweis erbracht werden kann, dass die Sanierungschancen die -risiken überwogen und die materiellen Voraussetzungen für einen Konkursaufschub gemäss Art. 725a durch den Konkursrichter gegeben waren. Zur Problematik der Einberufung einer Sanierungsversammlung und der Mitwirkungsrechte der Aktionäre s. ZK-HOMBURGER, N 1269 ff.

40b Von einer Benachrichtigung kann gem. h.L. bei Einreichung eines Nachlassstundungsgesuches abgesehen werden (BGE 62 III 25; ZK-HOMBURGER, N 1261, 1269). Hier ist jedoch zu beachten, dass ein Gesuch um Nachlassstundung jederzeit zurückgezogen oder durch Nichtleistung von Kostenvorschüssen hinfällig gemacht werden kann. Daraus können sich erhebliche Verzögerungen bis zur Konkurseröffnung ergeben. Somit erscheint die Einreichung eines Gesuchs um Nachlassstundung nur dann als eine zulässige Alternative zur Benachrichtigung des Konkursrichters, wenn gleichzeitig die Voraussetzungen für die Gewährung eines Konkursaufschubes vorliegen (s. N 40a).

41 Die **Überschuldungsanzeige** an den Richter setzt einen VR-Beschluss voraus. Es handelt sich dabei nicht um eine Vertretungshandlung, die ein VR-Mitglied von sich aus vornehmen könnte (SJZ 1984, 45 f.; SZW 1982, 85), sondern um eine unübertrag-

3. Abschnitt: Organisation der Aktiengesellschaft 42–43 Art. 725

bare und unentziehbare Aufgabe des Gesamt-VR (Art. 716a Ziff. 7; SZW 1985, 190; BRUNNER, 814) oder der Liquidatoren (BGE 99 Ia 16). Die Durchführung des VR-Beschlusses kann delegiert werden (GIROUD, 94; LANZ, 145). Nicht legitimiert zur Überschuldungsanzeige sind die GV, einzelne Aktionäre, Gläubiger, Behörden oder Dritte (z.B. Willensvollstrecker; BGE 99 Ia 16; ZK-HOMBURGER, N 1254; ZR 1995, Nr. 51, 156).

Subsidiär i.S. einer **Ersatzvornahme,** falls der VR (oder die Liquidatoren; KRAMPF/ **42** SCHULER, 1063) die Überschuldungsanzeige unterlässt, d.h trotz Abmahnung/Fristansetzung durch die RS untätig bleibt oder dazu nicht in der Lage ist (FORSTMOSER/MEIER-HAYOZ/NOBEL, 388 N 91), ist die **RS bei offensichtlicher Überschuldung,** und soweit sie im Rahmen ihrer Tätigkeit davon Kenntnis erlangt, verpflichtet, den Richter zu benachrichtigen (Art. 729b Abs. 2); wobei sie schon früher zu einer Anzeige berechtigt ist (KRAMPF/SCHULER, 1063). Eine Fristansetzung an den VR ist dabei (entgegen PS 290 [2004], Benachrichtigung des Richters HH 177) nicht notwendig, da die RS eine Überschuldung auch zu ihrer Entlastung einreichen darf und die Gesellschaft vom Richter vor dem Konkursentscheid dazu anzuhören ist; auch führt eine Verletzung des Unabhängigkeitsgebots nicht zur Unbeachtlichkeit ihrer Überschuldungsanzeige (AbR 2000/2001, Nr. 28; BÖCKLI, § 13 N 825; **a.A.** HOPF, 649). Hegt die RS Zweifel, kann sie zu ihrer Entlastung eine Überschuldung anzeigen (PS 290 [2004], Benachrichtigung des Richters LL, 178). Da es nicht Pflicht der RS ist, eine Zwischenbilanz aufzustellen (KISTLER, 106, AbR 2000/01 Nr. 28), muss es genügen, wenn sie sich auf ihre Revisionsunterlagen abstützt, um eine offensichtliche Überschuldung zu begründen. Der Begriff der Offensichtlichkeit der Überschuldung, welche eine Handlungspflicht der RS auslöst, ist gem. BGer einschränkend auszulegen. Es handelt sich um einen qualitativen und nicht quantitativen Begriff (HOPF, 644). **Offensichtlich ist eine Überschuldung,** wenn kein sachkundiger Beobachter «bei einer objektiv günstigsten und subjektiv wohlwollendsten Beurteilung» (SchKG-BRUNNER, Art. 192 N 9) vernünftigerweise zu einem anderen Schluss gelangen kann (STOFFEL, SJK 403, 16) bzw. «jeder verständige Mensch ohne weitere Abklärungen sofort sieht, dass die Aktiven die Schulden und notwendigen Rückstellungen nicht zu decken vermögen und keine oder keine genügenden Rangrücktritte erfolgt sind. [...] Offensichtlichkeit der Überschuldung setzt nicht voraus, dass diese besonders gross ist, sofern sie sich aus den sonstigen Umständen ergibt» (BGer v. 16.11.1999, C.117/1999 E. 1.a, kommentiert und auszugsweise wiedergegeben durch LUTERBACHER; BGer v. 8.2.2008, 4A.505/2007, E. 4.1.2; PS 290 [2004], Einleitung D, 167; BÖCKLI, Revisionsstelle und Abschlussprüfung, 299 N 738, 740). Die RS darf auf die ersatzweise Vornahme der Überschuldungsanzeige verzichten, wenn die Gesellschaft unverzüglich saniert wird (BGer v. 16.11.1999, C.117/1999 E. 1. a), d.h. konkrete Aussichten auf Sanierung bestehen (N 40a).

Eine **Mandatsniederlegung** oder ein **Mandatsentzug** (auch bei einer sofortigen Wahl **42a** einer neuen RS) **entbindet** die RS **nicht von** ihrer (zeitgerechten) **Anzeigepflicht** gemäss Art. 725 Abs. 3, Art. 728c Abs. 3 oder Art. 729c (PS 290 [2004], Benachrichtigung des Richters, MM f.; HOPF, 650 f.). Die Revisionsstelle bleibt deshalb auch nach Mandatsbeendigung legitimiert, eine von ihr im Rahmen ihrer Tätigkeit festgestellten Überschuldung dem Konkursrichter anzuzeigen (Verfügung des Bezirksgerichts Zürich vom 30.11.2004, Geschäfts Nr. EK042901/Z; PS 290 [2004], Benachrichtigung des Richters, NN); auch um sich von ihrer Verantwortlichkeit entlasten zu können (KRAMPF/SCHULER, 1063).

Bürgschaften, Garantien oder Patronatserklärungen befreien den VR nicht von der Be- **43** nachrichtigungspflicht (CAMPONOVO, ST 2004, 78; GIROUD, 81; **a.A.** betr. Patronatserklärungen unter gewissen Voraussetzungen ZK-HOMBURGER, N 1287 ff., BÖCKLI, § 13 N 814 f.).

44 Ein **Rückzug der Überschuldungsanzeige** ist nicht möglich, solange eine Überschuldung vorliegt (ZK-BÜRGI, N 15).

5. Rangrücktritt

45 Der Rangrücktritt im Ausmass der Unterdeckung **bezweckt, Gläubigerausfälle zu verhindern,** indem der Rangrücktrittsgeber die Rolle des einzigen Verlustgläubigers übernimmt. Ein Rangrücktritt beinhaltet einen Vertrag zu Gunsten Dritter gegenüber allen übrigen Gläubigern (BÖCKLI, § 13 N 798) und braucht weder die Zustimmung der Aktionäre noch der Gläubiger.

46 Der Rangrücktritt beinhaltet eine **nachträgliche Erklärung** eines Gläubigers, im Falle eines Konkurses, einer Nachlassstundung oder einer Liquidation **im Rang hinter alle übrigen Gläubiger bis zu deren vollen Befriedigung zurückzutreten.** Zur rechtlichen Qualifikation und zu Abgrenzungsfragen s. BÖCKLI, § 13 N 792 ff.; GLANZMANN/HOLD/WITMER/RIHM/VON GREYERZ, Kapitalersetzende Darlehen. Art. 725 Abs. 2 verlangt einen qualifizierten Rangrücktritt mit einer Kapital- und allenfalls (aber nicht zwingend, s. BGer v. 2.7.2003, 4C.47/2003, E. 4) Zinsstundung (vgl. BÖCKLI, § 13 N 795, 808; FORSTMOSER/MEIER-HAYOZ/NOBEL, 673 N 236 ff.; VON GREYERZ, SZW 1983, 27; PESTALOZZI, 181). Die Rangrücktrittserklärung enthält ein stillschweigendes Verrechnungsverbot (RIHM, 67 f.) bzw. seitens des Gläubigers einen Verzicht auf Verrechnung und seitens der Gesellschaft ein Tilgungsverbot, andernfalls der Rangrücktritt keine «eigenkapitalähnliche» Wirkung entfaltet (BÖCKLI, § 13, N 795). Ein Rangrücktritt kann aufgehoben werden, wenn die bilanzmässige Überschuldung beseitigt ist, ungeachtet ob die Fortführung der Unternehmung sichergestellt ist (BGer v. 2.7.2003, 4C.47/2003).

47 Weder saniert ein Rangrücktritt, noch beseitigt er eine Überschuldung (VON GREYERZ, SZW 1983, 27; GIROUD, 82 ff.; LANZ, 187). Er führt der Gesellschaft weder Eigenkapital noch Liquidität zu, verhindert aber einen Kapitalabfluss (BÖCKLI, N 793, 805). Er kann eine Sanierung begünstigen (BGE 4C.47/2003v. 2.7.2003) und ist nur «als Teil eines dynamischen Sanierungskonzeptes» sinnvoll (BÖCKLI, § 13 N 813; GLANZMANN, 76 f.; BGer v. 2.7.2003, 4C.47/2003; HOPF, 648; PS 290 [2004] Pflichten bei Kapitalverlust und Überschuldung, Rangrücktritt CC., 174). Da er **keinen Forderungsverzicht** beinhaltet, ist die vom Rangrücktritt erfasste Schuld als Passivum weiter zu bilanzieren und nach dem Grundsatz des «true and fair view» in der Bilanz separat auszuweisen (GLANZMANN, 131). Dementsprechend erhält der Rangrücktrittsgläubiger im Konkurs einen Verlustschein. Ein Rangrücktritt erhöht nicht die Fortführungswürdigkeit einer Unternehmung (DRUEY, 104) und ist nur verantwortbar, wenn eine Überschuldung vorübergehender Natur ist oder sich eine Sanierung abzeichnet (BÖCKLI, N 809; LANZ, 160). Er entbindet die Gesellschaft nicht, «ohne Verzug eine dauerhafte Sanierung einzuleiten» (ZK-HOMBURGER, N 1284) bzw. der GV Sanierungsmassnahmen zu beantragen (ZK-HOMBURGER, N 1269 ff.; BÖCKLI, § 13 N 803). Ein Rangrücktritt mit dem einzigen Ziel, eine Überschuldungsanzeige zu verzögern und eine Gesellschaft künstlich am Leben zu erhalten, entbindet den VR nicht von einer Anzeige an den Richter (SZW 1982, 88; KISTLER, 105; PESTALOZZI, 180; ZK-HOMBURGER, N 1267). Solche institutionalisierte Rangrücktritte sind rechtsmissbräuchlich und die RS hat die Anerkennung zu versagen und allenfalls den Richter zu benachrichtigen (HOPF, 648; PS 290 [2004] Pflichten bei Kapitalverlust und Überschuldung, Rangrücktritt CC., 174). Gemäss WITMER (AJP 2006; 153) basiert ein Rangrücktritt immer auf einer impliziten Zusage der Gesellschaft, innert nützlicher Frist eine Sanierung durchzuführen. Zur Berücksichtigung nachrangiger Schulden bei der Schadensberechnung s. BGer v. 25.5. 2007, 4C.58/2007; SZW 1/2008, 99, r35).

Der Rangrücktritt ist auf unbestimmte Zeit abzuschliessen, bis die Forderungen aller Gläubiger zu Fortführungs- oder Veräusserungswerten wieder gedeckt sind (HWP 3.14234/53; zur Problematik der Befristung und Widerrufbarkeit s. ZK-HOMBURGER, N 1279 ff.; BÖCKLI, § 13 N 806). Er hat mindestens im **Umfang** der Unterdeckung zu erfolgen, wobei das Gesetz nicht festhält, ob die Überschuldung der schlechteren Bilanz abzudecken ist (s. PESTALOZZI, 181). Nach BÖCKLI (Rangrücktritt, 345) muss der Rangrücktritt derart bemessen sein, dass das betriebswirtschaftlich notwendige Eigenkapital wieder vorhanden ist und dass weder zu Fortführungs- noch zu Liquidationswerten in naher Zukunft eine begründete Besorgnis einer Überschuldung bestehen kann (in diesem Sinne auch KISTLER, 105; PESTALOZZI, 181; ZK-HOMBURGER, N 1262; PS 290 [2004] Pflichten bei Kapitalverlust und Überschuldung, Rangrücktritt FF., 176). Gemäss der überarbeiteten Fachmitteilung Nr. 7 genügt in Fällen, in welchen die Fortführungsfähigkeit der Gesellschaft nicht in Frage steht, ein Rangrücktritt im Umfang der Deckungslücke zu Fortführungswerten, wobei eine Marge verlangt wird, welche allfällige bis zur Sanierung und Gesundung noch anfallende Verluste abdeckt (HERZOG, ST 1996, 980). A.M. BÖCKLI (§ 13 N 803 ff.) mit einlässlicher Begründung, wonach unter Verweis auf Art. 725 Abs. 1 ein Rangrücktritt 50% bzw. gestützt auf Art. 671 Abs. 1 und Art. 632 Abs. 1 mindestens 20% des AKs decken sollte (N 23). Eine Rangrücktrittserklärung muss unanfechtbar sein, d.h. der Rangrücktrittsgeber muss finanziell in der Lage sein, den Verlust der ganzen Forderung ohne eigene Überschuldung zu verkraften. Nur dann besteht Gewähr, dass der Rangrücktritt nicht i.S.v. Art. 288 SchKG paulianisch anfechtbar ist (BÖCKLI, § 13 N 810; LANZ, 160; HWP 3.14234/52). Die Gültigkeit des Rangrücktritts und die Bonität des Rangrücktrittsgebers ist von der RS zu beurteilen (HWP 3.14234/52; HELDNER, ST 1988, 115; **a.A.** KISTLER, 106; ZK-HOMBURGER, N 1278). Seitens der überschuldeten Gesellschaft empfiehlt die Revisionspraxis, dass der Rangrücktritt vom VR genehmigt wird, da dieser die Verantwortung für die Benachrichtigung des Richters trägt (Treuhand-Kammer, 6). Im Konzernverhältnis sollte der Rangrücktritt von der Konzernleitung im Voraus genehmigt werden, um einer späteren Berufung auf Nichtigkeit wegen Doppelkontrahierens vorzubeugen (PESTALOZZI, SZW 1983, 29; SZW 1982, 82 ff.). Zur möglichen (Un)beachtlichkeit von Rangrücktritten bei Überschuldungsanfechtungen s. WITMER, AJP 2006, 1530.

48

Nach den Bestimmungen von Art. 117 **IPRG** untersteht der Rangrücktritt dem Recht des Rücktrittgebers, soweit die Parteien nicht eine andere Rechtswahl getroffen haben (Art. 116 IPRG), und nicht dem Forderungsstatut.

49

Art. 725a

2. Eröffnung oder Aufschub des Konkurses

¹ **Der Richter eröffnet auf die Benachrichtigung hin den Konkurs. Er kann ihn auf Antrag des Verwaltungsrates oder eines Gläubigers aufschieben, falls Aussicht auf Sanierung besteht; in diesem Falle trifft er Massnahmen zur Erhaltung des Vermögens.**

² **Der Richter kann einen Sachwalter bestellen und entweder dem Verwaltungsrat die Verfügungsbefugnis entziehen oder**

dessen Beschlüsse von der Zustimmung des Sachwalters abhängig machen. Er umschreibt die Aufgaben des Sachwalters.

³ Der Konkursaufschub muss nur veröffentlicht werden, wenn dies zum Schutze Dritter erforderlich ist.

2. Ouverture ou ajournement de la faillite

¹ Au vu de l'avis, le juge déclare la faillite. Il peut l'ajourner, à la requête du conseil d'administration ou d'un créancier, si l'assainissement de la société paraît possible; dans ce cas, il prend les mesures propres à la conservation de l'actif social.

² Le juge peut désigner un curateur et soit priver le conseil d'administration de son pouvoir de disposition soit subordonner ses décisions à l'accord du curateur. Il définit en détail les attributions de celui-ci.

³ L'ajournement de la faillite n'est publié que si la protection de tiers l'exige.

2. Dichiarazione o differimento del fallimento

¹ Ricevuto l'avviso, il giudice dichiara il fallimento. Egli può tuttavia differirlo, ad istanza del consiglio d'amministrazione o di un creditore, quando il risanamento appaia probabile; in tal caso prende le misure appropriate per la conservazione del patrimonio sociale.

² Il giudice può designare un commissario, e privare il consiglio d'amministrazione del suo potere di disposizione o subordinare le sue decisioni all'approvazione del commissario. Egli delimita in modo dettagliato le attribuzioni del commissario.

³ Il differimento del fallimento è pubblicato solo se la tutela dei terzi lo esige.

I. Konkurseröffnung

1 Wird dem Richter eine Überschuldung angezeigt, hat er die **Pflicht,** den Konkurs zu eröffnen, sofern die formellen und materiellen Voraussetzungen gegeben sind. Eine vorgängige Anzeige eines Kapitalverlustes (Art. 725 Abs. 1) an die GV ist nicht notwendig (ZR 1987, 100). Art. 725a Abs. 1 regelt die Voraussetzungen und das Verfahren bis zur Konkurseröffnung; danach richtet sich das Verfahren nach den Bestimmungen des SchKG (Art. 192 SchKG; BGE 99 Ia 15; ZK-BÜRGI, Art. 725 N 17; ZK-HOMBURGER, 1298). Zur Haftung des Staates bei verspäteter Konkurseröffnung, Aktivlegitimation und Normzweck s. BGE 127 III 374 ff.

1a Der Konkurs kann ohne Parteiverhandlung und Benachrichtigung der Gläubiger eröffnet werden (ZK-HARDMEIER, N 1303 f.). Gemäss Art. 194 SchKG kann die Konkurseröffnung insbesondere nicht von einem Kostenvorschuss abhängig gemacht werden (SchKG-BRUNNER, Art. 192 N 25).

2 **Formelle Voraussetzung** einer Konkurseröffnung gemäss Art. 725a ist eine rechtsgültig unterzeichnete Anzeige der Überschuldung an den Richter gestützt auf einen Beschluss des VR (s. aber BJM 1999, 326 ff.; 817 N 7a zur Zulässigkeit der Anzeige durch einen Geschäftsführer) – oder ggf. durch die Liquidatoren (Art. 743 Abs. 2) oder subsidiär durch die RS bzw. den zugelassenen Revisor (Art. 725 Abs. 3, Art. 728c Abs. 3, Art. 729c, 820) – unter gleichzeitiger Hinterlegung der Zwischenbilanz zu Fortführungs- und Veräusserungswerten mit dem Prüfungsbericht der RS (BGE 120 II 425; 99 Ia 16; ZR 1995 Nr. 49 149; BRUNNER, 816; GIROUD, 71; zu den einzureichenden Unterlagen s. KRAMPF/SCHULER, 1061 [AG], 1072 [GmbH], 1074 [Genossenschaft]; <www.gerichte-zh.ch/bezirksgerichtzürich/service/konkursrichteramt/merkblätter>; SCHÖNENBERGER, 165). Vom formellen Erfordernis einer geprüften Zwischenbilanz kann u.U. abgesehen werden, wenn die Gefährdung der Gläubigerinteressen hoch einzustufen ist (ZR 1995

Nr. 49 151; TERCIER, SZW 1995, 302; GLANZMANN, 67, s. auch Art. 725 N 39b). Bei Unterlassung der Anzeige durch den VR (oder allenfalls die RS) darf der Richter den Konkurs nicht von Amtes wegen eröffnen, wenn er auf andere Weise von der Überschuldung erfährt (BGE 99 Ia 10; ZR 1996 Nr. 41, 126 f.; ZR 1995 Nr. 51, 154 ff. [betr. Willensvollstrecker]; ZR 1995 Nr. 57, 171 f.; ZBJV 1976, 540; ZK-HARDMEIER, N 129). Kritisch dazu TERCIER/STOFFEL (SZW 1995, 302), wonach ein Richter nicht mehr passiv bleiben darf, wenn er sich einer Situation gegenübergestellt sieht, in welcher die RS – gäbe es sie – wegen offensichtlicher Überschuldung einschreiten müsste. Die Überschuldungsanzeige beinhaltet keinen Parteiantrag, sondern eine gesetzlich vorgeschriebene Handlung des VR, was einen Rückzug ausschliesst, solange eine Überschuldung besteht (ZK-HOMBURGER, N 1300).

Materielle Voraussetzung für eine Konkurseröffnung ist das Vorliegen einer tatsächlichen Überschuldung der Gesellschaft (BRUNNER, 816; GIROUD, 62 ff.), sowohl zu Fortführungs- wie auch Veräusserungswerten (Art. 725 N 29 ff.), sowie das Fehlen eines Antrages und der Voraussetzungen für einen Konkursaufschub. Für die richterliche Beurteilung der Vermögenslage der Gesellschaft kann auch bilanzmässig nicht quantifizierbaren Elementen (z.B. Zustand der Buchhaltung, Vorliegen einer Strafanzeige, Revisionsunterlagen) massgebliche Bedeutung zukommen (ZR 1987 100 f.; SJZ 1999, 445 f.; VON STEIGER, 331). Die materiellen Voraussetzungen sind vom Richter von Amtes wegen abzuklären, wobei dem Revisionsbericht wesentliche Bedeutung zukommt (SZW 1996, 281; BRUNNER, 812).

II. Konkursaufschub

Zweck des Konkursaufschubes ist es, eine sofortige Konkurseröffnung im Interesse der Gesellschaft, der Allgemeinheit und v.a. der Gläubiger zu verhindern (BGE 101 III 106; ZR 1995 Nr. 60, 186; BRUNNER, 817), falls Aussicht auf eine dauerhafte Sanierung besteht (SCHUCANY, Art. 725 N 4; SJZ 1984, 46; ZR 1995 Nr. 60, 186). Er mildert die Konsequenzen der Anzeigepflicht (Art. 725 Abs. 2) und der damit verbundenen Konkurseröffnung ohne vorgängige Betreibung. Der Konkursaufschub bezweckt, Zeit für eine dauerhafte Sanierung der Gesellschaft zu gewinnen mit dem Ziel, deren rechtlichen Fortbestand unter dem Schutz des Richters abzusichern (BGE 101 III 106; BRUNNER, 819; BÖCKLI, § 13 N 831), jedoch nicht, eine Liquidation ohne Konkursverfahren zu ermöglichen (GIROUD, 114, 117; BRUNNER, 817). Zur Prüfung durch den Konkursrichter s. ZR 1995 Nr. 60, 184 ff.; KRAMPF/SCHULER, 1069.

Ein Konkursaufschub setzt eine formell richtige Überschuldungsanzeige durch den VR voraus (ZR 1995 Nr. 50, 151 ff.; SJZ 1984, 45; BRUNNER, 817; GIROUD, 110). In diesem Fall sind immer geprüfte Zwischenbilanzen dem Richter als Entscheidgrundlage vorzulegen (KRAMPF/SCHULER, 1066). Sodann muss ein **Antrag,** den Konkurs aufzuschieben, **durch den Gesamt-VR** (ZK-BÜRGI, Art. 725 N 19; LANZ, 161 f.; GIROUD, 108 f.; ZK-GUTZWILLER, Art. 903 N 15; VON STEIGER, Art. 813 N 10; gemäss SCHÖNENBERGER [167] genügt ein Mehrheitsbeschluss des VR) oder **durch einen Gläubiger** (ZK-BÜRGI, Art. 725 N 17; SCHUCANY, Art. 725 N 4; GIROUD, 108 f.) vorliegen, wobei gemäss LANZ (162) auch den gesicherten Gläubigern ein Antragsrecht zukommt (**a.A.** ZK-BÜRGI, Art. 725 N 17; SCHUCANY, Art. 725 N 4). Zum Schutz des Antragsrechts der Gläubiger sieht das Gesetz kein Verfahren vor (BRUNNER, 817; SchKG-BRUNNER, Art. 192 N 14 f.; SCHÖNENBERGER, 168). Nicht antragsberechtigt sind die GV, Aktionäre, Liquidatoren oder Behörden (GIROUD, 108) sowie der VR, wenn er die Überschuldungsanzeige unterlassen hatte (ZR 1995 Nr. 50, 152 ff.; SCHÖNENBERGER, 168;

a.A. TERCIER, SZW 1995, 302; SchKG-BRUNNER, Art. 192 N 10). Weitere formelle Voraussetzungen sind die Leistung eines allfälligen richterlich verfügten Kostenvorschusses (ZK-HARDMEIER, N 1332) und dass im vorausgegangenen Jahr keine Notstundung gemäss Art. 317o SchKG bewilligt worden ist. Zum Konkursaufschub durch den Konkursrichter von Amtes wegen i.V.m. SchKG 173a s. SchKG-BRUNNER, Art. 192 N 15 ff.; SCHÖNENBERGER, 169.

6 **Materielle Voraussetzung** ist, dass eine Überschuldung vorliegt, die Gläubiger durch einen Konkursaufschub nicht schlechter gestellt werden als bei sofortiger Konkurseröffnung bzw. nicht ein Teil der Gläubiger gegenüber andern Gläubigern benachteiligt wird (BGer v. 19.6.2001, 4C.366/2000; ZR 1995 Nr. 60, 187) und eine **berechtigte Aussicht auf dauerhafte** (BGer v. 19.6.2001, 4C.366/2000; v. 11.4.2000, 5P.466/1999) **Sanierung** (ZK-BÜRGI, Art. 725 N 22; FUNK, Art. 725 N 4; GIROUD, 112 ff.) und auf volle Befriedigung aller Gläubiger besteht (SJZ 1997 375). Für Einzelheiten zum Verfahren und zur Praxis s. ZK-HARDMEIER, N 1328 ff.; ZR 1995 Nr. 60, 184 ff.; KRAMPF/SCHULER, 1066 ff.; SCHÖNENBERGER, 170 ff.

7 **Aussicht auf Sanierung** besteht, falls während der Aufschubsfrist eine dauerhafte finanzielle Gesundung der Gesellschaft erwartet und ihre Ertragskraft wiederhergestellt werden kann (ausführlich BGE 99 II 289; BRUNNER, 819; GIROUD, 120 ff.; LANZ, 162 f.; SCHUCANY, Art. 725 N 5; ZK-HARDMEIER, N 1317; KRAMPF/SCHULER, 1068 f.; SCHÖNENBERGER, 172 ff.; VOUILLOZ, 318; PETER/PEYROT, 57). Zum Sanierungsplan (s. BGE 130 V 207 E. 5; RVJ 2005, 306 f.) gehört auch ein Zeitplan, in welchem dargelegt wird, bis wann die Überschuldung vollständig beseitigt werden kann (ZK-HARDMEIER, N 1318; ZR 1995 153; BGer v. 18.6.2000, H 301/99; BlSchKG 2005, 164 ff.; KRAMPF/SCHULER, 1068). Bei der Beurteilung der Erfolgsaussichten ist auch die Dauer der Sanierung bzw. des Konkursaufschubes mit zu berücksichtigen (BGE 130 V 209 E. 5); je länger diese dauert, desto grösser das Risiko der Gläubiger (BGer v. 11.4.2000, 5P.466/1999). Eine reine finanziell-bilanzielle Sanierung genügt nicht (BRUNNER, 819; GUHL/KUMMER/DRUEY, 66; DRUEY, 104). Die Sanierungsmassnahmen und deren Erfolgsaussichten sind vom Antragsteller darzulegen (BÖCKLI, § 13 N 832; GIROUD, 120; LGVE 2001 I 26). Der Richter hat dabei nicht die Aufgabe, einzelne Sanierungsmassnahmen festzulegen, sondern einzig deren Eignung für eine erfolgreiche und dauerhafte Sanierung (N 10 ff.) abzuklären und festzustellen (ZK-BÜRGI, Art. 725 N 28; BRUNNER, 819; GIROUD, 120 f.; DRUEY, 99; BGer v. 19.6.2001, 4C.366/2000; v. 18.7.2000, H 301/99). Dabei darf er nur Sanierungsmassnahmen zulassen, welche die Gläubiger nicht schlechter stellen als bei einer sofortigen Konkurseröffnung (ZK-HARDMEIER, N 1320). Eingriffe in die Rechte der einzelnen Gläubiger im Rahmen der Sanierung bedürfen – anders als im Nachlassverfahren nach SchKG – der ausdrücklichen Zustimmung der betroffenen Gläubiger (ZK-HARDMEIER, N 1319). Bedarf es für eine Sanierung eines gerichtlichen Nachlassverfahrens, ist nach Art. 173a SchKG (Aussetzen des Konkurserkenntnisses) vorzugehen (SCHÖNENBERGER, 175). Erscheint eine Sanierung aufgrund einer summarischen Überprüfung unmöglich, hat der Richter den Konkurs unverzüglich zu eröffnen. Zur Haftung des Konkursrichters s. BGer v. 23.3.2001, 5C.249/1999. Aufgrund der im Konkursverfahren geltenden Untersuchungsmaxime sind die Voraussetzungen eines Konkursaufschubes von Amtes wegen abzuklären (SCHÖNENBERGER, 183).

8 Das Gesetz überlässt es dem Ermessen des Richters, die **Dauer des Konkursaufschubes** im Einzelfall aufgrund des Sanierungsplanes festzulegen, wobei er die Frist erstrecken kann, wenn eine Sanierung nach wie vor möglich erscheint und keine Gläubigerinteressen entgegenstehen (BGer v. 11.4.20005, P.466/1999; LANZ, 165; ZK-

HARDMEIER, N 1324). Ein unbefristeter Konkursaufschub oder ein Aufschub im Ermessen von Gläubigern oder der Verwaltung ist unzulässig (SCHÖNENBERGER, 178). Die Konkurseröffnung kann aufgeschoben werden, auch wenn schon ein Konkursbegehren eines Gläubigers gestellt worden ist (ZBJV 1967, 200). Der Konkursaufschub beginnt mit seiner Bewilligung. Er endet, sobald die Gesellschaft innerhalb der Aufschubsfrist saniert ist, der Gesellschaft eine Nachlassstundung (Art. 295–304 SchKG) gewährt worden ist oder durch Fristablauf, verbunden mit einer richterlichen Konkurseröffnung (GIROUD, 148).

Der **Konkursaufschub bewirkt einen Rechtsstillstand** (ausführlich dazu GIROUD, 138 ff. m.V.). Unmittelbare Wirkung ist, dass eine sofortige Konkurseröffnung über die Gesellschaft unterbleibt und dass Konkurs- und Verwertungsbegehren nicht mehr stattgegeben werden darf (BGer v. 18.7.2000, H 301/99; 104 III 20; 101 III 106; 77 III 38; BlSchK 1974, 115; SCHÖNENBERGER, 177 f.). Betreibungen können trotzdem eingeleitet werden (PETER/PEYROT, 69 f.). Zu beachten ist, dass ein Konkursaufschub Verjährungsfristen nicht hemmt (ZK-HARDMEIER, N 1321 m.w.V.; SJZ 1997, 376) und die Fälligkeit der Forderungen und deren Zinsenlauf nicht beeinträchtigt und auch nicht von der Ablieferung von Sozialversicherungsbeiträgen entbindet (BGer vom 18.7.2000, H. 301/1999). Hingegen gilt das Verrechnungsverbot nach Art. 213 SchKG ab Publikation des Konkursaufschubes. Zur Zulässigkeit der Verrechnung von gutgläubig erworbenen Forderungen bei Verzicht auf Veröffentlichung des Konkursaufschubes s. ZK-HARDMEIER, N 1343; BGE 101 III 111.

III. Massnahmen zur Erhaltung des Vermögens. Sachwalter (Art. 725a Abs. 2)

Schiebt der Richter den Konkurs auf, hat er – unabhängig vom Antrag (GIROUD, 129) – die **Pflicht, geeignete Massnahmen anzuordnen,** um das Gesellschaftsvermögen zu erhalten und eine gleichmässige Befriedigung der Gläubiger zu gewährleisten (BGE 120 II 425; BÖCKLI, § 13 N 836; ZK-BÜRGI, Art. 725 N 28; GIROUD, 126; VON STEIGER, Art. 817 N 10). Dabei geht es v.a. auch darum, die durch den Konkursaufschub nicht beeinträchtigte Verfügungs- und Vertretungsmacht der Organe zu begrenzen (ZK-BÜRGI, Art. 725 N 28; SCHUCANY, Art. 725 N 5). Massnahmen, die nicht der Erhaltung des Vermögens dienen, sind nicht zulässig (GIROUD, 127). Im Übrigen obliegt die Sanierung ausschliesslich der Gesellschaft und führt nicht direkt zu einer Nachlassstundung i.S.v. Art. 295–304 SchKG (STOFFEL, SJK Nr. 406, 18).

Als **einzelne Massnahmen** kommen allgemeine Verfügungs- und Vertretungsbeschränkungen, Verfügungsbeschränkungen im Grundbuch (GIROUD, 127), regelmässige Berichterstattung, Erstellung von Zwischenbilanzen und Erfolgsrechnungen sowie die Einsetzung eines Gläubigerausschusses (ZK-BÜRGI, Art. 725 N 22) oder eines Sachwalters (Art. 725a Abs. 2) in Frage. Inventaraufnahme und Schuldenruf stellen keine vermögenserhaltenden Massnahmen dar (Botschaft AG, 184; GIROUD, 128; **a.A.** ZK-BÜRGI, Art. 725 N 30; ZK-HARDMEIER, N 1326). In der Wahl der zu treffenden Massnahmen entscheidet der Richter im Einzelfall nach seinem Ermessen (GIROUD, 128; SCHÖNENBERGER, 179).

Der Richter kann einen **Sachwalter** einsetzen, wobei er eine oder mehrere natürliche oder juristische Personen ernennen kann (GIROUD, 129). Auch ein Konkursbeamter darf als Sachwalter bestellt werden (BGE 104 III 2). Seine Aufgaben und Kompetenzen sowie die Stellung gegenüber den Organen sind genau festzulegen (GIROUD, 130; VOUILLOZ, 319; PETER/PEYROT, 64 f.) und auf den Sanierungsplan auszurichten. Zu seinen Aufgaben gehört, darüber zu wachen, dass das Haftungssubstrat den Gläubigern er-

halten bleibt und deren Gleichbehandlung gewährleistet ist (eingehend dazu ZK-HARD-
MEIER, N 1335 ff.) sowie die Abgabe eines Schlussberichtes über die Sanierung (BRUN-
NER, 820). Der VR kann unter Aufsicht des Sachwalters gestellt werden. Es besteht
aber auch die Möglichkeit, dem VR die Vertretungsbefugnis vollkommen zu entziehen
und diese auf den Sachwalter zu übertragen. Eine solche Massnahme setzt m.E. voraus,
dass der VR unfähig und nicht vertrauenswürdig erscheint, die Sanierung der Gesellschaft durchzuführen, und dass der Konkursaufschub auf Antrag eines Gläubigers zustande gekommen ist. Zu den Aufgaben des Sachwalters s.a. Art. 32 BankG.

13   Der Sachwalter untersteht nicht den Aufsichtsbehörden für Schuldbetreibung und Konkurs, sondern dem ihn ernennenden Richter (BGE 98 III 42; BRUNNER, 819 f.) – allfällige Beschwerden sind deshalb an diesen zu richten. Dementsprechend bestimmt sich
auch das Sachwalterhonorar nicht nach dem Gebührentarif des SchKG (BGE 98 III
42). Für die Kosten des Sachwalters haftet die Gesellschaft (ZK-BÜRGI, Art. 725 N 32;
VON STEIGER, 331), welche verpflichtet werden kann, einen Kostenvorschuss zu leisten
(GIROUD, 132). Die Kosten des Sachwalters gelten als Massakosten und werden im
Konkursfall aus der Masse vorab gedeckt (ZK-BÜRGI, Art. 725 N 32).

13a Der Sachwalter ist sowohl öffentliches Organ des Staates (BGE 104 III 2) wie auch Organ der Aktiengesellschaft und untersteht damit der Haftung aus Art. 754 (ZK-HARD-
MEIER, N 1339 m.w.V.; SCHÖNENBERGER, 181). Für ein allfälliges unsorgfältiges Handeln des Konkursrichter haftet der Staat (SZW 2001, 282 ff.; zur Aktivlegitimation
[doppelter Schutznorm] s. BGE 127 III 374).

IV. Veröffentlichung des Konkursaufschubes (Art. 725a Abs. 3)

14   Eine amtliche Veröffentlichung bedeutet oft eine Gefährdung der Sanierungsbemühungen. Eine **Pflicht,** den Konkursaufschub zu veröffentlichen, besteht deshalb nur in Ausnahmefällen, falls es zum Schutz Dritter notwendig ist (SCHÖNENBERGER, 182). Der
Verzicht auf Veröffentlichung schliesst aber eine Bekanntgabe des Konkursaufschubes
nicht aus, soweit es darum geht, in laufenden Betreibungsverfahren den Rechtsstillstand
zu begründen (BÖCKLI, § 13 N 842) oder bei Anfragen von Gläubigern (ZK-HARD-
MEIER, N 1343).

15   Die Rechte der Gläubiger werden bei einem Konkursaufschub in erster Linie durch
richterliche Massnahmen zur Erhaltung des Vermögens und durch die Einsetzung eines
Sachwalters gewahrt. Eine Veröffentlichung des Konkursaufschubes bezweckt somit
v.a. den Schutz der Allgemeinheit und unbeteiligter Dritter. Im Gegensatz zum Nachlassvertrag kann ein Sanierungskonzept nicht gegen den Willen einzelner Gläubiger
durchgesetzt werden (BÖCKLI, § 13 N 846). Für einen Vergleich der beiden Verfahren
s. GANI, 201 ff.

15a Ein nicht veröffentlichter Konkursaufschub steht der Verkehrsfähigkeit und der Verwertung der Aktien der betroffenen Gesellschaft nicht entgegen (BJM 42/1995, 215 ff.).

Art. 726

VIII. Abberufung und Einstellung

¹ Der Verwaltungsrat kann die von ihm bestellten Ausschüsse, Delegierten, Direktoren und andern Bevollmächtigten und Beauftragten jederzeit abberufen.

² Die von der Generalversammlung bestellten Bevollmächtigten und Beauftragten können vom Verwaltungsrat jederzeit in ihren Funktionen eingestellt werden, unter sofortiger Einberufung einer Generalversammlung.

³ Entschädigungsansprüche der Abberufenen oder in ihren Funktionen Eingestellten bleiben vorbehalten.

VIII. Révocation et suspension

¹ Le conseil d'administration peut révoquer en tout temps les comités, délégués, directeurs, ainsi que tous fondés de procuration et mandataires nommés par lui.

² De même, il peut en tout temps suspendre dans l'exercice de leurs fonctions les fondés de procuration et mandataires désignés par l'assemblée générale, il convoquera alors immédiatement cette dernière.

³ Demeure réservée l'action en dommages-intérêts des personnes révoquées ou suspendues dans l'exercice de leurs fonctions.

VIII. Revoca e sospensione

¹ Il consiglio d'amministrazione può in ogni tempo revocare i comitati, i delegati, i direttori e gli altri procuratori e mandatari da esso nominati.

² Esso può pure sospendere in ogni tempo dal loro ufficio i procuratori e mandatari nominati dall'assemblea generale, convocando immediatamente quest'ultima.

³ Rimangono riservate le azioni di risarcimento che spettassero alle persone revocate o sospese dal loro ufficio.

Literatur

BÖCKLI, Die Abberufung von Geschäftsleitungsmitgliedern durch den Verwaltungsrat: Befugnis, Verpflichtung, Verhältnismässigkeit, in: FS Rolf Bär, Bern 1998, 35 ff. (zit. FS Bär); FORSTMOSER, Organisation und Organisationsreglement nach neuem Aktienrecht, 1992; KAMMERER, Die unübertragbaren und unentziehbaren Kompetenzen des Verwaltungsrates, Diss. Zürich 1997 (SSHW 180); PORTMANN, Suspendierung von Exekutivmitgliedern einer juristischen Person, in: Breitschmid/Portmann/Rey/Zobl (Hrsg.), Grundfragen der juristischen Person, FS für Hans Michael Riemer zum 65. Geburtstag, Bern 2007, 273; REIFF, Beiräte als Beratungs- und Führungsgremien bei schweizerischen Aktiengesellschaften, Diss. Zürich 1988 (SSHW 115); RIEMER, Die Einstellung eines von der Generalversammlung der Aktiengesellschaft gewählten Verwaltungsratspräsidenten oder eines sonstigen Verwaltungsratsmitgliedes durch den Verwaltungsrat (Art. 726 Abs. 2 OR), in: Schweizer/Burkert/Gasser (Hrsg.), FS für Jean Nicolas Druey zum 65. Geburtstag, Zürich 2002, 527; TRIGO TRINDADE, Le conseil d'administration de la société anonyme, Basel 1996.

I. Allgemeines

Die Bestimmung bezweckt, der AG die jederzeitige Abberufung sämtlicher Personen zu ermöglichen, die für sie handeln. Damit wird die jederzeitige Abberufbarkeit der VR-Mitglieder (Art. 705) und der RS (Art. 730a Abs. 4) auch auf alle anderen Bevollmächtigten ausgedehnt; wo die GV ernennende Instanz ist, schafft Abs. 2 eine Möglichkeit für den VR i.S. einer Sofortmassnahme den Betreffenden in seiner Funktion einstweilen einzustellen, bis die GV definitiv befinden kann. 1

2 Die Abberufungsmöglichkeit bzw. die Möglichkeit der Einstellung der von der GV eingesetzten Personen ist **zwingend** und kann statutarisch nicht beschränkt werden (BÖCKLI, FS Bär, 45; SJZ 1953, 295 f. betr. Art. 705).

II. Die Abberufung der vom VR bestellten Personen (Abs. 1)

3 Als logische Folge der jederzeitigen Widerrufbarkeit der Vollmacht und der jederzeitigen Kündbarkeit von Aufträgen bestimmt Abs. 1, dass der VR die von ihm bestellten **Ausschüsse** (Art. 716a Abs. 2), die **Delegierten und Direktoren** (Art. 716b Abs. 1 und Art. 718 Abs. 2) u.a. **Bevollmächtigte** (Art. 721), inkl. **Prokuristen** und **Handlungsbevollmächtige** (vgl. hierzu Art. 465), jederzeit abberufen kann (FORSTMOSER/MEIER-HAYOZ/NOBEL, § 29 N 70; KAMMERER, 223). Ebenfalls abberufbar ist der **Präsident**, ausser er werde durch die GV bestimmt (Art. 712 Abs. 2; BÖCKLI, N 1488; diesfalls gilt Abs. 2), und der **Sekretär** (Art. 712 Abs. 1). Wo der VR Pflichtverletzungen entdeckt, wird das Abberufungsrecht zur Abberufungspflicht, etwa dann, wenn bei der Aufsicht über den Delegierten schwere Mängel an den Tag treten (BGE 122 II 199; BÖCKLI, FS Bär, 39; KRNETA, N 2261; vgl. auch Art. 716a N 18). Denkbar ist statt einer Abberufung auch eine Suspendierung (BÖCKLI, FS Bär, 44 f.; vgl. auch PORTMANN, 289 ff. mit weiteren Alternativen), dies insb. dann, wenn zwar Verdachtsmomente bestehen, die Verfehlungen aber noch näher abgeklärt werden müssen.

4 **Zuständig für die Abberufung** ist der gesamte VR (Art. 716a Abs. 1 Ziff. 4), wobei dort, wo die Ernennung eines Bevollmächtigten (ausnahmsweise, vgl. Art. 721 N 2) einem Ausschuss oder z.B. der GL obliegt, diese neben dem VR zur Abberufung ermächtigt sind (BÖCKLI, N 1566b; KAMMERER, 224; vgl. auch ZK-HOMBURGER, N 1350, der eine Delegation ausschliesst). Unberührt von dieser Abberufungsmöglichkeit bleibt natürlich das Recht der GV, Mitglieder des VR nach Art. 705 abzuberufen. Der Beschluss des VR wird nach Art. 713 gefällt; falls ein Mitglied des VR von der Abberufung (z.B. als Delegierter) betroffen ist, besteht eine Ausstandspflicht m.E. nur dann, wenn dies das Organisationsreglement vorsieht – was empfehlenswert ist (**a.M.** KRNETA, N 2262, für den die anderen VR-Mitglieder in Anwesenheit des Betroffenen kaum in der Lage wären, sich frei und offen zu äussern, falls keine Ausstandspflicht bestünde).

5 Eine **Begründung** des Entscheides ist nicht notwendig, eine Begründungspflicht kann sich aber aus dem Grundverhältnis ergeben (BÖCKLI, FS Bär, 47; vgl. auch Art. 335 Abs. 2). Der in einem älteren Entscheid geprüfte **Rechtsmissbrauch** (SJZ 1953, 296, 296 = SAG 1953/54, 160 betr. Art. 705) ist m.E., wenn überhaupt, nur mit allergrösster Zurückhaltung anzunehmen. Der Abberufene kann sich in aller Regel nicht gegen den Entscheid des VR wehren, da Beschlüsse des VR nicht vor Gericht angefochten werden können; seinen Interessen ist nur (aber immerhin) im Rahmen der Bestimmung der Ersatzpflicht (N 14) Rechnung zu tragen (vgl. immerhin RIEMER, 531, für den analogen Fall der Einstellung). BÖCKLI (FS Bär, 47 f.) plädiert jedenfalls für ein **Anhörungsrecht**, insb. dann, wenn ein besonders wichtiger Entscheid getroffen werden muss, der sich auf Vorwürfe gegen die abzuberufende Person stützt und sie unmittelbar berührt, dies abgeleitet aus Art. 717 Abs. 1, wonach der VR seine Aufgaben «mit aller Sorgfalt» zu erfüllen hat, insb. also die Pflicht habe, die näheren Umstände und die wirkliche Bedeutung von festgestellten Verstössen für die Gesellschaft abzuklären. KRNETA (N 2262) fordert gar eine Anhörung in jedem Fall, soweit die Abberufung ein Mitglied des VR, z.B. den Präsidenten oder den Delegierten, betrifft. M.E. besteht nur eine indirekte Anhörungspflicht; deren Verletzung führt auf jeden Fall nicht dazu, dass die Abberufung

3. Abschnitt: Organisation der Aktiengesellschaft   6–9 **Art. 726**

ungültig würde, sondern ist allenfalls bei den Ersatzansprüchen zu berücksichtigen, dies dann, wenn sich die Abberufung als ungerechtfertigt herausgestellt hat. In diesem Sinne ist eine Anhörung des Betroffenen einfach «good practice», die den VR vor Fehlentscheiden schützen soll.

Die Abberufung, die formlos erfolgen kann, ist empfangsbedürftig und **wirkt mit Zugang** der Erklärung beim Abberufenen, ausser es werde ein Termin festgehalten, ab dem die Abberufung wirkt (ZK-HOMBURGER, Art. 726 N 1351 ff.; KRNETA, N 2262). Die Abberufungserklärung ist grundsätzlich bedingungsfeindlich (VON TUHR/PETER, 146 f.), ausser der Empfänger könne über den Bedingungseintritt entscheiden (zulässig ist damit eine Abberufung per Ende Woche unter der Bedingung, dass diese Abberufung nicht gilt, wenn der Betroffene mit einer geringeren Entschädigung einverstanden ist oder wenn er von sich aus zurücktritt). Meist dürfte mit der Abberufungserklärung gleichzeitig auch das Grundverhältnis aufgehoben (bzw. im Rahmen der anwendbaren Fristen gekündigt) werden; wo dies nicht explizit geschieht, ist die Bedeutung der Abberufung durch Auslegung zu ermitteln. Aus diesem Grundverhältnis ergeben sich dann Entschädigungs-, Verschwiegenheits- und Dokumentenrückgabepflichten. 6

Im Allgemeinen **bewirkt die Abberufung** eine sofortige Beendigung der Tätigkeit des Abberufenen (ZK-BÜRGI, Art. 726 N 4). Die Abberufung eines Delegierten führt aber nicht dazu, dass dieser seine Stellung als Mitglied des VR verliert (was nur die GV beschliessen könnte; vgl. aber auch Abs. 2). In solchen Fällen kann das Grundverhältnis (allenfalls mit geändertem Inhalt) weiter bestehen. 7

Vgl. schliesslich Art. 461, 720 und 938b zur **Löschung im Handelsregister;** im Einzelfall kann auch ein Rundschreiben an Geschäftspartner sinnvoll sein (ZK-BÜRGI, Art. 726 N 14). 8

III. Die Einstellung der Funktionen der von der GV bestellten Personen (Abs. 2)

Personen, welche von der GV ernannt werden, kann der VR nur in ihrer Funktion vorübergehend einstellen; der endgültige Entscheid über deren Abberufung obliegt der GV, die vom VR nach einer Einstellung sofort einzuberufen ist. Zu den Personen, die der VR in der Funktion einstellen kann, gehört der **von der GV gewählte Präsident** (Art. 712 Abs. 2; vgl. Art. 712 N 12; FORSTMOSER/MEIER-HAYOZ/NOBEL, § 29 N 72; ZK-HOMBURGER, Art. 726 N 1348; RIEMER, 528; zu dieser Problematik auch SZW 2001, 282 betr. Kuoni); die Einstellung kann entweder nur für das Präsidialamt erfolgen (womit der Betreffende «normales Mitglied» bleibt), oder auch (gleichzeitig) eine Gesamteinstellung sein (vgl. RIEMER, 529). Ebenfalls unter Abs. 2 fallen **Beiräte,** die von der GV gewählt worden sind (vgl. Art. 716b N 23; FORSTMOSER/MEIER-HAYOZ/NOBEL, § 29 N 72; REIFF, 152). **Sachverständige** nach Art. 731 Abs. 2 sind dagegen nicht in der Funktion einstellbar, da ihre Aufgabe ja gerade darin besteht, die Geschäftsführung zu überprüfen (BÖCKLI, N 1839; ZK-BÜRGI, N 19). Immerhin kann der VR in diesen Fällen ebenfalls eine GV einberufen und darlegen, weshalb die GV seines Erachtens die Sachverständigen abberufen sollte. Möglich ist schliesslich, dass der Gesamt-VR einen **Mitverwaltungsrat** vorübergehend in seinen Funktionen einstellt (FORSTMOSER/MEIER-HAYOZ/NOBEL, § 28 N 72, eher zurückhaltend; KRNETA, N 2265; ZK-HOMBURGER, Art. 726 N 1349; vgl. auch die Übersicht bei PORTMANN, 277). Endlich ist auch denkbar, dass die **RS** (KRNETA, N 2265) in ihren Funktionen suspendiert wird, was etwa dann nötig sein kann, wenn die RS ihre Verschwiegenheitspflicht missachtet. VR-Mitglieder, die nach **Art. 762 von einer öffentlichen Körperschaft in den VR delegiert** 9 wurden, können nur durch die delegierende Körperschaft abberufen werden, wobei die Gesellschaft aus wichtigen Gründen die Abberufung durch den Richter verlangen kann. Auch solche VR-Mitglieder können durch den VR in seiner Funktion eingestellt werden (KRNETA, N 2266; ZK-HOMBURGER, Art. 726 N 1345 ff.).

10 Zuständig zur Einstellung ist der gesamte VR (vgl. N 4), sofern das Organisationsreglement nichts anderes bestimmt (vgl. zur fehlenden Ausstandspflicht RIEMER, 530, ferner N 5). Das Vorgehen der Funktionseinstellung entspricht demjenigen der Abberufung. Die formellen Voraussetzungen an die Mitteilung gegenüber der in ihrer Funktion eingestellten Person entsprechen denjenigen bei der Abberufung (N 6). Wie im Falle der Abberufung trifft den VR unter gewissen Umständen auch eine Pflicht zur Funktionseinstellung (vgl. dazu N 3). Ein Teil der Lehre ist der Auffassung, dass die **Einstellung des von der GV gewählten Präsidenten** nur aus wichtigem Grund (TRIGO TRINDADE, 194) zulässig ist.

11 Der VR hat nach seinem Entscheid **sofort eine GV einzuberufen.** Dabei muss es dem VR gestattet sein, vor dem Versenden der Einladungen der in ihrer Funktion eingestellten Person eine kurze Frist anzusetzen, um von sich aus den Rücktritt zu erklären. Kommt der VR dieser Pflicht nicht nach, kann der Eingestellte die GV gerichtlich verlangen (RIEMER, 529).

12 Bis zum Entscheid der GV hat die Einstellung eine der Abberufung analoge **Wirkung,** wobei Ansprüche aus dem Grundverhältnis grundsätzlich weiter bestehen. Die Löschung des von der GV ernannten Präsidenten (oder eines Mitverwaltungsrates) im Handelsregister kann nicht ohne Entscheid der GV erfolgen (**a.M.** RIEMER, 532); hingegen kann der VR je nach interner Regelung im Reglement das Zeichnungsrecht dieser Personen in eigener Kompetenz löschen. Vgl. zum (sehr begrenzten) Rechtsschutz des Betroffenen in dieser Zwischenphase RIEMER, 531.

13 Die in ihrer Funktion eingestellte Person ist m.E. in jedem Fall an die **GV einzuladen;** sie kann sich dort zu den Vorwürfen äussern und kann, falls Aktionär, am Beschluss auch mitstimmen (KRNETA, N 2272; ZK-HOMBURGER, Art. 726 N 1355 f.).

14 **Lehnt die GV die Abberufung ab,** fällt die Einstellung ex nunc dahin (ZK-BÜRGI, N 23); genehmigt sie die Abberufung – wobei sie sich auch über das Grundverhältnis und z.B. die Stellung des Präsidenten als Mitglied des VR zu äussern hat – gilt die Abberufung ex tunc (KRNETA, N 2274; ZK-BÜRGI, Art. 726 N 24). Wie bei der Abberufung durch den VR kann der Entscheid der GV alle oder einzelne von der betroffenen Person wahrgenommenen Funktionen berühren (ZK-HOMBURGER, Art. 726 N 1358).

IV. Entschädigungsansprüche (Abs. 3)

15 Analog zu Art. 705 Abs. 2 sieht Abs. 3 vor, dass **Entschädigungsansprüche** der Abberufenen oder in der Funktion Eingestellten vorbehalten bleiben. Gemeint sind damit v.a. Forderungen unter dem (allenfalls weiter geltenden) Grundverhältnis (Art. 716b N 22), insb. aus einem Arbeitsvertrag oder – bei Auftragsverhältnissen – ein Schadenersatz wegen Auflösung zur Unzeit, Art. 404 Abs. 2 (vgl. BSK OR I-WEBER, Art. 404 N 16 ff.; FORSTMOSER/MEIER-HAYOZ/NOBEL, § 29 N 73; KRNETA, N 2276; vgl. auch PORTMANN, 288 f.; zum Verhältnis von Einstellung und Arbeitsvertrag oder Auftrag, dazu auch N 6 und 12). Im Einzelfall kann man sich bei vertraglich vereinbarten, sehr hohen **Abgangsentschädigungen** fragen, ob diese nicht ungültig sind, weil sie die Abberufungsrechte der GV oder der VR faktisch beschneiden; dabei kann sich die Ungül-

tigkeit darauf stützen, dass solche Verträge oft eine Art Selbstkontrahieren darstellen (vgl. Art. 717 N 17; Art. 718a N 12).

Kein Ersatz ist in aller Regel bei einem **Vorliegen wichtiger Gründe** geschuldet (Art. 337; BSK OR I-WEBER, Art. 404 N 16 für Auftragsverhältnisse; KRNETA, N 2277), wobei aber auch hier das Grundverhältnis massgebend ist. Wo keine solchen Gründe bestehen, ist der Lohn bis zum Ablauf der ordentlichen Kündigungsfrist zu bezahlen, wobei seitens des Abberufenen eine Schadensminderungspflicht besteht. Denkbar ist im Einzelfall auch ein Anspruch gestützt auf Art. 49 (ZK-BÜRGI, Art. 726 N 17). 16

Eine Abberufung oder eine Einstellung dürfte auch **für den Betroffenen** oft Grund sein, von sich aus das Grundverhältnis aufzulösen. 17

Vorbemerkungen zu Art. 727 und 727a

Literatur

ABOLFATHIAN-HAMMER, Das Verhältnis von Revisionsstelle und Revisor zur Aktiengesellschaft, Diss. Bern 1992; AMSTUTZ/VON BHICKNAPAHARI, Die Mythen der Revision – Reflexionen über den Entwurf zu einem Revisionsaufsichtsgesetz, Jusletter vom 9. Mai 2005; ANNEN, Das neue Revisionsrecht, TREX 2007, 80 ff.; BAER, Revision und Revisionsaufsicht, in: Forstmoser/Zindel/Sprecher/Abegglen/Baer (Hrsg.), Neuerungen im Schweizer Wirtschaftsrecht, NKF-Schriftenreihe Publikation 12, Zürich 2007, 45 ff.; BÄRTSCHI, Verantwortlichkeit im Aktienrecht, Diss. Zürich, Zürich 2001 (= SSHW Bd. 210); BEHR, Grundzüge des neuen Revisionsrechts – Überblick und internationaler Kontext, ST 2006, 306 ff. (Grundzüge); DERS., Rechnungslegung, 2005 (zit. Rechnungslegung); DERS., Revisionsaufsicht, in: Waldburger/Baer/Nobel/Bernet (Hrsg.), Wirtschaftsrecht zu Beginn des 21. Jahrhunderts – FS für Nobel zum 60. Geburtstag, Bern 2005, 3 ff. (zit. Revisionsaufsicht); BERTSCHINGER/SCHAAD, Der amerikanische Sarbanes-Oxley Act of 2002 – Mögliche Auswirkungen auf die amerikanische und internationale Wirtschaftsprüfung und Corporate Governance, ST 2002, 883 ff.; DIES., Prüfung amerikanischer und internationaler Konzerngesellschaften in der Schweiz – Verschärftes regulatorisches Umfeld durch Sarbanes-Oxley Act und PCAOB, ST 2004, 421 ff. (zit. Prüfung); BERTSCHINGER, Aktuelle Fragen der Wirtschaftsprüfung – Harmonie und Dissonanz mit europäischen Auffassungen, in: Forstmoser/von der Crone/Weber/Zobl (Hrsg.), Der Einfluss des europäischen Rechts auf die Schweiz – FS für Professor Roger Zäch zum 60. Geburtstag, Zürich, 1999, 473 ff.; BLUMER Bilanzkosmetik und Schadenersatz, Diss. Bern 2007; BÖCKLI, Revisionsstelle und Abschlussprüfung nach neuem Recht (Schriften zum Aktienrecht Bd. 24), Zürich 2007 (zit. Abschlussprüfung); DERS., Zum Vorentwurf für eine Revision des Aktien- und Rechnungslegungsrechts – Eine kritische Übersicht, GesKR 2006, 4 ff. (zit. Vorentwurf); DERS., Zwanzig Knacknüsse im neuen Revisionsrecht, SZW 2008, 117 ff. (zit. Knacknüsse); BOEMLE, Der Jahresabschluss, 4. Aufl., Zürich 2001; BOURQUI/BOURQUI, Le contrôle restreint et sa fiabilité, SZW 2007, 422 ff.; CAMP, Die Revisorengilden unter dem neuen Revisionsrecht, TREX 2007, 86 ff.; CAMPONOVO, Gesetzesentwurf zum neuen Revisionsrecht – Offene Fragen aus Sicht der Revisionsstelle nach der Beratung im Nationalrat, ST 2005, 221 ff.; DERS., Anzeige der offensichtlichen Überschuldung durch die Revisionsstelle – Alte und neue Probleme zu den neuen Art. 728c Abs. 3 bzw. 729c revOR, ST 2006, 382 ff. (zit. Anzeige); CAMPONOVO/VON GRAFFENRIED-ALBRECHT, Änderungsbedarf in den Statuten – Fragen zum Optionssystem, ST 2008, 25 ff.; DIES., Neues Revisionsrecht – Offene juristische Fragen, ST 2008, 204 ff. (zit. Revisionsrecht); DUBS, Gerichtliche Anordnung einer Sonderprüfung: Soll die Ausübung von Minderheitsrechten einen Aktien-Haltezwang bewirken (zugleich Besprechung von BGE 133 III 180 ff.), AJP 2007, 1193 ff.; DERS., Das Traktandierungsbegehren im schweizerischen Aktienrecht, Dike 2008 (zit. Traktandierung); DUC, L'autonomie des associés: Droit dispositif et droit impératif, notamment à l'exemple de la révision des comptes, in: Portmann (Hrsg.), Le nouveau droit de la société à responsabilité limitée, Lausanne 2006 (= CEDIDAC 70), 89 ff.; EBKE, Kommentierung von § 316, in: Münchener Kommentar zum Handelsgesetzbuch, Bd. 4, Drittes Buch – Handelsbücher: §§ 238–342a, München 2001; EGGMANN, Die aktienrechtliche Verantwortlichkeit der Revisionsstelle bei der Abschlussprüfung, Diss. Zürich 1997; FLURI, Die Rolle des Wirtschaftsprüfers –

Komplexität der Tätigkeit und des Umfeldes, ST 2006, 822 ff.; FORSTMOSER, Das neue Recht der Schweizer GmbH, in: Kramer/Nobel/Waldburger (Hrsg.), FS für Böckli zum 70. Geburtstag, Zürich/Basel/Genf 2006, 535 ff.; FORSTMOSER, Die Verantwortlichkeit des Revisors nach Aktienrecht, Zürich 1997 (zit. Verantwortlichkeit); DERS., Den letzten beissen die Hunde – Zur Haftung der Revisionsstelle aus aktienrechtlicher Verantwortlichkeit, in: Ackermann/Donatsch /Rehberg (Hrsg.), Wirtschaft und Strafrecht – FS für Schmid zum 65. Geburtstag, Zürich 2001, 483 ff. (zit. Haftung); GLANZMANN, Umstrukturierungen, Bern 2006; GRONER/VOGT, Zur Haftung der Revisionsstelle gegenüber Investoren (BGE 4C.13/1997 vom 19.12.1997 = Pra 87 (1998) Nr. 122), recht 1998, 257 ff.; HÄFELI, Was bringt das neue Revisionsrecht den KMU?, ST 2006, 322; HELBLING, Wirtschaftsprüfung im Wandel, ST 2001, 161 ff.; HONOLD, Wirtschaftsprüfung und das Konzept der «Levels of Assurance» – Dienstleistungen mit einem weniger hohen Mass an Gewähr als Alternativen zur Abschlussprüfung, Diss. St. Gallen, Bamberg 2003 (zit. Diss.); DERS., Externe Qualitätskontrolle für Wirtschaftsprüfer – Lücken im geplanten RRG?, ST 2001, 7 ff. (zit. Qualitätskontrolle); HORBER, Divergierende Anknüpfungskriterien bei der Offenlegung von Beteiligungen, SJZ 92 (1996), 309–312; HÜTTEMANN, Kommentierung von § 267, in: Canaris/Schilling/Ulmer (Hrsg.), Handelsgesetzbuch, Grosskommentar, Dritter Bd., 1. Teilbd.: §§ 238–289, 4. Aufl., Berlin/ New York 2002; IMARK/FISCHER, Rechtsformunabhängige Revisionspflicht – Neuerungen für GmbH, Vereine und Stiftungen, ST 2006, 329 ff.; INDERKUM, Bedeutende Neuerungen im Recht der GmbH und in der Revision – GmbH-Recht und Revisionsrecht vor dem Ständerat, ST 2005, 535 ff.; KÄCH, GmbH-Revision und weitere Änderungen des Gesellschafts- und Handelsregisterrechts, ZGBR 89 (2008), 1 ff.; KUNZ., Das Einberufungsrecht für GV sowie weitere Aktionärsrechte zwischen Hammer und Amboss von Managementwillkür und Rechts(un)sicherheit – Kann eine Stimmrechtsbeschränkung die Investorenrechte limitieren?, Jusletter 19. November 2007; LEHMANN, Die «kleine Aktienrechtsrevision» (Teil 2) – Neuerungen in den Bereichen Aktionärsrechte, Firma, Handelsregister, GesKR 2007, 420 ff.; LINDER/VON DER CRONE, Die Revisionsstelle in der aktuellen bundesgerichtlichen Rechtsprechung, SZW 2007, 489 ff.; MADÖRIN, Das neue Revisionsrecht im Überblick, Jusletter vom 27. Juni 2005 (zit. Revisionsrecht); DERS., KMU-Revision – Das Revisionsrecht unter besonderer Berücksichtigung der eingeschränkten Revision (Review), Basel 2006 (zit. KMU-Revision); MAROLDA MARTÍNEZ, Information der Aktionäre nach schweizerischem Aktien- und Kapitalmarktrecht, Diss. Zürich, Zürich/Basel/Genf 2006 (= SSHW Bd. 248); MATTEUS, Mängel in der Abschlussprüfung: Tatsachenbericht und Analyse aus juristischer Sicht, in: Lutter (Hrsg.), Der Wirtschaftsprüfer als Element der Corporate Governance, Düsseldorf 2001, 7 ff.; MORCK, in: Koller/Roth/Morck (Hrsg.), Handelsgesetzbuch – Kommentar, 6. Aufl., München 2007; MÜLLER, Zur Einführung des Aktivenbegriffs durch das neue Aktien- und Rechnungslegungsrecht in das Schweizer Gesetz, SWZ 2007, 298 ff.; REBSAMEN, Die neue GmbH im Handelsregister – Ein Leitfaden für die Praxis, Zürich/St. Gallen 2008; RUUD/PFISTER/HESS, Aktuelle Entwicklungen in der Rechnungslegung und Wirtschaftsprüfung, in: Jörg/Arter (Hrsg.), Entwicklungen im Gesellschaftsrecht I, Bern 2006, 259 ff.; SANWALD/BEHR, Neuordnung des Revisionsrechts – Kernelemente des bundesrätlichen Entwurfs vom 23. Juni 2004, ST 2004, 579 ff.; STENZ, Der neue und differenzierte Prüfungsauftrag – Eingeschränkte und ordentliche Revision: zwei verschiedene Paar Stiefel, ST 2006, 346; DERS., Führt die neue Revisionsordnung zu einer grösseren Zuverlässigkeit der Revision und Rechnungslegung?, SZW 2007, 480 ff. (zit. Revisionsordnung); STÖCKLI/SPIESS, Die eingeschränkte Revision und ihre Chancen, ST 2007, 927 ff.; STÖCKLI/ZAEHNER, Standard zur eingeschränkten Revision – Vernehmlassung, ST 2006, 400 ff.; SUNDERDIEK, Effiziente Regulierung der Wirtschaftsprüfung – Eine rechtsökonomische Analyse unter besonderen Berücksichtigung der zivilrechtlichen Haftung des Wirtschaftsprüfers und des Peer Review, Diss. Hamburg, Hamburg 2006; VOGT/FISCHER, Neue Haftungsrisiken für die Revisionsstelle aufgrund des neuen Revisionsrechts?, in: Weber (Hrsg.), Verantwortlichkeit im Unternehmensrecht III, Zürich 2006, 111 ff.; VON BALLMOOS, Nochmals zum Kotierungsbegriff gemäss Aktien- und Börsenrecht – Oder: Wider die Einführung unnötiger Differenzierungen, SJZ 93 (1997), 345–348; VON DER CRONE/ROTH, Der Sarbanes-Oxley Act und seine extraterritoriale Bedeutung, AJP 2003, 131 ff.; WEBER/UMBACH, Versicherungsaufsichtsrecht, Bern 2006; WINKEL, Akzeptieren die Banken die eingeschränkte Revision und das Opting-Out?, ST 2006, 367 ff.; WYSS, IKS im Konzern – Neues Schweizer Gesetz mit weltweiter Relevanz, ST 2007, 722 ff.; ZIHLER, Das neue Revisionsrecht des Obligationenrechts, REPRAX 3/07, 1 ff.; ZIMMER, Kommentierung von § 267, in: Canaris/Schilling/Ulmer (Hrsg.), Handelsgesetzbuch, Grosskommentar, Dritter Bd., 1. Teilbd.: §§ 238–289, 4. Aufl., Berlin/New York 2002.

Materialien

Begleitbericht zur Totalrevision der Handelsregisterverordnung (HRegV) – Vernehmlassungsentwurf vom 28. März 2007 (abrufbar unter: <http:/www.bj.admin.ch>; zit. Begleitbericht HRegV); Botschaft zur Änderung des Obligationenrechts (Revisionspflicht im Gesellschaftsrecht) sowie zum Bundesgesetz über die Zulassung und Beaufsichtigung der Revisorinnen und Revisoren vom 23. Juni 2004 (01 082; BBl 2003, 3969 ff.; zit. Botschaft RAG); Schlussbericht der Groupe de réflexion «Gesellschaftsrecht vom 24. September 1993 (zu beziehen beim Bundesamt für Bauten und Logistik, Art. 407 020.d) (zit. Schlussbericht Groupe de réflexion); Vorentwürfe und Begleitbericht zu einem Bundesgesetz über die Rechnungslegung und Revision (RRG) und zu einer Verordnung über die Zulassung von Abschlussprüfern (VZA) vom 29. Juni 1998 (abrufbar unter: <http:/www.bj.admin.ch>).

I. Entstehungsgeschichte

Nachdem die Bestimmungen über das Revisionsrecht seit 1936 über Jahrzehnte hinweg keine Änderungen erfahren hatten, wurden mit der **Aktienrechtsrevision von 1991** erstmals wichtige Mängel beseitigt (vgl. dazu Botschaft AG, 843 ff.; BÖCKLI, § 15 N 3 ff.). Da während der langen Dauer der Aktienrechtsrevision von 1991 jedoch **neue Fragestellungen** auftauchten (vgl. die Übersicht in Botschaft RAG, 3976 f.) sowie aufgrund des Bestrebens, das schweizerische Gesellschaftsrecht dem **EU-Recht** anzugleichen (trotz des abgelehnten Beitrittes der Schweiz zum Europäischen Wirtschaftsraum), wurde bereits 1993 eine Expertengruppe eingesetzt, um den allfälligen Handlungsbedarf im Bereich des Gesellschaftsrechts (und des Revisionsrechts) einer Prüfung zu unterziehen (**Groupe de réflexion «Gesellschaftsrecht»**). Die Expertengruppe legte ihren Schlussbericht am 24.9.1993 vor. Im Bereich des *Revisionsrechts* forderte sie, dass die fachlichen Anforderungen an Revisoren dem EG-Recht angeglichen und ein Zulassungssystem eingeführt werden sollten, um die Durchsetzung zu gewährleisten (Schlussbericht Groupe de réflexion, 14). Zur hier interessierenden Revisionspflicht nahm die Expertengruppe grundsätzlich keine Stellung; einzige Ausnahme bildete die Frage, ob kleine Gesellschaften auf die RS verzichten können sollten (was bereits nach den damaligen und heute noch in Kraft stehenden EU-RL möglich war bzw. ist, vgl. N 36). Die Expertengruppe kam dabei jedoch einhellig zum Schluss, dass ein solcher Verzicht sachwidrig und deshalb abzulehnen sei (vgl. Schlussbericht Groupe de réflexion, 36). 1

1995 wurde vom EJPD sodann eine weitere Expertengruppe (**Expertenkommission «Rechnungslegungsrecht»**) eingesetzt, welche einen (EU-kompatiblen) Entwurf und einen Begleitbericht zur Frage der Rechnungslegung/Berichterstattung (Publizität) sowie zur Frage der fachlichen Anforderungen an besonders befähigte Revisoren ausarbeiten sollte. Die Expertengruppe legte am 29.6.1998 die Vorentwürfe zu einem BG über die Rechnungslegung und Revision (RRG) und zu einer Verordnung über die Zulassung von Abschlussprüfern (VZA) vor. Im RRG wurde bezüglich der *Rechnungslegungspflicht* ein rechtsformunabhängiger Ansatz vorgeschlagen; massgebend sollte grundsätzlich die Eintragungspflicht eines Unternehmens im Handelsregister sein. Die *Revisionspflicht* ihrerseits wurde an der Rechnungslegungspflicht angeknüpft, wobei kleinere Unternehmen von der Revisionspflicht befreit werden sollten (der genaue Umfang der Befreiung war innerhalb der Expertenkommission strittig). In der Vernehmlassung stiessen die beiden Vorentwürfe jedoch auf dermassen heftige Kritik (allerdings weniger im Bereich der Revisionspflicht als vielmehr bezüglich ihrer KMU-Verträglichkeit und ihrer Auswirkungen auf das Steuerrecht, vgl. Botschaft RAG, 3982 f.), dass das gesamte Revisionsprojekt grundsätzlich in Frage gestellt wurde. 2

3 Die dergestalt ins Stocken geratenen Revisionsbestrebungen gewannen allerdings rasch wieder an Fahrt. Dies v.a. deshalb, weil sich im In- und Ausland während dieser Zeit eine Reihe von «**Unternehmensskandalen**» ereignete, welche das Revisionsrecht und insb. das Revisionsaufsichtsrecht ins Zentrum legislatorischer Bemühungen rückte. Eine Vorreiterrolle übernahmen dabei die USA, welche als Reaktion auf ihre «Unternehmensskandale» innert Monaten den sog. **Sarbanes-Oxley Act** schufen und per 30. Juli 2002 in Kraft setzten. Dabei erlangte der Sarbanes-Oxley Act weit über die Grenzen der USA hinaus grosse Bedeutung, da dem Erlass nicht nur ausländische Gesellschaften, welche in den USA kotiert sind sowie ausländische Tochtergesellschaften, deren Muttergesellschaft in den USA kotiert ist, unterstehen, sondern auch deren jeweilige Wirtschaftsprüfer (vgl. Abschnitte 2 und 106 des Sarbanes-Oxley Act und dazu nachfolgend N 41 f.; Botschaft RAG, 4004 f.; BERTSCHINGER/SCHAAD, Prüfung, 424; RUUD/PFISTER/HESS, 269). Um weitgreifende Kompetenzen der US-amerikanischen Aufsichtsbehörde (PCAOB) zu verhindern und Erleichterungen bei der Registrierung für nicht US-amerikanische Revisionsunternehmen zu gewährleisten, erklärte sich das PCAOB angesichts des steigenden Drucks aus dem Ausland in einer Mitteilung bereit, im Rahmen der internationalen Zusammenarbeit einen sog. *«cooperative approach»* zu verfolgen. Danach wird so weit wie möglich auf das Aufsichtssystem des Sitzstaates abgestellt; je mehr ein Aufsichtssystem den Vorstellungen den USA entspricht, desto weniger Kompetenzen sollen dem PCAOB zukommen. Damit zwang der Sarbanes-Oxley Act andere Staaten zum Ausbau nationaler Aufsichtssysteme im Bereich der Revision (SANWALD/BEHR, 586 f.; STENZ, 346; VOGT/FISCHER, 114; Botschaft RAG, 4004 ff.; ferner RUUD/PFISTER/HESS, 269 f.; BERTSCHINGER/SCHAAD, Prüfung, 425 f.).

4 Diese **US-amerikanischen Entwicklungen** übten auch auf die Schweiz enormen Druck aus (vgl. z.B. Botschaft RAG, 3977 ff. und 4004 f.; AmtlBull NR 2005, N 60 f. und 68; BÖCKLI, Abschlussprüfung, 2 ff.; STENZ, 346; BEHR, Grundzüge, 306; SANWALD/BEHR, 579; MADÖRIN, Revisionsrecht, Rz 3 ff.; ferner auch BAER, 46). Der BR beauftragte daher am 29. Januar 2003 das EJPD, die beiden Vorentwürfe der Expertenkommission «Rechnungslegungsrecht» (RRG und VZA) bis im Frühjahr 2004 überarbeiten zu lassen und dabei – nebst der KMU-Verträglichkeit – insb. den jüngsten internationalen Entwicklungen Rechnung zu tragen (Botschaft RAG, 3983). Da im Zuge der Vorberatung der **Botschaft zur GmbH-Revision** vom 19.12.2001 (Botschaft GmbH) die Frage der obligatorischen Revisionspflicht für die GmbH die vorberatende Kommission für Rechtsfragen des NR veranlasste, ihre Beratung zu sistieren und eine **Zusatzbotschaft** zur Verwirklichung einer *rechtsformübergreifenden* Neuregelung des Rechts der RS einzuholen, entschied das EJPD im März 2003, die Revisionspflicht und -aufsicht einerseits und das Rechnungslegungsrecht andererseits in zwei verschiedene Verfahren aufzuspalten und Ersteres vordringlich zu behandeln (Botschaft RAG, 3983; BÖCKLI, Abschlussprüfung, 1 f.; INDERKUM, 535). Am 23.6.2004 wurde die Botschaft schliesslich vom BR verabschiedet und zusammen mit der GmbH-Revision dem Parlament überwiesen, welches die Vorlagen in der Frühjahrs-, Sommer- und Wintersession 2005 behandelte (krit. zu diesem legislatorischen «Huckepackverfahren» MEIER-HAYOZ/FORSTMOSER, § 10 N 87 ff.; AMSTUTZ/VON BHICKNAPAHARI, Rz 1 und 20 ff.).

5 Im Rahmen der **parlamentarischen Beratungen** wurde der ursprüngliche Vorschlag des BR wie folgt abgeändert:
 – *Art. 727:* Ausgehend von einem Vorstoss einer Mehrheit der vorbehandelnden Kommission im NR wurden die **Schwellenwerte** in Abs. 1 Ziff. 2 lit. a und b (Höhe der Bilanzsumme und des Umsatzerlöses) von CHF 6 bzw. CHF 12 auf neu CHF 10 bzw. CHF 20 Mio. erhöht (AmtlBull NR 2005, N 70 ff.). Der StR schloss sich dieser

Änderung ohne grosse Debatte an (AmtlBull StR 2005, N 623 ff.). Anträge im NR und StR auf eine Reduktion der in Abs. 1 Ziff. 2 lit. c geregelten **Vollzeitstellen** im Jahresdurchschnitt von 50 auf 30 blieben erfolglos (AmtlBull NR 2005, N 73 ff.; AmtlBull StR 2005, N 623 ff.). Im NR scheiterte zudem der Antrag einer Minderheit, Abs. 2 dahin gehend zu ergänzen, dass neben den Aktionären, die zusammen mindestens 10 % des AK vertreten, auch **Mitglieder des VR** das Recht haben sollten, die Durchführung einer ordentlichen Revision zu verlangen (Opting-Up) (AmtlBull NR 2005, N 70 ff.).

– *Art. 727a:* Die in der heute geltenden Fassung enthaltenen **Absätze 3 bis 5** wurden vollumfänglich durch das Parlament eingeführt (AmtlBull StR 2005, N 625 und 984; AmtlBull NR 2005, N 1256 ff.). Sie dienen der Präzisierung und Erleichterung des Opting-Out gem. Abs. 2 bzw. dessen Rückgängigmachung (vgl. eingehend dazu Art. 727a N 13 ff.). Minderheitsanträge im NR bezüglich der vollständigen Streichung von Abs. 2 (Opting-Out) bzw. bezüglich der Reduktion des Schwellenwerts von zehn auf fünf Vollzeitstellen blieben erfolglos (AmtlBull NR 2005, N 74 ff.).

Am 16.12.2005 wurden Art. 727 und 727a in den entsprechenden Schlussabstimmungen der beiden Räte in der heute geltenden Fassung angenommen.

II. Inkrafttreten und Übergangsrecht

Der BR hat am 17.10.2007 die Bestimmungen über die Revisionspflicht (zusammen mit den Bestimmungen über die GmbH und die totalrevidierte HRegV) auf den 1.1.2008 in Kraft gesetzt. Gemäss Art. 7 ÜBest GmbH-Revision gelten die Bestimmungen über «die Buchführung und die Revisionsstelle» vom ersten Geschäftsjahr an, das mit dem Inkrafttreten des Gesetzes oder danach beginnt. Die Revisionspflicht gem. Art. 727 und 727a, welche ebenfalls von Art. 7 ÜBest GmbH-Revision erfasst wird (so die Botschaft RAG, 4048), findet folglich auf alle AGs Anwendung, deren **Geschäftsjahr am oder nach dem 1.1.2008** begann (vgl. auch CAMP, 87).

Zur Frage der **Rückwirkung** bei der Ermittlung der Schwellenwerte gem. Art. 727 Abs. 1 Ziff. 2 vgl. Art. 727 N 26.

III. Geltungsbereich der Normen

1. Persönlicher Geltungsbereich

Normadressaten von Art. 727 und 727a sind **AGs i.S.v. Art. 620 ff.** Die Anwendung schweizerischen Rechts – und damit der Art. 727 ff. – auf ausländische Gesellschaften ist zwar theoretisch denkbar (vgl. Art. 154 Abs. 2 IPRG), dürfte in der Praxis jedoch kaum je eine Rolle spielen (vgl. aber immerhin Art. 727 N 27).

Aufgrund von **dynamischen Verweisungen** (Botschaft RAG, 3990) kommen die Art. 727 und 727a in ihrer jeweils aktuellen Fassung analog aber auch für die Kommandit-AG (Art. 764 Abs. 2), GmbH (Art. 818 Abs. 1), Genossenschaft (Art. 906 Abs. 1) und Stiftung (Art. 83b Abs. 3 ZGB; vgl. dazu aber auch die Verordnung über die RS von Stiftungen vom 24.8.2005, welche unter bestimmten Voraussetzungen eine Befreiung von der Revisionspflicht vorsieht) zur Anwendung; vorbehalten bleiben freilich jeweilige *leges speciales*. Die Revisionspflicht für Vereine ist eigenständig in Art. 69b Abs. 1 und 2 ZGB geregelt, folgt aber sinngemäss der aktienrechtlichen Regelung.

11 Durch die gesetzlichen Verweisungen wird ein wesentliches Revisionsziel verwirklicht: Die rechtsform*abhängige* Revisionspflicht wird aufgegeben, statt dessen wird eine **rechtsformunabhängige Revisionspflicht** eingeführt, welche zudem an der **wirtschaftlichen Bedeutung eines Unternehmens** angeknüpft (eingehend dazu Botschaft RAG, 3975 f. und 3989 ff.; BÖCKLI, Abschlussprüfung, N 19 ff.; IMARK/FISCHER, 329 ff.). Dieses Konzept bleibt jedoch auf juristische Personen beschränkt; auf die Statuierung einer Revisionspflicht für Einzelunternehmen, Kollektiv- und Kommanditgesellschaften wurde – in Abweichung zum Vorschlag im RRG – im Hinblick auf die laut Botschaft zumeist begrenzte wirtschaftliche Bedeutung und die i.d.R. persönliche (unbeschränkte) Haftung der Gesellschafter verzichtet (Botschaft RAG, 3995 f.). Die rechtsformunabhängige Revisionspflicht soll unter anderem dazu führen, dass die Frage der Revisionspflicht für die Wahl der Rechtsform eines Unternehmens unerheblich wird (Botschaft RAG, 3990; BÖCKLI, Abschlussprüfung, N 12).

12 Zu beachten ist, dass v.a. für im Finanzbereich tätige Unternehmen eine Revisionspflicht spezialgesetzlich geregelt ist, so etwa für **Effektenhändler** (Art. 17 Abs. 1 BEHG), **Banken** (Art. 18 Abs. 1 BankG; vgl. auch Art. 3h BankG für die Revisionspflicht von Finanzgruppen und -konglomeraten) und **Versicherungsunternehmen** (Art. 28 Abs. 1 VAG). Analoges gilt für **kollektive Kapitalanlagen** (Art. 126 KAG) und **Einrichtungen der beruflichen Vorsorge** (Art. 53 Abs. 1 BVG). Diese spezialgesetzlich geregelten Revisionspflichten fussen jedoch nicht auf dem Privatrecht, sondern sind Bestandteil des dualen Aufsichtskonzepts, welches in der Schweiz im Finanzbereich Anwendung findet und darin besteht, dass die Aufsicht über diese Unternehmen einerseits durch eine staatliche Aufsichtsbehörde und andererseits durch staatlich beaufsichtigte RS (als «verlängerter Arm» der Aufsichtsbehörde) wahrgenommen wird (vgl. eingehender dazu BÖCKLI, § 18 N 164 ff.; BSK BankG-WATTER, Art. 18 N 1 ff.; BSK BEHG-WATTER/IACANGELO, Art. 17 N 1 ff. m.w.H.). Die Tätigkeit der spezialgesetzlichen RS wird deshalb auch als privatrechtliches Auftragsverhältnis mit *öffentlich-rechtlichen Elementen* qualifiziert (vgl. BSK BEHG-WATTER/PFIFFNER, Art. 19 N 4 m.w.H.; BÖCKLI, § 18 N 164). Sie unterscheiden sich von der obligationenrechtlichen RS etwa dadurch, dass der von ihnen zu erstellende (und ebenfalls spezialgesetzlich geregelte) Revisionsbericht insb. der Aufsichtsbehörde zur Verfügung zu stellen ist (vgl. z.B. für Banken Art. 47 Abs. 2 lit. a, Art. 48 Abs. 1 BankV; für Effektenhändler s. Art. 34 Abs. 1 lit. d BEHV und dazu BSK BEHG-WATTER/PFIFFNER, Art. 19 N 46; für kollektive Kapitalanlagen Art. 128 Abs. 3 und Art. 139 Abs. 1 lit. b KKV; für Vorsorgeeinrichtungen Art. 36 Abs. 1 BVV 1); eine Vorlage dieses spezialgesetzlichen Revisionsberichts zuhanden der GV ist im Gegensatz zum obligationenrechtlichen Revisionsbericht i.d.R. nicht vorgeschrieben (generell CAMPONOVO, 221; für Banken vgl. BSK BankG-WATTER, Art. 18 N 15; Art. 728b Abs. 2 bzw. Art. 729b Abs. 1). Schliesslich werden die spezialgesetzlichen RS – vorbehältlich anderweitiger Statutenbestimmungen – vom VR der Gesellschaft ernannt (für Effektenhändler BSK BEHG-WATTER/IACANGELO, Art. 17 N 12; für Banken B/K/L-BODMER, P9 N 40; vgl. ferner auch die Regelung für kollektive Kapitalanlagen in Art. 126 KAG bzw. Art. 137 KKV; für Vorsorgeeinrichtungen Art. 53 Abs. 1 BVG), während die obligationenrechtliche RS zwingend von der GV gewählt werden muss (vgl. z.B. Art. 730 Abs. 1 und 698 Abs. 2 Ziff. 2; Art. 804 Abs. 2 Ziff. 3; Art. 879 Abs. 2 Ziff. 2). Im Regelfall wird die spezialgesetzliche RS zwar mit der obligationenrechtlichen RS übereinstimmen, zwingend ist dies jedoch nicht (B/K/L-BODMER, P7 N 2). Da die obligationenrechtliche Revisionspflicht folglich von der aufsichtsrechtlichen Revisionspflicht zu unterscheiden ist, ist es (wenn auch wohl nur theoretisch) denkbar, dass z.B. kleine Effektenhändler oder Fondsleitungsgesellschaften, die den obligationenrechtlichen Bestimmungen über die Revisionspflicht direkt oder qua Verweis unterstehen, die aber die Voraussetzungen für eine ordentliche Revision i.S.v. Art. 727 nicht erfüllen, sich (obligationenrechtlich) lediglich einer **eingeschränkten Revision** i.S.v. Art. 727a zu unterziehen haben (oder gar vom Opting-Out nach Art. 727a Abs. 2 Gebrauch machen können). Dies wird angesichts der regelmässig hohen Anforderungen der aufsichtsrechtlichen Revision jedoch z.T. als stossend erachtet und entsprechend abgelehnt (generell CAMPONOVO, 221; in Bezug auf Versicherungsunternehmen WEBER/UMBACH, § 6 N 143). U.E. lässt sich diese (ablehnende) Auffassung jedoch angesichts der aufgezeigten Unterscheidung von obligationenrechtlicher und aufsichtsrechtlicher Revisionspflicht nicht aufrechterhalten. Der Entscheid des Gesetzgebers, im Bereich der obligationenrechtlichen Revisionspflicht an der wirtschaftlichen Bedeutung eines Unternehmens anzuknüpfen, war ein zentraler und bewusster Entscheid der gesamten Revision (vgl. N 15 ff.). Aktionären steht in solchen Fällen das Opting-Up gem. Art. 727 Abs. 2 und 3 uneingeschränkt zur Verfügung; sollte ihnen die eingeschränkte Revision zu wenig vertrauenswürdig sein, können sie dies jederzeit ändern. In der **Praxis** wird das Gesagte allerdings zu wenig Problemen führen, da solche Unternehmen i.d.R. die Voraussetzungen von Art. 727 erfüllen und damit der ordentlichen Revisionspflicht unterstehen.

2. Sachlicher Geltungsbereich

Regelungsgegenstand der Art. 727 und 727a bilden die **Voraussetzungen,** unter welchen AGs verpflichtet sind, ihre *Jahres- und ggf. Konzernrechnung* von einer externen RS ordentlich bzw. eingeschränkt prüfen zu lassen. Dabei wird jeweils auch geregelt, unter welchen Voraussetzungen ein Wechsel der Revisionsart oder ein Verzicht auf die eingeschränkte Revision erlaubt ist **(Opting-System).** Der Umfang, die Art und Tiefe der Vorgehensweise der RS bei der jeweiligen Revisionsart wird in den Art. 728a ff. bzw. 729a ff. geregelt.

Das in N 13 Gesagte darf nicht darüber hinwegtäuschen, dass die nach Massgabe der Art. 727 und Art. 727a zur Anwendung gelangende Revisionsart mehr als nur die Prüfung der Jahres- bzw. Konzernrechnung betrifft: So zeitigt eine Unterstellung unter die ordentliche bzw. eingeschränkte Revisionspflicht auch Auswirkungen auf die Ausgestaltung der **Revisionsberichte** (vgl. Art. 728b mit Art. 729b), die **Anzeigepflichten** der RS (vgl. Art. 728c mit Art. 729c), die Anforderungen an ihre **Unabhängigkeit** (vgl. Art. 728 mit Art. 729) sowie die **fachlichen Anforderungen** (vgl. Art. 727b mit Art. 727c). Vgl. auch Art. 727 N 30 ff. bzw. Art. 727a N 6 ff. sowie die tabellarische Übersicht in Art. 727a N 10.

IV. Normzweck

1. Zweck der Revisionspflicht im Allgemeinen

Eine (zwingende) Revisionspflicht für die AG durch eine (externe) RS besteht schon seit der Einführung der AG auf Bundesebene im Jahre 1881 (Botschaft RAG, 3975). Bei der Eruierung des Normzweckes gilt es zu beachten, dass die Revisionspflicht verschiedene (und immer zahlreichere) Aufgaben der RS beinhaltet. Im Zentrum steht die **Prüfung der Jahres- und ggf. Konzernrechnung** (Art. 728 Abs. 1 Ziff. 1 bzw. Art. 729 Abs. 1 Ziff. 1). Mit ihr funktional verbunden sind die an die Prüfung der Jahresrechnung anschliessenden **Berichterstattungspflichten** (Art. 728b bzw. 729b), die **Anzeigepflichten** (Art. 728c bzw. 729c; vgl. auch Art. 725 Abs. 3), die Pflicht zur Prüfung des **Antrags des VR an die GV über die Verwendung des Bilanzgewinnes** (Art. 728a

Abs. 1 Ziff. 2 bzw. Art. 729a Abs. 1 Ziff. 2) und neu (allerdings nur bei der ordentlichen Revision) der **Existenz eines internen Kontrollsystems (IKS)** (Art. 728a Abs. 1 Ziff. 3). Abgesehen von diesen Pflichten bestehen so genannte **(ausserordentliche) Prüfungspflichten** (vgl. dazu BÖCKLI, § 15 N 196 ff.), z.B. anlässlich bestimmter Vorfälle wie einer Kapitalveränderung oder Umstrukturierung. Ausserdem hat die RS nötigenfalls die **GV einzuberufen** (Art. 699 Abs. 1).

16 Im Kernbereich der Aufgaben der RS, nämlich der Prüfung der Jahres- bzw. Konzernrechnung und den mit ihr funktional verbundenen Aufgaben (Revision i.e.S.), besteht der Zweck der Revisionspflicht darin, **die Qualität der Rechnungslegung und damit insb. der Jahresrechnung zugunsten ihrer Schutzadressaten zu gewährleisten** (vgl. auch Botschaft RAG, 3970; Botschaft AG, 843; BGE 133 III 459; EGGMANN, 12; SUNDERDIEK, 36 ff. m.w.H.; LINDER/VON DER CRONE, 498 f.; BEHR, Grundzüge, 306 f.; ALBOFATHIAN-HAMMER, 17; EBKE, § 316 N 23 f.; zum möglichen *expectation gap*, den dieses Verständnis erzeugen kann, vgl. etwa BÖCKLI, Abschlussprüfung, N 37 ff.). Für die Ausgestaltung des Rechnungswesens sowie für die Erstellung der Jahresrechnung ist zwingend der VR zuständig (Art. 716a Abs. 1 Ziff. 3 und 6). Würde die Rechnungslegung nicht einer externen Kontrolle unterzogen werden, würde die Gefahr bestehen, dass sie bewusst oder unbewusst fehlerhaft erstellt wird (vgl. etwa GRONER/VOGT, 258; BÖCKLI, Abschlussprüfung, N 563; LINDER/VON DER CRONE, 498). Dies wiederum würde die Informationsfunktion der Rechnungslegung generell sowie das gesetzlich verankerte Ziel der Jahresrechnung (Art. 662 Abs. 2), nämlich die *möglichst zuverlässige Beurteilung der Vermögens- und Ertragslage der Gesellschaft* (Art. 662a Abs. 1), zu erlauben erheblich beeinträchtigen. Durch die Prüfung der Jahresrechnung wird für den VR somit gleichzeitig auch ein **Anreiz** geschaffen, die anwendbaren Bestimmungen zur Rechnungslegung bereits ex ante zu beachten (BÖCKLI, Abschlussprüfung, N 12; SUNDERDIEK, 24 m.w.H.).

17 Was die **Schutzadressaten** der Revision (i.e.S.) anbelangt, sind die Auffassungen darüber in einem Wandel begriffen. Während die Revisionspflicht seit ihrer Einführung über lange Zeit hinweg als Instrument zum Schutz der (bestehenden) Aktionäre und (bestehenden) Gläubiger aufgefasst wurde (vgl. sogleich N 18 f.), lässt sich in jüngerer Zeit ein Trend hin zu einem vermehrt **funktionalen, (kapital)marktorientierten Verständnis der Revisionspflicht** feststellen, welcher den Kreis der Schutzadressaten der Revisionspflicht mit zunehmender volkswirtschaftlicher Bedeutung eines Unternehmens über die bestehenden Aktionäre und Gläubiger auf die Anleger (in Aktien oder Obligationen sowie entsprechende Derivate) und die Öffentlichkeit i.A. ausweitet (vgl. sogleich N 20 f.). Dieser Wandel ist nicht nur von akademischem Interesse, sondern zeitigt auch unmittelbare praktische Auswirkungen, etwa im Bereich der Verantwortlichkeit der RS (vgl. Art. 755).

18 Dass die Revisionspflicht (i.e.S.) primär dem Schutz des (bestehenden) **Aktionärs** dient, leuchtet unmittelbar ein. Der Aktionär stellt der Unternehmensleitung sein Kapital zur Verfügung und trägt das Residualrisiko. Je weniger er selbst an der Unternehmensleitung beteiligt ist (oder infolge einer Minderheitsbeteiligung darauf Einfluss nehmen kann) und je beschränkter seine Einsichtsmöglichkeiten in die Interna der Gesellschaft sind, umso grösser wird die **Informationsasymmetrie** zwischen ihm und der Unternehmensleitung (vgl. eingehend MAROLDA MARTÍNEZ, 14 ff. und 89 ff.). Da das Recht der Aktionäre auf Einsicht in die Bücher nur unter erschwerten Voraussetzungen beansprucht werden kann (Art. 697 Abs. 3 und dazu jüngst BGE 133 III 453 m.w. H.), kommt der geprüften Rechnungslegung insofern eine wichtige kompensierende Funktion zur Verringerung dieser Informationsasymmetrie zu (vgl. auch Botschaft

RAG, 3975; BOURQUI/BOURQUI, 424; MEIER-HAYOZ/FORSTMOSER, § 16 N 483; EGGMANN, 10 f.; BEHR, Grundzüge, 306 f.; SUNDERDIEK, 34 f.; EBKE § 316 N 33). Die (geprüfte) Rechnungslegung trägt damit zur Verbesserung der Entscheidungsgrundlage in Bezug auf die Ausübung der Aktionärsrechte und den allfälligen Verkauf der Beteiligung bei (Botschaft RAG, 3975; BGE 133 III 457; 132 IV 19; 122 IV 25; BÖCKLI, Abschlussprüfung, N 15). Dass die Prüfung der Rechnungslegung und der Revisionsbericht primär zum Schutz der Aktionäre vorgesehen ist, geht auch daraus hervor, dass die Vorschriften über die Rechnungslegung bzw. die Jahresrechnung systematisch im Abschnitt über die Rechte und Pflichten der Aktionäre eingeordnet sind und dass der Geschäftsbericht, der die Jahresrechnung enthält, den Aktionären zusammen mit dem Revisionsbericht (Art. 728b Abs. 1 bzw. Art. 729b Abs. 1) zur Kenntnis zu bringen (Art. 696) und von diesen zu genehmigen ist (Art. 698 Abs. 2 Ziff. 3 und 4).

Weiter leuchtet ein, dass die Prüfung der Jahresrechnung auch dem Schutz der (bestehenden) **Gläubiger** (Fremdkapitalgeber, Lieferanten bzw. Dienstleistungserbringer) der Gesellschaft dient (vgl. BGE 133 III 457; BGer v. 10.10.2007, 6B_367/2007, E. 4.3; BGE 106 II 235; aus der Literatur etwa BÖCKLI, § 18 N 195; EGGMANN, 11 und 14; GRONER/VOGT, 262; OR-Handkommentar-BERTSCHINGER, Art. 755 N 7; BÄRTSCHI, 296 f.; ferner BEHR, Grundzüge, 306 f.). Dies ergibt sich v.a. daraus, dass die aktienrechtlichen Vorschriften über die Rechnungslegung nach h.L. und Rechtsprechung auch auf dem Gedanken der Kapitalerhaltung bzw. des Kapitalschutzes beruhen und damit nebst dem Aktionärs- auch dem Gläubigerschutz verpflichtet sind. Zudem bezwecken die mit der Prüfung der Jahresrechnung funktional verbundenen Anzeigepflichten bei offensichtlicher Überschuldung der Gesellschaft (Art. 728c bzw. 729c) die Verhinderung der Konkursverschleppung, was in erster Linie dem Schutz der bestehenden (aber auch zukünftigen) Gläubiger dient (BGer v. 18.4.2007, 4C.436/2006; Botschaft AG, 932; vgl. auch Art. 755 N 12 f.; FORSTMOSER, Haftung, 500). Schliesslich räumt das Gesetz den Gläubigern einen Anspruch auf Offenlegung bzw. Einsicht in die Jahresrechnung und den Revisionsbericht ein (Art. 697h), obwohl sie im Unterschied zu den Aktionären *nicht* Adressaten der Jahresrechnung und des Revisionsberichts sind. **19**

Ob die Prüfung der Jahresrechnung auch im Interesse **zukünftiger Aktionäre und Gläubiger** (d.h. der Anleger oder Investoren) oder gar einer abstrakt gehaltenen **Allgemeinheit oder Öffentlichkeit** liegt, ist in der Lehre umstritten (vgl. die umfangreichen Nachweise bei BÖCKLI, § 18 N 193 ff. und BÄRTSCHI, 293 ff.). Das BGer hat sich indes bei volkswirtschaftlich hinreichend bedeutenden Unternehmen wiederholt für einen sehr weit gefassten Schutz der Erfüllung der Prüfungsaufgaben der RS ausgesprochen und damit den Weg für ein vermehrt **funktionales, (kapital)marktorientiertes Verständnis der Wirtschaftsprüfung** geebnet (vgl. insb. BGer v. 19.12.1997, 4C.13/1997, in: Pra 87 [1998], Nr. 121, 682 sowie BGE 106 II 235; ferner BGE 122 IV 28, BGE 133 III 457 und BGer v. 10.10.2007, 6B_367/2007, E. 4.3, wenn auch bezogen auf die Funktion der Buchführung; zur seit jeher kapitalmarktorientierten Wirtschaftsprüfung in den USA etwa HONOLD, 79 ff.; ferner HELBLING, 162). Zudem geht auch der BR davon aus, dass die Rechnungslegung und Revision einen Drittschutz bezwecken (Botschaft RAG, 3975 f. und 3989). Bei Publikumsgesellschaften erklärt er den Investorenschutz gar zum primären Schutzziel der Revisionspflicht (Botschaft RAG, 3989; krit. hierzu BÖCKLI, Abschlussprüfung, N 360). **20**

Das im Aufkommen begriffene funktionale Verständnis der Wirtschaftsprüfung ist u.E. zu begrüssen (ebenso GRONER/VOGT, 262 f.; BÄRTSCHI, 296 ff. m.w.H.; ALBOFATHIAN-HAMMER, 78; EGGMANN, 12 ff.; BEHR, Revisionsaufsicht, 11; ferner auch MEIER-HAYOZ/FORSTMOSER, § 16 N 483; krit. hingegen insb. BÖCKLI, § 18 N 193 ff. m.w.N.; **21** zum deutschen Recht vgl. etwa EBKE, N 24 f.; ZIMMER, N 2 ff.). Ein Hinweis auf einen Drittschutz der Revisionspflicht ergibt sich für AGs bereits aus der Pflicht, dass die RS im Handelsregister eingetragen werden muss (vgl. neu Art. 45 Abs. 1 lit. q HRegV). Des Weiteren zielt die Prüfung der Jahresrechnung auf die Gewährleistung des Kapitalschutzes ab, welcher gerade auch potentiellen Investoren dient (eingehend GRONER/VOGT, 262 f.; FORSTMOSER, Haftung, 498). Bei Gesellschaften, die den Kapitalmarkt in Anspruch nehmen, ergibt sich die gesellschaftsübergreifende Schutzfunktion zudem unmittelbar aus der Bedeutung, die einer zuverlässigen Information im Kapitalmarkt für die Preisbildung und einen funktionierenden, die Ressourcen richtig allozierenden Markt (inkl. Unternehmenskontrollmarkt) zukommt (ebenso GRONER/VOGT, 258 und 262; BÄRTSCHI, 297; Botschaft RAG, 3976 und 3990 f.; SUNDERDIEK, 36; MATTEUS, 15; EBKE, § 316 N 33). Kotierte Gesellschaften und Gesellschaften mit ausstehenden Anleihensobligationen sind denn auch gesetzlich verpflichtet, die Jahresrechnung bzw. die Konzernrechnung sowie den Revisionsbericht im *SHAB* zu veröffentlichen oder *jedem Interessenten* auf Wunsch zuzustellen (Art. 697h Abs. 1). Damit wird die geprüfte Jahresrechnung (und der Revisionsbericht) zu einer öffentlichen **Kapitalmarktinformation,** die eine entsprechende Schutzfunktion zugunsten von Anlegern und ihren Investitionen entfaltet. Anders entscheiden hiesse, die Offenlegungspflicht gem. Art. 697h Abs. 1 ihres Sinnes zu entleeren und fundamentale Voraussetzungen eines funktionierenden Kapitalmarktes zu verkennen. Ausserdem belegt auch die staatliche Aufsicht über Revisionsunternehmen, welche Publikumsgesellschaften prüfen, dass ihre Tätigkeit im Interesse der Anleger steht (MEIER-HAYOZ/FORSTMOSER, § 16 N 485).

2. Zweck der abgestuften Revisionspflicht im Besonderen

22 Bei kleinen Unternehmen ist das **volkswirtschaftliche Schädigungspotential,** welches sich bei ungenügender oder gar fehlender Gewährleistung der Qualität der Rechnungslegung durch eine RS zu manifestieren vermag, weit geringer als bei grösseren Unternehmen. Aus Gründen der Verhältnismässigkeit rechtfertigt es sich deshalb nicht, für alle Gesellschaften denselben (strengen) Revisionsmassstab anzuwenden und dabei in Kauf zu nehmen, dass die Kosten im Zusammenhang mit der Revision für gewisse Gesellschaften zu hoch ausfallen. Jede gesetzlich vorgesehen Revisionspflicht ist (ökonomisch gesehen) nur solange gerechtfertigt, als die Kosten, die aufgrund der durch die Revisionspflicht den RS auferlegten Aufgaben anfallen, tiefer sind als die Kosten, die entstehen würden, wenn die Aufgaben der RS gar nicht oder von den Gesellschaftern und/oder Gläubigern selbst übernommen würden. Wenn sich der Gesetzgeber deshalb für die Einführung eines sich an der volkswirtschaftlichen Bedeutung eines Unternehmens differenzierenden **Stufensystems** entscheidet, dann ökonomisch gesehen deshalb, weil er **ungerechtfertigte Transaktionskosten** im Zusammenhang mit der Revision der Rechnungslegung nach Möglichkeit zu eliminieren sucht (prägnant BEHR, Grundzüge, 307; BÖCKLI, Abschlussprüfung, N 35; Botschaft RAG, 3994 und 4002; kritisch zur kostensenkenden Wirkung hingegen HÄFELI, 322; ANNEN, 283).

23 Die Botschaft begründet die Einführung eines Stufensystems auf ähnl. Weise mit den unterschiedlichen «Schutzzielen», welche die Revisionspflicht verfolge und orientiert sich bei der Abstufung der Revisionspflicht insb. an den unterschiedlichen Interessenlagen der verschiedenen Anspruchsgruppen eines Unternehmens (Botschaft RAG, 3989 f.). In diesem Zusammenhang gilt es allerdings anzumerken, dass u.E. entgegen der in der Botschaft geäusserten Auffassung die Schutzbedürfnisse von Gläubigern bei KMU nicht weniger ausgeprägt sind als bei grossen Unternehmen (so aber Botschaft RAG, 3992; wie hier schon Schlussbericht Groupe de réflexion, 36; vgl. auch BÖCKLI,

Abschlussprüfung, N 13). Die Möglichkeit von Gläubigern, sich selbst zu schützen (z.B. Kreditauskünfte einzuholen, eigene Bonitätsprüfungen vorzunehmen oder ihre Forderungen vertraglich absichern zu lassen, vgl. Botschaft RAG, 3990 und 3992; BEHR, Grundzüge, 307; SANWALD/BEHR, 580; STENZ, 346; HÄFELI, 322; krit. z.T. BÖCKLI, Abschlussprüfung, N 559 ff.) besteht u.E. unabhängig von der Grösse eines Unternehmens (bzw. korrelieren oft umgekehrt zur Unternehmensgrösse).

3. Würdigung

Die Einführung eines nach wirtschaftlicher Bedeutung differenzierenden Stufensystems mit Opting-Möglichkeiten zum Schutz bestimmter Anspruchsgruppen im Bereich der Revisionspflicht ist zu begrüssen. Die Revision ist – analog zur Rechnungslegung – bereits seit mehreren Jahren massgeblich von **internationalen Harmonisierungsbestrebungen** geprägt (vgl. dazu STENZ, 347; STÖCKLI/SPIESS, 928). So schreibt etwa die neue EG-Abschlussprüfungs-RL der EU (vgl. N 37) den Mitgliedstaaten vor, ihre Abschlussprüfer und Prüfungsgesellschaften zu verpflichten, Abschlussprüfungen gem. den von der Kommission angenommenen *internationalen Prüfungsstandards* durchzuführen (Art. 26 Abs. 1 der RL). Und auch die im 2004 erlassenen Schweizer Prüfungsstandards (PS) entsprechen einer Umsetzung der Vorgaben der ISA (vgl. SCHWEIZER PRÜFUNGSSTANDARDS, Einl., 2; ferner STENZ, 347). Diese internationalen Prüfungsstandards orientieren sich massgeblich an der Prüfung von Publikumsgesellschaften (zumal in Ländern wie den USA für andere Gesellschaften gar keine Revisionspflicht besteht, vgl. N 41), was dazu führt, dass die Revision nach bisherigem Recht eine fortwährende **Komplexitätssteigerung** erfahren hat (ähnl. STENZ, 347; WINKEL, 368). Eine gesetzliche Regelung der Revision, die undifferenziert sämtliche Gesellschaften an diesen hohen Massstäben misst, angesichts der unterschiedlichen Bedürfnisse der Schutzadressaten unverhältnismässig – ein Stufensystem, welches insb. KMU von den aufwändigen Prüfungen und den damit verbundenen (Agentur-)Kosten entlastet, ist deshalb sinnvoll und volkswirtschaftlich wünschenswert. **24**

Ob sich das Stufensystem (ordentliche/eingeschränkte Revision) in der **Praxis bewähren** wird, ist damit jedoch noch nicht gesagt. Abgesehen von der Frage, ob die eingeschränkte Revision überhaupt einen kostensenkenden Effekt erzielen wird (vgl. die Hinweise in N 22), steht auch die Frage im Raum, ob sie sich angesichts der Anforderungen von kreditgebenden Banken für Bonitätsprüfungen gegen die ordentliche Revision durchzusetzen vermögen wird (kritisch etwa AMSTUTZ/VON BHICKNAPAHARI, Rz 10 f.). Selbst der BR musste in seiner Botschaft einräumen, dass sich in der Praxis aufgrund der Marktbedingungen oftmals eine Erhöhung der Anforderungen an die Revision in KMU ergeben wird (vgl. Botschaft RAG, 3994 und 4002, welche von einer Art «Opting-In durch Gläubigerinnen und Gläubiger» spricht). Nach anfänglicher Skepsis gegenüber der eingeschränkten Revision haben sich die positiven Stimmen mittlerweile jedoch gemehrt (vgl. etwa STÖCKLI/ZAEHNER, 400; STENZ, 346 ff.; STENZ, Revisionsordnung, 484) und selbst aus Bankenkreisen kommen positive Signale (vgl. WINKEL, 369; STÖCKLI/SPIESS, 929). Bedenken, wonach das Konzept der eingeschränkten Revision schwer verständlich zu machen sei (insb. im Ausland), sind insofern wenig angebracht, als dass sich die eingeschränkte Revision mit dem national und international weit verbreiteten *«review»* bzw. der prüferischen Durchsicht durchaus vergleichen lässt (so STENZ, 348; SANWALD/BEHR, 583; Botschaft RAG, 3994). Und schliesslich zeigt die Revisionsbranche mit dem im Dezember 2007 von der Treuhand-Kammer und dem Schweizerischen Treuhänder-Verband veröffentlichten **Standard für die eingeschränkte Revision,** dass sie die Zweiteilung ernst nimmt (zur Entstehung des Stan- **25** dards vgl. STÖCKLI/ZAEHNER, 400 ff.). Die Rahmenbedingungen für eine Bewährung des Stufensystems stimmen daher optimistisch.

26 Die neu vorgesehene Möglichkeit für sehr kleine Gesellschaften, nach Massgabe von Art. 727a Abs. 2 gänzlich auf eine Revision zu verzichten **(Opting-Out)**, ist stark von der Regelung in der EU beeinflusst (vgl. Art. 51 Abs. 2 der Vierten Richtlinie 78/660/EWG vom 25.7.1978 über den Jahresabschluss von Gesellschaften bestimmter Rechtsformen; SANWALD/BEHR, 580; ferner Botschaft RAG, 4107). Dies ermöglicht es kleinen Gesellschaften (oder gewissen Konzerntochtergesellschaften), eine Revision je nach konkretem Anlass und Bedarf durchführen zu lassen und diese so den spezifischen Anforderungen des Empfängers anzupassen (so zumindest ANNEN, 282). Stark mitverantwortlich für die Einführung des Opting-Out dürfte nicht zuletzt der grosse politische Druck gewesen zu sein, nach der kritischen Vernehmlassung zur RRG-Vorlage ein KMU-freundliches Konzept vorzusehen. In der Praxis dürften kreditgebende Banken die Verbreitung des Opting-Out allerdings stark hemmen (vgl. WINKEL, 369).

27 Dem Institut des Opting-Out ist bereits vor dessen Inkrafttreten vereinzelt **Kritik** erwachsen. Als Argument gegen dieses neue Institut wird primär vorgetragen, dass die Revisionspflicht ein Korrelat zur Beschränkung der Haftung der juristischen Person bilde (BÖCKLI, Abschlussprüfung, N 560; DERS., Vorentwurf, 25; Schlussbericht Groupe de réflexion, 36). Der Wegfall führe dazu, dass die Einhaltung der gesetzlichen Kapitalschutzvorschriften der Willkür der Unternehmensleitung überlassen werde, anstatt sie institutionell durch eine RS durchzusetzen (BÖCKLI, Abschlussprüfung, N 562 f.). Dies fördere die Gefahr, die Vorschriften zur Rechnungslegung in kritischen Situationen nicht zu beachten (sog. *moral hazard*, vgl. BÖCKLI, Abschlussprüfung, N 563; i.d.S. wohl auch Schlussbericht Groupe de réflexion, 36). Des Weiteren sei das Schutzbedürfnis von Gläubigern auch bei sehr kleinen Gesellschaften nicht weniger gross als dasjenige von Gläubigern grösserer Gesellschaften (Schlussbericht Groupe de réflexion, 36; ähnl. auch AMSTUTZ/VON BHICKNAPAHARI, Rz 12). U.E. ist die Möglichkeit eines Opting-Out dennoch zu begrüssen (ebenso STENZ, Revisionsordnung, 484). Aus Sicht der Gesellschaft und ihrer Aktionäre lassen sich keine Bedenken ins Feld führen, sieht das Gesetz für den Verzicht auf die RS doch ausdrücklich Einstimmigkeit vor (Art. 727a Abs. 2). Aus Sicht der bestehenden Gläubiger sowie der zukünftigen Anleger ist es zwar zutreffend, dass der Verzicht auf die RS die in N 16 aufgeführten Zwecke derselben vereitelt und dementsprechend den damit beabsichtigten Schutz beeinträchtigen. Dem ist allerdings entgegenzuhalten, dass es mit der gesetzlich vorgesehenen Möglichkeit des Opting-In (vgl. Art. 727a N 39 ff.) nicht nur den Gesellschaftern, sondern indirekt auch den Gläubigern freisteht, eine Gesellschaft von einem Opting-Out abzubringen (BOURQUI/BOURQUI, 426). Die Marktkräfte können also ein entsprechendes Bedürfnis rechtlich, wenn auch nur indirekt, durchaus durchsetzen (ebenso für eine marktorientierte Betrachtungsweise HONOLD, Qualitätskontrolle, 19 f.).

V. Numerus clausus der Revisionsarten?

1. Fragestellung

28 Aus dem Gesetz gehen zwei Revisionsarten hervor: Art. 727 regelt die Voraussetzungen für die **ordentliche Revisionspflicht;** deren Konsequenzen ergeben sich aus den Art. 727 b und 728 ff. Art. 727a regelt demgegenüber die Voraussetzungen der **eingeschränkten Revisionspflicht,** deren Rechtsfolgen in Art. 727c und 729 ff. festgehalten sind. Das Gesetz regelt neu aber nicht nur die ordentliche und die eingeschränkte Revisionspflicht, es sieht auch den freiwilligen **Wechsel** von der eingeschränkten Revisionspflicht auf die or-

dentliche Revisionspflicht vor (Art. 727 Abs. 2 und 3; Opting-Up) sowie den Verzicht auf eine eingeschränkte Revisionspflicht (Art. 727a Abs. 2; Opting-Out).

Es stellt sich nun die Frage, ob im Rahmen der gesetzlich vorgesehenen Opting-Möglichkeiten (Opting-Up bzw. Opting-Out) auch **Abweichungen von den gesetzlichen Vorschriften der ordentlichen bzw. eingeschränkten Revisionspflicht** zulässig sind. Kann bspw. eine Gesellschaft, die von Gesetzes wegen nicht der ordentlichen Revisionspflicht untersteht, im Rahmen eines Opting-Up zur ordentlichen Revisionspflicht festlegen, dass die Aufgaben der RS durch einen zugelassenen Revisoren (anstatt einen zugelassenen Revisionsexperten, vgl. Art. 727b Abs. 2) durchgeführt werden oder dass auf die Erstellung eines Berichts zuhanden der GV verzichtet werden könne? Oder soll eine Gesellschaft umgekehrt im Rahmen eines Opting-Out festlegen können, dass nicht ganz auf eine RS verzichtet werde, deren Aufgabenkatalog gegenüber der eingeschränkten Prüfung jedoch weiter eingeschränkt werde (sog. Opting-Down)? Diese Fragen sind im Hinblick auf das Opting-Up und das Opting-Down getrennt zu analysieren. 29

2. Gestaltungsfreiheit im Rahmen des Opting-Up

Nach dem Willen des BR und einem Teil der Lehre soll es den Gesellschaftern im Rahmen eines Opting-Up nach Art. 727 Abs. 2 und 3 zur ordentlichen Revisionspflicht unbenommen sein, von der gesetzlichen Regelung der ordentlichen Revision abzuweichen und sich z.B. mit einem zugelassenen Revisoren (anstatt einem zugelassenen Revisionsexperten) zu begnügen (Botschaft RAG, 4001 und 4013 f.; DUC, 135; ZIHLER, 15; REBSAMEN, N 140; IMARK/FISCHER, 330, allerdings nur unter Verweis auf die Botschaft). Diese Auffassung wird insb. von BÖCKLI mit dem Argument abgelehnt, es handle sich beim Opting-Up um ein Gestaltungsrecht, das als solches entweder ausgeübt werden könne oder nicht (BÖCKLI, Abschlussprüfung, N 119 und N 125 f.). Nach ihm kann ein zugelassener Revisor niemals eine ordentliche Revision durchführen (a.a.O., N 119); eine ordentliche Prüfung durch einen zugelassenen Revisoren (anstatt eines Revisionsexperten) käme geradezu einem Etikettenschwindel gleich (a.a.O., N 126). Für ihn gilt aus Gründen der Rechtssicherheit generell ein **numerus clausus der Revisionsarten** (a.a.O., N 97 f.; ebenso CHK-OERTLI/HÄNNI, Art. 727–727a OR N 26 und 35), insb. gebe es keine ordentliche Revision «light» (a.a.O., N 125). Auch CAMPONOVO hat sich bereits früh gegen «weitere Revisionsvarianten» ausgesprochen, räumt allerdings ein, dass solche weiteren Varianten ohne eine explizite Anpassung des Wortlautes wohl möglich wären (CAMPONOVO, 228; einschränkend jedoch wieder CAMPONOVO/VON GRAFFENRIED-ALBRECHT, 26, wonach eine Abweichung von der gesetzlichen Regelung der ordentlichen Revision nur durch eine Statutenänderung, nicht aber durch einen einfachen GV-Beschluss erfolgen könne). 30

U.E. ist der Ansicht in der Botschaft zu folgen: Aus **Sicht der Gesellschafter** ist nicht einzusehen, weshalb es nicht erlaubt sein sollte, von der gesetzlichen Regelung im Falle eines Opting-Up abzuweichen und sich *freiwillig* mit weniger zu begnügen als ihnen bei einem dem Gesetz folgenden Opting-Up gesetzlich zusteht (argumentum a maiore ad minus). Dies gilt umso mehr, wenn man im Hinblick auf die Interessenlage der Gesellschafter bedenkt, dass das Opting-Up zum Schutz von *Minderheitsaktionären* eingeführt wurde, ihre Position folglich zu stärken beabsichtigt (Botschaft RAG, 4013 und 3992). Gegen eine «Revisionspflicht à la carte» (CAMPONOVO, 227) könnte zwar eingewendet werden, dass dadurch die Interessen **Dritter, insb. der Gläubiger und Anleger,** beeinträchtigt würden, da eine Vielfalt an Revisionsarten eine entsprechende Rechtsunsicherheit schaffe. Diesen Bedenken sind jedoch folgende Argumente entgegenzuhalten: 31

- Eine Rechtsunsicherheit in Bezug auf das **genaue Aufgabenheft der RS** besteht – abgesehen von Publikumsgesellschaften – auch dann, wenn man sich für einen numerus clausus der Revisionsarten ausspricht. Dies deshalb, weil im Handelsregister zwar die RS eingetragen werden müssen (Art. 45 Abs. 1 lit. q HRegV), nicht jedoch ihre *Revisionsart* (Begleitbericht HRegV, 9; BÖCKLI, Abschlussprüfung, N 669). Auch aus den Statuten geht über die Revisionsart nur dann etwas hervor, wenn man ein statutarisches Opting-Up gem. Art. 727 Abs. 3 gewählt hat, nicht aber im Falle eines GV-Beschlusses oder eines Minderheitenantrags nach Art. 727 Abs. 2. Mit anderen Worten kann ein Dritter dem Handelsregister keine Auskunft darüber entnehmen, in welchem Umfang eine RS für eine Gesellschaft tätig wurde (ausgenommen im Falle des statuarischen Opting-Up).

- In Bezug auf die **fachliche Befähigung einer RS** besteht keinerlei Rechtsunsicherheit, steht es doch jedem Dritten frei, sich durch einen Blick in das öffentliche Register über die zugelassenen Revisoren Klarheit über die fachliche Befähigung einer RS zu verschaffen (Art. 15 Abs. 2 RAG). Der Gesetzgeber zielte in Bezug auf die fachlichen Anforderungen an die RS zwar auf die Gewährleistung der Verlässlichkeit der Revision ab (Botschaft RAG, 3997), doch kann schwerlich von einer Beeinträchtigung gesprochen werden, wenn sich Dritte rasch Rechtssicherheit verschaffen können (und die Gesellschafter sich selbst mit weniger begnügen als ihnen gesetzlich zusteht).

- Und schliesslich schreibt das Gesetz der RS vor, im **Revisionsbericht** nicht nur anzugeben, welche fachliche Befähigung sie aufweist und wie unabhängig sie ist (vgl. Art. 728b Abs. 2 Ziff. 2 und 3 bzw. Art. 729b Abs. 1 Ziff. 3 und 4), sondern auch, ob die Revision eine eingeschränkte war oder nicht (Art. 729b Abs. 1 Ziff. 1). Aus Letzterem ergibt sich u.E. auch die Pflicht der RS, auf die Abweichungen von der gesetzlichen Regelung hinzuweisen (vgl. auch BÖCKLI, Abschlussprüfung, N 532, wenn auch im Rahmen des Opting-Down), womit sowohl für die Adressaten des Revisionsberichts, als auch für Gläubiger, welche Einblick in den Revisionsbericht erhalten, Klarheit geschaffen wird.

32 Führt man sich diese Transparenz aus Sicht Dritter vor Augen und berücksichtigt man, dass es aus Sicht der Gesellschafter zu keiner Schlechterstellung kommt, gibt es u.E. keinen Grund, Abweichungen von der gesetzlichen Ordnung zu verbieten. Die aufgezeigte Transparenz sorgt auch dafür, dass der Anspruch des Gesetzgebers, die Verlässlichkeit der Revision zu gewährleisten (Botschaft RAG, 3997), weder gegenüber Gesellschaftern noch gegenüber Dritten beeinträchtigt wird. U.E. erlaubt damit das neue Revisionsrecht im Rahmen des Opting-Up eine Abweichung von den gesetzlichen Vorgaben und es gibt **keinen numerus clausus der Revisionsarten.** Entgegen der Auffassung von CAMPONOVO/VON GRAFFENRIED-ALBRECHT, 26, gilt dies u.E. nicht nur für ein Opting-Up durch Statutenänderung (Art. 727 Abs. 3), sondern auch im Falle eines Opting-Up durch einen Aktionärsantrag (Art. 727 Abs. 2) oder einen GV-Beschluss (Art. 727 Abs. 3). Eine solche Differenzierung lässt sich entgegen der Ansicht der genannten Autoren aus dem Wortlaut von Art. 727 Abs. 3 nicht ableiten.

33 Erachtet man die Derogation von den gesetzlichen Vorgaben im Rahmen eines Opting-Up als zulässig, gilt auch ein Revisionsbericht, welcher nicht von einem zugelassenen Revisionsexperten (oder einem staatlich beaufsichtigen Revisionsunternehmen) erstellt wurde, als Revisionsbericht i.S.v. Art. 731 Abs. 1 und somit auch als hinreichende Grundlage für die Genehmigung der Jahresrechnung und die Verwendung des Bilanzgewinns (**a.M.** BÖCKLI, Abschlussprüfung, N 119).

3. Gestaltungsfreiheit im Rahmen des Opting-Out

Im Rahmen des Opting-Out besteht Einigkeit darüber, dass anstelle eines gänzlichen Verzichts, auch eine abgeschwächte Variante der eingeschränkten Revision zulässig ist (sog. **Opting-Down;** Botschaft RAG, 4000 und 4002; BÖCKLI, Abschlussprüfung, N 531 f.; CAMPONOVO, 227; MEIER-HAYOZ/FORSTMOSER, § 16 N 495; DUC, 135 f.; ZIHLER, 16). So kann z.B. eine Person als RS bezeichnet werden, die i.S. des RAG nicht zugelassen ist. Denkbar ist auch, die (eingeschränkte) Revision nur auf einzelne Posten in der Bilanz und/oder Erfolgsrechnung zu beschränken. In denjenigen Fällen, in denen das Gesetz für spezifische Prüfungen oder Bestätigungen einen zugelassenen Revisoren oder Revisionsexperten vorschreibt, müssen die fachlichen Anforderungen aber in jedem Fall beachtet werden.

Bei einem Opting-Down wird die RS aus dem Handelsregister gelöscht (Art. 61 Abs. 1 HRegV; Begleitbericht HRegV, 9). Dies lässt ihre **Stellung als Gesellschaftsorgan** allerdings genauso unberührt wie das Opting-Down selbst. Die im Rahmen eines Opting-Down prüfende RS unterscheidet sich von der eingeschränkt prüfenden RS lediglich durch ihren reduzierten Aufgabenkatalog und/oder ihre allfällig reduzierten fachlichen Anforderungen. Auch die Statuten werden nach wie vor Bestimmungen über die RS enthalten müssen (Art. 626 Ziff. 6). Die Organstellung der im Rahmen eines Opting-Down prüfenden RS hat zur Folge, dass auch ihr Revisionsbericht einen Revisionsbericht i.S.v. Art. 731 Abs. 1 darstellt (ebenso CAMPONOVO/VON GRAFFENRIED-ALBRECHT, 26 ff.; **a.M.** BÖCKLI, Abschlussprüfung, N 531). Zudem unterliegt ein allfälliger Schaden infolge einer Pflichtverletzung nach wie vor der Revisionshaftung gem. Art. 755 (ebenso CAMPONOVO/VON GRAFFENRIED-ALBRECHT, 26 ff.). Etwas anderes gilt, wenn eine Gesellschaft von einem Opting-Out Gebrauch macht, der VR aber in der Folge für gewisse Prüfungshandlungen einen Revisor oder einen Revisionsexperten beizieht; in diesen Fällen richtet sich das Verhältnis zwischen Gesellschaft und Revisor/Revisionsexperte i.d.R. nach Auftragsrecht; eine Organstellung wird dabei aber nicht begründet.

VI. Rechtsvergleich

1. Europäische Union (EU)

Eine gemeinschaftsweite und rechtsformübergreifende Revisionspflicht existiert in der EU bereits seit 1978: Aufgrund der **EU-Jahresabschluss-RL** sind im Wesentlichen Kapitalgesellschaften verpflichtet, ihren Jahresabschluss durch eine oder mehrere Personen prüfen zu lassen, die nach einzelstaatlichem Recht zur Prüfung des Jahresabschlusses zugelassen sind (Art. 1 und 51 Abs. 1 lit. a der 4. Richtlinie 78/660/EWG des Rates vom 25.7.1978 [...] über den Jahresabschluss [...], ABl. Nr. L 222 vom 14.8.1978, 11 ff.). Dasselbe gilt seit 1983 nach der **EU-Konsolidierungs-RL** auch für den konsolidierten Jahresabschluss (vgl. Art. 1 und 37 der 7. Richtlinie 83/349/EWG des Rates vom 13.6.1983 [...] über den konsolidierten Abschluss, ABl. Nr. L 193 vom 18.7.1983, 1 ff.). Zudem wurde im Zuge der Schaffung der **Societas Europaea (SE)** auch für diese Gesellschaftsform eine Revisionspflicht vorgeschrieben (vgl. Art. 61 der Verordnung (EG) Nr. 2157/2001 des Rates vom 8.10.2001 über das Statut der Europäischen Gesellschaft (SE), ABl. Nr. L 294, 1 ff.). Allerdings sieht die EU-Jahresabschluss-RL auch das Recht der Mitgliedstaaten vor, Gesellschaften von der **Revisionspflicht zu befreien,** sofern zwei der drei folgenden Schwellenwerte nicht erreicht werden (vgl. Art. 51 Abs. 2 der EU-KonsolidierungsRL i.V.m. Art. 1 der Richtlinie 2003/38/EG des Rates vom 13.5.2003; qua Verweis in Art. 61 der Verordnung gilt dies auch für die Societas

Europaea): Bilanzsumme: EUR 3 650 000; Nettoumsatzerlös: EUR 7 300 000; durchschnittliche Anzahl Beschäftigte: 50. Eine Befreiung von der Prüfungspflicht in Bezug auf den konsolidierten Abschluss ist in der EU-Konsolidierungs-RL nicht explizit geregelt, ergibt sich aber indirekt aufgrund der Möglichkeit der Mitgliedstaaten, von einer Konsolidierungspflicht abzusehen, wenn die zu konsolidierenden Unternehmen aufgrund ihrer letzten Jahresabschlüsse zwei der drei folgenden Schwellenwerte nicht überschreiten: Bilanzsumme: EUR 14 600 000; Nettoumsatzerlös: EUR 29 200 000, durchschnittliche Anzahl Beschäftigte: 250 (vgl. Art. 6 Abs. 1 EU-Konsolidierungs-RL). Die Schwellenwerte der EU-Jahresabschluiss-RL und EU-Konsolidierungs-_RL werden alle fünf Jahre im Hinblick auf die wirtschaftliche und monetäre Entwicklung überprüft und ggf. angepasst (Art. 53 Abs. 2 der EU-Jahresabschluss-RL); die letzte Anpassung erfolgte am 13.5.2003, sodass im Jahr 2008 wohl eine erneute Anpassung erfolgen wird.

37 Die Bestimmungen über die Zulassung der über die mit der Pflichtprüfung von Jahresabschlüssen in Kapitalgesellschaften beauftragten Personen sowie deren Aufsicht, welche bis anhin in der 8. EG-RL geregelt waren, wurden im Zuge der internationalen Entwicklungen vollständig revidiert; gestützt auf einen Vorschlag der EU-Kommission wurde am 17.5.2006 die sog. **EG-Abschlussprüfungs-RL** verabschiedet (RL 2006/43/ EG des Europäischen Parlaments und des Rates vom 17.5.2006 über Abschlussprüfungen von Jahresabschlüssen und konsolidierten Abschlüssen [...], ABl. Nr. L 157, 87 ff.), welche die 8. EG-RL vollständig aufhob. Die Revisionspflicht als solche wird dadurch jedoch nicht berührt.

38 Das Bestreben der Schweiz, sich im Bereich des Revisionsrechts der Regelung in der EU anzugleichen, geht bereits auf den Beginn der 1990er Jahre zurück (N 1). Ein **Vergleich** der schweizerischen Regelung im Bereich der Revisionspflicht mit der oben aufgezeigten Regelung der EU zeigt, dass das hiesige Recht die Revisionspflicht strenger handhabt als die EU: Die Aufgreifkriterien für eine ordentliche Revision sind in der Schweiz nicht nur auf die KMU-Schwellenwerte beschränkt, sondern erstrecken sich generell auf Publikumsgesellschaften und Gesellschaften, welche zur Konzernrechnungslegung verpflichtet sind (Art. 727 Abs. 1). Des Weiteren sind die Schwellenwerte in der Schweiz mit Ausnahme der Anzahl der Vollzeitstellen deutlich höher als in der EU (s. Tabelle; der Vorschlag des BR sah bei der Bilanzsumme den Betrag von CHF 6 Mio. und beim Umsatzerlös denjenigen von CHF 12 Mio. vor, womit der Unterschied zur Regelung in der EU um einiges kleiner gewesen wäre, vgl. N 5), ausserdem werden Gesellschaften unterhalb der KMU-Schwellenwerte im Gegensatz zur Regelung der EU nicht befreit, sondern unterliegen der eingeschränkten Revision (Art. 727a), einem Institut, welches der EU fremd ist; eine Befreiung kann nur mit Zustimmung sämtlicher Gesellschaften erfolgen (Art. 727a Abs. 2). Diese Unterschiede ändern jedoch nichts daran, dass das schweizerische Konzept EU-kompatibel ist, zumal es über und nicht unter den Vorgaben der EU bleibt (vgl. auch Botschaft RAG, 4107).

KMU-Schwellenwerte			
Aufgreifkriterium	Schweiz	Deutschland	EU
Bilanzsumme	CHF 10 Mio.	~ CHF 6.625 Mio.* (EUR 4.015 Mio.)	~ CHF 5.88 Mio.* (EUR 3.56 Mio.)
Umsatzerlös	CHF 20 Mio.	~ CHF 13.25 Mio.* (EUR 8.03 Mio.)	~ CHF 12.1 Mio.* (EUR 7.3 Mio.)
Vollzeitstellen	50	50	50

* Umrechnungskurs EUR/CHF: 1.652.

2. Bundesrepublik Deutschland

Die Umsetzung der Vorgaben der EU-Jahresabschluss-RL und EU-Konsolidierungs-RL in das nationalstaatliche Recht Deutschlands erfolgte durch das sog. Bilanzrichtliniengesetz, welches am 1.1.1986 in Kraft getreten ist und diverse Bestimmungen im HGB, AktG und anderen Gesetzen ersetzte oder anpasste. Der hier interessierende Bereich der Prüfungspflicht wurde in dem damals bereits bestehenden § 316 HGB an die Vorgaben der EU angepasst; danach sind der Jahresabschluss und der Lagebericht (sowie ggf. der Konzernabschluss und Konzernlagebericht) von Kapitalgesellschaften durch einen Abschlussprüfer zu prüfen; ausgenommen von der Prüfungspflicht sind Gesellschaften, die mindestens zwei der drei Schwellenwerte gem. § 267 Abs. 1 HGB nicht überschreiten (vgl. Tabelle; gem. dem Referentenentwurf des Bilanzrechtsmodernisierungsgesetzes (BilMoG) vom 8.11.2007 sollen die Schwellenwerte allerdings auf EUR 4.840 Mio. (Bilanzsumme) bzw. EUR 9.860 Mio. (Umsatzerlös) angehoben werden). So wenig wie die EU sieht auch Deutschland, abgesehen von den KMU-Schwellenwerten, weiteren Aufgreifkriterien für die Revisionspflicht vor und verzichtet ebenso wie die EU auf das Institut der eingeschränkten Revision und auch des Opting-Out. Was die Schwellenwerte selbst betrifft, so liegen diese zwar höher als die Vorgaben der EU, jedoch immer noch unter denjenigen der Schweiz.

Anzumerken ist, dass der Wirtschaftsprüfer nach deutschem Recht keine gesellschaftsrechtliche Organstellung innehält (vgl. EBKE, § 316 N 26 f.).

3. Vereinigte Staaten von Amerika (USA)

Abgesehen von branchenspezifischen Regulierungen fehlt in den USA bis heute sowohl auf Bundesebene als auch auf Ebene der einzelnen Gliedstaaten eine allg. gesellschaftsrechtliche Revisionspflicht. Indirekt ergibt sich eine solche Revisionspflicht jedoch aus dem **Securities Exchange Act** von 1934 (SEA). Danach sind die nach dem SEA registrierungspflichtigen Gesellschaften (d.h. Gesellschaften, die Wertpapiere an einer nationalen Börse kotieren oder für den OTC-Handel zulassen lassen wollen), im Hinblick auf die Registrierung der Wertpapiere verpflichtet, geprüfte Bilanzen und Erfolgsrechnungen bei der Aufsichtsbehörde SEC einzureichen (vgl. Abschnitt 12(b)(1) SEA). Des Weiteren werden die so registrierten Gesellschaften verpflichtet, gestützt auf die sog. Form 10-K jährlich einen Bericht bei der SEC einzureichen, der eine umfassende Darstellung der wirtschaftlichen Lage der Gesellschaft sowie geprüfte Jahresabschlüsse enthält (Abschnitt 13(a) und 15(d) SEA). Die von der SEC erlassene **Regulation S-X** konkretisiert die Vorgaben des SEA und statuiert insb. auch eine Revisionspflicht für die registrierten Gesellschaften (vgl. etwa Rule 3–02 und 3–03).

In den USA besteht somit lediglich für bei der SEC registrierte Gesellschaften eine Revisionspflicht (vgl. eingehend zur Entstehungsgeschichte der Revisionspflicht HONOLD, 79 ff.). Daran hat auch der Erlass des sog. **Sarbanes-Oxley Act** nichts geändert. Dieser Erlass, der per 30.7.2002 in Kraft trat, hat das Revisions- und Revisionsaufsichtsrecht in den USA zwar erheblich verschärft (vgl. etwa HONOLD, 86 ff.) und zeitigt durch seine extraterritoriale Wirkung auch erhebliche Auswirkungen auf die Schweiz (N 3 und BERTSCHINGER/SCHAAD, 883 ff.; BERTSCHINGER/SCHAAD, Prüfung, 421 ff.; RUUD/PFISTER/HESS, 267 ff.; VON DER CRONE/ROTH, 131 ff.), doch enthält er im Bereich der Revisions*pflicht* keine Vorgaben.

Art. 727

C. Revisionsstelle

Art. 727

I. Revisionspflicht
1. Ordentliche Revision

¹ Folgende Gesellschaften müssen ihre Jahresrechnung und gegebenenfalls ihre Konzernrechnung durch eine Revisionsstelle ordentlich prüfen lassen:

1. Publikumsgesellschaften; als solche gelten Gesellschaften, die:

a. Beteiligungspapiere an einer Börse kotiert haben,

b. Anleihensobligationen ausstehend haben,

c. mindestens 20 Prozent der Aktiven oder des Umsatzes zur Konzernrechnung einer Gesellschaft nach Buchstabe a oder b beitragen;

2. Gesellschaften, die zwei der nachstehenden Grössen in zwei aufeinander folgenden Geschäftsjahren überschreiten:

a. Bilanzsumme von 10 Millionen Franken,

b. Umsatzerlös von 20 Millionen Franken,

c. 50 Vollzeitstellen im Jahresdurchschnitt;

3. Gesellschaften, die zur Erstellung einer Konzernrechnung verpflichtet sind.

² Eine ordentliche Revision muss auch dann vorgenommen werden, wenn Aktionäre, die zusammen mindestens 10 Prozent des Aktienkapitals vertreten, dies verlangen.

³ Verlangt das Gesetz keine ordentliche Revision der Jahresrechnung, so können die Statuten vorsehen oder kann die Generalversammlung beschliessen, dass die Jahresrechnung ordentlich geprüft wird.

I. Obligation de révision
1. Contrôle ordinaire

¹ Les sociétés suivantes sont tenues de soumettre leurs comptes annuels et, le cas échéant, leurs comptes de groupe au contrôle ordinaire d'un organe de révision:

1. les sociétés ouvertes au public, soit les sociétés:

a. qui ont des titres de participation cotés en bourse,

b. qui sont débitrices d'un emprunt par obligations,

c. dont les actifs ou le chiffre d'affaires représentent 20% au moins des actifs ou du chiffre d'affaires des comptes de groupe d'une société au sens des let. a et b;

2. les sociétés qui, au cours de deux exercices successifs, dépassent deux des valeurs suivantes:

a. total du bilan: 10 millions de francs,

b. chiffre d'affaires: 20 millions de francs,

c. effectif: 50 emplois à plein temps en moyenne annuelle;

3. les sociétés qui ont l'obligation d'établir des comptes de groupe.

² Un contrôle ordinaire des comptes est également requis lorsque des actionnaires représentant ensemble au moins 10% du capital-actions l'exigent.

3. Abschnitt: Organisation der Aktiengesellschaft 1–4 Art. 727

³ Lorsque la loi n'exige pas un contrôle ordinaire des comptes annuels, ce contrôle peut être prévu par les statuts ou décidé par l'assemblée générale.

I. Obbligo di revisione
1. Revisione ordinaria

¹ Le seguenti società fanno verificare mediante revisione ordinaria effettuata da un ufficio di revisione il loro conto annuale ed eventualmente il loro conto di gruppo:

1. società con azioni quotate in borsa; sono considerate tali le società:

    a. i cui titoli di partecipazione sono quotati in borsa,

    b. che sono debitrici di un prestito in obbligazioni,

    c. che contribuiscono almeno per il 20 per cento degli attivi o della cifra d'affari al conto di gruppo di una società secondo la lettera a o b;

2. società che oltrepassano, per due esercizi consecutivi, due dei valori seguenti:

    a. somma di bilancio di 10 milioni di franchi,

    b. cifra d'affari di 20 milioni di franchi,

    c. 50 posti di lavoro a tempo pieno in media annua;

3. società obbligate ad allestire un conto di gruppo.

² Si procede a una revisione ordinaria anche quando azionisti rappresentanti insieme almeno il 10 per cento del capitale azionario lo chiedono.

³ Se la legge non la esige, la revisione ordinaria del conto annuale può essere prevista nello statuto o decisa dall'assemblea generale.

Literatur und Materialien

Vgl. die Hinweise Vor Art. 727 und 727a.

I. Allgemeines

Art. 727 regelt die **Voraussetzungen,** unter denen eine Gesellschaft verpflichtet ist, ihre Jahres- und ggf. Konzernrechnung durch eine RS **ordentlich** prüfen zu lassen. 1

Zur Entstehungsgeschichte, zum Normzweck und Geltungsbereich kann auf die Hinweise in Vor Art. 727 und 727a N 1 ff. und 9 ff. verwiesen werden. 2

II. Ordentliche Revisionspflicht von Gesetzes wegen (Abs. 1)

1. Voraussetzungen

Eine Gesellschaft untersteht von Gesetzes wegen der ordentlichen Revisionspflicht, wenn sie entweder eine Publikumsgesellschaft (Ziff. 1), (sonst) eine wirtschaftlich bedeutende Gesellschaft (Ziff. 2) oder eine konsolidierungspflichtige Gesellschaft (Ziff. 3) ist. 3

a) Publikumsgesellschaft (Ziff. 1)

Der Begriff der Publikumsgesellschaften wird mit dem vorliegenden Art. erstmals in das schweizerische Recht eingeführt und auch **definiert:** Als Publikumsgesellschaften gelten danach solche Gesellschaften, die Beteiligungspapiere an einer Börse kotiert Anleihensobligationen ausstehend haben oder mindestens 20 % der Aktiven oder des Umsatzes zur Konzernrechnung einer Gesellschaft mit kotierten Beteiligungspapieren oder ausstehenden Anleihensobligationen beitragen. Art. 2 RAG, der die Begriffsbestimmungen des RAG enthält, verweist in Bezug auf die Definition der Publikumsgesellschaften auf die vorliegende Bestimmung. 4

(1) Gesellschaften, die Beteiligungspapiere an einer Börse kotiert haben (lit. a)

5 Lit. a enthält zwei Tatbestandsmerkmale, dasjenige der Beteiligungspapiere und dasjenige der Kotierung an einer Börse. Diese beiden Merkmale sollen nachfolgend erläutert werden:

6 Im OR wird zwar verschiedentlich an den Begriff der Beteiligung angeknüpft (vgl. z.B. Art. 663c oder Art. 665a), doch fand der Begriff der **Beteiligungspapiere** bis anhin keine Verwendung. Dies ganz im Gegensatz zur Börsengesetzgebung: In Art. 2 lit. e BEHG, welcher den Terminus «öffentliche Kaufangebote» definiert, werden Aktien, Partizipations- oder Genussscheine oder andere Beteiligungspapiere unter den Begriff der Beteiligungspapiere subsumiert. Art. 2 UEV-UEK konkretisiert dies dahingehend, dass abgesehen von Aktien, Partizipations- und Genussscheinen auch Wandelrechte und Erwerbsrechte auf Beteiligungspapiere (Optionen) erfasst werden. Angesichts der vorbestehenden Begriffsbestimmung in der Börsengesetzgebung macht es Sinn, sich im Rahmen der Auslegung des in Art. 727 verwendeten Begriffes Beteiligungspapiere daran zu orientieren (dies entspricht auch dem erklärten Willen des BR, Botschaft RAG, 4011; vgl. auch von BALLMOOS, 347; HORBER, 311 FN 13). Allerdings betont der BR, dass der Begriff der Beteiligung weit auszulegen sei, v.a. um zukünftige Entwicklungen im Börsenbereich mitzuerfassen (Botschaft RAG, 4012). Massgebend ist in jedem Fall die von der Gesellschaft durch ein Wertpapier oder -recht eingeräumte erfolgsabhängige Partizipationsmöglichkeit (CHK-OERTLI/HÄNNI, Art. 727–727a OR N 16).

7 Nach dem Gesagten gelten die folgenden Beteiligungen als Beteiligungspapiere i.S.v. von Art. 727 Abs. 1 lit. a: **Aktien** i.S.v. Art. 622, **Partizipationsscheine** i.S.v. Art. 656a Abs. 1, **Genussscheine** i.S.v. Art. 657 Abs. 1 sowie **Wandel- und Optionsrechte,** die von der betreffenden Gesellschaft emittiert werden und sich auf ihre Aktien, Partizipations- oder Genussscheine (oder ihrer Konzerngesellschaften) beziehen. Sofern Letztere mit einer (kotierten) Anleihensobligation verknüpft sind *(convertible bonds* bzw. *bonds with warrants),* wäre technisch gesehen wohl lit. b von Art. 727 Abs. 1 anwendbar, was sich i.E. aber nicht auswirkt. Zudem fallen auch kotierte *depositary receipts,* unter den Begriff der Beteiligungspapiere. Bei *depositary receipts* handelt es sich um von einem Dritten (meist eine ausländische Bank) auf Veranlassung des fraglichen Unternehmens kotierte Zertifikate, welche sich auf eine entsprechende Anzahl Beteiligungspapiere einer (meist ausländischen) Gesellschaft beziehen und die die Rechtsstellung der Inhaber der *depositary receipts* materiell meist derjenigen der Aktionäre angleichen (vgl. etwa Mitteilung der Zulassungsstelle Nr. 1/2007 vom 19.1.2007: Zusatzreglement für die Kotierung von Hinterlegungsscheinen (ZR GDR) vom 14.12.2006).

8 Die **wertpapierrechtliche Ausgestaltung** der Beteiligungspapiere als Einzel- oder Globalurkunde oder als Inhaber-, Namen-, Ordrepapiere hat ebenso wenig Einfluss auf das Tatbestandsmerkmal wie die allfällige Ausgestaltung der Beteiligungspapiere als (unverbriefte) **Wertrechte** (Botschaft RAG, 4011 f.; BÖCKLI, Abschlussprüfung, N 105 FN 254).

9 Als zweites Tatbestandsmerkmal legt lit. a die **Kotierung** der Beteiligungspapiere an einer Börse fest. An den Begriff wird im OR zwar verschiedentlich angeknüpft (vgl. z.B. Art. 663b^{bis} Abs. 1, Art. 697h Abs. 1 Ziff. 2, Art. 685b ff. oder Art. 727 Abs. 1 Ziff. 1 lit. a altOR), doch sucht man vergebens nach einer Legaldefinition. Hilfestellung bietet (erneut) die Börsengesetzgebung: Art. 2 lit. b BEHG definiert Börsen als «Einrichtungen des Effektenhandels, die den gleichzeitigen Austausch von Angeboten unter mehreren Effektenhändlern sowie den Vertragsabschluss bezwecken» und Art. 2 lit. c BEHG umschreibt den Begriff der Kotierung als «Zulassung zum Handel an der Haupt-

3. Abschnitt: Organisation der Aktiengesellschaft   10–12   Art. 727

oder Nebenbörse» (vgl. eingehend zu den beiden Begriffen BSK BEHG-DAENIKER/ WALLER, Art. 2 lit. a–c N 20 ff.). In Bezug auf Letzteres ist jedoch festzuhalten, dass unter «Zulassung» nicht der technische Vorgang der Einführung in ein Handelssystem verstanden wird, sondern die Feststellung der Börse, dass die erforderlichen Bedingungen zur Zulassung zum Handel erfüllt sind. Das Begriffsverständnis des BEHG sollte grundsätzlich auch bei Anknüpfungen im OR herangezogen werden (ebenso BSK BEHG-WEBER, Art. 20 N 33 m.w.Nw.). Allerdings gilt es folgende Präzisierungen anzubringen: Erstens kann mit dem Begriff «Börsenkotierung» in jedem Fall nur diejenige Kotierung gemeint sein, die auf **Veranlassung der Gesellschaft selbst** herbeigeführt wurde (vgl. auch Art. 685d N 1). Ein Handel, der lediglich auf Veranlassung Dritter erfolgt (z.B. eines *market maker*), erfüllt den Tatbestand der Börsenkotierung nicht. Zweitens stellt auch die Kotierung von Beteiligungspapieren an **ausländischen Börsen**, vorausgesetzt diese sind als analoge Einrichtung zu betrachten (gl.M. CHK-OERTLE/ HÄNNI, Art. 727–727a OR N 16), eine Börsenkotierung i.S.v. Art. 727 Abs. 1 lit. a dar (Botschaft RAG, 4011; BÖCKLI, Abschlussprüfung, N 105 FN 255). Reine Handelssysteme ohne einen eigentlichen Kotierungsvorgang, der auf Anlass des Emittenten erfolgt (z.B. multilaterale Handelssysteme i.S. der MiFID), dürften diese Voraussetzung nicht erfüllen.

Konkret fallen damit alle Gesellschaften, deren Beteiligungspapiere an der **SWX Swiss Exchange** kotiert sind, unter den Begriff der Publikumsgesellschaften gem. Art. 727 Abs. 1 Ziff. 1 lit. a. Dazu gehören auch die SMI-und SLI-Gesellschaften, deren Beteiligungspapiere an der englischen Börse SWX Europe (vormals virt-x) gehandelt werden (aber eben an der SWX Swiss Exchange kotiert sind). Des Weiteren sind Gesellschaften, deren Beteiligungspapiere an der **BX Bern eXchange** kotiert sind, als Publikumsgesellschaften zu betrachten, obwohl die BX Bern eXchange nur als börsenähnliche Einrichtung bewilligt ist (ebenso BÖCKLI, Abschlussprüfung, N 70 FN 180). Schliesslich gelten auch diejenigen (schweizerischen) Gesellschaften als Publikumsgesellschaften, deren Beteiligungspapiere einzig an einer **ausländischen Börse** kotiert sind, vorausgesetzt diese ist als analoge Einrichtung zu betrachten (vgl. N 9). 10

(2) Gesellschaften, die Anleihensobligationen ausstehend haben (lit. b)

Ebenfalls als Publikumsgesellschaften gelten Gesellschaften, welche Anleihensobligationen ausstehend haben. Unter schweizerischem Recht stehende (und öffentlich zur Zeichnung aufgelegte oder an der Börse eingeführte) Anleihensobligationen werden in den Art. 1156 ff. geregelt, nicht aber definiert. Als **Anleihe** *(bond)* gilt nach h.L. ein in Teilbeträge aufgeteiltes Grossdarlehen auf einheitlicher Rechtsgrundlage (den sog. Anleihensbedingungen), gestützt auf welche der Emittent mit einer Vielzahl von Darlehensgebern selbständige Einzelverträge abschliesst. **Anleihensobligationen** stellen sodann die jeweiligen, in Wertpapieren verbrieften oder als Wertrecht ausgestalteten Forderungsrechte auf Rückzahlung und Verzinsung nach Massgabe der Anleihensbedingungen dar (Teilschuldverschreibungen; MEIER-HAYOZ/VON DER CRONE, § 20 N 1 ff. m. w.H.; vgl. demgegenüber die sehr viel extensivere Begriffsbestimmung der «Obligation» im Steuerrecht, z.B. Art. 4 Abs. 3 ff. StG und dazu das Kreisschreiben Nr. 15 der ESTV). Auch Wandel- und Optionsanleihen *(equity-linked bonds)* fallen selbstredend unter den Begriff der Anleihensobligation. 11

Die Ausgabe von **Notes** erfüllt ebenfalls den Tatbestand von lit. b. Als Notes werden nach schweizerischem Verständnis (i.d.R. nicht kotierte) kurzfristige Anleihensobligationen bezeichnet, die von Banken im Rahmen einer Privatplatzierung ausgegeben und ihrer Kundschaft zu Anlagezwecken angeboten werden (vgl. FINANZMARKT-LEXIKON- 12

HUBER, 797); abgesehen von der fehlenden Kotierung und ihrer kurzfristigen Laufzeit unterscheiden sie sich aber nicht von Anleihensobligationen.

13 Abzugrenzen ist der Begriff der Anleihensobligation von der **Kassenobligation,** die zwar wie die Anleihensobligation der Fremdkapitalbeschaffung dient, sich aber im Gegensatz dazu nicht auf *einheitliche Ausgabebedingungen* stützt und (praktisch ausschliesslich durch Banken) laufend über das ganze Jahr hinweg mit sehr kurzer Laufzeit begeben wird. Kassenobligationen stellen damit rechtlich keine Anleihensobligationen dar (ebenso FINANZMARKT-LEXIKON-HUBER, 64;; eingehend zur Kassenobligation MEIER-HAYOZ/VON DER CRONE, § 21 N 1 ff.)

14 Für die Anwendbarkeit von Art. 727 Abs. 1 Ziff. 1 lit. b ist es unerheblich, ob die Anleihensobligationen **kotiert** oder **nicht kotiert** sind (Botschaft RAG, 4012; ZIHLER, 2) oder ob die Anleihensobligationen **schweizerischem oder ausländischem Recht** unterstehen; massgebend ist, ob eine dem schweizerischen Recht unterstehende Gesellschaft mittels des (auf den weltweiten Finanzmärkten in den Grundzügen sowieso stark vereinheitlichten) Instruments der Anleihensobligation den Kapitalmarkt in Anspruch nimmt.

15 In **Konzernverhältnissen** werden Anleihensobligationen häufig nicht durch die Konzernmutter-, sondern eine ausländische Konzerntochtergesellschaft emittiert, wobei die Konzernmuttergesellschaft die Verpflichtungen der Tochtergesellschaft i.d.R. garantiert (bei Wandel- und Optionsanleihen bezieht sich das Recht auf Bezug der Beteiligungspapiere auf diejenigen der Konzernmuttergesellschaft); u.E. besteht für die Muttergesellschaft, falls sie die Rückzahlung garantiert, eine Pflicht zur ordentlichen Revision, da sie letztlich dasselbe wirtschaftliche Risiko wie die eine Anleihe emittierende Tochtergesellschaft trägt. Allerdings ergibt sich für die Konzernmuttergesellschaft sowieso meist eine ordentliche Revisionspflicht aus der Konsolidierungspflicht (vgl. Abs. 1 Ziff. 3). Erfolgt die Emission einer Anleihensobligation durch eine *schweizerische* Konzerntochtergesellschaft, untersteht diese aufgrund von Art. 727 Abs. 1 Ziff. 1 lit. b der ordentlichen Revisionspflicht. Ein Opting-Out oder Opting-Down ist diesfalls ausgeschlossen.

(3) Gesellschaften, die mindestens 20 Prozent der Aktiven oder des Umsatzes zur Konzernrechnung einer Gesellschaft nach lit. a oder b beitragen (lit. c)

16 Schliesslich gilt eine Gesellschaft auch dann als Publikumsgesellschaft i.S.v. Ziff. 1, wenn sie mindestens 20% der Aktiven oder des Umsatzes zur Konzernrechnung einer Gesellschaft mit kotierten Beteiligungspapieren oder ausstehenden Anleihensobligationen beiträgt. Erfasst werden damit m.a.W. sämtliche schweizerischen Konzerntochtergesellschaften von Konzernobergesellschaften, die im In- oder Ausland Beteiligungspapiere kotiert oder Anleihensobligationen ausstehend haben, sofern sie den genannten Schwellenwert erreichen oder überschreiten. Hintergrund dieser lit. c bildet eine analoge Bestimmung im US-amerikanischen Recht (vgl. Sec. 106(a)(2) und (b)(1) des Sarbanes-Oxley Act und dazu Rule 1001(p) des PCAOB).

17 Anzumerken ist, dass nach dem Wortlaut von lit. c lediglich diejenigen schweizerischen Konzerntochtergesellschaften als Publikumsgesellschaften gelten, die **Teil eines schweizerischen Konzerns** sind: lit. c verweist nämlich auf die Konzernrechnungen von Gesellschaften nach lit. a oder b und damit lediglich auf Gesellschaften, die Schweizer Recht unterstehen (vgl. zum persönlichen Geltungsbereich Vor Art. 727 und 727a N 9 ff.). E contrario sind somit wirtschaftlich bedeutsame schweizerische Konzerntochtergesellschaften, welche **Teil eines ausländischen Konzerns** sind, nicht als Publikums-

gesellschaften i.S.v. Ziff. 1 von Art. 727 zu qualifizieren. Man mag sich zu Recht fragen, ob eine teleologische Auslegung nicht dafür sprechen würde, lit. c dahin gehend auszulegen, dass jede schweizerische (Konzerntochter-)Gesellschaft als Publikumsgesellschaft gilt, die mindestens 20% der Aktiven oder des Umsatzes zur Konzernrechnung einer **in- oder ausländischen Gesellschaft,** die Beteiligungspapiere an einer Börse kotiert oder Anleihensobligationen ausstehend hat, beiträgt (so offenbar die Auffassung von CHK-OERTLI/HÄNNI, Art. 727–727a OR N 18, allerdings ohne Begründung). In der Praxis wird sich diese Frage jedoch selten stellen, da solche Konzerntochtergesellschaften wohl regelmässig die KMU-Schwellenwerte nach Ziff. 2 überschreiten und damit ebenfalls der ordentlichen Revisionspflicht unterworfen werden. In Bezug auf die fachlichen Anforderungen an die RS gilt es zu beachten, dass in solchen Fällen obligationenrechtlich keine *staatlich beaufsichtigten Revisionsunternehmen* vorgeschrieben sind (vgl. Art. 727b Abs. 2). Da dadurch die gewünschte Gleichschaltung mit den Vorgaben des **Sarbanes-Oxley Act** (vgl. Sec. 106(a)(2) und (b)(1) und dazu Rule 1001(p) des PCAOB; vgl. Botschaft RAG, 4012 und 4066 f.) vereitelt würde, wird das Erfordernis einer Zulassung als staatlich beaufsichtigtes Revisionsunternehmen in Art. 8 Abs. 1 RAG aber zumindest auch für solche Revisionsunternehmen vorgeschrieben, welche schweizerische (oder ausländische) Gesellschaften, die mindestens 20% der Aktiven oder des Umsatzes zur Konzernrechnung einer ausländischen Gesellschaft mit einer Kotierung in der Schweiz und/oder mit in der Schweiz ausstehenden Anleihensobligationen revidieren (analoge Regelung zu Rule 1001(p) des PCAOB).

Berechnungsgrundlage für die Ermittlung des Aktiven- bzw. Umsatzanteils bildet die (konsolidierte) Konzernrechnung derjenigen (in- oder ausländischen) Konzernobergesellschaft, deren Beteiligungspapiere kotiert sind oder die Anleihensobligationen ausstehend hat. Dem Gesetz lässt sich nichts darüber entnehmen, dass die für die Berechnung herangezogenen Konzernrechnungen geprüft oder von der GV genehmigt sein müssen, weshalb u.E. auch ungeprüfte und noch nicht genehmigte Konzernrechnungen als Berechnungsgrundlagen dienen dürfen. Die Ermittlung des Aktiven- bzw. Umsatzanteils hat im Einzelnen wie folgt zu erfolgen: **18**

– **Aktiven:** Die Aktiven der konsolidierten Konzernbilanz setzen sich aus den (allfälligen) eigenen Aktiven der Konzernmuttergesellschaft und den Aktiven aller Konzerntochtergesellschaften zusammen. Um ermitteln zu können, ob eine Konzerntochtergesellschaft 20% der Aktiven zur Konzernrechnung beigetragen hat, ist nicht auf die Wertansätze gem. OR abzustellen, sondern die Wertansätze gem. den auf die Konzernrechnung anwendbaren Rechnungslegungsstandard. In welchem Umfang z.B. ein wertvolles Grundstück einer Konzerntochtergesellschaft also zur Konzernrechnung beiträgt, beurteilt sich nicht nach den Anschaffungs- oder Herstellungskosten (Art. 665), sondern nach den sich an einer *true and fair view* orientierenden Wertansätzen des gewählten Regelwerks wie IFRS, Swiss GAAP FER oder US GAAP. Was als zu berücksichtigendes Aktivum der Konzerntochtergesellschaft gilt, wird im schweizerischen Recht (noch) nicht definiert. Nach KÄFER verkörpern Aktiven Erwartungen (Chancen) zukünftigen unentgeltlichen Geld-, Güter- und Leistungszugangs zugunsten der Unternehmung (BK-KÄFER, N 304 zu Art. 958). Die Definition der Swiss GAAP FER baut auf diesem Begriffsverständnis auf und umschreibt Aktiven als materielle oder immaterielle, in der Verfügungsmacht der Organisation stehende Vermögenswerte aus vergangenen Geschäftsvorfällen oder Ereignissen, die der Organisation voraussichtlich über die Berichtsperiode hinaus Nutzen bringen und verlässlich ermittelbar sind (Swiss GAAP FER (2007), Rahmenkonzept N 15). Ein vergleichbares Begriffsverständnis liegt auch den IFRS zugrunde (vgl. IFRS (2007) Framework, N 49(a) und 53 ff.). Nach der Botschaft Aktien- und Rechnungslegungsrechts soll der Begriff Aktiven erstmals gesetzlich definiert werden (vgl. dazu eingehend MÜLLER, 298 ff.). Danach gelten als Aktiven «Vermögenswerte, wenn auf Grund vergangener Ereignisse über sie verfügt werden kann, ein Mittelzufluss wahrscheinlich ist und ihr Wert verlässlich geschätzt werden kann.»

– **Umsatz:** Die Ermittlung des Umsatzes hat analog zu den Aktiven zu erfolgen. Ob also eine Konzerntochtergesellschaft 20% des Umsatzes zur Konzernrechnung beigetragen hat, beurteilt sich nach dem auf die jeweilige Konzerntochtergesellschaft entfallenden Umsatzanteil gem. der Konzernrechnung. Was dabei als Umsatz gilt, ist gesetzlich nicht definiert. Nach h.L. entspricht der Umsatz dem *fakturierten* Erlös aus Lieferungen und Leistungen des Unternehmens (Art. 663e N 12; BEHR, Rechnungslegung, 441; BOEMLE, 168; BK-Käfer, Art. 958 N 163; zu den einzelnen Posten solcher Erlöse HWP I, N 2.3501; auch das deutsche Recht folgt dieser Definition, vgl. § 277 Abs. 1 HGB; in der US-Gesetzgebung ist die Rede von nicht weiter definierten *«revenues»*, vgl. Rule 1001(p) des PCAOB). **A.M.** ist allerdings BÖCKLI, Abschlussprüfung, N 107 FN 261, der – wenn auch im Zusammenhang mit dem Begriff «Umsatzerlös» in Art. 727 Abs. 2 – von sämtlichen geschäftlichen Erträgen, die gem. ordnungsgemässer Rechnungslegung zu erfassen sind, ausgeht, also nebst den Erlösen aus Lieferungen und Leistungen auch den Finanzertrag sowie die Gewinne aus Veräusserungen von AV (Art. 663 Abs. 2) berücksichtigt haben möchte (ihm folgend auch CAMPONOVO/VON GRAFFENRIED-ALBRECHT, Revisionsrecht, 206 f.). Diese Auffassung ist u.E. abzulehnen. Bei der Berücksichtigung von ausserordentlichen Erträgen würde die Berechnungsgrundlage in unsachgemässer Weise verzerrt, indem Konzerntochtergesellschaften, welche selbst keinen solchen ausserordentlichen Ertrag realisiert haben, die erforderliche Schwelle von 20% seltener erreichen würden; umgekehrt sollte eine Tochter, die bloss ausnahmsweise ausserordentliche Erträge realisiert, nicht der ordentlichen Revisionspflicht unterstehen. U.E. ist deshalb mit der h.L. vom **fakturierten Erlös aus Lieferungen und Leistungen** auszugehen. Massgebend ist dabei nicht der Brutto-, sondern der Netto-Umsatz (HWP I, 269, wenn auch im Zusammenhang mit der Auslegung des Begriffs «Umsatzerlös» in Art. 663e Abs. 2; CAMPONOVO/VON GRAFFENRIED-ALBRECHT, Revisionsrecht, 206 f.; vgl. zudem für das der hier vertretenen Auffassung entsprechende deutsche Recht MORCK, § 267 HGB N 6). Die Überleitung vom Brutto- zum Netto-Umsatz erfolgt durch Abzug der Erlösminderungen (z.B. Skonti, Rabatte) und Vertriebssonderkosten (z.B. Transportkosten, Provisionen) (vgl. eingehend dazu BEHR, Rechnungslegung, 441 ff.; BK-KÄFER, Art. 958 N 167 ff.). In der Erfolgsrechnung wird häufig nur der Nettoumsatz ausgewiesen, was auch den Vorgaben der IFRS entspricht (IAS 18 N 10; BÖCKLI, § 19 N 262; anders hingegen HWP I, 239).

19 Bezüglich des Aktivenanteils ist stets von einer 12-Monats-Grundlage auszugehen; bildet die Erfolgsrechnung lediglich ein Rumpfgeschäftsjahr ab, sind die Umsatzerlöse der weiteren Monate entsprechend hochzurechnen. Betreffend Aktivenanteil gilt der Bilanzstichtag des fraglichen Rechnungsjahres.

b) Wirtschaftlich bedeutende Gesellschaften (Ziff. 2)

20 Nebst den Publikumsgesellschaften nach Ziff. 1 unterliegen nach Ziff. 2 auch diejenigen Gesellschaften der ordentlichen Revisionspflicht, welche mindestens zwei der in der Bestimmung genannten Schwellenwerte (Bilanzsumme von mehr als CHF 10 Mio., einen Umsatzerlös von mehr als CHF 20 Mio. oder mehr als 50 Vollzeitstellen im Jahresdurchschnitt) in zwei aufeinander folgenden Geschäftsjahren überschreiten. Diese Kriterien entsprechen denselben wie bei der Voraussetzung der besonderen Befähigung

3. Abschnitt: Organisation der Aktiengesellschaft   21, 22   Art. 727

im bisherigen Revisionsrecht (Art. 727b Abs. 1 altOR) bzw. der Pflicht zur Erstellung einer Konzernrechnung (Art. 663e Abs. 3 OR), wobei die Schwellenwerte allerdings abweichen. Zudem wird im FusG für die Umschreibung von KMU auf dieselben Kriterien abgestellt (vgl. Art. 2 lit. e FusG; vgl. auch Art. 44 Abs. 2 KKV). Die Kriterien stammen ursprünglich aus der EU-Jahresabschluss-RL (vgl. Vor Art. 727 und 727a N 36).

Die Schwellenwerte müssen (in zwei aufeinander folgenden Geschäftsjahren) **überschritten** werden, d.h. ein Erreichen der Schwellenwerte allein genügt nicht, und sind wie folgt zu ermitteln: 21

- **Bilanzsumme:** Der Begriff ist gesetzlich nicht definiert. Für die Ermittlung ist die Summe der nach Handelsrecht erstellten Bilanzposten der Aktivseite massgeblich (vgl. auch HWP I, 269). Sofern ein Bilanzverlust auf der Aktivseite verbucht sein sollte (was heute jedoch nicht dem Usus entspricht, vgl. Art. 663a N 46; HWP I, 238; Swiss GAAP FER 3, N 2), wäre dieser Posten von der Bilanzsumme abzuziehen.

- **Umsatzerlös:** Die Begriffe «Umsatz» und «Umsatzerlös» sind u.E. als Synonyme aufzufassen, weshalb auf die Ausführungen in N 18 verwiesen werden kann.

50 Vollzeitstellen im Jahresdurchschnitt: Für die Ermittlung der Anzahl Vollzeitstellen sind die Stellenprozente *(full time equivalents,* FTEs) sämtlicher natürlicher Personen massgebend, die in einem **arbeitsrechtlichen Verhältnis zur Gesellschaft** stehen und zwar unabhängig von ihrer Stellung oder ihrem Arbeitsort. Die Anzahl Angestellter *(head count)* ist also nicht massgebend. *Mitglieder des Verwaltungsrates* sind u.E. aufgrund des organschaftlichen Verhältnisses, welches bei diesen Personen im Vordergrund steht, nicht zu berücksichtigen und zwar auch dann nicht, wenn ihnen die Geschäftsführung ganz oder z.T. übertragen wird (Art. 716b Abs. 1). *Lehrlinge und Praktikanten* werden nach der bisherigen Praxis nicht mitgezählt (vgl. HWP I, 269; für das deutsche Recht MORCK, § 267 HGB N 7), was u.E. aber keine Grundlage im Gesetz findet und entsprechend aufgegeben werden sollte (**a.M.** ZIHLER, 11, der zwar Lehrlinge, nicht aber Praktikanten berücksichtigen will; ebenfalls gegen die Berücksichtigung von Auszubildenden CAMPONOVO/VON GRAFFENRIED-ALBRECHT, Revisionsrecht, 208). *Ausgeliehene Arbeitnehmer (secondees)* sind der Gesellschaft zuzurechnen, welche die Arbeitnehmer entsendet, da i.d.R. nur zwischen ihnen ein Arbeitsvertrag besteht. Für die Ermittlung des **Durchschnitts** ist nach h.L. zumindest bei stabilen Verhältnissen vom Jahresanfangs- und -endstand auszugehen, bei stärkeren Fluktuationen sollte zumindest auf die Zahlen per Quartalsende (Art. 663e N 12; HWP I, 269) abgestellt werden. Auch eine monatliche Berechnungsweise kann bei starken Schwankungen angezeigt sein. Dass die Resultate je nach Berechnung sehr unterschiedlich ausfallen können, soll an folgendem Bsp. verdeutlicht werden: Eine Gesellschaft, welche Weihnachtsdekoration verkauft, verfügte im Berichtsjahr über 30 Vollzeitangestellte und im Monat Dezember zusätzlich über 100 weitere Vollzeitangestellte (also total im Dezember 30 + 100 = 130 Vollzeitangestellte). Geht man von den Beständen am Jahresanfang und -ende aus, erhält man 80 FTEs ([30 + 130] ÷ 2 = 80), bei einer vierteljährlichen Berechnung aber 55 FTEs ([3 × 30+130] ÷ 4 = 55) und bei einer monatlichen Berechnung 38.33 FTEs ([11 × 30 + 130)] ÷ 12 = 38.33). Nur bei einer monatlichen Berechnung wird der gesetzliche Schwellenwert von 50 Vollzeitstellen nicht erreicht. Diese Berechnung dürfte im genannten Bsp. angesichts der einmaligen Erhöhung des Personals allerdings auch die aussagekräftigste sein und damit die, welche u.E. in einem solchen Fall anzuwenden ist.

Der **Begriff der Vollzeitstelle** wird mit Art. 727 erstmals ins OR eingeführt. Art. 727b Abs. 1 Ziff. 3 lit. c altOR sowie Art. 663e Abs. 2 Ziff. 3 knüpften bisher am Begriff   22

»Arbeitnehmer» an (mit Inkrafttreten der neuen Bestimmungen zum [GmbH- und] Revisionsrecht wird der Begriff in Art. 663e nun umbenannt in «Vollzeitstellen»). Ausserhalb des OR hat der Begriff der Vollzeitstelle jedoch insb. im Umstrukturierungsrecht bereits Verwendung gefunden (vgl. Art. 2 lit. e FusG). Auswirkungen zeitigt dieser Wortwechsel insb. bei der Ermittlung von Teilzeitarbeitstellen, die umgerechnet werden müssen, bei Art. 727b altOR bzw. Art. 663e jedoch bis anhin als eine Arbeitnehmerstelle galten (**a.M.** Botschaft RAG, 4037 die lediglich von einer redaktionellen Anpassung spricht; vgl. auch MADÖRIN, KMU-Revision, 268; ZIHLER, 11). Ob der Gesetzgeber dieser Auswirkung bewusst war, geht aus den Materialien nicht hervor. – Nach der Botschaft zur Revision des Aktien- und Rechnungslegungsrechts vom 21.12.2007 ist vorgesehen, im **Anhang** eine Erklärung abzugeben, ob die Anzahl Vollzeitstellen nicht über 10 bzw. 50 oder über 200 liegt (vgl. Art. 959c Abs. 2 Ziff. 2 E-OR), was angesichts der Relevanz dieser Angaben für die Konzernrechnungspflicht (Art. 663e) und die Revisionspflicht (Art. 727) zu begrüssen ist.

23 In **Konzernverhältnissen** stellt sich die Frage, ob für die Ermittlung der Grössen von den zusammengefassten Werten der Einzelabschlüsse (Bruttomethode) oder von den konsolidierten Werten (Nettomethode) auszugehen ist (was insb. wegen des Umsatzes in Konzerngesellschaften wichtig ist). Die Absicht des Gesetzgebers, Erleichterungen für KMU zu ermöglichen (vgl. Vor Art. 727 und 727a N 4), spräche zwar für eine konsolidierte Betrachtungsweise, doch ist u.E. das Schutzbedürfnis der Adressaten der (ordentlichen) Revisionspflicht (vgl. N 17 ff.) höher zu gewichten, weshalb nach der hier vertretenen Auffassung auf **nicht-konsolidierte Werte** abgestellt werden sollte (ebenso, wenn auch ohne Begründung, BÖCKLI, Abschlussprüfung, N 107; **a.M.** ZIHLER, 2). Diese Auffassung galt nach h.L. bereits unter Art. 727b altOR (vgl. statt vieler BÖCKLI, § 15 N 53). In den meisten Fällen ergibt sich die ordentliche Revisionspflicht allerdings aus der Konsolidierungspflicht (vgl. Art. 727 Abs. 1 Ziff. 3); eine Gesellschaft, die gestützt auf Art. 663e Abs. 2 jedoch von der Konsolidierungspflicht befreit ist (und dementsprechend nach Art. 727 Abs. 1 Ziff. 3 auch nicht ordentlich revisionspflichtig ist), kann dennoch der ordentlichen Revisionspflicht unterstehen und zwar dann, wenn sie den Schwellenwert der Bilanzsumme oder des Umsatzerlöses überschreitet *und* über mehr als 50 Vollzeitstellen verfügt (Art. 727 Abs. 1 Ziff. 2).

24 Um zu vermeiden, dass Gesellschaften, welche die Schwellenwerte aufgrund ausserordentlicher Geschäftsvorfälle einmalig überschreiten, der ordentlichen Revisionspflicht unterstellt werden, müssen die KMU-Schwellenwerte in **zwei aufeinander folgenden Geschäftsjahren** überschritten werden (Botschaft RAG, 4013). Verglichen werden also die drei Schwellenwerte aus dem aktuellen bzw. abgeschlossenen Geschäftsjahr mit dem jeweils voran gegangenen Geschäftsjahr. Werden dabei mind. zwei Schwellenwerte überschritten, gilt die ordentliche Revisionspflicht bereits für das abgeschlossene Geschäftsjahr und nicht erst für das darauf folgende bzw. das laufende Geschäftsjahr (ebenso CHK-OERTLI/HÄNNI, Art. 727–727a OR N 20); anders entscheiden hiesse, eine ordentliche Revisionspflicht in Bezug auf ein Geschäftsjahr zur Anwendung zu bringen, welches u.U. wieder unterhalb der Schwellenwerte liegt, was nicht im Sinne des Gesetzgebers sein kann. Nicht erforderlich ist, dass dieselben zwei Schwellenwerte überschritten werden; die Kriterien gelten vielmehr alternativ. Ein **Geschäftsjahr** bildet der Zeitraum zwischen zwei Bilanzstichtagen (vgl. Art. 958 N 3). Dieser Zeitraum muss nicht mit dem Kalenderjahr übereinstimmen, hat aber grundsätzlich 12 Monate zu betragen (zu den möglichen Ausnahmen in begründeten Einzelfällen vgl. BK-Käfer, N 667 ff.; Art. 958 N 4; HWP I, 58; BGE 98 Ib 327). Bildet ein Geschäftsjahr ausnahmsweise weniger als 12 Monate ab (relevant nur beim Umsatz) gilt N 19 analog (vgl. CAMPONOVO/VON GRAFFENRIED-ALBRECHT, Revisionsrecht, 208; so auch für das deutsche Recht HÜTTENMANN, § 267 N 2).

Im Falle einer **Gründung** bestehen keine spezifischen Vorschriften, womit sich die 25
Frage, ob eine ordentliche Revisionspflicht nach Ziff. 2 besteht, erst nach Absolvierung
von zwei Geschäftsjahren nach der Gründung beantworten lässt (dies im Gegensatz etwa
zum deutschen Recht, welches für solche Fälle bereits das erste Geschäftsjahr als massgeblich erklärt, vgl. § 267 Abs. 4 i.V.m. § 316 HGB). Dies ist mit Blick auf den Zweck
der Norm (insbes. des Stufensystems) zu bedauern und sollte de lege ferenda analog
zum deutschen Recht angepasst werden. Dasselbe gilt auch für den Fall einer Fusion
und einer Spaltung. Im Falle einer **Umwandlung** einer vorher nicht revisionspflichtigen
Unternehmung (z.B. eine Kollektivgesellschaft, die sich in eine Kapitalgesellschaft umwandelt, vgl. Art. 54 Abs. 2 lit. a FusG) ist im Hinblick auf Ziff. 2 nicht erst auf die zwei
Geschäftsjahre seit dem Zeitpunkt der Umwandlung abzustellen; vielmehr hat die Ermittlung der Überschreitung der Schwellenwerte fortlaufend, d.h. ungeachtet der Umwandlung zu erfolgen, so dass es denkbar ist, dass ein Unternehmen bereits ein Jahr
nach der Umwandlung von einer Kollektivgesellschaft in eine Kapitalgesellschaft unter
die ordentliche Revisionspflicht i.S.v. Art. 727 Abs. 1 Ziff. 2 fällt. Dies ist deshalb vertretbar, weil jedes Unternehmen, welches ein kaufmännisches Gewerbe führt, sowieso
buchführungspflichtig ist (Art. 957 Abs. 1 i.V.m. Art. 934).

Die Botschaft hält zu Recht fest, dass das Zugrundelegen der Geschäftsjahre 2006 und 26
2007 für die Ermittlung der Schwellenwerte nach Ziff. 2 keiner unzulässigen **Rückwirkung** gleichkommt, da die vorangehenden Geschäftsjahre lediglich zur Ermittlung der
ordentlichen Revisionspflicht dienen, die dann ausschliesslich das Geschäftsjahr 2008
betreffen wird (vgl. N 32; Botschaft RAG; 4048)**.**

c) Konsolidierungspflichtige Gesellschaften (Ziff. 3)

Ziff. 3 sieht vor, dass auch konsolidierungspflichtige Gesellschaften sowohl in Bezug 27
auf ihre Jahres- als auch ihre Konzernrechnung der ordentlichen Revision unterstehen.
Die Pflicht zur Konzernrechnungslegung richtet sich nach wie vor nach Art. 663e (vgl.
aber die vorgeschlagene Änderung der Konsolidierungspflicht in Art. 963 ff. E-Aktien-
und Rechnungslegungsrecht). Die ordentliche Revisionspflicht beschränkt sich dabei
strikt besehen auf die konsolidierungspflichtige Gesellschaft, d.h. die konsolidierten Untergesellschaften bleiben davon unberührt (Botschaft RAG, 4013); dies gilt allerdings
nur insoweit, als die Untergesellschaften nicht selbst die Voraussetzungen nach Art. 727
erfüllen. **Zwischengesellschaften,** die nach Massgabe von Art. 663 f nicht zur Erstellung
einer Konzernrechnung verpflichtet sind, gelten nach der hier vertretenen Auffassung
auch als nicht konsolidierungspflichtig i.S.v. Ziff. 3; soweit Zwischengesellschaften also
nicht anderweitig die Voraussetzungen der ordentlichen Revisionspflicht erfüllen, bleiben sie von der ordentlichen Revisionspflicht der Konzernmuttergesellschaft unberührt
(**a.M.** CAMPONOVO/VON GRAFFENRIED-ALBRECHT, Revisionsrecht, 205). Allerdings
kann die ordentliche Revisionspflicht durchaus Auswirkungen auf eingeschränkt zu
prüfende Konzerntochtergesellschaften zeigen. So haben sämtliche nach Art. 663e
konsolidierungspflichtigen Gesellschaften ein IKS auf Konzernebene, d.h. auch unter
Berücksichtigung wesentlicher ausländischer Tochtergesellschaften, nachzuweisen (vgl.
BÖCKLI, Abschlussprüfung, N 302 ff., insb. N 304; WYSS, 722 und die Komm. zu
Art. 728a). Fraglich ist zudem, inwieweit die Vorgaben der ordentlichen Revisionspflicht
der Konzernmuttergesellschaft dazu führen, dass faktisch auch die Abschlüsse von (nicht
ordentlich revisionspflichtigen) Konzerntochtergesellschaften ordentlich revidiert werden
müssen. U.E. besteht zumindest eine Pflicht, einzelne Rechnungsposten von Tochtergesellschaften dann zu überprüfen, wenn sie für die Konzernrechnung wesentlich sind

(vgl. auch PS 600 sowie CAMPONOVO/VON GRAFFENRIED-ALBRECHT, Revisionsrecht, 204). Die ordentliche Revisionspflicht wird für konsolidierungspflichtige Gesellschaften nur ausgelöst, wenn die Konsolidierungspflicht per **Stichtag der Jahresrechnung** besteht.

28 Art. 663e Abs. 2 befreit Gesellschaften von der Konzernrechnungslegungspflicht, sofern in zwei aufeinander folgenden Geschäftsjahren die dort genannten Schwellenwerte (Bilanzsumme von CHF 10 Mio., Umsatzerlös von CHF 20 Mio., 200 Vollzeitstellen im Jahresdurchschnitt) nicht überschritten werden. Vergleicht man diese Schwellenwertregelung mit derjenigen von Art. 727 zeigt sich, dass lediglich in Bezug auf die Anzahl Vollzeitstellen eine Diskrepanz besteht (Art. 727: 50 Vollzeitstellen; Art. 663e: 200 Vollzeitstellen); dies hat damit zu tun, dass die Schwellenwerte der Bilanzsumme und des Umsatzlöses in Art. 727 durch das Parlament auf dieselbe Höhe wie in Art. 663e angehoben wurden (vgl. Vor Art. 727 und 727a N 5).

29 Werden Konzernrechnungen **freiwillig** erstellt, so führt dies nicht zur ordentlichen Revisionspflicht, da das Gesetz explizit an der Konsolidierungs*pflicht* anknüpft (Botschaft RAG, 4013; CHK-OERTLI/HÄNNI, Art. 727–727a OR N 22).

2. Rechtsfolgen

30 Erfüllt eine Gesellschaft die Voraussetzungen von Art. 727 Abs. 1, so ist sie verpflichtet, ihre Jahres- und ggf. Konzernrechnung von einem unabhängigen (Art. 728), staatlich beaufsichtigten Revisionsunternehmen (Art. 727b Abs. 1) ordentlich prüfen zu lassen (Art. 728a ff.). Einen separaten Konzernrechnungsprüfer gibt es unter revidiertem Recht nicht mehr.

31 Entgegen des zu engen Wortlautes von Abs. 1 wirkt sich die Unterstellung unter die ordentliche Revisionspflicht jedoch nicht nur auf die Prüfung der Jahres- bzw. Konzernrechnung aus. Vielmehr untersteht die Gesellschaft diesfalls **sämtlichen Vorschriften über die ordentliche Revision.** Dazu gehören die Bestimmungen über

– die fachlichen Anforderungen an die RS (Art. 727b);

– die Unabhängigkeit der RS (Art. 728; vgl. zudem Art. 11 RAG);

– die Prüfung der Jahres- bzw. Konzernrechnung des Antrages über die Verwendung des Bilanzgewinnes und der Existenz des internen Kontrollsystems (Art. 728a Abs. 1 Ziff. 1 – 3);

– die Erstellung der Revisionsberichte (Art. 728b);

– die Anzeigepflichten der RS (Art. 728c).

32 Weiter hat die ordentliche Revisionspflicht zur Folge, dass das staatlich beaufsichtigte Revisionsunternehmen auch für die sog. **ausserordentlichen Prüfungen und Bestätigungen,** in denen das Gesetz lediglich einen «zugelassenen Revisoren» oder einen «zugelassenen Revisionsexperten» vorschreibt, beigezogen werden muss (vgl. Art. 727b Abs. 1 Satz 2 und Art. 727b/727c N 20).

33 Eine **Abweichung** von den gesetzlichen Vorgaben zur ordentlichen Revisionspflicht ist **nicht zulässig.**

34 Schliesslich führt die ordentliche Revisionspflicht auch dazu, dass die Beschränkungen in Bezug auf die **Amtsdauer** zu beachten sind (Art. 730 Abs. 2) und dass die RS für die Abnahme der Rechnung und die Gewinnverwendung – vorbehältlich eines einstimmi-

3. Abschnitt: Organisation der Aktiengesellschaft 35–39 Art. 727

gen Beschlusses anlässlich der GV – an der GV **anwesend** sein muss (Art. 731 Abs. 2).

Die ordentliche Revisionspflicht lebt bereits in demjenigen **Geschäftsjahr** auf, in welchem die Voraussetzungen nach Abs. 1 erfüllt werden (vgl. schon N 24). Ob die Voraussetzungen erfüllt sind, beurteilt sich nach den Verhältnissen zum Zeitpunkt des **Stichtags der Jahresrechnung**. 35

Amtet noch kein oder kein staatlich beaufsichtigtes Revisionsunternehmen als RS, so hat die GV eine solche zu wählen. Das staatlich beaufsichtigte Revisionsunternehmen ist im **Handelsregister** einzutragen, wobei der Eintrag keinen Hinweis auf die ordentliche Revisionspflicht enthalten wird (vgl. Art. 45 Abs. 1 lit. q HRegV; krit. hierzu CHK-OERTLI/ HÄNNI, Art. 727–727a OR N 37). Die Anmeldung muss von zwei Mitgliedern des VR oder von einem Mitglied mit Einzelzeichnungsberechtigung unterzeichnet sein (Art. 17 Abs. 1 lit. c HRegV; krit. zu dieser Neuerung LEHMANN, 426 f.). Sie kann neu auch elektronisch erfolgen (Art. 16 Abs. 2 HRegV). Beizulegen ist zumindest ein Protokoll(auszug) über den Wahlakt, welches vom Protokollführer sowie vom Vorsitzenden der GV unterzeichnet sein muss (Art. 23 Abs. 1 und 2 HRegV; vgl. dazu etwa REBSAMEN, N 274 ff.). Die Handelsregisterbehörden haben anlässlich der Eintragung nicht nur zu prüfen, ob eine RS tatsächlich bezeichnet wurde, sondern auch, ob die zur Eintragung angemeldete RS über die erforderliche Zulassung verfügt (Art. 61 Abs. 2 HRegV). 36

3. Beendigung der ordentlichen Revisionspflicht nach Abs. 1

Sind die Voraussetzungen der ordentlichen Revisionspflicht gem. Ziff. 1 (Publikumsgesellschaften), Ziff. 2 (KMU oberhalb der Schwellenwerte) oder Ziff. 3 (konsolidierungspflichtige Gesellschaften) zum Zeitpunkt des Stichtages der Jahresrechnung erfüllt, untersteht die Gesellschaft bereits ab jenem Geschäftsjahr der ordentlichen Revisionspflicht (vgl. N 35 und 24). 37

Erfüllt eine Gesellschaft, welche aufgrund von Ziff. 1, 2 oder 3 der ordentlichen Revisionspflicht untersteht, die jeweiligen Voraussetzungen per Stichtag der Jahresrechnung hingegen nicht mehr (z.B. weil eine Dekotierung der Beteiligungspapiere erfolgte oder die Schwellenwerte gem. Ziff. 2 nicht mehr überschritten wurden), erlischt die ordentliche Revisionspflicht und die Gesellschaft unterliegt bereits in Bezug auf das Geschäftsjahr, in welchem die Voraussetzungen nicht mehr gegeben waren, der eingeschränkten Revisionspflicht (Art. 727a Abs. 1). 38

III. Freiwillige Einführung der ordentlichen Revisionspflicht: Opting-Up (Abs. 2 und 3)

1. Allgemeines

Die Abs. 2 und 3 räumen den Gesellschaftern die Möglichkeit ein, die eingeschränkt revisionspflichtige Gesellschaft entweder einmalig oder dauernd der ordentlichen Revisionspflicht zu unterwerfen, selbst wenn sie die Voraussetzungen nach Abs. 1 nicht erfüllt. Damit wird die Stellung von **Gesellschaftern mit Minderheitsbeteiligungen** gestärkt, was deshalb notwendig ist, weil Haupt- oder Grossaktionäre geneigt sein können, die Jahresrechnung möglichst zu ihren persönlichen Gunsten auszugestalten und Minderheitsaktionäre aufgrund der mangelnden Kotierung der Beteiligungsrechte i.d.R. auf keinen liquiden Markt zurückgreifen können, um aus dem Investment auszusteigen (Botschaft RAG, 3993). 39

40 Möchte der **VR,** dass sich die Gesellschaft entweder einmalig oder dauernd der ordentlichen Revisionspflicht unterstellt, hat er der GV einen entsprechenden Beschluss oder eine entsprechende Statutenbestimmung zu unterbreiten (vgl. dazu N 49 und 52). Ohne Einbezug der GV ist dem VR nicht gestattet, die Gesellschaft der ordentlichen Revisionspflicht zu unterstellen. Etwas anderes gilt nur dann, wenn der VR gestützt auf eine entsprechende statutarische Bestimmung ermächtigt wird, ein einmaliges oder dauerndes Opting-Up vorzunehmen (vgl. auch CHK-OERTLI/HÄNNI, Art. 727–727a N 35).

2. Voraussetzungen des Opting-Up

41 Ein Opting-Up kann entweder durch einen Antrag von Minderheitsaktionären (Abs. 2), einen GV-Beschluss oder eine statutarische Bestimmung (Abs. 3) erfolgen. Welcher **Revisionsart** die Gesellschaft untersteht, ist für die Geltendmachung des Opting-Up i.S.v. Abs. 2 unerheblich. So ist es denkbar, dass z.B. eine Gesellschaft, die Gebrauch von ihrem Recht des Opting-Out nach Art. 727a Abs. 2 gemacht hat und überhaupt keiner Revisionspflicht untersteht, durch ein Opting-Up nach Art. 727 Abs. 2 oder 3 direkt der ordentlichen Revisionspflicht unterstellt wird (ebenso CAMPONOVO, 227 f.; IMARK/FISCHER, 331).

a) Opting-Up durch Antrag einer Minderheit (Abs. 2)

42 Voraussetzung für ein Opting-Up nach Abs. 2 bildet ein entsprechender **Antrag** von Aktionären, die mindestens 10% des AK vertreten. Der Wortlaut spricht in Bezug auf die Berechtigten (anders als etwa in Art. 699 Abs. 3) von «Aktionären, die zusammen mindestens 10% des Aktienkapitals vertreten». Dies schliesst freilich nicht aus, dass ein **einzelner Aktionär,** der mindestens 10% des AK vertritt, ebenfalls berechtigt ist, ein Opting-Up zu verlangen (vgl. auch die Verwendung der Einzahl im revidierten Art. 700 Abs. 3). Des Weiteren sind u.E. auch **Partizipanten** (selbst ohne diesbezügliche statutarische Grundlage) berechtigt, ein Opting-Up zu verlangen; das Recht, die Gesellschaft der ordentlichen Revisionspflicht zu unterstellen ist nicht als Recht zu qualifizieren, das mit dem Stimmrecht zusammenhängt (Art. 656c Abs. 1 und 2), sondern vielmehr als Recht, das dem Schutz der vermögensrechtlichen Stellung der Gesellschafter (und damit auch der Partizipanten, vgl. Art. 656f f.) dient (**a.M.** CHK-OERTLI/ HÄNNI, Art. 727–727a OR N 24; zum Normzweck generell vgl. Vor Art. 727 und 727a N 15 ff.).

43 Die Schwelle von **10 % des AK** muss nicht zwingend überschritten werden, es genügt, wenn sie erreicht wird. Ob ein Aktionär die Schwelle erreicht oder überschreitet, ermittelt sich wie folgt:

– Der **Nenner** setzt sich aus der Höhe des AK, welches zum Zeitpunkt des Antrags im Handelsregister eingetragen ist. Eine Unschärfe des Handelsregistereintrages, welche sich aus allfälligen im Rahmen des bedingten AK ausgegebenen, aber im Handelsregister noch nicht registrierten Aktien ergibt (vgl. Art. 653g und 653h), ist dabei in Kauf zu nehmen. Besteht neben dem AK zusätzlich ein PS-Kapital, ist dieses hinzuzurechnen (dies ergibt sich zwar nicht aus Art. 656b Abs. 3, doch geht die h.L. zu Recht davon aus, dass eine solche Hinzurechnung immer dann zu erfolgen hat, wenn Partizipanten dasselbe Recht wie Aktionären zukommt, selbst wenn dieses Recht nicht explizit in Art. 656b Abs. 3 aufgeführt ist, vgl. etwa Art. 699 N 12; BÖCKLI, § 12 N 61; FORSTMOSER/MEIER-HAYOZ/NOBEL, § 12 N 23 FN 16; für den umgekehrten Fall vgl. N 42).

– Der **Zähler**, also die Beteiligung des Aktionärs, setzt sich aus dem gesamten Nennwert der von ihm zum Zeitpunkt des Antrages (direkt) gehaltenen Aktien zusammen. Eine allfällige Teilliberierung ist für die Berechnung der Nennwerte unerheblich. Ob die mit den gehaltenen Aktien verknüpften Stimmrechte ausübbar sind oder nicht (z.B. aufgrund einer statutarischen Stimmrechtsbeschränkung, einer Vinkulierungsklausel oder einer Suspendierung nach Art. 20 Abs. 4bis BEHG) ist u.E. für die Berechtigung des Opting-Up ebenfalls unerheblich (zur Begründung kann auf die entsprechenden Lehrmeinungen zur analogen Fragestellung unter Art. 699 Abs. 3 verwiesen werden, namentlich Art. 699 N 12 sowie KUNZ, Rz 18 ff. m.w.H.; DUBS, Traktandierung, N 56). Im Fall von Namenaktien ist für die Ausübung des Opting-Up jedoch erforderlich, dass der Aktionär im Aktienbuch eingetragen ist, selbst wenn er nur als Aktionär ohne Stimmrecht eingetragen ist (Art. 686 Abs. 4; vgl. aber DUBS, Traktandierung, N 49 ff., der beim Traktandierungsrecht im Hinblick auf dessen systembedingte Einbindung in die GV vom sog. Ein-Stimmen-Erfordernis ausgeht, wonach der traktandierende Aktionär mit zumindest einer Aktie als Aktionär mit Stimmrecht im Aktienbuch eingetragen sein muss).

Anzumerken ist, dass die vom BGer in BGE 133 III 180 ff. formulierte Auffassung, wonach das Erfordernis von 10% des AK im Zusammenhang mit Art. 697b Abs. 2 (Sonderprüfung) nicht nur im Zeitpunkt der Antragstellung, sondern durchwegs bis zum Zeitpunkt des gerichtlichen Entscheides über die Anordnung einer Sonderprüfung gelte (hierzu zu Recht krit. DUBS, 1193 ff.), keine unmittelbaren Auswirkungen auf das 10%-Erfordernis nach Art. 727 Abs. 2 zeitigen kann, da der Antrag im vorliegenden Zusammenhang nicht gerichtlich, sondern gegenüber dem VR geltend gemacht werden muss (vgl. auch DUBS, 1198 f.). Fraglich ist jedoch, ob aus dem zitierten Urteil mittelbar abgeleitet werden kann, dass das Erfordernis von 10% des AK nicht nur zum Zeitpunkt der Antragstellung, sondern durchwegs bis zum Abschluss der mit dem Antrag veranlassten ordentlichen Revision zu beachten ist. Reicht etwa eine Gruppe von fünf Minderheitsaktionären, die zusammen 11% des AK vertreten, einen Antrag i.S.v. Abs. 2 ein und veräussert daraufhin ein Minderheitsaktionär seinen Anteil in Höhe von 3%, so stellt sich die Frage, ob das Opting-Up hinfällig wird. U.E. führt das nachträgliche Nichterfüllen der 10%-Voraussetzung lediglich dann zu einem Wegfall des Opting-Up, wenn *sämtliche* antragstellenden Minderheitsaktionäre ihre Aktionärsstellung im Nachgang zu ihrem Antrag aufgeben. Begründet werden kann diese Ansicht damit, dass die Ausübung des Antragsrechts als ist ein einmaliger Rechtsakt aufzufassen ist, bei welchem die Voraussetzungen für eine Ausübung nicht wiederholt, sondern lediglich im Zeitpunkt der Geltendmachung belegt werden müssen (vgl. auch DUBS, 1197) und dass bei einem Verlust der Aktionärsstellung aller antragstellenden Minderheitsaktionäre kein Interesse mehr nachgewiesen werden kann. **44**

Eine Statutenbestimmung, welche die Schwelle von 10% erhöht oder weitere Voraussetzungen vorschreibt, ist angesichts des **zwingenden Charakters** der Bestimmung nichtig. Demgegenüber ist die Ausgestaltung als Individualrecht oder das Senken der 10%-Schwelle statutarisch möglich. **45**

Inhaltlich muss aus dem Antrag zumindest sinngemäss die Forderung gem. Abs. 2 hervorgehen, wonach «eine ordentliche Revision vorgenommen werden [soll]». Mit Blick auf Abs. 1 bezieht sich die «ordentliche Revision» lediglich auf die Prüfung der Jahres- bzw. Konzernrechnung. Wie in N 30 f. bereits dargelegt wurde, geht das Institut der ordentlichen Revision inhaltlich jedoch über die Prüfung der Rechnungen hinaus: So weicht die ordentliche Revision im Vergleich zur eingeschränkten hinsichtlich des Inhalts des Revisionsberichts oder der Anzeigepflichten der RS oder der fachlichen An- **46**

forderungen an die RS ab; dies wirkt sich auch dementsprechend bei einem Opting-Up aus (ebenso BÖCKLI, Abschlussprüfung, N 118). Allerdings bleibt es den Gesellschaftern unbenommen, von den gesetzlichen Vorgaben der ordentlichen Revision **abzuweichen** (vgl. eingehend Vor Art. 727 und 727a N 28 ff.). Zur **zeitlichen Wirkung** des Antrags auf ein Opting-Up vgl. nachfolgend N 60.

47 Der Antrag ist an **keine Form** gebunden (Art. 11 Abs. 1 analog; BÖCKLI, Abschlussprüfung, N 112; CHK-OERTLI/HÄNNI, Art. 727–727a OR N 24) und kann jederzeit gestellt werden (vgl. aber N 61). Dabei genügt es, wenn der Schwellenwert zum Zeitpunkt des Antrags erreicht bzw. überschritten ist. Zu beachten ist, dass der Antrag eine **empfangsbedürftige Willenserklärung** ist, d.h. um Wirkung zu entfalten, muss der Antrag in den Machtbereich der Gesellschaft gelangen. Konkret hat der Antrag zuhanden des VR der Gesellschaft zu erfolgen, welcher die entsprechenden Schritte einzuleiten hat. Ein Beschluss der GV bildet für einen Antrag i.S.v. Abs. 2 keine Voraussetzung; ein solcher kann jedoch erforderlich werden, wenn für die ordentliche Revision eine andere Revisionsstelle gewählt werden soll.

48 Werden gleichzeitig oder nacheinander von verschiedenen (Minderheits-)Aktionären **mehrere Anträge** gestellt und weichen diese Anträge inhaltlich voneinander ab (was aufgrund der Zulässigkeit der Abweichung von den gesetzlichen Vorgaben der ordentlichen Revisionspflicht denkbar ist, vgl. Vor Art. 727 und 727a N 28 ff.), hat der VR demjenigen Antrag Folge zu leisten, welcher den gesetzlichen Vorgaben der ordentlichen Revisionspflicht am nächsten kommt.

b) Opting-Up durch Statuten (Abs. 3)

49 Die Statuten einer Gesellschaft, die nicht bereits schon von Gesetzes wegen der ordentlichen Revisionspflicht untersteht, können vorsehen, dass die Jahresrechnung ordentlich geprüft wird. Eine solche Bestimmung kann bereits anlässlich der Gründung in die Statuten aufgenommen oder nachträglich eingeführt werden. Eine nachträgliche Aufnahme setzt voraus, dass die Statutenänderung im Hinblick auf eine GV entsprechend traktandiert (Art. 698 Abs. 2 Ziff. 1) und der GV-Beschluss öffentlich beurkundet und im Handelsregister eingetragen wird (Art. 647; immerhin wird aber die zeitlich relevante Innenwirkung schon mit der Beschlussfassung erreicht). Vorbehältlich einer anders lautenden Statutenbestimmung, unterliegt der GV-Beschluss der absoluten Mehrheit der vertretenen Aktienstimmen (Art. 703).

50 Nimmt die Statutenbestimmung lediglich **Bezug auf die Prüfung der Jahresrechnung** (vgl. den Wortlaut von Abs. 3), stellt sich die Frage, ob damit die Prüfung des Antrags über die Gewinnverwendung oder der Existenz des internen Kontrollsystems (Art. 728a Abs. 1 Ziff. 2 und 3) nicht zu erfolgen hat. Dies ist u.E. entgegen dem Wortlaut von Abs. 3, der nur von der Prüfung der Jahresrechnung spricht, zu verneinen (vgl. Art. 727 N 30 f.). Allerdings bleibt es den Gesellschaftern unbenommen, die Statutenklausel abw. von der gesetzlichen Regelung (einschliesslich den Bestimmungen über die fachlichen Anforderungen an die RS) zu formulieren (vgl. dazu Vor Art. 727 und 727a N 28 ff.).

51 Zur **zeitlichen Wirkung** des statutarischen Opting-Up vgl. nachfolgend N 61.

c) Opting-Up durch GV-Beschluss

52 Auch durch einen GV-Beschluss kann ein Opting-Up herbeigeführt werden. Der Beschluss über das Opting-Up ist **traktandierungspflichtig** (die in Art. 700 Abs. 3 aufgeführte Ausnahme der Traktandierungspflicht bezieht sich lediglich auf die Wahl der RS). Mit Blick auf die (noch) geltenden Traktandierungsvoraussetzungen (Art. 699

Abs. 3 und dazu Art. 699 N 23) wird diese Form des Opting-Up zumindest für Aktionäre kaum grosse Bedeutung erlangen, da sie die unter denselben Voraussetzungen die Möglichkeit haben, ein einmaliges Opting-Up auch ohne aufwändige GV durchzusetzen (Abs. 2).

Der GV-Beschluss verlangt – vorbehältlich einer anders lautenden Statutenbestimmung – die absolute Mehrheit der vertretenen Aktienstimmen (Art. 703). 53

Zum **Inhalt des GV-Beschlusses** kann auf N 46 verwiesen werden. Zur **zeitlichen Wirkung** des GV-Beschlusses über ein Opting-Up vgl. nachfolgend N 61. 54

d) Exkurs: Opting-Up durch VR-Beschluss?

Art. 727 Abs. 2 regelt lediglich die Frage nach den Voraussetzungen eines Opting-Up durch die Aktionäre. Nicht geregelt wird die Frage, ob nebst den Aktionären auch der VR (ohne Zutun der Aktionäre) befugt ist, die Gesellschaft der ordentlichen Revisionspflicht zu unterstellen. Ein solches Bedürfnis kann insb. angesichts der aktienrechtlichen Verantwortlichkeit durchaus gegeben sein. 55

Der BR setzte sich mit dieser Frage in der Botschaft nicht auseinander. Im **NR** beabsichtigte jedoch eine Minderheit, Abs. 2 explizit mit dem Hinweis zu ergänzen, dass nebst sämtlichen Aktionären auch ein Mitglied des VR ein Opting-Up verlangen dürfe (AmtlBull NR 2005, N 70 ff.). Dies wurde mit 99 zu 64 Stimmen bewusst abgelehnt und zwar insb. mit dem Argument, dass ein Mitglied eines VR im Gegensatz zum Aktionär ja über sehr umfassende Einsichtsrechte in die Interna der Gesellschaft verfüge, er sich also selbst ein Bild machen könne und bei mangelndem Vertrauen in die Buchhaltung demissionieren könne (AmtlBull NR 2005, N 73 f.). Würde man ein Opting-Up durch den VR zulassen, würde dies die (falsche) Wahrnehmung fördern, wonach die RS das Unternehmen führe (a.a.O.). Aus den Materialien ergibt sich deshalb die klare Absicht des Gesetzgebers, dass ein Opting-Up durch den VR nicht zulässig sein soll. 56

Dies ist u.E. zu bedauern, bestünde für ein solches Opting-Up doch durchaus ein legitimes Bedürfnis seitens des VR. Nach dem nun geltenden Recht wird ein VR, der eine ordentliche Revision wünscht, im Rahmen einer GV also einen entsprechenden Antrag zum Beschluss oder zur Statutenänderung (Abs. 3) stellen müssen. Unterliegt er mit seinem Antrag, hat er keine Möglichkeit, dennoch eine ordentliche Revision i.S. des Gesetzes zu verlangen. Allerdings bleibt es ihm im Rahmen seines pflichtgemässen Ermessens zur Geschäftsführung unbenommen, Prüfungsaufträge an die RS zu erteilen (vgl. dazu auch CAMPONOVO/VON GRAFFENRIED-ALBRECHT, 30). 57

3. Rechtsfolgen des Opting-Up

Sind bei einer Gesellschaft die Voraussetzungen gem. Art. 727 Abs. 2 oder 3 erfüllt, hat sie ihre Jahresrechnung ordentlich prüfen zu lassen. Entgegen des zu engen Wortlautes von Abs. 1 wirkt sich das Opting-Up jedoch nicht nur auf die Prüfung der Jahresrechnung aus. Vielmehr untersteht die Gesellschaft diesfalls **sämtlichen Vorschriften über die ordentliche Revision** (vgl. N 31; zu den Ausnahmen vgl. sogleich N 59). 58

Etwas anderes gilt nach der hier vertretenen, aber nicht unumstrittenen Auffassung dann, wenn die Gesellschafter im Rahmen eines Opting-Up bewusst von den gesetzlichen Vorgaben der ordentlichen Revision **abweichen** (vgl. dazu eingehend Vor Art. 727 und 727a N 28 ff.). 59

60 Zu beachten ist, dass die ordentliche Revisionspflicht zudem zur Folge hat, dass der zugelassene Revisionsexperte auch für die sog. ausserordentlichen Prüfungen und Bestätigungen, in denen das Gesetz lediglich einen «zugelassenen Revisoren» vorschreibt, beigezogen werden muss (vgl. Art. 727b Abs. 2 Satz 2). Dies gilt unabhängig von einer allfälligen Abweichung von der gesetzlichen Ordnung im Rahmen eines Opting-Up.

61 Wird ein Opting-Up durch einen **Aktionärsantrag oder einen GV-Beschluss** herbeigeführt. wirkt sich das Opting-Up lediglich **einmalig** aus (BÖCKLI, Abschlussprüfung, N 124; CAMPONOVO, 228; ZIHLER, 15); die dauernde Institutionalisierung der ordentlichen Revision kann nur statutarisch gewährleistet werden (vgl. Abs. 3; in Bezug auf den GV-Beschluss offenbar **a.M.** CHK-OERTLI/HÄNNI, Art. 727–727a OR N 35). Danach könnte sich das Opting-Up lediglich auf das im Zeitpunkt des Antrages bzw. GV-Beschlusses **laufende Geschäftsjahr** oder auf das bereits **abgeschlossene Geschäftsjahr** (allerdings nur alternativ und nicht kumulativ zum laufenden Geschäftsjahr) beziehen. Letzteres dürfte sogar die Mehrzahl der Fälle eines Opting-Up betreffen, werden Minderheitsaktionäre doch oftmals erst aufgrund des Geschäftsberichts auf Aspekte der Rechnungslegung aufmerksam, die sie genauer geprüft haben wollen. Aus diesem Grund muss es möglich sein, auch nach Ablauf eines Geschäftsjahres, aber noch vor der Genehmigung der Jahresrechnung, ein Opting-Up nach Abs. 2 zu beantragen (allerdings kommt dies nur in Bezug auf das vorangegangene Geschäftsjahr und nicht auf noch frühere Geschäftsjahre in Frage). Ein entsprechender Aktionärsantrag ist analog zu Art. 727a Abs. 4 Satz 2 bis spätestens 10 Tage vor der GV möglich (BÖCKLI, Abschlussprüfung, N 114; CHK-OERTLI/HÄNNI, Art. 727–727a N 24), während sich ein Traktandierungsbegehren zwecks Opting-Up durch einen GV-Beschluss nach Art. 699 Abs. 3 richtet und damit rechtzeitig vor dem Versand der Einladung zur GV zu erfolgen hat (vgl. Art. 699 N 30). Das Gesagte gilt es u.E. allerdings dahin gehend zu relativieren, dass es nicht darauf ankommen kann, wann genau ein Opting-Up in Bezug auf das *laufende* Geschäftsjahr verlangt wird; insofern ist es durchaus denkbar, dass ein bis spätestens 10 Tage vor der ordentlichen GV eingetroffener rechtsgültiger Aktionärsantrag bzw. ein rechtsgültig gefasster GV-Beschluss vor der Genehmigung des Geschäftsberichts ein Opting-Up sowohl in Bezug auf das abgeschlossene als auch in Bezug auf das laufende Geschäftsjahr zum Gegenstand hat.

62 Erfolgt ein Opting-Up durch einen Aktionärsantrag oder einen GV-Beschluss, muss die GV auch – vorbehältlich eines anders lautenden Antrages der antragstellenden Aktionäre, vgl. N 45 – einen zugelassenen Revisionsexperten wählen; eine Traktandierung dieser Wahl ist aufgrund des revidierten Art. 700 Abs. 3 nicht notwendig und eine allfällige Bemessung des Stimmrechts nach Anzahl Aktien ist nicht anwendbar (Art. 693 Abs. 3 Ziff. 1). Zudem ist der VR verpflichtet, die Abstimmung über die Genehmigung der (eingeschränkt oder gar nicht geprüften) Jahres- bzw. Konzernrechnung sowie über die Verwendung des Bilanzgewinnes auszusetzen (so zu Recht BÖCKLI, Abschlussprüfung, N 114). Geht ein Aktionärsantrag im neuen Geschäftsjahr, aber frühzeitig vor der ordentlichen GV ein, ist der VR aufgrund seiner Sorgfaltspflicht verpflichtet, eine ausserordentliche GV zwecks Wahl der RS vorzuziehen und an der ordentlichen GV über die ordentlich geprüfte Jahres- bzw. Konzernrechnung sowie die Verwendung des Bilanzgewinnes abstimmen zu lassen (ebenso BÖCKLI, Abschlussprüfung, N 115). Ein Opting-Up führt demnach i.d.R. dazu, dass **zwei GVs** notwendig sind (eine für die Wahl der RS und eine für die Genehmigung der Jahresrechnung und der Gewinnverteilung) und damit zu entsprechenden **Mehrkosten** führt.

63 Bei einem **statutarischen Opting-Up** bezieht sich die ordentliche Revisionspflicht – vorbehältlich einer anders lautenden Formulierung des GV-Beschlusses bzw. der Statutenbe-

3. Abschnitt: Organisation der Aktiengesellschaft   Art. 727a

stimmung – erstmals auf das Geschäftsjahr, in welchem die statutarische Bestimmung wirksam wird (ähnl. BÖCKLI, Abschlussprüfung, N 123); vgl. auch N 49. Die ordentliche Revisionspflicht bleibt sodann solange in Kraft, bis die Statutenbestimmung wieder aufgehoben wird. Darin liegt der Unterschied zum Opting-Up durch einen Antrag einer Minderheit (Abs. 2) bzw. durch einen GV-Beschluss, welches in beiden Fällen nur für ein einziges Geschäftsjahr gilt. Wird die Statutenbestimmung wieder aufgehoben, entfällt die ordentliche Revisionspflicht – vorbehältlich eines anders lautenden GV-Beschlusses – mit Bezug auf das Geschäftsjahr, in welchem die Aufhebung wirksam wurde.

Die RS ist im **Handelsregister** einzutragen, wobei der Eintrag keinen Hinweis auf die ordentliche Revisionspflicht enthalten wird (vgl. Art. 45 Abs. 1 lit. q HRegV). Zu den formellen Anforderungen der Anmeldung und zur Prüfungspflicht vgl. N 36.. 64

Schliesslich führt die Einführung der ordentlichen Revisionspflicht auch dazu, dass die Beschränkungen in Bezug auf die Amtsdauer zu beachten sind (Art. 730 Abs. 2) und dass die RS für die Abnahme der Rechnung und die Gewinnverwendung – vorbehältlich eines einstimmigen Beschlusses anlässlich der GV – an der GV anwesend sein muss (Art. 731 Abs. 2). 65

Art. 727a

2. Einge-
schränkte
Revision

¹ Sind die Voraussetzungen für eine ordentliche Revision nicht gegeben, so muss die Gesellschaft ihre Jahresrechnung durch eine Revisionsstelle eingeschränkt prüfen lassen.

² Mit der Zustimmung sämtlicher Aktionäre kann auf die eingeschränkte Revision verzichtet werden, wenn die Gesellschaft nicht mehr als zehn Vollzeitstellen im Jahresdurchschnitt hat.

³ Der Verwaltungsrat kann die Aktionäre schriftlich um Zustimmung ersuchen. Er kann für die Beantwortung eine Frist von mindestens 20 Tagen ansetzen und darauf hinweisen, dass das Ausbleiben einer Antwort als Zustimmung gilt.

⁴ Haben die Aktionäre auf eine eingeschränkte Revision verzichtet, so gilt dieser Verzicht auch für die nachfolgenden Jahre. Jeder Aktionär hat jedoch das Recht, spätestens zehn Tage vor der Generalversammlung eine eingeschränkte Revision zu verlangen. Die Generalversammlung muss diesfalls die Revisionsstelle wählen.

⁵ Soweit erforderlich passt der Verwaltungsrat die Statuten an und meldet dem Handelsregister die Löschung oder die Eintragung der Revisionsstelle an.

2. Contrôle
restreint

¹ Lorsque les conditions d'un contrôle ordinaire ne sont pas remplies, la société soumet ses comptes annuels au contrôle restreint d'un organe de révision.

² Moyennant le consentement de l'ensemble des actionnaires, la société peut renoncer au contrôle restreint lorsque son effectif ne dépasse pas dix emplois à plein temps en moyenne annuelle.

³ Le conseil d'administration peut requérir par écrit le consentement des actionnaires. Il peut fixer un délai de réponse de 20 jours au moins et leur indiquer qu'un défaut de réponse équivaut à un consentement.

⁴ Lorsque les actionnaires ont renoncé au contrôle restreint, cette renonciation est également valable les années qui suivent. Chaque actionnaire a toutefois le droit d'exiger un contrôle restreint au plus tard dix jours avant l'assemblée générale. Celle-ci doit alors élire l'organe de révision.

⁵ Au besoin, le conseil d'administration procède à l'adaptation des statuts et requiert que l'organe de révision soit radié du registre du commerce.

2. Revisione limitata

¹ Se non sono date le condizioni per una revisione ordinaria, la società fa verificare il conto annuale mediante revisione limitata effettuata da un ufficio di revisione.

² Con il consenso di tutti gli azionisti si può rinunciare alla revisione limitata se la società presenta una media annua di posti a tempo pieno non superiore a 10.

³ Il consiglio d'amministrazione può chiedere agli azionisti di esprimere questo consenso per scritto. Può impartire loro un termine di almeno 20 giorni per rispondere e avvertirli che una mancata risposta sarà considerata consenso.

⁴ La rinuncia degli azionisti alla revisione limitata vale anche per gli anni successivi. Ciascun azionista ha tuttavia il diritto di chiedere una revisione limitata il più tardi 10 giorni prima dell'assemblea generale. In tal caso l'assemblea generale designa un ufficio di revisione.

⁵ Per quanto necessario, il consiglio d'amministrazione adegua lo statuto e comunica al registro di commercio la cancellazione o l'iscrizione dell'ufficio di revisione.

Literatur und Materialien

Vgl. die Hinweise Vor Art. 727 und 727a.

I. Allgemeines

1   Art. 727a regelt zum einen die Voraussetzungen, unter denen eine Gesellschaft verpflichtet ist, ihre Jahresrechnung durch eine RS **eingeschränkt** prüfen zu lassen (Abs. 1) und zum anderen die Voraussetzungen, das Verfahren sowie die Rückgängigmachung eines **Verzichts** auf die eingeschränkte Revisionspflicht (Opting-Out, Abs. 2–5).

2   Mit der **eingeschränkten Revision** führt der Gesetzgeber ein neues Institut der Abschlussprüfung ins schweizerische Gesellschaftsrecht ein. Allerdings folgt es im Wesentlichen dem national und international stark verbreiteten Konzept der *«review»* bzw. prüferischen Durchsicht, wozu schon seit Längerem Branchenstandards bestehen (vgl. etwa PS 910 oder ISA 910). Die Idee der gesetzlichen Verankerung einer eingeschränkten Prüfung ist ausserdem alles andere als neu, wurde diese in den Mitgliedstaaten der EU doch bereits Ende der 1970er Jahre im Zusammenhang mit der Umsetzung der EU-Jahresabschluss-RL (vgl. dazu Vor Art. 727 und 727a N 36) ausgiebig erwogen, letztlich aber mehrheitlich verworfen (vgl. dazu HONOLD, 1 f.).

3   Ebenfalls ein Novum bedeutet die in Abs. 2 vorgesehene Möglichkeit für Kleinstgesellschaften, **auf eine RS gänzlich zu verzichten (Opting-Out).** Dieses neue Institut ist stark von der Regelung in der EU beeinflusst (vgl. Art. 51 Abs. 2 der 4. Richtlinie 78/660/EWG vom 25.7.1978 über den Jahresabschluss von Gesellschaften bestimmter Rechtsformen; SANWALD/BEHR, 580; ferner Botschaft RAG, 4107). Was die **Bedeutung der Einführung des Opting-Out** betrifft, so sei auf Vor Art. 727 und 727a N 24 ff. verwiesen.

3. Abschnitt: Organisation der Aktiengesellschaft 4–9 **Art. 727a**

Zur Entstehungsgeschichte, zum Normzweck und Geltungsbereich vgl. im Übrigen Vor Art. 727 und 727a N 1 ff. und 9 ff. 4

II. Eingeschränkte Revisionspflicht von Gesetzes wegen (Abs. 1)

1. Voraussetzungen

Sofern und solange eine Gesellschaft die Voraussetzungen der ordentlichen Revisionspflicht (vgl. Art. 727) nicht erfüllt, ist sie eingeschränkt revisionspflichtig. Ob die Voraussetzungen der ordentlichen Revisionspflicht erfüllt sind, beurteilt sich im Fall von Art. 727 Abs. 1 jeweils nach den Verhältnissen zum Zeitpunkt des **Stichtags der Jahresrechnung** (vgl. auch Art. 727 N 35); zur zeitlichen Wirkung eines Opting-Up vgl. Art. 727 N 61. 5

2. Rechtsfolgen

Erfüllt eine Gesellschaft die Voraussetzungen von Art. 727 nicht, ist sie gem. Art. 727a Abs. 1 verpflichtet, ihre Jahresrechnung von einem unabhängigen (Art. 729), zugelassenen Revisor (Art. 727c) eingeschränkt prüfen zu lassen (Art. 729a ff.). 6

Entgegen des zu engen Wortlautes von Abs. 1 (aber analog zur ordentlichen Revision, vgl. Art. 727 N 31) wirkt sich die eingeschränkte Revisionspflicht nicht nur auf die Prüfung der Jahresrechnung aus. Vielmehr untersteht die Gesellschaft diesfalls **sämtlichen Vorschriften über die eingeschränkte Revisionspflicht** (zu den Ausnahmen vgl. sogleich N 8). Dazu gehören die Bestimmungen über: 7

– die fachlichen Anforderungen an die RS (Art. 727c);

– die Unabhängigkeit der RS (Art. 729);

– die Prüfung der Jahresrechnung und des Antrages über die Verwendung des Bilanzgewinnes (Art. 729a Abs. 1 Ziff. 1 und 2);

– die Erstellung des Revisionsberichts (Art. 729b) und

– die Anzeigepflicht der RS (Art. 729c).

Etwas anderes gilt nach der hier vertretenen, aber nicht unumstrittenen Auffassung dann, wenn die Gesellschafter im Rahmen eines Opting-Down bewusst von den gesetzlichen Vorgaben der eingeschränkten Revision **abweichen** (vgl. dazu eingehend vor Art. 727 und 727a N 28 ff.). 8

Zu beachten ist aber, dass dort, wo das Gesetz einen zugelassenen Revisionsexperten vorschreibt (vgl. z.B. Art. 653f, 653i, 732 Abs. 2, Art. 745 Abs. 3), diese Anforderungen immer, d.h. ungeachtet von der eingeschränkten Revisionspflicht, einem Opting-Down oder Opting-Out zu beachten sind (Art. 727b Abs. 2 Satz 2). 9

10 Ein grober Vergleich zwischen der ordentlichen und eingeschränkten Revisionspflicht i.S. des Gesetzes ergibt folgende Unterschiede:

Regelungsgegenstand	Ordentliche Revisionspflicht	Eingeschränkte Revisionspflicht
Fachliche Anforderungen an die RS	– Publikumsgesellschaften: staatlich beaufsichtigtes Revisionsunternehmen – Unternehmen oberhalb der KMU-Schwelle sowie konsolidierungspflichtige Unternehmen: Zugelassener Revisionsexperte	– Zugelassener Revisor
Unabhängigkeit der Revision	– Hohe Anforderungen	– Weniger hohe Anforderungen
Gegenstand der Prüfung	– Jahresrechnung – Konzernrechnung – Antrag Gewinnverwendung – Existenz eines IKS	– Jahresrechnung – Antrag Gewinnverwendung
Umfang der Prüfung	– Umfassend	– Summarisch
Revisionsbericht	– Kurzbericht an die GV – Umfassender Bericht an VR	– Kurzbericht an GV
Anzeigepflichten	– Bei offensichtlicher Überschuldung, wenn der VR untätig bleibt – Meldung an VR bei Verstössen gegen das Gesetz, die Statuten oder das Organisationsreglement (Anzeige zusätzlich an GV, falls Verstösse wesentlich sind oder der VR trotz schriftlicher Mahnung keine Massnahmen ergreift)	– Bei offensichtlicher Überschuldung, wenn der VR untätig bleibt

11 Erfüllt eine Gesellschaft die Voraussetzungen von Art. 727 nicht, so gilt die eingeschränkte Revisionspflicht bereits in Bezug auf das **Geschäftsjahr,** in welchem die Voraussetzungen nicht erfüllt werden (vgl. Art. 727 N 35).

12 RS sind im **Handelsregister** einzutragen, wobei der Eintrag nicht zwischen ordentlicher und eingeschränkter Revision differenziert (vgl. Art. 45 Abs. 1 lit. q HRegV). Eingetragen werden allerdings nur diejenigen RS, die eine ordentliche oder eingeschränkte Revision durchführen (zum Fall, in dem im Rahmen eines Opting-Down von den gesetzlichen Vorgaben der eingeschränkten Revision abgewichen wird, vgl. N 45 ff.). Die Handelsregisterbehörden haben anlässlich der Eintragung nicht nur zu prüfen, ob eine RS tatsächlich bezeichnet wurde, sondern auch, ob die zur Eintragung angemeldete RS über die erforderliche Zulassung verfügt (Art. 61 Abs. 2 HRegV).

III. Verzicht auf die eingeschränkte Revisionspflicht: Opting-Out (Abs. 2)

Mit der Zustimmung sämtlicher Aktionäre kann laut Abs. 2 auf die eingeschränkte Revision verzichtet werden, wenn die Gesellschaft nicht mehr als zehn Vollzeitstellen im Jahresdurchschnitt hat. Dies gilt es wie folgt zu präzisieren: 13

1. Voraussetzungen des Opting-Out

Ein Opting-Out ist unter den folgenden, kumulativ zu erfüllenden Voraussetzungen zulässig: 14

– Nicht-Erfüllung der Voraussetzungen der ordentlichen Revisionspflicht (N 15);
– Zustimmung sämtlicher Aktionäre (N 16 ff.);
– Nicht mehr als zehn Vollzeitstellen im Jahresdurchschnitt (N 20 f.);
– Prüfung der Jahresrechnung für das Geschäftsjahr, welches vor dem Inkrafttreten des neuen Rechts begonnen hat (Art. 174 HRegV; N 22).

a) Nicht-Erfüllung der Voraussetzungen der ordentlichen Revisionspflicht

Zur Nicht-Erfüllung der **Voraussetzungen der ordentlichen Revisionspflicht** kann auf die Komm. zu Art. 727 verwiesen werden. Anzumerken ist der Klarheit halber, dass auch keine freiwillige Einführung der ordentlichen Revisionspflicht (Opting-Up) vorliegen darf. Zum späteren Wegfall des Opting-Out infolge eines Opting-In vgl. nachfolgend N 39 ff. 15

b) Zustimmung sämtlicher Aktionäre

Ein Opting-Out ist des Weiteren nur dann möglich, wenn «**sämtliche Aktionäre**» zustimmen, gefordert wird demnach Einstimmigkeit. Damit lässt sich das Institut der (i.c. eingeschränkten) Revisionspflicht mit den *absolut wohlerworbenen Rechten* vergleichen, die keinem Aktionär gegen seinen Willen entzogen werden dürfen (vgl. auch Art. 706 Abs. 2 Ziff. 4; zum Ganzen FORSTMOSER/MEIER-HAYOZ/NOBEL, § 39 N 113 ff.). 16

Die Einstimmigkeit bezieht sich u.E. auf sämtliche im Zeitpunkt des Opting-Out bestehenden Aktionäre der Gesellschaft und zwar **unabhängig von der Stimmberechtigung ihrer Aktien** (sog. absolute Einstimmigkeit). Dass das Kriterium der Stimmberechtigung unerheblich ist, ergibt sich nicht nur daraus, dass im Gesetz keinerlei Erwähnung erfolgt (dies etwa im Gegensatz zum Fusionsgesetz, vgl. etwa Art. 18 Abs. 5 FusG), sondern auch daraus, dass es sich bei einem Opting-Out um einen für die Gesellschaft wesentlichen Verzicht im Rahmen der *checks and balances* handelt. Weiter will die Revision ja die Vermögensrechte schützen; aus diesem Grund ist auch die Auffassung zutreffend, dass nebst den Aktionären auch die **Partizipanten** die Zustimmung erteilen müssen, sofern eine Gesellschaft PS-Kapital ausstehend hat (Botschaft RAG, 4015; BÖCKLI, Abschlussprüfung, N 517 FN 1024; ZIHLER, 11). 17

Im Gegensatz zur (umstrittenen) Diskussion etwa im FusG, kann an dieser Stelle dahingestellt bleiben, ob der Gesetzgeber die Kopf- oder Mitgliedschaftsstellen erfasst haben wollte, da das Einstimmigkeitsprinzip sowohl im einen wie auch im anderen Fall dasselbe bedeuten würde (zur Debatte im FusG vgl. etwa BSK FusG-SCHLEIFFER, Art. 18 N 37 sowie BSK FusG-TSCHÄNI/PAPA, Art. 8 N 10). 18

19 Bei der Zustimmung handelt es sich u.E. um ein **mehrseitiges Rechtsgeschäft** in Form des Beschlusses, der Einstimmigkeit erfordert und dies unabhängig davon, in welchem Rahmen die Zustimmung erteilt wird. Zur Zustimmung **zukünftiger Aktionäre** der Gesellschaft vgl. N 31 und zur Stimmenthaltung N 24.

c) Nicht mehr als zehn Vollzeitstellen im Jahresdurchschnitt

20 Der Begriff der Vollzeitstelle im Jahresdurchschnitt wurde bereits in Art. 727 N 21 f. eingehend erläutert, weshalb hier darauf verwiesen werden kann. Im Gegensatz zur Regelung in Art. 727 ist hier jedoch nicht erforderlich, dass die zehn Vollzeitstellen im Jahresdurchschnitt in zwei aufeinander folgenden Geschäftsjahren nicht überschritten werden, sondern es genügt, wenn dieses Kriterium in dem Geschäftsjahr, in welchem (und für das) das Opting-Out beschlossen wird, erfüllt ist (vgl. auch BÖCKLI, Abschlussprüfung, N 516).

21 Im Falle der **Gründung** ist u.E. zulässig, lediglich auf die Anzahl Vollzeitstellen zu Beginn des Geschäftsjahres abzustellen und damit bereits von Anfang an ein Opting-Out einzuführen (vgl. auch Art. 62 Abs. 3 HRegV). Liegt die Anzahl der Vollzeitstellen am Ende des ersten Geschäftsjahres über zehn, sind die Voraussetzungen des Opting-Out also nicht erfüllt, lebt die eingeschränkte Revisionspflicht bereits in Bezug auf das erste Geschäftsjahr wieder auf (vgl. N 35).

d) Prüfung der Jahresrechnung für das Geschäftsjahr, welches vor dem Inkrafttreten des neuen Rechts begonnen hat (Art. 174 HRegV)

22 Der Verzicht auf eine eingeschränkte Revision kann laut Art. 174 HRegV erst dann ins Handelsregister eingetragen werden, wenn ein Mitglied des VR anlässlich der Anmeldung der Eintragung beim Handelsregister schriftlich bestätigt, dass die RS die Jahresrechnung für das Geschäftsjahr, welches vor Inkrafttreten des neuen Rechts begonnen hat (also die Jahresrechnung 2007 bzw. 2007/2008), geprüft hat.

2. Verfahren des Opting-Out

23 Die Durchführung des Opting-Out erfordert das Einholen der Zustimmung sämtlicher Aktionäre. Wie in N 19 erwähnt, handelt es sich u.E. bei der Zustimmung der Aktionäre rechtstechnisch um einen Beschluss. Dieser Beschluss kann jedoch in Abweichung zur sonst geltenden Ordnung nicht nur im Rahmen einer GV (als GV-Beschluss) zustande kommen, sondern auch ausserhalb einer GV. Bereits die Botschaft, welche die Abs. 3 bis 5 noch nicht kommentieren konnte, da sie erst durch das Parlament eingefügt wurden (vgl. Vor Art. 727 und 727a N 5), räumte ein, dass die Zustimmung nicht nur im Rahmen eines GV-Beschlusses erfolgen könne, sondern auch auf anderem Weg (Botschaft RAG, 4015). Mit dem neuen Abs. 3 wird dieser «andere Weg» gesetzlich dahin gehend konkretisiert, dass der VR die Zustimmung der Aktionäre auch schriftlich einholen könne. Dabei wird eine **Zustimmung gesetzlich fingiert,** wenn der VR bei der schriftlichen Einholung der Zustimmung darauf hinweist, dass das Ausbleiben einer Antwort innerhalb der gesetzten Frist von mindestens 20 Tagen als Zustimmung gilt (Abs. 3 Satz 2; vgl. auch Art. 6). Damit hat das Parlament den Grundsatz der Ausübung der Mitgliedschaftsrechte in der GV bzw. das Unmittelbarkeitsprinzip der GV (vgl. Art. 689 Abs. 1) durchbrochen und erstmals eine **Stimmabgabe ausserhalb der GV** – notabene beschränkt auf den Verzicht auf eine Revision – ins schweizerische Aktienrecht eingeführt, ein Institut, welches bis anhin sowohl nach Lehre und Rechtsprechung ausgeschlossen war (vgl. die Ausführungen und Nachweise in Art. 689 N 17 ff.).

Soll ein Opting-Out **anlässlich einer GV** beschlossen werden, so muss es sich um eine 24
Universalversammlung handeln (Art. 701), anlässlich derer alle Aktionäre dem Opting-
Out zustimmen (BÖCKLI, Abschlussprüfung, N 521). **Ausserhalb einer GV** kann der
einstimmige Beschluss **formlos** gefasst werden (Art. 11 Abs. 1 analog; BÖCKLI, Abschlussprüfung, N 523; ZIHLER, 12: **a.M.** offenbar KÄCH, 2). Allerdings wird der VR
regelmässig versuchen, eine Universalversammlung abzuhalten oder von sämtlichen
Aktionären eine **schriftliche Stimmabgabe** einzuholen, da er im Rahmen der Anmeldung des Opting-Out beim Handelsregisteramt Kopien der für den Verzicht massgeblichen aktuellen Unterlagen wie «Verzichtserklärungen» der Aktionärinnen und Aktionäre oder das Protokoll der GV beilegen muss (Art. 61 Abs. 2 HRegV; die Unterlagen
sind für Dritte nicht einsehbar, Art. 61 Abs. 2 Satz 3 HRegV). Denkbar ist jedoch auch,
dass der VR lediglich den Nachweis erbringt, dass er sämtliche Aktionäre angeschrieben hat und innert der Frist von mindestens 20 Tagen keine ablehnenden Stimmen eingegangen sind, womit die **gesetzliche Zustimmungsfiktion** gem. Abs. 3 zum Zuge
kommt (ähnl. BÖCKLI, Abschlussprüfung, N 534 FN 1034). Wird ein Opting-Out im
Rahmen der **Gründung** vorgesehen, enthält bereits die Gründungsurkunde die Zustimmung sämtlicher Aktionäre (Art. 629 Abs. 1).

Entscheidet sich der VR, die Aktionäre schriftlich um Zustimmung zu ersuchen, kann er 25
für die Beantwortung eine Frist von mindestens 20 Tagen ansetzen und darauf hinweisen, dass das Ausbleiben einer Antwort als Zustimmung gilt (Abs. 3). Ein solches
Schreiben hat im Falle von Namenaktien analog zu Art. 696 Abs. 2 durch direkte Zustellung an die im Aktienbuch registrierte Adresse (vgl. Art. 686 Abs. 1) zu erfolgen (vgl.
Art. 696 N 7 und Art. 700 N 8). Bei Inhaberaktien sind die Aktionäre ebenfalls analog
zu Art. 696 Abs. 2 durch eine Publikation im SHAB sowie in der von den Statuten vorgeschriebenen Form (Art. 626 Ziff. 7) zu unterrichten (**a.M.** ZIHLER, 12, der eine ausschliessliche Publikation im SHAB für nicht gesetzeskonform hält). Wird das Schreiben
im SHAB oder in einem anderen statutengemässen Medium veröffentlicht, läuft die
Frist ab dem **Tag der Veröffentlichung,** wobei der Tag der Veröffentlichung selbst nicht
mitgezählt wird (Art. 77 Abs. 1 Ziff. 1 analog). Bei einem Versand (z.B. durch die Post)
beginnt die Frist ab dem **Tag der Aufgabe** des Schreibens, wobei auch hier der Tag der
Aufgabe aus denselben Gründen nicht mitgezählt wird. Die Minimalfrist von 20 Tagen
ist relativ zwingend, d.h. sie kann statutarisch verlängert, nicht aber verkürzt werden.

Fraglich ist, ob dem Erfordernis der Schriftlichkeit bereits Genüge getan ist, wenn die 26
Form der Mitteilung des Schreibens den **Nachweis durch Text** ermöglicht, also etwa
bei Telefax oder Email (so zumindest DUBS/TRUFFER in Art. 700 N 9, welche eine analoge Anwendung von Art. 13 explizit ablehnen). Abgesehen von der in dieser Frage bestehenden Rechtsunsicherheit besteht jedenfalls die Möglichkeit, in den Statuten das Erfordernis der Schriftlichkeit zu konkretisieren (a.a.O.).

3. Rechtsfolgen des Opting-Out

Ein Opting-Out führt dazu, dass die Gesellschaft nicht nur auf die Prüfung der Jahres- 27
rechnung, sondern auf das **Organ der RS** als Ganzes verzichtet (BÖCKLI, Abschlussprüfung, N 513 und 526). Damit einher geht nebst dem Verzicht auf die Prüfung der
Jahresrechnung also auch derjenige auf die Prüfung des Gewinnantrages des VR
(Art. 729a Abs. 1 Ziff. 2) sowie die Anzeigepflicht im Falle der offensichtlichen Überschuldung (Art. 729c; vgl. aber Art. 725 Abs. 3). Selbstredend handelt es sich trotz des
Wegfalls des Organs der RS nicht um einen **Mangel in der Organisation** der Gesellschaft (Art. 731b), sofern die Voraussetzungen für das Opting-Out eingehalten wurden.

28 Von einem Opting-Out unberührt bleiben jedoch die gesetzlich vorgesehenen Fälle, in denen ein zugelassener Revisionsexperte oder Revisor für eine Prüfung oder Bestätigung beizuziehen ist (vgl. schon Vor Art. 727 und 727a N 34; zuständig für die Ernennung des Revisionsexperten bzw. Revisors ist in solchen Fällen wohl weiterhin die GV und nicht etwa der VR (vgl. dazu CAMPONOVO/VON GRAFFENRIED-ALBRECHT, Revisionsrecht, 209). Auch die in solchen Fällen vorgeschriebenen fachlichen Anforderungen sind zu beachten. Zudem hat ein Opting-Out auch keinerlei Auswirkungen auf die **Pflicht zur Buchführung** und **Erstellung des Geschäftsberichts** (Art. 957 Abs. 1; Art. 662 ff.; Botschaft RAG, 4014).

29 Das Opting-Out gilt in **zeitlicher Hinsicht** bereits ab dem Zeitpunkt, in dem sämtliche Aktionäre zugestimmt haben, der Beschluss über den Verzicht mithin zustande gekommen ist (ebenso BÖCKLI, Abschlussprüfung, N 528; diesem folgend ZIHLER, 10). Da es sich beim Opting-Out um eine Statutenänderung (N 32) handelt, die im Handelsregister einzutragen ist (N 33), ist dieser Beschluss jedoch schwebend unwirksam, bis die Änderung im Handelsregister eingetragen ist (BGE 84 II 34 ff., allerdings noch zu dem im Zuge der Revision gestrichenen Art. 647 Abs. 3; vgl. zum Ganzen die Komm. zu Art. 647).

30 Ein beschlossenes Opting-Out gilt nach Abs. 4 Satz 1 nicht nur für das Geschäftsjahr, in welchem der Beschluss zustande gekommen ist, sondern auch für die nachfolgenden Jahre (zur Beendigung des Opting-Out vgl. N 35 ff.).

31 Treten nach beschlossenem Opting-Out **neue Aktionäre** bei, unterwerfen sie sich qua Erlangung ihrer Aktionärsstellung den (öffentlich zugänglichen) Statuten der Gesellschaft (FORSTMOSER/MEIER-HAYOZ/NOBEL, § 7 N 6) und damit auch dem aus den (öffentlich zugänglichen) Statuten ersichtlichen Opting-Out (vgl. N 32). Eine separate Zustimmung neuer Aktionäre ist deshalb nicht erforderlich bzw. selbst wenn sie es wäre, würde sie im Rahmen des Erwerbs der Aktionärsstellung konkludent erteilt **(a.M.** aber offenbar BÖCKLI, Abschlussprüfung, N 535, der die Voraussetzung der Zustimmung sämtlicher Aktionäre nur dann noch erfüllt sieht, wenn später beitretende Aktionäre entweder ihren Willen entsprechend erklärt haben oder die Zustimmungsfiktion gem. Abs. 3 zum Tragen kommt). Dies gilt u.E. auch dann, wenn das Handelsregisteramt Erneuerungen der Dokumente, die der Erklärung des VR über das Opting-Out beigelegt wurden (u.a. «Verzichtserklärungen der Aktionäre»), verlangt (Art. 62 Abs. 4 HRegV). Mit anderen Worten kann sich ein VR auf entsprechende Anforderung des Handelsregisteramts nach der hier vertretenen Auffassung damit begnügen, eine Bestätigung abzugeben, wonach kein Aktionär eine eingeschränkte Prüfung verlangt hat (und auch die Voraussetzungen von Art. 727 nicht erfüllt sind). Allerdings wird es in der Praxis bei einem Beitritt neuer Aktionäre der Fall sein, dass der VR explizite Zustimmungserklärungen der neuen Aktionäre einholen wird; rechtlich erforderlich sind sie aufgrund des Gesagten jedoch nicht.

32 Infolge des Wegfalls der RS als Organ der AG müssen ii.d.R. auch die **Statuten** geändert werden (vgl. Abs. 5 sowie Art. 626 Ziff. 6; vgl. aber N 44). In Abweichung von Art. 698 Abs. 2 Ziff. 1 (aber ähnl. wie bei Kapitalerhöhungen, vgl. Art. 652g und 653g) sieht Abs. 5 vor, dass der VR die Statutenänderung selbst vornehmen kann. Die Statutenänderung kann entweder dadurch erfolgen, dass jede Bestimmung, die Bezug auf die RS nimmt, angepasst wird (vgl. die Auflistung der i.d.R. relevanten Statutenbestimmungen bei BÖCKLI, Abschlussprüfung, N 526) oder durch Einfügung eines Generalvorbehalts des Inhalts, dass im Falle eines Verzichts auf die RS die statutarischen Bestimmungen über die RS keine Anwendung finden (vgl. dazu CAMPONOVO/VON GRAFFENRIED-ALBRECHT, 28 f.; BÖCKLI, Abschlussprüfung, N 527; KÄCH, 5; ZIHLER,

14 f.). In jedem Fall unterliegt die Statutenänderung aber der **öffentlichen Beurkundungspflicht** (Art. 647).

Das Opting-Out muss vom VR beim **Handelsregisteramt** angemeldet werden (Abs. 5; vgl. dazu insbesondere KÄCH, 5 ff.; ZIHLER, 13; REBSAMEN, N 278 ff.); sind die Voraussetzungen erfüllt, wird die RS im Handelsregister gelöscht. Der Anmeldung muss eine von mindestens einem Mitglied des VR unterzeichnete Erklärung beigelegt werden (sog. «KMU-Erklärung»), wonach die Gesellschaft die Voraussetzungen für eine ordentliche Revision nicht erfüllt, die Gesellschaft nicht mehr als zehn Vollzeitstellen im Jahresdurchschnitt hat und sämtliche Aktionäre auf eine eingeschränkte Revision verzichtet haben (Art. 62 Abs. 1 HRegV). Der Inhalt dieser Erklärung muss durch Kopien der massgeblichen aktuellen Unterlagen belegt werden, wie z.B. durch Erfolgsrechnungen, Bilanzen, Jahresberichte, Verzichtserklärungen der Aktionäre oder das Protokoll der GV (Art. 62 Abs. 2 HRegV). Diese Belege unterstehen nicht der Öffentlichkeit des Handelsregisters (Art. 62 Abs. 2 Satz 3 HRegV). Ausserdem muss ein Mitglied des Verwaltungsrates erklären, dass die Jahresrechnung 2007 bzw. 2007/2008 von einer Revisionsstelle geprüft wurde (vgl. dazu N 22). Dem Handelsregisteramt steht es frei, Erneuerungen der «KMU-Erklärung» zu verlangen (Art. 62 Abs. 3 HRegV). Dass Kopien der massgeblichen Unterlagen einzureichen sind, ist zu bedauern. Der BR hätte sich analog zur KMU-Erklärung gem. Art. 131 Abs. 2, Art. 134 Abs. 2 und Art. 136 Abs. 2 HRegV im Zusammenhang mit Umstrukturierungen nach FusG mit der Möglichkeit der *Bezugnahme* auf die massgeblichen Unterlagen begnügen sollen (so wohl auch BÖCKLI, Knacknüsse, 130). 33

Ein Opting-Out kann zwar zu einer entsprechenden Kostenersparnis führen, doch steigt i.d.R. die Gefahr, dass dem VR, der für die Ausgestaltung des Rechnungswesens und die Erstellung der Jahresrechnung die unentziehbare und unübertragbare Verantwortung trägt (Art. 716a Abs. 1 Ziff. 3 und 6), Pflichtverletzungen unterlaufen, was sich entsprechend auf das Risiko einer **Verantwortlichkeitsklage** auswirken kann (vgl. eingehender dazu BÖCKLI, Abschlussprüfung, N 552 ff. sowie BÖCKLI, Knacknüsse, 131). Ausserdem kann die Kostenersparnis durch den Verzicht auf eine Revision infolge höherer Finanzierungskosten schnell wieder verloren gehen. 34

4. Beendigung des Opting-Out

Eine Beendigung des Opting-Out kann durch **Wiedereinführung der eingeschränkten Revision (Opting-In)** erfolgen, vgl. dazu eingehend N 39 ff. Abgesehen davon findet ein Opting-Out jedoch auch bei Eintritt der folgenden Fälle sein Ende: 35

– Die Gesellschaft erfüllt die Voraussetzungen der **ordentlichen Revisionspflicht,** also immer dann, wenn eine Gesellschaft eine Publikumsgesellschaft i.S.v. Art. 727 Abs. 1 wird, mindestens zwei der Schwellenwerte in Art. 727 Abs. 2 in zwei aufeinander folgenden Geschäftsjahren überschreitet, die gesetzliche Konsolidierungspflicht auflebt oder ein Opting-Up nach Art. 727 Abs. 2 oder 3 erfolgt;

– **Überschreitung** von mehr als zehn Vollzeitstellen im Jahresdurchschnitt.

Die **Rechtsfolge** der beiden Fälle ist verschieden: Im ersten Fall unterliegt die Gesellschaft der ordentlichen Revisionspflicht (zum Gestaltungsspielraum im Rahmen des Opting-Up vgl. Vor Art. 727 und 727a N 28 ff.), im zweiten Fall führt die Überschreitung zur Anwendung der eingeschränkten Revisionspflicht. In beiden Fällen gilt die Revisionspflicht bereits in Bezug auf dasjenige Geschäftsjahr, in welchem die Voraussetzungen erfüllt sind (vgl. auch Art. 727 N 35 und Art. 727a N 11). 36

37 Des Weiteren führt ein Wiederaufleben der Revisionspflicht i.d.R. dazu, dass die Statuten angepasst und beim Handelsregisteramt angemeldet werden müssen. Es kann hierzu auf die Ausführungen in N 32 verwiesen werden. Anzumerken ist, dass erneut der VR zur Anpassung der Statuten zuständig ist (Abs. 5).

38 Zudem muss nach Massgabe von Art. 730 eine **RS mit der entsprechenden fachlichen Befähigung** gewählt und im Handelsregister eingetragen werden.

IV. Wiedereinführung der eingeschränkten Revisionspflicht (Abs. 4; Opting-In)

39 Ein Opting-Out kann jederzeit dadurch beendet werden, dass ein Aktionär oder ein Partizipant (vgl. N 17) seine Zustimmung zum Verzicht auf eine RS widerruft. In diesem Fall entfällt die gem. Abs. 2 erforderliche Einstimmigkeit, was die eingeschränkte Revisionspflicht wieder aufleben lässt.

40 Der Widerruf der Zustimmung ist ein **Individualrecht** des Aktionärs bzw. Partizipanten, das statutarisch nicht entzogen oder erschwert werden kann (vgl. auch BÖCKLI, Abschlussprüfung, N 536). Der Widerruf ist **formlos** möglich (Art. 11 Abs. 1 analog) und kann jederzeit geltend gemacht werden. Allerdings spielt der Zeitpunkt der Geltendmachung eine Rolle in Bezug auf das Geschäftsjahr, für welches der Widerruf bzw. die eingeschränkte Revisionspflicht Geltung erlangt (vgl. sogleich N 41 f.). Zu beachten ist, dass der Widerruf eine **empfangsbedürftige Willenserklärung** ist, womit der Antrag in den Machtbereich der Gesellschaft gelangen muss, um Wirkung zu entfalten.

41 Wird der Widerruf bis spätestens 10 Tage vor der ordentlichen GV gemacht, muss die GV nach Massgabe von Art. 730 **eine RS wählen** (Abs. 4). Eine Traktandierung dieser Wahl ist aufgrund des revidierten Art. 700 Abs. 3 nicht notwendig. Im Regelfall wird die GV auf Antrag des widerrufenden Aktionärs oder des VR eine RS wählen, welche den fachlichen Anforderungen genügt, also einen zugelassenen Revisor. Zwingend ist dies u.E. jedoch nicht, da es den Gesellschaftern nach der hier vertretenen, aber nicht unumstrittenen Auffassung freisteht, anstelle der eingeschränkten Revisionspflicht i.S. des Gesetzes auch eine Revisionspflicht vorzusehen, die von den gesetzlichen Vorgaben der eingeschränkten Revisionspflicht (nach oben, ausser der Aktionär, der die Aufteilung verlangte, wollte nach unten abweichen) abweicht (vgl. eingehend dazu Vor Art. 727 und 727a N 28 ff.). Kommt keine Wahl zustande, weist die Gesellschaft eine mangelhafte Organisation i.S.v. Art 731b auf, was die dort beschriebenen Rechtsfolgen auslöst.

42 Erfolgt ein Widerruf bis spätestens 10 Tage vor der ordentlichen GV, so lebt die eingeschränkte Revisionspflicht auch in Bezug auf das **abgeschlossene Geschäftsjahr** auf (AmtlBull NR 2005, N 1257). Würde ein Widerruf erst für das laufende Geschäftsjahr Geltung erlangen, wäre ein Opting-Out von Beginn weg höchst unattraktiv bzw. riskant, da plötzlich auftretende Probleme nicht zum Gegenstand einer Revision gemacht werden könnten. Der Verzicht verkäme dann zum «Blindekuhspiel» (so BR BLOCHER in AmtlBull NR 2005, N 1257). Die Frage, ob ein Widerruf nicht erst auf das laufende Geschäftsjahr Anwendung finden solle, wurde im Parlament denn auch explizit verworfen (a.a.O.; AmtlBull StR 2005, N 984). Je später allerdings der Widerruf erfolgt, desto eher kann es dazu kommen, dass an der ordentlichen GV lediglich eine RS gewählt werden kann, die Beschlüsse über die Genehmigung der Jahresrechnung und die Verwendung des Bilanzgewinns jedoch aufgeschoben werden müssen, da innert der kurzen Zeit keine Prüfung mehr vorgenommen werden kann (BÖCKLI, Abschlussprüfung, N 541). Je früher der Widerruf hingegen erfolgt, desto eher kann der VR anlässlich

einer ausserordentlichen GV eine RS wählen lassen, die dann im Hinblick auf die ordentliche GV genügend Zeit hat, ihre Prüfungen vorzunehmen und den Revisionsbericht zu erstellen. Verpasst ein Gesellschafter die Frist von 10 Tagen vor der ordentlichen GV, wirkt sein Begehren lediglich für das laufende, nicht aber das abgeschlossene Geschäftsjahr. Dementsprechend kann an der ordentlichen GV auch ohne weiteres über die Genehmigung der Jahresrechnung und die Verwendung des Bilanzgewinns Beschluss gefasst werden (BÖCKLI, Abschlussprüfung, N 543). Das Abhalten einer Universalversammlung vor der ordentlichen GV, bei welcher die Einberufungsfrist von 20 Tagen nicht eingehalten wurde, kann das Widerrufsrecht jedoch nicht beeinträchtigten, d.h. in diesen Fällen ist das Widerrufsrecht anlässlich der Universalversammlung bis spätestens zum Zeitpunkt der Genehmigung der Jahresrechnung möglich (ebenso CHK-OERTLI/HÄNNI, Art. 727–727a OR N 31).

43 Lebt die eingeschränkte Revisionspflicht infolge eines Widerrufs wieder auf, so gilt sie ohne Weiteres bis zu dem Zeitpunkt, in welchem die Gesellschaft die Voraussetzungen der ordentlichen Revisionspflicht erfüllt (einschliesslich der Möglichkeit eines Opting-Up) oder ein erneutes Opting-Out oder ein Opting-Down erfolgt.

44 Schliesslich führt ein Wiederaufleben der Revisionspflicht i.d.R. dazu, dass die **Statuten** in öffentlicher Urkunde angepasst und die Änderungen beim Handelsregisteramt angemeldet werden müssen. Es kann hierzu auf die Ausführungen in N 32 verwiesen werden. Anzumerken ist, dass erneut der VR zur Anpassung der Statuten zuständig ist (Abs. 5). Sind die Statuten bereits so abgefasst, dass es bei einer Wiedereinführung der eingeschränkten Revision keiner Änderung bedarf (vgl. dazu das Bsp. bei; ferner BÖCKLI, Abschlussprüfung, N 527), erschöpft sich der handelsregisterrechtliche Handlungsbedarf in der Anmeldung der RS. Muss der VR Bestimmungen neu einfügen, hat er sich u.E. auf ein Minimum an Änderungen zu beschränken.

V. Alternative zum Opting-Out: Opting-Down

45 Wie eingehend in Vor Art. 727 und 727a N 34 f. erläutert, steht es den Gesellschaftern frei, anstelle eines gänzlichen Verzichts auf die RS vorzusehen, dass der Gesellschaft weiterhin eine solche beiseite steht, dabei jedoch von den gesetzlichen Vorgaben in Bezug auf die eingeschränkte Revision abgewichen wird, z.B. durch Bezeichnung einer nicht nach RAG zugelassenen Person als RS (Botschaft RAG, 4002). Damit bleibt folglich eine **Laien-Revision** bei Gesellschaften, die die Voraussetzungen eines Opting-Out erfüllen, nach wie vor möglich (krit. hierzu HONDOLD, Qualitätskontrolle, 21; MEIER-HAYOZ/FORSTMOSER, § 16 N 509).

46 Ein Opting-Down stösst aber insofern an seine Grenzen, als in denjenigen Fällen, in denen das Gesetz für spezifische Prüfungen oder Bestätigungen einen zugelassenen Revisoren oder Revisionsexperten vorschreibt, die fachliche Anforderung in jedem Fall beachtet werden muss (ebenso BÖCKLI, Abschlussprüfung, N 68).

47 Die Einführung, Durchführung und Beendigung des Opting-Down genauso wie dessen Widerruf folgt den Vorgaben des Opting-Out (vgl. N 13 ff.).

Art. 727b

II. Anforderungen an die Revisionsstelle
1. Bei ordentlicher Revision

¹ Publikumsgesellschaften müssen als Revisionsstelle ein staatlich beaufsichtigtes Revisionsunternehmen nach den Vorschriften des Revisionsaufsichtsgesetzes vom 16. Dezember 2005 bezeichnen. Sie müssen Prüfungen, die nach den gesetzlichen Vorschriften durch einen zugelassenen Revisor oder einen zugelassenen Revisionsexperten vorzunehmen sind, ebenfalls von einem staatlich beaufsichtigten Revisionsunternehmen durchführen lassen.

² Die übrigen Gesellschaften, die zur ordentlichen Revision verpflichtet sind, müssen als Revisionsstelle einen zugelassenen Revisionsexperten nach den Vorschriften des Revisionsaufsichtsgesetzes vom 16. Dezember 2005 bezeichnen. Sie müssen Prüfungen, die nach den gesetzlichen Vorschriften durch einen zugelassenen Revisor vorzunehmen sind, ebenfalls von einem zugelassenen Revisionsexperten durchführen lassen.

II. Exigences auxquelles les organes de révision doivent satisfaire
1. Pour un contrôle ordinaire

¹ Les sociétés ouvertes au public désignent comme organe de révision une entreprise de révision soumise à la surveillance de l'Etat conformément à la loi du 16 décembre 2005 sur la surveillance de la révision. Elles doivent également charger une entreprise de révision soumise à la surveillance de l'Etat de réaliser les contrôles qui, selon la loi, doivent être effectués par un réviseur agréé ou par un expert-réviseur agréé.

² Les autres sociétés tenues à un contrôle ordinaire désignent comme organe de révision un expert-réviseur agréé au sens de la loi du 16 décembre 2005 sur la surveillance de la révision. Elles doivent également charger un expert-réviseur agréé de réaliser les contrôles qui, selon la loi, doivent être effectués par un réviseur agréé.

II. Requisiti per l'ufficio di revisione
1. In caso di revisione ordinaria

¹ Le società con azioni quotate in borsa designano quale ufficio di revisione un'impresa di revisione sotto sorveglianza statale secondo le disposizioni della legge del 16 dicembre 2005 sui revisori. Esse fanno eseguire parimenti da un'impresa di revisione sotto sorveglianza statale le verifiche cui deve procedere, secondo le disposizioni legali, un revisore abilitato o un perito revisore abilitato.

² Le altre società soggette alla revisione ordinaria designano quale ufficio di revisione un perito revisore abilitato secondo le disposizioni della legge del 16 dicembre 2005 sui revisori. Esse fanno eseguire parimenti da un perito revisore abilitato le verifiche cui deve procedere, secondo le disposizioni legali, un revisore abilitato.

Art. 727c

2. Bei eingeschränkter Revision

Die Gesellschaften, die zur eingeschränkten Revision verpflichtet sind, müssen als Revisionsstelle einen zugelassenen Revisor nach den Vorschriften des Revisionsaufsichtsgesetzes vom 16. Dezember 2005 bezeichnen.

2. Pour un contrôle restreint

Les sociétés tenues à un contrôle restreint désignent comme organe de révision un réviseur agréé au sens de la loi du 16 décembre 2005 sur la surveillance de la révision.

3. Abschnitt: Organisation der Aktiengesellschaft 1–3 **Art. 727b/727c**

| 2. In caso di revisione limitata | Le società soggette alla revisione limitata designano quale ufficio di revisione un revisore abilitato secondo le disposizioni della legge del 16 dicembre 2005 sui revisori. |

Literatur und Materialien

Vgl. die Hinweise Vor Art. 727 und 727a.

I. Entstehungsgeschichte und Inkrafttreten

Mit der Aktienrechtsnovelle von 1991 wurde für die Erbringung von Revisionsdienstleistungen erstmals eine **fachliche Befähigung** gesetzlich vorgeschrieben, ohne allerdings die allg. Anforderungen an die Befähigung näher zu konkretisieren (vgl. Art. 727a altOR). Lediglich für die Revision von wirtschaftlich bedeutenden Gesellschaften, für welche eine besondere fachliche Befähigung erforderlich war (vgl. Art. 727b altOR), wurden die Anforderungen auf Verordnungsstufe spezifiziert (vgl. Verordnung des BR vom 15.6.1992 über die fachlichen Anforderungen an besonders befähigte Revisoren). Das Erbringen von Revisionsdienstleistungen war zwar von einer Befähigung, nicht aber von einer staatlichen Bewilligung abhängig. Zudem wurde ein Nachweis der Befähigung nur bei besonders befähigten Revisoren verlangt, indem der VR verpflichtet war, bei der Anmeldung der RS zur Eintragung im Handelsregister Unterlagen zu hinterlegen, aus denen ersichtlich wurde, dass die gewählte RS den Anforderungen der Verordnung genügte. Damit hatte sich die Schweiz bewusst gegen das Zulassungsprinzip entschieden, obwohl die EU bereits seit 1984 eine staatliche Bewilligung für die Erbringung von Revisionsdienstleistungen gemeinschaftsweit vorgeschrieben hatte (vgl. Vor Art. 727 und 727a N 36). Ausgenommen davon war und ist die Bezeichnung der spezialgesetzlichen RS von insb. im Finanzbereich tätigen Unternehmen (wie z.B. Banken, Versicherungen, Effektenhändlern etc.); diese musste bereits unter geltendem Recht bei der entsprechenden Aufsichtsbehörde zugelassen bzw. anerkannt sein (vgl. nachfolgend N 11; eingehender zum Verhältnis zwischen der spezialgesetzlichen und obligationenrechtlichen RS, Vor Art. 727 und 727a N 12). 1

Die Forderung nach einer generellen **Einführung des Zulassungsprinzips** in der Schweiz geht zwar bereits auf die Vorschläge der Groupe de réflexion von 1993 zurück (vgl. Schlussbericht Groupe de réflexion, 12 ff.) und bildete auch einen zentralen Pfeiler des 1998 vorgelegten RRG und der funktional damit verbundenen VZA (vgl. dazu Vor Art. 727 und 727a N 2; Botschaft RAG, 3980 f.), doch fand der bisherige Alleingang der Schweiz erst mit Inkrafttreten des RAG sein Ende: Seit dem 1.1.2008 ist das Erbringen von Revisionsdienstleistungen nicht nur vom Vorliegen verschärfter fachlicher Anforderungen, sondern neu auch von einer staatlichen Zulassung abhängig (vgl. Art. 3 Abs. 1 RAG). Die Zulassung wird durch die eigens hierfür geschaffene Revisionsaufsichtsbehörde (RAB) erteilt und entzogen (vgl. Art. 15 ff. RAG). Ausserdem werden Revisoren von Publikumsgesellschaften einer staatlichen Aufsicht durch die RAB unterstellt (vgl. Art. 7 Abs. 1 RAG). Die bereits mit der Aktienrechtsnovelle von 1991 angepeilte, aber faktisch nicht erreichte Abschaffung der Laienrevision wird durch die Einführung des Zulassungsprinzips weitgehend nachgeholt (vgl. aber Art. 727a N 45 sowie BÖCKLI, Revisionsstelle, N 29 f.). 2

Damit das Erfordernis einer staatlichen Bewilligung für die Erbringung von Revisionsdienstleistungen Hand in Hand mit dem Gesellschaftsrecht geht, wurden auch die für die Revision relevanten Bestimmungen im Gesellschaftsrecht entsprechend angepasst (vgl. eingehend zur Entstehungsgeschichte des neuen Revisionsrechts Botschaft RAG, 3

3980 ff.; ferner Vor Art. 727 und 727a N 1 ff.; BÖCKLI, Revisionsstelle, N 1 ff.). Die Bestimmungen über die RS im Aktienrecht (Art. 727 ff.) wurden dabei grundlegend revidiert und gelten qua gesetzlichen Verweisungsnormen (und unter Vorbehalt jeweiliger *leges speciales*) auch für die Kommandit-AG (Art. 764 Abs. 2), GmbH (Art. 818 Abs. 1), Genossenschaft (Art. 906 Abs. 1), Stiftung (Art. 83b Abs. 3 ZGB) und den Verein (Art. 69b Abs. 3 ZGB). Die vorliegenden Art. 727b und 727c wurden im Zuge dieser Anpassungen erlassen. Sie stellen sicher, dass es zum Erfordernis einer staatlichen Bewilligung für die Erbringung von Revisionsdienstleistungen ein gesellschaftsrechtliches Korrelat gibt, nämlich die Verpflichtung der Gesellschaft, als RS ausschliesslich eine solche (natürliche oder juristische) Person zu bezeichnen, welche nach den Vorschriften des RAG zugelassen und im Falle von Revisionsunternehmen von Publikumsgesellschaften zusätzlich beaufsichtigt sind (vgl. nachfolgend N 6).

4   Art. 727b und 727c wurden im **Parlament** ohne Debatte und nach Massgabe des Vorschlages des BR angenommen (AmtlBull NR 2005, N 78 und AmtlBull StR 2005, N 635). Am 17.10.2007 hat der BR die Bestimmungen (zusammen mit den übrigen Änderungen im Zuge der GmbH-Revision) auf den 1.1.2008 in Kraft gesetzt. Gem. Art. 7 ÜBest GmbH-Revision, gelten die Bestimmungen über «die Buchführung und die Revisionsstelle» vom ersten Geschäftsjahr an, das mit dem Inkrafttreten des Gesetzes oder danach beginnt. Die Pflicht gem. Art. 727b (und 727c), welche ebenfalls von Art. 7 ÜBest GmbH-Revision erfasst wird (so die Botschaft RAG, 4048), findet folglich auf alle AG Anwendung, deren **Geschäftsjahr am oder nach dem 1.1.2008** beginnt (vgl. auch CAMP, 87).

II. Normzweck

5   Bereits die Groupe de réflexion hielt fest, dass die liberale Lösung unter bisherigem Recht die Durchsetzung der Vorschriften über die fachliche Befähigung nicht zu gewährleisten vermöge und für die Betroffenen eine unzumutbare **Rechtsunsicherheit** darstelle (Schlussbericht Groupe de réflexion, 13). Ob ein Revisor die gesetzlich vorgesehene Befähigung aufweise, sei für die Betroffenen in der Praxis nicht ohne Zweifel feststellbar. Sie forderte deshalb, dass unabhängig von der Frage der europäischen Integration möglichst rasch ein Zulassungssystem einzuführen sei (a.a.O.).

6   In der Tat stellte das bisherige System eine auf Dauer nicht tragfähige Basis dar. Der Zweck der Revisionspflicht besteht primär in der Gewährleistung der Qualität der Rechnungslegung und damit insb. der Jahresrechnung (vgl. Vor Art. 727 und 727a N 15 f.). Die Qualität der Revisionstätigkeit ist massgeblich beeinträchtigt, wenn nicht sichergestellt ist, dass die die Revision durchführenden Personen auch über eine entsprechende Befähigung verfügen (ähnl. auch Botschaft RAG, 4003 f.). Die unter bisherigem Recht im Wesentlichen auf den Prinzipien der Selbstregulierung und der Selbstkontrolle der Branchenverbände basierende Qualitätssicherung im Bereich der Revision konnte den Ansprüchen an eine effektive Qualitätssicherung – zumindest in den Augen des Gesetzgebers – nicht mehr länger genügen (Botschaft RAG, 4003 ff.). Die Qualitätssicherung sollte deshalb durch Einführung eines staatlichen Zulassungs- und Aufsichtssystems gewährleistet werden (zur Qualitätskontrolle im RAG vgl. Art. 12 und 16 RAG; generell zur Qualitätssicherung HONOLD, 1 ff.; HONOLD, Externe Qualitätskontrolle, 7 ff.). Obwohl die Mängel unter bisherigem Recht schon frühzeitig erkannt wurden (vgl. N 1 ff. und 5), wurde die Neubeurteilung der Qualitätssicherung in der Schweiz und insb. die Einführung eines Zulassungs- und Aufsichtssystems massgeblich durch externe Einflüsse, namentlich die Entwicklungen in den USA vorangetrieben: Angesichts der extra-

territorialen Wirkung des im Juli 2002 in Kraft getretenen Sarbanes-Oxley Act, wurde nebst anderen Ländern auch die Schweiz zwecks Vermeidung einer grenzüberschreitenden Aufsichtstätigkeit der US-amerikanischen Aufsichtsbehörde (PCAOB) faktisch zum Aufbau eines eigenen Zulassungs- und Aufsichtssystems gezwungen (vgl. dazu Botschaft RAG, 4004 ff.; Vor Art. 727 und 727a N 3 f.; BÖCKLI, Revisionsstelle, N 52 ff.).

Mit der Einführung des Zulassungssystems wird damit einerseits eine effektivere Qualitätssicherung der Revisionstätigkeit und andererseits die Vermeidung der Unterstellung schweizerischer Gesellschaften und Wirtschaftsprüfer unter die US-amerikanische Aufsichtsbehörde PCAOB bezweckt. Der Zweck von Art. 727b und c besteht umgekehrt darin, dass der Zweck des Zulassungssystems nicht durch Bezeichnung eines nicht zugelassenen Revisors vereitelt wird. Art. 727b und c sind folglich als ein **gesellschaftsrechtliches Korrelat** zur hoheitlichen Bewilligung (und im Falle der Prüfung von Publikumsgesellschaften zusätzlich zur hoheitlichen Aufsicht) der Revisionstätigkeit aufzufassen.

III. Geltungsbereich

1. Sachlicher Geltungsbereich

Art. 727b regelt in sachlicher Hinsicht die Anforderungen, welche eine AG sowohl bei der Bezeichnung ihrer RS als auch beim Beizug von Revisoren für anderweitig im Gesetz vorgesehene Prüfungshandlungen oder Bestätigungen zu beachten hat.

Nach Art. 727b sind Publikumsgesellschaften verpflichtet, ein staatlich zugelassenes und beaufsichtigtes Revisionsunternehmen, die übrigen ordentlich revisionspflichtigen Gesellschaften zumindest einen zugelassenen Revisionsexperten als RS zu bezeichnen. Art. 727c, welcher die Anforderungen an die RS für eingeschränkt revisionspflichtige Gesellschaften regelt, lässt für die Bezeichnung der RS einen zugelassenen Revisor genügen. In beiden Fällen muss die jeweils entsprechende fachliche Anforderung auch für die sog. ausserordentlichen Prüfungshandlungen und Bestätigungen beachtet werden.

Die GmbH-Revision hat damit im Bereich der fachlichen Anforderungen von Revisoren analog zur Revisionspflicht ein **Stufenkonzept** eingeführt, welches sich im Wesentlichen an der wirtschaftlichen Bedeutung des zu prüfenden Unternehmens orientiert (vgl. zum Stufenkonzept bei der Revisionspflicht die Vor Art. 727 und 727a N 22 ff.).

Die Verweise in den Art. 727b und 727c auf das RAG sind als **dynamische Verweisungen** zu qualifizieren und umfassen nebst den Bestimmungen des RAG auch die dieses Gesetz konkretisierenden Bestimmungen auf Verordnungsstufe.

Abzugrenzen ist die in Art. 727b f. verankerte Pflicht zur Bezeichnung eines gem. RAG zugelassenen Revisors bzw. Revisionsexperten bzw. Revisionsunternehmen von der zuweilen **spezialgesetzlich vorgesehenen Pflicht zur Bezeichnung einer bei einer Aufsichtsbehörde anerkannten RS**. So müssen bspw. Banken, Effektenhändler, Versicherungen und kollektive Kapitalanlagen eine (spezialgesetzliche) RS bezeichnen, welche im Falle von Banken, Effektenhändlern und kollektiven Kapitalanlagen von der EBK, im Falle von Versicherungen von dem BPV anerkannt sein müssen (vgl. Art. 18 Abs. 1 BEHG, Art. 20 Abs. 1 BankG, Art. 127 Abs. 1 KAG, Art. 28 Abs. 2 lit. c VAG). Diese spezialgesetzlichen RS sind von der obligationenrechtlichen RS zu unterscheiden (vgl. eingehender Vor Art. 727 und 727a N 12; s. ferner auch Art. 21 RAV; BSK BankG-WATTER, Art. 18 N 1 ff.).

2. Persönlicher Geltungsbereich

13 Normadressat von Art. 727b bzw. 727c ist nicht der Revisor, sondern die ordentlich bzw. eingeschränkt revisionspflichtige Gesellschaft. Sie ist verpflichtet, eine RS zu bezeichnen, welche den entsprechenden gesetzlichen Anforderungen genügt. Zu den Folgen im Falle der Nichtbeachtung vgl. nachfolgend N 37 ff.

14 Unter die **ordentlich revisionspflichtigen Gesellschaften,** auf welche Art. 727b Abs. 1 Anwendung findet, fallen Publikumsgesellschaften i.S.v. Art. 727 Abs. 1 Ziff. 1 lit. a–c. Unter die übrigen Gesellschaften, die zur ordentlichen Revision verpflichtet sind und die von Art. 727b Abs. 2 erfasst werden, zählen die Gesellschaften, welche die KMU-Schwellenwerte überschreiten (Art. 727 Abs. 1 Ziff. 2) und konsolidierungspflichtige Gesellschaften (Art. 727 Abs. 1 Ziff. 3). Ebenfalls unter Abs. 2 von Art. 727b fallen Gesellschaften, welche der ordentlichen Revisionspflicht qua Aktionärsantrag oder qua GV-Beschluss oder Statutenbestimmung unterliegen (**Opting-Up** gem. Art. 727 Abs. 2 und 3). Letzteres gilt allerdings nur in dem Umfang, als im Rahmen des Opting-Up nicht vom gesetzlichen Erfordernis eines Revisionsexperten (Abs. 2) **abgewichen** wird, was nach der hier vertretenen Auffassung als zulässig erachtet wird (vgl. eingehend dazu Vor Art. 727 und 727a N 28 ff.).

15 Unter die **eingeschränkt revisionspflichtigen Gesellschaften,** welche Art. 727c unterliegen, fallen die Gesellschaften, welche die Voraussetzungen für die ordentliche Revision nicht erfüllen (Art. 727a Abs. 1). Hat eine eingeschränkt revisionspflichtige Gesellschaft nach Massgabe von Art. 727a Abs. 2 rechtsgültig auf eine RS verzichtet (Opting-Out), entfällt auch die Anwendbarkeit von Art. 727c. Dasselbe gilt auch für den Fall, dass eine Gesellschaft statt eines gänzlichen Verzichtes lediglich in Teilen von den gesetzlichen Vorgaben bezüglich der eingeschränkten Revisionspflicht abweicht (Opting-Down, vgl. dazu Art. 727a N 45 ff.).

IV. Anforderungen an die Revisionsstelle bei ordentlicher Revision (Art. 727b)

1. Im Falle von Publikumsgesellschaften (Abs. 1)

a) Bezeichnung der Revisionsstelle (Abs. 1 Satz 1)

16 Publikumsgesellschaften müssen als RS ein **zugelassenes und staatlich beaufsichtigtes Revisionsunternehmen** i.S.v. Art. 7 RAG bezeichnen. Zuständig für die Bezeichnung ist zwar die Generalversammlung (Art. 730 Abs. 1; Art. 698 Abs. 2 Ziff. 2), doch kommt dem Verwaltungsrat die Vorschlagsverantwortung (Art. 716a Abs. 2 Ziff. 3 und 6; BÖCKLI, § 15 N 63). Als Revisionsunternehmen i.S. des RAG kommen Kapitalgesellschaften, Kollektiv- und Kommanditgesellschaften wie auch im Handelsregister eingetragene Einzelunternehmen oder Stiftungen und Vereine in Frage (Art. 2 lit. b RAG; BÖCKLI, Revisionsstelle, N 66). Zur Frage, wer als Publikumsgesellschaft gilt, vgl. bereits N 13 ff.

17 Publikumsgesellschaften können dank dem öffentlichen **Revisorenregister** (vgl. Art. 15 Abs. 2 RAG und Art. 16 ff. RAV) jederzeit feststellen, ob das von ihr gewünschte Revisionsunternehmen zugelassen und staatlich beaufsichtigt ist (vgl. Art. 20 lit. e RAV). Das Revisorenregister kann von Gesetzes wegen auch im Internet (www.revisionsaufsichtsbehoerde.ch) eingesehen werden (Art. 15 Abs. 2 RAG, Art. 18 RAV). Auf Verlangen hin besteht auch die Möglichkeit, sich die Zulassung und Registrierung eines Revisors bzw. Revisionsunternehmens für eine Gebühr von CHF 50 von der RAB schriftlich bescheinigen zu lassen (Art. 18 Abs. 2 RAV).

Ein Revisionsunternehmen, welches Revisionsdienstleistungen für Publikumsgesellschaften erbringen will, bedarf laut Art. 7 Abs. 1 RAG einer besonderen Zulassung, deren Voraussetzungen in **Art. 9 RAG** festgehalten sind. Danach hat das Revisionsunternehmen zunächst die Voraussetzungen für die Zulassung als Revisionsexperte zu erfüllen (Art. 9 Abs. 1 lit. a RAG). Das bedeutet, dass die Mehrheit des obersten Leitungs- und Verwaltungsorgans (VR), resp. bei entsprechender Trennung das Geschäftsführungsorgan (GL) über die Zulassung als Revisionsexperte verfügen muss (Art. 6 Abs. 1 lit. a RAG). Ebenso müssen mindestens 20% der Personen, die an der Erbringung von Revisionsdienstleistungen beteiligt sind, als Revisionsexperte i.S.v. Art. 4 RAG zugelassen sein (Art. 6 Abs. 1 lit. b RAG). Durch diese Vorschrift wird sichergestellt, dass die Unternehmensleitung in den Händen von Personen mit ausreichender fachlicher Befähigung liegt (Botschaft RAG, 4064). Zudem haben die Mandatsleiter in jedem Fall die Zulassung als Revisionsexperte i.S.v. Art. 4 RAG aufzuweisen (Art. 6 lit. c RAG). Nebst der Anforderung eines unbescholtenen Leumunds (Art. 4 Abs. 1 RAG) wird dabei in fachlicher Hinsicht verlangt, dass der Revisionsexperte die Ausbildung als eidg. diplomierter Wirtschaftsprüfer absolviert hat oder als Steuerexperte eine Fachpraxis von fünf Jahren, resp. als Jurist bzw. Betriebs- oder Wirtschaftswissenschafter Praxiserfahrung von zwölf Jahren aufweist. Ausserdem muss die Führungsstruktur des Revisionsunternehmens gewährleisten, dass die einzelnen Mandate genügend überwacht werden (Art. 6 Abs. 1 lit. d RAG). Und schliesslich muss das Revisionsunternehmen sicherstellen, dass die gesetzlichen Vorschriften eingehalten werden (Art. 9 Abs. 1 lit. b RAG) und für die Haftungsrisiken eine ausreichende Versicherung besteht (Art. 9 Abs. 1 lit. c RAG). Auch ausländische Revisionsunternehmen können als RS bezeichnet werden, soweit sie von der RAB gem. Art. 9 Abs. 2 RAG zugelassen wurden. Die genauen Formalitäten in Bezug auf die Einreichung des Zulassungsgesuches sowie den Eintrag ins Revisorenregister sind in der RAV geregelt. **18**

Nach Erfüllung der strengen Zulassungsvoraussetzungen hat das staatlich beaufsichtigte Revisionsunternehmen den **ständigen Pflichten** gem. Art. 11 ff. RAG nachzukommen. Es handelt sich hierbei um Vorschriften hinsichtlich Organisation, Qualitätssicherung und Unabhängigkeit. Ebenso existieren Meldepflichten gegenüber der Aufsichtsbehörde sowie die Pflicht sich periodischen und spontanen Prüfung durch die Aufsichtsbehörde zu unterziehen (vgl. dazu weiterführend BÖCKLI, Revisionsstelle, N 73 ff.). **19**

b) Beizug für ausserordentliche Prüfungshandlungen und Bestätigungen (Abs. 1 Satz 2)

Wie in N 8 bereits erwähnt, gilt das Erfordernis eines staatlich beaufsichtigten Revisionsunternehmen nicht nur für die Bezeichnung der RS, sondern auch für **ausserordentliche Prüfungshandlungen und Bestätigungen,** die nach den gesetzlichen Vorschriften durch einen zugelassenen Revisor oder einen zugelassenen Revisionsexperten vorzunehmen sind (Abs. 1 Satz 2). **20**

Im Bereich des **OR** handelt es sich dabei namentlich um folgende Geschäfte: **21**

– Zugelassener Revisor: Prüfungsbestätigung in Bezug auf den Gründungsbericht (Art. 635a sowie Art. 43 Abs. 3 lit. d HRegV); Revisionsbericht im Zusammenhang mit einer Emission von Beteiligungspapieren, sofern die Gesellschaft über keine RS verfügt (Art. 652a); Revisionsbericht mit der Erhöhung des AK aus EK (Art. 652d sowie Art. 46 Abs. 3 lit. d HRegV); Prüfungsbestätigung bei ordentlicher und genehmigter Kapitalerhöhung (Art. 652f Abs. 1 sowie Art. 46 Abs. 3 lit. c bzw. Art. 50 Abs. 1 HRegV); Bestätigung im Zusammenhang mit der Aufwertung von Grundstücken und Beteiligungen (Art. 670 Abs. 2); Prüfung der Zwischenbilanz i.S.v. Art. 725 Abs. 2.

– Zugelassener Revisionsexperte: Prüfungsbestätigung im Rahmen des bedingten Kapitals (vgl. Art. 653f und Art. 52 Abs. 1 lit. c HRegV); Bestätigung im Zusammenhang mit der Streichung der statutarischen Bestimmung über das bedingte Kapital (vgl. Art. 653i Abs. 1 sowie Art. 53 Abs. 1 HRegV); Prüfungsbericht im Zusammenhang mit der Herabsetzung des AK (vgl. Art. 732 Abs. 2 sowie Art. 55 Abs. 1 lit. c HRegV); Bestätigung im Zusammenhang mit der Verteilung nach erfolgter Liquidation (Art. 745 Abs. 3).

22 Im Bereich des **FusG** sind folgende Geschäfte betroffen:

– Zugelassener Revisor: Prüfungsbericht des Fusionsvertrags von Stiftungen (Art. 81 FusG und Art. 140 Abs. 1 lit. d HRegV).

– Zugelassener Revisionsexperte: Prüfungsbestätigung für das Handelsregisteramt bei Fusion von Gesellschaften im Fall von Kapitalverlust oder Überschuldung (Art. 6 Abs. 2 FusG sowie Art. 131 Abs. 1 lit. g und Art. 132 Abs. 1 lit. g HRegV), Prüfungsbestätigung des Fusionsvertrags und des Fusionsberichts (Art. 15 FusG und Art. 131 Abs. 1 lit. d HRegV), Prüfungsbestätigung der Sicherstellung von Forderungen (Art. 25 FusG), Prüfungsbestätigung des Umwandlungsplans und des Umwandlungsberichts (Art. 62 FusG und Art. 136 Abs. 1 lit. d HRegV), Prüfungsbestätigung des Inventars bei Instituten des öffentlichen Rechts (Art. 100 Abs. 2 FusG und Art. 145 Abs. 2 lit. b HRegV).

23 Im Bereich des **IPRG** sind folgende Geschäfte betroffen:

– Zugelassener Revisionsexperte: Prüfungsbestätigung der Deckung des Grundkapitals bei Unterstellung einer ausländischen Gesellschaft unter schweizerisches Recht (Art. 162 Abs. 3 IPRG), Prüfungsbestätigung der Sicherstellung von Forderungen bei der Löschung im Handelsregister (Art. 164 Abs. 1 IPRG und Art. 146 Abs. 2 lit. c HRegV), Prüfungsbestätigung, dass die ausländische Gesellschaft den anspruchsberechtigten Gesellschaftern der schweizerischen Gesellschaft die Anteils- oder Mitgliedschaftsrechte eingeräumt oder eine allfällige Ausgleichszahlung oder Abfindung ausgerichtet oder sichergestellt hat (Art. 164 Abs. 2 IPRG und Art. 146 Abs. 2 lit. c HRegV).

24 Bei all diesen ausserordentlichen Prüfungshandlungen und Bestätigungen hat die Gesellschaft folglich **ein zugelassenes und staatlich beaufsichtigtes Revisionsunternehmen** beizuziehen. Dadurch wird sichergestellt, dass auch die sensiblen Revisionstätigkeiten ausserhalb der Revisionsaufgaben gem. Art. 728a ff. durch beaufsichtigte Revisionsunternehmen vorgenommen werden (Botschaft RAG, 4016).

2. Im Falle von übrigen ordentlich revisionspflichtigen Gesellschaften (Abs. 2)

a) Bezeichnung der Revisionsstelle (Abs. 2 Satz 1)

25 Übrige Gesellschaften, die der ordentlichen Revision unterliegen, aber keine Publikumsgesellschaften sind (vgl. Art. 727 Abs. 1 Ziff. 2 und 3 sowie vorstehend N 13 f.), müssen als RS einen **zugelassenen Revisionsexperten** nach den Vorschriften von Art. 4 und Art. 6 RAG bezeichnen (Botschaft RAG, 4016).

26 Die **Anforderungen des Revisionsexperten** ohne Nachweis einer entsprechenden Fachpraxis erfüllen nur eidg. diplomierte Wirtschaftsprüfer, welche über einen unbescholtenen Leumund verfügen (Art. 4 Abs. 1 und 2 lit. a RAG). Eidgenössisch diplomierte Treuhand- und Steuerexperten und Experten in Rechnungslegung und Control-

ling müssen eine Fachpraxis von fünf Jahren nachweisen (Art. 4 Abs. 2 lit. b RAG). Juristen, Betriebs- und Wirtschaftswissenschafter sowie Finanzfachleute und Treuhänder mit eidg. Fachausweis haben eine Fachpraxis von zwölf Jahren aufzuweisen (Art. 4 Abs. 2 lit. c RAG). Die Fachpraxis muss in den Gebieten des Rechnungswesens und der Rechnungsrevision erworben und während mindestens zwei Drittel der Tätigkeitsdauer unter Beaufsichtigung eines zugelassenen Revisionsexperten ausgeübt werden (Art. 4 Abs. 4 RAG).

Zum Revisorenregister vgl. bereits N 17. **27**

Zur Frage der Anwendbarkeit von Abs. 2 im Falle eines Opting-Up vgl. N 14. **28**

b) Beizug für ausserordentliche Prüfungshandlungen und Bestätigungen (Abs. 1 Satz 2)

Ausserordentliche Prüfungshandlungen und Bestätigungen, die laut Gesetz durch einen zugelassenen Revisor vorzunehmen sind (vgl. schon N 20), müssen ebenfalls von einem zugelassenen Revisionsexperten vorgenommen werden (Abs. 2 Satz 2). **29**

Für die Fälle, in denen das OR oder das FusG einen zugelassenen Revisor verlangen, sind in N 21 und 22, jeweils erster Spiegelstrich, aufgezählt. Bei all diesen ausserordentlichen Prüfungshandlungen und Bestätigungen hat die Gesellschaft **einen zugelassenen Revisionsexperten** beizuziehen. **31**

V. Anforderungen an die Revisionsstelle bei eingeschränkter Revision (Art. 727c)

1. Bezeichnung der Revisionsstelle

Gesellschaften, die der eingeschränkten Revision (Art. 727a OR) unterliegen (vgl. dazu N 15), müssen als **RS** zumindest einen zugelassenen Revisor nach den Vorschriften von Art. 5 RAG bezeichnen (Botschaft RAG, 4017). **32**

Die **Anforderungen** an die fachliche Ausbildung des zugelassenen Revisors sind in Art. 5 i.V.m. Art. 4 Abs. 2 RAG festgehalten. Danach wird eine natürliche Person auf Gesuch hin als Revisor zugelassen, wenn sie einen guten Leumund hat und eine Ausbildung als eidg. diplomierter Wirtschaftsprüfer absolviert hat (Art. 4 Abs. 2 lit. a RAG). Das Erfordernis der einjährigen Fachpraxis ist für Inhaber des Wirtschaftsprüferdiploms nicht notwendig (BÖCKLI, Revisionsstelle, N 64). Weiter erwirbt die Zulassung, wer eine Fachpraxis von einem Jahr vorwiegend auf den Gebieten des Rechnungswesens und der Rechnungsrevision unter Beaufsichtigung durch einen zugelassenen Revisor nachweist und eine Ausbildung als Treuhand- oder Steuerexperte, in Rechnungslegung und Controlling oder einen Universitäts- resp. Fachhochschulabschluss in Betriebs-, Wirtschafts- oder Rechtswissenschaft absolviert hat (Art. 4 Abs. 2 lit. b und c RAG). Ebenso erfüllen die Inhaber eines eidg. Fachausweises als Fachleute im Finanz- und Rechnungswesen oder als Treuhänder die Zulassungsvoraussetzungen (Art. 4 Abs. 2 lit. c RAG). Gemäss Art. 4 Abs. 2 lit. d RAG werden Personen, die eine vergleichbare Ausbildung im Ausland absolviert haben und eine entsprechende Fachpraxis aufweisen gleichgestellt, wenn diese die notwendigen Kenntnisse des schweizerischen Rechts nachweisen können (vgl. Art. 6 RAV). **33**

Zum Revisorenregister vgl. bereits N 17. **34**

Zur Frage der Anwendbarkeit von Art. 727c im Falle eines Opting-Out oder Opting-Down vgl. N 15. **35**

2. Beizug für ausserordentliche Prüfungshandlungen und Bestätigungen

36 Für ausserordentliche Prüfungshandlungen und Bestätigungen gelten die in den jeweiligen gesetzlichen Vorschriften vorgegebenen fachlichen Anforderungen (Botschaft RAG, 4017). Eine Übersicht der betroffenen Geschäfte befindet sich in N 21 f.

VI. Rechtliche Folgen im Falle der Nichtbeachtung

1. Bezeichnung als Revisionsstelle

37 Die Beachtung der in Art. 727b und 727c verankerten Pflicht zur Bezeichnung einer gesetzeskonformen RS durch die Gesellschaft wird in erster Linie durch das **Handelsregisteramt** gewährleistet:

– Ist eine Gesellschaft eingeschränkt oder ordentlich revisionspflichtig, muss die RS im Handelsregister eingetragen werden (Art. 45 Abs. 1 lit. q HRegV). Bei der Gründung oder einer Mutation der RS wird die (neue) RS jedoch nur eingetragen, wenn sich der Handelsregisterführer durch Einsicht in das Revisorenregister (vgl. N 17) vergewissert hat, dass die zur Eintragung beantragte RS über die erforderliche Zulassung verfügt (Art. 61 Abs. 2 HRegV; Begleitbericht HRegV 8 f.; BÖCKLI, Revisionsstelle, N 146). Ist dies nicht der Fall, erfolgt nicht nur die Ablehnung der Eintragung, sondern der Handelsregisterführer ist gem. dem neuen Art. 941a Abs. 1 i.V.m. Art. 731b auch verpflichtet, dem Richter zu beantragen und erforderliche Massnahmen zu ergreifen (Begleitbericht HRegV, 9). Diese Verpflichtung gilt auch dann, wenn der Handelsregisterführer unabhängig von einer Anmeldung ein Mangel entsteht. Allerdings muss vorab per eingeschriebenem Brief eine Frist von 30 Tagen zur Wiederherstellung des rechtmässigen Zustands gewährt werden (Art. 154 Abs. 1 und 2 HRegV). Anzumerken ist in diesem Zusammenhang ausserdem, dass das EHRA explizit befugt wird, einen Datenaustausch mit der RAB zu pflegen (Art. 170 lit. b HRegV). Ein allfälliger Entzug der Zulassung einer RS durch die RAB wird dementsprechend i.d.R. wohl auch dem EHRA und damit dem zuständigen kant. Handelsregisteramt (vgl. Art. 170 lit. a HRegV) zur Kenntnis gebracht werden.

– Hat eine Gesellschaft auf die eingeschränkte Revisionspflicht rechtsgültig verzichtet oder ein Opting-Down vorgenommen, so entfällt die Anwendbarkeit von Art. 727b und 727c (vgl. schon N 15). Der Vollständigkeit halber sei erwähnt, dass diesfalls zwar keine RS im Handelsregister eingetragen wird, wohl aber ein Hinweis darauf, dass die Gesellschaft keiner ordentlichen bzw. eingeschränkten Revisionspflicht unterliegt (Art. 45 Abs. 1 lit. p HRegV). Zudem muss der Vr eine Erklärung beim Handelsregisteramt einreichen, wonach die Voraussetzungen des Verzichts oder eines Opting-Down gegeben sind (Art. 62 HRegV, vgl. auch Art. 727a N 33); das Datum dieser Erklärung wird ebenfalls im Handelsregister eingetragen (Art. 45 Abs. 1 lit. p HRegV). Anzumerken ist schliesslich, dass der Handelsregisterführer Erneuerungen dieser Erklärung verlangen kann (Art. 62 Abs. 4 HRegV; vgl. auch Art. 727a N 33). Insofern steht auch eine Gesellschaft, welche sich nicht im Anwendungsbereich der Art. 727b und 727c befindet, unter einer gewissen «Beobachtung» durch das Handelsregisteramt. Sind die Voraussetzungen für einen Verzicht auf eine RS oder ein Opting-Down nicht mehr gegeben, untersteht die Gesellschaft ipso iure Art. 727c (oder gegebenenfalls sogar Art. 727b). In einem solchen Fall wird das Handelsregisteramt eine Frist zur Wiederherstellung des rechtmässigen Zustands ansetzen und bei Unterlassung den Richter benachrichtigen (vgl. o.).

Abgesehen von der Handhabe der Handelsregisterämter besteht für Gesellschafter und **38** Gläubiger die Möglichkeit, im Falle einer nicht gesetzeskonformen RS gestützt auf den neuen **Art. 731b Abs. 1** dem Gericht zu beantragen, die erforderlichen Massnahmen zu ergreifen (vgl. dazu LEHMANN, 421 ff.), insb. eine gesetzeskonforme RS selbst zu ernennen (Art. 731b Abs. 1 Ziff. 2 und Art. 731b Abs. 2; vgl. dazu auch LEHMANN, 422 m.w.N.). In welchem Verhältnis das Klagerecht nach Art. 731b zur generellen **Anfechtungsklage** nach Art. 706 ff. steht, ist umstritten. LEHMANN (422 f.) spricht sich für die Subsidiarität der Anfechtungsklage aus, während BÖCKLI, Revisionsstelle, N 142 davon auszugehen scheint, dass beide Behelfe ergriffen werden können. Vgl. zu dieser Frage die Komm. zu Art. 731b.

Zudem kann die **SWX Swiss Exchange** gestützt auf Art. 6 Abs. 2 i.V.m. Art. 71a Abs. 1 **39** i.V.m. Art. 82 des KR Sanktionen gegenüber dem fehlbaren Emittenten erlassen. Dies gilt also auch dann, wenn ein Emittent kein zugelassenes und staatlich beaufsichtigtes Revisionsunternehmen als RS bezeichnet hat. Zu beachten ist im Übrigen, dass die RAB verpflichtet ist, der Börse den Entzug einer Zulassung eines Revisionsunternehmens mitzuteilen (Art. 17 Abs. 3 RAG).

Keine Handhabe besitzt die **RAB** gegen fehlbare Gesellschaften. Sie kann zwar bei **40** einer Verletzung des RAG verwaltungsstrafrechtliche Sanktionen aussprechen (vgl. Art. 39 f. RAG und Art. 45 RAV; s.a. auch BÖCKLI, Revisionsstelle, N 156 ff.), nicht aber gegenüber einer Gesellschaft im Falle der Verletzung von Art. 727b und Art. 727c. Normadressaten von Art. 727b und 727c sind wie erwähnt die ordentlich bzw. eingeschränkt revisionspflichtigen Gesellschaften (N 13 ff.).

Des Weiteren können sich die Mitglieder des VR, welche zur Beachtung der Art. 727b **41** und 727c verpflichtet sind, bei gegebenen Voraussetzungen aktienrechtlich **verantwortlich** machen (was in praxi allerdings kaum vorkommen wird). Informieren sie das Handelsregisteramt falsch (z.B. in Bezug auf die Voraussetzungen eines Opting-Out oder Opting-Down), kann dies auch **strafrechtlich** relevant sein (vgl. Art. 153 StGB).

2. Beizug für ausserordentliche Prüfungshandlungen und Bestätigungen (Abs. 1 Satz 2)

Art. 727b und 727c verpflichtet nicht nur zur Bezeichnung einer gesetzeskonformen RS, **42** sondern auch dazu, bei anderweitigen Prüfungshandlungen oder Bestätigungen einen gesetzeskonformen Revisor, Revisionsexperten oder ein Revisionsunternehmen beizuziehen (vgl. schon N 8).

Soweit es sich bei den Prüfungshandlungen und Bestätigungen um Tatbestände handelt, **43** welche handelsregisterrechtlich relevant sind, wird die Beachtung der gesetzlichen Vorgaben von Art. 727b und 727c durch das **Handelsregisteramt** gewährleistet. Entspricht der beigezogene Revisor nicht den gesetzlichen Vorgaben, wird das Handelsregisteramt und/oder das EHRA die Eintragung verweigern (Art. 28, 32 Abs. 1 und Art. 33 HRegV). Dies gilt namentlich für folgende Geschäfte:

– **OR:** Prüfungsbestätigung in Bezug auf den Gründungsbericht (Art. 635a sowie Art. 43 Abs. 3 lit. d HRegV); Revisionsbericht mit der Erhöhung des AK aus EK (Art. 652d sowie Art. 46 Abs. 3 lit. d HRegV); Prüfungsbestätigung bei ordentlicher und genehmigter Kapitalerhöhung (Art. 652f Abs. 1 sowie Art. 46 Abs. 3 lit. c bzw. Art. 50 Abs. 1 HRegV); Prüfungsbestätigung im Rahmen des bedingten Kapitals (vgl. Art. 653f und Art. 52 Abs. 1 lit. c HRegV); Bestätigung im Zusammenhang mit der Streichung der statutarischen Bestimmung über das bedingte Kapital (vgl.

Art. 653i Abs. 1 sowie Art. 53 Abs. 1 HRegV); Prüfungsbericht im Zusammenhang mit der Herabsetzung des AK (vgl. Art. 732 Abs. 2 sowie Art. 55 Abs. 1 lit. c HRegV). – Möglicherweise, aber nicht zwingend betroffen ist auch der Revisionsbericht im Zusammenhang mit einem öffentlichen Angebot von Beteiligungspapieren, sofern die Gesellschaft über keine RS verfügt (Art. 652a); nicht zwingend ist dies deshalb, weil ein öffentliches Angebot auch ohne Emission neuer Beteiligungspapiere erfolgen kann *(secondary offering)*, was keinen handelsregisterrechtlichen Eintrag nach sich zieht.

- **FusG:** Prüfungsbericht in Bezug auf den Fusionsvertrag bei Stiftungen (Art. 81 FusG und Art. 140 Abs. 1 lit. d HRegV), Prüfungsbestätigung für das Handelsregisteramt bei Fusion von Gesellschaften im Fall von Kapitalverlust oder Überschuldung (Art. 6 Abs. 2 FusG sowie Art. 131 Abs. 1 lit. g und Art. 132 Abs. 1 lit. g HRegV), Prüfung des Fusionsvertrags und des Fusionsberichts (Art. 15 FusG und Art. 131 Abs. 1 lit. d HRegV), Prüfung des Umwandlungsplans und des Umwandlungsberichts (Art. 62 FusG und Art. 136 Abs. 1 lit. d HRegV), Prüfung des Inventars bei Instituten des öffentlichen Rechts (Art. 100 Abs. 2 FusG und Art. 145 Abs. 2 lit. b HRegV).

- **IPRG:** Bestätigung der Sicherstellung von Forderungen bei der Löschung im Handelsregister (Art. 164 Abs. 1 IPRG und Art. 146 Abs. 2 lit. c HRegV), Bestätigung, dass die ausländische Gesellschaft den anspruchsberechtigten Gesellschaftern der schweizerischen Gesellschaft die Anteils- oder Mitgliedschaftsrechte eingeräumt oder eine allfällige Ausgleichszahlung oder Abfindung ausgerichtet oder sichergestellt hat (Art. 164 Abs. 2 IPRG und Art. 146 Abs. 2 lit. c HRegV).

44 Soweit es sich bei den Prüfungshandlungen und Bestätigungen jedoch um Tatbestände handelt, welche handelsregisterrechtlich nicht relevant sind, **entfällt** (in diesem Punkt) eine Kontrolle durch das Handelsregisteramt. Dies ist z.B. denkbar in Bezug auf die Bestätigung im Zusammenhang mit der Aufwertung von Grundstücken und Beteiligungen (Art. 670 Abs. 2), der Prüfung der Zwischenbilanz i.S.v. Art. 725 Abs. 2 oder der Bestätigung im Zusammenhang mit der Verteilung nach erfolgter Liquidation (Art. 745 Abs. 3). In diesen Fällen kann sich der VR (bzw. der Liquidator) der Gesellschaft aktienrechtlich **verantwortlich** machen, falls kein zugelassener Revisor beigezogen wird. Werden im Zusammenhang mit der Aufwertung von Grundstücken und Beteiligungen oder dem Erstellen einer Zwischenbilanz die Bestimmungen über die Buchführung/Rechnungslegung verletzt, besteht zudem ein **strafrechtliches** Risiko (vgl. Art. 166 StGB).

Art. 728

III. Ordentliche Revision
1. Unabhängigkeit der Revisionsstelle

¹ Die Revisionsstelle muss unabhängig sein und sich ihr Prüfungsurteil objektiv bilden. Die Unabhängigkeit darf weder tatsächlich noch dem Anschein nach beeinträchtigt sein.

² Mit der Unabhängigkeit nicht vereinbar ist insbesondere:

1. die Mitgliedschaft im Verwaltungsrat, eine andere Entscheidfunktion in der Gesellschaft oder ein arbeitsrechtliches Verhältnis zu ihr;

2. eine direkte oder bedeutende indirekte Beteiligung am Aktienkapital oder eine wesentliche Forderung oder Schuld gegenüber der Gesellschaft;

3. Abschnitt: Organisation der Aktiengesellschaft Art. 728

3. eine enge Beziehung des leitenden Prüfers zu einem Mitglied des Verwaltungsrats, zu einer anderen Person mit Entscheidfunktion oder zu einem bedeutenden Aktionär;

4. das Mitwirken bei der Buchführung sowie das Erbringen anderer Dienstleistungen, durch die das Risiko entsteht, als Revisionsstelle eigene Arbeiten überprüfen zu müssen;

5. die Übernahme eines Auftrags, der zur wirtschaftlichen Abhängigkeit führt;

6. der Abschluss eines Vertrags zu nicht marktkonformen Bedingungen oder eines Vertrags, der ein Interesse der Revisionsstelle am Prüfergebnis begründet;

7. die Annahme von wertvollen Geschenken oder von besonderen Vorteilen.

³ Die Bestimmungen über die Unabhängigkeit gelten für alle an der Revision beteiligten Personen. Ist die Revisionsstelle eine Personengesellschaft oder eine juristische Person, so gelten die Bestimmungen über die Unabhängigkeit auch für die Mitglieder des obersten Leitungs- oder Verwaltungsorgans und für andere Personen mit Entscheidfunktion.

⁴ Arbeitnehmer der Revisionsstelle, die nicht an der Revision beteiligt sind, dürfen in der zu prüfenden Gesellschaft weder Mitglied des Verwaltungsrates sein noch eine andere Entscheidfunktion ausüben.

⁵ Die Unabhängigkeit ist auch dann nicht gegeben, wenn Personen die Unabhängigkeitsvoraussetzungen nicht erfüllen, die der Revisionsstelle, den an der Revision beteiligten Personen, den Mitgliedern des obersten Leitungs- oder Verwaltungsorgans oder anderen Personen mit Entscheidfunktion nahe stehen.

⁶ Die Bestimmungen über die Unabhängigkeit erfassen auch Gesellschaften, die mit der zu prüfenden Gesellschaft oder der Revisionsstelle unter einheitlicher Leitung stehen.

III. Contrôle ordinaire
1. Indépendance de l'organe de révision

¹ L'organe de révision doit être indépendant et former son appréciation en toute objectivité. Son indépendance ne doit être ni restreinte dans les faits, ni en apparence.

² L'indépendance de l'organe de révision est, en particulier, incompatible avec:

1. l'appartenance au conseil d'administration, d'autres fonctions décisionnelles au sein de la société ou des rapports de travail avec elle;

2. une participation directe ou une participation indirecte importante au capital-actions ou encore une dette ou une créance importantes à l'égard de la société;

3. une relation étroite entre la personne qui dirige la révision et l'un des membres du conseil d'administration, une autre personne ayant des fonctions décisionnelles ou un actionnaire important;

4. la collaboration à la tenue de la comptabilité ainsi que la fourniture d'autres prestations qui entraînent le risque de devoir contrôler son propre travail en tant qu'organe de révision;

5. l'acceptation d'un mandat qui entraîne une dépendance économique;

Art. 728

6. la conclusion d'un contrat à des conditions non conformes aux règles du marché ou d'un contrat par lequel l'organe de révision acquiert un intérêt au résultat du contrôle;

7. l'acceptation de cadeaux de valeur ou d'avantages particuliers.

³ Les dispositions relatives à l'indépendance s'appliquent à toutes les personnes participant à la révision. Si l'organe de révision est une société de personnes ou une personne morale, ces dispositions s'appliquent également aux membres de l'organe supérieur de direction ou d'administration et aux autres personnes qui exercent des fonctions décisionnelles.

⁴ Aucun employé de l'organe de révision ne participant pas à la révision ne peut être membre du conseil d'administration de la société soumise au contrôle, ni exercer au sein de celle-ci d'autres fonctions décisionnelles.

⁵ L'indépendance n'est pas garantie non plus lorsque des personnes proches de l'organe de révision, de personnes participant à la révision, de membres de l'organe supérieur de direction ou d'administration ou d'autres personnes qui exercent des fonctions décisionnelles ne remplissent pas les exigences relatives à l'indépendance.

⁶ Les dispositions relatives à l'indépendance s'étendent également aux sociétés qui sont réunies sous une direction unique avec la société soumise au contrôle ou l'organe de révision.

III. Revisione ordinaria
1. Indipendenza dell'ufficio di revisione

¹ L'ufficio di revisione deve essere indipendente e deve formare il suo giudizio di verifica in maniera obiettiva. L'indipendenza non deve essere compromessa né di fatto né in apparenza.

² Sono incompatibili con l'indipendenza in particolare:

1. l'appartenenza al consiglio d'amministrazione, un'altra funzione decisionale in seno alla società o un rapporto di lavoro con essa;

2. una partecipazione diretta oppure un'importante partecipazione indiretta al capitale azionario o un credito o debito sostanziale nei confronti della società;

3. una relazione stretta del revisore dirigente con un membro del consiglio d'amministrazione, un'altra persona con funzione decisionale o un azionista importante;

4. la partecipazione all'attività contabile e la prestazione di altri servizi che comportino il rischio di dover verificare propri lavori quale ufficio di revisione;

5. l'assunzione di un mandato che comporti dipendenza economica;

6. la conclusione di un contratto a condizioni non conformi al mercato o di un contratto che implichi un interesse dell'ufficio di revisione al risultato della verifica;

7. l'accettazione di regali di valore o di vantaggi particolari.

³ Le disposizioni concernenti l'indipendenza si applicano a tutte le persone partecipanti alla revisione. Se l'ufficio di revisione è una società di persone o una persona giuridica, le disposizioni concernenti l'indipendenza si applicano anche ai membri dell'organo superiore di direzione o amministrazione e ad altre persone con funzione decisionale.

⁴ I dipendenti dell'ufficio di revisione che non partecipano alla revisione non possono né essere membri del consiglio d'amministrazione della società sottoposta a revisione né esercitare in essa un'altra funzione decisionale.

⁵ L'indipendenza non è data nemmeno se i requisiti di indipendenza non sono adempiuti da persone vicine all'ufficio di revisione, alle persone coinvolte nella revisione, ai membri dell'organo superiore di direzione o amministrazione o ad altre persone con funzione decisionale.

⁶ Le disposizioni concernenti l'indipendenza si applicano altresì alle società poste sotto una direzione unica con la società da verificare o con l'ufficio di revisione.

Literatur

BÖCKLI, Revisionsstelle und Abschlussprüfung nach neuem Recht, 2007 (zit. Revisionsstelle); CAMPONOVO, Die Unabhängigkeit der Revisionsstelle, ST 1997, 1145 ff.; CANEPA, Die Unabhängigkeit der Revisionsstelle im neuen RRG, ST 1999, 15 ff.; DRUEY, Die Unabhängigkeit des Revisors, SZW 2007, 439 ff.; DERS., Die Unabhängigkeit des Revisors – Was besagt Art. 727c OR?, ST 1995, 703 ff.; DERS., Unabhängigkeit – für einen Mittelweg, ST 1999, 477 ff.; EGGMANN, Die aktienrechtliche Verantwortlichkeit der Revisionsstelle bei der Abschlussprüfung, Diss. Zürich 1997; HANDSCHIN, Zur Unabhängigkeit der Revisionsstelle: Beratung und Buchhaltungsarbeiten durch die Revisionsstelle für die revidierte Gesellschaft, SJZ 1994, 344 ff.; HEGETSCHWEILER, Die Unabhängigkeit der Revisionsstelle nach neuem Recht, TREX 2007, 338 ff.; HELBLING, Revisions- und Bilanzierungspraxis, 3. Aufl. 1992; LUTERBACHER, Die Pflicht zur Unabhängigkeit der Revisionsstelle, ST 1998, 481 ff.; MEYER, Thesen zur Unabhängigkeit der Revisionsstelle: Die Bestimmungen des Aktienrechts im Vergleich zur 8. EU-Richtlinie, ST 1996, 159 ff.; MÜLLER/DOLENSKY, Die Unabhängigkeit als Fundament der Wirtschaftsprüfung, ST 2001, 807 ff.; NEUHAUS, Wirtschaftsprüfung und Steuerberatung, ST 2004, 377 ff.; WATTER, Nicht exekutives Mitglied des Verwaltungsrates und Unabhängigkeit der Revisionsstelle, in: Schweizer/Burkert/Gasser (Hrsg.), FS Druey, 2002, 659 ff.; WEY, Verstärkte Anforderungen an die Unabhängigkeit, ST 2006, 334 ff.; WIND, Die Unabhängigkeit der Revisionsstelle gemäss Art. 727c Abs. 1 OR, Diss. St. Gallen 1998; DERS., Die Grenzen der Beratung durch die Revisionsstelle, ST 1999, 81 ff.; ZIHLER, Das neue Revisionsrecht des Obligationenrechts, REPRAX 3/2007, 1 ff.

I. Normzweck

Art. 728 und dessen Zwillingsbestimmung, Art. 729, regeln die Anforderungen an die Unabhängigkeit der RS. Diese Unabhängigkeitsanforderungen sollen sicherstellen, dass die Revisoren ihr Prüfurteil objektiv und neutral bilden, um die Verlässlichkeit der Jahresrechnung zu gewährleisten (Botschaft RAG, 3999). Die Unabhängigkeit dient wie die Revisionspflicht im Allgemeinen namentlich vier Schutzzielen (Botschaft RAG, 3970 und 3989): (1) Bei Publikumsgesellschaften vorab dem **Investorenschutz;** (2) bei allen weiteren wirtschaftlich bedeutenden Unternehmen dem **Schutz öffentlicher Interessen,** was eine qualifizierte Revision rechtfertigt; (3) in Privatgesellschaften dem **Schutz von Minderheitsaktionären;** (4) bei allen Rechtsformen, bei welchen das Gesellschaftsvermögen einziges Haftungssubstrat darstellt, dient die Revision auch dem **Gläubigerschutz** (vgl. auch Vor Art. 727/727a N 16 ff.).

Im Zuge der GmbH-Revision vom 16.12.2005 wurde das Revisionsrecht einer Totalrevision unterzogen und dabei die Unabhängigkeit der RS neu ausführlich geregelt und verschärft (Art. 728 und 729). Die neuen Bestimmungen zur Unabhängigkeit der RS stellen einen wichtigen Beitrag zur Sicherstellung einer guten Unternehmenskontrolle (Corporate Governance) dar (Botschaft RAG, 3970). Die bisherige gesetzliche Umschreibung der Unabhängigkeitsvoraussetzungen (Art. 727c altOR) war auf die Verhältnisse in kleinen Unternehmen abgestimmt. Die neue **Aufspaltung in zwei Artikel** – Art. 728 für die ordentliche Revision und Art. 729 für die eingeschränkte Revision – erfolgte in Abhängigkeit zur Grösse einer Gesellschaft und damit abgestuft nach den unterschiedlichen Schutzzielen der Revision (N 1). Damit wird neu eine Differenzierung der Unabhängigkeitsanforderungen für die ordentliche, die eingeschränkte und die freiwillige Revision eingeführt (Botschaft RAG, 3999). Der Investorenschutz und öffentliche Interessen rechtfertigen bei Gesellschaften, die der ordentlichen Revisionspflicht unterstehen, die strengen Anforderungen an die Unabhängigkeit des Art. 728 (Botschaft

RAG, 3999). Bei Klein- und Mittelunternehmen (KMU), bei welchen die Revision dem Schutz der Interessen der Beteiligten und der Gläubiger dient, sind die Schutzbedürfnisse anderer Natur und weniger absolut als bei den grösseren Unternehmen. Die weniger weit gehenden Anforderungen an die Unabhängigkeit der RS bei der eingeschränkten Revision unterstehenden Gesellschaften (Art. 729) stellen in diesem Sinne Erleichterungen dar (Botschaft RAG, 3992 f.).

3   Die Diskussion über die Unabhängigkeit wurde in der Vergangenheit v.a. durch die amerikanische **Securities and Exchange Commission** (SEC) und ab dem Jahre 2002 durch den **Sarbanes-Oxley Act** und den dadurch geschaffenen **Public Accounting Oversight Board (PCAOB)** vorangetrieben (zu den Hintergründen vgl. Vor Art. 727/727a N 3). Deren Regeln sind auch für Schweizer RS relevant, die Schweizer Gesellschaften revidieren, deren Aktien an einer Börse in den USA kotiert sind, oder Schweizer Gesellschaften, wenn die Aktien ihrer Muttergesellschaft in den USA kotiert sind. Der Sarbanes-Oxley Act hat den Securities Exchange Act von 1934 und die Erlasse der SEC (insb. Regulation S-X, 17 CFR part 210, insb. § 210.2–01) durch verschiedene zusätzliche Unabhängigkeitserfordernisse ergänzt. Zusätzlich zu den strikten Regeln der Regulation S-X zu Investitionen in die zu prüfende Gesellschaft (Regulation S-X, § 210.2–01[1]), unvereinbaren Funktionen (§ 210.2–01[2]) und Erfolgshonoraren (§ 210.2–01[5]) hat der Sarbanes-Oxley Act einen Katalog von unvereinbaren anderen Dienstleistungen eingeführt (Sec. 201 (g)). Dieser Katalog umfasst neben der Buchführung und anderen Dienstleistungen in Bezug auf die Buchhaltung, das Design und die Einführung von Finanzinformationssystemen, Bewertungsdienstleistungen, Fairness Opinions und Sacheinlageprüfungen, aktuarische Dienstleistungen, Outsourcing-Dienstleistungen für die interne Revision, Managementfunktionen und Personalmanagement, Handel, Anlageberatung und Investmentbanking, nicht den Audit betreffende Rechtsberatung und Expertendienstleistungen (vgl. Regulation S-X, § 210.2–01[4]). Andere, vom Katalog nicht erfasste Dienstleistungen wie z.B. Steuerberatung müssen vorgängig vom Audit Committee der zu prüfenden Gesellschaft genehmigt werden (Sec. 201 (h) und Sec. 202). Zudem sieht der Sarbanes-Oxley Act ein Rotationserfordernis für den leitenden Revisor und den überprüfenden Revisor von 5 Jahren vor (Sec. 203; vgl. auch Regulation S-X, § 210.2–01). Diese Unabhängigkeitsanforderungen des amerikanischen Rechts haben die Revision der Unabhängigkeitsbestimmungen des Schweizer OR ganz wesentlich beeinflusst.

4   Im Zuge der Revision des Gesetzes vom 16.12.2005 hat die Treuhand-Kammer eine neue **Berufsordnung** (Ausführungsbestimmungen zu den Standes- und Berufsregeln) erarbeitet *(Richtlinien zur Unabhängigkeit,* Ausgabe 2007, nachfolgend «TK-Richtlinie»). Diese Standesordnung umschreibt, was der Revisor zur Wahrung seiner Unabhängigkeit vorzusehen hat und definiert die Anforderungen, die eine der Kammer angeschlossene RS bzw. deren schweizerischen Tochter- oder Schwestergesellschaften einzuhalten haben. Die TK-Richtlinie als Instrument der Selbstregulierung dürfte faktisch weiterhin – als Präzisierung bzw. Auslegungshilfe des Gesetzestextes – auch für Nichtmitglieder Wirkung entfalten (vgl. BÖCKLI, Revisionsstelle, N 573; TK-Richtlinie, Teil I Abschnitt F: Geltungsbereich), auch wenn sie keine Gesetzeskraft hat (BGE 131 III 44).

II. Übersicht

5   Art. 728 regelt die Unabhängigkeitsvoraussetzungen für gem. Art. 727 der ordentlichen Revision unterstehende Gesellschaften (vgl. Marginale zu Art. 728). Die Regelung ist

zweistufig aufgebaut: **Abs. 1** enthält eine **Generalklausel** (N 10 ff.), welche die Unabhängigkeitsanforderungen allgemein und *positiv* definiert. Unhabhängig heisst danach einerseits Freiheit von Einflüssen der zu prüfenden Gesellschaft (N 10) und andererseits objektive Bildung des Prüfurteils (N 11). Verlangt wird tatsächliche Unabhängigkeit wie auch Unabhängigkeit dem Anschein nach (N 12).

Abs. 2 listet sodann einen nicht abschliessenden *Negativ*katalog von Tatbeständen auf, die mit der Unabhängigkeit unvereinbar sind (Botschaft RAG, 3999). Diese **Unvereinbarkeitstatbestände** konkretisieren die Generalklausel des Abs. 1 (Botschaft RAG, 4018; BÖCKLI, Revisionsstelle, N 584, spricht von einer «Schwarzen Liste»). Ist einer der Tatbestände erfüllt, so ist die Unabhängigkeit zumindest dem Anschein nach, eventuell auch tatsächlich, beeinträchtigt. Die Unvereinbarkeitstatbestände des Abs. 2 können deshalb stets als *Fälle fehlender Independence in appearance* angesehen werden (vgl. zum Verhältnis zwischen der Generalklausel und der Aufzählung der Unvereinbarkeitstatbestände DRUEY, SZW, 442 f.). 6

Die Tatbestände des Abs. 2 betreffen teilweise die RS selbst, sie erfassen aber auch die mit der RS verbundenen natürlichen Personen. **Abs. 3** und **4** bestimmen, für welche natürlichen Personen sie Geltung haben. Es sind dies in erster Linie die **an der Revision beteiligten Personen** (Abs. 3 Satz 1). Satz 2 dehnt dies auf die **Mitglieder des obersten Leitungs- und Verwaltungsorgans und andere Personen mit Entscheidfunktion** aus, wenn die RS als Personengesellschaft oder juristische Person organisiert ist (Abs. 3 Satz 2). Abs. 4 schliesst auch **nicht an der Revision beteiligte Arbeitnehmer** mit ein, allerdings nur insoweit, als diese keine Mitglieder des VR sein oder andere Entscheidfunktion haben dürfen. 7

Abs. 5 regelt schliesslich, inwieweit **nahestehende Personen** die Unabhängigkeitsvoraussetzungen zu erfüllen haben. Zu denken ist einerseits an nahestehende Personen der RS selbst, andererseits an nahestehende Personen der von Abs. 3 erfassten Personen. Die Unabhängigkeit ist auch beeinträchtigt, wenn eine dieser nahestehenden Personen die Unabhängigkeitsvoraussetzungen nicht erfüllt. Nahestehende Personen von nicht an der Revision beteiligten Arbeitnehmern (Abs. 4) werden hingegen nicht erfasst. 8

Abs. 6 enthält schliesslich eine **Konzernklausel.** Sie bestimmt, dass bei der Prüfung der Unabhängigkeit auf Seiten der RS wie auch auf Seiten der zu prüfenden Unternehmung eine Konzernbetrachtung Anwendung findet. 9

III. Generalklausel (Abs. 1)

Gemäss der Generalklausel des Abs. 1 muss die RS «unabhängig sein und sich ihr Prüfurteil objektiv bilden». Als Unabhängigkeit des Abschlussprüfers wird als *erstes Element* dessen Eigenschaft verstanden, **frei und unbeeinflusst von der zu prüfenden Gesellschaft** und deren Konzerngesellschaften (Abs. 6) bzw. deren verantwortlichen Organen und wesentlichen Aktionären zu handeln und aufzutreten. Kurz: «Die Revisionsstelle muss unabhängig sein». Das bedeutet zunächst, dass der VR der zu prüfenden Gesellschaft und deren Mehrheitsaktionär *keine Kontrolle* irgendwelcher Art über die RS (sei diese eine Prüfgesellschaft oder eine natürliche Person) haben dürfen (was im Gesetz jedoch nicht ausdrücklich gesagt wird, vgl. HEGETSCHWEILER, 339). Dies wird heute in aller Regel so sichergestellt, dass Prüfgesellschaften nur Prüfern gehören dürfen, wobei Art. 49 der TK-Richtlinie verlangt, dass die *Stimmen*-(nicht aber Kapital-)*mehrheit* bei «Berufsangehörigen» (d.h. Mitarbeitern, die Dienstleistungen gegenüber Prüfkunden erbringen) liegt (vgl. auch Art. 3 Abs. 4 lit. b EU-Abschlussprüfer-RL). Dieses Erfordernis 10 hat schon vor mehreren Jahren zu einer Loslösung der Revisionsgesellschaften von den sie früher beherrschenden Banken geführt (vgl. die Darstellung bei HELBLING, 106 f.). Die aus dem einleitend genannten Grundsatz ebenfalls abzuleitende *Weisungsungebundenheit* der RS gegenüber VR und Mehrheitsaktionär bedeutet nicht, dass der Revisor völlig freie Hand in seiner Berufsausübung hat: Er muss seine Arbeit innerhalb der Schranken des Gesetzes ausführen und hat unnötigen Aufwand zu vermeiden, wobei die Beurteilung des nötigen Umfangs der Arbeiten aber beim Revisor liegt. Übertreibt die RS ihren Aufwand, wird die richtige Antwort des VR sein, an der nächsten GV eine neue RS vorzuschlagen. Theoretisch denkbar ist auch eine Reduktion des Honorars durch den Richter in Analogie zu Art. 402 Abs. 1.

11   *Zweites Element* der Unabhängigkeit ist die notwendige Freiheit der RS, **unbeeinflusst von Eigeninteressen** auf Mängel im geprüften Unternehmen hinweisen zu können. Kurz: «Die Revisionsstelle muss sich ihr Prüfungsurteil objektiv bilden». Diese Forderung verlangt (a) zunächst, dass der Revisor keine Funktionen bei der zu prüfenden Gesellschaft innehaben darf (Art. 2 Ziff. 1), er (b) keine direkten oder indirekten finanziellen Interessen an der Gesellschaft hat (insb. keine Aktien oder Obligationen, die bei einem negativen Bericht an Wert verlieren könnten; vgl. Abs. 2 Ziff. 2), und dass (c) keine engen persönlichen oder geschäftlichen Beziehungen des Revisors zu Entscheidträgern des Revisionskunden bestehen (Abs. 2 Ziff. 3). Sodann ist unter diesem Gesichtspunkt (d) nötig, dass die zu prüfende Gesellschaft für den Revisor nicht derart wichtig ist, dass er es sich nicht leisten kann, diesen Kunden (der ihn allenfalls noch mit zusätzlichen Beratungsmandaten betraut) mit einem negativen Bericht zu verärgern und zu verlieren (Abs. 2 Ziff. 5); weiter führt diese Forderung (e) dazu, dass die RS nicht eigene Tätigkeiten überprüfen darf, da ein negativer Bericht sonst dazu führen könnte, dass sie ihr Honorar aus der anderen (schlecht erledigten) Tätigkeit verliert oder sich einer Ersatzforderung aussetzt (Abs. 2 Ziff. 4). Schliesslich darf der Revisor Verträge nur zu marktkonformen Bedingungen und nicht abhängig vom Prüfergebnis eingehen (Art. 2 Ziff. 6) und keine wertvollen Geschenke oder besonderen Vorteile annehmen (Art. 2 Ziff. 7).

12   Gemäss der Generalklausel darf die Unabhängigkeit «weder tatsächlich noch dem Anschein nach beeinträchtigt sein». Der Abschlussprüfer muss damit eine effektive, tatsächliche Freiheit der Urteilsbildung (**«independence in fact»**) haben, zusätzlich aber auch gegen aussen als unabhängig erscheinen (**«independence in appearance»**, ebenso Art. 1 TK-Richtlinie und der Einleitungsteil Ziff. 1 zu § 210.2–01 der Regulation S-X [N 3]; vgl. ferner BGE 123 III 31, 32 f.). Gefordert wird damit nicht nur die subjektive, innere Unabhängigkeit der Revisoren (vgl. BGE 99 Ib 111), sondern der Revisor muss auch auf der objektiven, äusseren Ebene jeden Anschein der Abhängigkeit zu vermeiden (Botschaft RAG, 4018). Dieser zweite Tatbestand, der Anschein mangelnder Unabhängigkeit, ist in der Revision vom 16.12.2005 neu ausdrücklich im Gesetzestext aufgenommen worden, galt jedoch bereits unter Art. 727c altOR (vgl. statt vieler MEYER, 159). Beurteilungsmassstab für den äusseren Anschein der fehlenden Unabhängigkeit ist die Würdigung der Umstände durch einen durchschnittlichen Betrachter auf Grund der allgemeinen Lebenserfahrung (Botschaft RAG, 4018; eine besondere subjektive Empfindlichkeit auf Seiten einzelner Betroffener ist damit nicht beachtlich, MEYER, 159). Nur wenn die Unabhängigkeit weder tatsächlich noch dem Anschein nach beeinträchtigt ist, können Dritte in die Verlässlichkeit der Revision und der Jahresrechnung vertrauen. Die Bejahung des Anscheins einer ungenügenden Unabhängigkeit darf demzufolge nicht als ethischer Vorwurf einer effektiven inneren Befangenheit verstanden werden; dennoch hat ein entsprechender Anschein den Ausschluss der betroffenen Person von der Revision zur Folge (Botschaft RAG, 4018). Die Ehefrau des Alleinaktio-

närs z.B., die eine Revision in der AG des Ehemannes durchführt, könnte «in fact» unabhängig sein. «Gegen aussen» sind aber berechtigte Zweifel an der Unabhängigkeit angebracht, weshalb die Unabhängigkeit verneint werden muss. Um den Anschein der Voreingenommenheit entstehen zu lassen, genügt etwa die Tatsache, dass der Revisor mit dem Delegierten des VR verschwägert ist (BGE vom 11.12.1997, in: ZBGR 79, 282, 283; vgl. Art. 728 Abs. 1 Ziff. 3).

Die RS hat durch **organisatorische Massnahmen** sicherzustellen, dass ihre Unabhängigkeit **stets gewahrt** bleibt. Dies bedeutet u.a., dass der Revisor periodisch abzuklären hat, ob in einer von ihm revidierten AG eine grundlegende Änderung in der Aktionärstruktur stattgefunden hat und er immer noch unabhängig ist. Die RS hat im Bericht an die GV Angaben zur Unabhängigkeit zu machen (vgl. Art. 728b Abs. 2 Ziff. 2 sowie für die eingeschränkte Revision Art. 729b Abs. 1 Ziff. 3), d.h. auf Sachverhalte hinzuweisen, die ihre Unabhängigkeit als beeinträchtigt erscheinen lassen könnten, ergriffene Schutzmassnahmen zu beschreiben und im Bericht ihre Unabhängigkeit zu bestätigen (vgl. Art. 728b N 23). 13

IV. Unvereinbarkeitstatbestände (Abs. 2)

Nachdem in Art. 727c altOR die Unabhängigkeit nur rudimentär geregelt war und die Konkretisierung der Rechtsprechung und der Selbstregulierung der Branche überlassen wurde, wird im revidierten Recht in einer nicht abschliessenden Weise eine Reihe von Tatbeständen aufgelistet, die mit der Unabhängigkeit der RS nicht vereinbar sind (Botschaft RAG, 3999; s.o. N 6). Diese sind ihrerseits wiederum zu einem gewissen Grade generell und auslegungsbedürftig (vgl. DRUEY, SZW 2007, 443, der von Generalklauseln der zweiten Stufe spricht). 14

1. Unvereinbare Funktionen (Ziff. 1)

Gemäss Art. 728 Abs. 2 Ziff. 1 sind verschiedene Funktionen beim zu prüfenden Unternehmen mit der Unabhängigkeit der RS unvereinbar. Unvereinbar ist neben der Mitgliedschaft im **VR** der zu prüfenden Gesellschaft (oder von mit ihr unter einheitlicher Leitung stehenden Gesellschaften, Art. 728 Abs. 6) auch jede **«andere Entscheidfunktion»** in einer solchen Gesellschaft. Damit sollen die Aufgabenkreise der verschiedenen Gesellschaftsorgane der zu prüfenden Gesellschaft sauber getrennt werden (Botschaft RAG, 4018). Unter einer anderen Entscheidfunktion sind sowohl Mitglieder der *Geschäftsleitung* als auch *andere Organe* zu verstehen, deren Entscheidungen für den Abschluss relevant sind (vgl. BÖCKLI, Revisionsstelle, N 585). Die TK-Richtlinie erklärt die Übernahme von Managementfunktionen in der zu prüfenden Gesellschaft deshalb generell als unzulässig (TK-Richtlinie, Art. 23). 15

Verboten ist auch ein **arbeitsrechtliches Verhältnis** zu der zu prüfenden Gesellschaft und deren Konzerngesellschaften (Art. 728 Abs. 6). Dies gilt nicht für Arbeitnehmer der RS, die nicht an der Revision der entsprechenden Gesellschaft beteiligt sind (Art. 728 Abs. 4 *e contrario*). 16

Vom Gesetz nicht geregelt wird die Frage, ob Revisoren nahtlos von der RS in eine unvereinbare Funktion beim Revisionskunden und umgekehrt wechseln können. Solche **personellen Wechsel zwischen RS und Revisionskunde** sind problematisch, weil zur RS wechselnde Mitarbeiter in die Situation kommen können, ihre eigene Arbeit bzw. jene ihrer früheren Arbeitskollegen zu prüfen und zum Kunden wechselnde Revisoren ihren früheren Kollegen und allenfalls ihren früheren Untergebenen gegenüberstehen 17 oder nach Vereinbarung des Übertritt in ihrem Prüfurteil über den künftigen Arbeitgeber beeinträchtigt sind. Soweit bei solchen Wechseln keine zeitliche Überschneidung resultiert, verletzen sie den Wortlaut von Art. 728 Abs. 2 Ziff. 1 jedoch nicht.

18 Für **staatlich beaufsichtigte Revisionsunternehmen** sieht Art. 11 Abs. 1 RAG beim *Übertritt* eine zweijährige Wartefrist ab dem Eintritt vor. Während dieser Wartefrist dürfen Personen, die beim Revisionskunden in der Rechnungslegung mitgewirkt haben und zur RS übertreten, keine Revisionsdienstleistungen für diesen Kunden *leiten* (Art. 11 Abs. 1 lit. c RAG); die blosse Mitarbeit auf dem Revisionsmandat wird damit nicht ausgeschlossen. Hatte die übertretende Person beim Revisionskunden eine Entscheidfunktion inne oder war sie in leitender Stellung in der Rechnungslegung tätig, und übernimmt sie bei der RS eine leitende Stellung, darf das gesamte *Revisionsunternehmen* für diesen Kunden während zwei Jahren überhaupt keine Revisionsdienstleistungen erbringen (Art. 11 Abs. 1 lit. b RAG). Art. 11 Abs. 2 RAG sieht zudem vor, dass eine Publikumsgesellschaft keine Personen beschäftigen darf, die während den zwei vorausgegangenen Jahren Revisionsdienstleistungen für diese Publikumsgesellschaft *geleitet* haben oder im betreffenden Revisionsunternehmen eine *Entscheidfunktion* innehaben. Damit wird der Übertritt des leitenden Revisors zur zu prüfenden Publikumsgesellschaft bzw. von Revisoren mit Entscheidfunktion zu einer von der Revisionsgesellschaft geprüften Publikumsgesellschaft generell ausgeschlossen.

19 Die **TK-Richtlinie** sieht generell vor, dass leitende Mitarbeiter eines Prüfkunden während zwei Jahren keine Prüfdienstleistungen für seinen bisherigen Arbeitgeber erbringen dürfen (TK-Richtlinie, VII B). Zudem verlangt die TK-Richtlinie richtigerweise, dass beabsichtige Wechsel zum Kunden vom Mitarbeiter unverzüglich gemeldet werden und der Mitarbeiter unverzüglich aus dem Prüfteam genommen wird und seine wesentlichen Prüfarbeiten überprüft werden. Zudem haben nach dem Übertritt jegliche (nicht bereits vorher fixierte) Leistungen oder Zahlungen des Revisionsunternehmens an ihren früheren Mitarbeiter zu unterbleiben und dieser darf nach seinem Übertritt nicht mehr an geschäftlichen Aktivitäten des Revisionsunternehmens teil nehmen (vgl. zum Ganzen TK-Richtlinie, VII C).

2. Finanzielle Beteiligung/Beziehung (Ziff. 2)

20 Unvereinbar mit der Unabhängigkeit ist gem. Art. 728 Abs. 2 Ziff. 2 auch eine **direkte oder bedeutende indirekte Beteiligung** am Aktienkapital der zu prüfenden Gesellschaft oder eine wesentliche Forderung oder Schuld gegenüber der zu prüfenden Gesellschaft. Da sich die Bestimmung gem. Abs. 6 auch auf andere einer einheitlichen Leitung unterstehenden Gesellschaften bezieht, die nicht als Aktiengesellschaften organisiert sein müssen, ist unabhängig von der Gesellschaftsform jede Beteiligung am Kapital untersagt (nicht bloss am *Aktien*kapital). Nach dem Wortlaut dieser Bestimmung ist eine *direkte* Beteiligung am Revisionskunden *per se* unvereinbar mit der Unabhängigkeit der RS, hingegen muss sich eine indirekte Beteiligung als *bedeutend* erweisen (DRUEY, SZW 2007, 443). Untersagt ist damit bereits eine unbedeutende direkte Beteiligung am Kapital einer zu prüfenden Gesellschaft (BÖCKLI, Revisionsstelle, N 586). Unter indirekten Beteiligungen sind Beteiligungen über Zwischengesellschaften und dgl. zu verstehen (Botschaft RAG, 4019), d.h. Beteiligungen an Gesellschaften, die ihrerseits in eine zu prüfende Gesellschaft investieren (TK-Richtlinie Art. 16), wie etwa Investment-Gesellschaften. Denkbar und verboten sind auch eine bedeutende indirekte Beteiligungen über mehrere Stufen.

Wann eine indirekte Beteiligung **bedeutend** ist, definiert das Gesetz nicht. U.E. hängt 21
dies u.a. davon ab, wie hoch die Beteiligung des Revisors an der (oder den) Zwischengesellschaft(en) ist, wie gross die Beteiligung der Zwischengesellschaft an der zu prüfenden Unternehmung ist und über welche anderen Vermögenswerte die Zwischengesellschaft neben der Beteiligung an der zu prüfenden Unternehmung verfügt. Immerhin gelten gemäss der Botschaft indirekte Beteiligungen über Anlagefonds oder vergleichbare Vorsorgeeinrichtungen nicht als unzulässig, sofern auf die Anlagepolitik keinerlei Einfluss genommen werden kann und der Anlagefonds bzw. die Vorsorgeeinrichtung nicht Prüfungskunde der RS ist (Botschaft RAG, 4019; restriktiver TK-Richtlinie Art. 26 Abs. 1). Gemäss der TK-Richtlinie soll hingegen eine indirekte Beteiligung als *bedeutend* qualifizieren, wenn sie 10% des Nettovermögens (bzw. Eigenkapitals) des Investors (d.h. des Revisionsunternehmens oder des betroffenen Mitarbeiters) überschreitet (TK-Richtlinie Art. 16 und Art. 5).

Unzulässig sind sodann Forderungen und Schulden gegenüber der zu prüfenden Gesellschaft, sofern sie wesentlich sind. **Wesentliche Forderungen** der RS bergen die Gefahr, dass die zu prüfende Gesellschaft die Bezahlung von Zugeständnissen der RS abhängig machen könnte oder die RS die Lage besser darstellt, um die Befriedigung der Forderung (infolge Konkurs und/oder nachträglicher paulianischer Anfechtung der Bezahlung) nicht zu gefährden. **Wesentliche Schulden** der RS bergen die Gefahr, dass die RS von der zu prüfenden Gesellschaft abhängig wird. 22

Verboten ist damit nicht nur die Aufnahme und Gewährung von wesentlichen Darlehen, 23
die Teilnahme an Mezzanine- oder anderen Finanzierungen der Gesellschaft oder der Erwerb von Obligationen der zu prüfenden Gesellschaft in wesentlichem Umfang. Die RS hat generell dafür zu sorgen, dass keine wesentlichen Forderungen oder Schulden gegenüber der zu prüfenden Unternehmung entstehen. Dies führt auch dazu, dass die RS-Honorare zeitnah in Rechnung stellen und offene Honorarforderungen zeitnah eintreiben muss, um wesentliche Ausstände zu vermeiden.

Wann eine Forderung oder Schuld wesentlich ist, sagt das Gesetz nicht. DRUEY nimmt 24
in Bezug auf Darlehen an, dass der Anteil am Gesamtvermögen des Revisors als Beurteilungsmassstab dient (DRUEY, SZW 2007, 443). U.E. ist anhand der Art der Forderung oder Schuld zu unterscheiden. Unbezahlte Honorare auch geringen Umfangs können bspw. wesentlich sein, wenn es sich bei der zu prüfenden Gesellschaft nach der Mandatsstruktur der entsprechenden RS um einen grossen Revisionskunden handelt.

3. Enge Beziehung (Ziff. 3)

Eine enge Beziehung des leitenden Prüfers zu einem Mitglied des VR, zu einer anderen 25
Person mit Entscheidfunktion (vgl. N 15) oder zu einem bedeutenden Aktionär ist unvereinbar mit der Unabhängigkeit der RS (vgl. Art. 728 Abs. 2 Ziff. 3).

Enge Beziehungen können sich sowohl aus *persönlichen Beziehungen* wie familienrechtlichen bzw. verwandtschaftlichen Verhältnissen und Freundschaften ergeben, als auch aus *geschäftlichen Beziehungen* wie Partnerschaften, Bürogemeinschaften, geschäftlichen Abhängigkeiten und anderen beruflichen Verbindungen (Botschaft RAG, 4019; DRUEY, SWZ 2007, 444). Zwischen der RS und den Entscheidträgern der Gesellschaft bestehende Feindschaften, die keine «enge Beziehung» gem. Ziff. 3 darstellen, können u.E. von der Generalklausel in Abs. 1 erfasst werden, wenn nach allgemeiner Lebenserfahrung bei einem durchschnittlichen Dritten der Eindruck fehlender Unabhängigkeit entsteht (**a.M.** DRUEY, SWZ 2007, 444, der ein qualifiziertes Schweigen des Ge- 26 setzes annimmt). Die Frage ist allerdings von geringer praktischer Bedeutung, da solche Feindschaften in aller Regel dazu führen werden, dass die RS gar nicht wieder- oder gar abgewählt wird.

27 Der **leitende Prüfer** ist die *Person, welche die Revision leitet* (vgl. Art. 730a Abs. 2), d.h. die für das Mandat verantwortliche Person, welche die Revision gemäss obligationenrechtlichen Vorschriften oder nach einem Spezialgesetz leitet (TK-Richtlinie Art. 8).

28 Unzulässig ist gem. Ziff. 3 auch eine enge Beziehung zu einem bedeutenden Aktionär, auch wenn er nicht als Entscheidträger in der Gesellschaft tätig ist. Als **bedeutender Aktionär** gelten gemäss der Legaldefinition von Art. 663c Abs. 2 Aktionäre oder stimmrechtsverbundene Aktionärsgruppen, deren Beteiligung 5% aller Stimmrechte übersteigt; liegt der Prozentsatz für eine Begrenzung der Namenaktien tiefer (Art. 685d Abs. 1), so gilt dieser Prozentsatz (BÖCKLI, Revisionsstelle, N 587 FN 1147).

29 Wie der Sarbanes-Oxley Act (N 3) kennt auch das neue Gesetz ein **Rotationserfordernis** für den leitenden Revisor (nicht hingegen für die RS selbst). Gemäss Art. 730a Abs. 2 darf die Person, welche die Revision leitet, das Mandat maximal während sieben Jahren ausführen und erst nach einem Unterbruch von drei Jahren wieder aufnehmen (vgl. Art. 730a N 3). Zusätzlich bleibt jedoch zu prüfen, ob durch eine lange dauernde Mandatsverantwortlichkeit nicht bereits vor Ablauf von sieben Jahren eine zu enge Beziehung gem. Ziff. 3 zu Exponenten des Revisionskunden entsteht (vgl. auch TK-Richtlinie, Ziff. VI B).

4. Mitwirkung bei der Buchführung und Selbstprüfung (Ziff. 4)

a) Selbstprüfungsverbot

30 Gemäss Art. 728 Abs. 2 Ziff. 4 gelten das Mitwirken bei der Buchführung sowie das Erbringen anderer Dienstleistungen, durch die das Risiko entsteht, als RS eigene Arbeiten überprüfen zu müssen, als unvereinbar mit der Unabhängigkeit der RS. Ziff. 4 statuiert damit das **Selbstprüfungsverbot**: Der Revisor darf nicht an Arbeiten mitwirken, die er selber überprüfen muss. Hat er an solchen Arbeiten mitgewirkt oder diese beeinflusst, ist er nachher mangels Unabhängigkeit von der Prüfung ausgeschlossen. Diese Regelung verhindert damit allfällige Abhängigkeiten und Interessenkonflikte, die bei einer RS, welche eigene Arbeiten oder von ihr beeinflusste Arbeiten überprüft, vorprogrammiert wären (vgl. auch BÖCKLI, Aktienrecht, § 15 N 79). Das Selbstprüfungsverbot galt implizit bereits im alten Recht, welches vorsah, dass die Revisoren keine Arbeiten für den Revisionskunden wahrnehmen dürfen, die mit dem Prüfungsauftrag *nicht vereinbar* sind (vgl. Art. 727c Abs. 1 Satz 2 altOR).

31 Das Selbstprüfungsverbot schliesst die **Erbringung von zusätzlichen Dienstleistungen** (neben der Revisionstätigkeit) an die zu prüfende Gesellschaft nur aus, wenn dadurch das Risiko der Überprüfung eigener Arbeiten entstehen würde (Botschaft RAG, 4019). Dabei genügt eine fehlende *independence in appearance:* Von der RS erbrachte zusätzliche Dienstleistungen dürfen auch nicht den Anschein erwecken, dass die Gefahr einer Selbstprüfung besteht (AmtlBull NR, 2005, 81, Votum BR Blocher). Das wichtigste Beispiel wegen Selbstprüfungsgefahr unvereinbarer Dienstleistungen, die Mitwirkung bei der Buchführung, wird im Gesetz ausdrücklich genannt.

b) Mitwirkung bei der Buchführung

Die Mitwirkung in der Buchführung ist *per se* unvereinbar mit der Unabhängigkeit der RS. Zu denken ist z.B. an das Erstellen von Jahresabschlüssen, die Entwicklung und Einführung von Finanzinformationssystemen und die Durchführung einer internen Revision (Botschaft RAG, 4019; vgl. auch BÖCKLI, Revisionsstelle, N 588; eingehend dazu TK-Richtlinie Art. 30 ff.). Eine personelle Trennung bzw. der Aufbau von «Chinese Walls» zwischen den Buchhaltungs- und den Revisionsarbeiten genügt daher dem Gesetz nicht (BÖCKLI, Revisionsstelle, N 589). Auch nach der geltenden TK-Richtlinie darf sich die RS in keiner Weise mehr mit der Buchführung befassen – entgegen der früheren Regelung (vgl. TK-Richtlinie Art. 31 vs. Ziff. 3.3 TK-Richtlinie von 2001). 32

Das Verbot der Buchführung schliesst u.E. die Beratung in Rechnungslegungsfragen auch im Rahmen der Rechnungsprüfung aus (**a.A.** WEY, 336), z.B. wenn die RS im Rahmen der Rechnungsprüfung Unzulänglichkeiten der Buchführung feststellt und das zu prüfende Unternehmen nicht über das nötige Know-how zu deren Behebung verfügt. Die zu prüfende Unternehmung muss sich damit in diesem Falle die zur Behebung nötigen Dienstleistungen von dritter Seite einkaufen. 33

c) Erbringung anderer Dienstleistungen

Andere Dienstleistungen sind hingegen nur ausgeschlossen, wenn dadurch (dem Anschein nach, d.h. objektiv betrachtet) die Gefahr der Selbstprüfung entsteht. Zu denken ist dabei namentlich an die in der Praxis bedeutenden parallele Beratungstätigkeit von Revisionsgesellschaften, aber auch an andere Dienstleistungen irgendwelcher Natur. Dabei ist zu unterscheiden: Einerseits gibt es gewisse Tätigkeiten, die immer die Gefahr der Selbstprüfung mit sich bringen und damit ebenfalls *per se* unzulässig sind; das gilt z.B. für die Bewertung einzelner Bilanzpositionen (vgl. N 35). Bei anderen Dienstleistungen, z.B. Strategie-, M&A-, Rechts- oder Steuerberatung, ist im Einzelfall zu prüfen, ob (tatsächlich oder dem Anschein nach) eine Selbstprüfungsgefahr besteht (N 36 f.). Schliesslich gibt es Dienstleistungen wie z.B. die Durchführung einer Compliance-Prüfung im Datenschutzbereich, die keine Gefahr der Selbstprüfung mit sich bringen und damit generell zulässig sind. 34

Per se unzulässig sind insb. **Bewertungsdienstleistungen,** die als Grundlage für die Bilanzierung dienen, namentlich die Bewertung einzelner Bilanzpositionen wie z.B. Beteiligungen, Guthaben gegen verbundene Gesellschaften oder das Warenlager, da die RS nach einer solchen Bewertung kaum andere (tiefere) Wertansätze verlangen kann. Bei Unternehmensbewertungen im Rahmen von Transaktionen besteht eine solche Gefahr der Selbstprüfung meist nicht, doch kann dies der Fall sein, wenn die RS ihre eigene Bewertung des Targets nachher bspw. bei der Überprüfung des Goodwills in der konsolidierten Rechnung wieder beurteilen muss. Unproblematisch ist hingegen die gesetzlich vorgesehene Prüfung des Gründungs- bzw. Kapitalerhöhungsbericht nach Art. 635a und 652f Abs. 1 bei Sacheinlagen und Sachübernahmen, ebenso wie die Prüfung der Vertretbarkeit des Umtauschverhältnisses in einer Fusion oder Spaltung (Art. 15 Abs. 4 FusG, Art. 40 FusG). 35

Unternehmensberatung, d.h. die Beratung in unternehmerischen, strategischen Angelegenheiten, soll sachlich klar begrenzt sein und nur Varianten anbieten. Die RS darf die Unternehmensstruktur nicht beratend mitgestalten, da sie andernfalls in die organisatorische Geschäftsführung eingreift, was unter allen Umständen den Anschein der fehlenden Unabhängigkeit begründet (BÖCKLI, Revisionsstelle, N 604 f.; Art. 728 Abs. 1 und Art. 731a Abs. 2). Ebenso ist die Unabhängigkeit gefährdet, wenn Mitarbei- 36 ter der RS wichtige Entscheide «vorspuren» oder gar selber fällen (krit. zum formellen Kriterium der TK-Richtlinie, dass die RS nicht selber entscheiden dürfe – was bei Beratung ja oft der Fall ist – HANDSCHIN, SJZ 1994, 346; EGGMANN, 98 f.).

37 Ebenso ist **Steuerberatung** zulässig, sofern kein Anschein eines Selbstüberprüfungsrisikos besteht (Botschaft RAG, 4019; vgl. auch zur Steuerberatung TK-Richtlinie Art. 35). Insofern besteht bei der Mitwirkung in der Erledigung laufender Steuerangelegenheiten, wo eine defensive Haltung eingenommen wird, keine Bedenken. Unzulässig ist hingegen die Beratung in Bezug auf notwendige Steuerrückstellungen (NEUHAUS, 379). Dasselbe gilt für die Beratung bzw. Mitwirkung bei der Erstellung von komplexen internationalen Strukturen zu Zwecken der Steueroptimierung, deren Prüfung der RS obliegt (Botschaft RAG, 4019; vgl. auch WEY, 336; differenzierend zum alten Recht NEUHAUS, 380). Vielmehr ist es die Aufgabe der RS, solche Strukturen als unabhängige Instanz kritisch zu würdigen (BÖCKLI, Revisionsstelle, N 606).

d) Umfang zulässiger anderer Dienstleistungen

38 Die zusätzliche Beratungstätigkeit kann für die Prüfer aufgrund guter Gewinnmargen und geringerer Haftungsrisiken attraktiv sein (BÖCKLI, Revisionsstelle, N 600). Daher kann es unter dem Gesichtspunkt der *wirtschaftlichen Abhängigkeit* (Art. 728 Abs. 2 Ziff. 5) problematisch sein, wenn die in Frage stehenden Honorarsummen für an sich zulässige zusätzliche Dienstleistungen im Verhältnis zum Revisionshonorar ein grösseres Ausmass annehmen. Die RS befindet sich in diesem Fall in einem Interessenkonflikt, der ihre Unabhängigkeit beeinträchtigt. U.E. sollte als Faustregel gelten, dass die Honorare aus der Beratungstätigkeit bei einem Kunden diejenigen aus der Revisionstätigkeit nicht übersteigen dürfen (vgl. WIND, 223; **a.A.** BÖCKLI, Aktienrecht, § 15 N 84). Neu vertritt BÖCKLI die Ansicht, dass die RS durch ihre Beratungsdienstleistungen «eindeutig weniger» verdienen sollte als durch ihre Prüfungstätigkeit (BÖCKLI, Revisionsstelle, N 603; ähnlich ZIHLER, 18), und setzt den maximalen Anteil des Bruttohonorars aus der Beratung gemessen an der Gesamthonorarsumme auf weniger als einen Drittel fest.

39 Aus Sicht der beratenden RS gilt es schliesslich das Problem der Wissenszurechnung zu berücksichtigen: Erfahren die Berater von einem zweifelhaften Sachverhalt, stellt sich die Frage, ob deren Wissen den Revisoren zugerechnet werden muss (vgl. EGGMANN, 100 f.; und DRUEY, ST 1999, 480; generell zur Wissensvertretung BSK OR I-WATTER, Art. 32 N 5 m.w.Hw.); dieses Wissenszurechnung kann aber wohl durch organisatorisch völlig abgetrennte Abteilungen verhindert werden (Vorauﬂ., N 9).

40 Für *Publikumsgesellschaften* ist gemäss der Corporate Governance-Richtlinie des SWX (RLCG) die Summe der in Rechnung gestellten Revisionshonorare sowie die Summe der in Rechnung gestellten Honorare für zusätzliche Dienstleistungen offenzulegen (RLCG 2007, Ziff. 8). Weiter empfiehlt der Swiss Code of Best Practice for Corporate Governance, dass das Audit Committee die Vereinbarkeit der Revisionstätigkeit mit allfälligen Beratungsmandaten prüft (SCBP, Ziff. 25 Abs. 5 Satz 2; vgl. auch BÖCKLI, Revisionsstelle, N 602). Eine vorgängige Genehmigung von parallelen Beratungsdienstleistungen durch das Audit Comittee, wie sie der Sarbanes-Oxley Act vom 30.7.2002 (SOX, 2002, Sec. 202) vorsieht, wird hingegen nicht stipuliert.

5. Wirtschaftliche Abhängigkeit (Ziff. 5)

41 Das Gebot der Unabhängigkeit **unterscheidet den Revisor vom weisungsgebundenen Beauftragten** (BGE 99 Ib 111): Nicht der zahlende Auftraggeber (materiell der VR des

Revisionskunden) oder etwa der Mehrheitsaktionär dürfen bestimmen, was und wie revidiert werden soll; diese Entscheidung muss ausschliesslich dem Revisor zukommen. Faktisch besteht für jeden Revisor jedoch die Gefahr, in ein gewisses Abhängigkeitsverhältnis vom VR zu geraten, nachdem der VR bei der Wahl und Wiederwahl der RS eine Schlüsselposition einnimmt (Art. 699 Abs. 1 i.V.m. Art. 700 Abs. 2 und Art. 730) und die Rechnung der RS visiert (grundsätzlich hierzu DRUEY, SZW 2007, 441; DERS., ST 1995, 705); diese Gefahr ist umso grösser, je wichtiger der Kunde für die RS wirtschaftlich ist. Gemäss Art. 728 Abs. 2 Ziff. 5 ist deshalb die Übernahme eines Mandates, der zur wirtschaftlichen Abhängigkeit der RS von der zu prüfenden Gesellschaft führt, mit dem Unabhängigkeitsgebot nicht vereinbar. Besteht eine wirtschaftliche Abhängigkeit von der zu prüfenden Gesellschaft (oder von Gesellschaften und Personen, die mit dieser verbunden sind), wird die RS dadurch in der Freiheit ihres Prüfungsurteils beeinträchtigt, da sie bei negativen Wertungen mit einem Entzug ihres Mandats rechnen muss (Botschaft RAG, 4019).

Zu einer wirtschaftlichen Abhängigkeit können nicht nur Prüfungsdienstleistungen führen, sondern auch zusätzliche gem. Ziff. 4 an sich erlaubte Aufträge. Die von einem Kunden erteilten Aufträge sind deshalb gesamthaft zu betrachten. Wann eine wirtschaftliche Abhängigkeit anzunehmen ist, sagt Ziff. 5 nicht. Für RS von **Publikumsgesellschaften** bestimmt Art. 11 Abs. 1 lit. a RAG, dass die jährlichen Honorare aus Revisions- und anderen Dienstleistungen für eine einzelne Gesellschaft und die mit ihr unter einheitlicher Leitung stehenden Gesellschaften 10 % der gesamten Honorarsumme der RS nicht übersteigen darf. Für **Banken** bestimmt Art. 36 Abs. 4 BankG, dass die aus den Aufträgen einer Bank und der mit ihr verbundenen Unternehmungen unter normalen Verhältnissen zu erwartenden jährlichen Honorareinnahmen nicht mehr als 10 % der gesamten jährlichen Honorareinnahmen der RS ausmachen dürfen; die Bankenkommission kann jedoch Ausnahmen bewilligen. Gemäss den von der **Treuhand-Kammer** erlassenen Richtlinien zur Unabhängigkeit kann Anlass für Besorgnis über die Unabhängigkeit bestehen, wenn der Honoraranteil eines Kunden (alle Unternehmen, welche zum Konsolidierungskreis gehören) aus Revision und Beratung, gemessen an den gesamten durchschnittlichen Honorareinnahmen des Revisionsunternehmens der letzten fünf Jahre, 10 % übersteigt (vgl. TK-Richtlinie Teil IX B 3; vgl. bereits Ziff. 4.2 TK-Richtlinie 2001; krit. – u.a. da den Konzentrationsprozess fördernd – WIND, 222; grosszügiger das deutsche Recht mit einer 30 % Grenze, vgl. § 319 Abs. 3 Ziff. 5 HGB). Im Allgemeinen besteht gemäss der Rechtsprechung des Bundesgerichts hingegen rechtlich **keine starre 10 %-Limite,** sondern es ist von Fall zu Fall zu prüfen, ob die Höhe des Anteils der Honorareinnahmen aus einem Mandat die Unabhängigkeit der RS beeinträchtigt (BGE 131 III 44). Jedenfalls dürfte die RS bei einem Honoraranteil von über 20 % an den Gesamteinnahmen so gut wie immer in ihrer Freiheit bezüglich des Prüfungsurteils beeinträchtigt sein (BÖCKLI, Revisionsstelle, N 591).

Bei globalen Mandaten, welche eine Schweizer Revisionsgesellschaft zusammen mit verbundenen ausländischen Revisionsgesellschaften ausübt, können die Honorareinnahmen der ausländischen Revisionsgesellschaften der schweizerischen nicht einfach zugerechnet werden. Vielmehr ist separat zu ermitteln, ob auf globaler Ebene eine mit Ziff. 5 unvereinbare wirtschaftliche Abhängigkeit entsteht.

6. Fehlende Marktkonformität und Erfolgsabhängigkeit des Honorars (Ziff. 6)

Das Erfordernis der Unabhängigkeit ist nicht erfüllt beim Abschluss eines Vertrages zu nicht marktkonformen Bedingungen oder eines Vertrages, der ein Interesse der RS am

Prüfergebnis begründet (Art. 728 Abs. 2 Ziff. 6). Die Art der Vereinbarungen der RS mit dem Prüfkunden darf damit nicht so ausgestaltet sein, dass sie das Prüfurteil beeinträchtigen könnte.

45 Die RS darf Verträge mit der zu prüfenden Gesellschaft nur zu **marktkonformen Konditionen** abschliessen, d.h. nur Verträge eingehen, die keine der Parteien begünstigen (**a.M.** DRUEY, SWZ 2007, 443, der anscheinend nur den Prüfer begünstigende Vereinbarungen erfasst sehen will). Gemeint sind damit alle Arten von Verträgen in den gegenseitigen Geschäftsbeziehungen der RS mit der zu prüfenden Gesellschaft; nicht nur beim eigentlichen Prüfungsmandat sind marktkonforme Konditionen zu vereinbaren, sondern auch bei anderen Dienstleistungen (soweit mit Ziff. 4 vereinbar) der RS und bei irgendwelchen Verträgen mit der zu prüfenden Gesellschaft. Auch die zu prüfende Gesellschaft darf damit der RS ihre Waren und Dienstleistungen nur zu marktkonformen Konditionen verkaufen. Bei der Prüfung der Marktkonformität ist freilich zu beachten, dass übliche Rabatte zulässig sind; «Corporate Rates» oder «Flottenrabatte», die allgemein grösseren Firmen und deren Mitarbeitern gewährt werden, sind deshalb nicht ausgeschlossen.

46 Einerseits soll die RS aus Verträgen mit der zu prüfenden Gesellschaft **nicht begünstigt** werden, insb. nicht eine zu hohe Vergütung für das Revisionsmandat beziehen. Damit soll verhindert werden, dass der Revisor einen Revisionskunden bevorzugt und dadurch in seiner Objektivität beeinträchtigt wird. Es wäre deshalb unzulässig, wenn ein Revisionskunde die Bezahlung doppelter Honoraransätze verspricht, um sich die besondere Loyalität des Revisors zu sichern, oder der RS oder ihren Mitarbeitern Waren oder Dienstleistungen zu nicht marktkonformen Vorzugskonditionen verkauft (vgl. dazu auch Abs. 2 Ziff. 7, N 51 f.).

47 Andererseits darf die RS durch ein zu niedriges Honorar oder die Erbringung von Nebenleistungen ohne marktkonformes Entgelt **nicht benachteiligt** werden, damit sie nicht verleitet wird, ihre Arbeit wegen ungenügender Rentabilität oder nicht gedeckter Kosten unsorgfältig zu machen (BÖCKLI, Revisionsstelle, N 592; vgl. auch TK-Richtlinie Teil X Art. 41 ff.). Unzulässig ist demnach sowohl die Gewährung ungewöhnlicher Rabatte oder Kickbacks an Dritte, als auch die Erbringung von Nebenleistungen ohne marktkonformes Entgelt, z.B. Ausbildung der Mitarbeiter der zu prüfenden Gesellschaft oder zinsgünstige Darlehen, soweit überhaupt mit Ziff. 2 vereinbar (Botschaft RAG, 4019). Die jüngste Praxis des HGer ZH, welche die paulianische Anfechtung von Revisionsstellenhonoraren zulässt, steht damit im Widerspruch zu Art. 728 Abs. 2 Ziff. 6 – ein Revisor, der eine sanierungsbedürftige Gesellschaft prüfen muss, riskiert nach dieser Rechtsprechung den Verlust seines Honorars und gerät damit in eine Abhängigkeit, welche diese Bestimmung verhindern will (ZR 2005, Nr. 78 299 ff.).

48 Da sich der Aufwand einer Revision im Voraus naturgemäss kaum abschätzen lässt, ist auch die Vereinbarung eines **Fixhonorars** oder eines bestimmten Zeitaufwands für die Revision unzulässig (vgl. 42 Abs. 2 BankV), da sie zu einer Begünstigung (N 46) oder Benachteiligung (N 47) der RS führen kann. Dasselbe gilt für die Vereinbarung eines Maximalbetrages («Cap») für das Revisionshonorar.

49 Weiter liegt ein Verstoss gegen das Unabhängigkeitsgebot vor, wenn die RS einen Vertrag abschliesst, der ein **Interesse der RS am Ergebnis** ihrer Prüfung begründet. Damit soll jeder Interessenkonflikt des Revisors zwischen finanziellen Interessen und der Qualität seiner Prüfungsarbeit verhindert werden (BÖCKLI, Revisionsstelle, N 592). Anwendungsfälle sind insb. die Vereinbarung eines erfolgsabhängigen Honorars oder die Zusicherung einer Funktion in der zu prüfenden Gesellschaft (Botschaft RAG, 4019).

Noch weiter geht die **TK-Richtlinie,** die auch gemeinsame wesentliche kommerzielle 50
oder finanzielle Interessen wie bspw. die Beteiligung an Joint Ventures, gemeinsame Investitionen in Immobilien, gemeinsame Marktauftritte oder andere vergleichbare Aktivitäten mit der zu prüfenden Gesellschaft untersagt (vgl. TK-Richtlinie Teil IV C).

7. Annahme von wertvollen Geschenken und besonderen Vorteilen (Ziff. 7)

Mit der Unabhängigkeit unvereinbar ist gem. Art. 728 Abs. 2 Ziff. 7 die Annahme von 51
wertvollen Geschenken oder von besonderen Vorteilen. Wann ein Geschenk als «wertvoll» gilt, ist nicht eindeutig geklärt. In der parlamentarischen Beratung führte diese Frage zu zahlreichen Wortmeldungen im Nationalrat als Erstrat. Sicherlich wollte der Nationalrat nicht jegliche Geschenke verbieten. Unvereinbar sei aber, was über eine höfliche Geste hinausgehe, z.B. die Bezahlung einer Reise (AmtlBull NR 2005, 79, Votum NR Hochreutener). BR Blocher sprach auch von «unüblichen Geschenken» und wies darauf hin, dass sozial übliche Geschenke niemandem einen besonderen Vorteil verschaffen (AmtlBull NR 2005, 81, Votum BR Blocher). Leutenegger Oberholzer wollte zwischen unzulässigen Geschenken und Gefälligkeiten unterscheiden, die zulässig sein müssen, wenn keine Abhängigkeit daraus resultiert (AmtlBull NR 2005, 81, Votum Leutenegger Oberholzer). Zusammenfassend sind u.E. sozial übliche persönliche Gesten, Gefälligkeiten und Höflichkeitsgeschenke von geringem Wert (vgl. Art. 4a UWG Abs. 2), z.B. ein einfaches gemeinsames Mittagessen ohne teuren Wein, (Botschaft RAG, 4020; BÖCKLI, Revisionsstelle, N 593) zulässig, während unübliche, grössere Geschenke, wie die Bezahlung einer Reise, den Rahmen des Zulässigen sprengen.

Nicht mit der Unabhängigkeit vereinbar ist auch die Annahme anderer **«besonderer** 52
Vorteile». Zu denken ist dabei namentlich an Sach- und Dienstleistungen zu niedrigeren als marktüblichen Konditionen (TK-Richtlinie Art. 46 f.), welche bereits durch Ziff. 6 erfasst sind (vgl. N 44 ff.). Hingegen schliesst dies die Gewährung von Corporate Rates oder Flottenrabatten, wie sie generell an Grosskunden gewährt werden, nicht aus (N 45).

V. Persönlicher Geltungsbereich

Art. 728 Abs. 3, 4 und 5 regeln, **welche Personen die Unabhängigkeitsvoraussetzun-** 53
gen zu erfüllen haben, damit die RS als unabhängig gilt. Dabei wird der Kreis dieser Personen in Abs. 3 enger, in Abs. 4 und 5 weiter gezogen. Damit die RS als unabhängig gilt, müssen die von Abs. 3 erfassten Personen sämtliche Unabhängigkeitsvoraussetzungen von Art. 728 Abs. 1 und 2 erfüllen (N 54 f.). Nicht an der Revision beteiligte Arbeitnehmer müssen hingegen nur Abs. 2 Ziff. 1 (und auch diesen nur teilweise) erfüllen (N 56 f.). Schliesslich haben Personen, die einer der von Abs. 3 erfassten Person nahe stehen, die Unabhängigkeitsvoraussetzungen zu erfüllen (N 58 ff.).

1. Revisoren und Leitungsorgane der RS (Abs. 3)

Gemäss der Generalklausel in Abs. 1 richtet sich das Gebot der Unabhängigkeit formell 54
an die RS. Die Vorschriften über die Unabhängigkeit – verstanden als independence in fact und independence in appearance – finden auf **alle an der Revision beteiligten Personen** Anwendung (Abs. 3 Satz 1; BÖCKLI, Revisionsstelle, N 580). Als an der Revision Beteiligte gelten nicht nur der leitende Prüfer (vgl. dazu auch TK-Richtlinie Art. 8) und die Mitglieder des Prüfungsteams, sondern auch alle übrigen Personen, die Prüfungshandlungen vornehmen oder zu solchen beitragen. Einen derartigen Beitrag

leistet eine Person, die mit Weisungen in den Prüfungsvorgang eingreift oder eingreifen kann, wie bspw. ein Mitglied der Geschäftsleitung (vgl. dazu auch Art. 728 Abs. 5) oder ein Revisor, der die Arbeit seiner Kollegen lediglich überprüft. Einzig relevantes Kriterium ist der *Beitrag zur Revision.* Es ist daher i.d.R. unerheblich, ob die zur Revisionstätigkeit beitragende Person Arbeitnehmer der RS ist oder im Auftragsverhältnis zu dieser steht (z.B. eine externe Immobilienschätzerin, die für eine Fachfrage konsultiert wird; Botschaft RAG, 4020).

55 Sofern die RS eine Personengesellschaft oder eine juristische Person ist, finden die Unabhängigkeitsvorschriften auch auf die Mitglieder des obersten Leitungs- oder Verwaltungsorgans – dazu zählen auch die Mitglieder der Geschäftsleitung – sowie auf andere Personen mit Entscheidfunktion Anwendung (Abs. 3 Satz 2). Diese Vorschrift gilt ebenso für eine RS in der Rechtsform des Vereins oder der Stiftung, soweit in diesem Fall die Revisionstätigkeit nach dem gesetzlich zulässigen Zweck überhaupt statthaft ist (Botschaft RAG, 4020).

2. Nicht an der Revision beteiligte Mitarbeiter (Abs. 4)

56 Abs. 4 weitet sodann einzelne Unabhängigkeitsvoraussetzungen auf nicht an der Revision beteiligte Mitarbeiter aus (nicht aber auf Beauftragte der RS). Diese dürfen in den zu prüfenden Gesellschaften **weder Mitglied des VR** sein noch eine **andere Entscheidfunktion** ausüben. Nicht an der Revision beteiligte Mitarbeiter haben somit nicht sämtliche Unabhängigkeitsvoraussetzungen zu erfüllen, sondern nur die in Abs. 4 genannten zwei Fälle aus Abs. 2 Ziff. 1. Gemäss der Botschaft wurde ein Verbot anderer auftrags- oder arbeitsrechtlicher Verhältnisse als zu weitgehend erachtet (Botschaft RAG, 4020). Ein nicht an der Revision beteiligter Mitarbeiter kann deshalb ein (zweites) Arbeitsverhältnis zu einem Revisionskunden eingehen. Zu denken wäre z.B. an den Fall, dass ein Mitarbeiter bei einem Revisionskunden im Nebenerwerb (und mit dem Einverständnis der Revisionsgesellschaft) gewisse Schulungskurse gibt oder eine sonstige Nebenerwerbstätigkeit verrichtet.

57 «Nicht an der Revision beteiligt» sind nicht nur Mitarbeiter, die überhaupt nicht im Revisionsbereich tätig sind. Es genügt u.E., dass ein an sich im Revisionsbereich tätiger Mitarbeiter für den fraglichen Revisionskunden **keinerlei mit der Revision verbundenen Tätigkeiten ausübt.** Dienstleistungen (soweit mit Ziff. 4 vereinbar), die nicht in Zusammenhang mit der Revision stehen, führen also nicht zur persönlichen Inkompatibilität eines Arbeitsverhältnisses zum Revisionskunden. Falls im Einzelfall der Anschein fehlender Unabhängigkeit entsteht, kann ausnahmsweise auch ein Arbeitsverhältnis eines nicht an der Revision beteiligten Mitarbeiters unzulässig sein.

VI. Nahestehende Personen (Abs. 5)

58 Die Vorschrift in Abs. 5 setzt sich mit den **persönlichen Verbindungen als Zurechnungsgrund** auseinander (zu persönlichen Verbindungen als Unvereinbarkeitstatbestand vgl. N 25 ff.; DRUEY, SZW 2007, 444). Die Unabhängigkeit ist gem. Abs. 5 nicht gegeben, wenn Personen, welche die Unabhängigkeitsvoraussetzungen erfüllen müssen (Abs. 3), ihnen nahe stehende Personen haben, welche ihrerseits die Unabhängigkeitsvoraussetzungen nicht erfüllen. Ein Unvereinbarkeitstatbestand, der bei der nahe stehenden Person erfüllt ist, wird damit dem Revisor so zugerechnet, wie wenn er diesen selber verwirklichen würde (DRUEY, SZW 2007, 444; Botschaft RAG, 4020).

Diese Zurechnung gilt für die RS selbst, die an der Revision beteiligten Personen, Mitglieder des obersten Leitungs- und Verwaltungsorgans sowie für andere Personen mit Entscheidfunktionen, das heisst für die **RS und alle in Abs. 3 genannten Personen.** Keine Zurechnung findet für nicht an der Revision beteiligte Arbeitnehmer (Abs. 4) statt. Damit wäre es z.B. mit der Unabhängigkeit vereinbar, wenn der Lebenspartner eines nicht an der Revision beteiligten Arbeitnehmers der RS (Abs. 4) VR-Mitglied oder CEO eines Revisionskunden ist. Der bundesrätliche Entwurf sah die Zurechnung noch für sämtliche Arbeitnehmer vor (E-Art. 728 Abs. 5), doch beschloss das Parlament wie von der Mehrheit der Kommission beantragt die Einschränkung auf «an der Revision beteiligte Personen» (AmtlBull NR, 2005, 81 f.). 59

Gemäss der Botschaft soll der **Begriff** *der nahe stehenden Person* inhaltlich demjenigen der «engen Beziehung» in Art. 728 Abs. 2 Ziff. 3 entsprechen (Botschaft RAG, 4021; zu Recht krit. DRUEY, SZW 2007, 444). Indessen erfasst der Begriff der nahe stehenden Person neben einzelnen natürlichen Personen auch Kollektive wie insbesondere juristische Personen (DRUEY, SZW 2007, 444). U.E. ist deshalb unter einer nahe stehenden Person eine natürliche oder juristische Person zu verstehen, die in persönlicher, wirtschaftlicher, rechtlicher oder tatsächlicher Hinsicht in einer engen Beziehung zu jemand anderem steht (Art. 663b^{bis} N 32, m.w.Hw.). 60

Die Qualifikation als nahe stehende Person ist jeweils anhand des Einzelfalls vorzunehmen (Art. 663b^{bis} N 32). Als Beurteilungsmassstab dient **die Einschätzung der Umstände durch einen Dritten** auf Grund der allgemeinen Lebenserfahrung. Im Sinne der «independence in appearance» (Abs. 1 Satz 2) ist eine subjektiv empfundene Unabhängigkeit daher nicht von Belang (Botschaft RAG, 4021). 61

Die erforderliche Unabhängigkeit der RS fehlt daher bspw. wenn der Ehemann der Revisorin Mitglied des VR (Art. 728 Abs. 1 lit. 1 i.V.m. Abs. 5) oder der Grossvater des Revisors Aktionär der zu prüfenden Gesellschaft ist (Art. 728 Abs. 1 Ziff. 2 i.V.m. Abs. 5; zu Recht krit. DRUEY, SZW 2007, 444; Botschaft RAG, 4020 f.); u.E. kann das nur gelten, wenn der Grossvater im gleichen Haushalt lebt. Nicht zu berücksichtigen sind hingegen mehrere Stufen von nahestehenden Personen. Wenn bspw. der Ehemann des Revisors nicht selbst VR-Mitglied ist, sondern als Anwalt eine Praxisgemeinschaft mit einem VR-Mitglied betreibt, ist die Unabhängigkeit gemäss dem Buchstaben des Gesetzes nicht *per se* beeinträchtigt. 62

VII. Konzernklausel (Abs. 6)

Abs. 6 legt fest, dass die Unabhängigkeitserfordernisse auch im Konzernverhältnis Geltung beanspruchen. Dies bedeutet einerseits, dass die RS nicht nur zur zu prüfenden Gesellschaft unabhängig sein muss, sondern auch zu den mit der zu prüfenden Gesellschaft unter einheitlicher Leitung stehenden Gesellschaften (vgl. N 65; vgl. auch BGE 123 II 34). Andererseits ist bei der Beurteilung, ob die RS unabhängig ist, nicht nur auf die RS selbst abzustellen, sondern auch auf die Verhältnisse der mit ihr unter einheitlicher Leitung stehenden Gesellschaften (dazu sogleich). 63

Auf Seiten der **RS** gelten die Unabhängigkeitsvoraussetzungen damit nicht nur für die RS, alle an der Revision beteiligten Personen, die Mitglieder der Organe der RS (Abs. 3), deren nahe stehenden Personen (Abs. 5) sowie – in beschränktem Masse – die nicht an der Revision beteiligte Arbeitnehmer der RS (Abs. 4), sondern auch für die mit der RS unter einheitlicher Leitung stehenden Gesellschaften und deren Organe (Abs. 3) 64 und nahestehenden Personen (Abs. 5), sowie – in beschränktem Masse – deren nicht an der Revision beteiligte Arbeitnehmer (Abs. 4).

65 Auf Seiten der **zu prüfenden Gesellschaft** sind die in Abs. 2 genannten Tatbestände nicht nur unvereinbar, wenn sie in Bezug auf die zu prüfende Gesellschaft selbst erfüllt sind, sondern auch, wenn sie in Bezug auf eine mit der zu prüfenden Gesellschaft unter einheitlicher Leitung stehenden Gesellschaft erfüllt ist. Unvereinbar ist z.B. nicht nur eine Mitgliedschaft im VR des Revisionskunden selbst oder ein Arbeitsverhältnis zum Revisionskunden selbst (Ziff. 1), sondern auch eine Mitgliedschaft im VR einer mit der RS unter einheitlicher Leitung stehenden Gesellschaft oder ein Arbeitsverhältnis zu einer solchen. Unvereinbar ist nicht nur eine direkte oder wesentliche indirekte Beteiligung am Revisionskunden selbst (Ziff. 2), sondern auch ein solche Beteiligung an mit der RS unter einheitlicher Leitung stehenden Gesellschaften, etc.

66 Wann eine Gesellschaft unter einheitlicher Leitung steht, definiert das Gesetz nicht. U. E. kann dabei auf die Grundsätze von Art. 663e abgestellt werden. Vgl. dazu Art. 663e N 8 ff.

VIII. Folgen der Verletzung

67 Kann die RS ihre Unabhängigkeit nicht gewährleisten, hat sie auf das Revisionsmandat zu **verzichten.** Die RS muss jedes Jahr bei der Berichterstattung ihre Unabhängigkeit erläutern und bestätigen und hat sie deshalb laufend und insb. vorgängig zur Berichterstattung zu prüfen (Art. 728b Abs. 2 Ziff. 2 sowie Art. 729b Abs. 1 Ziff. 3; vgl. N 13; Art. 728b N 23). Hat die mangelnde Unabhängigkeit zu einem Schaden für die Gesellschaft, die Aktionäre oder die Gläubiger geführt, wird die RS ferner nach Art. 755 **schadenersatzpflichtig.** Die fehlende Unabhängigkeit *per se* wird freilich kaum je zu einem Schaden führen. Hingegen kann die fehlende Unabhängigkeit erklären, weshalb die RS einer ihrer Pflichten nicht nachgekommen ist. In diesem Sinne führt die fehlende Unabhängigkeit zu einer Art Beweislastumkehr, indem die abhängige RS, die einen Fehler in der Rechnung übersehen hat, praktisch darlegen muss, dass auch eine unabhängige RS diesen Fehler bei Anwendung der üblichen Sorgfalt nicht entdeckt hätte (WATTER, 669).

68 Die GV der zu prüfenden Gesellschaft hat das Recht, die RS jederzeit mit sofortiger Wirkung abzuberufen (vgl. Art. 730a Abs. 4 OR); dies auch ohne wichtigen Grund (Art. 730a N 17). Dabei kann jeder Aktionär die **Abberufung** des Revisors beantragen. Darüber hinaus können die Aktionäre, Gläubiger sowie der Handelsregisterführer dem Gericht die erforderlichen Massnahmen beantragen, wenn eine bereits im Handelsregister eingetragene RS sich als nicht unabhängig erweist (vgl. Art. 731b). Zudem **prüft auch der Handelsregisterführer** gem. Art. 61 Abs. 3 HRegV die Unabhängigkeit. Die Handelsregisterbehörden weisen die Eintragung der RS ab, wenn Umstände vorliegen, die den Anschein der Abhängigkeit erwecken (vgl. Art. 61 Abs. 3 HRegV). Eine spätere Prüfung durch den Registerführer ist nicht vorgesehen (MONTAVON, III, 174). Soweit für einen durchschnittlichen Betrachter der Anschein einer ungenügenden Unabhängigkeit besteht, ist die Eintragung der RS ins Handelsregister abzulehnen. Zu berücksichtigen sind dabei sowohl Umstände, die sich aus der eingereichten Anmeldung oder den Belegen ergeben, als auch solche, die den Registerbehörden auf andere Weise bekannt sind (z.B. enge verwandtschaftliche Beziehungen). Die Registerbehörden haben jedoch keine Nachforschungen anzustellen.

3. Abschnitt: Organisation der Aktiengesellschaft Art. 728a

Der (Gesamt-)VR ist schliesslich verpflichtet, der GV eine RS zur Wahl vorzuschlagen, welche die gesetzlichen Anforderungen an die Unabhängigkeit erfüllt; den Aktionären selbst fehlen meist die nötigen Informationen zur Beurteilung der Unabhängigkeit (WATTER, 668). Zudem hat der VR (bzw. bei rechtmässiger Delegation das dafür zuständige Audit Committee) periodisch zu prüfen, dass die Unabhängigkeitsanforderungen erfüllt sind, und einzugreifen, wenn dies während der Mandatsdauer der RS nicht mehr gewährleistet sein sollte (z.B. bei der RS auf die Einsetzung eines anderen leitenden Revisors hinzuwirken; BÖCKLI, Revisionsstelle, N 613). Unterlässt er dies vorsätzlich oder fahrlässig, kann sich auch der **VR ersatzpflichtig** machen (Art. 754; vgl. WATTER, 668). 69

IX. Rechtsvergleichung

Vgl. zur Rechtslage in den USA vorne N 3. 70

Die **EU-Abschlussprüfer-RL** stellt in Art. 22 Mindestanforderungen an die Gesetzgebung der Mitgliedstaaten zur Unabhängigkeit und Unparteilichkeit. In **Deutschland** regelt § 319 HGB in einem ausführlichen Negativ-Katalog die Unabhängigkeit des Abschlussprüfers. 71

Art. 728a

2. Aufgaben der Revisionsstelle
a. Gegenstand und Umfang der Prüfung

¹ **Die Revisionsstelle prüft, ob:**

1. die Jahresrechnung und gegebenenfalls die Konzernrechnung den gesetzlichen Vorschriften, den Statuten und dem gewählten Regelwerk entsprechen;

2. der Antrag des Verwaltungsrats an die Generalversammlung über die Verwendung des Bilanzgewinnes den gesetzlichen Vorschriften und den Statuten entspricht;

3. ein internes Kontrollsystem existiert.

² **Die Revisionsstelle berücksichtigt bei der Durchführung und bei der Festlegung des Umfangs der Prüfung das interne Kontrollsystem.**

³ **Die Geschäftsführung des Verwaltungsrats ist nicht Gegenstand der Prüfung durch die Revisionsstelle.**

2. Attributions de l'organe de révision
a. Objet et étendue du contrôle

¹ L'organe de révision vérifie:

1. si les comptes annuels et, le cas échéant, les comptes de groupe sont conformes aux dispositions légales, aux statuts et au cadre de référence choisi;

2. si la proposition du conseil d'administration à l'assemblée générale concernant l'emploi du bénéfice est conforme aux dispositions légales et aux statuts;

3. s'il existe un système de contrôle interne.

² L'organe de révision tient compte du système de contrôle interne lors de l'exécution du contrôle et de la détermination de son étendue.

³ La manière dont le conseil d'administration dirige la société n'est pas soumise au contrôle de l'organe de révision.

Rolf Watter/Daniel C. Pfiffner

2. Attribuzioni dell'ufficio di revisione
a. Oggetto e portata della verifica

¹ L'ufficio di revisione verifica se:

1. il conto annuale ed eventualmente il conto di gruppo siano conformi alle disposizioni legali, allo statuto e alla normativa tecnica prescelta;

2. la proposta del consiglio d'amministrazione all'assemblea generale sull'impiego dell'utile risultante dal bilancio sia conforme alle disposizioni legali e allo statuto;

3. esista un sistema di controllo interno.

² Nell'eseguire la verifica e nel determinarne la portata l'ufficio di revisione tiene conto del sistema di controllo interno.

³ La gestione del consiglio d'amministrazione non è oggetto della verifica da parte dell'ufficio di revisione.

Literatur

ABOLFATHIAN-HAMMER, Das Verhältnis von Revisionsstelle und Revisor zur Aktiengesellschaft, Diss. Bern 1992; ATTESLANDER/CHEETHAM, Vorschläge der Unternehmen zum IKS, ST 2007, 49 ff.; BAILEY, GAAS Guide – A Comprehensive Restatement of Standards for Auditing, Attestation, Compilation, and Review, New York 2004 (zit. GAAS Guide); BÄTTIG, Die Verantwortlichkeit der Kontrollstelle im Aktienrecht, Diss. St. Gallen 1976; BEHR, Funktion und Grenzen der Rechnungslegung als Instrument der wirtschaftlichen Steuerung, ZSR NF 119 (2000) II 1 ff. (zit. Funktion); DERS., Rechnungslegung, Zürich 2005 (zit. Rechnungslegung); BERTSCHINGER, Arbeitsteilung und aktienrechtliche Verantwortlichkeit, Zürich 1999 (zit. Arbeitsteilung); DERS., Wirtschaftsprüfung und Corporate Governance, ST 74 2000, 705 ff. (zit. Corporate Governance); DERS., Zum Wirkungsgrad der Revisionsstelle in der Corporate Governance, ST 2004, 383 ff. (zit. Wirkungsgrad); DERS., Verantwortlichkeit der Revisionsstelle – Aktuelle Fragen und Perspektiven, ZSR 124 (2005) II 569 ff. (zit. Verantwortlichkeit); BÖCKLI, Neuerungen im Verantwortlichkeitsrecht für die Revisionsstelle (Schriften zum neuen Aktienrecht Bd. 8), Zürich 1994 (zit. Verantwortlichkeitsrecht); DERS., Harte Stellen im Soft Law, ST 2002, 1 ff. (zit. Soft Law); DERS., Die Revisionsstelle im Dilemma: Zurückweisung des Jahresabschlusses oder Aufschub der Rechnungsabnahme?, in: Anne Héritier Lachat/Laurent Hirsch (Hrsg.), De Lege Ferenda, FS für Alain Hirsch, Genf 2004, 193 ff. (zit. Revisionsstelle); DERS., Revisionsstelle und Abschlussprüfung nach neuem Recht (Schriften zum Aktienrecht Bd. 24), Zürich 2007 (zit. Abschlussprüfung); DERS., Zwanzig Knacknüsse im neuen Revisionsrecht, SZW 2008, 117 ff. (zit. Knacknüsse); BÖCKLI/HUGUENIN/DESSEMONTET, Expertenbericht der Arbeitsgruppe «Corporate Governance» zur Teilrevision des Aktienrechts, Zürich/Basel/Genf 2004; BOEMLE, Der Jahresabschluss, 4. Aufl., Zürich 2001; BRUGGMANN, Die Verantwortlichkeit der aktienrechtlichen Revisionsstelle im Strafrecht, Diss. Zürich 1996; BUFF, Compliance, Diss. Zürich 2000; BUMBACHER/SCHWEIZER, Gestiegene Anforderungen an die Interne Revision, ST 2002, 1039 ff.; Committee of Sponsoring Organizations of the Treadway Commission, Internal Control – Integrated Framework, Jersey City, NJ 1994 (zit. COSO, Framework); DEFLIESE/JOHNSON/MACLEOD, Montgomery's Auditing, 9th ed., New York etc. 1975; DELLMANN, Bilanzierung nach neuem Aktienrecht, Rechnungslegung Bd. 1, 3. Aufl., Bern et al. 1996; DESAX, Die Behandlung von Leistungsbeziehungen zu unangemessenen Bedingungen (geldwerte Leistungen und verdeckte Kapitaleinlagen) im Rahmen der risikoorientierten Abschlussprüfung, Diss. St. Gallen 2001; DRUEY, Organ und Organisation – Zur Verantwortlichkeit aus aktienrechtlicher Organschaft, SAG 1981, 77 ff. (zit. Organisation); DERS., Organfreiheit oder zugeschnürte Weste? – Grundlagen und Grundfragen der aktienrechtlichen Verantwortlichkeit, in: Ch.M. Baer (Hrsg.), Aktuelle Fragen zur aktienrechtlichen Verantwortlichkeit, Bern/Stuttgart/Wien 2003, 1 ff. (zit. Organfreiheit); DERS., Die Haftung der Abschlussprüfer – wo liegt das Problem?, in: F. Bohnet/P. Wessner (éd.), Droit des sociétés, mélanges en l'honneur de Roland Ruedin, Bâle/Genève/Munich 2006, 205 ff. (zit. Haftung); DERS., Rechtsstellung und Aufgaben des Abschlussprüfers, in: C. Helbling (Hrsg.), Rechtsgrundlagen und Verantwortlichkeit des Abschlussprüfers, Zürich 1980, 9 ff. (zit. Rechtsstellung); DUBS, Beschlussvoraussetzungen und deren Abgrenzung von anderen Bedingungen für die Rechtswirksamkeit von Aktionärsbeschlüssen, in: E. A. Kramer/P. Nobel/R. Waldburger (Hrsg.), FS für Peter Böckli zum 70. Geburtstag, Zürich/Basel/Genf 2006, 445 ff.; EBKE, Umfang der Prüfungspflichten der Revisionsstelle, ST 1993, 27 ff. (zit. Prüfungspflichten); DERS., Kommentar zu §§ 316–324, 342 und 342a HGB, in: K. Schmidt (Hrsg.), Münchener Kommentar zum Handelsgesetzbuch, Bd. 4, Drittes Buch, Handelsbücher, §§ 238–342a HGB, München 2001; EGGMANN, Die aktienrechtliche

Verantwortlichkeit der Revisionsstelle bei der Abschlussprüfung, Diss. Zürich 1997; FLÜHMANN, Haftung aus Prüfung und Berichterstattung gegenüber Dritten, Diss. St Gallen 2004; FÖRSCHLE, Kommentar zu § 243 HGB (N 1–147) und § 247 HGB (N 641–696), in: H. Ellrott et al. (Hrsg.), Beck'scher Bilanz-Kommentar, Handels- und Steuerbilanz, 6. Aufl., München 2006; FORSTMOSER, Den Letzten beissen die Hunde, Zur Haftung der Revisi-onsstelle aus aktienrechtlicher Verantwortlichkeit, in: J.-B. Ackermann et al. (Hrsg.), Wirtschaft und Strafrecht, FS Niklaus Schmid, Zürich 2001, 483 ff.; FREILING/LÜCK, Interne Überwachung und Jahresabschlussprüfung, zfbf 1986, 996 ff.; GIROUD/DOBER, Buch- und Bilanzprüfung in der Schweiz, 5. Aufl., Zürich 1962; GUGGISBERG, Die Aussagekraft des Bestätigungsberichts der Kontrollstelle, Diss. Zürich 1969; HALLAUER/WATTER, Das neue Transparenzgesetz, ST 2007, 582 ff.; HELBLING, Revisions- und Bilanzierungspraxis, 3. Aufl., Bern/Stuttgart 1992 (zit. Praxis); DERS., Der Anhang – neuer Teil der Jahresrechnung und des Konzernabschlusses, ST 1992, 391 ff.; HIRSCH, L'organe de contrôle dans la société anonyme, Diss. Genf 1965; HOFSTETTER/JEGER, Die ordentliche Revision und das IKS, ST 2006, 355 ff.; HÖMBERG IKS, in: W. Ballwieser et al. (Hrsg.), Handwörterbuch der Rechnungslegung und Prüfung, 3. Aufl., Stuttgart 2002, 1228 ff.; HOMMELHOFF/MATTHEUS, Die Rolle des Abschlussprüfers bei der Corporate Governance, in: P. Hommelhoff/K. J. Hopt/A. v. Werder (Hrsg.), Handbuch Corporate Governance, Köln/Stuttgart 2003, 639 ff.; HONOLD, Zur Dritthaftung der Revisionsstelle, ST 1998, 1069 ff.; HOPT/MERKT, Kommentar zu §§ 316–324 HGB, in: A. Baumbach/K. J. Hopt (Hrsg.), Beck'sche Kurz-Kommentare, Band 9, Handelsgesetzbuch mit GmbH & Co., Handelsklauseln, Bank- und Börsenrecht, Transportrecht (ohne Seerecht), 32. Aufl., München 2006; HORBER, Die Informationsrechte des Aktionärs, Zürich 1995; HUNZIKER, Neuerungen in der Stellung und Verantwortlichkeit der Organe, in: C. Helbling (Hrsg.), Rechtliche und betriebswirtschaftliche Aspekte der Aktienrechtsreform, Zürich 1984, 89 ff. (zit. Neuerungen); DERS., Pflichterfüllung und Pflichtverletzung der Kontrollstelle, in: C. Helbling (Hrsg.), Rechtsgrundlagen und Verantwortlichkeit des Abschlussprüfers, Zürich 1980 (zit. Pflichterfüllung); HÜTTE, Fragen rund um die Haftung der Revisionsstelle aus nicht erkannten Veruntreuungen, SZW 1998, 207 ff.; Interne Kontrolle in der Schweizer Praxis – Eine Studie von KPMG Schweiz in Zusammenarbeit mit dem Institut für Rechnungswesen und Controlling (IRC) der Universität Zürich, Zürich 2005 (zit. KPMG/IRC); KLOTER, Les réserves latentes dans le nouveau droit des sociétés anonymes, ST 1993, 33 ff.; KNABE/MIKA/MÜLLER/RÄTSCH/SCHRUFF, Zur Beurteilung des Fraud-Risikos im Rahmen der Abschlussprüfung, WPg 2004, 1057 ff. (zit. Knabe et al.); KOLLER, Das gesetzliche Grundgerüst, ST 2006, 802 ff.; LANGEVOORT, Internal Controls After Sarbanes-Oxley: Revisiting Corporate Law's ‹Duty of Care as Responsibility for Systems›, Journal of Corporation Law 2006, 949 ff.; LINDER/VON DER CRONE, Die Revisionsstelle in der aktuellen bundesgerichtlichen Rechtsprechung, SZW 2007, 489 ff.; MALACARNE, Internes Kontrollsystem, SZW 2007, 466 ff.; MARBACHER, Risikoorientierte Prüfung – ein Muss, ST 2000, 1179 ff.; MARTEN/QUICK/RUHNKE, Wirtschaftsprüfung, 3. Aufl., Stuttgart 2007; MEYER, Betriebswirtschaftliches Rechnungswesen, 2. Aufl., Zürich 1996; MONTAVON, Droit Suisse de la SA, 3. Aufl., Lausanne 2004; MÖLLER, Prüfung der Existenz eines IKS – Folgen für die Revisionsstelle, ST 81 2007, 253 ff.; MÖLLER/PFAFF, Gesetzliche Verankerung der IKS-Prüfungspflicht, ST 2007, 21 ff. (zit. IKS); DIES., Die Prüfung des IKS bei KMU, ST 2007, 49 ff. (zit. IKS bei KMU); MÖLLER/STEINER, Prüfung der Existenz des IKS gemäss Art. 728a OR, GesKR 2008, 18 ff.; MOSER/EBERLE, Revisionsstelle und Unternehmensführung – Wie wird kommuniziert?, ST 2006, 339 ff.; MOSER/STENZ, Angaben über die Durchführung einer Risikobeurteilung, ST 2007, 591 ff.; MÖSSLE, Abschlussprüfer und Corporate Governance, Diss. Kostanz 2003; NADIG/MARTI/SCHMID, Interne Kontrolle in mittelgrossen Schweizer Unternehmen, ST 2006, 112 ff.; OSER, Arbeitsteilung und Personalunion zwischen Konzernprüfer und lokalem Abschlussprüfer, Diss. Basel 2005; PFAFF/RUUD, Schweizer Leitfaden zum IKS, Zürich 2007; PFIFFNER, Revisionsstelle und Corporate Governance, Diss. Zürich 2008; RUUD/JENAL, Internal Control, ST 2004, ff.; SCHILDBACH, Der handelsrechtliche Jahresabschluss, 6. Aufl., Herne/Berlin 2000; SCHMID, Zur strafrechtlichen Verantwortlichkeit des Revisors, ST 1996, 193 ff.; SCHRUFF, Zur Aufdeckung von Top-Management-Fraud durch den Wirtschaftsprüfer im Rahmen der Jahresabschlussprüfung, WPg 2003, 901 ff.; SIEGEL/SIEGEL, Accounting and Financial Disclosure, St. Paul, MN, 1983; STAEHELIN, Die Aufsicht in der schweizerischen Aktiengesellschaft, ZSR NF 1920, 57a ff.; STENZ, Der neue differenzierte Prüfungsauftrag, ST 2006, 346 ff.; DERS., Führt die neue Revisionsordnung zu einer grösseren Zuverlässigkeit der Revision und Rechnungslegung?, SZW 2007, 480 ff.; STENZ/CSIBI, Was bedeutet die Existenz des IKS gemäss PS 890?, ST 2008, 186 ff.; STENZ/RENFER, Der neue Prüfungsbericht, ST 2007, 8 ff.; THIEL, Bestätigungsbericht des Revisionsstelle zum Jahresabschluss, ST 1992, 315 ff.; DERS., Bestätigungsbericht der Revisionsstelle, AJP 1992, 737 ff.; TREUHANDKAMMER, IKS-Positionspapier der Treuhand-Kammer, ST 80 (2006) 360 ff.; Verband der Industrie-

und Dienstleistungskonzerne in der Schweiz, IKS und Risikobeurteilung: Aufgaben und Kernelemente (Arbeitspapier, 24. Januar 2007; abrufbar unter: <http://www.industrie-holding.ch/uploads/media/07–01–24-SH-Arbeitspapier-IKS.pdf>; zit. SwissHoldings); VISCHER/RAPP, Zur Neugestaltung des schweizerischen Aktienrechts, Bern 1968; VOGT/FISCHER, Neue Haftungsrisiken für die Revisionsstelle aufgrund des neuen Revisionsrechts?, in: R. H. Weber (Hrsg.), Verantwortlichkeit im Unternehmensrecht III, Zürich/Basel/Genf, 111 ff.; VON BÜREN/STOFFEL/WEBER, Grundriss des Aktienrechts, 2. Aufl., Zürich/Basel/Genf 2007; VON DER CRONE/VON PLANTA, Einleitung zu SZW 2007, 419 ff; VON MOOS, Expectation Gap – Phantom oder Wirklichkeit?, ST 1998, 437 ff.; WATTER, Nicht exekutives Mitglied des Verwaltungsrates und Unabhängigkeit der Revisionsstelle, in: R. J. Schweizer et al. (Hrsg.), FS Jean Nicolas Druey, Zürich/Basel/Genf 2002, 659 ff.; WEBER, Prüfungsgegenstand und -umfang beim internen Kontrollsystem, SZW 2007, 472 ff.; WYSS, Das IKS und die Bedeutung des (Legal) Risk Management für VR und Geschäftsleitung im Lichte der Aktienrechtsreform 2007, SZW 2007, 27 ff.; ZÜND, Revisionslehre, Bern 1982 (zit. Revisionslehre); DERS., Ansätze zur Prüfung der Geschäftsführung im Aktienrecht, in: C. Helbling (Hrsg.) Geschäftsführungsprüfung, Zürich 1984, 89 ff. (zit. Ansätze); DERS., «Expectation Gap» – Die Revision im Clinch von Erwartung und Auftrag, ST 1992, 371 ff.

Materialien

Bericht der Expertenkommission Revisionswesen zuhanden der Eidgenössischen Bankenkommission, Dezember 2000 (zit. Expertenkommission Revisionswesen); Eidgenössisches Justiz- und Polizeidepartement EJPD, Begleitbericht zum Vorentwurf zur Revision des Aktien- und Rechnungslegungsrechts im Obligationenrecht vom 2. Dezember 2005 (zit. Begleitbericht VE OR); Expertenkommission «Rechnungslegungsrecht», Begleitbericht zu einem Bundesgesetz über die Rechnungslegung und Revision (RRG) und zu einer Verordnung über die Zulassung von Abschlussprüfern (VZA) vom 29. Juni 1998 (zit. Begleitbericht VE RRG); Obligationenrecht (Aktienrecht und Rechnungslegungsrecht sowie Anpassungen im Recht der Kollektiv- und der Kommanditgesellschaft, im GmbH-Recht, Genossenschafts-, Handelsregister- sowie Firmenrecht), Entwurf vom 21. Dezember 2007 (zit. E OR 2007); Obligationenrecht (GmbH-Recht sowie Anpassungen im Aktien-, Genossenschafts-, Handelsregister- und Firmenrecht), Entwurf vom 23. Juni 2004 (zit. E OR 2004); Schlussbericht der Groupe de réflexion «Gesellschaftsrecht» vom 24. September 1993 (zu beziehen beim Bundesamt für Bauten und Logistik, Art. 407 020.d) (zit. Schlussbericht Groupe de réflexion); Securities and Exchange Commission, Amendments to Rules Regarding Management's Report on Internal Control Over Financial Reporting (Final Rule), Securities Act Release No. 8809 (June 20, 2007), 72 Fed. Reg. 35310 (June 27, 2007); codified in 17 C.F.R. 210, 228, 229 and 240 (zit. SEC, Amendments); Securities and Exchange Commission, Commission Guidance Regarding Management's Report on Internal Control Over Financial Reporting Under Section 13(a) or 15(d) of the Securities Exchange Act of 1934 (Final Rule), Securities Act Release No. 8810 (June 20, 2007), 72 Fed. Reg. 35324 (June 27, 2007); codified in 17 C.F.R. 241 (zit. SEC, Guidance); Securities and Exchange Commission, Management's Report on Internal Control over Financial Reporting and Certification of Disclosure in Exchange Act Periodic Reports (Final Rule), Securities Act Release No. 8392 (June 5, 2003), 68 Fed. Reg. 36636 ff. (June 18, 2003); codified in 17 C.F.R. 210, 228, 229, 240, 249, 270 and 274 (zit. SEC, Release 2003); Stiftung für Fachempfehlungen zur Rechnungslegung (Hrsg.): Swiss GAAP FER – Fachempfehlungen zur Rechnungslegung 2007, Zürich 2007 (zit. Swiss GAAP FER); TREUHAND-KAMMER, Neues Revisionsrecht – Ausgewählte Fragen und Antworten, Zürich 2008 (zit. Neues Revisionsrecht), DIES., Umfassender Bericht der Revisionsstelle an den Verwaltungsrat – Ausgewählte Fragen und Antworten zu Art. 728b OR, Zürich 2008 (zit. Umfassender Bericht).

I. Normzweck und Entstehungsgeschichte

1   Die Formulierung von *Abs. 1* hält den **Gegenstand und Massstab der Prüfung der RS bei der ordentlichen Revision** fest (vgl. u. N 5 ff. und 76 ff.). Es handelt sich dabei um zwingende Mindestvorschriften. Die prüfungspflichtige Gesellschaft kann diese weder statutarisch noch durch GV-Beschluss einschränken (etwas anderes gilt nach der hier vertretenen, aber nicht unumstrittenen Auffassung dann, wenn eine eingeschränkt revisionspflichtige Gesellschaft im Rahmen eines Opting-Up bewusst von den ge-

setzlichen Vorgaben – wie z.B. denjenigen von Art. 728a – abweicht, vgl. dazu Vor Art. 727 und 727a N 28 ff.); möglich ist indessen eine Erweiterung der Prüfung (vgl. Art. 731a Abs. 1). Gegenüber der Umschreibung des Prüfungsgegenstands in Art. 728 Abs. 1 altOR fällt auf, dass das neue Recht die Buchhaltung nicht mehr als Prüfungsobjekt erwähnt (vgl. N 5), dafür aber das IKS als neuer Prüfungsgegenstand dazugekommen ist (vgl. N 35 ff.). Auffällig ist ferner, dass nicht mehr zwischen der RS und dem Konzernprüfer unterschieden wird (vgl. N 28).

In *Abs. 2* äussert sich das Gesetz erstmals zu einem Aspekt des **Prüfungsvorgehens** der RS (vgl. u. N 118 ff.); dessen Regelung wurde bis anhin ganz der Selbstregulierung der Prüfungsbranche überlassen.   2

Schliesslich findet sich in *Abs. 3* der Hinweis, dass die **Geschäftsführung des VR nicht Gegenstand der Prüfung** durch die RS sei; damit soll offenkundig der *Erwartungslücke bei der Abschlussprüfung* entgegengewirkt werden (vgl. u. N 123 ff.).   3

Der geltende Gesetzestext wurde während der Behandlung im Parlament gegenüber dem Vorschlag des BR (BBl 2004, 4120) geändert. Die vorgeschlagenen Ziff. 3 und 5 von Abs. 1 wurden gestrichen, Ziff. 4 umformuliert sowie ein neuer Abs. 2 eingefügt. Vgl. dazu AmtlBull NR 2005, 82 (Session des NR vom 2.3.2005) sowie AmtlBull StR 2005, 626 f. (Session des StR vom 15.6.2005) und AmtlBull StR 2005, 987 f. (Session des StR vom 1.12.2005).   4

II. Prüfungsgegenstand

1. Jahresrechnung (Abs. 1 Ziff. 1)

a) Allgemeines

Die RS wird in Abs. 1 Ziff. 1 ausdrücklich zur Prüfung der **Jahresrechnung** verpflichtet. Im Vergleich zum Recht von 1991 fällt auf, dass das neue Recht die **Buchhaltung** nicht mehr explizit als Prüfungsobjekt bezeichnet. Dass damit eine materielle Abweichung vom Recht von 1991 verbunden wäre, lässt sich jedoch weder der Botschaft noch der Parlamentsdebatte zum neuen Recht entnehmen; im Gegenteil lassen gewisse Stellen in der Botschaft und in den Ratsprotokollen darauf schliessen, dass BR und Parlament die Buchhaltung implizit als Prüfungsobjekt verstanden haben (vgl. Botschaft RAG, 3993, 3996; AmtlBull NR 2005, 68, AmtlBull NR 2005, 75, AmtlBull NR 2005, 83). Das neue Recht verzichtet somit darauf, eine Selbstverständlichkeit im Text festzuhalten (PFIFFNER, N 1870; vgl. auch BÖCKLI, Abschlussprüfung, N 175). Die *Prüfung der Jahresrechnung basiert zwingend auf der Prüfung der Buchhaltung:* Voraussetzung für die Erstellung der Jahresrechnung ist eine lückenlose Aufzeichnung der Geschäftsvorfälle in der Buchhaltung (vgl. Begleitbericht VE RRG 99; Begleitbericht VE OR, 99; Art. 957a Abs. 1 E OR 2007). Die Jahresrechnung ist eine «Abschlussrechnung» (BK-KÄFER, Art. 957 OR N 11), d.h. ein Produkt von Ableitungen und Zusammenfassungen aus der chronologischen und systematischen Aufzeichnung der Geschäftsvorfälle in der Buchhaltung. Sie ist ein Mittel der *Rechnungslegung* und dient als solches der «Rechenschaft über die Wirtschaftsführung von Unternehmungen» (DELLMANN, 1). Die geschäftsführenden Organe geben den «Eigentümern» des Unternehmens, den Aktionären, mittels der Jahresrechnung Rechenschaft über die Verwendung des ihnen anvertrauten Kapitals (vgl. BOEMLE, 36, 66; Begleitbericht VE RRG, 63); gleichzeitig geben sie gegenwärtigen und künftigen Gläubigern Hinweise über die Zahlungsfähigkeit der Gesellschaft (zu den Funktionen der Rechnungslegung vgl. PFIFFNER, N 222 ff.).   5

6 Buchhaltung und Jahresrechnung sind geldgrössenmässige Aufzeichnungen von **Geschäftsvorfällen**. Die Geschäftsvorfälle selber sind nicht Prüfungsgegenstand der RS (vgl. bereits STAEHELIN, 61a), müssen von ihr aber insofern beachtet werden, als sie sich von deren normenkonformen Dokumentation im Rechenwerk zu überzeugen hat (FREILING/LÜCK, 999). Die Abschlussprüfung kann nicht losgelöst von den der Jahresrechnung zugrunde liegenden tatsächlichen Gegebenheiten erfolgen. Die RS trifft eine Pflicht, sich mit der Geschäftstätigkeit und dem wirtschaftlichen und rechtlichen Umfeld der zu prüfenden Gesellschaft vertraut zu machen (vgl. PS 310 «Kenntnisse der Tätigkeit und des Umfelds des Unternehmens»).

b) Bestandteile

7 Zu den **Bestandteilen der Jahresrechnung** gehören nach Art. 662 Abs. 2 OR (ebenso nach Art. 958 Abs. 2 E OR 2007) die Bilanz, die Erfolgsrechnung sowie der Anhang:

8 – Die **Bilanz** (Art. 663a OR; Art. 959 f. E OR 2007) informiert überblicksmässig über die Vermögens- und Schuldverhältnisse eines Unternehmens an einem bestimmten Stichtag; insofern ist sie eine Momentaufnahme der finanziellen Situation der AG (VON BÜREN et al., N 1073). Sie zeigt in groben Zügen die Herkunft des dem Unternehmen zur Verfügung stehenden Kapitals (Passiven) und vermittelt einen Eindruck, wie die Gesellschaft diese finanziellen Mittel investiert hat (Aktiven), vgl. BEHR, Rechnungslegung, 155; MEYER, 27.

9 – Die **Erfolgsrechnung** (Art. 663 OR; Art. 959b E OR 2007) ist im Gegensatz zur Bilanz eine Verlaufsrechnung und mit der Bilanz über das System der doppelten Buchführung eng verbunden. Die Erfolgsrechnung gibt Aufschluss über die Entstehungsquellen des Jahresergebnisses, des Erfolgs oder Misserfolgs des Unternehmens; vgl. BEHR, Rechnungslegung, 197; FÖRSCHLE, § 247 N 641. Konkret orientiert sie einerseits über die Aufwendungen, d.h. den Verbrauch von Gütern und Dienstleistungen in einer Abrechnungsperiode (Wertverzehr); vgl. MEYER, 47; FÖRSCHLE, § 247 N 650. Andererseits informiert die Erfolgsrechnung über die Erträge einer Rechnungslegungsperiode, d.h. über alle bewerteten Vermögensvermehrungen und damit über die Wertentstehung im Unternehmen. Hierzu zählen etwa die Erlöse aus allen selbsterstellten Gütern und erbrachten Leistungen sowie die Erlöse, die aus der Geschäftstätigkeit resultierten; vgl. FÖRSCHLE, § 247 N 653 m.w.H. Die Differenz zwischen Aufwand und Ertrag ergibt entweder einen Jahresgewinn oder Jahresverlust. Aus der Erfolgsrechnung lässt sich ersehen, in welchem Umfang und aus welchen Gründen sich das EK (Reinvermögen) eines Unternehmens innerhalb eines bestimmten Zeitraums verändert hat; vgl. BÖCKLI, § 8 N 150.

10 – Der **Anhang** (Art. 663b ff. OR; Art. 959c und 961a E OR 2007) enthält weitere Informationen zur Verdeutlichung und zur Ergänzung von Bilanz und Erfolgsrechnung (vgl. u. N 14 ff.).

11 Gesellschaften, deren Beteiligungspapiere oder Forderungsrechte **an der SWX kotiert** sind, müssen ihre Rechnungslegung nach einem von der Zulassungsstelle der SWX anerkannten Regelwerk erstellen (vgl. Art. 70 Abs. 1 KR), die *ein den tatsächlichen Verhältnissen entsprechendes Bild der Vermögens-, Finanz- und Ertragslage («true and fair view»)* vermittelt (Art. 66 KR; auch die BX Berne eXchange verlangt von den Gesellschaften, deren Beteiligungs- oder Forderungspapiere bei ihr kotiert sind, eine Rechnungslegung, die ein den tatsächlichen Verhältnissen entsprechendes Bild der Vermögens-, Finanz- und Ertragslage vermittelt, wobei als Rechnungslegungsstandard Swiss GAAP FER oder andere international anerkannte Rechnungslegungsnormen in Frage

kommen; vgl. Art. 17.1 und 17.2 des KR über die Zulassung von Effekten an der BX vom 14.6.2002/28.11.2007). Derzeit anerkennt die Zulassungsstelle *IFRS* und *US GAAP* für im Hauptsegment oder im «EU-kompatiblen» Segment der SWX kotierte Beteiligungsrechte (vgl. RLFB, Rz 10). Gesellschaften, deren Beteiligungsrechte in den Segmenten «SWX Local Caps», «Immobiliengesellschaften» oder «Investmentgesellschaften» kotiert sind, können ihren Jahresabschluss auch nach *Swiss GAAP FER* erstellen (vgl. RLFB, Rz 11). Gesellschaften, die ausschliesslich Forderungsrechte (Anleihen) an der SWX kotiert haben, sind zu einer Rechnungslegung nach Swiss GAAP FER, IFRS oder US GAAP oder – wenn ihr Gesellschaftssitz nicht in der Schweiz liegt – nach einem anderen Regelwerk, das eine «true and fair view» garantiert, verpflichtet (RLFB, Rz 14 f.). Die erwähnten Rechnungslegungsstandards verlangen neben der Bilanz, der Erfolgsrechnung und dem Anhang folgende **weitere Rechnungsausweise:**

– **Geldflussrechnung («cash flow statement»** vgl. Swiss GAAP FER 4; IAS 7; FASB SFAS 95): Die Geldflussrechnung zeigt die Herkunft und Verwendung der Zahlungsströme («cash flows»), geordnet nach Geschäftstätigkeit, Investitions- und Finanzbereich. Aus Investorensicht ist die Geldflussrechnung von grossem Interesse, weil sie «das Potential eines Unternehmens, durch seine Geschäftstätigkeit Geldmittel zu erarbeiten» zum Ausdruck bringt (BEHR, Funktion, 18; ferner DERS., Rechnungslegung, 247 f.), die freien Cash-flows sind heutzutage denn auch meist Basis für die Bewertung eines Unternehmens. Nach dem E für ein neues Rechnungslegungsrecht müssen Gesellschaften, die zu einer ordentlichen Revision verpflichtet sind, von Gesetzes wegen eine Geldflussrechnung erstellen (vgl. Art. 961 Abs. 1 Ziff. 2 und 961b E OR 2007). 12

– Aufstellung der Veränderungen des EK (**Eigenkapitalnachweis;** vgl. Swiss GAAP FER 24 Ziff. 8, 26 ff.; IAS 1, para. 8 lit. c; FASB CON 5.13). Der Eigenkapitalnachweis gibt Aufschluss über die Veränderung des AK sowie der Kapital- und Gewinnreserven. Gemäss IFRS sind darin die folgenden Angaben zu machen: (a) das Periodenergebnis (Jahresgewinn oder Jahresverlust), (b) Ertrags- und Aufwandsposten (und Summe dieser Posten), die direkt im EK erfasst werden, (c) Gesamtertrag und Gesamtaufwand (Summe von [a] und [b]) mit getrenntem Ausweis für Minderheitsanteile und Aktionäre der Muttergesellschaft, sowie (d) für jeden Eigenkapitalbestandteil die Auswirkungen von Änderungen der Bilanzierungs- und Bewertungsmethoden sowie Fehlerberichtigungen (vgl. IAS 1, para. 96). Zudem sind nach IAS 1, para. 97 folgende weiteren Informationen entweder im Eigenkapitalnachweis oder im Anhang offenzulegen: (i) die Beträge der Transaktionen mit Anteilseignern, die in ihrer Eigenschaft als Anteilseigner handeln, wobei die Dividendenausschüttungen an die Anteilseigner gesondert auszuweisen sind, (ii) der Betrag der Gewinnreserven (d.h. einbehaltene Gewinne) zu Beginn der Periode und am Bilanzstichtag und die Bewegungen während der Periode sowie (iii) eine Überleitung der Buchwerte jeder Kategorie des gezeichneten Kapitals und sämtlicher Reserven zu Beginn und am Ende der Periode, die jede Bewegung gesondert angibt. 13

c) Anhang im Besonderen

aa) Allgemeines

Der **Anhang** (Art. 663b ff. OR; Art. 959c und Art. 961a E OR 2007) erfüllt im Wesentlichen drei Funktionen: (i) er informiert über die in der Jahresrechnung angewandten Rechnungslegungsgrundsätze, soweit diese nicht gesetzlich vorgeschrieben sind; (ii) er enthält weitere Informationen zur Verdeutlichung und zur Ergänzung der einzelnen Positionen der Bilanz und Erfolgsrechnung; (iii) er weist vom Gesetz verlangte Angaben 14 aus wie z.B. bedeutende Beteiligungsverhältnisse bei Publikumsgesellschaften (Art. 663 c); vgl. Begleitbericht VE OR, 104; Botschaft Aktien- und Rechnungslegungsrecht, 1708; BEHR, Rechnungslegung, 213. Zu den einzelnen vom Gesetz verlangten Angaben vgl. Art. 663b N 1 ff.; FORSTMOSER/MEIER-HAYOZ/NOBEL, § 51 N 121 ff; BÖCKLI, 8 N 302 ff.; BEHR, Rechnungslegung, 211 ff.

15   Die Prüfung des Anhangs umfasst alle in Art. 663b aufgezählten Punkte, namentlich die Überprüfung, ob die **Eventualverbindlichkeiten** ausgewiesen sind (dazu Helbling, Praxis, 305 ff.), **Aufwertungen** offen gelegt und **Angaben über die Durchführung einer Risikobeurteilung** gemacht werden. Letzterer Berichtspunkt wurde im Rahmen der Revision des Revisionsrechts neu in den Anhang aufgenommen (vgl. N 19 ff.) – ebenso die Pflicht, ggf. die **Gründe** anzugeben, die zum **vorzeitigen Rücktritt der RS** geführt haben. In diesem Fall hat die RS zu prüfen, ob die Rücktrittsgründe ihrer Vorgängerin im Anhang vollständig und korrekt wiedergeben sind. Hierfür muss sie von ihrer Vorgängerin die entsprechenden Informationen in Erfahrung bringen. Diese ist jedoch an das Revisionsgeheimnis gebunden (Art. 730b) und darf ihrer Nachfolgerin deshalb u.U. die Rücktrittsgründe nicht mitteilen. Sie darf aber bestätigen, dass die vom VR im Anhang angegebenen Gründe vollständig und korrekt wiedergegeben sind. Ist dies nicht der Fall und fallen die Rücktrittsgründe unter das Revisionsgeheimnis, kann sie ihrer Nachfolgerin nur mitteilen, die Gründe seien im Anhang unzutreffend oder unvollständig wiedergegeben. Die neue RS muss dann den VR auffordern, die frühere RS von der Geheimhaltungspflicht zu befreien. Geht er nicht darauf ein, liegt eine Beschränkung des Prüfungsumfangs vor, was zu einem *qualifizierten Prüfungsurteil* führt (vgl. Art. 728b N 42). In einem solchen Fall drängt sich zudem die Abgabe einer *Rückweisungsempfehlung* auf mit dem Ziel, den VR zur Korrektur des Anhanges, d.h. zur vollständigen und korrekten Angabe der Rücktrittsgründe, zu bewegen (PFIFFNER, N 2026).

16   Die RS hat auch zu prüfen, ob kotierte Gesellschaften ihre **Beteiligungsverhältnisse** gem. Art. 663c offen legen. Gegenstand der Prüfung sind ferner Angaben, die der VR im Anhang **freiwillig** offenlegt, da diese regelmässig mit den übrigen (gesetzlich verlangten) Angaben in einem Zusammenhang stehen (vgl. BÖCKLI, Abschlussprüfung, N 191 und 440).

17   Enthält der Anhang über einen der in Art. 663b aufgezählten Punkte keine Angabe, weil der betreffende Sachverhalt in concreto nicht vorliegt, braucht die RS keine explizite Negativbestätigung zu verlangen. So ist etwa nach Art. 663b Ziff. 3 OR der **Gesamtbetrag der nichtbilanzierten Leasingverbindlichkeiten** anzugeben (vgl. Art. 663b N 17). Ist die Gesellschaft keine Leasingverbindlichkeiten eingegangen, hat die RS nicht zu verlangen, dass explizit aufgeführt wird, dass keine solchen Leasingverbindlichkeiten bestehen; hingegen hat die RS in einem solchen Fall zu prüfen, ob tatsächlich keine wesentlichen Leasingverbindlichkeiten bestehen.

18   Das Erfordernis, die **Nettoauflösung stiller Reserven** offen zu legen, falls dadurch das Ergebnis der Gesellschaft günstiger dargestellt wird (Art. 663b Ziff. 8; dazu KLOTER, 33 ff.; BEHR, Rechnungslegung, 226 mit Abb. 90; Art. 663b N 26 ff.), verlangt von der Gesellschaft, dass die Bildung und Auflösung stiller Reserven aufgezeichnet werden (Art. 669 Abs. 4; HWP I 256), damit die RS nachprüfen kann, ob der Anhang korrekt ist.

bb) Angaben über die Durchführung einer Risikobeurteilung

19   Der **Gesetzesentwurf des BR** enthielt den *expliziten Hinweis,* dass die RS prüfen müsse, «ob [...] die vom Gesetz verlangten Angaben gemacht werden [...] [und] eine

Risikobeurteilung vorgenommen wurde» (vgl. Art. 728a Abs. 1 Ziff. 3 und 5 E OR 2004). Die ausdrückliche Erwähnung dieser Prüfungspflichten wurde in der parlamentarischen Beratung *gestrichen*. Begründet wurde dies damit, dass die Aussagen zur Risikobeurteilung im **Anhang** angesiedelt seien und der Anhang zusammen mit den anderen Teilen des Jahresabschlusses ohnehin zum Prüfungsgegenstand der RS gehöre (vgl. AmtlBull NR 2005, 82; AmtlBull StR 2005, 626).

Verlangt sind Angaben über den **Prozess der Risikobeurteilung** und dessen **Ergebnis**, 20 d.h. die erkannten wesentlichen Risiken (vgl. VON DER CRONE/VON PLANTA, 421; BÖCKLI, Abschlussprüfung, N 208 [ii]; PFIFFNER, N 1872; **a.M.** CHK-IMARK/LIPP, Art. 663 OR N 38; gemäss TREUHAND-KAMMER, Neues Revisionsrecht, 14, können die Unternehmen frei entscheiden, ob sie neben Angaben zum Risikobeurteilungsprozess auch die Risiken für die Jahresrechnung oder sogar auch strategische und operative Risiken offenlegen wollen). Der Justizminister wies im Parlament unmissverständlich darauf hin, dass «[a]ls Angaben zur Durchführung einer Risikobeurteilung […] ein Sitzungsdatum und die Aussage, man habe über die Risiken gesprochen, natürlich nicht [genügen]; das ist zu wenig. Der Gesetzgeber erwartet eine *inhaltliche Auseinandersetzung mit den Unternehmensrisiken»* (AmtlBull StR 2005, 988 [Hervorhebung hinzugefügt]). Dazu gehören Risiken, die sich infolge «der Branchenzugehörigkeit, der Grösse des Unternehmens, der technologischen Entwicklungen, der Arbeitsmarktverhältnisse, der Formen der Finanzierung und der Liquiditätslage, der Konkurrenzsituation, des Produktemixes, der internen Organisation, der Eigentümerstruktur, der externen Einflüsse von interessierten Dritten (Stakeholder) oder der Umwelt» ergeben können (Botschaft RAG, 4036). «Diese Risiken sind vom VR *im Hinblick auf die Beurteilung der Jahresrechnung darzulegen»* (Botschaft RAG, 4036 [Hervorhebung hinzugefügt]). Die Unternehmensrisiken sind somit nur insoweit zu erörtern, als sie sich wesentlich auf die *Beurteilung der Jahresrechnung* auswirken und nicht bereits durch die anwendbaren Rechnungslegungsregeln adressiert werden (so wird z.B. das Risiko möglicher Debitorenausfälle durch das Wertberichtigungskonto «Delkredere» aufgefangen). Die im Anhang offenzulegenden und daher auch von der RS zu prüfenden (vgl. sogleich N 21 ff.) Risiken für die Beurteilung der Jahresrechnung betreffen daher vor allem Schwachstellen in der Buchführung und im rechnungslegungsrelevanten IKS (inkl. Bereiche, in denen eine erhöhte Gefahr seiner bewussten Umgehung besteht).

In der parlamentarischen Beratung des neuen Revisionsrechts wurde die Meinung vertreten, die **Prüfung** der verwaltungsrätlichen Angaben zur Risikobeurteilung durch die 21 RS sei rein **formeller Natur** und bestehe in einer Feststellung, *ob* im Anhang eine inhaltliche Auseinandersetzung mit den Risiken und deren Beurteilung durch den VR vorhanden ist (vgl. AmtlBull StR 2005, 988; AmtlBull NR 2005, 82; unklar BÖCKLI, Abschlussprüfung, N 210, der zwar von einer formellen Prüfung spricht, jedoch verlangt, dass die RS «die gemachten Angaben auf ihre Richtigkeit zu prüfen hat»).

Zu beachten ist, dass die RS den *Anhang* wie auch die *anderen Bestandteile der Jahres-* 22 *rechnung* grundsätzlich einer *materiellen Prüfung* unterziehen muss (vgl. FORSTMOSER/ MEIER-HAYOZ/NOBEL, § 33 N 20; EGGMANN, 137; BÖCKLI, § 15 N 107 [8]). Aufgrund des Gesetzestextes steht nicht fest, dass die RS die Angaben über die Risikobeurteilung nur auf ihr formelles Vorhandensein zu prüfen hat. Ebensowenig entspräche ein solches Vorgehen der Prüfungspraxis für alle übrigen Angaben im Anhang und in der Jahresrechnung (vgl. auch zum Folgenden PFIFFNER, N 1874).

Die Botschaft zum neuen Revisionsrecht ist in dieser Hinsicht nicht klar (vgl. Botschaft 23 RAG, 4023 und 4036). Allein bei einer **subjektiv-historischen Auslegung** des Gesetzes aufgrund der Ratsprotokolle ergibt sich, dass die RS nur in formeller Hinsicht festzustellen habe, «dass im Anhang eine Auseinandersetzung mit den Risiken vorgenommen worden ist und dass der Verwaltungsrat diese Risiken beurteilt hat» (AmtlBull StR 2005, 988 mit der Feststellung von BR Blocher: «Die Risikobeurteilung ist Aufgabe des Verwaltungsrates. Aus diesem Grund hat sich die RS inhaltlich dazu nicht zu äussern. Das geht aus dem Grundgedanken über die Aufgaben dieser beiden Organe hervor»; an anderer Stelle hat der Justizminister im Zusammenhang mit der *Prüfung von Rückstellungen* durch die RS aber festgehalten, man könne «die RS nicht einfach entlasten», wenn es um notwendige Zukunftsbetrachtungen geht; sie habe zumindest die «Vertretbarkeit» zu prüfen. Auch habe sie «bei Bilanzpositionen zu prüfen, ob die Zukunftsentwicklung des Unternehmens einer möglichen Realität entspricht»; AmtBull StR 2005, 627).

24 In der Tat ist die **Risikobeurteilung** eine **typische Exekutivaufgabe,** die in grösseren Gesellschaften von der GL wahrgenommen und vom VR bzw. (typischerweise) von seinem Audit Committee überwacht wird. Eine umfassende Risikoanlayse geht über Risiken hinaus, die einen direkten Einfluss auf die Jahresrechnung haben und beurteilt auch strategische oder operationelle Risiken. Im Rahmen des in der Praxis etablierten **risikoorientierten Prüfungsansatzes** (vgl. N 120) hat die RS indessen selber eine (auf ihren Aufgabenbereich ausgerichtete) Risikobeurteilung der zu prüfenden Gesellschaft vorzunehmen, ohne freilich in Breite und Tiefe die von den Exekutivorganen verlangte Risikobeurteilung zu wiederholen (vgl. PS 310 Ziff. 3). Es drängt sich auf, dass die *RS die Erkenntnisse aus ihrer eigenen Risikobeurteilung* nicht nur für die Prüfungsplanung verwendet, sondern auch *mit den Angaben des VR über seine Risikobeurteilung vergleicht.* Dies ermöglicht es ihr, seine Angaben auf **Plausibilität und Vollständigkeit** zu überprüfen (PFIFFNER, N 1874; i.E. ähnl. MOSER/STENZ, 598 f.). Eine eingehende materielle Prüfung, ob die Risikobeurteilung des VR in allen Teilen richtig oder falsch ist, ist damit nicht verbunden. In Fällen, in denen die anwendbaren Rechnungslegungsnormen risikoorientierte Angaben in der Jahresrechnung verlangen (z.B. bei der Anwendung von IFRS Angaben zu Risiken im Zusammenhang mit Finanzinstrumenten, bei der Ermittlung von Wertbeeinträchtigungen [Impairments] im AV sowie Angaben zu Risiken bei Rückstellungen; vgl. MOSER/STENZ, 597), muss die RS allerdings eine materielle Vollprüfung der verlangten Angaben durchführen (vgl. VOGT/FISCHER, 132; ATTESLANDER/CHEETHAM, 35 f.).

25 Der **Wert einer rein formellen Prüfung** der Risikoangaben im Anhang ist **fraglich.** Eine solche Prüfung verkäme zu einer blossen *«Tick the box»-Übung* (vgl. BERTSCHINGER, Verantwortlichkeit, 583, der dies allerdings befürwortet). Jeder Bilanzleser kann selber feststellen, ob der VR im Anhang zur Jahresrechnung Angaben zur Risikobeurteilung gemacht hat. Er kann jedoch kaum beurteilen, ob die Informationen im Wesentlichen *plausibel und vollständig* sind. Hier kann die RS einen bedeutenden Beitrag zur Verbesserung der Informationssicherheit der Bilanzleser leisten, indem sie eine **Plausibilitäts- und Vollständigkeitsprüfung** durchführt und ggf. im Revisionsbericht auf wesentliche Unstimmigkeiten und verschwiegene bedeutende Risiken hinweist (PFIFFNER, N 1895).

cc) Zusätzliche Angaben bei Gesellschaften mit kotierten Aktien

26 *Gesellschaften mit börsenkotierten Aktien* müssen im Anhang alle **Vergütungen,** welche an die **Mitglieder des VR, der GL und eines allfälligen Beirates** ausgerichtet wurden, und diesem Personenkreis **gewährte Darlehen** (einschliesslich nicht marktübliche Vergütungen und Darlehen an Personen, welche gegenwärtigen oder früheren Mitgliedern des VR, der GL und eines allfälligen Beirats nahe stehen), sowie alle **Beteili-**

gungen, welche diese Personen an der Gesellschaft halten, offenlegen (vgl. Art. 663b^bis und 663c und dazu eingehend die Komm. zu Art. 663b^bis/663c). Damit unterliegen diese Angaben auch der Prüfung durch die RS. Dies ist keine einfache Aufgabe. Zwar kann die RS durch Einsicht in die Arbeitsverträge und Darlehensvereinbarungen relativ einfach feststellen, ob die darin vereinbarten Vergütungen und Darlehen vollständig und richtig offengelegt sind. Schwieriger ist die Prüfung, ob alle unter die erwähnten Transparenzvorschriften fallenden Personen, namentlich alle nahe stehenden Personen, in der Offenlegung tatsächlich berücksichtigt wurden. Bei der Abklärung dieser Fragen muss es der RS gestattet sein, sich im Wesentlichen auf Informationen zu stützen, die sie vom VR und der GL erhalten hat (vgl. PS 550 Ziff. 7 ff.; Art. 663b^bis N 101).

Hinsichtlich der Richtigkeit der Angaben muss die RS insb. die Höhe der offengelegten Vergütungen, Darlehen und Beteiligungen, den Rechtsgrund für ihre Gewährung und die Person des Empfängers überprüfen (vgl. HALLAUER/WATTER, 588). Auch dabei darf sich die RS auf die von der Gesellschaft zur Verfügung gestellten Unterlagen sowie Aussagen ihrer Vertreter stützen (PS 550 Ziff. 7 ff). Nicht leicht zu verifizieren ist, ob die Anhangsangaben über die von Mitgliedern des VR, der GL und des Beirates (einschliesslich von den diesen nahe stehenden Personen) gehaltenen Beteiligungen sowie Wandel- und Optionsrechten vollständig und richtig sind. Die RS muss sich darauf beschränken festzustellen, ob die Gesellschaft Massnahmen zur zuverlässigen Ermittlung der entsprechenden Daten getroffen hat und ob die Informationen und Unterlagen, die sie von der Gesellschaft erhalten hat, mit den offengelegten Informationen übereinstimmen (Art. 663b^bis N 101; Art. 663c N 56; PFIFFNER, N 1913 f.). 27

2. Konzernrechnung

a) Allgemeines

Bei Gesellschaften, die nach Art. 663e zur Erstellung einer Konzernrechnung verpflichtet sind (vgl. Art. 663e N 2 ff.; BEHR, Rechnungslegung, 218), muss die **RS** (vgl. zur Qualifikation Art. 727 N 27 ff., 30 ff.) **der Obergesellschaft neben dem Einzelabschluss** dieser Gesellschaft **auch die Konzernrechnung prüfen.** Der besondere Konzernprüfer des Rechts von 1991 (Art. 731a altOR) wurde abgeschafft; das neue Revisionsrecht legt die Funktionen von RS und Konzernprüfer zwingend «in eine Hand» (BÖCKLI, Abschlussprüfung, N 104). Dies war in der Praxis bereits unter dem Recht von 1991 der Regelfall. 28

Die *Konsolidierungsregeln sind nicht gesetzlich vorgeschrieben* und müssen von der Gesellschaft bestimmt und im Anhang – neben den Bewertungsregeln – aufgeführt werden (Art. 663g Abs. 2, normalerweise unter Verweis auf einen Rechnungslegungsstandard; nach Art. 963 E OR 2007 muss die Konzernrechnung künftig von Gesetzes wegen «nach einem anerkannten Standard zur Rechnungslegung erstellt werden»). **Prüfungsziel** ist, die Konformität der Konzernrechnung (samt Anhang) mit den gesetzlichen Vorschriften und den statuierten Konsolidierungs- und Bewertungsregeln festzustellen. 29

b) Prüfungsgegenstand

Gegenstand der Prüfung ist die **Konzernrechnung,** bestehend aus Erfolgsrechnung, Bilanz und Anhang (HELBLING, ST 1992, 391) und nicht die Jahresrechnungen der Töchter. Die RS hat allerdings von den **geprüften Abschlüssen der Tochtergesellschaften** auszugehen (und diese i.S. einer «Vorfrage» zu prüfen; vgl. BÖCKLI, Abschlussprüfung, N 435 (i); vgl. ferner PS 600, falls der lokale Prüfer der Tochtergesellschaften nicht mit 30 der RS, welche die Konzernprüfung revidiert, identisch ist); der VR hat der RS diese Abschlüsse im Rahmen seiner Vorlagepflicht (Art. 730b Abs. 1) zu übergeben (so ausdrücklich § 320 Abs. 3 HGB).

31 Die RS hat bei der Prüfung der Konzernrechnung **primär zu kontrollieren,** ob
   - die Konzernrechnung nach den Grundsätzen ordnungsgemässer Rechnungslegung erstellt wurde bzw. – was der Regel entspricht – die Vorschriften eines Regelwerkes vollständig befolgt wurden;
   - die angewendeten Konsolidierungs- und Bewertungsregeln den Grundsätzen ordnungsgemässer Rechnungslegung und den dazu gemachten Angaben im Anhang entsprechen;
   - die Mindestgliederungsvorschriften eingehalten sind;
   - der Anhang zur Konzernrechnung die gesetzlich vorgeschriebenen und ggf. die vom gewählten Regelwerk verlangten Angaben richtig und vollständig enthält (HWP II 327 ff.; BÖCKLI, Abschlussprüfung, N 349).

32 Die **Tätigkeiten der RS bei der Konzernprüfung** sind detailliert aufgeführt in HWP II 285 ff. zu den Prüfungsvorbereitungen; HWP II 315 ff. zum Einbezug der internen RL; HWP II 317 ff. zur Prüfung der Einzelabschlüsse, HWP II 322 ff. zur Prüfung der Einhaltung der Konsolidierungsgrundsätze und HWP II 334 ff. zur Prüfung der Darstellung und Offenlegung.

33 Die RS, die eine Konzernrechnung zu prüfen hat, muss nicht zwingend die Einzelabschlüsse aller Konzerngesellschaften selber prüfen, auch wenn dies anzustreben wäre (vgl. Expertenkommission Revisionswesen, 26). Sie darf sich auf die **Abschlussprüfungen der lokalen Prüfer der Konzerngesellschaften** abstützen, wenn sie sich davon überzeugt hat, dass diese die *drei Determinanten für ein vertrauenswürdiges Prüfungsurteil* (vgl. zu diesen PFIFFNER, N 585 ff.) erfüllen, d.h. befähigt und unabhängig sind und die Abschlussprüfung in den Konzerngesellschaften normenkonform und ordnungsgemäss durchgeführt haben (vgl. OSER, 53 ff., 204 f.).

3. Gewinnverwendungsantrag des Verwaltungsrates

34 Der **aktienrechtliche Kapitalschutz** besteht u.a. darin, dass die AG nicht Beträge ausschütten darf, die das **verwendbare EK** übersteigen. Dieses umfasst nach Art. 675 Abs. 2 zum einen den *Bilanzgewinn,* d.h. die Summe von Jahresgewinn (Art. 663 Abs. 4) und Gewinnvorträgen, und zum anderen die *zur Ausschüttung verwendbaren Reserven,* d.h. die spez. Dividendenreserven und frei verwendbaren Reserven. Gebundene statutarische oder beschlussmässige Reserven können durch einen Beschluss der GV aufgelöst und in freie Reserven überführt werden (vgl. Art. 675 N 22). Der VR hat sich bei seiner Antragstellung über Dividendenausschüttungen am verwendbaren EK zu orientieren und die RS hat dies zu überprüfen; der «Antrag des Verwaltungsrats an die Generalversammlung über die Verwendung des Bilanzgewinnes» gehört deshalb zum Prüfungsgegenstand der RS bei der Abschlussprüfung. Es handelt sich dabei um eine *Besonderheit des schweizerischen Rechts* (vgl. BÖCKLI, Revisionsstelle, 198; PFIFFNER, N 109).

4. Vorhandensein eines internen Kontrollsystems (IKS)

a) Begriff und Funktion

Der *Begriff des IKS (gleichbedeutend: interne Kontrolle, «internal control»)* wurde vom US-amerikanischen **Committee of Sponsoring Organizations of the Treadway Commission (COSO)** geprägt, das im Nachgang zum 1987 veröffentlichten Bericht der National Commission on Fraudulent Financial Reporting (sog. Treadway Commission) gegründet worden war. COSO veröffentlichte im September 1992 die Verlautbarung «**Internal Control – Integrated Framework**», worin das IKS beschrieben und ein Modell für seine Ausgestaltung vorgegeben wird (im Jahre 2006 hat COSO zudem eine Anleitung für das IKS kleinerer Publikumsgesellschaften veröffentlicht). Gemäss COSO versteht man unter einem IKS   35

«a process, effected by an entity's board of directors, management and other personnel, designed to provide reasonable assurance regarding the achievement of objectives in the following categories:

– Effectiveness and efficiency of operations.

– Reliability of financial reporting.

– Compliance with applicable laws and regulations» (COSO, Framework, 13).

Diese Umschreibung zeigt, dass das IKS ein sehr **breites Kontrollspektrum** aufweist, das eine effiziente und effektive Erreichung der Geschäftsziele, eine zuverlässige finanzielle Berichterstattung und die Beachtung von Gesetzen und anderen Vorschriften sicherstellen soll (vgl. COSO, Framework, *passim*). *Das so verstandene IKS reicht weit über die Aspekte hinaus, die direkt mit der Rechnungslegung verbunden sind.* Ferner weist die COSO-Definiton durch das Konzept der «**reasonable assurance**» ausdrücklich darauf hin, dass das IKS *keine absolute Gewissheit der Erreichung der erwähnten Ziele* bieten kann. Der COSO-Report begründet dies einerseits damit, dass gewisse Ereignisse vom Management schlicht nicht kontrolliert werden können (vgl. COSO, Framework, Chapter 3 [«Risk Assessment»] 33 ff.). Andererseits sind allen IKS inhärente Grenzen gesetzt, die darin begründet sind, dass Menschen Fehler begehen, Fehleinschätzungen treffen und Irrtümern unterliegen, aber auch dass sie Kontrollen bewusst umgehen. Schliesslich ist als weiteres limitierendes Element zu beachten, dass die mit den Kontrollen verbundenen Kosten nicht deren Nutzen übersteigen dürfen *(Kosten-Nutzen-Relation;* vgl. PFIFFNER, N 138; ferner COSO, Framework, Chapter 7 [«Limitations of Internal Control»] 79 ff.; vgl. auch PS 400 Ziff. 8 und 14).   36

Das COSO-Framework identifiziert folgende **fünf miteinander in Beziehung stehenden Komponenten,** die das IKS ausmachen *(«internal control components»;* zum Folgenden PFIFFNER, N 140 ff.*):*   37

(i) **Kontrollumfeld («control environment»):** Ein angemessenes Kontrollumfeld bildet die Basis für das IKS. Es resultiert aus der allg. Einstellung, dem Problembewusstsein und dem Verhalten der Exekutivorgane im Hinblick auf das IKS (vgl. COSO, Framwork, 23 ff.; PS 400 Ziff. 8 lit. a).   38

(ii) **Risikobeurteilung («risk assessment»):** Die Risikobeurteilung, d.h. die Identifikation und Abschätzung der für das Geschäft relevanten Risiken, setzt die Formulierung von Zielen und Vorgaben auf den verschiedenen Unternehmensstufen voraus. Erst dann können die relevanten Risiken, welche die Zielerreichung beeinträchtigen könnten, in einem iterativen Prozess identifiziert und analysiert werden (vgl. COSO, Framwork, 33 ff.). Die Risikobeurteilung im Rahmen des IKS liefert   39 dem VR und der GL Unternehmensführung die Grundlage für den Umgang mit den verschiedenen Geschäftsrisiken. Nicht zum IKS gehört dagegen die konkrete Reaktion auf die festgestellten Risiken; dies ist Aufgabe des Risikomanagements (vgl. KPMG/IRC, 45).

40 (iii) **Kontrollen («control activities»):** Die einzelnen Kontrollmassnahmen und -prozesse bilden das Instrumentarium des IKS. Sie sollen sicherstellen, dass die von der GL geforderten Massnahmen zur Risikoerkennung und -beherrschung ergriffen werden. Grundsätzlich lassen sich zwei Arten von Kontrollen unterscheiden: einerseits *organisatorische oder technische Massnahmen,* die in die betrieblichen Abläufe integriert sind (z.B. Funktionstrennung, Autorisierungen), und programmierte Kontrollen (IT-Kontrollen z.B. mit Prüfziffern, Passwörtern etc.) sowie andererseits *manuelle Kontrollen* (z.B. Durchsicht, Abstimmungen, physische Kontrollen etc.) (vgl. COSO, Framwork, 49 ff.; PS 400 Ziff. 8 lit. b).

41 (iv) **Information und Kommunikation («information and communication»):** Es ist ein angemessenes Informations- und Kommunikationssystem über die Geschäftsvorfälle und Bestände einzurichten (insb. auch ein Management Information System [MIS]; vgl. BÖCKLI, Abschlussprüfung, N 248 [iv]), so dass die Unternehmensaktivitäten gesteuert und kontrolliert werden können (vgl. COSO, Framwork, 59 ff.). Im Finanzwesen dient namentlich die Buchführung der Informationsaufbereitung (vgl. HÖMBERG, 1232).

42 (v) **Überwachung («monitoring»):** Das System der internen Kontrolle muss durch andauernde Überwachungsmassnahmen sichergestellt werden, etwa durch spontane Prüfungen der vorgesetzten Stellen und/oder durch eine interne Revision (vgl. COSO, Framwork, 69 ff.).

43 Die **interne Revision** ist nicht mit dem IKS gleichzusetzen. Sie erfüllt eine *unternehmensinterne Überwachungsfunktion durch prozessunabhängige Prüfer,* welche den VR und die Unternehmensleitung von ihren Überwachungspflichten entlasten sollen. Die interne Revision als Element der Überwachung ist insofern ein *Bestandteil des IKS,* als sie damit betraut werden kann, die Angemessenheit und Effizienz der verschiedenen Massnahmen und Prozesse des IKS zu überprüfen und bei Bedarf Verbesserungsmassnahmen zu empfehlen (PFIFFNER, N 145; vgl. auch HWP II 497; BUFF, N 609; BUMBACHER/SCHWEIZER, 1040; BÖCKLI, Abschlussprüfung, N 251; RUUD/JENAL, 1048 f.; EBK-RS 06/6, Rz 69).

44 Das IKS ist ferner vom **Risikomanagement («risk management»)** abzugrenzen, bei welchem es sich um eine *Teilfunktion der operativen Unternehmensführung* handelt (vgl. BUMBACHER/SCHWEIZER, 1039; BÖCKLI, Soft Law, 9). Seine Aufgabe besteht grundsätzlich darin, Chancen und Risiken des Unternehmens zu erfassen und zu beurteilen, die Eintrittswahrscheinlichkeit der Risiken zu schätzen, die verschiedenen strategischen, operationellen, rechtlichen und finanziellen Risiken gem. ihrem Schadenspotential zu quantifizieren und die Risikolandschaft der Gesellschaft systematisch zu beurteilen (vgl. KPMG/IRC [2005] 33 f. mit der empirischen Feststellung, dass im Jahr 2005 nur eine Minderheit der Unternehmen in der Schweiz über ein institutionalisiertes Risk Management verfügte: 26% der Unternehmen mit einem Umsatz von mehr als CHF 160 Mio., 9% der Unternehmen mit einem Umsatz von weniger als CHF 160 Mio.). Die *Risikobeurteilung* als ein Element des Risikomanagement ist auch ein *Bestandteil des IKS* (vgl. N 39); das Risikomanagement hat insgesamt aber einen breiteren Fokus als das Kontrollspektrum des IKS und umfasst auch strategische und operationelle Fragen und deren Steuerung (PFIFFNER, N 146).

b) Einrichtungspflicht

Das *Obligationenrecht* kennt keine Bestimmung, die den VR ausdrücklich verpflichtet, **45** ein IKS zu unterhalten. Demgegenüber sind *Banken* aufgrund Art. 9 Abs. 4 BankV explizit verpflichtet, für ein wirksames IKS sorgen. Ebenso hat jeder Effektenhändler gem. Art. 20 Abs. 1 und 2 BEHV ein wirksames IKS einzurichten und eine von der Geschäftsführung unabhängige Stelle mit der internen Revision zu betrauen. Vgl. ferner für die *Bewilligungsträger gem. KAG* Art. 12 Abs. 3 KKV. Schliesslich müssen *Versicherungsunternehmen* von Gesetzes wegen in Ergänzung zur externen Revision ein wirksames IKS und eine von der Geschäftsführung unabhängige interne Revision (Inspektorat) einrichten; vgl. Art. 27 Abs. 1 VAG.

Aber auch bei nicht der Spezialgesetzgebung unterstehenden Gesellschaften ist der **VR** **46** aufgrund seiner **unübertragbaren und unentziehbaren Oberaufsichtspflicht** (Art. 716 a Abs. 1 Ziff. 5) sowie seiner **Pflicht zur Ausgestaltung der Finanzkontrolle** (Art. 716 a Abs. 1 Ziff. 3) und zur **Festlegung der Organisation** (Art. 716a Abs. 1 Ziff. 2) verpflichtet, ein auf die konkreten Umstände des Unternehmens abgestimmtes IKS einzurichten (PFIFFNER, N 149 f. m.w.H.; vgl. auch Botschaft RAG, 4023; für ein Praxisbeispiel aus der Industrie vgl. MALACARNE, 468 ff.). Im VE zur Revision des Aktien- und Rechnungslegungsrechts wurde die Ausgestaltung des IKS ausdrücklich in den Katalog der unübertragbaren und unentziehbaren Pflichten des VR aufgenommen und der Begriff der «Finanzkontrolle» gestrichen (vgl. Art. 716a Abs. 1 Ziff. 3 VE OR 2005); der bundesrätliche Gesetzesentwurf kehrt nun unverständlicherweise wieder zum Begriff der «Finanzkontrolle» zurück (vgl. Art. 716a Abs. 1 Ziff. 3 E OR 2007).

c) Existenzprüfung

aa) Legislatorische Ausgangslage

Das revidierte Revisionsrecht verankert den Begriff des IKS erstmals im OR, indem das **47** IKS zum **Prüfungsobjekt der RS bei der ordentlichen Revision** erklärt wird (Abs. 1 Ziff. 3).

Der **Gesetzesentwurf des BR** wollte die RS noch verpflichten zu prüfen, ob «ein *funk-* **48** *tionierendes* IKS existiert» (vgl. Art. 728a Abs. 1 Ziff. 4 E OR 2004 [Hervorhebung hinzugefügt]). Dies hätte bedeutet, dass «[d]ie Revisionsstelle prüft, ob der Verwaltungsrat Massnahmen zur Sicherstellung einer ordnungsgemässen Buchführung und Rechnungslegung getroffen hat und ob diese Massnahmen eingehalten werden. Stellt sie fest, dass das IKS Mängel aufweist, so kompensiert sie diese durch eigene Prüfungshandlungen» (Botschaft RAG, 4023). Die RS hätte damit ähnl. wie der Prüfer einer US-amerikanischen Publikumsgesellschaft das IKS auf Mängel und Schwächen überprüfen und darüber berichten müssen (vgl. u. N 135 f.). Die Botschaft RAG, 4023 wollte dies zwar etwas relativieren («[...] an sich keine neue Prüfaufgabe der Revisionsstelle»), doch ging die vom BR vorgeschlagene spezifische Funktionsprüfung klar über die Berücksichtigung des IKS im Rahmen der Abschlussprüfung hinaus (vgl. PFIFFNER, N 1878; BÖCKLI, Abschlussprüfung, N 257; WEBER, 474).

In der **parlamentarischen Beratung** wurden *Bedenken* geäussert, dass die RS im Revi- **49** sionsbericht die Funktionstüchtigkeit des IKS zu bestätigen habe, ohne dass das Gesetz konkrete Regeln zu deren Ausgestaltung vorgibt (vgl. AmtlBull NR 2005, 82; AmtlBull StR 2005, 987). Das Parlament hat den gesetzlichen Prüfungsauftrag entsprechend abgeändert (vgl. PFIFFNER, N 1879 m.w.H.; BÖCKLI, Abschlussprüfung, N 261; WEBER, 475); das neue Recht bestimmt nunmehr, dass «[d]ie Revisionsstelle prüft, *ob [...] ein IKS existiert*» (Abs. 1 Ziff. 3 [Hervorhebung hinzugefügt]). Ferner verpflichtete das Parlament die RS, «bei der Durchführung und bei der Festlegung des Umfangs der Prüfung das *IKS [zu berücksichtigen]*» (Abs. 2 und dazu N 118 ff.).

bb) Gegenstand und Umfang der Prüfung

50 Die **gesetzliche Umschreibung des Prüfungsauftrages** ist **zu knapp** ausgefallen; entsprechend sind *Gegenstand und Umfang der Prüfung* in der Doktrin *umstritten*. Während gewisse Autoren gestützt auf die Gesetzesmaterialien argumentieren, die Prüfung der Existenz eines IKS führe zu *keiner Erweiterung des Pflichtenkreises und der möglichen Verantwortlichkeit der RS* gegenüber der bisherigen Prüfungspraxis und dem Recht von 1991 (vgl. BERTSCHINGER, Verantwortlichkeit, 582 f.; VOGT/FISCHER, 123 ff.; KOLLER, 807: «Sicher ist, dass der Gesetzgeber keine zusätzlichen Kompetenzen der RS begründen, sondern lediglich die heutige Praxis festschreiben wollte»), machen andere Autoren und auch die Vertreter des Berufsstands der Wirtschaftsprüfer ausgehend vom Wortlaut des Gesetzes geltend, die Prüfung des IKS sei nicht nur eine prüfungsunterstützende Massnahme; das IKS sei auch *ein eigenständiger Prüfungsgegenstand* und habe eine *«umfassende Prüfungserweiterung»* zur Folge (vgl. BÖCKLI, Abschlussprüfung, N 272 f.; WEBER, 477; HOFSTETTER/JEGER, 355; TREUHAND-KAMMER, 360 f.; vgl. auch MÖLLER/PFAFF, IKS, 25; DIES., IKS bei KMU, 49).

51 Aufgrund der Gesetzesmaterialien ergibt sich zunächst, dass die RS die *Funktionsfähigkeit des IKS nicht zu prüfen* hat. Das Parlament hat den Gesetzestext entsprechend abgeändert (vgl. o. N 49). Weiter hat der Gesetzgeber die Prüfung des IKS als **separaten Prüfungsauftrag** neben seiner prüfungsunterstützenden Berücksichtigung nicht einfach gestrichen, sondern schwächte diesen auf eine blosse Existenzbestätigung ab; dies v.a. mit der Absicht, bei den betroffenen Unternehmen das Bewusstsein für die Einrichtung eines IKS zu schärfen (vgl. AmtBull StR 2005, 987 f.: «Weil man die Unternehmen daran erinnern wollte, dass sie ein IKS einführen sollten, liess man die Feststellung der Existenz des IKS im Gesetzestext. Das ist der Grund dafür; ich bin dieser Entstehungsgeschichte nachgegangen» [BR Blocher]). Es ist demnach davon auszugehen, dass sich die **RS explizit vom Vorhandensein eines IKS zu überzeugen** hat (PFIFFNER, N 1883).

52 Im Rahmen der **parlamentarischen Beratung** des neuen Revisionsrechts wurde in diesem Zusammenhang unwidersprochen bemerkt, dass man

«dazu neigen [könnte], festzustellen: Ja, wenn schon zu prüfen ist, ob ein Kontrollsystem existiere, dann verstehe es sich wohl von selbst, dass auch zu prüfen sei, ob dieses Kontrollsystem auch ein funktionierendes sei. Dem ist aber nicht so, sondern die Streichung des Wortes ‹funktionierendes› erfolgte aus den Erwägungen, dass es nicht Aufgabe der Kontrollstelle sei, zu prüfen, ob dieses Kontrollsystem auch funktioniere. Allerdings hat der Nationalrat diesen Entscheid mit [Art. 728a Abs. 2 OR] etwas relativiert, indem dort aufgenommen wurde, dass die Revisionsstelle bei der Durchführung und bei der Festlegung des Umfanges der Prüfung auch das IKS zu berücktigen habe. Das ist in einem gewissen Sinne eine Relativierung der Streichung […]» (AmtlBull StR 2005, 626 [StR Inderkum]).

53 Folglich hat die RS i.S. eines **gesonderten, aber beschränkten Prüfauftrages** die Existenz eines IKS zu prüfen.

54 Aus den Gesetzesmaterialien ergibt sich, dass **Gegenstand der Prüfung** nicht das umfassende IKS nach dem COSO-Modell ist (vgl. o. N 35 ff.), sondern allein das **IKS zur Sicherstellung eines zuverlässigen finanziellen Rechnungswesens** (Botschaft RAG,

4023; AmtlBull StR 2005, 988.; das COSO-Modell kann gleichwohl wertvolle Hinweise für die Ausgestaltung des IKS *in diesem Umfang* liefern).

Es stellt sich die Frage, in welchen Fällen die RS von der **Existenz eines IKS** ausgehen darf. Unklar ist, ob die RS noch positiv das Vorhandensein eines IKS bestätigen kann, wenn dieses tatsächlich allein «auf dem Papier» existiert und in der Praxis nicht umgesetzt wird.

Die **Treuhand-Kammer** kommt in ihrem Positionspapier vom März 2006 zum Schluss, dass ein *dokumentiertes, aber in der Praxis nicht «gelebtes» IKS i.S. des Gesetzes nicht existiere* (vgl. TREUHAND-KAMMER, 365). Auch der im Dezember 2007 von der Treuhand-Kammer verabschiedete Prüfungsstandard zur «Prüfung der Existenz des internen Kontrollsystems» (PS 890) betont, dass die RS «[m]it der Durchsicht der Dokumentation der Ausgestaltung des IKS allein [...] keine ausreichende Sicherheit erhalten [kann], ob ein IKS auch wirklich umgesetzt ist»). Die Treuhand-Kammer definiert *allg. inhaltliche Anforderungen an ein IKS,* anhand derer zu prüfen sei, ob ein solches im Unternehmen tatsächlich vorhanden ist (vgl. PS 890 Ziff. A.VII.a). Demnach muss «das IKS vorhanden und überprüfbar (d.h. dokumentiert) [sein]» (PS 890 Ziff. A.VII.a., 1. Lemma; nach PS 890 B.47 [2. Lemma] soll die RS ein verneinendes Prüfungsurteil abgeben, wenn «in allen wesentlichen Bereichen keine schriftliche Dokumentation des IKS besteht»). Weiter müsse das IKS den Mitarbeitern bekannt sein und von diesen angewendet werden; es müsse auch ein Kontrollbewusstsein im Unternehmen bestehen. Schliesslich habe das IKS an die jeweiligen Geschäftsrisiken und den Umfang der Geschäftstätigkeit angepasst zu sein (vgl. TREUHAND-KAMMER, 365; PS 890 Ziff. A.VII.a; ähnl., aber relativierend WYSS [2007] 39). Wurzelstichproben und Einhalteprüfungen (einschliesslich der stichprobenweisen Prüfung von Einzelfällen) vorzunehmen (vgl. TREUHAND-KAMMER, 364 [Abb. 4]; E PS IKS, Ziff. 13i.f., 19, 32).

Ein derartiges Kontrollsystem ist aber nicht nur *existent,* sondern scheint grundsätzlich auch funktionsfähig zu sein (vgl. PFIFFNER, N 1887 f. m.w.H.). Nach dem Verständnis der Treuhand-Kammer ist demnach nur ein *funktionsfähiges IKS* i.S.v. Abs. 1 Ziff. 3 vorhanden; entsprechend müsse die RS Wurzelstichproben und Einhalteprüfungen (einschliesslich der stichprobenweisen Prüfung von Einzelfällen) vorzunehmen (vgl. TREUHAND-KAMMER, 364 [Abb. 4]; E PS IKS, Ziff. 13i.f., 19, 32). Dies **widerspricht** aber der Intention des Gesetzgebers, ansonsten er die Prüfung der Funktionsfähigkeit des IKS nicht aus dem Gesetz gestrichen hätte (vgl. o. N 49).

Zu beachten ist in diesem Zusammenhang auch die klare **gesetzgeberische Absicht,** dass die **Verantwortung für die Einrichtung und Ausgestaltung des IKS dem VR obliegt** (Botschaft RAG, 4023, AmtlBull StR 2005, 987; vgl. auch o. N 46). Dies bedeutet, dass *er* – und nicht die RS – zu bestimmen hat, welche Massnahmen und Prozesse im Unternehmen vorhanden sein müssen, um eine zuverlässige Finanzberichterstattung sicherzustellen (vgl. AmtlBull StR 2005, 987). Die RS hat die gesetzliche Verantwortung des VR und seinen damit verbundenen Ermessensspielraum zu respektieren. Dies gilt umso mehr, als BR und Parlament ausdrücklich darauf verzichteten, inhaltliche Vorgaben zum IKS zu machen, sondern dem VR die Ausgestaltung überlassen haben (vgl. AmtlBull StR 2005, 988; PFIFFNER, N 1888).

Unbestritten ist, dass die RS die **Dokumentation über das IKS überprüfen** muss und dabei festzustellen hat, ob die einzelnen Massnahmen und Prozesse zur Sicherstellung einer zuverlässigen Finanzberichterstattung klar vorgegeben sowie mit Blick auf die Grösse und Komplexität des Unternehmens angemessen sind (vgl. BÖCKLI, Abschlussprüfung, N 281 f., TREUHAND-KAMMER, 361; WYSS, 38; WEBER, 478; NADIG/

MARTI/SCHMID, 115; ATTESLANDER/CHEETHAM, 32 f.; SwissHoldings, 5). Dagegen ist umstritten, ob sich die Existenzprüfung der RS auch darauf zu erstrecken hat, ob das dokumentierte **IKS umgesetzt und angewendet** wird, das **IKS den Mitarbeitern bekannt** ist und ein **Kontrollbewusstsein** im Unternehmen existiert. Eine solche Abklärung wird namentlich von der Treuhand-Kammer und Vertretern des Berufsstands der Wirtschaftsprüfer befürwortet, die sich auch für die Durchführung von Wurzelstichproben und Einhalteprüfungen im Rahmen der Existenzprüfung aussprechen (vgl. TREUHAND-KAMMER, 364 [Abb. 4]; PS 890 Ziff. A.VI.1, B.18; HOFSTETTER/JEGER, 358 f.; STENZ/CSIBI, 188; ferner auch MÖLLER/PFAFF, IKS, 24 f.). Die Abklärung der erwähnten Punkte läuft offensichtlich auf eine *Funktionsprüfung des IKS* hinaus; diese wurde aber vom Gesetzgeber klar abgelehnt (vgl. o. N 49 und 57; vgl. auch BÖCKLI, Knacknüsse, 124, der in diesem Zusammenhang vor einer «Prüfung der Geschäftsführung, die vom Gesetz ausdrücklich ausgeschlossen ist», warnt). Nach dem Willen des Gesetzgebers hat die RS im Rahmen der Existenzprüfung primär die Dokumentation zu prüfen und weder Wurzelstichproben noch Einhalteprüfungen noch Prüfungshandlungen zur Untersuchung des Kontrollbewusstseins im Unternehmen vorzunehmen (PFIFFNER, N 1889; gl.M. ATTESLANDER/CHEETHAM, 34; SwissHoldings, 5; BÖCKLI, Abschlussprüfung, N 289; DERS., Knacknüsse, 124; WEBER, 479; **a.M.** TREUHAND-KAMMER, 364 [Abb. 4], 365 f.; PS 890 Ziff. B.12, B.29;HOFSTETTER/JEGER, 358 f.; STENZ, 485; STENZ/CSIBI, 188; MÖLLER/PFAFF, IKS, 24 f.; MÖLLER/STEINER, 28 f.). Auch ein Aufspüren von erheblichen Mängeln («significant deficiencies») oder wesentlichen Schwächen («material weaknesses») im IKS ist im schweizerischen Recht nicht vorgesehen (anders ist die Rechtslage in den Vereinigten Staaten; vgl. u. N 135). Immerhin wird man aber von der RS verlangen müssen, dass sie bei der Durchsicht der IKS-Dokumentation auf ihre Erkenntnisse aus der prüfungsunterstützenden Berücksichtigung des IKS (vgl. u. N 118 ff.) zurückgreift, um sich ein Bild davon zu machen, dass das IKS nicht nur auf dem Papier existiert (gl.M. BÖCKLI, Abschlussprüfung, N 286; DERS., Knacknüsse, 124; PFIFFNER, N 1890; vgl. auch VON DER CRONE/VON PLANTA, 420 f.: «Ein dokumentiertes IKS, das niemand kennt, ist kein IKS»).

5. Abgrenzungsfragen

a) Rechnungswesen

60   Buchführung und Jahresrechnung sind Bestandteile des **Rechnungswesens**. Dieses setzt sich aus allen denkbaren monetären Zählungen, Messungen und Rechnungen zusammen, die in einem Unternehmen durchgeführt werden können, und umfasst auch die hierfür notwendigen Einrichtungen (vgl. MEYER, 17; BEHR, Rechnungslegung, 44). In diesem weiteren Sinn umfasst es als **Oberbegriff** (i) das *finanzielle Rechnungswesen* («*financial accounting*»), bestehend aus der (Finanz-)Buchhaltung und der Jahresrechnung, (ii) das *betriebliche Rechnungswesen* («*management accounting*») mit Kostenrechnung (Betriebsrechnung) und Planungsrechnung (Budgetierung) sowie (iii) die *Betriebs- und Unternehmensanalyse* (vgl. BOEMLE, 35 ff.; ferner FORSTMOSER/MEIER-HAYOZ/NOBEL, § 30 N 41).

61   **Gesetzliches Prüfungsobjekt der RS** ist grundsätzlich allein das **finanzielle Rechnungswesen,** das auch *externes Rechnungswesen* genannt wird (vgl. BUSSE VON COLBE [Hrsg.], Lexikon des Rechnungswesens, 3. Aufl., München 1994, 523). Die RS soll aber die *ausserbuchhalterischen Gebiete des Rechnungswesens* (d.h. das betriebliche Rechnungswesen und die Betriebs-/Unternehmensanalyse) im Rahmen ihrer Prüfung zumindest insoweit zur Kenntnis nehmen, als dies für ein besseres Verständnis der in-

ternen Organisation und damit des IKS der zu prüfenden Gesellschaft erforderlich ist (vgl. bereits GIROUD/DOBER, 116). Soweit das finanzielle Rechnungswesen auf Daten des betrieblichen Rechnungswesens zurückgreift, kommt sie ohnehin nicht umhin, das interne Rechnungswesen insoweit in die Prüfung miteinzubeziehen. Dies gilt insb. für die Kostenrechnung, soweit sie Grundlage für die Bewertung einzelner Bilanzposten bildet (vgl. PFIFFNER, N 115 f.; HOPT/MERKT, § 317 N 2).

b) Jahresbericht

aa) Begriff und Inhalt

Der Jahresbericht (in der Terminologie des europäischen Rechts «Lagebericht»; vgl. N 126; ebenso Art. 961 Ziff. 3 und Art. 961c E OR 2007) ist ein **Bestandteil des Geschäftsberichts** und gehört wie die Jahresrechnung zur **Rechnungslegung** (vgl. BOEMLE, 541). Seine Aufgabe besteht darin, zusammen mit den übrigen Bestandteilen der Rechnungslegung den Berichtsempfängern eine möglichst zuverlässige Beurteilung der Vermögens-, Ertrags- und Finanzlage der Gesellschaft zu ermöglichen (vgl. Art. 662 a Abs. 1; FORSTMOSER/MEIER-HAYOZ/NOBEL, § 51 N 264; BÖCKLI, 8 N 403). Auch gelten für seine inhaltliche Ausgestaltung sinngemäss die Qualitätsanforderungen an die Rechnungslegung, wie sie in den Grundsätzen ordnungsmässiger Rechnungslegung zum Ausdruck kommen. 62

Der Jahresbericht steht als ein in Worte gefasstes *Erläuterungsdokument* zur Jahresrechnung (so noch Art. 724 i.f. OR 1936) ähnl. wie der Anhang ganz im Dienste der **Informationsfunktion der Rechnungslegung.** Dennoch ist er nicht auf die verbale Verdeutlichung der grundsätzlich vergangenheitsorientierten Rechenwerke von Bilanz und Erfolgsrechnung beschränkt, sondern geht darüber hinaus. Im Jahresbericht kann daher die wirtschaftliche und finanzielle Situation der Gesellschaft auch ohne Bezugnahme auf Bilanz und Erfolgsrechnung und ohne starre normative Vorgaben dargestellt werden, was Chancen und Risiken mit sich bringt (vgl. SCHILDBACH, 384). Wünschbar ist, dass sich der Jahresbericht auch zu den für das Unternehmen wesentlichen Zukunftsperspektiven äussert (PFIFFNER, N 122; GUHL-DRUEY, § 68 N 9). 63

Von Gesetzes wegen hat der Jahresbericht zumindest **Informationen zu folgenden drei Themenbereichen** zu enthalten (vgl. Art. 663d Abs. 1 und zum Folgenden PFIFFNER, N 124 ff.): 64

– **Geschäftsverlauf:** Die Schilderung des Geschäftsverlaufs erfordert Angaben zur Geschäftsentwicklung und den dafür ursächlichen Faktoren (vgl. BÖCKLI, § 8 N 404). 65

– **Wirtschaftliche Lage der Gesellschaft:** Unter diesem Titel ist auf «die konkrete Unternehmensleistung, auf die Stellung im Markt, die Schwächen oder Stärken der für den künftigen Erfolg entscheidenden Positionen, und auf das Personal» einzugehen (BÖCKLI, § 8 N 405 unter Hinweis auf die Arbeitsgruppe von Greyerz [1978– 1982]). Wünschbar sind unter diesem Titel auch Einschätzungen zur zukünftigen Entwicklung der Gesellschaft und ihren Zukunftschancen (vgl. FORSTMOSER/MEIER-HAYOZ/NOBEL, § 51 N 259; GUHL-DRUEY, § 68 N 9; DELLMANN, 265 weist darauf hin, dass die wirtschaftliche Lage von den Zukunftserwartungen abhänge, welche die Geschäftsführung mit der Situation der Gesellschaft verbinden, weshalb zukunftsorientierte Aussagen gemacht werden müssen). 66

– **Finanzielle Lage der Gesellschaft:** Dieser Informationspunkt ist besonders bedeutsam, weil die Jahresrechnung in der gesetzlich vorgeschriebenen Mindestform die Vermögens- und Kapitalstruktur darstellt, jedoch keine verlässlichen Aufschlüsse lie- 67 fert, ob die Gesellschaft in der Lage ist, ihre künftigen finanziellen Verpflichtungen zeitgerecht zu erfüllen (vgl. BOEMLE, 539). Diese Informationslücke muss vom Jahresbericht geschlossen werden, der insofern eine *Informationsergänzungsfunktion* übernimmt. Um diese Funktion erfüllen zu können, hat der Jahresbericht v.a. die «Entwicklung der Liquidität im weiteren Sinne, des Eigenkapitals, des Fremdkapitals» zu schildern (BÖCKLI, § 8 N 406; gem. FORSTMOSER/MEIER-HAYOZ/NOBEL, § 51 N 260 sind auch «Hinweise zur künftigen Finanzierung der Geschäftstätigkeit» erwünscht). Dies kann durch verbale Ausführungen, ergänzt um einzelne Bilanzkennzahlen und ihre Kommentierung geschehen (vgl. FORSTMOSER/MEIER-HAYOZ/NOBEL, § 51 N 260; Art. 662 N 9). Nach BÖCKLI, § 8 N 406 ist für eine gehaltvolle Darstellung der finanziellen Lage in den meisten Fällen eine *Geldflussrechnung* erforderlich, auch wenn eine solche vom geltenden Recht nicht verlangt wird (nach Art. 961 Ziff. 2 und Art. 961b E OR 2007 soll eine solche für grössere Unternehmen gesetzlich vorgeschrieben werden; auch Swiss GAAP FER, IFRS und US GAAP verlangen eine Geldflussrechnung; vgl. o. N 12).

68 Überdies hat der Jahresbericht die **Kapitalerhöhungen des vergangenen Geschäftsjahres** samt entsprechender Prüfungsbestätigungen wiederzugeben (vgl. Art. 663d Abs. 2).

bb) Keine Offenlegungs- und Prüfungspflicht

69 Der Jahresbericht ist **von Gesetzes wegen nicht offenzulegen;** dies gilt selbst für Gesellschaften, die den Kapitalmarkt in Anspruch nehmen (vgl. Art. 697h Abs. 1 OR *e contrario*). Eine Veröffentlichung des Jahresberichts (zusammen mit der Jahresrechnung und dem Revisionsbericht) schreibt indes das KR der SWX den bei ihr kotierten Gesellschaften vor (Art. 64 KR).

70 Eine **Prüfung** des Jahresberichts sehen – entgegen der Rechtslage in der Europäischen Union (vgl. u. N 127) – **weder das Gesetz** (Abs. 1 *e contrario;* vgl. Botschaft AG, 102; ferner z.B. BOEMLE, 541) **noch die Prüfungspraxis, noch die Börsenzulassungsregeln** vor. Teilweise wird dies als «systemkonform» begrüsst; die Prüfung des Jahresberichts sei mit der Rolle der RS unvereinbar, da sie durch eine solche Prüfung «in eine Managementfunktion gedrängt würde» (BERTSCHINGER, Arbeitsteilung, N 368; DERS., Aktuelle Fragen, 484 f.; DERS., Aktienrecht, 213 f.; DERS., Anlegerschutz, 475; **a.M.** PFIFFNER, N 132 ff. VISCHER/RAPP, 165; BÖCKLI, § 15 N 104; Expertenbericht CG, 119, 182).

71 Die RS kann die im Jahresbericht offengelegten Informationen nicht auf ihre unternehmerische Zweckmässigkeit überprüfen. Dazu ist sie grundsätzlich nicht in der Lage. Eine solche Prüfung liefe auf eine materielle Überprüfung der Geschäftsführung hinaus. Der Prüfungsumfang müsste deshalb von vornherein beschränkt werden. Ähnlich wie die Prüfung des Lageberichts in der Europäischen Union (vgl. N 127) erschiene es sinnvoll, die Prüfung des Jahresberichts zumindest als **Einklangsprüfung,** d.h. als Prüfung der Übereinstimmung der Informationen im Jahresbericht mit der Jahresrechnung, auszugestalten.

72 Eine solche Überprüfung des Jahresberichts durch die RS wäre namentlich bei **Publikumsgesellschaften** wünschenswert, zumal diese aufgrund der Kotierungsvorschriften den *Jahresbericht* auch *veröffentlichen* müssen (vgl. o. N 69). Der Jahresbericht kann wegen seiner verbalen und damit gegenüber den Zahlenwerken i.d.R. leichter verständlichen Informationen das **von den Rechenwerken vermittelte Gesamtbild erheblich beeinflussen.** Namentlich besteht die Gefahr, dass der Jahresbericht dazu missbraucht

wird, ein durch die Jahresrechnung vermitteltes negatives wirtschaftliches Gesamtbild zu relativieren oder zu beschönigen. Hier könnte eine Prüfung durch die RS einen wichtigen Beitrag zur Verwirklichung der Informationsfunktion der Rechnungslegung leisten (PFIFFNER, N 133 m.w.H.; vgl. auch BOEMLE, 541, der die fehlende Prüfungspflicht bedauert; **a.M.** BERTSCHINGER, Wirkungsgrad, 384, der bei einer Prüfungspflicht des Jahresberichts negative Auswirkungen «für die vernünftige Positionierung der RS in der Corporate Governance» befürchtet).

Dass die Prüfung des Jahresberichts hinsichtlich ihrer **Übereinstimmung mit der Jahresrechnung** einem praktischen Bedürfnis entsprechen würde, zeigt sich übrigens daran, dass viele Publikumsgesellschaften den Jahresbericht durch ihre RS freiwillig auf Unklarheiten und Widersprüche gegenüber der Jahresrechnung überprüfen lassen (vgl. BEHR, Rechnungslegung, 577; PFIFFNER, N 134).

c) Informationen zur Corporate Governance

Gesellschaften, deren Beteiligungsrechte an der SWX kotiert sind und deren Gesellschaftssitz in der Schweiz liegt, sind verpflichtet, **Informationen zur Corporate Governance zu veröffentlichen** (RLCG, Rz 1 und 3 i.V.m. Art. 8 Abs. 2 und 3 BEHG und Art. 64 Abs. 1 Satz 3 KR; Gesellschaften, die ihren Gesellschaftssitz nicht in der Schweiz haben, müssen ebenfalls Informationen zur Corporate Governance veröffentlichen, wenn ihre Beteiligungsrechte an der SWX, nicht aber im Heimatstaat, kotiert sind). In diesem Rahmen sind Informationen über die Konzernstruktur und das Aktionariat, die Kapitalstruktur der Gesellschaft, den VR und die GL sowie die Grundlagen und das Festsetzungsverfahren der Entschädigungen und der Beteiligungsprogramme für VR und GL offen zu legen (RLCG, Anh. Ziff. 1–5). Weiter ist über die Mitwirkungsrechte der Aktionäre sowie über Kontrollwechselklauseln und Abwehrmassnahmen zu orientieren und sind Angaben zur RS und zur Informationspolitik der Gesellschaft zu machen (RLCG, Anh. Ziff. 6–9). Eine eigentliche Pflicht zur Veröffentlichung besteht nicht; es gilt der Grundsatz *«comply or explain»* (vgl. RLCG, Rz 7).

Die erwähnten Informationen bzw. die Begründung für ihre Weglassung sind im **Geschäftsbericht in einem eigenen Kapitel** zu veröffentlichen (vgl. RLCG, Rz 6). Sie unterliegen **nicht** der **Prüfungspflicht** durch die RS; nur die Jahresrechnung ist Prüfungsgegenstand, nicht der gesamte Geschäftsbericht (PFIFFNER, N 136).

III. Prüfungsmassstab

1. Gesetz und Statuten

Die Aufgabe der RS besteht grundsätzlich darin, die Prüfungsobjekte (**«Ist-Objekte»**) auf ihre Übereinstimmung mit vorgegebenen oder zu ermittelnden **«Soll-Objekten»** zu untersuchen. Das Gesetz und die Statuten enthalten die Normen, aus denen die Soll-Objekte abzuleiten sind. Offen bleibt allerdings nach der unbestimmten Formulierung des Gesetzes der **konkrete Umfang des Prüfungsmassstabs.** Dass er nicht die gesamte Rechtsordnung umfassen kann, liegt bereits aus Praktikabilitätsgründen auf der Hand (PFIFFNER, N 218).

Die Soll-Objekte, die den Prüfungsmassstab der RS ausmachen, werden zweckmässigerweise anhand der vom Gesetz vorgegebenen Ist-Objekte (Buchführung, Jahresrechnung und Gewinnverwendungsantrag) bestimmt. Aus der Natur der Revision als **Soll-Ist-Vergleich** folgt nämlich, dass die relevanten Soll-Objekte einen *direkten Regelungsbezug zur Buchhaltung, Jahresrechnung und zum Gewinnverwendungsantrag* aufweisen müssen. Hinsichtlich der Buchführung und der Jahresrechnung sind somit – wie die Botschaft RAG, 4022, klarstellt, *«die für die Aktiengesellschaft anwendbaren Bestimmungen zur Buchführung und Rechnungslegung»* massgeblich. Von der RS wird somit keine umfassende Legalitätsprüfung verlangt (PFIFFNER, N 219). Konkret hat sich die RS im Wesentlichen mit den folgenden Themen zu beschäftigen:

78 – **Ordnungsmässigkeit der Führung der Bücher.** Dies bedeutet v.a., dass Vollständigkeit und Richtigkeit der Erfassung der Geschäftsvorfälle geprüft werden (HELBLING, Praxis, 120 f.). Zu dieser Prüfung gehört auch die Beantwortung der Frage, ob das Buchhaltungssystem der Art und dem Umfang des Unternehmens angepasst ist. Beruft sich die AG auf die Schutzklausel (Art. 663h), hat die RS zu prüfen, ob diese Klausel tatsächlich anwendbar ist (vgl. Art. 663h N 20 ff.).

79 – **Übereinstimmung der Jahresrechnung mit den Grundsätzen ordnungsmässiger Rechnungslegung** (vgl. Art. 662a Abs. 2; HELBLING, Praxis, 161 ff.) **und den Büchern** (vgl. detailliert HWP II 238 ff.). Zu prüfen ist auch, ob die ausgewiesenen Aktiven und Verbindlichkeiten tatsächlich vorhanden bzw. vollständig aufgeführt sind und ob die Geschäftsvorfälle in der richtigen Periode erfasst werden (vgl. HELBLING, Praxis, 120 ff.). Ferner ist sicherzustellen, dass die Vorjahreszahlen aufgeführt sind (Art. 662a Abs. 1). Vgl. zu dieser formellen Prüfung auch FORSTMOSER/MEIER-HAYOZ/NOBEL, § 33 N 13 f.

80 – Damit zusammenhängend ist im Rahmen der so genannten materiellen Prüfung (FORSTMOSER/MEIER-HAYOZ/NOBEL, § 33 N 18 ff.; PFIFFNER, N 102;) auch festzustellen, ob die Jahresrechnung einen **sicheren Einblick in die Vermögens- und Ertragslage der Gesellschaft** bietet (Art. 662a Abs. 1). Dies bedeutet v.a., dass die *Bewertung* der einzelnen Posten zu überprüfen ist (Art. 662a Abs. 2 Ziff. 3, Art. 664 ff.). In vielen Fällen – namentlich dann, wenn eine Kapitalunterdeckung oder gar eine Überschuldung vorliegen könnten – wird die RS eine Bewertung wichtiger Aktiva verlangen oder selber vornehmen müssen, um sicherzustellen, dass keine Überbewertung vorliegt (vgl. bspw. HWP II 254 für Beteiligungen); wichtig ist in der Krisensituation v.a. die Beurteilung, ob es gerechtfertigt ist, die Aktiven weiter zu *Fortführungswerten* zu bilanzieren oder ob auf *Liquidationswerte* umgestellt werden muss (vgl. PS 290 lit. V ff. und Art. 728c N 34). Besonderer Vorsicht bedürfen auch die Bilanzposten «Forderungen gegenüber Konzerngesellschaften und Aktionären» (HWP II 245) und «immaterielle Werte» (HWP II 251). Neben der Bewertung ist im Rahmen der Abschlussprüfung auch das *Prinzip der Stetigkeit* (Art. 662a Abs. 2 Ziff. 5), das *«Going concern-Prinzip»* (Art. 662a Abs. 2 Ziff. 4), das *Verrechnungsverbot* (Art. 662a Abs. 2 Ziff. 6) und das *Verbot einer Kompensation von Über- mit Unterbewertungen* von verschiedenen Bilanzpositionen zu beachten. Vgl. detailliert zur Prüfung der Bilanz HWP II 238 ff.; zur Prüfung der Erfolgsrechnung HWP II 263 ff., zum Anhang HWP II 270 ff.

81 – Einhaltung der Mindestgliederungsvorschriften der Jahresrechnung (Art. 663 f.).

82 – Prüfung, ob die **Bildung stiller Reserven** (vgl. Art. 669 Abs. 4; HWP II 261 f.) unter Berücksichtigung der Interessen aller Aktionäre und mit Rücksicht auf das dauernde Gedeihen des Unternehmens erfolgt (vgl. auch N 18 zur Auflösung stiller Reserven).

83 Hinsichtlich des **Gewinnverwendungsantrages** des VR hat die RS zu prüfen, ob die *gesetzlichen Bestimmungen zur Ermittlung des ausschüttbaren Gewinns* (vgl. Art. 675 Abs. 2 i.V.m. Art. 671 ff.) befolgt wurden (N 34; vgl. ferner auch BÖCKLI, Revisionsstelle, 198).

Auch die **Statuten** können Vorschriften für den Prüfungsmassstab der RS enthalten 84
(vgl. PFIFFNER, N 270 ff.). Zum Bsp. können sie die Bildung bestimmter Reserven vorschreiben. Der Verbreiterung der Kapitalbasis dienen allfällige *statutarische Reserven nach Art. 672 und 673*, soweit sie für andere Zwecke als zur Ausschüttung vorgesehenen sind (vgl. FORSTMOSER/MEIER-HAYOZ/NOBEL, § 50 N 42 ff.; EGGMANN, 129; BÖCKLI, § 1 N 331 und § 8 N 273). Dasselbe gilt für weitere, von der GV beschlossenen Reserven nach Art. 674 Abs. 2 und 3 (vgl. DELLMANN, 133; FORSTMOSER/MEIER-HAYOZ/NOBEL, § 50 N 54 ff.; BÖCKLI, § 8 N 274; HWP I 427, 429): Einerseits kann die allg. gesetzliche Reserve über den Mindestbetrag von Art. 671 hinaus vergrössert werden; vgl. Art. 672 Abs. 1.; andererseits können die Statuten *weitere Reserven für spezifische Zwecke* vorschreiben (vgl. Art. 672 Abs. 2), wie z.B. für die «Gründung und Unterstützung von Wohlfahrtseinrichtungen für Arbeitnehmer des Unternehmens» (Art. 673). Solche statutarische Reservevorschriften sind von der RS insb. bei der Feststellung des verwendbaren EK im Rahmen der Prüfung des Gewinnverwendungsantrages als relevante Soll-Grössen zu beachten.

2. Regelwerk

Gesetzlich ist ein Abschluss nach einem (privaten) Regelwerk **nicht vorgeschrieben.** 85
Gemäss dem **E zur Revision des Aktien- und Rechnungslegungsrecht vom 21. Dezember 2007** muss allerdings ein Jahresabschluss nach einem vom BR anerkannten Regelwerk erstellt werden, wenn das Unternehmen eine gewisse wirtschaftliche Bedeutung hat oder die Gesellschafter dies verlangen (vgl. Art. 962 f. E OR 2007). Swiss GAAP FER, IFRS und US GAAP sind Regelwerke, welche die künftigen gesetzlichen Anforderungen von Art. 962 f. E OR 2007 erfüllen.

Gem. dem KR der SWX sind Gesellschaften, deren Beteiligungspapiere oder Forderungsrechte an der SWX kotiert sind, verpflichtet, in ihrer Rechnungslegung **ein den 86 tatsächlichen Verhältnissen entsprechendes Bild der Vermögens-, Finanz- und Ertragslage («true and fair view»)** zu vermitteln (Art. 66 KR) und hierzu die von der Zulassungsstelle der SWX anerkannten Rechnungslegungsstandards anzuwenden (vgl. 70 Abs. 1 KR). Entsprechend muss die RS von Publikumsgesellschaften im Revisionsbericht bestätigen, dass die Rechnungslegung der geprüften Gesellschaft ein den tatsächlichen Verhältnissen entsprechendes Bild der Vermögens-, Finanz- und Ertragslage in Übereinstimmung mit den angewandten Rechnungslegungsnormen vermittelt (vgl. Art. 71 KR). Die SWX akzeptiert bei Gesellschaften, deren Aktien im Hauptsegment kotiert sind, IFRS und US GAAP als Rechnungslegungsstandards. Gesellschaften, deren Aktien in den Segmenten «SWX Local Caps», «Immobiliengesellschaften» oder «Investmentgesellschaften» kotiert sind, dürfen auch nach Swiss GAAP FER Rechnung legen (RLFB, Rz 11). Ferner dürfen Emittenten, die ausschliesslich Forderungsrechte (insb. Anleihen) kotiert haben, Swiss GAAP FER auch im Hauptsegment als Rechnungslegungsstandard anwenden (RLFB, Rz 14).

Anzufügen bleibt, dass *das den tatsächlichen Verhältnissen entsprechende Bild,* welches 87
eine Rechnungslegung gem. den Swiss GAAP FER, IFRS oder den US GAAP vermitteln will, immer nur eine **auf zahlreichen Ermessensentscheidungen basierende Annäherung** an die Wirklichkeit darstellt (vgl. DRUEY, Haftung, 210 ff.). Aus Schweizer Sicht bedeutet diese Anforderung u.a., dass **keine stillen Reserven** gebildet werden dürfen (vgl. HELBLING, Abschlussberatung, 181), mithin ein Hauptgrund für den Transparenzmangel der handelsrechtlichen Rechnungslegung entfällt (PFIFFNER, N 243).

3. Fehlende Vorgaben für die Prüfung des IKS

88   Der Prüfungsmassstab für die neu im Gesetz verankerte Existenzprüfung des IKS ist **im Gesetz nicht geregelt.** Der Gesetzgeber hat bewusst offen gelassen, welche Massnahmen umgesetzt sein müssen, damit die RS vom Vorhandensein eines IKS ausgehen kann. Dies bringt eine erhebliche Rechtsunsicherheit mit sich (vgl. N 55 ff.).

4. Abgrenzungsfragen

a) Gesetzliche Kapitalschutzvorschriften

89   In der Literatur wird mehrheitlich die Auffassung vertreten, die RS habe im Rahmen der Abschlussprüfung auch die **Einhaltung der gesetzlichen Kapitalschutzvorschriften zu überprüfen** (vgl. EBKE, Prüfungspflichten, 30; BÖCKLI, Verantwortlichkeitsrecht, 49; DERS., § 15 N 107 (9), N 112; EGGMANN, 129, 141 f.; OR-Handkommentar-HELDNER/ KELLERHALS, Art. 728 N 2; FLÜHMANN (2004) 14.; FORSTMOSER/MEIER-HAYOZ/NOBEL, § 33 N 10; **a.M.** DESAX, 244 [mit Abb. 17] und 271; differenzierend PFIFFNER, N 249 ff.). Diese umfassen Regeln zur *Aufbringung* (Gründungsvorschriften), *Erhaltung* (Kapitalrückzahlungsverbot, Verbot verdeckter Gewinnausschüttungen, formalisiertes Verfahren der Kapitalherabsetzung) und weiteren *Äufnung* (Reservebildungsvorschriften) *des Grundkapitals;* hinzu kommen die herkömmlichen Rechnungslegungsvorschriften (insb. die Bewertungsvorschriften und das Aufwertungsverbot), welche den Ausweis (und damit die Ausschüttung) unrealistischer Gewinne verhindern sollen, sowie die besonderen gesetzlichen Pflichten bei Kapitalverlust und Überschuldung (vgl. FORSTMOSER/MEIER-HAYOZ/NOBEL, § 50 N 1 ff.; BÖCKLI, § 1 N 147 ff.)

90   Vorab können diejenigen Kapitalschutzvorschriften aus den relevanten Soll-Grössen für die Abschlussprüfung ausgeschieden werden, deren Beachtung die RS bzw. ein zugelassener Revisionsexperte **ausserhalb der ordentlichen Revision im Rahmen von spez. Prüfungen** prüft; es handelt sich dabei um die *Prüfung des Gründungsberichts* (Art. 635a) und der *Kapitalherabsetzung* (Art. 732 Abs. 2). Auch die *Prüfung der Zwischenbilanz* (Art. 725 Abs. 2) im Falle der Gefahr einer Überschuldung ist eine spez. Prüfung ausserhalb der ordentlichen Abschlussprüfung.

91   Demgegenüber ist die *Beachtung der Rechnungslegungsvorschriften* offensichtlich von der RS bei der ordentlichen Revision zu prüfen. Es handelt sich dabei um das **zentrale Prüfungsthema.** Auch die *Einhaltung der Reservebildungsregeln* ist im Rahmen der ordentlichen Revision zu prüfen. Die Reserven bilden einen in der Bilanz gesondert auszuweisenden Bestandteil des EK und haben insofern einen direkten Bezug zur Jahresrechnung (vgl. BOEMLE, 376 f.). Vor allem aber hat die RS die Einhaltung der Reservebildungsvorschriften bei der Prüfung des Gewinnverwendungsantrages des VR zu überprüfen, um das verwendbare EK bestimmen zu können (vgl. N 34).

92   Anders verhält es sich mit den gesetzlichen Vorschriften, die eine *Kapitalrückzahlung an Aktionäre* (Art. 680 Abs. 2) und *verdeckte Gewinnausschüttungen* (Art. 678 Abs. 2) verbieten. Diese Vorschriften **regeln weder direkt die Form oder den Inhalt von Buchführung und Rechnungslegung noch die Ermittlung des ausschüttbaren Gewinnes.** Freilich hat die Verletzung dieser Verbote regelmässig auch eine fehlerhafte Jahresrechnung zur Folge (vgl. BÖCKLI, Verantwortlichkeitsrecht, 49; DERS., § 15 N 112 und § 12 N 568 m.w.H). In diesem Zusammenhang ist aber zu beachten, dass viele Gesetzesverstösse finanzielle, in der Rechnungslegung zu berücksichtigende Auswirkungen haben können und dennoch Einigkeit besteht, dass die RS keine umfassende Legalitätsprüfung vorzunehmen habe (vgl. N 77). Die gesetzlichen Verbote der Einla-

genrückgewähr und der verdeckten Gewinnausschüttung sind deshalb *nicht als eigentliche Soll-Grössen der Abschlussprüfung zu verstehen;* die RS muss die Prüfung nicht systematisch darauf ausrichten, Verletzungen dieser Verbote aufzuspüren (PFIFFNER, N 265 m.w.H.; ebenso DESAX, 134). Dies bedeutet aber nicht, dass sie deshalb für die RS gänzlich unbeachtlich wären. Sie erlangen vielmehr Bedeutung im Rahmen der durch die Prüfungsstandards konkretisierten *Pflichten der RS im Umgang mit deliktischen Handlungen und Rechtsverletzungen* (vgl. sogleich N 93 ff. und 107 ff.).

b) Deliktische Handlungen und Fehler («Fraud and Error»)

Es besteht ein internationaler Konsens der Gesetzgeber und Fachverbände, dass es grundsätzlich nicht zu den Aufgaben der RS gehört, im Rahmen der Abschlussprüfung systematisch nach Delikten zu suchen und diese aufzudecken (vgl. MÖSSLE, 177 f.; ferner z.B. DRUEY, Rechtsstellung, 17; EGGMANN, 150, 154; BERTSCHINGER, Arbeitsteilung, N 374; DERS., OR-Handkommentar, Art. 755 N 33; DRUEY, Haftung, 209, 222; SCHRUFF, 903; PS 240 Ziff. 13; ISA 240 para. 17 ff.; GAAS Guide, § 317, p. 115 und § 316, p. 90). Der englische Lord Justice Lopes hat dies bereits im 19. Jahrhundert anschaulich wie folgt formuliert: *«An auditor is a watchdog, not a bloodhound»* (In re Kingston Cotton Mill Company [1896] 2 Ch. 279, 288; das Zitat findet sich auch in Bily v. Arthur Young & Co., 834 P.2d 745, 762 [Cal. 1992]; vgl. ferner auch DRUEY, Rechtsstellung, 17, der in diesem Zusammenhang darauf hinweist, der Revisor «soll[e] […] nicht bereits begangenes Unrecht zur Sühne bringen, sondern künftiges Unrecht, durch täuschende Jahresrechnungen usw., verhindern helfen»). 93

Die RS trifft somit im Rahmen der Abschlussprüfung **keine primäre Suchverantwortung für deliktische Handlungen.** Sie darf im Rahmen des risikoorientierten Prüfungsansatzes (vgl. u. N 120) Systemprüfungen vornehmen und braucht – im Gegensatz zu einer forensischen Prüfung – nicht jeden einzelnen Geschäftsvorfall im Hinblick auf seine buchhalterische Erfassung nachzuprüfen. Hat sie sich davon überzeugt, dass Buchführung und Rechungslegung grundsätzlich durch ein funktionierendes IKS abgesichert werden, darf sie davon ausgehen, dass die Geschäftsvorfälle ordnungsgemäss erfasst und verarbeitet werden und Manipulationen durch das System auf einer nachgeordneten Ebene aufgedeckt werden (PFIFFNER, N 282). 94

Dieser Prüfungsansatz versagt, wenn ein Mitglied der GL der zu prüfenden Gesellschaft oder eine andere Person mit entsprechenden Einflussmöglichkeiten das IKS in einem bestimmten Bereich ausser Kraft setzen oder umgehen kann (sog. *«management override»*) (vgl. KNABE et al., 1058). Deshalb muss die **RS,** selbst wenn sie davon ausgehen darf, dass das IKS während des fraglichen Geschäftsjahres funktionierte, **auf mögliche Anzeichen für deliktische Handlungen achten** (PFIFFNER, N 282). Das BGer hat diese Ausgangslage wie folgt zusammengefasst: 95

«[L]e contrôleur n'a pas l'obligation légale de rechercher les fraudes. Cependant, il engage sa responsabilité s'il ne les a pas détectées, alors qu'il aurait pu le faire en exécutant son travail de révision avec la diligence requise» (BGer v. 3.3.1998, 4C.506/1996, E. 6a, zit. nach HÜTTE, 207; ferner BGE 112 II 461, 462 E. 3.c; BGer v. 11.11.1975, ZR 75 [1976] Nr. 21, 67 ff., 76 E. 3d).

Die RS hat ein Urteil darüber abzugeben, ob die Jahresrechnung den gesetzlichen und allenfalls auch privaten Rechnungslegungsnormen entspricht (Abs. 1 Ziff. 1; TK PS 200 Ziff. 2). Aufgrund der *inhärenten Grenzen jeder Abschlussprüfung* (Vorgehen auf der Basis von Stichproben, immanente Grenzen des IKS und der Buchführung, viele Ermessensentscheidungen bei der Prüfung) hat die RS die Prüfung nach den Prüfungs- 96 standards so auszurichten, dass eine angemessene Sicherheit erlangt wird, dass der Jahresabschluss als Ganzes keine wesentlichen Fehlaussagen enthält (PS 240 Ziff. 13). Der **Grundsatz der angemessenen Sicherheit** bedeutet, dass die RS *keine absolute Gewissheit* erreichen und deshalb nicht garantieren kann, dass sämtliche falschen Angaben in der Jahresrechnung aufgedeckt werden. Gerade bei Fehlaussagen aufgrund von deliktischen Handlungen wird deutlich, dass die RS gegenüber den Exekutivorganen der Gesellschaft *im zweiten Glied* steht und bei der Feststellung und Aufdeckung solcher Handlungen an Grenzen stösst. Die nachträgliche Aufdeckung von wesentlichen falschen Angaben in der Jahresrechnung ist deshalb für sich genommen kein Anzeichen dafür, dass die RS ihre Aufgabe nicht pflichtgemäss wahrgenommen hat (PS 240 Ziff. 17; PFIFFNER, N 283).

97   Die RS soll bei der Abschlussprüfung eine **«professionell kritische Grundhaltung»** einnehmen (PS 200 Ziff. 6). Dies bedeutet, dass sie dem VR, der GL und den übrigen Mitarbeitern der zu prüfenden Gesellschaft nicht von vornherein Unehrlichkeit unterstellen muss, aber auch nicht unbesehen von deren Ehrlichkeit ausgehen darf (PS 240 Ziff. 2 A). Das BGer hat ausdrücklich festgestellt, dass *dem VR keine besonders vertrauenswürdige Stellung im Verhältnis zur RS* zukomme, weshalb die RS sich nicht unbesehen auf seine Auskünfte verlassen dürfe (BGE 132 IV 12, 19 E. 9.3.3); dasselbe muss für Auskünfte der GL und weiterer Mitarbeiter der geprüften Gesellschaft gelten. Die RS muss während allen Phasen der Abschlussprüfung dem Risiko Rechnung tragen, dass die Jahresrechnung wesentliche Falschdarstellungen enthalten kann, die auf **deliktische Handlungen («fraud»,** d.h. Fehlaussagen oder bewusst unterlassene Angaben im Jahresabschluss mit dem Zweck, die Leser der Jahresrechnung zu täuschen [PS 240 Ziff. 6], sowie absichtlich geschäftsschädigende Handlungen [ZÜND, Revisionslehre, 675; PS 240 Ziff. 7 spricht von «Veruntreuung von Vermögenswerten»]) oder **Fehler («error»,** d.h. *unbewusste* Falschdarstellungen, wie sie aufgrund von fahrlässig verursachten Fehlbuchungen, Schreib- oder Rechenfehlern, Fehleinschätzungen sowie irrtümlich falscher Anwendung der Rechnungslegungsnormen vorkommen können [PS 240 Ziff. 3]) hindeuten (vgl. hierzu und zum Folgenden PFIFFNER, N 284 ff.

98   Eine häufige Begleiterscheinung von deliktischen Handlungen sind **gefälschte Dokumente,** wobei die Methoden vom einfachen Ausradieren bis hin zu «perfekten» Fälschungen reichen, die ohne kriminaltechnische Hilfsmittel nicht erkennbar sind. Die RS darf von der Authentizität der ihr vorgelegten Dokumente ausgehen, solange sie keine Anhaltspunkte hat, die Zweifel daran begründen (vgl. PS 240 Ziff. 19; SCHRUFF, 903; KNABE et al., 1058). Dies stellt einen wichtigen Unterschied zu einer forensischen Prüfung dar.

99   In der **Planungsphase** beurteilt die RS vorläufig das Risiko, dass deliktische Handlungen zu wesentlichen Falschdarstellungen in der Jahresrechnung führen können. Die Mitglieder des Prüfungsteams sollen die Anfälligkeit des Unternehmens für Fehlaussagen aufgrund von deliktischen Handlungen oder Fehlern gemeinsam erörtern (PS 240 Ziff. 20 f.). Neben Schwächen im Rechnungs- und Berichterstattungswesen sowie im IKS stellen insb. Zweifel an der Integrität und Kompetenz des Managements, ungewöhnlicher interner oder externer Druck auf das Unternehmen, ungewöhnliche Transaktionen sowie Probleme bei der Sammlung von Prüfungsnachweisen **Risikofaktoren** dar, deren Relevanz die RS nach professionellem Ermessen zu beurteilen hat (PS 240 Ziff. 34 ff. und Anh. 1 [«Beispiele von Risikofaktoren bezüglich Fehlaussagen aufgrund deliktischer Handlungen»] und Anh. 3 [«Beispiele von Umständen, die auf mögliche deliktische Handlungen oder Fehler hindeuten»]). Aufgrund dieser Beurteilung muss die RS entscheiden, ob sie den Prüfungsplan belassen, ändern oder erweitern soll, so

dass das Risiko der Nichtaufdeckung vertretbar ist (PS 240 Ziff. 39 ff. und Anh. 2 [«Beispiele geänderter Prüfungshandlungen als Konsequenz der Einschätzung von Risikofaktoren gem. Ziffer 39–41»]).

100 Bei der **Durchführung der Abschlussprüfung** können der RS *Umstände* zur Kenntnis gelangen, die möglicherweise auf Fehlaussagen aufgrund von deliktischen Handlungen oder Fehlern hinweisen, wie z.B. unrealistische Terminvorgaben für die Beendigung der Prüfung durch die Unternehmensleitung, von der Unternehmensleitung auferlegte Beschränkungen des Prüfungsumfangs, Feststellung wichtiger, von der Unternehmensleitung zuvor nicht offen gelegter Sachverhalte, widerwillig oder mit unangemessener Verzögerung erteilte Informationen, Transaktionen ohne Beleg etc. (PS 240, Anh. 3 [«Beispiele von Umständen, die auf mögliche deliktische Handlungen oder Fehler hindeuten»]). Solche Fälle müssen bei der RS einen **Verdacht** wecken, dem sie *durch geeignete Prüfungshandlungen nachzugehen* hat, bis sie ihn bestätigen oder entkräften kann (PS 240 Ziff. 42 ff.).

101 Stösst die RS im Rahmen der Prüfung auf **Fehlaussagen in der Jahresrechnung** muss sie abwägen, ob diese auf eine deliktische Handlung oder einen Fehler hindeuten (zur Unterscheidung vgl. N 97). Die Art, der Zeitpunkt und der Umfang der vorzunehmenden Prüfungshandlungen hängt von der Art der möglichen deliktischen Handlungen oder Fehler, deren Wahrscheinlichkeit und der Wahrscheinlichkeit einer wesentlichen Auswikung auf die Jahresrechnung ab (PS 240 Ziff. 44; hierzu und zum Folgenden vgl. PFIFFNER, N 287 ff.).

102 Stellt die RS **deliktische Handlungen** fest oder hegt sie einen entsprechenden begründeten Verdacht, muss sie ihre Erkenntnisse *rechtzeitig mit der GL oder dem VR besprechen,* und zwar unabhängig davon, ob die (vermuteten) deliktischen Handlungen zu einer Fehlaussage in der Jahresrechnung führen (PS 240 Ziff. 62). Hat die Gesellschaft ein Audit Committee eingerichtet, ist dieses bei wesentlichen Vorkommnissen der geeignete Ansprechpartner. Überdies ist die RS von Gesetzes wegen verpflichtet, den VR über alle festgestellten deliktischen Handlungen schriftlich zu informieren (Art. 728c Abs. 1); dasselbe muss für einen begründeten Verdacht gelten, wenn es der RS nicht möglich war, ihn durch geeignete Prüfungshandlungen vollständig auszuräumen. In gravierenden Fällen oder bei Untätigkeit des VR muss die RS auch die GV informieren (Art. 728c Abs. 2).

103 Auch wenn die RS auf wesentliche Fehlaussagen in der Jahresrechnung stösst, die auf **Fehlern** beruhen, muss sie dies rechtzeitig mit der GL oder der angemessenen Leitungsebene im Unternehmen besprechen; aufgrund der konkreten Umstände kann es die RS auch für nötig erachten, den VR bzw. das Audit Committee zu informieren (PS 240 Ziff. 59). Jedenfalls muss die RS den VR bzw. das Audit Committee über die von ihr während der Prüfung zusammengestellten, nicht korrigierten Fehler informieren, unabhängig davon, ob die GL diese als wesentlich oder unwesentlich beurteilt (PS 240 Ziff. 60). Sinnvoll kann es auch sein (und ist in vielen Gesellschaften Praxis), dass die RS das Audit Committee über alle Änderungen in der Jahresrechnung orientiert, die aufgrund der Revision vorgenommen wurden.

104 Die Prüfungsstandards schreiben der RS vor, von der **Unternehmensleitung** eine schriftliche Erklärung einzuholen, worin diese u.a. ihre Verantwortung für die Jahresrechnung und für die Verhinderung bzw. Aufdeckung von deliktischen Handlungen und Fehlern zum Ausdruck bringt und bestätigt, dass sie der RS alle ihr bekannten wesentlichen Informationen über deliktische Handlungen oder Fehler und alle entsprechenden Vermutungen bekannt gegeben hat (PS 240 Ziff. 51; vgl. auch Art. 730b Abs. 1).

105 Schliesslich muss die RS **wesentliche Schwachstellen des IKS** bezüglich der Verhinderung bzw. Aufdeckung von deliktischen Handlungen und Fehlern mit der *angemessenen Leitungsebene im Unternehmen* besprechen, soweit sie auf solche bei der Abschlussprüfung gestossen ist (zur Berücksichtigung des IKS bei der Abschlussprüfung vgl. N 118 ff.). Sie hat sich auch zu vergewissern, dass der *VR bzw. das Audit Committee* darüber hinreichend informiert ist (PFIFFNER, N 293; PS 240 Ziff. 65; zur Berichterstattung an den VR vgl. Art. 728b N 4 ff.).

106 Kommt die RS zum Schluss, dass sie den Prüfungsauftrag wegen einer Fehlaussage auf Grund einer *deliktischen Handlung* oder eines entsprechenden Verdachts nicht zu Ende führen kann, kommt sie nicht darum herum, sich einen **Rücktritt vom Mandat** zu überlegen (PS 240 Ziff. 69 lit. a und b). Entscheidet sie sich für den Rücktritt, muss sie dem VR die *Gründe bekannt geben;* dieser hat sie der nächsten *GV* mitzuteilen (Art. 730a Abs. 3) und *im Anhang zur Jahresrechnung* offenzulegen (Art. 663b Ziff. 3 und dazu N 14). Sind die zum Rücktritt der RS führenden deliktischen Handlungen gravierend, kann es angezeigt sein, dass sie selber unverzüglich eine GV einberuft, um den Aktionären ihren Rücktritt und die Gründe dafür mitzuteilen (Art. 699 Abs. 1; PFIFFNER, N 294 m.w.H.).

c) Rechtsverletzungen («Laws and Regulations»)

107 Die Abschlussprüfung ist **ebenso wenig auf eine umfassende Rechtmässigkeitskontrolle** ausgerichtet wie sie nicht ein gezieltes Aufspüren von deliktischen Handlungen bezweckt (vgl. o. N 93 f.); von der RS wird im Rahmen der Abschlussprüfung keine integrale Legalitätsprüfung verlangt (vgl. N 77). Entsprechend muss die RS keine systematischen Nachforschungen nach allen möglichen Gesetzesverletzungen anstrengen (vgl. BGE 133 III 453, 458 E. 7.3; 129 III 129, 130 E. 7; 112 II 461, 462 E. 3c; BGer v. 25.6.2003, 4C.53/2003, E. 5.1); der Revisor ist kein gesetzlicher «Compliance Officer» (BÖCKLI, Verantwortlichkeitsrecht, 76; DERS., § 15 N 168; DERS., Abschlussprüfung, N 403; hierzu und zum Folgenden vgl. PFIFFNER, N 296 ff.).

108 *Rechtsverletzungen können indessen die Jahresrechnung wesentlich beeinflussen.* Deshalb verpflichten die Prüfungsstandards die RS, im Rahmen der Prüfungsplanung ein **Verständnis für die gesetzlichen Rahmenbedingungen** zu gewinnen, die von der zu prüfenden Gesellschaft zu beachten sind, und sich ein Bild darüber zu verschaffen, wie das Unternehmen diese Vorschriften einhält (PS 250 Ziff. 15). Weiter soll die RS Prüfungshandlungen durchführen, um die Einhaltung jener für die Fortführung des Geschäfts relevanten Vorschriften, die sich unmittelbar auf die Jahresrechnung auswirken, zu überprüfen (PS 250 Ziff. 19). In diesem Zusammenhang soll er insb. die Unternehmensleitung zu den Grundsätzen und Verfahren für die Einhaltung von gesetzlichen und anderen Vorschriften befragen (PS 250 Ziff. 17 m.w.H.). Überdies soll der Revisor eine **schriftliche Bestätigung der Unternehmensleitung** einholen, dass ihm alle bekannten Rechtsverletzungen mitgeteilt wurden, die für die Abschlusserstellung relevant sind (PS 250 Ziff. 23; zur sog. Vollständigkeitserklärung vgl. eingehend PFIFFNER, N 1129 ff.) und allfällige Korrespondenzen mit zuständigen Konzessions- oder Aufsichtsbehörden einsehen (PS 250 Ziff. 18). Ist die RS aufgrund der erwähnten Prüfungshandlungen auf keine Anhaltspunkte für Gesetzesverletzungen gestossen, muss sie *keine zusätzlichen Prüfungen* durchführen (PS 250 Ziff. 24).

109 Stellt die RS aber «bei Ausführung ihres Auftrages» (zutreffend Art. 729 Abs. 3 OR 1936) mögliche **Anhaltspunkte für Rechtsverletzungen** fest oder müsste sie bei Anwendung der erforderlichen Sorgfalt auf solche stossen (vgl. HIRSCH, L'organ de contrôle, N 170; ZK-BÜRGI Art. 729 N 17; ABOLFATHIAN-HAMMER, 21; im Anh. zu PS 250 sind Sachverhalte erwähnt, welche die RS hellhörig machen müssten), muss sie versuchen, die näheren Umstände des fraglichen Sachverhaltes in Erfahrung zu bringen, um die möglichen *Auswirkungen auf die Jahresrechnung beurteilen* zu können (PS 250 Ziff. 26). Kommt die RS zum Schluss, dass die Auswirkungen wesentlich sind, jedoch in der Jahresrechnung nicht oder nicht angemessen zum Ausdruck kommen, muss sie ihr *Prüfungsurteil im Revisionsbericht einschränken oder verneinen* (PS 250 Ziff. 35; zum Prüfungsurteil im Revisionsbericht vgl. Art. 728b N 36 f.). Die RS soll so früh wie möglich den *VR bzw. das Audit Committee mündlich* über ihre Feststellungen *informieren,* sofern es sich nicht um Bagatellfälle handelt (PS 250 Ziff. 32; BÖCKLI, § 15 N 168; PFIFFNER, N 297). Die definitive *Mitteilung* muss nach dem Gesetz *in Schriftform an den VR* erfolgen; in *wesentlichen Fällen und bei Untätigkeit des VR* ist überdies die *GV zu informieren* (Art. 728c Abs. 1 und 2).

Reagiert der VR nicht auf die Informationen über mögliche Rechtsverletzungen, die ihm der Revisor zur Kenntnis bringt, insb. weil die Mitglieder des VR selber an den Rechtsverletzungen beteiligt sind, muss sich die RS gem. dem einschlägigen Prüfungsstandard der Treuhand-Kammer einen **Rücktritt vom Mandat** überlegen, zumal eine Fortsetzung ihrer Tätigkeit aufgrund des gestörten Vertrauensverhältnisses nicht mehr möglich sein kann (PS 250 Ziff. 39). In diesem Zusammenhang sind jedoch die **gesetzlichen Meldepflichten** zu beachten, denen sich die RS nicht durch einen Rücktritt entziehen kann, will sie nicht haftbar werden (vgl. Art. 728c N 32). Vgl. auch N 106. 110

IV. Umfang der Prüfung und Vorgehensweise

1. Allgemeines

Das Gesetz äussert sich – abgesehen von der Berücksichtigungspflicht des IKS (u. N 118 ff.) – nicht zum **Prüfungsvorgehen.** Dessen Regelung ist seit je eine klassische Domäne der *Selbstregulierung der Fachverbände,* was v.a. mit der Komplexität und der sehr technischen Materie des Prüfungswesens zusammenhängt. 111

In den Vereinigten Staaten hat bis zum Erlass des Sarbanes-Oxley Act die Berufsorganisation der US-amerikanischen Abschlussprüfer, das *American Institute of Certified Public Accountants (AICPA),* eine Vielzahl von **«Generally Accepted Auditing Standards» (GAAS)** erlassen, die auch unter dem Regime des *Public Company Accounting Oversight Board* zu einem grossen Teil weitergelten (vgl. N 134). Auf internationaler Ebene fungiert das *International Auditing and Assurance Standards Board (IAASB),* ein ständiger Ausschuss der *International Federation of Accountants (IFAC),* als weltweit einziger *international standard setting body* im Bereich der Abschlussprüfung. Die von ihm herausgegebenen **«International Standards on Auditing» (ISA),** die von den GAAS beeinflusst sind, haben weltweit eine starke Anerkennung gefunden (vgl. eingehend PFIFFNER, N 56 ff., 66 ff.). 112

In der Schweiz ist die *Treuhand-Kammer* als Mitglied der IFAC verpflichtet, die getreue Umsetzung der ISA in Form eigener Standards zu fördern (vgl. RzA 5 Ziff. 1.4). Aus diesem Grund hat die Treuhand-Kammer beschlossen, die ISA für den schweizerischen Berufsstand in Form der **Schweizer Prüfungsstandards (PS)** umzusetzen. Die Ausgabe 2004 der PS stimmt mit dem englischen Originaltext der ISA, die am 30.6.2003 publiziert waren, überein, wobei gewisse Ergänzungen aufgrund zwingender Bestimmungen des schweizerischen Rechts nötig waren (z.B. die gesetzlichen Pflichten der RS bei Kapitalverlust und Überschuldung; vgl. PS 290). Daneben enthält das Schweizer Handbuch der Wirtschaftsprüfung (HWP) Hinweise zum Vorgehen bei der Prüfung. In 113

Deutschland erlässt das *Institut der Wirtschaftsprüfer in Deutschland e.V. (IDW)* Prüfungsstandards (IDW PS), welche die ISA für die deutschen Abschlussprüfer umsetzen (PFIFFNER, N 84).

114 Das **BGer** hat festgestellt, dass allg. befolgte Verhaltensregeln und Usanzen, die in einer Berufsart oder einem bestimmten Gewerbe allg. befolgt werden, bei der **Bestimmung des Sorgfaltsmasses** herangezogen werden können (unv. BGE v. 10.11.2006 [i.S. A.], 4C.158/2006, E. 3.1; BGE 115 II 62, 64 E. 3a m.w.H.; 108 II 314, 318 E. 4). Missachtet die RS die *(privaten) Prüfungsstandards,* wird ihr dies deshalb regelmässig als *Sorgfaltspflichtverletzung* angelastet (vgl. PFIFFNER, N 73 und 711 f.). Umgekehrt kann sich die RS gegen den Vorwurf einer Sorgfaltspflichtverletzung damit verteidigen, dass sie die Anforderungen der PS eingehalten hat.

2. Prüfungsablauf und -vorgehen

115 In der Praxis ist die Durchführung der Prüfung systematisiert, wobei nach einem häufig angewandten Muster folgende Phasen unterschieden werden (vgl. HELBLING, Praxis, 124 ff.):

– **Prüfungsplanung,** in der die Grundlagen für die Prüfung erarbeitet, Risiken analysiert (PS 300, 310 und 320; BERTSCHINGER, Prüfung, 1247 f.; MARBACHER, passim; HELBLING, Praxis, 133 ff.; HWP II 118 ff.), Schwergewichte festgelegt und eine Prüfungsstrategie entwickelt werden (HELBLING, Praxis, 128 ff.; EBKE, Prüfungspflichten, 28);

– **Prüfung des IKS** des geprüften Unternehmens, was namentlich auch die Kontrolle der Aufbau- und Ablauforganisation im Datenverarbeitungsbereich umfasst (vgl. PS 400; HELBLING, Praxis, 141 ff.; HWP II 128 ff. und u. N 118 ff.);

– **Ergebnisorientierte Prüfungshandlungen,** d.h. insb. Bestandes-, Bewertungs- und Verkehrsprüfungen, die je nach Ergebnis der Prüfung des IKS ausgedehnter oder in eingeschränktem Umfang durchgeführt werden (u. N 120; ferner COSO, Framework, 90; PS 400 Ziff. 41; HELBLING, Praxis, 148 ff.);

– **Prüfungsauswertung und Berichterstattung,** mit Ausarbeitung des umfassenden Berichts für den VR (Art. 728b N 4 ff.), des zusammenfassenden Berichts für die GV (Art. 728b N 13 ff.) und allenfalls eines Berichtes an den VR oder an die GL (Management Letter; vgl. Art. 728b N 77; HELBLING, Praxis, 209 ff.);

– **Nachbearbeitung,** die u.a. sicherstellt, dass die Zeit zwischen dem Ende der Prüfung und der GV abgedeckt ist (vgl. auch PS 560). Dokumentiert wird die Arbeit des Prüfers in den **Arbeitspapieren** (vgl. PS 230).

116 Die Beantwortung der Frage, **wie tief die Prüfung** angelegt werden soll, ob also z.B. gewisse Rechnungsposten lückenlos oder nur (was der Regelfall ist, vgl. PS 120 Ziff. 13, PS 200 Ziff. 9) stichprobeweise geprüft werden sollen (dazu PS 530; EBKE, Prüfungspflichten, 27 f.), ob eher das Ergebnis der Buchführung oder das Verfahren im Zentrum der Prüfung stehen soll (HWP II 168 ff.), hängt von den *Umständen* ab, namentlich auch von der finanziellen Situation der AG, der Fehleranfälligkeit des entsprechenden Prüffeldes, der bisherigen Erfahrungen der RS mit dieser AG und v.a. auch der Qualität des IKS (vgl. u. N 120 ff.); werden z.B. bei Stichproben Fehler entdeckt, ist der entsprechende Prüfungsgegenstand detaillierter zu untersuchen (EBKE, Prüfungspflichten, 28). In der Praxis werden bei mehrjährigen Mandaten oft Schwerpunkte in jedem Geschäftsjahr gelegt. Zu beachten ist in diesem Zusammenhang der **Grundsatz der**

Wesentlichkeit (ausführlich zu diesem PFIFFNER, N 756 ff.), der nicht nur bestimmt, was in der Jahresrechnung offen zu legen ist (nur das, was für den Adressaten von wesentlicher Bedeutung ist), sondern auch, wie detailliert die Prüfung zu erfolgen hat (HWP II 133; II 207 ff.; PS 320).

Ähnl. Kriterien gelten für die Beantwortung der Frage, ob die RS in ihrer Prüfung auf **Unterlagen der internen Revision abstellen** darf oder ob sie unmittelbar eigene Untersuchungen zu treffen hat (vgl. PS 610; EBKE, Prüfungspflichten, 28 f.; ausführlich PFIFFNER, N 1176 ff).

3. Berücksichtigung des IKS bei der Abschlussprüfung insbesondere

a) Grundlagen und Bedeutung für die Abschlussprüfung

Im *neuen Revisionsrecht* wird die ordentlich prüfende RS ausdrücklich verpflichtet, «bei der Durchführung und bei der Festlegung des Umfangs der Prüfung das IKS [zu berücksichtigen]» (Abs. 2).

Das *Aktienrecht von 1991* erwähnte das IKS bei der gesetzlichen Umschreibung des Prüfungsauftrags der RS nicht (vgl. Art. 728 Abs. 1 altOR; ebenso wenig Art. 54 Abs. 1 VE RRG; vgl. aber für die Bankenprüfung Art. 44 lit. o BankV und EBK-RS 05/1, Rz 12). Dagegen verpflichten die **nationalen und internationalen Prüfungsstandards** die RS schon lange, das IKS bei der Abschlussprüfung zu berücksichtigen, soweit es für die Abschlussprüfung relevant ist (PFIFFNER, N 151 m.w.H.; vgl. auch COSO, Framework, Appendix C, 107; HELBLING, Praxis, 150 [mit Darstellung 23D über die «Prüfungsgebiete der Jahresabschlussprüfung»], 126; HWP (1998) II 129 f. Ziff. 3.24232 f. Für die deutsche Prüfungspraxis vgl. IDW PS 261; für die US-amerikanische Prüfungspraxis vgl. GAAS Standard of fieldwork No. 2 [= GAAS Guide, § 150, p. 5]). Das neue Recht fixiert damit lediglich, was in der Praxis schon lange gang und gäbe ist.

Die Berücksichtigung des IKS bei der Abschlussprüfung ist zweckmässig, weil in der Praxis der *Vorgang der Rechnungslegung und das IKS eng miteinander verflochten* sind und sich Verarbeitungs- und Kontrollvorgänge oft miteinander verbinden. Die Überprüfung des rechnungslegungsbezogenen IKS ist zudem ein wichtiger Bestandteil zur Verwirklichung des **risikoorientierten Prüfungsansatzes**, der «dem Prüfer erlauben [soll], seine Arbeit zielgerichtet und wirkungsvoll durchzuführen» (HWP II 8). In diesem Zusammenhang ermöglicht die Beurteilung der Wirksamkeit des IKS der RS, das sog. **Kontrollrisiko** abzuschätzen (PS 400 Ziff. 15 ff. und 21 ff.; MÖLLER, 254), d.h. die Wahrscheinlichkeit, dass das IKS wesentliche Fehler nicht verhindert oder offen legt. Wirksame interne Kontrollen reduzieren das Kontrollrisiko und damit die Notwendigkeit, zeitraubende und aufwendige ergebnisorientierte Prüfungshandlungen (vgl. N 115) durchzuführen (PFIFFNER, N 152 m.w.H.; vgl. auch COSO, Framework, 90; PS 400 Ziff. 41; PFAFF/RUUD, 85). Die Securities and Exchange Commission (SEC) hat diese Zusammenhänge wie folgt umschrieben:

«As the auditing of financial statements evolved from a process of detailed testing of transactions and account balances towards a process of sampling and testing, greater consideration of a company's internal controls became necessary in planning an audit. If an internal control component had been adequately designed, then the auditor could limit further consideration of that control to procedures to determine whether the control had been placed in operation. Accordingly, the auditor could rely on the control to serve as a basis to reduce the amount, timing or extent of substantive testing in the execution of an audit. Conversely, if an auditor determined that an internal control compo-

nent was inadequate in its design or operation, then the auditor could not rely upon that control. In this instance, the auditor would conduct tests of transactions and perform additional analyses in order to accumulate sufficient, competent audit evidence to support its opinion on the financial statements» (SEC, Release 2003, 36638).

121 Unter Umständen kann die RS in einem Prüffeld ganz auf ergebnisorientierte Einzelfallprüfungen verzichten und dieses nur mittels analytischer Prüfungshandlungen überprüfen (PFAFF/RUUD, 85). Die **Zuverlässigkeit des rechnungslegungsrelevanten IKS** wirkt sich somit direkt auf die **Art, den Ablauf und den Umfang der ergebnisorientierten Prüfungshandlungen** und letztlich auf die Wirtschaftlichkeit der Prüfung aus, indem die Prüfungsressourcen v.a. dort eingesetzt werden können, wo das IKS Schwachstellen aufweist (vgl. HWP II 129; PS 400 Ziff. 10; BERTSCHINGER, Corporate Governance, 710; PFIFFNER, N 152).

b) Vergleich mit der Existenzprüfung

122 Die gesetzlich geforderte Existenzprüfung (Abs. 1 Ziff. 3 und dazu N 47 ff.) ist im Prinzip von der Prüfung des IKS zwecks Ermittlung des Kontrollrisikos mitumfasst, da Letztere nicht nur das Vorhandensein, sondern auch die Wirksamkeit des IKS feststellen muss (vgl. PFAFF/RUUD, 84 f.). Ansonsten könnte die RS das Kontrollrisiko (vgl. N 120) nicht abschätzen. Bei der *prüfungsunterstützenden Berücksichtigung des IKS* ist allerdings eine **tiefe oder moderate Sicherheit hinsichtlich der Wirksamkeit des IKS ausreichend,** sofern die RS durch ergebnisorientierte Prüfungshandlungen die Zuverlässigkeit ihres Prüfungsurteils sicherstellt. Die RS kann auch in einem bestimmten Prüffeld von vornherein auf die Berücksichtigung des IKS verzichten und ausschliesslich ergebnisorientierte Prüfungshandlungen vornehmen, falls sie das in guten Treuen für angemessen erachtet. In diesen Fällen geht die Feststellung der Existenz des IKS über die Berücksichtigung des IKS im Rahmen der Abschlussprüfung hinaus (vgl. TREUHAND-KAMMER, 360 f.; PFIFFNER, N 1892 m.w.H.).

IV. Keine Prüfung der Geschäftsführung

123 Im März 2002 wurde in einem *Postulat* vom BR verlangt, eine Ausdehnung der Revisionspflicht auf die Frage der Angemessenheit der organisatorischen und personellen Voraussetzungen für eine einwandfreie Geschäftstätigkeit zu prüfen (Postulat 02 3086 von NR Walker «Corporate Governance/Anlegerschutz»). BR und Parlament haben eine solche **Ausweitung des gesetzlichen Prüfungsauftrags der RS** im Rahmen des Gesetzgebungsprozesses zum neuen Revisionsrecht **klar abgelehnt** (vgl. Botschaft RAG, 3986; AmtlBull NR 2005, 82 f.; AmtlBull StR 2005, 626 f.; hierzu und zum Folgenden vgl. PFIFFNER, N 1901 f.). Begründet wurde dies damit, dass eine solche Ausweitung der Prüfungsaufgabe,»im Ergebnis zu einer unerwünschten Übertragung der Organisationsverantwortung des Verwaltungsrates auf die Revisionsstelle führen [könnte]. Es ist die Aufgabe von Verwaltungsrat und Geschäftsführung, die personellen und organisatorischen Voraussetzungen einer einwandfreien Geschäftstätigkeit zu schaffen. Die Revisorin oder der Revisor dürfte oftmals auch fachlich nicht in der Lage sein, alle diesbezüglichen Strukturen, Entscheide und Fragen zu beurteilen. Würde die Revisionsstelle vom Gesetz in die Organisationsverantwortung involviert, so könnte sich dies in der Folge nachteilig auf ihre Unabhängigkeit auswirken» (Botschaft RAG, 3986).

124 Auch **Gerichte, Lehre und Berufspraxis** sind einhellig der Meinung, dass eine *Prüfung der Geschäftsführung nicht zum Pflichtenkreis der RS gehöre* (vgl. BGE 133 III 453, 458 E. 7.3; 129 III 129, 130 E. 7.1; 112 II 461, 462 E. 3c; unv. BGE v. 12.10.

2004, 4P.208/2003, E. 2.4.1; HGer ZH, ST 2003, 269; FORSTMOSER/MEIER-HAYOZ/NOBEL, § 33 N 36; MONTAVON, 672; BÖCKLI, § 15 N 122; ZÜND, Ansätze, 90; ferner PS 200 Ziff. 3; vgl. auch Art. 906 N 2 zur neuen Rechtslage im Genossenschaftsrecht).

Demgegenüber hält sich in der **öffentlichen Meinung** hartnäckig die Ansicht, die RS habe auch die Geschäftsführung der Exekutivorgane zu prüfen (vgl. von MOOS, 437). Diese Vorstellung ist ein Hauptelement des sog. **Expectation Gap,** d.h. der *Diskrepanz zwischen den Erwartungen der Öffentlichkeit* (worunter gem. ZÜND, Expectation Gap, 372, die Gesamtheit der Bezugspersonen, die an Revisionen interessiert sind, zu verstehen ist) *an den Leistungsumfang und die Qualität der Abschlussprüfung einerseits und dem, was die RS tatsächlich leistet oder leisten sollte, andererseits* (ausführlich zum Expectation Gap und möglichen Strategien zu seiner Reduktion PFIFFNER, N 12 ff.; vgl. auch Botschaft RAG, 3979; ZÜND, Expectation Gap, 371; EGGMANN, 3; FORSTMOSER, 505; BERTSCHINGER, Wirtschaftsprüfer, 911; DRUEY, Haftung, 208; BÖCKLI, Abschlussprüfung, N 37). Oft wird zudem davon ausgegangen, dass die RS bei der Abschlussprüfung das ganze Unternehmen durchleuchtet und sämtliche Mängel oder Fehler aufzudecken habe (VON MOOS, 437; Botschaft RAG, 3996). Wie die vorstehenden Ausführungen zeigen (vgl. N 93 f. und 107), ist dies nicht Aufgabe der RS. Mit anderen Worten ist die Prüfung der RS für den Entscheid, gestützt auf die Jahresrechnung einer AG einen Kredit zu gewähren oder dieses Unternehmen zu kaufen, zwar ein *wichtiges Element* (indem die Wahrscheinlichkeit, dass Bilanz- und Erfolgsrechnung zusammen mit den Anhangsangaben ein adäquates Bild der finanziellen Lage des Unternehmens erlauben, erhöht wird), bildet aber eben nur einen *Ausgangspunkt* für entsprechende Entscheide. Insbesondere äussert sich die RS nicht über die (wirtschaftlich zentrale) Zukunft eines Unternehmens (vgl. hierzu statt vieler FORSTMOSER/MEIER-HAYOZ/NOBEL, § 33 N 33 ff.; BERTSCHINGER, Wirtschaftsprüfer, 911 f.). Anzufügen bleibt, dass die Wirtschaftsprüfer durch Verwendung dieser Berufsbezeichnung den «Gap» eher verstärken – diesbezüglich war etwa die alte Bezeichnung «Bücherexperte» genauer (vgl. BERTSCHINGER, Aktuelle Fragen, 473 ff., FN 6).

Zur Eindämmung des Expectation Gap ist deshalb die **Klarstellung in Abs. 3,** dass die Geschäftsführung nicht Prüfungsgegenstand der RS bildet, **zu begrüssen** (vgl. auch Art. 906 N 2 zur neuen Rechtslage im Genossenschaftsrecht).

V. Rechtsvergleich

1. Europäische Union (EU)

Die EU-Jahresabschluss-RL verpflichtet im Wesentlichen Kapitalgesellschaften, ihre **Jahresabschlüsse** (deren Mindestbestandteile umfassen die Bilanz, die Gewinn- und Verlustrechnung und den Anhang zum Jahresabschluss; vgl. Art. 2 Abs. 1 der EU-Jahresabschluss-RL) durch zugelassene Abschlussprüfer prüfen zu lassen (Art. 51 Abs. 1 Satz 1 der EU-Jahresabschluss-RL). Ferner haben «[d]ie gesetzlichen Abschlussprüfer […] auch ein Urteil darüber ab[zugeben], ob der **Lagebericht** mit dem Jahresabschluss des betreffenden Geschäftsjahres in Einklang steht oder nicht» (Art. 51 Abs. 1 Satz 2 der EU-Jahresabschluss-RL). Gleiches gilt für den **Konzernabschluss** und den **Konzernlagebericht** (vgl. Art. 37 Abs. 1 der EU-Konsolidierungs-RL). In diesem Zusammenhang ist zu beachten, dass alle börsenkotierten Gesellschaften in der EU aufgrund der Verordnung (EG) Nr. 1606/2002 des Europäischen Parlaments und des Rates vom 19.7.2002 betreffend die Anwendung internationaler Rechnungslegungsstandards (ABl. Nr. L 243 vom 11.9.2002, 1 ff.) ihre Konzernabschlüsse nach den **IFRS** erstellen müssen und der Abschlussprüfer entsprechend deren korrekte Anwendung zu überprüfen hat.

128 Die neue EU-Abschlussprüfer-RL (ausführlich kommentiert von PFIFFNER, N 1548 ff.) sieht vor, dass künftig alle nach dem Gemeinschaftsrecht vorgeschriebenen Abschlussprüfungen gem. den von der EU-Kommission anerkannten **ISA** (vgl. N 112) durchzuführen sind (Art. 26 Abs. 1 Satz 1 i.V.m. Art. 2 Nr. 11 der 8. EG-RL). Derzeit (August 2008) hat die EU Kommission noch keine ISA anerkannt.

129 Im Zuge des gesteigerten Bewusstseins für die Bedeutung des IKS im Nachgang zum US-amerikanischen Sarbanes-Oxley Act sieht die neue EU-Abschlussprüfer-RL vor, dass der Abschlussprüfer die von ihm anlässlich der Abschlussprüfung festgestellten **wesentlichen Schwächen des IKS dem Audit Committee mitzuteilen** hat (vgl. Art. 41 Abs. 4 der 8. EG-RL). Auf eine externe Bestätigung der Funktionsfähigkeit des IKS (insb. gegenüber Aktionären und Gläubigern) durch den Abschlussprüfer wird auf europäischer Ebene verzichtet. Nach den revidierten Rechnungslegungsrichtlinien muss der Abschlussprüfer allerdings prüfen, ob die **Angaben über das IKS und das Risikomanagementsystem** in der von der Geschäftsführung von Publikumsgesellschaften zu veröffentlichenden «**Erklärung zur Unternehmensführung**» (vgl. Art. 46a der EU-Jahresabschluss-RL) mit den Informationen im Jahresabschluss übereinstimmen und auf allfällige Diskrepanzen im Revisionsbericht hinweisen (vgl. Art. 46a Abs. 2 Satz 3 i.V.m. Art. 51 Abs. 1 Satz 2 der EU-Jahresabschluss-RL).

2. Bundesrepublik Deutschland

130 In Übereinstimmung mit dem Recht der EU bilden der **Jahresabschluss** (und ggf. der **Konzernabschluss**) sowie der **Lagebericht** (und ggf. der **Konzernlagebericht**) die Prüfungsobjekte des deutschen Abschlussprüfers (vgl. § 317 Abs. 1–3 HGB; hierzu ausführlich PFIFFNER, N 167 ff. und 303 ff.). Über die Vorgaben im EU-Recht hinausgehend hat der Abschlussprüfer bei *börsenkotierten AGs* zudem zu prüfen, ob der Vorstand ein **Risikofrüherkennungssystem,** d.h. ein Überwachungssystem, um den Fortbestand der Gesellschaft gefährdende Risiken früh erkennen zu können (vgl. § 91 Abs. 2 AktG) eingerichtet hat und ob dieses funktionsfähig ist (§ 317 Abs. 4 HGB). Diese Prüfung geht weit über das traditionelle Aufdecken von Unrichtigkeiten in der Rechnungslegung hinaus. Der Abschlussprüfer hat i.S. einer Systemprüfung das gesamte System zur Risikofrüherkennung im Unternehmen zu überprüfen, ohne jedoch eine Geschäftsführungsprüfung vorzunehmen (vgl. IDW PS 340.19i.f.; HOMMELHOFF/MATTHEUS, 659; MÖSSLE, 196; PFIFFNER, N 195 ff. m.w.H.).

131 Weiter hat der deutsche Abschlussprüfer das **rechnungslegungsbezogene IKS** im Rahmen des risikoorientierten Prüfungsansatzes, den auch die deutschen Prüfungsstandards in Übereinstimmung mit der internationalen Prüfungspraxis vorschreiben (vgl. MARTEN/QUICK/RUHNKE, 256 ff., 361, 605) zu überprüfen, um Art, Ablauf und Umfang der Prüfungshandlungen in einem Prüfungsbereich festzulegen (IDW PS 261.80; MARTEN/QUICK/RUHNKE, 272). Seine Feststellungen zum IKS teilt der Abschlussprüfer *dem Aufsichtsrat im Prüfungsbericht* mit (vgl. Art. 728b N 73); eine Mitteilung an externe Kreise (Aktionäre, Gläubiger etc.) ist nicht vorgesehen. Immerhin muss der Abschlussprüfer im Rahmen der Prüfung des Lageberichts auch die Darstellung der **Risiken der künftigen Entwicklung** prüfen (§ 317 Abs. 2 Satz 2 HGB) und im *Bestätigungsvermerk* (vgl. Art. 728b N 75 f.) auf allfällige Implausibilitäten und Unvollständigkeiten hinweisen (PFIFFNER, N 189 ff.).

3. Vereinigte Staaten (USA)

In den USA ist die Abschlussprüfung kein gesellschaftsrechtliches Institut, sondern rein **132** **kapitalmarktrechtlich** geregelt (PFIFFNER, N 185 ff. m.w.H.). Die «securities laws» verpflichten die bei der SEC registrierten Gesellschaften u.a., der SEC jährlich gem. Form 10-K einen *annual report mit audited financial statements* einzureichen; vgl. Sections 13(a)(2), 15(d) Securities Exchange Act; Regulation S-X, Rules 3–01(a), 3–02(a). Die SEC macht den report – und damit auch die financial statements und den audit report – noch am selben Tag, an dem dieser bei ihr eingeht, auf ihrer Website der Öffentlichkeit zugänglich (vgl. <http://www.sec.gov/edgar.shtml>).

Die **financial statements,** d.h. der (konsolidierte) Abschluss der Publikumsgesellschaf- **133** ten, bilden somit den Prüfungsgegenstand des US-amerikanischen Revisors. Dieser hat zu prüfen, ob die financial statements den United States Generally Accepted Accounting Principles (US GAAP) sowie den ergänzenden Vorschriften der SEC entsprechen (vgl. Regulation S-X, Rule 4–01(a)(1)).

Die nähere Regelung der Abschlussprüfung war auch in den USA lange Zeit der *Selbst-* **134** *regulierung* überlassen; der Berufsverband der US-amerikanischen Wirtschaftsprüfer, das *American Institute of Certified Public Accountants (AICPA),* und seine Vorgänger, haben das Vorgehen des Revisors bei der Abschlussprüfung in zahlreichen Standards – den sog. **Generally Accepted Auditing Standards (GAAS)** – näher umschrieben. Durch den im Juli 2002 als Reaktion auf die zahlreichen Bilanzskandale und Unternehmensschieflagen zu Beginn des 21. Jahrhunderts erlassenen **Sarbanes-Oxley Act (SOX)** wurde der Selbstregulierung jedoch ein Ende gesetzt (ausführlich hierzu PFIFFNER, N 1371 ff.). Die Revisionsgesellschaften von SEC-registrierten Gesellschaften unterstehen seither der Aufsicht des **Public Company Accounting Oversight Board (PCAOB),** welches seinerseits der staatlichen Aufsicht der SEC unterliegt. Das PCAOB hat weitreichende Kompetenzen, welche u.a. auch den Erlass von Prüfungs-, Qualitätskontroll-, Ethik-, Unabhängigkeits- und andere Standards für die Prüfer von SEC-registrierten Gesellschaften umfassen (Section 103(a)(1) SOX; das PCAOB kann solche Standards auch von Fachverbänden oder beratenden Expertengremien mit oder ohne Anpassungen übernehmen und für verbindlich erklären). Entgegen den Hoffnungen der Fachverbände, hat das PCAOB klar gemacht, dass es selber Prüfungsstandards erlassen will, und inzwischen auch bereits eigene Standards erlassen (vgl. <http://www.pcaobus.org/Standards/Standards_and_Related_Rules/index.aspx>). Die vom AICPA und seinen Vorgängerorganisationen herausgegebenen GAAS wurden in der am 16. April 2003 in Kraft stehenden Fassung als sog. *Interim Auditing Standards* vom PCAOB einstweilen übernommen. Das PCAOB will diese überprüfen und ggf. überarbeiten (vgl. PCAOB, Annual Report 2003, 10; PFIFFNER, N 1405 ff. m.w.H.).

Der Sarbanes-Oxlex Act führte u.a. **Berichts- und Prüfungspflichten bezüglich des** **135** **IKS** ein. Gemäss *Section 404 SOX* (und den konkretisierenden Vorschriften der SEC) hat zum einen das **Management** das IKS für die Finanzberichterstattung zu beurteilen und das Ergebnis in einem spez. **«internal control report»** als Teil des jährlichen Geschäftsberichts offenzulegen (vgl. Section 404(a) SOX; Securities Exchange Act Rules 13a-15, 15d-15; Regulation S-K, Item 308); insb. muss das Management darin auf *wesentliche Schwachstellen («material weaknesses») des IKS* hinweisen (vgl. Item 308(a), Regulation S-K). Zum anderen ist es Aufgabe des **audior, die Funktionsfähigkeit des IKS für die Finanzberichterstattung zu prüfen** (vgl. Section 404(b) SOX). Das Ergebnis der Prüfung ist als *separates Prüfungsurteil* zusammen mit den vom Revisor festgestellten «material weaknesses» des IKS *im Revisionsbericht* offen zu legen (Rules

1-02, 2-02, Regulation S-X; ausführlich zur Prüfung des IKS unter dem Sarbanes-Oxley Act vgl. PFIFFNER, N 1453 ff.).

136 Die **Umsetzung** der von Section 404 SOX vorgeschriebenen Berichts- und Prüfungspflichten im Zusammenhang mit dem IKS erwies sich als **sehr zeit- und kostenintensiv**. Hinzu kommt, dass weder der Sarbanes-Oxlex Act noch die Ausführungsvorschriften der SEC präzise Vorgaben für die Ausgestaltung des IKS und der damit verbundenen Pflichten des Management und der Prüfer enthielten. Die Vorschriften wurden v.a. von den Prüfern extensiv ausgelegt, was sich positiv auf ihre Honorare auswirkte (vgl. LANGEVOORT, 967: «Auditors are certainly one group that – assisted by the SEC and the PCAOB – has read the internal controls rules broadly and benefits considerably from doing so. Audit fees are up sharply, and given the highly concentrated nature of the market for public company audit services, profits presumably are as well»). Aufgrund der **heftigen Kritik** an den übermässigen Kosten, welche die Umsetzung der Vorschriften zum IKS zur Folge hatte, haben sowohl die SEC als auch das PCAOB ihre Ausführungsvorschriften im Sommer 2007 präzisiert bzw. revidiert. Während sich die *SEC* darauf beschränkte, die Vorgaben für das **Management** durch einen *«interpretive release»* näher zu konkretisieren (vgl. SEC, Guidance, 35325 ff.) und in einer weiteren Verordnung klarstellte, dass das Management, wenn es die ihm obliegende Beurteilung des IKS gem. den RL des «interpretive release» durchführt, seine Pflichten im Zusammenhang mit Section 404 SOX korrekt erfüllt hat (*«safe harbor»;* vgl. SEC, Amendment, 35311), hat das PCAOB den als extensiv empfunden Auding Standard No. 2 zur Prüfung des IKS kurzerhand durch den neuen **Auditing Standard No. 5** ersetzt. Dieser Prüfungsstandard vereinfacht das Vorgehen der Revisoren bei der Prüfung des IKS und verpflichtet diese, sich bei der Prüfung des IKS auf *jene Bereiche zu konzentrieren,* die das grösste Risiko bergen, dass das IKS wesentliche Fehlaussagen im Jahresabschluss nicht verhindern oder aufdecken kann (vgl. PCAOB Auditing Standard No. 5, para. 11; PFIFFNER, N 1484 ff. m.w.H.).

Art. 728b

b. Revisionsbericht

[1] Die Revisionsstelle erstattet dem Verwaltungsrat einen umfassenden Bericht mit Feststellungen über die Rechnungslegung, das interne Kontrollsystem sowie die Durchführung und das Ergebnis der Revision.

[2] Die Revisionsstelle erstattet der Generalversammlung schriftlich einen zusammenfassenden Bericht über das Ergebnis der Revision. Dieser Bericht enthält:

1. eine Stellungnahme zum Ergebnis der Prüfung;
2. Angaben zur Unabhängigkeit;
3. Angaben zu der Person, welche die Revision geleitet hat, und zu deren fachlicher Befähigung;
4. eine Empfehlung, ob die Jahresrechnung und die Konzernrechnung mit oder ohne Einschränkung zu genehmigen oder zurückzuweisen ist.

[3] Beide Berichte müssen von der Person unterzeichnet werden, die die Revision geleitet hat.

3. Abschnitt: Organisation der Aktiengesellschaft 1–3 Art. 728b

b. Rapport de révision	¹ L'organe de révision établit à l'intention du conseil d'administration un rapport détaillé contenant des constatations relatives à l'établissement des comptes, au système de contrôle interne ainsi qu'à l'exécution et au résultat du contrôle.
	² L'organe de révision établit à l'intention de l'assemblée générale un rapport écrit qui résume le résultat de la révision. Ce rapport contient:
	1. un avis sur le résultat du contrôle;
	2. des indications attestant de l'indépendance de l'organe de révision;
	3. des indications sur la personne qui a dirigé la révision et sur ses qualifications professionnelles;
	4. une recommandation d'approuver, avec ou sans réserve, les comptes annuels et les comptes de groupe, ou de les refuser.
	³ Les deux rapports doivent être signés par la personne qui a dirigé la révision.
b. Relazione di revisione	¹ L'ufficio di revisione presenta al consiglio d'amministrazione una relazione completa con le sue constatazioni circa il rendiconto e il sistema di controllo interno, nonché circa l'esecuzione e il risultato della revisione.
	² L'ufficio di revisione presenta all'assemblea generale una relazione riassuntiva scritta sul risultato della revisione. La relazione contiene:
	1. un parere sul risultato della verifica;
	2. indicazioni sull'indipendenza;
	3. indicazioni sulla persona che ha diretto la revisione e sulle sue capacità professionali;
	4. una raccomandazione circa l'approvazione, con o senza riserve, del conto annuale e del conto di gruppo oppure circa il loro rinvio al consiglio d'amministrazione.
	³ Le due relazioni devono essere firmate dalla persona che ha diretto la revisione.

Literatur und Materialien

Vgl. die Hinweise zu Art. 728a.

I. Normzweck und Entstehungsgeschichte

Die Norm verpflichtet die RS bei der ordentlichen Revision zur **Berichterstattung gegenüber dem VR (Abs. 1** und dazu N 4 ff.) **und der GV (Abs. 2** und dazu N 13 ff.), denn die Abschlussprüfung ist erst mit der Bekanntgabe der Prüfungserkenntnisse abgeschlossen. Eine Prüfung ohne Mitteilung des Prüfungsergebnisses wäre letztlich zwecklos. 1

Eine Besonderheit des schweizerischen Rechts ist die **Beschlussempfehlung,** welche die RS im Bericht an die GV abzugeben hat (Abs. 2 Ziff. 4 und dazu N 25, 38, 47 ff.); eine Neuerung gegenüber dem Recht von 1991 ist damit freilich nicht verbunden; immerhin korrigiert des neue Recht das unter dem Recht von 1991 fortbestandene redaktionelle Versehen im Gesetzestext und spricht nun im Zusammenhang mit der Empfehlung zutreffend von «Genehmigung» (statt von «Abnahme») der Jahres- und Konzernrechnung. 2

Der E des BR (BBl 2004, 4120) wurde während der Behandlung im Parlament dahingehend geändert, dass nur noch die Angaben zur Person (nicht zu den Personen), welche die Revision geleitet hat, und zu deren fachlichen Befähigung im Revisionsbericht 3 an die GV enthalten sein müssen (Abs. 2, Ziff. 3). Auch sind die Revisionsberichte an den VR und die GV nur von dieser einen Person zu unterzeichnen, ausser diese sei nicht allein zeichnungsberechtigt (vgl. u. N 11). Zur Beratung im NR vom 2.3.2005 s. AmtlBull NR 2004, 82.

II. Umfassender Bericht an den VR (Abs. 1)

1. Gesetzliche Ausgangslage und Funktion

4 Die RS hat dem VR ihre Erkenntnisse aus der Abschlussprüfung in einem «**umfassenden Bericht**» mitzuteilen. Dieses Erfordernis kannte bereits das Recht von 1991, das die RS von Gesellschaften, die von besonders befähigten Revisoren zu prüfen waren (vgl. Art. 727b altOR), zur Abgabe eines **Erläuterungsberichts** verpflichtete, worin sie über «die Durchführung und das Ergebnis ihrer Prüfung» zu berichten hatte (Art. 729a altOR). Diese zu knapp geratene Umschreibung der Berichtsthemen im Recht von 1991 wird nunmehr um «Feststellungen über die Rechnungslegung [und] das interne Kontrollsystem» erweitert (Abs. 1). Die Botschaft RAG, 4024, betont, dass damit die Bedeutung des Erläuterungsberichts gem. dem Recht von 1991 gestärkt werden soll. Die neu vom Gesetz verlangten Berichtspunkte waren zwar auch im Erläuterungsbericht unter dem Recht von 1991 erwünscht. In der Praxis erwiesen sich die Berichte indessen nicht immer als sehr aussagekräftig und wurden bisweilen sogar als floskelhafte Kurztexte abgefasst (FORSTMOSER/MEIER-HAYOZ/NOBEL, § 33 N 50), was unter dem revidierten Recht nicht mehr angeht, da die Berichte «umfassend» sein müssen. Der VR kann die RS nicht davon entbinden, für ihn einen umfassenden Bericht zu erstellen. Allerdings kann der VR die Form der Berichterstattung bestimmen, z.B. Berichterstattung in Form einer Powerpoint-Präsentation, sofern die RS neben der mündlichen Präsentation jedem VR auch eine schriftliche und unterzeichnete (vgl. unten N 11) Version der Präsentation abgibt (vgl. TREUHAND-KAMMER, Umfassender Bericht, 6 f.).

5 Der Bericht ist für den VR, namentlich für seine nicht mit der Geschäftsführung befassten Mitglieder, ein *wertvolles Instrument zur Erfüllung seiner Oberaufsichtsfunktion und Finanzverantwortung* (BÖCKLI, § 13 N 381 bezeichnet ihn als «[e]ines der wichtigsten Basisdokumente für die Aufsichtsfunktion des Verwaltungsrates»; ebenso DERS., Abschlussprüfung, N 345; allg. zur Bedeutung der Rechnungslegung für nicht exekutive Verwaltungsräte vgl. WATTER, 661 ff.; ausführlich und rechtsvergleichend zum Zusammenwirken von Revisionsstelle und Verwaltungsrat vgl. PFIFFNER, N 1101 ff.). Die VR-Mitglieder tun gut daran, mit dem Revisor die nähere Ausgestaltung des Berichts vor Prüfungsbeginn zu vereinbaren. So ist sichergestellt, dass die Berichterstattung bedürfnisgerecht ausfällt. Wichtig sind für den VR mit Blick auf seine Finanzverantwortung insb. Aussagen zur *Organisation der Buchführung und zum rechnungslegungsbezogenen IKS* (vgl. N 10) sowie allfällige Verbesserungsvorschläge. Ferner sollte sich der Bericht über die Effektivität der im Vorjahr verlangten, vorgeschlagenen und eingeleiteten Massnahmen zur Mängelbeseitigung aussprechen. In Konzernverhältnissen kann die Revisionsstelle einen kombinierten umfassenden Bericht über die Prüfung der Konzernrechnung und die Prüfung der Einzelabschlüsse der Schweizer Tochtergesellschaften (sofern diese der ordentlichen Revision unterliegen) abgeben, wenn die Verwaltungsräte aller Gesellschaften damit einverstanden sind, der Bericht an sämtliche Verwaltungsräte der verschiedenen Gesellschaften adressiert wird und die wesentlichen Prüfungsfeststellungen (z.B. zum IKS) für die einzelnen Gesellschaften im Bericht gesondert dargestellt werden (vgl. TREUHAND-KAMMER, Umfassender Bericht, 5).

Der umfassende Bericht der RS ist ein **internes Kommunikationsmedium,** das den 6
Aktionären und weiteren Stakeholdern nicht zugänglich ist (vgl. BÖCKLI, Abschlussprüfung, N 347). Dies erlaubt der RS, den *Bericht problemorientiert zu verfassen* und in ihm Feststellungen zu treffen, welche die Exekutivorgane nicht veröffentlicht wissen wollen. Müssten die RS und der VR damit rechnen, dass der Bericht den Aktionären und damit letztlich der Öffentlichkeit zur Kenntnis gelangt, würde sein Inhalt um viele für den VR wichtige Hinweise bereinigt und letztlich dem zusammenfassenden Bericht für die GV angeglichen (PFIFFNER, N 1954).

2. Haftungsrisiken

Verzichtet die RS darauf, einen aussagekräftigen, problemorientierten Bericht zu verfassen, geht sie ein **erhebliches Haftungsrisiko** ein. Aussenstehende VR-Mitglieder haben 7
dann nämlich u.U. keine Veranlassung, Massnahmen zur Mängelbehebung einzuleiten. In einem allfälligen Verantwortlichkeitsprozess riskiert die RS, für die Schadensvergrösserung infolge der unterlassenen Hinweispflicht verantwortlich gemacht zu werden (vgl. BÖCKLI, Verantwortlichkeitsrecht, 56). Der umfassende Bericht an den VR stellt eine *Urkunde i.S. des Strafgesetzbuches* dar (Art. 110 Ziff. 5 StGB). Macht die RS darin bewusst wahrheitswidrige Angaben, begeht sie eine **Urkundenfälschung** i.S. der Falschbeurkundung gem. Art. 251 Ziff. 1 StGB (SCHMID, 196).

3. Inhalt

Unter dem Berichtsthema **«Durchführung und Ergebnis der Revision»** soll die RS 8
die vielfältigen Erkenntnisse positiver und negativer Natur, die sie im Rahmen der Abschlussprüfung gewinnen konnte und welche schliesslich zum Prüfungsurteil geführt haben, in aufbereiteter Form wiedergeben. Ziel dieser Ausführungen ist, den Berichtslesern ein eigenes Urteil über die Angemessenheit des von der RS im Bericht an die GV enthaltenen Prüfungsurteil (vgl. N 22, 36 f., 41 ff.) zu ermöglichen; sie dienen der RS nicht zuletzt auch dazu, dem VR **Rechenschaft über ihre Arbeit** zu geben, so dass sich dieser ein Bild von der Abschlussprüfung machen und die Honorarrechnung der RS besser beurteilen kann (vgl. GUHL-DRUEY, § 70 N 17; PFIFFNER, N 408).

Im Zentrum der **«Feststellungen über die Rechnungslegung»** stehen die Analyse der 9
Jahresrechnung sowie die Beurteilung der Organisation des Rechnungswesens und der darauf basierenden Rechnungslegung (Abschlusserstellung). Es interessieren insb. Aussagen zu Positionen in der Jahresrechnung mit grossen Ermessensspielräumen sowie Angaben, auf welchen Grundlagen die Schätzungen vorgenommen wurden (MOSER/EBERLE, 340). Der Bericht soll auch auf kritische Rechnungslegungspraktiken und *Meinungsverschiedenheiten der RS mit der Geschäftsführung* über Fragen der Rechnungslegung eingehen und darlegen, wie wesentlich diese sind und ob bzw. wie sie geklärt wurden (vgl. dazu und zu weiteren möglichen Themen des Erläuterungsberichts PS 260 [«Kommunikation über die Abschlussprüfung mit den Verantwortlichen»]). Die RS soll ferner die *tatsächliche wirtschaftliche und v.a. auch finanzielle Situation* der Gesellschaft ansprechen und insb. auf die Entwicklung des EK und der Liquiditätsreserven eingehen, was sie mittels Kommentierung der Geldflussrechnung machen kann, soweit die Gesellschaft eine solche erstellt hat; vgl. BÖCKLI, § 15 N 182 i.V.m. § 8 N 411 ff.; DERS., Abschlussprüfung, N 329). Die Erörterungen der RS sollen durch das zahlenmässige Abbild hindurch auf die tatsächliche wirtschaftliche Lage der Gesellschaft zielen (vgl. PFIFFNER, N 406; EGGMANN, 149; BÖCKLI, § 15 N 181 f.).

10   Mit Blick auf die **«Feststellungen über das interne Kontrollsystem»** versteht es sich von selbst, dass *materielle Ausführungen über dessen Zustand und Wirksamkeit sowie allfällige Verbesserungsmöglichkeiten* verlangt sind. Mit einem blossen Hinweis auf das formelle Vorhandensein erfüllt die RS ihre Informationspflicht gegenüber dem VR nicht (PFIFFNER, N 1952). Der VR darf darauf vertrauen, dass die RS «bei der Durchführung und bei der Festlegung des Umfangs der Prüfung das interne Kontrollsystem [berücksichtigt]» (Art. 728a Abs. 2 und dazu Art. 728a N 118 ff.), was voraussetzt, dass sie sich über dessen grundsätzliche Geeignetheit und Zuverlässigkeit ein Bild macht. Unterlässt die RS, im Bericht an den VR auf festgestellte oder im Rahmen der Abschlussprüfung mittels üblicher Systemprüfungen feststellbare Mängel im IKS hinzuweisen oder fallen ihre Hinweise nicht klar genug aus, so geht sie ein erhebliches Haftungsrisiko ein. Nicht verlangt ist freilich eine Beurteilung und Berichterstattung i.S.v. Article 404 des Sarbanes-Oxley Act (vgl. Art. 728a N 135 f.). Die RS muss das IKS nicht gezielt nach erheblichen Mängeln («significant deficiencies») und wesentlichen Schwächen («material weaknesses») absuchen und darüber berichten (vgl. PFIFFNER, N 1952; BÖCKLI, Abschlussprüfung, N 336 ff.; **a.M.** offenbar HOFSTETTER/JEGER, 359).

4. Unterzeichnung, Datierung und Zuleitung

11   Die RS hat den Bericht rechtsgültig zu **unterzeichnen** (Abs. 3), wobei der leitende Revisor unterschreiben bzw. – je nach Zeichnungsrecht – mitunterschreiben muss. Wichtig ist auch – obschon dies das Gesetz nicht erwähnt – die **Datierung des Berichts,** damit der VR erkennen kann, wann die RS die Abschlussprüfung abgeschlossen hat (vgl. auch N 39).

12   Die RS hat **jedem VR-Mitglied ein Exemplar zuzustellen.** Eine Aushändigung nur an die Audit Committee-Mitglieder ist ebenso unzulässig wie die Übergabe an den VR-Präsidenten mit der Bitte um Weiterleitung an die übrigen Mitglieder. Die RS muss sicherstellen, dass alle VR-Mitglieder ein Exemplar des Berichts erhalten (PFIFFNER, N 1953; BÖCKLI, § 15 N 181). Nur so besteht Gewissheit, dass diese den Bericht in jedem Fall rechtzeitig zur Kenntnis nehmen können.

III. Zusammenfassender Bericht an die Generalversammlung (Abs. 2)

1. Allgemeines

13   Wie unter dem Recht von 1991 hat die RS auch nach dem revidierten Revisionsrecht zuhanden der GV einen **schriftlichen Bericht über das Ergebnis der Revision** zu verfassen. Wesentliche materielle Neuerungen sind nicht auszumachen (BÖCKLI, Abschlussprüfung, N 350). Das neue Recht spricht von einem *«zusammenfassenden» Bericht* und meint damit wohl, dass die RS darin ihre Erkenntnisse aus der durchgeführten Prüfung *im Prüfungsurteil zusammenfassen* soll. Dagegen kann es nicht darum gehen, eine Zusammenfassung des «umfassenden», an den VR adressierten Berichts zu erstellen; dessen Inhaltsspektrum reicht über dasjenige des Kurzberichts hinaus (vgl. PFIFFNER, N 1955; BÖCKLI, Abschlussprüfung, N 348).

14   Der Revisionsbericht stellt eine **Urkunde i.S. des Strafgesetzbuches** dar (vgl. Art. 110 Ziff. 5 StGB). Macht der Revisor darin bewusst falsche Angaben, begeht er eine Falschbeurkundung (vgl. Art. 251 Ziff. 1 StGB; SCHMID, 196; BRUGGMANN, 105; PFIFFNER, N 361). Fahrlässig und vorsätzlich falsche Ausführungen im Revisionsbericht können zu einer **Verantwortlichkeitsklage nach Art. 755** führen. Eine falsche Bestätigung nach Abs. 2 Ziff. 2 und 3 bezüglich der Unabhängigkeit der RS und der Befähigung

3. Abschnitt: Organisation der Aktiengesellschaft   15–17   Art. 728b

des Prüfungsleiters führen allerding per se kaum zu einer Haftpflicht der RS (Art. 728 N 67).

2. Rechtliche Bedeutung des Revisionsberichts

Der VR hat den Revisionsbericht der RS zusammen mit seinem Geschäftsbericht spätestens **20 Tage vor der ordentlichen GV** am Gesellschaftssitz für die Aktionäre zur Einsicht **aufzulegen** und jedem Aktionär auf Verlangen eine **Kopie** dieser Unterlagen zu **senden** (Art. 696 Abs. 1). Die Kosten hierfür sind von der Gesellschaft zu tragen (vgl. FORSTMOSER/MEIER-HAYOZ/NOBEL, § 40 N 165 FN 34; OR-Handkommentar-KUNZ, Art. 696 N 11; Art. 696 N 8). Nach Art. 696 Abs. 2 sind Namenaktionäre hierüber schriftlich zu benachrichtigen und Inhaberaktionäre mittels Publikation im SHAB sowie in der von den Statuten vorgeschriebenen Form. Zudem hat die Gesellschaft jedem Aktionär, der dies innerhalb von einem Jahr nach der GV verlangt, eine Kopie der erwähnten Unterlagen zuzustellen (Art. 696 Abs. 3). Auch diese Kosten sind von der Gesellschaft zu tragen (vgl. FORSTMOSER/MEIER-HAYOZ/NOBEL, § 40 N 165 FN 34; OR-Handkommentar-KUNZ, Art. 696 N 11; Art. 696 N 8; Pfiffner,). 15

Ohne das **vorgängige Vorliegen des Revisionsberichts** kann die GV weder über die *Genehmigung der Jahresrechnung und der Konzernrechnung* noch über den *Gewinnverwendungsantrag des VR* gültig abstimmen (vgl. Art. 731 Abs. 1). Fasst sie dennoch entsprechende Beschlüsse, sind diese **nichtig** (Vgl. Art. 731 Abs. 3 Satz 1; PFIFFNER, N 362 f. m.w.H.). Das Vorliegen des Revisionsberichts an der GV ist eine «Sachgegebenheit», die «in einer derartigen Ausprägung mit dem fraglichen Beschluss verknüpft ist, dass ohne deren Gegebensein die normative Anerkennung eines Beschlusses keine Berechtigung hat» (DUBS, 452). 16

3. Adressaten des Revisionsberichts

Der Revisionsbericht richtet sich grundsätzlich an die **GV**. Nicht zuletzt aus diesem Umstand ziehen gewisse Lehrmeinungen den Schluss, die RS sei ein *Innenorgan*, das nur den Aktionären in der GV, nicht aber weiteren Stakeholder gegenüber verantwortlich sei (vgl. HONOLD, 1083; GUHL-DRUEY, § 72 N 44i.f.; DRUEY, Organfreiheit, 15; FLÜHMANN, 92 f., 100 ff. und 108 f.; zum Recht von 1936 vgl. VON GREYERZ, 294; DRUEY, Organisation, 81 f.). Dem kann nicht zugestimmt werden (vgl. PFIFFNER, N 828 ff.). Wie das BGer festgestellt hat, dient «[d]ie Buchführung [...] einerseits den Kapitaleignern, in deren Auftrag Verwaltung und GL tätig sind, anderseits den Gläubigern und schliesslich, bei hinreichender wirtschaftlicher Bedeutung, auch einer weiteren Öffentlichkeit zur Information über die Ertragslage der Gesellschaft» (BGE 133 III 453, 457 E. 7.2; 122 IV 25, 28, E. 2.b). Dementsprechend kann auch die *Abschlussprüfung nicht eine rein innergesellschaftliche Angelegenheit sein*; die RS hat ihre Pflichten nicht nur im Interesse der zu prüfenden Gesellschaft, sondern auch zum «Schutz der Allgemeinheit [...], insbesondere [zum] Schutz Dritter, die der Gesellschaft ein Darlehen gewähren oder sich an ihr beteiligen», zu erfüllen (unv. BGE vom 19.12.1997, 4C.13/1997 = Pra 1998, 680 ff., 682 E. 4a). Mit der Abschlussprüfung sollen auch «Geldgeber geschützt werden, die sich grundsätzlich auf die Berichte der Kontrollstelle verlassen dürfen» (unv. BGE 106 II 232, 235, E. 2c, zit. nach HUNZIKER, Neuerungen, 105). Dieses *funktionale, (kapital)marktorientierte Verständnis der Revisionspflicht* liegt auch dem neuen Revisionsrecht zugrunde; nach der Botschaft RAG, 3989, dient die Abschlussprüfung bei Publikumsgesellschaften nämlich in erster Linie dem Schutz der Investoren (vgl. auch Vor Art. 727 N 20 f.; PFIFFNER, N 2186 ff.). 17

18 *Gesellschaften* mit *ausstehenden Anleihensobligationen* sowie Gesellschaften, deren *Aktien* (oder Partizipationsscheine; vgl. Art. 697h Abs. 1 i.V.m. Art. 656a Abs. 2) *an einer Börse kotiert* sind (Art. 697h Abs. 1 Ziff. 1 und 2), müssen den Revisionsbericht zusammen mit der von der GV genehmigten Jahresrechnung von Gesetzes wegen im SHAB publizieren und dadurch **der Öffentlichkeit zugänglich** machen (Art. 697h Abs. 1). Der VR kann auf eine Publikation verzichten, wenn er stattdessen jedem Interessenten, der innerhalb eines Jahres nach der GV ein entsprechendes Begehren stellt, ein Exemplar zustellt (Art. 697h Abs. 1). Somit erhält bei kapitalmarktorientierten Gesellschaften jedermann Einblick in den Revisionsbericht.

19 Gesellschaften, deren *Aktien an der SWX kotiert* sind, müssen den Revisionsbericht wie auch die Jahresrechnung und die Konzernrechnung sowie den Jahresbericht des VR in jedem Fall veröffentlichen (Art. 64 KR i.V.m. RLFB, Rz 25; zudem sind diese Unterlagen der Zulassungsstelle der SWX einzureichen). Die erwähnten Dokumente müssen während fünf Jahren auf der Website der Gesellschaft für jedermann zugänglich sein (RLFB, Rz 31). Damit besteht für die an der SWX kotierten Gesellschaften eine **umfassende, allgemeine Publizitätspflicht**.

20 Bei den *übrigen AGs* erhalten die **bestehenden Aktionäre und** die **bestehenden Gläubiger** *Einsicht in den Revisionsbericht und die Jahresrechnung* (vgl. BGE 111 II 281, 283 E. 2; FORSTMOSER/MEIER-HAYOZ/NOBEL, § 48 N 11; auch die Arbeitnehmer sind [Lohn-]Gläubiger]). **Gläubiger** müssen jedoch – im Gegensatz zu den Aktionären – ein **schutzwürdiges Interesse** glaubhaft machen (Art. 697h Abs. 2; ebenso Art. 958e Abs. 2 E OR 2007). Ein solches wird in der Praxis namentlich dann angenommen, wenn von einer Gefährdung der Einbringlichkeit der Forderung des betreffenden Gläubigers auszugehen ist (vgl. Botschaft AG, 169; FORSTMOSER/MEIER-HAYOZ/NOBEL, § 48 N 11; PFIFFNER, N 367; BÖCKLI, § 12 N 220 FN 400 unter Hinweis auf einen Entscheid des HGer SG, 30.9.1998, SJZ 96 [2000] 192; Art. 697h N 7). Die Gläubiger haben im Gegensatz zu den Aktionären keinen Anspruch auf Zusendung von Unterlagen oder auf das Herstellen von Kopien (vgl. OR-Handkommentar-KUNZ, Art. 697h N 15; BÖCKLI, § 12 N 221).

4. Gesetzlich verlangter Inhalt

21 Der zusammenfassende Bericht muss mindestens folgende Angaben enthalten (zum Folgenden vgl. Botschaft RAG, 4024; PFIFFNER, N 1956 ff.):

22 – **Stellungnahme zum Prüfungsergebnis (Abs. 2 Ziff. 1):** Die RS hat sich unter Bezugnahme auf die Umschreibung des Prüfungsgegenstandes in Art. 728a Abs. 1 zum *Prüfungsergebnis* zu äussern, d.h. zum Resultat der Prüfung der Jahresrechnung, ggf. der Konzernrechnung, des Gewinnverwendungsantrags und des IKS(zum Prüfungsgegenstand bei der ordentlichen Revision vgl. Art. 728a N 5 ff.; PFIFFNER, N 1870 ff.; zum Prüfungsurteil im Standardbericht vgl. N 36 f.). *Mängel,* die durch die Prüfung aufgedeckt wurden, müssen *beschrieben* werden; ein pauschales Negativstatement genügt nicht (Botschaft RAG, 4024; zu Abweichungen vom Normalwortlaut im Prüfungsurteil vgl. N 41 ff.).

23 – **Stellungnahme zur Unabhängigkeit (Abs. 2 Ziff. 2):** Die RS muss sämtliche Sachverhalte offen legen, die sie aus der Sicht eines vernünftigen Dritten als befangen erscheinen lassen könnten, und gleichzeitig die ergriffenen Schutzmassnahmen beschreiben (vgl. auch TREUHAND-KAMMER, Richtlinien zur Unabhängigkeit 2007, Teil I Abschnitt G Abs. 2 i.f.). Die Stellungnahme zur Unabhängigkeit fordert von der RS eine *hinreichend detaillierte Schilderung;* eine Standardfloskel, wie sie für den Revisionsbericht unter dem Recht von 1991 üblich war, genügt nicht mehr (Botschaft RAG, 4024; BÖCKLI, Abschlussprüfung, N 362). Liegen keine Sachverhalte vor, welche einen Dritten an der Unabhängigkeit zweifeln lassen könnten, muss dies die RS im Bericht explizit bestätigen.

– **Angabe des Prüfungsleiters und dessen fachlicher Befähigung (Abs. 2 Ziff. 3):** 24
Die Angabe des Prüfungsleiters (Mandatsleiter) war bereits im Recht von 1991 vorgeschrieben. Neu werden auch Angaben zu seiner fachlichen Befähigung verlangt, so dass sich die Berichtsadressaten von seiner Qualifikation als zugelassener Revisionsexperte überzeugen können.

– **Beschlussempfehlung hinsichtlich des Jahresabschlusses (Abs. 2 Ziff. 4):** Wie im 25
Recht von 1991 hat der Bericht der RS neben den erwähnten beschreibenden Elementen auch eine *Empfehlung* zu enthalten. Die RS muss der GV gestützt auf die Erkenntnisse aus der Abschlussprüfung empfehlen, ob sie die Jahresrechnung und ggf. die Konzernrechnung mit oder ohne Einschränkung genehmigen oder an den VR zurückzuweisen soll (vgl. u. N 38, 47 ff.).

Wie der Bericht an den VR ist auch der zusammenfassende Bericht der RS zuhanden 26
der GV von Gesetzes wegen vom Prüfungsleiter zu **unterzeichnen** (Abs. 3). Ein gesetzgeberisches Versehen stellt die *fehlende gesetzliche Pflicht zur Datierung* des Berichts dar (vgl. aber PS 700 Ziff. 23 und dazu N 39).

5. Inhalt und Ausgestaltung des Revisionsberichts in der Praxis

a) Normalwortlaut

Die **Treuhand-Kammer** hat in Übereinstimmung mit der internationalen Prüfungspra- 27
xis (ISA 700) einen **Standardtext (Normalwortlaut)** erarbeitet, der in der Praxis immer dann verwendet wird, wenn die RS keine wesentlichen Beanstandungen zur Buchführung, Rechnungslegung oder zum Antrag über die Gewinnverwendung anzubringen hat und auf keine wesentlichen Gesetzes- und Statutenverstösse anlässlich der Prüfungsdurchführung gestossen ist. Den Vorteil der Verwendung eines standardisierten Berichtstextes sieht die Prüfungspraxis darin, dass der Leser *Abweichungen leichter erkennen kann* (vgl. THIEL, AJP 1992, 737; DERS. Jahresabschluss, 315; OR-Handkommentar-HELDNER/KELLERHALS, Art. 729 N 7). Der Standardtext gliedert sich in die folgenden *fünf Abschnitte* (vgl. die Mustertexte in PS 700, Anh. 1; HWP II 375 ff.; zum Folgenden vgl. PFIFFNER, N 369 ff.):

aa) Erster Abschnitt: Prüfungsgegenstand

Im ersten, einleitenden Abschnitt wird der *Prüfungsgegenstand* festgehalten: 28

«Als Revisionsstelle haben wir die Buchführung und die Jahresrechnung (Bilanz, Erfolgsrechnung, Mittelflussrechnung [wenn die Rechnungslegung nur die aktienrechtlichen Mindestvorschriften berücksichtigt, fehlt eine Geldflussrechnung] und Anhang) der [Firma der Gesellschaft] für das am [Bilanzstichtag] abgeschlossene Geschäftsjahr geprüft» (PS 700, Anh. 1, Nr. 3 Abs. 1).

Wenn die Unterzeichnung des Berichts erst Wochen nach dem Abschluss der Prüfungs- 29
arbeiten erfolgt, soll noch ein Hinweis auf den Abschluss der Prüfungsarbeiten aufgenommen werden («[Die Prüfungsarbeiten wurden am [Datum] abgeschlossen]»; PS 700, Anh. 1, Nr. 3, Erläuterung Nr. 8). Zu beachten ist jedoch, dass der Revisor so

kurz vor dem Berichtsdatum wie möglich noch Prüfungshandlungen vorzunehmen hat, um allfällige berücksichtigungspflichtige Ereignisse nach dem Bilanzstichtag zu entdecken (PS 560 Ziff. 4 f.).

30 Es fällt auf, dass **zwei Prüfungsobjekte** – der *Antrag über die Verwendung des Bilanzgewinns und das Vorhandensein eines IKS* – **nicht genannt** werden. Die Umschreibung des gesetzlichen Prüfungsgegenstandes im Standardtext für den Revisionsberichts ist also in dieser Hinsicht unvollständig und sollte ergänzt werden.

bb) Zweiter Absatz: Verantwortlichkeit, Befähigung, Unabhängigkeit

31 Im zweiten Absatz werden die **Aufgaben von VR und RS im Zusammenhang mit der Jahresrechnung** voneinander *abgegrenzt.* Der vom Gesetz nicht, wohl aber von PS 700 Ziff. 9 verlangte Hinweis auf die Aufgabenverteilung zwischen VR und Abschlussprüfer soll *verhindern,* dass bei den Lesern des Berichts *falsche Vorstellungen* über die Verantwortlichkeit der RS aufkommen. Solchen versucht die Revisionsbranche schon lange durch entsprechende Hinweise im Revisionsbericht entgegenzuwirken (vgl. HELBLING, Geschichte der Treuhand- und Revisionsbranche, Zürich 2006, 37). Sodann bestätigt der Prüfer in diesem Absatz seine Befähigung und Unabhängigkeit.

«Für die Jahresrechnung ist der Verwaltungsrat verantwortlich, während unsere Aufgabe darin besteht, diese zu prüfen und zu beurteilen. Wir bestätigen, dass wir die gesetzlichen Anforderungen hinsichtlich Befähigung und Unabhängigkeit erfüllen» (PS 700, Anh. 1, Nr. 3 Abs. 2).

32 Die Bestätigung der Unabhängigkeit bezieht sich – wie auch die Bestätigung der Fachkunde – allein auf die Einhaltung der gesetzlichen Vorschriften. Obwohl die Treuhand-Kammer RL zur Unabhängigkeit erlassen hat, welche die gesetzlichen Vorschriften konkretisieren und z.T. auch ergänzen, findet sich kein Hinweis auf diese RL, was zu bedauern ist.

33 Zu beachten ist, dass das Gesetz ausführliche Hinweise auf mögliche Befangenheitsgründe und, falls solche vorliegen, die dagegen ergriffenen Schutzmassnahmen vorschreibt; vgl. N 23.

cc) Dritter Absatz: Art und Umfang der Abschlussprüfung

34 Im dritten Absatz des Berichts folgen Hinweise auf die angewendeten Prüfungsgrundsätze, auf das Wesentlichkeitsprinzip, auf die Beschränkung der Prüfung auf Stichproben sowie weitere Angaben zur Prüfungsdurchführung. Es soll dadurch darauf aufmerksam gemacht werden, dass die Jahresrechnung hinsichtlich der Anwendung der Rechnungslegungsgrundsätze, der Bewertung und der Darstellung zu einem grossen Teil auf Ermessensentscheiden beruht. Schliesslich soll klargestellt werden, dass das Urteil des Abschlussprüfers auch subjektiven Charakter hat und nicht gänzlich objektiv sein kann:

«Unsere Prüfung erfolgte nach den Schweizer Prüfungsstandards [sowie den International Standards on Auditing (ISA)] [wurde der Abschluss in Übereinstimmung mit den IFRS erstellt und weist die geprüfte Gesellschaft ein internationales Aktionariat auf, ist es angebracht, dass der Revisionsbericht neben den PS auch die ISA erwähnt; vgl. PS 700 Ziff. 16A], *wonach eine Prüfung so zu planen und durchzuführen ist, dass wesentliche Fehlaussagen in der Jahresrechnung mit angemessener Sicherheit erkannt werden. Wir prüften die Posten und Angaben der Jahresrechnung mittels Analysen und Erhebungen auf der Basis von Stichproben. Ferner beurteilten wir die Anwendung der massgebenden Rechnungslegungsgrundsätze, die wesentlichen Bewertungsentscheide*

sowie die Darstellung der Jahresrechnung als Ganzes. Wir sind der Auffassung, dass unsere Prüfung eine ausreichende Grundlage für unser Urteil bildet» (PS 700, Anh. 1, Nr. 3 Abs. 3).

Die Hinweise auf die Prüfungsdurchführung, wonach die Prüfung auf Stichproben beruht und sich auf Wesentliches beschränkt, dienen in erster Linie der **Haftungsprävention**. Die Berichtsadressaten sollen sich bewusst sein, dass die RS keine lückenlose Prüfung durchführt. FORSTMOSER (Haftung, 490 FN 32) weist darauf hin, dass die zum Zwecke der Haftungsbeschränkung formulierten Ausführungen zum Prüfungsumfang das Fünffache des eigentlichen Prüfungsurteils (vgl. sogleich N 36) einnähmen, welches in einem Zweizeiler Platz hätte.

dd) Vierter Absatz: Prüfungsurteil

Der anschliessende vierte Absatz enthält das Herzstück des Revisionsberichts, das **Prüfungsurteil der RS.** Dieses verkörpert das *verdichtete Resultat der Abschlussprüfung.* Der Wortlaut dieses Absatzes unterscheidet sich je nach dem, ob die Rechnungslegung ein bestimmtes Regelwerk befolgt, das die Vermittlung eines den tatsächlichen Verhältnissen entsprechenden Bildes anstrebt, oder sich lediglich an die gesetzlichen Rechnungslegungsvorschriften hält. Im ersten Fall lautet der betreffende Passus wie folgt:

«Gemäss unserer Beurteilung vermittelt die Jahresrechnung ein den tatsächlichen Verhältnissen entsprechendes Bild der Vermögens-, Finanz- und Ertragslage in Übereinstimmung mit [Regelwerk gemäss Anhang zur Jahresrechnung]. Ferner entsprechen die Buchführung und die Jahresrechnung sowie der Antrag über die Verwendung des Bilanzgewinns [liegt kein Bilanzgewinn vor, ist dieser Hinweis wegzulassen; beantragt der Verwaltungsrat die Verwendung von Reserven, ist die Formulierung sinngemäss anzupassen; vgl. PS 700, Anhang 1, Nr. 3, Erläuterung Nr. 12] dem schweizerischen Gesetz und den Statuten» (PS 700, Anh. 1, Nr. 3 Abs. 4).

Der Prüfungsstandard zum Revisionsbericht (PS 700) wurde damit *noch nicht an das neue Gesetz* angepasst. Die *Kommission für Wirtschaftsprüfung (KWP)* der Treuhand-Kammer hat entschieden, den Prüfungsstandard an den vor kurzem überarbeiteten ISA 700 anzupassen und dabei die **spezifische Berichtspflicht zur Existenz des IKS einzuarbeiten** (ISA 700 [rev.] para. 46 bzw. 66 sieht die Möglichkeit zur Ergänzung des Testats mit länderspezifischen Berichtspflichten vor; vgl. STENZ/RENFER, 13; MOSER/EBERLE, 341 f.; TREUHAND-KAMMER, Neues Revisionsrecht, 13, wonach eine Kurzbestätigung bezüglich des IKS am Ende des Berichts vorgesehen werde).

ee) Fünfter Absatz: Empfehlung

Die RS muss der GV als eine *Besonderheit des schweizerischen Rechts* nicht nur i.S. einer «rein intellektuellen Wissenserklärung» ihr Prüfungsergebnis mitteilen, sondern ausserdem als Konsequenz ihres Urteils eine **«wertende Verhaltensempfehlung»** abgeben (BÖCKLI, Verantwortlichkeitsrecht, 50), die *den Aktionären als «Entscheidungshilfe»* bei der Beschlussfassung über das Traktandum «Genehmigung der Jahresrechnung» dient (PS 700 Ziff. 46E; HWP II 382; PFIFFNER, N 378). Im Normalfall kommt die RS zum Schluss, dass die Jahresrechnung in allen Punkten gesetzes- und statutenkonform ist (uneingeschränktes Prüfungsurteil), und empfiehlt dementsprechend den Aktionären die Genehmigung der Jahresrechnung ohne Einschränkung (HELBLING, Praxis, 340). An eine Genehmigungsempfehlung der RS sind die Aktionäre natürlich nicht gebunden (PFIFFNER, N 1081). Die Wiedergabe der Empfehlung erfolgt im fünften Absatz des Revisionsberichts und lautet wie folgt:

«Wir empfehlen, die vorliegende Jahresrechnung zu genehmigen» (Vgl. PS 700 Ziff. 46 D und Anh. 1, Nr. 3 Abs. 5).

ff) Abschluss

39 Den Schluss des Berichts bilden Angaben zu **Ort und Datum.** Bezüglich des *Datums* sollte der Tag der *Prüfungsbeendigung,* d.h. der Zeitpunkt, an dem alle für die Formulierung des Berichts erforderlichen Informationen vorliegen und die Prüfungsarbeiten abgeschlossen sind, gewählt werden (PS 700 Ziff. 23 ff.). Die Angabe dieses Zeitpunkts ist mit Blick auf die Verantwortung des Prüfers empfehlenswert, da er wesentliche Ereignisse zwischen dem Bilanzstichtag und der Beendigung der Prüfung berücksichtigen muss (PS 560 Ziff. 4 ff.). Allfällig später (aber vor der GV) bekannt werdende weitere Umstände sind an der GV bekannt zu geben, entweder durch den VR oder die RS (PS 560 Ziff. 13 ff.; vgl. auch Art. 728a N 115 zur Nachbearbeitung und HWP II 398 zur allfälligen Abänderung). Wird die Rechnung nach Abgabe des Berichts geändert, ist der Bericht zu ergänzen (so ausdrücklich § 316 Abs. 3 HGB).

40 Ferner sind die **Namen der leitenden Revisoren** anzugeben (PS 700, Anh. 1, Nr. 3 i.f.) und diese haben den Bericht zu unterschreiben bzw. mitzuunterschreiben (vgl. N 11). Die Pflicht, dass der Bericht die Person nennen muss, welche die Prüfung geleitet hat, ergibt sich im Übrigen bereits aus dem Gesetz (vgl. N 24) und steht im Zusammenhang mit der Bestimmung, dass bei Revisionsunternehmen sichergestellt sein muss, dass nur Personen Revisionsdienstleistungen leiten, welche über die Zulassung als Revisionsexperte verfügen (Art. 6 Abs. 1 lit. c RAG).

b) Abweichungen vom Normalwortlaut

aa) Abweichungen vom Normalwortlaut im Prüfungsurteil

41 Stellt die RS bei der Prüfung *wesentliche Verletzungen der Buchführungs-, und Rechnungslegungsregeln oder der Vorschriften über den ausschüttbaren Gewinn* fest, darf sie kein uneingeschränktes Prüfungsurteil abgeben, sofern die Jahresrechnung nicht rechtzeitig korrigiert wird (vgl. ABOLFATHIAN-HAMMER, 19). Die RS soll sich zunächst an ihre Ansprechpartner bei der zu prüfenden Gesellschaft wenden, sie auf festgestellte Mängel aufmerksam machen und ihnen Gelegenheit zur Korrektur geben. So ist eine rasche Mängelbehebung möglich, was der Schadensminderung bzw. -vermeidung im Interesse aller Beteiligten dient. Werden die Mängel nicht oder nicht rechtzeitig (d.h. so, dass die korrigierte Jahresrechnung und der Revisionsbericht spätestens 20 Tage vor der GV zur Einsicht der Aktionäre aufgelegt werden können) behoben, hat die RS ihr Prüfungsurteil einzuschränken bzw. zu verneinen (PFIFFNER, N 385).

42 Die RS gelangt zu einem **eingeschränkten Prüfungsurteil («qualified opinion»),** wenn durch die Fehler in der Jahresrechnung das vermittelte *Gesamtbild nicht grundlegend verfälscht* wird; vgl. PS 700 Ziff. 37 mit folgendem Mustertext:

«Gemäss unserer Beurteilung vermittelt [...] mit Ausnahme des im vorstehenden Absatz dargelegten Sachverhalts [...]» (Hervorhebung hinzugefügt; zur Fortsetzung vgl. PS 700 Ziff. 21).

43 Liegt jedoch eine *grundlegende Beeinträchtigung des Gesamtbildes* vor, d.h. wird eine zuverlässige Beurteilung der Vermögens- und Ertragslage der Gesellschaft durch die Missachtung von Rechnungslegungsnormen nachhaltig erschwert oder gar verunmöglicht, hat die RS ein **verneinendes Prüfungsurteil («adverse opinion»)** abzugeben; vgl. PS 700 Ziff. 39. Als Bsp. für ein verneinendes Prüfungsurteil im Falle einer Rech-

nungslegung nach IFRS, obwohl die Jahresrechnung dem Gesetz und den Statuten entspricht vgl. PS 700, Anh. 2, Nr. 23, Abs. 4 und 5:

«Wie in Anmerkung [...] im Anhang der konsolidierten Jahresrechnung dargelegt, wurde darauf verzichtet, die Kosten und allfälligen Nettoverpflichtungen oder -überschüsse der Leistungsprimatpläne gemäss IAS 19 zu ermitteln. Stattdessen sind die gemäss den relevanten Reglementen geschuldeten Beiträge erfolgswirksam erfasst. Entsprechend fehlen im Anhang auch die gemäss IAS 19 offenlegungspflichtigen Angaben. / Gemäss unserer Beurteilung vermittelt die konsolidierte Jahresrechnung wegen der Auswirkung des im vorstehenden Absatz dargelegten Sachverhalts kein den tatsächlichen Verhältnissen entsprechendes Bild der Vermögens-, Finanz- und Ertragslage in Übereinstimmung mit den International Financial Reporting Standards (IFRS). Sie entspricht indessen dem schweizerischen Gesetz.»

Die Frage, ob die RS im konkreten Fall ein eingeschränktes oder verneinendes Prüfungsurteil abgeben soll, hängt von der Schwere der festgestellten Mängel und deren Einfluss auf die Gesamtaussage der Jahresrechnung im Einzelfall ab und verlangt von der RS einen **Ermessensentscheid** (PFIFFNER, N 385). Die Art der Qualifikation des Prüfungsurteils beeinflusst die Beschlussempfehlung für die GV; vgl. N 47. Die Qualifikation (Einschränkung oder Verneinung) und die konkrete Empfehlung sind indes von geringerer Bedeutung, wenn der Revisor seine *Vorbehalte* gegen die Jahresrechnung *hinreichend begründet* und so die Aktionäre in die Lage versetzt, selber zu entscheiden, ob sie die Jahresrechnung trotz Einschränkungen genehmigen oder aber an den VR zurückweisen wollen; vgl. HUNZIKER, Pflichterfüllung, 42; anders aber unv. BGE vom 19.12.1997, 4C.13/1997 = Pra 1998, 680 ff. (Pflichtverletzung der RS bejaht, die das Prüfungsurteil im Revisionsbericht mit begründeten Einschränkungen erteilte, aber trotz dieser Einschränkungen eine uneingeschränkte Empfehlung zur Genehmigung der Jahresrechnung abgab). 44

Nicht nur wesentliche Fehlaussagen in der Jahresrechnung führen dazu, dass die RS kein uneingeschränktes Prüfungsurteil abgeben kann; dasselbe gilt, wenn eine Beschränkung des Prüfungsumfangs vorliegt *(subjektive Unüberprüfbarkeit)* (PS 700 Ziff. 36 [a]; PFIFFNER, N 386 m.w.H.). Dies kann einerseits aufgrund der konkreten Umstände der Fall sein, z.B. wenn die RS so spät mandatiert wurde, dass sie bei der Inventur nicht anwesend sein konnte (vgl. PS 700 Ziff. 42). In einer solchen Situation muss die RS «versuchen, alternative Prüfungshandlungen durchzuführen, um jene hinreichenden und angemessenen Prüfungsnachweise zu erlangen, die ein uneingeschränktes Prüfungsurteil rechtfertigen». Denkbar ist auch, dass die zu prüfende Gesellschaft bzw. deren Exekutivorgane der RS Beschränkungen hinsichtlich des Umfangs ihrer Arbeiten auferlegen, z.B. wenn sie ihr keine Auskünfte erteilen oder ihr nicht gestatten, externe Bestätigungen zu wesentlichen Forderungen einzuholen (PS 700 Ziff. 41 f., 44). Die RS hat in solchen Fällen zu entscheiden, ob die nicht überprüfbaren Sachverhalte das Gesamtbild der Jahresrechnung grundlegend verändern könnten. Trifft dies zu, kann die RS kein Prüfungsurteil abgeben, sondern nur dessen **Unmöglichkeit feststellen («disclaimer of opinion»)** (PS 700 Ziff. 38). Haben die nicht überprüfbaren Sachverhalte *keinen so gravierenden Einfluss* auf das von der Jahresrechnung vermittelte Gesamtbild, kann die RS zwar ein Urteil abgeben, hat dieses jedoch *einzuschränken («qualified opinion»)* (PS 700 Ziff. 37). 45

In Fällen, in denen die RS kein uneingeschränktes Prüfungsurteil abgeben kann, muss sie die *Gründe dafür* in einem dem Prüfungsurteil vorangestellten, zusätzlichen Absatz *angeben* und, wenn möglich, die Auswirkungen auf die Jahresrechnung quantifizieren (PS 700 Ziff. 40) bzw. im Falle einer subjektiven Unüberprüfbarkeit die möglichen Kor- 46 rekturen des Abschlusses angeben, die notwendig wären, wenn die Beschränkung nicht vorläge (PS 700 Ziff. 43). Die RS trifft in diesen Fällen demnach eine *Informationspflicht* (PFIFFNER, N 387).

bb) Abweichungen vom Normalwortlaut in der Empfehlung

47   Die **Art der Empfehlung** hängt vom **Prüfungsurteil** ab, zu welchem die RS aufgrund der Prüfung gelangt ist.

48   Im Falle eines *eingeschränkten Prüfungsurteils («qualified opinion»)* empfiehlt die RS der GV, die Jahresrechnung **trotz Einschränkung zu genehmigen** (PS 700 Ziff. 46F).

49   Gibt die RS ein *verneinendes Prüfungsurteil («adverse opinion»)* ab, empfiehlt sie der GV die **Rückweisung** der Jahresrechnung an den VR (PS 700 Ziff. 46H). Ausnahmsweise kann auch bei einem verneinenden Prüfungsurteil die *Genehmigung (trotz Einschränkung)* angebracht sein, wenn z.B. die Mängel die Ordnungsmässigkeit der Buchführung betreffen, die nachträglich nicht korrigiert werden können, die Jahresrechnung aber korrekt ist (vgl. PS 700 Ziff. 46H; EGGMANN, 147; vgl. auch N 44).

50   Andere Empfehlungsmöglichkeiten, wie Ablehnung oder Abänderung, gibt es nicht; auch ein **Verzicht** auf eine Empfehlung ist **nicht zulässig** (vgl. ZÜND, Revisionslehre, 279; PS 700 Ziff. 46J). Schwierigkeiten ergeben sich deshalb, wenn die RS zum Schluss kommt, dass ein *Prüfungsurteil nicht möglich* ist *(«disclaimer of opinion»).* Der Unmöglichkeit eines Prüfungsurteils entspricht keine der gesetzlichen Empfehlungsvarianten (PFIFFNER, N 390 m.w.H.). Weniger kritisch sind in diesem Zusammenhang jene Fälle, in denen ein Prüfungsurteil unmöglich ist, weil der RS *von der zu prüfenden Gesellschaft bzw. deren Exekutivorgane Beschränkungen des Prüfungsumfangs* auferlegt werden und die nicht überprüfbaren Sachverhalte das von der Jahresrechnung vermittelte Gesamtbild grundlegend verändern könnten (vgl. N 45). Diesfalls ist eine **Rückweisungsempfehlung** angemessen, wobei damit nicht eine Korrektur der Jahresrechnung, sondern die Durchsetzung des der RS zustehenden Auskunfts- und Einsichtsrechts angestrebt wird (PFIFFNER, N 391). Schwierigkeiten bereiten Fälle, in denen die RS *aufgrund der konkreten Umstände (und nicht wegen Hinderungen durch die Exekutivorgane) subjektiv nicht in der Lage* war, bestimmte Sachverhalte abzuklären, die ggf. das von der Jahresrechnung vermittelte Gesamtbild grundlegend verändern könnten. Ebenso kritisch sind Fälle *objektiver Unüberprüfbarkeit,* bei denen die RS nach Ausschöpfung aller angemessenen Möglichkeiten zur Klärung des Sachverhalts nicht in der Lage ist, ein Prüfungsurteil zu fällen. Hierzu zählen z.B. Sachverhalte, deren Ausgang von zukünftigen Ereignissen abhängt, die das Unternehmen direkt weder erwirken noch abwenden kann und die einen gravierenden Einfluss auf die Jahresrechnung haben können (PS Glossar, XX [«Unsicherheit»]). In solchen Fällen teilt die RS die Unmöglichkeit eines Prüfungsurteils und der Abgabe einer Empfehlung dem VR der geprüften Gesellschaft rechtzeitig mit und fordert ihn auf, die **GV zu verschieben.** Die ordentliche GV muss allerdings innerhalb von sechs Monaten nach Schluss des Geschäftsjahres stattfinden (vgl. Art. 699 Abs. 2), wobei es sich bei dieser Frist um eine Ordnungsfrist handelt, deren Überschreitung kaum direkte Rechtsfolgen auslöst (statt vieler FORSTMOSER/MEIER-HAYOZ/NOBEL, § 23 N 44). Eine gewisse Überschreitung kann aufgrund einer sorgfältigen Interessenabwägung gerechtfertigt sein, wenn durch die gewonnene Zeit der RS ein verlässliches Prüfungsurteil und damit die Abgabe einer Empfehlung im Revisionsbericht ermöglicht wird und die GV schliesslich über die Genehmigung der Jahresrechnung und des Gewinnverwendungsantrages abstimmen kann (PFIFFNER, N 392 m.w.H.). Zieht man die zeitlichen Vorgaben für die Abhaltung der Hauptversammlung im deutschen Aktiengesetz (vgl. §§ 120 Abs. 1 Satz 1 und 175 Abs 1 Satz 2 AktG) in Betracht, erscheint der

Vorschlag von BÖCKLI gangbar, die Frist zur Abhaltung der GV um maximal zwei Monate auf insgesamt acht Monate nach dem Ende des Geschäftsjahres zu verlängern (BÖCKLI, Revisionsstelle, 210 ff.). Sind die Unsicherheiten auch nach der verlängerten Frist noch so gross, dass die RS zu keinem Prüfungsurteil gelangen kann, bleibt ihr nichts anderes übrig, als eine **Rückweisungsempfehlung** abzugeben und im Revisionsbericht die Gründe für die Unmöglichkeit des Prüfungsurteils darzustellen (PS 700 Ziff. 46L; BÖCKLI, Revisionsstelle, 212 f.; DERS., Abschlussprüfung, N 393). Unterlässt es der VR nach der verlängerten Frist die GV einzuberufen, welcher die Jahresrechnung mit dem Revisionsbericht zur Beschlussfassung vorzulegen ist, muss die RS dies tun (vgl. Art. 699 Abs. 1; BÖCKLI, Revisionsstelle, 212 f.; PFIFFNER, N 392 i.f.).

Nur in **Ausnahmefällen** darf die RS eine **bedingte Genehmigungsempfehlung** abgeben, wenn ihr im Zeitpunkt der Abgabe des Revisionsberichts noch ein klar umrissenes Beurteilungskriterium fehlt, sie ansonsten jedoch keine Sachverhalte feststellen konnte, die gegen die Gesetzes- und Statutenkonformität der Prüfungsobjekte sprechen würden (vgl. PS 700 Ziff. 46M; BÖCKLI, Revisionsstelle, 199 f.; PFIFFNER, N 393; **a.M.** VON GREYERZ, 217; EGGMANN, 146). Voraussetzung für die Zulässigkeit einer bedingten Genehmigungsempfehlung ist, dass der Eintritt des ungewissen Sachverhaltes bis zum Zeitpunkt der GV wahrscheinlich ist (z.B. Vorliegen einer beantragten Konzessionsverlängerung; PS 700 Ziff. 46M), ein Vertreter der RS an der GV teilnimmt und über den Eintritt bzw. das Ausbleiben der Bedingung informiert. Tritt der erwartete Sachverhalt schliesslich nicht ein, ist die Empfehlung grundsätzlich als *Rückweisungsantrag* zu verstehen (PS 700 Ziff. 46M). Ein solches Vorgehen soll nach BÖCKLI nur bei privaten Gesellschaften in Betracht kommen und bei Publikumsgesellschaften «wegen der allenfalls schon eine bis zwei Wochen vor der GV erteilten Stimmrechtsweisungen der vertretenen Aktionäre» ausgeschlossen sein (BÖCKLI, Revisionsstelle, 200). Die Aktionäre können jedoch in den Stimmrechtsanweisungen je eine Abstimmungsanweisung für den Fall des Eintritts der Bedingung und für deren Ausbleiben abgegeben, weshalb dieser Meinung u.E. nicht zu folgen ist. Voraussetzung hierfür ist, dass die RS zwei alternative Abstimmungsempfehlungen abgibt: Genehmigung der Jahresrechnung bei Eintritt der Bedingung; Rückweisung bei Nichteintritt der Bedingung (vgl. PFIFFNER, N 393). 51

cc) Abweichungen vom Normalwortlaut ohne Auswirkungen auf Prüfungsurteil und Empfehlung

Es besteht die Möglichkeit, dass die RS **Zusätze** in den Revisionsbericht einfügt. Dabei lassen sich zwei Arten solcher Zusätze unterscheiden: 52

– Einerseits ist die RS aufgrund der Prüfungsstandards verpflichtet, **auf besonders wichtige Sachverhalte hinzuweisen,** welche die Jahresrechnung beeinflussen und darin korrekt zum Ausdruck gebracht sind (andernfalls hätte dies Konsequenzen für das Prüfungsurteil und die Empfehlung der RS). Es handelt sich namentlich um Sachverhalte, welche die *Fortführung der Unternehmenstätigkeit («going concern»)* betreffen (PS 700 Ziff. 31 und PS 570) oder eine *wesentliche Unsicherheit («uncertainty»)* darstellen (hier geht es um Fälle objektiver Unüberprüfbarkeit, d.h. die Erlangung von Prüfungsnachweisen ist im gegebenen Zeitpunkt objektiv unmöglich; vgl. PS 700 Ziff. 32B), deren Ausgang von zukünftigen Ereignissen abhängt (vgl. PS 700 Ziff. 32). Als Bsp. für Letzteres kann etwa der Ausgang eines für die zu prüfende Gesellschaft wesentlichen Gerichtsverfahrens dienen, welcher im betreffenden Zeitpunkt ungewiss ist (PFIFFNER, N 395). 53

– Andererseits kann der Revisor in den Bestätigungsbericht **«weitere Angaben über die Prüfung und das Prüfungsergebnis»** aufnehmen (HWP II 387; ABOLFATHIAN- 54

HAMMER, 21); es handelt sich um Sachverhalte, welche die Jahresrechnung nicht beeinflussen (PS 700 Ziff. 35 f.). Der Revisor hat etwa die Möglichkeit, mittels Zusätzen auf *branchenspezifische Besonderheiten,* auf *nach dem Bilanzstichtag eingetretene Ereignisse,* auf *Rangrücktrittserklärungen* oder auf das *Vorliegen eines Kapitalverlusts* hinzuweisen (PFIFFNER, N 396 vgl. auch HELBLING, Praxis, 340 m. w.Bsp.; PS 700 Ziff. 35A; [zu] restriktiv BÖCKLI, § 15 N 153 (i), wonach Zusätze lediglich dann statthaft sein sollen, wenn die Prüfer «eine Aussage im Rechenwerk nur mit einer verbalen Erläuterung, die die funktionalen Zusammenhänge aufhellt oder die Tragweite einschränkt, als zutreffend bzw. nicht irreführend erachten»).

55 Die Informationsvermittlung der RS durch Zusätze im Revisionsbericht liegt im **Interesse der Berichtsempfänger,** kann jedoch mit den **Interessen der geprüften Gesellschaft** in Konflikt geraten. Die RS ist daher in ihrer freiwilligen Informationsvermittlung an gesetzliche Grenzen gebunden, die sich aus der *Pflicht zur Geheimhaltung und Verschwiegenheit* ergeben (vgl. Art. 730; HELBLING, Praxis, 340). Zusätze, die lediglich der *Verdeutlichung bereits in der Jahresrechnung enthaltener Informationen* dienen, sind uneingeschränkt zulässig; ein Einverständnis des VR benötigt die RS hierzu nicht (PFIFFNER, N 398 **a.M.** HELBLING, Praxis, 340, welcher Zusätze in jedem Fall nur nach Rücksprache mit dem VR für zulässig erachtet). Anderes gilt, wenn die RS *Angaben in Ergänzung zu den aus der Jahresrechnung herauslesbaren Informationen* in ihren Bericht aufnimmt (vgl. aber Art. 728c Abs. 2).

56 Schliesslich ist die RS gesetzlich verpflichtet, sog. **Hinweise** (nach der gesetzlichen Terminologie *«Anzeigepflichten»;* vgl. die Marginalie zu Art. 728c) in den Revisionsbericht aufzunehmen. Mit ihnen informiert sie die Berichtsempfänger über wesentliche Fälle von Gesetzes- und Statutenverstössen sowie über wesentliche und unwesentliche Gesetzes- und Statutenverstösse, die der VR trotz Hinweis der RS nicht angemessen angeht (Art. 728c Abs. 2 und dazu Art. 728c N 21 ff.). Es handelt sich um *Gesetzes- und Statutenverletzungen ausserhalb des Bilanzrechts,* die das Prüfungsurteil und die Empfehlung der RS grundsätzlich nicht beeinflussen und deshalb im Berichtstext nach der Empfehlung (zu dieser N 38) folgen (PS 700 Ziff. 35D). Haben solche Gesetzes- und Statutenverstösse monetäre Auswirkungen, die in der geprüften Jahresrechnung hätten berücksichtigt werden müssen, hat dies auch Folgen für das Prüfungsurteil und die Empfehlung der RS.

6. Ergebnis der Prüfung der Anhangsangabe zur Risikobeurteilung insbesondere

57 Entsprechend der vorliegend befürworteten Plausibilitäts- und Vollständigkeitsprüfung im Bereich der Angaben zur Risikobeurteilung (vgl. Art. 728a N 22 ff.) kann die RS ein **uneingeschränktes Prüfungsurteil** abgeben (vorausgesetzt die Jahresrechnung, ggf. die Konzernrechnung und der Gewinnverwendungsantrag sind normenkonform), wenn die Angaben des VR grundsätzlich den Erkenntnissen der RS aus ihrer eigenen im Rahmen des risikoorientierten Prüfungsansatzes durchgeführten Risikobeurteilung entsprechen, d.h. die Angaben des VR im Wesentlichen *plausibel und vollständig* sind. Eine spezifische Bestätigung ist diesfalls nicht erforderlich, da die Angaben zur Risikobeurteilung Teil des Anhangs und damit der gesamten Jahresrechnung sind und nicht einen separaten Berichtspunkt darstellen (vgl. Art. 728a N 19). Sind die Angaben über die Risikobeurteilung nicht plausibel oder in wesentlichen Teilen unvollständig, muss die RS ihr **Prüfungsurteil einschränken** und in einem zusätzlichen Absatz ihren Vorbehalt begründen (PFIFFNER, N 1962; ähnl. MOSER/STENZ, 598).

58 Nicht überzeugen kann die Ansicht, die RS habe «selbst dann rechtmässigerweise [zu] bestätigen, es sei eine ‹Auseinandersetzung mit den Risiken vorgenommen worden› und

es seien diese ‹Risiken beurteilt worden›, wenn offensichtliche und gewichtige Risiken nicht angesprochen wurden» (so aber VOGT/FISCHER, 132; unklar BERTSCHINGER, Verantwortlichkeit, 584, der von einer «blossen *Vollständigkeitsprüfung* über die Angaben des Verwaltungsrates zur Risikobeurteilung» spricht). Es ist klar, dass die **Abschlussprüfung** bei einer solchen Gesetzesauslegung **ad absurdum geführt** und dem **Expectation Gap** (vgl. Art. 728a N 125) Vorschub geleistet würde (PFIFFNER, N 1963).

7. Ergebnis der Prüfung des internen Kontrollsystems insbesondere

Die divergierenden Ansichten in der Literatur über die Art und den Umfang der Existenzprüfung des IKS führen dazu, dass auch keine Einigkeit hinsichtlich der entsprechenden Berichtspflicht besteht (zum Folgenden vgl. PFIFFNER, N 1964 ff.). 59

Jene Autoren, welche die Feststellung der Existenz eines IKS nicht als eigenständigen Prüfungsauftrag auffassen, sind der Ansicht, die RS habe im Revisionsbericht *«nicht eigens zur Existenz eines internen Kontrollsystems Stellung zu nehmen»* (VOGT/FISCHER, 126; ebenso BERTSCHINGER, Verantwortlichkeit, 589: «[...] die blosse Existenz eines Kontrollsystems ist sinnvollerweise nicht zu testieren»). Über ein fehlendes oder mangelhaftes IKS sei indessen dann zu berichten, wenn dieses für die eingeschränkte oder fehlende Regelkonformität der Jahresrechnung verantwortlich sei. Diese Feststellung gehöre folglich nicht in den Revisionsbericht und rechtfertige keine Einschränkung der Genehmigungsempfehlung zu Handen der GV, wenn die Jahresrechnung normenkonform sei, was die RS insb. durch kompensierende Prüfungshandlungen feststellen könne (vgl. VOGT/FISCHER, 126 f.). Die RS könne im Revisionsbericht darauf hinweisen, dass das IKS als Basis für die Planung der Prüfungshandlungen mitberücksichtigt wurde, ohne jedoch ein Prüfungsurteil dazu abzugeben (BERTSCHINGER, Verantwortlichkeit, 589). 60

Demgegenüber sind die Autoren, welche von einer eigenständigen Existenzprüfung des IKS im Rahmen der Abschlussprüfung ausgehen, der Meinung, dass sich die RS im Revisionsbericht stets *zum Ergebnis der Existenzprüfung zu äussern* habe (vgl. TREUHAND-KAMMER, 366; STENZ/RENFER, 13; BÖCKLI, Abschlussprüfung, N 272, 365; ATTESLANDER/CHEETHAM, 34; VON DER CRONE/VON PLANTA, 420; WEBER, 477) 61

Der Gesetzestext verpflichtet die RS ohne Einschränkungen, im Revisionsbericht «eine Stellungnahme zum Ergebnis der Prüfung» abzugeben» (Abs. 2 Ziff. 1). Art. 728a Abs. 1 Ziff. 3 nennt als drittes Prüfungsobjekt das Vorhandensein eines IKS (vgl. Art. 728a N 47 ff.). Demnach kann kein vernünftiger Zweifel bestehen, dass die RS im Revisionsbericht eine **Erklärung** abzugeben hat, **ob bei der geprüften Gesellschaft ein IKS existiert oder nicht** (PFIFFNER, N 1967). Ein positiver Befund ist nicht näher zu erörtern. Kommt die RS aber zum Schluss, dass ein IKS nicht oder nicht in allen wesentlichen Unternehmensbereichen vorhanden ist, hat sie, je nach Sachlage, ein verneinendes oder eingeschränktes Prüfungsurteil abzugeben. Die Mängel sind aufzulisten und zu begründen (vgl. Botschaft RAG, 4024). U.E. wäre es zudem sinnvoll, wenn die RS darauf hinweist, ob sie in ihrer Arbeit auf das IKS abstellen konnte (vgl. Art. 728a Abs. 2 und Art. 728a N 120 f.); diese Information würde den Lesern des Revisionsberichts auch ein besseres Verständnis vom Prüfungsaufwand der RS vermitteln. 62

Die Bestätigung der Existenz eines IKS kann bei den Berichtsadressaten den Eindruck erwecken, dass das System auch funktionstüchtig sei; diese Gefahr wurde auch in der parlamentarischen Beratung des neuen Revisionsrechts bemerkt (vgl. Art. 728a N 52). Damit wird dem **Expectation Gap** (vgl. dazu Art. 728a N 125) weiter Vorschub geleis- 63 tet (vgl. MÖLLER, 254 f.). Die Existenzbestätigung im Revisionsbericht muss deshalb von einem Disclaimer begleitet sein, der darauf hinweist, dass die Existenzbestätigung keine Garantie für die Funktionsfähigkeit des IKS umfasst (vgl. auch BÖCKLI, Abschlussprüfung, N 290). Der Nutzen, den die Berichtsadressaten aus einer solchen Bestätigung ziehen können, erscheint deshalb fraglich (vgl. PFIFFNER, N 1969 m.w.H., der sich für die Abschaffung der Existenzprüfung und der entsprechenden Berichterstattung ausspricht).

8. Aussagewert des Revisionsberichts

64 Im Rahmen der parlamentarischen Beratung des neuen Revisionsrechts wurde geltend gemacht, die Revisionsberichte seien «meistens so nichtssagend gehalten, dass es fast *auf das Gleiche herauskommt, ob sie [den Geschäftsberichten] beiliegen oder nicht*» (AmtlBull StR 2005, 623 [Hervorhebung hinzugefügt]).

65 Dieser Feststellung kann *nicht* beigepflichtet werden (vgl. zum Folgenden PFIFFNER, N 400 f.).

66 Wenn die RS zu einem **uneingeschränkten Prüfungsurteil** gelangt, enthält der Revisionsbericht, abgesehen von den standardisierten Hinweisen zur Prüfungsdurchführung, keine materiellen Informationen, die über die Aussagen in der Jahresrechnung hinausgehen. In **quantitativer Hinsicht** ändert sich somit an der Informationslage der Berichtsempfänger nichts, doch wird ihre **Informationssicherheit** wesentlich verbessert. In diesem Zusammenhang ist darauf hinzuweisen, dass die Informationsvermittlung mittels der Jahresrechnung eine zwingende Aufgabe des VR ist (Art. 716a Abs. 1 Ziff. 6), während die RS den Auftrag hat, die vom VR zu verantwortenden Informationen in der Jahresrechnung zu prüfen und ihnen dadurch Glaubwürdigkeit zu verleihen. Dem Revisionsbericht kommt somit eine *Bestätigungsfunktion* zu (vgl. HORBER, N 182; daher ist bisweilen auch vom «*Bestätigungsbericht*» die Rede; vgl. GUGGISBERG, *passim;* BÄTTIG, 79; THIEL, AJP 1992, *passim;* DERS., Jahresabschluss, *passim;* ZÜND, Expectation Gap, 376; HELBLING, Praxis, 209 ff.; FORSTMOSER/MEIER-HAYOZ/NOBEL, § 33 N 39 ff.).

67 Wenn die RS zu **keinem uneingeschränkten Prüfungsurteil** gelangt und deshalb einen erklärenden Absatz in den Bericht einfügt, der ihre Schlussfolgerung begründet (vgl. N 46), erhalten die Berichtsempfänger *Informationen, die über die Informationen in der Jahresrechnung hinausgehen*. Ihre Informationssituation wird dadurch verbessert, wobei die Verbesserung nicht nur **quantitativer Natur** ist, sondern auch **qualitativ** ins Gewicht fällt, da die Informationen von einer unabhängigen, fachlich versierten Instanz stammen. Dasselbe gilt für Fälle, in denen der Prüfungsbericht *Zusätze* (soweit diese nicht nur eine Bekräftigungsfunktion haben; zu den möglichen Inhalten von Zusätzen im Revisionsbericht vgl. N 52 ff.) oder *Hinweise auf Gesetzes- und Statutenverletzungen* (vgl. N 56) enthält. In diesen Fällen hat der Bericht einen tatsächlichen materiellen *Informationsgehalt*.

IV. Rechtsvergleich

1. Europäische Union (EU)

68 Das Recht der EU kennt **keine Pflicht zur internen Berichterstattung,** d.h. die Abschlussprüfer sind gemeinschaftsrechtlich nicht verpflichtet, den Verantwortlichen für

die Leitung und Überwachung des geprüften Unternehmens einen ausführlichen Bericht über die Erkenntnisse aus der Abschlussprüfung abzugeben.

Wie die RS im schweizerischen Recht ist der Abschlussprüfer in der EU indes verpflichtet, das Prüfungsergebnis im **Revisionsbericht («Bestätigungsvermerk»)** festzuhalten. Art. 51a der EU-Jahresabschluss-RL, der den Berichtsinhalt umschreibt, lautet wie folgt:

«(1) Der Bestätigungsvermerk der gesetzlichen Abschlussprüfer umfasst:

a) eine Einleitung, die zumindest angibt, welcher Jahresabschluß Gegenstand der gesetzlichen Abschlussprüfung ist und nach welchen Rechnungslegungsgrundsätzen er aufgestellt wurde;

b) eine Beschreibung der Art und des Umfanges der gesetzlichen Abschlussprüfung, die zumindest Angaben über die Prüfungsgrundsätze enthält, nach denen die Prüfung durchgeführt wurde;

c) ein Prüfungsurteil, das zweifelsfrei Auskunft darüber gibt, ob der Jahresabschluss nach Auffassung der gesetzlichen Abschlußprüfer im Einklang mit den jeweils maßgebenden Rechnungslegungsgrundsätzen ein den tatsächlichen Verhältnissen entsprechendes Bild vermittelt und, gegebenenfalls, ob er den gesetzlichen Vorschriften entspricht; das Prüfungsurteil wird entweder als uneingeschränkter oder als eingeschränkter Bestätigungsvermerk oder als negatives Prüfungsurteil erteilt, oder es wird verweigert, falls die gesetzlichen Abschlussprüfer nicht in der Lage sind, ein Prüfungsurteil abzugeben;

d) einen Hinweis auf alle Umstände, auf die die gesetzlichen Abschlußprüfer in besonderer Weise aufmerksam machen, ohne den Bestätigungsvermerk einzuschränken;

e) ein Urteil darüber, ob der Lagebericht mit dem Jahresabschluss des betreffenden Geschäftsjahrs in Einklang steht oder nicht.

(2) Der Bestätigungsvermerk ist von den gesetzlichen Abschlussprüfern unter Angabe des Datums zu unterzeichnen.»

Durch die *Revision der EU-Jahresabschluss-RL und EU-Konsolidierungs-RL im Juni 2006* wurden die Abschlussprüfer von Publikumsgesellschaften verpflichtet, die Angaben über das **IKS und das Risikomanagementsystem,** welche diese Gesellschaften in der zu veröffentlichenden **«Erklärung zur Unternehmensführung»** (vgl. 46a der EU-Jahresabschluss-RL und hierzu PFIFFNER, N 1635) bekannt geben müssen, auf ihre Übereinstimmung mit den Informationen im Jahresabschluss zu prüfen und auf allfällige Diskrepanzen im Bestätigungsvermerk hinzuweisen (vgl. Art. 46a Abs. 2 Satz 3 i.V.m. Art. 51 Abs. 1 Satz 2 der EU-Jahresabschluss-RL).

In der **neuen EU-Abschlussprüfer-RL** (eingehend dazu PFIFFNER, N 1548 ff.) wird die EU-Kommission ermächtigt, für Jahres- oder konsolidierte Abschlüsse, die nach den von der EU-Kommission angenommenen IFRS erstellt wurden (vgl. zur Übernahme der IFRS in das europäische Recht Art. 728a N 128), den Wortlaut für einen Standardbestätigungsvermerk vorzuschreiben, um die Vergleichbarkeit der Berichterstattung auf europäischer Ebene zu erhöhen. Diese Kompetenz entfällt jedoch, sobald die Kommission ISA 700 («The Independent Auditor's Report on a Complete Set of General Purpose Financial Statements») anerkannt und in das EU-Recht übernommen hat (Art. 28 Abs. 2 der 8. EG-RL).

72 Der **Bestätigungsvermerk** ist in der EU zusammen mit dem Jahresabschluss und dem Lagebericht im Gegensatz zum Schweizer Recht **stets zu publizieren** (Art. 47 der. EU-Jahresabschluss-RL; Art. 3 der EU-Publizitäts-RL; ebenso der konsolidierte Abschluss und der Konzernlagebericht; vgl. Art. 38 der EU-Konsolidierungs-RL). Einschränkungen oder Verweigerung der Bestätigung sind ebenfalls zu veröffentlichen (Art. 48 der EU-Jahresabschluss-RL).

2. Bundesrepublik Deutschland

73 Das dem «umfassenden Bericht» der RS entsprechende Instrument der *internen Berichterstattung* des deutschen Abschlussprüfers ist der **Prüfungsbericht** (vgl. PFIFFNER, N 469 ff.). Er richtet sich bei AGs an den **Aufsichtsrat** (vgl. § 321 Abs. 5 Satz 2 HGB i.V.m. § 111 Abs. 2 Satz 3 AktG), welchen er bei der Überwachung des Vorstands unterstützen soll. Konkret hat der Abschlussprüfer den Aufsichtsrat im Prüfungsbericht über Folgendes zu informieren (vgl. § 321 HGB; IDW PS 450.12):

– Erläuterungen zum Prüfungsauftrag;
– Grundsätzliche Feststellungen im sog. Vorweg-Bericht (um die besondere Aufmerksamkeit der Aufsichtsratsmitglieder zu erwecken):
  – Stellungnahme zur Lagebeurteilung des Vorstands (insb. Fortbestandsprognose und künftige Entwicklung);
  – Unrichtigkeiten und Verstösse gegen gesetzliche Bestimmungen, die den Bestand gefährden oder die Entwicklung wesentliche beeinträchtigen können;
  – Schwerwiegende Verstösse gegen Gesetz, Gesellschaftsvertrag oder Satzung durch Vorstand oder Arbeitnehmer;
– Gegenstand, Art und Umfang der Abschlussprüfung;
– Feststellungen und Erläuterungen zur Rechnungslegung;
– Funktionsfähigkeit des Risikofrüherkennungssystems und evtl. Verbesserungsbedarf (bei börsenkotierten AGs);
– Bestätigungsvermerk (vgl. N 75 f.) als letzter Teil des Prüfungsberichts.

74 Eine interessante Neuerung brachte das Gesetz zur Einführung internationaler Rechnungslegungsstandards und zur Sicherung der Qualität der Abschlussprüfung vom 4. Dezember 2004 (Bilanzrechtsreformgesetz; BGBl I 2004, 3166; erörtert bei PFIFFNER, N 1661 ff.). Danach haben Aktionäre und Gläubiger im **Insolvenzfall** der geprüften Gesellschaft das Recht, in gewissen Grenzen **Einblick in** die (grundsätzlich nur dem Aufsichtsrat und dem Vorstand zugänglichen) **Prüfungsberichte zum Jahresabschluss der letzten drei Geschäftsjahre** zu nehmen (vgl. § 321a Abs. 1 Satz 1 HGB; Gleiches gilt für Konzernverhältnisse; vgl. § 321a Abs. 4 HGB). Der Abschlussprüfer erhält durch die Offenlegung seiner Prüfungsberichte die Möglichkeit, falsche Vorstellungen über eine nachlässige Prüfungsdurchführung auszuräumen, was ihm ansonsten aufgrund der gesetzlichen Verschwiegenheitspflicht (§ 323 Abs. 1 und 3 HGB) verwehrt wäre (PFIFFNER, N 1694 ff. m.w.H.).

75 Schliesslich ist der deutsche Abschlussprüfer in Übereinstimmung mit dem Recht der EU und der Rechtslage in der Schweiz gesetzlich verpflichtet, das Prüfungsergebnis im **Bestätigungsvermerk** festzuhalten. Dessen inhaltliche Anforderungen stimmen in der Praxis im Grundsatz mit denjenigen für den Revisionsbericht der schweizerischen RS

überein, weil die innere Ausgestaltung der Berichte weitgehend durch die internationalen und die darauf abgestimmten nationalen *Prüfungsstandards der Fachverbände* in beiden Ländern vorgegeben wird (vgl. ISA 700 [«The Independent Auditor's Report on a Complete Set of General Purpose Financial Statements»]; IDW PS 400 [«Grundsätze für die ordnungsmässige Erteilung von Bestätigungsvermerken bei Abschlussprüfungen»]); TK PS 700 [«Bericht des Abschlussprüfers»]). **Abweichungen zum Revisionsbericht** einer schweizerischen RS ergeben sich jedoch insofern, als der deutsche Abschlussprüfer als weiteres Prüfungsobjekt den *Lagebericht* zu prüfen hat und demzufolge auch hierzu ein Prüfungsurteil abgeben muss (§ 322 Abs. 6 HGB). Zudem hat er ggf. in einem besonderen Abschnitt seines Berichts «[a]uf *Risiken, die den Fortbestand des Unternehmens gefährden,* [...] einzugehen» (§ 322 Abs. 2 Satz 3 HGB [Hervorhebung hinzugefügt]). Demgegenüber hat der Abschlussprüfer im Gegensatz zur RS *keine an die Aktionäre gerichtete Genehmigungs- bzw. Rückweisungsempfehlung zum Jahresabschluss* in seinen Bericht aufzunehmen (es handelt sich dabei um eine schweizerische Eigenheit).

Der Abschlussprüfer hat den Bestätigungsvermerk als Bestandteil des Prüfungsberichts (N 73i.f.) dem *Vorstand und dem Aufsichtsrat* zu übergeben; eine Kundgabe an die *Aktionäre* und *weitere interessierte Kreise* findet erst *nach* der Hauptversammlung statt. Dann ist der Bestätigungsvermerk – als ein weiterer Unterschied zum schweizerischen Recht – zusammen mit den übrigen publizitätspflichtigen Unterlagen der Gesellschaft nach § 325 HGB offen zu legen ist, d.h. Einreichung beim elektronischen Bundesanzeiger und Bekanntmachung in diesem; vgl. <https://www.ebundesanzeiger.de>, Rubrik «Rechnungslegung/Finanzberichte»; vgl. PFIFFNER, N 439). 76

3. Vereinigte Staaten

Das US-amerikanische (Kapitalmarkt-)Recht (zur kapitalmarktrechtlichen Grundlage der Revisionspflicht in den USA vgl. Art. 727 N 41 und Art. 728a N 132) verpflichtet die Revisoren nicht zur Berichterstattung an den board of direcotrs. In der Praxis hat sich indessen eine Berichterstattung der Revisoren an das Management in sog. **Management Letters** entwickelt (vgl. PFIFFNER, N 411 ff.). Deren ursprüngliche Funktion bestand darin, die Gespräche zwischen dem Revisor und dem Management über entdeckte Schwachstellen und andere Erkenntnisse des Revisors schriftlich gegenüber der GL zu bestätigen (vgl. DEFLIESE/JOHNSON/MACLEOD, 94). Heute dient der Management Letter – dessen (freiwillige) Abgabe sich international durchgesetzt hat – dem Revisor v.a. dazu, dem Management seine vielfältigen bei der Prüfung gewonnenen Feststellungen mitzuteilen, die nicht unmittelbar die Ordnungsmässigkeit der Rechnungslegung betreffen, und organisatorische Vorschläge zu unterbreiten (vgl. HWP II 462). Auch Feststellungen über Schwächen des IKS, die kein berichtspflichtiges Ausmass angenommen haben, und Empfehlungen zu ihrer Beseitigung sind typische Themen eines Management Letter. Aus Sicht des Prüfers ist der Management Letter ein «wichtiges Mittel [...], um den Wert der Prüfungsleistung für das Unternehmen zu erhöhen» (HWP II, 462). 77

Die US-amerikanische Prüfungspraxis kennt ferner verschiedene Berichtspflichten des Revisors gegenüber dem **Audit Committee** des Prüfungsmandanten (vgl. GAAS Guide, § 316, p. 103; § 317, p. 119; § 325, p. 165 ff.; § 380, p. 356 ff.; PFIFFNER, N 481 f.). 78

Die bei der SEC-registrierten Gesellschaften sind verpflichtet, der SEC zusammen mit den financial statements einen **audit report** einzureichen und diesen auch den Investoren zugänglich zu machen (vgl. Art. 728a N 132; PFIFFNER, N 89 m.w.H.). Der Inhalt 79 des audit report ist gesetzlich nicht näher vorgeschrieben (Regulation S-X, Rule 2–02, enthält lediglich wenige formelle Vorschriften), sondern wird seit langem durch die Standards des Berufsstandes geregelt. Der von der US-amerikanischen Prüfungspraxis entwickelte Aufbau des audit report hat sich, abgesehen von Besonderheiten aufgrund nationaler Vorschriften, grundsätzlich international durchgesetzt, so dass heute die Revisionsberichte weltweit in den Grundzügen übereinstimmen.

80 Seit dem Erlass des **Sarbanes-Oxley Act** (vgl. Art. 728a N 134) ist das **Public Company Accounting Oversight Board (PCAOB;** vgl PFIFFNER, N 1393 ff.) für den Erlass von Prüfungsstandards und damit auch für Standards zur näheren Ausgestaltung des audit report von auditors, die SEC-registrierte Gesellschaften prüfen, zuständig. Bislang hat das PCAOB jedoch keine eigenen Standards für den audit report erlassen, sondern die entsprechenden, vom American Institute of Certified Public Accountants (AICPA) erlassenen Standards als Interim Auditing Standards anerkannt (immerhin schreibt PCAOB Auditing Standard No. 1 [«References in Auditors› Reports to the Standards of the Public Company Accounting Oversight Board»] den Revisoren vor, im audit report auf die vom PCAOB erlassenen Standards Bezug zu nehmen).

81 Im Zusammenhang mit der durch den Sarbanes-Oxley Act eingeführten Prüfungspflicht des **IKS** sind die Revisionsgesellschaften von SEC-registrierten Gesellschaften verpflichtet, im audit report oder in einem separaten Bericht «clearly state the opinion [...], either unqualified or adverse, as to whether the registrant maintained, in all material respects, effective internal control over financial reporting, except in the rare circumstance of a scope limitation that cannot be overcome by the registrant or the registered public accounting firm which would result in the accounting firm disclaiming an opinion» (Regulation S-X, Rule 2–02(f); vgl. auch PFIFFNER, N 1476 ff.).

82 Der **audit report** hat **keine gesellschaftsrechtliche Bedeutung.** Seine Bedeutung ist vielmehr kapitalmarktrechtlich begründet, indem die SEC von den bei ihr registrierten Gesellschaften die Einreichung von geprüften Jahresabschlüssen verlangt (vgl. Art. 728a N 132). Ein qualifiziertes Urteil im audit report hat weitreichende negative Folgen für die betroffene Gesellschaft, indem ihr künftig die Eigen- und Fremdkapitalaufnahme schwerfallen, wenn nicht gar verunmöglicht werden (vgl. SIEGEL/SIEGEL, 140 f.; PFIFFNER, N 467).

Art. 728c

c. Anzeigepflichten

¹ **Stellt die Revisionsstelle Verstösse gegen das Gesetz, die Statuten oder das Organisationsreglement fest, so meldet sie dies schriftlich dem Verwaltungsrat.**

² **Zudem informiert sie die Generalversammlung über Verstösse gegen das Gesetz oder die Statuten, wenn:**

1. **diese wesentlich sind; oder**

2. **der Verwaltungsrat auf Grund der schriftlichen Meldung der Revisionsstelle keine angemessenen Massnahmen ergreift.**

³ **Ist die Gesellschaft offensichtlich überschuldet und unterlässt der Verwaltungsrat die Anzeige, so benachrichtigt die Revisionsstelle das Gericht.**

3. Abschnitt: Organisation der Aktiengesellschaft   1 **Art. 728c**

| c. Avis obligatoires | ¹ Si l'organe de révision constate des violations de la loi, des statuts ou du règlement d'organisation, il en avertit par écrit le conseil d'administration.

² L'organe de révision informe également l'assemblée générale lorsqu'il constate une violation de la loi ou des statuts:

1. si celle-ci est grave; ou

2. si le conseil d'administration omet de prendre des mesures adéquates après un avertissement écrit de l'organe de révision.

³ Si la société est manifestement surendettée et que le conseil d'administration omet d'en aviser le juge, l'organe de révision avertit ce dernier. |

| c. Avvisi obbligatori | ¹ Se accerta violazioni della legge, dello statuto o del regolamento d'organizzazione, l'ufficio di revisione ne informa per scritto il consiglio d'amministrazione.

² L'ufficio di revisione informa inoltre l'assemblea generale su violazioni della legge o dello statuto se:

1. si tratta di violazioni essenziali; o

2. nonostante il suo avviso scritto, il consiglio d'amministrazione non adotta misure adeguate.

³ Se la società è manifestamente oberata di debiti, l'ufficio di revisione ne dà avviso al giudice qualora il consiglio d'amministrazione ometta di farlo. |

Literatur

BERTSCHINGER, Zum Wirkungsgrad der Revisionsstelle in der Corporate Governance – Augenmass für das Machbare, ST 2004, 383 ff.; BÖCKLI, Revisionsstelle und Abschlussprüfung nach neuem Recht (Schriften zum Aktienrecht Bd. 24), Zürich 2007 (zit. Revisionsstelle); CAMPONOVO, Wann ist die offensichtliche Überschuldung offensichtlich?, ST 2005, 543 ff. (zit. offensichtliche Überschuldung); DERS., Anzeige der offensichtlichen Überschuldung durch die Revisionsstelle, ST 2006, 382 ff. (zit. Anzeige); DERS., Gesetzesentwurf zum neuen Revisionsrecht – Offene Fragen aus Sicht der Revisionsstelle nach der Beratung im Nationalrat, ST 2005, 221 ff. (zit. Gesetzesentwurf); CAMPONOVO/VON GRAFFENRIED-ALBRECHT, Neues Revisionsrecht – Offene juristische Fragen, ST 4/2008, 204 ff.; EGGMANN, Die aktienrechtliche Verantwortlichkeit der Revisionsstelle bei der Abschlussprüfung, Diss. Zürich 1997; KRAMPF/SCHULER, Die aktuelle Praxis des Konkursrichters des Bezirksgerichtes Zürich zu Überschuldungsanzeige, Konkursaufschub und Insolvenzerklärung juristischer Personen, AJP 2002, 1060 ff.; LINDER/VON DER CRONE, Die Revisionsstelle in der aktuellen bundesgerichtlichen Rechtsprechung, SZW 2007, 489 ff.; LUTERBACHER, Ein wegweisendes Bundesgerichts-Urteil zur Verantwortlichkeit der Revisionsstelle – Aktienrechtliche Verantwortlichkeit der Revisionsstelle im Lichte des nicht publizierten BGE vom 16. November 1999 (4C.117/1999), ST 2000, 1267 ff.; PEDROJA, Anzeigepflichten der Revisionsstellen bei Gesetzesverstössen, ST 1997, 775 ff.; ROTH PELLANDA/VON DER CRONE, Haftung der Revisionsstelle – Entscheid des Schweizerischen Bundesgerichts 4C.200/2002 v. 13.11.2002 (BGE 129 III 129 ff.) i.S. Eheleute X. (Kläger und Berufungskläger) gegen Treuhandgesellschaft Y. S.A. (Beklagte und Berufungsbeklagte), SZW 2003, 284 ff.; RUEDIN/PIAGET, Le moment de l'avis au juge, AJP 2003, 1329 ff.; SCHÜLE, Qui doit agir en cas de risque d'insolvabilité et de surendettement?, ST 2006, 492 ff. (zit. ST 2006); DERS., Überforderung der Revisionsstellen im neuen Aktienrecht: Unklare Handlungskompetenzen bei Zahlungsunfähigkeit und Überschuldung, NZZ vom 8. August 2006, 21 (zit. Überschuldung); VOGT/FISCHER, Neue Haftungsrisiken für die Revisionsstelle aufgrund des neuen Revisionsrechts?, in: Weber (Hrsg.), Verantwortlichkeit im Unternehmensrecht III, Zürich 2006, 111 ff.

I. Entstehungsgeschichte

Die Anzeigepflichten der RS war **bis anhin in Art. 729b altOR geregelt.** Danach musste die RS Gesetzes- und Statutenverstösse, die sie bei der Durchführung ihrer Prüfung feststellt, dem VR und in wichtigen Fällen auch der GV schriftlich melden. Zu- 1 dem war sie verpflichtet, bei offensichtlicher Überschuldung das Gericht zu benachrichtigen, sofern der VR diese Anzeige unterliess.

2 Im Rahmen der Einführung des rechtsformneutralen Konzepts der Revisionspflicht (vgl. dazu Vor Art. 727 und 727a N 1 ff.) wurden auch die Anzeigepflichten der RS neu geregelt, einmal im Rahmen der ordentlichen Revision (Art. 728c) und einmal im Rahmen der eingeschränkten Revision (Art. 729c).

3 Die Vorlagen (GmbH-Revision, Revisionspflicht und RAG) wurden zusammen in der Frühjahrs-, Sommer- und Wintersession 2005 im **Parlament** behandelt und am 16.12. 2005 verabschiedet (krit. zu diesem legislatorischen «Huckepackverfahren» MEIER-HAYOZ/FORSTMOSER, § 10 N 87 ff.). Der vorliegende Art. 728c wurde auf Antrag der vorberatenden Kommission im NR gegenüber dem Vorschlag des BR dahin gehend abgeändert, dass die Anzeigepflicht gegenüber der GV gem. Abs. 2 Ziff. 1 nicht dann ausgelöst werden soll, wenn *«sie wesentliche Verstösse gegen das Gesetz oder die Statuten feststellt»* (so die Fassung des BR), sondern wenn *«diese wesentlich sind»* (AmtlBull NR 2005, 82). Damit war beabsichtigt, Überschneidungen bzw. Unklarheiten zu vermeiden, da Ziff. 2 von Abs. 2 (der eine Anzeigepflicht dann auslöst, wenn der VR auf Grund der schriftlichen Meldung der RS keine angemessenen Massnahmen ergreift) ebenfalls eine Verletzung von Gesetz bzw. Statuten bedeute (so StR INDERKUM in AmtlBull StR 2005, 627). Der StR folgte dieser Änderung (AmtlBull StR 2005, 627 und 635).

4 Vgl. zum Inkrafttreten und zum Übergangsrecht Vor Art. 727 und 727a N 7.

II. Vergleich mit dem bisherigen Recht

5 Ein Vergleich mit dem bisherigen Recht zeigt zunächst, dass die Anzeigepflichten der RS – wie in N 2 bereits erwähnt – in zwei verschiedenen Artikeln unterschiedlich geregelt werden, einmal im Rahmen der ordentlichen Revision (Art. 728c) und einmal im Rahmen der eingeschränkten Revision (Art. 729c). Die Anzeigepflichten der RS bei der eingeschränkten Revision (Art. 729c) umfassen nur die Anzeige im Fall einer offensichtlichen Überschuldung, sofern der VR untätig bleibt. Demgegenüber verlangt Art. 728c über die Überschuldungsanzeige hinaus (vgl. Abs. 3) sowohl eine Anzeige gegenüber dem VR bei Verstössen gegen Gesetz, Statuten oder das Organisationsreglement (Abs. 1) als auch eine Anzeige gegenüber der GV, wenn diese Verstösse wesentlich sind oder der VR auf Grund der schriftlichen Meldung der RS keine angemessenen Massnahmen ergreift (Abs. 2). Der materielle Gehalt von Art. 728c lässt sich aber bis auf den Umstand, dass neu auch Verstösse gegen das Organisationsreglement gemeldet werden müssen (Abs. 1; vgl. dazu nachfolgend N 18) und die Anzeigepflicht gegenüber der GV leicht ausgebaut wurde (Abs. 2; vgl. dazu nachfolgend N 21 ff.), **mit demjenigen von Art. 729b altOR weitgehend vergleichen.** Insb. im Bereich der Überschuldungsanzeige (Abs. 3) waren vom Gesetzgeber keine Neuerungen beabsichtigt (Botschaft RAG, 4025; VOGT/FISCHER, 139).

III. Normzweck

6 Das Aufgabenheft der RS im Rahmen der ordentlichen Revision ist mit dem Inkrafttreten von Art. 728a erneut ausgeweitet worden. Die **Kernaufgabe** der RS besteht nach wie vor (sowohl bei der ordentlichen wie auch eingeschränkten Revision) in der Prüfung der Jahres- und ggf. Konzernrechnung der Gesellschaft (vgl. Art. 728a Abs. 1 Ziff. 1 bzw. Art. 729a Abs. 1 Ziff. 1). Diese bezweckt vorab, eine gewisse Qualität der

Angaben in den Abschlüssen zu gewährleisten (eingehend zum Zweck der Revisionspflicht, Vor Art. 727 und 727a N 15 ff.; zu den Aufgaben im Einzelnen Art. 728a N 5 ff.). Zur Erfüllung ihrer Aufgaben hat die RS einen umfassenden Anspruch auf Auskunft gegenüber dem VR (vgl. Art. 730b Abs. 1).

Die Statuierung von Anzeigepflichten der RS gegenüber dem VR (Abs. 1) und der GV (Abs. 2) knüpft funktional an dieser Kernaufgabe an. Das Ergebnis der Prüfung der Jahresrechnung findet zwar seinen eigenständigen Ausdruck im gesetzlich vorgeschriebenen Revisionsbericht (vgl. Art. 728b), doch geht der Gesetzgeber davon aus, dass die RS aufgrund ihrer besonderen Stellung und Nähe zur Gesellschaft auch anderweitige «Mängel» anzuzeigen hat, wenn sie solche feststellt oder feststellen sollte (vgl. dazu nachfolgend N 9 ff. sowie Art. 728a N 93 ff.). Die Botschaft spricht in diesem Zusammenhang von einer gewissen **Treuepflicht** der RS gegenüber der Gesellschaft (Botschaft RAG, 4025). 7

Welchen Zweck die Anzeigepflichten im Einzelnen verfolgen, muss differenziert betrachtet werden. Die Pflicht, **Verstösse gegen Gesetz, Statuten oder das Organisationsreglement anzuzeigen** (Abs. 1 und 2), hat zum Ziel, den VR und in wichtigen Fällen die GV über rechtswidrige Zustände oder Vorkommnisse zu orientieren. Die Anzeigepflicht erfüllt damit zum einen eine Informationsfunktion, die es den Empfängern ermöglichen soll, ex post einen Entscheid über allfällige Konsequenzen zu fällen. Zum anderen setzt das Bestehen der Anzeigepflicht einen Anreiz für den VR, sich ex ante rechtskonform zu verhalten. Der Zweck der **Überschuldungsanzeige** (Abs. 3) liegt analog zum Zweck von Art. 725 Abs. 2 darin, eine (weitere) Konkursverschleppung zu verhindern und die bestehenden und zukünftigen Gläubiger sowie die Allgemeinheit vor der Begründung zusätzlicher Schulden der Gesellschaft und vor Gläubigerbevorzugungen zu schützen (BGer v. 8.2.2008, 4A_505/2007; BGer v. 18.4.2007, 4C.436/2006; BGE 127 IV 113; HWP II 48 ff.; Botschaft AG, 932; vgl. auch Art. 755 N 12 ff.). Da es sich hierbei um eine Ersatzvornahme einer Geschäftsführungsaufgabe handelt, die eigentlich dem VR obliegt (vgl. Art. 716a Abs. 1 Ziff. 7), ist die Anzeigepflicht der RS subsidiär ausgestaltet und auf das Vorliegen einer *offensichtlichen* Überschuldung beschränkt (vgl. auch FORSTMOSER/MEIER-HAYOZ/NOBEL, § 33 N 90 ff.). 8

IV. Anzeigepflicht gegenüber dem Verwaltungsrat (Abs. 1)

1. Allgemeines

Nach Abs. 1 hat die RS die Pflicht, Verstösse gegen das Gesetz, die Statuten oder das Organisationsreglement dem VR zu melden. 9

In **sachlicher Hinsicht** erstreckt sich die Pflicht auf Verstösse gegen Gesetz, Statuten oder das Organisationsreglement (vgl. dazu N 16 ff.). Die Anzeigepflicht bezieht sich dabei in erster Linie auf solche Verstösse, die die RS im Rahmen ihrer gesetzlich und/oder statutarisch vorgeschriebenen Prüfungsaufgaben tatsächlich feststellt oder bei ordnungsgemässer Prüfung hätte feststellen sollen (vgl. Botschaft RAG, 3997; zur Einbettung der Anzeigepflichten in die gesetzliche Prüfungsaufgabe der RS vgl. N 6 f.). Darüber hinaus erfasst die Anzeigepflicht aber auch Verstösse, welche die RS ausserhalb solcher Prüfungsaufgaben wahrnimmt (BGE 129 III 130 E. 7.1 m.w.N. und dazu etwa ROTH PELLANDA/VON DER CRONE, 284 ff., bestätigt in BGE 133 III 458; Botschaft RAG, 4025; KÜNG/CAMP, Art. 818 N 35; **a.M.** etwa OR Handkommentar-HELDNER/KELLERHALS, Art. 729b N 3; vgl. zum Ganzen auch Art. 728a N 93 ff.). Im bisherigen Recht war noch explizit die Wendung «bei Durchführung ihrer Prüfung» enthalten. Im 10 neuen Recht fehlt eine solche Wendung, was das Bestehen einer Anzeigepflicht auch ausserhalb der gesetzlichen/statutarischen Tätigkeit der RS im neuen Recht verdeutlichen mag. Dabei trifft die RS jedoch nach einhelliger Auffassung keine eigentliche **Nachforschungspflicht,** (vgl. auch VOGT/FISCHER, 138; BÖCKLI, Revisionsstelle, N 399 ff.; Botschaft RAG, 4025; zum bisherigen Recht: BÖCKLI, § 15 N 168; EGGMANN, 150). Anders entscheiden hiesse i.E., der RS die Überprüfung der Geschäftsführung aufzuerlegen, was aber vom Gesetzgeber explizit nicht gewollt ist (vgl. Art. 728a Abs. 3 bzw. Art. 729a Abs. 3; Art. 728a N 123 ff.; Botschaft RAG, 3997; der Grundsatz galt bereits unter bisherigem Recht, vgl. die Nachweise bei BÖCKLI, § 15 N 168). Stösst die RS allerdings zufällig auf einen Verstoss oder bestehen erkennbare Anzeichen für einen Verstoss (vgl. dazu BÖCKLI, Revisionsstelle, N 404 und PS 240), hat die RS entsprechende Abklärungen vorzunehmen. In praktischer Hinsicht ist dies, abgesehen von den Prüfungshandlungen, im Zusammenhang mit dem Jahresabschluss insb. bei der Vornahme von ausserordentlichen Prüfungshandlungen (etwa im Zusammenhang mit Kapitalveränderungen) oder im Falle von «Anzeigen» von Angestellten zuhanden der RS denkbar *(whistle-blowing)*. Eine entsprechende Pflicht galt im Übrigen bereits unter bisherigem Recht, insb. auch in Fällen, in denen die RS gleichzeitig auch die Buchhaltung führt oder andere Zusatzdienstleistungen erbringt (vgl. zu dieser Konstellation BGE 129 III 129 ff.; BERTSCHINGER, 386 f.). Vgl. zur Möglichkeit, solche Dienstleistungen nach nunmehr geltendem Recht zu erbringen, Art. 728 N 30 ff.

11 **Zusammenfassend** gilt demnach: Die RS obliegt dann einer Anzeigepflicht in Bezug auf Verstösse gegen Gesetz, Statuten oder das Organisationsreglement, wenn sie solche im Rahmen ihrer gesetzlichen und/oder statutarischen Prüfungsaufgaben feststellt oder hätte feststellen sollen. In Bezug auf sonstige Verstösse untersteht die RS lediglich dann der Anzeigepflicht, wenn sie zufällig darauf stösst, d.h. sie tatsächlich feststellt, oder sie zufällig begründeten Anlass zur Annahme eines Verstosses erhält. Nur in letzterem Fall besteht eine Nachforschungspflicht.

12 In der Praxis hat es sich eingebürgert, Verstösse, die sich auf den Abschluss auswirken, durch ein **einschränkendes Prüfungsurteil** anzuzeigen und auf übrige Verstösse durch einen sog. **Hinweis (Zusatz)** aufmerksam zu machen (vgl. dazu Art. 728b N 41 ff.). Das Gesetz trifft aber keine solche Unterscheidung; der Anzeigepflicht gem. Art. 728c unterliegen somit sämtliche Verstösse gegen Gesetz, Statuten oder das Organisationsreglement, unabhängig davon, ob sie sich auf den Abschluss auswirken oder nicht.

13 Ob eine Handlung oder ein Unterlassen einen **Verstoss** darstellt, hat die RS im Einzelfall zu beurteilen (vgl. EGGMANN, 151; vgl. ferner PS 320). Der blosse, noch nicht erhärtete Verdacht auf einen Verstoss löst die Anzeigepflicht nicht aus; allerdings ist es umgekehrt auch nicht erforderlich, dass eine Klageeinleitung oder Anklageerhebung erfolgt oder gar ein rechtskräftiges Urteil vorliegt. Jedenfalls ist es mit Blick auf den Zweck der Anzeigepflicht angezeigt, nur solche Verstösse unter die Anzeigepflicht nach Art. 728c Abs. 1 zu subsumieren, welche eine gewisse **Wesentlichkeit** aufweisen (ebenso EGGMANN, 154; wohl auch BÖCKLI, Revisionsstelle, N 406). Damit ist aber nicht die Wesentlichkeit i.S.v. Abs. 2 gemeint, welche zusätzlich zur Anzeige an den VR eine Anzeige von Verstössen an die GV vorschreibt. Es geht hier lediglich darum, Bagatellen von der Anwendbarkeit der Anzeigepflicht nach Art. 728c Abs. 1 auszuschliessen. Heikel sind insb. Fälle, in denen die RS auf Gesetzesverstösse von VR- oder GL-Mitgliedern aufmerksam wird, die nicht im Zusammenhang mit deren organschaftlichen Funktionen bzw. geschäftlichen Verrichtungen stehen, aber Rückschlüsse auf die Vertrauenswürdigkeit der betreffenden Person geben können. U.E. kann in solchen Fällen, abgeleitet aus der Treuepflicht der RS, auch eine Anzeigepflicht entstehen.

Obwohl das Gesetz dies nicht explizit festhält, obliegt der RS auch bei Kenntnis eines **14** hälftigen Kapitalverlustes eine Art Anzeigepflicht gegenüber dem VR. Abgeleitet wird diese aus der subsidiären Einberufungspflicht (Art. 699 Abs. 1) bei unterbliebener Anordnung einer ausserordentlichen GV durch den VR (BÖCKLI, Revisionsstelle, N 503).

In **zeitlicher Hinsicht** ist die Anzeigepflicht primär auf die entsprechende Berichtspe- **15** riode beschränkt. Verstösse, die aus früheren Berichtsperioden herrühren, sind aber auch von der Anzeigepflicht erfasst, wenn sie sich nach wie vor (insb. auf die Jahres-/ Konzernrechnung, aber bspw. auch auf die Integrität oder Qualität der Führung) aktuell auswirken.

2. Verstösse gegen Gesetze, die Statuten oder das Organisationsreglement

Unter dem Terminus «**Gesetze**» sind sämtliche Vorschriften des objektiven Rechts zu **16** verstehen und nicht etwa nur Bestimmungen des Rechnungslegungsrechts. In diesem Sinne ist die Anzeigepflicht umfassend (Botschaft RAG, 4025; BÖCKLI, Revisionsstelle, N 405; BÖCKLI, § 15 N 170; EGGMANN, 150 und 153 f.).

Zu den möglichen Gesetzesverstössen zählen etwa das Fehlen einer Konzernrechnung **17** (Art. 663e), die Ausschüttung aus laufender Rechnung (Art. 675 Abs. 2), verdeckte Gewinnausschüttungen (Art. 678), verbotene Kapitalrückzahlungen (Art. 680 Abs. 2), eine fehlende Zwischenbilanz auf Basis von Fortführungs- und Veräusserungswerten (Art. 725), strafrechtliche Delikte, aber auch Verstösse gegen das Abgabe- und Wettbewerbsrecht oder das Börsenrecht (vgl. dazu BÖCKLI, Revisionsstelle, N 406; Botschaft RAG, 4025; EGGMANN, 155 f., m.w.N.; HWP II, 385; BÖCKLI, § 15 N 171; PS 700, Ziff. 35E; PS 240), endlich auch Fragen der Integrität der Geschäftsführung (wie z.B. bei unzulässigen Insidertransaktionen oder Kursmanipulationen, vgl. Art. 161 bzw. 161bis StGB). Es gilt dabei allerdings zu berücksichtigen, dass die RS keine über die im Rahmen der gesetzlichen und/oder statutarischen Prüfungstätigkeit hinausgehende Nachforschungspflicht trifft, sofern sie keinen Anlass zur Annahme eines Verstosses hat (vgl. schon N 10 f.). Ausserdem ist sie in Bezug auf deliktisches Verhalten nur sehr beschränkt geeignet, Verstösse aufzudecken (Art. 728a N 93 ff.; vgl. ferner PS 240). Auch die Botschaft hält fest, dass man von der RS nichts erwarten dürfe, was sie aus Gründen der Sachkompetenz nicht zu leisten vermag (Botschaft RAG, 3997). Soll gezielt nach Unregelmässigkeiten gesucht werden, sind **Sonderprüfungen** erforderlich, für die man interne wie externe Revisoren oder Sachverständige nach Art. 731a Abs. 3 heranziehen kann.

Auch Verstösse gegen die **Statuten** (Art. 626) und neu das **Organisationsreglement** **18** (Art. 716b Abs. 1) unterliegen der Anzeigepflicht. Damit soll eine gewisse Konformität der Gesellschaft mit ihrem internen Regelwerk gewährleistet werden, wobei dem Gesetzgeber insb. die Einhaltung von Bestimmungen über die Corporate Governance ein Bedürfnis zu sein scheint (Botschaft RAG, 4025; BÖCKLI, Revisionsstelle, N 401). Dass die Statuten und das Organisationsreglement keinen expliziten gesetzlichen Prüfungsgegenstand bilden (vgl. Art. 728a), wird durch die Anzeigepflicht bei Verstössen gegen diese beiden Dokumente faktisch weitgehend relativiert. Dementsprechend hat die RS dort, wo Bestimmungen des internen Regelwerks unmittelbar mit der gesetzlichen/statutarischen Prüfungstätigkeit der RS zusammenhängen (z.B. bei statutarischen Bestimmungen über das AK) oder wo die RS auf Anzeichen für einen möglichen Verstoss trifft, die Einhaltung der entsprechenden Regelungen zu überprüfen (vgl. auch BÖCKLI, Revisionsstelle, N 403; zur Prüfung des Organisationsreglements s.a. CAMPONOVO/VON GRAFFENRIED-ALBRECHT, 210).

3. Modalitäten der Anzeige

19 Laut Abs. 1 hat die RS Verstösse dem VR **schriftlich** zu melden (vgl. dazu PS 250, Ziff. 32 ff.). In der Praxis wird es freilich oftmals so sein, dass Verstösse zunächst informell besprochen und nach Möglichkeit beseitigt werden (BÖCKLI, Revisionsstelle, N 400). Lediglich in Fällen, in denen sich die RS und der VR nicht einigen können oder der VR nicht zeitgerecht agiert, wird die RS schriftlich eine Anzeige zustellen.

20 Ergreift der VR innert nützlicher Frist nach der Anzeige keine angemessenen Massnahmen, hat die RS – ggf. nach Fristansetzung und deren Ablauf – die GV zu orientieren (Abs. 2 Ziff. 2; dazu nachfolgend N 21 ff.).

V. Anzeigepflicht gegenüber der Generalversammlung (Abs. 2)

1. Allgemeines

21 Gemäss Abs. 2 trifft die RS überdies in **zwei Fällen** eine Anzeigepflicht gegenüber der GV. Diese ist zum einen bei «wesentlichen» Verstössen gegen das Gesetz oder die Statuten zu informieren. Zum anderen hat die RS die GV über das Ausbleiben von «angemessenen Massnahmen» im Nachgang zu einer schriftlichen Meldung an den VR i.S.v. Abs. 1 zu orientieren.

a) Anzeige bei wesentlichen Verstössen (Ziff. 1)

22 Die Frage nach der Abgrenzung **wesentlicher** Verstösse von unwesentlichen Verstössen erfordert einen Wertungsentscheid. Nach einem Teil der Lehre bildet die Funktion der GV einen Ansatzpunkt für die Abgrenzung: Je mehr ein Verstoss geeignet ist, den Entscheid eines Aktionärs anlässlich der GV (z.B. im Rahmen der Déchargeerteilung, aber auch für Fragen der Ab- und Wiederwahl) zu beeinflussen, umso eher hat der Verstoss als wesentlich zu gelten (BÖCKLI, § 15 N 175; BÖCKLI, Revisionsstelle, N 416; EGGMANN, 155 m.w.N.). Nach der hier vertretenen Auffassung ist die Abgrenzung jedoch dadurch vorzunehmen, indem die Frage gestellt wird, ob und inwieweit ein Verstoss geeignet ist, die Willensbildung der Aktionäre in Bezug auf das Halten (einschliesslich der Ausübung der Stimmrechte), Kaufen oder das Abstossen ihrer Beteiligung zu beeinflussen (ähnl. auch OR Handkommentar-HELDNER/KELLERHALS, Art. 729b N 2). Unter bisherigem Recht war eine Meldung an die GV laut BGer insb. dann angebracht, «wenn nach den Abklärungen der RS und nach Anhörung des VR eine Verletzung des Gesetzes in einem wichtigen Fall vorliegt und dadurch die Gesellschaft offensichtlich geschädigt ist oder geschädigt zu werden droht (vgl. auch BÖCKLI, Revisionsstelle, N 407). Zu denken ist dabei bspw. an Fälle von verdeckten Gewinnausschüttungen oder von schwerwiegenden deliktischen Handlungen von VR- oder GL-Mitgliedern (vgl. BGE 133 III 458 f. m.w.N.; weitere Bsp. bei BÖCKLI, Revisionsstelle, N 411); vgl. zudem auch die Parallelbestimmungen von Art. 21 Abs. 4 BankG und Art. 19 Abs. 4 BEHG, bei denen die Anzeige aber (zusätzlich) an die Aufsichtsbehörde erfolgen muss.

23 Verstösse gegen das **Organisationsreglement,** selbst wenn sie wesentlich sind, sind von der Anzeigepflicht angesichts des Wortlauts von Abs. 2 *grundsätzlich* nicht erfasst (Botschaft RAG, 4025); eine Anzeigepflicht kann u.E. jedoch aufleben, wenn der Verstoss geeignet ist die Willensbildung der Aktionäre in Bezug auf das Halten (einschliesslich der Ausübung der Stimmrechte), Kaufen oder das Abstossen ihrer Beteiligung zu beeinflussen, etwa wenn die Kenntnis der Aktionäre diese veranlassen könnte, die Décharge zu verweigern, oder bei Wahlgeschäften Konsequenzen gegen die Fehlba-

ren zu treffen (ähnl. auch BÖCKLI, Revisionsstelle, N 408, der eine Anzeigepflicht bejaht, wenn das Organisationsreglement eine Gesetzesvorschrift konkretisiert oder der Verstoss so schwerwiegend ist, dass er wie ein Verstoss gegen die Statuten zu werten ist).

b) Anzeige bei Ausbleiben von angemessenen Massnahmen (Ziff. 2)

Der VR hat Verstösse gegen Gesetz, Statuten und das Organisationsreglement nach Massgabe von Art. 717 Abs. 1 zu verhindern (vgl. dazu etwa BÖCKLI, Revisionsstelle, N 418 und 422 ff.). Spätestens nach Eingang einer Anzeige seitens der RS hat der VR unverzüglich zu handeln und angemessene Massnahmen zu ergreifen. Unterlässt er auch dann entsprechende Massnahmen, so ist dieses Säumnis erneut anzuzeigen und zwar sowohl i.S.v. Abs. 1 (d.h. durch Anzeige an den VR) als auch i.S.v. Abs. 2 Ziff. 2 (d.h. durch Anzeige an die GV). Daraus folgt, dass nicht nur das Untätigbleiben des VR bei *wesentlichen* Verstössen i.S.v. Abs. 2 Ziff. 1, sondern auch bei nicht wesentlichen Verstössen (Abs. 1) zur Anzeigepflicht nach Abs. 2 Ziff. 2 führen kann (ebenso CAMPONOVO/VON GRAFFENRIED-ALBRECHT, 210 f.; **a.M.** aber BÖCKLI, Revisionsstelle, 409, der nur wesentliche Verstösse unter Abs. 2 Ziff. 2 subsumieren will). Der Umstand, dass ein VR angemessene Massnahmen bei Verstössen gegen Gesetz, Statuten oder das Organisationsreglement trotz entsprechenden Anzeigen der RS unterlässt, stellt u.E. einen Vorfall dar, der der GV im Rahmen von Abs. 2 Ziff. 2 anzuzeigen ist und zwar unabhängig davon, ob der Verstoss wesentlich ist; begründen lässt sich dies auch damit, dass das Untätigbleiben des VR wird bei nicht wesentlichen Verstössen trotz Anzeigen der RS i.d.R. einen wesentlichen Gesetzesverstoss darstellt (Art. 717 Abs. 1, Art. 716a Abs. 1 Ziff. 1 und 5). Vgl. auch die in N 22 a.E. zitierten Vorschriften aus dem Banken- und Effektenhändlerbereich, die auch eine Eskalation (allerdings an die Aufsichtsbehörde) vorsehen, wenn keine fristgerechten Massnahmen durchgeführt werden.

Die RS hat nach erfolgter Anzeige i.S.v. Abs. 1 also zu überwachen, ob angemessene Massnahmen ergriffen wurden. Damit mutiert die Anzeigepflicht zur **Pflicht, die Geschäftsführung bzw. die vom VR getroffenen (oder eben unterlassenen) Massnahmen zu überwachen und diese auf deren Angemessenheit hin zu überprüfen** (vgl. auch VOGT/FISCHER, 138 f.; BÖCKLI, Revisionsstelle, N 422 ff.). Die RS wird somit erst nach erfolgten, angemessenen Massnahmen aus ihrer Meldepflicht gegenüber der GV entlassen. Da die Überprüfung der Geschäftsführung jedoch nicht zum gesetzlichen Prüfungskatalog der RS gehört (vgl. Art. 728a Abs. 3), ist es gerechtfertigt, die der RS obliegenden Überwachungspflichten eng auszulegen. Es ist davon auszugehen, dass die RS lediglich dann verpflichtet ist, die GV über das Ausbleiben angemessener Massnahmen durch den VR zu orientieren, wenn solche Massnahmen entweder gar nicht ergriffen wurden oder sie offensichtlich unangemessen sind (vgl. auch BÖCKLI, Revisionsstelle, N 424).

2. Modalitäten der Anzeige

Bevor die RS wesentliche Verstösse (Ziff. 1) oder das Untätigbleiben des VR (Ziff. 2) der GV anzeigt, hat sie den VR **anzuhören** (BGE 133 III 458 f. m.w.N.; BÖCKLI, Revisionsstelle, N 415; HWP II, 384; PS 700, Ziff. 35D; EGGMANN, 155 m.w.N.). Auf das Anhörungsrecht kann u.E. allerdings verzichtet werden, wenn eine Korrektur durch den VR in Anbetracht des bisherigen Verhaltens unwahrscheinlich ist (weitergehend BÖCKLI, § 15 N 174 und BÖCKLI, Revisionsstelle, N 415, der eine «Umgehung» des VR nur dann als zulässig erachtet, wenn Gefahr im Verzug ist und die Anhörung geradezu sinn- und zwecklos ist); in praktischer Hinsicht wird die RS bei solcher Konstellation oft selber eine GV einberufen müssen, Art. 699 Abs. 1.

27 Obwohl dies in Abs. 2 im Gegensatz zu Abs. 1 nicht explizit vorgeschrieben ist, hat die Anzeige **schriftlich** zu erfolgen. Konkret kann die Anzeigepflicht dadurch erfüllt werden, dass die Mitteilung entweder im Revisionsbericht (vgl. dazu PS 700, Ziff. 35C ff.) oder in einem separaten Schreiben angezeigt wird. Dem Grundsatz der Schriftlichkeit ist u.E. auch dann Genüge getan, wenn im Revisionsbericht bzw. dem separaten Schreiben lediglich darauf hingewiesen wird, dass wesentliche Verstösse und/oder ein Untätigbleiben des VR durch die RS festgestellt wurden, die genaueren Details des Verstosses bzw. Untätigbleibens aber anlässlich der GV mündlich vorgetragen werden.

28 Eine Unterdrückung von Anzeigen gestützt auf das **Geschäftsgeheimnis** (Art. 730b Abs. 2 OR, Art. 162 StGB) ist ausgeschlossen. Die Interessenabwägung zwischen dem Bedürfnis der Gesellschafter (und bei Publikumsgesellschaften auch der Öffentlichkeit, vgl. Art. 697h) nach Information und dem Bedürfnis der Gesellschaft nach dem Schutz von Geschäftsgeheimnissen ist in Art. 728c Abs. 2 bereits enthalten (so zu Recht BÖCKLI, Revisionsstelle, N 417; s.a. den entsprechenden Vorbehalt in Art. 731b Abs. 2). Aus Gründen des Persönlichkeitsschutzes ist wohl in den Fällen, in denen einem VR- oder GL-Mitglied bsp. persönliche Straftaten vorgeworfen werden (vgl. N 22), die betroffene Person zuerst zur Stellungnahme aufzufordern und weiter der Name in schriftlichen Stellungnahmen gegenüber VR oder GV vorerst zu unterdrücken und der Sachverhalt nur generell darzulegen. Diese Vorgehensweise erlaubt es dem Betroffenen, die Konsequenzen gegebenenfalls selbst zu ziehen und zurückzutreten – macht er das nicht, kann die Offenlegung des Namens und der näheren Umstände immer noch mündlich erfolgen.

VI. Überschuldungsanzeige (Abs. 3)

1. Allgemeines

29 Bei offensichtlicher Überschuldung ist die RS verpflichtet, das Gericht zu benachrichtigen, falls der VR die Anzeige unterlässt. Dies galt schon unter dem bisherigen Art. 729 b Abs. 2 altOR und hat durch die erfolgte Revision keine Änderung erfahren (vgl. schon N 5).

30 Die Überschuldungsanzeige der RS nach Art. 728c Abs. 3 ist im Kontext von Art. 725 Abs. 2 zu sehen. Danach hat der VR bei begründeter Besorgnis einer Überschuldung eine Zwischenbilanz zu erstellen und diese einem zugelassenen Revisor zur Prüfung vorzulegen. Ergibt sich aus der Zwischenbilanz, dass die Forderungen der Gesellschaftsgläubiger weder zu Fortführungs- noch zu Veräusserungswerten gedeckt sind, so hat der VR das Gericht zu benachrichtigen, sofern nicht Gesellschaftsgläubiger im Ausmass dieser Unterdeckung im Rang hinter alle anderen Gesellschaftsgläubiger zurücktreten. Stösst die RS auf Anzeichen einer Überschuldung, hat sie den VR unter Ansetzung einer Frist zur Einhaltung seiner Pflichten nach Art. 725 Abs. 2 anzuhalten. Bleibt der VR trotz Aufforderung der RS säumig (sei es, weil er sich weigert, eine Zwischenbilanz zu erstellen oder in seinen – sowieso nur während einer kurzen «Gnadenfrist» möglichen Bemühungen, neues EK zu beschaffen oder Rangrücktritte erhältlich zu machen [vgl. N 41], scheitert, oder es versäumt, das Gericht zu benachrichtigen), löst dies die Anzeigepflicht der RS nach Art. 728c Abs. 3 aus, vorausgesetzt, die Überschuldung ist offensichtlich. Unterlässt sie diese Anzeige, wird sie i.d.R. zusammen mit dem VR für den Schaden potentiell verantwortlich, der ab dem Zeitpunkt ihres geforderten Einschreitens entsteht.

Wie in N 8 bereits erwähnt, handelt es sich bei der Anzeigepflicht nach Abs. 2 um die **31** **Ersatzvornahme** einer Geschäftsführungshandlung, da es eigentlich dem VR obläge, die Überschuldung dem Richter anzuzeigen (vgl. Art. 716a Abs. 1 Ziff. 7). Um dieser «Systemwidrigkeit» angemessen Rechnung zu tragen, wird die Anzeigepflicht der RS als *ultima ratio* ausgestaltet, indem sie erstens nur subsidiär zur Anzeigepflicht des VR und zweitens nur im Falle der Offensichtlichkeit der Überschuldung ausgelöst wird (vgl. auch FORSTMOSER/MEIER-HAYOZ/NOBEL, § 33 N 90 ff.).

Die RS kann sich ihrer Anzeigepflicht nach Eintritt einer offensichtlichen Überschul- **32** dung durch **Rücktritt** nicht entziehen. Rechtstechnisch führt der Rücktritt zwar dazu, dass sie ihre Organfunktion beendet, doch setzt sie sich gleichwohl Schadenersatzansprüchen aus, wenn die Anzeigepflicht aufgrund des Eintritts der offensichtlichen Überschuldung bereits vor dem Rücktritt aufgelebt ist (KRAMPF/SCHULER, 1063). Dasselbe soll für den Fall, dass die GV die RS **abwählt**, gelten (CAMPONOVO, Anzeige, 384 f.), was aus Gläubigerschutzüberlegungen wohl richtig ist; mehr als eine knappe Anzeige der RS wird man aber nicht erwarten dürfen und es wird an der neuen RS sein, zu entscheiden, ob sie die Anzeige weiterverfolgen soll. Oft dürfte in diesen Konstellationen aber gar keine neue RS gewählt werden, womit Art. 731b (zusätzlich) zur Anwendung gelangt. Zur prozessualen Legitimation der zurückgetretenen oder abgewählten RS vgl. nachfolgend N 44.

2. Voraussetzungen

a) Offensichtliche Überschuldung

Der Begriff der **Überschuldung** knüpft an Art. 725 Abs. 2 an. Sie liegt nur dann vor, **33** wenn die Forderungen der Gesellschaftsgläubiger weder zu Fortführungs- noch zu Veräusserungswerten gedeckt sind und auch keine hinreichende Deckung durch gültige Rangrücktritte vorliegt.

Die RS trifft erst dann eine Anzeigepflicht, wenn die Überschuldung «**offensichtlich**» **34** ist (manifestement surendettée/manifestamente oberata di debiti), dies im Gegensatz zum VR, der bereits bei «normaler» Überschuldung (Art. 725 Abs. 2) handeln muss (CAMPONOVO, offensichtliche Überschuldung, 544). Eine offensichtliche Überschuldung liegt laut BGer dann vor, wenn jeder verständige Mensch ohne weitere Abklärungen sofort sieht, dass die Aktiven die Schulden und notwendigen Rückstellungen nicht zu decken vermögen (bzw. wenn das EK negativ ist) und dass die evtl. vorhandenen Rangrücktritte nicht gültig oder zu kurz befristet sind oder im Ausmass nicht ausreichen (BGer v. 16.11.1999, 4C.117/1999 und dazu LUTERBACHER, 1269 ff.; LINDER/VON DER CRONE, 491). «Offensichtlich» bedeutet jedenfalls nicht, dass eine besonders grosse Überschuldung vorliegen muss (BGer v. 16.11.1999, 4C.117/1999). In der Praxis kommt es aber in dieser Frage oftmals zu unterschiedlichen Ansichten zwischen dem VR und der RS (vgl. dazu insb. CAMPONOVO, Anzeige, 382 ff.; DERS., offensichtliche Überschuldung, 544 ff.; ferner SCHÜLE, ST 2006, 492 f.). Einer der häufigsten praktischen «Knackpunkte» ist die Frage, ob wegen **mangelnder Liquidität** überhaupt noch zur Fortführungswerten bilanziert werden kann (s. für weitere Bsp. Art. 725 N 33) – dies ist problematisch, weil aus einer Umstellung auf Veräusserungswerte oft sofort eine Überschuldung resultiert. Ob in einem solchen Fall von einer «offensichtlichen Überschuldung» auszugehen ist, beurteilt sich nach den Umständen im Einzelfall; zu verneinen dürfte sie jedoch insb. dann sein, wenn sich Probleme aufgrund eines Liquiditätsplans erst in einigen Monaten abzeichnen. Zu den Reformbestrebungen, wonach die Anzeigepflicht *de lege ferenda* auf Fälle der Zahlungsunfähigkeit ausgedehnt werden soll, vgl. N 48 ff. – Liegen **Rangrücktritte** vor, hat die RS deren Gültigkeit, wegen allfälligen paulianischen Anfechtungen die Vertrauenswürdigkeit der den Rangrücktritt erklärenden Gläubiger und evtl. Interessenkonflikte zu prüfen (BGer v. 18.4.2007, 4C.436/2006; BGE 129 III 131).

35 Liegt bereits eine Zwischenbilanz i.S.v. Art. 725 Abs. 2 vor und ergibt sich daraus aus Sicht der RS eine offensichtliche Überschuldung, hat sie das Gericht zu benachrichtigen, selbst wenn der VR von keiner offensichtlichen Überschuldung ausgeht (vgl. auch BÖCKLI, Revisionsstelle, N 741; HWP II, 55; zu den Ausnahmen vgl. N 38 ff.). **Weigert** sich der VR, eine Zwischenbilanz gem. Art. 725 Abs. 2 zu erstellen, hat die RS nach Möglichkeit selbst eine Zwischenbilanz zu Fortführungs- und Veräusserungswerten zu erstellen, sofern sich die Überschuldung nicht aus vorherigen Abschlüssen und/oder weiteren Unterlagen zweifelsfrei ergibt (EGGMANN, 160 m.w.N.; CAMPONOVO, Anzeige, 384; HWP II, 56; Art. 725 N 42). Kommt sie zum Schluss bzw. hätte sie zum Schluss kommen sollen, es liege eine offensichtliche Überschuldung vor, ist sie zur Anzeige verpflichtet.

36 Die Überschuldungsanzeige setzt nicht zwingend eine Prüfung der Jahresrechnung oder eines Zwischenabschlusses voraus; zwar wird die RS in den meisten Fällen eine Überschuldungsanzeige im Anschluss an die Revision der Jahresrechnung vornehmen, falls der VR untätig bleibt, doch unterliegt sie ihrer Pflicht auch dann, wenn **während des Geschäftsjahres** Vorkommnisse eindeutig Anlass zur Annahme einer offensichtlichen Überschuldung geben (wie etwa die Zahlungsunfähigkeit eines grossen Debitors, eine Erfindung, die das Warenlager wertlos macht u.Ä.) und sich der VR weigert, eine Zwischenbilanz erstellen zu lassen (LINDER/VON DER CRONE, 491;; EGGMANN, 156; zurückhaltend CAMPONOVO, offensichtliche Überschuldung, 385). Eine Pflicht zu periodischer Überwachung der Geschäftsführung folgt aus dieser Bestimmung aber nicht. Abgesehen von solchen Fällen kann die RS deshalb den nächsten ordentlichen Prüfungstermin abwarten, um die Lage zu beurteilen (BGE 116 IV 130; 127 IV 110; CAMPONOVO, offensichtliche Überschuldung, 544).

37 Laut Rechtsprechung des BGer zu Art. 729b Abs. 2 altOR gilt die Anzeigepflicht der RS auch bei der **aufgelösten Gesellschaft** und zwar nicht nur, falls die Liquidation in den Händen des VR liegt, sondern auch dann, wenn die Liquidation durch besondere Liquidatoren besorgt wird und diese die Überschuldung nicht anzeigen. Die subsidiäre Anzeigepflicht der RS ist bei der – nicht selten aus wirtschaftlichen Gründen – aufgelösten Gesellschaft nicht weniger von Bedeutung als bei der unaufgelösten, werbenden Gesellschaft (so BGE 123 III 477; vgl. auch KRAMPF/SCHULER, 1063 f.). Es ist nicht einzusehen, warum diese Rechtsprechung nicht auch unter dem neuen Recht Geltung behalten sollte.

b) Untätigkeit des VR

38 Stellt die RS eine offensichtliche Überschuldung fest, so setzt sie dem VR i.d.R. eine Frist zur Erfüllung seiner Bilanzdeponierungspflicht bzw. ggf. zur Erfüllung seiner Sanierungspflichten, bevor sie die Überschuldung dem Richter anzeigt. Eine Frist von bis zu 60 Tagen wurde vom BGer als angemessen erachtet (BGer v. 18.4.2007, 4C.46/2006; BGer v. 16.11.1999, 4C.117/1999; CAMPONOVO, offensichtliche Überschuldung, 545; PS 290, Ziff. HH; BÖCKLI, § 15 N 185; LUTERBACHER, 1269; EGGMANN, 160 f.; OR Handkommentar-HELDNER/KELLERHALS, Art. 729b N 6; krit. zu dieser Praxis RUEDIN/PIAGET, 1334 f. und SCHÜLE, ST 2006, 492). Bleibt der VR bis zum Ablauf der Frist untätig und ist die Überschuldung offensichtlich, hat die RS umgehend das Gericht zu benachrichtigen (BGer v. 16.11.1994, 4C.117/1999; BGE 116 II 541).

Konkrete Aussichten auf eine kurzfristig realisierbare **Sanierung,** welche der VR inner- 39
halb der angesetzten Frist formuliert, können es rechtfertigen, auf eine sofortige Benachrichtigung des Richters (weiterhin) zu verzichten, wenn es sich nicht um bloss übersteigerte Erwartungen oder vage Hoffnungen handelt (BGer v. 18.4.2007, 4C.436/ 2006 und dazu LINDER/VON DER CRONE, 489 ff.; BGE 127 IV 113; 116 II 541, je m.V.; **a.M.** RUEDIN/PIAGET, 1329 ff.; krit. auch CAMPONOVO, Anzeige, 384). Auch wenn die subsidiäre Pflicht zur Benachrichtigung des Richters gem. Art. 728c grundsätzlich dort streng zu verstehen ist, wo die Aussichten auf eine Sanierung kaum realistisch erscheinen und daher von der RS verlangt wird, dass sie nach Ansetzung einer nützlichen Frist an den VR selbst tätig wird, muss ein Verzicht auf die subsidiäre Anzeige m.a.W. jedenfalls dort möglich sein, wo nach den Umständen konkrete Aussicht besteht, eine **Schädigung der Gläubiger ohne Konkurs abzuwenden** (BGer v. 18.4.2007, 4C.436/ 2006). Dies kann insb. dann der Fall sein, wenn ein geeigneter, glaubwürdiger und kurzfristig umsetzbarer Plan für die Zuführung neuer Eigenmittel und/oder – je nachdem – Liquidität besteht. Zu beachten ist, dass Rangrücktritte allein keine dauernde Sanierungsmassnahme darstellen (d.h. sie müssen i.d.R. mittelfristig durch neues EK ersetzt werden). Vgl. zum Ganzen auch die Hinweise in Art. 725a N 6 ff. und ferner auch Art. 725 N 40a.

Die Anzeigepflicht entfällt ferner auch, wenn der VR zwar keine Überschuldungsan- 40
zeige vorgenommen hat, jedoch bereits ein **Gesuch um Nachlassstundung** beim Nachlassrichter eingereicht hat (vgl. dazu KRAMPF/SCHULER, 1062 m.w.N.).

3. Modalitäten der Anzeige/Prozessuales

Die Anzeige nach Abs. 3 leitet ein Konkurseröffnungsverfahren ohne vorgängige Betrei- 41
bung ein (Art. 192 SchKG i.V.m. Art. 725a i.V.m. Art. 728c Abs. 3). Ob es sich im Falle der Anzeige durch die RS um ein **nicht-streitiges Einparteienverfahren** handelt, bei welchem die Gesellschaft und nicht etwa auch die RS Parteistellung innehat, ist in der Lehre umstritten. Im Grundsatz herrscht zwar weitgehend Einigkeit darüber, dass es sich solange um ein nicht-streitiges Einparteienverfahren der Gesellschaft handelt, als nicht ein Gläubiger einen Antrag auf Konkursaufschub (Art. 725a Abs. 1) stellt (CAMPONOVO, Anzeige, 385 f. m.w.N.; KRAMPF/SCHULER, 1071; BSK SchKG II-BRUNNER, Art. 192 N 22), doch gehen die Meinungen auseinander, wenn unterschiedliche Auffassungen zwischen VR und RS vorherrschen. Nach einem Teil der Lehre kann es in solchen Fällen ebenfalls zu einem **strittigen Verfahren zwischen VR und RS** kommen, was für die RS – nebst der Gesellschaft – insb. die Parteistellung zur Folge hat (vgl. BSK SchKG II-BRUNNER, Art. 192 N 22; **a.M.** jedoch CAMPONOVO, Anzeige, 385 f.; KRAMPF/SCHULER, 1071, die aufgrund des der RS abgesprochenen Rechtsschutzinteresses eine Parteistellung der RS verneinen und weiterhin von einem Einparteienverfahren ausgehen). Auch die Rechtsprechung in dieser Frage ist uneinheitlich: So hielt etwa das Zürcher Kassationsgericht in einem Entscheid aus dem Jahr 2002 fest, dass das Verfahren nach Art. 192 SchKG, welches durch die Anzeige der RS initiiert wurde, dem Verfahren nach Art. 190 SchKG vergleichbar sei, weshalb es sich nicht um ein striktes Einparteienverfahren (wie etwa nach Art. 191 SchKG) handle (ZR 101 [2002] N 52). Demgegenüber verneinte die Justizkommission des Kt. ZG im Jahr 2006 eine Parteistellung der RS im Rahmen von Art. 192 SchKG (ZGGVP 2006, 178 f.). Nach der hier vertretenen Auffassung ist die Parteistellung der RS auch bei unterschiedlichen Ansichten zwischen ihr und dem VR zu **verneinen.** Die Anzeige der Überschuldung beim Gericht stellt eine Ersatzvornahme der RS zugunsten des VR dar (vgl. schon N 8). Die RS selbst hat kein Interesse am Ausgang des Verfahrens. Ihr fehlt ab diesem Zeitpunkt da-

mit ein Rechtsschutzinteresse. Die Anzeige nach Abs. 3 begründet deshalb keine Parteistellung der RS, sondern diejenige der Gesellschaft.

42 Die Verneinung der Parteistellung der RS schliesst allerdings nicht aus, dass der VR – wie in Lehre und Rechtsprechung gefordert – vor dem Entscheid über die Konkurseröffnung **angehört** wird (vgl. ZR 101 [2002] N 52; BSK SchKG II-BRUNNER, Art. 192 N 22; KRAMPF/SCHULER, 1071). Hat die RS die Überschuldung aber bereits beim Gericht angezeigt, kann der VR – trotz dieses rechtlichen Gehörs – allerdings keinen **Konkursaufschub** i.S.v. Art. 725a Abs. 1 mehr beantragen (so zumindest ZR 94 (1995) N 50; vgl. auch BSK SchKG II-BRUNNER, Art. 192 N 10 m.w.N.). U.E. ist dieses Ergebnis unbefriedigend und dem VR sollte das Recht eingeräumt werden, einen Konkursaufschub zu verlangen (in diesem Sinne auch KRAMPF/SCHULER, 1067). Die RS ist von Anfang an nicht berechtigt, einen Antrag auf Konkursaufschub zu stellen (vgl. Art. 725a Abs. 1; KRAMPF/SCHULER, 1067 m.w.N.).

43 **Örtlich zuständig** für die Entgegennahme der Anzeige ist das **(Konkurs-)Gericht** am Sitz der Gesellschaft (Art. 46 Abs. 2 SchKG). Die **sachliche Zuständigkeit** richtet sich nach kant. Recht (Art. 23 SchKG), wobei das summarische Verfahren bundesrechtlich vorgeschrieben ist (Art. 25 Ziff. 2 lit. a SchKG); im Kanton Zürich ist grundsätzlich der Einzelrichter im summarischen Verfahren zuständig (§ 213 Ziff. 5 ZPO). **Inhaltlich** ist mit der Anzeige der Nachweis zu erbringen, dass die Gesellschaft überschuldet ist. Die Lehre verlangt hierzu insb. das Beibringen einer Zwischenbilanz zu Fortführungs- und Veräusserungswerten (vgl. N 35; zu den Beilagen im Einzelnen KRAMPF/SCHULER, 1061 und 1064 f.; ferner OR Handkommentar-HELDNER/KELLERHALS, Art. 729b N 6).

44 Ist die RS gewählt und im Handelsregister eingetragen, ist sie für die Anzeige ohne Weiteres **legitimiert** (KRAMPF/SCHULER, 1063). Eine Abwahl der RS durch die GV, welche das Erfüllen der Anzeigepflicht vereiteln soll, führt in der Gerichtspraxis nicht zum Wegfall der Legitimation der RS (vgl. auch N 32); tritt die RS vor der Überschuldungsanzeige zurück und ist noch keine neue gewählt worden, wird ihr die Legitimation ebenfalls nicht aberkannt (vgl. zum Ganzen KRAMPF/SCHULER, 1063; ferner LINDER/VON DER CRONE, 491 f.).

45 Die **Kosten** werden grundsätzlich der Gesellschaft als Verfahrensverursacherin auferlegt. Zuweilen werden diese jedoch auf die RS abgewälzt, falls das Gericht zum Schluss kommt, dass keine offensichtliche Überschuldung vorliegt oder bereits ein Gesuch um Nachlassstundung hängig war (vgl. dazu KRAMPF/SCHULER, 1071). Die Haftung für die Konkurskosten mitsamt der Möglichkeit eines Kostenvorschusses ist im Rahmen von Art. 192 SchKG ausgeschlossen (Art. 194 Abs. 1 Satz 2 SchKG).

46 Die Möglichkeiten, den Entscheid des Konkursgerichts **anzufechten,** richten sich nach Art. 194 Abs. 1 i.V.m. Art. 174 Abs. 1 SchKG (eingehend dazu KRAMPF/SCHULER, 1071 ff.).

47 Das Vorgehen des Konkursgerichts in der **Sache** selbst richtet sich nach Art. 725a und Art. 173a f. SchKG.

VII. Reformvorhaben

48 Geht es nach dem Willen des BR erfahren die Anzeigepflichten der RS gem. der Botschaft Aktien- und Rechnungslegungsrecht eine weitere Verschärfung. So soll zusätzlich zu den materiell unverändert übernommenen Pflichten des VR im Falle eines Kapitalverlustes (Art. 725 Abs. 1 E-OR) die Pflicht des VR eingeführt werden, die GV zu be-

nachrichtigen, wenn die Gesellschaft **zahlungsunfähig** wird (vgl. Art. 725a E-OR). Zu diesem Zweck wird die Erstellung eines Liquiditätsplans vorgeschrieben, der von einem zugelassenen Revisor geprüft werden muss. Unterlässt der VR die Benachrichtigung der GV, ist die RS hierzu ersatzweise verpflichtet (Art. 728c Abs. 2; Botschaft Aktien- und Rechnungslegungsrecht, 101).

Zudem soll es unter neuem Recht explizit möglich sein, statutarisch die Anzeigepflichten des VR zu verschärfen (Art. 725b E-OR; Botschaft Aktien- und Rechnungslegungsrecht, 102). In solchen Fällen würde entsprechend auch die Anzeigepflicht der RS verschärft, da sie Unterlassungen des VR der GV anzeigen müsste. 49

An der subsidiären Überschuldungsanzeige durch die RS i.S. des heutigen Abs. 3 soll hingegen nichts geändert werden. Allerdings soll klar gestellt werden, dass auf die Anzeige nur dann verzichtet werden kann, wenn angemessene Rangrücktritte vorliegen, die mit einer entsprechenden Stundung verbunden sind. 50

Art. 729

IV. Eingeschränkte Revision (Review)
1. Unabhängigkeit der Revisionsstelle

¹ **Die Revisionsstelle muss unabhängig sein und sich ihr Prüfungsurteil objektiv bilden. Die Unabhängigkeit darf weder tatsächlich noch dem Anschein nach beeinträchtigt sein.**

² **Das Mitwirken bei der Buchführung und das Erbringen anderer Dienstleistungen für die zu prüfende Gesellschaft sind zulässig. Sofern das Risiko der Überprüfung eigener Arbeiten entsteht, muss durch geeignete organisatorische und personelle Massnahmen eine verlässliche Prüfung sichergestellt werden.**

IV. Contrôle restreint (review)
1. Indépendance de l'organe de révision

¹ L'organe de révision doit être indépendant et former son appréciation en toute objectivité. Son indépendance ne doit être restreinte ni dans les faits, ni en apparence.

² La collaboration à la tenue de la comptabilité ainsi que la fourniture d'autres prestations à la société soumise au contrôle sont autorisées. Si le risque existe de devoir contrôler son propre travail, un contrôle sûr doit être garanti par la mise en place de mesures appropriées sur le plan de l'organisation et du personnel.

IV. Revisione limitata (review)
1. Indipendenza dell'ufficio di revisione

¹ L'ufficio di revisione deve essere indipendente e deve formare il suo giudizio di verifica in maniera obiettiva. L'indipendenza non deve essere compromessa né di fatto né in apparenza.

² L'ufficio di revisione può partecipare all'attività contabile e fornire altri servizi per la società da verificare. Se vi è il risconto di dover verificare propri lavori, esso adotta misure a livello organizzativo e di personale che garantiscano una verifica affidabile.

Literatur

Vgl. die Literaturhinweise zu Art. 728.

I. Normzweck

Art. 729 regelt die Anforderungen an die Unabhängigkeit der RS bei der Revision von Gesellschaften, welche gem. Art. 727a i.V.m. Art. 727 der eingeschränkten Revision 1

(Review) unterstehen. Die **Zielsetzung** der Unabhängigkeitsanforderungen ist bei der eingeschränkten Revision grundsätzlich dieselbe wie bei der ordentlichen Revision (Botschaft RAG, 4026). Die Unabhängigkeitsanforderungen sollen sicherstellen, dass die Revisoren ihr Prüfurteil objektiv und neutral bilden, damit die Verlässlichkeit der Jahresrechnung gewährleistet werden kann (vgl. Art. 728 N 1). Hingegen rechtfertigen sich aufgrund der **modifizierten Schutzziele** der eingeschränkten Revision (namentlich der Schutz von Minderheitsaktionären und der Gläubigerschutz; Art. 728 N 1) gewisse Erleichterungen im Vergleich zur ordentlichen Revision (Art. 728 N 2).

2 Nach dem Gesagten gelten bei der eingeschränkten Revision grundsätzlich dieselben Anforderungen an die Unabhängigkeit der Revisoren. Der in Art. 729 Abs. 1 festgehaltene **Grundsatz der Unabhängigkeit** ist deshalb **mit demjenigen der ordentlichen Revision identisch** (Botschaft RAG, 4026). Hingegen wird bei der eingeschränkten Revision auf eine Konkretisierung des Grundsatzes in einem Katalog von Unvereinbarkeitstatbeständen (analog Art. 728 Abs. 2) verzichtet und zudem die Mitwirkung bei der Buchführung und die Erbringung anderer Dienstleistungen (entgegen Art. 728 Abs. 2 Ziff. 4) grundsätzlich zugelassen.

II. Generalklausel (Abs. 1)

3 **Abs. 1 entspricht wörtlich Art. 728 Abs. 1.** Damit gelten für die eingeschränkte Revision grundsätzlich dieselben Unabhängigkeitsanforderungen wie für die ordentliche Revision. Es kann deshalb auf die Ausführungen zu Art. 728 verwiesen werden (Art. 728 N 10 ff.).

4 Nicht offensichtlich ist jedoch, ob die Übereinstimmung so weit geht, dass die in Art. 728 Abs. 2 aufgezählten Unvereinbarkeitstatbestände (vgl. Art. 728 N 14 ff.) auch bei der eingeschränkten Revision gelten. Dagegen spricht, dass Art. 729 keine entsprechende Aufzählung von Unvereinbarkeitstatbeständen enthält. Die Fälle des Abs. 2 stellen jedoch u.E. Konkretisierungen der Generalklausel dar (Art. 728 N 6). Sie lassen sich letztlich alle aus der Generalklausel des Art. 728 Abs. 1 bzw. Art. 729 Abs. 1 ableiten (s. Art. 728 N 11). Der Anschein fehlender Unabhängigkeit wird deshalb gleichermassen entstehen, wenn bei der eingeschränkten Revision ein Unvereinbarkeitstatbestand erfüllt ist (vgl. Botschaft RAG, 4026). Mit Ausnahme von Ziff. 4, der in Art. 729 Abs. 2 ausdrücklich modifiziert wird (N 7 ff.), sind die **Unvereinbarkeitstatbestände** u.E. damit **auch bei der eingeschränkten Revision anwendbar.**

5 Durch die Einführung der eingeschränkten Revision wollte der Gesetzgeber kleinere Gesellschaften entlasten. Die eingeschränkte Revision geht weniger weit beim Umfang und der Intensität der Prüfung sowie bei den fachlichen Anforderungen an die RS. Diesem Willen des Gesetzgebers zur Entlastung kleinerer Unternehmen entspricht es, dass bei der eingeschränkten Revision auch weniger strikte Anforderungen an die Unabhängigkeit gestellt werden. Aus diesem Grunde ist u.E. im Rahmen der eingeschränkten Revision bei der **Auslegung von unbestimmten Rechtsbegriffen** der Unvereinbarkeitstatbestände *(andere Entscheidfunktion* in Ziff. 1; *bedeutende* indirekte Beteiligung und *wesentliche* Forderung oder Schuld in Ziff. 2; *enge* Beziehung in Ziff. 3; *wirtschaftliche Abhängigkeit* in Ziff. 5; *nicht marktkonforme* Bedingungen in Ziff. 6; *wertvolle* Geschenke oder *besondere* Vorteile in Ziff. 7) **ein weniger strenger Massstab anzusetzen.** Hingegen geht es u.E. zu weit, wenn die Unvereinbarkeitstatbestände von Art. 728 Abs. 2 als blosse Leitlinie aufgefasst werden (so die Botschaft RAG, 4026; BÖCKLI, Revisionsstelle, N 607), von welchen auch abgewichen werden kann.

III. Ausnahmebestimmung für Mitwirkung bei der Buchführung (Abs. 2)

1. Allgemeines

Art. 729 Abs. 2 erklärt die Mitwirkung bei der Buchführung grundsätzlich für zulässig (Satz 1). Allerdings müssen bei einem allfälligen Risiko der Selbstprüfung geeignete organisatorische und personelle Massnahmen ergriffen werden, um eine verlässliche Prüfung sicherzustellen (Satz 2). Damit weicht Abs. 2 von der entsprechenden Bestimmung bei der ordentlichen Revision (Art. 728 Abs. 2 Ziff. 4) ab. Dies stellt eine vom Gesetzgeber gewollte Erleichterung der Unabhängigkeitsanforderungen für die eingeschränkte Revision dar. Gemäss der Botschaft sollte damit **KMUs ermöglicht werden, Beratungsdienstleistungen im Rahmen der Buchführun**g, die Abschlussstellung und die eingeschränkte Revision aus einer Hand zu beziehen (Botschaft RAG, 4026). Es handelt sich damit um einen Kompromiss im Interesse der Praktikabilität, ein bewusstes Abweichen des Gesetzgebers vom allgemeinen Unabhängigkeitsstandard zur Ermöglichung der Prüfung von kleineren Unternehmen durch eine RS, welche an der Buchführung mitwirkt.

2. Mitwirkung bei der Buchführung

Bei der eingeschränkten Revision gilt damit der Grundsatz, dass die Mitwirkung bei der Buchführung sowie das Erbringen anderer Dienstleistungen zulässig ist. Ein Antrag einer Kommissionsminderheit, das Erbringen von Dienstleistungen *mit Ausnahme der Mitwirkung bei der Buchführung* zuzulassen, wurde in den Räten abgelehnt (AmtlBull NR 2005, 83 f.). Die vorliegende Bestimmung ermöglicht es bspw., dass dasselbe Revisionsunternehmen oder zwei Gesellschaften derselben Unternehmensgruppe sowohl an der Buchführung mitwirken als auch eine eingeschränkte Revision durchführen, **sofern eine verlässliche Prüfung in organisatorischer und personeller Hinsicht dennoch sichergestellt ist.** Ebenso ist die Erbringung anderer Dienstleistungen grundsätzlich zulässig.

Fraglich ist freilich, **wie weit die Mitwirkung bei der Buchführung gehen darf.** Gemäss einem Votum von NR Inderkum ist die Mitwirkung nach Art. 729 Abs. 2 eng auszulegen (AmtlBull SR 2005, 627). Demnach ist es trotz Art. 729 Abs. 2 unzulässig, wenn die RS die gesamte Buchführung (soweit gesetzlich überhaupt delegierbar, Art. 716a Abs. 1 Ziff. 3) übernimmt. Mit anderen Worten wird durch Art. 729 Abs. 2 OR nur eine (beschränkte) Mitwirkung bei der Buchführung erlaubt, nicht aber die Übernahme der gesamten Buchführung. Wo dem VR Ermessen bei der Buchführung zusteht, bspw. bei der Bewertung einzelner Bilanzpositionen, darf die RS das Ermessen nicht selber ausüben, sondern höchstens Grenzen des Ermessens aufzeigen. «Die entscheidenden Anordnungen für alle kritischen Ansätze im Jahresabschluss (Abschreibungen, Wertberichtigungen, Rückstellungen, Aktivierungen bestimmter Kosten, Wiederaufwertung, Ausnahmen vom Verrechnungs- bzw. Saldierungsverbot, Änderung von Rechnungslegungsgrundsätzen) müssen unter allen Umständen vom VR ausgehen» (BÖCKLI, Revisionsstelle, N 497). Nur bei diesem Verständnis von Abs. 2 wird der von Abs. 1 geforderte Anschein von Unabhängigkeit gewahrt.

Das Gesagte gilt freilich nur unter dem Vorbehalt, dass **geeignete organisatorische oder personelle Massnahmen** zur Sicherstellung einer verlässlichen Prüfung getroffen werden (vgl. sogleich N 10). Zudem dürfen die erbrachten Dienstleistungen weder zu einer *wirtschaftlichen Abhängigkeit* von der zu prüfenden Gesellschaft (vgl. Art. 728 Abs. 2 Ziff. 5) noch zu einer *engen Beziehung* des leitenden Revisors zum VR, anderen

Entscheidträgern oder einem bedeutenden Aktionär der zu prüfenden Gesellschaft führen (Art. 728 Abs. 2 Ziff. 3). Auch sind die Verträge zu *marktkonformen Bedingungen* abzuschliessen und sie dürfen *kein Interesse des Revisors am Prüfergebnis* begründen (Art. 728 Abs. 2 Ziff. 6). Diese Beschränkungen sind u.E. auch bei der eingeschränkten Revision *mutatis mutandis* anwendbar (N 4 f.).

3. Organisatorische und personelle Massnahmen

10 Im Falle eines «*embedded audit*», wenn also der Revisor an der Buchführung mitwirkt, muss der Revisor nach Art. 729 Abs. 2 geeignete organisatorische und personelle Massnahmen treffen, um eine **Überprüfung der eigenen Arbeit auszuschliessen**. Es steht in der Verantwortung der RS, unternehmensintern die geeigneten Massnahmen zu treffen, um dies sicherzustellen.

11 Zu denken ist dabei insb. an eine **personelle Trennung** von Buchführung und Prüfung. Die Arbeiten in der Buchführung und die eingeschränkte Revision dürfen nicht durch dieselbe Person (AmtlBull NR 2005, 83, Votum NR Hochreutener) oder dieselben Personen durchgeführt werden. Der Grundsatz, dass die RS sich nicht selber überprüfen darf, gilt in diesem Sinne auch bei der erleichterten Revision (AmtlBull NR 2005, 83, Votum BR Blocher). Eine Einmann-Revisionsstelle kann deshalb nicht bei der Buchführung mitwirken. Es ist unübersehbar, dass diese Bestimmung grössere Revisionsunternehmen begünstigt.

12 Lässt sich durch organisatorische und personelle Massnahmen eine verlässliche Prüfung nicht sicherstellen, ist auch bei der eingeschränkten Revision eine Mitwirkung bei der Buchführung oder das Erbringen anderer Dienstleistungen unzulässig.

4. Offenlegung

13 Wirkt die RS bei der Buchführung mit oder erbringt sie andere Dienstleistungen für die zu prüfende Gesellschaft, so muss die RS im Revisionsbericht Ausführungen dazu machen (Art. 729b Abs. 1 Ziff. 3 OR; vgl. Art. 729b N 8). Im Bericht ist eine **allfällige Mitwirkung bei der Buchführung offenzulegen** und es sind **sämtliche Dienstleistungen** aufzuführen, die für die zu prüfenden Gesellschaft erbracht wurden, insb. all jene, bei welchen tatsächlich oder dem Anschein nach eine Gefahr der Selbstprüfung besteht (BÖCKLI, Revisionsstelle, N 609). Der Bericht hat ausserdem die ergriffenen personellen und organisatorischen Schutzmassnahmen zu erläutern.

Art. 729a

2. Aufgaben der Revisionsstelle a. Gegenstand und Umfang der Prüfung	¹ Die Revisionsstelle prüft, ob Sachverhalte vorliegen, aus denen zu schliessen ist, dass:
	1. die Jahresrechnung nicht den gesetzlichen Vorschriften und den Statuten entspricht;
	2. der Antrag des Verwaltungsrats an die Generalversammlung über die Verwendung des Bilanzgewinnes nicht den gesetzlichen Vorschriften und den Statuten entspricht.
	² Die Prüfung beschränkt sich auf Befragungen, analytische Prüfungshandlungen und angemessene Detailprüfungen.

3. Abschnitt: Organisation der Aktiengesellschaft Art. 729a

³ **Die Geschäftsführung des Verwaltungsrats ist nicht Gegenstand der Prüfung durch die Revisionsstelle.**

2. Attributions de l'organe de révision
a. Objet et étendue du contrôle

¹ L'organe de révision vérifie s'il existe des faits dont il résulte:

1. que les comptes annuels ne sont pas conformes aux dispositions légales et aux statuts;

2. que la proposition du conseil d'administration à l'assemblée générale concernant l'emploi du bénéfice n'est pas conforme aux dispositions légales et aux statuts.

² Le contrôle se limite à des auditions, à des opérations de contrôle analytiques et à des vérifications détaillées appropriées.

³ La manière dont le conseil d'administration dirige la société n'est pas soumise au contrôle de l'organe de révision.

2. Attribuzioni dell'ufficio di revisione
a. Oggetto e portata della verifica

¹ L'ufficio di revisione verifica se vi siano fatti dai quali si deve dedurre che:

1. il conto annuale non sia conforme alle disposizioni legali e allo statuto;

2. la proposta del consiglio d'amministrazione all'assemblea generale sull'impiego dell'utile risultante dal bilancio non sia conforme alle disposizioni legali e allo statuto.

² La verifica si limita a interrogazioni, ad atti di verifica analitici e ad adeguate verifiche di dettaglio.

³ La gestione del consiglio d'amministrazione non è oggetto della verifica da parte dell'ufficio di revisione.

Literatur

BERTSCHINGER, Verantwortlichkeit der Revisionsstelle – Aktuelle Fragen und Perspektiven, ZSR 2005 II, 569 ff. (zit. Verantwortlichkeit); BÖCKLI, Revisionsstelle und Abschlussprüfung nach neuem Recht (Schriften zum Aktienrecht Bd. 24), Zürich 2007 (zit. Abschlussprüfung); DERS., Zwanzig Knacknüsse im neuen Revisionsrecht, SZW 2008, 117 ff. (zit. Knacknüsse); BOURQUI/BOURQUI, Le contrôle restreint et sa fiabilité, SZW 2007, 422 ff.; BRUGGMANN, Die Verantwortlichkeit der aktienrechtlichen Revisionsstelle im Strafrecht, Diss. Zürich 1996; HONOLD, Wirtschaftsprüfung und das Konzept der «levels of assurance», Diss. St. Gallen 2003 (zit. Wirtschaftsprüfung); LENGAUER/HOLDEREGGER/AMSTUTZ, Neuerungen im Gesellschafts- und Revisionsrecht 2007/2008, Zürich 2007; C. MEYER, Rechnungslegung für kleine und mittelgrosse Organisationen, ST 2007, 56 ff. (zit. Rechnungslegung); PFIFFNER, Revisionsstelle und Corporate Governance, Diss. Zürich 2008; RENGGLI, Risiko, Risikomanagement und Selbstschutz des KMU-Prüfers, ST 2008, 195 ff.; STENZ, Der neue und differenzierte Prüfungsauftrag, ST 2006, 346 ff. (zit. Prüfungsauftrag); STÖCKLI/ZAEHNER, Standard zur eingeschränkten Revision, ST 2006, 400 ff.; VOGT/FISCHER, Neue Haftungsrisiken für die Revisionsstelle aufgrund des neuen Revisionsrechts?, in: R. H. Weber (Hrsg.), Verantwortlichkeit im Unternehmensrecht III, Zürich/Basel/Genf 2006, 111 ff.

Materialien

Obligationenrecht (Aktienrecht und Rechnungslegungsrecht sowie Anpassungen im Recht der Kollektiv- und der Kommanditgesellschaft, im GmbH-Recht, Genossenschafts-, Handelsregister- sowie Firmenrecht) Entwurf vom 21. Dezember 2007 (zit. E OR 2007); Obligationenrecht (GmbH-Recht sowie Anpassungen im Aktien-, Genossenschafts-, Handelsregister- und Firmenrecht) (Entwurf vom 23. Juni 2004) (zit. E OR 2004); TREUHAND-KAMMER, Neues Revisionsrecht – Ausgewählte Fragen und Antworten, Zürich 2008 (zit. Neues Revisionsrecht); Treuhand-Kammer/Schweizerischer Treuhänder-Verband, Standard zur Eingeschränkten Revision, Zürich/Bern 2007 (zit. PS ER).

I. Normzweck und Entstehungsgeschichte

1 Die Formulierung von *Abs. 1* hält den **Gegenstand und Massstab der Prüfung der RS bei der eingeschränkten Revision** fest (vgl. N 5 ff.). Es handelt sich dabei grundsätzlich um *zwingende Mindestvorschriften,* welche von der prüfungspflichtigen Gesellschaft weder statutarisch noch durch GV-Beschluss eingeschränkt werden können. Immerhin ist bei Kleinstgesellschaften, die ganz auf eine Revision verzichten können (vgl. Art. 727a Abs. 2 OR), auf die Möglichkeit eines *Opting-down* hinzuweisen, in dessen Rahmen auch Einschränkungen am Gegenstand und Massstab der Prüfung zulässig sein müssen; freilich handelt es sich dann nicht mehr um eine gesetzliche Pflichtprüfung und die RS wird aus dem Handelsregister gelöscht (vgl. Art. 61 Abs. 1 HRegV; zu den Auswirkungen eines Opting-down auf die Stellung der RS als Gesellschaftsorgan s. Vor Art. 727 und 727a N 35).

2 In *Abs. 2* benennt das Gesetz das **Instrumentarium der RS** für die Durchführung einer eingeschränkten Revision (vgl. N 12 ff.).

3 *Abs. 3* entspricht wörtlich der Bestimmung von Art. 728a Abs. 3 und hält somit für die eingeschränkte Revision fest, was die Parallelbestimmung für die ordentliche Revision klar stellt: Die **Geschäftsführung des VR** ist – trotz einer weitverbreiteten gegenteiligen Auffassung in der Öffentlichkeit – **nicht von der RS zu prüfen** (vgl. N 9).

4 Der **E des BR** (BBl 2004, 4121) wurde während der Behandlung im Parlament dahingehend **ergänzt,** dass die Prüfung nicht nur Befragungen und analytische Prüfungshandlungen, sondern auch angemessene Detailprüfungen zu umfassen habe (Abs. 2 i.f. und dazu u. N 14). Vgl. zur Beratung im NR am 2.3.2005 AmtlBull NR 2005, 82.

II. Prüfungsgegenstand

5 Prüfungsgegenstand der eingeschränkt prüfenden RS bilden die **Jahresrechnung** und der **Gewinnverwendungsantrag des VR** (Abs. 1; vgl. zu diesen Prüfungsobjekten eingehend Art. 728a N 5 ff.; PFIFFNER, N 100 ff. und 109). Wie bei der ordentlichen Revision ist die **Buchhaltung** in die Prüfung miteinzubeziehen, auch wenn das Gesetz dies nicht explizit erwähnt. Die Jahresrechnung ist aus der chronologischen und systematischen Aufzeichnung der Geschäftsvorfälle in der Buchhaltung abgeleitet und kann sinnvollerweise nicht losgelöst von Letzterer geprüft werden (vgl. Art. 728a N 5 f.).

6 Ein Vergleich mit der gesetzlichen Aufgabenumschreibung der ordentlichen Revision (vgl. Art. 728a N 5 ff.) zeigt, dass **bei der eingeschränkten Revision nicht festgestellt** werden muss,

– ob die Gesellschaft die Jahresrechnung nach einem *besonderen Regelwerk* erstellt und dieses vollständig eingehalten hat (vgl. Abs. 1 Ziff. 1 mit Art. 728a Abs. 2 Ziff. 1; vgl. aber u. N 11); und

– ob ein *internes Kontrollsystem* eingerichtet wurde (vgl. Abs. 1 mit Art. 728a Abs. 1 Ziff. 3).

7 Ferner hat sich die eingeschränkt prüfende RS **nicht** mit der **Prüfung der Konzernrechnung** zu befassen. Gesellschaften, die vom Gesetz zur Erstellung einer konsolidierten Rechnung verpflichtet werden (vgl. Art. 663e f. OR; Art. 963 E OR 2007), unterliegen in jedem Fall der *ordentlichen Revision* (vgl. Art. 727 Abs. 1 Ziff. 3 OR).

8 Wie bei der ordentlichen Revision ist auch bei der eingeschränkten Revision die gesamte Jahresrechnung – einschliesslich des Anhangs – Prüfungsobjekt der RS. Deshalb

muss sich die Prüfung auch auf die Ausführungen des VR im Anhang zur **Risikobeurteilung** erstrecken. Der BR betonte in der Botschaft noch, dass diese Angaben nicht in den Prüfungsumfang der eingeschränkt prüfenden RS fielen (Botschaft RAG, 4027); dies liess sich damit begründen, dass der Gesetzesentwurf des BR die Prüfung der erwähnten Anhangsangaben bei der Aufgabenumschreibung der ordentlichen Revision explizit vorsah, bei der eingeschränkten Prüfung indessen nicht erwähnte (vgl. Art. 728a Abs. 1 Ziff. 5 E OR 2004; Art. 729a Abs. 1 E OR 2004). In der parlamentarischen Debatte wurde dann die ausdrückliche Erwähnung der Prüfung der erwähnten Anhangsangaben bei der ordentlichen Revision gestrichen, und zwar mit dem Hinweis, der gesamte Anhang sei ohnehin Prüfungsgegenstand (vgl. AmtlBull NR 2005, 82). Aus dem Gesetzestext ergibt sich in dieser Hinsicht somit kein Unterschied mehr zwischen der ordentlichen und eingeschränkten Revision. Folglich hat die eingeschränkt prüfende RS die im Anhang angegebene Risikobeurteilung zu prüfen. Die entsprechenden Angaben dürfen bei KMU freilich knapper ausfallen als bei Publikums- und Grossgesellschaften. Dennoch können sich KMU nicht mit Floskeln begnügen, sondern müssen kurz darlegen, wie die Risikobeurteilung vorgenommen wurde und welche Risiken bestehen, die einen wesentlichen Einfluss auf die Qualität und Beurteilung der Jahresrechnung haben (vgl. dazu Art. 728a N 20). Die RS hat dann nach dem vorliegend befürworteten Prüfungsverständnis (vgl. Art. 728a N 24 f.) zu prüfen, ob Sachverhalte vorliegen, aus denen zu schliessen ist, dass die Angaben des VR nicht plausibel oder nicht im Wesentlichen vollständig sind. Basis hierfür ist die eigene Risikobeurteilung der RS, welche auch bei der eingeschränkten Revision durchzuführen ist (vgl. PS ER, 14 f., Ziff. 3 [«Risikobeurteilung»] sowie u. N 18 f.); es versteht sich von selbst, dass an diese (eingeschränkte) Überprüfung der Risikoangaben nicht die gleichen Anforderungen gestellt werden können, wie sie von der ordentlich prüfenden RS verlangt werden (PFIFFNER, N 1926). Nach dem E-Aktien- und Rechnungslegungsrecht sollen die Angaben zur Durchführung der Risikobeurteilung vom Anhang in den Jahresbericht (neu Lagebericht) verschoben werden und damit nicht mehr der Prüfung unterliegen (vgl. Art. 961c Abs. 2 Ziff. 2 E OR 2007). Der Lagebericht soll überdies nur noch für Gesellschaften, die ordentlich revidiert werden müssen, obligatorisch sein (vgl. Art. 961 Ziff. 3 E OR 2007).

Wie bei der ordentlichen Revision (Art. 728a Abs. 3 OR) stellt das Gesetz auch bei der Aufgabenumschreibung der eingeschränkt prüfenden RS klar, dass die **Geschäftsführung des VR nicht Prüfungsgegenstand** ist (Abs. 3). Diese Klarstellung macht Sinn, da die Öffentlichkeit diesbezüglich schon lange von falschen Vorstellungen ausgeht (sog. **«expectation gap»**; vgl. Art. 728a N 125). 9

III. Prüfungsmassstab

Zum Prüfungsmassstab bei der eingeschränkten Revision gehören wie bei der ordentlichen Prüfung die gesetzlichen und statutarischen Vorschriften zur Buchführung, zur Rechnungslegung (vgl. dazu Art. 728a N 76 ff.) und zur Ermittlung des ausschüttbaren Gewinns (vgl. Art. 728a N 34). 10

Nicht zu prüfen ist von Gesetzes wegen die korrekte und vollständige Anwendung eines *Rechnungslegungsregelwerkes* (Botschaft RAG, 4027). Immerhin ist eine eingeschränkte Revision über die Anwendung der sog. **Kern-FER** möglich (vgl. PS ER, 11, Ziff. 1.6; (PFIFFNER, N 1928). Dabei handelt es sich um eine Auswahl aus den von der Fachkommission für Empfehlungen zur Rechnungslegung (FER) erlassenen Rechnungslegungsstandards für KMU. Diese umfasst neben dem Rahmenkonzept die Stan- 11 dards für die zentralen Fragen der Rechnungslegung, nämlich für die Grundlagen der Rechnungslegung (Swiss GAAP FER 1), für die Bewertung (Swiss GAAP FER 2), für die Darstellung und Gliederung (Swiss GAAP FER 3), für die Geldflussrechnung (Swiss GAAP FER 4), für die Ausserbilanzgeschäfte (Swiss GAAP FER 5) und für den Anhang (Swiss GAAP FER 6); vgl. C. MEYER, Rechnungslegung, 57 f.

VI. Prüfungsumfang und Prüfungsdurchführung

1. Gesetzliche Vorgaben

12   Das revidierte Gesetz *umschreibt* den *Prüfungsauftrag der RS negativ:* Die RS muss prüfen, «ob Sachverhalte vorliegen, aus denen zu schliessen ist, dass […] die Jahresrechnung *nicht* den gesetzlichen Vorschriften und den Statuten entspricht [und/oder] […] der Antrag des Verwaltungsrats an die Generalversammlung über die Verwendung des Bilanzgewinns *nicht* den gesetzlichen Vorschriften und den Statuten entspricht» (Abs. 1 Ziff. 1 und 2). Bei der eingeschränkten Revision sind die Prüfungsintensität und -tiefe im Vergleich zur ordentlichen Revision reduziert; die Erkenntnisse der RS basieren auf Prüfungshandlungen, die nicht alle Nachweise liefern, die von einer ordentlichen Prüfung verlangt werden. Die reduzierte Prüfungsintensität und -tiefe führen zu einer **weniger hohen Urteilssicherheit der RS («moderate assurance»)**. Dies soll durch die **negativ formulierten Stellungnahme zum Prüfungsergebnis («negative assurance»)** zum Ausdruck gebracht werden (PFIFFNER, N 1929 f.; vgl. auch Botschaft RAG, 4028; BOURQUI/BOURQUI, 436; HONOLD, Wirtschaftsprüfung, 143 m.H. zur US-amerikanischen Prüfungspraxis).

13   Nach dem **Gesetzesentwurf des BR** war die eingeschränkte Revision als **indirekte Prüfung** i.S. der von der nationalen und internationalen Prüfungspraxis bereits praktizierten **«review» (prüferische Durchsicht)** ausgestaltet (vgl. Botschaft RAG, 3994; PS 910). Bei einer «review» schliesst der Prüfer anhand von Indizien auf die Regelkonformität des Prüfungsobjektes (gem. PS 120 Ziff. 15 und PS 910 Ziff. 7 beschränkt sich der Prüfer bei einer «review» grundsätzlich auf Befragungen sowie analytische Prüfungshandlungen). Die Botschaft RAG, 4027, betonte, dass «keine eingehende Prüfung sämtlicher Einzelpositionen, keine Prüfung der Bewertungen und keine physische Bestandesaufnahme statt[finden müsse]». Der Gesetzesentwurf sah keine direkten Prüfungshandlungen vor (vgl. Art. 729a Abs. 2 E OR 2004: «Die Prüfung beschränkt sich auf Befragungen und analytische Prüfungshandlungen»; vgl. auch BOURQUI/BOURQUI, 428).

14   Das Parlament hat jedoch auf Anregung der Revisionsbranche (vgl. Positionspapier der Treuhand-Kammer «Revisionspflicht im Gesellschaftsrecht und Zulassung und Beaufsichtigung der Revisoren» vom 31.8.2004, 10) die Prüfungshandlungen bei der eingeschränkten Revision um **«angemessene Detailprüfungen»** erweitert (vgl. Abs. 2 i.f.; AmtlBull NR 2005, 84). Unter Detailprüfungen (Einzelfallprüfungen) versteht man Prüfungshandlungen, die direkt die einzelnen Geschäftsvorfälle und deren buchhalterische Darstellung betreffen (HWP II 168). Sie umfassen namentlich *Bestandes-, Bewertungs- und Verkehrsprüfungen.* Die RS muss etwa Einblick in Konti und Belege nehmen und Sachverhaltsabklärungen durchführen. Die eingeschränkte Revision strebt damit eine höhere Urteilssicherheit an, als diese von der international bekannten «review» erreicht werden kann (PFIFFNER, N 1932), welche sich grundsätzlich auf Befragungen und analytische Prüfungshandlungen beschränkt (N 12).

Die vom Parlament beschlossene gesteigerte Prüfungsintensität ist einerseits mit Blick 15
auf die **Verlässlichkeit des Prüfungsurteils** der eingeschränkt prüfenden RS zu begrüssen. Aus Sicht der Revisoren, die sich über höhere Honorare infolge der gesteigerten Prüfungsintensität freuen dürfen, bedeutet die Pflicht zu «angemessenen Detailprüfungen» andererseits ein **gesteigertes Haftungsrisiko** (vgl. auch BERTSCHINGER, Verantwortlichkeit, 585; VOGT/FISCHER, 136 f.; BÖCKLI, Abschlussprüfung, N 469). Im Falle von nicht entdeckten Fehlaussagen in der Jahresrechnung wird die RS künftig mit dem Vorwurf konfrontiert sein, sie hätte den Fehler entdecken können, wenn sie im übersehenen Punkt Detailprüfung durchgeführt hätte (PFIFFNER, N 1933).

2. Selbstregulierung

Um die gesetzlichen Vorschriften zur eingeschränkten Revision zu konkretisieren, haben 16
die *Treuhand-Kammer (Schweizerische Kammer der Wirtschaftsprüfer und Steuerexperten)* und der *Schweizerische Treuhänder-Verband (STV)* gemeinsam einen einschlägigen Prüfungsstandard (**Standard zur Eingeschränkten Revision, PS ER**) erarbeitet. Dieser wurde im Dezember 2007 publiziert und ist für die Mitglieder der genannten Fachverbände bei der Durchführung von eingeschränkten Revisionen verbindlich anzuwenden (PS ER, 7; TREUHAND-KAMMER, Neues Revisionsrecht, 12).

Der Prüfungsstandard hält fest, dass der **Prüfungsumfang** – verstanden als die Summe 17
derjenigen Prüfungshandlungen, die unter den jeweiligen Umständen erforderlich sind, damit die eingeschränkte Revision ihr Ziel erreichen kann (PS ER, 11, Ziff. 1.5) – bei der eingeschränkten Revision **geringer** sei als bei der ordentlichen Revision. Eine eingeschränkte Revision umfasse namentlich:

- keine Prüfung des internen Kontrollsystems;
- keine Inventurbeobachtung und Drittbestätigungen, d.h. die Prüfung beschränkt sich grundsätzlich auf die bei der Gesellschaft intern verfügbaren Informationen (vgl. dazu aber N 22); sowie
- keine Prüfungen zur Aufdeckung von deliktischen Handlungen und weiteren Gesetzesverstössen (vgl. PS ER, 11, Ziff. 1.5 i.f.).

Die eingeschränkte Revision folgt einem **risikoorientierten Prüfungsansatz** und um- 18
fasst eine **Risikobeurteilung** (vgl. PS ER, 13 ff., Ziff. 2 und 3; RENGGLI, N 196), ohne jedoch das interne Kontrollsystem prüfungsunterstützend zu berücksichtigen (PFIFFNER, N 1936). Die RS soll aber das **inhärente Risiko** auf der Ebene der *Jahresrechnung als Ganzes* sowie mit Bezug auf deren *einzelne Positionen* abschätzen (PS ER, 13, Ziff. 2). Dabei handelt es sich um das Risiko, dass eine bestimmte Position in der Jahresrechnung oder eine bestimmte Art von Transaktionen Fehlaussagen enthält, die – einzeln oder zusammen mit Fehlaussagen anderer Positionen in der Jahresrechnung oder Arten von Transaktionen – wesentlich sein können, und zwar unabhängig vom Bestehen diesbezüglicher interner Kontrollen (PS 400 Ziff. 4). Das inhärente Risiko hängt insb. von folgenden Faktoren ab:

- Ausmass, in dem eine bestimmte Position vom Ermessen der Unternehmensleitung (Bewertungsentscheide) betroffen ist;
- Komplexität der zugrunde liegenden Transaktionen;
- Anfälligkeit auf Wertschwankungen aufgrund von Markteinflüssen, der Branche i.A. etc.;

- Abhängigkeit von künftigen Ereignissen und Entscheidungen;
- Wesentlichkeit der Position (PS ER, 14, Ziff. 3.3).

19 Um das inhärente Risiko abschätzen zu können, muss sich die **RS mit dem zu prüfenden Unternehmen und seiner Geschäftstätigkeit vertraut machen.** Dazu gehören insb. Kenntnisse über die Organisation und das Geschäftsmodell des Unternehmens, die Art seiner Erträge und Aufwendungen sowie der Vermögenswerte und Verbindlichkeiten und wie diese zu Stande kommen (STÖCKLI/ZAEHNER, 402). Basierend auf der Risikobeurteilung plant die RS die eingeschränkte Revision, indem sie über das grundsätzliche Vorgehen entscheidet und ein Prüfprogramm mit den einzelnen Prüfungshandlungen (Befragungen, analytische Prüfungshandlungen, angemessene Detailprüfungen) festlegt (vgl. PFIFFNER, N 1936 und zum Folgenden N 1937 ff.).

20 **Befragungen** von Mitarbeitenden sowie Mitgliedern der Unternehmensleitung gelten gem. PS ER, 21, Ziff. 6.1.1 Abs. 1, als «ein effizientes Mittel zur Informationsbeschaffung»; vorausgesetzt wird dabei, dass «von der Kompetenz und Ehrlichkeit der befragten Personen» ausgegangen» werden darf. Von Bedeutung sei ferner, dass «möglichst an der ‹Quelle› der in die Jahresrechnung einfliessenden Informationen – auch ausserhalb des Rechnungswesens – befragt wird und dass sowohl die Komplexität der Materie als auch die Position des Befragten bei der Auswahl der Fragen berücksichtigt werden» (PS ER, 21, Ziff. 6.1.1 Abs. 2). Bei wesentlichen Jahresabschlussposten muss der Revisor die durch Befragungen erhaltenen Prüfungsnachweise mit analytischen und/oder angemessenen Detailprüfungen ergänzen, um eine hinreichende Urteilssicherheit zu erhalten.

21 **Analytische Prüfungshandlungen,** d.h. die Analyse wesentlicher Kennzahlen und Trends sowie von Veränderungen und Relationen, die von anderen relevanten Informationen oder von prognostizierten Beträgen abweichen (PS 520 Ziff. 3; PS ER, 21 f., Ziff. 6.1.2), können bei der Planung, Durchführung und bei der Beurteilung der Jahresrechnung als Ganzes am Schluss der eingeschränkten Revision angewendet werden; sie liefern v.a. bei der Prüfung der Erfolgsrechnung nützliche Prüfungsnachweise (vgl. PS ER, 22, Ziff. 6.1.2).

22 Bezüglich der Vornahme von **Detailprüfungen** hält PS ER, 23, Ziff. 6.1.3, lediglich fest, es seien «angemessene Detailprüfungen – namentlich von Bestand und Bewertung – vorgesehen. Auf die Anwendung repräsentativer Stichprobenverfahren ist zu verzichten». Insb. umfasse die eingeschränkte Revision weder eine Inventurbeobachtung noch das Einholen von Drittbestätigungen (vgl. PS ER, 11, Ziff. 1.5; ferner 17, Ziff. 4.3.5: «Das Einholen von Drittbestätigungen gehört keinesfalls zur Eingeschränkten Revision»). Diese Schlussfolgerung ist allerdings in dieser Absolutheit nicht zutreffend. Die angemessenen Detailprüfungen verlangen vom Revisor *eigene Abklärungen* derjenigen Tatsachen, die einem bestimmten Ansatz in der Jahresrechnung zugrunde liegen. Dazu kann ggf. auch das Einholen von Drittbestätigungen (von Banken, Kunden, Anwälten etc.) gehören (PFIFFNER, N 1939; ebenso BÖCKLI, Abschlussprüfung, N 473 FN 948; ähnl. VON DER CRONE/VON PLANTA, 420 [«umfassende Tatsachenabklärungen»]; **a.M.** STENZ (2006) 349; STÖCKLI/ZAEHNER, 400; LENGAUER/HOLDEREGGER/AMSTUTZ, N 16). Generell soll die RS *Detailprüfungen bei wesentlichen Bilanzpositionen oder bei Unsicherheiten,* die sich aufgrund der Risikobeurteilung oder als Folge von Befragungen und Analysen ergeben können (vgl. BÖCKLI, Abschlussprüfung, N 473 i.f.), vornehmen (vgl. PS ER, 22, Ziff. 6.1.2).

23 Der Prüfungsstandard für die eingeschränkte Revision enthält in *Anhang D* **Beispiele gebräuchlicher Prüfungshandlungen** für die folgenden **wesentlichen Positionen der**

Jahresrechnung:

- Flüssige Mittel;
- Forderungen aus Lieferungen und Leistungen;
- Vorräte einschliesslich angefangene Arbeiten;
- Sach- und immaterielle Anlagen und Abschreibungen;
- Finanzanlagen (kurz- und langfristig; einschliesslich assoziierte Gesellschaften und marktgängige Wertschriften);
- Rechnungsabgrenzung und andere Aktiven;
- Verbindlichkeiten aus Lieferungen und Leistungen;
- Finanzverbindlichkeiten;
- Rückstellungen, Rechnungsabgrenzung und andere Passiven;
- Mehrwertsteuer und direkte Steuern;
- EK;
- Umsatz und Waren/Materialaufwand;
- Personalaufwand;
- Übriger Aufwand und Ertrag;
- Anhang;
- Ereignisse nach dem Bilanzstichtag.

Für jede dieser wesentlichen Positionen der Jahresrechnung sind in PS ER, Anh. D, zum einen **empfohlene Prüfungshandlungen,** die den konkreten Umständen anzupassen sind, vorgesehen (betr. die Prüfung der Angaben über die Durchführung der Risikobeurteilung findet sich im PS ER allerdings nur der Hinweis, es sei eine «Befragung zur durchgeführten Risikobeurteilung» vorzunehmen; vgl. PS ER, Anh. D lit. p, 61; RENGGLI, 201). Zum anderen sind **weiterführende Prüfungshandlungen** angegeben, die durchgeführt werden sollen, wenn von wesentlichen Fehlaussagen ausgegangen werden muss oder ein erhöhtes inhärentes Risiko einer Falschaussage in einer Position besteht. Ferner finden sich Hinweise auf **Prüfungshandlungen,** die bei einer eingeschränkten Revision **nicht vorgenommen werden.**

Beispielhaft seien nachfolgend die **Prüfungshandlungen für «Forderungen aus Lieferungen und Leistungen»** herausgegriffen. Gemäss PS ER, Anh. D lit. c, 45 f., gilt Folgendes:

Empfohlene Prüfungshandlungen

a) Befragungen

- Durchsicht der Debitoren OP-Liste und Befragung über Gründe für alte, ungewöhnlich hohe Ausstände sowie Habensalden;
- Befragung, ob Forderungen verpfändet, abgetreten oder zum Inkasso gegeben worden sind;
- Besprechung wesentlicher Abweichungen einzelner Kontensalden gegenüber früheren Perioden oder gegenüber den Erwartungen.

b) Analytische Prüfungshandlungen

- Vergleich des Bestands der Forderungen mit dem Vorjahr;
- Beurteilung der Altersstruktur der Forderungen;
- Vergleich der für die Fremdwährungsumrechnung angewandten Kurse mit den Jahresendkursen gem. Unterlagen von Banken usw.;
- Feststellung von Forderungen gegenüber Aktionären bzw. Anteilseignern, Mitgliedern der Unternehmensleitung und anderen nahe stehenden Personen.

c) Detailprüfungen

- Abstimmung des Totales der Debitoren OP-Liste mit dem Hauptbuch;
- Beurteilung der Angemessenheit der Wertberichtigungen aufgrund der Erfahrungen in den Vorjahren, der Altersstruktur und der Ergebnisse der Befragungen.

27 Weitergehende Prüfungshandlungen

a) Detailprüfungen

- Durchsicht von Debitoren-, Erlös-, Warenretouren- und Erlösminderungskonten im Hauptbuch auf ungewöhnliche Posten;
- Belegprüfung solcher Posten;
- Durchsicht der Erlös- und Erlösminderungskonten in neuer Rechnung auf auffällige Erträge, die das Vorjahr betreffen;
- Durchsicht von Versandpapieren, Zahlungen in neuer Rechnung und Verträgen zur Feststellung des Vorhandenseins von Forderungen;
- Durchsicht des Kontos Debitorenverluste und Feststellung der korrekten Autorisierung von Ausbuchungen;
- Durchsicht der OP-Liste im Prüfungszeitpunkt und/oder Zahlungen in neuer Rechnung.

b) Weitergehende Befragungen und analytische Prüfungshandlungen

- Befragung, ob Forderungen Vorräte, die in Konsignation gegeben wurden, betreffen und, wenn ja, ob Korrekturen zum Storno solcher Transaktionen und korrekter Verbuchung der Waren im Inventar vorgenommen worden sind;
- Befragung, ob nach dem Bilanzstichtag grosse Nachlässe auf Umsatzerlösen gewährt und, wenn ja, ob diese korrekt erfasst worden sind;
- Vergleich des Verhältnisses von Rabatten und Debitorenverlusten zum Umsatz mit dem Vorjahr;
- Plausibilisierung von Bestand und Veränderung der stillen Reserven.

28 Prüfungshandlungen, welche nicht Bestandteil einer Eingeschränkten Revision darstellen

- Debitorenbestätigungen.

29 Unzutreffend ist der Hinweis im vorgenannten Prüfungsstandard, Debitorenbestätigungen seien nicht Bestandteil einer eingeschränkten Revision, «[d]a über die Eingeschränkte Revision hinausgehend» (PS ER, Anh. D, 46). Es ist zu beachten, dass im

Rahmen der vom Gesetz verlangten **angemessenen Detailprüfungen bei der eingeschränkten Revision** grundsätzlich *alle Prüfungshandlungen der ordentlichen Revision* in Frage kommen (gl.M. BÖCKLI, Abschlussprüfung, N 473; PFIFFNER, N 1940).

Gegen Ende der Prüfung muss sich der Revisor ein **Gesamturteil** über die Angemessenheit der Jahresrechnung bilden. Allenfalls sind dafür weitere Prüfungshandlungen vorzunehmen (vgl. PS ER, 24, Ziff. 6.2.4). 30

Weiter soll der Revisor auch bei der eingeschränkten Revision eine **Vollständigkeitserklärung** einholen (vgl. PS ER, 24, Ziff. 6.2.5 und Anh. E; PFIFFNER, N 1129 ff.)). Soweit der im Prüfungsstandard vorgeschlagene Mustertext vorsieht, dass VR und GL des geprüften Unternehmens u.a. zu bestätigen haben, dass die *Jahresrechnung dem schweizerischen Gesetz und den Statuten entspreche und i.d.S. frei von wesentlichen Fehlaussagen sei* (vgl. PS ER, Anh. E, 65), ist klarzustellen, dass das Urteil über die Richtigkeit der Jahresrechnung in die zwingende Verantwortlichkeit der RS fällt und nicht an die Exekutivorgane der geprüften Gesellschaft zurückgeschoben werden kann. Die erwähnte Bestätigung hat deshalb per se keine haftungsentlastende Wirkung für die RS. Dennoch ist es sinnvoll, dass die RS diese Bestätigung verlangt, da sie VR und GL klarmacht, dass die primäre Verantwortung bei ihnen liegt. 31

Der Prüfungsstandard verpflichtet den Revisor, wichtige Sachverhalte insb. bei der Planung und Prüfungsdurchführung zu **dokumentieren,** um das Prüfungsergebnis belegen zu können. Die Dokumentation dient auch dem Nachweis, dass die eingeschränkte Revision gem. den Vorgaben des Standards durchgeführt wurde (PS ER, 25, Ziff. 7). 32

Schliesslich enthält der Standard zur eingeschränkten Revision Vorschriften für die *Berichterstattung* (vgl. Art. 729b N 12 ff.) und Verhaltensanweisungen beim Vorliegen einer *Überschuldung*. Hinsichtlich Letzterer ist zu beachten, dass die in diesem Zusammenhang vorgeschriebene **Prüfung der Zwischenabschlüsse (Art. 725 Abs. 2 OR)** spezifischen Regeln folgt; es handelt sich dabei weder um eine ordentliche noch um eine eingeschränkte Revision (vgl. Botschaft RAG, 4015; PS ER, 29, Ziff. 9; PFIFFNER, N 2011). 33

V. Exkurs: «Embedded Audit»

Im Zusammenhang mit den «Aufgaben der Revisionsstelle» (Marginalie zu Art. 729a OR) ist auf das in der Praxis schon lange bestehende und nunmehr gesetzlich sanktionierte Phänomen des **«embedded audit»** hinzuweisen. Darunter ist die *Vornahme von Buchführungs- und Abschlusserstellungsarbeiten für den Prüfungsmandanten durch die RS* zu verstehen (vgl. HONOLD, Wirtschaftsprüfung, 274, 286; BÖCKLI, Abschlussprüfung, 494; PFIFFNER, N 2083 f. Botschaft RAG, 4000). Mit der expliziten Anerkennung dieser Praxis trägt der Gesetzgeber dem Umstand Rechnung, dass viele KMU aus personellen oder fachlichen Gründen nicht in der Lage sind, ihre Buchführung oder Jahresrechnung selbständig und ohne professionelle Unterstützung zu erstellen. Die Mandatierung von zusätzlichen Beratern würde viele KMU kostenmässig stark belasten, weshalb sich der Beizug der RS für diese Arbeiten als effiziente und kostengünstige Abhilfe aufdrängt (Botschaft RAG, 4000 f.). Anzumerken bleibt, dass die der RS vom Gesetz gestattete «Mitwirkung» bei der Buchführung nicht dazu führen darf, dass der RS die Buchführung und Abschlusserstellung des Prüfungsmandanten vollständig übertragen wird. Die wesentlichen Entscheidungen für die Bewertung und die Abschlusserstellung müssen vom VR getroffen werden (vgl. BÖCKLI, Abschlussprüfung, N 497; DERS. Knacknüsse, 129; PFIFFNER, N 2083); denn die Verantwortung des VR für die Ausge- 34 staltung des Rechnungswesens und die Erstellung des Geschäftsberichts ist unübertragbar und unentziehbar (Art. 716a Abs. 1 Ziff. 3 und 6 OR). Schliesslich muss die RS beim «embedded audit» besonders auf die *Gefahr der Selbstprüfung achten* und diese durch geeignete organisatorische und personelle Massnahmen entschärfen (Art. 729 Abs. 2 Satz 2 OR).

VI. Rechtsvergleich

35 Die eingeschränkte Revision ist eine **schweizerische Novität** (BÖCKLI, Abschlussprüfung, N 456: «helvetische Erfindung»). Dagegen ist die *«review» (prüferische Durchsicht)*, welche der BR ursprünglich gesetzlich normieren wollte (vgl. N 13), schon längere Zeit international bekannt (vgl. hierzu und zum Folgenden PFIFFNER, N 1944 ff.).

36 In **Deutschland** wurde Ende der 70er-Jahre im Zusammenhang mit der Umsetzung der EU-Jahresabschluss-RL erwogen, kleine Kapitalgesellschaften von dem mit einer ordentlichen Abschlussprüfung verbundenen Aufwand zu entlasten und sie stattdessen zu einer prüferischen Durchsicht zu verpflichten. Dieses Ansinnen vermochte sich indessen nicht durchzusetzen. Der damalige Vorstandsvorsitzende des Institut der Wirtschaftsprüfer in Deutschland e.V. (IDW) brachte die gegen die gesetzliche Verankerung der prüferischen Durchsicht erhobenen Bedenken anschaulich wie folgt auf den Punkt: *«So wenig, wie es den Zustand ‹ein bisschen schwanger› gibt, so wenig glaube ich, dass gegenüber der bisherigen Form der Abschlussprüfung ‹weniger intensive Prüfungen› möglich sind. [...] Lieber sollte man auf eine Abschlussprüfung ganz verzichten, als aus optischen Gründen eine Prüfung verlangen, die in Wirklichkeit nicht ausreicht, um das Testat des Prüfers abzudecken»* (FORSTER, in: Betriebswirtschaftliche Forschung u. Praxis 1979, 96 f., zit. nach HONOLD, Wirtschaftsprüfung, 1).

37 Auch der **europäische Branchenverband der Wirtschaftsprüfer** (Fédération des Experts Comptables Européens [FEE], vormals Union Européenne des Experts Comptables, Economiques et Financiers [UEC]) hat zu Beginn der 80er-Jahre die Auftragsart «prüferische Durchsicht» klar verworfen (HONOLD, Wirtschaftsprüfung, 2).

38 **Gesetzlich** verankert ist die prüferische Durchsicht heute **weder im europäischen noch im deutschen Recht**. Stattdessen gestattet das Recht der EU den Mitgliedstaaten, *kleine Kapitalgesellschaften* (d.h. Gesellschaften, bei denen am Bilanzstichtag zwei der drei folgenden Grössenmerkmale nicht überschritten sind: Bilanzsumme: EUR 4.4 Mio.; Nettoumsatzerlöse: EUR 8.8 Mio.; durchschnittliche Anzahl der während des Geschäftsjahrs Beschäftigten: 50) von der Abschlussprüfung ganz zu befreien (vgl. Art. 51 Abs. 2 i.V.m. Art. 11 der EU-Jahresabschluss-RL); Kleinkonzerne (d.h. Konzerne, bei denen am Bilanzstichtag die Grenzen von zwei der drei folgenden Grössenmerkmale nicht überschritten werden: Bilanzsumme: EUR 17.5 Mio.; Nettoumsatzerlöse: EUR 35 Mio.; durchschnittliche Anzahl der während des Geschäftsjahres Beschäftigten: 250) können gem. Art. 6 Abs. 1 der EU-Konsolidierungs-RL i.V.m. Art. 27 der EU-Jahresabschluss-RL von der Erstellung einer Konzernrechnung (und damit von ihrer Prüfung) befreit werden. Von diesen Befreiungsmöglichkeiten hat Deutschland (wie die meisten Mitgliedstaaten der EU) Gebrauch gemacht (vgl. § 316 Abs. 1 i.V.m. § 267 Abs. 1 HGB; § 293 HGB; PFIFFNER, N 1946).

39 In den **Vereinigten Staaten** hat der dortige Berufsverband bereits in den 70er-Jahren Prüfungsstandards für die Durchführung von «reviews» herausgegeben, um kleinere Unternehmen von den Kosten einer Abschlussprüfung nach den US-GAAS zu entlasten (vgl. HONOLD, Wirtschaftsprüfung, 2). Eine gesetzliche Pflicht zur Abschlussprüfung

besteht allerdings nur für Publikumsgesellschaften (vgl. Vor Art. 727 N 41 f.). Emittenten von Beteiligungs- und Schuldtiteln müssen zudem ihre Quartalsberichte einer «review» unterziehen (Regulation S-X, Rule 10–01(d); PFIFFNER, N 1947).

Art. 729b

b. Revisionsbericht

¹ Die Revisionsstelle erstattet der Generalversammlung schriftlich einen zusammenfassenden Bericht über das Ergebnis der Revision. Dieser Bericht enthält:

1. einen Hinweis auf die eingeschränkte Natur der Revision;
2. eine Stellungnahme zum Ergebnis der Prüfung;
3. Angaben zur Unabhängigkeit und gegebenenfalls zum Mitwirken bei der Buchführung und zu anderen Dienstleistungen, die für die zu prüfende Gesellschaft erbracht wurden;
4. Angaben zur Person, welche die Revision geleitet hat, und zu deren fachlicher Befähigung.

² Der Bericht muss von der Person unterzeichnet werden, die die Revision geleitet hat.

b. Rapport de révision

¹ L'organe de révision établit à l'intention de l'assemblée générale un rapport écrit qui résume le résultat de la révision. Ce rapport contient:

1. une mention du caractère restreint du contrôle;
2. un avis sur le résultat de la révision;
3. des indications attestant de l'indépendance de l'organe de révision et, le cas échéant, de la collaboration à la tenue de la comptabilité ainsi que de la fourniture d'autres prestations à la société soumise au contrôle;
4. des indications sur la personne qui a dirigé la révision et sur ses qualifications professionnelles.

² Le rapport doit être signé par la personne qui a dirigé la révision.

b. Relazione di revisione

¹ L'ufficio di revisione presenta all'assemblea generale una relazione riassuntiva scritta sul risultato della revisione. La relazione contiene:

1. un cenno alla natura limitata della revisione;
2. un parere sul risultato della verifica;
3. indicazioni sull'indipendenza e, se del caso, sulla partecipazione all'attività contabile e su altri servizi forniti per la società da verificare;
4. indicazioni sulla persona che ha diretto la revisione e sulle sue capacità professionali.

² La relazione deve essere firmata dalla persona che ha diretto la revisione.

Literatur und Materialien

Vgl. die Hinweise zu Art. 729a.

I. Normzweck und Entstehungsgeschichte

1 Die Norm verpflichtet die RS, der GV der geprüften Gesellschaft einen **zusammenfassenden Bericht über das Prüfungsergebnis** zu erstatten, und enthält gewisse Mindestvorgaben für den Berichtsinhalt (Abs. 1). Die eingeschränkte Revision ist mit der Ab-

gabe des Revisionsberichts – üblicherweise an den VR zuhanden der GV – abgeschlossen.

2 Der E des BR (BBl 2004, 4122) wurde während der Behandlung im Parlament materiell nicht verändert. Formell wurde in Abs. 1 Ziff. 4 und Abs. 2 die Person des Prüfungsleiters in den Singular (anstelle des Plurals) gesetzt. Vgl. zur Beratung im NR am 2.3.2005 AmtlBull NR 2005, 82.

II. Kein Umfassender Bericht für den Verwaltungsrat

3 Im Gegensatz zur ordentlichen Revision ist die RS bei der eingeschränkten Revision **nicht verpflichtet,** dem VR einen **umfassenden Bericht** über die bei der Prüfung gewonnenen Erkenntnisse zur Rechnungslegung und zum internen Kontrollsystem zu erstatten. Die VR-Mitglieder müssen sich die Informationen selber beschaffen, was für nicht exekutiv tätige Mitglieder ein schwieriges Unterfangen darstellt (wobei sie u.E. ihrer Pflicht nachkommen, wenn sie vom Management einen Bericht verlangen und diesen auf seine Plausibilität überprüfen). Im Gegensatz zum Recht von 1991, unter welchem der Erläuterungsbericht ebenfalls nur für volkswirtschaftlich bedeutsame Gesellschaften vorgeschrieben war, jedoch in der Praxis auch von vielen mittelgrossen und kleinen Gesellschaften nachgefragt wurde, ist im neuen Revisionsrecht die eingeschränkt prüfende RS wegen der deutlich geringeren Prüfungstiefe und -breite ohne Mehraufwand kaum in der Lage, dieses wertvolle Informationsdokument zu erstellen (PFIFFNER, N 1976).

III. Zusammenfassender Bericht für die Generalversammlung

1. Gesetzliche Vorgaben

4 Wie bei der ordentlichen Revision hat die RS **der GV** auch bei der eingeschränkten Revision in einem zusammenfassenden schriftlichen Bericht **das Ergebnis der Prüfung mitzuteilen** (vgl. Abs. 1).

5 Der zusammenfassende Bericht für die GV hat von Gesetzes wegen folgende Mindestangaben zu enthalten (vgl. PFIFFNER, N 1977 ff.):

6 – **Hinweis auf die Art der Prüfung (Abs. 1 Ziff. 1):** Im Bericht muss klargestellt werden, dass eine eingeschränkte Revision durchgeführt wurde. Dies ist wichtig, damit die Berichtsempfänger nicht über die Art der Prüfung getäuscht werden.

7 – **Stellungnahme zum Prüfungsergebnis (Abs. 1 Ziff. 2):** Die RS hat das Ergebnis der eingeschränkten Revision festzuhalten und festgestellte Mängel detailliert zu beschreiben. Das Prüfungsergebnis wird entsprechend der Umschreibung des Prüfungsauftrags negativ angegeben: Der Prüfer teilt mit, ob er Sachverhalte festgestellt hat, wonach die Jahresrechnung oder der Gewinnverwendungsantrag des VR den gesetzlichen Vorschriften und Statuten *nicht* entsprechen (vgl. Abs. 1 Ziff. 2 i.V.m. Art. 729 a Abs. 1). Eine positive Aussage zum Prüfungsergebnis ist aufgrund des eingeschränkten Charakters der Prüfung und der dadurch gewonnenen reduzierten Urteilssicherheit nicht möglich.

8 – **Stellungnahme zur Unabhängigkeit (Art. 729b Abs. 1 Ziff. 3 OR 2005):** Die RS muss sämtliche Sachverhalte offen legen, die einen vernünftigen Dritten annehmen lassen könnten, ihre Unabhängigkeit sei beeinträchtigt. Dazu gehört auch die Nennung sämtlicher Dienstleistungen (insb. ein allfälliges – im Rahmen von Art. 729

Abs. 2 erlaubtes – Mitwirken bei der Buchführung oder Abschlusserstellung; vgl. Art. 729 N 6 ff., Art. 729a N 34), welche die RS neben der eingeschränkten Revision für die zu prüfende Gesellschaft erbracht hat. Hinreichend detailliert anzugeben sind ggf. auch die ergriffenen personellen und organisatorischen *Schutzmassnahmen* (vgl. Botschaft RAG, 4028). Liegen keine Sachverhalte vor, die bei einem vernünftigen Dritten Anlass zu Zweifeln an der Unabhängigkeit geben könnten, muss die RS dies explizit bestätigen.

– **Angabe des Prüfungsleiters und dessen fachlicher Befähigung (Abs. 1 Ziff. 4):** 9
Neben der Angabe des Prüfungsleiters wird eine Beschreibung seiner fachlichen Befähigung verlangt.

Schliesslich verlangt das Gesetz, dass der zusammenfassende Bericht der RS **vom Prüfungsleiter unterzeichnet bzw. – je nach Zeichnungsrecht – mitunterzeichnet** (vgl. Art. 728b N 11) werden muss (Abs. 2). Als gesetzgeberisches Versehen ist die **fehlende Pflicht zur Datierung** des Berichts zu werten. Die Datierung ist von besonderer Bedeutung, da sie bzw. die Angabe des Abschlusses der Prüfung zeigt, bis zu welchem Zeitpunkt allfällige Ereignisse nach dem Bilanzstichtag berücksichtigt wurden (vgl. PS ER, 27, Ziff. 8.2; vgl. auch Art. 728b N 11, 39). Wird die Jahresrechnung nach Abgabe des Revisionsberichts geändert, ist dieser zu ergänzen (so ausdrücklich § 316 Abs. 3 HGB). Allfällig später (aber vor der GV) bekannt werdende weitere Umstände sind an der GV vom VR bekannt zu geben. Die eingeschränkt prüfende RS ist – anders als die RS bei der ordentlichen Revision – nicht verpflichtet an der GV teilzunehmen (Art. 731 Abs. 2 *e contrario*). 10

Im Gegensatz zum Revisionsbericht bei der ordentlichen Revision enthält der Bericht des eingeschränkt prüfenden Revisors **keine Empfehlung** zuhanden der GV, dass diese den Jahresabschluss mit oder ohne Einschränkung genehmigen oder zurückweisen soll (PFIFFNER, N 2008 m.w.H.; vgl. auch N 12). 11

2. Konkretisierung des Inhalts durch Prüfungsstandard

a) Normalwortlaut

Der Prüfungsstandard zur eingeschränkten Revision sieht folgenden Normalwortlaut für den Revisionsbericht vor (vgl. PS ER, Anh. F, 70, Berichts-Bsp. 1): 12

«*Bericht der RS zur Eingeschränkten Revision an ... der ..., ...*

Als RS haben wir die Jahresrechnung (Bilanz, Erfolgsrechnung und Anhang) der ... für das am ... abgeschlossene Geschäftsjahr geprüft.

Für die Jahresrechnung ist ... verantwortlich, während unsere Aufgabe darin besteht, diese zu prüfen. Wir bestätigen, dass wir die gesetzlichen Anforderungen hinsichtlich Zulassung und Unabhängigkeit erfüllen.

Unsere Revision erfolgte nach dem Schweizer Standard zur Eingeschränkten Revision. Danach ist diese Revision so zu planen und durchzuführen, dass wesentliche Fehlaussagen in der Jahresrechnung erkannt werden. Eine Eingeschränkte Revision umfasst hauptsächlich Befragungen und analytische Prüfungshandlungen sowie den Umständen angemessene Detailprüfungen der beim geprüften Unternehmen vorhandenen Unterlagen. Dagegen sind Prüfungen der betrieblichen Abläufe und des internen Kontrollsystems sowie Befragungen und weitere Prüfungshandlungen zur Aufdeckung deliktischer Handlungen oder anderer Gesetzesverstösse nicht Bestandteil dieser Revision.

Bei unserer Revision sind wir nicht auf Sachverhalte gestossen, aus denen wir schliessen müssten, dass die Jahresrechnung sowie der Antrag über die Verwendung des Bilanzgewinns nicht Gesetz und Statuten entsprechen.

Datum/Revisor/Domizil/Unterschrift/en

Beilage Jahresrechnung».

13 Der Mustertext lehnt sich im Aufbau an das Textmuster für den Revisionsbericht bei der ordentlichen Revision an (vgl. Art. 728b N 27 ff.). Der auffälligste inhaltliche Unterschied besteht in der «Stellungnahme zum Ergebnis der Prüfung» (vgl. Abs. 1 Ziff. 2, Art. 728b Abs. 2 Ziff. 1), welche bei der ordentlichen Revision positiv, bei der eingeschränkten Revision negativ formuliert ist. Weiter fehlt ein fünfter Absatz mit einer an die GV gerichteten Empfehlung für den Beschluss über die Genehmigung der Jahresrechnung (vgl. N 10). Das *Negativstatement und der Verzicht auf eine Abstimmungsempfehlung* sind **Folgen des eingeschränkten Charakters der Prüfung** und der damit verbundenen **reduzierten Urteilssicherheit der RS.** Damit geht eine reduzierte Informationssicherheit für die Berichtsadressaten einher (PFIFFNER, N 1985).

b) Abweichungen vom Normalwortlaut

14 Wie im Revisionsbericht der ordentlich prüfenden RS (vgl. Art. 728b N 41 ff.) können auch in demjenigen der RS bei der eingeschränkten Revision **Abweichungen vom Normalwortlaut** erforderlich sein, wobei auch bei diesen zwischen Abweichungen mit und ohne Auswirkungen auf die Stellungnahme zum Prüfungsergebnis zu unterscheiden ist.

aa) Abweichungen in der Stellungname zum Prüfungsergebnis

15 Wenn die RS Sachverhalte feststellt, die sie zum Schluss veranlassen, dass die **Jahresrechnung und/oder der Antrag über die Verwendung des Bilanzgewinnes nicht dem Gesetz und den Statuten entsprechen,** oder wenn sie aufgrund der konkreten Umstände solche Sachverhalte annehmen muss, so hat sie diese darzulegen und, soweit möglich, die (potentiellen) Auswirkungen auf die Jahresrechnung zu quantifizieren (PFIFFNER, N 1979). Zudem ist entweder

– eine Einschränkung der negativen Zusicherung zu machen («qualification of the negative assurance», N 16);

– eine verneinende Prüfungsaussage zu machen («adverse statement», N 17); oder

– gar keine Prüfungsaussage zu machen (PS ER, 26 f., Ziff. 8.2, N 18).

16 Eine **Einschränkung der negativen Zusicherung** ist angebracht, wenn die Jahresrechnung als Ganzes sowie der Antrag über die Verwendung des Bilanzgewinnes trotz des festgestellten oder angenommenen Sachverhaltes dem Gesetz und den Statuten entsprechen. Entsprechend lauten der vierte und fünfte Absatz des Revisionsberichts etwa wie folgt (PS ER, Anh. F, Bsp. 2, 71):

«Unsere Revision hat ergeben, dass die Forderungen aus Lieferungen und Leistungen schwer einbringliche Guthaben enthalten, die nicht wertberichtigt worden sind. Hierdurch sind die Forderungen aus Lieferungen und Leistungen um rund CHF... überbewertet; entsprechend sind das Ergebnis und das Eigenkapital zu günstig ausgewiesen.

Bei unserer Revision sind wir – mit Ausnahme der im vorstehenden Absatz dargelegten Einschränkung – nicht auf Sachverhalte gestossen, aus denen wir schliessen müssten, dass die Jahresrechnung sowie der Antrag über die Verwendung des Bilanzgewinns nicht Gesetz und Statuten entsprechen.»

Eine **verneinende Prüfungsaussage** ist zu machen, wenn der festgestellte Sachverhalt das von der Jahresrechnung vermittelte *Gesamtbild so grundlegend* verändert, dass die RS zum Schluss kommt, mit einer eingeschränkten Prüfungsaussage werde die irreführende oder unvollständige Natur der Jahresrechnung nicht angemessen zum Ausdruck gebracht. Diesfalls lauten der vierte und der fünfte Absatz etwa wie folgt (PS ER, Anh. F, Bsp. 4, 73): 17

«Unsere Revision hat ergeben, dass die Position Beteiligungen ausschliesslich eine 100% Beteiligung an der Gesellschaft X darstellt. Diese Gesellschaft ist überschuldet und erleidet fortgesetzte Verluste. Eine Verbesserung ihrer Ergebnisse ist nicht absehbar. Da keine Wertberichtigungen vorgenommen wurden, sind die Beteiligungen um rund CHF ... überbewertet; entsprechend sind das Ergebnis sowie das Eigenkapital zu günstig ausgewiesen.

Wegen der Auswirkung des im vorstehenden Absatz dargelegten Sachverhalts entsprechen die Jahresrechnung sowie der Antrag über die Verwendung des Bilanzgewinns nicht Gesetz und Statuten.»

Die RS kann zum Schluss kommen, dass überhaupt keine Zusicherung gegeben und **gar keine Prüfungsaussage** gemacht werden kann, wenn die mögliche Auswirkung eines angenommenen Sachverhalts das von der Jahresrechnung vermittelte Gesamtbild grundlegend verändert. Die einschlägigen Absätze im Revisionsbericht können in einem solchen Fall wie folgt lauten (PS ER, Anh. F, Bsp. 5, 74): 18

«Aufgrund unserer Revision müssen wir annehmen, dass die Garantierückstellungen in einem nicht näher bezifferbaren Ausmass wesentlich zu niedrig bilanziert worden sind. Entsprechend wären das Ergebnis sowie das Eigenkapital zu günstig ausgewiesen.

Wegen der möglichen Auswirkung der im vorstehenden Absatz dargelegten Annahme sind wir nicht in der Lage, eine Prüfungsaussage zu machen.»

Wenn eine wesentliche **Beschränkung des Umfangs der eingeschränkten Revision** vorliegt (vgl. auch Art. 728b N 45), muss die RS diese im Bericht beschreiben und entweder 19

- eine *eingeschränkte Prüfungsaussage* hinsichtlich der möglichen Korrekturen der Jahresrechnung machen, die sie für notwendig halten könnte, wenn die Beschränkung nicht vorläge, oder

- *keine Prüfungsaussage* machen, sofern die mögliche Auswirkung der Beschränkung des Umfangs der eingeschränkten Revision das von der Jahresrechnung vermittelte Gesamtbild grundlegend verändert, so dass die RS zum Schluss kommt, dass überhaupt keine Zusicherung gegeben werden kann (PS ER, 27, Ziff. 8.2). Der vierte und der fünfte Absatz des Revisionsberichts kann in einem solchen Fall gem. PS ER, Anh. F, Bsp. 6, 75, wie folgt formuliert sein:

«Zur Bewertung halten wir folgendes fest: Die Gesellschaft weist ein Darlehensguthaben gegenüber ihrem Hauptaktionär über CHF 2,1 Mio. aus. Wir haben die Bonität des Schuldners nicht prüfen können, da uns dafür – trotz Aufforderung – keine geeigneten Unterlagen zur Verfügung gestellt wurden.

Wegen der möglichen Auswirkung des im vorstehenden Absatz dargelegten Sachverhalts sind wir nicht in der Lage, eine Prüfungsaussage zu machen.»

bb) Abweichungen vom Normalwortlaut ohne Auswirkungen auf Prüfungsurteil und Empfehlung

20   Wie bei der ordentlichen Revision hat die RS bei der eingeschränkten Revision die Möglichkeit, im Revisionsbericht **auf besonders wichtige Sachverhalte hinzuweisen,** welche die Jahresrechnung beeinflussen und darin auch korrekt zum Ausdruck gebracht sind (vgl. Art. 728b N 52 ff.). In Frage kommen v.a. Sachverhalte, welche die *Fortführung der Unternehmenstätigkeit («going concern»)* betreffen; Abweichungen vom «going concern» muss der VR im Anhang begründen (vgl. Art. 662a Abs. 3). Kann die RS diese oder andere Aussagen in der Jahresrechnung objektiv nicht abschliessend beurteilen, so kann sie im Anschluss an die Prüfungsaussage in einem separaten Absatz einen **Zusatz** anzubringen. Ein solcher bietet sich insb. in Fällen von *objektiver Unüberprüfbarkeit* an, die regelmässig auf Entwicklungen in der Zukunft beruhen (im Gegensatz zu Sachverhalten, die im Rahmen der eingeschränkten Revision nicht geprüft werden können, sowie Beschränkungen des Prüfumfangs; vgl. zu Letzteren N 18). Der durch den Zusatz im Revisionsbericht hervorgehobene Sachverhalt muss im Anhang zur Jahresrechnung vom VR angemessen beschrieben sein. Ist dies nicht der Fall, kann dieser Mangel nicht durch einen Zusatz der RS geheilt werden; vielmehr muss die RS die Prüfungsaussage einschränken oder verneinen (PS ER, 27, Ziff. 8.2i.f.).

IV. Rechtsfolgen eines fehlenden oder falschen Revisionsberichtes

21   Gleich wie bei einer ordentlichen Revision muss der Revisionsbericht **wenigstens 20 Tage vor der GV vorliegen** (Art. 696 Abs. 1); berücksichtigt man, dass die ordentliche GV innert sechs Monaten nach dem Abschluss des Geschäftsjahres stattzufinden hat (Art. 699 Abs. 2), ist die eingeschränkte Revision grundsätzlich innert ca. vier Monaten nach Ende des Geschäftsjahres durchzuführen.

22   Liegt der Revisionsbericht nicht vor der Genehmigung der Jahresrechnung und vor dem Beschluss über die Verwendung des Bilanzgewinns vor, sind diese Beschlüsse **nichtig** (Art. 731 Abs. 1 und 3 Satz 1). Für die Rechtsgültigkeit der Beschlussfassung der GV spielt es dagegen keine Rolle, zu welchem Prüfungsurteil die RS (positives, verneinendes oder eingeschränktes Prüfungsurteil) gelangt ist.

23   Auch bei der eingeschränkten Revision kann ein falscher Revisionsbericht zu einer **Verantwortlichkeitsklage nach Art. 755** führen. Eine falsche Bestätigung nach Abs. 1 Ziff. 3 und 4 über Unabhängigkeit und Befähigung führt per se allerdings kaum zu einer Haftpflicht der RS, allenfalls aber zu einer Bestrafung wegen Falschbeurkundung (Art. 251 Ziff. 1 StGB, vgl. BRUGGMANN, 105).

Art. 729c

c. Anzeigepflicht	Ist die Gesellschaft offensichtlich überschuldet und unterlässt der Verwaltungsrat die Anzeige, so benachrichtigt die Revisionsstelle das Gericht.
c. Avis obligatoires	Si la société est manifestement surendettée et que le conseil d'administration omet d'en aviser le juge, l'organe de révision avertit ce dernier.
c. Avvisi obbligatori	Se la società è manifestamente oberata di debiti, l'ufficio di revisione ne dà avviso al giudice qualora il consiglio d'amministrazione ometta di farlo.

3. Abschnitt: Organisation der Aktiengesellschaft 1–4 Art. 729c

Literatur

CAMPONOVO/VON GRAFFENRIED-ALBRECHT, Neues Revisionsrecht – Offene juristische Fragen, ST 4/2008, 204 ff.; STENZ, Der neue und differenzierte Prüfungsauftrag – Eingeschränkte und ordentliche Revision: zwei verschiedene Paar Stiefel, ST 2006, 346 ff.; Treuhand-Kammer/Schweizerischer Treuhänder-Verband, Standard zur eingeschränkten Revision, Zürich/Bern 2007 (zit. TK/STV-Standard); vgl. im Übrigen die Literaturhinweise zu Art. 728c.

I. Entstehungsgeschichte

Art. 729c erfuhr im Gegensatz zu Art. 728c im **Parlament** keinerlei Debatte oder Änderungen (AmtlBull NR 2005, N 84; AmtlBull StR 2005, N 635). Vgl. im Übrigen zur Entstehungsgeschichte die Hinweise in Art. 728c N 1 ff. 1

II. Vergleich mit dem bisherigen Recht

Ein Vergleich mit dem bisherigen Recht zeigt zunächst, dass die Anzeigepflichten der RS neu in zwei verschiedenen Artikeln unterschiedlich geregelt werden, einmal im Rahmen der ordentlichen Revision (Art. 728c) und einmal im Rahmen der eingeschränkten Revision (Art. 729c). Die Anzeigepflichten der RS bei der eingeschränkten Revision (Art. 729c) umfassen nur die Anzeige im Fall einer offensichtlichen Überschuldung, sofern der VR untätig bleibt. Gegenüber dem bisherigen Recht werden die Anzeigepflichten der RS bei der eingeschränkten Revision folglich **reduziert** (vgl. aber immerhin N 4 f.), erstreckte sich die Anzeigepflicht unter bisherigem Recht doch über die Überschuldungsanzeige hinaus auch auf Verstösse gegen Gesetz oder Statuten (vgl. Art. 729b altOR). 2

III. Normzweck

Vgl. dazu Art. 728c N 6. 3

IV. Anzeigepflicht im Falle der Überschuldung

1. Allgemeines

Art. 729c statuiert auch im Rahmen der eingeschränkten Revision eine Anzeigepflicht der RS. Im Gegensatz zu den weitergehenden Pflichten der ordentlich prüfenden RS (Art. 728c) beschränkt sich die Anzeigepflicht der eingeschränkt prüfenden RS jedoch auf die Benachrichtigung des Gerichts, wenn die Gesellschaft **offensichtlich überschuldet** ist und der VR diese Anzeige unterlässt; Verstösse gegen Gesetz, Statuten oder das Organisationsreglement unterliegen damit bei der eingeschränkten Revision keiner Anzeigepflicht. Bei näherer Betrachtung ist dies **allerdings zu relativieren.** Zunächst gilt es zu beachten, dass auch die eingeschränkt prüfende RS über das Ergebnis ihrer Revision der Jahresrechnung Bericht zu erstatten hat (Art. 729b). Stösst die RS anlässlich ihrer Revision auf Verstösse, welche sich auf die Jahresrechnung auswirken, muss sie diese im Rahmen dieser Berichterstattung sowieso offen legen (CAMPONOVO/VON GRAFFENRIED-ALBRECHT, 211 f.; vgl. auch BÖCKLI, Revisionsstelle, N 502). Stösst sie zudem auf anderweitige Verstösse, so wird man zumindest bei massiven Verstössen eine Anzeigepflicht gestützt auf Art. 2 Abs. 1 ZGB analog nicht ausschliessen können (zurückhaltend CAMPONOVO/VON GRAFFENRIED-ALBRECHT, 212). 4

5   Ausserdem obliegt der eingeschränkt prüfenden RS auch bei Kenntnis eines **hälftigen Kapitalverlustes** eine Art Anzeigepflicht gegenüber dem VR, obwohl das Gesetz dies nicht explizit festhält. Abgeleitet wird diese aus der subsidiären Einberufungspflicht der RS (Art. 699 Abs. 1) bei unterbliebener Anordnung einer ausserordentlichen GV durch den VR (BÖCKLI, Revisionsstelle, N 503).

6   Die Überschuldungsanzeige der RS nach Art. 729c ist im **Kontext von Art. 725 Abs. 2** zu sehen. Danach hat der VR bei begründeter Besorgnis einer Überschuldung eine Zwischenbilanz zu erstellen und diese einem zugelassenen Revisor zur Prüfung vorzulegen. Ergibt sich aus der Zwischenbilanz, dass die Forderungen der Gesellschaftsgläubiger weder zu Fortführungs- noch zu Veräusserungswerten gedeckt sind, so hat der VR den Richter zu benachrichtigen, sofern nicht Gesellschaftsgläubiger im Ausmass dieser Unterdeckung im Rang hinter alle anderen Gesellschaftsgläubiger zurücktreten. Stösst die RS auf Anzeichen einer Überschuldung, hat sie den VR unter Ansetzung einer Frist zur Einhaltung seiner Pflichten nach Art. 725 Abs. 2 anzuhalten. Bleibt der VR trotz Aufforderung der RS säumig (sei es, weil er sich weigert, eine Zwischenbilanz zu erstellen oder in seinen – sowieso nur während einer kurzen «Gnadenfrist» möglichen Bemühungen, neues EK zu beschaffen oder Rangrücktritte erhältlich zu machen, scheitert, oder es versäumt, das Gericht zu benachrichtigen) und ist die Überschuldung offensichtlich, löst dies die Anzeigepflicht der RS nach Art. 729c aus. Unterlässt sie diese Anzeige, wird sie i.d.R. zusammen mit dem VR für den Schaden potentiell **verantwortlich**, der ab dem Zeitpunkt ihres möglichen Einschreitens entsteht.

7   Bei der Anzeigepflicht handelt es sich um die **Ersatzvornahme** einer Geschäftsführungshandlung, da es eigentlich dem VR obläge, die Überschuldung dem Richter anzuzeigen (vgl. Art. 716a Abs. 1 Ziff. 7). Um dieser «Systemwidrigkeit» angemessen Rechnung zu tragen, wird die Anzeigepflicht der RS als *ultima ratio* ausgestaltet, indem sie erstens nur subsidiär zur Anzeigepflicht des VR und zweitens nur im Falle der Offensichtlichkeit der Überschuldung ausgelöst wird (vgl. FORSTMOSER/MEIER-HAYOZ/NOBEL, § 33 N 90 ff.).

8   Die RS kann sich ihrer Anzeigepflicht nach Eintritt einer offensichtlichen Überschuldung durch **Rücktritt** nicht entziehen. Rechtstechnisch führt der Rücktritt zwar dazu, dass sie ihre Organfunktion beendet, doch setzt sie sich gleichwohl Schadenersatzansprüchen aus, wenn die Anzeigepflicht aufgrund des Eintritts der offensichtlichen Überschuldung bereits vor dem Rücktritt aufgelebt ist (KRAMPF/SCHULER, 1063). Dasselbe gilt für den Fall, dass die GV die RS **abwählt** (CAMPONOVO, Anzeige, 384 f.; vgl. aber auch Art. 728c N 32). Zur prozessualen Legitimation vgl. Art. 728c N 44.

2. Voraussetzungen

a) Offensichtliche Überschuldung

9   Zum Begriff der **offensichtlichen Überschuldung** vgl. Art. 728c N 33 ff.

10 Wie bereits erwähnt, verpflichtet der Gesetzgeber die eingeschränkt prüfende RS zur Anzeige der offensichtlichen Überschuldung mit exakt dem gleichem Wortlaut wie die ordentlich prüfende RS (Art. 728c Abs. 3 OR). Problematisch daran ist, dass die eingeschränkt prüfende RS wegen ihrer weniger tief gehenden Prüfung i.d.R. über **sehr viel weniger Informationen** in Bezug auf die Verhältnisse der Gesellschaft verfügt als eine ordentlich prüfende RS (vgl. Art. 729a N 10 ff.). Angesichts dessen stellt sich die Frage, inwieweit die RS überhaupt in der Lage sein wird, eine offensichtliche Überschuldung festzustellen, zumal bereits im Rahmen der ordentlichen Revisionspflicht Probleme im

Zusammenhang mit der Feststellung der offensichtlichen Überschuldung bestehen (dazu Art. 728c N 34; vgl. zur hier geschilderten Problematik auch CAMPONOVO, offensichtliche Überschuldung, 546 f.; CAMPONOVO, Anzeige, 382 f.; CAMPONOVO, Gesetzesentwurf, 225 f.; BÖCKLI, Revisionsstelle, N 504 ff.; VOGT/FISCHER, 140 ff.; SCHÜLE, ST 2006, 492 f.; ferner STENZ, 350; SCHÜLE, Überschuldung, 21). Die Botschaft äussert sich nicht zu dieser Frage.

Die geschilderte Problematik wird nach der hier vertretenen Auffassung allerdings dadurch entschärft, indem die Anzeigepflicht der RS bei der eingeschränkten Revision **unter Berücksichtigung ihrer besonderen Stellung** auszulegen ist. Anders entscheiden hiesse nicht nur, die vom Gesetzgeber gewollte Unterscheidung zwischen ordentlicher und eingeschränkter Revision zu missachten, sondern auch der RS ein sachlich nicht zu rechtfertigendes Haftungsrisiko aufzubürden (vgl. auch VOGT/FISCHER, 141). Der RS wird man m.a.W. nur dann eine Verletzung ihrer Anzeigepflicht vorwerfen können, wenn sie (abgesehen von der Untätigkeit des VR, s. nachfolgend N 14) eine offensichtliche Überschuldung unter Berücksichtigung ihres beschränkten Prüfungsauftrages und der stark reduzierten Informationslage nicht festgestellt hat und auch nicht hätte feststellen müssen (vgl. auch Art. 728c N 10; zur fehlenden Nachforschungspflicht s. ebenfalls Art. 728c N 10). Dementsprechend ist es durchaus denkbar, dass eine eingeschränkt prüfende RS gerechtfertigterweise eine offensichtliche Überschuldung nicht feststellt, obwohl eine ordentlich prüfende RS zum gegenteiligen Schluss kommen würde (vgl. auch VOGT/FISCHER, 141).

Wann eine eingeschränkt prüfende RS eine offensichtliche Überschuldung hätte feststellen müssen, lässt sich nicht generell beantworten, sondern muss im Einzelfall ermittelt werden. Immerhin wird dies jedoch regelmässig dann der Fall sein, wenn der **VR selbst** auf die (offensichtliche) Überschuldung im Rahmen der Befragungen hinweist, sich eine solche bereits aus der **Jahresrechnung** (Fortführungswerte) ergibt oder Prüfungshandlungen zeigen, dass bspw. einzelne Aktivposten stark über- und/oder Passivposten unterbewertet sind. Generell wird es die RS im Hinblick auf eine ordnungsgemässe Prüfung nicht unterlassen dürfen, anlässlich von **Befragungen** eine potentiell niedrige Bewertung wichtiger Aktien oder etwa die Liquiditätslage der Gesellschaft zu thematisieren, so dass sich ein Anlass zur Annahme einer offensichtlichen Überschuldung nicht nur dann ergeben kann, wenn der VR selbst darauf hinweist, sondern auch wenn sich eine solche aus den Befragungen ergibt oder zumindest nicht ausschliessen lässt; dies gilt insb. dort, wo die RS ernsthafte Zweifel daran bekommen muss, ob überhaupt noch zu Fortführungswerten bilanziert werden kann und offensichtlich ist, dass die Veräusserungswerte viel tiefer wären. Je nachdem sind entsprechende Hinweise durch analytische Prüfungshandlungen und/oder angemessene Detailprüfungen ggf. zu ergänzen (vgl. TK/STV-Standard, 21). Ein Anlass zur Annahme einer (offensichtlichen) Überschuldung kann sich aber auch aus unabhängig von Befragungen vorgenommenen **analytischen Prüfungshandlungen** und/oder **Detailprüfungen** ergeben, insb. wenn sich im Rahmen der Prüfungen Abweichungen ergeben, bei deren Berücksichtigung eine Überschuldung klar vorliegen würde (vgl. TK/STV-Standard, 86). Schliesslich kann die Anzeigepflicht der RS auch ausserhalb der Prüfung der Jahresrechnung aufleben (vgl. dazu auch Art. 728c N 36; TK/STV-Standard, 86). Denkbar ist dies insb. dann, wenn die RS im Laufe des Geschäftsjahres **Hinweise auf gewisse Vorkommnisse** erhält, die eindeutig Anlass zur Annahme einer offensichtlichen Überschuldung geben (wie etwa die Zahlungsunfähigkeit eines grossen Debitors, eine Erfindung, die das Warenlager wertlos macht u.Ä.) und sich der VR weigert, eine Zwischenbilanz erstellen zu lassen (vgl. Art. 728c N 35; TK/STV-Standard, 86).

13 Jedenfalls ginge es u.E. zu weit, die RS aufgrund der mit der eingeschränkten Prüfung verbundenen Probleme bei der Feststellung der offensichtlichen Überschuldung zur reinen «**Fristenwächterin**» zu degradieren, d.h. sie der Anzeigepflicht nur dann zu unterwerfen, wenn der VR die Überschuldung selbst anerkennt (so CAMPONOVO, offensichtliche Überschuldung, 547; CAMPONOVO, Gesetzesentwurf, 225; wie hier jedoch BÖCKLI, Revisionsstelle, N 506). Dies würde den Zweck der Anzeigepflicht weitgehend aushöhlen. Der besonderen Stellung der eingeschränkt prüfenden RS ist nicht durch eine teleologische Reduktion Rechnung zu tragen, so lange sich ein vertretbares Ergebnis aufgrund einer systematischen und teleologischen Auslegung erzielen lässt. Das Haftungsrisiko der RS wird im Übrigen auch die äusserst hohen Anforderungen des BGer an den Begriff der offensichtlichen Überschuldung relativiert.

b) Untätigkeit des VR

14 Vgl. dazu Art. 728c N 38 ff.

3. Modalitäten der Anzeige/Prozessuales

15 Vgl. dazu Art. 728c N 41 ff.

V. Reformvorhaben

16 Vgl. Art. 728c N 48 ff.

Art. 730

V. Gemeinsame Bestimmungen 1. Wahl der Revisionsstelle	**¹ Die Generalversammlung wählt die Revisionsstelle.** **² Als Revisionsstelle können eine oder mehrere natürliche oder juristische Personen oder Personengesellschaften gewählt werden.** **³ Finanzkontrollen der öffentlichen Hand oder deren Mitarbeiter können als Revisionsstelle gewählt werden, wenn sie die Anforderungen dieses Gesetzes erfüllen. Die Vorschriften über die Unabhängigkeit gelten sinngemäss.** **⁴ Wenigstens ein Mitglied der Revisionsstelle muss seinen Wohnsitz, seinen Sitz oder eine eingetragene Zweigniederlassung in der Schweiz haben.**
V. Dispositions communes 1. Election de l'organe de révision	¹ L'assemblée générale élit l'organe de révision. ² Sont éligibles comme organe de révision une ou plusieurs personnes physiques ou morales ainsi que les sociétés de personnes. ³ Les contrôles des finances des pouvoirs publics ou leurs collaborateurs sont éligibles comme organe de révision s'ils remplissent les conditions requises par la présente loi. Les dispositions relatives à l'indépendance sont applicables par analogie. ⁴ Au moins un membre de l'organe de révision doit avoir en Suisse son domicile, son siège ou une succursale inscrite au registre du commerce.

V. Disposizioni comuni 1. Nomina dell'ufficio di revisione	¹ L'assemblea generale nomina l'ufficio di revisione. ² Quale ufficio di revisione possono essere nominate una o più persone fisiche o giuridiche o società di persone. ³ Servizi pubblici di controllo delle finanze o loro collaboratori possono essere nominati quale ufficio di revisione se soddisfanno ai requisiti della presente legge. Le disposizioni sull'indipendenza dell'ufficio di revisione si applicano per analogia. ⁴ Almeno un membro dell'ufficio di revisione deve avere in Svizzera il proprio domicilio, la propria sede o una succursale iscritta nel registro di commercio.

Literatur

RÜEGSEGGER, Einsetzung und Abberufung der Revisionsstelle, in: Siegwart (Hrsg.), Jahrbuch zum Finanz-und Rechnungswesen 1994, 11 ff.; SCHAUB, La démission du réviseur, ST 1993, 21 ff.; vgl. ausserdem die Literaturhinweise bei den Vorbem. zu Art. 727 und 727a.

Die Kommentierung des Art. 730 beruht teilweise auf dem Text von Rolf Watter zu Art. 727altOR in der Vorauflage.

I. Wahlorgan (Abs. 1)

Der erste Absatz von Art. 730 bestimmt die GV zum aktienrechtlichen Organ, welches für die Einsetzung der RS zuständig ist. Der Gehalt der Bestimmung entspricht Art. 727 Abs. 1 und 2 altOR; die Regel von Art. 730 Abs. 1 ist somit nicht neu. Derselbe Regelungsgehalt ergibt sich im Übrigen auch aus Art. 698 Ziff. 2. **1**

Folgerichtig sieht Art. 730 davon ab, einen Konzernrechnungsprüfer durch die GV wählen zu lassen. Eine solche Bestimmung vergleichbar Art. 731 altOR ist unnötig. Die Revisionsstelle der Konzernobergesellschaft prüft jeweils auch die Konzernrechnung (vgl. BÖCKLI, N 176). **2**

Es handelt sich dabei um eine zwingende (unentziehbare) Kompetenz der GV, d.h. sie kann nicht an andere Organe delegiert werden, wie dies zum Teil in anderen Ländern der Fall ist (vgl. z.B. die USA, wo das Audit Committee die Revisionsstelle wählen kann). Art. 730 regelt jedoch nur das formelle Wahlorgan, dessen Zustimmung Voraussetzung für den Amtsantritt der RS ist. Selbstredend ist die Generalversammlung als Organ insbesondere bei einer Publikumsgesellschaft nicht sehr geeignet, eine Evaluation von verschiedenen möglichen Kandidaten für eine RS vorzunehmen und zur Wahl vorzuschlagen. Diese Funktionen werden sinnvollerweise vom VR oder dessen Prüfungsausschuss *(Audit Committee)* vorgenommen. Der entsprechende Vorschlag aufgrund erfolgter Evaluation wird dann vom Verwaltungsrat der Generalversammlung unterbreitet, indem er die Wahl der Revisionsstelle traktandiert und den entsprechenden Antrag ausspricht. Eine entsprechende Initiative kann theoretisch auch von einem Aktionär ausgehen, falls die statutarischen und gesetzlichen Voraussetzungen für die Ausübung der entsprechenden Minderheitsrechte gegeben sind. Jeder Aktionär kann einen Gegenantrag zum Antrag des VR oder des anderen Aktionärs stellen. Die Beschlussfassung der GV zur Wahl der RS erfolgt, vorbehaltlich statutarischer Sonderquoren, mit der einfachen Mehrheit der vertretenen Aktienstimmen (Art. 703). **3**

Vertretungsrechte analog zu Art. 709 können allenfalls von den Statuten vorgesehen werden, damit Minderheiten ihre Stellung durch einen zusätzlichen Revisor sichern können. Von Gesetzes wegen besteht ein solches Recht aber nicht (vgl. FORSTMOSER/MEIER-HAYOZ/NOBEL, § 32 N 31 ff.; MONTAVON, SA, 165). **4**

5   Üblich ist es dann, dass die RS dem VR zuhanden der GV vorgängig eine schriftliche **Annahmeerklärung** zukommen lässt, z.B. nach folgendem Muster: «Hiermit teilen wir Ihnen mit, dass wir eine Wahl als Revisionsstelle Ihrer Gesellschaft nach den obligationenrechtlichen Bestimmungen gerne annehmen. Wir danken für Ihr Vertrauen und erklären Annahme des Mandates. Wir bestätigen, dass wir die gesetzlichen Anforderungen an Befähigung und Unabhängigkeit erfüllen.»

6   Die Wahl der RS erfolgt in der Regel an der jährlich stattfindenden ordentlichen Generalversammlung. Vorbehaltlich anders lautender Statutenbestimmungen genügt die einfache Mehrheit der vertretenen Aktienstimmen. Eine Erneuerungswahl folgt in der Regel an der ordentlichen Generalversammlung des folgenden Geschäftsjahres (vgl. Art. 730a zur Amtsdauer der RS). Eine Wahl ist in der Regel «rückwirkend» in dem Sinne, dass die Revisionsstelle die Geschäftsvorgänge seit dem Stichtag der zuletzt testierten Bilanz und nicht nur seit erfolgter Wahl prüft (HWP II 20).

7   Unzulässig bzw. eine Nicht-Wahl wäre eine bloss stillschweigende «Wahl» einer RS z.B. durch Duldung des Hauptaktionärs (HWP II 20; ABOLFATHIAN-HAMMER, 8f.). Auch eine «Wahl» durch ein anderes Organ als die GV wäre ungültig. Ausschüttungen oder Umbuchungen (z.B. von den gesetzlichen in die freien Reserven) aufgrund des Testats einer ungültig gewählten RS sind nichtig. Denkbar ist die bedingte Wahl einer RS. Als Bedingung kann bspw. eine gesetzlich verlangte Genehmigung durch eine Aufsichtsbehörde vorgesehen werden (vgl. Art. 39 Abs. 2 BankV). Eine bedingte Wahl kann auch in der Wahl von «Ersatzleuten» (vgl. Art. 727 altOR) erblickt werden, welche nach wie vor, d.h. trotz Nichtaufnahme des ausdrücklichen Hinweises in Art. 730, zulässig ist.

8   Die Annahme des Mandates durch die RS führt zu einem **Rechtsverhältnis** zwischen der AG und der RS, das auftragsähnlichen Charakter hat und von der h.L. als Vertrag *sui generis* qualifiziert wird (ABOLFATHIAN-HAMMER, 5f.). Die RS steht dabei in einem besonderen (organschaftlichen) Verhältnis zur GV, da sie für diese gewisse Tätigkeiten des VR überwacht. Der auftragsähnliche Charakter zeigt sich etwa darin, dass mangels einer konkreten Abmachung ein übliches Honorar geschuldet ist (Art. 394 Abs. 3), ferner Auslagen zu ersetzen sind und die RS von ungerechtfertigten Ansprüche Dritter freizustellen ist (Art. 402). Allerdings ist das Weisungsrecht des Auftraggebers als wesentliches Merkmal des Auftragsrechts auf das Rechtsverhältnis zur RS gerade nicht anwendbar (vgl. auch BÖCKLI, 258). Ferner ergibt sich der wesentliche Inhalt der Aufgabe der RS aus der Beschreibung von deren Organstellung im OR und im RAG und nicht etwa aus Auftragsrecht.

9   Im Bankenbereich existieren im Honorarbereich Tarife (Art. 22 BankG und Art. 42 BankV); in den übrigen Bereichen gibt die Treuhandkammer als Standesorganisation Vorgaben (Honorar-Empfehlung der Treuhand-Kammer vom 10.6.1997; Fassung vom 18.11.2002). Die Vereinbarung von Pauschalentschädigungen ist im Bankenbereich untersagt (Art. 42 Abs. 2 BankV), solche Abmachungen dürften auch bei anderen Gesellschaften insofern problematisch sein, als der RS im Verantwortlichkeitsfall vom Kläger entgegengehalten werden könnte, sie habe ihre Tätigkeit nicht mit der nötigen Sorgfalt ausgeübt, weil sie an ein Kostendach gebunden gewesen sei.

II. Zulässige Rechtsformen (Abs. 2)

10   Abs. 2 stellt zunächst klar, dass das Organ «Revisionsstelle» aus mehreren Personen bestehen kann. Dies ergab sich bereits aus Art. 727 Abs. 1 altOR. und nennt anderseits

die Rechtsformen, in denen eine RS organisiert sein kann, sofern es sich bei der RS nicht um eine natürliche Person handelt. Auch diese Bestimmung kannte schon Art. 727 d Abs. 1 OR, der allerdings noch von «Handelsgesellschaften und Genossenschaften» sprach, dem Titel der dritten Abteilung des OR. Inhaltlich hat sich indessen nichts geändert. Nach wie vor können sich Revisionsstellen in der Form von Kollektivgesellschaften, Kommanditgesellschaften, Aktiengesellschaften, Kommanditaktiengesellschaften, GmbHs oder Genossenschaften organisieren.

Es stellt sich die Frage, ob auch vergleichbare ausländische Gesellschaftsformen RS einer schweizerischen Aktiengesellschaft sein können. Diese Frage ist m.E. zu bejahen, da nach Abs. 4 eine eingetragene Zweigniederlassung in der Schweiz als Wählbarkeitsvoraussetzung genügt. Es ergibt sich nirgends, dass eine RS nach schweizerischem Recht organisiert sein muss. **11**

Mehrere Personen werden selten gewählt. Sie kommen in der Praxis dort vor, wo natürliche Personen als Prüfer gewählt werden und die Arbeit allein nicht bewältigen können, wo Minderheitsrechte eingeräumt wurden, teilweise auch nach Firmenzusammenschlüssen, wo die bisherigen RS während der Integrationsphase als «joint auditors» gewählt werden. Die Botschaft nennt als Beispiele den Fall, wo verschiedene an einer Gesellschaft beteiligte Personengruppen je einen Wirtschaftsprüfer ihrer Wahl beiziehen wollen sowie den Fall der Ernennung einer zweiten Revisionsstelle mit beschränktem Mandat im Hinblick auf Erfordernisse des ausländischen Rechts (Botschaft RAG, 4029, Ziff. 2.1.5.1). **12**

Hat eine AG mehrere Revisoren, gelten diese grundsätzlich als ein Organ (HWP II 21; vgl. auch BÖCKLI, 255). Die Zuteilung von Aufgaben ist primär eine interne Aufgabenverteilung zwischen den gewählten Mitgliedern der Revisionsstelle (BÖCKLI, 255, der wohl die rein organinterne Aufgabenverteilung in der Revisionsstelle als einzig zulässig erachtet). Fraglich ist, ob einerseits die Generalversammlung als Wahlorgan oder aber der Verwaltungsrat als für die Organisation der Gesellschaft verantwortliches Organ hier Vorgaben machen können. Soweit solche Anordnungen das Mandat bzw. die Prüfungsarbeit des Organs RS als Ganzes nicht gefährden, sind sie u.E. zulässig. **13**

Vom Mandat als RS zu unterscheiden sind Spezialprüfer bzw. Spezialrevisionsstellen, die nur einen sehr beschränkten Aufgabenkreis wahrnehmen. So kann die Generalversammlung beispielsweise eine besondere «Revisionsstelle» wählen, die den Kapitalerhöhungsbericht bei Kapitalerhöhungen prüft, wenn die ordentliche Revisionsstelle aufgrund von Unabhängigkeitserfordernissen des ausländischen Rechts (z.B. Sarbanes Oxley Act in den USA) dazu nicht in der Lage ist. Die Statuten müssen dazu die entsprechenden Voraussetzungen schaffen und das beschränkte Aufgabenfeld beschreiben. Diese «Spezialrevisionsstelle» gibt keinen Revisionsbericht ab (vgl. auch BÖCKLI, 255), aber nimmt andere vom Gesetz von der RS verlangte Prüfungen vor (z.B. Prüfung des Kapitalerhöhungsberichtes). Dadurch unterscheidet sie sich auch vom «Sachverständigen» nach Art. 731a Abs. 3. **14**

Die Regelung von **Ersatzleuten** ist aufgrund geringer praktischer Relevanz nicht mehr in das Gesetz aufgenommen worden (Botschaft RAG, 4029, Ziff. 2.1.5.1.). Die Wahl von Ersatzleuten ist jedoch nach wie vor zulässig (Botschaft RAG, 4029), aber praktisch nur dort sinnvoll, wo die RS aus natürlichen Personen gebildet wird. Die Ersatzleute treffen erst dann Pflichten, wenn der Hauptrevisor aus seinem Amt ausgeschieden ist oder sein Amt (z.B. aus gesundheitlichen Gründen) nicht ausüben kann. **15**

Thomas U. Reutter

III. Finanzkontrollen der öffentlichen Hand (Abs. 3)

16 Das Organ der RS kann aufgrund einer Initiative der Kommission für Rechtsfragen gemäss parlamentarischem Entscheid (vgl. AmtlBull NR 2005, 84 ff.) auch durch eine öffentliche Finanzkontrolle oder deren Mitarbeiter erfüllt werden, sofern sie die Anforderungen «dieses Gesetzes» erfüllen. Hintergrund war das Ziel einer Gleichstellung von privaten Wirtschaftsprüfern und den öffentlichen Finanzkontrollen.

Der primäre Anwendungsbereich dieser Bestimmung wird die Revision von Aktiengesellschaften sein, die der öffentlichen Hand nahe stehen. Zwar könnten die Finanzkontrollen der öffentlichen Hand ähnlich wie die Kantonalbanken eine Art «Staatshaftung» als Wettbewerbsvorteil auch bei rein privaten AG's zu nutzen suchen, doch dürfte das zusätzliche Risiko einer Tätigkeit als Revisionsstelle den Vorteil zusätzlicher Einnahmen oft wettmachen.

17 Voraussetzung für ein Tätigwerden der Finanzkontrollen oder deren Mitarbeiter als RS ist die Erfüllung der Anforderungen «dieses Gesetzes». Damit ist zwar technisch das OR gemeint, aber dieses verweist in Art. 727b auf das Revisionsaufsichtsgesetz vom 16.12.2005. Finanzkontrollen der öffentlichen Hand oder deren Mitarbeiter müssen damit die gesetzlichen Anforderungen an Revisionsunternehmen erfüllen, die als Revisor oder als Revisionsexperte tätig werden wollen (Art. 6 Abs. 2 RAG). Sie müssen im Handelsregister eingetragen sein (vgl. Art. 2 lit. b RAG; vgl. auch die Weisung des EHRA vom 12.10.2007 betreffend Eintragung von Finanzkontrollen der öffentlichen Hand im Handelsregister). Publikumsgesellschaften können demgegenüber nicht von Finanzkontrollen der öffentlichen Hand oder deren Mitarbeitern revidiert werden, sondern ausschliesslich durch ein staatlich beaufsichtigtes Revisionsunternehmen (Art. 727b Abs. 1 OR i.V.m. Art. 6 Abs. 2 RAG). Die Vorschriften über die Unabhängigkeit (Art. 728) gelten sinngemäss (krit. dazu BÖCKLI, Abschlussprüfung, Rz 627).

IV. Sitzerfordernis (Abs. 4)

18 Wie bereits unter altem Recht (Art. 727 Abs. 2 altOR) muss wenigstens ein Mitglied der Revisionsstelle ihren Sitz oder eine eingetragene Zweigniederlassung in der Schweiz haben. Mit «Mitglied» der Revisionsstelle sind nicht etwa die Angestellten einer als Revisionsstelle agierenden juristischen Person gemeint. Diese Aussage betrifft den (seltenen) Fall, wo das Organ «Revisionsstelle» aus mehreren Personen besteht. In diesem Fall muss eine dieser Personen ihren Sitz (juristische Person bzw. Kollektivgesellschaft) oder Wohnsitz (natürlich Person) bzw. eine eingetragene Zweigniederlassung in der Schweiz haben. Für den Regelfall von einer juristischen Person als einziges Mitglied der Revisionsstelle reicht es somit, wenn eine im Handelsregister in der Schweiz eingetragene Zweigniederlassung besteht.

Art. 730a

2. Amtsdauer der Revisionsstelle

¹ **Die Revisionsstelle wird für ein bis drei Geschäftsjahre gewählt. Ihr Amt endet mit der Abnahme der letzten Jahresrechnung. Eine Wiederwahl ist möglich.**

² **Bei der ordentlichen Revision darf die Person, die die Revision leitet, das Mandat längstens während sieben Jahren aus-**

führen. Sie darf das gleiche Mandat erst nach einem Unterbruch von drei Jahren wieder aufnehmen.

³ **Tritt eine Revisionsstelle zurück, so hat sie den Verwaltungsrat über die Gründe zu informieren; dieser teilt sie der nächsten Generalversammlung mit.**

⁴ **Die Generalversammlung kann die Revisionsstelle jederzeit mit sofortiger Wirkung abberufen.**

2. Durée de fonction de l'organe de révision

¹ L'organe de révision est élu pour une durée de un à trois exercices comptables. Son mandat prend fin avec l'approbation des derniers comptes annuels. Il peut être reconduit dans ses fonctions.

² En matière de contrôle ordinaire, la personne qui dirige la révision peut exercer ce mandat pendant sept ans au plus. Elle ne peut reprendre le même mandat qu'après une interruption de trois ans.

³ Lorsqu'un organe de révision démissionne, il en indique les motifs au conseil d'administration; ce dernier les communique à la prochaine assemblée générale.

⁴ L'assemblée générale peut, en tout temps, révoquer l'organe de révision avec effet immédiat.

2. Durata del mandato dell'ufficio di revisione

¹ L'ufficio di revisione è nominato per un periodo da uno a tre esercizi. Il suo mandato termina con l'approvazione dell'ultimo conto annuale. È ammessa la rielezione.

² In caso di revisione ordinaria, la persona che dirige la revisione può esercitare il mandato per sette anni al massimo. Essa può riprendere il medesimo mandato solo dopo un intervallo di tre anni.

³ Nel dare le proprie dimissioni, l'ufficio di revisione ne indica i motivi al consiglio d'amministrazione; questo li comunica all'assemblea generale successiva.

⁴ L'assemblea generale può revocare l'ufficio di revisione in qualsiasi momento e con effetto immediato.

Literatur

Schaub, La démission du réviseur, ST 1992, 778, ST 1993, 21 ff.

Die Kommentierung des Art. 730a beruht teilweise auf dem Text von Rolf Watter zu Art. 727e altOR in der Vorauflage.

I. Amtsdauer und Wahl (Abs. 1)

Die **Amtsdauer** der RS richtet sich nach den Statuten und beträgt höchstens drei Jahre. In der Praxis üblich und aus Corporate Governance Gründen auch wünschenswert ist eine Amtsdauer von einem Jahr. Massgebend ist nicht das Kalenderjahr, sondern das Datum der Abnahme der Jahresrechnung an der GV, d.h. ein Amtsjahr dauert im Wesentlichen von einer ordentlichen GV zur nächsten. Sofern weder die Statuten noch der Wahlakt die Amtsdauer definieren, gilt die gesetzliche Höchstdauer von drei Jahren (vgl. Böckli, Abschlussprüfung, N 633). 1

Vom Amtsjahr zu unterscheiden ist der Prüfungszeitraum vom letzten Bilanzstichtag zum neuen Bilanzstichtag. Er entspricht bei den meisten Gesellschaften dem Kalenderjahr. 2

3 **Wiederwahl** ist möglich, wobei weder ein Anspruch der RS auf Wiederwahl besteht noch eine Verpflichtung der RS, sich zur Wiederwahl zu stellen (HWP II 29). Erfolgt keine Wiederwahl, endet das Mandat unmittelbar nach der GV (FORSTMOSER/MEIER-HAYOZ/NOBEL, § 32 N 40). Nicht ohne weiteres bzw. nur mit Genehmigung der Aufsichtsbehörde möglich ist ein Wechsel der RS bei Banken, Effektenhändlern und bei kollektiven Kapitalanlagen (vgl. Art. 39 Abs. 3 BankV; Art. 30 Abs. 3 BEHV und Art. 131 Abs. 2 KAG). Zur Wahlannahme vgl. Art. 730 N 5.

4 Die Amtsdauer endet mit Abnahme der letzten Jahresrechnung. Kann die Abnahme nicht wie geplant an der dem Geschäftsjahr folgenden ordentlichen Generalversammlung stattfinden, verlängert sich die Amtsdauer der RS entsprechend. Vorbehalten bleibt ein Rücktritt oder eine Abwahl.

II. Rotation des Mandatsleiters (Abs. 2)

5 Abs. 2 führt bei der ordentlichen Revision eine Amtszeitbeschränkung ein. Diese betrifft allerdings nicht die RS selbst, sondern deren Mandatsleiter. Der Gesetzgeber hat somit davon abgesehen, einen Zwang zum Wechsel von Revisionsstellen nach einer gewissen Zeit einzuführen und hat die mildere Massnahme eines Wechsels des Mandatsleiters nach sieben (Amts-)Jahren eingeführt. Die Frist von sieben Jahren beginnt erst mit dem Inkrafttreten des RAG zu laufen (vgl. Art. 51 RAV).

6 Der Zwang zum Wechsel des Mandatsleiters ist Ausfluss einer im Nachgang zum Enron-Niedergang geführten Debatte über die Rolle des Wirtschaftsprüfers, die zuerst in den USA mit dem Sarbanes-Oxley Act ihren Niederschlag gefunden hat. Hintergrund ist die Erkenntnis, dass ein Wirtschaftsprüfer nach jahrelanger Tätigkeit mit dem Management einer Gesellschaft «betriebsblind», weniger kritisch und weniger unabhängig zu werden tendiert. Ein neuer Mandatsleiter – und erst recht eine neue RS – wird demgegenüber mehr Distanz zum Management aufweisen und ist damit auch eher in der Lage, Unzulänglichkeiten aufzudecken, welche andernfalls jahrelang perpetuiert werden könnten.

7 Eine Revisionsstelle, die eine ordentliche Revision durchführt, muss damit personell so organisiert sein, dass sie einen amtierenden Mandatsleiters durch einen neuen Mandatsleiter ersetzen kann, der die entsprechenden fachlichen Anforderungen erfüllt. Der abtretende Mandatsleiter darf erst nach einer Übergangsfrist von drei (Amts-)Jahren wieder als Mandatsleiter für dieselbe Gesellschaft tätig sein. Er darf nicht etwa einen Strohmann-Revisor vorschieben und im Hintergrund weiterhin faktisch die Wirtschaftsprüfung führen, sondern sollte sich – mit Ausnahme fachlicher Unterstützung – von den eigentlichen Prüfhandlungen fernhalten.

8 Werden die Vorschriften von Abs. 2 nicht eingehalten, liegt ein Mangel i.S.v. Art. 731b vor, da das Organ RS in diesem Fall nicht rechtmässig zusammengesetzt ist (so auch BÖCKLI, N 634). Führt ein Mandatsleiter die Revision durch, der bereits mehr als sieben Jahre im Amt ist, ist der entsprechende GV-Beschluss nichtig (vgl. BÖCKLI, Abschlussprüfung, N 634, der allerdings nur die Unterzeichnung des Revisionsberichts erwähnt). Dies ergibt sich u.E. aus Art. 731 Abs. 3 analog unter Berücksichtigung der Tatsache, dass die Vorschrift zur Rotation des Mandatsleiters nicht nur die Interessen der Aktionäre (wo Anfechtbarkeit als Sanktion ausreichend wäre), sondern auch diejenigen der Gläubiger schützen will (vgl. Art. 731 N 9).

III. Rücktritt der Revisionsstelle (Abs. 3)

Die Amtsdauer kann durch die RS vorzeitig durch Rücktritt beendigt werden. Dies ergab sich bereits unter altem Recht aus Art. 727e Abs. 2 altOR. Der Rücktritt kann **jederzeit** erfolgen, es besteht auch keine Pflicht für den Zurücktretenden, einen Nachfolger zu bezeichnen. Die Rücktrittserklärung kann **formlos** erfolgen, üblich und aus Beweisgründen sinnvoll ist aber Schriftlichkeit. Häufiger als ein Rücktritt ist in der Praxis die Erklärung der RS, sich einer Wiederwahl nicht mehr zu stellen (HWP II 30).

Adressat der Rücktrittserklärung ist im Normalfall der VR. Die RS wird aber in Krisensituationen und in denjenigen Gesellschaften, bei denen nicht damit gerechnet werden kann, dass der VR sofort selber eine GV einberuft, dafür sorgen müssen, dass auch die GV orientiert wird (vgl. HWP II 30). Die RS muss deshalb zunächst ihren Rücktritt an die Gesellschaft – d.h. den VR – erklären und diesen auffordern, ohne Verzug eine GV einzuberufen, um diese über den Rücktritt zu unterrichten; wo diese Aufforderung nutzlos ist, muss die RS gestützt auf Art. 699 Abs. 1 selber eine GV einberufen, um diese über den Rücktritt zu informieren. M.E. ist eine solche Einberufung im Interesse der Gesellschaft noch möglich, auch wenn der Rücktritt intern mit Zugang der Erklärung wirkt (N 11) und damit die RS bei Einberufung aus ihrer Funktion im gesellschaftsinternen Bereich schon ausgeschieden ist.

Im internen Verhältnis **wirkt** der Rücktritt mit Zugang der Erklärung (vgl. auch HWP II 31), extern erlischt die Verantwortlichkeit der RS (wenn das auch kaum von praktischer Bedeutung ist) mit dem Handelsregistereintrag (vgl. nachfolgend). Durch einen Rücktritt können bereits begangene Pflichtverletzungen natürlich nicht wieder gutgemacht werden; eine Befreiung von bereits eingetretener Verantwortlichkeit tritt nicht ein (HWP II 30).

Der VR hat jede Beendigung des Amtes der RS unverzüglich beim **Handelsregister** zu melden (vgl. auch Art. 937) und macht sich bei Unterlassung dieser Pflicht ersatzpflichtig. Intern wirkt die Beendigung mit Zugang der Abberufungs- oder Rücktrittserklärung bzw. der Nichtwiederwahl; extern sind der Löschungseintrag im Handelsregister und die Publikation im SHAB ausschlaggebend (HWP II 29; Art. 932). Die RS kann die Löschung nach neuem Recht selber unmittelbar veranlassen (Art. 938b Abs. 2).

Ein **Rücktritt zur Unzeit** ohne sachlichen Grund kann aber zu Schadenersatz führen (vgl. BÖCKLI, N 644; BSK OR I-WEBER, Art. 404 N 16; Botschaft RAG, 4031); praktisch dürfte dies v.a. dann gegeben sein, wenn die RS kurz vor der GV zurücktritt und sich weigert, den Revisionsbericht noch abzugeben oder der Rücktritt allein aufgrund der Tatsache erfolgt, dass die Gesellschaft in eine wirtschaftliche Notlage geraten ist (vgl. BÖCKLI, N 643 m.Bsp.).

Tritt eine RS (während der Amtsdauer) zurück, muss sie dem VR die **Gründe** für diesen Schritt **mitteilen.** Der VR muss sodann die nächste GV darüber informieren. Auch dies ergab sich bereits unter altem Recht (Art. 727e Abs. 2 altOR). Neu ist hingegen die Offenlegung der Rücktrittsgründe im Anhang zur Jahresrechnung (Art. 663b Ziff. 13). Die durch den Rücktritt notwendig werdende Löschung im Handelsregister garantiert ebenfalls eine gewisse Publizität, wenn auch ohne Bekanntgabe der Gründe.

Die im Rahmen des Rücktritts der RS vorgesehene Publizität über die Gründe ist u.E. wenig praxisrelevant, da sie einerseits generisch und verklausuliert erfolgen kann und andererseits nicht zeitnah vorgenommen wird. Nach wie vor sind die Aktionäre (in der Generalversammlung und über die Jahresrechnung) die primären Adressaten der Publizität. Ein direktes Auskunftsrecht gegenüber der RS steht ihnen allerdings nach wie vor nicht zu. Gläubiger können sich nur dann über die Gründe des Rücktritts informieren, wenn sie in den Besitz der Jahresrechnung gelangen und dann auch nur in der dort im Anhang aufgeführten Form (vgl. dazu Art. 663b Ziff. 12).

16 Bei **Publikumsgesellschaften** hat die RS Ihren Rücktritt auch der Revisionsaufsichtsbehörde zu melden (Art. 14 Abs. 2 lit. c RAG). Ausserdem kann die blosse Einhaltung der Vorschriften von Abs. 3 den Bedürfnissen des Kapitalmarktes nicht gerecht werden. Ein Rücktritt der RS ist ein Ad-hoc relevantes Ereignis, dass nach Massgabe von Art. 72 des Kotierungsreglements offengelegt werden muss (vgl. BÖCKLI, N 640).

IV. Abberufung durch die Generalversammlung (Abs. 4)

17 Die dritte Form der Beendigung des Amtes neben Zeitablauf und Rücktritt ist die Abberufung der RS durch die GV. Die Abberufung kann **jederzeit und voraussetzungslos** (d.h. auch ohne Begründung) erfolgen; vorausgesetzt ist lediglich ein Mehrheitsbeschluss an einer formrichtig einberufenen GV. Ein statutarisches Erschwernis der Abberufung durch erhöhte Quoren ist allerdings nach Ansicht des Bundesgerichtes zulässig (BGE 117 II 313 f. m.w.H.), soweit dadurch die Abberufung nicht verunmöglicht wird (a.A. BÖCKLI, Abschlussprüfung, N 650; vgl. auch FORSTMOSER/MEIER-HAYOZ/NOBEL, § 22 N 30 m.w.H.).

18 Die RS hat an dieser GV von Gesetzes wegen **kein Anwesenheitsrecht;** ein Anwesenheitsrecht und eine Anwesenheitspflicht besteht aber, wenn die abberufende GV mit der ordentlichen GV einer der ordentlichen Revision unterliegenden Gesellschaft zusammenfällt (Art. 731b; HWP II 31). Es wäre praktisch aber zu begrüssen, wenn die RS gegenüber der GV zur Abberufung Stellung nehmen könnte, da dies auch im Interesse der Aktionäre ist. Die RS ist berechtigt, einen **Auszug aus dem betreffenden GV-Protokoll** zu erhalten, damit sie sich von der Rechtsgültigkeit ihrer Abberufung überzeugen kann (HWP II 31).

19 Erfolgt die Abberufung der GV ohne zureichenden Grund oder missbräuchlich, hat die RS einen **Ersatzanspruch,** auch wenn dieser im Gesetz im Gegensatz zu Art. 705 nicht mehr explizit aufgeführt ist. Neben Zeitablauf, Rücktritt und Abberufung ist als vierte Form der Beendigung des Amtes die Absetzung durch den Richter denkbar. Dies kann insb. dann der Fall sein, wenn eine Partei geltend macht, die RS erfülle die gesetzlichen Anforderungen nicht mehr oder wenn sich die RS weigert bzw. wenn es strittig ist, ob eine Abberufung gültig erfolgt ist. Ein Entzug der Zulassung eines staatlich beaufsichtigten Revisionsunternehmens nach Art. 17 RAG würde m.E. hingegen nach der entsprechenden Mitteilung nach Art. 15 RAV ex lege zur Beendigung des Amtes als RS führen. Die Abberufung einer durch den Richter eingesetzten RS ist in Art. 731b geregelt.

V. Weitere Folgen der Beendigung

20 Die RS ist bei der Beendigung ihres Amtes verpflichtet, die von der AG erhaltenen Akten zurückzugeben (HWP II 32). Ein Retentionsrecht an diesen Akten hat die RS nicht, auch nicht das Recht, Zahlung der Honorare Zug um Zug zu verlangen (so auch GzA Nr. 3, Ziff. 4.3; BÖCKLI, Abschlussprüfung, N 660).

21 Eine **Entlastung** (Décharge) der RS ist im Gesetz nicht vorgesehen, kommt aber in der Praxis hie und da vor. Eine Entlastung wirkt dann als Klageverzicht oder als negatives Schuldanerkenntnis, wenn die GV den Entscheid in Kenntnis der in Frage stehenden Sachverhalte gefasst hat (vgl. auch HWP II 32).

3. Abschnitt: Organisation der Aktiengesellschaft 1–3 **Art. 730a**

Nicht tangiert durch die Beendigung des Amtes als RS wird die Pflicht zur Geheimhaltung (vgl. Art. 730b Abs. 2). 22

Art. 730b

| 3. Auskunft und Geheimhaltung | **¹ Der Verwaltungsrat übergibt der Revisionsstelle alle Unterlagen und erteilt ihr die Auskünfte, die sie für die Erfüllung ihrer Aufgaben benötigt, auf Verlangen auch schriftlich.** |

² Die Revisionsstelle wahrt das Geheimnis über ihre Feststellungen, soweit sie nicht von Gesetzes wegen zur Bekanntgabe verpflichtet ist. Sie wahrt bei der Berichterstattung, bei der Erstattung von Anzeigen und bei der Auskunftserteilung an die Generalversammlung die Geschäftsgeheimnisse der Gesellschaft.

3. Information et maintien du secret

¹ Le conseil d'administration remet tous les documents à l'organe de révision et lui communique tous les renseignements dont il a besoin pour s'acquitter de ses tâches; sur demande, il lui transmet ces renseignements par écrit.

² L'organe de révision garde le secret sur ses constatations, à moins que la loi ne l'oblige à les révéler. Il garantit le secret des affaires de la société lorsqu'il établit son rapport, lorsqu'il procède aux avis obligatoires et lorsqu'il fournit des renseignements lors de l'assemblée générale.

3. Ragguagli e segreto

¹ Il consiglio d'amministrazione consegna all'ufficio di revisione tutti i documenti e gli fornisce, su richiesta anche per scritto, i ragguagli di cui questo ha bisogno per adempiere i suoi compiti.

² L'ufficio di revisione è tenuto a salvaguardare il segreto sulle sue constatazioni, sempre che la legge non lo obblighi a comunicarle. Nell'allestire la sua relazione, dare avvisi e fornire ragguagli all'assemblea generale, esso è tenuto a salvaguardare i segreti d'affari della società.

I. Informationspflicht des Verwaltungsrates

Abs. 1 möchte sicherstellen, dass der VR die RS mit denjenigen Informationen in schriftlicher oder mündlicher Form versorgt, die sie für die Ausübung Ihrer Aufgaben benötigt. Die Bestimmung entspricht im Wesentlichen Art. 728 Abs. 2 altOR, wobei die neue Fassung allerdings präzisiert, dass der Massstab der Informationspflicht die Erfüllung der Aufgaben der RS sein soll. In der alten Fassung war lediglich von «erforderlichen Unterlagen» und «benötigten Auskünften» die Rede. Inhaltlich hat sich an der Bestimmung indessen nichts geändert. 1

Gestützt auf Abs. 1 kann die RS als prüfende Instanz vom VR als zu überprüfender Instanz im Rahmen des Prüfungsgegenstands des Abschlussprüfers volle Auskunft und Einsicht verlangen. Da die Prüfung Mängel der Tätigkeit des VR zu Tage fördern könnte, könnte der VR geneigt sein, den Prüfern nur halbherzig oder gar nicht Auskunft oder Einsicht zu gewähren. Umso wichtiger ist eine klare gesetzliche Grundlage, auf die der Wirtschaftsprüfer angesichts dieses **latenten Interessenkonfliktes** verweisen kann. 2

«Schuldner» der von Abs. 1 statuierten Informationspflicht ist gemäss Wortlaut der VR der zu prüfenden Gesellschaft. Sofern der VR eine Geschäftsleitung eingesetzt hat, ist 3 diese direkt gegenüber der RS zur Auskunft verpflichtet. Aus Art. 716a *e contrario* folgt, dass die Informationspflicht gegenüber der RS an eine **Geschäftsleitung delegiert** werden kann. Allerdings obliegt es m.E. nach wie vor dem VR, sicherzustellen, dass die RS ihre Aufgaben wahrnehmen kann, was nur gewährleistet ist, wenn sie die nötigen Informationen erhält. Dies ergibt sich m.E. aus Art. 716a Ziff. 3 (Ausgestaltung des Rechnungswesens, der Finanzkontrolle und der Finanzplanung) sowie Art. 716a Ziff. 5 (Oberaufsicht in Bezug auf Einhaltung der Gesetze). Somit kann die RS auch bei Delegation der Informationspflicht an eine Geschäftsleitung vom VR noch die Einhaltung von Abs. 1 einfordern. Dasselbe gilt m.E., wenn die RS als **Konzernprüferin** vom Management von Tochtergesellschaften Unterlagen oder Auskünfte einfordert.

4   Der Umfang der Informationspflicht richtet sich nach dem Aufgabenbereich der RS (vgl. insb. Art 728a). Durch die Prüfung der «Existenz» eines internen Kontrollsystems und die Einhaltung von Gesetz und Statuten ist der Prüfungsumfang und somit die Informationspflicht sehr umfassend (vgl. auch BÖCKLI, Abschlussprüfung, N 682). Nur Informationen mit Geheimnischarakter aber ohne Relevanz für die Prüfungshandlungen müssen im Prinzip nicht offengelegt werden, was z.B. bei Patentschriften, Rezepturen usw. der Fall sein kann. Allerdings ist der RS bei der Beurteilung des für ihre Prüfung relevanten Informationsumfangs ein Ermessenspielraum einzuräumen. Informationen können nur ausnahmsweise und nur mit besonderen Gründen verweigert werden. Ohne Einfluss auf den Umfang der Informationspflicht ist die Art der Revision. Auch bei nur eingeschränkter Revision unterliegt der VR (bzw. die Geschäftsleitung) einer umfassenden Informationspflicht (vgl. auch BÖCKLI, Abschlussprüfung, N 684).

5   Unterlagen und Auskünfte müssen grundsätzlich ohne Aufforderung erteilt werden. Nur die **Schriftlichkeit** der verlangten Zusatzinformationen muss spezifisch verlangt werden. Nach richtigem Verständnis begründet Abs. 1 aber keine Informations-«Einbahnstrasse» in Richtung RS, sondern es besteht ein Kommunikationsverhältnis zwischen VR (bzw. Geschäftsleitung) und der RS (vgl. dazu PS 260 [2004], der primär die Kommunikation von der RS an den VR regelt; eingehend dazu und dem daraus entstehenden Konfliktpotential BÖCKLI, Abschlussprüfung, N 682).

6   Abs. 1 ist faktisch kaum klageweise durchsetzbar. Werden der RS trotz entsprechenden Begehren **Informationen vorenthalten,** kann und muss sie aber einen entsprechenden Vorbehalt im Bericht anbringen (vgl. dazu PS 700) und hat in wichtigen Fällen gar die Rückweisung der Jahresrechnung zu verlangen. Als Ultima Ratio hat die RS das Mandat niederzulegen, allenfalls auch eine GV einzuberufen.

7   Der Schweizer Prüfstandard PS 580 (2004) regelt die von der RS einzuverlangenden **Erklärungen des VR.** Diese sind insb. dort nötig, wo sich ein Vorgang nicht durch andere Belege nachweisen lässt (PS 580 Ziff. 4; PS 500 «Prüfungsnachweise»). PS 580 regelt auch die in der Praxis üblichen **Vollständigkeitserklärungen** (vgl. PS 580 Rz 12 ff.). Mit ihnen verlangt die RS vom Präsidenten des VR (bzw. ggf. eines Prüfungsausschusses), vom Geschäftsleiter (CEO) und vom Finanzchef (CFO) die Bestätigung zahlreicher für die Prüfung wesentlicher Sachverhalte (oder Abwesenheit von Sachverhalten wie bspw. Delikten) nach deren «bestem Wissen» oder Aussagen zu nicht anderweitig belegbaren Wert- oder Ermessensfragen (vgl. PS 580 Rz 14B und das Musterbeispiel im Anhang zu PS 580).

8   Mit der Vollständigkeitserklärung versucht die RS einerseits dem VR und der Geschäftsleitung deren Verantwortung für den zu prüfenden Abschluss vor Augen zu führen und dadurch eine möglichst grosse Bereitschaft zur Offenlegung von Informationen zu bewirken und anderseits natürlich auch ihre Haftung zu minimieren. Letzteres ge-

schieht dadurch, dass sie durch die Vollständigkeitserklärung dokumentiert, dass sie die notwendigen Nachforschungen angestellt hat und dem VR keine weiteren für die Prüfung relevanten Umstände bekannt sind als der RS.

Das Einverlangen von Vollständigkeitserklärungen ist **zulässig**, soweit es durch Abs. 1 bzw. den Prüfungsumfang gedeckt ist. Dies ist nach BÖCKLI (Abschlussprüfung, N 685) der Fall für «zumutbare Erklärungen über den effektiven eigenen Wissensstand der wichtigsten Organmitglieder zu bestimmten Tatsachen sowie über Ermessens- und Werturteile, deren Begründung aus den Unterlagen des Rechnungswesens nicht hinreichend ersichtlich, für die Gesamtbeurteilung des Abschlusses aber relevant sind» (BÖCKLI, Abschlussprüfung, N 685). Letzteres betrifft bspw. die Werthaltigkeit von Forderungen oder die den Markbewertungen zugrunde liegenden Annahmen, ersteres kann sich bspw. auf die Einhaltung von Gesetzen beziehen. Da Tatsachenerklärungen «nach bestem Wissen» abgegeben werden, stellt sich die Frage, ob die Organe vor Abgabe der Erklärung einer **Nachforschungspflicht** unterliegen. Dies ist m.E. in dem Sinne zu bejahen, als die unterzeichnenden Organe die intern zuständigen Stellen vor Abgabe der Erklärung konsultieren sollten. Eine Aussage über das Fehlen von Vertragsverletzungen ist bspw. vorgängig mit der Rechtsabteilung zu besprechen. Eine weitergehende Nachforschungspflicht ist jedoch abzulehnen. 9

Eine Weigerung der betreffenden Organe, eine Vollständigkeitserklärung abzugeben, führt nach PS 580 zu einer Einschränkung des Prüfungstestats. 10

Von **Dritten** kann die RS zwar direkt keine Auskünfte einholen, doch ersucht sie i.d.R. die Gesellschaft, externe Dritte – wie bspw. Rechtsberater – aufzufordern, der RS Auskünfte zu erteilen. Diese von Rechtsberatern verlangten Erklärungen («lawyers letters») beziehen sich primär auf bestehende oder drohende Rechtsstreitigkeiten und andere Eventualverbindlichkeiten. Eine Pflicht des externen Dritten, solche Informationen zu erteilen, ergibt sich nicht aus dem Gesetz, aber kann aufgrund der Rechenschaftspflicht im Rahmen des Mandatsverhältnisses mit der Gesellschaft gegeben sein. 11

II. Revisionsgeheimnis

Abs. 2 verpflichtet die RS zur **Wahrung des Geschäftsgeheimnisses** bei der Berichterstattung (Art. 729b) und Auskunftserteilung (Art. 697 Abs. 1; vgl. auch Art. 697d Abs. 2) im Rahmen der Generalversammlung. Den Prüfern ist verboten, die im Laufe des Revisionsmandates erworbenen Wahrnehmungen weiterzuvermitteln; Abs. 2 ist Basis für das strafrechtlich statuierte Revisionsgeheimnis (vgl. Art. 321 StGB). Vorbehalten ist nur die Auskunftspflicht gegenüber einem Sonderprüfer und die Auskunftspflicht an der GV gem. Art. 697 Abs. 1. 12

Wie beim Sonderprüfer gilt der Grundsatz **«volles Prüfen – beschränktes Berichten»** (Art. 697e N 4). Es sind diejenigen Geheimnisse zu schützen, an denen die Gesellschaft ein berechtigtes Interesse hat und deren Offenlegung ihr Schaden zufügen könnte (Art. 697e N 5 m.w.H.). Dies gilt bspw. für geplante strategische Schritte, Business Pläne, Patente oder auch für betriebliches Know-How und andere für den Geschäftserfolg der Gesellschaft wesentliche Informationen. 13

Das Gesetz begründet erstens eine Geheimhaltungs- und Schweigepflicht **gegenüber den Aktionären.** Absolut ist die Schweigepflicht gegenüber dem einzelnen Aktionär (auch dem Hauptaktionär). Gegenüber der Gesamtheit der Aktionäre (Art. 697 Abs. 1) geht demgegenüber im Zweifel die Auskunftspflicht vor, soweit es sich nicht um eigentliche Geschäftsgeheimnisse handelt. Die RS hat in ihrem Bericht z.B. darauf hin- 14 zuweisen, dass Rückstellungen wegen eines Prozesses, den die Gesellschaft verheimlichen möchte, nötig scheinen; über Details des Prozesses braucht sie sich aber nicht zu äussern und darf es auch nicht; es gilt m.a.W. das Verhältnismässigkeitsprinzip.

15 Zudem hat die RS eine **Schweigepflicht gegenüber Dritten**. Alle bei der Auftragserfüllung erworbenen Wahrnehmungen müssen z.B. gegenüber Gläubigern verschwiegen werden. Etwas anderes gilt nur gegenüber dem Sonderprüfer (Art. 697d Abs. 2). Im Rahmen von Sorgfaltsprüfungen (Due Diligence Reviews) bei Unternehmensübernahmen oder Kapitalmarkttransaktionen ist es allerdings üblich, dass die RS von der Gesellschaft von ihrer Schweigepflicht entbunden wird und Dritten wie bspw. Beratern Auskünfte erteilen darf.

16 Die Geheimhaltungspflicht gilt nur insoweit als die RS nicht «**von Gesetzes wegen zur Bekanntgabe verpflichtet ist**». Damit sind sicher schweizerische Gesetze und wohl auch auf schweizerischen Gesetzen beruhende Selbstregulierungsvorschriften (z.B. Kotierungsreglement der SWX Swiss Exchange; vgl. aber N 17 nachfolgend) umfasst bzw. können Ausnahmen von der Geheimhaltungspflicht statuieren. Hingegen kann sich die schweizerische RS oder Konzernprüferin nicht auf ausländische Gesetze berufen, um unter schweizerischem Recht geschützte Informationen an Dritte preiszugeben. In einem solchen Fall muss die RS das Einverständnis der Gesellschaft einholen (vgl. N 15).

17 Eine **gesetzlich statuierte Ausnahme von der Geheimhaltungspflicht** gilt bei einer offensichtlichen Überschuldung (Art. 729c), falls der VR nicht tätig wird. Eine weitere Aufhebung der Schweigepflicht statuiert Art. 728c Abs. 2 bei wesentlichen Verstössen gegen Gesetz oder Statuten oder wenn der VR trotz Meldung nichts gegen andere Verstösse unternimmt. Nach Art. 20 Abs. 3 i.V.m. Art. 40 lit. d RAG können Informationen i.S. einer weiteren Ausnahme zudem ohne Verletzung des Revisionsgeheimnisses einer von der Revisionsaufsichtsbehörde ernannten Drittperson mitgeteilt werden. Aufgehoben ist die Schweigepflicht ferner im Banken- und Effektenhändlerbereich gegenüber der Aufsichtsbehörde, vgl. Art. 21 Abs. 3 und 4 BankG; Art. 19 Abs. 5 BEHG; Art. 35 BEHV; vgl. andererseits Art. 71b des Kotierungsreglementes der SWX Swiss Exchange, wonach die Auskunftserteilung die Zustimmung der Gesellschaft braucht. Weitere Ausnahmen bestehen im Bereich des Prozessrechts, ferner dann, wenn die RS Ansprüche gegen die Gesellschaft durchsetzen muss; in diesen Fällen darf die RS aber nur das jeweils Nötige offen legen.

18 Tatsachen verlieren den Charakter eines Geschäftsgeheimnisses dann, wenn sie bekannt werden, d.h. wenn sie an die **Öffentlichkeit** gelangt sind, z.B. durch Publikation (vgl. Art. 641 Ziff. 10) oder Diskussion in der GV; die RS darf damit z.B. gegenüber Dritten bestätigen, dass sie RS in einer Gesellschaft ist. Die Gesellschaft kann die RS auch von der Geheimhaltung entbinden. Zuständig dazu ist der VR, m.E. bei richtiger Traktandierung auch die Mehrheit der Aktionäre an der GV, da diese Mehrheit auch einen anderen VR wählen könnte. Die Genehmigung kann auch konkludent oder stillschweigend erfolgen (HWP II 56 und auch HWP II 426).

19 **Zivilrechtlich** macht sich die RS bei Nichtbeachtung ihrer Pflichten schadenersatzpflichtig (Art. 755); diese Bestimmung ist auch anwendbar, wenn eine ehemalige RS gegen ihre (nachwirkende) Pflicht verstösst, und vertrauliche Tatsachen aus ihrer damaligen Tätigkeit offenbart.

20 **Art. 321 StGB** sanktioniert die Verletzung der Pflicht zur Verschwiegenheit auf Antrag auch strafrechtlich. Erfasst sind alle Personen bei der RS, die relevante Tatsachen erfahren. Die Verletzung des Berufsgeheimnisses wird auf Antrag (der Gesellschaft) mit Ge-

fängnis oder Busse bestraft. **Art. 40 lit. d RAG** sanktioniert die Verletzung der Pflicht zur Verschwiegenheit einer von der Revisionsaufsichtsbehörde beigezogenen Drittperson ebenfalls mit Gefängnis oder Busse bis zu CHF 1 Mio. Bei fährlässiger Begehung ist die Strafe Busse bis zu CHF 100 000.

Art. 730c

4. Dokumentation und Aufbewahrung	[1] **Die Revisionsstelle muss sämtliche Revisionsdienstleistungen dokumentieren und Revisionsberichte sowie alle wesentlichen Unterlagen mindestens während zehn Jahren aufbewahren. Elektronische Daten müssen während der gleichen Zeitperiode wieder lesbar gemacht werden können.** [2] **Die Unterlagen müssen es ermöglichen, die Einhaltung der gesetzlichen Vorschriften in effizienter Weise zu prüfen.**
4. Documentation et conservation des pièces	[1] L'organe de révision consigne par écrit toutes les prestations qu'il fournit en matière de révision; il doit, en outre, conserver les rapports de révision et toutes les pièces importantes pendant dix ans. Les données enregistrées sur un support informatique doivent être accessibles pendant une période de même durée. [2] Les pièces doivent permettre de contrôler efficacement le respect des dispositions légales.
4. Documentazione e conservazione	[1] L'ufficio di revisione documenta tutti i servizi di revisione da esso effettuati e conserva per almeno 10 anni le relazioni di revisione e tutti i documenti essenziali. Durante lo stesso periodo, i dati elettronici devono poter essere resi nuovamente leggibili. [2] I documenti devono consentire di verificare in modo efficiente l'osservanza delle disposizioni legali.

Literatur

BERTSCHINGER/MEIER, Qualitätssicherung und Dokumentation – Wirtschaftsprüfung und der Einfluss ausländischer Bestimmungen (inkl. US PCAOB), ST 2006, 371 ff.; KOLLER/SANWALD, Aufgaben und Organisation der staatlichen Revisionsaufsicht – Überblick über das Revisionsaufsichtsgesetz, ST 5/2006, 314 ff.; vgl. ausserdem die Literaturhinweise bei den Vorbem. zu Art. 727 und 727a.

Materialien

International Federation of Accountants (IFAC) – Handbook of International Auditing, Assurance, and Ethics Pronouncements, 2007 Edition, 259 ff. (abrufbar unter: http:/www.ifac.org) (zit. ISA 230); Public Company Accounting Oversight Board (PCAOB) – Bylaws and Rules – Standards – AS3, 308 ff. (abrufbar unter: http://www.pcaob.org) (zit. Audit Standard No. 3); Treuhand-Kammer, Schweizerische Kammer der Wirtschaftsprüfer, Steuerexperten und Treuhandexperten, Schweizer Prüfungsstandards (PS) Ausgabe 2004, 80 ff. (abrufbar unter: http://www.treuhandkammer.ch) (zit. PS 230); vgl. ausserdem die Materialienhinweise bei den Vorbem. zu Art. 727 und 727a.

I. Entstehungsgeschichte

Mit Änderung des OR vom 16. 12. 2005 wurde die bis dahin in internationalen und nationalen Prüfungsstandards enthaltene *Dokumentations- und Aufbewahrungpflicht* der Wirtschaftsprüfer (vgl. hierzu ISA 230, 259 ff.; Audit Standard No. 3, 308 ff.; PS 230,

80 ff.; BÖCKLI, Abschlussprüfung, N 695) gesetzlich geregelt. War zunächst die Regelung von Art. 730c im E-RAG vorgesehen (Art. 13 E-RAG; Botschaft RAG, 4143), wurde sie im Laufe der parlamentarischen Beratungen im OR verankert, damit sichergestellt werden konnte, dass alle Revisionsunternehmungen – auch jene, die nicht der Revisionsaufsicht unterstellt sind – der *Dokumentations- und Aufbewahrungspflicht* unterstehen (vgl. AmtlBull 2005 NR, 88; AmtlBull 2005 SR, 629; KOLLER/SANWALD, FN 13, 320; CHK-OERTLI/HÄNNI, Art. 730c OR N 1). Nicht zuletzt ist die Verankerung der *Dokumentations- und Aufbewahrungspflicht* der RS im OR auch die Antwort des Schweizerischen Gesetzgebers auf die «**Unternehmensskandale**» in den USA und Europa und der damit verbundenen legislativen Entwicklungen (vgl. Vor Art. 727 und 727a N 3 m.w.H.). Die Bestimmung ist seit **1.1.2008** in Kraft.

II. Geltungsbereich und Normzweck

1. Geltungsbereich

2   Persönlich erfasst Art. 730c alle Revisionsgesellschaften, d.h. auch jene, welche nicht der Revisionsaufsicht gem. RAG unterstellt sind (N 1 m.w.H.; vgl. auch STÖCKLI/SPIESS, 928 und FN 8). Ausgenommen von der *Dokumentations- und Aufbewahrungspflicht* bleiben u.E. aber «Revisoren» von Gesellschaften, welche gem. Art. 727a Abs. 2 auf eine eingeschränkte Revision verzichtet haben (zum sog. «Opting-out» vgl. Art. 727 a N 13 ff.; unklar KOLLER/SANWALD, FN 13, 320, die davon ausgehen, dass die Bestimmung für alle Revisoren gilt, ferner auch STÖCKLI/SPIESS, 929). Sachlich bezieht sich die *Dokumentations- und Aufbewahrungspflicht* auf Prüfungshandlungen, welche die RS im Rahmen ihrer Prüfung (ordentlich oder eingeschränkt) der Abschlüsse nach OR (Jahres- resp. Konzernrechnung gem. Art. 662 ff., Zwischenabschluss gem. Art. 652d Abs. 2) durchführt. Diese Bestimmung erfasst u.E. aber keine Prüfungshandlungen, die ausserhalb des OR verlangt werden. Dennoch wird in der Praxis eine RS auch in diesen Fällen ihre Prüfungshandlungen dokumentieren und die Dokumente aufbewahren.

2. Normzweck

3   Der primäre Normzweck der *Dokumentations- und Aufbewahrungspflicht* ergibt sich aus dem Gesetz selber: die Unterlagen müssen es zunächst ermöglichen, die Einhaltung der gesetzlichen Vorschriften in effizienter Weise zu prüfen (Abs. 2). Zudem dient die *Dokumentations- und Aufbewahrungspflicht* der **internen Qualitätssicherung** (Botschaft RAG, 4071 f.; CHK-OERTLI/HÄNNI, Art. 730c OR N 3; vgl. Art. 12 RAG zur internen Qualitätssicherung) wie auch dem Nachweis der erforderlichen Sorgfalt bei Klagen nach Art. 755 (vgl. auch N 4).

Bei *staatlich beaufsichtigten Revisionsunternehmen* will Art. 730c sicherstellen, dass die Aufsichtsbehörde anhand der Unterlagen effizient prüfen kann, ob die gesetzlichen Vorschriften des OR und des RAG eingehalten werden. Eine solche Prüfung erfolgt insb. bei routinemässigen Überprüfungen der Revisionsunternehmen durch die Aufsichtsbehörde *(Inspections)* alle drei Jahre (vgl. BERTSCHINGER/MEIER, 371 m.V. auf Art. 16 Abs. 1 RAG).

Damit eine Prüfung **in effizienter Weise** erfolgen kann, muss das *staatlich beaufsichtigte Revisionsunternehmen* die Dokumente derart erstellen, dass eine Beurteilung der Einhaltung der gesetzlichen Vorschriften überhaupt möglich ist. Ferner hat das Unternehmen durch die Art und Organisation der *Aufbewahrung* sicherzustellen, dass Auskunfts- und Einsichtsbegehren der Aufsichtsbehörde **innert angemessener Frist** nachgekommen werden kann, denn es soll verhindert werden, dass Verfahren in wichtigen Fällen verzögert werden, weil die erforderlichen Dokumente erst noch zusammengetragen werden müssen (vgl. Botschaft RAG, 4072; zum Begriff «innert angemessener Frist» s. Art. 957 N 42).

Die *Dokumentations- und Aufbewahrungspflicht* soll es der RS nicht zuletzt in zivil- und strafrechtlichen Verfahren wie auch in anderen Auseinandersetzungen ermöglichen, Dokumente als **Beweismittel** einzusetzen (Botschaft RAG, 4072; CHK-OERTLI/HÄNNI, Art. 730c OR N 6; vgl. auch HWP I 16 und HWP II 96). 4

III. Dokumentationspflicht

RS haben **sämtliche Revisionsdienstleistungen,** d.h. Prüfungen und Bestätigungen, die nach bundesrechtlichen Vorschriften durch einen zugelassenen Revisionsexperten oder einen zugelassenen Revisor vorgenommen werden müssen (Art. 2 lit. a RAG), zu dokumentieren.. Namentlich sind Informationen über die Planung der Arbeiten, die Durchführung der Prüfungshandlungen, deren Ergebnisse und die Schlussfolgerungen aus den Prüfungsnachweisen festzuhalten. Die Überlegungen des Abschlussprüfers zu allen wesentlichen Sachverhalten, die Ermessensentscheide erfordern, und die Schlussfolgerungen daraus, Analysen, die Einschätzung inhärenter Risiken und Kontrollrisiken wie auch die Beurteilung der internen Revision sind zu dokumentieren. Nicht zuletzt muss die Umsetzung der Anweisungen der Aufsichtsbehörden ihren Niederschlag in der Dokumentation finden (Botschaft RAG, 4071; BÖCKLI, Abschlussprüfung, N 696 m.V. auf die PS 230 N 6 wie auch die ausführliche Aufzählung in PS 230 N 11). 5

Sämtliche Revisionsdienstleistungen sind **in Form** von sog. *Arbeitspapieren* festzuhalten. *Arbeitspapiere* sind alle Aufzeichnungen, welche die Art, den Zeitpunkt und den Umfang der durchgeführten Prüfungshandlungen sowie deren Ergebnisse und die daraus gezogenen Schlussfolgerungen dokumentieren (Art. 10 Abs. 1 Aufsichtsverordnung RAB) und Unterlagen, die der Abschlussprüfer selbst erstellt, für ihn (durch das geprüfte Unternehmen) erstellt oder von ihm zur Aufbewahrung bestimmt worden sind. Ein- und ausgehende E-Mails, soweit sie Informationen enthalten, die das Prüfungsergebnis oder einzelne Prüfungsfeststellungen stützen oder nachvollziehbar machen, gehören ebenfalls zu den Arbeitspapieren (PS 230 N 3; HWP II 222 wie auch BERTSCHINGER/MEIER, 374). Nicht zuletzt dürften Dokumente, die durch das geprüfte Unternehmen zur Verfügung gestellt werden (z.B. wichtige Verträge) zu den Arbeitspapieren gehören. 6

Die Dokumentation kann auf Papier, auf elektronischen, optischen oder anderen geeigneten Medien erfolgen (BERTSCHINGER/MEIER, 374; PS 230 N 3). Werden Daten elektronisch erfasst, müssen sie **lesbar gemacht werden können** (Abs. 1 Satz 2; vgl. hierzu N 13 nachfolgend). 7

Sämtliche Revisionsdienstleistungen sind **angemessen** zu dokumentieren, d.h. dass sich aus den Arbeitspapieren und dem Revisionsbericht (vgl. zum Revisionsbericht Art. 728b resp. Art. 729b) alle Informationen ergeben müssen, um sowohl das Prüfungsergebnis insgesamt, als auch einzelne Prüfungsfeststellungen zu stützen und nachvollziehen zu können (BERTSCHINGER/MEIER, 374). Die Aufzeichnungen der Revisoren müssen es zudem erlauben, den Ablauf der Prüfungshandlungen später zu begreifen (vgl. BÖCKLI, Abschlussprüfung, N 695). Der PS hält als Richtlinie fest, dass an Art und Umfang jene *Arbeitspapiere* erforderlich sind, damit daraus ein anderer Abschlussprüfer ohne spezifische Mandatserfahrung die Prüfung als Ganzes (d.h. nicht Einzelaspekte) verstehen 8 kann (PS 230 N 7). Bei *staatlich beaufsichtigten Revisionsunternehmen* wird auf Verordnungsstufe festgehalten, dass Arbeitspapiere so umfassend und detailliert sein müssen, dass sich die Aufsichtsbehörde ein genaues Bild der durchgeführten Prüfung machen kann (Art. 10 Abs. 2 Aufsichtsverordnung RAB).

9   Neben der angemessenen Dokumentierung sämtlicher Revisionsdienstleistungen sind die Arbeitspapiere zu **datieren** und mit einem **Vermerk** des Autors zu versehen. Entgegen der in der Botschaft enthaltenen Ansicht, wonach das Dokument neben dem Vermerk des Autors zusätzlich den Vermerk des Revisionsleiters zu enthalten hat (Botschaft RAG, 4071), wurde in der parlamentarischen Beratung festgehalten, dass es genügt, **wenn einzig der Vermerk des Autors vorhanden ist.** Dies wurde damit begründet, dass es unverhältnismässig sei – bei der Unzahl von Dokumenten – einen Doppelvermerk zu verlangen (AmtlBull NR 2005, 88).

IV. Aufbewahrungspflicht

10 Gemäss Abs. 1 muss die RS **alle wesentlichen Unterlagen aufbewahren.** Was als wesentlich anzusehen ist, ergibt sich dabei aus Abs. 2. Danach sind all jene Daten wesentlich, die es ermöglichen, die Einhaltung der gesetzlichen Vorschriften in effizienter Weise zu prüfen (vgl. auch N 2; BÖCKLI, Abschlussprüfung, N 697). Insbesondere ist hier an die Revisionsberichte gem. Art. 728b Abs. 1 und 2 resp. Art. 729b, wie auch an die *Arbeitspapiere* zu denken (Botschaft RAG, 4071; BÖCKLI, Abschlussprüfung, N 697).

11 Grundsätzlich **nicht** aufbewahrungspflichtig sind aktuelle bzw. überholte Entwürfe von Abschlüssen, Memoranden oder Berichte, Hinweise und Bemerkungen in Arbeitspapieren, die nur auf vorläufigen oder unvollständigen Einschätzungen beruhen, überholte Versionen von Arbeitspapieren, die aufgrund von Schreibfehlern korrigiert wurden oder auf Fehlern von neuen, noch nicht ausgebildeten Mitarbeitenden beruhen sowie Duplikate von Unterlagen. Finanzielle Informationen, die vom Abschlussprüfer beim Kunden eingesehen wurden, aber nicht zu den Arbeitspapieren gehören, brauchen auch weiterhin nicht aufbewahrt zu werden. Im Zweifelsfall sind die Dokumente jedoch zur Aufbewahrung zu geben (BERTSCHINGER/MEIER, 374 f.).

12 Die **Dauer** der *Aufbewahrungspflicht* beträgt **zehn Jahre.** Sie entspricht damit derjenigen gem. Art. 962, der die Aufbewahrungspflicht von Geschäftsbüchern, Buchungsbelegen und die Geschäftskorrespondenz regelt (vgl. auch PS 230 N 13A). Mit Art. 730c wurde zudem die bisher im Handbuch der Wirtschaftsprüfung empfohlene Dauer von zehn Jahren (HWP II 222) gesetzlich verankert. Für den **Beginn der Frist** ist das **Datum des betreffenden Dokumentes** ausschlaggebend (Botschaft RAG, 4071). Die Dauer von zehn Jahren ist **keine absolute Frist.** So dürfen z.B. *Arbeitspapiere* und andere Dokumente nicht nach Ablauf der Aufbewahrungsfrist vernichtet werden, soweit Rechtsstreitigkeiten bestehen oder zu erwarten sind (BERTSCHINGER/MEIER, 374).

13 Das Gesetz schreibt keine **Form der Aufbewahrung** vor. *Arbeitspapiere* können im Original oder auf Datenträgern gespeichert werden. **Elektronische Daten** müssen gem. Abs. 1 Satz 2 während der Dauer der Aufbewahrungspflicht **lesbar gemacht werden können.** Dies setzt eine entsprechende personelle Organisation voraus sowie den Unterhalt der notwendigen technischen Geräte, solange die *Aufbewahrungspflicht* andauert (so bereits Art. 962 N 22 in der Voraufl.). Die Daten müssen zudem jederzeit abgerufen werden können (CHK-OERTLI/HÄNNI, Art. 730c OR N 3 m.H. auf die Grundsätze der Geschäftsbücherverordnung, GeBüV). In jedem Fall, empfiehlt es sich, elektronische

Daten zusätzlich in Papierform auszudrucken und zusammen mit den übrigen Arbeitspapieren aufzubewahren (BERTSCHINGER/MEIER, 374). Der PS sieht vor, dass der Abschlussprüfer angemessene Massnahmen zu treffen hat, um u.a. die sichere Verwahrung der *Arbeitspapiere* (auch elektronische Daten) zu gewährleisten und diese während eines Zeitraumes aufzubewahren, der den gesetzlichen Aufbewahrungsvorschriften sowie den praktischen Bedürfnissen entspricht (PS 230 N 13).

Art. 730c schweigt ebenfalls über den **Aufbewahrungsort.** Hier dürfte – mit Blick auf das Revisionsgeheimnis und den Zweck der vorliegenden Bestimmung (N 3) – zu fordern sein, dass die RS ihre Dokumente innerhalb der Schweiz aufzubewahren hat, weil schweizerische Geheimhaltungspflichten im Ausland nicht denselben Schutz geniessen wie im Inland (vgl. BSK DSG-RAMPINI, Art. 14 N 15 m.w.H.) und z.B. bei *staatlich beaufsichtigten Revisionsunternehmen* eine Prüfung der Einhaltung der gesetzlichen Vorschriften durch die Aufsichtsbehörde in effizienter Weise nicht gewährleistet wäre. Ferner ist die Herausgabe von Arbeitspapieren über schweizerische Gesellschaften durch schweizerische Prüfungsgesellschaften ins Ausland rechtlich nicht unproblematisch (s. hierzu BERTSCHINGER/MEIER, 375 m.H.). 14

V. Rechtsfolgen bei Verletzung der Dokumentations- und Aufbewahrungspflicht

Verletzt die RS ihre *Dokumentations- und Aufbewahrungspflicht* haftet sie der Gesellschaft, den einzelnen Aktionären und Gesellschaftsgläubigern für den Schaden, den sie absichtlich oder fahrlässig verursacht (Art. 755). Es bleibt u.E. jedoch fraglich, ob überhaupt ein Schaden aus der blossen Verletzung dieser Pflicht entstehen kann. Auf jeden Fall dürfte in der Praxis u.E. ein solcher Schaden schwierig zu beziffern resp. zu beweisen sein, da es wohl regelmässig an der geforderten Kausalität fehlen dürfte. 15

Hingegen unterstehen *staatlich beaufsichtigte Revisionsunternehmen* der spezialgesetzlichen Regelung des Art. 40 Abs. 1 lit. c RAG. Danach wird mit Gefängnis oder mit Busse bis zu CHF 1 000 000 bestraft, wer als solches Unternehmen gegen die *Dokumentations- und Aufbewahrungspflicht* verstösst. Die Ahndung als *Vergehen* trägt der Bedeutung Rechnung, die der *Dokumentations- und Aufbewahrungspflicht* gerade in Problemfällen zukommen kann (Botschaft RAG, 4091). Bei **fahrlässiger** Verletzung der Pflichten ist die Strafe eine Busse von bis zu CHF 100 000 (Art. 40 Abs. 2 RAG).

VI. Rechtsvergleich

International gilt für die Dokumentations- und Aufbewahrungspflicht der von der **International Federation of Accountants (IFAC)** erlassene Standard **ISA 230.** Dieser Standard wurde u.a. in der Schweiz durch **PS 230** umgesetzt. 16

In den **USA** gelten in Bezug auf Dokumentation und Aufbewahrung strengere Anforderungen, die in der **Rule 2–06 der Regulation S-X (Retention of Audit and Review Records)** wie auch im **Auditing Standard No. 3 – Audit Documentation** der **Public Company Accounting Oversight Board (PCAOB)** niedergelegt sind. Prüft die RS eine Schweizer Gesellschaft, deren Wertpapiere an einer US-amerikanischen Börse zweitkotiert sind oder Schweizer Tochtergesellschaften von in den USA kotierten Gesellschaften, sind diese einschlägigen US-amerikanischen Vorschriften in Bezug auf die Dokumentation und Aufbewahrung für die RS verbindlich (zum Ganzen BERTSCHINGER/SCHAAD, Prüfung, 421 ff. und BERTSCHINGER/MEIER, 371 ff.). 17

18 Die EU-Abschlussprüfer-RL (zuletzt geändert durch RL 2008/30/EG des Europäischen Parlaments und des Rates vom 11.3.2008, ABl. L 81 vom 20.3.2008, 53 ff.) ermöglicht es der Europäischen Kommission, internationale Prüfungsnormen für die Anwendung in der EU anzunehmen (vgl. Art. 26 der EU-Abschlussprüfer-RL). Die Europäische Kommission hat hierzu eine Studie in Auftrag gegeben, die zum Ziel hat, sich mit den zusätzlichen direkten und indirekten Kosten sowie den Nutzen aus einer möglichen Übernahme der ISA durch die Europäische Kommission zu befassen. Die Ergebnisse werden im ersten Quartal 2009 erwartet (vgl. hierzu <http://ec.europa.eu/internal_market/auditing/news_de.htm>).

19 In ihrer **Empfehlung zu den Grundprinzipien der Unabhängigkeit des Abschlussprüfers in der EU vom 16.5.2002** hielt die Europäische Kommission fest, dass i.d.R. das Sicherheitssystem einer Prüfungsgesellschaft Dokumentationen für jeden Prüfungsmandanten, in denen die Schlussfolgerungen zusammengefasst sind, die aus der Bewertung der Risikofaktoren und des daraus erwachsenden Risikos für die Unabhängigkeit des Abschlussprüfers gezogen wurden, umfassen dürfte. Die Dokumentationen sollten auch die Begründungen für die Schlussfolgerungen enthalten. Wurden bedeutende Risikofaktoren festgestellt, sollte die Dokumentation eine Zusammenfassung der Schritte enthalten, die eingeleitet wurden bzw. werden sollen, um das Risiko zu vermeiden, zu beseitigen oder zumindest auf einen akzeptablen Stand zu senken (zum Ganzen ABl. L 191 vom 19.7.2002, 22 ff., insb. Ziff. 4.3.1 Abs. 3 lit. e).

Art. 731

5. Abnahme der Rechnung und Gewinnverwendung

¹ Bei Gesellschaften, die verpflichtet sind, ihre Jahresrechnung und gegebenenfalls ihre Konzernrechnung durch eine Revisionsstelle prüfen zu lassen, muss der Revisionsbericht vorliegen, bevor die Generalversammlung die Jahresrechnung und die Konzernrechnung genehmigt und über die Verwendung des Bilanzgewinns beschliesst.

² Wird eine ordentliche Revision durchgeführt, so muss die Revisionsstelle an der Generalversammlung anwesend sein. Die Generalversammlung kann durch einstimmigen Beschluss auf die Anwesenheit der Revisionsstelle verzichten.

³ Liegt der erforderliche Revisionsbericht nicht vor, so sind die Beschlüsse zur Genehmigung der Jahresrechnung und der Konzernrechnung sowie zur Verwendung des Bilanzgewinnes nichtig. Werden die Bestimmungen über die Anwesenheit der Revisionsstelle missachtet, so sind diese Beschlüsse anfechtbar.

5. Approbation des comptes et emploi du bénéfice

¹ Pour les sociétés ayant l'obligation de faire contrôler leurs comptes annuels et, le cas échéant, leurs comptes de groupe par un organe de révision, le rapport de révision doit être disponible avant que l'assemblée générale approuve les comptes annuels et les comptes de groupe et se prononce sur l'emploi du bénéfice.

² En cas de contrôle ordinaire, l'organe de révision doit être présent à l'assemblée générale. Celle-ci peut renoncer à la présence de l'organe de révision par une décision prise à l'unanimité.

³ Si le rapport de révision n'a pas été présenté, les décisions d'approbation des comptes annuels et des comptes de groupe ainsi que la décision concernant l'emploi du bénéfice sont nulles. Si les dispositions concernant la pré-

	sence de l'organe de révision ne sont pas respectées, ces décisions sont annulables.
5. Approvazione dei conti e impiego dell'utile	¹ Per le società obbligate a far verificare il conto annuale ed eventualmente il conto di gruppo da un ufficio di revisione, la relazione di revisione deve essere presentata prima che l'assemblea generale approvi il conto annuale e il conto di gruppo e decida sull'impiego dell'utile derivante dal bilancio. ² In caso di revisione ordinaria, l'ufficio di revisione deve presenziare all'assemblea generale. Mediante decisione unanime, l'assemblea generale può rinunciare alla presenza dell'ufficio di revisione. ³ Se la necessaria relazione di revisione non è disponibile, le decisioni sull'approvazione del conto annuale e del conto di gruppo e sull'impiego dell'utile risultante dal bilancio sono nulle. Se le disposizioni concernenti la presenza dell'ufficio di revisione sono disattese, tali decisioni sono impugnabili.

Literatur

BÖCKLI, Die Revisionsstelle im Dilemma: Zurückweisung des Jahresabschlusses oder Aufschub der Rechnungsabnahme?, in: Héritier Lachat/Hirsch (Hrsg.), De lege ferenda; Réflexions sur le droit désirable en l'honneur du Professeur Alain Hirsch, Genève 2004, 193 ff. (zit. Revisionsstelle im Dilemma); DUBS, Beschlussvoraussetzungen und deren Abgrenzung von anderen Bedingungen für die Rechtswirksamkeit von Aktionärsbeschlüssen, in: E. A. Kramer/P. Nobel/R. Waldburger (Hrsg.), FS für Peter Böckli zum 70. Geburtstag, Zürich/Basel/Genf 2006, 445 ff. (zit. Beschlussvoraussetzungen); vgl. ausserdem die Literaturhinweise bei den Vorbem. zu Art. 727 und 727a.

Die Kommentierung zu Art. 731 beruht teilweise auf dem Text von Rolf Watter zu Art. 729c altOR in der Vorauflage.

I. Entstehungsgeschichte und Normzweck

Art. 731 entstammt dem Art. 729c altOR, und wurde im Zuge der Revision vom 16.12.2005 im Vergleich zur Vorgängerbestimmung umformuliert. Die beiden Voraussetzungen für die **Genehmigung der Jahres- und ggf. der Konzernrechnung** wie auch der Beschluss über die **Verwendung des Bilanzgewinnes** durch die GV (Art. 698 Abs. 2 Ziff. 4), nämlich das *Vorliegen eines Revisionsberichtes* und *die Anwesenheit der RS*, sind neu in zwei separaten Absätzen geregelt (s. hierzu nachstehend N 5 ff.). Zudem wurde die Möglichkeit, die RS «zu entschuldigen» (bisher Art. 729c Abs. 3 altOR) sachlogisch mit der Anwesenheitsvoraussetzung der RS in Abs. 2 zusammengelegt. Art. 731 regelt weiterhin die Rechtsfolgen (Abs. 3). 1

Art. 731 bezweckt – wie bisher – dass die Aktionäre bei der Beschlussfassung anlässlich der GV Fragen über die Jahres- bzw. Konzernrechnung an die RS stellen können. Zudem will der Gesetzgeber sicherstellen, dass die Aktionäre die Entscheide über die Genehmigung der Jahres- bzw. Konzernrechnung und der Verwendung des Bilanzgewinnes nur in Kenntnis der damit verbundenen finanziellen Konsequenzen fällen (Botschaft RAG, 4032; einschränkend hierzu MAROLDA MARTINEZ, 122 m.w.H., wonach die Aussagekraft des Revisionsberichtes im Hinblick auf die finanzielle Lage der Gesellschaft eher begrenzt ist, weil die RS in ihrem Revisionsbericht keineswegs eine umfassende Beurteilung der Gesellschaft abgibt, sondern ihre Prüfung auf die Gesetzesmässigkeit der Buchführung beschränkt). Diese Einbindung des Revisionsberichtes in die Finanzordnung der Aktiengesellschaft ist ein entscheidendes Element für die praktische Umsetzung des *Kapitalschutzes* (insb. BÖCKLI, Abschlussprüfung, N 705 und DERS., Revisionsstelle im Dilemma, 197 f.; so auch BGer v. 26.4.2007, 4C.45/2006, E. 7.2.) 2

II. Persönlicher Geltungsbereich

3 Die Bestimmung ist auf alle Gesellschaften anwendbar, welche verpflichtet sind, ihre Jahresrechnung und ggf. ihre Konzernrechnung **durch eine RS prüfen zu lassen.** Darunter sind sämtliche Gesellschaften zu verstehen, welche sich einer *ordentlichen* oder *eingeschränkten* Revision unterziehen müssen (s. zu den einzelnen Revisionsarten die Ausführungen zu Art. 727 N 1 ff. resp. 727a N 1 ff.).

4 **Keine** Anwendung findet Art. 731 auf Gesellschaften, die an sich zur *eingeschränkten Revision* ihrer Jahresrechnung verpflichtet wären, die aber ein «Opting-out» oder ein «Opting-down» (vgl. zum sog. «Opting-out» Art. 727a Abs. 2 und zum sog. «Opting-down» Botschaft RAG, 4002) vorgenommen haben (Botschaft RAG, 4032; BÖCKLI, Abschlussprüfung, N 704). Sodann ist im Falle einer *eingeschränkten* Revision die Anwesenheit der RS an der GV **nicht notwendig** (Abs. 2 *e contrario*; Botschaft RAG, 4032; BAUEN/BERNET, N 527).

III. Voraussetzungen für die Abnahme der Rechnung und Gewinnverwendung

6 Absolute Beschlussvoraussetzung (BÖCKLI, Abschlussprüfung, N 704; gem. DUBS handelt es sich dabei um eine *echte* Beschlussvoraussetzung, DUBS, Beschlussvoraussetzungen, 458; zum Begriff der echten Beschlussvoraussetzung s. DUBS, Beschlussvoraussetzungen, 449) für eine Genehmigung der GV über die Abnahme der Jahres- und ggf. der Konzernrechnung wie auch über den Entscheid über die Verwendung des Bilanzgewinnes ist das **Vorliegen eines schriftlichen Revisionsberichtes i.S.v. Art. 728b Abs. 2** (auch «kurzer Revisionsbericht» genannt, vgl. hierzu Art. 728b N 1 ff. und BÖCKLI, Abschlussprüfung, N 348 ff. für den «kurzen Revisionsbericht» bei der ordentlichen und Art. 729b N 1 ff. und BÖCKLI, Abschlussprüfung, N 483 ff. für den «kurzen Revisionsbericht» bei der eingeschränkten Revision). Der Revisionsbericht (und das darin enthaltene uneingeschränkte oder eingeschränkte Testat wie auch ggf. Zusätze und Erläuterungen) gibt die *wesentliche Entscheidgrundlage* für die Beschlussfassung über die Genehmigung der Jahresrechnung und über die Dividende (vgl. BÖCKLI, Abschlussprüfung, N 705).

Nebst der formellen Vorgabe der Schriftlichkeit muss der Revisionsbericht in materieller Hinsicht u.a. eine Empfehlung enthalten, die entweder auf Abnahme (mit oder ohne Einschränkung) oder auf Rückweisung der Jahresrechnung lautet (Art. 728b Abs. 2 Ziff. 4; im «kurzen Revisionsbericht» bei der eingeschränkten Revision gibt die RS keine Empfehlung ab, s. Art. 729b N 11 und BÖCKLI, Abschlussprüfung, N 708), wobei sich die GV über eine Rückweisungsempfehlung hinwegsetzen kann (DUBS, Beschlussvoraussetzungen, 459 f. mit Begründung). Ferner hat sich der Revisionsbericht ausdrücklich darüber auszusprechen, ob der Gewinnverwendungsantrag des VR den gesetzlichen Vorschriften und Statuten entspricht (BÖCKLI, Abschlussprüfung, N 705). Sofern kein Revisionsbericht vorliegt, kann kein Beschluss über die Genehmigung (oder: Abnahme) der Jahresrechnung gefasst werden (DUBS, Beschlussvoraussetzungen, 458).

7 Genügend ist wohl auch ein formal richtig aufgesetzter (unterschriebener), aber unvollständiger Revisionsbericht, bei dem etwa die Bestätigung der Unabhängigkeit fehlt, Angaben zum Prüfungsleiter nicht gemacht wurden (Art. 728b Abs. 2 Ziff. 2 und 3; zur Frage der Haftpflicht der RS vgl. Art. 728b N 14 m.w.H.), oder im Falle von Art. 727a, zusätzlich die eingeschränkte Natur der Revision nicht erwähnt wurde (BÖCKLI, Abschlussprüfung, N 711, der aber eine Anfechtbarkeit nach Art. 706 in solchen Fällen bejaht, falls sich ein Aktionär in seinen Rechten verletzt fühlt).

Fehlt der Revisionsbericht nach Art. 728b Abs. 2 oder ist er inhaltlich offensichtlich **8**
(z.B. wegen einer neuen Entwicklung) falsch resp. offensichtlich unvollständig, weil
eine der vom Gesetz verlangten Kernangaben, d.h. eine Stellungnahme zum Ergebnis
(Art. 728b Abs. 2 Ziff. 1 und Art. 729b Abs. 1 Ziff. 2) oder im Zusammenhang mit der
ordentlichen Revision eine Empfehlung, ob die Jahres- und die Konzernrechnung mit
oder ohne Einschränkung zu genehmigen oder zurückzuweisen ist (Art. 728b Abs. 2
Ziff. 4) fehlt (BÖCKLI, Abschlussprüfung, N 711 und DERS., Revisionsstelle im Dilemma, 203 und 213; DUBS, Beschlussvoraussetzungen, 459; eingehend zur Empfehlung der RS s. BÖCKLI, Revisionsstelle im Dilemma, 194 ff.) oder sich nicht über die
Rechtmässigkeit des Gewinnverwendungsantrages des VR ausspricht (vgl. N 6), sind
diese GV-Beschlüsse **nichtig** (Abs. 3 Satz 1). Ferner ist der GV-Beschluss nichtig,
wenn die Revision von einem Revisionsleiter vorgenommen wurde, der mehr als sieben
Jahre im Amt ist (vgl. Art. 730a N 8 und BÖCKLI, Abschlussprüfung, N 634). Dies gilt
auch, wenn zwar ein kurzer Revisionsbericht besteht, in der fehlenden Angabe jedoch
eine absichtliche Täuschung der Aktionäre liegt. Ein nichtiger Beschluss kann nicht
durch einen nachgereichten Revisionsbericht geheilt werden (CHK-OERTLI/HÄNNI,
Art. 731 OR N 3).

Bei Gesellschaften, die der *ordentlichen* Revision unterliegen, ist sodann zusätzlich die **9**
Anwesenheit der RS nötig, wobei die Abwesenheit des Revisors nur zur Anfechtbarkeit führt (Abs. 3 i.V.m. Art. 706; zur Folge der Anfechtungsklage vgl. BGer v.
26.4.2007, 4C.45/2006, E. 7.3 m.w.H.). Die an der GV anwesenden Aktionäre können
aber durch einstimmigen Beschluss auf die Anwesenheit der RS verzichten und so die
künftige Anfechtung ausschliessen (Abs. 2 Satz 2; Botschaft RAG, 4032). Bei einem
solchen Beschluss handelt es sich um einen reinen Ordnungsbeschluss der GV, weshalb
eine besondere Traktandierung nicht erforderlich ist (BÖCKLI, Abschlussprüfung,
N 712). Ein einstimmiger Beschluss bindet ferner auch Aktionäre, die an der GV weder
anwesend noch vertreten waren, da abwesende Aktionäre offenbar an einer Diskussion
mit der RS nicht interessiert sind; aus der gleichen Überlegung dürfte fraglich sein, ob
der abwesende Aktionär ein Anfechtungsrecht hat. BÖCKLI (§ 15 N 163 und DERS., Abschlussprüfung, N 713) will noch weitergehen und der Gesellschaft einen Gegenbeweis
in Analogie zu Art. 691 Abs. 3 gestatten, dies dann, wenn niemand eine Frage an den
Revisor angemeldet und kein Aktionär gegen die Jahres- bzw. Konzernrechnung gestimmt hat. Eine Anmeldung einer Frage an eine nicht anwesende Person kann allerdings kaum verlangt werden; allenfalls könnte man in Einzelfällen aber aus einem mangelnden Protest über die Abwesenheit der RS einen einstimmigen (konkludenten)
Beschluss ableiten, wonach die GV auf die Anwesenheit verzichtet. Ein Vorabverzicht
ist unverbindlich (CHK-OERTLI/HÄNNI, Art. 731 OR N 8).

Will die RS nicht an einer GV teilnehmen, muss sie damit in praktischer Hinsicht vor- **10**
gängig bei sämtlichen Aktionären einen **Dispens** einholen (HWP II 427 f.). Der VR
kann der RS die Anwesenheit nicht verbieten, wenn die RS entscheidet, trotz einer
schon vor der GV eingeholten Befreiungserklärung an der GV teilzunehmen. Die RS
hat aber im Falle einer Abberufung kein Anwesenheitsrecht (s. hierzu Art. 730a N 18).
Ein Revisionsunternehmen – oder im Falle von Art. 730 Abs. 2 – mehrere RS kann
resp. können sich durch einen Handlungsbevollmächtigten vertreten lassen (vgl. hierzu
CHK-OERTLI/HÄNNI, Art. 731 OR N 7).

Im Rahmen seiner Pflicht, die GV zu organisieren (Art. 716a Abs. 1 Ziff. 6), hat der VR **11**
die RS einzuladen bzw. bei der Organisation der GV abzuklären, ob die RS am geplanten Termin «verfügbar» ist.

IV. Die Auskunftspflicht der Revisionsstelle

12 Die RS hat eine Auskunftspflicht gegenüber Aktionären anlässlich der GV. Sie hat nicht nur den «kurzen Revisionsbericht» zu erläutern, sondern den Aktionären auch Fragen zu beantworten, die diese in Ausübung ihres **Fragerechtes** stellen (Art. 697 Abs. 1; HWP II 428; BGE 132 III 71 m.w.H.).

13 Zudem macht die RS von sich aus den Aktionären mündlich die Mitteilungen, die auf Grund von wesentlichen Ereignissen in der letzten Zeit vor der GV zur aktualisierten Beurteilung des schriftlichen Revisionsberichtes über die Jahresrechnung unerlässlich sein können (etwa in der Situation, in welcher der Revisionsbericht relativ lange vor der GV abgeschlossen und unterschrieben worden ist und Ereignisse in der Zwischenzeit neues Licht auf die Bewertung oder andere Punkte des Jahresabschlusses werfen; BÖCKLI, Abschlussprüfung, N 714).

14 Die Auskunftspflicht der RS erstreckt sich jedoch nicht auf die *Gläubiger* (BÖCKLI, Abschlussprüfung, N 716).

15 Bei ihren Auskünften gegenüber der GV hat die RS das Geschäftsgeheimnis der revidierten Gesellschaft nach Art. 730b Abs. 2 zu wahren (vgl. dazu Art. 730b N 12 ff.).

Art. 731a

6. Besondere Bestimmungen	¹ **Die Statuten und die Generalversammlung können die Organisation der Revisionsstelle eingehender regeln und deren Aufgaben erweitern.** ² **Der Revisionsstelle dürfen weder Aufgaben des Verwaltungsrates, noch Aufgaben, die ihre Unabhängigkeit beeinträchtigen, zugeteilt werden.** ³ **Die Generalversammlung kann zur Prüfung der Geschäftsführung oder einzelner Teile Sachverständige ernennen.**
6. Dispositions spéciales	¹ Les statuts et l'assemblée générale peuvent régler plus en détails l'organisation de l'organe de révision et étendre ses attributions. ² L'organe de révision ne peut être chargé d'attributions incombant au conseil d'administration ni de tâches qui compromettraient son indépendance. ³ L'assemblée générale peut nommer des experts pour contrôler l'ensemble ou une partie de la gestion.
6. Norme speciali	¹ Lo statuto e l'assemblea generale possono disciplinare in modo più dettagliato l'organizzazione dell'ufficio di revisione ed estenderne le attribuzioni. ² All'ufficio di revisione non possono essere affidate né attribuzioni che incombono al consiglio d'amministrazione né attribuzioni che ne compromettono l'indipendenza. ³ L'assemblea generale può nominare periti per l'esame della gestione o di singole parti di essa.

Literatur

ENGAMMARE, Système de contrôle interne et information des actionnaires, ST 2003, 491 ff.; TRUFFER, Die Sachverständigen zur Prüfung der Geschäftsführung, in: Vogt/Stupp/Dubs (Hrsg.), Unter-

3. Abschnitt: Organisation der Aktiengesellschaft 1–5 Art. 731a

nehmen – Transaktionen – Recht, Liber Amicorum für Rolf Watter zum 50. Geburtstag, Zürich/St. Gallen 2008, 405 ff.; vgl. ausserdem die Literaturhinweise bei den Vorbem. zu Art. 727 und 727a.

Die Kommentierung des Art. 731a beruht teilweise auf dem Text von Rolf Watter zu Art. 731 altOR in der Vorauflage.

I. Entstehungsgeschichte und Normzweck

Mit der Revision vom 16.12.2005 hat der Gesetzgeber Art. 731 altOR neu zu Art. 731a umformuliert, indem er Art. 731 Abs. 1 altOR in zwei voneinander getrennte Absätze aufgeteilt hat. Die Grenzen der Erweiterung der Aufgaben sind neu in Abs. 2 geregelt. Abs. 3 (bisher Art. 731 Abs. 2 altOR) sieht nach wie vor die Möglichkeit vor, mittels GV-Beschluss Sachverständige zur Prüfung der Geschäftsführung oder einzelner Teile zu ernennen. 1

Die AG kann in ihren Statuten (Art. 627 Ziff. 13) oder durch GV-Beschluss (Art. 698 Ziff. 6) die **Organisation der RS eingehender regeln** und **deren Aufgaben** (in einem beschränktem Umfang) **erweitern**. Damit sollen Aktionäre Einfluss auf die Kontrollfunktion der RS ausüben können, um ihre Rechte bei Bedarf besser ausüben zu können. 2

Eine scheinbare oder gar augenfällige Diskrepanz (so BÖCKLI, Abschlussprüfung, N 744 und DERS., § 15 N 190; vgl. auch FORSTMOSER/MEIER-HAYOZ/NOBEL, § 8 N 82 f.) dieses Art. besteht zu Art. 627 Ziff. 13, wonach Bestimmungen über die Organisation und die Aufgaben der RS, sofern dabei über die gesetzlichen Vorschriften hinausgegangen wird, zu ihrer Verbindlichkeit der Aufnahme in die Statuten bedürfen. Ein blosser GV-Beschluss zur eingehenderen Regelung oder Erweiterung der Aufgaben der RS wäre demnach mit Art. 627 Ziff. 13 unvereinbar. Sofern es sich aber bei Regelungen nur innerhalb des gesetzlichen Tätigkeitsbereiches der RS oder um einmalige Anordnungen (etwa auf Grund besonderer Umstände oder Geschäftsvorfälle) handelt, genügt ein GV-Beschluss. Jede Aufgabenzuweisung an die RS über das Gesetz hinaus bedarf zu ihrer Gültigkeit der Eintragung in die Statuten (Botschaft RAG, 4033; BÖCKLI, § 1 N 319 und § 15 N 190; DERS., Abschlussprüfung, N 744; CHK-OERTLI/HÄNNI, Art. 731 OR N 2; **a.M.** CAMPONOVO/VON GRAFFENRIED-ALBRECHT, 25, die davon ausgehen, dass Art. 731 nicht so verstanden werden kann, dass auch ein einfacher GV-Beschluss ohne Statutenänderung genüge, um Organisation oder Aufgaben der Revisionsstelle zu verändern. Dazu sei nach wie vor zwingend eine statutarische Klausel erforderlich). 3

Eine **Einschränkung der gesetzlichen Aufgaben** der RS, z.B. einschränkende Vorschriften über Gegenstand und Umfang bei der ordentlichen (s. Art. 728a) resp. eingeschränkten Revision (s. Art. 729a) durch die Statuten ist grundsätzlich unzulässig (Botschaft RAG, 4033; CHK-OERTLI/HÄNNI, Art. 731a OR N 4). Ausnahmen hiervon sind beim sog. «Opting-out» gemäss Art. 727a Abs. 2 möglich, wie auch beim sog. «Opting down» (Botschaft RAG, 4033). Beim letzteren kann die Gesellschaft z.B. einzelne gesetzliche Vorgaben weglassen oder einen stark vereinfachten «kurzen Bericht» an die GV vorsehen (vgl. BÖCKLI, Abschlussprüfung, N 749). 4

II. Erweiterung der Aufgaben (Abs. 1 und 2)

1. Allgemeines

Typisches Beispiel einer Erweiterung der Aufgaben der RS ist deren Verpflichtung, **Zwischenrevisionen** durchzuführen (vgl. ferner CHK-OERTLI/HÄNNI, Art. 731a OR 5

N 5 m.w.Bsp.). Des Weiteren ist etwa ein Auftrag an die RS denkbar, einen «legal compliance audit» oder einen «security and safety audit» durchzuführen; oft sind aber dafür aussen stehende Fachleute geeigneter (vgl. BÖCKLI, Abschlussprüfung, N 743 und 746; DERS., Aktienrecht, § 15 N 192; CHK-OERTLI/HÄNNI, Art. 731a OR N 7). Bei Gesellschaften, die sich für ein sog. «Opting up» – entweder durch Statuten oder durch einen GV-Beschluss – entscheiden, kann darin auch eine Erweiterung der Aufgaben gesehen werden, da unter normalen Umständen nur eine eingeschränkte Revision durchgeführt werden müsste (vgl. hierzu auch BÖCKLI, Abschlussprüfung, N 752 f.).

6 Kein Fall erweiterter Aufgaben i.S. dieser Bestimmung liegt vor, wenn der VR der RS zusätzliche Aufträge im Bereich der Abschlussprüfung erteilt (BÖCKLI, Abschlussprüfung, N 747 m.Bsp.).

2. Grenzen der Aufgabenerweiterung (Abs. 2)

7 Das Gesetz nennt **zwei Grenzen** der Erweiterung der Aufgaben durch die Statuten oder einen GV-Beschluss. Einerseits besteht das **Verbot der Übernahme von Verwaltungsaufgaben** durch die RS. Andererseits verbietet Abs. 2 die Zuteilung von Aufgaben an die RS, die ihre **Unabhängigkeit beeinträchtigen.**

8 Das Verbot der Übernahme der Aufgaben des VR soll eine Vermischung der Aufgaben und Verantwortlichkeiten des VR und der RS vermeiden und ist somit ein Ausfluss der *Corporate Governance* (Botschaft RAG, 4033). Eine Trennung zwischen Kontrolle und Geschäftsführung muss jederzeit gewährleistet sein (ZK-BÜRGI, Art. 731 altOR N 1). Die RS dürfte also z.B. nicht die Aufsicht über die Geschäftsführung (differenzierend, aber im Ergebnis gl.M. ZK-BÜRGI, Art. 731 altOR N 6) oder die Funktion der internen Revision übernehmen (BÖCKLI, Abschlussprüfung, N 745). Ihr dürfen auch nicht eventuelle Anweisungsbefugnisse gegenüber dem VR übertragen werden (ZK-BÜRGI, Art. 731 altOR N 4); möglich ist aber eine Prüfung einzelner Akte der Geschäftsführung (vgl. auch Art. 728c N 10 und 25 zur Pflicht, entdeckte Mängel in der Geschäftsführung mitzuteilen; vgl. zum Ganzen ferner ABOLFATHIAN-HAMMER, 32 ff. m.w.H.).

9 Zudem darf die RS keine Aufgaben ausführen, die ihre **Unabhängigkeit** beeinträchtigen könnten (s. Aufzählung in Art. 728 Abs. 2 Ziff. 1–7). Eine Ausnahme stellt der sog. «embedded audit» bei der eingeschränkten Revision dar (Art. 729 Abs. 2; BÖCKLI, Abschlussprüfung, N 745).

III. Bestimmung über die Organisation

10 Praktisch kommen solche Bestimmungen über die Organisation kaum vor; denkbar wären aber etwa Bestimmungen darüber, wie die Zusammenarbeit bei mehreren Revisoren zu erfolgen hat (s. zu den mehrgliedrigen RS Art. 730 N 12 f.; Botschaft RAG, 4029). Die GV könnte einer RS auch vorschreiben, dass sie nur Mitarbeiter einer höheren Hierarchiestufe für die Prüfung einsetzen darf (vgl. auch ABOLFATHIAN-HAMMER, 39). Statutenbestimmungen über eine vom Gesetz abweichende Regelung sind gem. h.L. auch unnötig, da die GV mittels einfachem Beschluss die Organisation der RS eingehender regeln kann (vgl. BAUEN/BERNET, N 50).

IV. Die Ernennung von Sachverständigen

11 Die GV kann **zur Prüfung der Geschäftsführung oder einzelner Teile** Sachverständige ernennen.

Die *Einsetzung von Sachverständigen* ist **praktisch selten** (Botschaft RAG, 4033; ZK-BÜRGI, Art. 731 altOR N 8; VON GREYERZ, 214; BÖCKLI, Abschlussprüfung, N 745; DERS., § 15 N 193), obwohl eine solche an keine materiellen Voraussetzungen geknüpft ist. Man kann aber sagen, *«die Aktionäre werden zu dieser ausserordentlichen Massnahme nur greifen, wenn starke Hinweise auf ein heilloses Durcheinander auf der Ebene von Verwaltungsrat oder Geschäftsleitung, Unregelmässigkeiten oder eine grobe Vernachlässigung der Aufsichtspflicht durch den Verwaltungsrat vorliegen»* (BÖCKLI, Abschlussprüfung, N 754; TRUFFER, 426 f. m.w.H.; **a.M.** ZK-HOMBURGER, Art. 716a N 570). In Analogie zu Art. 700 Abs. 3 braucht die Einsetzung von Sachverständigen nicht vorgängig traktandiert zu werden (TRUFFER, 415 f.). Für den entsprechenden Beschluss ist bei Stimmrechtsaktien Art. 693 Abs. 3 Ziff. 2 zu beachten – die erhöhte Stimmkraft von Stimmrechtsaktien spielt keine Rolle. Neben der GV kann natürlich auch der VR Experten mit der Untersuchung gewisser Fragen beauftragen. Dem VR ist es jedoch verwehrt, gestützt auf Art. 726 Abs. 2 die Sachverständigen in ihren Funktionen einzustellen, da ansonsten die in Frage stehende Prüfung der Geschäftsführung oder einzelner Teile davon jederzeit verunmöglicht würde. Ein Abberufungsrecht steht nur der GV zu (vgl. BÖCKLI, § 15 N 194; DERS., Abschlussprüfung, N 756; TRUFFER, 420 m.w.H.). 12

Essentialia des Einsetzungsbeschlusses sind die Umschreibung des Prüfungsgegenstandes sowie die Bezeichnung der Sachverständigen. In *sachlicher Hinsicht* hat sich der Auftrag auf die **Prüfung der Geschäftsführung oder einzelner Teile** zu beziehen, wobei die Geschäftsführung i.S.v. Abs. 3 in einem weiteren Sinne als in Art. 716 Abs. 2 und Art. 716b zu verstehen ist. In *zeitlicher Hinsicht* kann der Auftrag von einmaliger, periodischer oder dauernder Natur sein. Inhaltliche Schranken ergeben sich aus der Tatsache, dass es sich nur um Belange der Gesellschaft handelt. So wäre es etwa unzulässig, wenn ein Gegenstand geprüft werden soll, der die Gesellschaft gar nicht betrifft. Nicht zuletzt gibt der Wortlaut vor, dass der Auftrag sich stets auf eine Prüfung zu beschränken hat. In jedem Fall sollte die GV weitere Anordnungen treffen, damit der geordnete Ablauf der Prüfung gewährleistet ist (zum Ganzen TRUFFER, 416 ff. m.w.H.). 13

Denkbar ist die Ernennung eines Sachverständigen für Fragen in Bezug auf die allgemeine Organisation, interner Kontrolle oder auch Zweckmässigkeit einzelner Akte der Geschäftsführung. Im Gegensatz zum Sonderprüfer (Art. 697a ff.) müssen die Aufgaben des Sachverständigen keinen Bezug zum Einsichts- oder Auskunftsrecht des Aktionärs haben. Ein Sachverständiger kann neben einem Sonderprüfer eingesetzt werden (Botschaft, 189; generell zum Verhältnis zwischen Sachverständigen i.S.v. Art. 731a und der Sonderprüfung s. TRUFFER, 413 f.). 14

In Bezug auf die **Rechtsstellung des Sachverständigen** wird in der Lehre mehrheitlich davon ausgegangen, dass es sich bei Sachverständigen nach Art. 731a nicht um Gesellschaftsorgane handelt (so ZK-BÜRGI, Art. 731 altOR N 8; ENGAMMARE, 496; differenzierend TRUFFER, 420 unter Hinweis auf die Liquidatoren und Sachwalter gemäss Art. 725 Abs. 2, der eine Organstellung der Sachverständigen bejaht, wenn man unter den Organen einer Gesellschaft die ordentlichen oder ausserordentlichen Funktionsträger, die insgesamt die Organisation einer Gesellschaft ausmachen, versteht). Als reines Innenorgan müssen die Sachverständigen jedoch nicht im Handelsregister eingetragen werden (TRUFFER, 417). 15

Für das Verhältnis zwischen Sachverständigem und Gesellschaft gilt das **Auftragsrecht** (ZK-BÜRGI, Art. 731 altOR N 8; TRUFFER, 420; CHK-OERTLI/HÄNNI, Art. 731a OR N 8); die **Berichterstattung des Sachverständigen** erfolgt an die GV bzw. nach Instruktion der GV. Mangels ausdrücklicher Formvorgabe der Berichterstattung durch die 16

17 Sachverständige haften der Gesellschaft für getreue und sorgfältige Ausführung des Auftrages nach Art. 398, wobei die aktienrechtlichen Verantwortlichkeitsbestimmungen des Aktienrechts keine Anwendung finden (hierzu TRUFFER, 426 mit Begründung).

GV ist von schriftlicher Berichterstattung mit persönlicher Anwesenheit an der GV auszugehen (analog Art. 728b Abs. 2 und Art. 731 Abs. 2; hierzu auch TRUFFER, 423).

D. Mängel in der Organisation der Gesellschaft

Art. 731b

¹ Fehlt der Gesellschaft eines der vorgeschriebenen Organe oder ist eines dieser Organe nicht rechtmässig zusammengesetzt, so kann ein Aktionär, ein Gläubiger oder der Handelsregisterführer dem Richter beantragen, die erforderlichen Massnahmen zu ergreifen. Der Richter kann insbesondere:

1. der Gesellschaft unter Androhung ihrer Auflösung eine Frist ansetzen, binnen derer der rechtmässige Zustand wieder herzustellen ist;
2. das fehlende Organ oder einen Sachwalter ernennen;
3. die Gesellschaft auflösen und ihre Liquidation nach den Vorschriften über den Konkurs anordnen.

² Ernennt der Richter das fehlende Organ oder einen Sachwalter, so bestimmt er die Dauer, für die die Ernennung gültig ist. Er verpflichtet die Gesellschaft, die Kosten zu tragen und den ernannten Personen einen Vorschuss zu leisten.

³ Liegt ein wichtiger Grund vor, so kann die Gesellschaft vom Richter die Abberufung von Personen verlangen, die dieser eingesetzt hat.

¹ Lorsque la société ne possède pas tous les organes prescrits ou qu'un de ces organes n'est pas composé conformément aux prescriptions, un actionnaire, un créancier ou le préposé au registre du commerce peut requérir du juge qu'il prenne les mesures nécessaires. Le juge peut notamment:

1. fixer un délai à la société pour rétablir la situation légale, sous peine de dissolution;
2. nommer l'organe qui fait défaut ou un commissaire;
3. prononcer la dissolution de la société et ordonner sa liquidation selon les dispositions applicables à la faillite.

² Si le juge nomme l'organe qui fait défaut ou un commissaire, il détermine la durée pour laquelle la nomination est valable. Il astreint la société à supporter les frais et à verser une provision aux personnes nommées.

³ La société peut, pour de justes motifs, demander au juge la révocation de personnes qu'il a nommées.

¹ Se la società è priva di uno degli organi prescritti o uno di tali organi non è composto conformemente alle prescrizioni, un azionista, un creditore o l'ufficiale del registro di commercio può chiedere al giudice di prendere le misure necessarie. Il giudice può segnatamente:

1. assegnare alla società, sotto comminatoria di scioglimento, un termine per ripristinare la situazione legale;
2. nominare l'organo mancante o un commissario;
3. pronunciare lo scioglimento della società e ordinarne la liquidazione secondo le prescrizioni applicabili al fallimento.

3. Abschnitt: Organisation der Aktiengesellschaft   1–3   Art. 731b

² Se nomina l'organo mancante o un commissario, il giudice ne determina la durata del mandato. Obbliga la società a farsi carico delle spese e a versare un anticipo alle persone nominate.

³ In caso di gravi motivi, la società può chiedere al giudice la revoca di persone da lui nominate.

Literatur

BARTHOLD/JÖRG, Kleine Aktienrechtsrevision, Revision des Aktienrechts im Schatten der GmbH-Revision, ST 2006, 494 ff.; CHAMPEAUX, Bericht über die Tätigkeit der Eidg. Fachkommission für das Handelsregister im Jahre 2001, REPRAX 2002, 67; DUC, Innovations en droit des sociétés anonymes, Révision du droit de la Sàrl, ST 2002, 461 ff.; GLANZMANN, Die kleine Aktienrechtsrevision, ZBGR 88 (2007), 69; KÄCH, GmbH-Revision und weitere Änderungen des Gesellschafts- und Handelsregisterrechts, ZBGR 89 (2008), 1; LEHMANN, Die «kleine Aktienrechtsrevision» (Teil 2), Neuerungen in den Bereichen Aktionärsrechte, Firma, Handelsregister, GesKR 2007, 420; ZIHLER, Das neue Revisionsrecht des Obligationenrechts, REPRAX 2007, 1.

Materialien

Botschaft zur Änderung des Schweizerischen Zivilgesetzbuches (Erwachsenenschutz, Personenrecht und Kindesrecht), BBl 2006, 7001 (zit. Botschaft Vormundschaftsrecht).

I. Allgemeines, Normzweck

Der neue Art. 731b, welcher im Rahmen der Revision des GmbH-Rechts aufgenommen wurde, **fasst diverse Vorschriften zusammen,** die bis anhin die **Folgen von organisatorischen Mängeln** innerhalb einer Gesellschaft geregelt haben. Dabei werden die Fälle, in welchen zwingende Vorgaben in Bezug auf die vorgeschriebenen Organe einer Gesellschaft nicht mehr erfüllt sind, durch die neue Bestimmung nicht ausgeweitet, sondern lediglich die bisherigen Vorschriften und die damit zusammenhängenden Verfahren vereinheitlicht (vgl. Botschaft GmbH, 3231 f.; BARTHOLD/JÖRG, 496; vgl. aber zur erweiterten Aktivlegitimation u. N 10). Zu den in Art. 731b zusammengefassten Bestimmungen zählen insb.:   1

– Art. 625 Abs. 2 altOR;

– Art. 708 Abs. 4 altOR;

– Art. 727e Abs. 3 altOR;

– Art. 727 f Abs. 1 und 2 altOR;

– Art. 740 Abs. 3 altOR;

– Art. 86 Abs. 1bis und Abs. 3 altHRegV;

– Art. 393 Ziff. 4 altZGB.

Die **Gründe** für die Neuregelung und Zusammenfassung der im altOR verstreuten Vorschriften in Art. 731b bestanden zunächst darin, dass die Bestimmungen zahlreich, unübersichtlich und nicht aufeinander abgestimmt waren (vgl. Botschaft GmbH, 3231; CHK-MÜLLER, Art. 731b N 2 ff.; DUC, 463; CHAMPEAUX, 68).   2

Aufgrund von Erfahrungen in der Praxis zeigte sich ferner, dass sich die Bestimmung von Art. 727 f altOR, wonach der Richter eine RS einsetzen konnte, sofern dies die Gesellschaft versäumte, unzulänglich bzw. unvollständig war. Dies deshalb, da RS ihr Mandat in solchen Konstellationen i.d.R. nur gegen Leistung eines **Kostenvorschusses** annehmen, die Verpflichtung der Gesellschaft zur Leistung eines solchen Vorschusses in Art. 727 f altOR aber nicht enthalten war. Die Folge bestand darin, dass zwar das Ge-   3 richtsverfahren durchlaufen und eine RS eingesetzt wurde, diese aber ihre Tätigkeit aufgrund des fehlenden Kostenvorschusses selten aufnahm (vgl. Botschaft GmbH, 3231; Duc, 463 f.). In diesem Zusammenhang stellte sich die weiterführende Frage, ob der Richter, der auf Antrag des Handelsregisterführers eine RS ernannte und die Gesellschaft zur Leistung eines Kostenvorschusses verpflichtet hatte, die Auflösung der Gesellschaft verfügen konnte, falls der Kostenvorschuss nicht geleistet wird; dies, da eine Auflösung gem. Art. 625 Abs. 2 altOR nur auf Antrag eines Gläubigers oder Aktionärs verfügt werden konnte (vgl. BGE 5a.235/2007, E. 2, in welchem das BGer festgehalten hat, dass eine echte Lücke vorliege, die durch Heranziehung des zum Zeitpunkt der Entscheidfindung noch nicht in Kraft gesetzten Art. 731b gefüllt wurde; ferner BJM 1999 259; ZR 1996 Nr. 41).

4   Des Weiteren sahen die verschiedenen gesetzlichen Bestimmungen nicht nur unterschiedliche Klageberechtigungen (vgl. u. N 11), sondern auch **unterschiedliche Zuständigkeiten** vor: In den Fällen von Art. 625 Abs. 3, Art. 727e Abs. 3, Art. 727 f und Art. 740 Abs. 3 altOR war der Richter zuständig, im Falle von Art. 393 Ziff. 4 ZGB die Vormundschaftsbehörde (vgl. zur Aufhebung von Art. 393 Ziff. 4 ZGB Botschaft Vormundschaftsrecht, 7017) und in den Fällen von Art. 708 Abs. 4 altOR oder Art. 88a altHRegV der Handelsregisterführer.

II. Anwendungsbereich

5   Die Bestimmung von Art. 731b gelangt zur Anwendung, wenn bei einer Gesellschaft organisatorische Mängel bestehen, was zum einen dann gegeben ist, wenn **eines der gesetzlich vorgeschriebenen Organe gänzlich fehlt** oder zum anderen, wenn eines der Organe die Voraussetzungen an seine **rechtmässige Zusammensetzung nicht mehr erfüllt**. Die Botschaft führt zur Frage, welche Organe von Art. 731b erfasst sind, aus, dass es sich dabei nur um die obligatorischen Organe handle (vgl. Botschaft GmbH, 3231). Folgerichtig gelangt bei Fehlen bzw. nicht mehr korrekter Zusammensetzung eines in den Statuten einer Gesellschaft vorgesehenen Organs Art. 731b nicht zur Anwendung (vgl. LEHMANN, 422; KÄCH, 11; **a.M.** CHK-MÜLLER, Art. 731b N 10, der Art. 731b auch anwenden möchte, wenn eine statutarisch vorgesehene Unterabteilung des VR nicht bestellt wurde. So auch BSK OR II-BAUDENBACHER, Voraufl., Art. 625 N 10).

6   Unter den Anwendungsbereich der **nicht mehr rechtmässigen Zusammensetzung** eines Organs zählen v.a. Fälle des Fehlens der gesetzlich zwingend vorgeschriebenen Mitglieder der Organe (z.B. des VR-Präsidenten gem. Art. 712 Abs. 1; unklar in Bezug auf die Bestellung eines Sekretärs gem. Art. 712 Abs. 2, so aber LEHMANN, 421), des Fehlens der Unabhängigkeit bzw. der Befähigung der RS (v.a. Art. 727b und 728) oder der Nichterfüllung der gesetzlichen Wohnsitzerfordernisse (Art. 718 Abs. 4 und Art. 730 Abs. 4). Zu den Fällen der nicht mehr rechtmässigen Zusammensetzung wird aber auch der Fall gezählt, dass ein gesetzlich vorgeschriebenes Organ nicht mehr handlungsfähig ist, so z.B. wenn aufgrund einer andauernden Pattsituation im VR die Führung der Gesellschaft dauerhaft unmöglich geworden ist (vgl. Botschaft GmbH, 3231 f.; BARTHOLD/ JÖRG, 496; DUC, 464; GLANZMANN, 81; LEHMANN, 422).

7   Grundsätzlich findet Art. 731b nur Anwendung, wenn die Gesellschaft bereits **in das Handelsregister eingetragen** wurde, da die Eintragung einer Gesellschaft mit fehlenden bzw. nicht rechtmässig zusammengesetzten Organen nicht möglich ist. Geschieht dies dennoch, sieht Art. 643 Abs. 2 vor, dass die Gesellschaft das Recht der Persönlichkeit trotz fehlender Erfüllung der zwingenden Voraussetzungen erlangt, wobei die Ak-

tionäre oder Gläubiger der Gesellschaft deren Auflösung verlangen können, sofern Interessen in erheblichem Masse gefährdet oder verletzt worden sind. Im Verhältnis zu Art. 731b ist davon auszugehen, dass der Gläubiger oder Aktionär bei Eintragung einer Gesellschaft trotz fehlenden oder nicht rechtmässig zusammengesetzten Organen sowohl nach Art. 643 Abs. 3 als auch nach Art. 731b vorgehen kann, wobei Art. 643 Abs. 3 i.S. einer lex specialis zu verstehen ist.

III. Gerichtsverfahren

1. Zuständigkeit und Verfahren

Gemäss der neuen Regelung ist mit Ausnahme der Kompetenz des Handelsregisterführers bei fehlendem Rechtsdomizil (vgl. u. N 29) **ausschliesslich der Richter** für die Beurteilung von Klagen bei organisatorischen Mängeln einer Gesellschaft zuständig, wobei die Klage nach den allg. Bestimmungen am Sitz der Gesellschaft zu erheben ist (Art. 3 Abs. 1 lit. b GestG).

Obwohl das Verfahren nach Art. 731b als Zivilverfahren geführt wird, gilt die **Offizialmaxime** und nicht die im Zivilprozess ansonsten übliche Dispositionsmaxime, da der Richter an etwaige Anträge der Parteien nicht gebunden ist, sondern nach eigenem Ermessen und unter Berücksichtigung des konkreten Falles zu entscheiden hat, welche Massnahme er für erforderlich erachtet und anordnen will (vgl. Botschaft GmbH, 3232; LEHMANN, 423; vgl. ferner u. N 16).

Zu fordern ist, dass die Kantone aufgrund der Dringlichkeit der Wiederherstellung des rechtmässigen Zustandes ein **summarisches Verfahren** vorsehen (so wie z.B. in § 219 lit. c ZPO ZH oder Art. 2 EGZGB BE für den Anwendungsbereich von Art. 727e und 727f altOR bereits enthalten; vgl. ZIHLER, 19; SJZ 1995, 342).

2. Aktiv- und Passivlegitimation

a) Aktivlegitimation

Liegt ein organisatorischer Mangel i.S.v. Art. 731b Abs. 1 vor, kann jeder **Aktionär** (unabhängig vom Anteil der von ihm gehaltenen Aktien) und jeder **Gläubiger** der Gesellschaft sowie der **Handelsregisterführer** dem Richter beantragen, die erforderlichen Massnahmen zu ergreifen; unbeteiligte Dritte oder der VR der Gesellschaft sind nicht legitimiert (vgl. LEHMANN, 421; Botschaft GmbH, 3232). Nach früherem Recht waren die Aktionäre oder die Gläubiger einer Gesellschaft nur in den Fällen von Art. 625 Abs. 2, Art. 727e Abs. 3 oder Art. 740 Abs. 3 altOR legitimiert, während der Handelsregisterführer nur in den Fällen von Art. 708 oder 727f altOR tätig werden durfte; die neue Bestimmung von Art. 731b sieht somit zwar nicht eine Erweiterung der Fälle organisatorischer Mängel, aber eine Erweiterung der jeweiligen Legitimationen der Aktionäre und Gläubiger der Gesellschaft sowie des Handelsregisterführers vor.

Der klagende Aktionär oder Gläubiger hat dabei **kein besonderes Rechtsschutzinteresse** an der Herstellung des ordnungsgemässen Zustandes nachzuweisen, sodass die Aktivlegitimation bei Nachweis der Gläubiger- bzw. Aktionärsstellung unabhängig davon gegeben ist, ob ein Zusammenhang zwischen den mit der Klage geltend gemachten Mängeln und den Interessen des Aktionärs oder Gläubigers besteht (vgl. BSK OR II-BAUDENBACHER, Voraufl., Art. 625 N 11; BGer v. 26.4.2007, 4C.45/2006). Erlangt die Gesellschaft Kenntnis von einer möglichen Klageerhebung durch einen Gläubiger, kann sie eine drohende Klage dadurch abwenden, dass sie die Forderung des Gläubigers befriedigt, um ihm dadurch die Aktivlegitimation zu nehmen (vgl. BSK OR II-BAUDENBACHER, Voraufl., Art. 625 N 11).

13 Im Gegensatz zu den Anforderungen an die Klageerhebung durch einen Aktionär oder Gläubiger hat der **Handelsregisterführer** weitergehende Vorschriften zu beachten: Zunächst ist der Handelsregisterführer *verpflichtet* einzuschreiten, sofern er Kenntnis davon erlangt, dass die Organe einer Gesellschaft nicht mehr oder nicht mehr rechtmässig bestellt sind (vgl. Art. 154 Abs. 3 HRegV, Art. 941a Abs. 1 OR). Ferner hat der Handelsregisterführer der Gesellschaft gem. Art. 154 Abs. 1 und 2 HRegV zunächst mit eingeschriebenem Brief unter Androhung der Rechtsfolgen die Möglichkeit einzuräumen, innert 30 Tagen den rechtmässigen Zustand wiederherzustellen; erst danach kann er die Angelegenheit dem Richter überweisen (vgl. KÄCH, 7 ff.; Botschaft RAG, 4004; CHK-MÜLLER, Art. 731b N 7).

b) Passivlegitimation

14 Die Klage richtet sich gegen diejenige **Gesellschaft,** bei welcher die vorgeschriebenen Organe nicht mehr oder in nicht rechtmässiger Weise bestehen. Sofern der geltend gemachte Grund darin besteht, dass die Gesellschaft keinen VR mehr aufweist, ist für die Gesellschaft durch den Richter gem. Art. 731b Abs. 1 Ziff. 2 ein Sachwalter zu ernennen.

15 Da sich die Klage gegen die Gesellschaft richtet, obliegt es dieser, jene Umstände anzuführen, die gegen den Erlass der gesetzlich vorgesehenen Massnahmen sprechen; die **Beweislast** dafür, dass die Organe rechtmässig bestellt sind, liegt somit bei der Gesellschaft (vgl. BSK OR II-BAUDENBACHER, Voraufl., Art. 625 N 17).

3. Gerichtliche Anordnungen

a) Vorbemerkung

16 Dem Richter, der mit einem Gesuch eines Aktionärs, eines Gläubigers oder des Handelsregisterführers konfrontiert ist, gewährt Art. 731b Abs. 1 diverse Möglichkeiten, die er unter Berücksichtigung des konkreten Sachverhaltes zu prüfen hat. Dabei sind die in Art. 731b Abs. 1 **aufgeführten Massnahmen nicht abschliessender Natur;** dem Richter kommt daher das Recht zu, im Einzelfall eine andere Massnahme anzuordnen, die zur Beseitigung des rechtswidrigen Zustandes erforderlich ist.

17 Der Richter ist auch **nicht an die Anträge des Aktionärs,** Gläubigers oder Handelsregisterführers **gebunden,** sondern hat auch unter Berücksichtigung der Interessen Dritter (z.B. Gläubiger der Gesellschaft, welche das Gesuch nicht eingereicht haben oder Arbeitnehmer) und der Öffentlichkeit jene Massnahmen zu treffen, die geboten erscheinen (vgl. Botschaft GmbH, 3232; DUC, 464). Die einmal durch den Richter erlassenen Anordnungen können durch einen gesellschaftsinternen Beschluss grundsätzlich nicht mehr abgeändert werden (vgl. Botschaft GmbH, 3232; BGE 126 III 283 E. 3cc; DUC, 464; BARTHOLD/JÖRG, 494). Nötig ist dafür ein Gesuch nach Abs. 3.

18 Obwohl der Rechtsbehelf von Art. 731b kein Anfechtungsobjekt voraussetzt, sondern sich gegen einen nicht rechtmässigen Zustand richtet, können die nachfolgend dargestellten Massnahmen dazu führen, dass durch die gerichtliche Anordnung gleichzeitig auch ein VR- oder GV-Beschluss aufgehoben wird (vgl. LEHMANN, 422). Unklar ist damit das **Verhältnis von Art. 731b zu Art. 706,** da in beiden Fällen der Aktionär befugt ist, gerichtlich gegen Mängel in der Organisation einer Gesellschaft vorzugehen. Wird

bspw. durch einen Beschluss der GV eine RS eingesetzt, welche die gesetzlichen Anforderungen nicht erfüllt, stehen dem Aktionär sowohl die Rechtsbehelfe gem. Art. 731b Abs. 1 als auch nach Art. 706 Abs. 1 offen (vgl. LEHMANN, 422; BGer v. 26.4.2007, 4C.45/2006 E. 4; BSK OR II-WATTER, Voraufl., Art. 727e N 17). Dabei ist nach der hier vertretenen Auffassung davon auszugehen, dass die Klagefrist von Art. 706a Abs. 1 auf Art. 731b keine Anwendung findet, da ansonsten der Aktionär im Vergleich zu den Gläubigern oder dem Handelsregisterführer benachteiligt wäre (so auch LEHMANN, 423, vgl. zu den Kosten u. N 27).

b) Fristansetzung zur Wiederherstellung des rechtmässigen Zustandes (Ziff. 1)

Gemäss Art. 731b Abs. 1 Ziff. 1 kann der Richter der Gesellschaft zunächst eine **Frist** ansetzen, um den rechtmässigen Zustand wiederherzustellen. Dabei ist davon auszugehen, dass der Richter im Dispositiv konkret anordnet, welche Massnahmen er für erforderlich erachtet und bis wann welche Schritte unternommen werden müssen (z.B. Wahl eines VR-Präsident und Eintragung desselben im Handelsregister). Zu fordern ist, dass der Richter, ausser in Fällen offensichtlicher Aussichtslosigkeit (oder in Fällen, in denen bereits der Handelsregisterführer der Gesellschaft eine Frist gem. Art. 154 Abs. 1 und 2 HRegV angesetzt hat), der Gesellschaft stets eine Frist zur Wiederherstellung des rechtmässigen Zustandes gem. Ziff. 1 einräumt, bevor die Massnahmen gem. Ziff. 2 und 3 angeordnet werden, wie es in Art. 154 Abs. 1 und 2 HRegV auch für den Handelsregisterführer vorgesehen ist. 19

Die **Dauer** der vom Richter anzusetzenden Frist wird in Art. 731b nicht konkret angegeben, sondern es wird dem Ermessen des Richters überlassen, diese festzulegen. In Analogie zu Art. 154 Abs. 1 HRegV ist zu fordern, dass die Frist zur Wiederherstellung des rechtmässigen Zustandes (mindestens) 30 Tage beträgt, wo ein GV-Beschluss notwendig ist wohl 40–50 Tage. Der Richter kann der Gesellschaft mit der Fristansetzung gleichzeitig androhen, dass die Gesellschaft im Falle des Untätigbleibens zwangsweise aufgelöst wird, somit die Massnahme von Ziff. 3 greift oder, dass der Richter ein Organ oder einen Sachwalter gem. Ziff. 2 einsetzt (vgl. BSK OR II-BAUDENBACHER, Voraufl., Art. 625 N 15). 20

c) Einsetzung eines Organs oder Sachwalters (Ziff. 2)

Gemäss Art. 731b Abs. 1 Ziff. 2 kann der Richter das fehlende bzw. nicht korrekt zusammengesetzte Organ **selbst ernennen bzw. einen Sachwalter einsetzen.** Kommt der Richter zum Schluss, dass ein Organ oder Sachwalter einzusetzen ist, hat er dessen Kompetenzen im Urteil festzuhalten, so z.B. die Übernahme der Führung der Geschäfte der Gesellschaft (vgl. BARTHOLD/JÖRG, 494; Botschaft GmbH, 3232). Der Richter kann im Falle der Einsetzung eines Organs oder Sachwalters die Gesellschaft verpflichten, die Kosten der Massnahme zu tragen sowie einen Kostenvorschuss zu leisten (Abs. 2). 21

Abs. 2 sieht des Weiteren vor, dass der Richter die **Dauer der getroffenen Massnahme** angibt; es soll nicht der Richter anstelle der dafür zuständigen gesellschaftsinternen Organe die Ernennung vornehmen, sondern lediglich eine Lösung ad-interim geschaffen werden (vgl. GLANZMANN, 81 f.). Analog zur Bestimmung von Art. 727 f Abs. 2 altOR, welche eine auf ein Jahr befristete Einsetzung der RS durch den Richter vorsah, ist auch hier zu fordern, dass die Ernennung eines Organs durch den Richter auf ein Jahr beschränkt wird. 22

Obwohl gesetzlich nicht vorgesehen, kann es u.U. auch geboten sein, der Gesellschaft unter Fristansetzung zunächst die Möglichkeit zur **Vernehmlassung** in Bezug auf das 23 vom Richter vorgesehene Organ oder den vorgesehenen Sachwalter zu geben (vgl. BSK OR II-WATTER, Voraufl., Art. 727 f N 5; anders der Entscheid des HGer Aarau zu Art. 727 f altOR, in welchem das Gericht festgehalten hat, dass der Gesellschaft kein Recht zustehe, die RS vorzuschlagen, da sie es bis dahin versäumt habe, selbst eine solche zu ernennen, SJZ 1995, 341 f.). Dies deshalb, da es zum einen nicht sinnvoll erscheint, z.B. eine RS einzusetzen, mit welcher die Gesellschaft nicht einverstanden ist (was auch zu einem Gesuch um Abberufung gem. Abs. 3 führen kann) und zum anderen anzustreben ist, dass die vom Richter eingesetzte RS die Geschäfte der Gesellschaft auch nach Ablauf der richterlich angeordneten Massnahme weiterführt, indem sie später formell gewählt wird.

d) Auflösung oder Liquidation der Gesellschaft (Ziff. 3)

24 Ordnet der Richter die **Liquidation** aufgrund mangelhafter Organisation der Gesellschaft an, so erfolgt dies selbst dann nach den Vorschriften des Schuldbetreibungs- und Konkursrechts, wenn die Gesellschaft nicht überschuldet ist (vgl. Botschaft GmbH, 3232; BARTHOLD/JÖRG, 496). Als Grund für diese weitgehende Möglichkeit wird in der Botschaft angeführt, dass sich gezeigt habe, dass Gesellschaften, die durch richterlichen Beschluss aufgelöst wurden, manchmal ihre Geschäftstätigkeit fortgesetzt hätten (vgl. Botschaft GmbH, 3232; DUC, 464).

25 Ob eine **Gesellschaft aufzulösen** ist, steht im Ermessen des Richters, wobei aufgrund der einschneidenden Massnahme alle Umstände des konkreten Falles zu berücksichtigen sind, so auch, inwieweit der Geschäftsverkehr akut gefährdet wird und ob der Gesellschaft insb. nicht zunächst ausreichend Frist zur Wiederherstellung des rechtmässigen Zustandes gem. Ziff. 1 eingeräumt werden kann.

26 Weggefallen ist durch die Revision die Möglichkeit, nach Eintragung der Auflösung einer Gesellschaft im Handelsregister aufgrund fehlender oder mangelhaft zusammengesetzter Organe **die Auflösung zu widerrufen,** sofern die Gesellschaft innert dreier Monate den gesetzmässigen Zustand wiederhergestellt hat; enthalten ist dies noch in Art. 153 Abs. 5 HRegV für den Fall der Auflösung der Gesellschaft bei fehlendem Rechtsdomizil (vgl. dazu u. N 29). Der Wegfall des Widerrufs der Auflösung ist zu begrüssen, wird der Gesellschaft doch ausser in Fällen offensichtlicher Aussichtslosigkeit vor Anordnung der Auflösung stets eine Frist zur Wiederherstellung des rechtmässigen Zustandes angesetzt (vgl. o. N 20), sodass auch kein Grund besteht, eine Auflösung wieder rückgängig zu machen, da die Gesellschaft zu einem früheren Zeitpunkt bereits die Möglichkeit hatte, die erforderlichen Massnahmen selbst zu ergreifen.

4. Kosten

27 Nicht geregelt wird die Frage, wer die **Kosten für das Gerichtsverfahren** zu tragen hat? Zum Verhältnis von Art. 727e Abs. 3 altOR zu Art. 706 ff. wurde bereits vertreten, dass die für den Aktionär günstigere Kostenregelung von Art. 706a Abs. 3 auf Art. 727e altOR keine Anwendung finde (vgl. BSK OR II-WATTER, Voraufl., Art. 727e N 17). Für den Anwendungsbereich von Art. 731b ist jedoch zu fordern, dass – mit Ausnahme von Fällen offensichtlicher Rechtsmissbräuchlichkeit – ein Aktionär oder Gläubiger, der dazu beiträgt, dass die gesetzlich vorgesehene Organisation einer Gesellschaft, wie sie auch im Interesse der Öffentlichkeit liegt, wiederhergestellt wird, die Kosten nicht vollumfänglich zu tragen hat, wenn er mit seinem Begehren unterliegt. Auch bei analoger Anwendung von Art. 706a Abs. 3 liegt es ohnehin im Ermessen des Richters, die Kostenverteilung aufgrund von diversen Entscheidkriterien (z.B. Erfolgsaussichten bei Ein-

4. Abschnitt: Herabsetzung des Aktienkapitals   Vor Art. 732–735

leitung des Prozesses, Ziel der Klage oder das Verhalten der Parteien während des Prozesses) vorzunehmen, sodass den Umständen des Einzelfalles genügend Rechnung getragen werden kann.

IV. Verweisungen auf Art. 731b

Durch gesetzliche Verweisungen gelangt Art. 731b auch auf die GmbH (Art. 819) und die Genossenschaft (Art. 908) zur Anwendung. Für die Stiftung und den Verein sind eigene Vorschriften erlassen worden (Art. 69c und 83d ZGB). 28

V. Revision

Bei fehlendem Rechtsdomizil der Gesellschaft ist nach wie vor der Handelsregisterführer zuständig und es obliegt diesem, gem. Art. 153 Abs. 3 HregV die Auflösung der Gesellschaft anzuordnen. Bereits wurde erkannt, dass Art. 731b auch das Fehlen eines Rechtsdomizils erfassen könnte bzw. vielmehr sollte; im Entwurf zu einer Änderung des Obligationenrechts ist daher bereits eine Anpassung von Art. 731b vorgesehen (vgl. Botschaft Aktien- und Rechnungslegungsrecht, 1692). 29

Vierter Abschnitt: Herabsetzung des Aktienkapitals

Vorbemerkungen zu Art. 732–735

Literatur

BODMER, Urteil der I. Zivilabteilung des Bundesgerichts vom 7. Juli 1995 (BGE 121 III 422), SZW 1996, 285; CAMPONOVO, Aktienkapitalerhöhung durch Verrechnungsliberierung, Bestätigung der rechtlichen Zulässigkeit im Sanierungsfalle, ST 1999, 885 ff.; DERS., Die Kapitalherabsetzung bei Aktiengesellschaften mit ausgegebenem bedingtem Kapital, SZW 2001, 25 ff.; GRANER, Die Kapitalherabsetzung nach revidiertem Obligationenrecht und Bankengesetz, SAG 1937/38, 97 ff., 219 ff.; GUHL, Die Herabsetzung des Grundkapitals bei der Aktiengesellschaft, SAG 1933/34, 157 ff., 173 ff.; KÜNG, Bedingtes Kapital: Keine Geltung der 50%-Limite bei der Herabsetzung des gezeichneten Kapitals, SZW 1996, 23 ff. (zit. SZW 1996); DERS., Eintragungen über Revisionsstellen im Handelsregister, ST 1992, 629 ff. (zit. ST 1992); DERS., Zum Fusionsbegriff im Schweizerischen Recht, SZW 1991, 245 ff. (zit. SZW 1991); KÜNG/MEISTERHANS, Handbuch für das Handelsregister, Bd. II, Aktiengesellschaft, Zürich 2000; KÜNG/MEISTERHANS/ZENGER/BLÄSI/NUSSBAUM, Handbuch für das Handelsregister, Kommentar zur Handelsregister-Verordnung, Zürich 2000; KÜNG RECHTSANWÄLTE, Kapitalherabsetzung, do-it-yourself, Zürich 2008; LANZ, Die Sicherstellung bei der Herabsetzung des Aktienkapitals, SAG 1937/38, 112 ff.; DERS., Kapitalverlust, Überschuldung und Sanierungsvereinbarungen, 1985; MERK, Die Herabsetzung des Grundkapitals bei der Aktiengesellschaft, 1931; MOSIMANN, Die Herabsetzung des Grundkapitals bei der Aktiengesellschaft und ihr Einfluss auf die wohlerworbenen Rechte des Aktionärs, 1938; A. STAEHELIN, Zur Frage des Sicherstellung bei der Herabsetzung des Aktienkapitals, ZSR 1938, 234 ff.; STEINER, Die Herabsetzung des Aktienkapitals zur Ausgleichung von Verlusten, SAG 1941/42, 197 ff.; VON AH, Die Kapitalherabsetzung von Publikumsgesellschaften, Zürich 2001; VON BÜREN/BRÜTSCH, Die «Harmonikasanierung» – Sind Mitgliedschaft und Stimmrecht in der Aktiengesellschaft wirklich unentziehbar? In: FS Jean Nicolas Druey, Zürich 2002, 637 ff.; VON STEIGER, Wann kann das vereinfachte Kapitalherabsetzungsverfahren des Art. 735 OR angewendet werden?, SAG 1940/41, 10 ff.; DERS., Zur Frage der Sicherstellung bei der Herabsetzung des Aktienkapitals, SAG 1944/45, 73 ff.; DERS., Kapitalherabsetzung bei der Sanierung, SAG 1939/40, 136 f.; DERS., Kann bei der Kapitalherabsetzung einer AG ein Buchgewinn zu Reservestellungen verwendet werden?, SAG 1938/39, 177 f.; DERS., Rückzahlung und Herabsetzung des Aktienkapitals während des Auflösungsstadiums, SAG 1938/39, 146 f.; WETTSTEIN, Einige Bemerkungen zur Reduktion des Grundkapitals bei Aktiengesellschaften, SAG 1933/34, 103 ff.; WIELAND, Zur Kapitalherabsetzung der

Aktiengesellschaft nach dem revidierten Obligationenrecht, ZSR 1941, 11 ff.; DERS., Kritisches zum Kapitel der Grundkapitalveränderung nach neuem Aktienrecht, ZSR 1938, 11 ff.; DERS., Die Unvereinbarkeit des Erwerbs eigener Aktien mit dem Einlage-Rückzahlungsverbot, ZSR 1937, 203 ff., 238 ff.; DERS., Die Bedeutung des Einlagerückzahlungsverbotes für die Aktienamortisation und den Erwerb, sowie die Bilanzierung eigener Aktien der AG nach rev. OR, SAG 1949/50, 113 ff., 129 ff.; DERS., Die Aktienamortisation ohne Kapitalherabsetzungsverfahren nach dem revidierten OR, SJZ 1941/42, 109 ff., 125 ff. (zit. SJZ 1941/42); DERS., Die Bedeutung von Art. 84 Abs. 4 der Verordnung über das Handelsregister vom 7. Juni 1937 für die Frage nach der Zulässigkeit der Aktienamortisation ohne vorangehendes Kapitalherabsetzungsverfahren, SAG 1947/48, 1 ff., 38 ff.; DERS., Die Sanierung von Aktiengesellschaften unter Anwendung von Zuzahlungszwang, SJZ 1942/43, 437 ff.; ZINGG, Der Gläubigerschutz bei der Herabsetzung des Aktienkapitals, 1940.

I. Allgemeines

1. Gesetzessystematik

1 Das Gesetz regelt die **Arten** der Herabsetzung (substantielle und nominelle Herabsetzung), nicht aber die **Formen** (Nennwertherabsetzung und Herabsetzung durch die Vernichtung von Aktien). Ferner unterstellt es die Herabsetzung des Grundkapitals bei gleichzeitiger Wiedererhöhung ausdrücklich nicht den Regeln über die Kapitalherabsetzung, sondern regelt bloss bestimmte Nebenfolgen (Art. 732a). Die sog. Aktienamortisation unterstellt es den Regeln über die Kapitalherabsetzung (Art. 659 Abs. 2 OR; Art. 55 Abs. 4 HRegV). Die Kapitalherabsetzung ist knapp und nur kasuistisch geregelt. Die Kommentierung folgt der Gesetzessystematik: Was gesetzlich an Detailfragen geregelt ist, wird unter den einzelnen Artikeln kommentiert, die Grundfragen und die Zusammenhänge werden in den Vorbemerkungen dargelegt.

2. Normzweck

2 Die Vorschriften über die Herabsetzung des Grundkapitals bezwecken den **Schutz der Gläubiger.** Diesem Normzweck kommt eine zentrale Bedeutung zu. Ist bspw. die Erhöhung des Grundkapitals im Handelsregister eingetragen worden, so sind die zur Liberierung der neuen Aktien verwendeten Beträge auch Dritten gegenüber Teil des Grundkapitals und können daher nur im ordnungsgemässen Kapitalherabsetzungsverfahren wieder frei gemacht werden, auch wenn der Erhöhungsbeschluss der GV mit einem Willensmangel behaftet war (BGE 102 Ib 24).

3. Die Aktienrechtsrevision vom 4. Oktober 1991

3 Mit der Aktienrechtsrevision hat das Recht über die Herabsetzung des Grundkapitals keine tiefgreifende Änderung erfahren. Die wichtigste Änderung ist im Übrigen aus den Vorschriften über die Kapitalherabsetzung gar nicht ersichtlich. Während früher die Gesellschaft ausgegebene **PS** in einem einfachen Verfahren zurückkaufen konnte, ist nun die Herabsetzung des PS-Kapitals den Regelungen der Kapitalherabsetzung unterworfen (Art. 656a Abs. 2 i.V.m. Art. 732 ff.). Ferner wurde die **Mindestquote,** auf die das AK herabgesetzt werden darf, von CHF 50 000 (Art. 732 Abs. 5 altOR) auf CHF 100 000 erhöht (Art. 732 Abs. 5). Die Mindestkapitalvorschrift gilt nicht für das PS-Kapital (Art. 656b Abs. 2). Das alte Aktienrecht verlangte für das Herabsetzungsverfahren einen besondere Revisionsbericht, der von einem Revisionsverband oder einer Treuhandgesellschaft erstattet werden musste, die als RS für diesen Zweck vom Bundesrat anerkannt worden ist (Art. 732 Abs. 2 altOR). Neu verlangte das Gesetz, dass der Revi-

sionsbericht von einem besonders befähigten Revisor erstattet werden muss (Art. 732 Abs. 2 altOR). Bedingt durch diese Änderungen konnte die Verordnung vom 5.7.1972 über die Anerkennung von Revisionsverbänden und Treuhandgesellschaften als Revisionsstelle für die Kapitalherabsetzung bei Handelsgesellschaften und Genossenschaften (SR 221 302) aufgehoben werden. Allerdings kehrte das schweizerische Recht mit der GmbH-Revision vom 16.12.2005 zur Einrichtung der zugelassenen Revisoren zurück («zugelassener Revisionsexperte», Art. 732 Abs. 2). Schliesslich wurde die Terminologie so angepasst, dass in den fraglichen Bestimmungen der Begriff «Grundkapital» durch den Begriff «Aktienkapital» ersetzt worden ist. Diese kosmetische Änderung bewirkt aber lediglich, dass die Adressaten der Kapitalherabsetzungsvorschriften «Aktienkapital» lesen, aber «Grundkapital» denken müssen, weil die Vorschriften nicht nur für das AK, sondern auch für das PS-Kapital gelten. Wo hier von Grundkapital gesprochen wird, ist immer das AK und PS-Kapital gemeint.

Die Aktienrechtsrevision bedingte eine Anpassung der Vorschriften in der **HRegV.** Hier stellte der Bundesrat mit der Änderung vom 9.6.1992 (AS 1992 1213) klar, dass die sog. **Aktienamortisation** den Regeln über die Kapitalherabsetzung unterstellt ist (Art. 84 Abs. 4 aHRegV).

4. Die GmbH-Rechtsrevision vom 16. Dezember 2005

Mit der Revision des GmbH-Rechts vom 16.12.2005 wurde quasi über die Hintertreppe neben dem Handelsregister- und Firmenrecht auch das Aktienrecht geändert. Damit wurde das Aktienrecht seit seiner Revision von 1991 zur permanenten Baustelle für Nachbesserungen (AS 2000 2355; AS 2001 1047; AS 2004 2617; AS 2005 5269) und schon hat das EJPD das nächste Änderungsvorhaben eröffnet (krit. dazu BÜHLER, SJZ 2006 Nr. 8; KUNZ, SJZ 2006 145; KÜNG/CAMP, 54). Neben einer kosmetischen, nicht inhaltlichen Änderung (Art. 732 Abs. 5) wurde eine Bestimmung über die Vernichtung von Aktien im Falle einer Sanierung aufgenommen (Art. 732a), deren Tragweite im praktischen Alltag eher beschränkt sein dürfte. Mithin bleibt das Recht der Kapitalherabsetzung im Kerngehalt ohne wesentliche Änderung. 3a

II. Begriff

Unter den Begriff der Kapitalherabsetzung fällt jede **Reduktion** der in den Statuten enthaltenen und im Handelsregister eingetragenen Ziffer des **gezeichneten Grundkapitals,** das durch die Summe des AK und PS-Kapitals gebildet wird. 4

Die *Umwandlung* von AK in PS-Kapital bzw. von PS-Kapital in AK stellt keine Kapitalerhöhung bzw. Kapitalherabsetzung dar, sofern die in den Statuten enthaltene Summe des AK und PS-Kapitals unverändert bleibt.

Genussscheine haben keinen Nennwert und dürfen nicht gegen Einlage ausgegeben werden. Sie verleihen Ansprüche auf Anteil am Bilanzgewinn oder am Liquidationserlös oder auf den Bezug neuer Aktien (Art. 657). Da Genussscheine das gezeichnete Kapital nicht tangieren, fällt ihr Rückkauf oder ihre Aufhebung nicht unter die Kapitalherabsetzungsvorschriften.

Ein massgebliches Begriffselement ist das **gezeichnete Kapital.** Es umfasst das in den Statuten enthaltene AK und PS-Kapital (Art. 626 Ziff. 3 i.V.m Art. 656a Abs. 2) unabhängig davon, ob die Verpflichtung die Einlage zu leisten (Art. 630 Ziff. 2), erfüllt ist oder nicht. Kein gezeichnetes Kapital stellen das genehmigte und das bedingte AK und 5

PS-Kapital dar. Mit dem *genehmigten Kapital* wird der VR ermächtigt, selber eine Statutenänderung vorzunehmen und das Kapital zu erhöhen (Art. 651). Die Herabsetzung des genehmigten Kapitals tritt von Gesetzes wegen durch Fristablauf ein (Art. 651a Abs. 2). Ferner tritt sie durch Umwandlung von genehmigtem in gezeichnetes Grundkapital auf dem Wege der nominellen Kapitalerhöhung ein (Art. 651a Abs. 1). Mit dem *bedingten Kapital* werden Dritte ermächtigt, durch bestimmte geldwerte Leistungen Aktien zu zeichnen und zu liberieren und so das gezeichnete Grundkapital zu verändern (Art. 653, 653e Abs. 3); die notwendigen Statutenänderungen nimmt der VR periodisch vor (Art. 653h). Eine Reduktion des bedingten Kapitals tangiert die Rechtsstellung der Wandel- oder Optionsberechtigten und ist nur zulässig, wenn besondere Vorkehren getroffen werden (Art. 653d Abs. 2). In allen Fällen wird die Stellung der Gläubiger der Gesellschaft nicht verschlechtert, sondern ggf. durch den Mittelzufluss bzw. die Umwandlung von Fremd- in Eigenkapital verbessert. Eine Herabsetzung des genehmigten oder bedingten Kapitals stellt daher keine Kapitalherabsetzung dar. Die Auslegung von Art. 653a Abs. 1 nach Wortlaut, Systematik, gesetzgeberischen Willen und Gesetzeszweck ergibt, dass bei der Kapitalherabsetzung i.S.v. Art. 732 ff. das bedingte Kapital nicht herabgesetzt werden muss, wenn nach erfolgter Herabsetzung das bedingte Kapital die Hälfte des gezeichneten Kapitals übersteigt. Dieses Ergebnis wurde von den Handelsregisterbehörden sanktioniert (SHAB Nr. 143 vom 26.7.1994, 4199, zu AFG Arbonia-Forster-Holding AG: An der Generalversammlung vom 29.4.1994 wurde beschlossen, das Aktienkapital von CHF 30 000 000 durch Rückzahlung und Nennwertreduktion der Aktien um 40 auf CHF 18 000 000 herabzusetzen. Die Höhe des bedingten Kapitals von CHF 10 000 000 wurde unverändert belassen (KÜNG, SZW 1996, 23).

6   Neben der Kapitalherabsetzung gibt es **Massnahmen gleicher oder ähnlicher Wirkung,** die die Interessen der Gläubiger am Erhalt des Haftungssubstrats tangieren. Zum Teil bestehen gesetzliche Schutzmechanismen. Das gilt namentlich für das *Verbot der Einlagenrückgewähr* (Art. 680 Abs. 2) und für den *Erwerb eigener Aktien* oder PS (Art. 659 ff., 656a Abs. 2), die zwar das nominelle Kapital nicht verändern, aber das effektive Haftungssubstrat schmälern. Die gesetzliche Konzeption des Gläubigerschutzes weist aber auch empfindliche Lücken auf. Namentlich lässt die Praxis die Fusion zweier Gesellschaften ohne Kapitalerhöhung zu. In diesem Fall bleibt das Kapital der übernommenen Gesellschaft unverändert und das Nominalkapital der übernommenen Gesellschaft löst sich ohne förmliches Herabsetzungsverfahren in nichts auf.

7   Unter dem Begriff **Sanierung** werden alle Massnahmen verstanden, die eine finanzielle Gesundung der Gesellschaft bezwecken (vgl. z.B. Art. 725a Abs. 1). Massnahmen dazu können die Herabsetzung des Grundkapitals bei *gleichzeitiger Wiedererhöhung* auf denselben Betrag, ggf. das Verfahren der Kapitalherabsetzung im Falle der *Unterbilanz* (Art. 735) oder die Sanierung durch gerichtlichen oder aussergerichtlichen *Nachlassvertrag* (Art. 293 ff. SchKG) sein. Bezogen auf die Kapitalherabsetzung ist der Begriff unscharf, und er bezeichnet kein bestimmtes Verfahren.

III. Arten

8   Eine **substantielle (effektive, konstitutive) Kapitalherabsetzung** liegt vor, wenn die Gesellschaft in wirtschaftlicher Hinsicht überkapitalisiert ist und deshalb einen Teil ihres Vermögens den Aktionären *zurückbezahlt* oder in die *Reserven* der Gesellschaft bucht. Für das Verfahren kommen die Art. 732–734 zur Anwendung.

Die **nominelle (deklarative) Kapitalherabsetzung** dient der Beseitigung einer *Unterbilanz*. Hier kommt das einfache Kapitalherabsetzungsverfahren zur Anwendung (Art. 735).

Während bei einem aussergerichtlichen Nachlassverfahren die Regeln über die Kapitalherabsetzung zur Anwendung gelangen, finden sie keine Anwendung, wenn durch gerichtlichen Nachlassvertrag nicht nur das Grundkapital, sondern auch die Forderungen der Gläubiger herabgesetzt werden (ZK-BÜRGI, Art. 732 N 9).

IV. Formen

Die möglichen Formen der Kapitalherabsetzung sind im Gesetz nicht geregelt. Es bestimmt allein, dass im Herabsetzungsbeschluss anzugeben ist, in welcher Art die Kapitalherabsetzung durchgeführt werden soll (Art. 732 Abs. 3). Ein GV-Beschluss, der an diesem Erfordernis Mangel leidet, ist *nichtig* (Art. 732 Abs. 3 i.V.m. Art. 698 Abs. 2 Ziff. 6 und Art. 706b Ziff. 3). Als mögliche Formen der Kapitalherabsetzung haben sich die Nennwertherabsetzung und die Herabsetzung durch Vernichtung von Aktien herausgebildet. Bei der **Nennwertherabsetzung** wird der Nennwert der einzelnen Aktien herabgesetzt, und zwar so, dass die Summe der Herabsetzung der Nennwerte der einzelnen Aktien den Herabsetzungsbetrag des AK ausmacht. Bei der **Herabsetzung durch Vernichtung von Aktien** werden so viele Aktien vernichtet, als durch die Herabsetzung des AK geboten ist. *Mischformen* sind wohl denkbar, kommen aber in der Praxis kaum vor.

9

V. Massgebende Prinzipien

Die AG basiert auf dem **Prinzip des festen Grundkapitals.** Das manifestiert sich darin, dass das AK zum voraus bestimmt ist (Art. 620 Abs. 1), seine Höhe notwendiger Inhalt der Statuten darstellt (Art. 626 Ziff. 3) und im Handelsregister eingetragen wird (Art. 45 Abs. 1 lit. h HRegV). Eine gewisse Einschränkung erfährt dieses Prinzip durch die Möglichkeit der Schaffung von bedingtem Grundkapital (Art. 653 f), hängt doch diesfalls die Höhe des Grundkapitals von der Rechtsausübung des Wandel- oder Optionsberechtigten ab (Art. 653b). Die Einschränkung ist aber nicht von weitergehender Bedeutung, müssen doch die durch die Umwandlung von bedingtem in gezeichnetes Grundkapital notwendig werdende Statutenänderungen und die entsprechenden Eintragungen im Handelsregister periodisch vorgenommen werden (Art. 653h). Durch die Aktienrechtsrevision von 1991 wurde das Prinzip des festen Grundkapitals gestärkt, untersteht ihm doch seither auch das PS-Kapital, weil nach dem neuen Aktienrecht die Höhe des PS-Kapitals bedingt notwendiger Statuteninhalt darstellt und im Handelsregister eingetragen werden muss (Art. 656a Abs. 2 i.V.m. Art. 626 Ziff. 3 und Art. 45 Abs. 1 lit. j HRegV). Dem Prinzip widersprechen würde die Möglichkeit der sogenannten Aktienamortisation. Eine solche ist aber ausserhalb des Kapitalherabsetzungsverfahren unzulässig (vgl. u. N 16).

10

Das Grundkapital ist eine Sperrquote, die das Haftungssubstrat für die Gläubiger sichern soll. Das **Prinzip der Erhaltung des Grundkapitals** hat in verschiedenen gesetzlichen Bestimmungen Niederschlag gefunden.

11

Ein Recht, den einbezahlten Betrag zurückzufordern, steht den Aktionären nicht zu (Art. 680 Abs. 2). Über den zu engen Wortlaut dieser Bestimmung hinaus besteht auch ein Verbot für die AG, die *Einlagen* zurückzuerstatten (BGE 65 I 148), die *Liberierungspflicht* zu erlassen (ZR 1962, 114) oder das einbezahlte Kapital unter *Wiederauflebenlassen* der Liberierungspflicht zurückzuerstatten; entsprechende Beschlüsse und Vereinbarungen wären *nichtig* (FORSTMOSER, Aktienrecht, 16 N 49 ff. m.w.Nw.). Die Liberierungspflicht lebt dabei wieder auf (BGE 109 II 129 E. 2). Die Rückzahlung von

Grundkapital im Rahmen der Kapitalherabsetzung nach Art. 732 ff. ist die einzige zulässige Ausnahme vom Verbot der Einlagenrückgewähr (BGE 109 II 129 E. 2).

VI. Abgrenzungen

1. Herabsetzung bei gleichzeitiger Wiedererhöhung

12 Die GV hat bei einer Kapitalherabsetzung nur dann das Kapitalherabsetzungsverfahren zur Anwendung zu bringen, wenn die Gesellschaft ihr Grundkapital herabsetzt, ohne es gleichzeitig mindestens bis zur bisherigen Höhe durch neues, voll einzubezahlendes Kapital zu ersetzen (Art. 732 Abs. 1 i.V.m. Art. 656a Abs. 2; SAG 1950/51, 44 ff.). Zwingendes Erfordernis ist die Ersetzung des bisherigen Kapitals durch **voll liberiertes Kapital**. Wird nur teilliberiertes Kapital bereitgestellt, sind die üblichen Kapitalherabsetzungsvorschriften einzuhalten. Dabei muss davon ausgegangen werden, dass der zugelassene Revisionsexperte in seinem Bericht zur *Bonität* der Aktionäre mit teilliberierten Aktien Stellung nehmen muss.

13 Grundsätzlich bestehen drei **Formen** bei der Herabsetzung und der gleichzeitigen Wiedererhöhung: erstens die *Herabsetzung des Kapitals* auf Null bei gleichzeitiger Wiedererhöhung auf den ursprünglichen Betrag unter Vernichtung der bisherigen und Ausgabe von neuen Aktien; zweitens die *Herabsetzung der bisherigen Aktien* auf Null unter gleichzeitiger Wiedererhöhung des Nennwerts ohne Änderung der Aktien oder Aktienurkunden, und drittens die Herabsetzung der bisherigen Aktien auf einen Franken oder einen Rappen (Art. 622 Abs. 4) unter gleichzeitiger Ausgabe von neuen Aktien gleichen oder anderen Nennwerts. In diesem Fall ist eine Statutenänderung zwingend, weil entweder eine neue Aktienkategorie oder eine neue Stückzahl geschaffen wird.

14 Die Beschlüsse sind nach h.L. und Praxis (vgl. inzwischen aufgehobenes) Kreisschreiben vom 20.8.1937 des EJPD an die kant. Aufsichtsbehörden für das Handelsregister zur Einführung der HRegV vom 7.6.1937, Ziff. 24b, in: KÜNG/MEISTERHANS, 150) öffentlich zu beurkunden, obwohl für dieses **Formerfordernis** keine ausdrückliche gesetzliche Grundlage besteht. Das wird damit begründet, dass jede Kapitalherabsetzung unter gleichzeitiger Wiedererhöhung auf den alten Stand immer zugleich auch eine *Kapitalerhöhung* darstellt und diese der öffentlichen Beurkundung bedarf (Art. 650 Abs. 2; gl.M. BÖCKLI, § 2 Rz 382 m.H.). Da der Kapitalerhöhungsbeschluss untrennbar mit dem vorangehenden Herabsetzungsbeschluss verbunden ist, muss auch dieser öffentlich beurkundet werden (BÜHLER, Öffentliche Urkunden des Aktienrechts als Handelsregisterbelege, ZBGR 1982, 336 m.w.Nw.). Öffentlich zu beurkunden sind der *Herabsetzungs- und Erhöhungsbeschluss der GV* (Art. 650 Abs. 2) sowie der *Feststellungsbeschluss des VR* (Art. 652g). Dieser Beschluss darf erst bei Vorliegen des *Kapitalerhöhungsberichtes* und ggf. der *Prüfungsbestätigung* erfolgen (Art. 652e f.). Entgegen dem zu engen Wortlaut des Gesetzes, das von «einzubezahlendem Kapital» spricht (Art. 732 Abs. 1), braucht die Liberierung nicht zwingend in bar zu erfolgen. Vielmehr kann das Kapital durch Sacheinlage oder Verrechnung liberiert werden. In diesem Fall kommen die üblichen Vorschriften für die **qualifizierten Tatbestände** (Art. 652e f. OR; Art. 57 Abs. 4 HRegV) zur Anwendung. Das heisst, es muss ein Kapitalerhöhungsbericht mit Prüfungsbestätigung erstellt werden und die Sacheinlage untersteht der *Statuten- und Registerpublizität* (Art. 628 OR; Art. 45 Abs. 2 HRegV).

14a Der Beschluss über die vollständige Abschreibung des Aktienkapitals unter gleichzeitiger Wiedererhöhung auf den bisherigen Betrag setzt weder eine Zwischenbilanz nach

Art. 725 Abs. 2 noch einen besonderen Revisionsbericht nach Art. 732 Abs. 2 voraus (BGE 121 III 420 E. 4).

Von **stiller Sanierung** wird gesprochen, wenn Aktionäre Zuzahlungen leisten oder Verpflichtungen der Gesellschaft übernehmen. Ein Kapitalherabsetzungs- oder Erhöhungsbeschluss ist nicht erforderlich. Dadurch entfällt auch die Registerpublizität (ZR 1940, 205 ff.).

15

Als Massnahmen gleicher Wirkung wie die stille Sanierung würden sich (allenfalls konfektionierte) Darlehen mit Rangrücktritt, (allenfalls konfektionierte) Darlehen mit Nachbesserungsscheinen oder die Ausgabe von Genussscheinen anbieten, mit denen verkehrsfähige Papiere geschaffen werden.

15a

2. Aktienamortisation

Unter Aktienamortisation wird die Vernichtung einzelner Mitgliedschaftsstellen bzw. Grundkapitalanteile unter Abfindung des ausscheidenden Aktionärs oder Partizipanten und **ohne Einhaltung des Kapitalherabsetzungsverfahrens** verstanden (FORSTMOSER, Aktienrecht, § 16 N 518 m.w.Nw.). In der bisherigen Lehre war umstritten, ob die Aktienamortisation in diesem Sinne zulässig sei oder nicht. Zur Unsicherheit beigetragen hat die frühere Regelung in der HRegV, die lautete: *«Sind die Aktien zurückgekauft und vernichtet worden, so muss die Herabsetzung des Grundkapitals und die Zahl der Aktien selbst dann eingetragen werden, wenn ein entsprechender Betrag in die Passiven der Bilanz eingestellt wird»* (Art. 84 Abs. 4 aHRegV). Diese Vorschrift hat mehr zur Verwirrung als zur Klärung der Rechtslage beigetragen. Namentlich haben daraus verschiedene Autoren die Zulässigkeit der Aktienamortisation ohne Einhaltung der Vorschriften über das Kapitalherabsetzungsverfahren hergeleitet (WIELAND, SJZ 1941/42, 109 ff.; FORSTMOSER, Aktienrecht, § 16 N 521 m.w.Nw.; **a.M.** ZK-VON STEIGER, Art. 788 N 29). Dass die Eidg. Räte jede Aktienamortisation, auch diejenige zu Lasten von Reingewinn oder freien Reserven der Gesellschaft, dem Kapitalherabsetzungsverfahren mit Revisionsbericht und Schuldenruf unterstellen wollten, steht ausser Zweifel: *«Materiell hat die ständerätliche Kommission die Verwendung der Reserven zum Ankauf eigener Aktien ausserhalb des Kapitalherabsetzungsverfahrens verunmöglichen wollen»* (StenBull 1935, 105; WIELAND, SJZ 1941/42, 109; zustimmend VON STEIGER, 316 f.). Mit der **Novelle zur HRegV** vom 9.6.1992 hat der Bundesrat die Unklarheit beseitigt und festgehalten, dass die Aktienamortisation ausserhalb des ordentlichen Kapitalherabsetzungsverfahrens unzulässig ist: *«Sind Aktien zurückgekauft und vernichtet worden, so muss das Kapitalherabsetzungsverfahren eingehalten und die Herabsetzung des Kapitals und der Zahl der Aktien selbst dann eingetragen werden, wenn ein entsprechender Betrag in die Passiven der Bilanz gestellt wird.»* (Art. 84 Abs. 4 aHRegV, heute Art. 55 Abs. 4 HRegV). Die Aktienamortisation ist unzulässig, und eine Statutenbestimmung, die sie vorsehen will, ist nichtig (BÖCKLI, § 2 Rz 373).

16

3. Fusion

Unter **Fusion** (Verschmelzung) wird der vertraglich vereinbarte Vorgang verstanden, durch den eine oder mehrere juristische Personen ihr gesamtes Aktiv- und Passivvermögen im Wege der Auflösung ohne Liquidation auf eine andere juristische Person übertragen, und zwar dergestalt, dass die bisherigen Mitglieder der aufgelösten juristischen Personen ipso iure und ohne weiteres Mitglieder der übernehmenden juristischen Personen werden. Bei der Fusion kann die übernehmende Gesellschaft zur Bereitstellung der

17

Mitgliedschaftsstellen für die Aktionäre der übernommenen Gesellschaft das Kapital erhöhen (Art. 9 Abs. 1 FusG); der Erhöhungsbetrag kann aber unter der Höhe des Grundkapitals der übernommenen Gesellschaft bleiben. Zulässig ist aber auch eine **Fusion ohne Kapitalerhöhung** bei der übernehmenden Gesellschaft, namentlich im Falle der Fusion mit Vorratsaktien, der Mutter-Tochter-Fusion und der Splittingfusion (KÜNG, SZW 1991, 245 f. m.w.Nw.).

Diese Fusionsfälle eröffnen die Möglichkeit, die aufwändigen *Gläubigerschutzbestimmungen im förmlichen Kapitalherabsetzungsverfahren zu umgehen*.

VII. Prophylaktische Rechtspflege

20   Der Registerführer hat zu prüfen, ob die **gesetzlichen Voraussetzungen** für die Eintragung erfüllt sind. Bei der Eintragung juristischer Personen ist insb. zu prüfen, ob die Statuten keinen zwingenden Vorschriften widersprechen und den vom Gesetz verlangten Inhalt aufweisen (Art. 940). Der Handelsregisterführer verweigert daher die Eintragung einer Kapitalherabsetzung, bei der die Vorschriften über das Herabsetzungsverfahren nicht eingehalten worden sind.

21   Bei Kapitalherabsetzungen wird der **Redaktion der Statuten** oft zu wenig Beachtung geschenkt, weshalb der Handelsregisterführer in solchen Fällen die Eintragung der Herabsetzung verweigern und das Geschäft zur nochmaligen Beschlussfassung durch die GV zurückweisen muss. Bestimmen z.B. die Statuten, dass jeder Aktie eine Stimme zukommen soll, und werden bei der Herabsetzung durch unterschiedliche Nennwerte Stimmrechtsaktien geschaffen, so ist das in den Statuten ausdrücklich zu vermerken (Art. 627 Ziff. 9; vgl. aber BJM 1984, 169 ff.). Werden bei einer Herabsetzung mit gleichzeitiger Wiedererhöhung die bisherigen Aktien nicht vernichtet, so bestehen neu zwei *Kategorien* von Aktien, was in den Statuten zu vermerken ist (Art. 626 Ziff. 4). Zu beachten ist ferner, dass bei Kapitalherabsetzungen oft mehrere Kategorien von Aktionären geschaffen werden, die Anspruch auf *Vertretung im VR* haben, was ebenfalls in den Statuten zu vermerken ist (Art. 709 Abs. 1).

VIII. Schutz der Aktionäre

23   Auch bei der Kapitalherabsetzung gilt der **Grundsatz der relativen Gleichbehandlung** der Aktionäre (BGE 95 II 162; 102 II 265; SCHLUEP, Die wohlerworbenen Rechte des Aktionärs und ihr Schutz nach schweizerischem Recht, 1955, 320 ff.). Problemlos wird sich die Nennwertherabsetzung bei Einheitsaktien, d.h. bei Aktien gleicher Art und gleichen Nennwerts, realisieren lassen. Die proportionale Gleichbehandlung ist gewahrt, wenn das bisherige Verhältnis der den Aktionären verschiedener Kategorien zustehenden Mitgliedschaftsrechte grundsätzlich unverändert bleibt (ZBJV 1950, 327 f.; SCHUCANY, Art. 735 N 4 m.w.Nw.).

Die Wahrung der Gleichbehandlung ist bei einer Herabsetzung mit Vernichtung von Aktien schwieriger. Unter bisherigem Recht konnte einem Aktionär die Mitgliedschaft bei der AG durch eine Kapitalherabsetzung nicht ohne seine Zustimmung entzogen werden (BJM 1984, 169 ff.). Heute hat er wenigstens die Möglichkeit, über ein unentziehbares Bezugsrecht weiterhin an der Gesellschaft beteiligt zu bleiben (Art. 732a Abs. 2).

Bei der Herabsetzung des Nennwerts im Falle einer Unterbilanz kann das Stimmrecht dem ursprünglichen Nennwert entsprechend beibehalten werden (Art. 692 Abs. 3). Das

4. Abschnitt: Herabsetzung des Aktienkapitals **Art. 732**

erfordert eine entsprechende Statutenänderung. Bei der Nennwertherabsetzung können Inhaberaktien zu Stimmrechtsaktien (Art. 693 Abs. 2) werden. Sie müssen nicht in Namenaktien umgewandelt werden (SAG 1941/42, 43), weil es sich nicht um Stimmrechtsaktien handelt (vgl. Art. 692 N 14). Ein wohlerworbenes Recht auf Beibehaltung des Grundkapitals, das die Herabsetzung verhindern könnte, besteht nicht (SJZ 1968, 141).

Art. 732

A. Herabsetzungsbeschluss

¹ **Beabsichtigt eine Aktiengesellschaft, ihr Aktienkapital herabzusetzen, ohne es gleichzeitig bis zur bisherigen Höhe durch neues, voll einzubezahlendes Kapital zu ersetzen, so hat die Generalversammlung eine entsprechende Änderung der Statuten zu beschliessen.**

² **Sie darf einen solchen Beschluss nur fassen, wenn ein zugelassener Revisionsexperte in einem Prüfungsbericht bestätigt, dass die Forderungen der Gläubiger trotz der Herabsetzung des Aktienkapitals voll gedeckt sind. Der Revisionsexperte muss an der Generalversammlung anwesend sein.**

³ **Im Beschluss ist das Ergebnis des Prüfungsberichts festzustellen und anzugeben, in welcher Art und Weise die Kapitalherabsetzung durchgeführt werden soll.**

⁴ **Ein aus der Kapitalherabsetzung allfällig sich ergebender Buchgewinn ist ausschliesslich zu Abschreibungen zu verwenden.**

⁵ **Das Aktienkapital darf nur unter 100 000 Franken herabgesetzt werden, sofern es gleichzeitig durch neues, voll einzubezahlendes Kapital in der Höhe von mindestens 100 000 Franken ersetzt wird.**

A. Décision de réduction

¹ Lorsqu'une société se propose de réduire son capital-actions sans remplacer simultanément le montant de la réduction par du capital-actions nouveau à verser entièrement, l'assemblée générale doit modifier les statuts.

² L'assemblée générale ne peut prendre une telle décision que si un expert-réviseur agréé confirme dans un rapport de révision que les créances sont entièrement couvertes par le capital-actions réduit. L'expert-réviseur doit être présent à l'assemblée générale.

³ La décision constate le résultat du rapport de révision et indique de quelle façon doit être effectuée la réduction du capital-actions.

⁴ Tout gain comptable qui pourrait résulter de la réduction du capital-actions devra être affecté exclusivement aux amortissements.

⁵ Le capital-actions ne peut être réduit à un montant inférieur à 100 000 francs que s'il est simultanément remplacé par un capital nouveau de 100 000 francs au moins, qui doit être entièrement libéré.

A. Deliberazione di riduzione

¹ Qualora una società anonima intenda ridurre il suo capitale azionario, senza sostituire nello stesso tempo l'ammontare della riduzione con capitale nuovo da versare interamente, l'assemblea generale deve modificare conformemente lo statuto.

² L'assemblea generale può così deliberare solo se un perito revisore abilitato conferma in una relazione di verifica che i debiti della società rimar-

ranno interamente coperti nonostante la riduzione del capitale azionario. Il perito revisore deve essere presente all'assemblea generale.

³ Nella deliberazione dev'essere riprodotto il risultato della relazione di verifica e indicato in che modo dev'essere eseguita la riduzione del capitale.

⁴ Il guadagno contabile che potesse risultare dalla riduzione del capitale, dovrà servire esclusivamente ad ammortamenti.

⁵ Il capitale azionario può essere ridotto a una somma inferiore a 100 000 franchi soltanto se è simultaneamente sostituito, sino a concorrenza di almeno 100 000 franchi, con capitale nuovo da versare interamente.

I. Statutenänderung

1   Die Höhe des AK und PS-Kapitals (Grundkapital) ist notwendiger **Statuteninhalt** (Art. 626 Ziff. 3, Art. 656a Abs. 2). Eine Herabsetzung des Grundkapitals bedarf daher einer Statutenänderung. Zuständig für den Beschluss ist die GV (Art. 698 Abs. 2 Ziff. 1). Entsprechende Beschlüsse anderer Organe sind *nichtig*, weil die Beschlusskompetenz für eine Herabsetzung der GV nicht entzogen oder von ihr nicht an ein anderes Organ delegiert werden kann (Art. 706b Ziff. 3 i.V.m. Art. 714).

2   Jeder Beschluss der GV über die Herabsetzung des Grundkapitals ist öffentlich zu beurkunden (Art. 647 Abs. 1). Das ist ein zwingendes **Formerfordernis.** Wird die Form verletzt, ist der Beschluss *nichtig*, d.h. von Anfang an (ex tunc) objektiv ungültig und daher unheilbar, und der Mangel ist von Amtes wegen zu beachten.

3   Für den Beschluss über die Statutenänderung genügt das **einfache Mehr,** sofern die Statuten nichts anderes bestimmen (Art. 704, Art. 627 Ziff. 11).

Hat die Gesellschaft *Vorzugsaktien* ausgegeben und sollen durch die Kapitalherabsetzung statutarische Vorrechte abgeändert oder aufgehoben werden, so müssen der Statutenänderung nicht nur die GV sämtlicher Aktionäre, sondern auch die besondere Versammlung der beeinträchtigten Vorzugsaktionäre zustimmen (Art. 654 Abs. 2). Die Zustimmung der Versammlung der Vorzugsaktionäre ist nach h.L. jedoch nur notwendig, wenn die Opfersymmetrie zwischen Stamm- und Vorzugsaktionären nicht gewahrt ist (vgl. BÖCKLI, § 2 Rz 340).

II. Revisionsbericht

1. Form

4   Der Revisionsbericht ist **schriftlich** abzufassen (Art. 734 Satz 2 OR; Art. 55 Abs. 1 lit. c HRegV). Dem Erfordernis ist in qualifizierter Form genüge getan, wenn der ganze Bericht in die öffentliche Urkunde über den Herabsetzungsbeschluss integriert ist.

2. Inhalt

5   Der Revisionsbericht bezweckt festzustellen, dass die **Forderungen der Gläubiger** trotz der Herabsetzung des Grundkapitals **voll gedeckt** sind. Diese Kernaussage muss als Ergebnis des Revisionsberichtes festgehalten werden und gleichzeitig in der öffentlichen Urkunde über den Beschluss der Herabsetzung als Feststellung wiedergegeben sein (Art. 55 Abs. 2 HRegV). Ferner wird im Revisionsbericht bestätigt, dass die gesetzlichen Vorschriften für die Kapitalherabsetzung erfüllt sind.

4. Abschnitt: Herabsetzung des Aktienkapitals   6–10   **Art. 732**

Der Revisionsbericht wird aufgrund einer **Bilanz** oder eines **Zwischenabschlusses** erstellt. Diese Grundlagen für den Revisionsbericht müssen möglichst aktuell sein.   6

Grundsätzlich obliegt es dem zugelassenen Revisionsexperten zu beurteilen, wie alt eine Bilanz oder ein Zwischenabschluss sein darf, damit er die Feststellung treffen kann, dass im Zeitpunkt der Herabsetzung (und nicht am Bilanzstichtag) die Forderungen der Gläubiger trotz der Herabsetzung des Aktienkaptials voll gedeckt sind. Nötigenfalls muss er im Revisionsbericht Stellung über allfällige *Veränderungen des Gesellschaftsvermögens zwischen Bilanzstichtag und Herabsetzungsbeschluss* nehmen. Jedenfalls soll der Revisionsbericht zu einem Zeitpunkt erstattet werden, der möglichst kurz vor der Beschlussfassung der GV liegt (VON STEIGER, 310). In der *Handelsregisterpraxis* werden Revisionsberichte, die auf Bilanzen basieren, die älter als sechs Monate sind, zurückgewiesen. Diese Befristung wird mit der analogen Anwendung einer entsprechenden Befristung (Art. 652d Abs. 2) gerechtfertigt. Die Praxis ist nicht einheitlich.

Umstritten ist, ob die **Bewertung zu Fortführungs- oder zu Liquidationswerten** zu   7
erfolgen hat (FORSTMOSER, Aktienrecht, § 16 N 120 ff. m.w.Nw.). Die Frage ist von Bedeutung, weil die Liquidationswerte (Veräusserungswerte) i.d.R. tiefer als die Fortführungswerte sind.

Die bei Fortführung («Going-concern»-Basis) geltenden Bewertungsgrundsätze sind anschaffungskostenorientiert; massgebend sind die Preise auf dem Beschaffungsmarkt für die betreffenden oder für gleichwertige Wirtschaftsgüter. Die Bewertung zum Liquidationswert richtet sich nach den erzielbaren Preisen für die betreffenden Güter auf dem Veräusserungsmarkt.

Der vorsichtige Revisor wird im Kapitalherabsetzungsverfahren nicht nur auf die Bilanzdeckung achten, wie es Art. 732 vorschreibt, sondern er wird auch eine (überschlägige) **Unternehmensbewertung** durchführen. Nur wenn durch eine Unternehmensbewertung festgestellt wird, dass das Eigenkapital der Gesellschaft grösser als Null ist, darf gesagt werden, alle Verpflichtungen seien durch die Aktiven gedeckt.

Bei der Herabsetzung im Fall einer Unterbilanz stellt sich die Frage, ob eine begründete   8
Besorgnis einer **Überschuldung** zwingend vermutet werden muss. Deshalb muss die Bilanz sowohl zu Fortführungs- als auch zu Veräusserungswerten erstellt werden (Art. 725 Abs. 2).

3. Qualifikation des Revisors

Der Revisionsbericht muss von einem **zugelassenen Revisonsexperten** erstattet werden. Dessen fachliche Anforderungen sind vom Bundesrat umschrieben worden (Art. 4   9
Revisionsaufsichtsgesetz, RAG, SR 221 302). Verantwortlich für die Auswahl des Revisors, insb. ob er aufgrund seiner fachlichen Qualifikation als besonders befähigter Revisor einzustufen ist, ist der VR.

Die RS muss vom VR und von einem Aktionär, der über die Stimmenmehrheit verfügt,   10
unabhängig sein (Art. 728). Der Handelsregisterführer weist den Revisionsbericht zurück, wenn der Revisor die **Unabhängigkeit** offensichtlich nicht aufweist. Der Registerführer hat allerdings keine besonderen Nachforschungspflichten oder eine Berechtigung zu weiter gehenden Abklärungen hinsichtlich der Unabhängigkeit der RS. Wo ihm aber der Mangel bekannt ist, schreitet er ein (KÜNG, ST 1992, 631 ff.).

4. Anwesenheit der RS

11   Die RS muss an der GV, die den Herabsetzungsbeschluss fasst, anwesend sein (Art. 732 Abs. 2 Satz 2), damit sie ggf. den Revisionsbericht erläutern oder den Aktionären Auskunft geben kann. Insbesondere muss sie Aufschluss geben, ob und inwiefern wesentliche Änderungen seit Abschluss des Revisionsberichts eingetreten sind (ZK-BÜRGI, Art. 732 N 16). Die **Anwesenheit oder Absenz des Revisors** ist in der öffentlichen Urkunde über den Herabsetzungsbeschluss zu vermerken. Ist der Revisor an der betreffenden GV nicht anwesend, so ist der Herabsetzungsbeschluss anfechtbar (Art. 731 Abs. 3).

III. Herabsetzungsbeschluss

1. Inhalt

12   In der Literatur wurde geltend gemacht, die Konzeption des Gesetzes verlange eigentlich zwei gesonderte, zeitlich auseinander liegende Beschlüsse, mithin zwei öffentliche Urkunden (BÖCKLI, § 2 Rz 342). Das hat keine Resonanz gefunden. In der Praxis ist daher die Beschlussfassung der GV in einer öffentlichen Urkunde üblich.

Die **öffentliche Urkunde** über die Beschlüsse der GV zur Kapitalherabsetzung enthält folgende wesentliche Elemente (Verband Bernischer Notare, Musterurkunden, Bd. III, Muster 745):

– Einleitungsklausel;

– Feststellungen über das Zustandekommen und die Leitung der GV;

– materielle Beschlussfassung;

– Abschluss der Urkunde.

13   Die *Einleitungsklausel* umfasst i.d.R. die Bezeichnung der öffentlichen Urkunde als solche, die Individualisierung der betreffenden Gesellschaft (Firma und Sitz), die Angabe des Versammlungslokals und des Versammlungsdatums sowie die Angaben über die Urkundsperson (vgl. dazu z.B. Art. 19 EGzZGB des Kt. St. Gallen, sGS 911.1). Die **Feststellungen über die GV** umfassen die Individualisierung des Vorsitzenden und des Protokollführers und evtl. auch der Stimmenzähler der Versammlung. Es folgen Feststellungen über die Zahl der anwesenden oder vertretenen Aktionäre, über die ordnungsgemässe Einladung oder die Feststellung, dass die GV als Universalversammlung tagt, über Organvertreter (Art. 689c) und Depotvertreter (Art. 689d) und über die Personalien der anwesenden zugelassenen Revisionsexperten (Art. 732 Abs. 2) bzw. die Feststellung über die Abwesenheit.

Der Abschluss der Urkunde enthält Verweise auf die Beilagen zur öffentlichen Urkunde sowie verschiedene Formalakte (Datierung, Unterschriften, Siegelung usw.; vgl. für den Inhalt von Versammlungsbeschlüssen z.B. Art. 7 Verordnung über die öffentliche Beurkundung und Beglaubigung des Kantons St. Gallen, sGS 151.51).

14   Die **materielle Beschlussfassung** nimmt Bezug auf den Revisionsbericht und muss enthalten (Art. 55 Abs. 1 lit. a HRegV):

a) Das Ergebnis des Prüfungsberichts, d.h. die Feststellung, in welcher Art und Weise die Kapitalerhöhung durchgeführt werden soll (Art. 732 Abs. 3) und dass die Forderungen der Gläubiger auch nach Herabsetzung des Grundkapitals voll gedeckt sind (Art. 732 Abs. 2).

b) Der förmliche Beschluss, dass AK und PS-Kapital herabzusetzen, unter Angabe des Herabsetzungsbetrages oder der Höhe des neuen AK und PS-Kapitals. Neben der primären Sicherungsfunktion kommt der öffentlichen Beurkundung bei der Kapitalherabsetzung auch eine gewisse Wahrungs- und Klarstellungsfunktion zu. Sowohl die beteiligten Aktionäre als auch die effektiv oder virtuell betroffenen Dritten (z.B. Gläubiger) sollen aus der Beschlussfassung den klaren Willen der GV zur Kapitalherabsetzung entnehmen können. Dementsprechend braucht es den *förmlichen Kapitalherabsetzungsbeschluss als zwingendes Gültigkeitserfordernis* (so auch BÖCKLI, § 2 Rz 344). Es genügt daher m.E. nicht, die Kapitalherabsetzung durch den Beschluss einer Generalrevision der Statuten ohne ausdrückliche Kennzeichnung der Herabsetzung vorzunehmen.

c) Im Beschluss ist anzugeben, in welcher *Art und Weise die Kapitalherabsetzung durchgeführt* wird (Art. 732 Abs. 3). Das bedeutet, dass sowohl Form und Art der Kapitalherabsetzung festzulegen sind. Bei der Bestimmung der Form der Kapitalherabsetzung muss die GV beschliessen, ob eine Nennwertherabsetzung oder eine Herabsetzung durch Vernichtung von Aktien vorgenommen wird bzw. in welchem Ausmass beide Formen zur Anwendung gelangen. Bei der AK-Herabsetzung ist festzuhalten, ob es sich um eine substantielle oder um eine nominelle Herabsetzung handelt. Insbesondere ist anzugeben, wie die Rückzahlung an die Aktionäre erfolgen wird (durch Barabgeltung, Abtretung von Forderungen oder Waren, Verrechnung mit Schulden der Aktionäre usw.).

d) Schliesslich hat die GV die *Neufassung der Statuten* über AK, Liberierung des AK sowie Anzahl, Nennwert und Art der Aktien, ggf. auch die Höhe des PS-Kapitals und seine Liberierung sowie Anzahl, Nennwert und Art der PS zu beschliessen (Art. 626 Ziff. 3 f. i.V.m. Art. 656a Abs. 2 und Art. 698 Abs. 2 Ziff. 1). Deswegen ist auch die Auffassung, die GV könne bedingte Beschlüsse über die Art und Weise der Herabsetzung oder des Umfangs des Herabsetzungsbetrages fassen und die Konkretisierung an den VR delegieren, unzutreffend (vgl. FORSTMOSER, Aktienrecht, § 16 N 153, 158, allerdings widersprüchlich zu N 174). Denn eine Delegation der Festsetzung der Statuten an den VR ist als nichtig zu qualifizieren (Art. 698 Abs. 2 Ziff. 1 i.V.m. Art. 706b Ziff. 3; gl.M. BÖCKLI, § 2 Rz 339).

2. Mängel

Ein **Herabsetzungsbeschluss ohne Revisionsbericht** ist *nichtig* (Art. 731 Abs. 3). Ein Herabsetzungsbeschluss, der an einem notwendigen Beschlusselement Mangel leidet, ist ungültig. Den tangierten Drittinteressierten wegen bewirkt ein solcher Mangel *Nichtigkeit* des Herabsetzungsbeschlusses (Art. 706b Ziff. 3), und die Herabsetzung darf nicht ins Handelsregister eingetragen werden.

IV. Verwendung eines Buchgewinns

Ein aus der Kapitalherabsetzung allfällig sich ergebender Buchgewinn ist ausschliesslich zu **Abschreibungen** zu verwenden (Art. 732 Abs. 4). Ein Buchgewinn entsteht, wenn der Betrag, um den das Grundkapital herabgesetzt wird, nicht im vollem Umfange für Rückzahlungen, zur Befreiung von Liberierungspflichten oder zur Abschreibung einer Unterbilanz benötigt wird (FORSTMOSER, Aktienrecht, § 16 N 263).

Die Norm bezweckt zu verhindern, dass ein blosser Buchgewinn an die Aktionäre ausgeschüttet und damit den Gläubigern entzogen wird (BGE 51 II 436 f.). Der Normzweck, nicht aber die Ausgestaltung der Bestimmung, findet die Zustimmung der Lehre (FORSTMOSER, Aktienrecht, § 16 N 268 m.w.Nw.). Namentlich wird kritisiert, dass durch übermässige Abschreibungen stille Reserven gebildet werden können, die später zugunsten der Aktionäre wieder aufgelöst werden können (vgl. Art. 669 Abs. 3). Sodann handle es sich bei der Formulierung der Bestimmung um ein gesetzgeberisches Versehen, das nicht mit der ordnungsgemässen Rechnungslegung vereinbar sei; weshalb der Buchgewinn den allgemeinen Reserven zuzuweisen sei (BÖCKLI, § 2 Rz 371). Die teleologisch richtige Auslegung führt wohl zum Ergebnis, dass ein allfälliger Buchgewinn sowohl für Abschreibungen als auch für die Bildung von Reserven verwendet werden darf, wobei gebildete offene oder stille Reserven später aber nicht zugunsten der Aktionäre verwendet werden dürfen.

V. Mindestkapital und Mindestnennwert

1. Mindestkapital

17 In keinem Fall darf das **AK** unter CHF 100 000 herabgesetzt werden (Art. 732 Abs. 5). Diese Schranke gilt absolut und darf auch im Falle der Sanierung nicht unterschritten werden. Das hat schon unter bisherigem Recht so gegolten. Die Neuformulierung von Abs. 5 im Zuge der Revision des GmbH-Rechts soll das sprachlich klarstellen (Botschaft GmbH, 3233).

2. Mindestnennwert

18 Der **Nennwert der Aktien** muss mind. einen Rappen betragen (Art. 622 Abs. 4). Diese Schranke gilt auch bei der substantiellen Kapitalherabsetzung absolut.

Art. 732a

B. Vernichtung von Aktien im Fall einer Sanierung

¹ Wird das Aktienkapital zum Zwecke der Sanierung auf null herabgesetzt und anschliessend wieder erhöht, so gehen die bisherigen Mitgliedschaftsrechte der Aktionäre mit der Herabsetzung unter. Ausgegebene Aktien müssen vernichtet werden.

² Bei der Wiedererhöhung des Aktienkapitals steht den bisherigen Aktionären ein Bezugsrecht zu, das ihnen nicht entzogen werden kann.

B. Destruction des actions en cas d'assainissement

¹ Lorsque, à des fins d'assainissement, le capital-actions est réduit à zéro puis augmenté à nouveau, les droits d'associé sont supprimés par la réduction du capital-actions. Les actions émises doivent être détruites.

² Dans le cadre de l'augmentation du capital-actions, les actionnaires ont un droit de souscription préférentiel qui ne peut pas leur être retiré.

B. Soppressione delle azioni in caso di risanamento

¹ Se, a fini di risanamento, il capitale azionario è ridotto a zero e nuovamente aumentato, i diritti societari degli azionisti decadono all'atto della riduzione. Le azioni emesse devono essere soppresse.

² All'atto dell'aumento del capitale azionario, gli azionisti hanno un diritto d'opzione di cui non possono essere privati.

4. Abschnitt: Herabsetzung des Aktienkapitals

I. Revisionsanliegen

Das BGer hatte unter der bisherigen Rechtslage entschieden, dass bei einer Kapitalherabsetzung bei gleichzeitiger Wiedererhöhung unter Ausgabe von neuen Aktien die bisherigen Aktionäre ihre Gesellschafterstellung ungeachtet der Vernichtung der Aktien beibehalten und selbst dann, wenn sie sich nicht an der Wiedererhöhung des Kapitals beteiligen, ein minimales Stimmrecht (d.h. zumindest eine Stimme) bewahren (BGE 121 III 420 E. 4c). Der Entscheid wurde in der Literatur kritisiert, weil dadurch Phantomaktionäre entstünden, die nicht mehr Träger von Risikokapital seien. Das könne eine Sanierung erschweren. Um diesen Problemen zu begegnen, sieht das revidierte Recht eine gesetzliche Ordnung der Vernichtung von Aktien im Rahmen einer Sanierung vor. Sämtliche Rechte, die aus der Beteiligung am Aktienkapital fliessen, sollen gemäss dessen Charakter als Risikokapital untergehen, wenn das Aktienkapital zufolge eines Kapitalverlustes als vollständig verloren betrachtet werden muss. *Absatz 1* hält demnach fest, dass die bisherigen Mitgliedschaftsrechte der Aktionäre entfallen, wenn das Aktienkapital zum Zwecke der Sanierung auf null herabgesetzt und sogleich wieder erhöht wird (Botschaft GmbH, 3233).

Der grundsätzlich nicht entziehbaren Rechtsstellung der Aktionäre muss im Falle eines gänzlichen Kapitalverlustes dadurch Rechnung getragen werden, dass ihnen ein unbedingtes und unentziehbares Recht zugestanden wird, sich im Ausmass ihres bisherigen Aktienbesitzes an der Wiedererhöhung des Aktienkapitals zu beteiligen. *Absatz 2* räumt den bisherigen Aktionären demgemäss bei der Wiedererhöhung des Aktienkapitals ein zwingendes und unentziehbares Bezugsrecht ein (Botschaft GmbH, 3234).

II. Eintragung in das Handelsregister

Wird zusammen mit der Herabsetzung des Aktienkapitals eine Wiedererhöhung auf den bisherigen oder einen höheren Betrag beschlossen, so müssen dem Handelsregisteramt mit der Anmeldung zur Eintragung folgende Belege eingereicht werden (Art. 57 Abs. 1 HRegV):

a) die öffentliche Urkunde über den Beschluss der Generalversammlung;

b) die für eine ordentliche Kapitalerhöhung erforderlichen Belege;

c) die Statuten, falls sie geändert werden.

Ins Handelsregister müssen eingetragen werden (Art. 57 Abs. 2 HRegV):

a) die Tatsache, dass das Aktienkapital herabgesetzt und gleichzeitig wieder erhöht wurde;

b) der Betrag, auf den das Aktienkapital herabgesetzt wird;

c) die Angabe, ob die Herabsetzung durch Reduktion des Nennwerts oder durch Vernichtung von Aktien erfolgt;

d) falls das Aktienkapital über den bisherigen Betrag erhöht wurde: der neue Betrag;

e) Anzahl, Nennwert und Art der Aktien nach der Kapitalerhöhung;

f) der neue Betrag der geleisteten Einlagen;

g) gegebenenfalls die Stimmrechtsaktien;

h) im Fall von Vorzugsaktien: die damit verbundenen Vorrechte;

Art. 733   1   26. Titel: Die Aktiengesellschaft

i) gegebenenfalls die Beschränkung der Übertragbarkeit der Aktien;

j) falls die Statuten geändert wurden: deren neues Datum.

III. Mindestnennwert

5   Eine Kapitalherabsetzung zu Sanierungszwecken kann nicht nur durch eine Vernichtung von Aktien, sondern auch durch eine Herabsetzung des Nennwerts der Aktien erfolgen. Dabei muss allerdings der Mindestnennwert von einem Rappen beachtet werden (Art. 622 Abs. 4). Die Möglichkeit, den Nennwert im Fall einer Sanierung unter den gesetzlichen Mindestwert herabzusetzen, wurde im Zusammenhang mit der Reduktion des Mindestnennwerts von CHF 10 Franken auf nur einen Rappen richtigerweise aufgegeben. Ist selbst dieser Mindestnennwert nicht mehr durch Aktiven gedeckt, so erweist sich eine Vernichtung der bisherigen Aktien als zwingend. In Ergänzung zur Revision von Art. 622 schafft die vorliegende Bestimmung die nötige Rechtssicherheit für die Vernichtung bisheriger Aktien (Botschaft GmbH, 3234).

Art. 733

C. Aufforderung an die Gläubiger	**Hat die Generalversammlung die Herabsetzung des Aktienkapitals beschlossen, so veröffentlicht der Verwaltungsrat den Beschluss dreimal im Schweizerischen Handelsamtsblatt und überdies in der in den Statuten vorgesehenen Form und gibt den Gläubigern bekannt, dass sie binnen zwei Monaten, von der dritten Bekanntmachung im Schweizerischen Handelsamtsblatt an gerechnet, unter Anmeldung ihrer Forderungen Befriedigung oder Sicherstellung verlangen können.**
C. Avis aux créanciers	Lorsque l'assemblée générale a décidé de réduire le capital-actions, le conseil d'administration publie la décision trois fois dans la *Feuille officielle suisse du commerce* et, au surplus, en la forme prévue par les statuts et elle avise les créanciers que, dans les deux mois qui suivront la troisième publication dans la *Feuille officielle suisse du commerce,* ils pourront produire leurs créances et exiger d'être désintéressés ou garantis.
C. Diffida ai creditori	Deliberata che sia dall'assemblea generale la riduzione del capitale azionario, il consiglio d'amministrazione pubblica la deliberazione tre volte nel *Foglio ufficiale svizzero di commercio* ed altresì nella forma prevista dallo statuto, informando i creditori che, nei due mesi successivi alla terza pubblicazione nel *Foglio ufficiale svizzero di commercio,* essi potranno produrre i loro crediti ed esigere d'essere soddisfatti o garantiti.

I. Normzweck

1   Zweck des Kapitalherabsetzungsverfahrens ist eine wirkungsvolle **Sicherung der Gläubigerinteressen.** Dieser Zielsetzung dienen die Aufforderung an die Gläubiger zur Anmeldung ihrer Ansprüche und eine Sperrfrist von zwei Monaten. Während dieser Zeit haben die Gläubiger Gelegenheit, ihre Forderungen anzumelden, und die Kapitalherabsetzung kann nicht im Handelsregister eingetragen werden.

II. Schuldenruf

Der Schuldenruf ist mind. dreimal im **SHAB** zu veröffentlichen. Sehen die Statuten weitere Publikationsorgane für Bekanntmachungen vor (Art. 626 Ziff. 7), so ist der Schuldenruf auch in diesen Publikationsorganen zu veröffentlichen. Bei dieser Veröffentlichung handelt es sich um einen Aufruf an die Gläubiger, ihre Interessen gegenüber der Gesellschaft zu wahren. Von den *Bekanntmachungen* (Art. 626 Ziff. 7) sind die *Mitteilungen* abzugrenzen (Art. 45 Abs. 1 lit. s HRegV). Letztere sind Erklärungen des VR gegenüber den Aktionären. Der Schuldenruf stellt keine solche mitteilungspflichtige Tatsache dar.

In der Publikation ist den Gläubigern bekannt zu machen, dass sie binnen zwei Monaten, von der dritten Bekanntmachung im SHAB an gerechnet, unter Anmeldung ihrer Forderung **Befriedigung oder Sicherstellung** verlangen können (Art. 733). Damit die Publikation ihren Zweck erfüllen kann, muss bei der Publikation des Schuldenrufs dem Publikum der Inhalt des Herabsetzungsbeschlusses summarisch kundgegeben werden. Insbesondere ist die *Höhe des Herabsetzungsbetrages* und der *Umfang der Rückzahlung* bzw. der Reservenbildung anzugeben, damit sich die Gläubiger ein Bild über die Herabsetzung machen können. **Anmeldestelle** ist i.d.R. die Gesellschaft.

III. Sperrfrist

Der Sperrfrist kommt eine doppelte Bedeutung zu: Für die Gläubiger stellt sie die **Anmeldefrist** für ihre Ansprüche dar. Für die Gesellschaft begründet sie die **Wartezeit** bis zur Durchführung und Eintragung der Kapitalherabsetzung im Handelsregister. Nachdem der Aufruf erfolgen muss, auch wenn keine Gläubiger vorhanden sind, kann die Frist auch dann nicht abgekürzt werden, wenn alle Gläubiger zustimmen (**a.M.** ZK-BÜRGI, Art. 733 N 13). Der Handelsregisterführer hat der Sperrfrist Nachachtung zu verschaffen.

IV. Sicherstellung

Umstritten ist die Frage, ob die **Sicherstellung** nur auf die qualitative und quantitative Verschlechterung der Deckung, welche sich durch die Kapitalherabsetzung ergibt, erstrecken soll, oder ob der ganze Betrag der angemeldeten Forderung sicherzustellen sei. Nach einem Teil der Autoren soll nach der *Differenztheorie* die Sicherstellung nur in dem Umfang erfolgen können, als die bisherige Deckung durch die Kapitalherabsetzung verkleinert worden ist (ZK-BÜRGI, Art. 732 N 22 m.w.Nw.). Nach der andern Auffassung hat die Sicherstellung für den ganzen Betrag zu erfolgen. Die Differenztheorie überzeugt nicht. Sie trägt dem Charakter der Kapitalherabsetzung zu wenig Rechnung (ZK-VON STEIGER, Art. 788 m.w.Nw.). Nachdem der Revisionsbericht feststellen muss, dass die ganze Forderung der Gläubiger gedeckt ist, und diese Feststellung aber nichts anderes als das Ergebnis einer Bewertung darstellt, ist es sachlich richtig, die Gläubiger über die ganze Forderung sicherzustellen, denn die Bewertung ist eine Ermessensfrage mit einem gewissen Unsicherheitspotential und ihre Grundlagen können nachträglich eine Änderung erfahren und so die Gläubiger schlechter stellen. In der Praxis dürfte es im Übrigen auch nicht leicht fallen festzustellen, wie hoch der tatsächliche Wert nach der Differenztheorie ist. Es kann sicher nicht sachlich richtig sein, den Differenzwert ausschliesslich aufgrund der Verhältniszahlen vom neuen und bisherigen Kapital festzulegen. Vielmehr müsste auch das zu ungunsten der Gläubiger veränderte *Verhältnis von*

Aktiven und Passiven in Betracht gezogen werden. Es ist deshalb die ganze Forderung sicherzustellen.

6   Die Sicherstellung muss in den üblichen **Formen** erfolgen (Realsicherheit, Bürgschaft, Garantieerklärung).

Bei *fälligen Forderungen* hat der Gläubiger ein Wahlrecht, ob er Befriedigung oder Sicherstellung verlangen will. Verlangt er bloss Sicherstellung, kann die Gesellschaft ihn dennoch befriedigen. Für *nicht fällige Forderungen* kann nur Sicherstellung verlangt werden. Für *bestrittene Forderungen* ist ebenfalls Sicherheit zu leisten.

Art. 734

D. Durchführung der Herabsetzung	**Die Herabsetzung des Aktienkapitals darf erst nach Ablauf der den Gläubigern gesetzten Frist und nach Befriedigung oder Sicherstellung der angemeldeten Gläubiger durchgeführt und erst in das Handelsregister eingetragen werden, wenn durch öffentliche Urkunde festgestellt ist, dass die Vorschriften dieses Abschnittes erfüllt sind. Der Urkunde ist der Prüfungsbericht beizulegen.**
D. Opération de réduction	La réduction du capital-actions ne peut être opérée qu'après que le délai imparti aux créanciers est expiré et que les créanciers annoncés ont été désintéressés ou garantis, et ne peut être inscrite qu'après qu'il a été constaté par un acte authentique que les prescriptions du présent chapitre ont été observées. Le rapport de révision est annexé à l'acte authentique.
D. Attuazione della riduzione	La riduzione del capitale azionario può essere attuata solo dopo che il termine assegnato ai creditori sia spirato e che i crediti notificati siano stati soddisfatti o garantiti; essa non può essere iscritta prima che sia accertato mediante atto pubblico che le norme del presente capo sono state osservate. All'atto pubblico dev'essere unita la relazione di verifica.

I. Normzweck

1   Die Eintragung der Kapitalherabsetzung im Handelsregister hat konstitutive Wirkung. Die Norm will die **Gläubiger** dadurch sichern, dass die Herabsetzung erst eingetragen werden kann, wenn alle Verfahrensschritte eingehalten und alle Voraussetzungen der Herabsetzung erfüllt sind.

II. Voraussetzungen der Eintragung

1. Nachweis der Befriedigung oder Sicherstellung

2   Es muss nicht die Zustimmung sämtlicher Gesellschaftsgläubiger zur Kapitalherabsetzung nachgewiesen sein. Von Gläubigern, die trotz des dreimaligen Schuldenrufs die Befriedigung oder Sicherstellung ihrer Forderungen nicht verlangen, wird die Zustimmung vermutet. Es muss daher lediglich die Befriedigung oder Sicherstellung jener Gläubiger nachgewiesen sein, die solches verlangt haben. Wohl kann für den konkreten Einzelfall der **Nachweis** der Befriedigung oder Sicherstellung durch einen entsprechenden Urkundenbeweis (Quittung, Bürgschaftserklärung, Bestätigungserklärung des Gläubigers etc.) erbracht werden. Bei der Erklärung, dass alle angemeldeten Forderungen si-

chergestellt oder befriedigt sind, handelt es sich aber in aller Regel um eine *schriftliche Erklärung des VR bzw. der Anmeldestelle,* die gegenüber der Urkundsperson abzugeben ist. Die zivilrechtlichen und strafrechtlichen Sanktionen, die an einer tatsachenwidrigen Erklärung anknüpfen, reichen in aller Regel aus, um ein korrektes Verfahren zu garantieren.

Umstritten ist die Frage, wie zu verfahren sei, wenn sich die *Gesellschaft und ihre Gläubiger über die Sicherstellung und Befriedigung nicht einigen können.* Unbestritten ist aber, dass diesfalls die Erklärung nach Art. 734, wonach die Gläubiger befriedigt oder sichergestellt seien, nicht abgegeben werden kann. Im Streite steht die Vorgehensweise. Die eine Auffassung will dem Gläubiger durch den Handelsregisterführer in Anwendung der Registersperre (Art. 162 HRegV) Frist ansetzen lassen, damit der Gläubiger durch richterliches Verbot die Eintragung der Herabsetzung verhindern und die Befriedigung oder Sicherstellung auf dem Klageweg durchsetzen kann (ZK-BÜRGI, Art. 734 N 8 m.w.Nw.). Die andere Auffassung will die *Klägerrolle* der Gesellschaft auferlegen (ZK-VON STEIGER, Art. 788 N 9 m.w.Nw.), was auch der Praxis der Handelsregisterbehörden entspricht (SAG 1937/38, 113 f.). Die letztere Auffassung ist zutreffend. Damit die Gesellschaft die Erklärung abgeben kann, es seien alle angemeldeten Forderungen befriedigt oder sichergestellt, muss die materielle Rechtslage geklärt sein. Ist dabei ein Gläubiger mit der erfolgten Befriedigung oder Sicherstellung nicht einverstanden, liegt es an der Gesellschaft, den Nachweis zu führen, dass die Voraussetzungen der Kapitalherabsetzung erfüllt sind, also muss sie gegen den Gläubiger klagen. Eine Registersperre (Art. 162 HRegV) ist nur denkbar, wenn die Gesellschaft zu Unrecht eine Erklärung über die vollständige Befriedigung oder Sicherstellung der angemeldeten Forderungen, mithin eine falsche Erklärung abgibt.

2. Öffentliche Feststellungsurkunde

In die öffentliche Feststellungsurkunde ist die **Bescheinigung** aufzunehmen, dass die den Gläubigern für die Anmeldung ihrer Forderungen gesetzte Frist abgelaufen ist und dass sie befriedigt oder sichergestellt worden sind. Diese Bescheinigung kann unterbleiben, wenn die Herabsetzung des Grundkapitals zur Beseitigung einer durch Verlust entstandene Unterbilanz erfolgt.

Die Öffentliche Feststellungsurkunde enthält folgende **Feststellungen der Urkundsperson** (Notariatsinspektorat ZH, Texthandbuch Gesellschaftsrecht, Textvorlagen zum neuen Aktienrecht, 1992, Muster 9.2.):

«Auf Ersuchen der X AG stellt die unterzeichnende Urkundsperson im Kapitalherabsetzungsverfahren gemäss Generalversammlungsbeschluss vom ..., gestützt auf die ihr vorliegenden, folgenden Belege:

– *öffentliche Urkunde über die Beschlüsse der GV;*
– *besonderer Revisionsbericht im Sinne von Art. 732 Abs. 2 OR des besonders befähigten Revisors XZ, wonach die Forderungen der Gläubiger trotz der Herabsetzung des Aktienkapitals voll gedeckt sind;*
– *drei Veröffentlichungen des Kapitalherabsetzungsbeschlusses gemäss Art. 733 OR im Schweizerischen Handelsamtsblatt (Nummern und Daten der drei Ausgaben);*
– *schriftliche Bestätigung der Anmeldestelle, dass kein Gläubiger innert der gesetzlichen Frist Befriedigung oder Sicherstellung seiner Forderungen verlangt hat;*

im Sinne von Art. 734 OR fest:

1. die GV der X AG hat gestützt auf den besonderen Revisionsbericht eines besonders befähigten Revisors beschlossen, das Aktienkapital der Gesellschaft auf Fr ... herabzusetzen und die Statuten entsprechend zu ändern;

2. der Verwaltungsrat der Gesellschaft hat den Kapitalherabsetzungsbeschluss der Generalversammlung im Sinne von Art. 733 OR veröffentlicht;

3. innerhalb der den Gläubigern gesetzten, inzwischen abgelaufenen Frist ist gemäss Bestätigung der in den Veröffentlichungen genannten Anmeldestelle bei ihr für keine Forderungen der Gesellschaft Befriedigung oder Sicherstellung verlangt worden;

4. damit sind die Vorschriften über die Herabsetzung des Aktienkapitals gemäss Art. 732 ff. OR erfüllt.»

3. Prüfungspflicht des Registerführers

4   Der **Handelsregisterführer** prüft, ob die öffentlichen Urkunden alle erforderlichen Erklärungen aufweisen und ob die übrigen zwingenden gesetzlichen Bestimmungen eingehalten worden sind (vgl. Art. 940).

5   Bei der Kapitalherabsetzung sind dem Handelsregisterführer i.d.R. folgende **Unterlagen** einzureichen:

– *Anmeldung* (Art. 16 HRegV);

– Öffentliche Urkunde über den *Herabsetzungsbeschluss* der GV (Art. 732 Abs. 1), ein neugefasstes Exemplar der Statuten (Art. 732 Abs. 1 OR; Art. 55 Abs. 1 lit. d HRegV), der Prüfungsbericht eines staatlich beaufsichtigten Revisionsunternehmens, einer zugelassenen Revisionsexpertin oder eines zugelassenen Revisionsexperten (Art. 55 Abs. 1 lit. c HRegV) mit Bilanz oder Zwischenabschluss (Art. 732 Abs. 2) und ggf. der Vollständigkeitserklärung des VR (Erklärung über die Vollständigkeit der vorgelegten Bücher);

– Öffentliche Urkunde über den *Feststellungsbeschluss* der Urkundsperson, der Revisionsbericht mit Bilanz oder Zwischenabschluss (Art. 734), der Nachweis über den Schuldenruf (Art. 733), die Bescheinigung der Anmeldestelle (Art. 733).

5a Die öffentliche Urkunde über den *Herabsetzungsbeschluss* der GV muss folgende Elemente enthalten (Art. 55 Abs. 1 lit. a HRegV):

1. die Feststellung über das Ergebnis des Prüfungsberichts;

2. die Art und Weise der Durchführung der Kapitalherabsetzung;

3. die Anpassung der Statuten.

5b Die öffentliche Urkunde über den *Feststellungsbeschluss* muss folgende Elemente enthalten (Art. 55 Abs. 1 lit. b HRegV):

1. die Aufforderungen an die Gläubigerinnen und Gläubiger;

2. die Anmeldefrist;

3. die Erfüllung oder Sicherstellung der Forderungen.

4. Abschnitt: Herabsetzung des Aktienkapitals   1   Art. 735

III. Wirkungen der Eintragung

Die Eintragung der Kapitalherabsetzung im Handelsregister ist **konstitutiver Rechtsnatur**. Das bedeutet, dass die mit der Kapitalherabsetzungen verbundenen Rechtswirkungen erst mit der Eintragung in das Register wirksam werden. 6

Im Handelsregister müssen eingetragen werden (Art. 55 Abs. 3 HRegV): 6a

a) die Bezeichnung als Herabsetzung des Aktienkapitals;

b) das Datum der Änderung der Statuten;

c) die Angabe, ob die Herabsetzung durch Reduktion des Nennwerts oder durch Vernichtung von Aktien erfolgt;

d) der Herabsetzungsbetrag;

e) die Verwendung des Herabsetzungsbetrages;

f) der Betrag des Aktienkapitals nach der Herabsetzung;

g) der Betrag der Einlagen nach der Kapitalherabsetzung;

h) Anzahl, Nennwert und Art der Aktien nach der Herabsetzung.

Erst nach der Eintragung im Handelsregister dürfen die **Rückzahlungen** an die Aktionäre vorgenommen werden (ZK-BÜRGI, Art. 734 N 6 m.w.Nw.; **a.M.** FORSTMOSER, Aktienrecht, § 16 N 294 ff. m.w.Nw.). Vor der Eintragung vorgenommene Rückzahlungen können als **ungerechtfertigte Bereicherungen** vom Aktionär zurückgefordert werden (BGE 50 II 179). 7

Art. 735

E. Herabsetzung im Fall einer Unterbilanz	Die Aufforderung an die Gläubiger und ihre Befriedigung oder Sicherstellung können unterbleiben, wenn das Aktienkapital zum Zwecke der Beseitigung einer durch Verluste entstandenen Unterbilanz in einem diese letztere nicht übersteigenden Betrage herabgesetzt wird.
E. Réduction en cas de bilan déficitaire	Si, pour supprimer un excédent passif constaté au bilan et résultant de pertes, la société réduit le capital-actions d'un montant qui ne dépasse pas la diminution, le conseil d'administration peut se passer d'aviser les créanciers et de les désintéresser ou de les garantir.
E. Riduzione in caso di bilancio in disavanzo	Tanto la diffida ai creditori quanto il soddisfacimento o la garanzia dei loro crediti, possono essere omessi se, per togliere un'eccedenza passiva accertata nel bilancio e risultante da perdite, il capitale azionario è ridotto di un importo che non superi siffatta eccedenza.

I. Normzweck

Der Gesetzgeber will die **Sanierung** von Unternehmen nicht unnötig erschweren. Eine Sanierung wäre aber u.U. gefährdet, wenn die Gesellschaft bei einer durch Verluste entstandenen Unterbilanz die Sicherstellung oder Befriedigung der Gläubiger vornehmen müsste. Da beim einfachen Kapitalherabsetzungsverfahren keine Rückleistungen an die Aktionäre erfolgen oder ihre Liberierungspflicht erlassen oder Aktiven in die Reserven 1 eingebucht werden und das Verfahren nur bei einer durch Verluste entstandenen Unterbilanz zur Anwendung gelangt, wird die *Stellung der Gläubiger in diesem Verfahren nicht verschlechtert.* Es ist deshalb sachlich richtig, diese Erleichterungen zu gewähren.

II. Begriff

2 Eine **Unterbilanz** liegt vor, wenn das auf der Aktivseite der Bilanz aufgeführte Reinvermögen unter den Betrag der auf der Passivseite der Bilanz aufgeführten Grundkapitalziffer gesunken ist.

2a Vom Begriff der Unterbilanz ist derjenige der **Überschuldung** zu unterscheiden. Eine solche liegt vor, wenn die Forderungen der Gesellschaftsgläubiger nicht mehr durch die Aktiven gedeckt sind, d.h. das Eigenkapital der Gesellschaft vollständig verloren ist. Ist die Gesellschaft überschuldet, ist das einfache Kapitalherabsetzungsverfahren unzulässig (BGE 76 I 166; SAG 1950/51, 44 ff.).

2b Keine Überschuldung im Rechtssinne liegt vor, wenn die Forderungen der Gesellschaftsgläubiger zwar nicht mehr durch die Aktiven gedeckt sind, die Unterdeckung durch Rangrücktritte wirtschaftlich neutralisiert wird (vgl. ZR 104, 2005, 214). In diesem Fall nähert sich nämlich dieser Teil des Fremdkapitals funktional dem Eigenkapital, sofern die Rangrücktritte unbedingt bestehen.

III. Voraussetzungen

1. Formelle Voraussetzungen

3 Das vereinfachte Kapitalherabsetzungsverfahren kann nur zugelassen werden, wenn formell eine Unterbilanz vorliegt. Eine **formelle Unterbilanz** liegt vor, wenn sie durch einen *Verlustvortrag in der Bilanz* ordnungsgemäss ausgewiesen ist, was normalerweise dadurch geschieht, dass in der Bilanz ein Ausgleichsposten (Verlustsaldo) unter den Aktiven figuriert (ZK-BÜRGI, Art. 735 N 5).

Insbesondere kann dem Handelsregisterführer nicht zugemutet werden, eine Bilanz inhaltlich zu würdigen, und das vereinfachte Kapitalherabsetzungsverfahren auch dann zuzulassen, wenn formell eine Unterbilanz gar nicht in Erscheinung tritt, in Wirklichkeit aber ein Defizit vorhanden ist, weil bestimmte Aktiven überbewertet sind (VON STEIGER, SAG 1940/41, 12). Eine solche Bilanz würde im Übrigen gegen den Grundsatz der *Bilanzwahrheit* verstossen, weshalb sie schon vom Revisor zu beanstanden wäre (ZK-BÜRGI, Art. 735 N 5). Aus den genannten Gründen hat der *Handelsregisterführer* die Eintragung einer Kapitalherabsetzung, welche im vereinfachten Verfahren nach Art. 735 vorgenommen wurde, zurückzuweisen, wenn die Unterbilanz nicht formell ausgewiesen ist.

2. Materielle Voraussetzung

4 Eine formelle Unterbilanz kann auch durch die Überbewertung von Passiven oder die Unterbewertung von Aktiven vorliegen, d.h. namentlich dann, wenn stille Reserven gebildet worden sind. Diesfalls liegt wohl in formeller Hinsicht, nicht aber in materieller Hinsicht eine Unterbilanz vor. Das Gesetz verlangt aber eine durch Verluste entstandene, mithin eine **materielle Unterbilanz.** Eine solche liegt vor, wenn der auf der Aktivseite der Bilanz angeführte *Verlustvortrag weder durch offene noch stille Reserven* *gedeckt* werden kann, d.h. wenn das Reinvermögen der Gesellschaft tatsächlich unter den Betrag der Grundkapitalziffer gesunken ist (ZK-BÜRGI, Art. 735 N 7 m.w.Nw.).

Diese Auffassung wird in der Lehre kritisiert. Für die Beurteilung der Unterbilanz seien nur die offenen Reserven heranzuziehen und stille Reserven seien unbeachtlich, weil es nicht um eine Gesamtabrechnung über die Verkehrswerte gehen könne (BÖCKLI, § 2 Rz 400). Das revidierte Rechnungslegungsrecht ist tatsächlich näher beim «true and fair view», gestattet aber immer noch zumindest relativ breite Ermessensreserven. Selbstverständlich kann es nicht darum gehen, im Zuge der Kapitalherabsetzung eine Unternehmensbewertung zu effektiven Verkehrswerten durch den Revisoren vornehmen zu lassen. Das Auge eines zugelassenen Revisors sollte aber hinreichend geschult sein, um erhebliche Abweichungen bei den Bilanzpositionen zu den effektiven Verkehrswerten erkennen zu können, damit er die Frage der materiellen Unterbilanz effizient beurteilen kann. **4a**

Ob das Erfordernis der materiellen Unterbilanz erfüllt ist, kann nur der Revisor bestätigen. Der *Revisionsbericht* hat deshalb nicht nur festzustellen, dass keine Überschuldung vorliegt und die Forderungen der Gläubiger gedeckt sind, sondern auch, dass die Voraussetzungen für das vereinfachte Kapitalherabsetzungsverfahren gegeben sind, d.h. eine materielle Unterbilanz vorliegt (BGE 76 I 166; BGE vom 7.6.1950, SAG 1950/51, 44 ff., insb. 47 f.; ZK-BÜRGI, Art. 735 N 13 m.w.Nw.). **4b**

Wohl darf die Kapitalherabsetzung zur Beseitigung einer Unterbilanz nur im **Ausmass** der Unterbilanz erfolgen, d.h. die Herabsetzung darf nicht weiter gehen als dies durch den Sanierungszweck bedingt ist (vgl. BGE 86 II 78 E. 4b). Da das AK aber um einen runden Betrag herabgesetzt wird, darf eine relativ *unbedeutende Spitze den Reserven zugewiesen* werden (BGE 86 II 78 E. 4b; SCHUCANY, Art. 735 N 3). **5**

3. Prüfungspflicht des Registerführers

Der **Handelsregisterführer** prüft, ob die öffentlichen Urkunden alle erforderlichen Erklärungen aufweisen und ob die übrigen zwingenden gesetzlichen Bestimmungen eingehalten worden sind (vgl. Art. 940). Keine Kognition hat jedenfalls der Handelsregisterführer bei der Beurteilung der Frage, ob eine Überschuldung im Rechtssinne vorliegt, wenn die Forderungen der Gesellschaftsgläubiger zwar nicht mehr durch die Aktiven gedeckt sind, die Unterdeckung durch Rangrücktritte wirtschaftlich neutralisiert wird (vgl. ZR 104, 2005, 214). **5a**

Bei der Kapitalherabsetzung sind dem Handelsregisterführer i.d.R. folgende **Unterlagen** einzureichen: **5b**

- *Anmeldung* (Art. 16 HRegV);
- die öffentliche Urkunde über den Beschluss der Generalversammlung (Art. 56 Abs. 1 lit. a HRegV);
- die angepassten Statuten (Art. 56 Abs. 1 lit. b HRegV);
- der Prüfungsbericht eines staatlich beaufsichtigten Revisionsunternehmens, einer zugelassenen Revisionsexpertin oder eines zugelassenen Revisionsexperten (Art. 56 Abs. 1 lit. c HRegV).

5c Die öffentliche Urkunde über den *Herabsetzungsbeschluss* der GV muss folgende Elemente enthalten (Art. 56 Abs. 1 lit. a HRegV):

1. die Feststellung über das Ergebnis des Prüfungsberichts;

2. die Art und Weise der Durchführung der Kapitalherabsetzung;

3. die Anpassung der Statuten;

5d Der Prüfungsbericht muss bestätigen (Art. 56 Abs. 2 HRegV), dass:

a) die Forderungen der Gläubigerinnen und Gläubiger nach der Herabsetzung des Aktienkapitals voll gedeckt sind;

b) der Betrag der Kapitalherabsetzung den Betrag der durch Verluste entstandenen Unterbilanz nicht übersteigt.

5e Ins Handelsregister müssen eingetragen werden (Art. 56 Abs. 3 HRegV):

a) die Tatsache, dass das Aktienkapital zur Beseitigung einer Unterbilanz herabgesetzt wurde;

b) das Datum der Änderung der Statuten;

c) die Angabe, ob die Herabsetzung durch Reduktion des Nennwerts oder durch Vernichtung von Aktien erfolgt;

d) der Herabsetzungsbetrag;

e) der Betrag des Aktienkapitals nach der Herabsetzung;

f) der Betrag der Einlagen nach der Kapitalherabsetzung;

g) Anzahl, Nennwert und Art der Aktien nach der Herabsetzung.

IV. Besonderheit beim Herabsetzungsbeschluss

6 Im Beschluss der GV über die Kapitalherabsetzung ist ausdrücklich festzuhalten, dass die Kapitalherabsetzung der **Beseitigung einer Unterbilanz** dient.

Fünfter Abschnitt: Auflösung der Aktiengesellschaft

Vorbemerkungen zu Art. 736–747

Literatur

BURKI, Steuerrechtliche Probleme der Liquidation, StR 1988, 493 ff.; GIGER, Die Steuerschulden bei der Liquidation, Insolvenz und Wirtschaftsrecht, 1/1999; HÖHN/WALDBURGER, Bd. 1, Steuerrecht, Bern 2001; MÜLLER, Die solidarische Mithaftung im Bundessteuerrecht, Diss. Bern 1999; O'NEILL, Die faktische Liquidation der Aktiengesellschaft, Zürich/St. Gallen 2007; STOCKAR, Die Solidarhaftung der Verwaltungsräte bei der Verrechnungssteuer, ST 1990, 325 ff. (zit. ST 1990); DERS., Übersicht und Fallbeispiele zu den Stempelabgaben und zur Verrechnungssteuer, Basel 2006 (zit. Übersicht); TSCHÄNI, Unternehmensübernahmen nach Schweizer Recht, 2. Aufl. 1991; WALKER/BUSIN, Die Verrechnungssteuer und die Stempelabgabe, Zürich 1998.

5. Abschnitt: Auflösung der Aktiengesellschaft   1–3   Vor Art. 736–747

I. Allgemeine Bemerkungen

Wird eine AG aufgelöst, bedeutet dies nicht ihr Ende, sondern erst den Beginn des Auflösungs- oder des Umwandlungsverfahrens. Am 1.7.2004 ist das neue Fusionsgesetz (FusG) in Kraft getreten, welches Umstrukturierungen aller Art rechtsformübergreifend regelt (MEIER-HAYOZ/FORSTMOSER, § 25 N 1 ff.). 1

Die **Tatbestände der Auflösung** ohne Liquidation sind neu allesamt im FusG geregelt (MEIER-HAYOZ/FORSTMOSER, § 16 N 633 f.). Dies sind Fusion (Art. 3–28 FusG) (MEIER-HAYOZ/FORSTMOSER, § 25 N 29 ff.), Spaltung (Art. 29–52 FusG) (MEIER-HAYOZ/FORSTMOSER, § 25 N 67) und Umwandlung (Art. 53–63 FusG) (MEIER-HAYOZ/FORSTMOSER, § 25 N 86 ff.). Als übernehmende Gesellschaft kann die AG gem. Art. 4 Abs. 1 FusG mit allen Formen der Kapitalgesellschaften (AG, GmbH, Kommanditaktiengesellschaft), mit einer Genossenschaft, einer Kollektiv- oder Kommanditgesellschaft, einem im Handelsregister eingetragenen Verein oder einem Institut des öffentlichen Rechts (Art. 99 FusG) fusionieren. Als übertragende Gesellschaft kann die AG nur mit anderen Kapitalgesellschaften und einer Genossenschaft fusionieren (Art. 4 Abs. 1 FusG). Die AG kann sich in eine Kapitalgesellschaft mit anderer Rechtsform oder in eine Genossenschaft umwandeln (Art. 54 Abs. 1 FusG). Vor dem Inkrafttreten des FusG war nur die Übernahme des Vermögens einer AG durch eine öff.-rechtl. Körperschaft gesetzlich geregelt (Art. 751 OR), jetzt wurde auch für den umgekehrten Vorgang eine gesetzliche Grundlage (Art. 99 FusG) geschaffen. Als Kapitalgesellschaft ist für die AG auch eine Spaltung zulässig (Art. 30 FusG). Die Auflösung bringt vorerst eine Zweckänderung der Gesellschaft mit sich, die inskünftig auf die Abwicklung der bestehenden Geschäfte ausgerichtet ist. Die Liquidation erfolgt nach Massgabe der Vorschriften von Art. 739 ff., mit Ausnahme des Auslösungstatbestandes der Konkurseröffnung: hier kommen die einschlägigen Vorschriften des SchKG zur Anwendung.

II. Revidierte Normen

Es wurden ausschliesslich kleinere Änderungen im Zuge der GmbH-Reform eingebracht. Diese sind: 2

Art. 738;

Art. 740 Abs. 3;

Art. 745 Abs. 3: Neue Anforderung an den Revisor, zugelassener Revisionsexperte.

III. Faktische Auflösung

Von einer **faktischen Auflösung** wird gesprochen, wenn die gesamten Aktiven und Passiven einer Unternehmung veräussert werden. Die Liquidation findet damit vor dem eigentlichen Auflösungstatbestand statt. Hiefür müsste eigentlich eine Zweckänderung beschlossen werden. Es stellt sich daher die Frage der Rechtsgültigkeit solcher Geschäfte, mit denen das ganze Unternehmen oder zumindest ein wesentlicher Teil davon veräussert wird, insofern, als zwar der VR gem. Art. 718 Abs. 1 ermächtigt ist, für die Gesellschaft zu handeln, aber der Auflösungsbeschluss oder der Zweckänderungsbeschluss den Aktionären vorbehalten ist (Art. 736 Ziff. 2 bzw. Art. 626 Ziff. 2 i.V.m. Art. 647; dazu BGE 116 II 320; ZK-SIEGWART, Art. 646 N 29; Art. 648 N 7; TSCHÄNI, § 8 N 12 ff.; vgl. ferner Art. 718a N 4). 3

Das Gesetz kennt den Begriff der faktischen Liquidation nicht. Gemäss BGer wird eine Gesellschaft faktisch liquidiert, indem ihre Aktiven veräussert oder verwertet werden und der Erlös nicht wieder investiert, sondern verteilt wird. Dabei müssen ihr nicht alle Aktiven entzogen werden, es können auch einige Aktiven bei der Gesellschaft verbleiben, wenn ihr im Übrigen aber die wirtschaftliche Substanz entzogen wird (BGE 115 Ib 274).

Schwierig ist v.a. die Abgrenzung der faktischen Liquidation vom gewöhnlichen Verkauf eines Betriebsteils. Neben der fehlenden Reinvestitionsabsicht sind v.a. der Verkauf des ganzen Unternehmens oder wesentlicher Bestandteile davon, ohne die das verbleibende Geschäft nicht überlebensfähig ist, sowie ein Bilanzbild, das einem solchen eines mitten in der Liquidation befindlichen Unternehmens gleicht bis anhin entwickelte Kriterien für diese Abgrenzung (BÖCKLI, § 17 N 77; O'NEILL, N 165).

IV. Steuerrecht

4   Die Auflösung der AG wird in Art. 80 Abs. 2 und Art. 58 Abs. 1 lit. c DBG behandelt. Der Liquidationsgewinn wird zusammen mit dem Reingewinn des letzten Jahres besteuert. Die Liquidation bewirkt notwendigerweise die Realisierung stiller Reserven. Zu beachten ist, dass eine nach steuerrechtlichen Gesichtspunkten erfasste *faktische Teil- oder Ganzliquidation* die Besteuerung auslöst (BGE 115 Ib 274 = ASA 59, 312), insbes. wenn die fragliche Transaktion bewirkt, dass der Erlös dem Aktionär oder einer ihm nahestehenden Person zukommt.

Art. 15 Abs. 1 lit. a VStG bestimmt, dass die mit der Liquidation betrauten Personen bis zum Betrage des Liquidationsergebnisses für die Verrechnungssteuer der aufgelösten Gesellschaft solidarisch haftbar sind. Die Haftung des Liquidators entfällt, soweit der Liquidator nachweisen kann, dass er alles ihm Zumutbare zur Feststellung und Erfüllung der Steuerforderung getan hat (Art. 15 Abs. 2 VStG; zur Höhe der Anforderung an den Entlastungsbeweis ASA 58, 711). Eine entsprechende Bestimmung findet sich auch für die direkte Bundessteuer in Art. 55 Abs. 1 DBG. Dabei kann zur Haftung des VR schon die faktische Auflösung genügen (ASA 44, 314 ff.; 47, 541 ff.; 65, 927; GIGER, 5 ff.; HÖHN/WALDBURGER, § 21: Die Verrechnungssteuer, N 19, 32; STOCKAR, ST 1990, 325 ff.). Zum Ganzen BURKI, 493 ff.; HÖHN/WALDBURGER, a.a.O., § 21: Die Verrechnungssteuer und dort zitierte Judikatur und Literatur; MÜLLER; STOCKAR, Übersicht; TSCHÄNI, a.a.O., N 68 ff. und dort zitierte Judikatur und Literatur; WALKER/BUSIN.

V. Internationales Privatrecht

5   Art. 161 ff. IPRG: Ausländische Gesellschaften können sich unter den in Art. 161 Abs. 1 IPRG genannten Voraussetzungen ohne Liquidation und Neugründung dem schweizerischen Recht unterstellen.

Die neue Auslegung von Art. 739 Abs. 2 OR durch das BGer, wonach der Widerruf des Auflösungsbeschlusses so lange zulässig ist, als nicht mit der Verteilung des Gesellschaftsvermögens begonnen worden ist, lehnt sich an die gesetzlichen Regelungen Deutschlands (2274 AG/Aktiengesetz 1965) und Österreichs (2215 Abs. 1 Aktiengesetz) an (BGE 123 III 483 E. 5c).

VI. Künftige Gesetzgebung

6   Mit einer Revision des Aktien- und Rechnungslegungsrechts soll das Unternehmensrecht modernisiert und den wirtschaftlichen Bedürfnissen angepasst werden. Am

5. Abschnitt: Auflösung der Aktiengesellschaft **Art. 736**

21.12.2007 hat der Bundesrat die Botschaft und den Gesetzesentwurf zur Revision des Aktien- und Rechnungslegungsrechts verabschiedet.

Betreffend die Auflösung der AG soll gemäss Botschaft lediglich Art. 736 geändert werden:

Einerseits soll der bisherige Schwellenwert für die Einreichung der Auflösungsklage gesenkt werden, andererseits werden zusätzliche alternative Schwellenwerte vorgesehen. In Zukunft sollen Aktionäre aus wichtigen Gründen die Auflösung verlangen können, sofern sie entweder mindestens 5% (statt wie bisher 10%) des Aktienkapitals, 5% der Stimmen oder Aktien im Nennwert von CHF 1 Mio. vertreten (Art. 736 Abs. 1 Ziff. 4 E-OR).

Weiterhin soll es dem Gericht frei stehen, anstelle der Auflösung der Gesellschaft auf eine andere sachgerechte und für die Beteiligten zumutbare Lösung zu erkennen (bisher Art. 736 Ziff. 4, neu Art. 736 Abs. 2 E-OR), wobei der Erwerb der Aktien im Vordergrund stehen dürfte (Botschaft Aktien- und Rechnungslegungsrecht, 104).

Art. 736

A. Auflösung im Allgemeinen
I. Gründe

Die Gesellschaft wird aufgelöst:

1. nach Massgabe der Statuten;

2. durch einen Beschluss der Generalversammlung, über den eine öffentliche Urkunde zu errichten ist;

3. durch die Eröffnung des Konkurses;

4. durch Urteil des Richters, wenn Aktionäre, die zusammen mindestens zehn Prozent des Aktienkapitals vertreten, aus wichtigen Gründen die Auflösung verlangen. Statt derselben kann der Richter auf eine andere sachgemässe und den Beteiligten zumutbare Lösung erkennen;

5. in den übrigen vom Gesetze vorgesehenen Fällen.

A. Dissolution en général
I. Causes

La société est dissoute:

1. en conformité des statuts;

2. par une décision de l'assemblée générale constatée en la forme authentique;

3. par l'ouverture de la faillite;

4. par un jugement, lorsque des actionnaires représentant ensemble 10% au moins du capital-actions requièrent la dissolution pour de justes motifs. En lieu et place, le juge peut adopter une autre solution adaptée aux circonstances et acceptable pour les intéressés;

5. pour les autres motifs prévus par la loi.

A. Scioglimento in genere
I. Cause

La società si scioglie:

1. in conformità dello statuto;

2. per deliberazione dell'assemblea generale che risulti da atto pubblico;

3. per la dichiarazione del suo fallimento;

4. per sentenza del giudice, quando azionisti che rappresentino insieme il 10 per cento almeno del capitale azionario chiedano per gravi motivi lo scioglimento. Il giudice può anche decidere un'altra soluzione adeguata e sopportabile dagli interessati;

5. per gli altri motivi previsti dalla legge.

Literatur

BERTSCH, Die Auflösung der Aktiengesellschaft aus wichtigen Gründen, Diss. Zürich 1947; GIROUD, Die Konkurseröffnung und ihr Aufschub bei der Aktiengesellschaft, 2. Aufl. 1986; HABEGGER, Die Auflösung der Aktiengesellschaft aus wichtigen Gründen, Diss. Zürich 1996; HAGMANN, Das Mitwirkungs- und Eingriffsrecht des Richters im Bereich der Aktiengesellschaft, Diss. Bern 1939; HANDSCHIN, Auflösung der Aktiengesellschaft aus wichtigem Grund und andere sachgemässe Lösungen, SZW 1993, 43 ff.; MEIER-HAYOZ, Die richterliche Ernennung von Liquidatoren bei der Aktiengesellschaft, SJZ 1950, 213 ff.; MENGIARDI, Statutarische Auflösungsgründe im Recht der AG (Artikel 736 Ziff. 1), FS Bürgi, 1971, 265 ff.; METZLER, Die Auflösungsgründe im Bereich der AG, 1952; NOBEL/WALDBURGER, in: FS für Peter Böckli zum 70. Geburtstag, Zürich 2006; O'NEILL, Die faktische Liquidation der Aktiengesellschaft, Zürich/St. Gallen 2007; RIEK, Das Liquidationsstadium bei der AG, Diss. Zürich 2003; P. STAEHELIN, Die Rückgründung aufgelöster Gesellschaften oder Genossenschaften, BJM 1973, 217, 229; T. TERCIER, La dissolution de la société anonyme pour justes motifs, SAG 1974, 67 ff.

I. Normenzweck

1   Art. 736 nennt die Gründe, die die Auflösung einer AG bewirken und schliesslich zur Löschung der Gesellschaft führen.

II. Auflösungsgründe im Einzelnen

1. Ziffer 1: Nach Massgabe der Statuten

2   In aller Regel wird eine AG auf unbeschränkte Dauer gegründet. Soll eine Begrenzung der Dauer des Unternehmens vorgesehen werden, muss dies in den **Statuten** festgehalten werden (Art. 627 Ziff. 4), ein spezieller GV-Beschluss ist dann nicht erforderlich. Dagegen braucht es die Feststellung des Eintrittes des Auflösungsgrundes zur Anmeldung beim Handelsregister (Art. 737). Diese Frist kann durch einen GV-Beschluss verlängert werden (Art. 703). Ebenfalls kann bei Erreichen oder Unmöglichwerden des Gesellschaftszweckes ein Umwandlungs- oder Abänderungsbeschluss getroffen werden (Art. 704 Abs. 1 Ziff. 1).

2. Ziffer 2: Durch Beschluss der GV

3   Der Auflösungsbeschluss muss zwingend in Form einer öffentlichen Beurkundung erfolgen, wobei festzustellen ist, wie die Auflösung vollzogen werden soll, also durch Liquidation (Art. 739–747), Fusion (Art. 2–28 FusG), Spaltung (Art. 29–52 FusG), Umwandlung (Art. 53–63 FusG) oder Übernahme durch eine Körperschaft des öffentlichen Rechts (Art. 751 OR).

4   Der Beschluss durch die **GV** über eine freiwillige Auflösung mit Liquidation kann jederzeit erfolgen und erfordert, soweit die Statuten selbst nichts anderes bestimmen, weder ein Präsenz- noch ein Stimmenquorum (absolute Mehrheit der vertretenen Aktienstimmen). Zur Auflösung der Gesellschaft ohne Liquidation bedarf es dagegen eines Quorums von zwei Dritteln der vertretenen Stimmen und die absolute Mehrheit der vertretenen Aktiennennwerte (Art. 704 Abs. 1 Ziff. 8 OR; Art. 18 Abs. 1 lit. a FusG; Art. 43 Abs. 2 FusG; Art. 64 Abs. 1 lit. a FusG).

5   Zeitpunkt der Auflösung: Der Zeitpunkt der Auflösung braucht nicht notwendigerweise mit dem des Auflösungsbeschlusses identisch zu sein. Zum Beispiel bei Konzerngesellschaften mag eine Koordination auf einen bestimmten späteren Zeitpunkt durchaus sinnvoll sein.

5. Abschnitt: Auflösung der Aktiengesellschaft   6–12 Art. 736

In Abweichung von seiner bisherigen Praxis, aber in Übereinstimmung mit der überwiegenden neueren Lehre kommt das BGer in BGE 123 III 473 ff. zum Schluss, dass ein Widerruf des Auflösungsbeschlusses durch die **GV** einer Aktiengesellschaft so lange möglich ist, als noch nicht mit der Verteilung des Gesellschaftsvermögens begonnen worden ist (Bestätigung und Konkretisierung der Praxis in BGE 126 III 283 E. 3c; ferner GUHL/KOLLER/SCHNYDER/DRUEY, § 73 N 7; Bemerkungen FORSTMOSER, in: SZW 3/98, 150 ff.). 6

3. Ziffer 3: Durch die Eröffnung des Konkurses

Der **Konkurs** einer AG kann mit oder ohne vorgängige Betreibung bewirkt werden. Konkursfähig ist eine AG unabhängig davon, ob sie sich schon in Liquidation befindet oder nicht (Art. 743 Abs. 2). 7

Üblicherweise erfolgt die Konkurseröffnung auf Druck eines (oder mehrerer) Gesellschaftsgläubiger(s), indem dieser die **Betreibung** so weit vorantreibt, bis er beim Konkursgericht das Konkursbegehren stellen kann (Art. 166 SchKG). **Ohne** vorgängige **Betreibung** kann ein Gläubiger die Konkurseröffnung verlangen, wenn die AG ihre Zahlungen eingestellt hat (Art. 190 Ziff. 2 SchKG), wenn der vorgeschlagene Nachlassvertrag verworfen oder die Stundung widerrufen wird (Art. 309 SchKG). 8

Ausserhalb des Betreibungsrechtes kommt es zur Konkurseröffnung, wenn ein **Überschuldungstatbestand** gem. Art. 725 vorliegt. Nach früherem Recht wurde hiezu eine (Zwischen-)Bilanz nach Veräusserungswerten verlangt. Das geltende Aktienrecht sieht vor, dass die Überschuldung, also die fehlende Deckung der Forderungen der Gesellschaftsgläubiger durch die Aktiven der Gesellschaft (Art. 725 Abs. 2), sowohl zu Veräusserungs- wie auch zu Fortführungswerten gegeben ist. Fehlt dem Konkursrichter die nötige Fachkenntnis zur Überprüfung dieser Voraussetzung, wird er von der Revisionsstelle die Abgabe einer entsprechenden Erklärung verlangen. 9

Bei Vorliegen einer Überschuldung ist der VR verpflichtet, den **Richter** zu **benachrichtigen.** Unterlässt dieser diese Anzeige, obliegt sie der Revisionsstelle (Art. 729c). Die Anzeigepflicht bei der eingeschränkten Revision ist in Art. 725 Abs. 3 geregelt: Verfügt die Gesellschaft über keine Revisionsstelle, so obliegen dem zugelassenen Revisor die Anzeigepflichten der eingeschränkt prüfenden Revisionsstelle. 10

Der Konkurs wird ferner dann eröffnet, wenn die Gesellschaft ihre Zahlungen eingestellt hat, und zwar entweder auf Verlangen eines Gläubigers ohne vorgängige Betreibung (Art. 190 Abs. 1 Ziff. 2 SchKG) oder aufgrund einer sog. **Insolvenzerklärung** nach Art. 191 SchKG. Die **Zahlungseinstellung** kann nicht einfach vom VR festgehalten werden. Vielmehr bedarf es eines eigentlichen Auflösungsbeschlusses i.S.v. Art. 736 Ziff. 2 (s.o.), wobei die entsprechenden Feststellungen durch die Aktionäre öffentlich zu beurkunden sind (ZK-BÜRGI, Art. 736 N 17; GIROUD, 49). 11

Solange **Sanierungsmassnahmen** ergriffen und fortgesetzt werden, tritt der Auflösungsbestand nach Ziff. 3 noch nicht ein. Gemäss Art. 725a Abs. 1 kann der Richter entweder auf Antrag des VR oder aber eines Gläubigers die Konkurseröffnung aufschieben (GIROUD, a.a.O., 105 ff.) (vgl. ZR 1995 Nr. 60, 184 ff., Anforderungen an Sanierungsmassnahmen). Das Stundungsverfahren nach Art. 293 SchKG selbst bewirkt noch keinen Auflösungstatbestand. Oft stellt sich erst am Schlusse dieses Verfahrens heraus, welche Art Nachlassvertrag (grundsätzlich Dividenden- oder Liquidationsvergleich) den Gläubigern vorgeschlagen werden soll. Ins Auflösungsstadium tritt eine AG jedoch im Zeitpunkt der gerichtlichen Genehmigung eines Nachlassvertrages mit 12

Vermögensabtretung. Dieser Vorgang ist beim Handelsregister anzumelden (Art. 63 Abs. 1 HRegV; BGE 64 II 368 E. b).

13 Der **Konkurs** kann bis am Schluss des Verfahrens **widerrufen** werden nach Art. 195 SchKG, Art. 176 Abs. 1 Ziff. 2 SchKG, Art. 939 Abs. 2 OR. Entsprechendes gilt für den Nachlassvertrag mit Vermögensabtretung (Art. 317 SchKG).

14 Die Einstellung des **Konkurses mangels Aktiven** (Art. 230 SchKG) führt vorbehältlich des Einspruchsverfahrens nach Art. 159 Abs. 5 lit. a HRegV zur definitiven Löschung.

15 Durch die Konkurseröffnung tritt die Gesellschaft unmittelbar ins Stadium der Liquidation. Gleichzeitig wird die Handlungsfähigkeit zugunsten der Konkursmasse aufgehoben (BGE 117 III 39, 43; ZK-BÜRGI, Art. 736 N 25). Die Organe der Gesellschaft behalten die Vertretungsbefugnis nur insoweit, als eine Vertretung durch sie im Hinblick auf die Liquidation noch notwendig ist. Ihre juristische Persönlichkeit behält die AG kraft ausdrücklicher Gesetzesvorschrift bei (Art. 739 Abs. 1; vgl. ASA 1961/62, 315).

16 Die **Liquidation** erfolgt nach den einschlägigen Vorschriften des SchKG (Art. 221 ff. SchKG) durch die Konkursverwaltung bzw. im Falle des Nachlassvertrages mit Vermögensabtretung durch die bestellten Liquidatoren (Art. 319 Abs. 3 SchKG), wobei die konkursrechtlichen Vorschriften analog angewendet werden (BGE 102 III 36 f.). Die Gesellschaft behält ihre juristische Persönlichkeit auch hier und führt die bisherige Firma weiter, allerdings mit dem Zusatz «in Liquidation» (Art. 739 Abs. 1) bzw. «in Nachlassliquidation» (Art. 319 Abs. 2 SchKG).

4. Ziffer 4: Aus wichtigen Gründen mit Auflösungsklage

a) Normenzweck

17 Die Möglichkeit der Auflösungsklage dient dem **Minderheitenschutz** vor schwerem Machtmissbrauch durch die Aktienmehrheit (BGE 109 II 142 E. 4 = Pra 1983, 241 E. 4; grundlegend BGE 67 II 165 f. E. c, d = Pra 1941, 109). Die Auflösungsklage ist bei Gutheissung ein radikales Mittel und kann zur Auflösung der Gesellschaft gegen das sonst herrschende Mehrheitsprinzip durchgesetzt werden (ZK-BÜRGI, Art. 736 N 39).

18 Statt der Auflösung (mit anschliessender Liquidation) kann der Richter positiv gestaltend einwirken, um den Missständen zu begegnen und «auf eine andere sachgemässe und den Beteiligten zumutbare Lösung» erkennen. Dieser Zusatz ist fortschrittlich, aber auch problembeladen (dazu BÖCKLI, § 16 N 195; HANDSCHIN, 43 ff.). Die praktische Bedeutung eines richterlichen Eingriffs ist eindeutig grösser geworden.

b) Klagevoraussetzung

19 Der **Minderheitenschutz** ist insofern garantiert, als Aktionäre 10% des AK vertreten müssen, um zur Erhebung der Auflösungsklage legitimiert zu sein. Nebst den Aktionären sind auch die Partizipanten zur Auflösungsklage legitimiert (Art. 656a Abs. 2), sofern sie 10% des Partizipationskapitals vereinigen. Ausschlaggebend ist der Nennwert (Art. 621) der jeweiligen Kapitalkategorie (Aktien- bzw. Partizipationskapital) (VON BÜREN/STOFFEL/WEBER, 277 N 1308).

20 Schon unter früherem Recht wurde nicht absolut verlangt, dass der Auflösungsklage eine erfolglose **Anfechtungs-** (Art. 706) oder **Verantwortlichkeitsklage** (Art. 754) vorangegangen sei (BGE 84 II 47 E. 1 = Pra 1958, 60; ZK-BÜRGI, Art. 736 N 43). Jeden-

falls musste mit einer Auflösungsklage nicht zugewartet werden, bis die Unternehmung ausgehöhlt war (BGE 105 II 124 E. 6a).

c) Subsidiarität der Auflösungsklage

Das **frühere Recht** verstand die Auflösungsklage als ultima ratio, weil im Falle der Klagegutheissung das Urteil nur auf Auflösung (Vollliquidation) der Gesellschaft lauten konnte. Der Richter hatte zu prüfen, ob dem Kläger Rechtsbehelfe offenstanden und zumutbar waren, die zur Beseitigung der geltend gemachten Missstände ohne Auflösung der Gesellschaft geeignet gewesen wären (BGE 105 II 125 f. E. c, d; 109 II 142 E. 4 = Pra 1983, 241 E. 4).

21

Die Auflösungsklage soll dann eingesetzt werden, wenn die untragbaren Verhältnisse in der AG anders praktisch nicht zu beseitigen sind (BGE 105 II 125 f. E. c, d). Der **subsidiäre Charakter** der Auflösungsklage ist nichts anderes als der Ausfluss des Grundsatzes der Verhältnismässigkeit (RVJ 1986, 340, 357). Zwar ist den Gerichten die Möglichkeit weniger eingreifender Massnahmen gegeben, erstaunlicherweise haben die Richter die «anderen sachgemässen und den Beteiligten zumutbaren Lösungen» noch nicht exploriert, «da könnten Überraschungen lauern» (NOBEL/WALDBURGER, 44). Die Auflösung selbst ist zu den anderen richterlichen Eingriffen subsidiär.

22

d) Wichtige Gründe

Die «Auflösungsklage» setzt das Vorhandensein eines **wichtigen Grundes** voraus, ohne dass solche Gründe im Einzelnen vom Gesetz spezifiziert werden. Es ist eine **Generalklausel,** die unter dem Gesichtspunkt des Rechtsmissbrauchsverbotes auszulegen ist. Auch weiterhin wird eine Einzelfallbeurteilung erforderlich sein, wobei eine Interessenabwägung aufgrund der konkreten Umstände zu erfolgen hat (BGE 105 II 124 f.). Dabei zu berücksichtigen sind auch die wirtschaftlichen und sozialen Folgen, die Dritte durch eine Auflösung treffen könnten (BGE 104 II 35). Angesichts der neuen Möglichkeit, weniger eingreifende Massnahmen anzuordnen, wird die neue Gesetzesvorschrift wohl Reflexwirkung beim Richter in bezug auf seine Bereitschaft, das Vorhandensein eines wichtigen Grundes anzunehmen, zeitigen.

23

Auszugsweise zur bisherigen Praxis (u.a. ZK-BÜRGI, Art. 736 N 44 ff.; BAUEN/BERNET, Art. 736 N 629 ff.):

24

Wichtige Gründe **bejaht:**

– Wiederholt nicht ordnungsgemässe Einberufung der GV;
– Schwere anhaltende Missachtung der Kontrollrechte des Minderheitsaktionärs;
– Schwere finanzielle Benachteiligung (BGE 105 II 117 E. 2–5 = Pra 1979, 259);
– Während Jahren fortlaufende progressive Herabsetzung der Dividende bei gleichzeitiger Erhöhung der VR-Entschädigung und Direktionssaläre der Mehrheitsaktionäre (RVJ 1986, 340, 357);
– Andauernd schlechte Geschäftsführung durch die Mehrheitsaktionärin, welche die Gesellschaft unweigerlich in den Ruin führt (BGE 126 III 266);
– Auszahlung von Geldbeträgen und Gewährung von Darlehen zugunsten der Mehrheitsaktionäre, aber zum Schaden der Gesellschaft (BGE 84 II 44).

25 Wichtige Gründe **verneint:**

Die blosse Befürchtung eines künftigen Machtmissbrauchs (BGE 104 II 41 E. 3 = Pra 1978, 108).

e) Sachgemässe Lösung. Rechtsfolgen

26 In prozessualer Hinsicht ist diese Bestimmung nicht unproblematisch und verlangt vom Richter letztlich auch unternehmerische Qualitäten, damit er bei seinem **rechtsgestalterischen Eingreifen** eine subtile und weitblickende Interessenabwägung vornehmen und eine auf Dauer gedachte Zumutbarkeitslösung anordnen kann.

27 Das Gesetz nennt die möglichen sachgemässen Lösungen nicht: Es sagt lediglich, dass der Richter die Auflösung der Gesellschaft nicht anordnen muss, sondern – entgegen dem Klagebegehren – auf eine andere Lösung erkennen kann. Als **weniger eingreifende Massnahmen** kommen in Frage:

– Ein Ausschüttungszwang (liberale Dividendenpolitik);

– Aufnahme eines geeigneten, oppositionellen Aktionärs in den VR (vgl. BÖCKLI, § 16 N 207);

– Abspaltung einer Beteiligungsgesellschaft (BÖCKLI, § 16 N 207);

– In der Literatur vorgeschlagen und kritisiert (HANDSCHIN, 45) wird die Abfindung der Minderheitsaktionäre durch richterlich angeordneten Rückkauf der Aktien; ohne Kapitalherabsetzungsverfahren dürfte dies nur im Rahmen der 10%-Grenze (Aktiennennwerte) von Art. 659 möglich sein;

– Anordnung einer Teilliquidation unter Beachtung der Vorschriften des Kapitalherabsetzungsverfahrens, sofern die Anordnung mehr als 10% der Aktien betrifft;

– Als ultima ratio: die Auflösung (Volliquidation).

f) Wirkung des Urteils

28 Das Urteil wirkt im Verhältnis zu allen Aktionären erga omnes (BGE 109 II 143 = Pra 1983, 650 E. 4).

5. Ziffer 5: «In den übrigen vom Gesetz vorgesehenen Fällen»

29 Die Auflösungsgründe werden in Art. 736 zwar im Einzelnen genannt, jedoch nicht abschliessend:

– Art. 57 Abs. 3 ZGB: Der Richter kann eine juristische Person gestützt auf Art. 57 Abs. 3 ZGB auflösen, wenn sie unsittliche oder widerrechtliche Zwecke verfolgt (BGE 115 II 408 E. 2; 112 II 3 E. 4; 110 Ib 115 E. b; 107 Ib 190 E. b, c);

– Art. 27 Abs. 1 lit. b BewG: Die Zwangsauflösung ist ausdrücklich in dieser Bestimmung der **Lex Koller** vorgesehen und wurde vom BGer ausdrücklich auf die AG anwendbar erklärt (BGE 115 II 408 E. 2);

– Art. 643 Abs. 3: Gründungsmängel;

– Art. 163 f. IPRG; Art. 127 HRegV: Sitzverlegung einer Schweizerischen Gesellschaft ins Ausland bewirkt die Löschung im Handelsregister, jedoch nicht die Auflösung;

5. Abschnitt: Auflösung der Aktiengesellschaft 1, 2 **Art. 737**

- Art. 938a OR, Art. 155 HRegV: Amtliche Auflösung einer AG, die keine Geschäftstätigkeit und keine Aktiven mehr hat. Sie ist von Amtes wegen zu löschen, wenn ihre Tätigkeit aufgehört hat und ihre Organe und Vertreter in der Schweiz weggefallen sind. Nach der amtlichen Auflösung durch das Handelsregisteramt ist für eine richterliche Auflösung kein Platz mehr (AGVE 1982, 44);
- Art. 731b: Bei Mängeln in der Organisation der Gesellschaft (nicht rechtmässige Zusammensetzung der Organe, Missachtung von Wohnsitzanfordernissen) kann der Richter die Gesellschaft auflösen.

Art. 2 Abs. 2 SchlT AG: Aktiengesellschaften, die am 1.7.1992 (Inkrafttreten der neuen Bestimmungen) im Handelsregister eingetragen sind, müssen innert einer Frist von fünf Jahren ihre Statuten den neuen Bestimmungen anpassen. Gesellschaften, welche ihre Statuten in bezug auf das Mindestkapital, die Mindesteinlage und die Partizipations- und Genussscheine nicht innert dieser gesetzlichen Frist, die höchstens um sechs Monate verlängert werden kann, geändert haben, werden auf Antrag des Handelsregisterführers vom Richter aufgelöst.

In richterlicher Lückenfüllung kann das Gericht bei fehlender Revisionsstelle die betroffene Gesellschaft in Liquidation versetzen, (ZR 95 [1996] Nr. 41) falls die richterliche Einsetzung einer Revisionsstelle durch pflichtwidrige Unterlassung der Gesellschaftsorgane verunmöglicht wird (SJZ 93 [1997] Nr. 8, 161).

Art. 737

II. Anmeldung beim Handelsregister	**Erfolgt die Auflösung der Gesellschaft nicht durch Konkurs oder richterliches Urteil, so ist sie vom Verwaltungsrat zur Eintragung in das Handelsregister anzumelden.**
II. Inscription au registre du commerce	Sauf le cas de faillite ou de décision judiciaire, la dissolution est inscrite au registre du commerce à la diligence du conseil d'administration.
II. Notificazione al registro di commercio	Lo scioglimento della società, eccetto che avvenga per fallimento o sentenza del giudice, dev'essere notificato dal consiglio d'amministrazione per l'iscrizione nel registro di commercio.

I. Allgemeines. Revision

Neues Recht: Die Handelsregisterverordnung (HRegV) wurde einer Gesamtrevision unterzogen, die am 1.1.2008 in Kraft getreten ist (vgl. Art. 172 ff. HRegV). 1

II. Zweck der Anmeldung

Die Auflösung der Gesellschaft ist bekanntzugeben, und zwar durch **sofortige Eintragung** in das **Handelsregister.** Die Eintragung der Auflösung ist für den Übergang in den Liquidationszustand nicht konstitutiv; der Eintragung bzw. ihrer Unterlassung kommt lediglich die in Art. 933 vorgesehenen Publizitätswirkungen gegenüber Dritten zu (BGE 91 I 445 E. a). Der Schuldenruf (Art. 742 Abs. 2) setzt voraus, dass die Auflösung beim kant. Handelsregister angemeldet ist (vgl. Art. 742 N 3 ff.). 2

Art. 738

III. Zuständigkeit für die Anmeldung

3 Soweit die Auflösung nicht durch Konkurs oder richterliches Urteil erfolgt, ist der VR zuständig. Neu muss die Anmeldung von zwei Mitgliedern des VR oder einem Mitglied mit Einzelzeichnungsberechtigung erfolgen (Art. 931a OR und Art. 17 Abs. 1 lit. c HRegV). Die Anmeldung erfolgt nach Massgabe von Art. 63 HRegV. Im Konkursfall gilt die Vorschrift von Art. 939 Abs. 1: Der **Handelsregisterführer** hat von Amtes wegen die Eintragung vorzunehmen.

4 Bei Auflösung durch richterliches Urteil ist der **Richter** selbst für die Anmeldung zuständig.

IV. Firmierung

5 Fortan ist mit dem Zusatz «**in Liquidation**» zu firmieren, ausser beim Konkurs. Nach dem Empfang der amtlichen Mitteilung des Konkurserkenntnisses wird nur die Auflösung der Gesellschaft eingetragen.

6 Nach rechtskräftiger Bestätigung eines Nachlassvertrages mit Vermögensabtretung ist mit dem Zusatz «**in Nachlassliquidation**» zu zeichnen (Art. 319 Abs. 2 SchKG).

V. Anmeldung des Widerrufes des Auflösungsbeschlusses

7 Gemäss BGer (BGE 123 III 473 ff. E. 6) ist der Widerruf durch die Liquidatoren bzw. dem nach Art. 740 Abs. 1 mit der Liquidation betrauten Verwaltungsrat beim Handelsregister anzuzeigen und der Nachweis zu leisten, dass im Zeitpunkt des Widerrufsbeschlusses noch nicht mit der Verteilung des Gesellschaftsvermögens begonnen wurde.

Art. 738

III. Folgen		Die aufgelöste Gesellschaft tritt in Liquidation, unter Vorbehalt der Fälle der Fusion, der Aufspaltung und der Übertragung ihres Vermögens auf eine Körperschaft des öffentlichen Rechts.
III. Conséquences		La société dissoute entre en liquidation, sauf en cas de fusion, de division ou de transfert de son patrimoine à une corporation de droit public.
III. Conseguenze		La società sciolta entra in liquidazione, tranne nei casi di fusione, di scissione o di trasferimento del suo patrimonio a una corporazione di diritto pubblico.

Literatur

LUDWIG, Der Nachlassvertrag mit Vermögensabtretung, Liquidationsvergleich, Diss. Bern 1970; RIEK, Das Liquidationsstadium bei der AG, Diss. Zürich 2003.

I. Normenzweck

1 Art. 738 verdeutlicht, dass zwischen zwei Auflösungstatbeständen zu unterscheiden ist: der **Auflösung mit** und derjenigen **ohne Liquidation.** Bei der Fusion (Art. 2–28 FusG), der Spaltung (Art. 29–52 FusG), Umwandlung (Art. 53–63 FusG) und bei der

5. Abschnitt: Auflösung der Aktiengesellschaft   2–5   **Art. 738**

Verstaatlichung (Art. 751 OR) findet statt der Liquidation ein Umwandlungsverfahren statt.

II. Rechtsfolge der Auflösung mit Liquidation

Die AG in Liquidation bleibt uneingeschränkt rechts- und handlungsfähig. Die **Liqui-** 2
dationsgesellschaft ist mit der früheren Erwerbsgesellschaft identisch (AGVE 1978, 145, 155; BGE 90 II 257). Damit bleibt sie grundsätzlich auch Steuersubjekt (ASA 1961/62, 315 m.w.Nw.).

Die **Organe der Gesellschaft** behalten die Vertretungsbefugnis, soweit eine Vertretung 3
der Gesellschaft durch sie notwendig ist (Art. 740 Abs. 5). Ihre Befugnisse sind fortan beschränkt: Zweck ist nun einzig die Liquidation, und die Befugnisse der Organe gehen nur noch soweit, wie die Handlungen für die Durchführung der Liquidation erforderlich sind (Art. 739 Abs. 2). Die Gesellschaft erstrebt nunmehr als einziges Ziel die Auflösung der rechtlichen Bindungen und die Verflüssigung des Vermögens, was die Verwertung der Aktiven und die Tilgung der Schulden bedingt, um nachher die Verteilung eines evtl. Liquidationsüberschusses unter die Aktionäre vornehmen zu können (ZK-BÜRGI/NORDMANN, Art. 739 N 1; MEIER-HAYOZ/FORSTMOSER, § 16 N 629).

Im Gegensatz zur herrschenden Lehre wird auch die Meinung vertreten, dass der eigentliche, ursprüngliche Zweck der Gesellschaft nach wie vor Bestand hat und während der Liquidation nicht entfernt wird. Der Liquidationszweck, die Erzielung eines möglichst grossen Liquidationsergebnisses, kann problemlos neben dem in den Statuten genannten Gesellschaftszweck bestehen, ohne diesem in die Quere zu kommen, da fast jede AG ein kommerzielles Interesse verfolgt, das in den Statuten auf gewisse Tätigkeiten beschränkt wird (RIEK, 15 ff.).

Gemäss Art. 685a fallen statutarische Vinkulierungsbestimmungen mit dem Eintritt der 4
Gesellschaft in die Liquidationsphase dahin. Diese Vorschrift wird aufgrund der neuen Praxis des BGer, wonach die Auflösung der Gesellschaft widerrufen werden kann, zu überdenken sein.

III. Liquidation im Konkurs/beim Nachlassvertrag

Im Falle des Konkurses wird die Liquidation durch die Konkursverwaltung nach den 5
Vorschriften des **Konkursrechts** besorgt. Das Konkurserkenntnis wird, sobald es vollstreckbar geworden ist, dem Handelsregisterführer (sowie dem Konkursamt und dem Grundbuchführer) von Amtes wegen mitgeteilt (Art. 176 SchKG). Im Falle eines **Nachlassvertrages mit Vermögensabtretung** erfolgt die Mitteilung durch die Nachlassbehörde. Im Gegensatz zum Konkurserkenntnis, das den verschiedenen Ämtern mitgeteilt wird, sobald der Entscheid «vollstreckbar» geworden ist, stellt Art. 308 Abs. 1 SchKG sowohl für die Mitteilung wie auch für die Publikation auf den Zeitpunkt der Rechtskraft ab (vgl. LUDWIG, 24 f.).

Art. 739

B. Auflösung mit Liquidation
I. Zustand der Liquidation. Befugnisse

¹ Tritt die Gesellschaft in Liquidation, so behält sie die juristische Persönlichkeit und führt ihre bisherige Firma, jedoch mit dem Zusatz «in Liquidation», bis die Auseinandersetzung auch mit den Aktionären durchgeführt ist.

² Die Befugnisse der Organe der Gesellschaft werden mit dem Eintritt der Liquidation auf die Handlungen beschränkt, die für die Durchführung der Liquidation erforderlich sind, ihrer Natur nach jedoch nicht von den Liquidatoren vorgenommen werden können.

B. Dissolution avec liquidation
I. La société pendant sa liquidation. Compétence

¹ Aussi longtemps que la répartition entre actionnaires n'est pas terminée, la société en liquidation garde sa personnalité et conserve sa raison sociale, à laquelle s'ajoutent les mots «en liquidation».

² Pendant la liquidation, les pouvoirs des organes sociaux sont restreints aux actes qui sont nécessaires à cette opération et qui, de par leur nature, ne sont point du ressort des liquidateurs.

B. Scioglimento seguito da liquidazione
I. Condizione della società durante la liquidazione

¹ Finché non siano regolati anche i rapporti con gli azionisti, la società che entra in liquidazione conserva la personalità giuridica e la ditta, quest'ultima tuttavia con l'aggiunta «in liquidazione».

² Con l'inizio della liquidazione, i poteri degli organi sociali sono limitati agli atti che sono necessari alla liquidazione medesima e che per la loro natura non possono essere eseguiti dai liquidatori.

Literatur

HEBERLEIN, Die Kompetenzausscheidung bei der AG in Liquidation unter Mitberücksichtigung der Kollektivgesellschaft nach Schweizerischem Recht, Diss. Zürich 1969; RIEK, Das Liquidationsstadium bei der AG, Diss. Zürich 2003.

I. Zustand der Liquidation

1 Trotz Eintritt des die Gesellschaft auflösenden Ereignisses bleibt deren juristische Persönlichkeit intakt, sie bleibt also voll **rechts- und handlungsfähig** (Art. 53 f. ZGB). Die frühere Erwerbsgesellschaft und die jetzige Liquidationsgesellschaft sind rechtlich identisch (BGE 64 II 151; vgl. Art. 738 N 2). Bestehende Verträge gelten grundsätzlich weiter. Der Gesellschaftszweck ist der traditionellen Auffassung nach (vgl. Art. 738 N 3) jetzt aber beschränkt auf ihre Liquidation. Die **Befugnisse** der **Gesellschaftsorgane** werden **limitiert** auf die Handlungen, die für die Durchführung der Liquidation erforderlich sind (Art. 739 Abs. 2). Ziel der Liquidation ist, die pendenten Geschäfte zu beenden, die Vermögenswerte zu verwerten und die Gesellschaftsschulden zu tilgen, um schliesslich einen allfälligen Liquidationsüberschuss an die Aktionäre zu verteilen und die Gesellschaft im Handelsregister zu löschen (Art. 745). Eine ordnungsgemässe Rechnungslegung zur Gewinnermittlung, wie sie für die Erwerbsgesellschaft nach Art. 662 ff. gilt, findet nicht mehr statt. Dividenden werden nicht mehr erklärt (Art. 745). Kapitalherabsetzungen sind zulässig, soweit die einschlägigen Vorschriften (Art. 732–735) beachtet werden.

2 Abgesehen von der neuen Zweckbestimmung und der erforderlichen Einhaltung der zwingend anwendbaren **Liquidationsvorschriften** (Art. 742–745) gelten die **gesetzlichen** und **statutarischen Vorschriften** weiter wie vor der Auflösung.

5. Abschnitt: Auflösung der Aktiengesellschaft   3–5 **Art. 739**

In der **Firma** ist zur Löschung der Gesellschaft der **Zusatz «in Liquidation»** zu füh- 3
ren. Die Nichtverwendung des Zusatzes bei einem Rechtsgeschäft macht dieses nicht
ungültig (BGE 90 II 257; vgl. Art. 737 N 5).

II. Befugnisse der Organe

1. Allgemeines

Die **Gesellschaftsorgane** behalten ihre Befugnisse während der Liquidation bei, sie 4
werden aber auf die Handlungen beschränkt, die für die Liquidation erforderlich sind
und nicht in die **Kompetenz** des neu eingesetzten Organs, **der Liquidatoren,** fallen
(«ihrer Natur nach nicht von den Liquidatoren vorgenommen werden können»).

2. Generalversammlung

Die **GV** bleibt **oberstes Organ** der Gesellschaft, und ihr stehen weiterhin die ihr mit 5
Art. 698 zugeordneten Befugnisse zu, sofern diese nicht an die Liquidatoren übertragen
sind. Die GV ist zuständig für:

- Statutenänderungen (Art. 698 Abs. 2 Ziff. 1), doch müssen diese für die Liquidation
  erforderlich sein (dazu im einzelnen ZK-BÜRGI/NORDMANN, Art. 739 N 9 ff. und
  FORSTMOSER/MEIER-HAYOZ/NOBEL, § 56 N 66);
- Wahl und Abberufung der Mitglieder des VR, der RS (Art. 698 Abs. 2 Ziff. 2,
  Art. 705) und der Liquidatoren (Art. 740 Abs. 1, Art. 741);
- Rechnungsabnahme der jährlichen Zwischenbilanz und der Schlussbilanz (Art. 698
  Abs. 2 Ziff. 3; Art. 743 Abs. 5). Die Erfolgsrechnung wird durch das Liquidations-
  konto und der Jahresbericht durch den Liquidationsbericht ersetzt (ZK-BÜRGI/NORD-
  MANN, N 21). Der GV ist es untersagt, Dividenden, Bauzinsen und Tantiemen zu be-
  schliessen. Die Vorschriften über die Reservebildung (Art. 671, 671a und b) kommen
  nicht mehr zur Anwendung;
- Déchargeerteilung (Art. 698 Abs. 2 Ziff. 5): An den Verwaltungsrat und wo keine
  Personalunion besteht auch an die Liquidatoren (SCHUCANY, Art. 739 N 2; ZK-
  BÜRGI/NORDMANN, Art. 739 N 23);
- Erweiterung der Aufgabe der Revisionsstelle und Ernennung von Sachverständigen
  zur Prüfung der Geschäftsführung (Art. 731);
- Verbot der freihändigen Verwertung durch die Liquidatoren (Art. 743 Abs. 4);
- Anhebung von Verantwortlichkeitsklagen gegen den Verwaltungsrat und die Liquida-
  toren (Art. 754; BGE 48 III 43);
- Widerruf des Auflösungsbeschlusses und zwar so lange, als noch nicht mit der Ver-
  teilung des Gesellschaftsvermögen begonnen worden ist (BGE 123 III 483). In der
  Lehre wird darauf hingewiesen, dass es sich dabei um einen mit der Änderung des
  Gesellschaftszwecks vergleichbaren Vorgang handelt, weil die Gesellschaft von
  ihrem beschränkten Liquidationszweck zum Zweck der aktiven Tätigkeit zurückkehrt
  (SZW 1998, 153). Abgrenzung zum widerrechtlichen Mantelkauf vgl. BGE 123 VII
  484 E. 5c. (vgl. auch Art. 746 N 5).

Die herrschende Lehre lässt Kapitalerhöhungen nicht zu, mit der Begründung, diese
Statutenänderung würde dem traditionellen Liquidationszweck widersprechen. Es wird

aber auch die Ansicht vertreten, dass, den Liquidationszweck in der Gewinnoptimierung sehend, die Kapitalerhöhung zulässig sein soll. (RIEK, 46). RIEK will auch die Änderung des Zwecks der Gesellschaft zulassen, da keine Interessen benachteiligt werden (RIEK, 46).

6 Die GV hat keine Kompetenz, die gesetzlich vorgegebenen Kompetenzen der Liquidatoren abzuändern, da diese **zwingendes Recht** sind. Zur Frage der Befugnis, den Liquidatoren Weisungen zu erteilen; vgl. ZK-BÜRGI/NORDMANN, Art. 739 N 26 f.

3. Befugnisse des Verwaltungsrats

7 Sofern die Liquidation nicht durch die Statuten oder einen GV-Beschluss an andere Personen übertragen wird, wird sie durch d**en Verwaltungsrat** besorgt (Art. 740 Abs. 1). Wo keine Personalunion eintritt, ist eine **Kompetenzausscheidung** notwendig. Der Verwaltungsrat wird beibehalten (ZK-BÜRGI/NORDMANN, Art. 739 N 33). Er ist für die Aufgaben zuständig, die nicht zur Liquidation gehören (MEIER-HAYOZ/FORSTMOSER, § 16 N 629). Insbesondere bleibt der Verwaltungsrat berechtigt, bei der Liquidation die Einhaltung von Gesetz, Statuten, Reglementen und Weisungen zu überwachen (Art. 716a Abs. 1 Ziff. 5).

BGE 123 III E. 4b hält die Bestimmung von Abs. 2 zu wenig differenziert gefasst und deshalb mehrdeutig. Dennoch wird ihr die Funktion als Kompetenzabgrenzung zwischen Verwaltungsrat und Liquidatoren zugeschrieben, hinter der auch eine Verantwortungsabgrenzung steht. Sie wird als zwingende Norm betrachtet.

8 Er hat die Geschäfte für die GV vorzubereiten, deren Beschlüsse auszuführen (Art. 716a Abs. 1 Ziff. 6) und die Anmeldung an das Handelsregister mit Ausnahme der endgültigen Löschung vorzunehmen (Art. 746). Während der Liquidation ist die Stellung des Verwaltungsrats indessen wesentlich schwächer als bei der Erwerbsgesellschaft. Er ist nicht mehr befugt, über das Gesellschaftsvermögen zu verfügen. Unter der Verantwortung der Liquidatoren kann dem bisherigen Verwaltungsrat die Weiterführung des Betriebes gestattet werden. Die Führung der Geschäftsbücher und die Rechnungslegung ist Sache der Liquidatoren (Art. 742, 743 Abs. 5). Diese und nicht der Verwaltungsrat haben im Falle der Überschuldung den Richter zu benachrichtigen (BGE 123 III 479 E. 46).

Direktoren, Prokuristen und Handlungsbevollmächtigte bleiben vertretungsberechtigt, wenn ihre Vertretungsbefugnis nicht widerrufen wird (so RIEK, 56).

4. Revisionsstelle

9 Grundsätzlich bleiben auch die Aufgaben und Kompetenzen der gesetzlichen **Revisoren** bestehen. Die Vorschriften über die Rechnungsprüfung werden analog auf die Liquidationsbuchführung angewandt. Im Einzelnen HWP II, 72 ff.

5. Abschnitt: Auflösung der Aktiengesellschaft   Art. 740/741

Art. 740

II. Bestellung und Abberufung der Liquidatoren
1. Bestellung

¹ Die Liquidation wird durch den Verwaltungsrat besorgt, sofern sie nicht in den Statuten oder durch einen Beschluss der Generalversammlung anderen Personen übertragen wird.

² Die Liquidatoren sind vom Verwaltungsrat zur Eintragung in das Handelsregister anzumelden, auch wenn die Liquidation vom Verwaltungsrat besorgt wird.

³ Wenigstens einer der Liquidatoren muss in der Schweiz wohnhaft und zur Vertretung berechtigt sein.

⁴ Wird die Gesellschaft durch richterliches Urteil aufgelöst, so bestimmt der Richter die Liquidatoren.

⁵ Im Falle des Konkurses besorgt die Konkursverwaltung die Liquidation nach den Vorschriften des Konkursrechtes. Die Organe der Gesellschaft behalten die Vertretungsbefugnis nur, soweit eine Vertretung durch sie noch notwendig ist.

II. Désignation et révocation des liquidateurs
1. Désignation

¹ La liquidation a lieu par les soins du conseil d'administration, à moins que les statuts ou l'assemblée générale ne désignent d'autres liquidateurs.

² Les liquidateurs sont inscrits sur le registre du commerce, par les soins du conseil d'administration, même si ce dernier est chargé de la liquidation.

³ L'un des liquidateurs au moins doit être domicilié en Suisse et avoir qualité pour représenter la société.

⁴ Si la société est dissoute par une décision judiciaire, le juge nomme les liquidateurs.

⁵ En cas de faillite, la liquidation se fait par l'administration de la masse, en conformité des règles de la faillite. Les organes de la société ne conservent le pouvoir de la représenter que dans la mesure où leur intervention est encore nécessaire.

II. Nomina e revoca dei liquidatori
1. Nomina

¹ La liquidazione spetta al consiglio d'amministrazione, salvo che dallo statuto o da una deliberazione dell'assemblea generale non sia rimessa ad altre persone.

² I liquidatori devono essere notificati dal consiglio d'amministrazione per l'iscrizione nel registro di commercio, anche se la liquidazione è curata dall'amministrazione.

³ Uno almeno dei liquidatori deve essere domiciliato in Svizzera e avere la facoltà di rappresentare la società.

⁴ Se la società è sciolta per sentenza del giudice, questi nomina i liquidatori.

⁵ In caso di fallimento, la liquidazione spetta all'amministrazione di questo in conformità delle norme sul fallimento. Gli organi della società conservano la facoltà di rappresentarla solo in quanto una rappresentanza da parte loro sia ancora necessaria.

Art. 741

2. Abberufung

¹ Die Generalversammlung kann die von ihr ernannten Liquidatoren jederzeit abberufen.

² Auf Antrag eines Aktionärs kann der Richter, sofern wichtige Gründe vorliegen, Liquidatoren abberufen und nötigenfalls andere ernennen.

Christoph Stäubli

2. Révocation	¹ L'assemblée générale peut, en tout temps, révoquer les liquidateurs qu'elle a nommés. ² A la requête d'un actionnaire et s'il existe de justes motifs, le juge peut révoquer des liquidateurs et, au besoin, en nommer d'autres.
2. Revoca	¹ L'assemblea generale può revocare in ogni momento i liquidatori da essa nominati. ² Ad istanza di un azionista il giudice può, quando esistano gravi motivi, revocare i liquidatori e, quando occorra, nominarne altri.

Literatur

HAGMANN, Das Mitwirkungs- und Eingriffsrecht des Richters im Bereiche der AG, Diss. Bern 1939; MEIER-HAYOZ, Die richterliche Ernennung von Liquidatoren bei der Aktiengesellschaft, SJZ 1950, 213 ff.

I. Bestellung der Liquidatoren

1. Verschiedene Arten der Bestellung

1 Die Liquidatoren können auf vier verschiedene Weisen bestellt werden:

- Im Regelfall werden die bestellten VR mit der Auflösung zu Liquidatoren (sog. **gesetzliche Liquidatoren,** Art. 740), soweit die Statuten, die GV oder der Richter nicht etwas anderes bestimmen. Die Befugnisse des Liquidators und diejenigen des Verwaltungsrats werden dann in Personalunion ausgeführt (Art. 739 Abs. 2). Der VR wird aber nicht durch die Liquidatoren ersetzt (vgl. Art. 739 N 7).
- Die Statuten können die Liquidatoren bezeichnen (**statutarische Liquidatoren**).
- Die GV kann die Wahl vornehmen (**gewählte Liquidatoren**).
- Eine richterliche Bestellung erfolgt:
  - entweder auf Antrag eines Aktionärs oder eines Gläubigers;
  - wenn kein Liquidator in der Schweiz wohnhaft und zur Vertretung berechtigt ist (zuständig ist der Richter);
  - am Sitz der Gesellschaft, Art. 740 Abs. 3;
  - oder falls die Auflösung durch richterliches Urteil gem. Art. 736 Ziff. 4 angeordnet wird (Art. 740 Abs. 4; richterlich bestimmter Liquidator).

2 Im **Konkursfall** besorgt die Konkursverwaltung die Liquidation (Art. 740 Abs. 5).

2. Wählbarkeitsvoraussetzungen. Anzahl der Liquidatoren

3 Die Liquidation kann sowohl einer **natürlichen** wie einer **juristischen Person** übertragen werden (BGE 62 II 285 E. 1). Ist eine juristische Person Liquidatorin, muss der Verwaltungsrat aufgrund der Wählbarkeitsvoraussetzung (Art. 707 f.) somit zwingend zusätzlich bestellt werden.

Nach Art. 740 Abs. 3 muss mindestens ein Liquidator in der Schweiz wohnhaft und zur Vertretung berechtigt sein.

4 Zwar ist im Gesetz durchwegs von Liquidatoren die Rede, doch es ist unbestritten, dass das Amt von einer **einzelnen Person** übernommen werden kann.

5. Abschnitt: Auflösung der Aktiengesellschaft   5–10 Art. 740/741

Das Aktienrecht erwähnt die juristische Person nicht direkt. Für juristische Personen wird jedoch auf den eingetragenen Sitz abzustellen sein, wobei die Eintragung einer ausländischen Zweigniederlassung nach Art. 113 HRegV in Analogie zu Art. 727 Abs. 2 genügt. Zwischen der Revisionsstelle und dem Liquidator besteht **Inkompatibilität** (ZK-BÜRGI/NORDMANN, Art. 740 N 13).   5

Die Liquidatoren werden für die ganze Liquidationsperiode bestellt. Der **Amtsantritt** des gesetzlichen Liquidators findet zu dem Zeitpunkt statt, in dem sich einer der Auflösungsgründe nach Art. 736 verwirklicht. Bei statutarischen und gewählten Liquidatoren ist auf den Zeitpunkt der Wahlannahme abzustellen (ZK-BÜRGI/NORDMANN, Art. 740 N 27).   6

3. Handelsregistereintrag

Art. 740 Abs. 2 verlangt, dass die Liquidatoren vom VR anzumelden sind, auch wenn der Verwaltungsrat selbst die Liquidation übernimmt. Der **Handelsregistereintrag** hat nur deklaratorische Wirkung. Auch wenn die Bestimmung des Art. 88a aHRV nicht in die neue HRegV übernommen wurde, dürfte weiterhin im Fall, dass der VR nicht in der Lage, die Anmeldung vorzunehmen, die GV, welche die Auflösung beschliesst, die Personen bezeichnen, die die Anmeldung einzureichen haben.   7

II. Abberufung der Liquidatoren

Die GV kann die von ihr ernannten Liquidatoren jederzeit auch wieder abberufen. Wichtige Gründe werden hierfür nicht vorausgesetzt. Abweichende statutarische Vorschriften vorbehalten, genügt das absolute Mehr der an der GV vertretenen Stimmen. Das **Abberufungsrecht** gilt für alle gesetzlichen, statutarischen oder ad hoc von der GV gewählten Liquidatoren, nicht aber für die richterlich Ernannten (SCHUCANY, Art. 741 N 5; ZK-BÜRGI/NORDMANN, Art. 741 N 22).   8

Als Pendant steht den Liquidatoren das jederzeitige **Demissionsrecht** zu (ZK-BÜRGI/NORDMANN, Art. 740 N 23). Die Abberufung durch den Richter setzt wichtige Gründe voraus, kann dann aber gegen den Willen der Aktionärsmehrheit durchgesetzt werden. Art. 741 Abs. 2 dient dem Schutz der Minderheit. Vor Anrufung des Richters muss nicht ein abschlägiger Entscheid der GV veranlasst werden (Pra 1993, 18). Als wichtiger Grund kann die Doppelfunktion als Liquidator der aufgelösten Gesellschaft und VR einer neu gegründeten Nachfolgegesellschaft, auf die die Vermögenswerte der alten Gesellschaft übertragen werden sollen, gesehen werden (PKG 1990, 188–192). Allgemein sind als wichtige Gründe Umstände zu betrachten, die nach objektiver Wertung darauf schliessen lassen, dass die Liquidation nicht ordentlich durchgeführt wird und deshalb Aktionärs- und Gesellschaftsinteressen gefährdet oder verletzt werden können (BGer v. 13.8.2001, 4C.139/2001, E. 2.a.). Über das Vorliegen von wichtigen Gründen entscheidet der Richter nach Recht und Billigkeit (BGer v. 19.7.2005, 4C.92/2005, E. 2.1.).   9

III. Prozessuales

Beim Verfahren auf Abberufung von Liquidatoren, handelt es sich um eine **Zivilsache** i.S.v. Art. 72 BGG, die der Beschwerde gegen Entscheide in Zivilsachen an das BGer zugänglich ist.   10

Art. 742

IV. Liquidatoren im Konkurs/Nachlassverfahren

11 Im Konkurs wird die Gesellschaft durch die **ordentliche** oder **ausseramtliche Konkursverwaltung** nach den Vorschriften des Konkursrechtes liquidiert. Die Handlungsfähigkeit des Verwaltungsrats wird zugunsten der Konkursmasse aufgehoben. Im Konkurs behalten die Organe der Gesellschaft die Vertretungsbefugnis nur insoweit, als – immer im Hinblick auf die Liquidation – eine Vertretung durch sie noch notwendig ist (Art. 739 Abs. 2, Art. 740 Abs. 5). Zum Beispiel ist der Zuschlag, der einer in Konkurs stehenden AG auf das Steigerungsangebot eines ihrer Organe hin erklärt wird, nichtig (BGE 117 III 39 E. 3–5). Beim Konkurs trägt der Handelsregisterführer nach Empfang der amtlichen Mitteilung des Konkurserkenntnisses nur die Auflösung der Gesellschaft ein. Die Gesellschaft wird im Handelsregister nicht schon mit der Konkurseröffnung gelöscht (BGE 93 II 40 E. 1 = Pra 1967, 297).

12 Beim **Nachlassvertrag** mit **Vermögensabtretung** wird die Liquidation durch die von den Gläubigern gewählten und vom Gericht bestätigten Liquidatoren (Art. 319 Abs. 3 SchKG) vorgenommen.

13 Wird der **Konkurs mangels Aktiven** eingestellt und ist die Löschung noch nicht erfolgt, bleibt die Verwaltung weiter zuständig (BGE 90 II 257; ZK-BÜRGI/NORDMANN, Art. 740 N 30).

Art. 742

III. Liquidationstätigkeit
1. Bilanz. Schuldenruf

¹ Die Liquidatoren haben bei der Übernahme ihres Amtes eine Bilanz aufzustellen.

² **Die aus den Geschäftsbüchern ersichtlichen oder in anderer Weise bekannten Gläubiger sind durch besondere Mitteilung, unbekannte Gläubiger und solche mit unbekanntem Wohnort durch öffentliche Bekanntmachung im Schweizerischen Handelsamtsblatt und überdies in der von den Statuten vorgesehenen Form von der Auflösung der Gesellschaft in Kenntnis zu setzen und zur Anmeldung ihrer Ansprüche aufzufordern.**

III. Objet de la liquidation
1. Bilan. Appel aux créanciers

¹ Les liquidateurs dressent un bilan lors de leur entrée en fonction.

² A cet effet, les créanciers sont informés de la dissolution de la société et sommés de faire connaître leurs réclamations, ceux qui sont mentionnés dans les livres ou connus autrement, par avis spécial, ceux qui sont inconnus ou dont le domicile est ignoré, par publication dans la *Feuille officielle suisse du commerce* et, au surplus, en la forme prévue par les statuts.

III. Attribuzioni dei liquidatori
1. Bilancio. Diffida ai creditori

¹ I liquidatori, tosto che abbiano assunto il loro ufficio, devono allestire un bilancio.

² I creditori devono essere informati dello scioglimento della società e diffidati a notificare i loro crediti; quelli indicati nei libri commerciali od altrimenti conosciuti, mediante particolare comunicazione; quelli sconosciuti o dei quali si ignora il domicilio, mediante pubblico avviso nel *Foglio ufficiale svizzero di commercio* e, inoltre, nelle forme prescritte dallo statuto.

I. Bilanz

Sofort bei Übernahme ihres Amtes haben die Liquidatoren eine Übernahmebilanz bzw. **Liquidationseröffnungsbilanz** zu erstellen, und zwar per Stichtag der Auflösung (vgl. Art. 742 Abs. 1). Später haben die Liquidatoren jährliche **Zwischenbilanzen** zu errichten (Art. 743 Abs. 5). Am Ende der Liquidation ist die **Liquidationsschlussbilanz** (Art. 745 Abs. 1) aufzustellen.

Die Liquidationseröffnungsbilanz dient dazu, das vorhandene Gesellschaftsvermögen zum Zeitpunkt der Auflösung festzuhalten. Massgebend sind entsprechend der Aufgabe der Verwertung bzw. Verflüssigung der Aktiven deren **Veräusserungswerte**. Für die Übernahme bzw. Liquidationseröffnungsbilanz gelten somit die allgemeinen Bewertungsgrundsätze (Art. 664 ff.) nicht mehr. Die stillen Reserven werden aufgelöst (ZK-BÜRGI/NORDMANN, Art. 744 N 15 ff.).

II. Schuldenruf

Zweck dieser Norm ist die Information der Gläubiger über die Auflösung der Gesellschaft sowie die Erfassung aller Gläubigerforderungen (BGE 123 III 482 E. 56). Im Unterschied zu Art. 743 befasst sich Art. 742 nur mit der Passivseite der Bilanz. Es soll sichergestellt werden, dass alle **Gläubigerforderungen** erfasst und hernach aus den Mitteln der Gesellschaft befriedigt werden, bevor eine Verteilung an die Aktionäre stattfindet.

Die gesetzlich vorgeschriebene Aufforderung zur Anmeldung der Gläubigeransprüche sieht grundsätzlich zwei **Mitteilungsformen** vor:

– Mitteilung an bekannte Gläubiger: Die in den Büchern erfassten oder sonstwie bekannten Gläubiger werden durch einmalige, besondere Mitteilung, also durch eingeschriebenen Brief, über die Auflösung orientiert und gleichzeitig zur Forderungsanmeldung aufgerufen.

– Mitteilung für unbekannte Gläubiger und für bekannte Forderungen mit fehlender Adresse des Gläubigers: Sie erfolgt mittels dreimaliger öffentlicher Bekanntmachung im SHAB. Sie ist zwingend. Normalerweise besteht ein Interesse an der raschen Folge der Publikation, da laut Art. 742 Abs. 2 die letzte Veröffentlichung massgebend ist für die Bemessung der einjährigen Sperrfrist für die Verteilung bzw. für den Ablauf der dreimonatigen Frist für die vorzeitige Verteilung (Art. 745 Abs. 2 f.).

Wenn die **Statuten** ergänzende Bestimmungen für die Bekanntmachung enthalten (Art. 626 Ziff. 7), sind auch diese zu beachten.

In jeder Nummer des SHAB wird jeweils darauf hingewiesen, dass im Interesse der Liquidatoren der Schuldenruf erst angeordnet werden sollte, nachdem die Auflösung der Gesellschaft beim kant. Handelsregisteramt angemeldet worden ist. Die Registerbehörden sind angewiesen, eine Löschung erst dann vorzunehmen, wenn der dreimalige Schuldenruf nach dem Eintrag der Auflösung erfolgt ist.

Auch die Löschung einer durch Fusion übernommenen AG im Handelsregister setzt die Durchführung des Schuldenrufs voraus (Pra 1989, 908; BGE 115 II 272, 275).

III. Forderungsanmeldung

Die **Forderungsanmeldung** geschieht analog derjenigen im Konkurs (Art. 232 SchKG). Es sind alle Forderungsansprüche anzumelden, fällige, nicht fällige, bedingte, unbestrit-

Art. 743

tene sowie andere Rechte, Eigentumsansprachen, Pfandrechte etc. Es ist keine gesetzliche Frist zur Anmeldung vorgesehen. Bis zur Verteilung des Liquidationsergebnisses an die Aktionäre sind alle Anmeldungen zu berücksichtigen. Verspätete Forderungsanmeldungen können Kostenfolgen nach sich ziehen. Nach der Löschung verbleibt dem Gläubiger lediglich die Wiedereintragung der Gesellschaft (vgl. Art. 746 N 5) oder allenfalls eine Verantwortlichkeitsklage nach Art. 754 (SCHUCANY, Art. 742 N 7; ZK-BÜRGI/ NORDMANN, Art. 744 N 9). Der Gläubigerschutz wird weiter in Art. 744 konkretisiert.

Art. 743

2. Übrige Aufgaben

¹ Die Liquidatoren haben die laufenden Geschäfte zu beendigen, noch ausstehende Aktienbeträge nötigenfalls einzuziehen, die Aktiven zu verwerten und die Verpflichtungen der Gesellschaft, sofern die Bilanz und der Schuldenruf keine Überschuldung ergeben, zu erfüllen.

² Sie haben, sobald sie eine Überschuldung feststellen, den Richter zu benachrichtigen; dieser hat die Eröffnung des Konkurses auszusprechen.

³ Sie haben die Gesellschaft in den zur Liquidation gehörenden Rechtsgeschäften zu vertreten, können für sie Prozesse führen, Vergleiche und Schiedsverträge abschliessen und, soweit erforderlich, auch neue Geschäfte eingehen.

⁴ Sie dürfen Aktiven auch freihändig verkaufen, wenn die Generalversammlung nichts anderes angeordnet hat.

⁵ Sie haben bei länger andauernder Liquidation jährliche Zwischenbilanzen aufzustellen.

⁶ Die Gesellschaft haftet für den Schaden aus unerlaubten Handlungen, die ein Liquidator in Ausübung seiner geschäftlichen Verrichtungen begeht.

2. Autres obligations

¹ Les liquidateurs terminent les affaires courantes, recouvrent, au besoin, les versements non encore opérés sur les actions, réalisent l'actif et exécutent les engagements de la société, à moins qu'il ne ressorte du bilan et de l'appel aux créanciers que l'actif ne couvre plus les dettes.

² Si l'actif ne couvre plus les dettes, ils en informent le juge. Celui-ci déclare la faillite.

³ Ils représentent la société pour les actes nécessités par la liquidation; ils peuvent plaider, transiger, compromettre et même, en tant que de besoin, entreprendre de nouvelles opérations.

⁴ Sauf décision contraire de l'assemblée générale, les liquidateurs peuvent aussi vendre des actifs de gré à gré.

⁵ Lorsque la liquidation se prolonge, les liquidateurs sont tenus de dresser des bilans annuels intérimaires.

⁶ La société répond des actes illicites commis par les liquidateurs dans l'exercice de leurs fonctions.

2. Altri compiti

¹ I liquidatori devono ultimare gli affari in corso, esigere il pagamento delle somme che fossero ancora dovute sulle azioni, realizzare in contanti l'attivo ed adempiere gli obblighi della società in quanto dal bilancio e dalla diffida

ai creditori non risulti che l'attivo non è sufficiente a coprire i debiti della società.

² Tosto che si accorgano che l'attivo non è sufficiente a coprire i debiti della società, essi devono darne notizia al giudice; questi pronuncerà il fallimento.

³ Essi rappresentano la società nei negozi giuridici, che la liquidazione implica, possono stare per essa in giudizio, transigere, compromettere e intraprendere anche nuove operazioni che siano necessarie.

⁴ Essi possono realizzare l'attivo anche ad offerte private, salvo che l'assemblea generale non abbia preso una diversa deliberazione.

⁵ Se la liquidazione si protrae, i liquidatori devono allestire annualmente un bilancio intermedio.

⁶ La società risponde del danno che un liquidatore cagiona con atti illeciti commessi nell'esercizio delle sue incombenze.

I. Abwicklung der laufenden Geschäfte

Die bei der Auflösung noch **laufenden** bzw. schwebenden **Geschäfte** sind grundsätzlich unter Einhaltung der vertraglichen Verpflichtungen abzuwickeln. Die Auflösung ist per se kein Grund zur vorzeitigen Beendigung. Neben der Tilgung der Gesellschaftsschulden haben die Liquidatoren ein möglichst günstiges Liquidationsergebnis zu erzielen. Langfristige Verträge, die über den zur Abwicklung der Geschäftstätigkeit erforderlichen Zeitraum hinausgehen, sind nach Möglichkeit vorzeitig zu beendigen (offenbar **a.A.** ZK-BÜRGI/NORDMANN, Art. 744 N 32). Andererseits dürfen die Liquidatoren auch **neue Geschäfte,** soweit sie werterhaltend bzw. «zur Durchführung der Liquidation erforderlich» sind (Art. 739 Abs. 2), abschliessen. Deren Durchführung muss aber eindeutig im Interesse der Liquidationsgesellschaft stehen (z.B. Eindeckung mit notwendigen Rohstoffen vor Auslaufen der Produktion). Die Liquidatoren müssen im Einzelfall unter Berücksichtigung der konkreten Umstände entscheiden.

1

II. Einzug der Forderungen

Der Einzug der **Debitoren** ist Teil der Liquidation. Speziell erwähnt ist die Verpflichtung, allenfalls noch ausstehende Aktienbeträge – soweit zur Deckung der Verbindlichkeiten notwendig – einzuziehen. Dies ist angezeigt zur Sicherstellung der Liquidität während der Liquidationsphase oder zur Tilgung von Gesellschaftsschulden.

2

In der Erwerbsgesellschaft steht diese Aufgabe dem VR zu, wobei das **Kaduzierungsverfahren** gem. Art. 682 zur Anwendung gelangt. Dadurch wird der Aktionär seiner Rechte aus der Zeichnung verlustig erklärt, und er haftet für den Betrag, der nicht durch den neuen Aktionär erbracht werden kann. Diese Regelung wird bei einer Gesellschaft im Liquidationsstadium öfters nicht befriedigen, da Neuaktionäre nur selten gefunden werden können. Die Einziehung des Fehlbetrages muss, wenn nötig, durch **Zwangsvollstreckung** geschehen (so auch ZK-BÜRGI/NORDMANN, Art. 744 N 35). Bei Personalunion von Gesellschaftsgläubiger und Aktionär ist die Verrechenbarkeit ausgeschlossen, da es sonst zu einer Gläubigerbevorzugung kommen könnte (ZK-BÜRGI/NORDMANN, Art. 744 N 34). Andererseits hat der Aktionär kein Recht, von sich aus den Fehlbetrag einzuzahlen, um sich dadurch eine vorteilhafte Liquidationsdividende zu verschaffen (ZK-BÜRGI/NORDMANN, Art. 744 N 36).

3

Die Liquidatoren haben auch die **Klage aus Verantwortlichkeit** zu führen, ob sie erhoben werden soll, ist aber dem Beschluss der GV vorbehalten (SCHUCANY, Art. 743 N 2;

4

BGE 48 III 73; ZK-BÜRGI/NORDMANN, Art. 744 N 3). BÖCKLI ist der Meinung, die Zustimmung der GV sei nicht erforderlich (BÖCKLI, § 17 N 59).

III. Verwertung der Aktiven

5   Die Aktiven sind von den Liquidatoren **freihändig** zu **verwerten**, es sei denn, die GV habe etwas anderes angeordnet (Art. 739 N 5; Art. 743 Abs. 4; Anwendungsfall: BGE 90 II 258). Die Verletzung dieser Auflagen führt zu Verantwortlichkeitsansprüchen gegenüber den Liquidatoren, nicht aber zu Ungültigkeit des Geschäftes.

6   Zwar grenzt der revidierte Art. 181 Abs. 4 nun die Vermögensübertragung i.S.v. Art. 69 FusG von der Geschäftsübernahme nach Art. 181 ab, die heute wohl h.L. vertritt aber die Ansicht, dass aber selbst für im Handelsregister eingetragene Rechtsträger die Übertragung von Vermögen mittels Singularsukzession weiterhin zulässig bleibt (Näheres dazu: BSK OR I-TSCHÄNI, Art. 181 N 5 ff. sowie BSK FusG-MALACRIDA, Art. 69 N 1 ff.).

7   Die GV kann sich durch Beschluss die Zustimmung zu einem Gesamtverkauf vorbehalten, sieht sie aber davon ab, sind die Liquidatoren (nach Auffassung von BÖCKLI auch für einen Gesamtverkauf ohne Beschluss der GV) kompetent (BÖCKLI, § 17 N 55).

Der Gesamtverkauf als direkte Übertragung des Betriebs oder Teilbetriebs mit Aktiven und Passiven als Vermögensübertragung (Art. 69 ff. FusG) auf den Erwerber ist möglich (BÖCKLI, § 17 N 55). Dieser Vorgang löst die mit Inkrafttreten des FusG von zwei auf drei Jahre verlängerte Frist für die solidarische Weiterhaftung der Gesellschaft mit dem Übernehmer aus (Art. 181 Abs. 2).

IV. Erfüllung der Gesellschaftsverpflichtungen

8   Ausser für die seit der Auflösung entstandenen neuen Verbindlichkeiten sollten die Liquidatoren keinerlei Verpflichtungen der Gesellschaft erfüllen, bis die finanziellen Verhältnisse aufgrund der Liquidationseröffnungsbilanz und des Schuldenrufs überschaubar sind. Für bestimmte Forderungen besteht eine Hinterlegungspflicht (vgl. Art. 744 N 2 ff.).

9   Bei der **Schuldentilgung** haben die Liquidatoren das **Gebot der Gleichbehandlung** aller Gläubiger zu berücksichtigen. Vorzugsrechte (Pfandrechte und dgl.) sind dabei zu beachten.

10 Besteht Besorgnis, dass das Verwertungsergebnis nicht ausreicht, um eine volle Tilgung aller Schulden zu gewähren, ist ein **Teilzahlungsplan** mit, gemessen am Nominalwert der Forderung, prozentual gleich hohen Abschlussraten zu erstellen. Für die Auszahlung der Rate ist ebenfalls die Sicherstellungsvorschrift von Art. 744 einzuhalten. Gegenforderungen sind – wenn immer möglich – zu verrechnen.

V. Feststellung der Überschuldung

11 Ergibt sich aufgrund der Liquidationseröffnungsbilanz des Schuldenrufes (Art. 742) eine **Überschuldung,** haben die Liquidatoren den Richter zu benachrichtigen. Es handelt sich um eine analoge Bestimmung zu Art. 725, die dem VR eine ständige Überwachung der finanziellen Verhältnisse der Gesellschaft auferlegt.

Dies hat grundsätzlich auch für die Liquidatoren zu gelten, womit bei **begründeter Besorgnis** eine **Zwischenbilanz** erstellt werden muss, um sich vor dem Vorwurf der ungleichen Gläubigerbehandlung zu schützen.

12

Eine Überschuldung wird dann angenommen, wenn die Forderungen der Gesellschaftsgläubiger weder zu **Fortführungs-** noch zu **Veräusserungswerten** gedeckt sind und auch nicht durch entsprechende **Rangrücktrittserklärungen** behoben werden. Während der Liquidation sind die Fortführungswerte nicht mehr massgebend (Art. 742); die stillen Reserven sind bereits aufgelöst. In Art. 744 Abs. 2 wird im Unterschied zu Art. 725 Abs. 2 eine Prüfung der wegen Überschuldungsverdachts erstellten Zwischenabrechnung durch einen zugelassenen Revisor explizit nicht verlangt.

13

Die **subsidiäre Anzeigepflicht** durch die Revisionsstelle gem. Art. 728c bezieht sich zunächst nur auf die Unterlassung der Benachrichtigung durch den VR. Mit BGE 123 III 479 E. 4b hat das Bundesgericht klargestellt, dass die subsidiäre Anzeigepflicht der Revisionsstelle bei der aufgelösten Gesellschaft ebenfalls zum Tragen kommt. Im HWP wird auch von einer subsidiären Anzeigepflicht der Revisionsstelle im Liquidationsstadium ausgegangen (HWP II 72 f.).

14

Der **Überschuldungsbegriff** i.S.v. Art. 725 Abs. 2 (vgl. BÖCKLI, § 13 N 746) sollte im Falle der Liquidation jedenfalls berücksichtigt werden. Danach kann eine Unterdeckung in dem Mass wettgemacht werden, als die Gesellschaftsgläubiger hinter alle anderen Gläubiger zurücktreten. Der Rangrücktritt impliziert die Zustimmung des betroffenen Gläubigers, die Liquidation der Gesellschaft bei den Liquidatoren zu belassen.

15

Der **Konkursaufschub** i.S.v. Art. 725a durch den Richter kommt dagegen an sich nicht mehr in Frage, müsste aber im Rahmen des nun grundsätzlich zulässigen Widerrufs des Auflösungsbeschlusses zulässig sein (vgl. neue Bundesgerichtspraxis bei den Vorbem. zu Art. 736–747 N 1). Der Konkurs einer Liquidationsgesellschaft zeitigt die gleichen Folgen wie diejenige der Erwerbsgesellschaft (ZK-BÜRGI/NORDMANN, Art. 744 N 14).

16

VI. Vertretungsbefugnis der Liquidatoren

1. Aussenverhältnis

Die **Vertretungsbefugnis** ist **nach aussen** nicht beschränkbar; sie betrifft alle Rechtsgeschäfte, welche zur Liquidation gehören bzw. analog zu Art. 718a alle Geschäfte, die der Liquidationszweck mit sich bringen kann. Soweit erforderlich, können die Liquidatoren auch neue Geschäfte eingehen. Falls mehrere Liquidatoren bestellt sind, wird die Art ihrer Vertretung entweder durch die Statuten festgehalten oder durch die GV beschlossen bzw. durch den Richter bestimmt. Ohne entsprechende Regelung zeichnen die Liquidatoren gemeinsam. Dies schliesst insb. die Führung von Prozessen und den Abschluss von Vergleichen und Schiedsverträgen mit ein.

17

Der Verwaltungsrat verfügt nicht mehr über das Gesellschaftsvermögen (Art. 739); die für die Erwerbsgesellschaft bestehenden Unterschriftsberechtigungen erlöschen (für den Weiterbestand der Vollmachten spricht sich RIEK aus, vgl. Art. 739 N 8). Die Liquidatoren können allerdings unter ihrer Verantwortung **Spezialvertreter** ernennen (SCHUCANY, Art. 743 N 5).

18

Art. 744

2. Innenverhältnis

19 Inwieweit die GV auf die Tätigkeit der Liquidatoren Einfluss nehmen kann, ist ausserhalb von Abs. 4 noch nicht eindeutig geklärt. Nach Abs. 4 kann die GV den Liquidatoren die freihändige Veräusserung der Aktiven untersagen.

VII. Zwischenbilanz

20 Weitere Aufgabe der Liquidatoren ist nach Abs. 5, bei länger dauernder Liquidation jährlich die **Zwischenbilanz** aufzustellen. Die ordentliche Jahresrechnung bei der Erwerbsgesellschaft wird durch diese **Liquidationszwischenrechnung** ersetzt, wobei auch die Erfolgsrechnung nach den Vorschriften über die kaufmännische Buchführung nach Art. 957 ff. zu erstellen ist. Die Liquidationszwischenbilanz basiert auf der Liquidationseröffnungsbilanz (Art. 742 N 2).

21 Als **Stichtag** wird entweder auf das Datum der Liquidationsbilanz oder auf das Datum der ordentlichen Jahresrechnung abgestellt, wobei die Zeitspanne im letzteren Fall nicht mehr als ein Jahr betragen sollte. Die Zwischenbilanz ist von der Revisionsstelle zu prüfen (ZK-BÜRGI/NORDMANN, Art. 744 N 24). Die Prüfung verlagert sich aber auf das Vorhandensein und die Vollständigkeit der Aktiven und Passiven und andererseits auf den Nachweis, dass der Erlös aus der Verwertung der Gesellschaft zugeflossen ist. Da während des Sperrjahres (Art. 745 Abs. 2) grundsätzlich keine Dividenden ausbezahlt werden dürfen, hat die Revisionsstelle auch nicht Stellung zu nehmen über die Verwendung eines ausgewiesenen Bilanzgewinnes (HWP II, 72 ff.).

22 Die GV sollte darüber und über die Décharge der Liquidatoren Beschluss fassen. Ein **Geschäfts-** bzw. **Liquidationsbericht** ist zwar nicht vorgesehen, ist aber empfehlenswert. Gemäss BÖCKLI ist ein verbaler Zwischenbericht nicht nur empfehlenswert, sondern sogar erforderlich (BÖCKLI, § 17 N 60).

23 Beim **Nachlassvertrag** mit **Vermögensabtretung** haben die Liquidatoren jährlich einen **Rechenschaftsbericht** zu erstellen (Art. 330 Abs. 2 SchKG).

VIII. Haftung

24 Die Gesellschaft haftet für unerlaubte Handlungen der Liquidatoren analog der Bestimmung von Art. 722 Abs. 6. Die Liquidatoren haften ihrerseits der Gesellschaft gem. Art. 754. Ob und inwieweit die Liquidatoren als Gesellschaftsorgane zu betrachten sind, ist in der Theorie umstritten (SCHUCANY, Art. 743 N 7; ZK-BÜRGI/NORDMANN, Art. 740 N 25 ff; vgl. Art. 152 StGB und Art. 42 BankG).

Art. 744

3. Gläubigerschutz

¹ Haben bekannte Gläubiger die Anmeldung unterlassen, so ist der Betrag ihrer Forderungen gerichtlich zu hinterlegen.

² Ebenso ist für die nicht fälligen und die streitigen Verbindlichkeiten der Gesellschaft ein entsprechender Betrag zu hinterlegen, sofern nicht den Gläubigern eine gleichwertige Sicherheit bestellt oder die Verteilung des Gesellschaftsvermögens bis zur Erfüllung dieser Verbindlichkeiten ausgesetzt wird.

5. Abschnitt: Auflösung der Aktiengesellschaft 1–6 **Art. 744**

3. Protection de créanciers	¹ Si des créanciers connus ont négligé de produire, le montant de leurs créances est consigné en justice.
	² Une somme correspondante doit être également consignée pour les obligations non échues ou litigieuses de la société, à moins que les créanciers ne reçoivent des sûretés équivalentes ou que la répartition de l'actif ne soit ajournée jusqu'au règlement de ces obligations.
3. Protezione dei creditori	¹ Qualora dei creditori conosciuti abbiano omesso di notificare i loro crediti, il totale di questi sarà depositato in giudizio.
	² Sarà parimente depositato in giudizio l'importo delle obbligazioni non ancora scadute o litigiose della società, salvo che non sia data ai creditori un'equivalente garanzia o che la ripartizione del patrimonio sociale non sia differita fino all'adempimento delle obbligazioni medesime.

I. Allgemeines

Diese **Gläubigerschutzbestimmung** ist im Zusammenhang mit Art. 742 Abs. 2 (Schuldenruf; l. Art. 742 N 3 f.) und den anderen Vorschriften zum Schutze der Gläubiger gem. Art. 743 und Art. 745 Abs. 2 f. zu verstehen. Die beabsichtigte Vermögensaussonderung für hinterlegungspflichtige Ansprüche erlaubt den Liquidatoren die Vornahme der Verteilung an die Aktionäre. 1

II. Hinterlegungspflicht

Bekannte Gläubiger, die ihre Forderungen angemeldet haben, sind zu bezahlen. Wenn sie es aber unterlassen haben, ihre Ansprüche anzumelden, so müssen die entsprechenden Forderungsbeträge gerichtlich hinterlegt werden. Die Hinterlage gilt als **Zahlungssurrogat** (BGE 69 I 140 E. 4 = Pra 1943, 348). 2

Unbekannte Gläubiger werden zunächst nach Art. 742 Abs. 2 ermittelt (Art. 742 N 4). Die Hinterlegungspflicht für zwar bekannte Forderungen bei jedoch unbekannter Identität des Gläubigers ist nicht eindeutig, ist jedoch vom Gesichtspunkt des Gläubigerschutzes zu bejahen. Zu den nicht fälligen Forderungen sind auch die Eventualverpflichtungen wie Bürgschaftverpflichtungen etc. zu zählen. 3

Bei **Forderungen,** die bekannt, aber entweder **bestritten** oder **noch nicht fällig** sind, haben die Liquidatoren drei Möglichkeiten: 4

– Gerichtliche Hinterlegung;

– Bestellung gleichwertiger Sicherheiten;

– Aussetzung der Verteilung des Liquidationserlöses an die Aktionäre.

III. Prozessuales

Das kant. Prozessrecht bezeichnet die Zuständigkeit für die Hinterlegung. 5

IV. Konkurs/Nachlassverfahren

Ähnliche Schutzvorschriften gelten im Konkurs (Art. 264 Abs. 3 SchKG) und beim Nachlassvertrag (Art. 313 SchKG). 6

Christoph Stäubli

Art. 745

4. Verteilung des Vermögens

¹ Das Vermögen der aufgelösten Gesellschaft wird nach Tilgung ihrer Schulden, soweit die Statuten nichts anderes bestimmen, unter die Aktionäre nach Massgabe der einbezahlten Beträge und unter Berücksichtigung der Vorrechte einzelner Aktienkategorien verteilt.

² Die Verteilung darf frühestens nach Ablauf eines Jahres vollzogen werden, von dem Tage an gerechnet, an dem der Schuldenruf zum dritten Mal ergangen ist.

³ Eine Verteilung darf bereits nach Ablauf von drei Monaten erfolgen, wenn ein zugelassener Revisionsexperte bestätigt, dass die Schulden getilgt sind und nach den Umständen angenommen werden kann, dass keine Interessen Dritter gefährdet werden.

4. Répartition de l'actif

¹ Après paiement des dettes, l'actif de la société dissoute est, sauf disposition contraire des statuts, réparti entre les actionnaires au prorata de leurs versements et compte tenu des privilèges attachés à certaines catégories d'actions.

² Cette répartition ne peut se faire qu'après l'expiration d'une année dès le jour où l'appel aux créanciers a été publié pour la troisième fois.

³ Une répartition peut avoir lieu après un délai de trois mois si un expert-réviseur agréé atteste que les dettes sont éteintes et que les circonstances permettent de déduire qu'aucun intérêt de tiers n'est mis en péril.

4. Ripartizione del patrimonio

¹ Estinti i debiti, il patrimonio della società disciolta è, salvo disposizione contraria dello statuto, ripartito tra gli azionisti nella misura dei versamenti da essi eseguiti e tenuto conto dei privilegi inerenti a determinate categorie di azioni.

² La ripartizione non può farsi prima che sia trascorso un anno dal giorno in cui la diffida ai creditori fu pubblicata per la terza volta.

³ Si può procedere alla ripartizione già dopo tre mesi qualora un perito revisore abilitato confermi che i debiti sono estinti e dalle circostanze può essere dedotto che non è messo in pericolo alcun interesse di terzi.

I. Allgemeines

1 Der Anspruch des Aktionärs auf den verhältnismässigen Anteil am Liquidationsergebnis (Art. 646 Abs. 3 altOR bzw. Art. 660 Abs. 2 OR) gehört zu den **wohlerworbenen Rechten** des Aktionärs. Dieses Recht bemisst sich – unter Vorbehalt anderweitiger Spezialregelungen in den Statuten und unter Berücksichtigung der Vorrechte einzelner Aktienkategorien – im Verhältnis der auf das AK einbezahlten Beträge (Art. 661). Aufgrund von Art. 656a gilt dieses Recht insb. auch für PS.

2 Die **Statuten** können namentlich auch Ansprüche am Liquidationsergebnis für Genussscheine vorsehen (Art. 657 Abs. 2).

Die Liquidation kann auch in Form von Forderungsabtretungen erfolgen (BGer v. 30.7.2002, 4C.148/2002, E. 3.2. bzw. in Form einer Sachausschüttung in Abgeltung des Liquidationsanteils an einen einverstandenen Aktionär (BÖCKLI, § 17 N 69).

II. Schlussabrechnung

Grundlage für die Verteilung des Liquidationserlöses bildet die **Schlussabrechnung** (Liquidationsschlussbilanz mit Erfolgsrechnung). Sie baut auf die Liquidationseröffnungsbilanz bzw. bei länger dauernder Liquidation auf die letzte jährliche Zwischenbilanz (Art. 743 Abs. 5) auf. Die Schlussabrechnung erfolgt nach der Aktivenverwertung und der Schuldentilgung bzw. -hinterlegung. Sie weist auf der aktiven Seite grundsätzlich nur noch die Posten liquide Mittel (Kasse, Bank, Guthaben etc.) und eventuell Forderungen gegenüber den Aktionären auf, auf der Passivseite die Posten Reserven und Eigenkapital. Zur Verteilung gelangt das Nettovermögen der Gesellschaft (HWP II, 72 ff.). 3

Es empfiehlt sich auch hier für die Liquidatoren, gleichzeitig einen **Schlussbericht** abzufassen. 4

Die **Revisionsstelle** hat die Schlussabrechnung zu prüfen (HWP II, 72 ff.) und der GV Bericht zu erstatten, damit diese genehmigt und den Liquidatoren Décharge erteilt werden kann. Mit der Abnahme der Liquidationsschlussbilanz wird das Amt der RS beendet (HWP II, 72). 5

III. Das Sperrjahr

Vor Ablauf eines Jahres nach der dritten Publikation des Schuldenrufes im SHAB darf das (Netto-)Vermögen der Gesellschaft nicht verteilt werden (Abs. 2). Vorbehalten ist die vorzeitige Verteilung nach Abs. 3 nach drei Monaten aufgrund einer eigenen Revisorenprüfung, die von einem zugelassenen Revisionsexperten i.S.v. Art. 4 RAG vorzunehmen ist. 6

Abs. 2 ist eine weitere **Gläubigerschutzbestimmung.** Die Gläubiger, deren Forderungen nicht befriedigt oder sichergestellt sind, können durch richterliche Verfügung die vorzeitige Verteilung verhindern. 7

Die Liquidatoren haften für den Schaden, der durch die Nichteinhaltung dieser Sperrfrist entsteht. 8

Wird das Vermögen vor Ablauf des Sperrjahres verteilt, so kann ein Gläubiger die **Wiedereintragung der Gesellschaft** verlangen, ausser es steht zum vornherein fest, dass dadurch nichts erreicht werden kann (BGE 64 I 337; 100 Ib 37 f. E. 1 = Pra 1974, 562 ff.). 9

IV. Vorzeitige Verteilung

Es ist in jedem Fall eine **dreimonatige Frist,** beginnend mit dem dritten Schuldenruf, abzuwarten. Alsdann kann eine vorzeitige Verteilung vorgenommen werden, wenn ein zugelassener Revisionsexperte bestätigt, dass die Schulden getilgt sind und nach den Umständen angenommen werden kann, dass keine Interessen Dritter gefährdet werden (vgl. BÖCKLI, § 17 N 66 ff.). Einer richterlichen Bewilligung bedarf es also nicht mehr. 10

Der Gesetzestext verlangt nicht, dass im Schuldenruf auf die **Absicht** der **vorzeitigen Verteilung** hingewiesen wird. 11

V. Kapitalherabsetzung

12 Eine vorzeitige Rückzahlung an die Aktionäre kann unter Einhaltung des Mindestkapitals von CHF 100 000 über das formelle **Kapitalherabsetzungsverfahren** nach Art. 732 ff. vorgenommen werden.

VI. Superdividende/Substanzdividende

13 Sind erhebliche Gewinne thesauriert worden und die Verhältnisse so übersichtlich und problemlos, dass alle Gesellschaftsverbindlichkeiten und die Kosten des Liquidationsverfahrens ohne weiteres getilgt werden können, können die überschüssigen Mittel vor dem Auflösungsbeschluss aufgrund der letzten ordentlichen Jahresrechnung durch eine **Superdividende** bzw. nach BÖCKLI neu Substanzdividende, (BÖCKLI, § 17 N 70) an die Aktionäre ausbezahlt werden.

Die **gesetzliche Entnahmesperre** (BÖCKLI, § 12 N 529 ff.) ist jedoch zu beachten. Der Verwaltungsrat muss das verwendbare Eigenkapital sowohl mit einer Fortführungsbilanz wie mit einer Liquidationsbilanz ermitteln und nur der geringere der beiden Beträge steht für die Superdividende/Substanzdividende zur Verfügung (BÖCKLI, § 17 N 70).

Art. 746

IV. Löschung im Handelsregister	Nach Beendigung der Liquidation ist das Erlöschen der Firma von den Liquidatoren beim Handelsregisteramt anzumelden.
IV. Radiation au registre du commerce	Après la fin de la liquidation, les liquidateurs sont tenus d'aviser le préposé au registre du commerce que la raison sociale est éteinte.
IV. Cancellazione nel registro di commercio	Terminata la liquidazione, i liquidatori devono notificare all'ufficio del registro di commercio l'estinzione della ditta.

I. Normzweck. Löschungspflicht

1 Art. 746 verpflichtet die Liquidatoren (als Spezialnorm zu Art. 938), nach Beendigung der Liquidation das Erlöschen der Gesellschaft beim Handelsregisteramt zu melden. Eine Prüfung durch das Handelsregisteramt, ob das Liquidationsverfahren tatsächlich unter Einhaltung der gesetzlichen Vorschriften vollzogen wurde, findet nicht statt. Als Korrektiv dienen die Haftungsregeln für die Liquidatoren (Art. 754). Die **Löschung** hat nur **deklaratorischen Charakter** und besagt lediglich, dass die Liquidatoren das Liquidationsverfahren für beendigt erklärt haben. Zum Löschungsantrag legitimiert sind bloss die Liquidatoren (Art. 17 Abs. 1 lit. i HRegV). Daneben kann vom Handelsregister die Löschung nach Art. 155 HRegV von Amtes wegen vorgenommen werden (Art. 938a).

II. Anmeldung bei Konkurs/Nachlassverfahren

2 Nach Abschluss des Verfahrens erstellen die Liquidatoren einen Schlussbericht. Dieser muss der Gläubigersammlung zur Genehmigung unterbreitet, dem Nachlassrichter zur

Prüfung vorgelegt und den Gläubigern zur Einsicht aufgelegt werden (Art. 330 SchKG).

Im Falle des Konkurses wird die Gesellschaft auf die **amtliche Mitteilung** des Schlusserkenntnisses von Amtes wegen im Handelsregister gelöscht (Art. 939 Abs. 3).

III. Faktische Auflösung

Nach bundesgerichtlicher Praxis muss eine tatsächlich aufgelöste, vollständig liquidierte und von den Beteiligten aufgegebene Gesellschaft im Handelsregister gelöscht werden, auch wenn ein **formeller Auflösungsbeschluss fehlt** (BGE 67 I 36). Vormals war ein Vorgehen nach Art. 60 aHRV angezeigt (BGE 65 I 145; 94 I 564 E. 1 = Pra 1969, 81), was dem Sinn nach dem heutigen Art. 152 HRegV entspricht.

Das längere Ruhen der Gesellschaft genügt für sich allein allerdings nicht, denn dafür können stichhaltige Gründe vorliegen, die von den Betroffenen geltend gemacht werden können (BGE 94 I 562, 568 = Pra 1969, 81).

Anwendungsfall ist insb. der Verkauf eines **Aktienmantels,** also der Aktien einer tatsächlich schon vollständig liquidierten Gesellschaft. Solche Geschäfte sind nach Bundesgerichtspraxis nichtig, ebenso wie die seit dem Mantelkauf von der Gesellschaft getätigten Geschäfte (BGE 80 I 64; 64 II 363 = Pra 1939, 14). Unter einem Aktienmantel wird eine wirtschaftlich vollständig liquidierte und von den Beteiligten aufgegebene juristische aber noch nicht aufgelöste Gesellschaft verstanden. Das BGer verbietet in diesem Stadium den Widerruf des Auflösungsbeschlusses (der als solcher wohl nicht eigentlich getroffen worden ist) (BGE 123 III 484 E. 5c). Dem Einwand, dass ein Widerruf eines Auflösungsbeschlusses (BGE 123 III 473 ff.) Steuerumgehungen mittels Verwertung von Aktienmänteln ermöglichen würde, kann entgegengehalten werden, dass dieses Problem das Steuerrecht selbst löst (vgl. Art. 5 Abs. 2 lit. b des BG über die Stempelabgaben (StG, SR 641.10); FORSTMOSER/MEIER-HAYOZ/NOBEL, a.a.O., § 55 N 192).

IV. Wiedereintragung

An sich bewirkt die Löschung den Untergang der Gesellschaft (VON GREYERZ, 285; ZK-BÜRGI/NORDMANN, Art. 746 N 8). Falls in einem späteren Zeitpunkt noch neue Aktiven oder Verbindlichkeiten auftauchen, kann die Gesellschaft jedoch ausnahmsweise wieder im Handelsregister eingetragen werden (BGE 64 I 334 ff.; 78 I 451 ff. = Pra 1953, 113). Legitimiert dazu sind die Liquidatoren, der ehemalige VR, die Aktionäre und die Gläubiger. Der Anspruch ist glaubhaft zu machen, und schutzwürdige Interessen, die nur durch Wiedereintragung befriedigt werden können, müssen vorhanden sein. Dieser Rechtsbehelf hat damit subsidiären Charakter (BGE 60 I 28; 64 I 335; 87 I 303; 100 Ib 38 E. 1; 110 II 397).

V. Stille Liquidation

Die **stille Liquidation** (Verteilung ohne Schuldenruf), wie sie früher in gewissen Kantonen bei überschaubaren Verhältnissen gehandhabt wurde (VON GREYERZ, 285), wird heute nicht mehr zugelassen (BÖCKLI, § 17 N 81).

Art. 747

V. Aufbewahrung der Geschäftsbücher	Die Geschäftsbücher der aufgelösten Gesellschaft sind während zehn Jahren an einem sicheren Ort aufzubewahren, der von den Liquidatoren, und wenn sie sich nicht einigen, vom Handelsregisteramt zu bezeichnen ist.
V. Conservation des livres de la société	Les livres de la société dissoute sont conservés pendant dix ans en un lieu sûr, désigné par les liquidateurs ou, si ces derniers ne peuvent s'entendre, par le préposé au registre du commerce.
V. Conservazione dei libri	I libri della società disciolta saranno conservati, per la durata di dieci anni, in un luogo sicuro designato dai liquidatori o, in mancanza d'accordo tra di essi, dall'ufficio del registro di commercio.

I. Aufbewahrungspflicht

1 Art. 747 verlangt die Aufbewahrung der Geschäftsbücher während zehn Jahren nach Löschung (Abschluss der Liquidation). Es ist unter persönlicher Haftung (Art. 754 Abs. 2) und Strafe im Unterlassungsfall (Art. 166, 325 StGB) Aufgabe der Liquidatoren, für eine sichere Aufbewahrung zu sorgen. Die **Aufbewahrungspflicht** nach Art. 747 ist als Ergänzung zur allgemeinen Aufbewahrungspflicht nach Art. 962 zu sehen. Im Extremfall kann die Aufbewahrungspflicht damit 20 Jahre dauern (ZK-BÜRGI/NORDMANN, Art. 747 N 7). Die **Editionspflicht** richtet sich nach Art. 963, der Umfang der Aufbewahrungspflicht nach Art. 962.

II. Aufbewahrungsort

2 Grundsätzlich bezeichnen die Liquidatoren den **Aufbewahrungsort.** Können sie sich nicht einigen, wird er vom Handelsregister am Sitz der Gesellschaft bestimmt.

Art. 748–750

aufgehoben

abrogés

abrogati

Art. 751

II. Übernahme durch eine Körperschaft des öffentlichen Rechts	¹ Wird das Vermögen einer Aktiengesellschaft vom Bunde, von einem Kanton oder unter Garantie des Kantons von einem Bezirk oder von einer Gemeinde übernommen, so kann mit Zustimmung der Generalversammlung vereinbart werden, dass die Liquidation unterbleiben soll. ² Der Beschluss der Generalversammlung ist nach den Vorschriften über die Auflösung zu fassen und beim Handelsregisteramt anzumelden.

5. Abschnitt: Auflösung der Aktiengesellschaft 1–4 **Art. 751**

³ Mit der Eintragung dieses Beschlusses ist der Übergang des Vermögens der Gesellschaft mit Einschluss der Schulden vollzogen, und es ist die Firma der Gesellschaft zu löschen.

II. Reprise par une corporation de droit public

¹ Lorsque les biens d'une société anonyme sont repris par la Confédération, par un canton ou, sous la garantie du canton, par un district ou une commune, la liquidation peut être conventionnellement exclue si l'assemblée générale y consent.

² L'assemblée générale se prononce suivant les règles applicables à la dissolution, et sa décision est inscrite sur le registre du commerce.

³ Dès cette inscription, le transfert de l'actif et du passif est accompli, et la raison sociale de la société doit être radiée.

II. Assunzione da parte di una corporazione di diritto pubblico

¹ Qualora il patrimonio di una società anonima sia assunto dalla Confederazione, da un Cantone oppure, con la garanzia di questo, da un distretto o da un Comune, la liquidazione può essere contrattualmente esclusa col consenso dell'assemblea generale.

² La deliberazione dell'assemblea generale dev'essere presa in conformità delle norme riguardanti lo scioglimento e dev'essere notificata all'ufficio del registro di commercio.

³ Con l'iscrizione di tale deliberazione il trasferimento dell'attivo e del passivo della società è compiuto e la ditta sociale dev'essere cancellata.

Dieser Artikel behandelt die Übernahme einer AG durch eine Körperschaft des öffentlichen Rechtes. Während die Überführung öffentlich-rechtlicher Institute in Rechtsformen des Privatrechts mittels Fusion, Umwandlung und Vermögensübertragung durch das FusG geregelt wird (Art. 99–101 FusG; BSK FusG-KUSTER, Art. 99 N 4; ZK FusG-WAGNER PFEIFER/GELZER, Vor Art. 99–101 N 4), liegen die Umwandlung privatrechtlicher Rechtsträger in öffentlich-rechtliche Institute, die Vermögensübertragung von privatrechtlichen Rechtsträgern auf öffentlich-rechtliche Körperschaften («Verstaatlichung») sowie die Fusion solcher Rechtsträger ausserhalb des Anwendungsbereiches des FusG. 1

Gemäss Art. 751 kann wie bei den in Art. 3 ff. FusG vorgesehenen Fusionen eine Liquidation der übernommenen AG unterbleiben, hier allerdings nur mit spezieller Zustimmung der GV der AG. Der Übergang des Vermögens findet ebenfalls auf dem Wege der Universalsukzession statt, im Unterschied zu Art. 25 ff. FusG sind hier jedoch keine speziellen Gläubiger- und Arbeitnehmerschutzbestimmungen vorgesehen, insb. kein Schuldenruf. Diese Regelung steht unter der Annahme, dass der Gläubiger bzw. Arbeitnehmer bei einer Übernahme der AG durch eine Körperschaft des öffentlichen Rechts keine Nachteile zu befürchten brauche und sich daher den Schuldnerwechsel ohne spezielle Schutzbestimmungen gefallen lassen müsse. Die übernehmende öffentlichrechtliche Körperschaft, Bund, Kanton, oder – unter Garantie des Kantons – Bezirk oder Gemeinde, haftet mit ihrem ganzen Vermögen, nicht nur mit demjenigen der übernommenen AG. Die Aktionäre werden nach Massgabe des Übernahmevertrages entschädigt. 2

Wird nur ein Teil des Vermögens der AG übernommen, oder stimmt die GV nicht zu, dass die Liquidation unterbleiben solle, so ist die AG in Liquidation zu setzen, und das Vermögen muss auf die Körperschaft des öffentlichen Rechts übertragen werden. 3

Für die Übernahme ist ein öffentlich beurkundeter **Beschluss der GV** notwendig, wobei mindestens zwei Drittel der vertretenen Stimmen und die absolute Mehrheit der vertretenen Aktiennennwerte zustimmen müssen (Art. 704 Ziff. 8). Weiter ist ein **Übernahmevertrag** zwischen der AG und der öffentlichen Körperschaft erforderlich, für 4

Rudolf Tschäni 1413

welchen keine besondere Form notwendig ist, der jedoch durch die GV gutgeheissen werden muss. Zum Inhalt dieses Vertrages s. ZK-BÜRGI/NORDMANN, N 3; s.a. BGE 95 II 157. Der Beschluss der GV ist dem Handelsregister durch den VR anzumelden.

5 Der Übergang des Vermögens der Gesellschaft mit Einschluss der Schulden wird mit Eintragung des Beschlusses vollzogen; daraufhin wird die Firma gelöscht.

Sechster Abschnitt: Verantwortlichkeit

Art. 752

A. Haftung I. Für den Emissions- prospekt	Sind bei der Gründung einer Gesellschaft oder bei der Ausgabe von Aktien, Obligationen oder anderen Titeln in Emissionsprospekten oder ähnlichen Mitteilungen unrichtige, irreführende oder den gesetzlichen Anforderungen nicht entsprechende Angaben gemacht oder verbreitet worden, so haftet jeder, der absichtlich oder fahrlässig dabei mitgewirkt hat, den Erwerbern der Titel für den dadurch verursachten Schaden.
A. Responsabilité I. Pour le prospectus d'émission	Ceux qui, lors de la fondation d'une société ou d'une émission d'actions, d'obligations ou d'autres titres, ont inséré, intentionnellement ou par négligence, dans les prospectus d'émission ou dans des documents analogues, des informations inexactes, trompeuses ou non conformes aux exigences légales, les ont diffusées ou ont participé à ces actes, répondent envers les acquéreurs des titres du dommage qu'ils leur ont causé.
A. Fattispecie I. Responsabilità per prospetti d'emissione	Chiunque, in occasione della costituzione di una società o dell'emissione di azioni, di obbligazioni o di altri titoli abbia, sia intenzionalmente sia per negligenza, cooperato a dare o a diffondere in prospetti d'emissione o documenti analoghi indicazioni inesatte, suscettibili d'indurre in errore o non conformi ai requisiti legali, è responsabile, verso gli acquirenti dei titoli, del danno loro cagionato.

Literatur

APPENZELLER/WALLER, Haftungsrisiken beim IPO und ihre Minimierung aus Sicht der Gesellschaft, GesKR 2007, 256 ff.; BERTSCHINGER, Arbeitsteilung und aktienrechtliche Verantwortlichkeit, Zürich 1999; CAMENZIND, Prospektzwang und Prospekthaftung bei öffentlichen Anleihensobligationen und Notes, Diss. Zürich 1989; CHAMMARTIN/VON DER CRONE, Kausalität in der Prospekthaftung, SZW 2006, 452 ff.; CONTRATTO, Konzeptionelle Ansätze zur Regulierung von Derivaten im schweizerischen Recht, Diss. Freiburg 2006; DAENIKER, Swiss Securities Regulation: an Introduction to the Regulation of the Swiss Financial Market, Zürich 1998; DERS., Anlegerschutz bei Obligationenanleihen, Diss. Zürich 1992 (zit. Diss.); DERS., Stellung der federführenden Bank bei Obligationenanleihen, SJZ 2003, 365 ff. (zit. SJZ); DAENIKER/WALLER, Kapitalmarktbezogene Informationspflichten und Haftung, in: Weber (Hrsg.), Verantwortlichkeit im Unternehmensrecht, Zürich 2003, 55 ff. (zit. Informationspflichten); DIES., Due Diligence Defense der Banken bei Prospekthaftungsansprüchen, in: Reutter/Watter/Werlen (Hrsg.), Kapitalmarkttransaktionen, Zürich 2006, 55 ff. (zit. Defense); DOBLER/VON DER CRONE, Aktivlegitimation zur Geltendmachung von Verantwortlichkeitsansprüchen, SZW 2005, 211 ff.; FISCHER-APPELT/FAVRE, Anwendungsbereich der EU-Prospektrichtlinie. Unter vergleichender Berücksichtigung des US-amerikanischen Kapitalmarktrechts, Der Schweizer Treuhänder 2006, 49 ff.; GROSS, Die börsengesetzliche Prospekthaftung, AG 1999, 199 ff.; HOPT, Die Verantwortlichkeit der Bank bei Emissionen, München 1991; HÜFFER, Das Wertpapier-Verkaufsprospektgesetz, Köln/Berlin/Bonn/München, 1996; KORT, Neuere Entwicklungen im Recht der Börsenprospekthaftung (§§ 45 ff. BörsG) und der Unternehmensberichtshaftung (§§ 77 BörsG), AG 1999, 9 ff.; KOWALEWSKI, Prospekt- und Kapitalinformationshaftung in der Schweiz und den USA, in: Hopt/Voigt (Hrsg.), Prospekt- und Kapitalmarktinformationshaftung, Tübingen 2005, 999 ff.; LENOIR, Prospekthaftung im Zusammenhang mit Going Publics, Diss. Zürich 2004; MAROLDA/VON DER CRONE, Prospekthaftung bei Anleihensobligationen und die Stellung der federführenden Bank, SZW 2003, 158 ff.; NOTH/GROB, Rechtsnatur und Voraussetzungen der obligationenrechtlichen Prospekthaftung – ein Überblick, AJP 2002, 1435 ff.; REUTTER/RASMUSSEN, Auswirkungen neuer EU-Richtlinien auf Kapitalmarkttransaktionen schweizerischer Emittenten, in: Reutter/Watter/Werlen (Hrsg.), Kapitalmarkttransaktionen, Zürich 2006, 1 ff.; RIMLE, Recht des schweizerischen Finanzmarktes, Zürich 2004; ROBERTO/WEGMANN, Prospekthaftung in der Schweiz, SZW 2001, 161 ff.; ROHR, Die Grundsätze des Emissionsrechtes, Diss. Zürich 1990; ROLLER, Die Prospekthaftung im Englischen und im Deutschen Recht, Diss. Tübingen 1990; SCHLEIFFER/REHM, Zum Prospekt nach Obligationenrecht, Der Schweizer Treuhänder 2005, 1021 ff.; TAISCH, Finanzmarktrecht, Zürich/Basel/Genf, 2006; UMBACH/WEBER, Schadensberechnung in Verantwortlichkeitsprozessen, in: Weber (Hrsg.), Verantwortlichkeit im Unternehmensrecht, Zürich 2003, 111 ff.; VORTMANN (Hrsg.), Prospekthaftung und Anlageberatung, Stuttgart/Berlin/Köln 2000 (zit. VORTMANN/(CO-) AUTOR); WATTER, Prospekt(haft)pflicht heute und morgen, AJP 1992, 48 ff.; WEBER, Prospekthaftpflicht in der Praxis, SZW 1993, 19 ff. (zit. Prospekthaftpflicht); DERS., Beurteilung der neueren Rechtsprechung zur Verantwortlichkeit in Unternehmen, in: Weber (Hrsg.), Verantwortlichkeit im Unternehmensrecht III, Zürich 2006, 147 ff. (zit. Verantwortlichkeit); DERS., Der Kapitalanlageschaden, in: Bucher/Canaris/Honsell/Koller (Hrsg.), Norm und Wirkung, FS für Wolfgang Wiegand, Bern/München 2005, 965 ff. (zit. Kapitalanlageschaden); WERLEN, Die Neuregelung des europäischen Primärkapitalmarktrechts durch die Prospektrichtlinie. Anstoss zur Revision des schweizerischen Primärkapitalmarktrechts?, in: FS für Dieter Zobl, Zürich 2004, 453 ff.; ZOBL/ARPAGAUS, Zur Prospekt-Prüfungspflicht der Banken bei Emissionen, in: Festgabe zum Schweizerischen Juristentag 1994, 195 ff.; ZOBL/KRAMER, Schweizerisches Kapitalmarktrecht, Zürich 2004; ZÜRCHER, Die Pflicht zur Aktualisierung des Prospektes während der Zeichnungsfrist beim Börsengang, SZW 2006, 127 ff.; vgl. zudem die Literaturhinweise zu Art. 1156.

I. Allgemeines

Art. 752 statuiert eine **Verantwortlichkeit** derjenigen Personen, die bei der Ausgabe von Wertpapieren oder Wertrechten unrichtige, irreführende oder unvollständige Angaben machen oder verbreiten. Für den Erwerber bzw. Zeichner von derartigen Effekten gilt somit der Grundsatz *caveat emptor* nur bedingt, da das Gesetz die Verantwortlichkeit für Information und Aufklärung über diese Titel wenigstens teilweise dem Verkäufer bzw. Emittenten überträgt. Art. 752 bewirkt durch diese Regelung der Verantwortlichkeit eine **indirekte Kontrolle der Richtigkeit, Klarheit und Vollständigkeit des Prospektes,** während z.B. das amerikanische Recht (vgl. WATTER, 53), die EU-Prospekt-RL (vgl. WERLEN, 468 f.) sowie das Kotierungsreglement der SWX (vgl. dessen Art. 50 ff.) eine (quasi-) behördliche Vorkontrolle kennen.

In der Lehre umstritten ist die **Rechtsnatur** der Prospekthaftung (für einen Überblick über die unterschiedlichen Lehrmeinungen s. NOTH/GROB, 1443 ff.). Das Bundesgericht geht in einem neueren Entscheid (allerdings ohne Begründung) von einer **Deliktshaftung** aus (BGE 129 III 71, 75 (=Pra 4/2003, 365); ebenso z.B. ROBERTO/WEGMANN, 164; CHK-BINDER/ROBERTO, Art. 752 OR N 9; DAENIKER/WALLER, Informationspflichten, 68; DAENIKER/WALLER, Defense, 61; ZOBL/KRAMER, N 1142; LENOIR, 56; CHAMMARTIN/VON DER CRONE, 454; VON BÜREN/STOFFEL/WEBER, N 1213; BÖCKLI, § 18 N 16 und 37 FN 73). U.E. kommt die Prospekthaftung einer eigenständigen **Haftung für Verletzungen von Informationspflichten gegenüber dem Kapitalmarkt** (WATTER, 55; BERTSCHINGER, N 19) bzw. in der Weiterführung der Grundsätze der culpa in contrahendo einer **kapitalmarktrechtlichen Vertrauenshaftung** (NOTH/GROB, 1446 ff.; LOSER, Die Vertrauenshaftung im Schweizerischen Schuldrecht, Bern 2006, N 785; CONTRATTO, 329, 335; ASSMANN, 226 ff.; vorsichtig auch MAROLDA/VON DER CRONE, 161 f.) näher. Dieses Verständnis der Rechtsnatur hat vorliegend verschiedene Auswirkungen, namentlich auf die Beurteilung des Kausalzusammenhangs (vgl. N 26), die Beweislast des Verschuldens (vgl. N 30) sowie die Schadensberechnung (vgl. N 22); diese Auswirkungen relativierend KOWALEWSKI, 1024 ff.; MAROLDA/VON DER CRONE, 162 f.

II. Anwendungsbereich

3   Erster Anknüpfungspunkt für die Anwendung von Art. 752 ist die **Ausgabe gewisser Titel durch die Gesellschaft.** Erfasst sind sowohl Fälle der **Eigenkapitalbeschaffung,** namentlich mittels Ausgabe von Aktien oder PS bei einer Gründung oder Kapitalerhöhung einer AG, als auch Fälle der **Fremdkapitalbeschaffung** mittels Ausgabe von Anleihen. Nicht erfasst werden – entgegen der Rechtslage in den USA – sog. **«secondary placements»,** bei denen ein bisheriger Grossinvestor seine Titel an das Publikum verkauft und der Gesellschaft keine Gelder zufliessen (ebenso ROBERTO/WEGMANN, 165; APPENZELLER/WALLER, 261; vgl. aber für die Erfassung in Deutschland unter das Verkaufsprospektgesetz VORTMANN/HAUPTMANN, § 3 N 198; eine Ausnahme dazu stellt u.E. der IPO dar, vgl. sogleich). Von der Prospekthaftung erfasst werden **Festübernahmen,** d.h. Fälle, bei denen die neu auszugebenden Aktien im Voraus z.B. von einer Bank im Hinblick auf ein öffentliches Angebot gezeichnet werden: dann besteht im Moment der Platzierung beim Publikum sowohl eine Prospektpflicht als auch eine Prospekthaftung (WATTER, 51; NOTH/GROB, 1438 f.; vgl. auch Art. 1156 N 10). Weiter fallen auch jene Fälle des **Going Public** unter Art. 752, bei denen der Gesellschaft Gelder zufliessen (zu den möglichen IPO Strukturen s. etwa WATTER/REUTTER, Rechtsprobleme beim IPO, in: Watter, Rechtsfragen beim Börsengang von Unternehmen, Zürich/Basel/Genf 2002, 3 ff.); dasselbe gilt wegen der Prospektpflicht gemäss Art. 32 Abs. 1 des Kotierungsreglements für Beteiligungen an bisher privat gehaltenen Gesellschaften, die **neu an der Börse kotiert** werden (APPENZELLER/WALLER, 261 f.; vgl. auch N 18). Ferner findet Art. 752 auch auf den **Angebotsprospekt bei Übernahmen** Anwendung (WATTER/DUBS, Organverhaltens- und Organhaftungsregelung im Börsenrecht, AJP 1998, 1308, 1312 f.).

4   Die Prospekthaftpflicht gilt für **alle Arten von massenweise emittierten Wertpapieren** (so schon vor der Gesetzesrevision von 1992 FORSTMOSER, Verantwortlichkeit, N 972). Eine Prospekthaftpflicht ist damit denkbar bei der Ausgabe von Aktien, PS, Wandelobligationen, Optionsanleihen und Obligationen (inkl. Notes, vgl. Art. 1156). Darüber hinaus greift u.E. die Prospekthaftung auch dann, wenn **Wertrechte massenweise emittiert** werden, z.B. Optionen oder als Wertrechte ausgestaltete Obligationen (ebenso z.B. ROBERTO/WEGMANN, 161). Generell besteht demnach eine Prospekthaftung immer dann, wenn **Effekten** (Art. 2 lit. a BEHG) emittiert werden.

5   Weiterer Anknüpfungspunkt für die Anwendung von Art. 752 ist die Erstellung eines **Prospektes** oder einer **(prospekt-)ähnlichen Mitteilung** (s. dazu N 14) resp. die **pflichtwidrige Unterlassung** der Erstellung eines derartigen Dokumentes (vgl. dazu N 11, 18). Der **Emissionsprospekt** gemäss Art. 752 OR ist die vom Emittenten im Hinblick auf eine beabsichtigte Emission erstellte schriftliche Dokumentation, die dazu dient, potentielle Anleger über die beabsichtigte Emission zu informieren und zur Zeichnung der auszugebenden Titel einzuladen (zu den **Funktionen des Prospektes** s. BGE 120 IV 128, der die Aufklärungs-, Werbe- und Garantiefunktion nennt; ebenso etwa ZOBL/KRAMER, N 1105 ff.; zum **Prospektinhalt** s. Art. 652a und Art. 35 Kotierungsreglement sowie Art. 752 N 17 und Art. 1156 N 16 ff.). Art. 752 findet somit primär dann Anwendung, wenn von Gesetzes wegen eine **Prospektpflicht** besteht, was gemäss Art. 652a und 1156 Abs. 1 im Falle eines **öffentlichen Angebots** gilt (s. dazu

Art. 1156 N 8; in der Praxis wichtig ist auch die eventuelle, allenfalls unbeabsichtigte Unterstellung unter das EU-Recht, vgl. dazu REUTTER/RASMUSSEN, 11 ff.). Ebenfalls erfasst von Art. 752 sind diejenigen Fälle, in denen der Emittent **freiwillig** ein prospektähnliches Dokument erstellt, was in der Praxis v.a. bei den sog. **Privatplatzierungen** vorkommt (vgl. hierzu WATTER, 52 m.Nw.). Eine Haftung ist dabei auch dann zu bejahen, wenn auf diesen oft als *placement memorandum* bezeichneten Dokumenten ausdrücklich vermerkt ist, dass sie nicht als Prospekt gelten würden; immerhin entfällt in diesen Fällen aufgrund der fehlenden gesetzlichen Erstellungspflicht eine Haftung wegen Unvollständigkeit (vgl. N 18; diesbezüglich krit. OR-Handkommentar-BERTSCHINGER, Art. 752 N 28), nicht aber wegen Irreführung, die aus Unvollständigkeit resultieren kann (vgl. N 17).

III. Aktiv- und Passivlegitimation

1. Aktivlegitimation

Aktivlegitimiert sind nach dem Gesetzestext die «**Erwerber**» der Titel. Gemeint sind damit nicht nur die **Ersterwerber** (bzw. Zeichner), sondern auch **spätere Käufer** (FORSTMOSER/MEIER-HAYOZ/NOBEL, § 37 N 80; DÄNIKER, 73; DOBLER/VON DER CRONE, 213; WATTER, 57; vgl. zum deutschen Recht, das spätere Käufer von börsenkotierten Titeln während einer Periode von 6 Monaten schützt, § 45 Abs. 1 Ziff. 2 BörsG und GROSS, 205), gemäss einem neuen BGE zumindest dann, wenn die Angaben im Prospekt kausal für deren Kaufentschluss waren (BGE 131 III 306, 308 ff.; einschränkend in diesem Sinne schon BÖCKLI, § 18 N 19 f.; vgl. ferner WEBER, Verantwortlichkeit, 150; DAENIKER/WALLER, Defense, 64; APPENZELLER/WALLER, 264). 6

Klageberechtigt ist nach der hier vertretenen Ansicht weiter derjenige, der seine Titel **bereits verkauft** oder das **Eigentum daran anderweitig** (z.B. durch eine Schenkung) **verloren** hat (ZOBL/KRAMER, N 1160; BÖCKLI, § 18 N 19; LENOIR, 75 f., m.H. auf abweichende Meinungen; ebenso das deutsche Recht, vgl. KORT, 13). Ein kausal verursachter Schaden wird allerdings in aller Regel nur dann gegeben sein, wenn der Mangel während der Besitzdauer bekannt wird (ROLLER, 211 f.). 7

Aktivlegitimiert ist schliesslich auch derjenige, der im Rahmen einer Emission «alte» **bereits ausgegebene Papiere** der gleichen Kategorie auf dem Markt erwirbt, obwohl sich der Prospekt eigentlich auf die «neuen» Titel bezieht (WATTER, 57; wie hier ausdrücklich § 45 Abs. 1 a.E. BörsG; vgl. KORT, 12; GROSS, 204; **a.M.** BÖCKLI, § 18 N 20); Grund dafür ist die kapitalmarktrechtliche Natur der Haftung (N 2). 8

Klageberechtigt ist endlich, wer die **Titel unentgeltlich erworben** hat, z.B. durch eine Schenkung oder Erbschaft (ROBERTO/WEGMANN, 173; NOTH/GROB, 1449; CHK-BINDER/ROBERTO, Art. 752 OR N 13); ebenso die fiduziarische Erwerber sowie der Nutzniesser (NOTH/GROB, 1449 f.). 8a

Nicht aktivlegitimiert ist indessen die **Gläubigergemeinschaft** nach Art. 1164 (BGE 113 II 289 ff.); dagegen wird allerdings überzeugend argumentiert, die Gläubigergemeinschaft müsse diejenigen Aspekte einer Prospekthaftungsklage «gemeinsam» feststellungshalber geltend machen können, die nicht die individuellen Aspekte der einzelnen Obligationäre betreffen, also namentlich die Widerrechtlichkeit und das Verschulden (DAENIKER, Diss., 105 f.; DAENIKER/WALLER, Informationspflichten, 84 f.). 9

Ebenfalls nicht aktivlegitimiert ist die **Gesellschaft** (FORSTMOSER/MEIER-HAYOZ/NOBEL, § 37 N 81; ZOBL/KRAMER, N 1160). 9a

2. Passivlegitimation

10 Passivlegitimiert sind **diejenigen Personen,** die den **Prospekt** oder eine **ähnliche Mitteilung erstellt** oder **verbreitet** haben (vgl. etwa die Aufstellung bei BERTSCHINGER, N 492 ff.). Zur ersten Kategorie («erstellen») können nebst den handelnden Organe und Angestellten des Emittenten auch Anwälte, Steuerberater, Umweltexperten und andere Berater, die RS (vgl. dazu OLG München in AG 2008, 249 ff., BGH in AG 2006, 197 ff.; OLG Bamberg in AG 2006, 456 ff.), die federführende Emissionsbank sowie Ratingagenturen (sofern ihre Beurteilung mit ihrem Wissen und Willen in den Prospekt Eingang findet, BERTSCHINGER, N 492; OR-Handkommentar-BERTSCHINGER, Art. 752 N 18; LENOIR, 83; KOWALEWSKI, 1031; CHK-BINDER/ROBERTO, Art. 752 OR N 16) gehören (zur Prospekthaftung von Experten in Deutschland s.a. ASSMANN, Die Prospekthaftung beruflicher Sachkenner de lege lata und de lege ferenda, AG 2004, 435 ff.). Zur zweiten Kategorie («verbreiten») gehören Konsortialbanken, Finanzinstitute und andere Personen, die am Vertrieb der Wertpapiere beteiligt sind (vgl. zum engeren Anwendungsbereich des deutschen Börsenrechts § 45 Abs. 1 BörsG und KORT, 11). Aus Kausalitätsüberlegungen muss die **Mitwirkung** bei der Erstellung bzw. Verbreitung des mangelhaften Prospektes allerdings **wesentlich** sein (für die unterschiedliche Umschreibung der wesentlichen Mitwirkung s. z.B. KOWALEWSKI, 1031 f.), weshalb etwa der Drucker und Postbote, die Börsenzulassungsstelle (**a.M.** BERTSCHINGER, N 496; OR-Handkommentar-BERTSCHINGER, Art. 752 N 20; wie hier DAENIKER/WALLER, Informationspflichten, 91; ZOBL/KRAMER, N 1163) oder die einzig mit notariellen Aufgaben betraute Urkundsperson (LENOIR, 83 f. m.H. auf abweichende Lehrmeinungen) nicht haftbar werden können (vgl. N 27 f.).

11 Beklagte können auch die Mitglieder des VR und andere (Organ-)Personen des Emittenten sein, **die trotz einer entsprechenden Pflicht keinen Prospekt erstellt haben** (wobei auch argumentiert werden kann, dieser Fall sei unter Art. 754 zu subsumieren, vgl. BÖCKLI, § 18 N 18).

12 Passivlegitimiert ist schliesslich der **Emittent** selber. Zu berücksichtigen ist allerdings, dass eine Zahlung des Emittenten an den Kläger einen zusätzlichen Schaden bei den (anderen) Aktionären sowie dem klagenden Aktionär selbst verursachen kann, verlieren die Aktionäre doch Substanz an «ihrer» Unternehmung. Bei Aktienemissionen ist bei Klagen gegen den Emittenten zudem zu beachten, dass **Art. 680 Abs. 2** einer Rückvergütung an den Aktionär entgegenstehen kann (BGE 109 II 128; vgl. für die analoge Rechtslage in Deutschland OLG Frankfurt in AG 2000, 132 ff., 134, wonach dieses Verbot bei Klagen nach Sekundärmarkttransaktionen nicht gilt). Soweit Schadenersatz nicht aus ungebundenen Mitteln (u.E. inkl. eines eventuellen Agio aus der Emission) geleistet werden kann, wird in solchen Fällen ein Kapitalherabsetzungsverfahren notwendig (WATTER, 57; vgl. aber auch Art. 680 N 19). Zu beachten ist ferner, dass sich die Haftung des Emittenten auch aus Art. 722 ergeben kann (ZK-BÜRGI/NORDMANN, N 4 f.).

12a Eine Person kann auch dann nach Art. 752 belangt werden, wenn sie im Prospekt nicht explizit als verantwortlich bezeichnet wird (gl.M. APPENZELLER/WALLER, 262). Im Falle eines umfassenden **Responsibility Statement** des Emittenten (wie in Ziff. 4 Schema A und Ziff. 4 Schema B zum Kotierungsreglement vorgesehen) dürfte es aus praktischer Sicht für den Kläger allerdings schwierig sein, die sorgfaltswidrige Mitwirkung weiterer an der Prospekterstellung bzw. -verbreitung beteiligter Personen darzulegen (vgl. auch N 31).

IV. Haftungsvoraussetzungen

1. Pflichtverletzung

Das Gesetz sieht eine Haftung zunächst im Falle der Mitwirkung bei der **Erstellung** eines Prospektes (N 5) oder einer ähnlichen Mitteilung (N 14) vor, der/die unrichtige (N 16), irreführende (N 17) oder den gesetzlichen Anforderungen nicht entsprechende **Angaben** (N 18) enthält/enthalten, ferner im Falle des **Verbreitens** solcher mangelhaften Informationen (N 21).

Mit «**ähnlichen Mitteilungen**» – das altOR sprach von «Zirkularen oder ähnlichen Kundgebungen» – meint das Gesetz grundsätzlich jegliche **Information des Emittenten** an die potentiellen Käufer, sofern ein ersichtlicher **Zusammenhang zwischen der Information und der Emission** besteht und diese Information wie der Prospekt eine Aufklärungs-, Werbe- bzw. Garantiefunktion hat (vgl. NOTH/GROB, 1439; DAENIKER/WALLER, Informationspflichten, 64; ZOBL/KRAMER, N 1144; LENOIR, 66); dies gilt zunächst für **prospektähnliche Schriftstücke,** z.B. den Kotierungsprospekt gemäss Kotierungsreglement, Kurzprospekte oder Inserate in Tageszeitungen; ebenso kann dies unter diesen Voraussetzungen für Research Reports (praktisch nur, falls von Konsortialbanken herausgegeben), Präsentationen, Pressemitteilungen, Geschäftsberichte, Zwischenberichte oder Aktionärsbriefe gelten (DAENIKER/WALLER, Informationspflichten, 66 f.; APPENZELLER/WALLER, 271; **a.M.** BÖCKLI, § 18 N 26). Unerheblich ist, auf welchem Datenträger diese Informationen festgehalten und in welcher **Form** sie publiziert werden (NOTH/GROB, 1439; LENOIR, 61, 66). Erfasst sind auch nichtschriftliche Äusserungen des Emittenten wie Werbespots, Interviews, Vorträge oder Reden (gl.M. LENOIR, 60 f., 66; NOTH/GROB, 1440; vgl. auch Art. 16 Ziff. 1 Zusatzreglement für die Kotierung im «EU-kompatiblen» Segment der SWX, wonach auch mündliche Werbung mit den Prospektangaben übereinstimmen muss; **a.M.** DAENIKER/WALLER, Informationspflichten, 65; DAENIKER/WALLER, Defense, 60; CHK-BINDER/ROBERTO, Art. 752 OR N 12; BÖCKLI, § 18 N 25 und N 30; OR-Handkommentar-BERTSCHINGER, Art. 752 N 10), ebenso Mitteilungen auf einer Website des Emittenten (WATTER, 57; ROBERTO/WEGMANN, 162). Nicht erfasst werden hingegen **individuelle Aussagen** gegenüber potentiellen Investoren, denen aber andere Ansprüche (insb. aus Auftrags- oder Kaufvertragsrecht oder *culpa in contrahendo*) zustehen können (ebenso DAENIKER/WALLER, Informationspflichten, 67 f.; VON BÜREN/STOFFEL/WEBER, N 1200; CHK-BINDER/ROBERTO, Art. 752 OR N 12; OR-Handkommentar-BERTSCHINGER, Art. 752 N 10; **a.M.** LENOIR, 69 betr. schriftliche Antwort auf eine individuelle Anfrage eines potentiellen Investors) sowie **Aussagen von unabhängigen Dritten,** die ohne Genehmigung des Emittenten gemacht werden wie Meldungen in der Presse oder nicht vom Emittenten in Auftrag gegebene und nicht von einer Konsortialbank stammende Analystenberichte (vgl. dazu auch N 20). Generelles Merkmal der prospektähnlichen Mitteilung ist, dass eine Überprüfung der Angaben durch den Empfänger nicht möglich oder zumindest nicht zumutbar ist (KGer SG, SJZ 1989, 50; ZOBL/KRAMER, N 1144).

Wenn auf einer prospektähnlichen Mitteilung (vgl. N 14) ein **Hinweis** angebracht wird, **wo** interessierte Investoren den vollständigen **Prospekt beziehen** können (vgl. auch N 18), kann der Investor nicht geltend machen, die Mitteilung sei unvollständig (möglich bleibt hingegen eine Berufung auf Unrichtigkeit oder Irreführung).

«**Unrichtigkeit**» liegt vor, wenn eine im Prospekt (N 5) oder in einer ähnlichen Mitteilung (N 14) gemachte Angabe **objektiv nicht den Tatsachen entspricht** (so auch ROBERTO/WEGMANN, 165; DAENIKER/WALLER, Informationspflichten, 73; NOTH/GROB, 1451; vgl. auch OLG Frankfurt in AG 2006, 584 ff., betr. vorgetäuschten Umsätzen;

OLG München in AG 2005, 586 ff., betr. Geschäftsbeziehungen zu fiktivem Unternehmen; Kammergericht in WM 2007, 2142 ff., wonach die Bezeichnung einer Gesellschaft als stabil und ertragsstark unrichtig sei, wenn im Zeitpunkt der Prospektherausgabe Zweifel an ihrer Bonität bestünden). Vorausgesetzt ist zudem, dass die unrichtige Angabe derart ist, dass sie objektiv dazu geeignet ist, den Entscheid des Investors zu beeinflussen (DAENIKER/WALLER, Informationspflichten, 73; ZOBL/KRAMER, N 1153), wobei diese Frage auch unter der Voraussetzung des Kausalzusammenhangs behandelt werden kann (so etwa ROBERTO/WEGMANN, 169).

17 Eine «Irreführung» liegt vor, wenn zwar keine eigentlichen Falschaussagen gemacht, wohl aber **wesentliche Tatsachen oder Umstände verschwiegen oder unterdrückt** werden, die (wenn sie offen gelegt würden) die gemachten Aussagen in einem anderen Licht erscheinen liessen (ebenso DAENIKER/WALLER, Informationspflichten, 74, 76; NOTH/GROB, 1451 m.w.H.; vgl. auch BGE 129 III 71, 74: «Le prospectus est inexact (…) lorsqu'il omet des informations importantes pour les souscripteurs»). Wo also (an sich korrekterweise) auf grundpfandgesicherte Forderungen des Emittenten hingewiesen wird, ist auch ein allfälliges Lex-Koller-Problem zu erwähnen, das die Vollstreckbarkeit gefährdet (BGE 112 II 172, 176). Noch weitergehend gilt mit den Worten des BGer (BGE 112 II 176): «Wer durch Werbung angesprochen wird und sich für eine Zeichnung interessiert, darf davon ausgehen, dass die dabei verwendeten Angaben von den zuständigen Stellen in der Absicht veröffentlicht worden sind, über alle wesentlichen Tatsachen des Vorhabens sachlich und zutreffend zu unterrichten.» Irreführend ist damit eine Aussage, die einen **wesentlichen Teilaspekt nicht offen legt,** wie etwa die zu geringe Liquidität, das Transferrisiko bei ausländischen Schuldnern, eine Herabstufung einer Rating-Agentur, gewichtige Eigeninteressen des Emissionshauses (WATTER, 58 m.w.Nw.; z.T. **a.M.** GROSS, 203 für das deutsche Recht), der Umstand, dass grosse Guthaben nicht besichert sind (OLG Frankfurt in AG 2000, 132 ff.), Kapitalerhöhungen, die über den mitgeteilten Umfang hinausgehen (OLG Frankfurt in AG 2004, 267 ff.), Bedenken einer entscheidungsbefugten Behörde (OLG München in AG 2005, 169 ff.), das Bestehen eines Verlustübernahmevertrages (BGH in AG 2008, 260 ff. und WM 2008, 391 ff.), das Verschweigen eines in Gutachten über prognostizierte Winderträge empfohlenen Sicherheitsabschlages (BGH in WM 2008, 1116 ff.) oder den Umfang der «weichen Kosten», die in erheblicher Höhe anfallen (BGH v. 6.2.2006 – II ZR 329/04). Allgemein gesagt: in der Praxis kommt der **klaren und genügend substantiierten Risikoaufklärung** eine zentrale Bedeutung zu: es ist auf alle erheblichen Risiken, deren Kenntnis und Beurteilung den potentiellen Anlegern nicht ohne weiteres möglich sind, im Prospekt klar und deutlich hinzuweisen (ROBERTO/WEGMANN, 167; NOTH/GROB, 1452; LENOIR, 133 ff.; so auch Art. 32 Abs. 2 Kotierungsreglement; BGH in AG 2004, 610 f.; einschränkend OLG Frankfurt in AG 2004, 510 ff., wonach es genügt, die kursrelevante Angabe als solche – in casu das Ende der Haltefrist – ohne deren möglichen Auswirkungen mitzuteilen). Die Risikoaufklärung muss genügend konkret und substantiiert sein, **allgemeine Warnklauseln** genügen nicht (ebenso NOTH/ GROB, 1452; DAENIKER/WALLER, Informationspflichten, 77 mit Zitat aus *Kaufman v Trump's Castle Funding,* 7 F. 3d 357 [3rd Cir. 1993]: «Of course, a vague or blanket [boilerplate] disclaimer which merely warns the reader that the investment has risks will ordinarily be inadequate to prevent misinformation. To suffice, the cautionary statement must be substantive and tailored to the specific future projections …»). Entscheidend ist das **Gesamtbild,** das die wiedergegebenen Einzeltatsachen vermitteln (BGH in WM 2007, 1503 ff., 1504; Kammergericht in WM 2007, 2142 ff., 2142; OLG Frankfurt in AG 2004, 510 ff., 511). Enthält der Prospekt eine **Zusammenfassung,** so muss diese die wichtigsten Merkmale und Risiken nennen (oder zumindest einen klaren Verweis

auf die nähere Beschreibung der Risiken enthalten) und mit den anderen Teilen des Prospektes stimmig sein (vgl. Art. 5 Abs. 2 und Art. 6 Abs. 2 EU-Prospekt-RL). Eine Irreführung kann auch in einem Übermass zweideutiger oder kaum verständlicher Informationen oder an einem anderen **Mangel an Transparenz** liegen (ZOBL/ARPAGAUS, 208; ROBERTO/WEGMANN, 165; NOTH/GROB, 1451 f.; vgl. auch Art. 37 Kotierungsreglement). **Stilistische und formale Mängel** sind in der Regel höchstens dann haftungsbegründend, wenn sie einen unzutreffenden Gesamteindruck erwecken. In der Lehre umstritten ist, welche **Anforderungen an die Verständlichkeit der Prospektangaben** zu stellen sind bzw. von welchem Verständnis von welchem Publikum auszugehen ist (vgl. dazu auch OLG Frankfurt in AG 2004, 510 ff., Massstab sei ein aufmerksamer Leser und durchschnittlicher Anleger, der eine Bilanz zu lesen verstehe; ebenso OLG Frankfurt in AG 2005, 851 ff.). Richtig ist eine differenzierte Lösung, nach der die Anforderungen von der Transaktion abhängen bzw. an der potentiellen Anlegerschaft auszurichten sind (WATTER, 55; KOWALEWSKI, 1019; NOTH/GROB, 1441, m.w.H. auf die diesbezüglich unterschiedlichen Lehrmeinungen). Hinsichtlich der **Sprache** des Prospektes ist ebenfalls auf die Sprachkenntnisse der potentiellen Anlegerschaft abzustellen; Englisch dürfte heute in der Regel genügen (Art. 33 Abs. 1 Kotierungsreglement; DAENIKER/WALLER, Informationspflichten, 62 f.; NOTH/GROB, 1441 f.; SCHLEIFFER/REHM, 1026; vgl. aber Art. 46 Abs. 1 Kotierungsreglement; zur Sprachenregelung unter der EU-Prospekt-RL s. MATTIL/MÖSLEIN, Die Sprache des Emissionsprospekts, WM 2007, 819 ff.), ebenso in den meisten Fällen die Verwendung von **Fachjargon** ohne weitere Erläuterungen (DAENIKER/WALLER, Informationspflichten, 74).

Haftungsbegründend sind schliesslich **dem Gesetz nicht entsprechende,** namentlich **unvollständige Angaben.** Hierzu gehören Fälle, in denen, obwohl eine entsprechende Pflicht gemäss OR (Art. 652a, 653d bis 653f, 656a, 1156) oder gemäss dem Kotierungsreglement (vgl. auch die entsprechenden Schemata A ff. zum Kotierungsreglement; diesbzgl. gl.M. DAENIKER/WALLER, Informationspflichten, 57, 75; APPENZELLER/WALLER, 262 f.; NOTH/GROB, 1440 m.w.H.; **a.M.** LENOIR, 91; SCHLEIFFER/REHM, 1024) besteht, kein (vgl. N 11) oder kein vollständiger Prospekt erstellt wird; erfasst sind auch diejenigen Verkaufsbemühungen, welche die potenziellen Investoren nicht darauf hinweisen, wo ein vollständiger Prospekt zu beziehen ist (N 15). Festzuhalten ist aber, dass entgegen etwa dem amerikanischen Recht keine Pflicht besteht, Investoren nur mittels eines vollständigen Prospektes anzugehen; die Gewährung der Möglichkeit, einen Prospekt einsehen zu können, erfüllt die gesetzlichen Anforderungen (WATTER, 52 f.; DAENIKER/WALLER, Informationspflichten, 65). Die in den USA und in der EU (vgl. Art. 11 der EU-Prospekt-RL; Art. 28 Prospektverordnung) bedingt zulässige Praxis, gewisse Dokumente nur durch Verweis einzubeziehen (sog. **Incorporation by Reference**), ist auch in der Schweiz für den Emissionsprospekt zulässig, soweit er seine Aufklärungs- und Schutzfunktion so noch erfüllen kann (gl.M. SCHLEIFFER/REHM, 1024; vgl. auch Art. 10 Zusatzreglement für die Kotierung im «EU-kompatiblen» Segment der SWX und Art. 16 und 18 Zusatzreglement für die Kotierung von Anleihen). Ferner ist darauf hinzuweisen, dass das OR die Form des Prospektes i.S.v. Art. 752 nicht regelt (vgl. aber Art. 33 und 37 Kotierungsreglement) und u.E. im heutigen Zeitalter ein **Emissionsprospekt ausschliesslich in elektronischer Form** rechtsgenüglich sein dürfte (**a.M.** LENOIR, 33; anderes gilt freilich nach Art. 52 Ziff. 1 Kotierungsreglement für den Kotierungsprospekt; vgl. aber auch Art. 33 Abs. 2 Kotierungsreglement).

Falsche **Prognosen** sind dann rechtswidrig, wenn sie ohne Berücksichtigung konkreter Tatsachen und Wahrscheinlichkeiten erfolgen oder ungenügend zwischen Tatsachen und Annahmen unterscheiden und dadurch leichtfertig übertriebene Erwartungen geweckt werden (BGE 47 II 272 ff.; OLG Frankfurt in AG 2000, 132 ff.; Kammergericht in WM 2007, 2142; DAENIKER/WALLER, Informationspflichten, 74; LENOIR, 120 ff.; FORSTMOSER, Verantwortlichkeit, N 992; ausführlich dazu für Deutschland FLEISCHER, Prognoseberichterstattung im Kapitalmarktrecht und Haftung für fehlerhafte Prognosen, AG 2006, 2 ff.; VEIL, Prognosen im Kapitalmarktrecht, AG 2006, 690 ff.). Weiter können auch **Werturteile** haftungsbegründend sein, wenn sie keine nachvollziehbare Basis in existierenden Fakten haben. So oder anders sind Prognosen und Werturteile klar als solche anzugeben, damit der Leser sie nicht für Tatsachendarstellungen hält.

20 Massgebend für die Bestimmung der Pflichtwidrigkeit ist der Zeitpunkt, in dem die Aussage gemacht wird, also der Zeitpunkt der Veröffentlichung des Prospektes oder der ähnlichen Mitteilung; eine **Aktualisierungspflicht** hinsichtlich des Prospektes und ähnlicher Mitteilungen besteht aber bis zum Ende der Zeichnungsfrist (ebenso DAENIKER/ WALLER, Informationspflichten, 63 f., 76; ZOBL/KRAMER, N 1154; NOTH/GROB, 1452; ZÜRCHER, 132; so auch Art. 16 EU-Prospekt-RL; vgl. ferner Art. 34 Abs. 2 und 48 Ziff. 5 Kotierungsreglement; **a.M.** LENOIR, 109, gemäss dem die Aktualisierungspflicht bis zum Ende der Ausgabe besteht; die Aktualisierungspflicht grundsätzlich verneinend CAMENZIND, 101; ROHR, 219 f.); in diesem Sinne besteht auch eine Pflicht, zeitgerecht zu informieren. Die Missachtung der Aktualisierungspflicht stellt eine **Pflichtverletzung** dar (vgl. auch zur Rechtslage in Deutschland STEPHAN, Prospektaktualisierung, AG 2002, 3 ff.). Der Aktualisierungspflicht unterstehen alle Prospektangaben und prospektähnlichen Mitteilungen, die nicht mehr stimmen, und alle neuen Vorfälle, die noch nicht im Prospekt genannt sind, sofern sie auf den Kaufentscheid des potentiellen Investors einen Einfluss haben können (vgl. auch die Entscheidungskriterien bei ZÜRCHER, 130). Keine Aktualisierungspflicht besteht grundsätzlich jedoch für Informationen, welche durch **unabhängige, in der Emission nicht involvierte Dritte** (z.B. der Presse) verbreitet werden oder für Gerüchte (NOTH/GROB, 1453; vgl. auch N 14). U.E. bestehen für die Aktualisierung grundsätzlich keine Formerfordernisse, weshalb theoretisch auch Mündlichkeit genügt, sich aus beweisrechtlichen Überlegungen jedoch nicht empfiehlt (NOTH/GROB, 1453; **a.M.** ROBERTO/WEGMANN, 167). Für die Aktualisierung ist grundsätzlich der **Emittent** verantwortlich, der im Einzelfall allerdings auf die Mithilfe der anderen Personen angewiesen ist, die bei der Erstellung des Prospektes mitgewirkt haben. Aufgrund der solidarischen Haftung (N 36) ist es insbesondere für Mitwirkende wichtig (aber auch genügend), vom Emittenten eine Aktualisierung zu verlangen (zur beschränkten Aktualisierungspflicht von beruflichen Sachkennern s. ASSMANN, Die Prospekthaftung beruflicher Sachkenner de lege lata und de lege ferenda, AG 2004, 435 ff.; BGH in AG 2006, 197 ff. betr. Verantwortlichkeit des Wirtschaftsprüfers).

21 Widerrechtlich ist schliesslich das **Verbreiten** eines Prospektes (bzw. einer ähnlichen Mitteilung), der mangelhafte Angaben (N 16–19) enthält, oder dessen Angaben unrichtig geworden sind (N 20). Erfasst werden damit zunächst Effektenhändler, die den falschen Prospekt einsetzen, um Investoren zu einer Zeichnung (oder zu einem Kauf, vgl. N 8) zu bewegen. Eine Widerrechtlichkeit begeht aber auch derjenige, der ohne eigenes Interesse einen falschen Prospekt verbreitet und dabei damit rechnen muss, dass die ihm bekannten Falschangaben zum Erwerb von Wertpapieren führen (vgl. detailliert zur i.E. limitierten Haftung des Prospektvertreibers: BERTSCHINGER, N 518 ff.).

2. Schaden

22 Der einklagbare Betrag entspricht dem durch den mangelhaften Prospekt kausal verursachten (N 26) Schaden, wobei der **allgemeine Schadensbegriff** grundsätzlich auch bei der Prospekthaftung gilt (ROBERTO/WEGMANN, 170; BÜRGI/NORDMANN, N 12 f.; ein-

schränkend WEBER, Kapitalanlageschaden, 973 f.). In der Regel handelt es sich um einen **unmittelbaren** (direkten) Schaden der Titelerwerber (UMBACH/WEBER 115). Die Rechtsnatur der Prospekthaftung (vgl. N 2) erlaubt es dem Kläger u.E., wahlweise das positive oder negative Interesse geltend zu machen (NOTH/GROB, 1458 f.; krit. WEBER, Kapitalanlageschaden, 974 ff.), letzteres aber nur mit Einschränkungen (N 23). Auszugehen ist beim **positiven Interesse** in der Form des sog. Garantieinteresses (vgl. die Garantiefunktion des Prospektes in N 5) von der Feststellung, dass die fraglichen Wertpapiere im Ausgabezeitpunkt nur dann den ihnen damals zugeschriebenen Wert gehabt hätten, **wenn die falschen Prospektangaben wahr bzw. die verschwiegenen Umstände nicht vorhanden gewesen wären.** Für die Berechnung des Schadens ist nun dieser (vom Investor aufgrund der falschen Angaben «akzeptierte») Ausgabepreis mit dem (hypothetischen) Wert des Titels zu vergleichen, der damals bezahlt worden wäre, wenn der Markt die wahren Umstände gekannt hätte (so wohl auch DAENIKER/WALLER, Informationspflichten, 69; abw. ZOBL/KRAMER, N 1148 f. und FN 2172, gemäss denen zunächst zu fragen ist, ob und zu welchem Preis der Anleger bei richtiger Information einen bestimmten Titel erworben hätte und darauf der hypothetische Kursverlauf dieses Titels bei richtiger Information zu eruieren ist). Praktisch kann dieser zweite Wert (und damit der zu ersetzende Schaden) allerdings nur in ganz seltenen Fällen mittels Bewertungsgutachten ermittelt werden; praktikabler ist es, den Schaden aus der Differenz zwischen dem tatsächlich bezahlten Ausgabepreis und dem tatsächlichen Kurs nach Bekanntwerden des wahren Sachverhaltes zu eruieren, wobei dann allgemeine Marktentwicklungen «herauszurechnen» sind. Wo für das in Frage stehende Wertpapier ein effizienter Markt besteht, lässt sich der (maximale) Schaden aus dem **Kurssturz** nach Bekanntwerden des wahren Sachverhaltes herauslesen (WATTER, 59; an dieser Aussage wird ausdrücklich festgehalten, obwohl sie BÖCKLI, § 18 N 35 als «verwegen» bezeichnet und andere Autoren wie DAENIKER/WALLER, Informationspflichten, 70 und APPENZELLER/WALLER, 263 sich dazu ebenfalls krit. äussern): vergangene Vorkommnisse, bei denen Investoren über unerwartete Entwicklungen in Unternehmen überraschend informiert wurden, zeigen, dass der Markt neue Aussichten sehr schnell beurteilen und bewerten kann; der grosse Vorteil der Betrachtung einzig des Kurssturzes ist, dass kausal anders bedingte Kursveränderungen (bzw. allgemeine Marktentwicklungen) – etwa wegen einer Zinssatzänderung oder einer generellen Neubewertung eines Sektors – nicht separat berechnet werden müssen (vgl. auch N 24 und N 28). Als Beispiel: Wo ein Prospekt einen Prozess verschweigt und neue Aktien zu 100 emittiert werden, diese dann wegen einer Neubeurteilung des Sektors, in dem die Gesellschaft tätig ist, und wegen allgemeiner Rezessionsängsten (wie etwa anfangs 2008) innert 2 Monaten auf 85 sinken, und danach die Gesellschaft ankündigen muss, sie habe den (bisher verschwiegenen) Prozess verloren, worauf der Kurs dieser Aktien um weitere 5 auf 80 sinkt, ist der Schaden, der durch das Verschweigen des Prozesses kausal verursacht wurde, 5 (und nicht 20). Das folgt entweder aus dem Vergleich von Ausgabepreis und Preis nach Bekanntwerden des wahren Sachverhaltes unter «Herausrechnung» der allgemeinen Marktentwicklung (also 100 – 80 – 15), oder eben aus dem Kurssturz in einem effizienten Markt (5). Anzumerken ist, dass dem Beklagten natürlich der Beweis offen bleiben muss, der Markt habe im Einzelfall überreagiert oder der Kurssturz reflektiere auch noch andere Umstände.

Wie erwähnt (N 22) kann im Einzelfall auch (und alternativ) das **negative Interesse** geltend gemacht werden, d.h. der Kläger kann eine Rückabwicklung des Kaufes und Zinsen für den zurückzuerstattenden Betrag verlangen (vgl. für das deutsche Recht BGH in AG 1994, 32 ff.; OLG Frankfurt in AG 2006, 584 ff.). Dies ist u.E. aber nur dann möglich, wenn der Kläger glaubhaft machen kann, **dass er die Titel bei Kenntnis** des wahren Sachverhaltes gar nicht erworben hätte. Diese Einschränkung begründet sich (ähnlich wie die Aussage in N 22, dass allgemeine Marktentwicklungen «herauszurechnen» sind) damit, dass es nicht sein kann, dass der Kläger durch Wahl des Ersatzes des negativen Interesses vom Beklagten auch Marktschwankungen erhältlich machen kann – würde man ihm das zugestehen, so würde auch ein relativ kleiner Fehler praktisch zur Einräumung einer Put-Option an den Erwerber mit einem Ausübungspreis, der dem Ausgabepreis entspricht, führen. Um das Beispiel in N 22 (a.E.) aufzunehmen: spezielle Umstände vorbehalten, kann der Kläger dort seine Titel mit dem Marktwert von nunmehr 80 nicht dem Beklagten zu 100 «andienen» und diesen Ausgabepreis plus Zinsen zurückverlangen, denn er wird kaum aufzeigen können, dass er die Titel bei Kenntnis des Prozesses nicht gekauft hätte.

24 Wie schon in N 22 festgehalten, ist im Rahmen der Kausalitätsbetrachtungen zu berücksichtigen, dass **generelle oder einen ganzen Wirschaftssektor betreffende Kursschwankungen** (N 28) nicht in die Schadensberechnung einfliessen dürfen (WEBER, Prospekthaftpflicht, 22; WATTER, 59; DAENIKER/WALLER, Informationspflichten, 70, 79). Ein Kursanstieg nach der Emission ist im Falle einer späteren Schwankung nach unten grundsätzlich kein den Schaden erhöhender Faktor (DAENIKER/WALLER, Informationspflichten, 70 mit Bsp.). Um auch hier das Beispiel in N 22 noch einmal aufzunehmen: wenn der Kurs nach der Emission zunächst auf 110 steigt, danach wegen Marktschwankungen um 15 auf 95 sinkt und dann, wenn der verschwiegene Prozess ans Tageslicht kommt, weiter auf 90 fällt, so ist der Schaden 5 (übrigens sowohl für den Ersterwerber wie auch für den Käufer, der bei 110 gekauft hat).

25 **Abzuziehen** sind diejenigen Vorteile, die der Investor aus der falschen Angabe zieht, worunter z.B. Steuerersparnisse fallen können. Für die Bestimmung des zu zahlenden Schadenersatzes gelten im Übrigen **Art. 42 Abs. 2, Art. 43 und 44** (ebenso DAENIKER/WALLER, Informationspflichten, 72; ZOBL/KRAMER, N 1150); zu beachten ist namentlich ein **Selbstverschulden** des Klägers (WEBER, Prospekthaftpflicht, 22). Vgl. ferner N 12 bei Klagen gegen den Emittenten.

3. Kausalzusammenhang

26 Nach der hier vertretenen Ansicht ist das Erfordernis des Kausalzusammenhanges den spezifischen Gegebenheiten der Prospekthaftpflicht anzupassen. Entgegen den allgemeinen Grundsätzen hat der Kläger u.E. damit nicht nachzuweisen, dass er sich beim Kauf des Wertpapieres auf die mangelhafte Angabe im Prospekt verlassen hat (**a.M.** BGE 132 III 715, 720, 722; DOBLER/VON DER CRONE, 213; WEBER, Kapitalanlageschaden, 980 f.; BÖCKLI, § 18 N 36; ROHR, 223; CAMENZIND, 107 f.; BGH in WM 2008, 395 ff., 398 ff. und 790 ff. und in AG 2008, 252 ff. und 254 ff.; BGH in AG 2007, 620 ff., 623; wie hier Kammergericht in WM 2007, 2142 ff., 2145; BGH in AG 2004, 610 f., 611; OLG Frankfurt in AG 2000, 132 ff., 134 und dasselbe Gericht in AG 1994, 184 ff., 187), da er annehmen darf, der **Markt bewerte die Titel unter Berücksichtigung aller vorhandenen Informationen** (WATTER, 58 f.; DAENIKER/WALLER, Informationspflichten, 78; ebenso aber auch BGE 132 III 715, 721: «Unter der Annahme eines effizienten Kapitalmarktes darf der Erwerber nämlich davon ausgehen, dass die Preisbildung am Markt unter Einbezug der Informationen aus dem Emissionsprospekt zustande gekommen ist.»). Erfolgt diese Bewertung aufgrund falscher Angaben des Emittenten, bezahlt der Investor (kausal verursacht) zu viel für den Titel (WATTER, 59). Das BGer nähert sich dieser Aussage i.E. an, indem vom Kläger nicht der strikte Beweis, sondern lediglich die *überwiegende Wahrscheinlichkeit* für den Nachweis des Kausalzusammenhanges

verlangt wird (BGE 132 III 715, 721; so schon BGE 47 II 272, 293; ähnlich ZK-BÜRGI/ NORDMANN, N 14; ferner WEBER, Prospekthaftpflicht, 22; APPENZELLER/WALLER, 264; TAISCH, 5/91; im deutschen BörsG wird der Kausalzusammenhang vermutet, vgl. KORT, 11). Gemäss BGer hat diese **Beweiserleichterung** in Bezug auf das Beweismass jedoch keinen Einfluss auf die Beweislastverteilung (BGE 132 III 715, 722).

Dem Beklagten steht somit u.E. die Einrede, der Kläger habe den Prospekt gar **nicht gelesen**, nicht offen (ebenso DAENIKER/WALLER, Informationspflichten, 78; ZOBL/KRAMER, N 1156; APPENZELLER/WALLER, 264; vgl. BGE 132 III 715, 721). Denkbar ist dagegen das Argument, der Kausalzusammenhang sei **unterbrochen,** weil der Investor die **Unrichtigkeit des Prospektes kannte** (ZOBL/KRAMER, N 1150, 1157; vgl. auch § 45 Abs. 2 Ziff. 3 BörsG, der positive Kenntnis verlangt, während das alte deutsche Recht eine Haftung auch bei «Kennenmüssen» ausschloss, dazu OLG Frankfurt in AG 1994, 184 ff.: als Sorgfaltsmassstab galt die *diligentia quam in suis*); sehr weitgehend bezeichnen ZOBL/ARPAGAUS, 217 die positive Kenntnis des Anlegers nur als Schadenersatzminderungsgrund – u.E. ist das nur beim fahrlässigen Nichterkennen des Mangels richtig. Kein Kausalzusammenhang liegt namentlich dann vor, wenn die **falschen Angaben den Kaufentscheid gar nicht beeinflusst haben** (vgl. BGE 131 III 306, 309 f., in dem nicht die falschen Angaben im Prospekt, sondern andere Gründe wie Informationen aus der Presse für den Kaufentscheid massgebend waren; das deutsche Recht verlangt einen «wesentlichen» Mangel, vgl. KORT 14; GROSS, 204, wozu etwa die falsche Bezeichnung einer Zahlstelle nicht gehört), wenn der **Schaden trotz Existenz eines mangelfreien Prospektes entstanden** wäre oder wenn der **Erwerb der Titel schon vor Erscheinen des Prospektes** stattgefunden hat. **Grobes Selbstverschulden** kann im Einzelfall ebenfalls den Kausalzusammenhang unterbrechen (DAENIKER/WALLER, Informationspflichten, 80; ZOBL/KRAMER, N 1157), wobei das in der Lehre bisweilen genannte Beispiel des Panikverkaufs voraussetzt, dass für den Kläger erkennbar ist, dass der Markt die Titel nicht mehr korrekt bewertet, was wohl nur ganz selten der Fall sein dürfte. Obschon für die Frage des adäquaten Kausalzusammenhangs die **Zeitspanne zwischen der Pflichtverletzung und dem Schadenseintritt** grundsätzlich nicht massgebend ist, ist davon auszugehen, dass im Verlauf der Zeit die Konnexität zwischen Prospektangaben und Preisbildung schwächer wird, weil für die Bewertung der Titel am Markt aktuellere Informationen relevant werden (DAENIKER/WALLER, Informationspflichten, 83; DOBLER/VON DER CRONE, 213; WEBER, Verantwortlichkeit, 163; vgl. BGE 131 III 306, 309 f., wonach bei Titelkäufen zwischen 6 und 18 Monaten nach Ablauf der Zeichnungsfrist nicht mehr von einem adäquaten Kausalzusammenhang gesprochen werden könne).

Das Erfordernis des Kausalzusammenhanges ist ferner insoweit von Wichtigkeit, als Kursbewegungen, die nicht auf die falsche Angabe, sondern auf äussere Faktoren, wie etwa das Zinsniveau oder die allgemeine Wirtschaftslage, zurückzuführen sind, nicht in die **Schadensberechnung** einfliessen (N 22 und 24). Gleiches gilt für falsche Angaben, welche gar nicht kursrelevant sind; zu denken wäre z.B. an ein falsch angegebenes Gründungsdatum (z.T. anders und viel weiter gehend der deutsche BGH in AG 1994, 32 ff., der einem Anleger die Rückabwicklung eines Kaufes gestattete, auch wenn die unrichtig dargestellten Risiken nicht mit denjenigen identisch waren, die zum späteren Wertverfall der Anlage geführt haben).

4. Verschulden

29 Nach Gesetz haftet jeder Beteiligte **bereits für Fahrlässigkeit** (anders das deutsche Recht hinsichtlich der börsenrechtlichen Prospekthaftung, das in § 46 Abs. 1 BörsG grobe Fahrlässigkeit verlangt, vgl. KORT, 10, 19 f.; GROSS 205 f.). Der Verschuldensmassstab ist **objektiviert** und richtet sich nach denjenigen Fähigkeiten, welche der Verkehr bei der handelnden Person voraussetzt (womit i.d.R. eine Pflichtverletzung auch das Verschulden impliziert, vgl. auch ROBERTO/WEGMANN, 170). Bei Fahrlässigkeit ist erforderlich, dass der sorgfältig Handelnde den Schadenseintritt voraussehen könnte (ZK-BÜRGI/NORDMANN, N 15). Der Richter kann den Verschuldensgrad jedes Beteiligten im Rahmen von Art. 759 Abs. 1 beachten und etwa bei leichter Fahrlässigkeit nur einen verminderten Ersatz zusprechen (vgl. BGE 129 III 71, 75: «Lorsqu'il y a plusieurs auteurs [...] il faut établir une violation fautive du devoir incombant à la personne recherchée»).

30 Das **Verschulden wird u.E. vermutet** (vgl. N 2 und 33), der Beklagte hat somit nachzuweisen, dass er die geforderte Sorgfalt beachtet hat (WATTER, 60; NOTH/GROB, 1454 f.; KOWALEWSKI, 1047; ASSMANN, 354 f.; **a.A.** BGE 129 III 71, 75; BÖCKLI, § 18 N 37; ZOBL/KRAMER, N 1158; FORSTMOSER, Verantwortlichkeit, N 340; DAENIKER/WALLER, Informationspflichten, 81).

31 Fraglich ist in der Praxis oft, ob sich die Beteiligten auf **Aussagen anderer involvierter Personen verlassen können** oder ob sie eine eigene Untersuchungs- bzw. Nachprüfungspflicht haben. Nach Schweizer Recht gilt einerseits, dass sich jeder Beteiligte (inkl. das Emissionshaus) auf **Experten** (z.B. die RS, Anwälte) verlassen darf (sofern man den Experten vernünftigerweise als solchen ansehen kann und es keine erkennbaren Anhaltspunkte für unsorgfältiges Arbeiten der Experten oder andere Verdachtsmomente gibt, die eine Nachprüfung nahe legen), und anderseits nur das Emissionshaus eine (nota bene beschränkte) Überprüfungspflicht gegenüber Aussagen des **Emittenten** hat (BGE 129 III 71, 75 f., wo sich die Emissionsbank auf die Auskünfte der für den Emittenten tätigen Anwälte und auf die RS verlassen durfte; vgl. auch MAROLDA/VON DER CRONE, 163 f., mit dem Hinweis, dass sich die Emissionsbank nur auf Aussagen unabhängiger Dritter verlassen dürfe und dass bei im Mandatsverhältnis tätigen Anwälten dem potentiellen Interessenkonflikt Rechnung zu tragen sei und daher zumindest eine Prüfung auf Plausibilität der Angaben dieser Anwälte angezeigt sei; DAENIKER/WALLER, Defense, 71 ff. betr. **Due Diligence Difference von Banken;** s. ferner BERTSCHINGER, N 505 ff.; ZOBL/ARPAGAUS, 210 ff.; HOPT, N 186 ff.; WATTER, 60; NOTH/GROB, 1454; LENOIR, 110 ff., der den Umfang der Prüfungspflicht des Passivlegitimierten mit folgenden drei Kriterien zu bestimmen versucht: Umfang der Kenntnis des Prospekts, Spezialist/Generalist und Intensität der Prüfungstätigkeit). Insoweit besteht jeweils nur eine Haftung im eigenen Aufgabenbereich (BGE 129 III 75; DAENIKER, SJZ, 369).

32 Die Möglichkeit einer **Enthaftungsklausel** im Prospekt oder andernorts ist u.E. abzulehnen (WATTER, 60; NOTH/GROB, 1454; ROBERTO/WEGMANN, 162; ebenso das deutsche Recht: zur börsengesetzlichen Prospekthaftung explizit § 47 Abs. 1 BörsG; zur bürgerrechtlichen Prospekthaftung vgl. ASSMANN, 370 f.).

V. Beweislast, Klagemodalitäten, Solidarität

33 Die **Beweislast** für den Schaden und die Pflichtverletzung obliegt dem Kläger; entgegen der bundesgerichtlichen Rechtsprechung wird u.E. das Verschulden vermutet (vgl.

N 30) und erübrigt sich in der Regel der Nachweis des Kausalzusammenhangs (vgl. N 26). Behauptet der Kläger ein Unterlassen, muss er lediglich aufzeigen, dass eine Pflicht zum Handeln bestanden hätte, das Unterlassen ist nicht nachzuweisen (ZK-BÜRGI/NORDMANN, N 7).

Der nicht zwingende **Gerichtsstand** wird durch Art. 29 GestG bestimmt. Bei ausländischen Emittenten, die Wertpapiere in der Schweiz auf den Markt bringen, gilt Art. 151 Abs. 3 IPRG, wonach ein nicht wegbedingbarer Gerichtsstand am Ausgabeort besteht (BSK IPRG-VON PLANTA/EBERHARD, Art. 151 N 8 ff.). **34**

Die **Verjährung** richtet sich nach Art. 760. **35**

Kann mehreren Beteiligten eine Pflichtverletzung vorgeworfen werden, haften diese nach Art. 759 **solidarisch** für den Schaden (vgl. auch N 20). **36**

Da der Kläger bei der Klage aus Prospekthaftung stets Zahlung an sich selber verlangt, richtet sich die **Kostenregelung** nach den allgemeinen Grundsätzen: Art. 756 Abs. 2 ist nicht anwendbar. **37**

VI. Abgrenzungen

Die Klage aus Prospekthaftpflicht kann nebst einem Anspruch aus **Gründungshaftung** (Art. 753) geltend gemacht werden. Die beiden Klagen unterscheiden sich v.a. im Kreis der möglichen Kläger (vgl. N 6 ff. im Gegensatz zu Art. 753 N 3; FORSTMOSER, Verantwortlichkeit, N 913 f.); bei der Prospekthaftung handelt es sich regelmässig um einen unmittelbaren Schaden des Klägers, bei der Gründungshaftung liegt hingegen i.d.R. ein mittelbarer Schaden vor (vgl. N 22 und Art. 753 N 17). **38**

Gegenüber der **Haftung für Verwaltung und Geschäftsführung** (Art. 754) gelten die Ausführungen in N 38 zur möglichen parallelen Geltendmachung, zum Kreis der Kläger und der Natur des Schadens analog (vgl. auch N 11). Bei Art. 754 werden ferner nur Organe erfasst; die Prospekthaftung richtet sich zusätzlich gegen diejenigen Personen, die an der Erstellung des Prospektes wesentlich mitgewirkt haben. **39**

Denkbar sind im Weiteren **vertragliche Ansprüche** gegen die verkaufende Bank (aus Kaufvertrag oder Beratungsvertrag). Ansprüche aus culpa in contrahendo oder Deliktsrecht dürften selten gegeben sein (vgl. N 40 und zur Rechtslage in Deutschland VORTMANN/EYLES, § 2 N 13 f.; KORT, 18; KG, Urt. v. 20.7.2001 in AG 2003, 324 ff.). **39a**

Zu beachten sind im Weiteren die potentiellen **strafrechtlichen Konsequenzen** eines falschen Prospektes, wobei in der Praxis oft folgende Delikte im Vordergrund stehen dürften: Betrug (Art. 146 StGB), Unwahre Angaben über kaufmännische Gewerbe (Art. 152 StGB), Kursmanipulation (Art. 161bis StGB) und Urkundenfälschung (Art. 251 StGB); vgl. ferner BGE 120 IV 122 (dazu NIGGLI/WATTER, Entscheidbesprechung, AJP 1994, 1329 ff.). **40**

In der Lehre und Praxis bisher kaum berücksichtigt wurde, dass auch **lauterkeitsrechtliche Bestimmungen** auf Falschinformationen in einem Prospekt anwendbar sein können (insb. Art. 2 und 3 lit. b UWG) und deren Anwendung gegebenenfalls auch strafrechtliche Sanktionen nach sich ziehen kann (Art. 23 UWG). **40a**

Im Zusammenhang mit der **Ausgabe von Anleihensobligationen** ist Art. 1156 zu beachten (vgl. dazu Art. 1156). **40b**

VII. IPR und EU-Recht

41 Art. 156 IPRG bestimmt, dass für die öffentliche Ausgabe von Wertpapieren alternativ das **Recht des Ausgabeortes** oder des **Gesellschaftsstatuts** des Emittenten anwendbar ist. Der Kläger hat damit in internationalen Sachverhalten die Option, das für ihn günstigere Recht zu wählen, dies u.E. auch dann, wenn der ausländische Emittent Schweizer Recht als anwendbar erklärt hat (vgl. zum ganzen auch BSK IPRG-WATTER, Art. 156 N 30 ff.; KONDOROSY, Die Prospekthaftung im internationalen Privatrecht, Diss. ZH 1999, 144 ff.; krit. zum Wahlrecht SCHNYDER/BOPP, Kollisionsrechtliche Anknüpfung von Prospektpflicht und Prospekthaftung als Fragestellung des Internationalen Kapitalmarktrechts in: FS für Dieter Zobl, Aktuelle Fragen des Bank- und Finanzmarktrechts, Zürich 2004, 391 ff., 403 ff.).

42 Am 31.12.2003 ist die **EU-Prospekt-RL** in Kraft getreten (vgl. dazu etwa CRÜWELL, Die europäische Prospektrichtlinie, AG 2003, 243 ff.; WERLEN, 454 ff., FISCHER-APPELT/FAVRE, 49 ff. und REUTTER/RASMUSSEN, 1 ff., mit Ausführungen zu deren Bedeutung für die Schweiz; vgl. ferner HOPT/VOIGT, Prospekt- und Kapitalmarktinformationshaftung, Tübingen 2005, mit einer umfassenden rechtsvergleichenden Untersuchung der EU-Mitgliedstaaten). Sie musste bis zum 1. Juli 2005 in nationales Recht umgesetzt werden und harmonisiert die Regelung des Primärmarktes auf europäischer Ebene durch die Festlegung von einheitlichen Bestimmungen für die Erstellung, Billigung und Verbreitung eines im Primärmarkt zu benützenden Prospekts (zur Umsetzung und den Auswirkungen in Deutschland s. z.B. SCHLITT/SCHÄFER, Auswirkungen des Prospektrichtlinie-Umsetzungsgesetzes auf Aktien- und Equity-linked Emissionen, AG 2005, 498 ff.; KULLMANN/SESTER, Inhalt und Format von Emissionsprospekten nach dem WpPG, ZBB 2005, 209 ff.). Indessen sieht die EU-Prospekt-RL (vgl. Art. 6) keine Regelung und Vereinheitlichung der Prospekthaftung vor (die Haftungsvoraussetzungen bestimmen sich somit nach dem jeweiligen nationalen Recht). Die seit dem 1.7.2005 unmittelbar geltende **EU-Prospektverordnung** EG Nr. 809/2004 bestimmt, welche Mindestangaben ein Prospekt enthalten muss.

Art. 753

| II. Gründungshaftung | Gründer, Mitglieder des Verwaltungsrates und alle Personen, die bei der Gründung mitwirken, werden sowohl der Gesellschaft als den einzelnen Aktionären und Gesellschaftsgläubigern für den Schaden verantwortlich, wenn sie |

1. absichtlich oder fahrlässig Sacheinlagen, Sachübernahmen oder die Gewährung besonderer Vorteile zugunsten von Aktionären oder anderen Personen in den Statuten, einem Gründungsbericht oder einem Kapitalerhöhungsbericht unrichtig oder irreführend angeben, verschweigen oder verschleiern, oder bei der Genehmigung einer solchen Massnahme in anderer Weise dem Gesetz zuwiderhandeln;

2. absichtlich oder fahrlässig die Eintragung der Gesellschaft in das Handelsregister aufgrund einer Bescheinigung oder Urkunde veranlassen, die unrichtige Angaben enthält;

3. wissentlich dazu beitragen, dass Zeichnungen zahlungsunfähiger Personen angenommen werden.

6. Abschnitt: Verantwortlichkeit 1 Art. 753

II. Dans les actes de fondation	Les fondateurs, les membres du conseil d'administration et toutes les personnes qui coopèrent à la fondation d'une société répondent à son égard de même qu'envers chaque actionnaire et créancier social du dommage qu'ils leur causent:

1. en indiquant de manière inexacte ou trompeuse, en dissimulant ou en déguisant, intentionnellement ou par négligence, des apports en nature, des reprises de biens ou des avantages particuliers accordés à des actionnaires ou à d'autres personnes, dans les statuts, dans un rapport de fondation ou d'augmentation de capital-actions, ou en agissant de quelque autre manière illégale lors de l'approbation d'une telle mesure;

2. en faisant inscrire, intentionnellement ou par négligence, la société au registre du commerce au vu d'une attestation ou de quelque autre document qui renfermerait des indications inexactes;

3. en concourant sciemment à ce que soient acceptées des souscriptions émanant de personnes insolvables.

II. Responsabilità per la costituzione	I promotori, gli amministratori e tutti coloro che cooperano alla costituzione di una società sono responsabili sia verso la società sia verso i singoli azionisti e creditori della società per il danno loro cagionato:

1. indicando in modo inesatto o suscettibile d'indurre in errore, sottacendo o dissimulando, intenzionalmente o per negligenza, conferimenti in natura o assunzioni di beni o vantaggi speciali accordati ad azionisti o ad altri, nello statuto, in una relazione dei promotori o d'aumento del capitale, o agendo in altro modo contrario alla legge in occasione dell'approvazione di una misura di tal genere;

2. facendo iscrivere, intenzionalmente o per negligenza, la società nel registro di commercio in base ad un'attestazione o a un documento contenenti indicazioni inesatte;

3. contribuendo scientemente a far accettare sottoscrizioni da persone insolventi.

Literatur

BÄRTSCHI, Verantwortlichkeit im Aktienrecht, Diss. Zürich 2001; BAUMANN, Gegenstand und Bewertung von Sacheinlagen und Sachübernahmen nach Privat- und Steuerrecht, mit besonderer Berücksichtigung der kantonalen Steuerrechte von Zürich und Thurgau, Diss. Zürich 1972; BERTSCHINGER, Arbeitsteilung und aktienrechtliche Verantwortlichkeit, Zürich 1999; KÜNG, Sacheinlagen und Sachübernahmen im neuen Aktienrecht, JBHReg 1992, 13 ff.; REITER, Prozessrechtliche Probleme in Verantwortlichkeitsverfahren, in: Weber (Hrsg.), Verantwortlichkeit im Unternehmensrecht, Zürich 2003, 165 ff.; SCHOOP, Die Haftung für die Überbewertung von Sacheinlagen bei der Aktiengesellschaft und bei der Gesellschaft mit beschränkter Haftung, Diss. Bern 1981; UMBACH/WEBER, Schadensberechnung in Verantwortlichkeitsprozessen, in: Weber (Hrsg.), Verantwortlichkeit im Unternehmensrecht, Zürich 2003, 111 ff.; WATTER, Bemerkungen zur Unlogik der Sacheinlage- und Sachübernahmevorschriften im Schweizer Aktienrecht, AJP 1994, 147 ff.

I. Allgemeines und Anwendungsbereich

Mittels der Gründungshaftung setzt das Gesetz insb. die **Vorschriften über die qualifizierten Kapitaleinlagen** (Art. 634 ff., 652c) durch, indem es Schadenersatzansprüche gewährt, falls diese Vorschriften missachtet werden. Ähnlich wie bei der Prospekthaftung (Art. 752 N 1) wird damit die Durchsetzung der gesetzlichen Offenlegungspflichten bei der Gründung einer AG in erster Linie Privaten überlassen, wobei bei der Gründung immerhin eine zusätzliche Kontrolle durch die Handelsregisterbehörden und teilweise durch die RS erfolgt. 1

1a Die Gründungshaftung ist u.E. eine **eigenständige gesetzliche Haftung vertragsähnlicher** und nicht rein deliktsrechtlicher **Natur** (gl.M. BERTSCHINGER, N 20; BÄRTSCHI, 202 f.; **a.M.** BGE 76 II 307, 320; ZK-BÜRGI/NORDMANN, N 9; BÖCKLI, § 18 N 102 f. und 433).

2 **Gegenüber dem alten Recht** vor 1992 wurde der Text nur sprachlich angepasst. Vor allem wird im neuen Recht deutlich, dass nebst **Gründungsvorgängen** auch **Kapitalerhöhungssachverhalte** erfasst sind (vgl. zum Meinungsstand unter dem alten Recht FORSTMOSER, Verantwortlichkeit, N 907). Zudem findet die Gründungshaftung auch bei der gesetzwidrigen **nachträglichen Leistung auf teilliberierte Aktien** (Art. 634a) Anwendung.

II. Aktiv- und Passivlegitimation

1. Aktivlegitimation

3 Klageberechtigt sind einerseits die **Gesellschaft** und andererseits die **einzelnen Aktionäre** (oder Partizipanten) und **Gesellschaftsgläubiger.** Nebst dem mittelbarem Schaden können die geschädigten Aktionäre und Gläubiger auch ihren individuell erlittenen unmittelbaren Schaden geltend machen (FORSTMOSER, Verantwortlichkeit, N 80 ff.; BÖCKLI, § 18 N 91; REITER, 173 f.; FORSTMOSER/MEIER-HAYOZ/NOBEL, § 36 N 25, 27); nicht geklärt ist, inwieweit die zu Art. 754 ff. entwickelte Rechtssprechung zur Klagelegitimation nach Konkurseröffnung (vgl. BGE 131 III 306; 122 III 176) auch auf Art. 753 Anwendung findet. An sich würde man annehmen, dass die gleichen Grundsätze gelten müssten.

2. Passivlegitimation

4 Passivlegitimiert sind im Gründungsstadium die **Gründer,** bei Kapitalerhöhungen die **Mitglieder des VR,** weiter die **Revisoren bzw. die RS,** die den Gründungs- oder Kapitalerhöhungsbericht (Art. 635, 635a, 652e, 652 f, 653 f) prüfen (**a.M.** betr. RS BERTSCHINGER, N 543; BÖCKLI, § 18 N 90; wie hier FORSTMOSER/MEIER-HAYOZ/NOBEL, § 37 N 65; VON BÜREN/STOFFEL/WEBER, N 1217; CHK-BINDER/ROBERTO, Art. 753 OR N 11; FORSTMOSER, Verantwortlichkeit, N 910). Unter «Personen, die bei der Gründung mitwirken», können auch **Berater, Treuhänder und Anwälte** (BGE 76 II 164, 166) sowie **Notare** (JdT 1984 III 85) und **Handelsregisterführer** (vgl. N 26) fallen.

5 Passivlegitimiert sind weiter auch Personen, die einen **wesentlichen Einfluss** auf die Gründung oder Kapitalerhöhung ausüben (BGE 4P.161/2003 E. 4.3.2: «toutes celles qui ont exercé une influence importante sur la fondation»; vgl. ferner die Liste bei BERTSCHINGER, N 542 und FORSTMOSER/MEIER-HAYOZ/NOBEL § 37 N 55 ff.). So können nebst den formellen, allenfalls **fiduziarisch** wirkenden Gründern auch deren **Auftraggeber** belangt werden (so explizit § 9a Abs. 4 GmbHG). Gleiches gilt im Kapitalerhöhungsstadium für **materielle Organe,** zu denen auch der Grossaktionär zählen kann (vgl. BGE 76 II 164, 165 f.). Generell gilt, dass alle Personen passivlegitimiert sind, welche «in schöpferischer Weise an der Gründung mitwirken, die Tätigkeit der Gründer i.e.S. fördern und durch ihr Zutun auf die Entstehung der Gesellschaft hinwirken» (BGE 76 II 164, 167). Dazu können im Einzelfall auch **Geldgeber** gehören (BGE 4P.161/2003 E. 4.3.2; 76 II 307, 314), ferner die **Banken,** die Bareinzahlungen gemäss Art. 633 entgegennehmen (vgl. FORSTMOSER, Verantwortlichkeit, N 928, 931 f.).

III. Haftungsvoraussetzungen

1. Widerrechtlichkeit

Widerrechtlichkeit kann gemäss **Ziff. 1** zunächst darin bestehen, dass **qualifizierte Sachverhalte** wie Sacheinlagen, Sachübernahmen oder Sondervorteile für Gründer, Aktionäre oder Dritte **nicht gesetzeskonform in den Statuten offen gelegt** (Art. 628 Abs. 1–3; beachte auch die Revision von Art. 628 Abs. 2, wonach seit dem 1.1.2008 Dritte durch den Aktionären nahe stehende Personen ersetzt wurde) und **nicht mit einem geprüften Gründungs- bzw. Kapitalerhöhungsbericht** (Art. 635 f., 652e f.) dokumentiert werden (vgl. BGE 83 II 287; 79 II 177). In der Praxis häufig ist v.a. das Verschweigen von (beabsichtigten) Sachübernahmen (BGE 83 II 284, 288 f.; 59 II 434, 444; vgl. hierzu auch WATTER, 147 ff.; vgl. ferner BGH in AG 2007, 741 ff. betr. verdeckte gemischte Sacheinlage). Anzumerken ist, dass die Handelsregisterämter versuchen, durch die Einforderung der sog. **Stampaerklärung** (vgl. Art. 43 Abs. 1 lit. h, Art. 46 Abs. 2 lit. g, Art. 54 Abs. 1 lit. f. HRegV) sicherzustellen, dass alle qualifizierten Sachverhalte offen gelegt werden. 6

Widerrechtlich ist es sodann, **unrichtige, unvollständige, verschleiernde oder irreführende Angaben** (vgl. dazu auch Art. 752 N 16 ff.) in den Statuten oder im Gründungs- bzw. Kapitalerhöhungsbericht zu machen: z.B. die Sacheinlage falsch zu bewerten (BGE 90 II 490, 494), auf an einer Sacheinlage bestehende Pfandrechte nicht hinzuweisen (vgl. Art. 634 Ziff. 2; Art. 752 N 17) oder den Gegenstand einer geplanten Sachübernahme irreführend oder nicht vollständig zu umschreiben. 7

Bei einer **Kapitalerhöhung aus Eigenmitteln** kann die Bestätigung der freien Verwendbarkeit (Art. 652d, 652e Ziff. 3) dieses Eigenkapitals falsch und damit widerrechtlich sein. Bei einer Kapitalerhöhung **gegen Verrechnung** kann der Bestand oder die Verrechenbarkeit der Schuld (Art. 652e Ziff. 2) nicht gegeben sein. Umstritten ist, ob die zur Verrechnung gebrachte Forderung auch **werthaltig** sein muss (vgl. dazu etwa GLANZMANN, Die Schranken der Liberierung durch Verrechnung nach schweizerischem Aktienrecht, ZSR 1999 I 221 ff.; DERS., Die Kapitalerhöhung durch Verrechnung, sinnvolle Sicherungsmassnahme bei Aktiengesellschaften, NZZ vom 12.7.1999, 15; FORSTMOSER/VOGT, Liberierung durch Verrechnung mit einer nicht werthaltigen Forderung: eine zulässige Form der Sanierung einer überschuldeten Gesellschaft?, ZSR 2003, 531 ff.; ferner BÖCKLI, § 2 N 123 ff.; OR-Handkommentar-BERTSCHINGER, Art. 753 N 15.). Unseres Erachtens ist Werthaltigkeit nicht erforderlich, da die Gläubiger und Aktionäre im Moment der Verrechnung besser gestellt werden und künftige Gläubiger sich bei der Kreditgewährung nicht darauf verlassen dürfen, dass die Gesellschaft im Zeitpunkt ihrer Sanierung nicht vielleicht doch überschuldet war (immerhin ist de lege lata zu bedauern, dass bei der Verrechnungsliberierung keine besonderen Publizitätsvorschriften bestehen, vgl. auch BERTSCHINGER, N 535). Die gegenteilige Auffassung fördert den Konkurs potenziell sanierungsfähiger Gesellschaften und behindert dadurch in unnötiger Weise volkswirtschaftlich erwünschte Sanierungsmassnahmen, da Banken (oder andere Gläubiger) nicht bereit sind, das Risiko einzugehen, später zur Nachliberierung gezwungen zu werden. 8

Falsch kann der Kapitalerhöhungsbericht auch in Bezug auf die Einhaltung des GV-Beschlusses sein, namentlich bezüglich der **Gewährung von Bezugsrechten.** 9

Die **Prüfungsbestätigung** ist widerrechtlich, falls sie einen falschen oder unvollständigen Gründungs- bzw. Kapitalerhöhungsbericht als richtig und vollständig bestätigt (von der Frage der Widerrechtlichkeit ist natürlich diejenige des Verschuldens zu unterschei- 10 den, falls die RS irregeführt worden ist). Falsch und widerrechtlich kann auch die Prüfungsbestätigung nach Art. 653 f sein.

11 Eine vom VR zu verantwortende Widerrechtlichkeit liegt vor, wenn die **Beschlussfassungsquoren an der GV** nicht eingehalten werden (Art. 704 Abs. 1 Ziff. 5).

12 Auch Unregelmässigkeiten im Zusammenhang mit einer **Nachliberierung** (Art. 634a und Art. 54 HRegV) können zu einer Haftung führen: Praktisch denkbar sind v.a. das Verschweigen von qualifizierten Sachverhalten und Falschangaben im Bericht des VR, ferner eine falsche Prüfungsbestätigung.

13 Der **Anwendungsbereich von Ziff. 2** deckt sich insoweit mit Ziff. 1, als Ziff. 2 diejenigen Fälle, bei denen die Eintragung im Handelsregister unrichtige Angaben bezüglich qualifizierter Einlageformen enthält, ebenfalls erfasst. Theoretisch ist denkbar, dass die Anmeldenden bei der eigentlichen Gründung nicht mitwirkten und erst bei der Handelsregisteranmeldung eine Widerrechtlichkeit begehen (ZK-BÜRGI/NORDMANN, N 74). Ziff. 2 kann auch dort anwendbar sein, wo eine Tatsache bei der Gründung noch richtig festgehalten war, diese bei der Anmeldung aber nicht mehr richtig ist, weil etwa der Gegenstand der zu beabsichtigenden Sachübernahme untergegangen ist.

14 Darüber hinaus ist Ziff. 2 v.a. dann anwendbar, wenn bei einer Bargründung eine **Scheineinzahlung** getätigt wird (vgl. den Sachverhalt in BGE 102 II 353), wobei in diesen Fällen auch die Gewährung eines Darlehens zu einem solchen Zweck als widerrechtlich gilt (BGE 76 II 307, 314). Weitere Anwendungsfälle von Ziff. 2 wären die Einreichung gefälschter Kapitaleinzahlungsbestätigungen oder gefälschter Prüfungsberichte (s. hierzu auch die strafrechtlichen Konsequenzen für Urkundendelikte gemäss Art. 251 StGB, vgl. N 26b), die Nennung falscher Gründer oder die Bezeichnung von Organen, die eine Wahl nicht annehmen wollen.

15 Das wissentliche **Entgegennehmen von Zeichnungen zahlungsunfähiger Personen** ist nach **Ziff. 3** ebenfalls widerrechtlich. Praktisch hat diese Klausel im heutigen Aktienrecht v.a. noch bei der Kapitalerhöhung Bedeutung, da im Gründungsvorgang bei Bargründungen die Einzahlungen beim Gründungsakt schon vorliegen (denkbar ist dort die Anwendung von Ziff. 3 immerhin bei Teilliberierungen); andererseits dürfte im Kapitalerhöhungsverfahren bei Tatbeständen nach Ziff. 3 oft auch eine Pflichtverletzung des VR vorliegen und damit eine Haftung nach Art. 754 gegeben sein, bei der ein Nachweis des Wissens nicht erforderlich ist (vgl. N 21). Damit ist der praktische Anwendungsbereich der Ziff. 3 sehr beschränkt; denkbar sind etwa Fälle, in denen Dritte (Banken) Zeichnungen entgegennehmen.

16 Der Grundsatz **volenti non fit iniuria** (BGE 90 II 490, 496; 83 II 53, 56; vgl. auch FORSTMOSER, Verantwortlichkeit, N 554, 944, 966) kann der Geltendmachung eines Anspruches der Gesellschaft dann entgegenstehen, wenn alle Gründer den Mangel kannten und billigten. Möglich bleibt aber in solchen Konstellationen ein Anspruch von (späteren) Aktienerwerbern oder von Gläubigern (BGE 102 II 353, 356).

2. Schaden

17 Es ist zu unterscheiden zwischen dem Regelfall des **Schadens der Gesellschaft,** der die Aktionäre (bzw. Gläubiger) nur indirekt trifft (sog. «mittelbarer Schaden», vgl. FORSTMOSER, Verantwortlichkeit, N 186 ff.) und dem unmittelbaren oder direkten **Schaden des klagenden Aktionärs (bzw. Gläubigers),** der z.B. beim Kauf von Aktien diese wegen der vertuschten Sacheinlage falsch bewertet (bzw. Kredit auf falscher Basis er-

teilt) hat. Mittelbarer Schaden ist durch eine Zahlung an die Gesellschaft auszugleichen (vgl. Art. 756 Abs. 1 und Art. 757 Abs. 1).

Der einklagbare Schaden entspricht der **Differenz** zwischen dem hypothetischen Vermögensstand der bei der Gesellschaft (oder dem Aktionär bzw. Gläubiger) vorliegen würde, wenn keine widerrechtliche Handlung stattgefunden hätte, und dem tatsächlichen aktuellen Vermögensstand. In Fällen von Scheinliberierungen oder der Wertlosigkeit der Sacheinlage ist der Schaden oft identisch mit dem Aktienkapital plus Zins, kann aber im Einzelfall auch grösser sein (ebenso CHK-BINDER/ROBERTO, Art. 753 OR N 10; vgl. auch § 9 und 9a Abs. 1 GmbHG; FORSTMOSER, Verantwortlichkeit, N 151). Für die Bestimmung des zu zahlenden Schadenersatzes gelten Art. 42 Abs. 2 und 43 f. und die **allgemeinen Schadensberechnungsgrundsätze** (ebenso UMBACH/WEBER, 115; vgl. auch BÖCKLI, § 18 N 102, der allgemeine Schadensbegriff sei anwendbar). Namentlich ist ein Selbstverschulden zu berücksichtigen. **18**

3. Kausalzusammenhang

Zwischen dem widerrechtlichen oder pflichtwidrigen Verhalten und dem eingeklagten Schaden muss ein **adäquater Kausalzusammenhang** bestehen, d.h., es muss nebst dem natürlichen Kausalzusammenhang erstellt sein, dass das fragliche Verhalten geeignet war, nach dem gewöhnlichen Lauf der Dinge und nach der Erfahrung des Lebens einen solchen Schaden zu verursachen (vgl. FORSTMOSER, Verantwortlichkeit, N 266 ff.; ferner BGH in AG 2005, 883 ff., 885). **19**

4. Verschulden

Bereits **leichte Fahrlässigkeit** seitens des Beklagten genügt für eine Haftung. Der Sorgfaltsmassstab ist objektiviert, richtet sich damit nach denjenigen Fähigkeiten, welche der Verkehr bei der handelnden Person voraussetzt. Der Richter kann den Verschuldensgrad jedes Beteiligten im Rahmen von Art. 759 Abs. 1 beachten und z.B. bei leichter Fahrlässigkeit nur eine verminderte Ersatzpflicht aussprechen. Das **Verschulden wird vermutet** (ebenso § 9a Abs. 3 GmbHG; **a.A.** BÖCKLI, § 18 N 103; ZK-BÜRGI/NORDMANN, N 91; differenzierend BÄRTSCHI, 308). Das Verschulden bezieht sich auf den eigenen Beitrag zur Gründung, wodurch es möglich und zulässig ist, arbeitsteilig vorzugehen (vgl. dazu insb. BERTSCHINGER, N 547 ff.). **20**

Bei Tatbeständen nach **Ziff. 3** ist Voraussetzung, dass **wissentlich** Zeichnungen zahlungsunfähiger Personen akzeptiert werden. Fahrlässigkeit schadet nicht, es besteht im Rahmen von Art. 753 keine Überprüfungspflicht der Zahlungsfähigkeit (**a.M.** OR-Handkommentar-BERTSCHINGER, Art. 753 N 19, zumindest bei ernsthaften Zweifel über die Zahlungsfähigkeit). Bei blosser Fahrlässigkeit kann aber oft gemäss Art. 754 vorgegangen werden (N 15). Der Begriff der **Zahlungsunfähigkeit** i.S.v. Ziff. 3 ist weit zu verstehen, insbesondere ist nicht vorausgesetzt, dass über die betroffene Gesellschaft der Konkurs eröffnet worden ist oder sie eine gerichtliche Nachlassstundung verlangt hat. **21**

IV. Beweislast, Klagemodalitäten, Solidarität

Den Kläger trifft die **Beweislast** für die Widerrechtlichkeit, den Schaden und den Kausalzusammenhang (vgl. BGE 128 III 180, 184 = Pra 2002 Nr. 173); das Verschulden wird u.E. indessen vermutet (vgl. N 20). Für die **Verjährung** gilt Art. 760; Art. 29 GestG statuiert einen nicht zwingenden **Gerichtsstand**. **22**

Werden mehrere Personen eingeklagt, gilt unter diesen **Solidarität** gemäss Art. 759. **23**

V. Abgrenzungen

24 Art. 753 betrifft nur das Gründungs- und Kapitalerhöhungsstadium, erfasst in diesem Zeitraum aber einen grösseren Personenkreis als **Art. 754** und **755**. Soweit sich die beiden Bestimmungen in ihrem Anwendungsbereich überschneiden – was vorkommen kann, da Pflichtverletzungen nach Art. 753 oft auch Pflichtverletzungen nach Art. 754 oder 755 darstellen –, sind die Rechtsbehelfe kumulativ anwendbar (VON BÜREN/STOFFEL/WEBER, N 1217; CHK-BINDER/ROBERTO, Art. 753 OR N 11; FORSTMOSER, Verantwortlichkeit, N 910; FORSTMOSER/MEIER-HAYOZ/NOBEL, § 37 N 65; **a.M.** betr. RS BERTSCHINGER, N 543 und BÖCKLI, § 18 N 90, gemäss denen das Revisionsorgan ausschliesslich Art. 755 untersteht). In zahlreichen Fällen wird ferner die Gründungshaftung durch eine Haftung aus Verantwortlichkeit «abgelöst», da z.B. eine überbewertete Sacheinlage später zu falschen Bilanzerstellungen führen wird, oder zu einem Verstoss gegen Art. 725 (vgl. BGE 102 II 353, 360, wo diese Argumentation in concreto abgelehnt wurde). Vgl. auch N 21 für den Spezialfall von Ziff. 3, ferner Art. 752 N 38 zur Abgrenzung zur **Prospekthaftung.**

25 Der Kreis der von Art. 753 erfassten Personen ist weiter als derjenige von **Art. 645 Abs. 1;** diese Bestimmung setzt ein rechtsgeschäftliches Handeln gegenüber Dritten voraus, bzw. ein Dulden eines solchen Auftretens nach aussen (vgl. BGE 76 II 164 f.; FORSTMOSER, Verantwortlichkeit, N 918, 921).

26 Für den **Handelsregisterführer** enthält Art. 928 eine separate Norm, die zusätzlich zu Art. 753 anwendbar ist (OR-Handkommentar-BERTSCHINGER, Art. 753 N 7; BÄRTSCHI, 112; differenziert FORSTMOSER, Verantwortlichkeit, N 937).

26a Gemäss **Art. 108 Abs. 1 FusG** sind alle mit der Fusion, der Spaltung, der Umwandlung oder der Vermögensübertragung befassten Personen sowohl den Rechtsträgern als auch den einzelnen Gesellschaftern sowie Gläubigern für den Schaden verantwortlich, den sie durch absichtliche oder fahrlässige Verletzung ihrer Pflichten verursachen. Die Verantwortung der Gründer bleibt gemäss Satz 2 dieser Bestimmung ausdrücklich vorbehalten, falls es zur Entstehung eines neuen Rechtsträgers kommt.

26b Bei der Beurteilung der **strafrechtlichen** Konsequenzen dürften in der Praxis oft Art. 152 StGB (Unwahre Angaben über kaufmännische Gewerbe), Art. 153 StGB (Unwahre Angaben gegenüber Handelsregisterbehörden), Art. 251 StGB (Urkundenfälschung), Art. 253 StGB (Erschleichen einer Falschbeurkundung) und Art. 317 StGB (Urkundenfälschung im Amt) im Vordergrund stehen (vgl. etwa Chappuis, Le notaire et les fondateurs face aux risques pénaux dans la création de sociétés, SemJud 2005, 141 ff.; BGer v. 20.9.2002, 6P.34/2002 betr. Art. 253 Abs. 1 StGB).

VI. IPR und EG-Recht

27 Die Gründerhaftung richtet sich im Grundsatz nach dem Gesellschaftsstatut (Art. 154, 155 IPRG); Art. 159 IPRG kann im Einzelfall Anwendung finden, wenn eine ausländische Gesellschaft von der Schweiz aus gegründet wird oder wenn die von der Schweiz aus kontrollierte Gesellschaft eine Kapitalerhöhung durchführt (ebenso GHANDCHI, Der Geltungsbereich des Art. 159 IPRG, Diss. Zürich 1991, 105 f.; vgl. aber auch BSK IPRG-VON PLANTA/EBERHARD, N 6).

28 Die Verordnung EG Nr. 2157/2001 über das Statut der Europäischen Gesellschaft (SE) sowie die Richtlinie 2001/86/EG zur Ergänzung des Statuts der Europäischen Gesellschaft hinsichtlich der Beteiligung der Arbeitnehmer enthalten keine Vorschriften zur Gründerhaftung, ebenso wenig die EU-Kapital-RL.

Vorbemerkungen zu Art. 754–761

Literatur

Zum Aktienrecht 1936 (Auswahl): BÄR, Funktionsgerechte Ordnung der Verantwortlichkeit des Verwaltungsrates, SAG 1986, 57 ff.; BERTI, Zur prozessualen Geltendmachung des Anspruchs auf Ersatz des sog. mittelbaren Schadens im Schweizerischen Aktienrecht, ZSR 1990, 439 ff. (zit. Geltendmachung); DERS., Verantwortlichkeitsklage (Rechtsprechung zum Aktienrecht), SZW 1992, 74 ff. (zit. Verantwortlichkeitsklage); DRUEY, Organ und Organisation, SAG 1981, 77 ff.; FORSTMOSER, Der mittelbare Schaden im aktienrechtlichen Verantwortlichkeitsrecht und seine Geltendmachung im Konkurs, SAG 1986, 69 ff. (zit. Schaden); DERS., Würdigung der Aktienrechtsreform aus der Sicht der Rechtswissenschaft, Zürich 1984, 109 ff.; DERS., Der Organbegriff im aktienrechtlichen Verantwortlichkeitsrecht, in: FS Meier-Hayoz, Zürich 1982, 125 ff.; DERS., Solidarität, Kausalzusammenhang und Verschulden im aktienrechtlichen Verantwortlichkeitsrecht, SJZ 1982, 369 ff.; GEHRIGER, Faktische Organe im Gesellschaftsrecht, Diss. St. Gallen 1978; GLAUS, Unternehmensüberwachung durch schweizerische Verwaltungsräte, Diss. St. Gallen 1990; VON GREYERZ, Die Verantwortlichkeit der aktienrechtlichen Kontrollstelle, Zürich 1980, 51 ff.; GROSS, Analyse der haftpflichtrechtlichen Situation des Verwaltungsrates, Diss. Zürich 1990; HORBER, Die Kompetenzdelegation beim Verwaltungsrat der AG und ihre Auswirkungen auf die aktienrechtliche Verantwortlichkeit, Diss. Zürich 1986; HÜTTE, Zu Unrecht kolloziert und dennoch (deshalb) voll befriedigt, Anmerkungen zu BGE 111 II 81, ST 1986, 100 ff.; LEHNER, Die Verantwortlichkeit der Leitungsorgane von Aktiengesellschaften in rechtsvergleichender und internationalprivatrechtlicher Sicht, Diss. Basel 1981; VON PLANTA, Die Haftung des Hauptaktionärs, Diss. Basel 1981; DERS., Doppelorganschaft im aktienrechtlichen Verantwortlichkeitsrecht, in: FS Vischer, Zürich 1983, 597 ff.; PFRUNDER-SCHIESS, Die Geltendmachung des Gläubigerschadens im Verantwortlichkeitsprozess, SJZ 1982, 373 ff.; PLÜSS, Die Rechtsstellung des Verwaltungsratsmitgliedes, Diss. Zürich 1990; RASCHEIN, Die Abtretung von aktienrechtlichen Verantwortlichkeitsansprüchen im Konkurs, in: FS 100 Jahre SchKG, Zürich 1989, 357 ff.; SCHIESS, Das Wesen aktienrechtlicher Verantwortlichkeitsansprüche aus mittelbarem Schaden und deren Geltendmachung im Gesellschaftskonkurs, Diss. Zürich 1978.

Zum Aktienrecht 1991 aus der Einführungszeit bis 1994 (Auswahl): BÖCKLI, Neuerungen im Verantwortlichkeitsrecht für die Revisionsstelle, Zürich 1994; DERS., Neuerungen im Verantwortlichkeitsrecht für den Verwaltungsrat, SZW 1993, 261 ff.; BUSCH, Die Übertragung der Geschäftsführung auf den Delegierten des Verwaltungsrates, in: FS Forstmoser, Zürich 1993, 69 ff.; CASUTT, Rechtliche Aspekte der Verteilung der Prozesskosten im Anfechtungs- und Verantwortlichkeitsprozess, in: FS Forstmoser, Zürich 1993, 79 ff.; EHRAT, Mehr Klarheit für den VR, AJP 1992, 789 ff.; EPPENBERGER, Die Solidarhaftung der Revisionsstelle, ST 1991, 542 ff.; FLACH, Aktienrechtliche Verantwortlichkeit im Konzern, ST 1992, 535 ff.; FORSTMOSER, Die persönliche Verantwortlichkeit des Verwaltungsrates und ihre Vermeidung, SAV 11 (1992), 7 ff.; DERS., Vom alten zum neuen Aktienrecht, SJZ 1992, 137 ff.; DERS., Alter Wein in neuen Schläuchen?, ZSR 1992, 1 ff.; DERS., Ungereimtheiten und Unklarheiten im neuen Aktienrecht, SZW 1992, 58 ff. (zit. Ungereimtheiten); DERS., Organisation und Organisationsreglement nach neuem Aktienrecht, Zürich 1992 (zit. Organisation); DERS., Die Verantwortlichkeit der Organe, ST 1991, 536 ff. (zit. Organe); GILLIÉRON, Essai d'interprétation du nouvel article 757 CO, SZW 1994, 12 ff.; KUNZ, Der Partizipant im aktienrechtlichen Verantwortlichkeitsrecht, ZBJV 1993, 730 ff. (zit. Partizipant); DERS., Rechtsnatur und Einredenordnung der aktienrechtlichen Verantwortlichkeitsklage, Diss. Bern 1993 (zit. Rechtsnatur); LAMBERT, Das Gesellschaftsinteresse als Verhaltensmaxime des Verwaltungsrates der Aktiengesellschaft, Diss. Zürich 1992; LEI RAVELLO, La responsabilité solidaire des organes de la société anonyme, Diss. Lausanne 1992; RAPP, L'application du nouveau droit de la société anonyme aux sociétés fondées avant son entrée en vigueur, SZW 1992, 106 ff.; RAUBER, Der mittelbare Gläubigerschaden, in: FS Forstmoser, Zürich 1993, 157 ff.; SCHMID, Zur prozessualen Umsetzung der Kostenpflicht der Gesellschaft, in: FS Forstmoser, Zürich 1993, 341 ff. (zit. Kostenpflicht); SPRÜNGLI, Die neue Rolle des Verwaltungsrates, Diss. Bern 1991; STAEHELIN, Die «unübertragbaren Aufgaben» des Verwaltungsrates einer Familienaktiengesellschaft, SZW 1992, 200 ff.; WIDMER, Die Verantwortlichkeit, AJP 1992, 796 ff.

Neuere Literatur zu Art. 754–761 ab 1995(Auswahl): BACHMANN, Aktienrechtliche Verantwortlichkeit im Konkurs, AJP 2003, 499 ff.; BÄRTSCHI, Verantwortlichkeit im Aktienrecht, Diss. Zürich 2001; BERTSCHINGER, Verantwortlichkeit der Revisionsstelle – Aktuelle Fragen und Perspektiven, ZSR 2005 II, 569 ff. (zit. Verantwortlichkeit); DERS., Der eingeordnete Berater – ein Beitrag zur faktischen Organschaft, in: FS Forstmoser, Zürich 2003, 455; DERS., Aktienrechtliche Verantwortlichkeit: Weisungen des Alleinaktionärs an die Verwaltungsräte schliessen Anspruch der Gesellschaft aus, SZW 2000, 197 ff. (zit. Weisungen); DERS., Arbeitsteilung und aktienrechtliche Verantwortlichkeit, Habil. Zürich 1999 (zit. Arbeitsteilung); DERS., Neue Entwicklungen in der Haftung der aktienrechtlichen Revisionsstelle, SZW 1999, 78 ff. (zit. Entwicklungen); BÖCKLI, Verantwortlichkeit der Organmitglieder: Hürdenlauf der direkt Geschädigten, in: Baer (Hrsg.), Aktuelle Fragen zur aktienrechtlichen Verantwortlichkeit, Bern 2003, 27 ff.; CAMPONOVO, Die Verantwortlichkeit der Revisionsstelle im Spiegel von Rechtsprechung und Literatur, ST 2004, 71 ff. (zit. Verantwortlichkeit); CAMPONOVO/BERTSCHINGER, Haftungsreform für die Abschlussprüfung, ST 2007, 256 ff.; CHAMMARTIN/VON DER CRONE, Der Déchargebeschluss, SZW 2005, 329 ff.; CHAPUIS, Responsabilité solidaire de l'organe de révision des sociétés anonymes: à la croisée des chemins, in: FS Koller, Basel 2006, 147 ff.; VON DER CRONE, Haftung und Haftungsbeschränkung in der aktienrechtlichen Verantwortlichkeit, SZW 2006, 2 ff. (zit. Haftung); VON DER CRONE/CARBONARA/HUNZIKER, Aktienrechtliche Verantwortlichkeit und Geschäftsführung, ZSR-Beiheft 43, Basel 2006 (zit. VON DER CRONE et al.); DESSEMONTET, La double nature de l'action en responsabilité contre les organes de la société, in: FS Bär, Bern 1998, 63 ff.; DOBLER/VON DER CRONE, Aktivlegitimation zur Geltendmachung von Verantwortlichkeitsansprüchen, SZW 2005, 211 ff.; DONATSCH, Interaktionen zwischen strafrechtlicher und zivilrechtlicher Verantwortlichkeit – aus materiellstrafrechtlicher und prozessualer Sicht, in: Weber (Hrsg.), Verantwortlichkeit im Unternehmensrecht IV, Zürich 2008, 147 ff.; DORALT, Haftungsbegrenzung für die Revisionsstelle – Notwendigkeit oder Privileg, SZW 2006, 168 ff.; DRUEY, Die Haftung des Abschlussprüfers – wo liegt das Problem?, in: Mélanges Roland Ruedin, Basel 2006, 205 ff. (zit. Abschlussprüfer); DERS., Organfreiheit oder zugeschnürte Weste? – Grundlagen und Grundfragen der aktienrechtlichen Verantwortlichkeit, in: Baer (Hrsg.), Aktuelle Fragen zur aktienrechtlichen Verantwortlichkeit, Bern 2003, 1 ff. (zit. Organfreiheit); EGGMANN, Die aktienrechtliche Verantwortlichkeit der Revisionsstelle bei der Abschlussprüfung, Diss. Zürich 1997; FLÜHMANN, Haftung aus Prüfung und Berichterstattung gegenüber Dritten, Diss. St. Gallen, Bern 2004; FORSTMOSER, Aufgaben, Organisation und Verantwortlichkeit des Verwaltungsrates, ST 2002, 485 ff.; DERS., Den letzten beissen die Hunde – Zur Haftung der Revisionsstelle aus aktienrechtlicher Verantwortlichkeit, in: FS Schmid, Zürich 2001, 483 ff.; DERS., Die Verantwortlichkeit des Revisors, Zürich 1997 (zit. Revisor); FORSTMOSER/SPRECHER/TÖNDURY, Persönliche Haftung nach Schweizer Aktienrecht, Zürich 2005; FRICK, Die Business Judgement Rule als Beitrag zur Systematisierung des Verantwortlichkeitsrechts, in: FS Forstmoser, Zürich 2003, 509 ff.; GARBARSKI, Quelques développements récents à propos de l'action en responsabilité dirigée contre les organes dirigeants de sociétés anonymes, GesKR 2006, 208 ff. (zit. Développements); DERS., La responsabilité civile et pénale des organes dirigeants de sociétés anonymes, Diss. Lausanne, Genf 2006 (zit. Responsabilité); GILLARD, La responsabilité des administrateurs: principes et actions, in: Dessemontet et al. (Hrsg.), Aspects actuels du droit de la société anonyme, Lausanne 2005, 465 ff.; GIRSBERGER/DROESE, Die Verantwortlichkeit des Verwaltungsrates, in: Niggli/Amstutz (Hrsg.), Verantwortlichkeit im Unternehmen, Basel 2007, 1 ff.; GLANZMANN, Die Pflichten des Verwaltungsrats und der Geschäftsführung in finanziellen Krisensituationen, in: Roberto (Hrsg.), Sanierung der AG, 2. Aufl., Zürich 2003, 19 ff.; DERS., Die Verantwortlichkeitsklage unter Corporate-Governance-Aspekten, ZSR 2000 II, 135 ff. (zit. Verantwortlichkeitsklage); DERS., Die Haftung der Revisionsstelle gegenüber Dritten, AJP 1998, 1235 ff. (zit. Haftung); GLANZMANN/ROBERTO, Verantwortlichkeit des Verwaltungsrates in Sanierungssituationen, in: Weber (Hrsg.), Praxis zum unternehmerischen Verantwortlichkeitsrecht, Zürich 2004, 77 ff.; GLASL, Die kollozierte Forderung im Verantwortlichkeitsprozess, SZW 2005, 157 ff.; GRASS, Business Judgement Rule – Schranken der richterlichen Überprüfbarkeit von Management-Entscheidungen in aktienrechtlichen Verantwortlichkeitsprozessen, Diss. Zürich 1998; GRONER/VOGT, Zur Haftung der Revisionsstelle gegenüber Investoren, recht 1998, 257 ff.; HANDSCHIN, Verantwortlichkeit der Gesellschaftsorgane auch für die Richtigkeit der Bilanz, in: Niggli/Amstutz (Hrsg.), Verantwortlichkeit im Unternehmen, Basel 2007, 31 ff.; DERS., Die Verantwortlichkeit des Verwaltungsrates ausserhalb des Konkurses seiner Gesellschaft, in: FS 100 Jahre Aargauischer Anwaltsverband, Zürich 2005, 237 ff. (zit. Verantwortlichkeit); HARTMANN, Die Unterscheidung zwischen dem unmittelbaren und dem mittelbaren Gläubigerschaden im Konkurs der Aktiengesellschaft, SZW 2006, 321 ff.; HASENBÖHLER, Die Haftungsvoraussetzungen der Verantwortlichkeitsklage nach Art. 754 OR, Diss. Basel, Zürich 2003; HIRSCH, La responsabilité des organes en cas d'insolvabilité de la SA: dommage direct et dommage indirect des créanciers, SZW 2000, 94 ff. (zit. Responsabilité); DERS., La responsabilité des réviseurs envers les investisseurs, SZW 1999, 48 ff. (zit. Réviseurs); HIRSCH/TRIGO TRINDADE, Commentaire de jurisprudence, SZW 1995, 312 ff.; HOFFMANN-NOWOTNY, Gemeinsame Einklagung für den Gesamtschaden, in: FS von der Crone, Zürich 2007, 427 ff.; HOFFMANN-NOWOTNY/VON DER CRONE, Solidarität, Vergleich und Rückgriff in der aktienrechtlichen Verantwortlichkeit, SZW 2007, 261 ff.; HOFSTETTER, Verantwortlichkeit des Verwaltungsrates im Konzern, in: Weber (Hrsg.), Verantwortlichkeit im Unternehmensrecht IV, Zürich 2008, 1 ff.; DERS., Sachgerechte Haftungsregeln für multinationale Konzerne, Tübingen 1995 (zit. Konzerne); HUBER, Haftungsrisiken der Revisoren bei Umstellung der Rechnungslegungsstandards, in: Weber (Hrsg.), Verantwortlichkeit im Unternehmensrecht III, Zürich 2006, 97 ff.; ISLER, Fragen der Aktiv- und Passivlegitimation in Verantwortlichkeitsprozessen, in: Weber (Hrsg.), Verantwortlichkeit im Unternehmensrecht IV, Zürich 2008, 115 ff. (zit. Verantwortlichkeitsprozesse); DERS., Das Übernahmeverschulden des Verwaltungsrates, in: Weber (Hrsg.), Verantwortlichkeit im Unternehmensrecht III, Zürich 2006, 1 ff. (zit. Übernahmeverschulden); DERS., Der aussergerichtliche Vergleich mit einzelnen aktienrechtlich verantwortlichen Personen, in: FS Nobel, Bern 2005, 195 ff. (zit. Vergleich); DERS., Verantwortlichkeit des Verwaltungsrates für Strategie-Entscheide, in: Weber (Hrsg.), Praxis zum unternehmerischen Verantwortlichkeitsrecht, Zürich 2004, 39 ff. (zit. Strategie-Entscheide); DERS., Sorgfalt und Haftung des Verwaltungsrates, in: Weber (Hrsg.), Verantwortlichkeit im Unternehmensrecht, Zürich 2003, 1 ff. (zit. Sorgfalt); DERS., Die Einreden des Verwaltungsrats bei Verantwortlichkeitsansprüchen im Konkurs der AG, in: FS Forstmoser, Zürich 2003, 439 ff. (zit. Einreden); KALSS, Durchsetzung der Innenhaftung der Leitungsorgane von Aktiengesellschaften, ZSR 2005 II, 643 ff.; KUNZ, Zu den Haftungsvoraussetzungen und zu einigen weiteren Themen der aktienrechtlichen Verantwortlichkeit – Rückblick, Status quo und Perspektiven, AJP 1998, 1267 ff. (zit. Haftungsvoraussetzungen); LUTERBACHER, Versicherung und Revisorenhaftung, ST 2006, 864 ff.; DERS., Die Schadenminderungspflicht, Diss. Zürich 2005 (zit. Schadenminderungspflicht); DERS., Verantwortlichkeit und Versicherung, in: Baer (Hrsg.), Aktuelle Fragen zur aktienrechtlichen Verantwortlichkeit, Bern 2003, 129 ff.; DERS., Ein wegweisendes Bundesgerichts-Urteil zur Verantwortlichkeit der Revisionsstelle, ST 2000, 1267 ff. (zit. Revisionsstelle); MAURENBRECHER, Die Stellung der Banken in Verantwortlichkeitsprozessen, AJP 1998, 1327 ff.; MEINHARDT, Differenzierte Solidarität und pauschaler Gesamtschaden, in: Weber (Hrsg.), Verantwortlichkeit im Unternehmensrecht, Zürich 2003, 139 ff.; T. MÜLLER, Die Solidarität in der aktienrechtlichen Verantwortlichkeit – Fortschritt oder Systembruch?, in: FS Bär, Bern 1998, 281 ff.; MUSTAKI, Corporate Governance et responsabilité du Conseil d'administration, SZW 2004, 64 ff.; NIKITINE, Die aktienrechtliche Organverantwortlichkeit nach Art. 754 Abs. 1 OR als Folge unternehmerischer Fehlentscheide, Diss. Zürich 2007; NYFFELER, Wie geht das Bundesgericht mit Verantwortlichkeitsprozessen um?, in: Weber (Hrsg.), Praxis zum unternehmerischen Verantwortlichkeitsrecht, Zürich 2004, 7 ff.; NATER, Verantwortlichkeit von Verwaltungsrat und Revisionsstelle im Bereich der Rechnungslegung, in: Weber (Hrsg.), Praxis zum unternehmerischen Verantwortlichkeitsrecht, Zürich 2004, 59 ff.; NOBEL, Solidarität und Unsolidarität, in: Baer (Hrsg.), Aktuelle Fragen zur aktienrechtlichen Verantwortlichkeit, Bern 2003, 99 ff.; OULEVEY, L'institution de la décharge en droit de la société anonyme, Diss. Fribourg, Zürich 2008; PEYER, Das «vernünftige» Verwaltungsratsmitglied, in: FS Forstmoser, Zürich 2003, 85 ff.; REITER, Prozessrechtliche Probleme in Verantwortlichkeitsverfahren, in: Weber (Hrsg.), Verantwortlichkeit im Unternehmensrecht, Zürich 2003, 165 ff.; ROBERTO, Probleme der differenzierten Solidarität, GesKR 2006, 29 ff. (zit. Solidarität); ROMY, Mise en oeuvre des prétentions en responsabilité des créanciers et exécution forcée, in: FS Forstmoser, Zürich 2003, 479 ff.; ROTH PELLANDA/VON DER CRONE, Haftung der Revisionsstelle, SZW 2003, 284 ff.; RUOSS, Sorgfalt und Haftung der Revisionsstelle – Ausgewählte Aspekte der Revisionsstellenhaftung, in: Weber (Hrsg.), Verantwortlichkeit im Unternehmensrecht, Zürich 2003, 19 ff.; SCHMID, Prozessuales zur aktienrechtlichen Verantwortlichkeitsklage, in: FS Forstmoser, Zürich 2008, 601 ff.; SCHNYDER, Verantwortlichkeitsansprüche gegen Leitungsorgane einer Aktiengesellschaft – und deren Versicherbarkeit, in: FS Rey, Zürich 2003, 319 ff.; SCHNYDER/BOPP, Aktienrechtliche Verantwortlichkeit im Konkurs – noch einmal zum Verhältnis von Art. 757 OR und Art. 260 SchKG, in: FS Forstmoser, Zürich 2003, 497 ff.; SENN, Die Haftung des Verwaltungsrates bei der Sanierung der AG, Diss. Basel 2001; STAEHELIN/SARASIN, Gesteigerte Anforderungen und gemilderte Solidarität – Eine Bilanz der aktienrechtlichen Verantwortlichkeitsrisiken für den Verwaltungsrat, in: FS Bär, Bern 1998, 363 ff.; STOFFEL, Organverantwortlichkeit für Wettbewerbsrechts-Verletzungen, in: FS Nobel, Bern 2005, 353 ff.; THÉVENAZ, La solidarité differenciée des responsables d'un dommage en droit de la société anonyme – Etude de l'article 759 CO, in: Dessemontet et al. (Hrsg.), Aspects actuels du droit de la société anonyme, Lausanne 2005, 505 ff.; TRIGO TRINDADE, La responsabilité des organes de gestion de la société anonyme dans la jurisprudence récente du Tribunal Fédéral, SJ 1998, 1 ff.; TRIGO TRINDADE/PETER, Responsabilité des organes de gestion dans un groupe de société: commentaire des ATF 128 III 29 et 128 III 92, SZW 2002, 251 ff.; UMBACH, Das Organisationsreglement als Mittel zum Schutz vor Verantwortlichkeitsansprüchen, in: Weber (Hrsg.), Verantwortlichkeit im Unternehmensrecht III, Zürich 2006, 25 ff.; UMBACH/WEBER, Schadensberechnung in Verantwortlichkeitsprozessen, in: Weber (Hrsg.), Verantwortlichkeit im Unternehmensrecht, Zürich 2003, 111 ff.; VETTER, Der verantwortlichkeitsrechtliche Organbegriff nach Art. 754 Abs. 1 OR, Diss. St. Gallen, Zürich 2007; A. VOGEL, Neuere Tendenzen im Konzern(haftungs)recht, in: FS Druey, Zürich 2002, 607 ff.; DERS., Die Haftung der Muttergesellschaft als materielles, faktisches oder kundgegebenes Organ der Tochtergesellschaft, Diss. St. Gallen 1997 (zit. Haftung); O. VOGEL, Aktienrechtlicher Verantwortlichkeitsprozess: Kosten- und Entschädigungsfolge, Art. 759 Abs. 2 OR, SZW 1998, 146 ff.; VOGT, Solidarität in der aktienrechtlichen Verantwortlichkeit, in: Weber (Hrsg.), Verantwortlichkeit im Unternehmensrecht IV, Zürich 2008, 21 ff.; VOGT/FISCHER, Neue Haftungsrisiken für die Revisionsstelle aufgrund des neuen Revisionsrechts?, in: Weber (Hrsg.), Verantwortlichkeit im Unternehmensrecht III, Zürich 2006, 111 ff.; WALTER, Verantwortlichkeit des Verwaltungsrats für Management-Entschädigungen, in: Weber (Hrsg.), Verantwortlichkeit im Unternehmensrecht IV, Zürich 2008, 61 ff.; DERS., Ungereimtheiten im Verantwortlichkeitsrecht, in: Baer (Hrsg.), Aktuelle Fragen zur aktienrechtlichen Verantwortlichkeit, Bern 2003, 73 ff. (zit. Ungereimtheiten); WATTER, Die «richtige» Zusammensetzung des Verwaltungsrates, in: Weber (Hrsg.), Verantwortlichkeit im Unternehmensrecht III, Zürich 2006, 47 ff.; WATTER/DUBS, Der Déchargebeschluss, AJP 2001, 908 ff. (zit. Déchargebeschluss); WATTER/TRUFFER, Bemerkungen zu BGE 122 III 166 und 122 III 176, AJP 1996, 1573 ff.; WEBER, Verantwortlichkeit der Unternehmensorgane für regulatorische Interventionen, in: Weber (Hrsg.), Verantwortlichkeit im Unternehmensrecht IV, Zürich 2008, 115 ff. (zit. Interventionen); DERS., Beurteilung der neueren Rechtsprechung zur Verantwortlichkeit in Unternehmen, in: Weber (Hrsg.), Verantwortlichkeit im Unternehmensrecht III, Zürich 2006, 147 ff. (zit. Beurteilung); DERS., Praktische Merkpunkte für die Beurteilung der Verantwortlichkeit im Unternehmensrecht, in: Weber (Hrsg.), Praxis zum unternehmerischen Verantwortlichkeitsrecht, Zürich 2004, 1 ff. (zit. Merkpunkte); WIDMER/CAMPONOVO, Haftung der Revisionsstelle im Entwurf zum Aktien- und Rechnungslegungsrecht, ST 2008, 110 ff.; WOHLMANN, Zum Ausmass der Haftung der Revisionsstelle – Ein Beitrag zur Gewaltenteilung in der grossen Aktiengesellschaft, in: FS Nobel, Bern 2005, 429 ff.; ZÄCH/TRIEBOLD, Zur differenzierten Solidarhaftung des Verwaltungsrates, in: FS Bär, Bern 1998, 421 ff.

Anderes Schrifttum aus verwandten Bereichen: AMSTUTZ, Musique plurielle: Überlegungen zu einem konzernorganisatorischen Haftungsrecht, in: Niggli/Amstutz (Hrsg.), Verantwortlichkeit im Unternehmen, Basel 2007, 125 ff.; BAZZANI, Vertragliche Schadloshaltung weisungsgebundener Verwaltungsratsmitglieder, Diss. Luzern, Zürich 2007; BERSHEDA VUCUROVIC, Civil Liability of Company Directors and Creditor Protection in the vicinity of Insolvency, Diss Freiburg, Zürich 2007; BERTSCHINGER, Die Klagen gemäss Fusionsgesetz, AJP 2004, 839 ff. (zit. Klagen); BLUMER, Bilanzkosmetik und Schadenersatz, Diss. Bern 2007; BÖCKLI, Revisionsstelle und Abschlussprüfung nach neuem Recht, Zürich 2007 (zit. Revisionsstelle); DERS., Das Ende legitimer Amtsführung eines Verwaltungsrats bei Eintritt der Überschuldung, in: Mélanges Roland Ruedin, Basel 2006, 163 ff. (zit. Überschuldung); DERS., Zum Vorentwurf für eine Revision des Aktien- und Rechnungslegungsrechts, GesKR 2006, 4 ff. (zit. Vorentwurf); DERS., Audit Committee, Zürich 2005; BONDALLAZ, La responsabilité solidaire des réviseurs de sociétés anonymes (Art. 755/759 CO): considérations «de lege ferenda», REPRAX 2005/3, 26 ff.; BOURQUI/BOURQUI, Le contrôle restreint et sa fiabilité, SZW 2007, 422 ff.; BÜRGI/VON DER CRONE, Haftung für AHV-Beiträge, SZW 2002, 348 ff.; CAMPONOVO, Wann ist die offensichtliche Überschuldung offensichtlich?, ST 2005, 543 ff. (zit. Überschuldung); DERS., Gesetzesentwurf zum neuen Revisionsrecht, ST 2005, 221 ff. (zit. Gesetzesentwurf); CAMPONOVO/VON GRAFFENRIED-ALBRECHT, Neues Revisionsrecht – Offene juristische Fragen, ST 2008, 204 ff.; CASUTT, Die Sonderprüfung im künftigen schweizerischen Aktienrecht, Diss. Zürich 1991 (zit. Sonderprüfung); VON DER CRONE, Arbeitsteilung im Verwaltungsrat, in: Baer (Hrsg.), Verwaltungsrat und Geschäftsleitung, Bern 2006, 79 ff. (zit. Arbeitsteilung); DERS., Interessenkonflikte im Aktienrecht, SZW 1994, 1 ff. (zit. Interessenkonflikte);

VON DER CRONE/CARBONARA/MAROLDA MARTINEZ, Corporate Governance und Führungsorganisation in der Aktiengesellschaft, SJZ 2004, 405 ff.; VON DER CRONE/GERSBACH/KESSLER/DIETRICH/BERLINGER, Das Fusionsgesetz, Zürich 2004 (zit. VON DER CRONE, Fusionsgesetz); VON DER CRONE/WALTER, Konzernerklärung und Konzernvertrauen, SZW 2001, 53 ff.; DAENIKER, Versicherung, Prozesskostenersatz und Freistellung *(Indemnification)* von Organpersonen, in: FS Forstmoser, Zürich 2003, 523 ff.; DERS., Anlegerschutz bei Obligationenanleihen, Diss. Zürich 1992 (zit. Anlegerschutz); DAENIKER/WALLER, Due Diligence Defense der Banken bei Prospekthaftungsansprüchen, in: Reutter/Watter/Werlen (Hrsg.), Kapitalmarkttransaktionen, Zürich 2006, 55 ff. (zit. Due Diligence Defense); DIES., Kapitalmarktbezogene Informationspflichten und Haftung, in: Weber (Hrsg.), Verantwortlichkeit im Unternehmensrecht, Zürich 2003, 55 ff. (zit. Haftung); DRUEY, Die Unabhängigkeit des Revisors, SZW 2007, 439 ff.; EBKE, Die Haftung des gesetzlichen Abschlussprüfers in der Europäischen Union, ZVglRWiss 2001, 62 ff.; EMCH, System des Rechtsschutzes im Fusionsgesetz, Diss. Bern 2006; EUGSTER/VON DER CRONE, Rechtliche Stellung des Geschäftsführers im Konzern, SZW 2004, 434 ff.; FLURI, Neue Anforderungen an Rechnungslegung und Abschlussprüfung, in: Arter/Jörg (Hrsg.), Entwicklungen im Gesellschaftsrecht II, Bern 2007, 255 ff.; FORSTMOSER, Der Richter als Krisenmanager?, in: FS Walter, Bern 2005, 263 ff. (zit. Krisenmanager); FORSTMOSER/SCHOTT, Entwicklungen im Gesellschaftsrecht, SJZ 2006, 482 ff.; GEIER, Die Streitgenossenschaft im internationalen Verhältnis, Diss. St. Gallen 2005; GESSLER, Gläubigerbegünstigung durch die Aktiengesellschaft, in: FS Forstmoser, Zürich 2008, 401 ff.; GLATTHAAR, Der Verwaltungsratsbericht bei öffentlichen Übernahmeangeboten, Diss. St. Gallen, Zürich 2007; GRONER, Art. 52 AHVG – Praxis und Zweck der Arbeitgeberhaftung, SZW 2006, 81 ff.; HANDSCHIN, Der Konzern im schweizerischen Privatrecht, Zürich 1994 (zit. Konzern); HARSCH, Die einheitliche Leitung im Konzern und ihre funktionale Bestimmung im Rahmen der aktienrechtlichen Verantwortlichkeit, Diss. Bern 2005; HOFSTETTER, «Corporate Governance in der Schweiz», Bericht im Zusammenhang mit den Arbeiten der «Expertengruppe Corporate Governance», Zürich 2002 (zit. Begleitbericht); HUGUENIN/GROB, Schutz der Kapitalmehrheit, SZW 2007, 90 ff.; ISLER, Die kreditgebende Bank – ein faktisches Organ des Schuldners?, in: FS Zobl, Zürich 2004, 288 ff.; KAMMERER, Die unübertragbaren und unentziehbaren Kompetenzen des Verwaltungsrates, Diss. Zürich 1997; KIESER, Der Verwaltungsrat im Sozialversicherungsrecht, SZW 2006, 181 ff.; KNOBLOCH, Die zivilrechtlichen Risiken der Banken in der sanierungsbedürftigen Unternehmung, Diss. Zürich 2006; LAZOPOULOS, Interessenkonflikte und Verantwortlichkeit des fiduziarischen Verwaltungsrates, Diss. Zürich 2004; LENGAUER/HOLDEREGGER/AMSTUTZ, Neuerungen im Gesellschafts- und Revisionsrecht, Zürich 2007 (zit. LENGAUER et al.); LEUENBERGER, Die Streitgenossenschaft der Abtretungsgläubiger nach Art. 260 SchKG, in: FS Spühler, Zürich 2005, 195 ff.; LINDER/VON DER CRONE, Die Revisionsstelle in der aktuellen bundesgerichtlichen Rechtsprechung, SZW 2007, 489 ff.; LIPS-RAUBER, Die Rechtsbeziehung zwischen dem beauftragten fiduziarischen Verwaltungsrat und dem Fiduzianten, Diss. Zürich 2005; LOSER, Die Vertrauenshaftung im schweizerischen Schuldrecht, Habil. Bern 2006; MALACRIDA, Neuer Wind im Restrukturierungsrecht, GesKR 2007, 236 ff.; MAURENBRECHER/SCHOTT, Private Rechtsgeschäfte von Organpersonen, GesKR 2007, 24 ff.; T. MÜLLER, Der Schutz der Aktiengesellschaft vor unzulässigen Kapitalentnahmen, Diss. Bern 1997 (zit. Kapitalentnahmen); NUSSBAUMER/VON DER CRONE, Verhältnis zwischen gesellschafts- und schuldrechtlicher Verpflichtung, SZW 2004, 138 ff.; PEDROJA, Die Sonderprüfung im neuen Aktienrecht, AJP 1992, 774 ff.; PETITPIERRE-SAUVAIN, Loi sur les bourses et responsabilité, in: FS Forstmoser, Zürich 2003, 543 ff.; T. REBSAMEN, Die Gleichbehandlung der Gläubiger durch die Aktiengesellschaft, Diss. Freiburg, Zürich 2004; REICHMUTH, Die Haftung des Arbeitgebers und seiner Organe nach Art. 52 AHVG, Diss. Freiburg, Zürich 2008; REY, Ausservertragliches Haftpflichtrecht, 4. Aufl., Zürich 2008; RIEMER, Anfechtungs- und Nichtigkeitsklage im schweizerischen Gesellschaftsrecht, Bern 1998; ROBERTO, Die Haftung der Bank als Kreditgeberin, in: Emmenegger (Hrsg.), Bankhaftungsrecht, Basel 2006, 93 ff. (zit. Haftung); DERS., Antithesen zur Haftung für ad-hoc Publizität, GesKR 2006, 149 ff. (zit. Antithesen); ROTH-PELLANDA, Organisation des Verwaltungsrates: Zusammensetzung, Arbeitsteilung, Information und Veranwortlichkeit, Diss. Zürich 2007; SAUERWEIN, La responsabilité de la société mère, Diss. Genf, Bern 2006; SCHNELLER, Die Organe der Aktiengesellschaft bei einer ordentlichen Fusion, Diss. St. Gallen 2006; TRUFFER, Die Sachverständigen zur Prüfung der Geschäftsführung (Art. 731a Abs. 3 OR), in: FS Watter, Zürich 2008, 405 ff.; VOGEL/SPÜHLER, Grundriss des Zivilprozessrechts und des internationalen Zivilprozessrechts für die Schweiz, 8. Aufl., Bern 2006; WALTER/SANWALD, Die Aufsicht über die Revisionsstellen – Instrument zur echten Qualitätsverbesserung?, SZW 2007, 450 ff.; WATTER, Investorenschaden wegen falscher Rechnungslegung, in: FS Zobl, Zürich 2004, 429 ff.; WATTER/DUBS, Organverhalten und Organhaftungsregelung im Börsenrecht, AJP 1998, 1308 ff. (zit. Organverhalten); WEBER, Prüfungsgegenstand und -umfang beim internen Kontrollsystem, SZW 2007, 472 ff. (zit. Kontrollsystem); WYSS, Das IKS und die Bedeutung des (Legal) Risk Management für VR und Geschäftsleitung im Lichte der Aktienrechtsreform 2007, SZW 2007, 27 ff.

I. Allgemeines

1   Das OR fasst die Art. 752–760 unter dem Abschnittstitel «Verantwortlichkeit» zusammen. Dabei betreffen die Art. 752 und 753 Sondertatbestände, während sich die Art. 754 f. mit der zentralen Frage der Haftung der Organe für Verwaltung, Geschäftsführung, Liquidation und Revision befassen.

2   Die Art. 754 ff. sind Teil des allgemeinen **Haftpflichtrechts,** das aber vom Gesetz einer gesonderten Ordnung unterworfen wird (vgl. auch CR CO II-CORBOZ, Introduction aux art. 752 à 761 N 9). Obschon im Bereich der aktienrechtlichen Verantwortlichkeit zahlreiche Besonderheiten gelten, die von den Regeln des sonstigen Haftpflichtrechts abweichen, sind die Gemeinsamkeiten bedeutend. Es drängt sich deshalb auf, die allgemeinen Regeln des Haftpflichtrechts auch im Bereich der aktienrechtlichen Verantwortlichkeit anzuwenden, sofern das Gesetz nicht eine Ausnahme vorsieht oder sich eine solche aus der Natur der geregelten Materie ergibt. Voraussetzung eines Anspruchs aus Verantwortlichkeit sind somit wie bei jedem Haftungsanspruch: Schaden, Widerrechtlichkeit, adäquater Kausalzusammenhang und Verschulden.

Mit Bezug auf den natürlichen und adäquaten Kausalzusammenhang, das Verschulden, die Schadensberechnung und die Schadenersatzbemessung finden die **allgemeinen haftpflichtrechtlichen Grundsätze** auf das Verantwortlichkeitsrecht Anwendung. Speziell regeln die Art. 754 f. die Aktiv- und Passivlegitimation und die Widerrechtlichkeit. Weiter eröffnet das Verantwortlichkeitsrecht in Abweichung allgemeiner Grundsätze den Ersatz eines Reflexschadens (Art. 756 f.) und enthält besondere Bestimmungen zur Solidarität (Art. 759) und zur Verjährung (Art. 760). Die Gerichtsstandsnorm in Art. 761 wurde per 1.1.2001 aufgehoben und durch Art. 29 GestG ersetzt.

II. Übergangsrecht

3   Für das Verantwortlichkeitsrecht muss auf Art. 1 SchlT ZGB zurückgegriffen werden (Art. 1 SchlT AG). Danach ist derjenige Zeitpunkt entscheidend, an dem eine Handlung vorgenommen bzw. eine Tatsache gesetzt wurde. Grundsätzlich unterliegt jede Handlung oder Tatsache dem im Zeitpunkt ihrer Vornahme bzw. ihres Eintretens in Kraft stehenden Recht. Ein menschliches Verhalten kann nur dann haftungsbegründend wirken, wenn die Norm, welche die Haftung vorschreibt, im Zeitpunkt des Verhaltens schon in Kraft war (sog. **Grundsatz der Nichtrückwirkung,** ZR 2002 Nr. 53, E. 2.1). Die Regelung zur differenzierten Solidarität (Art. 759 Abs. 1) wurde indes schon unter dem Recht von 1936 diskutiert und in der Auslegung auch rückwirkend beachtet (vgl. BGer v. 11.6.1996, 4C.147/1995, bestätigt in BGer v. 13.10.2003, 4C.192/2003, und die Bemerkungen dazu in der Voraufl.).

III. IPR

4   Für Verantwortlichkeitsansprüche gilt das **Gesellschaftsstatut** (Art. 155 lit. g IPRG; vgl. BSK IPRG-VON PLANTA/EBERHARD, Art. 155 N 16). Dies bedeutet, dass auf die in der Schweiz eingereichten Verantwortlichkeitsklagen gegen Organe einer schweizerischen AG schweizerisches Recht Anwendung findet. Zu beachten bleibt die Sonderanknüpfung

bei im Ausland inkorporierten Gesellschaften, die in der Schweiz oder von der Schweiz aus geführt werden (Art. 159 IPRG; ausführlich dazu BSK IPRG-VON PLANTA/EBERHARD, Art. 159 N 1 ff.). Danach kann schweizerisches Verantwortlichkeitsrecht auch auf Organe einer ausländischen AG angewendet werden, falls die Geschäfte dieser Gesellschaft in der Schweiz oder von der Schweiz aus geführt werden. Verantwortlichkeitsansprüche gegen Organe einer ausländischen Gesellschaft mit einer Zweigniederlassung in der Schweiz richten sich demgegenüber nach ausländischem Recht (vgl. BSK IPRG-GIRSBERGER/RODRIGUEZ, Art. 160 N 15).

In **verfahrensrechtlicher Hinsicht** gelten Klagen aus gesellschaftsrechtlicher Verantwortlichkeit im Anwendungsbereich des **IPRG** als gesellschaftsrechtliche Streitigkeit i.S.v. Art. 151 IPRG. Zuständig sind damit alternativ die schweizerischen Gerichte am Sitz der Gesellschaft oder am Wohnsitz (bzw. am gewöhnlichen Aufenthaltsort) des Beklagten (Art. 151 Abs. 1 und 2 IPRG). Im Zusammenhang mit der bereits erwähnten Sonderanknüpfung gem. Art. 159 IPRG (vgl. o. N 4) ist die korrespondierende zuständigkeitsrechtliche Regel nach Art. 152 IPRG zu beachten, wonach am Wohnsitz oder gewöhnlichen Aufenthalt der beklagten Person sowie am Ort, wo die ausländische Gesellschaft tatsächlich verwaltet wird, geklagt werden kann. Das IPRG kennt – anders als Art. 7 Abs. 1 GestG im Binnenverhältnis – keinen allgemeinen Gerichtsstand der passiven Streitgenossenschaft (vgl. GestG Kommentar-BLUNSCHI, Art. 29 N 19). **4a**

Im Anwendungsbereich des **LugÜ** steht der Gerichtsstand im Sitzstaat der Gesellschaft (Art. 16 Ziff. 2 LugÜ) nicht zur Verfügung; es gelten die allgemeinen Regeln gem. Art. 2 ff. LugÜ (vgl. GestG Kommentar-BLUNSCHI, Art. 29 N 20 f., sowie BSK GestG-VOCK, Art. 29 N 11, je m.w.Nw.). Neben dem allg. Gerichtsstand im Wohnsitzstaat des Beklagten (Art. 2 Abs. 1 LugÜ) bestehen damit gem. Art. 5 LugÜ Alternativzuständigkeiten am schweizerischen Sitz der Gesellschaft nach Massgabe folgender Qualifikationen: Erfasst man Verantwortlichkeitsansprüche als Ansprüche deliktischer Natur, so besteht nach Art. 5 Ziff. 3 LugÜ eine örtliche Zuständigkeit am Handlungs- oder Erfolgsort; qualifiziert man die Verantwortlichkeitsansprüche dagegen als vertragsähnlich, gelangt u.U. Art. 5 Ziff. 1 LugÜ zur Anwendung, wonach eine Person mit Wohnsitz in einem Vertragsstaat in einem anderen Vertragsstaat am Erfüllungsort bzw. am Ort der gewöhnlichen Arbeitsverrichtung eingeklagt werden kann (vgl. IPRG Kommentar-VISCHER, Art. 151 N 2; zur Rechtsnatur des Verantwortlichkeitsanspruchs vgl. u. Art. 754 N 35). Bei Ansprüchen gegen Organe einer ausländischen Gesellschaft mit einer Zweigniederlassung in der Schweiz liegt u.U. ein Gerichtsstand am Ort der Zweigniederlassung vor (vgl. Art. 5 Ziff. 5 LugÜ). Sind die internationale und örtliche Zuständigkeit eines schweizerischen Gerichts nach Art. 6 Ziff. 1 LugÜ (Gerichtsstand der Streitgenossenschaft) gegeben, so kann ein in einem anderen Vertragsstaat Haftpflichtiger ebenfalls in der Schweiz eingeklagt werden. Die Frage der Ausdehnung des Anwendungsbereichs von Art. 6 Ziff. 1 LugÜ auf Streitgenossen ausserhalb eines Vertragsstaats ist umstritten (vgl. die Übersicht zum Meinungsstand bei GEIER, 74 ff.; zu weiteren Streitgenossenschaftsfragen HOFFMANN-NOWOTNY, 438 ff.). Die im Rahmen des rev. LugÜ vorgenommenen Anpassungen in Art. 6 Ziff. 1 haben keine materielle Änderung zur Folge. Das Inkrafttreten des rev. LugÜ wird nicht vor 2010 erwartet. Zum Anwendungsbereich des LugÜ hat das OGer ZH festgehalten, dass eine Verantwortlichkeitsklage, die der deutsche Insolvenzverwalter einer deutschen Gesellschaft gegen eines ihrer Organe erhoben hat, nicht von der Ausnahmevorschrift des Art. 1 Abs. 2 Ziff. 2 LugÜ erfasst wird und somit unter das LugÜ fällt (ZR 2006 Nr. 2).

IV. Abgrenzungen

5 Abzugrenzen ist die Verantwortlichkeit nach Art. 754 ff. zunächst von der **Haftung aus Vertrag**. Aktienrechtliche Verantwortlichkeit besteht unabhängig vom Vorliegen einer vertraglichen Beziehung zwischen Gesellschaft und Organ. Sie setzt einzig die Verletzung aktienrechtlicher Organpflichten voraus (BGE 110 II 393). Bestehen zusätzliche Verträge mit dem Organ, etwa ein Arbeitsvertrag oder ein Auftrag, so stehen Ansprüche aus der Verletzung spezifischer Vertragspflichten und Verantwortlichkeitsansprüche zueinander grundsätzlich in Konkurrenz (FORSTMOSER, Verantwortlichkeit, N 586). Das Gesetz geht in Art. 705 Abs. 2 und Art. 726 Abs. 3 ebenfalls von der möglichen doppelten Rechtsgrundlage der Beziehung Organ-Gesellschaft aus (so implizit auch das BGer in BGE 128 III 129 und deutlicher in BGE 130 III 213, wonach bei einer Organperson, die in einem Arbeitsverhältnis zu ihrer Gesellschaft steht, von einem arbeits- und gesellschaftsrechtlichen Doppelverhältnis auszugehen sei; krit. dazu EUGSTER/VON DER CRONE, 436 ff.). Selbstverständlich können Organpersonen auch ausserhalb ihrer Organfunktion **unerlaubte Handlungen** begehen und aufgrund der Verletzung allgemeiner Bestimmungen der Rechtsordnung haftbar werden. In solchen Fällen finden die Art. 41 ff. und nicht die Art. 754 ff. Anwendung (FORSTMOSER, Verantwortlichkeit, N 595 ff.; ausführlich zu privaten Rechtsgeschäften von Organpersonen MAURENBRECHER/SCHOTT, 24 ff.).

5a In einer unter dem Aktienrecht von 1936 entwickelten Praxis hat das BGer erklärt, dass die **Anfechtungsklage** gegenüber Beschlüssen der GV (Art. 706) unzulässig sei, wenn sich die Klage auf einen Sachverhalt stütze, der Gegenstand einer Verantwortlichkeitsklage gegen Gesellschaftsorgane bilden könne (BGE 100 II 389; 92 II 246; 81 II 465; sog. Theorie der Subsidiarität der Anfechtung; in BGE 121 III 233 und 117 II 304 zumindest teilweise relativiert). Demgegenüber lässt die Lehre die beiden Klagemöglichkeiten in Konkurrenz zueinander stehen (vgl. BÖCKLI, § 18 N 456 m.w.Nw.; FORSTMOSER/MEIER-HAYOZ/NOBEL, § 25 N 7; RIEMER, N 332 m.w.Nw.). Sind die entsprechenden Voraussetzungen gegeben, kann das Recht auf Anfechtung demnach gleichzeitig mit Verantwortlichkeitsansprüchen geltend gemacht werden. In BGE 133 III 460 fasste das BGer die Kontroverse kurz zusammen, ohne indes eine neue Beurteilung vorzunehmen, da i.c. eine Verantwortlichkeitsklage ohnehin ausser Betracht gefallen wäre.

5b Das Verhältnis der **Rückerstattungsklage** i.S.v. Art. 678 zur Verantwortlichkeitsklage ist nicht geklärt. Vertreten werden Ansätze der Alternativität (so etwa FORSTMOSER, Verantwortlichkeit, N 627), der Subsidiarität (so T. MÜLLER, Kapitalentnahmen, 73) oder aber vermittelnde Lösungsansätze (BÖCKLI, § 12 N 567). Jedenfalls dürfte der VR, der eine rechtswidrige Leistung vornimmt oder an ihr beteiligt ist, etwa im Rahmen ungerechtfertigter Gewinnentnahmen, in aller Regel seine Pflichten verletzen und gem. Art. 754 verantwortlich sein (vgl. BÖCKLI, § 12 N 561).

5c Nach Art. 108 Abs. 1 und 2 FusG haften alle Personen, die mit einer im FusG geregelten Transaktion befasst sind oder einen fusionsgesetzlichen Prüfungsauftrag wahrnehmen, der Gesellschaft, den Gesellschaftern und den Gläubigern für den Schaden, den sie schuldhaft und in Verletzung ihrer Pflichten verursachen. Die **fusionsgesetzliche Verantwortlichkeit** ist der aktienrechtlichen Ordnung gem. Art. 754 f. nachempfunden; folgerichtig erklärt Art. 108 Abs. 3 FusG die Art. 756, 757, 759, 760, 764 Abs. 2, Art. 827 und 920 OR für analog anwendbar. Vor diesem Hintergrund wird vorgeschlagen, anerkannte Regeln der aktienrechtlichen Verantwortlichkeit auch im Rahmen von Art. 108 FusG anzuwenden, soweit sich nicht aus der Natur der fusionsgesetzlichen Verantwortlichkeit Abweichungen aufdrängen (BSK FusG-MAURENBRECHER, Art. 108

N 2 m.w.Nw.). Soweit die Haftung mit der Verletzung einer fusionsgesetzlichen Pflicht begründet wird, soll einzig Art. 108 FusG zur Anwendung gelangen (vgl. BSK FusG-MAURENBRECHER, Art. 108 N 11; EMCH, 276, je m.w.Nw.). Nach einem Teil der Lehre gilt dies auch für die Rüge der Verletzung gesellschaftsrechtlicher Treue-, Sorgfalts- und Gleichbehandlungspflichten, sofern und soweit diese in untrennbarem Zusammenhang mit der Verletzung fusionsgesetzlicher Pflichten steht (so BSK FusG-MAURENBRECHER, Art. 108 N 11 mit einem Überblick zum Meinungsstand). Anderes muss wohl gelten, wenn die Verletzung aktienrechtlicher Pflichten keinen unmittelbaren Zusammenhang mit der Verletzung fusionsgesetzlicher Pflichten aufweist; hier richtet sich die Haftung nach Art. 754 (vgl. VON DER CRONE, Fusionsgesetz, N 1097; BSK FusG-MAURENBRECHER, Art. 108 N 12 m.w.H.; SCHNELLER, 325; **a.M.** BERTSCHINGER, Klagen, 840). Im Bereich der Revisorenhaftung sind Art. 755 OR und Art. 108 Abs. 2 FusG grundsätzlich nebeneinander anwendbar; Überschneidungen sind aufgrund der unterschiedlichen Prüfungsgegenstände (vgl. Art. 755 N 6) kaum zu erwarten (zum Ganzen BSK FusG-MAURENBRECHER, Art. 108 N 12; SCHNELLER, 325 f., je m.w.Nw.).

Die in Art. 41–45 altBankG enthaltene autonome Regelung der **Verantwortlichkeit** 6 **von Bankorganen** wurde per 1.7.2004 mittels Revision von Art. 39 BankG ersetzt. Die neue Bestimmung ist eine reine Verweisungsnorm; sie legt fest, dass sich die Verantwortlichkeit der Gründer einer Bank, der Organe für Geschäftsführung, Oberleitung, Aufsicht und Kontrolle sowie der von der Bank ernannten Liquidatoren und Revisionsstellen nach den Bestimmungen des Aktienrechts (Art. 752–760) richtet. Das Gleiche gilt für die von der EBK eingesetzten Untersuchungs- und Sanierungsbeauftragten, Liquidatoren sowie für die mit einer ausserordentlichen Revision betrauten Revisionsstellen. Gegenüber dem alten Recht ist damit neu auch die bankengesetzliche RS von der Verweisungsnorm erfasst. Im Rahmen der einzelnen Haftungstatbestände sind, basierend auf den aktienrechtlichen Grundlagen, bankspezifische Besonderheiten zu beachten (vgl. u. Art. 755 N 4; ferner dazu B/K/L-ZOBL, Art. 39 N 7 ff. und BSK BankG-BERTSCHINGER, Art. 39 N 3 ff., je m.w.Nw.). Für das VR-Mitglied einer Bankaktiengesellschaft ergeben sich aufgrund von Art. 3 Abs. 2 lit. a BankG und Art. 8 Abs. 2 BankV Einschränkungen der Verantwortlichkeit, vergleichbar derjenigen nach Art. 754 Abs. 2 (vgl. BÖCKLI, § 18 N 148 m.w.Nw.).

Die primäre, exklusive **Staatshaftung des Kantons** aufgrund von Art. 5 SchKG geht 7 als *lex specialis* der Liquidatorenhaftung von Art. 754 vor (vgl. BSK SchKG I-GASSER, Art. 5 N 49). Es handelt sich hierbei um eine ausschliesslich auf Bundesrecht beruhende Kausalhaftung (BGE 126 III 433). Zur Auslegung des Schadensbegriffs ist auch im Bereich der öffentlichrechtlichen Haftung auf die privatrechtlichen Grundsätze des Haftpflichtrechts und die entsprechende Rechtsprechung zurückzugreifen (BGer v. 10.12. 2002, 5A.14/2002 = Pra 2003 Nr. 125).

Die **paulianischen Anfechtungstatbestände** in Art. 286 ff. SchKG begründen keine ak- 7a tienrechtlichen Pflichten und können u.E. nicht *per se* zu Verantwortlichkeitsansprüchen i.S.v. Art. 754 ff. führen. Das BGer ist gem. BGE 5C.29/2000 vom 19.9.2000 offenbar **a.M.;** nach diesem Entscheid haben Gläubiger in einer Überschuldungssituation mit Bezug auf die Erfüllung ihrer Forderungen einen Anspruch auf Gleichbehandlung (*«Jede bevorzugte Befriedigung eines Gläubigers stellt eine Pflichtverletzung dar»* [E. 4b/aa]; zustimmend NYFFELER, 12 ff., und REBSAMEN, N 732 ff.; differenzierend KNOBLOCH, 240). Dem kann in dieser Absolutheit nicht gefolgt werden: Eine aktienrechtliche Gläubigergleichbehandlungspflicht existiert nicht (Art. 717 Abs. 2 ist diesbezüglich klar; Art. 725 Abs. 2 indiziert u.E. keine gegenteilige Auslegung); die Thematik ist vielmehr Regelungsgegenstand des SchKG (vgl. Art. 288 SchKG). Ein Anspruch gestützt auf

Art. 754

Art. 754 kann nur entstehen, falls eine *aktienrechtliche* Pflicht verletzt ist (VON DER CRONE et al., 43; LUTERBACHER, Schadenminderungspflicht, N 18; vgl. auch GESSLER, 420).

8 Art. 52 **AHVG** begründet als *lex specialis* eine Haftung des VR für Sozialversicherungsbeiträge (vgl. etwa FORSTMOSER, Verantwortlichkeit, N 1067 ff.). Dazu gibt es eine umfangreiche bundesgerichtliche Praxis (vgl. aus neuerer Zeit etwa BGer v. 29.1.2008, H 182/06; 14.1.2008, 9C_383/2007; 9.1.2008, H 166/06; BGE 132 III 523 = Pra 2007 Nr. 32 sowie die Übersichten bei FORSTMOSER/SPRECHER/TÖNDURY, N 280 ff.; GRONER, 81 ff.; KIESER, 184 ff.; ferner etwa BÜRGI/VON DER CRONE, 348 ff.; umfassend REICHMUTH).

Art. 754

III. Haftung für Verwaltung, Geschäftsführung und Liquidation

¹ Die Mitglieder des Verwaltungsrates und alle mit der Geschäftsführung oder mit der Liquidation befassten Personen sind sowohl der Gesellschaft als den einzelnen Aktionären und Gesellschaftsgläubigern für den Schaden verantwortlich, den sie durch absichtliche oder fahrlässige Verletzung ihrer Pflichten verursachen.

² Wer die Erfüllung einer Aufgabe befugterweise einem anderen Organ überträgt, haftet für den von diesem verursachten Schaden, sofern er nicht nachweist, dass er bei der Auswahl, Unterrichtung und Überwachung die nach den Umständen gebotene Sorgfalt angewendet hat.

III. Dans l'administration, la gestion et la liquidation

¹ Les membres du conseil d'administration et toutes les personnes qui s'occupent de la gestion ou de la liquidation répondent à l'égard de la société, de même qu'envers chaque actionnaire ou créancier social, du dommage qu'ils leur causent en manquant intentionnellement ou par négligence à leurs devoirs.

² Celui qui d'une manière licite, délègue à un autre organe l'exercice d'une attribution, répond du dommage causé par ce dernier, à moins qu'il ne prouve avoir pris en matière de choix, d'instruction et de surveillance, tous les soins commandés par les circonstances.

III. Responsabilità per l'amministrazione, la gestione e la liquidazione

¹ Gli amministratori e tutti coloro che si occupano della gestione o della liquidazione sono responsabili, sia verso la società sia verso i singoli azionisti e creditori della stessa, del danno loro cagionato mediante la violazione, intenzionale o dovuta a negligenza, dei doveri loro incombenti.

² Chi in modo lecito, delega a un altro organo l'adempimento di un'attribuzione è responsabile del danno da questo cagionato, in quanto non provi di aver adoperato tutta la diligenza richiesta dalle circostanze nello sceglierlo, nell'istruirlo e nel vigilarlo.

Literatur

Vgl. die Literaturhinweise bei den Vorbem. zu Art. 754–761.

I. Allgemeines

Die Haftung der Leitungsorgane und der RS wird in zwei verschiedenen Artikeln behandelt. Damit ist auch äusserlich klar zum Ausdruck gebracht, dass die beiden Haftungstatbestände zwar in ihrer rechtlichen Grundstruktur identisch sind, dass sich aber die Pflichtverletzungen von Leitungsorganen von solchen der RS grundlegend unterscheiden. Dies führt auch zu verschiedenen Kausalverläufen und gänzlich unterschiedlichen Kriterien bei der Verschuldensprüfung.

Art. 754 befasst sich mit der unmittelbaren und der mittelbaren Schädigung (vgl. N 15 ff.). Die Geltendmachung des mittelbaren Schadens ist in Art. 756 ff. geregelt. Zur kontroversen Unterscheidung zwischen unmittelbarem und mittelbarem Schaden in Lehre und Rechtsprechung und der damit verbundenen Frage nach der Bedeutung der Geltendmachung eines unmittelbaren Schadens des Aktionärs oder Gläubigers auf der Grundlage von Art. 754 eingehend u. N 15 ff.

II. Aktiv- und Passivlegitimation

1. Aktivlegitimation

Das Gesetz erwähnt in Art. 754 und 755 drei Anspruchsberechtigte bzw. Arten von Anspruchsberechtigten: die Gesellschaft selbst, die Aktionäre und die Gesellschaftsgläubiger. Mit den Aktionären sind auch die Partizipanten gemeint (Art. 656a Abs. 2; dazu KUNZ, Partizipant, 730 ff.). Der Aktionär oder Gesellschaftsgläubiger ist dann zur Verantwortlichkeitsklage legitimiert, wenn er in seiner Eigenschaft als Aktionär oder Gesellschaftsgläubiger geschädigt wurde, unabhängig davon, ob er erst mit der Schädigung Aktionär oder Gesellschaftsgläubiger wird oder im Moment der Klageeinleitung nicht mehr ist (BGer v. 28.9.2000, 4C.198/2000; unv. BGE v. 19.12.1997, 4C.13/1997 = Pra 1998 Nr. 121; BGE 106 II 234; vgl. dazu BÄRTSCHI, 134 ff.; GRONER/VOGT, 257 ff.; HIRSCH, Réviseurs, 48 ff.). Nicht allen Anspruchsberechtigten stehen jedoch die gleichen Ansprüche zu. Das Gesetz unterscheidet zunächst zwischen unmittelbarem und mittelbarem Schaden bzw. Schaden der Gesellschaft (dazu sogleich u. N 14 ff.). Im Bereich des Schadens der Gesellschaft unterscheidet es weiter zwischen Ansprüchen ausser Konkurs (Art. 756), die nur der Gesellschaft und den Aktionären zustehen, und Ansprüchen im Konkurs (Art. 757), die von allen Anspruchsberechtigten geltend gemacht werden können, wobei der Konkursverwaltung ein Vorrecht zukommt (Art. 757 Abs. 2).

2. Passivlegitimation

Zum Kreis der Haftpflichtigen gehören die formellen und materiellen Organe. **Formelle Organe** sind die Mitglieder des VR, unabhängig davon, ob sie sich mit der Geschäftsführung befassen und ob sie im Handelsregister eingetragen sind (betr. Handelsregistereintrag a.M. FORSTMOSER/MEIER-HAYOZ/NOBEL, § 37 N 3; wie hier etwa CR CO II-CORBOZ, Art. 754 N 3; GARBARSKI, Responsabilité, 26 m.w.Nw.).

Abs. 1 geht ausdrücklich von einem **funktionalen Organbegriff** aus (*«alle mit der Geschäftsführung [...] befassten Personen»*). Die Vorstellung faktischer Organschaft war aber schon unter dem Recht von 1936 durch Lehre und Praxis entwickelt worden (BGE 107 II 353; 108 V 199; 114 V 213; 114 V 78; FORSTMOSER, Verantwortlichkeit, N 657 ff.; mittlerweile entspricht sie h.L. (vgl. ISLER, Verantwortlichkeitsprozesse, 101 m.w.Nw.). Danach sind **faktische Organe** Personen, die tatsächlich Organen vorbehaltene Entscheide treffen oder die eigentliche Geschäftsführung besorgen und so die Willensbildung der Gesellschaft massgebend mitbestimmen (vgl. jüngst etwa BGE 132 III 523 = Pra 2007 Nr. 32). Die neuere Lehre unterscheidet ferner zwischen materiellem Organ und faktischem Organ (A. VOGEL, Haftung, 263 ff. m.w.Nw.; leicht abweichend BÄRTSCHI, 99 f.). **Materielles Organ** ist danach eine durch gesellschaftsinternen Akt eingesetzte Person mit üblicherweise reglementarisch umschriebenen, durch Delegation übertragenen Organfunktionen, wogegen ein faktisches Organ ohne entsprechende Delegation Organaufgaben einfach usurpiert.

6 Das BGer hat noch kurz vor Inkrafttreten des geltenden Rechts in BGE 117 II 570 den Organbegriff präzisiert (vgl. auch BGE 117 II 441; 111 II 480). Danach ist der Organbegriff von Art. 754 nicht absolut identisch mit demjenigen nach Art. 55 ZGB. *«Die allgemeine Organhaftung beruht auf dem Gedanken der Verkörperung der juristischen Personen nach aussen, der externen Vertretungsmacht. Sie dient vorab der Zurechnung des vertretungsgemässen Handelns sowie der Abgrenzung zur Haftung für Hilfspersonen gemäss Art. 101 OR. Die Verantwortlichkeit für Gesellschaftsschaden und mittelbaren Gläubigerschaden gründet demgegenüber auf der Missachtung oder dem Missbrauch von Befugnissen und Pflichten des Innenverhältnisses, auf der Verletzung der gesellschaftsinternen Struktur- und Handlungsprinzipien, das heisst von Pflichten, die sich aus der gesellschaftsrechtlichen Stellung ergeben»* (BGE 117 II 572).

7 Die Anwendung dieser Grundsätze führt dazu, dass Organstellung nur einer Person zukommt, die in einem Sonderverhältnis zur Gesellschaft steht und *«die sich daraus ergebenden Pflichten in eigener Entscheidungsbefugnis zu erfüllen hat. Eine blosse Mithilfe bei der Entscheidfassung genügt nicht»* (BGE 117 II 573). Die Vornahme reiner Vorbereitungshandlungen reicht nicht aus, um eine faktische Organschaft zu begründen (vgl. ZGRG 2005, 142). Nur wer an **Entscheidungen** in einer Weise mitwirkt, die wesentlich über die Vorbereitung und Grundlagenbeschaffung hinausgeht, kann faktisches Organ sein. Erforderlich ist, dass die tatsächlich als Organ handelnde Person den durch die Verletzung einer entsprechenden Pflicht eingetretenen Schaden verursachen oder verhindern kann (vgl. BGE 132 III 527). Sie muss in eigener Entscheidungsbefugnis die sich daraus ergebenden Pflichten zu erfüllen haben, somit selbständig und eigenverantwortlich handeln, und eine dauernde Zuständigkeit für gewisse, das Alltagsgeschäft generell übersteigende Entscheide in eigener Verantwortung wahrnehmen. In BGE 128 III 29 hat das BGer präzisierend erklärt, dass Personen in untergeordneter und abhängiger Stellung, wie sie etwa der eines Prokuristen entspricht, höchstens in Ausnahmefällen als Organe bezeichnet werden können. Im Umfang, in dem sich eine Person als faktisches Organ in die Geschäftsführung eingemischt hat, kann sie allenfalls auch für **Unterlassungen** haftbar gemacht werden, wenn sich aus ihrer bisherigen Tätigkeit eine Pflicht zum Handeln ableiten lässt (vgl. VON DER CRONE et al., 39; FORSTMOSER, Verantwortlichkeit, N 686 f.; HANDSCHIN, Konzern, 336 f.; unklar BGE 107 II 355; **a.M.** MAURENBRECHER, 1337).

8 Ein **Organ durch Kundgabe** liegt vor, wenn ein redlicher Dritter aufgrund objektiver Kriterien in guten Treuen von einer Organstellung ausgehen durfte (vgl. BGE 117 II 571), etwa weil eine Person im Handelsregister in einer Funktion eingetragen ist, die üblicherweise einem Organ zukommt, z.B. als Direktor (FORSTMOSER, Verantwortlichkeit, N 676 ff.). Das Verhalten eines solchen «Organs» besteht in der Regel im Erwecken eines falschen Rechtsscheins, was gewöhnlich keine aktienrechtliche Pflichtverletzung darstellt und deshalb nicht in den Anwendungsbereich von Art. 754 ff. fällt.

9 Nach der zitierten Rechtsprechung des BGer (vgl. o. N 6 ff.) gelten **Kreditgeber** und **Berater** grundsätzlich nicht als Organe, weil sie zwar einen indirekten Einfluss auf die Geschäftsführung ausüben, aber keine eigene Entscheidungsbefugnis besitzen.

6. Abschnitt: Verantwortlichkeit 10–12 Art. 754

Von einiger Komplexität ist die Frage nach der Stellung der **Banken** als haftpflichtige faktische Organe (dazu eingehend KNOBLOCH, 231 ff.; MAURENBRECHER, 1327 ff.; ROBERTO, Haftung, 93 ff.). Sie kann nur im konkreten Fall schlüssig beurteilt werden. Dabei ist es einerlei, ob die Bank als Kreditgeberin, Beraterin oder mittels Vertreter i.S.v. Art. 707 Abs. 3 auftritt. Organstellung erlangt die Bank erst, wenn sie selber sich in institutionalisierter und regelmässiger Form in den Entscheidungsprozess des Unternehmens einbinden lässt; sich etwa als Kreditgeberin einen Genehmigungsvorbehalt bei allen wichtigen Unternehmensentscheiden ausbedingt oder ihrem Vertreter im VR Weisungen erteilt (vgl. MAURENBRECHER, 1336 f. und ROBERTO, Haftung, 109, je m.w. Nw.; zur sog. Doppelorganschaft s.u. Art. 754 N 46 ff.). Solange die Einflussnahme der Bank von aussen erfolgt und einzig der Wahrung eigener, legitimer Interessen dient, mithin die Bank nur indirekt auf die Geschäftsführung einwirkt, jedoch keine eigene Entscheidungsbefugnis besitzt, liegt keine faktische Organschaft i.S. der oben ausgeführten bundesgerichtlichen Rechtsprechung vor. So muss es einer Bank unbenommen sein, ihre Rechte aus Kreditverträgen gegenüber der Gesellschaft auszuüben. Zu denken ist z.B. an *Covenants,* die anlässlich der Kreditvergabe vereinbart wurden: Verpflichtet sich etwa ein Kreditnehmer gegenüber der Bank, eine bestimmte Kapitalstruktur einzuhalten oder bestimmte Ertragsbedingungen zu erfüllen, dürfte dies kaum je zu einer Haftung der Bank aus aktienrechtlicher Verantwortlichkeit führen, wenn die Bank bei Verletzung dieser Vereinbarungen den Vertrag kündigt und die ausstehende Forderung fällig stellt (vgl. zum Ganzen KNOBLOCH, 252 f.; für eine restriktive Definition des Begriffs des faktischen Organs für kreditgebende Banken auch OR-Handkommentar-BERTSCHINGER, Art. 754 N 29).

Die Verantwortlichkeit **beginnt** für ein formelles Organ mit dessen Wahl und Amtsantritt und für ein faktisches Organ mit der Ausübung des organtypischen Einflusses. Die formelle Organstellung **erlischt** bei Rücktritt, Abberufung oder fehlender Wiederwahl nach Ablauf der Amtsdauer, selbst wenn ein allfälliger Eintrag im Handelsregister nicht gelöscht wird. Aufgrund des Organbegriffs muss die Verantwortlichkeit generell von dem Moment an enden, wo gesellschaftsintern die Möglichkeit entfällt, Entscheide der Gesellschaft zu beeinflussen.

Ausnahmen sind im Verhältnis zu gutgläubigen Dritten und Aktionären nach einem Teil der Lehre denkbar, wenn das betreffende Organ nichts unternimmt, um die Löschung des Eintrags im Handelsregister zu bewirken oder zu beschleunigen, z.B. durch eigene Intervention beim Handelsregisteramt (Art. 938b Abs. 2 OR und Art. 17 Abs. 2 lit. a HRegV). Die eingetragene Person soll hier allenfalls als Organ durch Kundgabe weiterhaften (vgl. FORSTMOSER, Verantwortlichkeit, N 749 ff.; gem. VETTER, 151, sollen Art. 754 ff. hier nur analog zur Anwendung gelangen). Diese Weiterhaftung nach Beendigung der Organfunktion ist u.E. inkonsequent. Nach seinem Rücktritt hat das Organ keinen Einfluss mehr auf die Willensbildung der Gesellschaft und kann dafür auch nicht mehr aus Art. 754 haftbar werden (BGE 111 II 484). Im Bereich der Haftung für geschuldete Sozialversicherungsbeiträge gem. Art. 52 AHVG verneint das BGer eine Pflicht des VR, die Löschung anzumelden, weil der Handelsregistereintrag für die Ausgleichskasse nicht dieselbe Bedeutung habe wie für einen privaten Gläubiger (BGE 126 V 62).

Zum Kreis der Haftpflichtigen gehören schliesslich sowohl die formell ernannten **Liquidatoren** (vgl. Art. 740) als auch die tatsächlich mit der Liquidation befassten Personen, wobei die oben dargelegten Grundsätze gelten. Unter die Liquidatorenhaftung fällt nach h.L. auch der Sachwalter nach Art. 725a Abs. 2 (vgl. FORSTMOSER, Verantwortlichkeit, N 1008 m.w.Nw.).

III. Schaden

1. Im Allgemeinen

13 Schaden ist die **Differenz** zwischen dem gegenwärtigen Stand des Vermögens des Geschädigten und dem hypothetischen Stand, den sein Vermögen ohne die Pflichtverletzung hätte (vgl. etwa BGE 129 III 332; 128 III 26; 127 III 76; dem folgt auch die h.L.; statt vieler GAUCH/SCHLUEP/REY, N 2652 ff.). Auch in der aktienrechtlichen Verantwortlichkeit ist grundsätzlich von dieser sog. Differenztheorie auszugehen (vgl. BGer v. 18.12.2001, 4C.160/2001; bestätigt in BGer v. 31.8.2004, 4C.105/2004; zur Bedeutung der Differenztheorie für die Schadenersatzberechnung in Verantwortlichkeitsprozessen vgl. UMBACH/WEBER, 125 ff.). Zu berücksichtigen ist der positive Schaden *(damnum emergens)* und der entgangene Gewinn *(lucrum cessans);* zum Schadenszins u. N 50.

14 Im gesamten Bereich des Verantwortlichkeitsrechts ist die **Unterscheidung von unmittelbarer und mittelbarer** bzw. direkter und indirekter **Schädigung** für den Aktionär und den Gesellschaftsgläubiger von grundlegender Bedeutung (statt vieler VON DER CRONE et al., 7 ff.; FORSTMOSER, Verantwortlichkeit, N 27; UMBACH/WEBER, 116 ff.). Für die Aktiengesellschaft selber ist sie bedeutungslos, denn die Gesellschaft ist immer unmittelbar geschädigt (FORSTMOSER, Verantwortlichkeit, N 187). Das Begriffspaar unmittelbarer/mittelbarer Schaden im Verantwortlichkeitsrecht ist nicht identisch mit der Unterscheidung mittelbarer/unmittelbarer Schaden im allgemeinen Haftpflichtrecht. Letztere beschreibt die Distanz zwischen schädigendem Ereignis und Schaden innerhalb der Kausalkette (vgl. BSK OR I-SCHNYDER, Art. 41 N 7; OFTINGER/STARK, I, § 2 N 26).

2. Zur Unterscheidung mittelbarer/unmittelbarer Schädigung

a) Mittelbare Schädigung

15 Das OR regelt in den Art. 756 f. die Anspruchsberechtigung beim Vorliegen eines Schadens der Gesellschaft. Das alte Aktienrecht von 1936 hatte an der entsprechenden Stelle noch von «**mittelbarem Schaden**» gesprochen (Art. 755 f. altOR). Gemeint ist allerdings im geltenden wie im alten Recht dasselbe. In Art. 755 altOR hiess es: *«Soweit es sich [...] um den den einzelnen Aktionären oder Gesellschaftsgläubigern nur mittelbar durch Schädigung der Gesellschaft verursachten Schaden handelt, geht ihr Anspruch nur auf Leistung des Ersatzes an die Gesellschaft.»* Das alte Aktienrecht enthielt damit im Gegensatz zum geltenden eine Umschreibung des Begriffs des mittelbaren Schadens, ohne dass freilich mit deren Weglassen in Art. 756 f. eine Änderung der Rechtslage beabsichtigt war (vgl. Botschaft AG, 936 f.). Mittelbar ist ein Schaden also dann, wenn der Aktionär oder Gesellschaftsgläubiger nur deshalb einen Schaden erleidet, weil die Gesellschaft zu Schaden kommt; wenn der Schaden im Vermögen der Aktionäre oder Gläubiger einzig dadurch eintritt, dass das Vermögen der AG vermindert wurde. Der Schaden der Gesellschaft ist für mittelbare Schäden der Aktionäre und Gläubiger mithin *conditio sine qua non* (VON DER CRONE et al., 8). Der Aktionär wird etwa mittelbar geschädigt, wenn aufgrund einer Sorgfaltspflichtverletzung eines Organs die Gesellschaft einen Schaden erleidet und dadurch die Beteiligung des Aktionärs an der Gesellschaft an Wert verliert (vgl. BGE 131 III 310 m.w.Nw.). Der Gläubiger wird immer erst im Konkurs der AG mittelbar geschädigt, wenn nämlich endgültig feststeht, dass die Gesellschaft ihren Verpflichtungen nicht nachkommen kann (FORSTMOSER, Verantwortlichkeit, N 203; GLANZMANN, Verantwortlichkeitsklage, 179). Der Anspruch aus mittelbarer Schädigung stellt eine Abweichung von allgemeinen haftpflichtrechtli-

chen Normen dar, da es um den Ersatz eines **Reflexschadens** geht, was nach üblichen haftpflichtrechtlichen Grundsätzen nicht möglich wäre (vgl. BGE 127 III 403; aus der Literatur statt vieler REY, N 354 ff.). Es handelt sich um den Fall eines Anspruchs auf Ersatz eines Reflexschadens aufgrund einer besonderen Kausalitäts- und Rechtswidrigkeitsnorm. Die Klage lautet indes auf Leistung von Schadenersatz an die Gesellschaft (Art. 756 Abs. 1); indirekter Schaden wird indirekt ersetzt (FORSTMOSER/MEIER-HAYOZ/NOBEL, § 36 N 23).

b) Unmittelbare Schädigung

Der Begriff des **unmittelbaren Schadens** wird demgegenüber im OR nicht erwähnt. Er lässt sich nur aus der Gegenüberstellung zum mittelbaren Schaden (vgl. o. N 15) erschliessen. Eine unmittelbare oder direkte Schädigung des Aktionärs oder des Gläubigers liegt dann vor, wenn die Pflichtwidrigkeit des Organs jene in ihrem Vermögen schädigt, ohne gleichzeitig das Vermögen der AG zu schmälern. Der Aktionär wird etwa unmittelbar geschädigt, wenn ihm unrechtmässig Bezugsrechte vorenthalten oder die ihm zustehenden Dividenden nicht ausbezahlt werden (FORSTMOSER, Verantwortlichkeit, N 195). Der Gläubiger erleidet einen unmittelbaren Schaden, wenn er einer überschuldeten Gesellschaft Kredit erteilt, was er bei rechtzeitiger Überschuldungsanzeige des VR oder der RS nicht getan hätte (BGE 125 III 86; FORSTMOSER, Verantwortlichkeit, N 197). Oft ist eine **falsche Bilanz** Ursache einer unmittelbaren Schädigung. Die Gesellschaft selbst wird durch eine falsche Bilanz nicht geschädigt, der Schaden tritt im Gegenteil direkt im Vermögen derjenigen Personen ein, die der Gesellschaft gestützt auf die falsche Bilanz neue Mittel zur Verfügung stellen, sei es in Form von Eigen- oder Fremdkapital (illustrativ BGE 4C.344/1998 vom 24.11.2000 betr. Irreführung des Kreditgebers durch wissentlich überhöhte Bilanzierung von Debitoren). Anders verhält es sich dort, wo durch eine falsche Bilanz eine bestehende Überschuldung verdeckt wird und deshalb die Massnahmen nach Art. 725 zu spät ergriffen werden. Der Anspruch aus **unmittelbarer Schädigung** ist in allen wesentlichen Punkten ein Anspruch aus allgemeinem Haftpflichtrecht mit **Modifikationen** hinsichtlich der Legitimation, des Gerichtsstands, der Solidarität und der Verjährung. Diesbezüglich gelten die aktienrechtlichen Normen Art. 759 und 760 OR sowie Art. 29 GestG (FORSTMOSER, Verantwortlichkeit, N 28; FORSTMOSER/MEIER-HAYOZ/NOBEL, § 36 N 16; ausdrücklich offen gelassen in BGE 122 III 192). Zur Frage der Widerrechtlichkeit u. N 23 ff.

16

c) Bundesgerichtliche Rechtsprechung

Die dargestellte Umschreibung von mittelbarer und unmittelbarer Schädigung (vgl. o. N 15 f.) entspricht **traditioneller Auffassung;** zur Unterscheidung wird darauf abgestellt, in welcher Vermögensmasse der Schaden eingetreten ist (statt vieler HARTMANN, 323 m.w.Nw.).

17

Von diesem unbestrittenen und grundsätzlich klaren Abgrenzungskriterium ist das BGer in BGE 122 III 176 **abgewichen.** Anlass dazu gab nach Meinung des BGer die in BGE 117 II 432 neu entwickelte Konzeption des Anspruchs aus mittelbarer Schädigung (BGE 122 III 190; dazu u. Art. 757 N 12 ff.). Das BGer gab das Kriterium der betroffenen Vermögensmasse auf und stellte auf die Rechtsgrundlage der jeweiligen Schadenersatzpflicht ab (BGE 125 III 88; 122 III 190 f.). Massgebend sollte nunmehr sein, welche Rechtsnorm verletzt ist. Ein unmittelbarer Gläubigerschaden lag demnach vor, wenn das Verhalten eines Organs gegen aktienrechtliche Bestimmungen verstiess, die ausschliesslich dem Gläubigerschutz dienten, oder die Schadenersatzpflicht auf einem anderen widerrechtlichen Verhalten i.S.v. Art. 41 oder einem Tatbestand der *culpa in contrahendo* gründete (BGE 125 III 88). Wurden Bestimmungen verletzt, die sowohl den Interessen der Gesellschaft wie auch dem Schutz der Gläubiger dienten, lag demnach ein mittelbarer Schaden vor, der ausserhalb des Konkurses durch die Gesellschaft, nach Konkurseröffnung jedoch durch die Gläubigergesamtheit geltend gemacht werden musste. Die zitierten Entscheide ergingen zu Gläubigerschäden, doch wurde in der Lehre davon ausgegangen, dass die dargelegten Einschränkungen auch für direkte Aktionärsschäden galten. Trotz weit verbreiteter Kritik (vgl. die Übersicht bei BÖCKLI, § 18 N 322 ff., und UMBACH/WEBER, 119 f.) hielt das BGer mehrere Jahre an seiner Rechtsprechung fest (BGE 125 III 88; 127 III 377; 128 III 182).

In seiner **neuesten Praxis** (BGE 132 III 564; vgl. auch ISLER, Verantwortlichkeitsprozesse, 93 ff. m.w.Nw.) ist das BGer nun wieder zur traditionellen Unterscheidung zurückgekehrt. Eingeleitet wurde diese Rückkehr zur herkömmlichen Unterscheidung bereits durch BGE 129 III 129 = Pra 2003 Nr. 105, wobei die entscheidende E. 3 nicht in der amtlichen Sammlung publiziert ist (vgl. BGer v. 13.11.2002, 4C.200/2002; dazu T. REBSAMEN, N 887 und 892 f.). Deutlicher bereits kommt die traditionelle Unterscheidung in BGE 131 III 306 zum Ausdruck (dazu statt vieler VON DER CRONE et al., 13 ff.). Gemäss BGE 132 III 568 sind drei Konstellationen zu unterscheiden (die Ausführungen ergingen im Fall einer Gläubigerschädigung): (i) die unmittelbare bzw. direkte und ausschliesslich im Vermögen des Gläubigers eintretende Schädigung *(dommage direct)*; (ii) die mittelbare bzw. indirekte Schädigung, die primär im Vermögen der Gesellschaft und nur reflexartig – durch Konkursausfall – im Vermögen des Gläubigers eintritt *(dommage par ricochet)* und (iii) die Situation, in welcher sowohl die Gesellschaft als auch der Gläubiger aufgrund einer Pflichtverletzung unmittelbar bzw. direkt geschädigt sind. Es folgt eine Darstellung der verschiedenen Klagemöglichkeiten, die dem Gesellschaftsgläubiger je nach Art des von ihm erlittenen Schadens zur Verfügung stehen (BGE 132 III 569): Bei der ersten Konstellation gelangen die allgemeinen Regeln des Haftpflichtrechts zur Anwendung; der Gläubiger klagt direkt gegen die verantwortlichen Organe auf Leistung von Schadenersatz (vgl. E. 3.2.1). Die zweite Konstellation untersteht dem Regime der aktienrechtlichen Verantwortlichkeitsbestimmungen; der Gläubiger verfügt ausser Konkurs der Gesellschaft über keine individuelle Klagemöglichkeit. Nach Konkurseröffnung gilt die Ordnung von Art. 757 (vgl. E. 3.2.2). Erst – und nur – im dritten Fall gilt die bisherige Rechtsprechung, wonach der Gläubiger, will er einen Verantwortlichkeitsanspruch geltend machen, entweder aus Art. 41, *culpa in contrahendo* oder aus einer ausschliesslich ihn schützenden Norm des Aktienrechts berechtigt sein muss (E. 3.2.3).

d) Stellungnahme

18 Obschon BGE 132 III 564 im Rahmen einer Gläubigerschädigung erging, muss für unmittelbare Schäden eines Aktionärs *mutatis mutandis* das Gleiche gelten. Die Formel lautet also: Wird durch das behauptete Organverhalten nebst den direkt geschädigten Aktionären und Gläubigern auch die (konkursite) Gesellschaft geschädigt, können die Aktionäre bzw. Gläubiger ihren unmittelbaren Schaden nur geltend machen, wenn das Verhalten des Gesellschaftsorgans gegen aktienrechtliche Bestimmungen verstiess, die ausschliesslich dem Aktionärs-, resp. Gläubigerschutz dienen oder die Schadenersatzpflicht auf einem anderen widerrechtlichen Verhalten des Organs i.S.v. Art. 41 oder auf *culpa in contrahendo* basiert (zum Ganzen auch ISLER, Verantwortlichkeitsprozesse, 97 ff.).

19 Zweck der bundesgerichtlichen Schutznormtheorie gem. BGE 122 III 176 war die Zurückbindung der unmittelbaren Haftungsansprüche gegenüber den Ansprüchen aus mittelbarem Schaden bei ihrer Geltendmachung im Konkurs: Einzelklagen von Gläubigern im Konkurs der Gesellschaft sollten zugunsten einer einheitlichen Klage der Konkursverwaltung eingeschränkt werden, so dass möglichst alle Gläubiger in gleicher Weise vom Ergebnis einer erfolgreichen Geltendmachung eines Verantwortlichkeitsanspruchs profitieren. Dogmatisch nicht einleuchtend war der Weg, den das BGer einschlug, indem es zur Bestimmung, ob ein mittelbarer oder unmittelbarer Schaden vorliegt, die Rechtsgrundlage der Schadenersatzpflicht heranzog. Die Voraussetzungen eines jeden Haftpflichtanspruchs sind neben dem adäquaten Kausalzusammenhang und dem Verschulden das Vorliegen eines Schadens und die Widerrechtlichkeit der Handlung oder der Unterlassung. Zuerst stellt sich die Frage, ob und bei wem ein Schaden eingetreten ist. Anschliessend ist abzuklären, ob die Schädigung widerrechtlich erfolgte. Wann eine bestimmte Handlung widerrechtlich ist, hängt zweifelsfrei von der Rechtsgrundlage der Schadenersatzpflicht ab. Ob aber ein mittelbarer oder unmittelbarer Schaden vorliegt, ist davon unabhängig. Dies entscheidet sich einzig danach, welche Vermögensmasse in welcher Form betroffen ist.

In seiner neuesten Rechtsprechung stellt das BGer für das Vorliegen eines mittelbaren oder unmittelbaren Schadens nicht mehr auf die in Frage stehende Norm ab, sondern geht davon aus, dass Gesellschaft und Gläubiger (wie auch Aktionäre) direkt geschädigt sein können; entscheidend ist mithin wieder die betroffene Vermögensmasse. Aus der neuesten Rechtsprechung ergibt sich, dass es bei der genannten Einschränkung der Klagemöglichkeit nicht um eine Frage der Schadensqualifikation geht, sondern um eine solche der Aktivlegitimation, die den Gläubigern in gewissen Konstellationen abgesprochen wird. Das BGer kehrt damit zum traditionellen Begriff des unmittelbaren und mittelbaren Schadens zurück. Es wird so dogmatisch wieder eine klare Trennung zwischen den beiden Anspruchsvoraussetzungen des Schadens und der Pflichtverletzung erreicht (vgl. HARTMANN, 326), was zu begrüssen ist. Die Abkehr von der mit BGE 122 III 176 eingeleiteten umstrittenen Rechtsprechung zur Schadensbestimmung nach der in Frage stehenden Rechtsnorm ist damit vollzogen (FORSTMOSER/SCHOTT, 483). 20

3. Beweislast

Behauptungs- und **Beweislast** treffen den Geschädigten. Dieser hat den Schaden grundsätzlich zu substantiieren und zu beziffern (ausführlich zur Substantiierung des Schadens der Gesellschaft BGer v. 25.5.2004, 4C.292/2003). Nur dort, wo eine genaue Berechnung unmöglich oder unzumutbar ist, kann gestützt auf Art. 42 Abs. 2 eine Schätzung durch den Richter vorgenommen werden. Auch in diesen Fällen muss der Geschädigte aber alles Zumutbare getan haben, um die Schätzung rational nachvollziehbar zu machen (BGE 122 III 221; 98 II 37; 95 II 501; NYFFELER, 19 ff.). Art. 42 Abs. 2 darf nicht dazu missbraucht werden, die Beweislast umzuverteilen (VON DER CRONE et al., 59 m.w.Nw.; aus der Judikatur etwa BGE 128 III 180 und BGer v. 18.12.2001, 4C.160/2001). Der sog. Anscheinsbeweis hat sich bislang nicht durchgesetzt (vgl. UMBACH/WEBER, 132 ff.). 21

4. Die verspätete Benachrichtigung des Richters und weitere Fälle

Der VR hat nach Art. 725 Abs. 2 die Pflicht, im Falle der Überschuldung der Gesellschaft den Richter zu benachrichtigen. Unterlässt er es, besteht der Schaden in der Verminderung der Nettoaktiven, die durch das Hinauszögern der Konkursliquidation eingetreten ist (sog. **Fortsetzungsschaden;** ZR 1976, 72; vgl. auch BGE 86 II 186; 116 II 541, unv. BGE v. 16.11.1999, 4C.117/1999, E. 2, teilweise wiedergegeben bei LUTER- 22

BACHER, Revisionsstelle, 1271 FN 16; vgl. weiter ZR 2000 Nr. 22 mit einem instruktiven Fall zu Art. 165 StGB. Der Schaden, der durch eine verzögerte Konkurseröffnung entstanden ist, kann «*bundesrechtskonform in der Weise festgestellt werden, dass der aus den Buchhaltungsunterlagen ersichtliche Saldo im Zeitpunkt der Verletzung der Benachrichtigungspflicht mit dem (höheren) Verlust im Zeitpunkt der tatsächlich erfolgten Konkurseröffnung verglichen wird*» (BGer v. 23.5.2005, 4C.263/2004, E. 3 [in der amtlichen Sammlung – BGE 132 III 222 ff. – nicht publizierte E.]; ferner etwa BGE 132 III 348 und BGer v. 12.12.2006, 4C.182/2006 sowie v. 8.8.2005, 4C.118/2005). Grundsätzlich vergrössert jede Verzögerung den Schaden, auch eine solche, die eine bereits bestehende Überschuldung weiter ansteigen lässt, unabhängig davon, ob sie in der Zwischenzeit einmal vorübergehend geringer war (BGer v. 13.3.2007, 4C.363/2006). Die Gesamtheit der rechtskräftig kollozierten Forderungen bildet dagegen keine bundesrechtlich verbindliche Grundlage für die Schadensberechnung infolge verspäteter Konkurserklärung (BGE 132 III 348; bestätigt durch BGer v. 22.2.2008, 4A_507/2007).

Schliesst ein Gläubiger mit der Gesellschaft Verträge ab, obwohl die Gesellschaft bereits überschuldet ist, und erhöht sich in der Folge die Überschuldung, so liegt eine unmittelbare und eine mittelbare Schädigung vor. Unmittelbar ist der Schaden, den der Gläubiger im Zeitpunkt des Vertragsschlusses erfährt, weil er den Vertrag abgeschlossen hat, ohne dass ihm bekannt war, dass die Gesellschaft überschuldet war. Erhöht sich in der Folge der Schaden dadurch, dass die Benachrichtigung des Richters weiter unterbleibt, liegt ein mittelbarer Schaden vor (vgl. HIRSCH/TRIGO TRINDADE, 313; TRIGO TRINDADE, 5 f.). Weitere Präjudizien betreffen den entgangenen Zins (BGE 99 II 184), die Vermögensverminderung durch Pfandbelastung eines Aktivums (ZR 1979, 193) sowie die Anrechnung des Erlöses aus der Verwertung von Sicherheiten (BGE 95 II 323).

IV. Pflichtverletzung

23 Die Gesellschaftsorgane haften für Schaden, der als Folge der Verletzung ihrer aktienrechtlichen Pflichten entsteht. Pflichtverletzung ist die besondere Form der Widerrechtlichkeit (Art. 41), die das Recht der Organverantwortlichkeit beherrscht. Sowohl der unmittelbare Schaden, wie auch der mittelbare Schaden ist ein reiner Vermögensschaden und nach der allgemein im Haftpflichtrecht gültigen **Schutznormtheorie** (BGE 110 II 395; 112 II 262; 125 III 89; aus der Lehre statt vieler BSK OR I-SCHNYDER, Art. 41 N 31 ff.) nur zu ersetzen, wenn die Schädigung durch Verstoss gegen eine Norm bewirkt wurde, die nach ihrem Zweck vor derartigen Schäden schützen soll. Die Tragweite dieser Theorie ist indes relativ gering: Die allermeisten Pflichten, die das Gesetz den Gesellschaftsorganen aufträgt, bezwecken den Schutz der Aktionäre oder der Gläubiger «*und bei genauem Zusehen sogar fast immer und auf weite Strecken den Schutz beider Anspruchsträger zugleich*» (BÖCKLI, § 18 N 378 und 306 ff.). Relevant ist die Schutznormtheorie bei der Frage der Aktivlegitimation des unmittelbar geschädigten Gläubigers oder Aktionärs, aber auch da nur, wenn gleichzeitig auch die konkursite Gesellschaft geschädigt ist (vgl. o. N 17 ff. und sogleich u. N 24). **Unterlassungen** sind dann pflichtwidrig, wenn eine spezifische Pflicht zum Handeln besteht (vgl. BGE 115 II 19 und BSK OR I-SCHNYDER, Art. 41 N 37 f.).

24 Die Widerrechtlichkeit einer **unmittelbaren Schädigung** besteht in der Verletzung einer aktienrechtlichen Bestimmung, die zum Zweck des Gläubiger- oder Aktionärsschutzes aufgestellt wurde (BGE 110 II 395; 106 II 261). Falls die verletzte Norm sowohl die Gesellschaft als auch die Gläubiger schützt, ist die Aktivlegitimation des unmittelbar geschädigten Gläubigers nach bundesgerichtlicher Rechtsprechung eingeschränkt, wenn die

konkursite Gesellschaft gleichzeitig ebenfalls einen Schaden erlitten hat (vgl. BGE 132 III 569; BGE 131 III 311; o. N 17). Entsprechendes gilt für unmittelbar geschädigte Aktionäre (vgl. o. N 18). Nebst Ansprüchen die sich auf Art. 41 oder die Figur der *culpa in contrahendo* stützen, können die betroffenen Gläubiger oder Aktionäre ihren unmittelbaren Schaden in der genannten Konstellation nur geltend machen, wenn eine aktienrechtliche Schutznorm verletzt wurde, die ausschliesslich ihre Interessen schützt (vgl. o. N 17). Vor diesem Hintergrund bleibt zu klären, welche Normen den Gläubiger oder Aktionär alleine schützen. Dies muss von Fall zu Fall abgeklärt werden, doch bestehen kaum mehr viele Regeln, die einzig dem Gläubiger- oder Aktionärsschutz dienen (vgl. BÄRTSCHI, 285 ff. m.w.Nw.; KUNZ, Haftungsvoraussetzungen, 1273). Zu beachten ist aber, dass in den meisten der nachgenannten Fälle die Gesellschaft durch diese Vorgänge in der Regel nicht geschädigt wird. Häufig ist das Gegenteil der Fall, indem es der Gesellschaft gelingt, sich neue Mittel zu beschaffen, sei es in der Form von Eigen- oder Fremdkapital. Die neueste bundesgerichtliche Praxis wird deshalb nur dann zum Tragen kommen, wenn die Gesellschaft bereits überschuldet ist, und sich in der Folge die Überschuldung erhöht. Diesfalls läge eine unmittelbare und eine mittelbare Schädigung vor. Nur für diesen Fall bedarf der Aktionär bzw. Gläubiger einer ihn allein schützenden Norm.

Aus Sicht des **Aktionärs** sind als direkte Anspruchsgrundlagen denkbar das Übergehen im Rahmen der Bezugsrechtsgewährung (Art. 652b Abs. 1) oder die Veranlassung zur Zeichnung neuer Aktien durch falsche Auskünfte über die finanzielle Lage der Gesellschaft (VON BÜREN/STOFFEL/WEBER, N 1259); ferner, wenn auch praktisch kaum relevant, eine unrechtmässige Vorenthaltung der Dividende (Art. 660). In BGE 122 III 193 noch offen gelassen, beurteilte das BGer im unv. BGE v. 24.11.2000, 4C.344/1998 den Verstoss gegen Bilanzierungsvorschriften als widerrechtlich. Aus **Gläubigeroptik** ist damit die Veranlassung zur Kreditgewährung gestützt auf eine gefälschte Bilanz als direkte Anspruchsgrundlage wohl möglich (VON BÜREN/STOFFEL/WEBER, N 1259). Ebenso wurde die Schutznormqualität von Art. 744 f. im BGE 4C.17/2000 v. 17.4. 2000, bejaht (vgl. auch BÖCKLI, § 18 N 310). Hingegen soll Art. 725 nicht nur die Gläubiger der Gesellschaft, sondern auch die Allgemeinheit schützen, weshalb die Bestimmung keine Rechtsgrundlage für einen Anspruch aus unmittelbarem Schaden in der eingangs geschilderten Konstellation sein kann (BGer v. 18.12.2001, 4C.160/2001).

Zur Begründung eines Anspruchs aus **mittelbarer Schädigung** genügt es dagegen, wenn irgendeine durch Gesetz oder Statuten aufgestellte aktienrechtliche Organpflicht, möge sie nun die Gesellschaft, den Aktionär oder den Gläubiger schützen, verletzt ist (vgl. BGE 110 II 394). 25

Die wesentlichen **haftungsbegründenden Pflichten** sind die in Art. 716a aufgezählten, unübertragbaren und unentziehbaren Aufgaben des VR (statt vieler BÖCKLI, § 13 N 303 ff., und KAMMERER), sowie die Sorgfalts- und Treuepflicht gem. Art. 717 (Kasuistik bei FORSTMOSER, Verantwortlichkeit, N 781 ff., und BAUEN/VENTURI, VR, N 701 ff.; Überblick bei BÄRTSCHI, 239 ff.; ferner zum Ganzen ZK-HOMBURGER, Art. 717 N 820 ff.). Die Sorgfaltspflicht ist allerdings weniger als selbständige Verhaltens- und Schutznorm, sondern vielmehr als Modalität und Mindeststandard für die Art der Erfüllung spezifischer Pflichten zu verstehen (BÖCKLI, § 18 N 380 und § 13 N 563 ff.; VON DER CRONE et al., 44). Bei einfachen und leicht überschaubaren Verhältnissen beurteilt das BGer die Anforderungen an die Sorgfaltspflichten nach einem strengen Massstab (BGer v. 7.6.2001, H 337/00). Auch die Gleichbehandlung der Aktionäre ist eine Pflicht der Gesellschaftsorgane (Art. 717 Abs. 2), nicht jedoch die Gleichbehandlung der Gläubiger; dies ist Regelungsgegenstand des SchKG (vgl. Art. 288 SchKG; **a.M.** BGer v. 19.9.2000, 5C.29/2000; zum Ganzen o. Vor Art. 754–761 N 7a). 26

Der angeführte Pflichtenkatalog stellt das Kernstück der Regeln zur *«Corporate Governance»* im Schweizer Aktienrecht dar (vgl. demgegenüber die Empfehlungen des Dachverbands der Schweizer Unternehmen, economiesuisse, *«Swiss Code of Best Practice for Corporate Governance»* vom 25.3.2002 sowie den Begleitbericht dazu von HOFSTETTER; ausführlich zum Ganzen BÖCKLI, § 14 N 198 ff.; ferner VON DER CRONE/ CARBONARA/MAROLDA MARTINEZ, 405 ff.). Die *Corporate Governance*-Empfehlungen stellen u.E. kein objektives Recht dar; mangels Rechtsnormcharakter resultieren aus ihrer Nichteinhaltung keine haftungsauslösenden Sorgfaltspflichtverletzungen. Die Thematik ist umstritten (vgl. etwa BÖCKLI, § 18 N 153 ff. m.w.Nw.). Darüber hinaus ist stets zu berücksichtigen, dass *Best Practice* eben gerade nicht mit dem gesetzlich normierten, also haftungsrechtlich relevanten, *Minimal*standard gleichzusetzen ist. Nach einem Teil der Lehre beinhaltet die Sorgfaltspflicht nach Art. 717 Abs. 1 auch eine Pflicht, die Grundsätze einer zeitgemässen und auf die konkreten Verhältnisse angepassten Corporate Governance umzusetzen (vgl. WEBER, Interventionen, 118 f. m.w.Nw.).

27 Im Vordergrund steht im Rahmen des genannten Katalogs die Pflicht der Geschäftsführungsorgane, für eine **Organisation** (Art. 716a Abs. 1 Ziff. 2 und Art. 716b) und ein **Rechnungswesen** (Art. 716a Abs. 1 Ziff. 3; vgl. auch Art. 166 StGB und ZR 2000 Nr. 22) zu sorgen, die der Geschäftstätigkeit angemessen sind. In die alleinige Kompetenz des VR fällt auch die Auswahl der mit der Geschäftsführung und Vertretung betrauten Personen (Art. 716a Abs. 1 Ziff. 4). Die Gesellschaft darf allgemein nur Geschäfte betreiben, zu denen sie personell, finanziell und organisatorisch in der Lage ist. Aus der **Oberaufsicht über die Geschäftsführung** (Art. 716a Abs. 1 Ziff. 5) ergibt sich die Pflicht jedes VR-Mitglieds, sich periodisch über den Geschäftsgang und über wichtige Geschäfte auch ausserhalb des ihm allenfalls zugewiesenen Ressorts informieren zu lassen, Rapporte zu verlangen, Auskünfte einzuholen und bei Unregelmässigkeiten einzuschreiten (vgl. BGer v. 29.1.2008, H 182/06). Ergibt sich aus diesen Informationen der Verdacht falscher oder unsorgfältiger Ausübung der an einen Mitverwaltungsrat delegierten Geschäftsführungs- und Vertretungsbefugnisse, ist jedes andere VR-Mitglied verpflichtet, auch ausserhalb seines Zuständigkeitsbereichs die erforderlichen Abklärungen zu treffen sowie eine genaue und strenge Kontrolle hinsichtlich der Beobachtung der gesetzlichen Vorschriften auszuüben (vgl. BGer v. 12.2.2007, 4C.358/2005, E. 5.2.1 [in der amtlichen Sammlung – BGE 133 III 116 – nicht publizierte E.]; so auch bereits BGer v. 7.6.2001, H 337/00; vgl. ferner etwa FORSTMOSER/MEIER-HAYOZ/NOBEL, § 30 N 49 und KAMMERER, 186).

28 In der bisherigen Praxis des BGer zum alten und zum geltenden Recht spielt die verspätete Benachrichtigung des Richters im Falle der **Überschuldung** (Art. 716a Ziff. 7 i.V.m. Art. 725 Abs. 2) eine bedeutende Rolle (BGE 128 III 180 ff.; 125 III 86; 86 II 171; BGer v. 18.12.2001, 4C.160/2001; vgl. auch ZR 2005 Nr. 57). Für den Fall einer Unternehmenskrise überträgt das Gesetz dem VR Handlungspflichten auch im Falle eines hälftigen Kapitalverlusts (Art. 725 Abs. 1) und aus der Verantwortung über Rechnungswesen, Finanzplanung und Finanzkontrolle (Art. 716a Abs. 1 Ziff. 3) ergibt sich die Pflicht des VR für genügend Liquidität zu sorgen (vgl. zum Unternehmen in der Krise allg. SENN, 51 ff.). Der VR hat sich aufgrund einer umfassenden und objektiven Beurteilung der Sachlage ein eigenes Urteil über die Fortführungschancen des Unternehmens zu bilden und geeignete Sanierungsmassnahmen einzuleiten. Fehlende Zeit oder Fachkenntnisse ändern daran nichts; vielmehr sind diesfalls qualifizierte Personen zur Unterstützung beizuziehen (BGer v. 13.10.2003, 4C.192/2003).

Gemäss konstanter Rechtsprechung des *BGer* rechtfertigen konkrete Aussichten auf **Sanierung,** von einer sofortigen Benachrichtigung des Richters gem. Art. 725 Abs. 2 OR abzusehen (vgl. den *leading case* BGE 116 II 541 sowie weiter etwa BGer v. 19.6.2001, 4C.366/2000 m.w.Nw.; 132 III 573; BGer v. 18.4.2007, 4C.436/2006 und dazu LINDER/VON DER CRONE, 490 ff.). Diese vom BGer etablierte sog. Toleranzfrist von vier bis sechs Wochen kommt indes zu einem sofortigen Ende, wenn die Situation der Finanzen sich drastisch weiter verschlechtert. Die Sanierung bleibt gem. BGer zulässig, selbst wenn sich die Sanierungsbemühungen im Nachhinein als unfruchtbar erweisen (BGer v. 19.6.2001, 4C.366/2000). Die Sanierung muss nachhaltig sein, d.h. es muss die dauerhafte finanzielle Gesundung der Gesellschaft erwartet und deren Ertragskraft wieder hergestellt werden können. Eine Erhöhung der Liquidität dient dabei nur dann der Sanierung, wenn sie für die Fortsetzung der Geschäftstätigkeit notwendig ist und zudem nach dem gewöhnlichen Geschäftsgang oder aufgrund zusätzlicher Massnahmen mit einem positiven *Cash-flow* gerechnet werden kann. Entscheidend für das BGer scheint, dass den Gläubigern das Haftungssubstrat erhalten bleibt. In der *Lehre* ist im Einzelnen umstritten, ob und wann eine Überschuldungsanzeige bei Aussicht auf Sanierung zu erfolgen hat (vgl. die Übersicht bei MALACRIDA, 245). Nach überwiegender Lehrmeinung gehört die bundesgerichtliche «Aufschubpraxis» zum gegenwärtigen Schweizer Rechtsbestand (vgl. BÖCKLI, Überschuldung, 170; MALACRIDA, 245, je m. w.Nw.) Mit der Botschaft zur «grossen» Aktienrechtsrevision wird die im VE vorgegebene Pflicht zur «unverzüglichen» Benachrichtigung zugunsten der bisherigen Rechtslage gestrichen, welche «stille Sanierungen» erlaube (Botschaft Aktien- und Rechnungslegungsrecht, 1691).

Aus der Treuepflicht lässt sich eine beschränkte **Pflicht zur Sanierung** ableiten (vgl. auch SENN, 89 und 185). Namentlich FORSTMOSER, Krisenmanager, 263 ff., postuliert einen Vorrang des privaten Sanierungsversuchs ohne Insolvenzanzeige: der VR sei nicht nur berechtigt, sondern verpflichtet, die Sanierung ohne Benachrichtigung des Richters unter eigener Oberleitung zu organisieren, sofern Aussicht auf Erfolg besteht (krit. dazu BÖCKLI, Überschuldung, 172 ff.). Dabei ist u.E. ein grosser Ermessensspielraum einzuräumen: Gerichte dürften *ex post* kaum in der Lage sein, den hypothetischen Kausalverlauf – ob nämlich eine bestimmte Sanierungsmassnahme aus betriebswirtschaftlicher Sicht hätte ergriffen werden sollen oder gerade nicht – zu beurteilen (dazu u. N 31).

Haftungsbegründend können auch Verletzungen der **Treuepflicht** (Art. 717) sein. Dazu gehören insb. Tatbestände des Selbstkontrahierens oder verdeckter Gewinnausschüttungen an einzelne Aktionäre, konkurrierende Geschäftstätigkeit bzw. Abzweigen von Geschäftsgelegenheiten sowie selbstverständlich alle Straftatbestände, namentlich ungetreue Geschäftsbesorgung oder Veruntreuung. Besteht ein Konflikt zwischen den Eigeninteressen des VR-Mitglieds oder der ihn entsendenden Gesellschaft und den Interessen der AG, so werden in der Lehre grundsätzlich zwei Meinungen vertreten. BÖCKLI, § 13 N 643 ff., verlangt, dass das betroffene VR-Mitglied in den Ausstand tritt, wobei der VR im Fall einer (unfreundlichen) Übernahmesituation sogar sofort zurücktreten müsste (vgl. MAURENBRECHER, 1338 f., insb. zur Situation bei Banken). VON DER CRONE, Interessenkonflikt, 5, plädiert gegen eine Ausstandsregel; vielmehr werde durch einen objektiv vorliegenden Interessenkonflikt die Beweislast umgekehrt und die Pflichtwidrigkeit des Handelns des Organs vermutet (VON DER CRONE, Interessenkonflikt, 8; gl.M. GLANZMANN, Verantwortlichkeitsklage, 166). Während E-Art. 717a den Ausstand nur für den Beschluss über zu treffende Massnahmen vorschreibt, ist gemäss den Bemerkungen der Botschaft Aktien- und Rechnungslegungsrecht, 1687 f., dazu der Ausstand auch als Massnahme grundsätzlich angezeigt. Indessen soll der Ausstand nur die Beschlussfassung (und nicht die Beratungen) betreffen, wenn das befangene VR-Mitglied allein über das erforderliche Sachwissen verfügt.

Art. 754 30–31a　　　　　　　　　　26. Titel: Die Aktiengesellschaft

30　**Gewinnausschüttungen,** sei es in Form von Dividenden oder von verdeckten Gewinnausschüttungen, können Pflichtverletzungen darstellen, wenn die finanzielle Lage der Gesellschaft zum Zeitpunkt der Ausschüttung diese nach objektiver Beurteilung nicht zulässt (vgl. etwa BGer v. 13.9.2007, 4A_174/2007 und BGer v. 13.9.2007, 4A_188/ 2007). Eine ungerechtfertigte konzerninterne Vermögensverschiebung kann ebenso pflichtwidrig sein (vgl. BGE 130 III 213 und dazu EUGSTER/VON DER CRONE, 439 ff.).

30a　Ob die Verletzung der **Ad hoc-Publizitätspflicht** (Art. 72 des KR) zivilrechtliche Haftungsfolgen auszulösen vermag, mithin also zu aktienrechtlicher Verantwortlichkeit gegenüber Aktionären führen kann, ist strittig. Die Antwort hängt letztlich von der Qualifikation der Rechtsnatur des KR ab (vgl. die Übersicht zum Meinungsstand bei BSK BEHG-DAENIKER/WALLER, Art. 4 N 8 ff.). Um – basierend auf allgemein anerkannten haftpflichtrechtlichen Grundsätzen (vgl. o. N 23) – entsprechende Ansprüche begründen zu können, müsste Art. 72 KR sowohl Rechts- als auch Schutznormcharakter zukommen. Beides ist u.E. nicht der Fall (ebenso BSK BEHG-DAENIKER/WALLER, Art. 4 N 13 f. m.w.Nw.; **a.M.** etwa ROBERTO, Antithesen, 149 ff. m.w.Nw.).

31　Während sich die Verletzung der unübertragbaren Organisations- und Kontrollaufgaben sowie der Treuepflicht für eine justizmässige Nachkontrolle ohne weiteres eignen, sollten sich die Gerichte im Zusammenhang mit der nachträglichen Beurteilung eigentlicher **Geschäftsentscheide** Zurückhaltung auferlegen. Dieses Postulat entspricht mittlerweile h.L. (vgl. allen voran GRASS; ferner etwa BÖCKLI, § 18 N 401; VON DER CRONE, Haftung, 6 ff.; FORSTMOSER/MEIER-HAYOZ/NOBEL, § 3 N 13 f.; FRICK; GLANZMANN, Verantwortlichkeitsklage, 165 f.; ISLER, Strategie-Entscheide, 42 ff.). Auch die Rechtsprechung orientiert sich – zumindest implizit – an diesem Grundsatz (vgl. BGE 117 II 308; ferner BGer v. 13.8.2001, 4C.139/2001; BGer v. 19.6.2002, 4C.201/2001). Nach VON DER CRONE bestätigt eine Analyse der neueren Rechtsprechung zur Verantwortlichkeit, dass Gerichte grundsätzlich davon absehen, ihr eigenes Ermessen an die Stelle des VR und der GL zu setzen; soweit schweizerische Gerichte in der Vergangenheit unternehmerische Entscheide zu beurteilen hatten, prüften sie diese auf Vertretbarkeit und nicht auf unternehmerische Zweckmässigkeit (VON DER CRONE, Haftung, 6 f., insb. FN 29).

31a　Geschäftsführungsentscheide, die auf einer angemessenen Informationsbasis beruhen und denen eine ernsthafte Entscheidfindung vorangeht, stellen selbst dann keine Pflichtverletzung dar, wenn sie sich nachträglich als falsch herausstellen – Unbefangenheit und Unabhängigkeit der mitwirkenden VR-Mitglieder vorausgesetzt. In diesem Sinne sollte die Ausübung des **«Informed Business Judgement»** von gerichtlicher Nachkontrolle ausgeschlossen sein (zur Abgrenzung der aktienrechtlichen Pflichtverletzung vom Fehlentscheid im einzelnen GRASS, 109 ff.). Im Kontext des schweizerischen Aktienrechts entspricht dies dem Umstand, dass Art. 717 Abs. 1 kein bestimmtes oder «richtiges» Resultat, sondern sorgfältiges Handeln und die Wahrung der Interessen der Gesellschaft in guten Treuen vorschreibt. Die Pflicht beschlägt damit das «Wie», nicht das «Was». Dabei stellt die *Business Judgment Rule* eine Definition sorgfältigen und getreuen Handelns zur Verfügung. Dass sich bei dieser Prüfung *«sofort eine Versessenheit auf formale Prozeduren ein*[stellt]*»* (BÖCKLI, § 18 N 403), ist u.E. nicht zwingend. Richtig verstandene Entscheidfindung beruht nicht einfach auf einem «Tick the box»-System, sondern schliesst eine sorgfältige Überprüfung aller materiellen Aspekte des Entscheids mit ein. Dass sich dieser im Nachhinein dennoch als geschäftlich ungünstig herausstellen kann, ist Teil des Geschäftsrisikos. Der Entscheid unterliegt u.E. inhaltlich nicht der Nachkontrolle durch die Justiz, weil sich die Verwaltungsratspflicht in der Regel in sorgfältigem und getreuen Handeln erschöpft, auch wenn daraus nicht das beste oder gar ein schlechtes Ergebnis resultiert. Darüber hinaus ist mit VON DER CRONE, Haftung, 8, festzuhalten, dass die Praxis immer wieder zeigt, dass formal korrektes Vorgehen eine disziplinierende Wirkung auf die materiellen Aspekte des Entscheidungsvorgangs zeigt, was sich positiv auf die Ergebnisqualität auswirkt (vgl. auch VON DER CRONE et al., 46 f.). Eine gerichtliche Überprüfung der einzelnen Schritte des Entscheidungsprozesses ist damit nicht ausgeschlossen, wohl aber die Überprüfung des Ergebnisses, des Entscheids selbst (vgl. VON DER CRONE et al., 47). Der Ansicht von BÖCKLI,, § 13 N 584 f., wonach der Entscheid nicht nur im Lichte der Entscheidfindung, sondern auch inhaltlich grundsätzlich nachvollziehbar und sachlich vertretbar zu sein hat, kann vor diesem Hintergrund nicht gefolgt werden (wie hier GRASS, 97 ff.; abweichend NIKITINE, 145 ff.). Eine Entscheidung, die in Bezug auf Vorbereitung, Informationsbeschaffung, Prüfung von Alternativen und Unabhängigkeit der Entscheidungsorgane alle Anforderungen an eine ordnungsgemässe VR-Entscheidung erfüllt, wird im Ergebnis kaum je materiell unvertretbar sein. Ist sie es dennoch, fehlt es an der Pflichtverletzung. Prozessual gewendet: Aufgrund welcher Beweismittel kommt ein Gericht zum Schluss, dass ein ordnungsgemäss gefällter Entscheid materiell anders hätte herauskommen sollen – und zwar im gleichen Verfahren, zu dem es festhält, die formellen Anforderungen an die Entscheidfindung seien vollumfänglich erfüllt? Immerhin ist ein inhaltlich schlechthin unvertretbarer Geschäftsentscheid regelmässig das Ergebnis eines inadäquaten Entscheidprozesses und kann daher eine eingehende Überprüfung dieses Prozesses indizieren. Die *Business Judgement Rule* stellt daher keine Wohltat für den VR dar, sondern ist Umsetzung der Verwaltungsratspflicht, welche einen sorgfältigen, frei von Interessenkonflikten erfolgten Entscheidfindungsprozess verlangt. Die *Business Judgment Rule* stellt an die Organe daher keinesfalls geringere Anforderungen als eine diffuse «grosse Zurückhaltung» der Gerichte wie sie zum Teil gefordert wird.

Die dargelegten Grundsätze gelten auch für die Frage, ob die Gesellschaft ihre Risiken eher diversifiziert oder konzentriert. Soweit BGE 113 II 58 dazu etwas anderes zu sagen scheint, ist dem Urteil nicht zu folgen. Die bankenrechtlichen Risikoverteilungsvorschriften lassen sich nicht ohne weiteres auf sämtliche Aktiengesellschaften übertragen, da keine allgemeine aktienrechtliche Pflicht zur Risikodiversifikation besteht. Je nach Gesellschaftszweck und -tätigkeit sind Klumpenrisiken geradezu immanent, z.B. bei Gesellschaften, welche in der Entwicklung von Arzneimitteln tätig sind (etwa Biotechnologie-Gesellschaften) oder für ein spezifisches Bauprojekt gegründet werden. Allerdings kann für den Bereich reiner Kapitalanlage als Folge der Grundsätze vernünftiger Anlagepolitik etwas anderes gelten. **31b**

V. Verschulden

Die Mitglieder des VR und der GL sowie Liquidatoren haften für **jedes Verschulden**, d.h. auch für leichte Fahrlässigkeit. Dabei gilt ein objektiver Verschuldensmassstab. Es genügt also nicht, dass die Geschäftsführungsorgane die gleiche Sorgfalt angewendet haben, wie sie sie in ihren eigenen Angelegenheiten beachten *(diligentia quam in suis;* vgl. BGE 122 III 195 ff.). Ein Verschulden ist vielmehr immer dann gegeben, wenn der Beklagte nicht so gehandelt hat, wie es von einem objektivierten Organ in der konkreten Stellung verlangt werden darf (so nun explizit etwa BGer v. 12.2.2007, 4C.358/2005, E. 5.6 [in der amtlichen Sammlung – BGE 133 III 116 – nicht publizierte E.]; vgl. auch PEYER, 90 ff.). Insbesondere kann sich der Beklagte nicht wegen mangelnder Ausbildung oder Zeit exkulpieren. Dies bedeutet nicht, dass Entscheidungen allgemein durch den Beizug von Experten optimiert werden müssen. Unterschiedliche Qualität von Organpersonen und ihrer Entscheidungen indiziert weder Pflichtwidrigkeit noch **32**

Verschulden, solange der objektive Sorgfaltsmassstab nicht verletzt wird. *Fehlen* aber dem Geschäftsführungsorgan die Zeit oder die erforderlichen Kenntnisse, um über die nötigen Entscheidungsgrundlagen zu verfügen, so hat es Fachleute beizuziehen (BGer v. 13.10.2003, 4C.192/2003). Anders als noch in BGE 99 II 181 ausgeführt (milder bereits BGer v. 5.11.1991, 4C.177/1991), wird durch einen solchen Beizug von Fachleuten das Verschulden gemindert, allenfalls sogar beseitigt (ebenso BÖCKLI, § 18 N 449). Der VR muss sich auf die Expertise einer objektiv sachverständigen Person verlassen dürfen, wenn er letztere sorgfältig auswählt und instruiert sowie die Auswertung der Auskünfte und deren Umsetzung mit aller Sorgfalt erfolgen (vgl. ISLER, Sorgfalt, 16 f.; ähnlich bezüglich Prospekterstellung und -haftung nach Art. 752 DAENIKER/WALLER, Due Diligence Defense, 72 f.; vgl. auch BGE 129 III 71 = Pra 2003 Nr. 70). Handelt der VR dergestalt, wendet er in aller Regel die unter den Umständen gebotene Sorgfalt auf; infolge objektiviertem Verschuldensmassstab liegt diesfalls kein schuldhaftes Verhalten vor, eine Haftung entfällt (vgl. DAENIKER/WALLER, Due Diligence Defense, 70 f.).

33 Das Verschulden entfällt grundsätzlich auch, wenn das Geschäftsführungsorgan gegen Mehrheitsbeschlüsse ausdrücklich **opponiert.** Ob verlangt werden kann, dass sich ein Organ dauernd der Realisierung bestimmter Beschlüsse widersetzt, hängt von den Umständen ab. Bei schwerwiegenden Organisationsmängeln reicht es zweifellos nicht aus, im Einzelfall gegen eine Entscheidung zu protestieren. Hier wird sich ein VR-Mitglied aktiv um die Behebung der Mängel bemühen müssen, will es sich von der Haftung befreien (zustimmend BÖCKLI, § 18 N 440).

34 Das Verschulden wird nicht dadurch beseitigt, dass das verantwortliche Organ **Weisungen Dritter** oder übergeordneter Organe befolgt. Dies bedeutet, dass auch das sog. fiduziarische VR-Mitglied grundsätzlich die volle Haftung trifft (vgl. BÖCKLI, § 18 N 145; FORSTMOSER, Verantwortlichkeit, N 315 ff.; ferner etwa BAZZANI, 29 ff., und LIPS-RAUBER, 124 ff., je m.w.Nw.). Bei Einwilligung des Verletzten scheidet jedoch die Pflichtwidrigkeit aus und das beklagte Organ kann die Einrede «volenti non fit inuria» erheben. Handelt der fiduziarisch tätige VR auf Weisung seines Treugebers und ist dieser zugleich Alleinaktionär, so ist die Gesellschaft – ausserhalb des Konkurses – mit der Verantwortlichkeitsklage ausgeschlossen (FORSTMOSER, Verantwortlichkeit, N 316; unv. BGE 4C.397/1998 v. 15.6.1999, teilweise wiedergegeben bei BERTSCHINGER, Weisungen, 197 ff.). Wenn die Gesellschaft bzw. deren Alleinaktionär in Kenntnis der Verhältnisse Organhandlungen toleriert, die Verantwortlichkeitsansprüche begründen könnten, steht den betroffen Organpersonen ebenfalls die haftungsbefreiende Einrede der Einwilligung des Verletzten zur Verfügung (BGE 131 III 644).

35 Umstritten ist die **Beweislastverteilung,** ob also das Verschulden vermutet wird oder durch den Kläger zu beweisen ist. Die Antwort leitet sich nach überwiegender Lehre von der Rechtsnatur des Anspruchs ab (vgl. FORSTMOSER, Verantwortlichkeit, N 136 ff.; abweichend KUNZ, Rechtsnatur, 20 ff.). Ein Teil der Lehre nimmt im Rahmen der Haftung der Organe gegenüber der Gesellschaft und den Aktionären ein vertragliches oder zumindest vertragsähnliches Verhältnis an. Konsequenz dieser Ansicht ist, dass das Verschulden vermutet wird und es dem Beklagten obliegt, sich zu exkulpieren (statt vieler FORSTMOSER/MEIER-HAYOZ/NOBEL, § 36 N 35 ff.; **a.M.** BÖCKLI, § 18 N 136b und 433 f., der von einer Haftung *ex lege* für die Verletzung gesetzlicher Schutznormen ausgeht; ebenso ISLER, Übernahmeverschulden, 18). Bei den Ansprüchen der Gläubiger wird demgegenüber mehrheitlich von deren deliktischer Natur ausgegangen. Das gilt selbstverständlich für die Ansprüche aus unmittelbarer Schädigung. Wenn die Gläubiger anderseits gem. Art. 757 Abs. 2 vorgehen, ist ihr Anspruch wohl eher vertraglicher Na-

tur. Diese Auffassung wird durch die Rechtsprechung des BGer (BGE 117 II 432; vgl. Art. 757 N 5 und 12) unterstützt. Danach ist der Anspruch der Gläubigergesamtheit mit demjenigen der Gesellschaft identisch.

Die praktische Konsequenz der Kontroverse ist indes gering: Aufgrund des objektivierten Verschuldensmassstabs (vgl. o. N 32) ist die Entlastung zufolge subjektiver Aspekte bei nachgewiesener Pflichtwidrigkeit beinahe unmöglich (BÖCKLI, § 18 N 429 f.; ferner etwa CR CO II-CORBOZ, Art. 754 N 40; FORSTMOSER/SPRECHER/TÖNDURY, N 152 f.; WEBER, Merkpunkte, 5).

VI. Die befugte Delegation (Abs. 2)

Der zweite Absatz von Art. 754 ist eine Neuerung des Gesetzes von 1991. Allerdings war schon vorher in der Lehre anerkannt, dass der VR einen Teil seiner Pflichten an andere Personen übertragen kann und in diesem Falle nur noch soweit haftete, als Auswahl, Instruktion oder Überwachung der Delegierten mangelhaft war (BGE 122 III 198 m.w.Nw.). Art. 754 Abs. 2 schafft weitere Klarheit dadurch, dass er einerseits diesen Grundsatz der haftungsbeschränkenden Wirkung der **Delegation** ausdrücklich festhält und andererseits Art. 716a den Kernbereich der nicht delegierbaren Funktionen des VR festlegt (eingehend zur ganzen Thematik BERTSCHINGER, Arbeitsteilung).

Die Delegation entfaltet ihre haftungsbeschränkende Wirkung nur, wenn sie **befugterweise** erfolgt. **Formell** befugt ist sie, wenn die Statuten den VR dazu ermächtigen und die genaue Ausgestaltung in einem Organisationsreglement geregelt wird (Art. 716b Abs. 1). Dieses Reglement muss einen bestimmten Mindestinhalt aufweisen (dazu BÖCKLI, § 13 N 321 ff. und FORSTMOSER, Organisation). Die Delegation als solche hat gestützt auf einen entsprechenden VR-Beschluss (Delegationsentscheid) zu erfolgen (vgl. BGer v. 22.2.2008, 4A_501/2007). **Materiell** sind der Delegation durch die unübertragbaren Aufgaben des VR Grenzen gesetzt (Art. 716a Abs. 1).

Der hauptsächliche Anwendungsfall befugter Delegation liegt in der Übertragung der Geschäftsführung an einzelne Mitglieder des VR (**Delegierte**) oder an eine Geschäftsleitung (**Direktoren**).

Die haftungsbeschränkende Wirkung der Delegation besteht darin, dass dem delegierenden Organ nach Abs. 2 ein **Exkulpationsbeweis** zur Verfügung steht. Es kann nachweisen, dass sich die Person, an die eine bestimmte Aufgabe oder die Geschäftsführung als Ganzes delegiert wurde, nach Ausbildung, beruflichen Fähigkeiten und Charakter für diese Aufgabe eignete (sog. *cura in eligendo*), dass sodann die erforderlichen Weisungen für die richtige Durchführung der übertragenen Aufgabe erteilt wurden (sog. *cura in instruendo*) und dass schliesslich die delegierenden Organe ihrer Kontroll- und Aufsichtspflicht nachgekommen sind (sog. *cura in custodiendo*). Zur Sorgfalt in der Auswahl gehört auch die Pflicht zur Abberufung, vor allem, falls die Aufsicht schwere Mängel ans Tageslicht fördert (BGE 122 III 199).

Mit dieser Regelung wird klar gemacht, dass der Nachweis des Schadens, der adäquaten Kausalität, der Sorgfaltspflichtverletzung und der Grundelemente des Verschuldens weiterhin Aufgabe des Klägers bleibt. Er hat nachzuweisen, dass der Schaden durch die Verletzung einer organtypischen Pflicht entstanden ist und der Beklagte dafür letztlich verantwortlich ist. Dabei ist es einleuchtend, dass in einer arbeitsteiligen Unternehmung nicht jedes Fehlverhalten eines Mitarbeiters dem VR zugerechnet werden kann, nur weil dieser die oberste Organisationsverantwortung (Art. 716a Abs. 1 Ziff. 2) trägt (BGE 125 III 90; **a.M.** BERTSCHINGER, Arbeitsteilung, N 86; wie hier BÖCKLI, § 18

N 118). Dem Beklagten steht ein Entlastungsbeweis offen. Da er über die interne Organisation und ihre Durchsetzung in der Praxis besser Bescheid weiss als der Kläger, obliegt die **Beweislast** für die befugte Delegation und ihre Durchführung dem Beklagten. Gelingt der Entlastungsbeweis, so entfällt eine Haftung des delegierenden Organs.

41 Eine Kontroverse entstand nach der Aktienrechtsrevision von 1991 zunächst dadurch, dass Art. 754 Abs. 2 lediglich von der befugten Übertragung einer Aufgabe an ein **anderes Organ** spricht, während gem. Art. 716b Abs. 1 die Geschäftsführung auch an Dritte übertragen werden kann. Es stellte sich die Frage, ob der Entlastungsbeweis nach Art. 754 Abs. 2 nur zur Verfügung stehen soll, falls die Übertragung an ein anderes Organ erfolgt (so die Botschaft AG, 848 f.), während die Übertragung an Dritte, z.B. an Prokuristen, auch bei Erfüllung sämtlicher Voraussetzungen der befugten Delegation, nicht entlastend wirken solle. Heute ist gem. h.L. klar, dass die Delegation haftungsbefreiend wirkt, wenn die entsprechenden Voraussetzungen eingehalten werden, unabhängig davon, ob sie an ein anderes Organ oder an einen Dritten erfolgt (statt vieler VON DER CRONE, Arbeitsteilung, 92 f. m.w.Nw.). Das Gesetz kann nur so richtig verstanden werden, dass die Delegation überall dort zulässig ist, wo organtypische Aufgaben übertragen werden, die Drittperson mithin durch die Delegation selber zum materiellen Organ wird (BÖCKLI, § 18 N 131; CR CO II-CORBOZ, Art. 754 N 34; FLACH, 538; HORBER, 149). Die Delegation wirkt damit auch dort befreiend, wo der Delegierte nicht ein anderes Organ, sondern ein ordnungsgemäss ausgewählter, instruierter und überwachter **Dritter** ist (vgl. VON BÜREN/STOFFEL/WEBER, N 1239; FORSTMOSER, Ungereimtheiten, 71 f.).

VII. Adäquater Kausalzusammenhang

42 Voraussetzung für eine Haftung ist, dass das widerrechtliche und schuldhafte Verhalten des Organs den Schaden verursacht hat. Die Beweislast dafür trägt der Geschädigte. Dabei ergibt sich aus Art. 759 Abs. 1, dass der Haftpflichtige nur für denjenigen Schaden einzutreten hat, den er persönlich, wenn auch allenfalls im Zusammenspiel mit anderen Organen, verursacht hat. Der Kausalzusammenhang muss i.S. der bundesgerichtlichen Rechtsprechung **adäquat** sein, d.h. eine Ursache muss «*nach dem gewöhnlichen Lauf der Dinge und nach der Erfahrung des Lebens geeignet sein, einen Erfolg von der Art des eingetretenen herbeizuführen, so dass der Eintritt dieses Erfolges durch jenes Ereignis allgemein als begünstigt erscheint [...]*» (BGE 123 III 112; 93 II 29; FORSTMOSER, Verantwortlichkeit, N 268). Auch wenn der Nachweis des Kausalzusammenhangs nicht immer leicht ist, ergibt sich aus der so verstandenen Adäquanz keinesfalls eine Art Vermutung der Kausalität. Der Nachweis des Kausalzusammenhangs zwischen der Pflichtverletzung und dem konkreten Schaden bleibt ein wesentlicher Teil des Klagefundaments.

43 Ein Schaden gilt durch eine **Unterlassung** dann als adäquat kausal verursacht, wenn er durch pflichtgemässes Verhalten hätte vermieden werden können (vgl. BGer v. 25.6.2003, 4C.53/2003 = Pra 2004 Nr. 40 zur Pflichtverletzung einer RS durch Unterlassung nach Art. 754 altOR). Bereits bei der Feststellung des hypothetischen Kausalverlaufs bei rechtmässigem Handeln muss auf die allgemeine Lebenserfahrung abgestellt werden. Die wertenden Gesichtspunkte, welche sonst erst bei der Beurteilung der Adäquanz zum Tragen kommen, spielen damit schon bei der Feststellung der hypothetischen Kausalität eine Rolle (BGE 132 III 718). Eine Überprüfung des festgestellten oder angenommenen hypothetischen Geschehensablaufs auf seine Adäquanz ist daher nicht sinnvoll und vermag den Zweck der Haftungsbegrenzung nicht zu erfüllen (vgl.

die Präzisierung der Rechtsprechung in BGE 115 II 447, bestätigt in unv. BGE 4C.117/ 1999 v. 16.11.1999, E. 3a), teilweise wiedergegeben bei LUTERBACHER, Revisionsstelle, 1271 f.). Nach ständiger Rechtsprechung gilt das Beweismass der überwiegenden Wahrscheinlichkeit, namentlich für den Nachweis des natürlichen bzw. hypothetischen Kausalzusammenhangs (BGE 132 III 720).

Die bereits in der 1. Aufl. angekündigte Tendenz der Gerichte zu genauerer und **differenzierterer Beurteilung der Kausalität** hat sich weiter verstärkt. Dies gilt insb. für die Beurteilung der Folgen von Fehlhandlungen einer RS (vgl. VON DER CRONE, Haftung, 10 FN 49; sowie u. Art. 755 N 12 ff.). Die Vermutung, welche die ältere Rechtsprechung aufgestellt hatte, wonach die Verwaltung bei Vorliegen eines korrekten RS-Berichts ihre Pflicht erfüllt und auf Hinweise der RS hin die notwendigen Massnahmen ergriffen hätte (vgl. dazu BGE 86 II 183; ZR 1976, 71 f.; weitere Hinweise bei FORSTMOSER, Verantwortlichkeit, N 275), wurde in neuerer Zeit insofern relativiert, als das BGer erklärte, dass Revisionsberichte den VR und die GV bei einer Einmann-AG mit Personalunion von Aktionär und VR kaum beeinflussen (BGE 119 II 259 = Pra 1994 Nr. 61).

44

Im Übrigen gelten die allgemeinen Grundsätze des Haftpflichtrechts. Danach ist insb. eine **Unterbrechung des Kausalzusammenhangs** durch andere Ereignisse möglich, welche die einmal gesetzte Ursache völlig in den Hintergrund drängen (vgl. BGE 116 II 524). In Frage kommt dabei v.a. ein überwiegendes Selbstverschulden des Geschädigten. Dagegen führt Drittverschulden i.d.R. zu solidarischer Haftung und nur in groben Fällen zur Unterbrechung des Kausalzusammenhangs (FORSTMOSER, Verantwortlichkeit, N 282 ff.; vgl. auch den in SJZ 1997, 464 f., wiedergegebenen Fall, in welchem die nachträgliche Entlassung eines Solidarbürgen durch den Gesamt-VR die Verantwortlichkeit eines mittlerweile ausgeschiedenen VR-Mitglieds für die ursprüngliche Überschuldung als inadäquat erscheinen liess). Kein überwiegendes Drittverschulden liegt im Fehlverhalten des Delegierten; es vermag den adäquaten Kausalzusammenhang zwischen der Verletzung der drei «curae» und dem Schaden nicht zu unterbrechen (BGE 122 III 200).

45

VIII. Doppelorganschaft, Konzernverhältnisse und Alleinaktionäre

Obergesellschaften können auf zwei verschiedene Arten für den Schaden, der in einer Untergesellschaft entstanden ist, haftbar gemacht werden. Einmal kann gem. Art. 707 Abs. 3 eine juristische Person eine natürliche Person in den VR einer AG delegieren. Ist der Delegierte zusätzlich zu seiner formellen Organstellung in der AG Organ der entsendenden Gesellschaft, so haftet diese nach Art. 55 ZGB bzw. Art. 722 OR für dessen rechtswidriges Handeln (BGE 124 III 299). Man spricht in diesem Fall von **Doppelorganschaft** (vgl. HANDSCHIN, Konzern, 319 ff.; A. VOGEL, Haftung, 200 ff.; FORSTMOSER, Verantwortlichkeit, N 713 ff.; VON BÜREN, 205 ff.; HOFSTETTER, Konzerne, 201 ff.).

46

Übt die entsendende Gesellschaft darüber hinaus durch Weisungen etc. einen starken Einfluss auf die Willensbildung bei der AG aus, wird sie aufgrund der Art ihrer Einwirkung auf die Entscheide bei der Untergesellschaft zu deren **faktischem Organ.** Die entsendende Gesellschaft haftet diesfalls direkt aus Art. 754 Abs. 1 für die Verletzung einer aktienrechtlichen Pflicht und zudem auch für ihre Hilfspersonen. In BGE 132 III 523 hat das BGer im Rahmen der Haftung für Sozialversicherungsbeiträge (Art. 52 AHVG) unter Verweis auf das Aktienrecht die Qualifikation einer AG als faktisches Organ und eine daraus folgende Haftung explizit bejaht (vgl. dazu ISLER, Verantwortlichkeitsprozesse, 111 f. m.w.Nw.). Fehlt es an der beschriebenen Intensität der Einwirkung, insb.

47

wenn die Obergesellschaft lediglich Aktionärsrechte wahrnimmt, so entsteht keine Haftung gegenüber der Untergesellschaft, deren Aktionären oder Gläubigern (vgl. zum Ganzen BGE 117 II 570, in dem das BGer den Einfluss von Organen der Konzernmuttergesellschaft auf die Konzernuntergesellschaften abgelehnt hat; HANDSCHIN, Konzern, 329 ff.; A. VOGEL, Haftung, 205 ff.; FORSTMOSER, Verantwortlichkeit, N 708 ff.; BÖCKLI, § 18 N 141 ff.; HOFSTETTER, Konzerne, 197 ff.; abl. VON BÜREN, 207 ff.; zur Problematik bei Banken MAURENBRECHER, 1337). Ein massiver Einfluss auf die Willensbildung kommt vor allem in Konzernverhältnissen vor, in denen das Geschäft nicht über die juristischen Personen, sondern entlang der *business lines* geführt wird. Hier erlässt der Geschäftsbereichsleiter in der Konzernzentrale Weisungen, welche direkt von den entsprechenden Geschäftsbereichsleitern in den Tochtergesellschaften umgesetzt werden. Der VR der Tochtergesellschaft wird dabei übergangen und meist nicht einmal informiert. Die Einflussnahme kann in Konzernverhältnissen auch über eine mehrstufige Zuständigkeitsregelung erfolgen (vgl. BGE 128 III 92 und dazu TRIGO TRINDADE/PETER; zur rechtlichen Stellung des Geschäftsführers im Konzern vgl. BGE 130 III 213 und dazu EUGSTER/VON DER CRONE, 436 ff.).

48 Faktische Organschaft liegt auch vor, wenn der Alleinaktionär seinen **fiduziarischen Verwaltungsräten** im Mandatsvertrag keinen Handlungsspielraum mehr lässt und durch Weisungen direkt die Geschicke der AG leitet (vgl. BÖCKLI, § 13 N 623 ff. und LIPS-RAUBER, 143 ff.). Ein solcher VR hat seinerseits aber nach aussen für volle Sorgfalt und Treue gegenüber der Gesellschaft einzustehen (vgl. etwa BGer v. 14.10.2003, 4C.143/2003, sowie dazu NUSSBAUMER/VON DER CRONE, 139 ff.; ausführlich zum Ganzen BAZZANI, 27 ff.). Das BGer stellt damit im Konfliktfall das Gesellschaftsinteresse über vertragliche Bindungen.

49 Dritte, v.a. Gläubiger, können die Konzernmuttergesellschaft nach der bundesgerichtlichen Rechtsprechung zur sog. **Vertrauenshaftung** zudem direkt belangen, wenn die Muttergesellschaft durch konkretes Verhalten nach aussen die Erwartungen erweckt hat, sie werde für ihre Tochtergesellschaft einstehen oder zugunsten der Tochtergesellschaft bestimmte Handlungen vorkehren, und diese Erwartungen dann in treuwidriger Weise enttäuscht hat (vgl. BGE 124 III 297; 120 II 331; dazu VON DER CRONE/WALTER, 53 ff.; ausführlich zum Ganzen SAUERWEIN, 338 ff., und LOSER, N 979 ff.).

IX. Schadenersatzbemessung

50 Die Bemessung des Schadenersatzes unterliegt den Regeln des allgemeinen Haftpflichtrechts, insb. also den Art. 43 Abs. 1 und 44 Abs. 1. Als Grundsatz gilt, dass der Schaden vollständig gedeckt werden muss. Dazu gehört ein Schadenszins zum Zinssatz von 5% (unv. BGE 4C.117/1999 v. 16.11.1999, E. 5c), teilweise wiedergegeben bei LUTERBACHER, Revisionsstelle, 1273); dieser Zins ist ab dem Zeitpunkt geschuldet, in welchem sich das schädigende Ereignis finanziell ausgewirkt hat (BGer v. 19.5.2004, 4C.19/2004, bestätigt in BGer v. 12.12.2006, 4C.182/2006). Gestützt auf die dargestellten Regeln sind aber **Reduktionen** möglich bei Selbstverschulden des Geschädigten (BGE 90 II 490; 57 II 81; 49 II 241) und bei nur leichter Fahrlässigkeit (BGE 82 II 25; abw. BGE 99 II 181; zu Fragen der sog. Schadenminderungspflicht im Kontext der aktienrechtlichen Verantwortlichkeit vgl. ausführlich LUTERBACHER, Schadenminderungspflicht, N 172 ff., der diese allerdings als Teil der Schadensberechnung und nicht der Schadenersatzbemessung betrachtet). Gemäss Art. 759 Abs. 1 sind diese Grundsätze auch bei einer Mehrheit von Haftpflichtigen im Aussenverhältnis zu berücksichtigen, was die Praxis des BGer unter dem Aktienrecht von 1936 zu Unrecht verneint hatte (vgl. zum Ganzen VOGT, 34 ff., sowie u. Art. 759 N 1 ff.).

Art. 755

IV. Revisions-haftung

¹ Alle mit der Prüfung der Jahres- und Konzernrechnung, der Gründung, der Kapitalerhöhung oder Kapitalherabsetzung befassten Personen sind sowohl der Gesellschaft als auch den einzelnen Aktionären und Gesellschaftsgläubigern für den Schaden verantwortlich, den sie durch absichtliche oder fahrlässige Verletzung ihrer Pflichten verursachen.

² Wurde die Prüfung von einer Finanzkontrolle der öffentlichen Hand oder von einem ihrer Mitarbeiter durchgeführt, so haftet das betreffende Gemeinwesen. Der Rückgriff auf die an der Prüfung beteiligten Personen richtet sich nach dem öffentlichen Recht.

IV. Dans la révision

¹ Toutes les personnes qui s'occupent de la vérification des comptes annuels et des comptes de groupe, de la fondation ainsi que de l'augmentation ou de la réduction du capital-actions répondent à l'égard de la société, de même qu'envers chaque actionnaire ou créancier social, du dommage qu'elles leur causent en manquant intentionnellement ou par négligence à leurs devoirs.

² Si la vérification a été effectuée par un contrôle des finances des pouvoirs publics ou par un collaborateur de ceux-ci, la responsabilité en incombe à la collectivité publique concernée. La collectivité publique peut recourir contre les personnes ayant participé à la vérification selon les règles du droit public.

IV. Responsabilità per la revisione

¹ Tutti coloro che si occupano della verifica del conto annuale o di gruppo, della costituzione, dell'aumento o della riduzione del capitale sono responsabili, sia verso la società sia verso i singoli azionisti e creditori della stessa, del danno loro cagionato mediante la violazione, intenzionale o dovuta a negligenza, dei doveri loro incombenti.

² Se la verifica è stata eseguita da un servizio pubblico di controllo delle finanze o da uno dei suoi membri, la responsabilità incombe all'ente pubblico preposto a tale servizio. Il regresso nei confronti delle persone che hanno partecipato alla verifica è retto dal diritto pubblico.

Literatur

Vgl. die Literaturhinweise bei den Vorbem. zu Art. 754–761.

I. Gesetzgebung

Das Aktienrecht von 1936 behandelte die Verantwortlichkeit der *«mit der Kontrolle betrauten Personen»* in der gleichen Bestimmung wie diejenige der Geschäftsführungsorgane. Art. 755 regelt nunmehr unter der Marginalie **«Revisionshaftung»** die Verantwortlichkeit des Gesellschaftsorgans RS in einer eigenen Bestimmung. Dabei werden die wesentlichen Funktionen der Revisionstätigkeit aufgezählt. Als wichtige Neuerung kam mit der Revision von 1991 ferner hinzu, dass das Gesetz das Verhältnis der Solidarität zwischen den Exekutivorganen und der RS in Art. 759 neu und differenziert regelt.

Im Zuge der sog. «kleinen» Aktienrechtsrevision vom Dezember 2005 (in Kraft seit dem 1.1.2008) ist das Revisionsrecht neu konzipiert und die bisherige rechtsformspezifische in eine rechtsformneutrale einheitliche Ordnung überführt worden. Es wird nun stärker nach der wirtschaftlichen Bedeutung der unternehmerischen Tätigkeit differenziert (vgl. den Überblick bei BÖCKLI, Revisionsstelle, N 19 ff.). Zentral ist ferner die neue Zweiteilung in ordentliche Revision (Art. 727, 727b, 728–728c) und eingeschränkte Revision (Art. 727a, 727c, 729–729c); vgl. zum Ganzen die Komm. der entsprechenden Artikel. Die ordentliche Revision richtet sich nach den Schweizer Prüfungsstandards (PS). Die eingeschränkte Revision ist ein neues Revisionsprodukt, wofür ein eigenständiger Prüfungsstandard entwickelt wurde. Sie stellt gewissermassen eine schweizerische Speziallösung für die besonderen Bedürfnisse von KMU dar, welche über die «Review» (prüferische Durchsicht angelsächsischen Zuschnitts) hinauszugehen scheint (vgl. BÖCKLI, Revisionsstelle, N 455). In Art. 755 Abs. 2 ist ferner nun auch die Haftung der Finanzkontrolle der öffentlichen Hand geregelt, wenn diese entsprechende Prüfungen durchführt; es haftet diesfalls das betreffende Gemeinwesen, wobei sich der Rückgriff auf die an der Prüfung beteiligten Personen nach öffentlichem Recht richtet. Diese Regelung ist im Zusammenhang mit dem neuen Art. 730 Abs. 3 zu sehen, wonach Finanzkontrollen der öffentlichen Hand oder deren Mitarbeiter den privaten RS grundsätzlich (vgl. die Ausnahme in Art. 6 Abs. 2 RAG) gleichgestellt und ebenfalls als RS wählbar sind (vgl. die Komm. zu Art. 730). Das am 1.9.2007 in Kraft getretene RAG regelt die Revisionshaftung entgegen ursprünglicher Absichten nicht (zum indirekten Konnex zwischen staatlicher Revisionsstellenaufsicht und Verantwortlichkeit der RS vgl. WALTER/SANWALD, 450 ff.).

Im Rahmen der sog. «grossen» Aktienrechtsrevision schliesslich wird eine Spezifizierung der differenzierten Solidarität (Art. 759 Abs. 1) für die der Revisionshaftung unterstehenden Personen vorgeschlagen (dazu u. Art. 759 N 1a).

II. Aktiv- und Passivlegitimation

1. Aktivlegitimation

2 Der Kreis der Anspruchsberechtigten in Art. 755 ist identisch mit demjenigen von Art. 754. Es kann auf die entsprechende Komm. verwiesen werden (vgl. Art. 754 N 3).

2. Passivlegitimation

3 Art. 755 Abs. 1 beschäftigt sich nur mit der Verantwortlichkeit eines **Gesellschaftsorgans**. Tätigkeiten einer RS ausserhalb der gesetzlich geregelten Revisionsfunktion fallen deshalb nicht unter Art. 755, sondern unterliegen allenfalls der Vertragshaftung aus Auftragsrecht (BGE 112 II 258 ff.; ZR 2002 Nr. 53; entspricht mittlerweile h.L., statt vieler BÖCKLI, § 18 N 170). Deshalb unterliegen bspw. Steuerberatung, Unternehmensberatung, Rechtsberatung und ähnliche Tätigkeiten einer RS nicht der Haftung nach Art. 755. Auch der (gesetzlich nicht vorgeschriebene) *Review* von Zwischenabschlüssen, oder die Erstellung von sog. *Comfort Letters* bei Börsengängen und anderen Kapitalmarkttransaktionen können keine Pflichtverletzungen i.S.v. Art. 755 begründen (gl.M. OR-Handkommentar-BERTSCHINGER, Art. 755 N 16). Übernimmt die RS nebst ihrem Revisionsstellenmandat zugleich Buch- und Kontoführungsaufgaben, so haftet sie für Fehler bei der Ausführung dieser zusätzlichen Aufgaben nicht unmittelbar aus aktienrechtlicher Verantwortlichkeit; indes muss sie sich das dabei erlangte zusätzliche Wissen anrechnen lassen, was im Einzelfall zu einer Verschärfung der Organhaftung führen kann (vgl. BGE 129 III 129 = Pra 2003 Nr. 105 sowie dazu ROTH PELLANDA/VON DER CRONE, 284 ff.; dazu auch u. N 16). Nach dem neuen Revisionsrecht dürfen im Rahmen der *ordentlichen Revision* allerdings keine eigenen Arbeiten mehr geprüft werden, was die Mitwirkung bei der Buchführung der zu prüfenden Gesellschaft ausschliesst (Art. 728 Abs. 2 Ziff. 4; vgl. bereits BGE 131 III 38 zu Art. 727c Abs. 1 altOR). Zu

mögliche Haftungsfolgen bei Verletzung dieser Vorgaben u. N 12a. Im Rahmen der *eingeschränkten Revision* ist eine solche Mitwirkung aber weiterhin zulässig (Art. 729 Abs. 2; vgl. dazu BERTSCHINGER, Verantwortlichkeit, 575 ff., und BÖCKLI, Revisionsstelle, N 494 ff.; krit. gegenüber dieser Regelung VON BÜREN/STOFFEL/WEBER, N 774).

Aus Art. 39 BankG ergibt sich, dass sowohl die Haftung der aktienrechtlichen als auch der **bankengesetzlichen RS** unter Art. 755 fällt (vgl. Botschaft BankG, 8106). Aus bankengesetzlicher Optik sind die in Art. 755 Abs. 1 genannten Pflichten entsprechend den bankenrechtlichen Vorschriften zu konkretisieren (dazu B/K/L-ZOBL, Art. 39 N 14, sowie BSK BankG-BERTSCHINGER, Art. 39 N 18 ff.). Dabei sind namentlich die besondere Stellung sowie die Prüfarbeiten der bankengesetzlichen RS zu berücksichtigen. Insbesondere die bundesgerichtliche Praxis, wonach die (aktienrechtliche) RS *«ihre Prüfungsaufgaben nicht nur im Interesse der direkt Beteiligten, sondern auch zugunsten der Allgemeinheit zu erfüllen hat»* (unv. BGE v. 19.12.1997, 4C.13/1997 = Pra 1998 Nr. 121), kann nicht unbesehen auf die bankengesetzliche RS übertragen werden. Eine solche Drittschutzbezogenheit rechtfertigt sich hier in aller Regel schon deshalb nicht, weil der bankengesetzliche Revisionsbericht (vgl. Art. 43 ff. BankV und EBK-RS 05/2 v. 29.6.2005) in erster Linie an den VR adressiert ist (vgl. Art. 21 Abs. 2 BankG). Dasselbe gilt für die börsengesetzliche RS und ihre Berichterstattung (vgl. Art. 3 Abs. 2 lit. c BEHG i.V.m. Art. 10 Abs. 2 BEHV sowie Art. 19 Abs. 2 BEHG i.V.m. Art. 34 Abs. 1 lit. d BEHV). Eine Veröffentlichung dieser Berichte ist nicht vorgesehen (BSK BEHG-DAENIKER/WALLER, Art. 3 N 14, sowie BSK BEHG-WATTER/PFIFFNER, Art. 19 N 46). Obschon die Pflichten der **börsengesetzlichen RS** für Effektenhändler i.S.v. Art. 18 f. BEHG mit den Pflichten der bankengesetzlichen RS vergleichbar sind, fehlt ein entsprechender Hinweis auf Art. 755 oder eine anderweitige explizite Regelung der Haftung. Jedenfalls soweit sich die börsengesetzliche RS für als Aktiengesellschaften organisierte Effektenhändler mit den in Art. 755 aufgeführten Aufgaben befasst, ist eine entsprechende Haftpflicht zu bejahen. Für das Pendant der **kollektivanlagenrechtlichen RS** (Art. 126 ff. KAG) gibt es eine eigenständige Verantwortlichkeitsregelung (Art. 145 Abs. 1 lit. h KAG). Soweit diese bei aktienrechtlich organisierten kollektiven Anlagen die Funktionen gemäss Art. 755 wahrnimmt, dürfte diese Vorschrift eine zusätzliche Haftungsgrundlage bilden.

Ist mit den Funktionen der RS, wie sie in Art. 755 aufgezählt werden, eine **juristische Person** «befasst», so trifft diese die Verantwortlichkeit. Die Wendung *«befasste Personen»* gem. Art. 755 soll nicht zusätzlich zu den juristischen Personen auch die mit der Prüfung tatsächlich betrauten einzelnen Angestellten der RS einer direkten Verantwortlichkeit unterwerfen (vgl. BGer v. 28.5.1996, 4C.455/1995, wobei die entscheidende Stelle in BGE 122 III 195 nicht abgedruckt ist; **a.M.** BERTSCHINGER, Entwicklungen, 79 f.; wie hier BÖCKLI, § 18 N 172; CR CO II-CORBOZ, Art. 755 N 4; RUOSS, 30 f.). Dagegen gilt auch für die RS insofern ein funktionaler Organbegriff, als mit der Ausübung der entsprechenden Funktionen auch Personen als **faktische Revisionsstelle** «befasst» sein können. Die Passivlegitimation einer faktischen RS ist gem. bundesgerichtlicher Rechtsprechung dann zu bejahen, wenn eine nicht von der GV ordnungsgemäss bestellte RS über Jahre hinweg Revisionen vornimmt und Revisionsberichte erstattet, die der GV als Entscheidungsgrundlage dienen (BGE 119 II 255 = Pra 1994 Nr. 61, der zwar noch zum Aktienrecht von 1936 erging, aber ausdrücklich auf die Parallelität zum Aktienrecht von 1991 hinweist).

Passivlegitimiert ist nun auch das **Gemeinwesen** im Rahmen der Finanzkontrolle durch die öffentliche Hand, wenn sie Prüfungen durchführt (Art. 755 Abs. 2; vgl. auch Art. 730 Abs. 3 und die entsprechende Komm.). Statuiert wird in diesem Zusammen-

Art. 755   6–8a

hang eine ausschliessliche Staatshaftung. Der Rückgriff des jeweiligen Gemeinwesens auf die an der Prüfung beteiligten Personen richtet sich nach öffentlichem Recht.

6   Der Haftung nach Art. 755 unterliegen sämtliche gesetzlich vorgeschriebenen **Tätigkeiten** der RS, die sie in ihrer Organfunktion ausübt oder auszuüben hat. Die von der RS zu prüfenden Bereiche werden für die ordentliche Revision in Art. 728a umschrieben (für die eingeschränkte Revision ist Art. 729a massgebend). Dazu gehört in erster Linie die **Prüfung der Jahresrechnung** und gegebenenfalls der Konzernrechnung, je mit den Anhängen. Letztere obliegt nach der jüngsten Gesetzesrevision nicht mehr einem besonderen Konzernprüfer (Art. 731a altOR), sondern der RS der Muttergesellschaft (vgl. Art. 728a Abs. 1 Ziff. 1). Verlangt wird eine ordentliche Revision (Art. 727 Abs. 1 Ziff. 3), so dass als RS ein zugelassener Revisionsexperte (Art. 727b Abs. 2; vgl. zu dessen Anforderungsprofil Art. 5 Abs. 2 RAG) oder ein staatlich beaufsichtigtes Revisionsunternehmen (Art. 727b Abs. 1; Art. 6 Abs. 1 RAG) zu bestellen ist. Ferner hat die RS auch zu prüfen, ob ein internes Kontrollsystem (IKS) existiert (Art. 728a Abs. 1 Ziff. 3; dazu u. N 13a). Als Revisionstätigkeit gelten auch die Prüfung der speziellen Berichte über Sacheinlagen und Sachübernahmen bei der Gründung (Art. 635a), der Kapitalerhöhungsberichte (Art. 652f, 653f Abs. 1, 653i Abs. 1) bzw. des Kapitalherabsetzungsberichts (Art. 732 Abs. 2), weiter aber auch die Prüfung der Aufwertung (Art. 670 Abs. 2), die Prüfung im Zusammenhang mit der Überschuldung (Art. 725 Abs. 2; vgl. auch Art. 728c Abs. 3 und 729c sowie u. N 17) und die Prüfung bei vorzeitiger Verteilung des Liquidationsvermögens (Art. 745 Abs. 3). Die Prüftätigkeit bei solchen besonderen Sachverhalten untersteht ebenfalls der Haftung von Art. 755 (vgl. CAMPONOVO/VON GRAFFENRIED-ALBRECHT, 208, die u.E. zu Recht auf die in dieser Hinsicht missverständliche Botschaft RAG, 4007, hinweisen). Weitere Prüfungspflichten sind im FusG verankert (vgl. Art. 15, 25, 40, 62, 81, 92 und 100 Abs. 2 FusG), wobei sich die Verantwortlichkeit für diesbezügliche Prüfungsfehler grundsätzlich nach Art. 108 Abs. 2 FusG richtet (vgl. hierzu BSK FusG-MAURENBRECHER, Art. 108, sowie o. Vor Art. 754–761 N 5c). Zu erwähnen sind schliesslich die Prüfungshandlungen bei Sitzverlegungen vom Ausland in die Schweiz (Art. 162 Abs. 3 IPRG) sowie bei Sitzverlegung, Fusion, Spaltung und Vermögensübertragung von der Schweiz ins Ausland (Art. 164 IPRG).

7   Die RS hat für den VR einen umfassenden **Revisionsbericht** (ersetzt den bisherigen Erläuterungsbericht gem. Art. 729a altOR) mit Feststellungen über die Rechnungslegung, das IKS sowie über die Durchführung und das Ergebnis der Revision zu erstellen; der GV ist ein schriftlicher, zusammengefasster Bericht zu erstatten (vgl. die Komm. zu Art. 728b; für die eingeschränkte Revision vgl. Art. 729b). Die Erstellung dieser Berichte ist ausdrücklich Aufgabe der RS und damit Organfunktion.

8   Nicht von Art. 755 erfasst wird die Tätigkeit des **Sonderprüfers** (ebenso BÖCKLI, § 18 N 170; CASUTT, Sonderprüfung, 245 f.; FORSTMOSER/SPRECHER/TÖNDURY, N 62). Dieser ist weder Organ noch mit Funktionen betraut, die in Art. 755 aufgezählt werden (vgl. PEDROJA, 782). Nach Art. 731a Abs. 3 kann die GV zur Prüfung der Geschäftsführung oder einzelner Teile Sachverständige ernennen. Die Tätigkeit solcher **Geschäftsführungsprüfer** ist von Art. 755 ebenfalls nicht erfasst (ebenso TRUFFER, 426).

8a   Umstritten ist, ob die **börsengesetzliche Prüfstelle,** die gem. Art. 25 BEHG und Art. 25 ff. UEV-UEK ein öffentliches Kaufangebot prüft, zum Kreis der Haftpflichtigen nach Art. 755 gehört. Da sich die Tätigkeit der Prüfstelle nicht auf einen in Art. 755 normierten Sachverhalt bezieht, ist eine Haftung unter diesem Titel abzulehnen (vgl. OR-Handkommentar-BERTSCHINGER, Art. 755 N 18; BSK BEHG-TSCHÄNI/IFFLAND/DIEM, Art. 25 N 16; vgl. auch GLATTHAAR, 306; abw. WATTER/DUBS, Organverhalten, 1323 f.). Die

Prüfstelle ist auch nicht Organ der Gesellschaft. Die Haftung richtet sich daher nach den allg. Haftungsregeln des OR: Gegenüber dem Anbieter kann die Prüfstelle bei Verletzung ihrer Pflichten aus Auftrag (Art. 398) haftbar werden. Im Verhältnis zu den Angebotsempfängern kommen primär Art. 41 ff. in Betracht (vgl. BSK BEHG-TSCHÄNI/IFFLAND/DIEM, Art. 25 N 16). Eine ausservertragliche Haftung kommt indes nur zum Tragen, wenn man Art. 25 BEHG Schutznormqualität zuspricht, ansonsten das Erfordernis der Widerrechtlichkeit entfällt (vgl. BGE 115 II 15 sowie – im Kontext des Kapitalmarktrechts – DAENIKER/WALLER, Haftung, 100 ff.).

III. Schaden

Auch für die Verantwortlichkeit der RS ist die Unterscheidung zwischen unmittelbarer und mittelbarer Schädigung zu beachten (vgl. o. Art. 754 N 15 ff.). Der durch Pflichtverletzung der RS verursachte Schaden wird meist nur einen geringfügigen Teil des Gesamtschadens ausmachen. Der praktisch weitaus häufigste Fall des durch die RS verursachten Schadens ist das Anwachsen des **Nettoverlusts** zwischen dem Zeitpunkt, an dem die Überschuldung hätte festgestellt werden müssen bzw. die RS eine entsprechende Anzeige hätte erstatten müssen (Art. 728c Abs. 3 und 729c) und demjenigen, an dem sie festgestellt wurde bzw. an dem der Konkurs eröffnet wurde (vgl. o. Art. 754 N 22). Ein instruktives Beispiel zur Schadensberechnung, wenn die Aktiven aus Immobilien bestehen, liefert der unv. BGE v. 16.11.1999, 4C.117/1999, E. 2, teilweise wiedergegeben bei LUTERBACHER, Revisionsstelle, 1271 FN 16 (vgl. auch BGer v. 18.12.2001, 4C.160/2001 sowie v. 25.5.2007, 4C.58/2007). Es ist immer zu fragen, wie sich die Vermögenssituation der Gesellschaft entwickelt hätte, wenn die RS sämtliche Pflichten erfüllt hätte. Dies gilt jedenfalls für den mittelbaren Schaden, d.h. den unmittelbaren Gesellschaftsschaden (BGE 116 II 541). 9

Wie die Leitungsorgane kann auch die RS für den **unmittelbaren Schaden** von Aktionären, Partizipanten und Gläubigern direkt oder unmittelbar in Anspruch genommen werden. Das ist gerade bei mangelhafter Bilanz bzw. mangelhaftem Prüfungs-, resp. Revisionsbericht oft der Fall. Die Berichte der banken- als auch der börsengesetzlichen RS sind allerdings auszunehmen (vgl. o. N 4). Gestützt auf geprüfte Jahresrechnungen gelingt es der Gesellschaft häufig, sich neue Mittel zu beschaffen, sei es in der Form von Eigen- oder von Fremdkapital. In allen diesen Fällen wird die Gesellschaft durch diesen Vorgang nicht geschädigt, häufig ist das Gegenteil der Fall. Der Schaden tritt vielmehr unmittelbar im Vermögen des finanzierenden Aktionärs, Partizipanten oder Gläubigers in Form einer Wertverminderung seiner Forderung ein. Der Geschädigte hat in diesem Fall einen eigenen Anspruch und zwar auf Zahlung an sich selbst und nicht an die Gesellschaft (BGE 106 II 232). Die Frage, ob ein mittelbarer oder ein unmittelbarer Schaden vorliegt, muss auch hier von der Voraussetzung der Widerrechtlichkeit, d.h. der Pflichtwidrigkeit, klar unterschieden werden. Das BGer trägt dem nunmehr wieder Rechnung (vgl. BGE 132 III 564 und o. Art. 754 N 17 ff.). 10

Im Zuge einer Unternehmensübernahme schädigt die RS den Übernehmer, wenn sich im Nachhinein herausstellt, dass dieser aufgrund des den Jahresbericht bestätigenden Revisionsberichts einen zu hohen Kaufpreis bezahlt hat. Der Übernehmer erleidet diesfalls einen unmittelbaren Schaden im Umfang des Wertberichtigungsbedarfs (vgl. unv. BGE v. 19.12.1997, 4C.13/1997 = Pra 1998 Nr. 121). Nach BÖCKLI, § 18 N 210, liegt dem Entscheid keine Schädigung nach Art. 755, sondern ein Vertrauensschaden zugrunde, wobei das Vorliegen einer Sonderverbindung im dem Entscheid zugrundeliegenden Sachverhalt eher zu verneinen sei. Die im Entscheid postulierte Drittschutzbezo- 11 genheit kann u.E. auch nicht auf die banken- und börsenrechtliche RS übertragen werden (vgl. o. N 4).

IV. Pflichtverletzung

12 Die mit der Revision befassten Personen haften für die Verletzung ihrer Pflichten im Zusammenhang mit den in N 6 f. aufgezählten Funktionen. Diese Pflichten ergeben sich aus dem **Gesetz.** Es ist grundsätzlich auf das zu Art. 728a und 728b im Zusammenhang mit der Prüfung der Jahres- und Konzernrechnung und des IKS sowie dem Revisionsbericht Gesagte zu verweisen. Auch für die speziellen Berichte bei Gründung, Kapitalerhöhung und Kapitalherabsetzung genügt an dieser Stelle ein Verweis auf die dortigen Ausführungen. Entscheidend für die Konkretisierung sind die detaillierten Anleitungen für die Durchführung der Prüfungsaufgaben, die in den Prüfungsstandards enthalten sind (vgl. zur Thematik i.A. EGGMANN, 75 ff.).

12a Mangelnde **Unabhängigkeit** (vgl. den Grundsatz in Art. 728 Abs. 1 sowie den kasuistischen Katalog in Abs. 2; für die eingeschränkte Revision gilt der gleiche Grundsatz [Art. 729 Abs. 1], die Kasuistik aber fehlt) kann zwar eine Pflichtwidrigkeit i.S.v. Art. 755 darstellen (vgl. ROTH PELLANDA/VON DER CRONE, 290 m.w.Nw.; ferner etwa Botschaft RAG, 4022). Indessen führt mangelnde Unabhängigkeit nur dann zur Verantwortlichkeit, wenn alle übrigen Haftungsvoraussetzungen ebenfalls erfüllt sind. Obschon an sich eine Selbstverständlichkeit, ist dies um so mehr zu betonen, als fehlende Unabhängigkeit *per se* kaum je eine relevante Schadensursache darstellen dürfte (BERTSCHINGER, Verantwortlichkeit, 579). Das BGer scheint dem zu folgen (vgl. BGE 133 III 460).

13 Bei den Pflichten der RS ist darauf zu achten, dass sich ihre Aufgabe in **Prüfung und Berichterstattung** erschöpft (zu den Ausnahmen u. N 15 ff.). Sie kann eine falsche Jahresrechnung ebenso wenig ändern, wie sie ermächtigt ist, auf Geschäftsführungsentscheide einzuwirken (vgl. ZR 2002 Nr. 53). Die Geschäftsführung des VR ist nicht Gegenstand der Prüfung durch die RS (dieser Grundsatz ist nun explizit in Art. 728a Abs. 3, resp. 729a Abs. 3 verankert), sie ist dafür nicht verantwortlich. Die RS kann einzig darüber berichten, äusserstenfalls den Bericht verweigern. Es bestehen jedoch weit verbreitete, falsche Erwartungen in die Tätigkeit einer RS und die Aussagekraft ihrer Berichterstattung (sog. *expectation gap;* vgl. die Übersicht zur Literatur bei BÖCKLI, Revisionsstelle, N 37 FN 104). Die These der «Erwartungslücke» lässt sich in der Rechtsprechung allerdings nicht belegen (vgl. die Analyse bei VON DER CRONE, Haftung, 10 f.). Dennoch ist die Regelung über die differenzierte Solidarität (Art. 759) zu begrüssen (vgl. auch BÖCKLI, § 18 N 179 ff.). Pflichtverletzung, Kausalverlauf und verursachter Schadensanteil sind bei der RS grundsätzlich selbständig und unabhängig von allfälligen Einwirkungen seitens der Leitungsorgane zu beurteilen.

13a Besonderer Erwähnung bedürfen die in Art. 728a Abs. 1 Ziff. 3 und Abs. 2 sowie Art. 728b Abs. 1 und 2 statuierten Prüfungs- und Berichterstattungspflichten im Zusammenhang mit dem **internen Kontrollsystem (IKS)** bei der ordentlichen Revision. Noch ist nicht abzusehen, ob diese neuen Bestimmungen eher haftungsverschärfend oder aber haftungsmildernd wirken (vgl. BÖCKLI, Revisionsstelle, N 49 m.w.Nw.). Kontrovers ist hauptsächlich (vgl. im Einzelnen die Komm. zu Art. 728a), inwieweit über die rein formale Prüfung der Existenz des IKS hinaus auch eine Überprüfung bezüglich dessen Qualität und Wirksamkeit zu erfolgen hat.

Zu prüfen hat die RS sodann, ob der VR im Anhang zur Jahresrechnung Angaben über **13b** die Durchführung einer **Risikobeurteilung** gemacht hat (Art. 728a Abs. 1 Ziff. 1 i.V.m. Art. 663b Ziff. 12). Zu prüfen ist dabei lediglich das Vorhandensein der erforderlichen Angaben und ob diese formal zutreffen. So prüft die RS, ob der VR eine Auseinandersetzung mit entsprechenden Risiken vorgenommen hat (d.h., ob diese Gegenstand einer Verwaltungsratssitzung war), sie stellt weder eine eigene Analyse an, noch prüft sie die Beurteilung des VR hinsichtlich Inhalt, Zweckmässigkeit oder Resultat. Dies ergibt sich bereits aus der fehlenden Prüfpflicht hinsichtlich Geschäftsführung (Art. 728a Abs. 3). Überdies bestätigen auch die Materialien diese Auslegung (vgl. AmtlBull 2005, 988; ferner zum Ganzen BÖCKLI, Revisionsstelle, N 192 ff. m.w.Nw.; BERTSCHINGER, Verantwortlichkeit, 583; VOGT/FISCHER, 128 ff.).

Umstritten ist, ob die RS verpflichtet ist, den tatsächlichen **Bestand der Aktiven** zu **14** überprüfen. Mindestens für bedeutende oder zweifelhafte Positionen, wie z.B. Warenlager oder Bankkonti, hat das BGer dies bejaht und an der mit BGE 112 II 461 begonnenen Rechtsprechung festgehalten (BGer v. 28.9.2000, 4C.198/2000; BGE 127 III 455; 116 II 541 m.w.Nw.; ferner BÖCKLI, § 18 N 407 f.). Eine solche Überprüfung entspricht den brancheninternen Standards und ist heute fest etablierte Revisionspraxis. Bei der eingeschränkten Revision sind neu nur noch *«angemessene Detailprüfungen»* vorzunehmen (Art. 729a Abs. 2), womit das Gesetz im Vergleich zur ordentlichen Revision eine Beschränkung postulieren will, obschon die Detailprüfung auch bei der ordentlichen Revision nur angemessen und nicht etwa umfassend erfolgen muss (vgl. auch u. N 17a).

Ausnahmen vom Grundsatz der Prüfung und Berichterstattung ergeben sich ausschliesslich **15** aus Art. 728c. Danach treffen die RS bestimmte **Anzeigepflichten,** einerseits an VR und GV, anderseits an den Richter. Zum Einzelnen wird auf die Komm. von Art. 728c verwiesen. Im Zusammenhang mit der Verantwortlichkeit sind diese Anzeigepflichten von erheblicher Bedeutung. Dies in mehrfacher Hinsicht:

Einerseits hat die RS die Pflicht, Verstösse gegen Gesetz, Statuten oder das Organisa- **16** tionsreglement dem VR schriftlich zu melden (Art. 728c Abs. 1), obschon die Geschäftsführung grundsätzlich nicht Prüfungsthema ist (Art. 728a Abs. 3). Das BGer hält denn auch fest, dass die systematische Kontrolle der Geschäftsführung auf irgendwelche Unregelmässigkeiten nicht zu den gesetzlich umschriebenen Pflichten der RS gehöre (BGE 129 III 130; vgl. auch BGer v. 8.2.2008, 4A_505/2007). Art. 728c Abs. 1 meint folgerichtig Verstösse, welche die RS anlässlich ihrer Prüfung (Art. 728a Abs. 1 Ziff. 1 und 2) wahrnimmt (vgl. auch BÖCKLI, Revisionsstelle, N 399). Anderseits – und im Gegensatz zum bisherigen Recht – ist die GV aber nicht nur über wesentliche Verstösse gegen Gesetz oder Statuten zu informieren, sondern auch dann, wenn der VR trotz Meldung der RS untätig bleibt (Art. 728c Abs. 2).

Unter dem *«Gesetz»* i.S.v. Art. 728c ist in erster Linie das **Aktienrecht** zu verstehen. Zu denken ist insb. an verdeckte Gewinnausschüttungen in Verletzung des Gleichbehandlungsprinzips oder an eigentliche Veruntreuungen. Fraglich ist, ob auch die Verletzung anderer Gesetze, wie z.B. von Bestimmungen des Wirtschaftsverwaltungs-, des Abgabe- oder Strafrechts (insb. Tatbestände des Wirtschaftsstrafrechts) anzuzeigen ist (bejahend BÖCKLI, Revisionsstelle, N 406 und 441 ff.). Jedenfalls ist die Suche nach solchen Gesetzesverletzungen nicht Gegenstand der ordentlichen Rechnungsprüfung (vgl. unv. BGE v. 3.3.1998, 4C.506/1996, partiell wiedergegeben in SZW 1998, 207 ff.). Stellt die RS bei ihrer Revisionstätigkeit aber Verstösse gegen Gesetz oder Statuten fest, so hat sie dies dem VR und in wichtigen Fällen auch der GV schriftlich zu melden; diese Anzeigepflichten sind nicht auf den eigentlichen Gegenstand der Abschlussprüfung beschränkt, sondern gelten in Bezug auf alle festgestellten Unregelmässigkeiten (BGE 129 III 130 f.).

17 Von besonderer Bedeutung ist Art. 728c Abs. 3 (entspricht Art. 729b Abs. 2 altOR), der die RS verpflichtet, den Richter von einer **offensichtlichen Überschuldung** in Kenntnis zu setzen, falls der VR dies unterlässt. Wenn die Überschuldung für die RS offensichtlich ist, muss sie dem VR eine Frist von 4–6 Wochen ansetzen und bei dessen Untätigkeit die Bilanz selbst hinterlegen (vgl. unv. BGE v. 16.11.1999, 4C.117/1999, E. 1, teilweise wiedergegeben bei LUTERBACHER, Revisionsstelle, 1269; ferner dazu CAMPONOVO, Verantwortlichkeit, 73 ff.). Da Art. 728c Abs. 3 (wie bisher) auch dem Schutz neuer Gläubiger dient, ist ein Aufschub der Anzeige an den Richter pflichtwidrig, sobald dadurch die Gefahr der Schädigung von Neugläubigern entsteht (unv. BGE v. 16.11.1999, 4C.117/1999, E. 1b/bb, teilweise wiedergegeben bei LUTERBACHER, Revisionsstelle, 1270 f.). Die RS muss während des laufenden Jahres nicht eigens Nachforschungen zur Frage der Überschuldung vornehmen; unterlässt sie aber nach erkanntem Eintritt einer solchen die genannten Anzeigepflichten, handelt sie pflichtwidrig (vgl. BGer v. 25.6.2003, 4C.53/2003 = Pra 2004 Nr. 40). Werden in einer Überschuldungssituation der Gesellschaft erhebliche Mittel zur Verfügung gestellt und kann die RS davon ausgehen, dass der VR geeignete Massnahmen ergreift und allenfalls die Übernahme der Gesellschaft durch eine andere in die Wege leitet, darf die RS gemäss BGer bis zum Scheitern der Übernahmeverhandlungen ohne Verletzung ihrer Anzeigepflichten auf die Benachrichtigung des Richters verzichten (BGer v. 18.4.2007, 4C.436/2006; dazu auch LINDER/VON DER CRONE, 490 ff.).

Die Anzeigepflicht im Falle offensichtlicher Überschuldung gilt auch bei der eingeschränkten Revision (Art. 729c). Es stellt sich die Frage, ob eine solche Überschuldung – trotz geforderter Offensichtlichkeit – im Rahmen der eingeschränkten Revision überhaupt erkannt werden kann (vgl. CAMPONOVO, Überschuldung, 546, und VOGT/FISCHER, 140). Der Begriff der Offensichtlichkeit ist hier jedenfalls der Eingeschränktheit der Prüfung anzupassen (VOGT/FISCHER, 141 f.; vgl. auch BERTSCHINGER, Verantwortlichkeit, 585, und CAMPONOVO, Gesetzesentwurf, 225 f.; krit. BÖCKLI, Revisionsstelle, N 505 ff.). Die Prüfungsstandards zur eingeschränkten Revision halten u.a. dazu fest, dass eine offensichtliche Überschuldung dann vorliege, wenn *«jeder verständige Mensch ohne weitere Abklärungen»* sofort sehe, dass die Aktiven die Schulden und notwendigen Rückstellungen nicht zu decken vermögen (vgl. auch die Umschreibung in BGer v. 8.2.2008, 4A_505/2007 m.w.V. – indes noch zu Art. 729b Abs. 2 altOR).

17a Bei der **eingeschränkten Revision** (Art. 727a, 727c, 729–729c) ist im Zusammenhang mit Pflichtverletzungen in allgemeiner Hinsicht zu beachten, dass ein tieferer *level of assurance* vorliegt (dazu etwa BOURQUI/BOURQUI, 422 ff.). Die Prüfungsstandards zur eingeschränkten Revision halten denn auch explizit fest, dass die Prüfsicherheit deutlich geringer sei als bei der ordentlichen Revision. Das Risiko, Fehler nicht zu entdecken, ist im Rahmen der eingeschränkten Revision von Gesetzes wegen – und damit zulässigerweise – höher als bei der ordentlichen Revision (VOGT/FISCHER, 136). Inwieweit die Rechtsprechung dies im Rahmen der Beurteilung von Pflichtwidrigkeiten berücksichtigt, bleibt abzuwarten. Insbesondere dürfte die Gefahr bestehen, dass Detailprüfungen, die einen Fehler nicht aufdecken konnten, *ex post* als nicht angemessen i.S.v. Art. 729a Abs. 2 eingestuft werden. Die Beurteilung der Angemessenheit darf sich nicht am Resultat orientieren, sondern daran, dass ein beschränkter Prüfungsaufwand und damit ein erhöhtes Restrisiko ausdrücklich gewollt ist.

18 Im Lichte der bundesgerichtlichen Rechtsprechung zur eingeschränkten Klagemöglichkeit im Fall, dass sowohl die (konkursite) Gesellschaft als auch der Gläubiger bzw. der

Aktionär unmittelbar geschädigt sind (vgl. o. Art. 754 N 17 und 24), ist zu untersuchen, welchen **Interessen** die Pflichten der RS dienen. Das Bundesgericht hat festgehalten, dass die RS nicht lediglich eine Einrichtung gesellschaftsinterner Selbstkontrolle sei und ihre Prüfungsaufgabe nicht nur im Interesse der direkt Beteiligten zu erfüllen habe (unv. BGE v. 19.12.1997, 4C.13/1997 = Pra 1998 Nr. 121; eingehend dazu FORSTMOSER, Revisor, 81 ff.; ferner etwa BÄRTSCHI, 293 ff., und HIRSCH, Réviseurs, 48 ff.; krit. BÖCKLI, Revisionsstelle, N 359 f.). Die Bestimmungen über die Pflichten der RS sind zunächst im Interesse von bestehenden und zukünftigen Aktionären und Gläubigern aufgestellt. Sie bezwecken darüber hinaus den Schutz der Allgemeinheit und dienen u.E. insb. auch dem Schutz der Finanzmärkte. Damit die Klagelegitimation in der eingangs erwähnten Konstellation bejaht wird, ist entweder die Verletzung einer Pflicht erforderlich, die allein dem Schutz des Aktionärs oder Gläubigers dient, oder es muss ein Tatbestand der *culpa in contrahendo* vorliegen. Hier stellt sich konkret die Frage, ob es Zweck der durch die RS zu erstellenden Berichte ist, Grundlage für Vertragsabschlüsse Dritter zu bilden (abl. BÖCKLI, Revisionsstelle, N 360, wonach der Investor nicht direkter Schutzadressat des Revisionsberichts ist). Das BGer erklärt in BGE 122 III 195, dass eine RS nur nicht Anzeichen dafür pflichtwidrig ausser Acht lassen darf, dass ihre Berichte dazu ausgenützt würden, Dritte zu Vertragsabschlüssen auf falscher Geschäftsgrundlage zu veranlassen. Es ist aber nicht Pflicht der RS abzuklären, was im konkreten Fall mit dem Bericht geschehen könnte, sondern einzig, den Bericht nach Art. 729 altOR (vgl. neu Art. 728b bzw. 729b) ordnungsgemäss zu erstellen. In Situationen, in denen nebst dem unmittelbar geschädigten Gläubiger oder Aktionär auch die Gesellschaft einen Schaden zu verzeichnen hat, dürfte somit weiterhin kaum Schadenersatz aus unmittelbarer Schädigung gegen eine RS ausgesprochen werden. Die Pflichten der RS nach Art. 728 ff. altOR dienten dem Schutze der Gläubiger und der Gesellschaft (ausdrücklich BGE 122 III 193; dies wird auch für die neuen Art. 728a ff. gelten). Vor allem die Pflicht zur Benachrichtigung des Richters bei Überschuldung (Art. 728c Abs. 3, resp. Art. 729b Abs. 2 altOR) ist jedoch eine eigentliche Gläubigerschutzbestimmung und sollte u.E. daher als Haftungsgrundlage für die Geltendmachung eines unmittelbaren Schadens genügen (gl.M. FORSTMOSER, Revisor, 99, der auch noch Art. 745 Abs. 3 altOR [entspricht materiell dem neuen Art. 745 Abs. 3] dazuzählt).

V. Sonderfragen der Kausalität

Pflichtverletzungen einer RS bestehen praktisch immer in **Unterlassungen** (vgl. etwa CAMPONOVO, Verantwortlichkeit, 72 f.). Damit beruht die Feststellung der natürlichen Kausalität nie auf eigentlichen wissenschaftlichen Feststellungen, sondern auf einem hypothetischen Urteil über die Frage: Wäre der geltend gemachte Schaden auch dann eingetreten, wenn die RS ihre Pflichten erfüllt hätte? (vgl. BGE 129 III 134 und dazu ROTH PELLANDA/VON DER CRONE, 290 f.; zum Aktienrecht von 1936 vgl. BGer v. 25.6.2003, 4C.53/2003 = Pra 2004 Nr. 40; zur Prüfung des adäquaten Kausalzusammenhangs bei Unterlassungen o. Art. 754 N 43). Eine Exkulpation mittels Hypothese, wonach der VR ohnehin nicht den Warnungen der RS nachgekommen wäre, hat das BGer indes verneint, insb. mit der Begründung, dass die Vorinstanz nicht darlegte, welche Massnahmen die RS hätte ergreifen sollen; vor diesem Hintergrund könne nicht beurteilt werden, ob diese wirkungslos geblieben wären (BGer v. 8.8.2005, 4C.118/2005; vgl. auch BGE 129 III 129 ff.). 19

In den bisherigen in der Praxis bekannt gewordenen Fällen bestand die hauptsächliche von der RS gesetzte Ursache in der **verspäteten Feststellung der Überschuldung** (BGE 116 II 541; 86 II 171 ff.; ZR 1976, 72). Dabei ist auch klar, dass diese Teilursa- 20 che des Gesamtschadens sich mit allfälligen Fehlern und Pflichtverletzungen der Leitungsorgane nur äusserst schwer vergleichen lässt. Der unzulängliche Bericht über einen Fehler kann nicht mit der Verursachung des Fehlers selbst gleichgesetzt werden. In differenzierter Betrachtung der Kausalität zwischen dem pflichtwidrigen Verhalten einer faktischen RS und dem Schadenseintritt kommt das BGer in BGE 119 II 255 (= Pra 1994 Nr. 61) zum Schluss, dass der Schaden auch durch eine ordnungsgemässe Berichterstattung nicht unterblieben wäre, weil der VR über den finanziellen Zustand genauestens informiert war und keine GV mehr stattfand, die durch Revisionsberichte getäuscht oder zu Massnahmen hätte veranlasst werden können. In diesem Zusammenhang ist weiter zu erwähnen, dass es kaum etwas nützt, wenn eine faktische RS eine GV nach Art. 699 Abs. 1 einberuft, da zweifelhaft ist, ob die Aktionäre der Aufforderung einer RS, die nicht formell von ihnen gewählt wurde, überhaupt Folge leisten würden. Das BGer hielt in einem neueren Fall schliesslich die aufgrund der pflichtwidrig verspäteten Anzeige hinausgezögerte Liquidation von Immobilien nach der allgemeinen Lebenserfahrung für geeignet, eine entsprechende Werteinbusse zu verursachen (unv. BGE v. 16.11.1999, 4C.117/1999, E. 3 b/bb, teilweise wiedergegeben bei LUTERBACHER, Revisionsstelle, 1271 f.). Ähnlich argumentierte das BGer im Urteil 4C.118/2005 v. 8.8.2005: Grundsätzlich sei jegliche Verspätung bei der Konkursanmeldung kausal für eine Schädigung der Gesellschaft, dies gelte insb., wie im beurteilten Fall, bei wiederholten Veruntreuungen.

21 Aufgrund der eingeschränkten Prüfungs- und Berichterstattungspflichten der RS stellt sich bei der Haftung für unmittelbare Schädigung von zukünftigen Aktionären und Gläubigern die Frage, ob die Tätigkeit der RS überhaupt kausal für deren **Investitions- oder Kreditentscheid** gewesen ist (vgl. FORSTMOSER, Revisor, 102 f.). Allfällige unterlassene zusätzliche Abklärungen, z.B. in Form einer *Due Diligence,* sind ihnen allenfalls als Selbstverschulden anzurechnen (EGGMANN, 194; **a.M.** GLANZMANN, Haftung, 1240; dazu auch u. N 23). Geprüfte Jahresrechnungen müssen u.E. im Rahmen einer *Due Diligence* grundsätzlich aber nicht hinterfragt werden.

VI. Verschulden und Schadenersatzbemessung

22 Gemäss Art. 759 ist das **Verschulden** der RS gesondert zu prüfen und im Aussenverhältnis zu berücksichtigen (vgl. im Übrigen Art. 754 N 32 ff.).

23 Bei der Bemessung des Schadenersatzes sind Art. 43 Abs. 1 und 44 Abs. 1 zu berücksichtigen. In BGE 127 III 453 hat das BGer das tiefe Honorar und das Selbstverschulden einer Gesellschaft, welche das Revisionsmandat ohne die nötige Vorsicht und Instruktion einem Treuhänder überliess und wusste, dass der mandatsführende Mitarbeiter über zu grosse Freiheit verfügte, schadensmindernd berücksichtigt. Beim Kauf eines bedeutenden Aktienpakets schliesslich ist eine sorgfältige Überprüfung des Unternehmens (sog. *Due Diligence)* handelsüblich. Verzichtet ein Investor darauf und stützt sich einzig auf den Revisionsbericht ab, hat der Richter sein Verhalten unter Art. 44 Abs. 1 zu berücksichtigen (in BGer v. 28.9.2000, 4C.198/2000 aufgrund der bescheidenen Investition verneint). Präzisierend ist aber festzuhalten, dass den Investor grundsätzlich keine Pflicht trifft, geprüfte Abschlüsse zu hinterfragen – es sei denn, es lägen konkrete Anhaltspunkte vor, die Gegenteiliges indizierten. Das BGer prägte im Zusammenhang mit der Prospektprüfungspflicht der Banken den Begriff der *«indices alarmants»* (BGE 129 III 71).

VII. Solidarität mit den Leitungsorganen

Die im Aktienrecht von 1936 noch geltende strikte **Solidarität** zwischen RS und VR bzw. GL ist durch den geltenden Art. 759 i.S. einer differenzierten Solidarität wesentlich gemildert (vgl. die Komm. zu Art. 759). Im Rahmen der sog. «grossen» Aktienrechtsrevision wird eine Spezifizierung dieser differenzierten Solidarität für die der Revisionshaftung unterstehenden Personen vorgeschlagen (ausführlicher dazu u. Art. 759 N 1a). 24

VIII. Weitere Fragen

Vgl. für die Revisionshaftung in der **EU** EBKE, 62 ff., sowie CAMPONOVO/BERTSCHINGER, 256 ff., je mit weiteren rechtsvergleichenden Ausführungen zur sog. Abschlussprüferhaftung; ferner dazu etwa die Hinweise bei NOBEL/GRONER, 379 f. Für alles Weitere sei auf die Komm. zu Art. 754 verwiesen. 25

Art. 756

B. Schaden der Gesellschaft
I. Ansprüche ausser Konkurs

¹ Neben der Gesellschaft sind auch die einzelnen Aktionäre berechtigt, den der Gesellschaft verursachten Schaden einzuklagen. Der Anspruch des Aktionärs geht auf Leistung an die Gesellschaft.

² Hatte der Aktionär aufgrund der Sach- und Rechtslage begründeten Anlass zur Klage, so verteilt der Richter die Kosten, soweit sie nicht vom Beklagten zu tragen sind, nach seinem Ermessen auf den Kläger und die Gesellschaft.

B. Dommage subi par la société
I. Prétentions hors faillite

¹ Pour le dommage causé à la société, la société et chaque actionnaire ont le droit d'intenter action. Les actionnaires ne peuvent agir qu'en paiement de dommages-intérêts à la société.

² Si, compte tenu de l'état de fait et de droit, l'actionnaire avait de bonnes raisons d'agir, le juge répartit les frais selon sa libre appréciation entre le demandeur et la société, dans la mesure où il ne les met pas à la charge du défendeur.

B. Danno subito dalla società
I. Pretese fuori del fallimento

¹ Per chiedere il risarcimento del danno causato alla società possono agire in giudizio, oltre la società, anche i singoli azionisti. La domanda di questi ultimi può tendere solo a far ottenere una prestazione alla società.

² Se, in base alle circostanze di fatto e di diritto, l'azionista aveva fondato motivo d'agire in giudizio, il giudice ripartisce le spese, nella misura in cui non siano poste a carico del convenuto, tra l'attore e la società, secondo il proprio apprezzamento.

Literatur

Vgl. die Literaturhinweise bei den Vorbem. zu Art. 754–761.

I. Allgemeines

Art. 756 f. entsprechen im wesentlichen Art. 755 f. altOR (1936). Sie befassen sich mit der **Legitimation** zur Geltendmachung der Ansprüche aus mittelbarer Schädigung gem. Art. 754 f. Für den Ersatz des unmittelbaren Schadens gilt das in Art. 754 N 16 1 und Art. 755 N 10 Ausgeführte. Die unmittelbar geschädigten Gläubiger oder Aktionäre können, falls die Voraussetzungen vorliegen, den entsprechenden Anspruch jederzeit geltend machen und Zahlung an sich verlangen.

2   Für die Geltendmachung des Anspruchs aus dem Schaden der Gesellschaft unterscheiden die Art. 756 und 757 zwischen der Situation ausser Konkurs und derjenigen im Konkurs. **Sinn der Bestimmungen** ist es, den entsprechenden Verhältnissen durch eine differenzierte Einräumung der Klageberechtigung gerecht zu werden. Solange die Gesellschaft aufrecht steht, geht es in erster Linie darum, den Bestand des Vermögens zu sichern, die Lebensfähigkeit der Gesellschaft zu erhalten und dadurch den Aktionären den Wert ihrer Beteiligungsrechte zu bewahren (BGE 117 II 438). So rechtfertigt es sich, dass der Gesetzgeber in Art. 756 Abs. 1 nur der Gesellschaft und den Aktionären ein Klagerecht einräumt. Den Aktionären deshalb, um sie vor Unterlassungen der Gesellschaft wirksam zu schützen (BGE 117 II 439; BÖCKLI, § 18 N 225 f.). Die Gesellschaftsgläubiger werden demgegenüber so lange gar nicht geschädigt, als die Gesellschaft zahlungsfähig bleibt (FORSTMOSER, Verantwortlichkeit, N 96).

II. Anspruch der Gesellschaft

3   Die Gesellschaft selbst kann wie schon im Aktienrecht von 1936 die Ansprüche aus Art. 753 bis 755 gegen ihre verantwortlichen Organe jederzeit geltend machen. Dies ist sachgerecht, ist doch die Gesellschaft die eigentlich **Geschädigte,** da der durch die Pflichtverletzung der Organe entstandene Schaden im Vermögen der Gesellschaft eingetreten ist. Dementsprechend verlangt die Gesellschaft Zahlung des ganzen Schadens an sich. Unumstritten ist auch die Rechtsnatur des Anspruchs der Gesellschaft: sie klagt aus eigenem Recht.

4   Oftmals wird es aber nicht zu einer solchen Klage kommen. Die Organe, die als Vertreter i.S.v. Art. 718 ff. namens der Gesellschaft klagen müssten, sind häufig gleichzeitig auch die Beklagten oder müssten doch mindestens damit rechnen, von Regressansprüchen betroffen zu werden. Zwar ist es möglich, dass die GV den VR zwingt, eine Klage einzuleiten. Für die Beschlussfassung über die Anhebung einer Verantwortlichkeitsklage gelten allfällige Stimmrechtsprivilegien nicht (Art. 693 Abs. 3 Ziff. 4). Zur Vertretung der Gesellschaft kann in diesen Fällen auch ein **besonderer Bevollmächtigter** (Prozessbeistand) bestellt werden (FORSTMOSER, Verantwortlichkeit, N 12 ff.; ZK-BÜRGI/NORDMANN, Art. 753/754 N 101). Art. 693 Abs. 3 Ziff. 4 ist nicht nur für die Beschlussfassung der GV über die Anhebung einer Verantwortlichkeitsklage, sondern auch für die Wahl des Prozessbeistands anwendbar (BGE 132 III 711 und dazu HUGUENIN/GROB). Die Praxis hat aber gezeigt, dass solche Klagen äusserst selten sind. Wirkungsvoller ist es, wenn die GV den VR absetzt und der neu gewählte VR die Verantwortlichkeitsklagen gegen die alten Mitglieder anhebt.

III. Anspruch des einzelnen Aktionärs bzw. Partizipanten

1. Klagelegitimation

5   Der Anspruch steht zunächst dem Aktionär zu. **Aktionärseigenschaft** muss dem Kläger zum Zeitpunkt der Klageanhebung zukommen (BGE 131 III 643). Hierfür trägt er die Beweislast. Spätere Übertragungen der Aktien sind möglich, wobei der Klageanspruch übergeht (FORSTMOSER, Verantwortlichkeit, N 46). Erben, welche die Aktien der geschädigten Gesellschaft erst nach der schädigenden Handlung des Organs erlangen, sind damit berechtigt, Ansprüche aus dem Gesellschaftsschaden geltend zu machen

(BGE 131 III 643). Ferner ist Art. 758 Abs. 1 zu beachten. Zur geringen Bedeutung der Aktionärsklage vgl. GLANZMANN, Verantwortlichkeitsklage, 174 ff.

Klageberechtigt ist auch der **Partizipant**. Das ergibt sich aus Art. 656a Abs. 2 (vgl. BÖCKLI, § 5 N 61; FORSTMOSER, Organe, 541). 6

2. Umfang des Anspruchs

Der Anspruch des Aktionärs geht auf Leistung an die Gesellschaft. Unabhängig vom Entscheid über die Rechtsnatur des Anspruchs erfasst er dabei den **gesamten Schaden,** nicht nur die auf die Beteiligung des Aktionärs entfallende Quote. Der Schaden ist erst dann wieder gutgemacht, wenn der Gesellschaft alle ihr durch die Pflichtverletzung entstandenen Vermögenseinbussen erstattet sind. Der mittelbar geschädigte Aktionär ist erst dann vollständig entschädigt, wenn der gesamte der Gesellschaft entstandene Schaden ersetzt wird (gl.M. FORSTMOSER, Verantwortlichkeit, N 39). Die gegenteilige Ansicht (vgl. KUNZ, Rechtsnatur, 138 ff.) lässt u.E. den Zweck der Klage des Aktionärs (vgl. o. N 2) ausser Acht. 7

3. Rechtsnatur des Anspruchs

Umstritten ist die **Rechtsnatur** des Klagerechts des Aktionärs (für einen Überblick über die Literatur vgl. BÖCKLI, § 18 N 226 ff.; zum Recht von 1936 FORSTMOSER, Schaden, 72 ff.). Nach der einen Theorie besitzt er ein eigenes Forderungsrecht, nach der anderen steht er lediglich in einer Art Prozessstandschaft für die Gesellschaft. Die Rechtsnatur wirkt sich auf die Möglichkeit des Beklagten aus, Einreden zu erheben. Hingegen hat sie u.E. keine Folgen hinsichtlich der Höhe des Schadens (vgl. o. N 7) und der Pflichtwidrigkeit (dazu KUNZ, Rechtsnatur, 31 ff.). 8

a) Theorie der Prozessstandschaft

Nach dieser älteren Ansicht handelt der Aktionär nicht aus eigenem Recht, sondern führt den Prozess anstelle der eigentlich berechtigten Gesellschaft im eigenen Namen als Partei (zum Aktienrecht von 1936 vgl. ZK-BÜRGI/NORDMANN, Art. 753/754 N 50 ff.; BERTI, Geltendmachung, 443; zum Aktienrecht von 1991 vgl. etwa BÖCKLI, § 18 N 226; VON DER CRONE et al., 38 und 64 f.; ebenso wohl CR CO II-CORBOZ, Art. 756 N 16; WALTER, Ungereimtheiten, 78). 9

Folgt man dieser Theorie, so können der Klage alle Einreden entgegengehalten werden, die sich gegen die Gesellschaft richten, v.a. die Einrede der Décharge. Einreden, die sich gegen den klagenden Aktionär richten, z.B. die Einrede der Einwilligung («volenti non fit iniuria»), sind demgegenüber nicht möglich (vgl. VON DER CRONE et al., 66; RAUBER, 159; offenbar a.M. BÖCKLI, § 18 N 228). Ferner steht der Klage eines anderen Aktionärs, mit der dieser denselben Schadenersatzanspruch durchzusetzen sucht, die Rechtshängigkeit entgegen; das Urteil schliesslich erledigt den Anspruch aus dem Gesellschaftsschaden für alle Klageberechtigten, d.h. für die übrigen Aktionäre und die Gesellschaft *(res iudicata)* (VON DER CRONE et al., 66 und 71 f.). 10

b) Theorie des materiellen Forderungsrechts

Zum Aktienrecht von 1936 dürfte wohl die Lehrmeinung vorherrschend gewesen sein, welche im Klagerecht des Aktionärs einen eigenen materiellen Anspruch sieht (vgl. FORSTMOSER, Schaden, 72 ff. m.w.Nw.). Vertreter dieser Theorie unter geltendem Ak- 11 tienrecht sind namentlich KUNZ, Rechtsnatur, 88 ff., und HANDSCHIN, Verantwortlichkeit, 247 f.

12   Die Auffassung, jeder Aktionär habe ein eigenes Forderungsrecht, führt dazu, dass dem Kläger nur die gegen ihn persönlich bestehenden Einreden entgegengehalten werden können. Mehrere Aktionäre (allenfalls sogar an verschiedenen Gerichtsständen) können auch je den gesamten Schaden einklagen, ohne dass ihnen die Einrede der Litispendenz entgegengehalten werden könnte. Lediglich in dem Ausmasse, in dem die Gesellschaft tatsächlich Leistungen erhalten hat, würden weitere Klagen gegenstandslos.

c) Bundesgerichtliche Rechtsprechung

13   In BGE 132 III 350 scheint sich das BGer nunmehr der Theorie der **Prozessstandschaft** anzuschliessen: *«Die Klagebefugnis der Aktionäre ist als Prozessstandschaft zu qualifizieren»* (dazu GARBARSKI, Développements, 209 ff.). Bereits in diese Richtung tendierte BGE 131 III 310: *«Ausserhalb des Konkurses steht dem Aktionär [...] immerhin die Möglichkeit offen, mittels Gesellschaftsklage Schadenersatz für die Gesellschaft einzuklagen (Art. 756 Abs. 1 OR)».* In prozessrechtlicher Hinsicht handelt es sich hierbei um nichts anderes als das Institut der Prozessstandschaft, die es dem Aktionär erlaubt, den Schaden der Gesellschaft einzuklagen (zum Ganzen VON DER CRONE et al., 64 ff. m.w.Nw.).

IV. Tragung der Prozesskosten (Abs. 2)

14   Der klagende Aktionär trägt ein beträchtliches Kostenrisiko, obschon er sich auch im Falle des Prozesserfolgs nur daran freuen kann, dass sich das Vermögen der Gesellschaft erhöht. Bei Kleinaktionären dürfte dies häufig nicht zu einem spürbaren Wertzuwachs ihrer Beteiligungen führen. Unter dem Recht von 1936 galt das Risiko deshalb als **prohibitiv;** Klagen waren dementsprechend selten (FORSTMOSER, Verantwortlichkeit, N 50 und 1191).

15   Art. 756 Abs. 2 will hier Abhilfe schaffen. Nach dieser Bestimmung hat der Richter die Möglichkeit, den Kläger nach seinem Ermessen von den **Kostenfolgen** zu entlasten, falls dieser aufgrund der Sach- und Rechtslage begründeten Anlass zur Klage hatte. Der Kostenanteil, der dem Kläger abgenommen wird, wird der Gesellschaft aufgebürdet. Dieser Aspekt der Regel, wonach die Gesellschaft in einem Verfahren zur Zahlung von Kosten verpflichtet werden kann, an dem sie selbst gar nicht teilgenommen hat, wurde als *«verblüffend»* und *«ziemlich abenteuerlich»* bezeichnet (FORSTMOSER, Organe, 539). BÖCKLI sieht in der Bestimmung aber den gesetzgeberischen Willensausdruck, die Situation des Klägers zu erleichtern und im Kläger den Geschäftsführer ohne Auftrag für die Gesellschaft gem. Art. 422, der seinen Verwendungsersatz geltend macht (BÖCKLI, § 18 N 232 und 235).

Art. 756 Abs. 2 soll im Zuge der sog. «grossen» Aktienrechtsrevision aufgehoben und die Kostenverteilung inskünftig in der Schweizerischen Zivilprozessordnung geregelt werden (vgl. Botschaft Aktien- und Rechnungslegungsrecht, 1693; ferner Botschaft zur Schweizerischen Zivilprozessordnung, BBl 2006, 7221, 7297 f., E-Art. 105 ZPO). Danach kann das Gericht bei Abweisung der Klage die Prozesskosten nach seinem Ermessen auf die Parteien verteilen, wenn der Kläger das Verfahren in guten Treuen angestrengt hat oder besondere Umstände es rechtfertigen. Reicht demnach ein Aktionär in guten Treuen eine Verantwortlichkeitsklage ein, kann das Gericht die Kosten auch bei Abweisung der Klage ganz oder teilweise anderen Parteien auferlegen. Ist die Gesell-

6. Abschnitt: Verantwortlichkeit

schaft nicht Partei, dürfte eine Kostenüberwälzung auf diese gem. E-Art. 105 ZPO nicht mehr in Frage kommen.

Voraussetzung für die Entlastung des Klägers ist, dass er aufgrund der Sach- und Rechtslage **begründeten Anlass** zur Klage hatte. Dies erfordert in aller Regel, dass er diejenigen Mittel zur Informationsbeschaffung ausgeschöpft hat, die ihm das Aktienrecht zur Verfügung stellt. Dazu gehört insb. das Gesuch um schriftliche Orientierung über die Organisation der Geschäftsführung gem. Art. 716b Abs. 2 und das Begehren um Auskunft oder Einsicht nach Art. 697a Abs. 1. Ein Antrag auf Sonderprüfung wird dagegen als nicht zwingend notwendig angesehen (BÖCKLI, § 18 N 233). Begründeter Anlass wird ferner nur dann zu bejahen sein, wenn der Aktionär tatsächlich die Interessen der Gesellschaft im Auge hat und nicht etwa versucht, mittels einer Verantwortlichkeitsklage persönliche Sonderinteressen zu fördern. 16

Prozessual steht der Gesellschaft ein **Recht auf Anhörung** zu, allerdings nur zur Frage der Kostentragung (SCHMID, Kostenpflicht, 341 ff.; WIDMER, 797). Will sich die Gesellschaft auch zum Hauptpunkt äussern, etwa in dem Sinne, dass sie den Antrag auf Leistung von Schadenersatz an sich selbst unterstützt, so steht ihr das Institut der Nebenintervention zur Verfügung, soweit das kantonale Prozessrecht dieses kennt. Mit Erlass des Bundesgesetzes über die Zivilprozessordnung in der gegenwärtigen Form (vgl. BBl 2006, 7721 ff.) würde die Nebenintervention auf Bundesebene verankert. 17

Eine besondere Form der Klageerleichterung stellt die Möglichkeit dar, mehrere Verantwortliche gemeinsam für den Gesamtschaden einzuklagen (Art. 759 Abs. 2). Unterliegt der Kläger, hat er grundsätzlich nur eine Parteientschädigung zu entrichten (vgl. Art. 759 N 7 f.). 18

Art. 757

II. Ansprüche im Konkurs	**¹ Im Konkurs der geschädigten Gesellschaft sind auch die Gesellschaftsgläubiger berechtigt, Ersatz des Schadens an die Gesellschaft zu verlangen. Zunächst steht es jedoch der Konkursverwaltung zu, die Ansprüche von Aktionären und Gesellschaftsgläubigern geltend zu machen.** **² Verzichtet die Konkursverwaltung auf die Geltendmachung dieser Ansprüche, so ist hierzu jeder Aktionär oder Gläubiger berechtigt. Das Ergebnis wird vorab zur Deckung der Forderungen der klagenden Gläubiger gemäss den Bestimmungen des Schuldbetreibungs- und Konkursgesetzes vom 11. April 1889 verwendet. Am Überschuss nehmen die klagenden Aktionäre im Ausmass ihrer Beteiligung an der Gesellschaft teil; der Rest fällt in die Konkursmasse.** **³ Vorbehalten bleibt die Abtretung von Ansprüchen der Gesellschaft gemäss Artikel 260 des Schuldbetreibungs- und Konkursgesetzes vom 11. April 1889.**
II. Prétentions dans la faillite	¹ Dans la faillite de la société lésée, les créanciers sociaux ont aussi le droit de demander le paiement à la société de dommages-intérêts. Toutefois, les droits des actionnaires et des créanciers sociaux sont exercés en premier lieu par l'administration de la faillite.

² Si l'administration de la faillite renonce à exercer ces droits, tout actionnaire ou créancier social peut le faire. Le produit sert d'abord à couvrir les créances des créanciers demandeurs, conformément aux dispositions de la loi fédérale du 11 avril 1889 sur la poursuite pour dettes et la faillite. Les actionnaires demandeurs participent à l'excédent dans la mesure de leur participation à la société; le reste tombe dans la masse.

³ Est réservée la cession de créance de la société, conformément à l'art. 260 de la loi fédérale du 11 avril 1889 sur la poursuite pour dettes et la faillite.

II. Pretese nel fallimento

¹ Nel fallimento della società lesa, anche i creditori della stessa hanno diritto di chiedere che alla società sia risarcito il danno da essa subìto. Incombe nondimeno in primo luogo all'amministrazione del fallimento di far valere le pretese degli azionisti e dei creditori della società.

² Se l'amministrazione del fallimento rinuncia a far valere tali pretese, ogni azionista o creditore della società è legittimato ad esercitarle. Il ricavo è destinato dapprima a coprire, secondo le disposizioni della legge federale dell›11 aprile 1889 sull'esecuzione e sul fallimento, le pretese dei creditori che hanno agito in giudizio. All'eccedenza partecipano gli azionisti che hanno agito in giudizio nella misura della loro partecipazione alla società; il resto entra nella massa.

³ È fatta salva la cessione delle pretese della società, giusta l'articolo 260 della legge federale dell›11 aprile 1889 sull'esecuzione e sul fallimento.

Literatur

Vgl. die Literaturhinweise bei den Vorbem. zu Art. 754–761.

I. Allgemeines

1   Ist über die Gesellschaft einmal der **Konkurs** eröffnet, ändert sich die Stossrichtung der Verantwortlichkeitsklagen. Es steht nicht mehr im Vordergrund, der Gesellschaft die Lebensfähigkeit und den Aktionären den Wert ihrer Beteiligungsrechte zu erhalten, sondern es geht einzig noch darum, im Interesse der Gesellschaftsgläubiger das zur Masse gehörende Vermögen erhältlich zu machen (BGE 117 II 439).

2   Das Gesetz räumt in Art. 757 Abs. 1 **drei Kategorien** von Klägern die Möglichkeit ein, den Ersatz des Schadens der Gesellschaft nach der Konkurseröffnung geltend zu machen: der Konkursverwaltung als Vertreterin der Gesellschaft bzw. der Masse, den Aktionären und den Gesellschaftsgläubigern. Während der Anspruch der Gesellschaft und der Aktionäre bereits vor dem Konkurs bestanden hat (vgl. o. Art. 756 N 3 ff.), kommt der Anspruch der Gesellschaftsgläubiger mit dem Konkurs neu dazu. Seit jeher kontrovers ist die Rechtsnatur der verschiedenen Ansprüche auf Ersatz des Schadens der Gesellschaft, worauf gleich zu Beginn eingegangen werden soll.

3   Auf den **Nachlassvertrag mit Vermögensabtretung** i.S.v. Art. 317 ff. SchKG gelangen die für den Konkurs aufgestellten Regeln analog zur Anwendung (BGE 122 III 166; 117 II 441), nicht jedoch auf den Prozentvergleich (FORSTMOSER, Verantwortlichkeit, N 77 und 116 FN 267; BGE 122 III 171; 65 II 4); ebensowenig auf den Konkursaufschub nach Art. 725a (BÖCKLI, § 18 N 283; ferner VON DER CRONE et al., 67 m.w.Nw.).

II. Rechtsnatur der Klage auf Ersatz des Gesellschaftsschadens

1. Entwicklungslinien der Kontroverse

Bereits unter dem Aktienrecht von 1936 war die Rechtsnatur der Klage aus mittelbarer Schädigung, insb. im Konkurs der Gesellschaft, Gegenstand einer lebhaften Debatte. Zur Diskussion stand die Frage, ob die Gläubiger und Aktionäre im Konkurs der Gesellschaft einen eigenen materiellrechtlichen Anspruch auf Schadenersatz haben oder ob ihre Rechte gem. Art. 756 Abs. 2 altOR lediglich eine Art **Prozessstandschaft** begründen, d.h. ein Recht der Gläubiger und Aktionäre, die Ansprüche der Gesellschaft gerichtlich geltend zu machen. Diese letztere Auffassung ist die ältere (ZK-BÜRGI/NORDMANN, Art. 753/754 N 50 ff.; weitere Hinweise bei FORSTMOSER, Verantwortlichkeit, N 208). Unter dem Einfluss von FORSTMOSER entwickelte sich die bundesgerichtliche Rechtsprechung immer klarer hin zur Anerkennung der **Doppelnatur des Gläubigeranspruchs** als eines vom Anspruch der Gesellschaft materiellrechtlich verschiedenen, selbständigen Anspruchs (BGE 93 II 59; 111 II 182; 111 II 373; 113 II 277; weitere Hinweise bei FORSTMOSER, Verantwortlichkeit, N 210 ff.; ausführlich zum Ganzen ISLER, Einreden, 440 ff.).

Diese Entwicklung wurde durch BGE 117 II 432 brüsk unterbrochen. Das BGer erklärte unter Berufung auf RASCHEIN, dass die Klage aus mittelbarer Schädigung auf einem **einheitlichen Anspruch der Gläubigergesamtheit** beruhe. Der Entscheid wurde in der Literatur stark kritisiert (vgl. statt vieler KUNZ, Rechtsnatur, 71 ff., BÖCKLI, § 18 N 289 ff., und GARBARSKI, Responsabilité, 87 ff., je m.w.Nw.), worauf das BGer jedoch nicht einging, indem es den Entscheid mehrfach bestätigte (BGE 122 III 166, 122 III 176, 122 III 195, BGE 132 III 347, 132 III 570 und BGer v. 22.2.2008, 4A_501/2007).

Mittlerweile hat sich ein beachtlicher Teil der Lehre – zumindest aus praktischen Überlegungen – dem BGer angeschlossen (etwa BÖCKLI, § 18 N 280 und 287 ff.; CR CO II-CORBOZ, Art. 757 N 16 ff.; LUTERBACHER, Schadenminderungspflicht, N 72 ff.; ROMY, 483 ff.; RUOSS, 47 ff.; WALTER, Ungereimtheiten, 89 f.; WIDMER, 799). Daneben findet im Schrifttum zunehmend die Theorie der Prozessstandschaft ihren Niederschlag (vgl. etwa BACHMANN, 501 ff.; BÄRTSCHI, 161 ff.; VON DER CRONE et al., 67 ff.; DRUEY, Organfreiheit, 9 f.; GARBARSKI, Responsabilité, 102; GLANZMANN, Verantwortlichkeitsklage, 180 ff.), wohingegen die Lehre der Doppelnatur nur noch vereinzelt vertreten wird (vgl. KUNZ, Haftungsvoraussetzungen, 1267 ff.; DESSEMONTET, 63 ff.; HANDSCHIN, Verantwortlichkeit, 249 f.).

Die Kontroverse lässt sich damit grundsätzlich auf drei Theorien zurückführen: Die Theorie der Doppelnatur des Gläubigeranspruchs, die Theorie der Prozessstandschaft und, mit letzterer eng verwandt, die Theorie des einheitlichen Anspruchs der Gläubigergesamtheit (vgl. für einen Überblick auch BÄRTSCHI, 152 ff., und GARBARSKI, Développements, 211 f.).

2. Theorie der Doppelnatur des Gläubigeranspruchs

Die Theorie der Doppelnatur des Gläubigeranspruchs entspricht der älteren Praxis des BGer (vgl. o. N 4) und beruht auf der Theorie des materiellen Forderungsrechts beim Anspruch des Aktionärs ausserhalb des Konkurses (Art. 756 N 11 f.).

Der Kerninhalt dieser Theorie besteht darin, dass zwischen dem materiellen Anspruch der Gesellschaft und dem eigenen, materiellen Anspruch der Aktionäre und Gläubiger unterschieden wird. Alle drei Arten von Anspruchsberechtigten **klagen aus eigenem**

Recht. Die Konkursverwaltung hat allerdings zunächst das Prozessführungsrecht für den Anspruch der Gläubiger und Aktionäre inne. Es fällt an diese zurück, wenn die Konkursverwaltung auf die Geltendmachung verzichtet (Art. 757 Abs. 2). Gläubiger können zusätzlich gem. Art. 757 Abs. 3 OR i.V.m. Art. 260 SchKG die Abtretung des Anspruchs der Gesellschaft verlangen. Art. 757 Abs. 1 und 2 OR sowie Art. 260 SchKG werden als voneinander völlig unabhängig betrachtet (KUNZ, Rechtsnatur, 97). Die Klage des Abtretungsgläubigers basiert damit auf einer **doppelten Rechtsgrundlage.**

9   Die Doppelnatur des Anspruchs hat Auswirkungen auf die **Einredeordnung** (vgl. KUNZ, Rechtsnatur, 145 ff.; RAUBER, 160). Dem Anspruch des Gläubigers steht ein Déchargebeschluss oder eine Zustimmung oder Weisung durch die GV nicht entgegen, wohl aber dem Anspruch der Gesellschaft. Beide Einreden können das doppelte Klagefundament nicht erschüttern. Die Verjährungseinrede oder die Einwilligung («volenti non fit iniuria») ist jeweils für jeden Anspruch gesondert zu prüfen. Eine weitere Folge der Doppelnatur ist, dass von mehreren Gläubigern jeder an verschiedenen Gerichtsständen je einzeln den ganzen Schaden einklagen könnte.

3. Theorie der Prozessstandschaft

10 Diese Auffassung besagt, dass der Aktionär bzw. der Gläubiger kein eigenes Forderungsrecht, sondern das Recht der Gesellschaft im Prozess geltend macht (vgl. dazu bereits o. Art. 756 N 9; zum Aktienrecht von 1936 vgl. ZK-BÜRGI/NORDMANN, Art. 753/754 N 50 ff.; BERTI, Geltendmachung, 444 f.). Alle drei Kategorien von Anspruchsberechtigten – Konkursverwaltung, Aktionär und Gläubiger – **klagen das Recht der Gesellschaft ein.** Zwischen Art. 757 Abs. 2 OR und Art. 260 SchKG besteht diesfalls einzig der Unterschied, dass Art. 757 Abs. 2 die Geltendmachung durch die Aktionäre zulässt (vgl. VON DER CRONE et al., 68; ferner BERTI, Geltendmachung, 444, und RASCHEIN, 361, die beiden letztgenannten zu Art. 756 Abs. 2 altOR).

11 Die Theorie der Prozessstandschaft hat zur Konsequenz, dass der Klage alle **Einreden** entgegengehalten werden können, die sich gegen die Gesellschaft richten, nicht aber solche, die sich gegen den klagenden Gläubiger oder Aktionär richten (vgl. Art. 756 N 10; BÄRTSCHI, 183; CR CO II-CORBOZ, Art. 757 N 12; VON DER CRONE et al., 68). Darauf wird insb. im Zusammenhang mit der Décharge zurückzukommen sein (u. N 28 und Art. 758 N 6).

4. Theorie des einheitlichen Anspruchs der Gläubigergesamtheit

12 Das BGer hat in BGE 117 II 432 unter Anlehnung an RASCHEIN die Theorie des einheitlichen Anspruchs der Gläubigergesamtheit entwickelt und diese seither mehrfach bestätigt (vgl. o. N 5). Es ist davon auszugehen und im Sinne der Rechtssicherheit auch zu hoffen, dass das BGer auf seinen Entscheid nicht so bald wieder zurückkommen wird (ähnlich BÖCKLI, § 18 N 280). Die von VON DER CRONE et al., 69 f., basierend auf BGE 131 III 306 – aber vor BGE 132 III 342 und 132 III 564 – identifizierte mögliche Tendenz in Richtung Aufgabe der «Raschein-Praxis» dürfte sich mit Blick auf die letztgenannten Entscheide wohl nicht bestätigen.

13 Nach Ansicht des BGer ist der Anspruch der Gläubiger nicht als individueller Anspruch des einzelnen Gläubigers gegen die verantwortlichen Organe aufzufassen. Lediglich die Konkursmasse ist befugt, Verantwortlichkeitsansprüche geltend zu machen. Tut sie dies, so stützt sie sich nicht auf individuelle Rechte der einzelnen Gläubiger, sondern auf einen einheitlichen Anspruch der Gläubigergesamtheit. Verzichtet die Konkursmasse

hingegen auf die Geltendmachung der Verantwortlichkeitsansprüche, kann jeder Gläubiger deren Abtretung verlangen. Erfolgt eine solche Abtretung, so lebt dadurch nicht etwa ein individuelles Klagerecht des Gläubigers wieder auf, weil ein solches gem. BGer gar nie bestanden hat. Die Wirkung der Abtretung besteht vielmehr allein darin, dass dem Gläubiger **das Klagerecht der Konkursmasse übertragen wird**. Art. 756 Abs. 2 altOR, resp. Art. 757 Abs. 2 OR (BGE 117 II 432 erging noch zum Aktienrecht von 1936), stellt insofern lediglich einen Anwendungsfall von Art. 260 SchKG dar. Der Abtretungsgläubiger klagt daher wie die Konkursmasse einzig im Namen der Gläubigergesamtheit (zum Ganzen BGE 117 II 439).

Klagt der Abtretungsgläubiger aus dem Recht der Gläubigergesamtheit, so können ihm weder **Einreden** gegen ihn persönlich noch solche gegen die Gesellschaft entgegengehalten werden (so ausdrücklich BGE 117 II 440; RASCHEIN, 362; krit. WIDMER, 799; relativierend nun immerhin bezüglich der Verrechnungseinrede mit Forderungen, mit welchen das haftpflichtige Organ schon vor der Konkurseröffnung gegenüber der Gesellschaft hätte verrechnen können, BGE 132 III 351; dazu GARBARSKI, Développements, 212 ff., sowie u. N 28 und 30). **14**

Die **Aktienrechtsrevision** von 1991 hat zur Debatte über die Rechtsnatur des Gläubigeranspruchs nicht Stellung genommen (gl.M. BÖCKLI, 2. Aufl., N 2018 f.). Der Gesetzgeber war sich der Problematik nicht bewusst und hat deshalb auch keinen Entscheid zur Frage der Rechtsnatur gefällt. Auch aus den Zielen der Aktienrechtsrevision von 1991 (Botschaft AG, 767 ff.) lässt sich keine Bevorzugung einer der Theorien ableiten. Auch im Zuge der nunmehr anstehenden sog. «grossen» Aktienrechtsrevision bleibt die Kontroverse unerwähnt. **15**

Unseres Erachtens hat die Vorstellung vom **Anspruch einer Gläubigergesamtheit** unter praktischen Gesichtspunkten vieles für sich. Sie verhindert im Gegensatz zur Lehre von der Doppelnatur, dass mehrere Prozesse über den gleichen Anspruch geführt werden können, allenfalls sogar vor verschiedenen Gerichten. Auch entspricht ein einheitlicher Anspruch der Gläubigergesamtheit eher der Situation, wie sie sich nach der Konkurseröffnung präsentiert. Weiterhin individuelle Forderungsrechte von Gläubigern und sogar Aktionären zuzulassen, stört letztlich das Ziel der Generalexekution (vgl. Art. 197 Abs. 1 SchKG). Das in der Vorauflage identifizierte Hauptproblem der bundesgerichtlichen Auffassung, nämlich der ungenügenden Berücksichtigung von Einreden der einzelnen beklagten Organe, wurde vom BGer wohl erkannt und zumindest teilweise entschärft (vgl. BGE 132 III 349; dazu u. N 28 und 30). **16**

Das Gesetz hält schliesslich fest, dass Aktionäre und Gläubiger keiner eigentlichen **«Abtretung»** bedürfen, um ihre Rechte geltend machen zu können. Sobald die Konkursverwaltung auf die Geltendmachung verzichtet hat, kann der Anspruch durch Aktionäre oder Gläubiger durchgesetzt, mithin von Gesetzes wegen selbständig eingeklagt werden (ebenso das KassGer ZH, ZR 2005 Nr. 6; ferner BÖCKLI, § 18 N 348). Das BGer hat diese Lesart von Art. 757 Abs. 2 in BGer v. 23.5.2005, 4C.263/2004, E. 1.2 (in der amtlichen Sammlung [BGE 132 III 222] nicht publizierte E.), ausdrücklich bestätigt. Dem BGer erscheint immerhin fraglich, ob es im Interesse der Rechtssicherheit bzw. der Koordination unter den klagebefugten Gläubigern nicht doch einer Ermächtigung oder zumindest einer förmlichen Mitteilung der Konkursverwaltung bedarf; denn die nach Art. 757 Abs. 2 klageberechtigten Gläubiger bilden wie bei Art. 260 SchKG eine notwendige Streitgenossenschaft. Die Frage konnte offen gelassen werden (bejahend, aus Gründen der Rechtssicherheit, WEBER, Beurteilung, 152; ebenso GLASL, 162). **17**

Aufgrund der abschliessenden Regelung der Geltendmachung von Verantwortlichkeitsansprüchen im Gesetz bleibt kein Raum für eine **Versteigerung** dieser Ansprüche; eine solche wäre nichtig (BlSchK 1997, 34 ff.).

III. Anspruch der Gesellschaft bzw. der Konkursverwaltung

18 Nach der vom BGer vertretenen Theorie des einheitlichen Anspruchs der Gläubigergesamtheit steht nach **Konkurseröffnung** der Hauptanspruch der Gläubigergesamtheit zu. Für einen Anspruch aus dem Recht der Gesellschaft bleibt im Konkurs kein Raum mehr (BGE 117 II 439). Die Gläubigergesamtheit wird dabei durch die Konkursverwaltung vertreten. Sie besitzt ein Vorklagerecht gegenüber den Aktionären und den Gesellschaftsgläubigern.

19 Die Entscheidung der Konkursverwaltung über die Erhebung von Verantwortlichkeitsklagen ist z.T. von finanziellen Erwägungen abhängig. Insbesondere in Kantonen, in denen die Konkursverwaltung eine allgemeine **Prozesskaution** zu leisten hat, wird sie sorgfältig abwägen müssen, wie viele Mittel der Konkursmasse sie für diesen Zweck aufs Spiel setzen will und kann. Aus diesem Grunde wird sie regelmässig keinerlei Interesse daran haben, auch die Ansprüche von Aktionären geltend zu machen, selbst wenn sie nach dem Wortlaut des Gesetzes dazu ermächtigt ist. Der Hinweis des Gesetzes auf die Aktionäre bedeutet vielmehr in erster Linie, dass die Konkursverwaltung den gesamten Schaden einklagen kann, welcher der Gesellschaft durch das Fehlverhalten der Organe entstanden ist.

20 Nach der vor BGE 117 II 432 vertretenen Auffassung stand dem Anspruch der Gesellschaft auch im Konkurs die **Einrede** der Décharge, allenfalls auch die Einrede «volenti non fit iniuria» entgegen. Gemäss BGE 117 II 440 entfallen hingegen sämtliche Einreden. Nach dieser Auffassung ist der von der Konkursverwaltung geltend gemachte Anspruch der Gesellschaft identisch mit demjenigen der Aktionäre und Gläubiger. Sie klagt aus dem einheitlichen Anspruch der Gläubigergesamtheit, dem die von der GV als Gesellschaftsorgan erteilte Décharge nicht entgegensteht (bestätigt in BGE 132 III 349; zur bereits erwähnten Relativierung u. N 28 und 30).

IV. Anspruch der Aktionäre

21 Das BGer ist unter Hinweis auf RASCHEIN, 361 f., der Auffassung, dass ein Anspruch von Aktionären im Konkurs nicht mehr denkbar sei (BGE 117 II 439). Diese weitreichende These ist mit dem klaren Wortlaut des Gesetzes nicht vereinbar. Es ist vielmehr davon auszugehen, dass jeder einzelne Aktionär im Falle eines Verzichts auf Klageerhebung durch die Konkursverwaltung berechtigt ist, den gesamten Gesellschaftsschaden einzuklagen (gl.M. ISLER, Verantwortlichkeitsprozesse, 98 f.). Die Regelung der Verteilung des Ergebnisses beseitigt auch die von RASCHEIN erwogenen Bedenken. Angesichts dieser Regelung ist eine Klage von Aktionären aber nur dann sinnvoll, wenn keine oder nur wenige Gläubiger klagen.

22 Verzichtet die Konkursverwaltung auf eine selbständige Klage, so kann jeder Aktionär diese Ansprüche gerichtlich geltend machen (Art. 757 Abs. 2 Satz 1). Nach der Theorie des einheitlichen Anspruchs der Gläubigergesamtheit tut er dies in einer Art **Prozessstandschaft** für die Gläubigergesamtheit. Sein Anspruch ist also identisch mit demjenigen der Gesellschaft bzw. der Konkursverwaltung, resp. der Gläubiger.

V. Anspruch der Gläubiger

Mit dem Verzicht der Konkursverwaltung werden auch die Gesellschaftsgläubiger zur Klage berechtigt (Art. 757 Abs. 2 Satz 1). Dabei machen diese Gläubiger den Anspruch einer Gläubigergesamtheit geltend. Sie sind deshalb berechtigt, den **gesamten Schaden** einzuklagen, nicht nur den Verlust ihrer Forderung (BGE 122 III 201; 117 II 441; BGer v. 13.3.2007, 4C.363/2006: Massgebend ist die unfreiwillige Vermögenseinbusse der Gesellschaft; diese Einbusse kann insb. auch in einer durch pflichtwidriges Verhalten der Organe bewirkten Vergrösserung der Verschuldung der Gesellschaft bestehen). Unabhängig vom Entscheid über die Rechtsnatur wurde durch die Verteilordnung von Art. 757 Abs. 2 Satz 2 und 3 die Kontroverse über das Quantitativ des Gläubigeranspruchs beendet (RAUBER, 162; **a.M.** KUNZ, Rechtsnatur, 135 ff. m.w.Nw.). Die Auffassung, der Anspruch des klagenden Gläubigers sei auf den von ihm effektiv erlittenen Eigenschaden beschränkt, lässt sich aufgrund der erwähnten Bestimmungen nicht aufrechterhalten (die gegenteilige Ansicht von FORSTMOSER, Verantwortlichkeit, N 243, bezieht sich auf das Aktienrecht von 1936 und datiert vor BGE 117 II 439; **a.M.** aber nach wie vor KUNZ, Rechtsnatur, 138 ff.). Vor allem Art. 757 Abs. 2 Satz 3 ist nicht etwa ein «*gesetzgeberisches Versehen*» (KUNZ, Rechtsnatur, 143), sondern zeigt, dass der Gesetzgeber davon ausging, dass der Gläubiger eben gerade mehr einklagen kann, als ihm letztlich zusteht. Nach der vom BGer vertretenen Theorie des einheitlichen Anspruchs der Gläubigergesamtheit wird man aber nun ohnehin davon ausgehen müssen, dass jeder Gläubiger einzeln den Gesamtschaden einklagen kann, weil der Gläubiger in einer Art Prozessstandschaft den Anspruch der Gläubigergesamtheit geltend macht (ausführlich BERTI, Geltendmachung, 439 ff.; RASCHEIN, 359 f.; ebenso BÖCKLI, § 18 N 348).

Das **konkrete Vorgehen** der Gläubiger hat das BGer in BGE 121 III 488 betr. Art. 260 SchKG aufgezeigt. Die Gläubiger bilden eine notwendige Streitgenossenschaft und haben sich auf ein prozessual abgestimmtes Verhalten zu einigen, um widersprechende Urteile über denselben Anspruch zu vermeiden. Der Richter ist nicht verpflichtet, auf die Klage bloss einzelner Gläubiger einzutreten. Eine einheitliche Prozessführung kann von den Gläubigern allerdings nicht verlangt werden (vgl. zum Ganzen BGE 121 III 493 sowie LEUENBERGER, 201 ff.; ferner BGer v. 23.5.2005, 4C.263/2004, sowie bereits o. N 17).

Nicht zur Klage legitimiert ist die **Gläubigergemeinschaft bei Anleihensobligationen** gem. Art. 1157 ff. (BGE 113 II 283). FORSTMOSER, Verantwortlichkeit, N 971, FN 1774, hatte die Legitimation der Gläubigergemeinschaft noch befürwortet. Das Urteil wurde v.a. von BÄR (ZBJV 1989, 237 f.) und von WIDMER (SAG 1988, 79 f.) begrüsst (zu beachten ist, dass sich das Urteil auf Ansprüche aus Prospekthaftung bezieht, also einen typischen Direktschaden zum Gegenstand hat). DAENIKER, Anlegerschutz, 105, nimmt eine vermittelnde Haltung ein. Danach sind der Schaden sowie der adäquate Kausalzusammenhang für jeden Gläubiger einzeln zu ermitteln, während sich Widerrechtlichkeit und Verschulden für alle Beteiligten gleich bestimmen.

Die Rechte der Gläubiger gem. Art. 757 Abs. 2 entstehen auch dann, wenn der **Konkurs mangels Aktiven eingestellt** wurde (BGE 110 II 396; BÖCKLI, § 18 N 352; HIRSCH, Responsabilité, 97; zustimmend auch CHK-BINDER/ROBERTO, OR 757 N 14; **a.M.** KassGer NE, SJZ 1999, 54 f.). Die Gläubiger sind nun mittelbar geschädigt und müssen billigerweise die Möglichkeit erhalten, den Schaden der Gesellschaft gegenüber den verantwortlichen Organen geltend zu machen. Dabei kann allerdings der Nachweis der Gläubigereigenschaft schwierig werden.

27 Nach feststehender Praxis des BGer ist jeder rechtskräftig **kollozierte Gläubiger** zur Klage berechtigt, ohne dass im Verantwortlichkeitsprozess die Berechtigung seiner Gläubigerstellung nochmals überprüft werden könnte (BGE 132 III 347; 132 III 575; 122 III 202; 111 II 81; zustimmend offenbar BÖCKLI, § 18 N 350, und CR CO II-CORBOZ, Art. 757 N 27, sowie FORSTMOSER/SCHOTT, 483 f.; krit. etwa HÜTTE, 100 ff.; **a.M.** auch RAUBER, 169, und – allerdings zeitlich vor BGE 117 II 432 ff. – FORSTMOSER, Verantwortlichkeit, N 110; vgl. ferner die Hinweise in BGE 132 III 347; zum Ganzen GLASL, 160 ff.). Nach der Theorie des einheitlichen Anspruchs der Gläubigergesamtheit ist die Frage, ob der konkret klagende Gläubiger zu Unrecht kolloziert wurde, materiellrechtlich irrelevant. Zur Erfüllung der Prozessvoraussetzung muss die rechtskräftige Kollokation diesfalls genügen. Die Kollokation präjudiziert jedoch in keiner Weise den Bestand der Forderung als solcher und die Höhe des mittelbaren Schadens (vgl. BGE 122 III 202; BÖCKLI, § 18 N 350 m.w.Nw.).

VI. Untergang der Ansprüche bzw. Einreden des verantwortlichen Organs

28 Gemäss der Theorie des einheitlichen Anspruchs der Gläubigergesamtheit können die verantwortlichen Organe den Ansprüchen der Gesellschaft bzw. der Aktionäre und Gläubiger im Konkurs keine Einreden entgegenhalten, auch nicht die **Einrede der Décharge**. Das Gleiche gilt für die **Einrede «volenti non fit iniuria»**, d.h. das Wissen und Dulden des Geschädigten spielt keine Rolle mehr (bestätigt in BGE 132 III 349). Vor allem hinsichtlich der letzteren Einrede ist dies jedoch keineswegs eine zwingende Konsequenz der Auffassung des BGer. Der klagende Gläubiger kann durchaus auch in diesem Falle mit der Tatsache konfrontiert werden, dass er von den von ihm gerügten Pflichtverletzungen der Organe volle Kenntnis hatte. Seine Berufung auf diese Pflichtverletzungen erfolgt zwar rechtlich auf Rechnung einer Gesamtheit von Gläubigern, wirtschaftlich aber hauptsächlich in seinem eigenen Interesse. Diese Interessenwahrung kann je nach den Umständen durchaus Treu und Glauben verletzen (BERTI, Verantwortlichkeitsklage, 74 ff.; RAUBER, 166 f.; WIDMER, 799). Die Berufung auf die Décharge wird jedoch den Gläubigern gegenüber durch Art. 758 ausgeschlossen (vgl. Art. 758 N 10). Weil der Anspruch der Gläubigergesamtheit historisch vom Anspruch der Gesellschaft abgeleitet ist, plädiert BÖCKLI (vgl. N 2018a in der 2. Aufl. sowie § 18 N 277 in der 3. Aufl.) dafür, Einreden, die im Zeitpunkt der Konkurseröffnung bereits bestanden haben, generell gegen den Anspruch der Gläubigergesamtheit zuzulassen (ebenso BÄRTSCHI, 184 ff.). Das BGer hat sich dieser Ansicht, unter Vorbehalt der Gläubigerbenachteiligung, nunmehr angeschlossen: Für Einreden die unabhängig von der Willensbildung der Gesellschaft vor Konkurseröffnung bestanden haben, rechtfertigt sich ein Ausschluss nicht, da sonst den Gläubigern mehr Rechte verschafft würden, als die Gesellschaft gegenüber den verantwortlichen Organen jemals hatte (BGE 132 III 351; dazu GARBARSKI, Développements, 212 ff.; ferner auch u. N 30).

29 Urteil, Anerkennung und Vergleich wirken nur zwischen den Parteien. Mindestens in Analogie zu Art. 150 muss aber berücksichtigt werden, was ein Haftpflichtiger auf Anrechnung an den Gesamtschaden schon geleistet hat (zustimmend REITER, 198). Da der Kläger in Prozessstandschaft handelt, ist nur er Partei des einzelnen Prozesses. Dementsprechend kann dem einzelnen Gläubiger auch nicht entgegengehalten werden, die von ihm eingebrachte Klage sei bereits in Form der Klage eines anderen Gläubigers **rechtshängig** (offenbar **a.M.** REITER, 198). Allerdings dürfte die materielle Identität des Anspruchs nun Sistierungen eher möglich machen.

30 Die **Verrechnung** des Anspruchs aus Verantwortlichkeit mit Forderungen des Verantwortlichen gegen die Gesellschaft muss nach der Theorie des einheitlichen Anspruchs der Gläubigergesamtheit grundsätzlich möglich sein, denn beide Forderungen betreffen die Masse (anders natürlich das Ergebnis, wenn man der Theorie von der Doppelnatur des Anspruchs folgt, vgl. FORSTMOSER, Verantwortlichkeit, N 536). Die Befugnis zur Verrechnung mit Gegenforderungen, die schon vor Konkurseröffnung entstanden sind, wird vom BGer nun anerkannt (BGE 132 III 351; an seiner abweichenden Auffassung in BGer v. 15.12.2000, 4C.262/2000 hält es nicht weiter fest; vgl. auch o. N 28). Besondere Probleme können entstehen, wenn die Konkursverwaltung Forderungen des Organs im Kollokationsverfahren gestützt auf Verrechnung mit Verantwortlichkeitsansprüchen abweist. Wenn das betreffende Organ diese Verfügung gegen sich gelten lässt, so entstehen beträchtliche Schwierigkeiten im Zusammenhang mit der Wirkung dieser Verfügung auf solidarisch Mithaftende.

VII. Verteilung des Ergebnisses

Das Aktienrecht von 1991 schafft mit Art. 757 Abs. 2 Klarheit hinsichtlich der Verteilung des Prozessergebnisses (vgl. zu diesen Verteilungsregeln BÖCKLI, § 18 N 353 ff.). Die Reihenfolge heisst: klagende Gläubiger, klagende Aktionäre, Konkursmasse. Unabhängig davon, ob Aktionäre oder Gläubiger oder beide gemeinsam geklagt haben, fällt das Ergebnis zunächst ausschliesslich den **klagenden Gläubigern** zu (Art. 757 Abs. 2 Satz 2). 31

In zweiter Linie und erst nach voller Befriedigung der klagenden Gläubiger kommen die **klagenden Aktionäre** zum Zug (Art. 757 Abs. 2 Satz 3 erster Teilsatz). Unter sich verteilen sie das Erstrittene nach Massgabe ihrer Beteiligung am Aktienkapital der Gesellschaft. Es kommt also nicht darauf an, zu welchem Wert sie die Beteiligung erworben haben. Das Ausmass ihrer persönlichen Vermögenseinbusse ist demnach ohne Bedeutung. Dabei ist das Verhältnis zum gesamten Aktienkapital entscheidend und nicht das Verhältnis unter den klagenden Aktionären, da sonst gar nie mehr ein Überschuss verbleiben würde. Besitzt ein klagender Aktionär 20% der Aktien und ein zweiter klagender Aktionär 10% der Aktien, so erhalten sie zusammen 30% des Betrags, der nach der vollständigen Befriedigung der klagenden Gläubiger noch übrig bleibt. So kann man auch der Schwierigkeit begegnen, dass sich der Wert des gesamten Aktienkapitals in dieser Phase gar nicht präzise bestimmen lässt (vgl. RASCHEIN, 361). 32

Nach vollständiger Befriedigung der klagenden Gläubiger und nach Auszahlung des entsprechenden Betrags an die klagenden Aktionäre fällt ein allfälliger Überschuss in die **Konkursmasse** (Art. 757 Abs. 2 Satz 3 zweiter Teilsatz). 33

VIII. Der Vorbehalt von Art. 260 SchKG

Unter der **Theorie der Doppelnatur** hatte das BGer festgehalten, dass eine Abtretung durch die Konkursverwaltung i.d.R. sowohl die Ansprüche nach Art. 756 altOR als auch solche nach Art. 260 SchKG umfasse (BGE 113 II 280 unter Berufung auf FORSTMOSER, Schaden, 75). RAUBER, 162, hat darauf hingewiesen, dass bei konsequenter Anwendung der neuen Rechtsprechung des BGer für eine Abtretung nach **Art. 260 SchKG** kein Raum bleibt. Das ist wohl richtig, wenn auch als Argument gegen die neue Rechtsprechung des BGer kaum durchschlagend (ähnlich BÄRTSCHI, 170 f.; BÖCKLI, § 18 N 358; auch für KUNZ, Rechtsnatur, 97, ist Art. 757 Abs. 3 bloss deklaratorisch und an sich überflüssig). 34

Nach der **Theorie vom einheitlichen Anspruch der Gläubigergesamtheit** besteht materiellrechtlich kein Unterschied mehr zwischen dem Anspruch, den die Aktionäre oder 35

Gläubiger direkt aus Art. 757 Abs. 1 und 2 geltend machen und dem Anspruch den sich ein Gläubiger gem. Art. 260 SchKG abtreten lässt (ebenso KassGer ZH, ZR 2005 Nr. 6). Alle klagen sie aus dem Recht der Gläubigergesamtheit (vgl. RASCHEIN, 365, zu Art. 756 Abs. 2 altOR). Prozessrechtlich zeigt Art. 757 Abs. 3 aber an, dass der Anspruch auf zwei verschiedene Arten verfolgt werden kann (BÖCKLI, § 18 N 354). BERTI, Verantwortlichkeitsklage, 79 FN 24, hat allerdings die These aufgestellt, Abs. 3 beziehe sich nur noch auf Ansprüche, die nicht verantwortlichkeitsrechtlicher Natur sind.

36 Im Ergebnis ist festzuhalten, dass unabhängig von der vertretenen Theorie über die Rechtsnatur des Gläubigeranspruchs, Art. 757 Abs. 3 rein deklaratorische Bedeutung zukommt und keine zusätzlichen Rechte verleiht. Dies entspricht mittlerweile h.L. (vgl. etwa BÄRTSCHI, 170 f.; BÖCKLI, § 18 N 358; VON BÜREN/STOFFEL/WEBER, N 1275; VON DER CRONE et al., 68 und 73; SCHNYDER/BOPP, 504 f.; **a.M.** BACHMANN, 505). Die Bestimmung taugt im Streit über die Rechtsnatur auch nicht als Argument für die eine oder andere Theorie.

Gemäss der Botschaft zur sog. «grossen» Aktienrechtsrevision soll der Vorbehalt des SchKG in Art. 757 Abs. 3 aufgehoben werden, da bereits in Art. 757 Abs. 2 materiell auf Art. 260 SchKG verwiesen werde (Botschaft Aktien- und Rechnungslegungsrecht, 1693). Dem ist u.E. zuzustimmen.

Art. 758

III. Wirkung des Entlastungsbeschlusses	¹ Der Entlastungsbeschluss der Generalversammlung wirkt nur für bekanntgegebene Tatsachen und nur gegenüber der Gesellschaft sowie gegenüber den Aktionären, die dem Beschluss zugestimmt oder die Aktien seither in Kenntnis des Beschlusses erworben haben. ² Das Klagerecht der übrigen Aktionäre erlischt sechs Monate nach dem Entlastungsbeschluss.
III. Effet de la décharge	¹ Pour les faits révélés, la décharge donnée par l'assemblée générale est opposable à la société et à l'actionnaire qui a adhéré à la décharge ou qui a acquis les actions postérieurement en connaissance de celle-ci. ² Le droit des autres actionnaires d'intenter action s'éteint six mois après la décharge.
III. Effetti del discarico	¹ La deliberazione di discarico presa dall'assemblea generale vale solo per i fatti noti ed è opponibile solo alla società e agli azionisti che l'abbiano approvata o che abbiano acquistato le azioni dopo aver avuto conoscenza del discarico. ² Il diritto d'agire degli altri azionisti si estingue sei mesi dopo la deliberazione di discarico.

Literatur

Vgl. die Literaturhinweise bei den Vorbem. zu Art. 754–761.

I. Allgemeines

1 Die Aktienrechtsrevision von 1991 brachte gegenüber Art. 757 altOR keine grundlegende Änderung der Rechtslage hinsichtlich des **Entlastungsbeschlusses** der GV. Die Wirkungen der Entlastung werden aber immerhin klarer dargestellt.

II. Die Wirkung der Décharge in inhaltlicher und zeitlicher Hinsicht

Der Entlastungsbeschluss stellt grundsätzlich einen **Verzicht** der Gesellschaft auf Schadenersatzansprüche gegen die verantwortlichen Organe dar. Um wirksam zu sein, muss er als GV-Beschluss ordnungsgemäss zustandegekommen sein (vgl. Art. 695 und 698 Ziff. 5).

2

Die Déchargeerklärung kann sich auf einzelne Geschäftsvorfälle erstrecken (krit. dazu OULEVEY, 98 ff.) oder allgemeiner Art sein. Das Gesetz präzisiert, dass sich der allgemeine Entlastungsbeschluss nur auf *«bekanntgegebene Tatsachen»* erstreckt. Der Beschluss bezieht sich zunächst auf Tatsachen, von denen sämtliche Aktionäre unbesehen der Informationsquelle tatsächlich Kenntnis haben (BGer v. 29.6.2005, 4C.107/2005), mithin den Aktionären zur Zeit des Beschlusses sonstwie bekannt sind (BÖCKLI, § 18 N 451; WATTER/DUBS, Déchargebeschluss, 911). Ob die Entlastung auch Tatsachen erfasst, die für die Aktionäre lediglich erkennbar sind, oder ob davon im Unterschied zum alten Recht (FORSTMOSER, Verantwortlichkeit, N 437; BGE 95 II 329; 65 II 15 ff.) nur ausdrücklich bekanntgegebene Tatsachen erfasst werden, ist in der Lehre strittig (vgl. WATTER/DUBS, Déchargebeschluss, 911, wonach auch lediglich erkennbare Tatsachen als bekanntgegeben gelten; **a.M.** FORSTMOSER/MEIER-HAYOZ/NOBEL, § 36 N 129; vgl. ferner die Übersicht zum Meinungsstand bei OULEVEY, 189 ff.). Die Frage wurde vom BGer bislang offen gelassen (BGer v. 29.6.2005, 4C.107/2005; die Ausführungen des BGer v. 24.11.2006, 4C.327/2005, können wohl nicht als Auseinandersetzung mit dieser Frage gewertet werden). Bloss erkennbare Geschäftshandlungen fallen damit nicht mehr ohne weiteres unter die Wirkung des Entlastungsbeschlusses. Sind Tatsachen allerdings aufgrund von öffentlichen Bekanntmachungen der Gesellschaft erkennbar, müssen sie als der GV bekannt gegeben betrachtet werden. Ebensolches gilt nach Praxis des BGer auch für Tatsachen, die an der GV wenigstens im Grundsatz bekannt gegeben und soweit die Aktionäre über deren Tragweite nicht getäuscht wurden; die tatsächliche Kenntnisnahme ist diesfalls nicht zu überprüfen (BGer v. 29.6.2005, 4C.107/2005). Eine der Décharge vergleichbare Wirkung kommt nach neuester BGer-Praxis schliesslich der Einwilligung des Geschädigten zu (BGE 131 III 644; vgl. Art. 754 N 34).

3

Nach Praxis des BGer gilt eine Entlastung in **zeitlicher Hinsicht** nur für Pflichtverletzungen, die im entsprechenden Zeitraum vorgenommen wurden; auf den Auswirkungszeitpunkt soll es nicht ankommen (BGer v. 29.6.2005, 4C.107/2005; krit. dazu CHAMMARTIN/VON DER CRONE, 337 f., wonach auf den Zeitpunkt abzustellen sei, an dem die GV über die nötigen Informationen verfügt, um die Tragweite der Décharge für die entsprechenden Geschäfte zu beurteilen).

3a

III. Die Wirkung der Décharge mit Bezug auf die Anspruchsberechtigten

1. Bei unmittelbarer Schädigung

Art. 758 gilt bereits aufgrund seiner systematischen Stellung nur für die Geltendmachung des Schadens der Gesellschaft. Vom Déchargebeschluss unberührt bleiben daher die Ansprüche einzelner geschädigter Aktionäre oder Gläubiger aus unmittelbarer Schädigung. Dies gilt auch, wenn der geschädigte Aktionär der Décharge zugestimmt hat, denn er verzichtet damit einzig auf die Geltendmachung des Schadens der Gesellschaft (FORSTMOSER, Verantwortlichkeit, N 29; KUNZ, Rechtsnatur, 157).

4

2. Bei mittelbarer Schädigung

5   Die Wirkung des Déchargebeschlusses hängt davon ab, welche der gem. Art. 757 Abs. 1 Berechtigten Klage erhebt (vgl. Art. 757 N 2).

a) Anspruch der Gesellschaft bzw. der Konkursverwaltung

6   Nach der Theorie der Prozessstandschaft kann dem Anspruch der Déchargebeschluss entgegengehalten werden (vgl. Art. 757 N 11). Aufgrund der Theorie der Doppelnatur ist die Einrede der Décharge ebenfalls möglich, nur beschränkt sich die Wirkung auf den Anspruch der Gesellschaft. Der unabhängige Anspruch des Gläubigers bleibt bestehen (vgl. Art. 757 N 9). Die vom BGer verfolgte Theorie des einheitlichen Anspruchs der Gläubigergesamtheit verhindert demgegenüber die Geltendmachung der Décharge. Dem Anspruch der Gläubigergesamtheit kann der GV-Beschluss oder das Verhalten eines einzelnen Aktionärs nicht entgegengehalten werden (vgl. Art. 757 N 20).

b) Anspruch der Aktionäre

7   In Bezug auf Ansprüche von Aktionären aus mittelbarer Schädigung sind drei verschiedene Konstellationen zu unterscheiden:

Aktionäre, die dem Déchargebeschluss zugestimmt haben, haben damit im Rahmen des inhaltlichen Geltungsbereichs des Entlastungsbeschlusses auf ihre Ansprüche verzichtet (vgl. o. N 2 f.).

8   **Aktionäre, welche die Aktien nach der GV in Kenntnis der Déchargeerteilung erworben haben,** werden wie zustimmende behandelt. Von Gesetzes wegen vorgesehene Erwerbsformen, etwa bei Erbschaft oder Fusion, sind u.E. aber von dieser Regel ausgenommen. Die Lehre nimmt an, dass der erwerbende Aktionär nicht nur vom formellen Vorgang des Entlastungsbeschlusses Kenntnis haben muss, sondern dass er über die tatsächliche Tragweite im konkreten Einzelfall orientiert gewesen sein muss (FORSTMOSER, Verantwortlichkeit, N 469; ZK-BÜRGI/NORDMANN, Art. 757 N 9).

9   Aktionäre, die dem Beschluss nicht zugestimmt haben, sei es, dass sie an der Abstimmung nicht teilnahmen, mit Nein stimmten oder sich der Stimme enthielten, können grundsätzlich weiterhin die Rechte der Gesellschaft geltend machen, müssen dies aber innerhalb einer **Frist von sechs Monaten nach der GV** tun (Art. 758 Abs. 2). Diese Sechsmonatsfrist ist eine Verwirkungsfrist. Sie ist also nicht erstreckbar und kann nicht unterbrochen werden. Die Klage muss innerhalb dieser Frist angehoben sein (FORSTMOSER, Verantwortlichkeit, N 472; BÖCKLI, § 18 N 453). Aufgrund des bundesrechtlichen Begriffs der Klageanhebung genügt im Kanton Zürich beispielsweise – entgegen § 102 ZPO ZH – die Einleitung des Sühnverfahrens, wenn der Kläger den Streit innerhalb von drei Monaten nach Abschluss des Sühnverfahrens vor den urteilenden Richter bringt (VOGEL/SPÜHLER, Kap. 12 N 27).

c) Anspruch der Gläubiger

10 Die Ansprüche von Gläubigern werden durch den Déchargebeschluss nur dann eingeschränkt, wenn man davon ausgeht, dass sie gem. der Theorie der Prozessstandschaft den Anspruch der Gesellschaft einklagen (vgl. Art. 757 N 10 f.). Aufgrund der Theorie der Doppelnatur und der Theorie der Gläubigergesamtheit bleiben die Ansprüche der Gläubiger vom Déchargebeschluss unberührt.

Art. 759

C. Solidarität und Rückgriff	**¹ Sind für einen Schaden mehrere Personen ersatzpflichtig, so ist jede von ihnen insoweit mit den anderen solidarisch haftbar, als ihr der Schaden aufgrund ihres eigenen Verschuldens und der Umstände persönlich zurechenbar ist.** **² Der Kläger kann mehrere Beteiligte gemeinsam für den Gesamtschaden einklagen und verlangen, dass der Richter im gleichen Verfahren die Ersatzpflicht jedes einzelnen Beklagten festsetzt.** **³ Der Rückgriff unter mehreren Beteiligten wird vom Richter in Würdigung aller Umstände bestimmt.**
C. Responsabilité solidaire et action récursoire	¹ Si plusieurs personnes répondent d'un même dommage, chacune d'elles est solidairement responsable dans la mesure où le dommage peut lui être imputé personnellement en raison de sa faute et au vu des circonstances. ² Le demandeur peut actionner plusieurs responsables pour la totalité du dommage et demander au juge de fixer au cours de la même procédure les dommages-intérêts dus par chacun des défendeurs. ³ Le juge règle le recours entre plusieurs responsables en tenant compte de toutes les circonstances.
C. Solidarietà e regresso	¹ Se più persone sono tenute a risarcire un danno, ognuna di esse risponde solidalmente con le altre, in quanto il danno possa esserle imputato personalmente, tenuto conto della colpa rispettiva e delle circostanze. ² L'attore può agire per l'intero danno contro più responsabili e domandare che il giudice determini nello stesso procedimento il risarcimento dovuto da ognuno dei convenuti. ³ Il regresso tra più responsabili è determinato dal giudice, tenuto conto di tutte le circostanze.

Literatur

Vgl. die Literaturhinweise bei den Vorbem. zu Art. 754–761.

I. Gesetzgebung

Das Aktienrecht von 1936 sah die **solidarische Haftung** sämtlicher Organe vor. Das BGer räumte in schwankender Praxis der Bestimmung von Art. 759 altOR einen absoluten Sinn ein. Danach wurde der Grad des Verschuldens im Aussenverhältnis nicht berücksichtigt (BGE 93 II 322; 97 II 416; FORSTMOSER, Verantwortlichkeit, N 397). Das Ergebnis der alten Praxis war Gegenstand weitreichender Diskussionen in der Doktrin und sodann auch im Gesetzgebungsverfahren umstritten. Der geltende Art. 759 kann im Ganzen an sich als geglückte Lösung bezeichnet werden. Er findet den Übergang von der absoluten zu einer differenzierten Solidarität und schafft so die Grundlage für eine angemessene Berücksichtigung des Verschuldens der einzelnen haftpflichtigen Personen (ebenso BÖCKLI, § 18 N 495 und VON DER CRONE, Haftung, 13; krit. NOBEL, 109 ff.; ROBERTO, Solidarität, 30 ff.). 1

Im Rahmen des Vorentwurfs zur sog. «grossen» **Aktienrechtsrevision** wurde die Einführung einer betragsmässigen Begrenzung der Revisionshaftung vorgeschlagen. Hintergrund dazu ist namentlich, dass die RS oft – und nicht immer sachgerecht – Haupt- 1a oder gar ausschliessliche Adressatin von Verantwortlichkeitsansprüchen ist (dazu auch VOGT, 43 f.). Art. 759 Abs. 1bis VE-OR wollte die Haftung der RS für leichtes Verschulden auf CHF 10 Mio., resp. CHF 25 Mio. bei grossen oder börsenkotierten Unternehmen beschränken. Der Vorschlag wurde im Vernehmlassungsverfahren kontrovers diskutiert (vgl. EJPD, Zusammenfassung der Vernehmlassungsergebnisse, Februar 2007, S. 25; ferner BÖCKLI, Revisionsstelle, N 50 f.; BERTSCHINGER, Verantwortlichkeit, 602 ff.; VON DER CRONE, Haftung, 2 ff. m.w.Nw.; DRUEY, Abschlussprüfer, 219 ff.; ROBERTO, Solidarität, 37 ff., sowie DORALT, 168 ff., mit rechtsvergleichenden Ausführungen). Die Botschaft zur «grossen» Aktienrechtsrevision (Botschaft Aktien- und Rechnungslegungsrecht, 1694 ff. und 1787) schlägt nun folgenden Wortlaut vor: «*Personen, die der Revisionshaftung unterstehen und die einen Schaden lediglich fahrlässig mitverursacht haben, haften bis zu dem Betrag, für den sie zufolge Rückgriffs aufkommen müssten*» (Art. 759 Abs. 1bis E-OR). Die Revisionsbranche scheint dem Vorschlag – soweit ersichtlich – grundsätzlich positiv gegenüberzustehen (vgl. WIDMER/CAMPONOVO, 112 f.).

Im Sinne eines **Alternativvorschlags** wäre u.E. zu erwägen, eine Bestimmung ins Gesetz aufzunehmen, wonach die Statuten die Haftung für die Prüfung der Jahres- und Konzernrechnung für eine Dauer von jeweils längstens fünf Geschäftsjahren summenmässig beschränken können, soweit der Schaden nicht durch Absicht oder grobe Fahrlässigkeit verursacht wurde. Die Beschränkung dürfte das Fünffache des durchschnittlichen Revisionshonorars für die betreffenden Geschäftsjahre nicht unterschreiten. Im Rahmen der differenzierten Solidarität wäre gesetzlich festzuhalten, dass die genannte Haftungsbeschränkung nicht zu einer Haftungserweiterung für die übrigen Ersatzpflichtigen führen darf. Weitere Alternativvorschläge finden sich in den Vernehmlassungen zum VE sowie bei CAMPONOVO/BERTSCHINGER, 258 ff., namentlich mit Blick auf die Entwicklung in der EU (dazu auch LINDER/VON DER CRONE, 494 ff.).

2 Die differenzierte Solidarität gilt für Ansprüche aus mittelbarer wie unmittelbarer Schädigung (vgl. Art. 754 N 15 ff.; CR CO II-CORBOZ, Art. 759 N 13).

II. Differenzierte Solidarität (Abs. 1)

3 Der erste Absatz von Art. 759 sieht vor, dass auch im Aussenverhältnis jede einzelne von mehreren haftpflichtigen Personen nur insoweit haftbar ist, als ihr der Schaden aufgrund ihres eigenen Verschuldens persönlich zurechenbar ist. Daraus ergibt sich zunächst, dass niemand für Schaden haftet, den er nicht selbst **adäquat verursacht** hat. Es gibt keine überkausale Haftung (MÜLLER, 293; BÖCKLI, § 18 N 490; ferner VOGT, 35 f. m.w.Nw.). Der eingeklagte Gesamtschaden (vgl. dazu N 7) besteht aus verschiedenen Einzelposten und der Verantwortliche hat jeden dieser Einzelposten durch schuldhafte Verletzung einer ihm obliegenden aktienrechtlichen Pflicht mitzuverursachen, damit seine Haftpflicht bejaht werden kann (MÜLLER, 294).

4 Sodann ergibt sich aus Art. 759 Abs. 1, dass jede Haftung ein persönliches Verschulden voraussetzt. Der **Grad des Verschuldens** wird als bedeutsame Neuerung der Aktienrechtsrevision von 1991 auch bei der Solidarität berücksichtigt. Differenzierte Solidarität bedeutet, dass auch im **Aussenverhältnis,** d.h. dem Geschädigten gegenüber, berücksichtigt wird, dass einen oder mehrere der solidarisch Haftpflichtigen nur ein geringes Verschulden trifft oder dass allenfalls ein anderer Herabsetzungsgrund für sie gilt. Damit finden die allgemeinen Bestimmungen von Art. 43 Abs. 1 und Art. 44 auch im Recht der aktienrechtlichen Verantwortlichkeit Anwendung (vgl. BGE 132 III 577 m.w.Nw.). Für ihre Nichtberücksichtigung in der bisherigen BGer-Praxis zum Aktien-

recht von 1936 gab es nie eine gesetzliche Grundlage. Insofern ist fraglich, ob man wirklich sagen kann, das Gesetz sei im Zuge der Aktienrechtsrevision von 1991 mit Art. 759 in dieser Hinsicht materiell geändert worden. Es ist vielmehr davon auszugehen, dass der Gesetzgeber eine unhaltbare, aber hartnäckig verteidigte Gerichtspraxis korrigieren musste.

Die Personen, für welche die Haftungsvoraussetzungen von adäquater Verursachung, Pflichtwidrigkeit und Verschulden gegeben sind, haften untereinander solidarisch. Das bedeutet für das konkrete **Vorgehen** bei differenzierter Solidarität, dass in einem ersten Schritt der von einem Verantwortlichen durch schuldhafte Verletzung einer aktienrechtlichen Pflicht adäquat verursachte Schaden zu ermitteln ist. In einem zweiten Schritt ist dann zu prüfen, ob individuelle Herabsetzungsgründe eine Reduktion der Haftung rechtfertigen und welchen Grad das Verschulden des einzelnen erreicht. Bis zu dem entsprechend berechneten «Solidaritätsplafond» haftet der Verantwortliche mit den anderen Organmitgliedern und Organen solidarisch (vgl. auch etwa BÖCKLI, § 18 N 491 ff., und MÜLLER, 295; ferner die Rechenbeispiele bei ISLER, Vergleich, 201 f.). Trotz der Differenzierung bleibt aber der Charakter der Solidarität als Überschusshaftung erhalten (BÖCKLI, § 18 N 516 ff.; VOGT, 26 ff. m.w.Nw.).

Art. 759 ermöglicht insb., zwischen der Haftung der Geschäftsführungsorgane und derjenigen der RS sinnvoll zu **differenzieren.** Darin liegt vielleicht die Hauptbedeutung dieser Bestimmung. Pflichtverletzungen der RS schaffen regelmässig eine völlig andere Kausalkette als solche der Geschäftsführungsorgane (vgl. VOGT, 35 ff.). Dazu kommt, dass das Verschulden desjenigen, der bei der Revision Pflichtverletzungen anderer nicht entdeckt hat, i.d.R. als weniger schwerwiegend einzuschätzen ist als dasjenige der fehlbaren Geschäftsführungsorgane (eingehend dazu CHAPUIS, 147 ff.; ferner etwa FORSTMOSER, Revisor, 72 f., und BÖCKLI, § 18 N 179 ff., der allerdings der Auffassung ist, dass die Haftung des Prüfers mit dem Geprüften ein methodisches Unding sei).

III. Klage auf den Gesamtschaden (Abs. 2)

Abs. 1 von Art. 759 macht klar, dass das Urteil gegen mehrere Ersatzpflichtige nicht mehr einfach auf solidarische Haftung aller Beteiligten lauten kann, sondern dass für jeden einzelnen ein Sockel solidarischer Haftung und allenfalls ein zusätzlicher Betrag individueller Schadenersatzpflicht festgestellt werden muss. Um diese Aufgabe für den Geschädigten im Zeitpunkt der Klageeinleitung nicht allzu schwierig zu machen, gibt ihm Abs. 2 das Recht, mehrere Beteiligte gemeinsam für den **Gesamtschaden** einzuklagen und zu verlangen, dass der Richter im gleichen Verfahren die Ersatzpflicht jedes einzelnen Beklagten festsetzt. Als Gesamtschaden gilt dabei der Schaden, der durch gemeinsame adäquate Verursachung entstand oder sich aus mehreren, verschiedenartig verursachten Einzelschäden zusammensetzt (vgl. etwa ZÄCH/TRIEBOLD, 429; ferner die Nachweise bei HOFFMANN-NOWOTNY, 433 f., der selbst allerdings für ein engeres Verständnis eintritt). Der Kläger hat den Gesamtschaden zu substantiieren und zu beweisen (MÜLLER, 296; SCHMID, 608 f. m.w.Nw.). Im Gegensatz zum Wortlaut des Gesetzes wird der Richter in jedem Fall, d.h. auch ohne Antrag des Klägers, die individuelle Schadenersatzpflicht im Urteil feststellen müssen (zustimmend SCHMID, 603), wobei der Richter für den aufzuteilenden Gesamtschaden in der Praxis wohl maximal von der Summe der bei ihm rechtshängigen (und damit von ihm zu beurteilenden) Schadenersatzansprüche ausgehen kann. Es geht hier nicht um eine Regelung des Innenverhältnisses unter verschiedenen solidarisch Haftbaren, sondern zunächst um die Festsetzung der Haftpflicht gegenüber den Ansprechern (BÖCKLI, § 18 N 503).

8   Die nur im deutschen Text vorhandene Formulierung, wonach der Kläger mehrere Berechtigte **gemeinsam** einklagen kann, hat zum Zweck, diesen vom Risiko zu befreien, die Gerichts- und Prozesskosten gegenüber allen entlasteten Beklagten zu tragen (BGE 122 III 325; vgl. auch O. VOGEL, 146 ff.; BÄRTSCHI, 125 ff.). Der Kläger trägt nur das Kosten- und Entschädigungsrisiko gegenüber einer Gegenpartei und nicht gegenüber jedem Beklagten, auch wenn er mehrere Verantwortliche für den Gesamtschaden gemeinsam einklagt (BGE 122 III 326). Gemäss BGer soll dies aber nicht ohne weiteres auch vor zweiter oder dritter Instanz gelten und selbst im erstinstanzlichen Verfahren soll der Richter nicht vollständig seinen Handlungsspielraum bei der Kostenregelung verlieren (vgl. das Urteil des BGer v. 15.10.1998, wiedergegeben in SJ 1999, 349 f.; krit. dazu BÖCKLI, § 18 N 514). Ein Anspruch auf mehrere **Parteientschädigungen** besteht zumindest dann, wenn mehrere Beklagte in einem Interessenkonflikt stehen und es einem Anwalt bereits aus standesrechtlichen Gründen untersagt ist, alle gemeinsam zu vertreten (BGE 125 III 140). Werden RS und Mitglieder des VR eingeklagt, so bestehen unterschiedliche, tatsächliche Klagefundamente und es rechtfertigt sich eine getrennte Parteivertretung und damit eine mehrfache Parteientschädigung (BGE 125 III 140). Unseres Erachtens kann von den Parteivertretern allerdings nicht allgemein verlangt werden, sich betr. einzelner Streitpunkte abzusprechen, um so den Aufwand in Grenzen zu halten (so aber BGer v. 18.12.2001, 4C.160/2001; wie hier HOFFMANN-NOWOTNY, 447). Der Wunsch des Gesetzgebers, die Prozesskosten möglichst klein zu halten, könnte hier leicht mit Verteidigungsrechten kollidieren, wenn das Gericht beurteilen muss, welcher Aufwand noch gerechtfertigt war und welcher nicht.

IV. Verhältnis unter den Solidarschuldnern und Regress (Abs. 3)

9   Das Verhältnis unter den Solidarschuldnern wird von Art. 147 ff. beherrscht. Ob echte oder unechte Solidarität vorliegt, ist nicht geklärt (vgl. die Übersicht zur Kontroverse bei VOGT, 52 f.). Bei **Vergleichsvereinbarungen** mit einem Organ ist jedenfalls immer mittels Auslegung zu prüfen, ob eine Gesamtbefreiung eingetreten ist (BGE 107 II 227 ff.; bestätigt durch BGer v. 26.5.2003, 4C.27/2003 m.w.Nw.; aus der Lehre etwa ISLER, Vergleich, 203 f.; VOGT, 50 f.). Eine feste Regel, wonach ohne weiteres eine Befreiungswirkung für die am Vergleich nicht beteiligten Mitschuldner eintreten solle, lehnt das BGer ab (vgl. BGE 133 III 116; dazu HOFFMANN-NOWOTNY/VON DER CRONE, 261 ff.). In Vergleichsvereinbarungen kann durch geeignete Klauseln eine solche Gesamtbefreiungswirkung ausgeschlossen werden. Zu Fragen der differenzierten Beurteilung der Verjährung vgl. VOGT, 52 f.

10 Soweit mehrere Haftpflichtige nach Abs. 1 solidarisch haften, ist unter ihnen die **Regressordnung** festzulegen. Der Richter regelt den Rückgriff *«in Würdigung aller Umstände»* (Art. 759 Abs. 3). Damit soll klar- und sichergestellt werden, dass sämtliche nach allgemeinem Haftpflichtrecht beachtlichen Umstände bei der Regelung des Regressverhältnisses berücksichtigt werden (vgl. BÖCKLI, § 18 N 520 ff.; VOGT, 53 ff.).

11 Das kantonale Prozessrecht regelt, ob das Regressverhältnis im **Hauptprozess** beurteilt werden kann oder muss (vgl. z.B. § 41 ZPO ZH). Das geplante Bundesgesetz über die Zivilprozessordnung bleibt abzuwarten (vgl. BBl 2006, 7721 ff.).

Art. 760

D. Verjährung	¹ Der Anspruch auf Schadenersatz gegen die nach den vorstehenden Bestimmungen verantwortlichen Personen verjährt in fünf Jahren von dem Tage an, an dem der Geschädigte Kenntnis vom Schaden und von der Person des Ersatzpflichtigen erlangt hat, jedenfalls aber mit dem Ablaufe von zehn Jahren, vom Tage der schädigenden Handlung an gerechnet.
	² Wird die Klage aus einer strafbaren Handlung hergeleitet, für die das Strafrecht eine längere Verjährung vorschreibt, so gilt diese auch für den Zivilanspruch.
D. Prescription	¹ Les actions en responsabilité que régissent les dispositions qui précèdent se prescrivent par cinq ans à compter du jour où la partie lésée a eu connaissance du dommage, ainsi que de la personne responsable, et, dans tous les cas, par dix ans dès le jour où le fait dommageable s'est produit.
	² Si les dommages-intérêts dérivent d'une infraction soumise par les lois pénales à une prescription de plus longue durée, cette prescription s'applique à l'action civile.
D. Prescrizione	¹ Le azioni di risarcimento contro le persone responsabili a norma delle precedenti disposizioni si prescrivono in cinque anni dal giorno in cui il danneggiato conobbe il danno e la persona responsabile, e in ogni caso nel termine di dieci anni dal giorno dell'atto che ha causato il danno.
	² Se l'azione deriva da un atto punibile, a riguardo del quale la legislazione penale stabilisca una prescrizione più lunga, questa si applica anche all' azione civile.

Literatur

Vgl. die Literaturhinweise bei den Vorbem. zu Art. 754–761.

Diese Bestimmung ist unverändert ins Aktienrecht von 1991 übernommen worden. Die **bisherige Praxis** kann deshalb in vollem Umfang Weitergeltung beanspruchen; intertemporalrechtliche Fragen stellen sich keine (BGer v. 13.3.2007, 4C.363/2006). Ferner kann die Praxis zum fast gleich lautenden Art. 60 herangezogen werden (explizit anerkannt in BGer v. 4.10.2004, 4C.142/2004). Der einzige Unterschied liegt in der Dauer der relativen Verjährungsfrist, die gem. Art. 60 Abs. 1 ein Jahr, für Verantwortlichkeitsansprüche hingegen fünf Jahre beträgt. Für die allg. Grundsätze sei deshalb auf die Komm. zu Art. 60 verwiesen. 1

Das Gesetz unterscheidet eine relative (fünfjährige) und eine absolute (zehnjährige) **Verjährungsfrist.** Beide können unterbrochen werden, insb. durch Betreibung oder Sühnbegehren, aber auch durch eine Verjährungsverzichtserklärung (BGE 112 II 233). Die verjährungsunterbrechende Handlung hat grundsätzlich vom Forderungsgläubiger auszugehen. Laut einem nicht amtlich publizierten Entscheid des BGer (BGer v. 19.10.2006, 4C.185/2005) rechtfertigt es sich, die Unterbrechungswirkung auch dann eintreten zu lassen, wenn die Betreibung von einem (noch) nicht berechtigten Dritten ausgehe, sofern der Schuldner nach dem Vertrauensprinzip erkennen könne, um welche Forderung es gehe. Die Betreibung von Gesellschaftsorganen durch einen Gesellschaftsgläubiger vor Konkurseintritt hat indes keine verjährungsunterbrechende Wirkung, da der Gläubiger in diesem Zeitpunkt nicht selbst aktivlegitimiert ist; die Betriebenen kön- 2 nen in diesem Fall nach Treu und Glauben nicht erkennen, um welche Forderung es sich handelt (BGer v. 13.3.2007, 4C.363/2006).

3   Die Verjährungsfristen gem. Art. 760 gelten sowohl für Ansprüche aus unmittelbarer wie auch für diejenigen aus mittelbarer Schädigung. Dies ergibt sich bereits aus der systematischen Stellung von Art. 760 (CR CO II-CORBOZ, Art. 760 N 3). Indes ist zu beachten, dass der **Zeitpunkt der Schadensrealisierung** hinsichtlich dieser beiden Schadensarten nicht identisch ist, da ein unmittelbarer Schaden unabhängig von demjenigen der Gesellschaft entsteht, während ein mittelbarer Schaden erst im Zeitpunkt der Zahlungsunfähigkeit der Gesellschaft eintritt (vgl. BGer v. 4.10.2004, 4C.142/2004).

4   Die **zehnjährige absolute Verjährungsfrist** beginnt mit der schädigenden Handlung. Bei fortgesetzter Handlung bzw. Unterlassung (z.B. bei dauerndem Fehlen einer angemessenen Organisationsstruktur) beginnt die Verjährung erst mit Abschluss der fortgesetzten Handlung bzw. Unterlassung, ggf. also erst mit der Konkurseröffnung. Liegt die schädigende Handlung jedoch zurück und ist sie abgeschlossen, so beginnt die zehnjährige Verjährungsfrist zu laufen. Wird der Konkurs erst mehr als zehn Jahre nach dieser Handlung eröffnet, so ist die Klage verjährt, auch wenn die fünfjährige Frist noch läuft. In BGer v. 13.3.2007, 4C.363/2006 stellte sich das BGer die Frage, ob mehrmalige, angeblich pflichtwidrig ausgerichtete Zuschüsse einer AG an ihre Tochtergesellschaft unter einem einheitlichen Willensentschluss standen und deshalb als Einheit zu qualifizieren waren. Da hierfür keine Anhaltspunkte vorlagen, war die zehnjährige Verjährungsfrist für jeden Zuschuss gesondert zu beurteilen. Das BGer liess deshalb auch offen, ob für den Beginn der zivilrechtlichen Verjährung bei einheitlichem Willensentschluss noch ein Fortsetzungszusammenhang anzunehmen wäre, nachdem es strafrechtlich die Rechtsfigur der Verjährungseinheit aufgegeben hat (BGE 131 IV 83).

5   Die **relative Verjährungsfrist** beginnt mit ausreichender Kenntnis des Schadens und der Ersatzpflichtigen. Dazu ist insb. erforderlich, dass das Ausmass des Schadens soweit feststeht, dass eine hinreichend substantiierte Klage formuliert werden kann (vgl. BGE 112 II 123; 111 II 57; 109 II 434). In Bezug auf den Anspruch der Gläubiger aus mittelbarer Schädigung hat die Praxis präzisiert, dass die Frist für die Konkursverwaltung mit ihrer Bestellung zu laufen beginne, für die Gläubiger jedoch erst mit der Auflage des Kollokationsplans und des Inventars zur Einsicht (BGE 122 III 202; FORSTMOSER, Verantwortlichkeit, N 510 m.w.Nw.). Für die Forderung des Abtretungsgläubigers beginnt die relative Verjährungsfrist bei Eröffnung des Konkurses über die Gesellschaft (BGer v. 13.9.2007, 4A_174/2007). Im Fall des Nachlassvertrags mit Vermögensabtretung beginnt die Frist für die klagende Nachlassliquidatorin mit der gerichtlichen Bestätigung des Nachlassvertrags zu laufen.

6   Fraglich ist, ob für den klagenden Aktionär die Frist in der Zeit zwischen Konkurseröffnung und der Entscheidung der Konkursverwaltung über die Ausübung der eigenen Klagerechte **ruht** (vgl. ZK-BÜRGI/NORDMANN, Art. 760 N 14; **a.M.** FORSTMOSER, Verantwortlichkeit, N 509).

7   Mit FORSTMOSER ist anzunehmen, dass die Verjährungsfrist für die Einreichung einer **Regressklage** ebenfalls fünf Jahre beträgt, gerechnet von der Befriedigung des Gläubigers an (FORSTMOSER, Verantwortlichkeit, N 517; **a.M.** etwa BK-BREHM, Art. 50 N 64, der von einem Jahr ausgeht).

8   In Bezug auf die **Unterbrechung der Verjährung** bei solidarisch Haftpflichtigen gelten Art. 136 Abs. 1 und 141 Abs. 2. Das bedeutet, dass die Unterbrechung der Verjährung gegen einen solidarisch Haftenden für alle wirkt, dass hingegen der Verzicht auf die Einrede der Verjährung nur den Verzichtenden bindet. Offen liess das BGer im Ur-

teil 4C.363/2006 v. 13.3.2007 die Frage, ob eine vor Konkurseröffnung unternommene, die Verjährung unterbrechende Handlung der Gesellschaft oder deren Aktionäre gegenüber dem Beklagten auch zugunsten der Gläubigergesamtheit wirken würde, deren Schaden die Klägerin in Prozessstandschaft einklagt. Unterbricht der Geschädigte nur gegenüber einem Schädiger die Verjährung, kann letzterer dessen ungeachtet gegen die anderen Schädiger Rückgriff nehmen (BGE 133 III 6).

Besteht die Pflichtverletzung, auf welcher der Verantwortlichkeitsanspruch beruht, in einer **strafbaren Handlung,** und unterliegt diese Handlung strafrechtlich einer längeren Verjährungsfrist, so gilt nach Art. 760 Abs. 2 diese längere Frist auch für den Verantwortlichkeitsanspruch. Dabei wird nach h.L. und Rechtsprechung angenommen, diese Regel beziehe sich sowohl auf die absolute wie auch auf die relative Verjährungsfrist gem. Abs. 1 (BGE 107 II 155; 60 II 35; BÖCKLI, § 18 N 473; FORSTMOSER, Verantwortlichkeit, N 523). Nur der Anspruch, der gegenüber dem Täter der strafbaren Handlung besteht, unterliegt der längeren strafrechtlichen Verjährungsfrist. Diese ist daher in der Regel nicht anwendbar auf Personen, die einzig nach Zivilrecht haftbar sind (BGE 122 III 202). Gemäss Praxis des BGer gilt sie aber auch für die **juristische Person,** als deren Organ der Täter handelte (BGE 122 III 202; 112 II 190), sowie für die Erben des Straftäters (BGE 122 III 202). 9

Art. 761

aufgehoben

abrogé

abrogato

Mit Inkrafttreten des GestG am 1.1.2001 wurde Art. 761 aufgehoben und durch Art. 29 GestG abgelöst, der folgenden Wortlaut hat: 1

Art. 29 Gesellschaftsrecht

Für Klagen aus gesellschaftsrechtlicher Verantwortlichkeit ist das Gericht am Wohnsitz oder Sitz der beklagten Partei oder am Sitz der Gesellschaft zuständig.

Die Normen des GestG fanden sofort Anwendung, mit einer Ausnahme für bereits hängige Verfahren (Art. 38 GestG). Wir verzichten an dieser Stelle auf eine eingehende Besprechung dieses Artikels und verweisen auf die Komm. und Literatur zum Gerichtsstandsgesetz. Die alternativen Gerichtsstände am Sitz der Gesellschaft und am Wohnsitz/Sitz des beklagten Organs gelten auch nach Art. 29 GestG weiterhin. Da das GestG in Art. 7 Abs. 1 einen Gerichtsstand der Streitgenossenschaft zur Verfügung stellt, können Verantwortlichkeitsklagen gegen verschiedene Beklagte am Sitz/Wohnsitz eines Beklagten anhängig gemacht werden.

Art. 762

Siebenter Abschnitt: Beteiligung von Körperschaften des öffentlichen Rechts

Art. 762

[1] Haben Körperschaften des öffentlichen Rechts wie Bund, Kanton, Bezirk oder Gemeinde ein öffentliches Interesse an einer Aktiengesellschaft, so kann der Körperschaft in den Statuten der Gesellschaft das Recht eingeräumt werden, Vertreter in den Verwaltungsrat oder in die Revisionsstelle abzuordnen, auch wenn sie nicht Aktionärin ist.

[2] Bei solchen Gesellschaften sowie bei gemischtwirtschaftlichen Unternehmungen, an denen eine Körperschaft des öffentlichen Rechts als Aktionär beteiligt ist, steht das Recht zur Abberufung der von ihr abgeordneten Mitglieder des Verwaltungsrates und der Revisionsstelle nur ihr selbst zu.

[3] Die von einer Körperschaft des öffentlichen Rechts abgeordneten Mitglieder des Verwaltungsrates und der Revisionsstelle haben die gleichen Rechte und Pflichten wie die von der Generalversammlung gewählten.

[4] Für die von einer Körperschaft des öffentlichen Rechts abgeordneten Mitglieder haftet die Körperschaft der Gesellschaft, den Aktionären und den Gläubigern gegenüber, unter Vorbehalt des Rückgriffs nach dem Recht des Bundes und der Kantone.

---

[1] Lorsqu'une corporation de droit public telle que la Confédération, un canton, un district ou une commune a un intérêt public dans une société anonyme, les statuts de la société peuvent lui conférer le droit de déléguer des représentants au sein du conseil d'administration ou de l'organe de révision même si elle n'est pas actionnaire.

[2] Dans de semblables sociétés, comme aussi dans les entreprises mixtes auxquelles une telle corporation participe en qualité d'actionnaire, les membres du conseil d'administration et les réviseurs délégués par la corporation ne peuvent être révoqués que par elle.

[3] Les membres du conseil d'administration et les réviseurs délégués par la corporation ont les mêmes droits et obligations que ceux qui sont élus par l'assemblée générale.

[4] La responsabilité des membres du conseil d'administration et des réviseurs délégués par la corporation à l'égard de la société, des actionnaires et des créanciers est assumée par la corporation sous réserve de recours selon le droit applicable de la Confédération ou du canton.

---

[1] Nelle società anonime nelle quali una corporazione di diritto pubblico, come la Confederazione, un Cantone, un distretto o un Comune, ha un interesse pubblico, lo statuto può concedere alla corporazione, anche non azionista, il diritto di delegare una o più persone a rappresentarla nel consiglio d'amministrazione o nell'ufficio di revisione.

[2] In siffatte società, come pure nelle imprese miste, alle quali una corporazione di diritto pubblico partecipa come azionista, il diritto di revocare gli amministratori ed i revisori designati dalla corporazione di diritto pubblico spetta soltanto a quest'ultima.

[3] Gli amministratori ed i revisori designati dalla corporazione di diritto pubblico hanno gli stessi diritti e gli stessi doveri di quelli nominati dall'assemblea generale.

[4] Per gli amministratori ed i revisori designati dalla corporazione di diritto pubblico, questa risponde verso la società, gli azionisti e i creditori, salvo il regresso secondo il diritto federale o cantonale.

7. Abschnitt: Beteiligung von Körperschaften des öff. Rechts 1–3 **Art. 762**

Literatur

DÉNÉRÉAZ, Les entreprises d'économie mixte et de droit public organisées selon le droit privé, ZSR 1953, 1a ff.; FORSTMOSER, Wer «A» sagt muss auch «B» sagen – Gedanken zur Privatisierungsdebatte, SJZ 98 (2002), 193 ff., 217 ff.; FORSTMOSER/JAAG, Der Staat als Aktionär, Schriften zum Neuen Aktienrecht 15, 2000; MEYLAN, L'accomplissement par des organismes de droit privé de tâches d'intérêt général et la sauvegarde de l'intérêt général, in: Mélanges Zwahlen, 1977, 419 ff.; POLTIER, Les entreprises d'économie mixte, Etude de droit suisse et de droit comparé, 1983; SCHÜRMANN, Das Recht der gemischtwirtschaftlichen und öffentlichen Unternehmungen mit privatrechtlicher Organisation, ZSR 1953, 65a ff. (zit.: Recht); DERS., Rechtsfragen zur Haftung von Mitgliedern des Regierungsrates als Verwaltungsräte in öffentlichen und gemischtwirtschaftlichen Unternehmen, insbesondere nach zugerischem Recht, ZBl 1990, 337 ff. (zit.: Rechtsfragen); DERS., Wirtschaftsverwaltungsrecht, 3. Aufl. 1994, 262 ff.; STÄMPFLI, Die gemischtwirtschaftliche Aktiengesellschaft, 1991 (ASR 533); STEINER, Die Vertretung öffentlich-rechtlicher Korporationen im Verwaltungsrat von Aktiengesellschaften, SAG 1938/39, 180 ff.; DERS., Die Vertretung des Gemeinwesens im Verwaltungsrat von Aktiengesellschaften, SAG 1947/48, 143 ff.; STOFFEL, Beamte und Magistraten als Verwaltungsräte von gemischtwirtschaftlichen Aktiengesellschaften, 1975; WINDLIN/DELWING, Haften Regierungsratsmitglieder als Delegierte in öffentlichen und gemischtwirtschaftlichen Unternehmen persönlich?, ZBl 1991, 152 ff.; WITSCHI, Stimmrecht und Wahlrecht in der Genossenschaft, Diss. 1944 (masch.geschr.); vgl. auch die Literaturhinweise zu Art. 707.

I. Allgemeines

1. Inhalt

Privatrechtliche Aktiengesellschaften, an denen Körperschaften des öffentlichen Rechts 1
ein öffentliches Interesse haben, können diesen Körperschaften, unabhängig davon, ob
sie Aktionäre sind oder nicht, ein **statutarisches Recht auf Abordnung von Vertretern in den VR oder die RS** einräumen (Abs. 1). Das Recht zur Abberufung dieser
Vertreter steht der öffentlich-rechtlichen Körperschaft zu (Abs. 2). Die Rechtsstellung
der abgeordneten Vertreter entspricht derjenigen der ordentlichen, von der GV gewählten Mitglieder des VR oder der RS (Abs. 3), wobei jedoch gegenüber der AG, den Aktionären und den Gläubigern nur die abordnende Körperschaft haftet, die ihrerseits ein
Regressrecht gegen ihren Vertreter hat (Abs. 4).

2. Aktienrechtsrevision vom 4.10.1991

Die Bestimmung ist, abgesehen von terminologischen Anpassungen, **weitgehend text-** 2
gleich mit Art. 762 OR 1936. Allerdings konnte die öffentlich-rechtliche Körperschaft
gemäss Art. 762 Abs. 1 OR 1936 gleichzeitig Vertreter sowohl in den VR als auch in
die Kontrollstelle abordnen, was die Unabhängigkeit der Kontrollstelle beeinträchtigen
konnte (VON GREYERZ, 312). In der revidierten Fassung sieht Abs. 1 deshalb ein **Abordnungsrecht** nur noch **alternativ** für eines der beiden Organe vor. In Abs. 3 wurde der
durch Abschaffung der *Pflichtaktien* obsolete Passus gestrichen, wonach die Vertreter
der öffentlich-rechtlichen Körperschaft von der Hinterlegung von Pflichtaktien befreit
waren (BBl 1983 II 938 f.).

II. Normzweck. Rechtsnatur. Anwendungsbereich

1. Entstehung und Normzweck

Art. 762 ist aus der Eisenbahngesetzgebung (Art. 6 Abs. 1 Stimmrechtsgesetz vom 3
28.6.1995, Bereinigte Sammlung der Bundesgesetze und Verordnungen 1848–1947,

Bd. 7, 217; heute Art. 14 Abs. 1 EBG) mit der Revision von **1936 in das OR übernommen worden** (STOFFEL, 34 f., 70 f.). In einer Zeit, da sich das private schweizerische Eisenbahnwesen in einer wirtschaftlichen Krise befand, erkannten zahlreiche Gemeinden und Kantone, dass die Aufrechterhaltung des Schienentransportes im Interesse der Allgemeinheit liegt und fanden sich deshalb zur Unterstützung notleidender privater Eisenbahngesellschaften durch Gewährung von Darlehen, Subventionen oder anderen Hilfsmassnahmen bereit, ohne sich jedoch direkt als Aktionär am Gesellschaftskapital beteiligen zu wollen. Als Gegenstück der finanziellen Unterstützung forderten die öffentlich-rechtlichen Körperschaften Einfluss auf die Beschlussfassung und Geschäftsführung der Eisenbahngesellschaft zur Unterbindung von Fehlaktionen, was insb. durch die Mitwirkung im VR oder der RS und somit durch die Entsendung von Vertretern der öffentlichen Hand in diese Organe möglich war (dazu sowie allgemein zur **Entstehung von Art. 762** FALKEISEN, 17 ff.; HOFMANN, 119 ff.; STEINER, Gemeinwesen, 144 f.; STOFFEL, 34 f., 68 ff.; STÄMPFLI, 106 ff., 120). Die *besondere Bedeutung* der Übernahme dieser ursprünglich spezialgesetzlichen Regelung in Art. 762 liegt darin, dass damit für privatrechtliche Aktiengesellschaften unter Abweichung von fundamentalen Regeln des Aktienrechts (Art. 698 Abs. 2 Ziff. 2, Art. 705 Abs. 1) die Ermächtigung zur *statutarischen Einräumung eines echten Drittrechts* zugunsten der öffentlichen Hand geschaffen (STÄMPFLI, 127) und eine *Selbstbeschränkung* der AG für zulässig erklärt wird (ZK-BÜRGI/NORDMANN, N 1).

2. Rechtsnatur

4 Die AG *kann* dem Gemeinwesen ein Vertretungsrecht nach Art. 762 einräumen, *muss* dies aber nicht tun; der Vertretungsanspruch besteht nicht *ipso iure,* sondern nur auf Basis einer **statutarischen Grundlage** (VON GREYERZ, 310; ZK-BÜRGI/NORDMANN, N 1; anders dagegen Art. 709 Abs. 1, für den Fall, dass verschiedene Aktionärskategorien oder -gruppen bestehen; s.o. Art. 709 N 5). Materiell handelt es sich bei Art. 762 um eine Bestimmung des öffentlichen Rechts, die formell in das Zivilrecht integriert ist. Die Vorschrift geht als **lex specialis** entgegenstehendem Aktienrecht vor, ist aber nicht verallgemeinerungsfähig und deshalb in ihrer Anwendbarkeit auf den explizit geregelten Sachverhalt beschränkt, ausserhalb dessen das gewöhnliche Aktienrecht gilt (PKG 1989, 66 f.; ZK-BÜRGI/NORDMANN, N 2; VON GREYERZ, 310; A. VON PLANTA, 56 f.; STÄMPFLI, 104; ZK-HOMBURGER, N 193; ähnlich SCHÜRMANN, Recht, 181a, 183a f.; offen gelassen in BGE 120 II 47, 52; dazu Anm. in AJP 1994, 1470 ff.). Die *Rechtsbeziehungen* einer AG nach Art. 762 *zu privaten Dritten* unterstehen grundsätzlich den Regeln des Privatrechts, sofern keine anderslautenden Vorschriften bestehen (BGE 126 I 250, 254).

3. Anwendungsbereich

5 **Anwendbar** ist Art. 762 nur auf *obligationenrechtliche* Aktiengesellschaften, deren Aktien sich ganz in privater, in öffentlicher und privater oder aber auch ganz in öffentlicher Hand (z.B. verschiedene Gemeinden, Bsp. in BGE 105 Ia 255, 256, Société anonyme pour l'incinération des ordures et déchets) befinden können (STÄMPFLI, 139 FN 509; N 13; **a.M.** VON GREYERZ, 309, der Aktiengesellschaften mit ausschliesslich öffentlichem Aktionariat ausnimmt). Während Abs. 2 nur diejenigen AG als *«gemischtwirtschaftlich»* bezeichnet, an denen sowohl öffentliche als auch private Aktionäre beteiligt sind, wird der Begriff der gemischtwirtschaftlichen AG in der Lehre teilweise weiter gefasst (zur Definition vgl. POLTIER, 45 ff.; SCHÜRMANN, Recht, 72a ff., 187a; DERS.,

Wirtschaftsverwaltungsrecht, 264; STOFFEL, 32 ff.; VON GREYERZ, 308 f.; STÄMPFLI, 3 ff.; FORSTMOSER/JAAG, N 13). Für die Anwendbarkeit von Art. 762 spielt jedoch die Qualifikation eines Unternehmens als «gemischtwirtschaftlich» keine Rolle (N 7 ff.), weshalb sich hier eine Definition dieses Begriffes erübrigt.

Nicht anwendbar ist Art. 762 auf Unternehmen, die zwar als AG organisiert, jedoch einem *speziellen Bundesgesetz* unterstellt sind (z.B. Nationalbank, Eisenbahnaktiengesellschaften, Post; BK-WEISS, Einl. N 369 ff., 375 ff., 386 ff.; FORSTMOSER/MEIER-HAYOZ/NOBEL, § 63 N 23 ff.; sog. «spezialgesetzliche Aktiengesellschaften», FORSTMOSER/JAAG, N 19 FN 11, N 40) sowie auf *Anstalten oder Gesellschaften des kantonalen Rechts* (ZK-BÜRGI/NORDMANN, N 3; VON GREYERZ, 311; SCHÜRMANN, Recht, 181a ff.; z.B. Kantonalbanken, BK-WEISS, Einl. N 362 ff.; POLTIER, 62 f. m.w.Nw.; vgl. Art. 763). Verweist das anwendbare kantonale oder Bundesrecht für die interne Regelung dieser Gesellschaften auf das Aktienrecht zurück, so sind dessen Bestimmungen nicht als Bundeszivilrecht, sondern als eidgenössisches öffentliches oder ergänzendes kantonales Recht anwendbar (VON GREYERZ, 311; STÄMPFLI, 6; vgl. BGE 83 II 353, 365; GVP ZG, 1991, 355, 357). Unzweckmässig ist die vom Gesetz vorgesehene Möglichkeit zur Entsendung eines Vertreters in die Revisionsstelle, da dieses Gremium zur Interessenvertretung «denkbar ungeeignet» ist (BÖCKLI, § 15 N 89). In jedem Fall muss auch das entsandte Mitglied der Revisionsstelle die fachlichen und persönlichen Voraussetzungen gem. Art. 727b ff. erfüllen. 6

III. Voraussetzungen

1. Öffentlich-rechtliche Körperschaft

Ein Abordnungsrecht gemäss Art. 762 kann nur **«Körperschaften des öffentlichen Rechts»** eingeräumt werden. Als Beispiele nennt das Gesetz den Bund, die Kantone, Bezirke oder Gemeinden, wobei den Bezirken nur in den wenigsten Kantonen Rechtspersönlichkeit zukommt. Die Aufzählung ist nicht abschliessend; aufgrund der Entstehungsgeschichte von Abs. 1 ist der Begriff der «öffentlich-rechtlichen Körperschaft» *weit auszulegen* und umfasst neben den beispielhaft aufgezählten Gebietskörperschaften auch Nichtgebietskörperschaften wie Dorfkorporationen oder Genossamen (ZK-BÜRGI/NORDMANN, N 5; ZK-GUTZWILLER, Art. 926 N 34; STOFFEL, 99 ff.). 7

2. Öffentliches Interesse

Weitere Voraussetzung für die Zulässigkeit eines Abordnungsrechts ist, dass die öffentlich-rechtliche Körperschaft an der AG ein **«öffentliches Interesse»** hat. Dieses kann sich sowohl aus dem statutarischen Zweck als auch aus der tatsächlich ausgeübten Tätigkeit der AG ergeben (ZK-BÜRGI/NORDMANN, N 6). Als *unbestimmter Rechtsbegriff* ist das öffentliche Interesse abstrakt nicht oder nur sehr schwer fassbar und unterliegt ausserdem einem steten Wandel. Ob ein öffentliches Interesse vorliegt oder nicht, ist deshalb anhand der konkreten Umstände in jedem Einzelfall abzuwägen (STOFFEL, 106 ff.; ZK-GUTZWILLER, Art. 926 N 36 ff.; STÄMPFLI, 12 ff., 126; A. VON PLANTA, 48), wobei an die Erfüllung dieses Kriteriums keine hohen Anforderungen zu stellen sind (STÄMPFLI, 114). Eine *nur finanzielle Beteiligung* des Gemeinwesens stellt für sich allein genommen noch kein ausreichendes öffentliches Interesse dar (FORSTMOSER/MEIER-HAYOZ/NOBEL, § 63 N 14 FN 15). 8

3. Statutenbestimmung

9 Das Vorrecht der öffentlich-rechtlichen Körperschaft muss **ausdrücklich in den Statuten geregelt** sein und ist damit vom Ausdruck des entsprechenden Willens durch die Gründer der AG oder die GV abhängig; insofern gehört es zum *bedingt notwendigen Statuteninhalt* i.S.v. Art. 627 (DÉNÉRÉAZ, 59a f.; ZK-BÜRGI/NORDMANN, N 10 f.; VON GREYERZ, 311; POLTIER, 228). Ein *Anspruch* der Körperschaft auf Vertretung im VR bei Vorliegen eines öffentlichen Interesses *besteht nicht*. Ist allerdings die Ausübung der von der AG betriebenen Tätigkeit an eine öffentlich-rechtliche *Konzession* oder *Genehmigung* geknüpft, so kann das betroffene Gemeinwesen die Erteilung der Genehmigung oder Konzession von der Einräumung eines Vertretungsrechts in den Statuten abhängig machen (HOFMANN, 122 f.; ähnlich SCHULZ-DORNBURG, 54; FALKEISEN, 25).

10 In der Regel wird eine entsprechende Statutenbestimmung bereits *bei der Gründung* der AG aufgenommen, da das Gemeinwesen schon in diesem Stadium involviert ist (DÉNÉRÉAZ, 49a f.). Umstritten ist, mit welcher **Mehrheit** die GV ein Abordnungsrecht nach Art. 762 *nachträglich* einführen kann. Während ein Teil der Lehre einen **gewöhnlichen Mehrheitsbeschluss** für ausreichend erachtet (ZK-BÜRGI/NORDMANN, N 12; DÉNÉRÉAZ, 50a; SCHÜRMANN, Recht, 185a f.), verlangt VON GREYERZ (311 f.) **Einstimmigkeit,** da dadurch wohlerworbene Rechte der Aktionäre aufgehoben oder eingeschränkt werden und ggf. auch eine Aufhebung der Gewinnstrebigkeit der AG erfolgt. Die Frage ist jedoch *differenziert zu beantworten:* Grundsätzlich ist mangels spezieller Regelung die allgemeine Vorschrift von Art. 703 anwendbar, d.h. es genügt die absolute Mehrheit der vertretenen Aktienstimmen. Hat jedoch die Einräumung eines Privilegs gemäss Art. 762 die *Änderung des Gesellschaftszweckes* zur Folge, ist das Quorum für wichtige Beschlüsse gemäss Art. 704 Abs. 1 Ziff. 1 zu beachten. Bewirkt die Abordnung von Vertretern der öffentlichen Hand gleichzeitig eine völlige Aufhebung der Gewinnstrebigkeit, kann die Privilegierung nur einstimmig eingeführt werden (vgl. Art. 706 Abs. 2 Ziff. 4; Rechtsfolge bei Missachtung: Anfechtbarkeit). Anknüpfungspunkt für ein verschärftes Quorum ist somit *nicht* die Gewährung eines Abordnungsrechtes an sich, sondern nur eine etwaige damit verbundene weitergehende Änderung des Gesellschaftszweckes. Dabei ist zu beachten, dass die Abordnung von Vertretern des Gemeinwesens keineswegs automatisch eine Änderung des Gesellschaftszweckes bzw. eine Aufhebung oder Einschränkung der Gewinnstrebigkeit der AG zur Folge hat (gl.M. STÄMPFLI, 122 ff.; **a.M.** VON GREYERZ, 311 f.).

11 Die entsprechende Statutenbestimmung kann die **Anzahl** der vom Gemeinwesen zu entsendenden VR-Mitglieder *frei bestimmen*. Insbesondere kann *auch die Mehrheit* der Mitglieder des VR gemäss Art. 762 abgeordnet werden (BGE 71 I 187, 189; ZK-BÜRGI/NORDMANN, N 13; SCHUCANY, N 1; DÉNÉRÉAZ, 51a; POLTIER, 231; unklar SCHÜRMANN, Recht, 185a; **a.M.** VON GREYERZ, 309, 312; SCHÜRMANN, Rechtsfragen, 339, die bei privater Anteilsmehrheit eine öffentliche Mehrheit im VR wegen Verstoss gegen aktienrechtliche Grundsätze nicht zulassen wollen; Art. 762 stellt aber gerade eine Ausnahmevorschrift auf, die in ihrem Geltungsbereich dem allgemeinen Aktienrecht vorgeht; ebenso für die Genossenschaft REYMOND, 228).

12 Die Einräumung eines Privilegs nach Art. 762 stellt eine Verletzung des aktienrechtlichen Gleichbehandlungsgrundsatzes dar und beschränkt das gesetzliche Wahl- und Abberufungsrecht der GV gemäss Art. 698 und 705; dennoch ist ein GV-Beschluss über die Einführung dieses Rechts aus diesen Gründen nicht anfechtbar, da Art. 762 als lex specialis die Zulässigkeit einer Abweichung von diesen aktienrechtlichen Grundsätzen voraussetzt. Eine **Anfechtung des entsprechenden GV-Beschlusses** ist lediglich möglich, wenn entweder formelle Voraussetzungen der Beschlussfassung nicht gegeben waren oder aber eine Voraussetzung zur Einräumung des Privilegs nicht erfüllt war (z.B. die Begünstigte keine öffentlich-rechtliche Körperschaft ist oder ein öffentliches Interesse an der AG fehlt; ZK-BÜRGI/NORDMANN, N 14).

4. Aktionärseigenschaft

Sind die drei genannten Kriterien erfüllt (öffentlich-rechtliche Körperschaft, öffentliches Interesse, Statutenbestimmung), und nur dann, treten die Rechtsfolgen von Art. 762 ein (ähnlich SCHÜRMANN, Rechtsfragen, 340; unhaltbar WINDLIN/DELWING, 153), **unabhängig davon, ob das Gemeinwesen Aktionär ist oder nicht,** und auch unabhängig davon, ob sich die Anteilseignerschaft ausschliesslich aus Privatpersonen, aus Privatpersonen und öffentlich-rechtlichen Körperschaften oder ausschliesslich aus öffentlich-rechtlichen Körperschaften zusammensetzt. Die Rechtsstellung der Aktionäre spielt nach dem klaren Wortlaut der Bestimmung für die Anwendbarkeit von Art. 762 keine Rolle (ZK-BÜRGI/NORDMANN, N 3; FORSTMOSER/JAAG, N 12; a.M. VON GREYERZ, 309, der AG mit ausschliesslich öffentlich-rechtlichen Aktionären ausnimmt). 13

IV. Die Stellung der öffentlich-rechtlichen Körperschaft

1. Rechte der öffentlich-rechtlichen Körperschaft

Die Statuten können der öffentlich-rechtlichen Körperschaft ein verbindliches **Ernennungsrecht** für VR-Mitglieder unter Ausschluss jeglicher Mitwirkung der GV einräumen (BGE 51 II 330, 339; VON STEIGER, Aktiengesellschaft, 201; ZK-BÜRGI/NORDMANN, N 15), nicht aber eine Abordnungs*pflicht* auferlegen (FALKEISEN, 62). Innerhalb dieses Rahmens können als *Minus* auch weniger weit gehende Vorrechte, so z.B. die Gewährung eines *statutarischen Vorschlagsrechts* analog Art. 709 Abs. 2 auch ohne Aktienbeteiligung, eingeführt werden (DÉNÉRÉAZ, 51a f.; POLTIER, 229; FORSTMOSER/JAAG, N 16; ist das Vorschlagsrecht verbindlich, so entspricht die Rechtsstellung des gewählten Vertreters aber derjenigen des abgeordneten Vertreters, FORSTMOSER/JAAG, N 204 FN 113; unklar VON GREYERZ, 309). 14

Das **Rechtsverhältnis** zwischen abordnendem Gemeinwesen und seinem Vertreter ist je nach anwendbarem kantonalem oder Bundesrecht und der Rechtsstellung des Vertreters *privatrechtlicher* oder *beamtenrechtlicher* Natur (FORSTMOSER/JAAG, N 173 f.; ZK-BÜRGI/NORDMANN, N 16; STOFFEL, 146 ff.; POLTIER, 286; SCHÜRMANN, Rechtsfragen, 343; a.M. SCHÜRMANN, Recht, 177a, 186a, der stets ein beamtenrechtliches Verhältnis annimmt; ihm folgend ZR 1978, 76, 81) bzw. untersteht im Zuge der Abschaffung des Beamtenstatus in zahlreichen Kantonen den Bestimmungen der kantonalen Personalgesetzgebung. 15

Gegenstück des Ernennungsrechts ist – in Ausschaltung von Art. 705 Abs. 1 – das uneingeschränkte **Abberufungsrecht** der öffentlich-rechtlichen Körperschaft für die abgeordneten Vertreter (ZR 1978, 76, 82). Der GV verbleibt allerdings das Recht, bei *Vorliegen wichtiger Gründe* die Abberufung der Vertreter durch das Gemeinwesen zu verlangen (BGE 51 II 330, 340; 59 II 264, 288; ZK-GUTZWILLER, Art. 926 N 73; FUNK, N 1; SCHUCANY, N 2; DÉNÉRÉAZ, 51a; STOFFEL, 293 ff.). Die Gesellschaft kann die Abberufung ggf. gerichtlich mittels Klage gegen die abordnende öffentlich-rechtliche Körperschaft auf Abgabe einer Willenserklärung durchsetzen (PLÜSS, 91). 16

Die **Amtsdauer** der Vertreter kann (als Ausfluss des Abberufungsrechts gemäss Abs. 2) von der öffentlich-rechtlichen Körperschaft frei, d.h. unabhängig von Art. 710, festge- 17 legt werden (VON STEIGER, Aktiengesellschaft, 223; SCHÜRMANN, Recht, 184a; ZK-BÜRGI/NORDMANN, N 17; PLÜSS, 89).

18 Weitere, über Art. 762 hinausgehende Rechte können dem Gemeinwesen in privatrechtlichen Gesellschaften nach OR in Anbetracht des **Sonderrechtscharakters** der Norm *nicht* eingeräumt werden (SCHÜRMANN, Recht, 187a; VON GREYERZ, 310 f.). **Unzulässig** ist insb. die Bindung von Statutenänderungen an die Zustimmung des Gemeinwesens (so für die Genossenschaft BGE 67 I 262, 264 f.; dazu ZK-GUTZWILLER, Art. 926 N 56 ff.), die Einräumung eines Vetorechts (BGE 97 II 108, 114 f.) oder eines statutarischen Mehrstimmrechts (BGE 71 I 187 f.; VON GREYERZ, 310 f.). Derartige und auch andere Abweichungen können jedoch vorgesehen werden für Gesellschaften, die bundesrechtlichen Spezialgesetzen unterstehen oder von den Kantonen im Rahmen von Art. 763 geschaffen wurden (DÉNÉRÉAZ, 38a ff.; SCHÜRMANN, Recht, 181a ff.; ZK-BÜRGI/NORDMANN, N 18).

19 Verfügt die **öffentlich-rechtliche Körperschaft** über Sonderrechte gemäss Art. 762 und ist sie **gleichzeitig Aktionärin,** so kann sie sich grundsätzlich auch in ihrer Eigenschaft als Aktionärin in der GV an den Wahlen zum VR beteiligen und zusätzliche eigene Kandidaten aufstellen, die dann aber im Gegensatz zu den gemäss Art. 762 abgeordneten den allgemeinen Regeln, insb. von Art. 707 Abs. 3, unterstehen und deren persönliche Haftung sich nach Art. 754 richtet (ZK-BÜRGI/NORDMANN, N 19; POLTIER, 231; STÄMPFLI, 132, 140 ff.; Bsp. bei FORSTMOSER/JAAG, N 16 FN 8, N 104 f.; **a.M.** STOFFEL, 106; A. VON PLANTA, 49 FN 11, welche die Wahl zusätzlicher Vertreter des Gemeinwesens nach Art. 707 Abs. 3 durch die GV unter Hinweis auf die unterschiedliche Verantwortlichkeitslage der Vertreter ablehnen; s. auch u. N 21), da sich die Rechtsstellung der öffentlichen Hand als Aktionärin nicht von derjenigen der privaten Aktionäre unterscheidet (BGE 120 II 47, 52).

2. Haftung der öffentlich-rechtlichen Körperschaft für ihre Vertreter (Abs. 4)

20 Aus Abs. 4 folgt die **unmittelbare und primäre Haftung des Gemeinwesens** für seine gemäss Art. 762 abgeordneten Vertreter, während sich Umfang und Voraussetzungen der Haftung auch für das Gemeinwesen nach den allgemeinen aktienrechtlichen Bestimmungen der Art. 754 ff. richten (BGE 116 II 158, 160). Etwaige Verantwortlichkeitsansprüche sind am Sitz der AG (Art. 761) direkt gegen das Gemeinwesen und nicht gegen seinen Vertreter zu richten, was aufgrund der *Solidarhaftung* der VR-Mitglieder (Art. 759) für die öffentlich-rechtliche Körperschaft schwerwiegende Konsequenzen haben kann (POLTIER, 231; FORSTMOSER, Verantwortlichkeit, N 732 f.; A. VON PLANTA, 53 f.; STEINER, Korporationen, 180 ff.; DERS., Gemeinwesen, 147; ZK-BÜRGI/NORDMANN, N 20; STÄMPFLI, 132 ff.; **a.M.** G. SCHUCANY, 101). Der **Rückgriff** der Körperschaft auf ihren Vertreter richtet sich nach dem auf das Rechtsverhältnis zwischen jener und diesem anwendbaren Recht (VG, Haftungsgesetz, BeamtenG, Personalgesetz, Angestelltenreglement, Arbeitsvertrag oder Auftrag, FORSTMOSER/JAAG, N 175 ff.; FORSTMOSER, Verantwortlichkeit, N 734; STEINER, Korporationen, 181; A. VON PLANTA, 54; POLTIER, 287 f.; ZK-BÜRGI/NORDMANN, N 21; STOFFEL, 279; **a.M.** SCHÜRMANN, Recht, 186a, der in jedem Fall einen Rückgriff nach Beamtenrecht annimmt; ähnl. FORSTMOSER/JAAG, N 43). Untersteht der Vertreter als Beamter einem öffentlich-rechtlichen Verantwortlichkeitsgesetz, ist ein Regress i.d.R. bei leichtem Verschulden ausgeschlossen (vgl. FORSTMOSER/JAAG, N 177 f.), während bei Vorliegen eines privatrechtlichen Verhältnisses unter Vorbehalt anderweitiger vertraglicher Regelungen eine Haftung nach Auftragsrecht (Art. 398) vorliegt und der Rückgriff grundsätzlich unabhängig von der Schwere des Verschuldens

möglich ist (STÄMPFLI, 135 f., dies sofern die kantonalen Haftungsgesetze – wie im Kanton ZH [FORSTMOSER/JAAG, N 183 ff] – keine andere Regelung vorsehen). Handelt der Vertreter auf ausdrückliche Weisung des Gemeinwesens, ist ein Regress mangels Pflichtverletzung im Innenverhältnis nicht möglich (FORSTMOSER, Verantwortlichkeit, N 734 FN 1439; STÄMPFLI, 136 f.). Für die Verantwortlichkeitsklage gegen das Gemeinwesen gilt die allgemeine aktienrechtliche Verjährungsfrist von fünf Jahren (Art. 760; BGE 116 II 158, 160; PKG 1989, 66 f.).

Eine **analoge Anwendbarkeit** der Haftungsnorm von Abs. 4 auf Fälle, in denen das ganze Aktienkapital von öffentlich-rechtlichen Körperschaften gehalten wird, die Statuten aber kein Abordnungsrecht nach Art. 762 vorsehen (so MEYLAN, 435 f.) und die VR-Mitglieder demnach entsprechend den allgemeinen Vorschriften (insb. Art. 707 Abs. 3) gewählt und persönlich haftbar sind, ist **abzulehnen.** Einerseits ist Art. 762 als *lex specialis nicht verallgemeinerungsfähig* (N 4), andererseits bietet das allgemeine Verantwortlichkeitsrecht ausreichende Ansatzpunkte, um eine Haftung des Gemeinwesens ggf. aus *faktischer Organschaft* zu begründen (FORSTMOSER, Verantwortlichkeit, N 735; A. VON PLANTA, 54 f.; STÄMPFLI, 138 ff.; VON GREYERZ, 309 f.; i.E. ähnlich, jedoch unter Zugrundelegung des Rechtsmissbrauchsprinzips ZK-BÜRGI/NORDMANN, N 22). Um das Risiko der persönlichen Haftbarkeit der Vertreter der Gemeinwesen gemäss Art. 707 Abs. 3 auszuschliessen, empfiehlt es sich, im Innenverhältnis eine Freizeichnungsklausel zu vereinbaren (STÄMPFLI, 139) oder aber eine entsprechende Anwendung der öffentlich-rechtlichen Verantwortlichkeitsgesetze auf diese Fälle vorzusehen (SCHÜRMANN, Rechtsfragen, 342 f.; unhaltbar WINDLIN/DELWING, 153 ff., wonach gemäss Abs. 4 bei Beteiligung der öffentlichen Hand an der AG die Staatshaftung an Stelle der persönlichen Haftung trete; aus Art. 762 folgt dies gerade nicht, da dessen Rechtsfolgen an das Vorliegen der gesetzlichen Voraussetzungen sowie einer entsprechenden Statutenbestimmung geknüpft sind, s.o. N 7 ff.; wie hier STÄMPFLI, 139 FN 508; allenfalls kann das öffentlich-rechtliche Staatshaftungsrecht die von WINDLIN/DELWING gewünschten Folgen herbeiführen).

V. Stellung des Vertreters (Abs. 3)

1. Grundsatz

Grundsätzlich haben die Vertreter die **gleichen Rechte und Pflichten** wie die gewöhnlichen VR-Mitglieder und unterstehen insb. auch der Sorgfalts- und Treuepflicht nach Art. 717 sowie den allgemeinen Rückgriffsregeln nach Art. 759 Abs. 3; einzig der Grundsatz der primären Haftung des Gemeinwesens für Pflichtverletzungen des abgeordneten Vertreters bestimmt sich nach Abs. 4 (BGE 116 II 158, 160; ZK-BÜRGI/NORDMANN, N 24; FORSTMOSER, 218; FORSTMOSER/JAAG, N 154; BÖCKLI, § 13 N 86). Die entsendende Körperschaft kann ihre Vertreter frei bestimmen, muss diese aber *sorgfältig auswählen* (FALKEISEN, 63; ZK-BÜRGI/NORDMANN, N 23). Sie kann als Vertreter Beamte, Angestellte oder Privatpersonen benennen (VON GREYERZ, 312; DÉNÉRÉAZ, 52a), die nicht Aktionäre sein müssen (VON GREYERZ, 313).

2. Interessenwahrung und Weisungsbefugnis der öffentlich-rechtlichen Körperschaft

In der Literatur wird diskutiert, welchen **Interessen** der Vertreter bei Konflikten zwischen dem Gesellschaftsinteresse und dem von der öffentlichen Hand angeblich verfolgten öffentlichen Interesse den Vorrang zu geben habe. Damit eng verbunden ist die Frage nach der Zulässigkeit eines **Weisungsrechts** des Gemeinwesens (STOFFEL, 259 ff.). Während ein Teil der Lehre aus der unbeschränkten Haftung des Gemeinwesens auf eine Weisungsbefugnis und damit den Vorrang der öffentlichen Interessen schliesst (DÉNÉRÉAZ, 52a f.; SCHÜRMANN, Recht, 177a; DERS., Rechtsfragen, 344; VON GREYERZ, 313; MONTAVON, 564; POLTIER, 287; ZK-BÜRGI/NORDMANN, N 28 f. GVP ZG, 1991, 355 f.), wird stellenweise aus Abs. 3 (gleiche Rechte und Pflichten) auf den Vorrang des Gesellschaftsinteresses und das Fehlen eines über das allgemein Zulässige hinausgehenden Weisungsrechts (Art. 707 N 26, 37) geschlossen (MEYLAN, 430 ff.; VON STEIGER, Aktiengesellschaft, 221 FN 177; G. SCHUCANY, 40; SCHUCANY, N 2).

24 Die Frage nach dem **Weisungsrecht** des Gemeinwesens ist jedoch genau genommen nur von untergeordneter Bedeutung, da die öffentliche Hand gegenüber der Gesellschaft, den Aktionären und den Gläubigern sowieso für die Handlungen ihres Vertreters unmittelbar haftet und eine Weisungsabhängigkeit im Innenverhältnis zwischen Gemeinwesen und Vertreter (A. VON PLANTA, 55 f.; STÄMPFLI, 131) insofern nach aussen ohne Belang ist. Die Verantwortlichkeit des Gemeinwesens entsteht u.a. dann, wenn sein Vertreter eine Pflichtverletzung begangen hat. Im Brennpunkt steht deshalb die Frage nach den **Pflichten des Vertreters** und damit danach, nach welchen Gesichtspunkten er sein Handeln als VR-Mitglied auszurichten hat. Da ein Entsendungsrecht des Gemeinwesens nur dann begründet werden kann, wenn ein öffentliches Interesse an der AG besteht *und* dieses Recht aufgrund des Willens der GV in den Statuten verankert ist, kann ein Gegensatz zwischen öffentlichem Interesse und Gesellschaftsinteresse in der betroffenen AG gar nicht auftreten, da das als Richtschnur für das VR-Handeln dienende Gesellschaftsinteresse eine *Synthese aus öffentlichen und privaten Interessen,* ausgedrückt durch die Vertretung des Gemeinwesens und das statutarische Abordnungsrecht, darstellt. Die Interessen sind somit konvergent. Andernfalls würde weder die AG ein Vertretungsrecht gewähren, noch das Gemeinwesen das Risiko einer Mitwirkung im VR einer privatrechtlichen Aktiengesellschaft eingehen, sondern ggf. die Tätigkeit in Form einer öffentlich-rechtlichen Anstalt selbst ausüben. Die VR-Mitglieder einer AG mit statutarischem Entsendungsrecht nach Art. 762 haben sich somit bei Erfüllung ihrer Pflichten an dem so verstandenen Gesellschaftsinteresse zu orientieren (ähnlich STOFFEL, 181 ff., 265 ff.; A. VON PLANTA, 51 ff., der aber ein Weisungsrecht ablehnt; wie hier für die Genossenschaft WITSCHI, 23 f.), andernfalls eine Pflichtverletzung anzunehmen ist (ausführlich FORSTMOSER/JAAG, N 68 ff. und FORSTMOSER, 218 f., jew. unter Hinweis auf die Theorie des doppelten Pflichtnexus; danach können im Rahmen des freien Ermessensbereiches durchaus die öffentlichen Interessen verfolgt werden, bei Interessenkollisionen geht aber das Gesellschaftsinteresse vor). Ein Sonderfall liegt gem. FORSTMOSER/JAAG, N 94 ff., dann vor, wenn die öffentliche Hand (d.h. eine oder mehrere öffentlich-rechtlichen Körperschaften) Alleinaktionärin ist, da in diesen Fällen eine Beeinträchtigung der Aktionärsrechte bei weisungsgebundenem Handeln und Bevorzugung der öffentlichen Interessen ausgeschlossen werden könne. Dies ist jedoch zu allgemein in den Fällen, in denen mehrere Gemeinwesen, deren öffentliche Interessen durchaus divergieren können, Aktionäre sind (so bspw. eine Mehrzahl von Gemeinden, die jeweils die Interessen ihrer eigenen Steuerzahler, nicht jedoch notwendigerweise diejenigen der anderen Gemeinden verfolgen). Von selbst versteht sich, dass eine Schädigung von Gläubigern durch Zahlungsunfähigkeit infolge weisungsgebundenen Handelns eine Haftung des Gemeinwesens nach sich zieht. Allg. kritisch gegenüber dem Abordnungsrechts des Gemeinwesens: FORSTMOSER, 219 ff.

3. Geheimhaltungspflicht der Vertreter

25 Konsequenz der unmittelbaren Haftung des Gemeinwesens ist ein weitgehendes Auskunftsrecht desselben. Der Vertreter hat unter *Beschränkung* seiner **Verschwiegenheits-**

pflicht als VR-Mitglied gegenüber der abordnenden Körperschaft über Gesellschaftsangelegenheiten zu berichten und auf Verlangen Auskunft zu geben (ausdrücklich so § 394 f. AktG; DÉNÉRÉAZ, 52a f.; ZK-BÜRGI/NORDMANN, N 26; PLÜSS, 81; **a.M.** VON GREYERZ, 313; MEYLAN, 433 ff., der dem Gemeinwesen nur das Auskunftsrecht des Aktionärs bzw. bei Fehlen der Aktionärseigenschaft ein Informationsrecht nur bei Vorliegen einer entsprechenden Statutenbestimmung zugestehen will). Dem Zweck der Auskunftspflicht entsprechend haben sich die Informationen jedoch auf Sachverhalte zu beschränken, die für die Haftung des Gemeinwesens von Bedeutung sind, was auf die meisten den Geschäftsgang betreffenden Angelegenheiten zutreffen dürfte. *Ausgenommen* sind somit *nur eigentliche Fabrikations- und Geschäftsgeheimnisse* (so § 394 Satz 2 AktG; ähnlich POLTIER, 235 f.). Die Tragweite dieser Frage wird jedoch dadurch relativiert, dass selbst bei unbeschränkter Auskunftsgewährung durch einen Vertreter gegenüber der abordnenden Behörde eine Schädigung der AG erst durch die darauf abstellende Weisung des Gemeinwesens erfolgen kann, das wiederum selbst unmittelbar verantwortlich ist (STÄMPFLI, 145). Das Gemeinwesen hat die erhaltenen Informationen selbst geheim zu halten (so ausdrücklich § 395 AktG).

VI. Beendigung der Sonderstellung der öffentlich-rechtlichen Körperschaft

Nach h.L., die sich auf BGE 51 II 330, 342 und 59 II 264, 288 ff. abstützt, stellt das Abordnungsrecht gemäss Art. 762 ein wohlerworbenes Recht des Gemeinwesens dar, welches diesem nicht ohne seine ausdrückliche Zustimmung entzogen werden kann (SCHÜRMANN, Recht, 186a; DÉNÉRÉAZ, 50a; VON STEIGER, Aktiengesellschaft, 201; STOFFEL, 144 f.; A. VON PLANTA, 48 FN 3; STEINER, Korporationen, 180; POLTIER, 232; STÄMPFLI, 127 FN 466; für die Genossenschaft REYMOND, 219). Abgesehen davon, dass im schweizerischen Aktienrecht seit der Revision des OR von 1991 der Begriff des «wohlerworbenen Rechts» so nicht mehr verwendet wird, wenden ZK-BÜRGI/ NORDMANN (N 31) dagegen zu Recht ein, dass die beiden grundlegenden BGE nicht verallgemeinerungsfähig sind, da sie einerseits Tatbestände betreffen, in denen das Gemeinwesen gleichzeitig Aktionär war und insoweit unentziehbare *Aktionärsrechte* angenommen wurden, andererseits das auf beide Sachverhalte anwendbare Stimmrechtsgesetz von 1895 (N 3) nicht automatisch eine Verantwortlichkeit des Gemeinwesens als Gegenstück des Abordnungsrechtes zur Folge hatte. Sind die beiden BGE aber nicht einschlägig und wurde der Begriff des wohlerworbenen Rechts aufgegeben, so muss eine **Abschaffung des Abordnungsrechts** deshalb nach allgemeinen Regeln mit derselben Mehrheit möglich sein, mit der es eingeführt wurde (analog Art. 704 Abs. 2), d.h. grundsätzlich mit GV-Beschluss gemäss Art. 703, ggf. mit qualifiziertem Mehr (N 10). Das Gemeinwesen kann auf sein Recht auch *verzichten,* dennoch bleibt das Abordnungsrecht bis zur Vornahme der entsprechenden Statutenänderung formell weiter bestehen. Von einer Abschaffung durch GV-Beschluss unberührt bleibt selbstverständlich eine eventuelle vertragliche Vereinbarung zwischen Gemeinwesen und AG, aufgrund der sich die AG, bspw. im Gegenzug zur Erteilung einer Konzession, zur Gewährung des Abordnungsrechts verpflichtet hat (vgl. ZK-BÜRGI/NORDMANN, N 7 ff., 30). Verletzt die Abschaffung des Abordnungsrechtes den entsprechenden Vertrag, so treten bei privatrechtlichen Vereinbarungen die allgemeinen Rechtsfolgen von Art. 97 ff. OR, bei Verträgen öffentlich-rechtlicher Natur die bei Verletzung bzw. Nichterfüllung der Vertragspflichten auf diese Vereinbarungen anwendbaren Rechtsfolgen ein (ebenso TRIGO TRINDADE, 113). Ist die Sonderstellung Bedingung für die Erteilung einer öffentlich-rechtlichen Genehmigung oder Konzession (N 9), so kann das Gemeinwesen bei Entzug des Vertretungsrechts durch die GV diese wegen Nichterfüllung der Genehmigungs- oder Konzessionsbedingungen entziehen.

VII. Rechtsvergleichung (Hinweise)

27 Deutschland: §§ 101 Abs. 2; 103 Abs. 2 f.; 119 Abs. 1 Ziff. 1; 394 f. AktG.

28 Italien: Art. 2458 ff. CC it.

Achter Abschnitt: Ausschluss der Anwendung des Gesetzes auf öffentlich-rechtliche Anstalten

Art. 763

¹ Auf Gesellschaften und Anstalten, wie Banken, Versicherungs- oder Elektrizitätsunternehmen, die durch besondere kantonale Gesetze gegründet worden sind und unter Mitwirkung öffentlicher Behörden verwaltet werden, kommen, sofern der Kanton die subsidiäre Haftung für deren Verbindlichkeiten übernimmt, die Bestimmungen über die Aktiengesellschaft auch dann nicht zur Anwendung, wenn das Kapital ganz oder teilweise in Aktien zerlegt ist und unter Beteiligung von Privatpersonen aufgebracht wird.

² Auf Gesellschaften und Anstalten, die vor dem 1. Januar 1883 durch besondere kantonale Gesetze gegründet worden sind und unter Mitwirkung öffentlicher Behörden verwaltet werden, finden die Bestimmungen über die Aktiengesellschaft auch dann keine Anwendung, wenn der Kanton die subsidiäre Haftung für die Verbindlichkeiten nicht übernimmt.

¹ Les dispositions concernant les sociétés anonymes ne sont pas applicables aux sociétés ou établissements tels que banques, caisses d'assurance, entreprises électriques créés par des lois cantonales spéciales et administrés avec le concours des autorités publiques, si le canton est subsidiairement responsable de leurs obligations et encore que la totalité ou une fraction du capital soit divisée en actions et fournie par des particuliers.

² Ces dispositions ne sont pas applicables aux sociétés et établissements créés avant le 1ᵉʳ janvier 1883 par des lois cantonales spéciales, et administrés avec le concours d'autorités publiques, alors même que le canton n'est pas subsidiairement responsable de leurs obligations.

¹ Le disposizioni sulla società anonima non si applicano alle società ed agli istituti, come banche, casse d'assicurazione ed imprese di elettricità, creati da speciali leggi cantonali e amministrati con la cooperazione di pubbliche autorità, neppure se il capitale sia stato in tutto o in parte diviso in azioni e conferito anche da persone private, purché il Cantone assuma la responsabilità sussidiaria per i debiti della società.

² Le disposizioni sulla società anonima non si applicano alle società ed agli istituti creati anteriormente al 1º gennaio 1883 da speciali leggi cantonali e amministrati con la cooperazione di pubbliche autorità, sebbene il Cantone non assuma la responsabilità sussidiaria per i debiti della società.

Literatur

Vgl. die Literaturhinweise zu Art. 762.

I. Allgemeines

1 Diese in den Gesetzesrevisionen von 1991 und 2007 unverändert gebliebene Vorschrift ermöglicht, dass durch **kantonale Gesetze gegründete Aktiengesellschaften** unter bestimmten, näher umschriebenen Umständen **nicht den aktienrechtlichen Bestimmun-**

8. Abschnitt: Ausschluss der Anwendung des Gesetzes   2–5 Art. 763

gen des OR unterstellt sind (ZK-BÜRGI/NORDMANN, N 1). Abs. 1 enthält einen *Vorbehalt des kantonalen öffentlichen Rechts* (unechter Vorbehalt, vgl. Art. 6 Abs. 1 ZGB) und ist auch auf Neugründungen anwendbar, während Abs. 2 je nach den bei der Gründung anwendbaren kantonalen Rechtsnormen *kantonales öffentliches oder privates Recht* vorbehält und insofern teilweise einen echten Vorbehalt zugunsten des kantonalen Privatrechts, teilweise einen unechten Vorbehalt zugunsten des kantonalen öffentlichen Rechts enthält (str., ZK-BÜRGI/NORDMANN, N 2 ff.; VON GREYERZ, 311; SCHÜRMANN, Recht, 183a; DÉNÉRÉAZ, 44a f.; vgl. auch BGE 83 II 353, 356). Nicht betroffen von Art. 763 sind AG, die durch spezielle Bundesgesetze gegründet wurden (Art. 762 N 6). Die Unterstellung einer AG unter öffentliches kantonales oder Bundesrecht befreit dieselbe jedoch nicht von der Pflicht zur Entrichtung der Emissionsabgabe auf neu ausgegebenen Beteiligungsrechten (Aktien, Genuss- oder Partizipationsscheine; ständige Rsp., BGE 115 Ib 233 ff. – Zuger Kantonalbank; ASA 67 [1998/99], 748 ff. – Banque Cantonale de Genève; ASA 65 [1996/97], 827 ff. – Banque Cantonale du Valais).

II. Ausschluss der Anwendbarkeit des Aktienrechts

Das Aktienrecht ist auf durch kantonale Spezialgesetze gegründete **Gesellschaften** und **Anstalten** wie z.B. Kantonalbanken, Versicherungs- und Elektrizitätsunternehmen (die Aufzählung ist nicht abschliessend) auch dann nicht anwendbar, wenn sie als Aktiengesellschaften organisiert sind und sich das Aktienkapital ganz oder teilweise (SCHUCANY, N 1) in den Händen von Privatpersonen befindet, sofern die folgenden Bedingungen erfüllt sind: 2

1. Gründung durch ein kantonales Spezialgesetz

Das **Spezialgesetz** muss die Grundzüge der Organisation, der Kapitalaufbringung und der Haftungsverhältnisse regeln (ZK-BÜRGI/NORDMANN, N 6). Betreibt die so gegründete juristische Person ein kaufmännisches Unternehmen, ist sie im *Handelsregister* einzutragen (BGE 57 I 315, 320; 80 I 383 f.; Art. 934 Abs. 1 OR; Art. 10 Abs. 1 lit. k, Art. 52 HRegV; FUNK, N 1), wobei die Eintragung im Gegensatz zu Art. 643 nicht konstitutiv, sondern lediglich deklaratorischer Natur ist (Art. 52 Abs. 2 ZGB; BK-RIEMER, Art. 52 ZGB N 14 f.; VON STEIGER, Aktiengesellschaft, 123 f.). Verweist das kantonale Recht für die interne Regelung dieser Gesellschaften auf das Bundesrecht, so findet dieses als *ergänzendes kantonales Recht* Anwendung (vgl. Art. 762 N 6 m.w.Nw.).   3

2. Mitwirkung der Behörde in der Verwaltung

Die **Mitwirkung der Behörde** muss weitergehen als das Abordnungsrecht gemäss Art. 762 (SCHUCANY, N 1) und *gesetzlich verankert* sein; ein blosses Aufsichtsrecht genügt nicht; sind Statutenänderungen nur mit Zustimmung der Behörde möglich, ist eine statutarische Regelung der Mitwirkungsrechte ausreichend (ZK-BÜRGI/NORDMANN, N 7).   4

3. Subsidiäre Haftung des Gemeinwesens oder Gründung vor dem 1.1.1883

Um die Anwendbarkeit des Aktienrechts auszuschliessen, muss der Kanton entweder die **subsidiäre Haftung** für Verbindlichkeiten der kantonalrechtlichen juristischen Person übernehmen, oder die juristische Person muss **vor dem 1.1.1883 gegründet** worden sein. Massgebend ist lediglich das Datum der Gründung, nicht das Datum der heute gel-   5 tenden gesetzlichen Grundlage (ZK-Bürgi/Nordmann, N 9; vgl. SJ 1985, 570 f., Banque hypothécaire du canton de Genève, Gründung 1847, geltendes Gesetz vom 10.6.1950).

Siebenundzwanzigster Titel:
Die Kommanditaktiengesellschaft

Vorbemerkungen zu Art. 764–771

Literatur

BEILSTEIN/MARITZ, Die Kommanditaktiengesellschaft. Eine zu Unrecht verkannte Gesellschaftsform, ST 4/2006, 279 ff.; BUNDESAMT FÜR JUSTIZ, Groupe de réflexion «Gesellschaftsrecht»: Schlussbericht vom 24.9.1993; EILENTROP, Die Kommanditaktiengesellschaft. Eine rechtsvergleichende Betrachtung insbesondere der Exekutiv- und der Aufsichtsfunktionen, Diss. Zürich 1988; GESSLER, Kommentar zum Aktiengesetz, Bd. 1, 1992, 1–290; KLÄY, Überblick über den Schlussbericht der Groupe de réflexion «Gesellschaftsrecht», SZW 1994, 135 ff.; REINHARDT, Die Kommanditaktiengesellschaft im schweizerischen Gesellschaftsrecht, Diss. Zürich 1971; SCHMIDT, Zur Vermögensstruktur der Kommanditgesellschaft auf Aktien. Zu den kapitalgesellschaftlichen und personengesellschaftlichen Elementen in §§ 278 ff. AktG im Vergleich zu den Art. 764 ff. OR., in: von der Crone/Weber/Zäch/Zobl (Hrsg.), Neuere Tendenzen im Gesellschaftsrecht, Festschrift für Peter Forstmoser, Zürich/Basel/Genf 2003, 87 ff.; SENN, Die Verantwortlichkeit der Organe der Aktiengesellschaft und einer Kommanditaktiengesellschaft gegenüber der Gesellschaft, den Aktionären und den Gläubigern, Diss. Basel 1947; SETHE, Die Kommanditaktiengesellschaft als Stiefkind der Schweizer Aktienrechtsrevision, RIW 39 (1993) Nr. 7, 561 ff.; SPINDLER/STILZ (Hrsg.), Kommentar zum Aktiengesetz: AktG, München 2007, 2 Bde.; STRECK, Körperschaftssteuergesetz mit Nebengesetzen, Kommentar, 3. Aufl., München 1991.

I. Wesen der Kommanditaktiengesellschaft («Kommandit-AG»)

Die Kommandit-AG ist eine aus individualistischen Elementen der Personengesellschaften und kapitalistischen Elementen der AG zusammengesetzte **Mischform,** die juristisch interessante und differenzierte Gestaltungsmöglichkeiten bietet, praktisch aber ohne grosse wirtschaftliche Bedeutung ist. Gesamtschweizerisch waren per 31.12.2007 bloss noch neun Kommandit-AGs im Handelsregister eingetragen. Interessant dabei ist, dass (gem. MEIER-HAYOZ/FORSTMOSER, 559 Rz 39) knapp die Hälfte der Kommandit-AGs in den letzten 8 Jahren gegründet worden sind, darunter Grossgesellschaften mit hohem AK (allen voran die Compagnie Financière Michelin mit einem Kapital von rund CHF 2,24 Mia.), Privatbanken sowie Finanzgesellschaften. Judikatur zur Kommandit-AG ist spärlich. Dies, verbunden mit den wenigen Gesetzesartikeln zur Kommandit-AG, der knappen Literatur und der daraus resultierenden Unsicherheit über viele Rechtsfragen, sind sicher alles Gründe, weshalb die Kommandit-AG derart wenig verwendet wird (MEIER-HAYOZ/FORSTMOSER, 560 Rz 41; SETHE, RIW 39 (1993) Nr. 7, 561 f.). 1

Die Kommandit-AG weist von Gesetzes wegen **notwendigerweise zwei Gruppen von Mitgliedern** auf: Die *gewöhnlichen Aktionäre,* die **Kommanditäre,** welche die gleiche Stellung wie die Aktionäre einer AG einnehmen, und die *unbeschränkt haftenden Gesellschafter,* die **Komplementäre,** deren Stellung sich derjenigen von Kollektivgesellschaftern annähert (MEIER-HAYOZ/FORSTMOSER, 554 Rz 8 f.; **a.M.** GUHL-DRUEY, 815 Rz 3, die wegen der persönlichen Haftung der Komplementäre eine Ähnlichkeit zu den Komplementären einer Kommanditgesellschaft sehen). Eine Gesellschaft, die nur aus unbeschränkt haftenden Gesellschaftern besteht, würde nicht juristische Person, sondern bliebe eine Kollektivgesellschaft. Das Vorhandensein beider Arten von Mitgliedern sowie ein in Aktien zerlegtes Grundkapital sind somit notwendige Elemente der Kommandit-AG, welche damit die Fähigkeiten der unbeschränkt haftenden Komplementäre als Geschäftsführer und die Kapitalkraft der Aktionäre derart kombiniert, dass wirt- 2 schaftlich unbeschränkter Personalkredit mit der begrenzten Kapitaleinlage einhergeht (GUHL-DRUEY, 815 Rz 3; MEIER-HAYOZ/FORSTMOSER, 553 Rz 4).

3   **Personengesellschaftliche Elemente** sind: (i) Die Notwendigkeit des Vorhandenseins mindestens eines Gesellschafters, der den Gesellschaftsgläubigern persönlich und unbeschränkt haftet; (ii) die Selbstorganschaft der unbeschränkt Haftenden, denen von Gesetzes wegen Geschäftsführungs- und Vertretungsrechte zustehen; (iii) die Firmenbildung nach Art. 947 Abs. 3 und 4 (der Familienname mindestens eines unbeschränkt haftenden Gesellschafters muss zusammen mit einem auf das Gesellschaftsverhältnis hinweisenden Zusatz in der Firma enthalten sein; Namen von Kommanditären dürfen nicht in der Firma aufgenommen werden); sowie (iv) die personenbezogenen Auflösungsgründe nach Art. 770 Abs. 1.

4   Das **kapitalgesellschaftliche Element** besteht in der Konstruktion als Körperschaft; die Kommandit-AG ist eine juristische Person und erwirbt die Rechtspersönlichkeit durch den Eintrag im Handelsregister (Art. 764 Abs. 2 i.V.m. Art. 643 Abs. 1). Grundsätzlich besitzt die Kommandit-AG die gleichen Organe wie die AG, jedoch mit grundlegend unterschiedlichen Funktionen. Die Kommanditäre beteiligen sich mittels Aktienerwerb an der Gesellschaft. Dies ist die einzige Möglichkeit der Beteiligung; es gibt *keine Einlagen ausserhalb des Grundkapitals* (vgl. REINHARDT, 86; EILENTROP, 50; BBl 1931, StenBull StR, 618). Die Entstehung der Gesellschaft, ihr möglicher Zweck sowie die Mindesthöhe des Gesellschaftskapitals richten sich nach Aktienrecht.

II. Vorteile der Kommandit-AG

5   Wesentliche **Vorteile** sind die *Kapitalbeschaffungsmöglichkeiten* unter Beibehaltung eines massgeblichen Einflusses durch die starke Stellung der unbeschränkt haftenden Gesellschafter, die Fungibilität der Anteile und die Sicherung der Anlage. Ein weiterer Vorteil besteht im breiten Gestaltungsfreiraum bei der Abfassung der Statuten.

Anlässlich der Aktienrechtsreform wurde die Eliminierung der Kommandit-AG erwogen und schliesslich verworfen mit dem auch von der Groupe de réflexion aufgeführten Argument, dass diese zwar ungenügend und gesetzlich bloss fragmentarisch geregelt sei, jedoch eine geeignete Alternative für kleinere und mittlere Unternehmen darstelle und daher beibehalten und attraktiver gestaltet werden solle (BEILSTEIN/MARITZ, ST 4/2006, 279; KLÄY, 138; SCHLUSSBERICHT, 45 ff., 52). Die Groupe de réflexion regte insb. an, dass die Verweise auf das Aktienrecht und die Kollektivgesellschaft geklärt, die persönliche Inanspruchnahme der unbeschränkt haftenden Gesellschafter erleichtert und die Gläubiger- und Minderheitenschutzvorschriften des revidierten Aktienrechts beachtet werden müssten (KLÄY, 138).

6   Die Kommandit-AG ist **besonders geeignet** für **Familiengesellschaften,** da die verschiedenen Typen von Gesellschaftern interessierten Familienmitgliedern die Möglichkeit bieten, sich in der Unternehmung entweder persönlich als Komplementäre zu betätigen *(Unternehmeraktionäre)* oder eine reine Finanzbeteiligung als Kommanditäre zu halten *(Anlegeraktionäre).* Bei den Unternehmeraktionären ist nicht primär die Kapitalbeteiligung entscheidend, sondern die Persönlichkeit des Gesellschafters sowie seine besonderen Fähigkeiten, was genau auch die personalistische Modifikation der aktienrechtlichen Struktur darstellt (MEIER-HAYOZ/FORSTMOSER, 554 Rz 9; SETHE, RIW 39 (1993) Nr. 7, 564). Ebenso werden Nachfolgeregelungen erleichtert und es vereinfacht es auch Dritten, sich an der Gesellschaft zu beteiligen (Holding-, Beteiligungs- und Finanzgesellschaften, Zwischenfinanzierungen durch Banken für eine beschränkte Zeit-

27. Titel: Die Kommanditaktiengesellschaft   Art. 764

dauer etc.; BEILSTEIN/MARITZ, ST 4/2006, 280). Die Kommandit-AG eignet sich des Weiteren als **Sanierungsgesellschaft,** da sich aufgrund der Verbindung des begrenzten Realkredits mit einem unbegrenzten Personalkredit leichter Kapitalgeber finden lassen (BEILSTEIN/MARITZ, ST 4/2006, 280).

Im Folgenden wird **rechtsvergleichend** auf die deutsche Kommanditgesellschaft auf Aktien («KGaA») verwiesen, um anhand der KGaA andere Möglichkeiten einer gesetzlichen Regelung darzustellen. Österreich hat die Rechtsform der Kommandit-AG beseitigt (SCHMIDT, 89 m.w.V.).   7

Art. 764

A. Begriff

[1] **Die Kommanditaktiengesellschaft ist eine Gesellschaft, deren Kapital in Aktien zerlegt ist und bei der ein oder mehrere Mitglieder den Gesellschaftsgläubigern unbeschränkt und solidarisch gleich einem Kollektivgesellschafter haftbar sind.**

[2] **Für die Kommanditaktiengesellschaft kommen, soweit nicht etwas anderes vorgesehen ist, die Bestimmungen über die Aktiengesellschaft zur Anwendung.**

[3] **Wird ein Kommanditkapital nicht in Aktien zerlegt, sondern in Teile, die lediglich das Mass der Beteiligung mehrerer Kommanditäre regeln, so gelten die Vorschriften über die Kommanditgesellschaft.**

A. Définition

[1] La société en commandite par actions est une société dont le capital est divisé en actions et dans laquelle un ou plusieurs associés sont tenus sur tous leurs biens et solidairement des dettes sociales, au même titre qu'un associé en nom collectif.

[2] Les règles de la société anonyme sont applicables, sauf dispositions contraires, à la société en commandite par actions.

[3] Lorsqu'un capital de commandite est divisé en parts n'ayant pas le caractère d'actions, mais créées uniquement en vue de déterminer dans quelle mesure plusieurs commanditaires participent à la société, les règles de la société en commandite sont applicables.

A. Nozione

[1] La società in accomandita per azioni è quella il cui capitale è diviso in azioni e nella quale uno o più soci sono responsabili verso i creditori della società illimitatamente ed in solido come i soci nella società in nome collettivo.

[2] Salvo disposizione contraria, alla società in accomandita per azioni si applicano le norme riguardanti la società anonima.

[3] Qualora il capitale accomandato non sia diviso in azioni, ma in parti che regolano soltanto la misura della partecipazione di più accomandanti, si applicheranno le norme riguardanti la società in accomandita.

Literatur

Vgl. die Literaturhinweise bei den Vorbem. zu Art. 764–771.

I. Subsidiäre unbeschränkte und solidarische Haftung (Abs. 1)

1 Der bzw. die unbeschränkt haftenden Gesellschafter, die Komplementäre, haften persönlich und unbeschränkt mit ihrem ganzen Vermögen nach Art. 764 Abs. 1 i.V.m. Art. 568 f. Der Komplementär untersteht somit zum einen der *Verschuldenshaftung* aus dem Verantwortlichkeitsrecht und zum anderen der *Kausalhaftung* für die Verpflichtungen der Gesellschaft.

2 Die **Haftung** *beginnt* zum Zeitpunkt des Eintrags des Komplementärs im Handelsregister. Nach Art. 569 haftet er auch für vor seinem Eintritt begründete Verbindlichkeiten. Die Haftung *endet* mit seinem Ausscheiden aus der Gesellschaft bzw. mit dem Entzug seiner Geschäftsführungs- und Vertretungsbefugnisse (Art. 767 Abs. 1) für alle künftigen Verbindlichkeiten (Art. 767 Abs. 2). Für vor seinem Austritt entstandene Verpflichtungen der Unternehmung ist er nach seinem Austritt noch für fünf Jahre nach Publikation seines Ausscheidens aus der Verwaltung der Gesellschaft im SHAB haftbar *(Nachhaftung* gem. Art. 591).

3 Die *Voraussetzungen für die Belangbarkeit eines unbeschränkt haftenden Gesellschafters* sind das Bestehen einer Verbindlichkeit der Gesellschaft sowie die Auflösung oder das erfolglose Betreiben der Gesellschaft oder der Konkurs des unbeschränkt Haftenden (Art. 568 Abs. 3; vgl. REINHARDT, 55; ZK-SIEGWART, Art. 568 N 13 ff.).

4 Die persönliche Haftung der Komplementäre, die statutarisch weder aufgehoben noch beschränkt werden kann, besteht neben der Haftung des Grundkapitals der Gesellschaft als **zusätzliche subsidiäre Haftung.** Im Normalfall haftet den Gesellschaftsgläubigern zunächst das Grundkapital, der unbeschränkt haftende Gesellschafter erst subsidiär nach Ausschöpfen des Haftungssubstrates des Grundkapitals (s.a. MEIER-HAYOZ/FORSTMOSER, 555 Rz 14). Ist jedoch eine der Voraussetzungen für die Belangung eines unbeschränkt haftenden Gesellschafters erfüllt, so hat ein Gläubiger der Gesellschaft die Wahl, ob er die Gesellschaft oder einen bzw. mehrere unbeschränkt haftende Gesellschafter belangen will (vgl. REINHARDT, 56, m.V. auf BK-HARTMANN, Art. 568 OR, N 22).

5 Unter mehreren unbeschränkt haftenden Gesellschaftern besteht **Solidarhaftung** nach Art. 764 Abs. 1 i.V.m. Art. 568 f. und Art. 143 ff. Jeder Schuldner trägt intern nach der dispositiven Regelung von Art. 148 Abs. 1 einen gleichen Teil der Schulden.

6 Jeder unbeschränkt haftende Gesellschafter kann für über seinen Anteil hinaus Geleistetes Rückgriff auf die anderen Solidarschuldner nehmen (**Regressrecht** nach Art. 568 f.). Intern geregelte Verlusttragungsquoten gehen der gesetzlichen Regelung (Verlusttragung zu gleichen Teilen) vor. Es gibt kein Regressrecht auf die gewöhnlichen Aktionäre, die Kommanditäre, da deren Haftung auf die Liberierung des von ihnen gezeichneten Aktienkapitals begrenzt ist.

7 Die **Verantwortlichkeit** der unbeschränkt haftenden Gesellschafter ist in den Art. 754 ff. geregelt. Ein Verantwortlichkeitstatbestand liegt demnach vor, wenn eine mit der Verwaltung, Geschäftsführung oder Kontrolle betraute Person durch absichtliche oder fahrlässige Verletzung der ihr obliegenden Pflichten einen Schaden verursacht.

II. Anwendbares Recht (Abs. 2)

8 Die Art. 764 ff. normieren die Kommandit-AG in der Weise, dass das Recht der AG (Art. 764 Abs. 2) zur Anwendung kommt, soweit keine *Sonderbestimmungen* aufgestellt werden oder auf das Recht der Kollektivgesellschaft (Art. 764 Abs. 1, Art. 771 Abs. 1,

Art. 767 i.V.m. Art. 552 ff.) verwiesen wird. Die Vorschriften des Aktienrechts gelten jedoch nur, falls das Grundkapital in Aktien zerlegt ist und sie nicht durch besondere gesetzliche oder statutarische Vorschriften abgewandelt sind. Im Folgenden wird nur explizit auf den Entwurf und die Botschaft zum neuen Aktien- und Rechnungslegungsrecht eingegangen, wo die Kommandit-AG spezifische Neuregelungen erfahren soll. Wo eine dynamische Verweisung auf die Bestimmungen zur AG stattfindet, wird auf die Ausführungen zu den jeweiligen aktienrechtlichen Bestimmungen verwiesen (BBl 2008, 1659, 1725; E-Aktien- und Rechnungslegungsrecht, Art. 765 Abs. 2, BBl 2008, 1802).

Für Sondervorschriften sei insb. auf Art. 11 BankG verwiesen, welcher für Banken in Form einer Kommandit-AG explizit einen Vorbehalt von bankgesetzlichen Spezialvorschriften für die Herabsetzung des Grundkapitals durch Rückzahlung von Aktien statuiert.

III. Voraussetzung eines in Aktien zerlegten Kommanditkapitals (Abs. 3)

Nach Art. 764 Abs. 3 muss das **Kommanditkapital** in Aktien (und nicht in Teile, die bloss das Mass der Beteiligung mehrerer Kommanditäre regeln) zerlegt sein, da sonst die Vorschriften über die Kommanditgesellschaft (Art. 594 ff.) angewandt werden. Dies bedeutet, dass sowohl die beschränkt wie die unbeschränkt haftenden Gesellschafter lediglich durch ihre Einlagen auf die Aktien am Gesellschaftsvermögen beteiligt sind.

IV. Abweichende Vereinbarungen

Die *Bandbreite der statutarischen Ausgestaltungsmöglichkeiten* reicht bei dieser Gesellschaftsform von einer personalistischen Kommandit-AG, bei der die Verwaltung mit besonders weitgehenden Befugnissen ausgestaltet ist, bis zur kapitalistischen Kommandit-AG, bei der der Aufsichtsstelle (Art. 768 f.) besondere Funktionen zukommen können (vgl. EILENTROP, 216 ff.).

V. Steuerrechtliche Aspekte

Steuerrechtlich untersteht die Kommandit-AG den für die AG geltenden Prinzipien, wodurch die bei der AG übliche **Doppelbesteuerung** entsteht. Es wird der besonderen Stellung des unbeschränkt haftenden Gesellschafters in der Praxis keine Rechnung getragen. Dies wäre jedoch mittels Anerkennung seiner Vergütung als abzugsfähige Aufwendung möglich (vgl. REINHARDT, 111 ff.; s.u. Art. 765 N 15).

VI. Rechtsvergleich

Bei der schweizerischen Kommandit-AG gilt die gesetzliche Verweisung auf das Recht der AG (Art. 764 Abs. 2) sowohl für das Verhältnis der Komplementäre zu den Kommanditären als auch für ihr Verhältnis zu Dritten. Eine Ausnahme besteht nur für das Verhältnis der Komplementäre untereinander, welches sich gem. Art. 767 Abs. 1 in erster Linie nach dem Recht der Kollektivgesellschaft beurteilt. Die Stellung der Komplementäre der Kommandit-AG orientiert sich also weitgehend am Aktienrecht. Daher ist die **Kommandit-AG** nach dem Willen des Gesetzgebers als **modifizierte AG, als Abart der AG,** gedacht (vgl. BBl 1928, 270 65; EILENTROP, 174 f.; REINHARDT, 29 f., 42 ff.; StenBull NR 1934, 732; StenBull StR 1931, 616). Sofern gesetzlich nichts anderes vorgesehen ist, sind folglich die Bestimmungen über die AG anzuwenden.

13 Bei der **KGaA** handelt es sich im deutschen Recht um eine **Mischform aus Kommandit- und Aktiengesellschaft,** die historisch auf die Kommanditgesellschaft zurückgeht (gem. SCHMIDT, 88 f., existierten Ende der neunziger Jahre 65 KGaAs). Mit der Aktiengesellschaft hat die KGaA die Zerlegung eines Teils ihrer Aktien, mit der Kommanditgesellschaft die Aufteilung der Gesellschaft in geschäftsführungs- und vertretungsberechtigte persönlich haftende Gesellschafter («phG», Komplementäre) einerseits und die nur kapitalmässig beteiligten und von der Geschäftsführung ausgeschlossenen Gesellschafter (Kommanditaktionäre) andererseits gemeinsam (GESSLER, Vor § 278 AktG N 24). Dementsprechend bestimmt § 278 Abs. 2 AktG, dass für das Rechtsverhältnis der phG untereinander sowie gegenüber der Gesamtheit der Kommanditaktionäre und gegenüber Dritten die Bestimmungen des HGBs über die Kommanditgesellschaft gelten. Im Übrigen gelten gem. § 278 Abs. 3 AktG die Bestimmungen über die Aktiengesellschaft sinngemäss, soweit im Gesetz nichts Abweichendes vorgesehen ist oder sich aus dem Fehlen eines Vorstandes etwas anderes ergibt.

14 Wie bei der Kommandit-AG, so besteht auch bei der KGaA hinsichtlich der Gestaltung des Verhältnisses der phG zur Gesamtheit der Kommanditaktionäre, abweichend von dem ansonsten gem. § 23 Abs. 5 AktG geltenden Grundsatz der Satzungsstrenge, Gestaltungsfreiheit. Damit bietet die KGaA als börsengängige Rechtsform gewisse Vorteile gegenüber der AG. Insbesondere im Falle von Familiengesellschaften spielt dies in der Praxis eine grössere Rolle, da das Recht der Aktiengesellschaft hier ausser mit dem Instrument der vinkulierten Namensaktien keine adäquaten Gestaltungsmöglichkeiten zur Verfügung stellt. Die schweizerische AG kann dagegen mittels Aktionärbindungsverträgen, vinkulierter Namenaktien und weiterer personenrechtlicher Elemente eine ähnliche Ausgestaltung wie die Kommandit-AG erfahren, da die AG durch weitgehende Freiheiten in den Gestaltungsmöglichkeiten ihrer Organisation gekennzeichnet ist.

15 Die Haftung der phG einer KGaA ist im Gegensatz zu derjenigen der Komplementäre einer Kommandit-AG nicht subsidiär. Vielmehr haften die phG gem. § 278 Abs. 2 AktG i.V.m. §§ 161 Abs. 2 und 125 ff. HGB den Gläubigern der KGaA unbeschränkt und unbeschränkbar. Die phG und die KGaA haften als Gesamtschuldner. Den Gläubigern der Gesellschaft steht damit neben dem Gesellschaftsvermögen der KGaA nach ihrer Wahl gesonderter Zugriff auf das Vermögen des phG zu. Lediglich im Innenverhältnis hat der phG gem. § 110 HGB einen Rückgriffsanspruch gegen die Gesellschaft (GESSLER, § 278 AktG N 55). Diese Haftungsproblematik wird regelmässig dadurch gelöst, dass statt einer natürlichen Person eine GmbH als alleinige Komplementärin in die Gesellschaft eintritt, was nach neuerer Rechtsprechung des BGH zulässig ist, und mittlerweilen auch in § 279 Abs. 2 AktG vom Gesetzgeber ausdrücklich anerkannt wird. Die oben beschriebene Art der *Solidarbürgschaft* mit der Gesellschaft besteht bei der schweizerischen Kommandit-AG nur, wenn sie gem. Art. 568 Abs. 3 gesondert vereinbart wurde.

16 Die KGaA als Mischform aus einer Personen- und einer Kapitalgesellschaft unterliegt einer gespaltenen **Besteuerung.** Die Besteuerung der phG folgt den Grundsätzen der Besteuerung von Personengesellschaften, während die Kommanditaktionäre steuerlich als Kapitalgesellschafter behandelt werden. Soweit dem phG ein Gewinnanteil zusteht, was regelmässig dann der Fall ist, wenn er am Gesellschaftskapital beteiligt ist (dies entspricht meist der Gestaltung bei Familiengesellschaften), so erzielt er gewerbliche Einkünfte i.S. von § 15 Abs. 1 Nr. 2 Einkommenssteuergesetz, die vom phG unabhängig davon zu versteuern sind, ob sie ausgeschüttet oder thesauriert werden. Die Qualifikation der Gewinnanteile der phG als gewerbliche Einkünfte ermöglicht es dem phG, Verluste auf Ebene der KGaA unmittelbar mit anderen Einkünften zu verrechnen. Ferner wird der Komplementäranteil für die Zwecke der Schenkungs- und Erbschaftssteuer

27. Titel: Die Kommanditaktiengesellschaft 1 Art. 765

günstiger bewertet. Das Körperschaftssteueranrechnungsverfahren wurde im Übrigen per 1.1.2002 abgeschafft und durch das Halbeinkünfteverfahren ersetzt. Die Unternehmenssteuerreform 2008 sieht lediglich systemimmanente Änderungen vor, so dass es bei der gespaltenen Besteuerung bleibt.

Art. 765

B. Verwaltung
I. Bezeichnung und Befugnisse

[1] Die unbeschränkt haftenden Mitglieder bilden die Verwaltung der Kommanditaktiengesellschaft. Ihnen steht die Geschäftsführung und die Vertretung zu. Sie sind in den Statuten zu nennen.

[2] Der Name, der Wohnsitz, der Heimatort und die Funktion der Mitglieder der Verwaltung sowie der zur Vertretung befugten Personen sind ins Handelsregister einzutragen.

[3] Für Änderungen im Bestande der unbeschränkt haftenden Mitglieder bedarf es der Zustimmung der bisherigen Mitglieder und der Änderung der Statuten.

B. Administration
I. Désignation et pouvoirs

[1] Les associés indéfiniment responsables forment l'administration de la société. Ils ont le pouvoir de l'administrer et de la représenter. Leurs noms sont indiqués dans les statuts.

[2] Le nom, le domicile, le lieu d'origine et la fonction des administrateurs et des personnes autorisées à représenter la société doivent être inscrits au registre du commerce.

[3] Aucune mutation ne peut être opérée parmi les associés indéfiniment responsables sans le consentement des autres administrateurs et une modification des statuts.

B. Amministrazione
I. Designazione e poteri

[1] I soci illimitatamente responsabili formano l'amministrazione della società in accomandita per azioni. Spettano loro la gestione e la rappresentanza della società. Lo statuto deve indicare i loro nomi.

[2] Il nome, il domicilio, il luogo d'origine e la funzione dei membri dell'amministrazione (amministratori) e delle persone autorizzate a rappresentare la società devono essere iscritti nel registro di commercio.

[3] Ogni cambiamento dei soci illimitatamente responsabili esige il consenso dei membri che rimangono a far parte dell'amministrazione ed una modificazione dello statuto.

Literatur

Vgl. die Literaturhinweise bei den Vorbem. zu Art. 764–771.

I. Prinzip der Selbstorganschaft (Abs. 1)

Die unbeschränkt haftenden Gesellschafter sind von Gesetzes wegen zur Geschäftsführung und Vertretung berechtigt und verpflichtet. Sie bilden zwingend und ausschliesslich die Verwaltung der Gesellschaft und werden nicht wie bei der Drittorganschaft durch einen besonderen Akt bestellt, sondern sind Verwaltungsmitglieder ex lege aufgrund ihres besonderen unbeschränkt haftenden Status; es gilt für sie der Grundsatz der Selbstorganschaft. Das schliesst jedoch eine *Delegation* bestimmter Geschäftsführungs- und Vertretungsaufgaben an Dritte nicht aus (vgl. EILENTROP, 62). Da die Ver- 1 waltung nicht von der GV gewählt wird, ist sie denn auch weitgehend unabhängig von dieser (MEIER-HAYOZ/FORSTMOSER, 558 Rz 32).

1a Dies bedeutet für die unbeschränkt haftenden Gesellschafter, dass ihre Rechtsstellung hinsichtlich der vermögensrechtlichen Komponente, abgesehen von der unbeschränkten persönlichen Haftung, derjenigen eines regulären Gesellschafters einer AG entspricht und hinsichtlich der nichtvermögensrechtlichen Komponente der Mitgliedschaft und der Mitwirkung ungefähr derjenigen eines Kollektivgesellschafters. Dies insb., weil die unbeschränkt haftenden Gesellschafter ohne Wahlerfordernis per se Verwaltungsmitglieder sind und ihnen als solchen von Gesetzes wegen Geschäftsführungs- und Vertretungsrechte zustehen (MEIER-HAYOZ/FORSTMOSER, 557 Rz 26).

1b Interessanterweise spricht das Gesetz auch nach der Aktienrechtsrevision noch von «Verwaltung» und nicht von «Verwaltungsrat»; die Anpassung der Terminologie ging bei der Kommandit-AG offensichtlich vergessen (s.a. MEIER-HAYOZ/FORSTMOSER, 558 Rz 32).

II. Zeitpunkt der Bestellung der Komplementäre (Abs. 2 und 3)

2 Gleichzeitig mit der **Gründung der Gesellschaft** (s. Art. 66 ff. HRegV) wird die Stellung der unbeschränkt haftenden Gesellschafter durch die Errichtung der notariell zu beglaubigenden Statuten begründet (Art. 640 i.V.m. Art. 764 Abs. 2). Wirksam wird sowohl die Gründung wie auch die Gesellschafterstellung in diesem Fall mit der Eintragung der Gesellschaft als solche ins Handelsregister. Die Gründung der Kommandit-AG erfolgt grundsätzlich nach den Bestimmungen zur AG (Art. 629 ff.). Die Zulassung von Einpersonengesellschaften in Art. 625 findet ungeachtet der Verweisungsnorm in Art. 764 Abs. 2 keine Anwendung für Kommandit-AGs, da für diese Rechtsform begriffsnotwendigerweise zwei Arten von Aktionären (Komplementäre und Kommanditäre) gegeben sein müssen. Für die Gründung und den Bestand einer Kommandit-AG sind daher aus sachlichen Gründen stets mindestens zwei Aktionäre erforderlich (Botschaft RAG, BBl 2004, 3226).

3 Später kann die Aufnahme neuer Komplementäre durch eine **Statutenänderung** mit der Mehrheit der vertretenen Stimmen erfolgen. Dieser Beschluss der GV über die Änderung im Bestand der Komplementäre bedarf jedoch der Zustimmung aller bisherigen unbeschränkt haftenden Gesellschafter, da ein Wechsel ihre Position wesentlich beeinflussen könnte (Art. 765 Abs. 3; BÖCKLI, Aktienrecht, 16 Rz 5). Der neu eintretende unbeschränkt haftende Gesellschafter muss, u.a. wegen des Gutglaubensschutzes, als neues Mitglied der Verwaltung im Handelsregister eingetragen werden. Wirksam wird folglich die Neubestellung mit dem Handelsregistereintrag nach Art. 765 Abs. 2 i.V.m. Art. 69 Abs. 1 HRegV. Zur Anmeldung im Handelsregister befugt sind zwei Mitglieder des obersten Verwaltungsorgans (sprich der Verwaltung) oder ein Mitglied mit Einzelzeichnungsberechtigung (Art. 17 Abs. 1 lit. c HRegV, Art. 931a). Die Funktionen müssen durch den Handelsregistereintrag oder die Anmeldungsbelege ausgewiesen sein.

4 N 4 entfällt, zusammengeführt mit N 3.

5 Die **Amtsdauer** eines Verwaltungsmitglieds ist grundsätzlich nicht beschränkt. Die Stellung des unbeschränkt haftenden Gesellschafters ist weder vererblich noch übertragbar. In der Praxis ist es aber üblich, die Nachfolge eines Komplementärs im Voraus festzulegen und einen sogenannten *Suppleanten* als Nachfolger zu benennen, der künftig einmal automatisch unbeschränkt haftender Gesellschafter wird. Später hinzutretende

Aktionäre erklären ihr Einverständnis somit mit Annahme der Statuten (vgl. EILENTROP, 48 ff.).

III. Voraussetzungen für die Bestellung

Mitglied der Verwaltung einer Kommandit-AG kann nur eine **natürliche Person** sein. Dieses Erfordernis ergibt sich aus Art. 765 Abs. 1, wonach nur Komplementäre der Kommandit-AG die Verwaltung bilden können. 6

IV. Handelsregistereintrag

Die Mitglieder der Verwaltung sind in den Statuten zu nennen und unter Angabe des Wohnsitzes, des Heimatorts und ihrer Funktion im Handelsregister einzutragen (Art. 765 Abs. 1 und 2, Art. 68 lit. n HRegV). Die zur Vertretung befugten Personen sind mit denselben Angaben im Handelsregister einzutragen (Art. 68 lit. o HRegV). 7

Der Entwurf zum Aktien- und Rechnungslegungsrecht sieht neu ausdrücklich vor, dass bei ausländischen Mitgliedern der Verwaltung sowie bei zur Vertretung befugten Ausländerinnen und Ausländern die Staatsangehörigkeit im Handelsregister anzugeben ist (Botschaft Aktien- und Rechnungslegungsrecht, BBl 2008, 1725; E-Aktien- und Rechnungslegungsrecht Art. 765 Abs. 2, BBl 2008, 1802). 7a

Note 8 zur Frage der allfälligen Anwendbarkeit der Nationalitäts- und Domizilvorschriften von Art. 708 entfällt durch dessen Aufhebung per 1.1.2008 (AS 2007 4791 4839). 8

Die eigentliche **Firma der Kommandit-AG** ist nach den gleichen Regeln zu bilden wie die der Kommanditgesellschaft, d.h. sie muss den Familiennamen mindestens eines Komplementärs sowie einen auf das Gesellschaftsverhältnis hinweisenden Zusatz enthalten (Art. 947 Abs. 3, Art. 68 lit. b HRegV). Zudem dürfen die Namen anderer Personen als der Komplementäre nicht in der Firma figurieren (Art. 947 Abs. 4). Bei Ausscheiden einer Person, deren Familienname in der Firma enthalten ist, aus der Gesellschaft, darf – i.d.R. (vgl. Art. 948 Abs. 2 für Ausnahmen) – auch mit der Einwilligung dieser Person oder ihrer Erben der Name nicht in der Firma beibehalten werden (Art. 948 Abs. 1). 8a

Gemäss Botschaft Aktien- und Rechnungslegungsrecht soll für Kommandit-AGs neu auf Gesetzesstufe klargestellt werden, dass die Firma zu ändern sei, wenn diese den Namen einer Person enthalte, die aus der Gesellschaft ausgeschieden ist oder der die Geschäftsführung und Vertretungsbefugnis entzogen wurde (Botschaft Aktien- und Rechnungslegungsrecht, BBl 2008, 1735; E-Aktien- und Rechnungslegungsrecht Art. 947 Abs. 5, BBl 2008, 1809; s.u. Art. 267 N 2b). Die Anpassung der Firma ergibt sich heute indirekt aus Art. 947 Abs. 3 (s.a. Art. 69 Abs. 2 HRegV). 8b

V. Geschäftsführungsfunktionen

Falls keine abweichende statutarische Regelung über die Geschäftsführungsbefugnis vorhanden ist, bilden von Gesetzes wegen alle unbeschränkt haftenden Gesellschafter zusammen das ordentliche Geschäftsführungsorgan. Jeder Komplementär ist demnach allein zuständig für alle Handlungen, die der gewöhnliche Betrieb des Unternehmens mit sich bringt (**Einzelgeschäftsführungsbefugnis**); seine Geschäftsführungsbefugnis entspricht derjenigen eines Kollektivgesellschafters (SCHUCANY, N 1). Jedem anderen Verwaltungsmitglied steht gegen diese Handlungen ein Vetorecht nach Art. 535 Abs. 2 9 zu. Geschäfte des ausserordentlichen Geschäftsbetriebes bedürfen der Zustimmung aller Komplementäre; unter ihnen gilt nach Art. 534 Abs. 1 das Einstimmigkeitsprinzip (CHK-DÜRR, 2642 Nr. 8; ZK-SIEGWART, Art. 534 N 6).

10 Die gesetzliche Einzelgeschäftsführungsbefugnis ist durch die Statuten in eine **Gesamtgeschäftsführungsbefugnis** abwandelbar. Sie kann einer bestimmten Anzahl von Komplementären oder einem Komplementär zusammen mit einem Prokuristen übergeben werden.

11 Die Statuten können die gesetzlichen Kompetenzen insofern einschränken, als dass eine *Weisungsbefugnis* oder ein *Zustimmungserfordernis* der Aufsichtsstelle oder eine Zustimmung der GV zu bestimmten Geschäften vorgesehen werden kann. Eine statutarische Erweiterung der Kompetenzen der unbeschränkt haftenden Gesellschafter ist innerhalb der gesetzlichen Grenzen genauso möglich.

VI. Vertretungsfunktionen

12 Die **Vertretungsmacht** umfasst alle gerichtlichen und aussergerichtlichen Geschäfte und Rechtshandlungen, die der Zweck der Gesellschaft mit sich bringen kann (Art. 564 Abs. 1). Die Verwaltung ist das einzige Vertretungsorgan der Gesellschaft. Eine Ausnahme hierzu liegt im Falle einer Verantwortlichkeitsklage nach Art. 769 vor, bei der die Gesellschaft durch die Aufsichtsstelle vertreten wird.

13 Nach Art. 563 gilt der **Grundsatz der Einzelvertretung.** Statutarisch kann jedoch bestimmt werden, dass alle Komplementäre zusammen oder mehrere gemeinsam zur Vertretung ermächtigt sind. Andere Einschränkungen wie eine Aufteilung nach Sachgebieten oder Filialen haben nur eine interne Wirkung. Sie bleiben nach aussen hin wirkungslos, da eine Beschränkung des Umfangs der Vertretungsmacht nicht ins Handelsregister eingetragen werden darf und gutgläubigen Dritten gegenüber nicht durchsetzbar ist (Art. 564 Abs. 2).

VII. Weitere Funktionen der Komplementäre

14 Die unbeschränkt haftenden Gesellschafter haben das Recht zur Ernennung und Abberufung von Prokuristen und anderen Bevollmächtigten (Art. 764 Abs. 2 i.V.m. Art. 721, 726). Im Übrigen stehen ihnen die gleichen Rechte zu wie den Mitgliedern des Verwaltungsrats einer AG (Art. 697, 715a, 716–721, 725). Mittels der Statuten können die Befugnisse der Verwaltungsmitglieder erweitert werden (vgl. EILENTROP, 114 ff. m.Bsp. aus der Praxis). Die Komplementäre sind gegenüber der Aufsichtsstelle auskunfts- und einsichtsgewährungspflichtig.

VIII. Vergütung

15 Da kein Mandatsverhältnis vorliegt und sich demzufolge kein Vergütungsanspruch aus dem Gesetz ergibt, muss durch Statuten oder Vertrag eine feste **Vergütung** für geleistete Verwaltungsarbeit sowie allfällige in diesem Zusammenhang erbrachte Aufwendungen festgelegt werden. In der Praxis ist es üblich, zusätzliche finanzielle Vorteile zu vereinbaren. Als Abgeltung für das Zurverfügungstellen des eigenen Vermögens als Haftungssubstrat wird analog einer Kautionskommission, die beispielsweise einer Garantie leistenden Bank bezahlt werden müsste, eine *Komplementärkommission* vorgesehen. Zudem wird dem Komplementär direkt ein Anteil am Gesellschaftsgewinn zugewiesen (BEILSTEIN/MARITZ, ST 4/2006, 279 f.; zur Frage, wie dieses Entgelt auf Stufe

der Gesellschaft und auf Stufe des Komplementärs steuerlich zu behandeln ist, s. BEILSTEIN/MARITZ, ST 4/2006, 280 f. sowie Entscheid des VGer ZH vom 15.12.2004, SB.2004 00051; ZStP 3/2005, 223; s.o. Art. 764 N 11).

IX. Rechtsvergleich

Der phG einer KGaA kann, muss sich aber im Gegensatz zum Komplementär der Kommandit-AG nicht am Kapital der Gesellschaft beteiligen (GESSLER, § 278 AktG N 48). Soweit der phG eine Kapitaleinlage übernimmt, wird diese nicht auf das Grundkapital geleistet. Vielmehr besteht neben diesem dann ein eigenständiges Komplementärkapital und dementsprechend ist der phG auch nicht an den Rücklagen der Gesellschaft beteiligt. Solche werden – soweit vertraglich (wie zumeist) vorgesehen – auf gesonderten Kapitalkonten wie bei einer Personengesellschaft gebildet. Mehrere phG stehen zueinander wie die persönlich haftenden Gesellschafter einer Kommanditgesellschaft, während die unbeschränkt Haftenden einer Kommandit-AG wie Kollektivgesellschafter zueinander stehen. Für beide gilt der Grundsatz der Einzelgeschäftsführungsbefugnis für gewöhnliche Geschäfte. Nach der gesetzlichen Regelung bedürfen die über die gewöhnlichen Geschäftsführungsmassnahmen hinausgehenden Handlungen nach § 278 Abs. 2 AktG i.V.m. § 164 Satz 1 a.E. HGB der Zustimmung aller Komplementäre und der Kommanditaktionäre. Es ist im Einzelnen streitig, inwieweit dies dispositiv ist. Insbesondere für Gesellschaften mit einer juristischen Person als einzigen phG wird dies – wegen in einer BGH-Entscheidung (BGHZ 134, 392, 399) anklingender Bedenken – kontrovers diskutiert (vgl. BACHMANN, in: Spindler/Stilz (Hrsg.), Kommentar zum Aktiengesetz, Bd. 2, 2007, §§ 278 Rn 62 ff.).

16

Art. 766

II. Zustimmung zu Generalversammlungsbeschlüssen	Beschlüsse der Generalversammlung über Umwandlung des Gesellschaftszweckes, Erweiterung oder Verengerung des Geschäftsbereiches und Fortsetzung der Gesellschaft über die in den Statuten bestimmte Zeit hinaus bedürfen der Zustimmung der Mitglieder der Verwaltung.
II. Adhésion à des décisions de l'assemblée générale	Les décisions de l'assemblée générale concernant la transformation du but social, l'extension ou la restriction du cercle des affaires, de même que la continuation de la société au-delà du terme fixé dans les statuts, ne sont valables que si tous les administrateurs y adhèrent.
II. Annuenza a deliberazioni dell'assemblea generale	Le deliberazioni dell'assemblea generale riguardanti il cambiamento dello scopo sociale, l'allargamento od il restringimento della cerchia d'affari della società, la proroga della durata statutaria della medesima non sono valide senza il consenso di tutti gli amministratori.

Literatur

Vgl. die Literaturhinweise bei den Vorbem. zu Art. 764–771.

I. Normzweck

Die von Gesetzes wegen **zustimmungsbedürftigen Beschlüsse** der GV – Umwandlung des Gesellschaftszwecks, Erweiterung oder Einschränkung des Geschäftsbereichs sowie

1

Anne M. Wildhaber

Fortsetzung der Gesellschaft über die in den Statuten bestimmte Zeit hinaus – betreffen grundlegende Bereiche der Gesellschaft. Jeder unbeschränkt haftende Gesellschafter ist vor Änderungen geschützt, welche ohne seine Zustimmung herbeigeführt werden sollen, indem die Zustimmung der unbeschränkt haftenden Gesellschafter **einstimmig** zu erfolgen hat (SCHUCANY, N 1).

II. Weitere zustimmungsbedürftige Beschlüsse der GV

2 Die Auflösung der Gesellschaft vor dem statutarisch festgesetzten Termin (Art. 770 Abs. 2) sowie die Änderung im Bestand der unbeschränkt haftenden Gesellschafter (Art. 765 Abs. 3) sind *Fälle von Beschlüssen, die der Zustimmung der unbeschränkt haftenden Gesellschafter bedürfen.*

3 Zudem sind sämtliche Beschlüsse der GV zustimmungspflichtig, die sich in einer Benachteiligung der Stellung der unbeschränkt haftenden Gesellschafter auswirken. Nachteilige Beschlüsse für die Komplementäre liegen insb. dann vor, wenn ihnen bestimmte Rechte entzogen werden sollen (z.B. Übertragung von Geschäftsführungsbefugnissen an die Aufsichtsstelle). Das *statutarische Zustimmungserfordernis* kann im Extremfall so ausgeweitet werden, dass die Zustimmung aller Komplementäre für jeden Beschluss der GV erforderlich ist.

III. Die Generalversammlung («GV») der Kommandit-AG

4 Die **GV der Kommandit-AG** beansprucht keine eigenen Gesetzesartikel, da sie weitgehend den Bestimmungen der GV zur AG entspricht (Art. 698 ff.). Sie ist neben der Verwaltung und der Aufsichtsstelle das dritte zwingende Organ der Kommandit-AG. Die Gesamtheit der Kommanditaktionäre kann sich nur über die GV äussern. Gemäss dem Wortlaut von Art. 698 ist die GV das oberste Organ der Gesellschaft; die GV der Kommandit-AG ist allerdings durch den Entzug wesentlicher Kompetenzen stark abgewertet worden.

5 In ihren Funktionen ist die GV der Kommandit-AG und somit die Stellung des gewöhnlichen Aktionärs der Kommandit-AG im Gegensatz zu derjenigen der AG durch das Zustimmungserfordernis der Verwaltungsmitglieder zu bestimmten Beschlüssen sowie durch die fehlende Wahl- und Abberufungskompetenz der Mitglieder der Verwaltung erheblich eingeschränkt (MEIER-HAYOZ/FORSTMOSER, 557 Rz 24; BÖCKLI, Aktienrecht, 16 Rz 5). Der gewöhnliche Aktionär kann auf die Zusammensetzung der Verwaltung keinerlei Einfluss nehmen und es fehlt ihm damit letztlich die Möglichkeit zur Disziplinierung der Verwaltung. Die bei der Kommandit-AG zustimmungspflichtigen Beschlüsse stehen bei der AG zwingend allein in der Kompetenz der GV und benötigen teilweise eine qualifizierte zustimmende Mehrheit (Art. 704). Die Berufungs- und Abberufungskompetenz ist der GV wegen der Selbstorganschaft der Verwaltung der Kommandit-AG entzogen, mit der Ausnahme des Entzugs der Geschäftsführungs- und Vertretungsbefugnisse aus wichtigem Grund (vgl. Art. 767 N 1 ff.). Statutarisch kann aber auch eine Erweiterung der Kompetenzen der GV vereinbart werden, die dann die Befugnisse der Verwaltung einschränkt (z.B. Zustimmungserfordernis der GV zu bestimmten Geschäften der Verwaltung).

Art. 767

III. Entziehung der Geschäftsführung und Vertretung	¹ Den Mitgliedern der Verwaltung kann die Geschäftsführung und Vertretung unter den gleichen Voraussetzungen wie bei der Kollektivgesellschaft entzogen werden. ² **Mit der Entziehung endigt auch die unbeschränkte Haftbarkeit des Mitgliedes für die künftig entstehenden Verbindlichkeiten der Gesellschaft.**
III. Retrait du pouvoir d'administrer et de représenter la société	¹ Le pouvoir d'administrer et de représenter la société peut être retiré aux administrateurs sous les conditions admises à l'égard d'un associé en nom collectif. ² Le retrait du pouvoir met fin à la responsabilité illimitée de l'associé à l'égard des engagements de la société nés postérieurement.
III. Revoca della gestione e della rappresentanza	¹ Agli amministratori possono essere tolte la gestione e la rappresentanza della società alle medesime condizioni che ad un socio in nome collettivo. ² La revoca estingue la responsabilità illimitata del socio per gli obblighi della società nati posteriormente.

Literatur

Vgl. die Literaturhinweise bei den Vorbem. zu Art. 764–771.

I. Entzug der Geschäftsführungs- und Vertretungsbefugnisse aus wichtigem Grund

Nach Art. 767 Abs. 1 i.V.m. Art. 557 Abs. 2 und Art. 565 kann einem Mitglied der Verwaltung die **Geschäftsführung und Vertretung aus wichtigem Grund entzogen** werden. Wichtige Gründe können grobe Pflichtverletzungen, Missbrauch der Vertretungsmacht oder der Verlust der Fähigkeit zu einer guten Geschäftsführung sein (Art. 557 Abs. 2 i.V.m. Art. 539 Abs. 2; vgl. ZK-SIEGWART, Art. 539 N 10 f. m.w.Bsp.). Ist Gefahr im Verzug, so ist ein vorläufiger Entzug durch den Richter auf Antrag eines Gesellschafters möglich (Art. 565). Diese richterliche Verfügung ist im Handelsregister einzutragen. 1

II. Folgen des Entzugs

Folgen dieses Entzugs, der faktisch einem Ausschluss aus der Verwaltung gleichkommt, sind eine *Statutenänderung* und eine *Änderung des Handelsregistereintrags*. Erst mit dem Handelsregistereintrag entfaltet der Entzug auch Wirkung nach aussen. 2

Bei Entzug der Geschäftsführungs- und Vertretungsbefugnis muss Folgendes im Handelsregister eingetragen werden: (i) Das Datum des Entzugs, (ii) die betroffene Person, (iii) die Tatsache des Entfalls der unbeschränkten Haftung der betroffenen Person für die künftig entstehenden Verbindlichkeiten der Gesellschaft, (iv) bei Statutenänderung deren neues Datum, sowie (v) die geänderte Firma, falls diese angepasst werden muss (Art. 69 Abs. 2 HRegV). 2a

Das Erfordernis der Firmenänderung soll sich neu zwingend aus E-Aktien- und Rechnungslegungsrecht Art. 947 Abs. 5 nicht nur für den Fall des Entzugs der Geschäftsfüh- 2b rung und der Vertretung, sondern auch bei Rücktritt des Mitglieds ergeben (E-Aktien- und Rechnungslegungsrecht Art. 947 Abs. 5, BBl 2008, 1809; s.o. Art. 765 N 8b).

3 Eine weitere Folge des Entzuges ist eine *Beendigung der unbeschränkten Haftbarkeit* des früher unbeschränkt Haftenden, aber nur für künftige Verbindlichkeiten der Gesellschaft (Art. 767 Abs. 2 i.V.m. Art. 69 Abs. 2 lit. c HRegV). Für bereits vorher bestehende Verbindlichkeiten haftet das aus der Verwaltung ausscheidende Mitglied noch während fünf Jahren nach der Veröffentlichung des Entzugs im SHAB (Nachhaftung gem. Art. 591; vgl. Art. 764 N 2).

4 Der ausscheidende Komplementär wechselt mit dem Handelsregistereintrag automatisch in den Status eines Kommanditaktionärs über. Von diesem Zeitpunkt an hat er mit Ausnahme der fünfjährigen Nachhaftung die Rechte und Pflichten eines gewöhnlichen Aktionärs (GUHL-DRUEY, 816 Rz 10).

III. Freiwilliger Entzug

5 Unumstritten ist nach h.L. eine *Beschränkung der Geschäftsführungs- und Vertretungsbefugnisse mit dem Willen des Betroffenen* (SENN, 201; REINHARDT, 95 f.; EILENTROP, 59). Die Möglichkeit dieses freiwilligen Entzugs ist zu befürworten, da es sich nicht um eine unabdingbare Vorschrift, sondern um eine gesetzliche Garantie, die der Begünstigte selber und freiwillig aufgeben kann, handelt. Auch bei der Kollektiv- und der Kommanditgesellschaft ist der Ausschluss einzelner Gesellschafter von den Verwaltungstätigkeiten mit ihrem Einverständnis möglich; begrifflich handelt es sich in diesem Fall nicht um einen Ausschluss, sondern um einen *(freiwilligen) Verzicht*. Als Minimalerfordernis muss aber immer mindestens ein Komplementär zur Geschäftsführung und Vertretung zuständig bleiben.

Art. 768

C. Aufsichtsstelle
I. Bestellung und Befugnisse

¹ **Die Kontrolle, in Verbindung mit der dauernden Überwachung der Geschäftsführung, ist einer Aufsichtsstelle zu übertragen, der durch die Statuten weitere Obliegenheiten zugewiesen werden können.**

² **Bei der Bestellung der Aufsichtsstelle haben die Mitglieder der Verwaltung kein Stimmrecht.**

³ **Die Mitglieder der Aufsichtsstelle sind in das Handelsregister einzutragen.**

C. Contrôle
I. Désignation et pouvoirs

¹ Toute société en commandite par actions doit avoir un organe spécial chargé du contrôle et tenu d'exercer une surveillance permanente sur la gestion; les statuts peuvent lui conférer des attributions plus étendues.

² Les administrateurs n'ont pas le droit de participer à la désignation des contrôleurs.

³ Les contrôleurs sont inscrits sur le registre du commerce.

C. Ufficio di vigilanza
I. Designazione ed attribuzioni

¹ La società in accomandita per azioni deve avere un ufficio di vigilanza incaricato della revisione e d'una sorveglianza permanente della gestione; lo statuto può conferirgli anche altre attribuzioni.

² Gli amministratori non hanno diritto di voto nella nomina dell'ufficio di vigilanza.

³ I membri dell'ufficio di vigilanza devono essere iscritti nel registro di commercio.

Literatur

Vgl. die Literaturhinweise bei den Vorbem. zu Art. 764–771.

I. Normzweck

Die Aufsichtsstelle hat besondere Befugnisse, um die mit erheblichen Machtbefugnissen (insb. gegenüber den übrigen Kommanditären) ausgestattete Verwaltung zu überwachen, deren Machtmissbrauch gegebenenfalls zu verhindern und den Kommanditären somit Einfluss auf die Geschäftsführung zu sichern. Dementsprechend hat sie eine Doppelstellung inne: Zum einen ist sie notwendiges Kontrollorgan der Kommandit-AG, deren Rechtsstellung sich nach Art. 727 ff. beurteilt. Zum anderen hat sie die Interessen der Kommanditaktionäre gegenüber der Verwaltung zu wahren. Zu diesem Zweck erhält sie nach innen und aussen besondere Aufgaben, die über ihre primäre Aufgabe, die rein rechnerische Kontrolle der Geschäftsführung, hinausgehen. 1

II. Funktionen der Aufsichtsstelle

1. Kontrolle des Rechnungswesens (Abs. 1)

Diese rein rechnerische Kontrolle soll feststellen, ob sich die Bilanz sowie die Gewinn- und Verlustrechnung in Übereinstimmung mit den Büchern befinden, ob die Bücher ordnungsgemäss geführt wurden und ob die Darstellung der Geschäftsergebnisse und der Vermögenslage den gesetzlichen Bewertungsgrundsätzen und evtl. Vorschriften in den Statuten entspricht (analog zu Art. 728a ff.). 2

Die umfassende Neuordnung der Revisionspflicht vom 16.12.2005 stellt ein weitgehend rechtsformunabhängiges Konzept dar, welches nach konkreten sachlichen Gegebenheiten (u.a. Unternehmensgrösse und andere relevante Umstände) differenziert (vgl. Art. 727 ff.; Botschaft RAG, BBl 2004, 3989). Für die Kommandit-AG enthält Art. 764 Abs. 2 eine weitgehende Verweisung auf das Aktienrecht. Da es sich dabei um einen sog. dynamischen Verweis handelt, gilt die neue Regelung der Revision und der Revisionsstelle der AG auch für die Kommandit-AG, soweit sich aus der gesetzlichen Regelung dieser Rechtsform nichts Besonderes ergibt (Botschaft RAG, BBl 2004, 4014 m.w. V.; vgl. dazu insb. auch die Ausführungen zu Art. 727 ff.). Falls eine Kommandit-AG keine ordentliche oder eingeschränkte Revision durchführt, muss im Handelsregister ein Hinweis darauf eingetragen werden samt Datum der Erklärung der Verwaltung gem. Art. 62 Abs. 2 HRegV (Art. 68 Abs. 1 lit. q HRegV). Führt die Gesellschaft eine ordentliche oder eingeschränkte Revision durch, so muss die Revisionsstelle eingetragen werden (Art. 68 Abs. 1 lit. r HRegV). 2a

2. Dauernde Überwachung der Geschäftsführung (Abs. 1)

Die Geschäftsführungsmassnahmen sollen auf Rechtmässigkeit (Einhaltung von Gesetz und Statuten), Zweckmässigkeit (fachkundige und sachgemässe Ausführung der Geschäftstätigkeiten) und Wirtschaftlichkeit (Vornahme der Handlungen im Interesse der Gesellschaft) überprüft werden. 3

3a Es ist fraglich, ob es nicht letztlich eine Fehlkonzeption sei, wenn das sonst auf die Rechnungsprüfung verwiesene Revisionsorgan, die Aufsichtsstelle, ex lege gleich auch Aufsichtsorgan hinsichtlich der Geschäftsführung ist. Die Aufsicht über die Ordnungsmässigkeit, Wirtschaftlichkeit und Zweckmässigkeit der Geschäftsführung sollten nicht der gleichen Stelle übertragen werden, welche die Rolle des unabhängigen Abschlussprüfers, der Revisionsstelle gem. aktienrechtlicher Terminologie, zu spielen hat (BÖCKLI, Aktienrecht, 16 f. Rz 5; s.a. Art. 731a Abs. 2 sowie Art. 728a Abs. 3).

3. Weitere statutarisch zugewiesene Obliegenheiten (Abs. 1)

4 Die Möglichkeit der Übertragung weiterer Obliegenheiten an die Aufsichtsstelle erlaubt eine Machtverschiebung zwischen den einzelnen Organen. Eine Beteiligung der Aufsichtsstelle an der Geschäftsführung ist somit statuierbar (z.B. Befugnis zum Abschluss des Geschäftsführungsvertrags mit den Mitgliedern der Verwaltung; vgl. EILENTROP, 121 ff. m.w.Bsp.). Eine dauernde Prüfung der Zweckmässigkeit und Wirtschaftlichkeit der Handlungen der Verwaltung nähert sich einer eigentlichen Geschäftsführungstätigkeit an und bringt die Kommandit-AG der AG noch näher, da sie die an sich selbständige und mächtige Verwaltung einschränkt. Generell liegt die Schranke atypischer Ausgestaltungen von Gesellschaftsformen im zwingenden Recht und im Verbot der Gesetzesumgehung und des Rechtsmissbrauchs. Eine schrankenlose Übertragung der Geschäftsführungsbefugnis ist daher abzulehnen. Ein Zustimmungserfordernis der Aufsichtsstelle zu bestimmten Arten von Geschäften der Verwaltung ist bei extensiver Auslegung noch unter die Überwachungstätigkeit subsumierbar (Art. 731a Abs. 3 ermöglicht analog bei der AG die Ernennung Sachverständiger zwecks Prüfung der Geschäftsführung). Für eine mögliche Übernahme von Geschäftsführungsmassnahmen durch die Aufsichtsstelle sprechen sich aus: SENN, 220; REINHARDT, 101 f.; **a.M.** SCHUCANY, N 1; FUNK, N 2. Die Aufsichtsstelle kann nicht zur Vertretung der Gesellschaft ermächtigt werden, da die Verwaltung das einzige Vertretungsorgan ist (Ausnahme: Verantwortlichkeitsklage nach Art. 769).

5 Da die Aufsichtsstelle im Fall der Übernahme von Geschäftsführungsmassnahmen sich selber überwacht und materiell somit keine echte Kontrolle mehr besteht, wird das Prinzip der Gewaltenteilung eingeschränkt. Die **Haftung der Aufsichtsstelle** bzw. der Verwaltung richtet sich in diesem Fall nach Art. 754 Abs. 2.

4. Weitere Aufgaben aus dem Aktienrecht

6 Es besteht die **Pflicht zur Einberufung und Information der GV** (Art. 699), falls gravierende Mängel in der Geschäftsführung aufgedeckt werden (REINHARDT, 99). Zudem besteht das Recht und die Pflicht zur Einsicht in die Unterlagen sowie ein umfassendes Aufsichtsrecht.

III. Bestellung der Aufsichtsstelle (Abs. 2)

7 Die erste Aufsichtsstelle wählen die Gründer (Art. 66 Abs. 1 lit. d HRegV: die Wahlannahmeerklärung muss der Handelsregisteranmeldung beigefügt werden), alle weiteren die GV (Art. 698 Abs. 1 Ziff. 2). Den Mitgliedern der Verwaltung steht aus Gründen der Unabhängigkeit der Aufsichtsstelle bei deren Wahl kein Stimmrecht zu. Dies gilt zwingend auch für die erste Aufsichtsstelle, obwohl die unbeschränkt haftenden Gesellschafter in diesem Fall auch die Gründer sind. Die Aufsichtsstelle steht in einem mandatsähnlichen Verhältnis zur Gesellschaft. Der GV kommt ein jederzeitiges Abberu-

27. Titel: Die Kommanditaktiengesellschaft **Art. 769**

fungsrecht zu (Art. 705 Abs. 1; Art. 730a Abs. 4). Es ist üblich, ein weiteres fakultatives Aufsichtsorgan zu schaffen, welches die rein rechnerischen Funktionen übernimmt, so dass die Aufsichtsstelle in erster Linie die Geschäftsführung überwacht.

IV. Formale Erfordernisse (Abs. 3)

Es können sowohl natürliche als auch juristische Personen oder Personengesellschaften als Mitglieder der Aufsichtsstelle gewählt werden (Art. 730 Abs. 2). Sie brauchen keine Aktionäre zu sein. Wenigstens ein Mitglied der Aufsichtsstelle muss seinen Wohnsitz, Sitz oder eine eingetragene Zweigniederlassung in der Schweiz haben (Art. 730 Abs. 4). Alle Aufsichtsstellenmitglieder sind in das Handelsregister einzutragen (Art. 68 Abs. 1 lit. p HRegV). Die Aufsichtsstelle muss unabhängig sein und sich ihr Prüfungsurteil objektiv bilden; die Unabhängigkeit darf weder tatsächlich noch dem Anschein nach beeinträchtigt sein (Art. 728 Abs. 1; Art. 729 Abs. 1). Qualifiziert eine Gesellschaft für eine ordentliche Revision gem. Art. 727, so sind – u.a. – Komplementäre und Angestellte der Gesellschaft sowie Personen, welche eine bedeutende Beteiligung am Aktienkapital oder eine wesentliche Forderung/Schuld gegenüber der Gesellschaft haben, nicht in die Aufsichtsstelle wählbar (Art. 728 Abs. 2). Die Amtsdauer beträgt ein bis drei Geschäftsjahre; Wiederwahl ist möglich (Art. 730a Abs. 1). Bei der ordentlichen Revision darf der Leiter der Revision das Mandat längstens während sieben Jahren ausführen und das gleiche Mandat erst nach einem dreijährigen Unterbruch wieder aufnehmen (Art. 730a Abs. 2). Zudem dürfen der Aufsichtsstelle weder Aufgaben der Verwaltung, noch Aufgaben, die ihre Unabhängigkeit beeinträchtigen, zugeteilt werden (Art. 731a Abs. 2; vgl. supra Art. 768 N 3a).

8

V. Rechtsvergleich

Für den Aufsichtsrat der KGaA gelten im Grundsatz die gleichen Bestimmungen wie für die AG, einschliesslich der Vorschriften des Mitbestimmungsgesetzes. Anders als bei der AG, wo wegen § 111 IV die Satzung oder der Aufsichtsrat bestimmte Geschäftsführungsmassnahmen von dessen Zustimmung abhängig machen müssen, kann der Aufsichtsrat der KGaA jedoch nicht in die Geschäftsführung eingreifen (näher dazu BACHMANN in: Spindler/Stilz (Hrsg.), Kommentar zum Aktiengesetz, Bd. 2, 2007, §§ 179–410, § 278 Rn 62 ff.). Vielmehr handelt es sich um ein reines Überwachungsorgan. Zudem hat der Aufsichtsrat der KGaA auch keinen Einfluss auf die Person(en) der phG, ebenfalls anders als im Falle der AG, wo der Aufsichtsrat den Vorstand bestellt (GESSLER, Vor § 278 AktG N 44 ff.). Vielmehr sind die phG gem. § 281 Abs. 1 AktG namentlich in der Satzung zu nennen und werden daher von der Hauptversammlung bestimmt. Im Übrigen obliegt dem Aufsichtsrat der KGaA die Vertretung der Gesamtheit der Kommanditaktionäre gegenüber den Komplementären, § 287 Abs. 2 S. 1 AktG.

9

Art. 769

II. Verantwortlichkeitsklage	**¹ Die Aufsichtsstelle kann namens der Gesellschaft die Mitglieder der Verwaltung zur Rechenschaft ziehen und vor Gericht belangen.** **² Bei arglistigem Verhalten von Mitgliedern der Verwaltung ist die Aufsichtsstelle zur Durchführung von Prozessen auch dann berechtigt, wenn ein Beschluss der Generalversammlung entgegensteht.**

Anne M. Wildhaber

II. Action en responsabilité	¹ Les contrôleurs peuvent, au nom de la société, demander aux administrateurs compte de leur gestion et les actionner en justice. ² Si les administrateurs se sont rendus coupables de dol, les contrôleurs peuvent les rechercher devant le juge même si l'assemblée générale en a disposé autrement.
II. Azione di responsabilità	¹ L'ufficio di vigilanza può, in nome della società, chiedere conto della gestione agli amministratori e convenirli in giudizio. ² Quando siavi dolo d'amministratori, l'ufficio di vigilanza può convenirli in giudizio anche contro la volontà dell'assemblea generale.

Literatur

Vgl. die Literaturhinweise bei den Vorbem. zu Art. 764–771.

I. Normzweck

1   Art. 769 bestimmt die Aufsichtsstelle als das Vertretungsorgan der Gesellschaft in Streitigkeiten über die Verantwortlichkeit der unbeschränkt haftenden Gesellschafter, falls diese durch absichtliche oder fahrlässige Verletzung ihrer Pflichten der Gesellschaft, den Gläubigern oder Aktionären einen Schaden verursacht haben.

II. Pflicht zur Rechenschaftsablegung (Abs. 1)

2   Alle Mitglieder der Verwaltung sind gegenüber der Aufsichtsstelle verpflichtet, über ihre Tätigkeiten Auskunft zu geben und den Aufsichtsstellenmitgliedern umfassende Einsicht in ihre Unterlagen zu gewähren.

III. Einschreiten des Kontrollorgans (Abs. 1)

3   Die Aufsichtsstelle kann und muss die Mitglieder der Verwaltung im gegebenen Fall zur Rechenschaft ziehen und sie vor Gericht belangen (CHK-DÜRR, 2643 Nr. 14). Die Notwendigkeit eines Einschreitens ist immer dann gegeben, wenn die Handlungen der Verwaltung dem Gesetz oder den Statuten zuwiderlaufen oder die Gefahr einer Schädigung der Gesellschaft besteht. Setzt sich die Aufsichtsstelle aus mehreren Mitgliedern zusammen, so kann bereits eine einfache Mehrheit die Klageeinreichung beschliessen. Die Klage lautet auf Ersatz des Schadens an die Gesellschaft. Im Falle des Gesellschaftskonkurses wird die Klage durch die Konkursverwaltung erhoben.

IV. Entgegenstehender Beschluss der GV (Abs. 2)

4   Selbst wenn ein Beschluss der GV vorliegt, der auf die Geltendmachung einer Verantwortlichkeitsklage verzichtet oder der Verwaltung *Entlastung* erteilt (FUNK, N 2; SCHUCANY, N 2), kann die Aufsichtsstelle dennoch Klage gegen die Verwaltung erheben, falls bei den Verwaltungsmitgliedern arglistiges Verhalten vorlag. **Arglistiges Handeln** ist immer dann gegeben, wenn jemand den Willen hatte, einen rechtswidrigen Erfolg herbeizuführen, oder er sich der Pflichtwidrigkeit seines Verhaltens bewusst sein musste, indem er sich z.B. einer groben Verletzung des Treueverhältnisses schuldig machte (FUNK, N 2).

Art. 770

D. Auflösung

¹ Die Gesellschaft wird beendigt durch das Ausscheiden, den Tod, die Handlungsunfähigkeit oder den Konkurs sämtlicher unbeschränkt haftender Gesellschafter.

² Im übrigen gelten für die Auflösung der Kommanditaktiengesellschaft die gleichen Vorschriften wie für die Auflösung der Aktiengesellschaft; doch kann eine Auflösung durch Beschluss der Generalversammlung vor dem in den Statuten festgesetzten Termin nur mit Zustimmung der Verwaltung erfolgen.

³ ...

D. Dissolution

¹ La société prend fin par la sortie, le décès, l'incapacité ou la faillite de tous les associés indéfiniment responsables.

² La dissolution de la société est d'ailleurs soumise aux règles concernant la dissolution de la société anonyme; toutefois l'assemblée générale ne peut décider la dissolution avant le terme fixé dans les statuts que si l'administration y consent.

³ ...

D. Scioglimento

¹ La società cessa per effetto dell'uscita, della morte, dell'incapacità civile o del fallimento di tutti i soci illimitatamente responsabili.

² Lo scioglimento della società in accomandita per azioni soggiace del resto alle disposizioni che reggono lo scioglimento della società anonima; tuttavia solo col consenso dell'amministrazione la società può essere sciolta mediante una deliberazione dell'assemblea generale prima del termine fissato nello statuto.

³ ...

Literatur

Vgl. die Literaturhinweise bei den Vorbem. zu Art. 764–771.

I. Normzweck

Art. 770 vereinigt persönliche Ausscheidensgründe mit den aktienrechtlichen Beendigungsgründen und trägt somit der gesellschaftsrechtlichen Mischform der Kommandit-AG Rechnung. Eine **Beendigung der Gesellschaft** findet statt durch *Zeitablauf* (falls dies statutarisch vereinbart war), durch *Ausfall aller Komplementäre* (wozu auch der Fall der Kündigung aller Komplementäre nach Art. 771 gehört) oder durch *Beschluss der GV*.

II. Auflösungsgründe

1. Persönliche Beendigungsgründe (Abs. 1)

Die Auflösungsgründe *Tod, Ausscheiden, Handlungsunfähigkeit oder Konkurs* liegen in der Person begründet. Falls bei allen oder dem einzigen existierenden unbeschränkt haftenden Gesellschafter einer dieser Gründe vorliegt und zum Ausschluss führt, wird die Gesellschaft aufgelöst. Scheidet nur einer von mehreren unbeschränkt haftenden Gesellschaftern aus, so wird die Kommandit-AG im Gegensatz zur Regelung bei den Personengesellschaften nicht aufgelöst (Art. 576 i.V.m. Art. 545), sondern mit den verbleibenden Mitgliedern der Verwaltung fortgeführt.

3 Sind alle Verwaltungsmitglieder ausgeschieden, so fällt die Kommandit-AG automatisch ins Auflösungsstadium (vgl. REINHARDT, 106 f. m.V. auf die pragmatische Praxis des Handelsregisters). Wird der gesetzliche Zustand nicht innert einer vom Richter gesetzten Frist wiederhergestellt, so verfügt dieser auf Begehren eines Gläubigers, eines Kommanditaktionärs oder des Handelsregisterführers die Auflösung der Kommandit-AG (Art. 731b Abs. 1).

4 Die Komplementäre können durch ihr Ausscheiden eine Auflösung der Gesellschaft herbeiführen. Dieser möglichen Gefahr für die Aktionäre ist zum einen durch eine Regelung in den Statuten über sogenannte *Suppleanten* vorzubeugen, die in einem solchen Fall automatisch unbeschränkt haftende Gesellschafter werden (s.a. Art. 765 N 5). Zum anderen besteht die Möglichkeit, in den Statuten vorzusehen, dass bei Wegfall aller Komplementäre automatisch eine **Umwandlung in eine AG** erfolgt (vgl. REINHARDT, 107 f.). Dazu genügt eine einfache Statutenänderung (BGE 62 I 261). Da kein Subjektwechsel erfolgt, gibt es weder eine Liquidation noch eine Neugründung. Es handelt sich lediglich um eine Veränderung in der Organisation einer bestehenden juristischen Person. An die Stelle der Selbstorganschaft tritt die Drittorganschaft. Die Haftung der ausgeschiedenen unbeschränkt haftenden Gesellschafter beträgt auch hier fünf Jahre (Nachhaftung gem. Art. 591). Danach ist das Grundkapital das einzige Haftungssubstrat. Zur Statutenänderung bedarf es der Zustimmung der einfachen Mehrheit der Aktionäre, falls keine andere (statutarische) Regelung vorliegt.

2. Aktienrechtliche Beendigungsgründe (Abs. 2)

5 Die Auflösung vor dem in den Statuten festgesetzten Termin bedarf zusätzlich der Zustimmung aller unbeschränkt haftenden Gesellschafter. Im Übrigen ist die Beendigung der Kommandit-AG in ähnlicher Weise geregelt wie bei der AG. Der Verweis auf Art. 736 eröffnet die Möglichkeit, unter Ziff. 1 weitere statutarische Gründe, auch personenbezogene, zu vereinbaren. Die Auflösung wird durch einen Beschluss der GV herbeigeführt. Zu diesem Beschluss muss eine Zustimmung aller unbeschränkt haftenden Gesellschafter vorliegen (s.o. Art. 766 N 1, 3; gl.M. REINHARDT, 105).

6 Die personenrechtlichen und aktienrechtlichen Auflösungsgründe führen gem. Art. 736 ff. zu einer *Auflösung* der Gesellschaft *mit nachfolgender Liquidation*.

Note 7 entfällt nach Aufhebung von Art. 770 Abs. 3 durch Anhang Ziff 2. des FusG vom 3.10.2003, mit Wirkung seit 1.7.2004 (SR 221 301).

III. Auflösung einer Kommandit-AG durch Fusion

7a Kapitalgesellschaften – dazu zählt gem. Art. 2 lit. c FusG nebst AG und GmbH auch die Kommandit-AG – können mit anderen Kapitalgesellschaften und mit Genossenschaften fusionieren (Art. 4 Abs. 1 lit. a und b FusG). Dabei handelt es sich um eine *Auflösung ohne Liquidation*. Der Fusionsvertrag muss von der Verwaltung der GV zur Beschlussfassung unterbreitet werden, wobei mind. zwei Drittel der an der GV vertretenen (nicht der abgegebenen) Aktienstimmen und die absolute Mehrheit des von ihnen vertretenen Aktiennennwerts als Mehrheit erforderlich sind (Art. 18 Abs. 1 lit. a FusG; Botschaft zum FusG, BBl 2000, 4406; JERMINI, Stämpflis Handkommentar FusG, Art. 18 N 4; s.a. Art. 130 ff. HRegV). Für den Fall, dass eine Kommandit-AG von einer GmbH übernommen und durch die Fusion eine Leistungspflicht der Gesellschafter eingeführt wird, verlangt Abs. 4 zusätzlich zu diesem Quorum die Zustimmung aller Aktionäre, die von der Einführung der Leistungspflicht betroffen sind. Sieht der Fusionsvertrag nur eine Abfindung vor, so bedarf der Beschluss gar der Zustimmung von mind. 90 Prozent der stimmberechtigten Gesellschafter der übertragenden Gesellschaft. Die Komplementäre der Kommandit-AG bleiben persönlich haftbar für deren Verbindlichkeiten, soweit diese vor Veröffentlichung des Fusionsbeschlusses begründet wurden oder deren Entstehungsgrund vor diesem Zeitpunkt liegt (Art. 26 Abs. 1 FusG; vgl. auch dessen Abs. 2 zu Verjährungsfragen).

IV. Auflösung einer Kommandit-AG durch Umwandlung

Bei der **Umwandlung,** ebenfalls einer *Auflösung ohne Liquidation,* geht grundsätzlich das Vermögen der aufgelösten Gesellschaft durch Universalsukzession auf die neu begründete Gesellschaft über. Die Möglichkeit einer liquidationslosen Umwandlung eines Unternehmens von einer Rechtsform in eine andere ist Grundvoraussetzung für die Flexibilisierung unter den verschiedenen Rechtsformen des Gesellschaftsrechts und entspricht einem verbreiteten Bedürfnis in der Praxis. Erweist es sich im Verlaufe der Zeit, dass eine andere Rechtsform besser geeignet ist als die bei der Gründung gewählte, so soll durch eine Umwandlung die Anpassung an veränderte Verhältnisse und eine optimale rechtliche Strukturierung des Unternehmens erfolgen können (SCHLUSSBERICHT, 65). Art. 53 FusG lässt die Umwandlung allgemein zu, soweit die Strukturen der verschiedenen Rechtsformen miteinander kompatibel sind. Die Umwandlung wird erleichtert, indem bloss eine Änderung der Rechtsform vorgesehen ist, d.h. die Neugründung einer Gesellschaft und die Übertragung der Rechtsverhältnisse entfällt (Botschaft zum FusG, BBl 2000, 4338, 4446). Das FusG muss den Schutz Dritter, namentlich der Gläubiger, sowie den Schutz von Personen mit Minderheitsbeteiligungen sicherstellen, da sich aus einem Wechsel der Rechtsform eine andere Haftungsregelung sowie einschneidende Änderungen der Gesellschafterrechtsstellung ergeben können (KLÄY/TURIN, Der Entwurf zum Fusionsgesetz, REPRAX I/01, 1 ff.). So bewirkt z.B. die Umwandlung einer Kommandit-AG in eine AG eine Änderung der Haftungssituation zulasten der Gesellschaftsgläubiger. Das FusG versucht dies zu entschärfen, indem für bestehende Gesellschaftsschulden die persönliche Haftung der Gesellschafter nach der Umwandlung für eine begrenzte Zeit fortdauert (Art. 68 FusG i.V.m. Art. 26 f. FusG). Zulässig nach Art. 54 Abs. 1 lit. a und b FusG ist für eine Kommandit-AG (gem. Art. 2 lit. c FusG) die Umwandlung in eine Kapitalgesellschaft mit einer anderen Rechtsform, d.h. einer AG oder einer GmbH, sowie in eine Genossenschaft. Wird eine Kommandit-AG folglich durch Umwandlung aufgelöst, so muss ein solcher Umwandlungsbeschluss gem. Art. 64 FusG der GV zur Beschlussfassung unterbreitet werden. Die dazu erforderlichen Mehrheiten werden denn gleich auch von diesem Artikel selbst festgesetzt, und zwar wie folgt: (i) Mind. zwei Drittel der an der GV vertretenen Aktienstimmen und die absolute Mehrheit des von ihnen vertretenen Aktiennennwerts (analog zu Art. 704 Abs. 1); (ii) bei der Umwandlung in eine GmbH die Zustimmung aller betroffenen Aktionäre, sofern eine Nachschusspflicht oder andere persönliche Leistungspflichten eingeführt werden (Einstimmigkeitserfordernis dient dem Minderheitenschutz; s.a. JERMINI, Stämpflis Handkommentar FusG, Art. 64 N 5); und (iii) bei der Umwandlung in eine Genossenschaft die Zustimmung aller Gesellschafter (Art. 64 Abs. 1 lit. a und b FusG). Die Rechtswirksamkeit der Umwandlung entsteht durch den Handelsregistereintrag (Art. 67 FusG, s.a. Art. 136 ff. HRegV).

V. Auflösung einer Kommandit-AG durch Aufspaltung

9 Die Spaltung ermöglicht Kapitalgesellschaften (gem. Art. 30 FusG), ihr Vermögen oder Teile davon *liquidationslos* auf dem Wege der Gesamtrechtsnachfolge (Art. 52 FusG) und unter grundsätzlicher Wahrung der mitgliedschaftlichen Kontinuität (Art. 31 FusG) auf Kapitalgesellschaften oder Genossenschaften zu übertragen (EPPER, Stämpflis Handkommentar FusG, Art. 29 N 1). Bei der Aufspaltung wird das gesamte Vermögen der übertragenden Gesellschaft, der Kommandit-AG, aufgeteilt und auf mind. zwei Gesellschaften übertragen. Die für den Spaltungsbeschluss erforderlichen Mehrheiten richten sich nach Art. 18 Abs. 1, 3, 4 und 6 (s.o. N 7a). Mit der Eintragung der Aufspaltung im Handelsregister gehen alle inventarisierten Vermögenswerte von Gesetzes wegen auf die übernehmenden Gesellschaften über (Art. 52 FusG) und die übertragende Gesellschaft wird im Handelsregister gelöscht (Art. 29 lit. a i.V.m. Art. 51 Abs. 3 FusG; s.a. Art. 133 ff. HRegV). Die persönliche Haftung von Gesellschaftern richtet sich sinngemäss nach Art. 26 FusG (s.o. N 7a und 8).

10 Fusionen, Spaltungen und Umwandlungen sind mit einer erheblichen Verantwortung der mitwirkenden Person verbunden, weshalb denn auch Art. 108 FusG die Voraussetzungen der persönlichen Haftung der beteiligten Personen festlegt (Botschaft zum FusG, BBl 2000, 4490).

Art. 771

E. Kündigung

¹ Dem unbeschränkt haftenden Gesellschafter steht das Recht der Kündigung gleich einem Kollektivgesellschafter zu.

² Macht einer von mehreren unbeschränkt haftenden Gesellschaftern von seinem Kündigungsrechte Gebrauch, so wird die Gesellschaft, sofern die Statuten es nicht anders bestimmen, von den übrigen fortgesetzt.

E. Dénonciation

¹ L'associé indéfiniment responsable a un droit de dénonciation, qui s'exerce de la même manière que celui de l'associé en nom collectif.

² Lorsqu'un des associés indéfiniment responsables fait usage de ce droit, les autres continuent la société, à moins que les statuts n'en disposent autrement.

E. Disdetta

¹ Il socio illimitatamente responsabile può dar disdetta come un socio in nome collettivo.

² Quando uno tra più soci illimitatamente responsabili dia disdetta, la società è continuata dagli altri, salvo disposizione contraria dello statuto.

Literatur

Vgl. die Literaturhinweise bei den Vorbem. zu Art. 764–771.

I. Normzweck

1 Art. 771 bezweckt mit dem Kündigungsrecht des Komplementärs, eine Bindung desselben auf unbeschränkte Dauer zu verhindern.

II. Kündigung wie ein Kollektivgesellschafter (Abs. 1)

Art. 771 Abs. 1 verweist auf die Regelung der Kollektivgesellschaft (Art. 574 Abs. 1), die wiederum auf die einfache Gesellschaft (Art. 546) weiterverweist. Die Kündigung ist zulässig, wenn die Gesellschaft auf unbestimmte Dauer oder auf Lebzeiten des Komplementärs abgeschlossen wurde. Die Kündigungsfrist beträgt, vorbehaltlich anderer statutarischer Regelungen, sechs Monate und ist nur auf das Ende eines Geschäftsjahres zulässig.

Aus dem *Wesen der Kündigung* ergibt sich, dass sie nicht von der Zustimmung der übrigen Komplementäre abhängig gemacht werden darf. Sie ist unabhängig auszuüben.

Folgen der Kündigung sind das Ausscheiden des unbeschränkt haftenden Gesellschafters aus der Verwaltung, eine Statutenänderung und eine Änderung des Handelsregistereintrags. Der ausscheidende Komplementär nimmt automatisch die Position eines Kommanditaktionärs ein. Er haftet somit nicht mehr unbeschränkt für künftige Verbindlichkeiten der Gesellschaft (Art. 767 Abs. 2). Die Nachhaftung bleibt jedoch für weitere fünf Jahre bestehen (Art. 591).

III. Kündigung einzelner Komplementäre (Abs. 2)

Für das Weiterbestehen der Kommandit-AG genügt es, dass ein einziger unbeschränkt haftender Gesellschafter verbleibt. Bei Ausscheiden eines von mehreren unbeschränkt haftenden Gesellschaftern durch Kündigung wird die Gesellschaft nicht aufgelöst, es sei denn die Statuten sehen etwas anderes vor (z.B. gesonderte Vereinbarung nach Art. 736 Ziff. 1). Art. 771 Abs. 2 wiederholt das in Art. 770 Abs. 1 statuierte Prinzip.

Achtundzwanzigster Titel: Die Gesellschaft mit beschränkter Haftung

Erster Abschnitt: Allgemeine Bestimmungen

Art. 772

A. Begriff

¹ Die Gesellschaft mit beschränkter Haftung ist eine personenbezogene Kapitalgesellschaft, an der eine oder mehrere Personen oder Handelsgesellschaften beteiligt sind. Ihr Stammkapital ist in den Statuten festgelegt. Für ihre Verbindlichkeiten haftet nur das Gesellschaftsvermögen.

² Die Gesellschafter sind mindestens mit je einem Stammanteil am Stammkapital beteiligt. Die Statuten können für sie Nachschuss- und Nebenleistungspflichten vorsehen.

A. Définition

¹ La société à responsabilité limitée est une société de capitaux à caractère personnel que forment une ou plusieurs personnes ou sociétés commerciales. Son capital social est fixé dans les statuts. Ses dettes ne sont garanties que par l'actif social.

² Chaque associé détient au moins une part sociale du capital. Les statuts peuvent prévoir l'obligation, pour les associés, d'effectuer des versements supplémentaires ou de fournir des prestations accessoires.

A. Nozione

¹ La società a garanzia limitata è una società di capitali di carattere personale cui partecipano una o più persone o società commerciali. Il capitale sociale è stabilito nello statuto. Per i debiti risponde soltanto il patrimonio sociale.

² Ciascun socio partecipa al capitale sociale con almeno una quota sociale. Lo statuto può obbligare i soci a effettuare versamenti suppletivi o a fornire prestazioni accessorie.

Literatur

BÄR, Die Haftung des Gesellschafters nach schweizerischem GmbH-Recht, in: WIEDEMANN/BÄR/DABIN, Die Haftung des Gesellschafters in der GmbH, 1968; BAUDENBACHER/BANKE, Die GmbH gestern, heute und morgen, SZW 1996, 49 ff.; BAUMBACH/HUECK, GmbH-Gesetz, 17. Aufl. 2000; BORGHI/CORNU, Libre circulation des personnes et exigences de nationalité et de domicile en droit suisse des sociétés, AJP 2007, 947 ff.; BROSSET/SCHMIDT, Guide des sociétés en droit suisse, Bd. III, 1965, 31 ff.; BÜGLER, Der GmbH-Anteil, Diss. Zürich 2004; COTTIER/KRAFFT/LOCHER/VON BÜREN, Sind Nationalitäts- und Wohnsitzerfordernisse für Gesellschaftsorgane mit den völkerrechtlichen Verpflichtungen der Schweiz vereinbar?, Rechtsgutachten z. Hd. des Bundesamtes für Justiz, REPRAX 2004, 1 ff; FANCONI, Die Haftung des Mitgliedes einer GmbH nach schweizerischem und deutschem Recht, Diss. Bern 1939; FORSTMOSER, Das neue Recht der Schweizer GmbH, in: KRAMER/NOBEL/WALDBURGER (Hrsg), Festschrift für Peter Böckli zum 70. Geburtstag, 2006; GAMMA, Die persönlichen Mitgliedschaftsrechte in der Gesellschaft mit beschränkter Haftung, Diss. Bern 1944; HACHENBURG, Grosskommentar zum Gesetz betreffend die Gesellschaft mit beschränkter Haftung, 7. Aufl. 1975/1984, 8. Aufl. (1. Lieferung § 1–14) 1990, (2. Lieferung § 15–28) 1991; HAUSER, Der Mantel bei der AG und GmbH, Diss. Freiburg i.Ue. 1939; HUBER, Die qualifizierte Gründung der GmbH, Diss. Bern 1939; KAUFMANN, Die Haftungsverhältnisse in der schweizerischen GmbH, Diss. Zürich 1940; KLÄY/DUC, Revision des GmbH-Rechts, ST 1999, 651 ff.; KOEHLER, Die GmbH in der Schweiz und Deutschland, Diss. Luzern 2005; LANZ, Form des Vorvertrages zur Gründung einer GmbH, SAG 1967, 185 ff.; Meier-Schatz (Hrsg.), Die GmbH und ihre Reform – Perspektiven aus der Praxis, 2000; LUTTER/HOMMELHOFF, GmbH-Gesetz: Kommentar, 13. Aufl. 1991; MÜLLER, Personengesellschafts- und GmbH-Recht, 2007; OBERHOLZER, Die Einmann-GmbH im europäischen, deutschen, englischen und schweizerischen Recht, Diss. Freiburg 2000; ROTH (Hrsg.), Das System der Kapitalgesellschaften im Umbruch – ein internationaler Vergleich, 1990; SCHOOP, Die Haftung für die Überbewertung von Sacheinlagen bei der Aktiengesellschaft und bei der Gesellschaft mit beschränkter Haftung, Diss. Zürich 1981; SCHWARZENBACH, Die Mitgliedschaft bei der schweizerischen Gesellschaft mit beschränkter Haftung, Diss. Zürich 1949 (SSHW 52); SPÜHLER/VOCK, Gerichtsstandsgesetz (GestG), 2000; SYZ, Die Einzahlungsarten der Bareinlage bei der AG und GmbH, Diss. Zürich 1939; TRÜEB, Die Eigentumsübertragung an vinkulierten Namenaktien und Anteilen der Gesellschaft mit beschränkter Haftung, Diss. Bern 1947; WENGLE, Die Verbreitung der schweizerischen GmbH, Diss. Zürich 1969 (ZBR 309).

I. Vorbemerkungen

1. Geschichte

1 Die GmbH wurde 1892 in *Deutschland* ohne historisches Vorbild (gleichsam am Reissbrett) zur Befriedigung wirtschaftlicher Bedürfnisse geschaffen. Bei der Revision des OR wurde sie 1936 in das schweizerische Recht übernommen. Die gesetzliche Ausgestaltung wurde jedoch in wesentlichen Punkten verändert, weil man den in Deutschland beobachteten Missbräuchen vorbeugen wollte. Nachdem eine eigene Ordnung für Klein-AG fehlte, sollte dem Wirtschaftsverkehr mit der GmbH eine **Rechtsform für kleinere und mittlere Unternehmen** zur Verfügung gestellt werden, in welcher der persönliche Einsatz der Gesellschafter mit dem Vorteil der beschränkten Haftung verbunden werden kann (Botschaft BBl 1928 I 273). Nach den gesetzgeberischen Zielvorstellungen wurde die GmbH als Zwischenform zwischen den rein kapitalistisch und den rein personalistisch organisierten Gesellschaftsformen konzipiert (Botschaft BBl 1928 I 272). Zugleich sollte eine geeignete Rechtsform zur Bildung von *Kartellen* zur Verfügung gestellt werden (StenBull StR 1931, 622 ff.).

2. Das neue Recht der GmbH

1a Seit seiner Übernahme in das schweizerische Recht hat das GmbH-Recht mehr als ein halbes Jahrhundert ohne Änderung überdauert. Die stiefmütterliche Behandlung durch den Gesetzgeber lässt sich auf das relative Schattendasein zurückführen, das die GmbH lange Zeit in der Schweiz fristete (vgl. zur Entwicklung der wirtschaftlichen Bedeutung der GmbH, N 2). Mit dem Inkrafttreten der Teilrevision des Aktienrechts im Jahr 1992 nahm ihre wirtschaftliche Bedeutung allerdings rasant zu. Massgeblich hierfür waren die im Vergleich zur AG geringeren Anforderungen, die das Gesetz an die GmbH stellte, insbesondere das geringere Mindeststammkapital i.H.v. CHF 20 000, das nur zu 50 % zu liberieren war, und die Möglichkeit, auf eine Revisionsstelle zu verzichten.

Eine Reform des GmbH-Rechts war spätestens seit dem Abschluss der Aktienrechtsnovelle überfällig. Dafür gab es im Wesentlichen zwei Gründe. Zum einen war die seit 1936 unveränderte gesetzliche Ordnung den Anforderungen an ein modernes Wirtschaftsorganisationsrecht nicht gewachsen. Zum anderen war bei der Teilrevision des Aktienrechts versäumt worden, eine adäquate Regelung für die personalistisch strukturierte Klein-AG zu schaffen. Die Entscheidung des Gesetzgebers, an der Einheit des Aktienrechts auch für die Zukunft festzuhalten, machte eine Überarbeitung des für KMU konzipierten GmbH-Rechts unabdingbar. Vor allem mussten die gegenüber der AG bestehenden strukturellen Nachteile, die das Recht der GmbH ohne zwingende sachliche Notwendigkeit schwerfällig gestalteten, behoben werden (vgl. dazu BAUDENBACHER/BANKE, 58 ff.).

1. Abschnitt: Allgemeine Bestimmungen   1b Art. 772

Diesem Bedürfnis hat der Gesetzgeber mit der am 1.1.2008 in Kraft getretenen Totalrevision des GmbH-Rechts nunmehr weitgehend Rechnung getragen. In einem über ein Jahrzehnt dauernden Reformprozess hat er notwendige Modifikationen an den bis dato geltenden Regelungen vorgenommen und sachlich nicht gebotene Diskrepanzen zum Aktienrecht abgebaut (so Botschaft GmbH, 3149).

Die Grundzüge des GmbH-Rechts bleiben jedoch erhalten. Vor allem blieben Grobstruktur und Gliederung in fünf Abschnitte unverändert. Letzteres wird die Arbeit mit Literatur und Rechtsprechung zum bisherigen Recht, die zu einem grossen Teil ihre Bedeutung auch nach der Reform behalten werden, erleichtern. Leider hat der Gesetzgeber das für den täglichen Gebrauch des Rechts wichtige Gebot, Änderungen nur bei sachlicher Notwendigkeit vorzunehmen, im Rahmen der Feingliederung vernachlässigt. Allzu oft wurden einzelne Artikel und Absätze ohne zwingenden Grund verschoben, was für Rechtsanwender – insbesondere in den ersten Jahren nach Inkrafttreten des neuen Rechts – einen vermeidbaren Mehraufwand zur Folge haben wird (vgl. MEIER-HAYOZ/FORSTMOSER, § 8 N 19).

Die Hauptziele der Reform des GmbH-Rechts waren, die GmbH konsequent als personenbezogene Kapitalgesellschaft auszugestalten, bestehende Mängel zu beseitigen (vgl. dazu auch BÖCKLI in BÖCKLI/FORSTMOSER, 10 ff.) und die gesetzlichen Regelungen zu aktualisieren (vgl. Botschaft GmbH, 3149). Ein weiteres Anliegen war die Herstellung weitgehender Europakompatibilität (Botschaft GmbH, 3259).   **1b**

Dazu hat der Gesetzgeber im Wesentlichen folgende Änderungen vorgenommen:

- **Gründung:** Zulassung der direkten Gründung einer Einpersonen-Gesellschaft (Art. 775); stärkere Anlehnung der Gründungsformalitäten an das Aktienrecht (Art. 777 ff.);

- **Gesellschaftszweck:** Öffnung der GmbH für nichtwirtschaftliche Zielsetzungen (Art. 772 Abs. 3 altOR entfällt);

- **Stammkapital:** Abschaffung der Begrenzung des Stammkapitals auf CHF 2 Mio.; Pflicht zur vollständigen Liberierung des Stammkapitals bei Gründung (Art. 777c Abs. 1, 793); Einlageleistung wie im Aktienrecht, was einen Gründerbericht und eine Prüfungsbestätigung durch einen Revisor bei Sacheinlagen und -übernahmen bedingt (Art. 777c); Erleichterung der Voraussetzungen für die Erhöhung des Stammkapitals (Art. 781, 808b Abs. 1 Ziff. 5);

- **Stammanteile** (früher Stammeinlage): Besitz mehrerer Stammanteile durch einen Gesellschafter möglich (Art. 772 Abs. 2); Senkung des Mindestnennwerts der Stammanteile von CHF 1 000 auf CHF 100, im Sanierungsfall bis auf CHF 1 (Art. 774); Verbriefung von Stammanteilen nicht nur in Beweisurkunden, sondern auch als Namenpapier zulässig (Art. 784); Erleichterung der Übertragung von Stammanteilen: Schriftform für Abtretungs- und zugrunde liegenden Verpflichtungsvertrag ausreichend (Art. 785 Abs. 1; vgl. aber das Erfordernis des Art. 785 Abs. 2), Absenkung der Mehrheitserfordernisse für dispositiven Zustimmungsbeschluss der Gesellschafterversammlung (Art. 785 Abs. 1, Art. 808b Abs. 1 Ziff. 4), auch eine bisher häufig notwendige Statutenänderung ist nicht mehr erforderlich (vgl. dazu BÖCKLI/FORSTMOSER, 16); Eintragungserfordernis der Stammanteile aller GesellschafterInnen ins Handelsregister (Art. 791 Abs. 1) und Pflicht zur Führung eines Anteilbuchs (Art. 790) bleiben jedoch bestehen; Erleichterung der Mobilität von Stammanteilen bis hin zur vollständigen Devinkulierung neben der Erschwerung neu zulässig (Art. 786 Abs. 1, 2); Ausgabe von Vorzugsstammanteilen (Art. 799) und

Genussscheinen möglich (Art. 774a); grundsätzliche Geltung einer 10%-Grenze für das Halten eigener Stammanteile durch die GmbH (Art. 783);

– **GesellschafterInnen:** Abschaffung der subsidiären persönlichen Haftung v.a. vor dem Hintergrund der Einführung der vollständigen Liberierungspflicht für Stammanteile; besserer Schutz des Bezugsrechts bei Erhöhung des Stammkapitals (Art. 781 Abs. 5 Ziff. 2) und Verbesserung der Auskunfts- und Einsichtsrechte (Art. 802), v.a. im Hinblick auf Minderheitsgesellschafter (Botschaft GmbH 3149; weiterführend dazu BÖCKLI in BÖCKLI/FORSTMOSER, 21 ff.); Kodifikation eines statutarisch einräumbaren Vetorechts der Gesellschafter ggü. bestimmten Beschlüssen der Gesellschafterversammlung (vgl. Art. 807); Anschlussaustritt bis zu 3 Monate nach Ausscheiden eines Gesellschafters möglich (Art. 822a); jährliche Meldeobliegenheit der Namen der Gesellschafter, Stammeinlagen und der darauf erfolgten Leistungen entfällt, aber Pflicht zur Eintragung der Gesellschafter mit Angabe der Anzahl und des Nennwerts ihrer Stammanteile ins Handelsregister (Art. 791);

– **Nachschuss- und Nebenleistungspflichten:** Beschränkung der statutarisch festsetzbaren Nachschusspflichten auf das Doppelte des Nennwerts des mit ihr verbundenen Stammanteils (Art. 795 Abs. 2 Satz 2); Haftung nur für die mit den eigenen Stammanteilen verbundenen Nachschusspflichten (Art. 795 Abs. 3); Erweiterung des Verwendungszweckes der statutarisch festlegbaren Nachschusspflicht (795a Abs. 2); detaillierte Regelung der Nebenleistungspflichten (Art. 796); nachträgliche Einführung von Nachschuss- und Nebenleistungspflichten nur bei Zustimmung aller betroffenen Gesellschafter (Art. 797);

– **Treuepflicht und Konkurrenzverbot:** Treuepflicht für die mit der Geschäftführung befassten Personen und alle Gesellschafter ausdrücklich geregelt (Art. 803 Abs. 1 f; Art. 812 Abs. 2); dispositives Konkurrenzverbot für geschäftsführende Gesellschafter und andere mit der Geschäftsführung befasste Personen (Art. 812 Abs. 3), statutarisch auf übrige Gesellschafter ausdehnbar (Art. 803 Abs. 2); Ausnahmen von Treuepflicht und Konkurrenzverbot (803 Abs. 3 und Art. 812 Abs. 3);

– **Gesellschaftsorgane:** Ausnahmsweise dispositives Erfordernis einer Revisionsstelle rechtsformübergreifend abhängig von Faktoren wie Grösse, Komplexität und der wirtschaftlichen Bedeutung eines Unternehmens geregelt (vgl. Art. 818 i.V.m. Art. 727 ff.; Rücksichtnahme auf Personenbezogenheit der GmbH in Art. 818 Abs. 2); ausdrückliche Festlegung der unübertragbaren Aufgaben der Gesellschaftsorgane: Gesellschafterversammlung (Art. 804 Abs. 2), Geschäftsführung (Art. 810 Abs. 2) und Revisionsstelle (Art. 818 Abs. 1 i.V.m. Art. 728 ff.); veränderte Mehrheitserfordernisse bei Abstimmungen in der Gesellschafterversammlung (Art. 808 Abs. 3, Art. 808b); Gesamtgeschäftsführungsbefugnis **sämtlicher** Geschäftsführer (Art. 809 Abs. 1), im Aussenverhältnis Einzelvertretungsbefugnis (Art. 814 Abs. 1); Abschaffung der Konkursbetreibung der geschäftsführenden Gesellschafter einer GmbH (so Art. 39 Abs. 1 Ziff. 5 altSchKG) und damit Gleichstellung mit AG und Genossenschaft;

– **Firma:** Abschaffung des geographisch eingeschränkten Schutzes für Firmen mit Personennamen und Erweiterung des Schutzbereiches auf die gesamte Schweiz (Art. 951 Abs. 2).

3. Wirtschaftliche Bedeutung

Die GmbH hat sich in den letzten Jahren als die bedeutendste Gesellschaftsform nach der AG etabliert. Diese Entwicklung fand ihren Beginn in der Aktienrechtsnovelle

1992. Zuvor war ihre Akzeptanz, im Gegensatz zu Deutschland, eher gering. So waren Ende 1992 nur 2 964 GmbHs im Handelsregister eingetragen gegenüber 101 462 Ende 2007. Damit nimmt die GmbH heute für KMU die Stellung ein, die ihr der Gesetzgeber schon immer zugedacht hatte (vgl. N 1). Diese Entwicklung wird sich nach dem Inkrafttreten des neuen GmbH-Rechts höchstwahrscheinlich fortsetzen oder sogar noch verstärken. Mit der Totalrevision erhält die GmbH ein modernes Rechtskleid, das sie auch für Joint-Venture Aktivitäten (vgl. dazu KOEHLER, 330 ff.) und Tochtergesellschaften von Konzernen (vgl. dazu FORSTMOSER/PEYER/SCHOTT, N 146) zunehmend interessant macht. Trotz der teilweise etwas gestiegenen Anforderungen im GmbH-Recht (vgl. o. N 1b) spricht nichts für eine erneute Flucht in die AG. Ausserdem ist mit dem neuen FusG gewährleistet, dass bei entsprechender Geschäftsentwicklung eines Unternehmens seine Umwandlung in eine AG relativ einfach möglich ist (vgl. Art. 14 Abs. 2, Art. 15 Abs. 2, Art. 16 Abs. 2 FusG).

Nicht gewählt werden wird die Rechtsform der GmbH auch nach der Reform für die Bildung von Kartellen, nachdem das BGer dafür in einer *contra-legem*-Rechtsprechung die weitaus elastischere und jeder Publizität abholde Rechtsform des *Vereins* (Art. 60 ff. ZGB) eröffnet hat (BGE 90 II 333; anders noch BGE 88 II 209, wo die Praxis vorübergehend geändert worden war).

4. Das neue Revisionsrecht

Die angegebene Note über die Verweisungen auf das Aktienrecht entfällt (vgl. dazu Botschaft GmbH, 3167). 3

Die angegebene Note über die Revision des Rechts der GmbH entfällt (vgl. dazu N 1a f.). 3a

Im Rahmen der Totalrevision des GmbH-Rechts ist auch das Recht der Revision völlig neu gestaltet worden (vgl. Botschaft RAG, 3970 ff; BBl 2004, 4117 ff., BBl 2004, 4139 ff.). Es gelten für das gesamte Körperschaftsrecht nunmehr einheitliche Regelungen, nach denen die Revisionspflicht von Grösse, Komplexität und volkswirtschaftlicher Bedeutung einer Gesellschaft abhängt (Botschaft RAG, 3989). Die rechtsformspezifische Ausgestaltung des Revisionsrechts wurde damit richtigerweise aufgegeben. Gleichzeitig wurde das Bundesgesetz über die Zulassung und Beaufsichtigung der Revisorinnen und Revisoren (Revisionsaufsichtsgesetz, RAG; BBl 2005, 7349 ff.) erlassen. Das RAG sieht die Errichtung einer staatlichen Revisionsaufsichtsbehörde vor. Ausserdem statutiert es ein Zulassungssystem. Es soll insbesondere für Publikumsgesellschaften gewährleisten, dass Dienstleistungen von qualifizierten Fachpersonen erbracht werden, welche strengen Unabhängigkeitskriterien genügen. 3b

Die Totalrevision des Revisionsrechts war ursprünglich ein Teil des gesetzgeberischen Vorhabens, die Rechnungslegung und Revision rechtsformübergreifend zu regeln. Als Reaktion auf die deutlich gestiegenen Anforderungen an die Revision und deren Aufsicht in den USA *(Sarbanes-Oxley-*Act), wurde das Gesetzesvorhaben aufgespalten und die Neuregelung des Revisionsrechts zeitlich vorgezogen. Andernfalls hätten Schweizer Unternehmen, die in den USA tätig sind oder deren Aktien an einer amerikanischen Börse kotiert sind, Sanktionen gedroht. Um den Gesetzgebungsprozess zu beschleunigen, bediente sich der Gesetzgeber des in der neueren Literatur gerne als «Huckepackverfahren» bezeichneten Gesetzgebungsmittels (vgl. dazu v.a. MEIER-HAYOZ/FORSTMOSER, § 10 N 87 ff.) und erweiterte das Vorhaben der Totalrevision des GmbH-Rechts mittels der Zusatzbotschaft RAG um die Totalrevision des Revisionsrechts. Neben dem 3c neu geschaffenen Bundesgesetz über die Zulassung und Beaufsichtigung der Revisorinnen und Revisoren (RAG) sind die neuen Bestimmungen in das Aktienrecht integriert, das auch hier inzwischen als «Allgemeiner Teil des Gesellschaftsrechts» fungiert (vgl. Art. 727 ff.).

Im GmbH-Recht genügt daher eine Verweisung auf die Regelungen des Aktienrechts (Art. 818). Ergänzt wird diese lediglich um die Vorschrift des Art. 818 Abs. 2, die dem personalistischen Charakter der GmbH Rechnung trägt. Mit der Neuordnung wird die Möglichkeit, eine GmbH ohne Revisionspflicht zu betreiben, eingeschränkt. Der ordentlichen Revision unterworfen und damit vollumfänglich revisionspflichtig (sog. ordentliche Revision, Art. 728 ff.) sind alle GmbH die zwei der drei nachfolgenden Kriterien überschreiten (vgl. Art. 727 Abs. 1 Ziff. 2):

– Bilanzsumme von CHF 10 Mio.

– Umsatzerlös von CHF 20 Mio.

– 50 Vollzeitstellen im Jahresdurchschnitt.

Der neu geschaffenen eingeschränkten Revision (Art. 729 ff.) unterliegen grundsätzlich alle Gesellschaften, welche die soeben dargestellte Schwelle nicht überschreiten (Art. 727a). In Gesellschaften mit 10 oder weniger Vollzeitstellen besteht die Möglichkeit eines «opting out» aus der eingeschränkten Revision (Art. 727a Abs. 2). Die Gesellschafter haben dafür einen einstimmigen Beschluss zu fassen, der im Ergebnis die Gesellschaft von jeglicher Prüfung durch unabhängige Dritte freistellt.

3d Das neue Revisionsrecht gilt nach Art. 6c des Schlusstitels vom ersten Geschäftsjahr an, das mit dem Inkrafttreten dieses Gesetzes oder danach beginnt. Die neuen Regelungen sind am 1.1.2008 in Kraft getreten.

3e Die Auswirkungen der Neuordnung der Revision für die Gesellschaftsform der GmbH sind ganz unterschiedlich. Für Gesellschaften mit mehr als 10 Vollzeitstellen im Jahresdurchschnitt stellt die Neuordnung eine deutliche Verschärfung dar, die v.a. im Hinblick auf eine «good governance» (vgl. zu den verschiedenen Zielen der Totalrevision Botschaft RAG, 3970) zu begrüssen ist. Demgegenüber kann die Möglichkeit des opting out aus der «kleinen» Revision zumindest in der Form, in der sie in das Gesetz Eingang gefunden hat, nicht nur positiv beurteilt werden. Es ist zwar durchaus richtig, die betroffenen Unternehmen vor zu grossem Verwaltungs- und Kostenaufwand zu schützen. Dennoch geht die Erleichterung trotz der ergänzend geschaffenen Schutzbestimmungen (vgl. dazu Art. 727 Abs. 2, Art. 727a Abs. 4 Satz 2, Art. 802 Abs. 2) zu weit und lässt insbesondere für Einpersonen-Gesellschaften einen gesetzgeberischen Beitrag zu einer «good governance» (weiterführend Böckli/Forstmoser, 38 f.) nahezu vollumfänglich vermissen.

5. Übergangsbestimmungen des neuen GmbH-Rechts

3f Das revidierte GmbH-Recht ist am 1.1.2008 in Kraft getreten. Zur Konkretisierung der Übergangsregelung verweisen die Schlussbestimmungen auf den Schlusstitel des ZGB (Art. 1 Abs. 1 ÜBest). Nach Art. 1 SchlT ZGB sind die rechtlichen Wirkungen von Tatsachen, die vor dem Inkrafttreten des revidierten Rechts eingetreten sind, nach altem Recht zu beurteilen. Die nach dem Inkrafttreten eingetretetenen Tatsachen unterliegen dem neuen Recht. Soweit nichts anderes geregelt ist, gelten die Bestimmungen des neuen Rechts jedoch auch für bestehende Gesellschaften (Art. 1 Abs. 2 ÜBest). Es gilt eine Übergangsfrist von **zwei Jahren** zur Anpassung (Art. 2 Abs. 1 ÜBest). Die mit dem neuen

1. Abschnitt: Allgemeine Bestimmungen **4, 5 Art. 772**

Recht unvereinbaren Statuten und Regelements gelten bis zur Anpassung bzw. längstens zwei Jahre (Art. 2 Abs. 2 ÜBest). Das Stammkapital ist während der Übergangsfrist vollständig zu liberieren, falls es bisher nur teilweise liberiert sein sollte (Art. 3 Abs. 1 ÜBest; zur Haftung bis zur vollständigen Liberierung vgl. Art. 3 Abs. 2 ÜBest). Hält die GmbH über die neu eingeführte 10% Grenze (Art. 783) hinaus eigene Stammanteile, so sind diese innerhalb der Zweijahresfrist zu veräussern oder mittels Kapitalherabsetzung zu vernichten. Letzteres gilt für auch für die nicht mehr zulässigen Partizipationsscheine, falls diese nicht in Stammanteile umgewandelt werden (Art. 4 Abs. 1 ÜBest). Ausserdem werden qualifizierte statutarische Quoren vorübergehend ausser Kraft gesetzt, damit sie kein Hindernis für die Anpassung an das neue Recht darstellen (Art. 4 Abs. 2, Art. 9 ÜBest). Aus Gründen des Vertrauensschutzes sehen die Übergangsbestimmungen von einer Anpassung von Stimmrechtsprivilegien und Nachschusspflichten, die den neu eingeführten Höchstwerten widersprechen, ab (sog. *grandfather clauses,* vgl. Art. 8 Abs. 1 ÜBest; Art. 6 Abs. 1; zur möglichen Herabsetzung einer Nachschusspflicht vgl. Art. 795c i.V.m. Art. 782). Für die Bestimmungen über die Revisionsstelle vgl. Art. 7 ÜBest.

Im Einzelnen ist auf die Schlussbestimmungen zu verweisen. Vgl. auch MONTAVON, TREX 2006, 221 ff.; MEIER-HAYOZ/FORSTMOSER, § 18 N 150 ff.; NUSSBAUM/SANWALD/SCHEIDEGGER, Einführung N 41 ff.

II. Begriff und Rechtsnatur

Art. 772 enthält die neu gefasste Legaldefinition der GmbH, in der die charakteristischen Merkmale hervorgehoben werden (vgl. dazu Botschaft GmbH, 3169). Diese entsteht durch die konstitutiv wirkende Eintragung in das Handelsregister (Art. 778 Abs. 1, Art. 779 Abs. 1; zur Behandlung fehlender Eintragungsvoraussetzungen und von Gründungsmängeln vgl. Art. 779 Abs. 2–4). 4

Die GmbH ist als Gesellschaft eine Personenvereinigung. Sie ist ein **selbständiges Rechtssubjekt** mit eigener Rechtspersönlichkeit, besteht mithin als von ihren Mitgliedern losgelöste juristische Person und besitzt im Rechtsverkehr Rechts- und Handlungsfähigkeit (Art. 53 ZGB). Die Berechtigung am Gesellschaftsvermögen steht der GmbH, nicht den Gesellschaftern zu. Diese besitzen nur Mitgliedschaftsrechte gegenüber der verselbständigten GmbH. Die GmbH ist partei-, prozess- und betreibungsfähig. Nach bisherigem Recht lag eine GmbH dann vor, wenn sich eine Personenmehrheit zur Erreichung eines rechtlich erlaubten wirtschaftlichen Zwecks (dazu N 37 f.) in dieser Rechtsform zusammenschloss. Das neue Recht lässt auch die Gründung einer **Einpersonen-GmbH** bzw. -AG zu (Art. 775 Abs. 1; Art. 625) und steht damit in Widerspruch zum Charakter der GmbH als Personenvereinigung. Anderseits bestand für diese Regelung ein grosses praktisches Bedürfnis, weil damit das Konstrukt der Strohpersonengründung, bei der fiduziarisch tätige GründerInnen beigezogen wurden, nur um den Formalia zu genügen, überflüssig wird (vgl. dazu Vorauflage, Art. 775 N 2). Ein weiterer Grund für die Neuerung war die weitgehende Harmonisierung mit dem EG-Recht, das seit längerer Zeit die Gründung von GmbH mit nur einem Gesellschafter gestattet (vgl. Zwölfte Richtlinie betr. die Einpersonen-GmbH, RL 89/667 EWG; Art. 775 N 2). Inhaltlich stellt die Neuerung klar, dass auf das Gebilde der Einpersonen-Gesellschaft von Anfang an das Recht der GmbH Anwendung findet. Ebenfalls entfallen ist die obere Begrenzung der Zahl der Gesellschafter durch die Aufhebung des maximal zulässigen Stammkapitals einer GmbH (vgl. Botschaft GmbH, 3155 f.). Darüber hinaus lässt das neue Recht die Verfolgung **nichtwirtschaftlicher Zwecke** zu (vgl. mit zutreffender Begründung Botschaft GmbH, 3171). Als Leitbild dient aber weiterhin eine Gesellschaft, die **wirtschaftliche Ziele** verfolgt. 5

III. Strukturelemente

1. Erlangung der Rechtsfähigkeit

6 Im Stadium vor der wirksamen Entstehung der GmbH mit Eintragung in das Handelsregister sind zwei Phasen zu unterscheiden: Von der Vereinbarung über die Gründung einer GmbH bis zu deren Errichtung durch Annahme der Statuten besteht zwischen den Parteien eine *einfache Gesellschaft* (Art. 530 ff.) in Form einer Gelegenheitsgesellschaft. Der Vertrag über diese **Gründungsgesellschaft** ist grundsätzlich formfrei (vgl. zur AG BGE 102 II 420; Vorbem. Vor Art. 620 N 5; zur Darstellung des Streitstandes KOEHLER, 74 ff.). Enthält er die Verpflichtung zur Gründung einer GmbH, so ist er als Vorvertrag öffentlich zu beurkunden (Art. 22 Abs. 2 i.V.m. Art. 777 Abs. 1; vgl. auch Vor Art. 620 N 5). Ein Formzwang besteht erst recht, wenn ein Gesellschafter eine formbedürftige Einlageverpflichtung übernimmt (Bsp.: Art. 657 Abs. 1 ZGB). Im Zeitraum von der Errichtung der GmbH bis zu ihrer Eintragung in das Handelsregister besteht eine **Vorgesellschaft** (Vor-GmbH), die rechtlich als *atypische einfache Gesellschaft* zu qualifizieren ist. Die Vorgesellschaft ist eine eigenständige Organisationsform, welche einem Sonderrecht untersteht (BGHZ 21, 242; 45, 338; 51, 30; 117, 323: st.Rspr.). Das Recht der GmbH gelangt insoweit zur Anwendung, als es nicht die Handelsregistereintragung voraussetzt. Im Innenverhältnis gilt damit das Recht der GmbH. Im Aussenverhältnis ist entscheidend, dass die Vorgesellschaft nicht rechtsfähig ist. Die Vertretung bestimmt sich deshalb nach Art. 543 Abs. 2 f. (vgl. Vor Art. 620 N 5). Nach Art. 779a Abs. 1 haften die Gesellschafter, soweit sie für die Vorgesellschaft gehandelt haben, unbeschränkt, persönlich und solidarisch. *Handelnder* ist, wie im Aktienrecht, nicht nur wer für die Vorgesellschaft nach aussen auftritt, sondern auch wer tatsächlich den Geschäftsabschluss im Namen der Gesellschaft veranlasst (BGE 76 II 164).

Wird die Eintragung in das Handelsregister von den Gesellschaftern nicht mehr verfolgt, die Gesellschaft jedoch weiter betrieben, so ist diese insgesamt als einfache Gesellschaft oder einzelfallabhängig als Kollektivgesellschaft zu behandeln.

2. Körperschaft

7 Die GmbH ist eine Körperschaft (anstelle aller WOHLMANN, 11; MEIER-HAYOZ/FORSTMOSER, § 18 N 29). Sie ist von ihrem jeweiligen Mitgliederbestand unabhängig; ein Gesellschafterwechsel ist möglich, wenn auch unter erschwerten Voraussetzungen (Art. 786, 808b Abs. 1 Ziff. 4). Bisher war es nur möglich, die Abtretbarkeit statutarisch weiter zu erschweren. Jetzt können die Anforderungen auch bis zur vollständigen Devinkulierung abgesenkt werden (vgl. insb. Art. 786 Abs. 2 Ziff. 1–3). Die GmbH weist gesetzlich zwingend eine bestimmte **Organisationsstruktur** auf: Gesellschafterversammlung (Art. 808), Geschäftsführungsorgan (Art. 811 f.; zur probl. Frage der Haftung nach dem neuen Art. 811 Abs. 2 vgl. FORSTMOSER, 559 ff.), ausnahmsweise nur dispositive Revisionsstelle (vgl. Art. 818 Abs. 1 m.V. auf Art. 727 ff.; vgl. zur Möglichkeit des opting out, Art. 727a Abs. 2). Sie handelt notwendig durch ihre Organe, die einen Teil der juristischen Person bilden. Die Organe verfügen über einen selbständigen und konkreten Verantwortungsbereich. Ihre unentziehbaren Aufgaben sind nach der Totalrevision ausdrücklich im Gesetz festgelegt (vgl. Art. 804 Abs. 2 für die Gesellschafterversammlung; Art. 810 Abs. 2 für die Geschäftsführung und Art. 818 Abs. 1 i.V.m. Art. 728a ff. für die Revisionsstelle). Ein Eingriff in diese Kompetenzregelung, welcher der personenbezogenen Struktur der GmbH Rechnung trägt, erfolgt durch die Regelung des Art. 811 Abs. 1 Ziff. 1 f. Die Statuten einer GmbH können danach vorsehen, dass geschäftsführende Entscheide von grundsätzlicher Tragweite der Genehmigung der Gesellschafterversammlung

1. Abschnitt: Allgemeine Bestimmungen   **8, 9 Art. 772**

vorbehalten sind. Die GmbH wird sowohl durch rechtsgeschäftliche als auch durch deliktische Organhandlungen verpflichtet. Sie kann auch eine Verletzung der EMRK geltend machen (Europ. Menschenrechtskommission, VPB 1994, 773). Ein wesentlicher Aspekt der körperschaftlichen Struktur ist die Festsetzung der zwischen den Gründern getroffenen Vereinbarungen in den öffentlich zugänglichen **Statuten** (Art. 776 f., Art. 778, 929 Abs. 1, Art. 930 Abs. 1 i.V.m. Art. 71 HRegV). Die Statuten sind abstrakt, werden vom Mitgliederwechsel nicht berührt und entfalten Rechtswirkungen gegenüber Dritten. Solange die Gründer unter sich sind und gesellschaftsinterne Probleme in Frage stehen, hat die **Auslegung** der Statuten nach vertragsrechtlichen Grundsätzen, d.h. nach dem Vertrauensprinzip, zu erfolgen (zu weitgehend die Rechtsprechung des BGer, welche im Innenverhältnis generell die Analogie zum Schuldvertragsrecht ziehen will; BGE 87 II 95 m.w.Nw.). Sind Dritte oder nach der Gründung beigetretene Gesellschafter betroffen, so gelten ähnliche Regeln wie bei der Gesetzesinterpretation (BGE 107 II 186; FORSTMOSER/MEIER-HAYOZ/NOBEL, § 7 N 33 ff.).

Der körperschaftliche Charakter der GmbH erfährt im Blick auf die gesetzliche Ausgestaltung der Geschäftsführungs- und Vertretungsordnung (Art. 809, 814) eine Einschränkung. Grundsätzlich üben alle Gesellschafter die Geschäftsführung aus und sind einzeln zur Vertretung berechtigt und verpflichtet (Art. 809 Abs. 1: Gesamtgeschäftsführungsbefugnis; Art. 814 Abs. 1: Einzelvertretungsbefugnis der Geschäftsführer), was dem Grundsatz der **Selbstorganschaft** bei Personengesellschaften entspricht. Indes können diese Aufgaben auch Dritten übertragen werden (Art. 809 Abs. 1 Satz 2), sodass insoweit von *beschränkter Selbstorganschaft* zu sprechen ist. Diese steht im Gegensatz zu dem der körperschaftlichen Struktur eigenen Prinzip der Drittorganschaft, ändert aber nichts am körperschaftlichen Charakter der GmbH.   **8**

3. Kapitalistische und personalistische Elemente

Die GmbH weist sowohl kapitalistische als auch personalistische Strukturmerkmale auf.   **9**
Sie ist vom Gesetzgeber als **Mischform zwischen AG und Kollektivgesellschaft** konzipiert worden (StenBull StR 1931, 619, 620). Das ist mit der Totalrevision noch akzentuiert worden (Botschaft GmbH 3149, 3154). Bereits in der Legaldefinition wird der Charakter der GmbH als Mischform oder, wie der neue Wortlaut des Art. 772 es formuliert, als personenbezogene Kapitalgesellschaft betont. Die **kapitalistische Ausrichtung** manifestiert sich in folgenden Kriterien:

– Das feste Stammkapital setzt sich aus bestimmten Stammanteilen zusammen (Art. 772 Abs. 1 Satz 2, Abs. 2, Art. 776 Abs. 1 Ziff. 3);
– Die Gesellschafterstellung ist grundsätzlich kapitalbezogen ausgestaltet (vgl. z.B. die dispositiven Art. 798 Abs. 3, Art. 826 Abs. 1, Art. 806);
– Die Gesellschaftsbeteiligung ist (allerdings nur unter bestimmten Voraussetzungen) übertragbar (vgl. den dispositiven Art. 786);
– Der Tod eines Gesellschafters stellt keinen Auflösungsgrund dar;
– Die Verfolgung wirtschaftlicher Zwecke wird vom Gesetzgeber als Regelfall vorausgesetzt (vgl. Botschaft GmbH, 3171; MEIER-HAYOZ/FORSTMOSER, § 18 N 26).

Personalistische Elemente in der GmbH sind:
– die Möglichkeit, Nebenleistungs- und Nachschusspflichten zu statuieren (Art. 772 Abs. 2 Satz 2; Art. 795 ff.; N 34 ff.);

- die Pflicht zur Eintragung der Namen aller Gesellschafter in das Handelsregister (Art. 791);
- die Selbstorganschaft (vgl. Art. 809, 814 N 8; zum dispositiven Charakter der Selbstorganschaft vgl. Art. 809 Abs. 1 Satz 2);
- die Treuepflicht und das allfällige Konkurrenzverbot der Gesellschafter (Art. 803 Abs. 2);
- die nach den gesetzgeberischen Vorgaben grds. erschwerte Übertragbarkeit der Mitgliedschaft (vgl. den dispositiven Art. 786 N 7);
- die Auflösungsmöglichkeit aus persönlichen Gründen (Art. 821 Ziff. 4, Abs. 3);
- die Möglichkeit des Austritts und des Ausschlusses von Gesellschaftern gegen Entschädigung zum wirklichen Wert (Art. 822, 823);
- das Recht der Gesellschafter auf jederzeitige Auskunft über die Angelegenheiten der GmbH (Art. 802 Abs. 1);
- ein den GesellschafterInnen statutarisch einräumbares Vetorecht ggü. bestimmten Beschlüssen der Gesellschafterversammlung (Art. 807, 776a Ziff. 6).

10 Vergleicht man die Konzeption des neuen Rechts mit der bisherigen Regelung, so lässt sich eine etwas stärkere Gewichtung der kapitalbezogenen Elemente feststellen (so auch MEYER-HAYOZ/FORSTMOSER § 18 N 28). Diese manifestiert sich insbesondere in der Angleichung der Haftungsverfassung an das Recht der AG. Dennoch hat der Gesetzgeber den personalistischen Charakter keineswegs in den Hintergrund gedrängt. Die personalistischen Züge der GmbH wurden vielmehr betont (N 9). Bei der konkreten Ausgestaltung der Gesellschaftsstruktur besteht in Anbetracht des dispositiven Charakters vieler Normen eine relativ weitreichende *Freiheit der Gesellschafter,* so dass je nach Interessenlage die Ausrichtung mehr kapitalistisch oder mehr personalistisch sein kann. Vgl. zu den Unterschieden zu AG und Kollektivgesellschaft im Einzelnen BK-JANGGEN/BECKER, N 7 f.

4. Handelsgesellschaft

11 Die GmbH ist eine Handelsgesellschaft und untersteht den spezifischen Vorschriften über Kaufleute (Art. 39 Abs. 1 Ziff. 9 SchKG). Die Unterstellung der geschäftsführenden Gesellschafter unter die Konkursbetreibung wurde mit der Revision des GmbH-Rechts abgeschafft und an das für die AG und Genossenschaft geltende Recht angepasst (vgl. Botschaft GmbH, 3245).

IV. GmbH-Mantel

12 Vergleichbare Probleme wie im Aktienrecht (vgl. Art. 620 N 8 f.) ergeben sich bei der rechtlichen Behandlung von Veräusserungsgeschäften über GmbH-Mäntel. Darunter ist das rein formale Gebilde einer wirtschaftlich bereits liquidierten (WOHLMANN, 27, spricht von fehlender wirtschaftlicher Existenz), rechtlich aber noch nicht aufgelösten GmbH (BGE 64 II 362; 67 I 36 zur AG) zu verstehen. Rechtsgeschäfte über GmbH-Mäntel sind entsprechend der aktienrechtlichen Rechtsprechung nichtig (Art. 620 N 8). Eine lediglich formal-rechtlich existierende GmbH ist im Handelsregister von Amts wegen zu löschen (Art. 83, 155 HRegV; vgl. im Einzelnen Art. 620 N 8 f.). Die praktische Relevanz von Rechtsgeschäften über GmbH-Mäntel war bisher angesichts der Haf-

tung nach Art. 801 f. altOR eher *gering* (HANDSCHIN/TRUNIGER, § 4 N 11 ff.; WOHLMANN, 27). Sie könnte mit der veränderten Haftungsverfassung der GmbH an Bedeutung gewinnen.

V. Gesellschafter

1. Gesetzliche Anforderungen

Gesellschafter einer GmbH können **natürliche** und **juristische Personen** sowie **Handelsgesellschaften** (Art. 552, 594) sein. Gleiches gilt für Handlungsunfähige. Voraussetzung dazu ist die Mitwirkung des gesetzlichen Vertreters. Ist für den Handlungsunfähigen ein Beistand ernannt, so bedarf es zusätzlich der Zustimmung der Vormundschaftsbehörde (Art. 421 Ziff. 7 ZGB) und der Aufsichtsbehörde (Art. 422 Ziff. 3 ZGB). Steht der Handlungsunfähige unter Beiratschaft, so sind sowohl das Bestehen eines Mitwirkungserfordernisses des Beirats als auch das eines Zustimmungserfordernisses der Aufsichtsbehörde umstritten (vgl. BK-JANGGEN/BECKER, N 11; ZK-VON STEIGER, N 4; ZK-EGGER, Art. 395 ZGB N 49 ff.). Nach richtiger Ansicht ist zu differenzieren: Handelt es sich um eine Mitwirkungsbeiratschaft (Art. 395 Abs. 1 ZGB), so bedarf der Beitritt zu einer GmbH der Mitwirkung des Beirats, nicht aber der Zustimmung der Aufsichtsbehörde gemäss Art. 421 f. ZGB. Liegt hingegen eine Verwaltungsbeiratschaft (Art. 395 Abs. 2 ZGB) vor, so ist neben der Mitwirkung des Beirats auch die Zustimmung der Aufsichtsbehörde gem. Art. 421, 422 Ziff. 3 ZGB erforderlich. Vgl. zur Kollektivgesellschaft Art. 552 N 7 f. 13

Ehegatten können sowohl untereinander als auch mit Dritten eine GmbH gründen. 14

Nationalität und **Domizil** der Gesellschafter sind für den Erwerb der Gesellschafterstellung unbeachtlich. Zu beachten ist allerdings Art. 814 Abs. 3. Danach muss mindestens eine zur Vertretung der GmbH berechtigte Person ihren Wohnsitz in der Schweiz haben (vgl. zur Rechtsfolge bei Nichtbeachtung Art. 819, 731b). Im Unterschied zu Art. 813 altOR muss die Person jedoch nicht mehr zwingend Geschäftsführer sein. Es genügt, wenn sie Direktor der Gesellschaft ist. Ist keine in der Schweiz wohnhafte Person einzelzeichnungsberechtigt, so kann das Wohnsitzerfordernis auch durch das Zusammenwirken mehrerer Personen erfüllt werden (Botschaft GmbH, 3216). 15

Art. 814 Abs. 3 stellt eine indirekte Diskriminierung von Ausländern dar, welche die entsprechende Anforderung weniger leicht erfüllen können als Schweizer. Die Vorschrift steht unter dem Gesichtspunkt der Europakompatibilität des Gesellschaftsrechts in einem Spannungsverhältnis zu den Grundfreiheiten der Freizügigkeit der Arbeitnehmer und der Niederlassungsfreiheit (so Botschaft GmbH, 3259; vgl. zu Nationalitäts- und Wohnsitzerfordernissen im schweizerischen Gesellschaftsrecht auch: BORGHI/CORNU, 947 ff.; COTTIER/KRAFFT/LOCHER/VON BÜREN, 57 ff.).

Stammanteile an einer GmbH können von **Gesamthandsgemeinschaften,** wie der einfachen Gesellschaft oder der Erbengemeinschaft, gehalten werden (Art. 792; Botschaft GmbH, 3193; vgl. zum Erwerb durch eine Erbengemeinschaft Art. 788 Abs. 1). Damit sollte auch die Teilnahme an der Gründung der GmbH zulässig sein. Den organisatorischen Schwierigkeiten bei der Gründung kommt keine grössere Bedeutung zu als bei Fortsetzung einer GmbH (BGHZ 78, 311; BAUMBACH/HUECK, § 1 N 35). Beteiligt sich eine Gesamthandsgemeinschaft an der Gründung einer GmbH, so erwerben die Gemeinschafter die mit der Gesellschafterstellung verbundenen Rechte und Pflichten zur gesamten Hand und haften als Gesamthänder unbeschränkt (vgl. zur Haftung BGH NJW 1962, 54). 16

17 Unabhängig vom rechtsgeschäftlichen Auftreten unter einer Firma können sowohl juristische Personen des Privatrechts als auch solche des **öffentlichen Rechts** Gesellschafter einer GmbH sein.

2. Statutarische Anforderungen

18 Unabhängig von der gesetzlichen Ausgestaltung können in den Statuten besondere Anforderungen an die Gesellschafter gestellt werden, sodass sich der Kreis potentieller Mitglieder verengt (Art. 776a; NUSSBAUM/SANWALD/SCHEIDEGGER, Einführung N 19; BK-JANGGEN/BECKER, N 13). Eine entsprechende statutarische Anordnung hat zwingendes Gesellschaftsrecht zu beachten.

VI. Eigene Firma

19 Die Firma der GmbH ist der Handelsname, unter dem sie im Verkehr auftritt. Sie dient der Individualisierung der Gesellschaft im Rechtsverkehr. Die GmbH kann ihre Firma unter Beachtung der allgemeinen Grundsätze über die Firmenbildung (Art. 944, 951 Abs. 2: Firmenwahrheit, -klarheit und -ausschliesslichkeit) **frei wählen.** Nach zwingender gesetzlicher Anordnung ist der Firma die Bezeichnung als Gesellschaft mit beschränkter Haftung beizufügen (Art. 950). Möglich ist die Bildung einer Personen-, Sach- oder Phantasiefirma. Unerheblich ist, ob dies in ausgeschriebener oder abgekürzter Form geschieht. Der Firmenschutz erstreckt sich nach dem neuen GmbH-Recht immer auf die gesamte Schweiz (Art. 951 Abs. 2: umfassende Geltung des Rechts der Ausschliesslichkeit; für bereits vor Inkraftsetzung der GmbH-Revision eingetragene Firmen, vgl. Art. 11 ÜBest), während nach bisherigem Recht eine geographische Einschränkung des Schutzes bestand, wenn die Firma einen Personennamen enthielt. Damit wurden nicht nachvollziehbare Diskrepanzen zwischen dem Recht der AG und der GmbH beseitigt (vgl. Botschaft GmbH, 3241 f.).

VII. Stammkapital und Stammanteil

1. Stammkapital als Mindesthaftungsbasis

20 Im konstitutiven Erfordernis eines zum Voraus bestimmten Stammkapitals manifestiert sich die kapitalistische Struktur der GmbH. Das Stammkapital ist der statutarisch (Art. 772 Abs. 1 Satz 2, Art. 776 Ziff. 3) festgelegte Haftungsbetrag, zu dessen Einbringung in das GmbH-Vermögen sich die Gesellschafter in ihrer Gesamtheit durch Übernahme von einem oder neu auch **mehreren** Stammanteilen mindestens verpflichten. Es stellt die in schweizerischer Währung auszudrückende Summe (Art. 773) der **Nennwerte aller Stammanteile** dar. Das Stammkapital ist eine rechnerische Sollgrösse, in deren Höhe Vermögenswerte dauernd an die GmbH gebunden sein sollen. In der Bilanz ist das Stammkapital auf der Passivseite einzustellen.

21 Es gilt der Grundsatz des **festen Stammkapitals.** Eine *Erhöhung* oder *Herabsetzung* kann nur durch eine die Voraussetzungen der Art. 781 bzw. Art. 782 beachtende Vorgehensweise erfolgen, die durch ausdrücklichen Verweis weitestgehend derjenigen im Aktienrecht entspricht (Art. 781 Abs. 5 m.V. auf Art. 650, 652, 652b, 652d–h; Art. 782 Abs. 4 m.V. auf Art. 732–735). Die Höhe des Stammkapitals wird kundgetan durch die statutarische Festlegung (Art. 772 Abs. 1 Satz 2, Art. 776 Ziff. 3), den Handelsregistereintrag (Art. 781 Ziff. 5) und die Publikation im SHAB (Art. 931).

Das Stammkapital ist die Konsequenz aus der Haftungsfreistellung, die sich durch die **22**
Verwendung der Rechtsform der GmbH zugunsten der Gesellschafter erreichen lässt.
Es bezeichnet die Mindesthaftungsbasis gegenüber den Gesellschaftsgläubigern und
dient diesen als Garantiesumme. Vor der Revision markierte es die **Haftungsobergrenze** für die Gesellschafter im Rahmen ihrer subsidiären Haftung für nicht liberierte
Kapitalanteile (vgl. N 28–33). Diese Funktion ist mit der nach neuem Recht bestehenden Pflicht der Gesellschafter zur **vollständigen** Liberierung der Stammanteile entfallen
(Art. 777 Abs. 2, Art. 777c; vgl. aber Art. 3 Abs. 2 ÜBest).

Damit das Stammkapital die ihm zukommende Funktion als Haftungsbasis gegenüber **23**
Dritten erfüllen kann, enthält das GmbH-Recht Regelungen zu seiner effektiven **Aufbringung** und **Erhaltung**. Sichergestellt wird das auf gleiche Weise wie in der AG.
Deshalb verweisen die Schutzvorschriften in grossem Umfang auf die entsprechenden
Regelungen des Aktienrechts. Als derartige Schutzvorschriften kommen in Betracht:

- Art. 777c Abs. 1: Pflicht zur vollständigen Liberierung der Stammanteile;
- Art. 777b Abs. 2 Ziff. 4: Durchsetzung der Liberierungspflicht durch Bestätigung der Urkundsperson über die Hinterlegung von Einlagen in Geld;
- Art. 777c Abs. 2: Publizitätspflichten bei qualifizierten Gründungen und der Gewährung besonderer Vorteile (m.V. auf Art. 628, 641, 633 ff.);
- Art. 777c Abs. 2: Gründerbericht und Prüfungsbestätigung bei qualifizierten Gründungen und der Einräumung besonderer Vorteile (m.V. auf Art. 635 f.);
- Art. 777c: Erlass- und Stundungsverbot für die Liberierungspflicht bei Gründung;
- Art. 781: besonderes Verfahren bei Herabsetzung des Stammkapitals (m.V. auf Art. 650, 652, 652b, 652d-h);
- Art. 783: Einschränkung des Erwerbs eigener Anteile;
- Art. 795c: Herabsetzung der Nachschusspflicht nur bei vollständiger Deckung des Stammkapitals;
- Art. 798: Gewinnausschüttung beschränkt auf den Bilanzgewinn;
- Art. 800 Abs. 1: Rückzahlung ungerechtfertigterweise bezogener Gewinne (m.V. auf Art. 678 f.);
- Art. 820: Anzeigepflicht bei Kapitalverlust und Überschuldung (m.V. auf Art. 725 f.).

Die grundsätzlich angestrebte Harmonisierung des GmbH-Rechts mit dem Recht der
AG findet ihre Grenzen dort, wo dem personalistischen Charakter der GmbH Rechnung
getragen wird. Das äussert sich beispielsweise in folgendem:

- Art. 781 Abs. 3 Satz 2: Ausschluss eines öffentlichen Angebots zur Zeichnung der Stammanteile;
- Art. 781 Abs. 4: Ausschluss genehmigter und bedingter Kapitalerhöhung;
- Art. 782 Abs. 3: Vollständige Erfüllung der Nachschusspflicht vor Herabsetzung des Stammkapitals;
- Art. 795c: Herabsetzung der statutarischen Nachschusspflichten nur bei vollständiger Deckung des Stammkapitals und der gesetzlichen Reserven.

Vor der Revision wurden die Regelungen zur Kapitalaufbringung und -erhaltung durch
die subsidiäre persönliche Haftung der Gesellschafter (Art. 772 Abs. 2 Satz 2, Art. 802

Abs. 1 altOR; N 28 f.) ergänzt. Nach dem neuen GmbH-Recht müssen die Stammanteile schon bei der Gründung voll liberiert sein (vgl. Art. 777 Abs. 2 Ziff. 2 f.) und die für Gesellschafter häufig nicht kalkulierbare, persönliche Haftung wurde aus dem Gesetz gestrichen. Damit wurde nicht nur die Funktion des **Stammkapitals als Haftungsbasis** gestärkt. Es war überdies möglich, die Regelungen über den Schutz des Stammkapitals, die Kapitalerhöhung sowie -herabsetzung zu vereinfachen und weitgehend den entsprechenden Vorschriften der AG anzugleichen.

24   Das Stammkapital und das reale Gesellschaftsvermögen sind klar zu trennen. Das Gesellschaftsvermögen stellt die tatsächliche Lage der GmbH dar und unterliegt Schwankungen. Die Höhe des Stammkapitals lässt keine Rückschlüsse auf das real vorhandene Vermögen der GmbH zu.

2. Stammanteil als Teilsumme des Stammkapitals (Art. 772 Abs. 2 Satz 1)

25   Der Stammanteil (der terminus «Stammeinlage» wurde mit der Revision durch den Begriff «Stammanteil» ersetzt; vgl. zur Terminologie des GmbH-Recht im Allgemeinen: MEYER-HAYOZ/FORSTMOSER, § 18 N 17 ff.) ist eine im Voraus zu bestimmende und kundzugebende Teilsumme des Stammkapitals. Die Summe sämtlicher Nennwerte ergibt das Stammkapital. Der Stammanteil ist eine rechnerische Grösse, in deren Höhe der Gesellschafter mindestens Vermögenswerte in das Vermögen der GmbH einzubringen hat. Für Sacheinlagen und -übernahmen gilt durch ausdrückliche Verweisung das Recht der Aktiengesellschaft, das zum Schutz vor Schwindelgründungen einen Gründerbericht und eine Prüfungsbestätigung verlangt (Art. 777c Abs. 2 i.V.m. Art. 635 f.). Da inzwischen jeder Gesellschafter mehrere Stammanteile halten kann (Art. 772 Abs. 2), ist neben der Höhe des Stammkapitals und dem Nennwert der Stammanteile ihre Anzahl in den Statuten anzugeben (Art. 776 Ziff. 3). Die Pflicht, jährlich eine Liste der Gesellschafter zuhanden des Handelsregisters zu erstellen, die öffentlich eingesehen werden kann, (so Art. 790 Abs. 2 altOR) wurde mit der Totalrevision aus dem Gesetz gestrichen (zur Begründung Botschaft GmbH, 3162). Es besteht aber weiterhin die Verpflichtung zur Eintragung der Gesellschafter ins Handelsregister mit Angabe von Anzahl und Nennwert ihrer Stammanteile (Art. 791). Überdies ist ein Anteilsbuch zu führen (Art. 790).

25a Nach neuem Recht kann jeder Gesellschafter **mehrere** Stammanteile mit unterschiedlichem Nennwert besitzen. Das war nach der bisherigen Regelung ausgeschlossen (vgl. Art. 774 Abs. 2 Satz 1 altOR). Der Gesetzgeber hat auch damit die Übertragung von Stammanteilen (Art. 785 ff.) erfreulicherweise erleichtert (vgl. zu weiteren Erleichterungen N 1b), da die Neuerung eine Änderung der Statuten bei der Abtretung von Stammanteilen entbehrlich macht. Eine solche war bisher bei jeder Änderung der Beteiligungsverhältnisse, abgesehen von der Veräusserung eines gesamten Stammanteils an einen bisher nicht Beteiligten, aufgrund der Regelung des Art. 774 Abs. 2 altOR erforderlich. Für Publikumsgesellschaften steht die GmbH trotz der vereinfachten Übertragung von Stammanteilen allerdings auch zukünftig nicht zur Verfügung (vgl. dazu bspw. Art. 781 Abs. 1, Abs. 3, Art. 785 Abs. 2 und Art. 791 Abs. 1).

26   Im gesellschaftlichen Innenverhältnis bestimmt sich der Gesellschaftsanteil des Gesellschafters und damit seine **mitgliedschaftsrechtliche Stellung** nach dem Nennwert der Stammanteile (Art. 789). Die Höhe des Nennwerts der Stammanteile ist grundsätzlich massgeblich für die Vermögensrechte und -pflichten (mögliche Ausnahmen: Hinzurechnung von geleisteten Nachschüssen bei der Ausrichtung von Dividenden, Art. 798 Abs. 3, bei der Verteilung des Liquidationserlöses, Art. 826 Abs. 1 Satz 1 f.) sowie für das Stimmrecht (Art. 806 Abs. 1) und bei einem Anschlussaustritt (Art. 822 Abs. 2).

1. Abschnitt: Allgemeine Bestimmungen 27–29a **Art. 772**

Die Beteiligung an einer GmbH kann in einer Beweisurkunde oder in einem echten **Namenpapier** (Rektapapier, vgl. dazu Art. 974 ff.) verbrieft werden (Art. 784 Abs. 1), wobei letzteres eine Neuerung darstellt. Der Gesetzgeber hat den zu Art. 789 Abs. 3 altOR bestehenden Streit damit zugunsten der Lehrmeinung entschieden, die eine solche wertpapiermässige Ausgestaltung bereits nach altem Recht zulassen wollte (vgl. zum Streitstand, Voraufl. Art. 772 N 27). Das Verbot der Verbriefung in einem Inhaber- bzw. Ordrepapier gilt jedoch weiterhin. Eine Kapitalmarktfähigkeit der Anteile ist aufgrund der Personenbezogenheit der GmbH ausgeschlossen (vgl. Botschaft GmbH, 3184). Dementsprechend ist auch ein öffentliches Angebot zur Zeichnung der Stammanteile nicht zulässig (Art. 781 Abs. 3). Die Übertragung des Gesellschaftsanteils vollzieht sich durch schriftlichen Vertrag und Eintragung ins Handelsregister (Art. 785 Abs. 1, Art. 791 Abs. 1). In den Abtretungsvertrag sind neben den *essentialia registri* bestimmte statutarische Pflichten zum Schutz der ErwerberInnen aufzunehmen (Art. 785 Abs. 2, Art. 791 Abs. 2; vgl. dazu BGE 64 I 287, 289 ff.). Die Übertragung bedarf, sofern statutarisch nichts anderes geregelt ist, der Zustimmung der Gesellschafterversammlung. Ausreichend ist nach der neuen, dispositiven Regelung die Zustimmung der absoluten Mehrheit des Stammkapitals und zwei Drittel der vertretenen Stimmen (Art. 808b Abs. 1 Ziff. 4). **27**

Partizipationsscheine sind nach neuem GmbH-Recht nicht zulässig. Der Gesetzgeber begründet das mit dem personalistischen Element der fehlenden Kapitalmarktfähigkeit der GmbH, zu der die Aufnahme nicht stimmberechtigten Eigenkapitals im Widerspruch stände (vgl. die ausführliche Begründung in der Botschaft GmbH, 3249). Demgegenüber sind Genussscheine, die in aller Regel als Sanierungsmittel dienen, gestattet (vgl. Art. 774a). **27a**

VIII. Haftungsverfassung

1. Bisherige Haftungsverfassung

Die angegebene Ziffer über den Grundsatz der Haftungsverfassung entfällt. **28**

Für die Schulden der GmbH haftete nach bisherigem Recht primär das Gesellschaftsvermögen. Daneben hatte jeder Gesellschafter über die Leistung der Stammeinlage hinaus subsidiär, persönlich und solidarisch für Gesellschaftsschulden bis zur Höhe des nicht voll einbezahlten Stammkapitals einzustehen (vgl. Art. 772 Abs. 2, Art. 802 altOR). **28a**

2. Neue Haftungsverfassung

Die angegebene Ziffer über die Voraussetzungen der Gesellschafterhaftung entfällt. **29**

Nach der neuen Gesetzeslage haftet für die Schulden der GmbH **nur das Gesellschaftsvermögen** (Art. 772 Abs. 1 Satz 3, Art. 794). Die subsidiäre, persönliche und solidarische Haftung der Gesellschafter mit ihren oft unkalkulierbaren Risiken v.a. für Minderheitsgesellschafter entfällt. Im Gegenzug sind die Gesellschafter nach dem neuen GmbH-Recht verpflichtet, ihre Stammanteile vollständig zu liberieren (Art. 777c Abs. 1, Art. 793). Der Gläubigerschutz wird durch die Vorschriften zur Aufbringung und dem Erhalt des Stammkapitals als Haftungsbasis ergänzt (vgl. N 23) und damit im Vergleich zum bisherigen Recht verstärkt. Die Haftungsverfassung entspricht damit den Verhältnissen in der AG, was v.a. aufgrund des Wegfalls des unausgegorenen personalistischen Elements in der bisherigen Haftungsverfassung begrüssenswert ist. **29a**

Das Risiko der persönlichen Haftung eines Gesellschafters beschränkt sich damit auf die aus dem Aktienrecht bekannten Fälle (vgl. zur Haftung der Gesellschafter einer GmbH auch HANDSCHIN/TRUNINGER, § 25). Das sind namentlich:

– Verantwortlichkeit für Pflichtverletzungen als Gesellschaftsorgan (formell und faktisch);

– Haftung aus Treu und Glauben, bspw. im Wege des Durchgriffs.

30–33 Die angegebenen Noten über den Umfang und die Modalitäten der Gesellschafterhaftung entfallen.

IX. Nachschuss- und Nebenleistungspflichten der Gesellschafter (Abs. 2 Satz 2)

34 Die Statuten können über die Liberierung der Stammanteile hinausgehende Leistungspflichten der Gesellschafter gegenüber der GmbH vorsehen (auch Art. 772 Abs. 2; bedingt notwendiger Statuteninhalt). Ausdrücklich genannt werden in Art. 772 Abs. 2 die allfälligen Nachschuss- (Art. 795 ff.) und Nebenleistungspflichten (Art. 796 f.). Statutarisch kann daneben ein Konkurrenzverbot festgelegt werden (vgl. Art. 803 Abs. 2, Art. 776a Abs. 1 Ziff. 3), das über die bereits gesetzlich angeordnete Loyalitätspflicht der Gesellschafter hinausgeht (Art. 803 Abs. 2; zum dispositiven Charakter der Norm vgl. Art. 803 Abs. 3). Möglich ist auch die Regelung von Konventionalstrafen (Art. 776a Ziff. 4). In der Möglichkeit der **statutarischen** Begründung zusätzlicher Leistungspflichten manifestiert sich die teilweise personalistische Konzeption der GmbH. Ursprünglicher Grund für ihre Einführung war das Bestreben des Gesetzgebers, den auf Nebenleistungen ihrer Mitglieder aufbauenden Kartellen die GmbH als geeignete Rechtsform zur Verfügung zu stellen (N 1). Demgegenüber ist es bei einer reinen Kapitalgesellschaft, wie der AG, nicht möglich, den Aktionären statutarisch über ihre Liberierungspflicht hinaus weitergehende Pflichten aufzuerlegen (vgl. Art. 680 Abs. 1).

35 Die Nachschusspflicht ist die Pflicht des Gesellschafters, unter bestimmten Voraussetzungen eine statutarisch festgelegte Leistung in Geld an die GmbH zu erbringen. Im Rahmen der Reform wurden die Verwendungszwecke der Nachschusspflicht erweitert (vgl. Botschaft GmbH, 3161). Nachschüsse können nicht nur zur Deckung von Bilanzverlusten von den Geschäftsführern eingefordert werden (Art. 795 Abs. 2 Ziff. 1), sondern auch bei Liquiditätsengpässen und in Fällen, in denen die Gesellschaft aus statutarisch klar umschriebenen Gründen Eigenkapital benötigt (vgl. Art. 795 Abs. 2 Ziff. 2–3). Während die Nachschusspflicht also früher nur die Funktion hatte, als Sanierungsmassnahme bei schlechtem Geschäftsverlauf zu dienen, füllt sie heute überdies die Lücke, die durch das Verbot der Teilliberierung von Stammanteilen entstanden ist. Anders als bei der vor der Reform zulässigen Teilliberierung der Stammeinlagen haften die Gesellschafter jedoch nur für die mit ihren Stammanteilen verbundenen Verpflichtungen. Auch sonst ist die Nachschusspflicht von einer persönlichen Haftung der Gesellschafter zu unterscheiden. Sie besteht ausschliesslich gegenüber der GmbH und hat keine Auswirkung auf ihre Haftungsverfassung. Nur im Falle des Konkurses kommt die **Funktion** der Nachschusspflicht einer persönlichen Haftung (Art. 795a Abs. 3) gleich.

36 Dogmatisch ist die Nachschusspflicht als Unterfall der Nebenleistungspflichten eines Gesellschafters einzustufen (so bspw. auch Sanwald in NUSSBAUM/SANWALD/SCHEIDEGGER, Art. 795 N 3). Dennoch sind die beiden bedeutenden Pflichten bei der Anwendung des Gesetzes streng voneinander zu trennen. Die Nachschusspflichten wurden vom Gesetzgeber in einem eigenständigen Regelungskomplex (Art. 795 ff.) geregelt, der zum Schutz der Gesellschafter und insbesondere von Personen mit Minderheitsbe-

teilligung restriktiv ausgestaltet wurde (Botschaft GmbH, 3161). Beispielsweise ist die Höhe der Nachschusspflicht auf das Doppelte des Nennwerts des mit ihr verbundenen Stammanteils begrenzt (Art. 795 Abs. 2 Satz 2; vgl. bspw. auch 795 Abs. 2 Satz 1). Eine Umgehung dieser Schutzvorschriften wird durch ausdrückliche Anordnung in den Regelungen zu den Nebenleistungspflichten verhindert (Art. 796 Abs. 4).

Die Nebenleistungspflicht ist die Verpflichtung eines Gesellschafters, über die Liberierung der Stammanteile hinaus weitere Leistungen zu erbringen. Als Nebenleistungspflicht kann grundsätzlich **jeder mögliche Inhalt eines Schuldverhältnisses** (Tun, Dulden oder Unterlassen) vereinbart werden. Die Gesellschafter werden in aller Regel zu Sach- und Dienstleistungen verpflichtet. Es können aber auch anderen Gesellschaftern oder gewissen Dritten Erwerbsvorrechte (Vorhand-, Vorkaufsrechte) an Stammanteilen eingeräumt werden. Für Verpflichtungen zur Leistung von Geld oder anderen Vermögenswerten sind jedoch grundsätzlich die Vorschriften über Nachschüsse vorrangig heranzuziehen (Art. 796 Abs. 4). Zulässig sind ausserdem nur Nebenleistungspflichten, die «dem Zweck der Gesellschaft, der Erhaltung ihrer Selbstständigkeit oder der Wahrung der Zusammensetzung des Kreises der Gesellschafter dienen» (Art. 796 Abs. 2). Wie die Nachschusspflichten sind sie ausserdem nur bei entsprechender statutarischer Grundlage wirksam (NUSSBAUM/SANWALD/SCHEIDEGGER, Art. 796 N 4 ff.). **36a**

Die Pflicht zur Erbringung von Nachschüssen und Nebenleistungen ist an den Gesellschaftsanteil gebunden und geht mit dessen Übertragung in aller Regel auf den Erwerber über. Die Durchsetzung obliegt den Geschäftsführern. Sie können je nach Art und Inhalt der Verpflichtung versuchen, die Erfüllung auf dem Vollstreckungswege oder durch die jeweiligen schuldrechtlichen Handlungsmittel zu erreichen. Die Gesellschafterversammlung kann weiter unter gewissen Voraussetzungen und Umständen den Ausschluss des säumigen Gesellschafters bei Gericht beantragen (vgl. Art. 823 Abs. 1). Sehen die Statuten die Nicht- bzw. Schlechtleistung als Ausschlussgrund vor, kann die Gesellschafterversammlung den Ausschluss direkt beschliessen (Art. 823 Abs. 2; weiterführend NUSSBAUM/SANWALD/SCHEIDEGGER, Art. 795a N 17 ff., Art. 796 N 20 ff.). **36b**

X. Gesellschaftszweck

Die GmbH verfolgt in aller Regel **wirtschaftliche Zwecke,** d.h.. sie erstrebt für sich oder ihre Gesellschafter materielle Vorteile. Zur Verfolgung des wirtschaftlichen Zwecks bedarf es nicht notwendig eines nach kaufmännischer Art geführten Unternehmens (vgl. dazu Art. 552 N 29–36; Bsp.: Kartelle), auch wenn dies der Regelfall ist. In der Rechtsform der GmbH kann jeder rechtlich erlaubte (vgl. Art. 52 ZGB) wirtschaftliche Zweck verfolgt werden. Die GmbH kann somit, anders als im deutschen Recht, auch Bank- und Versicherungsgeschäfte betreiben. Angesichts der in diesem Bereich bestehenden spezialgesetzlichen Anforderungen (Bankgesetz, Versicherungsaufsichtsgesetz) ist die GmbH dafür aber wenig geeignet. **37**

Das neue GmbH-Recht lässt die Rechtsform der GmbH auch für die Verfolgung idealer Zwecke zu (vgl. Botschaft GmbH, 3171). Es erfolgt damit eine Angleichung an das Recht der AG. Die bis dato bestehenden Unterschiede zwischen den Gesellschaftsformen wurden zu Recht aufgehoben. Es besteht kein sachlicher Grund, Gesellschaften, die wirtschaftlichen Zwecken offen stehen, nicht auch für ideale Zwecke zu öffnen. Insbesondere werden Dritte durch die Erweiterung nicht gefährdet (vgl. dazu bspw. MEIER-HAYOZ/FORSTMOSER, § 18 N 32). **38**

Art. 773

B. Stammkapital — Das Stammkapital muss mindestens 20 000 Franken betragen.

B. Capital social — Le capital social ne peut être inférieur à 20 000 francs.

B. Capitale sociale — Il capitale sociale non può essere inferiore a 20 000 franchi.

1 Durch die Festlegung eines bestimmten Stammkapitals will das Gesetz dem Rechtsverkehr **Orientierungssicherheit** über die Mindesthaftungsbasis der GmbH vermitteln. Vorschriften über die Erhaltung und Sicherung des Stammkapitals sollen gewährleisten, dass das kundgegebene Haftungssubstrat den Gläubigern tatsächlich zur Verfügung steht (vgl. Art. 772 N 23). Die Mindesthöhe des Stammkapitals wurde im Interesse von Kleinunternehmen entgegen anderweitigen Forderungen nicht erhöht (vgl. Botschaft GmbH, 3171). Dennoch wurde der Gläubigerschutz mit der Einführung der Pflicht zur vollständigen Liberierung der Stammanteile verbessert. Die Begrenzung des Stammkapitals auf CHF 2 Mio. wurde ersatzlos gestrichen. Dahinter stand die Überlegung des Gesetzgebers, dass eine Obergrenze das Wachstum eines auf Eigenkapital angewiesenen Unternehmens hemmen könnte (Botschaft GmbH, 3156, 3171). Die Bedeutung der Neuregelung sollte jedoch nicht überschätzt werden, weil auch nach bisherigem Recht sich das Vermögen der GmbH und ihr Stammkapital nicht zu decken brauchten und jenes bedeutend höher als CHF 2 Mio. sein konnte.

2 Die Bestimmung des Art. 773 ist **zwingender Natur** (ZK-VON STEIGER, N 4; BK-JANGGEN/BECKER, N 3; SCHEIDEGGER in NUSSBAUM/SANWALD/SCHEIDEGGER, N 4). Sie gilt sowohl bei der Gründung (Art. 777 ff.) als auch bei Kapitalerhöhungen und -herabsetzungen (dazu Art. 782 Abs. 2) nach der Entstehung der GmbH. Die gesetzlichen Grenzen des Stammkapitals sind ausserdem bei der Auszahlung der Abfindung an ausscheidende Gesellschafter (Art. 825a Abs. 1 Ziff. 3) zu beachten. Besonderheiten gelten bei der Sanierung mittels Kapitalschnitts (vgl. Art. 782 Abs. 4 i.V.m. Art. 732 Abs. 5).

Wird eine GmbH in eine AG umgewandelt oder umgekehrt, dann verlangt das Fusionsgesetz, dass die Gründungsvorschriften der angestrebten Rechtsform mit gewissen Einschränkungen Anwendung finden (vgl. Art. 57 FusG). Das Gesellschaftskapital muss damit im zuerst genannten Fall mindestens CHF 100 000 betragen (vgl. Art. 57 FusG i.V.m. Art. 621 OR; auch BGE 125 III 18). Die Umwandlung einer AG in eine GmbH verlangt ein **voll liberiertes** Kapital in Höhe von CHF 20 000.

3 Wenn die Vorschriften über die Mindestgrenze des Stammkapitals bei Gründung der GmbH **verletzt** werden, so hat der Registerführer die Eintragung abzulehnen (Art. 929 OR, Art. 28 HRegV). Die GmbH hat auf Anweisung des Registerführers die Statuten dem Gesetz anzupassen oder sich in eine andere Gesellschaft umzuwandeln. Kommt sie dem nicht nach, so ist sie zu liquidieren. Ein trotz Verletzung des Art. 773 erfolgter Eintrag ist ungültig und deshalb zu beseitigen. Ein Liquidationsverfahren ist durchzuführen, wenn durch die Geschäftstätigkeit der Gesellschaft Vermögen geschaffen worden ist (ZK-VON STEIGER, N 5; BK-JANGGEN/BECKER, N 3).

Art. 774

C. Stammanteile	**¹ Der Nennwert der Stammanteile muss mindestens 100 Franken betragen. Im Falle einer Sanierung kann er bis auf einen Franken herabgesetzt werden.** **² Die Stammanteile müssen mindestens zum Nennwert ausgegeben werden.**
C. Parts sociales	¹ La valeur nominale des parts sociales ne peut être inférieure à 100 francs. Lors d'un assainissement de la société, elle ne peut être réduite à un montant inférieur à 1 franc. ² Les parts sociales doivent être émises à leur valeur nominale au moins.
C. Quote sociali	¹ Il valore nominale delle quote sociali non può essere inferiore a 100 franchi. In occasione di un risanamento della società può essere ridotto fino a 1 franco. ² Le quote sociali devono essere emesse almeno al valore nominale.

I. Nennwert der Stammanteile (Abs. 1)

Der Nennwert der Stammanteile gehört neben der Angabe ihrer Anzahl und der Höhe des Stammkapitals zum zwingend notwendigen Statuteninhalt (Art. 776 Ziff. 3). Der Nennwert jedes Stammanteils muss neu mindestens CHF 100 anstelle der bislang erforderlichen CHF 1 000 betragen. Die Mindestgrenze ist zwingendes Gesellschaftsrecht. Sie soll dem personalistischen Charakter der GmbH, ihrer Ausgestaltung als Gesellschaftsform für einen begrenzten Personenkreis sowie ihrer fehlenden Kapitalmarktfähigkeit Rechnung tragen (Botschaft GmbH, 3171). Die Nominalbeträge der einzelnen Stammanteile können unterschiedlich hoch sein. Sie mussten vor der Reform des GmbH-Rechts kraft ausdrücklicher Anordnung auf ein Vielfaches der Mindesthöhe lauten (Art. 774 Abs. 1 altOR). Diese Anforderung findet sich im neuen Recht nicht mehr und kann aufgrund des eindeutigen Wortlauts der Norm nicht aufrechterhalten werden (anders MEIER-HAYOZ/FORSTMOSER, § 18 N 49). Der Nennwert muss in schweizerischer Währung ausgedrückt sein.

Grundsätzlich darf die Mindestgrenze auch bei einer Kapitalherabsetzung nicht unterschritten werden (Art. 782). Eine Ausnahme besteht bei der **sanierungsbedingten Herabsetzung** mit gleichzeitiger Wiedererhöhung (Art. 782 Abs. 4 i.V.m. Art. 732 Abs. 5: Sanierung mittels Kapitalschnitt). Im Sanierungsfall kann der Nennwert der Stammanteile auf bis zu einen Franken abgesenkt werden (Art. 774 Abs. 1 Satz 2). Es entstehen sog. Sanierungsstammanteile.

Die angegebenen Noten über ein Verbot des Besitzes mehrerer Stammeinlagen entfallen (vgl. dazu Art. 772 N 25a).

II. Ausgabebetrag

Der Ausgabebetrag eines Stammanteiles umfasst den Nennwert zuzüglich eines möglichen Agio (vgl. zum Begriff Art. 681/682 N 4). Bei Gründung wird der Ausgabebetrag durch die Gründungsgesellschafter, im Falle der Kapitalerhöhung durch die Gesellschafterversammlung oder bei entsprechender Ermächtigung durch die Geschäftsführer festgelegt und in die entsprechende Urkunde aufgenommen (vgl. Art. 777a Abs. 1 Ziff. 1

bzw. Art. 781 Abs. 5 Ziff. 1, Art. 650 Abs. 2 Ziff. 3). Die Ausgabe zum **Nennwert** ist möglich und erfüllt die gesetzliche Minimalanforderung.

6 Unzulässig ist die Unterpari-Emission, weil sie dem Grundsatz der Aufbringung und Erhaltung des Stammkapitals widerspricht. Zulässig ist die **Überpari-Emission,** bei welcher der Gesellschafter über die Erbringung des Nennwerts des Stammanteils hinaus zur Leistung eines Agio verpflichtet ist. Die Leistung des Agio ist nach dem neuen Recht als Teil der Liberierungspflicht anzusehen (vgl. Art. 777c Abs. 1, ggf. i.V.m. Art. 781 Abs. 3; i.E. auch SANWALD in NUSSBAUM/SANWALD/SCHEIDEGGER, Art. 796 N 12; unklar BK-JANGEN-BECKER, N 11 f.). So verlangt Art. 777c nicht nur eine Liberierung des Nennwertes, sondern des gesamten Ausgabebetrages. Eine Differenzierung wird, auch hinsichtlich der Folgen, nicht getroffen. Der die Gründungskosten übersteigende Erlös aus der Erhebung des Agios ist für Abschreibungen, Wohlfahrtszwecke oder die Einlage in den Reservefonds zu verwenden (Art. 801, 671; vgl. zur AG Art. 624 N 9).

7–14 Die angegebenen Noten über die Liberierungspflicht entfallen (vgl. dazu Art. 777c).

Art. 774a

D. Genuss-scheine	Die Statuten können die Schaffung von Genussscheinen vorsehen; die Vorschriften des Aktienrechts sind entsprechend anwendbar.
D. Bons de jouissance	Les statuts peuvent prévoir l'émission de bons de jouissance; le droit de la société anonyme est applicable par analogie.
D. Buoni di godimento	Lo statuto può prevedere l'emissione di buoni di godimento; le disposizioni del diritto della società anonima si applicano per analogia.

Literatur

CHAPPUIS, Die Erweiterung der Einsatzmöglichkeiten von Nachschüssen im neuen schweizerischen GmbH-Recht, SJZ 1997, 85 ff.; FORSTMOSER, Kapital-, Gläubiger- und Gesellschafterschutz im künftigen GmbH-Recht, in: Rochat/Ferrari (Hrsg.), Les projets de Sàrl reévisée et de SA privée, Lausanne 1998; HANDSCHIN, Finanzierung und Haftung bei der GmbH – altes und geplantes Recht, in: Meier-Schatz (Hrsg.), Die GmbH und ihre Reform – Perspektiven aus der Praxis, Zürich 2000, 45 ff.; MONTAVON, Das neue Recht der Gesellschaft mit beschränkter Haftung, TREX 2006, 216 ff.; vgl. ausserdem die Literaturhinweise zu Art. 656a.

I. Normzweck

1 Art. 774a wurde – ohne Beratung im Parlament – im Rahmen der am 1.1.2008 in Kraft getretenen Revision des GmbH-Rechts neu ins Gesetz eingefügt. Die Bestimmung erlaubt die Einführung von (nennwertlosen) Genussscheinen bei der GmbH aufgrund statutarischer Basis und verweist auf die Vorschriften des Aktienrechts (N 4) und damit insb. auf Art. 657.

2 Schon nach bisherigem Recht war die Ausgabe von Genussscheinen gemäss der Lehre zulässig (vgl. JANGGEN/BECKER, Art. 807 N 20; KÜNG/CAMP, Art. 774a N 73; FORSTMOSER, 132 m.w.H.). Es muss angenommen werden, dass bei vereinzelten Gesellschaften schon vor der Revision Genussscheine bestanden, die auch im Handelsregister eingetragen waren. Genussscheine erscheinen gerade für eine personalistische Kapitalgesell-

1. Abschnitt: Allgemeine Bestimmungen   3–5 **Art. 774a**

schaft wie die GmbH als geeignetes Instrument, etwa um Personen abzufinden, die mit der Gesellschaft durch frühere Kapitalbeteiligung verbunden sind (BÖCKLI/FORSTMOSER/RAPP, 90). Die Botschaft begründet die Einführung von Genussscheinen denn auch einzig mit dem Hinweis, dass dadurch eine Lücke geschlossen werde (Botschaft GmbH, 3172).

Eine Bestimmung betreffend **Partizipationsscheine** (PS), analog zu Art. 656a ff. im Aktienrecht, kennt das revidierte GmbH-Recht hingegen nicht. Es handelt sich um ein *qualifiziertes Schweigen* (Botschaft GmbH, 3249). Gemäss der Botschaft passen PS wegen der zum Schutze der Partizipanten erforderlichen Schutzmechanismen nicht zur GmbH als eine auf die Bedürfnisse kleinerer Unternehmen ausgerichtete, nicht kapitalmarktfähige Rechtsform (zustimmend FORSTMOSER/PEYER/SCHOTT, 30; MONTAVON, TREX 2006, 222; DERS., Sàrl, 19; krit. HANDSCHIN, 64). Soweit ein Bedürfnis auf Schaffung von stimmrechtslosem Kapital besteht, wird damit auf die Rechtsform der AG verwiesen. Gemäss Art. 4 Abs. 1 SchlT GmbH qualifizieren altrechtliche PS einer GmbH (die Botschaft spricht von Einzelfällen; vgl. Botschaft GmbH, 3248), genauer alle Anteile an Gesellschaften mit beschränkter Haftung, die einen Nennwert aufweisen und in den Passiven der Bilanz ausgewiesen werden, aber kein Stimmrecht vermitteln, mit Ablauf einer Frist von zwei Jahren als Stammanteile mit gleichen Vermögensrechten, sofern sie nicht innert dieser Frist mittels Kapitalherabsetzung vernichtet werden (vgl. dazu ausführlich Komm. zu Art. 4 SchlT GmbH-Recht).   3

II. Verweis auf das Aktienrecht

Das revidierte GmbH-Recht verzichtet auf eine eigenständige Regelung der Genussscheine. Art. 774a verweist stattdessen pauschal auf die Vorschriften des Aktienrechts. Genussscheine sind im Aktienrecht in Art. 657 und damit insgesamt nur rudimentär geregelt. Die konkrete Ausgestaltung der Genussscheine obliegt damit den Statuten (N 8 f.). Dem aktienrechtlichen Konzept folgend ist der Genussschein auch bei der GmbH ein nennwertloses (N 5) Beteiligungspapier, das ohne Einlage (N 5) an mit der Gesellschaft verbundene Personen (N 6) ausgegeben wird und keine Mitgliedschaftsrechte, sondern Vermögensrechte (N 7) vermittelt.   4

1. Nennwertloses Beteiligungspapier

Gemäss Art. 774a i.V.m. 657 Abs. 3 darf der Genussschein *keinen Nennwert* aufweisen. Der Genussschein verleiht damit *keine Beteiligung am Stammkapital* der Gesellschaft. Er darf deshalb auch *nicht «gegen eine Einlage* ausgegeben werden, die unter den Aktiven der Bilanz ausgewiesen wird». Andererseits wäre eine Ausgabe von Genussscheinen gegen Einlage, die nicht unter den Aktiven der Bilanz erscheint, ebenso unzulässig, da mit den Grundsätzen einer ordnungsmässigen Rechnungslegung nicht vereinbar (BÖCKLI, § 5 N 78 FN 138). In der Ausgabe ohne Einlage und der damit verbundenen Nennwertlosigkeit liegt der Hauptunterschied zum – bei der GmbH nicht (mehr) zulässigen – PS (vgl. Art. 656a Abs. 1). Während der PS der Beschaffung von Eigenkapital dient und damit eine Finanzierungsfunktion hat, stellt der Genussschein eine Art «Kapitalersatzmittel» dar (DEMARMELS, 114). Zur eindeutigen Unterscheidung darf der Genussschein gem. Art. 774a i.V.m. Art. 657 Abs. 3 nicht als «Partizipationsschein» bezeichnet werden. Hingegen besteht kein Zwang, den Genussschein als Genussschein zu bezeichnen (KÜNG/CAMP, Art. 774a N 2).   5

2. Verbundene Personen

6 Genussscheine können gem. Art. 774a i.V.m. Art. 657 Abs. 1 (nur) zugunsten von Personen ausgegeben werden, «die mit der Gesellschaft durch frühere Kapitalbeteiligung oder als Gesellschafter, Gläubiger, Arbeitnehmer oder in ähnlicher Weise verbunden sind.» Das Gesetz verlangt deshalb eine besondere Verbundenheit der Bezugsberechtigten mit der Gesellschaft. Genussscheine dienen dazu, besondere Leistungen für die Gesellschaft zu entgelten (HANDSCHIN/TRUNIGER, 39). Die **Ausgabe von Genussscheinen** ist damit an die **Voraussetzung geknüpft,** dass die Genussscheinsberechtigten **der Gesellschaft einen äquivalenten Vorteil** verschafft haben (BGE 93 II 399). Er kann namentlich ausgestellt werden, wenn die Gesellschaft ihr entgegengebrachte besondere Leistungen nicht mit Barmitteln zu entgelten vermag, sowie bei Sanierungen, um den zu Schaden Gekommenen einen Anspruch auf Beteiligung an den Geschäftserfolgen in künftigen besseren Zeiten zu sichern (KÜNG/CAMP, Art. 774a N 1; GUHL/DRUEY, 734 N 13; MEIER-HAYOZ/FORSTMOSER, 395 N 291; MONTAVON/WERMELINGER, Tome II, 65; SCHOCH, 27). Durch die Möglichkeit der Gesellschaft, ihre Arbeitnehmer oder auch bloss ihr Kader durch Ausgabe von Genussscheinen an Gewinn und Substanz oder nur am Gewinn oder nur an der Substanz beteiligen zu können und ihnen überdies Bezugsrechte einzuräumen, wird die Mitbeteiligung im kleinen Rahmen ermöglicht (Botschaft AG, 880). Die Gesellschafter können die Einräumung von Genussrechten aus unsachlichen Gründen, d.h. ohne dass sie ein Entgelt für einen der Gesellschaft eingeräumten Vorteil darstellen, nach Art. 706 Abs. 1 anfechten (DEMARMELS, 115; s.a. BGE 93 II 399).

3. Vermögensrechte

7 Gemäss Art. 774a i.V.m. Art. 657 Abs. 2 kann der Genussschein **nur drei Vermögensrechte vermitteln** (Botschaft AG, 881), nämlich Ansprüche auf einen *Anteil am Bilanzgewinn, am Liquidationsergebnis* oder auf den *Bezug neuer Stammanteile oder Genussscheine*. Diese Rechte können jedoch kumuliert werden (MONTAVON, Sàrl, 60; ausführlich zum Inhalt der Vermögensrechte DEMARMELS, 8 ff.). Der Genussschein verleiht nach dem Gesagten keine Kapitalbeteiligung (N 5) und nimmt deshalb bspw. an einer Kapitalherabsetzung mit Kapitalrückzahlung nicht teil. Er verkörpert keine Mitgliedschaftsrechte (HANDSCHIN/TRUNIGER, 39) und verleiht insb. kein Stimmrecht. Er ist Beteiligungsrecht ohne Mitverwaltungsrecht (Botschaft AG, 800).

8 Der Genussschein räumt den Berechtigten aber nicht unmittelbar ein klagbares Forderungsrecht ein. Erst durch den entsprechenden Verteilungsbeschluss, bei dem die Genussscheinsberechtigten nicht stimmberechtigt sind, ergibt sich eine Forderung auf Leistung des im Genussschein enthaltenen Anteils (BGE 113 II 530). Der Beschluss über die Verteilung des Gewinns bzw. des Liquidationsüberschusses konkretisiert den Anteil der Genussscheinberechtigten am verwendbaren Eigenkapital. Inhaltlich wird ihr Anteil durch die von der Gesellschaft beschlossene Definition des Genussrechtes bestimmt (BÖCKLI, § 5 N 73). Das Gesagte gilt *mutatis mutandis* für Genussscheine, welche Bezugsrechte verleihen.

III. Statutarische Grundlage

9 Die Einführung von Genussscheinen bedarf zu ihrer Verbindlichkeit der Aufnahme in die *Statuten* (Art. 774a und 776a Abs. 1 Ziff. 8). Die Statuten müssen nebst der Anzahl der ausgegebenen Genussscheine eine Umschreibung der mit den Genussscheinen verbundenen Rechte enthalten. Da beim Genussschein – anders als bei (nicht mehr zulässigen) PS – kein Anspruch auf Mindestgleichbehandlung (HANDSCHIN/TRUNIGER, 39) besteht, ist die genaue Umschreibung der Vermögensrechte besonders wichtig. Statutarisch kann ein Verweis auf die entsprechenden Rechte der Gesellschafter oder z.B. auch lediglich eine Gleichbehandlung bezüglich der Dividende vorgesehen werden (HANDSCHIN/TRUNIGER, 39). Gemäss Art. 73 Abs. 1 lit. o HRV sind die Anzahl der Genussscheine und der Inhalt der damit verbundenen Rechte ins *Handelsregister* einzutragen.

Gemäss Art. 774a i.V.m. Art. 657 Abs. 5 dürfen *zugunsten der Gründer* nur dann Genussscheine ausgegeben werden, wenn dies in den *ursprünglichen Statuten* vorgesehen ist. Ein Gesellschafter muss sich somit nicht gefallen lassen, dass die Gesellschafterversammlung nachträglich die Ausgabe von Genussscheinen zugunsten der Gründer beschliesst, falls dies nicht bereits in den Gründerstatuten vorgesehen war. Den Gesellschaftern steht es aber u.E. zu, mittels einstimmigem Beschluss Genussscheine zugunsten der Gründer auszugeben, selbst wenn die Gründerstatuten dies nicht vorsehen. Das Gesagte bedeutet indessen nicht, dass die Genussscheine auch bei der Gründung ausgegeben werden müssen. Die Ausgabe kann zu einem beliebigen späteren Zeitpunkt erfolgen, sofern sie bei der Gründung in den Statuten vorgesehen war. Die Einschränkung greift im Übrigen nur, wenn die Gründer als separate Gruppe Genussscheine erhalten sollen, nicht aber, wenn sie z.B. als Gläubiger oder Arbeitnehmer oder in ihrer Eigenschaft als Gesellschafter genussscheinsberechtigt werden.

IV. Verbriefung

Die Genussscheine werden bei der AG üblicherweise in der Form von Inhaberpapieren verbrieft. Zulässig sind auch Namensgenussscheine, sei es als Ordre- oder Namenspapiere i.S.v. Art. 974 Abs. 2 (MONTAVON, Sàrl, 60). Die personenbezogene Natur der GmbH steht einem Handel mit Genussscheinen nicht entgegen; deshalb können Genussscheine auch bei der GmbH verkehrsfähig und nicht nur wie die Stammanteile als blosse Beweisurkunden ausgestaltet werden (KÜNG/CAMP, Art. 774 N 9). Die Gesellschaft kann aber auch unverbriefte Genussrechte ausgeben; solche unverbrieften Genussrechte sind im Zweifel durch schriftliche Zession abtretbar (Art. 165 Abs. 1; BÖCKLI, § 5 N 76 FN 131 f.; MEIER, N 183).

V. Gemeinschaft der Genussscheinberechtigten (Art. 774a i.V.m. Art. 657 Abs. 4)

Die Genussscheinberechtigten bilden von Gesetzes wegen eine Gemeinschaft, auf welche die Vorschriften über die Gläubigergemeinschaft bei Anleihensobligationen entsprechende Anwendung finden (Art. 1157 ff.). Diese Verweisung auf Regeln, welche für eine Gläubigergemeinschaft geschaffen wurden, birgt zahlreiche Probleme in sich (vgl. dazu BGE 113 II 530 ff. und die dort zit. Literatur). Immerhin ist die Gemeinschaft dafür zuständig, mit der absoluten Mehrheit aller im Umlauf befindlichen Genussscheine den Verzicht auf einzelne oder alle Rechte aus den Genussscheinen zu beschliessen. Damit schafft das Gesetz die Möglichkeit, bei Vorliegen des geforderten Quorums eine Minderheit von Genussscheinberechtigten gegen ihren Willen in das Sanierungskonzept der Gesellschaft einzuschliessen (BÖCKLI, § 5 N 81; MEIER, N 184).

VI. Übergangsrecht

Vgl. Komm. zu Art. 4 SchlT GmbH-Recht.

Art. 775

E. Gesellschafter — Eine Gesellschaft mit beschränkter Haftung kann durch eine oder mehrere natürliche oder juristische Personen oder andere Handelsgesellschaften gegründet werden.

E. Associés — Une société à responsabilité limitée peut être fondée par une ou plusieurs personnes physiques ou morales ou par d'autres sociétés commerciales.

E. Soci — Una società a garanzia limitata può essere costituita da una o più persone fisiche o giuridiche o da altre società commerciali.

I. Anzahl der Gründungsgesellschafter

1 Nach altem Recht mussten bei der Gründung einer GmbH mindestens zwei Gesellschafter als Gründer tätig werden. Nach dem neuen Recht ist die Gründung einer GmbH durch einen einzigen Gründer möglich. Die Einpersonen-GmbH wird dadurch ausdrücklich von Anfang an erlaubt (Art. 772 Abs. 1, Art. 775 Abs. 1); die Strohpersonengründung ist bedeutungslos geworden. Damit wurde legitimen Bedürfnissen der Praxis entsprochen. Gleichzeitig ist das schweizerische Recht insofern dem europäischen Recht weitgehend angeglichen worden (Richtlinie 89/667/EWG betreffend Gesellschaften mit beschränkter Haftung mit einem einzigen Gesellschafter; ABl Nr. L 395 vom 30.12.
1989, 40 ff., 12. EG-Richtlinie auf dem Gebiet des Gesellschaftsrechts; nicht umgesetzt wurde das Erfordernis die Gesellschaft ausdrücklich als Ein-Personen-GmbH im Handelsregister zu bezeichnen, so aber Art. 3 der 12. Richtlinie).

2 Ebenfalls hinfällig ist die höchstzulässige Gesellschafterzahl, die sich nach dem bisherigen Recht aus der Zusammenschau der maximal zulässigen Höhe des Stammkapitals von CHF 2 Mio. und der gesetzlich geforderten Mindest-Stammeinlage eines jeden Gesellschafters von CHF 1 000 (Art. 774 altOR) ergab. Im Rahmen der Totalrevision des GmbH-Rechts wurde die Obergrenze des Stammkapitals aufgehoben, womit sich eine gesetzlich höchstzulässige Gesellschafterzahl nicht mehr berechnen lässt. Damit bringt der Gesetzgeber zum Ausdruck, dass das Leitbild sich zwar an den Bedürfnissen von KMU orientiert, die GmbH grösseren Gesellschaften aber nicht verschlossen sein soll.

3–5 Die angegebenen Noten entfallen.

II. Die Einpersonen-GmbH

1. Sachverhalt

5a Für das *Aktienrecht* hat das BGer eine über den konkreten Wortsinn hinausgehende Definition der Einpersonen-Gesellschaft entwickelt: Eine Einpersonen-AG liegt immer dann vor, wenn die Verfügungsmacht über die Gesellschaft ausschliesslich dem Allein- oder Hauptaktionär zusteht und die AG aufgrund der vollständigen Übereinstimmung ihrer Interessen mit denen des Allein- oder Hauptaktionärs mit diesem wirtschaftlich identisch ist (vgl. im Einzelnen Art. 625 N 21). Angesichts der Zwitterstellung der GmbH als teils personalistische, teils kapitalistische Gesellschaftsform stellt sich die Frage, ob diese weite Definition für das Recht der GmbH übernommen werden kann oder ob am strikten Wortlaut festzuhalten ist. Für die Anwendung der weitgefassten Definition spricht die ihr zugrunde liegende Wertung. Die rechtspolitische Problematik der

Einpersonen-Gesellschaft besteht grundsätzlich darin, dass der Allein- oder Hauptgesellschafter mit ihrer Gründung eine **Verdoppelung seiner Rechtspersönlichkeit** bewirken kann. Die formal-juristische Rechtslage und die wirtschaftliche Realität stimmen nicht überein. Das bedingt die Gefahr des Rechtsmissbrauchs bei Verwendung der GmbH. Dem wird bei der rechtlichen Behandlung der Einpersonen-AG Rechnung getragen. Die Konstellation, aufgrund derer nicht allein auf die Eigenschaft als Alleingesellschafter abgestellt, sondern die eindeutige Beherrschung durch den Hauptaktionär als ausschlaggebend betrachtet wird, kann sich auch bei der GmbH ergeben. Beispiel ist eine zweigliedrige GmbH, bei welcher der Hauptgesellschafter faktisch die Gesellschaft so eindeutig beherrscht, dass sich bei objektiver wirtschaftlicher Betrachtungsweise die Interessen der GmbH und die des Hauptgesellschafters decken. Aufgrund dieser *Wertungsgleichheit* gilt auch für die Einpersonen-GmbH eine weite Definition: Eine solche liegt immer dann vor, wenn ein Gesellschafter eindeutig die Verfügungsmacht über die GmbH besitzt und sich die beiden Interessensphären decken.

2. Rechtliche Behandlung

Mit der ausdrücklichen Zulassung der Einpersonen-GmbH ist inhaltlich klargestellt worden, dass auf diese von Anfang an GmbH-Recht Anwendung findet. **5b**

Grundsätzlich ist von der **formalrechtlichen Selbständigkeit der Einpersonen-GmbH** auszugehen. Trotz der wirtschaftlichen Identität ist sie ein selbständiges Rechtssubjekt (dazu vor der Totalrevision des GmbH-Rechts BGE 81 II 455, 459; 98 II 96, 99; 108 II 214; 109 Ib 113 = Pra 1983, 580 ff.). Die Einpersonen-GmbH hat die Vorschriften über die Organisationsstruktur der GmbH zu beachten. Das Vermögen der GmbH und das Privatvermögen des Allein- oder Hauptgesellschafters sind bei der rechtlichen Beurteilung streng auseinander zu halten. Zwar kann der Allein- oder Hauptgesellschafter jederzeit Rechtsgeschäfte über die GmbH tätigen, doch muss er dabei die gesetzlichen und statutarischen Formerfordernisse beachten. Das Rechtsgeschäft muss sodann auf einem gültigen Rechtsgrund basieren. **5c**

Auf die wirtschaftliche Identität der GmbH mit ihrem Allein- oder Hauptgesellschafter und nicht auf ihre formalrechtliche Selbständigkeit ist abzustellen, wenn der Grundsatz von **Treu und Glauben** im Verkehr es verlangt. Das ist dann der Fall, wenn durch die Verdoppelung des Allein- oder Hauptgesellschafters aussenstehende Dritte in ihren Rechten oder schutzwürdigen Interessen verletzt werden. Vgl. zu den Einzelfällen Art. 625 N 29–33. **5d**

III. Gründungsgesellschafter

Die angegebenen Noten über das Unterschreiten der gesetzlichen Mindestgründerzahl entfallen. **6–7**

Die angegebenen Noten über die Auflösungsklage entfallen. **8–19**

Zu der Einpersonen-Gesellschaft s.o. N 5a–d. **20–24**

Als **Gründer** einer GmbH kommen nach Art. 775 (vgl. dazu auch den etwas missverständlichen Wortlaut des Art. 772 Abs. 1) natürliche und juristischen Personen sowie Handelsgesellschaften, die nicht juristische Person sind, in Betracht (weiterführend Art. 772 N 13 ff.). Das sind namentlich Kollektiv- und Kommanditgesellschaften. Gleiches sollte über den Wortlaut der Regelung hinaus für Gesamthandsgemeinschaften gel- **25** ten, die als Gesellschafter an einer GmbH beteiligt sein können (vgl. dazu Art. 772 N 16).

Art. 776

F. Statuten
I. Gesetzlich vorgeschriebener Inhalt

Die Statuten müssen Bestimmungen enthalten über:

1. die Firma und den Sitz der Gesellschaft;

2. den Zweck der Gesellschaft;

3. die Höhe des Stammkapitals sowie die Anzahl und den Nennwert der Stammanteile;

4. die Form der von der Gesellschaft ausgehenden Bekanntmachungen.

F. Statuts
I. Dispositions nécessaires

Les statuts doivent contenir des dispositions sur:

1. la raison sociale et le siège de la société;

2. le but de la société;

3. le montant du capital social ainsi que le nombre et la valeur nominale des parts sociales;

4. la forme à observer pour les publications de la société.

F. Statuto
I. Disposizioni richieste dalla legge

Lo statuto deve contenere disposizioni su:

1. la ditta e la sede della società;

2. lo scopo della società;

3. l'importo del capitale sociale nonché il numero e il valore nominale delle quote sociali;

4. la forma nella quale devono essere fatte le pubblicazioni sociali.

I. Allgemeines

1 Die Statuten sind das *Grundgesetz* der GmbH. Sie regeln im Rahmen des Gesetzes die Rechtsverhältnisse für die GmbH im Innern und gegen Aussen. Die Gründungsstatuten beruhen auf dem Gesellschaftsvertrag zwischen den Gründern. Alle Gründer haben den Gründungsstatuten zuzustimmen (Art. 777 Abs. 1). Die Gründungsstatuten können daher noch als Rechtsakt vertraglicher Natur qualifiziert werden; später verlieren sie jedoch diese vertragliche Natur, da sie durch Mehrheitsbeschluss (und somit gegen den Willen von einzelnen Gesellschaftern) abgeändert werden können (s. Art. 804 Abs. 2 Ziff. 1, Art. 808 ff.).

2 Art. 776 führt auf, welchen Inhalt die Statuten einer GmbH zwingend enthalten müssen. Der **zwingende Mindestinhalt** der Statuten ist zu unterscheiden vom *bedingt notwendigen Mindestinhalt* (vgl. Art. 776a), der Regeln betrifft, die nur dann festzusetzen sind, wenn von der dispositiven gesetzlichen Ordnung abgewichen werden soll. Der *fakultative Statuteninhalt* schliesslich betrifft Regeln, die lediglich Gesetzesregeln wiederholen – und damit überflüssig sind – oder aber auch ausserhalb der Statuten rechtskräftig festgehalten werden könnten.

II. Der zwingende Mindestinhalt der Statuten im Einzelnen

Die **Firma** (Ziff. 1) ist der Name der Gesellschaft, d.h. des Unternehmensträgers. Unter Wahrung der allgemeinen Grundsätze (Art. 944 ff.) kann die GmbH ihre Firma frei wählen (Art. 950); in allen Fällen muss aber der Firma die Bezeichnung als Gesellschaft mit beschränkter Haftung beigefügt werden (Art. 950 Abs. 2). Die Firma hat sich namentlich von anderen, in der Schweiz bereits eingetragenen Firmen deutlich zu unterscheiden (Art. 951 Abs. 2). Vgl. im Einzelnen Art. 944–956. 3

Der **Sitz** der Gesellschaft (Ziff. 1) kann innerhalb der Schweiz ohne Beschränkung gewählt werden (BGE 100 I b 458 E. 4; KÜNG/CAMP, N 7; **a.M.** BK-JANGGEN/BECKER, N 5 ff.). Unter Vorbehalt des Rechtsmissbrauchs spielt es keine Rolle, ob der in den Statuten angegebene Sitz mit den Verhältnissen übereinstimmt oder ob ihm jede tatbeständliche Beziehung abgeht. Eine GmbH kann nach herkömmlicher Lehre bloss *einen* Sitz haben (BGE 53 I 130; KÜNG/CAMP, N 10; SIFFERT et al., N 7; WOHLMANN, 33; BK-JANGGEN/BECKER, N 8; ZK-VON STEIGER, N 21). Angesichts der Entwicklung zur Frage eines Mehrfachsitzes im Aktienrecht ist allerdings auch im Recht der GmbH offen, ob die herkömmliche Lehre nicht zu überdenken ist (s. Komm. zu Art. 626). 4

Betreibt eine GmbH am Ort des statutarischen Sitzes kein Geschäftslokal, muss sie im Handelsregister ein *Domizil* am Ort des Sitzes angeben (Art. 117 Abs. 3 und 71 Abs. 1 lit. h HRegV). Die Bestimmung eines Domizils bezweckt, die Zustellung von Mitteilungen am Ort des Sitzes zu ermöglichen. 5

Ebenfalls vom Sitz zu unterscheiden ist die *Geschäftsniederlassung,* d.h. der Ort, an welchem die Gesellschaft effektiv tätig ist (vgl. MEIER-HAYOZ/FORSTMOSER, 423). Eine GmbH kann ihre Geschäftsniederlassung am Ort des statutarischen Sitzes oder anderswo haben. Sie kann auch mehrere Geschäftsniederlassungen unterhalten. Erfüllen Geschäftsniederlassungen (ausserhalb des statutarischen Sitzes) die Voraussetzungen von Art. 778a und 935, so sind diese als *Zweigniederlassung* in das Handelsregister einzutragen. 6

Der statutarische Sitz der GmbH begründet den allgemeinen *Gerichtsstand* gegen die Gesellschaft (BGE 94 I 567), den *Betreibungsort* (Art. 46 Abs. 2 SchKG) und nach Massgabe von Art. 74 einen *Erfüllungsort* für Verbindlichkeiten; zudem richtet sich die Zuständigkeit des *Handelsregisters* nach dem Sitz (Art. 778). 7

Als **Zweck** der Gesellschaft (Ziff. 2) ist in die Statuten eine Umschreibung des *vorgesehenen Tätigkeitsbereichs* der Gesellschaft aufzunehmen. Vor der Revision des GmbH-Rechts war die Eintragung des «Gegenstandes» der Gesellschaft verlangt. Die Änderung wird in der Botschaft GmbH (3173) lediglich als «redaktionell» bezeichnet. Der Zweck ist so zu umschreiben, dass das Tätigkeitsfeld der GmbH für Dritte klar ersichtlich ist (Art. 118 Abs. 1 HRegV). Es ist nicht der «Endzweck» (z.B. Gewinnstrebigkeit) anzugeben, sondern eine «über unbestimmte Angaben deutlich hinausgehende Umschreibung» der Tätigkeit (so für die AG: BÖCKLI, 110 f.). Nach neuem Recht darf die GmbH sowohl ideelle und gemeinnützige wie auch wirtschaftliche Zwecke verfolgen (Botschaft GmbH, 3171). 8

Die **Höhe des Stammkapitals** (Ziff. 3) beträgt nach Art. 773 mind. CHF 20 000. Anzugeben sind ebenfalls **Anzahl und Nennwert der Stammanteile** (Ziff. 3). Da nach neuem Recht jeder Gesellschafter mehrere Stammanteile besitzen darf, ist die Angabe der Stammanteile anders als im früheren Recht notwendig (Botschaft GmbH, 3173). 9

Mit Bezug auf die **Form der von der Gesellschaft ausgehenden Bekanntmachungen** (Ziff. 4) sind die Bekanntmachungen an die Gesellschafter und auch an die Gläubiger 10 gemeint. Unter Form ist jede Art der schriftlichen Mitteilung zu verstehen (z.B. Telegramm, Brief, eingeschriebener Brief, Faxschreiben, E-Mail, Veröffentlichungen in Publikationsorganen irgendwelcher Art; vgl. CHK-TRÜEB, N 10). Zu beachten ist, dass alle vom Gesetz vorgeschriebenen Veröffentlichungen im SHAB zu erfolgen haben (Art. 931 Abs. 2).

Art. 776a

II. Bedingt notwendiger Inhalt

¹ Zu ihrer Verbindlichkeit bedürfen der Aufnahme in die Statuten Bestimmungen über:

1. die Begründung und die Ausgestaltung von Nachschuss- und Nebenleistungspflichten;

2. die Begründung und die Ausgestaltung von Vorhand-, Vorkaufs- oder Kaufsrechten der Gesellschafter oder der Gesellschaft an den Stammanteilen;

3. Konkurrenzverbote der Gesellschafter;

4. Konventionalstrafen zur Sicherung der Erfüllung gesetzlicher oder statutarischer Pflichten;

5. Vorrechte, die mit einzelnen Kategorien von Stammanteilen verbunden sind (Vorzugsstammanteile);

6. Vetorechte von Gesellschaftern betreffend Beschlüsse der Gesellschafterversammlung;

7. die Beschränkung des Stimmrechts und des Rechts der Gesellschafter, sich vertreten zu lassen;

8. Genussscheine;

9. statutarische Reserven;

10. Befugnisse der Gesellschafterversammlung, die dieser über die gesetzlichen Zuständigkeiten hinaus zugewiesen werden;

11. die Genehmigung bestimmter Entscheide der Geschäftsführer durch die Gesellschafterversammlung;

12. das Erfordernis der Zustimmung der Gesellschafterversammlung zur Bezeichnung von natürlichen Personen, die für Gesellschafter, die juristische Personen oder Handelsgesellschaften sind, das Recht zur Geschäftsführung ausüben;

13. die Befugnis der Geschäftsführer, Direktoren, Prokuristen sowie Handlungsbevollmächtigte zu ernennen;

14. die Ausrichtung von Tantiemen an die Geschäftsführer;

15. die Zusicherung von Bauzinsen;

16. die Organisation und die Aufgaben der Revisionsstelle, sofern dabei über die gesetzlichen Vorschriften hinausgegangen wird;

17. die Gewährung eines statutarischen Austrittsrechts, die Bedingungen für dessen Ausübung und die auszurichtende Abfindung;

1. Abschnitt: Allgemeine Bestimmungen   Art. 776a

18. besondere Gründe für den Ausschluss von Gesellschaftern aus der Gesellschaft;

19. andere als die gesetzlichen Auflösungsgründe.

² Zu ihrer Verbindlichkeit bedürfen ebenfalls der Aufnahme in die Statuten von den gesetzlichen Vorschriften abweichende Regelungen:

1. der Beschlussfassung über die nachträgliche Schaffung von neuen Vorzugsstammanteilen;

2. der Übertragung von Stammanteilen;

3. der Einberufung der Gesellschafterversammlung;

4. der Bemessung des Stimmrechts der Gesellschafter;

5. der Beschlussfassung in der Gesellschafterversammlung;

6. der Beschlussfassung der Geschäftsführer;

7. der Geschäftsführung und der Vertretung;

8. zu den Konkurrenzverboten der Geschäftsführer.

II. Autres dispositions

¹ Ne sont valables qu'à la condition de figurer dans les statuts les dispositions concernant:

1. le principe et les modalités d'une obligation d'effectuer des versements supplémentaires ou de fournir des prestations accessoires;

2. le principe et les modalités de droits de préférence, de préemption ou d'emption des associés ou de la société sur les parts sociales;

3. la prohibition pour les associés de faire concurrence;

4. l'institution de peines conventionnelles assurant l'exécution d'obligations légales ou statutaires;

5. les privilèges attachés à certaines catégories de parts sociales (parts sociales privilégiées);

6. l'institution, en faveur des associés, d'un droit de veto sur les décisions de l'assemblée des associés;

7. les restrictions du droit de vote des associés et de leur droit de se faire représenter;

8. les bons de jouissance;

9. les réserves statutaires;

10. l'attribution de compétences à l'assemblée des associés, si ces compétences vont au-delà de celles prévues par la loi;

11. l'approbation de certaines décisions des gérants par l'assemblée des associés;

12. la nécessité de faire approuver par l'assemblée des associés la désignation de personnes physiques qui exercent le droit à la gestion des affaires pour le compte d'associés qui sont des personnes morales ou des sociétés commerciales;

13. le droit accordé aux gérants de nommer des directeurs, des fondés de procuration et des mandataires commerciaux;

14. le versement de tantièmes aux gérants;

15. l'octroi d'intérêts intercalaires;

16. l'organisation et les attributions de l'organe de révision, si ces dispositions vont au-delà des termes de la loi;

17. l'institution d'un droit statutaire de sortir de la société, les conditions d'exercice de ce droit et l'indemnisation y relative;

18. les causes spéciales d'exclusion d'un associé;

19. d'autres causes de dissolution que celles qui sont prévues par la loi.

² Ne sont valables qu'à la condition de figurer dans les statuts les dérogations aux dispositions légales concernant:

1. la prise des décisions concernant la création ultérieure de nouvelles parts sociales privilégiées;

2. le transfert de parts sociales;

3. la convocation de l'assemblée des associés;

4. la détermination du droit de vote des associés;

5. la prise de décision lors de l'assemblée des associés;

6. la prise de décision par les gérants;

7. la gestion et la représentation;

8. la prohibition pour les gérants de faire concurrence.

II. Altre disposizioni

¹ Non vincolano, se non sono contenute nello statuto, le disposizioni riguardanti:

1. l'introduzione dell'obbligo di effettuare versamenti suppletivi o di fornire prestazioni accessorie e le relative modalità;

2. l'introduzione a favore dei soci o della società di diritti preferenziali, di prelazione o di compera sulle quote sociali e le relative modalità;

3. il divieto di concorrenza imposto ai soci;

4. le pene convenzionali volte ad assicurare l'adempimento di obblighi legali o statutari;

5. i privilegi inerenti a determinate categorie di quote sociali (quote sociali privilegiate);

6. il conferimento ai soci di diritti di veto concernenti le deliberazioni dell'assemblea dei soci;

7. la limitazione del diritto di voto dei soci e del loro diritto di farsi rappresentare;

8. i buoni di godimento;

9. le riserve statutarie;

10. l'attribuzione all'assemblea dei soci di competenze che vanno oltre quelle previste dalla legge;

11. l'approvazione di determinate decisioni dei gerenti da parte dell'assemblea dei soci;

12. l'obbligo di sottoporre all'approvazione dell'assemblea dei soci la designazione di persone fisiche che esercitino il diritto di gestione per conto di soci che sono persone giuridiche o società commerciali;

13. la facoltà dei gerenti di nominare direttori, procuratori e mandatari;

14. il versamento di tantièmes ai gerenti;

15. l'attribuzione di interessi per il periodo di avviamento;

16. l'organizzazione e le attribuzioni dell'ufficio di revisione, in quanto tali disposizioni eccedano l'ambito fissato dalla legge;

17. il conferimento di un diritto statutario di recedere dalla società, le condizioni di esercizio di tale diritto e la relativa indennità;

18. i motivi speciali di esclusione di un socio dalla società;

19. le cause di scioglimento non previste dalla legge.

² Non vincolano, se non sono contenute nello statuto, neppure le deroghe alle prescrizioni di legge riguardanti:

1. le deliberazioni concernenti la creazione ulteriore di nuove quote sociali privilegiate;
2. il trasferimento di quote sociali;
3. la convocazione dell'assemblea dei soci;
4. la determinazione del diritto di voto dei soci;
5. le deliberazioni dell'assemblea dei soci;
6. le deliberazioni dei gerenti;
7. la gestione e la rappresentanza;
8. il divieto di concorrenza imposto ai gerenti.

Literatur

ISENSCHMID, Das neue GmbH-Recht aus der Sicht des Praktikers, statutarische Gestaltungsmöglichkeiten, in: Wirtschaftsrecht in Bewegung, FS Forstmoser, Zürich/St. Gallen 2008, 227 ff.

I. Allgemeines

Art. 776a betrifft den **bedingt notwendigen Statuteninhalt,** d.h. Normen, deren Wirksamkeit nach innen und aussen von einer Verankerung in den Statuten abhängt (Botschaft GmbH, 3173). Nicht nur der zwingende (Art. 776), auch der bedingt notwendige Statuteninhalt gem. Art. 776a unterliegt bei Gründung der GmbH dem Erfordernis übereinstimmender Annahme durch die Gründer (Art. 777 Abs. 1). 1

Werden Abweichungen vom dispositiven Gesetzesrecht, die gem. Art. 776a einer statutarischen Grundlage bedürften, anderweitig (z.B. in einem Reglement oder in einem Gesellschaftsbeschluss) getroffen, so sind sie *nichtig.* Diese Rechtsfolge tritt selbst dann ein, wenn anderweitige Beschlüsse einstimmig erfolgt sind oder von den Betroffenen genehmigt wurden (WOHLMANN, 35; CHK-TRÜEB, N 1; SIFFERT et al., N 1). 2

Art. 776a enthält in Abs. 2 ist eine Liste mit bedingt notwendigem Statuteninhalt, der sich auf Punkte bezieht, die im Gesetz dispositiv geregelt sind, deren Abänderung indessen eine statutarische Grundlage benötigt. In Abs. 1 von Art. 776 sind demgegenüber Punkte aufgeführt, die ohne statutarische Bestimmung über keine dispositive Regelung verfügen. 3

II. Der bedingt notwendige Statuteninhalt gemäss Art. 776a Abs. 1 im Einzelnen

Ziff. 1 betrifft die Begründung und Ausgestaltung von **Nachschuss- und Nebenleistungspflichten,** die in Art. 795 ff. geregelt sind. Zu beachten ist, dass nach Art. 796 Abs. 3 nur «Gegenstand und Umfang wie auch andere nach den Umständen wesentlichen Punkte» von Nebenleistungspflichten in den Statuten bestimmt werden müssen. Einzelheiten zu den Nebenleistungspflichten können aufgrund eines statutarischen Verweises in einem Reglement geregelt werden. 4

Ziff. 2 verlangt die statutarische Begründung von **Vorhand-, Vorkaufs- oder Kaufsrechten** der Gesellschafter oder der Gesellschaft an den Stammanteilen. Bei diesen Erwerbsvorrechten handelt es sich um Nebenleistungspflichten (Botschaft GmbH, 3173). Zu beachten ist, dass solche Nebenleistungspflichten die Schranken von Art. 796 Abs. 2 mitberücksichtigen müssen. Bei Erwerbsvorrechten zu Gunsten der Gesellschaft ist zudem Art. 783 zu beachten (CHK-TRÜEB, N 6). 5

Franz Schenker

Art. 776a 6–16 28. Titel: Die Gesellschaft mit beschränkter Haftung

6   *Ziff. 3* betrifft die Begründung eines **Konkurrenzverbotes der Gesellschafter.** Das gesetzliche Konkurrenzverbot betrifft Geschäftsführer (Art. 803 Abs. 4, 812 Abs. 3). Eine statutarische Grundlage ist notwendig für die Ausweitung des Konkurrenzverbots auf nichtgeschäftsführende Gesellschafter (Art. 803 Abs. 2; Botschaft GmbH, 3173 f.).

7   *Ziff. 4* verlangt eine statutarische Grundlage für **Konventionalstrafen,** die bei Nichterfüllung oder nicht rechtzeitiger Erfüllung statutarischer oder gesetzlicher Pflichten geschuldet sind. Auch hier handelt es sich um Nebenleistungen i.S.v. Art. 796 (Botschaft GmbH, 3174).

8   *Ziff. 5* bezieht sich auf die Schaffung von **Vorzugsstammanteilen.** Vorzugsstammanteile werden in Art. 799 durch Verweis auf das Aktienrecht (Art. 654 und 656) geregelt.

9   *Ziff. 6* bezieht sich auf **Vetorechte** von Gesellschaftern betr. GV-Beschlüsse. Das Vetorecht kann nach Massgabe von Art. 807 allen oder einzelnen Gesellschaftern gegen genau umschriebene Beschlüsse der GV (nicht aber der Geschäftsführer) eingeräumt werden (Botschaft GmbH, 3174 und 3209).

10 *Ziff. 7* bezieht sich auf eine **Beschränkung des Stimmrechts** der Gesellschafter, das im Einzelnen in Art. 806 geregelt ist. Die Bestimmung verlangt ebenfalls eine statutarische Grundlage für eine Beschränkung des Rechts der Gesellschafter, sich in der Gesellschafterversammlung vertreten zu lassen (s. Art. 805 Abs. 5 Ziff. 8 m.V. auf das Aktienrecht).

11 *Ziff. 8* fordert eine besondere statutarische Grundlage für **Genussscheine.** Diese sind in Art. 774a i.V.m. Art. 657 geregelt.

12 *Ziff. 9* bezieht sich auf **statutarische Reserven,** die in Art. 801 unter Verweis auf das Aktienrecht (Art. 672 f.) geregelt sind.

13 *Ziff. 10* bezieht sich auf **Befugnisse der Gesellschafterversammlung,** die dieser über die gesetzlichen Zuständigkeiten hinaus zugewiesen werden. Die gesetzlichen Zuständigkeiten sind in Art. 804 geregelt. Aufgaben, die vom Gesetz zwingend einem andern Organ vorbehalten sind (s. Art. 810 Abs. 2 und Art. 818 i.V.m. Art. 728 ff.) dürfen indessen der GV nicht übertragen werden (Botschaft GmbH, 3174).

14 *Ziff. 11* verlangt eine statutarische Grundlage, wenn die **Genehmigung bestimmter Entscheide** der Geschäftsführer durch die GV vorbehalten wird. Art. 811 regelt zwei mögliche Formen einer Genehmigungskompetenz der GV, nämlich einerseits einen obligatorischen Genehmigungsvorbehalt, anderseits ein fakultatives Recht der Geschäftsführer, einzelne Fragen der GV zu Genehmigung vorzulegen. Beide Formen benötigen eine statutarische Grundlage.

15 *Ziff. 12* verlangt eine statutarische Grundlage für die Zustimmung der GV zur **Bezeichnung von natürlichen Personen,** die für Gesellschafter, die juristische Personen oder Handelsgesellschaften sind, das Recht zur Geschäftsführung ausüben. Geschäftsführer können nur natürliche Personen sein (Art. 809 Abs. 2). Da aber ohne anderweitige statutarische Bestimmung alle Gesellschafter zur Geschäftsführung befugt sind (Art. 809 Abs. 1) und juristische Personen ebenfalls Gesellschafter sein können, hat die juristische Person als Gesellschafterin eine natürliche Person zur Ausübung der Geschäftsführerfunktion zu bezeichnen. Die Statuten können für eine solche von einer juristischen Person bezeichnete natürliche Person die Zustimmung der GV verlangen (Art. 809 Abs. 2).

16 *Ziff. 13* bezieht sich auf die **Befugnis der Geschäftsführer, Direktoren, Prokuristen und Handlungsbevollmächtigte zu ernennen.** Die Befugnis zur Ernennung von Direktoren, Prokuristen und Handlungsbevollmächtigten liegt bei der GV (Art. 804

Abs. 3). Diese Kompetenz kann statutarisch auch den Geschäftsführern eingeräumt werden.

Ziff. 14 bezieht sich auf **Tantiemen** für die Geschäftsführer. Art. 798b sieht vor, dass die Vorschriften des Aktienrechts über Tantiemen entsprechend anwendbar sind (Art. 677). 17

Ziff. 15 verlangt die statutarische Verankerung einer Zusicherung von **Bauzinsen.** Art. 798a bestimmt, dass für das Stammkapital und geleistete Nachschüsse keine Zinsen bezahlt werden dürfen. Die Ausrichtung von Bauzinsen ist allerdings nach Massgabe der Vorschriften des Aktienrechts (Art. 676) bei gegebener statutarischer Grundlage zulässig. 18

Ziff. 16 verlangt eine statutarische Grundlage für Regeln betr. die Organisation und die Aufgaben der **Revisionsstelle,** sofern dabei über die gesetzlichen Vorschriften hinausgegangen wird. Ausgeschlossen ist die Übertragung von Aufgaben an die Revisionsstelle, die zu den unübertragbaren und unentziehbaren Aufgaben der GV und der Geschäftsführer gehören oder die die Unabhängigkeit der Revisionsstelle beeinträchtigen (Art. 818 i.V.m. Art. 731a Abs. 2). Beispiele für zulässige Zusatzaufgaben bilden die Verpflichtung, Zwischenrevisionen vorzunehmen oder die Einhaltung bestimmter Compliance-Regeln zu überprüfen (KÜNG/CAMP, N 25 f.). 19

Ziff. 17 betrifft ein **Austrittsrecht** des Gesellschafters, die Bedingungen für dessen Ausübung und die auszurichtende Abfindung. Das Austrittsrecht ist in Art. 822 Abs. 2 geregelt. Ohne statutarische Erwähnung kann ein Gesellschafter von Gesetzes wegen bei Vorliegen von wichtigen Gründen auf Austritt klagen (Art. 822 Abs. 1). Art. 825 f. enthält die auf die Abfindung anwendbaren Regeln, die teilweise durch statutarische Bestimmungen abgeändert werden können. 20

Ziff. 18 bezieht sich auf das in Art. 823 geregelte Recht, einen Gesellschafter aus der Gesellschaft **auszuschliessen.** Aus wichtigen Gründen kann ein Gesellschafter auch ohne besondere statutarische Grundlage ausgeschlossen werden (Art. 823 Abs. 1). Die Statuten können indessen weitere bestimmte Gründe für einen Ausschluss aufführen (Art. 823 Abs. 2). 21

Ziff. 19 bezieht sich auf **Auflösungsgründe,** die über die gesetzlich geregelten Fälle der Auflösung (Art. 821 Abs. 1 Ziff. 2–4) hinausgehen. Eine Beschränkung der gesetzlichen Auflösungsgründe ist nicht zulässig. 22

III. Der bedingt notwendige Statuteninhalt gemäss Art. 776a Abs. 2 im Einzelnen

Ziff. 1 bezieht sich auf die Beschlussfassung über die **nachträgliche Schaffung von neuen Vorzugsstammanteilen.** Die dispositive Regel dazu ist in Art. 654 Abs. 2 enthalten, die aufgrund von Art. 799 entsprechend anwendbar ist. 23

Ziff. 2 bezieht sich auf Vorschriften über die **Übertragung von Stammanteilen,** d.h. Vinkulierungsbestimmungen. Die dispositive Regel dazu findet sich in Art. 786. Auf die Formvorschriften für die Abtretung (Art. 785) und auf die Eintragung der Gesellschafter im Handelsregister (Art. 791) kann indessen nicht verzichtet werden; zulässig ist es aber, die Abtretung der Form der öffentlichen Beurkundung zu unterstellen (Botschaft GmbH, 3175). 24

Ziff. 3 bezieht sich auf Vorschriften über die **Einberufung der GV.** Die dispositiven Regeln dazu finden sich in Art. 805 Abs. 2 und 3. 25

26 *Ziff. 4* betrifft die **Bemessung des Stimmrechts** der Gesellschaft. Dispositiv hält Art. 806 fest, dass das Stimmrecht der Gesellschafter sich nach dem Nennwert der Stammanteile bestimmt. Die Statuten können Stimmrechtsbeschränkungen oder Stimmrechtsprivilegien vorsehen (Art. 806). Unklar ist das Verhältnis zwischen Art. 776a Abs. 1 Ziff. 7 und Abs. 2 Ziff. 4; klar ist indessen, dass eine Abweichung vom dispositiven Gesetzesrecht mit Bezug auf das Stimmrecht der Gesellschafter eine statutarische Grundlage erfordert.

27 *Ziff. 5* bezieht sich auf die **Beschlussfassung in der GV**. Die dispositive Ordnung dazu findet sich in Art. 808, 808a und 808b Abs. 2.

28 *Ziff. 6* fordert eine besondere statutarische Grundlage für eine abweichende Regel über die **Beschlussfassung der Geschäftsführer**. Die dispositive Regel dazu findet sich in Art. 809 Abs. 4, der einen Mehrheitsentscheid vorsieht und dem Vorsitzenden einen Stichentscheid zubilligt.

29 *Ziff. 7* betrifft von Art. 809 Abs. 1 und Art. 814 Abs. 1 abweichende Regeln zur **Geschäftsführung und zur Vertretung**. Die Einzelheiten der vom Gesetz abweichenden Vertretung kann aufgrund eines statutarischen Verweises in einem Reglement festgelegt werden (Art. 814 Abs. 2).

30 *Ziff. 8* befasst sich mit dem **Konkurrenzverbot von Geschäftsführern**. Diese unterstehen nach Art. 812 Abs. 3 einem Konkurrenzverbot, sofern die Statuten nichts anderes vorsehen.

Art. 777

G. Gründung
I. Errichtungsakt

¹ Die Gesellschaft wird errichtet, indem die Gründer in öffentlicher Urkunde erklären, eine Gesellschaft mit beschränkter Haftung zu gründen, darin die Statuten festlegen und die Organe bestellen.

² In diesem Errichtungsakt zeichnen die Gründer die Stammanteile und stellen fest, dass:

1. sämtliche Stammanteile gültig gezeichnet sind;

2. die Einlagen dem gesamten Ausgabebetrag entsprechen;

3. die gesetzlichen und statutarischen Anforderungen an die Leistung der Einlagen erfüllt sind;

4. sie die statutarischen Nachschuss- oder Nebenleistungspflichten übernehmen.

G. Fondation
I. Acte constitutif

¹ La société est constituée par un acte passé en la forme authentique dans lequel les fondateurs déclarent fonder une société à responsabilité limitée, arrêtent le texte des statuts et désignent les organes.

² Dans cet acte, les fondateurs souscrivent les parts sociales et constatent:

1. que toutes les parts sociales ont été valablement souscrites;

2. que les apports correspondent au prix total d'émission;

3. que les apports ont été effectués conformément aux exigences légales et statutaires;

4. qu'ils acceptent l'obligation statutaire d'effectuer des versements supplémentaires ou de fournir des prestations accessoires.

1. Abschnitt: Allgemeine Bestimmungen   1–7   **Art. 777**

G. Costituzione
I. Atto costitutivo

¹ La società è costituita con un atto pubblico nel quale i promotori dichiarano di costituire una società a garanzia limitata, ne stabiliscono lo statuto e ne designano gli organi.

² In questo atto costitutivo i promotori sottoscrivono le quote sociali e accertano che:
1. tutte le quote sociali sono state validamente sottoscritte;
2. i conferimenti corrispondono al prezzo totale di emissione;
3. i conferimenti sono stati effettuati conformemente a quanto richiesto dalla legge e dallo statuto;
4. accettano l'obbligo statutario di effettuare versamenti suppletivi o di fornire prestazioni accessorie.

I. Allgemeines

Art. 777 Abs. 1 hält am bewährten Grundsatz fest, wonach zur Gründung einer GmbH eine **öffentliche Beurkundung** vorgeschrieben ist. Diese Formvorschrift bezweckt die richtige und wahrheitsgetreue Fassung und Aufzeichnung der Beschlüsse, die saubere und einwandfreie Durchführung der Versammlung und Beschlussfassung und die Beschaffung einer sicheren Grundlage für die Eintragung in das Handelsregister (s. Art. 629 N 1). 1

Gemäss Art. 55 SchlT ZGB obliegt es dem kantonalen Recht, das Beurkundungsverfahren zu regeln, wobei die bundesrechtlichen Vorschriften zu beachten sind. 2

Als Gründer kommen natürliche und juristische Personen (wie auch Handelsgesellschaften, Kollektiv- und Kommanditgesellschaften) in Frage (Art. 775). Umstritten ist, ob eine einfache Gesellschaft oder andere Gesamthandschaften ebenfalls als Gründer auftreten können. Da einfache Gesellschaften und andere Gesamthandschaften Gesellschafter einer GmbH sein können, spricht m.E. nichts gegen deren Auftretung als Gründer (vgl. GLANZMANN, Die kleine Aktienrevision, ZBGR 2007, 71 f.; SIFFERT et al., N 4; **a.M.** KÜNG/CAMP, N 15; HANDSCHIN/TRUNIGER, 30). 3

II. Der gesetzliche Mindestinhalt des Errichtungsakts

Abs. 1 verlangt die Abgabe der **Gründungserklärung**. Die Erklärung der Gründer, eine GmbH gründen zu wollen, stellt das Fundament der in Entstehung begriffenen Gesellschaft dar. Die Willenserklärung hat einstimmig zu erfolgen (ZK-VON STEIGER, Art. 779 N 18; CHK-TRÜEB, N 6; KÜNG/CAMP, N 26). 4

Nach Abs. 1 ist es im Weiteren erforderlich, dass die Gründer die **Statuten** festsetzen. Nötig ist dafür wiederum Einstimmigkeit. Aufgrund dieser einstimmigen Erklärung der Gründer werden die Statuten zum «Grundgesetz» der GmbH. Im Minimum müssen die in Art. 776 angeführten Punkte in den Statuten enthalten sein. 5

Im Unterschied zum bisherigen Recht müssen die Gründer in der Gründungsurkunde die **Organe** (Geschäftsführung, soweit erforderlich Revisionsstelle, ggf. weitere fakultative Organe, welche von den Statuten vorgesehen werden) bestellen. Bestellt sind die Organe erst, wenn die gewählte Person eine Annahmeerklärung abgegeben hat (CHK-TRÜEB, N 10; KÜNG/CAMP, N 22; SIFFERT et al., N 15). 6

Im Gründungsakt werden die **Stammanteile** direkt **gezeichnet** (Art. 777 Abs. 2; zum notwendigen Inhalt der Zeichnung s. Art. 777a). Die Gründer haben festzustellen, dass sämtliche Stammanteile gültig gezeichnet sind, dass die Einlagen dem gesamten Ausga- 7 bebetrag entsprechen, und dass die gesetzlichen und ggf. zusätzlichen statutarischen Anforderungen an die Leistung der Einlage erfüllt sind (Art. 777 Abs. 2 Ziff. 1–3). Damit die Gründer eine solche Bestätigung abgeben können, bedingt dies Vorbereitungsarbeiten. Bareinlagen müssen bei einem den Anforderungen von Art. 633 Abs. 1 genügenden Institut hinterlegt sein (Art. 777c Abs. 2 Ziff. 3 i.V.m. Art. 633 Abs. 1); für Sacheinlagen muss ein Sacheinlagevertrag bestehen, und die Sacheinlage muss nach Massgabe von Art. 634 der GmbH nach Ihrer Eintragung in das Handelsregister zur Verfügung stehen. Vorliegen muss ebenfalls ein Gründungsbericht mit Prüfungsbestätigung (Art. 777c Abs. 2 Ziff. 3 i.V.m. Art. 634). Nur wenn diese Vorbereitungshandlungen erfolgt sind, können die Gründer gem. Art. 777 Abs. 2 Ziff. 3 gültig feststellen, dass die gesetzlichen und statutarischen Anforderungen an die Leistung der Einlagen erfüllt sind.

8 Die Gründer haben zudem ggf. festzuhalten, dass Sie die statutarisch vorgesehen Nachschuss- und Nebenleistungen (Art. 777 Abs. 2 Ziff. 4) übernehmen.

9 Zusätzlich zu den oben erwähnten Punkten hat die Urkundsperson alle Belege zu nennen und zu bestätigen, dass die Belege ihr und den Gründern vorgelegen haben (Art. 777b Abs. 1 OR; Art. 72 lit. h HRegV). Art. 72 HRegV enthält eine übersichtliche Darstellung des Inhalts der öffentlichen Urkunde über den Errichtungsakt.

Art. 777a

II. Zeichnung der Stammanteile

¹ Die Zeichnung der Stammanteile bedarf zu ihrer Gültigkeit der Angabe von Anzahl, Nennwert und Ausgabebetrag sowie gegebenenfalls der Kategorie der Stammanteile.

² In der Urkunde über die Zeichnung muss hingewiesen werden auf statutarische Bestimmungen über:

1. Nachschusspflichten;

2. Nebenleistungspflichten;

3. Konkurrenzverbote für die Gesellschafter;

4. Vorhand-, Vorkaufs- und Kaufsrechte der Gesellschafter oder der Gesellschaft;

5. Konventionalstrafen.

II. Souscription des parts sociales

¹ Pour être valable, la souscription des parts sociales requiert l'indication du nombre, de la valeur nominale et du prix d'émission des parts sociales, ainsi que, le cas échéant, l'indication de leur catégorie.

² L'acte de souscription doit renvoyer aux dispositions statutaires concernant:

1. l'obligation d'effectuer des versements supplémentaires;

2. l'obligation de fournir des prestations accessoires;

3. la prohibition pour les associés de faire concurrence;

4. les droits de préférence, de préemption et d'emption des associés ou de la société;

5. les peines conventionnelles.

II. Sottoscrizione delle quote sociali

¹ Per essere valida, la sottoscrizione deve contenere l'indicazione del numero, del valore nominale, del prezzo di emissione e delle eventuali categorie delle quote sociali.

1. Abschnitt: Allgemeine Bestimmungen **Art. 777b**

> ² L'atto di sottoscrizione deve rinviare alle disposizioni statutarie concernenti:
> 1. l'obbligo di effettuare versamenti suppletivi;
> 2. l'obbligo di fornire prestazioni accessorie;
> 3. il divieto di concorrenza imposto ai soci;
> 4. i diritti preferenziali, di prelazione e di compera dei soci o della società;
> 5. le pene convenzionali.

I. Allgemeines

Die Zeichnung der Stammanteile bildet Bestandteil des Gründungsaktes (Art. 777 Abs. 2). Eines besonderen Zeichnungsscheins bedarf es daher nicht (vgl. Art. 777 Abs. 2). Art. 777a Abs. 1 ergänzt die Vorschrift von Art. 777 Abs. 2 durch die Präzisierung, dass die Zeichnung der Stammanteile zu ihrer Gültigkeit der Angabe von Anzahl, Nennwert und Ausgabebetrags der Stammanteile bedarf. Bestehen mehrere Kategorien von Stammanteilen, so ist auch die Kategorie anzugeben (Botschaft GmbH, 3176). 1

Zum Schutz der Gründer sieht Abs. 2 vor, dass die Urkunde über die Zeichnung auf bestimmte, ggf. vorhandene statutarische Bestimmungen hinweist, die für die Gesellschafter einschneidende Folgen haben können. Anders als in Abs. 1 enthält Abs. 2 von Art. 777a keinen Hinweis auf die Folgen betr. die Gültigkeit der Zeichnung, falls die in Abs. 2 verlangten Angaben fälschlicherweise in der Urkunde über die Zeichnung nicht enthalten sind. 2

M.E. hat das Fehlen der Angaben gem. Abs. 2 in der Urkunde über die Zeichnung keine Nichtigkeitsfolge: Die in Abs. 2 aufgeführten Pflichten müssen alle in den Statuten aufgeführt sein (s. Art. 776a); Statuten werden durch die Gründer im Errichtungsakt festgelegt (Art. 777 Abs. 1), weshalb die Gründer auch ohne besonderen Hinweis nach Art. 777a Abs. 2 über die möglichen nachteiligen Konsequenzen dieser Statutenbestimmungen orientiert sein müssen. 3

Art. 777b

III. Belege	¹ **Im Errichtungsakt muss die Urkundsperson die Belege über die Gründung einzeln nennen und bestätigen, dass sie ihr und den Gründern vorgelegen haben.** ² **Dem Errichtungsakt sind folgende Unterlagen beizulegen:** **1. die Statuten;** **2. der Gründungsbericht;** **3. die Prüfungsbestätigung;** **4. die Bestätigung über die Hinterlegung von Einlagen in Geld;** **5. die Sacheinlageverträge;** **6. bereits vorliegende Sachübernahmeverträge.**
III. Pièces justificatives	¹ L'officier public mentionne dans l'acte constitutif chacune des pièces justificatives et atteste qu'elles lui ont été soumises, ainsi qu'aux fondateurs.

Franz Schenker

	² Doivent être annexés à l'acte constitutif:
	1. les statuts;
	2. le rapport de fondation;
	3. l'attestation de vérification;
	4. l'attestation de dépôt des apports en espèces;
	5. les contrats relatifs aux apports en nature;
	6. les contrats de reprises de biens existants.
III. Documenti giustificativi	¹ Il pubblico ufficiale menziona nell'atto costitutivo i singoli documenti giustificativi e attesta che sono stati esibiti a lui e ai promotori.
	² All'atto costitutivo devono essere acclusi:
	1. lo statuto;
	2. la relazione sulla costituzione;
	3. l'attestazione di verifica;
	4. l'attestazione di deposito dei conferimenti in denaro;
	5. i contratti riguardanti i conferimenti in natura;
	6. i contratti esistenti di assunzione di beni.

1 Art. 777b unterscheidet zwischen *Gründungsbelegen* und *Unterlagen* zum Errichtungsakt. Die Belege (Abs. 1) sind diejenigen Dokumente, die beim Errichtungsakt der Urkundsperson vorliegen müssen, während die Unterlagen (Abs. 2) dem Errichtungsakt beizulegen sind. Art. 72 HRegV listet den notwendigen Inhalt der öffentlichen Urkunde über den Errichtungsakt im Einzelnen auf.

2 Gemäss Abs. 1 muss die Urkundsperson die Belege einzeln nennen und bestätigen, dass sie den Gründern und der Urkundsperson selbst vorgelegen haben. Die Urkundsperson muss somit nicht das Bestehen der Rechtsverhältnisse bezeugen, die in den Belegen festgehalten werden. Sie hat jedoch zu prüfen, ob die Belege wenigstens ihrem Aussehen nach formell in Ordnung sind, die vom Gesetz verlangten Angaben enthalten und ob ihr Inhalt mit der von ihr zu beurkundenden Feststellung der Gründer übereinstimmt (vgl. ZK-VON STEIGER, Art. 779 N 36; KÜNG/CAMP, Art. 777 N 26 f.).

3 Die Aufzählung der Unterlagen von Abs. 2 ist nicht abschliessend. Als mögliche Belege neben den Unterlagen gem. Abs. 2 sind zu erwähnen: Allfällige Vollmachten, Handelsregisterauszüge, Annahmeerklärungen der Geschäftsführer resp. der RS, ggf. eine Domizilhaltererklärung etc.

Art. 777c

IV. Einlagen	**¹ Bei der Gründung muss für jeden Stammanteil eine dem Ausgabebetrag entsprechende Einlage vollständig geleistet werden.**
	² Im Übrigen sind die Vorschriften des Aktienrechts entsprechend anwendbar für:
	1. die Angabe der Sacheinlagen, der Sachübernahmen und der besonderen Vorteile in den Statuten;
	2. die Eintragung von Sacheinlagen, Sachübernahmen und von besonderen Vorteilen ins Handelsregister;
	3. die Leistung und die Prüfung der Einlagen.

1. Abschnitt: Allgemeine Bestimmungen   1–3 Art. 777c

IV. Apports	¹ Lors de la fondation de la société, un apport correspondant au prix d'émission doit être libéré pour chaque part sociale. ² Pour le surplus, le droit de la société anonyme s'applique par analogie à: 1. l'indication des apports en nature, des reprises de biens et des avantages particuliers dans les statuts; 2. l'inscription au registre du commerce des apports en nature, des reprises de biens et des avantages particuliers; 3. la libération et la vérification des apports.
IV. Conferimenti	¹ All'atto della costituzione, per ogni quota sociale deve essere effettuato un conferimento corrispondente al prezzo di emissione. ² Per il rimanente, le disposizioni del diritto della società anonima si applicano per analogia: 1. all'indicazione nello statuto dei conferimenti in natura, dell'assunzione di beni e dei vantaggi speciali; 2. all'iscrizione nel registro di commercio dei conferimenti in natura, dell'assunzione di beni e dei vantaggi speciali; 3. alla prestazione e alla verifica dei conferimenti.

I. Liberierung der Stammanteile

Abs. 1 hält die neue Regel fest, dass jeder Stammanteil bei der Gründung **vollständig liberiert** sein muss. Die früher zulässige Teilliberierung wurde im Rahmen der Revision des GmbH-Rechts abgeschafft. Gesellschaften, die zum Zeitpunkt des Inkrafttretens des revidierten GmbH-Rechts nicht über ein vollständig liberiertes Stammkapital verfügen, müssen dieses innert einer Übergangsfrist von zwei Jahren voll liberieren. Bis zur vollen Liberierung haften die Gesellschafter nach Art. 802 altOR (Art. 3 Übergangsbestimmungen). 1

II. Anwendbarkeit der Vorschriften des Aktienrechts bei qualifizierten Gründungen betreffend den Statuteninhalt

Gründungen mit Sacheinlagen, Sachübernahmen oder besonderen Vorteilen werden gemeinhin als **«qualifizierte Gründungen»** bezeichnet (vgl. z.B. MEIER/HAYOZ/FORSTMOSER, 535; WOHLMANN, 23 f.). Sowohl eine Sacheinlage wie auch eine Sachübernahme weisen im Vergleich mit einer Bareinlage das erhöhte Risiko auf, dass das den Gläubigern als Haftungssubstrat dienende Kapital von Anfang an nicht vollständig existiert oder aber ausgehöhlt wird. Die gemeinhin «Gründervorteile» genannten «besonderen Vorteile» können ebenfalls eine Aushöhlung des Haftungssubstrats zur Folge haben. Als Sicherheitsmassnahme sieht das Gesetz bei den erwähnten qualifizierten Gründungen die Publizität in den Statuten vor und ordnet an, dass die Vorschriften des Aktienrechts entsprechend anwendbar sind (Abs. 2 Ziff. 1). 2

Eine **Sacheinlage** liegt vor, wenn die *Liberierungsschuld durch die Übertragung von Sachen oder von anderen Vermögenswerten* (z.B. Patenten, Marken etc.) getilgt wird (Botschaft AG, 854). Nur Gegenstände des Rechtsverkehrs, die einen Verkehrswert haben und nach den Grundsätzen ordnungsgemässer Rechnungslegung aktivierungsfähig sind, können Gegenstand der Sacheinlage sein (BÖCKLI, 85). Verpflichtungen zu Arbeits- oder Dienstleistungen sind als Sacheinlage untauglich (vgl. FORSTMOSER/MEIER-HAYOZ/NOBEL, 144; vgl. die detaillierte Liste von Sacheinlagegegenständen bei KÜNG/CAMP, N 12–54; s.a. die Mitteilung des EHRA vom 15.8.2001, Reprax 2001, 59 ff. zur Zulässigkeit von Sacheinlagen). 3

4 Die Statuten müssen den *Gegenstand* der Sacheinlage angeben, die *Bewertung* der Sacheinlage, den *Namen des Sacheinlegers* sowie die ihm als *Gegenleistung* zukommenden Stammanteile. Verlangt ist eine eindeutige Identifizierung der Sacheinlage. Die Bewertung bedingt die Bezeichnung eines bestimmten Betrags in CHF; eine ungefähre Bewertung genügt nicht. Nicht zur Anwendung kommen die Vorschriften über die Statutenpublizität aufgrund ausdrücklicher Vorschriften des FusG trotz Neugründung einer Gesellschaft bei der Kombinationsfusion und bei der Neugründung einer Gesellschaft im Rahmen einer Spaltung; ebensowenig kommen die Vorschriften über die Sacheinlagen bei einer Umwandlung zum Tragen (Art. 10 Abs. 2, Art. 34 und 57 FusG).

5 Rechtsfolge der Nichtbeachtung der Statutenpublizität bei Sacheinlagegründung ist nach herkömmlicher Meinung die Nichtigkeit des Einlagegeschäfts (vgl. z.B. HANDSCHIN/ TRUNIGER, 49); die Sachleistung kann nicht als wirksame Liberierung betrachtet werden, so dass der Einleger bei entsprechendem Verlangen der GmbH nachträglich bar liberieren muss. Es kann zu den diesbezüglichen Ausführungen in den Komm. zum Aktienrecht (Art. 628) verwiesen werden.

6 Eine **Sachübernahmegründung** liegt vor, wenn die GmbH vor oder unmittelbar nach ihrer Gründung Vermögenswerte übernimmt. Nicht nur eine *sichere,* sondern auch eine *beabsichtigte* Sachübernahme ist in den Statuten aufzuführen. Als Sachübernahme gilt auch eine erst für später vorgesehene Übernahme von Sachwerten, sofern sie nur zum Voraus geplant ist und ihre Ausführung als einigermassen sicher anzusehen ist (BGE 109 Ib 97; 83 II 290).

7 Nicht jede geringfügige Anschaffung (z.B. Möbel, Büromaterial) für die Gesellschaft bildet Gegenstand einer Sachübernahme i.S. des Gesetzes. Es muss sich um Geschäfte von grösserer wirtschaftlicher Bedeutung handeln, welche das Kapital der Gesellschaft schwächen und deshalb geeignet sind, auf den Kaufentschluss späterer Anteilserwerber oder die Kreditgewährung allfälliger Gläubiger einen Einfluss auszuüben (BGE 83 II 289; FORSTMOSER/MEIER-HAYOZ/NOBEL, 146; ZK-SIEGWART, Art. 628 N 56). Laut BÖCKLI (88) ist von Fall zu Fall funktional zu entscheiden: Ist die Anschaffung wirtschaftlich bedeutend, liegt sie ausserhalb des normalen Geschäftsgangs, ist sie ein Teil des Gründungsplans, ohne den die Gründung nicht durchgeführt worden wäre, liegt eine Sachübernahmegründung vor (vgl. m.w.H. in Art. 628 N 9). In BGE 128 III 178 f. wurde der zur statutarischen Tätigkeit gehörende Erwerb von Vermögenswerten – im konkreten Fall der Steigerungserwerb eines Hotelkomplexes – vom Anwendungsbereich der Sachübernahmebestimmungen ausgenommen. Dieses Urteil wurde zu Recht kritisiert (vgl. z.B. FORSTMOSER, Reprax 2003, 1 ff.; GLANZMANN, SZW 2003, 166 ff., und Entwicklungen im Gesellschaftsrecht III, 106 f.). Die Frage, ob eine Sachübernahme vorliegt, ist nicht unmittelbar am Gesellschaftszweck zu messen; entscheidend ist, ob die Übernahme im Rahmen der üblichen Geschäftstätigkeit stattfindet. Fällt ein Übernahmegeschäft in den Rahmen der üblichen Geschäftstätigkeit, wird der Tatbestand der Sachübernahme nicht erfüllt (GLANZMANN, SZW 2003, 173). Mit GLANZMANN (Entwicklungen im Gesellschaftsrecht III, 107) ist daher zu fordern, dass BGE 128 III 178 f. seit dem Inkrafttreten der «kleinen Aktienrechtsrevision» nicht weiter zu beachten ist.

8 Mit der Revision des GmbH-Rechts wurde in Art. 628 Abs. 2 angeordnet, dass die Statutenpublizität bei Sachübernahmen nur erforderlich ist, wenn die Gesellschaft von Aktionären oder einer diesen *nahe stehenden Person* Vermögenswerte übernimmt oder zu übernehmen beabsichtigt. Mit dem Verweis von Art. 777c Abs. 2 Ziff. 1 auf das Aktienrecht gilt somit auch im Bereich der GmbH, nicht mehr jede Sachübernahme, sondern nur noch Sachübernahmen mit Gesellschaftern oder diesen nahe stehenden Personen in

1. Abschnitt: Allgemeine Bestimmungen   9–13   Art. 777c

den Statuten aufzuführen. Das Gesetz legt nicht fest, was unter einer «nahe stehenden Person» zu verstehen ist. Der Begriff «nahe stehende Person» wird im Aktienrecht auch in Art. 663b^bis Abs. 1 Ziff. 5 und Abs. 2 sowie in Art. 678 verwendet, ebenfalls ohne nähere Definition. Es liegt nahe, die «nahe stehende Person» des Art. 628 Abs. 2 derjenigen der Art. 663b^bis und Art. 678 gleichzustellen, geht es doch bei all diesen Regeln darum, mit dem Einbezug der «nahe stehenden Personen» Umgehungsgeschäfte zu erfassen (s.a. Botschaft Aktien- und Rechnungslegungsrecht, 1641 FN 105). Zur Unsicherheit mit Bezug auf die übergangsrechtliche Lage s. Art. 628 N 10.

Bei Sachübernahmen haben die Statuten den *Gegenstand*, den *Namen des Veräusserers* und die *Gegenleistung* der Gesellschaft aufzuführen (Art. 628 Abs. 2 i.V.m. Art. 777c Abs. 2 Ziff. 1). Zu den Schwierigkeiten, die die Formulierung einer ausreichenden Statutenklausel bei beabsichtigten Sachübernahmen mit sich bringen kann und zu «gemischten» Sacheinlage-/Sachübernahmegründungen vgl. Art. 628 N 11 f.   9

Nichtbeachtung der Vorschriften betr. Statutenpublizität hat nach herkömmlicher Meinung die *Nichtigkeit* der Sachübernahme zur Folge (WOHLMANN, 26; zur analogen Rechtslage bei der AG vgl. Art. 628 N 13). Neben zivilrechtlicher Verantwortlichkeit der Gründer (ZK-VON STEIGER Art. 778 N 48) können auch strafrechtliche Folgen in Betracht kommen, z.B. wenn die Urkundsperson durch Täuschung veranlasst wurde, eine Tatsache falsch zu beurkunden (vgl. BGE 81 IV 249 ff.). Die zivilrechtliche Nichtigkeit der Sachübernahme kann grundsätzlich auch durch Zeitablauf, Erfüllung oder Genehmigung durch die Gesellschaft nicht geheilt werden; der Mangel kann durch Änderung der Statuten (Art. 780) und durch einen neuen Eintrag im Handelsregister beseitigt werden (ZK-VON STEIGER, Art. 778 N 47; für das Aktienrecht vgl. Art. 628 N 13). Zu Recht erhebt BÖCKLI (102) Bedenken gegen die Nichtigkeitsfolge. Ein gutgläubiger Dritter soll nicht Nachteile aus dem Fehlverhalten der Gründer einer GmbH tragen müssen, mit der er einen Übernahmevertrag abgeschlossen hat. Auch unter dem neuen Recht können Konstellationen eintreten, bei denen die Nichtigkeitsfolge einen gutgläubigen Dritten ungerechtfertigterweise trifft (s.a. Botschaft Aktien- und Rechnungslegungsrecht, 1641).   10

Das Gesetz erlaubt es, dass bei der Gründung zugunsten von Gründern oder anderen Personen **besondere Vorteile** (gelegentlich auch «Gründervorteile» genannt) zuerkannt werden. Gegenstand von «besonderen Vorteilen» sind Vermögensrechte. Eingeräumt werden können z.B. besondere Gewinnanteile, Liquidationsanteile, das Recht auf Benutzung von Anlagen der GmbH etc. Die «besonderen Vorteile» sind von Vorzugsstammanteilen zu unterscheiden (Art. 799). Die «besonderen Vorteile» sind nicht mit dem Stammanteil verbunden, sondern personenbezogen (SIFFERT et al., 52 f.).   11

In den Statuten sind der *Name* des Vorteilsempfängers und der gewährte Vorteil nach *Inhalt* und *Wert* genau aufzuführen (Art. 628 Abs. 3). Fehlt es an den notwendigen Angaben in den Statuten, ist die Einräumung von besonderen Vorteilen nichtig (BÖCKLI, 89). Der Inhalt und der Wert der besonderen Vorteile sind auch in das Handelsregister einzutragen, nicht aber der Name der Vorteilsempfänger (Art. 642).   12

Zu den «Qualifizierten Gründungen» (s.o. N 2) wird üblicherweise auch eine Gründung gezählt, bei der die **Liberierung durch Verrechnung** stattfindet (vgl. z.B. MEIER-HAYOZ/FORSTMOSER, 535). Obwohl das GmbH-Recht die Liberierung durch Verrechnung nicht erwähnt, ist die Zulässigkeit einer solcher Liberierung nicht in Frage gestellt (Botschaft GmbH, 3178; KÜNG/CAMP, N 92 ff.; SIFFERT et al., 52). Die Liberierung durch Verrechnung muss (anders als die anderen qualifizierten Gründungen) in den Statuten nicht offengelegt werden (Botschaft Aktien- und Rechnungslegungsrecht, 1642).   13

Franz Schenker

Zur Streitfrage, ob eine Liberierung durch Verrechnung auch stattfinden darf, wenn die verrechnete Forderung nicht vollumfänglich werthaltig ist vgl. Art. 628 N 2 m.w.H.

14 Art. 628 Abs. 4 erlaubt die **Statutenbereinigung** mit Bezug auf Bestimmungen über *Sacheinlagen und Sachübernahmen*. Zuständig zur die Statutenbereinigung ist die GV, die eine normale Statutenänderung vornimmt (KÜNG/CAMP, N 63). Voraussetzung für die Aufhebung von Statutenbestimmungen über Sacheinlagen und Sachübernahmen ist der Ablauf von *zehn Jahren*. Verzichtet die Gesellschaft endgültig auf eine Sachübernahme, kann sie die entsprechende Statutenbestimmung auch schon vor Ablauf der Zehnjahresfrist aufheben. Aufgrund des Verweises von Art. 777c Abs. 2 Ziff. 1 muss die aktienrechtliche Regelung der Statutenbereinigung auch für das GmbH-Recht gelten. Zulässig ist m.E. auch eine Bereinigung von obsolet gewordenen Statutenbestimmungen über «besondere Vorteile» (vgl. Art. 628 N 20 m.w.H.).

III. Anwendbarkeit der Vorschriften des Aktienrechts bei qualifizierten Gründungen betreffend die Handelsregistereintragung

15 Der Verweis von Art. 777c Abs. 2 Ziff. 2 auf die Vorschriften des Aktienrechts betr. die Eintragung von Sacheinlagen, Sachübernahmen und von besonderen Vorteilen ins Handelsregister bezieht sich auf Art. 642. Dort wird angeordnet, dass der Gegenstand von Sacheinlagen, die dafür ausgegebenen Aktien, der Gegenstand von Sachübernahmen und die Gegenleistung der Gesellschaft sowie Inhalt und Wert besonderer Vorteile ins Handelsregister eingetragen werden müssen. Art. 73 HRegV, der den Inhalt des Handelsregistereintrags einer GmbH detailliert regelt, verweist mit Bezug auf die Tatbestände der qualifizierten Gründung (Sacheinlagen, Sachübernahmen, Verrechnungstatbestände, besondere Vorteile) auf Art. 45 Abs. 2 und 3 HRegV. Diese Bestimmungen enthalten Präzisierungen über den Inhalt des Eintrags bei Sacheinlage, Sachübernahmen und besonderen Vorteilen. Bemerkenswert ist die in Art. 73 Abs. 2 und 45 Abs. 2 HRegV aufgeführte Eintragungspflicht von Verrechnungstatbeständen; für diese Eintragungspflicht ist es fraglich, ob eine ausreichende gesetzliche Grundlage besteht (vgl. Botschaft Aktien- und Rechnungslegungsrecht, 1642, die weiterhin davon ausgeht, dass eine Liberierung durch Verrechnung im Handelsregister nicht offengelegt werden muss). Angesichts von Art. 929 ist die Frage nach der gesetzlichen Grundlage wohl zu bejahen.

IV. Anwendbarkeit der Vorschriften des Aktienrechts bei qualifizierten Gründungen betreffend die Leistung und die Prüfung der Einlagen

16 Der Verweis von Art. 777c Abs. 2 Ziff. 3 betr. die Anwendung der Vorschriften des Aktienrechts mit Bezug auf die Leistung und die Prüfung der Einlagen bezieht sich auf die Art. 633–635a. Nicht erfasst vom Verweis wird Art. 634a, der sich auf die nachträgliche Liberierung bezieht; da bei einer GmbH das Stammkapital voll liberiert werden muss (Abs. 1), besteht für die analoge Anwendung von Art. 634a kein Raum (Botschaft GmbH, 3178).

17 Bei einer **Barliberierung** verlangt Art. 633 Abs. 1 die Hinterlegung bei einem dem BankG unterstellten Institut. Da bei der GmbH keine Besonderheiten diesbezüglich bestehen, kann auf den Kommentar zur Barliberierung bei der AG verwiesen werden (Art. 633 N 2 ff. m.w.H.).

18 Mit Bezug auf **Sacheinlagen** verlangt Art. 634 Ziff. 1 das Vorliegen eines schriftlichen oder öffentlich beurkundeten *Sacheinlagevertrags*, gestützt auf den die Sacheinlage so-

1. Abschnitt: Allgemeine Bestimmungen 1 **Art. 778**

dann erfolgt. Entgegen der missverständlichen Gesetzestext haben die Parteien indessen keine freie Wahl zwischen einem Vertrag mit einfacher Schriftlichkeit und einem öffentlich beurkundeten Vertrag; immer dann, wenn die Übertragung eines Vermögenswerts vom Gesetzes wegen eine öffentliche Beurkundung verlangt, bedarf es auch für die Liberierung einer öffentlichen Beurkundung. Gestützt auf Ziff. 2 von Art. 634 muss die GmbH nach Ihrer Eintragung in das Handelsregister über den als Sacheinlage eingebrachten Vermögenswert sofort als Eigentümerin verfügen können oder aber (bei Grundstücken) einen bedingungslosen Anspruch auf Eintragung in das Grundbuch erhalten. Ziff. 3 von Art. 634 verlangt schliesslich für die Gültigkeit von Sacheinlagen das Vorliegen eines Gründungsberichts mit Prüfungsbestätigung. Da auch mit Bezug auf diese Anforderungen an die Gültigkeit einer Sacheinlage keine Besonderheiten für die GmbH bestehen, kann auf die diesbezügliche Komm. zur AG (Art. 634) verwiesen werden.

Der in Art. 634 Ziff. 3 erwähnte Gründungsbericht und die Prüfungsbestätigung werden in Art. 635 und 635a genauer geregelt. Aus Art. 635 geht hervor, dass ein Gründungsbericht nicht nur für Sacheinlagen, sondern auch für Sachübernahmen und für die Verrechnungsliberierung sowie bei Einräumen von besonderen Vorteilen notwendig ist. Weder mit Bezug auf den Gründungsbericht noch mit Bezug auf die Prüfung des Gründungsberichts bestehen GmbH-spezifische Besonderheiten, weshalb auch zu diesen Instituten auf die Komm. zu Art. 635 und 635a verwiesen werden kann. 19

Art. 43 Abs. 3 HRegV bezeichnet für die AG die Belege, die bei Sacheinlagen, Sachübernahmen, Verrechnungstatbeständen oder besonderen Vorteilen dem Handelsregister eingereicht werden müssen. Gestützt auf Art. 71 Abs. 3 HRegV gilt Art. 43 Abs. 3 HRegV für eine GmbH sinngemäss. 20

Art. 778

H. Eintragung ins Handelsregister
I. Gesellschaft

Die Gesellschaft ist ins Handelsregister des Ortes einzutragen, an dem sie ihren Sitz hat.

H. Inscription au registre du commerce
I. Société

La société doit être inscrite au registre du commerce du lieu où elle a son siège.

H. Iscrizione nel registro di commercio
I. Società

La società deve essere iscritta nel registro di commercio del luogo in cui ha sede.

I. Allgemeines

Obwohl die GmbH bereits durch einen öffentlich beurkundeten Errichtungsakt gegründet wird (Art. 777 Abs. 1), erlangt sie das Recht der Persönlichkeit erst durch die Eintragung in das Handelsregister (Art. 779 Abs. 1). Der **Zweck** der Eintragungspflicht besteht in der Offenlegung der das Publikum berechtigterweise interessierenden Verhältnisse der Gesellschaft. Die mit der Eintragung in das Handelsregister verbundene Kontrolle (vgl. Art. 940 OR und Art. 28 HRegV) durch den Handelsregisterführer und 1 durch das EHRA (Art. 32 HRegV) trägt im Übrigen dazu bei, Mängel des Gründungsvorgangs zu entdecken und allenfalls eine mangelhafte Entstehung der Gesellschaft zu verhindern. Das bei einem dem BankG unterstellten Institut zur Liberierung einbezahlte Kapital wird erst freigegeben, wenn die Gesellschaft in das Handelsregister eingetragen ist (Art. 633 Abs. 2 i.V.m. Art. 777c Abs. 2 Ziff. 3).

2   Art. 778 bestimmt den **Ort** der Eintragung. Die Anmeldung hat bei demjenigen Handelsregister zu erfolgen, das entsprechend den gestützt auf Art. 927 erlassenen kantonalen Bestimmungen für den Ort zuständig ist, der von den Statuten der Gesellschaft als Sitz (Art. 776 Ziff. 1) bezeichnet wird.

3   Art. 778 entspricht dem früheren Art. 780 Abs. 1. Die bisherigen Abs. 2–4 von Art. 780, welche die Zuständigkeit für die Anmeldung und deren Unterzeichnung regelten sowie eine unvollständige Aufzählung der mit der Anmeldung einzureichenden Belege enthielten, wurden ersatzlos gestrichen. Die neuen Regeln für die Anmeldung der GmbH im Handelsregister finden sich in der revidierten HRegV in den Art. 15 ff. und 71 ff.

Art. 778a

II. Zweigniederlassungen	Zweigniederlassungen sind ins Handelsregister des Ortes einzutragen, an dem sie sich befinden.
II. Succursales	Les succursales doivent être inscrites au registre du commerce du lieu où elles sont situées.
II. Succursali	Le succursali devono essere iscritte nel registro di commercio del luogo in cui si trovano.

I. Allgemeines

1   Der Begriff der Zweigniederlassung ist weder im Gesetz noch in der HRegV umschrieben (vgl. z.B. BGE 117 II 87). Der Begriff ist unabhängig vom Träger der Zweigniederlassung (GAUCH, 111). **Art. 935** bildet sozusagen die «**Generalnorm**» für Zweigniederlassungen. Es ist daher mit Bezug auf den Begriff der Zweigniederlassung, die Eintragungspflicht und das Eintragungsrecht sowie den Inhalt der Eintragung in das Handelsregister auf die Komm. zu Art. 935 zu verweisen.

2   Die in Art. 778a festgeschriebene *Eintragungspflicht* wiederholt die generell in Art. 935 Abs. 1 festgehaltenen Prinzipien bez. der Eintragung einer Zweigniederlassung. Zum genauen Inhalt der Anmeldung, den einzureichenden Belegen und zum Inhalt des Eintrags s. Art. 109 ff. HRegV.

3   Die neue HRegV regelt die Zuständigkeit zur Anmeldung einer Zweigniederlassung rechtsformübergreifend. Für die Anmeldung ist eine zeichnungsberechtigte Person zuständig, die am Sitz der Hauptniederlassung oder der Zweigniederlassung im Handelsregister eingetragen ist (Art. 17 Abs. 1 lit. h HRegV).

4   Zum Gerichtsstand für Zweigniederlassung vgl. Art. 641 N 5.

Art. 779

J. Erwerb der Persönlichkeit
I. Zeitpunkt; mangelnde Voraussetzungen

[1] Die Gesellschaft erlangt das Recht der Persönlichkeit durch die Eintragung ins Handelsregister.

[2] Sie erlangt das Recht der Persönlichkeit auch dann, wenn die Voraussetzungen für die Eintragung tatsächlich nicht erfüllt sind.

[3] Waren bei der Gründung gesetzliche oder statutarische Voraussetzungen nicht erfüllt und sind dadurch die Interessen von Gläubigern oder Gesellschaftern in erheblichem Masse gefährdet oder verletzt worden, so kann das Gericht auf Begehren einer dieser Personen die Auflösung der Gesellschaft verfügen.

[4] Das Klagerecht erlischt drei Monate nach der Veröffentlichung der Gründung der Gesellschaft im Schweizerischen Handelsamtsblatt.

J. Acquisition de la personnalité
I. Moment; conditions légales non remplies

[1] La société acquiert la personnalité par son inscription au registre du commerce.

[2] Elle acquiert la personnalité même si les conditions d'inscription ne sont pas remplies.

[3] Lorsque les intérêts de créanciers ou d'associés sont gravement menacés ou compromis par le fait que des conditions légales ou statutaires n'ont pas été remplies lors de la fondation, le juge peut, à la requête d'un de ces créanciers ou associés, prononcer la dissolution de la société.

[4] L'action s'éteint si elle n'est pas introduite dans les trois mois qui suivent la publication de la fondation de la société dans la Feuille officielle suisse du commerce.

J. Acquisto della personalità
I. Momento; mancanza dei requisiti

[1] La società acquista la personalità giuridica con l'iscrizione nel registro di commercio.

[2] Acquista la personalità anche se le condizioni d'iscrizione non sono di fatto adempiute.

[3] Se gli interessi di creditori o di soci sono gravemente minacciati o lesi poiché all'atto della costituzione della società non sono state adempiute condizioni legali o statutarie, il giudice può, ad istanza di uno di loro, pronunciare lo scioglimento della società.

[4] L'azione si estingue se non è proposta entro tre mesi dalla pubblicazione della costituzione della società nel Foglio ufficiale svizzero di commercio.

Literatur

BERTHEL, Mängel bei der Gründung einer Aktiengesellschaft; JBHReg 1999, 77 ff.; KICK, Die verbotene juristische Person, Diss. Freiburg 1993; MEISTERHANS, Verzögerte Publikation von Handelsregistereinträgen, JBHReg 1992, 33 ff.

I. Konstitutive Wirkung der Eintragung

1   Nach Abs. 1 erlangt die GmbH das Recht der Persönlichkeit durch die Eintragung in das Handelsregister. Vorher besteht keine GmbH; erst der Registereintrag verschafft der GmbH die **Rechtsfähigkeit** (zu deren Inhalt vgl. Art. 53 ZGB). Gemeinhin wird daher von der *«konstitutiven»* Wirkung des Registereintrags gesprochen (vgl. z.B. VON STEI-

GER, Art. 783 N 3; KICK, 70; WOHLMANN, 19; BK-JANGGEN/BECKER, Art. 783 N 4; KÜNG/CAMP, N 2; CHK-TRÜEB, N 1).

2 Die *Anmeldung wird vom Registerführer geprüft* und sodann, wenn er keine Beanstandungen vorzunehmen hat, unverzüglich *in das Tagebuch aufgenommen* (Art. 940 OR; Art. 8 und 28 HRegV). Der Eintrag ist elektronisch dem EHRA zu übermitteln, das die Eintragung wiederum überprüft (Art. 31 f. HRegV). Dieses ordnet sodann die *Publikation* im SHAB an (Art. 32. HRegV; zum Vorgehen bei Verweigerung der Genehmigung des EHRA s. Art. 33 HRegV). In der Zeit zwischen dem Eintragungsdatum im Tagebuch und der Publikation befindet sich das Rechtsgeschäft gewissermassen «in der Schwebe» (vgl. zum Ganzen MEISTERHANS, 33 ff.). Vorausgesetzt dass die Genehmigung durch das EHRA erteilt wird, beginnen die gesellschaftsinternen Wirkungen der Eintragung mit dem Zeitpunkt der Einschreibung der Anmeldung in das Tagebuch (Art. 932 Abs. 1); extern, d.h. gegenüber Dritten, wird eine Eintragung erst an dem auf die Publikation im SHAB folgenden Werktag wirksam (Art. 932 Abs. 2).

II. Die Heilung bei einer Eintragung trotz fehlender Voraussetzungen

3 Der Regelungsgegenstand von Abs. 2, die «heilende» Wirkung des Handelsregistereintrags, war im früheren GmbH-Recht nicht geregelt. Der neue Abs. 2 orientiert sich inhaltlich an Art. 643 Abs. 2, der mit beinahe identischem Wortlaut eine entsprechende «heilende» Wirkung für eine AG anordnet. Bei Art. 779 Abs. 2 sind keine GmbH-spezifischen Besonderheiten ersichtlich: Wie bei der AG wird durch die Eintragung die Persönlichkeit trotz des bestehenden Mangels erworben, und wie bei der AG ist der fragliche Mangel grundsätzlich zu beheben (CHK-TRÜEB, N 3). Zur weiteren Erläuterung von Art. 779 Abs. 2 kann daher auf die Komm. zu Art. 643 Abs. 2 verwiesen werden.

III. Die Auflösung der Gesellschaft wegen Gründungsmängel

4 Nach dem Wortlaut von Art. 779 tritt die heilende Wirkung von Abs. 2 unbesehen davon ein, ob es sich um leichte oder schwere Mängel im Zusammenhang mit der Gründung handelt. Als *Korrektiv* zu dieser generellen Heilungswirkung enthalten Abs. 3 und 4 ein **Auflösungsklagerecht** der Gläubiger und Gesellschafter. Dieses Auflösungsklagerecht ist nach dem Muster von Art. 643 Abs. 3 und 4 für die AG entworfen; die Bestimmungen unterscheiden sich lediglich leicht mit Bezug auf den Wortlaut. Inhaltlich sind sie identisch: Gleich wie bei der AG ist zur Auflösungsklage ein Gesellschafter oder ein Gläubiger *aktivlegitimiert*. *Passivlegitimiert* ist die Gesellschaft selbst (CHK-TRÜEB, N 6; SIFFERT et al., N 7). Wie bei der AG ist die Missachtung von gesetzlichen oder statutarischen Vorschriften bei der Gründung, die zudem die Interessen von Gläubigern und Gesellschaftern erheblich gefährden oder verletzen, Voraussetzung für die Klage. Wie bei der AG muss die Klage innert drei Monaten nach der Veröffentlichung der Gründung im SHAB angehoben werden. Es bestehen keine GmbH-spezifischen Besonderheiten mit Bezug auf das Auflösungsklagerecht, weshalb auch hier zur näheren Erläuterung auf den Komm. zu Art. 643 Abs. 3 und 4 verwiesen werden kann. Nachdem die Auflösungsklage in der Praxis der AG offenbar kaum eine Rolle spielt (s. Art. 643 N 6), ist auch für die GmbH zu erwarten, dass diese Klage wohl nur selten benützt wird (vgl. KÜNG/CAMP, N 4).

1. Abschnitt: Allgemeine Bestimmungen Art. 779a

IV. Nichtigkeit der Gesellschaft bei schwerwiegenden Mängeln?

Wie bisher enthält auch das revidierte GmbH-Recht keinen Hinweis darauf, ob bei gewissen äusserst schwerwiegenden Gründungsmängeln die **Nichtigkeit** der Gesellschaft anzunehmen sei. Nach h.L. ist ausnahmsweise, beim *Fehlen absolut unentbehrlicher Voraussetzungen*, Nichtigkeit anzunehmen (BK-JANGGEN/BECKER, Art. 783 N 11 ff.; ZK-VON STEIGER, Art. 783 N 7; WOHLMANN, 21; CHK-TRÜEB, N 5; **a.M.** wohl PATRY, SPR VIII/1, 150). Zum Schutz des gutgläubigen Dritten im Rechtsverkehr darf eine solche Nichtigkeit nur in extremen Fällen, bei Fehlen von elementaren Attributen einer GmbH, angenommen werden (CHK-TRÜEB, N 5; KÜNG/CAMP, N 5 f.).   5

Art. 52 Abs. 3 ZGB hält fest, dass Personenverbindungen und Anstalten zu unsittlichen oder widerrechtlichen Zwecken das Recht der Persönlichkeit nicht erlangen können. In Lehre und Rechtsprechung besteht eine Kontroverse darüber, ob eine AG mit unsittlichem oder widerrechtlichem Zweck ebenfalls von Art. 52 Abs. 3 erfasst wird, sodass die Nichtigkeit ab initio anzunehmen ist, oder ob der Registereintrag trotz Art. 52 Abs. 3 ZGB eine Heilung gem. Art. 643 Abs. 2 bewirkt (vgl. im Einzelnen Art. 643 N 12 m.w.H.). In der Literatur zur GmbH wird vereinzelt festgehalten, dass eine GmbH mit widerrechtlichem, unsittlichem Zweck ab initio nichtig ist (ZK-VON STEIGER, Art. 783 N 7). Da in dieser Hinsicht kein sachlich gerechtfertigter Unterschied zwischen einer AG und einer GmbH besteht, ist anzunehmen, dass das BGer seine Rechtsprechung zu einer AG mit widerrechtlichem, resp. unsittlichem Zweck auch auf eine GmbH anwenden würde (vgl. BGE 112 II 6 f.; 110 Ib 109; 107 Ib 15, 189). Zu beachten ist, dass die bundesgerichtliche Rechtsprechung in der Lehre auf Widerspruch gestossen ist. Für die Streitfrage kann auch mit Bezug auf die GmbH auf die Komm. zu Art. 643 verwiesen werden (Art. 643 N 12 m.w.H.).   6

Art. 779a

II. Vor der Eintragung eingegangene Verpflichtungen	¹ Personen, die vor der Eintragung ins Handelsregister im Namen der Gesellschaft handeln, haften dafür persönlich und solidarisch. ² Übernimmt die Gesellschaft innerhalb von drei Monaten nach ihrer Eintragung Verpflichtungen, die ausdrücklich in ihrem Namen eingegangen werden, so werden die Handelnden befreit, und es haftet nur die Gesellschaft.
II. Actes accomplis avant l'inscription	¹ Les personnes qui agissent au nom de la société avant l'inscription de cette dernière au registre du commerce en sont personnellement et solidairement responsables. ² Les personnes qui contractent expressément des obligations au nom de la société en sont libérées si cette dernière reprend les obligations dans les trois mois à compter de son inscription au registre du commerce; dans ce cas, la société demeure seule engagée.
II. Impegni contratti prima dell'iscrizione	¹ Le persone che agiscono in nome della società prima della sua iscrizione nel registro di commercio ne rispondono personalmente e in solido. ² Se entro tre mesi dall'iscrizione la società assume impegni espressamente contratti in suo nome, le persone che li hanno contratti ne sono liberate e ne risponde soltanto la società.

Franz Schenker

I. Allgemeines

1 Die Bestimmungen von Art. 779a entsprechen inhaltlich den früheren Art. 783 Abs. 2 und 3 altOR. Mit der Revision des GmbH-Rechts wurde keine inhaltliche Änderung verfolgt (Botschaft GmbH, 3179 f.). Gegenüber der früheren Version wurde der Gesetzestext lediglich redaktionell leicht umgestaltet. Inhaltlich entspricht er (wie die frühere Bestimmung) Art. 645. Da weiterhin materiell in diesem Zusammenhang kein Unterschied zwischen der GmbH und der AG besteht, kann auf den Komm. zu Art. 645 verwiesen werden (vgl. ZK-VON STEIGER, Art. 783 N 18).

2 Eine besondere Bemerkung ist lediglich mit Bezug auf die **Zuständigkeit zur Übernahme** des Geschäftes seitens der GmbH zu machen: Die Zuständigkeit zur Übernahme bestimmt sich intern nach den Statuten, Reglementen und Beschlüssen der Gesellschaft. Mangels abweichender Ordnung sind die *Geschäftsführer* der GmbH kompetent (Art. 809 f.; CHK-TRÜEB, N 6; ZK-VON STEIGER, Art. 783 N 23; WOHLMANN, 22).

Art. 780

K. Statuten-änderung	Jeder Beschluss der Gesellschafterversammlung über eine Änderung der Statuten muss öffentlich beurkundet und ins Handelsregister eingetragen werden.
K. Modification des statuts	Toute décision de l'assemblée des associés qui modifie les statuts doit faire l'objet d'un acte authentique et être inscrite au registre du commerce.
K. Modifica dello statuto	Ogni deliberazione dell'assemblea dei soci che modifichi lo statuto deve risultare da un atto pubblico ed essere iscritta nel registro di commercio.

I. Allgemeines

1 Der Inhalt der Statuten widerspiegelt i.d.R. die Bedürfnisse der Gesellschaft zum Zeitpunkt der Festsetzung der Statuten. Eine Änderung in den tatsächlichen und rechtlichen Verhältnissen kann auch Anpassungsbedarf in den Statuten nach sich ziehen. Art. 780 lässt eine solche Änderung zu. Nicht zulässig und damit nichtig sind Statutenänderungen, die gegen zwingendes Recht verstossen (vgl. z.B. CHK-TRÜEB, N 3; WOHLMANN, 31).

II. Die Modalitäten für eine Statutenänderung

2 Zuständig für eine Statutenänderung ist die Gesellschafterversammlung, was in Art. 780 und in Art. 804 Abs. 2 Ziff. 1 festgehalten ist. Bei Kapitalerhöhungen ist für die Statutenänderung eine Feststellungsbeschluss der Geschäftsführer vorgesehen (Art. 781 Abs. 4 Ziff. 5). Abgesehen von dieser Ausnahme kann die Kompetenz der Gesellschafterversammlung nicht an andere Organe oder an Dritte übertragen werden (WOHLMANN, 31; ZK-VON STEIGER, Art. 784 N 39; BK-JANGGEN/BECKER, Art. 784 N 12; KÜNG/CAMP, N 5; CHK-TRÜEB, N 2). Für bestimmte Arten von Gesellschaften sehen allerdings gewisse Spezialgesetze die Zustimmung von Behörden zu Statutenänderungen vor (vgl. FORSTMOSER, Aktienrecht, Art. 184).

3 Die Statutenänderung setzt einen Beschluss der Gesellschafterversammlung voraus, der öffentlich beurkundet werden muss. Ebenfalls öffentlich zu beurkunden ist der Beschluss der Geschäftsführer, die bei der Kapitalerhöhung ausnahmsweise für die Statu-

1. Abschnitt: Allgemeine Bestimmungen   4–7 **Art. 780**

tenänderung zuständig sind (Art. 781 Abs. 4 Ziff. 5; vgl. KÜNG/CAMP, Art. 781 N 64). Das Quorum für den Beschluss wird durch Art. 808 ff. bestimmt.

Art. 805 Abs. 4 sieht vor, dass Beschlüsse der Gesellschafterversammlung auch schriftlich gefasst werden können, sofern nicht ein Gesellschafter die mündliche Beratung verlangt («Urabstimmung»). Nach einer Lehremeinung ist es nach neuem GmbH-Recht nicht zulässig, die Statuten auf dem Weg einer Urabstimmung zu ändern (CHK-TRÜEB, N 2). Das Gesetz sieht allerdings einen Ausschluss des Urabstimmungs-Verfahrens für eine Statutenänderung nicht vor, weshalb mit anderen Lehrmeinungen zum neuen und zum bisherigen Recht die Zulässigkeit dieses Verfahrens bejaht werden muss (HANDSCHIN/TRUNIGER, 143; KÜNG/CAMP, N 5; BK-JANGGEN/BECKER, Art. 784 N 13; ZK-VON STEIGER, Art. 777 N 38 f., Art. 784 N 39). Auch der durch Urabstimmung gefasste Beschluss über eine Statutenänderung bedarf aber der öffentlichen Beurkundung (Art. 780). Die Urkundsperson hat auch in diesem Fall festzustellen, dass die gesetzlichen und statutarischen Voraussetzungen der Abstimmung erfüllt sind und hat das Ergebnis der Abstimmung in der von kantonalem Recht vorgeschriebenen Form festzuhalten (ZK-VON STEIGER, Art. 777 N 39; BK-JANGGEN/BECKER, Art. 777 N 18). 4

Art. 780 stellt zudem klar, dass jede Statutenänderung ins Handelsregister eingetragen werden muss. Zur Anmeldung sind ausschliesslich die Geschäftsführer zuständig (Art. 17 Abs. 1 lit. c HRegV). 5

III. Die Wirksamkeit der Statutenänderung

Anlässlich der Revision des GmbH-Rechts wurde der frühere Abs. 2 von Art. 785 altOR ersatzlos gestrichen. Dessen Wortlaut («Der Beschluss wird auch Dritten gegenüber unmittelbar mit der Eintragung in das Handelsregister wirksam») stellte eine *Ausnahmeregelung zur Grundregel des Art. 932 Abs. 2* dar. Diese Grundregel hält fest, dass eine Handelsregistereintragung **Dritten gegenüber** erst am Werktag nach dem Ausgabetag derjenigen Nummer des SHAB, in der die Eintragung veröffentlicht ist, wirksam wird. Der Gesetzgeber anerkannte, dass für die frühere Regel keine sachlich überzeugenden Gründe vorlagen. Auch Statutenänderungen sollen Dritten erst entgegengehalten werden können, sobald diese aufgrund der Eintragung im Handelsregister und der Publikation im SHAB überhaupt davon Kenntnis erhalten (Botschaft GmbH, 3180). Mit der Streichung dieser Regel ist nun klargestellt, dass eine Statutenänderung mit Wirkung Dritten gegenüber nach Massgabe von Art. 932 Abs. 2 wirksam wird. 6

Nach h.L. zum früheren Recht der GmbH wurde eine Statutenänderung **im gesellschaftsinternen Verhältnis** sofort wirksam (ZK-VON STEIGER, Art. 785 N 5; BK-JANGGEN/BECKER, Art. 785 N 1). Diese Meinung wird für das neue Recht teilweise weiterhin vertreten (KÜNG/CAMP, N 6). Das BGer hat (mit Bezug auf einen aktienrechtlichen Fall) in einem sorgfältig begründeten Entscheid die Position bezogen, dass eine Statutenänderung auch im Innenverhältnis mit der Eintragung an das Handelsregister zu wirken beginnt (BGE 84 II 34 ff.; vgl. auch BGE 55 II 105 f.). Es räumte ein, dass die GV, die eine Statutenänderung beschlossen hat, schon vor der Eintragung gestützt auf die neuen Bestimmungen Beschlüsse fassen und Wahlen vornehmen könne, doch hänge die Gültigkeit solcher Handlungen davon ab, dass die Statutenänderung nachträglich in das Handelsregister eingetragen werde (BGE 84 II 40 f.). Dieser Entscheid überzeugt weiterhin wegen der dadurch erreichten Rechtssicherheit (vgl. auch CHK-TRÜEB, N 5 f.). Da die Problematik in Art. 780 und in Art. 647 dieselbe ist, kann auf die Komm. zu Art. 647 (m.w.H.) verwiesen werden. 7

Franz Schenker

Art. 781

L. Erhöhung des Stammkapitals

¹ Die Gesellschafterversammlung kann die Erhöhung des Stammkapitals beschliessen.

² Die Ausführung des Beschlusses obliegt den Geschäftsführern.

³ Die Zeichnung und die Einlagen richten sich nach den Vorschriften über die Gründung. Für den Zeichnungsschein sind zudem die Vorschriften über die Erhöhung des Aktienkapitals entsprechend anwendbar. Ein öffentliches Angebot zur Zeichnung der Stammanteile ist ausgeschlossen.

⁴ Die Erhöhung des Stammkapitals muss innerhalb von drei Monaten nach dem Beschluss der Gesellschafterversammlung beim Handelsregister zur Eintragung angemeldet werden; sonst fällt der Beschluss dahin.

⁵ Im Übrigen sind die Vorschriften des Aktienrechts über die ordentliche Kapitalerhöhung entsprechend anwendbar für:

1. die Form und den Inhalt des Beschlusses der Gesellschafterversammlung;

2. das Bezugsrecht der Gesellschafter;

3. die Erhöhung des Stammkapitals aus Eigenkapital;

4. den Kapitalerhöhungsbericht und die Prüfungsbestätigung;

5. die Statutenänderung und die Feststellungen der Geschäftsführer;

6. die Eintragung der Erhöhung des Stammkapitals ins Handelsregister und die Nichtigkeit vorher ausgegebener Urkunden.

L. Augmentation du capital social

¹ L'assemblée des associés peut décider d'augmenter le capital social.

² L'exécution de la décision incombe aux gérants.

³ La souscription des parts sociales et la libération des apports sont régies par les dispositions applicables à la fondation de la société. En outre, les dispositions du droit de la société anonyme concernant l'augmentation du capital-actions s'appliquent par analogie au bulletin de souscription. Une offre publique en souscription des parts sociales est exclue.

⁴ L'inscription de l'augmentation du capital social au registre du commerce doit être requise dans les trois mois qui suivent la décision de l'assemblée des associés; à défaut, la décision est caduque.

⁵ Pour le surplus, les dispositions du droit de la société anonyme relatives à l'augmentation ordinaire du capital-actions s'appliquent par analogie:

1. à la forme et au contenu de la décision de l'assemblée des associés;

2. au droit de souscription préférentiel des associés;

3. à l'augmentation du capital social par des fonds propres;

4. au rapport d'augmentation et à l'attestation de vérification;

5. à la modification des statuts et aux constatations des gérants;

6. à l'inscription de l'augmentation du capital social au registre du commerce et à la nullité des titres émis avant l'inscription.

L. Aumento del
capitale sociale

¹ L'assemblea dei soci può deliberare l'aumento del capitale sociale.

² L'aumento è eseguito dai gerenti.

³ La sottoscrizione delle quote sociali e i conferimenti sono retti dalle disposizioni concernenti la costituzione della società. Alla scheda di sottoscrizione si applicano inoltre per analogia le disposizioni del diritto della società anonima concernenti l'aumento del capitale azionario. L'offerta pubblica di sottoscrizione delle quote sociali è esclusa.

⁴ L'aumento del capitale sociale dev'essere notificato per l'iscrizione nel registro di commercio entro tre mesi dalla deliberazione dell'assemblea dei soci; in caso contrario la deliberazione decade.

⁵ Per il rimanente, le disposizioni del diritto della società anonima concernenti l'aumento ordinario del capitale azionario si applicano per analogia:
1. alla forma e al contenuto della deliberazione dell'assemblea dei soci;
2. al diritto di opzione dei soci;
3. all'aumento del capitale sociale mediante capitale proprio;
4. alla relazione sull'aumento del capitale e all'attestazione di verifica;
5. alla modifica dello statuto e agli accertamenti dei gerenti;
6. all'iscrizione dell'aumento del capitale sociale nel registro di commercio e alla nullità dei titoli emessi prima dell'iscrizione.

Literatur

BERTHEL, Das neue GmbH-Recht, St. Gallen 2008, Rz 321 ff.; BÖCKLI, Das neue schweizerische GmbH-Recht – was ist wirklich neu?, in: Das neue schweizerische GmbH-Recht, Zürich/Basel/Genf 2006 (zit. EIZ); FORSTMOSER, Das neue Recht der Schweizer GmbH, in: FS Böckli, Zürich/Basel/Genf 2006, 535 ff. (zit. FS Böckli); FORSTMOSER/PEYER/SCHOTT, Das neue Recht der GmbH, Zürich/St.Gallen 2006; HANDSCHIN/TRUNIGER, Die neue GmbH, 2. Aufl., Zürich/Basel/Genf 2006; KNECHT/KOCH, Handelsregisterliche Eintragungen, 2. Aufl., Zürich 2008, 201 ff.; KOEHLER, Die GmbH in der Schweiz und in Deutschland, Zürich 2005, 243 ff.; KÜNG/CAMP, Kommentar zum GmbH-Recht, Zürich 2006; NUSSBAUM/SANWALD/SCHEIDEGGER, Kurzkommentar zum neuen GmbH-Recht, Bern 2007, 50 f.; REBSAMEN, neue GmbH, 45 ff.; s.a. die weiterführende Literaturübersicht bei Art. 650.

I. Revision und Revisionsgeschichte

Die Regelung der Kapitalerhöhung bei der GmbH erfährt im rev. GmbH-Recht mit der Zusammenführung der Art. 786 und 787 altOR in Art. 781 OR eine Neuausrichtung. Die bisherige Verweisung auf die Gründungsvorschriften der GmbH wird ergänzt durch Verweisungen auf die *aktienrechtlichen Bestimmungen*. Trotz dieser Verweisung auf das Aktienrecht ist für die GmbH lediglich die ordentliche Kapitalerhöhung vorgesehen. Die Angleichung an das aktienrechtliche Verfahren der Kapitalerhöhung führt zu einer analogen Kompetenzaufteilung zwischen GesV und Geschäftsführung wie jener zwischen GV und VR bei der AG. Die Neuregelung führt insgesamt zu einer verbesserten Rechtsstellung von Minderheitsgesellschaftern bei Kapitalerhöhungen. 1

II. Grundsätzliches und Anwendbarkeit aktienrechtlicher Bestimmungen

Das neue GmbH-Recht regelt die Kapitalerhöhung in einigen (wenigen) Punkten, namentlich hinsichtlich der Kompetenzzuteilung, selbständig und **verweist** für die (vielen) weiteren Elemente auf die **Bestimmungen des Aktienrechts** zur ordentlichen Kapitalerhöhung (s. Art. 781 Abs. 3 Satz 2 und v.a. Abs. 5). Dementsprechend kann – mutatis mutandis – auf die Komm. der diesbezüglichen Bestimmungen des Aktienrechts, insb. 2

Art. 650, 652b, 652d–h, verwiesen werden. Die Verweisung auf das Aktienrecht ist als *dynamische Verweisung* aufzufassen (ebenso CR CO II-CHAPPUIS/JACCARD, Art. 781 N 32).

3   Die **Zwecke für die Durchführung von Kapitalerhöhungen** sind bei der GmbH weitgehend dieselben wie bei der AG. Im Vordergrund stehen der Zufluss von neuem EK, die Umschichtung innerhalb des EK (ohne Zufluss neuer Mittel), die Umwandlung von FK in EK oder eine Sanierung bei gleichzeitiger Herabsetzung des bisherigen Stammkapitals (s. zum neuen Recht HANDSCHIN/TRUNIGER, § 9 N 3; NUSSBAUM/SANWALD/SCHEIDEGGER, Art. 781 N 1; zum bisherigen Recht FORSTMOSER, Aktienrecht, § 15 N 7 ff.; BK-JANGGEN/BECKER, N 3).

4   Das Recht der GmbH kennt (weiterhin) ausschliesslich die **ordentliche Kapitalerhöhung.** Die *genehmigte* und die *bedingte Kapitalerhöhung* wurden *nicht* in das GmbH-Recht übernommen, namentlich mit Blick auf die Nähe der Gesellschaft zu den Gesellschaftern und den i.d.R. zahlenmässig überblickbaren Gesellschafterkreis sowie die fehlende Kapitalmarktfähigkeit der GmbH (s. Botschaft GmbH, 3181; BERTHEL, Rz 321; CR CO II-CHAPPUIS/JACCARD, Art. 781 N 1; MEIER-HAYOZ/FORSTMOSER, § 18 N 47; FORSTMOSER/PEYER/SCHOTT, N 120; s. jedoch ZK-VON STEIGER, N 8, der bereits der altrechtlichen GmbH ein autorisiertes Kapital zugestand, als dieses selbst im Aktienrecht noch nicht vorgesehen war).

5   Dem Aktienrecht entsprechend ist auch im GmbH-Recht die Kapitalerhöhung auf dem Wege der **Heraufsetzung des Nennwerts** anstelle der Ausgabe neuer Stammanteile zulässig (s. Art. 650 N 9 m.w.Nw.; ferner KÜNG/CAMP, Art. 781 N 15; REBSAMEN, Rz 191).

6   Keine Kapitalerhöhung liegt demgegenüber bei einer blossen Aufteilung bestehender Stammanteile vor (**«Splitting»**), bei welcher sich zwar die Zahl der Stammanteile erhöht, die Titel jedoch gleichzeitig «leichter» werden, indem sie nach der Aufteilung einen kleineren Nennwert aufweisen (s. Art. 650 N 10; KÜNG/CAMP, Art. 781 N 16). Unzulässig ist die Unterschreitung des Mindestnennwerts der Stammeinlage von CHF 100 (Art. 774 Abs. 1).

III. Kompetenzzuteilung

7   Indem der neue Art. 781 in Abs. 1 und 2 festlegt, dass die Kapitalerhöhung **von der GesV beschlossen** und **von den Geschäftsführern vollzogen** wird, ist das Kapitalerhöhungsverfahren nunmehr auch im GmbH-Recht *zweistufig ausgestaltet* (s. Botschaft GmbH, 3181; HANDSCHIN/TRUNIGER, § 9 N 8; KÜNG/CAMP, Art. 781 N 2). Soweit die GesV nicht bereits sämtliche Eckwerte der Kapitalerhöhung selbst festgelegt hat (z.B. Ausgabebetrag der neuen Stammanteile; Art. 781 Abs. 5 Ziff. 1 i.V.m. Art. 650 Abs. 2), ist ein diesbezüglicher Geschäftsführerbeschluss erforderlich (HANDSCHIN/TRUNIGER, § 9 N 21).

8   Die *GesV* ist das zuständige Organ für die Entscheidung über das Bezugsobjekt, den Bezugspreis (Ausgabebetrag, sofern dieser Entscheid nicht an die Geschäftsführer delegiert wird), das Bezugsverhältnis, die Zuweisung nicht ausgeübter oder entzogener Bezugsrechte sowie die Voraussetzungen für die Ausübung vertraglich erworbener Bezugsrechte.

9   Demgegenüber verbleibt den *Geschäftsführern* die Kompetenz zur Regelung der Bezugsfrist, der Ausübung des Bezugsrechts (Bezugsrechtsausweis, Zeichnungsschein) und –

sofern von der GesV an die Geschäftsführer delegiert – des Ausgabebetrages. Weiterführend zur Kompetenzzuteilung s. die Ausführungen zum Aktienrecht in Art. 652b N 7 ff.

Mit dem Erhöhungsbeschluss der GesV werden die Geschäftsführer beauftragt, die Kapitalerhöhung (innert Frist) umzusetzen. Da das Recht der GmbH ausschliesslich die ordentliche Kapitalerhöhung kennt (s. N 4), erübrigt sich eine Regelung der Delegation des Entscheids über einen Bezugsrechtsausschluss (s. HANDSCHIN/TRUNIGER, § 9 N 20). **10**

IV. Kapitalerhöhungsbeschluss der Gesellschafterversammlung

1. Wesen des Kapitalerhöhungsbeschlusses

Mit dem Kapitalerhöhungsbeschluss beauftragt die GesV die Geschäftsführer, die Kapitalerhöhung in die Tat umzusetzen. Wie im Aktienrecht der VR sind die Geschäftsführer bei der GmbH *verpflichtet,* die Kapitalerhöhung durchzuführen (Botschaft GmbH, 3181; zum Aktienrecht s. Art. 650 N 3). **11**

Der Kapitalerhöhungsbeschluss ist öffentlich zu beurkunden (Art. 781 Abs. 5 Ziff. 1 i.V.m. Art. 650 Abs. 2 und Art. 75 Abs. 1 HRegV), hat aber noch **keine statutenändernde Wirkung,** obgleich allfällige statutarische Quoren einzuhalten sind (s. Art. 650 N 4 m.w.Nw.; BERTHEL, 456, öffentliche Urkunde Erhöhungsbeschluß; CR CO II-CHAPPUIS/JACCARD, Art. 781 N 17; fraglich HANDSCHIN/TRUNIGER, § 9 N 11). **12**

2. Inhalt des Kapitalerhöhungsbeschlusses

Das Gesetz führt den Mindestinhalt des Kapitalerhöhungsbeschlusses nicht an, sondern *verweist auf die aktienrechtlichen Bestimmungen* (Art. 781 Abs. 5 Ziff. 1 i.V.m. Art. 650 Abs. 2 OR). **13**

Der Kapitalerhöhungsbeschluss muss den folgenden **Mindestinhalt** (Art. 75 Abs. 1 HRegV) aufweisen: **14**

- den (maximalen) **Nennbetrag,** um den das Stammkapital erhöht werden soll (zur Kapitalerhöhung mit Maximalbetrag s. Art. 650 N 8 m.w.Nw.; s.a. Handkommentar Privatrecht-TRÜEB, Art. 781 N 2 und N 13); die altrechtliche Obergrenze von CHF 2 Mio. ist weggefallen (Art. 773; Botschaft GmbH, 3156 und 3256; vgl. Art. 650 N 8);

- die **Anzahl** (ggf. die maximale Anzahl) und den **Nennwert der Stammanteile** sowie allfällige **Vorrechte** einzelner Kategorien (s. Art. 799 i.V.m. Art. 654 ff.; Art. 75 Abs. 1 lit. b und lit. j HRegV; vgl. Art. 650 N 13); der Mindestnennwert eines Stammanteils beträgt neu CHF 100 (Art. 774 Abs. 1; Botschaft GmbH, 3160 und 3252); zulässig sind auch Kapitalerhöhungen auf dem Wege der *Heraufsetzung des Nennwerts* anstelle der Ausgabe neuer Stammanteile (s. N 5);

- den **Ausgabebetrag** sowie den **Beginn der Dividendenberechtigung** oder die Ermächtigung an die Geschäftsführer, diese festzusetzen (zur Delegierbarkeit s. Art. 650 N 15 f., Ausgabebetrag, und Art. 650 N 17, Dividendenbeginn; s. Art. 75 Abs. 1 lit. c und d HRegV);

- die **Art der Zeichnung,** mithin die Bestimmung, wie das gesamte neue Stammkapital von den bisherigen Gesellschaftern (durch Ausgabe neuer Stammanteile und/oder Erhöhung des Nennwerts bisheriger Stammanteile) oder ggf. von Dritten als neuen Gesellschaftern übernommen wird; zu beachten sind die Vorschriften über die Mindestgrösse der Stammanteile (Art. 774), wobei ein Gesellschafter neu mehrere Stammanteile halten kann (Art. 772 Abs. 2);

– die **Art der Einlagen,** mithin die Festlegung, wie das neue Stammkapital zu liberieren ist (Art. 75 Abs. 1 lit. e HRegV); zu den qualifizierten Angaben bei *Sacheinlagen* und *Sachübernahmen* s. Art. 75 Abs. 1 lit. f und g HRegV (vgl. Art. 650 N 18 ff.);

– hinsichtlich des **Bezugsrechts** ist nicht nur eine (vollständige) Aufhebung, sondern auch eine allfällige (teilweise) Einschränkung anzugeben (s. Art. 75 Abs. 1 lit. m HRegV); ferner ist die Zuweisung der den bisherigen Gesellschaftern entzogenen Bezugsrechte offen zu legen, wobei die wichtigen Gründe i.V.m. dem konkreten Verwendungszweck (konkreter Ausschlussgrund) und die Empfänger der neuen Stammanteile zu nennen sind (Art. 781 Abs. 5 Ziff. 2 i.V.m Art. 652b Abs. 2); sodann ist die Angabe erforderlich, wie die – trotz Bezugsberechtigung der bisherigen Gesellschafter – nicht ausgeübten Bezugsrechte verwendet werden (s. Art. 650 N 27 ff.);

– bei **besonderen Vorteilen** entsprechen die Offenlegungsanforderungen (Inhalt und Wert der Vorteile sowie Identität der Begünstigten) den Vorschriften über die Gründung (Art. 781 Abs. 3 i.V.m. Art. 777c Abs. 2 Ziff. 3 i.V.m. Art. 628 Abs. 3); besondere Vorteile einzelner Personen sind von den Vorrechten ganzer Stammanteilkategorien (Vorzugsstammanteile, Art. 799) zu unterscheiden (Art. 75 Abs. 1 lit. h und j HRegV; KÜNG/CAMP, Art. 781 N 26; s. zum Ganzen auch Art. 650 N 24);

– vom Gesetz abweichende Regelungen der **Zustimmungserfordernisse für die Übertragung der Stammanteile** (Art. 75 Abs. 1 lit. k HRegV; weiterführend Art. 650 N 25);

– die mit den neu auszugebenden Stammanteilen verbundenen **Nachschuss- oder Nebenleistungspflichten** unter Einschluss statutarischer Vorhand-, Vorkaufs- oder Kaufsrechte (Art. 75 Abs. 1 lit. l HRegV).

Weitergehend zum Inhalt des Kapitalerhöhungsbeschlusses s. Art. 650 N 5 ff.; Texthandbuch Gesellschaftsrecht des Notariatsinspektorats des Kt. ZH, 4. Aufl. 2008, Ziff. 14.1; KNECHT/KOCH, 201.

15 Wird anlässlich einer **Sanierung** das Stammkapital herabgesetzt und sogleich wieder auf den früheren Betrag erhöht (s. Art. 774 Abs. 1), können die Angaben über Anzahl und Nennwert der Stammanteile sowie allfällige Vorrechte einzelner Kategorien unterbleiben (s. Art. 650 N 13; KÜNG/CAMP, Art. 781 N 19).

3. Quorum

16 Ein Kapitalerhöhungsbeschluss der GesV erfordert – anders als im Aktienrecht – die Zustimmung von mindestens **zwei Dritteln** der vertretenen Stimmen *und* die **absolute Mehrheit des gesamten** (und nicht etwa des vertretenen) stimmberechtigten **Stammkapitals** (Art. 781 Abs. 1 i.V.m. Art. 808b Abs. 1 Ziff. 5; HANDSCHIN/TRUNIGER, § 9 N 24; zum altrechtlichen «Vetorecht» des Gesellschafters s. BÖCKLI, EIZ, 12; Art. 748 Abs. 3 und Art. 786 i.V.m. Art. 779 Abs. 1 altOR). Es handelt sich um einen *wichtigen Beschluß der GesV* (Art. 808b Abs. 1 Ziff. 5). Das bisherige Erfordernis der Zustimmung aller Gesellschafter konnte aufgegeben werden, da die subsidiäre Solidarhaftung bis zur Höhe des gesamten Stammkapitals entfällt. Zusätzlich bestimmt Art. 808b Abs. 1 Ziff. 6, daß auch eine Einschränkung oder Aufhebung des Bezugsrechts das qualifizierte Quorum erfordert (doppelt genäht; statutarisch kann auch eine grössere Mehrheit vorgesehen werden, namentlich um Verwässerungen zu vermeiden).

1. Abschnitt: Allgemeine Bestimmungen   17–21 **Art. 781**

Das qualifizierte Quorum ist *relativ zwingend;* die Statuten können die Anforderungen   17
an die Beschlussfassung erhöhen, nicht jedoch herabsetzen (Art. 808b Abs. 2; HANDSCHIN/TRUNIGER, § 9 N 23).

4. Form und Frist

Der Kapitalerhöhungsbeschluss der GesV ist **öffentlich zu beurkunden** (Art. 781   18
Abs. 5 Ziff. 1 i.V.m. Art. 650 Abs. 2 und Art. 74 f. HRegV; vgl. auch Art. 650 N 34).

Die aus dem Aktienrecht bekannte **Dreimonatsfrist** für die Durchführung der Kapital-   19
erhöhung hat mit der Übernahme der Kompetenzzuteilung (N 8 und 12) an GesV und
Geschäftsführer auch Eingang in das GmbH-Recht gefunden. Im Gegensatz zur Formulierung in Art. 650 Abs. 3 hält Art. 781 Abs. 4 ausdrücklich fest, dass die Kapitalerhöhung innert drei Monaten nach dem Beschluss der GesV beim Handelsregister *anzumelden* ist (Art. 781 Abs. 4 OR; Art. 74 Abs. 1 HRegV).

Die Frist läuft vom Tage nach der GesV an (Art. 781 Abs. 5 Ziff. 6 i.V.m. Art. 650
Abs. 3; Art. 650 N 36 m.w.Nw.). Zur *Wahrung der Frist* ist auf den Eingang der (vollständigen und eintragungsfähigen) Handelsregisteranmeldung abzustellen (Art. 781
Abs. 4 OR; Art. 15 Abs. 3 HRegV; s.a. Art. 650 N 36; KÜNG/CAMP, Art. 781 N 71). Es
ist daher nicht erforderlich, daß innert der Frist von drei Monaten auch die Eintragung
(die möglicherweise noch durch eine Einsprache nach Art. 162 HRegV blockiert ist) erfolgt.

Bei der Dreimonatsfrist handelt es sich um eine **Verwirkungsfrist** (s. zum Aktienrecht
Art. 650 N 35).

V. Bezugsrecht der Gesellschafter

1. Wesen und Rechtsnatur

Die altrechtliche Regelung des Bezugsrechts in Art. 787 altOR wurde im Zuge der   20
GmbH-Revision durch eine Verweisung auf das Aktienrecht ersetzt. Das Bezugsrecht
der Gesellschafter im Rahmen einer Kapitalerhöhung richtet sich nunmehr ausdrücklich
nach den Vorschriften des Aktienrechts (Art. 781 Abs. 5 Ziff. 2 i.V.m. Art. 652b). Mit
der Verweisung auf die aktienrechtlichen Bestimmungen soll ein besserer Schutz des
Bezugsrechts gewährleistet werden (s. Botschaft GmbH, 3149 und 3151; KOEHLER,
245). Das Bezugsrecht *bezweckt* im GmbH- wie auch im Aktienrecht, die Gesellschafter
vor einer Verwässerung sowohl ihrer Kapitalbeteiligung und damit ihres Gewinnanteils
als auch ihrer Stimmkraft zu schützen (s. die Nachweise in Art. 652b N 2; ferner HANDSCHIN/TRUNIGER, § 9 N 15; KÜNG/CAMP, Art. 781 N 32; s. zur Rechtsnatur des Bezugsrechts Art. 652b N 3 m.w.Nw.).

Aufgrund der Ausgestaltung der GmbH als «personenbezogener Kapitalgesellschaft»   21
(Botschaft GmbH, 3154) und der damit verbundenen Tatsache, dass die Gesellschafter
ihre Beteiligung grundsätzlich nicht über den freien Markt sichern oder ausbauen können (fehlende Kapitalmarktfähigkeit der GmbH, s. N 4 und N 34 sowie Botschaft
GmbH, 3160), kommt dem **Bezugsrecht und dem Bezugsrechtsschutz eine vorrangige Bedeutung** zu (s. Art. 652b N 2 und N 4, mit dem Hinweis, dass das Bezugsrecht
seine Hauptbedeutung in den geschlossenen Gesellschaften kleiner und mittlerer Grösse
hat). Dies gilt umso mehr, als Kapitalerhöhungen mit einem gegenüber dem früheren
Recht erleichterten Quorum beschlossen werden können (s. N 16).

2. Aufhebung oder Einschränkung des Bezugsrechts

22   Das Bezugsrecht kann *nicht in den Statuten* eingeschränkt oder aufgehoben werden. Eine Einschränkung oder Aufhebung des Bezugsrechts ist ausschliesslich **im Beschluss der GesV** zulässig (Art. 781 Abs. 5 Ziff. 2 i.V.m. Art. 652b Abs. 2 Satz 1). Der Beschluss über die Aufhebung oder Einschränkung des Bezugsrechts unterliegt wie der Beschluss über die Kapitalerhöhung selbst dem qualifizierten Quorum (Art. 808b Abs. 1 Ziff. 5, Erhöhung des Stammkapitals, und Ziff. 6, Einschränkung oder Aufhebung des Bezugsrechts; s. N 16 f.).

23   Das Bezugsrecht darf neu – wie im Aktienrecht – nur aus **wichtigen Gründen** entzogen werden, wobei auch hier das Gebot der Gleichbehandlung zu beachten ist und daher eine sich aus der Aufhebung (oder Einschränkung) des Bezugsrechts ergebende unsachliche Begünstigung oder Benachteiligung unzulässig ist (Art. 781 Abs. 5 Ziff. 2 i.V.m. Art. 652b Abs. 2 Satz 3). Der Gleichbehandlungsgrundsatz ist konsequenterweise – wohl vorbehältlich einer abweichenden statutarischen Regelung – auf die Kapitalbeteiligung und damit auf die Stammanteile und nicht auf die Gesellschafter selbst ausgerichtet (KÜNG/CAMP, Art. 781 N 36; s.a. HANDSCHIN/TRUNIGER, § 9 N 19, keine Wahrung zweckfremder Interessen zugunsten einer und zulasten einer anderen Gesellschaftergruppe). Ausführlich zum Grundsatz der Gleichbehandlung s. Art. 652b N 22 f. m.w.Nw.

24   Zu den **zulässigen wichtigen Gründen** ist auf die aktienrechtliche Bestimmung von Art. 652b Abs. 2 und die diesbezügliche Komm. zu verweisen (Art. 781 Abs. 5 Ziff. 2 i.V.m. Art. 652b Abs. 2 Satz 2; s. Art. 652b N 13 ff.), wobei den Besonderheiten der spezifischen Ausgestaltung der GmbH als personenbezogener Kapitalgesellschaft Rechnung zu tragen ist. Namentlich sind die Interessen der GmbH, günstige Gelegenheiten zur Beschaffung von Eigenkapital nutzbar zu machen, ggf. anders zu beurteilen als bei (grossen) AG (s.a. Art. 652b N 4).

25   Wird das Bezugsrecht aufgehoben, so kommt dem **Ausgabebetrag** erhöhte Bedeutung zu. Durch sorgfältige Ermittlung des Ausgabebetrages kann vermieden werden, dass die Gesellschafter zusätzlich zur Schmälerung ihrer Einflussquote einen Vermögensnachteil erleiden. Zur Berechnung des Bezugsrechts s. die Verweisungen in Art. 652b N 2.

3. Zuständigkeit für Bezugsrechtsausschluss

26   Da das Kapitalerhöhungsverfahren neu zweistufig ausgestaltet ist (s. N 7) und somit ein Zusammenwirken von GesV und Geschäftsführern erforderlich ist, stellt sich grundsätzlich auch bei der GmbH die Frage nach der *Zuständigkeit für einen Ausschluss oder eine Einschränkung des Bezugsrechts* (s.a. KÜNG/CAMP, Art. 781 N 33).

27   Aufgrund der Verweisung auf die Bestimmungen über die *ordentliche* Kapitalerhöhung (Art. 781 Abs. 5 Ziff. 2 i.V.m. Art. 652b i.V.m. 650 Abs. 2) hat die *GesV* über einen Ausschluss oder eine Einschränkung des Bezugsrechts zu entscheiden (keine Delegation an die Geschäftsführer; s.a. N 10).

VI. Zeichnung und Liberierung (Abs. 3)

1. Zeichnung

28   Die Zeichnung im Rahmen der Kapitalerhöhung richtet sich nach den *Regeln über die Gründung der GmbH* (Art. 781 Abs. 3 Satz 1 i.V.m. Art. 777 ff., insb. Art. 777a). Der

1. Abschnitt: Allgemeine Bestimmungen 29–34 Art. 781

Gesetzgeber bedient sich somit der gleichen Regelungstechnik wie im Aktienrecht (s. Art. 652 Abs. 1 i.V.m. Art. 630).

Für den *Zeichnungsschein* sind demgegenüber sowohl die Vorschriften über die Gründung der GmbH als auch die Vorschriften über die Erhöhung des Aktienkapitals (in entsprechender Anwendung) einschlägig («zudem», s. 781 Abs. 3 Satz 2; verkürzt bei HANDSCHIN/TRUNIGER, § 9 N 9 a.E.). **29**

Die Stammanteile werden in einer besonderen Urkunde, dem **Zeichnungsschein**, gezeichnet (Art. 781 Abs. 3 Satz 2 i.V.m. Art. 652 Abs. 1). Bei Kapitalerhöhungen aus Eigenkapital (und Erhöhungen im Rahmen einer Fusion oder Spaltung aus Vermögen des übertragenden Rechtsträgers) sind keine Zeichnungsscheine erforderlich (Art. 652 N 2 m.w.Nw.). Ferner dürfte sich ein Zeichnungsschein dann erübrigen, wenn alle zeichnenden Gesellschafter bei der öffentlichen Beurkundung des Feststellungsbeschlusses der Geschäftsführer gem. Art. 781 Abs. 5 Ziff. 5 i.V.m. Art. 652g anwesend (oder durch anwesende Geschäftsführer vertreten) sind und ihre Zeichnung bestätigen und die erforderlichen Angaben in der Urkunde aufgeführt sind (Art. 652 N 2 m.w.Nw.). Näheres zum Zeichnungsschein bei BERTHEL, Rz 335 ff. und dort Bsp. auf S. 466 ff. **30**

Die Gesellschaft kann, wie bereits unter altem Recht, im Rahmen von Art. 659 analog aus einer Kapitalerhöhung hervorgehende Stammanteile originär als *eigene Anteile* erwerben (s. BGE 85 I 62 ff., beschränkte Kognition; WOHLMANN, 69 f., mit guter Differenzierung; abl. ZK-VON STEIGER, Art. 807 N 7 b/c altOR). **31**

Inhaltlich bedarf die Zeichnung von Stammanteilen zu ihrer Gültigkeit der Angabe von Anzahl, Nennwert und Ausgabebetrag sowie ggf. der Kategorie der Stammanteile. Ferner ist in der Urkunde, im Zeichnungsschein, auf statutarische Bestimmungen über Nachschusspflichten, Nebenleistungspflichten, Konkurrenzverbote für Gesellschafter, Vorhand-, Vorkaufs- und Kaufrechte der Gesellschafter oder der Gesellschaft sowie auf Konventionalstrafen hinzuweisen (Art. 781 Abs. 3 Satz i.V.m. Art. 777a). Sodann muss der Zeichnungsschein auf den Beschluss der GesV über die Erhöhung des Stammkapitals Bezug nehmen (Art. 781 Abs. 3 Satz 2 i.V.m. Art. 652 Abs. 2; s.a. Art. 650 N 3). **32**

Weist der Zeichnungsschein keine **Befristung** auf, so endet die mit dem Zeichnungsschein verbundene Verbindlichkeit gemäss der dispositiven Regelung *drei Monate* nach Unterzeichnung (Art. 781 Abs. 3 Satz 2 i.V.m. Art. 652 Abs. 1). Die Frist läuft ab dem Datum der Unterzeichnung des Zeichnungsscheins. Es handelt sich um eine *Verwirkungsfrist*. **33**

Ein **öffentliches Angebot zur Zeichnung** von Stammanteilen wird in Art. 781 Abs. 3 ausdrücklich ausgeschlossen. Diese gesetzliche Absage an die Kapitalmarktfähigkeit der GmbH-Stammanteile gründet im personenbezogenen und häufig geschlossenen Charakter der GmbH sowie im Umstand, dass Stammanteile zwingend keine Wertpapiere sind (Art. 784 Abs. 1; Botschaft GmbH, 3160 und 3181; HANDSCHIN/TRUNIGER, § 9 N 10 und § 19 N 47; CR CO II-CHAPPUIS/JACCARD, Art. 781 N 28). Immerhin gilt die Suche nach *einzelnen zusätzlichen Gesellschaftern* auch dann nicht als unzulässiges öffentliches Zeichnungsangebot, wenn sie «in Fachblättern und Zeitungen» erfolgt (so ausdrücklich Botschaft GmbH, 3181; s.a. NUSSBAUM/SANWALD/SCHEIDEGGER, Art. 781 N 17). Vgl. auch die Differenzierungen in Art. 652a N 2 ff. **34**

2. Liberierung

35 Die Leistung der Einlagen richtet sich nach den Bestimmungen über die Gründung (Art. 781 Abs. 3 i.V.m. Art. 774 Abs. 2 sowie Art. 779 und Art. 777c Abs. 1). Eine *Teilliberierung* ist nicht (mehr) möglich; vielmehr hat zwingend eine **Vollliberierung** zu erfolgen (Art. 777c Abs. 1; Botschaft GmbH, 3156f.; BERTHEL, Rz 337; MEIER-HAYOZ/ FORSTMOSER, § 18 N 69 und 134; HANDSCHIN/TRUNIGER, § 9 N 22). Ein Agio ist nicht Teil des Stammkapitals (Art. 801 i.V.m. Art. 671 Abs. 2 Ziff. 1); es erfordert weder Statuten- noch Registerpublizität (BERTHEL, Rz 338f.).

36 Die **Einlagen** können auf vier Arten geleistet werden (die auch kombiniert werden können): durch Geld, Sacheinlage, Verrechnung oder durch Umwandlung von frei verwendbarem Eigenkapital.

37 Bei der **Barliberierung** ist die Einlage in Geld bei einer Bank i.S. des BankG zu hinterlegen (Art. 781 Abs. 3 i.V.m. Art. 777c Abs. 2 Ziff. 3 und Art. 633 Abs. 1).

38 Bei **Sacheinlagen** oder **Sachübernahmen** gelten dieselben Offenlegungspflichten wie bei der Gründung. Bei *Sacheinlagen* sind der Gegenstand und dessen Bewertung, der Name des Sacheinlegers sowie die ihm zukommenden Stammanteile anzugeben, bei *Sachübernahmen* der Gegenstand, der Name des Veräusserers sowie die Gegenleistung der Gesellschaft (s. Art. 781 Abs. 3 i.V.m. Art. 777c Abs. 2 Ziff. 1 und Art. 628 Abs. 2). Weiterführend Art. 650 N 20, Sacheinlage, und Art. 650 N 23, Sachübernahme.

39 Liberierungen durch **Verrechnung** oder durch **Umwandlung von frei verwendbarem EK** (Näheres bei REBSAMEN, Rz 205 ff.) führen neu ebenfalls zu einer Handelsregisterpublizität (Art. 76 Abs. 1 lit. j und Abs. 2 i.V.m. Art. 45 Abs. 2 lit. c HRegV). Bei Verrechnungstatbeständen ist folglich zwar keine Statutenpublizität (Art. 781 Abs. 3 Satz 1 i.V.m. Art. 777c Abs. 2 Ziff. 1e contrario), wohl aber Registerpublizität (Art. 76 Abs. 2 i.V.m. Art. 45 Abs. 2 lit. c HRegV) verlangt (s. BERTHEL, 461). Zur Frage der Werthaltigkeit s. Art. 652c N 4f.; BERTHEL, Rz 347.

VII. Kapitalerhöhungsbericht und Prüfungsbestätigung

40 Auch hinsichtlich des Kapitalerhöhungsberichts und der Prüfungsbestätigung verweist das Gesetz auf die *aktienrechtlichen Vorschriften* (Art. 781 Abs. 5 Ziff. 4). Damit sind nun auch bei Kapitalerhöhungen in der GmbH ein Kapitalerhöhungsbericht der Geschäftsführer und ggf. eine Prüfungsbestätigung erforderlich.

1. Kapitalerhöhungsbericht

41 Ein Kapitalerhöhungsbericht der Geschäftsführer ist – im Gegensatz zum Gründerbericht (Art. 777) – bei **jeder** Kapitalerhöhung erforderlich (Art. 781 Abs. 5 Ziff. 4 i.V.m. Art. 652e Ziff. 4; s.a. Art. 652e N 2 m.w.Nw.). Dieser *weite Anwendungsbereich* ist Folge des zweistufigen Kapitalerhöhungsverfahrens nach Massgabe des Aktienrechts (s. Art. 652e N 2b m.w.Nw.; ferner BERTHEL, Rz 352; CR CO II-CHAPPUIS/JACCARD, Art. 781 N 36; KÜNG/CAMP, Art. 781 N 48). Zum **Inhalt** des Kapitalerhöhungsberichts s. Art. 652e N 3 ff. Gemäß Art. 74 Abs. 2 lit. d ist der Kapitalerhöhungsbericht von einem *zeichnungsberechtigten* Geschäftsführer zu unterzeichnen (bei dieser Abweichung von der aktienrechtlichen Regelung dürfte es sich allerdings um ein Versehen handeln; s. KÄCH, Die Auswirkungen der neuen Handelsregisterverordnung, Der Treuhandexperte 2008, 14; BERTHEL, Rz 353).

1. Abschnitt: Allgemeine Bestimmungen					42–48 Art. 781

2. Prüfungsbestätigung

Eine Prüfung des Kapitalerhöhungsberichts ist *in allen Fällen einer qualifizierten Kapitalerhöhung* sowie bei Barliberierung *mit Aufhebung oder Einschränkung der Bezugsrechte* **erforderlich** (Art. 781 Abs. 5 Ziff. 4 i.V.m. Art. 652 f Abs. 2 OR; Art. 74 Abs. 3 i.V.m. Art. 46 Abs. 3 HRegV; Art. 74 Abs. 4 i.V.m. Art. 46 Abs. 4 HRegV; s.a. Art. 652 f N 2). Die Prüfungsbestätigung ist von einem *zugelassenen Revisor,* einem zugelassenen Revisionsexperten oder einem staatlich beaufsichtigten Revisionsunternehmen (vgl. zu den jeweiligen Voraussetzungen Art. 4–6 und Art. 9 RAG) auszufertigen (Art. 74 Abs. 3 und Abs. 4 i.V.m. Art. 46 Abs. 3 lit. c und Abs. 4 HRegV; s.a. Handkommentar Privatrecht-TRÜEB, Art. 781 N 32). Sie muß auch dann eingeholt werden, wenn die Gesellschaft über keine RS verfügt; eine RS (als Organ) ist deswegen aber nicht zu schaffen (s. Botschaft GmbH, 3182; BERTHEL, Rz 355). *Entbehrlich* ist die Prüfungsbestätigung lediglich dann, wenn weder die Interessen der Gläubiger noch jene der bisherigen Gesellschafter durch die Form der Liberierung und durch die Zuteilung der neuen Stammanteile gefährdet erscheinen. Dies ist bei der Grundform der Kapitalerhöhung der Fall, bei welcher die folgenden drei Voraussetzungen erfüllt sind: Barliberierung, keine beabsichtigte Sachübernahme und keine Einschränkung oder Aufhebung der Bezugsrechte (s. Art. 652 f N 2 m.w.Nw.; BERTHEL, Rz 357; KÜNG/CAMP, Art. 781 N 57).		42

Der zugelassene Revisor hat den Kapitalerhöhungsbericht des VR zu prüfen und schriftlich zu bestätigen, dass dieser *vollständig und richtig* ist. Die Prüfung des Kapitalerhöhungsberichts erfolgt im Interesse sowohl der Gläubiger (insb. zur Verhinderung fiktiver Liberierungen) als auch der Gesellschafter (insb. zur Verhinderung nicht bestimmungsgemässer Verwendung entzogener Bezugsrechte) (s.a. KÜNG/CAMP, Art. 781 N 57). Zum **Gegenstand der Prüfung** s.a. Art. 652e Ziff. 1–5 und Art. 652 f N 3.		43

Im Gegensatz zum Kapitalerhöhungsbericht ist bei der Prüfungsbestätigung ausreichend, lediglich das Ergebnis der Prüfung **vorbehaltlos** festzuhalten (Prüfungsvermerk oder Bestätigungsvermerk); eine Begründung ist nicht erforderlich (zum Aktienrecht s. Art. 652 f N 4; ebenso KÜNG/CAMP, Art. 781 N 58).		44

Zu den Modalitäten der Prüfungsbestätigung sowie der Haftung des zugelassenen Revisors für die Prüfungsbestätigung s. Art. 652 f N 5 ff.		45

VIII. Durchführung der Kapitalerhöhung und Eintragung in das Handelsregister (Abs. 4 und 5)

1. Feststellungs- und Statutenanpassungsbeschluss

Im zweistufigen Kapitalerhöhungsverfahren sind es die *Geschäftsführer,* die bei Vorliegen des Kapitalerhöhungsberichts (N 41) und der Prüfungsbestätigung (zur Ausnahme s. N 42 und Art. 652 f N 2) die ordnungsgemässe Durchführung der Kapitalerhöhung festzustellen und die Kapitalbestimmung(en) in den Statuten anzupassen haben (Art. 781 Abs. 5 Ziff. 5 i.V.m. Art. 652g Abs. 1 OR; s.a. Art. 75 Abs. 2 HRegV).		46

Feststellungs- und Statutenanpassungsbeschluss der Geschäftsführer bedürfen der *öffentlichen Beurkundung* (Art. 781 Abs. 5 Ziff. 5 i.V.m. 652g Abs. 2: vgl. auch Art. 780; s. Bsp. bei BERTHEL, 470 ff.). Beide Beschlüsse können (müssen aber nicht) in derselben öffentlichen Urkunde enthalten sein (s. Art. 652g N 3 m.w.Nw.; ferner Art. 75 Abs. 2 HRegV); der Feststellungsbeschluss hat zeitlich voranzugehen.		47

Im **Feststellungsbeschluss** haben die Geschäftsführer festzuhalten, dass die Kapitalerhöhung gültig zustande gekommen ist und die Geschäftsführer die Kapitalerhöhung ent-		48 sprechend dem Inhalt des Erhöhungsbeschlusses der GesV *durchgeführt* haben. Im Einzelnen stellen die Geschäftsführer fest (s. Art. 781 Abs. 5 Ziff. 5 i.V.m. Art. 652g Abs. 1 Ziff. 1–3; Art. 75 Abs. 2 HRegV; Texthandbuch Gesellschaftsrecht des Notariatsinspektorats des Kt. ZH, 4. Aufl. 2008, Ziff. 14.2; KNECHT/KOCH, 202 f.), dass

- sämtliche neu ausgegebenen Stammanteile gültig gezeichnet sind (entfällt bei Erhöhungen aus EK, s. Art. 652g N 4 und 652d N 7);
- die (in den Zeichnungsscheinen; bei der AG «versprochenen») Einlagen dem gesamten Ausgabebetrag entsprechen;
- (i) die in *Geld* geleisteten Einlagen bei einer Bank zur ausschliesslichen Verfügung der Gesellschaft hinterlegt wurden; (ii) die *Sacheinlagen* sofort nach der Eintragung der Kapitalerhöhung in das Handelsregister der Gesellschaft als Eigentümerin zur Verfügung stehen und damit die Einlagen entsprechend den Anforderungen des Gesetzes, der Statuten und des Gesellschafterbeschlusses sowie des Beschlusses der Geschäftsführer geleistet wurden (zum Aktienrecht s. Art. 652g N 4 m.w.Nw.);
- die Zeichner allfällige statutarische Nachschuss- oder Nebenleistungspflichten, Konkurrenzverbote, Vorhand-, Vorkaufs- und Kaufsrechte sowie Konventionalstrafen übernehmen (Art. 75 Abs. 2 lit. d HRegV);
- die Belege der Urkundsperson und den Geschäftsführern vorgelegen haben (Art. 75 Abs. 2 lit. e HRegV).

49 Die der Kapitalerhöhung zugrunde liegenden **Belege,** die in der öffentlichen Urkunde über die Feststellungen der Geschäftsführer und über die Statutenanpassung einzeln genannt werden (Art. 781 Abs. 5 Ziff. 6 i.V.m. Art. 652g Abs. 2 OR; ferner Art. 74 Abs. 2 HRegV) und den Geschäftsführern vorgelegen haben müssen, sind:

a) öffentliche Urkunde über den Gesellschafterbeschluss;

b) angepasste Statuten;

c) Bescheinigung des Bankinstitutes;

d) Zeichnungsscheine;

e) Kapitalerhöhungsbericht und ggf. Prüfungsbestätigung;

f) allfällige (schriftliche oder öffentlich beurkundete) Sacheinlageverträge und bereits vorliegende Sachübernahmeverträge.

Diese Belege müssen, mit Ausnahme der Zeichnungsscheine (**a.A.** KÜNG/CAMP, Art. 781 N 70 i.V.m. N 69), der öffentlichen Urkunde über die Beschlüsse der Geschäftsführer beigelegt werden (Art. 781 Abs. 5 Ziff. 6 i.V.m. Art. 652g Abs. 3; s.a. Art. 652g N 12).

50 Im Zuge des Kapitalerhöhungsverfahrens (immer erst nach dem Feststellungsbeschluss) haben die Geschäftsführer sodann die **Statuten** an das neue Kapital **anzupassen** (Höhe, Einteilung und Struktur des Stammkapitals). In jedem Fall anzupassen ist die Kapitalziffer des Stammkapitals, ferner i.d.R. die Anzahl und ggf. der Nennwert der Stammanteile (zum Aktienrecht s. Art. 652g N 5 m.w.Nw.). Einzufügen sind ferner allfällige qualifizierte Tatbestände, insb. Statutenbestimmungen zu Sacheinlagen oder Sachübernahmen (Art. 777c i.V.m. Art. 628; Art. 781 Abs. 5 Ziff. 1 i.V.m. Art. 650 Abs. 2 Ziff. 4–6; KÜNG/CAMP, Art. 781 N 66), nicht aber eine Verrechnungsliberierung (s. REBSAMEN, Rz 26; vgl. aber auch N 39 betr. Handelsregisterpublizität der Verrechnungstatbestände). Von einer statutarischen Sacheinlagebestimmung kann abgesehen werden bei einer Erhöhung im Zuge einer Fusion oder Spaltung (s. Art. 9 Abs. 2 und 33 Abs. 2 FusG; BERTHEL, Rz 362).

Nicht erforderlich ist eine Statutenanpassung im Falle einer (Sanierung durch) *Kapital-* **51** *herabsetzung mit gleichzeitiger Wiedererhöhung des Stammkapitals* auf den bisherigen Betrag (s. N 3 und N 15), falls die Kapitalstruktur nach Vernichtung der abgeschriebenen Stammanteile unverändert bleibt (zum Aktienrecht s. Art. 652g N 6 m.w.Nw.).

Da die den Geschäftsführern in Art. 781 Abs. 5 Ziff. 5 i.V.m. Art. 652g Abs. 1 einge- **52** räumte Kompetenz, Statutenanpassungen selbst vorzunehmen, mit der grundsätzlichen Anordnung in Art. 804 Abs. 2 Ziff. 1 im Widerspruch steht, bezieht sich diese Kompetenz der Geschäftsführer *ausschliesslich auf die im Wesentlichen von der GesV beschlossenen Modalitäten der Kapitalerhöhung,* nicht aber auf autonome Änderungen der Statuten (zum Aktienrecht s. Art. 652g N 7a m.w.Nw.; KÜNG/CAMP, Art. 781 N 68; s.a. Botschaft GmbH, 3205). Für weitere Statutenänderungen bleibt die GesV zuständig (s. BERTHEL, Rz 368).

Die *Statutenbestimmungen über Sacheinlagen und Sachübernahmen* können nach zehn **53** Jahren **aufgehoben** werden; Bestimmungen über Sachübernahmen dürfen auch dann aus den Statuten gestrichen werden, wenn die Gesellschaft endgültig auf die Sachübernahme verzichtet hat (Art. 777c i.V.m. Art. 628 Abs. 4; s. Art. 650 N 22).

2. Handelsregisteranmeldung und Belege

Die Eintragung der Kapitalerhöhung in das Handelsregister richtet sich (ebenfalls) nach **54** den *aktienrechtlichen Vorschriften* (Art. 781 Abs. 1 Ziff. 5 i.V.m. Art. 652h). Zur Anmeldung der Kapitalerhöhung sind die Geschäftsführer (s. ferner Art. 931a) verpflichtet; zu Vorgabe und Einhaltung der Frist s. N 19.

Die Handelsregisteranmeldung ist von *zwei Mitgliedern der Geschäftsführung* (oder **55** einem Mitglied mit Einzelzeichnungsberechtigung) *zu unterzeichnen;* die Anmeldung ist entweder beim Handelsregister zu unterzeichnen oder mit beglaubigten Unterschriften einzureichen (Art. 781 Abs. 5 Ziff. 6 i.V.m. Art. 931a).

Zusammen mit der Anmeldung sind dem Handelsregisteramt folgende **Belege** einzurei- **56** chen (Art. 74 Abs. 2–4 i.V.m. Art. 46 Abs. 2–4 HRegV; s.a. BERTHEL, Rz 377 ff.; KNECHT/KOCH, 203):

– öffentliche Urkunde über den Beschluss der GesV und öffentliche Urkunde über die Feststellungen der Geschäftsführer und die Statutenänderung;

– angepasste Statuten (in beglaubigter Ausfertigung);

– Kapitalerhöhungsbericht (unterzeichnet durch einen zeichnungsberechtigten Geschäftsführer; s. aber N 41);

– bei *Barliberierung:* Einlagebestätigung einer Bank i.S. des BankG (sofern das Bankinstitut nicht in der öffentlichen Urkunde genannt wird; Art. 74 Abs. 2 lit. e HRegV);

– bei *Sacheinlagen/Sachübernahmen:* Sacheinlage- bzw. Sachübernahmeverträge mit entsprechenden Beilagen sowie (vorbehaltslose) *Prüfungsbestätigung* (Art. 74 Abs. 3 i.V.m. Art. 46 Abs. 3 HRegV); falls Grundstücke Gegenstand von Sacheinlagen oder Sachübernahmen bilden, haben die Handelsregisterämter eine Unbedenklichkeitserklärung im Hinblick auf das BewG zu verlangen *(Lex-Friedrich-Erklärung;* s. Art. 652h N 3a);

- bei *Verrechnungstatbeständen* und bei Einräumung besonderer Vorteile: zusätzlich (vorbehaltlose) *Prüfungsbestätigung* (Art. 74 Abs. 3 i.V.m. Art. 46 Abs. 3 HRegV);
- bei *Aufhebung oder Einschränkung der Bezugsrechte:* zusätzlich (vorbehaltlose) *Prüfungsbestätigung* (Art. 74 Abs. 4 i.V.m. Art. 46 Abs. 4 HRegV);
- bei einer *Liberierung aus eigenen Mitteln der Gesellschaft:* zusätzlich die genehmigte Jahresrechnung oder der Zwischenabschluß sowie der Revisionsbericht eines zugelassenen Revisors;
- *Stampa-Erklärung* (abgegeben durch jene Personen, welche die Anmeldung beim Handelsregisteramt vornehmen); eine Stampa-Erklärung ist aus Gründen der Praktikabilität und der Rechtssicherheit auf jeden Fall einzureichen, auch wenn kein qualifizierter Tatbestand vorliegt (s. Art. 652h N 3).

57 Zu den *Modalitäten* der Handelsregisteranmeldung s. Art. 652h N 4; zum *Inhalt* der Handelsregistereintragung s. Art. 76 HRegV i.V.m. Art. 45 Abs. 2 und 3 HRegV für die qualifizierten Tatbestände (Abs. 3 betr. gemischte Sacheinlagen/Sachübernahmen). In das Handelsregister einzutragen sind auch die Änderungen im *Bestand der Gesellschafter* (Art. 76 Abs. 1 lit. d HRegV).

58 Die Kapitalerhöhung wird im Aussenverhältnis nach der Eintragung in das Handelsregister mit der Publikation im SHAB **wirksam** (s. die Differenzierungen in Art. 652h N 5 und 6 und bei BERTHEL, Rz 373 ff.; noch nach altem Recht KÜNG/CAMP, Art. 781 N 77; Handkommentar Privatrecht-TRÜEB, Art. 781 N 35; zum Aktienrecht s. Art. 652h N 6; BÖCKLI, § 2 N 177).

59 Wie im Aktienrecht sind auch bei der GmbH Stammanteile, die *vor* Eintragung der Kapitalerhöhung in das Handelsregister ausgegeben werden, **nichtig** (Art. 781 Abs. 5 Ziff. 6 a.E. i.V.m. Art. 652h Abs. 3).

IX. Rechtsvergleichung

60 Das deutsche GmbH-Recht regelt die Kapitalerhöhung in §§ 55–57o GmbHG; Näheres bei HERBERSTEIN, Die GmbH in Europa, 50 Länder im Vergleich, 2. Aufl., Wien 2001; ferner KOEHLER, 246 f.

Art. 782

M. Herabsetzung des Stammkapitals

¹ Die Gesellschafterversammlung kann die Herabsetzung des Stammkapitals beschliessen.

² Das Stammkapital darf in keinem Fall unter 20 000 Franken herabgesetzt werden.

³ Zur Beseitigung einer durch Verluste entstandenen Unterbilanz darf das Stammkapital nur herabgesetzt werden, wenn die Gesellschafter die in den Statuten vorgesehenen Nachschüsse voll geleistet haben.

⁴ Im Übrigen sind die Vorschriften über die Herabsetzung des Aktienkapitals entsprechend anwendbar.

M. Réduction du capital social	¹ L'assemblée des associés peut décider de réduire le capital social. ² Le capital social ne peut en aucun cas être réduit à un montant inférieur à 20 000 francs. ³ Le capital social ne peut être réduit dans le but de supprimer un excédent passif constaté au bilan et résultant de pertes que si les associés se sont entièrement acquittés de leur obligation statutaire d'effectuer des versements supplémentaires. ⁴ Pour le surplus, les dispositions du droit de la société anonyme concernant la réduction du capital-actions sont applicables par analogie.
M. Riduzione del capitale sociale	¹ L'assemblea dei soci può deliberare la riduzione del capitale sociale. ² Il capitale sociale non può in nessun caso essere ridotto a una somma inferiore a 20 000 franchi. ³ Il capitale sociale può essere ridotto al fine di eliminare un'eccedenza passiva accertata nel bilancio e risultante da perdite soltanto se i soci hanno integralmente effettuato i versamenti suppletivi previsti nello statuto. ⁴ Per il rimanente, si applicano per analogia le disposizioni del diritto della società anonima concernenti la riduzione del capitale azionario.

Literatur

Vgl. die Literaturhinweise bei den Vorbem. zu Art. 732–735 sowie HANDSCHIN/TRUNIGER, Die neue GmbH, 2. Aufl., Zürich 2006; KÜNG/HAUSER, Gründung und Führung der Gesellschaft mit beschränkter Haftung, Basel 2004; NUSSBAUM/SANWALD/SCHEIDEGGER, Kurzkommentar zum neuen GmbH-Recht, Muri bei Bern 2007.

I. Allgemeines

1. Gesetzessystematik

Das Gesetz regelt die **Arten** der Herabsetzung (substantielle und nominelle Herabsetzung), nicht aber die **Formen** (Nennwertherabsetzung und Herabsetzung durch die Vernichtung von Stammanteilen). Ferner unterstellt es die Herabsetzung des Grundkapitals bei gleichzeitiger Wiedererhöhung ausdrücklich nicht den Regeln über die Kapitalherabsetzung, sondern regelt bloss bestimmte Nebenfolgen (Art. 732a i.V.m. Art. 782 Abs. 4). Die Kapitalherabsetzung ist knapp und nur kasuistisch geregelt. Die Kommentierung folgt der Gesetzessystematik: Was gesetzlich an Detailfragen geregelt ist, wird unter den einzelnen Absätzen kommentiert, die Grundfragen und die Zusammenhänge werden in den Vorbemerkungen (unten Ziff. I-IX) dargelegt.

Wie bereits die bisherige Regelung (Art. 788 altOR) verweist das revidierte OR zur Herabsetzung des Stammkapitals weitgehend auf das Aktienrecht. Neu wird auch für die GmbH eine erleichterte Kapitalherabsetzung zu Sanierungszwecken ermöglicht (Art. 735 i.V.m. Art. 782 Abs. 4; Botschaft GmbH, 3182).

2. Normzweck

Die Vorschriften über die Herabsetzung des Stammkapitals bezwecken insb. den Schutz der Gläubiger. Diesem Normzweck kommt eine zentrale Bedeutung zu. Ist z.B. die Erhöhung des Stammkapitals im Handelsregister eingetragen worden, so sind die zur Liberierung der neuen Stammanteile verwendeten Beträge auch Dritten gegenüber Teil des Stammkapitals und können daher nur im ordnungsgemässen Kapitalherabsetzungsverfahren wieder frei gemacht werden, auch wenn der Erhöhungsbeschluss der Gesellschafterversammlung mit einem Willensmangel behaftet war (zum Aktienrecht: BGE 102 Ib 24).

II. Begriff

3   Unter den Begriff der Kapitalherabsetzung fällt jede Reduktion der in den Statuten enthaltenen und im Handelsregister eingetragenen Ziffern des gezeichneten Stammkapitals.

4   Genussscheine haben keinen Nennwert und dürfen nicht gegen Einlage ausgegeben werden. Sie verleihen Ansprüche auf Anteil am Bilanzgewinn oder am Liquidationserlös oder auf den Bezug neuer Stammanteile (Art. 774a i.V.m. Art. 657 Abs. 2 f.). Da Genussscheine das gezeichnete Kapital nicht tangieren, fällt ihr Rückkauf oder ihre Aufhebung nicht unter die Kapitalherabsetzungsvorschriften.

5   Neben der Kapitalherabsetzung gibt es Massnahmen gleicher oder ähnlicher Wirkung, die die Interessen der Gläubiger am Erhalt des Haftungssubstrats tangieren. Zum Teil bestehen gesetzliche Schutzmechanismen. Das gilt namentlich für das Verbot der Einlagenrückgewähr (Art. 793 Abs. 2) und für den Erwerb eigener Stammanteile (Art. 783), die zwar das nominelle Kapital nicht verändern, aber das effektive Haftungssubstrat schmälern.

6   Unter dem Begriff Sanierung werden alle Massnahmen verstanden, die eine finanzielle Gesundung der Gesellschaft bezwecken (vgl. z.B. Art. 820 Abs. 2 i.V.m. Art. 725a Abs. 1). Massnahmen dazu können die Herabsetzung des Stammkapitals bei gleichzeitiger Wiedererhöhung auf denselben Betrag, ggf. das Verfahren der Kapitalherabsetzung im Falle der Unterbilanz (Art. 782 Abs. 4 i.V.m. Art. 735) oder die Sanierung durch gerichtlichen oder aussergerichtlichen Nachlassvertrag (Art. 293 ff. SchKG) sein. Bezogen auf die Kapitalherabsetzung ist der Begriff unscharf, und er bezeichnet kein bestimmtes Verfahren. Von stiller Sanierung wird gesprochen, wenn Stammanteilsinhaber Zuzahlungen leisten oder Verpflichtungen der Gesellschaft übernehmen. Ein Kapitalherabsetzungs- oder Erhöhungsbeschluss ist nicht erforderlich (zum Aktienrecht: ZR 1940, 205 ff.).

III. Arten der Kapitalherabsetzung

6a Eine substantielle (effektive, konstitutive) Kapitalherabsetzung liegt vor, wenn die Gesellschaft in wirtschaftlicher Hinsicht überkapitalisiert ist und deshalb einen Teil ihres Vermögens den Gesellschaftern zurückbezahlt oder in die Reserven der Gesellschaft bucht. Für das Verfahren kommen die Art. 782 Abs. 4 i.V.m. Art. 732, 733 und 734 zur Anwendung.

7   Die nominelle (deklarative) Kapitalherabsetzung dient der Beseitigung einer Unterbilanz. Hier kommt das einfache Kapitalherabsetzungsverfahren zur Anwendung (Art. 782 Abs. 4 i.V.m. Art. 732a und 735). Während bei einem aussergerichtlichen Nachlassverfahren die Regeln über die Kapitalherabsetzung zur Anwendung gelangen, finden sie keine Anwendung, wenn durch gerichtlichen Nachlassvertrag nicht nur das Stammkapital, sondern auch die Forderungen der Gläubiger herabgesetzt werden (zum Aktienrecht: ZK-BÜRGI, Art. 732 N 9).

1. Abschnitt: Allgemeine Bestimmungen 8–13 **Art. 782**

IV. Formen

Die möglichen Formen der Kapitalherabsetzung sind im Gesetz nicht explizit geregelt. **8** Es bestimmt allein, dass im Herabsetzungsbeschluss anzugeben ist, in welcher Art die Kapitalherabsetzung durchgeführt werden soll (Art. 732 Abs. 3). Als mögliche Formen der Kapitalherabsetzung haben sich die Nennwertherabsetzung und die Herabsetzung durch Vernichtung von Stammanteilen herausgebildet. Bei der Nennwertherabsetzung wird der Nennwert der einzelnen Stammanteile herabgesetzt, und zwar so, dass die Summe der Herabsetzung der Nennwerte der einzelnen Stammanteile den Herabsetzungsbetrag des Stammkapitals ausmacht. Bei der Herabsetzung durch Vernichtung von Stammanteilen werden so viele Stammanteile vernichtet, als durch die Herabsetzung des Stammkapitals geboten ist. Mischformen sind wohl denkbar, kommen aber in der Praxis selten vor.

V. Massgebende Prinzipien

Die GmbH basiert auf dem Prinzip des festen Stammkapitals. Das manifestiert sich darin, dass das Stammkapital zum Voraus bestimmt ist (Art. 772 Abs. 1) und seine Höhe notwendiger Inhalt der Statuten darstellt (Art. 776 Ziff. 3). Das Stammkapital ist eine Sperrquote, die das Haftungssubstrat für die Gläubiger sichern soll. **9**

Ein Recht, die Einlagen zurückzufordern, steht den Gesellschaftern nicht zu (Art. 793 **10** Abs. 2). Über den zu engen Wortlaut dieser Bestimmung hinaus besteht auch ein Verbot, die Liberierungspflicht zu erlassen (zum Aktienrecht: ZR 1962, 114) oder das einbezahlte Kapital unter Wiederaufleblenlassen der Liberierungspflicht zurückzuerstatten; entsprechende Beschlüsse und Vereinbarungen wären nichtig. Die Liberierungspflicht lebt dabei wieder auf. Die Rückzahlung von Stammkapital im Rahmen der Kapitalherabsetzung nach Art. 782 Abs. 4 i.V.m. Art. 732 Abs. 1 ist die einzige zulässige Ausnahme vom Verbot der Einlagenrückgewähr (zum Aktienrecht: BGE 109 II 129 E. 2).

VI. Abgrenzung: Herabsetzung bei gleichzeitiger Wiedererhöhung

1. Allgemeines

Die Gesellschafterversammlung hat bei einer Kapitalherabsetzung nur dann das Kapital- **11** herabsetzungsverfahren zur Anwendung zu bringen, wenn die Gesellschaft ihr Stammkapital herabsetzt, ohne es gleichzeitig mindestens bis zur bisherigen Höhe durch neues, voll einzubezahlendes Kapital zu ersetzen (Art. 782 Abs. 4 i.V.m. Art. 732 Abs. 1). Das revidierte Recht legt dabei fest, dass bei Herabsetzung des Stammkapitals zum Zwecke der Sanierung auf Null und der anschliessenden Wiedererhöhung die bisherigen Mitgliedschaftsrechte der Gesellschafter mit der Herabsetzung untergehen und die ausgegebenen Stammanteile zu vernichten sind (Art. 782 Abs. 4 i.V.m. Art. 732a Abs. 1).

Bei der Wiedererhöhung des Stammkapitals steht den bisherigen Gesellschaftern jedoch **12** ein Bezugsrecht zu, das ihnen nicht entzogen werden kann (Art. 782 Abs. 4 i.V.m. Art. 732a Abs. 2; vgl. auch Art. 781 Abs. 5 Ziff. 2).

2. Form

Im Falle der Herabsetzung bei gleichzeitiger Wiedererhöhung müssen die Beschlüsse **13** öffentlich beurkundet werden, obwohl für dieses Formerfordernis keine ausdrückliche Regelung besteht. Das wird damit begründet, dass jede Kapitalherabsetzung unter gleichzeitiger Wiedererhöhung auf den alten Stand immer zugleich auch eine Kapitalerhöhung darstellt und diese der öffentlichen Beurkundung bedarf (Art. 781 Abs. 5 Ziff. 1 i.V.m. Art. 650 Abs. 2).

3. Qualifizierte Tatbestände

14 Entgegen des zu engen Wortlautes von Art. 732 Abs. 1 (einzubezahlendes Kapital), braucht die Liberierung nicht zwingend in bar zu erfolgen. Vielmehr kann das Kapital auch durch Sacheinlage oder Verrechnung liberiert werden. In diesem Fall kommen die üblichen Vorschriften für die qualifizierten Tatbestände (Art. 781 Abs. 5 Ziff. 4 i.V.m. Art. 652e f.) zur Anwendung.

4. Eintragung

14a Wird zusammen mit der Herabsetzung des Stammkapitals eine Wiedererhöhung auf den bisherigen oder einen höheren Betrag beschlossen, so müssen dem Handelsregisteramt folgende Belege eingereicht werden (Art. 79 Abs. 1 HRegV):

a. die öffentliche Urkunde über den Beschluss der Gesellschafterversammlung;

b. die für eine Kapitalerhöhung erforderlichen Belege;

c. die Statuten, falls sie geändert werden müssen.

14b Ins Handelsregister müssen eingetragen werden (Art. 79 Abs. 3 HRegV):

a. die Tatsache, dass das Stammkapital herabgesetzt und gleichzeitig wieder erhöht wird;

b. der Betrag, auf den das Stammkapital herabgesetzt wird;

c. die Angabe, ob die Herabsetzung durch Reduktion des Nennwerts oder durch Vernichtung von Stammanteilen erfolgt;

d. falls das Stammkapital über den bisherigen Betrag erhöht wurde: der neue Betrag;

e. Anzahl und Nennwert der Stammanteile nach der Kapitalerhöhung;

f. die Änderungen im Bestand der Gesellschafter;

g. gegebenenfalls die Stimmrechtsstammanteile;

h. im Fall von Vorzugsstammanteilen: die damit verbundenen Vorrechte;

i. bei Nachschusspflichten: ein Verweis auf die nähere Umschreibung in den Statuten;

j. bei statutarischen Nebenleistungspflichten unter Einschluss statutarischer Vorhand-, Vorkaufs- und Kaufsrechte: ein Verweis auf die nähere Umschreibung in den Statuten;

k. bei einer vom Gesetz abweichenden Regelung der Zustimmungserfordernisse für die Übertragung der Stammanteile: ein Verweis auf die nähere Umschreibung in den Statuten;

l. falls die Statuten geändert wurden: deren neues Datum.

VII. Schutz der Gesellschafter

Bei der Kapitalherabsetzung gilt der Grundsatz der relativen Gleichbehandlung der Gesellschafter (zum Aktienrecht: BGE 95 II 162; 102 II 265). 15

Problemlos wird sich die Nennwertherabsetzung bei Einheits-Stammanteilen, d.h. bei Stammanteilen gleicher Art und gleichen Nennwerts, realisieren lassen. Die proportionale Gleichbehandlung ist gewahrt, wenn das bisherige Verhältnis der den Gesellschaftern verschiedener Kategorien zustehenden Mitgliedschaftsrechte grundsätzlich unverändert bleibt (zum Aktienrecht: Schucany, Art. 735 N 4 m.w.Nw.). 16

Die Wahrung der Gleichbehandlung ist bei einer Herabsetzung mit Vernichtung von Stammanteilen schwieriger. Jedenfalls kann einem Gesellschafter die Mitgliedschaft bei der GmbH durch eine Kapitalherabsetzung nicht ohne seine Zustimmung entzogen werden (zum Aktienrecht: BJM 1984, 169 ff.). 17

Bei der Nennwertherabsetzung zur Beseitigung einer Unterbilanz können die Stammanteile unter den Mindestnennwert von CHF 100 herabgesetzt werden (Art. 774 Abs. 1). 18

Das BGer hatte unter der bisherigen Rechtslage entschieden, dass bei einer Kapitalherabsetzung bei gleichzeitiger Wiedererhöhung unter Ausgabe von neuen Aktien die bisherigen Aktionäre ihre Gesellschafterstellung ungeachtet der Vernichtung der Aktien beibehalten und selbst dann, wenn sie sich nicht an der Wiedererhöhung des Kapitals beteiligen, ein minimales Stimmrecht (d.h. zumindest eine Stimme) bewahren (BGE 121 III 420 E. 4c). Der Entscheid wurde in der Literatur kritisiert, weil dadurch Phantomaktionäre entstünden, die nicht mehr Träger von Risikokapital seien. Das könne eine Sanierung erschweren. 19

Um diesen Problemen zu begegnen, sieht das revidierte Recht eine gesetzliche Ordnung der Vernichtung von Stammanteilen im Rahmen einer Sanierung vor. Sämtliche Rechte, die aus der Beteiligung am Stammkapital fliessen, sollen gemäss dessen Charakter als Risikokapital untergehen, wenn das Stammkapital zufolge eines Kapitalverlustes als vollständig verloren betrachtet werden muss. Die bisherigen Mitgliedschaftsrechte der Gesellschafter entfallen, wenn das Stammkapital zum Zwecke der Sanierung auf null herabgesetzt und sogleich wieder erhöht wird (Art. 788 Abs. 4 i.V.m. Art. 732a Abs. 1). 20

Der grundsätzlich nicht entziehbaren Rechtsstellung der Gesellschafter muss im Falle eines gänzlichen Kapitalverlustes dadurch Rechnung getragen werden, dass ihnen ein unbedingtes und unentziehbares Recht zugestanden wird, sich im Ausmass ihrer bisherigen Beteiligung an der Wiedererhöhung des Stammkapitals zu beteiligen, weshalb sie ein zwingendes und unentziehbares Bezugsrecht haben (Art. 788 Abs. 4 i.V.m. Art. 732a Abs. 2). 21

VIII. Statutenänderung

Die Höhe des Stammkapitals ist notwendiger Statuteninhalt (Art. 776 Ziff. 3). Eine Herabsetzung des Stammkapitals bedarf daher einer Statutenänderung. 22

Zuständig für den Beschluss ist die Gesellschafterversammlung (Art. 804 Abs. 2 Ziff. 1). Entsprechende Beschlüsse anderer Organe sind nichtig, weil die Beschlusskompetenz für eine Herabsetzung der Gesellschafterversammlung nicht entzogen oder von ihr auch nicht an ein anderes Organ delegiert werden kann (vgl. Art. 804 Abs. 2). 23

IX. Herabsetzungsbeschluss

24 Jeder Beschluss der Gesellschafterversammlung über die Herabsetzung des Stammkapitals ist öffentlich zu beurkunden (Art. 780). Hierbei handelt es sich um ein zwingendes Formerfordernis. Wird die Form verletzt, ist der Beschluss nichtig, d.h. von Anfang an (ex tunc) objektiv ungültig und daher unheilbar, und der Mangel ist von Amtes wegen zu beachten.

25 Für den Beschluss über die Statutenänderung genügt das einfache Mehr, sofern die Statuten nichts anderes bestimmen (Art. 808).

26 Hat die Gesellschaft Vorzugsstammanteile ausgegeben (Art. 799) und sollen durch die Kapitalherabsetzung statutarische Vorrechte abgeändert oder aufgehoben werden, so müssen der Statutenänderung nicht nur die Gesellschafterversammlung sämtlicher Gesellschafter, sondern auch die besondere Versammlung der beeinträchtigten Inhaber der Vorzugsstammanteile zustimmen (Art. 799 i.V.m. Art. 654 Abs. 2 f.).

X. Bestätigung durch Prüfungsbericht eines zugelassenen Revisionsexperten

27 Der Prüfungsbericht ist schriftlich abzufassen (Art. 781 Abs. 4 i.V.m. Art. 734 Abs. 2). Dem Erfordernis ist in qualifizierter Form Genüge getan, wenn der ganze Bericht in die öffentliche Urkunde über den Herabsetzungsbeschluss integriert ist. Der Prüfungsbericht bezweckt festzustellen, dass die Forderungen der Gläubiger trotz der Herabsetzung des Stammkapitals voll gedeckt sind (Art. 781 Abs. 4 i.V.m. Art. 734 Abs. 2).

28 Der Prüfungsbericht wird aufgrund einer aktuellen Bilanz oder eines Zwischenabschlusses erstellt. Umstritten ist, ob die Bewertung zu Fortführungs- oder zu Liquidationswerten zu erfolgen hat (zum Aktienrecht: FORSTMOSER, Aktienrecht, § 16 N 120 ff. m.w. Nw.). Die Frage ist von Bedeutung, weil die Liquidationswerte (Veräusserungswerte) i.d.R. tiefer als die Fortführungswerte sind. Bei der Herabsetzung im Fall einer Unterbilanz stellt sich die Frage, ob eine begründete Besorgnis einer Überschuldung zwingend vermutet werden muss. Deshalb muss die Bilanz sowohl zu Fortführungs- als auch zu Veräusserungswerten erstellt werden (Art. 820 Abs. 1 i.V.m. Art. 725 Abs. 2).

29 Der Prüfungsbericht muss von einem zugelassenen Revisionsexperten erstattet werden (vgl. Art. 818 Abs. 1 i.V.m. Art. 727c). Der zugelassene Revisionsexperte muss unabhängig sein und sich sein Prüfungsurteil objektiv bilden (Art. 818 Abs. 1 i.V.m. Art. 728 Abs. 1). Der Handelsregisterführer weist den Prüfungsbericht zurück, wenn der Revisor die Unabhängigkeit offensichtlich nicht aufweist.

30 Der Revisionsexperte muss an der Gesellschafterversammlung, die den Herabsetzungsbeschluss fasst, anwesend sein (Art. 781 Abs. 4 i.V.m. Art. 732 Abs. 2), damit er ggf. den Prüfungsbericht erläutern oder den Gesellschaftern Auskunft geben kann.

31 Insbesondere muss er Aufschluss geben, ob und inwiefern wesentliche Änderungen seit Abschluss des Revisionsberichts eingetreten sind (zum Aktienrecht: ZK-BÜRGI, Art. 732 N 16).

32 Die Anwesenheit oder Absenz des Revisors ist in der öffentlichen Urkunde über den Herabsetzungsbeschluss zu vermerken. Ist der Revisor an der betreffenden Gesellschafterversammlung nicht anwesend, so ist der Herabsetzungsbeschluss anfechtbar (Art. 818 Abs. 1 i.V.m. Art. 731 Abs. 3).

XI. Verwendung eines Buchgewinns

Ein aus der Kapitalherabsetzung sich allfällig ergebender Buchgewinn ist ausschliesslich zu Abschreibungen zu verwenden (Art. 781 Abs. 4 i.V.m. Art. 732 Abs. 4). Ein Buchgewinn entsteht, wenn der Betrag, um den das Stammkapital herabgesetzt wird, nicht im vollem Umfange für Rückzahlungen, zur Befreiung von Liberierungspflichten oder zur Abschreibung einer Unterbilanz benötigt wird (zum Aktienrecht: FORSTMOSER, Aktienrecht, § 16 N 263).

33

Die Norm bezweckt zu verhindern, dass ein blosser Buchgewinn an die Gesellschafter ausgeschüttet und damit den Gläubigern entzogen wird (zum Aktienrecht: BGE 51 II 436 f.). Der Normzweck, nicht aber die Ausgestaltung der Bestimmung, findet die Zustimmung der Lehre (zum Aktienrecht: FORSTMOSER, Aktienrecht, § 16 N 268 m.w. Nw.). Namentlich wird kritisiert, dass durch übermässige Abschreibungen stille Reserven gebildet werden können, die später zugunsten der Gesellschafter wieder aufgelöst werden können (zum Aktienrecht: Art. 669 Abs. 3). Sodann handle es sich bei der Formulierung der Bestimmung um ein gesetzgeberisches Versehen, das nicht mit der ordnungsgemässen Rechnungslegung vereinbar sei; weshalb der Buchgewinn den allgemeinen Reserven zuzuweisen sei (BÖCKLI, § 2 Rz 371).

34

Die teleologisch richtige Auslegung führt zum Ergebnis, dass ein allfälliger Buchgewinn sowohl für Abschreibungen als auch für die Bildung von Reserven verwendet werden darf, wobei gebildete offene oder stille Reserven später aber nicht zugunsten der Gesellschafter verwendet werden dürfen.

35

XII. Mindestkapital und Mindestnennwert

In keinem Fall darf das Stammkapital unter CHF 20 000 herabgesetzt werden (Art. 782 Abs. 2). Diese Schranke gilt absolut und darf auch im Falle der Sanierung nicht unterschritten werden.

36

Der Nennwert der Stammanteile muss mindestens CHF 100 betragen (Art. 774 Abs. 1). Diese Schranke gilt auch bei der substantiellen Kapitalherabsetzung absolut. Vorbehalten bleibt einzig die Herabsetzung des Nennwertes unter diesen Betrag im Falle der Sanierung der Gesellschaft (vgl. Art. 781 Abs. 4 i.V.m. Art. 732a; zum Aktienrecht: BGE 86 II 78 E. 3).

37

XIII. Schuldenruf

Der Schuldenruf ist mindestens dreimal im SHAB zu veröffentlichen (Art. 781 Abs. 4 i.V.m. Art. 733).

38

Sehen die Statuten weitere Publikationsorgane für Bekanntmachungen vor (Art. 776 Ziff. 4), so ist der Schuldenruf auch in diesen Publikationsorganen zu veröffentlichen.

39

Bei dieser Veröffentlichung handelt es sich um einen Aufruf an die Gläubiger, ihre Interessen gegenüber der Gesellschaft zu wahren. In der Publikation ist den Gläubigern bekannt zu machen, dass sie binnen zwei Monaten, von der dritten Bekanntmachung im SHAB an gerechnet, unter Anmeldung ihrer Forderung Befriedigung oder Sicherstellung verlangen können. Damit die Publikation ihren Zweck erfüllen kann, muss bei der Publikation des Schuldenrufs dem Publikum der Inhalt des Herabsetzungsbeschlusses summarisch kundgegeben werden. Insbesondere sind die Höhe des Herabsetzungsbetrages und der Umfang der Rückzahlung bzw. der Reservenbildung anzugeben, damit

40

sich die Gläubiger ein Bild über die Herabsetzung machen können. Anmeldestelle ist i.d.R. die Gesellschaft.

41 Der Sperrfrist kommt eine doppelte Bedeutung zu: Für die Gläubiger stellt sie die Anmeldefrist für ihre Ansprüche dar. Für die Gesellschaft begründet sie die Wartezeit bis zur Durchführung und Eintragung der Kapitalherabsetzung im Handelsregister. Da der Aufruf erfolgen muss, auch wenn keine Gläubiger vorhanden sind, kann die Frist auch dann nicht abgekürzt werden, wenn alle Gläubiger zustimmen.

42 Umstritten ist die Frage, ob sich die Sicherstellung nur auf die qualitative und quantitative Verschlechterung der Deckung, welche sich durch die Kapitalherabsetzung ergibt, erstrecken soll, oder ob der ganze Betrag der angemeldeten Forderung sicherzustellen sei.

43 Nach einem Teil der Autoren soll nach der Differenztheorie die Sicherstellung nur in dem Umfang erfolgen können, als die bisherige Deckung durch die Kapitalherabsetzung verkleinert worden ist (zum Aktienrecht: BÜRGI, Art. 732 OR N 22 m.w.Nw.). Nach der anderen Auffassung hat die Sicherstellung für den ganzen Betrag zu erfolgen. Die Differenztheorie überzeugt nicht. Sie trägt dem Charakter der Kapitalherabsetzung zu wenig Rechnung (VON STEIGER, Art. 788 m.w.Nw.). Nachdem der Prüfungsbericht feststellen muss, dass die ganze Forderung der Gläubiger gedeckt ist, und diese Feststellung aber nichts anderes als das Ergebnis einer Bewertung darstellt, ist es sachlich richtig, die Gläubiger über die ganze Forderung sicherzustellen, denn die Bewertung ist eine Ermessensfrage mit einem gewissen Unsicherheitspotential und ihre Grundlagen können nachträglich eine Änderung erfahren und so die Gläubiger schlechter stellen. In der Praxis dürfte es im Übrigen auch nicht leicht fallen, festzustellen, wie hoch der tatsächliche Wert nach der Differenztheorie ist. Es kann sicher nicht sachlich richtig sein, den Differenzwert ausschliesslich aufgrund der Verhältniszahlen vom neuen und bisherigen Kapital festzulegen. Vielmehr müsste auch das zu Ungunsten der Gläubiger veränderte Verhältnis von Aktiven und Passiven in Betracht gezogen werden. Es ist deshalb die ganze Forderung sicherzustellen.

44 Die Sicherstellung muss in den üblichen Formen erfolgen (Realsicherheit, Bürgschaft, Garantieerklärung). Bei fälligen Forderungen hat der Gläubiger ein Wahlrecht, ob er Befriedigung oder Sicherstellung verlangen will. Verlangt er bloss Sicherstellung, kann die Gesellschaft ihn dennoch befriedigen. Für nicht fällige Forderungen kann nur Sicherstellung verlangt werden. Für bestrittene Forderungen ist ebenfalls Sicherheit zu leisten.

XIV. Öffentliche Feststellungsurkunde

45 In die öffentliche Feststellungsurkunde ist die Bescheinigung aufzunehmen, dass die den Gläubigern für die Anmeldung ihrer Forderungen gesetzte Frist abgelaufen ist und dass sie befriedigt oder sichergestellt worden sind. Diese Bescheinigung kann unterbleiben, wenn die Herabsetzung des Stammkapitals zur Beseitigung einer durch Verlust entstandenen Unterbilanz erfolgt.

XV. Durchführung und Eintragung in das Handelsregister

46 Der Handelsregisterführer prüft, ob die öffentlichen Urkunden alle erforderlichen Erklärungen aufweisen und ob die übrigen zwingenden gesetzlichen Bestimmungen eingehalten worden sind. Bei der Kapitalherabsetzung sind dem Handelsregisterführer diverse

1. Abschnitt: Allgemeine Bestimmungen   46a–51 Art. 782

Unterlagen einzureichen: Anmeldung, Öffentliche Urkunde über den Herabsetzungsbeschluss der Gesellschafterversammlung (Art. 781 Abs. 4 i.V.m. Art. 732 Abs. 1), ein neu gefasstes Exemplar der Statuten (Art. 732 Abs. 1) und der Prüfungsbericht mit Bilanz oder Zwischenabschluss (Art. 732 Abs. 2).

Die öffentliche Urkunde über den *Herabsetzungsbeschluss* der GV muss folgende Elemente enthalten (Art. 55 Abs. 1 lit. a i.V.m. Art. 77 HRegV): 46a

1. die Feststellung über das Ergebnis des Prüfungsberichts;

2. die Art und Weise der Durchführung der Kapitalherabsetzung;

3. die Anpassung der Statuten.

Die öffentliche Urkunde über den *Feststellungsbeschluss* muss folgende Element enthalten (Art. 55 Abs. 1 lit. b i.V.m. Art. 77 HRegV): 46b

1. die Aufforderungen an die Gläubigerinnen und Gläubiger;

2. die Anmeldefrist;

3. die Erfüllung oder Sicherstellung der Forderungen.

Die Eintragung der Kapitalherabsetzung im Handelsregister hat konstitutive Wirkung. Die Norm will die Gläubiger dadurch sichern, dass die Herabsetzung erst eingetragen werden kann, wenn alle Verfahrensschritte eingehalten und alle Voraussetzungen der Herabsetzung erfüllt sind. Die Eintragung der Kapitalherabsetzung im Handelsregister ist konstitutiver Rechtsnatur. Das bedeutet, dass die mit den Kapitalherabsetzungen verbundenen Rechtswirkungen erst mit der Eintragung in das Register wirksam werden. Erst nach der Eintragung im Handelsregister dürfen die Rückzahlungen an die Gesellschafter vorgenommen werden (zum Aktienrecht: ZK-BÜRGI, Art. 782 N 6 m.w.Nw.; **a.M.** FORSTMOSER, Aktienrecht, § 16 N 294 ff. m.w.Nw.). 47

Vor der Eintragung vorgenommene Rückzahlungen können als ungerechtfertigte Bereicherungen vom Gesellschafter zurückgefordert werden (zum Aktienrecht: BGE 50 II 179). 48

XVI. Herabsetzung im Fall einer Unterbilanz

Der Gesetzgeber will die Sanierung von Unternehmen nicht unnötig erschweren. Eine Sanierung wäre aber u.U. gefährdet, wenn die Gesellschaft bei einer durch Verluste entstandenen Unterbilanz die Sicherstellung oder Befriedigung der Gläubiger vornehmen müsste. Da beim einfachen Kapitalherabsetzungsverfahren keine Rückleistungen an die Gesellschafter erfolgen oder ihre Liberierungspflicht erlassen oder Aktiven in die Reserven eingebucht werden und das Verfahren nur bei einer durch Verluste entstandenen Unterbilanz zur Anwendung gelangt, wird die Stellung der Gläubiger in diesem Verfahren nicht verschlechtert. 49

Zur Beseitigung einer durch Verluste entstandene Unterbilanz darf das Stammkapital jedoch nur herabgesetzt werden, wenn die Gesellschafter die in den Statuten vorgesehenen Nachschüsse bereits voll geleistet haben (Art. 782 Abs. 3). 50

1. Begriff

Eine Unterbilanz liegt vor, wenn das auf der Aktivseite der Bilanz aufgeführte Reinvermögen unter den Betrag der auf der Passivseite der Bilanz aufgeführten Stammkapitalziffer gesunken ist. 51

52 Vom Begriff der Unterbilanz ist derjenige der Überschuldung zu unterscheiden. Eine solche liegt vor, wenn die Forderungen der Gesellschaftsgläubiger nicht mehr durch Aktiven gedeckt sind, d.h. das Eigenkapital der Gesellschaft vollständig verloren ist. Ist die Gesellschaft überschuldet, ist das einfache Kapitalherabsetzungsverfahren unzulässig (zum Aktienrecht: BGE 76 I 166; zur Unterbilanz und Überschuldung vgl. die Komm. zu Art. 820).

2. Formelle Unterbilanz

53 Das vereinfachte Kapitalherabsetzungsverfahren kann nur zugelassen werden, wenn formell eine Unterbilanz vorliegt. Eine formelle Unterbilanz liegt vor, wenn sie durch einen Verlustvortrag in der Bilanz ordnungsgemäss ausgewiesen ist, was normalerweise dadurch geschieht, dass in der Bilanz ein Ausgleichsposten (Verlustsaldo) unter den Aktiven figuriert (zum Aktienrecht: ZK-BÜRGI, Art. 735 N 5).

54 Dem Handelsregisterführer kann nicht zugemutet werden, eine Bilanz inhaltlich zu würdigen, und das vereinfachte Kapitalherabsetzungsverfahren auch dann zuzulassen, wenn formell eine Unterbilanz gar nicht in Erscheinung tritt, in Wirklichkeit aber ein Defizit vorhanden ist, weil bestimmte Aktiven überbewertet sind (zum Aktienrecht: VON STEIGER, SAG 1940/41, 12).

55 Eine solche Bilanz würde im Übrigen gegen den Grundsatz der Bilanzwahrheit verstossen, weshalb sie schon vom Revisionsexperten zu beanstanden wäre (zum Aktienrecht: ZK-BÜRGI, Art. 735 N 5). Aus den genannten Gründen hat der Handelsregisterführer die Eintragung einer Kapitalherabsetzung, welche im vereinfachten Verfahren nach Art. 735 vorgenommen wurde, zurückzuweisen, wenn die Unterbilanz nicht formell ausgewiesen ist.

3. Materielle Unterbilanz

56 Eine formelle Unterbilanz kann auch durch die Überbewertung von Passiven oder die Unterbewertung von Aktiven vorliegen, d.h. namentlich dann, wenn stille Reserven gebildet worden sind. Diesfalls liegt wohl in formeller Hinsicht, nicht aber in materieller Hinsicht eine Unterbilanz vor. Das Gesetz verlangt aber eine durch Verluste entstandene, mithin eine materielle Unterbilanz.

56a Diese Auffassung wird in der Lehre kritisiert. Für die Beurteilung der Unterbilanz seien nur die offenen Reserven heranzuziehen und stille Reserven seien unbeachtlich, weil es nicht um eine Gesamtabrechnung über die Verkehrswerte gehen könne (BÖCKLI, § 2 Rz 400). Das revidierte Rechnungslegungsrecht ist tatsächlich näher beim «true and fair view», gestattet aber immer noch zumindest relativ breite Ermessensreserven. Selbstverständlich kann es nicht darum gehen, im Zuge der Kapitalherabsetzung eine Unternehmensbewertung zu effektiven Verkehrswerten durch den Revisoren vornehmen zu lassen. Das Auge eines zugelassenen Revisors sollte aber hinreichend geschult sein, um erhebliche Abweichungen bei den Bilanzpositionen zu den effektiven Verkehrswerten erkennen zu können, damit er die Frage der materiellen Unterbilanz effizient beurteilen kann.

56b Ob das Erfordernis der materiellen Unterbilanz erfüllt ist, kann nur der Revisor bestätigen. Der *Revisionsbericht* hat deshalb nicht nur festzustellen, dass keine Überschuldung vorliegt und die Forderungen der Gläubiger gedeckt sind, sondern auch, dass die Voraussetzungen für das vereinfachte Kapitalherabsetzungsverfahren gegeben sind, d.h.

1. Abschnitt: Allgemeine Bestimmungen **Art. 783**

eine materielle Unterbilanz vorliegt (BGE 76 I 166; BGE v. 7.6.1950, SAG 1950/51, 44 ff., insb. 47 f.; ZK-BÜRGI, Art. 782 N 13 m.w.Nw.).

Wohl darf die Kapitalherabsetzung zur Beseitigung einer Unterbilanz nur im Ausmass der Unterbilanz erfolgen, d.h. die Herabsetzung darf nicht weiter gehen als dies durch den Sanierungszweck bedingt ist. Da das Stammkapital aber um einen runden Betrag herabgesetzt wird, darf eine relativ unbedeutende Spitze den Reserven zugewiesen werden (zum Aktienrecht: BGE 86 II 78). **57**

4. Überschuldung

Liegt eine Überschuldung vor, darf das Kapitalherabsetzungsverfahren nicht zur Anwendung kommen. **58**

Keine Überschuldung im Rechtssinne liegt vor, wenn die Forderungen der Gesellschaftsgläubiger zwar nicht mehr durch die Aktiven gedeckt sind, die Unterdeckung durch Rangrücktritte wirtschaftlich neutralisiert wird (vgl. ZR 104, 2005, 214). In diesem Fall nähert sich nämlich dieser Teil des Fremdkapitals funktional dem Eigenkapital, sofern die Rangrücktritte unbedingt bestehen. **58a**

5. Herabsetzungsbeschluss

Im Beschluss der Gesellschafterversammlung über die Kapitalherabsetzung ist ausdrücklich festzuhalten, dass die Kapitalherabsetzung der Beseitigung einer Unterbilanz dient. **59**

Art. 783

N. Erwerb eigener Stammanteile

¹ Die Gesellschaft darf eigene Stammanteile nur dann erwerben, wenn frei verwendbares Eigenkapital in der Höhe der dafür nötigen Mittel vorhanden ist und der gesamte Nennwert dieser Stammanteile zehn Prozent des Stammkapitals nicht übersteigt.

² Werden im Zusammenhang mit einer Übertragbarkeitsbeschränkung, einem Austritt oder einem Ausschluss Stammanteile erworben, so beträgt die Höchstgrenze 35 Prozent. Die über 10 Prozent des Stammkapitals hinaus erworbenen eigenen Stammanteile sind innerhalb von zwei Jahren zu veräussern oder durch Kapitalherabsetzung zu vernichten.

³ Ist mit den Stammanteilen, die erworben werden sollen, eine Nachschusspflicht oder eine Nebenleistungspflicht verbunden, so muss diese vor deren Erwerb aufgehoben werden.

⁴ Im Übrigen sind für den Erwerb eigener Stammanteile durch die Gesellschaft die Vorschriften über eigene Aktien entsprechend anwendbar.

N. Acquisition par la société de parts sociales propres

¹ La société ne peut acquérir de parts sociales propres que si elle dispose librement d'une part de ses fonds propres équivalent au montant de la dépense nécessaire et si la valeur nominale de l'ensemble de ces parts sociales ne dépasse pas 10% du capital social.

² Lorsque des parts sociales sont acquises à la suite d'une restriction du transfert, ou de la sortie ou de l'exclusion d'un associé, cette limite s'élève à 35% au plus. Lorsque la société détient plus de 10% de son capital social, elle doit ramener cette part à 10% en aliénant ses parts sociales propres ou en les supprimant par une réduction de capital dans les deux ans.

³ Lorsqu'une part sociale liée à une obligation d'effectuer des versements supplémentaires ou de fournir des prestations accessoires est liée à une part sociale qui doit être acquise, cette obligation doit être supprimée avant l'acquisition.

⁴ Pour le surplus, les dispositions du droit de la société anonyme concernant l'acquisition d'actions propres par la société sont applicables par analogie.

N. Acquisto di quote sociali proprie

¹ La società può acquistare quote sociali proprie soltanto se possiede capitale proprio liberamente disponibile equivalente all'importo dei mezzi necessari per l'acquisto e se il valore nominale complessivo di tali quote non eccede il 10 per cento del capitale sociale.

² Se sono acquistate quote sociali nell'ambito di una restrizione della trasferibilità o del recesso o dell'esclusione di un socio, il limite massimo è del 35 per cento. Nella misura in cui eccedono complessivamente il 10 per cento del capitale sociale, le quote sociali proprie devono, entro due anni, essere alienate o soppresse mediante una riduzione del capitale.

³ Se alle quote sociali da acquistare è connesso un obbligo di effettuare versamenti suppletivi o di fornire prestazioni accessorie, tale obbligo deve essere soppresso prima dell'acquisto.

⁴ Per il rimanente, si applicano per analogia le disposizioni del diritto della società anonima concernenti l'acquisto di azioni proprie.

Literatur

BURCKHARDT, Der Erwerb eigener Aktien und Stammanteile, Diss. Basel 1983.

I. Allgemeines. Normzweck

1 Die Rücknahme eigener Stammanteile durch die GmbH bietet ähnliche Probleme wie der Rückkauf eigener Aktien durch die AG. Mit Ausnahme der kapitalmarktrechtlichen Aspekte gelten die dort erläuterten **Gefahren** auch hier (Vor Art. 659–659b N 1 ff.). Im Rahmen der Revision des Rechts der GmbH wurde die frühere Regelung deshalb **durch jene des Aktienrechts** ersetzt (vgl. Botschaft GmbH, BBl 2002, 3183). Der **personenbezogene** Aufbau der GmbH machte es aber nötig, die im Aktienrecht gültige Schranke von 20%, die beim Erwerb im Zusammenhang mit Übertragungsbeschränkungen gilt, bei der GmbH auf 35% anzuheben, um den Austritt von Gesellschaftern zu erleichtern.

II. Allgemeine Schranken des Erwerbs (Abs. 1)

2 Kernstück der Regelung ist der neue Art. 783, eine dem Art. 659 angeglichene Regelung, gemäss welcher die Gesellschaft eigene Stammanteile nur dann erwerben darf, wenn frei verwendbares Eigenkapital in der Höhe der dafür nötigen Mittel vorhanden ist und der gesamte Nennwert dieser Stammanteile 10% des Stammkapitals nicht übersteigt (Art. 783 Abs. 1).

3 Zum frei verwendbaren Eigenkapital sind der **Gewinnvortrag** und die **freien Reserven** zu zählen (vgl. Art. 659 N 6). Die Frage nach der Existenz genügender Eigenmittel ist aufgrund der letzten **geprüften und von der Gesellschafterversammlung genehmig-**

ten **Jahresbilanz** zu beurteilen (vgl. Art. 659 N 7; a.M. CHK-TRÜEB, Art. 683 N 7, der die Erstellung einer Zwischenbilanz postuliert, sofern der letzte Bilanzstichtag mehr als neun Monate zurückliegt).

III. Erhöhung der prozentualen Schranke auf 35% in Ausnahmefällen (Abs. 2)

Im Zusammenhang mit einer Übertragungsbeschränkung, einem Austritt oder einem Ausschluss eines Gesellschafters beträgt die Höchstgrenze der eigenen Stammanteile 35% (Art. 783 Abs. 2). Die Aufzählung dieser drei Sondertatbestände ist abschliessend (Botschaft GmbH, BBl 2002, 3183). Die über 10% des Stammkapitals hinaus erworbenen eigenen Stammanteile sind innert zweier Jahre zu veräussern oder durch Kapitalherabsetzung zu vernichten. Die Schranke von 35% wurde bewusst höher als im Aktienrecht angesetzt (dort gilt eine 20%-Begrenzung, Art. 659 Abs. 2), um den Bedürfnissen von Unternehmen mit nur wenigen Gesellschaftern Rechnung zu tragen. Namentlich soll damit der Austritt eines Gesellschafters erleichtert werden, der ein Drittel des Stammkapitals hält (Botschaft GmbH, BBl 2002, 3183; MONTAVON, Sàrl, 200; CHK-TRÜEB, Art. 783 N 8).

IV. Erwerb von Stammanteilen mit Nachschuss- oder Nebenleistungspflichten (Abs. 3)

Weiter sieht die neue Regelung vor, dass in jenen Fällen, wo mit den Stammanteilen, welche die Gesellschaft erwerben soll, eine Nachschuss- oder eine Nebenleistungspflicht verbunden ist, diese Pflicht vor dem Erwerb der Stammanteile aufgehoben werden muss (Art. 783 Abs. 3). Würde nämlich eine Gesellschaft Stammanteile erwerben, mit denen eine Nachschusspflicht verbunden ist, so würde sie zur Schuldnerin dieser Nachschusspflicht gegenüber sich selbst, womit die Nachschüsse infolge Konfusion nicht einbringlich wären; die Verpflichtung würde somit sinnlos (BÖCKLI/FORSTMOSER, 58; vgl. HANDSCHIN/TRUNIGER, 235 N 57; HANDKOMMENTAR PRIVATRECHT-TRÜEB, Art. 783 N 11). Dasselbe gilt für eine Nebenleistungspflicht (Botschaft GmbH, BBl 2002, 3183).

Über die Aufhebung von Nachschuss- oder Nebenleistungspflichten entscheidet die Gesellschafterversammlung (Art. 804 Abs. 2 Ziff. 1 i.V.m. Art. 796 Abs. 1, Art. 772 Abs. 2, Art. 776a Abs. 1 Ziff. 1; vgl. KÜNG/CAMP, 155 N 11). Nachdem Nachschuss- und Nebenleistungspflichten statutarisch zu verankern sind, setzt deren Aufhebung eine Statutenänderung voraus (Art. 795 Abs. 1 und 796 Abs. 1). Bei der Aufhebung von Nachschusspflichten sind zudem die Vorschriften über die Herabsetzung des Stammkapitals zu beachten, was zu einem recht schwerfälligen Verfahren führt (Art. 795c Abs. 2 i.V.m. Art. 782; MONTAVON, Sàrl, 202).

Umstritten ist, ob die Gesellschaft Anteile in Anrechnung an statutarische Nachschusspflichten erwerben darf (bejahend: KÜNG/CAMP, 155 N 12; ZK-VON STEIGER, N 5; a.M. BURCKHARDT, 85). Da die Nachschusspflicht nicht unter die Vorschriften über das Stammkapital fällt (vgl. jedoch Art. 782 Abs. 3), und da die Gläubiger kein direktes Recht auf Zahlung unter der Nachschusspflicht haben – auch die Konkursverwaltung der Gesellschaft nicht, es sei denn, die Einforderung sei von der Gesellschafterversammlung beschlossen worden (ZK-VON STEIGER, Art. 803 N 3; WOHLMANN, 395) –, ist es gerechtfertigt, die Rücknahme zur Tilgung der Nachschusspflichten zuzulassen.

V. Zuständigkeit für den Entscheid über den Erwerb

8 Die Zuständigkeit für den Entscheid über den Erwerb eigener Stammanteile liegt grundsätzlich bei der **Gesellschafterversammlung.** Diese kann jedoch die Geschäftsführer damit betrauen (Art. 804 Abs. 2 Ziff. 11; vgl. CHK-TRÜEB, Art. 783 N 5).

VI. Form der Übertragung und Beschlussfassung

9 Die Rücknahme eines Stammanteils ist eine **Übertragung** i.S.v. Art. 785 (HANDSCHIN/TRUNIGER, 235 N 59). Sie ist nur zulässig, wenn ihr 2/3 der an der Gesellschafterversammlung vertretenen Stimmen, die zusammen die absolute Mehrheit des gesamten Stammkapitals auf sich vereinigen, zugestimmt haben (Art. 808b Abs. 1 Ziff. 4; HANDSCHIN/TRUNIGER, 235 N 59; KÜNG/CAMP, 154 N 7). Jener Gesellschafter, der seine Stammanteile an die Gesellschaft abtritt, hat bei der Beschlussfassung kein Stimmrecht (Art. 806a Abs. 2; s. HANDSCHIN/TRUNIGER, 235 N 61).

10 Der Abtretungsvertrag **bedarf der Schriftform** (Art. 785 Abs. 1). Die Geschäftsführung hat die Übertragung im **Anteilbuch** einzutragen und beim Handelsregister anzumelden (Art. 791).

VII. Folgen des Erwerbs eigener Anteile

11 Während des Eigenbesitzes durch die Gesellschaft **ruhen die Stimmrechte** (Art. 783 Abs. 4 i.V.m. Art. 659a; HANDSCHIN/TRUNIGER, 235 N 62; KÜNG/CAMP, 157 N 28; CHK-TRÜEB, Art. 783 N 14; vgl. ZK-VON STEIGER, N 10; BURCKHARDT, 94; WOHLMANN, 380). Die Geschäftsführer dürfen nicht mittels der eigenen Anteile ihren Einfluss in der Gesellschafterversammlung erhöhen. Je höher der Anteil der zurückgekauften Gesellschaftsanteile ist, desto gewichtiger werden die Stimmenanteile der übrigen Gesellschafter. Falls in der Gesellschafterversammlung Stimmen in Verletzung dieses Stimmverbots abgegeben werden, kann eine **Anfechtungsklage** wegen unbefugter Teilnahme erhoben werden (HANDKOMMENTAR PRIVATRECHT-TRÜEB, Art. 783 N 14 i.f. m. Nw.; vgl. Art. 659a N 2g).

12 Die **mit dem Stimmrecht verbundenen Rechte** ruhen ebenfalls (Art. 783 Abs. 4 i.V.m. Art. 659a): Recht zur Teilnahme an der Gesellschafterversammlung (Art. 805 Abs. 5 Ziff. 1), Recht auf Einladung und Bekanntgabe der Traktanden (Art. 805 Abs. 5 Ziff. 1 und 3), Recht auf Meinungsäusserung an der Gesellschafterversammlung, Recht auf Vertretung an der Gesellschafterversammlung (Art. 805 Abs. 5 Ziff. 8), Antragsrecht (Art. 805 Abs. 5 Ziff. 4), Auskunfts- und Einsichtsrecht (Art. 802; vgl. KÜNG/CAMP, 157 f. N 34; CHK-TRÜEB, Art. 783 N 16).

13 Das **Dividendenrecht** besteht jedoch weiter (KÜNG/CAMP, 158 N 35; CHK-TRÜEB, Art. 783 N 17; vgl. Art. 659 N 9a). Gleiches gilt für das **Bezugsrecht** (KÜNG/CAMP, 158 N 37; vgl. Art. 659 N 10).

14 In gleicher Weise ruhen die mit den Stammanteilen verbundenen **Pflichten,** namentlich die Einzahlungspflicht und die Pflicht zu weiteren Leistungen (ZK-VON STEIGER, N 10). Die aus den Stammanteilen fliessenden Vermögens- und Bezugsrechte ruhen nicht, besteht doch dafür wie im Aktienrecht kein Bedürfnis (s. Begründung bei Art. 659a N 9a f.).

VIII. Folgen der Widerhandlung

Wie die aktienrechtliche Bestimmung des Art. 659 ist auch Art. 783 (wie schon Art. 807 altOR) als Handlungsanweisung formuliert («... darf nur ...») und nicht als Beschränkung der Handlungsfähigkeit der Gesellschaft (vgl. Art. 659 N 11 f.). Ein Erwerb in Verletzung der Bestimmung des Art. 783 ist damit grundsätzlich rechtsgültig, und die Nichtigkeitsfolge ist nicht anwendbar. In diesem Sinne ist Art. 783 eine **Ordnungsvorschrift** (gl.M. HANDSCHIN/TRUNIGER, 236 N 64; KÜNG/CAMP, 156 N 20; CHK-TRÜEB, Art. 783 N 23; vgl. ZK-VON STEIGER, N 12; BK-JANGGEN/BECKER, N 1). 15

Dieser Grundsatz gilt sicher dann, wenn die Stammanteile aus freien Reserven finanziert werden. Werden sie jedoch aus gebundenen eigenen Mitteln, d.h. dem Stammkapital, den gesetzlichen oder allfälligen gebundenen statutarischen Reserven, finanziert, dann drängt sich eine differenziertere Betrachtungsweise auf. Nachdem Art. 783 Abs. 4 auf die im Aktienrecht geltende Regelung verweist, sollen gemäss der hier vertretenen Meinung die in Art. 659 N 12 entwickelten Grundsätze hier ebenfalls Anwendung finden. Ein Unterschied zum Aktienrecht besteht jedoch insofern, als dass die Stammanteile einer GmbH nicht börsenkotiert sind, sodass das Argument des Gutglaubensschutzes des Verkäufers an der Börse nicht zum Tragen kommt. Folglich dürften Rückkäufe von Stammanteilen der GmbH, welche aus gebundenen eigenen Mitteln finanziert werden, in den meisten Fällen nichtig sein (vgl. Art. 659 N 12; im gleichen Sinn, aber kategorischer und mit Hinweis auf Art. 793 Abs. 2: KÜNG/CAMP, 156 N 22; HANDSCHIN/TRUNIGER, 236 N 64; MONTAVON, Sàrl, 202; CHK-TRÜEB, Art. 783 N 24). 16

Die Verletzung von Art. 783 ist in jedem Fall eine **Pflichtverletzung** der zuständigen Organe, die zu ihrer Verantwortung nach Art. 827 führen kann (HANDSCHIN/TRUNIGER, 236 N 64; KÜNG/CAMP, 156 N 20; vgl. ZK-VON STEIGER, N 12), wobei allerdings zu beachten bleibt, dass die Rücknahme einem qualifizierten Beschluss der Gesellschafterversammlung unterstellt ist (s.o. N 9). Zudem kann die Verletzung des Art. 783 für die nicht zustimmenden Gesellschafter einen wichtigen Grund zum **Austritt** nach Art. 822 oder zur Anhebung der **Auflösungsklage** nach Art. 821 Abs. 3 bilden (gl.M. KÜNG/CAMP, 156 N 21; vgl. ZK-VON STEIGER, N 12). 17

IX. Verweis auf das Aktienrecht (Art. 783 Abs. 4)

Für alle anderen Fragen verweist Art. 783 Abs. 4 auf die Regelung des Erwerbs eigener Aktien. Dies führt u.a. zur Anwendung der folgenden, im Rahmen der Anwendung von Art. 659 ff. entwickelten Grundsätze: 18

a. Auf **Genussscheine**, die kein Nennkapital verkörpern (Art. 774a i.V.m. Art. 657 Abs. 3), ist keine mengenmässige Grenze anwendbar (s. Art. 659 N 1; gl.M. KÜNG/CAMP, 154 N 3; MONTAVON, Sàrl, 200; HANDKOMMENTAR PRIVATRECHT-TRÜEB, Art. 783 N 12).

b. Werden Stammanteile **unentgeltlich** erworben, kann u.E. die Grenze von 10% des AK ebenfalls überschritten werden (s. Art. 659 N 3; gl.M. KÜNG/CAMP, 154 N 4; HANDKOMMENTAR PRIVATRECHT-TRÜEB, Art. 783 N 9).

c. Der **originäre Erwerb** von eigenen Stammanteilen ist zulässig, sofern die Bedingungen von Art. 783 eingehalten werden (s. Art. 659 N 4; gl.M. KÜNG/CAMP, 154 N 5; MONTAVON, Sàrl, 199; CHK-TRÜEB, Art. 783 N 10).

d. Die Gesellschaft muss grundsätzlich beim Rückkauf den **Gleichbehandlungsgrundsatz** der Gesellschafter beachten (Art. 813; s. Art. 659 N 7a ff.; gl.M. KÜNG/CAMP,

155 N 13 ff.). Sachliche Gründe rechtfertigen jedoch eine Ungleichbehandlung, so (Art. 783 Abs. 2) der Kauf von Anteilen im Zusammenhang mit einer Übertragungsbeschränkung (Art. 788 Abs. 3), einem Austritt (Art. 822) oder einem Ausschluss (Art. 823) eines Gesellschafters (vgl. CHK-TRÜEB, Art. 783 N 26).

e. Der **Gleichbehandlungsgrundsatz** ist ebenfalls bei einem allfälligen Wiederverkauf der Stammanteile zu beachten, wobei hier die im Rahmen von Art. 659 N 9a entwickelten, differenzierenden Regeln ebenfalls Anwendung finden (Art. 813; s. CHK-TRÜEB, Art. 783 N 26; vgl. KÜNG/CAMP, 155 N 17).

f. Wie im Aktienrecht gilt die **Pfandnahme** eigener Stammanteile nicht als Erwerb (s. Art. 659 N 13; Botschaft GmbH, BBl 2002, 3183; KÜNG/CAMP, 156 N 24 ff.; HANDSCHIN/TRUNIGER, 235 N 58; MONTAVON, Sàrl, 202 f.; CHK-TRÜEB, Art. 783 N 9).

g. Die aktienrechtlichen Bestimmungen über die **Bilanzierung und Reservenbildung** finden hier ebenfalls Anwendung; es wird auf die Ausführungen zu Art. 659a N 4 ff. verwiesen (vgl. KÜNG/CAMP, 157 N 29 ff.; MONTAVON, Sàrl, 200; CHK-TRÜEB, Art. 783 N 18). Desgleichen muss der **Anhang** zur Jahresrechnung Angaben zum Bestand und zu den Rechtsgeschäften der eigenen Stammanteile machen (Art. 801 i.V.m. Art. 663b Ziff. 10; s. Art. 659a N 11; vgl. CHK-TRÜEB, Art. 783 N 19).

h. Die **Revisionsstelle** hat die Pflicht, die Gesetzeskonformität der Jahresrechnung und somit auch des Erwerbs eigener Stammanteile zu prüfen (Art. 818 Abs. 1 i.V.m. Art. 728a Abs. 1 Ziff. 1). Bei einem erheblichen Verstoss muss sie die Geschäftsführung und die Gesellschafterversammlung benachrichtigen (Art. 818 Abs. 1 i.V.m. Art. 728b; KÜNG/CAMP, 156 f. N 27).

i. Für den Erwerb von Stammanteilen durch **Tochtergesellschaften der GmbH** gilt Art. 659b analog; es kann deshalb auf die Ausführungen zu Art. 659b verwiesen werden (vgl. KÜNG/CAMP, 158 f. N 38 ff.; MONTAVON, Sàrl, 203; CHK-TRÜEB, Art. 783 N 21).

X. Steuerrechtliche Aspekte

19 Beim Erwerb eigener Anteile durch eine GmbH gelten grundsätzlich die gleichen **steuerrechtlichen Regeln wie beim Erwerb eigener Aktien** durch eine AG. Diese Auslegung, die vor Revision des GmbH-Rechts von der Lehre und Praxis einstimmig angenommen war (ZWEIFEL/ATHANAS, Kommentar zum DBG, 2000, Art. 20 DBG N 69; AGNER/DIGERONIMO/NEUHAUS/STEINMANN, Kommentar zum DBG, Ergänzungsband, 2000, Art. 20 DBG N 12b f.; LOCHER, Kommentar zum DBG, 2001, Art. 20 DBG N 96; ASA 60, 537, 544; ABSH 1998, 166, 169; CHK-TRÜEB, Art. 783 N 27), ist seit dem 1. Januar 2008 unbestreitbar, da der Wortlaut von Art. 4a VStG ausdrücklich Stammanteile von Gesellschaften mit beschränkter Haftung umfasst. Dementsprechend kann jetzt die ESTV ohne weiteres das im Zusammenhang mit dem Kauf eigener Aktien durch eine AG erlassene Kreisschreiben auch auf den Rückkauf eigener Anteile durch die GmbH anwenden, wie das auch schon vor dem 1.1.2008 der Fall war (Kreisschreiben Nr. 5 der ESTV vom 19.8.1999, ASA 68, 300). Es kann deshalb auf Art. 659 N 16 ff. verwiesen werden.

XI. Übergangsbestimmungen (Art. 5 ÜBest)

20 Das alte Recht sah für den Erwerb eigener Stammanteile keine Beschränkung vor (s. Art. 807 altOR). Demgegenüber enthält Art. 783 nun eine Begrenzung auf 10% des

Stammkapitals; für besondere Tatbestände gilt eine erhöhte Schwelle von 35%, wobei jene Stammanteile, welche die 10%-Grenze übersteigen, innerhalb von zwei Jahren zu veräussern oder durch Kapitalherabsetzung zu vernichten sind. Art. 5 ÜBest bringt diese Regelung auch für eigene Stammanteile zur Anwendung, die vor dem Inkrafttreten des neuen Rechts erworben wurden, wobei die Frist von zwei Jahren mit dem Inkrafttreten beginnt (Botschaft GmbH, BBl 2002, 3250).

Zweiter Abschnitt: Rechte und Pflichten der Gesellschafter

Art. 784

A. Stammanteile
I. Urkunde

¹ Wird über Stammanteile eine Urkunde ausgestellt, so kann diese nur als Beweisurkunde oder Namenpapier errichtet werden.

² In die Urkunde müssen dieselben Hinweise auf statutarische Rechte und Pflichten aufgenommen werden wie in die Urkunde über die Zeichnung der Stammanteile.

A. Parts sociales
I. Titre

¹ Si des parts sociales sont constatées par un titre, celui-ci ne constitue qu'un titre de preuve ou un papier-valeur nominatif.

² Le titre constatant les parts sociales doit contenir les mêmes renvois aux droits et obligations statutaires que l'acte de souscription des parts sociales.

A. Quote sociali
I. Titolo

¹ Titoli relativi a quote sociali possono essere emessi soltanto come documenti probatori o come titoli nominativi.

² I titoli emessi devono rinviare agli stessi diritti e obblighi statutari cui rimanda l'atto di sottoscrizione delle quote sociali.

Literatur

BRECHBÜHL/EMCH, Die neue GmbH als massgeschneidertes Rechtskleid für Joint Ventures, SZW 2007, 271 ff.; FORSTMOSER/PEYER/SCHOTT, Das neue Recht der GmbH, Einführung und synoptische Darstellung, Zürich/St. Gallen 2006; HANDSCHIN/TRUNIGER, Die neue GmbH, 2. vollständig neu bearbeitete Auflage, Zürich 2006; NUSSBAUM/SANWALD/SCHEIDEGGER, Kurzkommentar zum neuen GmbH-Recht, Muri b. Bern 2007; SIFFERT/FISCHER/PETRIN, Stämpflis Handkommentar zum GmbH-Recht, Bern 2008.

I. Allgemeines

Der **Stammanteil** stellt einen Teil des Stammkapitals der Gesellschaft dar und ist ein Mass für die quotenmässige Beteiligung des Gesellschafters. Er lautet stets auf einen festen Nennwert (Art. 774) und ist somit ähnlich wie die Aktie eine feste rechnerische Grösse und zugleich ein Passivposten in der Bilanz. Der Stammanteil stellt den Inbegriff der aus der Mitgliedschaft fliessenden Rechte und Pflichten eines Gesellschafters dar. Art. 784 behandelt die **Form der Verurkundung** des Stammanteils. 1

Die Natur der GmbH als **personenbezogene Kapitalgesellschaft** (Art. 772 Abs. 1) steht der freien Handelbarkeit des Stammanteils entgegen. Anders als die Aktie bei der AG sieht daher das Gesetz vor, dass der Stammanteil nur in Form einer **Beweisurkunde** oder als **Namenpapier** ausgestellt werden kann; die Ausgabe von Stammanteilen in Form von *handelbaren Wertpapieren* ist demgegenüber nicht zulässig. 2

II. Verurkundung des Stammanteils

3 Das Gesetz verlangt nicht, dass Stammanteile verurkundet und an die Gesellschafter ausgegeben werden müssen; ebenso wenig statuiert es einen *Anspruch* des Gesellschafters auf Ausstellung einer Urkunde über den Stammanteil. Vielmehr liegt es im Ermessen der Gesellschaft bzw. der Gesellschafter, ob sie ihre Stammanteile verbriefen möchten. Wird über die Stammanteile eine Urkunde ausgestellt, so kann diese wie nach bisherigem Recht nur als **Beweisurkunde** errichtet werden. Nach altem Recht war es umstritten, ob ein Stammanteil auch in Form eines Namenpapiers ausgestellt werden konnte (so BK-JÄGGI, Art. 965 N 283; ZK-VON STEIGER, N 16; **a.M.** JANGGEN/BECKER, N 7 ff.; WOHLMANN, 374). Der Gesetzgeber hat diese Frage nun entschieden, indem er die Errichtung von Stammanteilen in Form von **Namenpapieren** ausdrücklich *erlaubt*. Ein als Namenpapier ausgestalteter Stammanteil ist zwar ein *Wertpapier* i.S.v. Art. 965 ff., doch ist seine Handelbarkeit stark eingeschränkt, da es zu seiner Übertragung neben der Übergabe der Urkunde stets auch einer *schriftlichen Abtretungserklärung* bedarf (Art. 967 i.V.m. Art. 164 ff.).

4 Nachdem es das neue Recht zulässt, dass ein Gesellschafter mehr als einen Stammanteil hält (Art. 772 Abs. 2), besteht für die Stammanteile, wie bei den Aktien, die Möglichkeit, mehrere Stammanteile in einem *Zertifikat* zu verurkunden (NUSSBAUM/SANWALD/SCHEIDEGGER, Art. 784 N 7). Ebenfalls zulässig ist es, mit den Stammanteilen verbundene Dividendenansprüche in *Coupons* zu verurkunden (ZK-VON STEIGER, N 18).

III. Inhalt der Urkunde

5 Art. 784 Abs. 2 äussert sich zum Inhalt der Urkunde über den Stammanteil, und zwar im Sinne der Festlegung eines **Mindestgehalts:** Die Urkunde muss *zwingend* dieselben Angaben enthalten über die statutarischen Rechte und Pflichten der Gesellschafter wie die Urkunde über die *Zeichnung der Stammanteile* (Art. 777a Abs. 2). Damit verlangt das Gesetz konkret, dass in der Urkunde über die Stammanteile selbst auf statutarisch festgelegte Nachschuss- und Nebenleistungspflichten, Konkurrenzverbote für Gesellschafter, Vorhand-, Vorkaufs- und Kaufrechte der Gesellschafter oder der Gesellschaft sowie Konventionalstrafen hingewiesen wird. Der Wortlaut von Art. 784 Abs. 2 legt nahe, dass in der Urkunde ein Verweis auf die entsprechenden Statutenbestimmungen genügt, ohne dass diese Bestimmungen in ihrem vollen Wortlaut wiedergegeben werden müssen («...*dieselben Hinweise auf statutarische Rechte und Pflichten*...»; gl.M. NUSSBAUM/SANWALD/SCHEIDEGGER, Art. 784 N 10). Fehlt dieser Mindestinhalt in der Urkunde über den Stammanteil, so ist sie *rechtlich ungültig*. Im Falle der Verurkundung in einem *Namenpapier* bedeutet dies dessen Ungültigkeit im Sinne der ursprünglichen *Nichtigkeit* (vgl. 683 N 4 zur Aktie). Im Falle der Verbriefung in einer blossen Beweisurkunde *beeinträchtigt* das Fehlen der gesetzlich geforderten Mindestangaben die *Beweiskraft* der Urkunde.

6 Über diesen Mindestinhalt hinaus wird die Urkunde über den Stammanteil regelmässig Angaben zur *Person des Gesellschafters* (Name und Wohnort), die *Firma* der Gesellschaft, die *Höhe des Stammkapitals* sowie den *Nennwert* des Stammanteils enthalten. Vom Mindestinhalt nicht umfasst werden die *statutarischen Vinkulierungsbestimmungen* (Art. 786), auf die nur im Zusammenhang mit gegebenenfalls bestehenden Vorhand-, Vorkaufs- und Kaufrechten hingewiesen werden muss. Anders als bei der Aktie (Art. 622 Abs. 5) schreibt das Gesetz für die Stammanteile nicht vor, durch welches Gesellschaftsorgan die Urkunde zu unterzeichnen ist. Gestützt auf die allgemein geltenden

2. Abschnitt: Rechte und Pflichten der Gesellschafter

IV. IPR

Die Verbriefung der Mitgliedschaftsrechte der Gesellschafter richtet sich nach dem *Gesellschaftsstatut,* im Falle einer GmbH mit Sitz in der Schweiz also nach schweizerischem Recht (Art. 154 i.V.m. Art. 155 lit. f IPRG).

V. Intertemporales Recht

Gestützt auf Art. 1 ÜBest GmbH findet auf die Verurkundung von Stammanteilen das *neue Recht* mit dessen Inkraftsetzung Anwendung.

Art. 785

II. Übertragung 1. Abtretung a. Form	¹ Die Abtretung von Stammanteilen sowie die Verpflichtung zur Abtretung bedürfen der schriftlichen Form. ² In den Abtretungsvertrag müssen dieselben Hinweise auf statutarische Rechte und Pflichten aufgenommen werden wie in die Urkunde über die Zeichnung der Stammanteile.
II. Transfert 1. Cession a. Forme	¹ La cession de parts sociales et l'obligation de céder des parts sociales doivent revêtir la forme écrite. ² Le contrat de cession doit contenir les mêmes renvois aux droits et obligations statutaires que l'acte de souscription des parts sociales.
II. Trasferimento 1. Cessione a. Forma	¹ La cessione di quote sociali e la promessa di stipulare tale cessione richiedono la forma scritta. ² Il contratto di cessione deve rinviare agli stessi diritti e obblighi statutari cui rimanda l'atto di sottoscrizione delle quote sociali.

Literatur

vgl. die Literaturhinweise zu Art. 784.

I. Allgemeines

Art. 785 entspricht in seinem Regelungsgehalt Art. 791 Abs. 4 altOR. Der Hauptunterschied zur früheren Regelung besteht darin, dass nach neuem Recht auf eine *öffentliche Beurkundung* der Abtretung oder des Abtretungsvertrages verzichtet wird. Vielmehr genügt nach neuem Recht die **Schriftform.**

II. Form der Abtretung

Sowohl die *Verpflichtung zur Abtretung* als auch die *Abtretung selbst,* also das eigentliche Verfügungsgeschäft, bedürfen zu ihrer Gültigkeit nach neuem Recht nur mehr der **Schriftlichkeit,** nicht aber der öffentlichen Beurkundung. Wurde das *Verpflichtungsgeschäft* zwischen den Parteien lediglich mündlich vereinbart, so wird dieser Formmangel geheilt, sofern das *Verfügungsgeschäft schriftlich* abgeschlossen wurde (vgl. zum alten

Recht WOHLMANN, 358). Die Anforderungen an die Schriftform bestimmen sich nach den allgemeinen Grundsätzen von Art. 12 ff; es genügt die *einfache Schriftlichkeit*.

III. Inhalt des Abtretungsvertrages

3 Das Gesetz verlangt in Art. 785 Abs. 2 *zwingend,* dass der Abtretungsvertrag dieselben Hinweise auf statutarische Rechte und Pflichten zu enthalten hat wie die Urkunde über die *Zeichnung der Stammanteile* (Art. 777a). Diese Bestimmung deckt sich mit Art. 784 Abs. 2 bezüglich des Inhalts verbriefter Stammanteile (vgl. Art. 784 N 5). Der Grund für diese doppelte Regelung ist darin zu sehen, dass in der Praxis regelmässig keine Urkunden über Stammanteile ausgegeben werden (Botschaft GmbH, 3185). Letztlich geht es um den *Verkehrsschutz:* Ein Erwerber von Stammanteilen soll möglichst aufgeklärt werden über statutarisch vereinbarte Pflichten, denen er als Gesellschafter unterliegt (vor allem Nachschuss- und Nebenleistungspflichten).

4 Zu den inhaltlichen Anforderungen an den Hinweis auf statutarische Rechte und Pflichten, vgl. Art. 784 N 5. Erfüllt ein Abtretungsvertrag die gesetzlichen Mindestanforderungen gem. Art. 785 Abs. 2 nicht, so ist der *Abtretungsvertrag ungültig*. Es fehlt dann an einem wesentlichen Vertragselement, was zu seiner Ungültigkeit im Sinne der *Nichtigkeit* führt (Art. 20 OR). Gemäss Art. 791 sind die Gesellschafter im Handelsregister einzutragen. Im Rahmen der Eintragung eines Gesellschafters *prüft das Handelsregisteramt,* ob der Abtretungsvertrag, welcher der Anmeldung als Beleg beizulegen ist (Art. 82 HRegV), den Anforderungen von Art. 785 bezüglich *Form* und *Inhalt* genügt (vgl. auch 791 N 5). Kommt das Handelsregisteramt zum Schluss, dass die Anforderungen nicht erfüllt sind, verweigert es die Eintragung (HANDSCHIN/TRUNIGER, § 19 N 31 m.w.Nw.). Ein Vorbehalt gilt für die Übertragung von Stammanteilen infolge besonderer Erwerbsarten gem. Art. 788: in diesen Fällen kann die Übertragung auch ohne Abtretungsvertrag erfolgen.

IV. IPR

5 Das auf den Abtretungsvertrag anwendbare Recht kann gem. Art. 116 Abs. 1 IPRG von den Parteien *frei gewählt* werden. Angesichts des Umstandes, dass der Vertrag dem Handelsregisteramt anlässlich der Eintragung des Erwerbers im Handelsregister vorgelegt werden muss, empfiehlt es sich, den Vertrag Schweizer Recht zu unterstellen.

V. Intertemporales Recht

6 Beim intertemporalen Recht ist zu unterscheiden zwischen Gesellschaften, welche in ihren Statuten keine vom Gesetz abweichende Formvorschriften festgelegt haben und solchen, die statutarisch teilweise abweichende Formvorschriften vorsehen. Enthalten die Statuten *keine Formvorschriften* oder übernehmen sie lediglich die gesetzlichen Formvorschriften des alten Rechts, so kommt auf die Übertragung der Stammanteile gem. Art. 1 Abs. 2 der ÜBest GmbH das neue Recht mit seinem Inkrafttreten zur Anwendung. Gesellschaftsstatuten, die *vom Gesetz abweichende Formvorschriften* festlegen, sind innerhalb von zwei Jahren, also bis 31.12.2009 an das neue Recht anzupassen. Danach fallen sie ersatzlos dahin und werden durch die gesetzliche Formvorschrift ersetzt (Art. 2 Abs. 2 der ÜBest GmbH).

Art. 786

b. Zustimmungserfordernisse

¹ Die Abtretung von Stammanteilen bedarf der Zustimmung der Gesellschafterversammlung. Die Gesellschafterversammlung kann die Zustimmung ohne Angabe von Gründen verweigern.

² Von dieser Regelung können die Statuten abweichen, indem sie:

1. auf das Erfordernis der Zustimmung zur Abtretung verzichten;

2. die Gründe festlegen, die die Verweigerung der Zustimmung zur Abtretung rechtfertigen;

3. vorsehen, dass die Zustimmung zur Abtretung verweigert werden kann, wenn die Gesellschaft dem Veräusserer die Übernahme der Stammanteile zum wirklichen Wert anbietet;

4. die Abtretung ausschliessen;

5. vorsehen, dass die Zustimmung zur Abtretung verweigert werden kann, wenn die Erfüllung statutarischer Nachschuss- oder Nebenleistungspflichten zweifelhaft ist und eine von der Gesellschaft geforderte Sicherheit nicht geleistet wird.

³ Schliessen die Statuten die Abtretung aus oder verweigert die Gesellschafterversammlung die Zustimmung zur Abtretung, so bleibt das Recht auf Austritt aus wichtigem Grund vorbehalten.

b. Exigences relatives à l'approbation

¹ La cession de parts sociales requiert l'approbation de l'assemblée des associés. Cette dernière peut refuser son approbation sans en indiquer les motifs.

² Les statuts peuvent déroger à cette réglementation:

1. en renonçant à exiger l'approbation de la cession;

2. en déterminant les motifs pour lesquels l'approbation de la cession peut être refusée;

3. en prévoyant que l'approbation peut être refusée si la société propose à l'aliénateur de lui reprendre ses parts sociales à leur valeur réelle;

4. en excluant la cession de parts sociales;

5. en prévoyant que l'approbation peut être refusée lorsque l'exécution d'une obligation d'effectuer des versements supplémentaires ou de fournir des prestations accessoires est douteuse et que les sûretés exigées par la société n'ont pas été fournies.

³ Lorsque les statuts excluent la cession de parts sociales ou que l'assemblée des associés refuse de l'approuver, le droit de sortir de la société pour de justes motifs est réservé.

b. Esigenze in materia di approvazione

¹ La cessione di quote sociali richiede l'approvazione dell'assemblea dei soci. Quest'ultima può rifiutare l'approvazione senza indicarne i motivi.

² Lo statuto può derogare a quanto disposto nel capoverso 1:

1. rinunciando all'esigenza dell'approvazione della cessione;

2. stabilendo i motivi che giustificano il rifiuto dell'approvazione della cessione;

3. prevedendo che l'assemblea dei soci può rifiutare l'approvazione se la società offre all'alienante di assumere le quote sociali al valore reale;

4. escludendo la cessione di quote sociali;

5. prevedendo che l'assemblea dei soci può rifiutare l'approvazione se è dubbio che un obbligo statutario di effettuare versamenti suppletivi o di fornire prestazioni accessorie sarà adempito e non sono state fornite le garanzie chieste dalla società.

³ Se lo statuto esclude la cessione di quote sociali o l'assemblea dei soci rifiuta l'approvazione, è fatto salvo il diritto di recedere dalla società per gravi motivi.

Literatur

Vgl. die Literaturhinweise zu Art. 784.

I. Allgemeines

1   Im Vergleich zur reinen Personengesellschaft, bei der die Übertragung der Mitgliedschaft überhaupt ausgeschlossen ist, aber auch im Gegensatz zur AG als dem Idealtypus der Kapitalgesellschaft, bei der Mitgliedschaftsrechte grundsätzlich handelbar und somit frei übertragbar sind, ist die **Übertragung von Gesellschaftsanteilen** an der GmbH zwar grundsätzlich zulässig, jedoch nur unter ganz bestimmten Voraussetzungen. In der Terminologie des Aktienrechts gelten die Gesellschaftsanteile der GmbH daher als *von Gesetzes wegen vinkuliert*. Im Unterschied zum früheren Recht stellt diese gesetzliche Vinkulierung aber nicht mehr *zwingendes Recht* dar. Gemäss neuem Recht steht es im Ermessen der Gesellschaft, in ihren Statuten die Regeln für die Vinkulierung festzulegen. Die Gestaltungsfreiheit reicht von der völlig freien Übertragbarkeit, also dem Verzicht auf irgendwelche Übertragungsbeschränkungen, bis zum völligen Ausschluss der Übertragbarkeit von Stammanteilen (vorbehältlich der Übertragung aufgrund *besonderer Erwerbsarten* gem. Art. 788).

II. Gesetzliche Vinkulierung

2   Gemäss der **dispositiven Regelung** von Art. 786 Abs. 1 bedarf die Abtretung von Stammanteilen der *Zustimmung der Gesellschafterversammlung*. Laut Art. 808b Abs. 1 Ziff. 4 untersteht dieser Zustimmungsbeschluss einem *qualifizierten Mehr* von zwei Dritteln der vertretenen Stimmen sowie der absoluten Mehrheit des gesamten Stammkapitals. Die Zuständigkeit der Gesellschafterversammlung ist *zwingend* (Art. 804 Abs. 2 Ziff. 8). Wie schon unter altem Recht, darf der Veräusserer bei der Beschlussfassung *mitwirken* (Art. 806a Abs. 2; WOHLMANN, 359).

3   Gemäss dispositiver Gesetzesordnung kann die Gesellschafterversammlung die Zustimmung zur Abtretung von Stammanteilen *ohne Angaben von Gründen* verweigern. Diese Regelung rechtfertigt sich aufgrund der personenbezogenen Natur der GmbH und steht im Gegensatz zur Regelung der Übertragungsbeschränkungen bei der AG. Der Erwerber, dessen Gesuch abgelehnt wird, hat aufgrund dieser Gesetzesnorm auch keinen Anspruch auf *Begründung* der Ablehnung durch die Gesellschafterversammlung.

4   Das Gesuch um Zustimmung zur Abtretung von Stammanteilen kann sowohl vom *Veräusserer* als auch vom *Erwerber* gestellt werden. Das Gesetz statuiert keine *formellen* Anforderungen an das Gesuch um Zustimmung zur Abtretung eines Stammanteiles. Namentlich wird nicht verlangt, dass der Gesuchsteller sein Gesuch um Anerkennung als

Gesellschafter schriftlich zuhanden der Generalversammlung stellt oder dass er den schriftlichen Abtretungsvertrag dem Gesuch beilegt. Dennoch ist davon auszugehen, dass die Gesellschafterversammlung, wie unter bisherigem Recht, eine *beschränkte Prüfungspflicht* bezüglich der formellen Voraussetzungen der Abtretung trifft. Der Gegenstand der Beschlussfassung der Gesellschafterversammlung, nämlich der Abtretungsvertrag über Stammanteile, muss rechtsgültig sein, ansonsten die Beschlussfassung gegenstandslos würde. Die Gesellschafterversammlung wird daher regelmässig prüfen, ob ein schriftlicher Abtretungsvertrag vorliegt, der den gesetzlichen Anforderungen gem. Art. 785 genügt (zum alten Recht, WOHLMANN, 359; ZK-VON STEIGER, N 15a). Ab Eingang des Gesuchs um Zustimmung bei der Gesellschaft läuft die sechsmonatige Frist von Art. 787 Abs. 2 bzw. Art. 788 Abs. 4.

III. Statutarische Vinkulierung

Das neue Recht ermöglicht es der Gesellschaft, eine von der gesetzlichen Ordnung *abweichende Regelung der Vinkulierung* vorzusehen. Dies ist der Gegenstand von Abs. 2, der die verschiedenen Varianten zulässiger Vinkulierungsbestimmungen im Sinne einer *abschliessenden Aufzählung* aufführt (Botschaft GmbH, 3186). 5

Gemäss *Ziff. 1* können die Statuten die *freie Übertragbarkeit* von Stammanteilen vorsehen, indem sie die dispositive Vinkulierung nach Art. 786 Abs. 1 statutarisch *aufheben*. Dies kann sich etwa rechtfertigen bei einer GmbH mit einem grösseren Gesellschafterkreis, bei der die personenbezogenen Elemente der Mitgliedschaft von untergeordneter Bedeutung sind. 6

Gemäss *Ziff. 2* können in den Statuten selbst die *Gründe* angegeben werden, welche die *Verweigerung der Zustimmung* zur Abtretung von Stammanteilen rechtfertigen. Diese Lösung rückt die Vinkulierung in die Nähe der Regelung bei der AG für nicht börsenkotierte Namenaktien (vgl. Art. 685b), allerdings mit dem Unterschied, dass die angeführten Gründe keine *wichtigen Gründe* zu sein brauchen. In Frage kommen irgendwelche Gründe im Zusammenhang mit der Zusammensetzung des Gesellschafterkreises, wie etwa *Konkurrenzklausel, Familienklausel, Prozentklausel u.ä.* 7

Weiter können die Statuten gemäss *Ziff. 3* vorsehen, dass die Zustimmung zur Abtretung verweigert werden kann, wenn die Gesellschaft dem Veräusserer die *Übernahme der Stammanteile zum wirklichen Wert* anbietet. Diese Bestimmung deckt sich mit derjenigen für nicht börsenkotierte Namenaktien bei der AG (Art. 685b Abs. 1), wo sie als «Escape Clause» bezeichnet wird. Zur Frage der Bestimmung des *wirklichen Werts*, vgl. Art. 789. Analog zur Regelung bei der AG, kann die Übernahme der Stammanteile entweder auf Rechnung der *Gesellschaft* erfolgen (Erwerb eigener Stammanteile, vgl. Art. 783 und 806a Abs. 2) oder auf Rechnung von einzelnen *Gesellschaftern* (ebenso NUSSBAUM/SANWALD/SCHEIDEGGER, Art. 786 N 13; **a.M.** BRECHBÜHL/EMCH, 277 FN 41). 8

Das neue Recht sieht unter *Ziff. 4* auch die Möglichkeit vor, die Abtretung von Stammanteilen gänzlich auszuschliessen. Dies kann sich in Situationen rechtfertigen, wo die persönlichen Eigenschaften der Gesellschafter entscheidend sind für die Erreichung des Unternehmenszwecks der GmbH, wie etwa bei einem *Joint Venture*. Die Möglichkeit, die Übertragung von Stammanteilen auszuschliessen, war schon unter bisherigem Recht gegeben (Art. 791 Abs. 3 altOR). Im Falle des Ausschlusses der Übertragbarkeit von Stammanteilen sieht das Gesetz in Abs. 3 zum Schutze der Gesellschafter vor, dass diesen das *Recht auf Austritt aus wichtigem Grund* vorbehalten bleibt (Art. 822). Wird die 9

Übertragbarkeit von Stammanteilen statutarisch ausgeschlossen, so wird damit auch die Einräumung einer *Nutzniessung* oder eines *Pfandrechts* an den Stammanteilen ausgeschlossen (vgl. Art. 789a Abs. 2 und Art. 789b Abs. 2).

10 Gemäss *Ziff. 5* schliesslich können die Statuten vorsehen, dass die Zustimmung zur Abtretung von Stammanteilen verweigert werden kann, wenn die *Erfüllung statutarischer Nachschuss- oder Nebenleistungspflichten* zweifelhaft ist und eine von der Gesellschaft *geforderte Sicherheit* nicht geleistet wird. Dieser Vinkulierungsgrund entspricht demjenigen von Art. 685 für nicht voll liberierte Namenaktien. Beide Voraussetzungen, nämlich die zweifelhafte Zahlungsfähigkeit des Erwerbers sowie die Nichtleistung einer verlangten Sicherheit, müssen kumulativ erfüllt sein. Die Sicherheit kann entweder durch den Veräusserer, den Erwerber oder einen Dritten gestellt werden. Sicherheit verlangen kann die Gesellschaft nur dann, wenn die Zahlungsfähigkeit des Erwerbers nicht feststeht oder von diesem nicht glaubhaft gemacht werden kann. Es steht im freien Ermessen der Gesellschaft, die Art sowie die Höhe der zu leistenden Sicherheit festzulegen (ZK-BÜRGI, Art. 686 N 56).

IV. Rechtsfolgen der Verweigerung der Zustimmung

11 *Verweigert* die Gesellschaft ihre Zustimmung zur Abtretung von Stammanteilen, so bleibt das Übertragungsgeschäft mangels Eintritt der Suspensivbedingung *unwirksam* (vgl. 787 N 2) und es muss eine *Rückabwicklung* stattfinden, soweit es bereits vollzogen ist (HANDSCHIN/TRUNIGER, § 19 N 39; zum alten Recht WOHLMANN, 359). Wie schon unter altem Recht gibt es auch nach neuem Recht *keine Spaltung* der Mitgliedschaftsrechte in Vermögensrechte und Mitwirkungsrechte. Bei der GmbH gibt es m.a.W. auch unter dem neuen Recht grundsätzlich keine *Gesellschafter ohne Stimmrecht* (zum Spezialfall der besonderen Erwerbsarten, vgl. Art. 788 N 12).

12 Der Gesuchsteller, dessen Gesuch um Zustimmung zur Abtretung *unrechtmässig* abgelehnt wurde, kann seinen Anspruch *klageweise* beim Gericht geltend machen. Allerdings setzt dies eine transparente statutarische Vinkulierungsordnung voraus sowie einen offensichtlichen Ermessensmissbrauch seitens der Gesellschafter. Zum Schutze des Gesellschafters, der seine Stammanteile abtreten will, statuiert Abs. 3 ausdrücklich das **Recht auf Austritt aus wichtigem Grund** (Art. 822). Dieses Recht auf Austritt des Gesellschafters aus wichtigem Grund stellt *zwingendes Recht* dar.

V. Formelles

13 Das Gesetz äussert sich nicht zu den *formellen Anforderungen* an den Zustimmungs- bzw. Ablehnungsbeschluss der Gesellschafterversammlung. In aller Regel wird er schriftlich gefasst werden im Rahmen der ordentlichen Protokollführung. Immer dann, wenn die Gesellschafter in den Statuten namentlich aufgeführt sind, muss der Genehmigungsbeschluss jedoch *öffentlich beurkundet* werden, da gleichzeitig eine Änderung der entsprechenden Statutenbestimmung vorgenommen werden muss. Dies war schon unter dem alten Recht der Fall (HANDSCHIN/TRUNIGER, § 19 N 34). Eine öffentliche Beurkundung ist auch dann notwendig, wenn die einzelnen Stammanteile mit ihrem Nennwert in den Statuten aufgeführt sind und eine Abtretung zu einer Änderung dieser Nennwerte führt.

VI. IPR

Die Regelung der Übertragbarkeit von Stammanteilen, und damit der Gesellschafterstellung, richtet sich nach dem Recht der Gesellschaft *(Gesellschaftsstatut)*, im Falle einer GmbH mit Sitz in der Schweiz also nach schweizerischem Recht (Art. 154 i.V.m. Art. 155 lit. f IPRG).

14

VII. Intertemporales Recht

Beim intertemporalen Recht ist zu unterscheiden zwischen Gesellschaften, welche in ihren Statuten keine vom Gesetz abweichende Vinkulierungsregelung getroffen haben und solchen, die statutarisch teilweise abweichende Regelungen vorsehen. Enthalten die Statuten *keine Regelung* oder übernehmen sie lediglich die gesetzliche Regelung des alten Rechts, so kommt auf die Übertragung der Stammanteile gem. Art. 1 Abs. 2 ÜBest GmbH das neue Recht mit seinem Inkrafttreten zur Anwendung. Für das Zustimmungserfordernis bedeutet dies, dass die gesetzliche Bestimmung von Art. 786 Abs. 1 Anwendung findet. Gesellschaften, die in ihren Statuten eine *vom Gesetz abweichende Ordnung* festlegen, müssen diese innerhalb von zwei Jahren, also bis 31.12.2009 an das neue Recht anpassen. Danach fallen sie ersatzlos dahin und werden durch die dispositive gesetzliche Regelung ersetzt (Art. 2 Abs. 2 ÜBest GmbH).

15

Art. 787

c. Rechtsübergang

¹ Ist für die Abtretung von Stammanteilen die Zustimmung der Gesellschafterversammlung erforderlich, so wird die Abtretung erst mit dieser Zustimmung rechtswirksam.

² Lehnt die Gesellschafterversammlung das Gesuch um Zustimmung zur Abtretung nicht innerhalb von sechs Monaten nach Eingang ab, so gilt die Zustimmung als erteilt.

c. Moment du transfert

¹ Lorsque l'assemblée des associés doit approuver la cession de parts sociales, celle-ci ne déploie ses effets qu'une fois l'approbation donnée.

² L'approbation est réputée accordée si l'assemblée des associés ne la refuse pas dans les six mois qui suivent la réception de la requête.

c. Trasferimento dei diritti

¹ La cessione di quote sociali subordinata all'approvazione dell'assemblea dei soci è efficace soltanto dal momento in cui tale approvazione è accordata.

² L'approvazione si considera accordata se l'assemblea dei soci non la rifiuta entro sei mesi dalla ricezione della relativa domanda.

Literatur

Vgl. die Literaturhinweise zu Art. 784.

I. Allgemeines

Gemäss dispositiver gesetzlicher Regelung und sofern die Statuten Übertragungsbeschränkungen von Stammanteilen nicht gänzlich ausschliessen, wird die Abtretung erst mit dem **Zustimmungsbeschluss** der Gesellschafter **rechtswirksam**. Die rechtliche Regelung des neuen Rechts deckt sich diesbezüglich mit der bereits bekannten Regelung

1

von Art. 685c für die nicht börsenkotierten Namenaktien. Regelungsgegenstand von Art. 787 ist einerseits der *Zeitpunkt* des Rechtsübergangs und andererseits die *Frist,* innerhalb der die Zustimmung zu erteilen ist.

II. Zeitpunkt des Rechtsübergangs

2   Die Abtretung eines Stammanteils wird gemäss gesetzlicher Vorschrift erst zu dem Zeitpunkt rechtswirksam, an dem die Gesellschafter ihre Zustimmung erteilen. Mit *Genehmigung der Abtretung* durch die Gesellschafter erwirbt der Erwerber der Stammanteile die vollen Mitgliedschaftsrechte als Gesellschafter, also sowohl *Vermögensrechte* als auch *Mitwirkungsrechte.* Der Erwerb der Mitgliedschaft erfolgt nicht etwa rückwirkend auf das Datum des Gesuchseingangs, sondern gilt erst ab dem **Datum der Beschlussfassung** durch die Gesellschafter. Der Abtretungsvertrag über einen Stammanteil ist daher von Gesetzes wegen *suspensiv bedingt,* indem er erst mit der Zustimmung durch die Gesellschafterversammlung rechtswirksam wird. Damit deckt sich die Abtretung von Stammanteilen in ihrer Wirkung mit der Übertragung von nicht börsenkotierten vinkulierten Namenaktien gem. Art. 685c (vgl. Art. 685c N 2). Bis zur Erteilung der Zustimmung durch die Gesellschafterversammlung bleibt das Abtretungsgeschäft in der Schwebe, indem sowohl das Eigentum als auch sämtliche Mitgliedschaftsrechte und allfällige Pflichten beim Veräusserer der Stammanteile verbleiben.

3   Sehen die Statuten die *freie Übertragbarkeit* von Stammanteilen vor (Art. 786 Abs. 1 Ziff. 1), wird die Abtretung unmittelbar rechtswirksam und es gehen sämtliche Vermögens- und Mitgliedschaftsrechte sogleich auf den Erwerber über. Die Abtretung muss der Gesellschaft dennoch mitgeteilt werden, damit der Erwerber als neuer Gesellschafter im Anteilbuch (Art. 790) und im Handelsregister (Art. 791) eingetragen werden kann.

4   Mit der Zustimmung zur Abtretung der Stammanteile durch die Gesellschafter ist der Erwerber als neuer Gesellschafter ins Anteilbuch einzutragen (Art. 790). Ebenso ist der Erwerber als neuer Gesellschafter im Handelsregister am Sitz der Gesellschaft einzutragen, wobei die Gesellschaft die Eintragung anzumelden hat (Art. 791).

III. Frist für die Zustimmung

5   Abs. 2 sieht eine **Frist von sechs Monaten** vor für die Erteilung der Zustimmung – und nicht etwa Ablehnung – zur Abtretung von Stammanteilen durch die Gesellschafter. Die Frist beginnt mit dem Tag zu laufen, an dem das durch den Veräusserer oder Erwerber eingereichte Gesuch um Zustimmung zur Abtretung bei der Gesellschaft eingegangen ist. Verpasst es die Gesellschaft, das Gesuch um Zustimmung innerhalb der sechsmonatigen Frist abzulehnen, so *gilt die Zustimmung von Gesetzes wegen als erteilt,* und zwar i.S. einer *Fiktion,* also einer unwiderlegbaren gesetzlichen Vermutung (vgl. auch Art. 685g N 2). Die Frist ist gewahrt, wenn der ablehnende Entscheid innerhalb von sechs Monaten in den Machtbereich des Gesuchstellers gelangt; nicht erforderlich ist, dass Letzterer tatsächlich von der Ablehnung der Gesellschaft Kenntnis genommen hat (sog. «Empfangstheorie», vgl. BSK OR I-Bucher, Art. 10 N 4 sowie Art. 685c N 7).

6   Lehnen die Gesellschafter ein Gesuch zur Abtretung von Stammanteilen ab, so müssen sie dafür nur dann eine *Begründung* liefern, wenn in den Statuten von der dispositiven Gesetzesordnung abgewichen wird (Art. 786 N 3 und 6 ff.). Denn das Gesetz erlaubt es ausdrücklich, dass die Gesellschafterversammlung die Zustimmung *ohne Angaben von Gründen* verweigern darf. Ist der Ablehnungsentscheid der Gesellschafter **ungerecht-**

fertigt, wird die Abtretung der Stammanteile rechtswirksam. In diesem Fall erfolgt der Rechtsübergang zum Zeitpunkt des entsprechenden gerichtlichen oder schiedsgerichtlichen Feststellungsurteils (Art. 786 N 12 sowie auch Art. 685c N 10).

Die Frist von sechs Monaten kann statutarisch verkürzt werden. Zum Schutze von Erwerbern von Stammanteilen und aus Gründen der Rechtssicherheit ist eine **Verlängerung** der Frist wohl **unzulässig** (gl.M. NUSSBAUM/SANWALD/SCHEIDEGGER, Art. 787 N 8). 7

IV. Intertemporales Recht

Kraft der Regelung von Art. 1 ÜBest GmbH richten sich die rechtlichen Wirkungen der Abtretung von Stammanteilen nach dem neuen Recht. Das alte Recht ist nur dann während der zweijährigen Übergangsfrist anwendbar, wenn die Statuten der Gesellschaft Bestimmungen enthalten, die in *selbständiger Art und Weise* die Modalitäten und Wirkungen der Abtretung von Stammanteilen regeln, sofern diese Regeln vom neuen Recht abweichen. 8

Art. 788

2. Besondere Erwerbsarten

¹ Werden Stammanteile durch Erbgang, Erbteilung, eheliches Güterrecht oder Zwangsvollstreckung erworben, so gehen alle Rechte und Pflichten, die damit verbunden sind, ohne Zustimmung der Gesellschafterversammlung auf die erwerbende Person über.

² Für die Ausübung des Stimmrechts und der damit zusammenhängenden Rechte bedarf die erwerbende Person jedoch der Anerkennung der Gesellschafterversammlung als stimmberechtigter Gesellschafter.

³ Die Gesellschafterversammlung kann ihr die Anerkennung nur verweigern, wenn ihr die Gesellschaft die Übernahme der Stammanteile zum wirklichen Wert im Zeitpunkt des Gesuches anbietet. Das Angebot kann auf eigene Rechnung oder auf Rechnung anderer Gesellschafter oder Dritter erfolgen. Lehnt die erwerbende Person das Angebot nicht innerhalb eines Monates nach Kenntnis des wirklichen Wertes ab, so gilt es als angenommen.

⁴ Lehnt die Gesellschafterversammlung das Gesuch um Anerkennung nicht innerhalb von sechs Monaten ab Eingang ab, so gilt die Anerkennung als erteilt.

⁵ Die Statuten können auf das Erfordernis der Anerkennung verzichten.

2. Modes particuliers d'acquisition

¹ Lorsque des parts sociales sont acquises par succession, par partage successoral, en vertu du régime matrimonial ou dans une procédure d'exécution forcée, l'ensemble des droits et obligations qui y sont attachés passent à l'acquéreur sans l'approbation de l'assemblée des associés.

² Pour pouvoir exercer son droit de vote et les droits qui y sont attachés, l'acquéreur doit toutefois être reconnu en tant qu'associé avec droit de vote par l'assemblée des associés.

Matthias Oertle/Shelby du Pasquier

³ L'assemblée des associés ne peut lui refuser la reconnaissance que si la société lui propose de lui reprendre ses parts sociales à leur valeur réelle au moment de la requête. L'offre peut être faite pour le propre compte de la société, pour le compte d'autres associés ou pour celui de tiers. Si l'acquéreur ne rejette pas l'offre de reprise de la société dans le délai d'un mois après qu'il a eu connaissance de la valeur réelle, l'offre est réputée acceptée.

⁴ La reconnaissance est réputée accordée si l'assemblée des associés ne la refuse pas dans les six mois suivant le dépôt de la demande.

⁵ Les statuts peuvent renoncer à l'exigence de la reconnaissance.

2. Modi di acquisto particolari

¹ Se quote sociali sono acquistate per successione, divisione ereditaria, in virtù del regime matrimoniale dei beni o in un procedimento di esecuzione forzata, i diritti e gli obblighi connessi passano all'acquirente senza l'approvazione dell'assemblea dei soci.

² L'acquirente può tuttavia esercitare il diritto di voto e i diritti ad esso connessi soltanto se è riconosciuto socio con diritto di voto dall'assemblea dei soci.

³ L'assemblea dei soci può negargli il riconoscimento soltanto se la società gli offre di assumere le quote sociali al valore reale al momento della domanda. La società può fare l'offerta per proprio conto o per conto di altri soci o di terzi. L'offerta si considera accettata se l'acquirente non la respinge entro un mese da quando ha avuto conoscenza del valore reale.

⁴ Il riconoscimento si considera accordato se l'assemblea dei soci non respinge la relativa domanda entro sei mesi.

⁵ Lo statuto può rinunciare all'esigenza del riconoscimento.

Literatur

Vgl. die Literaturhinweise zu Art. 784.

I. Allgemeines

1 Art. 788 regelt den Rechtsübergang infolge eines Erwerbs von Stammanteilen durch Erbgang, Erbteilung, eheliches Güterrecht oder Zwangsvollstreckung. Art. 788 ist das Pendant zu Art. 792 altOR, wobei das neue Recht bedeutende Unterschiede zur alten Regelung aufweist.

2 Bei den Personengesellschaften ist die Mitgliedschaft grundsätzlich unvererblich und erlischt mit dem Tod eines Gesellschafters; vorbehalten bleibt eine anders lautende gesellschaftsvertragliche Regelung (Fortsetzungsklausel, s. Art. 545 Abs. 1 Ziff. 2). Umgekehrt ist die Ausgangslage bei der AG als der typischen Kapitalgesellschaft. Die Existenz der AG wird durch den Tod eines Aktionärs in keiner Weise berührt und die Zustimmung der Gesellschaft zur Eintragung des Erben oder des Ehegatten ist nur im Falle von vinkulierten Namenaktien erforderlich und kann überdies bei nicht kotierten Namenaktien nur verweigert werden, falls die entsprechenden Aktien zum wirklichen Wert übernommen werden *(escape clause,* Art. 685b Abs. 4). Die Verweigerung der Anerkennung des Erben bzw. Ehegatten ist im Falle von kotierten Namenaktien überhaupt ausgeschlossen (Art. 685d Abs. 3).

3 Die Regelung bei der GmbH folgt im Prinzip der Ausrichtung derjenigen der AG. Dem Gesetzgeber war bewusst, dass für bestimmte Erwerbsarten die allgemeine Ordnung der Zustimmungserfordernisse (Art. 786) und des Rechtsübergangs (Art. 787) nicht geeignet sind (NUSSBAUM/SANWALD/SCHEIDEGGER, Art. 788 N 1). Art. 788 sieht daher eine **Son-**

2. Abschnitt: Rechte und Pflichten der Gesellschafter   4–7 **Art. 788**

derregelung für so genannte *besondere Erwerbsarten* vor. Besondere Erwerbsarten i.S.v. Art. 788 umfassen insb. den Erwerb von Gesellschaftsanteilen durch Erbgang, Erbteilung, eheliches Güterrecht oder Zwangsvollstreckung.

II. Übergang der Rechte und Pflichten (Abs. 1)

Voraussetzung für die Anwendbarkeit von Art. 788 ist ein Fall der Übertragung von Stammanteilen infolge **Erbgangs** (Art. 537 ff. ZGB), **Erbteilung** (Art. 602 ff. ZGB), **ehelichen Güterrechts** (Art. 181 ff. ZGB) oder **Zwangsvollstreckung** (gemäss SchKG). Es spielt keine Rolle, ob die Rechtsnachfolge aufgrund eines gesetzlichen oder eines gewillkürten Tatbestands erfolgt. 4

Gemäss der Botschaft GmbH (3188) ist die Aufzählung der besonderen Erwerbsarten in Art. 788 Abs. 1 **nicht abschliessend** (nachdem die Revision des GmbH-Rechts zeitlich nach dem Inkrafttreten des FusG erfolgte, ist diese Auffassung u.E. nicht unumstritten; zumindest kann die Begründung des BGer in BGE 109 II 130 betr. vinkulierte Namenaktien insoweit nicht übernommen werden, als sie sich auf eine historische Gesetzesauslegung stützt). Vielmehr sind die in dieser Bestimmung vorgesehenen Sonderregelungen auch auf ähnliche Sachverhalte anzuwenden, sofern die Umstände und die Interessenlage einem der im Gesetz aufgezählten Fälle entsprechen (HANDSCHIN/TRUNIGER, § 19 N 43). Ein Beispiel eines ähnlichen Sachverhaltes ist der Erwerb von Stammanteilen durch die übernehmende Gesellschaft im Rahmen einer Fusion oder einer Aufspaltung gemäss FusG (NUSSBAUM/SANWALD/SCHEIDEGGER, Art. 788 N 2). Bei einem Erwerb von Stammanteilen infolge einer Abspaltung oder einer Vermögensübertragung i.S.v. Art. 69 ff. FusG ist u.E. eine differenzierte Betrachtung je nach Ziel der Abspaltung bzw. der Vermögensübertragung angebracht (analog der Rechtssituation im Aktienrecht, s. die Komm. zu Art. 685b N 9a). Vorbehalten bleiben Situationen, in denen die im FusG geregelten Rechtsinstrumente missbraucht werden, um Vinkulierungsbestimmungen zu umgehen. In solchen Fällen ist Art. 788 Abs. 1 nicht anwendbar. 5

Werden Stammanteile einer GmbH im Rahmen einer besonderen Erwerbsart erworben, so gehen **sämtliche Rechte** (ausser das Stimmrecht und die damit zusammenhängenden Rechte) und Pflichten von Gesetzes wegen – ohne Zustimmung der Gesellschafterversammlung – auf den Erwerber über (HANDSCHIN/TRUNIGER, § 19 N 42). Ab dem Datum des besonderen Erwerbs werden gemäss dieser Regelung die mit den Stammanteilen verbundenen Rechte nicht mehr dem bisherigen Eigentümer zugeschrieben. Damit wird die Rechtsnachfolge des ausgeschiedenen Gesellschafters sichergestellt und verhindert, dass die mit den Stammanteilen verbundenen Rechte und Pflichten herrenlos werden. Der Erwerber erwirbt die Stammanteile direkt, zeitlich vor der Anerkennung als Gesellschafter durch die Gesellschafterversammlung (HANDSCHIN/TRUNIGER, § 19 N 43). 6

III. Übergang des Stimmrechtes (Abs. 2)

Die Rechtswirkungen der Vinkulierung für besondere Erwerbsarten sind in Art. 788 Abs. 2 umschrieben. Für den Rechtsübergang als solches bedarf es nie der Zustimmung durch die Gesellschafterversammlung. Die Gesellschafterstellung sowie sämtliche damit zusammenhängenden Vermögensrechte gehen mit der rechtsgültigen Übertragung der Stammanteile infolge einer besonderen Erwerbsart auf den Erwerber über. Die Vinkulierung beschränkt sich darauf, dass für die Ausübung des Stimmrechtes und der damit zusammenhängenden Rechte die Anerkennung durch die Gesellschafterversammlung 7 nötig ist (HANDSCHIN/TRUNIGER, § 19 N 44, s. die ähnliche Regelung in Art. 685c Abs. 2 und Art. 685f Abs. 2). Die **mit dem Stimmrecht zusammenhängenden Rechte** sind insbesondere die Mitwirkungsrechte, wie etwa das Antragsrecht (Art. 805 Abs. 5 Ziff. 2 und Art. 699 Abs. 3) oder das Recht auf Auskunft oder Einsicht (Art. 802). Der Erwerber muss bei der Gesellschafterversammlung die Anerkennung als stimmberechtigter Gesellschafter beantragen. Art. 788 sieht somit im Falle einer besonderen Erwerbsart eine Spaltung der Rechte vor (KÜNG/CAMP, Art. 788 N 2, s. die Komm. zu Art. 685 f N 7).

IV. Verweigerung der Anerkennung als stimmberechtigter Gesellschafter (Abs. 3)

8   Die Gesellschafterversammlung kann einem neuen Gesellschafter die Aufnahme nicht verweigern, indem sie völlig frei über die Zusammensetzung des Mitgliederkreises entscheidet. Die Gesellschafterversammlung kann jedoch **verhindern,** dass ein ihr als Gesellschafter nicht genehmer Erwerber von Stammanteilen an der **Willensbildung der Gesellschaft** teilnimmt (NUSSBAUM/SANWALD/SCHEIDEGGER, Art. 788 N 7). Die Anerkennung als stimmberechtigter Gesellschafter ist ein «wichtiger Beschluss» i.S.v. Art. 808b Abs. 1 Ziff. 4, für den eine Mehrheit von mindestens zwei Drittel der vertretenen Stimmen sowie die absolute Mehrheit des gesamten Stammkapitals erforderlich sind. Da bei einer besonderen Erwerbsart alle mit den Stammanteilen verbundenen Rechte und Pflichten auf den Erwerber übergehen, der Erwerber jedoch vor der Anerkennung durch die Gesellschaft die Stimmrechte nicht ausüben kann, sollten die Stimmen der übertragenen Stammanteile im Rahmen des Anerkennungsbeschlusses der Gesellschafterversammlung ruhen.

9   Gemäss Art. 788 Abs. 3 darf die Gesellschafterversammlung ein Anerkennungsgesuch bei den erwähnten besonderen Erwerbsarten nur dann ablehnen, wenn die Gesellschaft dem Gesuchsteller die Übernahme der Stammanteile zum **wirklichen Wert** anbietet *(escape clause,* HANDSCHIN/TRUNIGER, § 19 N 44; zur Bestimmung des wirklichen Werts, s. die Komm. zu Art. 789 N 2). Die Mehrheitserfordernisse für den Entscheid der Gesellschafterversammlung bezüglich des Übernahmenangebotes richten sich nach Art. 808b Abs. 1 Ziff. 4 (s. N 8). Dieses Angebot ist an den Erwerber (und Gesuchsteller) gerichtet, weil dieser die Stammanteile ja bereits erworben hat (s. N 6).

10 Das Angebot der Gesellschaft zur **Übernahme der Stammanteile** zum wirklichen Wert kann auf eigene Rechnung, auf Rechnung anderer Gesellschafter oder auf Rechnung Dritter erfolgen. Ein Angebot zur Übernahme auf eigene Rechnung durch die Gesellschaft setzt allerdings voraus, dass die Vorschriften über den Erwerb eigener Stammanteile erfüllt sind (Art. 783 Abs. 2). Der Anspruch des Erwerbers auf die Ablösung seines Gesellschaftsanteils besteht gegenüber der Gesellschaft und nicht gegenüber dem von der Gesellschaft bezeichneten Dritterwerber.

11 Macht die Gesellschaft ein Angebot zur Übernahme der Stammanteile zum wirklichen Wert, wird dessen Annahme vermutet, wenn das Angebot nicht **innerhalb eines Monates** nach Kenntnis vom wirklichen Wert von dem Erwerber der Stammanteile abgelehnt wird (ebenso Art. 685b Abs. 6 bei nicht kotierten Namenaktien). Falls der Erwerber den von der Gesellschaft angebotenen wirklichen Wert bestreitet, läuft diese einmonatige Frist ab dem Zeitpunkt der Einigung zwischen den Parteien über die Höhe des wirklichen Werts oder ab dem Zeitpunkt der Rechtskraft des diesbezüglichen gerichtlichen Urteils (NUSSBAUM/SANWALD/SCHEIDEGGER, Art. 788 N 10, s.a. die Komm. zu Art. 789 N 5).

Dem Gesuchsteller steht es jedoch frei, die Übernahme der erworbenen Stammanteile abzulehnen und die Stammanteile zu behalten. Die berechtigte Person darf diesfalls alle Rechte ausüben, die nicht mit dem Stimmrecht zusammenhängen (s. N 7 f.). Die Eintragung im Aktienbuch als **Gesellschafter ohne Stimmrecht** ist in Art. 790 Abs. 3 geregelt. Die Gesellschafter ohne Stimmrecht müssen auch im Handelsregister eingetragen werden (Art. 791). Gemäss Botschaft GmbH (3189) entbindet das Fehlen des Stimmrechtes den Gesellschafter auch nicht von der Erfüllung allfälliger Pflichten als Gesellschafter (z.B. Nebenleistungen [Art. 796], Treuepflicht und Konkurrenzverbot [Art. 803]). Die rechtliche Situation ist i.E. vergleichbar mit derjenigen des Erwerbers von nicht kotierten Aktien durch Erbgang, Erbteilung, eheliches Güterrecht oder Zwangsvollstreckung, der das Übernahmeangebot der Gesellschaft abgelehnt hat (vgl. Art. 685c Abs. 2; zum Aktienrecht, s. BÖCKLI, § 6 N 314). 12

V. Frist für die Verweigerung der Anerkennung als stimmberechtigter Gesellschafter (Abs. 4)

Art. 788 Abs. 4 räumt der Gesellschaft für den Entscheid über ein Gesuch um Anerkennung eine Frist von **sechs Monaten** ein. Diese Frist entspricht derjenigen von Art. 787 Abs. 2 für die normale Erwerbsart und ist doppelt so lang wie die dreimonatige Frist, die im Rahmen des Erwerbs von nicht kotierten Namenaktien gilt (Art. 685c). Die Frist wurde bei der GmbH grosszügig bemessen, insb. um den Eigenschaften der GmbH als personenbezogene Kapitalgesellschaft Rechnung zu tragen (s. Botschaft GmbH, 3188). Die Frist von sechs Monaten kann statutarisch verkürzt werden. Zum Schutze von Erwerbern von Stammanteilen und aus Gründen der Rechtssicherheit ist eine **Verlängerung** der Frist wohl **unzulässig**. 13

Die sechsmonatige Frist beginnt mit dem **Eingang des Gesuches** um Anerkennung bei der Gesellschaft zu laufen. Geht dem Gesuchsteller innerhalb von sechs Monaten kein Entscheid zu, so gilt die Anerkennung der Gesellschaft als erteilt (i.S. einer *Fiktion*, also einer unwiderlegbaren gesetzlichen Vermutung) und der Gesuchsteller wird ohne weiteres zum stimmberechtigten Gesellschafter. 14

VI. Verzicht auf das Anerkennungserfordernis (Abs. 5)

Gemäss Art. 788 Abs. 5 können die Statuten der GmbH für besondere Erwerbsarten auf das Erfordernis der Anerkennung des Erwerbers als stimmberechtigter Gesellschafter **verzichten.** Es ist auch möglich, diese Ausnahme auf einzelne besondere Erwerbsarten zu begrenzen (HANDSCHIN/TRUNIGER, § 19 N 45), wie z.B. auf den Erbfall. Schliessen die Statuten die dispositive gesetzliche Vinkulierung aus (s. Art. 786 Abs. 2 Ziff. 1), so gilt auch die Vinkulierung für besondere Erwerbsarten als aufgehoben (HANDSCHIN/TRUNIGER, § 19 N 46). 15

VII. IPR

Im Verhältnis zur Gesellschaft bestimmen sich die Voraussetzungen der Zustimmung oder der Ablehnung eines Erwerbs von Stammanteilen stets nach dem Gesellschaftsstatut, also nach Schweizer Recht (Art. 154 i.V.m. Art. 155 lit. f IPRG). Das Vorliegen eines Rechtsübergangs kraft Erbgangs, Erbteilung oder ehelichen Güterrechts kann sich jedoch nach kollisionsrechtlichen Grundsätzen in diesen Bereichen durchaus gem. ausländischem Recht bestimmen (s. Art. 52 ff., 90 ff. IPRG). 16

VIII. Intertemporales Recht

17 Auf die Übertragung von Stammanteilen infolge einer besonderen Erwerbsart kommt gem. Art. 1 Abs. 2 der ÜBest GmbH das neue Recht mit seinem Inkrafttreten zur Anwendung. Gem. Art. 2 Abs. 2 der ÜBest GmbH bleiben die statutarischen Bestimmungen, die mit dem neuen Recht nicht vereinbar sind, bis zur ihrer Anpassung in Kraft. Eine solche Anpassung muss während einer Übergangsfrist von zwei Jahren, also bis zum 31.12.2009, stattfinden. Daher gilt eine statutarische Regelung, die Art. 792 altOR widerspiegelt und den Erwerb von Rechten an Stammanteilen durch Erbgang, Erbteilung oder eheliches Güterrecht an die Zustimmung der anderen Gesellschafter knüpft, bis zu einer entsprechenden Änderung der Statuten, jedoch spätestens bis zum 31.12.2009. Nach Ablauf der Übergangsfrist geht Art. 788 OR vor.

Art. 789

3. Bestimmung des wirklichen Werts

¹ Stellen das Gesetz oder die Statuten auf den wirklichen Wert der Stammanteile ab, so können die Parteien verlangen, dass dieser vom Gericht bestimmt wird.

² **Das Gericht verteilt die Kosten des Verfahrens und der Bewertung nach seinem Ermessen.**

3. Détermination de la valeur réelle

¹ Lorsque la loi ou les statuts se réfèrent à la valeur réelle des parts sociales, les parties peuvent requérir du juge qu'il détermine cette dernière.

² Le juge répartit les frais de la procédure et de l'estimation selon son pouvoir d'appréciation.

3. Determinazione del valore reale

¹ Se la legge o lo statuto fanno riferimento al valore reale delle quote sociali, le parti possono chiedere che il giudice determini tale valore.

² Il giudice ripartisce le spese processuali e di stima secondo il suo apprezzamento.

Literatur

Vgl. die Literaturhinweise zu Art. 784.

I. Allgemeines

1 Beim Erwerb von Stammanteilen durch besondere Erwerbsarten i.S.v. Art. 788 (Erbgang, Erbteilung, eheliches Güterrecht oder Zwangsvollstreckung) setzt die Verweigerung der Anerkennung des Erwerbers als stimmberechtigter Gesellschafter voraus, dass die Gesellschaft anbietet, die betroffenen Stammanteile zum **wirklichen Wert** zu übernehmen (Art. 788 Abs. 3; HANDSCHIN/TRUNIGER, § 19 N 44). Die gleiche Regelung kann in den Statuten der GmbH auch generell im Falle einer Verweigerung der Abtretung von Stammanteilen vorgesehen werden (Art. 786 Abs. 2 Ziff. 3).

II. Richterliche Bestimmung des wirklichen Wertes (Abs. 1)

2 Scheitert die Verständigung unter den beteiligten Parteien, so steht es ihnen nach Art. 789 Abs. 1 stets offen, die **Festsetzung des wirklichen Werts** durch das Gericht zu verlangen (vgl. die ähnliche Regelung in Art. 685b Abs. 5 für die Übertragung von nicht kotierten Namenaktien).

2. Abschnitt: Rechte und Pflichten der Gesellschafter   3–8 Art. 789

Der wirkliche Wert der Stammanteile ist deren **innerer Wert,** bzw. deren **Verkehrs-** 3
wert. Wird das Unternehmen auf absehbare Zeit fortgeführt, so gilt als wirklicher Wert
der Fortführungswert des Unternehmens. Ist hingegen die Einstellung der Unternehmenstätigkeit in den nächsten 12 Monaten beabsichtigt oder nicht abwendbar, ist der
Liquidations- bzw. Veräusserungswert massgebend (KÜNG/CAMP, Art. 789 N 3 ff.). Zur
Bestimmung des «wirklichen Wertes», s. BGE 5C.363/2000, E. 3 und BGE 120 II 260,
E. 2, sowie die Komm. zu Art. 685b N 12.

Der wirkliche Wert eines Stammanteiles entspricht im Prinzip dem **Unternehmenswert** 4
geteilt durch die Anzahl der Stammanteile. Die Existenz von unterschiedlichen Kategorien von Stammanteilen ist zu berücksichtigen (Stammanteile mit unterschiedlichen
Nennwerten [Art. 774], Stimmrechtsstammanteile [Art. 806 Abs. 2], Vorzugsstammanteile [Art. 799]). Die Miteinberechnung eines Paketzuschlages oder eines Minderheitsabzuges je nach Einflussmöglichkeit der übertragenen Stammanteile ist u.E. nicht sachgerecht (s. die Komm. zu Art. 685b N 12; **a.M.** NUSSBAUM/SANWALD/SCHEIDEGGER,
Art. 789 N 10).

Für den Fall, dass sich die Parteien nicht über die konkrete Höhe des wirklichen Wertes 5
oder die Wahl der Bewertungsmethode einig sind, können sie verlangen, dass der wirkliche Wert vom **Gericht** bestimmt wird. Das Gericht am Sitz der Gesellschaft ist zuständig (Art. 3 Abs. 1 lit. b GestG, Art. 151 Abs. 1 IPRG). Antragsberechtigt sind sowohl die Gesellschaft als der nicht anerkannte Erwerber. Die Parteien können sich
jedoch auch darauf einigen, dass der wirkliche Wert durch ein Schiedsgericht oder ein
Schiedsgutachten festgelegt wird (NUSSBAUM/SANWALD/SCHEIDEGGER, Art. 789 N 11).

Kontrovers bleibt die Frage, inwieweit die **Statuten** Vorschriften über die Bestimmung 6
des wirklichen Werts der Gesellschaftsanteile aufstellen dürfen. In Anlehnung an die
aktienrechtliche Regelung (vgl. die Komm. zu Art. 685b N 19) ist es wohl zulässig,
dass die Statuten eine bestimmte Bewertungsformel vorsehen, welche die Bestimmung
des wirklichen Werts grundsätzlich ermöglicht. Demgegenüber ist aber eine statutarische Festsetzung des Übernahmepreises nicht statthaft (vgl. zum alten Recht WOHLMANN, 51; **a.M.** ZK-VON STEIGER, Art. 777 N 68).

III. Kosten (Abs. 2)

Art. 789 Abs. 2 räumt dem Gericht für die Verteilung der **Kosten des Verfahrens** und 7
der Bewertung einen gewissen Freiraum ein, damit allen relevanten Umständen Rechnung getragen werden kann. Es ist dabei zu berücksichtigen, dass das Interesse für das
Fernhalten unerwünschter Erwerber bei der Gesellschaft liegt. Die Gesellschaft hat es
auch zu vertreten, wenn sich die Bewertung ihrer Anteile als schwierig erweist. Sofern
keine Gründe eine andere Zuteilung der Kosten rechtfertigen (z.B. wenn der Erwerber
das Gericht anruft trotz einer im Auftrag der Gesellschaft erfolgten unabhängigen Ermittlung des wirklichen Wertes), sind die Kosten daher grundsätzlich der Gesellschaft
aufzuerlegen, wie dies im Aktienrecht auch der Fall ist (s. Art. 685b Abs. 5 Satz 2)
(Botschaft GmbH, 3190).

IV. IPR

Im Verhältnis zur Gesellschaft bestimmen sich die Voraussetzungen für eine Ablehnung 8
eines Erwerbs von Stammanteilen (insb. die Notwendigkeit eines Übernahmeangebots
zum wirklichen Wert) stets nach dem Gesellschaftsstatut, also nach Schweizer Recht
(Art. 154 i.V.m. Art. 155 lit. f IPRG).

V. Intertemporales Recht

9 Kraft Art. 1 Abs. 2 der ÜBest GmbH ist Art. 789 seit dem 1.1.2008 anwendbar. U.E. gilt Art. 789 auch im Rahmen einer statutarischen Bestimmung, die auf den wirklichen Wert der Stammanteile abstellt, selbst wenn diese statutarische Bestimmung noch nicht an das neue Recht angepasst wurde (s. Art. 2 Abs. 1 ÜBest GmbH).

Art. 789a

4. Nutzniessung	¹ Für die Bestellung einer Nutzniessung an einem Stammanteil sind die Vorschriften über die Übertragung der Stammanteile entsprechend anwendbar. ² Schliessen die Statuten die Abtretung aus, so ist auch die Bestellung einer Nutzniessung an den Stammanteilen ausgeschlossen.
4. Usufruit	¹ Les dispositions concernant le transfert de parts sociales s'appliquent par analogie à la constitution d'un usufruit sur une part sociale. ² Lorsque les statuts excluent la cession de parts sociales, la constitution d'un usufruit sur une part sociale est également exclue.
4. Usufrutto	¹ Le disposizioni concernenti il trasferimento di quote sociali si applicano per analogia alla costituzione di un usufrutto su una quota sociale. ² Se lo statuto esclude la cessione delle quote sociali, è esclusa anche la costituzione di un usufrutto sulle medesime.

Literatur

Vgl. die Literaturhinweise zu Art. 784.

I. Allgemeines

1 Die **Nutzniessung** ist ein Rechtsinstitut des Sachenrechts und ist in Art. 745 ff. ZGB geregelt. Inhalt und Wirkungen der Nutzniessung bestimmen sich nach den einschlägigen gesetzlichen Bestimmungen sowie nach den vertraglichen Abmachungen zwischen den Parteien. Der wohl wichtigste Anwendungsfall der Nutzniessung in der Praxis ist die Nutzniessung des *überlebenden Ehegatten im Erbrecht* (Art. 473 ZGB). Art. 789a regelt die *Voraussetzungen für die Bestellung* einer Nutzniessung an Stammanteilen.

II. Anforderungen an die Bestellung einer Nutzniessung

2 Abs. 1 verweist für die Bestellung einer Nutzniessung auf die Vorschriften über die *Übertragung* der Stammanteile. Folglich sind die Art. 785 bis 789 auf die Bestellung einer Nutzniessung analog anwendbar. Somit bedarf die Einräumung einer Nutzniessung an Stammanteilen eines *schriftlichen Vertrages* sowie der *Zustimmung der Gesellschafter*. Unklar ist, inwieweit im Vertrag über die Einräumung einer Nutzniessung auch die gem. Art. 785 Abs. 2 erforderlichen Hinweise auf statutarische Rechte und Pflichten aufgenommen werden müssen. Nach Gesetz (Art. 795 und 796) treffen Nachschuss- und Nebenleistungspflichten die *Gesellschafter*. Diese Leistungspflichten verbleiben im Verhältnis zur Gesellschaft beim Gesellschafter, dessen Haftung aufgrund des Eintrages im Handelsregister auch im Verkehr mit Dritten bedeutsam ist. Zulässig ist es demge-

genüber, dass der Nutzniesser gegenüber dem Gesellschafter *vertragliche Verpflichtungen* übernimmt im Bereich der Nachschuss- und Nebenleistungspflichten; solche Regelungen gelten aber nur *inter partes*. Laut Art. 806b stehen jedoch dem Nutzniesser das *Stimmrecht* und *die damit zusammenhängenden Rechte* zu. Damit wirkt der Nutzniesser bei der Willensbildung der Gesellschaft direkt mit. Soweit die Gesellschafter unter sich Konkurrenzverbote vereinbart haben, wäre es wohl sachgerecht, wenn diese auch auf den Nutzniesser Anwendung fänden. Das gleiche gilt für Konventionalstrafen, die im Rahmen von Konkurrenzverboten regelmässig vereinbart werden. Es spricht daher u.E. einiges dafür, dass der Vertrag zur Bestellung einer Nutzniessung zumindest die Hinweise auf statutarisch verankerte Konkurrenzverbote und Konventionalstrafen enthalten muss.

Wie bei der Abtretung von Stammanteilen wird die Nutzniessung erst zum Zeitpunkt des Datums der Zustimmung durch die Gesellschafter *rechtswirksam* (Art. 787 Abs. 1). Der Vertrag über die Einräumung der Nutzniessung steht daher von Gesetzes wegen unter der *Suspensivbedingung* seiner Genehmigung durch die Gesellschafter (vgl. 787 N 2). Verweigern die Gesellschafter ihre Zustimmung, wird der Nutzniessungsvertrag nicht rechtswirksam.

III. Rechtswirkungen der Nutzniessung

Die **Wirkungen der Nutzniessung** bestimmen sich grundsätzlich nach den anwendbaren Vorschriften des *Sachenrechts* und nach der *vertraglichen Vereinbarung* der Parteien. Vorbehältlich anders lautender vertraglicher Abreden erwirbt der Nutzniesser regelmässig das Recht auf die *periodisch wiederkehrenden Leistungen*, insbesondere auf *Dividenden*. Aufgrund des Umstandes, dass der Gesellschafter als Eigentümer des Stammanteils trotz Einräumung der Nutzniessung weiterhin Nachschuss- und Nebenleistungspflichten gegenüber der Gesellschaft hat, besitzt der Nutzniesser nicht ohne weiteres einen Anspruch auf *sämtliche* aus den Stammanteilen fliessenden Vermögensrechte. Kraft der Bestimmung von Art. 806b – und vorbehältlich anders lautender vertraglicher Vereinbarungen – stehen dem Nutzniesser das Stimmrecht und die damit zusammenhängenden Rechte zu, wie Teilnahmerecht und Antragsrecht an der Gesellschafterversammlung.

IV. Ausschluss der Nutzniessung

Ist die Übertragbarkeit von Stammanteilen statutarisch ausgeschlossen, so kann an den Stammanteilen auch keine Nutzniessung eingeräumt werden. Diese Bestimmung verhindert die *Umgehung* des Abtretungsverbots mittels Bestellung einer Nutzniessung (Botschaft GmbH, 3190). Die Einräumung einer Nutzniessung kann aber auch dann statutarisch ausgeschlossen werden, wenn die Abtretung von Stammanteilen an sich statutarisch zulässig ist (Botschaft GmbH, 3190; NUSSBAUM/SANWALD/SCHEIDEGGER, Art. 789a N 5).

Erfolgt die Einräumung einer Nutzniessung gestützt auf eine besondere Erwerbsart (Art. 788), so können die Gesellschafter die notwendige Zustimmung nur dann verweigern, wenn sie dem die Nutzniessung einräumenden Gesellschafter anbieten, die Stammanteile zum wirklichen Wert zu übernehmen (Art. 788 Abs. 3). Diese Bestimmung gilt auch dann, wenn die Statuten die Übertragbarkeit von Stammanteilen ausdrücklich ausschliessen, da Art. 788 in jedem Fall vorgeht.

V. IPR

7 Die Einräumung einer Nutzniessung an einem Stammanteil wird im IPRG nicht ausdrücklich geregelt. Im Zusammenhang mit der *Verpfändung* von unverbrieften Gesellschaftsanteilen werden diese von der h.L. als sog. «andere Rechte» i.S.v. Art. 105 IPRG behandelt und die Verpfändung wird dementsprechend dem *Gesellschaftsstatut*, also dem auf die Gesellschaftsanteile anwendbaren Recht unterstellt (IPRG Kommentar-HEINI, Art. 105 N 15; BK-FISCH, Art. 105 N 19). Diese Lösung ist u.E. auch für die Errichtung einer Nutzniessung an einem Stammanteil *sachgerecht*. Die *analoge Anwendung* von Art. 105 IPRG auf die Errichtung einer Nutzniessung bedeutet, dass die Parteien das anwendbare Recht zwar frei wählen können, dieses Dritten aber nicht entgegengehalten werden kann (Art. 105 Abs. 1 IPRG). Fehlt eine Rechtswahl, so untersteht die Errichtung einer Nutzniessung an einem Stammanteil dem *Gesellschaftsstatut,* m.a. W. dem auf dem Stammanteil anwendbaren Recht, bei einer GmbH mit Sitz in der Schweiz also Schweizer Recht (Art. 105 Abs. 2 IPRG).

VI. Intertemporales Recht

8 Laut Art. 1 Abs. 2 ÜBest GmbH findet auf die Einräumung einer Nutzniessung an Stammanteilen grundsätzlich das *neue Recht* mit Inkrafttreten Anwendung. Etwas anderes gilt nur dann, wenn die Statuten der Gesellschaft für die Einräumung einer Nutzniessung eine eigene, selbständige Regelung enthalten, die vom neuen Recht abweicht. Diesfalls gelten die betreffenden Statutenbestimmungen noch während der Übergangsfrist von zwei Jahren weiter.

Art. 789b

5. Pfandrecht	**¹ Die Statuten können vorsehen, dass die Bestellung eines Pfandrechts an Stammanteilen der Zustimmung der Gesellschafterversammlung bedarf. Diese darf die Zustimmung nur verweigern, wenn ein wichtiger Grund vorliegt.** **² Schliessen die Statuten die Abtretung aus, so ist auch die Bestellung eines Pfandrechts an den Stammanteilen ausgeschlossen.**
5. Droit de gage	¹ Les statuts peuvent prévoir que la constitution d'un droit de gage sur une part sociale requiert l'approbation de l'assemblée des associés. Celle-ci ne peut refuser son approbation que pour de justes motifs. ² Lorsque les statuts excluent la cession de parts sociales, la constitution d'un droit de gage sur une part sociale est également exclue.
5. Diritto di pegno	¹ Lo statuto può prevedere che la costituzione di un diritto di pegno su quote sociali richieda l'approvazione dell'assemblea dei soci. Quest'ultima può negare l'approvazione soltanto per gravi motivi. ² Se lo statuto esclude la cessione delle quote sociali, è esclusa anche la costituzione di diritti di pegno sulle medesime.

Literatur

Vgl. die Literaturhinweise zu Art. 784.

I. Allgemeines

Die Einräumung eines *Pfandrechts* an einem Stammanteil kann nicht mit einer *Abtretung* gleichgesetzt werden, da der Pfandgläubiger nicht unmittelbar Vermögensrechte oder Mitwirkungsrechte erwirbt (Botschaft GmbH, 3190 f.). Dennoch kann die Einräumung eines Pfandrechts über den Weg der *Zwangsvollstreckung* letztlich zu einer Änderung im Mitgliederbestand der Gesellschaft führen. In diesem *Interessengegensatz* einerseits zwischen der wirtschaftlichen Verfügbarkeit des Stammanteils zugunsten des Gesellschafters und andererseits der Kontrolle der Gesellschafter über die Zusammensetzung ihres Mitgliederkreises hat sich der Gesetzgeber für einen ausgewogenen Kompromiss entschieden: Gemäss *Gesetz* ist die Verpfändung eines Stammanteils *zulässig* und unterliegt *nicht* der Zustimmung durch die Gesellschafter. Die *Statuten* können allerdings eine abweichende Ordnung aufstellen und ein Zustimmungserfordernis einführen.

II. Bestellung eines Pfandrechts

Gestützt auf die allgemeinen Regeln zur Pfandbestellung ist zu unterscheiden, ob der Stammanteil *verbrieft* ist oder nicht. Ist über den Stammanteil *keine Urkunde* ausgestellt worden, so bedarf es zur rechtsgültigen Bestellung eines Pfandrechts eines *schriftlichen Pfandvertrages* (Art. 900 Abs. 1 ZGB). Diese Bestimmung kommt auch dann zur Anwendung, wenn über den Stammanteil eine blosse *Beweisurkunde* ausgestellt wurde, wobei in diesem Fall zusätzlich die Beweisurkunde dem Pfandgläubiger zu übergeben ist (ZK-OFTINGER, Art. 900 ZGB N 39). Ist der Stammanteil als *Namenpapier* verbrieft, so bedarf es gem. Art. 901 Abs. 2 ZGB der Übergabe des Stammanteils in Verbindung mit einer schriftlichen Abtretungserklärung.

Abweichend von der gesetzlichen Regelung können die **Statuten vorsehen,** dass die Einräumung eines Pfandrechts an einem Stammanteil der Zustimmung der Gesellschafter unterliegt. Damit kann dem Interesse der Gesellschafter Rechnung getragen werden, die Zusammensetzung ihres Mitgliederkreises zu kontrollieren. *Einschränkend* hält das Gesetz in Abs. 1 allerdings fest, dass die Gesellschafter ihre Zustimmung nur dann verweigern können, wenn ein *wichtiger Grund* vorliegt. Anders als bei der Abtretung von Stammanteilen kann die Zustimmung zur Pfandbestellung an Stammanteilen somit nicht ohne Angabe von Gründen verweigert werden. Im Gegensatz zu der Regelung bei der Vinkulierung von nicht börsenkotierten Namenaktien verlangt das Gesetz jedoch nicht, dass die wichtigen Gründe *in den Statuten* genannt werden. Was unter einem *wichtigen Grund* zu verstehen ist, lässt das Gesetz offen. Letztlich wird es in der Praxis auf eine Abwägung des Interesses des Gesellschafters an der wirtschaftlichen Verfügbarkeit seines Stammanteiles gegenüber desjenigen der Gesellschafter an der Kontrolle über die Zusammensetzung ihres Gesellschafterkreises hinauslaufen.

Verlangen die Statuten die Zustimmung der Gesellschafter zur Verpfändung, so wird diese erst mit Erteilung der Zustimmung *rechtswirksam*. Der Pfandvertrag unterliegt in diesem Fall gem. Art. 787 Abs. 1 wie der Abtretungsvertrag von Gesetzes wegen der *Suspensivbedingung* seiner Genehmigung durch die Gesellschafter. Lehnen die Gesellschafter die Verpfändung ab, wird der Pfandvertrag nicht rechtswirksam.

Abs. 2 hält fest, dass eine Bestellung eines Pfandrechts an einem Stammanteil dann ausgeschlossen bleibt, wenn die Statuten die Abtretung verbieten. Diese Bestimmung ist letztlich ein Ausfluss des allgemeinen Grundsatzes, wonach Pfandrechte nur an solchen Rechten eingeräumt werden können, die auch übertragbar sind (Art. 899 Abs. 1 ZGB).

III. Rechtswirkungen der Verpfändung

6 Gegenstand der Verpfändung sind die aus den Stammanteilen fliessenden *Vermögensrechte,* insbesondere das Recht auf Gewinnanteil, also Dividenden, und auf den Liquidationserlös. Von der Verpfändung nicht mit umfasst sind die *Mitwirkungsrechte,* allen voran das Stimmrecht. Dieses verbleibt gemäss dispositiver Gesetzesordnung beim Gesellschafter (Art. 905 ZGB gilt auch für Stammanteile).

IV. IPR

7 Gegenstand des Pfandrechts an einem Stammanteil sind, wie unter der vorstehenden N 6 beschrieben, die Vermögensrechte, nicht aber die Mitwirkungsrechte. Diese Vermögensrechte stellen keine reinen Forderungsrechte i.S.v. Art. 105 IPRG dar, sondern sind als *andere Rechte* i.S. dieser Bestimmung zu betrachten, allenfalls als ein *Wertpapier,* nämlich dann, wenn der Stammanteil in einem Namenpapier verurkundet ist (IPRG Kommentar-HEINI, Art. 105 N 14). Die Einräumung eines Pfandrechts an einem Stammanteil untersteht demnach gem. Art. 105 Abs. 1 IPRG dem von den Parteien *gewählten Recht,* wobei dieses für Dritte nicht verbindlich ist. Fehlt eine Rechtswahl, so verweist Art. 105 Abs. 2 entweder auf das Recht am gewöhnlichen Aufenthaltsort des Pfandgläubigers, sofern der Stammanteil in einem *Namenpapier* verbrieft ist, oder aber auf das *Gesellschaftsstatut,* d.h. auf dasjenige Recht, welches auf den Stammanteil anwendbar ist, also Schweizer Recht.

V. Intertemporales Recht

8 Auf die Bestellung eines Pfandrechts an einem Stammanteil kommt laut Art. 1 Abs. 2 ÜBest GmbH das *neue Recht* mit dessen Inkrafttreten zur Anwendung. Etwas anderes gilt für Gesellschaften, die in ihren Statuten eine eigene und selbständige Regelung vorsehen für die Bestellung eines Pfandrechts an Stammanteilen, die vom neuen Recht abweicht. Diesfalls bleibt die statutarische Regelung noch während der Dauer der Übergangsfrist von zwei Jahren, also bis 31.12.2009, in Kraft.

Art. 790

III. Anteilbuch

¹ **Die Gesellschaft führt über die Stammanteile ein Anteilbuch.**

² **In das Anteilbuch sind einzutragen:**

1. **die Gesellschafter mit Namen und Adresse;**

2. **die Anzahl, der Nennwert sowie allenfalls die Kategorien der Stammanteile jedes Gesellschafters;**

3. **die Nutzniesser mit Namen und Adresse;**

4. **die Pfandgläubiger mit Namen und Adresse.**

³ **Gesellschafter, die nicht zur Ausübung des Stimmrechts und der damit zusammenhängenden Rechte befugt sind, müssen als Gesellschafter ohne Stimmrecht bezeichnet werden.**

⁴ **Den Gesellschaftern steht das Recht zu, in das Anteilbuch Einsicht zu nehmen.**

2. Abschnitt: Rechte und Pflichten der Gesellschafter   1–3 **Art. 790**

III. Registre des parts sociales

¹ La société tient un registre des parts sociales.

² Le registre des parts sociales doit mentionner:

1. le nom et l'adresse des associés;
2. le nombre, la valeur nominale et les éventuelles catégories des parts sociales détenues par chaque associé;
3. le nom et l'adresse des usufruitiers;
4. le nom et l'adresse des créanciers gagistes.

³ Les associés qui ne sont pas autorisés à exercer le droit de vote et les droits qui y sont attachés sont désignés comme étant des associés sans droit de vote.

⁴ Chaque associé a le droit de consulter le registre des parts sociales.

III. Libro delle quote

¹ La società tiene un libro delle quote sociali.

² Nel libro delle quote sono iscritti:

1. il nome e l'indirizzo dei soci;
2. il numero, il valore nominale e le eventuali categorie delle quote sociali di ciascun socio;
3. il nome e l'indirizzo degli usufruttuari;
4. il nome e l'indirizzo dei creditori pignoratizi.

³ I soci che non sono autorizzati a esercitare il diritto di voto e i diritti ad esso connessi devono essere designati soci senza diritto di voto.

⁴ Ciascun socio ha diritto di consultare il libro delle quote.

Literatur

Vgl. die Literaturhinweise zu Art. 784.

I. Anteilbuch (Abs. 1)

Art. 790 Abs. 1 auferlegt der Gesellschaft die Pflicht, ein Anteilbuch zu führen. Diese Pflicht war unter altem Recht in Art. 790 altOR vorgesehen, wobei unter dem neuen Recht die Pflicht, jedes Jahr eine Liste der Gesellschafter beim Handelsregisteramt einzureichen, nicht mehr gilt (s. Art. 790 Abs. 2 altOR). **1**

Das Anteilbuch ist ein **Gesellschaftsregister,** in dem die Namen und Adressen der Eigentümer, Nutzniesser und Pfandgläubiger von Stammanteilen eingetragen werden. Die Verantwortung für die korrekte Führung des Anteilbuches und die Haftung für Schaden, welcher aufgrund einer unsorgfältigen Führung verursacht wird, liegt (sofern die Statuten nichts anderes vorsehen) bei den Geschäftsführern (s. Art. 810 Abs. 1 und Art. 827) (HANDSCHIN/TRUNIGER, § 5 N 73). Das Gesetz sieht keine Formvorschriften für das Anteilbuch vor. Das Anteilbuch kann daher in elektronischer und/oder physischer (Papier-) Form geführt werden. **2**

II. Eintragungen in das Anteilbuch (Abs. 2)

Art. 790 Abs. 2 legt den Inhalt des Anteilbuches fest. Einzutragen sind die Namen und die Adressen sämtlicher **Gesellschafter** (Ziff. 1). Steht ein Stammanteil in gemeinschaftlichem Eigentum, so ist jede der daran berechtigten Personen als Gesellschafter einzutragen; weiter ist ein gemeinsamer Vertreter anzugeben (vgl. Art. 792 Abs. 1 Ziff. 1). **3**

4   Im Anteilbuch zu verzeichnen sind ebenfalls die **Anzahl** und der **Nennwert** sowie allenfalls die **Kategorien** der Stammanteile jedes Gesellschafters (Ziff. 2). Kategorien von Stammanteilen sind z.B. die Vorzugsstammanteile (Art. 799) und die Stimmrechtsstammanteile (Art. 806). Im Gegensatz zu Art. 790 Abs. 1 altOR ist die Auflistung der Beträge der von den einzelnen Gesellschaftern auf ihre Stammanteile eingebrachten Leistungen nicht mehr erforderlich, da Art. 777c Abs. 1 eine volle Liberierung der Stammanteile verlangt. Falls Stammanteile gestützt auf die Regelung des Übergangsrechts (noch) nicht voll liberiert wurden (vgl. Art. 3 der ÜBest GmbH) müssen im Anteilbuch die erfolgten Einlagen angegeben werden (Botschaft GmbH, 3191).

5   In das Anteilbuch aufzunehmen mit Namen und Adresse sind ferner auch die **Nutzniesser** sowie die **Pfandgläubiger** (Ziff. 3 und 4).

6   Jeder Übergang eines Stammanteils und jede weitere Änderung von eingetragenen Tatsachen muss auch aus dem Anteilbuch ersichtlich sein (HANDSCHIN/TRUNIGER, § 5 N 72). Die Aufzählung der einzutragenden Tatbestände in Art. 790 Abs. 2 ist nicht abschliessend. Es steht der Gesellschaft offen, weitere relevante Umstände einzutragen, so insbesondere bestehende Nachschuss- (Art. 795) und Nebenleistungspflichten (Art. 796) (HANDSCHIN/TRUNIGER, § 5 N 73 FN 182) oder beschränkte dingliche Rechte (zusätzlich zur Nutzniessung).

7   Den Einträgen im Anteilbuch kommt lediglich eine **deklaratorische** und nicht etwa eine konstitutive Wirkung zu. Für den Erwerb der Mitgliedschaft in der GmbH sind nur die formrichtige Übertragung des Stammanteiles (Art. 785) und, falls erforderlich, die Anerkennung des Erwerbers durch die Gesellschafterversammlung (Art. 786) nötig (bzw. eine besondere Erwerbsart gem. Art. 788). Den Gesellschaftern dient das Anteilbuch als ein Hilfsmittel zum Nachweis ihrer Legitimation gegenüber der Gesellschaft. Der Eintrag im Anteilbuch begründet die widerlegbare Vermutung, dass die im Anteilbuch eingetragene Person Gesellschafter ist (KÜNG/CAMP, Art. 790 N 4). Der Gegenbeweis, dass der Eintrag im Anteilbuch unrichtig ist, bleibt jederzeit möglich.

III. Gesellschafter ohne Stimmrecht (Abs. 3)

8   Art. 790 Abs. 3 stellt die Art der Eintragung von Personen klar, die ihre Stammanteile auf Grund besonderer Erwerbsarten i.S.v. Art. 788 erworben haben und von der Gesellschaft nicht als stimmberechtigte Gesellschafter anerkannt werden (Art. 788 Abs. 2). Behalten diese Erwerber ihre Stammanteile trotz des Übernahmeangebots der Gesellschaft, so sind sie als *Gesellschafter ohne Stimmrecht* im Anteilbuch einzutragen.

IV. Einsicht in das Anteilbuch (Abs. 4)

9   Nach Art. 790 Abs. 4 sind die Gesellschafter berechtigt, Einsicht in das Anteilbuch zu nehmen. Dies gilt sowohl für den eigenen Eintrag als auch für den Eintrag anderer Personen (HANDSCHIN/TRUNIGER, § 5, N 75). Die Gesellschafter haben einen Anspruch darauf, in Erfahrung bringen zu können, mit wem zusammen sie eine Gesellschaft bilden. Dennoch ist das Anteilbuch nicht öffentlich einsehbar und gilt auch nicht als Geschäftsbuch i.S.v. Art. 962 (KÜNG/CAMP, Art. 790 N 2).

V. Streichung aus dem Anteilbuch

10 Das Aktienrecht sieht vor, dass ein Eintrag «im Aktienbuch gestrichen» werden kann, wenn er durch falsche Angaben zu Stande gekommen ist (vgl. Art. 686a). Diese Rege-

lung findet für die GmbH keine Anwendung, weil hier die Möglichkeit offen steht, Gesellschafter aus wichtigen Gründen auszuschliessen (s. Art. 823 Abs. 1). Die Angabe falscher Informationen anlässlich eines Gesuches um Zustimmung zur Übertragung von Stammanteilen kann einen Grund darstellen, der einen Ausschluss aus der Gesellschaft und eine Streichung aus dem Anteilbuch zu rechtfertigen vermag (HANDSCHIN/ TRUNIGER, § 5 N 74).

VI. IPR

Die interne Organisation der Gesellschaft, insb. die Pflicht zur Führung eines Anteilbuches, bestimmt sich nach dem Gesellschaftsstatut, also nach Schweizer Recht (Art. 154 i.V.m. Art. 155).

Art. 791

IV. Eintragung ins Handelsregister

¹ Die Gesellschafter sind mit Name, Wohnsitz und Heimatort sowie mit der Anzahl und dem Nennwert ihrer Stammanteile ins Handelsregister einzutragen.

² Die Gesellschaft muss die Eintragung anmelden.

IV. Inscription au registre du commerce

¹ Les associés doivent être inscrits au registre du commerce, avec indication de leur nom, de leur domicile et de leur lieu d'origine ainsi que du nombre et de la valeur nominale des parts sociales qu'ils détiennent.

² La réquisition d'inscription incombe à la société.

IV. Iscrizione nel registro di commercio

¹ I soci devono essere iscritti nel registro di commercio indicando il loro nome, domicilio e luogo d'origine, nonché il numero e il valore nominale delle loro quote sociali.

² La notificazione per l'iscrizione è fatta dalla società.

I. Allgemeines

Art. 791 regelt die Eintragung der Gesellschafter ins Handelsregister. Die Gesellschafter waren bereits gem. Art. 781 Ziff. 4 und 5 altOR ins Handelsregister einzutragen. Die Geschäftsführer mussten zudem dem Handelsregisteramt jedes Jahr eine Liste der Gesellschafter einreichen und insbesondere die auf die Stammanteile erfolgten Leistungen angeben (Art. 790 Abs. 2 altOR).

Art. 791 verzichtet auf die Pflicht zur Einreichung einer Gesellschafterliste. An der Eintragung der Gesellschafter ins Handelsregister wurde jedoch festgehalten. In Abkehr von Art. 791 Abs. 4 altOR sieht Art. 785 für die Abtretung von Stammanteilen vom Erfordernis der öffentlichen Beurkundung ab. Damit dennoch eine genügende Rechtssicherheit gewährleistet werden kann, soll die Abtretung von Stammanteilen durch die Eintragung der Gesellschafter ins Handelsregister erfasst und formal geprüft werden (vgl. Art. 940 Abs. 1 und Art. 82 HRegV). Die Eintragung der Gesellschafter ins Handelsregister ist aber auch erforderlich, weil mit der Gesellschafterstellung verschiedene **Pflichten** verbunden sein können, die auch für Dritte teilweise von Bedeutung sind, wie z.B. Nachschuss- (Art. 795) und Nebenleistungspflichten (Art. 796), sowie die Treuepflicht und das (statutarische) Konkurrenzverbot (Art. 803).

3 Es liegt im Interesse der Gesellschaft selbst, dass die verpflichteten Personen im Handelsregister klar ersichtlich sind. Gläubiger oder potenzielle Vertragspartner sollen durch eine Einsichtnahme ins Handelsregister die für sie relevanten Informationen in Erfahrung bringen können (Botschaft GmbH, 3192).

II. Eintragung ins Handelregister (Abs. 1)

4 Art. 791 Abs. 1 sieht die Eintragung der Gesellschafter ins Handelsregister vor und präzisiert die einzutragenden **Angaben** (Name, Wohnsitz, Heimatort oder Staatsangehörigkeit, Anzahl und Nennwert der Stammanteile). Obwohl Art. 791 Abs. 1 dies, im Gegensatz zu Art. 781 Ziff. 4 altOR, nicht ausdrücklich vorsieht, ist bei juristischen Personen die Firma und der Sitz in das Handelsregister einzutragen. Besitzt ein Gesellschafter Stammanteile mit unterschiedlichen Nennwerten muss dies ins Handelsregister eingetragen werden (NUSSBAUM/SANWALD/SCHEIDEGGER, Art. 791 N 5). Eingetragen werden auch nicht stimmberechtigte Gesellschafter (Art. 788) sowie die Gesellschaft selbst, wenn sie eigene Stammanteile hält (Art. 783). Hingegen sind Nutzniesser und Pfandgläubiger von Stammanteilen nicht eintragungspflichtig (und wohl auch nicht eintragungsfähig).

5 Im Rahmen der Eintragung eines Gesellschafters, der Stammanteile auf Grund eines Abtretungsvertrags erworben hat, prüft das Handelsregisteramt, ob der Abtretungsvertrag, der gem. Art. 82 HRegV als Beleg einzureichen ist, den Bestimmungen von Art. 785 bezüglich Form und Inhalt genügt (s. die Komm. zu Art. 785 N 4).

6 Wie bei der Eintragung ins Anteilbuch (s. Art. 790 N 7) kommt der Eintragung einer Person als Gesellschafter ins Handelsregister lediglich eine **deklaratorische** Wirkung zu. Für den Erwerb der Mitgliedschaft in der GmbH sind nur die formrichtige Übertragung des Stammanteiles (Art. 785) und, falls erforderlich, die Anerkennung des Erwerbers durch die Gesellschafterversammlung (Art. 786) nötig (bzw. eine besondere Erwerbsart gem. Art. 788). Gegenüber Drittpersonen ist jedoch die Eintragung ins Handelsregister ausschlaggebend (Art. 933).

7 Die Regelung der Fortdauer der Nachschusspflicht stellt ebenfalls auf die Eintragung in das Handelsregister ab, da die dreijährige Frist (Art. 795d) ab der Eintragung des Ausscheidens des betreffenden Gesellschafters ins Handelsregister zu laufen beginnt.

III. Anmeldung (Abs. 2)

8 Nach Art. 791 Abs. 2 ist es Aufgabe der Gesellschaft, die erforderlichen Eintragungen beim Handelsregisteramt anzumelden (HANDSCHIN/TRUNIGER, § 5 N 76). Es obliegt der Person, die den Vorsitz über die Geschäftsführung innehat, die Anmeldung sicherzustellen (s. Art. 810 Abs. 3 Ziff. 3 und Art. 931a). Das Gesetz sieht keine Frist für die Eintragungen gem. Art. 791 in das Handelsregister vor. Falls das Handelsregisteramt erfährt, dass der Handelsregistereintrag nicht (mehr) den Tatsachen entspricht, kann das Amt jedoch die Gesellschaft auffordern, eine Eintragung vorzunehmen (Art. 152 Abs. 2 HRegV). Die Eintragung kann das Handelsregisteramt falls nötig auch **von Amtes wegen** vornehmen (Art. 152 und 156 HRegV).

9 Für die Löschung einer Eintragung gilt grundsätzlich dasselbe Verfahren wie für die Eintragung. Ausgeschiedene Gesellschafter können sich nicht selber aus dem Handelsregister löschen lassen, da Art. 938b nur die selbständige Löschung der Mitgliedschaft in einem Organ oder der Vertretungsbefugnis betrifft, aber nicht die Löschung einer

Eintragung als Gesellschafter. Der Gesellschafter kann jedoch dem Handelsregisteramt mitteilen, dass der ihn betreffende Eintrag nicht den Tatsachen entspricht. Das Handelsregisteramt fordert daraufhin die Gesellschaft auf, die Löschung anzumelden (Art. 152 Abs. 2 HRegV). Falls nötig kann das Handelsregisteramt die Löschung auch von Amtes wegen vornehmen (Art. 152 und 156 HRegV) und eine Ordnungsbusse gem. Art. 943 aussprechen. Dem Gesellschafter bleibt auch die Möglichkeit offen, sein Ausscheiden aus der Gesellschaft klageweise feststellen zu lassen (NUSSBAUM/SANWALD/SCHEIDEGGER, Art. 791 N 11).

IV. Intertemporales Recht

Kraft Art. 1 Abs. 2 der ÜBest GmbH ist Art. 791 seit dem 1.1.2008 anwendbar. Art. 791 weist jedoch keine wesentlichen Änderungen zu Art. 781 Ziff. 4 und 5 altOR auf. **10**

Art. 792

V. Gemeinschaftliches Eigentum	**Steht ein Stammanteil mehreren Berechtigten ungeteilt zu, so:** **1. haben diese gemeinsam eine Person zu bezeichnen, die sie vertritt; sie können die Rechte aus dem Stammanteil nur durch diese Person ausüben;** **2. haften diese für Nachschusspflichten und Nebenleistungspflichten solidarisch.**
V. Propriété de plusieurs ayants droit	Lorsqu'une part sociale est la propriété de plusieurs ayants droit, ceux-ci: 1. désignent en commun une personne pour les représenter; ils ne peuvent exercer les droits attachés à cette part sociale que par l'intermédiaire de cette personne; 2. sont solidairement tenus d'effectuer les versements supplémentaires et de fournir les prestations accessoires.
V. Proprietà collettiva	Se una quota sociale è indivisa tra più aventi diritto, questi: 1. devono designare di comune accordo una persona che li rappresenti, e possono esercitare i diritti connessi alla quota sociale soltanto per il tramite di tale persona; 2. rispondono solidalmente degli obblighi di effettuare versamenti suppletivi e di fornire prestazioni accessorie.

Literatur

AEPLI, Zur Entschädigung des Verwaltungsrates, SZW 2002, 269 ff.; AMMON/WALTHER, Grundriss des Schuldbetreibungs- und Konkursrechts, 7. Aufl., 2003; AMSTUTZ/MABILLARD, Fusionsgesetz: Kommentar des Bundesgesetzes über Fusion, Spaltung, Umwandlung und Vermögensübertragung vom 3. Oktober 2003, 2008; BÄR, Die Haftung des Gesellschafters nach schweizerischem GmbH-Recht, in: Jusletter vom 14. April 2003; BAUMANN, Die Familienholding, Zürich 2005; BÜHLER, «Family Business Governance», Zehn Leitlinien einer «Good Governance» in: Familienunternehmen, AJP 2006, 317 ff.; BERNHARD, Vergleich des italienischen Entwurfs einer G.m.b.H. mit der schweizerischen Regelung, Diss. Basel 1939 (masch. geschr.); BIERI, Die Aktiengesellschaft, die Genossenschaft und die Gesellschaft mit beschränkter Haftung in ihrer Eignung für Kartelle, Diss. Bern 1941; BÖCKLI, Présentation générale, in: Portmann (Hrsg.), Le nouveau droit de la société à responsabilité limitée, 2006, 3 ff. (zit. Présentation); DERS., Das neue schweizerische GmbH-Recht – was ist wirklich neu? Eine Übersicht, in: Böckli/Forstmoser, 1 ff. (zit. Übersicht); BROSSET/

SCHMIDT, Guide des sociétés en droit suisse, Tome III: Les sociétés mixtes et la société coopérative, 1965; BRUNNER, Insolvenz und Überschuldung der Aktiengesellschaft, AJP 1992, 806 ff.; BÜTLER, Umwandlung einer GmbH in eine AG ohne Auflösung und Liquidation, ST 1999, 897 f.; CHAPPUIS, Die Erweiterung der Einsatzmöglichkeiten von Nachschüssen im neuen schweizerischen GmbH-Recht, SJZ 102 (2007), 85 ff.; DUC, L'autonomie des associés: droit dispositif et droit impératif, notamment à l'exemple de la révision des comptes, in: Portmann (Hrsg.), Le nouveau droit de la société à responsabilité limitée, CEDIDAC, 2006, 89 ff., bes. 122 f.; EDELMANN, Der unberechtigte Empfang von Zinsen und Gewinnanteilen bei der Aktiengesellschaft und bei der Gesellschaft mit beschränkter Haftung, Diss. Freibourg i.Ue. 1941; FANCONI, Die Haftung des Mitgliedes einer G.m.b.H. nach schweizerischem und deutschem Recht, Diss. Bern 1939; FAVALLI, Einsatzmöglichkeiten der GmbH bei der Privatisierung öffentlicher Aufgaben, AJP 2000, 413 ff. (zit. Privatisierung); FORSTMOSER, Das neue schweizerische GmbH-Recht – Kapitalbasis und Stellung der Gesellschafter, in: Böckli/Forstmoser, 45 ff. (zit. Kapitalbasis); DERS., Das neue Recht der Schweizer GmbH, in: Festschrift für Peter Böckli zum 70. Geburtstag, Zurich, 535 ff., 557 f.; DERS., Gestaltungsfreiheit im schweizerischen Gesellschaftsrecht, in: Lutter/Wiedemann (Hrsg.), Gestaltungsfreiheit im Gesellschaftsrecht: Deutschland, Europa und USA – 11. ZGR-Symposion «25 Jahre ZGR», 1998, 254 ff. (zit. Gestaltungsfreiheit); DERS., Sachausschüttungen im Gesellschaftsrecht, in: Forstmoser et al. (Hrsg.), FS für Max Keller, Zürich, 1989, 701 ff. (zit. Sachausschüttungen); FORSTMOSER/PEYER, Die Einwirkung der Gesellschafterversammlung auf geschäftsführende Entscheide in der GmbH, SJZ 103 (2007) 397 ff.; GAMMA, Die persönlichen Mitgliedschaftsrechte in der Gesellschaft mit beschränkter Haftung, Diss. Bern 1944; GEGENBAUER, Die Differenzen zwischen dem Grundkapital der Aktiengesellschaft und dem Stammkapital der Gesellschaft mit beschränkter Haftung, Diss. Bern 1932; GEISER, Die Haftung eines Gesellschafters der G.m.b.H. bei Nichterfüllung seines Sacheinlageversprechens, Diss. Bern 1944; GELZER, Die Nichterfüllung der Einlagepflicht des Gesellschafters der Gesellschaft mit beschränkter Haftung, Diss. Basel 1939; GIGER, Corporate Governance als neues Element im schweizerischen Aktienrecht, Zürich 2003, 389 ff.; GUHL, Das Recht der Gesellschaft mit beschränkter Haftung in der Schweiz (G.m.b.H.): Nach dem Bundesgesetz über die Revision der Titel XXIV bis XXXIII des Obligationenrechts vom 18. Dezember 1936, 1937; HACHENBURG, Die schweizerische Gesellschaft mit beschränkter Haftung und die deutsche Rechtsprechung, ZSR 1936, 329 ff.; HANDSCHIN, Finanzierung und Haftung bei der GmbH – altes und geplantes Recht, in: Die GmbH und ihre Reform, Zürich, 2000, 45 ff. (zit. Haftung); DERS., Rechte und Pflichten unter den Gesellschaftern: Regeln und Möglichkeiten bei Kollektiv- und Kommanditgesellschaften, GmbH und AG, ST 1998, 703 ff. (zit. Rechte); DERS., Gesellschaftsanteile und Gesellschafterversammlung – die Willensbildung in der GmbH – die Konzernleitung der GmbH, in: Böckli/Forstmoser, 75 ff. (zit. Gesellschaftsanteile); HEINZMANN, Die Herabsetzung des Aktienkapitals, Diss. Freiburg 2004; HELBLING, Mitarbeiteraktien und Mitarbeiteroptionen in der Schweiz, 2003, 58 ff.; HERREN, Statutarische Berechtigungen zum Erwerb von Aktien und GmbH-Anteilen, Diss. Bern 1973; HERZOG, Nebenleistungspflichten bei der GmbH und deren Verwendbarkeit für Kartelle, Diss. Basel 1939 (masch.geschr.); HIRSCH/NOBEL, Projekt einer privaten Aktiengesellschaft, SZW 1997, 126 ff.; JACCARD/BARUH, Capital-risque et financement par étapes *(staged financing)*, De nouvelles perspectives suite à la révision du droit de la Sàrl?, GesKR 3/2007 280 ff.; KELLERHALS, Das neue schweizerische GmbH-Recht – Übergangsbestimmungen, in: Böckli/Forstmoser, 163 ff., bes. 174 ff.; KAUFMANN, Die Haftungsverhältnisse in der schweizerischen Gesellschaft mit beschränkter Haftung, Diss. Zürich 1940; KÜNG/HAUSER, GmbH, Basel, 2004; KUNZ, Grosse GmbH-Reform als Chance und Herausforderung für schweizerische Unternehmungen. Die GmbH (bzw. GoGh) als neuer «Superstar» im Gesellschaftsrecht?, in: Jusletter vom 30. April 2007; LECOULTRE, La nature juridique et le transfert des parts sociales dans la société à responsabilité limitée: Etude de droit comparé, Diss. Genève 1943; LEU, Variable Vergütungen für Manager und Verwaltungsräte, Zürich, 2005, 108 ff.; LIVER, Gemeinschaftliches Eigentum, ZBJV 100 261 ff.; LOCHER, Die Gewinnverwendung in der Aktiengesellschaft, Diss. Bern 1983; MAYER, Die Nachschusspflicht im schweizerischen Recht der Handelsgesellschaften und Genossenschaften, Diss. Zürich 1944; MEIER-HAYOZ/ZWEIFEL, Der Grundsatz der schonenden Rechtsausübung im Gesellschaftsrecht, FS Westermann, 1974, 383 ff.; MONTAVON, Droit suisse de la Sàrl, 2008; MÜLLER, Der Schutz der Aktiengesellschaft vor unzulässigen Kapitalentnahmen, Diss. Bern 1995; MUSTAKI, Les droits et obligations des associés non gérants dans le nouveau droit de la Sàrl, in: Bohnet/Wessner (Hrsg.), Droit des sociétés: Mélanges en l'honneur de Roland Ruedin, Basel, 2006, 353 ff.; NUSSBAUMER/VON DER CRONE, Ausschüttungen von Tantiemen, SZW 2005 92 ff.; OTTIKER, Réforme du droit de la sàrl: Consultation de l'Union suisse des fiduciaires, TREX 2000, 82 f.; PETER, Formes et conséquences juridiques des groupements d'entreprises (consortium) –

choisir ou subir, in Journées suisses du droit de la construction, Fribourg, 2005, 31 ff.; PLÜSS, Die Wiederentdeckung der GmbH, SJZ 1998, 309 ff.; RAMMELMEYER, Die aktienrechtlichen Einschläge in der Gesellschaft mit beschränkter Haftung, Diss. Bern 1950; RAPP, Les droits et obligations des associés, in: Rochat/Ferrari (Hrsg.), Les projets de Sàrl révisée et de SA privée, 1998, 181 ff. (zit. Droits); REBSAMEN, Die neue GmbH im Handelsregister, Zürich 2008 (zit. REBSAMEN, GmbH); RUEDIN, La responsabilité, in: Portmann (Hrsg.), Le nouveau droit de la société à responsabilité limitée, 2006, 31 ff. (zit. Responsabilité); VON SALIS-LÜTOLF, Risiko- und Gewinnverteilung bei privaten Finanzierung. Rechtlicher Gestaltungsspielraum bei Finanzierungsverträgen für Start-Ups und KMU, SJZ 97 (2001) 213 ff.; SCHLUEP, Die wohlerworbenen Rechte des Aktionärs und ihr Schutz nach schweizerischem Recht, Diss. St. Gallen 1955; SCHNEIDER, Le capital social initial de la société à responsabilité limitée: Etude du droit suisse en vigueur et de l'avant-projet de révision du droit de la société à responsabilité limitée d'avril 1999, Diss. Neuchâtel 2000; SCHOCH, Die Haftungsverhältnisse bei der Gesellschaft mit beschränkter Haftung nach dem Revisions-Entwurf zum O.R.: in rechtsvergleichender Darstellung, Diss. Zürich 1929; SCHOOP, Die Haftung für die Überbewertung von Sacheinlagen bei der Aktiengesellschaft und bei der Gesellschaft mit beschränkter Haftung, Diss. Bern 1981; SCHWARZENBACH, Die Mitgliedschaft bei der schweizerischen Gesellschaft mit beschränkter Haftung, Diss. Zürich 1949; SCHWEIZER, Die Wünschbarkeit der Einführung der G.m.b.H. in der Schweiz, SJZ 1923, 273 ff.; TRUNIGER, Die partnerschaftliche Ausgestaltung kapitalbezogener Gesellschaftsformen, Diss. Zürich 1999, 90 ff.; VOUILLOZ, Die Überschuldung der Gesellschaft mit beschränkter Haftung und ihre allfällige Sanierung, TREX 2005 273 ff.; WAGNER/PLÜSS, Handels- und Wirtschaftsrecht in der Schweiz und in Lichtenstein, 2. Aufl., Zürich 2000; WIELAND, Die Gesellschaft mit beschränkter Haftung, ZSR 1895, 205 ff.; WOLF, Subjektswechsel bei einfachen Gesellschaften, ZBGR 81 1 ff.; ZOBL, Änderungen im Personenbestand von Gesamthandschaften, Diss. Zürich 1973.

I. Allgemeines

Die Bestimmung behandelt (wie schon Art. 797 altOR; s. FORSTMOSER, 558; HANDSCHIN, 124 ff.) den Sonderfall, dass ein Stammanteil einer **Mehrheit von Personen** *ungeteilt* zusteht (BGE 118 II 496; 112 II 406; 71 III 27 = Pra 1945, 117; s.a. BGer v. 2.11.2007, 5A.581/2007, E. 2: «Les actions d'une société peuvent faire l'objet d'une propriété collective, copropriété ou propriété commune ...»). Im einzelnen regelt sie die *gesellschaftsinternen* Aspekte dieses «gemeinschaftlichen Eigentums», und zwar einerseits die *Vertretung* der Gemeinschaft in innerkorporativen Angelegenheiten (Ziff. 1; s.a. SIFFERT et al., N 1; CR CO II-CHAPPUIS/JACCARD, N 4), anderseits die *Haftung* der Mitglieder der betreffenden Personenmehrheit für die mit dem Anteil verknüpften Nachschuss- und Nebenleistungspflichten (Ziff. 2). Nach der Streichung von Art. 802 altOR stellen sich keine Haftungsfragen im *Aussenverhältnis* mehr (CHK-TRÜEB, N 1, verweist in diesem Zusammenhang auf die Haftung von Art. 827, die freilich von den Rechtsverhältnissen, die in Art. 792 geregelt sind, unabhängig ist). Theoretisch wäre denkbar, dass Art. 802 altOR i.V.m. Art. 3 Abs. 2 Übergangsbestimmungen noch zum Zuge käme. Praktisch ist die Gefahr vernachlässigbar (s. zum alten Recht ZK-VON STEIGER, Art. 797 N 1). 1

Die Materialien äussern sich nicht zur Frage, ob Art. 792 **zwingenden Charakter** hat (Botschaft GmbH, 3193). An einem Ausschluss der *Vertretungsmöglichkeit* (Ziff. 1) kann auf Seiten der Gesellschaft kein legitimes Interesse bestehen, solange gemeinschaftliches Eigentum an Stammanteilen statutarisch zulässig ist. Allerdings können die Statuten ein solches Eigentum nicht vollumfänglich untersagen. Angängig ist solches nur, sofern die Gemeinschaft, die einen oder mehrere Stammanteile hält, auf *rechtsgeschäftlicher* Grundlage begründet wurde. Liegt gemeinschaftliches Eigentum vor, das *ex lege* entstanden ist (z.B. im Falle von Erbengemeinschaften), ist ein statutarisches Verbot unverbindlich. Weil die *Solidarhaftung* von Ziff. 2 auch Gläubigerschutzfunktion 2 hat, ist eine statutarische Wegbedingung oder Milderung unzulässig. Einer statutarischen Verschärfung steht demgegenüber nichts entgegen.

II. Anwendungsbereich

3   In der Lehre wird der *Anwendungsbereich* von Art. 792 mit dem Hinweis umschrieben, die Vorschrift beziehe sich auf die *nicht organisierten* Gemeinschaften (ZK-VON STEIGER, Art. 797 N 3; s.a. KÜNG/CAMP, N 2) oder gelte «sowohl für das Miteigentum ... als auch für das Gesamteigentum» (SIFFERT et al., N 1; so auch HANDSCHIN/TRUNIGER, § 8 N 12; CHK-TRÜEB, N 1; Botschaft GmbH, 3193). Diese Aussage ist unpräzis. Richtigerweise gilt Art. 792 für alle Gemeinschaften, deren **Vertreter** nicht innerhalb eines **gesetzlich typisierten Vollmachtsumfangs** handeln. Gemeint sind damit zunächst sämtliche Interessengemeinschaften, die nicht freiwillig, sondern kraft gesetzlicher Anordnung entstehen und nicht zur Verfolgung gemeinsamer Zwecke bestimmt sind, wie die *Rechtsgemeinschaften des Familien-, Erb- und Sachenrechts* (Güter- und Erbengemeinschaft, Gemeinderschaft, Mit- und Gesamteigentumsverhältnisse; eingehend zum Ganzen GAMMA, 30 ff.; s.a. KÜNG/CAMP, N 3; SIFFERT et al., N 2); wegen Art. 543 ist im Hinblick auf Art. 792 auch die *einfache Gesellschaft* diesem Gemeinschaftstypus zuzuordnen (zum Ganzen HANDSCHIN/TRUNIGER, § 8 N 12; BK-JANGGEN/BECKER, Art. 797 N 2; ZK-VON STEIGER, Art. 797 N 3; WOHLMANN, 64; BROSSET/SCHMIDT, 88; WOLF, 5). Aus diesem Grundsatz folgt, dass die sog. *relativen (oder partiellen) juristischen Personen* (Kollektiv- und Kommanditgesellschaft; vgl. dazu HANDSCHIN/TRUNIGER, § 8 N 13; GAMMA, 31; CR CO II-CHAPPUIS/JACCARD, N 6 m.Nw.) sowie die *juristischen Personen* (AG, KAG, GmbH und Genossenschaft) dem Art. 792 nicht unterstehen (SIFFERT et al., N 3; s.a. ZK-VON STEIGER, Art. 797 N 2). Solchen Organisationen steht es frei, die ihnen zustehenden Mitgliedschaftsrechte nach Massgabe entweder der *handelsregisterrechtlichen* oder einer *gewillkürten* Vertretungsordnung auszuüben, und auch ihre Haftung im internen Verhältnis bestimmt sich *nicht* nach Art. 792 Ziff. 2 (BK-JANGGEN/BECKER, Art. 797 N 1 f.). Zuweilen können aus diesem Umstand *Komplikationen* entstehen, namentlich wenn diese Organisationen innerhalb der GmbH durch mehrere Personen handeln (z.B. bei der Mitwirkung an Beschlüssen oder der Ausübung von Kontroll-, Anfechtungs- und Kündigungsrechten). Dann gilt die Maxime, dass bei sich gegenseitig widersprechenden Willenserklärungen der einzelberechtigten Vertreter *keine Erklärung* des Kollektivmitglieds zustandekommt (Enthaltung; s. ZK-VON STEIGER, Art. 797 N 2, 6). Art. 792 erfasst sodann auch den Fall des *fiduziarischen* Eigentums nicht, da im gesellschaftsrechtlichen Innenverhältnis allein der Fiduziar in Erscheinung tritt. Dasselbe gilt für *Stockwerkeigentumgemeinschaften,* die lediglich Rechte an Grundstücken und nicht an Stammanteilen innehaben.

4   Nach dem Gesetzwortlaut (1. Satz: «... mehreren *Berechtigten*...») gilt **jeder einzelne Mitberechtigte** (der Ehegatte, der Erbe, der Gemeinder, der Mit- oder Gesamteigentümer, der einfache Gesellschafter) als Mitglied der GmbH und ist dementsprechend selber Träger der aus dem Stammanteil fliessenden Rechte und Pflichten. Ins *Anteilbuch* ist denn auch nicht die fragliche Gemeinschaft, sondern jeder Mitberechtigte einzeln einzutragen (HANDSCHIN/TRUNIGER, § 8 N 11; KÜNG/CAMP, N 4; BK-JANGGEN/BECKER, Art. 797 N 2; ZK-VON STEIGER, Art. 797 N 3; WOHLMANN, 64; Botschaft GmbH, 3191: »Steht ein Stammanteil in gemeinschaftlichem Eigentum, so ist jede der daran berechtigten Personen als Gesellschafterin respektive als Gesellschafter einzutragen; weiter ist ein gemeinsamer Vertreter anzugeben ...»). Allerdings ist der Mitberechtigte nicht *selbständiger* Gesellschafter; er kann daher seine Rechte nicht allein für sich,

2. Abschnitt: Rechte und Pflichten der Gesellschafter   5–7   **Art. 792**

sondern *nur gemeinsam* mit den andern geltend machen (CR CO II-CHAPPUIS/JACCARD, N 9).

Die **Beendigung** der Rechtsgemeinschaft berührt die Anwendbarkeit von Art. 792 *a priori* nicht. Die Bestimmung verliert erst dann ihre Einschlägigkeit, wenn die Mitgliedschaft durch *Abtretung* auf einen Einzelnen übergeht (BK-JANGGEN/BECKER, Art. 797 N 11; ZK-VON STEIGER, Art. 797 N 9; BROSSET/SCHMIDT, 88).   5

III. Vertretung der Gemeinschaft (Ziff. 1)

Obwohl die einschlägigen Regeln der Gemeinschaften, die unter den Anwendungsbereich von Art. 792 fallen (s.o. N 3), regelmässig die *Verwaltung* des Gemeinschaftsvermögens sowie die *Verfügung* darüber ordnen, ist ihnen gemeinsam, dass sie die **Bestellung einer Stellvertretung** in das *Belieben* der Mitglieder (oder allenfalls eines Dritten) stellen; diese können auch *gemeinsam* handeln (vgl. Art. 228 Abs. 1, Art. 340 Abs. 1, Art. 602 Abs. 2, Art. 648 Abs. 2, 653 Abs. 2 ZGB, Art. 543 Abs. 2; eingehend zum Ganzen GAMMA, 30 ff.). Vorbehalten bleiben natürlich die Fälle einer *gesetzlichen Vertretung* (z.B. der Vormund mehrerer unmündiger bzw. entmündigter Erben), wobei hier der Vertreter i.d.R. (d.h. vorbehältlich eines Handlungsnotstandes) zur Vornahme *aussergewöhnlicher Geschäfte* nicht befugt ist, was zumal hinsichtlich der Wahrnehmung von Rechten bzw. der Erfüllung von Pflichten, die aus Gesellschaftsmitgliedschaften fliessen, von Belang ist. Da gemeinsames Handeln der Gemeinschaftsmitglieder im Leben der GmbH Störungen hervorrufen kann (vgl. auch N 3), verlangt Art. 792 Ziff. 1, dass in solchen Fällen ein *Vertreter* bezeichnet wird, der die Gemeinschaft gegenüber der Gesellschaft vertritt (GUHL, 29). *Wie* dieser *bestellt* wird, richtet sich nach dem die fragliche Gemeinschaft beherrschenden Recht (KÜNG/CAMP, N 5; SIFFERT et al., N 4). Dass der Vertreter Gesellschafter sein muss, wird vom *Gesetz* nicht verlangt und kann auch *statutarisch* nicht vorgeschrieben werden (CR CO II-CHAPPUIS/JACCARD, N 10). Er kann sowohl eine natürliche als auch eine juristische Person sein, wobei in diesem Fall Art. 809 Abs. 2 sinngemäss gilt. Immerhin muss *in Analogie* zur Praxis betr. Art. 709 Abs. 1 (BGE 66 II 52; 107 II 183 f., 188) zugelassen werden, dass die Gesellschaft den bezeichneten Vertreter *aus wichtigem Grund* ablehnt (gl.M. ZK-VON STEIGER, N 3; WOHLMANN, 64 f.; CR CO II-CHAPPUIS/JACCARD, N 12). Der unbestimmte Rechtsbegriff des «wichtigen Grundes» ist dabei *anders* zu konkretisieren als in Art. 821 Abs. 3 bzw. 823 Abs. 1. Zwar wird es auch hier darauf ankommen, ob man es mit einer eher personalistischen oder kapitalistischen GmbH zu tun hat; doch werden die *Person* des ernannten Vertreters sowie die Auswirkungen des von ihm zu erwartenden bzw. zutage gelegten Verhaltens auf die *Sozialsphäre* der Gesellschaft den Ausschlag geben müssen. In diesem Sinne ist zu verlangen, dass der Vertreter die Verfolgung des Gesellschaftszweckes aus *objektiver*, d.h. *sachlich begründbarer* Sicht, nachhaltig stört (**a.A.** WOHLMANN, 65 FN 193, der meint, der Begriff des «wichtigen Grundes» sei hier *breiter* auszulegen als beim Ausschluss eines Gesellschafters, um der GmbH einen gewissen Ermessensspielraum einzuräumen). Nicht zu folgen ist der Lehrmeinung, die eine «gestufte» Ablehnung eines Vertreters für zulässig erachtet, nämlich derart, dass dieser von der Ausübung «persönlicher Mitgliedschaftsrechte» (z.B. von der Teilnahme an einer Versammlung, der Einsichtnahme in die Geschäftsbücher u.ä.) ausgeschlossen wird (so BK-JANGGEN/BECKER, Art. 797 N 3). Dadurch würde der Zweck von Art. 792 vereitelt (gl.M. ZK-VON STEIGER, Art. 797 N 3; s.a. WOHLMANN, 65, FN 193).   6

Art. 792 Ziff. 1 ist eine **Ordnungsvorschrift** und sieht *keine Sanktion* für den Fall vor, dass die Gemeinschaft es unterlässt, einen Vertreter zu bestellen (*lex imperfecta;* KÜNG/   7

CAMP, N 7; CR CO II-CHAPPUIS/JACCARD, N 13). Die Bestimmung statuiert dem Grundsatz nach eine *Obliegenheit*, keine Pflicht (BGE 71 III 27 = Pra 1945, 117; **a.A.** offenbar KÜNG/CAMP, N 5). Danach können die Mitglieder der Gemeinschaft zwar gesellschaftsintern durchaus gemeinschaftlich handeln; gelangen sie aber zu keiner einheitlichen Willensbildung, so haben sie die Folgen selber zu tragen (s.o. N 3; **a.A.** CHK-TRÜEB, N 3, der in diesem Fall Art. 543 Abs. 2 anwenden will, was sich freilich nicht immer mit der Rechtsnatur der vertretenen Gemeinschaft verträgt). Auch kann die Gesellschaft Rechtshandlungen, die *einzelne* Mitglieder der Gemeinschaft vornehmen, einstweilen zurückweisen (BK-JANGGEN/BECKER, Art. 797 N 5). Dasselbe gilt, wenn ein gemeinsames Auftreten der Gemeinschaftsmitglieder *unzumutbare Nachteile* für die Gesellschaft zur Folge hat. Diese ist sodann auch *nicht* verpflichtet, an sämtliche Mitglieder der Gemeinschaft zu gelangen, um ihnen die Ausübung ihrer Rechte zu ermöglichen (**a.A.** ZK-VON STEIGER, Art. 797 N 6). Niemals kann es Sache der Gesellschaft sein, über die *Ernennung* des Vertreters zu befinden, selbst dann nicht, wenn sich die Gemeinschaft über diese Frage uneins ist. Auch *statutarisch* kann sich die Gesellschaft nicht zu einer solchen Handlung ermächtigen (gl.M. WOHLMANN, 65, insb. FN 194; **a.A.** BK-JANGGEN/BECKER, Art. 797 N 5). In einem spezifischen Fall wandelt sich allerdings die Obliegenheit von Abs. 1 zu einer *Pflicht* und wird *einklagbar:* Legt die Tatsache, dass es die Gemeinschaft unterlässt, einen Vertreter zu bezeichnen, die Gesellschaft *in ihrer Funktionsfähigkeit* lahm (kommt z.B. mangels Einigung der Gemeinschaftsmitglieder über die Stimmrechtsausübung kein gültiger Gesellschaftsbeschluss zustande), so ist diese befugt, die Befolgung von Art. 792 Ziff. 1 nötigenfalls durch Anrufung des Richters *durchzusetzen*. Vorgängig muss sie aber die Gemeinschaft unter Ansetzung einer angemessenen Frist zur Ernennung eines Vertreters anhalten (d.h. mahnen). Einer *statutarischen* Grundlage bedarf es hierfür nicht (gl.M. ZK-VON STEIGER, Art. 797 N 6; **a.A.** BK-JANGGEN/BECKER, Art. 797 N 5).

8   Was den **Umfang der Vertretungsmacht** anlangt, so schafft Art. 792 Ziff. 1 eine *Sonderordnung*, die vom allgemeinen Grundsatz des bürgerlichen Stellvertretungsrechts abweicht, wonach das Können auf das Dürfen *beschränkt* ist (Art. 33 Abs. 2; vgl. dazu im einzelnen OR-WATTER, Art. 33 N 17 ff. m.Nw.). Danach gilt der Vertreter der Gesellschaft gegenüber als *ermächtigt*, rechtsgültig *alle* Handlungen vorzunehmen, die *zur Ausübung der Mitgliedschaft* erforderlich sind, was insb. auch für die Geschäftsführungsbefugnis von Art. 809 Abs. 1 zutrifft (SIFFERT et al., N 6; CHK-TRÜEB, N 2; vgl. für Einzelheiten ZK-VON STEIGER, Art. 797 N 4 f.), unabhängig vom Umfang der *Vertretungsbefugnis*, wie er sich aus dem Recht der vertretenen Gemeinschaft ergibt. Eine andere Auslegung liefe auf eine Vereitelung des *Zweckes* der Bestimmung hinaus, die Abwicklung der gesellschaftlichen Verhältnisse auf eine klare und sichere Grundlage zu stellen.

9   Trotz Schweigens des Gesetzgebers hält die h.L. dafür, dass der gemeinsame Vertreter im **Anteilbuch** eingetragen werden muss, was sich aus Transparenzgründen rechtfertigt (Botschaft GmbH, 3191; gl.M. HANDSCHIN/TRUNIGER, § 5 N 72 FN 180: «Steht ein Stammanteil in gemeinschaftlichem Eigentum, ist jede der daran berechtigten Personen als Gesellschafter einzutragen und ein gemeinsamer Vertreter anzugeben»; s.a. KÜNG/CAMP, N 4; BK-JANGGEN/BECKER, Art. 797 N 6; ZK-VON STEIGER, Art. 797 N 4; CR CO II-CHAPPUIS/JACCARD, N 11). Dem Eintrag kommt auch hier keine konstitutive, sondern nur *legitimations-* und *beweisrechtliche* Funktion zu (s. Art. 790 N 3 und 7).

2. Abschnitt: Rechte und Pflichten der Gesellschafter **Art. 793**

IV. Haftung der Gemeinschaft (Ziff. 2)

Nach dem Gesetzeswortlaut haften die Mitglieder der Gemeinschaft solidarisch für **Nachschusspflichten und Nebenleistungspflichten** (in Abweichung von der Formulierung im alten Recht: «… für die Leistungen auf den Gesellschaftsanteil …»). Diese Nomenklatur ist *extensiv* auszulegen (**a.A.** offenbar KÜNG/CAMP, N 8; SIFFERT et al., N 7): Darunter fallen nicht nur die in Art 792 Ziff. 2 explizit erwähnten Pflichten, sondern namentlich auch die Deckung der Stammanteile (Art. 777c), die Pflichten aus allfälligen Vorhand-, Vorkaufs- oder Kaufsrechten an Stammanteilen (Art. 776a Abs. 1 Ziff. 2), die Schadenersatzforderungen aus der Verletzung des Konkurrenzverbotes (Art. 776a Abs. 1 Ziff. 3) und die Konventionalstrafen gem. Art. 776*a* Abs. 1 Ziff. 4. Ausgenommen hiervon sind lediglich die Verpflichtungen, die mit der *Person* eines Gesellschafters verbunden sind, sei es auf *körperschaftsrechtlicher* oder auf *obligatorischer* Basis (ZK-VON STEIGER, Art. 797 N 7). Für solche Pflichten haften die Mitglieder der Gemeinschaft gem. Art. 792 nicht solidarisch, sondern individuell.

10

Weil die Haftung der Gemeinschaftsmitglieder laut Art. 792 Ziff. 2 eine **solidarische** i.S.v. Art. 143 ff. ist, kann die Gesellschaft nach Belieben gegen *alle zusammen* oder gegen *Einzelne* vorgehen; sie ist auch befugt, von jedem die *ganze Leistung* oder bloss einen *Teil davon* zu fordern, ohne auf die Verhältnisse innerhalb der Gemeinschaft achten zu müssen. Ist ein Vertreter gem. Ziff. 1 bestellt, so hat die Gesellschaft die Haftung diesem gegenüber geltend zu machen, ungeachtet, ob sie alle Gemeinschaftsmitglieder oder nur einen von ihnen belangen will (zum Ganzen CHK-TRÜEB, N 4; BK-JANGGEN/ BECKER, Art. 797 N 7 ff.; ZK-VON STEIGER, Art. 797 N 8). Ist kein Vertreter bestellt (z.B. wegen Handlungsunfähigkeit oder Tod), ist die Gesellschaft befugt, ihre Forderungen direkt gegen die Mitglieder der Gemeinschaft geltend zu machen. Die *Rückgriffsrechte* unter den Gemeinschaftsmitgliedern richten sich nach dem genuinen Recht der Gemeinschaft (SIFFERT et al., N 9; KÜNG/CAMP, N 8; WOHLMANN, 65).

11

V. Handelsregisterrecht

Über das gemeinschaftliche Eigentum an Stammanteilen schweigt die HRegV. Aus dem Umstand, dass jedes **Mitglied der Gemeinschaft** als Gesellschafter zu betrachten ist, ergibt sich jedoch, dass es individuell ins Handelsregister eingetragen werden muss (Art. 791). Auch der **Vertreter** der Gemeinschaft ist einzutragen, da ohne diese Transparenz der Rechtsverkehr beeinträchtigt sein könnte (CR CO II-CHAPPUIS/JACCARD, N 11). Als Rechtsgrundlage dient Art. 30 HRegV.

12

Art. 793

B. Leistung der Einlagen	**¹ Die Gesellschafter sind zur Leistung einer dem Ausgabebetrag ihrer Stammanteile entsprechenden Einlage verpflichtet.** **² Die Einlagen dürfen nicht zurückerstattet werden.**
B. Apports à libérer	¹ Les associés doivent libérer un apport correspondant au prix d'émission de leurs parts sociales. ² Les apports libérés ne peuvent pas être restitués.
B. Prestazione dei conferimenti	¹ I soci devono effettuare un conferimento corrispondente al prezzo di emissione delle loro quote sociali. ² I conferimenti non possono essere restituiti.

Literatur

Vgl. die Literaturhinweise zu Art. 792.

I. Allgemeines

1 Art. 793 bildet Teil der **Kapitaldeckungs-** und **Kapitalerhaltungsordnung** der GmbH. Die Bestimmung bezweckt die Sicherstellung des wirtschaftlichen Rückhalts der Gesellschaft und dient damit zusammen mit Art. 777c Abs. 2 und Art. 795a ff. dem *Gläubigerschutz* (Botschaft GmbH, 3156 f. und 3257; KÜNG/CAMP, N 2; SIFFERT et al., N 1). Ihrer Konzeption nach ist sie *kapitalistischer Natur* und lehnt sich an aktienrechtliche Prinzipien an (HACHENBURG, 358; RAMMELMEYER, 77 f.; FORSTMOSER, Kapitalbasis, 49). Sie verankert zusammen mit Art. 777c Abs. 1 das System der *Volliberierung* (als Gegensatz zu demjenigen der Teilliberierung, auf welchem Art. 798 altOR noch gründete; Botschaft GmbH, 3157 und 3177; BÖCKLI/FORSTMOSER/RAPP, 79 f.; SIFFERT et al., N 2; vgl. zu diesen beiden Systemen SCHOCH, 30 ff.). Ein dem System der Teilliberierung ähnliches Ergebnis kann dadurch erzielt werden, dass Nachschusspflichten eingeführt werden, die funktionell als nichtliberierte Einlagen dienen (Botschaft GmbH, 3157, 3161 und 3195; FORSTMOSER, Kapitalbasis, 52). Das Gebot der Volliberierung ist das hauptsächliche *funktionale Äquivalent* für die Abschaffung der subsidiären Solidarhaftung von Art. 802 altOR im Zuge der Revision (Botschaft GmbH, 3259; CR CO II-CHAPPUIS/JACCARD, Art. 794 N 4 m.Nw.). Art. 793 hält *zwei vermögensrechtlich bedeutsame Grundsätze* des GmbH-Recht fest: Einerseits ist die GmbH *nicht* berechtigt, vom Gesellschafter für den Bezug des Stammanteils *mehr als den festgelegten Emissionsbetrag* zu fordern, wobei Art. 793 freilich nichts über weitere Pflichten des Gesellschafters aussagt; andererseits soll das vom Gesellschafter geschaffene Stammkapital *gebunden* sein und *nicht zurückerstattet* werden dürfen.

2 Unklar ist das Verhältnis von Art. 793 und 777c Abs. 1, die in redundanter Weise dasselbe zum Ausdruck zu bringen scheinen. Während allerdings Art. 777c Abs. 1 die Person des Verpflichteten offen lässt, stellt Art. 793 Abs. 1 darüber hinaus klar, dass der «**Gesellschafter**» zur Leistung der Einlage verpflichtet ist. Insofern drücken beide Bestimmungen denselben Gedanken aus, wobei Art. 793 Abs. 1 zusätzlich noch die *subjektive Pflicht* spezifiziert (CR CO II-CHAPPUIS/JACCARD, N 2 m.Nw.).

II. Einlagepflicht (Abs. 1)

3 Entgegen der Marginalie (und gewissen Äusserungen in der altrechtlichen Doktrin; z.B. KAUFMANN, 95) begründet Abs. 1 genau betrachtet nicht eigentlich eine **Pflicht zur Leistung der Einlage.** Vielmehr entsteht diese Pflicht schon durch die *einseitige, abstrakte, rechtsgeschäftliche Willenserklärung* des Gesellschafters (Zeichnung) entweder anlässlich der Gründung (Art. 777a) oder einer Kapitalerhöhung (Art. 781 Abs. 3; s.a. ZK-VON STEIGER, Art. 799/800 N 12; SCHWARZENBACH, 21 f.; FORSTMOSER, Kapitalbasis, 53). Der *materiellrechtliche Gehalt* von Abs. 1 besteht in dem (auf dem Gleichbehandlungsgebot basierenden) Grundsatz, dass sich die Einlagepflicht grundsätzlich *nach dem Verhältnis des Stammanteils zum Stammkapital (samt allfälligem Agio)* bestimmt (ZK-VON STEIGER, Art. 798 N 2; WOHLMANN, 81; KAUFMANN, 97; FANCONI, 31 f.; GEISER, 14; SCHNEIDER, 184; zum Zusammenhang von Abs. 1 mit dem Grundsatz der gleichmässigen Behandlung GEGENBAUER, 55; SCHOCH, 35). Massgebend ist somit der *Ausgabebetrag* der Stammanteile, der entweder *zu pari* oder *über pari* festgelegt wird (HANDSCHIN/TRUNIGER, § 5 N 60; KÜNG/CAMP, N 3; CR CO II-CHAPPUIS/JACCARD, N 1; zum Verbot der Emission unter pari Botschaft GmbH, 3172; KÜNG/CAMP,

2. Abschnitt: Rechte und Pflichten der Gesellschafter   4–9   Art. 793

N 3). Eine *Teilliberierung* ist nach neuem Recht nicht mehr zulässig, was sich freilich nicht aus Art. 793, sondern aus Art. 777c Abs. 1 ergibt (vgl. Art. 777c N 1).

Art. 793 Abs. 1 enthält implizit ein **Erlassverbot,** das sich in erster Linie aus allgemeinen kapitalgesellschaftsrechtlichen Überlegungen ergibt. Dieses Verbot erfasst grundsätzlich den Fall, da die Gesellschaft auf *nicht erfüllte Liberierungsforderungen* ganz oder teilweise i.S.v. Art. 115 verzichtet, worunter auch ein *negatives Schuldanerkenntnis* fallen kann, wenn damit ein materieller Schulderlass verbunden ist (vgl. dazu BSK OR I-GONZENBACH, Art. 115 N 3). Nicht betroffen davon sind alle Tatbestände der *Rückleistung von Stammkapital,* die von anderen Normen geregelt werden (vgl. Art. 782, 798 f., 800 und 825 f.). Ebensowenig ist Art. 793 Abs. 1 auf den *Klagerückzug* anwendbar, weil damit materiell-rechtlich nichts bewirkt wird. Demgegenüber unterliegt das *pactum de non petendo* (sofern dieses *in perpetuum* vereinbart worden ist [für das *pactum de non petendo in tempus* gilt eine besondere Ordnung; s.u. N 5]) dem Erlassverbot, obwohl auch hier Bestand und Inhalt der Deckungsforderung unangetastet bleiben; denn dadurch wird jegliche Betreibung ausgeschlossen, was die Gesellschaft sowie ihre Gläubiger u.U. leer ausgehen lässt. Aus dem gleichen Grund ist sowohl die Umwandlung der (wohlgemerkt: korporativen) Liberierungspflicht in eine *rein obligatorische Forderung* (z.B. in eine Darlehensschuld) als auch deren *Novation* (z.B. durch Belastung im Kontokorrent mit anschliessender Saldierung; Art. 117 Abs. 2) nicht zulässig (s. zum alten Recht BK-JANGGEN/BECKER, Art. 798 N 5). Ein *(gerichtlicher* oder *aussergerichtlicher) Vergleich* ist nach Art. 793 Abs. 1 zwar möglich, wo immer zwischen der Gesellschaft und einem Mitglied die Einzahlungspflicht strittig ist (KAUFMANN, 98; GUHL, 30; mit Vorbehalten BK-JANGGEN/BECKER, Art. 798 N 5; **a.A.** SCHOOP, 167). In diesem Zusammenhang ist allerdings zu beachten, dass dieses Rechtsgeschäft bloss *im internen Verhältnis* wirkt. Die Frage, ob das Stammkapital tatsächlich *geäufnet* worden ist, wird davon nicht betroffen (SCHOOP, 174; **a.A.** KAUFMANN, 98).

Sodann enthält Art. 793 Abs. 1 auch ein **Stundungsverbot** *(pactum de non petendo in tempus).* Dieses Verbot ergibt sich unmittelbar aus dem System der Vollliberierung (s.o. N 1) und hat den *Zweck,* dass die Einlagen im relevanten Zeitpunkt (s.u. N 7) *tatsächlich erbracht* werden und nicht in den Genuss eines *Aufschubes* kommen können; denn darauf sollen sich Mitgesellschafter und Gläubiger verlassen können (s.a. ZK-VON STEIGER, Art. 798 N 6; wohl auch GELZER, 24).

Zur **Art** der Einlage s. Komm. zu Art. 777c.

Art. 793 äussert sich nicht über den **Zeitpunkt** der geschuldeten Einlageleistung. Einschlägig sind Art. 777c Abs. 1 und Art. 781 Abs. 3, die verlangen, dass die Einlagen bei *Gründung* bzw. bei der *Erhöhung des Stammkapitals* vorliegen (HANDSCHIN/TRUNIGER, § 5 N 59; SIFFERT et al., N 3; FORSTMOSER, Kapitalbasis, 53).

Es ist damit zu rechnen, dass bei **Inkrafttreten** des neuen GmbH-Rechts einige Gesellschaften dem *Gebot der Vollliberierung* nicht entsprechen. Art. 3 Abs. 2 Übergangsbestimmungen *behält* die subsidiäre Solidarhaftung des Gesellschafters nach Art. 802 altOR im Falle der ausstehenden Vollliberierung *bei* (KELLERHALS, 170 f.; CR CO II-CHAPPUIS/JACCARD, N 3 m.Nw.). Diese Regelung ist insofern einschneidend, als diese Haftung anlässlich einer *Abtretung von Stammanteilen* auf den Erwerber übergeht.

III. Rückerstattungsverbot (Abs. 2)

Weil das Stammkapital die Funktion einer *Ausschüttungssperrziffer* erfüllt und damit *gebundenes, unkündbares,* auch den Gläubigern verhaftetes *Eigenkapital* darstellt, ist

Marc Amstutz/Fernand Chappuis

die GmbH verpflichtet, es im erklärten Umfang *intakt* zu erhalten. Diese **Sicherstellung der Kapitalerhaltung** verwirklicht das Gesetz durch verschiedene Massnahmen: durch das Erlass- und Stundungsverbot (Art. 777c Abs. 1 i.V.m. Art. 793 Abs. 1; s.o. N 4 f.), durch das Rückerstattungsverbot (Art. 793 Abs. 2), durch das Verbot von verdeckten Gewinnausschüttungen (Art. 800) und durch die Gläubigerschutzbestimmungen bei Herabsetzung des Stammkapitals (Art. 782; zum Ganzen HANDSCHIN/TRUNIGER, § 8 N 26 ff.; unklar SIFFERT et al., N 5). Art. 793 Abs. 2 ist das GmbH-rechtliche Gegenstück zu Art. 680 Abs. 2. Er entspricht seinem materiellrechtlichen Gehalt, obwohl er anders formuliert ist: Anders als Art. 680 Abs. 2 artikuliert er das Verbot, *dass die Gesellschaft aus dem gebundenen Stammkapital Leistungen an den Gesellschafter erbringt* (was u.a. auch dem Gesellschafter untersagt, seine Einlage zurückzufordern). Entsprechend kann sich der Gesellschafter seines Stammanteils nur entledigen, indem er diesen *abtritt* (Art. 785 ff.).

10 Unter das von Art. 793 Abs. 2 **gesperrte Kapital** fällt in erster Linie das nominale Stammkapital, also das gesamte Nennkapital. Ob bei einer Überpariemission das Agio auch darunter fällt, ist in der GmbH-Doktrin kaum geklärt. In Anlehnung an die aktienrechtliche Diskussion (die freilich nicht einmütig ist) wird man davon ausgehen müssen, dass das Agio nach Art. 671 Abs. 2 Ziff. i.V.m. Art. 801 den allgemeinen Reserven zuzuweisen ist, was üblicherweise am Ende des Emissionsjahres geschieht. Ab diesem Zeitpunkt ist es der Regel von Art. 671 Abs. 3 i.V.m. Art. 801 unterstellt, was der Gesellschaft unter den dort niedergelegten Voraussetzungen eine indirekte Zuführung an die Gesellschafter erlaubt. Solange diese Zuweisung nicht erfolgt ist, bleibt das Agio gebundenes Stammkapital und untersteht Art. 793 Abs. 2 (zum Ganzen s. Komm. zu Art. 680). In den Anwendungsbereich von Art. 793 Abs. 2 fallen nicht nur Ausschüttungen aus dem Sperrvermögen (KÜNG/CAMP, N 5). Alle Transaktionen, die dieses Vermögen mindern, werden erfasst, d.h. alle Leistungen an die Gesellschafter, die als *Einlagerückgewähr* zu qualifizieren sind. Zu denken ist etwa an *Darlehen an Gesellschafter,* die weder durch ungebundene noch durch Art. 793 Abs. 2 zugelassene Mittel gedeckt sind *(sog. fiktive Darlehen;* s. Komm. zu Art. 680; CR CO II-CHAPPUIS/JACCARD, N 7). Auch die Liberierung mittels eines *Darlehens,* dass unmittelbar nach Gründung bzw. Kapitalerhöhung dem Gläubiger wieder *zurückbezahlt* wird, verstösst gegen Art. 793 Abs. 2 (s. als aktienrechtliches Urteil, das auch für Art. 793 Abs. 2 aussagekräftig ist: BGE 109 II 129). Ferner kann auch der Erwerb eigener Stammanteile das Verbot der Einlagerückgewähr verletzen (Art. 783). Schliesslich ist auch das *Verzinsungsverbot* von Art. 798a mit Art. 793 Abs. 2 funktional verknüpft (s. Art. 798a).

11 Der *Verstoss* gegen Art. 793 Abs. 2 führt zur **absoluten Nichtigkeit** der betreffenden Transaktion (CHK-TRÜEB, N 2; SIFFERT et al., N 7). Die Rechtsfolge dieses Sachverhalts ist die Wiederaufleben der Liberierungspflicht gem. Art. 793 Abs. 1 (KÜNG/CAMP, N 5). Geht es um Sacheinlagen, ist allenfalls auch eine Eigentumsklage nach Art. 641 ZGB vorstellbar. Nicht anwendbar ist die Rückerstattungsklage gem. Art. 800 (SIFFERT et al., N 8).

Art. 794

C. Haftung der Gesellschafter	**Für die Verbindlichkeiten der Gesellschaft haftet nur das Gesellschaftsvermögen.**
C. Responsabilité des associés	Les dettes de la société ne sont garanties que par l'actif social.
C. Responsabilità dei soci	Per i debiti della società risponde soltanto il patrimonio sociale.

Literatur

Vgl. die Literaturhinweise zu Art. 792.

I. Allgemeines

Im Vergleich zum alten Recht, das von der subsidiären Solidarhaftung der Gesellschafter (Art. 802 altOR; FANCONI, 53 ff., KUNZ, N 27) geprägt war, vollzieht Art. 794 einen **Regimewechsel** (CR CO II-CHAPPUIS/JACCARD, N 4; SIFFERT et al., N 1; BÖCKLI, Übersicht, 10). Danach wird die Vermögenssphäre der GmbH *strikte* von derjenigen ihrer Gesellschafter *getrennt* und eine Vermischung dieser Sphären ist *de iure* untersagt. Die hauptsächliche Konsequenz dieser Innovation besteht darin, dass im externen Verhältnis nur noch das *Gesellschaftsvermögen* für die Verbindlichkeiten der Gesellschaft *haftet* (Botschaft GmbH, 3170; RUEDIN, N 1741; DERS., Responsabilité, 39; CR CO II-CHAPPUIS/JACCARD, N 1 f. m.Nw.). Eine körperschaftsrechtliche Aussenhaftung der Gesellschafter bleibt ausgeschlossen (s.a. N 6), was als Grundsatz von den Art. 795 ff. nicht in Frage gestellt wird, da diese eine *rein interne Haftung* verankern. Mit Art. 794 wird u.a. ein *volkswirtschaftlicher* Zweck verfolgt: die Förderung der *Gründung von Unternehmen im Rechtskleid der GmbH,* die durch die Risikoverminderung zugunsten des Gesellschafters verwirklicht werden soll (RUEDIN, Responsabilité, 42; s.a. PETER, 31 ff.). Insbesondere soll so ein Ansporn für kleinere und mittlere Unternehmen geschaffen werden, vermehrt die GmbH zu wählen, die bis anhin oft in der weniger passenden Rechtsform der AG inkorporiert waren (s. zum Problem etwa HIRSCH/NOBEL, 126 ff.). Die Aussage von Art. 794 findet man in Art. 772 Abs. 1 Satz 3 wieder, womit der Gesetzgeber unterstrichen hat, dass die ausschliessliche Haftung des Gesellschaftsvermögens nunmehr ein *typologisches Kennzeichen* der GmbH ist (CR CO II-CHAPPUIS/JACCARD, N 3; KUNZ, N 26). 1

Aufgewogen wird die Streichung der subsidiären Solidarhaftung des Gesellschafters durch das Gebot der **Volliberierung** (Art. 777c Abs. 1 i.V.m. Art. 793; s. Art. 793 N 1, 3; CHK-TRÜEB, N 1; SIFFERT et al., N 1; BÖCKLI, Übersicht, 11). Mit der Einführung dieses Systems, das den Wegfall von Art. 802 altOR hinzunehmen erlaubt, wird eine erhebliche Gefahr für den Gesellschafter aufgehoben, der nach altem Recht für die *gesamt Unterdeckung des Stammkapitals* einstehen musste (Botschaft GmbH, 3159; MEIER-HAYOZ/FORSTMOSER, § 18 N 34; FORSTMOSER/PEYER/SCHOTT, N 55; RUEDIN, Responsabilité, 37; ein Zahlenbeispiel findet man bei FORSTMOSER, Kapitalbasis, 51 FN 18 und BÖCKLI, Übersicht, 10). Die Stellung des Gesellschafters im Innenverhältnis nähert sich auf diese Weise derjenigen des *Aktionärs* an (FORSTMOSER/PEYER/SCHOTT, N 55: «Die Gesellschafter werden – wie im Aktienrecht – nur für ihre eigenen Liberierungspflichten haftbar sein»; CR CO II-CHAPPUIS/JACCARD, N 4 i.f.; KUNZ, N 37 ff.; krit. CHK-TRÜEB, N 2): Die *Residualrisiken* des Gesellschafters decken sich jetzt nahezu 2 vollständig mit denjenigen in der AG (Haftung für fiktive Liberierung; Durchgriffshaftung usw.; MEIER-HAYOZ/FORSTMOSER, § 18 N 37b; RUEDIN, Responsabilité, 40; HANDSCHIN/TRUNIGER, § 2 N 2, 8 und § 21 N 8; FORSTMOSER, Kapitalbasis, 51 und 60).

3 Als Ausfluss der in Art. 794 verankerten Revision wurde Art. 39 Abs. 1 Ziff. 5 aSchKG abgeschafft. Danach unterlagen die geschäftsführenden Gesellschafter von Gesetzes wegen der **Konkursbetreibung,** was unter altem Recht als Korrelat zur engen Personenbezogenheit der GmbH angeschaut wurde (s. ZK-VON STEIGER, Einleitung N 68). Mit der strikten Trennung der Haftungssphären, die Art. 794 eingeführt hat, ist diese Regelung nicht vereinbar (Botschaft GmbH, 3151). Konkursfähig ist nur die Gesellschaft (Art. 39 Abs. 1 Ziff. 9 SchKG).

II. Haftung der Gesellschaft

4 Um darzulegen, was mit Art. 794 im Vergleich zum alten Recht geändert wurde, ist davon auszugehen, dass diese Bestimmung ein Pfeiler der **sondervermögensrechtlichen Ordnung der GmbH** darstellt. Diese regelt das *verbandseigene Sondervermögen,* mit dem der Zweck der GmbH erreicht werden soll. Das wesentliche Problem, mit dem der Gesetzgeber in diesem Bereich konfrontiert wird, besteht darin, dass er für die GmbH *angemessene vermögensrechtliche Zuordnungs- und Verfügungsformen* finden muss. D.h. er muss die Frage beantworten, an wen und in welchem konkreten Verfahren sich die Gläubiger wenden müssen, wenn sie Gesellschaftsverbindlichkeiten geltend machen. Das Privatrecht stellt in diesem Zusammenhang grundsätzlich zwei Rechtsinstitute zur Verfügung: Die *Gesamthand* und die *juristische Person*. Diese Institute erfüllen die Aufgabe eines «*Kollektivsachenrechts*». Das Gesellschaftsrecht muss festlegen, wie dieses Kollektivsachenrecht mit den verbandsspezifischen Regeln zusammenspielt. Wie dieses Problem in der GmbH gelöst wird, ist *Regelungsgegenstand* von Art. 794, der im Einklang mit dem alten Recht die GmbH weiterhin als *juristische Person* ausgestaltet, mithin am sondervermögensrechtlichen Status dieser Rechtsform nichts geändert hat (CR CO II-CHAPPUIS/JACCARD, N 9). Die Lehre hat diese Tatsache nicht immer mit hinreichender Deutlichkeit gesehen (KÜNG/CAMP, N 2). Was sich in Wahrheit im Vergleich zum altrechtlichen Regime gewandelt hat, sind nur (aber immerhin) die *Modalitäten* der Äufnung des anfänglichen Vermögens der GmbH und der externen Haftung bei Störungen der Aufbringung sowie der Erhaltung eben dieses Vermögens (Art. 802 altOR; CR CO II-CHAPPUIS/JACCARD, N 10 ff.). Ein Zugriff der Gläubiger auf einen Gesellschafter wegen bloss teilliberierten Kapitals ist nunmehr ausgeschlossen. Konkret bedeutet das, dass das *Trennungsprinzip* zwischen den Vermögenssphären der Gesellschaft einerseits und der Gesellschafter andererseits strikte durchgeführt ist. Art. 794 unterstreicht v.a. diesen Aspekt.

5 Art. 794 hält fest, dass für die Verbindlichkeiten der Gesellschaft nur das **Gesellschaftsvermögen** haftet. Unter diesem Begriff ist das *gesellschaftliche Bruttovermögen* zu verstehen (RUEDIN, N 967 ff.; SIFFERT et al., N 2; CR CO II-CHAPPUIS/JACCARD, N 6 f. m. Nw.) und nicht das Stammkapital oder die Reserven (**a.A.** KÜNG/CAMP, N 3), die nur *Bilanzsperrziffern* darstellen.

III. Haftung der Gesellschafter

6 Dass die Haftung des Gesellschaftsvermögens für Verbindlichkeiten der Gesellschaft eine *ausschliessliche* ist, stellt **zwingendes Recht** dar und kann *statutarisch nicht abgeändert* werden (CR CO II-CHAPPUIS/JACCARD, N 15 ff.). Dieser aus Art. 794 fliessende

2. Abschnitt: Rechte und Pflichten der Gesellschafter **Art. 795**

Grundsatz kennt nur wenige *Ausnahmen* (s.a. HANDSCHIN/TRUNIGER, § 25 N 5 ff.), deren wichtigste die *Durchgriffshaftung* ist (KUNZ, N 21 f.; CR CO II-CHAPPUIS/JACCARD, N 16 m.Nw.). Nach bundesgerichtlicher Praxis greift dieser Haftungstatbestand immer dann, wenn die Rechtsform der GmbH rechtsmissbräuchlich vorgeschoben wird, um den Zugriff der Gläubiger auf Personen, die hinter der Gesellschaft agieren, zu vereiteln oder zu erschweren (RUEDIN, N 709 ff.; FORSTMOSER/MEIER-HAYOZ/NOBEL, § 62 N 47; MEIER-HAYOZ/FORSTMOSER, § 2 N 34 ff. und § 62 N 87; HANDSCHIN/TRUNIGER, § 5 N 10 ff.; BÄR, N 1 f.; KÜNG/CAMP, N 4; BGer 5C.279/2002, E. 5.2; BGer 5C.209/2001, E. 3a und 3b; BGE 121 III 319, 321; 112 II 503; 102 III 165; 85 II 111; 71 II 272; ZR 1991, 276 ff.; OGer LU, ZBJV 139 [2003] 135 ff.). Nebst diesem besonderen Behelf können die Gesellschafter auf *vertraglicher* Basis für Gesellschaftsverbindlichkeiten einstehen, was Art. 794 *nicht* verbietet. In Frage kommen namentlich der Garantievertrag (Art. 111), eine Schuldübernahme (Art. 175 ff.), die Bürgschaft (Art. 492 ff.), allenfalls dingliche Sicherungsgeschäfte (Art. 793 ff. oder 884 ff. ZGB).

Eine Haftung der Gesellschafter kann sich sodann aus **Art. 3 Abs. 2 Übergangsbestimmungen** ergeben (CR CO II-CHAPPUIS/JACCARD, N 5 und 23 ff.). Weil nach altem Recht eine *Teilliberierung* zulässig war, stellte sich anlässlich der Gesetzgebungsarbeiten die Frage, wie nach Inkrafttreten des revidierten Rechts mit Gesellschaften umzugehen ist, die das Stammkapital noch nicht *vollständig geäufnet* hatten. Die gewählte Lösung besteht darin, die subsidiäre Solidarhaftung der Gesellschafter nach Art. 802 altOR bis zur vollständigen Leistung der Einlagen *andauern* zu lassen (KELLERHALS, 171). Die Befreiung tritt erst mit der vollständigen Liberierung sämtlicher Stammanteile ein (s. Botschaft GmbH, 3248: «Die noch zu leistende Einlage des Stammkapitals kann sowohl durch nachträgliche Einzahlung oder Sacheinlage als auch durch die Umwandlung von Reserven in Stammkapital erfolgen»; s.a. FORSTMOSER/PEYER/SCHOTT, N 133; zur Abtretung von Stammanteilen bei nicht vollständiger Liberierung, vgl. CR CO II-CHAPPUIS/JACCARD, N 26). Angesichts des Umstands, dass Art. 802 altOR unter altem Recht kaum eine Rolle gespielt hat, darf erwartet werden, dass seine übergangsrechtliche Bedeutung ebenfalls gering bleiben wird.

7

Art. 795

D. Nachschüsse und Nebenleistungen
I. Nachschüsse
1. Grundsatz und Betrag

¹ **Die Statuten können die Gesellschafter zur Leistung von Nachschüssen verpflichten.**

² **Sehen die Statuten eine Nachschusspflicht vor, so müssen sie den Betrag der mit einem Stammanteil verbundenen Nachschusspflicht festlegen. Dieser darf das Doppelte des Nennwertes des Stammanteils nicht übersteigen.**

³ **Die Gesellschafter haften nur für die mit den eigenen Stammanteilen verbundenen Nachschüsse.**

D. Versements supplémentaires et prestations accessoires
I. Versements supplémentaires
1. Principe et montant

¹ Les statuts peuvent obliger les associés à effectuer des versements supplémentaires.

² Lorsque les statuts prévoient une obligation d'effectuer des versements supplémentaires, ils fixent le montant des versements supplémentaires afférents à une part sociale. Ce montant ne peut dépasser le double de la valeur nominale de cette part sociale.

³ Les associés sont tenus uniquement à l'exécution des versements supplémentaires afférents à leurs parts sociales.

Marc Amstutz/Fernand Chappuis

D. Versamenti suppletivi e prestazioni accessorie
I. Versamenti suppletivi
1. Principio e importo

¹ Lo statuto può obbligare i soci a effettuare versamenti suppletivi.

² Se prevede l'obbligo di effettuare versamenti suppletivi, lo statuto deve stabilire l'importo dei versamenti suppletivi connessi a una quota sociale. Tale importo non può superare il doppio del valore nominale della quota sociale.

³ I soci rispondono soltanto dei versamenti suppletivi connessi alle loro quote sociali.

Literatur

Vgl. die Litertaurhinweise zu Art. 792.

I. Allgemeines

1 Die Bestimmung fügt in die kapitalgesellschaftliche Finanzverfassung der GmbH ein *personalistisches Element* ein (KÜNG/CAMP, N 1; BÖCKLI, Übersicht, 6 und 17; MEIER-HAYOZ/FORSTMOSER, § 18 N 27 und N 75; CR CO II-CHAPPUIS/JACCARD, Art. 772 N 15). Sie verleiht der Gesellschaft die Befugnis, unter gewissen Voraussetzungen von ihren Mitgliedern nebst den von diesen geschuldeten Liberierungsleistungen *zusätzliche* Beiträge, nämlich sog. **Nachschüsse,** zu verlangen (zu Abgrenzungsfragen SIFFERT et al., N 4; s.a. LECOULTRE, 99; krit. OTTIKER, 82). Teleologisch zielt sie darauf hin, eine gewisse *Beweglichkeit des Gesellschaftskapitals* zu gewährleisten, die von den an und für sich massgebenden kapitalistischen Grundsätzen nicht zugelassen wird (KÜNG/CAMP, N 1; grundlegend dazu WIELAND, 249 ff.; ferner auch ZK-VON STEIGER, Art. 803 N 1; FANCONI, 67; BERNHARD, 68 f.). Der Gesetzgeber verfolgt den Zweck, einer GmbH in gewissen Situationen die Möglichkeit zu geben, sich die *erforderlichen Mittel* zu verschaffen, ohne sofort den umständlichen Weg einer *Veränderung des Stammkapitals* gehen zu müssen und möglicherweise den Kreis der Gesellschafter zu verändern. Die Revision hat das Konzept der Nachschusspflicht in tiefschürfender Manier abgewandelt. Nach altem Recht war diese Pflicht eine solche *sui generis,* die keinen überdachenden Prinzipien unterstand. Art. 795 ff. gleichen die Nachschusspflicht nunmehr dem *Eigenkapital* an (Botschaft GmbH, 3161). Ferner verstand Art. 803 altOR die Nachschusspflicht ausschliesslich als *Sanierungsinstrument;* danach lebte diese Pflicht erst mit Eintritt eines Bilanzverlustes auf. Art. 795*a* Abs. 2 revidiert diese Funktion und macht aus der Nachschusspflicht ein *Instrument der Unternehmensfinanzierung* (BÖCKLI, Présentation, 12; BÖCKLI, Übersicht, 17; HANDSCHIN/TRUNIGER, § 17 N 17 ff.; CR CO II-CHAPPUIS/JACCARD, N 3), was v.a. daran erkennbar wird, dass nach Art. 795a Abs. 2 Ziff. 3 die Gesellschaft Nachschüsse einfordern kann, wenn sie «aus in den Statuten umschriebenen Gründen Eigenkapital benötigt». Diese Vorschrift begrenzt das Spektrum der möglichen Gründe nicht, was im Einklang mit dem Umstand steht, dass die Nachschusspflicht nach neuem Recht ein funktionales Äquivalent für die *teilliberierte Einlage* darstellt, deren Zweck auch nicht beschränkt ist (Botschaft GmbH, 3157, 3161 und 3195; s.a. Art. 793 N 1).

2 Von den **Nebenleistungen** i.S.v. Art. 796 grenzen sich die Nachschusspflichten dadurch ab, dass ihnen keine *unmittelbare Finanzierungsfunktion* (Art. 795a Abs. 2) zukommt und dass sie ausschliesslich nach Massgabe der Kriterien von Art. 796 Abs. 2 eingefordert werden (MEIER-HAYOZ/FORSTMOSER, § 18 N 71 f.). Dieser Unterscheidung kommt in Auslegungsfragen *Richtschnurfunktion* zu, wenn aufgrund der Statuten unklar ist, ob es sich im konkreten Fall um eine Nebenleistungspflicht oder um eine Nachschusspflicht handelt (vgl. dazu auch MAYER, 41 f.; FAVALLI, Privatisierung, 417 FN 30).

2. Abschnitt: Rechte und Pflichten der Gesellschafter   3–5 **Art. 795**

Altrechtliche Nachschusspflichten, die den Voraussetzungen von Art. 795 Abs. 2 Satz 2   **3**
nicht entsprechen, also das Doppelte des Nennwertes des Stammanteils übersteigen,
bleiben nach **Art. 6 Abs. 1 Übergangsbestimmungen** rechtsgültig. Sie können nur im
Verfahren von Art. 795c herabgesetzt werden (zum Ganzen KELLERHALS, 175; ferner
SIFFERT et al., N 12; KÜNG/CAMP, N 7).

II. Voraussetzungen (Abs. 1 und 2)

Nachschusspflichten bestehen nur, *wenn* und *insoweit* sie **statutarisch** vorgesehen sind   **4**
(wobei es einer *ausdrücklichen* Bezugnahme auf Art. 795 nicht bedarf; KÜNG/CAMP,
N 2; CHK-TRÜEB, N 3; SIFFERT et al., N 5; HANDSCHIN/TRUNIGER, § 17 N 3; s.a.
MAYER, 52; s.a. ZK-VON STEIGER, Art. 803 N 4; GUHL, 34; FANCONI, 16; HANDSCHIN,
Rechte, 713; FAVALLI, Privatisierung, 417); das geht bereits aus Art. 776a Abs. 1 Ziff. 1
hervor («bedingt notwendiger Statuteninhalt») und wird in Art. 795 Abs. 1 und 2 nochmals wiederholt. Bloss *obligatorisch vereinbarte* Nachschusspflichten richten sich demnach nicht nach Art. 795 ff., sondern unterstehen den einschlägigen schuldrechtlichen
Normen (z.B. Art. 312 ff.; dazu SIFFERT et al., N 7; HANDSCHIN/TRUNIGER, § 17 N 4;
s.a. MAYER, 48; HANDSCHIN, Haftung, 67; CR CO II-CHAPPUIS/JACCARD, N 6). Werden
Nachschusspflichten *ursprünglich* begründet, so geschieht das nach den Modalitäten von
Art. 777 Abs. 2 Ziff. 4. Ihre *nachträgliche Einführung* bzw. *Abänderung* fällt in die Zuständigkeit der *Gesellschafterversammlung* und setzt eine *Statutenänderung* voraus
(Art. 804 Abs. 2 Ziff. 1). Dabei ist hinsichtlich der *Beschlussfassung* zu differenzieren:
Aus Art 797 folgt, dass für alle Gesellschafter relevante Nachschusspflichten nur *eingeführt* und *erhöht* werden können, wenn sämtliche Gesellschafter zustimmen (Art. 797
N 3; KÜNG/CAMP, N 2; s.a. BK-JANGGEN/BECKER, Art. 803 N 4; ZK-VON STEIGER,
Art. 803 N 3; CARRY, SJK 800, 7; WOHLMANN, 85; HANDSCHIN, 109 N 5; GUHL, 34;
KAUFMANN, 122; SCHWARZENBACH, 25). Eine Ausnahme besteht allerdings, wenn nur
einzelne Gesellschafter (überhaupt oder zusätzlich) verpflichtet werden; dann müssen lediglich die *Betroffenen* ihr Einverständnis geben, was ebenfalls aus Art. 797 folgt
(Art. 797 N 3; SIFFERT et al., N 6; s.a. ZK-VON STEIGER, Art. 803 N 3; HANDSCHIN,
Rechte, 713; ders., Haftung, 67); der statutenändernde Beschluss untersteht Art. 808 (unklar KÜNG/CAMP, N 2). Bei *Kapitalerhöhungen* kann sich eine Vermehrung der Nachschusspflichten dadurch ergeben, dass diese im Verhältnis zum Stammkapital bestimmt
werden (s.u. N 5); in diesem Fall ist davon auszugehen, dass der kapitaländernde Beschluss, der das doppelte qualifizierte Quorum von Art. 808*b* Abs. 1 Ziff. 5 verlangt, die
Nachschusspflichterhöhung *nicht* abdeckt, so dass zusätzlich noch die Stimmen aller davon betroffenen Gesellschafter hinzukommen müssen. Demgegenüber ist hinsichtlich
Aufhebung oder *Herabsetzung* der Nachschusspflicht zusätzlich zu den Voraussetzungen
von Art. 795*c* das Quorum von Art. 808 erforderlich (sofern die Statuten nichts anderes
bestimmen). Andere Probleme wirft die Kapitalherabsetzung auf, die für eine allfällige
Nachschusspflicht dann relevant ist, wenn diese im Verhältnis zum Stammkapital definiert ist (s.u. N 5). Handelt es sich um eine *konstitutive* Kapitalherabsetzung, gelten die
allgemeinen Regeln. Komplexer verhält es sich bei einer deklarativen Kapitalherabsetzung, die immer vor dem Hintergrund eines Bilanzverlusts i.S.v. Art. 795*a* Abs. 2 Ziff. 1
ergeht. Aus Art. 782 Abs. 3 ergibt sich, dass die Kapitalherabsetzung nur zulässig ist, sofern die Nachschusspflicht eingefordert wurde. Nur wenn der Bilanzverlust dadurch
nicht beseitigt wird, besteht noch ein Bedürfnis nach Kapitalherabsetzung. Beim Erwerb
eigener Stammanteile gilt es, Art. 783 zu beachten (s. Art. 783 N 5 ff.).

Als weitere Gültigkeitsvoraussetzung schreibt Art. 795 Abs. 2 Satz 1 eine statutarische   **5**
Begrenzung der Höhe vor, welche die Nachschüsse erreichen dürfen (GUHL, 34;

HANDSCHIN, Rechte, 713; FAVALLI, Privatisierung, 417). Gleichzeitig legt diese Bestimmung in Abs. 2 Satz 2 fest, dass der Betrag der Nachschusspflicht das *Doppelte des Nennwertes* des Stammanteils *nicht* übersteigen darf (SIFFERT et al., N 9; KÜNG/CAMP, N 6; HANDSCHIN/TRUNIGER, § 17 N 5; BÖCKLI, Übersicht, 18), was klarstellt, dass ein allfälliges Agio nicht mitberücksichtigt wird. Damit soll ein *nicht abschätzbares Risiko* der Mitglieder vermieden werden (CHK-TRÜEB, N 2; KÜNG/CAMP, N 6; BÖCKLI/FORSTMOSER/RAPP, 134 ff.; s.a. KAUFMANN, 122). Hinsichtlich der *Begrenzungsart* führt Art. 795 Abs. 2 Satz 1 lediglich aus, dass die Statuten «den Betrag der mit einem Stammanteil verbundenen Nachschusspflicht festlegen [müssen]». Wie dies geschieht, bleibt somit im Wortlaut der Vorschrift offen. Nach Art. 803 Abs. 2 altOR konnte diese Festlegung in der Weise erfolgen, dass das quantitative Ausmass der Pflicht entweder durch die Angabe eines *bestimmten Betrages* (z.B. CHF 5 000) oder im *Verhältnis zum Stammkapital* (z.B. 20% des Stammkapitals) festgelegt wird (FORSTMOSER, GmbH-Recht, 137; BÖCKLI, Übersicht, 18; CHK-TRÜEB, N 4). Zwar führen diese zwei Beschränkungsmethoden insofern zu jeweils unterschiedlichen Ergebnissen, als die Höhe einer verhältnismässig zum Haftfonds bestimmten Nachschusspflicht den *Schwankungen des Stammkapitals* unterworfen ist, während ein ziffernmässig festgelegter Betrag seiner Natur nach *invariant* ist (BK-JANGGEN/BECKER, Art. 803 N 8); doch gibt dieser Umstand zu keinen besonderen Problemen im Hinblick auf den Gesellschafterschutz Anlass, weil ja mit dem Kapitalerhöhungsbeschluss *zugleich* über die Vermehrung der Nachschussleistung abgestimmt wird (s.o. N 4). Diese zwei Beschränkungsarten sind auch nach Art. 795 Abs. 2 noch gültig (SIFFERT et al., N 8; **a.A.** KÜNG/CAMP, N 3, die ohne Begründung die Bestimmung durch Bezugnahme auf das Stammkapital für unzulässig halten). Fraglich ist, ob diese Bestimmung daneben weitere Begrenzungstechniken zulässt. Die Frage ist zu bejahen, solange die Begrenzungsarten dem Normzweck gerecht werden und die Nachschusspflicht *in bestimmbarer Weise* limitieren (so insb. durch Bezugnahme auf die Stammanteile; z.B. 50% des Nennwerts eines Stammanteils, was dann von Belang ist, wenn mehrere Stammanteilkategorien mit unterschiedlichen Nennwerten bestehen; **a.A.** MAYER, 57); das folgt namentlich aus dem Grundsatz der *Satzungsautonomie* (dazu statt anderer HERREN, 80 f.). Die Statuten müssen im übrigen den Höchstbetrag angeben, der von jedem *einzelnen* Gesellschafter einzufordern ist (eine sukzessive Einforderung der Nachschüsse ist ja zulässig; s. Art. 795a N 2 und 4); unstatthaft (weil unbestimmt) ist es daher, bloss einen *Gesamtbetrag* der von sämtlichen Mitgliedern geschuldeten Zahlungen zu fixieren (SIFFERT et al., N 9; s.a. ZK-VON STEIGER, Art. 803 N 6). Freilich ist es zulässig, dass der Nachschussbetrag je nach Nachschussgrund variiert; so kann z.B. statutarisch festgelegt werden, dass in der Fallkonstellation von Art. 795*a* Abs. 2 Ziff. 1 CHF 1 000, während in der Fallkonstellation von Art. 795a Abs. 2 Ziff. 2 CHF 500 eingefordert werden. Art. 795 schweigt darüber, ob eine Festlegung der Nachschusspflicht in Fremdwährung zulässig ist. Richtiger Auffassung nach ist die Frage zu verneinen, weil in diesem Fall die Begrenzung von Art. 795 Abs. 2 Satz 2 wegen allfälligen Kursschwankungen nicht mehr gewährleistet ist.

6 Art. 795 verlangt nicht, dass die Nachschusspflicht **gleichmässig** auf alle Stammanteile verteilt wird (CHK-TRÜEB, N 5). Sie kann sowohl für *sämtliche* als auch nur für *einzelne* Stammanteile vorgesehen werden; ebenfalls zulässig ist deren Beschränkung auf bestimmte *Stammanteilkategorien* (Botschaft GmbH, 3195). Eine namentliche Erwähnung der *Person* des belasteten Anteilsinhabers ist unnötig, da die Nachschusspflicht ausschliesslich mit dem *Eigentum* an den betroffenen Stammanteilen verbunden ist (Botschaft GmbH, 3194; SIFFERT et al., N 9; KÜNG/CAMP, N 5; CHK-TRÜEB, N 5; BÖCKLI, Présentation, 12; HANDSCHIN/TRUNIGER, § 17 N 3). Eine Ausnahme wird nach Art. 795d nur für die Fortdauersfrage gemacht.

2. Abschnitt: Rechte und Pflichten der Gesellschafter   **Art. 795a**

Von **prozessualer** Bedeutung ist die Frage nach den *Rechtsfolgen* einer *fehlenden* statutarischen Grundlage der Nachschusspflicht oder einer aus der Perspektive von Art. 795 Abs. 2 *mangelhaften* Beschränkung des Leistungsumfangs. In solchen Fällen ist *Nichtigkeit* anzunehmen (HANDSCHIN/TRUNIGER, § 17 N 16), weil ein *Strukturprinzip* der GmbH tangiert wird, nämlich dasjenige der ausschliesslichen Haftung des Gesellschaftsvermögens (Art. 794). Ähnlich gestaltet sich die Rechtslage, wenn ein Beschluss, der eine Nachschusspflicht einführt bzw. abändert, sich *im nachhinein* als *ungültig* erweist (weil z.B. die Einberufungsvorschriften missachtet oder die erforderlichen Quoren nicht erreicht wurden). Ein entsprechender Einforderungsbeschluss der Geschäftsführer ist gem. Art. 816 *nichtig*.   7

III. Haftung (Abs. 3)

Art. 795 Abs. 3 hält fest, dass ein Gesellschafter *nur* für Nachschüsse haftet, die mit seinen eigenen Stammanteilen verbunden sind (KÜNG/CAMP, N 8; CHK-TRÜEB, N 7; BÖCKLI, Présentation, 12). Eine *solidarische Haftung* für Nachschüsse weiterer Gesellschafter besteht *nicht* (SIFFERT et al., N 10; BÖCKLI, Übersicht, 18). Die zuweilen als Ausnahmefall erwähnte Regel von Art. 792 Ziff. 2, wonach die Gesellschafter, die einen Stammanteil in gemeinschaftlichem Eigentum halten, solidarisch für die entsprechenden Nachschüsse haften, ist in Wahrheit keine Ausnahme, sondern lediglich die *Folge* der ungeteilten Gesellschafterstellung. Es gilt somit der durchgängige Grundsatz: Jeder Gesellschafter schuldet die Nachschüsse, die auf ihn entfallen, **individuell** (CHK-TRÜEB, N 7).   8

Art. 795a

| 2. Einforderung | **¹ Die Nachschüsse werden durch die Geschäftsführer eingefordert.**
² Sie dürfen nur eingefordert werden, wenn:
1. die Summe von Stammkapital und gesetzlichen Reserven nicht mehr gedeckt ist;
2. die Gesellschaft ihre Geschäfte ohne diese zusätzlichen Mittel nicht ordnungsgemäss weiterführen kann;
3. die Gesellschaft aus in den Statuten umschriebenen Gründen Eigenkapital benötigt.
³ Mit Eintritt des Konkurses werden ausstehende Nachschüsse fällig. |
|---|---|
| 2. Exigibilité | ¹ Les versements supplémentaires sont requis par les gérants.
² Ils ne sont exigibles que lorsque:
1. la somme du capital social et des réserves légales n'est plus couverte;
2. la société ne peut continuer à gérer ses affaires de manière diligente sans ces moyens additionnels;
3. la société a besoin de fonds propres pour un motif prévu par les statuts.
³ L'ouverture de la faillite rend exigibles les versements supplémentaires encore dus. |

2. Richiesta

¹ I versamenti suppletivi sono ordinati dai gerenti.

² Possono essere ordinati soltanto se:

1. la somma del capitale sociale e delle riserve legali non è più coperta;
2. senza questi mezzi supplementari la società non può continuare a gestire i suoi affari in modo diligente;
3. la società necessita di capitale proprio per motivi previsti nello statuto.

³ La dichiarazione di fallimento rende esigibili i versamenti suppletivi non ancora effettuati.

Literatur

Vgl. die Literaturhinweise zu Art. 792.

I. Allgemeines

1   Unter dem alten Recht war die Nachschusspflicht als reine **Sanierungsmassnahme** ausgestaltet: Eingefordert werden konnte sie allein unter der Voraussetzung, dass ein Bilanzverlust vorlag (Art. 803 Abs. 1 Satz 2 altOR; VOUILLOZ, 274; HANDSCHIN/TRUNIGER, § 17 N 12; HANDSCHIN, § 12 N 13; KÜNG/HAUSER, § 2 N 33). Insofern war die Nachschusspflicht vom Eigenkapital völlig losgelöst; sie stellte ihrer Rechtsnatur nach eine Grösse *sui generis* dar, die strengstens von der Einlage auf das Stammkapital abgegrenzt war. Art. 795a revidiert diese Funktion der Nachschusspflicht und verleiht dieser Figur eine neue Konzeption: Nunmehr stellt die Nachschusspflicht ein funktionelles Äquivalent zur *teilliberierten Einlage* dar (Botschaft GmbH, 3157, 3161 und 3195; FORSTMOSER/PEYER/SCHOTT, 35 und 106 ff.; vgl. Expertenbericht 1999, 37 f.; BÖCKLI/FORSTMOSER/RAPP, 137 f.). Damit erhält sie eine *eigenkapitalähnliche* Dimension, die ihren Anwendungsbereich deutlich erweitert: Sie ist dementsprechend nicht mehr ein reines Sanierungsinstrument, sondern erhält breitere Finanzierungsaufgaben (vgl. z.B. zum sog. *staged financing* JACCARD/BARUH, 284 ff.; s.a. BÖCKLI, Übersicht, 18 und FORSTMOSER, Gestaltungsfreiheit, 256 f.). Namentlich Art. 795a Abs. 2 Ziff. 3 sieht ein weites Spektrum von Verwendungszwecken der Nachschusspflicht vor. Aus dieser Neufassung der Rechtsfigur ergeben sich auch *kompetenzrechtliche* Folgen: Um der oft zeitlichen Dringlichkeit der Finanzierung Rechnung zu tragen, wurde darauf verzichtet, die Geltendmachung der Nachschussforderung (wie nach Art. 803 Abs. 3 altOR) als Beschluss der Gesellschafterversammlung auszugestalten. Art. 795a Abs. 1 verlegt die Einforderung der Nachschüsse in die Zuständigkeit der Geschäftsführer, die zweifellos rascher handeln können als die Gesellschafterversammlung (HANDSCHIN/TRUNIGER, § 17 N 13). Im übrigen ist diese Einforderung ihrem Charakter nach ohnehin eine *Geschäftsführungsmassnahme* und keine Grundentscheidung der Gesellschafterversammlung (Botschaft GmbH, 3195; s.a. BÖCKLI, Présentation, 13; DERS., Übersicht, 19; CR CO II-CHAPPUIS/JACCARD, N 1; zur Gefahr, dass die GmbH durch Vetorechte blockiert wird, Botschaft GmbH, 3209; CHAPPUIS, 91).

II. Geltendmachung (Abs. 1)

2   Nebst der Erfüllung der *materiellen* Voraussetzungen, die in Art. 795a Abs. 2 definiert sind (s.u. N 6 ff.), bedarf die Einforderung der Nachschusspflicht eines **Beschlusses der Geschäftsführer,** der die *ziffernmässige Gesamthöhe* der Nachschussforderung festlegt (CHK-TRÜEB, N 1; FAVALLI, Privatisierung, 417). Diese *prozedurale* Voraussetzung hat ihren Grund darin, dass die Nachschussforderung der Gesellschaft ohne einen solchen Beschluss betragsmässig *unbestimmt* bleibt. Entsprechend fehlt dann ein Merk-

mal des Forderungstatbestands (vgl. ZK-SCHÖNENBERGER/JÄGGI, Vorbem. Vor Art. 1, 156 f. N 29). Darüber hinaus muss dieser Beschluss auch die Einzelheiten substantiieren, d.h. konkret angeben, wer nachschusspflichtig ist und in welchem Umfang (s.a. ZK-VON STEIGER, Art. 803 N 9; GUHL, 34 f.; MAYER, 60, insb. FN 14, 79). Im Gegensatz zu Art. 803 Abs. 3 Halbsatz 2 altOR enthält das Gesetz keinen dispositiven Schlüssel, der festlegt, wie die von der Gesellschafterversammlung beschlossene Nachschussforderung **dem Betrage nach** auf die Gesellschafter zu verteilen ist, wenn diese Frage im Geschäftsführerbeschluss ungeregelt bleibt. Die altrechtliche Bestimmung sah vor, dass sich die Nachschussschuld des Einzelnen *nach dem Verhältnis der Stammanteile zueinander* und *nicht* nach dem Verhältnis der Stammanteile zum Stammkapital bestimmt (was insb. bei einer allenfalls ausstehenden Liberierung eines Stammteils von Bedeutung sein kann; s.a. MAYER, 71, FN 44). Diese dispositive Regel muss auch nach neuem Recht gelten (gl.M. CHK-TRÜEB, N 8). Beläuft sich z.B. die Stammeinlage von A auf CHF 5 000, diejenige von B auf CHF 10 000 und diejenige von C auf CHF 15 000, so schuldet A einen Sechstel, B einen Drittel und C die Hälfte der gesamten Nachschussforderung. Findet eine *Kapitalerhöhung* statt, so *reduzieren* sich die einzelnen Nachschussforderungen im Verhältnis zu den neu geschaffenen Stammanteilen (es sei denn, die bisherigen Gesellschafter hätten diese übernommen, in welchem Fall wiederum die Nennbeträge entscheiden). Diese subsidiäre Ordnung gelangt aber nur zur Anwendung, sofern es in den Statuten nicht anders geordnet ist. Dementsprechend ist eine abweichende Regelung in einem Reglement oder im Einforderungsbeschluss selber *unbeachtlich*. Die Statuten haben dabei aber allemal das *Gleichbehandlungsgebot* zu beachten (Art. 813; s.a. ZK-VON STEIGER, Art. 803 N 9).

Die Gesellschafter sind unter Ansetzung einer **Frist** (die zwar gesetzlich nicht bestimmt ist, nach Zumutbarkeitsüberlegungen aber angemessen sein muss; so auch SIFFERT et al., N 14) zur Leistung der Nachschüsse *aufzufordern*. Soweit die Statuten keine bestimmte *Art* der Aufforderung vorsehen, ist die Geschäftsführung frei, wie sie ihre Mitteilung den Mitgliedern zustellen will (sie kann sogar von Gesellschafter zu Gesellschafter anders vorgehen). Hingegen hat jeder Nachschusspflichtige Anspruch darauf, dass er *zugleich* mit den anderen in die Pflicht genommen wird (was zwingend impliziert, dass die Leistungsfrist für sämtliche Gesellschafter die gleiche ist). Mit Ablauf der angesetzten Frist wird die Nachschussschuld *fällig*. Von da ab steht der Gesellschaft eine *Leistungsklage* zur Hand (SIFFERT et al. N 14). Die Nachschusspflicht kann auch durch eine statutarische Konventionalstrafe (Art. 776a Abs. 1 Ziff. 4) oder einen statutarischen Ausschlussgrund (Art. 776a Abs. 1 Ziff. 18; SIFFERT et al., N 15). Ohne weiteres zulässig ist die statutarische Festsetzung einer *solidarischen* Nachschusspflicht (s.a. MAYER, 73 f.). 3

Die Geltendmachung der Nachschüsse gehört nicht zu den *unübertragbaren und unentziehbaren Kompetenzen* der Geschäftsführer gem. Art. 810 Abs. 2; sie kann nach Art. 811 Abs. 1 Ziff. 1 statutarisch der **Gesellschafterversammlung** übertragen werden (CHAPPUIS, 91 m.Nw.). Denkbar ist auch, dass den Geschäftsführern nach Art. 811 Abs. 1 Ziff. 2 statutarisch die Befugnis eingeräumt wird, die Einforderung der Nachschüsse den Gesellschaftern vorzulegen. Was die Beschlussfassung anbelangt, so entscheiden die Geschäftsführer (vorbehältlich statutarischer Abweichungen; Art. 776a Abs. 2 Ziff. 6) mit der *Mehrheit der abgegebenen Stimmen* (Art. 809 Abs. 4; s.a. ZK-VON STEIGER, Art. 803 N 8; HANDSCHIN, Rechte, 713). Den Geschäftsführern steht es frei, bloss teilweise oder sukzessive Einforderung der Nachschüsse zu beschliessen (s.a. ZK-VON STEIGER, Art. 803 N 9). Überhaupt steht der Einforderungsentscheid (unter Verantwortlichkeitsfolge) in deren pflichtgemässem Ermessen; eine Einforderungspflicht besteht nicht (CHK-TRÜEB, N 7). Fehlen Angaben über die *Höhe* der 4

Nachschüsse, so ist der Beschluss *nichtig* (s. Art. 795 N 7; s.a. HANDSCHIN/TRUNIGER, § 17 N 15 f.; HANDSCHIN, Haftung, 69 f.).

III. Voraussetzungen (Abs. 2)

1. Allgemeines

5   Eine Nachschusspflicht kann nur eingefordert, wenn sich in *materiellrechtlicher* Hinsicht einer der drei in Art. 795a Abs. 2 aufgelisteten Gründe aktualisiert (HANDSCHIN/TRUNIGER, § 17 N 11 f.; CR CO II-CHAPPUIS/JACCARD, N 2; FORSTMOSER, Kapitalbasis, 52). Die in dieser Bestimmung aufgestellte Liste ist **abschliessend.** Zwischen den Einforderungsgründen von Art. 795a Abs. 2 Ziff. 1 und 2 einerseits und von Ziff. 3 andererseits bestehen Unterschiede in der statutarischen Ausgestaltung: Während die zwei ersten Gründe keiner Spezifikation in der Klausel bedürfen, die die Nachschusspflicht festhält, kann der dritte Grund nur angerufen werden, wenn seine Artikulierung in den Statuten einem (noch näher darzustellenden) *qualifizierten Formerfordernis* genügt (s.u. N 11).

2. Bilanzverlust (Abs. 2 Ziff. 1)

6   Der erste Einforderungsgrund ist gem. Art. 795a Abs. 2 Ziff. 1 dann gegeben, wenn die Summe von Stammkapital und gesetzlichen Reserven nicht mehr gedeckt ist. Diese Umschreibung scheint auf den Begriff des Kapitalverlustes von Art. 725 Abs. 1 anzuspielen (vgl. FORSTMOSER/MEIER-HAYOZ/NOBEL, § 46 N 15; BÖCKLI, Aktienrecht, § 13 N 734 ff. mit Graphik in N 740; CR CO II-CHAPPUIS/JACCARD, N 4 i.f.). Allerdings ist von einer hälftigen Deckung als Schwellenwert für die Einforderung nicht die Rede. M. a.W. ist die Voraussetzung von Art. 795a Abs. 2 Ziff. 1 bereits erfüllt, wenn auf der Passivseite Stammkapital und gesetzliche Reserven (d.h. die allgemeinen Reserven, die Reserve für eigene Stammanteile sowie die Aufwertungsreserven) nicht mehr vollumfänglich gedeckt sind (BÖCKLI, Présentation, 12 FN 37, mit Zahlenbeispiel; DERS., Übersicht, 18 FN 76; CHK-TRÜEB, N 3). Das Ausmass der Unterdeckung ist *unerheblich* (es kann sich um eine Unterbilanz oder um eine Überschuldung i.S.v. Art. 820 Abs. 1 i.V.m. Art. 725 Abs. 2 handeln; s.a. HANDSCHIN, Rechte, 713; ferner OGer BL, BJM 1999, 330). Art. 795a Abs. 2 Ziff. 1 erlaubt eine *frühe* Geltendmachung von Nachschüssen, weil ein Bilanzverlust schon bei ungedecktem (gesetzlichem) Reservefonds anzunehmen ist (s.a. BRUNNER, 807; ferner WOHLMANN, 85 FN 245). Unklar ist, ob Nachschüsse auch geltend gemacht werden können, wenn die Gesellschaft über *stille Reserven* verfügt, deren Auflösung den Bilanzverlust (zumindest teilweise) decken könnte. Die Frage war schon unter altem Recht strittig. BK-JANGGEN/BECKER (Art. 803 N 5) waren der Auffassung, dass solche Reserven der Einforderung von Nachschüssen nicht im Wege stehen, sofern sie nicht geschaffen wurden, um den Bilanzverlust zu konstruieren (s.a. SCHWARZENBACH, 26; WOHLMANN, 85 FN 246; SCHNEIDER, 77). ZK-VON STEIGER (Art. 803 N 7) liess hingegen die Geltendmachung von Nachschüssen nicht zu, wenn stille Reserven vorhanden sind, die entweder für das dauernde Gedeihen des Unternehmens nicht unerlässlich sind oder die im Hinblick auf eine möglichst ausgeglichene Dividendenpolitik angelegt wurden (vgl. auch W. VON STEIGER, SJK 801, 29, FN 57). CARRY (SJK 800, 7 FN 25) vertrat seinerseits die Meinung, dass Nachschüsse immer erst nach Auflösung von stillen Reserven eingefordert werden können, was auch immer letztere bezwecken (gl.M. HANDSCHIN, Rechte, 713; DERS., Haftung, 71 f.). Für die Interpretation von Art. 795a Abs. 2 Ziff. 1 ist der richtige Ansatz dann gefunden, wenn man, anstatt auf die Bilanz abzustellen, von der *Erfolgsrechnung*

ausgeht und zwischen *erfolgsneutral* angewachsenen stillen Reserven (sog. «Zwangsreserven») und *erfolgswirksam* gebildeten stillen Reserven (sog. «Verwaltungs-» oder «Willkürreserven») differenziert. Während der erstgenannte Reservetyp bei der Nachschussfrage nicht berücksichtigt werden muss, sind die Reserven der zweiten Kategorie in diesem Zusammenhang von unmittelbarer Relevanz. Dem Grundsatz nach ist zu verlangen, dass Nachschüsse erst eingefordert werden, wenn Reserven der erwähnten Art vorgängig aufgelöst wurden und trotzdem ein Bilanzverlust zu verzeichnen ist. Dieses Prinzip erfährt allerdings dann eine Ausnahme, wenn ein *wichtiger Grund* besteht, eine solche Auflösungsmassnahme nicht zu treffen. Dabei ist der Begriff des «wichtigen Grundes» hier i.S. eines *Sachlichkeitserfordernisses* zu deuten: Die Beibehaltung der erfolgswirksamen stillen Reserven muss unter Berücksichtigung der konkreten Natur des betriebenen Unternehmens *aus objektiver Perspektive* als *sachgerecht* erscheinen (und nicht etwa nur als den Gesellschaftern *subjektiv zumutbar*). Entsprechendes gilt im Hinblick auf *ausserordentliche* Reserven (dazu ZK-VON STEIGER, Art. 803 N 7).

Der durch Nachschüsse zu deckende *Verlust* muss sich aus einer **Bilanz** ergeben, wobei 7 damit *nicht notwendigerweise* eine Jahresbilanz gemeint ist. Grundsätzlich kommen auch eine Zwischenbilanz, eine Sanierungsbilanz und dgl. mehr als Erhebungsgrundlage von Nachschüssen in Frage (s.a. SIFFERT et al., N 7; KÜNG/CAMP, N 5; HANDSCHIN, Rechte, 713; DERS., Haftung, 71; CHAPPUIS, 87; eingehend zu den möglichen Bilanztypen MAYER, 29 f.). Die Bilanz muss allerdings von der Geschäftsführung unter Beobachtung der Rechnungslegungsgrundsätze von Art. 801, evtl. *spezialgesetzlicher* oder *statutarischer* Bilanzvorschriften, *aufgestellt* (ZK-VON STEIGER, Art. 803 N 7) und einer ordentlichen Revision nach Art. 818 Abs. 2 unterzogen worden sein, sofern ein Nachschusspflichtiger dies verlangt (vgl. Botschaft GmbH, 3219). Auch muss sie i.S.v. Art. 804 Abs. 1 Ziff. 5 von der Gesellschafterversammlung *abgenommen* und *genehmigt* worden sein (s.a. MAYER, 34 ff.).

Der Einforderungsgrund von Art. 795a Abs. 2 Ziff. 1 ist nach der Botschaft **einseitig** 8 **zwingend** (Botschaft GmbH, 3196; HANDSCHIN/TRUNIGER, § 17 N 11 i.f.). Er kann statutarisch *verschärft,* aber nicht *gemildert* werden. So kann z.B. vorgesehen werden, dass die Nachschüsse schon eingefordert werden, wenn das Stammkapital und *sämtliche* Reserven (also nicht bloss die gesetzlichen) nicht mehr gedeckt sind; hingegen ist unstatthaft, die Einforderung erst dann zuzulassen, wenn die Schwelle eines Kapitalverlustes i.S.v. Art. 725 Abs. 1 erreicht ist (zum Ganzen CHAPPUIS, 89 f.).

3. Liquiditätsengpass (Abs. 2 Ziff. 2)

Der zweite Einforderungsgrund liegt dann vor, wenn die Gesellschaft ihre Geschäfte 9 ohne die Nachschüsse nicht ordnungsgemäss weiterführen kann. Was mit Art. 795a Abs. 2 Ziff. 2 genau gemeint ist, war schon im Rahmen der Revision vage und ist es bis heute geblieben (s.a. CHAPPUIS, 89). Die Ausführungen in der Botschaft sind kaum weiterführend. Im wesentlichen wird dort gesagt, dass der Einforderungsgrund nach Ziff. 2 der *Überwindung von Liquidationsengpässen* dienen soll (Botschaft GmbH, 3196). Wie sich dieser Zweck von demjenigen des Art. 795a Abs. 2 Ziff. 1 abgrenzt, bleibt offen (auch wenn letzterer sicherlich breiter angelegt ist). Die Botschaft präzisiert noch, dass nicht jeder beliebige Bedarf an finanziellen Mitteln die Einforderung rechtfertige. Deshalb müssten noch zusätzliche Einforderungskriterien erfüllt sein, wie z.B. eine kurzfristig bevorstehende Zahlungsunfähigkeit, die Unfähigkeit der Beschaffung neuer liquider Mittel oder der Unwille der Gläubiger zur Erstreckung der Zahlungsfristen (Botschaft GmbH, 3196). Auch mit diesen Überlegungen bleibt die Abgrenzung zum Einforderungsgrund von Ziff. 1 ungewiss, da diese Kriterien vielfach auch im Falle eines Bilanzverlustes erfüllt sind. Die Lehre hat bislang zur Klärung des Zweckes von Ziff. 2 wenig beigetragen, beschränkt sie sich doch im Allgemeinen darauf, die Überlegungen der Botschaft zu wiederholen (KÜNG/CAMP, N 6; SIFFERT et al., N 9 f.; CHK-TRÜEB, N 4). Dennoch sollte davon ausgegangen, dass der Zweck von Ziff. 1 und derjenige von Ziff. 2 *unterschiedlich ausgerichtet* sind: Während Ziff. 1 eine *Sanierungsmassnahme* ermöglicht, stellt Ziff. 2 ein **Element der Finanzplanung** der Gesellschaft dar (JACCARD/BARUH, 284 f.; CHAPPUIS, 88 f.). Das bedarf der Erläuterung: Man kann grundsätzlich zwischen *strategischer* und *kurzfristiger* Finanzplanung des Unternehmens differenzieren. Bei finanziellen Schwierigkeiten des letzteren erlangt die kurzfristige Finanzplanung eine besondere Bedeutung: Denn externe Kreditgeber werden ihren Entscheid, ob die Finanzierung fortgeführt wird, hauptsächlich auf der Grundlage einer Evaluation der finanziellen Führungsinstrumente fällen, die in dieser Planung zum Vorschein kommen. Kann das Unternehmen dann keine *adäquate kurzfristige Liquiditätsplanung* vorweisen, wird seine *Bonität* zurückgestuft. Geschieht das, treten negative Folgen für die *Solvabilität* (verstanden als Fähigkeit, zusätzliche Kredite aufzunehmen) ein. Art. 795a Abs. 2 Ziff. 2 erlaubt nun gerade diese Gefahr zu bannen, indem der GmbH die Möglichkeit an die Hand gegeben wird, die *Existenz kurzfristiger potentieller Liquiditäten*, d.h. der Einforderung von Nachschüssen, nachzuweisen. Die Hauptfunktion dieser Vorschrift liegt somit – im Gegensatz zu Ziff. 1 und 3 – in der Einforderungs*möglichkeit* (als *Argument in den Verhandlungen mit externen Kreditgebern* in Zeiten angespannter Liquidität) und weniger im tatsächlichen Abruf von Nachschüssen. Dem entspricht, dass Ziff. 2 als Bestandteil des betriebswirtschaftlichen Prozesses der (kurzfristigen) Finanzplanung losgelöst von Sanierungssituationen wirkt bzw. deren Eintritt gerade verhindern sollte. Eine tatsächliche Einforderung von Nachschüssen auf der Basis von Ziff. 2 ist vor diesem Hintergrund allerdings nicht ausgeschlossen. Sie setzt aber nicht nur voraus, dass ein *Liquiditätsengpass* nachgewiesen wird; es muss daneben auch einen Bezug zu *finanzplanerischen Schwierigkeiten*, d.h. zu einem Fehler oder einem Problem in der kurzfristigen Finanzplanung hergestellt werden. Gelingt dieser Nachweis nicht, muss der Weg über Art. 795a Abs. 2 Ziff. 1 beschritten werden. In dieser Abgrenzung werden die unterschiedlichen Funktionen von Ziff. 1 und 2 erkennbar (vgl. CR CO II-CHAPPUIS/JACCARD, N 6).

4. Statutarische Einforderungsgründe (Abs. 2 Ziff. 3)

10 Art. 795a Abs. 2 Ziff. 3 baut die Nachschusspflicht konsequent zu einem Instrument der **Eigenkapitalbeschaffung** aus (CR CO II-CHAPPUIS/JACCARD, N 7). Allerdings geht damit eine *Gefahr* einher: Vermieden werden muss, dass die Geschäftsführer im Falle eines Kapitalbedarfs *ohne Not* Nachschüsse nach Ziff. 3 abrufen, d.h. ohne eingehend geprüft zu haben, ob eine günstigere Finanzierungsalternative existiert, was auch die Gesellschafter (namentlich die Minderheitsgesellschafter) schonen würde (CHAPPUIS, 91). Deshalb hat der Gesetzgeber *drei* (geschriebene oder ungeschriebene) *Kautelen* vorgesehen: (1) Als erstes bedarf der Einforderungsgrund von Ziff. 3 einer expliziten *statutarischen Grundlage*. Eine Verweisung der betreffenden statutarischen Klausel auf ein *Reglement* ist nicht zulässig, weil die wesentlichen Züge der Abruforderung handelsregisterrechtliche Publizität geniessen sollen, was nur zutrifft, wenn sie in den hinterlegungspflichtigen Statuten (Art. 71 Abs. 1 lit. c HRegV) enthalten sind. (2) Sodann untersteht der statutarische Einforderungsgrund dem *Klarheitsgebot*. Die Materialien verlangen, dass die «Voraussetzungen [sc. des Abrufs] ... klar zu umschreiben [sind]» (Botschaft GmbH, 3196). Das bedeutet einmal, dass der Finanzierungszweck nicht *abstrakt* (z.B. «der Erwerb von

Grundstücken» oder «der Erwerb von Beteiligungen»), sondern *konkret* (z.B. «der Erwerb von Grundstücken zum Betrieb einer Rohstoffgewinnungsanlage» oder «der Erwerb von Beteiligungen an Vertriebsunternehmen») umschrieben sein muss (weitere Bsp. bei CHAPPUIS, 90). Ferner muss die fragliche Statutenklausel stets einen Bezug zum *Gesellschaftszweck* aufweisen, so dass die Zweckrelevanz der Einforderung gegeben ist. (3) Schliesslich unterliegt der Einforderungsgrund nach Ziff. 3 dem *Subsidiaritätsprinzip* (ohne dass dieses Erfordernis freilich in den Statuten erwähnt sein muss). Dieses Prinzip setzt voraus, dass die Geschäftsführer vorgängig prüfen, ob der Kapitalbedarf nicht durch eine alternative Möglichkeit abgedeckt wird. Diese Limitierung der Einforderungsmöglichkeiten ist ein *ungeschriebenes* Merkmal, das sich aus dem *Gebot der schonenden Rechtsausübung* ergibt: Die Gesellschafter sollen durch die Nachschusspflicht nur belastet werden, wenn sich die Gesellschaft nicht anderweitig die benötigten Mittel beschaffen kann.

5. Zweckgebundenheit der Nachschüsse

Da Nachschüsse einem *bestimmten Zweck* gewidmet sind, ist jede andere Verwendung ausgeschlossen. Hieraus wird insb. klar, dass die Gesellschaft damit keinen besonderen Reservefonds speisen darf (s.a. MAYER, 36 f.). Geleistete Nachschüsse bilden auch nicht Teil des *nichtrückzahlbaren Eigenkapitals*, was in Art. 795b festgehalten ist. Ihrer Rechtsnatur nach ist die Nachschusspflicht nach dem in der Revision eingeleiteten Konzeptwechsel allerdings von der Einlage auf das Stammkapital nicht völlig unabhängig. Insofern stellt sie ein **kapitalgesellschaftsrechtliches Hybrid** dar. So sind Nachschüsse nur der Gesellschaft gegenüber geschuldet und begründen eine rein *interne Haftung*. Weder die *Liquidatoren* noch die *Konkursverwaltung* – die wohlgemerkt als Vertreter der Gläubiger handeln – können sie geltend machen (s.a. ZK-VON STEIGER, Art. 803 N 10; WOHLMANN, 85 f.; KAUFMANN, 121; SCHNEIDER, 77 f.), es sei denn, dass sie *vor* der Liquidation bzw. dem Konkurs *rechtswirksam beschlossen* wurden (s.o. N 2). Schliesslich sind sie auch *erlass-* und *stundungsfähig*, weil sie von Art. 793 Abs. 1 nicht betroffen sind (Art. 793 N 4 f.; s.a. MAYER, 85 f.; ferner KAUFMANN, 122). Zugleich ist die Nachschusspflicht aber als funktionelles Äquivalent zur teilliberierten Einlage (s.o. N 1) bis zu einem gewissen Grad an das Stammkapital angebunden, was einmal daran erkennbar ist, dass Art. 795c Abs. 2 für die Herabsetzung eine sinngemässe Anwendung der Kapitalherabsetzungsvorschriften verlangt (s. Art. 795c N 5 ff.). Sodann sieht Art. 798 Abs. 3 vor, dass die Berechnung der Dividende nicht bloss im Verhältnis des Nennwertes der Stammanteile erfolgt, sondern auch den Betrag von Nachschüssen dem Nennwert zurechnet, wenn solche tatsächlich geleistet wurden (s. Art. 798 N 7 ff.). Dasselbe gilt nach Art. 826 Abs. 1 für den Liquidationsanteil (s. Art. 826 N 11 ff.).

IV. Konkurs (Abs. 3)

Art. 795a Abs. 3 hält eine Selbstverständlichkeit fest: Dass *eingeforderte* Nachschüsse mit Eröffnung des **Gesellschaftskonkurses** *fällig* werden (Art. 175 SchKG; CR CO II-CHAPPUIS/JACCARD, N 10 f.). Insofern wiederholt die Bestimmung nur, was Art. 208 Abs. 1 SchKG in genereller Weise festhält. Damit ist zugleich gesagt, dass Nachschusspflichten, die *noch nicht* abgerufen sind, im Konkurs unerheblich bleiben.

Art. 795b

3. Rückzahlung	Geleistete Nachschüsse dürfen nur dann ganz oder teilweise zurückbezahlt werden, wenn der Betrag durch frei verwendbares Eigenkapital gedeckt ist und ein zugelassener Revisionsexperte dies schriftlich bestätigt.
3. Restitution	Les versements supplémentaires effectués ne peuvent être restitués, en tout ou en partie, qu'au moyen de fonds propres dont la société peut librement disposer; un expert-réviseur agréé doit l'attester par écrit.
3. Rimborso	I versamenti suppletivi effettuati possono essere rimborsati, in tutto o in parte, soltanto se l'importo è coperto da capitale proprio liberamente disponibile e un perito revisore abilitato ne dà conferma per scritto.

Literatur

Vgl. die Literaturhinweise zu Art. 792.

I. Allgemeines

1 Die Frage nach der **Rückzahlung geleisteter Nachschüsse** hatte im alten Recht keine ausdrückliche Regelung erfahren. Der Vorentwurf schlug neu eine solche vor und knüpfte die Rückerstattung in Anlehnung an das deutsche Recht an eine Karenzfrist von drei Jahren an (Expertenbericht 1999, 38). Im Entwurf wurde diese Voraussetzung fallen gelassen und die geltendes Recht gewordene Lösung festgelegt (Botschaft GmbH, 3197; MEIER-HAYOZ/FORSTMOSER, § 18 N 76 f.). Diese sieht vor, dass Nachschussrückzahlungen dann zulässig sind, wenn (kumulativ) (1) der Betrag durch *frei verwendbares Eigenkapital* gedeckt ist und (2) ein zugelassener *Revisionsexperte* dies schriftlich *bestätigt* (CHK-TRÜEB, N 1). Mit diesen zwei Voraussetzungen wird ersichtlich ein *Gläubigerschutzzweck* verfolgt (Botschaft GmbH, 3196; JACCARD/BARUH, 285; BÖCKLI, Présentation, 13; BÖCKLI, Übersicht, 19; VOUILLOZ, 274).

II. Voraussetzungen

2 Weil die Summe der geleisteten Nachschüsse *kein Sperrkapital* bildet, konnte der Gesetzgeber nicht unmittelbar an den Eigenkapitalschutz des Kapitalherabsetzungsverfahrens von Art. 782 anschliessen, um die Frage der Nachschussrückzahlung zu regeln. Um dennoch eine funktional-äquivalente Lösung zu treffen, hat er in Art. 795b den Grundsatz aufgestellt, dass eine solche Rückzahlung das *gebundene* Eigenkapital nicht angreifen darf und dementsprechend ausschliesslich aus **freiem Eigenkapital** zu bestreiten ist. Unter diesem Begriff ist die Summe der *freien Reserven* und des *Bilanzgewinns* zu verstehen (KÜNG/CAMP, N 1; SIFFERT et al., N 1). Das erforderliche Eigenkapital muss im *Zeitpunkt* der Rückzahlung vorliegen. Entfällt es im Nachhinein wieder, bleibt die Rückzahlung rechtswirksam.

3 In Anlehnung an das Muster des Kapitalherabsetzungsverfahrens muss die Zulässigkeit der Nachschussrückzahlung von einem **zugelassenen Revisionsexperten** i.S.v. Art. 4 RAG bestätigt werden. Dieses Attest ist erforderlich, gleichviel ob die Gesellschaft eine Revisionsstelle bestellt hat oder nicht (Art. 818 Abs. 1 i.V.m. 728a Abs. 2; vgl. KÜNG/CAMP, N 1; SIFFERT et al., N 1). Unerheblich ist auch, ob die Gesellschaft verpflichtet ist, eine ordentliche (Art. 727) oder eingeschränkte Revision (Art. 727a Abs. 1)

2. Abschnitt: Rechte und Pflichten der Gesellschafter   **Art. 795c**

durchführen lassen muss. Gegenstand des Testats sind: (1) der Umstand, dass Nachschüsse zu einem früheren Zeitpunkt tatsächlich geleistet worden sind (weil ohne einen solchen Mittelfluss die Rückzahlung grundlos wäre); (2) die Existenz von freiem Eigenkapital in hinreichendem Umfang, um die Rückerstattungsleistungen zu decken (ansonsten ein Bilanzverlust entstehen würde); (3) das Vorliegen eines rechtswirksamen, unter der Suspensivbedingung eines positiven Attestes gefassten Beschlusses der Geschäftsführer, die geleisteten Nachschüsse zurückzuerstatten. Das Testat muss unbedingt und vorbehaltlos sein. Zeitlich muss es spätestens vor Rückzahlung der Nachschüsse vorliegen. Wird es vor dem Beschluss der Geschäftsführung erstattet, entfällt die Suspensivbedingung des Beschlusses. Allerdings muss es in diesem Falle in zeitlicher Nähe zu diesem Beschluss ergehen, ansonsten es seinen Aussagewert verliert.

III. Zuständigkeit

In Parallelität zur Regelung der Einforderung von Nachschüssen (s. Art. 795a N 2 und 4) steht die *Kompetenz* zur Rückzahlung i.S.v. Art. 795*b* den **Geschäftsführern** zu. Diese entscheiden mit der *Mehrheit der abgegebenen Stimmen,* es sei denn, die Statuten würden eine abweichende Ordnung vorsehen (Art. 809 Abs. 4). Zulässig ist auch die (zwingende oder fakultative) *Übertragung* dieser Kompetenz auf die Gesellschafterversammlung (Art. 811; zu den Risiken einer solchen Übertragung FORSTMOSER/PEYER, 432; BÖCKLI, Présentation, 22). Es liegt im Ermessen der Geschäftsführer, die geleisteten Nachschüsse im gesamten Umfang oder nur teilweise zurückzuerstatten. Allerdings müssen sie die Gesellschafter nach Massgabe von Art. 813 gleich behandeln. Zinszahlungen auf den zurückzuerstattenden Nachschüssen sind nach Art. 798a Abs. 1 ausgeschlossen.   4

Eine einmal erfolgte Zurückerstattung von Nachschüssen setzt die statutarische Klausel, die zur Einforderung solcher Leistungen ermächtigt, nicht ausser Kraft. Die Geschäftsführer (oder ggf. die Generalversammlung; s. Art. 795a N 4) können die zurückbezahlten Nachschüsse jederzeit wieder einfordern, sofern die einschlägigen Voraussetzungen erfüllt sind (Botschaft GmbH, 3197; HANDSCHIN/TRUNIGER, § 17 N 25; CHK-TRÜEB, N 3). Es bleibt den Gesellschaftern freilich unbenommen, die Nachschusspflicht gem. Art. 795c abzuschaffen (FORSTMOSER, Kapitalbasis, 55).   5

IV. Übergangsrecht

Nach Art. 6 Abs. 2 Übergangsbestimmungen findet Art. 795b Anwendung auch auf **altrechtliche Nachschusspflichten** (Botschaft GmbH, 3250). Unerheblich ist namentlich, ob diese die *Höchstlimite* von Art. 795 Abs. 2 Satz 2 beachtet oder nicht.   6

Art. 795c

4. Herabsetzung	**¹ Eine statutarische Nachschusspflicht darf nur dann herabgesetzt oder aufgehoben werden, wenn das Stammkapital und die gesetzlichen Reserven voll gedeckt sind.**
	² Die Vorschriften über die Herabsetzung des Stammkapitals sind entsprechend anwendbar.
4. Réduction	¹ Une obligation statutaire d'effectuer des versements supplémentaires ne peut être réduite ou supprimée que si le capital social et les réserves légales sont entièrement couverts.

² Les dispositions concernant la réduction du capital social sont applicables par analogie.

4. Riduzione

¹ Un obbligo statutario di effettuare versamenti suppletivi può essere ridotto o soppresso soltanto se il capitale sociale e le riserve legali sono interamente coperti.

² Le disposizioni concernenti la riduzione del capitale sociale si applicano per analogia.

Literatur

Vgl. die Literaturhinweise zu Art. 792.

I. Allgemeines

1 Das alte Recht enthielt keine besondere Bestimmung über die Herabsetzung oder Aufhebung von Nachschusspflichten (FORSTMOSER/PEYER/SCHOTT, 49 und 111). *In praxi* wurde dieser Sachverhalt ausschliesslich als *kompetenzrechtliches* Problem behandelt (vgl. BK-JANGGEN/BECKER, Art. 803 N 4; ZK-VON STEIGER, Art. 803 N 3). Mit diesem Aspekt ist freilich nur *eine* Facette des Problems erfasst. Die Herabsetzung von Nachschusspflichten wirft auch **kapitalrechtliche Fragen** auf, die im alten Recht latent geblieben sind. Art. 795c füllt diese Lücke und baut insofern den Gläubigerschutz in der GmbH aus (Botschaft GmbH, 3197; SIFFERT et al., N 2; KÜNG/CAMP, N 1; FORSTMOSER, Kapitalbasis, 55; MEIER-HAYOZ/FORSTMOSER, § 18 N 77 i.f.; CR CO II-CHAPPUIS/JACCARD, N 1). Im Einzelnen macht er die Nachschusspflichtherabsetzung oder -aufhebung davon abhängig, (1) dass das Stammkapital und die gesetzlichen Reserven *voll gedeckt* sind und (2) dass die Vorschriften über die Herabsetzung des Stammkapitals *sinngemäss angewendet* werden.

2 Was den **Anwendungsbereich** anlangt, erfasst Art. 795c lediglich *Herabsetzung* und *Aufhebung* von (noch ausstehenden) Nachschusspflichten, nicht aber deren Abänderung, die Art. 797 untersteht. Allerdings können auch Abänderungssachverhalte *faktisch* zu einer Herabsetzung führen (z.B. wird der Kreis der nachschusspflichtigen Gesellschafter statutarisch neu definiert mit dem Ergebnis, dass bei einer allfälligen Einforderung der gesamte Ertrag unter dem früher vorgesehenen liegt). In solchen Fällen *«materieller»* Herabsetzung oder Aufhebung, ist Art. 795c (und nicht Art. 797) einschlägig (CR CO II-CHAPPUIS/JACCARD, N 5). Nicht unter Art. 795c fallen demgegenüber vertragliche Leistungen (z.B. aus einem Garantievertrag i.S.v. Art. 111 oder einer Bürgschaft nach Art. 492 ff.), selbst wenn sie funktionell einer Nachschusspflicht sehr nahe kommen (Botschaft GmbH, 3198 und 3251; HANDSCHIN, Finanzierung, 67; HANDSCHIN/TRUNIGER, § 17 N 4). Aus naheliegenden Gründen nicht erfasst sind schliesslich die Nebenleistungen gem. Art. 796.

II. Eigenkapitaldeckung (Abs. 1)

3 Wenn Art. 795c Abs. 1 als **erste Voraussetzung** für die Zulässigkeit einer Nachschusspflichtherabsetzung oder –aufhebung statuiert, dass «das Stammkapital und die gesetzlichen Reserven» voll gedeckt sind, so wird mit dieser Formel dieselbe kapitalrechtliche Schwelle bezeichnet wie mit der nämlichen Wendung in Art. 795a Abs. 2 Ziff. 1 (s. Art. 795a N 7 ff.): (1) Mit «Stammkapital» ist die im Handelsregister eingetragene und verlautbarte Sperrziffer gemeint, die der Gesellschaft einen stets durch Aktiven zu deckenden Betrag angibt (Art. 774 OR und Art. 73 Abs. 1 lit. h HRegV). (2) Unter den «ge-

2. Abschnitt: Rechte und Pflichten der Gesellschafter   4–7 Art. 795c

setzlichen Reserven» sind die allgemeinen Reserven, die Reserve für eigene Stammanteile sowie die Aufwertungsreserven zu verstehen; die statutarischen und die Beschlussreserven bleiben demgegenüber unbeachtlich (Art. 801 i.V.m. Art. 672 bzw. 674 Abs. 2). (3) Der Begriff der «Deckung» verlangt schliesslich, dass hinreichend Vermögen (Aktiven) in der Gesellschaft vorhanden ist, um das von Gesetzes wegen (d.h. *nicht* aufgrund verbandsautonomer Entscheidung) gebundene Eigenkapital zu unterlegen. Die anhand dieser drei Elemente umschriebene Schwelle wird in Art. 795*c* Abs. 1 und 795*a* Abs. 2 Ziff. 1 spiegelbildlich verwendet: Während ihre *Unterschreitung* in dieser Norm die Ermächtigung zur Einforderung von Nachschüssen begründet, schafft ihre *Überschreitung* in jener Norm die Befugnis zu ihrer Herabsetzung bzw. Aufhebung. Ersichtlich reiht sich Art. 795*c* Abs. 1 in ein kohärentes Kapitalschutzsystem ein.

Die Eigenkapitaldeckung muss im **Zeitpunkt** des *Herabsetzungs-* oder *Aufhebungsbeschlusses* (s. N 8) gegeben sein.   4

III. Sinngemässe Anwendung von Art. 732 ff. (Abs. 2)

Art. 795*c* Abs. 2 ist die *Konsequenz* aus der neuen Konzeption der Nachschusspflicht, die nicht mehr bloss ein Sanierungsinstrument, sondern auch (und zumal) ein funktionelles Äquivalent zu den *teilliberierten Einlagen* darstellt (s. Art. 793 N 1, 795 N 1 und 795*a* N 1). Dennoch wirft diese Bestimmung grosse Unsicherheiten betreffend die Rechtsanwendung auf, die hauptsächlich auf zwei Gründe zurückzuführen sind: (1) Sie operiert zunächst mit einer Verweisung auf die Vorschriften über die Herabsetzung des Stammkapitals, also auf Art. 782, der selber eine Verweisung vorsieht, nämlich eine solche auf die aktienrechtlichen Kapitalherabsetzungsvorschriften (Art. 732 ff.). Dieses Verweisungsspiel wiederholt sich auf Ebene der Handelsregisterverordnung: Art. 81 HRegV verweist auf Art. 77 HRegV, der seinerseits auf Art. 55 HRegV, also auf die Vorschrift betreffend die Anmeldung der ordentlichen Herabsetzung eines Aktienkapitals, verweist. Diese Verweisungskaskaden bringen heikle Rechtsfragen mit sich (s. N 7 ff.). (2) Die Schwierigkeiten bei der Anwendung von Art. 795*c* Abs. 2 werden noch dadurch gesteigert, dass das aktienrechtliche Kapitalherabsetzungsverfahren im Gesetz nicht klar beschrieben wird (BÖCKLI, Aktienrecht, § 2 N 342; HEINZMANN, N 237 ff.).   5

Auszugehen ist davon, dass Art. 795*c* Abs. 2 auf das **konstitutive Kapitalherabsetzungsverfahren** (Art. 732–734) verweist (SIFFERT et al., N 4). Dass nicht das deklaratorische Verfahren (Art. 735) gemeint ist, folgt aus Art. 795*c* Abs. 1, der eine Eigenkapitaldeckung verlangt und somit die Vornahme einer Bilanzbereinigung in welcher Form auch immer ausschliesst (vgl. BÖCKLI, Übersicht, 19 FN 83; BÖCKLI, Présentation, 13 FN 44; CR CO II-CHAPPUIS/JACCARD, Art. 782 N 17 ff.). In der Praxis umfasst das konstitutive Verfahren *fünf* Stadien (s.a. REBSAMEN, GmbH, N 228): Prüfungsberichterstellung, Herabsetzungsbeschluss, Schuldenruf, Erstellung der Feststellungsurkunde und Handelsregistereintragung (vgl. Stellungnahme des EHRA vom 24.9.2002 zum Verfahren der konstitutiven Kapitalherabsetzung, REPRAX 2/2002, 50 ff.). Fraglich wird damit, wie diese Verfahrensschritte im Kontext von Art. 795*c* Abs. 1 konkret aussehen, weil dem Umstand Rechnung zu tragen ist, dass nicht ein aktienrechtlicher, sondern ein GmbH-rechtlicher Vorgang vorliegt, der im übrigen – und dies ist von zentraler Bedeutung – nicht das Stammkapital betrifft, sondern die Nachschusspflicht, die eine blosse innergesellschaftliche Leistungspflicht und keine Liberierungspflicht darstellt.   6

(1) Die Verweisung von Art. 795*c* Abs. 2 umfasst zunächst Art. 732 Abs. 2. Art. 782 ändert an diesem Verweisungskreis nichts, so dass davon auszugehen ist, dass ein zugelassener Revisionsexperte einen **Prüfungsbericht** erstellen muss (REBSAMEN, GmbH,   7

Marc Amstutz/Fernand Chappuis

N 224). Allerdings stellen sich zwei Fragen. Die erste geht dahin, ob Art. 795b, der für die Nachschussrückzahlung *ausdrücklich* ein Attest eines Revisionsexperten verlangt, so zu deuten ist, dass er stillschweigend eine Prüfung der Nachschusspflichtherabsetzung oder -aufhebung ausschliesst. Denn Art. 795c – so das Argument weiter – fordert den Prüfungsbericht nicht explizit, sondern scheint in Abs. 1 zu implizieren, dass die Prüfung der Frage der Eigenkapitaldeckung im Ermessen der Geschäftsführer liegt. Dieses Argument ist abzulehnen, weil es der Verweisung von Art. 795c Abs. 2 nicht gerecht wird: Hätte das Parlament den Ausschluss der Prüfung von Art. 732 Abs. 2 gewollt, wäre ein explizite Klarstellung erforderlich gewesen. Die zweite Frage betrifft den *Inhalt* des Prüfungsberichts. Unklar ist, ob er sich über die in Art. 732 Abs. 2 vorgesehenen Berichtspunkte äussern muss (s. BÖCKLI, Aktienrecht, § 2 N 355 f.) oder ob er einen abgewandelten Gegenstand hat. Zu bedenken ist in diesem Zusammenhang, dass Art. 795c das Eigenkapital der GmbH nicht unmittelbar tangiert. Deshalb ist es nicht sinnvoll, wenn der Revisionsexperte bestätigt, dass «die Forderungen der Gläubiger trotz der Herabsetzung ... [der Nachschusspflicht] voll gedeckt sind» (Art. 732 Abs. 2). Vielmehr strahlt hier Art. 795*c* Abs. 1 aus: Zu bestätigen ist in der Hauptsache, dass das Stammkapital und die gesetzlichen Reserven voll gedeckt sind. Zusätzlich umfasst das Testat auch die Tatsache, dass die gesetzlichen Vorschriften eingehalten wurden und das der Revisionsexperte die gesetzlichen Anforderungen erfüllt (Art. 818 Abs. 1 i.V.m. Art. 728). Grundlage des Prüfungsberichts ist eine Bilanz, die nicht älter als sechs Monate sein darf (CHK-AMSTUTZ/BÜCHI, Art. 732 N 17; s.a. FORSTMOSER/MEIER-HAYOZ/ NOBEL, § 53 N 95; REBSAMEN, GmbH, N 224).

8 (2) Art. 795*c* enthält keinen ausdrücklichen Hinweis über die **Zuständigkeit zur Nachschusspflichtherabsetzung** bzw. -aufhebung. Aus der Verweisung in Abs. 2 auf Art. 732 Abs. 1 ergibt sich, dass dafür die *Gesellschafterversammlung* kompetent ist. Dasselbe Resultat folgt auch aus Art. 804 Abs. 2 Ziff. 1, weil Art. 795c zwangsläufig eine Statutenänderung notwendig macht. Die Gesellschafter entscheiden an derselben Versammlung über die Herabsetzung bzw. Aufhebung und über die Statutenänderung (zur entsprechenden Kontroverse im Aktienrecht CHK-AMSTUTZ/BÜCHI, Art. 732 N 9), und zwar mit der absoluten Mehrheit der vertretenen Stimmen, sofern die Statuten nichts Abweichendes bestimmen (Art. 808). Dieser Beschluss ist gem. Art. 780 *öffentlich zu beurkunden. Inhaltlich* entspricht er der aktienrechtlichen Regelung (vgl. CHK-AMSTUTZ/BÜCHI, Art. 732 N 12).

9 (3) Art. 795c Abs. 2 verweist auch auf Art. 733, so dass an sich ein dreifacher, im SHAB veröffentlichter **Schuldenruf** erfolgen sollte, der die Gläubiger darauf hinweist, dass sie binnen zwei Monaten seit der letzten Bekanntmachung Befriedigung bzw. Sicherstellung ihrer Forderungen verlangen können (vgl. HEINZMANN, N 266 ff.; FORSTMOSER/MEIER-HAYOZ/NOBEL, § 53 N 222). Dieses Gläubigerschutzverfahren scheint für die Nachschusspflichtherabsetzung bzw. -aufhebung *exorbitant*. Denn namentlich die mit der Sicherstellung einhergehende *Belastung* der Gesellschaft ist angesichts der oft äusserst geringen Beeinträchtigung der Gläubigerstellung, die eine Verminderung oder Beendigung der Nachschusspflicht mit sich bringt, schlechterdings *unverhältnismässig*. Deshalb sollte auf eine sinngemässe Anwendung von Art. 733 auf den Fall von Art. 795c *verzichtet* werden. Methodisch lässt sich das mit dem Argument begründen, dass die sog. Analogiebasis *nicht* gegeben ist: Während Art. 733 einen Sachverhalt betrifft, in dem es um den Abbau qualifizierten Eigenkapitals (des Aktienkapitals) geht, tangiert Art. 795c das Eigenkapital nicht (**a.A.** CHK-TRÜEB, Art. 795c N 3, wonach die «Herabsetzung oder Aufhebung einer statutarischen Nachschusspflicht ... die den Gläubigern reservierte Haftungssperrquote [vermindert] ...»). Insofern ist das *telos* von Art. 733 vom Sachverhalt, der Art. 795c zugrundeliegt, auch nicht betroffen.

2. Abschnitt: Rechte und Pflichten der Gesellschafter **Art. 795d**

(4) Weil kein Schuldenruf und auch kein Sicherstellungsverfahren stattfinden, haben die 10
Geschäftsführer eine bloss reduzierte **Feststellungsurkunde** i.S.v. Art. 734 beizubringen. Diese umfasst lediglich die öffentliche Urkunde über den Nachschusspflichtherabsetzungs- oder -aufhebungsbeschluss der Gesellschafterversammlung (s. N 8) und den Prüfungsbericht des Revisionsexperten (s. N 7). Diese Feststellungsurkunde ist nach Art. 734 ihrerseits *öffentlich zu beurkunden* (REBSAMEN, GmbH, N 220 und N 228).

(5) Für die **handelsregisterrechtliche Eintragung** der Nachschusspflichtherabsetzung 11
bzw. -aufhebung sind die *öffentliche Urkunde über den Gesellschafterbeschluss* (s. N 8), die *Feststellungsurkunde* über die (reduzierte) Einhaltung der gesetzlichen Bestimmungen (s. N 10), der *Prüfungsbericht* (s. N 7) sowie die *angepassten Statuten* einzureichen (Art. 81 i.V.m. Art. 77 und 55 HRegV; vgl. REBSAMEN, GmbH, N 228). Der Eintragungsinhalt wird *mutatis mutandis* kraft Verweisung von Art. 81 HRegV in Art. 55 Abs. 3 HRegV definiert.

Art. 795d

5. Fortdauer

¹ **Für Gesellschafter, die aus der Gesellschaft ausscheiden, besteht die Nachschusspflicht unter Vorbehalt der nachfolgenden Einschränkungen während dreier Jahre weiter. Der Zeitpunkt des Ausscheidens bestimmt sich nach der Eintragung ins Handelsregister.**

² **Ausgeschiedene Gesellschafter müssen Nachschüsse nur leisten, wenn die Gesellschaft in Konkurs fällt.**

³ **Ihre Nachschusspflicht entfällt, soweit sie von einem Rechtsnachfolger erfüllt wurde.**

⁴ **Die Nachschusspflicht ausgeschiedener Gesellschafter darf nicht erhöht werden.**

5. Maintien

¹ Sous réserve des restrictions qui suivent, l'obligation des associés qui quittent la société d'effectuer des versements supplémentaires subsiste durant trois ans. L'inscription au registre du commerce détermine le moment de la sortie.

² Les associés qui ont quitté la société ne sont tenus d'effectuer des versements supplémentaires qu'en cas de faillite de la société.

³ L'obligation d'effectuer des versements supplémentaires s'éteint dans la mesure où elle a été remplie par les acquéreurs subséquents des parts sociales.

⁴ L'obligation d'un associé qui a quitté la société d'effectuer des versements supplémentaires ne peut être étendue.

5. Durata

¹ Fatte salve le restrizioni di cui ai capoversi seguenti, i soci che lasciano la società rimangono soggetti all'obbligo di effettuare versamenti suppletivi per tre anni. L'iscrizione nel registro di commercio determina il momento dell'uscita.

² I soci che hanno lasciato la società devono effettuare versamenti suppletivi soltanto in caso di fallimento della società.

³ L'obbligo di effettuare versamenti suppletivi si estingue in quanto sia adempito da un avente causa.

⁴ L'obbligo di un ex socio di effettuare versamenti suppletivi non può essere reso più oneroso.

Literatur

Vgl. die Literaturhinweise zu Art. 792.

I. Allgemeines

1 Die Bestimmung bricht mit dem Prinzip, dass die Nachschusspflicht mit dem Stammanteil verbunden ist und nicht mit der Person des Gesellschafters (vgl. zu diesem Prinzip Botschaft GmbH, 3198: «Die Nachschusspflicht ist an die Stammanteile gebunden und geht bei deren Veräusserung auf die Erwerberinnen oder Erwerber über [...]. Sie ist grundsätzlich durch die jeweiligen Gesellschafterinnen und Gesellschafter zu erfüllen.»; s.a. BÖCKLI, Übersicht, 18; CR CO II-CHAPPUIS/JACCARD, N 1). In diesem Sinne sieht sie eine dreijährige Fortdauer der Nachschusspflicht nach dem Ausscheiden des Gesellschafters vor. Das *telos* von Art. 795d besteht darin, das **Vertrauen der Gläubiger** in die *konkreten* Haftungsverhältnisse bei Gesellschafterwechsel zu schützen (gl.M. KÜNG/CAMP, N 2 f.; s.a. FORSTMOSER, Kapitalbasis, 64; CHK-TRÜEB, N 1). In diesem Sinne ist in den Materialien zu lesen: «Bestehen statutarische Nachschusspflichten, so kann die Erfüllung von Forderungen dadurch gefährdet werden, dass Gesellschafterinnen und Gesellschafter, auf deren Solvenz sich die Gläubigerinnen und Gläubiger verlassen haben, aus der Gesellschaft ausscheiden» (Botschaft GmbH, 3197). Der Zweck von Art. 795d ist verfehlt, weil er letztlich einen *Bonitätsschutz* in das GmbH-Recht einführt, der sonst dem schweizerischen Privatrecht *fremd* ist. Praktisch wird Art. 795d wohl als Abschreckung dienen, in den Statuten Nachschusspflichten einzuführen, was der Regelung der Art. 795 ff. kaum förderlich ist. Daraus ist zu schliessen, dass Art. 795d, wo immer möglich, *restriktiv* auszulegen ist.

II. Zeitliche Beschränkung (Abs. 1)

2 Nach Art. 795d Abs. 1 Satz 1 besteht für Gesellschafter, die aus der Gesellschaft ausscheiden, die Nachschusspflicht **während dreier Jahre** weiter. Diese Frist ist derjenigen von Art. 181 Abs. 2 angeglichen, was als legislatorisches Vorgehen *nicht zwingend* erscheint, weil diese Bestimmung eine *bereits bestehende* Haftung für *schon begründete* bzw. *schon entstandene Forderungen* zeitlich ausdehnt (BSK FusG-TSCHÄNI/PAPA, Art. 181 N 5), was gerade bei Art. 795d nicht der Fall ist; denn diese Vorschrift dehnt eine *noch nicht bestehende* Haftung aus, die erst mit der Einforderung gem. Art. 795a zur Entstehung gelangt (s. Art. 795a N 2 f.). Aufgrund dieser rechtspolitischen Unstimmigkeit von Art. 795d sollte zumindest einer allfälligen privatautonomen Ausdehnung der Dreijahresfrist ein Riegel geschoben werden: Entgegen der h.L., die Art. 795d Abs. 1 für *einseitig zwingend* hält, also dafür eintritt, «dass die Gesellschafter die gesetzlich vorgesehene Frist statutarisch erweitern, nicht aber verkürzen können» (SIFFERT et al., N 3; gl.M. KÜNG/CAMP, N 5), ist diese Frist als «beidseitig» zwingend zu betrachten (so wohl auch Botschaft GmbH, 3197; CHK-TRÜEB, N 3). Dementsprechend kann sie *weder* verlängert *noch* verkürzt werden. Für die Annahme einer (an sich wünschenswerten) *dispositiven* Rechtsnatur von Art. 795d Abs. 1 spräche ein *e maiore ad minus* Argument: Wenn die Einführung der Nachschusspflicht schon freiwillig ist (s. Art. 795 N 1 und 4), müsste die statutarische Abschaffung einer Fortdauer dieser Pflicht ebenfalls möglich sein. Allerdings äussern sich die Materialien unmissverständlich zugunsten des zwingenden Charakters von Art. 795d Abs. 1 (vgl. Botschaft GmbH, 3197), was eine gegenläufige Interpretation verbietet.

3 Der Grund für das Ausscheiden eines Gesellschafters ist für die **Modalitäten der Fortdauer** der Nachschusspflicht unerheblich. Die dreijährige Frist besteht unabhängig davon,

2. Abschnitt: Rechte und Pflichten der Gesellschafter   4–7   Art. 795d

ob ein Stammanteil *abgetreten* (Art. 785 ff.), ein Gesellschafter *ausgetreten* (Art. 822) oder *ausgeschlossen* (Art. 823) wurde (Botschaft GmbH, 3197; KÜNG/CAMP, N 3; SIFFERT et al., N 4; CR CO II-CHAPPUIS/JACCARD, N 5; CHK-TRÜEB, N 5).

Der Fristenlauf beginnt gem. Art. 795d Abs. 1 Satz 2 mit der Eintragung des Ausscheidens des Gesellschafters ins Handelsregister (CHK-TRÜEB, N 6). Um den genauen **Zeitpunkt** zu bestimmen, ist auf Art. 932 Abs. 2 abzustellen (s. Art. 932 N 8 ff.; ferner BGE 89 I 288 für die Genossenschaft; BÖCKLI, Présentation, 13 FN 45; CR CO II-CHAPPUIS/ JACCARD, N 4). 4

III. Geltendmachung (Abs. 2 und 3)

Art. 795d Abs. 2 beschränkt die Einforderung der Nachschusspflicht eines ausgeschiedenen Gesellschafters auf den Fall des **Konkurses der Gesellschaft** (vgl. SIFFERT et al., N 6; HANDSCHIN/TRUNIGER, § 17 N 14; BÖCKLI, Übersicht, 20). Damit werden die Einforderungsgründe von Art. 795a Abs. 2 ausser Kraft gesetzt, um den Betroffenen vor einer übermässigen Inpflichtnahme zu schützen (CHK-TRÜEB, N 7). Findet die Eröffnung des Konkurses ausserhalb der Dreijahresfrist von Art. 795d Abs. 1 Satz 1 statt (was sich nach Art. 175 SchKG bestimmt), wird die Haftung des Gesellschafters obsolet (KÜNG/CAMP, N 6), was hinlänglich den *modifizierten* Charakter der Nachschusspflicht in dieser Situation hervorhebt: Sie verliert ihren Charakter als Sanierungs- und Finanzierungsinstrument (vgl. Art. 795a N 1) und mutiert zu einer *reinen Massnahme des Gläubigerschutzes*, die als *ultima ratio* erfolgt. Im Lichte dieses Zweckes von Art. 795d Abs. 2 fragt sich, ob die Geltendmachung der Nachschusspflicht ausgeschiedener Gesellschafter nur im Falle des Konkurses zulässig ist oder auch, wenn ein *Nachlassvertrag* zustandekommt. Da das Ziel eines Nachlassvertrages in der Ersparung einer Zwangsvollstreckung besteht (AMMON/WALTHER, § 53 N 2), ist die erwähnte *ultima ratio* nicht erreicht. Keine Rolle spielt, ob man es mit einem Stundungs-, Prozent- oder Liquidationsvergleich zu tun hat. Insofern ist ausschliesslich der Konkurs (Art. 159 ff. SchKG) imstande, die Rechtsfolge von Art. 795d Abs. 1 auszulösen (**a.A.** wohl MONTAVON, 226). 5

Das Gesetz schweigt sich über die Frage aus, für welche **Forderungen** der ausgeschiedene Nachschusspflichtige einzustehen hat. Daraus zu schliessen, die Haftung erstrecke sich auf *sämtliche* Forderungen der Konkursmasse, scheint stossend. Deshalb drängt sich eine Analogie zu Art. 876 Abs. 1 (der nach Abs. 2 auch für Nachschüsse gilt) auf, wonach die Haftung des Verpflichteten nur «für die vor seinem Ausscheiden entstandenen Verbindlichkeiten fort[dauert]» (gl.M. KÜNG/CAMP, N 4). Danach sollte der ehemalige Gesellschafter im Konkurs der GmbH lediglich für die Ausfälle von Forderungen belangt werden, die *vor* der Eintragung seines Ausscheidens entweder *begründet* wurden oder deren *Entstehungsgrund* vor diesem Zeitpunkt liegt. Verfahrensmässig ist in diesem Zusammenhang Art. 8 Abs. 3 GenV einzuhalten (vgl. im Einzelnen Art. 876 N 7 ff. und 10 f.). 6

Diese Haftungsmodalitäten werden noch zusätzlich durch die Anordnung von Art. 795*d* Abs. 3 eingeschränkt. Danach entfällt die Nachschusspflicht, wenn sie von einem **Rechtsnachfolger** erfüllt wird (BÖCKLI/FORSTMOSER/RAPP, 101; SIFFERT et al., N 7; s.a. hinsichtlich Art. 786 Abs. 2 Ziff. 5 HANDSCHIN, Gesellschaftsanteile, 81 und CR CO II-CHAPPUIS/JACCARD, N 2). Mit dieser Regelung wird die im Kontext von Art. 795d hinfällige Vorschrift von Art. 795 Abs. 3 zu einer *subsidiären* Haftung umgebogen: Zwischen dem Veräusserer und dem Erwerber eines Stammteils entsteht nach Art. 795*d* Abs. 3 keine solidarische Haftung, sondern ein sog. *Staffel-* oder *Reihenregress* (CR CO 7

II-CHAPPUIS/JACCARD, N 7). Dieser Begriff weist darauf hin, dass die Nachschusspflicht in der *umgekehrten* Abfolge der Eintragungen ins Anteilbuch abgerufen wird: Zunächst ist der Eingetragene (A) in Anspruch zu nehmen, sodann sein unmittelbarer Rechtsvorgänger (B), hernach des letzteren Vorgänger (C) usw. bis die Reihe erschöpft ist. Ein *Sprungregress* (etwa nach dem Modell des Art. 1044 Abs. 3) ist mithin ausgeschlossen. Daraus geht hervor, dass die Rechtsnachfolger nicht nur gegenüber dem Ausgeschiedenen, sondern auch unter sich *subsidiär* zu beanspruchen sind. Fraglich ist allerdings, *wodurch* die Nachschusspflicht des Ausgeschiedenen bzw. seiner Rechtsnachfolger ausgelöst wird. Das Gesetz gibt keine Hinweise. Um den Staffelregress in Gang zu setzen, muss die *Insolvenz* des gegenwärtigen Gesellschafters – nötigenfalls durch erfolglose Betreibung – erwiesen sein (a.A. CHK-TRÜEB, N 8, der bloss erfolglose Mahnung verlangt, was einem ehemaligen Gesellschafter, der nicht zahlungswillig ist, die Partie sehr leicht macht). Diese Interpretation von Art. 795d Abs. 3 ergibt sich zwingend aus der unterschiedlichen *Rechtsnatur* der Haftung des Ausgeschiedenen und derjenigen des Rechtsnachfolgers: während diese *primär* ist (Art. 795 N 8), gestaltet sich jene *subsidiär* aus, was es rechtfertigt, den belangten Rechtsnachfolgern die *Einrede der Vorausklage* nach dem bürgschaftsrechtlichen Muster des Art. 495 Abs. 1 zu gewähren. Untereinander nehmen die Belangten Regress nach Massgabe des jeweils unter ihnen abgeschlossenen Abtretungsvertrags i.S.v. Art. 785 (a.A. offenbar SIFFERT et al., N 7, die dem leistenden Gesellschafter vorbehaltlos ein Regressrecht gegenüber seinen Rechtsnachfolgern in der Höhe der geleisteten Nachschüsse einräumen wollen).

8 Zur Einforderung der Nachschusspflicht gem. Art. 795d Abs. 1 ist ausschliesslich die **Konkursverwaltung** zuständig, da der ausgeschiedene Gesellschafter nur im Konkurs belangt werden kann (Art. 795d Abs. 2; CR CO II-CHAPPUIS/JACCARD, N 6).

IV. Erhöhungsverbot (Abs. 4)

9 Nach Art. 795d Abs. 4 darf die Nachschusspflicht ausgeschiedener Gesellschafter *nicht* erhöht werden. Konkret bedeutet diese Regel, dass ein Erhöhungsbeschluss, der nach dem Ausscheiden eines Gesellschafters erfolgt, für diesen **keine Rechtswirkungen** zeitigt. Sie ist die selbstverständliche Folge des Umstands, dass der Ausgeschiedene durch *innergesellschaftliche* Rechtsänderungen mangels Gesellschaftereigenschaft nicht mehr verpflichtet wird. Allerdings läuft Art. 795d Abs. 4 nicht darauf hinaus, dass die Zahlungspflicht von Art. 795d Abs. 1 auf den Umfang «*eingefroren*» wird, den die Nachschusspflicht im Zeitpunkt des Ausscheidens hatte (BÖCKLI/FORSTMOSER/RAPP, 101; KÜNG/CAMP, N 7). Nach den Materialien kommt eine *nachträgliche Herabsetzung* bzw. *Aufhebung* auch dem Ausgeschiedenen zugute (Botschaft GmbH, 3198; vgl. auch SIFFERT et al., N 8).

V. Übergangsrecht

10 Nach Art. 6 Abs. 1 Übergangsbestimmungen bleiben statutarische Nachschusspflichten, die *vor* dem Inkrafttreten des neuen Rechts begründet wurden und das Doppelte des Nennwertes der Stammanteile übersteigen, *rechtsgültig*. Auch Art. 795d untersteht diesem Prinzip, so dass das Einfordern von Nachschüssen, die die Grenze von Art. 795 Abs. 2 Satz 2 überschreiten, zulässig ist, solange keine Herabsetzung oder Aufhebung i.S.v. Art. 795c stattgefunden hat (Botschaft GmbH, 3250; vgl. REBSAMEN, GmbH, N 387; KELLERHALS, 175). Allerdings kommt die Haftung des Ausgeschiedenen gem. Art. 795d Abs. 1 nur für denjenigen in Frage, der nach dem 1.1.2008 seine Gesellschaftereigenschaft verloren hat. Das **Rückwirkungsverbot** (Art. 1 SchlussT ZGB i.V.m.

2. Abschnitt: Rechte und Pflichten der Gesellschafter **Art. 796**

Art. 1 Abs. 1 Übergangsbestimmungen; FORSTMOSER/PEYER/SCHOTT, 50 N 129) schliesst eine Anwendung von Art. 795d auf Fälle, da ein Gesellschafter vor dem 1.1.2008 aus der GmbH ausgeschieden ist, aus. Hat z.B. ein Gesellschafter seine Mitgliedschaft am 1.6.2007 verloren, kommt eine Haftung i.S.v. Art. 795d Abs. 1 auch für die Periode 1.1.2008 bis 31.5.2010 nicht in Frage, weil im Juni 2007 keine Fortdauerregel in Kraft war. Das Verbot der Retroaktivität wäre verletzt, würde man Art. 795d vorwirken lassen (vgl. BGE 120 II 393; 121 III 210).

Art. 796

| II. Neben-leistungen | ¹ Die Statuten können die Gesellschafter zu Nebenleistungen verpflichten.

² Sie können nur Nebenleistungspflichten vorsehen, die dem Zweck der Gesellschaft, der Erhaltung ihrer Selbstständigkeit oder der Wahrung der Zusammensetzung des Kreises der Gesellschafter dienen.

³ Gegenstand und Umfang wie auch andere nach den Umständen wesentliche Punkte einer mit einem Stammanteil verbundenen Nebenleistungspflicht müssen in den Statuten bestimmt werden. Für die nähere Umschreibung kann auf ein Reglement der Gesellschafterversammlung verwiesen werden.

⁴ Statutarische Verpflichtungen zur Zahlung von Geld oder zur Leistung anderer Vermögenswerte unterstehen den Bestimmungen über Nachschüsse, wenn keine angemessene Gegenleistung vorgesehen wird und die Einforderung der Deckung des Eigenkapitalbedarfs der Gesellschaft dient. |
|---|---|
| II. Prestations accessoires | ¹ Les statuts peuvent obliger les associés à fournir des prestations accessoires.

² Ils ne peuvent prévoir que des obligations de fournir des prestations accessoires qui servent le but de la société ou qui visent à assurer le maintien de son indépendance ou le maintien de la composition du cercle des associés.

³ L'objet et l'étendue des obligations d'effectuer des prestations accessoires afférentes à une part sociale ainsi que les autres éléments qui, selon les circonstances, s'avèrent essentiels doivent être déterminés par les statuts. Ceux-ci peuvent renvoyer à un règlement de l'assemblée des associés pour les détails.

⁴ L'obligation statutaire d'effectuer un paiement en espèces ou de fournir une autre prestation de nature patrimoniale est régie par les dispositions relatives à l'obligation d'effectuer des versements supplémentaires lorsqu'aucune contre-prestation équitable n'est prévue et que la prestation sert à couvrir un besoin de la société en fonds propres. |
| II. Prestazioni accessorie | ¹ Lo statuto può obbligare i soci a fornire prestazioni accessorie.

² Può prevedere però soltanto obblighi di fornire prestazioni accessorie utili al conseguimento dello scopo sociale o volti a preservare l'indipendenza della società o la composizione della cerchia dei soci.

³ L'oggetto e l'estensione degli obblighi di fornire prestazioni accessorie connesse a una quota sociale, come pure gli altri elementi che risultino essenziali secondo le circostanze, devono essere determinati nello statuto. |

Quest'ultimo può prevedere che i dettagli siano disciplinati in un regolamento dell'assemblea dei soci.

⁴ Gli obblighi statutari di effettuare pagamenti in denaro o di fornire altre prestazioni di carattere patrimoniale sono retti dalle disposizioni concernenti i versamenti suppletivi se sono volti a soddisfare un fabbisogno di capitale proprio della società e non è prevista alcuna controprestazione adeguata.

Literatur

Vgl. die Literaturhinweise zu Art. 792.

I. Allgemeines

1 Die Nebenleistungspflicht ist **kein Finanzierungsinstrument.** Dieser Zug unterscheidet sie von der Nachschusspflicht (s. Art. 795 N 1 f.; vgl. MEIER-HAYOZ/FORSTMOSER, § 18 N 42 und 73 ff.): Weder kann sie einer allfälligen Sanierung noch der Speisung des Eigenkapitals der Gesellschaft dienen. Sie hat grundsätzlich am *operativen Geschäft,* nicht an der strategischen Planung des geführten Unternehmens teil. Ihrer Natur nach ist die Nebenleistungspflicht Ausdruck der *Personenbezogenheit* der GmbH (Botschaft GmbH 3154, 3198; DUC, 122; HANDSCHIN/TRUNIGER, § 18 N 7; MEIER-HAYOZ/FORSTMOSER, § 18 N 72; BÖCKLI, Présentation, 11; CR CO II-CHAPPUIS/JACCARD, Art. 772 N 15; im Hinblick auf den Fall einer Joint Venture Expertenbericht 1999, 50; BÖCKLI, Übersicht, 21), d.h. sie ermöglicht die Begründung von *subjektiven* Pflichten der Gesellschafter, die über die Liberierungspflicht hinausgehen, was bei einer AG wegen Art. 680 Abs. 1 nicht statthaft wäre (s. Art. 680 N 9; s.a. HANDSCHIN/TRUNIGER, § 2 N 6 f. und 13 ff., bes. N 30 betreffend die Nachteile des Aktionärbindungsvertrags und den Vorteilen des GmbH-Rechts; ferner BÖCKLI, Présentation, 14; DERS., Übersicht, 21). Insofern sind ihr kapitalgesellschaftsrechtliche Elemente fremd. Im alten Recht war sie spärlich geregelt (s. Art. 777 Abs. 2 altOR), was die Doktrin nicht davon abgehalten hat, eine umfassende Lehre der Nebenleistungspflicht zu entwickeln, die teilweise Eingang in Art. 796 gefunden hat (zum alten Recht WOHLMANN, 87; BK-JANGGEN/BECKER, Art. 777 N 8; ZK-VON STEIGER, Art. 777 N 22; KÜNG/HAUSER, § 2 N 132).

2 Eine Nebenleistungspflicht kann (wie eine Nachschusspflicht) mit **allen** oder nur mit **bestimmten** Stammanteilen verbunden werden. Auch ist zulässig, mehrere Verpflichtungen nebeneinander vorzusehen (Botschaft GmbH, 3198; SIFFERT et al., N 3; KÜNG/CAMP, N 3). Die Nebenleistungspflicht ist an den Stammanteil gebunden und geht dementsprechend mit diesem über (was seine Grundlage im Körperschaftsrecht hat und keineswegs in einem realobligatorischen Charakter der Nebenleistungspflicht, wie CHK-TRÜEB, N 13, zu Unrecht annimmt).

II. Statutarische Grundlage (Abs. 1 und 3)

3 Nach Art. 796 Abs. 1 bedürfen Nebenleistungspflichten der **statutarischen Grundlage.** Diese kann anlässlich der *Gründung* der Gesellschaft oder *nachträglich* geschaffen werden. Während im ersten Fall *Einstimmigkeit* der Gründer i.S.v. Art. 777 Abs. 1 erforderlich ist, bedarf es im zweiten Fall der *Zustimmung* aller von der Nebenleistungspflicht betroffenen Gesellschafter nach Art. 797 (s. Art. 797 N 3). Bei Statutenänderung, die öffentlich zu beurkunden ist (Art. 780), ist das Quorum von Art. 808 einschlägig, sofern nichts Abweichendes aus den Statuten hervorgeht. Läuft die Nebenleistungspflicht auf eine *faktische Erschwerung oder Ausschluss* der Übertragbarkeit der Stammanteile hinaus, gilt unter Vorbehalt von Art. 808*b* Abs. 2 das *qualifizierte Beschlusserfordernis*

von Art. 808b Abs. 1 Ziff. 3 (Botschaft GmbH, 3173, die als Bsp. für eine faktische Erschwerung den Sachverhalt der Einführung von *Vorhand-, Vorkaufs- oder Kaufsrechte* der Gesellschafter bzw. der Gesellschaft an Stammanteilen anführt). Nichts spricht dagegen, eine Nebenleistungspflicht auch nach *Eintritt eines Auflösungsgrundes* gem. Art. 821 einzuführen, sofern der Konnex zur Liquidation gegeben ist.

Die **statutarische Umschreibung** der Nebenleistungspflicht muss gem. Art. 796 Abs. 3 Satz 1 in den «nach den Umständen wesentlichen Punkten», d.h. namentlich nach «Gegenstand und Umfang», *klar* und *eindeutig* sein (Botschaft GmbH, 3199). Nach den Materialien sind in die Statuten alle Punkte aufzunehmen, «die nach den konkreten Umständen von wesentlicher Bedeutung sind (so bspw. Befristungen und Bedingungen)» (Botschaft GmbH, 3199). Dieser Massstab hat zwar eine hohe Plausibilität, bleibt in den konkreten Konturen aber vage. Deshalb ist davon auszugehen, dass in diesem Zusammenhang die *vertragsrechtliche Lehre von der genügenden Bestimmtheit* gilt (GAUCH/SCHLUEP/SCHMID, N 344 ff.). Unproblematisch ist danach der Fall, da die Statuten die Nebenleistungspflicht direkt umschreiben, diese also *unmittelbar bestimmt* ist. Eine *mittelbare Bestimmung* ist aber ebenfalls zulässig, d.h. eine solche, die einen Weg angibt, wie die betreffende Nebenleistungspflicht bestimmt werden soll (eingehend ZK-SCHÖNENBERGER/JÄGGI, Art. 1 N 83). So kann etwa eine «objektive» Bestimmbarkeit geschaffen werden, indem auf sachliche Bestimmungskriterien hingewiesen wird (z.B. auf eine Usanz, die Marktbedingungen, einen bestimmten Index usw.). Daneben muss genügen, wenn in den Statuten festgelegt wird, dass die spätere Bestimmung durch einen Dritten erfolgt (sog. objektivierte Bestimmbarkeit). Eine subjektivierte Bestimmbarkeit, d.h. eine solche durch die betroffenen Gesellschafter selber, ist demgegenüber abzulehnen, um jegliches Missbrauchspotential auszuschalten. **4**

Die Anforderungen an die Bestimmbarkeit der Nebenleistungspflichten sind ersichtlich hoch. Damit droht die Gefahr, dass die Statuten mit Informationen überlastet werden, denen der Rang des Grundlegenden fehlt. Aus diesem Grund sieht Art. 796 Abs. 3 Satz 2 vor, dass die nähere Umschreibung der Nebenleistungspflichten auf ein **Reglement** verwiesen werden kann (SIFFERT et al., N 9; s.a. Art. 804 Abs. 2 Ziff. 12 hinsichtlich Gesellschafterversammlungskompetenz; zum alten Recht: KÜNG/HAUSER, § 2 N 128). Eine derartige Verweisung kann vor allem angebracht sein, wenn Kalkulationstabellen, Preisbestimmungsschemen, Produktelisten, Pläne und Skizzen erforderlich sind, um die Bestimmung der Nebenleistungspflichten sicherzustellen. Ebenfalls opportun ist ein Reglement, wenn Geschäftsgeheimnisse den Gesellschaftern mitgeteilt werden müssen. Die statutarische Publizität ist in einem solchen Fall stets unerwünscht. Möglich ist dies deshalb, weil ein Reglement gem. Art. 796 Abs. 3 Satz 2 dem Handelsregisteramt *nicht* einzureichen ist *(e contrario* Art. 73 Abs. 1 lit. k HRegV; s.a. CHK-TRÜEB, N 11). Demgegenüber sind die Statuten (somit die Nebenleistungspflichtsklausel) dem Handelsregister als *Beleg* einzureichen (Art. 777b Abs. 2 Ziff. 1, Art. 71 Abs. 1 lit. b und Art. 73 Abs. 1 lit. k HRegV). Für die Information der Gesellschafter über das Reglement gelten die Grundsätze von Art. 802 (s. Art. 802 N 5 f. und 10 f.). **5**

Werden Nebenleistungspflichten anlässlich der Gründung der Gesellschaft eingeführt, bilden sie Gegenstand der *Gründererklärung* im Errichtungsakt (Art. 777 Abs. 2 Ziff. 4 sowie Art. 72 lit. e Ziff. 4 HRegV). Die *Zeichnungsurkunde* (Art. 777a Abs. 2 Ziff. 2), der *verurkundete Stammanteil* (Art. 784 Abs. 2) sowie der *Abtretungsvertrag* (Art. 785 Abs. 2) müssen einen *Hinweis* auf bestehende Nebenleistungspflichten enthalten. Die *nachträgliche* Einführung von Nebenleistungspflichten steht gem. Art. 804 Abs. 2 Ziff. 1 in der unübertragbaren Kompetenz der *Gesellschafterversammlung* (s. für die Frage nach den anwendbaren Quoren N 3). Dasselbe gilt kraft *ausdrücklicher* Anordnung in Art. 796 **6**

Abs. 3 Satz 2 für den Erlass des Reglements über die Nebenleistungspflichten. Demgegenüber kennt das Gesetz für die Herabsetzung oder Aufhebung von Nebenleistungspflichten keine Pendant zu Art. 795c. Ein solches Geschäft unterliegt den Anforderungen, die einem statutenändernden Beschluss der Gesellschafterversammlung gestellt sind (namentlich dem Quorum von Art. 808, sofern es die Statuten nicht anders bestimmen).

7 Art. 796 ist **zwingendes Recht** (DUC, 122 f.; CHK-TRÜEB, N 3; zum alten Recht KÜNG/HAUSER, § 2 N 132). Nach den Materialien hindert dieser Umstand die Parteien nicht, Nebenleistungspflichten auf *vertraglicher* Basis vorzusehen, was allerdings zur Folge hat, dass das gesellschaftsrechtliche Durchsetzungsinstrumentarium keine Anwendung finden kann (Botschaft GmbH, 3198; SIFFERT et al., N 4; JACCARD/BARUH, 286).

III. Zweck (Abs. 2)

8 Die Einsatzmöglichkeiten der Nebenleistungspflicht sind von Gesetzes wegen beschränkt. Nach Art. 796 Abs. 2 kann eine solche Pflicht nur *drei Ziele* haben: die Verfolgung des Gesellschaftszweckes, die Erhaltung der Selbständigkeit der Gesellschaft und die Wahrung der Zusammensetzung des Kreises der Gesellschafter. Nach den Materialien soll diese Bestimmung dem Ausschluss von sachfremden Verpflichtungen dienen, die nicht die Interessen der Gesellschaft, sondern Partikularinteressen einzelner Personen fördern (Botschaft GmbH, 3199; SIFFERT et al., N 5). Auch wenn diese Aussage zweifelsohne berechtigt ist, greift sie doch zu kurz. In Wahrheit geht es um mehr und anderes als um die Abwehr von unsachlichen Anliegen, die mit Hilfe der Infrastrukturen der Gesellschaft realisiert werden. Vielmehr steht das **operative Geschäft** im Vordergrund: Art. 796 Abs. 2 stellt sicher, dass das von der Gesellschaft geführte *Unternehmen gewährleistend* oder *unterstützend* vorangetrieben werden kann. Die Nebenleistungspflicht entpuppt sich somit nicht als gesellschaftsrechtliche, sondern als genuine *unternehmensrechtliche* Institution. Dies muss im Einzelnen erläutert werden:

9 (1) Wenn Art. 796 Abs. 2 als erstes mögliches Ziel der Nebenleistungspflicht den Dienst am «**Zweck der Gesellschaft**» nennt, so bleibt unklar, was genau damit gemeint ist. Denn im Gefüge einer Gesellschaft gibt es nicht bloss einen Zweck. In der Lehre wird vielmehr zwischen drei «Schichten» des Gesellschaftszweckes, nämlich zwischen *unmittelbarem Zweck* (oder Zweck *stricto sensu*), *Endzweck* (oder Zweck *largo sensu*) und *Gegenstand* (bzw. Unternehmensgegenstand) unterschieden. Während mit dem unmittelbaren Zweck der konkrete Erfolg, der von einer Gesellschaft angestrebt wird (z.B. die Herstellung von Küchengeräten oder die Erbringung von Unternehmerberatungsleistungen), bezeichnet wird, betrifft der Endzweck die Frage, ob die Verfolgung des unmittelbaren Zweckes der Erzielung eines wirtschaftlichen oder ideellen Ergebnisses dienen soll. Der Unternehmensgegenstand benennt hingegen die konkreten Mittel, mit denen der unmittelbare Zweck verfolgt wird. Nebenleistungspflichten beschränken sich darauf, den *Unternehmensgegenstand* zu fördern, indem sie die Mittel der Verfolgung des Zweckes *stricto sensu* entweder effizienter gestalten (z.B. Pflicht zur Erbringung von Werbeleistungen, um die Auslastung der betriebswirtschaftlichen Ressourcen zu steigern), unterstützen (z.B. Pflicht zur qualitativen Evaluation der von der Gesellschaft erbrachten Leistungen an Konsumenten) oder überhaupt erst zur Verfügung stellen (z.B. Pflicht zur Lieferung von Heizöl an die Gesellschaft zu einem bestimmten Zeitpunkt im Jahr oder in bestimmten Mengen). Fehlt in der statutarischen Umschreibung der Nebenleistungspflicht diese «Gegenstandsnähe», ist der Rahmen von Art. 796 Ziff. 2 überschritten. So wäre die Revision und darauf folgende Implementation der strategischen Ausrichtung der Gesellschaft kein tauglicher Gegenstand für Nebenleistungspflichten.

(2) Die Erhaltung der **Selbständigkeit der Gesellschaft** – als zweites mögliches Ziel von Nebenleistungspflichten – ist darauf ausgerichtet, die *Konzernierung* der Gesellschaft abzuwehren. Weil eine solche grundsätzlich nur über drei Mittel, nämlich über die Mehrheit von *Beteiligungen* zwecks Erlangung der Stimmenmehrheit, über den Abschluss eines *Beherrschungsvertrages* sowie über eine *statutarische Konzernklausel,* erfolgen kann, ist im Kontext alsbald klar, was gemeint ist: Nebenleistungspflichten können auch eingesetzt werden, um die Bildung einer beherrschenden Mehrheit zu *verhindern*. Das kann auf verschiedenen Arten geschehen: Eine erste Möglichkeit besteht in einem Verbot der *Veräusserung* von Stammanteilen an bestimmten natürlichen oder juristischen Personen. Ferner können auch *Stimmbindungsvereinbarungen* generell oder mit bestimmten Personen untersagt werden. Oder die Überschreitung einer gewissen *Beteiligungsschwelle* wird verwehrt. Das Spektrum möglicher Massnahmen ist breit und hier nicht abschliessend zu behandeln. Immer geht es darum, das geführte Unternehmen vor wirtschaftlichem Fremdeinfluss zu schützen.

10

(3) Das dritte mögliche Ziel von Nebenleistungspflichten, die Wahrung der Zusammensetzung des Gesellschafterkreises, betrifft nicht die Autonomie der Gesellschaft, sondern die **persönlichen Fähigkeiten** der Mitglieder, die im Rahmen der Tätigkeit der Gesellschaft eine Rolle spielen. Als personalistische Kapitalgesellschaft ist die GmbH zuweilen auf die *individuellen Fertigkeiten* ihrer Gesellschafter angewiesen, um den angestammten Zweck zu verfolgen. In solchen Verhältnissen muss es möglich sein, statutarische Nebenleistungspflichten vorzusehen, die danach trachten, diese Ressourcen für das geführte Unternehmen zu *bewahren*.

11

Um diese drei zulässigen Zwecke zu fördern, können die Nebenleistungspflichten unterschiedlich ausgestaltet sein (HANDSCHIN/TRUNIGER, § 18 N 7; schon zum alten Recht WOHLMANN, 87; ZK-VON STEIGER, Art. 777 N 22). Sie können zu einem *Tun* (z.B. Lieferung bestimmter Produkte, Beratung in irgendwelchen Belangen, Führung der Buchhaltung, Reinigung der Räumlichkeiten der Gesellschaft, Abnahme der von der Gesellschaft angebotenen Dienstleistungen, Vermittlung von bestimmten Daten usw.), zu einem *Unterlassen* (z.B. Erlass von Verzugszinsen, Wettbewerbsverbot, Verzicht auf einen Bau, Verzicht auf Kontakte mit Medien usw.) und zu einem *Dulden* (z.B. Dulden der Nutzung eines Immaterialgutes durch GmbH, Einräumung eines Vorhand-, Vorkaufs- oder Kaufrechts usw.) verpflichten. Diese **Inhalte** von Nebenleistungspflichten können kumuliert und beliebig kombiniert werden (CHK-TRÜEB, N 7). Beschränkt werden diese Verpflichtungen durch das Verbot der *übermässigen Bindung* (Art. 27 ZGB) und die *Inhaltsschranken* von Art. 19 und 20. Eine Begünstigung von Partikularinteressen (z.B. eines bestimmten Gesellschafters) ohne sachlichen Grund führt ebenfalls zur Ungültigkeit der Nebenleistungspflicht (Botschaft GmbH, 3199; DUC, 123; HANDSCHIN/TRUNIGER, § 18 N 7). Demgegenüber gibt es nach Art. 796 keine umfangmässige Begrenzung der Nebenleistungspflicht (etwa nach dem Muster von Art. 795 Abs. 2 Satz 2).

12

Schuldner der Nebenleistungspflicht ist der Gesellschafter, während **Gläubigerin** im Prinzip die Gesellschaft ist (SIFFERT et al., N 11). Es ist aber zulässig, den Anspruch aus dieser Pflicht auch einem Dritten oder einem Gesellschafter einzuräumen (Botschaft GmbH, 3199; CHK-TRÜEB, N 8), sofern dadurch einem der Zwecke von Art. 796 Abs. 2 entsprochen wird. Dass einem Dritten Nebenleistungspflichten auferlegt werden, ist mit Art. 796 nicht vereinbar. Entsprechend ist ausgeschlossen, den Geschäftsführern als solchen, allfälligen Revisionsexperten oder anderen Mitgliedern der Revisionsstelle derartige Pflichten aufzubürden. Ferner hat die Nebenleistungspflicht nur während der Mitgliedschaft seines Trägers Bestand. Eine Fortdauer dieser Verpflichtung nach dem

13

Muster von Art. 795d ist im Gesetz nicht vorgesehen und auch statutarisch nicht angängig (gl.M. SIFFERT et al., N 13; BÖCKLI/FORSTMOSER/RAPP, 101). Gegen eine entsprechende kontraktuelle Regelung ist nichts einzuwenden; diese wirkt indessen bloss *inter partes*, vermag die nicht beteiligten Gesellschafter sowie die Gesellschaft nicht zu verpflichten (Botschaft GmbH, 3198; SIFFERT et al., N 4).

14 Bei *Schlecht-* oder *Nichterfüllung* der Nebenleistungspflicht kann die Gesellschaft **Realerfüllung** auf ordentlichem Vollstreckungsweg durchsetzen (WOHLMANN, 397). Auch *Sanktionen* können für solche Fälle vorgesehen werden (Konventionalstrafe, Ausschluss usw.; CHK-TRÜEB, N 9). Auch können Leistungsstörungen einen *wichtigen Grund* i.S.v. Art. 823 Abs. 1 darstellen oder statutarisch zum Ausschluss gemäss Art. 823 Abs. 2 ermächtigen (s. Art. 823 N 4; ferner CHK-TRÜEB, N 9; DUC, 122; zum alten Recht, ZK-VON STEIGER, Art. 777 N 30; WOHLMANN, 88).

IV. Gestaltungsschranken (Abs. 4)

15 Art. 796 Abs. 4 zielt darauf hin, die **Umgehung** der Regeln von Art. 795 ff. durch die Festlegung von Nebenleistungspflichten, die funktionell Nachschusspflichten darstellen, zu verhindern (s.a. krit. JACCARD/BARUH, 285 f.). Um eine solche funktionelle Mutation festzustellen, arbeitet die Bestimmung mit zwei Merkmalen: (1) das Merkmal der «angemessenen Gegenleistung» und (2) desjenige der «Deckung des Eigenkapitals der Gesellschaft». Auf Anhieb sind diese Merkmale nicht aufschlussreich, zumal sie in den Materialien überhaupt nicht erläutert und in der Literatur kaum behandelt werden. Bei näherer Betrachtung wird ihr Sinn dennoch erkennbar. Zwecks Abgrenzung der Nebenleistungs- von der Nachschusspflicht knüpft Art. 796 Abs. 4 bei der *differentia specifica* zwischen beiden Instituten an: die *Finanzierungsfunktion*. Während diese Funktion das Wesen der Nachschusspflicht ausmacht (s. Art. 795 N 1 f.), ist sie der Nebenleistungspflicht fremd (s. N 1). Hat letztere die unmittelbare Äufnung des Eigenkapitals der Gesellschaft zum Ziel, z.B. durch die Leistung von Zahlungen, die von den Geschäftsführern für beliebige Geschäftszwecke nutzbar sind, also *freie Mittel* schaffen, stellt sie funktionell eine Nachschusspflicht dar (vgl. JACCARD/BARUH, 285). Allerdings kann das Eigenkapital auch *indirekt* vermehrt werden, indem der Gesellschaft Kosten erspart werden. Wird z.B. in den Statuten eine Nebenleistungspflicht vorgesehen, die die Lieferung von 8 Tonnen Heizöl am 1.9. jedes Jahres zum Gegenstand hat, so hat diese Pflicht indirekt eine Eigenkapitaldeckungsfunktion, wenn sie *ohne* Gegenleistung erfolgt. In solchen Fällen greift das zweite in Art. 796 Abs. 4 vorgesehene Merkmal, das eine marktwerthaltige Nebenleistungsgpflicht als funktionelle Nachschusspflicht betrachtet, wenn ihr sekundärer Zweck in der Schonung des Eigenkapitals der Gesellschaft liegt. Ein solcher Zweck wird nur durch eine *Gegenleistung* ausgeschlossen, die freilich nicht im strengen Sinne *at arm's length*, sondern bloss (in einem weiten Sinne) «angemessen» sein muss, also Raum für «gute» und «schlechte» Geschäfte lässt. Obwohl im Wortlaut von Art. 796 Abs. 4 die beiden erwähnten Merkmale als kumulativ ausgegeben werden («... und ...»), trifft das Gegenteil zu: Aus den ergangenen Ausführungen ergibt sich, dass es sich um *Alternativen* handelt (**a.A.** ohne Begründung CHK-TRÜEB, N 12). Ist eines dieser Merkmale erfüllt, wird die fragliche Nebenleistungspflicht nach Massgabe von Art. 795 ff. behandelt (vgl. JACCARD/BARUH, 286).

V. Übergangsrecht

16 Übergangsrechtlich findet auf altrechtliche Statutenklauseln, die Nebenleistungspflichten zum Gegenstand haben und den Anforderungen von Art. 796 nicht entsprechen,

2. Abschnitt: Rechte und Pflichten der Gesellschafter   1–3 **Art. 797**

Art. 2 Abs. 1 und 2 Übergangsbestimmungen Anwendung: Sie bleiben zwar ab dem Zeitpunkt des Inkrafttretens des neuen Rechts noch für **zwei Jahre** in Kraft, müssen aber spätestens mit dem Verstreichen dieser Frist angepasst sein (SIFFERT et al., N 8).

Art. 797

III. Nachträgliche Einführung	Die nachträgliche Einführung oder Erweiterung statutarischer Nachschuss- oder Nebenleistungspflichten bedarf der Zustimmung aller davon betroffenen Gesellschafter.
III. Introduction subséquente	L'introduction subséquente et l'extension des obligations statutaires d'effectuer des versements supplémentaires ou de fournir des prestations accessoires requièrent l'approbation de l'ensemble des associés concernés.
III. Introduzione susseguente	L'introduzione susseguente e l'estensione di obblighi statutari di effettuare versamenti suppletivi o di fornire prestazioni accessorie richiedono il consenso di tutti i soci interessati.

Literatur

Vgl. die Literaturhinweise zu Art. 792.

I. Allgemeines

Die Bestimmung gehört *systematisch* sowohl zu den Art. 795 ff. als auch zu Art. 796: **1** Sie betrifft die **nachträgliche Einführung** von Nachschuss- *und* Nebenleistungspflichten (HANDSCHIN/TRUNIGER, § 17 N 3 i.f.). Konkret erfasst sie zwei Sachverhalte (CR CO II-CHAPPUIS/JACCARD, N 1): (1) den Fall, da die ursprünglichen Statuten überhaupt keine solche Pflichten enthalten und diese somit *neu begründet* werden sollen; und sodann (2) den Fall, da die Statuten zwar bereits solche Pflichten vorsehen, diese aber *erweitert* (erschwert) werden sollen. Nicht geregelt wird die Herabsetzung oder Aufhebung dieser Pflichten; einschlägig sind in diesem Zusammenhang andere Regeln (s. Art. 795c N 3 ff. und Art. 796 N 6). Ebenfalls nicht erfasst ist die Einführung von Nachschuss- und Nebenleistungspflichten anlässlich der Gründung der Gesellschaft, die sich nach Art. 777 Abs. 2 Ziff. 4 und 777a Abs. 2 Ziff. 1 und 2 richtet (s. Art. 795 N 4 und Art. 796 N 6).

Art. 797 ist **zwingendes Recht.** Ein statutarischer *Verzicht* auf das darin vorgesehene **2** Zustimmungerfordernis ist unzulässig. Demgegenüber kann das *Quorum* des Einführungs- oder Erweiterungsbeschlusses der Gesellschafterversammlung verschärft werden (Art. 808; s. N 6; CR CO II-CHAPPUIS/JACCARD, N 3).

II. Zustimmung

In allen Fällen der nachträglichen Einführung von Nachschuss- oder Nebenleistungs **3** pflichten ist nach Art. 797 die **«Zustimmung** aller davon betroffenen Gesellschafter» erforderlich. Welche Gesellschafter als «betroffen» (*«concernés», «interessati»*) zu gelten haben, ist nicht auf Anhieb ersichtlich (gleiche Formulierung in den VE 1996 und 1999 [VE 803d]; dazu FORSTMOSER/PEYER/SCHOTT, 112 f.; vgl. auch Art. 18 Abs. 4 FusG und Art. 64 Abs. 1 lit. a i.f. FusG: «(…) die davon betroffen werden»; demgegenüber Art. 796 Abs. 1 mit dem Begriff «verpflichten»). Wird z.B. den Gesellschaftern B und C ein Vorkaufsrecht auf den Stammanteil des Gesellschafters A eingeräumt, sind von dieser Nebenleistungspflicht im Grunde genommen alle Gesellschafter (d.h. A, B und C) betroffen. Die Zustimmung von B und C ist in diesem Fall allerdings kaum sinnvoll, weil beide lediglich berechtigt und nicht verpflichtet werden. Weil nur C verpflichtet wird, scheint nur er ein Bedürfnis nach einer Zustimmungsbefugnis zu haben. Dementsprechend muss der Begriff der Betroffenheit in dem Sinne ausgelegt werden, dass damit *Verpflichtung* gemeint ist. Der in Art. 797 enthaltene Passus der «... aller davon *betroffenen* Gesellschafter ...» ist als «... aller davon *verpflichteten* Gesellschafter ...» zu lesen (in diesem Sinne wohl auch Botschaft GmbH, 3199: «Personen, die der entsprechenden Änderung der Statuten nicht zustimmen, können keine zusätzlichen oder erweiterten Pflichten auferlegt werden»; gl.M., wenn auch ohne Begründung, KÜNG/CAMP, N 3; SIFFERT et al., N 3).

4 Die **Form** der zu erteilenden Zustimmung wird in Art. 797 nicht geregelt, so dass entsprechend Art. 11 Abs. 1 auch eine *formlose* Zustimmung gültig ist. Sie kann aus beliebigen Unterlagen hervorgehen, wie z.B. aus dem Protokoll der Gesellschafterversammlung, aus der Vollmacht eines Stimmvertreters, aus einem Stimmbindungsvertrag, aus einem Brief an die Geschäftsführer oder aus einem E-mail an die Gesellschaft. Die einzige Voraussetzung besteht darin, dass die Willenserklärung, auch wenn sie vielleicht der Auslegung bedarf, aus solchen Dokumenten *eindeutig* entspringt. Art. 797 schweigt sich ferner über den *Zeitpunkt* der Zustimmungserklärung aus. Unproblematisch sind die Fälle, in denen letztere *vor* oder *während* der Gesellschafterversammlung erteilt wird, die über die Einführung oder Erweiterung von Nachschuss- oder Nebenleistungspflichten befindet (s. N 6). Eine *nachträgliche* Willenserklärung scheint möglich, weil sie von der öffentlichen Beurkundung des statutenändernden Beschlusses gem. Art. 780 nicht erfasst wird. Auch verlangt die Handelsregisterverordnung nicht, dass sie als Beleg eingereicht wird. Daraus ist zu folgern, dass sie spätestens bei Anmeldung der Statutenänderung vorliegen muss (vgl. ZK FusG-GELZER, Art. 18 N 5; ZK FusG-BURCKHARDT BERTOSSA, Art. 64 N 11; HANDSCHIN/TRUNIGER, § 32 N 24).

5 Wird die Zustimmung nicht erteilt, hat das allerdings keine Auswirkung auf die *Gültigkeit* der geänderten Statuten. Auch ist der Beschluss der Gesellschafterversammlung mangels Zustimmung gewisser oder aller verpflichteter Gesellschafter keineswegs anfechtbar (höchstens obsolet). Denn die *einzige Auswirkung* einer unterlassenen Zustimmung besteht darin, dass der betreffende Gesellschafter von der eingeführten oder erweiterten Nachschuss- oder Nebenleistungspflicht nicht gebunden wird (Botschaft GmbH, 3199). Entgegen dem Eindruck, den die Formulierung von Art. 797 erweckt, ist die Zustimmung «aller davon betroffenen Gesellschafter» *kein Gültigkeitserfordernis* der Einführung bzw. Erweiterung von Nachschuss- und Nebenleistungspflichten. Vielmehr werden lediglich jene Gesellschafter verpflichtet, die ihre Zustimmung geben, während für die anderen die Rechtslage *quo ante* andauert (CR CO II-CHAPPUIS/JACCARD, N 2). Diese **Rechtsfolge** der unterlassenen Zustimmung ist Ausdruck des Gesellschafter- und Minderheitenschutzes, den Art. 797 bezweckt (HANDSCHIN/TRUNIGER, § 11 N 26; BÖCKLI, Présentation, 14 f.).

III. Beschluss

6 Die Zustimmung der verpflichteten Gesellschafter ist für die Einführung bzw. die Erweiterung von Nachschuss- oder Nebenleistungspflichten eine zwar *notwendige*, aber *nicht hinreichende* Voraussetzung. Weil eine solche Massnahme nach Art. 795 Abs. 1 bzw. 796 Abs. 1 zwingend eine **Statutenänderung** bedingt (vgl. Art. 776a Abs. 1

2. Abschnitt: Rechte und Pflichten der Gesellschafter

Ziff. 1), ist ein Beschluss der Gesellschafterversammlung unabdingbar. Unter Vorbehalt von Art. 808b Abs. 1 Ziff. 3 setzt dieser Beschluss die absolute Mehrheit der vertretenen Stimmen voraus (Art. 808; CHK-TRÜEB, N 2). Dieses Quorum kann statutarisch verschärft werden (s. Art. 808 N 3).

Art. 798

E. Dividenden, Zinse, Tantiemen
I. Dividenden

¹ Dividenden dürfen nur aus dem Bilanzgewinn und aus hierfür gebildeten Reserven ausgerichtet werden.

² Die Dividende darf erst festgesetzt werden, nachdem die dem Gesetz und den Statuten entsprechenden Zuweisungen an die gesetzlichen und statutarischen Reserven abgezogen worden sind.

³ Die Dividenden sind im Verhältnis des Nennwerts der Stammanteile festzusetzen; wurden Nachschüsse geleistet, so ist deren Betrag für die Bemessung der Dividenden dem Nennwert zuzurechnen; die Statuten können eine abweichende Regelung vorsehen.

E. Dividendes, intérêts et tantièmes
I. Dividendes

¹ Des dividendes ne peuvent être prélevés que sur le bénéfice résultant du bilan et sur les réserves constituées à cet effet.

² Les dividendes ne peuvent être fixés qu'après que les affectations aux réserves légales et statutaires ont été opérées conformément à la loi et aux statuts.

³ Les dividendes sont fixés proportionnellement à la valeur nominale des parts sociales; lorsque des versements supplémentaires ont été effectués, leur montant est ajouté à la valeur nominale des parts sociales pour fixer les dividendes; les statuts peuvent prévoir un autre mode de détermination des dividendes.

E. Dividendi, interessi e tantièmes
I. Dividendi

¹ Possono essere prelevati dividendi soltanto sull'utile risultante dal bilancio e sulle riserve costituite a tal fine.

² Il dividendo non può essere determinato prima che siano state assegnate alle riserve legali e statutarie le somme loro destinate dalla legge e dallo statuto.

³ I dividendi devono essere determinati in proporzione al valore nominale delle quote sociali; se sono stati effettuati versamenti suppletivi, il loro importo deve essere sommato al valore nominale delle quote sociali; lo statuto può prevedere un disciplinamento diverso.

Literatur

Vgl. die Literaturhinweise zu Art. 792.

I. Allgemeines

Die mitgliedschaftlichen Vermögensrechte, die nunmehr in Art. 798 f. geregelt sind (welche Art. 804 altOR ablösen), sind auch im neuen Recht über weite Strecken vom Aktienrecht beeinflusst (s. zum alten Recht RAMMELMEYER, 95). Art. 798 hat das **Dividendenrecht** der Gesellschafter zum Gegenstand und lehnt sich eng an die Art. 660 f., 671 ff. und 675 Abs. 2 an. Bedingt ist dieses Konzept durch den *kapitalistischen* Zug der GmbH (CR CO II-CHAPPUIS/JACCARD, Art. 772 N 16). Eine dem Recht der Kollektivgesellschaft analoge Ordnung des Gewinn- und Verlustanteils (Art. 558 ff.) hätte sich mit der Ausgestaltung des Stammkapitals nicht vereinbaren lassen (s.a. WOHLMANN, 75). Aus diesem *systematischen* Hintergrund folgt, dass bei der Auslegung von Art. 798 weitgehend auf die aktienrechtliche Doktrin und Judikatur abgestellt werden kann und soll (s.a. ZK-VON STEIGER, Art. 804 N 1; MEIER-HAYOZ/FORSTMOSER, § 16 N 168 ff.; RUEDIN, N 1519).

II. Struktur des Dividendenrechts

2 Nach Art. 798 Abs. 1 haben die Gesellschafter Anspruch auf eine Dividende, die *«nur aus dem Bilanzgewinn und aus hierfür gebildeten Reserven ausgerichtet werden [dürfen]»* (CHK-TRÜEB, N 4 ff.; s.a. ZR 1971, 335). Systematisch lässt sich dieser Anspruch in **drei Teilrechte** aufgliedern (PATRY, Précis II, 316; vgl. RUEDIN, N 1508 ff.; HANDSCHIN/TRUNIGER, § 16 N 8 f.). Dem Gesellschafter steht zunächst ein *Recht auf Gewinnstrebigkeit* zu, weil es für ihn wertlos wäre, einen Anspruch auf den Reingewinn zu haben, ohne dass zugleich die Gesellschaft die gemeinsamen Mittel zur Erzielung eines wirtschaftlichen Erfolgs nutzen *müsste* (SCHLUEP, 51). Hiervon zu unterscheiden ist das *Recht auf Gewinnbeteiligung,* d.h. der Anspruch auf *Ausweis, Ausschüttung* und *Verteilung* des jährlichen Bilanzgewinns innerhalb des gesetzlichen Rahmens (s.a. VON GREYERZ, SPR VIII/2, 156 ff.; KÜNG/CAMP, N 4). Bei festgestellter Dividende kommt dem Gesellschafter schliesslich noch ein *Recht auf Gewinnausrichtung* zu. In dieser dritten Phase löst sich der Anspruch auf Gewinnanteil von seiner mitgliedschaftlichen Grundlage und wandelt sich in ein *echtes Gläubigerrecht* um (WOHLMANN, 77).

3 Der Anspruch auf Gewinnanteil ist zwar das *wirtschaftlich wichtigste Recht* des Gesellschafters; jedoch ist er in hohem Mass *beschränkbar,* weil die Rechtsordnung den Organen eine weitgehende *Verfügungsbefugnis* über den *Reingewinn* einräumt (s.u. N 9). Aus diesem Grund ist die Frage nach seinem **Schutz** geradezu zentral. Die altrechtliche Doktrin hatte diesen Schutz in Anlehnung an das alte Aktienrecht dadurch bewerkstelligt, dass sie dem Anspruch auf Gewinnanteil die Qualität eines *«wohlerworbenen Rechts»* zuerkannte (ZK-VON STEIGER, Art. 804 N 6 sowie Art. 784 N 23; DERS., SJK 801, 20; WOHLMANN, 76; GUHL, 42; BERNHARD, 79). Seit der Revision des Aktienrechts im Jahre 1991 kann dem nicht mehr gefolgt werden. Denn die ersatzlose *Streichung* des Art. 646 altOR und die damit einhergehende *Abschaffung* des *Prinzips der Wohlerworbenheit* von unentziehbaren Aktionärrechten stellen einen *Systemwechsel* dar, der über die AG hinaus Relevanz für sämtliche Körperschaften des schweizerischen Rechts besitzt. Auch in der GmbH wird man somit davon ausgehen müssen, dass nunmehr die mitgliedschaftlichen Rechte nach dem sog. *objektivrechtlichen Ansatz* geschützt sind, der an den *Rechtsprinzipien* anknüpft, die den Mehrheitsbeschlüssen *Schranken* ziehen (und nicht – wie der überkommene *subjektivrechtliche Ansatz* – an der individuellen Rechtsstellung des Gesellschafters). Danach gilt es jeweils im Einzelnen zu prüfen, ob der in die mitgliedschaftlichen Rechte eingreifende Gesellschafterbeschluss vor der «Fundamentalordnung» der GmbH, dem Rechtsmissbrauchverbot und dem Gleichbehandlungsgebot (s. FORSTMOSER/MEIER-HAYOZ/NOBEL, 457 ff. N 11 ff., 470 N 103 ff.), sodann aber auch vor dem Sachlichkeits- und Verhältnismässigkeitsprinzip (s. BÖCKLI, Aktienrecht, § 16 N 112) sowie (allenfalls) vor dem Gebot der schonenden Rechtsausübung (s. MEIER-HAYOZ/ZWEIFEL, 383 ff.) standzuhalten vermag. Die *Sanktion* einer Verletzung der mitgliedschaftlichen Rechte bestimmt sich in *sinngemässer Anwendung* der Art. 706 ff. (s. die Verweisung in Art. 808c).

2. Abschnitt: Rechte und Pflichten der Gesellschafter   4–7 Art. 798

Das **Ausmass des Schutzes,** der dem Anspruch auf Gewinnanteil zuteil wird, variiert je   4
nachdem, welches seiner Elemente (Gewinnstrebigkeits-, Gewinnbeteiligungs- und Gewinnausrichtungsrecht) *in concreto* betroffen ist. Dass der Schutz hier sozusagen
«*schichtbezogen*» ist, geht darauf zurück, dass eine Dividende nur ausbezahlt werden
kann, wenn ein Gewinn *angestrebt, erzeugt, ausgewiesen* und *ausgeschüttet* wird (s.a.
VON GREYERZ, 155), und dass in all diesen Phasen der Anspruch auf Gewinnanteil
einer jeweils spezifischen Gefahr ausgesetzt ist (unpräzis CHK-TRÜEB, N 2, der die
Rechtsschutzfragen nur global, nicht «schichtbezogen» aufwirft). Man muss daher notwendigerweise *nach Rechtsstufe* unterscheiden.

III. Recht auf Gewinnstrebigkeit

Das **Recht auf Gewinnstrebigkeit** steht den Gesellschaftern allemal dann zu, wenn die   5
GmbH als *Erwerbsgesellschaft* gegründet worden ist (HANDSCHIN, Rechte, 710; HANDSCHIN/TRUNIGER, § 16 N 9 f.). Weil nach der Streichung von Art. 772 Abs. 3 altOR ein
nichtwirtschaftlicher Zweck der GmbH zulässig ist (Botschaft GmbH, 3171), ist dieses
Recht *kein Begriffsmerkmal* dieser Gesellschaftsform. Der Gesellschafter kann somit *jederzeit* darauf *verzichten*. Ein solcher Verzicht setzt aber stets eine *einstimmig* beschlossene *Statutenänderung* voraus (HANDSCHIN, Rechte, 710). Führt ein Gesellschaftsbeschluss zu einer *faktischen* Beschränkung bzw. Aufgabe der Gewinnstrebigkeit, so ist
er (in Anwendung von Art. 808c i.V.m. Art. 706 Abs. 2 Ziff. 4) *anfechtbar*. Das bedeutet
aber nicht, dass die Geschäftsführung einer auf Erwerb ausgerichteten GmbH stets eine
schrankenlose Gewinnpolitik verfolgen muss. Sofern dieses Organ die *allgemeinen
Grenzen* des Eingriffs in mitgliedschaftliche Rechte (s.o. N 3), namentlich das *Verhältnismässigkeits-* und *Sachlichkeitserfordernis,* nicht überschreitet, sind Beschneidungen
des Gewinnstrebigkeitsrechts hinzunehmen (s.a. GAMMA, 115; vgl. dazu die auch für
die GmbH gültige Kasuistik bei SCHLUEP, 54 ff.; ferner FORSTMOSER/MEIER-HAYOZ/
NOBEL, 467 f. N 87 ff.; BGE 100 II 393 f.; 72 II 297; ZR 1963, 281; zu konzernrechtlichen Fragen HANDSCHIN/TRUNIGER, § 16 N 9).

Bei *Verletzungen* des Gewinnstrebigkeitsrechts durch Massnahmen, die in die Zuständig-   6
keit der Geschäftsführung fallen, stehen dem Gesellschafter **keine direkten Rechtsbehelfe** zur Verfügung. Eine *Sanktion* kann hier lediglich mittelbar durch *Verantwortlichkeitsklage* (Art. 827 i.V.m. Art. 754 ff.), allenfalls durch *Auflösungs-* (Art. 821 Abs. 3)
oder *Austrittsklage* (Art. 822 f.) bzw. durch Abberufung von Geschäftsführern (Art. 804
Abs. 2 Ziff. 2) erwirkt werden (s.a. ZK-VON STEIGER, N 6).

IV. Recht auf Gewinnbeteiligung

Sofern die Statuten nichts anderes bestimmen, haben die Gesellschafter nach Art. 798   7
Abs. 3 ein **Recht auf Gewinnbeteiligung** *«im Verhältnis des Nennwerts der Stammanteile»,* dies unter Zurechnung von *geleisteten Nachschüssen,* nicht aber von erfüllten
Nebenleistungspflichten (s.a. ZR 1963, 298 f.; HANDSCHIN/TRUNIGER, § 16 N 11 f.; CR
CO II-CHAPPUIS/JACCARD, N 5; CHK-TRÜEB, N 11). Dadurch unterscheidet sich das
neue Recht markant vom alten, das für die Bemessung der Dividende von den auf die
Stammeinlagen geleisteten Deckungsbeträgen ausging (PATRY, Précis II, 316; BERNHARD, 81; HANDSCHIN, Rechte, 710; PLÜSS, 314; WAGNER/PLÜSS, 75 N 164; BÄHLER,
72). Das nunmehr für die Gewinnbeteiligung auch tatsächlich einbezahlte Nachschüsse
berücksichtigt werden, unterstreicht den Umstand, dass diese Leistungen Finanzierungsfunktion haben und die Teilliberierung von Einlagen funktionell ergänzen (s. Art. 795
N 1).

8 Art. 798 Abs. 3 stellt **dispositives Recht** dar (MEIER-HAYOZ/FORSTMOSER, § 18 N 80; CR CO II-CHAPPUIS/JACCARD, N 4; DUC, 117). Der in dieser Bestimmung enthaltene Vorbehalt hat zur Folge, dass es zulässig sein muss, den *gesetzlichen Beteiligungsschlüssel* satzungsmässig *abzuändern,* ja eine Gewinnbeteiligung sogar gänzlich *auszuschliessen* (CHK-TRÜEB, N 12), soweit die *allgemeinen Schranken der Mehrheitsmacht* (s.o. N 3) beachtet werden. Praktisch geschieht solches z.B. dadurch, dass einzelnen Gesellschaftern vermögensmässige *Vorrechte* (Art. 799) eingeräumt (s.a. ZK-VON STEIGER, Art. 789 N 6) oder die Bestimmung von *Verteilungskriterien* vollumfänglich der *Gesellschafterversammlung* anheimgestellt werden. Nach der hier vertretenen Auffassung setzt also die Abänderung der dispositiven Regel von Art. 798 Abs. 3 *keine* statutarische Grundlage voraus.

9 Recht tiefschürfende Beschränkungsmöglichkeiten ergeben sich sodann aus der **Ermessensfreiheit der Gesellschaftsorgane** bei der *Gewinnermittlung* (Art. 801 i.V.m. Art. 662 ff.; s.a. ZR 1963, 284; HANDSCHIN/TRUNIGER, § 16 N 7). Weil die Gesellschafter *keinen Anspruch* darauf haben, dass der erzielte Gewinn *unvermindert ausgewiesen* wird, ist es den Geschäftsführern gestattet, *stille Reserven* zu bilden und damit den Gewinn (zumindest faktisch) nach Belieben festzusetzen (Art. 801 i.V.m. Art. 669 Abs. 3; vgl. BGE 99 II 55; 91 II 298). Die *willentliche* Bildung stiller Reserven (sog. «*Willkürreserven*») setzt aber voraus, dass die materiellen Schranken von Art. 669 eingehalten werden (vgl. dazu krit. BÖCKLI, Aktienrecht, § 8 N 543 und 545). Namentlich wird man fordern, dass die stille Reservebildung im Einklang mit einer *vernünftigen,* nach *sachlichen Kriterien* gerechtfertigten *Unternehmenspolitik* steht und dass sie den Rechnungslegungsprinzipien des Art. 801 i.V.m. Art. 662a nicht widerspricht (BÖCKLI, Aktienrecht, § 8 N 184 ff.; s.a. ZR 1963, 280). Der Mischcharakter der GmbH bewirkt allerdings (s. etwa BGE 111 II 377 = Pra 1986, 192), dass die Schranken der Bildung stiller Reserven *flexibler* zu handhaben sind als bei der AG; man wird stets die *konkrete Ausgestaltung* der Gesellschaft in Betracht ziehen müssen und die Reservebildung auch daran messen, ob der Gesellschaftszweck mehr auf dem *Kapital* oder mehr auf den *persönlichen Leistungen* der Mitglieder beruht (s.a. ZK-VON STEIGER, Art. 784 N 23; KÜNG/CAMP, N 18). Selbst der ausgewiesene Bilanzgewinn steht den Gesellschaftern *nicht unbeschränkt* zu. So müssen vorerst die *gesetzlichen* und (allenfalls) die *statutarischen Reserven* gespeist werden (Art. 798 Abs. 2; ferner Art. 801 i.V.m. Art. 671 sowie 672 f.; CHK-TRÜEB, N 8 f.; s.a. W. VON STEIGER, SJK 801, 23; KÜNG/CAMP, N 15). Unter den gesetzlichen Reserven sind die allgemeinen Reserven (Art. 801 i.V.m. Art. 671; KÜNG/CAMP, N 7), die Reserve für eigene Stammanteile (Art. 783 Abs. 4 i.V.m. Art. 671a; KÜNG/CAMP, N 13) sowie die Aufwertungsreserven (Art. 801 i.V.m. Art. 671b; KÜNG/CAMP, N 14) zu verstehen (KÜNG/CAMP, N 6). Auch statutarische Zuwendungen an *Wohlfahrtsfonds* können, falls statutarisch vorgesehen bzw. von der Gesellschafterversammlung beschlossen, den Beteiligungsanspruch der Gesellschafter vermindern (Art. 801 i.V.m. Art. 672 f.; s.a. BGE 83 III 150). Ferner kann die Gesellschafterversammlung selber den verfügbaren Gewinn kürzen, indem sie nach freiem, aber pflichtgemässem Ermessen – d.h. in einer Weise, die namentlich dem *Verhältnismässigkeits-* sowie dem *Sachlichkeitserfordernis* genügt – beschliesst, im Hinblick auf die Sicherstellung des Unternehmens *notwendige Reserven* anzulegen (sog. Beschlussreserven; Art. 801 i.V.m. Art. 674 Abs. 2 Ziff. 2; s. RAPP, Droits, 189), *sittliche Verpflichtungen* zu erfüllen, *Tantiemen* auszuschütten (s.a. ZK-VON STEIGER, Art. 811 N 31) oder einen Gewinnsaldo auf *neue Rechnung* vorzutragen. Daraus geht hervor, dass dem Gesellschafter im Ergebnis kein Recht auf *Ausschüttung des ausgewiesenen Gewinnes* zusteht (s. VON GREYERZ, 157; ferner ZR 1963, 284).

2. Abschnitt: Rechte und Pflichten der Gesellschafter   Art. 798a

Dem Grundsatz von Art. 808c i.V.m. Art. 706 f. zufolge ist ein Gesellschaftsbeschluss, 10
der die in N 3 dargelegten *Prinzipien* missachtet, **anfechtbar** (s.a. ZR 1963, 276,
280 f.; HANDSCHIN/TRUNIGER, § 16 N 20), womit die Tragweite des hier befürworteten
objektivrechtlichen Schutzansatzes (s.o. N 3) deutlich wird, steht doch nicht mehr der
unbestimmte Rechtsbegriff des (subjektiven) Gewinnverteilungsrechts im Zentrum der
Erwägungen. Im einzelnen gilt es zu prüfen, ob man es mit einem *direkten Verstoss*
gegen Gesetz oder Statuten (Art. 706 Abs. 2 Ziff. 1), mit einer Verletzung des *Sachlichkeitsgebots* (Art. 706 Abs. 2 Ziff. 2) oder mit einer Missachtung des *Gleichbehandlungsprinzips i.e.S.* (Art. 706 Abs. 2 Ziff. 3) zu tun hat, weil je nach Fallkonstellation andere
Begründungskriterien für die Anfechtungsklage gelten (s. BÖCKLI, Aktienrecht, § 16
N 111 ff.). Ein Gewinnverteilungsbeschluss ist demgegenüber in Anwendung von
Art. 808c i.V.m. Art. 706b Abs. 3 *nichtig,* wenn er den gesetzlichen Grundsätzen des
Kapitalschutzes widerspricht (BÖCKLI, Aktienrecht, § 16 N 171 ff.). Solches ist z.B. der
Fall, wenn die Revisionsstelle der Gesellschafterversammlung *kein Revisionsbericht*
vorgelegen hat (analog 729b Abs. 1), sofern selbstredend eine Revisionsstelle statutarisch bestellt ist (Art. 818 Abs. 1; BÖCKLI, Présentation, 24; DERS., Übersicht, 37), oder
wenn sich die Gewinnverteilung nicht auf einen von der Gesellschafterversammlung *genehmigten Jahresabschluss* abstützt bzw. wenn sie auf einer Bilanz basiert, in welcher
ein verwendbares Eigenkapital *fehlt.*

V. Recht auf Gewinnausrichtung

Mit dem Gewinnverteilungsbeschluss, denn die Gesellschafterversammlung aufgrund 11
von Art. 804 Abs. 2 Ziff. 5 mit dem absoluten Mehr der vertretenen Stimmen fasst
(Art. 808), erwächst jedem Gesellschafter ein *frei übertragbares, selbständiges* und *unbedingtes* **Gläubigerrecht auf Gewinnausrichtung** gegenüber der Gesellschaft (s.a.
WOHLMANN, 77; W. VON STEIGER, SJK 801, 21; ferner HANDSCHIN/TRUNIGER, § 16
N 21). Nicht zu folgen ist der noch unter altem Recht vertretenen Lehrmeinung, die dieses Recht insofern für *beschränkbar* hält, als es im *Gesellschaftskonkurs* hinter den Forderungen aller Drittgläubiger zurückzutreten hat (BK-JANGGEN/BECKER, Art. 804 N 13;
SCHWARZENBACH, 36). Denn ein solcher *Rangrücktritt* findet keine Stütze im Gesetz
(HANDSCHIN/TRUNIGER, § 16 N 21).

In der Festlegung der **Form der Gewinnausrichtung** ist die Gesellschafterversamm- 12
lung grundsätzlich *frei.* Es können Dividenden in bar, Sachdividenden, Stockdividenden
(d.h. Stammanteile) oder gemischte Formen (samt der Möglichkeit eines Wahlrechts der
Gesellschafter) beschlossen werden. Massgebend sind die *aktienrechtlichen* Grundsätze
(s. im einzelnen FORSTMOSER, Sachausschüttungen, 704 f.).

Der Anspruch auf Gewinnausrichtung **verjährt** gem. Art. 128 Ziff. 1 in fünf Jahren (s.a. 13
BK-JANGGEN/BECKER, N 20; HANDSCHIN/TRUNIGER, § 16 N 21; BGE 31 II 457).

Art. 798a

II. Zinsen	¹ **Für das Stammkapital und geleistete Nachschüsse dürfen keine Zinsen bezahlt werden.**
	² **Die Ausrichtung von Bauzinsen ist zulässig. Die Vorschrift des Aktienrechts über Bauzinse ist entsprechend anwendbar.**

II. Intérêts	¹ Il ne peut être versé d'intérêts sur le capital social et les versements supplémentaires effectués.
	² Le versement d'intérêts intercalaires est admissible. La disposition du droit de la société anonyme concernant les intérêts intercalaires est applicable par analogie.
II. Interessi	¹ Non possono essere pagati interessi a favore del capitale sociale e dei versamenti suppletivi effettuati.
	² È ammesso il versamento di interessi per il periodo di avviamento. La disposizione del diritto della società anonima concernente gli interessi per il periodo di avviamento si applica per analogia.

Literatur

Vgl. die Literaturhinweise zu Art. 792.

I. Allgemeines

1   Die Bestimmung entspricht dem aktienrechtlichen Grundsatz von Art. 675 Abs. 1. Allerdings verbietet sie nicht bloss die **Verzinsung** des Stammkapitals, des Gegenstücks des Aktienkapitals, sondern auch diejenige von *geleisteten Nachschüssen* (Art. 772 Abs. 2 Satz 2 und Art. 795 ff.), die in der AG nicht zugelassen sind. Dieser legislatorische Entscheid ist insofern folgerichtig, als Nachschusspflichten in der GmbH funktionell nichtliberiertes Eigenkapital darstellen (Botschaft GmbH, 3157, 3161 und 3195). Demgegenüber erwähnt Art. 798*a* Abs. 1 *Nebenleistungspflichten* nicht. Dieses Schweigen ist beabsichtigt und findet seinen Grund darin, dass Nebenleistungspflichten nach Art. 796 Abs. 4 *keine Eigenkapitalfunktion* haben dürfen (s. Art. 796 N 1 und 15). Insofern können geldwerte Nebenleistungspflichten ohne weiteres verzinst werden (SIFFERT et al., N 2). Eignet ihnen trotzdem Finanzierungsfunktion an, gebietet Art. 796 Abs. 4, dass sie als Nachschüsse behandelt werden (JACCARD/BARUH, 286; CR CO II-CHAPPUIS/ JACCARD, N 2 i.f.), was alsdann die Einschlägigkeit von Art. 798a begründet. Eine Verzinsung ist in diesem Fall untersagt.

2   Der **Zweck** von Art. 798a besteht *primär* darin, die *Durchsetzung des Kapitalrückzahlungsverbots* von Art. 793 Abs. 2 abzustützen (s.a. SIFFERT et al., N 1; RUEDIN, N 1034 f.; DERS., Responsabilité, 52; MÜLLER, 53 ff.). Das Zinsverbot dient in diesem Sinne der Verhinderung von Ausschüttungen, die andere Mittel als von der *Gesellschaft selbst erwirtschaftetes Vermögen* zum Gegenstand haben (vgl. FORSTMOSER, Sachausschüttungen, 702 f.). Vermieden wird auf diese Weise die (auch nur partielle) *Rückzahlung* von Stammeinlagen. *Subsidiär* stellt Art. 798*a* auch die Beachtung der Regeln betreffend Reservebildung, Vermögensbewertung und Beschlussfassung durch die Gesellschafterversammlung sicher. Denn eine Vermögensausschüttung an die Gesellschafter soll ausschliesslich über die *geordneten* Bahnen der *Dividendenzahlung* (Art. 798), der (konstitutiven) *Kapitalherabsetzung* (Art. 782 i.V.m. Art. 732 ff.) und der *Liquidation* (Art. 826 i.V.m. Art. 736 ff.) erfolgen (s.a. KÜNG/CAMP, N 1 f.).

II. Zinsverbot (Abs. 1)

3   Art. 798a Abs. 1 ordnet an, dass das von den Gesellschaftern eingebrachte Kapital, d.h. die vollliberierten Einlagen sowie die geleisteten Nachschüsse, nur als Beteiligung behandelt werden darf und dass dementsprechend eine **Verzinsung der Stammanteile** und der **Nachschüsse,** anders als in den Personengesellschaften (Art. 558 Abs. 2,

Art. 559, Art. 598 Abs. 2, Art. 611), untersagt ist. Eine derartige Verzinsung liegt vor, wenn den Gesellschaftern eine *vom Bilanzergebnis unabhängige, periodisch* wiederkehrende, nach *Zeit* oder *Quote* der geleisteten Liberierungs- oder Nachschussbeträge bemessene *Vergütung* versprochen oder ausgerichtet wird. Entsprechend ist unerheblich, welche *Form* solche Zinsen annehmen (ZK-VON STEIGER, Art. 804 N 8; s.a. die Bsp. bei SIFFERT et al., N 1). Selbst variable, vom Geschäftsergebnis abhängige Vergütungen können Zinsen darstellen (s. HANDSCHIN/TRUNIGER, § 16 N 17; SIFFERT et al., N 2; BK-JANGGEN/BECKER, Art. 804 N 14; ZK-VON STEIGER, Art. 804 N 8). Umgekehrt ist eine Verzinsung von obligatorisch begründeten Forderungen (z.B. Vorschüsse oder Darlehen; s. SIFFERT et al., N 2) sowie von Leistungen, die vom Stammkapital unabhängig sind (z.B. Umsatzprovisionen), durchaus *zulässig* (ZK-VON STEIGER, Art. 804 N 8; HANDSCHIN/TRUNIGER, § 16 N 17 i.f.; CR CO II-CHAPPUIS/JACCARD, N 2).

Eine Verzinsung im geschilderten Sinne ist nach sinngemässer Anwendung von Art. 808c i.V.m. Art. 706b Abs. 3 **nichtig** (s. Botschaft GmbH, 3200: «Die Verzinsung von Eigenkapital stellt einen Verstoss gegen die Grundstruktur jeder Kapitalgesellschaft dar»; ferner auch HANDSCHIN/TRUNIGER, § 16 N 17; RUEDIN, N 1037). 4

III. Bauzinsen (Abs. 2)

Art. 798a Abs. 1 nimmt Bauzinsen vom Verbot des Abs. 1 aus. Diese Regel ist unmittelbar aus dem Aktienrecht übernommen worden (Art. 676). Insofern ist die aktienrechtliche Lehre (FORSTMOSER/MEIER-HAYOZ/NOBEL, § 28 N 122 und § 40 N 115; BÖCKLI, Aktienrecht, § 8 N 432) und Rechtsprechung (BGE 37 II 73) auch für die GmbH einschlägig. Bauzinsen sind Vergütungen auf der Stammeinlage *für die Zeit der baulichen Vorbereitung unternehmerischer Infrastrukturen* (HANDSCHIN/TRUNIGER, § 5 N 39; SIFFERT et al., N 3; KÜNG/CAMP, N 4 ff.; CHK-TRÜEB, N 4; BK-JANGGEN/BECKER, Art. 804 N 15; BROSSET/SCHMIDT, 106; ZK-BÜRGI, Art. 675/676 N 11; ZR 1979, 235; RBUR 1980/81, 67). In der Praxis bleiben Bauzinsen selten. Denn es muss **paradoxal** anmuten, dass eingebrachtes Eigenkapital kurz nach der Gründung zurückerstattet wird, wo doch gerade in der Aufbauphase der GmbH Mittel in gesteigertem Masse benötigt werden (KÜNG/CAMP, N 7; SIFFERT et al., N 6; CHK-TRÜEB, N 7; vgl. auch FORSTMOSER/MEIER-HAYOZ/NOBEL, § 28 N 122). 5

Materiellrechtlich gelangen die aktienrechtlichen Grundsätze von Art. 676 Abs. 1 Satz 2 zur Anwendung (Art. 798a Abs. 2 Satz 2; s.a. GUHL, 42; SCHAUB, SJK 791, 3). Die Ausrichtung von Bauzinsen setzt danach eine *zeitlich* und *sachlich* bestimmte *Klausel* in den (ursprünglichen) *Statuten* voraus (Art. 776a Abs. 1 Ziff. 15; SIFFERT et al., N 5), was Einstimmigkeit voraussetzt (Art. 777 Abs. 1; SIFFERT et al., Art. 777 N 10; CR CO II-CHAPPUIS/JACCARD, Art. 777 N 16). Die Regelung der Modalitäten von Bauzinsen in einem Reglement geht nicht an. Eine *nachträgliche* statutarische Einführung ist sodann *ausgeschlossen*, es sei denn, dass eine Kapitalerhöhung beschlossen wird (Art. 781), in welchem Fall Bauzinsen für die Aufstockungsleistungen vorgesehen werden dürfen (Art. 798a Abs. 2 i.V.m. Art. 676 Abs. 2; s.a. BK-JANGGEN/BECKER, Art. 804 N 16 f.). In diesem Fall ist für den Gesellschafterbeschluss die qualifizierte Mehrheit von Art. 808b Abs. 1 Ziff. 5 erforderlich. Dauert der Aufbau des Unternehmens *weniger lang* als vorgesehen, so fallen (trotz statutarischer Grundlage) die Bauzinsforderungen dahin (SIFFERT et al., N 5; EDELMANN, 14; s.a. BGE 37 II 73). Nimmt hingegen die Unternehmensvorbereitung *mehr Zeit* in Anspruch, so hat eine entsprechende Ausdehnung der Bauzinsvergütung zu unterbleiben (BK-JANGGEN/BECKER, Art. 804 N 16). Bauzinsansprüche können im *Gesellschaftskonkurs* wie jede andere Drittforderung *gel*- 6 *tend* gemacht werden (ZK-BÜRGI, Art. 675/676 N 7 m.Nw.). Bilanzmässig sind geleistete Bauzinsen als Herstellungs- bzw. Anschaffungskosten auf der *Aktivseite* zu verbuchen (sog. Anlagekonto) und können in der Folge *angemessen abgeschrieben* werden (BÖCKLI, Aktienrecht, § 8 N 432; KÜNG/CAMP, 798a N 5; SIFFERT et al., N 4).

Art. 798b

III. Tantiemen	Die Statuten können die Ausrichtung von Tantiemen an Geschäftsführer vorsehen. Die Vorschriften des Aktienrechts über Tantiemen sind entsprechend anwendbar.
III. Tantièmes	Les statuts peuvent prévoir l'attribution de tantièmes aux gérants. Les dispositions du droit de la société anonyme concernant les tantièmes sont applicables par analogie.
III. Tantièmes	Lo statuto può prevedere il versamento di tantièmes ai gerenti. Le disposizioni del diritto della società anonima concernenti i tantièmes si applicano per analogia.

Literatur

Vgl. die Literaturhinweise zu Art. 792.

I. Allgemeines

1 Die Bestimmung umschreibt die *Voraussetzungen,* unter welchen den Geschäftsführern **Tantiemen** ausbezahlt werden können (s.a. RUEDIN, N 569). Unter dem *Begriff* der Tantieme wird die Ausschüttung von *Gewinn* als Entgelt für bestimmte exekutive Arbeits- oder Dienstleistungen verstanden. Hauptsächliches Ziel dieser Form von Entlohnung ist die Schaffung von geschäftsgangabhängigen *incentives* in der Person des Leistungsträgers (eingehend zu sog. «*Pay-For-Performance*»-Systemen, GIGER, 390 ff.): Dieser wird unmittelbar am *Geschäftserfolg* beteiligt, was seinen Einsatz für das Unternehmen potenzieren soll (s.a. KÜNG/CAMP, N 2; SIFFERT et al., N 1; AEPLI, 270 f.; NUSSBAUMER/VON DER CRONE, 94; LEU 109 f.). Von Tantiemen zu unterscheiden sind *feste* Vergütungen, d.h. solche, die *gewinnunabhängig* entrichtet werden (z.B. Honorare an die Geschäftsführer, Zeitlohn i.S.v. 322 Abs. 1, Naturallohn i.S.v. Art. 329d Abs. 1, Gratifikation i.S.v. Art. 322d, Bonus oder dgl. mehr; s.a. CR CO II-CHAPPUIS/JACCARD, N 4; CHK-TRÜEB, N 3). Ebenfalls keine Tantiemen sind gewinnabhängige Zahlungen an *Angestellte* der Gesellschaft (s.u. N 3). Schliesslich sind auch Beteiligungsprogramme *(stock option plans,* usw.) keine Tantiemen. Praktisch ist die Tantieme eher selten anzutreffen, weil sie *steuerrechtlich* benachteiligt ist (s. BÖCKLI, Aktienrecht, § 13 N 238; FORSTMOSER/MEIER-HAYOZ/NOBEL, § 28 N 125; AEPLI, 271; spezifisch zur GmbH KÜNG/CAMP, N 11; SIFFERT et al., N 3).

2 Art. 798b Satz 2 stellt keine GmbH-spezifische Ordnung auf, sondern beschränkt sich darauf, auf die «Vorschriften des Aktienrechts über Tantiemen» zu **verweisen,** d.h. auf die Art. 677–679 (SIFFERT et al., N 4). Die zu diesen Bestimmungen entwickelte Doktrin (s. statt vieler BÖCKLI, Aktienrecht, § 13 N 238; FORSTMOSER/MEIER-HAYOZ/NOBEL, § 28 N 125) und Rechtsprechung (s. BGer 4C.386/2002, besprochen bei NUSSBAUMER/VON DER CRONE; BGE SJ 2005 I 368; 105 II 114; 84 II 550; 82 II 150; 75 II 153; 72 II 149) ist demnach auch für die Handhabung von Art. 798b einschlägig.

II. Voraussetzungen

Nicht jede gewinnabhängige Leistung, die an eine in der GmbH exekutiv tätige Person entrichtet wird, ist als Tantieme zu qualifizieren. Eine solche liegt nur vor, wenn sie an einen **Geschäftsführer** i.S.v. Art. 809 ausgeschüttet wird. Folglich fallen erfolgsbedingte Honorare an Mitglieder der Geschäftsleitung (LEU, 111), falls solche überhaupt vorhanden sind, nicht unter die Kautelen von Art. 798b, sondern sind allenfalls nach Massgabe von Art. 798a, vielleicht sogar von Art. 793 Abs. 2 zu prüfen. Kein Kriterium ist sodann die *Form*, in welcher eine Tantieme vereinbart wird. Ob sie im *Geschäftsbesorgungsvertrag* mit den Geschäftsführern ausdrücklich geregelt oder direkt von der Gesellschafterversammlung beschlossen wird, ist mithin bedeutungslos. Für die Qualifikationsfrage ist allein massgeblich, ob eine Zahlung an Geschäftsführer der Gesellschaft geleistet wird, die vom Jahresergebnis der Gesellschaft abhängig ist. Statutarisch kann diese Regel *nicht* modifiziert werden.

3

Die Zulässigkeit von Tantiemen setzt eine **statutarische Grundlage** voraus (Art. 798b Satz 1 und Art. 776a Abs. 1 Ziff. 14; HANDSCHIN/TRUNIGER, § 5 N 38; SIFFERT et al., N 5; KÜNG/CAMP, N 2; CR CO II-CHAPPUIS/JACCARD, N 2; krit. aber das Konzept der Tantieme wohl verkennend CHK-TRÜEB, N 4). Ein Erlass dieses Erfordernisses in welcher Form auch immer ist nach der bundesgerichtlichen Praxis ausgeschlossen (BGE 91 II 310 ff.; 84 II 552 ff.), was als Abgrenzung zur Vereinbarung von Art. 322a Abs. 1 zu verstehen ist. Damit ist klargestellt, dass eine Tantieme nicht Gegenstand einer *kontraktuellen* Abmachung bilden kann; auch ein *Reglement* kommt in diesem Zusammenhang nicht in Frage. Die Statuten können die Tantiemen entweder *präzise* (z.B. als Prozentsatz des Bilanzgewinnes) oder *dem Grundsatz nach* (z.B. mit der Formel einer «angemessenen» Beteiligung) umschreiben (vgl. NUSSBAUMER/VON DER CRONE, 94). Allerdings müssen sie stets deutlich machen, dass die Entschädigung *Gewinnbeteiligungscharakter* hat, ansonsten anzunehmen ist, dass die Erfolgsbezogenheit des Honorars fehlt (s.a. BGE 84 II 552 ff.; LEU, 110).

4

Die Statutenklausel, die Tantiemen bewilligt, hat den Geschäftsführern gegenüber *keine* ermächtigende Wirkung. Diese dürfen sich also nicht darauf stützen, um selber eine Ausschüttung vorzunehmen. Vielmehr bedarf es in jedem Fall eines **Beschlusses der Gesellschafterversammlung,** was sich unmittelbar aus Art. 804 Abs. 2 Ziff. 5 ergibt (SIFFERT et al., N 7; CR CO II-CHAPPUIS/JACCARD, N 2). Falls die Statuten keine klare und eindeutige Bemessungsgrundlage für die Tantieme nahelegen (s.o. N 4), können die Gesellschafter deren Höhe *nach freiem Ermessen* festlegen. Nach bundesgerichtlicher Praxis muss alsdann aber das *Verhältnismässigkeitsprinzip* gewahrt werden (in diesem Sinne ist das berühmte Togal-Urteil zu lesen: BGE 105 II 120 ff.; NUSSBAUMER/VON DER CRONE, 94 f.).

5

In Art. 798b i.V.m. Art. 677 wird festgehalten, dass Tantiemen nur aus dem **Bilanzgewinn** ausgeschüttet werden dürfen (SIFFERT et al., N 6; LEU, 108; RUEDIN, N 1513), also aus dem *Jahresgewinn* sowie aus einem allfälligen *Gewinnvortrag* (der die Gesamtheit der Gewinne aus den letzten Jahre darstellt, die weder ausgeschüttet noch sonst anderweitig verwendet worden sind). Mithin kann es zur Ausschüttung einer Tantieme auch kommen, wenn ein *Jahresverlust* erwirtschaftet wurde, sofern der Gewinnvortrag diesen Verlust übersteigt. Umgekehrt muss trotz eines Jahresgewinnes auf eine Tantieme verzichtet werden, wenn der *Verlustvortrag* höher ist (zum Ganzen FORSTMOSER/MEIER-HAYOZ/NOBEL, § 40 N 27 ff.). Ebenfalls unzulässig ist eine Ausschüttung aus *freien* Reserven (s.a. VON GREYERZ, 252).

6

7 Schliesslich setzt die Ausschüttung einer Tantieme voraus, dass «die **Zuweisung an die gesetzliche Reserve** gemacht und eine **Dividende von 5%** oder von einem durch die Statuten festgesetzten höheren Ansatz an die … [Gesellschafter] ausgerichtet worden ist» (Art. 677 i.V.m. Art. 798b). Damit wird ein *dualer Mechanismus* ausgelöst: (1) Als erstes muss die *erste* Zuweisung von 5% des Jahresgewinnes an die allgemeinen Reserven nach Art. 801 i.V.m. Art. 671 Abs. 1 vorgenommen worden. Ferner kommt auch die *zweite* Zuweisung von Art. 801 i.V.m. Art. 671 Abs. 2 Ziff. 3 zum Tragen. Danach sind 10% der Beträge, die nach Bezahlung einer Dividende von 5% als Gewinnanteil ausgerichtet werden, an die allgemeinen Reserven zuzuführen. (2) Sodann muss den Gesellschaftern allemal eine sog. *Sockeldividende* von 5% ausgerichtet worden sein; damit wird ein Gewinnbeteiligungsvorrang der Gesellschafter verankert (NUSSBAUMER/VON DER CRONE, 94).

III. Rechtsfolgen

8 Der Anspruch des Geschäftsführers auf Tantiemen wird mit dem Beschluss der Gesellschafter *fällig*, es sei denn, die Statuten würden eine andere Fälligkeitsregelung einführen. Im Prinzip entsteht auch in diesem Zeitpunkt – freilich unter Vorbehalt einer Anfechtung – ein **Gläubigerrecht** der Begünstigten (CHK-TRÜEB, N 7). Dieses Recht verlangt aber nur, dass sämtliche Voraussetzungen der Tantieme (s. N 3 ff.) erfüllt sind. Ist dies der Fall, wirkt sich ein *ablehnender* Beschluss der Gesellschafterversammlung nicht rechtszerstörend auf den Tantiemeanspruch aus. Den betroffenen Geschäftsführern steht alsdann eine *Leistungsklage* zu (SIFFERT et al., N 8); sie sind keineswegs auf eine Beschlussanfechtung gemäss Art. 808c i.V.m. Art. 706 f. angewiesen (s.a. BGE 75 II 153; KÜNG/CAMP, N 4). Wird im Gesellschafterversammlungsbeschluss nur die Gesamthöhe der auszuschüttenden Tantiemen festgelegt, steht den Geschäftsführern die Kompetenz zu, die individuelle Verteilung vorzunehmen. Allenfalls wird diese Frage auch in den Geschäftsbesorgungsverträgen bzw. in einem Reglement beantwortet, was als Grundlage für die Verteilung hinreichend ist. Der Vorzeitige Austritt eines Geschäftsführers verkürzt dessen Tantiemeanspruch *pro rata temporis,* hebt diesen also nicht auf (SIFFERT et al., N 8; s.a. BGE 111 II 483). Anderslautende Lösungen in den Statuten bleiben vorbehalten.

9 Der **ungerechtfertigte Bezug** von Tantiemen untersteht kraft Verweisung von Art. 798b und Art. 800 der Ordnung von Art. 678 (vgl. LEU, 109). Für Tantiemen im *Konkurs* gilt auch in der GmbH die *lex specialis* von Art. 679 (SIFFERT et al., N 10; KÜNG/CAMP, N 7; vgl. SJZ 89 [1993] 86; s. Art. 679 N 2 ff. und 10).

Art. 799

F. Vorzugsstammanteile	Für Vorzugsstammanteile sind die Vorschriften des Aktienrechts über Vorzugsaktien entsprechend anwendbar.
F. Parts sociales privilégiées	Les dispositions du droit de la société anonyme concernant les actions privilégiées s'appliquent par analogie aux parts sociales privilégiées.
F. Quote sociali privilegiate	Le disposizioni del diritto della società anonima concernenti le azioni privilegiate si applicano per analogia alle quote sociali privilegiate.

2. Abschnitt: Rechte und Pflichten der Gesellschafter   1–3 **Art. 799**

Literatur

Vgl. die Literaturhinweise zu Art. 792.

I. Allgemeines

Die Vorzugsstammanteile waren im alten Recht nicht geregelt. Gewisse Autoren hatten 1 ihre Zulässigkeit auf der Basis von Art. 789 altOR unterstellt (s. ZK-VON STEIGER, Art. 789 N 6 und Art. 823 N 33; KÜNG/HAUSER, § 11 N 3; s.a. SIFFERT et al., N 3). Im Verlauf der Revisionsarbeiten wurden sie erst im bundesrätlichen Entwurf aufgegriffen (Botschaft GmbH, 3200; vgl. HANDSCHIN/TRUNIGER, § 5 N 29 und § 10 N 4; FORSTMOSER/PEYER/SCHOTT, 116; CR CO II-CHAPPUIS/JACCARD, N 1). Das in Art. 799 gewählte Regelungsmuster besteht in einer Verweisung auf das Aktienrecht, also auf Art. 654 und 656 (SIFFERT et al., N 2; KÜNG/CAMP, N 1; DUC, 124). Demnach schlägt Art. 799 eine Bresche in das Prinzip der *Kapitalbezogenheit* der Vermögensrechte, die den Gesellschaftern zustehen: Durch die Ausgabe von Vorzugsstammanteilen wird neben den Stammgesellschaftern eine besondere Kategorie von Mitgliedern ins Leben gerufen, denen Vermögensprivilegien eingeräumt werden. Solche Stammanteile schaffen also **Asymmetrien** in der mitgliedschaftlichen Vermögensstruktur der GmbH.

Die Einführung von Vorzugsstammanteilen kann von unterschiedlichen **Motiven** getragen sein. Zuweilen werden dadurch Anreize für Dritte geschaffen, sich an einer *Sanierung* des Unternehmens zu beteiligen (s. illustrativ BGE 84 III 122; 44 III 225; s.a. BÖCKLI, Aktienrecht, § 4 N 156; CR CO II-CHAPPUIS/JACCARD, N 2). Ferner werden Vorzugsstammanteile benutzt, um Verdienste oder Leistungen zu *honorieren,* die bestimmte Personen bei der Gründung oder beim Aufbau der Gesellschaft erbracht haben (TRUNIGER, 90 ff.). Sie können sodann als *Stabilisierungsmechanismus* bei heterogener Gesellschafterstruktur dienen: Besteht eine Gesellschaft aus aktiven (d.h. unternehmerisch tätigen) und aus passiven Gesellschaftern, kann diesen z.B. eine Vorzugsdividende (s.u. N 4), den anderen ein Stimmrechtsprivileg (Art. 806 Abs. 2; DUC, 115) eingeräumt werden, um so eine Abgleichung der vorhandenen Interessen vorzunehmen (KÜNG/CAMP, N 2; BAUMANN, 68 und 137; Art. 654–656 N 3). Vorzugsstammanteile können schliesslich *Mitarbeitern* als anreizschaffender Lohnbestandteil ausgegeben werden (s. zum Ganzen FORSTMOSER/MEIER-HAYOZ/NOBEL, § 41 N 33 ff.; HELBLING, 58 ff.; zur Ausgleichung unterschiedlich bewerteter Sacheinlagen z.B. bei *Joint-Venture*-Gesellschaften BÖCKLI, Aktienrecht, § 14 N 156). Im Kontext einer *Fusion* kommen Vorzugsstammanteile als Ausgleichszahlungen i.S.v. Art. 7 Abs. 2 FusG in Frage (AMSTUTZ/MABILLARD, Art. 7 N 27). Dasselbe gilt nach h.L. bei der Spaltung und der Umwandlung, obwohl diese Frage im FusG nicht ausdrücklich geregelt ist (vgl. AMSTUTZ/MABILLARD, Art. 31 N 4 und Art. 56 N 4).

II. Gegenstand

Der Vorzug oder das Vorrecht i.S.v. Art. 799 muss stets *unmittelbar am Kapitalanteil* 3 bemessen werden können. Konkret bedeutet das, dass allein *ex lege* bestehende Vermögensrechte des Gesellschafters umgestaltet werden dürfen (BÖCKLI, Aktienrecht, § 4 N 160 f.; BAUMANN, 136). Der Gegenstand von Vorzugsstammanteilen besteht mithin immer darin, dass den begünstigten Gesellschaftern Rechte eingeräumt werden, die ihre Quote am Stammkapital *überproportional* ausdehnen. Fehlt dieser Bezug auf die **Kapitalquote,** ist ein statutarischer Vorzug entweder *in favorem negotii* umzudeuten (z.B. als Genussschein nach Art. 774a oder als Stimmrechtsstammanteil nach Art. 806 Abs. 2; vgl. BÖCKLI, Aktienrecht, § 4 N 158 und § 12 N 375; DUC, 115) oder, falls eine solche Konversion nicht tunlich ist, als *unwirksam* zu betrachten. In diesem Sinne sind etwa die unentgeltliche oder vergünstigte Benutzung von Infrastrukturen, der unentgeltliche oder vergünstigte Bezug von Waren oder Dienstleistungen oder die Einräumung von Vorkaufs-, Kaufs- oder Rückkaufsrechten an Sachen im Gesellschaftsvermögen als solche *keine taugliche* Gegenstände eines Vorzugsstammanteils (BÖCKLI, Aktienrecht, § 4 N 163: «*Unstatthaft* dagegen sind alle Vorrechte, die den Vorzugsaktionären etwas qualitativ Anderes zuteilen wollen als das, was den Aktionären ohnehin an Vermögens- oder Bezugsrechten bei der Gesellschaft zusteht»; **a.A.** KÜNG/CAMP, N 7; wohl auch HANDSCHIN/TRUNIGER, § 5 N 29; vgl. auch DUC, 124: «[...] le caractère personnel de la Sàrl permet aux associés d'aller un peu plus loin que ce qui est autorisé dans une société anonyme.»). Der Grund für diesen gesetzgeberischen Ausschluss von Vorzügen, deren *unmittelbare Messung* an der Kapitalquote nicht gewährleistet ist, liegt in ihrem gesteigerten Potential für *Missbräuche* (z.B. unvertretbare Bewertung der gewährten Vorzüge zur Begünstigung des Mehrheitsgesellschafters oder instrumentale Verwendung von Vorzugsstammanteilen zur Werteverschiebung im Konzern). Aus diesen Überlegungen muss die anfängliche Floskel in Art. 656 Abs. 2 («Die Vorrechte können sich *namentlich* ...»), auf die Art. 799 verweist, als unbeachtliche aufgefasst werden: Die Aufzählung von *Dividenden-*, *Liquidationsanteil-* und *Bezugsrechtvorrechte* ist *abschliessend* (vgl. BÖCKLI, Aktienrecht, § 4 N 157 und 163; **a.A.** KÜNG/CAMP, N 4; SIFFERT et al., N 7 f.; CHK-TRÜEB, N 3). Allerdings hindert das nicht, dass das gesamte Spektrum der zulässigen Formen von Dividenden (s. Art. 798 N 12; zur Sachdividende, BÖCKLI, Aktienrecht, § 4 N 163) oder von Liquidationserlösen (Art. 826 N 11 ff.; VON SALIS-LÜTOLF, 214) ausgeschöpft wird.

4 Vorrechte auf **Dividenden** unterstehen dem Grundsatz nach *denselben* Anforderungen wie der Dividendenanspruch von Stammgesellschafter. Sie dürfen nur aus dem Bilanzgewinn und aus hierfür gebildeten Reserven entrichtet werden (KÜNG/CAMP, N 5); auch finden die weiteren Prinzipien, die aus Art. 798 fliessen, Anwendung (Art. 798 N 3). Allerdings richtet sich ihr *Umfang* nach Massgabe der Statuten, die verschiedene Systeme vorsehen können. So kann die Vorzugsdividende die ausschliessliche Auszahlung an die privilegierten Gesellschafter darstellen (sog. *limitierte* Vorzugsdividende); zulässig ist aber auch, den Inhabern von Vorzugsstammanteilen nebst der Vorzugsdividende noch dieselbe Dividende zu entrichten, die den Stammgesellschaftern ausgeschüttet wird (sog. *unlimitierte* Vorzugsdividende). Ferner sehen die Statuten zuweilen ein *Nachbezugsrecht* vor, das den Begünstigten einen Anspruch auf Dividenden einräumt, die in den Vorjahren angefallen und nicht ausgeschüttet worden sind (s.a. BGE 26 II 285). Weil sich in einem solchen Fall mehrere Dividenden ansammeln, spricht man in der Lehre auch von *kumulativen* Vorzugsdividenden (KÜNG/CAMP, N 5; BÖCKLI, Aktienrecht, § 4 N 161; VON GREYERZ, 77). Die Fälligkeit dieser Ansprüche bestimmt sich stets mit der Genehmigung des Bilanzgewinns durch die Gesellschafterversammlung (Art. 804 Abs. 2 Ziff. 5). Auch die Verjährungsfrist beginnt an diesem Zeitpunkt.

5 Vorzüge im Liquidationsverfahren der Gesellschaft bestehen immer in günstiger bemessene Anteile anlässlich der Verteilung des **Liquidationserlöses** (Art. 799 i.V.m. Art. 826 Abs. 1 Satz 3 und 745 Abs. 1). Diese Vorzüge können etwa *prozentual* umschrieben werden, indem z.B. die begünstigte Gesellschafterkategorie Anspruch auf einen überproportionalen Anteil des Erlöses erhält. Sie können aber auch dahingehend definiert werden, dass die Inhaber von Vorzugsstammanteilen *vorab* nach Massgabe ihrer *Kapitalquote* (samt oder ohne geleistete Nachschüsse) befriedigt werden, während die Stammgesellschafter nur am Rest teilhaben (wobei auch dieser Rest noch anteilsmässig an die privilegierten Gesellschafter ausgeschüttet werden kann). In der Literatur wird zuweilen die Auffassung vertreten, dass sich die Vorzugsrechte in der Liquidations-

phase auf *bestimmte* Vermögensgegenstände der Gesellschaft beziehen können (z.B. auf bestimmte Liegenschaften oder Maschinen; vgl. VON SALIS-LÜTOLF, 214 m.Nw.). Eine solche statutarische Ordnung der Vorzugsrechte ist mit dem Liquidationsrecht der GmbH (Art. 826 i.V.m. Art. 739 ff.) im Prinzip *nicht vereinbar:* Die Verwertung der Aktiven dient in erster Linie dem Gläubigerschutz und kann deshalb nicht im voraus auf einen bestimmten Ausschnitt des Gesellschaftsvermögens beschränkt werden. Zulässig ist demgegenüber, dass eine statutarische Vorzugsklausel mit einer *Bedingung* versehen wird, etwa der Art: Sollte sich im Verlauf des Versilberungsverfahrens erweisen, dass die Veräusserung eines bestimmten Gegenstandes des Aktivvermögens zur Befriedigung der Gläubiger entbehrlich ist, kann dieser Gegenstand anlässlich der Verteilung einem bestimmten Gesellschafter prioritär zugesprochen werden.

Nach h.L. kann sich das Vorrecht auch auf das **Bezugsrecht** (Art. 781 Abs. 5 Ziff. 2 i.V.m. Art. 652b; BÖCKLI, Aktienrecht, § 4 N 157 m.Nw.) beziehen. Allerdings ist in diesem Zusammenhang der statutarische Gestaltungsspielraum begrenzt, weil nach Art. 652b Abs. 2 die Beschneidung dieses Rechts *nur anlässlich des Kapitalerhöhungsbeschlusses* erfolgen darf. Eine Beschränkung im Vorfeld möglicher (aber nicht beschlossener) Kapitalerhöhungen bzw. für alle Zukunft ist somit unzulässig. Dementsprechend wäre es nicht statthaft, wenn die Statuten vorsehen würden, dass die Bezugsrechte inskünftig (in Unkenntnis konkreter Kapitalerhöhungen) ausschliesslich einem bestimmten Kreis von Gesellschaftern zukommen sollen (**a.A.** KÜNG/CAMP, N 6). Zulässig ist es demgegenüber, dass Vorrechte an Bezugsrechten in *verhältnismässiger* Bevorzugung bestimmter Gesellschafter eingeräumt werden. In diesem Sinne können die Statuten festlegen, dass anlässlich einer Kapitalerhöhung 60% der Bezugsrechte den Stammanteilen der Kategorie A und 40% dieser Rechte den Stammanteilen der Kategorie B zugewiesen werden. Ferner kann das Bezugsrecht bei Stammanteilen mit unterschiedlichen Nennwerten nach der *Stückzahl* zugewiesen werden. Immer aber unterliegt die *konkrete* Zuteilung der Bezugsrechte den Voraussetzungen von Art. 652b (s. Art. 652b N 2 ff.).

III. Voraussetzungen

Die Wirksamkeit von Vorrechten i.S.v. Art. 799 setzt eine **statutarische Grundlage** voraus (Art. 776a Abs. 1 Ziff. 5; s. SIFFERT et al., N 4). Die gegenständliche Umschreibung dieser Vorrechte muss in den Statuten präzise vorgenommen werden (KÜNG/CAMP, N 8; unklar HANDSCHIN/TRUNIGER, § 5 N 29). Eine Verweisung auf ein Ausführungsreglement wäre unzulässig. Denn die handelsregisterrechtliche Publizität (Art. 73 Abs. 1 lit. m HRegV) ist im Interesse künftiger Gesellschafter erschöpfend zu gewährleisten (s.a. Botschaft GmbH, 3173).

Werden Vorzugsstammanteile anlässlich der **Gründung** eingeführt, bedarf es dem Grundsatz von Art. 777 Abs. 1 folgend der *Einstimmigkeit* der Gründer (s. Art. 777 N 4; CR CO II-CHAPPUIS/JACCARD, Art. 777 N 14 und 16).

Was die **nachträgliche Einführung** von Vorzugsstammanteilen anlangt, gilt es zu differenzieren: (1) Kennt die Gesellschaft bisher *keine solche Anteile,* können diese entweder losgelöst oder anlässlich einer Kapitalerhöhung geschaffen werden: (a) Im ersten Fall müssen bestehende Stammanteile *umgewandelt* werden, was in der Form einer Statutenänderung geschieht und die absolute Mehrheit der vertretenen Stimmen gem. Art. 808 verlangt (vgl. zum Aktienrecht, BÖCKLI, Aktienrecht, § 4 N 159); alle Gesellschafter müssen sich an der Umwandlung beteiligen können (GVP-SG 2003 165 ff., abgedruckt in SZW 2005 320; BGE 59 II 49; s.a. KÜNG/CAMP, N 8; SIFFERT et al., N 4). Die qualifizierte Mehrheit von Art. 808*b* Abs. 1 Ziff. 6 ist bei Einführung von Bezugs-

Art. 800   28. Titel: Die Gesellschaft mit beschränkter Haftung

rechtsprivilegien nicht einschlägig, da dieses Quorum allein bei bezugsrechtseinschränkenden Kapitalerhöhungen zum Zuge kommt. Dass eine Diskrepanz zum qualifizierten Quorum bei Einführung von Stimmrechtsprivilegien gem. Art. 808b Abs. 1 Ziff. 2 besteht, ist, wenn auch wenig einleuchtend, kraft legislatorischem Entscheid hinzunehmen (s. für das Aktienrecht: FORSTMOSER/MEIER-HAYOZ/NOBEL, § 41 N 43). Immer aber bedarf es der öffentlichen Beurkundung des statutenändernden Beschlusses (Art. 780). (b) Wird im Rahmen einer Kapitalerhöhung (Art. 781) die Emission von Vorzugsstammanteilen beschlossen, so genügt ebenfalls das Quorum von Art. 808; denn der (allenfalls bezugsrechtsbeschränkenden) Kapitalerhöhungsbeschluss ist vom Beschluss der Schaffung von Vorrechten sachlich zu trennen (a.A. KÜNG/CAMP, N 8, die bei Einführung eines Bezugsrechtsvorrechts das qualifizierte Mehr von Art. 808b Abs. 1 Ziff. 6 verlangen). Die Zeichnungsurkunde dieser Anteile muss in diesem Fall auf die Vorrechte hinweisen, sofern sich diese als Vorhand-, Vorkaufs- oder Kaufsrechte ausnehmen (Art. 777a Abs. 2 Ziff. 4). (2) Sind in der Gesellschaft bereits Vorrechte i.S.v. Art. 799 vorhanden, gelten die eben vorgetragenen Überlegungen ohne Einschränkungen. Weil es hier aber allenfalls zu einer Beeinträchtigung dieser schon existierenden Rechte kommen kann, muss in derartigen Fällen nach Art. 799 i.V.m. Art. 654 Abs. 2 zusätzlich eine *Sonderversammlung* der Vorzugsgesellschafter stattfinden, die dem statutenändernden Beschluss der Gesellschafterversammlung zustimmt (SIFFERT et al., N 5; s.a. BÖCKLI, Aktienrecht, § 4 N 166 ff.). Eine abweichende statutarische Ordnung bleibt vorbehalten (s. Art. 654 Abs. 2; HANDSCHIN/TRUNIGER, § 5 N 44).

10   Die **Aufhebung** oder **Änderung** der Rechtsstellung von Vorzugsstammanteilinhabern setzt eine Statutenänderung voraus, die, statutarische Abweichung vorbehalten, dem absoluten Mehr der vertretenen Stimmen gem. Art. 808 untersteht. Kumulativ bedarf sie der Zustimmung einer Sonderversammlung der privilegierten Gesellschafter gem. Art. 799 i.V.m. Art. 654 Abs. 3 (KÜNG/CAMP, N 9; HANDSCHIN/TRUNIGER, § 5 N 44; SIFFERT et al., N 6; s.a. BÖCKLI, § 4 N 169 ff.; BGE 84 III 129).

11   Eine **Kumulation** von Vorrechten i.S.v. Art. 799 und von Stimmprivilegien nach Art. 806 Abs. 2 auf demselben Stammanteil ist zulässig. Dasselbe gilt für eine Kombination dieser Rechte mit Nachschuss- (Art. 795 ff.) und Nebenleistungspflichten (Art. 796; vgl. BÖCKLI, Aktienrecht, § 4 N 161 i.f.).

12   Die Wahl eines **Vertreters** der verschiedenen Stammanteilskategorien in die Geschäftsführung nach Massgabe von Art. 709 (BÖCKLI, Aktienrecht, § 4 N 165 und § 13 N 66 ff.) ist von Art. 799 *nicht* gedeckt. Deshalb besteht auch kein Anspruch der Vorzugsstammanteilhalter, in der Geschäftsführung repräsentiert zu sein (**a.A.** CHK-TRÜEB, N 5). In dieser Diskrepanz zum Aktienrecht widerspiegelt sich die unterschiedliche Struktur des Verwaltungsrates nach Art. 707 ff. und der Geschäftsführung nach Art. 809 ff., die grundsätzlich, d.h. unter Vorbehalt statutarischer Abweichungen, von der *Gesamtheit* der Gesellschafter gestellt wird.

Art. 800

G. Rückerstattung von Leistungen   Für die Rückerstattung von Leistungen der Gesellschaft an Gesellschafter, Geschäftsführer sowie diesen nahe stehende Personen sind die Vorschriften des Aktienrechts entsprechend anwendbar.

Peter Kurer

2. Abschnitt: Rechte und Pflichten der Gesellschafter 1–6 **Art. 800**

G. Restitution de prestations
Les dispositions du droit de la société anonyme concernant la restitution de prestations s'appliquent par analogie à la restitution de prestations de la société aux associés, aux gérants et aux personnes qui leur sont proches.

G. Restituzione di prestazioni
Le disposizioni del diritto della società anonima concernenti la restituzione di prestazioni si applicano per analogia alla restituzione di prestazioni che la società ha fornito ai soci, ai gerenti e a persone loro vicine.

Literatur

Vgl. die Literaturhinweise zu Art. 675.

I. Normzweck und Allgemeines

Die Norm erstrebt den Schutz der Gesellschaft und ihrer Gläubiger vor ungerechtfertigten Gewinnbezügen durch Gesellschafter und Geschäftsführer sowie diesen nahe stehende Personen. Sie hat deshalb die Funktion einer Kapitalschutznorm (vgl. im Einzelnen Komm. zu Art. 678). Die Bestimmung wurde in der Reform des GmbH-Rechts umgeschrieben, indem sie neu auf die entsprechenden Vorschriften des Aktienrechts verweist (insb. Art. 678 f.; Botschaft GmbH, 3200; HANDSCHIN/TRUNIGER, § 34 N 4). 1

Für Einzelheiten kann auf die Ausführungen zur Rückerstattung von ungerechtfertigten Leistungen im Aktienrecht verwiesen werden (insb. Art. 678 f. und dortige Komm.; HANDSCHIN/TRUNIGER, § 34 N 1 ff.). 2

II. Gegenstand der Rückerstattungspflicht

Zurückzuerstatten sind ungerechtfertigt bezogene Leistungen der Gesellschaft. Darunter fallen sowohl eigentliche Gewinnentnahmen (insb. Ausschüttungen an die Gesellschafter wie auch Gewinnbezüge der Geschäftsführer, d.h. Tantiemen) als auch verdeckte Gewinnausschütten (vgl. im Einzelnen Art. 678 N 9 ff.). 3

Als **ungerechtfertigt** hat man jede Ausschüttung von Gewinnanteilen zu betrachten, die irgendeine der materiellen oder formellen Bestimmungen des Gesetzes bzw. der Statuten über die Gewinnverwendung verletzt (vgl. Art. 678 N 19). Dies ist in erster Linie der Fall, wenn die Gesellschaft einen Gewinn ausschüttet, obwohl die Bilanz keinen Gewinnsaldo ausweist und keine anderweitig frei verfügbaren Mittel zur Verfügung stehen (vgl. im Einzelnen Art. 678 N 19 ff. m.w.Nw.). Ungerechtfertigt ist ein Gewinnbezug aber auch dann, wenn die Berechnung des Gewinnsaldos unter Verletzung der Rechnungslegungsvorschriften festgelegt wurde oder wenn das falsche Organ, d.h. nicht die Gesellschafterversammlung (Art. 804 Abs. 2 Ziff. 5), die Gewinnverwendung beschliesst. Unzulässig sind aber auch eigentliche Gewinnvorwegnahmen (zum Begriff Art. 678 N 9) sowie verschleierte Bezüge über fiktive Geschäfte wie z.B. simulierte Darlehen (vgl. Art. 678 N 22). Schliesslich fallen auch verdeckte Gewinnausschüttungen unter den Begriff der ungerechtfertigten Gewinnanteile (zum Begriff der verdeckten Gewinnausschüttung s. Art. 678 N 13 ff.). 4

Gegenstand der Rückerstattung ist nicht die (noch vorhandene) Bereicherung, sondern der gesamte ungerechtfertigte Bezug (Art. 678 N 3; ZK-VON STEIGER, N 3). 5

Eine Rückerstattungspflicht besteht nur, wenn der Empfänger der Leistung **bösgläubig** ist (Art. 678 N 27 f.). Bösgläubigkeit ist nur gegeben, wenn der Empfänger die fehlende Rechtfertigung der Leistung kennt oder bei Anwendung gebührender Sorgfalt hätte ken- 6 nen müssen. Im Fall von Gewinnvorwegnahmen und Ausschüttungen durch fiktive Geschäfte wird regelmässig böser Glaube vorliegen.

III. Aktiv- und Passivlegitimation. Verjährung. Verfahren

7 **Aktivlegitimiert** ist die Gesellschaft, die sich zu diesem Zweck durch den Geschäftsführer vertreten lässt; dieser muss von sich aus tätig werden, ansonsten er von den Gesellschaftern durch einen entsprechenden Beschluss zur Geltendmachung der Rückerstattungsansprüche anzuhalten ist (s. im Einzelnen ZK-VON STEIGER, N 4). Unter Verweis auf die aktienrechtliche Ordnung hat nun auch der einzelne Gesellschafter ein Recht auf Klage an die Gesellschaft. Demgegenüber sind Gesellschaftsgläubiger auch nach der Reform des GmbH-Rechts nicht zur Geltendmachung von Rückerstattungsansprüchen legitimiert (vgl. Art. 678 N 29).

8 **Passivlegitimiert** sind sowohl Gesellschafter wie auch Geschäftsführer und diesen nahe stehende Personen, die ungerechtfertigte Gewinnanteile bezogen haben (Art. 678 N 7 f.).

9 Die **Verjährung** beträgt fünf Jahre. Sie beginnt im Zeitpunkt des Empfangs der Zahlungen (vgl. Art. 678 N 32).

10 Mit Bezug auf das **Verfahren** muss unterschieden werden (Art. 678 N 34): Verletzt der Ausschüttungsbeschluss eine (gesetzliche oder statutarische) Vorschrift, die lediglich zur Anfechtung berechtigt, muss der Rückforderung die Anfechtung des entsprechenden Gesellschafterbeschlusses vorangehen, und zwar innert zwei Monaten (Art. 808c m.V. auf Art. 706 f., vgl. auch Art. 678 N 34). Liegt indessen ein nichtiger Beschluss vor, können sowohl die Gesellschaft als auch jeder Gesellschafter direkt auf Rückerstattung an die Gesellschaft klagen.

11 Zur Verneinung der analogen Anwendung der Kostentragungsregeln von Art. 706a Abs. 3 und Art. 756 Abs. 2, vgl. Art. 678 N 33; **a.M.** HANDSCHIN/TRUNIGER, § 34 N 6.

IV. Revision des Aktienrechts

12 Für einen Überblick zum möglichen neuen Recht gemäss Botschaft Aktien- und Rechnungslegungsrecht vgl. Art. 678 N 36 ff.

Art. 801

H. Geschäftsbericht, Reserven und Offenlegung	Für den Geschäftsbericht, für die Reserven sowie für die Offenlegung der Jahresrechnung und der Konzernrechnung sind die Vorschriften des Aktienrechts entsprechend anwendbar.
H. Rapport de gestion, réserves et publication	Les dispositions du droit de la société anonyme concernant le rapport de gestion, les réserves ainsi que la publication des comptes annuels et des comptes de groupe sont applicables par analogie.
H. Relazione sulla gestione, riserve e pubblicazione	Le disposizioni del diritto della società anonima concernenti la relazione sulla gestione, le riserve e la pubblicazione del conto annuale e del conto di gruppo si applicano per analogia.

Literatur

Expertenbericht zum Vorentwurf für eine Reform des Rechts der GmbH 1999; VON BÜREN/BÄHLER, Gründe für die gesteigerte Attraktivität der GmbH, recht 1991, 17 ff.; FORSTMOSER, Das Genossenschaftsrecht, das Recht der GmbH und die Teilrevision des Aktienrechts, SAG 1976, 46 ff.; DERS., Alter Wein in neuen Schläuchen?, ZSR 1992 I 1 ff.; TANNER, Die Auswirkungen des neuen Aktienrechts auf Gesellschaften mit beschränkter Haftung, Genossenschaften und Bankaktiengesellschaften, in: FS Forstmoser, 1993, 31–52.

I. Allgemeines

Die GmbH wurde als teils kapitalbezogene, teils personenbezogene Mischform geschaffen. Bezüglich **kapitalbezogener Elemente** gleicht sie der AG, während dem sie im Bereich der **personenbezogenen Elemente** Züge der Kollektivgesellschaft trägt (MEIER-HAYOZ/FORSTMOSER, § 18 N 25 ff.). Durch die GmbH-Reform erfolgte eine Gewichtsverschiebung zugunsten kapitalgesellschaftlicher Elemente (MEIER-HAYOZ/FORSTMOSER, § 18 N 15).   1

Im hier interessierenden Bereich des Buchführungsrechts verweist der neue Art. 801, ähnlich wie bisher Art. 805 auf das Aktienrecht, somit auf Art. 662–674 und Art. 697h. Die neue Formulierung ist jedoch breiter und expliziter und damit umfassend (was bisher von einem Teil der Lehre, unseres Erachtens zu Unrecht, verneint wurde).   2

II. Verweisung auf altes oder neues Aktienrecht

Die vor der GmbH-Reform noch diskutierte Frage, ob sich die Verweisung auf das alte oder das neue Aktienrecht («statische» oder «dynamische Verweisung») bezöge, **wurde geklärt.** In der Botschaft GmbH hat der Bundesrat dazu ausgeführt, dass sich die Verweisung auf die seit 1991 gültigen aktienrechtlichen Vorschriften bezieht, dass also eine dynamische Verweisung gilt (Botschaft GmbH, 1.3.13).   3

III. Umfang der Verweisung

Nach dem Wortlaut von Art. 801 wird generell auf die für die AG geltenden Bestimmungen über **den Geschäftsbericht, die Reserven sowie die Offenlegung der Jahresrechnung und der Konzernrechnung,** mithin auf die Art. 662–674 und 697h verwiesen. Der Verweis im bisherigen Art. 805 bezog sich nur auf die Bilanz und den Reservefonds und war damit weniger klar und umfassend.   4

Bisher umstritten war daher die Frage, ob die Bestimmungen der AG zum Geschäftsbericht umfassend auf die GmbH anzuwenden sind oder ob, und wenn ja inwieweit, sie der generellen **Typologie** der GmbH oder einzelnen Typen der GmbH anzupassen sind. Dabei wurde in der Lehre die Ansicht vertreten, dass für eine GmbH ohne RS z.B. die Erstellung eines Jahresberichtes nicht erforderlich sei oder es könne auf gewisse Angaben im Anhang verzichtet werden, weil den Gesellschaftern ein volles Einsichtsrecht zustehe. Für eine GmbH mit einer RS und bei welcher die Einsichtsrechte der Gesellschafter beschränkt wären, seien die aktienrechtlichen Rechnungslegungsbestimmungen dagegen umfassend anzuwenden (FORSTMOSER, SAG 1976, 49; TANNER, 39 f.; VON BÜREN/BÄHLER, recht 1996, 19 FN 12).   5

Dieser strittige Punkt ist geklärt, indem der Bundesrat in der Botschaft GmbH dazu festgehalten hat, dass die Informationsrechte der Gesellschafter und die Aufgaben der Revisionsstelle grundsätzlich unterschiedlich ausgerichtet sind und einander nicht ersetzen (Botschaft GmbH, 2.1.2.10). Im einen Fall geht es um die Erhöhung der Information des Gesellschafters über das Geschehen in der Gesellschaft, im anderen um die   6 nachträgliche Überprüfung der Ordnungsmässigkeit von Buchführung und Jahresrechnung durch einen aussenstehenden Prüfer (Expertenbericht zum Vorentwurf für eine Reform des Rechts der GmbH, April 1999, 234.1). Diese beiden Fälle wurden deshalb im neuen GmbH-Recht sachgerecht getrennt. Im Umkehrschluss lässt sich daher die bisherige Auslegung der Lehre, den Grad der Anwendung der aktienrechtlichen Rechnungslegungsvorschriften vom Vorhandensein einer RS abhängig zu machen, nicht mehr vertreten.

7   Zusammenfassend ist demnach festzustellen, dass durch die neue Formulierung der Verweisung sowie die Erläuterung des Bundesrates in der Botschaft GmbH klar gestellt wurde, dass die entsprechenden Bestimmungen des **Aktienrechtes vollständig** auch für die GmbH **gültig** sind.

IV. Einzelne Rechnungslegungsvorschriften

8   Die GmbH hat wie eine AG jährlich einen **Geschäftsbericht** zu erstellen, bestehend aus **Jahresrechnung, Geschäftsbericht** und allenfalls **Konzernrechnung** (Art. 662).

9   Die **Jahresrechnung** (bestehend aus der Erfolgsrechnung, der Bilanz und dem Anhang) ist nach den GoR zu erstellen (Art. 662a). Erfolgsrechnung und Bilanz sind nach den aktienrechtlichen Gliederungsvorschriften zu erstellen (Art. 663 und 663a).

10 Der **Anhang** hat alle in Art. 663b geforderten Angaben zu enthalten. Analog zur Aktiengesellschaft sind auch für die GmbH die neu dazu gekommenen Angaben gem. Art. 663b Ziff. 12, Angaben über die Durchführung einer Risikobeurteilung, und gem. Ziff. 13 allenfalls die Gründe, die zum vorzeitigen Rücktritt der Revisionsstelle geführt haben, offen zu legen.

11 **Nicht anwendbar** ist das Erfordernis der Offenlegung bedeutender Gesellschafter bei börsenkotierten Gesellschaften (Art. 663c), da GmbH-Anteile nicht kapitalmarktfähig sind und somit kein Börsenhandel besteht.

V. Rechtsvergleichung

12 Nach Art. 1 EG-4-Jahresabschlussr. fallen GmbH oder ähnliche Rechtsformen im Allgemeinen ebenfalls unter die aktienrechtlichen Rechnungslegungsvorschriften.

Art. 801a

J. Zustellung des Geschäftsberichts	¹ Der Geschäftsbericht und der Revisionsbericht sind den Gesellschaftern spätestens zusammen mit der Einladung zur ordentlichen Gesellschafterversammlung zuzustellen.
	² Die Gesellschafter können verlangen, dass ihnen nach der Gesellschafterversammlung die von ihr genehmigte Fassung des Geschäftsberichts zugestellt wird.
J. Remise du rapport de gestion	¹ Le rapport de gestion et le rapport de révision doivent être remis aux associés au plus tard lors de la convocation à l'assemblée ordinaire des associés.
	² Les associés peuvent se faire remettre le rapport de gestion après l'assemblée des associés dans la forme approuvée par cette dernière.

2. Abschnitt: Rechte und Pflichten der Gesellschafter 1–4 Art. 801a

J. Consegna della relazione sulla gestione

¹ La relazione sulla gestione e la relazione di revisione devono essere consegnate ai soci il più tardi unitamente alla convocazione all'assemblea ordinaria dei soci.

² I soci possono esigere che la relazione sulla gestione sia loro riconsegnata nella versione approvata dall'assemblea.

Literatur

NUSSBAUM/SANWALD/SCHEIDEGGER, Kurzkommentar zum neuen GmbH-Recht, Muri b. Bern 2007.

In Anlehnung an die aktienrechtliche Bestimmung von Art. 696 hat der Gesetzgeber im Rahmen der GmbH-Revision die Norm von Art. 801a neu ins OR eingefügt. Die parlamentarischen Räte haben dem Textentwurf des Bundesrates ohne Diskussion zugestimmt (vgl. AB 2005 N 102 und AB 2005 S 635; FORSTMOSER/PEYER/SCHOTT, 118). Die Regelung bezweckt, dem Informationsbedürfnis der Gesellschafter Rechnung zu tragen (SIFFERT/FISCHER/PETRIN, Art. 801a N 1). 1

I. Zustellung des Geschäfts- und des Revisionsberichtes vor der Gesellschafterversammlung

Abs. 1 schafft die Pflicht zulasten der Gesellschaft, dass der Geschäftsbericht und der Revisionsbericht den Gesellschaftern spätestens mit der Einladung zur ordentlichen Gesellschafterversammlung zuzustellen ist. Die Bestimmung verfolgt den Zweck, dass alle Beteiligten die Möglichkeit haben, sich rechtzeitig und sachgerecht auf die Gesellschafterversammlung vorzubereiten (Botschaft GmbH, 3201). Abs. 1 ist eine einseitig zwingende Minimalvorschrift, d.h. sie kann statutarisch nur zugunsten der Gesellschafter, z.B. mit einer Verlängerung der Zustellungsfrist, abgeändert werden (vgl. SIFFERT/FISCHER/PETRIN, Art. 801a N 4; NUSSBAUM/SANWALD/SCHEIDEGGER, Art. 801a N 6). 2

Entgegen des Wortlauts der Marginalie, welche nur den Geschäftsbericht erwähnt, ist Gegenstand der Zustellungspflicht bei Gesellschaften mit Revisionsstelle nicht nur der Geschäftsbericht, sondern auch der Revisionsbericht (SIFFERT/FISCHER/PETRIN, Art. 801a N 2). Gesellschaften ohne Revisionsstelle müssen den Gesellschaftern nur den Geschäftsbericht zustellen (Nussbaum/Sanwald/Scheidegger, Art. 801a N 5). Für die Erstellung des Geschäfts- und des Revisionsberichts sowie für deren fristgerechte Zustellung trägt die Geschäftsführung gemäss Art. 810 Abs. 2 Ziff. 5 i.V.m. Ziff. 6 die Verantwortung (SIFFERT/FISCHER/PETRIN, Art. 801a N 3; Küng/Camp, Art. 801a N 7). Die Zustellung erfolgt dann fristgerecht, wenn die Gesellschafter den Geschäfts- und Revisionsbericht vor Beginn des Fristenlaufs für die Einberufung der Gesellschafterversammlung erhalten (NUSSBAUM/SANWALD/SCHEIDEGGER, Art. 801a N 2 und Art. 805 N 12; so auch für das Aktienrecht FORSTMOSER/MEIER-HAYOZ/NOBEL, § 23 N 42 f.). Bei fehlerhafter, z.B. nicht rechtzeitiger Zustellung können die Beschlüsse der Gesellschafterversammlung anfechtbar oder sogar nichtig sein (vgl. Art. 808c; NUSSBAUM/SANWALD/SCHEIDEGGER, Art. 801a N 8). 3

II. Zustellung des Geschäftsberichts nach der Gesellschafterversammlung

Abs. 2 sichert neu den Gesellschaftern das Recht zu, nach der Gesellschafterversammlung die Zustellung eines Geschäftsberichts in der von der Gesellschafterversammlung 4

Art. 802

genehmigten Fassung zu verlangen. Weil die Bestimmung nicht regelt, wie lange dieses Recht besteht, ist davon auszugehen, dass der Anspruch in analoger Anwendung von Art. 696 Abs. 3 OR in einem Jahr ab der Gesellschafterversammlung verwirkt (vgl. vorne Art. 696 N 8; gl.M. BÖCKLI, Aktienrecht, § 12 N 221; NUSSBAUM/SANWALD/SCHEIDEGGER, Art. 801a N 12; SIFFERT/FISCHER/PETRIN, Art. 801a N 5).

III. Zustellungskosten

5 Mangels ausdrücklicher Regelung über die Kosten der Zustellung in der Bestimmung ist – in Analogie zum Aktienrecht – davon auszugehen, dass die Gesellschaft die Zustellungskosten trägt (vgl. vorne Art. 696 N 8; FORSTMOSER/MEIER-HAYOZ/NOBEL, § 40 N 165 FN 34). Dies steht im Einklang damit, dass die Gesellschaft verpflichtet ist, die Berichte zu erstellen und zu versenden (NUSSBAUM/SANWALD/SCHEIDEGGER, Art. 801a N 7).

Art. 802

K. Auskunfts- und Einsichtsrecht

¹ Jeder Gesellschafter kann von den Geschäftsführern Auskunft über alle Angelegenheiten der Gesellschaft verlangen.

² Hat die Gesellschaft keine Revisionsstelle, so kann jeder Gesellschafter in die Bücher und Akten uneingeschränkt Einsicht nehmen. Hat sie eine Revisionsstelle, so besteht ein Recht zur Einsichtnahme nur, soweit ein berechtigtes Interesse glaubhaft gemacht wird.

³ Besteht Gefahr, dass der Gesellschafter die erlangten Kenntnisse zum Schaden der Gesellschaft für gesellschaftsfremde Zwecke verwendet, so können die Geschäftsführer die Auskunft und die Einsichtnahme im erforderlichen Umfang verweigern; auf Antrag des Gesellschafters entscheidet die Gesellschafterversammlung.

⁴ Verweigert die Gesellschafterversammlung die Auskunft oder die Einsicht ungerechtfertigterweise, so ordnet sie das Gericht auf Antrag des Gesellschafters an.

K. Droit aux renseignements et à la consultation

¹ Chaque associé peut exiger des gérants des renseignements sur toutes les affaires de la société.

² Lorsqu'une société n'a pas d'organe de révision, chaque associé peut consulter les livres et les dossiers sans restrictions. Lorsqu'elle a un organe de révision, le droit de consulter les livres et les dossiers n'est accordé que dans la mesure où un intérêt légitime est rendu vraisemblable.

³ S'il existe un risque que l'associé utilise les informations obtenues pour des buts étrangers à la société et au préjudice de cette dernière, les gérants peuvent lui refuser le renseignement ou la consultation dans la mesure nécessaire; sur requête de l'associé, l'assemblée des associés décide.

⁴ Si l'assemblée des associés refuse indûment le renseignement ou la consultation, le juge statue sur requête de l'associé.

K. Diritto di ottenere ragguagli e di consultare documenti

¹ Ogni socio può esigere dai gerenti ragguagli su tutti gli affari della società.

² Se la società non ha un ufficio di revisione, ogni socio può consultare libri e atti senza restrizioni. Se la società ha un ufficio di revisione, il diritto di

2. Abschnitt: Rechte und Pflichten der Gesellschafter   1–5 **Art. 802**

consultazione è accordato soltanto in quanto sia reso verosimile un interesse legittimo.

³ Se vi è il rischio che il socio utilizzi le informazioni ottenute per scopi estranei alla società e a danno della stessa, i gerenti possono rifiutare, per quanto necessario, di fornire ragguagli o di autorizzare la consultazione; su richiesta del socio, decide l'assemblea dei soci.

⁴ In caso di rifiuto ingiustificato dell'assemblea dei soci, il giudice ordina, ad istanza del socio, che i ragguagli siano forniti o la consultazione autorizzata.

Literatur

Vgl. den Literaturhinweis zu Art. 801a.

I. Neukonzeption des Informationsrechts

In der bisherigen Regelung (Art. 819 altOR) war der Umfang des Auskunfts- und Einsichtsrechts davon abhängig, ob bei der Gesellschaft eine «Kontrollstelle» (heute Revisionsstelle) bestand oder nicht. Weil jedoch die Informationsrechte der Gesellschafter und die Aufgaben der Revisionsstelle unterschiedlich ausgerichtet sind (vgl. dazu BGE 126 V 237 ff.) sowie die Verweisungen auf das Recht der einfachen Gesellschaft und auf die Aktiengesellschaft nach dem alten Recht materiell unzulänglich waren, hat der Gesetzgeber die Regelung mit einer Neukonzeption revidiert (Botschaft GmbH, 3202).   1

Im Rahmen dieser Neukonzeption zielte die Revision auf die Verbesserung der Auskunfts- und Einsichtsrechte der Gesellschafterinnen und Gesellschafter ab (Botschaft GmbH, 3202); sie orientierte sich dabei an den Vorschriften für die Mitglieder des Verwaltungsrates in der Aktiengesellschaft (vgl. Art. 715a Abs. 1). Die Neuregelung des Auskunfts- und Einsichtsrechts hat den Rechtsschutz von Personen mit Minderheitsbeteiligung verbessert (Botschaft GmbH, 3149) und sie trägt den engen persönlichen Beziehungen in der GmbH dadurch Rechnung, dass entsprechend der in der GmbH im Vergleich zur AG meist stärkeren persönlichen Bindung der Beteiligten an das Unternehmen die Informationsrechte der Gesellschafter auch weiter gehen als diejenigen der Aktionäre (Botschaft GmbH, 3202). Dies entspricht überdies der Tatsache, dass die Beteiligten einer GmbH im Unterschied zu den Aktionären einer Treuepflicht unterliegen (vgl. Art. 803; Botschaft GmbH, 3202).   2

Weil die neue Regelung die Informationsrechte der Gesellschafter erweitert hat, verzichtete der Gesetzgeber auf die Einführung des Rechts auf Sonderprüfung in der GmbH, was jedoch nicht ausschliesst, dieses Recht statutarisch vorzusehen (FORSTMOSER/PEYER/SCHOTT, 39 N 73; ausführlicher dazu HANDSCHIN/TRUNIGER, § 14 N 144).   3

II. Auskunftsrecht (Abs. 1)

Abs. 1 schreibt als für die Willensbildung der Gesellschafter in der Gesellschafterversammlung bedeutsames unentziehbares Individualrecht vor (KÜNG/CAMP, Art. 802 N 3), dass jeder Gesellschafter von den Geschäftsführern Auskunft über alle Angelegenheiten der Gesellschaft verlangen kann.   4

Die Neuregelung hat die Koppelung des Umfangs des Auskunftsrechts mit der Einsetzung einer Revisionsstelle aufgegeben (vgl. Art. 819 altOR und Botschaft GmbH, 3202); das Auskunftsrecht besteht neu, unabhängig von der Existenz einer Revisionsstelle, immer im gleichen Umfang. Die Formulierung in Abs. 1 entspricht mit Bezug   5 auf den Gegenstand der Auskunft der Formulierung in Art. 715a Abs. 1. Im Unterschied zum Auskunftsrecht der Aktionäre gemäss Art. 697 Abs. 1 können die Gesellschafter einer GmbH jedoch nicht nur über *die* Angelegenheiten der Gesellschaft, sondern über *alle* Angelegenheiten der Gesellschaft Auskunft verlangen (FORSTMOSER/PEYER/ SCHOTT, 38 FN 102; MEIER-HAYOZ/FORSTMOSER, § 18 N 87). Ein weiterer Unterschied zum Auskunftsrecht der Aktionäre besteht darin, dass der Gesellschafter einer GmbH, ähnlich zum Verwaltungsratsmitglied einer AG, dieses Recht nicht nur an der Gesellschafterversammlung, sondern jederzeit ausüben kann (MEIER-HAYOZ/FORSTMOSER, § 18 N 87; Botschaft GmbH, 3202).

6 Es obliegt der Geschäftsführung, eine sach- und zeitgerechte Art der Auskunftserteilung zu wählen, z.B. eine Gesellschafterversammlung einzuberufen oder die Auskunft schriftlich oder bei mündlichen Anfragen mündlich zu erteilen (Botschaft GmbH, 3202; KÜNG/ CAMP, Art. 802 N 2; NUSSBAUM/SANWALD/SCHEIDEGGER, Art. 802 N 3); dabei sind das Rechtsmissbrauchsverbot und das Gebot der Gleichbehandlung (vgl. Art. 813 OR) zu beachten (Botschaft GmbH, 3202; FORSTMOSER/MEIER-HAYOZ/NOBEL, § 28 N 97; SIFFERT/FISCHER/PETRIN, Art. 802 N 5). Informationen, die für alle Gesellschafter relevant sind, müssen sämtlichen Gesellschaftern zugänglich gemacht werden (Botschaft GmbH, 3202)

III. Einsichtsrecht (Abs. 2)

7 Die Bestimmung über das mit dem Auskunftsrecht parallel bestehende Einsichtsrecht berechtigt die Gesellschafter, in die Bücher und Akten der Gesellschaft Einsicht zu nehmen (KÜNG/CAMP, Art. 802 N 4). Die Gesellschafter haben im Rahmen des Einsichtsrechts auch das Recht auf Zutritt zum Geschäftslokal und zur Überwachung der Angestellten (HANDSCHIN/TRUNIGER, § 14 N 131). Die bisherige Koppelung des Umfangs des Einsichtsrechts mit der Einsetzung einer Revisionsstelle bleibt im Gegensatz zum Auskunftsrecht bestehen (vgl. Art. 819 altOR; FORSTMOSER/PEYER/SCHOTT, 38 N 71).

1. Bei Gesellschaften ohne Revisionsstelle (Abs. 2 Satz 1)

8 Eine GmbH kann nur in engem Rahmen revisionsfrei geführt werden (HANDSCHIN/ TRUNIGER, § 14 N 131). Wenn dies jedoch der Fall ist, tritt an die Stelle der fehlenden Revision das uneingeschränkte Einsichtsrecht der Gesellschafter (NUSSBAUM/SANWALD/ SCHEIDEGGER, Art. 802 N 7), weil Art. 802 Abs. 2 vorschreibt, dass jeder Gesellschafter das Recht hat, in die Bücher und Akten der Gesellschaft uneingeschränkt Einsicht zu nehmen. Der Nachweis eines berechtigten Interesses ist nicht erforderlich, was dem Schutz der Beteiligten dient (Botschaft GmbH, 3202).

2. Bei Gesellschaften mit Revisionsstelle (Abs. 2 Satz 2)

9 Falls die Gesellschaft eine Revisionsstelle hat, auch wenn diese lediglich eine eingeschränkte Prüfung der Jahresrechnung durchführt (vgl. Art. 818 Abs. 1 i.V.m. Art. 727a Abs. 1; NUSSBAUM/SANWALD/SCHEIDEGGER, Art. 802 N 9), ist das Recht auf Einsichtnahme beschränkt und besteht nur, soweit ein berechtigtes Interesse glaubhaft gemacht wird. Immerhin sind an das berechtigte Interesse eines Gesellschafters angesichts des stärker personenbezogenen Charakters der GmbH weniger hohe Anforderungen zu stellen als an dasjenige eines Aktionärs (dazu ausführlicher NUSSBAUM/SANWALD/SCHEIDEGGER, Art. 802 N 10 f.).

2. Abschnitt: Rechte und Pflichten der Gesellschafter   10–13 Art. 802

3. Gegenstand des Einsichtsrechts

Das Einsichtsrecht besteht grundsätzlich mit Bezug auf die Unterlagen der Gesellschaft, 10
an welcher der Gesellschafter direkt beteiligt ist, im Konzernverhältnis somit in der Regel nur bezüglich der Konzernobergesellschaft (NUSSBAUM/SANWALD/SCHEIDEGGER,
Art. 802 N 12) und der bei ihr liegenden Unterlagen von Tochtergesellschaften.

Die Begriffe «Bücher» und «Akten» sind extensiv auszulegen (SIFFERT/FISCHER/PETRIN, 11
Art. 802 N 7). Als Bücher gelten die Unterlagen der Buchführung wie Geschäftsbücher
und -berichte, zu den Akten zählen weitere Unterlagen wie z.B. Buchungsbelege und
Geschäftskorrespondenz nach Art. 957, Verträge, im Rahmen der Geschäftsführung erhaltene und entstandene Papiere (Entwürfe, Notizen und Protokolle der Sitzungen der
Geschäftsführer) sowie Protokolle der Gesellschafterversammlungen (FORSTMOSER/
MEIER-HAYOZ/NOBEL, § 28 N 103 FN 56; NUSSBAUM/SANWALD/SCHEIDEGGER, Art. 802
N 8; SIFFERT/FISCHER/PETRIN, Art. 802 N 7; KÜNG/CAMP, Art. 802 N 4).

IV. Verweigerung der Auskunft oder Einsichtnahme (Abs. 3–4)

1. Entscheidung durch die Gesellschaftsorgane

Sowohl mit Bezug auf das Auskunftsrecht als auch das Einsichtsrecht setzt das Gesetz 12
im Interesse der Gesellschaft eine Schranke mit der Vorschrift, dass die Auskunft oder
die Einsichtnahme verweigert werden kann. Der Gesetzgeber musste jedoch auch beachten, dass die mit der Geschäftsführung nicht betrauten Gesellschafter gewisser Mitwirkungsrechte bedürfen, weil sie von den Angelegenheiten der Gesellschaft keine unmittelbare Kenntnis erlangen (KÜNG/CAMP, Art. 803 N 5; zu den Informationsrechten
der geschäftsführenden Gesellschafter vgl. BÖCKLI/FORSTMOSER, 111 f.). Deshalb lässt
sich die Auskunft bzw. Einsicht nur verweigern, wenn der Gesellschafter die durch
sein Auskunfts- und Einsichtsrecht erlangten Kenntnisse zum Schaden der Gesellschaft
für gesellschaftsfremde Zwecke verwenden könnte (vgl. Abs. 3; Botschaft GmbH,
3202 f.). Die Gefahr der Schädigung muss durch ein konkretes Vorbringen behauptet
und wahrscheinlich sein (vgl. zum Aktienrecht BGE 109 II 47 ff.; KÜNG/CAMP,
Art. 802 N 5). Der Geschäftsführer darf beim Bestehen einer Gefährdung die Auskunft
oder Einsichtnahme, auch entsprechend dem zivilrechtlichen Grundsatz der schonenden
Rechtsausübung, nur *im erforderlichen Umfang* verweigern. Weil den Geschäftsführern
mit der Bestimmung dennoch «ein nicht unerheblicher Ermessensspielraum eingeräumt» wird (SIFFERT/FISCHER/PETRIN, Art. 802 N 9), ist die Vorschrift diesbezüglich
eng auszulegen (HANDSCHIN/TRUNIGER, § 14 N 140). Im Falle der Verweigerung der
Auskunftserteilung oder der Einsichtnahme seitens des Geschäftsführers verfügt der Gesellschafter über ein individuelles Einberufungs- und Traktandierungsrecht; er kann von
der Geschäftsführung die Einberufung einer Gesellschafterversammlung verlangen, die
über sein Begehren zu entscheiden hat (vgl. Abs. 3), weil es unzumutbar wäre, wenn
der Gesellschafter bis zur nächsten ordentlichen Gesellschafterversammlung warten
müsste (NUSSBAUM/SANWALD/SCHEIDEGGER, Art. 802 N 16).

2. Entscheidung durch das Gericht

Falls nach dem Geschäftsführer auch die Gesellschafterversammlung die Auskunft bzw. 13
Einsichtnahme oder die Behandlung des Begehrens *ungerechtfertigt* verweigert, steht
dem Gesellschafter der Gerichtsweg offen und er kann auf Klage hin durch den zuständigen Einzelrichter am Sitz der Gesellschaft im summarischen Verfahren (vgl. Art. 3.
Abs. 1 lit. b GestG sowie Art. 219 lit. c Ziff. 16 ZPO ZH) die Auskunft oder Einsicht-

nahme anordnen lassen (vgl. Abs. 4; Botschaft GmbH, 3203; dazu ausführlicher NUSSBAUM/SANWALD/SCHEIDEGGER, Art. 802 N 17). Im Klagebegehren ist der Auskunfts- bzw. Einsichtsanspruch – i.S. der Substantiierungspflicht – konkret zu umschreiben (vgl. KÜNG/CAMP, Art. 802 N 6). Es darf jedoch in Analogie zum Aktienrecht kein strenger Massstab angelegt werden, weil vom Gesuchsteller schon wegen der mangelnden Herrschaft über die relevanten Informationen nicht zu erwarten ist, dass er bereits vor Ausübung seines Auskunfts- und Einsichtsrechtes präzise formulieren kann, was er erfahren möchte (vgl. zum Aktienrecht BÖCKLI, Aktienrecht, § 12 N 164). Die Bestimmung sieht keine Frist zur gerichtlichen Geltendmachung der Ansprüche vor. Das lange Zuwarten kann jedoch darauf hindeuten, dass es kein berechtigtes Interesse an der Geltendmachung mehr gibt (NUSSBAUM/SANWALD/SCHEIDEGGER, Art. 802 N 18) und eine nach langer Zeit eingereichte Klage vermag als rechtsmissbräuchlich zu erscheinen (KÜNG/CAMP, Art. 802 N 6).

Art. 803

L. Treuepflicht und Konkurrenzverbot	**¹ Die Gesellschafter sind zur Wahrung des Geschäftsgeheimnisses verpflichtet.** **² Sie müssen alles unterlassen, was die Interessen der Gesellschaft beeinträchtigt. Insbesondere dürfen sie nicht Geschäfte betreiben, die ihnen zum besonderen Vorteil gereichen und durch die der Zweck der Gesellschaft beeinträchtigt würde. Die Statuten können vorsehen, dass die Gesellschafter konkurrenzierende Tätigkeiten unterlassen müssen.** **³ Die Gesellschafter dürfen Tätigkeiten ausüben, die gegen die Treuepflicht oder ein allfälliges Konkurrenzverbot verstossen, sofern alle übrigen Gesellschafter schriftlich zustimmen. Die Statuten können vorsehen, dass stattdessen die Zustimmung der Gesellschafterversammlung erforderlich ist.** **⁴ Die besonderen Vorschriften über das Konkurrenzverbot von Geschäftsführern bleiben vorbehalten.**
L. Devoir de fidélité et interdiction de faire concurrence	¹ Les associés sont tenus à la sauvegarde du secret des affaires. ² Ils s'abstiennent de tout ce qui porte préjudice aux intérêts de la société. Ils ne peuvent en particulier gérer des affaires qui leur procureraient un avantage particulier et qui seraient préjudiciables au but de la société. Les statuts peuvent prévoir que les associés doivent s'abstenir de faire concurrence à la société. ³ Un associé peut, moyennant l'approbation écrite de tous les autres associés, exercer des activités qui violent le devoir de fidélité ou une éventuelle interdiction de faire concurrence. Les statuts peuvent prévoir, à la place, que l'approbation de l'assemblée des associés est nécessaire. ⁴ Les dispositions particulières relatives à l'interdiction pour les gérants de faire concurrence sont réservées.
L. Obbligo di fedeltà e divieto di concorrenza	¹ I soci sono tenuti al segreto d'affari. ² Si astengono da tutto quanto pregiudichi gli interessi della società. Non possono segnatamente gestire affari che procurerebbero loro vantaggi particolari e pregiudicherebbero lo scopo della società. Lo statuto può prevedere che i soci devono astenersi da attività concorrenti.

³ I soci possono esercitare attività che violano l'obbligo di fedeltà o un eventuale divieto di concorrenza in quanto tutti gli altri soci vi acconsentano per scritto. Lo statuto può prevedere che è sufficiente l'approvazione dell'assemblea dei soci.

⁴ Sono fatte salve le disposizioni speciali concernenti il divieto di concorrenza imposto ai gerenti.

Literatur

AMSTUTZ, Konzernorganisationsrecht: Ordnungsfunktion, Normstruktur, Rechtssystematik, Diss. Zürich 1993 (zit. Konzernorganisationsrecht); DERS., Begriff der Wettbewerbsabrede im Sinne von Art. 4 Abs. 1 und Art. 5 f. KG: Anwendbarkeit des Kartellrechts auf einseitige vertragliche Konkurrenzverbote?, AJP 1999, 1477 ff. (zit. Wettbewerbsabrede); BÄHLER, Die massgeschneiderte Gesellschaft: Ausgestaltungsmöglichkeiten für kleine und mittlere Unternehmen am Beispiel der GmbH (unter Berücksichtigung der Revision des GmbH-Rechts), Diss. Bern 1999; BAUDENBACHER/GLÖCKNER, Lauterkeitsrecht, Kommentar zum Gesetz gegen den unlauteren Wettbewerb (UWG), Basel/Genf/München 2001; BENZ, Die Treupflicht des Gesellschafters, Diss. Zürich 1947; BINDSCHEDLER, Der strafrechtliche Schutz wirtschaftlicher Geheimnisse, Diss. Zürich 1981; BÖCKLI, Présentation générale, in: Portmann (Hrsg.), Le nouveau droit de la société à responsabilité limitée, 2006, 3 ff. (zit. Présentation); DERS., Das neue schweizerische GmbH-Recht – was ist wirklich neu? Eine Übersicht, in: Böckli/Forstmoser, 1 ff. (zit. Übersicht); DERS., Les sept principales différences entre SA et Sàrl – avant et après la révision, in: Rochat/Ferrari (Hrsg.), Les projets de Sàrl révisée et de SA privée, 1998, 77 ff. (zit. Sàrl); BRECHBÜHL, Die neue GmbH als massgeschneidertes Rechtskleid für Joint Ventures, SZW 2007 271 ff.; VON BÜREN/STEINER, Der Vorentwurf für eine Reform des Rechts der Gesellschaft mit beschränkter Haftung, ZBJV 1999, 460 ff.; CHAPPUIS, Le nouveau droit de la Sàrl, 2008 (zit. Sàrl); DERS., Les prohibitions de concurrence dans le nouveau droit de la Sàrl (articles 803 et 812 P CO), in: Bohnet/Wessner (Hrsg.), Droit des sociétés: Mélanges en l'honneur de Roland Ruedin, Basel, 2006, 341 ff. (zit. Prohibitions); COMTESSE, Begriff und Schutz des Geheimnisses im schweizerischen Strafgesetzbuch, ZStrR 1942, 257 ff.; DARMS, Das Konkurrenzverbot in den Gesellschaftsverhältnissen nach schweiz. OR (Art. 536 und 558), Diss. Freiburg i.Ue. 1923; DRUEY, Information als Gegenstand des Rechts, Zürich/Baden-Baden 1995 (zit. Information); DERS., Das Fabrikationsgeheimnis – faktisches Gut oder Rechtsgut?, ZSR 1973 I, 451 ff. (zit. ZSR 1973); DUC, L'autonomie des associés: droit dispositif et droit impératif, notamment à l'exemple de la révision des comptes, in: Portmann (Hrsg.), Le nouveau droit de la société à responsabilité limitée, CEDIDAC, 2006, 89 ff.; FORSTMOSER, Das neue schweizerische GmbH-Recht – Kapitalbasis und Stellung der Gesellschafter, in: Böckli/Forstmoser, 45 ff. (zit. Kapitalbasis); GLOOR, Der Treuegedanke im Recht der Handelsgesellschaften, Diss. Zürich 1942; GRIMM/TRIPPEL, Aktuelle Fragen des GmbH-Rechts, in: Jörg/Arter (Hrsg.), Entwicklungen im Gesellschaftsrecht I, Bern, 2006, 47 ff.; HANDSCHIN, Rechte und Pflichten unter den Gesellschaftern: Regeln und Möglichkeiten bei Kollektiv- und Kommanditgesellschaften, GmbH und AG, ST 1998, 703 ff. (zit. Rechte); DERS., Der Konzern im geltenden schweizerischen Privatrecht, 1994 (zit. Konzern); JENNY, Der Schutz der GmbH gegen gesellschaftswidriges Verhalten des Gesellschafters, Diss. Basel 1941 (masch.geschr.); KAUFMANN, Personengesellschaften als Konzernspitze, Diss. Bern 1988; KÜNG/HAUSER, GmbH, Basel 2005; LUTTER, Theorie der Mitgliedschaft: Prolegomena zu einem Allgemeinen Teil des Korporationsrechts, AcP 1980, 84 ff.; MUSTAKI, Les droits et obligations des associés non gérants dans le nouveau droit de la Sàrl, in: Bohnet/Wessner (Hrsg.), Droit des sociétés: Mélanges en l'honneur de Roland Ruedin, Basel, 2006, 353 ff.; RAISER, Wettbewerbsverbote als Mittel des konzernrechtlichen Präventivschutzes, FS Stimpel, 1985, 855 ff.; RAPP, Les droits et obligations des associés, in: Rochat/Ferrari (Hrsg.), Les projets de Sàrl révisée et de SA privée, 1998, 181 ff.; RAUTMANN, Wettbewerbsenthaltungspflicht im Gesellschaftsrecht, Diss. Bern 1965; RINGIER, Der strafrechtliche Schutz der Fabrikations- und Geschäftsgeheimnisse, Diss. Bern 1923; RUGGLI, Konkurrenzverbote in Unternehmenskaufverträgen, SJZ 102 (2006) 294 ff.; SCHNEIDER, Schutz des Unternehmensgeheimnisses vor unbefugter Verwertung, Diss. St. Gallen 1989; TEUBNER, Das Recht hybrider Netzwerke, ZHR 2001, 550 ff.; TREADWELL, Der Schutz von Geschäfts- und Fabrikationsgeheimnissen im schweizerischen Wettbewerbsrecht, Diss. Zürich 1956; WATTER/REINERT, Die Abgrenzung des räumlich relevanten Marktes in der EG und in der Schweiz im Rahmen der Zusammenschlusskontrolle, FS Zäch, 1999, 447 ff.; WENNINGER, Die aktienrechtliche Schweigepflicht, Diss. Zürich 1983; WINTER, Mitgliedschaftliche Treubindungen im GmbH-Recht: Rechtsformspezifische Aspekte eines allgemeinen gesellschaftsrechtlichen Prinzips, 1988; WOHLMANN, Die Treuepflicht des Aktionärs: Die Anwendung eines allgemeinen Rechtsgrundsatzes auf den Aktionär, Diss. Zürich 1968 (zit. Treuepflicht); WÜRSCH, Der Aktionär als Konkurrent der Gesellschaft: Seine rechtliche Stellung sowie mögliche Massnahmen zur Verhinderung einer Schädigung von Gesellschaft und Mitaktionären, Diss. Zürich 1989 (zit. Aktionär).

I. Allgemeines

1 Das alte Recht enthielt keine Bestimmung über die Treuepflicht des Gesellschafters, sondern führte in Art. 818 altOR lediglich einen Bestandteil davon, nämlich das Konkurrenzverbot, einer positivrechtlichen Ordnung zu (statt vieler KÜNG/HAUSER, § 10 N 97 ff.). Anlässlich der Revisionsarbeiten sollten, so die Absicht des Gesetzgebers (Botschaft GmbH, 3203), diese Lücken gefüllt werden (CHK-TRÜEB, N 1; FORSTMOSER/PEYER/SCHOTT, N 64; vgl. zum Aktienrecht RUEDIN, N 259; MEIER-HAYOZ/FORSTMOSER, § 3 N 23; GRIMM/TRIPPEL, 66; BÖCKLI, Présentation, 25; BÖCKLI, Übersicht, 39; CHAPPUIS, Sàrl, N 168 ff.; CR CO II-CHAPPUIS/JACCARD, N 2 und N 15; BGE 105 II 128). Indes vermag Art. 803 systematisch nicht zu überzeugen: Zunächst gelingt ihm nicht, den Umstand klarzustellen, dass die allgemeine Treuepflicht das «Stammprinzip» der abgeleiteten Verhaltensregeln über Geheimhaltung von bestimmten geschäftlichen Daten (Abs. 1) und über Wettbewerbenthaltung (Abs. 2 und 3) ist. Dies gelingt ihm v.a. deshalb nicht, weil der Artikel in Abs. 1 mit einem Korrelat des Prinzips beginnt, das erst in Abs. 2 und 3 genannt wird – eine legislativ eher unbeholfene Technik. Aus diesem Grunde bleibt denn auch die Tragweite der allgemeinen Treuepflicht unklar; symptomatisch ist, dass das veranschaulichende Beispiel in Abs. 2 Satz 2 gerade nicht die Treuepflicht als solche exemplifiziert, sondern auf eine Paraphrasierung des Konkurrenzverbotes hinausläuft, also unnötige Redundanz in den Gesetzestext bringt. Schliesslich ist das Ausnahmesystem nicht nachvollziehbar: Während ein Dispens von der allgemeinen Treuepflicht und vom Wettbewerbsverbot möglich ist (Abs. 3), scheint die Geheimhaltungspflicht unerlässlich zu sein (Abs. 1). Weil die Pflicht von Abs. 1 aus der Treuepflicht fliesst, ist freilich nicht ohne weiteres ersichtlich, weshalb das Allgemeine ausnahmefähig ist, das Spezielle hingegen nicht. Es bleibt der Ausweg der interpretatorischen und lückenfüllenden *Rekonstruktion* (vgl. FORSTMOSER, Kapitalbasis, 66; CR CO II-CHAPPUIS/JACCARD, N 1).

2 Der Kern der Bestimmung ist der erste Satz von Abs. 2, der den **Grundsatz, die Treuepflicht,** festhält (N 6). An diesen Satz knüpfen dann Abs. 1 (N 24) und Abs. 2 Satz 3 (N 13) an, die die zwei wichtigsten Ausprägungen des Grundsatzes nennen: Das Konkurrenzverbot und die Geheimhaltungspflicht im Hinblick auf Geschäftsgeheimnisse. Alsdann wird in Abs. 3 eine Ausnahmeordnung festgelegt, die situative Befreiungen von der allgemeinen Treuepflicht und ihren Korrelaten erlaubt (N 11). Der Anwendungsbereich der Norm ergibt sich aus Abs. 1 (*«Die Gesellschafter ...»*), Abs. 2 (*«Sie ...»* und *«... die Gesellschafter ...»*), Abs. 3 (*«Die Gesellschafter ...»*) und Abs. 4 (N 30). Damit wird ein *flexibles* Konzept der Treuepflicht verankert, das eine Anpassung an die typologischen Variationen ermöglicht, welcher die GmbH fähig ist (vgl. eingehend HANDSCHIN/TRUNIGER, § 18 N 9 ff.).

II. Anwendungsbereich

3 Art. 803 wendet sich grundsätzlich an die **nichtgeschäftsführenden Gesellschafter,** was sich namentlich aus dem Vorbehalt von Abs. 4 ergibt, der Art. 812 für sämtliche Personen reserviert, die in der Gesellschaft *geschäftsführende* Funktionen i.S.v. Art. 809 innehaben (CHAPPUIS, Prohibitions, 349 f.). *Ex lege* gilt diese Unterstellung al-

lerdings nur im Hinblick auf die allgemeine Treuepflicht und auf die Pflicht zur Wahrung von Geschäftsgeheimnissen (N 6). Die Anwendbarkeit des Konkurrenzverbotes ist *dispositives* Recht und gilt nur, sofern eine statutarische Grundlage besteht (N 13; DUC, 114).

Gesellschafter i.S.v. Art. 803 ist, wer die *Zuständigkeit* an den Rechten und Pflichten 4 innehat, die aus einem Stammanteil fliessen. Das ist zunächst der *Eigentümer* eines solchen Stammanteils. Ferner treffen die Pflichten gem. Art. 803 auch den *Nutzniesser* i.S.v. 806b sowie den *Pfandgläubiger* i.S.v. Art. 790 Abs. 2 Ziff. 4, da diese in ihrer Person das Gefährdungspotential aufweisen, wovor Art. 803 die Gesellschaft schützen soll. Eine solche *funktionelle* Auslegung muss sodann für *Vertreter* von Gesellschaftern (Art. 805 Abs. 5 Ziff. 8) gelten, namentlich für den Vertreter i.S.v. Art. 792. Für den *ausgeschiedenen* Gesellschafter enthält Art. 803 keine Bestimmung. Eine nachwirkende Treuepflicht (samt ihren Folgepflichten) ist demnach abzulehnen. Ein Äquivalent für dieses fehlende Institut ist die *vertragliche Vereinbarung,* die sämtliche Pflichten von Art. 803 für die Zeit nach dem Verlust der Gesellschaftereigenschaft verbindlich vorsehen kann (gl.M. KÜNG/CAMP, N 1). Dasselbe Instrument kann auch eingesetzt werden, um Gefährdungslagen *vor* Erlangung der Gesellschafterstellung zu entschärfen (z.B. wenn eine Person die Frage eines Eintritts in die Gesellschaft prüft und zu diesem Zweck eine *due diligence* durchführt; zum Ganzen CHAPPUIS, Prohibitions, 347 f. und CR CO II-CHAPPUIS/JACCARD, N 6).

Gläubigerin der Pflichten aus Art. 803 ist die *Gesellschaft* allein. Keinen Anspruch auf 5 Erfüllung dieser Pflichten haben die anderen *Gesellschafter,* was sich aus der juristischen *Struktur der Treuepflicht* und der davon abgeleiteten Teilpflichten (Geschäftsgeheimniswahrung, Konkurrenzverbot) ergibt (N 32; CHK-TRÜEB, N 9 f.; CR CO II-CHAPPUIS/JACCARD, N 8 und 17).

III. Allgemeine Treuepflicht (Abs. 2 und 3)

1. Geltung

Die allgemeine Treuepflicht des Gesellschafters gilt **von Gesetzes wegen,** was sich aus 6 zwei Umständen ergibt: *Einerseits* aus der apodiktischen Formulierung von Art. 803 Abs. 2 Satz 1 und *andererseits e contrario* aus Abs. 2 Satz 3, der im Kontrast zum ersten Satz für das Konkurrenzverbot eine statutarische Verankerung fordert. Diese Deutung wird im Übrigen von den *Materialien* gestützt (s. Botschaft GmbH, 3203: «Während einerseits der Kreis der treuepflichtigen Personen weit gefasst ist, wird andererseits die Tragweite der Treuepflicht im Interesse der Betroffenen dadurch beschränkt, dass für das Konkurrenzverbot eine Sonderregelung vorgesehen wird»; vgl. CHK-TRÜEB, N 6 f.).

2. Funktion

Die im alten Recht unterlassene positivrechtliche Erwähnung der *allgemeinen Treue-* 7 *pflicht* (W. VON STEIGER, SJK 801, 30; HANDSCHIN, Rechte, 711; BÖCKLI/FORSTMOSER/RAPP, 99; s.a. BGE 69 II 46; s.a. RAPP, 191) hielt die damals h.L. nicht davon ab, diese Figur als geltendes Recht zu betrachten (WOHLMANN, Treuepflicht, 148; ders., 41; GLOOR, 67 ff.; ZK-VON STEIGER, Art. 784 N 33; DERS., SJK 801, 22; PATRY, Précis II, 319 f.; JENNY, 20 ff.; VON BÜREN/BÄHLER, 22; BÄHLER, 78; WÜRSCH, GmbH, 258; **a.A.** noch WÜRSCH, Aktionär, 7). Die Doktrin folgte dabei einer Art *ontologischen* Begründung, die diese Pflicht als Konsequenz des Gesellschaftsbegriffs versteht (s.

GLOOR, passim): Treue sei ein jeder Gemeinschaft *von Natur aus* innewohnender Grundsatz (BENZ, 4) und folge gesellschaftsrechtlich aus den *Vertrauensbeziehungen der Mitgesellschafter untereinander* (W. VON STEIGER, SPR VIII/1, 295; WOHLMANN, Treuepflicht, 52 ff.; WÜRSCH, Aktionär, 6, je m.Nw.; s.a. VON BÜREN/STEINER, 473, die die hier fragliche Treuepflicht als «Auswirkung des personalistischen Wesens einer GmbH» ansehen). Diese Begründung bleibt *unbestimmt* und erlaubt jedenfalls bei der GmbH, wo die Satzung keinen Vertrag, sondern einen *Gesamtakt* darstellt (**a.A.** BÖCKLI, Sàrl, 92, 96 f.), und dementsprechend *direkte* Rechtsverhältnisse zwischen den Gesellschaftern *fehlen,* weder eine schlüssige Ableitung der Treuepflicht noch überhaupt eine Konkretisierung dieser Generalklausel (s.a. RAUTMANN, 15). Vorzuziehen ist deshalb – zumal auch für das neue Recht – ein Verständnis der Treuepflicht *«als Korrelat der dem einzelnen Gesellschafter aufgrund seiner mitgliedschaftlichen Befugnisse eingeräumten Einwirkungsmöglichkeiten auf fremde Interessen»* (WINTER, 66). Dann erscheint die gesellschaftsrechtliche Treue als **Strukturprinzip,** das eine Regulierung mitgliedschaftlichen Verhaltens bei der GmbH ermöglicht. Sie trägt *programmatischen* Charakter und steht auf einer abstrakteren Ebene als das Konkurrenzverbot und das Geheimniswahrungsgebot: Sie bedarf immer der *kasuistischen Konkretisierung,* namentlich in Form der Bildung von Fallgruppen, weil sie *nicht unmittelbar anwendbar* ist. Aus dieser Konzeptualisierung der allgemeinen Gesellschaftstreue ergibt sich ihre Funktion: *Sie ist nicht direkte Konfliktschlichtungsregel, sondern Richtlinie zur Interpretation ihrer Korrelate.* Diese Richtlinienfunktion kann im Wesentlichen mithilfe von drei Sätzen erfasst werden:

8 (1) **Funktion** der verschiedenen normativen Sätze (also auch des Konkurrenzverbots und der Geheimhaltungspflicht), die im Grundsatz der Treuepflicht zusammengefasst sind, ist die *Kontrolle der durch die Mitgliedschaft vermittelten gesteigerten Einwirkungsmöglichkeiten des Gesellschafters auf die Sozialsphäre* (teilweise gl.M. GLOOR, 92). Daraus folgt, dass auf die Natur der Gesellschaft *(Vertrags-* oder *Satzungsgesellschaft)* sowie auf die – ohnehin meistens fiktiven – Vertrauensbeziehungen unter den Gesellschaftern nichts ankommt (WINTER, 16 ff., 67 m.Nw. in FN 24; **a.A.** GLOOR, 69 ff.). Vielmehr orientieren sich die Treuebindungen in der GmbH (wie übrigens auch in den anderen Verbandstypen) primär an *Gesellschaftsstruktur* und *-zweck* (dazu BGE 101 II 127; 72 II 117; HANDSCHIN, Rechte, 711; s.a. LUTTER, 90 f.).

9 (2) Weil die Treuepflicht als *Schranke der mitgliedschaftlichen Befugnisse* zu denken ist, muss sie ihren **positivrechtlichen Ursprung** wie diese Befugnisse in der Satzung der GmbH finden. Als Organisationsakt schafft diese Satzung keine Rechtsbeziehungen zwischen den Gesellschaftern, sondern setzt *objektives Recht.* Daraus folgt, dass Treuebindungen in der GmbH *nur gegenüber der Gesellschaft* (und nicht zwischen den Gesellschaftern untereinander) bestehen (gl.M. WÜRSCH, GmbH, 258; das ist zumal in *prozessualer* Hinsicht von Belang; s.u. N 32; ferner LUTTER, 121 f.).

10 (3) Die hier vertretene Lehre der Gesellschaftstreue erlaubt eine **Konkretisierung** des Prinzips und seiner verschiedenen Normschichten, die direkt aus der *GmbH-spezifischen Ausgestaltung der Mitgliedschaft* abgeleitet werden kann und damit den Rückgriff auf einen kaum bestimmbaren «Grundsatz des gesellschaftsrechtlichen Vertrauens» entbehrlich macht. Durch diese Anlehnung der Konkretisierung des Treuegedankens an die *rechtlichen Grundlagen* der GmbH wird auch eine *sachgerechte* Berücksichtigung des *realiter* eher kapitalistischen oder personalistischen Charakters der Gesellschaft möglich (dazu eingehend GLOOR, 93; ferner JENNY, 22; BÄHLER, 50 ff.; BRECHBÜHL, 273).

3. Ausnahme

Die allgemeine Treuepflicht kann nach Art. 803 Abs. 3 Gegenstand einer Derogation bilden (KÜNG/CAMP, N 4; s.a. Botschaft GmbH, 3203). Aus der in dieser Bestimmung gewählten Formulierung («... *Tätigkeiten ..., die gegen die Treuepflicht ... verstossen ...*») ist zu folgern, dass nur eine **situative** und **punktuelle Ausnahme** von der Treuepflicht und keine globale Befreiung zulässig ist. M.a.W. ist die Derogation zeitlich (z.B. «*bis am 31. Dezember 2012*»), räumlich (z.B. «*auf dem gesamten Gebiet der Kantone Aargau, Zürich und St.Gallen*») und sachlich (z.B. «*für die temporäre Vermittlung von Arbeitskräften im Baugewerbe*») zu limitieren. Diese Beschränkungen können *kumuliert* werden.

Was die **Voraussetzungen** der Ausnahme anbetrifft, nennt Art. 803 Abs. 3 *zwei* Möglichkeiten. Die erste besteht darin, dass *alle* übrigen Gesellschafter *schriftlich zustimmen*. Dieser Weg hat den Vorzug, dass jegliche Publizität der Befreiung vermieden wird. Denn diese hinterlässt weder in den Statuten noch im Handelsregister irgendwelche Spuren. Der *Zeitpunkt* der Zustimmung wird im Gesetzeswortlaut nicht spezifiziert (vgl. CR CO II-CHAPPUIS/JACCARD, N 35). Naturgemäss sollte sie *im Voraus* erteilt werden. Eine *nachträgliche* Zustimmung ist freilich grundsätzlich statthaft, birgt aber für den treupflichtverletzenden Gesellschafter namentlich die Gefahr einer Schadenersatzpflicht in sich, falls sie aus irgendeinem Grund nicht zustandekommt. Sodann wird in Art. 803 Abs. 3 Satz 2 noch ein zweiter Weg der Ausnahmeerteilung vorgesehen: Die in den *Statuten* vorgesehene Zustimmung der *Gesellschafterversammlung*. Die Schaffung der erforderlichen statutarischen Grundlage, die vom Zustimmungserfordernis aller übrigen Gesellschafter i.S.v. Art. 803 Abs. 3 Satz 1 entbindet, obliegt dem Grundorgan (Art. 804 Abs. 2 Ziff. 1) und benötigt lediglich die absolute Mehrheit der vertretenen Stimmen, soweit statutarisch nichts anderes vorgesehen ist (Art. 808). Der darauf gestützte Beschluss, der von der Treuepflicht ausnimmt, braucht demgegenüber das qualifizierte Mehr von Art. 808b Abs. 1 Ziff. 7 (KÜNG/CAMP, N 4 i.f.; CR CO II-CHAPPUIS/ JACCARD, N 37). Der Gesellschafter, der um Befreiung von der Treuepflicht ersucht, ist gem. Art. 806a Abs. 3 *nicht* stimmberechtigt. Diese Kautel ist zwar folgerichtig, verursacht aber in Zweimann-Gesellschaften Patt-Situationen. In derartigen Verhältnissen ist die Ausnahmevariante von Art. 803 Abs. 3 Satz 2 deshalb nicht anwendbar (s.a. SIFFERT et al., Art. 806a N 3 m.Nw.).

IV. Konkurrenzverbot (Abs. 2 und 3)

1. Geltung

Wie nach altem Recht (s. W. VON STEIGER, SJK 801, 32; WIELER, 66 f.; HANDSCHIN, Rechte, 711) gilt das Konkurrenzverbot für *nichtgeschäftsführende Gesellschafter* nicht *ex lege*, sondern muss **statutarisch** eingeführt werden (Art. 803 Abs. 2 Satz 3; ferner auch Art. 776a Abs. 1 Ziff. 3; eine graphische Darstellung aller Konkurrenzverbote im GmbH-Recht findet man bei CHAPPUIS, Sàrl, N 174). Bei Einführung des Verbotes in die ursprünglichen Statuten bedarf es der Einstimmigkeit der Gründer (Art. 777b Abs. 1 und 2 Ziff. 1). Dasselbe gilt bei nachträglicher Einführung: Weil dadurch eine Vermehrung der mitgliedschaftlichen Leistungen i.S.v. Art. 797 bewirkt wird, bedarf eine solche Statutenänderung der **Einstimmigkeit** (SIFFERT et al., N 7; CHAPPUIS, Prohibitions, 344; zum bisherigen Recht statt anderer ZK-VON STEIGER, Art. 818 N 8).

Art. 803 Abs. 2 Satz 3 schliesst die Möglichkeit eines **konventionellen Konkurrenzverbotes** nicht aus. Allerdings findet diese Bestimmung auf solche Verbote keine Anwendung (Botschaft GmbH, 3174: «Unbenommen bleibt die Vereinbarung vertraglicher Konkurrenzverbote ausserhalb der Statuten»; s.a. SIFFERT et al., N 13; KÜNG/CAMP, N 1; CHAPPUIS, Prohibitions, 344; RUGGLI, 296 f.).

2. Funktion

a) Zweck

15 Von den anderen normativen Schichten des Treueprinzips, die sich i.d.R. als *konkrete Schädigungsverbote* ausnehmen, unterscheidet sich das Konkurrenzverbot dadurch, dass es **präventiv** wirkt (WINTER, 240). Art. 803 Abs. 2 Satz 3 verlangt mithin lediglich, dass die anderweitige unternehmerische Betätigung des Gesellschafters die Gesellschaft *potentiell* gefährdet (s.a. VON STEIGER, SPR VIII/1, 505 m.Nw.; DARMS, 67; WIELER, 68). Dadurch wird die *Wirtschaftsfreiheit* der Betroffenen zuweilen erheblich *beschnitten* (RAUTMANN, 6 f.; DARMS, 22; WIELER, 65). Schon aus wirtschaftsrechtlichen Gründen ist daher geboten, diese (legale) Wettbewerbsbeschränkung nur insofern greifen zu lassen, als es zur Aufrechterhaltung der Funktionsfähigkeit des von der GmbH betriebenen Unternehmens *erforderlich* ist. Um dieses Mass zu bestimmen, ist der *sachliche* Anwendungsbereich des Art. 803 Abs. 2 Satz 3 anhand seines *Normzweckes* auszumessen (SIFFERT et al., N 10). Aus der Funktion der gesellschaftsrechtlichen Treuebindungen (s.o. N 8) folgt ein *doppelter Schutzbereich* der Bestimmung: Einerseits soll die Gesellschaft vor *Ausnutzung* der Ressourcen, die nur den Gesellschaftern zugänglich sind, (also vor «externen» Konflikten des Missbrauchs von Gesellschaftsressourcen) bewahrt werden, und andererseits sollen *Interessenkollisionen* bei der Ausübung von Kompetenzen, die die Mitgliedschaft vermittelt, (also *schädliche Rückwirkungen* der externen Tätigkeit des Gesellschafters auf die *Innenverhältnisse* der Gesellschaft) unterbunden werden. *Nicht* erfasst von Art. 803 Abs. 2 Satz 3 werden Tatbestände der *Vertrauensstörung* zwischen Mitgesellschaftern und schon gar nicht das Interesse der Gesellschaft an der Erhaltung der *vollen Arbeitskraft* des Betroffenen (**a.A.** WIELER, 66).

b) Umfang

16 *Sachlich* knüpft das Konkurrenzverbot an den Begriff des *Geschäftsbereiches der Gesellschaft* an. Zwar erwähnt Art. 803 Abs. 2 Satz 3 (im Gegensatz zu Art. 818 Abs. 1 altOR: «*Geschäftszweig*») diesen Begriff nicht. Doch ist dieser unerlässlich, um den Schutzgegenstand des Verbots zu bestimmen. Die Doktrin legt diesen Begriff dahingehend aus, dass massgebend die *tatsächlich ausgeübte* Geschäftstätigkeit ist, die enger oder weiter sein kann als der *Unternehmensgegenstand* der Gesellschaft (vgl. BK-JANGGEN/BECKER, Art. 818 N 2; W. VON STEIGER, SJK 801, 31; WIELER, 68; RAUTMANN, 64 ff.; noch weiter geht ZK-VON STEIGER, Art. 818 N 4, der über die Bestimmung auch *ernsthaft geplante Geschäftsausdehnungen* schützen will; kaum weiterführend WOHLMANN, 117, der von «Branche» spricht; vgl. ferner auch, für die Kollektivgesellschaft, W. VON STEIGER, SPR VIII/1, 506; ZK-SIEGWART, Art. 561 N 10; DARMS, 69). Dieser Theorie der «faktischen Geschäftstätigkeit» darf aus grundsätzlichen Überlegungen *nicht* gefolgt werden. Zu bedenken gilt es, dass der statutarische Unternehmensgegenstand eine für das ganze Binnenleben der GmbH *verpflichtende Maxime* darstellt. Diese weist einen (sowohl *positiven* wie *negativen*) Gehalt auf, der dadurch gekennzeichnet ist, dass der vorgegebene Tätigkeitsbereich nachhaltig *auszuschöpfen* und jegliche Betätigung, die darüber hinausreicht, zu *unterlassen* ist. Den Geschäftsführern ist demnach verwehrt, vom erklärten Unternehmensgegenstand *abzuweichen*, weil damit die Satzung

faktisch durchbrochen würde. Sieht der Unternehmensgegenstand z.B. «Betätigung im Bereich des Baues von Hochhäusern und der Produktion von PC-Bildschirmen» vor, so darf die unternehmerische Tätigkeit weder auf den Bau von Hochhäusern *reduziert* noch auf die Produktion von Lokomotiven *ausgedehnt* werden, ohne dass *vorgängig* eine statutarische *Anpassung* an die neuen Umstände erfolgt ist. Dieser Grundsatz ist darin begründet, dass die Umschreibung des Unternehmensgegenstandes in den Statuten gegenwärtige und zukünftige Gesellschafter vor *bisher nicht bekannten Risiken* schützen soll. Für die Auslegung des Art. 803 Abs. 2 Satz 3 hat dies zur Folge, dass der Schutzgegenstand des Konkurrenzverbots weder *weiter* noch *enger* sein kann als der satzungsmässig festgelegte «Geschäftsbereich» oder Unternehmensgegenstand der Gesellschaft (so in der Tendenz auch BGE 101 II 127 f.; 35 II 128; vgl. ebenfalls BGHZ 89, 170; heikel demgegenüber der Ansatz von BÄHLER, 151), weil jeder Gesellschafter abschätzen können muss, inwiefern ihm eine anderweitige unternehmerische Betätigung erlaubt ist. Die hier verworfene Lehrmeinung führt demgegenüber zum kaum haltbaren Ergebnis, dass der Umfang des Konkurrenzverbots nach Belieben der Geschäftsführung variiert (so ausdrücklich BK-JANGGEN/BECKER, Art. 818 N 2), was dem (gerade im Gesellschaftsrecht zentralen) Postulat der Rechtssicherheit widerspricht (s.a. die Bedenken bei RAUTMANN, 65 f.).

Art. 803 Abs. 2 Satz 3 untersagt dem betroffenen Gesellschafter, sich im Rahmen des Unternehmensgegenstands *konkurrierend* zu betätigen. Damit stellt sich die Frage, wie festzustellen ist, wann man es *in concreto* mit einer **Konkurrenztätigkeit** zu tun hat. In diesem Zusammenhang hält die Doktrin dafür, dass die fragliche Tätigkeit *in irgend einer Beziehung* zum «Geschäftsbereich» der GmbH stehen muss, dass es sich dabei aber um eine Frage handelt, die nur *im einzelnen* gelöst werden kann; als *Hilfskriterien* könnten allenfalls die Gattung der gehandelten Ware, die Form des Geschäfts (z.B. Import- oder Exportgeschäft), der Kundenkreis und dgl. mehr dienen (WIELER, 68; RAUTMANN, 65; s.a. ZK-VON STEIGER, N 4). Präziser wird es demgegenüber sein, die in der Praxis zum Wettbewerbsbeschränkungsrecht entwickelten *Marktbestimmungstests* herbeizuziehen, hängt doch die Qualifikation von Gesellschaftertätigkeiten als Konkurrenzhandlungen ausschliesslich davon ab, ob diese auf *demselben (Angebots-)Markt* anzusiedeln sind wie die Geschäftstätigkeit der GmbH. Vorzugehen ist insb. nach dem Test der *funktionellen Austauschbarkeit,* der zur Prüfung der Marktgleichwertigkeit bestimmter Waren bzw. Dienstleistungen darauf abstellt, ob sich diese so ähnlich sind, dass der Verbraucher sie beim Vergleich als für die Deckung eines bestimmten Bedarfs geeignet und als gegeneinander austauschbar ansieht (vgl. Bekanntmachung der Kommission über die Definition des relevanten Marktes i.S. des Wettbewerbsrechts der Gemeinschaft, ABl. C 372 v. 9.12.1997, Randziffer 15 ff.). Subsidiär kann auch auf den Test der *Angebotsumstellungsflexibilität* zurückgegriffen werden; danach umfasst der Markt auch Anbieter, die in Reaktion auf kleine, dauerhafte Änderungen bei den relevanten Preisen in der Lage sind, ihre Produktion auf die relevanten Erzeugnisse umzustellen und sie kurzfristig auf den Markt zu bringen (vgl. Bekanntmachung a.a.O., Rz 20). Die auf diese Weise gewonnenen Erkenntnisse dienen dann methodisch als gegeneinander abzuwägende *Kriterien* zur (durchaus wertungsbeladenen) Entscheidung der Frage, ob eine Konkurrenztätigkeit tatsächlich vorliegt oder nicht.

Für die *räumliche* Bestimmung des Konkurrenzverbotes ist massgeblich, ob sich die GmbH auf einem *lokalen, regionalen, nationalen* oder sogar *internationalen* Markt betätigt (s. RAUTMANN, 70 f.). Zur Eingrenzung dieses sog. **räumlich relevanten Marktes** ist zumal auf den Test der *funktionellen Austauschbarkeit* abzustellen (s.o. N 17; vgl. weiterführend WATTER/REINERT, 451 ff. m.Nw.). Zeigt sich z.B., dass sich die GmbH ausschliesslich im Raum Zürich bewegt, so kann ihren Gesellschaftern nicht untersagt werden, in Genf, Basel oder Bern *gleichartige* Geschäfte zu betreiben (vgl. CR CO II-CHAPPUIS/JACCARD, N 30 f.). Denn in einem solchen Fall liegt keine *Konkurrenztätigkeit* im gesetzlichen Sinne vor (KÜNG/CAMP, N 1).

c) Exkurs: GmbH-Konzernrecht

19 In *rechtstatsächlicher* Hinsicht ist zu bemerken, dass auch in der Schweiz die GmbH als (herrschendes oder abhängiges) *Konzernglied* verwendet wird (vgl. z.B. ASA 1971/72, 512 ff.; ZBGR 1978, 229 ff.; ferner RAUTMANN, 69 f.; MEIER-HAYOZ/FORSTMOSER, § 23 N 48 ff.; HANDSCHIN, Konzern, 122; HANDSCHIN/TRUNIGER, § 33 N 18 ff.). Spezielle Vorschriften für diesen Sachverhalt gibt es in Art. 772 ff. *nicht*. Es ist daher Aufgabe von Doktrin und Rechtsprechung, die entsprechenden Konflikte durch eine *konzernspezifische Fortbildung* allgemeiner Grundsätze zu lösen. Die moderne Gesellschaftsrechtslehre ist sich darin einig, dass die übliche Beschränkung des Blickfeldes auf den *Schutz* der *schon abhängigen Gesellschaft,* ihrer *Gesellschafter* und *Gläubiger* zu kurz greift. Daher ist dem Grundsatz nach anerkannt, dass die vom *Konzerntatbestand* betroffenen Interessen nicht lediglich in bereits bestehenden Konzernverhältnissen, sondern schon im Zeitpunkt der *Konzernbildung* geschützt werden sollten (vgl. allgemein AMSTUTZ, Konzernorganisationsrecht, 354 ff. N 536 ff.; für das Konzernrecht der Personengesellschaften KAUFMANN, 120 ff.; vgl. HANDSCHIN/TRUNIGER, § 33 N 33). Im Recht der GmbH kann ein solcher **konzernrechtlicher Präventivschutz** aus dem Konkurrenzverbot des Art. 803 Abs. 2 heraus entwickelt werden.

20 Auszugehen ist vom Befund, dass ein **Mehrheitsgesellschafter,** der zugleich ein *Konkurrenzunternehmen* beherrscht, die GmbH in eine den wirtschaftlichen Erfolg *bedrohende* Lage bringt (s. dazu generell BGH, NJW 1980, 231; BGHZ 89, 166 m.Nw.). Denn er kann weitgehend *selber* bestimmen, welchem der beteiligten Unternehmen sich bietende Geschäftschancen (und damit entsprechende Gewinne) zukommen sollen (RAISER, 859). Die allgemeinen Schranken der *Herrschaftsmacht* können hier nicht greifen, weil oft nicht genau abschätzbar ist, welche *betrieblichen Konsequenzen* sich aus den unternehmenspolitischen Entscheidungen des herrschenden Gesellschafters ergeben. Auch fehlen *objektive Massstäbe,* um beurteilen zu können, ob solche Entscheidungen aus der Sicht der abhängigen Gesellschaft und ihrer Minderheitsgesellschafter *sachgerecht* bzw. *zweckfördernd* sind. Um bereits die Begründung eines GmbH-Konzerns einer *rechtlichen Kontrolle* zu unterwerfen (und damit die geschilderte Konfliktlage zu entschärfen), ist eine konzernbezogene Fortschreibung von Art. 803 Abs. 2 in dem Sinne geboten, dass der Hauptgesellschafter dem *gesetzlichen Konkurrenzverbot* von Art. 812 unterstellt wird (s. Art. 812 N 15 ff.). Danach ist diesem die Konzernbildung *untersagt*, sofern die übrigen Gesellschafter nicht zustimmen. Diese können aber dann *gehalten* sein, Befreiung vom Verbot zu erteilen, wenn *sachliche* Gründe dafür sprechen.

d) Schranken

21 Art. 803 Abs. 2 Satz 3 untersteht grundsätzlich den **zivilrechtlichen Schranken** von Art. 27 Abs. 2 ZGB und Art. 19/20 (statt aller W. VON STEIGER, SPR VIII/1, 510). Um die sich hieraus ergebenden Abgrenzungsprobleme zu lösen, muss vorab zwischen *gesellschaftserforderlichen* und *-nützlichen* Konkurrenzverboten unterschieden werden. Ist das Wettbewerbsverbot aus der Sicht der Gesellschaft als *erforderliche* Kautel einzustufen, geht es dem privatrechtlichen Persönlichkeitsschutz vor. Erachtet ein Gesellschafter die Bindung als untragbar, so verbleibt ihm lediglich die Möglichkeit, auf *Bewilligung des Austritts* nach Art. 822 Abs. 1 zu klagen (vgl. im Einzelnen Art. 822 N 2 ff.). Ist das

Verbot demgegenüber bloss *gesellschaftsnützlich,* hängt seine Zulässigkeit davon ab, dass es die *wirtschaftliche Existenz* des Betroffenen nicht gefährdet (s. dazu eingehend WÜRSCH, Aktionär, 97 ff. m.Nw.; BGE 102 II 218 = Pra 1976, 655 f.; 53 II 329; 51 II 299 ff.; 50 II 485 ff.). Bei Verstoss gegen Art. 27 Abs. 2 ZGB ist das Verbot *nichtig,* wobei je nachdem auch *Teilnichtigkeit* i.S.v. Art. 20 Abs. 2 aktuell werden kann (s. dazu W. VON STEIGER, SPR VIII/1, 510; sowie [spezifisch zur Kollektivgesellschaft] ZK-SIEGWART, Art. 561 N 31; BK-HARTMANN, Art. 561 N 5a).

Zu den **kartellgesetzlichen Schranken** von statutarischen Wettbewerbsverboten vgl. AMSTUTZ, Wettbewerbsabrede, 1481 ff. 22

3. Ausnahme

Die Voraussetzungen der **Derogation** vom Konkurrenzverbot decken sich mit denjenigen der Befreiung von der *allgemeinen Treuepflicht* (Art. 803 Abs. 3). Es kann daher auf die Ausführungen in N 11 und 12 verwiesen werden. 23

V. Geheimniswahrungspflicht (Abs. 1)

1. Geltung

Die Geheimniswahrungspflicht von Art. 803 Abs. 1 gilt **ex lege,** setzt also weder eine statutarische Grundlage noch einen Gesellschafterbeschluss voraus (BÖCKLI, Présentation, 25). 24

2. Funktion

Das Gesetz umschreibt den **Begriff des Geschäftsgeheimnisses** weder in Art. 803 Abs. 1 noch in anderen Bereichen der Rechtsordnung (vgl. z.B. Art. 340 Abs. 2, Art. 418 d Abs. 2, Art. 697 Abs. 2 und 3, Art. 697e Abs. 1 und 2, Art. 730, Art. 857 Abs. 2 OR; Art. 6 UWG; KÜNG/CAMP, N 2). Eine systematische Aufarbeitung dieses Begriffes trifft man vor allem in der *lauterkeitsrechtlichen* und *strafrechtlichen* Literatur und Rechtsprechung an. Diese ist auch für die Erschliessung von Art. 803 Abs. 1 einschlägig. Ein Geschäftsgeheimnis setzt danach zweierlei voraus (vgl. CR CO II-CHAPPUIS/JACCARD, N 10; FORSTMOSER/MEIER-HAYOZ/NOBEL, § 40 N 176 f.; BGer 4C.234/2002 E. 4.3.3.1; BGE 82 II 216, bes. 222): (1) Vorerst muss ein *Geheimnis* vorliegen, was dann der Fall ist, wenn die in Frage stehenden Tatsachen *relativ unbekannt* sind («weder offenkundig noch allgemein zugänglich»), das Geheimhaltungsinteresse des Geheimnisherrn *berechtigt* ist und ein *Geheimhaltungswille* des Geheimnisherrn besteht. (2) Das Geheimnis muss sodann dem *Gegenstand* nach *beschränkt* sein, d.h. eine *geschäftlich relevante Information* betreffen. *In nuce:* 25

Damit ein **Geheimnis** vorliegt, muss sich dieses auf eine *wahre Tatsache* beziehen. Allerdings bildet nicht die Tatsache an sich das Geheimnis, sondern das *Wissen* um sie (BAUDENBACHER/GLÖCKNER, Art. 6 N 5; COMTESSE, 258; TREADWELL, 11). Die Tatsache darf sodann nicht *unbekannt,* sondern muss einem *engen Personenkreis geläufig* sein (sog. *Relativität* des Geheimnisses; vgl. WENNINGER, 4; BINDSCHEDLER, 16). Nach Auffassung des BGer ist diese Relativität solange vorhanden, als die fragliche Information nicht *offenkundig* oder *allgemein zugänglich* ist (BGE 80 IV 22, 27 E. 2a; OGer ZH, 31.8.1982, ZR 1983, 300, 302 E. 1a), d.h. solange die Möglichkeit der *Verbreitungskontrolle* durch den Geheimnisherrn besteht (BINDSCHEDLER, 21; s.a. DRUEY, ZSR 1973, 469; krit. BAUDENBACHER/GLÖCKNER, Art. 6 N 8 f.). Das Erfordernis eines 26

Geheimhaltungsinteresses (als zweites Merkmal des Geheimnisses) bezieht sich auf die Frage nach der *Schutzwürdigkeit* der Einschränkung eines freien Informationsflusses (SCHNEIDER, 58; BAUDENBACHER/GLÖCKNER, Art. 6 N 25). Ein Geheimhaltungsinteresse ist dann zu bejahen, wenn die Vertraulichkeit der Information nicht ausschliesslich darauf ausgerichtet ist, legitime Erwartungen im Rechtsverkehr zu enttäuschen. Insofern ist nicht abwegig, im hier fraglichen Merkmal eine Vorverlegung des allgemein anwendbaren Rechtsmissbrauchsverbots zu erblicken (COMTESSE, 263 f.; **a.M.** TREADWELL, 19 f.). Schliesslich muss die Geheimhaltung der Tatsache im *Willen des Geheimnisherrn* liegen, da die Durchsetzung eines nicht gewollten Schutzes sinnlos ist. In hierarchisch tief gestaffelten bzw. in heterarchischen Unternehmen (s. TEUBNER, 554 ff.), wo die Organe unmöglich Kenntnis aller in den einzelnen Abteilungen bestehenden Geheimnisse haben können, sollte ein Geheimhaltungswille nur dann angenommen werden, wenn auf Ebene der betriebswirtschaftlichen Organisation Massnahmen zur Gewährleistung von Vertraulichkeit getroffen wurden (in diesem Sinn auch: DRUEY, Information, 298 ff.; WENNINGER, 111; deshalb kann es nicht angehen, mit einem fiktiven Geheimhaltungswillen des betroffenen Unternehmens oder mit der Annahme eines solchen Willens bis zur erkennbaren Äusserung eines Offenbarungswillens zu operieren; so aber BAUDENBACHER/GLÖCKNER, Art. 6 N 21 f. und 24; s.a. SCHNEIDER, 51 ff.).

27 Nicht jedes Geheimnis im Unternehmen kann sodann als Geschäftsgeheimnis angeschaut werden, sondern nur ein solches, das **geschäftsrelevant** ist. Nach BGer umfasst ein Geschäftsgeheimnis Daten, die Einkaufs- und Bezugsquellen, Betriebsorganisation, Preiskalkulation usw. betreffen, also einen betriebswirtschaftlichen oder kaufmännischen Charakter besitzen (BGE 103 IV 283, 284 E. 2b = Pra 1978, 73). Entscheidend ist die unmittelbare Beziehung zum Unternehmen, weshalb stets zu prüfen ist, ob die geheimen Informationen *Auswirkungen auf das Geschäftsergebnis haben können* (BGE 103 IV 283, 284 E. 2b = Pra 1978, 73). Ob diese Informationen verwertbar (direkt nutzbar, wie z.B. ein Konstruktionsplan) oder lediglich auswertbar (nicht unmittelbar anwendbar, wie z.B. eine Erfolgsrechnung) sind, ist unerheblich (s. BINDSCHEDLER, 18 f.). Überhaupt bleibt belanglos, ob der geheimen Tatsache ein Geldwert zukommt oder nicht.

28 Eine **Verletzung** der Geheimniswahrungspflicht von Art. 803 Abs. 1 liegt vor, wenn ein Geschäftsgeheimnis im eben geschilderten Sinne Personen *offenbart* wird, die von der Kenntnis *ausgeschlossen* bleiben sollten, also weder Gesellschafter noch Geschäftsführer (allenfalls Funktionsträger der Gesellschafter) sind. Wie das Geschäftsgeheimnis dem Gesellschafter bekannt wird – ob durch Ausübung seines Auskunfts- und Einsichtsrechts i.S.v. Art. 802, durch ausdrückliche Anvertrauung durch ein Funktionär, durch seine Tätigkeit im Betrieb oder schlicht durch Zufall –, ist gleichgültig (s.a. TREADWELL, 37; RINGIER, 56 f.; HANDSCHIN/TRUNIGER, § 18 N 11). Ebenso unwesentlich ist, in welcher *Form* das Geheimnis offenbart wird (mündlich, schriftlich, durch Rekonstruktion oder Zurückbehalten von Dokumenten usw.; weitere Bsp. in BGE 80 IV 22, 31 E. 2c; s. dazu RINGIER, 58 f.) und ob beim Geheimnisherrn *Schaden* eingetreten ist; allerdings muss die geheimzuhaltende Information so *detailliert* offenbart werden, dass eine Verwertung durch den Empfänger möglich ist (s. TREADWELL, 39; OGer ZH, 3.10.1967, ZR 1969, 95, 96). Belanglos sind schliesslich auch die *Motive* des Rechtsbrechers (Geld, Rache usw.).

2. Abschnitt: Rechte und Pflichten der Gesellschafter   29–33 **Art. 803**

3. Ausnahme

Das Gesetz sieht keine *ausdrückliche* Befreiungsmöglichkeit von der Pflicht des **29**
Art. 803 Abs. 1 vor. Dieser Umstand hängt mit dem *Gegenstand* dieser Pflicht zusammen: Während die allgemeine Treuepflicht und das Konkurrenzverbot i.S.v. Art. 803 Abs. 2 und 3 das Verhältnis der Gesellschafter zur GmbH *in abstracto* ordnen, betrifft Art. 803 Abs. 1 unmittelbar *assets* im Vermögen der Gesellschaft, nämlich Daten, die im geschilderten Sinne *geheim* und deshalb *werthaltig* sind. Insofern sind diese Ressourcen nicht nur für die Gesellschafter, sondern auch (und zumal) für die **Gesellschaftsgläubiger** von Belang. Eine Ausnahme hätte demnach auch die Interesse letzterer in Abgleichung zu bringen, was nicht tunlich ist. Aus diesem Grund hat der Gesetzgeber für die Geheimniswahrungspflicht von Art. 803 Abs. 1 auf eine Ausnahme *verzichtet*.

VI. Vorbehalt von Abs. 4

Der Vorbehalt von Art. 803 Abs. 4 bezieht sich auf Art. 812, der die Treuebindung des **30**
Geschäftsführers regelt. Die Vorschrift ist eine blosse Gedankenstütze *ohne* materiellrechtlichen Gehalt (KÜNG/CAMP, N 3).

VII. Rechtsschutz

Die *Folgen* eines **Verstosses** gegen Art. 803 sind im Gesetz *nicht geregelt*. Sie ergeben **31**
sich aus dem allgemeinen *Gesellschaftsrecht*. Im Vordergrund stehen die Klagen auf *Feststellung, Unterlassung* und *Beseitigung* des rechtswidrigen Zustandes (ZK-VON STEIGER, Art. 818 N 10). Durchdringen kann sodann die Klage auf *Schadenersatz*, sofern dem beklagten Gesellschafter der Exkulpationsbeweis nicht gelingt (ZK-VON STEIGER, Art. 818 N 10). Anstelle des Schadenersatzes kann bei Verletzung des Konkurrenzverbotes auch eine *analoge* Anwendung von Art. 464 Abs. 2 in dem Sinne geboten sein, dass der Gesellschafter der GmbH die «Vorteile» aus dem betreffenden Geschäft überlassen muss, während dem Dritten gegenüber das Rechtsverhältnis *unangetastet* bleibt; eine solche Lösung setzt aber ein *entsprechendes Begehren* der klagenden Gesellschaft voraus (s. zu dieser Analogie in erster Linie BK-HARTMANN, Art. 561 N 20; ferner ZK-VON STEIGER, Art. 818 N 10; WIELER, 70; für die Kollektivgesellschaft ZK-SIEGWART, Art. 561 N 14, 16; W. VON STEIGER, SPR VIII/1, 509, insb. FN 55). Schliesslich kann *in Extremfällen* der hier fragliche Tatbestand auch zum *Ausschluss* des betreffenden Gesellschafters (Art. 823) oder zur *Auflösung* der Gesellschaft (Art. 821) führen (ZK-VON STEIGER, Art. 818 N 10; DERS., SJK 801, 32; im Kontext auch WOHLMANN, Treuepflicht, 148 f.; s.a. JENNY, 40 ff.).

Aus dem Umstand, dass die Treuebindungen nur der Gesellschaft gegenüber (und nicht **32**
zwischen den Gesellschaftern) geschuldet ist (s.o. N 5), folgt, dass eine *prozessuale Geltendmachung* der eben erörterten Ansprüche nur mittels **Gesellschaftsklage** (und nicht mittels *actio pro socio*; **a.A.** JENNY, 59) angängig ist (s. dazu grundsätzlich W. VON STEIGER, SPR VIII/1, 377 ff.; ob eine *actio pro societate* zuzulassen ist, sei hier *offen* gelassen). Unterlässt die Geschäftsführung *zu Unrecht* die Klageanhebung, so macht sie sich i.S.v. Art. 827 *verantwortlich*.

Die Statuten können **weitere Sanktionen** vorsehen, wie insb. eine *Konventionalstrafe* **33**
(Art. 776a Abs. 1 Ziff. 4; im Einzelnen dazu ZK-VON STEIGER, Art. 818 N 11).

Dritter Abschnitt: Organisation der Gesellschaft

Art. 804

A. Gesellschafterversammlung
I. Aufgaben

¹ Oberstes Organ der Gesellschaft ist die Gesellschafterversammlung.

² Der Gesellschafterversammlung stehen folgende unübertragbare Befugnisse zu:

1. die Änderung der Statuten;

2. die Bestellung und die Abberufung von Geschäftsführern;

3. die Bestellung und die Abberufung der Mitglieder der Revisionsstelle und des Konzernrechnungsprüfers;

4. die Genehmigung des Jahresberichtes und der Konzernrechnung;

5. die Genehmigung der Jahresrechnung sowie die Beschlussfassung über die Verwendung des Bilanzgewinnes, insbesondere die Festsetzung der Dividende und der Tantieme;

6. die Festsetzung der Entschädigung der Geschäftsführer;

7. die Entlastung der Geschäftsführer;

8. die Zustimmung zur Abtretung von Stammanteilen beziehungsweise die Anerkennung als stimmberechtigter Gesellschafter;

9. die Zustimmung zur Bestellung eines Pfandrechts an Stammanteilen, falls die Statuten dies vorsehen;

10. die Beschlussfassung über die Ausübung statutarischer Vorhand-, Vorkaufs- oder Kaufsrechte;

11. die Ermächtigung der Geschäftsführer zum Erwerb eigener Stammanteile durch die Gesellschaft oder die Genehmigung eines solchen Erwerbs;

12. die nähere Regelung von Nebenleistungspflichten in einem Reglement, falls die Statuten auf ein Reglement verweisen;

13. die Zustimmung zu Tätigkeiten der Geschäftsführer und der Gesellschafter, die gegen die Treuepflicht oder das Konkurrenzverbot verstossen, sofern die Statuten auf das Erfordernis der Zustimmung aller Gesellschafter verzichten;

14. die Beschlussfassung darüber, ob dem Gericht beantragt werden soll, einen Gesellschafter aus wichtigem Grund auszuschliessen;

15. der Ausschluss eines Gesellschafters aus in den Statuten vorgesehenen Gründen;

16. die Auflösung der Gesellschaft;

17. die Genehmigung von Geschäften der Geschäftsführer, für die die Statuten die Zustimmung der Gesellschafterversammlung fordern;

3. Abschnitt: Organisation der Gesellschaft   **Art. 804**

18. die Beschlussfassung über die Gegenstände, die das Gesetz oder die Statuten der Gesellschafterversammlung vorbehalten oder die ihr die Geschäftsführer vorlegen.

³ Die Gesellschafterversammlung ernennt die Direktoren, die Prokuristen sowie die Handlungsbevollmächtigten. Die Statuten können diese Befugnis auch den Geschäftsführern einräumen.

A. Assemblée des associés
I. Attributions

¹ L'assemblée des associés est l'organe suprême de la société.

² Elle a le droit intransmissible:

1. de modifier les statuts;

2. de nommer et de révoquer les gérants;

3. de nommer et de révoquer les membres de l'organe de révision et le réviseur des comptes de groupe;

4. d'approuver le rapport annuel et les comptes de groupe;

5. d'approuver les comptes annuels et de déterminer l'emploi du bénéfice résultant du bilan, en particulier de fixer les dividendes et les tantièmes;

6. de déterminer l'indemnité des gérants;

7. de donner décharge aux gérants;

8. d'approuver la cession de parts sociales ou de reconnaître un acquéreur en tant qu'associé ayant le droit de vote;

9. d'approuver la constitution d'un droit de gage sur des parts sociales, lorsque les statuts le prévoient;

10. de décider de l'exercice des droits statutaires de préférence, de préemption ou d'emption;

11. d'autoriser les gérants à acquérir pour la société des parts sociales propres, ou d'approuver une telle acquisition;

12. d'adopter un règlement relatif à l'obligation de fournir des prestations accessoires, lorsque les statuts y renvoient;

13. d'approuver les activités des gérants et des associés qui sont contraires au devoir de fidélité ou à l'interdiction de faire concurrence, pour autant que les statuts renoncent à l'exigence de l'approbation de tous les associés;

14. de décider de requérir du juge l'exclusion d'un associé pour de justes motifs;

15. d'exclure un associé pour un motif prévu par les statuts;

16. de dissoudre la société;

17. d'approuver les opérations des gérants que les statuts soumettent à son approbation;

18. de prendre les décisions sur les objets que la loi ou les statuts lui réservent ou que les gérants lui soumettent.

³ L'assemblée des associés nomme les directeurs, les fondés de procuration et les mandataires commerciaux. Les statuts peuvent aussi conférer ce droit aux gérants.

A. Assemblea dei soci
I. Attribuzioni

¹ L'assemblea dei soci è l'organo supremo della società.

² All'assemblea dei soci spettano le attribuzioni intrasmissibili seguenti:

1. la modifica dello statuto;

2. la nomina e la revoca dei gerenti;

3. la nomina e la revoca dei membri dell'ufficio di revisione e del revisore del conto di gruppo;

4. l'approvazione del rapporto annuale e del conto di gruppo;

5. l'approvazione del conto annuale e la deliberazione sull'impiego dell' utile risultante dal bilancio, in particolare la determinazione dei dividendi e dei tantièmes;

6. la determinazione dell'indennità dei gerenti;

7. il discarico ai gerenti;

8. l'approvazione della cessione di quote sociali e il riconoscimento di un acquirente quale socio con diritto di voto;

9. l'approvazione della costituzione di un diritto di pegno su quote sociali, se lo statuto lo prevede;

10. la deliberazione sull'esercizio dei diritti statutari preferenziali, di prelazione o di compera;

11. l'autorizzazione dell'acquisto di quote sociali proprie da parte della società e per il tramite dei gerenti o l'approvazione di un tale acquisto;

12. il disciplinamento dettagliato in un regolamento dell'obbligo di fornire prestazioni accessorie, se lo statuto rinvia a un regolamento;

13. l'approvazione delle attività dei gerenti e dei soci che violano l'obbligo di fedeltà o il divieto di concorrenza, in quanto lo statuto rinunci a esigere il consenso di tutti i soci;

14. la decisione di chiedere al giudice l'esclusione di un socio per gravi motivi;

15. l'esclusione di un socio per i motivi previsti nello statuto;

16. lo scioglimento della società;

17. l'approvazione delle operazioni dei gerenti per le quali lo statuto esige il suo consenso;

18. le deliberazioni sugli oggetti che le sono riservati dalla legge o dallo statuto o che le sono sottoposti dai gerenti.

³ L'assemblea dei soci nomina i direttori, i procuratori e i mandatari. Lo statuto può conferire tale attribuzione anche ai gerenti.

Literatur

BÄHLER, Die massgeschneiderte Gesellschaft, Diss. Bern 1999; BAUDENBACHER/BANKE, Die GmbH gestern, heute und morgen, SZW 1996, 49 ff.; BLANC, La répartition des compétences entre les associés et les gérants dans le droit révisé de la Sàrl, SJZ 2006, 221 ff.; BÖCKLI, Présentation générale, in: Portmann (Hrsg.), Le nouveau droit de la société à responsabilité limitée, Lausanne 2006 (zit. présentation); DERS., Das neue schweizerische GmbH-Recht – was ist wirklich neu?, Eine Übersicht, in: Böckli/Forstmoser (Hrsg.), Das neue schweizerische GmbH-Recht, Zürich/Basel/Genf 2006, 1 ff. (zit. Übersicht); DERS., Les sept principales différences entre SA et Sàrl – avant et après la révision, in: Rochat/Ferrari (Hrsg.), Les projets de Sàrl révisée et de SA privée, Lausanne 1998 (zit. différences); BRECHBÜHL/EMCH, Die neue GmbH als massgeschneidertes Rechtskleid für Joint Ventures, SZW 2007, 271 ff.; BRÜCKNER, Öffentliche Beurkundung von Urabstimmungen und Zirkularbeschlüssen, SJZ 1998, 33 ff.; VON BÜREN/BÄHLER, Gründe für die gesteigerte Attraktivität der GmbH, recht 1996, 17 ff.; CHAPPUIS, Le nouveau droit de la Sàrl, Basel 2008; DUC, L'autonomie des associés: droit dispositif et droit impératif, notamment à l'exemple de la révision des comptes, in: Portmann (Hrsg.), Le nouveau droit de la société à responsabilité limitée, Lausanne 2006; FORSTMOSER, Das neue Recht der Schweizer GmbH, in: Kramer/Nobel/Waldburger, FS für Peter Böckli, Zürich 2006, 535 ff. (zit. Schweizer GmbH); DERS., Der Vorentwurf für eine Reform des Rechts der GmbH – eine Übersicht, in: Meier-Schatz (Hrsg.), Die GmbH und ihre Reform – Perspektiven aus der Praxis, Zürich 2000 (zit. Vorentwurf); DERS., Kapital-, Gläubiger- und Gesellschafterschutz im künftigen GmbH-Recht, in: Rochat/Ferrari (Hrsg.), Les projets de Sàrl révisée et de SA privée, Lausanne 1998 (zit. Gesellschafterschutz); FORSTMOSER/PEYER, Die Einwirkung der Gesellschafterversammlung auf geschäftsführende Entscheide in der GmbH, SJZ 2007, 397 ff.; KOEHLER, Die GmbH in der Schweiz und in Deutschland, Diss. Luzern, Zürich/Basel/Genf 2005; KÜNG, Urabstimmung und öffentliche Beurkundung, BN 1997, 1 ff.;

KÜNG/HAUSER, GmbH – Gründung und Führung der Gesellschaft mit beschränkter Haftung, Basel/Genf/München 2005; MONTAVON, Droit suisse de la Sàrl, Lausanne 2008 (zit. Sàrl); NEUENSCHWANDER, Pflichten und Rechte der Mitglieder einer Gesellschaft mit beschränkter Haftung (G. m.b.H.), Diss. Bern 1940; NOBEL, Formelle Aspekte der Generalversammlung: Einberufung, Zulassung, Abstimmung, in: Druey/Forstmoser (Hrsg.), Rechtsfragen um die Generalversammlung, Zürich 1997 (zit. Generalversammlung); OBERHOLZER, Die Einmann-GmbH, Diss. Fribourg 2000; OLIVAR PASCUAL/ROTH, Organisation der GmbH gemäss rev. Recht, ST 2007 470 ff.; VON PLANTA, L'organisation, in: Portmann (Hrsg.), Le nouveau droit de la société à responsabilité limitée, Lausanne 2006; PLÜSS, Die Wiederentdeckung der GmbH, SJZ 1998, 309 ff.; SCHAUB, Gesellschaft mit beschränkter Haftung, Auswirkungen des Aktienrechts, SJK Karte 791, 1994; TANNER, Quoren für die Beschlussfassung in der Aktiengesellschaft, Diss. Zürich 1987 (zit. Quoren); DIES., Die Auswirkungen des neuen Aktienrechts auf Gesellschaften mit beschränkter Haftung, Genossenschaften und Bankaktiengesellschaften, FS Forstmoser, 1993, 31 ff. (zit. Auswirkungen); WEBER-DÜRLER, Gesellschafterversammlung, Urabstimmung und Delegiertenversammlung als Beschlussfassungsformen im schweizerischen Gesellschaftsrecht, Diss. Zürich 1973; WIDMER, Die Organisation der Gesellschaft mit beschränkter Haftung nach schweizerischem Recht, Diss. Zürich 1945; WOHLMANN, GmbH – Positionierung der GmbH und Fragen zur Geschäftsführung, in: Böckli/Forstmoser (Hrsg.), Das neue schweizerische GmbH-Recht, Zürich/Basel/Genf 2006, 1 ff. (zit. Positionierung); DERS., Reform der GmbH: Grundfragen – Organisation – Mitgliedschaft, in: Meier-Schatz (Hrsg.), Die GmbH und ihre Reform – Perspektiven aus der Praxis, Zürich 2000 (zit. Reform).

I. Vorbemerkungen

Das Gesetz schreibt für die GmbH eine **Organisation** vor, die zwar gewisse Ähnlichkeiten mit der kapitalbezogenen Struktur der AG aufweist, aber in einigen wesentlichen Punkten von dieser abweicht und sich in diesem Rahmen mehr der personenbezogenen Organisation der Kollektivgesellschaft annähert. Dementsprechend wird die GmbH auch als Mischform bezeichnet, bestehend aus kapitalbezogenen Elementen der AG und personenbezogenen Elementen der Kollektivgesellschaft (MEIER-HAYOZ/FORSTMOSER, § 18 N 24 ff.; ZK-VON STEIGER, Vorbem. vor Art. 808–819 N 8). Das rev. Gesetz nennt sie ausdrücklich eine «personenbezogene Kapitalgesellschaft» (Art. 772 Abs. 1). Die Gesetzesrevision von 2005 hat nach allgemeiner Einschätzung allerdings das Schwergewicht in Richtung der Kapitalbezogenheit verschoben (vgl. etwa FORSTMOSER/PEYER/SCHOTT, Rz 48).

Wie bei der AG regelt das Gesetz die Zuweisung von **drei Funktionbereichen** innerhalb der Gesellschaft: die Entscheidung bestimmter grundlegender Fragen und die Wahl der anderen Organe durch die GesV (Art. 804 ff.), die Geschäftsführung und Vertretung durch alle (Selbstorganschaft) oder durch einzelne Gesellschafter oder durch Dritte (Drittorganschaft) (Art. 809 ff.) sowie gegebenenfalls die Kontrolle durch eine besondere Revisionsstelle (Art. 818). Neben den im Gesetz vorgesehenen Organen besteht bei der GmbH auch Raum für die Einsetzung von weiteren (fakultativen) Organen, soweit dies in den Statuten ausdrücklich vorgesehen ist und die dort vorgeschriebenen Regeln eingehalten werden. In jedem Fall ist jedoch zu beachten, dass den fakultativen Organen keine Funktionen zugewiesen werden dürfen, die vom Gesetz zwingend den gesetzlichen Organen vorbehalten werden (BÖCKLI, présentation, 17; DERS., Übersicht, 24 f., u.a. zu einem «Gesellschafterausschuss» nach deutschem Vorbild; MONTAVON, Sàrl, 394; ZK-VON STEIGER, Vorbem. vor Art. 808–819 N 12).

Als fakultatives (statutarisches) Organ ist namentlich der **«Aufsichtsrat» oder Beirat** (BÖCKLI, Übersicht, 24; BK-JANGGEN/BECKER, Art. 810 N 15 ff.) zu nennen, der mit der Überwachung der Geschäftsführung oder einzelner Teile davon (auch in betriebswirtschaftlicher Hinsicht) betraut werden kann. Durch Einsetzung eines Aufsichtsrates

Art. 804 4, 5   28. Titel: Die Gesellschaft mit beschränkter Haftung

dürfen Funktion und Kontrollrechte der Revisionsstelle (Art. 818 i.V.m. Art. 727 ff.) nicht beeinträchtigt werden; er kann aber ähnliche Funktionen übernehmen wie der Prüfungsausschuss des VR einer AG (BÖCKLI, Übersicht, 24). Der Aufsichtsrat kann je nach der statutarischen Umschreibung seiner Aufgaben auch beratend an der Geschäftsführung teilnehmen; hingegen würde eine eigentliche Übertragung von Geschäftsführungsaufgaben oder von Weisungsbefugnissen gegenüber den Geschäftsführern mit dem Paritätsprinzip und mit der Unentziehbarkeit der wichtigsten Aufgaben der Geschäftsführer in Konflikt geraten (vgl. u. N 8 ff.; BÖCKLI, différences, 103; DERS., présentation, 17; **a.A.** unter dem früheren Recht ZK-VON STEIGER, Vorbem. vor Art. 808–819 N 12).

4   Einer der wesentlichen Unterschiede zur Organisation der AG besteht darin, dass der Gesetzgeber bei der GmbH vom Grundsatz der **Selbstorganschaft** ausgegangen ist (Art. 809 Abs. 1 Satz 1). Wie bei der Kollektivgesellschaft und der einfachen Gesellschaft (Art. 535 Abs. 1; Art. 557) sind gemäss gesetzlicher Vorschrift grundsätzlich alle Gesellschafter zur Ausübung aller Funktionen in der GmbH (mit Ausnahme der Rechnungsrevision) berufen. Jeder Gesellschafter ist aufgrund seiner Funktion als Geschäftsführer zugleich auch Organ(person) i.S.v. Art. 55 ZGB. Anders als bei der Kollektivgesellschaft (Art. 563) und der einfachen Gesellschaft (Art. 535 Abs. 2) üben die Gesellschafter ihre Geschäftsführungsbefugnisse aber grundsätzlich nicht einzeln, sondern gemeinsam aus (Art. 809 Abs. 1 Satz 1; vgl. jedoch zur Vertretung Art. 814 Abs. 1). Diese Ordnung ist dispositiver Natur; durch entsprechende statutarische Bestimmungen ist der Übergang von der Selbst- zur **Drittorganschaft** möglich (Art. 809 Abs. 1 Satz 2; MEIER-HAYOZ/FORSTMOSER, § 18 N 117 ff.; ZK-VON STEIGER, Vorbem. vor Art. 808–819 N 3; WOHLMANN, 96).

5   Ist es in einer konkreten Gesellschaft bei der gesetzlich vorgesehenen Selbstorganschaft geblieben, können Unklarheiten darüber entstehen, in welcher Funktion die **Gesellschafter** im einzelnen Fall gehandelt haben: **als GesV oder als Geschäftsführer.** Eine genaue Abgrenzung ist aber entscheidend für die Bestimmung der Voraussetzungen (Art. 805) und der Modalitäten (z.B. Art. 808 ff. bzw. Art. 809 Abs. 4) der Beschlussfassung sowie für Fragen der Anfechtung (Art. 808c) und der Verantwortlichkeit (Art. 827; ZK-VON STEIGER, Art. 808 N 6). In der Lehre wird als massgebliches Unterscheidungskriterium der Inhalt des gefassten Beschlusses vorgeschlagen: ob nämlich die Gesellschafter über ein Geschäft beschlossen haben, das nach dem Gesetz oder den Statuten zu den Befugnissen der GesV zählt. In diesem Fall soll ein Gesellschaftsbeschluss angenommen werden, der bei Nichteinhaltung der Vorschriften von Art. 804 ff. oder anderen Verstössen gegen Gesetz oder Statuten anfechtbar ist (CR CO II-IYNEDJIAN, N 3 f.; HANDSCHIN/TRUNIGER, § 13 N 106; KÜNG/CAMP, Art. 808c N 2; ZK-VON STEIGER, Vorbem. vor Art. 808–819 N 6; *de lege ferenda* schlug WOHLMANN, 96, die Ersetzung von Anfechtungs- und Verantwortlichkeitsklage durch eine einheitliche Gesellschafterklage vor). Dieses Kriterium rechtfertigt sich aber nur, wenn entweder die Voraussetzungen einer Universalversammlung erfüllt waren oder aber in für den einzelnen Gesellschafter erkennbarer Weise (etwa aufgrund einer entsprechenden, wenn auch ev. fehlerhaften Einladung) die Abhaltung einer GesV beabsichtigt war. Andernfalls ist es einem opponierenden Gesellschafter eventuell gar nicht möglich, jedenfalls aber nicht zuzumuten, einen Beschluss zur Vermeidung seiner Konvaleszenz als Gesellschaftsbeschluss gerichtlich anzufechten, der als solcher weder daherkommt noch gemeint war. Vielmehr liegt diesfalls ein Beschluss der Geschäftsführer vor, der insoweit, als er sich Kompetenzen der GesV anmasst, als Entscheid eines nicht zuständigen Organs rechtlich unwirksam ist (was nötigenfalls mit Feststellungsklage geltend gemacht werden kann). Die praktische Bedeutung der Frage ist allerdings beschränkt, da bei Annahme eines Gesellschaftsbeschlusses nach der h.L. häufig ein Fall der Nichtigkeit aus formellen Gründen vorliegen dürfte (s. Art. 808c N 10 ff.).

3. Abschnitt: Organisation der Gesellschaft   6–10   Art. 804

Während das bisherige Recht die Kontrolle grundsätzlich den nicht geschäftsführenden Gesellschaftern überliess und die Einsetzung einer besonderen Kontrollstelle für freiwillig erklärte (Art. 819 altOR), ist im neuen Recht von 2005 die **Revisionspflicht** bei der GmbH gleich wie bei der AG geregelt (Art. 818). 6

Die **zu einem grossen Teil dispositiven** gesetzlichen **Vorschriften** über die Organisation der GmbH geben den Gesellschaftern die Möglichkeit, die Organisation durch die Statuten ihren Bedürfnissen anzupassen (BÖCKLI, présentation, 18; DUC, 100, passim; VON PLANTA, 67; zum alten Recht ausführlich BÄHLER, passim; BK-JANGGEN/BECKER, Art. 808 N 1). Durch statutarische Modifikationen und Ergänzungen der gesetzlichen Ordnung kann die GmbH entweder mehr der kapitalbezogenen Struktur der AG oder mehr der personalistischen der Kollektivgesellschaft angenähert werden (ZK-VON STEIGER, Vorbem. vor Art. 808–819 N 8). So können die Statuten z.B. von der personenbezogenen Selbstorganschaft hinsichtlich der Geschäftsführung abweichen und diese Aufgaben auf Dritte übertragen (Art. 809 Abs. 1). In der Revision des GmbH-Rechts von 2005 wurde allerdings gerade bei den Regeln über die GesV der *Gestaltungsspielraum verringert*, so etwa bei der Bemessung des Stimmrechts (Art. 806) und bei der Urabstimmung (Art. 805 Abs. 4). 7

II. Die Gesellschafterversammlung als oberstes Organ der GmbH (Abs. 1)

Nach der vom Gesetz gewählten Formulierung ist die GesV oberstes Organ der GmbH (Art. 804 Abs. 1). Diese Umschreibung entspricht jener für die GV der AG und der Genossenschaft (Art. 698 Abs. 1, Art. 879 Abs. 1). Die hinsichtlich der AG bis zur Gesetzesrevision von 1991 z.T. heftig geführte Kontroverse über die **Rangordnung der Organe** und die daraus fliessenden Konsequenzen (Omnipotenz- oder Paritätstheorie, vgl. Art. 698 N 8) ist für die GmbH solange von geringerer Bedeutung, als an der Personalunion zwischen GesV und Geschäftsführern gemäss dispositiver gesetzlicher Ordnung festgehalten wird (ZK-VON STEIGER, Vorbem. vor Art. 808–819 N 5 f.; WOHLMANN, 96; Botschaft GmbH, 3205). 8

In der Revision von 2005 hat der Gesetzgeber klargestellt, dass den Geschäftsführern ebenso wie dem Verwaltungsrat einer AG bestimmte Kernaufgaben unentziehbar zustehen (Art. 810 Abs. 2), und sich damit grundsätzlich im Sinne der *Paritätstheorie* ausgesprochen (Botschaft GmbH, 3204; so bereits unter dem alten Recht GUHL/DRUEY, § 75 N 40; ZK-VON STEIGER, Vorbem. vor Art. 808–819 N 5; ExpB GmbH, 38: die GesV sei «für die eigentlichen Exekutivbelange nicht berufen, sachlich nicht geeignet und übrigens auch nicht verantwortlich»; **a.A.** WOHLMANN, 96 f., i.S. einer «eingeschränkten Omnipotenztheorie», jedenfalls für «zentrale Fragen der Unternehmensstrategie»; BÄHLER, 52; wohl auch BK-JANGGEN/BECKER, Art. 808 N 2 f. und Art. 814 N 4). Gleichzeitig wurde allerdings der GesV erlaubt, durch statutarische Vorschrift einen Genehmigungsvorbehalt für bestimmte Entscheide der Geschäftsführer einzuführen (Art. 811 Abs. 1 Ziff. 1; dazu u. N 43 ff.). Es erscheint daher richtig, bei der GmbH von einem **«relativierten Paritätsprinzip»** zu sprechen (HANDSCHIN/TRUNIGER, § 11 N 22, § 13 N 5; vgl. auch BLANC, 222, 226; FORSTMOSER/PEYER, 399; KOEHLER, 138; MEIER-HAYOZ/FORSTMOSER, § 18 N 107; MONTAVON, Sàrl, 399 f.; VON PLANTA, 68). 9

Die Aussage des Gesetzes, wonach die GesV **«oberstes Organ»** der Gesellschaft sei, wird auf dem Boden der Paritätstheorie als Hinweis darauf verstanden, dass ihr die Entscheidung der wichtigsten Grundsatzfragen der Gesellschaft zugewiesen ist und sie die übrigen Organe bestellt und abberufen kann (Botschaft GmbH, 3204). 10

III. Befugnisse der Gesellschafterversammlung (Abs. 2 und 3)

1. Allgemeines

11   Das **Gesetz** selbst unterscheidet zwischen gesetzlichen und statutarischen sowie zwischen übertragbaren und unübertragbaren Befugnissen der GesV (vgl. zur Gesetzgebungsgeschichte des Rechts von 1936 ZK-VON STEIGER, Art. 810 N 2). Waren die gesetzlichen Kompetenzen der GesV im altOR teilweise in Art. 810, teilweise in verschiedenen, im XXVIII. Titel verteilten Bestimmungen enthalten, so hat die Revision von 2005 sie in Art. 804 stärker zusammengefasst (vgl. allerdings die Auffangbestimmung in Abs. 2 Ziff. 18 und dazu u. N 47 ff.).

12   Soweit die gesetzlichen Kompetenzen als **unübertragbar** bezeichnet sind, können sie weder auf andere Organe der GmbH noch auf Dritte (z.B. eine beteiligte juristische Person) übertragen werden, und zwar weder durch einstimmigen Beschluss der GesV noch durch eine statutarische Vorschrift. Solche Vorschriften und Beschlüsse sind nichtig (vgl. Art. 808c N 12). Im Falle des Verstosses gegen *statutarische Kompetenzen* der GesV durch diese selbst (also einer von den Statuten nicht zugelassenen Delegation im Einzelfall) liegt hingegen blosse Anfechtbarkeit der Beschlüsse vor (ZK-VON STEIGER, Art. 810 N 3). Selbstverständlich bleibt eine Neuordnung der statutarischen Kompetenzen der GesV durch eine Änderung der Statuten unter den gesetzlichen Voraussetzungen jederzeit möglich. Sie sollten daher trotz der Erwähnung in Abs. 2 Ziff. 18 nicht als «unübertragbar» bezeichnet werden (CR CO II-IYNEDJIAN, N 62; anders ZK-VON STEIGER, Art. 810 N 3, 26). Ob eine Übertragung auch im Einzelfall durch (nicht statutenändernden) Beschluss der GesV zulässig ist, ist durch Auslegung der Statuten zu bestimmen.

2. Unübertragbare Befugnisse (Abs. 2)

a) Änderung der Statuten (Ziff. 1)

13   Die Festsetzung der Statuten anlässlich der Gründung erfolgt einstimmig durch sämtliche Gründer (persönlich oder durch Vertreter) in einem öffentlich zu beurkundenden Errichtungsakt (Art. 777 Abs. 1; ZK-VON STEIGER, Art. 779 N 18 ff.). Für **Statutenänderungen** ist im Grundsatz ausschliesslich die GesV zuständig. Anders als nach dem bisherigen Recht (Art. 784 Abs. 2 altOR, der allerdings als dispositiv galt) unterliegen nicht mehr alle Änderungen einem qualifizierten Mehrheitserfordernis, sondern nur solche zu bestimmten Gegenständen (Gesellschaftszweck, Stimmrechtsprivilegien, Übertragungshindernisse, Sitz: zwingende Bestimmung von Art. 808b Abs. 1 Ziff. 1, 2, 3 und 10). Statutenändernde Beschlüsse sind öffentlich zu beurkunden und ins Handelsregister einzutragen (Art. 780).

14   Die Verweisung auf die aktienrechtliche Regelung der (ordentlichen) **Kapitalerhöhung** in Art. 781 Abs. 5 hat eine formelle Ausnahme von dem Grundsatz von Art. 804 Abs. 2 Ziff. 1 zur Folge: beschliesst die GesV eine Erhöhung des Stammkapitals (Art. 781 Abs. 1), so sind es in der Folge die Geschäftsführer, die nach deren Ausführung die Statuten anpassen (Art. 652g Abs. 1 i.V.m. Art. 781 Abs. 5 Ziff. 5; Botschaft GmbH, 3205). Allerdings hat ihr Beschluss nur vollziehenden Charakter; sie verfügen dabei über kein Ermessen. Der Erhöhungsbeschluss der GesV bedarf der qualifizierten Mehrheit (Art. 808b Abs. 1 Ziff. 5); er muss öffentlich beurkundet werden und die Angaben gem. Art. 650 Abs. 2 enthalten (Art. 781 Abs. 5 Ziff. 1; Botschaft GmbH, 3181). Auch im Falle des Verzichts auf die eingeschränkte Revision mit Zustimmung aller Gesellschafter kann es zu einer Anpassung der Statuten durch die Geschäftsführer kommen (Art. 818 Abs. 1 i.V.m. Art. 727a Abs. 5; NUSSBAUM/SANWALD/SCHEIDEGGER, Art. 818 N 21).

Die **Herabsetzung des Stammkapitals,** die sich nach den Vorschriften des Aktienrechts richtet (Art. 782 Abs. 3), ist in aller Regel, jedoch nicht immer mit einer Änderung der Statuten verbunden (keine Änderung ist u.U. erforderlich, wenn das Stammkapital gleichzeitig wieder auf den ursprünglichen Betrag erhöht wird und auch die Aufteilung in Stammanteile gleich bleibt). Die GesV ist dazu aber in jedem Fall zuständig (Art. 782 Abs. 1). Sie beschliesst im Regelfall die Herabsetzung und die damit verbundene Statutenänderung in einem Zuge, obschon die letztere erst nach der Durchführung der Herabsetzung durch die Geschäftsführer ins Handelsregister eingetragen werden kann (vgl. Komm. zu Art. 732; für getrennte Grundsatz- und Statutenänderungsbeschlüsse der GesV hingegen HANDSCHIN/TRUNIGER, § 9 N 39 f., im Anschluss an das entsprechende Konzept von BÖCKLI [§ 2 N 337 ff.] zum Aktienrecht). 15

Für nur «**materiell**» zweck- oder anderweitig **statutenändernde Gesellschaftsbeschlüsse** besteht bei der GmbH ebensowenig Raum wie bei der AG (vgl. Art. 698 N 15a; NUSSBAUM/SANWALD/SCHEIDEGGER, Art. 808b N 5; **a.A.** wohl HANDSCHIN/TRUNIGER, § 13 N 34). Ein Beschluss, der gegen die geltenden Statuten verstösst, etwa indem er sich mit dem darin festgelegten Zweck nicht vereinbaren lässt, ist gem. Art. 808 c i.V.m. Art. 706 Abs. 1 anfechtbar, selbst wenn die für eine entsprechende Statutenänderung erforderliche Mehrheit erreicht wäre (gl.A. CR CO II-IYNEDJIAN, N 19). 16

b) Bestellung und Abberufung von Geschäftsführern (Ziff. 2)

Gemäss der subsidiär geltenden gesetzlichen Ordnung wird die Geschäftsführung grundsätzlich von allen Gesellschaftern gemeinsam besorgt («**Selbstorganschaft**»; Art. 809 Abs. 1 Satz 1). Dabei bedürfen die einzelnen Gesellschafter keiner besonderen Bestellung als Geschäftsführer durch die GesV. Soll die gesetzlich vorgesehene Selbstorganschaft beschränkt oder aufgehoben und demgemäss die Geschäftsführung auf einige Gesellschafter – unter Ausschluss der anderen – und/oder auf Dritte übertragen werden («Drittorganschaft»), so bedarf dies einer statutarischen Grundlage (Art. 809 Abs. 1 Satz 2). Sofern diesfalls nicht die Statuten die Geschäftsführer bereits namentlich nennen oder in anderer Weise konkret bestimmen, besteht eine ausschliessliche Zuständigkeit der GesV zur Wahl der Geschäftsführer. Die Übertragung auf ein anderes Organ (z.B. einen Aufsichtsrat oder Ausschuss) ist ausgeschlossen (BÖCKLI, présentation, 17; ZK-VON STEIGER, Art. 810 N 8). 17

Soweit die Statuten **weitere Organe** der GmbH vorsehen, muss den Statuten (nach Wortlaut und Auslegung) auch entnommen werden, wer zu deren Bestellung zuständig ist; dies gilt insb. für einen Aufsichtsrat (vgl. N 3). In der Lehre zum alten Recht wurde demgegenüber eine unübertragbare Zuständigkeit der GesV angenommen, soweit dem zu bestellenden Gremium «Organqualität zukommt» (ZK-VON STEIGER, Art. 810 N 8). Da allerdings, wie das Gesetz nun klarstellt (Art. 810), die Zuweisung zentraler Geschäftsführungsaufgaben an andere Organe als die Geschäftsführer ohnehin unzulässig ist, ist dafür kein Grund ersichtlich. 18

Mit der Befugnis zur Bestellung von Geschäftsführern, Mitgliedern eines Aufsichtsrates und anderen Organen oder Dritten verbunden ist grundsätzlich auch die Kompetenz, diese abzuberufen. Unmittelbar durch das Gesetz (Selbstorganschaft) oder durch die Statuten bestellte Geschäftsführer können demgegenüber nicht durch die GesV, sondern lediglich vom Gericht abberufen werden (Art. 815 Abs. 1 und 2). Die **Abberufung** hat in erster Linie gesellschaftsrechtliche Wirkungen. Die schuldrechtlichen Entschädigungsansprüche der Betroffenen bleiben vorbehalten (Art. 815 Abs. 5). 19

c) Bestellung und Abberufung der Revisionsstelle und des Konzernrechnungsprüfers (Ziff. 3)

20   Für die **Revisionsstelle** der GmbH gelten sinngemäss die aktienrechtlichen Vorschriften, wobei jeder nachschusspflichtige Gesellschafter eine ordentliche Revision verlangen kann (Art. 818). Die GesV ist auch dann zwingend für die Wahl zuständig, wenn die Gesellschaft freiwillig eine Revisionsstelle bestellt (Botschaft GmbH, 3205).

21   Hat die Gesellschaft aufgrund von Art. 801 i.V.m. Art. 663e f. eine Konzernrechnung zu erstellen, so obliegt der GesV auch die Wahl eines **Konzernrechnungsprüfers.**

d) Genehmigung des Jahresberichtes und der Konzernrechnung (Ziff. 4)

22   Im **Jahresbericht** haben die Geschäftsführer den Geschäftsverlauf im Berichtsjahr sowie die wirtschaftliche und finanzielle Lage der Gesellschaft zum Jahresende darzustellen; es sind darin die erfolgten Kapitalerhöhungen zu nennen und darauf bezügliche Prüfungsbestätigungen wiederzugeben (Art. 801 i.V.m. Art. 663d; unter dem bisherigen Recht war die Pflicht zur Erstellung eines Jahresberichts streitig). Die **Konzernrechnung** ist eine konsolidierte Jahresrechnung, wie sie von Obergesellschaften eines Konzerns unter bestimmten Voraussetzungen erstellt werden muss (Art. 801 i.V.m. Art. 663e f.). Durch die «Genehmigung» von Bericht und Rechnung bringt die GesV lediglich zum Ausdruck, dass sie die darin enthaltenen Informationen einstweilen als ausreichend erachtet; es ist damit i.d.R. weder eine Entlastung (s. N 30) noch ein definitiver Verzicht auf weitere Auskünfte über Ereignisse des Berichtsjahres verbunden.

e) Genehmigung der Jahresrechnung und Gewinnverwendungsbeschluss (Ziff. 5)

23   Die Geschäftsführer sind verpflichtet, innert sechs Monaten nach Ablauf des Geschäftsjahres eine («ordentliche») GesV einzuberufen (Art. 805 Abs. 2), an welcher insb. die Jahresrechnung des abgelaufenen Geschäftsjahres zu genehmigen und über die Verwendung des Bilanzgewinns zu befinden ist. Aufgrund der Verweisung auf das Aktienrecht in Art. 801 sind Erfolgsrechnung und Bilanz durch einen Anhang zu ergänzen (Art. 662 Abs. 2; Art. 663b; die drei Elemente bilden zusammen die **Jahresrechnung).** Untersteht die Gesellschaft der Revisionspflicht, muss der GesV ein Revisionsbericht vorliegen, und im Falle der ordentlichen Revision muss ein Vertreter der Revisionsstelle anwesend sein, wenn darauf nicht einstimmig verzichtet wird (Art. 731 i.V.m. Art. 818 Abs. 1; Montavon, Sàrl, 407). Die GesV kann die Rechnung genehmigen, Vorbehalte anbringen oder sie an die Geschäftsführer zurückweisen. Hingegen sind Änderungen durch die GesV (ZK-von Steiger, Art. 810 N 11) i.S. der nun gesetzlich verankerten Paritätstheorie (insb. Art. 810 Abs. 2 Ziff. 5) abzulehnen (Montavon, Sàrl, 408).

24   Erst nachdem die Jahresrechnung mit Erfolgsrechnung und Bilanz genehmigt worden ist, stehen das Geschäftsergebnis des vergangenen Jahres (Gewinn oder Verlust) sowie der Bilanzgewinn oder -verlust fest. Der Bilanzgewinn ergibt sich aus dem erwarteten Jahresergebnis sowie den Gewinn- und Verlustvorträgen gemäss Vorjahresbilanz. Dazu kommen ausgewiesene Reserven, soweit sie nicht der Ausschüttung gesetzlich oder statutarisch entzogen sind (vgl. Art. 698 N 21; ZK-von Steiger, Art. 804 N 2). Obwohl einzig die GesV, unabhängig von den Anträgen der Geschäftsführer, über die **Verwendung des Bilanzgewinns** beschliessen kann, ist sie bei diesem Beschluss nicht frei, sondern an die gesetzlichen (Art. 798 ff.) und statutarischen (Art. 776a Ziff. 5, 8, 9, 14) Vorschriften, namentlich hinsichtlich der Äufnung der Reserven und der Berechtigung am Geschäftsergebnis, gebunden. Unter Vorbehalt dieser Vorschriften hat jeder Gesell-

3. Abschnitt: Organisation der Gesellschaft 25–29 Art. 804

schafter Anspruch auf einen Gewinnanteil nach Massgabe des Nennwerts der von ihm gehaltenen Stammanteile zuzüglich geleisteter Nachschüsse (Art. 798 Abs. 3).

Weist die Erfolgsrechnung einen **Verlustsaldo** aus, hat die GesV zu entscheiden, wie 25
damit zu verfahren ist. Ein Verlust kann auf die neue Rechnung übertragen werden (Verlustvortrag), durch Verrechnung mit Gewinnvorträgen oder Reserven getilgt werden oder zu einer Herabsetzung des Stammkapitals (Art. 782) führen (ZK-VON STEIGER, Art. 810 N 12). Zur Deckung eines allfälligen *Bilanzverlustes* können die Statuten (Art. 776a Ziff. 1) die Gesellschafter auch zu Nachschüssen verpflichten (Art. 795 Abs. 1 und Art. 795a Abs. 2 Ziff. 1). Diese Nachschüsse sind im Bedarfsfall von den Geschäftsführern (Art. 795a Abs. 1) in bestimmter Höhe einzufordern.

Hinsichtlich der Wirkung von Beschlüssen der GesV über die Verwendung des Bilanz- 26
gewinns, die gegen das Gesetz (insb. Art. 798 ff.) oder gegen die Statuten verstossen, ist zu differenzieren: Sind sie aufgrund von Art. 808c i.V.m. Art. 706b Ziff. 3 wegen Verstosses gegen Bestimmungen zum Kapitalschutz **nichtig** (vgl. dazu Art. 808c N 11 f. und Art. 706b N 16 f.), so müssen und dürfen die Geschäftsführer sie nicht vollziehen. Liegt hingegen kein Fall der Nichtigkeit vor, so sind die Geschäftsführer grundsätzlich an die Beschlüsse der GesV gebunden, werden allerdings, wo möglich, mit dem Vollzug bis zum Ablauf der Anfechtungsfrist und ggf. bis zum Ende eines **Anfechtungsverfahrens** zuwarten; sie können einen Beschluss auch selbst anfechten (kollektiv in ihrer Eigenschaft als Geschäftsführer oder, soweit sie Gesellschafter sind, einzeln und persönlich), sind dazu aber nicht verpflichtet.

f) Festsetzung der Entschädigung der Geschäftsführer (Ziff. 6)

Während das geltende Aktienrecht dem **Interessenkonflikt** des Verwaltungsrates bei 27
der Festsetzung der eigenen Entschädigung lediglich durch Offenlegungspflichten begegnet (Art. 663b^{bis} für Gesellschaften mit kotierten Aktien), geht das Recht der GmbH bezüglich der Geschäftsführer weiter und überträgt die Festsetzung der GesV. Die Situation ist allerdings nur im Falle der Drittorganschaft (s.o. N 4) vergleichbar; sind alle Gesellschafter zugleich Geschäftsführer, so bestimmen sie trotzdem über eigene Bezüge. Immerhin führt die Kompetenz der GesV zur Anfechtbarkeit der entsprechenden Beschlüsse (Art. 808c). Unter den Begriff der «Entschädigung» fallen alle Leistungen der Gesellschaft mit Lohn- oder Honorarcharakter (einschliesslich von Boni, Erfolgsprämien u. dgl.; NUSSBAUM/SANWALD/SCHEIDEGGER, N 12; SIFFERT et al., N 12).

g) Entlastung der Geschäftsführer (Ziff. 7)

Der Entlastungsbeschluss stellt einen **Verzicht** der Gesellschaft und der zustimmenden 28
Gesellschafter dar, gegen den Entlasteten aus seiner (bekannten) Tätigkeit während der Geschäftsperiode, für die Entlastung erteilt wird (generelle Entlastung), oder aber im Zusammenhang mit einzelnen Geschäften (spezielle Entlastung), Schadenersatzansprüche geltend zu machen und nötigenfalls eine Verantwortlichkeitsklage anzustrengen (Art. 827 i.V.m. Art. 758; ZK-VON STEIGER, Art. 810 N 15).

Über den Wortlaut des Gesetzes hinaus kann Entlastung nicht nur den Geschäftsführern 29
(Art. 809), sondern auch den **anderen Personen** erteilt werden, die der Verantwortlichkeit gem. Art. 827 unterstehen (Direktoren, Revisionsstelle, Liquidatoren; vgl. CR CO II-IYNEDJIAN, N 38; BK-JANGGEN/BECKER, Art. 810 N 7; ZK-VON STEIGER, Art. 810 N 14; differenzierend bezüglich der Revisoren MONTAVON, Sàrl, 409). Die im Aktienrecht geführte Diskussion darüber, ob zumindest die Mitglieder des Verwaltungsrates einen *Anspruch* auf Entlastung oder jedenfalls auf eine Beschlussfassung über die Frage

der Entlastung haben (vgl. Art. 698 N 24), ist sinngemäss auch für die GmbH von Bedeutung.

30 Die Genehmigung des Jahresberichtes (Ziff. 4) sowie der **Jahresrechnung** (Ziff. 5) einerseits und die Erteilung der Entlastung (Ziff. 7) andererseits sind rechtlich voneinander unabhängige Beschlüsse. Trotz Genehmigung der Rechnung kann die Entlastung der Organe verweigert werden oder umgekehrt (BK-JANGGEN/BECKER, Art. 810 N 7; SIFFERT et al., N 14). Die Ansicht, dass die vorbehaltlose Genehmigung der Jahresrechnung vermutungsweise auch die Entlastung der Geschäftsführer in sich schliesse, wenn darüber nicht getrennt Beschluss gefasst wird (ZK-VON STEIGER, Art. 810 N 13 a.E., m. w.H.), könnte damit begründet werden, dass allfällige Verantwortlichkeitsansprüche der Gesellschaft in der Bilanz erscheinen müssten (allerdings nicht unbedingt als besondere Position; Art. 801 i.V.m. Art. 663a Abs. 2). Eine (typischerweise mit Unsicherheiten behaftete) Forderung nicht bilanzieren und auf sie rechtsgültig verzichten ist allerdings zweierlei. Eine generelle Vermutung ist abzulehnen; es handelt sich um eine Auslegungsfrage (BGE 78 II 155 f. zur Genossenschaft; CR CO II-IYNEDJIAN, N 40; HANDSCHIN/TRUNIGER, § 13 N 40; MONTAVON, Sàrl, 409; FORSTMOSER, Verantwortlichkeit, N 412), die nur im Einzelfall beantwortet werden kann (vgl. auch die Hinweise zur AG bei WATTER/DUBS, Der Déchargebeschluss, AJP 2001, 910 FN 13).

31 Wer an der Geschäftsführung in irgendeiner Weise teilgenommen hat, hat bei Beschlüssen über die Entlastung der Geschäftsführer **kein Stimmrecht** (Art. 806a Abs. 1). Anders als im alten Recht (Art. 808 Abs. 5 altOR) beschränkt sich der Ausschluss damit nicht mehr auf die Abstimmung über die *eigene* Entlastung.

32 Im Umfang der erteilten Entlastung wird auf Verantwortlichkeitsansprüche aus Art. 827 i.V.m. Art. 752 ff. verzichtet; der Beschluss gilt als negative Schuldanerkennung (vgl. FORSTMOSER, Verantwortlichkeit, N 462; ZK-VON STEIGER, Art. 810 N 15). Gemäss **Art. 758** wirkt der Entlastungsbeschluss nur für bekannt gegebene Tatsachen und nur gegenüber der Gesellschaft sowie gegenüber den Gesellschaftern, die dem Beschluss zugestimmt oder ihre Stammanteile seither in Kenntnis des Beschlusses erworben haben; andere Gesellschafter müssen Verantwortlichkeitsklagen innert sechs Monaten nach dem Beschluss anheben, und Ansprüche bzw. Klagen von Gläubigern werden von der Entlastung nicht berührt. Für weitere Fragen (etwa betreffend die «bekannt gegebenen Tatsachen»; die Wirkung der Entlastung auf vertragliche oder deliktische Ansprüche; die Aufklärungspflichten der verantwortlichen Personen) kann auf die Lehre zu Art. 758 verwiesen werden (vgl. auch Art. 698 N 24 ff.).

h) Zustimmung zur Abtretung von Stammanteilen, Anerkennung als stimmberechtigter Gesellschafter und Zustimmung zur Bestellung eines Pfandrechts (Ziff. 8 und 9)

33 Nach dispositiver **gesetzlicher Regelung** bedarf die Abtretung von Stammanteilen der Zustimmung der GesV, die ohne Angabe von Gründen verweigert werden kann (Art. 786 Abs. 1). Erst mit der Erteilung der Zustimmung wird die Abtretung wirksam (Art. 787 Abs. 1). Eine Ausnahme gilt für den Erwerb durch Erbgang, Erbteilung, eheliches Güterrecht oder Zwangsvollstreckung: hier gehen alle Rechte und Pflichten aus dem Stammanteil ohne weiteres auf den Erwerber über, jedoch können das Stimmrecht und damit zusammenhängende Rechte erst *ausgeübt* werden, nachdem die GesV seine Anerkennung als stimmberechtigter Gesellschafter beschlossen hat (Art. 788 Abs. 1 und 2). Für die Bestellung einer Nutzniessung an Stammanteilen sind diese Vorschriften entsprechend anwendbar (Art. 789a; MONTAVON, Sàrl, 413).

3. Abschnitt: Organisation der Gesellschaft   34–39 **Art. 804**

Die **Statuten** können für die Abtretung von Stammanteilen auf die Zustimmung der 34
GesV verzichten oder die Entscheidungsfreiheit der GesV einschränken (Art. 786
Abs. 2; vgl. auch Art. 776a Abs. 2 Ziff. 2). Nur wenn eine besondere statutarische Vorschrift es anordnet, ist die Zustimmung der GesV für die Bestellung von Pfandrechten an Stammanteilen erforderlich; die Zustimmung darf aber nur aus einem wichtigen Grund verweigert werden (Art. 789b Abs. 1).

i) Beschlussfassung über die Ausübung statutarischer Vorhand-, Vorkaufs- oder
   Kaufsrechte (Ziff. 10)

Da die Statuten zulasten der Gesellschafter Nebenleistungspflichten im Dienste u.a. 35
«der Wahrung der Zusammensetzung des Kreises der Gesellschafter» begründen können (Art. 796 Abs. 2), sind auch statutarische Erwerbsrechte bezüglich von Stammanteilen möglich (Art. 776a Ziff. 2; Botschaft GmbH, 3199; vgl. auch Art. 786 Abs. 2 Ziff. 3). Wurden solche Rechte zu Gunsten der Gesellschaft begründet, so hat die GesV über ihre Ausübung im Einzelfall zu entscheiden. Der Gesellschafter, dessen Stammanteile in Frage stehen, hat dabei kein Stimmrecht (Art. 806a Abs. 2).

j) Ermächtigung zum Erwerb eigener Stammanteile oder Genehmigung des Erwerbs
   (Ziff. 11)

Das **Gesetz** erlaubt der Gesellschaft den Erwerb eigener Stammanteile aus frei verwendbaren Mitteln bis zu einer Grenze von zehn Prozent des Stammkapitals; in bestimmten Fällen wird die Grenze auf 35% angehoben (Art. 783 Abs. 1 und 2). Für die 36
Folgen des Erwerbs gelten die Vorschriften des Aktienrechts (Art. 783 Abs. 4). Anders als bei der AG bedarf der Erwerb allerdings eines Entscheides der GesV. Der Bundesrat begründet diese Kompetenz damit, dass sich aus dem Erwerb eine wesentliche Verschiebung der Beherrschungsverhältnisse ergeben kann, namentlich in den Fällen der erhöhten Erwerbsgrenze (Botschaft GmbH, 3206).

Die **GesV** kann selbst über das Erwerbsgeschäft beschliessen, die Geschäftsführer dazu 37
ermächtigen oder einen von diesen bereits vereinbarten Erwerb genehmigen (Botschaft GmbH, 3183). Die Ermächtigung kann für einen Einzelfall oder auch (mit oder ohne Einschränkungen) in genereller Weise erteilt werden. Ein Erwerbsgeschäft, das die Geschäftsführer ohne Ermächtigung der GesV abschliessen, ist vorbehältlich ihrer Genehmigung unwirksam. In einer Ermächtigung oder Genehmigung nach Ziff. 11 gilt die Zustimmung zur Abtretung an die Gesellschaft (Ziff. 8) als mitenthalten (Botschaft GmbH, 3206; HANDSCHIN/TRUNIGER, § 13 N 47). Der Veräusserer der Stammanteile ist vom Stimmrecht ausgeschlossen (Art. 806a Abs. 2).

k) Regelung von Nebenleistungspflichten in einem Reglement (Ziff. 12)

Nebenleistungspflichten der Gesellschafter müssen in allen wesentlichen Punkten in den 38
Statuten geregelt sein; für eine nähere Umschreibung können die Statuten aber auf ein von der GesV zu erlassendes Reglement verweisen (Art. 796 Abs. 3).

l) Zustimmung zu potentiell pflichtwidrigen Tätigkeiten (Ziff. 13)

Art. 803 Abs. 3 und Art. 812 Abs. 3 verlangen für eine Genehmigung von Tätigkeiten 39
eines *Gesellschafters,* die sonst gegen die gesetzliche Treuepflicht oder ein allfälliges (statutarisches: Art. 803 Abs. 2 Satz 3) Konkurrenzverbot verstossen würden, oder von Tätigkeiten eines *Geschäftsführers,* die die Gesellschaft konkurrenzieren, grundsätzlich die Zustimmung aller Gesellschafter. Die Statuten können aber in beiden Fällen einen

Mehrheitsentscheid der GesV genügen lassen. Diesfalls ist die qualifizierte Mehrheit erforderlich (Art. 808b Abs. 1 Ziff. 7), und die betroffenen Personen sind vom Stimmrecht ausgeschlossen (Art. 806a Abs. 3).

m) Ausschluss und Antrag auf Ausschluss eines Gesellschafters (Ziff. 14 und 15)

40 Gemäss Art. 823 ist der Ausschluss eines Gesellschafters bei Vorliegen wichtiger Gründe von Gesetzes wegen möglich, worüber das Gericht auf Antrag der Gesellschaft zu entscheiden hat (Abs. 1). Die Statuten können zudem aus bestimmten Gründen einen Ausschluss ohne Gerichtsverfahren zulassen (Abs. 2). In beiden Fällen ist für die Willensbildung innerhalb der Gesellschaft die GesV zuständig. Ein Beschluss betreffend den Auschluss bzw. die Anhebung der Ausschliessungsklage bedarf der qualifizierten Mehrheit (Art. 808b Abs. 1 Ziff. 8 und 9).

n) Auflösung der Gesellschaft (Ziff. 16)

41 Ein Auflösungsbeschluss der GesV (in öffentlicher Urkunde) stellt einen der Gründe für die Auflösung der Gesellschaft dar (Art. 821 Abs. 1 Ziff. 2 und Abs. 2). Er bedarf der qualifizierten Mehrheit (Art. 808b Abs. 1 Ziff. 11).

42 Eine Auflösung der Gesellschaft findet auch dann statt, wenn sie als übertragende Gesellschaft an einer Fusion beteiligt ist. Art. 18 Abs. 1 (i.V.m. Art. 2 lit. h) FusG verlangt dafür i.d.R. einen Beschluss der GesV (vgl. auch Art. 808b N 10 zu den erforderlichen Mehrheiten). Im Falle der erleichterten Fusion kann allerdings auf den Gesellschaftsbeschluss verzichtet werden (Art. 24 FusG); das FusG geht hier als Spezialgesetz dem OR vor.

o) Genehmigungsbedürftige Geschäfte gemäss Statuten (Ziff. 17)

43 Das rev. Recht stellt klar, dass auch die Geschäftsführer unübertragbare und unentziehbare Kompetenzen haben (Art. 810 Abs. 2). Art. 811 Abs. 1 erlaubt es aber, dass die Statuten für bestimmte Entscheide der Geschäftsführer die Vorlage an die GesV zur **Genehmigung** vorschreiben oder zulassen (vgl. auch Art. 776a Abs. 1 Ziff. 11; KOEHLER, 146 begrüsst diese Möglichkeit insb. mit Blick auf *joint ventures*). Die Beschlüsse, welche dem Genehmigungsvorbehalt unterstehen, müssen in den Statuten konkret und präzise umschrieben werden (FORSTMOSER/PEYER, 402 f.; MONTAVON, Sàrl, 413). Es bleibt in diesen Bereichen dabei, dass die Geschäftsführer selbst einen Entscheid zu treffen haben (für den sie auch verantwortlich sind: Art. 811 Abs. 2); die GesV kann diesem Entscheid lediglich ihre Genehmigung erteilen oder verweigern (Botschaft GmbH, 3213; Botschaft Aktienrecht und Rechnungslegungsrecht, 1686; KÜNG/CAMP, Art. 811 N 4; BÖCKLI, Übersicht, 32 und 35, spricht von einem *Einspruchsrecht*; FORSTMOSER/PEYER, 401, von einem *Quasi-Vetorecht*). Abänderungsanträge aus dem Kreis der Gesellschafter sind bei solchen Geschäften nicht zulässig, ausser die Geschäftsführer machten sie sich zu eigen (a.A. FORSTMOSER/PEYER, 431; WOHLMANN, Positionierung, 133; wohl auch VON PLANTA, 73). Ihre Zulassung würde einem stärkeren Eingriff in den Verantwortungsbereich der Geschäftsführer entsprechen, als ihn das Gesetz anordnet, und die Verantwortlichkeiten verwischen: es läge dann im Ergebnis gerade nicht mehr ein von der GesV genehmigter Entscheid der Geschäftsführer vor, sondern ein Geschäftsführungsentscheid der GesV, den die Geschäftsführer nie wollten (aber ausführen müssen).

44 **Vertretungsrechtlich** beschlägt der Vorbehalt der Genehmigung lediglich die Vertretungsbefugnis der Geschäftsführer und kann Dritten daher nur im Falle ihrer Bösgläu-

bigkeit entgegengehalten werden (BÖCKLI, présentation, 22; MONTAVON, Sàrl, 412). Streitig ist dabei, ob dem Dritten aufgrund von Art. 933 Abs. 2 nur tatsächliche Kenntnis schadet (so BÖCKLI, Übersicht, 34; DERS., présentation, 153 [Diskussionsbeitrag]), oder ob im Sinne von Art. 3 Abs. 2 ZGB auch fahrlässige Unkenntnis die Berufung auf den guten Glauben ausschliesst (so Botschaft GmbH, 3213 f.: «... solange die andere Vertragspartei nicht um das Fehlen einer erforderlichen Genehmigung wusste oder hätte wissen sollen»; BLANC, 223 f.; CR CO II-CHAPUIS, Art. 811 N 19; KÜNG/CAMP, Art. 811 N 6; NUSSBAUM/SANWALD/SCHEIDEGGER, Art. 811 N 5; SIFFERT et al., Art. 811 N 12; vgl. auch VON PLANTA, 75). Da Genehmigungsvorbehalte i.S.v. Art. 811 Abs. 1 nicht ins Handelsregister eingetragen werden können (SIFFERT et al., Art. 811 N 13 erwägen allerdings eine Eintragung aufgrund von Art. 30 Abs. 1 HRegV), ist die Anwendung von Art. 933 Abs. 2 nicht indiziert, sondern es ist in Anlehnung an die allgemeinen Grundsätze betreffend den guten Glauben in eine nicht vorhandene Vertretungsbefugnis (vgl. Komm. zu Art. 718a; BÖCKLI, § 13 N 509) dem Dritten auch fahrlässige Unkenntnis anzulasten. Eine andere Frage ist, ob bzw. in welchen Fällen die Unterlassung der Konsultation der Statuten (die als Handelsregisterbeleg öffentlich zugänglich sind) als Unsorgfalt i.S.v. Art. 3 Abs. 2 ZGB gelten muss. U.E. ist dies nur im Falle von Geschäften anzunehmen, bei denen aufgrund ihrer (erkennbaren) existentiellen Bedeutung für die Gesellschaft ein Genehmigungsvorbehalt naheliegt; in anderen Fällen muss ohne besondere Verdachtsgründe nicht nach einem Vorbehalt in den Statuten geforscht werden.

Es ist im Weiteren umstritten, ob ein statutarischer Genehmigungsvorbehalt i.S.v. Art. 811 Abs. 1 Ziff. 1 auch im Bereich der **unentziehbaren Aufgaben** der Geschäftsführer gem. Art. 810 Abs. 2 zulässig ist. Die Botschaft geht davon aus, indem sie die Aufgaben gem. Art. 810 Abs. 2 als «unter Vorbehalt von Artikel 811... unübertragbar und unentziehbar» bezeichnet (Botschaft GmbH, 3212; ebenso BLANC, 225 f.; FORSTMOSER, Schweizer GmbH, 559; FORSTMOSER/PEYER, 401; FORSTMOSER/PEYER/SCHOTT, Rz 66 f.; SIFFERT et al., Art. 811 N 3; sinngemäss auch MEIER-HAYOZ/FORSTMOSER, § 18 N 110; WOHLMANN, Positionierung, 132). Es wird jedoch auch die Meinung vertreten, Genehmigungsvorbehalte seien nur ausserhalb der «unentziehbaren» Aufgaben zulässig (HANDSCHIN/TRUNIGER, § 13 N 5; vgl. auch MONTAVON, Sàrl, 401 und NUSSBAUM/SANWALD/SCHEIDEGGER, Art. 811 N 3). BÖCKLI (Übersicht, 32 f.; présentation, 22) trifft eine Unterscheidung innerhalb des Kataloges von Art. 810 Abs. 2, indem nach seiner Ansicht Beschlüsse über die Festlegung der Organisation (die gem. Ziff. 2 nur «im Rahmen von Gesetz und Statuten» in der Kompetenz der Geschäftsführer stehen) einem Genehmigungsvorbehalt unterstellt werden können, die übrigen «unentziehbaren» Aufgaben hingegen nicht (oder jedenfalls nicht in umfassender Weise). Dem ist insoweit zuzustimmen, als im Falle des Aufgabenkreises gem. Abs. 2 Ziff. 2 (Festlegung der Organisation) ein Genehmigungsvorbehalt vergleichsweise unproblematisch ist, da es sich hier um einmalige oder periodische Entscheidungen, nicht um eine kontinuierliche Tätigkeit handelt. Dasselbe gilt für die *Ausgestaltung* von Rechnungswesen, Finanzkontrolle und Finanzplanung (Ziff. 3). Die Oberleitung der Gesellschaft und Erteilung von Weisungen (Ziff. 1) sowie die Aufsicht über die Geschäftsführung (Ziff. 4) sind demgegenüber Daueraufgaben und können daher nicht *integral* einem Genehmigungsvorbehalt unterstellt werden; jedoch kann dies für bestimmte Einzelmassnahmen aus dem Bereich der Oberleitung oder der Aufsicht geschehen (vgl. OLIVAR PASCUAL/ROTH, 472; z.B. für die Festsetzung des Geschäftsplans oder für die disziplinarische Entlassung eines Mitarbeiters). In solchen Vorbehalten liegt ein Eingriff in den Grundsatz der Unentziehbarkeit (wenn auch nicht dessen Negation, da die primäre Entscheidung bei den Geschäftsführern verbleibt), der aber vom Gesetzgeber gewollt ist

45

(FORSTMOSER/PEYER, 401). Der Geschäftsbericht (Ziff. 5) bedarf ohnehin der Genehmigung der GesV; deren Vorbereitung und die Ausführung ihrer Beschlüsse (Ziff. 6) hingegen können logischerweise keiner besonderen Genehmigung unterliegen. Die Benachrichtigung des Richters im Falle der Überschuldung schliesslich (Ziff. 7) ist gesetzliche Pflicht und deshalb einem Genehmigungsvorbehalt nicht zugänglich (**a.A.** wohl CR CO II-CHAPUIS, Art. 811 N 10, der im Übrigen zu sehr ähnlichen Schlüssen gelangt, a.a.O. N 4 ff.). Im Zuge der Revision des Aktienrechts soll die Möglichkeit eines Genehmigungsvorbehaltes im Bereich der «unentziehbaren Aufgaben» auf die Fälle von Art. 810 Abs. 2 Ziff. 1 und 2 (Oberleitung, Organisation) beschränkt werden (vgl. BBl 2008, 1751 ff., Art. 811 Abs. 2 E OR).

46 Ein Genehmigungsbeschluss der GesV schränkt die **Haftung** der Geschäftsführer grundsätzlich nicht ein (Art. 811 Abs. 2); er soll jedoch nach Ansicht des Gesetzgebers «je nach den Umständen» einer gesellschaftsintern wirksamen Entlastung gleichkommen (Botschaft GmbH, 3213; ebenso nun Botschaft Aktien- und Rechnungslegungsrecht, 1687; ohne Einschränkung FORSTMOSER/PEYER, 430; HANDSCHIN/TRUNIGER, § 13 N 7; OLIVAR PASCUAL/ROTH, 472; CR CO II-CHAPUIS, Art. 811 N 25, zieht auch die Konsequenz der Anwendung der Klagefrist gem. Art. 758 Abs. 2). Umgekehrt wird in der Lehre erwogen, die Gesellschafter für ihren Genehmigungsentscheid in der GesV einer Haftung aus faktischer Organschaft zu unterstellen (BLANC, 227; CR CO II-CHAPUIS, Art. 811 N 24; FORSTMOSER/PEYER, 432 f.; HANDSCHIN/TRUNIGER, § 13 N 7; WOHLMANN, Positionierung, 133 f.; vgl. auch BÖCKLI, présentation, FN 67; DERS., Übersicht, 35 ff.; MONTAVON, Sàrl, 403; VON PLANTA, 73). Dies wollte der Gesetzgeber jedoch gerade nicht (Botschaft GmbH, 3213: «... fehlt für Entscheide der Gesellschafterversammlung jede [sc. der Verantwortlichkeit der Geschäftsführer] entsprechende Haftung»; ebenso jetzt Botschaft Aktien- und Rechnungslegungsrecht, 1687, freilich mit einem wenig klaren Vorbehalt von «Ausnahmefällen») und hat deshalb die Anordnung in Art. 811 Abs. 2 getroffen. Aus dem blossen Abstimmungsverhalten (oder auch aus Voten) eines Gesellschafters in einer GesV, die sich an ihre gesetzlichen und statutarischen Kompetenzen hält, kann u.E. in keinem Falle eine Verantwortlichkeit nach Art. 827 abgeleitet werden (gl.A. BÖCKLI, Übersicht, 36 f., mit einem Vorbehalt für Extremfälle; SIFFERT et al., Art. 811 N 11).

p) Gesetzlich oder statutarisch zugewiesene und freiwillig vorgelegte Gegenstände (Ziff. 18)

47 Obschon Art. 804 eine umfassendere Aufzählung der Befugnisse der GesV enthält als noch Art. 801 altOR, nennt auch die neue Bestimmung nicht *alle* **gesetzlichen Kompetenzen** der GesV, behält aber weitere Fälle in Abs. 2 Ziff. 18 vor. Es handelt sich soweit ersichtlich um die folgenden Fälle: Entscheidung über *Auskunfts- und Einsichtsbegehren* bei Ablehnung durch die Geschäftsführer (Art. 802 Abs. 3); Ernennung *besonderer Sachverständiger* zur Prüfung der Geschäftsführung (vgl. Art. 806 Abs. 3 Ziff. 2); Entscheid über die *Geltendmachung von Verantwortlichkeitsansprüchen* (vgl. Art. 806 Abs. 3 Ziff. 3 und dazu Art. 806 N 9); Bezeichnung des *Vorsitzenden der Geschäftsführer* (Art. 809 Abs. 3); Bezeichnung von *Liquidatoren* (Art. 826 Abs. 2 i.V.m. Art. 740 Abs. 1; MONTAVON, Sàrl, 406). Auf die Kompetenzen der GesV im Zusammenhang mit der *Erhöhung und* der *Herabsetzung des Stammkapitals* wurde im Zusammenhang mit der Statutenänderung eingegangen (o. N 14 f.). Das *Fusionsgesetz* statuiert weitere Zuständigkeiten der GesV.

48 Indem die Verweisung auf weitere gesetzlich vorgesehene Aufgaben der GesV in Abs. 2 und nicht in Abs. 3 von Art. 804 aufgenommen wurde, scheint das Gesetz diese für **un-**

übertragbar zu erklären. U.E. ist die Frage aber trotz des Wortlautes von Abs. 2 im Einzelfall zu prüfen. So ist nicht ersichtlich, weshalb die Bezeichnung des Vorsitzenden der Geschäftsführer (Art. 809 Abs. 3) nicht – wie in der AG – durch die Statuten der Exekutive überlassen werden könnte (so auch Botschaft GmbH, 3212; CR CO II-CHAPUIS, Art. 810 N 33; CHAPPUIS, 94 FN 49; HANDSCHIN/TRUNIGER, § 14 N 56).

Die **Statuten** können der GesV zu Lasten des gesetzlichen Aufgabenbereichs der Geschäftsführer weitere Befugnisse zuweisen (vgl. auch Art. 776 Abs. 1 Ziff. 10), solange nicht in die unentziehbaren Aufgaben gem. Art. 810 Abs. 2 eingegriffen wird. In den Statuten festgehalten sein muss auch ein Vorbehalt der Zustimmung der GesV zur Bezeichnung natürlicher Personen, die für Gesellschafter, die juristische Personen oder Handelsgesellschaften sind, das Recht zur Geschäftsführung ausüben sollen (Art. 809 Abs. 2 Satz 3 und Art. 776a Abs. 1 Ziff. 12). 49

Die Geschäftsführer können der GesV einzelne Gegenstände **zur Genehmigung vorlegen,** soweit ihnen die Statuten dieses Recht einräumen (Art. 811 Abs. 1 Ziff. 2; gem. CR CO II-CHAPUIS, Art. 810 N 13, auch ohne statutarische Grundlage). Da die Vorlage in diesem Bereich fakultativ ist, kann die Entscheidung der GesV die Geschäftsführer auch nicht binden; sie sind berechtigt (wenn auch vielleicht nicht gut beraten), ihren Entscheid trotz Ablehnung der GesV zu vollziehen oder trotz Zustimmung der GesV darauf zurückzukommen. Die *Gegenmeinung* (FORSTMOSER/PEYER, 402) überzeugt namentlich deshalb nicht, weil die Tragweite einer Bindung der Geschäftsführer nicht klar wäre (für wie lange dürften sie über die von der GesV einmal abgelehnte Massnahme nicht neu beschliessen? Wäre in Zukunft die Vorlage an die GesV bei diesem Thema obligatorisch?). 50

3. Übertragbare Befugnisse (Abs. 3)

Grundsätzlich gelten auch für die GmbH die Bestimmungen des besonderen Teils des OR über das Recht der **Prokura und** anderer **Handlungsvollmachten** (Art. 458 ff.). Abweichende statutarische Vorschriften vorbehalten, ist die GesV aufgrund der gesetzlichen Anordnung in Abs. 3 allein befugt, Direktoren, Prokuristen und Handlungsbevollmächtigte zu bestellen, obschon es sich dabei um Massnahmen der Geschäftsführung handelt (kritisch zu «Direktoren» SCHAUB, ST 1997, 783). Die Geschäftsführer können sie in ihrer Funktion einstellen, müssen in diesem Fall jedoch unverzüglich eine GesV einberufen (Art. 815 Abs. 3). 51

Im Rahmen ihrer Kompetenz gem. Abs. 3 ist die GesV zur Vertretung der GmbH befugt (KOEHLER, 137), d.h. in ihrem Entscheid liegt schon die **Ermächtigung** des Bezeichneten durch die Gesellschaft als Geschäftsherrin i.S.v. Art. 458 Abs. 1 bzw. Art. 462 Abs. 1 (ein einseitiges Rechtsgeschäft; vgl. BSK OR I-WATTER/SCHNELLER, Art. 33 N 8 f.). Die Geschäftsführer sind (unter Vorbehalt einer statutarischen Abänderung der gesetzlichen Ordnung) dafür schlechthin unzuständig, und eine ohne Gesellschaftsbeschluss von ihnen «erteilte» Prokura oder Generalhandlungsvollmacht ist daher unwirksam (gl.A. WOHLMANN, 97; **a.A.** BK-JANGGEN/BECKER, Art. 810 N 14 und ZK-VON STEIGER, Art. 810 N 24, wonach im Aussenverhältnis eine gültige Vollmacht vorliege). Wurde die unwirksame Ermächtigung von der Gesellschaft gegenüber Dritten kundgegeben (etwa durch Eintragung ins Handelsregister), so kann sich nach dem Recht der Stellvertretung allerdings dennoch eine Verpflichtung der Gesellschaft aus den Handlungen des Bezeichneten ergeben (vgl. zum Ganzen BSK OR I-WATTER/SCHNELLER, Art. 33 N 29 ff.; BSK OR I-WATTER, Art. 458 N 7), und die Geschäftsführer, welche die Prokura oder Handlungsvollmacht in Überschreitung ihrer Kompetenzen «erteilt» hat- 52

Art. 805   28. Titel: Die Gesellschaft mit beschränkter Haftung

ten, sind der Gesellschaft diesfalls für den aus solchen Handlungen entstehenden Schaden nach den Grundsätzen von Art. 827 i.V.m. Art. 754 verantwortlich.

53 Verweisen die Statuten für die Einzelheiten der **Regelung der Vertretung** der Gesellschaft auf ein Reglement (Art. 814 Abs. 2), so können sie zum Erlass dieses Reglementes die GesV oder die Geschäftsführer zuständig erklären (Botschaft GmbH, 3216).

Art. 805

II. Einberufung und Durchführung

¹ Die Gesellschafterversammlung wird von den Geschäftsführern, nötigenfalls durch die Revisionsstelle, einberufen. Das Einberufungsrecht steht auch den Liquidatoren zu.

² Die ordentliche Versammlung findet alljährlich innerhalb von sechs Monaten nach Schluss des Geschäftsjahres statt. Ausserordentliche Versammlungen werden nach Massgabe der Statuten und bei Bedarf einberufen.

³ Die Gesellschafterversammlung ist spätestens 20 Tage vor dem Versammlungstag einzuberufen. Die Statuten können diese Frist verlängern oder bis auf zehn Tage verkürzen. Die Möglichkeit einer Universalversammlung bleibt vorbehalten.

⁴ Beschlüsse können auch schriftlich gefasst werden, sofern nicht ein Gesellschafter die mündliche Beratung verlangt.

⁵ Im Übrigen sind die Vorschriften des Aktienrechts entsprechend anwendbar für:

1. die Einberufung;
2. das Einberufungs- und Antragsrecht der Gesellschafter;
3. die Verhandlungsgegenstände;
4. die Anträge;
5. die Universalversammlung;
6. die vorbereitenden Massnahmen;
7. das Protokoll;
8. die Vertretung der Gesellschafter;
9. die unbefugte Teilnahme.

II. Convocation et tenue

¹ L'assemblée des associés est convoquée par les gérants et, au besoin, par l'organe de révision. Les liquidateurs ont également le droit de la convoquer.

² L'assemblée ordinaire des associés a lieu chaque année dans les six mois qui suivent la clôture de l'exercice annuel. Les assemblées extraordinaires des associés sont convoquées conformément aux statuts et aussi souvent qu'il est nécessaire.

³ L'assemblée des associés est convoquée 20 jours au moins avant la date de la réunion. Les statuts peuvent prolonger ce délai ou le réduire à un minimum de dix jours. La possibilité de tenir une assemblée universelle est réservée.

⁴ Les décisions de l'assemblée des associés peuvent aussi être prises par écrit, à moins qu'une discussion ne soit requise par un associé.

3. Abschnitt: Organisation der Gesellschaft 1, 2 Art. 805

⁵ Pour le surplus, les dispositions du droit de la société anonyme relatives à l'assemblée générale s'appliquent par analogie en ce qui concerne:

1. la convocation;
2. le droit de convocation et de proposition des associés;
3. l'objet des délibérations;
4. les propositions;
5. l'assemblée universelle;
6. les mesures préparatoires;
7. le procès-verbal;
8. la représentation des associés;
9. la participation sans droit.

II. Convocazione e svolgimento

¹ L'assemblea dei soci è convocata dai gerenti e, quando occorra, dall'ufficio di revisione. Il diritto di convocazione spetta anche ai liquidatori.

² L'assemblea ordinaria si svolge ogni anno, entro sei mesi dalla chiusura dell'esercizio annuale. Le assemblee straordinarie sono convocate in conformità dello statuto e ogniqualvolta sia necessario.

³ L'assemblea dei soci è convocata almeno 20 giorni prima di quello fissato per l'adunanza. Lo statuto può prorogare questo termine o abbreviarlo sino a 10 giorni. È fatta salva la possibilità di una riunione di tutti i soci.

⁴ Le deliberazioni dell'assemblea dei soci possono anche essere prese per scritto, sempreché un socio non chieda la discussione orale.

⁵ Per il rimanente, le disposizioni del diritto della società anonima concernenti l'assemblea generale si applicano per analogia:

1. alla convocazione;
2. al diritto di convocazione e di proposta dei soci;
3. agli oggetti in deliberazione;
4. alle proposte;
5. alla riunione di tutti i soci;
6. alle misure preparatorie;
7. al processo verbale;
8. alla rappresentanza dei soci;
9. alla partecipazione abusiva.

I. Allgemeines

Das Gesetz stellt der GesV, verstanden als gesetzliches Organ der GmbH, für ihre Willensbildung **zwei Verfahren** zur Verfügung: die Beschlussfassung in der Versammlung, die im rev. Recht den Normalfall darstellt, und die schriftliche Abstimmung (sog. Urabstimmung; ZK-VON STEIGER, Art. 808 N 3). Nach der hier verwendeten Terminologie ist somit die Urabstimmung nicht eine Alternative zur GesV, sondern eine Form des Tätigwerdens der GesV (ebenso BÄHLER, 55; BÖCKLI, présentation, 18). Der Begriff «einberufen» ist in den Abs. 1–3 so auszulegen, dass er die Aufforderung zur schriftlichen Abstimmung mitumfasst.

Mit der Ausnahme dieser Alternative, die dem Aktienrecht fremd ist, folgt die gesetzliche Ordnung der Einberufung der GesV seit der Revision von 2005 weitestgehend **den aktienrechtlichen Vorschriften** (Art. 699 ff.). Abs. 5 statuiert die Anwendbarkeit der Vorschriften über die Einberufung (Ziff. 1; Art. 700), das Einberufungs- und Antragsrecht der Gesellschafter (Ziff. 2; Art. 699 Abs. 3 f.), die Verhandlungsgegenstände

(Ziff. 3; Art. 700 Abs. 2 ff.), die Anträge (Ziff. 4; Art. 700 Abs. 2 ff.), die Universalversammlung (Ziff. 5; Art. 701), die vorbereitenden Massnahmen (Ziff. 6; Art. 702 Abs. 1), das Protokoll (Ziff. 7; Art. 702 Abs. 2), die Vertretung der Gesellschafter (Ziff. 8; Art. 689 ff.) sowie über die unbefugte Teilnahme (Ziff. 9; Art. 691). Die Verweisung bezieht sich auf die *jeweils geltenden* Bestimmungen des Aktienrechts, vollzieht also Revisionen der verwiesenen Bestimmungen automatisch mit (vgl. Art. 808c N 2).

II. Recht und Pflicht zur Einberufung der Gesellschafterversammlung (Abs. 1 und 2)

1. Allgemeines

3   Gemäss Abs. 1 sind in erster Linie die **Geschäftsführer** (als Kollektivorgan) ermächtigt und verpflichtet, über die Einberufung der GesV zu entscheiden. Die Willensbildung unter den Geschäftsführern, die der Einberufung vorauszugehen hat, erfolgt dabei, vorbehältlich abweichender statutarischer Vorschriften, durch einen Mehrheitsbeschluss (KÜNG/CAMP, N 2; ZK-VON STEIGER, Art. 811 N 16). Wenn Art. 810 Abs. 3 Ziff. 1 die Einberufung dem *Vorsitzenden* der Geschäftsführung als Aufgabe zuweist, dürfte damit nur die Ausführung des entsprechenden Beschlusses der Geschäftsführer gemeint sein, nicht der Entscheid über die Einberufung (gl.A. CR CO II-CHAPUIS, Art. 810 N 35; KÜNG/CAMP, N 2; vgl. auch SIFFERT et al., N 3 f.).

4   Die GesV, die gem. Abs. 2 alljährlich innerhalb von sechs Monaten nach Abschluss des Geschäftsjahres von den Geschäftsführern einberufen werden muss, wird als **ordentliche GesV** bezeichnet (entsprechend der «ordentlichen GV» des Aktienrechts; Art. 699 Abs. 2). Bei Versammlungen, die die Geschäftsführer aus besonderem Anlass (vgl. N 7) oder auf Begehren von Gesellschaftern (gem. Abs. 5 Ziff. 2 i.V.m. Art. 699 Abs. 3 oder nach Massgabe der Statuten) einberufen, oder die von einem anderen Organ oder vom Richter einberufen werden (vgl. N 13 ff.), spricht man demgegenüber von einer **ausserordentlichen GesV** (ZK-VON STEIGER, Art. 809 N 2 f.).

2. Die ordentliche Gesellschafterversammlung (Abs. 1 Satz 1 und Abs. 2 Satz 1)

5   Die Verpflichtung zur Einberufung der GesV auf einen Termin innert sechs Monaten nach Abschluss des Geschäftsjahres ist (einseitig) **zwingender Natur** (ZK-VON STEIGER, Art. 809 N 2; Botschaft GmbH, 3207). Die Frist kann durch die Statuten zwar verkürzt (z.B. drei Monate nach Abschluss des Geschäftsjahres), aber nicht verlängert oder ganz aufgehoben werden (HANDSCHIN/TRUNIGER, § 13 N 9). Die ordentliche GesV muss alljährlich zumindest über die Genehmigung der Jahresrechnung und die Verwendung des Gewinns (StR 2001, 132 ff., 138) sowie über die Wahl der Geschäftsführer beschliessen (es sei denn, dass die Wahl von Geschäftsführern sich aufgrund der Statuten erübrigt oder bei mehrjährigen Amtszeiten im konkreten Jahr nicht ansteht). Ein Überschreiten der Frist führt nicht zur Anfechtbarkeit von Beschlüssen der GesV, ist i.d.S. also blosse Ordnungswidrigkeit; es bleibt allerdings in jedem Fall eine Verletzung des Gesetzes (**a.A.** ZK-VON STEIGER, Art. 809 N 2).

6   Nach Massgabe der Statuten können auch mehrere «ordentliche» GesV im Jahr stattfinden (HANDSCHIN/TRUNIGER, § 13 N 10). So gilt es als zulässig, dass die Statuten, um den konkreten Bedürfnissen der Gesellschafter zu entsprechen, **Quartals-** oder **Semesterversammlungen** vorschreiben.

3. Die ausserordentliche Gesellschafterversammlung auf Initiative der Geschäftsführer (Abs. 1 Satz 1 und Abs. 2 Satz 2)

Von Gesetzes wegen müssen die Geschäftsführer eine GesV immer dann einberufen, wenn dafür ein **Bedarf** besteht (Abs. 2 Satz 2; Art. 809 Abs. 1 altOR sagte: «so oft es im Interesse der Gesellschaft erforderlich erscheint»), weil ein in die Zuständigkeit der GesV fallender Entscheid ansteht und damit nicht bis zur nächsten ordentlichen GesV zugewartet werden kann (HANDSCHIN/TRUNIGER, § 13 N 11). Wann ein solcher Fall vorliegt, ist grundsätzlich dem pflichtgemässen Ermessen der Geschäftsführer anheim gestellt. Gesetzlich definierte Fälle bilden die Feststellung eines mindestens hälftigen Verlustes des Stammkapitals (Art. 820 Abs. 1 i.V.m. Art. 725 Abs. 1) sowie die Suspendierung von der GesV gewählter Direktoren, Prokuristen oder Handlungsbevollmächtigter durch die Geschäftsführer (Art. 815 Abs. 4). Eine ausserordentliche GesV muss auch einberufen werden, wenn dies erforderlich ist, um fristgerecht über die Zustimmung zur Abtretung von Stammanteilen zu entscheiden (vgl. Art. 787 Abs. 2). 7

Unterlassen die Geschäftsführer in schuldhafter Weise die Einberufung einer GesV, die im Interesse der Gesellschaft erforderlich wäre, können sie für einen allfälligen Schaden verantwortlich gemacht werden (Art. 827 i.V.m. Art. 754; ZK-VON STEIGER, Art. 809 N 3). 8

4. Die ausserordentliche Gesellschafterversammlung auf Begehren von Gesellschaftern (Abs. 5 Ziff. 2)

Auf Verlangen eines oder mehrerer Gesellschafter, welche mindestens **10 % des Stammkapitals oder** Stammanteile im **Nennwert von CHF 1 Mio.** halten, müssen die Geschäftsführer eine GesV einberufen (Abs. 5 Ziff. 2 i.V.m. Art. 699 Abs. 3; zur Alternativität der relativen und der absoluten Schranke s. Art. 699 N 12 und 23, gl.A. KÜNG/CAMP, N 7 und 36; zur vorgesehenen Änderung der Grenzwerte BBl 2008, 1751 ff., Art. 699 Abs. 3 und 699a E OR). Die Voraussetzungen der Berechtigung lassen sich auch ohne Zugang zum Anteilbuch relativ leicht ermitteln, weil Anzahl und Nennwert der von jedem Gesellschafter gehaltenen Stammanteile aus dem Handelsregister ersichtlich sind (Art. 73 Abs. 1 lit. i HRegV). Sie müssen im Zeitpunkt des Begehrens erfüllt sein (KÜNG/CAMP, N 6). 9

Das Einberufungsrecht besteht zum **Schutz der Minderheit.** Die vom Gesetz aufgestellten (alternativen) Hürden sind einseitig zwingend: sie können durch die Statuten nicht erhöht, aber tiefer angesetzt oder durch eine Bestimmung ersetzt werden, welche jedem Gesellschafter einen Anspruch auf Einberufung gewährt (HANDSCHIN/TRUNIGER, § 13 N 20; BK-JANGGEN/BECKER, Art. 809 N 7; WOHLMANN, 100; vgl. den Vorschlag bei HANDSCHIN/TRUNIGER, Musterstatuten, 386). Das Recht, die Einberufung einer ausserordentlichen GesV zu verlangen, besteht unabhängig vom Stimmrecht an der Versammlung, d.h. ein Gesellschafter kann es ausüben, selbst wenn er für das einzige anbegehrte Traktandum gar nicht stimmberechtigt ist (BK-JANGGEN/BECKER, Art. 809 N 7; vgl. Art. 806a). 10

Das **Begehren um Einberufung** der GesV muss schriftlich unter Angabe der gewünschten Verhandlungsgegenstände (Traktanden) und der dazu gestellten Anträge bei der Geschäftsführung eingereicht werden (vgl. Art. 699 Abs. 3 Satz 3). 11

Obschon das Gesetz es auch in der rev. Fassung von 2005 nicht ausdrücklich sagt, beinhaltet das Recht auf Einberufung einer ausserordentlichen GesV auch das Recht, für eine schon angekündigte oder bevorstehende GesV **Verhandlungsgegenstände traktan-** 12

dieren zu lassen, sofern die notwendigen Formalien dazu noch eingehalten werden können (N 19; BK-JANGGEN/BECKER, Art. 809 N 8; KÜNG/CAMP, N 7; SIFFERT et al., N 27). Das Recht, im Rahmen der traktandierten Verhandlungsgegenstände einer Versammlung *Anträge* zu stellen, steht hingegen jedem Gesellschafter unabhängig von der Höhe seiner Beteiligung zu (vgl. N 32).

5. Einberufung durch die Revisionsstelle (Abs. 1 Satz 1)

13   Sofern die Geschäftsführer die Einberufung der GesV innert der gesetzlichen Frist von sechs Monaten nach Schluss des Geschäftsjahres (Abs. 2) oder gemäss den speziellen Vorschriften des Gesetzes (z.B. Art. 820 Abs. 1 i.V.m. Art. 725 Abs. 1; HANDSCHIN/TRUNIGER, § 13 N 25; KÜNG/CAMP, N 3 f.) oder der Statuten unterlassen und eine Revisionsstelle eingesetzt ist, hat diese die GesV einzuberufen, wenn dies als **notwendig** erscheint. Wann dies der Fall ist, hat die Revisionsstelle nach eigenem Ermessen zu entscheiden (HANDSCHIN/TRUNIGER, § 13 N 25; ZK-VON STEIGER, Art. 809 N 6); hinsichtlich der Kriterien kann auf die Lehre zum Aktienrecht (Art. 699 Abs. 1) verwiesen werden.

14   In der Regel wird die Revisionsstelle zuerst die Einberufung der GesV von den Geschäftsführern verlangen; entsprechen diese dem Gesuch nicht innert angemessener Frist, muss sie aber die Einberufung **selber vornehmen.** Versäumt die Revisionsstelle die Einberufung der GesV pflichtwidrig und schuldhaft, kann sie nach Art. 827 i.V.m. Art. 755 für den daraus entstandenen Schaden verantwortlich gemacht werden.

6. Einberufung durch die Liquidatoren (Abs. 1 Satz 2)

15   Die Liquidatoren haben ebenfalls ein selbständiges Einberufungsrecht, und zwar unabhängig davon, ob dieses Amt von den Geschäftsführern, von Gesellschaftern oder von Dritten ausgeübt wird. Auch sie haben die Einberufung immer dann vorzunehmen, wenn eine GesV notwendig ist (ZK-VON STEIGER, Art. 809 N 5). Werden neben den Geschäftsführern selbständige Liquidatoren eingesetzt, können diese selber einberufen oder die Geschäftsführer mit der Einberufung der GesV beauftragen (BK-JANGGEN/BECKER, Art. 809 N 4; **a.A.** wohl ZK-BÜRGI, Art. 699 N 14 für die AG).

7. Einberufung durch den Richter

16   Gesellschafter, welche mindestens 10% des Stammkapitals oder Stammanteile im Nennwert von CHF 1 Mio. vertreten, können ihr **Minderheitsrecht auf Einberufung** der GesV (Abs. 5 Ziff. 2 i.V.m. Art. 699 Abs. 3; o. N 9 ff.) gerichtlich durchsetzen, wenn die Geschäftsführer ihrem Begehren nicht innert angemessener Frist Folge leisten (Abs. 5 Ziff. 2 i.V.m. Art. 699 Abs. 4; nach der bundesgerichtlichen Rechtsprechung zum Aktienrecht sind die Voraussetzungen dabei nicht zu beweisen, sondern nur glaubhaft zu machen, vgl. Art. 699 N 17). Anhand der Umstände des Einzelfalles bestimmt sich, was unter einer angemessenen Frist zu verstehen ist (vgl. Art. 699 N 16; HANDSCHIN/TRUNIGER, § 13 N 24; KÜNG/CAMP, N 10; NUSSBAUM/SANWALD/SCHEIDEGGER, N 34). Zuständig für die Durchsetzung dieses Anspruchs ist der Richter am Sitz der Gesellschaft (Art. 3 Abs. 1 lit. b GestG; zum Verfahren vgl. Art. 699 N 16 ff.). Der Richter kann die Einberufung selbst vornehmen (BGE 132 III 555 ff., 562 f. E. 3.4.3.2, zur AG; NUSSBAUM/SANWALD/SCHEIDEGGER, N 34).

3. Abschnitt: Organisation der Gesellschaft **17–20 Art. 805**

Entgegen einem Teil der Lehre zum alten Recht (ZK-VON STEIGER, Art. 809 N 2, 5; wie **17** hier aber wohl BK-JANGGEN/BECKER, Art. 809 N 7) kann hingegen nicht auch in allen **anderen Fällen,** in denen das Gesetz oder die Statuten die Einberufung einer GesV durch die Geschäftsführer verlangen, im Unterlassungsfall der Richter angerufen werden, denn die entsprechende Pflicht der Geschäftsführer (z.B. zur alljährlichen Einberufung der ordentlichen GesV gem. Abs. 2) besteht i.d.R. gegenüber der Gesellschaft, in deren Namen Klage zu erheben der einzelne Gesellschafter nicht ohne weiteres berechtigt ist.

8. Einberufung durch die Gesellschafterversammlung selbst oder durch fakultative Organe

Anlässlich einer ordentlichen oder ausserordentlichen GesV können die Gesellschafter **18** auch über die Einberufung einer ausserordentlichen GesV beschliessen (HANDSCHIN/ TRUNIGER, § 13 N 27; KÜNG/CAMP, N 12; WOHLMANN, 100). Sofern die Statuten nichts anderes vorsehen, braucht ein solcher Beschluss nicht traktandiert zu sein (Abs. 5 Ziff. 1 i.V.m. Art. 700 Abs. 3) und wird mit der absoluten Mehrheit der vertretenen Stimmen gefasst (Art. 808; HANDSCHIN/TRUNIGER, § 13 N 27). Die Statuten können dort, wo fakultative Organe (z.B. ein Aufsichtsrat; vgl. Art. 804 N 3) eingesetzt wurden, diesen das Recht und die Pflicht zur Einberufung der GesV übertragen (Art. 776a Abs. 2 Ziff. 3; KÜNG/CAMP, N 11; ZK-VON STEIGER, Art. 809 N 7).

9. Traktandierungsrecht (Abs. 5 Ziff. 2)

Gesellschafter, welche mindestens **10% des Stammkapitals** oder Stammanteile im **19** Nennwert von **CHF 1 Mio.** vertreten, haben zusätzlich zum Recht auf Einberufung der GesV auch ein selbständiges Traktandierungsrecht (vgl. N 10 u. 12; MONTAVON, Sàrl, 417). Sie können jeweils vor der Durchführung einer bereits einberufenen (**a.A.** für die AG BÖCKLI, § 12 N 68) oder in nächster Zeit bevorstehenden Versammlung bzw. Urabstimmung die Traktandenliste mit eigenen Geschäften ergänzen (BK-JANGGEN/BECKER, Art. 809 N 8). Das entsprechende Begehren an die Geschäftsführer muss allerdings rechtzeitig vor der Durchführung der Versammlung oder Urabstimmung erfolgen, sodass es unter Einhaltung der von Gesetz und Statuten vorgeschriebenen Formalitäten (Frist und Form der Einberufung) den Gesellschaftern noch mitgeteilt werden kann. Erfolgt das Begehren zu spät, ist eine ausserordentliche GesV einzuberufen (HANDSCHIN/ TRUNIGER, § 13 N 17; ZK-VON STEIGER, Art. 809 N 10; BK-JANGGEN/BECKER, Art. 809 N 8). Wird dem Begehren keine Folge geleistet, steht der Weg zum Richter offen (Art. 699 Abs. 4; MONTAVON, Sàrl, 418).

III. Form und Frist der Einberufung

1. Form der Einberufung (Abs. 5 Ziff. 1)

Die Form der Einberufung bestimmt sich nach den **Statuten** (Abs. 5 Ziff. 1 i.V.m. **20** Art. 700). Anders als im bisherigen Recht (Art. 809 Abs. 4 altOR) lässt sich dem Gesetz nicht mehr die dispositive Anordnung der Einberufung durch eingeschriebenen Brief entnehmen (**a.A.** HANDSCHIN/TRUNIGER, § 13 N 14). Obschon die statutarischen Vorschriften zur Einberufung anstatt beim gesetzlich vorgeschriebenen (Art. 776) nur beim bedingt notwendigen Statuteninhalt erwähnt werden (Art. 776a Abs. 2 Ziff. 3), sind sie daher unerlässlich (vgl. im Aktienrecht Art. 626 Ziff. 5; gemäss NUSSBAUM/SANWALD/ SCHEIDEGGER, N 14, soll die für Bekanntmachungen vorgeschriebene Form – gemäss

Art. 776 Ziff. 4 vorgeschriebener Statuteninhalt – subsidiär gelten). Die statutarische Einberufungsform kann frei gewählt werden. Zulässig sind Vorschriften über die Einberufung z.B. durch E-mail, Telex, Telefax, A-Post, B-Post, eingeschriebenen Brief mit oder ohne Rückschein, durch Publikation im SHAB oder einer Tageszeitung usw. (vgl. HANDSCHIN/TRUNIGER, § 13 N 14; ZK-VON STEIGER, Art. 809 N 9). Selbst mündliche Einladungen wären denkbar, sind wegen den damit verbundenen Beweisschwierigkeiten indessen nicht zu empfehlen. Für die ordentliche GesV verlangt die Vorschrift von Art. 801a Abs. 1 über die Zustellung des Geschäftsberichts in praktischer Hinsicht wohl zwingend eine schriftliche Einberufung. Wird die GesV in der statutarisch vorgeschriebenen Form einberufen, so führt es nicht zur Anfechtbarkeit ihrer Beschlüsse, wenn die Einberufung einem Gesellschafter ohne sein Verschulden nicht zur Kenntnis kommt.

21 Die Einladung zur GesV muss den **Versammlungsort,** den **Zeitpunkt** und die **Verhandlungsgegenstände** (auch als «Zweck der GesV», Tagesordnung oder Traktandenliste bezeichnet; zum Grad ihrer Konkret- bzw. Abstraktheit KÜNG/CAMP, N 32 und Art. 700 N 11) angeben. Der Einladung zur ordentlichen GesV ist der Geschäftsbericht beizulegen, falls er nicht schon früher an die Gesellschafter versandt wurde (Art. 801a Abs. 1). Neu müssen zudem aufgrund der Verweisung auf Art. 700 Abs. 2 in allen Fällen auch die **Anträge** (d.h. ausformulierte Beschlusstexte; entgegen KÜNG/CAMP, N 32, nicht bloss deren «Grundgehalt») der Geschäftsführer oder der Gesellschafter, die die Einberufung oder die Aufnahme eines Gegenstandes verlangt haben, zu den einzelnen Verhandlungsgegenständen bekannt gegeben werden. Bei der Gestaltung der Einladung ist dem Gebot von Klarheit und Verständlichkeit nachzuleben (MONTAVON, Sàrl, 419).

22 Unter dem Verhandlungsgegenstand **«Varia»** («Verschiedenes») kann i.d.R. nicht gültig beschlossen werden, es sei denn, es werde darunter noch ein konkretes Traktandum bekannt gegeben. Ein Meinungsaustausch bleibt aber in jedem Fall möglich. Eine Ausnahme machen zudem die Beschlussfassung über die Einberufung einer ausserordentlichen GesV (Art. 700 Abs. 3) und natürlich die Universalversammlung (BK-JANGGEN/BECKER, Art. 809 N 11).

2. Frist der Einberufung (Abs. 3 Sätze 1 und 2)

23 Die Einberufung einer Versammlung muss **spätestens 20 Tage** vor dem Versammlungstag erfolgen, sofern nicht die Statuten eine andere Frist vorsehen. Die Frist gilt im Falle schriftlicher Einberufung nach der h.L. als eingehalten, wenn die Einladung so rechtzeitig versandt wurde, dass sie spätestens 20 Tage vor dem Tag der Versammlung beim Empfänger *eintreffen konnte* (der Tag der Versammlung wird unbestrittenermassen nicht mitgezählt; ZK-VON STEIGER, Art. 809 N 9; WOHLMANN, 100). Immerhin soll dabei der übliche Postlauf massgebend sein; eine zufällige Verspätung oder der Verlust durch die Post haben damit für die Korrektheit der Einberufung (und damit für die Gültigkeit der Gesellschaftsbeschlüsse) keine Bedeutung (HANDSCHIN/TRUNIGER, § 13 N 16; BK-JANGGEN/BECKER, Art. 809 N 10; NUSSBAUM/SANWALD/SCHEIDEGGER, N 12; SIFFERT et al., N 13; vgl. auch KGer GR, PKG 1993, 12 f. für die Versammlung der Stockwerkeigentümer, sowie MONTAVON, Sàrl, 418, der erwägt, einen eingeschriebenen Brief erst bei tatsächlicher Zustellung bzw. Abholung oder bei Ablauf der Abholfrist als eingetroffen zu behandeln). Nach der hier vertretenen Ansicht ist wie bei der AG für die Wahrung der gesetzlichen Frist (oder auch einer statutarischen, abweichenden Frist, falls es die Statuten nicht anders bestimmen) auf die Postaufgabe abzustellen, indem das Schriftstück spätestens am Vortag des zwanzigsten Tages vor dem Versammlungstag der Post übergeben werden muss (vgl. Art. 700 N 5; ebenso KÜNG/CAMP, N 22;

dies entspricht gemäss NOBEL, Generalversammlung, 25 der «ordentlichen schweizerischen Fristberechnungspraxis»).

Die **Statuten** können die Einberufungsfrist verlängern oder bis auf zehn Tage verkürzen. Sie können zudem von der allgemeinen Berechnungspraxis abweichende Anordnungen über die Berechnung der Frist treffen. 24

3. Rechtsfolge von Mängeln der Einberufung

Die Verletzung von Formvorschriften im Zusammenhang mit der Einberufung der GesV, einschliesslich der Nichteinhaltung der Einberufungsfrist, macht die anlässlich der Versammlung getroffenen Gesellschaftsbeschlüsse **anfechtbar** (HANDSCHIN/TRUNIGER, § 13 N 18), sofern die Gesellschaft nicht nachweisen kann, das sich der Mangel auf das Ergebnis nicht ausgewirkt hat (vgl. Art. 808c N 3). Sind die Voraussetzungen der Universalversammlung erfüllt (Abs. 3 Satz 2 und Abs. 5 Ziff. 5), werden die Mängel unbeachtlich. Nichtigkeit der Beschlüsse einer Versammlung aus formellen Gründen ist nur zu erwägen, wo gar nicht von einer (wenn auch fehlerhaften) Einberufung der GesV gesprochen werden kann bzw. die Mängel dergestalt sind, dass eine Anfechtung vereitelt wird (was etwa bei Nichtangabe von Ort und Zeit der Versammlung denkbar wäre, vgl. zum Ganzen Art. 808c N 11 f. und Art. 706b N 17 ff.; HANDSCHIN/TRUNIGER, § 13 N 18, z.B. umschreiben die Nichtigkeitsfälle bedeutend extensiver). 25

IV. Vorbereitung und Durchführung der Versammlung

1. Allgemeines

Während das alte Recht im Bereich der Vorbereitung und Durchführung der GesV ausgesprochen lückenhaft war, regelt der rev. Art. 805 sie in erster Linie durch **Verweisungen auf das Aktienrecht** (Abs. 5 Ziff. 2, 4, 6, 7 und 8). Lediglich bezüglich der Mehrheitserfordernisse und des Stimmrechts bestehen für die GmbH besondere Vorschriften (Art. 806–808b), die allerdings inhaltlich ebenfalls weitgehend dem Aktienrecht angeglichen wurden. Die Vorbereitung der GesV obliegt, ebenso wie die Ausführung ihrer Beschlüsse, als «unübertragbare und unentziehbare Aufgabe» den Geschäftsführern insgesamt (Art. 810 Abs. 2 Ziff. 6); «Einberufung und Leitung» obliegen dem Vorsitzenden (Art. 810 Abs. 3 Ziff. 1; vgl. aber o. N 3). Wird allerdings eine Versammlung ausnahmsweise durch eine andere Instanz als die Geschäftsführer einberufen (s.o. N 13 ff.), so ist diese Instanz auch für die notwendigen Vorbereitungshandlungen zuständig. 26

Verbindliche **Anordnungen** schon im Vorfeld der Versammlung (etwa «für die Feststellung der Stimmrechte», wie sie bei der AG aufgrund von Art. 702 Abs. 1 dem Verwaltungsrat obliegen), dürften in der GmbH abgesehen von der Bestimmung von Ort, Zeit und Traktanden kaum erforderlich sein. Die Stimmberechtigung ergibt sich aus dem Anteilbuch (HANDSCHIN/TRUNIGER, § 13 N 28). Da die Übertragung von Stammanteilen anders als bei Aktien ein ausserordentliches Ereignis darstellt, besteht auch kein Grund dazu, für die Stimmberechtigung einen vom Tag der GesV abweichenden Stichtag festzusetzen (**a.A.** HANDSCHIN/TRUNIGER, § 13 N 28). 27

2. Vertretung in der Gesellschafterversammlung (Abs. 5 Ziff. 8)

Aufgrund der Verweisung auf das Aktienrecht bezüglich der Regelung der Vertretung kann das Recht jedes Gesellschafters, sich in der GesV durch einen Dritten vertreten zu lassen, nicht mehr ausgeschlossen und auch **nicht mehr beliebig beschränkt** wer- 28 den; zulässig ist allein die statutarische Anordnung (vgl. auch Art. 776a Abs. 1 Ziff. 7), wonach der Vertreter selbst ein Gesellschafter sein muss (Art. 689 Abs. 2; MONTAVON, Sàrl, 435; **a.A.** HANDSCHIN/TRUNIGER, § 13 N 77; wohl auch NUSSBAUM/SANWALD/ SCHEIDEGGER, N 51; KÜNG/CAMP, N 70, schliessen ihrerseits aus Art. 776a Abs. 1 Ziff. 7 zu Unrecht, die Vertretung sei überhaupt nur aufgrund einer Statutenbestimmung zulässig). Die Versammlungsleitung ist dafür verantwortlich, dass eine allfällige statutarische Vorschrift eingehalten wird und dass nur rechtsgültig bevollmächtigte Vertreter an der GesV teilnehmen. Nehmen nicht gültig bevollmächtigte Dritte unbefugt an der GesV teil, sind die Beschlüsse der GesV anfechtbar, soweit diese Teilnahme für sie kausal war (Abs. 5 Ziff. 9 i.V.m. Art. 691 Abs. 3, vgl. N 25; MONTAVON, Sàrl, 423; ZK-VON STEIGER, Art. 808 N 4a).

29 Von der Verweisung auf das **Aktienrecht** erfasst werden weiter die Regeln zur Legitimation durch die Eintragung im Aktienbuch (bzw. Anteilbuch) oder schriftliche Vollmacht (Art. 689a), über die Pflicht zur Befolgung von Weisungen (Art. 689b Abs. 1) sowie über die institutionelle Vertretung (Art. 689c–e). Insbesondere muss die Gesellschaft, wenn sie eine Organperson als Vertreter vorschlägt, auch einen unabhängigen Stimmrechtsvertreter bezeichnen (Art. 689c). Die Depotvertretung (Art. 689d) dürfte hingegen für Stammanteile nicht relevant sein. (gl.A. MONTAVON, Sàrl, 436; **a.A.** NUSSBAUM/SANWALD/ SCHEIDEGGER, N 54; SIFFERT et al., N 42).

3. Abhaltung der Versammlung

30 Die **Leitung der GesV** gehört zu den gesetzlichen Aufgaben des Vorsitzenden der Geschäftsführer (Art. 810 Abs. 3 Ziff. 1). Es handelt sich dabei aber nicht um eine unentziehbare Aufgabe; die GesV kann (z.B. auf den Ordnungsantrag eines Gesellschafters hin, welcher vom einstweiligen Vorsitzenden zur Abstimmung gebracht werden muss) einen anderen Vorsitzenden bestimmen (CR CO II-CHAPUIS, Art. 810 N 36; NUSSBAUM/SANWALD/SCHEIDEGGER, N 17; MONTAVON, Sàrl, 424 f.). Die Ansicht, dass es sich beim Vorsitzenden stets um einen Gesellschafter handeln muss (Vorauflage, Art. 809 N 33; HANDSCHIN/TRUNIGER, § 13 N 54; WOHLMANN, 101), ist durch Art. 810 Abs. 3 überholt, da der einzige oder vorsitzende Geschäftsführer nicht Gesellschafter sein muss (Art. 809 Abs. 1; daher kritisch zum neuen Recht WOHLMANN, Positionierung, 132). Auch als Protokollführer und, wo nötig, als Stimmenzähler können Dritte fungieren. Muss die GesV ausnahmsweise von der Revisionsstelle oder den Liquidatoren einberufen werden (Art. 805 Abs. 1), so hat (vorbehältlich eines anderslautenden Entscheides der GesV) deren Vertreter und nicht der Vorsitzende der Geschäftsführer die Versammlung zu leiten, weil in dieser Situation andernfalls keine sachgemässe Leitung zu erwarten wäre.

31 Die GesV hat die Reihenfolge der Verhandlungsgegenstände festzulegen, falls dies nicht bereits in der Einladung geschehen ist, und das Abstimmungsverfahren zu regeln (offen oder geheim, schriftlich oder mündlich, Global- oder Einzelabstimmung usw.; ZK-VON STEIGER, Art. 809 N 11; BK-JANGGEN/BECKER, Art. 809 N 14; MONTAVON, Sàrl, 432, spricht sich aus Gründen der Überprüfung im Anfechtungsverfahren gegen geheime Abstimmungen aus). Der Versammlungsleiter kann diese der GesV zustehenden **Verfahrensentscheide** für sie treffen, solange nicht ein Gesellschafter in der Form eines Ordnungsantrages Widerspruch erhebt; diesfalls hat er die Frage der Versammlung zur Abstimmung vorzulegen. Er hat unter diesem Vorbehalt auch die Ordnungsgewalt und kann z.B. einem Gesellschafter in begründeten Fällen das Wort entziehen; wo ein ordentlicher Ablauf der Versammlung anders nicht gewährleistet werden kann, ist

als *ultima ratio* auch der Ausschluss eines Gesellschafters von der konkreten Versammlung («Saalverweisung») zulässig (MONTAVON, Sàrl, 425; kritisch HANDSCHIN/TRUNIGER, § 13 N 55). Immer amtet der Vorsitzende aber «von Gnaden» der Versammlung, und diese kann seine Anordnungen auf einen entsprechenden Antrag hin abändern (KÜNG/CAMP, N 66; vgl. HANDSCHIN/TRUNIGER, § 13 N 57; BK-JANGGEN/BECKER, Art. 809 N 14). Eine wichtige Aufgabe des Versammlungsleiters ist schliesslich die förmliche Bekanntgabe des Abstimmungsergebnisses: ob ein bestimmter Antrag angenommen oder abgelehnt sei (daran knüpft nämlich die Anfechtungsklage an; vgl. Art. 706 N 2a).

Obschon Anträge zu den Traktanden bereits in der Einberufung enthalten sein müssen (vgl. N 21), können die Gesellschafter oder die Geschäftsführer an der GesV die Diskussion auf weiter gehende oder andere Anträge zum selben Verhandlungsgegenstand ausdehnen und auch über diese Anträge Beschluss fassen lassen. Die Zulässigkeit der Änderung der ursprünglichen Anträge und der Einbringung von Gegenanträgen während der Versammlung ist die selbstverständliche Folge der Diskussion über Antrag und Traktandum (HANDSCHIN/TRUNIGER, § 13 N 56 f.; BK-JANGGEN/BECKER, Art. 809 N 11; MONTAVON, Sàrl, 420; WOHLMANN, 100 f.). Das **Antragsrecht** steht jedem Gesellschafter zu. Gestellte Anträge müssen vom Vorsitzenden zur Abstimmung gebracht werden. Eine Ausnahme ist nur anzunehmen, wenn ein dem Antrag entsprechender Beschluss unzweifelhaft an einem Nichtigkeitsgrund leiden würde; Anfechtungsgründe sind hingegen keine Gründe zur Nichtzulassung des Antrages, da sie durch Fristablauf heilbar sind, und in Zweifelsfällen ist ohnehin die Entscheidung den Gerichten zu überlassen (weitergehend HANDSCHIN/TRUNIGER, § 13 N 57, wonach sachwidrige, rechtswidrige oder missbräuchliche Anträge als unzulässig erklärt werden könnten). 32

4. Einsatz von Mitteln der Telekommunikation

Ebenso wie für die GV der AG diskutiert die neuere Lehre auch für die GesV, inwieweit die physische Anwesenheit der Gesellschafter (oder ihrer bevollmächtigten Vertreter) an ein und demselben Versammlungsort durch Formen der mittelbaren Präsenz ersetzt werden kann, wie sie durch technische Verfahren ermöglicht werden. Während die bloss telefonische Teilnahme als ungenügend gilt, wird eine Teilnahme durch Videokonferenz (d.h. Simultanübertragung von Bild und Ton, mit den Untervarianten der Übertragung zwischen zwei oder mehr Versammlungslokalen und der Bild- und Tonübertragung über das Internet) als zulässig erachtet (HANDSCHIN/TRUNIGER, § 13 N 96 ff.; gemäss dem Entwurf von 2007 für eine Revision des Aktienrechts sollen diese Möglichkeiten im Gesetz ausführlich geregelt werden, vgl. BBl 2008, 1751 ff., Art. 701 a Abs. 2 und Art. 701c ff. E OR). 33

5. Protokoll (Abs. 5 Ziff. 7)

Der Versammlungsleiter sorgt für die Führung eines Protokolls, das den Anforderungen von Art. 702 Abs. 2 genügt (aufzunehmen sind somit Präsenz und Vertretungsverhältnisse, Beschlüsse, Auskunftsbegehren und erteilte Auskünfte sowie Erklärungen zu Protokoll; ausführlich dazu MONTAVON, Sàrl, 433 f.). Die Diskussion muss grundsätzlich nicht protokolliert werden (HANDSCHIN/TRUNIGER, § 13 N 59). Das Protokoll kann von den Gesellschaftern später jederzeit eingesehen werden (Art. 702 Abs. 3). Für bestimmte Beschlussgegenstände schreibt das Gesetz die *öffentliche Beurkundung* der Beschlüsse der GesV vor (z.B. Art. 780: Statutenänderungen; Art. 821 Abs. 2: Auflösung der Gesellschaft). 34

V. Universalversammlung (Abs. 3 Satz 3 und Abs. 5 Ziff. 5)

35 Ebenso wie eine GV der AG (Art. 701) kann eine GesV ohne Einhaltung der Formvorschriften für die Einberufung (einschliesslich der Einberufungsfrist) abgehalten werden, sofern **alle Stammanteile** in der Versammlung vertreten sind (der einzige Gesellschafter einer Einmann-GmbH bildet für sich allein eine Universalversammlung der Gesellschaft und ist daher konstant beschlussfähig: OBERHOLZER, 197 f.). Stammanteile, die allgemein oder hinsichtlich der behandelten Gegenstände nicht stimmberechtigt wären, brauchen allerdings nicht vertreten zu sein (NUSSBAUM/SANWALD/SCHEIDEGGER, Art. 806a N 7; SIFFERT et al., Art. 806a N 9). Für die gültige Beschlussfassung ist zudem vorausgesetzt, dass weder von einem Gesellschafter noch von einem Vertreter Widerspruch gegen die Durchführung der Versammlung oder gegen die Beschlussfassung zu einem Verhandlungsgegenstand erhoben wird. Durch widerspruchslose Anwesenheit bis zum Schluss der Versammlung verzichten die Gesellschafter stillschweigend auf die Einhaltung der formellen Einberufungsvorschriften (ZK-VON STEIGER, Art. 809 N 12). Verlässt ein Gesellschafter die Versammlung, verliert sie von diesem Moment an ihre Eigenschaft als Universalversammlung. Vorgängige oder nachträgliche Zustimmung (auch in Schriftform) von abwesenden Gesellschaftern ist als solche unwirksam, weil bei Abwesenheit auch nur eines Gesellschafters keine Universalversammlung (mehr) vorliegt. Allerdings wird man oftmals die Zustimmung (v.a. wenn sie sich auch auf die zu fassenden Beschlüsse bezieht) *in favorem negotii* als Bevollmächtigung anderer Gesellschafter zur Vertretung der Stimmen des Abwesenden auslegen können, und in weiteren Fällen wird sich eine Anfechtung von Beschlüssen wegen Einberufungsmängeln unter solchen Umständen als rechtsmissbräuchlich erweisen oder am Erfordernis der Kausalität scheitern (ZK-VON STEIGER, Art. 809 N 12, vertritt die Ansicht, dass der Gesellschafter, welcher die Versammlung verlasse, sich ausdrücklich mit der Fortsetzung der Versammlung einverstanden erklären könne).

36 Die Universalversammlung wird wie jede andere GesV durchgeführt; es gelten hinsichtlich Abhaltung der Versammlung (vgl. N 30 ff.), Mehrheitserfordernisse (Art. 808 ff.) und Stimmrecht (Art. 806 ff.) die **allgemeinen Regeln.** Zudem kann über alle in die Zuständigkeit der GesV fallenden Geschäfte (Art. 804) gültig verhandelt und beschlossen werden. Auch hinsichtlich Anfechtbarkeit und Nichtigkeit von Beschlüssen ergeben sich keine wesentlichen Unterschiede zu jeder anderen GesV (ZK-VON STEIGER, Art. 809 N 13), ausser dass eben keine Mängel der Einberufung gerügt werden können.

VI. Schriftliche Beschlussfassung (Urabstimmung, Abs. 4)

1. Anwendungsbereich und Voraussetzungen

37 Anstelle der Beschlussfassung in der Versammlung kann über Geschäfte, welche in die Kompetenz der GesV fallen, eine schriftliche Beschlussfassung (sog. Urabstimmung) durchgeführt werden. Anders als im bisherigen Recht (Art. 808 Abs. 2 altOR) muss diese Form der Willensbildung nicht mehr in den **Statuten** besonders vorgesehen sein (KOEHLER, 142; KÜNG/CAMP, Art. 776a N 34; MONTAVON, Sàrl, 416; NUSSBAUM/SANWALD/SCHEIDEGGER, N 23; **a.A.** wohl SIFFERT et al., N 16 f.); anderseits können die Statuten sie auch nicht mehr für alle oder einzelne Gegenstände zwingend anordnen (**a.A.** HANDSCHIN/TRUNIGER, § 13 N 21, 92; KÜNG/CAMP, N 47; SIFFERT et al., N 16 f.), sondern es ist stets auch eine Beschlussfassung in der Versammlung möglich. Die Wahl des Verfahrens liegt bei dem Organ oder den Personen, die die Einberufung der GesV vornehmen oder verlangen. Auch die in Art. 804 Abs. 2 als «unübertragbar» bezeichneten Geschäfte sind der schriftlichen Beschlussfassung zugänglich; sie ist eine Form des

Tätigwerdens der GesV (s.o. N 1). Das Verfahren der Urabstimmung wird einerseits wegen des Wegfalls von Beratung und Diskussion kritisiert (HANDSCHIN/TRUNIGER, § 13 N 88; RUEDIN, 226 FN 408; ZK-VON STEIGER, Art. 777 N 38; WOHLMANN, 98), andererseits aber auch als Vorteil der GmbH gegenüber der AG hervorgehoben (VON BÜREN/BÄHLER, 24; PLÜSS, 310).

In der Gesetzesrevision von 2005 wurde das Instrument der Urabstimmung in seiner Bedeutung erheblich geschwächt, indem es neu (ähnlich wie die Universalversammlung) unter dem Vorbehalt steht, dass **kein Gesellschafter** dagegen **Einspruch erhebt** (GUHL/DRUEY, § 75 N 35, sprechen von einer Abschaffung der Urabstimmung). Es braucht für dieses Vorgehen mithin das (zumindest stillschweigende) Einverständnis jedes Gesellschafters in jedem Einzelfall. Zur Begründung erklärt der BR: «Da auf dem Zirkularweg keine Diskussion der Traktanden möglich ist, muss jeder Gesellschafterin und jedem Gesellschafter das Recht zustehen, eine mündliche Beratung zu verlangen» (Botschaft GmbH, 3207), macht sich also die Bedenken eines Teils der Lehre zu Eigen; zusätzlich wird eine Anlehnung an Art. 713 Abs. 2 über die Beschlussfassung im Verwaltungsrat der AG geltendgemacht. Nicht eindeutig geklärt ist, ob das Einspruchsrecht jedes Gesellschafters statutarisch beschränkt oder ausgeschlossen werden kann. Da in den Art. 804 ff. die Möglichkeiten statutarischer Abweichung i.d.R. ausdrücklich genannt werden, ist dies eher nicht anzunehmen (gl.A. CR CO II-IYNEDJIAN, N 10). **38**

Die schriftliche Beschlussfassung kann auch für Beschlüsse durchgeführt werden, für welche eine **öffentliche Beurkundung** vorgeschrieben ist (z.B. Statutenänderungen, Art. 780) (CR CO II-IYNEDJIAN, N 14; BK-JANGGEN/BECKER, Art. 777 N 18; KÜNG/CAMP, N 53; SIFFERT et al., N 21; ZK-VON STEIGER, Art. 777 N 39, Art. 809 N 15; WEBER-DÜRLER, 140 f.; mit Kritik HANDSCHIN/TRUNIGER, § 13 N 93). Nachdem aus beurkundungsrechtlicher Sicht eine Beurkundung von schriftlichen Abstimmungen für möglich erachtet wird (BRÜCKNER, 33 ff.; KÜNG, 15 f.), besteht aus Sicht des Gesellschaftsrechts kein Grund, dagegen Einspruch zu erheben. Gemäss dem Entwurf von 2007 für eine Revision des Aktienrechts soll allerdings die Urabstimmung bei der GmbH für diesen Fall ausgeschlossen werden (Art. 805 Abs. 4 E-OR). **39**

2. Verfahren

Das **Verfahren** zur Durchführung der schriftlichen Abstimmung ist vollständig in den Statuten zu regeln, weil das Gesetz selbst darüber keine Vorschriften enthält. Zu regeln ist etwa die Zulässigkeit von Gegenanträgen und das diesbezügliche Verfahren; ob ein Gesellschafter sein Stimmrecht auch durch einen Stellvertreter ausüben kann etc. (ZK-VON STEIGER, Art. 777 N 41 f.). Fehlen solche Regeln, sind die Vorschriften über die Beschlussfassung in der Versammlung analog anzuwenden (HANDSCHIN/TRUNIGER, § 13 N 89; PLÜSS, 313; ZK-VON STEIGER, Art. 777 N 45; WOHLMANN, 98). Demnach sind die ausformulierten Anträge zu den Traktanden (zusammen mit den für die Beschlussfassung notwendigen Unterlagen) in der für die Einberufung der GesV vorgeschriebenen Form, unter Ansetzung einer Frist von mindestens 20 Tagen (bzw. der statutarischen Frist) zur Stimmabgabe, bekannt zu geben. Gegenanträge sind grundsätzlich zulässig, müssen aber so rechtzeitig gestellt werden, dass sie den Gesellschaftern noch in der richtigen Form mitgeteilt werden können (HANDSCHIN/TRUNIGER, § 13 FN 84; BK-JANGGEN/BECKER, Art. 809 N 11). Zur Vermeidung von Unklarheiten und Streitigkeiten sollte das Verfahren der Urabstimmung (Frist und Form der Stimmabgabe, Vorgehen bei Gegenanträgen usw.) bei der Aufforderung zur Stimmabgabe bekannt gegeben werden. **40**

41 Nach Erhalt der Abstimmungsunterlagen kann der Gesellschafter in der gemäss Statuten oder Anordnungen des auffordernden Organs vorgesehenen Frist und Form an der Beschlussfassung teilnehmen. In der Regel erfolgt die **Teilnahme** durch die Post (A- oder B-Post, eingeschriebene Post mit oder ohne Rückschein), es sind aber auch andere Formen der Übermittlung zulässig, solange sie nur in einem weiten Sinn als schriftlich gelten können (Telex, Telefax, E-mail; hingegen wohl nicht das Telefon); zur analogen Anwendung des (restriktiveren) Art. 13 über die schriftliche Form bei Verträgen besteht kein Anlass (vgl. KOEHLER, 143). Fehlen solche Anordnungen, dürfte die Benutzung der Post (A- oder B-Post) jedenfalls ausreichen, wobei allerdings aus Gründen der Beweisbarkeit die Antwort mit eingeschriebener Post zu empfehlen ist. Bei Benutzung der Post muss die Frist ohne gegenteilige Anordnung als eingehalten gelten, wenn die Antwort noch am letzten Tag der zur Stimmabgabe angesetzten Frist einer schweizerischen Poststelle übergeben wird (gl.A. KÜNG/CAMP, N 67; es ist also hier nicht der Tag *nach* der Postaufgabe massgebend; vgl. demgegenüber zur Versendung der Aufforderung N 23 u. sogleich).

42 In analoger Anwendung der Einberufungsfrist von mind. 20 Tagen für eine Versammlung (MONTAVON, Sàrl, 418) sind den Gesellschaftern ab der Aufforderung **mindestens 20 volle Tage** einzuräumen, bevor die Stimmabgabe zu erfolgen hat. Eine Stimmabgabe (Postaufgabe) am einundzwanzigsten Tag nach der Postaufgabe der Aufforderung (an dem frühestens die Versammlung stattfinden könnte; vgl. N 23) muss daher in jedem Fall als rechtzeitig anerkannt werden. Eine Verlängerung dieser Frist durch die Statuten ist zulässig (ZK-VON STEIGER, Art. 809 N 15), eine Verkürzung nur bis auf zehn Tage (Abs. 3 Satz 1). Es ist auch zulässig und sinnvoll, die angesetzte Frist als zerstörlich in dem Sinn zu bezeichnen, dass nach ihrem Ablauf die Stimmabgabe ungültig ist (BK-JANGGEN/BECKER, Art. 809 N 12).

43 Den **Widerspruch** gegen die Beschlussfassung im schriftlichen Verfahren (Verlangen einer mündlichen Beratung), der gem. Abs. 4 jedem Gesellschafter offensteht, kann er in der für die Stimmabgabe vorgesehenen Form oder auch in anderer Weise dem zur Abstimmung auffordernden Organ mitteilen. Er muss seinen Widerspruch allerdings spätestens innerhalb der zur Stimmabgabe angesetzten Frist bekanntgeben (HANDSCHIN/TRUNIGER, § 13 N 91); spätere Einwendungen sind nicht mehr beachtlich.

44 Sofern die Statuten nichts anderes bestimmen, kommen Beschlüsse in der schriftlichen Abstimmung mit denselben gesetzlichen oder statutarischen **Mehrheiten** zustande wie in der Versammlung gefasste Beschlüsse der GesV (MONTAVON, Sàrl, 432 f.). Das bisherige Recht bestimmte in Art. 808 Abs. 3 Satz 2 altOR, dass die Mehrheit im Falle der schriftlichen Abstimmung nach der Gesamtzahl der den Gesellschaftern zustehenden Stimmen zu berechnen sei. Soweit das neue Recht nun auf die «vertretenen Stimmen» abstellt (vgl. Art. 808 und 808b Abs. 1), sind nach dem Verständnis der Lehre nur die Stimmen derjenigen Gesellschafter mitzuzählen, die der Gesellschaft ihre Stimmkarten (ausgefüllt oder leer im Sinne einer Stimmenthaltung) einsenden, sich also aktiv am Abstimmungsverfahren beteiligen (CR CO II-CHAPUIS, Art. 808 N 3; HANDSCHIN/TRUNIGER, § 13 N 90; CR CO II-IYNEDJIAN, N 7; NUSSBAUM/SANWALD/SCHEIDEGGER, Art. 808 N 6; SIFFERT et al., N 20).

Art. 806

III. Stimmrecht
1. Bemessung

¹ Das Stimmrecht der Gesellschafter bemisst sich nach dem Nennwert ihrer Stammanteile. Die Gesellschafter haben je mindestens eine Stimme. Die Statuten können die Stimmenzahl der Besitzer mehrerer Stammanteile beschränken.

² Die Statuten können das Stimmrecht unabhängig vom Nennwert so festsetzen, dass auf jeden Stammanteil eine Stimme entfällt. In diesem Fall müssen die Stammanteile mit dem tiefsten Nennwert mindestens einen Zehntel des Nennwerts der übrigen Stammanteile aufweisen.

³ Die Bemessung des Stimmrechts nach der Zahl der Stammanteile ist nicht anwendbar für:

1. die Wahl der Mitglieder der Revisionsstelle;

2. die Ernennung von Sachverständigen zur Prüfung der Geschäftsführung oder einzelner Teile davon;

3. die Beschlussfassung über die Anhebung einer Verantwortlichkeitsklage.

III. Droit de vote
1. Détermination

¹ Le droit de vote de chaque associé se détermine en fonction de la valeur nominale des parts sociales qu'il détient. Chaque associé a droit à une voix au moins. Les statuts peuvent toutefois limiter le nombre de voix des titulaires de plusieurs parts sociales.

² Les statuts peuvent déterminer le droit de vote indépendamment de la valeur nominale, de telle sorte que chaque part sociale donne droit à une voix. Dans ce cas, les parts sociales dont la valeur nominale est la plus basse doivent avoir une valeur nominale qui correspond au moins à un dixième de celle des autres parts sociales.

³ La détermination du droit de vote proportionnellement au nombre de parts sociales ne s'applique pas lorsqu'il s'agit:

1. de désigner les membres de l'organe de révision;

2. de désigner les experts chargés de vérifier tout ou partie de la gestion;

3. de décider l'ouverture d'une action en responsabilité.

III. Diritto di voto
1. Determinazione

¹ Il diritto di voto di ciascun socio si determina in base al valore nominale delle rispettive quote sociali. Ogni socio ha almeno un voto. Lo statuto può tuttavia limitare il numero dei voti spettanti ai possessori di più quote sociali.

² Lo statuto può determinare il diritto di voto senza riguardo al valore nominale, in modo che ogni quota sociale dia diritto a un voto. In questo caso, le quote sociali con il valore nominale più basso devono avere un valore nominale almeno pari a un decimo di quello delle altre quote sociali.

³ La determinazione del diritto di voto secondo il numero delle quote sociali non vale per:

1. la nomina dei membri dell'ufficio di revisione;

2. la designazione di periti incaricati di verificare la gestione o parti di essa;

3. la deliberazione sulla questione se debba essere promossa un'azione di responsabilità.

I. Allgemeines

1 Während das alte Recht den Gesellschaften noch grosse Freiheit bei der statutarischen Ausgestaltung des Stimmrechts gelassen hatte, schränkt das **rev. Recht** von 2005 diese Freiheit auf einen *numerus clausus* zulässiger Abweichungen von der gesetzlichen Regelung ein (DUC, 115; krit. dazu BÄHLER, 47; vgl. demgegenüber WOHLMANN, Reform, 39). In Anlehnung an das Aktienrecht (Art. 692 Abs. 2 und Art. 693) werden Höchststimmklauseln (Abs. 1 Satz 3) sowie die Bemessung des Stimmrechts nach der Anzahl gehaltener Stammanteile bei unterschiedlichen Nennwerten (Abs. 2, sog. unechte Stimmrechtsanteile) zugelassen; als Besonderheit zudem Vetorechte (Art. 807). Andere statutarische Gestaltungen sind nicht mehr zulässig (a.A. HANDSCHIN/TRUNIGER, § 13 N 66, die z.B. echte Stimmrechtsanteile nach wie vor für möglich erachten; KÜNG/CAMP, N 1). Wenn daraus allerdings gefolgert wird, es sei insb. ein *Kopfstimmrecht* nicht mehr zulässig (ExpB GmbH, 48; BÖCKLI, présentation, 18; HANDSCHIN/TRUNIGER, § 13 N 66; KOEHLER, 280), so trifft dies im Ergebnis nicht zu, denn dabei handelt es sich um eine – wenn auch extreme – Ausgestaltung einer Höchststimmklausel, wie sie Abs. 1 Satz 3 ausdrücklich erlaubt (auch wer über mehrere Stammanteile – oder einen solchen mit höherem Nennwert – verfügt, hat nicht mehr als eine Stimme) (gl.A. KÜNG/CAMP, Art. 776a N 10; MEIER-HAYOZ/FORSTMOSER, § 18 N 112; VON PLANTA, 70).

2 Während dieser *numerus clausus* bereits für die Gründungsstatuten gilt, müssen sich spätere **Statutenänderungen,** die die Bemessung des Stimmrechts ändern, zusätzlich an den Massstäben der Sachlichkeit und der Rechtfertigung durch das Gesellschaftsinteresse messen lassen, die sich aus den Anfechtungsgründen gem. Art. 808c i.V.m. Art. 706 Abs. 2 Ziff. 2 und 3 ergeben.

3 Neben dem eigentlichen Stimmrecht stehen jedem Gesellschafter unentziehbar weitere, damit zusammenhängende **Mitwirkungsrechte** zu: das Recht auf persönliche Teilnahme an der GesV, auf Beteiligung an der Diskussion (sog. Rederecht) sowie das Recht auf Stellung von Anträgen im Rahmen der traktandierten Verhandlungsgegenstände (vgl. Art. 689 und Art. 700 Abs. 4 und dazu etwa FORSTMOSER/MEIER-HAYOZ/NOBEL, § 23 N 104 ff.).

4 Die Gesellschafter können im Rahmen der allgemeinen Regeln (z.B. Art. 20 OR, Art. 27 Abs. 2 ZGB) **Stimmbindungsverträge** abschliessen, die analog zu den ABV nur obligatorische Wirkung haben. Die in der Lehre vorgeschlagene statutarische Verankerung von Stimmbindungen in der Form von Nebenleistungspflichten gem. Art. 796 (HANDSCHIN/TRUNIGER, § 13 N 73) ist abzulehnen: einerseits läge darin eine Umgehung der vom Gesetzgeber beabsichtigten Einschränkung der möglichen Stimmrechtsgestaltungen (vgl. Art. 806 N 1); andererseits wären Stimmbindungen auch nicht mit den Zwecken zu rechtfertigen, denen Nebenleistungspflichten von Gesetzes wegen zu dienen haben (Art. 796 Abs. 2: Förderung des Gesellschaftszwecks, Erhaltung der Selbständigkeit oder Erhaltung des Gesellschafterkreises). Ein in Verletzung obligatorisch wirkender Stimmbindungsvereinbarungen getroffener Beschluss ist gesellschaftsrechtlich gültig und weder anfechtbar noch nichtig. Der vertragsbrüchige Gesellschafter setzt sich aber den schuldrechtlichen Folgen aus, insb. den Schadenersatzansprüchen seiner Vertragspartner (ZK-VON STEIGER, Art. 808 N 8; zum ABV vgl. z.B. BÖCKLI, § 12 N 572 ff.; DRUEY/FORSTMOSER [Hrsg.], Rechtsfragen um die Aktionärbindungsverträge, Zürich 1998; HINTZ-BÜHLER, Aktionärbindungsverträge, Diss. Bern 2001; LANG, Die Durchsetzung des Aktionärbindungsvertrages, Diss. Zürich 2003).

II. Gesetzliche Bemessung (Abs. 1 Satz 1 und 2)

Nach der gesetzlichen Regelung ist das Stimmrecht bei der GmbH **kapitalbezogen,** indem es sich nach dem Nennwert der Stammanteile bemisst (welcher voll einbezahlt sein muss: Art. 777c Abs. 1). Ein Gesellschafter kann mehrere Stammanteile halten und dadurch deren Stimmkraft kumulieren.

Während der Grundsatz, dass keinem Gesellschafter das **Stimmrecht gänzlich entzogen** werden kann, im alten Recht (Art. 808 Abs. 4 Satz 2 altOR) die Schranke der sonst umfassenden Gestaltungsfreiheit darstellte, ist die Regel in Satz 2 der rev. Bestimmung wohl überflüssig, da jeder Gesellschafter mind. einen Stammanteil halten und jeder Stammanteil einen Nennwert von wenigstens einem Franken aufweisen muss (Art. 774 Abs. 1). Ein Gesellschafter kann auf sein Stimmrecht gegenüber der Gesellschaft auch nicht im Voraus gültig verzichten, weder generell noch für einzelne Fälle (BK-JANGGEN/BECKER, Art. 808 N 14; SIFFERT et al., N 2). Hingegen kann sich der Gesellschafter natürlich jederzeit freiwillig der Stimme enthalten, und er kann sich dazu auch einem anderen Gesellschafter oder Dritten gegenüber vertraglich verpflichten, was freilich auf die Gültigkeit einer trotzdem erfolgenden Stimmabgabe keinen Einfluss hat (vgl. BK-JANGGEN/BECKER a.a.O.; **a.A.** wohl WIDMER, 26 f.: vertraglicher Verzicht wegen Umgehung des Gesetzes unzulässig).

III. Statutarische Höchststimmklauseln (Abs. 1 Satz 3)

Die Statuten können bestimmen, dass die Stimmkraft eines einzelnen Gesellschafters auf ein bestimmtes Maximum (z.B. 10% der Stimmen aller Stammanteile) beschränkt ist, selbst wenn die von ihm gehaltenen Stammanteile nach der allgemeinen Bemessungsregel eine höhere Stimmkraft vermitteln würden (vgl. auch Art. 776a Abs. 1 Ziff. 7). Beschränkt werden kann u.E. nicht nur (gemäss dem Wortlaut) die Kumulation der Stimmen mehrerer Stammanteile, sondern auch die erhöhte Stimmkraft von Stammanteilen mit höherem Nennwert. Die Regel ist aus dem Aktienrecht entliehen (Art. 692 Abs. 2 Satz 2), und es kann für weitere Einzelheiten auf die Lehre zu jener Bestimmung verwiesen werden. Der Vorbehalt in Satz 3 erlaubt es insb. auch, im Ergebnis das Prinzip des Kopfstimmrechts einzuführen, denn darin liegt nichts anderes als eine extreme Form der Beschränkung der Stimmkraft der Inhaber mehrerer (oder schwererer) Stammanteile (o. N 1).

IV. Stimmrechtsprivilegierte Stammanteile (Abs. 2 und 3)

Wiederum in Anlehnung an die aktienrechtliche Regelung (Art. 693) erlaubt das Gesetz zwar keine echten (Anteile mit gleichem Nennwert, aber unterschiedlicher Stimmkraft), jedoch sog. **unechte Stimmrechtsanteile.** Diese werden in der Weise geschaffen, dass die Gesellschaft Stammanteile mit unterschiedlichen Nennwerten ausgibt und gleichzeitig durch die Statuten (vgl. auch Art. 776a Abs. 2 Ziff. 4), in Abweichung von der gesetzlichen Bemessungsregel, jedem Stammanteil ungeachtet seines Nennwertes *eine Stimme* zuweist. Um das Ausmass der Diskrepanz von Kapitaleinsatz und Stimmkraft aufgrund einer solchen Statutengestaltung zu begrenzen, schränkt Satz 2 von Abs. 2 das Verhältnis zwischen den verschiedenen Nennwerten auf maximal 1:10 ein. Diese Beschränkung gilt auf der Ebene der einzelnen Stammanteile (nicht der Klassen) und bezieht sich auf die Extremwerte, d.h. der tiefste vorkommende Nennwert eines Stammanteils darf nicht weniger als 10% des höchsten vorkommenden Nennwertes betragen (so wäre es z.B. ebenso unzulässig, 10 000 Anteile à CHF 1 – insgesamt CHF 10 000

– mit einem Anteil à CHF 100 000 zu kombinieren, wie drei Klassen von Stammanteilen à CHF 100, 500 und 2 000 zu schaffen). Ändern die Statuten die gesetzliche Regel der Bemessung des Stimmrechts nach dem Nennwert *nicht* ab, so besteht auch keine Beschränkung für das Verhältnis der Nennwerte (Botschaft GmbH, 3208).

9   In **Abs. 3** nimmt das Gesetz bestimmte Beschlussgegenstände zwingend von einer allfälligen (statutarischen) Stimmrechtsbemessung nach der Anzahl der Stammanteile aus. Dadurch entfällt die erhöhte Stimmkraft der privilegierten Anteile. Es handelt sich um Gegenstände, die direkt oder indirekt die Oberaufsicht der GesV über die Geschäftsführer beschlagen (vgl. Botschaft GmbH, 3208: «Sicherung der gesellschaftsinternen Kontrolle»). Der Fall der *Wahl der Mitglieder der Revisionsstelle* (Ziff. 1) umfasst selbstverständlich auch deren Abberufung; die *Ernennung von Sachverständigen zur Prüfung der Geschäftsführung* auch inzidente Anordnungen bei der Einsetzung solcher Prüfer (vgl. dazu TRUFFER, Die Sachverständigen zur Prüfung der Geschäftsführung [Art. 731a Abs. 3 OR], in: FS Watter, Zürich/St.Gallen 2008); die *Beschlussfassung über die Anhebung einer Verantwortlichkeitsklage,* die wegen der offensichtlichen Gefahr von Interessenkonflikten trotz ihres Charakters als Geschäftsführungshandlung alternativ in die Hand der GesV gelegt ist, umfasst auch die Bezeichnung des Prozessvertreters für die Gesellschaft (BGer v. 3.8.2006, 4C.165/2006, E. 3.2, zur AG; HANDSCHIN/TRUNIGER, § 13 N 69 ff.).

V. Übergangsrecht (Art. 8 ÜBest)

10 Gemäss Art. 8 der Übergangsbestimmungen zur Revision des GmbH-Rechts von 2005 müssen Gesellschaften, die das Stimmrecht bisher «unabhängig vom Nennwert der Stammanteile festgelegt» hatten, ihre entsprechenden Statutenbestimmungen nicht an die Anforderungen von Art. 806 anpassen (Abs. 1). Bei der Ausgabe neuer Stammanteile muss jedoch die Einschränkung von Art. 806 Abs. 2 Satz 2 beachtet werden (Abs. 2), sofern die statutarische Regelung jedem Stammanteil eine Stimme zuweist (vgl. Botschaft GmbH, 3251). Es besteht somit im Grundsatz ein zeitlich unbeschränktes **«grandfathering»** für vom Gesetz abweichende statutarische Regelungen des Stimmrechts, wie das alte Recht sie fast grenzenlos zuliess (**a.A.** für Regeln, die das Stimmrecht überhaupt *unabhängig von den Stammanteilen* festlegen, HANDSCHIN/TRUNIGER, § 37 N 16). Über den Wortlaut der Übergangsbestimmung hinaus gilt dies wohl auch für Regelungen, die zwar auf den Nennwert der Stammanteile abstellen, aber nicht linear, sondern z.B. i.S. eines gestaffelt degressiven Stimmrechts (gemäss der Botschaft GmbH, 3251, sollen ganz allgemein von der gesetzlichen Ordnung abweichende Statutenregeln weitergelten, um einen Eingriff des Gesetzgebers in bisherige Beherrschungsverhältnisse zu vermeiden). Eine analoge Regelung ist in Art. 5 der Schlussbestimmungen zum Aktienrecht von 1991 enthalten.

Art. 806a

2. Ausschliessung vom Stimmrecht

¹ **Bei Beschlüssen über die Entlastung der Geschäftsführer haben Personen, die in irgendeiner Weise an der Geschäftsführung teilgenommen haben, kein Stimmrecht.**

² **Bei Beschlüssen über den Erwerb eigener Stammanteile durch die Gesellschaft hat der Gesellschafter, der die Stammanteile abtritt, kein Stimmrecht.**

3. Abschnitt: Organisation der Gesellschaft   1, 2   Art. 806a

³ **Bei Beschlüssen über die Zustimmung zu Tätigkeiten der Gesellschafter, die gegen die Treuepflicht oder das Konkurrenzverbot verstossen, hat die betroffene Person kein Stimmrecht.**

2. Interdiction de voter

¹ Les personnes qui ont coopéré d'une manière quelconque à la gestion des affaires ne peuvent prendre part aux décisions qui donnent décharge aux gérants.

² Lorsque la société est appelée à décider de l'acquisition de parts sociales propres, l'associé qui cède les parts sociales en question ne peut prendre part à la décision.

³ Les associés qui souhaitent exercer des activités qui sont contraires au devoir de fidélité ou à l'interdiction de faire concurrence ne peuvent prendre part à la décision concernant ces activités.

2. Esclusione dal diritto di voto

¹ Nelle deliberazioni riguardanti il discarico ai gerenti, le persone che hanno in qualsiasi modo partecipato alla gestione non hanno diritto di voto.

² Nelle deliberazioni riguardanti l'acquisto di quote sociali proprie da parte della società, il socio che cede le quote non ha diritto di voto.

³ Nelle deliberazioni riguardanti l'approvazione di attività dei soci che violano l'obbligo di fedeltà o il divieto di concorrenza, l'interessato non ha diritto di voto.

I. Allgemeines

Von der Ausübung seines Stimmrechts, das ihm gem. Art. 806 Abs. 1 Satz 2 im Grundsatz unentziehbar zusteht, ist der Gesellschafter nach Art. 806a bei Beschlüssen über bestimmte Gegenstände, die ihn direkt oder indirekt persönlich betreffen, ausgeschlossen. Diese Regeln sind im Interesse der übrigen Gesellschafter aufgestellt und gelten als zwingendes Recht (vgl. BK-JANGGEN/BECKER, Art. 808 N 15; KOEHLER, 281; allerdings will OBERHOLZER, 198 f., den Ausschluss bei der Einmann-GmbH nicht anwenden). Wer vom Stimmrecht ausgeschlossen ist, kann es auch nicht durch einen Vertreter ausüben lassen oder selber als Vertreter anderer Gesellschafter stimmen (vgl. Komm. zu Art. 695; zum letzteren BGE 128 III 142 ff. [zur AG]; MONTAVON, Sàrl, 409; NUSSBAUM/SANWALD/SCHEIDEGGER, N 9; a.A. für institutionelle Vertreter KÜNG/CAMP, Art. 805 N 77). Seine Stimmen gelten bei dem entsprechenden Verhandlungsgegenstand als in der GesV nicht vertreten (vgl. Art. 808 N 1) bzw. als nicht ausübbar (vgl. Art. 808 b N 2), und er braucht an einer Universalversammlung zu diesem Gegenstand nicht anwesend zu sein (vgl. Art. 805 N 35). Der Ausschluss betrifft allerdings **nur die Stimmabgabe** und erfasst nicht die übrigen Mitwirkungsrechte an der GesV; der Gesellschafter kann sich also zum entsprechenden Traktandum äussern (gl.A. HANDSCHIN/TRUNIGER, § 13 N 56; CR CO II-IYNEDJIAN, N 2; KÜNG/CAMP, N 2; SIFFERT et al., N 8; vgl. für die AG FORSTMOSER, Verantwortlichkeit, N 434; **a.A.** NUSSBAUM/SANWALD/SCHEIDEGGER, N 6: Ausschluss auch vom Teilnahmerecht).

1

Vor dem Hintergrund des Grundsatzes der Unentziehbarkeit des Stimmrechts ist aus Art. 806a *e contrario* zu schliessen, dass ein Gesellschafter grundsätzlich **bei keinem anderen Geschäft** von der Ausübung des Stimmrechts ausgeschlossen werden kann (BÖCKLI, présentation, 19; NUSSBAUM/SANWALD/SCHEIDEGGER, N 4; vgl. zum alten Recht BK-JANGGEN/BECKER, Art. 808 N 16, anders aber in Art. 777 N 21; OBERHOLZER, 198; WOHLMANN, 105 f.; **a.A.** BÄHLER, 56 f. und jetzt HANDSCHIN/TRUNIGER, § 13 N 75; KÜNG/CAMP, N 1; SIFFERT et al., N 6; vgl. ferner ZK-VON STEIGER, Art. 808 N 8 und Art. 777 N 49, der einen Verzicht auf die Stimmrechtsausübung im Voraus in bestimmten Fällen, namentlich bei Interessenkollisionen, für zulässig hielt, sodass in

2

den Urstatuten entsprechende Ausschlüsse vorgesehen werden könnten. In Betracht kommen etwa Beschlüsse über die Geltendmachung von Ansprüchen gegen einen Gesellschafter oder über die Fragen von Ausschluss und Abfindung, HANDSCHIN/TRUNIGER, § 13 N 75).

II. Entlastung (Abs. 1)

3   Als einziger der drei Fälle von Art. 806a war die **Entlastung** schon im bisherigen Recht als Fall des Ausschlusses vom Stimmrecht vorgesehen. Während der Ausschluss gem. Art. 808 Abs. 5 altOR allerdings nur die *eigene* Entlastung erfasste, kann ein Geschäftsführer nach dem neuen Recht (ebenso wie in der AG gem. Art. 695 Abs. 1) auch über die Entlastung seiner Kollegen nicht abstimmen (**a.A.** NUSSBAUM/SANWALD/SCHEIDEGGER, N 13). Der Ausschluss gilt auch, wenn über die Entlastung anderer Personen als der Geschäftsführer abgestimmt wird (vgl. Art. 804 N 29; **a.A.** CR CO II-IYNEDJIAN, N 3). Für die Abgrenzung des Kreises der «Personen, die ... an der Geschäftsführung teilgenommen haben», kann auf die Diskussion zu Art. 695 verwiesen werden. Immerhin ist für die GmbH zu präzisieren, dass die blosse Teilnahme eines Gesellschafters an der GesV nicht dazu führen darf, ihn diesem Kreise zuzurechnen, selbst wenn die GesV sich die Genehmigung bestimmter Geschäftsführungsentscheide vorbehält (Art. 804 Abs. 2 Ziff. 17; er untersteht für diese Teilnahme auch nicht der Haftung gem. Art. 827: Art. 804 N 46).

4   Der Stimmrechtsausschluss bei der Entlastung erstreckt sich gemäss der h.L. zum alten Recht auch auf eine Entscheidung der GesV über die **Geltendmachung von Ansprüchen aus** gesellschaftsrechtlicher **Verantwortlichkeit** (vgl. Art. 806 Abs. 3 Ziff. 3; im alten Recht Art. 810 Abs. 1 Ziff. 8), die ja eine (teilweise) Verweigerung der Entlastung notwendigerweise impliziert (BK-JANGGEN/BECKER, Art. 810 N 11; WIDMER, 28).

III. Erwerb eigener Stammanteile (Abs. 2)

5   Die Entscheidung zum Erwerb eigener Stammanteile durch die Gesellschaft (innerhalb der Schranken von Art. 783) wird im Regelfall durch die Geschäftsführer getroffen. Sie bedürfen dazu jedoch entweder einer vorgängigen **Ermächtigung** oder der nachträglichen **Genehmigung** durch die GesV (Art. 804 Abs. 2 Ziff. 11). Beruht der Erwerb auf der Ausübung eines statutarischen **Vorhand-, Vorkaufs- oder Kaufrechts** der Gesellschaft, so entscheidet direkt die GesV (Art. 804 Abs. 2 Ziff. 10).

6   Die Ausschliessung vom Stimmrecht gem. Abs. 2 ist in verschiedenen Konstellationen **problematisch.** Im Falle einer vorgängigen Ermächtigung der Geschäftsführer zum Erwerb kann sie nur gelten, wenn überhaupt schon mit Sicherheit feststeht, von welchen Gesellschaftern Anteile erworben werden sollen. Zudem ist die Ausschliessung u.E. nicht anzuwenden, wenn sie *alle* Gesellschafter treffen würde: sei es, dass z.B. ein proportionaler Rückkauf eigener Anteile von allen Gesellschaftern durchgeführt werden soll, sei es, dass die Gesellschaft nur einen Gesellschafter hat (gl.A. für diesen Fall OBERHOLZER, 203; allgemein zum deutschen Recht KOEHLER, 282). In diesen Fällen könnte bei wörtlicher Anwendung von Abs. 2 gar kein Beschluss zustandekommen, obschon gerade hier kein Bedürfnis zum Schutz anderer, nicht betroffener Gesellschafter (vgl. o. N 1) besteht.

IV. Zustimmung zu potentiell pflichtwidrigen Tätigkeiten von Gesellschaftern (Abs. 3)

Art. 803 Abs. 3 und Art. 812 Abs. 3 verlangen für eine Genehmigung von Tätigkeiten eines Gesellschafters, die gegen die gesetzliche Treuepflicht oder ein allfälliges (statutarisches: Art. 803 Abs. 2 Satz 3) Konkurrenzverbot verstossen, oder von Tätigkeiten eines Geschäftsführers, die die Gesellschaft konkurrenzieren, grundsätzlich die Zustimmung aller Gesellschafter. Die **Statuten** können aber in beiden Fällen einen Mehrheitsentscheid der GesV (mit qualifizierter Mehrheit: Art. 808b Abs. 1 Ziff. 7) genügen lassen. 7

Die Ausschliessung vom Stimmrecht muss sowohl bei einer Dispensation von **Art. 803** (einschliesslich einer allfälligen statutarischen Verschärfung zu einem Konkurrenzverbot für alle Gesellschafter) wie auch dann gelten, wenn jemand (nur) von der strengeren Bestimmung von **Art. 812 Abs. 3** (Konkurrenzverbot von Gesetzes wegen für Geschäftsführer) zu dispensieren ist, da der Interessenkonflikt in gleicher Weise besteht. Dass in Art. 806a Abs. 3 (anders als Art. 804 Abs. 2 Ziff. 13 und Art. 808b Abs. 1 Ziff. 7: «Tätigkeiten der Geschäftsführer und [/sowie] der Gesellschafter») nur von «Tätigkeiten der Gesellschafter» die Rede ist, erklärt sich damit, dass ein Geschäftsführer, der nicht Gesellschafter ist, ohnehin kein Stimmrecht in der GesV besitzt. Anders als gem. Abs. 1 ist indessen nur die vom konkreten Beschluss erfasste Person vom Stimmrecht ausgeschlossen; wird über gleichartige Dispensationen verschiedener Gesellschafter separat abgestimmt, kann damit jeder von ihnen bezüglich der anderen mitstimmen. Schliesslich entfällt auch im Fall von Abs. 3 u.E. die Anwendung im Falle einer Einmann-GmbH, weil hier keine unbeteiligten Gesellschafter zu schützen sind. 8

Art. 806b

3. Nutzniessung	Im Falle der Nutzniessung an einem Stammanteil stehen das Stimmrecht und die damit zusammenhängenden Rechte dem Nutzniesser zu. Dieser wird dem Eigentümer ersatzpflichtig, wenn er bei der Ausübung seiner Rechte nicht in billiger Weise auf dessen Interessen Rücksicht nimmt.
3. Usufruit	Lorsqu'une part sociale est remise en usufruit, l'usufruitier exerce le droit de vote et les droits qui y sont attachés. Celui-ci est responsable envers le propriétaire s'il ne prend pas les intérêts de ce dernier en équitable considération dans l'exercice de ses droits.
3. Usufrutto	Se una quota sociale è gravata da usufrutto, il diritto di voto e i diritti ad esso connessi sono esercitati dall'usufruttuario. Questi è responsabile verso il proprietario se, esercitando i propri diritti, non tiene equamente conto degli interessi del medesimo.

Diese Bestimmung über die Rechtsausübung bei Stammanteilen, die durch eine Nutzniessung belastet sind, ist der aktienrechtlichen Vorschrift von **Art. 690 Abs. 2** nachempfunden, weshalb auf deren Komm. verwiesen werden kann. Die Zuweisung des Stimmrechts und der damit zusammenhängenden Rechte an den Nutzniesser ist ein Ausfluss seines Rechts zur Verwaltung der Sache (Art. 755 Abs. 2 ZGB; Botschaft GmbH, 3208). Sie ist dispositiver Natur; im Nutzniessungsvertrag oder in den Statuten kann die Ausübung durch den Eigentümer vorgesehen werden (vgl. Komm. zu Art. 690; CR CO II-IYNEDJIAN, N 5; KÜNG/CAMP, N 8; **a.A.** NUSSBAUM/SANWALD/SCHEIDEGGER, 1

N 2 f.; SIFFERT et al., N 2). Zu den mit dem Stimmrecht «zusammenhängenden Rechten» sind namentlich das Einberufungs- und Traktandierungsrecht, das Recht zur Teilnahme an der GesV und zur Stellung von Anträgen zu zählen. Nur für die Ausübung dieser Mitwirkungsrechte, nicht auch für die Ausübung anderer, aus Art. 755 ff. ZGB folgender Rechte eines Nutzniessers gilt die Haftung gemäss dem (insoweit missverständlichen) Satz 2 (vgl. Art. 690 Abs. 2: «dabei»). Zur Anfechtung von Beschlüssen der GesV, ebenso wie zum Verlangen von Auskunft und Einsicht, sind sowohl der Eigentümer wie auch der Nutzniesser berechtigt (CR CO II-IYNEDJIAN, N 7; KÜNG/CAMP, N 10; MONTAVON, Sàrl, 444; NUSSBAUM/SANWALD/SCHEIDEGGER, N 4; SIFFERT et al., N 3). Mit der Nutzniessung an Stammanteilen befassen sich ausser Art. 806b noch Art. 789a (Übertragungsbeschränkungen) und Art. 790 Abs. 2 Ziff. 3 (Eintragung ins Anteilbuch).

Art. 807

IV. Vetorecht

¹ **Die Statuten können Gesellschaftern ein Vetorecht gegen bestimmte Beschlüsse der Gesellschafterversammlung einräumen. Sie müssen die Beschlüsse umschreiben, für die das Vetorecht gilt.**

² **Die nachträgliche Einführung eines Vetorechts bedarf der Zustimmung aller Gesellschafter.**

³ **Das Vetorecht kann nicht übertragen werden.**

IV. Droit de veto

¹ Les statuts peuvent prévoir l'institution, en faveur des associés, d'un droit de veto contre certaines décisions de l'assemblée des associés. Ils doivent définir les décisions contre lesquelles le droit de veto peut être exercé.

² L'introduction subséquente d'un droit de veto requiert l'approbation de tous les associés.

³ Le droit de veto est incessible.

IV. Diritto di veto

¹ Lo statuto può conferire ai soci un diritto di veto contro determinate deliberazioni dell'assemblea dei soci. Deve definire le deliberazioni contro cui il diritto di veto può essere esercitato.

² L'introduzione susseguente di un diritto di veto richiede il consenso di tutti i soci.

³ Il diritto di veto non è trasferibile.

I. Allgemeines

1   Aufgrund der grossen Gestaltungsfreiheit hinsichtlich der Willensbildung in der GesV waren statutarische Vetorechte bereits unter dem bisherigen Recht möglich. Erst seit der **Revision von 2005** sind sie jedoch im Gesetz besonders erwähnt. Von der Zulassung von Vetorechten verspricht sich der Gesetzgeber die Erfüllung eines erheblichen Bedürfnisses in kleineren Unternehmen und Konsortien (Botschaft GmbH, 3209). Nicht mit dem Stammanteil, sondern mit der Person des Gesellschafters verbunden (vgl. Abs. 3), stellen sie ein ausgesprochen personalistisches Gestaltungselement dar (OLIVAR PASCUAL/ROTH, 470; HANDSCHIN/TRUNIGER, § 11 N 25). Werden *allen* Gesellschaftern Vetorechte zugewiesen, nähert sich das Resultat für die betroffenen Beschlüsse einem Einstimmigkeitserfordernis (VON PLANTA, 70). Die Botschaft weist darauf hin, dass Art. 807 in Verbindung mit der Möglichkeit, für bestimmte Entscheide der Geschäfts-

führer die Genehmigung der GesV vorzubehalten (Art. 811 Abs. 1 Ziff. 1), indirekt auch Vetorechte gegen Geschäftsführungsentscheide ermöglicht, wogegen direkte solche Vetorechte «aus Praktikabilitätsgründen» nicht vorgesehen wurden (Botschaft GmbH, 3209). Ebenso wie der Genehmigungsvorbehalt (vgl. dazu Art. 804 N 46) kann allerdings auch ein statutarisches Vetorecht nicht dazu führen, dass Gesellschafter für die blosse Ausübung ihrer Rechte im Rahmen der Willensbildung der GesV einer Haftung aus faktischer Organschaft unterliegen (so aber HANDSCHIN/TRUNIGER, § 13 N 82; OLIVAR PASCUAL/ROTH, 470; vgl. auch SIFFERT et al., N 20).

Ebenso wie exorbitante Mehrheitserfordernisse können auch Vetorechte die **Gefahr einer Blockierung** der Willensbildung der Gesellschaft bergen. Es wird daher Zurückhaltung bei ihrer Einführung empfohlen (CHAPPUIS, 48; CR CO II-CHAPUIS, N 3; HANDSCHIN/TRUNIGER, § 11 N 25; NUSSBAUM/SANWALD/SCHEIDEGGER, N 2; OLIVAR PASCUAL/ROTH, 471; SIFFERT et al., N 2). Gemäss der Botschaft müssen trotz der mit Vetorechten verbundenen Gefahr «gesellschaftsrechtliche Interventionsmöglichkeiten auf Situationen beschränkt bleiben, in denen die vorgeschriebenen Organe nicht mehr rechtskonform bestellt werden können», damit «statutarische Vetorechte nicht gerade in denjenigen Fällen derogiert werden, für die sie vorgesehen sind» (Botschaft GmbH, 3209; vgl. auch DUC, 124). Es kann aber auch die Unmöglichkeit der Fassung anderer notwendiger Gesellschaftsbeschlüsse zu einer unhaltbaren Situation führen, z.B. die dauernde Verweigerung der Genehmigung der Jahresrechnung (Art. 804 Abs. 1 Ziff. 5) oder der Festsetzung der Entschädigung der Geschäftsführer (Ziff. 6). Für solche Fälle hält Art. 821 Abs. 3 mit der modifizierten Auflösungsklage ein flexibles Instrument bereit, indem der Richter bei Vorliegen wichtiger Gründe «auf eine andere sachgemässe und den Beteiligten zumutbare Lösung [sc. als die Auflösung der Gesellschaft] erkennen» kann. Der Richter kann etwa das Vetorecht aufheben oder einschränken, oder ein Veto im Einzelfall «überstimmen».

II. Statutarische Regelung (Abs. 1)

Vetorechte können nur statutarisch begründet werden (vgl. auch Art. 776a Abs. 1 Ziff. 6). Sie können **allen oder** nur **einzelnen Gesellschaftern** zustehen (HANDSCHIN/TRUNIGER, § 13 N 79; MONTAVON, Sàrl, 432; SIFFERT et al., N 6, 8: auch zur kollektiven Ausübung); im zweiten Fall müssen die Statuten die Berechtigten beim Namen nennen oder in anderer Weise eindeutig identifizieren. Vetorechte können dauernd oder befristet sein (BÖCKLI, Übersicht, 27). Auch die Frist für ihre Ausübung im Einzelfall ist in den Statuten zu regeln (NUSSBAUM/SANWALD/SCHEIDEGGER, N 18); schweigen die Statuten dazu, so ist u.E. nur ein spätestens vor Ende der GesV erklärtes Veto beachtlich (**a.A.** CR CO II-CHAPUIS, N 6: bis zum Ablauf der Anfechtungsfrist). Das statutarische Vetorecht wirkt im Falle seiner Ausübung als Nein-Stimme mit überstimmender Wirkung: der entsprechende Antrag gilt als von der GesV abgelehnt (womit, wie gegen jeden zustimmenden oder ablehnenden Beschluss, eine Anfechtungsklage möglich ist; NUSSBAUM/SANWALD/SCHEIDEGGER, N 6 ff.). Die Vertretung ist bei der Ausübung des Rechtes zulässig (NUSSBAUM/SANWALD/SCHEIDEGGER, N 30; SIFFERT et al., N 19).

In der Beratung des Gesetzes wurde auf einstimmigen Antrag der vorberatenden Kommission des Nationalrates, dem sich auch der Bundesrat anschloss, in Abs. 1 das Wort «bestimmte» (sc. Beschlüsse) eingefügt. Die Berichterstatterin nahm Bezug auf die Botschaft des Bundesrates (Botschaft GmbH, 3209, wo von einem Vetorecht «gegen sämtliche oder bestimmte Beschlüsse der Gesellschafterversammlung» die Rede war) und erklärte, die Kommission wolle «kein generelles Vetorecht. Sie will es auf **bestimmte**

Beschlüsse beschränken, und das muss dann in den Statuten so geregelt werden ...»
(AmtlBull 2005 N 101). Die Präzisierung soll also klarstellen, dass sich ein statutarisches Vetorecht nicht auf *alle* möglichen Beschlüsse der GesV beziehen darf (DUC, 93; CR CO II-CHAPUIS, N 3; NUSSBAUM/SANWALD/SCHEIDEGGER, N 13; SIFFERT et al., N 10; **a.A.** KÜNG/CAMP, N 1). Die Statuten müssen zudem die Beschlüsse, für die das Vetorecht gelten soll, in klarer Weise umschreiben (so auch Botschaft GmbH, 3209). Das Gesetz schränkt allerdings die Beschlussgegenstände, für die ein Vetorecht vorgesehen werden kann, sachlich nicht ein. Führt das Vetorecht im Falle notwendiger Beschlüsse zu einer Blockierung, so kann der Richter auf die Klage eines Gesellschafters hin einschreiten (vgl. o. N 2).

III. Nachträgliche Einführung (Abs. 2)

5 Für die Einführung eines Vetorechts nach der Gründung der Gesellschaft verlangt das Gesetz die Zustimmung aller Gesellschafter (gem. Art. 810c Abs. 1 Ziff. 7 des Vorentwurfes hätte die qualifizierte Mehrheit genügt). Die Gründungsstatuten können allerdings u.E. dieses Erfordernis abschwächen oder aufheben: sind die Gründungsgesellschafter nämlich berechtigt, ein Vetorecht einzuführen, so können sie *(in maiore minus)* auch dessen spätere Einführung unter erleichterten Voraussetzungen vorbehalten. Die *Aufhebung* eines statutarischen Vetorechts ist nur mit der Zustimmung des Berechtigten möglich (CR CO II-CHAPUIS, N 11).

IV. Unübertragbarkeit (Abs. 3)

6 Das Vetorecht ist nicht mit einem bestimmten Stammanteil verbunden, sondern wird dem Gesellschafter als (natürliche oder juristische) Person zuerkannt (Botschaft GmbH, 3209). Mit dem Ausscheiden des Gesellschafters oder mit seinem Tode erlischt das Recht (a.a.O.). In den Fällen einer gesellschaftsrechtlichen Gesamtrechtsnachfolge (Fusion, Spaltung) ist allerdings u.E. der Übergang des Rechts zusammen mit der Gesellschafterstellung und nicht dessen Erlöschen anzunehmen.

Art. 808

V. Beschlussfassung 1. Im Allgemeinen	Die Gesellschafterversammlung fasst ihre Beschlüsse und vollzieht ihre Wahlen mit der absoluten Mehrheit der vertretenen Stimmen, soweit das Gesetz oder die Statuten es nicht anders bestimmen.
V. Décisions 1. En général	Si la loi ou les statuts n'en disposent pas autrement, l'assemblée des associés prend ses décisions et procède aux élections à la majorité absolue des voix représentées.
V. Deliberazioni 1. In genere	Salvo diversa disposizione della legge o dello statuto, l'assemblea dei soci delibera e procede alle nomine di sua competenza a maggioranza assoluta dei voti rappresentati.

I. Allgemeines gesetzliches Quorum

1 Unter dem Vorbehalt von abweichenden statutarischen oder gesetzlichen Vorschriften erfolgen die Wahlen und Abstimmungen der GesV in der Versammlung mit der **absolu-**

ten Mehrheit der vertretenen Stimmen. Damit wurde in der Gesetzesrevision von 2005 die aktienrechtliche Regelung (Art. 703) übernommen, während bisher das absolute Mehr der *abgegebenen* Stimmen gegolten hatte. Die neue Berechnungsgrundlage schliesst auch Stimmen ein, die von einem Teilnehmer der GesV nicht (Stimmenthaltung) oder in ungültiger Weise abgegeben werden. Nicht als vertreten gelten hingegen Stimmen, die aufgrund von Art. 783 Abs. 4 i.V.m. Art. 659 Abs. 1 (eigene Stammanteile), von Art. 788 Abs. 2 (Anerkennung als stimmberechtigter Gesellschafter), von Statutenbestimmungen gem. Art. 806 Abs. 1 Satz 3 (Höchststimmklauseln) oder von Art. 806a (Ausschliessung vom Stimmrecht) nicht ausgeübt werden dürfen (KÜNG/CAMP, N 5; NUSSBAUM/SANWALD/SCHEIDEGGER, N 5). Die absolute Mehrheit ist erreicht, wenn mehr als die Hälfte der für die Berechnung massgebenden Stimmen für den Beschluss gestimmt haben (TANNER, Quoren, 55).

Beim allgemeinen gesetzlichen Quorum handelt es sich um ein **reines Beschlussquorum;** direkte Präsenzquoren kennt das Recht der GmbH nicht. Dies hat zur Folge, dass in der Versammlung ein Beschluss grundsätzlich auch bei Anwesenheit nur eines Gesellschafters, der zudem nur einen Stammanteil besitzen muss, gültig gefasst werden kann (WOHLMANN, 102). Lediglich bei der Universalversammlung ist die Anwesenheit (persönlich oder durch Vertreter) sämtlicher Gesellschafter vorausgesetzt (Art. 805 Abs. 3 Satz 3). In Art. 808b Abs. 1 wurde mit der Gesetzesrevision zudem, infolge des Abstellens auf die absolute Mehrheit des *gesamten* Stammkapitals, ein gemischtes Quorum eingeführt: ist gar nicht die Mehrheit des gesamten Kapitals vertreten, so kann das vorgeschriebene Quorum selbst bei Einstimmigkeit unter den Anwesenden nicht erreicht werden. 2

II. Statutarische Quoren

Unter Vorbehalt der einseitig zwingenden Quoren, die zwar einer Verschärfung, aber keiner Lockerung zugänglich sind (insb. Art. 808b), können die Statuten von den gesetzlichen Vorschriften abweichende **Präsenz- oder Beschlussquoren** (relatives Mehr, Einstimmigkeit usw.) bzw. Berechnungsgrundlagen (z.B. abgegebene Stimmen) einführen (Art. 776a Abs. 2 Ziff. 5; BK-JANGGEN/BECKER, Art. 808 N 13; vgl. die Übersicht zu den verschiedenen möglichen Quoren und Berechnungsgrundlagen bei TANNER, Quoren, 43 ff.). 3

Hat eine Gesellschaft «durch blosse Wiedergabe von Bestimmungen des alten Rechts Vorschriften in die Statuten aufgenommen, die für die Beschlussfassung der Gesellschafterversammlung qualifizierte Mehrheiten vorsehen», so können diese Bestimmungen gem. Art. 9 ÜBest **bis zum 1.1.2010** mit der absoluten Mehrheit der vertretenen Stimmen an das neue Recht angepasst werden (diese Regel entspricht Art. 6 der Schlussbestimmungen zum Aktienrecht von 1991). Statutarische qualifizierte Mehrheiten gelten zudem nicht für übergangsrechtlich erforderliche Beschlüsse zur Vernichtung von Partizipationsscheinen (Art. 4 Abs. 2 ÜBest). 4

III. Sonderversammlung der Vorzugsstammanteilhalter

Aufgrund der Verweisung in Art. 799 können, wenn die GmbH Vorzugsstammanteile ausgegeben hat und die Statuten es nicht anders bestimmen (vgl. Art. 776a Abs. 2 Ziff. 1), noch stärker bevorzugte Stammanteile nur ausgegeben und die bestehenden Vorzüge nur abgeändert oder aufgehoben werden, sofern neben der GesV auch eine besondere Versammlung der beeinträchtigten Vorzugsstammanteilhalter zustimmt (Art. 654 Abs. 2; vgl. für Einzelheiten die dortige Komm.). 5

Art. 808a

2. Stichentscheid Der Vorsitzende der Gesellschafterversammlung hat den Stichentscheid. Die Statuten können eine andere Regelung vorsehen.

2. Voix prépondérante Le président de l'assemblée des associés a voix prépondérante. Les statuts peuvent prévoir une autre réglementation.

2. Voto preponderante Il presidente dell'assemblea dei soci ha voto preponderante. Lo statuto può disporre altrimenti.

I. Gesetzliche Regel (Satz 1)

1   Die Leitung der GesV obliegt dem Vorsitzenden der Geschäftsführung (Art. 810 Abs. 3 Ziff. 1), sofern die GesV sich nicht selbst einen anderen Vorsitzenden bestimmt (Art. 805 N 30). Satz 1 weist dem Versammlungsleiter (in beiden Fällen: NUSSBAUM/SANWALD/SCHEIDEGGER, N 5) nun einen «Stichentscheid» zu, obwohl dieses Instrument auf das Beschlussquorum eines relativen, nicht eines absoluten Mehrs zugeschnitten ist (vgl. zur Problematik TANNER, Quoren, 141 ff. sowie RUEDIN, N 1217). Wo ein **absolutes Mehr** gilt, ist nämlich ein «unentschiedenes» Abstimmungsergebnis formell nicht möglich; ein Antrag hat das erforderliche Mehr entweder erreicht oder verfehlt. Die gesetzliche Vorschrift (die im Vorentwurf noch nicht enthalten war) ist hier wohl so zu verstehen, dass der Vorsitzende einen Antrag, der bei einer geraden Zahl vertretener Stimmen das erforderliche Mehr um eine Stimme verpasst hat, «retten» kann. Dies eröffnet einen Ausweg, wo zwei sich ausschliessende Beschlussanträge (z.B. zwei Kandidaten in einer Wahl oder zwei Vorschläge zur Gewinnverwendung) jeweils genau die Hälfte der vertretenen Stimmen auf sich vereinen und damit beide das erforderliche absolute Mehr verpassen. Sind hingegen eine ungerade Zahl von Stimmen vertreten, so bleibt für einen Stichentscheid kein Raum, denn in diesem Fall hat ein Antrag stets eine Mehrheit entweder für oder gegen sich. Ebenso kommt der Stichentscheid nicht zur Anwendung, wo ein qualifiziertes Quorum gilt (CR CO II-CHAPUIS, N 2; NUSSBAUM/SANWALD/SCHEIDEGGER, N 8).

2   Gemäss Art. 2 Abs. 3 der **Übergangsbestimmungen** zur Revision des GmbH-Rechts findet Art. 808a auf Gesellschaften, die am 1.1.2008 (Inkrafttreten des neuen Rechts) bereits im Handelsregister eingetragen waren, erst ab dem 1.1.2010 (Ablauf der Frist zur Anpassung der Statuten an das neue Recht gem. Art. 2 Abs. 1 ÜBest) Anwendung. Dadurch soll den Gesellschaften Zeit gegeben werden, den Stichentscheid statutarisch auszuschliessen (Botschaft GmbH, 3247).

II. Statutarische Regelung (Satz 2)

3   Statutarisch kann «eine andere Regelung» getroffen werden. Insbesondere können die Statuten den «Stichentscheid» des Vorsitzenden für alle oder für bestimmte Beschlussgegenstände ausschliessen; sie können dieses Vorrecht auch einer anderen Person zuweisen (vgl. CR CO II-CHAPUIS, N 5). Denkbar ist auch die Anordnung eines Losentscheides bei Stimmengleichheit (MONTAVON, Sàrl, 427 f.).

Art. 808b

3. Wichtige Beschlüsse

¹ Ein Beschluss der Gesellschafterversammlung, der mindestens zwei Drittel der vertretenen Stimmen sowie die absolute Mehrheit des gesamten Stammkapitals auf sich vereinigt, mit dem ein ausübbares Stimmrecht verbunden ist, ist erforderlich für:

1. die Änderung des Gesellschaftszweckes;
2. die Einführung von stimmrechtsprivilegierten Stammanteilen;
3. die Erschwerung, den Ausschluss oder die Erleichterung der Übertragbarkeit der Stammanteile;
4. die Zustimmung zur Abtretung von Stammanteilen beziehungsweise die Anerkennung als stimmberechtigter Gesellschafter;
5. die Erhöhung des Stammkapitals;
6. die Einschränkung oder Aufhebung des Bezugsrechtes;
7. die Zustimmung zu Tätigkeiten der Geschäftsführer sowie der Gesellschafter, die gegen die Treuepflicht oder das Konkurrenzverbot verstossen;
8. den Antrag an das Gericht, einen Gesellschafter aus wichtigem Grund auszuschliessen;
9. den Ausschluss eines Gesellschafters aus in den Statuten vorgesehenen Gründen;
10. die Verlegung des Sitzes der Gesellschaft;
11. die Auflösung der Gesellschaft.

² Statutenbestimmungen, die für die Fassung bestimmter Beschlüsse grössere Mehrheiten als die vom Gesetz vorgeschriebenen festlegen, können nur mit dem vorgesehenen Mehr eingeführt werden.

3. Décisions importantes

¹ Une décision de l'assemblée des associés recueillant au moins les deux tiers des voix représentées et la majorité absolue du capital social pour lequel le droit de vote peut être exercé est nécessaire pour:

1. modifier le but social;
2. introduire des parts sociales à droit de vote privilégié;
3. rendre plus difficile, exclure ou faciliter le transfert de parts sociales;
4. approuver la cession de parts sociales ou reconnaître un acquéreur en tant qu'associé ayant le droit de vote;
5. augmenter le capital social;
6. limiter ou supprimer le droit de souscription préférentiel;
7. approuver les activités des gérants et des associés qui violent le devoir de fidélité ou la prohibition de faire concurrence;
8. décider de requérir du juge l'exclusion d'un associé pour de justes motifs;
9. exclure un associé pour un motif prévu par les statuts;

	10. transférer le siège de la société;
	11. dissoudre la société.
	² Les dispositions statutaires qui prévoient pour certaines décisions une plus forte majorité que celle prévue par la loi ne peuvent être adoptées qu'à la majorité prévue.
3. Deliberazioni importanti	¹ Una deliberazione dell'assemblea dei soci approvata da almeno due terzi dei voti rappresentati e dalla maggioranza assoluta del capitale sociale per il quale può essere esercitato il diritto di voto è necessaria per:
	1. la modifica dello scopo sociale;
	2. l'introduzione di quote sociali con diritto di voto privilegiato;
	3. l'esclusione o l'agevolazione del trasferimento di quote sociali o l'inasprimento delle sue condizioni;
	4. l'approvazione della cessione di quote sociali e il riconoscimento di un acquirente quale socio con diritto di voto;
	5. l'aumento del capitale sociale;
	6. la limitazione o la soppressione del diritto di opzione;
	7. l'approvazione di attività dei gerenti e dei soci che violano l'obbligo di fedeltà o il divieto di concorrenza;
	8. la domanda giudiziale di escludere un socio per gravi motivi;
	9. l'esclusione di un socio per un motivo previsto nello statuto;
	10. il trasferimento della sede della società;
	11. lo scioglimento della società.
	² Le disposizioni statutarie che prevedono, per talune deliberazioni, una maggioranza superiore a quella prescritta dalla legge possono essere adottate soltanto alla maggioranza prevista.

I. Allgemeines

1   Zum Schutz qualifizierter Minderheiten sieht das Gesetz für Beschlüsse bestimmten Inhaltes ein strengeres als das allgemeine Mehrheitserfordernis vor. Während sich im bisherigen Recht eine Vielzahl verschiedener Mehrheitsvorschriften über den Gesetzesabschnitt verteilt fanden, schuf das rev. Recht von 2005 ein **einheitliches qualifiziertes Mehrheitserfordernis** für diverse (nicht mehr für alle) Fälle der Statutenänderung sowie für bestimmte andere «wichtige Beschlüsse», einschliesslich aller Fälle der Kapitalerhöhung. Dabei wurden insb. diejenigen altrechtlichen Hürden, die sich nach Köpfen und nicht nach der Kapitalbeteiligung berechneten, aufgegeben (FORSTMOSER, Schweizer GmbH, 544).

2   Die Regel der **doppelten Mehrheit** gem. Abs. 1 lehnt sich an die aktienrechtliche Vorschrift von Art. 704 Abs. 1 an. Im Unterschied zum Aktienrecht wird allerdings für die zweite Hürde nicht (wie für die erste) auf das in der konkreten GesV vertretene, sondern auf das *gesamte Stammkapital* abgestellt, mit dem ein ausübbares Stimmrecht verbunden ist (d.h. unter Ausschluss der gem. Art. 783 Abs. 4 i.V.m. Art. 659 Abs. 1 – eigene Stammanteile –, Art. 788 Abs. 2 – Anerkennung als stimmberechtigter Gesellschafter –, Art. 806 Abs. 1 Satz 3 – statutarische Höchststimmklauseln – oder Art. 806a – Ausschliessung vom Stimmrecht – im konkreten Fall nicht stimmberechtigten Stammanteile). Sie wirkt sich daher als kombiniertes Präsenz- und Beschlussquorum aus (vgl. Art. 808 N 2; BÖCKLI, présentation, 19; DERS., Übersicht, 27). Die Botschaft erklärt diese Abweichung mit der Verhinderung von Missbräuchen in Unternehmen mit nur wenigen Beteiligten (Botschaft GmbH, 3210). Die unterschiedliche Berechnungsba-

3. Abschnitt: Organisation der Gesellschaft 3–8 Art. 808b

sis bei den beiden Hürden (einmal Stimmen, einmal Stammkapital) wirkt sich in Gesellschaften aus, die stimmrechtsprivilegierte Stammanteile ausgegeben haben (Art. 806 Abs. 2).

Ebenso wie im Aktienrecht (Art. 704 Abs. 1) gilt das qualifizierte gesetzliche Quorum als **einseitig zwingend,** d.h. die Statuten können es zusätzlich verschärfen, aber nicht erleichtern (Botschaft GmbH, 3210; BÖCKLI, Übersicht, 27; DUC, 116; HANDSCHIN/ TRUNIGER, § 5 N 54; MONTAVON, Sàrl, 428; vgl. aber u. N 8). 3

Für die nachträgliche Einführung oder Erweiterung statutarischer Nachschuss- oder Nebenleistungspflichten (Art. 797), für die nachträgliche Einführung eines Vetorechts (Art. 807 Abs. 2) und den Verzicht auf die eingeschränkte Revision (Art. 818 Abs. 1 i.V.m. Art. 727a Abs. 2) sowie für die Aufhebung der Gewinnstrebigkeit der Gesellschaft (Art. 808c i.V.m. Art. 706 Abs. 2 Ziff. 4) verlangt das Gesetz die **Zustimmung aller** (bzw. aller davon betroffenen) **Gesellschafter.** Die Zustimmung kann in der Form der Annahme des entsprechenden Beschlussantrages in der GesV, aber auch (insb. durch einen an der GesV nicht vertretenen Gesellschafter) in anderer Form gegeben werden. 4

II. Die Fälle des qualifizierten Quorums (Abs. 1)

Während nach dem bisherigen Recht jede **Statutenänderung** eines qualifizierten Mehrheitsbeschlusses bedurfte (784 Abs. 2 altOR), gilt dies nach dem rev. Recht von 2005 nur noch für Änderungen, die bestimmte Gegenstände beschlagen: den Gesellschaftszweck (Ziff. 1), die Bemessung des Stimmrechts (Ziff. 2: Einführung von Stimmrechtsanteilen, nicht hingegen für die Einführung von Höchststimmklauseln – vgl. zu Ausnahmen MONTAVON, Sàrl, 429; zum Vetorecht vgl. Art. 807 Abs. 2), die Übertragbarkeit der Anteile (Ziff. 3), das Stammkapital (Ziff. 5: Erhöhung, nicht hingegen für die Herabsetzung) sowie den Sitz (Ziff. 10). Die meisten der übrigen Anwendungsfälle betreffen die Zusammensetzung des **Gesellschafterkreises** (Ziff. 4: Abtretung von Stammanteilen; Ziff. 6: Einschränkung oder Aufhebung des Bezugsrechts; Ziff. 8 und 9: Ausschluss von Gesellschaftern). 5

Zu einzelnen der Beschlussgegenstände ist das Folgende zu sagen: 6

1. Zustimmung zur Abtretung von Stammanteilen (Ziff. 4)

Gemäss der Botschaft gilt das qualifizierte Quorum nicht, wenn die GesV eine Ermächtigung zum **Erwerb eigener Stammanteile** durch die Gesellschaft erteilt oder ihn genehmigt (Art. 804 Abs. 2 Ziff. 11), obschon darin auch die Zustimmung zur Abtretung der Anteile enthalten ist (Botschaft GmbH, 3206). 7

Obwohl die Formulierung von Art. 808b Abs. 1 es nicht erkennen lässt und die Vorschrift im Grundsatz als einseitig zwingend gilt (o. N 3; Botschaft GmbH, 3210), dürfte für den Anwendungsfall von Ziff. 4 eine **statutarische Erleichterung** des Quorums zulässig sein, erlaubt doch Art. 786 Abs. 2 Ziff. 1 sogar die Abschaffung des Erfordernisses der Zustimmung der GesV (ebenso BÖCKLI, présentation, 9 f.; DERS., Übersicht, 15 f.; vgl. auch FORSTMOSER, Vorentwurf, 17). 8

2. Auflösung der Gesellschaft (Ziff. 11)

9   Gemäss der Botschaft gilt das qualifizierte Quorum auch für einen **Widerruf** des Auflösungsbeschlusses, soweit ein solcher nach der Rechtsprechung noch zulässig ist (Botschaft GmbH, 3211; ebenso MONTAVON, Sàrl, 430; NUSSBAUM/SANWALD/SCHEIDEGGER, N 16). Dies leuchtet allerdings nicht ein. Die Gründe, die für eine Erschwerung des Beschlusses zur Auflösung der Gesellschaft sprechen, verlangen keineswegs auch eine Erschwerung seines Widerrufs.

10 Art. 18 Abs. 1 lit. c und Art. 64 Abs. 1 lit. c des **Fusionsgesetzes,** die die erforderliche Mehrheit für Beschlüsse über die Fusion, Spaltung (Verweisung in Art. 43 Abs. 2 FusG) sowie die Umwandlung regeln und für die GmbH bisher höhere Quoren vorsahen, wurden in der Gesetzesrevision von 2005 an die Vorschrift von Art. 808b Abs. 1 angepasst. Für Fusionen mit Barabfindung sowie für asymmetrische Spaltungen sind allerdings die Stimmen von 90% der stimmberechtigten Gesellschafter erforderlich (Art. 18 Abs. 5 und Art. 43 Abs. 3 FusG).

III. Einführung (Abs. 2) und Abschaffung strengerer Quoren

11 Auch diese Vorschrift, welche die Einführung unerreichbarer Mehrheitserfordernisse in den Statuten verhindern soll, ist aus dem Aktienrecht entliehen (Art. 704 Abs. 2). Als ungeschriebene Regel gilt im Übrigen auch, dass solche Statutenbestimmungen nur mit dem darin vorgesehenen Mehr *wieder abgeschafft* werden können (CR CO II-CHAPUIS, Art. 808 N 9; KÜNG/CAMP, N 9; MONTAVON, Sàrl, 428 f., 431; SIFFERT et al., N 6; vgl. Art. 704 N 11).

Art. 808c

VI. Anfechtung von Beschlüssen der Gesellschafterversammlung	Für die Anfechtung der Beschlüsse der Gesellschafterversammlung sind die Vorschriften des Aktienrechts entsprechend anwendbar.
VI. Contestation des décisions de l'assemblée des associés	Les dispositions du droit de la société anonyme concernant la contestation des décisions de l'assemblée générale s'appliquent par analogie à la contestation des décisions de l'assemblée des associés.
VI. Diritto di contestare le deliberazioni dell'assemblea dei soci	Al diritto di contestare le deliberazioni dell'assemblea dei soci si applicano per analogia le disposizioni del diritto della società anonima.

I. Allgemeines

1   Obschon auch im rev. Recht (wie in Art. 808 Abs. 6 altOR) nur von der *Anfechtung* der Beschlüsse der GesV die Rede ist, erfasst die Verweisung auf das Aktienrecht **auch** die Bestimmung über **die Nichtigkeit** solcher Beschlüsse (Art. 706b; u. N 9 ff.).

2   In der Folge der Aktienrechtsrevision von 1991 entwickelte sich eine Kontroverse darüber, ob Verweisungen im (nicht revidierten) Recht der GmbH (und der Genossenschaft) sich auf die alten oder die rev. aktienrechtlichen Bestimmungen beziehen würden. Da

3. Abschnitt: Organisation der Gesellschaft **3–5 Art. 808c**

weitere Revisionen des Aktienrechts anstehen, behält die Grundsatzfrage ihre praktische Bedeutung. Der überwiegende Teil der Lehre sprach sich schon bisher für das Verständnis solcher Vorschriften als **«dynamische Verweisungen»** auf das jeweils in Kraft stehende Aktienrecht aus (BÖCKLI, § 19 N 2 f.; VON BÜREN/BÄHLER, 20 m.w.H.; KOLLER/ KLÄY, Das Mittel der gesetzlichen Verweisung im Gesellschaftsrecht …, in: FS Bär, Bern 1998, 193 ff.; MEIER-HAYOZ/FORSTMOSER, § 10 N 78 ff.; SCHAUB, 2; TANNER, Auswirkungen, 37; THOMI, Stellungnahmen der Oltner Arbeitstagung, REPRAX 1999, 67 f.; konkludent OGer BL, BJM 1999, 329 f.; **a.A.** BAUDENBACHER/BANKE, 57 f.; HANDSCHIN, Die GmbH, 1. Aufl., Zürich 1996, § 2 N 2; WOHLMANN, 8, 96; für die Rechnungslegung GUHL/DRUEY, § 75 N 59; für die analoge Fragestellung im Recht der Genossenschaft HGer SG in SGGVP 2000, Nr. 44 = SJZ 2001, 523; w.H. bei KOLLER/ KLÄY, 195). Im Hinblick auf das rev. Recht der GmbH hat sich der Gesetzgeber nun eindeutig i.S. der herrschenden Ansicht von der dynamischen Natur der Verweisungen ausgesprochen (Botschaft GmbH, 3162 f., 3167).

II. Die Anfechtbarkeit

Art. 808c verweist auf die für die Anfechtung von GV-Beschlüssen der AG aufgestellten Vorschriften ingesamt (**a.A.** zu Art. 808 Abs. 6 altOR WOHLMANN, 104: nur «die formellen Elemente»). Dazu gehört neben **Art. 706–706b** insb. auch **Art. 691 Abs. 3** (Anfechtbarkeit bei unbefugter Mitwirkung; vgl. HANDSCHIN/TRUNIGER, § 34 N 9; KÜNG/CAMP, Art. 805 N 88 ff.; WOHLMANN, 101) mitsamt den daraus per Analogie abzuleitenden allgemeinen Grundsätzen zur Anfechtung aus formellen Gründen (vgl. Art. 706 N 9b; vgl. CR CO II-CHAPUIS, N 11; KÜNG/CAMP, Art. 805 N 37; MONTAVON, Sàrl, 442); ausserdem, sofern eine ordentliche Revision stattfindet, Art. 731 Abs. 3 (Anfechtbarkeit der Beschlüsse betr. Abnahme der Jahresrechnung und Verwendung des Bilanzgewinnes, sofern kein Revisor anwesend war) sowie Art. 689e Abs. 1 und 2 (Anfechtbarkeit bei Mängeln in der Bekanntgabe der Vertretungsverhältnisse; vgl. Art. 805 Abs. 5 Ziff. 8). 3

Gemäss der **Generalklausel** von Art. 706 Abs. 1 sind Beschlüsse der GesV anfechtbar, wenn sie gegen das Gesetz oder gegen die Statuten verstossen. Für die Auslegung des Begriffes «Gesetz» gilt das zur AG Gesagte (Art. 706 N 10; vgl. KÜNG/CAMP, N 8; MONTAVON, Sàrl, 442; SIFFERT et al., N 16; gemäss ZK-VON STEIGER, Art. 808 N 13 ist «das ganze objektive Recht» einschliesslich allgemeiner Prinzipien der Rechtsordnung erfasst). 4

Die in der Revision des Aktienrechts von 1991 formulierten **besonderen Anfechtungstatbestände** gem. Art. 706 Abs. 2 Ziff. 1–4, welche die Generalklausel in Art. 706 Abs. 1 konkretisieren und z.T. ergänzen, gelten sinngemäss auch im Recht der GmbH (TANNER, Auswirkungen, 40). Dies gilt auch und insb. für Art. 706 Abs. 2 Ziff. 3 betreffend die nicht gerechtfertigte Ungleichbehandlung oder Benachteiligung von Gesellschaftern (ExpB GmbH, 41; KÜNG/CAMP, N 12 ff.; MONTAVON, Sàrl, 443; **a.A.** HANDSCHIN/TRUNIGER, § 13 N 105: «nicht ohne weiteres anwendbar»). Diese Bestimmung kodifiziert u.a. die Grundsätze der Gleichbehandlung der Gesellschafter und der schonenden Rechtsausübung, die im gesamten Gesellschaftsrecht Bedeutung haben (Botschaft GmbH, 3214 f. m.H.; BÄHLER, 69; ZK-VON STEIGER, Art. 809 N 13). Freilich sind bei der Konkretisierung dieser allgemeinen Grundsätze im Einzelfall (etwa der Frage, ob Gleichbehandlung nach Köpfen oder nach Kapitalanteilen den Ausgangspunkt bildet, oder bei der Beurteilung der Rechtfertigung von Abweichungen) immer die Besonderheiten der Rechtsform wie auch die der konkreten Gesellschaft zu berück- 5 sichtigen (vgl. TANNER, Auswirkungen, 40; diese inhärente Flexibilität des Anfechtungsgrundes ist auch der Argumentation von HANDSCHIN/TRUNIGER, § 13 N 105, gegen seine Anwendung entgegenzuhalten). Aufgrund von Art. 706 Abs. 2 Ziff. 4 bedarf die Aufhebung der Gewinnstrebigkeit der Gesellschaft der Zustimmung jedes Gesellschafters (HANDSCHIN/TRUNIGER, § 16 N 9; MONTAVON, Sàrl, 443).

6 Anfechtbar sind lediglich **Gesellschaftsbeschlüsse** (d.h. Beschlüsse der GesV), nicht aber Entscheide der Geschäftsführer und anderer Organe (HANDSCHIN/TRUNIGER, § 13 N 106; WOHLMANN, 104). Im Einzelfall kann es allerdings unklar sein, in welcher Funktion (als GesV oder als Geschäftsführer) die Gesellschafter einer GmbH gehandelt haben, sofern an der gesetzlich vorgesehenen Selbstorganschaft festgehalten wurde (vgl. Art. 804 N 5 zu den diesfalls anzuwendenden Kriterien). Als Ersatz für die ggf. fehlende Anfechtbarkeit steht den Gesellschaftern – neben den Gläubigern – v.a. die Verantwortlichkeitsklage gegen die Geschäftsführer zur Verfügung (Art. 827; WOHLMANN, 104).

7 Die Verweisung auf die Vorschriften über die Anfechtung bei der AG erfasst auch die Bestimmung über das **Anfechtungsverfahren** (Art. 706a). Danach ist das Anfechtungsrecht verwirkt, wenn nicht innert zweier Monate nach der Abhaltung der Versammlung oder der Durchführung der schriftlichen Abstimmung die Klage erhoben wird (Art. 706a Abs. 1). Die Frist beginnt am Tage nach der Versammlung zu laufen, und zwar unabhängig davon, ob der Anfechtende daran teilgenommen hat (Art. 706a N 2). Bei der Urabstimmung ist die Zweimonatsfrist von der Bekanntgabe des Ergebnisses an zu berechnen (bei Bekanntgabe durch Brief an die Gesellschafter ist mithin der auf die Postaufgabe folgende Tag der erste Tag der Frist; vgl. Art. 805 N 23; a.A. HANDSCHIN/TRUNIGER, § 13 N 107: Fristlauf ab tatsächlicher Kenntnis des Gesellschafters vom Ergebnis, was wegen der resultierenden Unsicherheit abzulehnen ist). Die Kosten sind bei Abweisung der Anfechtungsklage nach Ermessen des Richters auf die Gesellschaft und den Kläger zu verteilen (Art. 706a Abs. 3). Anwendbar ist auch Art. 706a Abs. 2, wonach der Richter der Gesellschaft einen Vertreter zu bestellen hat, wenn das Exekutivorgan (hier: die Geschäftsführer) Klage erhebt (gl.A. HANDSCHIN/TRUNIGER, § 13 N 108). Wie im Recht der AG (vgl. Art. 706 N 3) sind auch Gesellschafter anfechtungsberechtigt, die nicht an der Versammlung teilgenommen, sich der Stimme enthalten oder – unter Vorbehalt des offenbaren Rechtsmissbrauchs – sogar für den Beschluss gestimmt haben. Zudem steht das Klagerecht aufgrund von Art. 706 Abs. 1 i.V.m. Art. 808c den Geschäftsführern in ihrer Gesamtheit – als Organ – zu (entgegen HANDSCHIN/TRUNIGER, § 34 N 11, handeln sie dabei nicht namens der Gesellschaft als Klägerin; die Gesellschaft ist vielmehr in jedem Fall Beklagte); hingegen haben einzelne Geschäftsführer, die nicht Gesellschafter sind, kein persönliches Klagerecht (KÜNG/CAMP, N 3; MONTAVON, Sàrl, 444). Die Anfechtungsklage richtet sich gegen die GmbH. Zuständig ist der Richter am Sitz der Gesellschaft (Art. 3 Abs. 1 lit. b GestG; Art. 151 Abs. 1 IPRG).

8 Auch bei der GmbH kann sich der Gesellschafter auf **Willensmängel** bei der Stimmabgabe (Art. 23 ff.) berufen und seine Stimme ggf. als unverbindlich erklären (vgl. HANDSCHIN/TRUNIGER, § 13 N 83, 111; zweifelnd hinsichtlich fahrlässigen Irrtums WOHLMANN, 105). War seine Stimmabgabe für das Zustandekommen des Beschlusses entscheidend, kann er den Beschluss gestützt auf die Unwirksamkeit der Stimmabgabe anfechten. Der Richter hat im Streitfall über beides zu entscheiden, über den Willensmangel als Vorfrage und dann ggf. über die Anfechtung als Hauptfrage (ZK-VON STEIGER, Art. 808 N 17; vgl. auch Art. 706 N 7). Obschon für die Geltendmachung des Willensmangels an sich die Jahresfrist von Art. 31 Abs. 1 gilt (z.B. wenn sich in einem

Verantwortlichkeitsprozess inzident die Frage stellt, ob der klagende Aktionär einem Entlastungsbeschluss gültig zugestimmt hat oder nicht), kann der Gesellschaftsbeschluss als solcher nach Ablauf von zwei Monaten (Art. 706a Abs. 1) nicht mehr aufgehoben werden (vgl. Art. 706 N 7; CR CO II-CHAPUIS, N 15; KÜNG/CAMP, N 7; **a.A.** HANDSCHIN/TRUNIGER, § 13 N 83; ZK-VON STEIGER, Art. 808 N 17; wohl auch WOHLMANN, 105).

III. Die Nichtigkeit

Schon vor der Revision des GmbH-Rechts von 2005 und des Aktienrechts von 1991 war anerkannt, dass Gesellschaftsbeschlüsse einer GmbH nichtig sein und nötigenfalls für nichtig erklärt werden können (ZK-VON STEIGER, Art. 808 N 10). Seit der Aktienrechtsrevision sind in **Art. 706b** bestimmte Nichtigkeitsgründe für GV-Beschlüsse der AG ausdrücklich aufgezählt. Art. 706b ist von der Verweisung in Art. 808c mit erfasst (HANDSCHIN/TRUNIGER, § 13 N 109; KÜNG/CAMP, N 44 ff.; MONTAVON, Sàrl, 448 f.; NUSSBAUM/SANWALD/SCHEIDEGGER, N 1; SIFFERT et al., N 2; zu Art. 808 Abs. 6 altOR: TANNER, Auswirkungen, 40; gl.A. i.E. SCHAUB, 5; **a.A.** WOHLMANN, 104), wollte allerdings selbst nur die bisherige Rechtslage kodifizieren (WOHLMANN, 104) und ist zudem missraten (vgl. Komm. zu Art. 706b).

Gemäss **traditioneller Lehre** (eine publizierte Gerichtspraxis existiert zur GmbH soweit ersichtlich nicht) sind Gesellschaftsbeschlüsse nichtig, wenn sie «wegen formellen Mängeln sich überhaupt nicht als solche darstellen» (BK-JANGGEN/BECKER, Art. 808 N 24, *Carl Wieland* zitierend), oder wenn ein Beschluss «seinem Inhalte nach oder wegen der Art seines Zustandekommens gegen zwingende und zur Wahrung allgemeiner öffentlicher Interessen aufgestellte Gesetzesvorschriften verstösst» (ZK-VON STEIGER, Art. 808 N 10); unter diesen qualifiziert zwingenden Vorschriften wird noch unterschieden in solche betreffend die «Fundamentalordnung» der Gesellschaft und solche zum Schutze Dritter (insb. der Gläubiger; WOHLMANN, 104).

Als **Beispiele** für nichtige Gesellschaftsbeschlüsse werden in der Lehre etwa die folgenden Fälle genannt (vgl. auch die Aufzählung bei NUSSBAUM/SANWALD/SCHEIDEGGER, N 28 f.): aus dem Bereich der *Grundstrukturen* der Gesellschaft und der unentziehbaren Gesellschafterrechte die Aufhebung des Mindeststimmrechts (Art. 806 Abs. 1 Satz 2; WOHLMANN, 104) oder des Kontrollrechts (Art. 802; ZK-VON STEIGER, Art. 808 N 10), Statutenbestimmungen, die das Antragsrecht auf die Geschäftsführer beschränken oder anderweitig einschränken oder die Stimmrechtsvertretung ausschliessen würden (HANDSCHIN/TRUNIGER, § 34 N 15), die Schaffung von Stammanteilen ohne Nennwert oder ohne Recht auf Dividende und Liquidationsanteil (HANDSCHIN/TRUNIGER, § 34 N 16), oder die Aufhebung der Verantwortlichkeit der Organe (Art. 827; ZK-VON STEIGER, Art. 808 N 10); aus dem Bereich des *Kapital- und Gläubigerschutzes* die Einführung einer Verzinsung der Stammeinlagen (Art. 798a Abs. 1; TANNER, Auswirkungen, 40; ZK-VON STEIGER, Art. 808 N 10), eine Unter-pari-Emission (HANDSCHIN/TRUNIGER, § 34 N 17), die Anordnung unzulässiger Gewinnausschüttungen (Art. 798; HANDSCHIN/TRUNIGER, § 13 N 109) oder von Kapitalrückzahlungen unter Missachtung des dafür vorgeschriebenen Verfahrens (Art. 782 i.V.m. Art. 732 ff.; HANDSCHIN/TRUNIGER, § 34 N 17; ZK-VON STEIGER, Art. 808 N 10); aus dem Bereich der *Mängel im Zustandekommen* schliesslich die schwerwiegende Verletzung der Einladungsvorschriften (HANDSCHIN/TRUNIGER, § 13 N 18: Fehlen von Ort, Zeit, Verhandlungsgegenständen oder – u.E. zu weitgehend – Anträgen der Geschäftsführer; KÜNG/CAMP, N 38; MONTAVON, Sàrl, 421) oder der Quorumsvorschriften (HANDSCHIN/TRUNIGER, § 13 N 109). Umstrit-

Art. 809

ten ist, ob bzw. unter welchen Voraussetzungen die Nichteinhaltung der Einberufungsfrist zur Nichtigkeit führt (HANDSCHIN/TRUNIGER, § 13 N 18 und KÜNG/CAMP, Art. 805 N 38: bei klarer Nichteinhaltung; MONTAVON, Sàrl, 421: falls *«manifeste et intentionnel de la part des gérants»*; WOHLMANN, 104: keine Nichtigkeit bei Fristverletzung).

12 Nach der **hier vertretenen Auffassung** ist die Sanktion der Nichtigkeit wie im Aktienrecht abgesehen von Fällen, wo gar kein Gesellschaftsbeschluss vorliegt, ein Mangel in seinem Zustandekommen die fristgerechte Anfechtung verhindert oder die GesV nicht zuständig ist, auf Fälle der Setzung gesetzwidrigen Rechts (insb. in der Form von Statutenbestimmungen) sowie der Verletzung von Bestimmungen zum Kapitalschutz zu beschränken (vgl. zum Ganzen Art. 706b N 8 ff.; weitgehend gl.A. KÜNG/CAMP, N 44 ff.; gemäss MONTAVON, Sàrl, 440, hat der Richter in erster Linie eine Interessenabwägung vorzunehmen).

13 **Beschlüsse der Geschäftsführer** und anderer Organe sind im Unterschied zu Beschlüssen der GesV nicht anfechtbar, können aber wie diese nichtig sein (Art. 816; TANNER, Auswirkungen, 41; WOHLMANN, 104).

14 Nichtige Beschlüsse sind *ab initio (ex tunc)* unwirksam. Sofern das erforderliche Interesse gegeben ist, kann die Nichtigkeit von jedermann und jederzeit mittels Klage auf **Feststellung der Nichtigkeit** oder inzident geltend gemacht werden (wobei allerdings der Grundsatz der Rechtssicherheit, vermittelt durch das Verbot des offenbaren Rechtsmissbrauchs, in Extremfällen die Geltendmachung ausschliesst; vgl. HANDSCHIN/TRUNIGER, § 13 N 110; MONTAVON, Sàrl, 451). Die Nichtigkeit ist auch von den zuständigen Behörden (Gerichte, Handelsregisteramt im Rahmen seiner Kognition) von Amtes wegen zu beachten (HANDSCHIN/TRUNIGER, § 13 N 110; ZK-VON STEIGER, Art. 808 N 11).

Art. 809

B. Geschäftsführung und Vertretung
I. Bezeichnung der Geschäftsführer und Organisation

¹ Alle Gesellschafter üben die Geschäftsführung gemeinsam aus. Die Statuten können die Geschäftsführung abweichend regeln.

² Als Geschäftsführer können nur natürliche Personen eingesetzt werden. Ist an der Gesellschaft eine juristische Person oder eine Handelsgesellschaft beteiligt, so bezeichnet sie gegebenenfalls eine natürliche Person, die diese Funktion an ihrer Stelle ausübt. Die Statuten können dafür die Zustimmung der Gesellschafterversammlung verlangen.

³ Hat die Gesellschaft mehrere Geschäftsführer, so muss die Gesellschafterversammlung den Vorsitz regeln.

⁴ Hat die Gesellschaft mehrere Geschäftsführer, so entscheiden diese mit der Mehrheit der abgegebenen Stimmen. Der Vorsitzende hat den Stichentscheid. Die Statuten können eine andere Regelung der Beschlussfassung durch die Geschäftsführer vorsehen.

B. Gestion et représentation
I. Désignation des gérants et organisation

¹ Les associés exercent collectivement la gestion de la société. Les statuts peuvent régler la gestion de manière différente.

² Seules des personnes physiques peuvent être désignées comme gérants. Lorsqu'une personne morale ou une société commerciale a la qualité d'associé, elle désigne le cas échéant une personne physique qui exerce cette

fonction à sa place. Dans ce cas, les statuts peuvent prévoir que l'approbation de l'assemblée des associés est nécessaire.

³ Si la société a plusieurs gérants, l'assemblée des associés règle la présidence.

⁴ Si la société a plusieurs gérants, ceux-ci prennent leurs décisions à la majorité des voix émises. Le président a voix prépondérante. Les statuts peuvent prévoir une réglementation différente.

B. Gestione e rappresentanza
I. Designazione dei gerenti e organizzazione

¹ I soci esercitano in comune la gestione della società. Lo statuto può disciplinare altrimenti la gestione.

² Soltanto persone fisiche possono essere designate quali gerenti. La persona giuridica o la società commerciale che partecipa alla società designa se del caso una persona fisica incaricata di esercitare tale funzione in sua vece. Lo statuto può subordinare tale designazione all'approvazione dell'assemblea dei soci.

³ Se la società ha più gerenti, l'assemblea dei soci deve regolamentare la presidenza.

⁴ Se la società ha più gerenti, questi decidono a maggioranza dei voti emessi. Il presidente ha voto preponderante. Lo statuto può disciplinare altrimenti le deliberazioni dei gerenti.

Literatur

BLANC, La répartition des compétences entre les associés et les gérants dans le droit révisé de la Sàrl, SJZ 2006, 221 ff.; GRIMM/TRIPPEL, Aktuelle Fragen des GmbH-Rechts, in: Jörg/Arter (Hrsg.), Entwicklungen im Gesellschaftsrecht I, Bern 2006, 47 ff.; KELLERHALS, Das neue schweizerische GmbH-Recht – Übergangsbestimmungen, in: Böckli/Forstmoser (Hrsg.), Das neue schweizerische GmbH-Recht, Zürich/Basel/Genf 2006, 163 ff.; KÜNG/HAUSER, GmbH – Gründung und Führung der Gesellschaft mit beschränkter Haftung, Basel/Genf/München 2005; WOHLMANN, GmbH – Positionierung der GmbH und Fragen zur Geschäftsführung, in: Böckli/Forstmoser (Hrsg.), Das neue schweizerische GmbH-Recht, Zürich/Basel/Genf 2006, 125 ff.

I. Allgemeines

Während der *VE* noch vorsah, dass die Geschäftsführung und Vertretung – ohne gesetzliche Vorgaben – einzig in den Statuten zu ordnen ist (Art. 811 VE), enthält das **neue,** ebenso wie das bisherige, **GmbH-Recht** eine (dispositive) Bestimmung zur Geschäftsführung und Vertretung, welche jedoch einen weiten Raum für eine geeignete Organisation zulässt (Botschaft GmbH, 3211). Art. 809 OR setzt sich aus Teilen der Art. 811 und 812 altOR (Geschäftsführung und Vertretung) sowie aus neuen Bestimmungen zusammen. Art. 811 Abs. 3 altOR («Gesellschafter, die erst nach der Gründung hinzutreten, haben das Recht und die Pflicht zur Geschäftsführung und Vertretung nur dann, wenn sie ihnen durch besondern Gesellschaftsbeschluss übertragen werden») ist nicht mehr ins neue OR übernommen worden; dies schliesst aber nicht aus, dass statutarisch neue Gesellschafter von der Geschäftsführung ausgenommen werden können (s. N 4). Die Vertretung ist neu in Art. 814 geregelt. 1

Art. 809 **Abs. 1** statuiert, dass vermutungsweise alle Gesellschafter gemeinsam zur Geschäftsführung berechtigt und verpflichtet sind (sog. *Prinzip der Selbstorganschaft*, s. N 4 ff.). Damit hat der Gesetzgeber das Recht der GmbH auf die Bedürfnisse kleinerer Betriebe ausgerichtet (Botschaft GmbH, 3211). Durch entsprechende statutarische Regelung kann hingegen von dieser Organisation abgewichen werden und die Geschäftsführung auf einzelne Gesellschafter beschränkt oder sogar an Dritte übertragen werden (s. N 4). **Abs. 2** regelt den Fall, dass eine *juristische Person oder eine Handelsgesell-* 2 *schaft Gesellschafterin* ist und deshalb eine natürliche Person für diese Einsitz in der Geschäftsführung nehmen muss (s. N 12 ff.). Zur Gewährleistung einer adäquaten Organisation ist nach **Abs. 3** neu zwingend ein *Vorsitzender der Geschäftsführung* zu ernennen (s. N 15 ff.). **Abs. 4** letztlich regelt und weist dem Vorsitzenden den *Stichentscheid* zu, sofern keine abweichende statutarische Vorschrift besteht (s. N 19).

3 Mit dem neuen GmbH-Recht wurde die **Stellung des Exekutivorgans der GmbH an diejenige des VR einer AG angenähert;** neben Art. 809 sind dabei insb. auch Art. 810 betr. der *Statuierung unübertragbarer Aufgaben* sowie die nun explizit ins Gesetz aufgenommene *Sorgfalts- und Treuepflicht* der Geschäftsführer (Art. 812) zu erwähnen.

II. Prinzip der kollektiven Geschäftsführung (Abs. 1)

4 Gemäss der dispositiven Regelung in Art. 809 Abs. 1 – und im Unterschied zur AG – üben ohne abweichende statutarische Regelung sämtliche Gesellschafter (s. hierzu auch N 1) und damit die Eigentümer der GmbH die Geschäftsführung in corpore gemeinsam aus (sog. **Prinzip der Selbstorganschaft**), wobei es sich dabei nicht nur um ein Recht, sondern auch um eine diesbezügliche Pflicht handelt (NUSSBAUM/SANWALD/SCHEIDEGGER, Art. 809 N 2). Eine *Wahl durch die GesV und eine Wahlannahmeerklärung* der Gesellschafter ist diesfalls *nicht erforderlich* (s. hierzu N 8; FORSTMOSER/PEYER/SCHOTT, 46). Mit dem Prinzip der Selbstorganschaft nimmt der Gesetzgeber eine Vermischung der Funktionen der GesV und der Geschäftsführung in Kauf (ZK-VON STEIGER, N 3), obwohl diese Positionen eigentlich auseinander zu halten sind und namentlich bez. Stimmrecht bei der Geschäftsführung eine Auszählung zwingend nach Köpfen, in der GesV hingegen eine nach Stammanteilen (d.h. nach Kapital) erfolgt (s. Art. 808). Analog zur Rechtslage bei der AG (Art. 716b) erlaubt Art. 809 Abs. 1 jedoch vom Prinzip der Selbstorganschaft zur **Drittorganschaft** oder zu **Mischformen** abzuweichen und überzugehen (Botschaft GmbH, 3211 f.). Erforderlich ist hierfür eine entsprechende Ausgestaltung der Statuten und damit ein entsprechender Beschluss der GesV (s. Art. 804 Abs. 2 Ziff. 2). Die einfachste Art, um von der gesetzlichen Vorgabe abzuweichen, ist eine Statutenklausel, die besagt, dass bspw. drei Geschäftsführer gewählt werden (was bedeuten würde, dass auch Dritte Geschäftsführer werden können). Diese **flexiblen Möglichkeiten zur Ausgestaltung der Geschäftsführung** erlauben es der GesV den konkreten Bedürfnissen der Gesellschaft gerecht zu werden (Botschaft GmbH, 3211 f.).

5 Im Unterschied zum alten Recht wird bei der Geschäftsführung *nicht mehr unterschieden, ob sie durch Gesellschafter oder Dritte wahrgenommen wird;* insb. trifft den Dritten dieselbe **Sorgfalts- und Treuepflicht** wie die geschäftsführenden Gesellschafter (vgl. Art. 812 N 3). Der gewählte Geschäftsführer besitzt dieselbe **Organstellung** wie die geschäftsführenden Gesellschafter und er hat sein Mandat ebenso ad personam auszuüben (NUSSBAUM/SANWALD/SCHEIDEGGER, Art. 809 N 3). **Mindestens ein Geschäftsführer muss** gem. Art. 814 Abs. 2 **zur Vertretung befugt sein.**

6 Sämtliche Aufgaben, welche gem. Art. 810 Abs. 2 nicht als unübertragbare Aufgaben ausgewiesen sind, können – sofern in den Statuten vorgesehen – von der Geschäftsführung an Dritte oder an nicht an der Geschäftsführung beteiligte Gesellschafter delegiert werden. Die Einzelheiten einer solchen **Delegation** können in einem *Organisationsreglement* geregelt werden, was zu einer Reduktion der Verantwortlichkeit der Geschäftsführer auf die korrekte Auswahl, Überwachung und Anweisung führt (s. hierzu Art. 827; SIFFERT et al., Art. 809 N 3).

3. Abschnitt: Organisation der Gesellschaft   7–12   Art. 809

Entgegen dem alten Recht kann grundsätzlich die Organisation der Geschäftsführung   7
jederzeit durch die GesV gem. Art. 776a Abs. 2 Ziff. 7 und Art. 808 mit dem absoluten
Mehr der abgegebenen Stimmen geändert werden; ausser die Statuten würden bei dieser
Art von Beschlussfassung ein anderes Quorum vorsehen. Ein **wohlerworbenes Recht**
der Gesellschafter zur Geschäftsführung **besteht** heute **nicht mehr.**

Wo das *Prinzip der Selbstorganschaft* durch die GesV nicht aufgehoben wurde, müssen   8
die Gesellschafter *keine* **Wahlannahmeerklärung** abgeben, sondern erhalten diese
Funktion als direkten Ausfluss ihrer Gesellschafterstellung. *Anders* präsentiert sich die
Rechtslage dann, *wenn die Statuten die Gesellschafter von der Pflicht zur Geschäftsführung entbinden* (ZK-VON STEIGER, N 13a); hier ist eine Annahme des Amtes – analog
zum Mitglied des VR bei der AG – notwendig (s. zur Wahlannahmeerklärung auch
REBSAMEN, neue GmbH, Rz 258 f.). Abzulehnen ist die von Teilen der Lehre propagierte namentliche **Nennung der geschäftsführenden Gesellschafter in den Statuten,**
da dies bei Mutationen dazu führt, dass die Statuten jeweils abgeändert werden müssen
(**a.M.** NUSSBAUM/SANWALD/SCHEIDEGGER, Art. 809 N 5). Nach Art. 73 Abs. 1 lit. p sind
die **Geschäftsführer** einer GmbH **ins HR einzutragen.**

Die zwischen der GmbH und dem Geschäftsführer entstehende **Rechtsbeziehung hat**   9
gesellschafts- und schuldrechtliche (auftrags- oder arbeitsvertragliche) Elemente.
Die schuldrechtlichen Aspekte haben v.a. in Entschädigungsfragen (die u.E. mangels
einer anderen Abrede im üblichen Umfang auch bei Selbstorganschaft geschuldet ist)
und für eine allfällige Fortzahlungspflicht bei Beendigung der Geschäftsführerstellung
ihre Bedeutung (zur AG vgl. Art. 716b N 33 ff.), gelten aber auch vorher, was vor allem
bei der Selbstorganschaft relevant ist, wenn die Gesellschafter unterschiedliche Anteile
halten, aber etwa gleich viel leisten. Entschädigungsansprüche des Betroffenen werden
nun im Falle der Abberufung gesetzlich ausdrücklich vorbehalten (Art. 815 Abs. 5; vgl.
auch zum Auftragsverhältnis Art. 404 Abs. 2 und zum Arbeitsverhältnis Art. 337b f.).

Die Geschäftsführer haben gesamthaft eine dem VR in der AG vergleichbare Stellung   10
(vgl. zur Geschäftsführung der AG Art. 716b N 4 ff.). Anders als ein VR **kann ein Gesellschafter sein Amt als Geschäftsführer** – sofern nicht statutarisch von der Selbstorganschaft abgewichen wird – **nicht einseitig niederlegen,** sondern ist darauf angewiesen, dass die GesV ihn aus seiner Pflicht entlässt; verweigert ihm dies die GesV (ZK-
VON STEIGER, N 25), muss er einen Verkauf seines Stammanteils erwägen oder auf
Austritt oder Auflösung klagen (Art. 821 Abs. 3 und Art. 822 Abs. 1). Ein **Dritter als**
Geschäftsführer hat hingegen grundsätzlich **das Recht, sein Amt einseitig,** unter Beachtung allfälliger Kündigungsfristen, **niederzulegen.** Er macht sich aber – falls dies
zur Unzeit geschieht – allenfalls der Gesellschaft gegenüber verantwortlich.

Der **Entzug der Geschäftsführerposition** ist bei *geschäftsführenden Gesellschaftern*   11
dann möglich, wenn durch statutarische Bestimmungen von der Selbstorganschaft abgewichen wird. *Geschäftsführende Dritte* können – vorbehaltlich anderslautender vertraglicher Vereinbarungen – grundsätzlich jederzeit von ihrem Amt als Geschäftsführer enthoben werden. Siehe für die **Zuständigkeit** zur Abberufung von Geschäftsführern
Art. 814.

III. Natürliche Personen als Geschäftsführer (Abs. 2)

Nach dem Gesetzgeber ist eine persönlich zu verantwortende Mitwirkung bei der Willensbildung der GmbH auf der exekutiven Stufe – wie dies sinngemäss auch in allen   12
anderen Rechtsformen der Fall ist (vgl. insb. Art. 707 Abs. 3, Art. 894 Abs. 2) – nur

durch natürliche Personen möglich (Botschaft GmbH, 3212; vgl. auch Art. 120 HRegV). Dementsprechend ist eine **juristische Person oder Handelsgesellschaft,** welche an der GmbH beteiligt ist, auch bei Aufrechterhaltung des Prinzips der Selbstorganschaft **nicht zur Geschäftsführung berechtigt,** sondern hat eine *natürliche Person* zu bezeichnen, welche diese Funktion an ihrer Stelle ausübt.

13   Grundsätzlich ist die juristische Person oder Handelsgesellschaft bei der **Wahl der natürlichen Person frei;** neben eigenen Angestellten, die nicht zwingend zur Geschäftsleitung oder zum VR gehören müssen, können auch Dritte entsendet werden (NUSSBAUM/SANWALD/SCHEIDEGGER, Art. 809 N 9); allenfalls können sich Fragen im Bereich der aus dem Aktienrecht bekannten Diskussion zur *Treuepflicht* (insb. im Zusammenhang mit Geheimhaltungspflichten) stellen (s. Art. 812 N 7; s. zur AG Art. 717 N 15 ff.).

14   Damit sich die anderen Gesellschafter nicht mit Personen konfrontiert sehen, die für eine einvernehmliche Geschäftsführung nicht geeignet erscheinen, können die Statuten vorsehen, dass für die Bezeichnung von Geschäftsführern durch juristische Personen oder Handelsgesellschaften die **Zustimmung der GesV** erforderlich ist (s. auch Art. 776 a Abs. 1 Ziff. 12; SIFFERT et al., Art. 809 N 6; NUSSBAUM/SANWALD/SCHEIDEGGER, Art. 809 N 10). Diese *Bestimmung ist* u.E. sehr *problematisch,* kann sie doch je nach statutarischer Ausgestaltung dazu führen, dass der von der juristischen Person oder Handelsgesellschaft vorgeschlagene Geschäftsführer in der GesV jeweils am absoluten Mehr oder an einem anderen statutarischen Quorum scheitert. Verweigert die GesV mehrmals ohne ersichtlichen Grund die Zustimmung, so muss der juristischen Person oder Handelsgesellschaft der Gang zum Richter offen bleiben; eine Anfechtung des Beschlusses der GesV (Art. 808c) muss möglich sein. Insbesondere ist die Gleichbehandlung der Gesellschafter etwa dann verletzt (vgl. Art. 813 und zur Anfechtung in der AG Art. 706 Abs. 2 Ziff. 3), wenn grundsätzlich am Prinzip der Selbstorganschaft festgehalten wird, dann aber die Ernennung des entsandten Vertreters – ohne sachlichen Grund – verhindert wird. Auch eine Benachrichtigung des Richters aufgrund eines Organisationsmangels ist denkbar (Art. 819 i.V.m. Art. 731b), in Extremfällen sogar eine Klage auf Austritt oder gar Auflösung (Art. 820 ff.).

IV. Vorsitz der Geschäftsführung (Abs. 3)

15   Zur Gewährleistung der Funktionsfähigkeit der GmbH muss beim Vorhandensein mehrerer Geschäftsführer zwingend der Vorsitz geregelt werden (Botschaft GmbH, 3212). Vorbehaltlich einer anderen statutarischen Bestimmung kann **jeder Geschäftsführer,** *egal ob Gesellschafter oder Dritter,* als Vorsitzender gewählt werden. Zu den Aufgaben des Vorsitzenden s.a. Art. 810 N 14 ff. sowie ausführlich WOHLMANN, 131 f., und bei der AG Art. 712 N 7 ff.

16   Die Bezeichnung des Vorsitzenden liegt in der **Kompetenz der GesV,** *kann* von dieser aber durch die Statuten *an die Geschäftsführer delegiert werden,* da sie nicht zu den unübertragbaren Aufgaben der GesV nach Art. 804 Abs. 2 gehört (Botschaft GmbH, 3212; NUSSBAUM/SANWALD/SCHEIDEGGER, Art. 809 N 12). Ist nur ein einzelner Geschäftsführer vorhanden, so erübrigt sich die Regelung des Vorsitzes. Diesfalls muss erst beim Eintritt eines neuen Gesellschafters im Falle der Selbstorganschaft oder der Zuwahl eines Geschäftsführers der Vorsitz neu oder anders geregelt werden; sofern die GesV im Falle einer Zuwahl keinen Entscheid betr. des Vorsitzes trifft, so ist vermutungsweise der bisherige Geschäftsführer weiterhin der Vorsitzende.

Die Zulässigkeit eines **Kopräsidiums** ist u.E. abzulehnen (**a.M.** KÜNG/CAMP, Art. 810 N 6), da diesfalls Konflikte zu befürchten sind, welche die Geschäftsführung behindern können und ausserdem der gesetzlich vorgesehene Stichentscheid keinen Sinn mehr machen würde (s. N 19). Sofern man sicherstellen möchte, dass bei Abwesenheit des Vorsitzenden die Leitung der Geschäftsführung dennoch festgelegt ist, so kann ein Vize-Vorsitzender, ähnl. dem Vize-Präsidenten des VR bei der AG, durch die Geschäftsführer ernannt werden.

V. Beschlussfassung (Abs. 4)

Umfasst die Geschäftsführung mehrere Mitglieder, so sind Beschlüsse gemäss der dispositiven gesetzlichen Regelung mit der **Mehrheit der abgegebenen Stimmen** zu fällen. Die Stimmenzahl berechnet sich dabei anhand der Köpfe und nicht anhand des Kapitals (vgl. N 4). Der gesetzliche Passus, nach welchem mittels Statuten eine **andere Regelung** der Beschlussfassung vorgesehen werden kann, bezieht sich lediglich auf die Ausgestaltung und die Quoren der Abstimmungen, nicht aber auf die Berechnungsgrundlage. Eine Vertretung des Geschäftsführers durch Dritte oder andere Geschäftsführer ist aufgrund der personalistisch strukturierten GmbH abzulehnen (ebenso NUSSBAUM/SANWALD/SCHEIDEGGER, Art. 809 N 3).

Bei Stimmengleichheit kommt dem *Vorsitzenden* neben seiner Stimme zusätzlich der **Stichentscheid** zu. Statutarisch kann von der gesetzlichen Konzeption abgewichen werden (Art. 776a Abs. 2 Ziff. 6); neben Anwesenheits- und/oder Beschlussquoren für alle oder einzelne Geschäfte kann auch die Aufhebung des Stichentscheides für den Vorsitzenden (oder allenfalls auch den Sitzungsvorsitzenden) vorgesehen werden.

Insbesondere für **Erhöhungen des Stammkapitals** sollte – wie bei der Kapitalerhöhung einer AG – aus Praktikabilitätsgründen von einem Anwesenheitsquorum für den *Feststellungsbeschluss* (Art. 781 Abs. 5 Ziff. 5) abgesehen werden (NUSSBAUM/SANWALD/SCHEIDEGGER, Art. 809 N 19). Allenfalls kann vorgesehen werden, dass die nicht teilnehmenden Geschäftsführer einen schriftlichen Verzicht auf Teilnahme an der Sitzung zur Feststellung der Erhöhung des Stammkapitals erklären, aber der Erhöhung des Stammkapitals schriftlich zustimmen.

Sofern in den Statuten vorgesehen, können die Geschäftsführer auch Entscheide auf dem **Zirkulationsweg** fassen (Art. 809 Abs. 4), wobei Art. 805 Abs. 4, wonach eine schriftliche Beschlussfassung der GesV nur dann zulässig ist, wenn *kein Gesellschafter die mündliche Beratung verlangt,* analog auch auf die *Geschäftsführer* anzuwenden ist (NUSSBAUM/SANWALD/SCHEIDEGGER, Art. 809 N 17). Ebenso wie für den VR einer AG ist u.E. *keine Einstimmigkeit* für die Beschlussfassung *erforderlich,* so dass es grundsätzlich genügt, wenn innerhalb einer bestimmten Frist die Mehrheit der Geschäftsführer, die auf das zugesandte Beschlussdokument schriftlich reagieren, zustimmende schriftliche Erklärungen zurück senden.

VI. Protokollierungspflicht

Aus dem Verzicht zur Aufnahme einer gesetzlichen Bestimmung zur Protokollführung in der GmbH muss geschlossen werden, dass – im Unterschied zur AG – bei der **GmbH keine Pflicht zur Protokollierung der Sitzungen der Geschäftsführer** besteht (vgl. zur AG Art. 712).

Im Interesse einer ordentlichen Geschäftsführung und mit Blick auf die Verantwortlichkeit der Geschäftsführer (Art. 827) ist hingegen **zu empfehlen,** sämtliche *Sitzungen der*

Geschäftsführer und insb. die Anträge und Beschlüsse sowie die wesentlichen Diskussionsgrundlagen zu protokollieren. Bei statutarischer Aufhebung der Selbstorganschaft besitzt das Protokoll schliesslich eine *Informationsfunktion für die nicht geschäftsführenden Gesellschafter*, welchen das Protokoll im Rahmen des Auskunfts- und Einsichtsrechts zur Verfügung steht (s. Art. 802 Abs. 1).

VII. Übergangsrecht

24 Gemäss Art. 2 Abs. 3 ÜBest gelangt Art. 809 Abs. 4 zweiter Satz für Gesellschaften, welche im Zeitpunkt des Inkrafttretens des revidierten Rechts im HR bereits eingetragen sind, erst nach der allg. **zweijährigen Frist** für die Anpassung der Statuten zur Anwendung (Botschaft GmbH, 3247; KELLERHALS, 169 f.). Damit wird den bestehenden Gesellschaften eine adäquate Frist zur Anpassung ihrer rechtlichen Grundordnung an das neue Recht eingeräumt.

Art. 810

II. Aufgaben der Geschäftsführer

¹ Die Geschäftsführer sind zuständig in allen Angelegenheiten, die nicht nach Gesetz oder Statuten der Gesellschafterversammlung zugewiesen sind.

² Unter Vorbehalt der nachfolgenden Bestimmungen haben die Geschäftsführer folgende unübertragbare und unentziehbare Aufgaben:

1. die Oberleitung der Gesellschaft und die Erteilung der nötigen Weisungen;

2. die Festlegung der Organisation im Rahmen von Gesetz und Statuten;

3. die Ausgestaltung des Rechnungswesens und der Finanzkontrolle sowie der Finanzplanung, sofern diese für die Führung der Gesellschaft notwendig ist;

4. die Aufsicht über die Personen, denen Teile der Geschäftsführung übertragen sind, namentlich im Hinblick auf die Befolgung der Gesetze, Statuten, Reglemente und Weisungen;

5. die Erstellung des Geschäftsberichtes (Jahresrechnung, Jahresbericht und gegebenenfalls Konzernrechnung);

6. die Vorbereitung der Gesellschafterversammlung sowie die Ausführung ihrer Beschlüsse;

7. die Benachrichtigung des Gerichts im Falle der Überschuldung.

³ Wer den Vorsitz der Geschäftsführung innehat, beziehungsweise der einzige Geschäftsführer hat folgende Aufgaben:

1. die Einberufung und Leitung der Gesellschafterversammlung;

2. Bekanntmachungen gegenüber den Gesellschaftern;

3. die Sicherstellung der erforderlichen Anmeldungen beim Handelsregister.

3. Abschnitt: Organisation der Gesellschaft — Art. 810

II. Attributions des gérants

¹ Les gérants sont compétents pour toutes les affaires qui ne sont pas attribuées à l'assemblée des associés par la loi ou les statuts.

² Sous réserve des dispositions qui suivent, ils ont les attributions intransmissibles et inaliénables suivantes:

1. exercer la haute direction de la société et établir les instructions nécessaires;

2. décider de l'organisation de la société dans le cadre de la loi et des statuts;

3. fixer les principes de la comptabilité et du contrôle financier ainsi que le plan financier, pour autant que celui-ci soit nécessaire à la gestion de la société;

4. exercer la surveillance sur les personnes chargées de parties de la gestion pour s'assurer notamment qu'elles observent la loi, les statuts, les règlements et les instructions données;

5. établir le rapport de gestion (comptes annuels, rapport annuel et, le cas échéant, comptes de groupe);

6. préparer l'assemblée des associés et exécuter ses décisions;

7. informer le juge en cas de surendettement.

³ Le président des gérants ou le gérant unique a les attributions suivantes:

1. convoquer et diriger l'assemblée des associés;

2. faire toutes les communications aux associés;

3. s'assurer du dépôt des réquisitions nécessaires à l'office du registre du commerce.

II. Attribuzioni dei gerenti

¹ I gerenti sono competenti per tutti gli affari che non siano attribuiti all'assemblea dei soci dalla legge o dallo statuto.

² Fatte salve le disposizioni di cui agli articoli 811e seguenti, i gerenti hanno le attribuzioni intrasmissibili e inalienabili seguenti:

1. l'alta direzione della società e il potere di dare le istruzioni necessarie;

2. la definizione dell'organizzazione della società, nei limiti previsti dalla legge e dallo statuto;

3. l'organizzazione della contabilità e del controllo finanziario, nonché l'elaborazione del piano finanziario per quanto necessario alla gestione della società;

4. la vigilanza sulle persone incaricate di parti della gestione, segnatamente per quanto concerne l'osservanza della legge, dello statuto, dei regolamenti e delle istruzioni;

5. l'elaborazione della relazione sulla gestione (conto annuale, rapporto annuale e, se del caso, conto di gruppo);

6. la preparazione dell'assemblea dei soci e l'esecuzione delle sue deliberazioni;

7. l'avviso al giudice in caso di indebitamento eccessivo.

³ Il presidente dei gerenti o il gerente unico ha le attribuzioni seguenti:

1. convocare e dirigere l'assemblea dei soci;

2. provvedere per le comunicazioni ai soci;

3. accertarsi che siano fatte le notificazioni necessarie all'ufficio del registro di commercio.

Literatur

BLANC, La répartition des compétences entre les associés et les gérants dans le droit révisé de la Sàrl, SJZ 2006, 221 ff.; FORSTMOSER/PEYER, Die Einwirkung der Gesellschafterversammlung auf geschäftsführende Entscheide in der GmbH, SJZ 2007, 397 ff.; KÜNG/HAUSER, GmbH – Gründung und Führung der Gesellschaft mit beschränkter Haftung, Basel 2005; WOHLMANN, GmbH – Positionierung der GmbH und Fragen der Geschäftsführung, in: Böckli/Forstmoser (Hrsg.), Das neue schweizerische GmbH-Recht, Zürich 2006, 125 ff.; vgl. im Übrigen die Literaturhinweise zu Art. 811.

I. Allgemeines

1 Die vom Aktienrecht her bekannte Paritätstheorie (vgl. Art. 716a N 1; vgl. auch die dortigen Ausführungen über die notwendige Relativierung dieser Theorie) – jedem Organ ist zwingend ein eigener Kompetenzbereich zugeordnet – ist mit Art. 810 ins neue GmbH-Recht übernommen worden (Botschaft GmbH, 3204). Dieser neue Artikel ist im Lichte von Art. 804 zu lesen, welcher die unübertragbaren Aufgaben der GesV festlegt; zu berücksichtigen sind bei der Auslegung aber auch die Art. 811 (Genehmigung von Geschäftsführungsakten durch die GesV) und Art. 815 (Abberufung von Geschäftsführern). **Ziel der Kompetenzaufteilung** von Art. 810 ist der möglichst weitgehende Ausschluss von Überschneidungen, aber auch von Lücken. Anders als im Aktienrecht kann die Kompetenz der Geschäftsführer bei der GmbH eingeschränkt werden (vgl. N 5). Das bedeutet aber trotz der *Relativierung der Paritätstheorie* nicht, dass eine Zuwendung zur Omnipotenztheorie gewollt gewesen wäre (vgl. FORSTMOSER/PEYER, 401).

II. Subsidiäre Generalkompetenz (Abs. 1)

2 Grundsätzlich sind die Geschäftsführer für alle Angelegenheiten verantwortlich, die nicht nach Gesetz oder Statuten der GesV zugewiesen sind (subsidiäre Generalkompetenz). Wie im Aktienrecht sind die Geschäftsführer das **«Kompetenzauffangbecken»** (vgl. zur AG Art. 716 N 1). Ziel dieser Bestimmung ist die Verhinderung negativer Kompetenzkonflikte (vgl. Botschaft GmbH, 3212). Positive Kompetenzkonflikte können mittels dieser Bestimmung hingegen nicht verhindert werden (**a.M.** aber ohne Begründung NUSSBAUM/SANWALD/SCHEIDEGGER, Art. 810 N 2).

3 Mittels einer entsprechenden **Statutenbestimmung** könnte die subsidiäre Generalkompetenz auch der GesV zugewiesen werden. Eine solche Regelung mag in bestimmten Fällen wünschenswert sein, ist aber nicht wirklich praxistauglich und führt eher zu einer Vermischung der Funktionen der GesV und der Geschäftsführung (vgl. Art. 809 N 5).

4 Unklar ist, wie die Kompetenzaufteilung mit **anderen** als den gesetzlich vorgesehenen **Organen** funktioniert. Sind mittels Statuten und Organisationsreglement einem weiteren Organ, z.B. einem Aufsichtsrat ebenfalls Kompetenzen zugeteilt, so wäre nach dem Wortlaut von Abs. 1 die Geschäftsführung berechtigt, sich diese Kompetenzen ebenfalls anzumassen (sog. Kompetenzattraktion; vgl. zur AG Art. 716 N 4), da Abs. 1 nur die Kompetenzen der GesV schützt. Dies kann u.E. aber dem Willen des Gesetzgebers entsprechen, da dies zu einer Aushöhlung des Paritätsprinzips führen würde. Abs. 1 ist demnach so zu lesen, dass der Geschäftsführung jene Kompetenzen zustehen, die nicht nach Gesetz oder Statuten einem anderen Organ zugewiesen sind.

III. Unübertragbare und unentziehbare Aufgaben (Abs. 2)

5 Dem Aktienrecht folgend hat der Gesetzgeber in Abs. 2 **unübertragbare und unentziehbare Aufgaben** der Geschäftsführung definiert. Diese Kompetenzen können nach

3. Abschnitt: Organisation der Gesellschaft   **6 Art. 810**

dem Wortlaut weder nach «oben» – an die GesV – noch nach «unten» – an Delegierte oder Direktoren – abgetreten, übertragen oder usurpiert werden. Inwieweit wirklich Unentzieh- und Unübertragbarkeit gelten, ist in der Lehre aber strittig; dies wegen der Wendung «unter **Vorbehalt** der nachfolgenden Bestimmungen», womit Art. 811 gemeint ist, der die Genehmigung von Entscheiden durch und Vorlage von Fragen der Geschäftsführung an die GesV regelt. Es fragt sich, ob Art. 811 so zu verstehen ist, dass alle, auch die in Art. 810 aufgeführte Tätigkeiten statutarisch der GesV zum Beschluss zugewiesen werden können. NUSSBAUM/SANWALD/SCHEIDEGGER, Art. 810 N 5, und wohl auch FORSTMOSER/PEYER/SCHOTT, N 109, sind ohne Begründung der Meinung, dass alle unentziehbaren und unübertragbaren Aufgaben unter dem Vorbehalt von Art. 811 stehen. Gl.M. mit ausführlicher Begründung sind FORSTMOSER/PEYER, 399 f., sowie WOHLMANN, 132 f. Lediglich HANDSCHIN/TRUNIGER, § 14 N 9, vertreten die gegenteilige Ansicht, wonach die vom Gesetz definierten unentziehbaren und unübertragbaren Aufgaben keinem Genehmigungsvorbehalt unterstellt werden dürfen; sofern die Statuten dies dennoch vorsehen, können sich die Geschäftsführer nach dieser Meinung durch Ignorieren des Gesellschafterbeschlusses, gerichtliche Anfechtung oder Feststellung der Nichtigkeit wehren. Nach der hier vertretenen Meinung folgt schon aus dem Wortlaut des Gesetzes, dass es auch im Bereich der unentziehbaren und unübertragbaren Aufgaben möglich ist, einen Genehmigungsvorbehalt vorzusehen (aber nur einen Genehmigungsvorbehalt, keine Kompetenz für die GesV, selbst zu entscheiden – vgl. zu den Einflussmöglichkeiten der GesV Art. 811 N 2, 5 ff.). Materielle Grenzen gibt es u.E. darüber hinausgehend nicht, ausser, dass Art. 811 von «bestimmten Entscheiden» und «einzelnen Fragen» spricht, womit etwa eine Formulierung in den Statuten, dass alle Entscheide aus dem Bereich von Abs. 2 der GesV zur Genehmigung vorgelegt werden müssten, nicht möglich ist. Gegen die Annahme materieller Grenzen spricht auch die Überlegung, dass es unlogisch wäre, wenn die Statuten für unwichtige Geschäftsführungsakte einen Genehmigungsvorbehalt vorsehen könnten (was nach Art. 811 möglich ist, bspw. Genehmigung aller Ausgaben über CHF 1 000), die grundlegenden Fragen von Abs. 2 aber «geschützt» wären und zwangsweise der Geschäftsführung vorbehalten bleiben müssten, obwohl die GesV sowohl die Selbstorganschaft aufheben, als auch die Geschäftsführung abwählen kann (Art. 809 Abs. 1 und Art. 815 Abs. 1). Zwar haben BÖCKLI/FORSTMOSER/RAPP, 102, im Expertenbericht noch darauf hingewiesen, dass es ausschliessliche Zuständigkeiten geben muss. Der VE hat deshalb den Genehmigungsvorbehalt nur für «Entscheide grundsätzlicher Tragweite» vorgesehen (angemerkt sei: wozu die in Abs. 2 aufgeführten Geschäfte wohl zu zählen sind) und so eine generelle Kompetenzattraktion seitens der GesV mittels statutarischer Einführung einer allg. Genehmigungskompetenz verhindern wollen (Art. 812a Abs. 2 VE). Diese Fassung ist aber nicht Gesetz geworden. Relevant kann die hier geschilderte Problematik etwa dann werden, wenn die Statuten vorsehen, dass die Selbstorganschaft nur mit einem hohen Quorum abgeschafft werden kann und in einer GmbH A 60 % der Stammanteile hält und B und C je 20 %. Hier könnte es passieren, dass A auf Geschäftsführerebene jeweils B und C unterliegt (Art. 809 Abs. 4) und sich erhöhte Mitsprache über Genehmigungskompetenzen auch zu Geschäftsführerakten nach Art. 810 Abs. 2 sichern will (falls dies mit der normalen Mehrheit eingeführt werden kann).

Nachfolgend wird nur kurz auf die unübertragbaren und unentziehbaren Aufgaben eingegangen. Aufgrund der fast **identischen Formulierungen** von Art. 810 Abs. 2 und Art. 716a Abs. 1 ist für Detailfragen auf Art. 716a N 4 ff. zu verweisen. **6**

1. Oberleitung (Ziff. 1)

7 Zur **Oberleitung** gehört neben der Festlegung der Strategie und der Wahl der Mittel zu ihrer Umsetzung auch die Einrichtung von Kontrollmechanismen für die Zielkonformität einzelner Geschäftsführungsakte. Im Bereich der Weisungserteilung liegt im Gegensatz zu einem nicht-exekutiven VR bei der GmbH der Fokus weniger auf der Durchsetzung der Strategie mittels Weisungen an die geschäftsführenden Organe und deren Kontrolle (Art. 716 N 5) sondern auf der Überprüfung der eigenen Zielerreichung.

2. Organisation (Ziff. 2)

8 Die Geschäftsführung legt die **Organisation** im Rahmen des Gesetzes und der Statuten fest. Dies dürfte meist mittels eines Organisationsreglements geschehen (vgl. Art. 809). Nebst der inneren Organisation sind auch die Kompetenzen und Reportingpflichten einer allfälligen Direktion zu regeln.

3. Ausgestaltung des Rechnungswesen, der Finanzkontrolle sowie der Finanzplanung (Ziff. 3)

9 Der Geschäftsführung ist für die Ausgestaltung des **Rechnungswesens,** der **Finanzkontrolle** sowie, falls notwendig, der **Finanzplanung** verantwortlich. Ein zeitnah agierendes Rechnungswesen ist sowohl Informationsinstrument als auch Führungsmittel (vgl. Art. 716a N 16). Das Gesetz erachtet die Finanzplanung nicht in jedem Fall als notwendig. Es ist aber nur schwer vorstellbar, wie auch eine kleine und personalistisch ausgestaltete GmbH ohne Budget und ohne Liquiditätsplanung längerfristig funktions- und überlebensfähig sein soll.

4. Aufsicht (Ziff. 4)

10 Ziff. 4 weicht von Art. 716a Abs. 1 Ziff. 5 leicht ab. Ist hier nur von «**Aufsicht**» die Rede, spricht man dort von «Oberaufsicht». MEIER-HAYOZ/FORSTMOSER, § 18 N 21, leiten daraus ab, dass der Gesetzgeber damit bewusst eine Unterscheidung angestrebt hat und damit «für den Verwaltungsrat der AG eine weitergehende Delegation der Geschäftsführung und ein stärkerer Rückzug auf eine Aufsichtsfunktion zugelassen [hat] als für die Geschäftsführung der GmbH». Diese Folgerung ergibt sich auch aus der anderen Konzeption der Führung in der GmbH und damit letztlich aus dem Prinzip der Selbstorganschaft (vgl. Art. 809). Wie auch den VR trifft die Geschäftsführung bei Delegation eine *cura in custodiendo* (vgl. zur AG Art. 716a N 23 ff.).

5. Geschäftsbericht (Ziff. 5)

11 Die Erstellung des **Geschäftsberichts** (vgl. Art. 801), bestehend aus der Jahresrechnung, dem Jahresbericht und – bei einer GmbH wohl seltener – einer Konzernrechnung, ist eng mit der Ausgestaltung des Rechnungswesens (N 9) verknüpft und ebenfalls eine Kompetenz der Geschäftsführung. Wie bei der AG muss die Geschäftsführung dabei die Erstellung nur ermöglichen und sicherstellen, den Geschäftsbericht aber nicht selbst verfassen (zur AG s. Art. 716a N 29 ff.).

6. Gesellschafterversammlung (Ziff. 6)

Die Kompetenz zur **Vorbereitung** und **Ausführung** der durch die **GesV** getroffenen **Beschlüsse** ist im Gegensatz zur AG (vgl. Art. 716a Ziff. 6) unter einer separaten Ziffer aufgeführt. Grund für diese Abweichung scheint es keinen zu geben (vgl. zur Kritik an der Terminologie MEIER-HAYOZ/FORSTMOSER, § 18 N 17 ff.). Aufgrund der gesetzlichen Kompetenzen des Vorsitzenden nach Art. 810 Abs. 3 Ziff. 1 (vgl. N 14) macht es Sinn, diesem intern auch die Vorbereitung der GesV zu überlassen. Zur Umsetzung der an der GesV getroffenen Beschlüsse sind hingegen wieder alle Geschäftsführer zuständig 12

7. Benachrichtigung im Falle der Überschuldung (Ziff. 7)

Die Geschäftsführer müssen eine **Überschuldung** i.S.v. Art. 820 anzeigen. Zu Kapitalverlust, Überschuldung und Anzeigepflicht s. NUSSBAUM/SANWALD/SCHEIDEGGER, Art. 820 N 1 ff.; zur AG s. Art. 725 und anstelle aller BÖCKLI, § 13 N 707 ff. 13

IV. Aufgaben des Vorsitzenden (Abs. 3)

In Ergänzung zu Art. 809 Abs. 4 werden in Abs. 3 weitere **Kompetenzen des Vorsitzenden** geregelt. Wie Art. 809 Abs. 4 ist auch diese Bestimmung dispositiv und die Geschäftsführer können (bspw. in einem Organisationsreglement) die Erledigung der beschriebenen Aufgaben abweichend regeln. Sofern der Vorsitzende seinen Aufgaben nicht nachkommt, sind alle Geschäftsführer verpflichtet, diese wahrzunehmen. 14

Der Vorsitzende ist namentlich verantwortlich dafür, dass die GesV richtig einberufen wird und er leitet diese auch (Ziff. 1; vgl. N 12). Wie bei der AG (Art. 699 Abs. 1) kann die RS die GesV einberufen, sofern weder der Vorsitzende noch die anderen Geschäftsführer dies tun; Art. 805 Abs. 5 Ziff. 1 verweist dabei auf Art. 699 Abs. 1 (Art. 818 Abs. 1 verweist nur auf die Art. 727 ff.; vgl. Botschaft GmbH, 3219). Für die Leitung der GesV kann auf die Regelung bei der AG verwiesen werden (Art. 702 N 24 ff.). Möglich bleibt, dass ein von der GesV bei Abwesenheit des Vorsitzenden gewählter «Tagesvorsitzender» die Leitung der GesV übernimmt. 15

Weiter ist der Vorsitzende für die **Bekanntmachungen** gegenüber den Gesellschaftern (Ziff. 2) zuständig. Dies ist v.a. dann von Belang, wenn das Prinzip der Selbstorganschaft durchbrochen wird. Die Informationspflicht des Vorsitzenden bildet das Gegenstück zum Informationsrecht der Gesellschafter (Art. 802). 16

Die letzte Aufgabe betrifft die **Anmeldungen beim Handelsregisteramt** (Ziff. 3). Auch wenn der Vorsitzende nicht einzelzeichnungsberechtigt ist und Anmeldungen nur mit einem zweiten Geschäftsführer gültig zeichnen kann, so befreit ihn das nicht davon, dafür zu sorgen, dass Anmeldungen und Belege in der richtigen Form innert der jeweiligen Frist beim Handelsregister eingehen. (vgl. Art. 931a). 17

Art. 811

III. Genehmigung durch die Gesellschafterversammlung

¹ Die Statuten können vorsehen, dass die Geschäftsführer der Gesellschafterversammlung:
1. bestimmte Entscheide zur Genehmigung vorlegen müssen;
2. einzelne Fragen zur Genehmigung vorlegen können.

² Die Genehmigung der Gesellschafterversammlung schränkt die Haftung der Geschäftsführer nicht ein.

III. Approbation de l'assemblée des associés

¹ Les statuts peuvent prévoir que les gérants:
1. doivent soumettre certaines décisions à l'approbation de l'assemblée des associés;
2. peuvent soumettre certaines questions à l'approbation de l'assemblée des associés.

² L'approbation de l'assemblée des associés ne restreint pas la responsabilité des gérants.

III. Approvazione dell'assemblea dei soci

¹ Lo statuto può prevedere che i gerenti:
1. devono sottoporre determinate decisioni all'approvazione dell'assemblea dei soci;
2. possono sottoporre talune questioni all'approvazione dell'assemblea dei soci.

² L'approvazione dell'assemblea dei soci non limita la responsabilità dei gerenti.

Literatur

BÄHLER, Die massgeschneiderte Gesellschaft: Ausgestaltungsmöglichkeiten für kleine und mittlere Unternehmen am Beispiel der GmbH, in: Hausheer (Hrsg.), Abhandlungen zum schweizerischen Recht, Bern 1999; BLANC, La répartition des compétences entre les associés et les gérants dans le droit révisé de la Sàrl, SJZ 2006, 221 ff.; BÖCKLI, Das neue schweizerische GmbH-Recht – was ist wirklich neu? Eine Übersicht, in: Böckli/Forstmoser (Hrsg.), Das neue schweizerische GmbH-Recht, Zürich 2006 (zit. Übersicht); FORSTMOSER/PEYER, Die Einwirkung der Gesellschafterversammlung auf geschäftsführende Entscheide in der GmbH, SJZ 2007, 397 ff. und Fortsetzung in: SJZ 2007, 429 ff.; GRIMM/TRIPPEL, Aktuelle Fragen des GmbH-Rechts, in: Jörg/Arter (Hrsg.), Entwicklungen im Gesellschaftsrechte I, Bern 2006, 47 ff.; HANDSCHIN, Gesellschaftsanteile und Gesellschafterversammlung – die Willensbildung in der GmbH – die Konzernleitung der GmbH, in: Böckli/Forstmoser (Hrsg.), Das neue schweizerische GmbH-Recht, Zürich 2006, 75 ff.; ISENSCHMID, Das neue GmbH-Recht aus der Sicht des Praktikers, in: Zindel/Peyer/Schott (Hrsg.), Wirtschaftsrecht in Bewegung – Festgabe zum 65. Geburtstag von Peter Forstmoser, Züric/Basel/Genf/St. Gallen 2008, 227 ff.; KÜNG/HAUSER, GmbH – Gründung und Führung der Gesellschaft mit beschränkter Haftung, Basel/Genf/München 2005; PASCUAL/ROTH, Organisation der GmbH gemäss revidiertem Recht, Kompetenzordnung und deren Ausgestaltungsmöglichkeiten, ST 2007, 470 ff.; WOHLMANN, GmbH – Positionierung der GmbH und Fragen zur Geschäftsführung, in: Böckli/Forstmoser (Hrsg.), Das neue schweizerische GmbH-Recht, Zürich 2006, 125 ff. (zit. Positionierung); WOHLMANN, Reform der GmbH: Grundfragen – Organisation – Mitgliedschaft, in: Meiser-Schatz (Hrsg.), Die GmbH und ihre Reform – Perspektiven aus der Praxis, Zürich 2000, 35 ff. (zit. Reform).

Materialien

Vorentwurf für eine Reform des Rechts der Gesellschaft mit beschränkter Haftung (zit. VE GmbH).

3. Abschnitt: Organisation der Gesellschaft   1–3 **Art. 811**

I. Allgemeines

Im früheren GmbH-Recht gab es keine klare Abgrenzung der Kompetenzen zwischen der   1
GesV und der Geschäftsführung (vgl. BÄHLER, 52, welcher der sog. «eingeschränkten
Omnipotenztheorie» gegenüber der Paritätstheorie den Vorzug gab). Dies war hauptsächlich eine Folge des **Prinzips der Selbstorganschaft,** wonach die Gesellschafter automatisch auch Geschäftsführer sind (MAYER-HAYOZ/FORSTMOSER, § 18 N 117 ff.; KÜNG/
HAUSER, § 14 N 1). Mit der Revision des GmbH-Rechts gilt nun wie bei der AG (s. Botschaft GmbH, 3213; vgl. aber Art. 716 N 4) als Grundsatz eine konsequente Aufteilung
der Zuständigkeiten zwischen der GesV und den Geschäftsführern (vgl. Art. 804 und 810;
NUSSBAUM/SANWALD/SCHEIDEGGER, Art. 811 N 1; FORSTMOSER/PEYER/SCHOTT, N 66).

Das Prinzip der Gewaltenteilung wird nun aber im neuen GmbH-Recht insofern durch-   2
brochen, als gem. Art. 811 für Entscheide der Geschäftsführer zwei verschiedene Arten
von **Genehmigungskompetenzen der GesV** in den Statuten vorgesehen werden können, womit letztlich eine Legitimation durch die wirtschaftlich Berechtigten ermöglicht
wird (s. nachfolgend N 5 ff.; FORSTMOSER/PEYER/SCHOTT, N 66; KÜNG/CAMP, Art. 811
N 1; ISENSCHMID, 234; HANDSCHIN, 93). Dies stellt aber keine Verschiebung von Zuständigkeiten i.e.S. dar (auch wenn FORSTMOSER/PEYER, 398 von einer «Delegation
von Kompetenzen nach oben» sprechen), da die betreffenden Entscheide im Grundsatz
immer noch von den Geschäftsführern gefällt werden, die Entscheide bedürfen nur –
aber immerhin – einer Genehmigung durch die GesV (Botschaft GmbH, 3213; FORSTMOSER/PEYER/SCHOTT, N 67). Es besteht somit grundsätzlich eine Art *Vetorecht der
GesV* gegen gewisse Entscheide der Geschäftsführung (FORSTMOSER/PEYER, 402;
GRIMM/TRIPPEL, 67; BÖCKLI, Übersicht, 32 spricht von einem «Einspruchsrecht»).
Möglich ist, dass die *GesV den Antrag modifiziert bzw. in einer abgeänderten Version
genehmigt* (FORSTMOSER/PEYER, 433; vgl. bereits WOHLMANN, Positionierung, 133);
diesfalls ist u.E. die Geschäftsführung nicht direkt verpflichtet, den Entscheid der
GesV umzusetzen (sie darf aber auch das ursprünglich vorgelegte und nur modifiziert
abgesegnete Geschäfte auch nicht einfach in der ursprünglichen Version weiterverfolgen), denn Art. 811 erlaubt der GesV nicht, direkt die Geschäftsführung zu übernehmen. Was die GesV natürlich machen kann, ist die Geschäftsführer zu ersetzen, falls
diese das modifizierte Geschäft nicht umsetzen.

Was den **Werdegang dieser Bestimmung** betrifft, so findet sich im *alten GmbH-Recht*   3
keine dem Art. 811 entsprechende Regelung (FORSTMOSER/PEYER, 399). Art. 811 ist im
VE als Art. 812a Abs. 2 vorgeschlagen worden. Nach diesem Artikel können die Statuten «die Genehmigung von geschäftsführenden Entscheiden grundsätzlicher Tragweite
der GesV vorbehalten» (vgl. FORSTMOSER/PEYER/SCHOTT, 146). Zudem sollten nach
dem VE die Geschäftsführer in jedem Fall befugt sein, der GesV Geschäfte von grundsätzlicher Tragweite zum Entscheid vorzulegen, also auch ohne Vorliegen einer statutarischen Bestimmung. Im darauf folgenden, und nun zum Gesetz gewordenen *Entwurf
des BR* wurde eine offenere Möglichkeit für die Statutengestaltung gewählt, so dass
nun in den Statuten bestimmt werden kann, ob und falls ja, welche Entscheide der Geschäftsführer der GesV vorlegen darf und muss. Somit können auch Entscheide von
nicht grundsätzlicher Tragweite zur Vorlegung an die GesV vorgesehen werden. Im *Vernehmlassungsverfahren* wurde dieser Artikel zwar als gegen das Gewaltenteilungsprinzip innerhalb der Gesellschaft verstossend kritisiert, aber dennoch mehrheitlich positiv
aufgenommen (VE GmbH, 261 f.). Um mit der flexiblen und personenbezogenen Struktur der GmbH kompatibel zu sein, wollte der Gesetzgeber das GmbH-Recht bewusst
nicht mit einem allzu strengen Gewaltenteilungsprinzip ausstatten (Botschaft GmbH,
3213; FORSTMOSER/PEYER, 403).

4 Abs. 2 des Art. 811 war weder im bisherigen Recht noch im Vorentwurf enthalten, sondern wurde erst mit dem Entwurf des BR eingeführt (vgl. FORSTMOSER/PEYER/SCHOTT, 146 f.). Im Parlament wurden beide Absätze nicht geändert.

II. Genehmigungskompetenz der Gesellschafterversammlung (Abs. 1)

5 Abs. 1 des Art. 811 unterschiedet zwischen dem *obligatorischen* und *fakultativen Genehmigungsvorbehalt* (Botschaft GmbH, 3213; FORSTMOSER/PEYER, 400; KÜNG/CAMP, Art. 811 N 2 f.). Als Grundsatz gilt jedoch auch im Recht der GmbH weiterhin das **Paritätsprinzip,** wonach jedem Organ bestimmte Aufgaben zugewiesen werden, für deren Erfüllung es alleine zuständig ist (FORSTMOSER/PEYER, 399; PASCUAL/ROTH, 470 sprechen von einem «relativen Paritätsprinzip», vgl. auch o. N 1 und Art. 716 N 4 zur Situation bei der AG.).

1. Obligatorischer Genehmigungsvorbehalt (Ziff. 1)

6 Nach Ziff. 1 können die Geschäftsführer statutarisch verpflichtet werden, **bestimmte Entscheide** (über welche die Geschäftsführer vorgängig selbst einen Beschluss gefasst haben; s. hierzu SIFFERT et al., Art. 811 N 2) **der GesV zur Genehmigung zwingend vorlegen zu müssen.** Naheliegend wäre es bspw. *Entscheide ab einer gewissen finanziellen oder inhaltlichen Tragweite* für die Gesellschaft dem Genehmigungsvorbehalt zu unterstellen, wie etwa Investitionen ab einer gewissen Investitionssumme, der Kauf oder Verkauf von Grundeigentum, die Entlöhnung der Geschäftsführung und die Besetzung von wichtigen Positionen in der Gesellschaft (NUSSBAUM/SANWALD/SCHEIDEGGER, Art. 811 N 2). Beim Entscheid über die statutarische Verankerung eines solchen obligatorischen Genehmigungsvorbehaltes ist zu berücksichtigen, dass sich damit der Entscheidungsprozess verlängern und verteuern kann, weshalb alltägliche Geschäftsführungshandlungen nicht einem solchen Vorbehalt unterstellt werden sollten (SIFFERT et al., Art. 811 N 4).

7 In Art. 804 Abs. 2 Ziff. 17 wird festgehalten, dass, sofern eine Genehmigung vorgesehen ist, diese Genehmigung in der **unübertragbaren Kompetenz der GesV** liegt (HANDSCHIN/TRUNIGER, § 13 N 52; BÖCKLI/FORSTMOSER/RAPP, 102 f.). Sofern in den Statuten kein bestimmtes Quorum genannt wird, bedarf der Genehmigungsbeschluss der absoluten Mehrheit der vertretenen Stimmen. Das **Verhältnis zwischen dem obligatorischen Genehmigungsvorbehalt** (Art. 811 Abs. 1 Ziff. 1) **und den unentziehbaren Befugnissen der Geschäftsführer** (Art. 810 Abs. 2) ist umstritten. Während es nach den Autoren des VE einen Bereich geben muss, für den die Geschäftsführer ausschliesslich zuständig sein sollen (BÖCKLI/FORSTMOSER/RAPP, 102), gibt es u.E. nach dem Wortlaut des rev. GmbH-Recht (hierzu sei auf die Formulierung des Art. 810 Abs. 2 verwiesen, wonach «unter Vorbehalt der nachfolgenden Bestimmungen» die Geschäftsführer gewisse unübertragbare und unentziehbare Aufgaben haben) grundsätzlich keinen Bereich mehr, für welchen die Geschäftsführer zwingend ausschliesslich zuständig sind. Dennoch argumentiert ein Teil der Lehre, dass die unentziehbaren und unübertragbaren Aufgaben der Geschäftsführer nicht einem Genehmigungsvorbehalt unterstellt werden dürfen (HANDSCHIN/TRUNIGER, § 14 N 9; NUSSBAUM/SANWALD/SCHEIDEGGER, Art. 811 N 3; BÖCKLI, Übersicht, 32). Mit FORSTMOSER/PEYER, 401, ist dem entgegenzuhalten, dass eine solche Auffassung nicht nur der *Gesetzessystematik* widerspricht (vgl. den o. zit. Wortlaut von Art. 810 Abs. 2), sondern dass Art. 811 bei einer Beschränkung auf die Aufgaben ausserhalb der unentziehbaren und unübertragbaren Aufgaben der Geschäftsführer überflüssig wäre, da die nicht zwingendermassen der Geschäftsführung zustehen-

3. Abschnitt: Organisation der Gesellschaft   8–12 **Art. 811**

den Aufgaben auch ohne Art. 811 einer Bewilligungspflicht unterstellt werden könnten. Somit macht dieser Artikel nur dann Sinn, wenn er auch einen Eingriff in die ansonsten unübertragbaren und unentziehbaren Rechte der Geschäftsführung erlaubt.

Wie in anderen Bereichen ist aber auch vorliegend Voraussetzung, dass die der Genehmigung unterliegenden Entscheide in den Statuten möglichst konkret und präzise bezeichnet werden (ebenso SIFFERT et al., Art. 811 N 3)   8

Auch wenn der Gesetzestext in materieller Hinsicht keine Begrenzungen vorsieht, weshalb theoretisch alle Entscheide der Geschäftsführung durch statutarische Regelung der Genehmigung durch die GesV unterstellt werden könnten (FORSTMOSER/PEYER/SCHOTT, N 67), macht ein solches Vorgehen in der Praxis nur selten Sinn, weshalb in den Statuten eine **Genehmigungspflicht nur bei erhöhter Wichtigkeit der vorzulegenden Entscheide** für die Gesellschaft vorgesehen werden sollte (s.a. N 6).   9

Zu beachten ist schliesslich v.a. die **Problematik der ungenehmigt abgeschlossenen Verträge** (Botschaft GmbH, 3213) in Bereichen, wo eine Genehmigung verlangt wird: Fraglich ist hier, wann ein solcher Vertrag rechtswirksam wird, wobei zwischen der internen und der externen Rechtswirksamkeit unterschieden werden muss. Für die *externe Rechtswirksamkeit,* also die Wirksamkeit gegenüber Dritten, muss analog zu Art. 718a Abs. 2 der gute Glaube im Geschäftsverkehr geschützt werden (vgl. BLANC, 221; KÜNG/CAMP, Art. 811 N 6; BÖCKLI, Übersicht, 33), d.h. ein Vertrag, den ein Geschäftsführer der GmbH mit Dritten abschliesst und der die Genehmigung der GesV bedürfte, wird grundsätzlich mit Abschluss und bereits ohne Zustimmung der GesV rechtswirksam, da der Umstand, dass die Statuten eine solche Zustimmung vorsehen, alleine nicht zur Begründung der Bösgläubigkeit seitens des Dritten genügen kann (vgl. hierzu auch Art. 718a N 6 ff. betreffend der Situation bei der AG). Für eine entsprechende Beschränkung der Vertretungsmacht der Geschäftsführer (vgl. hierzu Art. 814) müsste die Gesellschaft das von der GesV zu genehmigende Geschäft im Handelsregister als zusätzliche Tatsache gem. Art. 30 Abs. 1 HRegV eintragen lassen. Eine Ausnahme von diesem Grundsatz der Rechtswirksamkeit ohne Genehmigung besteht für den bösgläubigen Dritten, der die Genehmigungspflicht kannte oder grobfahrlässig nicht kannte, welcher sich nicht auf den Gutglaubensschutz berufen kann (NUSSBAUM/SANWALD/SCHEIDEGGER, Art. 811 N 5). Der Genehmigungsvorbehalt beschränkt also grundsätzlich nicht das rechtliche «Können» und die Vertretungsmacht, sondern vielmehr das «Dürfen» im Innenverhältnis der Gesellschaft (BÖCKLI, Übersicht, 34).   10

Die *interne Rechtswirksamkeit* ist v.a. bei der Frage der Haftung relevant, weshalb auf das dort Gesagte verwiesen werden kann (N 15 ff.). In der Praxis sollten jedoch sämtliche Verträge, welche einer Genehmigung der GesV bedürfen, unter Vorbehalt der entsprechenden Zustimmung abgeschlossen werden.   11

2. Fakultativer Genehmigungsvorbehalt (Ziff. 2)

Nach Art. 811 Ziff. 2 können die Statuten vorsehen, dass die Geschäftsführer **einzelne Fragen der GesV freiwillig zur Genehmigung** vorlegen können, damit liegt es im freien Ermessen der Geschäftsführer, ob sie von diesem Recht entsprechend Gebrauch machen wollen (SIFFERT et al., Art. 811 N 6). Die betreffenden G*eschäftsbereiche müssen* anders als bei Ziff. 1 *nicht definiert werden* (NUSSBAUM/SANWALD/SCHEIDEGGER, Art. 811 N 6). Die Geschäftsführer können damit – falls die Statuten offen formuliert sind – selbst entscheiden, welche Fragen sie der GesV vorlegen möchten.   12

Rolf Watter/Katja Roth Pellanda

13 Auf die Beziehung zwischen der Gesellschaft und Dritten kann das Vorlegen zur Genehmigung durch die GesV grundsätzlich keine Auswirkungen haben (s. N 10 f.). Für die **interne Verantwortlichkeit,** also für Klagen der Gesellschafter gegen die Geschäftsführung, kann diese Zustimmung hingegen von entscheidender Bedeutung sein (s. N 17).

14 Der **Entscheid über die Vorlegung einzelner Fragen an die GesV,** muss von der Geschäftsführung selbst getroffen werden (FORSTMOSER/PEYER, N 6). Genau wie in Ziff. 1 kann die GesV nicht in die Kompetenzen der Geschäftsführer direkt eingreifen und etwa eine Vorlage verlangen.

III. Verantwortlichkeit der Geschäftsführer (Abs. 2)

15 Mit Abs. 2 soll den Bedürfnissen der Praxis entgegen gekommen werden (Botschaft GmbH, 3213; KÜNG/CAMP, Art. 811 N 4; vgl. aber Kritik bei WOHLMANN, Positionierung, 133). Gleich wie bei allen Körperschaften besteht bei der GmbH grundsätzlich eine persönliche Haftung der Geschäftsführer für Ihre Tätigkeit (vgl. Art. 827; FORSTMOSER/PEYER, 398), während für die Entscheide der GesV eine entsprechende Haftung grundsätzlich fehlt (SIFFERT et al., Art. 811 N 9).

16 Bezüglich der **externen Haftung der Geschäftsführer** besagt Art. 811 Abs. 2 als Grundsatz, dass diese nicht durch eine Genehmigung der GesV beschränkt wird; damit können potentiell haftungsrelevante Entscheide somit nicht zum Nachteil Dritter an die GesV delegiert werden (NUSSBAUM/SANWALD/SCHEIDEGGER, Art. 811 N 7; KÜNG/CAMP, Art. 811 N 4).

17 Für die **interne Haftung,** insb. im Zusammenhang mit Klagen der Gesellschafter gegen die Geschäftsführer nach Art. 754 (der nach Art. 827 auch für das GmbH-Recht anwendbar ist); kritisch hierzu WOHLMANN, Reform, 40), muss Folgendes gelten: Ein Gesellschafter, der einer Entscheidung in der GesV zugestimmt hat, kann u.E. aufgrund dieser Zustimmung keine Ansprüche aus Verantwortlichkeitsklagen gegen den Geschäftsführer geltend machen, da dies ansonsten rechtsmissbräuchlich wäre (Botschaft GmbH, 3213; NUSSBAUM/SANWALD/SCHEIDEGGER, Art. 811 N 7). Insoweit ist diese Zustimmung vergleichbar mit der Décharge-Erteilung durch die GV im Aktienrecht (vgl. NUSSBAUM/SANWALD/SCHEIDEGGER, Art. 827 N 62; FORSTMOSER/PEYER, 420; SIEFFERT et al., Art. 811 N 10; PASCUAL/ROTH, 472 wollen eine solche Genehmigung intern «klar» einer Entlastung gleichkommen lassen). Diejenigen Gesellschafter, welche dem Genehmigungsbeschluss betreffend einer Vorlage nicht zugestimmt haben, an der GesV jedoch überstimmt wurden, können hingegen trotz Vorliegen eines Genehmigungsbeschlusses der GesV eine Klage nach Art 754 i.V.m. Art. 827 einreichen.

18 **Keine Haftung besteht** hingegen **für die GesV als Gremium.** Grund hierfür ist, dass die Haftung aus Verantwortlichkeit stets eine persönliche Komponente besitzt (FORSTMOSER/PEYER, 432). Zu weit geht u.E. auch die Annahme **einer faktischen Organschaft eines** (evtl. auch grossen oder gar beherrschenden) **Gesellschafters** durch seine blosse Zustimmung oder durch die Ausübung des Vetorechts (a.M. HANDSCHIN, 93) in der GesV; anders ist dies allenfalls dort zu beurteilen, wo Gesellschafter den Beschluss modifizieren (vgl. aber auch den Umstand, dass darin per se keine Pflicht liegt, solche Beschlüsse auch umzusetzen; BÖCKLI, Übersicht, 35 f.; SIFFERT et al., Art. 811 n 11; noch zum alten Recht: KÜNG/HAUSER, § 16 N 8; PASCUAL/ROTH, 472 m.w.Nw.; **a.A.** WOHLMANN, Positionierung, 133). Entscheidend muss auch hier sein, ob ein Gesellschafter den Geschäftsgang tatsächlich massgeblich beeinflusst und an der Willenbildung der GmbH wesentlich beteiligt war.

Art. 812

IV. Sorgfalts- und Treuepflicht; Konkurrenzverbot

¹ Die Geschäftsführer sowie Dritte, die mit der Geschäftsführung befasst sind, müssen ihre Aufgabe mit aller Sorgfalt erfüllen und die Interessen der Gesellschaft in guten Treuen wahren.

² Sie unterstehen der gleichen Treuepflicht wie die Gesellschafter.

³ Sie dürfen keine konkurrenzierenden Tätigkeiten ausüben, es sei denn, die Statuten sehen etwas anderes vor oder alle übrigen Gesellschafter stimmen der Tätigkeit schriftlich zu. Die Statuten können vorsehen, dass stattdessen die Zustimmung durch die Gesellschafterversammlung erforderlich ist.

IV. Devoirs de diligence et de fidélité; prohibition de faire concurrence

¹ Les gérants ainsi que les tiers chargés de la gestion exercent leurs attributions avec toute la diligence nécessaire et veillent fidèlement aux intérêts de la société.

² Ils sont tenus au même devoir de fidélité que les associés.

³ Ils ne peuvent faire concurrence à la société, à moins que les statuts n'en disposent autrement ou que tous les autres associés donnent leur approbation par écrit. Les statuts peuvent toutefois prévoir que seule l'approbation de l'assemblée des associés est nécessaire.

IV. Obbligo di diligenza e di fedeltà; divieto di concorrenza

¹ I gerenti e i terzi che si occupano della gestione sono tenuti a esercitare le loro attribuzioni con ogni diligenza e a salvaguardare secondo buona fede gli interessi della società.

² Soggiacciono allo stesso obbligo di fedeltà cui sono tenuti i soci.

³ Non possono esercitare attività concorrenti, salvo che lo statuto disponga altrimenti o che tutti gli altri soci vi acconsentano per scritto. Lo statuto può prevedere che è sufficiente l'approvazione dell'assemblea dei soci.

Literatur

BÄHLER, Die massgeschneiderte Gesellschaft: Ausgestaltungsmöglichkeiten für kleine und mittlere Unternehmen am Beispiel der GmbH, in: Hausheer (Hrsg.), Abhandlungen zum schweizerischen Recht, Bern 1999; CHAPPUIS, Les prohibitions de concurrence dans le nouveau droit de la Sàrl (articles 803 et 812 P CO), in: Bohnet/Wessner (Hrsg.), Droit des sociétés, Mélanges en l'honneur de Roland Ruedin, Basel 2006, 339 ff.; GRIMM/TRIPPEL, Aktuelle Fragen des GmbH-Rechts, in: Jörg/Arter (Hrsg.), Entwicklungen im Gesellschaftsrecht, Bern 2006; KÜNG/HAUSER, GmbH – Gründung und Führung der Gesellschaft mit beschränkter Haftung, Basel/Genf/München 2005.

I. Allgemeines

Mit der **Revision des GmbH-Rechts** wurde Art. 812 betreffend der Sorgfalts- und Treuepflicht sowie des Konkurrenzverbotes der Geschäftsführer (seien diese geschäftsführende Gesellschafter oder Dritte) neu eingeführt: Abs. 1 ist der aktienrechtlichen Sorgfalts- und Treuepflicht (vgl. Art. 717 Abs. 1) nachgebildet, Abs. 2 verweist auf die Treuepflicht der Gesellschafter einer GmbH (vgl. Art. 803) und Abs. 3 findet seinen Ursprung in Art. 818 altOR (s. hierzu nachfolgend N 2). Während im *VE* die Sorgfalts- und Treuepflicht in Art. 812b Abs. 1 VE sowie die gesellschaftergleiche Treuepflicht und das Konkurrenzverbot in Art. 807a Abs. 3 VE noch getrennt behandelt wurden, hat der *BR* diese Pflichten in seinem Entwurf in einen Artikel zusammengeführt und das ursprünglich ebenfalls in Art. 812b VE enthaltene Gleichbehandlungsgebot zu einem eigenen, separaten Artikel ausformuliert (s. Art. 813; vgl. Botschaft GmbH, 3214; FORSTMOSER/PEYER/SCHOTT, 146 ff.). Das *Parlament* hat den Entwurf ohne Änderungen angenommen.

2   Die **Sorgfalts- und Treuepflicht** findet gemäss Literatur und Rechtsprechung *bereits seit längerem auch ohne ausdrückliche gesetzliche Verankerung für die GmbH Anwendung*, weshalb die Autoren des VE in ihrer Erläuterung von einer «redaktionellen Bereinigung» durch die GmbH-Revision sprechen (BÖCKLI/FORSTMOSER/RAPP, 106). Diese Pflichten des Art. 812 sind damit nicht neu, werden jedoch erst jetzt explizit im Gesetz erwähnt. Demgegenüber *enthielt schon das bisherige Gesetz* in Art. 818 altOR ein **Konkurrenzverbot** *für die geschäftsführenden Gesellschafter*, welches durch statutarische Bestimmung auf alle Gesellschafter ausgedehnt werden konnte (vgl. BÄHLER, 150). Seit der Revision des GmbH-Rechts wird das Konkurrenzverbot für die Gesellschafter in Art. 803 Abs. 3 festgehalten, während für die Geschäftsführer das Konkurrenzverbot in Art. 812 geregelt wird.

II. Sorgfaltspflicht (Abs. 1)

3   Nach dem im Aktienrecht unbekannten **Prinzip der dispositiven Selbstorganschaft** sind bei einer GmbH gem. Art. 809 Abs. 1 grundsätzlich die Gesellschafter selbst zur Geschäftsführung berechtigt und verpflichtet (sog. *«geborene» Geschäftsführer*; s. hierzu auch MAYER-HAYOZ/FORSTMOSER, § 18 N 117 ff.; KÜNG/HAUSER, § 14 N 1; BÄHLER, 62; FORSTMOSER/PEYER/SCHOTT, N 107). Sofern die Selbstorganschaft aufgehoben wird, können auch Dritte als Geschäftsführer eingesetzt werden (sog. *«gekorene» Geschäftsführer*), welchen diesfalls die gleichen Rechte und Pflichten wie den geborenen Geschäftsführern zukommen.

4   Die Geschäftsführer haben **ihren Aufgaben mit aller Sorgfalt** nachzukommen, wobei sich diese Pflicht auf **sämtliche Aufgaben der Geschäftsführung** bezieht. Zu führen ist die GmbH so, wie es von einem erfahrenen und pflichtbewussten Geschäftsmann erwartet werden darf (NUSSBAUM/SANWALD/SCHEIDEGGER, Art. 812 N 2; s.a. die Bsp. bei SIFFERT et al., Art. 812 N 2).

5   Bereits die Wortwahl von Art. 812 Abs. 1 deutet darauf hin, dass die Sorgfaltspflichten der Geschäftsführer einer GmbH **mit derjenigen eines VR-Mitgliedes der AG** gem. Art. 717 Abs. 1 **identisch** ist (MAYER-HAYOZ/FORSTMOSER, § 18 N 124), weshalb an dieser Stelle – insb. etwa betreffend des *objektivierten Sorgfaltsmassstabes* – auf die dortigen Ausführungen verwiesen wird (s. Art. 717 N 3 ff.).

III. Treuepflicht (Abs. 1 und 2)

6   Die im Gesetz nun ausdrücklich sowohl in Abs. 1 (analog zur AG in Art. 717 Abs. 1) als auch in Abs. 2 festgehaltene Treuepflicht für geschäftsführende Gesellschafter und Dritte besagt, dass diese ihr *eigenen Interessen und diejenigen von ihnen nahe stehenden Personen hinter die* **Interessen der Gesellschaft** *zu stellen haben*.

7   Im Unterschied zur Treuepflicht der Gesellschafter **beinhaltet die Treuepflicht** für die Geschäftsführer nicht nur eine Pflicht zur Unterlassung, sondern auch und insb. eine *Pflicht zum Handeln;* im Übrigen finden die *Bestimmungen für die Treuepflicht der Gesellschafter aufgrund des in Art. 812 Abs. 2 enthaltenen Verweises auf Art. 803 ebenso Anwendung* (NUSSBAUM/SANWALD/SCHEIDEGGER, Art. 812 N 3). Auch die *Pflicht zur*

3. Abschnitt: Organisation der Gesellschaft   8–11   **Art. 812**

Geheimhaltung stellt einen Teilaspekt der Treuepflicht dar (s. hierzu MONTAVON, Sàrl, 480 f.). Zu verweisen ist zudem auf die Ausführungen zur Treuepflicht der VR-Mitglieder bei der AG, welche (technisch wohl eher gestützt auf Abs. 1) auch für die Geschäftsführer einer GmbH analog anwendbar sind (s. Art. 717 N 15 ff.).

IV. Konkurrenzverbot (Abs. 3)

Das Konkurrenzverbot ist ein **Ausfluss der Treuepflicht** (vgl. FORSTMOSER/PEYER/SCHOTT, N 64) und verpflichtet die geschäftsführenden Gesellschafter und Dritte grundsätzlich dazu, keine die GmbH konkurrenzierende Tätigkeit auszuüben.   8

Während für «blosse» Gesellschafter nur dann ein Konkurrenzverbot besteht, wenn die Statuten dies vorsehen (Art. 803 Abs. 2), kommt für die Geschäftsführer umgekehrt dann das **Konkurrenzverbot zur Anwendung, wenn die Statuten ein solches Verbot nicht ausschliessen** (s. Art. 812 Abs. 3; GRIMM/TRIPPEL, 66 f.; KÜNG/CAMP, Art. 813 N 8; HANDSCHIN/TRUNINGER, 14.40). Zudem besteht nach dem Gesetz auch eine *Möglichkeit zur Dispensation vom Konkurrenzverbot für eine konkurrenzierende Tätigkeit des Geschäftsführers durch schriftliche Zustimmung aller übrigen Gesellschafter* (damit sind u.E. alle Gesellschafter mit Ausnahme eines allfällig betroffenen geschäftsführenden Gesellschafters gemeint; nicht analog herangezogen werden kann u.E. Art. 727a Abs. 3, so dass ein Ausbleiben einer Antwort nicht genügen kann, s. hierzu auch Art. 727a N 16 ff.) *oder falls die Statuten dies so vorsehen, durch die GesV* (s. hierzu auch Art. 808b Abs. 1 Ziff. 7), wobei für den allfällig betroffenen geschäftsführenden Gesellschafter diesfalls nach Art. 806a Abs. 3 eine Ausstandpflicht besteht und der Beschluss mit der qualifizierten Mehrheit von mind. zwei Dritteln der vertretenen Stimmen sowie der absoluten Mehrheit des gesamten Stammkapitals gefasst werden muss (vgl. Art. 808b Abs. 1 Ziff. 7; NUSSBAUM/SANWALD/SCHEIDEGGER, Art. 812 N 8; **a.M.** CHAPPUIS, 351).   9

In **sachlicher Hinsicht** liegt eine konkurrenzierende Tätigkeit nur dann vor, wenn diese in Beziehung zur *statutarisch festgelegten Geschäftstätigkeit* steht (KÜNG/CAMP, Art. 813 N 8); nicht massgebend kann u.E. die de facto ausgeübte Geschäftstätigkeit sein, da der Umfang des Konkurrenzverbotes damit in die Hände der Geschäftsführer gelegt wird, was zu einer Rechtsunsicherheit zu Lasten der Gesellschafter führen würde (**a.M.** SIFFERT et al., Art. 812 N 11; nach HANDSCHIN/TRUNINGER, § 14 N 43 genügt sogar eine ernsthaft geplante, aber noch nicht umgesetzte Tätigkeit, was u.E. ebenfalls zu weit geht). Anderseits und als Korrelat hierzu dürfen die Gesellschafter einem (nicht zu 100% tätigen) Geschäftsführer dann ihre Zustimmung nicht verweigern, wenn sich die geplante private Geschäftstätigkeit zwar innerhalb des statutarischen Gesellschaftszweckes befindet, die Gesellschafter aber an dieser Tätigkeit selbst kein Interesse haben. Auch in **räumlicher Hinsicht** ist die Geschäftstätigkeit und damit die Frage entscheidend, in welchem *lokalen, regionalen oder internationalen Markt* sich die GmbH betätigt. Abzustellen ist damit immer auf den konkreten Einzelfall.   10

In **persönlicher Hinsicht** unterliegen *sowohl die geschäftsführenden Gesellschafter als auch die geschäftsführenden Dritten* dem Konkurrenzverbot (unabhängig davon, ob sie tatsächlich zur Vertretung der GmbH berechtigt sind, da eine fehlende Vertretung den Einfluss auf Geschäftsführungsentscheide nicht schmälert). Ein Verstoss gegen das Konkurrenzverbot bei einer in den Geschäftsbereich der GmbH fallenden Tätigkeit *liegt unabhängig davon vor, ob diese Tätigkeit auf eigene Rechnung oder auf Rechnung eines Dritten erfolgt* (NUSSBAUM/SANWALD/SCHEIDEGGER, Art. 812 N 7). Auch ist die Beteiligung an Unternehmen verboten, welche in denselben Bereichen wie die GmbH   11 tätig sind, wobei dies u.E. zumindest für Minderheitsbeteiligungen an einer AG nicht gelten kann (HANDSCHIN/TRUNINGER, § 14 N 44).

12 Konkurrenzierende Tätigkeiten von geschäftsführenden Gesellschaftern und Dritten können in Einzelfällen **steuerliche Folgen** haben, weil die Gesellschaft u.U. eine geldwerte Leistung erbringt, wenn eine natürliche Person für die Gesellschaft tätig ist und gleichzeitig in den Geschäftsbereich der Gesellschaft fallende Geschäfte auf eigene Rechnung abschliesst (so etwa wenn der Geschäftsführer die Infrastruktur der Gesellschaft in Anspruch nimmt und die Geschäftspartner Kunden der Gesellschaft sind [vgl. BGer v. 27.10.1997, 2A.247/1996, in: StR Nr. 5/1998, 296 ff.]; zu weitgehend Botschaft GmbH, 3214; vgl. hierzu auch N 16).

V. Zeitliche Begrenzung

13 Auf die geschäftsführenden Gesellschafter und Dritte kann Art. 812 **grundsätzlich** *nur solange angewendet werden, wie sie mit der Geschäftsführung der Gesellschaft mandatiert sind* (NUSSBAUM/SANWALD/SCHEIDEGGER, Art. 812 N 10). Zeitlich über diese Grenze hinausgehende Pflichten müssen **mittels Vertrag** zwischen der Gesellschaft und dem geschäftsführenden Gesellschafter oder Dritten vereinbart werden. Zu denken sind dabei insbesondere an Vereinbarungen im Auftrags- oder Arbeitsvertragsverhältnis, wobei sich die Verankerung einer Pflicht zur Leistung von Konventionalstrafen gem. Art. 160 ff. im Zuwiderhandlungsfalle empfiehlt.

VI. Sanktionen

14 Die Folgen einer Verletzung von Art. 812 sind im Gesetz nicht ausdrücklich geregelt, sie ergeben sich aus dem allg. Schuld- und Gesellschaftsrecht:

15 Im Vordergrund stehen die Klagen auf Feststellung, Unterlassung und Beseitigung des rechtswidrigen Zustandes (ZK-VON STEIGER, Art. 818 N 10).

16 Auch eine **Klage auf Schadenersatz,** sofern dem beklagten Geschäftsführer der Exkulpationsbeweis nicht gelingt, kann eine mögliche Sanktion darstellen (z.B. wenn der Dritte nicht mit der GmbH in Geschäftsbeziehungen treten möchte). Anstelle des Schadenersatzes kann ebenso eine **Übertragung der konkurrenzierenden Geschäfte** (vgl. die in Art. 423 geregelte Geschäftsanmassung sowie das in Art. 464 Abs. 2 geregelte Konkurrenzverbot für Prokuristen und Handlungsbevollmächtigte) in Frage kommen. Möglich ist auch eine Kombination von Schadenersatz für vergangene Geschäfte mit einer ex nunc Übernahme der zukünftigen Geschäfte aus der konkurrenzierenden Vertragsbeziehung.

17 Denkbar ist im internen Verhältnis die **gerichtliche Entziehung der Geschäftsführungs- und Vertretungsbefugnis** (Art. 815 Abs. 2); ist der Geschäftsführer von der GesV gewählt, so kann er von dieser auch jederzeit abberufen werden (Art. 815 Abs. 1; NUSSBAUM/SANWALD/SCHEIDEGGER, Art. 812 N 6). Sofern es sich bei einem gegen das Konkurrenzverbot verstossenden Geschäftsführer um einen Gesellschafter handelt, kann eine solche Verletzung einen wichtigen Grund i.S.v. Art. 823 darstellen, welcher die **Anhebung eines gerichtlichen Ausschlussverfahrens** ermöglicht (SIFFERT et al., Art. 812 N 14; NUSSBAUM/SANWALD/SCHEIDEGGER, Art. 812 N 6).

18 Schliesslich kann der Geschäftsführer **nach Art. 817 und 827 verantwortlich** werden.

Art. 813

V. Gleichbehandlung	Die Geschäftsführer sowie Dritte, die mit der Geschäftsführung befasst sind, haben die Gesellschafter unter gleichen Voraussetzungen gleich zu behandeln.
V. Egalité de traitement	Les gérants ainsi que les tiers chargés de la gestion traitent de la même manière les associés qui se trouvent dans la même situation.
V. Parità di trattamento	I gerenti e i terzi che si occupano della gestione devono trattare allo stesso modo i soci che si trovano nella stessa situazione.

Literatur

BÄHLER, Die massgeschneiderte Gesellschaft: Ausgestaltungsmöglichkeiten für kleine und mittlere Unternehmen am Beispiel der GmbH, in: Hausheer (Hrsg.), Abhandlungen zum schweizerischen Recht, Bern 1999; KOEHLER, Die GmbH in der Schweiz und in Deutschland, in: Schmid (Hrsg.), Luzerner Beiträge zur Rechtswissenschaft, Zürich/Basel/Genf 2005; WOHLMANN, Reform der GmbH: Grundfragen – Organisation – Mitgliedschaft, in: Meier-Schatz (Hrsg.), Die GmbH und ihre Reform – Perspektiven aus der Praxis, Zürich 2000, 35 ff.

I. Allgemeines

Auch wenn Art. 813 OR erst **mit der Revision des GmbH-Rechts im Gesetz verankert** wurde, so ist der Grundsatz der Gleichbehandlung als wegleitendes Prinzip des Gesellschaftsrechts *bereits schon seit langem* in Literatur und Rechtsprechung auch für die GmbH *anerkannt* (vgl. Botschaft GmbH, 3214 f.; BÄHLER, 69, vgl. schon BK-JANGGEN/BECKER, Art. 784 N 21; KOEHLER, 254; BGE 69 II 248 f.). Entsprechend wird im Schrifttum von einer «redaktionellen Bereinigung» durch die Reform des GmbH-Rechts gesprochen (BÖCKLI/FORSTMOSER/RAPP, 106). 1

Sinn und Zweck dieser Bestimmung ist insb. die Verhinderung eines Machtmissbrauchs zulasten der nicht geschäftsführenden Gesellschafter bzw. zulasten der Minderheitsgesellschafter (Botschaft GmbH, 3215). 2

Da der **Wortlaut** dieser Bestimmung im Wesentlichen **demjenigen von Art. 717 Abs. 2 entspricht,** kann grundsätzlich auf die dortigen Ausführungen verwiesen werden (s. Art. 717 N 22 ff.); aus diesem Verweis folgt insb., dass das Gleichbehandlungsgebot erlaubt (teilweise aber auch verlangt), die Höhe der Kapitalbeteiligung mit zu berücksichtigen. Dennoch wird in der Folge auf einzelne wesentliche Aspekte der Gleichbehandlungspflicht in der GmbH näher eingegangen. 3

II. Inhalt des Gleichbehandlungsgebotes

Art. 813 besagt, dass geschäftsführende Gesellschafter und Dritte, die Gesellschafter unter gleichen Voraussetzungen gleich behandeln zu haben. Die **Gleichbehandlung stellt** damit **die Regel dar** (s. für Bsp. von Ungleichbehandlungen NUSSBAUM/SANWALD/SCHEIDEGGER, Art. 813 N 12 ff.). Dennoch verlangt Art. 813 nicht eine absolute Gleichbehandlung, bei welcher die gleiche Behandlung von allen betroffenen Personen ohne Rücksicht auf etwaige Unterschiede gefordert wird, sondern es genügt eine **relative Gleichbehandlung,** was die Berücksichtigung der konkreten Umstände ermöglicht (Botschaft GmbH, 3215; KOEHLER, 254; HANDSCHIN/TRUNIGER, § 14 N 48; WOHLMANN, 40) und den erforderlichen Handlungsspielraum gewährt, um den personenbezo- 4 genen Beteiligungsverhältnissen einer Kapitalgesellschaft entsprechend Rechnung tragen zu können (Botschaft GmbH, 3215; BÄHLER, 69).

5 **Abweichungen vom Gleichbehandlungsgebot** sind dann **zulässig,** wenn (i) die Interessen der Gesellschaft dies verlangen und die Anforderungen des sachlichen Grundes, der Erforderlichkeit sowie der schonenden Rechtsausübung eingehalten werden sowie keine ungerechtfertigte Begünstigung bzw. Benachteiligung einzelner Gesellschafter entsteht (vgl. HANDSCHIN/TRUNIGER, § 14 N 48, 51; SIFFERT et al., Art. 813 N 3; NUSSBAUM/SANWALD/SCHEIDEGGER, Art. 813 N 1 f.) oder (ii) sich der oder die benachteiligte Gesellschafter damit einverstanden erklären, wobei ein Beschluss über die Aufnahme einer statutarischen Vorschrift, nach welcher die Geschäftsführer das Gleichbehandlungsgebot allgemein nicht zu beachten haben, nichtig wäre (SIFFERT et al., Art. 813 N 4). Dies hat u.E. auch dann zu gelten, wenn dieser Grundsatz bereits in die Gründungsstatuten aufgenommen wird, für welche die Zustimmung sämtlicher Gesellschafter erforderlich ist **(a.M.** KÜNG/CAMP, Art. 813 N 2; NUSSBAUM/SANWALD/SCHEIDEGGER, Art. 813 N 10 f.). Etwas anderes kann lediglich dann gelten, wenn sich das Recht zur Ungleichbehandlung auf einen spezifischen genau definierten Sachverhalt bezieht und mit den zwingenden gesetzlichen Vorschriften sowie der Struktur einer GmbH vereinbar ist.

6 Während das **interne Gleichbehandlungsgebot** die sich in der Minderheit befindenden Mitglieder vor Willkür durch die Geschäftsführung oder durch die Mehrheit der Gesellschafter schützt (WOHLMANN, 40), kommt das **externe Gleichbehandlungsgebot** dann zur Anwendung, wenn Gesellschafter der GmbH als Dritte gegenüber treten (Botschaft GmbH, 3215).

7 Ob eine Handlung der Geschäftsführung tatsächlich das Gebot der relativen Gleichbehandlung befolgt, kann nicht abstrakt definiert werden, vielmehr kommt es auf die **Beurteilung des Einzelfalles** an, wobei eine klare Grenzziehung schwierig ist.

III. Rechtsfolgen einer Verletzung des Gleichbehandlungsgebots

8 Als Sanktionsmittel steht den in ihren Rechten verletzten Gesellschaftern eine Klage auf Feststellung der *Nichtigkeit* von **Beschlüssen der Geschäftsführer** nach Art. 816 (welcher auf die Bestimmung zur Nichtigkeit von GV-Beschlüssen einer AG verweist; vgl. Art. 706b) zur Verfügung; eine Anfechtung der Beschlüsse ist hingegen nicht möglich (HANDSCHIN/TRUNIGER, § 14 N 75).

9 **Verträge von Gesellschaftern mit der Gesellschaft,** welche gegen das relative Gleichbehandlungsgebot verstossen, sind u.E. dann für die GmbH unverbindlich, wenn der handelnde Gesellschafter die Problematik auch erkannte oder erkennen konnte (dies in Analogie zu Art. 718 N 19 für die AG, denn der kontrahierende Gesellschafter darf grundsätzlich nicht davon ausgehen, dass die Geschäftsführer intern ermächtigt sind, Gesellschafter ungleich zu behandeln).

10 Erfolgt eine sachlich unbegründete Gleichbehandlung aufgrund eines **Beschlusses der GesV,** so können diejenigen Gesellschafter, welche dem Beschluss nicht zugestimmt haben, diesen **anfechten oder unter qualifizierten Umständen dessen Nichtigkeit geltend machen** (vgl. Botschaft GmbH, 3215 und Art. 808c).

11 Selbstverständlich bleiben den Gesellschaftern zusätzlich auch die **Verantwortlichkeitsklage** gegenüber den Mitgliedern der Geschäftsführung und als ultima ratio ebenso die **Auflösungsklage** nach Art. 821 Abs. 3 offen, wobei der Auflösungsklage nur dann Er-

folg beschieden sein wird, wenn die Interessen des Klägers gegenüber dem Fortführungsinteresse der übrigen Gesellschafter überwiegen und nicht auf eine andere Art oder Weise geschützt werden können.

IV. Gleichbehandlung in anderen Bestimmungen

Die Pflicht zur Gleichbehandlung ist neben Art. 813 auch in anderen Bestimmungen des revidierten GmbH-Rechtes verankert worden: 12

So sieht etwa Art. 797 vor, dass die **nachträgliche Einführung oder Erweiterung statuarischer Nachschuss- oder Nebenleistungspflichten** der *Zustimmung aller davon betroffenen Gesellschafter* bedarf. Somit können Gesellschafter nicht gegen ihren Willen zu einer statuarischen Nachschuss- oder Nebenleistungspflicht gezwungen werden. 13

Auch Art. 807 Abs. 2 liegt ein mit dem Gleichbehandlungsprinzip verwandter Gedanke zugrunde, indem für eine **nachträgliche Einführung eines Vetorechts** die *Zustimmung aller Gesellschafter* verlangt wird. Da der Inhaber eines Vetorechts de facto befugt ist, über sämtliche Belange der Gesellschaft zu bestimmen, verstösst eine solche Machtkonzentration grundsätzlich gegen den dem Gleichbehandlungsprinzip zugrunde liegenden Gedanken, dass die Gesellschafter unter gleichen Umständen die gleichen Rechte und Pflichten haben. Entsprechend verlangt das Gesetz zur Zulässigkeit einer solchen Machtkonzentration die Zustimmung aller Gesellschafter. 14

Art. 822a Abs. 2 sieht vor, dass Gesellschafter *nach Mitteilung einer Austrittserklärung innert dreier Monate* den **Anschlussantritt** erklären können, worauf alle austretenden Gesellschafter im Verhältnis des Nennwerts ihrer Stimmanteile gleich zu behandeln sind (vgl. FORSTMOSER/PEYER/SCHOTT, N 81). 15

Art. 814

VI. Vertretung	¹ **Jeder Geschäftsführer ist zur Vertretung der Gesellschaft berechtigt.**
	² **Die Statuten können die Vertretung abweichend regeln, jedoch muss mindestens ein Geschäftsführer zur Vertretung befugt sein. Für Einzelheiten können die Statuten auf ein Reglement verweisen.**
	³ **Die Gesellschaft muss durch eine Person vertreten werden können, die Wohnsitz in der Schweiz hat. Dieses Erfordernis kann durch einen Geschäftsführer oder einen Direktor erfüllt werden.**
	⁴ **Für den Umfang und die Beschränkung der Vertretungsbefugnis sowie für Verträge zwischen der Gesellschaft und der Person, die sie vertritt, sind die Vorschriften des Aktienrechts entsprechend anwendbar.**
	⁵ **Die zur Vertretung der Gesellschaft befugten Personen haben in der Weise zu zeichnen, dass sie der Firma der Gesellschaft ihre Unterschrift beifügen.**
	⁶ **Sie müssen ins Handelsregister eingetragen werden. Sie haben ihre Unterschrift beim Handelsregisteramt zu zeichnen oder die Zeichnung in beglaubigter Form einzureichen.**

VI. Représentation	¹ Chaque gérant a le pouvoir de représenter la société.
² Les statuts peuvent régler la représentation de manière différente, mais un gérant au moins doit avoir qualité pour représenter la société. Les statuts peuvent renvoyer à un règlement pour les détails.
³ La société doit pouvoir être représentée par une personne domiciliée en Suisse. Un gérant ou un directeur doit satisfaire à cette exigence.
⁴ Le droit de la société anonyme s'applique par analogie à l'étendue et à la limitation des pouvoirs de représentation ainsi qu'aux contrats conclus entre la société et son représentant.
⁵ Les personnes autorisées à représenter la société signent en ajoutant leur signature personnelle à la raison sociale.
⁶ Elles doivent être inscrites au registre du commerce. Elles apposent leur signature à l'office du registre du commerce ou la lui remettent dûment légalisée.
VI. Rappresentanza	¹ Ogni gerente ha il potere di rappresentare la società.
² Lo statuto può disciplinare altrimenti la rappresentanza, fermo restando che almeno un gerente deve essere autorizzato a rappresentare la società. Lo statuto può prevedere che i dettagli siano disciplinati in un regolamento.
³ La società deve poter essere rappresentata da una persona domiciliata in Svizzera. Tale requisito può essere adempito da un gestore o da un direttore.
⁴ Le disposizioni del diritto della società anonima si applicano per analogia all'estensione e alla limitazione del potere di rappresentanza e ai contratti conclusi tra la società e il suo rappresentante.
⁵ Le persone autorizzate a rappresentare la società firmano per essa aggiungendo alla ditta sociale la propria firma.
⁶ Le persone autorizzate a rappresentare la società devono essere iscritte nel registro di commercio. Devono fare la loro firma davanti all'ufficio del registro di commercio o produrla autenticata.

Literatur

BEHRENS, Das neue GmbH-Recht aus deutscher und europäischer Perspektive, in: Böckli/Forstmoser, 139 ff.; BÖCKLI, Das neue schweizerische GmbH-Recht – was ist wirklich neu? Eine Übersicht, in: Böckli/Forstmoser, 1 ff.; FORSTMOSER/PEYER/SCHOTT, Das neue Recht der GmbH, St. Gallen/Zürich 2006; WOHLMANN, GmbH – Positionierung der GmbH und Fragen zur Geschäftsführung, in: Böckli/Forstmoser, 125 ff.

I. Allgemeines

1   Der mit dem Inkrafttreten der Revision des Obligationenrechts per 1.1.2008 neu eingeführte Art. 814 beschlägt die Vertretungsbefugnis, deren Umfang und Beschränkung (wie auch den Umfang und die Beschränkung der sog. Vertretungsmacht, vgl. Art. 718 N 19 und Art. 718a N 8 und 10), die Art und Weise der Zeichnung für die Gesellschaft sowie die Pflicht zur Eintragung der Zeichnungsberechtigten im Handelsregister. Im Unterschied zum bisherigen Recht wurden damit die Regulierungsbereiche der «Entziehung der Geschäftsführung und Vertretung» sowie derjenige der «Organhaftung» aus Art. 814 ausgegliedert und in andere Artikel, nämlich in Art. 815 und 817, verschoben, während die Pflicht zur Eintragung der Zeichnungsberechtigten in das Handelsregister und die Vorschrift bezüglich der Art und Weise der Zeichnung dem Art. 815 altOR entnommen und in (leicht modifizierter Weise) in den Art. 814 eingefügt wurden.

3. Abschnitt: Organisation der Gesellschaft   2-5 **Art. 814**

Inhaltlich hat die Revision des GmbH-Rechts im Vertretungsrecht keine wesentlichen   2
Neuerungen mit sich gebracht. Die Regelung im Bereich der GmbH ist auch weitgehend identisch mit derjenigen bei der AG (vgl. Art. 718 ff.).

II. Grundsatz der Einzelvertretungsbefugnis (Abs. 1 und 2)

Die bis zum 1.1.2008 geltende Regelung, welche vom Grundsatz der gemeinsamen   3
Vertretung der Gesellschaft durch alle (Gründungs-)Gesellschafter ausging (so auch § 35 GmbHG), erwies sich in der Praxis als zu schwerfällig (vgl. Botschaft GmbH, 3215). Aus diesem Grund sieht Art. 814 Abs. 1 – entsprechend den Bedürfnissen der Praxis – nun neu vor, dass grundsätzlich **jeder Geschäftsführer einzeln zur Vertretung der GmbH berechtigt** ist. Damit trifft der Gesetzgeber für das Aussenverhältnis, d.h. für die Vertretung der Gesellschaft, eine Regelung, welche von derjenigen für das Innenverhältnis, für welches der Art. 809 vorsieht, dass vermutungsweise sämtliche Gesellschafter die Geschäftsführung gemeinsam ausüben, abweicht, aber in konzeptioneller Hinsicht derjenigen bei der AG entspricht (vgl. Art. 718 Abs. 1; Art. 718 N 9).

Nach Art. 814 Abs. 2 steht es den Gesellschaftern jedoch offen, in den **Statuten** eine   4
Regelung zu treffen, welche vom gesetzlich statuierten Grundsatz der Einzelvertretungsbefugnis abweicht (vgl. zur vergleichbaren Situation bei einer AG, Art. 718 N 11). In Übereinstimmung mit der aktienrechtlichen Regelung kann somit bspw. bestimmt werden, dass alle oder gewisse Mitglieder der Geschäftsführung nur ein Kollektivzeichnungsrecht (zu zweien) haben oder es kann – was in grösseren Gesellschaften üblich ist – auch Direktoren oder anderen Drittpersonen ein Zeichnungsrecht eingeräumt werden (vgl. zur Einräumung der Vertretungsberechtigung an Direktoren oder Dritte, Art. 718 N 15 f. und Art. 721). Indessen gilt es zu beachten, dass gem. expliziter gesetzlicher Anordnung gewährleistet sein muss, dass die Gesellschaft auf der Ebene der Geschäftsführung vertreten werden kann, indem **mindestens ein Geschäftsführer zur Vertretung der Gesellschaft befugt bleibt** (Botschaft GmbH, 3216). Diesem Erfordernis wird auch dann rechtsgenügend Rechnung getragen, wenn zwei Geschäftsführer die Gesellschaft gemeinsam mit Kollektivunterschrift vertreten, dahingegen nicht, wenn einem Geschäftsführer das Kollektivzeichnungsrecht gemeinsam mit einer Person eingeräumt wird, welche nicht als Geschäftsführer fungiert (vgl. zur analogen Konstellation bei einer AG, Art. 718 N 13).

Insofern die Vertretungsbefugnis in den Statuten abweichend von der dispositiven gesetzlichen Regelung i.S.v. Art. 814 Abs. 1 geregelt ist, kann für die Einzelheiten gem.   5
ausdrücklicher gesetzlicher Anordnung auf ein **Reglement** verwiesen werden, welches entweder von der GesV oder der Geschäftsführung zu erlassen ist (Botschaft GmbH, 3216). Der Gesetzgeber geht somit davon aus, dass vom Grundsatz der Einzelvertretungsbefugnis der Mitglieder der Geschäftsführung nur dann abgewichen werden kann, wenn dies in den Statuten in entsprechender Art und Weise vorgesehen ist (der VE sah in Art. 811 Abs. 1 gar noch vor, dass die Vertretung auch dann zwingend in den Statuten bestimmt werden muss, wenn von der dispositiven gesetzlichen Ordnung nicht abgewichen wird, vgl. dazu auch Botschaft GmbH, 3215). Im Unterschied zur entsprechenden Regelung bei der AG scheint der Gesetzgeber damit die Frage, ob die Geschäftsführer in einem Reglement ein Kollektivzeichnungsrecht auch dann einführen können, wenn die Statuten sie nicht ausdrücklich dazu ermächtigen, negativ zu beantworten. Eine Bejahung dieser Frage mit vergleichbaren Argumenten wie bei einer AG (vgl. dazu Art. 718 N 12) verbietet sich zum einen in Anbetracht des klaren Wortlautes und auch deshalb, weil nicht argumentiert werden kann, dass diese Kompetenz in den

unentziehbaren Aufgabenbereich der Oberleitung der Gesellschaft und der Erteilung der nötigen Weisungen fällt (Art. 810 Abs. 2 Ziff. 1), zumal die Statuten vorsehen können, dass die Geschäftsführer bestimmte Entscheide in diesem Aufgabenbereich der GesV zur Genehmigung vorlegen müssen (Art. 811 Abs. 1 Ziff. 1). Zum anderen aber auch darum, weil es nach der gesetzlichen Konzeption die GesV ist, welche die Prokuristen und die Handlungsbevollmächtigten ernennt, sofern diese Befugnis nicht statutarisch an die Geschäftsführung delegiert wurde (Art. 804 Abs. 3). Zuständig für die Festlegung der Vertretungsverhältnisse in einer GmbH ist somit durchwegs die GesV, es sei denn sie habe diese Kompetenz statutarisch an die Geschäftsführer übertragen (vgl. auch HANDSCHIN/TRUNIGER, § 24 N 17; KÜNG/CAMP, N 4). Insoweit die GesV die Mitglieder der Geschäftsführung also nicht statutarisch dazu ermächtigt hat, können diese die Vertretungsbefugnis – abgesehen von der Erteilung von bürgerlichen Vollmachten im Einzelfall – auch nicht durch Fassung eines entsprechenden Beschlusses abweichend von der dispositiven gesetzlichen Regelung regeln (vgl. Art. 718 N 16). Es empfiehlt sich daher, wo der Gesellschaft an einer flexiblen Ausgestaltung der Vertretungsbefugnis etwas liegt, eine Regelung in die Statuten aufzunehmen, wonach die Kompetenz zur Regelung der Zeichnungsberechtigung auf Stufe der Geschäftsführer und die Ernennung von Direktoren, Prokuristen und Handlungsbevollmächtigten, d.h. generell von Zeichnungsberechtigten, an die Geschäftsführer übertragen wird (vgl. WOHLMANN, 131; vgl. zur Regelung der Zeichnungsberechtigung auch Art. 804 Abs. 3).

III. Wohnsitzerfordernis des Vertretungsberechtigten (Abs. 3)

6   Während das bis zum 1.1.2008 geltende Recht noch vorsah, dass wenigstens einer der Geschäftsführer seinen Wohnsitz in der Schweiz haben musste (so auch noch der VE des BR und der Mehrheitsantrag der Kommission für Rechtsfragen des NR, vgl. ABl. 2005 N 102 ff.), verlangt das nun geltende Recht bloss noch, dass die Gesellschaft durch **eine Person vertreten werden kann, die ihren Wohnsitz in der Schweiz hat.** Im Unterschied zum bisherigen Recht muss es sich dabei nicht zwingend um einen Geschäftsführer handeln, sondern es genügt auch ein Direktor (entsprechend der aktienrechtlichen Parallelbestimmung von Art. 718 Abs. 4 entnimmt der Gesetzgeber auch in Art. 814 Abs. 3 den Begriff des «Direktors» einfach Art. 718 Abs. 2 bzw. Art. 815 Abs. 3 ohne eine gesetzliche Definition dieses Begriffes anzuführen). Verfügen die in der Schweiz wohnhaften Geschäftsführer oder Direktoren nicht über eine Einzelzeichnungsberechtigung, so kann dem Wohnsitzerfordernis auch durch das Zusammenwirken mehrerer in der Schweiz wohnhafter Personen mit Kollektivunterschrift Genüge getan werden (Botschaft GmbH, 3216). Daraus kann geschlossen werden, dass der gem. Art. 814 Abs. 2 zwingend zur Vertretung berechtigte Geschäftsführer keinen Wohnsitz in der Schweiz zu haben braucht, solange das Wohnsitzerfordernis durch einen oder mehrere zeichnungsberechtigte Direktoren erfüllt wird (CHK-KRATZ, Art. 814 OR N 4; vgl. zum Wohnsitzerfordernis des Vertretungsberechtigten bei der AG, Art. 718 N 13 und 17 f.; vgl. zu weiteren Kombinationsmöglichkeiten auch Art. 718 N 13). Mittels dieser Regelung soll im Interesse der Transparenz der Unternehmensverhältnisse und zur Sicherung einer rechtsverbindlichen Kommunikation mit der Gesellschaft zumindest ein minimaler personeller Anknüpfungspunkt in der Schweiz gewährleistet werden, ohne dass sich daraus für die Praxis signifikante Einschränkungen ergeben (so Botschaft GmbH, 3216; vgl. zur Diskussion im NR, AmtlBull 2005 N 102 ff. wie auch die Übersicht bei FORSTMOSER/PEYER/SCHOTT, 148.). Vgl. zum Problem des Entzugs von Haftungssubstrates im Falle, in welchem sich die pflichtwidrig handelnde Geschäftsführung ausschliesslich aus Personen zusammensetzt, die keinen Wohnsitz in der Schweiz haben, Art. 718 N 18.

IV. Umfang und Beschränkung der Vertretungsbefugnis (Abs. 4)

Für den Umfang und die Beschränkung der Vertretungsbefugnis verweist Art. 814 Abs. 4 – wie bereits das bisherige Recht in Art. 814 Abs. 1 altOR – auf die **aktienrechtliche Regelung** von Art. 718a, welche im Recht der GmbH entsprechend Anwendung findet. Dieser Verweis umfasst zudem explizit auch die neu eingeführte Regelung von Art. 718b betreffend Verträge zwischen der Gesellschaft und Personen, durch welche sie vertreten wird. Da der Art. 718a anlässlich der «kleinen Aktienrechtsrevision» keine Änderung erfahren hat und somit diese Vorschrift derjenigen des Aktienrechts in der Fassung von 1992 entspricht, stellt sich nicht einmal theoretisch die Frage, ob sich der Verweis auf das alte oder das neue Recht bezieht. Ebenso wenig stellt sich diese Frage in Bezug auf den Verweis auf Art. 718b betreffend Verträge zwischen der Gesellschaft und Personen, durch welche sie vertreten wird, da diese Bestimmung erst mit der GmbH-Revision (auf den 1.1.2008) ins Gesetz eingeführt worden ist. Vgl. zu den im GmbH-Recht enthaltenen Verweisungen auf das Aktienrecht generell vor Art. 620 N 17.

Obgleich das Gesetz in Art. 814 Abs. 4 den Verweis bezüglich der entsprechenden Anwendung der vertretungsrechtlichen Vorschriften des Aktienrechts auf den «Umfang und die Beschränkung der Vertretungsbefugnis» sowie auf den Abschluss von Rechtsgeschäften zwischen der Gesellschaft und Personen, die sie dabei vertreten, beschränkt, gilt es u.E. zu beachten, dass die Vorschriften des Aktienrechts bezüglich der Vertretung der Gesellschaft wie auch diejenigen des bürgerlichen Stellvertretungsrechts bei der GmbH überall dort analog herangezogen werden müssen, wo das Recht der GmbH keine spezifische, abweichende Regelung bereit hält, wie etwa dort, wo die Statuten vorsehen, dass die Geschäftsführer der Gesellschaftsversammlung bestimmte Entscheide zur Genehmigung vorlegen müssen (Art. 811 Abs. 1 Ziff. 1). Zieht man diesbezüglich den allg. stellvertretungsrechtlichen Grundsatz heran, wonach interne Beschränkungen der Vertretungsbefugnis gegenüber gutgläubigen Dritten keine Wirkung zeitigen, so kommt man zum Schluss, dass das Genehmigungserfordernis i.S.v. Art. 811 Abs. 1 Ziff. 1 insoweit ohne Einfluss auf die Vertretungsmacht der zeichnungsberechtigten Personen sein muss, als die andere Vertragspartei nicht um das Fehlen der erforderlichen Genehmigung wusste oder hätte wissen müssen (ausführlich dazu BÖCKLI, 33 f., der darauf hinweist, dass die Liste der Geschäfte mit Genehmigungsvorbehalt nicht ins Handelsregister eingetragen wird und somit für die Bestimmung der Vertretungsmacht das negative Publizitätsprinzip i.S.v. Art. 933 Abs. 2 Geltung beanspruchen muss; nach hier vertretener Ansicht ist allerdings nicht Art. 933 Abs. 2 anzuwenden, da diese Bestimmung nur Anwendung findet, wo eine Eintragungspflicht gilt; wo nicht einmal eine Eintragungsmöglichkeit besteht, gilt damit der allg. Grundsatz, vgl. Art. 718a N 16 im Gegensatz zu N 8 ff.). Mit anderen Worten sind also auch diejenigen Rechtsgeschäfte, welche von zeichnungsberechtigten Personen ohne die statutarisch vorgesehene Genehmigung abgeschlossen wurden, rechtsbeständig, es sei denn der Dritte hätte positive Kenntnis oder fahrlässige Unkenntnis von der internen Beschränkung (vgl. Botschaft GmbH, 3214; vgl. zum deutschen Recht § 37 Abs. 2 GmbHG sowie die rechtsvergleichende Kurzanalyse von BEHRENS, 155; Nichtkennen der – an sich ja öffentlichen – Statuten kann dabei nicht als fahrlässige Unkenntnis gelten).

V. Zeichnen mit Firma und Unterschrift (Abs. 5)

In Anlehnung an die aktienrechtliche Bestimmung von Art. 719 haben die zur Vertretung befugten Personen beim Abschluss von Rechtsgeschäften im Namen der Gesellschaft in der Weise zu zeichnen, dass sie der Firma der Gesellschaft ihre Unterschrift beifügen. Dementsprechend kann an dieser Stelle vollumfänglich auf die entsprechenden Ausführungen zu Art. 719 verwiesen werden. Vgl. zur Firmengebrauchspflicht Art. 954a N 1 ff.

VI. Eintragungspflicht ins HR (Abs. 6)

10   Ebenfalls angelehnt an das Aktienrecht ist die neu eingeführte Bestimmung von Art. 814 Abs. 6, welche ihr aktienrechtliches Gegenstück in Art. 720 findet. Der Abs. 6 von Art. 814 sieht vor, dass die zur Vertretung berechtigten Personen in das Handelsregister einzutragen sind (vgl. zum Inhalt Art. 119 HRegV, zum Grundsatz Art. 73 Abs. 1 lit. p und q HRegV), wobei diese ihre Unterschrift beim Handelsregisteramt zu zeichnen oder die Zeichnung in beglaubigter Form einzureichen haben (Art. 21 HRegV).

11   Vergleicht man die Bestimmung von Art. 814 Abs. 6 mit Art. 720, so fällt auf, dass im Recht der GmbH – im Unterschied zur entsprechenden Parallelbestimmung im Aktienrecht – nicht festgehalten wird, durch wen die Anmeldung zur Eintragung in das Handelsregister vorzunehmen ist. Aufgrund der Auffangbestimmung von Art. 810 Abs. 1 ist davon auszugehen, dass die Pflicht, die zur Vertretung befugten Personen im Handelsregister registrieren zu lassen, aus gesellschaftsrechtlicher Perspektive den Geschäftsführern zuzuschreiben ist (vgl. aus handelsregisterrechtlicher Sicht Art. 17 Abs. 1 lit. c HRegV). Bei der in Art. 814 Abs. 6 statuierten Pflicht zur Eintragung der Zeichnungsberechtigten in das Handelsregister handelt es sich – wie bei Art. 720 – um eine blosse **Ordnungsvorschrift**. Entsprechend kann für sämtliche weiteren Bemerkungen hinsichtlich der Pflicht zur Eintragung der Zeichnungsberechtigten in das Handelsregister auf die Erläuterungen bei der entsprechenden aktienrechtlichen Bestimmung verwiesen werden (vgl. Art. 720 N 1 ff.), welche im Recht der GmbH mutatis mutandis Anwendung finden. Anders ist bei der GmbH einzig, dass eine Delegation an die Geschäftsführer in die Statuten aufgenommen werden muss (vgl. N 4).

Art. 815

VII. Abberufung von Geschäftsführern; Entziehung der Vertretungsbefugnis

¹ Die Gesellschafterversammlung kann von ihr gewählte Geschäftsführer jederzeit abberufen.

² Jeder Gesellschafter kann dem Gericht beantragen, einem Geschäftsführer die Geschäftsführungs- und Vertretungsbefugnis zu entziehen oder zu beschränken, wenn ein wichtiger Grund vorliegt, namentlich wenn die betreffende Person ihre Pflichten grob verletzt oder die Fähigkeit zu einer guten Geschäftsführung verloren hat.

³ Die Geschäftsführer können Direktoren, Prokuristen oder Handlungsbevollmächtigte jederzeit in ihrer Funktion einstellen.

⁴ Sind diese Personen durch die Gesellschafterversammlung eingesetzt worden, so ist unverzüglich eine Gesellschafterversammlung einzuberufen.

⁵ Entschädigungsansprüche der abberufenen oder in ihren Funktionen eingestellten Personen bleiben vorbehalten.

3. Abschnitt: Organisation der Gesellschaft   1–3   **Art. 815**

VII. Révocation de gérants; retrait des pouvoirs de représentation	¹ L'assemblée des associés peut révoquer à tout moment un gérant qu'elle a nommé. ² Chaque associé peut demander au juge de retirer ou de limiter les pouvoirs de gestion et de représentation d'un gérant pour de justes motifs, en particulier si le gérant a gravement manqué à ses devoirs ou s'il est devenu incapable de bien gérer la société. ³ Les gérants peuvent à tout moment suspendre de ses fonctions un directeur, un fondé de procuration ou un mandataire commercial. ⁴ Si la personne suspendue de ses fonctions a été désignée par l'assemblée des associés, celle-ci est convoquée immédiatement. ⁵ L'action en dommages-intérêts de la personne révoquée ou suspendue de ses fonctions est réservée.
VII. Revoca di gerenti; revoca del potere di rappresentanza	¹ L'assemblea dei soci può revocare in ogni tempo gerenti da essa nominati. ² Ogni socio può chiedere al giudice di revocare o di limitare i poteri di gestione e di rappresentanza di un gerente se sussiste un grave motivo, segnatamente se il gerente ha violato gravemente i suoi obblighi o non è più in grado di ben amministrare. ³ I gerenti possono in ogni tempo sospendere dal loro ufficio direttori, procuratori e mandatari. ⁴ Se tali persone sono state nominate dall'assemblea dei soci, quest'ultima deve essere immediatamente convocata. ⁵ Rimangono salve le azioni di risarcimento delle persone revocate o sospese dal loro ufficio.

Literatur

Vgl. die Literaturhinweise zu Art. 726.

I. Allgemeines

Art. 815 E-OR wurde im Parlament weder abgeändert (noch auch nur diskutiert). Die **1**
Bestimmung bringt gegenüber dem altOR folgende **Neuerungen:**

- Abs. 1 und 5 entsprechen in der praktischen Auswirkung Art. 814 Abs. 3 altOR, wobei im neuen Recht nun für gewisse Geschäftsführer eine Abberufungskompetenz analog zu Art. 705 eingeführt wurde.
- Im Sinne einer Notmassnahme sieht Abs. 2 (dies aber weniger weit gehend als Art. 726) vor, dass jedem Geschäftsführer durch den Richter auf Antrag eines Gesellschafters die Geschäftsführungs- und/oder Vertretungsbefugnis entzogen werden kann; diese Regelung ist vergleichbar mit derjenigen von Art. 814 Abs. 2 altOR.
- Eine Art. 726 entsprechende Lösung wurde mit Abs. 3 und 4 neu eingeführt – im alten Recht galt diese Regel praktisch aber auch.
- Abs. 5 entspricht Art. 705 Abs. 2 und Art. 726 Abs. 3.

Gesamthaft wurde die Regelung gegenüber dem altOR damit **präzisiert** und verbessert, **2**
geht aber **weniger weit als die analogen Regeln bei der AG** (Art. 705 und 726).

Die Regelung von Art. 815 kann **statutarisch nicht abgeändert werden** (Botschaft **3**
GmbH, 3217; vgl. zu den Quoren MONTAVON, Sàrl, 468), die Position der GesV kann aber gegenüber den Geschäftsführern dadurch verbessert werden, dass die Statuten deren Wahl durch die GesV vorsehen (u. N 5).

II. Abberufung von Geschäftsführern (Abs. 1)

4 Nach dem neuen Abs. 1 kann die GesV die von ihr gewählten Geschäftsführer (unabhängig davon, ob es sich um Gesellschafter handelt oder nicht, so schon BGE 81 II 545 f.) **jederzeit und ohne Grundangabe abberufen,** womit bei der GmbH für gewählte Geschäftsführer die gleichen Regeln gelten wie bei der AG (vgl. Art. 705). Auf die dortigen Ausführungen kann verwiesen werden. Im alten Recht sah Art. 814 Abs. 3 altOR nur die Möglichkeit vor, die Geschäftsführung und das Vertretungsrecht zu entziehen, ging also vom Gesetzestext her weniger weit (vgl. aber zur weitergehenden Praxis BGE 81 II 545 f.) – dafür betraf diese Möglichkeit im alten Recht alle Nichtgesellschafter, unabhängig davon, wie diese eingesetzt wurden (vgl. für das heutige Recht N 9 ff.).

5 Wo die Einsetzung als Geschäftsführer nicht durch Gesellschafterbeschluss, sondern **qua Gesellschafterstellung** (vgl. Art. 809 Abs. 1 Satz 2) oder durch die Statuten (vgl. Art. 809 Abs. 1 Satz 2) erfolgt, oder wo eine natürliche Person für eine als juristische Person organisierte Gesellschafterin handelt (Art. 809 Abs. 2 Satz 1) kann eine Abberufung nur durch die **Änderung der Statuten** erreicht werden, indem diese neu die Wahl der Geschäftsführer durch die GesV vorsehen; vgl. auch den Spezialfall von Art. 809 Abs. 2 Satz 2 und Botschaft GmbH, 3216 f.

6 **Zuständig für den Entzug** ist die (korrekt einberufene) **GesV,** ihren Entscheid fasst sie nach Art. 808. Das Abberufungsrecht besteht jederzeit, d.h. auch dann wenn der Geschäftsführer für eine bestimmte Zeit gewählt wurde (unklar NUSSBAUM/SANWALD/ SCHEIDEGGER, N 5).

7 Die Abtretung **wirkt im Innenverhältnis sofort,** im Aussenverhältnis kann der allenfalls noch weiterbestehende Handelsregistereintrag weiterhin Kraft Gutglaubensschutz eine Vertretungswirkung bewirken, wobei dem Dritten nur positive Kenntnis schadet (vgl. Art. 718 N 25 und 27).

8 Ein **Rücktritt** eines Geschäftsführers ist dort jederzeit möglich, wo die GesV die Geschäftsführer wählt. Wo das nicht der Fall ist (d.h. die Statuten die Selbstorganschaft nach Art. 809 Abs. 1 nicht abgeändert haben), ist ein Rücktritt ausgeschlossen, ausser die Statuten würden dies anders regeln (für blossen Gesellschafterbeschluss sind NUSSBAUM/SANWALD/SCHEIDEGGER, N 8).

III. Entzug oder Beschränkung der Geschäftsführung und des Vertretungsrechtes (Abs. 2)

9 Unter dem alten Recht konnte einem Gesellschafter die Geschäftsführung und das Vertretungsrecht nur unter den Voraussetzungen von Art. 539 (i.V.m. Art. 537 Abs. 1) und Art. 565, also nur bei Vorliegen wichtiger Gründe entzogen werden, wobei in dringenden Fällen Art. 565 Abs. 2 ebenfalls als anwendbar erachtet wurde (vgl. Art. 814 Abs. 2 altOR). Das neue Recht hält daran fest, dass für Gesellschafter das Recht auf die Geschäftsführung vorbehältlich einer anderen statutarischen Regelung ein **wohlerworbenes Recht** ist und somit von den anderen Gesellschaftern grundsätzlich nicht (etwa analog zu Art. 705 oder 726) entzogen werden kann (s.o. N 5).

10 Als (allerdings nicht sehr schnell wirkende) **Notmassnahme** sieht Abs. 2 nun neu vor, dass bei Vorliegen wichtiger Gründe von jedem Gesellschafter beim Richter ein Entzug der Geschäftsführungs- und Vertretungsbefugnis verlangt werden kann. Ausreichend dürfte oft ein blosser Entzug des Vertretungsrechtes – nicht aber des Geschäftsführungs-

rechtes – sein; im Einzelfall kann aber auch der (zusätzliche) Entzug der Geschäftsführungsbefugnis angezeigt sein (durch Hausverbot, Ausschluss von Sitzungen der Geschäftsführer etc.).

Als **wichtigen Gründe** gelten wie schon unter dem alten Recht (vgl. die Voraufl., Art. 814 N 7) Unfähigkeit (wobei diese ursprünglich, aber erst später entdeckt, sein kann, aber auch über die Zeit eintretend, wie etwa wegen einer Krankheit, Altersdemenz etc.) oder schwere Pflichtverletzungen (etwa fortgesetzte Kompetenzüberschreitungen, Verletzung der Treuepflicht, wie etwa durch Konkurrenzierung, Art. 803) oder der Verlust des guten Rufes (ZK-VON STEIGER, Art. 815 N 14; Art. 815 Abs. 2 a.E.). Denkbar ist auch, dass die Statuten wichtige Gründe definieren. 11

Analog zum alten Recht und damit zu Art. 565 Abs. 2 ist der Richter m.E. berechtigt, den Entzug auch **superprovisorisch,** also auf einseitiges Vorbringen des antragsstellenden Gesellschafters, auszusprechen. Diese erste Massnahme ist dann aber sofort gerichtlich zu überprüfen und wird sie aufrechterhalten, ist ggf. nach Abs. 4 eine GesV einzuberufen. 12

Abs. 4 ist damit grundsätzlich auf Fälle von Abs. 2 anwendbar, wobei praktisch eine GesV auch dann notwendig wird, wenn die Einsetzung als Geschäftsführer nicht durch die GesV, sondern von Gesetzes wegen erfolgte. Die GesV wird im letzteren Fall nämlich in aller Regel entscheiden müssen, dass neu die GesV die Geschäftsführer ernennt, denkbar ist auch, dass diesfalls über den Ausschluss nach Art. 823 befunden werden muss (vgl. ebenso NUSSBAUM/SANWALD/SCHEIDEGGER, N 6 f.). 13

Wenig verständlich ist (vgl. auch die Kritik bei KÜNG/CAMP, N 5), dass **zwangsweise der Rechtsweg** beschritten werden muss und die übrigen Geschäftsführer keine Art. 539 Abs. 2 oder Art. 726 analoge Rechte haben (wenigstens für den Fall gewählter Geschäftsführer). De lege lata ist der Gesetzestext aber klar und es dürfte in der Praxis oft notwendig werden, dass die übrigen Gesellschafter zur Selbsthilfe greifen, bis ein vollstreckbares Urteil vorliegt (indem etwa dem Betroffenen Informationen vorenthalten werden, Sitzungen ohne ihn abgehalten werden und Geschäftspartner informiert werden, dass der Geschäftsführer gewisse Geschäfte nicht mehr abschliessen kann). 14

Zuständig ist der Richter am Sitz der Gesellschaft. Die örtliche Zuständigkeit richtet sich nach Art. 33 GestG. 15

IV. Funktionseinstellung (Abs. 3)

Zuständig für die Funktionseinstellung von Direktoren, Prokuristen und Handlungsbevollmächtigten (vgl. auch Art. 465) sind die Geschäftsführer, dies mittels Entscheid nach Art. 809 Abs. 4 (dazu auch Botschaft GmbH, 3217) – die Regelung ist analog zu Art. 726 Abs. 1 und es kann vollumfänglich auf Art. 726 N 4 ff. verwiesen werden. 16

Wo diese Personen durch die GesV ernannt worden sind (und nicht etwa durch Beschluss der Geschäftsführer oder gar durch einzelne Geschäftsführer, vgl. dazu Art. 804 Abs. 3) gilt Abs. 4 (vgl. N 18 f.). 17

V. Einberufung einer Gesellschafterversammlung (Abs. 4)

Analog zur Regelung von Art. 726 Abs. 2 müssen die Geschäftsführer sofort eine Gesellschafterversammlung einberufen, wenn die nach Abs. 3 in ihrer Funktion eingestellte Person von der Gesellschafterversammlung eingesetzt wurde – wie in N 13 schon aus- 18

Art. 817

geführt, gilt das m.E. auch für von der GesV gewählte Geschäftsführer, falls deren Geschäftsführungs- und Vertretungsbefugnis nach Abs. 2 entzogen wurde (und praktisch sogar für den Fall, wo Geschäftsführer von Gesetzes wegen eingesetzt sind).

19 Für das Verfahren kann auf die Ausführungen in Art. 726 N 11 ff. verwiesen werden.

VI. Entschädigungsansprüche (Abs. 5)

20 Es kann auf die Ausführungen in Art. 726 N 15 ff. verwiesen werden.

Art. 816

VIII. Nichtigkeit von Beschlüssen	Für die Beschlüsse der Geschäftsführer gelten sinngemäss die gleichen Nichtigkeitsgründe wie für die Beschlüsse der Generalversammlung der Aktiengesellschaft.
VIII. Nullité des décisions	Les motifs de nullité des décisions de l'assemblée générale de la société anonyme s'appliquent par analogie aux décisions des gérants.
VIII. Nullità delle decisioni	I motivi di nullità delle deliberazioni dell'assemblea generale della società anonima si applicano per analogia alle decisioni dei gerenti.

1 Das Aktienrecht kennt mit Art. 714 eine besondere Bestimmung über die Nichtigkeit von Beschlüssen des VR, welche jedoch nur auf die Nichtigkeitsgründe für GV-Beschlüsse (Art. 706b) verweist. In Art. 816 (eingeführt in der Gesetzesrevision von 2005, erstmals im bundesrätlichen Entwurf) wählt der Gesetzgeber nun ein abgekürztes Verfahren und verweist nicht auf Art. 714, sondern direkt auf **Art. 706b**. Die dort geregelten Tatbestände der Nichtigkeit können daher in zweifacher Hinsicht für die Beschlüsse der Geschäftsführer nur «**sinngemäss**» herangezogen werden: einerseits handelt es sich um eine andere Rechtsform, andererseits um ein anderes Organ (WOHLMANN, Positionierung, 135). Für die Probleme, die sich aus dem zweiten Umstand ergeben, kann auf die Komm. zu Art. 714 verwiesen werden (vgl. zudem CR CO II-CHAPUIS, Art. 714). Insbesondere ist bei der analogen Anwendung zu beachten, dass im Falle unkorrekter Beschlüsse der Geschäftsführer anders als bei Beschlüssen der GesV die mildere Sanktion der Anfechtbarkeit (Art. 706 i.V.m. Art. 808c) fehlt.

Art. 817

IX. Haftung	Die Gesellschaft haftet für den Schaden aus unerlaubten Handlungen, die eine zur Geschäftsführung oder zur Vertretung befugte Person in Ausübung ihrer geschäftlichen Verrichtungen begeht.
IX. Responsabilité	La société répond des dommages résultant des actes illicites commis dans la gestion de ses affaires par une personne autorisée à la gérer ou à la représenter.
IX. Responsabilità	La società risponde del danno che una persona cui è affidata la sua gestione o rappresentanza ha causato con atti illeciti commessi nell'esercizio di incombenze sociali.

3. Abschnitt: Organisation der Gesellschaft   **Art. 818**

I. Allgemeines

Art. 817 entspricht Art. 814 Abs. 4 altOR. Erfasst sind nebst den Geschäftsführern auch Direktoren und Prokuristen mit Organqualität. 1

Für die Haftungsvoraussetzungen und -modalitäten der Klage kann auf Art. 722 N 2 ff. und N 12 ff. verwiesen werden. 2

Art. 818

C. Revisions-stelle	¹ **Für die Revisionsstelle sind die Vorschriften des Aktienrechts entsprechend anwendbar.** ² **Ein Gesellschafter, der einer Nachschusspflicht unterliegt, kann eine ordentliche Revision der Jahresrechnung verlangen.**
C. Organe de révision	¹ Les dispositions du droit de la société anonyme concernant l'organe de révision sont applicables par analogie. ² Un associé soumis à l'obligation d'effectuer des versements supplémentaires peut requérir un contrôle ordinaire des comptes annuels.
C. Ufficio di revisione	¹ All'ufficio di revisione si applicano per analogia le disposizioni del diritto della società anonima. ² Un socio soggetto all'obbligo di effettuare versamenti suppletivi può chiedere una revisione ordinaria del conto annuale.

Literatur und Materialien

DUC, L'autonomie des associés: Droit dispositif et droit impératif, notamment à l'exemple de la révision des comptes, in: Portmann (Hrsg.), Le nouveau droit de la société à responsabilité limitée, Lausanne 2006 (CEDIDAC 70), 89 ff.; FORSTMOSER, Kapital-, Gläubiger- und Gesellschafterschutz im künftigen GmbH-Recht, in: Rochat/Ferrari (Hrsg.), Les projets de Sàrl révisée et de SA privée, Lausanne 1998 (CEDIDAC 37), 113 ff.; VON PLANTA, L'organisation, in: Portmann (Hrsg.), Le nouveau droit de la société à responsabilité limitée, Lausanne 2006 (CEDIDAC 70), 65 ff.; VOUILLOZ, Die Überschuldung der Gesellschaft mit beschränkter Haftung und ihre allfällige Sanierung, TREX 2005, 273 ff.; vgl. im Übrigen die Literaturhinweise bei den Vorbem. zu Art. 727 und 727a.

I. Entstehungsgeschichte und Inkrafttreten

Unter bisherigem Recht unterstand die GmbH grundsätzlich **keiner Revisionspflicht**. Statutarisch konnte eine Kontrollstelle zwar vorgesehen werden (wobei diesfalls die aktienrechtlichen Vorschriften Anwendung fanden, vgl. Art. 819 altOR), doch machten in der Praxis nur wenige GmbHs von diesem Recht Gebrauch (VON PLANTA, 76). Der gesetzgeberische Entscheid für eine fakultative Kontrollstelle beruhte auf der Überlegung, dass bei der GmbH (wie bei den übrigen Personengesellschaften) das Prinzip der Selbstorganschaft gelte und sich deshalb analog zu den Personengesellschaften eine Revision erübrige (vgl. die Nachweise bei FORSTMOSER, 117). Damit wurde zum Ausdruck gebracht, dass die RS lediglich dem Schutz der Gesellschafter diene (FORSTMOSER, a.a.O.). Dieses Verständnis steht allerdings im Widerspruch zur jüngeren Auffassung in Lehre und Rechtsprechung (allerdings vorab in Bezug auf die AG), bei der man von einem funktionalen Verständnis der RS ausgeht. Danach erfüllt die diese mit zunehmender wirtschaftlicher Bedeutung eines Unternehmens nicht nur eine Schutzfunktion zugunsten der Gesellschafter, sondern auch zugunsten (bestehender und 1

Art. 818 2–5

zukünftiger) Gläubiger, Anleger und der Allgemeinheit (eingehend dazu Vor Art. 727 und 727a N 17 ff.).

2 Als sich der BR 1995 anschickte, das GmbH-Recht zu revidieren, mündeten die Vorschläge der Vorarbeiten (in Anlehnung an die Empfehlung der Groupe de réflexion) denn auch in einem Obligatorium, d.h. einer zwingenden Revisionspflicht für die GmbH (Botschaft GmbH, 3164). Dieser Vorschlag wurde in der Vernehmlassung aufgrund der erwarteten hohen Kosten jedoch stark kritisiert. Der BR entschied sich deshalb, in seinem Entwurf eine nuancierte Regelung vorzusehen, wonach eine GmbH nur dann einer Revisionspflicht unterliege, wenn ein Gesellschafter, der einer Nachschusspflicht unterliegt, dies verlange, wenn das Stammkapital CHF 100 000 oder mehr betrage oder wenn in zwei aufeinander folgenden Geschäftsjahren mindestens zwei bestimmte Schwellenwerte (Bilanzsumme von CHF 5 Mio., Umsatzerlös von CHF 10 Mio. und 50 Vollzeitstellen im Durchschnitt) überschritten würden. Zudem sollte ein aus der GmbH ausgeschiedener Gesellschafter die Bezeichnung einer RS verlangen können, solange die auszurichtende Abfindung nicht vollständig ausbezahlt sei. Wenn eine dieser Voraussetzungen gegeben sei, sollten die aktienrechtlichen Vorschriften über die RS entsprechend zur Anwendung gelangen (Botschaft GmbH, 3165 und 3217 ff.).

3 Obwohl der Entwurf des BR zur GmbH-Revision grundsätzlich sehr gut aufgenommen wurde, sistierte die Kommission für Rechtsfragen des NR ihre Vorberatung und verlangte eine **Zusatzbotschaft zur Verwirklichung einer rechtsformübergreifenden Neuregelung des Rechts der RS** (Botschaft RAG, 3983 und 4039; DUC, 96 und 127; BÖCKLI, Revisionsstelle, 1 f.; INDERKUM, 535). Das im Rahmen der GmbH-Revision bereits angedachte Konzept der Revisionspflicht, welche sich an der wirtschaftlichen Bedeutung des Unternehmens orientierte, wurde in der Folge weiterentwickelt und rechtsformübergreifend ausgestaltet (vgl. auch Vor Art. 727 und 727a N 11). Am 23.6.2004 wurde diese Zusatzbotschaft schliesslich vom BR verabschiedet und zusammen mit den übrigen Bestimmungen der GmbH-Revision dem Parlament überwiesen, welches die Vorlagen in der Frühjahrs-, Sommer- und Wintersession 2005 behandelte und am 16.12.2005 verabschiedete (krit. zu diesem legislatorischen «Huckepackverfahren» MEIER-HAYOZ/FORSTMOSER, § 10 N 87 ff.; AMSTUTZ/VON BHICKNAPAHARI, Rz 1 und 20 ff.).

4 Art. 818 wurde im **Parlament** gem. dem Vorschlag des BR ohne Debatte angenommen (AmtlBull NR 2005, N 89 und AmtlBull StR 2005, N 635). Am 17.10.2007 hat der BR die Bestimmungen (zusammen mit den übrigen Änderungen der GmbH-Revision) auf den 1.1.2008 in Kraft gesetzt. Gem. Art. 7 ÜBest GmbH-Revision gelten die Bestimmungen über «die Buchführung und die RS» vom ersten Geschäftsjahr an, das mit dem Inkrafttreten des Gesetzes oder danach beginnt. Art. 818, welcher ebenfalls von Art. 7 ÜBest GmbH-Revision erfasst wird (so die Botschaft RAG, 4048), findet folglich auf alle GmbHs Anwendung, deren **Geschäftsjahr am oder nach dem 1.1.2008** begonnen hat.

5 Mit der nun erfolgten Gesetzesänderung wurde für juristische Personen nicht nur ein grundsätzlich rechtformneutrales Konzept der Revisions*pflicht* eingeführt, sondern auch bez. der *fachlichen Anforderungen* an die RS und deren *Aufgaben* eine Harmonisierung vorgenommen, wobei in allen Fällen nach der wirtschaftlichen Bedeutung des Unternehmens differenziert wird. Rechtstechnisch erfolgt dies so, dass die grundsätzliche Regelungen zur Revision im Aktienrecht erfolgen (Art. 727 ff.), während in den anderen Rechtsformen entsprechende Verweisungsnormen verankert werden. Dies gilt auch für das GmbH-Recht (vgl. Abs. 1; zum Vorbehalt von Abs. 2 nachfolgend N 15).

II. Verhältnis zum bisherigen Recht

Im **Vergleich mit dem bisherigen Recht** bringt die Gesetzesänderung vom 16.12.2005 für die GmbH eine Reihe von Änderungen mit sich, wovon nachfolgend die wichtigsten erwähnt seien:

- Die Kontrollstelle, welche neu **Revisionsstelle** heisst, wird nach Massgabe von Art. 818 Abs. 1 i.V.m. Art. 727 und 727a Abs. 1 **obligatorisch**. Die GmbH untersteht dabei je nach Gegebenheiten der *ordentlichen* oder *eingeschränkten* Revisionspflicht (vgl. dazu Art. 727 und 727a). Allerdings kann davon ausgegangen werden, dass nur sehr wenige GmbHs die Voraussetzungen für eine ordentliche Revisionspflicht erfüllen werden bzw. die weitaus überwiegende Mehrzahl eingeschränkt revisionspflichtig ist (VOUILLOZ, 274). Lediglich für den Fall, dass die Voraussetzungen eines Opting-Out (Art. 727 Abs. 2) erfüllt sind, kann auf die RS **verzichtet** werden.

- Gesellschafter, welche mindestens 10% des Stammkapitals vertreten, können eine **ordentliche Revision verlangen** (Art. 818 Abs. 1 i.V.m. Art. 727 Abs. 2). Ausserdem kann eine GmbH, die von Gesetzes wegen der eingeschränkten Revisionspflicht untersteht, durch GesV-Beschluss oder eine entsprechende Statutenbestimmung die ordentliche Revisionspflicht einführen (Art. 818 Abs. 1 i.V.m. Art. 727 Abs. 3). Schliesslich können auch Gesellschafter, die einer Nachschusspflicht unterliegen sowie ausgeschiedene Gesellschafter, welche die Abfindung noch nicht ausbezahlt erhalten haben, eine ordentliche Revision verlangen (Art. 818 Abs. 2 bzw. Art. 825a Abs. 4).

- Besteht eine Revisionspflicht, hat die GmbH bei der Bezeichnung der RS **verschärfte fachliche Anforderungen** sowie **Unabhängigkeitsvorschriften** zu beachten (vgl. Art. 727b und 727c bzw. Art. 728/729).

- Die **Aufgaben der RS** werden im Vergleich zur bisherigen Regelung nicht nur genauer geregelt, sondern auch erweitert (vgl. Art. 728a–c bzw. Art. 729a–c). So ist im Rahmen der Rechnungslegung neu insb. etwa auch die Existenz eines internen Kontrollsystems sowie die Einhaltung des gewählten privaten Rechnungslegungsstandards zu prüfen, sofern die GmbH der ordentlichen Revisionspflicht (Art. 727) untersteht (vgl. Art. 728a Abs. 1 Ziff. 3 bzw. 1). Zur Frage, ob das **Anteilbuch** Prüfungsgegenstand bildet, vgl. nachfolgend N 11.

- Zusätzlich zum Revisionsbericht zuhanden der GV hat unter neuem Recht ein **umfassender Revisionsbericht** an die Geschäftsführer zu erfolgen, sofern die GmbH der ordentlichen Revisionspflicht untersteht (vgl. Art. 728b).

- Die RS unterliegt verschärften **Anzeigepflichten** (vgl. Art. 728c bzw. 729c). Bei der eingeschränkten Revisionspflicht ist die Anzeigepflicht der RS auf die Anzeige bei offensichtlicher Überschuldung beschränkt (zur Problematik dieser Bestimmung vgl. Art. 729c N 10).

- Die **Anwesenheitspflicht** der RS bei der Genehmigung der Jahres- bzw. Konzernrechnung und bei der Beschlussfassung über die Verwendung des Bilanzgewinnes ist gelockert worden (vgl. Art. 731 Abs. 2).

- Die **Amtsdauer** der RS ist beschränkt (vgl. Art. 730a).

- Die RS ist im **Handelsregister** einzutragen; erfolgt ein Opting-Out oder Opting-Down, wird ein entsprechender Hinweis im Handelsregister angebracht (vgl. Art. 73 Abs. 1 lit. s bzw. r HRegV), vgl. auch N 13.

III. Regelung der RS im GmbH-Recht

1. Verweis auf die Vorschriften des Aktienrechts (Abs. 1)

7   Laut Abs. 1 sind «für die Revisionsstelle» die Vorschriften des Aktienrechts entsprechend anwendbar. **In zeitlicher Hinsicht** handelt es bei dieser Verweisungsnorm um eine sog. dynamische Verweisungsnorm, d.h. der Verweis bezieht sich auf die jeweils geltende Fassung des Aktienrechts (Botschaft GmbH, 3167; Botschaft RAG, 4039 und 3990, je m.w.H.; CHK-KRATZ, Art. 818 OR N 4; KÜNG/CAMP, Art. 818 N 4). Spätere aktienrechtliche Änderungen wirken sich demnach auch unmittelbar auf diejenigen Gesellschaftsformen aus, welche für die RS auf das Aktienrecht verweisen, also auch auf die GmbH.

8   **In sachlicher Hinsicht** bezieht sich der Verweis auf die Art. 727–731a (vgl. auch Botschaft RAG, 4039) und damit auf Vorschriften über folgende Regelungsgegenstände:

– Revisionspflicht (Art. 727 und 727a);
– Fachliche Anforderungen an die RS (Art. 727b und 727c);
– Unabhängigkeit und Aufgaben der RS, differenzierend nach der ordentlichen und eingeschränkten Revisionspflicht (Art. 728a–728c bzw. Art. 729a–729c);
– Wahl und Amtsdauer der RS, die Auskunfts- und Geheimhaltungspflicht, Dokumentation und Aufbewahrung, die Abnahme der Rechnung und Gewinnverwendung und besondere statutarische Bestimmungen (Art. 730–731a).

9   Sämtliche dieser Bestimmungen sind also *mutatis mutandis* auf die GmbH anwendbar. Vorbehältlich der nachfolgenden Ausführungen kann deshalb auf die Komm. der aktienrechtlichen Bestimmungen verwiesen werden.

10 Zusätzlich zu den aktienrechtlichen Bestimmungen über das Opting-Up (vgl. Art. 727 Abs. 2 und 3), sieht Art. 818 in Abs. 2 vor, dass ein Opting-Up auch von einem Gesellschafter verlangt werden kann, der einer **Nachschusspflicht** unterliegt (vgl. dazu nachfolgend N 14 ff.).

11 Betr. **Prüfung des Anteilbuches** (vgl. Art. 790) durch die RS galt bisher, dass wenn eine GmbH statutarisch eine RS bezeichnet, dieses aufgrund expliziter Anordnung in Art. 819 Abs. 2 altOR zum Prüfungsgegenstand gehörte. Im geltenden GmbH-Recht fehlt eine entsprechende Vorschrift und es stellt sich die Frage, ob damit das Anteilbuch neu nicht mehr auf die ordnungsgemässe Führung zu überprüfen ist. Bemerkenswerterweise hat der Gesetzgeber bei Genossenschaften, welche eine persönliche Haftung oder eine Nachschusspflicht der Genossenschafter vorsehen, explizit festgehalten, dass das Genossenschaftsverzeichnis (nach wie vor) Prüfungsgegenstand bildet und zwar selbst dann, wenn die Genossenschaft auf eine RS verzichtet oder im Rahmen eines Opting-Down (vgl. dazu Vor Art. 727 und 727a N 34 f. sowie Art. 727a N 45 ff.) einen nicht zugelassenen Revisor bestellt hat (Art. 907 Abs. 2). Nach der hier vertretenen Auffassung handelt es sich bei der Frage nach der Prüfung des Anteilbuches um eine offene Lücke, welche durch eine **analoge Anwendung der genossenschaftsrechtlichen Bestimmung** geschlossen werden sollte. Dementsprechend unterliegt das Anteilbuch der Revisionspflicht, wenn eine statutarische Nachschusspflicht (vgl. dazu N 15) besteht; dies gilt analog zum Genossenschaftsrecht auch dann, wenn die GmbH auf eine RS verzichtet oder ein Opting-Down vorgenommen hat. Der Geltungsbereich von Art. 818 Abs. 1 i.V.m. Art. 728a bzw. 729b erfährt diesbezüglich eine Ausdehnung. Würde in einer solchen Konstellation die ordnungsgemässe Führung des Anteilbuches nicht durch eine ex-

terne Stelle kontrolliert, könnte die Richtigkeit der Einträge weder gesellschaftsintern, noch gegenüber Dritten gewährleistet werden. Das Anteilbuch steht nach der h.L. der Öffentlichkeit zwar nicht zur Einsicht offen, doch wird sich die Gesellschaft bei der Anmeldung ihrer jeweiligen Gesellschafter beim Handelsregisteramt (vgl. Art. 791) primär auf das Anteilbuch stützen, womit dessen Inhalt für Dritte Bedeutung erlangt und daher eine Kontrolle durch die RS rechtfertigt, falls Nachschusspflichten bestehen.

Weiter gilt es zu beachten, dass den Gesellschaftern ein **uneingeschränktes Einsichtsrecht** gewährt wird, sofern eine GmbH rechtsgültig auf eine RS verzichtet (Opting-Out) (Art. 802 Abs. 2 Satz 1), was freilich nur für nicht geschäftsführende Gesellschafter von Bedeutung ist. Unterliegt die GmbH hingegen einer Revisionspflicht, muss ein **berechtigtes Interesse** glaubhaft gemacht werden können, um das Einsichtsrecht auszuüben (Art. 802 Abs. 2 Satz 2). 12

Schliesslich ist anzumerken, dass auch das neue GmbH-Recht keine Bestimmung über die RS in den Statuten vorschreibt (vgl. Art. 776 f.). Allerdings ist die RS im **Handelsregister** einzutragen (Art. 73 Abs. 1 lit. s HRegV). 13

2. Opting-Up im Recht der GmbH (Abs. 2)

Gem. Art. 727 Abs. 2 kann die Gesellschaft der ordentlichen Revisionspflicht unterstellt werden (Opting-Up), wenn Aktionäre, welche mindestens 10% des AK vertreten, dies verlangen. Diese Vorschrift kommt aufgrund von Abs. 1 auch für die GmbH entsprechend zur Anwendung. Dasselbe gilt für Art. 727 Abs. 3, welches ein Opting-Up durch GesV-Beschluss oder eine statutarische Bestimmung ermöglicht. Es kann auf N 6 und die Komm. in Art. 727 verwiesen werden. 14

Zusätzlich zu den entsprechend anwendbaren aktienrechtlichen Bestimmungen über das Opting-Up sieht das GmbH-Recht in Abs. 2 vor, dass ein Gesellschafter, der einer **statutarischen Nachschusspflicht** (Art. 776a Abs. 1 Ziff. 1; Art. 795 Abs. 1) unterliegt, ebenfalls eine ordentliche Revision verlangen kann. Dies ist angesichts des Risikos, das die betr. Gesellschafter eingehen, auch gerechtfertigt (Botschaft GmbH, 3218; Botschaft RAG, 4040). Eine Statutenbestimmung, welche das Recht nach Abs. 2 erschwert oder aufhebt, ist angesichts des **zwingenden Charakters** der Bestimmung nichtig (statutarisch ist eine weitergehende Regelung aber durchaus zulässig). 15

Für die Geltendmachung ist lediglich erforderlich, dass ein Gesellschafter einer statutarischen Nachschusspflicht unterliegt. Abs. 2 verzichtet auf die Statuierung weiterer Voraussetzungen, womit es insb. möglich ist, dass bereits *ein einziger Gesellschafter,* der die Voraussetzung nach Abs. 2 erfüllt, ein Opting-Up verlangen kann. Zu weiteren Fragen der Geltendmachung und zu den Rechtsfolgen des Opting-Up sei im Übrigen auf die Komm. zu Art. 727 verwiesen (insb. N 39 ff.). 16

Schliesslich können auch **ausgeschiedene Gesellschafter,** die die Abfindung noch nicht ausbezahlt erhalten haben, eine ordentliche Revision verlangen (Art. 825a Abs. 4). 17

Zur Möglichkeit der **Geschäftsführer,** ein Opting-Up durchzuführen, vgl. Art. 727 N 55 ff. 18

Art. 819

D. Mängel in der Organisation der Gesellschaft	Bei Mängeln in der Organisation der Gesellschaft sind die Vorschriften des Aktienrechts entsprechend anwendbar.
D. Carences dans l'organisation de la société	Les dispositions du droit de la société anonyme concernant les carences dans l'organisation de la société s'appliquent par analogie à la société à responsabilité limitée.
D. Lacune nell'organizzazione della società	Le disposizioni del diritto della società anonima concernenti le lacune nell'organizzazione della società si applicano per analogia.

Literatur

Vgl. die Literaturhinweise zu Art. 731b.

1 Die Rechtsfolgen bei fehlender oder mangelhafter Organisation innerhalb einer AG sind derzeit in Art. 731b geregelt, sodass auf die dortigen Ausführungen verwiesen werden kann.

2 Im Rahmen der Revision des GmbH-Rechts wurde Art. 775 Abs. 2 aufgehoben, der das Recht des Gesellschafters oder Gläubigers vorsah, im Falle fehlender Organe die Auflösung der Gesellschaft zu verlangen, sofern diese den rechtmässigen Zustand nicht innert angemessener Frist wiederherstellt (vgl. Botschaft GmbH, 3220; BSK OR II-BAUDENBACHER, 2. Aufl. 2002, Art. 775 N 8 ff.). Neu kann – nebst den Gesellschaftern und Gläubigern – auch der Handelsregisterführer die Wiederherstellung des rechtmässigen Zustandes verlangen; ferner sieht Art. 731b vor, dass der Richter das fehlende Organ selbst ernennt oder einen Sachwalter einsetzt (vgl. die Komm. zu Art. 731b N 11 ff.).

3 Analog zu den Ausführungen zum Verhältnis von Art. 731b zu Art. 643 Abs. 2 ist auch im Anwendungsbereich der GmbH davon auszugehen, dass sowohl Art. 779 Abs. 3 als auch Art. 731b angerufen werden können, wenn die Organe bereits bei Gründung der Gesellschaft nicht korrekt bestellt waren, wobei die Frist von Art. 779 Abs. 4 auch bei Anrufung von Art. 731b einzuhalten ist (vgl. die Komm. zu Art. 731b N 6).

4 Der Verweis von Art. 819 auf die Vorschriften des Aktienrechts ist als sog. dynamischer Verweis zu verstehen, der sich allfälligen späteren Gesetzesänderungen anpasst (Botschaft RAG, 3990, 4039).

Art. 820

E. Kapitalverlust und Überschuldung	**¹ Für die Anzeigepflichten bei Kapitalverlust und Überschuldung der Gesellschaft sowie für die Eröffnung und den Aufschub des Konkurses sind die Vorschriften des Aktienrechts entsprechend anwendbar.** **² Das Gericht kann den Konkurs auf Antrag der Geschäftsführer oder eines Gläubigers aufschieben, namentlich wenn ausstehende Nachschüsse unverzüglich einbezahlt werden und Aussicht auf Sanierung besteht.**

3. Abschnitt: Organisation der Gesellschaft 1–5 **Art. 820**

E. Perte de capital et surendettement	¹ Les dispositions du droit de la société anonyme concernant l'avis obligatoire en cas de perte de capital et de surendettement de la société ainsi qu'en matière d'ouverture et d'ajournement de la faillite sont applicables par analogie.
	² Le juge peut ajourner la faillite à la requête des gérants ou d'un créancier, notamment si les versements supplémentaires encore dus sont opérés sans délai et si l'assainissement de la société paraît possible.
E. Perdita di capitale e indebitamento eccessivo	¹ Le disposizioni del diritto della società anonima concernenti gli avvisi obbligatori in caso di perdita di capitale ed eccedenza dei debiti della società e la dichiarazione e il differimento del fallimento si applicano per analogia.
	² Il giudice può differire il fallimento, ad istanza dei gerenti o di un creditore, segnatamente se i versamenti suppletivi non ancora eseguiti sono effettuati senza indugio e il risanamento appare probabile.

Literatur

Vgl. die Literaturhinweise zu Art. 725 sowie CHAPPUIS, Die Erweiterung der Einsatzmöglichkeiten von Nachschüssen im neuen schweizerischen GmbH-Recht, SJZ 103 (2007), 85 ff.

I. Normzweck

Wie bei der AG haftet die GmbH einzig mit dem Gesellschaftsvermögen. Die Haftung der Gesellschafter beschränkt sich auf die Erbringung des Stammkapitals (Art. 794) und allfälliger statutarischer Sanierungsnachschüsse (Art. 795 f.). Indem der Gesetzgeber auf Art. 725 verweist, sieht er einen analogen Schutz des Stammkapitals vor. Der Norm- und Schutzzweck ist somit **weitgehend identisch mit** demjenigen der **AG** (s. Art. 725 N 1 ff.). 1

Für eine Verletzung der Vorschriften von Art. 820 haften die Geschäftsführer (Art. 810) gegenüber den Gesellschaftern und Gläubigern (Art. 827, 754). 2

Für eine synoptischen Darstellung des neuen und des bisherigen Rechts mit den Entwicklungsschritten s. FORSTMOSER/PEYER/SCHOTT, 57 ff.). 2a

II. Zur Verweisung auf Art. 725, 725a

Art. 820 verweist für die Anzeigepflichten bei Kapitalverlust und Überschuldung sowie für die Eröffnung und den Aufschub des Konkurses auf die Vorschriften des Aktienrechts. Es handelt sich dabei um eine dynamische Verweisung um eine einheitliche Ordnung zu gewährleisten (Botschaft RAG, 3990; HANDSCHIN/TRUNIGER, § 1 N 6, § 8, N 38; SIFFERT/FISCHER/PETRIN, Art. 820 N 1; CHK-KRATZ, Art. 820 N 1) Die Bestimmungen von 725 f. übernehmen damit die Funktion einer gesellschaftsrechtlichen Grundnorm, soweit Art. 820 keine abweichende (sachgerechtere) Regelung enthält (Botschaft RAG, 3990; Botschaft GmbH, 3219). 3

Zur bisherigen Kontroverse der dynamischen Verweisung unter dem alten GmbH-Recht; ablehnend: BAUDENBACHER/BANKE, SZW 1996, 49 ff.; WOHLMANN, § 4; DERS., SZW 1995; 139 ff.; bejahend: BÖCKLI, Voraufl. N 2037a; FORSTMOSER/MEIER-HAYOZ/NOBEL, § 6 N 17 ff.; MEIER-HAYOZ/FORSTMOSER, § 6 N 77 ff.; SCHAUB, SJK 791, 6 f.; KOLLER/KLAY, 203, 196 FN 8 mit einer Übersicht weiterer Autoren; BJM 1999, 326 ff. 4

Art. 817 definiert den **Begriff** der **Überschuldung** nicht und verweist auf die Bestimmungen des Aktienrechtes. Gemäss Art. 725 Abs. 2 liegt eine Überschuldung vor, soweit die Forderungen der Gesellschaftsgläubiger weder zu Fortführungs- noch zu Ver- 5 äusserungswerten gedeckt sind und soweit nicht Gesellschaftsgläubiger im Ausmass der Überschuldung im Rang zurücktreten (Art. 725 N 29 ff.).

5a Der **Kapitalverlust** berechnet sich nach den aktienrechtlichen Bestimmungen (Art. 725 N 18 ff.), d.h. unter Berücksichtigung der gesetzlichen Reserven (HANDSCHIN/TRUNIGER, § 8 N 39; CHK-KRATZ, Art. 820 N 2; SIFFERT/FISCHER/PERIN, Art. 820 N 3). Damit wurde die Berechnung des Kapitalverlustes bei der GmbH an die aktienrechtlichen Bestimmungen angepasst (Botschaft GmbH, 3219).

6 Der Verweis auf die Bestimmungen des Aktienrechts bedeutet, dass die folgenden gesellschaftsrechtlichen Begriffe der GmbH analog angewandt werden müssen: Stammkapital (AK), Geschäftsführung (VR), Gesellschafterversammlung (GV). Zur Terminologie und Gesetzgebungstechnik des neuen GmbH-Rechts s.a. FORSTMOSER/PEYER/SCHOTT, 26 N 33 ff.

III. Abs. 2 – Abweichungen zur Anwendung von Art. 725, 725a

1. Grundsatz: Benachrichtigungspflicht des Richters

7 Nach bisherigem Recht musste der Richter bei einer statutarischen Nachschusspflicht erst benachrichtigt werden, falls der durch die Bilanz ausgewiesene Verlust nicht innert drei Monaten durch die Gesellschafter abgedeckt wurde. Eine **statutarische Nachschusspflicht entbindet** gemäss geltendem Recht die Geschäftsführer **nicht von einer sofortigen Benachrichtigung des Konkursrichters;** ausgenommen es sind die allgemeinen Voraussetzungen nach OR 725 gegeben, d.h es bestehen konkrete Aussichten auf eine Sanierung (Art. 725 N 40 ff.) oder im Falle eines Rankrücktrittes (Art. 725 N 45 ff.; HANDSCHIN/TRUNIGER, § 8 N 47 ff.).

7a **Grundlage** der Benachrichtigung ist ein gültiger Beschluss der Geschäftsführer. Sofern die Statuten nicht ausdrücklich Einstimmigkeit der Geschäftsführer verlangen, genügt die Zustimmung der Mehrheit (BJM 1999, E. 2, 327 f., HANDSCHIN, § 10 N 94). Der Konkursantrag kann gestützt auf einen gültigen Beschluss von einem einzelzeichnungsberechtigten Geschäftsführer eingereicht werden (BJM 1999, E. 2, 328). Ausnahmsweise kann auch ein einzelner Geschäftsführer den Konkursrichter benachrichtigen, wenn sich die Geschäftsführer über eine Bilanz nicht einigen können. Zu den Voraussetzungen s. 725a N 2 m.w.Vw.; BJM 1999, E. 4, 328 f.

8 Bei einer **statutarischen Nachschusspflicht** (Art. 795 f.) kann allenfalls von der Benachrichtigung des Richter abgesehen werden, sofern die Geschäftsführer die statutarischen Nachschüsse abgerufen haben und diese eine Überschuldung zu beseitigen vermögen. In diesem Fall wird die (nicht bilanzierbare) statutarische Nachschusspflicht zu einer bilanzierbaren Forderung der Gesellschaft gegenüber den Gesellschafter. Soweit die fälligen Nachschüsse (unter Berücksichtigung der Bonität und Einbringlichkeit) einen Bilanzverlust (Unterdeckung der Gläubigerforderungen) abdecken, ist die Überschuldung bilanzmässige beseitigt (s.a. Botschaft Aktien- und Rechnungslegungsrecht, 140). Gemäss Art. 795 Abs. 1 Ziff. 1 können (und sollten: HANDSCHIN/TRUNIGER, 17 N 18, FN 548) Nachschüsse von den Geschäftsführern schon bei Eintritt eines Kapitalverlustes eingefordert werden, d.h. wenn das Stammkapital und die gesetzlichen Reserven nicht mehr gedeckt sind (zur Auslösung der Nachschusspflicht s. HANDSCHIN/TRUNIGER, § 17 N 3 ff.; CHAPPUIS, 85 ff.). Die Gesellschafter haften nicht (mehr) solidarisch für die Nachschüsse (Art. 795 Abs. 2).

Voraussetzung für einen Aufschub des Konkurses ist namentlich (aber nicht abschliessend s. HANDSCHIN/TRUNIGER, § 8 N 52; Handkomm-Prvatrecht-TRÜEB Art. 820 N 13), dass die GmbH von der Möglichkeit Nachschüsse einzufordern, Gebrauch macht, die Nachschussverpflichtungen unverzüglich einbezahlt werden und Aussicht auf Sanierung (Art. 725a N 7) besteht. Dass die Nachschüsse dabei die Überschuldung vollständig beseitigen ist für die Gewährung eines Konkursaufschubs nicht notwendig (sie wäre damit beseitigt, s. N 8) und kann im Rahmen einer Sanierung auch durch weitere Sanierungsmassnahmen erreicht werden. Eine unverzügliche Einzahlung von Nachschüssen im Rahmen eines Konkursaufschubs ist vielmehr im Zusammenhang mit dem Sanierungsplan und der konkreten Aussichten auf eine Sanierung zu würdigen und eine Bedingung, dass dieser überhaupt gewährt werden kann (quasi als «Tatbeweis» der Gesellschafter) sofern der Konkursaufschub nicht von einem Gläubiger gestellt wird. 9

2. Prüfung der Zwischenbilanz und Anzeigepflicht der RS und des zugelassenen Revisors

Bei der GmbH ist nun eine RS nach den selben Kriterien wie bei der AG vorgeschrieben (Art. 818 i.V.m. Art. 727 ff.), wobei für Kleingesellschaften die Möglichkeit eines Opting-Out besteht (Art. 727a Abs. 2). Bei begründeter Besorgnis einer Überschuldung muss (analog zum Aktienrecht) die **Überprüfung der Zwischenbilanz zu Fortführungs- und Veräusserungswerten** durch die RS oder bei Gesellschaften ohne RS durch einen zu diesem Zweck eingesetzten zugelassenen Revisor (Art. 5 RAG) erfolgen (s. Art. 725 N 39 ff.); Art. 725 Abs. 2 sieht bei begründeter Besorgnis einer Überschuldung zwingend eine unabhängige Überprüfung der Zwischenbilanzen vor (Art. 725 Abs. 2; Art. 725 N 39). Diese Verpflichtung gilt unabhängig davon, ob die Geschäftsführer sich über eine Überschuldung der Gesellschaft einig sind (BJM 1999, E. 5, 329) oder die Zwischenbilanz eine Überschuldung aufweist (Art. 725 N 39). Kommt infolge Uneinigkeit kein Beschluss über die Einsetzung eines zugelassenen Revisors zustande, kann die Minderheit beim Richter dessen Einsetzung beantragen, soweit eine begründete Besorgnis über eine Überschuldung glaubhaft gemacht wird (BJM 1999, E. 5, 329). 10

Die Prüfung der Zwischenbilanzen richtet sich nach den Bestimmungen des Aktienrechts (Art. 818). Dabei obliegt den Prüfern eine **Anzeigepflicht,** bei offensichtlicher Überschuldung den Richter zu benachrichtigen, falls die Geschäftsführung die Anzeige unterlässt (Art. 728c Abs. 3, Art. 729c, Art. 725 Abs. 3). 11

Vierter Abschnitt: Auflösung und Ausscheiden

Vorbemerkungen zu Art. 821–826

I. Allgemeine Bemerkungen

Mit der GmbH-Revision wurden auch die Artikel über die Auflösung und das Ausscheiden neu strukturiert und geändert. Spezifisch geregelt werden neu die Bestimmungen, die für das Ausscheiden eines Gesellschafters gelten, namentlich wie die Abfindung gehandhabt werden soll. 1

Grundsätzlich ist die Problemstellung bei der GmbH dieselbe wie bei der AG. Beim Vorliegen eines Auflösungstatbestandes findet eine Zweckänderung statt und für die GmbH beginnt das Auflösungsstadium (vgl. Vor Art. 736–747 N 1).

2 Die **Auflösungsgründe** bei der GmbH sind weitgehend die gleichen wie bei der AG; für das Liquidationsverfahren wird denn auch ausdrücklich auf die einschlägigen Bestimmungen bei der AG verwiesen (Art. 826 Abs. 2).

Eine Auflösung ohne Liquidation ist durch eine Fusion, Spaltung oder eine Umwandlung in eine andere Gesellschaftsform auch bei der GmbH möglich.

Mit dem Inkrafttreten des Fusionsgesetzes (FusG, SR 221 301) am 1.7.2004 wurden die Bestimmungen betr. Fusionen und Umwandlungen neu geregelt. Seither gelten die einschlägigen Bestimmungen des FusG. Gemäss Art. 4 Abs. 1 FusG ist für die GmbH als Kapitalgesellschaft eine Fusion mit einer anderen Kapitalgesellschaft (AG, Kommandit-AG) (lit. a), mit einer Genossenschaft (lit. b), als übernehmende Gesellschaft mit einer Kollektiv- oder Kommanditgesellschaft (lit. c) und auch mit Vereinen, die im Handelsregister eingetragen sind (lit. d) zulässig.

Gemäss Art. 54 Abs. 1 FusG sind Umwandlungen der GmbH als Kapitalgesellschaft in eine Kapitalgesellschaft mit anderer Rechtsform (lit. a) oder in eine Genossenschaft (lit. b) zulässig.

Als Kapitalgesellschaft ist für die GmbH auch eine Spaltung zulässig (Art. 30 FusG).

3 Die Auflösungsgründe bei der GmbH sind im Unterschied zur rein kapitalistischen Ausrichtung der AG stark mit **personalistischen Elementen** (Beziehungen unter den Gesellschaftern) durchsetzt. Dies kommt auch darin zum Ausdruck, dass im 4. Abschnitt das **Ausscheiden des Gesellschafters** (Austritt oder Ausschliessung) geregelt wird. In diesem Zusammenhang wird von einer teilweisen Auflösung gesprochen.

II. Neue und revidierte Normen

4 Im Zuge der GmbH-Reform kam es auch im vierten Abschnitt über die Auflösung und das Ausscheiden bei der GmbH zu einigen strukturellen und inhaltlichen Modifikationen:

- Art. 821: Die Auflösungsgründe aus dem früheren Art. 820 sind neu in Art. 821 zusammengefasst;
- Art. 821a: Die Folgen der Auflösung sowie die Anmeldung beim Handelsregister sind neu in Art. 821a geregelt und verweisen u.a. auf die entsprechenden aktienrechtlichen Bestimmung;
- Art. 822: Die bisher noch eher unklare und lückenhafte Regelung betreffend das Ausscheiden eines Gesellschafters wurde nun in Art. 822–824 detaillierter geregelt; der neue Art. 822 stimmt dabei inhaltlich weitgehend mit dem alten Art. 822 überein;
- Art. 822a: Der neu eingeführte Anschlussaustritt ist in Art. 822a geregelt;
- Art. 823: Die Bestimmungen zur Ausschlussklage finden sich neu in Art. 823 (im alten Recht waren sie in Art. 822 Abs. 3 geregelt);
- Art. 824: Vorsorgliche Massnahmen in einem Ausscheidungsverfahren sind neu eingeführt und in Art. 824 geregelt;
- Art. 825: Bisher war keine Regelung über die Höhe der Abfindung vorhanden, in Art. 825 wird diese neu erstmals klar geregelt;
- Art. 825a: Diese neue Bestimmung befasst sich mit der Auszahlung der Abfindung;

4. Abschnitt: Auflösung und Ausscheiden   **Art. 821**

– Art. 826: Die Bestimmungen zur Liquidation (früher in Art. 823) wurden revidiert und sind neu in Art. 826 zu finden.

Art. 821

A. Auflösung
I. Gründe

¹ **Die Gesellschaft mit beschränkter Haftung wird aufgelöst:**

1. **wenn ein in den Statuten vorgesehener Auflösungsgrund eintritt;**
2. **wenn die Gesellschafterversammlung dies beschliesst;**
3. **wenn der Konkurs eröffnet wird;**
4. **in den übrigen vom Gesetz vorgesehenen Fällen.**

² **Beschliesst die Gesellschafterversammlung die Auflösung, so bedarf der Beschluss der öffentlichen Beurkundung.**

³ **Jeder Gesellschafter kann beim Gericht die Auflösung der Gesellschaft aus wichtigem Grund verlangen. Das Gericht kann statt auf Auflösung auf eine andere sachgemässe und den Beteiligten zumutbare Lösung erkennen, so insbesondere auf die Abfindung des klagenden Gesellschafters zum wirklichen Wert seiner Stammanteile.**

A. Dissolution
I. Causes

¹ La société à responsabilité limitée est dissoute:

1. si une des causes de dissolution prévues dans les statuts se produit;
2. si l'assemblée des associés le décide;
3. si la faillite de la société est ouverte;
4. pour les autres motifs prévus par la loi.

² Si l'assemblée des associés décide la dissolution de la société, sa décision doit faire l'objet d'un acte authentique.

³ Chaque associé peut requérir du juge la dissolution de la société pour de justes motifs. Le juge peut adopter une autre solution, adaptée aux circonstances et acceptable pour les intéressés, notamment l'indemnisation de l'associé demandeur pour ses parts sociales à leur valeur réelle.

A. Scioglimento
I. Cause

¹ La società a garanzia limitata si scioglie:

1. se si realizza una delle cause di scioglimento previste nello statuto;
2. se lo delibera l'assemblea dei soci;
3. se è dichiarato il suo fallimento;
4. per gli altri motivi previsti dalla legge.

² Se l'assemblea dei soci delibera lo scioglimento della società, tale deliberazione deve risultare da un atto pubblico.

³ Ogni socio può, per gravi motivi, chiedere al giudice lo scioglimento della società. Il giudice può anche decidere un'altra soluzione adeguata e sopportabile per gli interessati, segnatamente il versamento al socio attore di un'indennità corrispondente al valore reale delle sue quote sociali.

Literatur

BARTL/HENKES/SCHLARB, GmbH-Recht, 4. Aufl. 1998; ROGGWILER, Der «wichtige Grund» und seine Anwendung in ZGB und OR, Diss. Zürich 1958; VOGEL/SPÜHLER, Grundriss des Zivilprozessrechts, 8. Aufl., Bern 2006; WALDER, Zivilprozessrecht, 4. Aufl., Zürich 1996.

I. Normzweck

1 Art. 821 nennt die Gründe für eine **gesamthafte Auflösung** der GmbH. Dies im Unterschied zur partiellen Auflösung, wie sie durch ein Ausscheiden eines Gesellschafters stattfindet.

II. Auflösungsgründe im Einzelnen

1. Ziffer 1: «Wenn ein in den Statuten vorgesehener Auflösungsgrund eintritt»

2 Die **Statuten** können die gesetzlichen **Auflösungsgründe erweitern** (Art. 776a Ziff. 19), nicht aber beschränken, z.B. durch:

– Statutarische Festlegung der Unternehmensdauer;
– Eintritt des Todes oder dauernde Arbeitsunfähigkeit eines Gesellschafters;
– Konkurs eines Gesellschafters.

3 Die Auflösung tritt bei blossem Vorliegen eines solchen Grundes (z.B. Zeitablauf) ein und bedarf keines speziellen Gesellschaftsbeschlusses. Die Eintragung im Handelsregister (Art. 821a Abs. 2) hat bloss deklaratorische Wirkung.

4 Daneben können die Statuten jedem oder auch nur einzelnen Gesellschafter(n) das **Kündigungsrecht** (Austrittsrecht nach Art. 776 Ziff. 17) einräumen und die Bedingungen für dessen Ausübung und die auszurichtende Abfindung festlegen. Die Auflösung tritt diesfalls erst mit Ablauf der Kündigungsfrist ein (ZK-VON STEIGER, Art. 821 N 6).

2. Ziffer 2: «Wenn die Gesellschafterversammlung dies beschliesst»

5 Für die Auflösung der Gesellschaft ist ein Beschluss der Gesellschafterversammlung nötig, der mindestens zwei Drittel der vertretenen Stimmen sowie die absolute Mehrheit des gesamten Stammkapitals auf sich vereinigt, mit dem ein ausübbares Stimmrecht verbunden ist (Art. 808b Ziff. 11). Dieses Quorum kann nicht mehr erleichtert werden und stellt eine zwingende Mindestanforderung für den Beschluss dar. Die Statuten können nur grössere, jedoch nicht geringere Mehrheiten vorsehen (Botschaft GmbH, 3210).

Zur Auflösung der Gesellschaft ohne Liquidation (Fusion, Spaltung, Umwandlung) bedarf es eines Quorums von zwei Dritteln der an der Generalversammlung vertretenen Stimmen sowie die absolute Mehrheit des gesamten Stammkapitals, mit dem ein ausübbares Stimmrecht verbunden ist (Art. 18 Abs. 1 lit. c FusG; Art. 43 Abs. 2 FusG; Art. 64 Abs. 1 lit. c FusG;).

6 Die Auflösung durch Gesellschafterbeschluss hat in der Form einer öffentlichen Beurkundung zu geschehen (Art. 821 Abs. 2); an Stelle der Beschlussfassung an einer Versammlung ist auch die **schriftliche Beschlussfassung** möglich, sofern nicht ein Gesellschafter die mündliche Beratung verlangt (Art. 805 Abs. 4).

7 Da die Auflösungsgründe weitgehend die gleichen sind wie bei der AG, sollte auch bei der GmbH ein Auflösungsbeschluss widerrufen werden können, sofern nicht Gläubigerinteressen verletzt werden und die Liquidation nicht so weit fortgeschritten ist, dass eine Rückgründung einer Mantelgründung gleichkommen würde (vgl. BGE 123 III 473 ff.; WOHLMANN, § 21 II, 126 f.).

4. Abschnitt: Auflösung und Ausscheiden   8–13 Art. 821

3. Ziffer 3: «Wenn der Konkurs eröffnet wird»

Die GmbH unterliegt wie andere Körperschaften nach Art. 39 Abs. 1 Ziff. 9 SchKG dem **Konkurs** und wird mit dessen Eröffnung aufgelöst. Grundsätzlich kann auf die AG (Art. 736 N 7 ff.) verwiesen werden. 8

Art. 820 Abs. 1 erklärt die Vorschriften des Aktienrechtes bei Kapitalverlust und Überschuldung sowie für die Eröffnung und den Aufschub des Konkurses analog anwendbar, womit auch für die GmbH der Überschuldungstatbestand nach Aktienrecht zum Tragen kommt (Unterdeckung sowohl zu Liquidations- wie zu Fortführungswerten). 9

Die **Anmeldepflicht** obliegt der Geschäftsführung. 10

Der Konkurs kann auf Antrag des Geschäftsführers oder eines Gläubigers durch das Gericht aufgeschoben werden, namentlich wenn ausstehende Nachschüsse unverzüglich einbezahlt werden und Aussicht auf Sanierung besteht (Art. 820 Abs. 2). 11

4. Ziffer 4: «In den übrigen vom Gesetze vorgesehenen Fällen»

Art. 821 nennt die Auflösungsgründe nicht abschliessend. Als weitere kommen in Frage: 12

– Art. 57 Abs. 3 ZGB: Auflösung aus öffentlichem Recht; wenn die GmbH unsittliche oder widerrechtliche Zwecke verfolgt (Verfall des Vermögens an das Gemeinwesen);

– Art. 27 Abs. 1 lit. b BewG: Diese Bestimmung der **Lex Koller** ist ein Anwendungsfall von Art. 57 Abs. 3 ZGB;

– Art. 938a, Art. 155 HRegV: Amtliche Auflösung einer GmbH, die keine Geschäftstätigkeit und keine Aktiven mehr hat. Sie ist von Amtes wegen zu löschen, wenn ihre Tätigkeit aufgehört hat und ihre Organe und Vertreter in der Schweiz weggefallen sind. Nach der amtlichen Auflösung durch das Handelsregisteramt ist für eine richterliche Auflösung kein Platz mehr (AGVE 1982, 44);

– Art. 163 f. IPRG; Art. 127 HRegV: Die Sitzverlegung ins Ausland bewirkt die Löschung im schweizerischen Handelsregister, aber nicht die Auflösung;

– Art. 731b i.V.m. Art. 819: Bei Mängeln in der Organisation der Gesellschaft (nicht rechtmässige Zusammensetzung der Organe, Missachtung von Wohnsitzanforderissen) kann der Richter die Gesellschaft auflösen.

– Absatz 3: *«Jeder Gesellschafter kann beim Gericht die Auflösung der Gesellschaft aus wichtigem Grund verlangen. Das Gericht kann statt auf Auflösung auf eine andere sachgemässe und den Beteiligten zumutbare Lösung erkennen, so insbesondere auf die Abfindung des klagenden Gesellschafters zum wirklichen Wert seiner Stammanteile.»*

a) Normenzweck

Das persönliche Element der GmbH kommt mitunter darin zum Ausdruck, dass jedem Gesellschafter das **unentziehbare Recht** zusteht, bei Vorliegen eines wichtigen Grundes die Auflösung der Gesellschaft zu verlangen. Grundsätzlich spielt es keine Rolle, welcher Art der wichtige Grund ist, also ob er innerhalb der Gesellschaft selbst liegt oder im Verhältnis zu den anderen Gesellschaftern bzw. im Verhältnis des Betroffenen zur Gesellschaft. Neben der **Auflösungsklage** (die nochmals in Art. 822 Abs. 1 erwähnt wird) kennt die GmbH aber im Vergleich zur AG die Möglichkeit des Ausscheidens 13 eines Gesellschafters, sei es durch ein statutarisch verankertes Austrittsrecht (Art. 777 Ziff. 17) oder durch ein gesetzliches bei Vorliegen wichtiger Gründe (Art. 822 Abs. 1) und als Gegenstück die Ausschliessung gestützt auf Art. 822 Abs. 3 (vgl. ZR 1963, 278 als Anwendungsfall der Ausschliessungsklage).

b) Klagevoraussetzung

14 Jeder Gesellschafter ist zur Klage berechtigt, unabhängig von seiner Beteiligung am Stammkapital. Eine erfolglose **Anfechtungs-** oder **Verantwortungsklage** (Art. 808c, 827) wird nicht vorausgesetzt (analog zu BGE 84 II 47 E. 1 = Pra 1958, 181 f.; ZK-VON STEIGER, N 20, Art. 736 N 20 ff.). Geht man davon aus, dass die Beurteilung der Auflösungsklage unter dem Gesichtspunkt der Verhältnismässigkeit zu beurteilen ist (Art. 736 N 22), gilt sie auch bei der GmbH als ultima ratio (u.a. WOHLMANN, § 21 II, 131; BÖCKLI, § 17 N 11). Liegen die wichtigen Gründe hauptsächlich in den persönlichen Verhältnissen und kann die Gesellschaft weitergeführt werden, steht das Austrittsrecht im Vordergrund (BGE 67 II 162, 166; 71 II 194, 198; BK-JANGGEN/BECKER, Art. 821 N 14).

Neu hat der Richter nun wie im Aktienrecht (Art. 736 Ziff. 4) die Möglichkeit, anstatt der Auflösung eine andere dem Einzelfall entsprechende Lösung zu finden. Er kann so die Interessen der Beteiligten besser berücksichtigen und hat einen grösseren Handlungsspielraum.

15 Im Gegenzug, durch **Widerklage** oder in einem selbständigen Verfahren, kann die Gesellschaft auf Ausschliessung klagen (ZK-VON STEIGER, Art. 822 N 19).

c) Subsidiarität der Auflösungsklage

16 Die **Auflösungsklage** ist also vorerst **subsidiär** zu den Rechtsbehelfen der Anfechtungs- und Verantwortlichkeitsklagen (Art. 808c, 827). Gemäss dem für die AG geltenden Grundsatz soll die Auflösungsklage aber dann Erfolg haben, wenn die untragbaren Verhältnisse anders praktisch nicht zu beseitigen sind (BGE 105 II 125 f. E. c, d; Art. 736 N 22).

d) Wichtige Gründe

17 Die «Auflösungsklage» setzt das Vorhandensein eines wichtigen Grundes voraus. Die Auflösung kann aus irgendwelchen wichtigen Gründen verlangt werden, diese können in den Verhältnissen der Gesellschaft selbst liegen, aber auch im Verhältnis der Gesellschafter untereinander bzw. zwischen dem betroffenen Gesellschafter und der Gesellschaft. Der Begriff des **«wichtigen Grundes»** ist damit weiter gefasst als bei der AG. Allgemein liegt ein wichtiger Grund dann vor, wenn die wesentlichen Voraussetzungen persönlicher und sachlicher Natur, unter denen der Gesellschaftsvertrag eingegangen wurde, nicht mehr vorhanden sind, sodass die Erreichung des Gesellschaftszweckes verunmöglicht, wesentlich erschwert oder gefährdet wird und die Fortsetzung der Gesellschaft dem Gesellschafter nicht mehr zugemutet werden kann (so BGE 105 II 114 im Falle einer personalistisch gestalteten AG; vgl. auch ROGGWILER, 40 ff.; HANDSCHIN/TRUNIGER, § 34 N 28 ff.).

18 Die Annahme eines wichtigen Grundes ist damit eine **Ermessensfrage** und muss anhand des individuellen, konkreten Verhältnisses der betroffenen GmbH geprüft werden.

4. Abschnitt: Auflösung und Ausscheiden   **Art. 821a**

Zur bisherigen Praxis: 19

Die greifbare Praxis ist höchst bescheiden. Zu erwähnen sind:

- die Unmöglichkeit der Gesellschaft, den Gesellschaftszweck zu erreichen bzw. völlige Erreichung des Gesellschaftszweckes;
- das Fehlen jeder Aussicht, das Unternehmen allgemein oder gerade mit den bestehenden Gesellschaftern fortzusetzen;
- Vertrauensmissbrauch der Gesellschafter durch dauernde Nichterfüllung von Nebenleistungspflichten (so MEIER-HAYOZ/FORSTMOSER, § 18 N 137). Entzug der notwendigen behördlichen Konzessionen (z.B. Bank, Versicherung), sofern die GmbH ihren Zweck nicht den veränderten Umständen angepasst hat (WOHLMANN, § 21 II, 131);
- Mehrheitsgesellschafter behalten die Gewinne in missbräuchlicher Weise in der Gesellschaft zurück oder bei einer schweren, anhaltenden Missachtung der Kontrollrechte (HANDSCHIN/TRUNIGER, § 34 N 28);
- Schwere finanzielle Benachteiligung des Minderheitsgesellschafters (BGE 105 II 114 ff.).

Allgemein dazu auch ZR 1963 279 ff. für den Fall der Ausschliessung (BK-JANGGEN/   20
BECKER, Art. 821 N 12 ff.; ZK-VON STEIGER, Art. 821 N 13 ff.; zum Vergleich BARTL/
HENKES/SCHLARB, § 61 GmbHG).

Die Statuten können selbst wichtige Gründe aufführen, deren Verwirklichung anschliessend zur unmittelbaren Auflösung führt oder die ein Kündigungsrecht stipulieren (Art. 776a Ziff. 19).   21

e) Wirkung des Urteils

Die «Auflösungsklage» richtet sich gegen die Gesellschaft und führt zu einem **Gestaltungsurteil** (VOGEL/SPÜHLER, § 7 N 39; WALDER, § 24 N 30 ff.).   22

Dieses wirkt nach Praxis und h.L. ex nunc (BGE 74 II 173; für viele WOHLMANN, § 21 II, 131). Der Richter ist befugt, statt auf Auflösung der GmbH auf Austritt zu erkennen (BK-JANGGEN/BECKER, Art. 822 N 7). Gestaltungsurteile wirken gegenüber jedermann.   23

Art. 821a

II. Folgen	**¹ Für die Folgen der Auflösung sind die Vorschriften des Aktienrechts entsprechend anwendbar.** **² Die Auflösung einer Gesellschaft muss ins Handelsregister eingetragen werden. Die Auflösung durch Urteil ist vom Gericht dem Handelsregister unverzüglich zu melden. Die Auflösung aus anderen Gründen muss die Gesellschaft beim Handelsregister anmelden.**
II. Conséquences	¹ Les dispositions du droit de la société anonyme concernant les conséquences de la dissolution s'appliquent par analogie à la société à responsabilité limitée. ² La dissolution d'une société doit être inscrite au registre du commerce. Lorsqu'une société est dissoute en vertu d'un jugement, le juge en avise

II. Conseguenze	sans délai l'office du registre du commerce. Lorsqu'une société est dissoute pour d'autres motifs, elle requiert son inscription au registre du commerce.

¹ Le disposizioni del diritto della società anonima concernenti le conseguenze dello scioglimento si applicano per analogia.

² Lo scioglimento della società deve essere iscritto nel registro di commercio. Se la società è sciolta per sentenza del giudice, questi ne informa senza indugio l'ufficio del registro di commercio. Se è sciolta per altri motivi, la società notifica lo scioglimento all'ufficio del registro di commercio. |

I. Allgemeines

1 Absatz 1 verweist auf die betreffende aktienrechtliche Bestimmung (Art. 738).

2 Bei einer **richterlichen Auflösung** durch Urteil muss der Richter die Anmeldung direkt vornehmen.

II. Zweck der Anmeldung

3 Mit der Auflösung tritt die GmbH in das Liquidationsstadium (vgl. Vor Art. 821–826 N 1). Die **Eintragung** ist **beim Handelsregister** sofort anzumelden, wirkt aber nur deklaratorisch; der Eintragung bzw. ihrer Unterlassung kommen lediglich die in Art. 933 vorgesehenen Publizitätswirkungen zu. Die Anmeldung hat vor dem Schuldenruf (Art. 826 Abs. 2 i.V.m. Art. 742 Abs. 2) zu erfolgen.

III. Zuständigkeit für die Anmeldung

4 Soweit die Auflösung nicht durch Konkurs oder richterliches Urteil (vgl. N 1) erfolgt, ist die **Anmeldung von «den Geschäftsführern»** vorzunehmen. Damit ist die Geschäftsführung i.S.v. Art. 809 f. gemeint, wie sie bei Eintritt des Auflösungsgrundes besteht. Mit ZK-VON STEIGER (N 2) sowie unter Hinweis auf Art. 17 Abs. 1 lit. c HRegV muss die Anmeldung nicht von allen Geschäftsführern vorgenommen werden. Es genügt die übliche Anmeldungsberechtigung.

5 Gleichzeitig sind von ihnen die Liquidatoren anzumelden (Art. 826 Abs. 2 i.V.m. Art. 740 Abs. 2). Ist die Geschäftsführung nicht in der Lage, die Auflösung und die Bestellung der Liquidatoren zur Eintragung anzumelden, hat die **Gesellschafterversammlung,** welche die Auflösung beschliesst, die Personen zu bezeichnen, die die Anmeldung einzureichen haben (diese Regelung gilt auch nach Streichung von Art. 88 HRV weiter). Im Konkursfall (Art. 939 Abs. 1 OR, Art. 158 HRegV) wird die Eintragung aufgrund des Konkurserkenntnisses vom Handelsregisterführer vorgenommen. Er kann im Fall von Art. 155 HRegV (Gesellschaften ohne Geschäftstätigkeit und ohne Aktiven) nach dreimaligem ergebnislosem Rechnungsruf auch die Löschung der Gesellschaft vornehmen (Art. 938a Abs. 1).

Wird eine Nachlassstundung bewilligt (Art. 295 SchKG) oder wurde ein Nachlassvertrag mit Vermögensabtretung erwirkt (Art. 308 SchKG), nimmt das Handelsregisteramt sofort nach Eingang der entsprechenden Meldung durch das Gericht die Eintragung vor (Art. 160 und 161 HRegV). Auch eine Ablehnung des Nachlassvertrages oder ein Widerruf der Nachlassstundung (Art. 295 Abs. 5 und 298 Abs. 3 SchKG) müssen ins Handelsregister eingetragen werden (Art. 160 Abs. 4 HRegV).

4. Abschnitt: Auflösung und Ausscheiden   1–4 Art. 822

IV. Firmierung

Es gelten die Vorschriften des Aktienrechts (Art. 826 Abs. 2; vgl. Art. 737 N 5 f.). Die **6**
Firma trägt nun den **Zusatz «in Liquidation»**.

Art. 822

B. Ausscheiden von Gesellschaftern
I. Austritt

¹ **Ein Gesellschafter kann aus wichtigem Grund beim Gericht auf Bewilligung des Austritts klagen.**

² **Die Statuten können den Gesellschaftern ein Recht auf Austritt einräumen und dieses von bestimmten Bedingungen abhängig machen.**

B. Départ d'associés
I. Sortie

¹ Un associé peut requérir du juge l'autorisation de sortir de la société pour de justes motifs.

² Les statuts peuvent conférer aux associés le droit de sortir de la société et en subordonner l'exercice à des conditions déterminées.

B. Uscita di soci
I. Recesso

¹ Un socio può chiedere al giudice l'autorizzazione di recedere dalla società per gravi motivi.

² Lo statuto può conferire ai soci il diritto di recedere dalla società e subordinarne l'esercizio a determinate condizioni.

I. Normzweck

Als Ausdruck der personenbezogenen Ausrichtung der GmbH wird mit dieser Gesetzes- **1**
bestimmung das Ausscheiden von Gesellschaftern geregelt, in Gestalt des **freiwilligen Austritts**. Zur Verhinderung einer Benachteiligung der Gläubiger wird in Art. 825 bestimmt, wie die finanzielle Abfindung des ausscheidenden Gesellschafters zu erfolgen hat.

II. Austrittsrecht

1. Gesetzliches

Absatz 1: Während der Austritt i.S.v. Abs. 2 individuell geregelt ist und in den Statuten **2**
vorgesehen sein muss, handelt es sich bei dem Austrittsrecht nach Abs. 1 um ein zwingendes und damit unentziehbares Recht. Liegen wichtige Gründe vor, kann jeder Gesellschafter seinen **Austritt** von Gesetzes wegen beim Richter durchsetzen (**Austrittsklage**).

Zu den wichtigen Gründen vgl. Art. 821 N 17 ff. Neben fortgesetztem Macht- und Ver- **3**
trauensmissbrauch, der Vereitelung der Gewinnbeteiligung, der Verschleierung von Geschäftszahlen, der willkürlichen Zustimmungsverweigerung und dem fortgesetzten Interessenkonflikt können unter Umständen auch die Ablehnung des Ehegatten als Gesellschafter, die Umwandlung der GmbH in eine andere Gesellschaftsform oder auch die wiederholte Verletzung von Statuten oder Gesellschaftsbeschlüssen als wichtiger Grund qualifiziert werden (HANDSCHIN/TRUNIGER, § 19 N 8).

Unter dem Gesichtspunkt der Verhältnismässigkeit steht die Austrittsklage gegenüber **4**
derjenigen der Auflösungsklage im Vordergrund (Art. 820 N 14). In Abs. 1 wird das unentziehbare Recht zur **Auflösungsklage** von Art. 821 Abs. 3 wiederholt. Jeder Gesell-

schafter kann vom Richter aus wichtigen Gründen die Auflösung der Gesellschaft verlangen. Der Richter ist ermächtigt, statt auf Auflösung bloss auf Austritt zu erkennen und hat neu auch die Möglichkeit, anstatt der Auflösung eine andere dem Einzelfall entsprechende Lösung zu finden (im Einzelnen vgl. Art. 821 N 14 ff.).

2. Statutarisches

5   *Absatz 2:* Die Statuten können, müssen aber nicht, das **Recht auf freiwilligen Austritt** stipulieren und die Bedingungen hierfür festlegen. Das Austrittsrecht kann beliebig gestaltet werden, wird aber nur verbindlich, wenn in den Statuten, sei es in den Urstatuten oder in einer späteren Revision, aufgenommen (Art. 776a Ziff. 17, sog. fakultativ-notwendiger Statuteninhalt; ZK-VON STEIGER, Art. 822 N 3; Vor Art. 776a N 2 ff.).

6   Das Austrittsrecht kann allen Gesellschaftern gewährt werden, nur Vereinzelten ad personam oder verbunden mit dem jeweiligen Gesellschaftsanteil. Es kann abhängig gemacht werden vom Eintritt bestimmter Ereignisse oder Bedingungen (z.B. Mitgliedschaftsdauer, Kündigungsfrist etc.). Die **Austrittserklärung** erfolgt einseitig durch Erklärung an die Gesellschaft und ist empfangsbedürftig. Ihre Geltendmachung kann statutarisch an bestimmte Formen gebunden werden. Ebenso können statutarisch die finanziellen Folgen des Austrittes – im Innenverhältnis – geregelt werden (Art. 776a Ziff. 17, Art. 825).

3. Abtretung eines Gesellschaftsanteils

7   Ausserhalb der in Art. 821 und 822 erwähnten Rechtsbehelfe, kann das Ausscheiden eines Gesellschafters auch durch **Übertragung des Gesellschaftsanteils** nach Art. 786 bzw. Art. 785 erfolgen.

8   Aufgrund des engen Personenbezugs der Gesellschafterstellung darf die Zulässigkeit der Abtretung durch die Statuten stark eingeschränkt oder ausgeschlossen werden (vgl. Art. 786; s.a. Botschaft GmbH, 3221).

Art. 822a

II. Anschlussaustritt	¹ Reicht ein Gesellschafter eine Klage auf Austritt aus wichtigem Grund ein oder erklärt ein Gesellschafter seinen Austritt gestützt auf ein statutarisches Austrittsrecht, so müssen die Geschäftsführer unverzüglich die übrigen Gesellschafter informieren. ² Falls andere Gesellschafter innerhalb von drei Monaten nach Zugang dieser Mitteilung auf Austritt aus wichtigem Grund klagen oder ein statutarisches Austrittsrecht ausüben, sind alle austretenden Gesellschafter im Verhältnis des Nennwerts ihrer Stammanteile gleich zu behandeln. Wurden Nachschüsse geleistet, so ist deren Betrag dem Nennwert zuzurechnen.
II. Sortie conjointe	¹ Lorsqu'un associé ouvre une action tendant à la sortie de la société pour de justes motifs ou qu'il déclare exercer un droit statutaire de sortie, les gérants en informent sans délai les autres associés. ² Lorsque, dans le délai de trois mois à compter de la réception de cette communication, d'autres associés ouvrent leur propre action tendant à la

4. Abschnitt: Auflösung und Ausscheiden   Art. 823

sortie de la société pour de justes motifs ou exercent un droit statutaire de sortie, tous les associés sortants doivent être traités de la même façon, proportionnellement à la valeur nominale de leurs parts sociales. Lorsque des versements supplémentaires ont été effectués, leur montant s'ajoute à la valeur nominale des parts sociales.

II. Recesso adesivo

¹ Se un socio propone un'azione di recesso per gravi motivi o dichiara di esercitare un diritto di recesso statutario, i gerenti ne informano senza indugio gli altri soci.

² Se, entro tre mesi dalla ricezione di tale comunicazione, altri soci propongono un'azione di recesso per gravi motivi o esercitano un diritto di recesso statutario, tutti i soci recedenti devono essere trattati allo stesso modo, proporzionalmente al valore nominale delle loro quote sociali. Se sono stati effettuati versamenti suppletivi, il loro importo è sommato al valore nominale delle quote sociali.

Der Austritt eines Gesellschafters kann negative Folgen oder Nachteile für die übrigen Gesellschafter haben. Der ausscheidende Gesellschafter hat Anspruch auf eine Abfindung gem. Art. 825 f. Dem Prinzip der Gleichbehandlung folgend, haben die übrigen Gesellschafter die Möglichkeit, innerhalb von drei Monaten nach Zugang der Mitteilung ihren Anschlussaustritt zu erklären. So ist ihnen die Gleichbehandlung mit dem zuerst ausgetretenen Gesellschafter garantiert, insbesondere bezüglich der Auszahlung der Abfindung. Die Gleichbehandlung soll sichergestellt werden, indem auf den Nennwert der Beteiligungen der Gesellschafter abzustellen ist, wobei geleistete Nachschüsse zu berücksichtigen wird (Botschaft GmbH, 3221). Dadurch soll verhindert werden, dass eine überstürzte «Flucht aus der Gesellschaft» stattfindet (MEYER-HAYOZ/FORSTMOSER, § 18 N 103).   1

Art. 823

III. Ausschluss

¹ Liegt ein wichtiger Grund vor, so kann die Gesellschaft beim Gericht auf Ausschluss eines Gesellschafters klagen.

² Die Statuten können vorsehen, dass die Gesellschafterversammlung Gesellschafter aus der Gesellschaft ausschliessen darf, wenn bestimmte Gründe vorliegen.

³ Die Vorschriften über den Anschlussaustritt sind nicht anwendbar.

III. Exclusion

¹ La société peut requérir du juge l'exclusion d'un associé pour de justes motifs.

² Les statuts peuvent prévoir que l'assemblée des associés a le droit d'exclure un associé pour des motifs déterminés.

³ Les dispositions concernant la sortie conjointe ne sont pas applicables en cas d'exclusion.

III. Esclusione

¹ La società può, per gravi motivi, chiedere al giudice l'esclusione di un socio.

² Lo statuto può prevedere che l'assemblea dei soci ha diritto di escludere un socio per determinati motivi.

³ Le disposizioni concernenti il recesso adesivo non sono applicabili in caso di esclusione.

Art. 824

I. Normzweck

1 Der **Ausschluss** eines Gesellschafters ist das Pendant zum gesetzlichen Austrittsrecht i.S.v. Art. 822 Abs. 1. Beide verlangen das Vorliegen wichtiger Gründe; hier also, dass die Fortsetzung der Gesellschaft den anderen Gesellschaftern nicht mehr zugemutet werden kann (analog BGE 105 II 114 ff.). Die wichtigen Gründe liegen vorwiegend in der Person oder im Verhalten des Auszuschliessenden (ZK-VON STEIGER, Art. 823 N 16).

II. Klagevoraussetzung

2 Die Ausschlussklage setzt einen gültigen **Gesellschafterbeschluss** voraus, der einer qualifizierten Mehrheit bedarf (Art. 804 Abs. 2 Ziff. 14 und Art. 808b Abs. 1 Ziff. 8).

3 Statutarisch kann die **qualifizierte Mehrheit,** wie sie das Gesetz vorsieht, erhöht, nicht aber gesenkt werden (Art. 776a Abs. 2 Ziff. 5; ZK-VON STEIGER, Art. 823 N 21; Botschaft GmbH, 3210).

4 Zudem bedarf es des Nachweises eines wichtigen Grundes (vgl. im Einzelnen Art. 821 N 17 ff.), dabei können auch die Statuten **spezifische Ausschlussgründe** vorsehen (Art. 823 Abs. 2). Diese besonderen Ausschlussgründe müssen jedoch genau umschrieben werden. Unzulässig sind Generalklauseln, unklare Formulierungen sind im Zweifel eng auszulegen (Botschaft GmbH, 3222).

5 **Aktivlegitimiert** ist nur die Gesellschaft, nicht aber die Gesellschafter selber.

6 **Wirkung:** Wie die Auflösungsklage wirkt die Ausschlussklage **konstitutiv ex nunc,** d.h. der Ausschluss wird erst mit dem richterlichen Urteil und gegenüber jedermann wirksam.

7 **Anschlussaustritt:** Die Vorschriften über den Anschlussaustritt (Art. 822a) sind beim Ausschluss eines Gesellschafters nicht anwendbar.

Art. 824

IV. Vorsorgliche Massnahme	In einem Verfahren betreffend das Ausscheiden eines Gesellschafters kann das Gericht auf Antrag einer Partei bestimmen, dass einzelne oder alle mitgliedschaftlichen Rechte und Pflichten der betroffenen Person ruhen.
IV. Mesures provisionnelles	Dans une procédure relative au départ d'un associé, le juge peut, sur requête d'une partie, décider que tout ou partie des droits et obligations de l'associé concerné sont suspendus.
IV. Misure provvisionali	Nel procedimento concernente l'uscita di un socio, il giudice può, ad istanza di una parte, decidere la sospensione di tutti o di taluni diritti e obblighi del socio interessato.

Literatur

VOGEL/SPÜHLER, Grundriss des Zivilprozessrechts, 8. Aufl., Bern 2006, § 7 N 39.

Vorsorgliche Massnahmen sind sowohl im Interesse der Gesellschaft als auch im Interesse der ausscheidenden Gesellschafter (z.B. wegen Nachschusspflichten, Nebenleistungspflichten) möglich, als Sicherungs- sowie als Regelungsmassnahmen. Es können den konkreten Umständen entsprechend sowohl einzelne Rechte oder Pflichten als auch deren Gesamtheit suspendiert werden (Botschaft GmbH, 3222).

Um den vorsorglichen Rechtsschutz zu erlangen, müssen wie bei allen anderen vorsorglichen Massnahmen die grundsätzlichen Voraussetzungen erfüllt sein (dazu VOGEL/ SPÜHLER, § 12 N 208 ff.).

Art. 825

V. Abfindung
1. Anspruch und Höhe

¹ Scheidet ein Gesellschafter aus der Gesellschaft aus, so hat er Anspruch auf eine Abfindung, die dem wirklichen Wert seiner Stammanteile entspricht.

² Für das Ausscheiden auf Grund eines statutarischen Austrittsrechts können die Statuten die Abfindung abweichend festlegen.

V. Indemnisation
1. Droit et montant

¹ Lorsqu'un associé quitte la société, il a droit à une indemnisation correspondant à la valeur réelle de ses parts sociales.

² Dans les cas de départs fondés sur l'exercice d'un droit de sortie prévu par les statuts, ceux-ci peuvent fixer l'indemnisation de manière différente.

V. Indennità
1. Diritto e importo

¹ Il socio che lascia la società ha diritto a un'indennità corrispondente al valore reale delle sue quote sociali.

² Per i casi di uscita fondati sull'esercizio di un diritto di recesso statutario, lo statuto può stabilire altrimenti l'indennità.

Literatur

BOEMLE, Unternehmungsfinanzierung, 7. Aufl., Zürich 1986; TSCHÄNI, Unternehmensübernahmen nach Schweizer Recht, Basel/Frankfurt a.M. 1991; WATTER, Unternehmensübernahmen, Zürich 1990.

Im Gegensatz zum Recht vor der GmbH-Reform ist die Höhe des Abfindungsanspruchs des ausscheidenden Gesellschafters jetzt geregelt. Es steht ihm ein Anspruch in der Höhe des wirklichen Wertes seiner Stammanteile zu.

Die Statuten können andere Abfindungsregelungen vorsehen für den Fall des Ausscheidens gestützt auf ein statutarisches Austrittsrecht. Diese Abfindungsregelungen dürfen aber nicht willkürlich sein. Denkbar ist die Berechnung der Abfindung nach dem Steuerwert oder dem Substanzwert, auch eine gestaffelte Abfindung oder eine andere Art von Entschädigung anstatt einer Barabfindung ist möglich (Botschaft GmbH, 3223). Als unzulässig wird jedoch eine übermässige Einschränkung oder gar ein Ausschluss der Abfindung betrachtet (HANDSCHIN/TRUNIGER, § 19 N 6; SIFFERT et al., Art. 825 N 3; einen entschädigungslosen Austritt grundsätzlich zulassend: KÜNG/CAMP, Art. 822 N 8; NUSSBAUM/SANWALD/SCHEIDEGGER, Art. 825 N 8).

Der **wirkliche Wert** ist nach den üblichen betriebswirtschaftlichen Methoden der Unternehmensbewertung festzustellen und richtet sich normalerweise nach dem Ertrags- und dem Substanzwert (zu Fortführungswerten), wenn das Geschäft weitergeführt wird, und nach Liquidationswerten, wenn mit einer Geschäftsaufgabe gerechnet wird (BOEMLE, 480 ff.; WATTER, 105 ff.; TSCHÄNI, 6 ff.). Grundsätzlich ist auf den Fortführungswert einer Gesellschaft abzustellen, wobei der Liquidationswert dabei als Untergrenze gelten soll (vgl. zum Aktienrecht: BGer v. 3.4.2001, 4C.363/2000, E. 2c; BGE 120 II 259).

Wird im Gesetz oder in den Statuten auf den wirklichen Wert der Stammanteile abgestellt, so können die Parteien verlangen, dass dieser vom Gericht bestimmt wird (Art. 789 Abs. 1; HANDSCHIN/TRUNIGER, § 19 N 23).

Zu unterscheiden ist die neue Bestimmung des Abfindungsanspruches von den spezifischen neu eingeführten Modalitäten zur Erfüllung desselben.

Art. 825a

2. Auszahlung

¹ Die Abfindung wird mit dem Ausscheiden fällig, soweit die Gesellschaft:

1. über verwendbares Eigenkapital verfügt;

2. die Stammanteile der ausscheidenden Person veräussern kann;

3. ihr Stammkapital unter Beachtung der entsprechenden Vorschriften herabsetzen darf.

² Ein zugelassener Revisionsexperte muss die Höhe des verwendbaren Eigenkapitals feststellen. Reicht dieses zur Auszahlung der Abfindung nicht aus, so muss er zudem zur Frage Stellung nehmen, wie weit das Stammkapital herabgesetzt werden könnte.

³ Für den nicht ausbezahlten Teil der Abfindung hat der ausgeschiedene Gesellschafter eine unverzinsliche nachrangige Forderung. Diese wird fällig, soweit im jährlichen Geschäftsbericht verwendbares Eigenkapital festgestellt wird.

⁴ Solange die Abfindung nicht vollständig ausbezahlt ist, kann der ausgeschiedene Gesellschafter verlangen, dass die Gesellschaft eine Revisionsstelle bezeichnet und die Jahresrechnung ordentlich revidieren lässt.

2. Versement

¹ L'indemnité liée au départ d'un associé est exigible dans la mesure où la société:

1. dispose de fonds propres disponibles;

2. peut aliéner les parts sociales de l'associé qui quitte la société;

3. peut réduire son capital social dans le respect des dispositions en la matière.

² Un expert-réviseur agréé constate le montant des fonds propres disponibles. Lorsque ces fonds ne suffisent pas à indemniser l'associé qui quitte la société, il prend en outre position sur le montant possible de la réduction du capital social.

³ L'associé qui a quitté la société dispose d'une créance de rang inférieur, qui ne porte pas d'intérêts, sur le montant pour lequel il n'a pas encore été indemnisé. Cette créance est exigible dans la mesure où il ressort du rapport de gestion annuel que la société dispose de fonds propres disponibles.

4. Abschnitt: Auflösung und Ausscheiden   1–6 **Art. 825a**

⁴ Aussi longtemps que l'indemnité de l'associé qui a quitté la société n'est pas entièrement versée, celui-ci peut exiger que la société désigne un organe de révision et fasse procéder à un contrôle ordinaire des comptes annuels.

2. Versamento

¹ L'indennità inerente all'uscita di un socio è esigibile in quanto la società:
1. possieda capitale proprio disponibile;
2. possa alienare le quote sociali del socio uscente;
3. possa ridurre il suo capitale sociale nel rispetto delle pertinenti disposizioni.

² Un perito revisore abilitato accerta l'importo del capitale proprio disponibile. Se quest'ultimo non è sufficiente per indennizzare il socio uscente, il revisore si pronuncia inoltre sull'importo per cui è possibile una riduzione del capitale sociale.

³ L'ex socio ha un credito di grado posteriore e senza interessi sull'importo per il quale non è ancora stato indennizzato. Tale credito è esigibile in quanto dalla relazione annuale sulla gestione risulti che la società possiede capitale proprio disponibile.

⁴ Finché l'indennità non è interamente versata, l'ex socio può esigere che la società designi un ufficio di revisione e faccia sottoporre il conto annuale a revisione ordinaria.

Massgebend für den Eintritt der Fälligkeit von der gem. Art. 825 geschuldeten Abfindungszahlung ist primär der **Zeitpunkt des Ausscheidens,** d.h. der Zeitpunkt der Urteilsfällung (Art. 823 N 6) bzw. derjenige der gütlichen Festlegung unter den Gesellschaftern. 1

Grundsätzlich wird die Abfindung mit dem Ausscheiden des Gesellschafters fällig. Es muss jedoch mind. eine der drei zusätzlichen, alternativ zueinander stehenden Bedingungen (Ziff. 1–3) in Abs. 1 erfüllt sein, damit die Abfindung *tatsächlich* fällig wird. 2

Die Abfindung wird im Zeitpunkt des Ausscheidens fällig, aber nur soweit die Gesellschaft über verwendbares Eigenkapital verfügt (Ziff. 1). Im Rahmen der Vorschriften zum Erwerb eigener Stammanteile steht es der Gesellschaft offen, die Anteile der ausscheidenden Person bis zur Höchstgrenze von 35% des Stammkapitals zu übernehmen. Dabei wird nicht auf «frei verwendbares Eigenkapital» abgestellt, sondern auf «verwendbares Eigenkapital» (Botschaft GmbH, 3223).Für besondere Zwecke vorgesehene Reserven wie beispielsweise Dividenden oder Wiederbeschaffungsreserven sind demnach für die Auszahlung von Abfindungen heranzuziehen (HANDSCHIN/TRUNIGER, § 19 N 24). 3

Die Abfindung wird fällig, soweit die Gesellschaft die Stammanteile der ausscheidenden Person veräussern kann (Ziff. 2). Allein die Gelegenheit zur Veräusserung der Stammanteile bewirkt dabei ohne weiteres die Fälligkeit der Abfindung. Eine Berufung auf die Möglichkeit der Verweigerung der Zustimmung zur Abtretung von Stammanteilen ohne Angabe von Gründen (vgl. Art. 786) soll sachlich ausgeschlossen sein (so die Botschaft GmbH, 3224). 4

Die Abfindung wird fällig, soweit die Gesellschaft ihr Stammkapital unter Beachtung der gesetzlichen Vorschriften herabsetzen darf (Ziff. 3; vgl. Art. 782). 5

Den Entscheid, ob für die Auszahlung der Abfindung genügend verwendbares Eigenkapital vorhanden ist, können weder Geschäftsführer noch Gesellschafter alleine fällen. Ein zugelassener Revisionsexperte (Art. 732 Abs. 2 i.V.m. Art. 782 Abs. 4) muss die Höhe des verwendbaren Eigenkapitals feststellen (Abs. 2). Reicht dieses zur Auszah- 6

Art. 826

7   Bezüglich der Auszahlung der Abfindung können sich Probleme ergeben, wenn es nicht zu einer Veräusserung der Stammanteile an einen Gesellschafter oder Dritten kommt. Die GmbH darf zwar die Stammanteile von Gesellschaftern zurückkaufen, aufgrund der Grenzwerte für den Erwerb eigener Stammanteile gem. Art. 738 Abs. 2 kann es sein, dass die GmbH die Anteile des ausscheidenden Gesellschafters gar nicht übernehmen darf. Falls Stammkapital und gesetzliche Reserven angegriffen werden müssten, muss der Weg der Kapitalherabsetzung gewählt werden (HANDSCHIN/TRUNIGER, § 31 N 3).

lung der Abfindung nicht aus, so muss der Revisionsexperte zudem zur Frage Stellung nehmen, wie weit das Stammkapital unter Beachtung der gesetzlichen Vorschriften herabgesetzt werden darf (Botschaft GmbH, 3224).

8   Da die Abfindung eines Gesellschafters den Wert der GmbH reduzieren kann, ist in solchen Fällen bei der Bewertung des Anteils des austretenden Gesellschafters das Gesamtvermögen im Zeitpunkt nach der Schaffung von Liquidität zu berücksichtigen (HANDSCHIN/TRUNIGER, § 31 N 5).

9   Ein weiteres Problem kann sich ergeben, wenn die Gesellschaft nicht über genügend liquide Mittel verfügt, um die Abfindung auszuzahlen. So können in einem solchen Fall die Veräusserung von Gesellschaftsaktiven, die Abtretung von Gesellschaftsaktiven an den austretenden Gesellschafter oder auch eine Abfindung durch Spaltung der Gesellschaft nötig sein (HANDSCHIN/TRUNIGER, § 31 N 7 ff.).

10 Vor der GmbH-Revision konnte mit der Klage auf Auflösung der Gesellschaft die Abfindungszahlung eingefordert werden. Mit der neuen Regelung, die auch den Fall der erst nach dem Austritt bezahlten Abfindung regelt, dürfte dies grundsätzlich nicht mehr zulässig sein (so SIFFERT et al., Art. 825a N 3, nach denen aber die Auflösungsklage allenfalls dann als zulässig erachtet werden könnte, wenn bei objektiver Betrachtung mit einer Auszahlung nicht mehr oder nicht innert absehbarer Frist zu rechnen ist).

11 Wird die Abfindung im Zeitpunkt des Ausscheidens nicht vollständig ausbezahlt, steht dem ausgeschiedenen Gesellschafter eine unverzinsliche nachrangige Forderung in der Höhe des nicht ausbezahlten Teils zu (Abs. 3). Der nicht ausbezahlte Teil der Abfindung wird fällig, soweit im jährlichen Geschäftsbericht verwendbares Eigenkapital festgestellt wird. Die Ausrichtung einer geschuldeten Abfindung geht somit der Ausschüttung von Dividenden vor (Botschaft GmbH, 3224).

12 Ausgeschiedene Gesellschafter können, solange ihre Abfindung noch nicht vollständig ausbezahlt ist, verlangen, dass die Gesellschaft eine Revisionsstelle bezeichnen muss und die Jahresrechnung ordentlich revidieren lässt (Abs. 4).

13 Nicht konkret geregelt ist die Frage des Einsichtsrechts. Doch darf davon ausgegangen werden, dass dem ausgeschiedenen Gesellschafter die Informationen zustehen, die es ihm erlauben, die Erfüllung der Abfindung nachzuvollziehen.

Art. 826

C. Liquidation ¹ **Jeder Gesellschafter hat Anspruch auf einen Anteil am Liquidationsergebnis, der dem Verhältnis der Nennwerte seiner Stammanteile zum Stammkapital entspricht. Wurden Nachschüsse geleistet und nicht zurückbezahlt, so ist deren Betrag den Stammanteilen der betreffenden Gesellschafter und dem**

4. Abschnitt: Auflösung und Ausscheiden 1–5 Art. 826

Stammkapital zuzurechnen. Die Statuten können eine abweichende Regelung vorsehen.

² Für die Auflösung der Gesellschaft mit Liquidation sind die Vorschriften des Aktienrechts entsprechend anwendbar.

C. Liquidation ¹ Chaque associé a droit à une part du produit de la liquidation qui soit proportionnelle à la valeur nominale de ses parts sociales. Lorsque des versements supplémentaires ont été effectués, leur montant doit être ajouté à la valeur nominale des parts sociales; les statuts peuvent régler l'affectation du produit de la liquidation de manière différente.

² Les dispositions du droit de la société anonyme concernant la dissolution de la société avec liquidation s'appliquent par analogie à la société à responsabilité limitée.

C. Liquidazione ¹ Ogni socio ha diritto a una quota dell'avanzo della liquidazione proporzionale al valore nominale delle sue quote sociali rispetto al capitale sociale. Se sono stati effettuati versamenti suppletivi che non sono stati restituiti, il loro importo deve essere sommato alle quote sociali dei soci interessati e al capitale sociale. Lo statuto può prevedere un disciplinamento diverso.

² Le disposizioni del diritto della società anonima concernenti lo scioglimento della società seguito da liquidazione si applicano per analogia.

I. Allgemeine Bemerkungen

Der Auflösungsentscheid zieht ein Liquidationsverfahren, ein Umwandlungs-, Fusionsverfahren oder ein Liquidationsverfahren nach sich. 1

Ausser Abs. 1 der Bestimmung enthält das GmbH-Recht keine spezifischen Vorschriften zur Liquidation der Gesellschaft. Es wird stattdessen in Abs. 2 auf die entsprechenden Bestimmungen für die AG verwiesen.

Dass eine **Verstaatlichung** der GmbH (Übernahme durch eine Körperschaft des öffentlichen Rechtes) analog den Bestimmungen von Art. 751 und 915 auch bei der GmbH möglich ist, wird allgemein anerkannt und der weiterhin fehlende Hinweis darf wohl als Gesetzeslücke verstanden werden (vgl. BK-JANGGEN/BECKER, Art. 826 N 27; ZK-VON STEIGER, Art. 826 N 41; WOHLMANN, § 21 III, 134). 2

II. Normzweck

Neben den Bestimmungen in Abs. 1 erklärt Art. 826 in Abs. 2 für die Liquidation der GmbH die einschlägigen, zwingenden **Bestimmungen des Aktienrechtes für anwendbar;** also die Art. 739–747. 3

Grundsätzlich kann auf die dortigen Kommentarstellen verwiesen werden. Ausserdem sind die statutarischen Vorschriften und die Gesellschaftsbeschlüsse zu beachten. Der Gesetzgeber hat jedoch den Besonderheiten der GmbH wenig besondere Beachtung geschenkt. 4

Im **Konkurs** (Art. 39 Ziff. 7bis SchKG) und beim **Nachlassvertrag mit Vermögensabtretung** (Art. 316a ff. SchKG) wird nach den speziellen Vorschriften des Konkursrechtes liquidiert (vgl. Art. 736 N 7 ff., Art. 738 N 4, Art. 741 N 13 ff., Art. 746 N 2). 5

Christoph Stäubli

III. Spezifische Aspekte bei der Liquidation der GmbH

6 Auf folgende **Besonderheiten** ist hinzuweisen:

1. Bestellung und Abberufung von Liquidatoren

7 Die Liquidatoren sind die **gesetzlichen Vertreter** der GmbH i.L. (Art. 826, 809 und 814 i.V.m. Art. 740). Bei der GmbH hat der Gesellschafter (vorbehältlich anderslautender Statuten) Anspruch auf Geschäftsführung (Art. 809); mindestens dem bei der Auflösung existenten Gesellschafter/Geschäftsführer wird in der Lehre ein wohlerworbenes Recht auf Übernahme der Stellung des Liquidators eingeräumt, das ihm ohne seine Zustimmung nur aus wichtigen Gründen entzogen werden kann (vgl. ZK-VON STEIGER, Art. 826 N 15; Art. 784 N 15 ff.). Entsprechendes gilt für seine Abberufung (ZK-VON STEIGER, Art. 826 N 18; WOHLMANN, § 21 III, 132).

2. Haftung der Gesellschafter

Den Gläubigern einer GmbH haftet nach neuem Recht grundsätzlich nur das Gesellschaftsvermögen (Art. 772 Abs. 1; Art. 794), was den Verhältnissen bei der AG entspricht (MEIER-HAYOZ/FORSTMOSER, § 18 N 52).

Im bisherigen Recht wurde dieses Prinzip dadurch durchbrochen, dass die Gesellschafter für nicht liberierte Beträge des Stammkapitals hafteten. Mit dem revidierten Recht wurde diese subsidiäre persönliche Haftung der Gesellschafter für nicht einbezahltes Stammkapital aufgehoben. Für die Verbindlichkeiten der Gesellschaft haftet nur das Gesellschaftsvermögen.

a) Einforderung von Nebenleistungen

8 Sehen die Statuten oder das Reglement über die Stammeinlage hinaus eine Pflicht zu weiteren Leistungen vor (Art. 772 Abs. 2, Art. 776a Abs. 1 Ziff. 1), sind auch diese von den Liquidatoren, wiederum nötigenfalls, für die Liquidation einzufordern bzw. durchzusetzen. Gegenstand solcher **Nebenleistungen** können Inhalt eines jeden Schuldverhältnisses sein, also ein Tun, Dulden oder Unterlassen; z.B. Arbeitsleistung, Konkursverbote, Bezugspflichten etc. (vgl. ZK-VON STEIGER, Art. 777 N 14, 30).

9 Die Statuten können die Gesellschafter zusätzlich zu den Stammeinlagen zur Leistung von **Nachschüssen** verpflichten (Art. 795 Abs. 1). Zuständig für die Einforderung der Nachschüsse ist nicht mehr wie bisher die Gesellschafterversammlung, sondern die Geschäftsführung (Art. 795a Abs. 1). Wird die Gesellschaft aufgelöst, können die Liquidatoren die Leistung der Nachschüsse einfordern. Im Konkursfall werden die Nachschüsse von der Konkursverwaltung eingefordert (Botschaft GmbH, 3196; SIFFERT et al., Art. 795a N 3). Bei unverzüglicher Einbezahlung ausstehender statutarischer Nachschüsse und Aussicht auf Sanierung kann vom Gericht ein Konkursaufschub gewährt werden (Art. 820 Abs. 2).

b) Schadenersatzansprüche

10 Die Beschlussfassung über die Geltendmachung von **Verantwortlichkeitsansprüchen** aus Gründerhaftung und Geschäftsführung dagegen bleibt der Gesellschafterversammlung vorbehalten. Neben der Gesellschafterversammlung sind die Gesellschaftsgläubiger oder die Konkursverwaltung klageberechtigt (HANDSCHIN/TRUNIGER, § 30 N 16).

3. Verteilung des Liquidationsergebnisses

Jeder Gesellschafter hat Anspruch auf einen Anteil am Liquidationsergebnis, der dem **11** Verhältnis seiner Stammanteile zum Stammkapital entspricht (Abs. 1). Die Aufteilung erfolgt im Verhältnis der Nennwerte der Stammanteile, wobei geleistete Nachschüsse dem Nennwert zuzurechnen sind.

Die Regelung zur Verteilung des Liquidationserlöses ist dispositiv: Die Statuten können **12** auf die Berücksichtigung geleisteter Nachschüsse verzichten oder so genannte Vorzugsstammanteile vorsehen, die Vorrechte betreffend den Liquidationsanteil vermitteln (Art. 776a Abs. 1 Ziff. 5 und Art. 799 sowie Art. 654 und 656; Botschaft GmbH, 3225).

Wenn das Vermögen nicht ausreicht, um die Einlagen vollumfänglich zurückzuerstatten **13** (**Liquidationsverlust**), sollte dieser Verlust aus Gründen der Gleichbehandlung m.E. nach Massgabe der Nennwerte getragen werden. Eine anderslautende statutarische Ordnung geht vor. Analog zu Art. 745 Abs. 1 ist die Verteilung des Liquidationsergebnisses Sache der Liquidatoren (so auch ZK-VON STEIGER, Art. 826 N 31; offenbar **a.M.** BK-JANGGEN/BECKER, Art. 826 N 22).

4. Aufbewahrung der Geschäftsbücher

Die **Aufbewahrungspflicht** gilt auch für das Anteilsbuch nach Art. 790. **14**

Nach einhelliger Lehre richtet sich das **Einsichtsrecht** in die hinterlegten Geschäftsbü- **15** cher nach dem Recht der Personengesellschaften (Art. 590 Abs. 2). Das Recht steht damit den früheren Gesellschaftern und ihren Erben, nicht aber Dritten zu (BK-JANGGEN/ BECKER, Art. 826 N 24; ZK-VON STEIGER, Art. 826 N 39; WOHLMANN, § 21 III, 133). Zudem besteht die Editionspflicht nach Art. 963.

Fünfter Abschnitt: Verantwortlichkeit

Art. 827

Für die Verantwortlichkeit der Personen, die bei der Gründung mitwirken oder mit der Geschäftsführung, der Revision oder der Liquidation befasst sind, sind die Vorschriften des Aktienrechts entsprechend anwendbar.

Les dispositions du droit de la société anonyme concernant la responsabilité des personnes qui ont coopéré à la fondation de la société ou qui s'occupent de la gestion, de la révision ou de la liquidation de la société s'appliquent par analogie à la société à responsabilité limitée.

Le disposizioni del diritto della società anonima concernenti la responsabilità delle persone che cooperano alla costituzione della società o si occupano della gestione, della revisione o della liquidazione si applicano per analogia.

Literatur

BÖCKLI, Présentation générale, in: Portmann (Hrsg.), Le nouveau droit de la société à responsabilité limitée, Lausanne 2006, 1 ff.; FORSTMOSER, Das neue Recht der Schweizer GmbH, in: FS Böckli, Zürich 2006, 535 ff. (zit. GmbH); FORSTMOSER/PEYER, Die Einwirkung der Gesellschafterversammlung auf geschäftsführende Entscheide der GmbH, SJZ 2007, 397 ff. und 429 ff.; GRIMM/ TRIPPEL, Aktuelle Fragen des GmbH-Rechts, in: Jörg/Arter (Hrsg.), Entwicklungen im Gesellschaftsrecht I, Bern 2006, 47 ff.; KOLLER/KLÄY, Das Mittel der gesetzlichen Verweisung im Gesellschaftsrecht (Zur «Breitenwirkung» des revidierten Aktienrechts), in: FS Bär, Bern 1998, 193 ff.; KUNZ, Recht der KMU: Personengesellschafts- und GmbH-Recht, Bern 2008; MEIER, Kompetenztransfer oder Vetorecht? – Die Genehmigung von Geschäftsführungsentscheiden durch die Gesellschafterversammlung in der GmbH, in: FS Forstmoser, Zürich 2008, 297 ff.; MÜLLER, Personengesellschafts- und GmbH-Recht – Entwicklungen 2006, Bern 2007; PLÜSS, Verantwortlichkeit der Gesellschafter einer GmbH, Insolvenz- und Wirtschaftsrecht 1999, 121 ff.; TANNER, Die Auswirkungen des neuen Aktienrechts auf Gesellschaften mit beschränkter Haftung, Genossenschaften und Bankaktiengesellschaften, in: FS Forstmoser, Zürich 1993, 31 ff.; WOHLMANN, Zu den Verweisungen im Recht der GmbH auf das Aktienrecht, SZW 1995, 139 ff. (zit. Verweisungen); vgl. ausserdem die Literaturhinweise bei den Vorbem. zu Art. 754–761 sowie zu Art. 916–920.

1   Das Recht der GmbH ist in den Jahren 1995–2005 einer Totalrevision unterzogen worden. Das Parlament hat das **neue Recht** am 16.12.2005 verabschiedet; am 1.1.2008 ist es in Kraft getreten. Abgesehen von kleineren sprachlichen Retuschen, etwa die Verwendung des Begriffs «Revision» statt «Kontrolle», sind bei Art. 827 gegenüber dem bisherigen Wortlaut keine grundlegenden Änderungen zu verzeichnen.

2   Für die Verantwortlichkeit der Organe verweist das GmbH-Recht auf die Bestimmungen des Aktienrechts (Art. 753–760). Nach der Revision des Aktienrechts von 1991 entstand eine Kontroverse zur Frage, ob sich die **Verweisungen** des GmbH-Rechts auf das alte oder auf das neue Aktienrecht beziehen. Mittlerweile hat sich die Ansicht durchgesetzt, dass solche Verweisungen grundsätzlich als «dynamisch» zu verstehen sind, da sie in erster Linie den Zweck verfolgen, Wettbewerbsneutralität unter den verschiedenen Gesellschaftstypen herzustellen (TANNER, 34 ff.; ferner etwa KOLLER/KLÄY, 193 ff.; **abl.** WOHLMANN, Verweisungen, 139 ff.). Der Verweis will also die jeweils geltenden Bestimmungen des Aktienrechts in die anderen Gesellschaftsformen übernehmen (vgl. MEIER-HAYOZ/FORSTMOSER, § 10 N 50 und 65 f. m.w.Nw.).

3   Ein Verweis auf die Haftung für den Emissionsprospekt (Art. 752) fehlt in Art. 827. Systematisch scheint dies auf den ersten Blick konsequent, da Art. 781 Abs. 3 ein öffentliches Angebot zur Zeichnung von Stammanteilen ausdrücklich ausschliesst (vgl. Botschaft GmbH, 3225). Diese Systematik verkennt aber, dass die Prospekthaftung gemäss Art. 752 im Gegensatz zur Prospektpflicht nach Art. 652a kein öffentliches Angebot voraussetzt, sondern nach h.L. auch im Zusammenhang mit prospektähnlichen Mitteilungen bei Privatplatzierungen zur Anwendung kommen kann. Die Nichterwähnung der Prospekthaftung in Art. 827 ist daher auf einen Irrtum des Gesetzgebers zurückzuführen, weshalb eine planwidrige Unvollständigkeit vorliegt, die der Lückenfüllung zugänglich wäre. Artikel 781 Abs. 3 wird von einem Teil der Lehre zudem als blosse Ordnungsvorschrift qualifiziert, weshalb ein Verstoss dagegen keine gesetzlichen Sanktionen nach sich ziehe (so KÜNG/CAMP, Art. 781 N 10). Unseres Erachtens ist daher im Zusammenhang mit Prospekten und ähnlichen Dokumenten bei der Emission von GmbH-Anteilen die lückenfüllende Anwendung von Art. 752 zu erwägen (offenbar abw. CHK-TRÜEB/BHEND-RUTISHAUSER, Art. 827 OR N 1; abw. auch SIFFERT et al.; Art. 827 N 1).

4   Art. 827 nennt als mögliche Haftpflichtige die bei der Gründung beteiligten, die mit der Geschäftsführung bzw. der Revision betrauten Personen und schliesslich die Liquidatoren. Demgegenüber umfasst die entsprechende Norm des Aktienrechts (Art. 754) auch die Mitglieder des Verwaltungsrats, also die mit der «Verwaltung» befassten Personen. Dieser Unterschied ergibt sich aus der üblichen Organisation der GmbH, die auch nach neuem Recht das Prinzip der **Selbstorganschaft** vorsieht. D.h. die Gesellschafter sind als solche – vorbehältlich einer abweichenden statutarischen Regelung (vgl. u. N 5) – aufgrund ihrer Gesellschafterstellung zur Geschäftsführung berechtigt und verpflichtet, ohne dass eine besondere Wahl erforderlich wäre (vgl. Art. 809 Abs. 1; MEIER-HAYOZ/

FORSTMOSER, § 18 N 117). Aufgrund der Selbstorganschaft kann die Beurteilung des Selbst- und Mitverschuldens des klagenden Gesellschafters u.U. schwierig werden (WOHLMANN, 123 f.; vgl. auch SIFFERT et al., Art. 827 N 2).

Die Geschäftsführung kann in Anwendung von Art. 809 Abs. 1 statutarisch abweichend geregelt werden, mithin sowohl einem einzelnen Gesellschafter als auch einem oder mehreren Dritten übertragen werden. Zulässig ist auch eine Kombination dieser Varianten (BÖCKLI/FORSTMOSER, 30). Hinsichtlich der Verantwortlichkeit der mit der Geschäftsführung befassten Personen macht es keinen Unterschied, ob es sich um Gesellschafter oder Dritte handelt (HANDSCHIN/TRUNIGER, § 25 N 49). Alle Geschäftsführer unterliegen derselben Sorgfalts- und Treuepflicht (vgl. Art. 812 Abs. 1 und 2; ferner FORSTMOSER/PEYER, 398). Daneben ist es auch möglich, dass jemand tatsächlich Organfunktionen ausübt, ohne dazu formell bestellt zu sein (sog. faktisches Organ). Auch im Recht der GmbH ist grundsätzlich von einem **funktionalen Organbegriff** auszugehen (TANNER, 42; vgl. Art. 754 N 5 ff.). Das BGer hat sich dieser Ansicht in BGE 126 V 237 angeschlossen (bestätigt in BGE H 252/01 vom 14.5.2002; ferner dazu GRIMM/TRIPPEL, 53 ff., und HANDSCHIN/TRUNIGER § 25 N 21 f. m.w.Nw.). Der funktionale Organbegriff gilt auch für das neue Recht (vgl. Botschaft GmbH, 3225; CHK-TRÜEB/BHEND-RUTISHAUSER, Art. 827 OR N 2; SIFFERT et al., Art. 827 N 7 m.w.Nw.). Art. 827 spricht denn auch nicht mehr von *«betraut»* sondern von *«befasst»*. 5

Mittels statutarisch verankertem **Genehmigungsvorbehalt** zugunsten der Gesellschafterversammlung (obligatorisch oder fakultativ) kann – anders als im Aktienrecht (vgl. Art. 716a Abs. 1) – der Gesellschafterversammlung direkter Einfluss auf die Geschäftsführung gewährt werden: Die Statuten können vorsehen, *«dass die Geschäftsführer der Gesellschafterversammlung: 1. bestimmte Entscheidungen zur Genehmigung vorlegen müssen; 2. einzelne Fragen zur Genehmigung vorlegen können»* (Art. 811 Abs. 1). Solche Genehmigungen schränken die Haftung der Geschäftsführer nicht ein (Art. 811 Abs. 2). Tragweite und Bedeutung dieses Regelungsgefüges sind im Einzelnen noch weitgehend unklar (vgl. dazu BÖCKLI/FORSTMOSER, 35 ff.; FORSTMOSER, GmbH, 559 ff., und FORSTMOSER/PEYER, 399 ff.; ferner zur ganzen Thematik MEIER, 297 ff. m.w.Nw.). Gesellschaftsintern können entsprechende Genehmigungen einer Entlastung gleichkommen (Botschaft GmbH, 3213; ferner dazu KÜNG/CAMP, Art. 811 N 4, und NUSSBAUM/SANWALD/SCHEIDEGGER, Art. 827 N 62). 6

Das neue GmbH-Recht enthält – dem Aktienrecht vergleichbar – eine Liste unübertragbarer und unentziehbarer Aufgaben für die Geschäftsführer (vgl. Art. 810 Abs. 2), freilich mit der statutarischen Möglichkeit, die Gesellschafterversammlung in die Geschäftsführung einzubeziehen (vgl. o. N 6). Die zu beachtenden Sorgfaltspflichten entsprechen denjenigen des Aktienrechts (Art. 812 Abs. 1 entspricht Art. 717 Abs. 1), einschliesslich der Pflicht zur Beachtung des Gleichbehandlungsgebots (vgl. Art. 813, der Art. 717 Abs. 2 adaptiert) und der besonderen Pflichten bei Kapitalverlust und Überschuldung (Art. 820); dazu u. N 9a. Vermehrt als bei Aktiengesellschaften kann die **Pflichtverletzung** auch gesetzliche oder statutarische Nebenpflichten der Geschäftsführer (bspw. das Konkurrenzverbot nach Art. 812 Abs. 3) betreffen (HANDSCHIN/TRUNIGER, § 25 N 28; zum alten GmbH-Recht: WOHLMANN, 124 f.; PLÜSS, 123). Damit sind vermehrt auch Pflichten gegenüber den Gesellschaftern verbunden, weshalb Verantwortlichkeitsklagen der Gesellschafter aus unmittelbarer Schädigung im Recht der GmbH eine grössere Bedeutung erlangen könnten, als dies im Aktienrecht der Fall ist (FORSTMOSER/PEYER, 398). 7

Die h.L. lässt die haftungsbefreiende **Delegation** der Geschäftsführung *durch die Geschäftsführer* i.S.v. Art. 754 Abs. 2 im Recht der GmbH nicht zu (vgl. etwa HAND- 8

SCHIN/TRUNIGER, § 25 N 48 und 54; zum bisherigen Recht WOHLMANN, 123). Der Geschäftsführer ist verpflichtet, sein Amt persönlich auszuüben (HANDSCHIN/TRUNIGER, § 25 N 34). Dies ist Ausfluss der vom Aktienrecht verschiedenen Rollenteilung: Die Geschäftsführer sind bereits das Management, an welches die Geschäftsführung delegiert wurde. Führt eine GmbH statutarisch einen Verwaltungsrat oder Aufsichtsrat ein, mit Oberleitungs- oder Überwachungsaufgaben oberhalb der Geschäftsführung, so wirken die unterschiedlichen Pflichtenbereiche durchaus auch haftungsbegrenzend. Dabei ist freilich auf eine präzise Umschreibung der Pflichten zu achten. Gemäss einem Entscheid des Sozialversicherungsgerichts Zürich (AK.2007 00007 v. 9.10.2007) haben sich bei einer kleinen, gut überschaubaren GmbH alle Geschäftsführer periodisch über den Geschäftsgang zu informieren; eine interne Kompetenzaufteilung hat keine haftungsbeschränkende Wirkung. Im Entscheid ging es um nicht-bezahlte Sozialversicherungsbeiträge (vgl. KUNZ, 83 ff.).

9   Im Zuge der GmbH-Revision wurde auch das Revisionsrecht neu konzipiert und die bisherige rechtsformspezifische Ordnung einer Vereinheitlichung zugeführt, die das gesamte Körperschaftsrecht erfasst (vgl. Art. 755 N 1). Art. 818 Abs. 1 verweist auf die aktienrechtliche Ordnung (Art. 727 ff.), in deren Rahmen der Kern des neuen Revisionsrechts geregelt ist. Das neue GmbH-Recht kann sich demnach mit einem grundsätzlichen Verweis auf die Vorschriften des Aktienrechts begnügen (Art. 818 Abs. 1). Art. 818 Abs. 2 enthält immerhin eine geringfügige Modifikation: Danach kann ein Gesellschafter, der einer Nachschusspflicht unterliegt, eine ordentliche Revision der Jahresrechnung verlangen, obschon von Gesetzes wegen eine eingeschränkte Revision genügen würde (vgl. MEIER-HAYOZ/FORSTMOSER, § 18 N 129 f.). Die **Revisionshaftung** richtet sich aufgrund des Verweises in Art. 827 ebenfalls nach der aktienrechtlichen Ordnung. Im Einzelnen kann deshalb auf die Komm. zu Art. 755 verwiesen werden.

9a Das BGer hat mit Entscheid v. 28.1.2008, 4A_509/2007, den Schadensbegriff bei verspäteter Benachrichtigung des Richters bei Überschuldung der GmbH präzisiert: Besteht der Schaden in der Vergrösserung der Verschuldung der Konkursitin, ist die tatsächlich eingetretene Überschuldung mit jener bei einem Konkurs zum früheren Zeitpunkt zu vergleichen; da die GmbH durch Eröffnung des Konkurses aufgelöst (Art. 820 Ziff. 3 altOR) und die Liquidation gemäss Konkurswert vorgenommen wird (Art. 823 altOR i.V.m. Art. 740 Abs. 5 OR), berechnet sich der Schaden nach dem Liquidationswert. Dieser ist damit für die Berechnung der Überschuldung im Zeitpunkt der pflichtgemässen Konkurseröffnung massgebend; dem Fortführungswert kommt keine Bedeutung zu.

Neunundzwanzigster Titel: Die Genossenschaft

Erster Abschnitt: Begriff und Errichtung

Art. 828

A. Genossenschaft des Obligationenrechts

¹ Die Genossenschaft ist eine als Körperschaft organisierte Verbindung einer nicht geschlossenen Zahl von Personen oder Handelsgesellschaften, die in der Hauptsache die Förderung oder Sicherung bestimmter wirtschaftlicher Interessen ihrer Mitglieder in gemeinsamer Selbsthilfe bezweckt.

² Genossenschaften mit einem zum voraus festgesetzten Grundkapital sind unzulässig.

A. Société coopérative du droit des obligations

¹ La société coopérative est celle que forment des personnes ou sociétés commerciales d'un nombre variable, organisées corporativement, et qui poursuit principalement le but de favoriser ou de garantir, par une action commune, des intérêts économiques déterminés de ses membres.

² La constitution de sociétés coopératives à capital déterminé d'avance est prohibée.

A. Società cooperativa del diritto delle obbligazioni

¹ La società cooperativa è l'unione d'un numero variabile di persone o di società commerciali, organizzata corporativamente, la quale si propone in modo principale l'incremento o la salvaguardia, mediante un'azione comune, di determinati interessi economici dei suoi membri.

² Non è ammessa la costituzione di società cooperative con un capitale anticipatamente determinato.

Literatur

AHLE, Verliert die eingetragene Genossenschaft ihren Charakter als Genossenschaft dadurch, dass sie auch mit Nichtmitgliedern Geschäfte betreibt?, Diss. Münster 1955 (masch.geschr.); BAUER, Das Nichtmitgliedergeschäft der Genossenschaften, 1955 (masch.geschr.); BERNHEIMER, Die Gleichbehandlung der Genossenschafter im schweizerischen Obligationenrecht, 1949; BROSSET/ SCHMIDT, Guide des sociétés en droit suisse, Bd. II, 1963; CAPITAINE, Genossenschaft, SJK 1154; EGGER, Genossenschaftswesen und Genossenschaftsrecht, 1926; DERS., Revision des Genossenschaftsrechts, 1962; FLURY, Der Vereinszweck, Diss. Bern 1959; FORSTMOSER, Die Genossenschaft, Anachronismus oder Rechtsform der Zukunft?, SAG 1974, 155 ff.; DERS., Hundert Jahre schweizerisches Genossenschaftsrecht, in: Hundert Jahre schweizerisches OR, 1982; KUMMER, Die Gleichbehandlung der Genossenschafter gemäss Art. 854 OR, 1949; FRIEDRICH, Das Genossenschaftskapital, Diss. Basel 1943; VON GRAFFENRIED, Wirtschaftlicher und nichtwirtschaftlicher Zweck im privaten Körperschaftsrecht, Diss. Bern 1946; GYSIN, Ergebnisse und Erfordernisse der Revision des Genossenschaftsrechts, 1943; HEINI, Rundgang durch das schweizerische Genossenschaftsrecht, ZfgG, 1960, 191 ff.; JOMINI, Parts sociales et capital dans le droit suisse des coopérations, Diss. Lausanne 1966; JUNG, Über das Prinzip der offenen Türe im Recht der Verbände, Diss. Bern 1956; LINIGER, Die Liquidation der Genossenschaft, Diss. Zürich 1982 (ZStP 27); MAYER, Die Nachschusspflicht im schweizerischen Recht der Handelsgesellschaften und Genossenschaften, Diss. Zürich 1944; MEILE, Verein und Genossenschaft in der Verschiedenheit ihrer Zwecke, Diss. Bern 1946; MOSER, Wohnbaugenossenschaften, Diss. Zürich 1978; NIEVERGELT, Die rechtliche Natur der Meliorationsgenossenschaften, Diss. Zürich 1946; PAULICK, Das Recht der eingetragenen Genossenschaft, Ein Lehr- und Handbuch, 1956; PESTALOZZI, Der Begriff des idealen Vereins, Diss. Zürich 1956; REGLI, Die Umwandlung von Genossenschaften in Handelsgesellschaften nach der Verordnung des Bundesrates vom 29. Dezember 1939, Diss. Bern 1941; RÖTHLISBERGER, Die öffentlichen Genossenschaften nach schweizerischem Recht, Diss. Basel 1946 (masch.geschr.); SCHMID, Genossenschaftsverbände, Diss. Zürich 1979; SPECKER, Die Abgrenzung des Vereins von der wirtschaftlichen Verbandsperson, Diss. Freiburg i.Ue. 1948; SPÜHLER/VOCK, Gerichtsstandsgesetz (GestG), 2000; TROLLER, Betrachtungen zur Gründung der Genossenschaft mit spezieller Berücksichtigung der rechtlichen Verhältnisse während der Gründung, Diss. Basel 1948 (masch. geschr).

I. Begriff und Rechtsnatur

1 Die Genossenschaft ist eine **körperschaftlich strukturierte, personenbezogene juristische Person**. Art. 828 enthält die zwingende Legaldefinition der Genossenschaft (BGE 74 I 519; 92 I 404). Die Genossenschaft entsteht durch die konstitutiv wirkende Eintragung in das Handelsregister (Art. 835 Abs. 1, Art. 838 Abs. 1). Die gesetzliche Normierung der Genossenschaft weist gegenüber den anderen Gesellschaftsformen insofern eine Besonderheit auf, als sie den Gesellschaftszweck und das Mittel zu seiner Verfolgung verbindlich festlegt (BK-FORSTMOSER, N 7). Die Folge ist eine stärkere *Fixierung des gesetzlichen Leitbilds.*

II. Wirtschaftliche Bedeutung

2 Die Rechtsform der Genossenschaft spielt im Wirtschaftsleben eine bedeutende Rolle. Sie ist prägend vornehmlich für die Landwirtschaft und den Lebensmittelhandel, kommt aber auch in anderen Bereichen vor (v.a. Bank-, Kredit- Versicherungs-, Wohnbaugenossenschaften). Die den Lebensmittelhandel weitgehend beherrschenden Konsumgenossenschaften haben sich vom gesetzlichen Leitbild weitestgehend entfernt. Gesamthaft gesehen ist die Rechtsform der Genossenschaft rückläufig. Ende 2000 waren 13 590 Genossenschaften im Handelsregister eingetragen (SHAB vom 5.2.2001), 2007 waren es 11 306 (SHAB vom 7.2.2008).

III. Strukturelemente

1. Umfang der Rechtsfähigkeit

3 Die Genossenschaft ist mit eigener **Rechtspersönlichkeit** ausgestattet. Als selbständiges Rechtssubjekt ist sie von ihrem jeweiligen Mitgliederbestand unabhängig. Im Rechtsverkehr kommt der Genossenschaft Rechts- und Handlungsfähigkeit zu (Art. 53 ZGB). Die Reichweite der Rechtsfähigkeit erfährt keine Beschränkung durch den Genossenschaftszweck. Die Genossenschaft ist am Gesellschaftsvermögen allein berechtigt. Die Genossenschafter besitzen nur Mitgliedschaftsrechte gegenüber der juristischen Person, nicht aber Rechte am Vermögen der Gesellschaft. Der allgemeine *Persönlichkeitsschutz* (Art. 27 f. ZGB) gilt auch für die Genossenschaft. Sein konkreter Umfang ist unter Abwägung der gesamten Umstände des Einzelfalls zu ermitteln (BGE 95 II 481, 488; 96 IV 148; 97 II 97; 106 II 378; 108 II 244; OGer ZH, ZR 1984, 53 ff.; w.Nw. Vor Art. 620 N 3). Die Genossenschaft ist aktiv und passiv partei-, prozess- und betreibungsfähig. Aus der selbständigen Rechtspersönlichkeit ergibt sich zwingend, dass zwischen den beteiligten Genossenschaftern keine unmittelbaren Rechtsbeziehungen begründet werden. Diese bestehen nur im Rahmen des *Mitgliedschaftsverhältnisses* zwischen der Genossenschaft und den Gesellschaftern.

4 Über die Rechtsnatur der Genossenschaft vor Eintragung in das Handelsregister vgl. Art. 830 N 1 ff.

2. Körperschaft

Die Genossenschaft ist eine Körperschaft. Das wird im Gegensatz zu AG und GmbH in der Legaldefinition ausdrücklich normiert. Die Existenz der Genossenschaft ist unabhängig von ihrem jeweiligen Mitgliederbestand. Die Genossenschaft muss gesetzlich über eine bestimmte **Organisationsstruktur** verfügen: GV (Art. 879) bzw. eventualiter Delegiertenversammlung (Art. 892), Verwaltung (Art. 894) und grundsätzlich Revisionsstelle (vgl. zu dem seit der Totalrevision des GmbH-Rechts rechtsformübergreifend geregelten Revisionsrecht Art. 906 f., Art. 727 ff.; ausnahmsweise nur dispositiv bei Genossenschaften mit geringer Mitarbeiterzahl, Art. 727a Abs. 2 analog). Sie handelt notwendig durch ihre Organe, die einen Teil der juristischen Person darstellen und über einen eigenen, bestimmten Kompetenzbereich verfügen. Sowohl rechtsgeschäftliche als auch deliktische Organhandlungen verpflichten die Genossenschaft. Die Willensbildung der Genossenschaft erfolgt in der GV der Genossenschafter und unterliegt dem Mehrheitsprinzip (Art. 888 Abs. 1). Der gesetzgeberischen Konzeption zufolge manifestiert sich die personalistische bzw. demokratische Struktur der Genossenschaft v.a. im Prinzip des *Kopfstimmrechts* (Art. 885; krit. dazu LIVER, ZBJV 1963, 336, 338; BAUDENBACHER/OETTINGHAUS, AG 1985, 269, 273).

Die körperschaftliche Struktur der Genossenschaft kommt in der, wenn auch eingeschränkten, Beachtung des Prinzips der **Drittorganschaft** zum Ausdruck; die Befugnis zur Verwaltung wird nicht automatisch durch die Mitgliedschaftsstellung begründet, sondern bedarf eines eigenständigen Bestellungsakts (Art. 879 Abs. 2). Um eine Drittorganschaft im eigentlichen Sinne, bei der die Organstellung unabhängig von der Gesellschafterstellung bestehen kann, handelt es sich nicht, weil die Mehrheit der Verwaltung aus Genossenschaftern bestehen muss (Art. 894 Abs. 1). Deshalb sollte von *eingeschränkter Drittorganschaft* gesprochen werden.

Ein wesentliches Element der körperschaftlichen Konzeption ist die Festlegung der zwischen den Genossenschaftern getroffenen Vereinbarungen in öffentlich einsehbaren **Statuten** (Art. 832 f., Art. 930 i.V.m. Art. 84, 22 Abs. 3 HRegV). Diese sind abstrakt und werden von einem eventuellen Mitgliederwechsel nicht berührt. Mithin können die Statuten Rechtswirkungen gegenüber Dritten entfalten. Das ist bei ihrer **Auslegung** in der Weise zu beachten, dass dabei die Regeln der Gesetzesinterpretation zu befolgen sind, es sei denn, es geht um eine ausschliesslich das Innenverhältnis betreffende Frage und die Gründergesellschafter sind noch unter sich. Alsdann kommen die Regeln über die Auslegung von Schuldverträgen sinngemäss zur Anwendung (vgl. Vor Art. 620 N 6; Art. 772 N 7).

Die **Mitgliedschaftsstellung** in der Genossenschaft ist *personenbezogen* ausgestaltet. Das äussert sich in der Legaldefinition insofern, als die gemeinsame Selbsthilfe als Mittel zur Zweckverfolgung genannt wird (N 22 ff.). Es wird auch deutlich an dem systematischen Zusammenhang mit weiteren Vorschriften des Genossenschaftsrechts: Rechtsgleichheit der Genossenschafter (Art. 854), Treuepflicht (Art. 866), eventuelle Nachschusspflicht (Art. 871), Prinzip des Kopfstimmrechts (Art. 885; zwingender Natur: BGE 67 I 267 – obiter dictum; rechtspolitisch problematisch, vgl. N 5), Recht auf Benutzung der genossenschaftlichen Einrichtungen etc.

3. Verbindung einer nicht geschlossenen Zahl von Personen oder Handelsgesellschaften

7 Die Legaldefinition untersagt die Festlegung einer konstanten Gesellschafterzahl. Durch die Aufnahme dieses Strukturmerkmals wird das **Prinzip der offenen Tür** für das Genossenschaftsrecht zwingend statuiert. Das bedeutet, dass der Mitgliedschaftswechsel durch Ein- und Austritt jederzeit möglich sein muss. Der Bestimmung liegt der wirtschaftliche Befund zugrunde, dass Genossenschaften in bestimmten Berufszweigen häufig eine *faktische Monopolstellung* innehaben. Rechtshistorisch erklärt sie sich aus dem der Entwicklung von Genossenschaften zugrunde liegenden Solidargedanken (vgl. ZK-GUTZWILLER, N 24). Das Prinzip der offenen Tür wird hinsichtlich des Eintritts in Art. 839, bezüglich des Austritts in Art. 842 ff. präzisiert. Aus diesen Vorschriften ergibt sich, dass der Grundsatz *Beschränkungen* unterliegen kann. Der Beitritt zu einer Genossenschaft darf statutarisch von der Erfüllung besonderer tatsächlicher oder rechtlicher Voraussetzungen abhängig gemacht werden (Art. 839 Abs. 2; Art. 850 Abs. 1; BGE 69 II 45), z.B. beruflich, konfessionell, örtlich, etc. Für die Aufstellung derartiger Bedingungen müssen sachliche, aus dem Zweck der Genossenschaft resultierende Gründe sprechen (MEIER-HAYOZ/FORSTMOSER, § 19 N 66; BK-FORSTMOSER, Art. 839 N 28; REYMOND, SPR VIII/5, 82). Insbesondere darf sich aus der Beitrittsregelung kein faktischer Numerus clausus ergeben (BK-FORSTMOSER, N 48). Aus dem Prinzip der offenen Tür folgt aber grundsätzlich **kein klagbarer Aufnahmeanspruch** einer beitrittswilligen Person, die sämtliche Eintrittsvoraussetzungen erfüllt (BGE 69 II 45; 98 II 221, 225 ff. in ausführlicher Auseinandersetzung mit der früheren Rechtsprechung und Literatur; BGE 118 II 435, 437 f.). Daran zeigt sich die privatrechtliche Natur der Genossenschaft. Der teilweise gegenteiligen früheren Rechtsprechung des BGer (BGE 76 II 294; 81 II 126; 82 II 307: Anwendung von Genossenschaftsrecht auf einen Verein) lagen jeweils Fälle des widerrechtlichen Boykotts zugrunde, die keine Aussage über die gesetzlich geforderte Struktur der Genossenschaft zulassen (BGE 98 II 221, 226 f.). Heute kann sich eine Aufnahmepflicht aus **gesetzlichen Sonderbestimmungen** ergeben, z.B. Art. 9 Abs. 1 lit. b altKG bei Bestehen einer Monopolstellung (vgl. heute [ohne ausdrückliche Nennung] Art. 7, 12 Abs. 1 lit. b KG), Art. 4 Abs. 2 KVG. Eine Aufnahmepflicht besteht auch dann, wenn die Nichtaufnahme rechtsmissbräuchlich ist oder das Persönlichkeitsrecht des Eintrittswilligen verletzt und somit einen schikanösen Numerus clausus bezweckt (HGer BE, ZBJV 1994, 103 ff.: klagbares Eintrittsrecht gestützt auf Spezialgesetz, i.c. das alte Kartellgesetz; BGE 118 II 435, 437).

8 Die **rechtliche Tragweite** des Verbots einer konstanten Mitgliederzahl ist aus der Ratio der Bestimmung zu ermitteln (für eine differenzierte Lösung auch BK-FORSTMOSER N 50 ff.). Zulässig ist die statutarische Festlegung einer höheren Mindestzahl von Genossenschaftern als Art. 831 vorschreibt (REYMOND, SPR VIII/5, 14). Das kann im Interesse einer effektiven Genossenschaftsarbeit liegen und berührt weder die Rechte der Mitglieder noch des Geschäftsverkehrs (BK-FORSTMOSER, N 51). Einer Beschränkung der Mitgliederzahl nach oben steht der Grundsatz der offenen Tür entgegen. Das gilt mit Sicherheit für eine zahlenmässig absolut festgesetzte Obergrenze (BK-FORSTMOSER, N 53). Die Zulässigkeit anderer Modelle der Grenzziehung ist umstritten. Nach der hier vertretenen Auffassung kann der Genossenschaftszweck im Einzelfall eine Beschränkung rechtfertigen (Bsp.: Prozentuales Verhältnis zwischen Genossenschaftern und Einlegern bei einer Kreditgenossenschaft; VON STEIGER, Grundriss, 63; REYMOND, SPR VIII/5, 14 erachtet eine Obergrenze als zulässig, wenn sie sich durch die Gesellschaftseinrichtungen, z.B. Wohnungen, ergibt).

1. Abschnitt: Begriff und Errichtung   9–14   Art. 828

IV. Genossenschafter

Mitglieder einer Genossenschaft können **natürliche** und **juristische Personen** sein. Das   9
Gleiche gilt für die im Aussenverhältnis verselbständigten **Kollektiv- und Kommanditgesellschaften** (Handelsgesellschaften). Auch *handlungsunfähige natürliche Personen* können Mitglieder einer Genossenschaft werden (VON STEIGER, Grundriss, 102). Sie bedürfen dazu der Mitwirkung des gesetzlichen Vertreters. Ist ein Beistand für den Handlungsunfähigen ernannt, so erfordert die Beteiligung an einer Genossenschaft zusätzlich die Zustimmung von Vormundschaftsbehörde (Art. 421 ZGB) und Aufsichtsbehörde (Art. 422 Ziff. 3 ZGB). Steht der Handlungsunfähige unter Beiratschaft, so ist nach ihrer Ausgestaltung zu differenzieren. Bei Vorliegen einer Mitwirkungsbeiratschaft (Art. 395 Abs. 1 ZGB) genügt die Mitwirkung des Beirats. Bei der Verwaltungsbeiratschaft muss zusätzlich die Zustimmung der Aufsichtsbehörde vorliegen (Art. 422 Ziff. 3 ZGB). Vgl. zur Beteiligung Handlungsunfähiger an Gesellschaften allgemein Art. 552 N 7 f. Ehegatten können nebeneinander an einer Genossenschaft beteiligt sein.

Personenvereinigungen ohne eigene Rechtspersönlichkeit können, sofern sie nicht Han-   10
delsgesellschaften darstellen, grundsätzlich nicht Mitglied einer Genossenschaft sein. Damit ist die **einfache Gesellschaft** von der Mitgliedschaft **ausgeschlossen.** Das erhellt die Präzisierung des Art. 94 Abs. 2 Satz 2 altHRegV. Eine Ausnahme ist für *Erbengemeinschaften* anzuerkennen, die bei Vorhandensein einer statutarischen Grundlage an einer Genossenschaft beteiligt werden können (Art. 847); sie haben dann für eine effektive Vertretungsordnung zu sorgen. Das Gleiche gilt für die Gemeinschaft der Stockwerkeigentümer, weil sie nach aussen eine rechtliche Verselbständigung aufweist (Art. 712l ZGB; BK-FORSTMOSER, N 56 f.).

Genossenschafter können juristische Personen sowohl **privatrechtlicher** als auch   11
öffentlich-rechtlicher Natur sein (vgl. Art. 926; ZK-GUTZWILLER, N 30; BK-FORSTMOSER, N 58).

V. Genossenschaftszweck

1. Allgemeines

Die Zweckverfolgung der Genossenschaft ist auf die Förderung und Sicherung be-   12
stimmter **wirtschaftlicher Interessen** der Mitglieder gerichtet. Die Zweckumschreibung in der Legaldefinition ist komplexer Natur. Zugleich wird der Gesellschaftszweck in rechtstatsächlicher Hinsicht im Vergleich zu anderen Gesellschaftsformen weitergehend konkretisiert (BK-FORSTMOSER, N 60; Systematischer Teil N 351 ff.).

Der Zweck der Genossenschaft muss in den Statuten festgelegt sein (Art. 832 Ziff. 2;   13
absolut notwendiger Statuteninhalt). Für die Rechtsanwendung kommt es hingegen massgebend auf den tatsächlich verfolgten Zweck an (BGE 74 I 517; SAG 1945/46, 93 ff.).

2. Wirtschaftliche Zielsetzung

Das Gesetz fordert zwingend eine **hauptsächlich wirtschaftliche Zielsetzung;** die Ge-   14
nossenschaft muss mithin die Erlangung materieller Vorteile zugunsten der Gesellschafter anstreben. Zur überwiegenden Verfolgung idealer Zwecke steht die Rechtsform der Genossenschaft nach der Legaldefinition des Art. 828 nicht zur Verfügung (N 15). Bei der Entscheidung über das Vorliegen eines wirtschaftlichen Zwecks ist eine *weite Auslegung* zugrunde zu legen (i.E. gleich BK-FORSTMOSER, N 63). Andernfalls besteht die

Gefahr, dass das Recht der einfachen Gesellschaft oder des Vereins zur Anwendung kommt, was negative Folgen für die Publizität nach sich zieht.

15 In der Rechtsform der Genossenschaft können wirtschaftliche und **nichtwirtschaftliche Ziele** nebeneinander verfolgt werden, sofern letztere **untergeordneter Natur** sind (h.A. vgl. nur BGE 80 II 75; BK-FORSTMOSER, N 66). Das folgt aus der Wendung «in der Hauptsache». Umstritten ist hingegen die Zulässigkeit der idealen Zweckverfolgung, wenn sie der wirtschaftlichen äquivalent ist. Aufgrund des eindeutigen Wortlauts ist grundsätzlich (zur Ausnahme N 16) ein Überwiegen der wirtschaftlichen Zielsetzung zu fordern (BGE 80 II 75; ZK-GUTZWILLER, N 15; **a.M.** BK-FORSTMOSER, N 67). Der Umstand, dass die ausschliesslich ideale Zweckverfolgung selbst bei der typischerweise wirtschaftlich ausgerichteten AG zulässig ist (Art. 620 Abs. 3), führt nicht zu einem anderen Ergebnis.

16 Im Widerspruch zur Legaldefinition erlaubt Art. 86 lit. b Ziff. 2 HRegV die Eintragung von **gemeinnützigen Genossenschaften** in das Handelsregister. Eine inhaltlich entsprechende Regelung fand sich vor der Totalrevision der HRegV in Art. 92 Abs. 2 HRegV. Die darin liegende Modifikation wird von der h.L. mit unterschiedlichen Begründungen zu Recht für zulässig erachtet (vgl. im Einzelnen noch zu Art. 92 Abs. 2 altHRegV; BK-FORSTMOSER, N 125). Die Tatsache, dass die Öffnung der Genossenschaft für gemeinnützige Zwecke den Genossenschaftern oder dem Rechtsverkehr keine Nachteile verursacht, ist ein wichtiges Argument; sie reicht aber nicht aus, um die Verwendung der Genossenschaft für gemeinnützige Zwecke zu begründen (so aber BK-FORSTMOSER, N 133). Entscheidend ist die *systematische Zusammenschau* mit anderen Vorschriften des Genossenschaftsrechts: Art. 913 Abs. 4 sieht die Möglichkeit einer Verwendung des Liquidationsüberschusses zur Förderung des Gemeinwohls ausdrücklich vor. Die rechtshistorische Analyse zeigt sodann, dass die Gemeinnützigkeitsidee im schweizerischen Genossenschaftswesen von Beginn an Niederschlag gefunden hat (BK-FORSTMOSER, N 133, Systematischer Teil N 47 ff.). Aus den dargelegten Gründen erscheint Art. 86 lit. b Ziff. 2 HRegV als sinngemässe Ergänzung des Gesetzes im Rahmen seines allgemeinen Zwecks.

17 Die genossenschaftliche Zielsetzung richtet sich auf die Förderung und Sicherung der wirtschaftlichen Interessen der Mitglieder. Die Differenzierung zwischen Förderung und Sicherung hat keine eigenständige Bedeutung, sondern soll die Zweckverfolgung umfassend charakterisieren. Ganz allgemein ist unter Förderung die Verbesserung, unter Sicherung die Bewahrung der ökonomischen Stellung der Gesellschafter zu verstehen.

3. Verfolgung von Mitgliederinteressen

18 Die Genossenschaftstätigkeit muss den Mitgliedern **direkt** materielle Vorteile erbringen. Der Unterschied zu den wirtschaftliche Zwecke verfolgenden Handelsgesellschaften liegt darin, dass bei diesen der materielle Vorteil den Gesellschaftern regelmässig mittelbar zukommt, z.B. in Form von Dividenden. Eine nur mittelbare Verschaffung materieller Vorteile durch Geldleistung in Form von Gewinnausschüttungen reicht bei der Genossenschaft nicht aus (vgl. bspw. auch MEIER-HAYOZ/FORSTMOSER, § 19 N 17 ff.; Art. 92 Abs. 1 altHRegV). Abgesichert wird diese gesetzgeberische Intention durch Art. 859 Abs. 3, der eine mögliche Dividendenausschüttung so begrenzt, dass die Mitgliedschaft zur Erlangung ausschliesslich dieses Vorteils unattraktiv ist.

Die materiellen Vorteile für die eigene wirtschaftliche Tätigkeit der Genossenschafter bestehen im Recht der **Inanspruchnahme günstiger Leistungen** durch die genossen-

1. Abschnitt: Begriff und Errichtung

schaftlichen Einrichtungen (BGE 118 II 171). In diesem Strukturmerkmal kommt die hilfswirtschaftliche Funktion der Genossenschaft im Verhältnis zu ihren Mitgliedern zum Ausdruck (BK-FORSTMOSER, N 71, 73 f.). Erlaubt ist daher der Betrieb eines Unternehmens, wenn dieses den Genossenschaftsmitgliedern als Absatzbasis für ihre Produkte dienen soll. Unzulässig ist die Führung eines Unternehmens ohne Bezug zur eigenen Wirtschaft der Genossenschafter und zur eigentlichen Gewinnerzielung (REYMOND, SPR VIII/5, 16; weitere Bsp. bei BK-FORSTMOSER, N 90 f.). An dieser *personalistischen Ausgestaltung* zeigt sich deutlich der Solidargedanke, welcher der Genossenschaftsidee zugrunde liegt.

Auch in diesem Zusammenhang ist der relativierende Wortlaut der Legaldefinition zu berücksichtigen (**a.M.** BK-FORSTMOSER, N 92). Neben der Befriedigung von Bedürfnissen der Mitglieder kann die Genossenschaft zwar die Erzielung eines den Mitgliedern mittelbar zugute kommenden **Überschusses** bezwecken. Doch muss diese Zielsetzung eine *untergeordnete Bedeutung* besitzen. Überdies sind die Grenzen des Art. 859 Abs. 3 zu beachten.

Angesichts der zwingenden gesetzlichen Ausrichtung der Genossenschaft auf die Interessen der Mitglieder stellt sich die Frage nach der Zulässigkeit des sog. **Nichtmitgliedergeschäfts** (zu dem damit verwandten Aspekt der gemeinnützigen Genossenschaft vgl. bereits N 16). Das Problem wird explizit nur virulent bei den sog. *Zweckgeschäften*. Das sind die Geschäfte, welche den Inhalt der genossenschaftlichen Zweckverfolgung ausmachen (BK-FORSTMOSER, N 78: Geschäfte, zu deren Verfolgung die Genossenschaft besteht). Hingegen sind Gegengeschäfte, welche die Genossenschaft im Interesse der Mitglieder mit Dritten tätigt, sowie Hilfsgeschäfte, welche der Abwicklung des Geschäftsbetriebs dienen, ohne Weiteres zulässig (Differenzierung der Geschäftsarten nach BK-FORSTMOSER, N 78). Ausgehend von der gesetzlich getroffenen Relativierung (N 19), sind Nichtmitgliedergeschäfte dann erlaubt, wenn sie *ergänzender Natur* sind. Abzulehnen ist hingegen ihre Verfolgung als Hauptzweck (REYMOND, SPR VIII/5, 16). Das folgt auch aus der Struktur der Genossenschaft und dem Selbsthilfegedanken. Eine lediglich ergänzende bzw. untergeordnete Funktion hat das Nichtmitgliedergeschäft dann, wenn es nur ein *geringes wirtschaftliches Volumen* innerhalb der gesamten Genossenschaftstätigkeit aufweist oder wenn es zur Erzielung der materiellen Vorteile zugunsten der Mitglieder *notwendig* ist. Bei der Entscheidung darüber, ob das Nichtmitgliedergeschäft ergänzender Natur ist, sind alle Umstände des Einzelfalls zu berücksichtigen.

Eine weitere Ausdehnung des Nichtmitgliedergeschäfts als nach der Legaldefinition zulässig wäre, ergibt sich aus besonderen gesetzlichen Bestimmungen für die **Handelsbank-** und **Versicherungsgenossenschaften.** Vgl. zur Zulässigkeit des Nichtmitgliedergeschäfts bei den grossen **Konsumgenossenschaften** BK-FORSTMOSER, Systematischer Teil N 222 f., Art. 828 N 86.

VI. Gemeinsame Selbsthilfe

Die Legaldefinition gibt zwingend das *Mittel* an, mit dem der wirtschaftliche Zweck verfolgt werden soll. Im Strukturmerkmal der gemeinsamen Selbsthilfe manifestiert sich der **Solidargedanke.** Zur Zweckerreichung bedarf es des persönlichen Zusammenwirkens der Genossenschafter (BK-FORSTMOSER, N 93), die notwendig zur Beitragsleistung verpflichtet sind. Das schliesst nicht aus, dass einzelne Genossenschafter für eine begrenzte Dauer keinen Beitrag leisten, doch sollte es sich dabei nur um eine Übergangserscheinung handeln. Im Gegensatz zum deutschen Recht ist die Einrichtung eines gemeinsamen Geschäftsbetriebs für das Bestehen der Genossenschaft nicht erforderlich. Damit soll die Rechtsform der Genossenschaft auch *Kartellen* und *Wirtschaftsverbänden* offen stehen.

Die *Beschäftigung Dritter* wird durch den Grundsatz der Selbsthilfe nicht ausgeschlossen.

23   Der Inhalt der **genossenschaftlichen Beitragspflicht** ist aus den mit der Genossenschaft verfolgten bestimmten Interessen herzuleiten. Die Beitragsleistungen müssen einen spezifischen Bezug zum Genossenschaftszweck besitzen. Notwendig ist daher grundsätzlich ein *konkreter Beitrag* (BK-FORSTMOSER, N 96), nicht eine nur finanzielle Beteiligung. In der persönlichen Einbringung des Genossenschafters kommt der Selbsthilfegedanke zum Tragen. Dadurch wird nicht ausgeschlossen, dass einzelne Genossenschafter übergangsweise nur Kapitalleistungen erbringen. Für Kredit- und Versicherungsgenossenschaften ist das zu relativieren, weil hier aufgrund der besonderen Zweckverfolgung das Element der gemeinsamen Selbsthilfe kein konkretes Zusammenwirken persönlicher Art erfordert (die Neugründung von Handelsbankgenossenschaften, für die solches ebenfalls zutrifft, ist hingegen nicht mehr zulässig: Art. 13 Abs. 1 BankG).

24   Der Selbsthilfegedanke wird durch die Wendung «in der Hauptsache» ebenfalls *relativiert*. Auch Leistungen Dritter, die dem privaten oder öffentlichen Recht angehören können, sind zur Verfolgung des Genossenschaftszwecks zuzulassen. Damit wird weitergehend die dauernde Mitgliedschaft ohne Beitragsleistung oder mit nur finanzieller Beteiligung möglich, sofern ihre Anzahl nicht überwiegt. In der Genossenschaftspraxis wird der Selbsthilfegedanke v.a. im Bereich der *Konsumgenossenschaften* noch weitergehend abgeschwächt, ohne dass die Rechtsprechung gegensteuern würde (vgl. BK-FORSTMOSER, Systematischer Teil N 432 f., Art. 828 N 104 ff.; REYMOND, SPR VIII/5, 14 ff.).

VII. Verbot des zum Voraus festgesetzten Grundkapitals (Abs. 2)

25   Das Verbot korrespondiert dem genossenschaftlichen *Prinzip der offenen Tür* (N 7) und soll dessen Durchsetzung erleichtern (REYMOND, SPR VIII/5, 50; BK-FORSTMOSER, N 119; StenBull StR 1932, 197; **a.M.** ZK-GUTZWILLER, N 34, der die Bestimmung als Ausdruck der personalistischen Konzeption der Genossenschaft ansieht). Das ergibt sich aus dem Folgenden: Verfügt die Genossenschaft über ein Grundkapital, so muss jeder Genossenschafter einen Anteilschein übernehmen (Art. 853 Abs. 1; vgl. auch Art. 867 Abs. 2, Art. 874; OGer LU, LGVE 1998, 33 ff.: Beitragspflicht durch Übernahme eines Anteilscheins als Folge, nicht als Voraussetzung des Mitgliedschaftserwerbes). Würde ein bestimmtes Grundkapital festgelegt, so wäre damit automatisch die Anzahl der Mitgliedschaftsstellen fixiert und das Prinzip der offenen Tür verletzt. Dieser Befund bestimmt die Auslegung des Verbots eines festen Grundkapitals.

26   Die Genossenschaft braucht nicht über ein Grundkapital zu verfügen; sie ist **keine Grundkapitalgesellschaft** (ZK-GUTZWILLER, N 34, 39; BK-FORSTMOSER N 108). Besitzt die Genossenschaft hingegen ein Grundkapital, so hat dieses grundsätzlich die gleiche Funktion einer Haftungsbasis für die Gläubiger wie das AK (Art. 620 N 14). Indes ist die Veränderlichkeit des Genossenschaftskapitals zwingend angeordnet, so dass es den Genossenschaftsgläubigern keine vergleichbare Sicherheit zu bieten vermag. Das zeigt sich auch an der gesetzlichen Ausgestaltung: Für das Genossenschaftskapital besteht *keine gesetzliche Mindesthöhe;* die Höhe kann nicht in das Handelsregister einge-

1. Abschnitt: Begriff und Errichtung 1 **Art. 829**

tragen werden (vgl. Art. 832 Ziff. 3; 833 Ziff. 1); für die Anteilscheine bestehen weder gesetzliche Mindestnennwerte noch Mindestliberierungspflichten.

Aus der Ratio legis folgt, dass Begrenzungen des Grundkapitals zulässig sind, sofern dadurch das Prinzip der offenen Tür nicht verletzt wird. Keine Vorbehalte bestehen daher gegen die statutarische Festlegung eines bestimmten Mindestkapitals (REYMOND, SPR VIII/5, 50 f. m.w.Nw.; ZK-GUTZWILLER, N 99; BK-FORSTMOSER, N 121). Solches ist mit der Forderung nach einer Mindestmitgliederzahl vergleichbar (vgl. N 8). Problematisch kann die Festlegung einer Höchstgrenze für das Genossenschaftskapital sein. Eine solche ist nur dann als zulässig zu erachten, wenn der Erwerb von Anteilscheinen ohne übermässige Erschwerung (Art. 839 Abs. 2 analog) möglich bleibt. 27

VIII. Name (Firma)

Aus der Legaldefinition ergibt sich nicht, dass die Genossenschaft über einen Namen bzw. eine Firma verfügen muss. Das Bestehen eines derartigen Erfordernisses folgt aus Art. 832 Ziff. 1, der den Namen oder die Firma einer Genossenschaft als absolut notwendigen Statuteninhalt bezeichnet. Unter Berücksichtigung der allgemeinen Firmengrundsätze (Wahrheit, Klarheit, Ausschliesslichkeit; Art. 944, 951) können Genossenschaften ihre Firma *frei wählen* (Art. 950 Abs. 1). Im Rahmen der Totalrevision des GmbH-Rechts wurden punktuell Modifikationen im Genossenschaftsrecht vorgenommen (vgl. dazu Botschaft GmbH, 3235 ff.). Hierzu gehört, dass die Firma der Genossenschaft stets die Rechtsform angeben muss (Art. 950 Satz 2; zur Übergangsregelung vgl: Art 2 Abs. 4 ÜBest; Botschaft GmbH, 3247 f.). 28

IX. Sondergesetze

Praktisch relevante Modifikationen des Genossenschaftsbegriffs ergeben sich aus Sondergesetzen für die Handelsbank- und Versicherungsgenossenschaften; vgl. BK-FORSTMOSER, N 137 ff., Systematischer Teil N 376 ff. 29

Art. 829

B. Genossenschaften des öffentlichen Rechts	Öffentlich-rechtliche Personenverbände stehen, auch wenn sie genossenschaftlichen Zwecken dienen, unter dem öffentlichen Recht des Bundes und der Kantone.
B. Sociétés coopératives de droit public	Les communautés de droit public poursuivant un but coopératif sont régies par le droit public de la Confédération et des cantons.
B. Società cooperative del diritto pubblico	Le unioni di persone del diritto pubblico, anche se perseguono scopi cooperativi, soggiacciono al diritto pubblico della Confederazione e dei Cantoni.

I. Grundsatz

Art. 829 unterstellt öffentlich-rechtliche Genossenschaften dem eidgenössischen oder dem kantonalen öffentlichen Recht. Die Vorschrift steht in systematischem Zusammenhang mit den Normen des ZGB, welche eine Abgrenzung zwischen privatem und 1 öffentlichem Recht sowie zwischen Bundesrecht und kantonalem Recht vornehmen (vgl. Art. 6 Abs. 1, Art. 59 Abs. 1, 3, Art. 703 ZGB). Letztlich handelt es sich um eine Wiederholung der nach Art. 59 Abs. 1, Art. 6 Abs. 1 ZGB allgemein für Körperschaften gültigen Regelung. Die Bestimmung besitzt keinen eigenständigen Regelungsgehalt und ist **deklaratorischer Natur** (BK-FORSTMOSER, N 9).

II. Allgemeines zur öffentlich-rechtlichen Genossenschaft

2 Eine öffentlich-rechtliche Genossenschaft liegt nur dann vor, wenn der in Frage stehende Personenverband die **Strukturmerkmale der genossenschaftlichen Legaldefinition** (Art. 828) aufweist. Typischerweise werden mit der Gründung öffentlich-rechtlicher Genossenschaften neben den Interessen der Mitglieder verstärkt allgemeine volkswirtschaftliche Ziele verfolgt.

3 Die Entscheidung über die öffentlich-rechtliche Natur einer Genossenschaft ist nach den im Verwaltungsrecht entwickelten Theorien zur **Abgrenzung von öffentlichem und privatem Recht** zu treffen. Auseinander zu halten sind die bekannten drei Grundansichten: Interessentheorie, Subordinationstheorie und (modifizierte) Subjektstheorie.

Die **Interessentheorie** stellt darauf ab, ob mit der Genossenschaft überwiegend öffentliche oder private Interessen verwirklicht werden. Damit erweist sie sich als *ungeeignet* für die Abgrenzung, weil der Begriff des öffentlichen Interesses nicht hinreichend präzise bestimmt werden kann. Überdies steht es dem Bundesgesetzgeber frei, Körperschaften dem öffentlichen Recht zu unterstellen. Schliesslich können selbst öffentliche Aufgaben in der Rechtsform privatrechtlicher Genossenschaften erfüllt werden.

Die **Subjektstheorie** qualifiziert eine Genossenschaft als öffentlich-rechtlich, wenn sie durch Bundesrecht ausdrücklich als öffentlich-rechtlich geschaffen oder anerkannt wurde. Durch kantonales Recht kann der öffentlich-rechtliche Charakter einer Genossenschaft regelmässig nur dann begründet werden, wenn diese ihrer Natur nach öffentlichen Charakter hat.

Nach der **Subordinationstheorie** ist massgebend, dass der betreffende genossenschaftlich organisierte Personenverband mit staatlicher Hoheitsgewalt ausgestattet ist.

4 Die Errichtung einer öffentlich-rechtlichen Genossenschaft bedarf einer **formellen gesetzlichen Grundlage** (BGE 104 Ia 440; RJN 1991, 88 ff.). Bei der Entscheidung über die öffentlich-rechtliche Natur einer Genossenschaft ist von der *Subjektstheorie* auszugehen. Lässt sich mangels gesetzlicher Anordnung der Charakter der Genossenschaft nicht feststellen, so ist er nach den Kriterien der Subordinationstheorie zu ermitteln (BK-FORSTMOSER, N 22).

Die konkrete Qualifizierung von Genossenschaften als öffentlich-rechtlich oder privatrechtlich im Rahmen der genannten Theorien hat anhand einer umfassenden Abwägung der **Einzelfallumstände** zu erfolgen (BGE 96 I 324, 330 f.: in casu Frage des Rechtscharakters nicht entschieden; BGE 97 I 296: Bejahung des öffentlich-rechtlichen Charakters, weil Aufgaben öffentlich-rechtlicher Natur zu erfüllen sind; VV-OW 1985/86, 66 ff.: Entstehungsgeschichte als massgebender Anhaltspunkt für den privatrechtlichen Charakter der Genossenschaft). Allein aus der Handelsregistereintragung und der Tatsache, dass die Statuten den Anforderungen der Art. 828 ff. im Wesentlichen genügen, folgt noch nicht, dass es sich um eine privatrechtliche Genossenschaft handelt (BGE 96 I 330; EGV 1988, 108 f. sieht die Errichtung einer Genossenschaft durch Handelsregistereintragung und nicht durch konstituierende Genehmigung des Regierungsrats als massgebendes Argument für den privatrechtlichen Charakter an). *Indizien* für die Annahme einer öffentlich-rechtlichen Genossenschaft sind demnach: Erfüllung einer öffentlichen Aufgabe, staatliche Aufsicht, Gründung ohne Willenserklärung der Beteiligten, Zwangsmitgliedschaft, subsidiäre Haftung des Gemeinwesens, Privilegierung der Genossenschaft, Vorlage der Statuten zur Genehmigung.

Öffentlich-rechtliche Genossenschaften unterstehen gemäss ausdrücklicher Anordnung dem öffentlichen Recht von Bund oder Kantonen. Die Tragweite der Bestimmung ist jedoch begrenzt. Zum einen verweist das anwendbare öffentliche Recht häufig ausdrücklich auf einzelne Vorschriften des Genossenschaftsrechts des *OR*, die dann als öffentliches Recht gelten (BGE 81 II 301; 83 II 355; 89 II 212). Zum anderen fehlen mitunter öffentlich-rechtliche Vorschriften. Lücken sind durch öffentliches Gewohnheitsrecht oder richterliche Rechtsfindung zu schliessen (BK-FORSTMOSER N 15). Bei Wertungskongruenz ist das Genossenschaftsrecht des OR analog heranzuziehen. 5

Die Statuten einer öffentlich-rechtlichen Genossenschaft müssen jedenfalls bei Vorliegen einer Zwangsmitgliedschaft die *fundamentalen Prinzipien des OR* beachten. Dazu zählen die Legaldefinition des Art. 828, das Prinzip der offenen Tür (Art. 828, 839) und die Gleichbehandlung der Genossenschafter, soweit sich aus dem Gesetz nichts anderes ergibt (Art. 854; BGE 101 Ib 92; KNAPP, Précis de droit administratif, 4. Aufl. 1991, N 2593).

Die öffentlich-rechtliche Genossenschaft kann privatrechtlich selbständig Rechte und Pflichten erwerben. Die Rechtsbeziehungen zu Dritten können sowohl öffentlich-rechtlich als auch privatrechtlich ausgestaltet sein; vgl. im Einzelnen BK-FORSTMOSER, N 18. 6

III. Öffentlich-rechtliche Genossenschaften des Bundes

Die Organisationsstruktur der öffentlich-rechtlichen Genossenschaften des Bundes weist regelmässig bestimmte *charakteristische Merkmale* auf: mittelbarer Beitrittszwang, massgebender Einfluss des Bundes, Abhängigkeit der Auflösung von staatlichen Entscheidungen, steuerliche Privilegien, subsidiäre Geltung des Genossenschaftsrechts des OR. 7

Beispiel: Schweizerische Gesellschaft für Hotelkredit (SR 935.12). 8

IV. Öffentlich-rechtliche Genossenschaften der Kantone

Die Kantone können Genossenschaften einem öffentlich-rechtlichen Statut unterstellen, wenn das Bundesrecht einen **echten Vorbehalt** dafür vorsieht. Sie bestimmen dann selbst, auf welchem Weg das Recht der Persönlichkeit erlangt werden kann. Das bedeutet allerdings nicht, dass jede beliebige kantonale Behörde nach freiem Ermessen Genossenschaften zulassen kann (BGE 104 Ia 445 betr. eine öffentlich-rechtliche studentische Körperschaft). Als formelle gesetzliche Grundlage kommt z.B. § 49 EGZGB ZH in Betracht (Bildung von landwirtschaftlichen Genossenschaften). In der Regel ist eine kantonale öffentlich-rechtliche Ausgestaltung von Genossenschaften aber nur möglich, wenn deren *Zweckverfolgung im öffentlichen Interesse* liegt. Das folgt aus der Kompetenzabgrenzung des Art. 122 BV (BK-FORSTMOSER, N 39 f.). Neben den Allmend- und Meliorationsgenossenschaften finden sich die kantonalen öffentlich-rechtlichen Genossenschaften vornehmlich in der Landwirtschaft, insb. zur gemeinsamen Bodennutzung und Bodenverbesserung (BK-FORSTMOSER, N 42; KGer VS, ZWR 1994, 129 ff.: Kör- 9 perschaften kantonalen Rechts gem. Art. 59 Abs. 3 ZGB bedürfen immer einer sachenrechtlichen Grundlage, ansonsten Nichtigkeit der Gesellschaft vorliegt und die einfache Gesellschaft als Auffanggesellschaft dient).

Art. 830

C. Errichtung
I. Erfordernisse
1. Im Allgemeinen

Die Genossenschaft entsteht nach Aufstellung der Statuten und deren Genehmigung in der konstituierenden Versammlung durch Eintragung in das Handelsregister.

C. Constitution
I. Conditions
1. En général

La société coopérative n'existe que si, après la rédaction des statuts et leur adoption par l'assemblée constitutive, elle est inscrite sur le registre du commerce.

C. Costituzione
I. Requisiti
1. In genere

La società cooperativa esiste, dopo che lo statuto è stato compilato ed approvato dall'assemblea costitutiva, con l'iscrizione nel registro di commercio.

I. Allgemeines

1   Art. 830 normiert die für die Entstehung der Genossenschaft als eigenständige juristische Person konstitutiven **Erfordernisse des Gründungsvorgangs.** Die einzelnen Gründungsvoraussetzungen werden vom Gesetz an späterer Stelle präzisiert:

– Aufstellung der Statuten: Art. 832 f.;

– Konstituierende Versammlung: Art. 834;

– Handelsregistereintragung: Art. 835–838, 929 Abs. 1 OR, Art. 84 ff. HRegV.

Erst mit der Eintragung in das Handelsregister entsteht die Genossenschaft als selbständiges Rechtssubjekt (Art. 838 Abs. 1). Damit stellt sich die Frage nach ihrer Rechtsnatur für den Gründungszeitraum vor der Eintragung. Insoweit ist keine einheitliche Betrachtungsweise zugrunde zu legen, sondern der zunehmenden Verkörperschaftung durch eine *differenzierte Regelung* Rechnung zu tragen. Im Gründungsvorgang sind zwei Stadien zu unterscheiden: Im Zeitraum von der Vereinbarung über die Gründung einer Genossenschaft bis zur Genehmigung der Statuten durch die konstituierende Versammlung besteht die Gesellschaft als Gründungsgesellschaft. In der Phase von der Genehmigung bis zur Eintragung in das Handelsregister besteht die Gesellschaft als Vor-Genossenschaft.

II. Rechtsnatur der Gründungsgesellschaft

2   Die Gründungsgesellschaft ist als Gelegenheitsgesellschaft zu qualifizieren, die vollumfänglich dem Recht der **einfachen Gesellschaft** untersteht (Art. 530 ff.; vgl. auch Vor Art. 620 N 5, Art. 772 N 6). Der Vertrag über die Gründungsgesellschaft ist grundsätzlich formfrei. Im Gegensatz zur Regelung bei AG und GmbH wird die Formbedürftigkeit auch nicht über Art. 22 Abs. 2 begründet, weil durch den Vertrag *keine Verpflichtung zur Beteiligung* an der Genossenschaft festgeschrieben werden kann. Gemäss Art. 834 Abs. 4 kann die Mitgliedschaft bis zur Eintragung der Genossenschaft in das Handelsregister nur durch Unterzeichnung der Statuten begründet werden. Einem Vor-

1. Abschnitt: Begriff und Errichtung **Art. 831**

vertrag, der die Verpflichtung zur Beteiligung an der Genossenschaft enthält, ist die Anerkennung zu versagen (Schutzgedanke des Art. 834 Abs. 4).

III. Rechtsnatur der Vor-Genossenschaft

Die Vor-Genossenschaft stellt eine **atypische einfache Gesellschaft** dar. Im Verhältnis der zukünftigen Genossenschafter untereinander sind die gesetzlichen und statutarischen Gründungsbestimmungen sowie das Recht der künftigen Genossenschaft anzuwenden, sofern dafür nicht die Handelsregistereintragung Voraussetzung ist. Das Vermögen der Vor-Genossenschaft steht nicht dieser, sondern den Gesellschaftern zur gesamten Hand zu. Nach Art. 838 Abs. 2 haften die Gesellschafter unbeschränkt, persönlich und solidarisch, soweit sie für die Vor-Genossenschaft *gehandelt* haben (vgl. auch Vor Art. 620 N 5, Art. 772 N 6). Betreiben die Gesellschafter die Genossenschaft, ohne die Eintragung in das Handelsregister weiterzuverfolgen, so ist das Recht der einfachen Gesellschaft, bei Vorliegen der entsprechenden Voraussetzungen (Art. 552 N 15, 17) das der Kollektivgesellschaft anwendbar. 3

IV. Gründungsarten

Die (zukünftigen) Genossenschafter können sowohl die Form der **einfachen** als auch der **qualifizierten Gründung** (Art. 833 Ziff. 2) wählen. Zu beachten ist bei der qualifizierten Gründung, dass, anders als im Recht der AG, die Einräumung von Gründervorteilen nicht vorgesehen ist. 4

V. Eintragung

Die Genossenschaft entsteht erst durch Eintragung in das Handelsregister. Erfüllt eine einzutragende Genossenschaft nicht die Vorraussetzungen des Art. 828 oder weist sie nicht die erforderliche Gründerzahl auf, so muss der Registerführer die Eintragung ablehnen (Art. 940, vgl. Justizdirektion AG SAG 1945/46, 93 ff.). Das Gleiche gilt für Statutenänderungen, die zu einer Abweichung von der gesetzlichen Legaldefinition führen (Art. 937, 940). 5

VI. Zusätzliche sondergesetzliche Gründungsvoraussetzungen

Bankgenossenschaften dürfen erst in das Handelsregister eingetragen werden, wenn die Eidgenössische Bankenkommission die Bewilligung zur Aufnahme der Geschäftstätigkeit erteilt hat (Art. 3 Abs. 1 BankG). Für staatlich anerkannte *Krankenkassen* stellt die Handelsregistereintragung kein konstitutives Erfordernis dar, doch erlangen sie die Rechtspersönlichkeit erst durch staatliche Genehmigung (Art. 13 Abs. 1 KVG). 6

Art. 831

2. Zahl der Mitglieder

¹ **Bei der Gründung einer Genossenschaft müssen mindestens sieben Mitglieder beteiligt sein.**

² **Sinkt in der Folge die Zahl der Genossenschafter unter diese Mindestzahl, so sind die Vorschriften des Aktienrechts über Mängel in der Organisation der Gesellschaft entsprechend anwendbar.**

2. Nombre des associés	¹ Sept membres au moins doivent prendre part à la constitution d'une société coopérative. ² Lorsque ce nombre est inférieur, les dispositions du droit de la société anonyme concernant les carences dans l'organisation de la société sont applicables par analogie.
2. Numero dei soci	¹ Alla costituzione di una società cooperativa devono partecipare almeno sette membri. ² Quando in seguito il numero dei soci scenda sotto questo minimo, si applicano per analogia le disposizioni del diritto della società anonima concernenti le lacune nell'organizzazione della società.

I. Mindestzahl bei Gründung

1. Gesetzliche Regelung

1   Mindestens **sieben zukünftige Genossenschafter** müssen zwingend bei der Gründung einer Genossenschaft als Gründer tätig werden (**a.M.** REYMOND, SPR VIII/5, 31, der anführt, dass eine konstituierende Versammlung durch mindestens zwei Personen, welche nicht unbedingt Gesellschafter werden müssen, abgehalten werden kann, wobei die Gesellschaft aber erst als errichtet anzusehen und ins Handelsregister einzutragen ist, wenn sie sieben Mitglieder zählt oder die statutarisch erhöhte Mitgliederzahl erreicht ist). Von diesem Erfordernis sieht Art. 921 eine Ausnahme für die Bildung von Genossenschaftsverbänden vor: hier ist die Beteiligung von *drei Genossenschaften* ausreichend. Die Genossenschaftsstatuten können weitergehende Anforderungen an die Anzahl der mitwirkenden Genossenschafter stellen. Im Gegensatz zu AG (Art. 625) und GmbH (Art. 775) wurde im Rahmen der Totalrevision des GmbH-Rechts die Einpersonen-Genossenschaft ausdrücklich abgelehnt und die bestehende Regelung beibehalten (vgl. Botschaft GmbH, 3235). Dadurch erfährt das Strukturmerkmal der gemeinsamen Selbsthilfe (Art. 828 N 22 ff.) eine Verstärkung.

2   Das Gesetz enthält keine Begrenzung der bei der Gründung mitwirkenden Gesellschafterzahl nach oben. Eine solche kann auch nicht statutarisch eingeführt werden, weil anderenfalls das zwingende *Prinzip der offenen Tür* (Art. 828 N 7) verletzt würde.

3   Gründungsmitglied einer Genossenschaft kann grundsätzlich jede Person oder Personenmehrheit sein, die als Genossenschafter in Betracht kommt (Art. 828 N 9 ff.). Bei entsprechender statutarischer Bestimmung gilt dies auch für die Beteiligung einer Erbengemeinschaft. Die organisationsrechtlichen Schwierigkeiten, die sich daraus ergeben können, wiegen im Rahmen der Gründung nicht schwerer als dies beim Fortbestand der Genossenschaft der Fall ist. Das Gesetz stellt weder direkt noch indirekt besondere Anforderungen an das Domizil oder die Nationalität der Gründer (vgl. aber die neu eingeführte Vertretungsregelung Art. 898 Abs. 2). Nach altem Recht konnten sich diese aus Art. 894 f. ergeben. Im Rahmen der Totalrevision des GmbH-Rechts ist Art. 895 jedoch aufgehoben worden (vgl. dazu Botschaft GmbH, 3236). Die Regelung stellte eine mittelbare Diskriminierung von Ausländern dar und war damit nicht europakompatibel.

4   Ob die gesetzlich oder statutarisch geforderte Mindestgründerzahl vorliegt, bestimmt sich nach **formalrechtlichen Kriterien** (zur AG: BGE 81 II 459; 115 II 468). Aufgrund ihrer rechtlichen Verselbständigung im Aussenverhältnis (Art. 552 N 3, Art. 594 N 2) gelten Kollektiv- und Kommanditgesellschaften ohne Rücksicht auf ihre Gesellschafterzahl als ein einziger Gesellschafter. Als selbständige Gründungsmitglieder können nebeneinander auftreten die Mutter- und Tochtergesellschaft einer AG, der Kommanditär einer Kommanditgesellschaft und diese selbst sowie Ehegatten. Nicht möglich

1. Abschnitt: Begriff und Errichtung 5–7 Art. 831

ist hingegen das parallele Auftreten einer Kollektivgesellschaft und ihrer Gesellschafter, weil sie im Innenverhältnis, insb. im Rahmen der Haftungsverfassung, nicht selbständig zueinander stehen. Diese sind daher als ein einziger Gründer anzusehen.

2. Strohpersonengründung

Die im Rahmen der Gründung von AG bundesgerichtlich anerkannte Strohpersonengründung (BGE 115 II 468) ist für die AG mit der Zulassung der Einpersonen-AG überflüssig geworden. Bei der Genossenschaft ist sie dagegen noch denkbar, wenngleich ihre Verbreitung gering sein dürfte (angedeutet bei BK-FORSTMOSER, N 15). Um eine Strohpersonengründung handelt es sich dann, wenn ein oder mehrere Gründungsmitglieder **fiduziarisch** für einen Dritten tätig werden. Die Strohperson handelt als vorgeschobene Mittelsperson zwar im eigenen Namen, jedoch für fremde Rechnung. Für die Dauer des Treuhandverhältnisses ist die Strohperson, ebenso wie der Gründer auf eigene Rechnung, alleiniger Träger der genossenschaftlichen Rechte und Pflichten sowohl gegenüber der Genossenschaft selbst als auch gegenüber Mitgenossenschaftern und Eventualgläubigern (zur AG BGE 50 II 177; 59 II 442; 115 II 468). Für das Verhältnis zwischen Strohperson und Drittem sind die zwischen ihnen auf *obligatorischer Basis* getroffenen Vereinbarungen massgebend. Diese wirken sich weder auf die Rechtsbeziehungen zu Dritten noch gegenüber der Genossenschaft selbst aus (zur AG BGE 100 II 211; 115 II 468, 471). Eine besondere Gründerhaftung lässt sich dem Genossenschaftsrecht grundsätzlich nicht entnehmen (BGE 66 II 161 mit Darstellung der Gesetzesgeschichte). Die Verwendung von Strohpersonen ist nur ausnahmsweise als rechtswidrig gem. Art. 20, 66 anzusehen, so, wenn ihr eine Schädigungsabsicht zugrunde liegt oder sonstige unerlaubte Ziele verfolgt werden. Der Handelsregisterführer hat die Eintragung auch dann vorzunehmen, wenn ihm die Tatsache einer Strohpersonengründung bekannt ist (**a.M.** REYMOND, SPR VIII/5, 31 f.). Grundsätzlich hat die Rechtsprechung bei einer Strohpersonengründung genau zu prüfen, ob die Strukturmerkmale einer Genossenschaft gegeben sind. Dies gilt vor dem Hintergrund der ausdrücklichen Ablehnung einer Einpersonen-Genossenschaft durch den Gesetzgeber (vgl. N 19; Botschaft GmbH, 3235) insb. für die Voraussetzung der gemeinsamen Selbsthilfe und der Förderung der Genossenschafterinteressen (vgl. auch BK-FORSTMOSER, N 19). 5

3. Unterschreiten der gesetzlichen Mindestgründerzahl

Ist die Unterschreitung der gesetzlich notwendigen Mindestgründerzahl aus den Anmeldeunterlagen ersichtlich, so hat der Handelsregisterführer die beabsichtigte Eintragung abzulehnen. Wird die statutarisch geforderte Gründerzahl nicht erreicht, so ist die Eintragung nur dann nicht vorzunehmen, wenn anderenfalls gegen zwingende Gesetzesvorschriften verstossen würde oder die Statuten für diesen Sachverhalt einen Auflösungsgrund vorsehen. Erfolgt die Handelsregistereintragung dennoch, so liegt ein zum Vorgehen nach Art. 831 Abs. 2 berechtigender Gründungsmangel vor. 6

II. Absinken unter die gesetzliche Mindestzahl (Abs. 2)

1. Voraussetzungen

Seit der Totalrevision des GmbH-Rechts regelt Art. 831 Abs. 2 ausschliesslich das Absinken der Genossenschafterzahl unter 7 Mitglieder (vgl. für Mängel in der Organisation der Genossenschaft jetzt Art. 908). Wird die gesetzlich geforderte Mindestzahl un- 7 terschritten, finden die Vorschriften des Aktienrechts über Mängel in der Organisation (Art. 731b) entsprechende Anwendung.

Bei der Feststellung der Genossenschafterzahl sind auch Strohpersonen mitzurechnen. Die Mitwirkung einer kleineren Anzahl von persönlich Interessierten steht dem bewusst beschränkten Verwendungszweck der Genossenschaft noch nicht per se entgegen (vgl. auch N 5).

8   Das Vorliegen des Tatbestandes ist wie schon nach altem Recht nicht direkt mit gesetzlichen Sanktionen für die Genossenschaft verbunden. Vielmehr bedarf es dazu einer richterlichen Anordnung, die wiederum nur auf Antrag einer der in Art. 731b aufgeführten Personen erlassen wird. Somit trägt auch die aktuelle Fassung gewisse Züge einer lex imperfecta (so bereits zu Art. 831 Abs. 2 altOR BK-FORSTMOSER, N 24).

9   Die angegebene Note zum Fehlen der gesetzlichen vorgeschriebenen Organe entfällt. Vgl. dazu Art. 908.

2. Antragsberechtigung

10 Nach neuem Recht sind nicht mehr allein die **Genossenschafter** und die **Gläubiger** der Genossenschaft antragsberechtigt. Berechtigt ist nun auch der zuständige Registerführer. Keine Anwendung findet allerdings Art. 941a, der den Handelsregisterführer **verpflichtet,** einen Antrag auf Erlass der erforderlichen Massnahmen zu stellen. Dessen Anwendungsbereich ist auf Mängel in der gesetzlich zwingend vorgeschriebenen Organisation der Gesellschaft beschränkt (vgl. Art. 941a).

11 Die Bedeutung der Auflösungsklage war in der Rechtspraxis seit jeher gering. Die Genossenschaftsgläubiger verfügen mit der Betreibung über eine einfachere, schnellere und regelmässig auch erfolgverheissendere Handhabe gegen die säumige Genossenschaft. Zudem kann die Genossenschaft das Verfahren relativ leicht durch Forderungsbegleichung abwenden. Für einen antragsberechtigten Genossenschafter erweist sich die Austrittsmöglichkeit (Art. 842 ff.) gemeinhin als sinnvollere Alternative. Ob das Verfahren nach Art. 831 Abs. 2 mit der Erweiterung der Antragsberechtigung auf den Handelsregisterführer bedeutsam werden wird, bleibt abzuwarten.

3. Passivlegitimation

12 Der Antrag ist gegen die **Genossenschaft** zu richten.

4. Gerichtsstand

13 Der Gerichtsstand befindet sich am *Sitz der Genossenschaft* (Art. 3 Abs. 1 lit. b GestG).

5. Gerichtliche Massnahmen

14 Der zuständige Richter **kann** auf Antrag die nach objektiven Gegebenheiten **erforderlichen** Massnahmen treffen. Dabei ist er an allfällige konkretisierte Anträge nicht gebunden. Der in Art. 731b enthaltene Massnahmenkatalog ist nicht abschliessend. Von den darin aufgeführten Massnahmen sind für den Fall des Unterschreitens regelmässig nur die in Art. 731b Abs. 1 Ziff. 1 und 3 aufgeführten Handlungen relevant.

Vor Anordnung der Auflösung hat der Richter der Genossenschaft grundsätzlich unter Androhung derselben eine angemessene **Frist** zur Wiederherstellung des gesetzmässi-

1. Abschnitt: Begriff und Errichtung **Art. 832**

gen Zustands zu setzen. Davon sollte nur bei offensichtlicher Nutzlosigkeit der Fristgewährung abgesehen werden. Das ist der Fall, wenn die Genossenschaft die Wiederherstellung eines gesetzmässigen Zustands kategorisch ablehnen würde. Angemessen ist die Nachfrist dann, wenn sie der Genossenschaft tatsächlich die Möglichkeit zur Behebung des Mangels eröffnet. In concreto hat dafür eine umfassende Abwägung der gesamten Umstände des *Einzelfalls* stattzufinden: dabei sind das Interesse des Antragstellers an der Auflösung der Genossenschaft und dasjenige der Genossenschaft an ihrem Fortbestand gegeneinander abzuwägen.

Der gesetzmässige Zustand kann durch den *Eintritt* weiterer Genossenschafter, die auch lediglich Strohpersonen sein können, wieder hergestellt werden. **15**

Ordnet das Gericht die zwangsweise Auflösung an, so kann es die Liquidation der Gesellschaft nach den Vorschriften über den Konkurs verfügen, auch wenn die Gesellschaft nicht überschuldet ist (vgl. Art. 731b Abs. 1 Ziff. 3; s. dazu auch Botschaft GmbH, 3232). Damit soll nach dem Willen des Gesetzgebers verhindert werden, dass eine Gesellschaft zwar gerichtlich aufgelöst wird, aber dennoch ihre Geschäftstätigkeit fortsetzt (so Botschaft GmbH, 3232). **16**

Bis zur Löschung im Handelsregister bleibt die Rechtspersönlichkeit der Genossenschaft im Liquidationsstadium erhalten.

Die angegebenen Noten entfallen. **17–18**

III. Einpersonen-Genossenschaft

Der Gesetzgeber hat die Zulassung der Einpersonen-Genossenschaft im Rahmen der Totalrevision des GmbH-Rechts ausdrücklich abgelehnt. Seine Entscheidung hat er mit dem Gesellschaftszweck der Genossenschaft begründet. Die gemeinsamen Selbsthilfe setze wesensnotwendigerweise eine Mehrzahl von Personen voraus (so Botschaft GmbH, 3235). Dennoch ist faktisch weiterhin eine Einpersonen-Genossenschaft denkbar, solange kein Verfahren nach Art. 831 Abs. 2 eingeleitet wird (vgl. auch MAYER-HAYOZ/FORSTMOSER, § 19 N 13). **19**

Art. 832

II. Statuten 1. Gesetzlich vorgeschriebener Inhalt	Die Statuten müssen Bestimmungen enthalten über: 1. den Namen (die Firma) und den Sitz der Genossenschaft; 2. den Zweck der Genossenschaft; 3. eine allfällige Verpflichtung der Genossenschafter zu Geld- oder andern Leistungen sowie deren Art und Höhe; 4. die Organe für die Verwaltung und für die Revision und die Art der Ausübung der Vertretung; 5. die Form der von der Genossenschaft ausgehenden Bekanntmachungen.
II. Statuts 1. Clauses nécessaires	Les statuts doivent contenir des dispositions concernant: 1. la raison sociale et le siège de la société; 2. le but de la société;

3. les prestations en argent ou en autres biens dont pourraient être tenus les sociétaires, ainsi que la nature et la valeur de ces prestations;

4. les organes chargés de l'administration et de la révision, ainsi que le mode de représentation de la société;

5. la forme à observer pour les publications de la société.

II. Statuto
1. Disposizioni richieste dalla legge

Lo statuto deve contenere disposizioni sui punti seguenti:

1. il nome (la ditta) e la sede della società;

2. lo scopo della società;

3. l'obbligo che esistesse per i soci d'eseguire prestazioni pecuniarie o d'altra natura, come pure la specie ed i limiti di siffatte prestazioni;

4. gli organi incaricati dell'amministrazione e della revisione, e il modo in cui la società si fa rappresentare;

5. la forma nella quale devono essere fatte le pubblicazioni sociali.

I. Allgemeines

1 Die Statuten sind das Grundgesetz, die Verfassung der Genossenschaft (vgl. ZK-GUTZWILLER, Art. 833 N 1). Mit Ausnahme von Ziff. 3 enthält Art. 832 den **zwingend vorgeschriebenen Mindestinhalt** der Genossenschaftsstatuten. Art. 833 (sowie Art. 832 Ziff. 3; vgl. dazu u. N 6) enthält demgegenüber Bestimmungen, die nur dann in den Statuten festzusetzen sind, wenn von der dispositiven gesetzlichen Ordnung abgewichen werden soll (bedingt notwendiger Statuteninhalt). Fakultativer Statuteninhalt schliesslich betrifft Statutenbestimmungen, die lediglich die gesetzliche Regelung wiederholen oder aber auch ausserhalb der Statuten rechtskräftig festgehalten werden könnten (vgl. REYMOND, 34). Der Handelsregisterführer hat eine Eintragung in das Handelsregister abzuweisen, wenn Genossenschaftsstatuten den zwingenden Mindestinhalt nicht aufweisen (vgl. BK-FORSTMOSER, Art. 832/833 N 71).

II. Der Statuteninhalt gemäss Art. 832 im Einzelnen

2 *Ziff. 1* verlangt die Festlegung des **Namens** in den Statuten und fügt erklärend in Klammern «**die Firma**» bei. Für den Namen resp. die Firma der Genossenschaft gelten die gleichen Regeln wie bei der AG; der redaktionelle Unterschied zu Art. 626 Ziff. 1 ist durch das Bemühen des Gesetzgebers bedingt, im Genossenschaftsrecht erhöhte Anschaulichkeit zu erreichen (BK-FORSTMOSER, Art. 832/833 N 74). Unter Wahrung der allgemeinen Grundsätze (Art. 944 ff.) kann die Genossenschaft ihre Firma frei wählen (Art. 950 Abs. 1). In jedem Fall muss die Bezeichnung «Genossenschaft» beigefügt werden (Art. 950 Satz 2). Die Firma hat sich namentlich von anderen, in der Schweiz bereits eingetragenen Firmen deutlich zu unterscheiden (Art. 951 Abs. 2). Vgl. im Einzelnen die Komm. zu Art. 944–956.

3 Der **Sitz** der Genossenschaft (Ziff. 1) kann innerhalb der Schweiz ohne Beschränkung gewählt werden (vgl. REYMOND, 35; ZK-GUTZWILLER, Art. 833 N 32; BK-FORSTMOSER, Art. 832/833 N 86). Unter Vorbehalt des Verbots des Rechtsmissbrauchs spielt es keine Rolle, ob der in den Statuten angebene Sitz mit den Verhältnissen übereinstimmt oder ob ihm jede tatbeständliche Beziehung zum «Lebensmittelpunkt» der Genossenschaft abgeht. Eine Genossenschaft kann nach herkömmlicher Lehre bloss *einen* Sitz haben (BGE 53 I 124 ff.; BK-FORSTMOSER, Art. 832/833 N 90; ZK-GUTZWILLER, Einl. N 227; VON STEIGER, Genossenschaftsrecht, 38). Angesichts der Entwicklung im Aktienrecht mit Bezug auf Mehrfachsitze (s. Komm. zu Art. 626) ist die herkömmliche

Meinung, nur ein Sitz sei zulässig, aber auch für das Genossenschaftsrecht in Frage gestellt. Betreibt eine Genossenschaft am Ort des statutarischen Sitzes kein Geschäftslokal, muss die Genossenschaft im Handelsregister ein Domizil am Ort des Sitzes angeben (Art. 117 Abs. 3 HRegV). Die Bestimmung eines Domizils bezweckt, die Zustellung von Mitteilungen am Ort des Sitzes zu ermöglichen. Ebenfalls vom Sitz zu unterscheiden ist die Geschäftsniederlassung, d.h. der Ort, an welchem die Gesellschaft effektiv tätig ist (BK-FORSTMOSER, Art. 832/833 N 89). Eine Genossenschaft kann ihre Geschäftsniederlassung am Ort des statutarischen Sitzes oder anderswo haben; selbstverständlich ist es ihr auch möglich, mehrere Geschäftsniederlassungen zu unterhalten. Erfüllen Geschäftsniederlassungen (ausserhalb des statutarischen Sitzes) die Voraussetzungen von Art. 836 und 935, so sind diese als Zweigniederlassung in das Handelsregister einzutragen. Der statutarische Sitz der Genossenschaft begründet den allgemeinen Gerichtsstand gegen die Genossenschaft, den Betreibungsort (Art. 46 Abs. 2 SchKG) und nach Massgabe von Art. 74 einen Erfüllungsort für Verbindlichkeiten; zudem richtet sich die Zuständigkeit des Handelsregisters nach dem Sitz (Art. 835 Abs. 1; vgl. zum Ganzen BK-FORSTMOSER, Art. 832/833 N 92; REYMOND, 35).

Eine Genossenschaft hat (gestützt auf Art. 828 Abs. 1) «in der Hauptsache die Förderung oder Sicherung bestimmter wirtschaftlicher Interessen ihrer Mitglieder in gemeinsamer Selbsthilfe» zum Zweck. Jede Genossenschaft hat diesem breit und unbestimmt gefassten *«Endzweck»* zu entsprechen (vgl. aber zudem Art. 86 HRegV, der systemwidrig Genossenschaften mit gemeinnützigem Zweck zulässt). Der gem. Art. 832 *Ziff. 2* in den Statuten zu umschreibende **Zweck** muss im Rahmen des genossenschaftlichen «Endzwecks» (i.S.v. Art. 828 Abs. 1) festgelegt werden. Die blosse Wiederholung des in Art. 828 festgehaltenen Grundsatzes der Mitgliederförderung in gemeinsamer Selbsthilfe reicht nicht aus; in den Statuten ist als eigentlicher Gesellschaftszweck die *besondere Zielsetzung* der betreffenden Genossenschaft zu verankern (BK-FORSTMOSER, Art. 832/833 N 97; VON STEIGER, Genossenschaftsrecht, 41; ZK-GUTZWILLER, Art. 833 N 47; MOSER, Wohnbaugenossenschaften, Diss. Zürich 1978, 4; REYMOND, 35 f.). 4

Ziff. 3 verlangt die statutarische Verankerung von Verpflichtungen der Genossenschafter zu **Geld- oder anderen Leistungen.** Die Genossenschaft kann von ihren Mitgliedern nur Leistungen fordern, die eine statutarische Grundlage haben; Beschlüsse über die Einforderung eines Gesellschafterbeitrags ohne entsprechende statutarische Grundlage sind nichtig (BGE 93 II 30 ff.; REYMOND, 36; ZK-FORSTMOSER, Art. 832/833 N 107). Dem Zweck der Vorschrift entsprechend verlangt das Gesetz nicht bloss die generelle Festlegung von Geld- und anderen Leistungspflichten, sondern auch die Umschreibung von deren *«Art und Höhe»;* bis ins letzte Detail muss die Pflicht indessen in den Statuten nicht geregelt sein (BK-FORSTMOSER, Art. 832/833 N 109; VON STEIGER, Genossenschaftsrecht, 46). Es steht der Genossenschaft frei, Leistungspflichten mannigfacher Art festzusetzen. Das Gesetz selbst enthält als Beispiele Eintrittsgelder (Art. 839 Abs. 2), Auslösungssummen (Art. 842 Abs. 2), die Pflicht zur Übernahme eines Anteilscheins etc. Gestützt auf Art. 867 Abs. 1 dürfen Leistungs-, Duldungs- und Unterlassungspflichten festgelegt werden, so z.B. die Pflicht zur Erbringung von Naturalleistungen, Benutzungspflichten, Boykottpflichten (soweit gesetzlich zulässig) etc. (vgl. die mannigfaltigen Beispiele in VON STEIGER, Genossenschaftsrecht, 45 ff.; ZK-GUTZWILLER, Art. 833 N 51 ff.). 5

VON STEIGER (Genossenschaftsrecht, 43) und BK-FORSTMOSER (Art. 832/833 N 104 f.) führen (entgegen BGE 93 II 35 f.) an, bei Art. 832 Abs. 3 handle es sich trotz der unglücklichen redaktionellen Fassung («eine *allfällige* Verpflichtung ...») um eine Bestimmung, welche systematisch richtig bei den absolut notwendigen Statutenbestimmungen 6 eingeordnet sei. Zu Recht führen diese Autoren an, dass eine Pflicht zu Beitragsleistungen aus der in der Legaldefinition verlangten «gemeinsamen Selbsthilfe» (Art. 828 Abs. 1) entspringe. M.E. wird allerdings übersehen, dass die Beitragspflicht eines Genossenschafters nicht notwendigerweise auf Art. 832 Ziff. 3, sondern z.B. auch auf Art. 833 Ziff. 5 (persönliche Haftung und Nachschlusspflicht) beruhen kann. Obwohl die Überlegung der genannten Autoren i.d.R. richtig sein dürfte, kann es also Genossenschaften geben, welche in ihren Statuten keine Leistungspflichten der Genossenschaften gestützt auf Art. 832 Ziff. 3 festhalten und dennoch der Legaldefinition entsprechen (vgl. REYMOND, 36).

7   *Ziff. 4* verlangt statutarische Bestimmungen über die Organe für die **Verwaltung, Revision** sowie die **Art der Ausübung der Vertretung.** Das Gesetz enthält in Art. 894 ff. und 906 f. je eine Ordnung für die Organe der Verwaltung und Revision. Solange an dieser Ordnung nichts geändert wird, genügt ein statutarischer Verweis darauf (BK-FORSTMOSER, Art. 832/833 N 118 f.; REYMOND, 37; CHK-COURVOISIER, N 7); bei der Revisionsstelle ist aber deren Zusammensetzung sowie deren Amtsdauer in den Statuten zu regeln (Art. 906 Abs. 1 i.V.m. Art. 730 Abs. 2 und Art. 730a Abs. 1). Abweichende Regeln, z.B. über die Zusammensetzung, Wählbarkeit, Amtsdauer der genannten Organe, Delegation von Pflichten der Verwaltung an Ausschüsse, Einsetzung von Delegierten und Direktoren, Ausdehnung der Befugnisse und Pflichten der Revisionsstelle etc. sind in den Statuten zu verankern. Mit Bezug auf die Art der Ausübung der Vertretung genügt es, wenn die Statuten das für die Regelung der Zeichnung zuständige Organ bezeichnen (ZK-GUTZWILLER, Art. 833 N 67; REYMOND, 37); die Statuten können indessen auch weiter gehende Regeln enthalten und z.B. eine Beschränkung der Vertretungsmacht gem. Art. 899 Abs. 2 vorsehen.

8   Mit Bezug auf die **Form der von der Genossenschaft ausgehenden Bekanntmachungen** *(Ziff. 5)* sind die Bekanntmachungen an die Genossenschafter und auch an die Gläubiger gemeint. Die Statuten müssen sich notwendigerweise über die Form der Bekanntmachungen aussprechen. Zu beachten ist, dass alle vom Gesetz vorgeschriebenen Veröffentlichungen im SHAB zu erfolgen haben (Art. 931 Abs. 2).

Art. 833

2. Weitere Bestimmungen	Zu ihrer Verbindlichkeit bedürfen der Aufnahme in die Statuten:
	1. Vorschriften über die Schaffung eines Genossenschaftskapitals durch Genossenschaftsanteile (Anteilscheine);
	2. Bestimmungen über nicht durch Einzahlung geleistete Einlagen auf das Genossenschaftskapital (Sacheinlagen), deren Gegenstand und deren Anrechnungsbetrag, sowie über die Person des einlegenden Genossenschafters;
	3. Bestimmungen über Vermögenswerte, die bei der Gründung übernommen werden, über die hiefür zu leistende Vergütung und über die Person des Eigentümers der zu übernehmenden Vermögenswerte;
	4. von den gesetzlichen Bestimmungen abweichende Vorschriften über den Eintritt in die Genossenschaft und über den Verlust der Mitgliedschaft;

1. Abschnitt: Begriff und Errichtung **Art. 833**

> 5. Bestimmungen über die persönliche Haftung und die Nachschusspflicht der Genossenschafter;
>
> 6. von den gesetzlichen Bestimmungen abweichende Vorschriften über die Organisation, die Vertretung, die Abänderung der Statuten und über die Beschlussfassung der Generalversammlung;
>
> 7. Beschränkungen und Erweiterungen in der Ausübung des Stimmrechtes;
>
> 8. Bestimmungen über die Berechnung und die Verwendung des Reinertrages und des Liquidationsüberschusses.

2. Autres clauses

Ne sont valables qu'à la condition de figurer dans les statuts les dispositions concernant:

1. la création d'un capital social au moyen de parts sociales;

2. les apports en nature, leur objet et le prix pour lequel ils sont acceptés, ainsi que la personne de l'associé intéressé;

3. les biens repris lors de la fondation, les indemnités consenties de ce chef et la personne du propriétaire intéressé;

4. les dérogations aux règles de la loi sur l'entrée dans la société et la perte de la qualité d'associé;

5. la responsabilité individuelle des associés et leur obligation d'opérer des versements supplémentaires;

6. les dérogations aux règles de la loi sur l'organisation, la représentation, ainsi que sur la modification des statuts et le mode des décisions à prendre par l'assemblée générale;

7. l'extension ou la restriction du droit de vote;

8. le calcul et la destination de l'excédent actif dans le compte d'exercice et en cas de liquidation.

2. Altre disposizioni

Non obbligano, se non sono contenute nello statuto, le disposizioni riguardanti:

1. la formazione di un capitale sociale mediante il conferimento di quote da parte dei soci (creazione di certificati di quota);

2. i conferimenti di capitale sociale in natura, il loro oggetto, il prezzo per il quale sono accettati e la persona del socio che li eseguisce;

3. l'assunzione di beni da parte della società all'atto della costituzione, il compenso per essi dovuto e la persona del proprietario dei beni da assumere;

4. le deroghe alle norme legali su l'ammissione nella società e la perdita della qualità di socio;

5. la responsabilità individuale dei soci ed il loro obbligo di fare versamenti suppletivi;

6. le deroghe alle norme legali su l'organizzazione, la rappresentanza, la modificazione dello statuto e le deliberazioni dell'assemblea generale;

7. ogni limitazione o estensione nell'esercizio del diritto di voto;

8. la determinazione e la destinazione dell'avanzo del conto d'esercizio e della liquidazione.

I. Allgemeines

1 Art. 833 betrifft **bedingt notwendigen Statuteninhalt,** d.h. Normen, deren Wirksamkeit nach innen und aussen von einer Verankerung in den Statuten abhängt (vgl. den Gesetzestext: «Zu ihrer Verbindlichkeit bedürfen der Aufnahme in die Statuten ...»). Werden Abweichungen vom dispositiven Gesetzesrecht, die gem. Art. 833 einer statutarischen Grundlage bedürften, anderweitig (z.B. in einem Reglement oder in einem Gesellschaftsbeschluss) getroffen, so sind sie i.d.R. nichtig (BK-FORSTMOSER, Art. 832/833 N 132, zu den Ausnahmen N 134; REYMOND, 38 f.).

2 Das Genossenschaftsrecht erwähnt (anders als das Aktienrecht, vgl. Art. 628 Abs. 3) den Tatbestand der **Gründervorteile** unter dem fakultativ notwendigen Statuteninhalt nicht. Aus dem Grundsatz der Gleichbehandlung aller Genossenschafter (Art. 854) wird der Schluss gezogen, dass die Einräumung von Gründervorteilen im Genossenschaftsrecht unzulässig ist (VON STEIGER, Genossenschaftsrecht, 61; BK-FORSTMOSER, Art. 832/833 N 192; FORSTMOSER/MEIER-HAYOZ, 614).

II. Der bedingt notwendige Statuteninhalt gemäss Art. 833 im Einzelnen

3 *Ziff. 1* verlangt eine statutarische Grundlage für die Schaffung eines **Genossenschaftskapitals** durch Genossenschaftsanteile. Im Gegensatz zu den Kapitalgesellschaften ist ein Grundkapital bei der Genossenschaft nicht obligatorisch. Führt eine Genossenschaft ein Grundkapital ein, so haben die Genossenschafter *Genossenschaftsanteile* zu zeichnen. Die für Genossenschaftsanteile ausgegebenen Urkunden (*«Anteilscheine»*) stellen keine Wertpapiere dar, sondern sind blosse Beweisurkunden (Art. 853 Abs. 3; REYMOND, 52). Von Gesetzes wegen ist weder die Mindesthöhe des Grundkapitals noch ein Mindestnennwert eines Anteiles, noch eine bestimmte Mindestliberierung vorgeschrieben (VON STEIGER, Genossenschaftsrecht, 58; vgl. zum Ganzen FLURI, Die rechtlichen Möglichkeiten der Kapitalbeschaffung im schweizerischen Genossenschaftsrecht, Diss. Zürich 1973).

4 *Ziff. 2* ist eine Bestimmung, die bloss dann zur Anwendung kommt, wenn ein Genossenschaftskapital festgesetzt worden ist (Art. 833 Ziff. 1). Eine von Ziff. 2 gemeinte **Sacheinlage** liegt nämlich dann vor, wenn die Liberierung des Genossenschaftsanteils nicht in bar, sondern durch Übertragung von Sachen oder anderen Vermögenswerten an die Genossenschaft getilgt wird (vgl. z.B. BK-FORSTMOSER, Art. 832/833 N 148). Gleich wie im Recht der AG und der GmbH können nur Gegenstände des Rechtsverkehrs, die einen Verkehrswert haben und nach Grundsätzen ordnungsgemässer Rechnungslegung aktivierungsfähig sind, das Objekt einer Sacheinlage bilden (BK-FORSTMOSER, Art. 832/833 N 149; ZK-VON STEIGER, Art. 778 N 7; REYMOND, 58). Die Statuten haben den *Gegenstand* der Sacheinlage, deren *Anrechnungsbetrag* und die Person des *Einlegers* anzugeben. Weil bei der Genossenschaft keine Mindestliberierungsvorschriften bestehen (vgl. VON STEIGER, Genossenschaftsrecht, 58), muss die Genossenschaft (anders als die AG; vgl. Art. 634 Ziff. 2) nicht unmittelbar nach ihrer Eintragung in das Handelsregister als Eigentümerin über die Sacheinlage verfügen können (BK-FORSTMOSER, Art. 832/833 N 150; CHK-COURVOISIER, N 4). Um das Risiko von Gründungsschwindeln zu verringern, ordnet Art. 834 Abs. 2 an, dass ein schriftlicher *Gründerbericht* über die Sacheinlagen der konstituierenden Versammlung vorgelegt werden muss. Wird eine Sacheinlage nicht in den Statuten aufgeführt oder enthalten die Statuten unvollständige oder unrichtige Angaben dazu, ist das Einlagegeschäft nach herkömmlicher Meinung nichtig (vgl. REYMOND, 60). Der Einleger ist indessen weiterhin verpflichtet, den mit dem Beitritt zur Genossenschaft verbundenen Pflichten

nachzukommen, und hat daher die Zahlung an das Genossenschaftskapital in bar zu leisten (BK-FORSTMOSER, Art. 832/833 N 179 ff.).

Ziff. 3 bezieht sich auf **Sachübernahmegeschäfte** bei der Gründung. Der Tatbestand der Sachübernahmegründung ist erfüllt, wenn die Genossenschaft vor oder unmittelbar nach ihrer Gründung Vermögenswerte von Genossenschaftern oder Dritten übernimmt (vgl. BK-FORSTMOSER, Art. 832/833 N 143; GERWIG, 177). Anders als bei der AG (nach rev. Art. 628 Abs. 2) werden bei der Genossenschaft weiterhin auch Sachübernahmen von Art. 833 Ziff. 3 erfasst, die von Dritten erfolgen, die den Genossenschaftern nicht nahe stehen. Sachliche Gründe für diesen Unterschied zur AG bestehen nicht. Als Sachübernahme gilt nicht nur eine sichere, sondern auch eine erst für später vorgesehene Übernahme von Sachwerten, sofern sie zum voraus geplant ist und ihre Ausführung als einigermassen sicher anzusehen ist (vgl. BGE 109 Ib 97; 83 II 290; BK-FORSTMOSER, Art. 832/833 N 156; REYMOND, 59). Nicht jede geringfügige Anschaffung für die Genossenschaft bildet indessen Gegenstand einer Sachübernahme i.S.v. Art. 833 Ziff. 2. Es muss sich um Geschäfte von grösserer wirtschaftlicher Bedeutung handeln, welche geeignet sind, das Kapital der Genossenschaft zu schwächen (vgl. BGE 83 II 289; BK-FORSTMOSER, Art. 832/833 N 163; REYMOND, 58). In den Statuten ist anzugeben, welche *Vermögenswerte* übernommen werden, wer der *Veräusserer* ist und welche *Gegenleistung* dem Veräusserer von der Genossenschaft gewährt wird. Der konstituierenden Versammlung ist zudem ein *Gründerbericht* vorzulegen, der weiteren Aufschluss über die Sachübernahme zu geben hat (Art. 834 Abs. 2; vgl. im Einzelnen die Komm. zu Art. 834). Nichtbeachtung der Vorschrift von Art. 833 Ziff. 3 hat nach herkömmlicher Meinung die Nichtigkeit der Sachübernahme zur Folge (vgl. BGE 83 II 290; BK-FORSTMOSER, Art. 832/833 N 179; REYMOND, 60; OR-Handkommentar-VON WATTENWYL, N 5). Der Mangel kann nur durch Nachholung sämtlicher Erfordernisse (Statutenänderung, Gründerbericht) behoben werden (BK-FORSTMOSER, a.a.O., N 180). Die Nichtigkeitsfolge kann indessen schützenswerte Interessen gutgläubiger Dritter beeinträchtigen. Sind solche Interessen beeinträchtigt, drängt sich m.E. Zurückhaltung mit der Anordnung der Nichtigkeit auf (vgl. die Komm. zu Art. 628).

Ziff. 4 betrifft Regelungen über den **Erwerb** und den **Verlust der Mitgliedschaft.** Die bloss teilweise dispositive Regelung über den Erwerb der Mitgliedschaft findet sich in Art. 839 ff. Das Prinzip der nichtgeschlossenen Mitgliederzahl (Art. 828 Abs. 1, Art. 839 Abs. 2) bildet die Schranke gegen eine übermässige statutarische Erschwerung des Beitritts. Die Art. 842 ff., welche den Verlust der Mitgliedschaft regeln, erlauben es der Genossenschaft weitgehend, die für ihre individuellen Bedürfnisse geeignete Lösung statutarisch vorzusehen. Allerdings sind auch hier gewisse gesetzliche Limiten zu beachten, wie z.B. die Ungültigkeit eines dauernden Verbots oder einer übermässigen Erschwerung des Austritts (Art. 842 Abs. 3).

Ziff. 5 ermöglicht es einer Genossenschaft, durch entsprechende statutarische Bestimmungen die **persönliche Haftung** und die **Nachschusspflicht** der Genossenschafter einzuführen. Nach Massgabe der Art. 869 f. und 871 kann in den Statuten eine beschränkte oder unbeschränkte persönliche Haftung resp. Nachschusspflicht statuiert werden. Zu beachten ist Art. 872, welcher Statutenbestimmungen für ungültig erklärt, die eine Haftungsbeschränkung auf bestimmte Zeit, mit Bezug auf besondere Verbindlichkeiten oder mit Bezug auf einzelne Gruppen von Genossenschaftern vorsehen.

Ziff. 6 erlaubt es der Genossenschaft, ihre **interne Organisation** den individuellen Bedürfnissen durch entsprechende Statutenbestimmungen anzupassen. Die gesetzlichen Vorschriften betr. Organisation (Art. 879 ff.), die Vertretung (Art. 898 ff.) sowie über die

Art. 834　1　　　　　　　　　　　　　29. Titel: Die Genossenschaft

Abänderung der Statuten und Beschlussfassung an der GV (Art. 888 f., 874, 883) sind weitgehend dispositiver Natur.

9　*Ziff. 7* verlangt eine statutarische Verankerung von Sonderbestimmungen über die Ausübung des **Stimmrechts**. Da Art. 885 zwingendermassen jedem Genossenschafter in der GV eine Stimme zuteilt (vgl. REYMOND, 176), bezieht sich Ziff. 7 nur auf die Ausübung des Stimmrechts (z.B. indem offene oder geheime Abstimmungen angeordnet werden oder das Recht auf Vertretung im Rahmen von Art. 886 abgeändert wird; VON STEIGER, Genossenschaftsrecht, 85).

10　*Ziff. 8* bezieht sich auf die in Art. 858 ff. und 913 enthaltenen Grundsätze betr. Berechnung und Verwendung des **Reinertrages** und des **Liquidationsüberschusses**.

Art. 834

III. Konstituierende Versammlung	¹ Die Statuten sind schriftlich abzufassen und einer von den Gründern einzuberufenden Versammlung zur Beratung und Genehmigung vorzulegen. ² Überdies ist ein schriftlicher Bericht der Gründer über allfällige Sacheinlagen und zu übernehmenden Vermögenswerte der Versammlung bekanntzugeben und von ihr zu beraten. ³ Diese Versammlung bestellt auch die notwendigen Organe. ⁴ Bis zur Eintragung der Genossenschaft in das Handelsregister kann die Mitgliedschaft nur durch Unterzeichnung der Statuten begründet werden.
III. Assemblée constitutive	¹ Les statuts, rédigés par écrit, sont discutés et approuvés dans une assemblée que doivent convoquer les fondateurs. ² Au projet de statuts est joint, le cas échéant, un rapport écrit des fondateurs concernant les apports en nature et les biens à reprendre; ce document doit être discuté dans l'assemblée. ³ Celle-ci désigne, en outre, les organes statutaires nécessaires au fonctionnement de la société. ⁴ Jusqu'à l'inscription de la société sur le registre du commerce, la qualité d'associé ne peut s'acquérir que par la signature des statuts.
III. Assemblea costitutiva	¹ Lo statuto dev'essere steso in forma scritta e presentato ad un'assemblea, da convocarsi dai promotori, per esservi discusso ed approvato. ² Dato il caso, sarà inoltre presentata all'assemblea e discussa da essa una relazione scritta dei promotori sui conferimenti in natura e sull'assunzione di beni. ³ L'assemblea costitutiva nomina anche gli organi necessari. ⁴ Fino a che la società sia iscritta nel registro di commercio, la qualità di socio può acquistarsi solo mediante la firma dello statuto.

I. Allgemeines

1　Das Recht der Persönlichkeit erlangt die Genossenschaft erst mit ihrer Eintragung in das Handelsregister (Art. 838 Abs. 1). Dieser Eintragung hat die «Konstituierende Versammlung» (Art. 834) und die Anmeldung (Art. 835) voranzugehen. Das Gesetz enthält in Art. 834 bloss eine *rudimentäre Ordnung* der konstituierenden Versammlung.

Die **Einberufung** der konstituierenden Versammlung obliegt den Gründern (BK-FORST- 2
MOSER, N 16). Einzuladen sind grundsätzlich nur die Gesellschafter des Gründerkonsortiums, d.h. die an der Gründungsvorbereitung bereits schon Beteiligten. Bloss mit Zustimmung sämtlicher Initianten kann der Kreis der Eingeladenen erweitert werden (BK-FORSTMOSER, N 25). Die Gründer sind frei, die Form der Einladung selbst zu bestimmen; von persönlicher, mündlicher Einladung, über Einladungsschreiben bis zu öffentlicher Ankündigung dürften sämtliche Einladungsformen zulässig sein (vgl. BK-FORSTMOSER, N 28). Zur Frage, wer an der Versammlung teilnehmen muss, s. REYMOND, 31.

Umstritten ist, welche Regeln die **Beschlussfassung** in der konstituierenden Versamm- 3
lung beherrschen. Nach der einen Meinung soll Art. 635 altOR analog anwendbar sein (GERWIG, 184 f.). Überzeugender ist es indessen, die Regeln, welche auf die Beschlussfassung bei der GV der Genossenschafter anwendbar sind, auch für die Beschlussfassung in der konstituierenden Versammlung beizuziehen (BK-FORSTMOSER, N 30 ff.; ZK-GUTZWILLER, N 8; REYMOND, 42; CHK-COURVOISIER, N 4; OR-Handkommentar-VON WATTENWYL, N 1).

Art. 834 enthält keine Vorschrift mit Bezug auf die **Protokollierung.** Art. 835 verlangt 4
ebenfalls nicht, dass ein Protokoll als notwendige Beilage zur Anmeldung der Genossenschaft in das Handelsregister eingereicht wird. Aufgrund analoger Anwendung von Art. 902 Abs. 3 besteht jedoch m.E. eine genügende gesetzliche Grundlage, um die Gründer zur Führung eines Protokolles zu verpflichten (VON STEIGER, Genossenschaftsrecht, 95; BK-FORSTMOSER, N 42; REYMOND, 41; **a.M.** ZK-GUTZWILLER, N 17). Art. 84 HRegV verlangt dementsprechend die Einreichung des Protokolls der konstituierenden Versammlung für die Anmeldung der Genossenschaft im Handelsregister. Art. 85 HRegV bestimmt den notwendigen Inhalt dieses Protokolls.

II. Die Aufgaben der konstituierenden Versammlung

In der konstituierenden Versammlung wird der **Gründungsbeschluss** für die Genossen- 5
schaft gefasst. Dies ist offenbar so selbstverständlich, dass das Gesetz darauf keinen Hinweis enthält (s. nun Art. 85 lit. b HRegV).

Abs. 1 erteilt der konstituierenden Versammlung die Aufgabe, die **Statuten** zu *beraten* 6
und schliesslich zu *genehmigen*. Der Statutenentwurf ist (von den Gründern; BK-FORSTMOSER, N 16) schriftlich abzufassen und der Versammlung vorzulegen. Der Annahmebeschluss muss protokolliert werden (Art. 85 lit. c HRegV).

Im Falle einer *Sacheinlage-* oder *Sachübernahmegründung* haben die Gründer gestützt 7
auf Abs. 2 einen schriftlichen **Gründerbericht** vorzulegen. Der Inhalt des Gründerberichts ist im Gesetz nicht vorgeschrieben. Damit der Gründerbericht seinem Zweck (nämlich Missbräuche im Zusammenhang mit Sacheinlage- oder Sachübernahmegründungen zu verhindern) gerecht werden kann, ist zu verlangen, dass *Art und Zustand* der einzubringenden oder zu übernehmenden *Vermögenswerte,* die *Angemessenheit* der dafür berechneten *Wertansätze* und die von der Genossenschaft zu erbringenden *Leistungen* (d.h. die für die Sacheinlage ausgegebenen Anteilscheine, resp. die Gegenleistung für die Sachübernahme) im Gründerbericht angeführt werden (BK-FORSTMOSER, N 12; VON STEIGER, Genossenschaftsrecht, 99). Abs. 2 verpflichtet die konstituierende GV nur zur «Beratung» des Gründerberichts. Von *Genehmigung* ist (im Gegensatz zu Abs. 1) nicht die Rede. Diese Nichterwähnung kann dadurch erklärt werden, dass Sacheinlagegründungen resp. Sachübernahmegründungen aufgrund von Art. 833 Ziff. 2 und 3 notwendigerweise in die Statuten aufzunehmen sind und dass die Statuten ihrerseits

gestützt auf Abs. 1 der Genehmigung der konstituierenden Versammlung unterliegen. Für die Richtigkeit des Gründerberichtes sind die Gründer gestützt auf Art. 41 ff. verantwortlich (lediglich für Kredit- und Versicherungsgenossenschaften besteht aufgrund der Verweisung von Art. 920 eine spezielle Gründerhaftung; BK-FORSTMOSER, N 14; VON STEIGER, Genossenschaftsrecht, 99). Fehlt ein Gründerbericht oder wird ein solcher nicht beraten, sind Sacheinlagen und -übernahmen nicht nichtig (REYMOND, 60; BK-FORSTMOSER, N 13); vorausgesetzt ist aber, dass die Statuten die Sacheinlage resp. -übernahme, dennoch korrekt aufführen (Art. 833 Ziff. 2 und 3; vgl. CHK-COURVOISIER, N 2). Der Registerführer muss die Eintragung wegen des fehlenden Berichts verweigern (Art. 88 Abs. 3 HRegV; BK-FORSTMOSER, Art. 834 N 13).

8   Abs. 3 verpflichtet die konstituierende Versammlung zur **Organbestellung.** Sowohl die gesetzlichen wie auch die zusätzlichen statutarischen Organe sind zu wählen (s. Art. 85 lit. e und f HRegV). Bestellt sind die Organe erst, wenn die gewählten Personen die Wahl akzeptiert haben (BK-FORSTMOSER, N 38 f.).

III. Der Mitgliedschaftserwerb bis zur Eintragung der Genossenschaft

9   Erst *nach* der Eintragung der Genossenschaft in das Handelsregister kommt Art. 840 Abs. 1 zum Tragen, wonach es zum Beitritt einer schriftlichen Erklärung bedarf. *Vorher* greift die Sonderbestimmung des Abs. 4 ein, welche den Erwerb der Mitgliedschaft von der **Unterzeichnung der Statuten** abhängig macht. Genossenschafter wird also nicht jeder, der an der konstituierenden Versammlung teilnimmt (und ggf. in der Beschlussfassung über die Statuten überstimmt wird), sondern nur derjenige, der sich entschliesst, die bereinigten und genehmigten Statuten auch unterschriftlich anzuerkennen.

Art. 835

IV. Eintragung ins Handelsregister 1. Gesellschaft	Die Gesellschaft ist ins Handelsregister des Ortes einzutragen, an dem sie ihren Sitz hat.
IV. Inscription au registre du commerce 1. Société	La société doit être inscrite au registre du commerce du lieu où elle a son siège.
IV. Iscrizione nel registro di commercio 1. Società	La società dev'essere iscritta nel registro di commercio del luogo in cui ha sede.

1   Die Genossenschaft erlangt das Recht der Persönlichkeit erst durch die Eintragung in das Handelsregister (Art. 838 Abs. 1). Der Eintragung geht zeitlich die konstituierende Versammlung (Art. 834) voran. Gestützt auf den Gründungsbeschluss bei der konstituierenden Versammlung ist sodann die Anmeldung in das Handelsregister vorzunehmen, damit durch die Eintragung (wie gesagt) die Persönlichkeit erworben werden kann. Der **Zweck** der Eintragung besteht in der Offenlegung der das Publikum berechtigterweise interessierenden Verhältnisse der Genossenschaft. Die mit der Eintragung in das Handelsregister verbundene *Kontrolle* (Art. 940) durch den Handelsregisterführer und das

1. Abschnitt: Begriff und Errichtung 1–3 Art. 836

EHRA (Art. 31 ff. HRegV) trägt im Übrigen dazu bei, Mängel des Gründungsvorgangs zu entdecken und allenfalls eine mangelhafte Entstehung der Genossenschaft zu verhindern.

Genügt eine Anmeldung den gesetzlichen Anforderungen nicht, so hat der Handelsregisterführer diese abzuweisen (BK-FORSTMOSER, N 34). Wird eine Eintragung in das Handelsregister nicht von den Handelsregisterbehörden, sondern von Dritten beanstandet, so schreibt Art. 162 f. HRegV das weitere Vorgehen vor, damit bei gegebenen Voraussetzungen eine Registersperre erreicht werden kann. 2

Art. 835 bestimmt den **Ort** der Eintragung. Die Anmeldung hat bei demjenigen Handelsregister zu erfolgen, das entsprechend den gestützt auf Art. 927 erlassenen kant. Bestimmungen für den Ort zuständig ist, der von den Statuten der Genossenschaft als Sitz (Art. 832 Ziff. 1) bezeichnet wird (vgl. ZK-GUTZWILLER, N 6). 3

Art. 835 wurde anlässlich der Revision des GmbH-Rechts substantiell gekürzt. Nur Abs. 1, der den Ort der Eintragung bestimmt, blieb erhalten. Die bisherigen Abs. 2–4, welche die Zuständigkeit für die Anmeldung und deren Unterzeichnung regelten sowie eine unvollständige Aufzählung der mit der Anmeldung einzureichenden Belege enthielten, wurden ersatzlos gestrichen (Botschaft GmbH, 3235). Die neuen Regeln für die Anmeldung der Genossenschaft im Handelsregister finden sich in der rev. HRegV in den Art. 15 ff. und 84 ff. 4

Art. 836

2. Zweigniederlassungen	Zweigniederlassungen sind ins Handelsregister des Ortes einzutragen, an dem sie sich befinden.
2. Succursales	Les succursales doivent être inscrites au registre du commerce du lieu où elles sont situées.
2. Succursali	Le succursali devono essere iscritte nel registro di commercio del luogo in cui si trovano.

I. Allgemeines

Art. 836 erhielt im Rahmen der Revision des GmbH-Rechts einen völlig neuen Inhalt. Bis anhin regelte er den Inhalt der Eintragung in das Handelsregister. Neu finden sich die diesbezüglichen Bestimmungen in Art. 87 HRegV. Neu wurde in Art. 836 ein Teil des Regelungsgehalts des früheren Art. 837 übernommen. Festgehalten wird nun, dass Zweigniederlassungen ins Handelsregister des Ortes einzutragen sind, an dem sie sich befinden. 1

Der **Begriff** der Zweigniederlassung ist weder im Gesetz noch in der HRegV umschrieben (vgl. z.B. BGE 117 II 87) und ist unabhängig vom Träger der Zweigniederlassung (GAUCH, 111). Art. 935 bildet sozusagen die «*Generalnorm*» für Zweigniederlassungen. Es wird daher mit Bezug auf den Begriff der Zweigniederlassung, die Eintragungspflicht und das Eintragungsrecht sowie den Inhalt der Eintragung in das Handelsregister auf die Komm. zu Art. 935 verwiesen. 2

Die in Art. 836 festgeschriebene *Eintragungspflicht* wiederholt lediglich das bereits generell in Art. 935 Abs. 1 festgehaltene Prinzip. Zum genauen Inhalt der Anmeldung, den einzureichenden Belegen und zum Inhalt des Eintrags s. Art. 109 ff. HRegV. 3

Franz Schenker

II. Die Zuständigkeit zur Anmeldung der Zweigniederlassung

4   Die neue HRegV regelt die Zuständigkeit zur Anmeldung einer Zweigniederlassung rechtsformübergreifend: für die Anmeldung ist eine zeichnungsberechtigte Person zuständig, die am Sitz der Hauptniederlassung oder der Zweigniederlassung im Handelsregister eingetragen ist (Art. 17 Abs. 1 lit. h HRegV).

III. Der Gerichtsstand für Zweigniederlassungen

5   Mit dem Inkrafttreten des BG über den Gerichtsstand in Zivilsachen (GestG) am 1.1.2001 wurde der bisherige Abs. 3 von Art. 837 aufgehoben. Diese Bestimmung hatte vorgesehen, dass die Eintragung einer Zweigniederlassung neben dem Gerichtsstand des Gesellschaftssitzes auch einen Gerichtsstand an Ort der Zweigniederlassung für Klagen aus ihrem Geschäftsbetrieb begründete. Ersetzt wurde die Bestimmung durch **Art. 5 GestG.** Diese neue Bestimmung ordnet nun unter dem Titel «Niederlassung» generell an, dass für Klagen aus dem Betrieb einer geschäftlichen und beruflichen Niederlassung oder einer Zweigniederlassung das Gericht am Wohnsitz oder Sitz der beklagten Partei oder am Ort der Niederlassung zuständig ist. Die h.L. nimmt an, dass bei gegebenen Voraussetzungen für eine Zweigniederlassung der Gerichtsstand am Ort der Zweigniederlassung auch dann besteht, wenn die Zweigniederlassung nicht im Handelsregister eingetragen ist (GestG Kommentar-MÜLLER, Art. 5 N 23; BSK GestG-INFANGER, Art. 5 N 13; im gleichen Sinne wohl auch Berner GestG-Kommentar-SOLDATI, Art. 5 N 13 f.).

6   Das Bestehen eines besonderen Gerichtsstandes ist nicht die einzige Rechtsfolge des Bestehens einer Zweigniederlassung. Zu erwähnen ist, dass *Vollmachten und Vertretungsrechte* auf den Geschäftskreis einer Zweigniederlassung limitiert werden können (Art. 899 Abs. 2) und dass die Zweigniederlassung *Erfüllungsort* für Verträge ist, die im Bereich ihrer Geschäftstätigkeit abgeschlossen wurden (BK-FORSTMOSER, N 35). Zu bemerken ist jedoch, dass der Bestand einer Zweigniederlassung einer schweizerischen Genossenschaft keinen Einfluss auf den **Betreibungsort** der Genossenschaft hat (vgl. Art. 46 Abs. 2 SchKG; ZK-GUTZWILLER, N 14; VON STEIGER, Genossenschaftsrecht, 108); d.h. der Sitz der Gesellschaft ist stets Betreibungsort auch für Verbindlichkeiten aus dem Betrieb der Zweigniederlassung.

Art. 837

3. Verzeichnis der Genossenschafter	**Genossenschaften, deren Statuten eine persönliche Haftung oder Nachschusspflicht vorsehen, müssen dem Handelsregisteramt ein Verzeichnis der Genossenschafter einreichen. Dieses wird nicht ins Handelsregister eingetragen, steht jedoch zur Einsicht offen.**
3. Liste des associés	Une liste des associés doit être déposée à l'office du registre du commerce par les sociétés coopératives dont les membres sont personnellement responsables ou tenus d'effectuer des versements supplémentaires. Elle n'est pas inscrite au registre du commerce, mais peut être consultée par chacun.
3. Elenco dei soci	Le società cooperative i cui soci sono personalmente responsabili o tenuti a effettuare versamenti suppletivi devono consegnare un elenco dei soci all'ufficio del registro di commercio. Tale elenco non è iscritto nel registro di commercio, ma può essere consultato da chiunque.

1. Abschnitt: Begriff und Errichtung **Art. 838**

I. Allgemeines

Der Regelungsgehalt von Art. 837 wurde anlässlich der Revision des GmbH-Rechts geändert. Bis anhin bezog sich dieser Artikel auf die Eintragungspflicht von Zweigniederlassungen im Handelsregister (s. dazu neu Art. 836). 1

Vor dem Inkrafttreten der Revision des GmbH-Rechts ordnete Art. 835 Abs. 4 an, dass dem Handelsregister mit der Anmeldung ein Verzeichnis der Genossenschafter beizulegen ist, wenn es sich um eine Genossenschaft mit unbeschränkter oder beschränkter persönlicher Haftbarkeit oder mit Nachschusspflicht der Genossenschafter handelt. Diese Vorschrift ist im neuen Art. 837 wieder aufgenommen worden (Botschaft GmbH, 3236). Das einzureichende Verzeichnis wird nicht ins Handelsregister eingetragen, steht aber zur Einsicht offen (Botschaft GmbH, 3236). Ein besonderes Interesse muss dafür nicht nachgewiesen werden (CHK-COURVOISIER, N 2). 2

Art. 838

V. Erwerb der Persönlichkeit

¹ **Die Genossenschaft erlangt das Recht der Persönlichkeit erst durch die Eintragung in das Handelsregister.**

² **Ist vor der Eintragung im Namen der Genossenschaft gehandelt worden, so haften die Handelnden persönlich und solidarisch.**

³ **Wurden solche Verpflichtungen ausdrücklich im Namen der zu bildenden Genossenschaft eingegangen und innerhalb einer Frist von drei Monaten nach der Eintragung in das Handelsregister von der Genossenschaft übernommen, so werden die Handelnden befreit, und es haftet die Genossenschaft.**

V. Acquisition de la personnalité

¹ La société n'acquiert la personnalité que par son inscription sur le registre du commerce.

² Les actes faits au nom de la société avant l'inscription entraînent la responsabilité personnelle et solidaire de leurs auteurs.

³ Toutefois, lorsque des obligations expressément contractées au nom de la future société ont été assumées par elle dans les trois mois à dater de son inscription, les personnes qui les ont contractées en sont libérées, et la société demeure seule engagée.

V. Acquisto della personalità

¹ La società acquista la personalità giuridica soltanto con la iscrizione nel registro di commercio.

² Coloro che hanno agito in nome della società prima della sua iscrizione nel registro di commercio sono responsabili personalmente ed in solido.

³ Se tuttavia siffatte obbligazioni furono espressamente contratte in nome della società cooperativa da costituire e se la società le assume nel termine di tre mesi dall'iscrizione nel registro di commercio, coloro che le hanno contratte ne sono liberati e la sola società ne è responsabile.

Literatur

ENGEL, Die Ablehnung der Einführung einer Auflösungsklage im Genossenschaftsrecht als Sanktion gegen Mängel des Gründungsvorganges, Diss. Basel 1954; KICK, Die verbotene juristische Person, Diss. Freiburg 1993; MEISTERHANS, Verzögerte Publikation von Handelsregistereinträgen, JBHReg 1992, 33 ff.; VOGT, Die Zustimmung Dritter zum Rechtsgeschäft, Diss. Zürich 1982.

I. Konstitutive Wirkung der Eintragung

1 Nach Abs. 1 erlangt die Genossenschaft das Recht der Persönlichkeit erst durch die Eintragung in das Handelsregister (VON STEIGER, Genossenschaftsrecht, 107). Vorher besteht keine Genossenschaft (zum Statut der Genossenschaft in Gründungsstadium s. REYMOND, 28 f., m.w.H.); erst der Registereintrag verschafft der Genossenschaft die **Rechtsfähigkeit** (zu deren Inhalt vgl. Art. 53 ZGB; ZK-GUTZWILLER, N 5 ff.). Gemeinhin wird daher von der «konstitutiven» Wirkung des Registereintrags gesprochen (vgl. z.B. BK-FORSTMOSER, N 12).

2 Die Anmeldung wird vom Registerführer geprüft und sodann, wenn er keine Beanstandungen vorzunehmen hat, unverzüglich in das Tagebuch aufgenommen (Art. 940 OR; Art. 8, 28 HRegV). Der Eintrag ist elektronisch dem EHRA zu übermitteln, das die Eintragung wiederum überprüft (Art. 31 f. HRegV). Dieses ordnet sodann die Publikation im SHAB an (Art. 113 ff. HRegV; zum Vorgehen bei Verweigerung der Genehmigung des EHRA s. Art. 33 HRegV). In der Zeit zwischen dem Eintragungsdatum im Tagebuch und der Publikation befindet sich das Rechtsgeschäft gewissermassen «in der Schwebe» (vgl. zum Ganzen MEISTERHANS, 33 ff.). Vorausgesetzt, dass die Genehmigung durch das EHRA erteilt wird, beginnen die gesellschaftsinternen Wirkungen der Eintragung mit dem Zeitpunkt der Einschreibung der Anmeldung in das Tagebuch (Art. 932 Abs. 1; REYMOND, 46); extern, d.h. gegenüber Dritten, wird eine Eintragung erst an dem auf die Publikation im SHAB folgenden Werktage wirksam (Art. 932 Abs. 2; vgl. ZK-GUTZWILLER, N 4; REYMOND, 46).

II. Heilung bei einer Eintragung trotz fehlenden Voraussetzungen?

3 Entdeckt der Handelsregisterführer bei seiner Prüfung (Art. 940), dass die gesetzlichen Voraussetzungen für die Eintragung nicht erfüllt sind, so hat er die Anmeldung zurückzuweisen (vgl. z.B. BK-FORSTMOSER, N 17). Mangels Eintragung kommt die Genossenschaft trotz Anmeldung (vorläufig, d.h. bis zur Eintragung nach Behebung des Beanstandungsgrundes) nicht zum Entstehen. Trotz der handelsregisterlichen Prüfung (die allerdings beschränkt ist, vgl. die Komm. zu Art. 940), lässt es sich in der Praxis nicht vermeiden, dass Genossenschaften in das Handelsregister eingetragen werden, welche die gesetzlichen Voraussetzungen für eine Eintragung nicht erfüllen. Für das Aktienrecht ordnet Art. 643 Abs. 2 an, dass die Rechtspersönlichkeit solcher Gesellschaften trotz Verletzung von Vorschriften entsteht. Man spricht gemeinhin von der *heilenden Wirkung* der Eintragung (vgl. z.B. BGE 112 II 6 f.; 110 Ib 109; 107 Ib 15, 189; FORSTMOSER/MEIER-HAYOZ/NOBEL, 164; FORSTMOSER, Aktienrecht, 376; MEISTERHANS, 36; PATRY, SPR VIII/1, 149; VON GREYERZ, 98), wobei zu beachten ist, dass der Mangel durch die Eintragung nicht wirklich geheilt wird, sondern dass der Rechtsschein aus Gründen des Verkehrsschutzes gewahrt wird (vgl. MEISTERHANS, 36; BÖCKLI, 101). Die Heilung soll die Interessen Dritter schützen, die mit der eingetragenen Gesellschaft Geschäftsbeziehungen aufgenommen haben (vgl. PATRY, SPR VIII/1, 149). Das Genossenschaftsrecht enthält keine ausdrückliche, Art. 643 Abs. 2 entsprechende Regel. Die Lehre ist sich indessen heute darüber einig, dass die Eintragung der Genossenschaft in das Handelsregister ebenfalls heilende Wirkung hat (BK-FORSTMOSER, N 18 m.w.Nw.; VON STEIGER, Genossenschaftsrecht, 21, 107; REYMOND, 46). Trotz der Heilung sind die *Mängel* grundsätzlich zu *beheben* (vgl. im Einzelnen BK-FORSTMOSER, N 19; CHK-COURVOISIER, N 3).

4 Bei *redaktionellen Versehen des Handelsregisteramtes* beim Eintrag oder bei der Publikation im SHAB sind die Mängel zu berichtigen und die korrigierten Eintragungen

nochmals zu veröffentlichen; für allfälligen Schaden können die Handelsregisterbehörden haftbar werden (Art. 928; vgl. FORSTMOSER, Aktienrecht, 379).

III. Auflösungsklage wegen Gründungsmängeln?

Im Aktienrecht enthalten Art. 643 Abs. 3 und 4 ein Auflösungsklagerecht der Gläubiger und Aktionäre als Korrektiv zur generellen Heilungswirkung der Handelsregistereintragung gem. Art. 643 Abs. 2. Der Gesetzeswortlaut enthält für die Genossenschaft indessen kein entsprechendes Auflösungsklagerecht. In der Lehre wird die analoge Anwendung von Art. 643 Abs. 3 und 4 für die Genossenschaft mehrheitlich abgelehnt (BK-FORSTMOSER, N 22; ENGEL, 93 ff.; GERWIG, 192 f.; VON STEIGER, Genossenschaftsrecht, 148 f.). In der Praxis dürfte die Frage indessen nicht bedeutsam sein, weil die Auflösungsklage selbst im Aktienrecht kaum je angehoben wird (vgl. FORSTMOSER, Aktienrecht, 380; VON GREYERZ, 281; s.a. REYMOND, 46 f.).

Anstelle der Auflösungsklage wird von einem Teil der Lehre vorgeschlagen, Art. 891 (betr. eine Klage auf Anfechtung von Generalversammlungsbeschlüssen) auch auf den Gründungsbeschluss anzuwenden (z.B. BK-FORSTMOSER, N 23; VON STEIGER, Genossenschaftsrecht, 148 f.; CHK-COURVOISIER, N 4; OR-Handkommentar-VON WATTENWYL, N 4; s. mit Einschränkungen auch REYMOND, 42 f.; **a.M.** ZK-GUTZWILLER, N 12). BK-FORSTMOSER (N 23) macht jedoch zu Recht darauf aufmerksam, dass die «behelfsmässige» Anwendung von Art. 891 nur dann zur Auflösung der Genossenschaft führen kann, wenn der angefochtene Beschluss die Grundlagen der Konstituierung betrifft; war eine Konstituierung aber auch ohne den betreffenden Beschluss möglich (z.B. weil an seiner Stelle Gesetzesrecht tritt), ist lediglich der Beschluss aufzuheben, die Gründung selbst aber bleibt gültig.

IV. Nichtigkeit der Genossenschaft bei schwerwiegenden Mängeln?

Der Gesetzestext enthält keinen Hinweis darauf, dass bei gewissen schwerwiegenden Gründungsmängeln die Nichtigkeit der Genossenschaft anzunehmen sei. Nach der Lehre ist indessen ausnahmsweise, beim *Fehlen absolut unentbehrlicher Voraussetzungen,* Nichtigkeit anzunehmen (BK-FORSTMOSER, N 25; OR-Handkommentar-VON WATTENWYL, N 5; CHK-COURVOISIER, N 5). Diese Rechtslage entspricht derjenigen bei der AG und der GmbH (vgl. die Komm. zu Art. 643 und 779).

Art. 52 Abs. 3 ZGB hält fest, dass Personenverbindungen und Anstalten zu unsittlichen oder widerrechtlichen Zwecken das Recht der Persönlichkeit nicht erlangen können. In Lehre und Rechtsprechung besteht eine Kontroverse darüber, ob eine AG mit unsittlichem oder widerrechtlichem Zweck ebenfalls von Art. 52 Abs. 3 ZGB erfasst wird, sodass die Nichtigkeit ab initio anzunehmen ist, oder ob der Registereintrag trotz Art. 52 Abs. 3 ZGB eine Heilung gem. Art. 643 Abs. 2 OR bewirkt (vgl. im Einzelnen Art. 643 N 12 m.w.Nw.). In der Literatur zur Genossenschaft wird festgehalten, dass eine Genossenschaft mit widerrechtlichem, unsittlichem Zweck ab initio nichtig sei (BK-FORSTMOSER, N 25; vgl. auch ZK-GUTZWILLER, N 10; REYMOND, 13). Da in diesem Zusammenhang kein sachlich begründeter Unterschied zwischen einer AG und einer Genossenschaft besteht, ist anzunehmen, dass das BGer seine Rechtsprechung zu einer AG mit widerrechtlichem resp. unsittlichem Zweck auch auf eine Genossenschaft anwenden würde (vgl. BGE 112 II 6 f.; 110 Ib 109; 107 Ib 15, 189). Zu beachten ist indessen, dass die bundesgerichtliche Rechtsprechung bei der Lehre auf Widerspruch gestossen ist (vgl. FORSTMOSER, Aktienrecht, 387; MEIER-HAYOZ/FORSTMOSER, 15;

FORSTMOSER/MEIER-HAYOZ/NOBEL, 159; VON STEIGER, 131; vgl. zudem Art. 643 N 11).

V. Handlungen im Namen der noch nicht eingetragenen Genossenschaft

9 Wer vor der Eintragung der Genossenschaft in deren Namen handelt, haftet nach Art. 838 Abs. 2 für die dabei begründeten Verpflichtungen persönlich. Ohne Mitwirkung von aussen (d.h. «automatisch») tritt die Befreiung der gem. Art. 838 Abs. 2 Haftenden ein, wenn die Gesellschaft binnen drei Monaten nach ihrer Eintragung das Rechtsgeschäft übernimmt (Art. 838 Abs. 3). Die Bestimmungen von Abs. 2 und Abs. 3 entsprechen Art. 645 (mit der unbedeutenden Ausnahme, dass in Art. 645 von «Eintragung in das Handelsregister» gesprochen wird, während in Art. 838 bloss von «Eintragung» die Rede ist). Da auch materiell in diesem Zusammenhang kein Unterschied zwischen der Genossenschaft und der AG besteht, kann auf die Komm. zu Art. 645 verwiesen werden.

10 Eine besondere Bemerkung ist lediglich mit Bezug auf die Zuständigkeit zur Übernahme des Geschäftes seitens der Genossenschaft zu machen: Diese bestimmt sich intern nach den Statuten, Reglementen und Beschlüssen der Genossenschaft. Mangels abweichender Ordnung ist hierzu die Verwaltung der Genossenschaft kompetent (Art. 902).

Zweiter Abschnitt: Erwerb der Mitgliedschaft

Art. 839

A. Grundsatz

¹ In eine Genossenschaft können jederzeit neue Mitglieder aufgenommen werden.

² **Die Statuten können unter Wahrung des Grundsatzes der nicht geschlossenen Mitgliederzahl die nähern Bestimmungen über den Eintritt treffen; sie dürfen jedoch den Eintritt nicht übermässig erschweren.**

A. En principe

¹ La société peut en tout temps recevoir de nouveaux membres.

² Les statuts peuvent, sous réserve de ce qui est prescrit quant au nombre variable des associés, régler les conditions particulières de l'admission; ces conditions ne doivent pas rendre l'entrée onéreuse à l'excès.

A. Regola fondamentale

¹ In una società cooperativa si possono sempre ammettere nuovi soci.

² Lo statuto può contenere più precise disposizioni sull'ammissione, ritenuto tuttavia ch'esse non devono ledere il principio della variabilità del numero dei soci né rendere l'ammissione eccessivamente onerosa.

Literatur

BÜHLER, Zum Prinzip der offenen Tür bei der Genossenschaft, SJZ 1971, 54 ff.; BIERI, Der Mitgliedschaftswechsel in der landwirtschaftlichen Genossenschaft nach Art. 850 rev. OR, Diss. Bern 1946; BÜRGISSER, Der Erwerb der Mitgliedschaften bei Genossenschaften, Diss. Basel 1942; GERBER, Die Genossenschaft als Organisationsform von Mittel- und Grossunternehmen, Bern 2003, ASR 677; JUNG, Über das Prinzip der offenen Türe im Recht der Verbände, Diss. Bern 1956; MONNIER, De l'entrée dans une société coopérative en droit positif anglais, allemand, français et suisse, Diss. Neuchâtel 1957; MONTAVON, SCOOP: société coopérative, Lausanne, 1999 (Ed.jur.

2. Abschnitt: Erwerb der Mitgliedschaft   1–5 **Art. 839**

AMC:IREF XXVII); MOSER, Wohnbaugenossenschaften, Diss. Zürich, 1978 (SSHW 25); ÖHEN, Zur Rechtsstellung eines Genossen, dessen Kündigung nicht in die Liste der Genossen eingetragen wurde, nach schweizerischem Recht, ZfgG 1969, 13 ff.; PATRY, La qualité d'associé dans la société coopérative, in: Cinquième Journée juridique, 1966, 7 ff.; STIEHLE, Der Eintritt in die Genossenschaft und die daran geknüpften Rechte und Pflichten, Diss. Bern 1947; WINKLER, Die Begründung und Beendigung der Mitgliedschaft in der Genossenschaft nach schweizerischem OR, Diss. Basel 1948 (masch.geschr.).

I. Normzweck

Art. 839 konkretisiert seinem Wortlaut nach den genossenschaftlichen Grundsatz der nichtgeschlossenen Mitgliederzahl. In die Genossenschaft sollen jederzeit neue Mitglieder aufgenommen werden können. Die Bestimmung enthält in Abs. 2 einen ausdrücklichen Vorbehalt zugunsten des Art. 828 *(Prinzip der offenen Türe)* und verbietet, die Aufnahme neuer Mitglieder durch übermässige Eintrittsvoraussetzungen zu erschweren. 1

Die Bestimmung ist eine Anweisung an die Genossenschaft (BK-FORSTMOSER, N 9). Die Genossenschaft muss in ihren Statuten, Reglementen und Beschlüssen diesem Ordnungsprinzip bei der Regelung der Beitrittsvoraussetzungen entsprechen. 2

Nach h.L. und Rechtsprechung verschafft Art. 839 dem Aussenstehenden **keinen klagbaren Anspruch** auf Aufnahme, selbst wenn er die statutarischen Eintrittsvoraussetzung erfüllt (BK-FORSTMOSER, N 9 ff. m.Nw.; GUHL-DRUEY, 836; REYMOND, 80 m.Nw.; CHK-COURVOISIER, N°2; BGE 4C.350/2003, E. 3; 118 II 437; 98 II 221 f.; offen gelassen in BGE 86 II 386). Für die Genossenschaft besteht **keine gesetzliche Aufnahmepflicht.** 3

Die Art. 839 bis 841 regeln den Beitritt in die Genossenschaft allgemein, aber nicht vollständig. Weitere gesetzliche Bestimmungen über den Erwerb der Mitgliedschaft enthalten: 4

- Art. 834 Abs. 4, Erwerb der Mitgliedschaft vor der Eintragung der Genossenschaft im Handelsregister;
- Art. 847 Abs. 2 und 3, Erbrechtlicher Übergang der Mitgliedschaftsrechte;
- Art. 849 Abs. 3, Vertragliche Übernahme der Mitgliedschaft;
- Art. 850, Übertragung von Mitgliedschaftsrechten bei Grundstücken und wirtschaftlichen Betrieben;
- Art. 875, Eintritt in eine Genossenschaft mit persönlicher Haftung oder mit Nachschusspflicht;
- Art. 4 Abs. 2 und Art. 6 Abs. 1 KVG für die soziale Krankenversicherung.

II. Rechtsschutz

Die **Statuten** können ein subjektives Beitrittsrecht Aussenstehender begründen (F. VON STEIGER, Genossenschaftsrecht, 24). Ob auf ein solches Recht ausnahmsweise geschlossen werden kann, wenn in den Statuten für den Eintritt die blosse Beitrittserklärung nach Art. 840 Abs. 3 genügt, wie FORSTMOSER annimmt, ist fraglich (BK-FORSTMOSER, Art. 840 N 28, Art. 839 N 19 f.). Auch der abgewiesene Bewerber, der die statutarischen Eintrittsvoraussetzungen erfüllt, kann einen Entscheid der Verwaltung oder der GV nicht gerichtlich anfechten (GUHL-DRUEY, 836; BGE 98 II 230; 118 II 439 f.). In der konkreten Ausgestaltung erweist sich das Prinzip der offenen Tür als *lex imperfecta* (BK-FORSTMOSER, N 24; REYMOND, 81). 5

Alfred Schwartz

6 Ein **Beschluss der GV,** der Art. 839, ein statutarisches Beitrittsrecht oder eine statutarische Beitrittsvoraussetzung verletzt, kann durch einen *Genossenschafter* nach Art. 891 angefochten werden. In Anbetracht der Möglichkeit, ein Aufnahmegesuch selbst ohne Begründung abzulehnen (N 14), und der Möglichkeit der Mehrheit der Genossenschafter, jederzeit Statutenänderungen zu beschliessen, dürfte das Interesse an einer solchen Anfechtungsklage fehlen (GUHL-DRUEY, 837).

7 Gewähren die Statuten gegen die Abweisung eines Aufnahmegesuches durch die Verwaltung eine **Rekursmöglichkeit** an die GV, kann der abgewiesene Bewerber einen Entscheid der GV verlangen. Andernfalls ist der Entscheid endgültig (BK-FORSTMOSER, Art. 840 N 26).

8 Ein Teil der Doktrin hält dafür, dass Statuten, die Art. 839 verletzen, vom **Handelsregisterführer** zurückzuweisen sind (BK-FORSTMOSER, N 22 m.Nw.; GERWIG, 234; REYMOND, 81).

9 Eine Pflicht zur Aufnahme eines Bewerbers kann sich aus **Spezialgesetzen des Bundes** (Art. 7 und 13 KG; BGE 108 II 12, 82 II 292; ZBJV 1994, 103) ergeben und besteht in der obligatorischen Krankenversicherung (Art. 4 Abs. 2 KVG). Genossenschaften des kantonalen Rechtes (Art. 59 Abs. 3 ZGB) können kantonale privat- oder öffentlichrechtliche Vorschriften für den Erwerb der Mitgliedschaftsrechte vorsehen (JAGMETTI, SPR I, 259 ff.; VGer SZ, ZBl 1991, 507 f.).

10 Ein Nichtaufnahmeentscheid der Genossenschaft kann **rechtsmissbräuchlich sein** (Art. 2 Abs. 2 ZGB) oder gegen das Recht der Persönlichkeit (Art. 28 Abs. 1 ZGB) verstossen (BGE 69 II 45; HEFTI, Der Anspruch des Aussenseiters auf Kartellmitgliedschaft, 1956, 16 ff.; BÜHLER, SJZ 1971, 56). In jedem Fall keinen Anspruch auf Aufnahme hat, wer Ziele verfolgt, die den Genossenschaftsinteressen ganz oder teilweise widersprechen (BGE 86 II 368).

III. Beitrittsvoraussetzungen. Übermässige Eintrittserschwerungen

1. Beitrittsvoraussetzungen

11 a) Art. 839 Abs. 2 bestimmt dem Wortlaut nach, dass die Aufnahme von der **Erfüllung statutarischer Eintrittsbedingungen** abhängig gemacht werden kann. Die Statuten können Erfordernisse sachlicher oder persönlicher Art festlegen (Wohnsitz, Konfession, Alter, Beruf, Religionszugehörigkeit, Mieter oder Käufer einer Genossenschaftswohnung, Gesellschaftsform, Anerkennung der Statuten; weitere Beispiele bei GERBER, § 6 und ZK-GUTZWILLER, N 8 f.). Auch finanzielle Eintrittsleistungen können vorgeschrieben sein. Bei Genossenschaften mit Anteilkapital ergibt sich die finanzielle Leistungspflicht zwingend aus Art. 853 Abs. 1 (BK-FORSTMOSER, N 29). Die Eintrittsbedingungen in den Statuten, insb. auch die finanziellen Leistungspflichten, *«dürfen jedoch den Eintritt nicht übermässig erschweren»* (Abs. 2) oder überhaupt verunmöglichen (BGE 82 II 307).

12 b) Nach unbestrittener Lehre wird nicht verlangt, dass die Eintrittsbedingungen vollständig in den Statuten aufgeführt sind. Eintrittsvoraussetzungen können sich schon aus der Tätigkeit und der Zielsetzung der Gesellschaft ergeben (BÜHLER, SJZ 1971, 54; GERWIG, 231; BK-FORSTMOSER, N 27; REYMOND, 81).

2. Abschnitt: Erwerb der Mitgliedschaft   **Art. 840**

2. Verbot der übermässigen Erschwerung

Die statutarischen Eintrittsbedingungen dürfen keinen faktischen Numerus clausus ein- 13
führen (BK-FORSTMOSER, N 32; GERWIG, 232; JUNG, 77; BGE 69 II 45). Für die Beurteilung der Übermässigkeit kommt es auf den konkreten Einzelfall an (BGE 118 II 439)
und auf die Summe der Belastungen durch sämtliche Eintrittsvoraussetzungen (ZK-
GUTZWILLER, N 21; BK-FORSTMOSER, N 33).

Die Zulässigkeit einer **Ablehnung ohne Begründung** ist in der Literatur umstritten 14
(gegen die Zulässigkeit: GERWIG, 234; REYMOND, 82; für Zulässigkeit: CAPITAINE,
SJK 1156, 2). Die Ablehnung ohne Grundangabe ist von der Ablehnung aus beliebigen
und willkürlichen Gründen zu unterscheiden. Nachdem Beitrittswillige keinen klagbaren Anspruch auf Eintritt besitzen, erscheinen Statutenbestimmungen, die eine Ablehnung ohne Begründung vorsehen, zulässig (BK-FORSTMOSER, N 35).

IV. Prozessuales

Der Prozess um die Mitgliedschaft bei einer Genossenschaft war in Rechtsprechung des 15
BGer zum OG anfänglich nicht vermögensrechtlicher Natur (BGE 66 II 46; 80 II 75;
98 II 223). In neueren Entscheiden wurde im Hinblick auf die wirtschaftlichen Interessen der Genossenschaft die Frage offen gelassen (BGE 4C.350/2002 vom 25.2.2003 in:
SJ 2003 I, 577; BGE 108 II 79; 118 II 437).

Das Rechtsschutzverfahren bei Krankenversicherern nach KVG richtet sich nach den 16
Bestimmungen des ATSG (Art. 1 KVG) und Art. 85 f. KVG.

Art. 840

B. Beitritts-	**¹ Zum Beitritt bedarf es einer schriftlichen Erklärung.**
erklärung	**² Besteht bei einer Genossenschaft neben der Haftung des Genossenschaftsvermögens eine persönliche Haftung oder eine Nachschusspflicht der einzelnen Genossenschafter, so muss die Beitrittserklärung diese Verpflichtungen ausdrücklich enthalten.**
	³ Über die Aufnahme neuer Mitglieder entscheidet die Verwaltung, soweit nicht nach den Statuten die blosse Beitrittserklärung genügt oder ein Beschluss der Generalversammlung nötig ist.
B. Déclaration d'entrée	¹ Celui qui désire acquérir la qualité d'associé doit présenter une déclaration écrite.
	² Lorsque la société est de celles qui, en dehors de la responsabilité frappant la fortune sociale, imposent à leurs membres une responsabilité personnelle ou des versements supplémentaires, la déclaration d'entrée n'est valable que si le candidat accepte expressément ces obligations.
	³ L'administration prononce sur l'admission de nouveaux sociétaires, à moins que les statuts ne disposent qu'une déclaration d'entrée est suffisante, ou n'exigent une décision de l'assemblée générale.
B. Dichiarazione d'ingresso	¹ Chi vuol acquistare la qualità di socio deve presentare una dichiarazione scritta.

² Nelle società cooperative, nelle quali, oltre alla responsabilità del patrimonio sociale, esiste una responsabilità personale dei singoli soci o un loro obbligo d'eseguire versamenti suppletivi, la dichiarazione d'ingresso deve contenere l'espressa assunzione di questi obblighi.

³ Sull'ammissione di nuovi soci decide l'amministrazione, eccetto che secondo lo statuto sia sufficiente la dichiarazione d'ingresso o necessaria una deliberazione dell'assemblea generale.

Literatur

Vgl. die Literaturhinweise zu Art. 839.

I. Beitrittserklärung

1 Zum Beitritt zu einer Genossenschaft bedarf es eines schriftlichen **Beitrittsgesuches** und i.d.R. eines **Aufnahmeentscheides** des zuständigen Genossenschaftsorgans.

2 Genossenschaften mit persönlicher Haftung oder Nachschusspflicht der Mitglieder müssen auf die finanziellen Verpflichtungen ausdrücklich hinweisen.

3 Die Beitrittserklärung stellt eine empfangsbedürftige **Offerte** an die Genossenschaft dar, deren Akzept durch den Aufnahmeentscheid erfolgt (BK-FORSTMOSER, N 8; NIGG, 71).

4 Gesetzliche Ausnahmen vom Erfordernis der schriftlichen Beitrittserklärung finden sich in:

– Art. 834 Abs. 4 (Erwerb vor der Eintragung der Genossenschaft);
– Art. 841 Abs. 1 (Versicherungsgenossenschaften);
– Art. 847 Abs. 2 (Erbrecht);
– Art. 849 Abs. 3 (Vertragsverhältnisse);
– Art. 850 Abs. 2 und 3 (Grundstückveräusserung);
– Begründung der Mitgliedschaft bei Fusionen (FusG);
– Art. 6 Abs. 2 KVG (Soziale Krankenversicherung).

5 Art. 840 Abs. 1 und 2 enthalten *Minimalvorschriften*. Die Statuten können strengere Anforderungen vorsehen; ein **Verzicht** auf die schriftliche Beitrittserklärung ist, von den in N 4 erwähnten Ausnahmen abgesehen, ausgeschlossen (BK-FORSTMOSER, N 14; ZK-GUTZWILLER, N 6).

6 Die schriftliche Erklärung ist **Gültigkeitserfordernis** für den Beitritt. Fehlt sie, entsteht das Mitgliedschaftsverhältnis grundsätzlich nicht (GERWIG, 235; F. VON STEIGER, Genossenschaftsrecht, 64; BK-FORSTMOSER, N 15). Die Beitrittserklärung ist bedingungsfeindlich (BK-FORSTMOSER, N 11).

7 Art. 840 ist ein Anwendungsfall von Art. 11 Abs. 2 und **Formungültigkeit hat** absolute oder relative Nichtigkeit der Beitrittserklärung zur Folge (N 10, 16).

II. Einfache Schriftlichkeit (Abs. 1)

8 Der Beitritt erfordert eine Erklärung in Schriftform und Unterzeichnung des Schriftstücks nach Art. 13–15 (vgl. dazu GAUCH/SCHLUEP/SCHMID/REY, N 503 ff.; BSK OR I-SCHWENZER, Art. 13, N 3 f.). Abs. 1 verlangt *kein förmliches* Beitrittsgesuch; die Unter-

2. Abschnitt: Erwerb der Mitgliedschaft 9–13 Art. 840

zeichnung der Statuten, eines Anteilscheines oder die unterschriftliche Eintragung in eine Mitgliederliste reichen aus (BGE 56 II 298 f.; ZBJV 1936, 193; NIGG, 71 m.Nw.). Entsprechend der allgemeinen Regel in Art. 13 ist in diesen Aufzeichnungen die Verurkundung der bedingungslosen Beitrittserklärung in die Genossenschaft enthalten. Die Formvorschrift hat eine Warnfunktion und dient der Klarstellung. Der Beitretende soll vor unüberlegter Handlungsweise gewarnt und in Bezug auf die Mitgliedschaft soll eine klare Rechtslage geschaffen werden (BGE 56 II 298; NIGG, 71 m.Nw.).

Das Beitrittsgesuch kann auch ein **Vertreter** unterschreiben, obwohl dies in Art. 840 und Art. 13 nicht eigens erwähnt wird (BK-FORSTMOSER, N 10; REYMOND, 83; offen gelassen in BGE 56 II 299). Eine statutarische Grundlage braucht es dafür nicht (**a.M.** F. VON STEIGER, Genossenschaftsrecht, 64). 9

Das **Fehlen** der schriftlichen Beitrittserklärung lässt das Mitgliedschaftsverhältnis grundsätzlich nicht entstehen (N 6). Trotz fehlender formgültiger Beitrittserklärung kann der Eintritt bei doloser Herbeiführung, bei eventualvorsätzlicher Inkaufnahme des Formmangels, bei irrtumsfreier Ausübung von Mitgliedschaftsrechten und Mitgliedschaftpflichten über eine längere Zeitdauer rechtsgültig werden (NIGG, 73 f.; BK-FORSTMOSER, N 16; GERWIG, 236; ZK-GUTZWILLER, N 8). Auch der Grundsatz, wonach jener, der den Vertrag in Unkenntnis des Formmangels oder seiner Folgen abgeschlossen und freiwillig erfüllt hat, nicht gegen das Rechtsmissbrauchsverbot verstösst, wenn er die Formungültigkeit anruft, kann m.E. nicht ohne weiteres auf die formungültige Beitrittserklärung angewendet werden. Die Formvorschrift in Abs. 1 dient auch, und im Unterschied zu Abs. 2 vornehmlich, der Genossenschaft. Der Aspekt der Rechtssicherheit verlangt, dass bei länger dauernder, freiwilliger und unangefochtener Mitwirkung eine Mitgliedschaft trotz formungültigem Beitritt rechtsgültig wird. Auch die aktive Ausübung der Mitgliedschaftsrechte und -pflichten macht den Formmangel unbeachtlich oder lässt einen ungültigen Beitritt im Nachhinein gültig werden (ähnlich GERWIG, 236; BK-FORSTMOSER, N 16). Eine fallweise Würdigung aller tatsächlichen Umstände und die Abwägung der Interessen der Genossenschaft und des Betroffenen kann dabei ergeben, dass sich der Betroffene oder die Genossenschaft bei Kenntnis des Mangels nicht anders verhalten hätten (ähnlich BGE 112 II 336). 10

Ein Verlust oder nachträglicher Untergang der Beitrittsurkunde haben keine Auswirkungen auf die Mitgliedschaft. Der Beweis der Abgabe einer schriftlichen Beitrittserklärung kann mit beliebigen Beweismitteln geführt werden (SJZ 1955, 265). 11

III. Qualifizierte Schriftlichkeit (Abs. 2)

Massgebend sind der deutsche und der italienische Gesetzestext. Das Fehlen des Hinweises in einer Beitrittserklärung berührt nicht die Gültigkeit der Mitgliedschaft und den Beitritt, sondern betrifft lediglich die «Übernahme» einer statutarischen Haftung oder Nachschusspflicht (BGE 78 III 38; ZK-GUTZWILLER, N 20, NIGG, 75; Art. 869 N 9, 15; **a.M.** GERWIG, 313). 12

Die Übernahme der finanziellen Mitgliedschaftspflichten bei Genossenschaften mit persönlicher Haftung oder Nachschusspflicht bedingt eine **qualifizierte Beitrittserklärung**. Der Gesetzestext verlangt qualifizierte Schriftform. Die Qualifizierung bezieht sich auf den Inhalt des *Hinweises:* Der Übernahmewillen des Beitretenden, m.a.W. seine Verpflichtung zur persönlichen Haftung oder zur Leistung von Nachschüssen, untersteht **nicht** der qualifizierten Schriftform. Eine Beitrittserklärung i.S.v. Abs. 1 genügt, sofern der Beitretende auf die finanziellen Verpflichtungen ausdrücklich hingewiesen 13

Alfred Schwartz

wurde. Die h.L. und Rechtsprechung reduzieren damit Abs. 2 auf eine Ordnungsvorschrift. Enthält die Beitrittserklärung den vorgeschriebenen Inhalt nicht, kann der Beweis der Kenntnisgabe durch die Genossenschaft und der tatsächlichen Kenntnisnahme durch den einzelnen Genossenschafter *auch auf andere Weise* erbracht werden (BGE 78 III 38 ff.). Die Form der Kenntnisgabe unterliegt wie die Form der Kenntnisnahme von den Haftungsbestimmungen keinem Formerfordernis (BGE 78 III 40; BK-FORSTMOSER, N 21). Ein Kennenmüssen genügt dem Erfordernis des qualifizierten Hinweises nicht (BGE 78 III 40 f.; BK-FORSTMOSER, N 21). Der Schutz des Rechtsunkundigen verlangt den positiven Nachweis der Kenntnisnahme (ZK-GUTZWILLER, N 10). Der blosse Hinweis auf die Statuten ist jedenfalls ungenügend (BGE 78 III 39).

14 Diese Einschränkung der gesetzlichen Formvorschrift weckt Bedenken. Der in Abs. 2 vorgeschriebene Hinweis dient dazu, dass sich rechts- und geschäftsunkundige Personen den Risiken einer persönlichen Haftung oder Nachschusspflicht vollumfänglich bewusst werden (BK-FORSTMOSER, N 18 m.Nw. zu den Materialien; NIGG, 71). Art. 840 Abs. 2 schreibt zwar die Art, den genauen Inhalt und den Umfang des schriftlichen Hinweises nicht vor. Der konkrete Inhalt des Hinweises bestimmt sich aus dem Sinn und Schutzzweck der qualifizierten Formvorschrift. Damit auferlegt das Gesetz der Genossenschaft eine Aufklärungspflicht mit dem spezifischen Zweck, neue Mitglieder über die persönlichen Haftungsrisiken ihres Beitritts *tatsächlich und vollständig* in Kenntnis zu setzen. Dem Schutz der unbeholfenen Partei steht das allgemeine Gebot der Rechtssicherheit gegenüber (ZK-GUTZWILLER, N 8, 10). In diesem Spannungsfeld vermag ein Hinweis der gesetzlichen Formvorschrift nur dann zu genügen, wenn er die Art und den Umfang der finanziellen Verpflichtungen *genau und vollständig* umschreibt. Bei den in der Praxis überwiegenden beschränkten Haftungsverpflichtungen ist demnach im schriftlichen Hinweis der Haftungsbetrag anzugeben (ebenso NIGG, 72; BK-FORSTMOSER, N 18; REYMOND, 84).

15 Wie detailliert die Angaben zu den finanziellen Verpflichtungen in der Beitrittserklärung sein müssen, ist in der Rechtsprechung weitgehend ungeklärt. Jeder Genossenschaft mit persönlicher Haftung der Mitglieder oder mit der Verpflichtung zur Leistung von Nachschüssen ist daher zu empfehlen, die Hinweise auf solche Mitgliedschaftspflichten in einer formellen Beitrittserklärung möglichst umfassend anzugeben und von neuen Mitgliedern unterzeichnen zu lassen.

16 Fehlt der Hinweis auf die finanziellen Verpflichtungen in der Beitrittserklärung und kann der Nachweis der tatsächlichen Kenntnisnahme von der Genossenschaft nicht erbracht werden, treten die Rechtsfolgen der Formungültigkeit ein. Auch in diesem Zusammenhang gilt, dass eine Berücksichtigung der Formungültigkeit gegen Treu und Glauben verstossen und die Berufung darauf rechtsmissbräuchlich sein kann (vgl. N 10). Dies gilt insb. in jenen Fällen, wo ein Mitglied nach gültig erfolgtem Beitritt gemäss Abs. 1 von der Haftungs- oder Nachschussverpflichtung Kenntnis erhält. Hat ein Mitglied nachträglich von den finanziellen Verpflichtungen tatsächlich Kenntnis genommen, darf es nicht stillschweigen und die Mitgliedschaft einfach fortsetzen (BK-FORSTMOSER, N 21; ZK-GUTZWILLER, N 10; NIGG, 76). Wurde die Mitgliedschaft trotz fehlender Beitrittserklärung gemäss Abs. 1 durch die Ausübung von Mitgliedschaftsrechten begründet (N 10), ist eine Berufung auf den Formmangel gemäss Abs. 2 m.E. erst rechtsmissbräuchlich, wenn die ausgeübten Mitgliedschaftsrechte einen Bezug zur persönlichen Haftung oder Nachschusspflicht aufweisen. Eine rechtsmissbräuchliche Berufung auf Formungültigkeit liegt vor, wenn ein Genossenschafter in Kenntnis der finanziellen Mitgliedschaftsverpflichtungen bei Entscheiden mitwirkt, die erkennbar das Risiko einer persönlichen Haftung oder Nachschusspflicht der Mitglieder bergen.

2. Abschnitt: Erwerb der Mitgliedschaft 17–23 **Art. 840**

Fehlt eine qualifizierte Beitrittserklärung gemäss Abs. 2, entfällt für den betreffenden 17
Genossenschafter die persönliche Haftung oder Nachschusspflicht. Die Mitgliedschaft
und die übrigen Rechte und Pflichten bleiben unberührt, sofern der Formmangel keine
Ungültigkeit der Beitrittserklärung nach Abs. 1 begründet.

Dem **Eintrag in das beim Handelsregister geführte Mitgliederverzeichnis** der Ge- 18
nossenschaft (Art. 835 Abs. 4, Art. 902 Abs. 2) kommt weder für den Beitritt, noch für
die Haftungs- oder Nachschusspflicht eine konstitutive Wirkung zu. Durch den Eintrag
in das Verzeichnis werden solche Pflichten nicht begründet (BK-FORSTMOSER, N 22;
GERWIG, 236; BGE 78 III 42). Auch ein gesellschaftsinternes Verzeichnis der Mitglieder oder der Beitrittserklärungen ist ohne Bedeutung, sofern die Formvorschriften nicht
eingehalten sind.

IV. Aufnahmeentscheid (Abs. 3)

Der **Aufnahmebeschluss** des nach Gesetz oder den Statuten zuständigen Genossen- 19
schaftsorgans ist für den Erwerb der Mitgliedschaftsrechte *konstitutiv*.

Nach der Bestimmung entscheidet über das Aufnahmegesuch die **Verwaltung,** sofern 20
die Statuten keinen Beschluss der GV vorschreiben. Nach der überwiegenden Lehre ist
auch eine statutarische Delegation an einen Verwaltungsausschuss möglich (BK-FORST-
MOSER, N 25 m.Nw.; **a.M.** ZK-GUTZWILLER, N 13).

Nach der überwiegenden Lehre ist der Entscheid über das Aufnahmegesuch an keine 21
besondere Form gebunden und kann auch durch konkludentes Handeln erfolgen (PATRY,
34; BK-FORSTMOSER, N 24 m.Nw.; REYMOND, 84). Meines Erachtens ist zu differenzieren: Ist nach den Statuten für die Aufnahme die GV zuständig, muss der Beschluss
mit der Mehrheit nach Art. 888 oder mit dem statutarischen Quorum gefasst werden.
Eine konkludente Aufnahme von Mitgliedern durch die GV ist nicht möglich. Über die
Beschlussfassung der Verwaltung enthält das Gesetz keine Vorschriften. Im Unterschied
zum Aktienrecht schreibt das Genossenschaftsrecht zwingend eine Kollegialbehörde,
bestehend aus mindestens drei Mitgliedern, vor (Art. 894 Abs. 1). Für den Entscheid
über die Aufnahme neuer Mitglieder ist daher analog zur aktienrechtlichen Bestimmung
(Art. 713) ein Mehrheitsentscheid notwendig. Die Einladung zur Genossenschafter-Ver-
sammlung durch ein einzelnes Mitglied der Verwaltung, durch den Geschäftsführer oder
Direktor, kann nur dann als Aufnahmebeschluss ausgelegt werden, wenn weitere Umstände eine Annahme der Beitrittserklärung durch die Mehrheit der Mitglieder der Verwaltung bestätigen. Auch die Zustellung eines Ausweises nach Art. 852 genügt zur
Aufnahme nicht (**a.M.** PATRY, 34; ohne zu differenzieren BK-FORSTMOSER, N 24).

Die Statuten können vorsehen, dass für die Aufnahme eine blosse Beitrittserklärung ge- 22
nügt (Abs. 3). In einer solchen Bestimmung ist eine Offerte zu erblicken, welche durch
die Erklärung des Beitrittswilligen angenommen werden kann (vgl. N 3). Nach der bun-
desgerichtlichren Rechtsprechung haben die Anwärter unter Vorbehalt der Spezialgesetze und den Ausnahmen nach allgemeinen Rechtsgrundsätzen (Art. 839 N 9 und 10)
auch in diesem Fall kein Recht auf Eintritt in die Genossenschaft (BGE 4C.350/2002
vom 25.2.2003 in: SJ 2003 I, 577; BGE 98 II 230 und 118 II 437 f.).

Dem für die Aufnahme zuständigen Organ steht im Rahmen der gesetzlichen und statu- 23
tarischen Beitrittsvoraussetzungen ein Ermessen zu. Die Ermessensbetätigung hat sich
an den Statuten, an sachlichen Kriterien (Art. 839 N 12) und am Zweck und den Interessen der Genossenschaft zu orientieren. Die Ablehnung eines Beitrittsgesuches ist aber

Alfred Schwartz

nicht auf wichtige Gründe beschränkt, weil die Aufnahmepflicht der Genossenschaft die Ausnahme bleibt (BGE 98 II 230).

24 Für den Rechtsschutz bei Ablehnung des Aufnahmegesuchs vgl. die Komm. zu Art. 839 N 5 f. und 15.

Art. 841

C. Verbindung mit einem Versicherungsvertrag

¹ Ist die Zugehörigkeit zur Genossenschaft mit einem Versicherungsvertrag bei dieser Genossenschaft verknüpft, so wird die Mitgliedschaft erworben mit der Annahme des Versicherungsantrages durch das zuständige Organ.

² **Die von einer konzessionierten Versicherungsgenossenschaft mit den Mitgliedern abgeschlossenen Versicherungsverträge unterstehen in gleicher Weise wie die von ihr mit Dritten abgeschlossenen Versicherungsverträge den Bestimmungen des Bundesgesetzes vom 2. April 1908 über den Versicherungsvertrag.**

C. Liée à un contrat d'assurance

¹ Lorsque la qualité d'associé dépend de la conclusion d'un contrat d'assurance avec la société, elle s'acquiert par le fait que l'organe compétent accepte la proposition d'assurance.

² Les contrats d'assurance qu'une société d'assurance concessionnaire a conclus avec ses membres sont assujettis aux dispositions de la loi fédérale du 2 avril 1908 sur le contrat d'assurance de la même façon que les contrats d'assurance conclus par elle avec des tiers.

C. Connessione con un contratto d'assicurazione

¹ Qualora la qualità di socio dipenda dalla conclusione d'un contratto d'assicurazione con la società, essa si acquista con l'accettazione della proposta d'assicurazione da parte dell'organo competente.

² I contratti d'assicurazione conchiusi con i propri soci da una società di mutua assicurazione al beneficio d'una concessione sono sottoposti alle norme della legge del 2 aprile 1908 sul contratto d'assicurazione nello stesso modo che quelli da essa conchiusi con terzi.

Literatur

Vgl. die Literaturhinweise zur Art. 839.

I. Norminhalt

1 Art. 841 enthält eine Ausnahmebestimmung zu Art. 840 für Versicherungsgenossenschaften. Statt der schriftlichen Beitrittserklärung erfolgt der Erwerb der Mitgliedschaft *«mit der Annahme des Versicherungsantrages durch das zuständige Organ»*. Die Beitrittserklärung ist mit dem **Versicherungsantrag** verbunden. Vollzogen wird der Beitritt durch die Annahme des Versicherungsantrages durch die dafür zuständige Instanz.

2 Abs. 2 hält fest, dass bei **konzessionierten Versicherungsgenossenschaften** auch die Versicherungsverträge mit gesellschaftsrechtlichem Inhalt dem VVG unterstellt sind (Art. 101 VVG). Damit bestimmt das Gesetz, dass auf das Versicherungsverhältnis von Mitgliedern einer konzessionierten Versicherungsgenossenschaft das Versicherungsver-

tragsrecht und nicht das Genossenschaftsrecht Anwendung findet (BK-FORSTMOSER, N 23 f.).

Auf Versicherungsgenossenschaften, die keiner Konzession bedürfen, m. a. W. nach Art. 4 VAG der Aufsicht des Bundes nicht unterstehen, findet Abs. 2 keine Anwendung. Zur Kontroverse, ob für nichtkonzessionierte Versicherungsgesellschaften aus Abs. 1 stets eine vertragliche Rechtsnatur des Versicherungsverhältnisses oder eine mitgliedschaftsrechtliche Regelung anzunehmen ist, vgl. BK-FORSTMOSER, N 26 f. m.Nw. Das BGer hat eine schematische Zuordnung des Versicherungsverhältnisses abgelehnt. Bei nichtkonzessionierten Genossenschaften ist zu untersuchen, ob die Versicherung in die Mitgliedschaft einbezogen ist oder auf einer besonderen vertraglichen Regelung beruht (BGE 124 III 30). **3**

Das BGer hat auch für die staatlich anerkannten Krankenkassen Abs. 2 analog angewendet und dem Versicherungsverhältnis und dem KUVG den Vorrang vor dem Gesellschaftsrecht zuerkannt (BGE 96 V 13 = Pra 1971, 367). Mit dem Inkrafttreten des KVG gelten für die Krankenversicherungen i.S.v. Art. 12 KVG die neuen Bestimmungen dieses Gesetzes (Art. 4 VAG). **4**

II. Verhältnis von Art. 841 zu Art. 840

Nach Wortlaut und systematischer Stellung ist Abs. 1 eine Spezialvorschrift zu Art. 840 Abs. 1 und Abs. 2. Da der Versicherungsantrag und die Annahme von Versicherungsanträgen nach VVG formlos erfolgen können, entfällt für den Beitritt in konzessionierte Versicherungsgenossenschaften das Schrifterfordernis. Das vereinfachte Aufnahmeverfahren findet für alle Versicherungsgenossenschaften Anwendung. Die überwiegende Lehre vertritt den Standpunkt, dass von der Schriftlichkeit i.S.v. Art. 840 Abs. 1 nur dann abgewichen werden darf, wenn der Versicherungsantrag schriftlich gestellt wird (BK-FORSTMOSER, N 12 m.Nw.). **5**

Die angeführte Problematik wird noch verschärft bei Versicherungsgenossenschaften mit persönlicher Haftung oder Nachschusspflicht. Die Lehre ist der Auffassung, die qualifizierte Form von Art. 840 Abs. 2 sei einzuhalten (BK-FORSTMOSER, N 17; REYMOND, 84). Die Nichterwähnung der Genossenschaften mit persönlicher Haftung oder Nachschusspflicht in Art. 841 lässt in der Tat auf eine Gesetzeslücke schliessen. Der mit der qualifizierten Beitrittserklärung nach Art. 840 Abs. 2 verfolgte Schutzgedanke gebietet, dass der Versicherungsantrag einen ausdrücklichen Hinweis auf diese Verpflichtung enthält. **6**

Abweichend von Art. 840 Abs. 3 bedarf der Erwerb der Mitgliedschaft bei Versicherungsgesellschaften keines Aufnahmebeschlusses der Verwaltung. Die Statuten der Versicherungsgenossenschaft können die Zuständigkeit für die Annahme von Versicherungsanträgen beliebig bezeichnen. **7**

Dritter Abschnitt: Verlust der Mitgliedschaft

Art. 842

A. Austritt
I. Freiheit des Austrittes

¹ Solange die Auflösung der Genossenschaft nicht beschlossen ist, steht jedem Genossenschafter der Austritt frei.

² Die Statuten können vorschreiben, dass der Austretende zur Bezahlung einer angemessenen Auslösungssumme verpflichtet ist, wenn nach den Umständen durch den Austritt der Genossenschaft ein erheblicher Schaden erwächst oder deren Fortbestand gefährdet wird.

³ Ein dauerndes Verbot oder eine übermässige Erschwerung des Austrittes durch die Statuten oder durch Vertrag sind ungültig.

A. Sortie
I. Libre exercice du droit de sortie

¹ Tout associé a le droit de sortir de la société aussi longtemps que la dissolution n'a pas été décidée.

² Les statuts peuvent prescrire que si la sortie, en raison des circonstances où elle a lieu, cause un sérieux préjudice à la société ou en compromet l'existence, l'associé sortant doit verser une indemnité équitable.

³ Les statuts ou la convention ne peuvent supprimer d'une façon durable le droit de sortie ni en rendre l'exercice onéreux à l'excès.

A. Recesso
I. Libertà di recesso

¹ Ogni socio può recedere dalla società finché non ne sia dichiarato lo scioglimento.

² Lo statuto può prescrivere che il recedente sia tenuto al pagamento di un'equa indennità quando il recesso avvenga in circostanze tali da cagionare alla società un danno considerevole o da comprometterne la continuazione.

³ Il diritto di recesso non può essere escluso in modo durevole né reso eccessivamente oneroso dallo statuto o mediante contratto.

Literatur

NIGG, Die Genossenschafterhaftung, Diss. Zürich 1990 (SSHW 131); RINGWALD, Probleme der Auslösungssumme beim Austritt aus einer Genossenschaft, BJM 1968, 163; ROTHENBÜHLER, Austritt und Ausschluss aus der Genossenschaft, Diss. Zürich 1984; H. J. STUDER, Die Auslösungssumme im schweizerischen Genossenschaftsrecht, Diss. Bern 1977 (ASR 448); vgl. ausserdem die Literaturhinweise zu Art. 839.

I. Die Austrittsfreiheit

1 Die **Austrittsfreiheit** (Abs. 1) stellt das Pendant zu Art. 839 Abs. 1 dar und ist die negative Komponente des Grundsatzes der offenen Tür (BK-FORSTMOSER, N 7 m.Nw.; BGE 45 II 658). Die Bestimmung will die Zwangsmitgliedschaft verhindern. Der Austritt ist bei der personenbezogenen Organisationsform der gesetzestypischen Genossenschaft zulässig, solange die Auflösung der Genossenschaft nicht beschlossen ist.

2 Abs. 1 begründet im Unterschied zu Art. 839 Abs. 1 ein subjektives **Recht auf Austritt** aus der Genossenschaft (GUHL-DRUEY, 837; zum Eintrittsrecht: Art. 839 N 1 ff.). Das Austrittsrecht der Mitglieder vor dem Auflösungsbeschluss ist, abgesehen von gesetzlichen und statutarischen Einschränkungen (N 4, 5 und 9 ff.), *unentziehbar und unverzichtbar* (ROTHENBÜHLER, 36).

3. Abschnitt: Verlust der Mitgliedschaft **3–5 Art. 842**

Das Austrittsrecht ist ein aufhebendes **Gestaltungsrecht** und bringt das Mitgliedschafts- 3
verhältnis zum Erlöschen. Der Austritt oder die Kündigung bedarf keiner richterlichen
Mitwirkung und keiner Genehmigung der Genossenschaft (BGE 55 II 125; BK-FORST-
MOSER, N 20 m.Nw.). Das Austrittsrecht kann im Rahmen der gesetzlichen und statutarischen Schranken jederzeit und voraussetzungslos geltend gemacht und ausgeübt werden.
Ohne statutarische Regelung ist die Kündigung formlos gültig (F. VON STEIGER, Genossenschaftsrecht, 69; BK-FORSTMOSER, N 21 m.Nw.; **a.M.** ZK-GUTZWILLER, Art. 843
N 3). Eine Kündigung, die statutarische Formvorschriften nicht erfüllt, ist i.d.R. ungültig
und wirkungslos (ROTHENBÜHLER, 51). Die Kündigung ist empfangsbedürftig. Der Adressat ist im Gesetz nicht bestimmt. Die Statuten können die zuständigen Organe bezeichnen; fehlen Bestimmungen in den Statuten, ist die Verwaltung, die nach Art. 902
die Mitgliederkontrolle zu führen hat, zuständig. Die Kündigung ist, wie jedes Gestaltungsrecht, grundsätzlich *unwiderruflich* (GAUCH/SCHLUEP/SCHMID/REY, N 156; BGE
109 II 326). Eine Rücknahme der Kündigung bedarf deshalb der Zustimmung der Genossenschaft.

Das Gesetz enthält weitere Bestimmungen, die den Austritt regeln und das Verbot über- 4
mässiger Austrittserschwerung konkretisieren. Neben den Art. 842, 843–846 sind zu
beachten:

– Art. 848 (Verlust der Mitgliedschaft bei Beamtung, Anstellung oder Vertragsauflö-
  sung);
– Art. 850 (Austrittsrecht der Rechtsnachfolger bei Übertragung und Vererbung der
  Mitgliedschaft);
– Art. 864 ff. (Abfindungsanspruch und Rückzahlung von Anteilscheinen);
– Art. 876 (Fortdauer der Haftung bei persönlicher Haftung oder Nachschusspflicht der
  Genossenschafter);
– Art. 889 (Einführung oder Erhöhung der persönlichen Haftung oder Nachschuss-
  pflicht);
– Austrittsmöglichkeit bei Fusion (aArt. 914 Ziff. 11; dazu N 4a);
– Art. 12 BankG (Rückzahlung von Anteilsscheinen bei Bankgenossenschaften);
– Art. 7 KVG (Wechsel des obligatorischen Krankenversicherers);
– Art. 12 KG (Verbot von Austrittserschwerungen bei Kartellen).

Mit Inkrafttreten des FusG wurde Art. 914 aufgehoben und nicht zustimmende Genos- 4a
senschafter haben bei den Regelungstatbeständen im Fusionsgesetz ein ausserordentliches Austrittsrecht aus wichtigem Grund (Art. 843 N 9) und unter den Voraussetzungen
von Art. 889 Abs. 2.

Die in Art. 842 und den übrigen gesetzlichen Bestimmungen aufgeführten **Austrittser-** 5
schwerungen sind nicht abschliessend. Weitere Beschränkungen des Austrittes in den
Statuten sind möglich, soweit sie nicht gegen das Verbot übermässiger Austrittserschwerungen von Abs. 3 oder gegen andere Bestimmungen im Genossenschaftsrecht
verstossen (BGE 115 V 365; 89 II 150; BK-FORSTMOSER, N 13 f.).

II. Kündigungsverbote

6 Im Interesse einer ordentlichen Liquidation ist eine Kündigung der Mitgliedschaft ausgeschlossen, wenn die **Auflösung der Genossenschaft** beschlossen ist. Massgebender Zeitpunkt ist der Beschluss der GV (Art. 911 Ziff. 2). Kündigungen, die vor dem Auflösungsbeschluss eintreffen, behalten ihre Wirkung auf den im Gesetz oder in den Statuten vorgesehenen Kündigungstermin.

7 Das **Kündigungsverbot** besteht nach h.L. über den Wortlauf von Abs. 1 hinaus auch bei der Auflösung der Genossenschaft aus andern Gründen (Art. 911; BK-FORSTMOSER, N 23). Für die Auflösung aufgrund einer statutarischen Bestimmung, durch Konkurs, durch den Richter oder den Handelsregisterführer, ist dieser Auslegung von Art. 842 Abs. 2 zuzustimmen. Beim Konkurs steht diese Auslegung im Einklang mit der besonderen Haftungsordnung für Genossenschaften mit persönlicher Haftung und Nachschusspflicht (Art. 869, 870, 871, insb. 876; vgl. dazu NIGG, 89 ff.). Nach Art. 25 VGeK ist ein Nachlassvertrag mit Vermögensabtretung (Liquidationsvergleich) dem Konkurs gleichgestellt. Auch eine Auflösung durch Nachlassliquidation schliesst eine Kündigung nach dem Bestätigungsentscheid der Nachlassbehörde daher aus. Hingegen führt ein Nachlassvertrag mit Prozent- oder Stundungsvergleich nicht zur Auflösung der Gesellschaft, weshalb eine Kündigung in diesen Fällen zulässig ist.

8 Abs. 3 verbietet ein «**dauerndes Verbot**» der Kündigung in den Statuten oder in schuldrechtlichen Vereinbarungen. Diese allgemeine Bestimmung wird in Art. 843 Abs. 1 konkretisiert. Ein Verbot der Kündigung über fünf Jahre hinaus ist ausgeschlossen (Art. 843 N 1).

III. Übermässige Austrittsbeschränkungen

9 In N 5 wurde bereits erwähnt, dass die gesetzlichen Beschränkungen des «freien» Austrittsrechts im Gesetz nicht abschliessend aufgeführt sind. Die Statuten und die schuldrechtlichen Verträge können andere formelle und materielle Schranken vorsehen (89 II 150; BK-FORSTMOSER, N 13; **a.M.** GERWIG, 247). Austrittsbeschränken haben Ausnahmecharakter, weshalb Art. 842 Abs. 2 und Art. 843 restriktiv auszulegen sind (REYMOND, 92). Solche Kündigungsbeschränkungen sind nach der Generalklausel in Abs. 3 auf ihre Übermässigkeit zu prüfen. Beispiele für Einschränkungen: Festsetzung einer Auslösungssumme (KGer BE in: ZBJV 2002, 523), Verfall von Genossenschaftsanteilen, Austritt aus einer Siedlungsgenossenschaft nur bei Verkauf der Liegenschaft an einen beitretenden Erwerber (BGE 89 II 150; 61 II 189; 55 II 125), gleichzeitige Auflösung von Mietverträgen (BGE 118 II 168; BJM 1975, 147; ZR 1974, 84), Zustimmung der GV zum Austritt (BGE 55 II 125 f.), stillschweigende Verlängerung der Mitgliedschaftsdauer und der Kündigungsfristen (ROTHENBÜHLER, 60 f.), Pflicht zur Überbindung der Mitgliedschaft auf einen Nachfolger (MOSER, 155 m.Nw.), Verlust von Rechten an einer Altersrente (BGE 80 II 132; 115 V 367), nicht aber Rückbehalt von Teilen des Deckungskapitals einer Pensionskasse. Abs. 3 gewährt keinen Schutz vor der faktischen Austrittserschwerung, die aus dem gesetzlichen Verfall von Anwartschaften und virtuellen Ansprüchen auf das Genossenschaftsvermögen (Art. 864) resultiert (BGE 115 V 362 f.).

10 Nach Ansicht des BGer und der Lehre lässt sich die **Übermässigkeit** nicht abschliessend oder nach allgemeinen Richtlinien umschreiben. Die Beurteilung verlangt eine Würdigung aller konkreten Umstände des Einzelfalles im Zeitpunkt des Austrittes (BK-FORSTMOSER, N 14; ZK-GUTZWILLER, N 18; BGE 89 II 150). Sie erfordert eine

umfassende Interessenabwägung. Eine Kündigungsbeschränkung erscheint zulässig, wenn sie im Interesse des *Genossenschaftszwecks* unumgänglich ist, und der Zweck durch andere Massnahmen nicht erreichbar ist (ähnlich MOSER, 151 m.Nw.). Kündigungsbeschränkungen, die faktisch einem Austrittsverbot gleichkommen oder das Mitglied unzumutbar in seiner persönlichen Freiheit beschränken (Art. 27 ZGB), sind übermässig. Nach BGE 89 II 152 gelten indessen auch erhebliche finanzielle Einbussen nicht in jedem Fall als übermässige Erschwerung der Kündigung (restriktiver die ältere Praxis in BGE 55 II 129). Zu beachten ist, dass das finanzielle Interesse der Genossenschaft durch die Einforderung einer Auslösungssumme nach Abs. 2 geschützt ist, weshalb zusätzliche Kündigungsbeschränkungen aus finanziellen Interessen nur mit Zurückhaltung zu gestatten sind (vgl. N 15 f.).

Das Verbot übermässiger Kündigungsbeschränkungen gilt auch für schuldrechtliche Vereinbarungen zwischen Genossenschaft und einzelnen oder allen Genossenschaftern. Nur so kann eine Umgehung des Kündigungsverbotes und des Verbotes der übermässigen Kündigungsbeschränkung verhindert werden (BK-FORSTMOSER, N 17). Ein schuldrechtlicher Verzicht auf die gesellschaftsrechtliche Kündigungsfreiheit ist daher unzulässig (N 2; **a.M.** GERWIG, 244).   11

Die Kündigungsbeschränkungen müssen den Grundsatz der Rechtsgleichheit (Art. 854) beachten (BK-FORSTMOSER, N 18; REYMOND, 87; **a.M.** GERWIG, 243; Näheres dazu bei Art. 854 N 13).   12

Übermässige Kündigungsbeschränkungen und das dauernde Verbot der Kündigung sind nach Abs. 3 nichtig. In der Regel dürfte nicht absolute Nichtigkeit, sondern Teilnichtigkeit vorliegen und die übermässige Beschränkung vom Richter nach dem hypothetischen Parteiwillen auf das zulässige Mass zu korrigieren sein (Art. 20 Abs. 2; RINGWALD, 176; CHK-COURVOISIER, N 9; BGE 107 II 216 für die Reduktion einer Frist; ähnlich BK-FORSTMOSER, N 19).   13

Kündigungsbeschränkungen können auf dem Wege der Statutenänderung nachträglich eingeführt werden. Nach Art. 888 Abs. 2 ist eine Mehrheit von 2/3 der abgegebenen Stimmen erforderlich. Die nachträgliche Kündigungserschwerung kann einen wichtigen Grund zur fristlosen Kündigung darstellen (vgl. Art. 843 N 9).   14

IV. Auslösungssumme

Die **Auslösungssumme** soll den Schaden der Genossenschaft, der durch den Austritt entsteht, decken und den finanziellen Fortbestand der Genossenschaft sicherstellen. Der Nachteil der Genossenschaft aus der Kündigung soll ausgeglichen werden (BK-FORSTMOSER, N 27; STUDER, 89). Bei der Auslösungssumme handelt es sich um eine gesellschaftsvertraglich vereinbarte Kausalhaftung und nicht um eine Konventionalstrafe (STUDER, 91 ff.; ROTHENBÜHLER, 62; BK-FORSTMOSER, N 27 m.Nw. zu den Materialien). Sie ist vom Anteil am Genossenschaftsvermögen zu unterscheiden. Art. 842 Abs. 3 bietet keinen Schutz vor der Austrittserschwerung, die aus dem Verfall von Ansprüchen nach Art. 864 resultieren (BGE 115 V 366).   15

Voraussetzung zur Erhebung einer Auslösungssumme ist, dass die **Statuten** den Begriff Auslösungssumme oder ein Äquivalent (z.B. Austrittsgebühr, Austrittsgeld) ausdrücklich nennen. Nicht erforderlich, aber zulässig ist, dass die Statuten die Höhe der Auslösungssumme oder die Berechnungsart bestimmen. Die Kompetenz zur Festsetzung der Auslösungssumme kann in den Statuten der GV oder der Verwaltung zugewiesen werden (KGer BE in: ZBJV 2002, 525; vgl. ROTHENBÜHLER, 70 ff.).   16

17 Weitere Voraussetzung ist, dass der Genossenschaft aus dem Austritt ein Schaden entsteht (RINGWALD, 167). Der **effektive Schaden** stellt damit die oberste Grenze für die Höhe der Auslösungssumme dar (REYMOND, 90; Rothenbühler, 70; STUDER, 120 f.; BK-FORSTMOSER, N 31). Sowohl der Schaden wie dessen adäquater Kausalzusammenhang mit der Kündigung sind von der Genossenschaft zu beweisen (RINGWALD, 174 ff.). Hingegen ist die Auslösungssumme nicht vom Verschulden abhängig (STUDER, 90).

18 Der erhebliche Schaden bzw. die Gefährdung des Fortbestandes der Genossenschaft bilden weitere Schranken für die Auflage und die Höhe der Auslösungssumme. Diese Voraussetzungen sind nur mit Zurückhaltung zu bejahen (GUHL-DRUEY, § 77 N 13; BK-FORSTMOSER, N 33) und umfassen qualitative und quantitative Kriterien. Die Anforderungen werden durch das Gleichheitsgebot nicht relativiert (BK-FORSTMOSER, N 35; KGer BE in: ZBJV 2002, 528; **a.A.** STUDER, 119). Das Gesetz verlangt, dass immer auf die konkreten Umstände des Einzelfalles abzustellen ist, und mit dem Erfordernis der **Angemessenheit** ist auch die Leistungsfähigkeit des austretenden Gesellschafters und die Umstände der Kündigung oder des Ausschlusses zu berücksichtigen. Bei einer Kündigung aus wichtigem Grund könnte sich daher der austretende Genossenschafter von der Zahlungspflicht befreien (GERWIG, 246 f.; BK-FORSTMOSER, N 36 ff.). Auch der Beweis höherer Gewalt oder ausschliesslichem grobem Dritt- oder Selbstverschulden, das den adäquaten Kausalzusammenhang unterbricht, führt zur Haftungsbefreiung.

19 Nach ausdrücklicher Vorschrift in Art. 889 Abs. 3 darf keine Auslösungssumme bei einer Kündigung infolge Einführung oder die Erhöhung der persönlichen Haftung oder Nachschusspflicht verlangt werden. Die Bestimmung ist auch anwendbar, wenn entsprechende Verpflichtungen infolge einer Fusion erwachsen. Auslösungssummen können bei einem Austritt aus einer Genossenschaft gestützt auf das Kartellgesetz, unzulässig sein (Art. 12 Abs. 1 KG). Aus dem Grundsatz der Austrittsfreiheit folgt somit die allgemeine Schranke, dass die Auslösungssumme für die Kündigung keine prohibitive Wirkung entfalten darf (BK-FORSTMOSER, N 37).

20 Auslösungssummen, die den Voraussetzungen des Abs. 3 nicht entsprechen, sind vom Richter auf das zulässige Mass herabzusetzen (N 13; BK-FORSTMOSER, N 38; **a.M.** ZK-GUTZWILLER, Art. 843 N 14, der eine in den Statuten festgelegte übermässige Auslösungssumme für unheilbar nichtig erachtet).

Art. 843

II. Beschränkung des Austrittes	¹ Der Austritt kann durch die Statuten oder durch Vertrag auf höchstens **fünf Jahre** ausgeschlossen werden. ² **Auch während dieser Frist kann aus wichtigen Gründen der Austritt erklärt werden. Die Pflicht zur Bezahlung einer angemessenen Auslösungssumme unter den für den freien Austritt vorgesehenen Voraussetzungen bleibt vorbehalten.**
II. Limitation du droit de sortie	¹ L'exercice du droit de sortie peut être statutairement ou conventionnellement exclu pour cinq ans au plus. ² La sortie est permise même pendant ce temps si elle se fonde sur de justes motifs. Demeure réservée l'obligation de verser une indemnité équitable sous les conditions prescrites pour le libre exercice du droit de sortie.

3. Abschnitt: Verlust der Mitgliedschaft   1–5 **Art. 843**

II. Limitazione del recesso

¹ Il recesso può essere escluso, dallo statuto o mediante contratto, per cinque anni al più.

² Anche durante questo periodo il socio può tuttavia recedere dalla società per gravi motivi. Rimane riservato l'obbligo di pagare un'equa indennità alle stesse condizioni che in caso di libero recesso.

Literatur

Vgl. die Literaturhinweise zur Art. 842.

I. Die fünfjährige Sperrfrist

Abs. 1 konkretisiert das «*dauernde Verbot*» in Art. 842, indem längere als fünfjährige **Sperrfristen** ausdrücklich untersagt werden. Fraglich ist, ob diese Bestimmung auch als Konkretisierung von Art. 27 ZGB aufgefasst werden kann (in diesem Sinne GERWIG, 244). Art. 27 ZGB lässt auch längere als fünfjährige gesellschaftsrechtliche oder schuldrechtliche Verpflichtungen zu (BGE 106 II 229; JÄGGI, Von der Gesellschaft auf Lebenszeit in Privatrecht und Staat, Gesammelte Aufsätze, 1976, 213 ff.). Die Sperrfrist erklärt sich nur aus der Besonderheit der genossenschaftlichen Tätigkeit, insb. der gemeinsamen Selbsthilfe bei der Verfolgung wirtschaftlicher Ziele. Die Finanzierung von Investitionen in genossenschaftlichen Einrichtungen kann durch eine Kündigung gefährdet werden (GUHL-DRUEY, 837 f.). Es handelt sich daher um eine Ausnahmebestimmung im Bereich vertraglicher und gesellschaftsrechtlicher Verpflichtungen und ist als solche eng auszulegen (BK-FORSTMOSER, N 7). 1

Die Anwendung und Gültigkeit einer Sperrfrist setzt voraus, dass sie in den **Statuten** geregelt (Art. 833 Ziff. 4) oder in einem Vertrag zwischen der Genossenschaft mit ihren Mitgliedern vereinbart ist. Die Beschränkung gilt für vertragliche Vereinbarungen *über die Mitgliedschaftsdauer.* Abs. 2 schliesst deshalb nicht aus, dass Verträge über Schuldverpflichtungen auf längere Dauer abgeschlossen werden. Eine ausschliesslich schuldrechtliche Ordnung der Mitgliedschaftspflichten kann allenfalls eine Gesetzesumgehung darstellen (BK-FORSTMOSER, N 11). Die Sperrfrist kann nur für Mitgliedergruppen oder einzelne Genossenschafter gelten, vorausgesetzt, die Unterscheidung ist sachlich begründet und nach dem Gleichbehandlungsgebot zulässig. 2

Die Sperrfrist kann von der Gründung der Genossenschaft oder für jeden einzelnen Genossenschafter vom **Zeitpunkt** seiner Aufnahme an laufen. Unzulässig ist eine einmalige oder regelmässige Erneuerung der fünfjährigen oder einer kürzeren Sperrfrist. Sie kann für jeden Genossenschafter nur einmal laufen (BK-FORSTMOSER, N 9; sinngemäss auch GERWIG, 243). 3

Die Sperrfrist wird nach h.L. auch nicht durch die **Kündigungsfrist** (Art. 844) verlängert. Der Austritt unter Einhaltung der Kündigungsfrist auf das Ende der Sperrfrist ist zulässig (BK-FORSTMOSER, N 12 m.Nw.; **a.M.** CAPITAINE, SJK 1156, 3). Unter Berufung auf den französischen Gesetzestext für die Einhaltung der Kündigungsfrist nach Ablauf der Sperrfrist: REYMOND, 91. Eine Rechtsprechung zu dieser Frage besteht nicht (unentschieden deshalb GERWIG, 243). 4

Eine Sperrfrist ist bei der Kündigung aus wichtigem Grund (Abs. 2; N 8 f.) und bei der Kündigung wegen der nachträglichen Einführung oder Erhöhung der **persönlichen Haftung oder Nachschusspflicht** innert drei Monaten seit der Veröffentlichung des Beschlusses (Art. 889 Abs. 2) nicht zu beachten. Diese Vorschrift gilt auch bei der Einfüh- 5 rung oder Vermehrung der persönlichen Haftung oder der Nachschusspflicht infolge einer Fusion (Art. 842 N 4a; BK-FORSTMOSER, N 13).

6   Beim Erlöschen der Mitgliedschaft durch **Tod** ist die Sperrfrist unbeachtlich (Art. 847 N 8).

7   Übermässige Sperrfristen sind nicht absolut nichtig, sondern auf das zulässige Mass **herabzusetzen** (vgl. Art. 842 N 13).

II. Kündigung aus wichtigem Grund

8   Das Kündigungsrecht aus wichtigem Grund besteht nicht nur beim Austritt während der Sperrfrist oder anderen statutarischen Kündigungsbeschränkungen. Die gesetzliche Systematik ist deshalb unglücklich. Nach einhelliger Lehre und Rechtsprechung ist im Genossenschaftsrecht die **fristlose Kündigung** aus wichtigem Grund jederzeit und ohne Einschränkungen zulässig. Sie war vom BGer in seiner Rechtsprechung zum alt OR praeter legem anerkannt (BGE 61 II 191; BK-FORSTMOSER, N 22; ROTHENBÜHLER, 45; GERWIG, 245 mit der unzutreffenden Einschränkung auf «lange Kündigungsfristen»; BGE 105 V 88; 89 II 153). Da der Genossenschaft in Art. 846 Abs. 2 das Recht zum jederzeitigen Ausschluss eines Mitgliedes aus wichtigen Gründen zusteht, ist auch den Mitgliedern das analoge Recht auf jederzeitige fristlose Kündigung einzuräumen. Der sofortige Austritt aus einer überobligatorischen Krankenkasse ist in analoger Anwendung von Art. 843 Abs. 2 zulässig (BGE 105 V 88); bei der sozialen Krankenversicherung ist die fristlose Kündigung ausgeschlossen (Art. 7 KVG).

9   Einzige Voraussetzung der fristlosen Kündigung ist ein **wichtiger Grund.** Nach Lehre und Rechtsprechung liegt ein wichtiger Grund dann vor, wenn wesentliche persönliche Gründe oder sachliche Voraussetzungen, unter denen der Eintritt in die Genossenschaft erfolgte, nicht mehr vorhanden sind und dem Genossenschafter deshalb ein weiteres Verbleiben in der Genossenschaft *unter gar keinen Umständen* zugemutet werden darf (BGE 105 V 88; 89 II 153; BK-FORSTMOSER, N 16). Ein Verschulden der Genossenschaft an diesem Zustand ist nicht erforderlich (BGE 61 II 194). Zur Begriffsbestimmung wird auf die Kündigung aus wichtigem Grund im Arbeitsrecht und im Recht der Personengesellschaften verwiesen (BGE 61 II 194; GERWIG, 68; unbestimmt ROTHENBÜHLER, 45; zu Recht nur für eine analoge Anwendung BK-FORSTMOSER, N 21). Zu würdigen sind alle Umstände des Einzelfalles, wobei der Zweck, die faktische und wirtschaftliche Zielsetzung, die Mitgliederstruktur und der Charakter der Genossenschaft bedeutsam sind. Je nach den Umständen können sachliche oder persönliche, sogar rein subjektive Gründe (auch dauernde Uneinigkeit zwischen den Genossenschaftern) eine fristlose Kündigung rechtfertigen (ZK-GUTZWILLER, N 23; GERWIG, 245; ROTHENBÜHLER, 47). Eine Berücksichtigung aller Umstände kann eine fristlose Kündigung auch bei einer Zweckänderung ausschliessen, zumal dann, wenn die Kündigung nicht der Sperrfrist, sondern lediglich der ordentlichen Kündigungsfrist unterliegt (a.M. BGE 61 II 194; GERWIG, 244; offenbar BK-FORSTMOSER, N 19, vgl. aber N 23; BGE 105 V 89). In der Lehre umstritten ist die Frage, ob ein Verschulden des Kündigenden die Geltendmachung wichtiger Gründe ausschliesst (BK-FORSTMOSER, N 18 m.Nw.; REYMOND, 92; gegen die Berücksichtigung BGE 61 II 191; GERWIG, 244). Meines Erachtens ist das Verschulden bei der Prüfung des wichtigen Grundes unerheblich. Einer fristlosen Kündigung, die vom Austrittswilligen vorsätzlich oder durch grobfahrlässiges Verhalten herbeigeführt wird, kann mit dem Rechtsmissbrauchsverbot begegnet werden. Darüber hinaus ist dem Verschulden keine weitere Bedeutung zuzumessen, weil auch der Ausschluss eines Genossenschafters verschuldensunabhängig ist (vgl. Art. 846 N 6)

3. Abschnitt: Verlust der Mitgliedschaft **Art. 844**

und die Interessen der Genossenschaft auch bei einer fristlosen Kündigung gewahrt sind.

Für die fristlose Kündigung gelten die **Formvorschriften** der ordentlichen Kündigung (Art. 842 N 3; **a.M.** CHK-COURVOISIER, N 6). Es ist fraglich, ob die fristlose Kündigung zu begründen ist. Im Hinblick auf eine gerichtliche Auseinandersetzung und zur Abgrenzung gegenüber der ordentlichen Kündigung ist eine Begründung erforderlich (BK-FORSTMOSER, N 24). 10

Die Kündigung aus wichtigem Grund wird sofort wirksam. Die Sperrfrist und auch die Kündigungsfrist gemäss Art. 844 sind nicht einzuhalten. 11

Eine in den Statuten festgesetzte **Auslösungssumme** ist auch bei der fristlosen Kündigung geschuldet. Bei der Beurteilung der Angemessenheit sind die Umstände der Kündigung zu berücksichtigen (BK-FORSTMOSER, N 26; Art. 842 N 36 ff.; ZK-GUTZWILLER, N 27; Art. 842 N 15 f.). 12

Aus der Gesetzessystematik folgt, dass die fristlose Kündigung **nach der Auflösung** der Genossenschaft durch Beschluss oder Konkurs unzulässig ist (Art. 842 Abs. 1; Art. 842 N 6). 13

III. Prozessuales

Die Beurteilung der fristlosen Kündigung erfolgt im Prozess über die Folgen des Austrittes. **Beweislast** und Beweispflicht für den wichtigen Grund obliegen dem Austretenden. 14

Im Bereich des KVG und des BVG sind die **Versicherungsgerichte** zuständig und es gelten die Verfahrensvorschriften des ATSG und der Spezialgesetze. 15

Art. 844

III. Kündigungsfrist und Zeitpunkt des Austrittes	**¹ Der Austritt kann nur auf Schluss des Geschäftsjahres und unter Beobachtung einer einjährigen Kündigungsfrist stattfinden.** **² Den Statuten bleibt vorbehalten, eine kürzere Kündigungsfrist vorzuschreiben und den Austritt auch im Laufe des Geschäftsjahres zu gestatten.**
III. Délai de dénonciation et date de la sortie	¹ La sortie ne peut être déclarée que pour la fin d'un exercice annuel et au moins un an à l'avance. ² Les statuts peuvent prévoir un délai plus court et autoriser la sortie pendant l'exercice annuel.
III. Termine di disdetta e data del recesso	¹ Il recesso non può aver luogo se non alla fine dell'esercizio annuale e dietro preavviso di almeno un anno. ² Lo statuto può stabilire un termine di disdetta più breve e permettere il recesso anche durante l'esercizio annuale.

Literatur

Vgl. die Literaturhinweise zur Art. 842.

1 Die **Kündigungsfrist** von einem Jahr und der **Kündigungstermin** auf das Ende des Geschäftsjahres in Abs. 1 sind relativ zwingend. Kürzere Kündigungsfristen und zusätzliche Kündigungstermine sind gestattet, bedürfen allerdings der statutarischen Grundlage (Art. 833 Ziff. 4).

2 Die gesetzlichen und statutarischen Kündigungsfristen und -termine gelten bei einer Kündigung gemäss Art. 889 Abs. 2 nicht (BK-FORSTMOSER, N 9) und sie sind auch bei einer Kündigung aus wichtigem Grund nicht einzuhalten (Art. 843 N 11). Abweichende Kündigungsfristen und – termine gelten in der sozialen Krankenversicherung (Art. 7 KVG).

3 Abs. 2 erwähnt im Unterschied zu Art. 843 Abs. 1 die Möglichkeit der vertraglichen Vereinbarung von Kündigungsfristen und Kündigungsterminen nicht. Der relativ zwingende Charakter dieser Bestimmung lässt m.E. auf ein qualifiziertes Schweigen des Gesetzgebers schliessen.

4 Bis zum Ablauf der Kündigungsfrist bleiben die Mitgliedschaftsrechte und -pflichten unverändert. Das betrifft insb. die Bestimmungen über die persönliche Haftung (Art. 869/870) und die Nachschusspflicht (Art. 871). Die Jahresfrist für die Nachhaftung gemäss Art. 876 beginnt demgegenüber erst mit dem Eintrag des Austritts im Handelsregister (Art. 877).

Art. 845

IV. Geltendmachung im Konkurs und bei Pfändung	Falls die Statuten dem ausscheidenden Mitglied einen Anteil am Vermögen der Genossenschaft gewähren, kann ein dem Genossenschafter zustehendes Austrittsrecht in dessen Konkurse von der Konkursverwaltung oder, wenn dieser Anteil gepfändet wird, vom Betreibungsamt geltend gemacht werden.
IV. Exercice du droit de sortie en cas de faillite et de saisie	Lorsque les statuts réservent en faveur de l'associé sortant une part de la fortune sociale, le droit de sortie qui lui appartient peut être exercé dans sa faillite par l'administration de la faillite, ou par le préposé aux poursuites si cette part devait être saisie.
IV. Esercizio nel fallimento e in caso di pignoramento	Qualora lo statuto consenta al socio, che esce dalla società, di pretendere una parte del patrimonio sociale, il diritto di recesso spettante al socio può essere fatto valere nel suo fallimento dall'amministrazione di questo o, se la parte è pignorata, dall'ufficio d'esecuzione.

Literatur

Vgl. die Literaturhinweise zur Art. 842.

1 Das Recht, die Mitgliedschaft bei der Genossenschaft zu kündigen, ist höchstpersönlicher Natur. Im Interesse der Gläubiger eines zahlungsunfähigen Genossenschafters ermächtigt Art. 845 die **Konkursverwaltung** und das **Betreibungsamt,** anstelle des Genossenschafters den Austritt zu erklären. Im Falle des Nachlassvertrages mit Vermögensabtretung übt der Sachwalter dieses Recht aus (vgl. Art. 319 Abs. 3 SchKG; BK-FORSTMOSER, N 9).

3. Abschnitt: Verlust der Mitgliedschaft **Art. 846**

Voraussetzung einer Kündigung durch diese Amtsstellen ist, dass die Statuten finanzielle Leistungen, Abfindungsansprüche oder die Rückzahlung von Anteilscheinen vorsehen. Hat der austretende Genossenschafter mangels entsprechender Statutenbestimmungen keine **Abfindungsansprüche,** ist die Ausübung des Kündigungsrechts durch die Vollstreckungsbehörden ausgeschlossen. Eine Kündigung aus wichtigem Grund kann nur vom Genossenschafter geltend gemacht werden. 2

Die Kündigung durch die Vollstreckungsbehörden entfaltet die **gleichen Wirkungen** wie eine entsprechende Erklärung des Schuldners selbst. Sperr-, Kündigungsfristen und Kündigungstermine sind zu beachten (REYMOND, 93; BK-FORSTMOSER, N 7; a.M. GERWIG, 257; ZK-GUTZWILLER, N 5). Namentlich ist die Genossenschaft m.E. berechtigt, ein Austrittsgeld und eine statutarisch vorgeschriebene Abfindungssumme mit den finanziellen Ansprüchen zu verrechnen oder die Auszahlung nach Art. 864 Abs. 2 und 3 hinauszuschieben. Das Verrechnungsverbot nach Art. 213 Abs. 2 SchKG steht dem nicht entgegen, da die Gläubiger des zahlungsunfähigen Genossenschafters bei der Ausübung des Austrittsrechtes nicht besser gestellt sind als der Genossenschafter. Nicht die Zwangsvollstreckungsbehörde, sondern der Genossenschafter ist Gläubiger der Auslösungssumme. Der Anspruch auf die Auslösungssumme wurde vor Konkurseröffnung begründet. Der Austritt führt nur zu ihrer Fälligkeit (BGE 106 III 117 = Pra 1981, 299). Die persönlichen Mitgliedschaftsrechte bleiben bis zum Ablauf der Kündigungsfrist beim konkursiten Genossenschafter. 3

Art. 845 ist **zwingendes Recht.** Genossenschaftsanteile und Abfindungsansprüche können auch dann gepfändet werden, wenn die Statuten ihre Übertragung oder Verpfändung ausschliessen (BGE 84 III 22). Dem Kündigungsrecht können aber vollstreckungsrechtliche Verbote (Art. 92/93 SchKG) entgegenstehen. 4

Der **Konkurs** des Genossenschafters ist für sich allein kein wichtiger Grund, der eine fristlose Kündigung oder einen Ausschluss begründen kann (BK-FORSTMOSER, N 11). 5

Art. 846

B. Ausschliessung

¹ Die Statuten können die Gründe bestimmen, aus denen ein Genossenschafter ausgeschlossen werden darf.

² Überdies kann er jederzeit aus wichtigen Gründen ausgeschlossen werden.

³ Über die Ausschliessung entscheidet die Generalversammlung. Die Statuten können die Verwaltung als zuständig erklären, wobei dem Ausgeschlossenen ein Rekursrecht an die Generalversammlung zusteht. Dem Ausgeschlossenen steht innerhalb drei Monaten die Anrufung des Richters offen.

⁴ Das ausgeschlossene Mitglied kann unter den für den freien Austritt aufgestellten Voraussetzungen zur Entrichtung einer Auslösungssumme verhalten werden.

B. Exclusion

¹ Les statuts peuvent spécifier les causes d'exclusion d'un associé.

² En outre, l'exclusion peut toujours être prononcée pour de justes motifs.

³ L'exclusion est du ressort de l'assemblée générale. Les statuts peuvent disposer que l'administration est compétente pour prononcer l'exclusion, sous réserve de recours à l'assemblée générale. L'associé exclu a la faculté d'en appeler au juge dans le délai de trois mois.

Alfred Schwartz

	⁴ Il peut être tenu au versement d'une indemnité sous les conditions prescrites pour le libre exercice du droit de sortie.
B. Esclusione	¹ Lo statuto può stabilire i motivi per i quali un socio può essere escluso.
	² Inoltre un socio può sempre essere escluso per motivi gravi.
	³ L'esclusione è deliberata dall'assemblea generale. Lo statuto può attribuire siffatta competenza all'amministrazione, nel qual caso il socio escluso ha il diritto di ricorrere all'assemblea generale. Il socio escluso ha la facoltà di contestare l'esclusione davanti al giudice entro il termine di tre mesi.
	⁴ Esso può essere tenuto al pagamento di un'equa indennità alle stesse condizioni che in caso di libero recesso.

Literatur

Vgl. die Literaturhinweise zur Art. 842.

I. Allgemeines

1 Das Ausschliessungsrecht der Genossenschaft hat seine Rechtfertigung in der personalistischen Ausprägung der genossenschaftlichen Mitgliedschaft. Der **Ausschluss** eines Genossenschafters ist gesetzlich nur aus wichtigen Gründen zulässig (Abs. 2). Die Statuten können weitere Gründe für einen Ausschluss nennen (Abs. 1, dazu N 10 f.). Der Ausschluss durch den Entscheid der Genossenschaft ist ein Gestaltungsrecht, das grundsätzlich nicht widerrufbar ist. Ein rechtskräftiger Ausschliessungsentscheid kann daher ohne Zustimmung des Genossenschafters nicht rückgängig gemacht werden (**a.M.** ROTHENBÜHLER, 155). Während der Dauer eines Rekursverfahrens kann die Genossenschaft den Ausschluss widerrufen, nicht aber im gerichtlichen Anfechtungsverfahren (vgl. N 19 f.).

2 Der Ausschluss kann **jederzeit**, auch während der Sperrfrist (Art. 843 Abs. 1) und während der Dauer einer Kündigungsfrist ausgesprochen werden. Auch nach beschlossener Auflösung der Genossenschaft ist im Unterschied zum Austritt (Art. 842 Abs. 1) ein Ausschluss möglich (BK-FORSTMOSER, N 29; **a.M.** REYMOND, 95). Die Unterscheidung ist durch das Interesse der Genossenschaft an einer ordentlichen Liquidation begründet.

3 Falls die Statuten die **Zuständigkeit** für den Ausschluss nicht an die Verwaltung delegieren, ist die GV zuständig. Unzulässig ist eine Delegation an die Geschäftsführung i.S.v. Art. 898 (BGE 80 II 71 E. 4). Über den Ausschluss kann an der ordentlichen, ausserordentlichen GV oder an einer Universalversammlung Beschluss gefasst werden. Offen ist, ob der Ausschluss eines Mitgliedes auch in einer Urabstimmung (Art. 880) gültig beschlossen werden kann (für Zulässigkeit: ROTHENBÜHLER, 135 ff. mit der Einschränkung, dass der Auszuschliessende seine Verteidigung mit den Stimmunterlagen den Genossenschaftern vortragen kann). Der Anspruch des Betroffenen auf rechtliches Gehör (N 17) schliesst m.E. bei fehlender oder ungenügender Regelung der Verteidigungsrechte die Urabstimmung für einen Ausschliessungsbeschluss der GV, nicht aber für die Bestätigung eines Ausschlusses der Verwaltung im Rekursverfahren aus.

4 Eine gesetzliche Pflicht, den betroffenen Genossenschafter vor dem Ausschluss zu **mahnen**, besteht nicht (BK-FORSTMOSER, N 15; **a.M.** F. VON STEIGER, Genossenschaftsrecht, 73). Eine Abmahnung kann allerdings zur zureichenden Begründung des wichtigen Grundes erforderlich sein.

5 Der Ausschluss **ohne Grundangabe** ist, anders als im Vereinsrecht, unzulässig (BK-FORSTMOSER, N 13; F. VON STEIGER, Genossenschaftsrecht, 73).

Die Literatur ist der Auffassung, dass ein **Verschulden** des auszuschliessenden Mitgliedes nicht erforderlich ist (REYMOND, 95; offenbar nur für statutarische Gründe: BK-FORSTMOSER, N 12; auch für wichtige Gründe: MOSER, 163; a.M. für subjektives Verhalten: ROTHENBÜHLER, 132 f.). Für den Ausschluss ist auf das Erfordernis des Verschuldens zu verzichten, da eine Mitgliedschaft für die Genossenschaft auch aus objektiven Gründen nicht mehr tragbar sein kann, z.B., wenn ein Mitglied die Eintrittsvoraussetzungen nicht mehr erfüllt. 6

Abs. 1 und 2 sind **zwingendes** Recht. Die in den Statuten vorgesehenen Ausschlussgründe und die Kündigung aus wichtigem Grund gemäss Abs. 2 gehen den Kündigungsbestimmungen in einem Mietvertrag mit einer Wohnbaugenossenschaft vor, unter dem Vorbehalt, dass im Mietvertrag für den Fall des Ausschlusses keine besondere Vereinbarung getroffen wurde. Auch dann ist ein unbeschränktes mietvertragliches Kündigungsrecht mit der zwingenden genossenschaftlichen Regel nicht vereinbar (BGE 118 II 171; ZR 1979, 142). 7

Ein unrechtmässiger Ausschluss eines Genossenschafters kann **Schadenersatzklagen** gegen die Genossenschaft und gegen einzelne Mitglieder der Verwaltung begründen (REYMOND, 99; BK-FORSTMOSER, N 53; ROTHENBÜHLER, 146 f.; SJZ 1972, 221 f.). 8

Ausser statutarischen Gründen und der Kündigung aus wichtigem Grund ist ein Ausschluss des Genossenschafters durch das Kaduzierungsverfahren (Art. 867) vorgesehen. Zum **automatischen Mitgliedschaftsverlust** kommt es nach Art. 847 (Tod), Art. 848 (Vorrang des Vertragsverhältnisses) und Art. 850 (Übertragung von Grundstücken). Das BGer hat den Vorrang der vertraglichen Beziehungen vor Art. 846 für die Kündigung von Versicherungsverträgen bei Krankenkassen anerkannt (BGE 96 V 13 = Pra 1971, 367). 9

II. Statutarische Ausschlussgründe (Abs. 1)

Trotz des unpräzisen Wortlautes («können»), ist für zusätzliche Ausschliessungsgründe eine **statutarische Grundlage** unabdingbar (GERWIG, 258; ROTHENBÜHLER, 125). 10

Auch die Statuten können nicht beliebige Ausschliessungsgründe vorsehen (BK-FORSTMOSER, N 10; ROTHENBÜHLER, 126; BGE 40 II 378; **a.M.** ZK-GUTZWILLER, N 5). Es bedarf eines sachlichen Zusammenhanges mit der **Zielsetzung der Genossenschaft und ihrer Mitglieder,** indem der Ausschlussgrund eine Gefährdung des Genossenschaftszweckes verhindern will und kann. Für die Ausschlussklausel bei Wohnbaugenossenschaften vgl. BGE 118 II 168. Ein (minimaler) Bezug zwischen genossenschaftlicher Tätigkeit oder den Interessen der Genossenschafter und dem Ausschlusstatbestand ist notwendig (REYMOND, 94; BK-FORSTMOSER, N 10; MOSER, 160). 11

Nach unbestrittener Ansicht ist auch in den Statuten ein **Ausschluss ohne Grund** unzulässig (BK-FORSTMOSER, N 13; F. VON STEIGER, Genossenschaftsrecht, 73). Allgemein oder floskelhaft formulierte Ausschlussgründe in den Statuten sind mit einer Kündigung aus wichtigem Grund (Abs. 2) gleichzusetzen (BK-FORSTMOSER, N 14; REYMOND, 119; KGer GE in: SJZ 2005, 144; nicht eindeutig ZR 1972, 103). Zu beachten ist aber, dass Bestimmungen über den automatischen Verlust der Mitgliedschaft (Art. 848) in den Statuten zulässig sind (Art. 848 N 8; BK-FORSTMOSER, Art. 848 N 29, 33). 12

III. Ausschluss aus wichtigem Grund (Abs. 2)

13 Das Recht zur Ausschliessung eines Genossenschafters aus wichtigem Grund ist **zwingend** und tritt neben statutarische Ausschlusstatbestände. Dieser Ausschlusstatbestand kann als Auslegungshilfe für statutarische Ausschliessungsgründe herangezogen werden (BK-FORSTMOSER, N 18; krit. ZK-GUTZWILLER, N 12).

14 Für die Umschreibung des **wichtigen Grundes** kann auf die Ausführungen zu Art. 843 verwiesen werden (Art. 843 N 9 f.). Analog zu diesen Grundsätzen muss der Weiterbestand der Mitgliedschaft für die Genossenschaft unzumutbar sein. Auch für den Ausschluss ist zu verlangen, dass der Zielsetzung, der Struktur und der tatsächlichen Tätigkeit der Genossenschaft bei der Würdigung der Umstände die entscheidende Bedeutung zukommt (vgl. Art. 843 N 9; BK-FORSTMOSER, N 17). Zu berücksichtigen ist im Unterschied zu den statutarischen Ausschlussgründen (Abs. 1) nur das Interesse der Genossenschaft, nie jenes der Mitglieder, auch nicht jenes der Gesamtheit aller Genossenschaftsmitglieder (N 11; BGE 101 II 129; ZR 1972, 103). Meinungsverschiedenheiten mit dem Vorstand genügen i.d.R. nicht (KGer GE in: SJZ 2005, 146). Bei Wohnbaugenossenschaften kann krasse Rücksichtslosigkeit gegenüber Mitbewohnern einen wichtigen Grund setzen, sofern dadurch die Zweckbestimmung der Genossenschaft ernsthaft gefährdet wird (MOSER, 161).

15 Der Beschluss ist formlos gültig, muss aber begründet werden, da nur unter dieser Voraussetzung der Betroffene den Beschluss anfechten kann. Anders als im Vereinsrecht ist daher im Genossenschaftsrecht ein Ausschluss ohne **Grundangabe** nicht zulässig (BK-FORSTMOSER, N 13; F. VON STEIGER, Genossenschaftsrecht, 73).

IV. Rechtschutz

16 Das **Verfahren** ist im Gesetz nicht abschliessend geregelt. Vorgesehen ist bei der Delegation des Ausschliessungsbeschlusses an die Verwaltung eine Rekursmöglichkeit an die GV. In jedem Fall kann der Beschluss der GV gerichtlich angefochten werden (Abs. 3). Die Statuten können ergänzende Bestimmungen über das Verfahren festlegen (ZR 1979, 65, 143).

17 Nach heute überwiegender Lehre hat der Betroffene Anspruch auf **rechtliches Gehör** (REYMOND, 97; BK-FORSTMOSER, N 23 m.Nw.; einschränkend noch BGE 85 II 543; 90 II 348; ZR 1972, 100; vgl. Kritik von FORSTMOSER, a.a.O.). Das betroffene Mitglied hat vor jedem Gesellschaftsorgan ein Recht auf vorgängige Orientierung und Äusserung, Akteneinsicht sowie Anhörung im Sinne des persönlichkeitsbezogenen Mitwirkungsrechts.

18 a) **Rekurs.** Das Rekursrecht gegen einen Ausschliessungsentscheid der Verwaltung an die GV ist zwingend. Eine direkte Anfechtung eines Verwaltungsentscheides beim Gericht ist nicht zulässig (BK-FORSTMOSER, N 37 m.Nw.; BGE 84 II 535). Das Rekursverfahren ist in den Statuten frei gestaltbar (BK-FORSTMOSER, N 40 m.Nw.). Die Frist zur Einreichung des Rekurses ist gesetzlich nicht festgelegt. Die ältere Lehre will die dreimonatige Anfechtungsfrist anwenden; die neuere Lehre verlangt die Rekurserklärung zu Handen der nächsten GV (CAPITAINE, SJK 1156, 4; BK-FORSTMOSER, N 39). Fehlt eine statutarische Fristbestimmung, dürfte dem Betroffenen eine Frist von längstens drei Monaten für den Rekurs zustehen, sofern nicht die GV zu einem früheren Zeitpunkt angesetzt wird (ähnlich ROTHENBÜHLER, 140 f.; **a.A.** REYMOND, 98). Der Rekurs braucht, abweichende statutarische Vorschriften vorbehalten, nicht begründet zu werden.

3. Abschnitt: Verlust der Mitgliedschaft   **Art. 847**

Auch über die Wirkung des Rekurses und zum Verhältnis des Betroffenen zur Genos- 19
senschaft während des Rekursverfahrens können die Statuten Regeln aufstellen. Die
Statuten können dem Rekurs aufschiebende Wirkung zumessen und/oder die Mitgliedschaftsrechte suspendieren (BK-FORSTMOSER, N 40; ROTHENBÜHLER, 158 ff.). Bei fehlender statutarischer Regelung nimmt die Literatur in Analogie zur bundesgerichtlichen
Rechtsprechung im Vereinsrecht an, dass der Rekurs **aufschiebende Wirkung** hat (BK-
FORSTMOSER, N 40; BGE 57 II 125). Dieser Auffassung hat sich die kantonale Rechtsprechung angeschlossen (ZR 1979, 65 = SJZ 1981, 10).

b) **Gerichtliche Anfechtung.** Jeder Ausschluss kann vor dem ordentlichen Gericht oder 20
einem Schiedsgericht angefochten werden. Das Anfechtungsrecht steht dem betroffenen
Genossenschafter zwingend zu (BGE 71 II 180 = Pra 1945, 462; BK-FORSTMOSER,
N 42). Örtlich zuständig ist das Gericht am Sitze der Genossenschaft. Die Anfechtungsfrist von drei Monaten ist eine Verwirkungsfrist (BGE 85 II 536). Das Verfahren richtet
sich nach der kantonalen Zivilprozessordnung, so weit nicht die Bestimmungen des
ATSG und der Spezialgesetze (KVG und BVG) anwendbar sind.

Der Ausschliessungsbeschluss untersteht der unbeschränkten richterlichen Kognition 21
(BK-FORSTMOSER, N 48 m.Nw.). Beweispflichtig für einen wichtigen Grund oder für
das Vorliegen des statutarischen Ausschlussgrundes ist die Genossenschaft. Nach h.L.
hat die Anfechtung nach Abs. 3 **keine aufschiebende Wirkung** (BK-FORSTMOSER,
N 50 m.Nw.; a.A. REYMOND, 99). Statutarische Regeln können für die Anfechtungsklage die aufschiebende Wirkung vorsehen. Die Anfechtungsklage ist i.d.R. nicht vermögensrechtlicher Natur (BGE 56 II 297; offen gelassen in BGE 108 II 79; vgl.
Art. 839 N 15). Vermögensrechtlicher Natur ist nach der Rechtsprechung des BGer
zum KUVG der Prozess um die Mitgliedschaft bei Krankenkassen und Versicherungsgenossenschaften (BGE 80 II 75).

V. Folgen der Ausschliessung

Der rechtskräftige Ausschluss ist hinsichtlich der finanziellen Folgen gleich wie ein 22
Austritt des Genossenschafters zu behandeln, sofern die Statuten den Ausschluss nicht
besonders regeln. Die **Auslösungssumme** (Abs. 4) hat auch im Falle der Ausschliessung keinen pönalen Charakter (Art. 842 N 15 f.; BK-FORSTMOSER, N 57; krit. ZK-GUT-
ZWILLER, N 19). Der Ausgeschlossene unterliegt auch der Nachhaftung bei Genossenschaften mit persönlicher Haftung oder Nachschusspflicht (Art. 876), da diese
Bestimmungen die Gläubiger schützen (**a.M.** ROTHENBÜHLER, 158).

Art. 847

C. Tod des Ge-	**¹ Die Mitgliedschaft erlischt mit dem Tode des Genossenschaf-**
nossenschafters	**ters.**
	² Die Statuten können jedoch bestimmen, dass die Erben ohne weiteres Mitglieder der Genossenschaft sind.
	³ Die Statuten können ferner bestimmen, dass die Erben oder einer unter mehreren Erben auf schriftliches Begehren an Stelle des verstorbenen Genossenschafters als Mitglied aner- kannt werden müssen.
	⁴ Die Erbengemeinschaft hat für die Beteiligung an der Genos- senschaft einen gemeinsamen Vertreter zu bestellen.

C. Décès de l'associé	¹ La qualité d'associé s'éteint par le décès.
² Les statuts peuvent disposer toutefois que les héritiers sont de plein droit membres de la société.
³ Ils peuvent prescrire aussi que les héritiers ou l'un d'eux devront, sur demande écrite, être reconnus membres de la société à la place du défunt.
⁴ La communauté des héritiers désigne un représentant de ses intérêts dans la société.
C. Morte del socio	¹ La qualità di socio si perde con la morte.
² Lo statuto può tuttavia stabilire che gli eredi sono senz'altro soci.
³ Esso può anche stabilire che gli eredi o uno di essi devono, a domanda scritta, essere riconosciuti come soci in luogo di quello del defunto.
⁴ La comunione degli eredi deve designare un suo rappresentante nella società.

Literatur

Vgl. die Literaturhinweise zur Art. 842.

I. Normzweck

1 Aus der personalistischen Struktur folgt, dass die Mitgliedschaft in der Genossenschaft mit dem **Tod** erlischt (Abs. 1). Dem Tod ist die Verschollenerklärung gleichgesetzt. Bei juristischen Personen tritt der Verlust der Mitgliedschaft mit der **Auflösung** ein. Dies gilt auch für die Fälle liquidationsloser Auflösung juristischer Personen (BK-FORSTMOSER, N 10).

2 Die Aufgaben und Bedürfnisse der Genossenschaft können die Fähigkeiten, den Beruf, den Betrieb eines Mitgliedes oder auch seine Bedürfnisse erfordern (GERWIG, 262; NIGG, 78). Aus diesem Grunde erlaubt Art. 847 Statutenbestimmungen, wonach beim Tod eines Mitgliedes **seine Erben** ohne weiteres die Mitgliedschaft erwerben (Abs. 2), oder den Erben einen Beitrittsanspruch einräumen (Abs. 3). Die Statuten dürfen der Genossenschaft ein Vetorecht einräumen und die Voraussetzungen festlegen, welche die Erben erfüllen müssen (BGE 4C.350/2002, E. 3.1.). Dieser Erwerb der Mitgliedschaft ist derivativ.

3 Notwendige **Voraussetzung** für den Beitrittszwang und den Beitrittsanspruch der Erben ist eine Verankerung in den Statuten (BGE 108 II 99). Eine statutarische Bestimmung ist auch ausreichend (BK-FORSTMOSER, N 23 ff.; NIGG, 79). Eine Regelung in einem Reglement oder in schuldrechtlichen Verträgen genügt nicht (BK-FORSTMOSER, N 23).

4 Als Erben i.S.v. Abs. 2 und 3 gelten nicht nur die gesetzlichen oder eingesetzten Erben, sondern nach der h.L. auch die Vermächtnisnehmer (BK-FORSTMOSER, N 28, 48; **a.A.** ZK-GUTZWILLER, N 8). Dem Gesetz ist die Ausdehnung des derivativen Erwerbs auf **Vermächtnisnehmer** nicht zu entnehmen. Die h.L. stützt sich auf die Materialien (Nw. bei BK-FORSTMOSER, N 28). Die Auffassung weckt insoweit Bedenken, als ein Mitglied durch letztwillige Verfügung seine Nachfolge in der Genossenschaft frei bestimmen und die Mitgliedschaft im Falle eines statutarischen Beitrittszwanges (Abs. 2) sogar ohne Aufnahmeentscheid der Genossenschaft beliebigen Personen übertragen kann. Bei der prinzipiellen Unübertragbarkeit der Mitgliedschaft (Art. 849) und den für die ausnahmsweise Zulässigkeit geltenden Schranken ist m.E. einer engen Auslegung des Gesetzes der Vorzug zu geben (vgl. Art. 849 N 1 f., 850 N 2; **a.A.** CHK-COURVOISIER, N 3). Nicht in allen Fällen kann die Genossenschaft einen Erben oder Vermächtnisneh-

3. Abschnitt: Verlust der Mitgliedschaft   5–7 **Art. 847**

mer aus wichtigen Gründen ausschliessen (Art. 846 Abs. 2) und die Gründe für ein statutarisches Beitrittsrecht der gesetzlichen oder eingesetzten Erben gelten nicht unbedingt für Vermächtnisnehmer. Eine Genossenschaft ist deshalb gut beraten, wenn sie den Kreis der nachfolgeberechtigten Erben in den Statuten bestimmt (BGE 4C.350/ 2002; s. Bsp. bei ZK-GUTZWILLER, N 4; GERWIG, 263; BK-FORSTMOSER, N 25 ff.).

In *analoger* Anwendung von Abs. 2 und 3 ist bei Genossenschaftern mit juristischer **5** Persönlichkeit ein derivativer Mitgliedschaftserwerb im Falle ihrer Auflösung ohne Liquidation möglich und besteht auch bei liquidationsloser Auflösung nach FusG (BK-FORSTMOSER, N 18, zum alten Recht). Selbstverständlich können die Statuten auch in diesen Fällen die nachfolgeberechtigte **Gesellschaft oder Körperschaft** bestimmen oder die Nachfolge beschränken. Ohne Verletzung des Gleichheitsgrundsatzes (Art. 854) kann ein Beitrittszwang oder ein Beitrittsrecht bei juristischen Personen in den Statuten auch ausgeschlossen werden.

Die Mitgliedschaft erlischt bei natürlichen Personen nach dem Gesetz am Todestag. Die **6** Statuten können festlegen, dass die Wirkungen des Ausscheidens erst auf den Schluss des laufenden Geschäftsjahres eintreten (BK-FORSTMOSER, N 11). Ein Hinausschieben der Wirkungen des Ausscheidens über die in Art. 843 Abs. 2 zwingend vorgeschriebene Jahresfrist ist unzulässig. Für juristische Personen ist der massgebende **Zeitpunkt** in der Doktrin kontrovers. Ein Teil der Lehre lässt die Mitgliedschaft bei Abschluss der Liquidation erlöschen (F. VON STEIGER, Genossenschaftsrecht, 174). Die neuere Lehre ist unter Hinweis auf die herrschende deutsche Lehre und aus Praktikabilitätsgründen der Auffassung, der Auflösungsbeschluss sei für die Anwendung von Abs. 1 dem Tod gleichzusetzen (REYMOND, 101; BK-FORSTMOSER, N 12 m.Nw.). Mit dem Liquidationsbeschluss der juristischen Person entfällt i.d.R. die Grundlage für die Mitgliedschaft. Die Liquidationstätigkeit und die Aufgaben der Liquidatoren (vgl. Art. 742 ff.) sind mit den genossenschaftlichen Mitgliedschaftsrechten und -pflichten grundsätzlich unvereinbar. Im Interesse der Genossenschaft sollte daher der Liquidationsbeschluss massgebend sein.

Keine Anwendung dieser Bestimmungen bei der **Umwandlung** nach Art. 53 f. FusG, **6a** weil keine Auflösung der bisherigen Gesellschaft stattfindet und die Kontinuität des Rechtsträgers gewährleistet ist (ZK FusG-GUGGENBÜHL, Art. 53 N 11 f.). Ebenso bei einer Sitzverlegung der Mitgliedergesellschaft ins Ausland gem. Art. 163 IPRG (CHK-COURVOISIER, N 1).

Die **Folgen** des Ausscheidens aus der Genossenschaft durch Tod entsprechen grund- **7** sätzlich den Wirkungen der Kündigung (Art. 842 f.; Art. 864 f.; Art. 876). Offen ist, ob beim Erlöschen der Mitgliedschaft durch Tod den Erben eine statutarisch festgelegte Auslösungssumme auferlegt werden kann. Mit überzeugender Begründung lehnt FORSTMOSER die Pflicht zur Zahlung einer **Auslösungssumme** durch die Erben ab (BK-FORSTMOSER, N 15; a.A. REYMOND, 101, mit dem Vorschlag der Anpassung der Auslösungsumme an die besonderen Umstände). Die allgemeine Regel in Art. 842 Abs. 2 erwähnt nur den «*Austretenden*» und verlangt, dass zwischen Austritt und Schaden der Genossenschaft ein Kausalzusammenhang besteht. Der Todesfall ist keine Kündigung, sondern führt zum «*Erlöschen*» der Mitgliedschaft. Eine Auslösungssumme im Todesfall ist mit der personalistischen Struktur i.d.R. nicht vereinbar. Bei den juristischen Personen verlangt FORSTMOSER eine vollständige Gleichstellung mit den ordentlichen Austrittsfolgen mit dem Ergebnis, dass beim Ausscheiden der juristischen Person infolge ihrer Liquidation eine Auslösungssumme geschuldet ist. Diese Differenzierung begründet er mit der Möglichkeit der juristischen Person durch einen Liquidationsbeschluss eine statutarische Pflicht zur Zahlung einer Auslösungssumme zu umgehen. Ju-

Alfred Schwartz   1879

ristische Personen können aus verschiedenen Gründen aufgelöst werden (Art. 736 Ziff. 1–5 für die AG; Art. 76 ff ZGB für den Verein; Art. 911 Ziff. 1–4 für die Genossenschaft). Eine unterschiedliche Behandlung je nach dem Grund der Auflösung ist dogmatisch schwer zu rechtfertigen. Ein pönaler Aspekt ist der Auslösungssumme gerade nicht immanent (Art. 842 N 15). Mangels anders lautender Bestimmungen in den Statuten ist m.E. auch den Mitgliedern mit juristischer Persönlichkeit die Bezahlung einer Auslösungssumme beim Austritt infolge Liquidation zu erlassen. Der Gefahr, dass mit einem Auflösungsbeschluss die statutarische Pflicht zur Zahlung einer Auslösungssumme umgangen wird, ist mit dem Grundsatz von Treu und Glauben und dem Rechtsmissbrauchsverbot zu begegnen.

8   Das Erlöschen der Mitgliedschaft beim Tod bewirkt, dass allfällige **Sperrfristen** i.S.v. Art. 843 Abs. 1 wirkungslos bleiben. Diese Rechtsfolge kann m.E. auch mit einer abweichenden Bestimmung in den Statuten nicht vermieden werden.

II. Zwangsmitgliedschaft der Erben (Abs. 2)

9   Eine statutarische Regelung gemäss Abs. 2 führt zu einem «ipso-iure-Erwerb» der Mitgliedschaft. Es bedarf keines Aufnahmeentscheides der Genossenschaft (BK-FORSTMOSER, N 21) und die Ablehnung ist unzulässig (**a.A.** REYMOND, 103). Die Erben können dieser **Zwangsmitgliedschaft** nur entgehen, wenn sie die Erbschaft ausschlagen (BGE 4C.350/2002, E. 3.3; BK-FORSTMOSER, N 19; NIGG, 79; MOSER 148). Die Zwangsmitgliedschaft ist auch für Nachfolgegesellschaften juristischer Personen im Falle der Fusion und der liquidationslosen Umwandlung möglich (BK-FORSTMOSER, N 18, 20). Der automatische, **derivative** Mitgliedschaftserwerb bewirkt, dass die Erben in die Mitgliedschaft des Erblassers eintreten und diese fortsetzen (F. VON STEIGER, Genossenschaftsrecht, 68; BK-FORSTMOSER, N 29). Statutarische Sperrfristen werden nicht unterbrochen, sondern laufen weiter. Andererseits schulden die Erben auch kein Eintrittsgeld (BK-FORSTMOSER, N 22, 29). Erfüllen die Erben oder einzelne von ihnen die persönlichen Mitgliedschaftsvoraussetzungen nicht, können sie von der Genossenschaft aus statutarischen oder wichtigen Gründen ausgeschlossen werden (Art. 846 N 1 f.; NIGG, 80). Der Erbe, der sich der Zwangsmitgliedschaft entziehen will, kann seinerseits die Mitgliedschaft ordentlich oder aus wichtigen Gründen fristlos kündigen (BK-FORSTMOSER, N 30; MOSER, 148). Für die Kündigung und den Ausschluss aus wichtigem Grund sind aber die persönlichen und sachlichen Umstände beim Erben massgebend (BK-FORSTMOSER, N 30). Nach den Materialien kann auch der Erbfall als wichtiger Grund für den Austritt gelten (StenBull StR 1932, 208). Ob der Erbfall allein einen wichtigen Grund darstellt, ist m.E. fraglich. Eine solche extensive Auslegung des wichtigen Grundes, würde eine statutarisch vorgesehene Zwangsmitgliedschaft i.E. aufheben. Für die fristlose Kündigung eines Erben gelten die zwingenden Bestimmungen von Art. 843 Abs. 2 und Art. 846 Abs. 2 (ähnlich NIGG, 79).

10 Die Mitgliedschaftsrechte und -pflichten gehen mit dem Tod des Erblassers auf die Erben über. Bei Genossenschaften mit persönlicher Haftung oder Nachschusspflicht braucht es für die Haftungsverpflichtung keine ausdrückliche Übernahme (NIGG, 82; BK-FORSTMOSER, N 36; **a.A.** REYMOND, 102). Im Gesetz nicht geregelt ist die Nachfolge bei mehreren Erben. Aufgrund der Materialien kommt die h.L. zur Auffassung, dass entgegen dem Wortlaut nicht sämtliche Erben, sondern nur einer die Mitgliedschaft fortsetzen soll (BK-FORSTMOSER, N 33 m.Nw.; NIGG, 79; **a.A.** offenbar MOSER, 133, 147). Enthalten die Statuten keine Regelung, welche den Kreis der aufzunehmenden Erben beschränkt und auch keine Auswahl eines bestimmten Erben, kann sich die Mit-

gliedschaft einzelner Erben auch aus den Umständen, v.a. aus der Zielsetzung oder den Eintrittsvoraussetzungen der Genossenschaft, ergeben (GERWIG, 264; BK-FORSTMOSER, N 33 ff.). Diese Auffassung verdient insoweit Zustimmung, als daraus nicht eine allgemeine Regel abgeleitet wird, die einerseits die Genossenschaft von der statutarischen Verpflichtung zur Aufnahme der Erben befreit und andererseits die Erbansprüche der Erben nicht beeinträchtigt. Bestehen Unklarheiten über die zum Eintritt verpflichteten Erben, hat die Erbengemeinschaft einen Erbenvertreter zu bestimmen (Abs. 4; N 17). Die Mitgliedschaft bleibt bis zur Erbteilung bei der Erbengemeinschaft und diese treffen auch die Verpflichtungen der Nachhaftung aus Art. 876 Abs. 1 und 2.

III. Beitrittsrecht (Abs. 3)

Die Statuten können vorsehen, dass den Erben eines Mitgliedes ein subjektives Recht auf Aufnahme in die Genossenschaft zusteht. Dieses **Beitrittsrecht** verlangt im Unterschied zur Zwangsmitgliedschaft eine Beitrittserklärung der Erben. Die Mitgliedschaft geht also nicht ipso iure auf die Erben über, sondern verlangt eine Bewerbung der berechtigten Erben (BGE 108 II 99). Vom allgemeinen, jedermann zustehendem Eintrittsrecht nach Art. 839 unterscheidet sich das Beitrittsrecht des Erben in drei Punkten: Der Eintritt in die Genossenschaft erfolgt allein aufgrund der Beitrittserklärung, ohne Aufnahmeentscheid oder Genehmigung der Genossenschaft. Die Erben haben gegenüber der Genossenschaft einen subjektiven Anspruch auf Eintritt und sie erwerben die Mitgliedschaft derivativ (BK-FORSTMOSER, N 39 f.).

Erforderlich ist auch für dieses Beitrittsrecht eine **statutarische Grundlage** (vgl. N 3). Der Ausdruck Erben umfasst auch die eingesetzten Erben und nach h.L. auch einen Vermächtnisnehmer (vgl. N 4). Abweichend von der Zwangsmitgliedschaft nimmt die h.L. für das Beitrittsrecht an, dass dieses unter Vorbehalt statutarischer Einschränkungen jedem Erben zusteht (BGE 4C.350/2002, E. 3.1; BK-FORSTMOSER, N 45 ff.).

Der Beitritt erfordert ein **schriftliches Begehren** (Art. 840 N 8 f.). Das Formerfordernis entspricht Art. 840 Abs. 1. Für die persönliche Haftung und Nachschusspflicht bedarf es im Unterschied zu Abs. 2 einer ausdrücklichen Übernahme (Art. 840 N 12 ff.). Der derivative Charakter führt zur Rückwirkung des Mitgliedschaftserwerbs auf den Todestag und zum Eintritt in die Mitgliedschaft des Erblassers (N 15), entbindet aber nicht von den Formvorschriften die beim Eintritt vorgeschrieben sind.

Das Gesetz befristet die Ausübung des Beitrittsrechtes nicht. Enthalten auch die Statuten keine Vorschriften über die **Frist zur Ausübung,** kann nicht angenommen werden, dass das Beitrittsrecht unbeschränkt oder während der ordentlichen Verjährungsfrist i.S.v. Art. 127 andauert. Den Erben ist für die Ausübung des Beitrittsrechts ein, nach dem üblichen Geschäftsgang und nach Treu und Glauben zu bemessender Zeitraum zuzubilligen (BK-FORSTMOSER, N 50 schlägt vor, die Frist bis zum Schluss des auf den Tod folgenden Geschäftsjahres anzuberaumen). Für die Bemessung der Frist und den Beginn des Fristenlaufes sind m.E. nebst dem Todestag die Kenntnisnahme vom Beitrittsrecht, die Tätigkeit der Genossenschaft und ihre Aufgaben weitere Kriterien. Je nachdem kann eine kürzere Frist zur Ausübung des Beitrittsrechts im Interesse der Genossenschaft geboten sein, z.B. bei Wohnbaugenossenschaften, die den Genossenschaftern Wohnungen zur Miete überlassen.

Wird das Beitrittsrecht ausgeübt, erfolgt der **Eintritt** in die Genossenschaft rückwirkend auf den Todestag (BK-FORSTMOSER, N 51; **a.M.** ZK-GUTZWILLER, N 10, der als massgebenden Zeitpunkt die Beitrittserklärung annimmt). Voraussetzung für die Rückwirkung ist die Abgabe der Beitrittserklärung. Zwischen Todestag und vor der Abgabe der Beitrittserklärung ist der Erbe nicht Mitglied und die Mitgliedschaft des Erblassers ist erloschen. Dieser Zustand ist m.E. als Anwartschaft auf die Mitgliedschaft zu verstehen (a.A. BK-FORSTMOSER, N 51).

IV. Der Erbenvertreter (Abs. 4)

16 Damit die Ausübung der Mitgliedschaftsrechte und -pflichten während der Dauer einer Erbengemeinschaft sichergestellt ist, verpflichtet Abs. 4 die Erben, einen gemeinsamen **Vertreter** zu bestellen. Dieser Vertreter ist nicht unbedingt der Erbenvertreter nach Art. 602 Abs. 3 ZGB. Er kann von den Erben zusätzlich ernannt werden. Der gewählte Vertreter ist weisungsgebunden (BK-FORSTMOSER, N 52 f.). Der Erbenvertreter nach Abs. 4 kann vom Erblasser letztwillig bestimmt werden und auch der Willensvollstrecker kann diese Funktion erfüllen.

17 Fehlt ein Vertreter der Erbengemeinschaft, kann die Genossenschaft analog zu Art. 602 ZGB die **Einsetzung** durch die zuständige kantonale Behörde verlangen.

Art. 848

D. Wegfall einer Beamtung oder Anstellung oder eines Vertrages

Ist die Zugehörigkeit zu einer Genossenschaft mit einer Beamtung oder Anstellung verknüpft oder die Folge eines Vertragsverhältnisses, wie bei einer Versicherungsgenossenschaft, so fällt die Mitgliedschaft, sofern die Statuten es nicht anders ordnen, mit dem Aufhören der Beamtung oder Anstellung oder des Vertrages dahin.

D. Perte de fonction ou d'emploi ou fin d'un contrat

Lorsque la qualité d'associé est attachée à une fonction ou à un emploi ou qu'elle dépend de la conclusion d'un contrat, notamment avec une société coopérative d'assurance, elle s'éteint par la perte de la fonction ou de l'emploi ou par la fin du contrat, à moins que les statuts n'en disposent autrement.

D. Fine di un ufficio, di un impegno o d'un contratto

Qualora la qualità di socio sia connessa con un ufficio o con un impiego o derivi da un rapporto contrattuale in ispecie con una società di mutua assicurazione, essa si perde col finire dell'ufficio o dell'impiego o del contratto, salvo contraria disposizione dello statuto.

Literatur

Vgl. die Literaturhinweise zur Art. 842.

I. Anwendungsbereich

1 Art. 848 ist eine Ausnahmebestimmung zu den allgemeinen Kündigungsvorschriften für zwei Sonderfälle. Ein **automatischer Verlust** der Mitgliedschaft tritt von Gesetzes wegen beim Wegfall einer Beamtung oder Anstellung und bei der Auflösung eines Vertragsverhältnisses ein. Vorbehalten bleiben statutarische Abweichungen und das Verbot des Austritts bei Liquidation (BK-FORSTMOSER, N 15; a.A. REYMOND, 107).

2 Diese Auflösungsgründe der Mitgliedschaft treten neben die übrigen Möglichkeiten zur Beendigung der Mitgliedschaft. Als **Ausnahmebestimmung** ist Art. 848 restriktiv aus-

zulegen (ähnlich BK-FORSTMOSER, N 10). Die Bestimmung findet nur Anwendung auf Abhängigkeitsverhältnisse zur Genossenschaft oder vorrangige Vertragsverhältnisse (REYMOND, 107; BK-FORSTMOSER, N 19, 24).

a) **Beamtung und Anstellung.** Anzuwenden ist die Vorschrift bei Mitgliedschaften, die mit einem Arbeitsverhältnis in einem bestimmten Unternehmen oder in einem Gemeinwesen *zwingend* verbunden sind (z.B. Beamtenunterstützungskassen, Pensionskassen; vgl. BK-FORSTMOSER, N 17). Möglich ist auch die Anwendung auf den Verwalter und die Angestellten der Genossenschaft (ZK-GUTZWILLER, N 2). Die Bestimmung ist aber nicht anwendbar, wo ein bestimmter Beruf als Beitrittsvoraussetzung in die Genossenschaft statuiert ist (BK-FORSTMOSER, N 20). 3

b) **Vertragsverhältnisse.** Nach der h.L. und Rechtsprechung ist diese Bestimmung nur auf Versicherungsgenossenschaften und genossenschaftlich organisierte Krankenkassen anwendbar (BK-FORSTMOSER, N 22; BGE 96 V 13 = Pra 1991, 367 ff.; **a.A.** REYMOND, 108). 4

Der Verlust der Mitgliedschaftsrechte tritt ohne Ausschliessungsbeschluss und ohne Kündigung gleichzeitig mit der Auflösung des Versicherungsvertrages bzw. des Anstellungsvertrages oder dem Wegfall der Beamtung ein (BK-FORSTMOSER, N 21, 27). In den **Folgen und Wirkungen** kann auf die Bestimmungen für den Austritt und den Ausschluss verwiesen werden: Eine Auslösungssumme ist auch beim Ausscheiden nach Art. 848 zu bezahlen (Art. 842 N 15 f.; Art. 847 N 22); andererseits hat der Ausscheidende auch Anspruch auf eine statutarische Abfindung nach Art. 864 (BK-FORSTMOSER, N 12 f.). 5

II. Rechtsschutz

Das Gesetz enthält keine Bestimmungen über den Rechtsschutz. Bei der Auflösung des Krankenversicherungsvertrages kann sich der Betroffene gegen die Verfügung der Kasse mittels **Einsprache** und **Beschwerde** wehren (Art. 52 ATSG und Art. 85 f. KVG). Bei der obligatorischen beruflichen Vorsorge ist die Beschwerdemöglichkeit nach Art. 73 BVG gegeben (BGE 96 V 13 = Pra 1971, 367 für Krankenkassen). 6

Ausserhalb des Sozialversicherungsrechts kann der betroffene Genossenschafter eine **Feststellungsklage** auf Weiterbestand der Mitgliedschaft erheben (vgl. Hinweise in BGE 98 II 225; 96 V 13 ff. = Pra 1971, 367 ff.). Die Klage auf Feststellung ist an keine Frist gebunden, insb. nicht an die Frist von Art. 846 Abs. 3 (BK-FORSTMOSER, N 34; **a.A.** VON STEIGER, SAG 1943/44, 122, der eine Rekurs- und Anfechtungsfrist analog zu Art. 846 postuliert). Das Klagerecht kann allerdings verwirken, wenn der Genossenschafter nicht innert angemessener Frist Einspruch erhebt (BK-FORSTMOSER, N 34). 7

III. Andere Gründe für den automatischen Verlust der Mitgliedschaft?

Das Gesetz untersagt die Einführung weiterer Fälle für den automatischen Verlust der Mitgliedschaft in den Statuten nicht. Die h.L. lässt **statutarische Gründe** zu (BK-FORSTMOSER, N 29 f. m.Nw.; BGE 48 III 63). Eine restriktive Anwendung von Art. 848 verlangt, dass nicht nur die Missbrauchsfälle vorbehalten bleiben (**a.A.** BK-FORSTMOSER, N 30). Zu fordern ist, dass die von den Statuten eingeführten Gründe nicht einseitig von der Genossenschaft gesetzt werden können, nicht dem freien Ermessen ihrer Organe anheim gestellt sind und die Organe über den Mitgliedschaftsverlust keine Entscheidungskompetenz haben. Die statutarischen Gründe müssen auch eine Be- 8 ziehung zur genossenschaftlichen Tätigkeit aufweisen (BK-FORSTMOSER, N 32). Ohne diese Einschränkung ist m.E. ein automatischer Verlust der Mitgliedschaft mit der zwingenden Regelung der Ausschliessung in Art. 846 nicht vereinbar (Art. 846 N 7 f., 10).

Art. 849

E. Übertragung der Mitgliedschaft
I. Im Allgemeinen

¹ Die Abtretung der Genossenschaftsanteile und, wenn über die Mitgliedschaft oder den Genossenschaftsanteil eine Urkunde ausgestellt worden ist, die Übertragung dieser Urkunde machen den Erwerber nicht ohne weiteres zum Genossenschafter. Der Erwerber wird erst durch einen dem Gesetz und den Statuten entsprechenden Aufnahmebeschluss Genossenschafter.

² Solange der Erwerber nicht als Genossenschafter aufgenommen ist, steht die Ausübung der persönlichen Mitgliedschaftsrechte dem Veräusserer zu.

³ Ist die Zugehörigkeit zu einer Genossenschaft mit einem Vertrage verknüpft, so können die Statuten bestimmen, dass die Mitgliedschaft mit der Übernahme des Vertrages ohne weiteres auf den Rechtsnachfolger übergeht.

E. Transfert de la qualité d'associé
I. En général

¹ La cession des parts sociales et, lorsque la qualité d'associé ou la part sociale est constatée par un titre, le transfert de ce titre ne suffisent pas à conférer à l'acquéreur la qualité d'associé. Celle-ci ne lui est attribuée que par une décision conforme à la loi ou aux statuts.

² Les droits personnels attachés à la qualité d'associé ne passent à l'acquéreur que lors de son admission.

³ Lorsque la qualité d'associé dépend de la conclusion d'un contrat, les statuts peuvent prescrire que la qualité d'associé est transférée de plein droit par la reprise du contrat.

E. Trasferimento della qualità di socio
I. In genere

¹ La cessione delle quote sociali e, se la qualità di socio o il conferimento d'una quota sociale risulta da un documento, il trasferimento di questo non conferiscono senz'altro all'acquirente la qualità di socio. L'acquirente non diventa socio se non per una deliberazione d'ammissione conforme alla legge ed allo statuto.

² L'esercizio dei diritti personali inerenti alla qualità di socio passa all'acquirente soltanto al momento dell'ammissione di quest'ultimo.

³ Qualora la qualità di socio dipenda dalla conclusione d'un contratto, lo statuto può stabilire ch'essa, con l'assunzione del contratto, passa senz'altro al successore.

Literatur

BIERI, Der Mitgliedschaftswechsel in der landwirtschaftlichen Genossenschaft nach Art. 840 rev OR, Diss. Bern 1946; FRIEDRICH, Das Genossenschaftskapital im schweiz. Obligationenrecht, Diss. Basel 1943.

I. Unübertragbarkeit der Mitgliedschaft

1 Der Wechsel der Mitglieder findet in der Genossenschaft grundsätzlich durch Ein- und Austritte statt. Die Übertragung der Mitgliedschaft ist dem Grundsatz nach ausgeschlossen (BK-FORSTMOSER, Systematischer Teil N 306; BGE 98 II 223). Vom Grundsatz der

3. Abschnitt: Verlust der Mitgliedschaft 2–4 **Art. 849**

Unübertragbarkeit sieht das Gesetz Ausnahmen vor (Abs. 3, Art. 850 Abs. 2, 847 Abs. 2 f.). Nach h.L. ist Abs. 1 zwingend (BK-FORSTMOSER, N 10; differenzierend MOSER, 142).

Auch bei Genossenschaften mit Anteilscheinen und solchen, die eine Urkunde über die Mitgliedschaft ausstellen, ist zum Erwerb der Mitgliedschaft ein **Aufnahmebeschluss** der Genossenschaft notwendig. Die blosse Beitrittserklärung genügt nur im Falle von Art. 840 Abs. 3 (BK-FORSTMOSER, N 36, Art. 840 N 22). Das Gesetz geht grundsätzlich von einem originären Mitgliedschaftserwerb aus. Die Statuten können auch in diesen Fällen einen derivativen Übergang der Mitgliedschaft vorsehen (BK-FORSTMOSER, N 38). Einzig Abs. 3 regelt einen Sonderfall derivativen Mitgliedschaftserwerbs durch Übernahme eines Vertrages (vgl. N 7).

2

Die Abtretung oder **Übertragung von Genossenschaftsanteilen** bewirkt *keinen* Mitgliedschaftswechsel. Nur das Forderungsrecht am Genossenschaftskapital geht auf den Übernehmer über (BK-FORSTMOSER, N 9; MOSER, 141; **a.M.** FRIEDRICH, 90). Die Mitgliedschaft bleibt beim Veräusserer, solange er nicht ausgetreten ist oder von der Genossenschaft ausgeschlossen wird (BK-FORSTMOSER, N 42, 67). Die Übertragung von «Urkunden» über den Genossenschaftsanteil entfaltet überhaupt keine Wirkungen (BK-FORSTMOSER, N 34). In jenen Fällen, in denen die Statuten für die Aufnahme eines Bewerbers die blosse Beitrittserklärung *und* den Erwerb von Genossenschaftsanteilen oder Beweisurkunden über den Genossenschaftsanteil genügen lassen, kann der Erwerber ein Eintrittsrecht geltend machen (Art. 840 N 22; ähnlich MOSER, 142 N 4; **a.M.** BK-FORSTMOSER, N 10 m.Nw. zu den Materialien). Die Vorschrift von Abs. 2 ist insofern zwingend, als die Statuten nicht vorsehen dürfen, dass jeder Erwerb eines Anteils automatisch, durch blosse Übertragung von Anteilen allein die Mitgliedschaft begründen kann. Das schliesst nicht aus, dass eine zusätzliche Beitrittserklärung zum originären Mitgliedschaftserwerb nach den Statuten berechtigen kann (BGE 53 II 294). Solange die bundesgerichtliche Rechtsprechung einem Bewerber ein subjektives Recht auf Eintritt in die Genossenschaft selbst dann nicht zuerkennt, wenn er die statutarischen Eintrittsvoraussetzungen erfüllt, bleibt auch eine solche statutarische Regelung praktisch wirkungslos (BGE 98 II 230; Art. 839, N 3, 5).

3

II. Aufspaltung der Mitgliedschaftsrechte

Abs. 2 ist eine gesetzliche Vermutung. Bis zum Eintritt des Zessionars oder Erwerbers, verbleiben die **persönlichen Mitgliedschaftsrechte** und Pflichten beim Zedenten bzw. Veräusserer, bis dieser ausgetreten oder ausgeschlossen ist. Dem Zessionar stehen die in den Statuten vorgesehenen vermögensrechtlichen Ansprüche auf Dividende (Art. 859 und 861), ein Abfindungsanspruch für den Fall des Ausscheidens (Art. 864) und Ansprüche auf Rückzahlung der Anteile bei Liquidation gemäss Art. 913 Abs. 2 zu, sind aber vom Verhalten des Zedenten abhängig. Die Übertragung von Anteilen ist daher wenig attraktiv (REYMOND, 119). Die gesetzliche Vermutung der **Spaltung der Mitgliedschaftsrechte** gilt bei der Übertragung der Anteile auf Nichtmitglieder. Werden Anteile an einen Mitgenossenschafter übertragen, erlischt nach einem Teil der Lehre die Mitgliedschaft, im Zeitpunkt der Kenntnisnahme von der Übertragung durch die Genossenschaft, falls die Statuten nichts anderes vorsehen. Diese Auffassung ist auf berechtigte Kritik gestossen. Die Lehre vertritt überzeugend die Ansicht, dass Abs. 2 auch bei der Veräusserung an Mitgenossenschafter anzuwenden ist (BK-FORSTMOSER, N 43 f.). Nach den gesetzlichen Bestimmungen ist ein automatischer Verlust der Mitgliedschaft infolge Veräusserung nur dann anzunehmen, wenn die Anteilscheine an ein

4

Alfred Schwartz

Nichtmitglied übertragen werden und dieses anschliessend in die Genossenschaft aufgenommen wird (BK-FORSTMOSER, N 45).

5 Die **Statuten** können eine andere Ordnung vorsehen. Sie können mit der Veräusserung den automatischen Verlust der Mitgliedschaftsrechte verbinden (BK-FORSTMOSER, N 46; Art. 848 N 8).

6 Abs. 2 ist bei der Begründung von **Pfand- und Nutzniessungsrechten** *analog* anzuwenden. Eine Ausnahme statuiert Art. 845 für das Austrittsrecht im Falle des Pfändungs- und Konkursbeschlages der Anteilscheine eines Genossenschafters. Die Geltendmachung des Austrittsrechtes steht der **Konkursverwaltung** bzw. dem **Betreibungsamt** zu (Art. 845). Auch in diesen Fällen bleiben die persönlichen Mitgliedschaftsrechte beim betroffenen Genossenschafter.

III. Versicherungsgenossenschaften

7 Abs. 3 regelt den Ausnahmefall eines derivativen Mitgliedschaftserwerbs für die Übertragung der Mitgliedschaftsrechte bei **Versicherungsgenossenschaften.** Der Anwendungsbereich beschränkt sich, wie bei Art. 848, nur auf Versicherungsgenossenschaften (BK-FORSTMOSER, N 71 m.Nw.; **a.A.** REYMOND, 108; eine Ausdehnung des Anwendungsbereiches auf Wohnbaugenossenschaften wird von MOSER, 144 vorgeschlagen). Zu berücksichtigen ist, dass eine Ausdehnung über die spezialrechtlich geregelten Versicherungsverträge hinaus auch Auswirkungen auf den Paralleltatbestand des Art. 848 haben kann. Bei Mietverträgen betont die Rechtsprechung und Lehre zu Recht, dass für die Kündigung des Mietvertrages die genossenschaftsrechtlichen Regeln vorgehen, sofern der Mietvertrag keine speziellen Vorschriften enthält (BGE 118 II 171; ZR 1979, 147; MOSER, 164).

8 Gegen eine automatische Übertragung eines Versicherungsvertrages kann sich der Übernehmer nach Art. 54, 55, 73 und 81 VVG wehren.

Art. 850

II. Durch Übertragung von Grundstücken oder wirtschaftlichen Betrieben

¹ Die Mitgliedschaft bei einer Genossenschaft kann durch die Statuten vom Eigentum an einem Grundstück oder vom wirtschaftlichen Betrieb eines solchen abhängig gemacht werden.

² Die Statuten können für solche Fälle vorschreiben, dass mit der Veräusserung des Grundstückes oder mit der Übernahme des wirtschaftlichen Betriebes die Mitgliedschaft ohne weiteres auf den Erwerber oder den Übernehmer übergeht.

³ Die Bestimmung betreffend den Übergang der Mitgliedschaft bei Veräusserung des Grundstückes bedarf zu ihrer Gültigkeit gegenüber Dritten der Vormerkung im Grundbuche.

II. Aliénation d'un immeuble ou d'une exploitation

¹ La qualité d'associé peut être liée par les statuts à la propriété ou à l'exploitation d'un immeuble.

² En pareils cas, les statuts peuvent prescrire que l'aliénation de l'immeuble ou la reprise de l'exploitation transfère de plein droit la qualité d'associé à l'acquéreur ou au reprenant.

³ La clause portant transfert de la qualité d'associé en cas d'aliénation de l'immeuble ne peut être opposée à des tiers que si elle est annotée au registre foncier.

3. Abschnitt: Verlust der Mitgliedschaft   1–4 Art. 850

II. Mediante trasferimento di fondi o di aziende

¹ La qualità di socio d'una società cooperativa può essere connessa dallo statuto con la proprietà d'un fondo o con l'esercizio di un'azienda su di esso.

² In siffatti casi lo statuto può stabilire che con l'alienazione del fondo o con l'assunzione dell'azienda la qualità di socio passa senz'altro all'acquirente o all'assuntore.

³ La disposizione riguardante il trasferimento della qualità di socio in caso d'alienazione del fondo diventa efficace in confronto dei terzi solo se annotata nel registro fondiario.

Literatur

W. STUDER, Die Vormerkung der Mitgliedschaft in einer Genossenschaft nach Art. 850 OR, ZSR 1939, 263.

I. Allgemeines

Der Hinweis in Abs. 1 hat lediglich deklaratorischen Charakter. Er hält fest, was aufgrund von Art. 839 Abs. 1 ohnehin gilt (Art. 839 N 11; BK-FORSTMOSER, N 9). Diesen Vorschriften ist Genüge getan, wenn sich aus der Zielsetzung der Genossenschaft das Eigentum an einem **Grundstück** oder an einem **wirtschaftlichen Betrieb** als *unabdingbare* Aufnahmebedingung rechtfertigt. In diesem Sinne ist eine ausdrückliche statutarische Grundlage nicht vorgeschrieben (BK-FORSTMOSER, N 10, Art. 839 N 27). Vom Wortlaut her bezieht sich die Bestimmung nicht nur auf den Eintritt, sondern begründet auch einen Verlust der Mitgliedschaft, wenn die Voraussetzungen für die Mitgliedschaft nicht mehr gegeben sind. Art. 850 Abs. 1 ist eine Ausnahmebestimmung zu den Kündigungs- und Ausschlussbestimmungen und daher restriktiv auszulegen. Ein automatischer Verlust der Mitgliedschaft ohne ausdrückliche statutarische Grundlage ist deshalb nicht anzunehmen (Art. 848; BK-FORSTMOSER, N 11). 1

Die Regel in Abs. 2 ist eine Konkretisierung der allgemeinen Norm in Art. 849 Abs. 1 und damit eine **Ausnahme** zur grundsätzlichen Unübertragbarkeit der Mitgliedschaft (RVJ 1989, 214 f.). Diese Bestimmung lässt die anderen Ausscheidungsgründe unberührt; die Kündigung und der Ausschluss aus der Genossenschaft aus wichtigen Gründen bestehen neben dieser Regel. Als Ausnahmebestimmung zur grundsätzlichen Unübertragbarkeit ist auch diese Bestimmung restriktiv auszulegen. Eine statutarische Vorschrift ist grundsätzlich nur dann zu schützen, wenn der Genossenschaftszweck eine Verbindung zwischen Mitgliedschaft und Grundeigentum bzw. Betrieb verlangt. Verbindungen von Grundeigentum und Betrieb mit der Mitgliedschaft ohne eine sachliche, vom Zweck der Genossenschaft gebotene Beziehung sind nicht zuzulassen (BK-FORSTMOSER, N 19). 2

Voraussetzung für einen automatischen Übergang der Mitgliedschaft ist eine ausdrückliche **statutarische Grundlage** (BGE 98 II 224; 90 II 312; RVJ 1989, 214; Art. 848 N 8). 3

Sind die Voraussetzungen gegeben, erfolgt der Erwerb der **Mitgliedschaft ipso iure.** Der Eintritt bedarf weder einer Beitrittserklärung noch eines Aufnahmeentscheides (BK-FORSTMOSER, N 13). Die Genossenschaft kann einen statutarischen oder wichtigen Ausschlussgrund geltend machen. Der Erwerber oder Übernehmer wird nach h.L. und Praxis ohne Zutun der Genossenschaft und, falls in den Statuten vorgesehen, auch gegen seinen Willen Mitglied der Genossenschaft (BK-FORSTMOSER, N 24 ff. m.Nw.). 4

Alfred Schwartz

Bei Genossenschaften mit persönlicher Haftung oder Nachschusspflicht ist auch im Falle von Abs. 2 eine ausdrückliche Annahme unerlässlich (REYMOND, 110).

5 Abs. 2 auferlegt dem Veräusserer keine Pflicht, mit der Veräusserung des Grundstückes oder des Betriebes die Mitgliedschaft zu überbinden. Eine solche Pflicht müsste in den Statuten zusätzlich festgelegt werden (BK-FORSTMOSER, N 38; **a.A.** GERWIG, 266; REYMOND, 111; BGE 90 II 313). **Keine Überbindungspflicht** bewirkt auch die Vormerkung nach Abs. 3 (vgl. N 9 f.).

6 Der Anwendungsbereich von Abs. 2 und 3 beschränkt sich auf das Eigentum am Grundstück und auf den wirtschaftlichen Betrieb auf einem Grundstück (Näheres dazu BK-FORSTMOSER, N 16 ff.).

7 Der Erwerber des Grundstückes erwirbt die Mitgliedschaft **derivativ.** Er tritt in die Mitgliedschaft seines Rechtsvorgängers ein und hat auch kein Eintrittsgeld zu leisten. Eine Sperrfrist i.S.v. Art. 843 Abs. 1 beginnt nicht neu (ZK-GUTZWILLER, N 8; PATRY, 29 ff.; BGE 90 II 312 ff.; SJZ 1971, 179). Massgebender **Zeitpunkt** für die Übertragung der Mitgliedschaft ist die Eintragung des Nachfolgers im Grundbuch bzw. die Übernahme des Betriebes. Abs. 2 zwingt den Erwerber nicht, als Nachfolger in die Mitgliedschaft einzutreten (BGE 90 II 313; 98 II 224). Nur die Vormerkung gemäss Abs. 3 bewirkt, dass der Erwerber die Mitgliedschaft auch gegen seinen Willen erlangt (N 9 f.; REYMOND, 114; BK-FORSTMOSER, N 37, 78; BGE 90 II 312).

8 Der Veräusserer verliert die Mitgliedschaft durch die Übertragung des Eigentums bzw. Betriebes nur dann, wenn die Statuten den **automatischen Verlust** ausdrücklich vorsehen (BK-FORSTMOSER, N 40, 22). Lehnt der Nachfolger die Mitgliedschaft ab, bleibt der Veräusserer weiterhin Mitglied (BK-FORSTMOSER, N 43).

II. Vormerkung des Übergangs der Mitgliedschaft (Abs. 3)

9 Ist die Mitgliedschaft im Grundbuch vorgemerkt, erfolgt die Übertragung unabhängig vom Willen des Nachfolgers und sogar gegen seinen Willen. Es handelt sich, wie bei Art. 847 Abs. 2, um eine **Zwangsmitgliedschaft** des jeweiligen Eigentümers (N 4).

10 Die Vormerkbarkeit beschränkt sich auf das **Grundeigentum.** Für die Vormerkung der Mitgliedschaft an einem Betrieb besteht keine gesetzliche Grundlage und auch rechtlich keine Möglichkeit (Art. 960 ZGB; BK-FORSTMOSER, N 60 ff.). Nach Lehre und Rechtsprechung ist eine **Vormerkung** und damit eine Zwangsmitgliedschaft bei Genossenschaften mit persönlicher Haftung und Nachschusspflicht ausgeschlossen (BGE 98 II 224; BK-FORSTMOSER, N 63; REYMOND, 114).

11 Durch die Vormerkung wird der Anspruch der Genossenschaft auf Beitritt des Erwerbers eines Grundstückes zur **Realobligation.** Sie verpflichtet jeden Eigentümer zur Mitgliedschaft (BK-FORSTMOSER, N 70 ff.; nicht eindeutig BGE 89 II 145 ff.; **a.A.** REYMOND, 114), indessen nicht zur Übertragung der Mitgliedschaft an einen Nachfolger. Die Vormerkung bindet nur den Eigentümer, nicht einen Dienstbarkeitsberechtigten oder Pächter (BK-FORSTMOSER, N 80 f.).

Art. 851

F. Austritt des Rechtsnachfolgers

Bei Übertragung und Vererbung der Mitgliedschaft gelten für den Rechtsnachfolger die gleichen Austrittsbedingungen wie für das frühere Mitglied.

F. Sortie du nouvel associé

Lorsque la qualité d'associé est transférée ou acquise par voie de succession, les conditions mises à la sortie s'appliquent au nouvel associé.

F. Recesso del successore

Qualora la qualità di socio sia trasferita o ereditata, valgono per il nuovo socio le stesse condizioni di recesso che per il suo predecessore.

Literatur

Vgl. die Literaturhinweise zur Art. 850.

Art. 851 hält deklaratorisch fest, dass der Rechtsnachfolger in den Ausnahmefällen der Übertragung nach Art. 850 Abs. 2 und Vererbung der Mitgliedschaft nach Art. 847 Abs. 2 in die Rechtsstellung des Vorgängers eintritt. Entgegen dem Wortlaut beschränkt sich die Rechtsnachfolge nicht nur auf die Austrittsbedingungen, sondern gilt für **sämtliche Mitgliedschaftsrechte und Mitgliedschaftspflichten,** soweit sie nicht höchstpersönlicher Natur sind. 1

Die Bestimmung findet **Anwendung** nur auf die Tatbestände der Mitgliedschaftsübertragung in Art. 847 Abs. 2 f., Art. 849 Abs. 3 und Art. 850 Abs. 2, soweit es sich um eigentliche, derivative Mitgliedschaftserwerbe handelt. In den *«unechten»* Mitgliedschaftsübertragungen, z.B. wo die Statuten die speziellen Aufnahmebedingungen vorschreiben, ist Art. 851 nicht anwendbar. 2

Konkret bedeutet die Regel, dass dem Nachfolger die Dauer einer Sperrfrist gemäss Art. 843 Abs. 1 seines Vorgängers angerechnet wird und ihm auch geleistete Beitragszahlungen gutgeschrieben werden. Auch eine vom Vorgänger erklärte Kündigung ist für den Rechtsnachfolger wirksam. Von dieser **Übernahmewirkung** auszuschliessen sind die persönlichen Umstände. Fristlos kündigen kann der Nachfolger nur aus wichtigen Gründen in *seinen* Verhältnissen, nicht jenen seines Vorgängers. Andererseits kann er auch nicht aus wichtigen Gründen ausgeschlossen werden, die in der Person seines Vorgängers begründet sind. Insofern ist der Wortlaut dieser Bestimmung ungenau (BK-FORSTMOSER, N 12). 3

Vierter Abschnitt: Rechte und Pflichten der Genossenschafter

Art. 852

A. Ausweis der Mitgliedschaft

¹ Die Statuten können vorschreiben, dass für den Ausweis der Mitgliedschaft eine Urkunde ausgestellt wird.

² Dieser Ausweis kann auch im Anteilschein enthalten sein.

A. Constatation de la qualité d'associé

¹ Les statuts peuvent prescrire l'établissement d'une pièce constatant la qualité d'associé.

² Cette constatation peut aussi être formulée dans le titre de part sociale.

| A. Prova della qualità di socio | ¹ Lo statuto può prescrivere che la qualità di socio sia accertata da un documento.
² Questo accertamento può essere contenuto anche nel certificato di quota. |

Art. 853

| B. Genossenschaftsanteile | ¹ Bestehen bei einer Genossenschaft Anteilscheine, so hat jeder der Genossenschaft Beitretende mindestens einen Anteilschein zu übernehmen.
² **Die Statuten können bestimmen, dass bis zu einer bestimmten Höchstzahl mehrere Anteilscheine erworben werden dürfen.**
³ **Die Anteilscheine werden auf den Namen des Mitgliedes ausgestellt. Sie können aber nicht als Wertpapiere, sondern nur als Beweisurkunden errichtet werden.** |

| B. Titres de part sociale | ¹ Lorsque les parts sociales sont constatées par des titres, toute personne qui entre dans la société doit en acquérir un au moins.
² Les statuts peuvent permettre l'acquisition de plusieurs de ces titres dans les limites d'un maximum.
³ Les titres constatant les parts sociales sont créés au nom de l'associé. Toutefois, ils n'ont pas le caractère de papiers-valeurs et ne constituent que des preuves. |

| B. Certificati di quota | ¹ Qualora esistano certificati di quota, chiunque entri nella società deve acquistarne almeno uno.
² Lo statuto può dichiarare lecito l'acquisto di più certificati di quota, fino ad un numero massimo che dev'essere da esso determinato.
³ I certificati di quota sono emessi al nome del socio. Tuttavia, essi valgono soltanto come prova e non possono costituire titoli di credito. |

Literatur

BERNHEIMER, Die Gleichbehandlung der Genossenschafter im schweizerischen Obligationenrecht, Zürich 1949; FLURI, Die rechtlichen Möglichkeiten der Kapitalbeschaffung im schweizerischen Obligationenrecht, Diss. Zürich 1973; FORSTMOSER, Grossgenossenschaften, Diss. Bern 1970 (zit. Grossgenossenschaften); FRIEDRICH, Das Genossenschaftskapital im schweizerischen Obligationenrecht, Diss. Basel 1941; GUTKNECHT, Die finanziellen Berechtigungen der Genossenschafter, Diss. Bern 1937; HENSEL, Der Genossenschaftsanteil nach schweizerischem Obligationenrecht, Diss. Zürich 1947; JOMINI, Parts sociales et capital dans le droit suisse des coopératives, Diss. Lausanne 1966; MOSER, Wohnbaugenossenschaften, Diss. Zürich 1978; STUDER, Die Auslösungssumme im schweizerischen Genossenschaftsrecht, Diss. Bern 1977.

I. Mitgliedschaftsurkunde und Anteilschein

1   Mit Art. 852 Abs. 1 bringt der Gesetzgeber zum Ausdruck, dass die Statuten eine **Mitgliedschaftsurkunde** vorschreiben *können*. Oft dienen solche Urkunden der Genossenschaft zu Kontrollzwecken (Eintrittskarte zur und Stimmrechtsausweis für die GV); den Genossenschaftern erleichtern sie u.U. die Ausübung ihrer Mitgliedschaftsrechte der Genossenschaft gegenüber. Ein Recht auf Verurkundung besteht jedoch nicht.

2   Dass der *Ausweis der Mitgliedschaft auch im* **Anteilschein** *enthalten sein kann*, besagt Art. 852 Abs. 2. Bereits aus Art. 852 wird somit ersichtlich, dass das Gesetz zwischen

zwei Urkundenarten unterscheidet: Einerseits erwähnt es in Art. 852 Abs. 1 die Urkunde als Ausweis der Mitgliedschaft und andererseits in Art. 852 Abs. 2 den Anteilschein. Näheres zum Anteilschein als Bescheinigung der Beteiligung am Genossenschaftskapital N 3 f.

II. Genossenschaftsanteil und Anteilschein

Will eine Genossenschaft ein Genossenschaftskapital durch Genossenschaftsanteile schaffen, so hat sie dies statutarisch vorzusehen (Art. 833 Ziff. 1). Das Genossenschaftskapital zerfällt in einzelne Genossenschaftsanteile. Unter dem **Genossenschaftsanteil** ist die Gesamtheit der vermögensmässigen Rechte und Pflichten zu verstehen, die sich aus der Beteiligung eines Genossenschafters am Genossenschaftskapital ergeben (REYMOND, 51; JOMINI, 33; FLURI, 47, 75 m.w.Nw.). Da der Anteilschein nur eine Beweisurkunde über den Genossenschaftsanteil darstellt, ist dieser von jenem klar zu unterscheiden. 3

Der **Anteilschein** kann nur auf den Namen, nie jedoch auf den Inhaber lauten. Auch der Umstand, dass Art. 852 Abs. 2 gestattet, den Anteilschein gleichzeitig als Mitgliedschaftsausweis auszugestalten, ändert nichts an seiner rechtlichen Natur: Er darf nach Art. 853 Abs. 3 *nicht als Wertpapier,* sondern nur als **Beweisurkunde** errichtet werden (**a.M.** ZK-JÄGGI, Art. 965 N 284, welcher aber immerhin betont, dass der Gesetzgeber mit Art. 853 Abs. 3 die Negotiabilität der Anteilscheine habe verhindern wollen. Deshalb würde auch nach seiner Auffassung die Ausstattung der Anteilscheine mit Ordre- und Inhaberklauseln deren Nichtigkeit bewirken). Werden die Urkunden, wie üblich, von einem oder mehreren Mitgliedern des Verwaltungsrates unterzeichnet, so ist ihr Beweiswert erhöht (REYMOND, 52). 4

Wie bezüglich der Verurkundung der Mitgliedschaft (N 1) kann die *Genossenschaft auch darauf verzichten, Anteilscheine auszustellen;* tut sie es aber, so kann i.S. des Gleichbehandlungsprinzips (Art. 854) jedes Mitglied verlangen, dass ihm ein Anteilschein ausgehändigt wird. Dies zwecks Verurkundung der bereits erbrachten Leistung oder der Beteiligung, die dem Mitglied die Geltendmachung der mit dem Anteil verbundenen Vermögensrechte erleichtert (BERNHEIMER, 86 f. m.w.Nw.). 5

III. Die Übernahme der Genossenschaftsanteile

1. Mitgliedschaft und Anteilsübernahme

Obschon das Gesetz bei der Bildung des Genossenschaftskapitals viele Freiheiten gewährt (vgl. z.B. N 14 f.), geht für Genossenschaften, die ein Genossenschaftskapital besitzen, aus Art. 853 Abs. 1 zwingend hervor, dass jeder der Genossenschaft Beitretende mindestens einen Anteilschein zu übernehmen hat. Daraus kann aber *nicht* abgeleitet werden, dass das Gesetz die **Anteilsübernahme** *zur unabdingbaren Eintrittsvoraussetzung* erklärt (**a.M.** FRIEDRICH, 68). Da es Art. 839 Abs. 2 den Statuten überlässt, die näheren Bestimmungen über den Eintritt zu treffen, sind folgende Varianten über Mitgliedschaftserwerb und Anteilsübernahme zulässig (gl.M. BERNHEIMER, 83; FLURI, 73 m.w.Nw.): Anteilsübernahme und Liberierung vor dem Mitgliedschaftserwerb; Übernahme des Anteils vor dem Beitritt zur Genossenschaft und nachträgliche Einzahlung; Anteilsübernahme und Liberierung nach erfolgtem Erwerb der Mitgliedschaft. 6

2. Die Verpflichtung zur Übernahme mehrerer Genossenschaftsanteile

7   In Anbetracht von Art. 853 Abs. 1, wo von der Pflicht zur Übernahme mindestens *eines* Anteiles die Rede ist, steht es den Genossenschaften frei, Mitglieder **statutarisch** auch zur **Übernahme von mehreren Anteilen zu verpflichten** (die Zulassung des mehrfachen Anteilsbesitzes ist in der Literatur völlig unumstritten, vgl. FLURI, 65 m.w. Nw. in Anm. 2). Zu dieser Folgerung bildet Art. 839 Abs. 2 Legitimation und Schranke zugleich: Legitimation insofern, als die Statuten die näheren Bestimmungen über den Eintritt treffen können; Schranke in dem Sinne, dass der Eintritt nicht übermässig erschwert werden darf. Ob statutarisch auferlegte Leistungspflichten auch tatsächlich eine übermässige Eintrittserschwerung i.S.v. Art. 839 Abs. 2 darstellen, ist von den konkreten Umständen des Einzelfalles abhängig (gl.M. FLURI, 65 f.).

Jedenfalls ist bei der Einzelfallbeurteilung zu berücksichtigen, dass die Statuten auch in der Festsetzung der Höhe der Kapitalbeteiligung völlig frei sind (N 14); somit kann es i.E. auf dasselbe herauskommen, ob die Genossenschafter je nur einen Genossenschaftsanteil von hohem Nennwert oder aber mehrere kleine im gleichen Gesamtbetrag zu übernehmen haben (HENSEL, 89).

8   Der Verpflichtung zur Übernahme von mehreren Genossenschaftsanteilen kommt v.a. dann Bedeutung zu, wenn die *Genossenschafter in ungleichem Masse zur Kapitalbeteiligung herangezogen* werden. Beurteilungsprinzip bildet hiefür die **relative Gleichbehandlung** i.S.v. Art. 854 (krit. zum Ganzen REYMOND, 53). Die Bemessungsgrundlage hat somit dem Wesen der betreffenden Genossenschaft zu entsprechen und muss sachlich gerechtfertigt sein (Art. 854 N 5 und 7–9).

9   Demnach ist eine **Abstufung** der Pflicht zur Übernahme von Genossenschaftsanteilen nach der Intensität der Benutzung von genossenschaftlichen Einrichtungen zweifellos zulässig. Konkret bedeutet dies, dass sich z.B. bei landwirtschaftlichen Genossenschaften die Anzahl der zu übernehmenden Anteile nach der Zahl der sich im Besitze des Genossenschafters befindlichen Tiere oder nach der Grösse des Betriebes richtet; bei Absatz- und Bezugsgenossenschaften kann als Anknüpfungspunkt der Wert der angelieferten bzw. bezogenen Produkte dienen; bei gewerblichen Einkaufsgenossenschaften kann der Jahresumsatz der angeschlossenen Betriebe der Abstufung zugrunde gelegt werden. Weitere denkbare Kriterien: landwirtschaftliche Nutzungsfläche; Zahl der Mitarbeiter; Quadratmeteranzahl gewerblich genutzter Räume; bei Genossenschaftsverbänden der Jahresumsatz oder die Bilanzsumme der angeschlossenen Einheiten.

Bei Konsumgenossenschaften kann ausnahmsweise die wirtschaftliche Leistungsfähigkeit der Mitglieder insofern berücksichtigt werden, als auf deren Einkommenshöhe dann abgestellt werden kann, wenn sie keinen Betrieb, sondern nur eine private Haushaltung haben (die wirtschaftliche Leistungsfähigkeit als Abstufungskriterium generell, d.h. nur unter Einschränkung des Willkürverbots, befürwortend: HENSEL, 89; FLURI, 67 m.w.Nw.). Nicht nur bei allen oben beschriebenen Varianten, sondern selbst in der eben erwähnten Konstellation gründet die Abstufung zur Übernahme von Genossenschaftsanteilen letztlich auch auf dem Massstab der Benutzungsintensität (Art. 854 N 7–9).

10 Im Sinne einer transparenten Anwendung von Art. 854 ist es erforderlich, dass *Massstab und Bezugsgrösse in die Statuten* aufgenommen werden. Dies, damit jedes Mitglied bzw. jeder Beitrittswillige ersehen kann, welche Beteiligungen zu übernehmen sind (gl.M. JOMINI, 47; FLURI, 68).

4. Abschnitt: Rechte und Pflichten der Genossenschafter   11–15 Art. 852/853

3. Die freiwillige Übernahme mehrerer Genossenschaftsanteile

Weil es in Art. 853 Abs. 1 heisst, jeder Genossenschafter habe *mindestens* einen Anteil   11
zu übernehmen, kann aus dieser Bestimmung geschlossen werden, dass mehrere Anteile freiwillig übernommen werden können. Bestätigt wird diese Folgerung auch durch Art. 853 Abs. 2. Dieser hält nämlich fest, statutarisch könne bestimmt werden, «*dass bis zu einer bestimmten Höchstzahl mehrere Anteilscheine erworben werden dürfen*» (FLURI, 68 f. zur Entstehungsgeschichte dieser Norm). Obschon der Wortlaut auf die dispositive Natur dieser Regelung hinweist, hält ein Teil der Autoren Art. 853 Abs. 2 für zwingend. Es wird argumentiert, mit dieser Vorschrift wolle eine Akkumulation von Genossenschaftskapital in einer Hand verhütet werden (BERNHEIMER, 84 m.w. Nw.). Obwohl dieses Argument Beachtung verdient (N 12), könnte auch bei einem zwingend ausgestalteten Art. 853 Abs. 2 der besagten Gefahr im Rahmen der geltenden gesetzlichen Regelung nicht wirksam begegnet werden. Denn um eine unbeschränkte Beteiligung zu ermöglichen, wäre nur die Zahl der Anteile, die von einem Genossenschafter erworben werden können, entsprechend hoch anzusetzen (gl.M. JOMINI, 49; FLURI, 70 m.w.Nw. in Anm. 3 6). Im Lichte der freien Ausgestaltung der Kapitalbildungsmöglichkeiten im Genossenschaftsrecht betrachtet, war es sicherlich das Bestreben des Gesetzgebers, mit Art. 853 Abs. 2 zu bewirken, dass es der Genossenschaft freigestellt sein soll, den Erwerb mehrerer Anteile zu verhindern. Es wäre jedoch unzulässig vorzusehen, dass die Verwaltung nach eigenem Gutdünken die Zahl der Anteile festlegt, die jedes Mitglied zu übernehmen hätte (REYMOND, 53).

Findet sich in den Statuten keine Begrenzung, so ist grundsätzlich die Übernahme wei-   12
terer Anteile zahlenmässig unbeschränkt möglich. Wie bereits erwähnt (N 11), ist dies aus Gründen der wirtschaftlichen Machtkonzentration nicht unbedenklich (vgl. HENSEL, 93; JOMINI, 49), weshalb die Genossenschaften u.U. gut daran tun, die *Höchstgrenze* der Beteiligung eines Genossenschafters am Kapital in den Statuten festzulegen (gl.M. JOMINI, 49; FLURI, 71). Wie aber die freiwillige Mehrbeteiligung zu praktizieren ist, bleibt den Statuten anheim gestellt. Folgende Regelungen werden etwa vorgesehen: Festsetzung eines Höchstbetrages oder einer Höchstzahl; Beteiligung bis zu einem Prozentsatz des Genossenschaftskapitals (HENSEL, 94 f. m.w.Nw.).

IV. Die Höhe des Genossenschaftsanteils

Obschon vom Gesetz nicht ausdrücklich verlangt (vgl. Art. 832 Ziff. 3, welcher ledig-   13
lich vorschreibt, dass die Höhe der Leistungspflicht bestimmt werden müsse, wobei diese jedoch nicht mit der Höhe des Genossenschaftsanteils identisch zu sein braucht), spricht sich die h.L. zu Recht dafür aus, die **Höhe** des Genossenschaftsanteils *in den Statuten zahlenmässig durch einen festen Nennbetrag zu umschreiben* (HENSEL, 86; GERWIG, 213; VON STEIGER, Grundriss, 46; REYMOND, 51; FRIEDRICH, 63; FLURI, 49 ff., allerdings mit abweichender Begründung).

Dagegen ist es *zulässig,* die Ausgabe von Genossenschaftsanteilen mit *verschiedenem*   14
Nennwert vorzusehen, sofern dem Gleichbehandlungsprinzip dahingehend Rechnung getragen wird, dass die Genossenschafter nicht willkürlich zur Übernahme verschieden hoher Anteile verpflichtet werden (BERNHEIMER, 85 m.w.Nw.; HENSEL, 87; ZK-GUTZWILLER, N 14; FLURI, 50, welcher genaue statutarische Bestimmungen verlangt, aus denen hervorzugehen habe, nach welchen Massstäben den einzelnen Genossenschaftern solche ungleichmässigen finanziellen Pflichten auferlegt werden).

Die freie gesetzliche Ausgestaltung erlaubt es den Genossenschaften, die Höhe der Ge-   15
nossenschaftsanteile nach dem Bedarf an eigenen Mitteln und nach der Leistungsfähig-

keit der Mitglieder zu bestimmen (Näheres zu diesen und weiteren Faktoren bei FLURI, 51 f. m.w.Nw.).

V. Die Liberierung der Anteile

1. Grundsatz und statutarische Ausgestaltungsmöglichkeiten

16 Da das Genossenschaftsrecht weder eine Mindestliberierung vorschreibt, noch Bestimmungen über die **Einzahlungsmodalitäten** enthält, ist es den *Statuten* überlassen, sich dazu zu äussern. Schweigen sie jedoch, so wird der gesamte Nennwert eines jeden Anteils mit dessen Übergabe sofort zur Zahlung **fällig**, was sich aus Art. 75 ergibt. Weil es sich um eine Geldschuld handelt, gilt gemäss Art. 74 Abs. 2 als Erfüllungsort der Sitz der Genossenschaft (FLURI, 57 m.w.Nw.).

17 Bei der Ausgestaltung der **Einzahlungsmodalitäten** können in den Genossenschaftsstatuten zahlreiche Varianten vorgesehen werden: Einzahlung sofort oder nach einer bestimmten Frist; ratenweise Einzahlung; teilweise Liberierung bei Übernahme, Rest bei Bedarf. Zu den verschiedenen Liberierungsarten vgl. REYMOND, 58 ff. Grundsätzlich hat die Einforderung noch ausstehender Beträge für alle Mitglieder in gleicher Weise und innerhalb der gleichen Fristen zu erfolgen, wenn das *Gleichbehandlungsprinzip* gewahrt werden soll (BGE 45 II 656; zur Differenzierung N 19 f.). Dieses jeden Einzahlungsmodus bestimmende Prinzip duldet nur dann Ausnahmen, wenn es darum geht, finanziell schwachen Mitgliedern das Verbleiben in der Genossenschaft zu ermöglichen. Damit wird letztlich i.S. des ursprünglichen Genossenschaftsgedankens die Förderung wirtschaftlich Schwacher erreicht (FLURI, 57 f.; BERNHEIMER, 85; für Beispiele statutarisch zulässiger Einzahlungsbedingungen vgl. HENSEL, 65).

2. Allfälliger Verlust noch nicht liberierter Beträge auf Anteile

18 Wie eben erwähnt (N 16), ist es den Genossenschaften freigestellt, die Fälligkeit der Einzahlung auf die Anteile statutarisch zu regeln. So ist es z.B. möglich, im Voraus pro Jahr je einen bestimmten Prozentsatz des Nennwertes als verfallen zu erklären; als zulässig muss auch die Einräumung einer Kompetenz an die GV oder die Verwaltung gelten, die Fälligkeit nach Bedarf zu beschliessen (vgl. BGE 45 II 652). Angesichts dieser Umstände kann es vorkommen, dass im Zeitpunkt des Ausscheidens eines Mitgliedes die **Fälligkeit** für bestimmte Restbeträge gar *nie eingetreten* ist, weshalb der ausscheidende Genossenschafter durch den Austritt von seiner Schuld befreit wird. Die übrigen Mitglieder werden dadurch nicht benachteiligt, ist es doch denkbar, dass sie ihre Anteile nie voll liberieren müssen; jedenfalls ist eine Fälligkeitserklärung im Zeitpunkt des Austritts allein dem ausscheidenden Genossenschafter gegenüber mit dem *Gleichbehandlungsprinzip* nicht vereinbar (vgl. BGE 45 II 655 f. E. 2; STUDER, 51; i.E. gleich BERNHEIMER, 86; FLURI, 60).

19 Anders verhält es sich dann, wenn der Genossenschafter aufgrund statutarischer Vorschrift von Anfang an zur Volleinzahlung des Anteils verpflichtet wird. Obschon die Übernahme eines Anteils das Eingehen einer Schuld auf Bezahlung des Nennwertes bedeutet, kann eine Befristung der Einzahlungsverpflichtung Platz greifen. Hat ein Genossenschafter in einem solchen Fall zum Zeitpunkt seines Ausscheidens die Vollzahlung noch nicht erbracht, so ist die sofortige **Fälligkeit** des ausstehenden Betrages anzunehmen. Auch diese Lösung steht im Einklang mit dem *Gleichbehandlungsprinzip;* würde nämlich anders entschieden, wäre dies eine ungerechte Behandlung derjenigen Genossenschafter, die ihre Anteile voll einbezahlt haben (BERNHEIMER, 86; FLURI, 60). Dass

der ausscheidende Genossenschafter in jedem Fall (vgl. N 9) die übernommenen Anteile voll zu liberieren hat, befürworten: FRIEDRICH, 83 f.; HENSEL, 69 f.; GUTKNECHT, 59.

Vgl. für den Konkursfall Art. 868 N 8. 20

VI. Einzelfragen und Judikatur

1. Gratisanteile

Bei der Ausgabe von **Gratisanteilen** erfolgt die Liberierung nicht durch die Genossenschafter, sondern durch die Genossenschaft selber. In der Regel werden bei Genossenschaften, die aus ihren eigenen Mitteln Anteile schenken, den Genossenschaftern auch keine weiteren Pflichten auferlegt, sodass sich die Frage stellt, ob die beitragslose Mitgliedschaft zulässig ist. In der Lehre findet sich keine positive Antwort. Mit dem Hinweis auf den Grundsatz der gemeinsamen Selbsthilfe (Art. 828) wird irgendwelche Mitwirkung bzw. Beitragsleistung der Mitglieder notwendigerweise für erforderlich gehalten (VON STEIGER, Grundriss, 43; FORSTMOSER, Grossgenossenschaften, 181 f.). Unter Berücksichtigung von BGE 93 II 36, wo die beitragslose Mitgliedschaft als zulässig erachtet wird, hält BK-FORSTMOSER, Art. 832/833 N 106 immerhin fest, für die heutige Rechtslage würden die Ausführungen des BGer zutreffen, da aus dem Selbsthilfeprinzip in Lehre und Praxis keinerlei verbindliche Folgerungen mehr gezogen würden. Die Zulässigkeit der Ausgabe von Gratisanteilen findet jedoch dort eine Schranke, wo in Umgehung von Art. 859 Abs. 3 den Anteilsinhabern statt der Ausschüttung des Reinertrages neue Anteile im Verhältnis zu ihrem bisherigen Anteilsbesitz ausgegeben werden (gl.M. FLURI, 63 f.). 21

2. Genussschein

Obwohl das Genossenschaftsrecht den Genussschein nicht erwähnt, wird seine *Zulässigkeit* in Analogie zum Aktienrecht *grundsätzlich bejaht* (REYMOND, 70 m.w.Nw.; die besagte Analogie rechtfertigt sich auch nach der Neuordnung des Aktienrechtes). Genossenschaftsrechtliche Besonderheiten verbieten indes eine uneingeschränkte Ausgabe von Genussscheinen: Einerseits verlangt der Gleichbehandlungsgrundsatz eine gleichmässige Ausgabe an alle Mitglieder, und andererseits bedarf es der Beachtung der Dividendenbeschränkung gemäss Art. 859 Abs. 3. Die gleichen Beschränkungen wie auch die Analogie zum Aktienrecht gilt es auch bei der Ausgabe des Finanzierungsgenussscheins zu berücksichtigen (zu Recht krit. bez. der Eignung als Finanzierungsmittel FORSTMOSER, Grossgenossenschaften, 241 f.; MOSER, 38 m.w.Nw.). 22

3. Judikatur

Werden neue Anteilscheine durch die Verwaltung in irreführender Weise angeboten, so ist deren Ausgabe und Zuteilung nichtig. Denn ein solches Vorgehen verstösst nach BGE 72 II 116 gegen die guten Sitten. 23

Art. 854

C. Rechtsgleichheit	Die Genossenschafter stehen in gleichen Rechten und Pflichten, soweit sich aus dem Gesetz nicht eine Ausnahme ergibt.
C. Egalité entre associés	Tous les associés ont, en dehors des exceptions prévues par la loi, les mêmes droits et les mêmes obligations.
C. Eguaglianza tra i soci	In quanto non siano dalla legge previste eccezioni, tutti i soci hanno eguali diritti ed eguali doveri.

Literatur

KUMMER, Die Gleichbehandlung der Genossenschafter gemäss Art. 854 OR, untersucht für die verschiedenen Arten von Genossenschaften, Bern 1949; PESTALOZZI, Mehrstimmrecht in Generalversammlung und Urabstimmung der Genossenschaft, Diss. Zürich 1977; vgl. auch die Literaturhinweise zu Art. 852 und 853.

I. Grundsätzliches

1   Das Prinzip der Gleichbehandlung der Mitglieder gilt in unterschiedlicher Ausgestaltung für das gesamte Gesellschaftsrecht (VON STEIGER, SPR VIII/1, 298 ff. m.w.Nw.; ZK-GUTZWILLER, N 2 m.Nw. zur Entstehungsgeschichte). Im Genossenschaftsrecht ist das Strukturelement der *Personenbezogenheit* für die Beurteilung der Gleichbehandlung grundlegend. Dies aber nicht in dem Sinne, dass die personenbezogene Organisationsform der Genossenschaft verbieten würde, erhebliche, tatsächlich vorhandene Verschiedenheiten zu beachten (N 3). Für die Fragen der Gleichbehandlung ebenso von Bedeutung ist der *Zweckförderungsgedanke,* entspricht es doch der Genossenschaft als einer auf dem Prinzip der gemeinsamen Selbsthilfe aufgebauten Förderungsgemeinschaft, dass grundsätzlich alle Mitglieder zur Realisierung des gemeinsamen Ziels beizutragen haben. Dem Wesen der Genossenschaft als *Selbsthilfeorganisation* ist es daher durchaus eigen, dass z.B. die Beitragsleistungen gemäss der Inanspruchnahme der genossenschaftlichen Einrichtungen abgestuft werden. Die Beurteilung der Gleichbehandlung auf dieser Vergleichsgrundlage verdient demnach ebenso Beachtung, wie das vom BGer einzig erwähnte Prinzip der Personenbezogenheit (BGE 69 II 44). *Der Grundsatz der Gleichheit der Genossenschafter ergibt sich also insofern aus dem Wesen der Genossenschaft, als er alle ihre Strukturelemente mitumfasst* (BERNHEIMER, 16 ff.; KUMMER, 25 ff.). Dass aber der personenbezogene Aufbau der Genossenschaft bei Art. 854 augenfällig Ausdruck findet, liegt daran, dass bei der Gleichbehandlung der Genossenschafter an die Person angeknüpft werden muss.

2   Notwendigerweise bedeutet die Betonung der Personenbezogenheit eine Abgrenzung gegenüber dem andern zentralen gesellschaftsrechtlichen Aufbauprinzip, nämlich jenem der Kapitalbezogenheit. In Anbetracht der bereits erwähnten genossenschaftlichen Wesensmerkmale (N 1) erhellt, was unter den sich *aus dem Gesetz ergebenden* **Ausnahmen** von Art. 854 zu verstehen ist: *Es sind alle diejenigen Fälle, in denen das Gesetz für die Abstufung der Mitgliedschaftsrechte auf die* **Kapitalbeteiligung** (N 10) *abzustellen erlaubt* (BGE 69 II 44 f.; N 19 f., 22; BERNHEIMER, 27; KUMMER, 30; MOSER, 47; PESTALOZZI, 66).

3   Nach Art. 854 ist eine Abweichung vom Gleichbehandlungsprinzip nur gestattet, wenn das Gesetz eine Ausnahme vorsieht. Schon aus dem Wortlaut dieser Bestimmung geht hervor, dass sie *zwingendes Recht* enthält. Eine Abweichung vom Gleichbehandlungs-

grundsatz ist aber nicht nur zulässig, wenn sie vom Gesetz ausdrücklich eingeräumt wird, sondern auch dann, wenn sie sich aus der Gesamtheit der Vorschriften oder einzelnen von ihnen ableiten lässt. So führt das BGer im Zusammenhang mit der Berücksichtigung des Zwecks Folgendes aus: *«Der Grundsatz der Gleichheit der Genossenschafter ist daher so auszulegen, dass er die einzelne Genossenschaft in der Verfolgung ihres Zwecks nicht hindert. Das ist die grundsätzliche Ausnahme, die sich für Art. 854 aus dem Gesetz ergibt. Sie besagt, dass die Genossenschaft die Gleichheit der Mitglieder beschränken darf, sofern und soweit sie dies im Hinblick auf ihren Zweck tut.»* (BGE 69 II 48; N 20, 22; ähnlich, die AG betr., BGE 91 II 300). Diese Aussage ist in dem Sinne zu präzisieren, dass eine *Genossenschaft nur dann vom Gleichbehandlungsprinzip abweichen darf, wenn seine uneingeschränkte Durchführung die Erfüllung des Zwecks erheblich erschweren oder gar verunmöglichen würde;* demnach genügt also eine geringfügige Erschwerung nicht. Mit Blick auf Art. 828 ist es auch missverständlich, wenn das BGer (BGE 69 II 48) ausführt, die Genossenschaft dürfe ihren Zweck *«nach Gutdünken»* verfolgen (ebenfalls krit. BERNHEIMER, 34 f.; GERWIG, 282 f.).

Jedenfalls ist die **Abweichung vom Gleichbehandlungsgrundsatz** insoweit unzulässig, als sich dieser Grundsatz unmittelbar aus dem Wesen der Genossenschaft ergibt. Da diesbezüglich öffentliche Interessen zu berücksichtigen sind, beansprucht das Gleichbehandlungsprinzip im besagten Umfang absolute Geltung. Es kann in diesem Bereich auch nicht mit Zustimmung der betroffenen Genossenschafter aufgehoben werden. Soweit jedoch der Grundsatz der Gleichheit in erster Linie dem Interesse des einzelnen Genossenschafters dient, ist ein Verzicht auf den durch Art. 854 gewährten Schutz möglich (so z.B. BGE 80 II 276 E. b; zum Ganzen ebenso BERNHEIMER, 47).

Im Gegensatz zur früheren Rechtsprechung anerkennt das BGer in BGE 102 II 268 die *selbständige Bedeutung des* **Rechtsmissbrauchsverbots** *neben dem Gleichbehandlungsgrundsatz.* Im besagten – das Aktienrecht betreffenden – Entscheid hält es fest, dass der Gleichbehandlungsgrundsatz nicht lex specialis zu Art. 2 ZGB sei. Er konkretisiere lediglich Art. 2 ZGB im Aktienrecht, vermöge aber die Berufung auf das Rechtsmissbrauchsverbot nicht vollständig zu decken. Diese Folgerung kann m.E. auch im Genossenschaftsrecht Anwendung finden.

II. Absolute und relative Gleichbehandlung

Wie eben erwähnt (s.o. N 1), umfasst Art. 854 die absolute und relative Gleichheit. **Absolute** Gleichbehandlung ist gegeben, wenn alle Genossenschafter ohne Berücksichtigung tatsächlicher Verschiedenheiten gleich behandelt werden, d.h. jedes Mitglied hat die gleichen Rechte und Pflichten und wird im gleichen Umfang belastet und verpflichtet; z.B. Reinertrag und Liquidationserlös werden nach Köpfen verteilt, ohne Rücksicht auf die persönliche Mitwirkung. **Relativ** gleich behandelt werden Genossenschafter dann, wenn sie zwar die gleichen Rechte und Pflichten haben, das Ausmass der Begünstigung bzw. Belastung jedoch nicht absolut gleich ist, sondern nach dem gleichen Massstab abgestuft wird (N 7 ff.); z.B. der Reinertrag wird unter die Genossenschafter gemäss ihrer Warenbezüge verteilt. Vgl. auch das Beispiel in BGE 89 II 152 (N 21 f.).

Nahezu einhellig wird davon ausgegangen (**a.M.** WENNINGER, Das Stimmrecht des Genossenschafters, Diss. Zürich 1944, 59), dass die *relative Gleichbehandlung* **nicht** *die von Art. 854 genannte Ausnahme darstellt,* welche jeweils im Gesetz vorgesehen sein müsste; dem Prinzip der relativen Gleichbehandlung kommt somit kein Ausnahmecharakter zu (BGE 69 II 45; 89 II 152 E. 5; GERWIG, 269 ff.). MOSER (45 f.) räumt dem Prinzip der relativen Gleichbehandlung sogar das Primat ein, während sich BERNHEI-

MER (24 m.w.Nw.) und PESTALOZZI (64 f.) wohl zu Recht für ein gleichberechtigtes Nebeneinander der beiden Gleichbehandlungsarten aussprechen. *Das Gesetz* jedenfalls *statuiert absolute* (Kopfstimmprinzip, Art. 885; Verteilung des Liquidationsüberschusses nach Köpfen, allerdings nur bei fehlender statutarischer Regelung, Art. 913 Abs. 3; Kontrollrecht, Art. 856; Anfechtungsrecht, Art. 891) *wie relative* (Art. 859 Abs. 2 f., Art. 870 Abs. 2, Art. 871 Abs. 2 f., Art. 913 Abs. 3) *Gleichbehandlung*. Geht es im Einzelfall um die Lösung der Gleichbehandlungsfrage, kann es vorkommen, dass es der Gedanke der Gerechtigkeit, der ja dem Gleichbehandlungsprinzip zugrunde liegt, geradezu gebietet, eine erhebliche Ungleichheit zu berücksichtigen und somit allein die relative Gleichbehandlung Platz greifen zu lassen (BERNHEIMER, 31; KUMMER, 82 f. m. Bsp.; MOSER, 45 f.).

III. Der Massstab der relativen Gleichbehandlung

1. Grundsatz

7   Soll der Massstab der relativen Gleichbehandlung festgelegt werden, so ist zu beachten, dass die Rechte und Pflichten der Genossenschafter durch den von der Genossenschaft verfolgten Zweck bestimmt sind (vgl. N 3). Der anzuwendende Massstab hat sich daher aus dem Zweck der jeweiligen Genossenschaft zu ergeben, und dieser hat sich stets im Rahmen des allgemeinen Genossenschaftszwecks von Art. 828 Abs. 1 zu halten. Die **relative Gleichbehandlung** muss sich somit an *zweckrelevanten Ungleichheiten orientieren*. Mit anderen Worten: Die Bemessungsgrundlage *hat dem Wesen der betreffenden Genossenschaft zu entsprechen und muss sachlich gerechtfertigt sein* (BERNHEIMER, 25; GERWIG, 271; N 20–22).

2. Die einzelnen Massstäbe

8   Da die *Benutzung der genossenschaftlichen Einrichtungen* für den Genossenschafter i.d.R. die wichtigste wirtschaftliche Beteiligung an der Genossenschaft darstellt, drängt sich die Abstufung der Rechte und Pflichten gemäss der *Benutzungsintensität* geradezu auf. Diese sich aus dem Wesen der Genossenschaft ergebende Bemessungsgrundlage wird denn auch allgemein anerkannt (PESTALOZZI, 79 ff. m.w.Nw.). Im Gesetz findet sie sich allerdings nur in der dispositiven Norm von Art. 859 Abs. 2.

9   Die Abstufungen nach *Mitgliederbeiträgen* und *Mitgliedschaftsdauer* sind insofern unselbständig, als ihnen der bereits erwähnte Massstab (N 8) zugrunde liegt. Offenkundig wird dies am Beispiel der Mitgliederbeiträge: Sind diese für alle Genossenschafter gleich, so findet diesbezüglich die absolute Gleichbehandlung Anwendung; werden sie aber abgestuft erhoben, gründet dies ausnahmslos im Massstab der *Benutzungsintensität*, weshalb letztlich diese Bemessungsgrundlage bestimmend ist (BERNHEIMER, 28 f.; für Wohnbaugenossenschaften: MOSER, 49). Zur Veranschaulichung verschiedener Aspekte der Gleichbehandlung vgl. MOSER, 53 ff.

10 Obschon die Abstufung nach der *Kapitalbeteiligung* dem Wesen der Genossenschaft nicht entspricht, gibt es Genossenschaften, die relativ viel Kapital benötigen, um ihre Aufgaben zu erfüllen (z.B. Wohnbau-, Bürgschafts- und Kreditgenossenschaften). Da bei solchen Genossenschaften die Liberierung der Anteile durch die Mitglieder Voraussetzung für die Zweckverfolgung ist oder diese zumindest erleichtert, *ist es in den gesetzlich vorgeschriebenen Fällen zulässig, nach der Kapitalbeteiligung abzustufen* (BGE 69 II 44; SJZ 1962, 307; N 2; ferner N 20, 22); so bei der Verteilung des Reinertrages in den Grenzen des Art. 859 Abs. 3; beim Abfindungsanspruch (Art. 864 Abs. 2);

bei der Beschränkung der Haftung (Art. 870 Abs. 2; ferner Art. 870 N 4) und Nachschusspflicht (Art. 871 Abs. 2); schliesslich bei der Repartierung der Bilanz- und Konkursverluste (Art. 871 Abs. 3; ferner Art. 869 N 24, Art. 871 N 12 ff.).

IV. Gleichbehandlung und vertragliche Beziehungen zwischen Mitgliedern und Genossenschaft

Vertragliche Beziehungen zwischen Mitgliedern und Genossenschaft werden vom *Gleichbehandlungsgrundsatz* dann *erfasst,* wenn es sich um Rechtsbeziehungen handelt, durch die der *Genossenschaftszweck erfüllt* werden soll. Der Gleichbehandlungsgrundsatz erstreckt sich daher nur auf jene vertraglichen Beziehungen, deren Grundlagen aus den Statuten hervorgehen (MOSER, 51).

11

Dagegen gilt dieser Grundsatz nicht für Verträge, bei welchen der Genossenschafter der Genossenschaft wie ein beliebiger Dritter gegenübertritt (BERNHEIMER, 51 f.).

Räumen die Statuten den Genossenschaftern ein Recht auf Benutzung der genossenschaftlichen Einrichtungen ein, so resultiert aus dem Gleichbehandlungsgebot für die vertraglich geordnete Benutzung zweierlei: Jeder Genossenschafter kann von der Genossenschaft den Abschluss der die Benutzung gewährleistenden Verträge verlangen, und die Genossenschaft hat ihren Mitgliedern in diesen Verträgen besagtes Recht in gleichem Umfang zu ermöglichen. Der Gleichbehandlungsgrundsatz findet somit auf den Inhalt jener Verträge Anwendung, auf deren Abschluss das Mitglied ein körperschaftliches Recht hat. Zielt der Genossenschaftszweck indes nicht darauf ab, den Mitgliedern die Benutzung der genossenschaftlichen Einrichtungen zu gestatten, so ist die Genossenschaft auch nicht verpflichtet, die Vertragsfreiheit durch körperschaftlich bedingte Gleichbehandlungsregelungen einzuschränken (MOSER, 51; BERNHEIMER, 99 f.).

12

Verletzt die Genossenschaft ihre Pflicht, indem sie mit gewissen Genossenschaftern günstigere Verträge abschliesst, so kann der benachteiligte Genossenschafter *Schadenersatz* fordern (KUMMER, 149 f.; s.a. N 18) oder verlangen, mit dem Begünstigten gleichgestellt zu werden (VON STEIGER, Grundriss, 116; vgl. ferner N 23).

Nicht nur bei den statutarisch, sondern auch bei den vertraglich vorgesehenen **Austrittsbeschränkungen** ist das Verbot übermässiger Austrittserschwerung zu beachten (Art. 842 N 9 ff.). Zweifellos findet das *Gleichbehandlungsprinzip* auf Statutenbestimmungen Anwendung, welche den Austritt erschweren (BK-FORSTMOSER, Art. 842 N 18 m.w.Nw.). Gemäss h.L. ist jedoch *auch bei vertraglich vereinbarten Kündigungsbeschränkungen* besagtes Prinzip zu berücksichtigen (MOSER, 156; BK-FORSTMOSER, Art. 842 N 18 m.w.Nw.; **a.M.** GERWIG, 243 f.; ROTHENBÜHLER, 79 f.). Dies zu Recht, denn wenn es sich um Rechtsbeziehungen zwischen Genossenschaft und Mitgliedern handelt, durch die der Genossenschaftszweck erfüllt werden soll (s.o. N 11), so kann es nicht darauf ankommen, ob die entsprechende Regelung statutarischer oder vertraglicher Natur ist. Was die Austrittsbedingungen betrifft, haben die Genossenschafter in den erwähnten Belangen ein körperschaftliches Recht, gleich behandelt zu werden. Das bedeutet jedoch nicht, sachlich gerechtfertigten Unterschieden nicht insofern Rechnung zu tragen, als i.S. der relativen Gleichbehandlung die Genossenschaft mit einzelnen Mitgliedern unterschiedliche vertragliche Abmachungen treffen kann (MOSER, 156 m. w.Nw.).

13

V. Der Schutz des Gleichbehandlungsprinzips

14 Da Art. 854 grundsätzlich zwingender Natur ist (s.o. N 3), hat der *Handelsregisterführer* im Rahmen seiner Prüfungspflicht (Art. 940) vor der Eintragung einer Genossenschaft festzustellen, ob die Statuten dem Gleichbehandlungsprinzip gerecht werden. Denn dieser Grundsatz gilt auch für die ursprünglichen Statuten. Ist offenkundig, dass die Wahrung öffentlicher Interessen eine Abweichung vom Gleichbehandlungsprinzip verbietet (N 3 a.E.), hat er den *Eintrag zu verweigern*.

15 Verstossen Statutenbestimmungen oder GV-Beschlüsse gegen den Gleichbehandlungsgrundsatz (für Urabstimmungen und Delegiertenversammlungsbeschlüsse gilt dasselbe, sie werden jedoch im Folgenden nicht mehr gesondert aufgeführt), so kann das deren Nichtigkeit oder Anfechtbarkeit zur Folge haben (dazu Art. 891).

Nichtig sind z.B. Statutenbestimmungen oder GV-Beschlüsse, welche darauf gerichtet sind, einzelnen Genossenschaftern das Stimmrecht zu entziehen. Denn nebst der Missachtung der Unentziehbarkeit dieses Rechts ist darin auch eine gravierende Verletzung von Art. 854 zu erblicken (vgl. BGE 69 II 48 f.). Letzteres trifft sicherlich auch zu, wenn einzelnen Genossenschaftern durch die Statuten oder die GV die Benutzung der Genossenschaftseinrichtungen willkürlich und dauerhaft verunmöglicht wird; **Nichtigkeit** ist auch diesfalls anzunehmen.

16 Wird dagegen das Gleichbehandlungsprinzip nicht derart krass verletzt bzw. nicht zugleich gegen fundamentale Grundsätze des Genossenschaftsrechts verstossen (vgl. N 3), so kann der einzelne Genossenschafter im konkreten Fall auf den ihm durch Art. 854 verliehenen Schutz verzichten. Tut er dies nicht, steht ihm die **Anfechtung** zur Verfügung. Anfechtbar sind z.B. GV-Beschlüsse, welche Genossenschafter hinsichtlich der Verteilung des Reingewinns oder des Liquidationsüberschusses oder bezüglich der Abfindung ungleich behandeln. Dasselbe gilt für Beschlüsse, welche in Verletzung von Art. 854 Mitgliedschaftspflichten ungleich festlegen (BERNHEIMER, 110; vgl. auch ferner REYMOND, 143 f.; vgl. zur Anfechtung von GV-Beschlüssen wegen Verletzung des Gleichbehandlungsgrundsatzes die im Aktienrecht ergangenen Entscheide: BGE 102 II 265 ff. m.w.Nw.; 95 II 157 ff.).

17 Hinsichtlich der *Anfechtungsbegründung* ist Folgendes zu unterscheiden: Missachtet z.B. ein Beschluss der GV in den Statuten festgelegte, das Gleichheitsprinzip wahrende Abfindungsregelungen, so reicht es aus, mit der Anfechtung die Verletzung der entsprechenden statutarischen Vorschriften geltend zu machen. Wenn hingegen ein GV-Beschluss – in Verletzung des Gleichheitsgrundsatzes – selbständig Rechte und Pflichten festlegt, ohne dabei an eine statutarische Grundlage gebunden zu sein, muss bei der Anfechtung der Verstoss gegen Art. 854 gerügt werden. Das kann z.B. dann der Fall sein, wenn mittels GV-Beschluss Regeln über die Benutzung der Genossenschaftseinrichtungen aufgestellt werden, die das Gleichheitsprinzip verletzen.

18 Ausser der *Abberufung* stellt das Gesetz keine wirksamen Massnahmen zur Verfügung, um gegen eine *Verwaltung* vorzugehen, die den *Gleichbehandlungsgrundsatz verletzt*.

Dennoch hält BERNHEIMER (112 f.) dafür, dass Beschlüsse der Verwaltung anfechtbar sein sollen, welche die Festsetzung oder Abstufung von Mitgliedschaftsrechten und -pflichten zum Gegenstand haben und die dabei das Prinzip der Gleichheit der Genossenschafter verletzen. Die genannte Autorin begründet dies im Wesentlichen damit, dass infolge Verwischung der Kompetenzaufteilung zwischen GV und Verwaltung in der Praxis die Verwaltung oft mit Aufgaben betraut wird, die eigentlich solche der GV sind.

KUMMER (147) dagegen rät dem betroffenen Genossenschafter, «die Verletzung von Art. 854 einredeweise geltend zu machen, so, wenn die Verwaltung gegen ihn weiter gehende Zahlungs- oder Leistungspflichten durchsetzen will, als sie es andern gegenüber tut» (vgl. dazu auch BERNHEIMER, 115). Für den Fall, dass sich der benachteiligte Genossenschafter ausserstande sieht, seine gleiche Zulassung zu den genossenschaftlichen Einrichtungen durchzusetzen, empfiehlt ihm KUMMER (150), sich mit einem Schadenersatz nach Art. 41 zu begnügen; ähnlich BERNHEIMER (114 f.), welche solche Ansprüche gar auf eine vertragliche Grundlage stützen möchte; zu Recht krit. ZK-GUTZWILLER, N 15.

VI. Judikatur

Als mit Art. 854 und Art. 885 in Widerspruch stehend, bezeichnet BGE 67 I 267 f. Statuten, die nur mit Zustimmung eines bestimmten Einzelmitglieds abgeändert werden können. «*Art. 854 lässt indessen eine Ausnahme vom Grundsatz der Rechtsgleichheit aller Genossenschafter nur insoweit zu, als sie das Gesetz vorsieht. Das gilt auch für den Fall der Mitgliedschaft eines Gemeinwesens. Mangels einer besondern Vorschrift geht es daher nicht an, der Stimme des als Mitglied beteiligten Gemeinwesens eine Stimmkraft zuzuerkennen, die den Stimmen der übrigen Genossenschafter nicht zukommt*» (vgl. dazu N 2, 10).

Indem BGE 69 II 44 den Gleichheitsgrundsatz dann als verletzt erachtet, «wenn eine Genossenschaft nur solche Mitglieder als für die Delegiertenversammlung wählbar erklären würde, die eine bestimmte Anzahl von Anteilscheinen besitzen», spricht es eine vom Gesetz nicht vorgesehene Ausnahme von Art. 854 an (N 2). Da die Genossenschaft die Gleichheit der Mitglieder beschränken darf, sofern und soweit sie dies im Hinblick auf den Gesellschaftszweck tut (N 3), ist es ihr gemäss BGE 69 II 50 auch erlaubt, Mitglieder von der Delegiertenversammlung auszuschliessen, die einer andern Konsumgenossenschaft angehören. Die Aufhebung der Wählbarkeit solcher Mitglieder rechtfertigt sich deshalb, weil sie mit der Genossenschaft zu wenig verbunden sind, «als dass sie eine genügende Einstellung der Organe auf den Gesellschaftszweck gewährleisten könnten». Nach BGE 69 II 51 folgt aus Art. 854 nicht, «dass eine Genossenschaft gegen alle Mitglieder, die Konkurrenten sind, gleich vorgehen müsse. Sie kann sehr wohl nur einen einzigen Konkurrenten als für sich gefährlich erachten und demgemäss nur in der Beteiligung ihrer Mitglieder gerade bei diesem Konkurrenten einen Mangel an Genossenschaftsgeist erblicken, der sie für die Mitgliedschaft im Genossenschaftsrat als ungeeignet erscheinen lässt.»

Nach BGE 89 II 152 ist es bei einer Siedlungsgenossenschaft nicht zu beanstanden, dass diejenigen Mitglieder, die keine Genossenschaftsliegenschaft erwerben, nicht den erschwerten Austrittsbedingungen unterliegen, welche für Genossenschafter mit Grundeigentum gelten (N 5, 7).

Gemäss einem Schiedsgerichtsurteil (SJZ 1962, 307 f.) verstösst bei einer Alpgenossenschaft, welche die rationelle Bewirtschaftung und Nutzung bestimmter Alpweiden bezweckt, «*die nach Anteilscheinen gestufte Benutzung der gemeinsamen Alp gegen die genossenschaftliche Rechtsgleichheit. Wohl statuiert Art. 854 OR nicht eine absolute, sondern eine relative Gleichheit. Die Verhältnismassstäbe müssen aber wesenseigen sein. Solche Kriterien sind in der vorliegenden Frage der Sachnutzung etwa Betriebsgrösse (Zahl der urbanisierten Jucharten) und Kuhbestand, niemals aber die Kapitalbeteiligung; deren Berücksichtigung würde gegen das Wesen der Genossenschaft verstossen ... die Inanspruchnahme der genossenschaftlichen Einrichtungen nach der Zahl der*

Anteilscheine ist nur dort zulässig, wo nach statutarischer Vorschrift der Anteilscheinbesitz mit dem genossenschaftlichen Sachkriterium übereinstimmt» (vgl. N 2 f., 5, 7 f., 10).

23 Als Sanktion der Verletzung des Gleichbehandlungsverbots hält es die deutsche Rechtsprechung für zulässig, die den bevorzugten Mitgliedern eingeräumten Vorteile wieder zu entziehen. Ist dies jedoch unbillig, so können die benachteiligten Mitglieder einen Anspruch darauf haben, dieselben Vorteile wie die bevorzugten Mitglieder zu erhalten (BGH NJW 1960, 2142 f.).

Art. 855

D. Rechte I. Stimmrecht	Die Rechte, die den Genossenschaftern in den Angelegenheiten der Genossenschaft, insbesondere in Bezug auf die Führung der genossenschaftlichen Geschäfte und die Förderung der Genossenschaft zustehen, werden durch die Teilnahme an der Generalversammlung oder in den vom Gesetz vorgesehenen Fällen durch schriftliche Stimmabgabe (Urabstimmung) ausgeübt.
D. Droits des associés I. Droit de vote	Les associés exercent, dans l'assemblée générale ou dans les votations par correspondance autorisées par la loi, les droits qui leur appartiennent relativement aux affaires sociales, notamment ceux qui concernent la gestion et les actes destinés à assurer la prospérité de l'entreprise.
D. Diritti I. Diritto di voto	I soci esercitano mediante partecipazione all'assemblea generale o, nei casi previsti dalla legge votando per corrispondenza, i diritti che loro spettano nelle faccende sociali, in ispecie per quel che riguarda la gestione degli affari e l'incremento della società.

1 Art. 855 steht am Anfang einer Reihe von Bestimmungen, welche sich alle mit den **Rechten der Genossenschafter** beschäftigen (vgl. zur Entstehungsgeschichte ZK-GUTZWILLER, N 1). So werden in dieser Norm i.S. einer Einleitung Rechte angesprochen, *«die den Genossenschaftern in den Angelegenheiten der Genossenschaft … zustehen».* Für die unmittelbare Wahrnehmung dieser Rechte durch den einzelnen Genossenschafter nennt das Gesetz als Wirkungsbereich bzw. -zweck die Führung der genossenschaftlichen Geschäfte und die Förderung der Genossenschaft. Kann der Genossenschafter solche Aktivitäten nicht als Mitglied der Verwaltung oder der Revisionsstelle ausüben, so verbleiben ihm immer noch die Teilnahme an der GV und die Ausübung des **Stimmrechts** (vgl. dazu Art. 879 ff.). Daraus ist ersichtlich, dass dem Gesetzgeber die Betonung einer möglichst unmittelbaren und persönlichen Beteiligung des einzelnen Genossenschafters an der körperschaftlichen Willensbildung ein grosses Anliegen ist. Mit der Formulierung *«Rechte, die den Genossenschaftern in den Angelegenheiten der Genossenschaft, insbesondere in Bezug auf die Führung der genossenschaftlichen Geschäfte und die Förderung der Genossenschaft zustehen»*, will das Gesetz aber sicherlich auch einem breiten und juristisch nicht geschulten Publikum verständlich machen, dass eben darin die wesentlichen Elemente körperschaftlichen Wirkens zu erblicken sind (vgl. auch ZK-GUTZWILLER, N 13). Eine Konkretisierung dieser Mitwirkung an der genossenschaftlichen Willensbildung bietet Art. 855 indes nicht. Dafür sind die entsprechenden Vorschriften heranzuziehen. So z.B. Art. 885, dies, obschon bereits Art. 855 die Marginalie *«Stimmrecht»* trägt. Während *in Art. 855 das Stimmrecht* unter andern, ebenfalls aufgezählten Rechten *nur eine Hervorhebung* geniesst, wird in Art. 885 das Prinzip des Kopfstimmrechts konkret geregelt.

Art. 856

II. Kontrollrecht der Genossenschafter
1. Bekanntgabe der Bilanz

¹ Spätestens zehn Tage vor der Generalversammlung oder der Urabstimmung, die über die Abnahme der Betriebsrechnung und der Bilanz zu entscheiden hat, sind die Betriebsrechnung und die Bilanz mit dem Revisionsbericht zur Einsicht der Genossenschafter am Sitz der Genossenschaft aufzulegen.

² **Die Statuten können bestimmen, dass jeder Genossenschafter berechtigt ist, auf Kosten der Genossenschaft eine Abschrift der Betriebsrechnung und der Bilanz zu verlangen.**

II. Droit de contrôle des associés
1. Communication du bilan

¹ Le compte d'exploitation et le bilan, de même que le rapport des contrôleurs, sont déposés au siège de la société, afin que les associés puissent les consulter; ce dépôt se fait dix jours au plus tard avant l'assemblée générale chargée d'approuver le compte d'exploitation et le bilan ou avant la votation par correspondance qui en tient lieu.

² Les statuts peuvent autoriser tout associé à se faire délivrer, aux frais de la société, une copie du compte d'exploitation et du bilan.

II. Diritto di controllo dei soci
1. Comunicazione del bilancio

¹ Dieci giorni almeno prima dell'assemblea generale, convocata per approvare il conto d'esercizio ed il bilancio, o prima della votazione per corrispondenza su tale argomento, dovranno depositarsi, presso la sede sociale, in modo che possano esservi facilmente consultati dai soci, il conto d'esercizio ed il bilancio, come pure la relazione dei revisori.

² Lo statuto può concedere ad ogni socio il diritto d'esigere, a spese della società una copia del conto d'esercizio e del bilancio.

Literatur

GERBER, Die Genossenschaft als Organisationsform von Mittel- und Grossunternehmen, Diss. Bern 2003; MONTAVON, SCOOP – Societé Cooperativé, 1999, 179 f.; REYMOND, 144–147; Hinweise auf ältere Literatur bei ZK-GUTZWILLER, Art. 856/57 und zum Aktienrecht bei Art. 696.

Art. 856 und 857 befassen sich unter der Marginalie «Kontrollrechte der Genossenschafter» mit der **Bekanntgabe** der **Bilanz** und der **Auskunfterteilung**. Der Gesetzestext ist stark an den Wortlaut des Aktienrechts 1937 angeglichen und entspricht ihm deshalb materiell in weiten Belangen (vgl. GUHL/DRUEY, § 77 N 37). Weil es jedoch an einem Verweis auf die parallelen Art. 696 und 697 fehlt, vermögen die neuen Bestimmungen des Aktienrechts 1991 für die Genossenschaft keine Wirkung zu entfalten (vgl. REYMOND, 144 FN 99; vgl. auch KantGer SG, SJZ 2001, 523). Die Informationsdichte bzw. die Publizität ist deshalb im Genossenschaftsrecht geringer als im Aktienrecht (GERBER, 56). [1]

Bekannt zu geben sind die Betriebsrechnung und die Bilanz mit dem Revisionsbericht, d.h. das **Zahlenwerk ohne** den **Wortbericht** (vgl. dagegen zum Aktienrecht vorne Art. 696 N 4). Die Betriebsrechnung ist eine Jahreserfolgsrechnung, welche die Betriebsergebnisse aufzeigt, und zwar durch Angaben über den Umsatz, die Erträge und die Aufwendungen (ZK-GUTZWILLER, Art. 856/57 N 10). Für die Bilanzerstellung unterstehen nur die Kreditgenossenschaften und die konzessionierten Versicherungsgenossenschaften den (revidierten) aktienrechtlichen Vorschriften von Art. 662 ff. (Art. 858 Abs. 2). Dieser Sonderregelung lässt sich entnehmen, dass die übrigen Genossenschaften ihre Bilanz nach einfacheren Kriterien aufzustellen berechtigt sind; insb. sind die [2] verschärften Rechnungslegungsvorschriften des Aktienrechts 1991 (Anhang, Art. 663b; Konzernrechnung, Art. 663e) auf die «gewöhnlichen» Genossenschaften nicht anwendbar. Allgemein gültige **Rechnungslegungs-Prinzipien** wie (1) eine klare Darstellung des Verhältnisses zwischen den eigenen Mitteln und den Verbindlichkeiten der Gesellschaft, (2) die Beachtung des Prinzips, Aktiven höchstens nach dem Wert anzusetzen, der ihnen im Zeitpunkt der Bilanz für das Geschäft zukommt (Art. 960 Abs. 2) und (3) die Ausrichtung der Bilanz auf die Erfolgsermittlung sind aber auch auf Genossenschaften anzuwenden; dasselbe gilt für die **Bewertungsvorschriften** von Art. 664 ff., z.B. zu den Grundstücken, Gebäuden und Maschinen sowie zu den Rohmaterialien und Waren (im Einzelnen ZK-GUTZWILLER, Art. 856/57 N 14 ff.).

3 Betriebsrechnung und Bilanz sind spätestens **zehn Tage** vor der GV oder der Urabstimmung zur Einsicht der Genossenschafter am Sitz der Genossenschaft aufzulegen (Abs. 1). Diese zeitliche Bestimmung ist nicht auf deren Einberufungsfrist abgestimmt: Sofern die Statuten nichts anderes vorschreiben, darf gemäss Art. 882 Abs. 1 die Einberufungsfrist nicht unter fünf Tagen liegen. Die Auflage von Betriebsrechnung und Bilanz ist den Genossenschaftern aber mitzuteilen; diese Notifikation wird zweckmässigerweise mit der Einberufung zu verbinden sein, um das Risiko einer Anfechtung der GV auszuschliessen, weshalb die Einberufungsfrist i.d.R. auch mindestens zehn Tage betragen dürfte (eingehender RVJ 1975, 114 ff.).

4 Genossenschafter können eine Abschrift der Betriebsrechnung und der Bilanz nur verlangen, wenn die Statuten dies vorsehen (Abs. 2); insoweit weicht die Regelung bei der Genossenschaft von der Regelung im Aktienrecht ab (Art. 696; vgl. REYMOND, 145).

Art. 857

2. Auskunfterteilung

¹ **Die Genossenschafter können die Revisionsstelle auf zweifelhafte Ansätze aufmerksam machen und die erforderlichen Aufschlüsse verlangen.**

² **Eine Einsichtnahme in die Geschäftsbücher und Korrespondenzen ist nur mit ausdrücklicher Ermächtigung der Generalversammlung oder durch Beschluss der Verwaltung und unter Wahrung des Geschäftsgeheimnisses gestattet.**

³ **Der Richter kann verfügen, dass die Genossenschaft dem Genossenschafter über bestimmte, für die Ausübung des Kontrollrechts erhebliche Tatsachen durch beglaubigte Abschrift aus ihren Geschäftsbüchern oder von Korrespondenzen Auskunft zu erteilen hat. Durch diese Verfügung dürfen die Interessen der Genossenschaft nicht gefährdet werden.**

⁴ **Das Kontrollrecht der Genossenschafter kann weder durch die Statuten noch durch Beschlüsse eines Genossenschaftsorgans aufgehoben oder beschränkt werden.**

2. Renseignements

¹ Les associés peuvent signaler les évaluations douteuses à l'organe de révision et demander les explications nécessaires.

² Ils ne peuvent consulter les livres et la correspondance qu'en vertu d'une autorisation expresse de l'assemblée générale ou d'une décision de l'administration, et à la condition que le secret des affaires ne soit pas compromis.

4. Abschnitt: Rechte und Pflichten der Genossenschafter   1–3 Art. 857

³ Le juge peut obliger la société à renseigner ses membres, par des extraits certifiés conformes de ses livres ou de sa correspondance, sur des faits précis qui sont importants pour l'exercice du droit de contrôle. De telles communications ne doivent pas compromettre les intérêts de la société.

⁴ Le droit de contrôle des associés ne peut être supprimé ou restreint ni par les statuts, ni par une décision d'un organe social.

2. Ragguagli

¹ I soci sono in diritto di richiamare l'attenzione dell'ufficio di revisione sulle partite dubbie e di chiedere i necessari schiarimenti.

² L'ispezione dei libri e della corrispondenza è loro concessa soltanto dietro espressa autorizzazione dell'assemblea generale o dietro decisione dell'amministrazione ed a condizione che sia salvaguardato il segreto degli affari.

³ Il giudice può ordinare che la società dia al socio, mediante estratto autenticato dei libri o della corrispondenza, informazioni su fatti determinati importanti per l'esercizio del diritto di controllo. L'ordinanza non deve compromettere gl'interessi della società.

⁴ Il diritto di controllo dei soci non potrà essere tolto o menomato né dallo statuto né dalle deliberazioni d'un organo sociale.

Literatur

Vgl. die Literaturhinweise zu Art. 856.

Auch im Genossenschaftsrecht wird das allgemeine Kontrollrecht der Genossenschafter durch das individuelle Auskunftsrecht ergänzt (im Einzelnen vorne Art. 697 N 1 f.). Dieses **Informationsrecht** der Genossenschafter lässt sich weder durch die Statuten noch durch Beschlüsse eines Genossenschaftsorgans aufheben oder beschränken (vgl. auch NATSCH, Die Genossenschaft im Konzern, Diss. Bern 2002, 146 f.), was auch ohne die ausdrückliche Anordnung in Abs. 4 gelten würde.   1

Die Regelung des Auskunftsrechts beschränkt sich darauf, festzuhalten, dass die Genossenschafter die Revisionsstelle (begrifflich erst mit der GmbH-Revision per 1.1.2008, nicht schon mit der Aktienrechtsrevision eingeführt) auf zweifelhafte Ansätze aufmerksam machen und die erforderlichen Aufschlüsse verlangen können (Abs. 1; vgl. auch BGer, 2A.395/2002 v. 14.8.2003). Wie unter dem Aktienrecht 1937 ist davon auszugehen, dass neben der Revisionsstelle auch die **Verwaltung** zur Auskunft verpflichtet ist (vgl. ZK-BÜRGI, Art. 697 N 12 ff.). Sachlich zutreffend muss sich das Auskunftsrecht auf **alle relevanten Vorgänge** innerhalb der Genossenschaft beziehen, nicht nur i.S. der «Spiegelbildtheorie» auf die Betriebsrechnung und Bilanz (Art. 697 N 12; REYMOND, 146; **a.A.** ZK-GUTZWILLER, Art. 856/57 N 20). Das **Erforderlichkeitskriterium** des Aktienrechts ist auch beim Auskunftsanspruch des Genossenschafters anzuwenden, weil das Gesetz ausdrücklich auf die «erforderlichen Aufschlüsse» verweist (vgl. Art. 697 N 7). Hingegen ist im Rahmen des Auskunftsrechts – im Gegensatz zum Einsichtsrecht (Abs. 2) – nicht die Rede von den Geschäftsgeheimnissen des Unternehmens, die sich somit über das Erforderlichkeitskriterium hinaus nicht als Einwand gegen eine Auskunftserteilung vorbringen lassen.   2

Eine **Einsichtnahme** in die Geschäftsbücher und Korrespondenzen der Genossenschaft setzt formell die ausdrückliche Ermächtigung der GV oder einen Beschluss der Verwaltung sowie materiell die **Wahrung** der **Geschäftsgeheimnisse** voraus. Der Begriff «Geschäftsbücher» wird oft extensiv ausgelegt (inkl. Mitgliederverzeichnis: vgl. ZR 1979, 59 = SJZ 1981, 12, nicht unproblematisch: vgl. Art. 697 N 14 zum Aktienrecht). Im Wesentlichen erscheint es indessen als sachlich gerechtfertigt, die Grundsätze des Aktien-   3

4 Gemäss Abs. 3 kann der Richter anordnen, dass über für die Ausübung des Kontrollrechts erhebliche Tatsachen durch beglaubigte **Abschrift** aus den Geschäftsbüchern oder von Korrespondenzen der Genossenschaft Auskunft zu erteilen ist, soweit dadurch die Interessen der Genossenschaft (d.h. die Geheimhaltungsinteressen: vgl. Art. 697 N 8 ff.; vgl. auch REYMOND, 147) nicht gefährdet werden. Einblick in die Originalakten vermag somit der Genossenschafter – im Gegensatz zum revidierten Aktienrecht (Art. 697 Abs. 3) – nicht zu nehmen. Die Anordnung der Auskunfterteilung durch beglaubigte Abschriften aus Geschäftsbüchern erfolgt im summarischen Verfahren (vgl. z.B. § 219 Ziff. 16 ZPO ZH; Art. 697 N 22). Mangels Verweises auf die aktienrechtlichen Bestimmungen ist die richterliche Anordnung einer Sonderprüfung gemäss Art. 697a ff. nicht möglich (GERBER, 56).

Art. 858

III. Allfällige Rechte auf den Reinertrag 1. Feststellung des Reinertrages	¹ **Die Berechnung des Reinertrages erfolgt auf Grund der Jahresbilanz, die nach den Vorschriften über die kaufmännische Buchführung zu erstellen ist.** ² **Kreditgenossenschaften und konzessionierte Versicherungsgenossenschaften stehen unter den für die Aktiengesellschaft geltenden Bilanzvorschriften.**
III. Droit éventuel à l'excédent 1. Calcul de l'excédent	¹ L'excédent actif de l'exploitation se calcule selon les données d'un bilan annuel, dressé en conformité des règles établies dans le titre de la comptabilité commerciale. ² Les sociétés de crédit et les sociétés d'assurance concessionnaires sont soumises aux règles prescrites pour le bilan des sociétés anonymes.
III. Eventuali diritti sull'avanzo netto 1. Accertamento dell'avanzo netto	¹ Il calcolo dell'avanzo netto dell'esercizio si fa in base al bilancio annuale che dev'essere allestito secondo le disposizioni contenute nel titolo della contabilità commerciale. ² Le società cooperative di credito e le società di mutua assicurazione al beneficio d'una concessione soggiacciono alle norme sul bilancio della società anonima.

Literatur

BLICKENSTORFER, Die genossenschaftliche Verantwortlichkeit, Diss. Zürich 1987; BÖCKLI, Reform der Genossenschaftsbesteuerung, StR 1980, 235 ff.; BOEMLE, Die Rechnungslegung von Genossenschaften im Lichte des revidierten Buchführungsrechtes der Aktiengesellschaft, in: Die Unternehmung, Nr. 4 1992, 229 ff.; FORSTMOSER, Das Genossenschaftsrecht, das Recht der GmbH und die Teilrevision des Aktienrechts, SAG 1976, 46 ff.; DERS., Alter Wein in neuen Schläuchen?, ZSR 1992 I 1 ff.; GERWIG, Schweizerisches Genossenschaftsrecht, Bern, 1957; HENGGELER, Berechtigte und unberechtigte Differenzen des Genossenschaftsrechts gegenüber dem Aktienrecht, Diss. Zürich 1976; KLEINER, Bankengesetz und neues Aktienrecht, SZW 6/1992, 256 ff.; MONTAVON, SCOOP – Société Coopérative; AMC Lausanne 1999; REICH, Zur Frage der Genossenschaftsbesteuerung, ASA 1981/82, 593 ff.; TANNER, Die Auswirkungen des neuen Aktienrechts auf Gesellschaften mit beschränkter Haftung, Genossenschaften und Bankaktiengesellschaften, in: FS Forstmoser, 1993, 31–52.

4. Abschnitt: Rechte und Pflichten der Genossenschafter   1–7 Art. 858

I. Allgemeines zum Reinertrag der Genossenschaft

1. Typologie der Genossenschaft

Die Genossenschaft ist gleich wie eine AG ein Unternehmen, welches grundsätzlich 1
wirtschaftliche Zwecke verfolgt (MEIER-HAYOZ/FORSTMOSER, § 19 N 15 ff.). Anders als
bei der AG besteht das Ziel einer Genossenschaft jedoch nicht in der Erwirtschaftung
und dem Ausweis eines möglichst hohen Gewinnes, sondern in der maximalen direkten
Förderung der Mitglieder durch deren unmittelbare wirtschaftliche Begünstigung
(Art. 828: Förderung oder Sicherung bestimmter wirtschaftlicher Interessen ihrer Mitglieder in gemeinsamer Selbsthilfe). Im Gegensatz zur AG erfolgen die Leistungen an
die Genossenschafter im Allgemeinen demnach nicht über den Weg der Gewinnausschüttung, sondern in Form der direkten Förderung der **wirtschaftlichen Interessen**
der einzelnen Mitglieder (GUHL/DRUEY, § 76 N 7 f.; MEIER-HAYOZ/FORSTMOSER, § 19
N 4 f.; BK-FORSTMOSER, 92 N 319 ff.; BÖCKLI, StR 1980, 239 ff.; REICH, 597 ff.).

Diese Zielsetzung reflektiert sich auch in der Jahresrechnung der Genossenschaft. Die 2
unmittelbar an die Genossenschafter erbrachten Leistungen schmälern den ausgewiesenen Reinertrag einer Genossenschaft. Ein für die Genossenschaft festzustellender **Reinertrag** wird demnach immer tiefer sein, als der Gewinn, welcher nach denselben Buchführungsnormen für eine Gesellschaft anderer Typologie resultiert.

Diese Sachlage findet auch im Steuerrecht ihren Niederschlag. Vorweg an die Genos- 3
senschafter erbrachte Leistungen gelten im Allgemeinen nicht als geschäftsmässig begründeter Aufwand und sind steuerlich deshalb aufzurechnen bzw. nicht abzugsfähig.
Steuerlich wird damit der ausgewiesene Ertrag einer Genossenschaft korrigiert und auf
das Niveau gebracht, welches im Rahmen einer anderen Rechtsform bereits aufgrund
der handelsrechtlichen Gewinnermittlung resultieren würde (s.a. Böckli, StR 1980,
252 ff.; REICH, 597 ff.).

II. Feststellung des Reinertrages der Genossenschaft

1. Kaufmännische Buchführung für gewöhnliche Genossenschaften

Als gewöhnliche Genossenschaften gelten in diesem Zusammenhang alle Genossen- 4
schaften, welche nicht als Kredit- oder Versicherungsgenossenschaften i.S.v. Abs. 2
qualifiziert sind.

Bei den gewöhnlichen Genossenschaften erfolgt die Berechnung des Reingewinnes auf- 5
grund der Jahresbilanz, die nach den Vorschriften der kaufmännischen Buchführung erstellt wird (Abs. 1; ZK-GUTZWILLER, N 17).

Damit verweist das Genossenschaftsrecht in Sachen Buchführung umfassend auf das 6
Recht der kaufmännischen Buchführung nach Art. 957 ff. und nicht auf die strengeren aktienrechtlichen Buchführungsbestimmungen nach Art. 662 ff. Dabei darf der
Terminus «Jahresbilanz», wie er in Abs. 1 verwendet wird, nicht in einem engen Sinne
verstanden werden. Vielmehr ist von einer umfassenden Verweisung auf die Bilanzierungsregeln gemäss kaufmännischem Buchführungsrecht auszugehen (gl.M. GERWIG,
138; HENGGELER, 183; enger ZK-GUTZWILLER, N 16, der die Verweisung auf die Bilanz beschränken will).

Im Einzelnen gilt demnach für eine gewöhnliche Genossenschaft, dass sie: 7

- keinen **Jahresbericht** zu erstellen hat;
- die **Jahresrechnung** bloss aus **Erfolgsrechnung** und **Bilanz** besteht, ohne einen
  Anhang, ausser dieser sei aufgrund der aakG ausnahmsweise zwingend;

Markus Neuhaus/Hans Peter Heiber

- die **aakG** i.S.v. Art. 959 zu befolgen hat, welche heute als weitgehend identisch mit den **GoR** nach Art. 662a betrachtet werden können;
- die Gliederung von Erfolgsrechnung und Bilanz grundsätzlich frei und ohne Bindung an die aktienrechtlichen **Gliederungsvorschriften** festlegen kann, soweit sie innerhalb der aakG bleibt;
- als **Publikumsgesellschaft** die Beteiligungsverhältnisse nicht offen legen muss (Art. 663c);
- keine **Konzernrechnung** erstellen muss;
- die Aktiven zum **subjektiven Geschäftswert** bewerten kann (Art. 960 Abs. 2);
- **stille Reserven** bilden darf, soweit die Rücksicht auf das dauernde Gedeihen des Unternehmens dies zulässt (Art. 863 Abs. 2) oder die Rücksicht auf eine möglichst gleichmässige Verteilung des Reinertrages, so weit letzteres statutarisch vorgesehen ist (Art. 859) (gl.M. FORSTMOSER, SAG 1976, 49 m.H. auf die ablehnenden Haltungen, FN 39; BK-FORSTMOSER, Systematischer Teil, 95 N 342; GERWIG, 227 f.; VON STEIGER, Grundriss, 72 f. ebenfalls mit Hinweis auf die kontroverse Haltung zu dieser Frage).

Im Weiteren kann auf die Ausführungen zu Art. 957 ff. verwiesen werden.

2. Kreditgenossenschaften und Versicherungsgenossenschaften

8 **Kredit- und Versicherungsgenossenschaften** sind den für AG geltenden Bilanzvorschriften (Art. 662–670, 697h) unterworfen. Dabei ist von einer umfassenden Verweisung auszugehen, welche sich auf sämtliche Rechnungslegungsvorschriften des Aktienrechts bezieht (TANNER, 43).

9 Es stellt sich vorweg die Frage, ob sich die Verweisung auf das alte oder neue Aktienrecht bezieht. Gleich wie zu Art. 801 für die GmbH muss auch hier von einer **dynamischen Verweisung** ausgegangen werden und es ist das jeweils geltende Aktienrecht zugrunde zu legen (s. Art. 801 N 7; gl.M. MEIER-HAYOZ/FORSTMOSER, § 19 N 105; TANNER, 34 ff.; vgl. aber auch Vor Art. 620 N 17).

10 Als konzessionierte **Versicherungsgenossenschaften** gelten diejenigen Genossenschaften, welche dem Bundesgesetz betr. die Aufsicht über die privaten Versicherungseinrichtungen (VAG) unterstehen (BLICKENSTORFER, 236 ff.; BK-FORSTMOSER, Systematischer Teil, 101 N 377, 104 N 393 ff.; GERWIG, 140 ff.; ZK- GUTZWILLER Art. 841 N 6). Als **Kreditgenossenschaften** gelten jene Genossenschaften, welche dem BankG voll unterstehen (sog. Genossenschaftsbanken). Weiter zählen dazu jene Genossenschaften, welche ihrem Zweck gemäss Gelder an ihre Mitglieder ausleihen, ohne sich aber öffentlich zur Annahme fremder Gelder zu empfehlen (ZK-GUTZWILLER, Art. 861 N 2 ff.; B/K/L-BEARBEITER, Art. 5 BankG N 11; BLICKENSTORFER, 234; GERWIG, 132 ff.).

11 Im Einzelnen gilt demnach für Kredit- und Versicherungsgenossenschaften, dass sie:

- eine **Jahresrechnung,** bestehend aus **Erfolgsrechnung, Bilanz** und **Anhang** zu erstellen haben (Art. 662 Abs. 2);
- die Grundsätze ordnungsmässiger Rechnungslegung zu befolgen haben (Art. 662a);
- die **Gliederungsvorschriften** für Erfolgsrechnung und Bilanz nach Art. 663 f. einzuhalten haben;

- als **Publikumsgesellschaften**, d.h. als Genossenschaften, deren Anteilscheine börslich, vor- oder ausserbörslich gehandelt werden, die Beteiligungsverhältnisse im Anhang offen zu legen haben (Art. 663c) sowie die an die Mitglieder der Verwaltung ausgerichteten Vergütungen anzugeben (Art. 663b^{bis});
- einen **Geschäftsbericht** (bestehend aus Jahresbericht, Jahresrechnung und Konzernrechnung) i.S.v. Art. 662 Abs. 1 zu erstellen haben, obwohl ein solcher im Rahmen des Genossenschaftsrechts und insb. der Kompetenznormen zur GV sowie zur Verwaltung nicht vorgesehen ist (Art. 879 Abs. 2 Ziff. 3). Aufgrund der Tatsache, dass der Jahresbericht im neuen Aktienrecht, dies im Gegensatz zum alten Aktienrecht, innerhalb der Buchführungsbestimmungen geregelt wird (Art. 663d) und von einer umfassenden Verweisung auf diese aktienrechtlichen Bestimmungen auszugehen ist, muss die Verweisung auch die Pflicht zur Erstellung eines Jahres- und damit auch Geschäftsberichtes umfassen (gl.M. TANNER, 43 FN 105; FORSTMOSER, SAG 1976, 52 FN 74; **a.M.** BOEMLE, Die Unternehmung, 231 f.);
- eine **Konzernrechnung** erstellen müssen, soweit die grössenmässigen Anforderungen gegeben sind (Art. 663e ff.);
- vom Recht der **Schutz- und Anpassungsklausel** Gebrauch machen können (Art. 663 h; wovon Banken und Versicherungen aufgrund der Spezialgesetzgebung zwangsläufig Gebrauch zu machen haben);
- **Bewertungen** im Rahmen der aktienrechtlichen **Höchstwertvorschriften** vorzunehmen haben (Art. 664 ff.);
- echte **Abschreibungen, Wertberichtigungen** und **Rückstellungen** sowie solche zum Zwecke der **Wiederbeschaffung** oder zur Bildung **stiller Reserven** im Rahmen des aktienrechtlich Zulässigen bilden können (s. die Verweisungen auf die kontroverse Haltung hierzu N 7);
- **Aufwertungen** im Rahmen von Art. 670 vornehmen dürfen, mit entsprechender Pflicht zum Ausweis einer **Aufwertungsreserve** (Art. 671b);
- ihre Jahresrechnung und allenfalls Konzernrechnung i.S.v. Art. 697h **offen zu legen** haben;
- **Reserven** haben die Kredit- und Versicherungsgenossenschaften jedoch nicht nach Massgabe von Art. 671 ff. zu bilden, sondern nach Art. 861–863 (BK-FORSTMOSER, Systematischer Teil, 106 N 406) resp. gemäss den spezialrechtlichen Anforderungen.

Nebst diesen aktienrechtlichen Buchführungsvorschriften, welche von Kredit- und Versicherungsgenossenschaften beachtet werden müssen, sind auch die weiteren spezialrechtlichen Bestimmungen für **Banken** und **Versicherungen** einzuhalten. Die bankenrechtlichen Normen gehen gemäss Art. 16 SchlT AG zu den Titeln XXIV–XXXIII den aktienrechtlichen ausdrücklich vor (KLEINER, SZW 1992, 256; TANNER, 46 ff; s.a. weitere Ausführungen hierzu in Art. 861 N 3). Im Einzelnen kann auf die bankspezifischen Ausführungen zu den relevanten Artikeln verwiesen werden. Für die Versicherungsgenossenschaften gilt als lex specialis Art. 26 VAG.

III. Zusammenfassende Beurteilung

Viele Grossgenossenschaften unterliegen heute bloss dem kaufmännischen Buchführungsrecht, nicht aber den strengeren aktienrechtlichen Rechnungslegungsvorschriften. Damit besteht eine nicht gerechtfertigte Unterscheidung für Gesellschaften, denen wirtschaftlich ähnliche Bedeutung zukommt (FORSTMOSER, SAG 1976, 46 ff.). Aufgrund der Bedeutung vieler Genossenschaften und auch als Ausfluss der aakG sollten insb. Grossgenossenschaften jedoch bereits heute Jahresrechnungen vorlegen, die weitestgehend den aktienrechtlichen Anforderungen genügen. Einzig im Bereich der Bewertungen scheint es zulässig (jedoch nicht immer sinnvoll), dass diese Grossgenossenschaften konsequent die kaufmännischen Bewertungsgrundsätze anwenden und somit auf den subjektiven Geschäftswert abstellen (Art. 960 Abs. 2 im Gegensatz zu Art. 664 ff.). Sie sollten dann jedoch ausdrücklich darauf hinweisen. Im Übrigen dürften die aktienrechtlichen Bestimmungen für Grossgenossenschaften im Allgemeinen als Massstab dienen, um i.S.v. Art. 959 vollständige, klare, wahre und übersichtliche Bücher zu führen, die einen möglichst sicheren Einblick gewähren. Es kann sich demnach durchaus aufdrängen, dass eine dem kaufmännischen Buchführungsrecht unterstehende Grossgenossenschaft einen Anhang, eine Konzernrechnung oder einen Jahresbericht resp. Geschäftsbericht zu erstellen hat, um den aakG zu genügen (BOEMLE, Die Unternehmung, 231 f.; HWP I 53).

IV. De lege ferenda – Anpassung an die aktienrechtlichen Rechnungslegungsnormen

14 Die Tatsache, dass bloss Kredit- und Versicherungsgenossenschaften den strengeren aktienrechtlichen Rechnungslegungsnormen unterliegen, ist unbefriedigend. Der Genossenschafter sowie der Dritte, der sich mittels Bilanz ein Bild einer Genossenschaft verschaffen will, hat dieselben Informationsbedürfnisse wie ein Aktionär oder ein Dritter, der mit einer AG in Beziehung steht. Die Botschaft zur Änderung des Obligationenrechts vom 21.12.2007 sieht vor, die nicht gerechtfertigten Unterscheidungen für Gesellschaften mit wirtschaftlich ähnlicher Bedeutung durch eine umfassende Neuregelung der Rechnungslegungsvorschriften innerhalb des Obligationenrechtes zu beseitigen (Botschaft Aktien- und Rechnungslegungsrecht, 1.2.2).

Art. 859

2. Verteilungsgrundsätze

¹ **Ein Reinertrag aus dem Betriebe der Genossenschaft fällt, wenn die Statuten es nicht anders bestimmen, in seinem ganzen Umfange in das Genossenschaftsvermögen.**

² **Ist eine Verteilung des Reinertrages unter die Genossenschafter vorgesehen, so erfolgt sie, soweit die Statuten es nicht anders ordnen, nach dem Masse der Benützung der genossenschaftlichen Einrichtungen durch die einzelnen Mitglieder.**

³ **Bestehen Anteilscheine, so darf die auf sie entfallende Quote des Reinertrages den landesüblichen Zinsfuss für langfristige Darlehen ohne besondere Sicherheiten nicht übersteigen.**

2. Principes appliqués à la répartition

¹ Sauf disposition contraire des statuts, l'excédent actif de l'exploitation rentre pour le tout dans la fortune de la société.

² Lorsqu'une répartition de l'excédent aux sociétaires a été prévue, elle a lieu, si les statuts n'en disposent autrement, dans la mesure où chacun des membres de la société en a utilisé les institutions.

³ S'il existe des titres constatant les parts sociales, la portion de l'excédent y afférente ne peut dépasser le taux de l'intérêt usuel pour des prêts à longue échéance accordés sans garanties spéciales.

2. Norme per la ripartizione

¹ L'avanzo netto dell'esercizio va per intiero ad aumentare il patrimonio sociale, salvo diversa disposizione dello statuto.

² Qualora sia prevista una ripartizione dell'avanzo netto tra i soci, essa ha luogo, salvo disposizione contraria dello statuto, nella proporzione in cui i singoli soci hanno utilizzato le istituzioni della società.

³ Se esistono certificati di quota, la parte dell'avanzo netto ad essi attribuita non può eccedere il tasso usuale dell'interesse per i prestiti a lunga scadenza non specialmente garantiti.

Literatur

Vgl. die Literaturhinweise zu Art. 858.

I. Allgemeines

Der Typologie der Genossenschaft folgend, sollte diese keinen **Reinertrag** erwirtschaften, sondern ihre Genossenschafter direkt begünstigen (s. hierzu Art. 858 N 1 ff.). Fällt trotzdem ein Reinertrag an, so soll dieser dem genossenschaftlichen Zweck entsprechend verwendet werden. 1

II. Gesetzliche Regelung der Verteilung des Reinertrages

Ein **Reinertrag** fällt, falls die Statuten es nicht anders bestimmen, in seinem ganzen Umfange in das **Genossenschaftsvermögen.** Diese gesetzliche Regelung ist Ausfluss des genossenschaftlichen Prinzips der unmittelbaren Begünstigung der Genossenschafter, ohne Verteilung des Reinertrags. Eine Verteilung ist jedoch nicht völlig ausgeschlossen. Sie kann auf statutarischer Basis vorgesehen werden und geht dann als primäre Regelung der gesetzlichen subsidiären Regelung vor (ZK-GUTZWILLER, Art. 859 N 1; GERWIG, 292). 2

Überdies gilt es zu beachten, dass auch die Bestimmungen zu den **Reservezuweisungen** daran anknüpfen, ob ein Reinertrag verteilt oder dem Genossenschaftsvermögen zugewiesen wird (Art. 860). 3

III. Statutarische Bestimmung zur Verteilung des Reinertrages basierend auf gesetzlichem Verteilschlüssel

Sehen die Statuten eine Verteilung des Ertrages vor, definieren sie jedoch keinen weiter gehenden Verteilschlüssel, so ist der Ertrag nach dem Masse der **Benützung der genossenschaftlichen Einrichtungen** durch die einzelnen Mitglieder zu verteilen, ohne Rücksicht auf die Grösse der Kapitalbeteiligung (Art. 859 Abs. 2; ZK-GUTZWILLER, Art. 859 N 11 ff.; MEIER-HAYOZ/FORSTMOSER, § 19 N 54; GUHL-DRUEY, § 77 N 38 ff.). 4

Auch dies entspricht der **genossenschaftlichen Idee.** Grundsätzlich sollten die genossenschaftlichen Einrichtungen den Genossenschaftern zu Selbstkosten zur Verfügung gestellt werden, sodass aus der Geschäftsführung kein Überschuss resultiert (MEIER-HAYOZ/FORSTMOSER § 19 N 54). Wird jedoch ein Reinertrag erwirtschaftet, so wurden die genossenschaftlichen Einrichtungen grundsätzlich den Genossenschaftern zu teuer zur Verfügung gestellt. Erfolgt anschliessend eine Verteilung dieses Überschusses nach Massgabe der Benützung der genossenschaftlichen Einrichtungen, so führt dies zu einer nachträglichen Korrektur des vorher vom Genossenschafter für die Benützung verlangten zu hohen Entgelts. 5

Art. 860

IV. Statutarische Verteilungsgrundsätze und Verteilschlüssel

6 Der gesetzlich vorgesehene Verteilschlüssel nach Massgabe der Benützung der genossenschaftlichen Einrichtungen ist dispositiver Natur (a.M. ZK-GUTZWILLER, Art. 859 N 1). Mittels entsprechender Statutenbestimmung kann eine davon abweichende Lösung getroffen werden (HWP I 436), welche jedoch auf die genossenschaftliche Typologie sowie den konkreten Zweck der einzelnen Genossenschaft Rücksicht zu nehmen hat. Zum Beispiel kann bei Genossenschaften, welche eine Eintritts- oder Einkaufssumme (Art. 839 Abs. 2) oder jährliche Beitragsleistungen (Art. 867) kennen, die Kapitalbasis in den Verteilschlüssel miteinbezogen werden. Es sind dann jedoch die betragsmässigen Grenzen von Abs. 3 zu beachten. Ebenso scheint unter bestimmten Voraussetzungen eine Verteilung pro Kopf in einem gewissen Umfange zulässig. Zudem sind auch Zuwendungen an Dritte möglich.

V. Verteilungsgrundsätze bei Anteilscheinen

7 Soweit eine Genossenschaft **Anteilscheine** ausgegeben hat, wird sie darauf den Genossenschaftern einen Gewinnanteil entrichten wollen, der auf Kapitalbasis berechnet wird und nicht nach Massgabe der Benützung genossenschaftlicher Einrichtungen. Hierbei ist sie i.S. der genossenschaftlichen Idee von Gesetzes wegen jedoch eingeschränkt. Diese rein kapitalbezogene Verteilung des Reinertrages darf höchstens zu einer Rendite der Anteilscheine im Umfange des jeweiligen Zinsfusses für langfristige Darlehen ohne besondere Sicherheit führen (GUHL-DRUEY, § 77 N 38; MEIER-HAYOZ/FORSTMOSER, § 19 N 55; MONTAVON, § 15 171; Ausnahme s. Art. 861 Abs. 1, Kreditgenossenschaften; GUHL-DRUEY, § 77 N 41; MEIER-HAYOZ/FORSTMOSER, § 19 N 106). Eine weiter gehende Verteilung des Reinertrages hat demnach auch bei Genossenschaften mit Anteilscheinen nach dem gesetzlichen Grundsatz der Verteilung nach Benützung der genossenschaftlichen Anlagen zu erfolgen oder nach weiterführenden statutarischen Bestimmungen. Daraus kann sich ein zwei-, allenfalls dreistufiger Verteilprozess ergeben.

Art. 860

3. Pflicht zur Bildung und Äufnung eines Reservefonds

¹ Soweit der Reinertrag in anderer Weise als zur Äufnung des Genossenschaftsvermögens verwendet wird, ist davon jährlich ein Zwanzigstel einem Reservefonds zuzuweisen. Diese Zuweisung hat während mindestens 20 Jahren zu erfolgen; wenn Anteilscheine bestehen, hat die Zuweisung auf alle Fälle so lange zu erfolgen, bis der Reservefonds einen Fünftel des Genossenschaftskapitals ausmacht.

² Durch die Statuten kann eine weitergehende Äufnung des Reservefonds vorgeschrieben werden.

³ Soweit der Reservefonds die Hälfte des übrigen Genossenschaftsvermögens oder, wenn Anteilscheine bestehen, die Hälfte des Genossenschaftskapitals nicht übersteigt, darf er nur zur Deckung von Verlusten oder zu Massnahmen verwendet werden, die geeignet sind, in Zeiten schlechten Geschäftsganges die Erreichung des Genossenschaftszweckes sicherzustellen.

⁴ ...

4. Abschnitt: Rechte und Pflichten der Genossenschafter   1-3 Art. 860

3. Obligation de créer et d'alimenter un fonds de réserve	¹ Lorsque l'excédent est employé à une autre destination qu'à l'augmentation de la fortune sociale, un vingtième au moins doit être affecté annuellement à la constitution d'une réserve. Cette affectation doit se poursuivre pendant vingt ans au moins et, en outre, s'il existe des titres constatant les parts sociales, jusqu'à ce que la réserve atteigne un cinquième du capital social. ² Les statuts peuvent prescrire une dotation plus large de la réserve. ³ Lorsque les réserves ne dépassent pas la moitié de la fortune sociale restante ou, s'il existe des titres constatant les parts sociales, la moitié du capital social, elles ne peuvent être affectées qu'à couvrir des pertes ou à des mesures tendant à permettre que le but social soit atteint en temps de crise. ⁴ ...
3. Obbligo di formare un fondo di riserva e di accrescerlo	¹ Qualora l'avanzo netto non vada ad aumentare il patrimonio sociale, sopra di esso dev'essere annualmente prelevato un ventesimo per formare un fondo di riserva. Questo prelevamento dev'essere continuato per almeno venti anni; se esistono certificati di quota, il prelevamento dev'essere in ogni caso continuato fino a che il fondo abbia raggiunto un quinto del capitale sociale. ² Lo statuto può disporre che il fondo di riserva sia alimentato in misura maggiore. ³ In quanto il fondo di riserva non superi la metà del patrimonio sociale restante o, se esistono certificati di quota, la metà del capitale sociale, esso può essere adoperato solo per riparare a perdite o per prendere misure che in tempi di cattivo andamento degli affari rendano possibile il conseguimento del fine sociale. ⁴ ...

Literatur

Vgl. die Literaturhinweise zu Art. 858.

I. Allgemeines

Soweit eine Genossenschaft ihren **Reinertrag** nicht an die Mitglieder verteilt, ist sie von Reservezuweisungen befreit. Verwendet sie ihren Reinertrag hingegen in anderer Weise, so ist sie zur **Reservenzuweisung** verpflichtet. Sie unterliegt dann ähnlichen Bestimmungen wie sie im Aktienrecht Anwendung finden (Art. 671 ff.). 1

II. Zuweisung zum Reservefonds (gesetzliche Reserve)

1. Terminologie

Das Gesetz spricht terminologisch in Anlehnung an das alte Aktienrecht von einem **Reservefonds.** Nach neuer aktienrechtlicher Terminologie sind darunter die **allgemeinen gesetzlichen Reserven** zu verstehen. 2

2. Voraussetzung für die Zuweisung

Zuweisungen zu diesem Reservefonds sind **nur** dann vorzunehmen, **wenn der Reinertrag** tatsächlich in anderer Weise als zur Äufnung des Genossenschaftsvermögens verwendet wird. Damit steht das Genossenschaftsrecht im Widerspruch zum Aktienrecht, das die erste Zuweisung zu den allgemeinen gesetzlichen Reserven unabhängig von einer Gewinnausschüttung vorsieht (s. Art. 671 N 6 ff.). 3

4 Somit hat eine Reservenzuweisung immer dann zu erfolgen, wenn der Reinertrag gemäss statutarischer Grundlage an die Genossenschafter verteilt oder zu einem anderen Zweck verwendet wird (**a.M.** GERWIG, 221 f., der die Ansicht vertritt, auch solche Genossenschaften, die keine Gewinnausschüttungen vornehmen, müssten Reserven gemäss Abs. 1 bilden).

3. Umfang der Zuweisung

5 **Reservenzuweisungen** haben im Umfange von 5% zu erfolgen, bemessen auf dem in anderer Weise verwendeten **Reinertrag**, d.h. bemessen auf dem auszuschüttenden Ertrag und nicht auf dem gesamten nach Art. 858 ausgewiesenen Reinertrag. Diese 5% Zuweisung hat während mindestens 20 Jahren zu erfolgen. Dabei ist unklar, wie die 20-Jahre-Frist zu berechnen ist. Dem gesetzlichen Wortlaut am nächsten ist die Lösung, wonach die 20-Jahre-Frist mit Einführung der statutarischen Bestimmung zur Verteilung des Reinertrages zu laufen beginnt und danach ohne Unterbruch während 20 Jahren läuft, unabhängig davon, ob in all den 20 Jahren tatsächlich Reinertrag verteilt wird oder nicht.

6 Überdies haben die Genossenschaften mit **Anteilscheinen** die Reservenzuweisung solange fortzuführen, bis die Reserven einen Fünftel des Genossenschaftskapitals ausmachen. Dabei ist in diesem Zusammenhang unter Genossenschaftskapital das Anteilscheinkapital zu verstehen (ZK-GUTZWILLER, Art. 858 N 5).

7 Eine **zweite Zuweisung**, wie sie für AG vorgesehen ist (s. Art. 671 N 11 ff.), kennt das Genossenschaftsrecht für gewöhnliche Genossenschaften nicht. **Kreditgenossenschaften** unterliegen jedoch der lex specialis nach Art. 861 Abs. 3 (s. Art. 861 N 7 ff.) und, soweit sie **Banken** i.S. des BankG sind, dessen Art. 5. Letzterer geht Art. 860 f. vor (gl.M. B/K/L-LUTZ, Art. 5 BankG N 11, wonach das Bankenrecht als lex specialis umfassend vorgeht und damit die Anwendung von Art. 860 völlig ausschliesst; VON STEIGER, Grundriss, 92; **a.M.** ZK-GUTZWILLER, Art. 861 N 7, der die Ansicht vertritt, das später in Kraft getretene OR gehe dem älteren Bankenrecht vor). Für die Versicherungsgenossenschaften gilt als lex specialis das Bundesgesetz betreffend die Aufsicht über Versicherungsunternehmen, insbesondere Art. 26. Der alte Art. 860 Abs. 4 wurde mit Wirkung vom 1.1.2006 ausser Kraft gesetzt. **Versicherungsgenossenschaften** unterliegen den versicherungsrechtlichen Spezialbestimmungen und bilden ihre Reserven nach dem von der zuständigen Aufsichtsbehörde genehmigten Geschäftsplan (Art. 860 Abs. 4).

III. Zuweisung gemäss Statuten

8 Das Gesetz legt nur das Minimum bezüglich gesetzlicher Reserven fest. Die **Statuten** können die Bildung weiterer (statutarischer) Reserven vorschreiben (ZK-GUTZWILLER, Art. 860 N 5 f.; GERWIG, 223 ff.). Sie können z.B. eine Zuweisung von 20% des Reinertrages oder eine alljährliche Speisung des Reservefonds bis zur Liquidation der Genossenschaft vorsehen.

9 Über die Zuweisungen zur gesetzlichen und zur statutarischen Reserve entscheidet wie bei der AG die GV im Rahmen des **Gewinnverwendungsbeschlusses** (Art. 879 Abs. 2 Ziff. 3).

IV. Zuweisung durch die GV

Soweit die Rücksicht auf das dauernde Gedeihen des Unternehmens es als angezeigt erscheinen lässt, kann die GV auch solche Reserveanlagen beschliessen, die im Gesetz oder in den Statuten nicht vorgesehen sind, oder sie kann über deren Mindestanforderungen hinausgehen (**beschlussmässige Reserven,** Art. 863 Abs. 2 und 3; GERWIG, 227 f.).

10

V. Verwendung der gesetzlichen Reserven

Die Anforderungen an die Verwendung der geäufneten Reserven sind an sich gleich formuliert wie im Aktienrecht (s. Art. 671 Abs. 3). Es wird jedoch auf die spezifische genossenschaftsrechtliche Kapitalstruktur Bezug genommen. Danach dürfen die gesetzlichen Reserven bloss dann frei verwendet werden, wenn sie die Hälfte des übrigen **Genossenschaftsvermögens** oder, wenn Anteilscheine bestehen, die Hälfte des **Genossenschaftskapitals** übersteigen. Dabei muss der Begriff des übrigen Genossenschaftsvermögens das gesamte EK ohne den Reservefonds selbst umfassen (GERWIG, 222 ff., insb. 225).

11

Soweit diese Hälften nicht erreicht sind, dürfen die gesetzlichen Reserven nur zur Verlustabdeckung verwendet werden, oder zu Massnahmen, die geeignet sind, in Zeiten schlechten Geschäftsganges die **Erreichung des Genossenschaftszweckes** sicherzustellen. Anders als im Aktienrecht (Art. 671 Abs. 1) sind hier die Massnahmen bez. der Linderung der Arbeitslosigkeit nicht als Verwendungszweck vorgesehen. Dies kann mit der genossenschaftlichen Idee der direkten Förderung der Mitglieder begründet werden, welche in einem gewissen Spannungsfeld zur Linderung der Arbeitslosigkeit steht.

12

Art. 861

4. Reinertrag bei Kreditgenossenschaften

¹ **Kreditgenossenschaften können in den Statuten von den Bestimmungen der vorstehenden Artikel abweichende Vorschriften über die Verteilung des Reinertrages erlassen, doch sind auch sie gehalten, einen Reservefonds zu bilden und den vorstehenden Bestimmungen gemäss zu verwenden.**

² **Dem Reservefonds ist alljährlich mindestens ein Zehntel des Reinertrages zuzuweisen, bis der Fonds die Höhe von einem Zehntel des Genossenschaftskapitals erreicht hat.**

³ **Wird auf die Genossenschaftsanteile eine Quote des Reinertrages verteilt, die den landesüblichen Zinsfuss für langfristige Darlehen ohne besondere Sicherheiten übersteigt, so ist von dem diesen Zinsfuss übersteigenden Betrag ein Zehntel ebenfalls dem Reservefonds zuzuweisen.**

4. Emploi de l'excédent par les sociétés de crédit

¹ Les sociétés de crédit peuvent prévoir, dans leurs statuts, une répartition de l'excédent différente de celle qui est réglée par les articles précédents, mais n'en sont pas moins tenues, elles aussi, de constituer un fonds de réserve et d'employer celui-ci conformément aux dispositions qui précèdent.

² Elles affectent au fonds de réserve annuellement au moins un dixième de l'excédent jusqu'à ce que le fonds atteigne un dixième du capital social.

³ Si une portion de l'excédent supérieure au taux usuel de l'intérêt pour les prêts à long terme sans sûretés spéciales est répartie sur les parts sociales, il

	est également prélevé au profit du fonds de réserve un dixième du montant dépassant le susdit taux.
4. Avanzo netto nelle società cooperative di credito	¹ Le società cooperative di credito possono derogare nel loro statuto alle disposizioni dei precedenti articoli circa la ripartizione dell'avanzo netto, ma sono tenute a costituire un fondo di riserva e ad adoperarlo in conformità delle precedenti norme. ² Al fondo di riserva dev'essere annualmente assegnato un decimo almeno dell'avanzo netto, fino a che il fondo abbia raggiunto il decimo del capitale sociale. ³ Se ai certificati di quota è attribuita una parte dell'avanzo netto superiore al tasso usuale dell'interesse per i prestiti a lunga scadenza senza speciali garanzie, deve parimente essere versato al fondo di riserva un decimo di detta eccedenza.

Literatur

Vgl. die Literaturhinweise zu Art. 858.

I. Allgemeines

1 Die Bestimmung sieht eine Sonderbehandlung der Kreditgenossenschaft bez. der Verteilung des Reinertrages und der Reservenzuweisung vor.

2 Bezüglich der Definition des Begriffes der **Kreditgenossenschaften** kann auf die Ausführungen zu Art. 858 N 10 verwiesen werden.

3 Kreditgenossenschaften unterstehen überdies dem **BankG,** soweit sie sich öffentlich zur Aufnahme fremder Gelder empfehlen sowie Kredite oder Darlehen gewähren (B/K/L-KLEINER/SCHWOB, Art. 1 BankG N 6). Daraus schränkt sich der Anwendungsbereich der Art. 858–863 für Kreditgenossenschaften stark ein. Insbesondere Art. 5 BankG geht Art. 861 umfassend vor (gl.M. B/K/L-LUTZ, Art. 5 BankG N 11; **a.M.** ZK-GUTZWILLER, Art. 861 N 7, der die Ansicht vertritt, das später in Kraft getretene OR gehe dem älteren Bankengesetz vor; GERWIG, 222 f.).

4 Die Rechtsform der Genossenschaft steht aber nicht sämtlichen Banken offen. So dürfen **Handelsbanken** nach Art. 13 BankG nicht in der Gesellschaftsform der Genossenschaft errichtet werden, und soweit eine bestehende Genossenschaft sich nachträglich zur Handelsbank entwickelt, hat sie ihre Rechtsform grundsätzlich zu ändern. Diese Trennung wurde jedoch auch mangels klarer Definition des Begriffs der Handelsbank nie vollständig verwirklicht (B/K/L-LUTZ, Art. 13 BankG).

II. Verteilung des Reinertrags (Abs. 1 und 3)

5 Abs. 1 enthält für **Kreditgenossenschaften** eine entscheidende Ausnahmeregelung bezüglich der **Verteilung des Reinertrags.** Sie erlaubt die Ausgestaltung einer Kreditgenossenschaft im kapitalistischen Sinne einer AG. So können die Statuten einer Kreditgenossenschaft eine Verteilung des Reinertrags allein **nach Massgabe der Kapitalanteile** vorsehen. Der sonst geltende Grundsatz der Verteilung nach Massgabe der Benützung der genossenschaftlichen Einrichtungen (Art. 859 Abs. 2) kann damit völlig ausser Kraft gesetzt werden (MEIER-HAYOZ/FORSTMOSER, § 19 N 106; ZK-GUTZWILLER, Art. 861 N 6).

4. Abschnitt: Rechte und Pflichten der Genossenschafter   1   **Art. 862**

Zudem gilt die Begrenzung nach Art. 859 Abs. 3 für Kreditgenossenschaften nicht. **Ausschüttungen auf Anteilscheinen** von Kreditgenossenschaften sind demnach nicht auf den landesüblichen Zinsfuss für langfristige Darlehen ohne besondere Sicherheiten limitiert (Art. 861 Abs. 1; BK-FORSTMOSER, Systematischer Teil, 103 N 385; MEIER-HAYOZ/FORSTMOSER, § 19 N 106; GUHL-DRUEY, § 77 N 41).   6

III. Zuweisung zum Reservefonds (Abs. 2 und 3)

Die Kreditgenossenschaften sind verpflichtet, einen **Reservefonds** zu äufnen. Die hier anwendbaren Bestimmungen über das Ausmass der Zuweisungen weichen jedoch sowohl von den üblichen genossenschaftsrechtlichen (Art. 860), aktienrechtlichen (Art. 671 ff.) sowie auch von den bankenrechtlichen (Art. 5 BankG) ab.   7

Im Einzelnen sind dem Reservefonds i.S. einer **ersten Zuweisung** jährlich mindestens ein Zehntel des Reinertrages zuzuweisen, bis die Reserve die Höhe von einem Zehntel des Genossenschaftskapitals erreicht hat (Abs. 2).   8

Im Sinne einer **zweiten Zuweisung** ist überdies ein Zehntel desjenigen Gewinnanteils, welcher auf die Genossenschaftsanteile verteilt wird und den landesüblichen Zinsfuss für langfristige Darlehen ohne Sicherheit übersteigt, dem Reservefonds zuzuweisen (Abs. 3).   9

IV. Verwendung des Reservefonds

Bezüglich der **Verwendung des Reservefonds** von Kreditgenossenschaften gelten die allgemeinen genossenschaftlichen Bestimmungen nach Art. 860 Abs. 3. Für die dem BankG unterstehenden Genossenschaften gelten die strengeren Spezialbestimmungen (vgl. B/K/L-LUTZ, Art. 5 BankG N 25 ff.).   10

Art. 862

5. Fonds zu Wohlfahrtszwecken	¹ Die Statuten können insbesondere auch Fonds zur Gründung und Unterstützung von Wohlfahrtseinrichtungen für Angestellte und Arbeiter des Unternehmens sowie für Genossenschafter vorsehen. 2–4 …
5. Fonds de prévoyance	¹ Les statuts peuvent notamment prévoir la constitution de fonds destinés soit à créer et à soutenir des institutions de prévoyance au profit d'employés et d'ouvriers de l'entreprise, soit à favoriser des associés. 2 à 4 …
5. Fondi di previdenza	¹ Lo statuto può in ispecie prevedere la costituzione di fondi destinati a creare ed a sostenere istituzioni di previdenza a favore d'impiegati e d'operai dell'impresa o di soci. 2a 4 …

Diese Bestimmung entspricht weitgehend Art. 673. Der einzige **inhaltliche Unterschied** besteht darin, dass die Genossenschaft Fonds zur Gründung und Unterstützung von Wohlfahrtseinrichtungen nicht nur für Angestellte und Arbeiter des Unternehmens, sondern auch für Genossenschafter vorsehen kann. Diese, im Vergleich zur aktienrechtli-   1 chen Bestimmung, Erweiterung des Begünstigtenkreises auf die Genossenschafter ist Ausdruck des Selbsthilfe-Gedankens gemäss der Legaldefinition von Art. 828 Abs. 1. Zur Bedeutung und Auslegung der Bestimmung wird auf die Ausführungen unter Art. 673 verwiesen.

Art. 863

6. Weitere Reserveanlagen

¹ Die dem Gesetz und den Statuten entsprechenden Einlagen in Reserve- und andere Fonds sind in erster Linie von dem zur Verteilung gelangenden Reinertrag in Abzug zu bringen.

² Soweit die Rücksicht auf das dauernde Gedeihen des Unternehmens es als angezeigt erscheinen lässt, kann die Generalversammlung auch solche Reserveanlagen beschliessen, die im Gesetz oder in den Statuten nicht vorgesehen sind oder über deren Anforderungen hinausgehen.

³ In gleicher Weise können zum Zwecke der Gründung und Unterstützung von Wohlfahrtseinrichtungen für Angestellte, Arbeiter und Genossenschafter sowie zu andern Wohlfahrtszwecken Beiträge aus dem Reinertrag auch dann ausgeschieden werden, wenn sie in den Statuten nicht vorgesehen sind; solche Beiträge stehen unter den Bestimmungen über die statutarischen Wohlfahrtsfonds.

6. Autres réserves

¹ Les versements à faire au fonds de réserve ou à d'autres fonds en application de la loi et des statuts sont prélevés d'abord sur l'excédent à distribuer.

² L'assemblée générale peut de même constituer d'autres réserves qui ne sont prévues ni par la loi, ni par les statuts, ou qui excédent les exigences de la loi et des statuts, dans la mesure nécessaire pour assurer d'une manière durable la prospérité de l'entreprise.

³ D'autres sommes peuvent être prélevées de la même manière sur l'excédent pour créer et soutenir des institutions de prévoyance au profit d'employés, d'ouvriers et d'associés, ou telles autres institutions analogues, même si les statuts ne le prévoient pas; ces prélèvements sont soumis aux dispositions qui régissent les fonds statutaires de prévoyance.

6. Altre riserve

¹ Sopra l'avanza netto destinato alla distribuzione dovranno eseguirsi in primo luogo i prelevamenti legali e statutari per i fondi di riserva e d'altro genere.

² L'assemblea generale può prelevare anche a titolo di riserva somme non previste né dalla legge né dallo statuto o che eccedano le esigenze della legge e dello statuto, quando ciò sembri opportuno per assicurare la durevole prosperità dell'impresa.

³ Essa può parimente prelevare sopra gli utili netti, anche quando ciò non sia previsto dallo statuto, somme per creare e sostenere istituzioni di previdenza a favore d'impiegati, d'operai o di soci ovvero destinate ad altri scopi di previdenza; questi prelevamenti soggiacciono alle norme riguardanti i fondi statutari di previdenza.

Literatur

Vgl. die Literaturhinweise zu Art. 858.

I. Vorrang der Reservenbildung vor der Verteilung des Reinertrages (Abs. 1)

Gleich wie im Aktienrecht gilt auch im Genossenschaftsrecht, dass vom Reinertrag nach Art. 858 vorerst die Teile in Abzug zu bringen sind, welche für gesetzliche oder statutarische **Reservenzuweisungen** notwendig sind. Bloss der verbleibende Betrag steht für die Verteilung an die Genossenschafter zur Verfügung (ZK-GUTZWILLER, Art. 863 N 3). 1

II. Beschlussmässige Reserven (Abs. 2)

Die GV kann zusätzliche Reserven beschliessen, die im Gesetz und in den Statuten nicht vorgesehen sind oder über deren Anforderungen hinausgehen (**beschlussmässige Reserven**, ZK-GUTZWILLER, Art. 863 N 4 f.) Der Beschluss zur Schaffung von Reserveanlagen muss dabei unter Rücksichtnahme auf das dauernde Gedeihen des Unternehmens gefasst werden (GERWIG, 227 f.). Ansonsten werden keine weiteren Anforderungen an die Beschlussfassung gestellt. 2

Im Gegensatz zur aktienrechtlichen Bestimmung von Art. 674 Abs. 2 fehlt hier ein Hinweis auf den Wiederbeschaffungszweck (Art. 674 Abs. 2 Ziff. 1) oder eine Verweisung auf die Ausrichtung einer möglichst gleichmässigen Dividende sowie die Berücksichtigung der Interessen aller Beteiligter. Die letzteren beiden Differenzen sind Ausdruck der **genossenschaftlichen Eigenheiten**. Dividenden werden im Allgemeinen und gemäss gesetzlicher Vermutung keine entrichtet (Art. 859). Zudem steht die Genossenschaft schon ex lege und aus ihrem Wesen heraus allein im Dienste aller Genossenschafter und hat direkt deren Interessen zu fördern. 3

Im Weiteren kann auf **Art. 674 N 6 ff.** verwiesen werden. 4

III. Reserven für Wohlfahrtseinrichtungen (Abs. 3)

Wie im Aktienrecht gilt auch im Genossenschaftsrecht, dass die GV Reserven für **Wohlfahrtszwecke** aus dem Reinertrag ausscheiden kann. Genossenschaftsspezifisch ist die Tatsache, dass Begünstigter der mit Genossenschaftsmitteln gespiesenen Wohlfahrtseinrichtung auch der Genossenschafter selbst sein kann. Ansonsten entspricht die Norm der aktienrechtlichen, und es kann auf die dortigen Ausführungen verwiesen werden (s. Art. 674 N 16 ff.; ZK-GUTZWILLER, Art. 863 N 6; GERWIG, 228 ff.). 5

Art. 864

IV. Abfindungsanspruch
1. Nach Massgabe der Statuten

¹ Die Statuten bestimmen, ob und welche Ansprüche an das Genossenschaftsvermögen den ausscheidenden Genossenschaftern oder deren Erben zustehen. Diese Ansprüche sind auf Grund des bilanzmässigen Reinvermögens im Zeitpunkt des Ausscheidens mit Ausschluss der Reserven zu berechnen.

² Die Statuten können dem Ausscheidenden oder seinen Erben ein Recht auf gänzliche oder teilweise Rückzahlung der Anteilscheine mit Ausschluss des Eintrittsgeldes zuerkennen. Sie können die Hinausschiebung der Rückzahlung bis auf die Dauer von drei Jahren nach dem Ausscheiden vorsehen.

Art. 864/865

³ Die Genossenschaft bleibt indessen auch ohne statutarische Bestimmung hierüber berechtigt, die Rückzahlung bis auf drei Jahre hinauszuschieben, sofern ihr durch diese Zahlung ein erheblicher Schaden erwachsen oder ihr Fortbestand gefährdet würde. Ein allfälliger Anspruch der Genossenschaft auf Bezahlung einer angemessenen Auslösungssumme wird durch diese Bestimmung nicht berührt.

⁴ Die Ansprüche des Ausscheidenden oder seiner Erben verjähren in drei Jahren vom Zeitpunkt an gerechnet, auf den die Auszahlung verlangt werden kann.

IV. Droit à l'avoir social
1. Aux termes des statuts

¹ Les statuts décident si les associés sortants ou leurs héritiers possèdent des droits sur la fortune sociale et quels sont ces droits; ils déterminent l'étendue de ces droits, qui se calculent sur l'actif net constaté par le bilan à la date de la sortie, réserves non comprises.

² Ils peuvent conférer aux associés sortants ou aux héritiers le droit de se faire rembourser tout ou partie des parts sociales, à l'exclusion du droit d'entrée. Ils peuvent prévoir que le remboursement sera ajourné jusqu'à l'expiration d'un délai de trois ans au plus à compter de la sortie.

³ La société est toutefois autorisée, même à défaut de dispositions statutaires, à ne pas se libérer avant trois ans au plus si ce paiement devait lui causer un sérieux préjudice ou compromettre son existence. Demeure réservé le droit de la société à une indemnité équitable.

⁴ Le droit des associés sortants ou des héritiers se prescrit par trois ans dès le jour à partir duquel ils ont pu se faire rembourser.

IV. Diritti sul patrimonio sociale
1. In conformità dello statuto

¹ Lo statuto stabilisce se sul patrimonio della società spettino diritti, e quali, al socio che ne esce o ai suoi eredi. Tali diritti si calcolano in base al patrimonio netto accertato dal bilancio alla data dell'uscita, non comprese in esso le riserve.

² Lo statuto può attribuire al socio che esce o ai suoi eredi il diritto al rimborso totale o parziale dei certificati di quota, ad eccezione della tassa d'ammissione. Esso può prevedere che il rimborso sia differito, ma per non più di tre anni dall'uscita.

³ La società può tuttavia, anche se lo statuto sia silente su tal punto, differire di tre anni il rimborso in quanto questo le cagionasse un danno considerevole o ne compromettesse la continuazione. Rimane riservato il diritto, che alla società spettasse, di farsi pagare un'equa indennità.

⁴ I diritti del socio che esce o dei suoi eredi si prescrivono in tre anni decorribili dal giorno per il quale il pagamento può essere chiesto.

Art. 865

2. Nach Gesetz

¹ Enthalten die Statuten keine Bestimmung über einen Abfindungsanspruch, so können die ausscheidenden Genossenschafter oder ihre Erben keine Abfindung beanspruchen.

² Wird die Genossenschaft innerhalb eines Jahres nach dem Ausscheiden oder nach dem Tode eines Genossenschafters aufgelöst und wird das Vermögen verteilt, so steht dem Ausgeschiedenen oder seinen Erben der gleiche Anspruch zu wie den bei der Auflösung vorhandenen Genossenschaftern.

2. Aux termes de la loi	¹ A défaut de disposition des statuts, les associés sortants et leurs héritiers n'ont aucun droit à la fortune sociale.
	² Lorsque la société est dissoute dans l'année qui suit la sortie ou le décès d'un associé, et que l'actif est réparti, l'associé sortant ou ses héritiers ont les mêmes droits que les personnes qui étaient membres de la société lors de la dissolution.
2. Per legge	¹ In difetto di disposizioni dello statuto, il socio che esce o i suoi eredi non hanno diritto alcuno sul patrimonio sociale.
	² Qualora la società si sciolga entro un anno dall'uscita o dalla morte d'un socio e si proceda alla ripartizione del patrimonio, il socio uscito o i suoi eredi sono parificati ai soci esistenti al momento dello scioglimento.

Literatur

BORNER, Der Abfindungsanspruch ausscheidender Genossenschafter, Diss. Zürich 1948; KUMMER, Die Gleichbehandlung der Genossenschafter gemäss Art. 854 OR, untersucht für die verschiedenen Arten von Genossenschaften, 1949; ROTHENBÜHLER, Austritt und Ausschluss aus der Genossenschaft, Diss. Zürich 1984; SCHÄDLER, Die Abfindung des ausscheidenden Gesellschafters, Diss. Bern 1962; STUDER, Die Auslösungssumme im schweizerischen Genossenschaftsrecht, Diss. Bern 1977; vgl. ausserdem die Literaturhinweise zu Art. 852 und 853.

I. Überblick. Gesetzliche Vermutung i.S.v. Art. 865 Abs. 1

Kritisch zu diesen Bestimmungen REYMOND, SPR VIII/5, 128 ff.

Gemäss Art. 864 Abs. 1 steht dem ausscheidenden Genossenschafter nur dann ein Abfindungsanspruch zu, wenn ihm die Statuten ein solches Recht einräumen (zum Begriff *ausscheidender Genossenschafter* vgl. REYMOND, SPR VIII/5, 131). Sehen die **Statuten** einen **Abfindungsanspruch** vor, so ist er nach Art. 864 Abs. 1 zwingend aufgrund des «*bilanzmässigen Reinvermögens im Zeitpunkt des Ausscheidens mit Ausschluss der Reserven zu berechnen*» (BGE 127 III 417 ff.). Im Übrigen untersteht er jedoch der freien statutarischen Regelung, welche sich insb. am Prinzip der Gleichbehandlung i.S.v. Art. 854 zu orientieren hat. Gemäss Art. 864 Abs. 2 kann dem Ausscheidenden eine gänzliche oder teilweise Rückzahlung der Anteilscheine, unter Ausschluss des Eintrittsgeldes, zuerkannt werden. *Demzufolge sieht das Gesetz, je nachdem, ob eine Genossenschaft ein Genossenschaftskapital aufweist oder nicht, eine verschiedenartige Abfindung vor.*

Schweigen sich die Statuten jedoch über Abfindungsforderungen aus, so greift die **gesetzliche Vermutung i.S.v. Art. 865 Abs. 1** Platz, wonach die ausscheidenden Genossenschafter oder ihre Erben **keine Abfindung** beanspruchen können (vgl. BGE 80 II 128). Beim Austritt eines Mitglieds verfallen somit seine Einlagen und virtuellen Ansprüche auf einen Anteil am Genossenschaftsvermögen (BGE 127 III 418 f.; 115 V 365 f. und die dort zitierte Literatur). Der ausscheidende Genossenschafter geht also leer aus, und zwar unabhängig davon, wie das genossenschaftliche Vermögen geschaffen wurde bzw. welchen Anteil der einzelne Genossenschafter zu dessen Bildung beigetragen hatte (kritisch zu dieser Rechtsausgestaltung: HENSEL, 132 f.; JOMINI, 130 f.; FRIEDRICH, 51 f.). Diese Regelung findet ihre Rechtfertigung einerseits im genossenschaftlichen Gedanken, wonach dem gemeinsam geschaffenen Werk der höhere Stellenwert beizumessen ist als dem Individualinteresse, und andererseits im Gläubigerschutz. Zudem zielt die geltende Abfindungsordnung bei Genossenschaften mit Genossenschaftskapital darauf ab, der Gefahr der Verminderung des Eigenkapitals entgegenzuwirken.

3   Bei einer **Genossenschaft mit Genossenschaftskapital** verfällt demnach die vom Mitglied geleistete Einlage zugunsten der Genossenschaft, indem die allgemeinen **Reserven** bzw. ein besonderes Reservenkonto (N 8) um den Betrag des verfallenen Anteils steigt, während gleichzeitig das Grundkapital der Genossenschaft um denselben Betrag abnimmt. Es erfolgt also eine Umbuchung vom Genossenschaftskapital auf ein Reservekonto (SCHÄDLER, 93; FLURI, 82 m.w.Nw.).

II. Der statutarische Abfindungsanspruch

1. Der Abfindungsanspruch nach Art. 864 Abs. 1

4   Nach Art. 864 Abs. 1 müssen aus den Statuten *Art* und *Berechnungskriterien* des Abfindungsanspruchs *ersichtlich* sein. Im Übrigen steht es den Genossenschaften jedoch frei, bei der Ausgestaltung der Abfindung folgende **Varianten** zu berücksichtigen: Die Abfindungssumme kann nach den von den ausscheidenden Genossenschaftern geleisteten Geld- und anderen Beiträgen (ausführlich KUMMER, 92 f., 96; vgl. auch BERNHEIMER, 77; BORNER, 40), nach der Dauer der Mitgliedschaft (ausführlich BERNHEIMER, 78 f.; KUMMER, 90 f.), nach der Benutzung der genossenschaftlichen Einrichtungen (BERNHEIMER, 78; BORNER, 40; KUMMER, 91, 96), aber auch nach dem Grund des Ausscheidens (BERNHEIMER, 79) bemessen werden. So kann bei der letztgenannten Variante einem schuldhaft ausgeschlossenen Genossenschafter gar nichts oder zumindest weniger zukommen als einem gewöhnlich Austretenden (BK-FORSTMOSER, Art. 846 N 59 m.w.Nw.). Die Abfindung kann sich auch am Anteilsbesitz orientieren (HENSEL, 134). Schliesslich kann die Bemessung nach Köpfen erfolgen.

5   Die zuletzt erwähnte Variante kann bei Genossenschaften ohne Genossenschaftskapital analog Art. 913 Abs. 3 auch dann Platz greifen, wenn die Statuten zwar einen Abfindungsanspruch einräumen, ihnen aber **keine Vorschrift** über Art und Berechnung desselben zu entnehmen ist (vgl. HENSEL, 133 f.; SCHÄDLER, 95 m.w.Nw.). Geben die Statuten bei Genossenschaften mit Kapital hierüber auch keine Auskunft, so empfiehlt es sich, die Abfindung analog Art. 913 Abs. 2 nach der Kapitalbeteiligung vorzunehmen. Beim Fehlen besagter Angaben geht es indes nicht an, die Auszahlung überhaupt zu verweigern (gl.M. HENSEL, 134; a.M. FRIEDRICH, 114; BORNER, 36 f.). Denn auszugehen ist doch vom Willen der Genossenschaft, dem ausscheidenden Mitglied bzw. dessen Erben eine Abfindung zu gewähren.

6   Für den *Streitfall* ist auch denkbar, den *Richter* nach billigem Ermessen über Art und Höhe der Abfindung entscheiden zu lassen (BERNHEIMER, 76 f.; ROTHENBÜHLER, 92 f.). Jedenfalls ist es zulässig, diesen Entscheid generell, d.h. auch für den Normalfall, statutarisch einem *Genossenschaftsorgan* zu überbinden (MOSER, 101 m.w.Nw.).

7   Das in Art. 864 Abs. 1 genannte *«bilanzmässige Reinvermögen»* bildet die Differenz zwischen Aktiven und Fremdkapital. Es besteht demnach aus dem Genossenschaftskapital (sofern vorhanden), dem Gewinnvortrag und den Reserven. Obschon das Gesetz in Art. 864 Abs. 1 mit der Formulierung *«mit Ausschluss der Reserven»* den Eindruck erweckt, diese seien dem **Abfindungsvermögen** gänzlich entzogen, sollen nur diejenigen gesetzlichen (Art. 860) und statutarischen Reserven ausgeschlossen sein, die zur Deckung von Verlusten geäufnet worden sind (gl.M. GERWIG, 250; JOMINI, 134; FLURI, 83 m.w.Nw; vgl. REYMOND, SPR VIII/5, 129, welcher sich auch gegen die wörtliche Auslegung des Art. 864 OR ausspricht; **a.M.** ZK-GUTZWILLER, N 7). Weil das Ermitteln der stillen Reserven praktische Schwierigkeiten bereitet, sind mit FLURI (83 f.) auch diese vom Abfindungsvermögen auszunehmen. Da alle übrigen Reserven (hievon ist

bei Genossenschaften mit Anteilscheinen das Agio aber auszuklammern, s.u. N 13) der Abfindung zugänglich sind, kann in diesem Umfang sogar von einer Beteiligung der Mitglieder am *«inneren Wert»* der Genossenschaft die Rede sein (MOSER, 104 m.w. Nw.).

Um ein Abfindungsvermögen sicherzustellen, können die Genossenschaften einen Spezialfond schaffen (gl.M. FLURI, 136 f.; GERWIG, 227, 250; MOSER, 101 m.w.Nw.; **a.M.** HENSEL, 133). **8**

Was die in Art. 864 Abs. 1 angesprochenen zeitlichen Verhältnisse anbelangt, so **entsteht** die **Abfindungsforderung** mit dem effektiven Ausscheiden; ihr **Umfang** jedoch berechnet sich aufgrund derjenigen Bilanz, die auf das Ende des Geschäftsjahres erstellt wird, in welchem das Ausscheiden erfolgt. Der damit festgestellte Zeitpunkt der Berechnung des Anspruches hat gemäss BGE 127 III 419 als zwingend zu gelten. **Fällig** wird der Anspruch aber erst im Zeitpunkt der Genehmigung dieser Bilanz (ZK-GUTZWILLER, N 6; HENSEL, 141; vgl. ferner FRIEDRICH, 117; SCHÄDLER, 98 f.). **9**

Da Genossenschaften ohne Genossenschaftskapital ihre Mitglieder – selbstredend unter Berücksichtigung der in N 4 erwähnten Voraussetzungen – in beliebiger Höhe abfinden können, kann es jenen mit Genossenschaftskapital nicht verwehrt sein, i.S.v. Art. 864 Abs. 1 statutarisch noch **weitere Abfindungsansprüche** vorzusehen. Sofern ein genügend hohes Reinvermögen vorhanden ist, darf dem Ausscheidenden also mehr ausbezahlt werden, als es dem Nominalwert seiner Anteile entsprechen würde (STUDER, 49; SCHÄDLER, 94; MOSER, 103 m.w.Nw.; N 14). **10**

2. Die Abfindung nach Art. 864 Abs. 2: Die Rückzahlung der Anteile

Sehen die Statuten i.S.v. Art. 864 Abs. 2 Satz 1 für den Ausscheidenden ein Recht auf gänzliche oder teilweise Rückzahlung der Anteile vor, so berechnet sich die Höhe des Rückerstattungsbetrages nach Art. 864 Abs. 1, d.h. nach dem *bilanzmässigen Reinvermögen,* und zwar zwingend im Zeitpunkt des Ausscheidens (BGE 127 III 415 ff.). Damit gilt die *allgemeine Berechnungsweise* der Abfindung gemäss Art. 864 Abs. 1 *auch für den Spezialfall von Art. 864 Abs. 2.* Der Umfang der Abfindung ist demnach beim Ausscheiden des Genossenschafters endgültig festzusetzen. Einzig die Fälligkeit kann hinausgeschoben werden (BGE 127 III 420 mit Hinweisen auf Zwecküberlegungen). Eine **Rückzahlung der Anteilscheine** erfolgt nur, wenn ein genossenschaftliches Reinvermögen vorhanden ist. Die Höhe des Rückzahlungsbetrages richtet sich also nach dem Bestand dieses Vermögens. Der Anteil darf aber höchstens bis zum Nennwert zurückbezahlt werden (vgl. zu den *weiter gehenden Ansprüchen* N 10 und N 14). Würde diese Grenze überschritten, so wären dadurch die Abfindungsansprüche der in der Genossenschaft verbleibenden Mitglieder beeinträchtigt (gl.M. GERWIG, 251 f.; ZK-GUTZWILLER, N 9; BERNHEIMER, 77 f.; MOSER, 100 m.w.Nw. in Anm. 91; **a.M.** VOGEL, Die Genossenschaft als Rechtsform für Bankunternehmungen nach schweizerischem Recht, Diss. Zürich 1940, 98). Ist das Reinvermögen jedoch geringer als das Genossenschaftskapital, so erhält der Ausscheidende nur einen reduzierten Teil des von ihm einbezahlten Anteils (ROTHENBÜHLER, 86; GERWIG, 251; FLURI, 83 m.w.Nw.). **11**

Da in Art. 864 Abs. 2 von **teilweiser Rückzahlung** die Rede ist, steht nichts entgegen, den Abfindungsanspruch von Anfang an auf einen Teil des Nennwertes des Anteilscheines zu begrenzen (FRIEDRICH, 117). Zulässig ist es auch, nach der Art der Anteile zu differenzieren, sofern der Gleichbehandlungsgrundsatz Beachtung findet (mit unterschiedlichen Auffassungen: BERNHEIMER, 79; MOSER, 101). **12**

Hans Nigg

13 Dem Nennwert als Limite für die Rückzahlung des Anteilscheins kommt schliesslich insofern Bedeutung zu, als es nicht darum gehen kann, ein allfällig erhobenes Aufgeld in die Rückerstattung einzuschliessen. Da im **Agio** nichts anderes als ein *Eintrittsgeld* zu erblicken ist, würde dessen Rückzahlung sogar gegen Art. 864 Abs. 2 verstossen (SCHÄDLER, 93 Anm. 2; FLURI, 84; HENSEL, 135; kritisch REYMOND, SPR VIII/5, 130).

14 Der Genossenschaft ist es unbenommen, ihren Mitgliedern neben der Rückzahlung der Anteile zusätzlich einen Anspruch auf allenfalls vorhandenes weiteres Reinvermögen i.S.v. Art. 864 Abs. 1 zu gewähren (MOSER, 103 m.w.Nw.; N 10). Dieser **weiter gehende Anspruch** basiert dann jedoch nicht mehr auf der Beteiligung am Genossenschaftskapital, sondern gründet lediglich in der Mitgliedschaft an sich (gl.M. FRIEDRICH, 52; HENSEL, 136). Daraus ist ersichtlich, dass der Nominalwert als Höchstgrenze für Abfindungszahlungen nur dann zwingend ist, wenn die Statuten allein die Rückzahlung der Anteile zuerkennen, von einer weiter gehenden Abfindung aber keine Rede ist (gl.M. MOSER, 103).

15 Schreiben die Statuten eine Volleinzahlung des Genossenschaftsanteils vor, und hat ein Mitglied im Zeitpunkt seines Ausscheidens *noch nicht vollumfänglich liberiert* (Art. 852 f. N 2), so darf die Genossenschaft diesen Restbetrag *mit der Abfindungssumme* **verrechnen** (SCHÄDLER, 95 m.w.Nw.).

3. Die Hinausschiebung der Fälligkeit von Abfindungsansprüchen i.S.v. Art. 864 Abs. 2, 3

16 Nach Art. 864 Abs. 2 Satz 2 können die Statuten die **Rückzahlung** der Anteile bis auf die Dauer von drei Jahren nach dem Ausscheiden **hinausschieben.**

Obwohl das Gesetz diese Möglichkeit nur im Zusammenhang mit den Anteilscheinen erwähnt, rechtfertigt sich eine *Ausdehnung auf alle Abfindungsfälle* (gl.M. ROTHENBÜHLER, 93); soll doch der Genossenschaft damit generell ermöglicht werden, ihre Kontinuität zu wahren, indem sie statutarisch Vorkehrungen gegen die negativen Auswirkungen der Abfindungsansprüche Ausscheidender treffen kann. Sehen die Statuten eine Stundung i.S.v. Art. 864 Abs. 2 Satz 2 vor, so kommt der Genossenschaft dieser Vorteil ohne jede weitere Voraussetzung zu.

17 Mangels statutarischer Ermächtigung steht der Genossenschaft das eben beschriebene Recht auch **kraft Gesetzes** zu; allerdings nur, wenn ihr durch die Erfüllung der Abfindungsforderung im Zeitpunkt des Ausscheidens ein *erheblicher Schaden* erwachsen oder ihr *Fortbestand gefährdet* würde (Art. 864 Abs. 3); so z.B. die Gefahr von Massenaustritten. Dabei handelt es sich um eine zwingende Bestimmung zum Schutze der Genossenschaft (BGE 127 III 419). Jedenfalls sollen Abfindungsansprüche Ausscheidender eine Genossenschaft nicht ruinieren dürfen (GERWIG, 253). Dieses gesetzliche Stundungsrecht erwächst somit unter den gleichen Voraussetzungen, welche für einen statutarisch vereinbarten Anspruch auf Erhebung einer Auslösungssumme Geltung haben (Näheres bei ZK-GUTZWILLER, N 12; vgl. auch MOSER, 153 m.w.Nw. in Anm. 32).

18 Mit der *Fälligkeitsverschiebung* i.S.v. Art. 864 Abs. 2 und 3 ändern sich die bereits beschriebenen Verhältnisse (N 9) hinsichtlich *Entstehung und Umfang der Abfindungsforderung nicht*, hat doch der Berechnungszeitpunkt gemäss BGE 127 III 419 als zwingend zu gelten (GERWIG, 252 ff.; ZK-GUTZWILLER, N 10 f. mit zahlreichen Hinweisen auf abweichende Meinungen). Demnach entsteht der Abfindungsanspruch mit dem tatsächlichen Ausscheiden; seine Höhe richtet sich zwingend nach dem Reinvermögen,

welches aufgrund derjenigen Bilanz errechnet wird, welche auf das Ende des Austrittsjahres folgt. Der einzige Unterschied zu Art. 864 Abs. 1 (N 9) besteht darin, dass die Fälligkeit nicht mit Genehmigung besagter Bilanz eintritt, sondern bis auf höchstens drei Jahre hinausgeschoben werden kann. Diese Frist beginnt jedoch erst von der Genehmigung an zu laufen.

Mit Art. 864 Abs. 3 Satz 2 stellt das Gesetz klar, dass eine aufgrund dieser Bestimmung *veränderte Fälligkeit des Abfindungsanspruchs nicht auch für* den allfälligen Anspruch auf Bezahlung einer *Auslösungssumme gilt* (Näheres bei STUDER, 76 f.; SCHÄDLER, 100 Anm. 24). Damit ist bei dieser Konstellation die **Verrechnung** von Abfindungszahlung und Auslösungssumme ausgeschlossen. Erfolgt hingegen keine Fälligkeitsverschiebung des Abfindungsanspruchs, so kann der Austretende, welcher noch eine Auslösungssumme zu entrichten hat, die Verrechnung dieser gleichartigen und fälligen Ansprüche ohne weiteres geltend machen, ist doch auch das Erfordernis der Gegenseitigkeit erfüllt (Art. 120 Abs. 1).

Für **Genossenschaftsbanken** sieht das BankG in Art. 12 eine Sonderregelung vor. Danach dürfen Anteilscheine ausscheidender Genossenschafter frühestens nach Genehmigung der Jahresrechnung des vierten auf die Austrittserklärung folgenden Geschäftsjahres zurückbezahlt werden. Es handelt sich dabei um eine zwingende Bestimmung, die auch gilt, wenn keine Gefährdung der Genossenschaft gegeben ist. Nach Abs. 2 der genannten Bestimmung haften die Anteilscheine ausscheidender Mitglieder bis zur Rückzahlung als verantwortliches Kapital. Schliesslich darf eine Rückzahlung nur stattfinden, wenn die Forderungen der Gläubiger gedeckt bleiben und die Liquidität gewährleistet ist (Art. 12 Abs. 3 BankG).

4. Die Verjährungsregelung nach Art. 864 Abs. 4

Nach Art. 864 Abs. 4 werden die Ansprüche auf Rückzahlung von Anteilscheinen sowie jene auf Auszahlung einer Abfindungssumme einer kurzen *Verjährungsfrist von drei Jahren* seit Eintritt der Fälligkeit unterstellt. Da diese Verjährungsfrist ausserhalb von Art. 127 f. steht, kann sie, h.L. zufolge (GAUCH/SCHLUEP/SCHMID/REY, N 3569 m.w. Nw.), statutarisch verkürzt werden.

III. Der gesetzliche Abfindungsanspruch

Art. 865 Abs. 2 mildert die im ersten Absatz derselben Bestimmung ausgesprochene Vermutung insofern, als dem bereits Ausgeschiedenen oder seinen Erben dann ein nachträglicher *Abfindungsanspruch* zugebilligt wird, *wenn das Ausscheiden oder der Tod nicht mehr als ein Jahr der Auflösung der Genossenschaft vorausgegangen sind.* Dabei handelt es sich um denselben Anspruch, der den bei der Auflösung noch vorhandenen Genossenschaftern zusteht. Eine Verteilung des Liquidationsüberschusses unter die Genossenschafter ist jedoch nicht zwingend. Ist den betreffenden Statuten darüber keine Bestimmung zu entnehmen, so ist gemäss Art. 913 Abs. 4 zu verfahren. Hiezu, wie auch, was den Verweis auf Art. 913 Abs. 3 anbelangt, sei auf die Kommentierung zu Art. 913 verwiesen.

Massgebend für den Beginn der Einjahresfrist ist der Zeitpunkt des entscheidenden GV-Beschlusses bzw. des richterlichen Urteiles. Art. 865 Abs. 2 ist *zwingender Natur,* weshalb die Genossenschaft die Einjahresfrist statutarisch nicht verkürzen darf (gl.M. ZK-GUTZWILLER, N 20; abw. HENSEL, 151; FRIEDRICH, 159; BORNER, 53, die aber eine statutarische Erstreckung für zulässig halten).

IV. Judikatur

24 Nach BGE 80 II 129 f. ist ein Forderungsanspruch aus einem Versicherungsverhältnis selbständiger Natur, auch wenn er auf mitgliedschaftlicher Grundlage beruht: *«Vom Eintritt des Versicherungsfalles an besitzt das Mitglied eine Forderung auf Leistung der Renten, die mit der Entstehung der Rentenberechtigung selbständigen Charakter erlangt hat und die Eigenschaft eines wohlerworbenen Rechts (BGE 61 II 171 ff.) besitzt. Ein solcher zu einer selbständigen Forderung gewordener Anspruch stellt aber keinen Abfindungsanspruch i.S.v. Art. 864/65 OR gegenüber dem Vermögen der Genossenschaft dar, auch wenn die Genossenschaft Schuldner ist und diesen Anspruch aus ihrem Vermögen befriedigen muss.»* Weiter oben (128) stellt das BGer dazu fest, dass dem ausscheidenden Genossenschafter keine Ansprüche *«auf Anteil am Genossenschaftsvermögen als solchem zustehen»*. Denn die Genossenschaft schliesst *«einen Abfindungsanspruch des Ausscheidenden grundsätzlich mangels gegenteiliger Statutenbestimmung (Art. 864 OR) aus»*.

In BGE 127 III 415 ff. hatte sich das BGer mit dem Abfindungsanspruch ausscheidender Genossenschafter gemäss Art. 864 Abs. 1 zu befassen. Gestützt auf den Wortlaut, die Entstehungsgeschichte, die systematische Stellung und den Zweck der besagten Norm kommt das BGer zum Schluss, dass der Umfang des Abfindungsanspruchs *zwingend* auf den Zeitpunkt des Ausscheidens zu berechnen ist.

Art. 866

E. Pflichten
I. Treuepflicht
Die Genossenschafter sind verpflichtet, die Interessen der Genossenschaft in guten Treuen zu wahren.

E. Obligations
I. Bonne foi
Les associés sont tenus de veiller de bonne foi à la défense des intérêts sociaux.

E. Doveri
I. Buona fede
I soci sono tenuti a salvaguardare in buona fede gl'interessi della società.

Literatur

BENZ, Die Treuepflicht des Gesellschafters, Diss. Zürich 1947; CAPITAINE, Genossenschaft, SJK 1157, 1955; FORSTMOSER, Grossgenossenschaften, Diss. Bern 1970 (zit. Grossgenossenschaften); MOSER, Wohnbaugenossenschaften, Diss. Zürich 1978; TROXLER, Die Treuepflicht des Genossenschafters, Diss. Freiburg i.Ü. 1953; WOHLMANN, Die Treuepflicht des Aktionärs, Diss. Zürich 1968; ZIEGLER, Die genossenschaftliche Treuepflicht im schweizerischen Recht, Diss. Basel 1941 (masch.geschr.).

I. Die gesetzliche Bestimmung und ihr Verhältnis zu anderen Normen

1. Die Treuepflicht als Norm des Genossenschaftsrechts

1 Als einzige Pflicht des Genossenschafters wird die Treuepflicht im Gesetz verankert (vgl. zur Entstehungsgeschichte ZK-GUTZWILLER, N 1 f., Einl. N 83; FORSTMOSER, Grossgenossenschaften, 183). Mit der **Normierung** der Treuepflicht räumt der Gesetzgeber der genossenschaftlichen Treue einen besonderen Stellenwert ein. Dies findet seine Rechtfertigung in Wesen und Zweck der Genossenschaft als Selbsthilfeorganisation, bei der die aktive persönliche Mitwirkung des Mitglieds oft von entscheidender Bedeutung ist (WOHLMANN, 33 m.w.Nw.; FORSTMOSER, Grossgenossenschaften, 183).

2. Die genossenschaftliche Treuepflicht und Treu und Glauben

Gemäss h.L. hat die Treuepflicht nicht nur deklaratorische Funktion, vielmehr kommt ihr rechtsverbindliche Kraft und eine über Art. 2 ZGB hinausgehende Bedeutung zu (GERWIG, 127; FORSTMOSER, Grossgenossenschaften, 184 m.w.Nw. in Anm. 8). Da ein treuwidriges Verhalten nicht notwendigerweise einen Verstoss gegen Treu und Glauben darstellen muss, *ist Art. 866 eine von Art. 2 ZGB unabhängige Existenzberechtigung zuzugestehen* (ZR 1974, 84; GERWIG, 127; WOHLMANN, 11, 33 f.; ZK-GUTZWILLER, N 4, 13; FORSTMOSER, Grossgenossenschaften, 184, vgl. Anm. 10, wo auf eine ältere Lehrmeinung hingewiesen wird, wonach in der Treuepflicht eine lex specialis zu Art. 2 ZGB zu erblicken sei).

II. Die rechtliche Tragweite von Art. 866

1. Grundsätzliches

Nebst den aus den Statuten konkret hervorgehenden Einzelpflichten sind gemäss BGE 101 II 127 f. aus der Treuepflicht nur sehr beschränkt weitere *Verpflichtungen der Genossenschafter* zu folgern, und zwar nur solche, *welche sich notwendigerweise aus den Statuten als mit der Zweckbestimmung verbunden ergeben* und als solche für den Genossenschafter ersichtlich sind. *«Die Statuten sind somit einerseits Grundlage und andererseits Schranke der Treuepflicht des Genossenschafters»* (BGE 101 II 127). Dagegen wird in der Literatur zuweilen die Meinung vertreten, die Treuepflicht sei Quelle selbständiger Pflichten (so FORSTMOSER, Grossgenossenschaften, 184 f.; BK-FORSTMOSER, Art. 832/833 N 116; TROXLER, 26–28, immerhin differenzierend und abschwächend; **a.M.** REYMOND, SPR VIII/5, 150, wonach die Lehre die Tragweite dieser Gesetzesbestimmung überschätze oder sie zumindest zu theoretisch analysiere, unabhängig von den durch eine Verletzung der Treuepflicht ausgelösten Sanktionen). Die Auffassung des BGer steht mit weiteren Normen des Genossenschaftsrechts insofern im Einklang, als aus Art. 832 Ziff. 3 und Art. 867 Abs. 1 ersichtlich ist, dass neue Pflichten allein durch statutarische Bestimmungen begründet werden können. Würde nämlich eine Genossenschaft ihren Mitgliedern unter dem Titel der Treuepflicht ohne statutarische Basis Pflichten auferlegen, die sich irgendwie mit dem in Frage stehenden Genossenschaftszweck rechtfertigen liessen, so fände die mit Art. 832 Ziff. 3 angestrebte Rechtssicherheit keine Berücksichtigung. Dem klaren bundesgerichtlichen Grundsatz steht jedoch nicht entgegen, dass sich die erforderliche *statutarische Grundlage auch direkt aus der Zweckumschreibung der Genossenschaft ergeben kann,* sofern diese *konkret* und *klar* genug abgefasst ist (MOSER, 126, welche Letzteres aber nur in Ausnahmefällen als zulässig erachtet; ferner N 8).

Die Pflicht zur Wahrung der genossenschaftlichen Interessen besteht nur im Rahmen der körperschaftlichen Grundlagen. Aus dem Zweck und den übrigen Statutenbestimmungen hat sich somit zu ergeben, ob eine konkrete Handlung bzw. Unterlassung gegen höherwertige Genossenschaftsinteressen verstösst. Ein blosses Überwiegen der Interessen der Genossenschaft oder anderer Mitglieder genügt jedoch nicht (vgl. ZR 1974, 84).

In diesem Zusammenhang ist nicht ausser Acht zu lassen, dass einzelne *statutarische Regelungen der* **Interessenwahrung** *des einzelnen* **Genossenschafters** *dienen* können. Solche Bestimmungen (so z.B. das Austrittsrecht) ertragen *keine Beschränkung durch die Treuepflicht* (FORSTMOSER, Grossgenossenschaften, 188, wo sich in Anm. 34 ein illustratives Beispiel findet).

Gleiches kann Geltung haben im Rahmen **vertraglicher Verpflichtungen** zwischen der Genossenschaft und ihren Mitgliedern, namentlich dann, wenn solche Verträge in Erfüllung genossenschaftlicher Rechte und Pflichten abgeschlossen werden (MOSER, 128 m. w.Nw. in Anm. 169).

In den genannten Belangen obliegt somit auch der Genossenschaft die Treuepflicht ihren Mitgliedern gegenüber (vgl. zum Ganzen auch ZK-GUTZWILLER, N 8).

2. Die Abhängigkeit der Treuepflicht von der Art der Genossenschaft und des Mitgliedschaftsverhältnisses

5 Da sich gemäss BGE 101 II 127 (N 8) die Treuepflicht in erster Linie nach dem von der Genossenschaft angestrebten Zweck und den dafür in den Statuten vorgesehenen Mitteln beurteilt, *sind Inhalt und Umfang dieser Pflicht abhängig von der Art, Struktur und Zweckausrichtung sowie Ausgestaltung des Mitgliedschaftsverhältnisses der konkret in Frage stehenden Genossenschaft* (dazu anschaulich ZIEGLER, 19; REYMOND, SPR VIII/5, 149 f.; FORSTMOSER, Grossgenossenschaften, 186 m.w.Nw. in Anm. 18).

6 Unter Berücksichtigung der eben genannten Bedingungen (N 5) kann sich aus der Treuepflicht auch eine Verpflichtung der Mitglieder zur Benutzung der genossenschaftlichen Einrichtungen und zur Teilnahme am genossenschaftlichen Geschäftsverkehr ergeben: Bezüglich Umfang und Inhalt der Treuepflicht ist z.B. bei Konsumgenossenschaften danach zu unterscheiden, ob sie noch in engem Kontakt zu ihren Mitgliedern stehen oder ob sie sich wegen ihrer Grösse bereits von den Genossenschaftern weitgehend gelöst haben. Trifft Letzteres zu, so kann die betreffende Genossenschaft keine hohen Anforderungen an die Treue ihrer Genossenschafter stellen (vgl. BGE 69 II 46). Aufgrund der konkreten Umstände ist somit zu entscheiden, welche Pflichten den Mitgliedern (noch) zugemutet werden können. Bei einer Konsumgenossenschaft kann jedoch aus dem Zweckartikel zumindest hergeleitet werden, dass die Mitglieder die von ihnen benötigten Waren und Güter nicht ausschliesslich bei Konkurrenzunternehmen der Genossenschaft einkaufen dürfen, sofern die gleichen Produkte zu gleich günstigen Konditionen von der Genossenschaft bezogen werden können (vgl. auch GERWIG, 280). Keinesfalls dürfen die Mitglieder jedoch die eigene Genossenschaft boykottieren.

Sind die Genossenschaft und ihre Mitglieder aber *eng miteinander verbunden* – was bei landwirtschaftlichen Genossenschaften häufig der Fall ist –, so kommt der Treuepflicht eine massgebende Bedeutung zu. Eine umfangmässig intensive Nutzungsverpflichtung bedarf auch hier einer klaren statutarischen Grundlage; die Zweckumschreibung als alleinige Verpflichtungsgrundlage vermag den genannten bundesgerichtlichen Grundsätzen jedenfalls nicht zu genügen (N 3, 5). Doch selbst bei Vorliegen einer entsprechenden Statutenbestimmung kann eine zu weit gehende Benutzungsverpflichtung eine persönlichkeitswidrige Bindung darstellen (GERWIG, 280; MOSER, 129; TROXLER, 25; N 4).

7 Ebenfalls im Lichte der Bemerkung von N 5 ist Folgendes zu sehen:

– Wenn grosse, einander konkurrenzierende Konsumgenossenschaften die *Doppelmitgliedschaft* zulassen, so wird der Treuepflicht richtigerweise ein sehr geringer Stellenwert beigemessen. Dagegen sind höhere Anforderungen an die Treuepflicht zu stellen, wenn sich bei gleicher Konstellation ein Doppelmitglied für ein genossenschaftliches Amt bewirbt (vgl. BGE 69 II 47; FORSTMOSER, Grossgenossenschaften, 190 f.).

– Aus der Treuepflicht *kann* sich nach den Umständen für die Genossenschafter das *Verbot* ergeben, eine den Geschäftsbetrieb der Genossenschaft schädigende *Konkurrenztätigkeit* zu betreiben (BGE 69 II 46). So z.B., wenn sich ein Mitglied einer landwirtschaftlichen Genossenschaft – um des eigenen Vorteils willen – an einer Wettbewerbsaktion beteiligt, die sich gegen die eigene Genossenschaft richtet (vgl. auch ZK-GUTZWILLER, N 11; ferner N 11).

– Unter Berücksichtigung der Treuepflicht *können* sich *Pflichten zur aktiven Tätigkeit* in oder für die Genossenschaft ergeben (vgl. weitere Bsp. bei ZK-GUTZWILLER, N 9). Angesichts solch genereller Aussagen ist davor zu warnen, der genossenschaftlichen Treuepflicht einen zu weiten Anwendungsbereich einzuräumen. Eine kritische Haltung (vgl. etwa FORSTMOSER, Grossgenossenschaften, 187 f.) ist v.a. gegenüber der einschlägigen Literatur (CAPITAINE, SJK 1157, 1; TROXLER, 31 ff.; ZIEGLER, 57 ff.; sodann BENZ, 61 ff.) angebracht, wo Vorstellungen entwickelt werden, die teilweise weit über die vom BGer (BGE 101 II 127 f. E. a; ZBJV 1977, 218 ff.) zu Recht gezogenen Grenzen hinausreichen (N 3, 5).

3. Anwendungsfälle

8 Aus der üblichen Zweckumschreibung von Wohnbaugenossenschaften lässt sich gemäss BGE 101 II 125 ff. eine Pflicht eines Mitglieds zum Wohnungswechsel bei Unterbesetzung nicht ableiten. Da die Wohnbaugenossenschaften i.A. bezwecken, den Mitgliedern durch Wohnungsvergabe eine dauernde Bleibe zu sichern, bedürfte die Pflicht zum Umzug in eine kleinere – den verringerten Platzbedürfnissen entsprechende – Wohnung einer ausdrücklichen statutarischen Grundlage; jedenfalls lehnte das BGer die Berufung auf die Treuepflicht als selbständige Basis für solche Verhaltensregeln der Genossenschafter ab (N 3, 5).

9 Nach BGE 72 II 117 f. wird die Treuepflicht nicht verletzt, wenn ein Genossenschafter – im Rahmen eines zulässigen Beitrags – an der bisherigen Funktion der Anteilscheine festhalten und einer Anpassung nur zustimmen will, welche deren Beibehaltung gestattet. Zur Geltendmachung dieses legitimen Interesses darf er sich im Rahmen des Gesetzes und der Statuten auch des Mittels der Übertragung von Anteilscheinen und der dadurch bewirkten, statutarisch zulässigen Verstärkung des Stimmrechts bedienen.

10 Erwirbt jemand unter günstigen Bedingungen eine Liegenschaft im Wissen, dass damit die Mitgliedschaft bei einer Genossenschaft verbunden ist, so geht es nicht an, die rechtsgültig mit dem Eigentum übernommenen Bezugs- und Kostentragungspflichten nachträglich unter Berufung auf die (allfällige) Ungültigkeit der statutarischen Austrittsordnung durch einfache Kündigung abzuschütteln. Gemäss BGE 89 II 154 f. E. 8 bedeutet dies eine klare Verletzung der genossenschaftlichen Treuepflicht.

11 Obschon der BUTYRA als Genossenschaft des öffentlichen Rechts z.T. vom OR abweichende Pflichten auferlegt sind, findet Art. 866 für das vorliegende Problem uneingeschränkt Anwendung. Aus öffentlich-rechtlichen Normen geht hervor, dass eine wesentliche Pflicht der BUTYRA die Erhöhung des Absatzvolumens ist. Die Verwirklichung dieser Pflicht kann eine gegenseitige Konkurrenzierung der Genossenschafter der BUTYRA zur Folge haben. Nach VPB 1983, 273, ist ein *treuwidriges Verhalten* aber erst dann anzunehmen, «*wenn ein Genossenschafter durch seine Wettbewerbspolitik eine Lage entstehen lässt, welche die Erfüllung der Genossenschaftspflichten und die Erreichung des Genossenschaftszwecks erschwert oder gar in Frage stellt ... eine Treuepflichtverletzung durch Preisunterbietungen dürfte i.d.R. daher dann gegeben sein,*

III. Sanktionen

12 Bei Verletzung der Treuepflicht können folgende Sanktionen zur Anwendung gelangen (vgl. dazu auch ZK-GUTZWILLER, N 9, 14; WOHLMANN, 34 f.; FORSTMOSER, Grossgenossenschaften, 189 m.w.Nw.):

- Tritt ein *ersatzberechtigter Schaden* ein, so ist je nach Haftungsgrundlage verschieden vorzugehen: Lässt sich der Schadenersatzanspruch auf eine Vertragsverletzung stützen, so ist grundsätzlich nach Art. 97 ff. vorzugehen; allenfalls können auch Normen aus dem Bereich der besonderen Vertragsverhältnisse des OR zur Anwendung kommen. Fehlt es an einer vertraglichen Grundlage, so ist der Anspruch auf die Art. 41 ff. zu stützen.

- Wesentlich leichter fällt die Anspruchserhebung, wenn in den Statuten der Genossenschaft eine *Konventionalstrafe* vorgesehen ist.

- Denkbar ist auch ein Vorgehen aufgrund von Art. 891 (ZK-GUTZWILLER, N 14; WOHLMANN, 35). Unter Umständen *verletzen GV-Beschlüsse* oder Urabstimmungsentscheide die *Treuepflicht*. Allerdings ist auch hier die in N 7 a.E. angesprochene Zurückhaltung geboten (FORSTMOSER, Grossgenossenschaften, 189; **a.M.** ZIEGLER, 104).

- Nicht auszuschliessen ist auch eine *Klage auf Unterlassung,* sofern es darum geht, einen *Boykott* (N 6) oder ein *konkurrenzierendes Verhalten* (N 7) zu unterbinden.

- Schliesslich kann die Verletzung der Treuepflicht auch Anlass geben, einen Genossenschafter gemäss Art. 846 *auszuschliessen.*

Art. 867

II. Pflicht zu Beiträgen und Leistungen

¹ Die Statuten regeln die Beitrags- und Leistungspflicht.

² Sind die Genossenschafter zur Einzahlung von Genossenschaftsanteilen oder zu andern Beitragsleistungen verpflichtet, so hat die Genossenschaft diese Leistungen unter Ansetzung einer angemessenen Frist und mit eingeschriebenem Brief einzufordern.

³ Wird auf die erste Aufforderung nicht bezahlt und kommt der Genossenschafter auch einer zweiten Zahlungsaufforderung innert Monatsfrist nicht nach, so kann er, sofern ihm dies mit eingeschriebenem Brief angedroht worden ist, seiner Genossenschaftsrechte verlustig erklärt werden.

⁴ Sofern die Statuten es nicht anders ordnen, wird der Genossenschafter durch die Verlustigerklärung nicht von fälligen oder durch die Ausschliessung fällig werdenden Verpflichtungen befreit.

II. Prestations	¹ Les statuts déterminent les prestations des associés.

² Les associés qui ont l'obligation de libérer des parts sociales ou de faire d'autres versements sont sommés par lettre recommandée de s'acquitter dans un délai convenable.

³ Lorsque les paiements ne sont point effectués après cette première sommation, l'associé qui ne s'exécute pas dans le mois qui suit une sommation réitérée peut être déclaré déchu de ses droits s'il en a été menacé par lettre recommandée.

⁴ Sauf disposition contraire des statuts, cette déclaration de déchéance n'exonère pas l'associé de ses obligations exigibles ni de celles qui le deviendraient par suite de l'exclusion. |
| II. Contributi ed altre prestazioni | ¹ Lo statuto regola l'obbligo di pagare contributi e di fornire altre prestazioni.

² Se i soci sono tenuti a versare quote o a pagare contributi, la società deve fissar loro mediante lettera raccomandata, un congruo termine per l'adempimento.

³ Qualora il pagamento non sia eseguito a seguito della prima diffida né entro un mese decorribile da una seconda, il socio può essere dichiarato decaduto dai suoi diritti come tale, se di questa conseguenza è stato minacciato mediante lettera raccomandata.

⁴ In quanto lo statuto non disponga diversamente, una siffatta decadenza non esonera il socio dalle sue obbligazioni esigibili né da quelle che l'esclusione rende tali. |

Literatur

CAPITAINE, Genossenschaft, SJK 1157, 1955; HENGGELER, Berechtigte und unberechtigte Differenzen des Genossenschaftsrechtes gegenüber dem Aktienrecht, Diss. Zürich 1976; ROTHENBÜHLER, Austritt und Ausschluss aus der Genossenschaft, Diss. Zürich 1984; ZUMBÜHL, Die korporationsrechtlichen Leistungspflichten in der Genossenschaft, Diss. Zürich 1944; vgl. ausserdem die Literaturhinweise zu Art. 852 und 853.

I. Wesen. Anwendungsbereich

Ausgehend von Abs. 1, wonach die Statuten die Beitrags- und Leistungspflichten der Mitglieder zu regeln haben (Näheres dazu in der Kommentierung zu Art. 832 f.), normieren die übrigen Absätze von Art. 867 die Folgen bei Nichterfüllung besagter Pflichten. Die gravierendste Konsequenz ist die *Verlustigerklärung der Genossenschaftsrechte*, weshalb darin eine *besondere Art der Ausschliessung* zu erblicken ist. Es handelt sich dabei um ein **Kaduzierungsverfahren,** das demjenigen des Aktienrechts (vgl. die Kommentierung zu Art. 681 f.) nachgebildet ist. In formeller Hinsicht ist das genossenschaftliche Kaduzierungsverfahren weniger streng als das aktienrechtliche (Näheres zum Vergleich dieser Verfahren bei HENGGELER, 179 ff.).

Mit der Einführung des genossenschaftlichen Kaduzierungsverfahrens wurde eine Straffung bei der Erfüllung der finanziellen Pflichten und damit eine bessere Ordnung in der Führung der internen Geschäfte bezweckt (STUDER, 41 m.w.Nw. zur Entstehungsgeschichte dieser Norm).

Nach wie vor sind die Meinungen über den *Anwendungsbereich des Kaduzierungsverfahrens kontrovers.* Kommt das Kaduzierungsverfahren nur in Betracht, wenn die Säumnis in finanziellen Belangen in Frage steht, wofür der Wortlaut von Abs. 3 (*«bezahlt», «Zahlungsaufforderung»*) spricht, oder bezieht es sich auch auf Situationen, in denen Genossenschafter mit Verhaltenspflichten in Verzug geraten sind? Letzteres könnte in Abs. 1 und 2 eine Stütze finden, wo von *«Beitrags- und Leistungspflicht»* (Abs. 1) und von der Pflicht *«zur Einzahlung von Genossenschaftsanteilen oder zu anderen Beitragsleistungen»* (Abs. 2) die Rede ist. Nebst der historischen Auslegung (ausführlich und überzeugend dazu STUDER, 40 f.) sprechen auch nachstehende Überlegungen dafür, dass die *Kaduzierung nur zulässig ist, wenn eine körperschaftliche Zahlungspflicht unterbleibt:* Da sowohl bei Verhaltenspflichten (z.B. Bezugs-, Benutzungs- und Arbeitspflichten) als auch bei Unterlassungs- und Duldungspflichten die Feststellung der richtigen Erfüllung oft nicht leicht fällt, rechtfertigt sich hiefür die Zulassung der Kaduzierung nicht. Namentlich sind Inhalt, Umfang und Wert dieser Pflichten nicht leicht objektivierbar, weshalb in diesen Belangen das schematische und folgenschwere Kaduzierungsverfahren weder zweckmässig noch geeignet ist. Für die Beurteilung der gehörigen Erfüllung besagter Pflichten eignet sich hingegen das gewöhnliche Ausschlussverfahren nach Art. 846, bei dem auch die Abwägung der in Frage stehenden Interessen sowie ein den Leistungsinhalten gerecht werdendes Verfahren gewährleistet sind.

Somit ist das Kaduzierungsverfahren in allen Fällen **versäumter Geldleistungen,** seien dies nun Eintrittsgelder, Nachschüsse (Art. 871 Abs. 5; Art. 871 N 4), Mitgliederbeiträge oder Anteilscheine, anwendbar (gl.M. STUDER, 41 f.; MOSER, 157 m.w.Nw. in Anm. 69; wohl auch ZK-GUTZWILLER, N 7–13; **a.M.** CAPITAINE, SJK 1157, 2 f.; ZUMBÜHL, 110).

Obschon das Gesetz diesbezüglich die nötige Klarheit nicht vermissen lässt, sei der Deutlichkeit halber noch betont, dass bei **Verletzung vertraglicher Leistungspflichten** die Kaduzierung nicht Platz greifen kann. Sofern die erforderlichen Voraussetzungen vorliegen, kommt diesfalls nur der Weg des gewöhnlichen Ausschlusses in Frage (gl.M. MOSER, 158 m.w.Nw.).

II. Verfahren. Zuständiges Organ

3 Die Genossenschaft hat nach Abs. 2 die zu erbringende Leistung mit eingeschriebenem Brief unter Ansetzung einer angemessenen Frist einzufordern. Mit Blick auf die in Abs. 3 genannte Frist dürfte auch hier ein Monat als angemessen gelten; im Übrigen kann die Angemessenheit von der Höhe der Leistung abhängig sein.

Leistet der Säumige nach Ablauf dieser Frist immer noch nicht, so ist er nochmals zur Zahlung aufzufordern, und zwar wieder mit Einschreibebrief. Sofern damit gleichzeitig eine entsprechende Androhung ergangen ist, kann der Genossenschafter – bei erneuter Nichterfüllung – der Rechte aus der Mitgliedschaft verlustig erklärt werden (Abs. 3). *Anwendungsfälle:* BJM 1966, 189 ff.; SemJud 1964, 199 ff.; ferner ZK-GUTZWILLER, N 8 ff.

Auf eine *ausdrückliche Verlustigerklärung* kann dann verzichtet werden, wenn im zweiten Einschreibebrief der Eintritt des Mitgliedschaftsverlustes als *unmittelbare Folge* des unbenutzten Verstreichenlassens der Frist unmissverständlich angedroht worden ist. Diesfalls geht die Mitgliedschaft eo ipso verloren (vgl. VON STEIGER, Grundriss, 48; HENSEL, 78).

4 Mit der konkreten und genauen Beschreibung des besagten Vorgehens (Abs. 2 f.) bezweckte der Gesetzgeber offenkundig den Schutz des sich in Verzug befindlichen Genossenschafters. Damit die Verlustigerklärung gültig erfolgen kann, bedarf es demnach der genauen Einhaltung dieser Verfahrensbestimmungen, weshalb sie in dieser Hinsicht

zwingender Natur sind (vgl. BJM 1966, 190 f., wo eine Genossenschaft den strengen Anforderungen dieser Verfahrensvorschriften nicht zu genügen vermochte).

Nicht zwingend ist jedoch der *Ausschluss*. Die Genossenschaft kann weniger strenge Sanktionen vorsehen. So kann z.B. statutarisch bestimmt werden, dass der säumige Genossenschafter nur von der Gewinnbeteiligung auszuschliessen ist. Auch hinsichtlich des Verfahrens sind **Erleichterungen** denkbar, so z.B. die Einräumung von längeren Fristen, um dadurch die Erfüllung allenfalls doch noch zu ermöglichen (weitere Beispiele bei VON STEIGER, Grundriss, 49; HENSEL, 79).

Das Gesetz enthält keinen Hinweis darauf, welchem Organ die Kompetenz zur *Durchführung der Kaduzierung* und somit auch der Verlustigerklärung zusteht. In Anlehnung an das ähnliche Verfahren im Aktienrecht (N 1) ist die Befugnis hiefür auch bei der Genossenschaft der **Verwaltung** einzuräumen (gl.M. ZK-GUTZWILLER, N 10; STUDER, 40). Das macht insofern Sinn, als dieses Organ i.d.R. ohnehin die internen organisatorischen Massnahmen zu treffen hat, und bei dem die dafür erforderliche Kontinuität gewährleistet ist.

III. Rechtsfolgen. Fragen des Rechtsschutzes

Im Unterschied zum ordentlich ausgeschlossenen Genossenschafter hat derjenige, der von der Kaduzierung betroffen wird, gewichtigere **Nachteile** zu tragen. In vollem Umfang ist das der Fall, wenn die Statuten keine Erleichterungen vorsehen. Nach Abs. 4 wird diesfalls der Genossenschafter durch die Verlustigerklärung nicht von fälligen (nicht erfüllte Zahlungen auf Anteile) oder durch die Ausschliessung fällig werdende Verpflichtungen (Volleinzahlung der Anteile; Leistung einer Auslösungssumme) befreit. Konsequenterweise *verfallen* auch die *bereits erbrachten Zahlungen auf die Anteile.* Gleich dem durch gewöhnlichen Anteilsverfall frei werdenden Vermögensteil, ist die auf die Anteile erfolgte Leistung dem Reservefonds zuzuweisen. Steht bei entsprechender Regelung durch die Statuten dem normal ausscheidenden Genossenschafter ein *Abfindungsanspruch* gegen die Genossenschaft zu, so *geht* dieser dem durch die Kaduzierung Betroffenen – unter den in Abs. 4 erwähnten Voraussetzungen – *verloren* (VON STEIGER, Grundriss, 48; MOSER, 158 m.w.Nw.).

Im Gegensatz zum ordentlichen Ausschluss *fehlt* bei der Kaduzierung ein *wirksamer* **Verfahrensschutz.** Wegen der Transparenz und der formalen Strenge (N 4) des Kaduzierungsverfahrens ist darin aber kein ungerechtfertigter Nachteil zu erblicken, zumal dem säumigen Genossenschafter grundsätzlich genügend Zeit zur Verfügung steht, um den Verlust seiner Rechte zu verhindern. Sodann liegt es in der Natur der Geldleistungspflicht, dass es dem zu Unrecht der Säumnis bezichtigten Genossenschafter leicht möglich ist, erbrachte Geldleistungen mittels Quittung unzweideutig und rasch zu beweisen.

Möchte ein Genossenschafter aber die Mangelhaftigkeit – in formeller oder materieller Hinsicht – einer konkret erfolgten Kaduzierung durch einen Richter beurteilt wissen, so bleibt ihm einzig die Möglichkeit, die Genossenschaft zur Klage zu bewegen, indem er Ansprüche der Genossenschaft nicht erfüllt, welche durch die Verlustigerklärung ausgelöst wurden (STUDER, 39 f.; ROTHENBÜHLER, 122; VON STEIGER, Grundriss, 49).

Art. 868

III. Haftung
1. Der Genossenschaft

Für die Verbindlichkeiten der Genossenschaft haftet das Genossenschaftsvermögen. Es haftet ausschliesslich, sofern die Statuten nichts anderes bestimmen.

III. Responsabilité
1. De la société

La fortune sociale répond des engagements de la société. Sauf disposition contraire des statuts, elle en répond seule.

III. Responsabilità
1. Della società

Il patrimonio sociale e, se lo statuto non dispone diversamente, soltanto il patrimonio sociale risponde delle obbligazioni della società.

Literatur

AB-YBERG, Die Haftung des Genossenschafters nach schweizerischem Recht, Diss. Zürich 1942; KUMMER, Die Gleichbehandlung der Genossenschafter gemäss Art. 854 OR, untersucht für die verschiedenen Arten von Genossenschaften, 1949; MAYER, Die Nachschusspflicht im schweizerischen Recht der Handelsgesellschaften und Genossenschaften, Diss. Zürich 1944; MÜLLER, Der Konkurs der Genossenschaft nach schweizerischem Recht, Diss. Zürich 1941; NIGG, Die Genossenschafterhaftung, Diss. Zürich 1990; ROTHENBÜHLER, Austritt und Ausschluss aus der Genossenschaft, Diss. Zürich 1984; TANNER, Die vermögensrechtlichen Grundlagen der Genossenschaft, Diss. Bern 1953; VOGEL, Die Genossenschaft als Rechtsform für Bankunternehmungen nach schweizerischem Recht, Diss. Zürich 1940; vgl. ausserdem die Literaturhinweise zu Art. 852 und 853.

I. Die gesetzliche Vermutung der Haftungsfreiheit der Genossenschafter

1 Nach der dispositiven Regelung von Art. 868 haftet für die Schulden der Genossenschaft ausschliesslich das Genossenschaftsvermögen. Damit stellt das *Gesetz die Vermutung* der **Haftungsfreiheit der Genossenschafter** auf.

Ausführlich zur bedeutsamen geschichtlichen Entwicklung der Haftungsausgestaltung vgl. NIGG, 15–18, 157 m.w.Nw.; ZK-GUTZWILLER, Art. 869 N 1–3.

II. Die Genossenschaftsverbindlichkeiten

2 Selbstredend bildet der Bestand von **Genossenschaftsverbindlichkeiten** eine begriffsnotwendige *Voraussetzung für die Haftungsverpflichtung* der Genossenschaft. Sodann bedarf es der Fälligkeit der Genossenschaftsschuld, was aber in Anbetracht von Art. 208 Abs. 1 SchKG im Konkurs der Genossenschaft ohnehin der Fall ist. Pro memoria sei noch festgehalten, dass auch Verbindlichkeiten der Genossenschaftsorgane als Genossenschaftsschulden gelten (ZK-GUTZWILLER, N 17 f.).

III. Das Genossenschaftsvermögen

1. Die Zusammensetzung des Genossenschaftsvermögens

3 **Haftungssubstrat** der Genossenschaft ist ihr *exekutionsfähiges Vermögen*. Sofern überhaupt ein *Genossenschaftskapital* vorgesehen ist (vgl. Art. 833 Ziff. 1), ist dieses vom **Genossenschaftsvermögen** zu *unterscheiden*. Wird vom Genossenschaftskapital als Bestandteil der Konkursmasse gesprochen, so ist darunter nicht die auf der Passivseite der Bilanz eingetragene Wertquote zu verstehen, sondern der auf der Aktivseite durch das Genossenschaftskapital gesperrte Teil des Gesellschaftsvermögens.

Dasselbe gilt auch für die *Reserven:* In der Bilanz bildet nämlich auch der Reservebetrag einen Sperrposten, der eine entsprechende Verminderung der Vermögenswerte auf der Aktivseite verbietet. In der Regel wird jedoch im Konkursfall von den Reserven nichts mehr vorhanden sein, da sie zur Deckung von Verlusten wohl längst aufgebraucht worden sind. 4

Nicht in die Konkursmasse einer failliten Genossenschaft fallen Wohlfahrtsfonds (vgl. Art. 862), welche als Sondervermögen Stiftungen i.S.v. Art. 89bis ZGB darstellen (ZK-GUTZWILLER, N 14).

Weitere Bestandteile des Genossenschaftsvermögens bilden *Sacheinlagen* und *übernommene Vermögenswerte.* Schliesslich gehen auch *Forderungen* der Genossenschaft *gegen Dritte* in die Konkursmasse über und sind von der Konkursverwaltung geltend zu machen. Dasselbe gilt auch für Forderungen der Genossenschaft ihren *Mitgliedern* gegenüber. 5

Ausführlich zum **Genossenschaftsvermögen:** FLURI, 40 ff.; FRIEDRICH, 18 ff.; MÜLLER, 42 ff.; TANNER, 38 ff.; vgl. auch ZK-GUTZWILLER, N 14. 6

2. Forderungen der Genossenschaft ihren Mitgliedern gegenüber

a) Allgemeines

Zuwachs erfährt die Konkursmasse auch durch *Ansprüche,* die der Genossenschaft gegen die *Genossenschafter kraft Mitgliedschaftsverhältnis zustehen.* So sind nebst nicht voll einbezahlten Eintrittsgeldern auch rückständige Beitragsleistungen einzuziehen und Forderungen aus zu Unrecht noch nicht bezahlten Auslösungssummen geltend zu machen. Abgesehen von Einzahlungen auf Genossenschaftsanteilen (N 8), endet grundsätzlich mit Konkurs der Genossenschaft die Verpflichtung der Genossenschafter zur Leistung von periodischen Beiträgen, welche zur Zeit des Konkursverfahrens noch nicht fällig sind (NIGG, 113 m.w.Nw.). 7

b) Einzahlungen auf Genossenschaftsanteile

Dass die Genossenschafter von der Konkursverwaltung auch belangt werden dürfen für Beträge auf Anteilscheine, die zur Zeit des Konkursverfahrens noch nicht fällig sind, bejahte das BGer, indem es ausführte: «*Die noch ausstehenden Beträge haften den Gläubigern als Garantie; diese Garantie wird effektiv im Falle des Konkurses. Das muss aber auch die sofortige Fälligkeit der Anteile im vollen Umfange zur Folge haben, denn andernfalls wäre die Haftung des Genossenschaftskapitals gegenüber den Gläubigern gerade im Falle, wo sie praktisch zutage treten soll, tatsächlich unwirksam und nichts sagend*» (BGE 31 II 74 f.). Demnach hat sich die Konkursverwaltung nicht an Zahlungsfristen und -modalitäten zu halten. Solchen statutarisch festgelegten Bestimmungen kommt daher nur interne Bedeutung zu, im Konkurs der Gesellschaft aber sind sie irrelevant. Durch den Konkurs verändert sich nämlich die Rechtslage zwischen Genossenschafter und Gläubigergemeinschaft insofern, als das Recht zur Volleinforderung der Genossenschaftsanteile auf die Gläubigergemeinschaft übergeht; die Geltendmachung erfolgt allerdings durch die Konkursverwaltung (NIGG, 114 m.w.Nw.). 8

Die rückständigen Einzahlungen auf die Genossenschaftsanteile sind ebenso wenig wie die übrigen statutarischen Beiträge mit Forderungen gegen die Genossenschaft **verrechenbar** (Art. 213 Abs. 3 SchKG). 9

Hans Nigg

Art. 869

2. Der Genossenschafter a. Unbeschränkte Haftung	¹ Die Statuten können, ausgenommen bei konzessionierten Versicherungsgenossenschaften, die Bestimmung aufstellen, dass nach dem Genossenschaftsvermögen die Genossenschafter persönlich unbeschränkt haften. ² In diesem Falle haften, soweit die Gläubiger im Genossenschaftskonkurse zu Verlust kommen, die Genossenschafter für alle Verbindlichkeiten der Genossenschaft solidarisch mit ihrem ganzen Vermögen. Diese Haftung wird bis zur Beendigung des Konkurses durch die Konkursverwaltung geltend gemacht.
2. Des associés a. Responsabilité illimitée	¹ Exception faite pour les sociétés d'assurance concessionnaires, les statuts peuvent, à titre subsidiaire, imposer aux associés une responsabilité individuelle et illimitée. ² Dans ce cas, en tant que les créanciers subissent une perte dans la faillite sociale, les associés sont obligés solidairement et sur tous leurs biens pour l'ensemble des engagements de la société. Jusqu'à la clôture de la faillite, seule l'administration de la faillite peut exercer l'action en responsabilité.
2. Dei soci a. Responsabilità illimitata	¹ Lo statuto, salvo quello delle società di mutua assicurazione al beneficio di una concessione, può imporre ai singoli soci una responsabilità sussidiaria, personale ed illimitata. ² In questo caso, i soci rispondono solidalmente con tutti i loro beni di tutte le obbligazioni della società, nella misura in cui i creditori subiscono una perdita nel fallimento della stessa. Fino alla chiusura del fallimento, solo l'amministrazione di questo può far valere siffatta responsabilità.

Literatur

Vgl. die Literaturhinweise zu Art. 868.

I. Wesenszüge der Genossenschafterhaftung

1. Grundsätzliches zur Rechtsnatur

1 Bei der Genossenschafterhaftung hat das Mitglied für die Verbindlichkeiten der Genossenschaft einzustehen. Diese Haftungssituation **setzt** einerseits das Bestehen einer **Gesellschaftsverbindlichkeit** und andererseits eine **rechtswirksame Mitgliedschaft** des Genossenschafters **voraus**. Der Genossenschafter ist aber nur dann zu leisten verpflichtet, wenn die Gläubiger im Genossenschaftskonkurs zu **Verlust** gekommen sind (N 4). Weil durch den Eintritt der Belangbarkeit der Genossenschafter der Zugriff der Gläubiger auf genossenschaftsfremdes Vermögen ermöglicht wird, ist die Genossenschafterhaftung als **direktes Zugriffsverhältnis zwischen Gläubiger und Genossenschafter** zu charakterisieren (NIGG, 22 m.w.Nw.).

2 Während die Schuld der Genossenschaft aus jedem Rechtsgrund entstehen kann, *beruht die Haftung des Genossenschafters auf spezieller Gesetzesvorschrift*, die Genossenschafterhaftung hat ihren **Rechtsgrund** also **im Gesetz** (Näheres hiezu bei NIGG, 25 ff.).

3 Mit der korrekten Begründung der Mitgliedschaft bei einer Genossenschaft (N 7 f.), deren Statuten die persönliche Haftung vorsehen, verpflichtet sich nämlich der *Genossenschafter, für das Interesse einzustehen, das die Genossenschaftsgläubiger an der Erfül-*

4. Abschnitt: Rechte und Pflichten der Genossenschafter　　　　4–7 Art. 869

lung ihrer Forderungen gegenüber der Genossenschaft haben. Damit erklären die Genossenschafter, für eine *fremde Schuld zu haften.* Daraus ergibt sich, dass der Genossenschafter nicht zur Realerfüllung der von der Gesellschaft eingegangenen Verbindlichkeiten angehalten werden kann. Indem der Gesellschaftsgläubiger nur sein **Erfüllungsinteresse** geltend machen kann, soll durch Entschädigung in Geld derjenige Zustand hergestellt werden, der dem Werte nach der **Realerfüllung** möglichst gleichkommt. Das bedeutet jedoch nicht, dass dem Genossenschafter die Realerfüllung grundsätzlich verwehrt ist (Näheres dazu bei NIGG, 30).

2. Haftungsauslösung

Wie bereits erwähnt (N 1), haften die Genossenschafter gemäss Art. 869 Abs. 2 für den **Verlust,** den die Gläubiger der Genossenschaft in deren **Konkurs** erleiden. Die *Haftung* kann somit nur «*hinter dem Genossenschaftsvermögen*» (Art. 878 N 3) Platz greifen. Demnach haben die Genossenschafter nur für den *Ausfall* einzustehen (vgl. NIGG, 39 m.w.Nw.). 　　4

Nebst dem Genossenschaftskonkurs vermag nur noch der **Nachlassvertrag mit Vermögensabtretung** i.S.v. Art. 316 a–t SchKG (**Liquidationsvergleich**) die Haftung der Genossenschafter auszulösen. Diese Gleichstellung von Konkurs und Liquidationsvergleich gründet auf Art. 25 GenV (vgl. GERWIG, 314; ZK-GUTZWILLER, Einl. N 185; CAPITAINE, SJK 1157, 4). Sie rechtfertigt sich deshalb, weil beim *Nachlassvertrag mit Vermögensabtretung Ähnlichkeiten mit dem Konkurs* v.a. hinsichtlich der vermögensrechtlichen Auswirkungen und des durchzuführenden Liquidationsverfahrens festzustellen sind. Dass neben dem Liquidationsvergleich nicht auch noch der Nachlassvertrag i.S.v. Art. 293 ff. SchKG (Stundungs- und Prozentvergleich) die Haftung auszulösen vermag, entspricht der unterschiedlichen Zweckbestimmung dieser Nachlassvertragsarten (Näheres dazu bei NIGG, 111 f.). 　　5

Die Haftungsverpflichtung der einzelnen Genossenschafter beruht auf dem Mitgliedschaftsverhältnis, welches die Genossenschafterhaftung grundsätzlich bereits mit der Begründung der rechtswirksamen Mitgliedschaft des einzelnen Genossenschafters entstehen lässt (Näheres s.u. N 7). Es ist also zu *unterscheiden zwischen dem Bestand der Verpflichtung und den Voraussetzungen ihrer Geltendmachung* (so schon BGE 28 II 187). *Die in Art. 869 Abs. 2 genannten Voraussetzungen bilden daher nicht Haftungsentstehungs-, sondern Haftungsauslösungsgründe* (Näheres dazu bei NIGG, 39 f. m.w. Nw.). 　　6

3. Haftungsentstehung

Die Haftungsentstehung erfolgt mit **Begründung der rechtswirksamen Mitgliedschaft:** Das Gesetz verleiht einer Statutenbestimmung, welche die Haftung der Genossenschafter vorsieht, nicht nur Wirksamkeit, sondern legt auch gleichzeitig fest, auf welche Grundlagen sich das Zugriffsverhältnis zwischen Gläubiger und Vermögen des Genossenschafters zu stützen hat. So knüpft das Gesetz die Haftung des Genossenschafters grundsätzlich an dessen Beitritt zur Gesellschaft an (vgl. Art. 840 Abs. 2, 869, 870, 875). *Die Genossenschafterhaftung ist daher eine gesetzliche Auswirkung der Mitgliedschaft.* Der zeitliche **Endpunkt** der Belangbarkeit des Genossenschafters überdauert allerdings dessen Mitgliedschaft um mindestens ein Jahr (ausführlich dazu Art. 876 N 1 ff.). 　　7

Hans Nigg

8   Da das Gesetz die Haftungsverpflichtung des Genossenschafters grundsätzlich von dessen Mitgliedschaft abhängig macht (N 7), ist für den **Beginn** der Haftung der **Mitgliedschaftserwerb** massgebend. Dieser kann entweder durch *Beitritt* oder durch *Mitgliedschaftswechsel* erfolgen (vgl. zum Mitgliedschaftswechsel ausführlich NIGG, 78 ff., sowie die dort angesprochenen Art. 847 Abs. 2 f. und 850 Abs. 2). Im ersten Fall wird die Mitgliedschaft originär, im zweiten dagegen derivativ begründet.

9   Für die originäre Mitgliedschaftsbegründung sei Folgendes angemerkt: Nach Art. 840 Abs. 1 bedarf es zum Beitritt zu einer Genossenschaft einer schriftlichen Erklärung. *Bei Genossenschaften mit persönlicher Haftung und Nachschusspflicht müssen diese Verpflichtungen gemäss Art. 840 Abs. 2 in der schriftlichen Beitrittserklärung ausdrücklich enthalten sein.* Der in Art. 840 Abs. 2 vorgeschriebene Hinweis dient dazu, die genaue und sichere **Kenntnisnahme** der statutarischen **Haftung** oder **Nachschusspflicht** durch jeden Beitretenden zu gewährleisten (BGE 78 III 40). Um dieser Aufklärungspflicht gerecht zu werden, ist der genannte Hinweis derart abzufassen, dass sich auch eine rechts- und geschäftsunkundige Person des zu *übernehmenden Risikos bewusst* werden kann. Sicherlich ungenügend ist der blosse Hinweis auf die Statuten. Denn «*das Gesetz will es nicht dabei bewenden lassen, dass die Genossenschafter sich nach den Statuten erkundigen und diese nötigenfalls auf dem Handelsregisteramt einsehen können*» (BGE 78 III 39). Ausführlich dazu NIGG, 71 f. m.w.Nw.

Für weitere Fragen im Zusammenhang mit Art. 840 vgl. NIGG, 72 ff. sowie die Kommentierung zu Art. 840 N 5 ff.

4. Haftung und Umlageverfahren

10 Mit der Gesetzesrevision von 1936 wurde das **Umlageverfahren** eingeführt. In diesem Verfahren wird der zu erwartende Konkursverlust von der Konkursverwaltung nach der statutarischen oder gesetzlichen Verteilungsordnung in einem Plan festgehalten. Sodann hat die Konkursverwaltung die errechneten Beträge von den einzelnen Genossenschaftern einzuziehen. Können nicht alle Beträge eingebracht werden, so sind die Ausstände in Zusatzplänen gleichmässig auf die zahlungsfähigen Genossenschafter umzulegen und von ihnen einzufordern, sofern die Haftung solidarisch und nicht anteilsmässig ausgestaltet ist (ausführlich zum Umlageverfahren Art. 873 N 1 ff.). *Trotz dieses Umlageverfahrens verbleibt aber die Haftungsberechtigung dem einzelnen Genossenschaftsgläubiger. Während des Genossenschaftskonkurses übt jedoch die Konkursverwaltung die Gläubigerrechte aus.* Demnach ist in Übereinstimmung mit der h.L. in der Genossenschafterhaftung keine (interne) Deckungspflicht, sondern eine (externe) Haftung zu erblicken (Näheres bei NIGG, 23 ff., insb. die Nw. betr. h.L. in Anm. 35).

II. Haftung und Nachschusspflicht

1. Sicherungsfunktion der Haftung

11 Da die Haftung erst beansprucht werden kann, wenn die Gläubiger im Konkurs der Genossenschaft einen Verlust erlitten haben, kommt sie notwendigerweise nicht der Gesellschaft, sondern ihren Gläubigern zugute. Damit ist die **Sicherung der Gläubigerrechte** die einzige Funktion der Haftung (NIGG, 45 m.w.Nw.). Weil die *Haftungsansprüche ausschliesslich und unmittelbar in der Person des Genossenschaftsgläubigers entstehen* (N 10), können sie zwangsläufig *nicht den Eigenmitteln der Genossenschaft zugerechnet* werden.

2. Sanierungs- und Sicherungsfunktion der Nachschusspflicht

Die Nachschusspflicht erfüllt im Gegensatz zur Haftung eine Sanierungs- und Sicherungsfunktion: Zum einen ist sie **Bilanzverlustdeckungspflicht,** womit die *Erhaltung der Genossenschaft bezweckt* und ein Konkurs zu vermeiden versucht wird; zum andern ist sie **Konkursverlustdeckungspflicht,** was den Genossenschaftsgläubigern insofern dient, als damit die *Konkursverluste gemindert* werden (NIGG, 45 m.w.Nw.; Näheres bei Art. 871 N 2, 5). 12

3. Gemeinsamkeiten und Unterschiede

Wirtschaftlich gesehen erfüllen *Haftung und Nachschusspflicht* – Letztere zumindest durch ihre Sicherungsfunktion (Art. 871 N 5) – *den gleichen Zweck:* Sie dienen der *Besserstellung der Gläubiger.* Mit beiden Rechtsinstituten wird eine **Erweiterung der Kreditbasis** angestrebt. Dadurch wird auch die Kreditwürdigkeit der Genossenschaft gesteigert (AB-YBERG, 37; MÜLLER, 67; TANNER, 65; NIGG, 47 m.w.Nw.). Haftung wie Nachschusspflicht ermöglichen den Gläubigern, dass nebst den Genossenschaftsmitteln die Privatvermögen der Mitglieder für die Genossenschaftsverbindlichkeiten Sicherheit bieten. Wie oben dargelegt (N 11), äussert sich diese Wirkung bei der Haftung direkt gegenüber den Gläubigern. Bei der Nachschusspflicht hingegen wird diese Wirkung indirekt erzielt: Durch die Einforderung der Nachschüsse wird der Genossenschaft das Vermögen der Mitglieder zugänglich gemacht, und im Konkurs der Genossenschaft ist es als Teil der Konkursmasse dem Zugriff der Gläubiger ausgesetzt (N 14, Art. 873 N 2). Demnach kann bei der Nachschusspflicht im Unterschied zur Haftung nicht von einem genossenschaftsunabhängigen Garantiefonds die Rede sein (Näheres hiezu bei NIGG, 47 f. m.w.Nw.). 13

Anzumerken bleibt jedoch, dass die Nachschusspflicht durch die Sanierungsfunktion ihre Bedeutung als Kreditbasis je nach konkreter Ausgestaltung weitgehend einbüssen kann. Am deutlichsten tritt dies zutage, wenn die Nachschüsse nur bis zu einer gewissen Limite zu erbringen sind. Werden die Genossenschafter zur Deckung von Bilanzverlusten bis zur Höchstgrenze ihrer Leistungspflicht belastet, so können sie, sofern die Genossenschaft später trotzdem in Konkurs fällt, nicht für weitere Nachschüsse belangt werden. Den Gläubigern dient die beschränkte Nachschusspflicht im beschriebenen Fall somit nur, wenn durch die Deckung der Bilanzverluste ein Konkurs auch langfristig vermieden werden kann (NIGG, 163).

Das Gesetz bietet die Möglichkeit, **Haftung und Nachschusspflicht zu kombinieren.** Der Gesetzgeber hebt dies in Art. 871 Abs. 1 hervor, indem er darauf hinweist, dass die Genossenschafter durch die Statuten anstelle oder neben der Haftung zu Nachschüssen verpflichtet werden können. Dadurch können die Genossenschaften je nach Bedarf und wirtschaftlicher Leistungsfähigkeit der Mitglieder Sanierungs- und Sicherungsfunktion verbinden. Eine Verfeinerung lässt sich dadurch erzielen, dass beide Belastungsarten differenziert nach den zur Verfügung stehenden Modalitäten kombiniert werden. Die genannten Funktionen sind z.B. gewährleistet, wenn die beschränkte Nachschusspflicht mit der unbeschränkten Solidarhaftung (Näheres zu diesen Belastungsvarianten s.u. N 19, Art. 871 N 8) verbunden wird. Angemerkt sei allerdings, dass nicht alle Kombinationsmöglichkeiten zweckmässig sind. So lässt die Statuierung der unbeschränkten solidarischen Nachschusspflicht jede daneben vorgesehene Haftung als unnötig erscheinen. Denn wegen des subsidiären Charakters der Haftung wären die Genossenschafter im Konkursfall ohnehin bis zur Erschöpfung ihrer Mittel ausschliesslich zur Leistung von Nachschüssen verpflichtet. Der Sinn einer solchen Kombination wäre höchstens darin 14 zu erblicken, dass die Haftung den Gläubigern den Einzelangriff (Näheres dazu in Art. 878 N 1 ff.) nach Beendigung des Genossenschaftskonkurses noch ermöglichen würde (NIGG, 164).

15 Obschon im **Umlageverfahren** die Konkursverwaltung zur Geltendmachung der Haftung wie auch der Nachschusspflicht legitimiert ist (Art. 873 N 2), deckt sie sich im einen wie im andern Fall nicht mit der Person des Forderungsberechtigten. So ist dies bei der Nachschusspflicht die Genossenschaft, bei der Haftung hingegen der Gläubiger. Demzufolge leitet die *Konkursverwaltung* ihre **Einforderungsberechtigung** bei der Nachschusspflicht von der Genossenschaft (Art. 871 N 5), bei der Haftung jedoch von den Gläubigern ab (N 10; Näheres dazu bei NIGG, 50 m.w.Nw.). Schliesslich offenbart sich im Konkurs der Genossenschaft die Verschiedenheit von Haftung und Nachschusspflicht auch im folgenden Umstand: Während das Ergebnis der Nachschussumlage in das Konkursmassevermögen fällt, bilden die aufgrund der Haftung eingeworfenen Beträge eine besondere Masse (N 13, Art. 873 N 2, 6, 25; NIGG, 50 m.w.Nw.).

16 Da Haftung wie Nachschusspflicht gesetzliche Auswirkungen der Mitgliedschaft darstellen, bedürfen sie zu ihrer **Entstehung** grundsätzlich einer **rechtswirksamen Mitgliedschaft.** Gleich der Haftung beginnt die Nachschusspflicht ebenfalls mit dem *Eintritt* in die Genossenschaft, sofern auch ihre «Übernahme» i.S.v. Art. 840 Abs. 2 gültig erfolgt ist (N 9; vgl. in diesem Zusammenhang auch die für beide Belastungsarten gültigen Bestimmungen: Art. 833 Ziff. 5, Art. 84 Abs. 1 lit. h HRegV, Art. 837, Art. 87 Abs. 1 lit. j und Art. 88 HRegV, 875).

Zum Schutz der Gläubiger sieht das Gesetz in Art. 876 vor, dass Haftung wie Nachschusspflicht die eingetragene Mitgliedschaft um mindestens **ein Jahr überdauern** (N 7, Art. 876 N 1 ff.; vgl. in diesem Zusammenhang auch Art. 877, welcher die Anmeldung von Ein- und Austritt im Handelsregister normiert; auch diese Bestimmung gilt für beide Belastungsarten).

Ebenfalls für beide Belastungsarten haben Bestimmungen Geltung, welche **Veränderungen** im Umfang der Verpflichtungen beschlagen (vgl. Art. 874 Abs. 1, 3 f., 888 Abs. 2, 889 Abs. 1 f.; Näheres dazu bei Art. 874 N 1 ff.).

Um einen wirksamen Gläubigerschutz zu gewährleisten, weisen all die angesprochenen Normen *zwingenden Charakter* auf (NIGG, 48; AB-YBERG, 38; GERWIG, 314, 316).

17 Haftung wie Nachschusspflicht können entweder **beschränkt** (vgl. Art. 870 und 871 Abs. 2) oder **unbeschränkt** (vgl. Art. 869 Abs. 1, 871 Abs. 1) ausgestaltet werden. Mangelt es indessen den Statuten in Bezug auf die Begrenzung der Verpflichtungen an der erforderlichen Klarheit, so ist im Zweifel eine unbegrenzte Belastung anzunehmen (NIGG, 54 m.w.Nw. in Anm. 54; N 21, Art. 871 N 7).

18 Während es bei der Beschränkung um die Festlegung der Höchstgrenze der Belastung geht, gibt die **Verteilungsordnung** darüber Auskunft, wie Bilanz- und Konkursverluste auf die nachschuss- und haftpflichtigen Genossenschafter zu verteilen sind. Bei beschränkter wie unbeschränkter Belastung hat die Repartierung nach dem massgebenden Schlüssel zu erfolgen. Selbstverständlich ist bei beschränkter Verpflichtung aber nur bis zum angegebenen Höchstbetrag einzuziehen und zu verteilen (vgl. Art. 8 Abs. 1 GenV).

Für die Nachschusspflicht sieht das Gesetz in Art. 871 Abs. 3 einen klaren Repartierungsschlüssel vor, sofern die Statuten keine abweichende Bestimmung aufstellen (ausführlicher dazu s.u. Art. 871 N 11 ff.). Dagegen lässt das OR für die Haftung eine derartige Repartierungsregelung vermissen. Anstelle des Gesetzes wird in Art. 8 Abs. 1 GenV ein Verteilungsschlüssel festgelegt (Näheres s.u. N 22 ff.).

III. (Unbeschränkte) Haftung und Solidarität

1. Ist die unbeschränkte Solidarhaft zwingend?

Eine ausdrückliche Erwähnung findet das Solidaritätsprinzip im Gesetz nur im Zusammenhang mit der unbeschränkten Haftung. Fraglich ist indessen nur, ob die in Art. 869 Abs. 2 vorgesehene Solidarität einer statutarischen Abänderung zugänglich ist. 19

In Anbetracht der Zulässigkeit der beschränkten Haftung besteht kein vernünftiger Grund, eine Aufhebung der Solidarität durch die Statuten auszuschliessen. Abbruch tut diese statutarische Freiheit auch den Gläubigerinteressen nicht. Dies schon deshalb nicht, weil angesichts der gesetzlichen Vermutung der unbeschränkten Solidarhaft die Festlegung der Anteilmässigkeit aus den Statuten unzweideutig hervorzugehen hat und die Haftungsverhältnisse ohnehin zur Veröffentlichung gelangen (vgl. Art. 837; Art. 87 Abs. 1 lit. j HRegV). Damit wird auch dem Informationsbedürfnis der Gläubiger Rechnung getragen. Hierzu kommt aber auch noch Folgendes: Sofern die Gläubiger im Konkursverfahren nicht gänzlich befriedigt werden, steht ihnen immer noch die Möglichkeit offen, auf dem Wege des Einzelzugriffs jene Genossenschafter zu belangen, deren Leistungen während des Umlageverfahrens als unerhältlich galten (vgl. Art. 878 N 1 ff.).

Aus den genannten Gründen stellt Art. 869 Abs. 2 insoweit dispositives Recht dar, als bei der unbeschränkten Haftung auch das Prinzip der Teilverpflichtung durch die Statuten vorgesehen werden kann (gl.M. AB-YBERG, 120 f.; BERNHEIMER, 92; NIGG, 121 m. w.Nw.; **a.M.** ZK-GUTZWILLER, N 11; MÜLLER, 64; TANNER, 63).

2. Umlageverfahren und Solidarität

Durch das Umlageverfahren erfährt die **Solidarität** eine **Abschwächung.** Um aufwendige und langwierige Regressprozesse zu vermeiden, wird im Umlageverfahren die Solidarschuld vorerst in Teilschulden aufgespalten. Diese stimmen mit dem Haftungsanteil überein, den der Genossenschafter gemäss der entsprechenden Repartierungsordnung zu tragen hat. Erst nach dieser ersten anteilmässigen Umlage äussert sich das Wesen der Solidarität, und zwar insofern, als die von den zahlungsunfähigen Genossenschaftern geschuldeten Beträge auf die solventen Mitglieder umgelegt werden (Art. 873 Abs. 2, Art. 17 und 18 Abs. 1 GenV; Art. 873 N 21). 20

IV. Haftungsumfang. Unbeschränkte Haftung

In Art. 868 wird der Haftungsausschluss der Mitglieder präsumiert. Demnach sind die **beschränkte** wie die **unbeschränkte** Haftung durch die Statuten ausdrücklich anzuordnen (Art. 869 f.). Ist daraus jedoch nicht ersichtlich, ob die Belastung beschränkt oder unbeschränkt ausgestaltet sein soll, so ist stets die unbeschränkte Haftung anzunehmen (NIGG, 115 m.w.Nw.). Vgl. zur beschränkten Haftung Art. 870 N 1 ff. 21

V. Die Verteilungsordnung bei der Haftung

1. Das Schweigen des Gesetzes – Art. 8 Abs. 1 GenV

Grundsätzliches zur Abgrenzung von Beschränkung und Verteilung s.o. N 18. Während das Gesetz in Art. 871 Abs. 3 bei der Nachschusspflicht ausdrücklich eine Repartierungsordnung vorsieht (vgl. Art. 871 N 12 ff.), fehlt für die Haftung eine entsprechende Bestimmung im OR (N 18). 22

23 An einer klar geordneten **Repartierungsregelung** hat der Gläubiger grosses Interesse; dies v.a. dann, wenn die Haftung nur eine anteilsmässige ist (Näheres zu dieser Interessenlage bei NIGG, 64, 123).

Eine unkomplizierte und den berechtigten Sicherheitsbedürfnissen der Gläubiger entsprechende Verteilung des Fehlbetrages ist nur gewährleistet, wenn **Art. 8 Abs. 1 GenV** als *Bestimmung zwingenden Rechts* betrachtet wird.

Diese Auffassung findet im Wortlaut von Art. 8 Abs. 1 GenV («Der zur Deckung des mutmasslichen Konkursverlustes von den Genossenschaftern zu leistende Betrag wird in einem provisorischen Verteilungsplan gleichmässig auf alle unbeschränkt haftenden Genossenschafter verteilt; bei beschränkter Haftung bis zum angegebenen Höchstbetrag, und wenn Genossenschaftsanteile bestehen, im Verhältnis dieser Anteile») Bestätigung, lässt diese Norm doch keinen Zweifel darüber offen, dass sie zwingenden Rechts ist. Demzufolge bleibt bei der Haftung für die Regelung der Verteilung durch die Statuten kein Raum (NIGG, 124; REYMOND, SPR VIII/5, 157; BERNHEIMER, 92; **a.A.** AB-YBERG, 130–132; KUMMER, 134; TANNER, 62 f.).

2. Die Repartierung bei Genossenschaften mit Grundkapital

24 Aus dem Wortlaut von Art. 8 Abs. 1 GenV wird nicht restlos klar, ob der Fehlbetrag bei Bestehen eines Genossenschaftskapitals nur bei der beschränkten oder aber auch bei der unbeschränkten Haftung im Verhältnis der Anteile zu verteilen ist.

Dass auch bei der unbeschränkten Haftung die Verteilung nach Massgabe der von den Mitgliedern übernommenen Anteile zu geschehen hat, rechtfertigt sich wie folgt: Die Begründung, weshalb die Haftung bei Vorliegen eines Grundkapitals im Verhältnis zu den Anteilen zu beschränken ist (vgl. Art. 870 N 4), hat auch für die vorliegende Frage Geltung. Auch bei der **Verteilung** bildet nämlich das Ausmass der Kapitalbeteiligung ein zuverlässiges Kriterium zur Bestimmung der Leistungsfähigkeit der einzelnen Genossenschafter. Demnach ist auch bei der unbeschränkten Haftung die in der Anzahl der Anteile zum Ausdruck kommende Leistungsfähigkeit als Verteilungsmassstab zu berücksichtigen (gl.M. AB-YBERG, 131; NIGG, 125 m.w.Nw.; **a.M.** KUMMER, 133 f.). Bei Genossenschaften mit Grundkapital hat sich die *Verteilung* somit *zwingend nach den Anteilen* zu richten, und zwar *gilt* dies für die *beschränkte* wie die *unbeschränkte* Haftung.

3. Die Repartierung bei Genossenschaften ohne Grundkapital

25 Laut Art. 8 Abs. 1 GenV ist der Konkursverlust bei diesen Genossenschaften *«gleichmässig»*, d.h. *nach Köpfen* auf die *unbeschränkt* haftenden Genossenschafter zu verteilen. Dasselbe gilt für die *beschränkte* Haftung; selbstverständlich hat die Verteilung dann aber nur bis zum entsprechenden Höchstbetrag zu erfolgen (NIGG, 125 m.w.Nw.).

VI. Keine Genossenschafterhaftung bei konzessionierten Versicherungsgenossenschaften

26 Nach Art. 869 Abs. 1 und Art. 870 Abs. 1 ist bei konzessionierten **Versicherungsgenossenschaften** die Statuierung von beschränkter wie unbeschränkter Genossenschafterhaftung unzulässig. Diese Entscheidung des Gesetzgebers bezweckt den Schutz des Genossenschafters als Versicherungsnehmer, soll er sich doch darauf verlassen können, dass sein Verhältnis zur Genossenschaft einzig durch den Versicherungsvertrag bestimmt wird (KUMMER, 79; Art. 841 N 2; GUHL/DRUEY, § 77 N 59 mit weiteren Argumenten).

Art. 870

b. Beschränkte Haftung

¹ Die Statuten können, ausgenommen bei konzessionierten Versicherungsgenossenschaften, die Bestimmung aufstellen, dass die Genossenschafter über die Mitgliederbeiträge und Genossenschaftsanteile hinaus für die Verbindlichkeiten der Genossenschaft nach dem Genossenschaftsvermögen persönlich, jedoch nur bis zu einem bestimmten Betrage haften.

² Wenn Genossenschaftsanteile bestehen, ist der Haftungsbetrag für die einzelnen Genossenschafter nach dem Betrag ihrer Genossenschaftsanteile zu bestimmen.

³ Die Haftung wird bis zur Beendigung des Konkurses durch die Konkursverwaltung geltend gemacht.

b. Responsabilité restreinte

¹ Exception faite pour les sociétés d'assurance concessionnaires, les statuts peuvent prescrire que les associés répondent subsidiairement, à titre personnel, des engagements de la société au-delà de leurs contributions statutaires et de la libération de leurs parts sociales, mais à concurrence seulement d'une somme déterminée.

² S'il existe des parts sociales, cette somme se calcule pour chacun des associés proportionnellement au montant de ses parts.

³ L'action en responsabilité est exercée, pendant la faillite, par l'administration de cette dernière.

b. Responsabilità limitata

¹ Lo statuto, salvo quello della società di mutua assicurazione al beneficio d'una concessione, può stabilire che i soci, oltre ad essere tenuti al pagamento dei contributi ed al versamento delle quote sociali, rispondono personalmente e sussidiariamente di tutte le obbligazioni della società, ma solo fino ad una somma determinata.

² Se esistono quote sociali, questa somma dev'essere determinata per ogni socio in proporzione dell'ammontare delle sue quote.

³ Fino alla chiusura del fallimento, solo l'amministrazione di questo può far valere siffatta responsabilità.

Literatur

Vgl. die Literaturhinweise zu Art. 868.

I. Die beschränkte Haftung bei Genossenschaften ohne Grundkapital

1. Abs. 1: Bestimmte oder bestimmbare Beschränkung

Vorweg sei festgestellt, dass das Gesetz mit der Formulierung «*über die Mitgliederbeiträge und Genossenschaftsanteile hinaus*» zum Ausdruck bringen will, auf den Haftungsbeitrag werde nicht angerechnet, was der Genossenschafter auf seinen Anteilschein oder an ordentlichen Mitgliederbeiträgen leistet. 1

Aus dem Wortlaut von Art. 870 Abs. 1 ist eine **ziffernmässige Haftungsbeschränkung** klar zu erkennen. Diese Regelung entspricht den Interessen von Genossenschaftern und Gläubigern. 2

Der Genossenschafter muss nämlich in der Lage sein, die Höchstbelastung der beschränkten Haftung für den Konkursfall bestimmen zu können. Dass dies jedoch nicht möglich ist, wenn bei ausdehnender Auslegung in den Statuten lediglich die Grundsätze der Haftungsbeschränkung festgehalten werden (BERNHEIMER, 90), ist offensichtlich.

Auch der Gläubiger muss bei Vertragsabschluss mit der Genossenschaft berechnen können, für welche Beträge die Genossenschafter im Minimum einzustehen haben. Das wäre ihm aber nicht möglich, wenn Beschränkungsvarianten zulässig wären, die in Art. 870 Abs. 1 keine Erwähnung finden. Diesfalls würde dem Gläubiger die Berechnungsgrundlage schlicht fehlen.

Aus diesen Gründen geht hervor, dass es *nicht ausreicht, nur die Grundsätze für die Haftungsbegrenzung in den Statuten anzugeben* (gl.M. AB-YBERG, 103 f.; KUMMER, 122; TANNER, 60; NIGG, 116 f., wo sich auch eine ausführliche Auseinandersetzung mit der erwähnten ausdehnenden Auslegung findet).

2. Die bestimmte Haftungssumme i.S.v. Art. 870 Abs. 1

3 Bei Genossenschaften ohne Grundkapital ist gemäss Art. 870 Abs. 1 der beschränkte Haftungsbetrag durch eine **bestimmte Summe** festzulegen, sei dies für das einzelne Mitglied oder für die Gesamtheit der Genossenschafter. Die Haftung kann somit nicht nur *individuell*, z.B. bis zu Fr. 1 000 pro Mitglied, sondern auch *kollektiv*, z.B. bis zu einem Gesamtbetrag von Fr. 50 000 für alle Genossenschafter zusammen, begrenzt werden. Diese Haftungsbeschränkung hat den entscheidenden Vorteil, dass sie für Genossenschafter wie für Gläubiger transparent ist. Näheres zur präzisen Feststellung des genauen Haftungsbetrages s. NIGG, 118.

II. Die beschränkte Haftung bei Genossenschaften mit Grundkapital

1. Abs. 2: Eine Norm zwingenden Rechts

4 Wie für die Nachschusspflicht (wo aber noch die Möglichkeit, die Nachschüsse im Verhältnis zu den Mitgliederbeiträgen zu beschränken, hinzukommt; vgl. dazu Art. 871 N 8), nennt das Gesetz auch für die Haftung die Beschränkung **im Verhältnis zu den Genossenschaftsanteilen** und jene auf einen **bestimmten Betrag.**

Schon der Wortlaut von Art. 870 Abs. 2 weist auf den *zwingenden Charakter* dieser Norm hin. Weil auch die berechtigten Interessen der Gläubiger eine solche Vorschrift erfordern, besteht kein Zweifel, dass sich *die Beschränkung der Haftung* bei Vorliegen eines Genossenschaftskapitals *nach den Anteilen zu richten hat* (ebenso BGE 78 III 48; gl.M. auch BERNHEIMER, 89; KUMMER, 25, 120; MÜLLER, 65; TANNER, 61; NIGG, 118; a.M. AB-YBERG, 104 f.; ZK-GUTZWILLER, N 10). Da bei der Genossenschaft die Pflichten der Mitglieder normalerweise nicht nach Massgabe der Kapitalbeteiligung abgestuft werden, ist Art. 870 Abs. 2 als eine der in Art. 854 angesprochenen Ausnahmen zu betrachten (Art. 854 N 10). Dass damit aber dem Prinzip der relativen Gleichbehandlung immer noch Rechnung getragen wird, lässt sich schon daran erkennen, dass diejenigen, die mehrere Kapitalanteile innehaben, normalerweise auch im entsprechend grösseren Ausmass vom Reinertrag profitieren, weshalb es durchaus gerechtfertigt ist, wenn diese Mitglieder auch bei der Verlusttragung entsprechend stärker belastet werden (GERWIG, 277; NIGG, 119; kritisch AB-YBERG, 104 f.).

2. Beschränkungsvarianten von Art. 870 Abs. 2

Indem für jeden übernommenen Genossenschaftsanteil ein bestimmter Haftungsbetrag 5 festgelegt wird, kann die *Haftung nach der Zahl der Anteile beschränkt* werden. Diese Beschränkungsvariante ist allerdings nur zulässig, wenn alle Anteile den gleichen Nominalwert aufweisen (BERNHEIMER, 89). Wenn aber *Anteile von unterschiedlichem Nennwert* (Zulässigkeit bejaht von FRIEDRICH, 64; ZK-GUTZWILLER, Art. 853 N 14; Art. 852 f. N 15) ausgegeben werden, so drängt sich die *Beschränkung nach dem Nominalwert der von jedem Mitglied übernommenen Anteile auf.* Zur Bestimmung der Haftsumme – bei den besagten Varianten – durch Genossenschafter und Gläubiger s. NIGG, 119 f.

III. Das Solidaritätsprinzip bei der beschränkten Haftung sowie bei der unbeschränkten und beschränkten Nachschusspflicht

Aus Art. 870 ff. lässt sich nicht schlüssig entnehmen, ob die beschränkte Haftung sowie 6 die unbeschränkte und beschränkte Nachschusspflicht grundsätzlich als solidarische oder anteilmässige Belastungen zu betrachten sind. Die im Zusammenhang mit der unbeschränkten Haftung ausdrücklich erwähnte Solidarität (Art. 869 Abs. 2) fände nur dann auch auf die beschränkte Haftung sowie die beschränkte und unbeschränkte Nachschusspflicht Anwendung, wenn den Art. 870 und 871 keine selbständige Bedeutung zukäme. Dies ist jedoch nicht der Fall (**a.A.** BERNHEIMER, 92). *Die besagten Bestimmungen regeln unabhängig von Art. 869 Abs. 2 und auch voneinander die Grundsätze weiterer, selbständiger Belastungsarten: Art. 870 für die beschränkte Haftung und Art. 871 für die unbeschränkte und beschränkte Nachschusspflicht* (NIGG, 60; gl.M. MÜLLER, 66).

Die Lösung des aufgeworfenen Problems ist nicht in den Art. 870 ff., sondern im Allgemeinen Teil des OR zu suchen. Art. 143 bestimmt, dass, ausser in den vom Gesetz bestimmten Fällen, zu welchen der vorliegende angesichts obiger Feststellung nicht gehört, Solidarität unter mehreren Schuldnern nur entsteht, wenn diese sich hiezu vertraglich verpflichten. Zu berücksichtigen gilt es immerhin, dass die Verabredung der Solidarität keine ausdrückliche zu sein braucht: So ist eine solidarische Verpflichtung auch stillschweigend möglich und allenfalls aus den Umständen herleitbar (BGE 116 II 712; VON TUHR/ESCHER, 300; OR-SCHNYDER, Art. 143 N 4). Das BGer verlangt jedoch, dass die Erklärung, solidarisch haften zu wollen, nicht schon in der Tatsache der gemeinsamen Verpflichtung gefunden werden dürfe, sondern sich aus den Umständen unzweideutig ergeben müsse (BGE 49 III 212). Um nicht in Widerspruch zum Gesetz eine Vermutung für die Solidarität aufzustellen, kann auf das vom BGer vorgesehene strenge Erfordernis nicht verzichtet werden. Dieses ist auch bei den Verpflichtungen der Genossenschafter zu beachten. Jedenfalls ist nicht bereits wegen des Sicherungszwecks, der den Belastungsbestimmungen notwendigerweise zugrunde liegt, auf Solidarität zu schliessen. Auch darf diese nicht allein schon wegen des die Genossenschaft charakterisierenden Selbsthilfegedankens angenommen werden. Was allgemein gilt, hat auch für die vorliegende Frage seine Richtigkeit: **Solidarität** wird **nicht vermutet. Im Zweifel** ist von einer **Teilhaftung** auszugehen (vgl. dazu zahlreiche Nw. bei NIGG, 60 f.).

Mithin ist im Zweifel, d.h. wenn aus den Statuten nicht unzweideutig das Gegenteil hervorgeht, anzunehmen, dass die beschränkte Haftung sowie die unbeschränkte und beschränkte Nachschusspflicht nicht solidarisch sind (gl.M. AB-YBERG, 122; MÜLLER, 65 f.; TANNER, 63 f.; VON STEIGER, Grundriss, 76; vgl. auch NIGG, 61 m.w.Nw. in

Art. 871

Anm. 127, wo auch gegenteilige, ältere Lehrmeinungen erwähnt werden). Bestätigung findet diese Auffassung in den Art. 17 und 20 GenV, woraus erhellt, dass sowohl bei der beschränkten Haftung als auch bei der Nachschusspflicht die Anordnung der Solidarität durch die Statuten zu erfolgen hat.

8 Vgl. zu den Wirkungen der Solidarität im Umlageverfahren Art. 873 N 21 und Art. 869 N 20.

Art. 871

c. Nachschusspflicht	¹ Die Statuten können die Genossenschafter an Stelle oder neben der Haftung zur Leistung von Nachschüssen verpflichten, die jedoch nur zur Deckung von Bilanzverlusten dienen dürfen. ² Die Nachschusspflicht kann unbeschränkt sein, sie kann aber auch auf bestimmte Beträge oder im Verhältnis zu den Mitgliederbeiträgen oder den Genossenschaftsanteilen beschränkt werden. ³ Enthalten die Statuten keine Bestimmungen über die Verteilung der Nachschüsse auf die einzelnen Genossenschafter, so richtet sich diese nach dem Betrag der Genossenschaftsanteile oder, wenn solche nicht bestehen, nach Köpfen. ⁴ Die Nachschüsse können jederzeit eingefordert werden. Im Konkurse der Genossenschaft steht die Einforderung der Nachschüsse der Konkursverwaltung zu. ⁵ Im Übrigen sind die Vorschriften über die Einforderung der Leistungen und über die Verlustigerklärung anwendbar.
c. Versements supplémentaires	¹ Les statuts peuvent, au lieu d'imposer une responsabilité aux associés ou à côté de cette responsabilité, les obliger à faire des versements supplémentaires, qui ne seront toutefois employés qu'à éteindre les pertes constatées par le bilan. ² Cette obligation peut être illimitée ou restreinte à des sommes déterminées, ou encore proportionnée aux contributions statutaires ou aux parts sociales. ³ Lorsque les statuts ne contiennent pas de dispositions concernant les versements à opérer par chacun des associés, la répartition se fait proportionnellement au montant des parts sociales ou, s'il n'en existe pas, par tête. ⁴ Les versements peuvent être exigés en tout temps. En cas de faillite de la société, le droit de les réclamer est exercé par l'administration de la faillite. ⁵ Sont d'ailleurs applicables les règles relatives au recouvrement des prestations et à la déclaration de déchéance.
c. Versamenti suppletivi	¹ Anziché rendere responsabili i soci o pur rendendoli responsabili, lo statuto può obbligarli ad eseguire versamenti suppletivi; questi saranno tuttavia adoperati solo a colmare perdite accertate dal bilancio. ² L'obbligo d'eseguire versamenti suppletivi può essere illimitato o limitato a somme determinate od anche proporzionato ai contributi ed alle quote sociali. ³ In difetto di disposizioni dello statuto, i soci devono contribuire al versamento suppletivo in proporzione dell'ammontare delle quote sociali o, in mancanza di queste, per capi.

⁴ I versamenti suppletivi possono essere ordinati in ogni tempo. Nel fallimento della società il diritto d'ordinarli spetta all'amministrazione fallimentare.

⁵ Si applicano per il resto le norme circa la riscossione dei contributi sociali e la decadenza dai diritti come socio.

Literatur

Vgl. die Literaturhinweise zu Art. 868.

I. Wesen und Funktion der Nachschusspflicht

1. Abgrenzung zur Haftung

Während die Haftung als subsidiäres Zugriffsverhältnis zwischen Gesellschaftsgläubigern und Genossenschaftern zu verstehen ist (Art. 869 N 1), handelt es sich bei der Nachschusspflicht um eine **Schuldverpflichtung** der **Mitglieder gegenüber** der **Genossenschaft.** Im Gegensatz zur Haftung ist bei der Nachschusspflicht demnach nicht der Gläubiger, sondern die Genossenschaft forderungsberechtigt (NIGG, 49 m.w.Nw.; s.a. Art. 869 N 13). Damit wird auch in juristischer Hinsicht manifest, dass der *Nachschusspflicht ein rein interner Charakter* zukommt (ZK-GUTZWILLER, N 6; KUMMER, 125; TANNER, 56). Trotz der genannten Unterschiede werden im Konkurs der Genossenschaft beide Verpflichtungen auf dem Wege des Umlageverfahrens realisiert (N 5; Art. 869 N 15; Art. 873 N 2). Zum Vergleich zwischen Haftung und Nachschusspflicht s.o. Art. 869 N 11–18.

1

2. Die Bilanzverlustdeckungsfunktion

Im Unterschied zur Haftung kommt der Nachschusspflicht auch **konkursvermeidende Funktion** zu (GERWIG, 296; ZK-GUTZWILLER, N 9; TANNER, 65). Um den Zusammenbruch der Gesellschaft zu verhindern, kann die Verwaltung der Genossenschaft bei Auftreten von Bilanzverlusten (N 3) Nachschüsse einfordern. Auf diese die **Sanierung** bezweckende Aufgabe weist auch das Gesetz hin, indem es in Abs. 1 die Nachschusspflicht ausdrücklich zur «*Deckung von Bilanzverlusten*» bestimmt. Damit wird diejenige Funktion der Nachschusspflicht betont, welche deren «*Sonderdasein neben der Haftung eigentlich rechtfertigt*» (GERWIG, 296).

2

3. Der Bilanzverlust als Auslösungsgrund der Nachschusspflicht

Wie der Begriff «**Bilanzverlust**» deutlich macht, hat der Verlust aus einer Bilanz hervorzugehen. Dabei ist es nicht von Belang, ob es sich um eine Eröffnungs-, Zwischen- oder Liquidationsbilanz handelt. Gemäss Abs. 1 ist ein Bilanzverlust nicht nur im *Überschuldungsfalle*, sondern auch bei Vorliegen einer *Unterbilanz* gegeben (bei einer Überschuldung liegt immer eine Unterbilanz vor; sie ist bei der Überschuldung jedoch so gross, dass nicht nur das gesamte Eigenkapital verloren gegangen ist, sondern die Aktiven nicht einmal mehr zur Tilgung des Fremdkapitals ausreichen). Bei einer **Genossenschaft mit Grundkapital** tritt der Bilanzverlust bzw. die Unterbilanz ein, *wenn der Überschuss der Aktiven über die Passiven wertmässig geringer ist als das Genossenschaftskapital.* Verfügt die Genossenschaft dagegen über **kein Grundkapital,** so ist von einem Bilanzverlust dann die Rede, *wenn das Eigenkapital durch die Betriebsverluste aufgebraucht ist*

3

und die Aktiven zur Schuldendeckung nicht mehr ausreichen. In einem solchen Fall ist die Gesellschaft aber auch überschuldet.

Bei der Ermittlung des Bilanzverlustes spielt die Bewertung der einzelnen Bilanzposten eine entscheidende Rolle. In diesem Zusammenhang fragt sich, ob Nachschüsse geltend gemacht werden können, wenn die Genossenschaft noch über **stille Reserven** verfügt (zur Frage der stillen Reserven bei der Genossenschaft vgl. Nw. bei NIGG, 52 Anm. 65). *Durch Nachschüsse soll verlorenes Vermögen ersetzt, aber nicht zusätzlich neues gebildet werden* (MAYER, 19; MÜLLER, 33; TANNER, 58). Letzteres würde aber geschehen, wenn Nachschüsse eingefordert werden, ohne zuerst auf stille Reserven gegriffen zu haben, stellen diese doch Teile des Eigenkapitals dar, allerdings ohne als solche in Erscheinung zu treten.

Wie Abs. 1 unmissverständlich anordnet, dürfen Nachschüsse «*nur zur Deckung von Finanzverlusten*» dienen. Der Wortlaut dieser Bestimmung lässt keine Zweifel darüber offen, dass sie *zwingenden Rechts* ist. Eine Änderung dieser Zweckbestimmung durch die Statuten ist deshalb ausgeschlossen (ZK-GUTZWILLER, N 9; MAYER, 28). Vgl. zum Ganzen auch NIGG, 51 ff. m.w.Nw.

4 **Ausserhalb des Konkurses** sind die Nachschüsse für die Genossenschaft grundsätzlich von der **Verwaltung einzufordern.** Gegen säumige Genossenschafter kann gemäss Art. 871 Abs. 5 das **Kaduzierungsverfahren** i.S.v. Art. 867 zur Anwendung gelangen (Art. 867 N 1 ff., insb. N 2). Sofern die *Statuten* keine *abweichende Zuständigkeitsordnung* enthalten, sind entsprechende Beschlüsse anderer Organe wirkungslos. Überdies bedarf die Geltendmachung der Nachschussforderung eines entsprechenden *Beschlusses* der Verwaltung bzw. des ansonsten zuständigen Organs. Es steht diesem aber immer noch frei, ob es von der in den Statuten vorgesehenen Nachschusspflicht Gebrauch machen will oder nicht. Denn die Beseitigung der Bilanzverluste kann auch auf andere Weise – z.B. durch Wertberichtigungen – erfolgen (gl.M. MAYER, 26; NIGG, 49; **a.M.** BLICKENSTORFER, Die genossenschaftliche Verantwortlichkeit, Diss. Zürich 1987, 216).

4. Die Sicherungsfunktion und der Konkursverlust als Nachschussauslösungsgrund

5 Auch **im Konkurs** der Genossenschaft steht der Geltendmachung der Nachschusspflicht nichts entgegen. Laut Art. 871 Abs. 4 können Nachschüsse nämlich *jederzeit eingefordert* werden. Allerdings obliegt dies bei Konkurs der Genossenschaft der **Konkursverwaltung** (N 1). Somit *handelt* Letztere wohl *im wirtschaftlichen Interesse der Gläubiger, in juristischer Hinsicht jedoch vertritt sie nicht diese, sondern die Genossenschaft.* Demgemäss ist die Nachschusspflicht auch im Konkurs Schuldverpflichtung der Genossenschafter gegenüber der Genossenschaft (Art. 869 N 15). Nach dem Zusammenbruch der Gesellschaft ändert sich aber der Zweck der Nachschusspflicht insofern, als sie nicht mehr der Erhaltung der Genossenschaft dienen kann, sondern lediglich noch die **Minderung der Konkursverluste** zu bewirken vermag. Somit werden die Nachschüsse nicht mehr für den Bilanzverlust geltend gemacht; relevant ist vielmehr nur noch der **Konkursverlust.** Offensichtlich tritt damit die **Sicherungsfunktion** der Nachschusspflicht derart in den Vordergrund, dass in wirtschaftlicher Hinsicht die Parallelen zur Haftung nicht zu verkennen sind (NIGG, 46 f. m.w.Nw.; Art. 869 N 12 f.). Zur allfälligen Beeinträchtigung der Sicherungsfunktion durch die Bilanzverlustdeckungspflicht s.o. Art. 869 N 14.

II. Entstehung, Beendigung und Veränderung der Nachschusspflicht

Vgl. dazu Art. 869 N 7 f., 16.

III. Umfang der Nachschusspflicht

1. Allgemeines

Die Nachschusspflicht kann entweder **beschränkt** (Abs. 2) oder **unbeschränkt** (Abs. 1) ausgestaltet werden. Die beschränkte wie die unbeschränkte Nachschusspflicht ist jedoch in den Statuten ausdrücklich anzuordnen. Ist daraus aber nicht ersichtlich, ob die Belastung beschränkt oder unbeschränkt gelten soll, so ist stets die unbeschränkte Variante anzunehmen (Art. 869 N 17; MAYER, 43).

2. Beschränkungsmöglichkeiten der Nachschusspflicht i.S.v. Abs. 2

Im Unterschied zur Haftung, wo das Gläubigerinteresse wegen der Sicherungsfunktion im Vordergrund steht, ist bei der Auslegung von Abs. 2 auch den Interessen der Genossenschaft und ihrer Mitglieder gehörig Beachtung zu schenken, dienen doch die Nachschüsse ausserhalb des Konkurses der Deckung von Bilanzverlusten (N 2 f.). Es ist jedoch nicht zu verkennen, dass sich die Nachschusspflicht im Konkursfall in wirtschaftlicher Hinsicht überhaupt nicht und in rechtlicher Beziehung nur theoretisch von der Haftung unterscheidet (N 5). Um aber den Gläubigerinteressen auch für den Konkursfall gerecht zu werden, geht es nicht an, die Nachschusspflicht nach anderen als den im Gesetz genannten Limitierungskriterien zu begrenzen. Mit der **Beschränkung im Verhältnis zu den Genossenschaftsanteilen** und jener auf einen **bestimmten Betrag** sowie der Begrenzung **im Verhältnis zu den Mitgliederbeiträgen** bietet Abs. 2 den Gläubigern die nötigen Anhaltspunkte, um die Kreditwürdigkeit einer Genossenschaft beurteilen zu können, sollen doch die Gläubiger auf einfache und klare Beschränkungsverhältnisse vertrauen dürfen. Indem für die Nachschusspflicht – im Gegensatz zur Haftung – auch noch die Beschränkung im Verhältnis zu den Mitgliederbeiträgen vorgesehen wird, trägt das Gesetz auch den Bedürfnissen der Genossenschaft Rechnung. Das Interesse der Genossenschaften nach differenzierter Abstufung findet somit zumindest indirekt Beachtung, und zwar insofern, als die Mitgliederbeiträge meistens nach der Benutzung der Genossenschaftseinrichtungen abgestuft werden (BERNHEIMER, 90 f.). In *Berücksichtigung der Gläubigerinteressen* lässt sich zusammenfassend Folgendes festhalten: *Die begrenzte Zahl der Beschränkungskriterien von Abs. 2 legt den Schluss nahe, dass andere als im Gesetz aufgelistete Limitierungsmöglichkeiten als unzulässig zu betrachten sind* (NIGG, 57; MAYER, 43; TANNER, 60 f.; **a.M.** REYMOND, SPR VIII/5, 158; BERNHEIMER, 90 f.; KUMMER, 123 ff.).

IV. Nachschusspflicht und Solidarität

1. Grundsätzliches und Wirkungen des Umlageverfahrens

Vgl. zur Begründung der Solidarität bei beschränkter und unbeschränkter Nachschusspflicht Art. 870 N 6 f. und zu den Wirkungen der Solidarität im Umlageverfahren Art. 869 N 20 und Art. 873 N 21.

2. Solidarität ausserhalb des Konkurses

10 Treten Bilanzverluste auf, so hat das zuständige Genossenschaftsorgan die Verteilung der erforderlichen Nachschüsse gemäss statutarischer oder gesetzlicher Regelung vorzunehmen (BERNHEIMER, 93; KUMMER, 131; TANNER, 64; NIGG, 62; **a.M.** MAYER, 76, welcher die Auffassung vertritt, dass bei Fortdauer der Genossenschaft die allgemeinen Vorschriften der Art. 143 ff. zur Anwendung kämen, es sei denn, die Statuten sähen die für den Konkurs geltende Regelung vor).

Sind einzelne Genossenschafter nicht in der Lage, für den vollen Nachschussbetrag aufzukommen, so hat die Genossenschaft, sofern die Statuten eine *solidarische* Nachschusspflicht vorsehen, die *Ausfälle auf die übrigen zahlungsfähigen* Genossenschafter umzulegen (analoge Anwendung von Art. 873 Abs. 2 und Art. 17 GenV). Wenn dagegen die Verpflichtung nicht solidarisch, sondern *anteilmässig* ausgestaltet ist, findet *keine zweite Umlage* statt; mithin verfallen die uneinbringlichen Beträge zulasten der Genossenschaft. Während der Existenz der Genossenschaft steht einer erneuten Geltendmachung der Fehlbeträge nichts entgegen, kann doch das zuständige Organ bei Vorliegen von Bilanzverlusten jederzeit Nachschüsse verlangen. Somit macht es faktisch keinen Unterschied, ob der Fehlbetrag unter dem Titel einer erneuten Nachschussforderung oder unter jenem der zweiten Umlage erhoben wird. Demzufolge ist der *Stellenwert der Solidarität der Nachschusspflicht ausserhalb des Konkurses als gering* zu veranschlagen (NIGG, 62 f.; TANNER, 64).

V. Die Verteilungsordnung bei der Nachschusspflicht

11 Zur Abgrenzung von Beschränkung und Verteilung s.o. Art. 869 N 18.

12 Der Gesetzgeber hat für die *Nachschusspflicht* – im Gegensatz zur Haftung (Art. 869 N 22) – unter starker Berücksichtigung ihrer *Bilanzverlustdeckungsfunktion* ausdrücklich eine *freiere Verteilungsordnung* vorgesehen; für die Haftung dagegen fehlt eine entsprechende Bestimmung bzw. ein Hinweis auf statutarische Freiheit (kritisch zu dieser uneinheitlichen Lösung, da der Funktion der Nachschusspflicht im Konkurs zu wenig Beachtung geschenkt werde, NIGG, 65 m.w.Nw.) Offensichtlich hat für den Gesetzgeber dabei die unterschiedliche Interessenlage des Gläubigers im Konkurs und ausserhalb desselben eine entscheidende Rolle gespielt. Nur so erklärt sich nämlich, dass für die Nachschussverteilung gemäss Art. 871 Abs. 3 **in erster Linie** die **Statuten** massgebend sind. Sehen diese aber keinen Verteilungsmassstab vor, so greift die **gesetzliche Ordnung** i.S.v. Abs. 3 Platz, wonach die Repartierung der Nachschüsse nach dem Betrag der **Genossenschaftsanteile** oder, wenn solche nicht bestehen, nach **Köpfen** zu erfolgen hat (Näheres zur Verteilung bei der Nachschusspflicht s. MAYER, 74 ff.).

13 Selbstredend hat der Grundsatz der Gleichbehandlung i.S.v. Art. 854 für die Verteilung ganz generell Geltung. Besondere Berücksichtigung verdient er aber bei der Nachschusspflicht dann, wenn der Repartierungsschlüssel von Abs. 3 durch die **Statuten** bestimmt wird. Es ist diesfalls i.S. der **relativen Gleichbehandlung** speziell darauf zu achten, dass *die Verteilung gleichmässig, d.h. nach einem sachlich gerechtfertigten Massstab, vorgenommen wird* (Art. 854 N 7 ff.; vgl. dazu auch MAYER, 75 f.; KUMMER, 132 f.; BERNHEIMER, 91 f.).

14 Der *Gleichbehandlungsgrundsatz wird durch das Solidaritätsprinzip relativiert,* indem ausfallende Beträge bei solidarischer Verpflichtung auf die übrigen zahlungsfähigen Genossenschafter verteilt werden, was letzten Endes zu einer ungleichen Behandlung führt. Immerhin kommt das Gleichbehandlungsprinzip insoweit zur Anwendung, als

bei weiteren Umlagen der Repartierungsschlüssel wiederum zu berücksichtigen ist (NIGG, 66 m.w.Nw.).

Art. 872

d. Unzulässige Beschränkungen	Bestimmungen der Statuten, welche die Haftung auf bestimmte Zeit oder auf besondere Verbindlichkeiten oder auf einzelne Gruppen von Mitgliedern beschränken, sind ungültig.
d. Restrictions inadmissibles	Ne sont pas valables les dispositions statutaires qui limitent la responsabilité à une période déterminée ou à la garantie d'engagements spéciaux, ou à certaines catégories d'associés.
d. Limitazioni inammissibili	Non sono valide le disposizioni statutarie che limitano la responsabilità ad un periodo determinato od a speciali obblighi o la restringono a talune categorie di soci.

Literatur

Vgl. die Literaturhinweise zu Art. 868.

I. Die Frage der Anwendbarkeit von Art. 872 auf die Nachschusspflicht

Vorab zur Bedeutung dieser Frage: Da die Aufzählung der Beschränkungsmöglichkeiten in Art. 871 Abs. 2 gemäss obiger Folgerung (Art. 871 N 8) als abschliessend zu betrachten ist, kommt dem Problem der Anwendbarkeit von *Art. 872* ein *sehr geringer Stellenwert* zu. 1

Dennoch stellt sich die Frage, ob sich Art. 872 auch auf die Nachschusspflicht bezieht, obschon in dieser Bestimmung nur von «Haftung» die Rede ist. Schon aus dem einfachen Grund, dass das Gesetz den Ausdruck «Haftung» als Oberbegriff verwendet, der die persönliche Haftung und die Nachschusspflicht umfasst (vgl. die Marginalie zu Art. 869 ff.), ist diese Frage zu bejahen. 2

Hinzu kommen aber noch weitere Gründe: Da auch die Nachschusspflicht die Aufgabe hat, Konkursverluste zu decken (Art. 871 N 5), ist nicht einzusehen, weshalb das in Art. 872 ausgesprochene Verbot nur auf die Haftung Anwendung finden soll. Im Hinblick auf den Konkurs der Genossenschaft ist der Gläubiger bei allen Belastungsarten daran interessiert, die ihm Sicherheit bietende Summe zu kennen (NIGG, 57; TANNER, 61; **a.M.** KUMMER, 124–126).

Es ist auch nicht zu vermuten, dass Art. 872 eine Ausnahme vom Gleichbehandlungsprinzip zugunsten der Nachschusspflicht begründet, denn unklare Gesetzesvorschriften sind stets i.S. dieses Grundsatzes auszulegen (BERNHEIMER, 88).

Fände für die Beschränkung der Nachschusspflicht die Verbotsnorm von Art. 872 nicht Beachtung, so würde die Auflistung der Begrenzungsmöglichkeiten in Art. 871 Abs. 2 jeglichen Sinns entleert. Betrachtet man aber die klare Festlegung der Beschränkungskriterien in Art. 871 Abs. 2, so ist nicht daran zu zweifeln, dass daneben für andere Limitierungsmöglichkeiten kein Raum gelassen werden wollte (Art. 871 N 8).

Aus den dargelegten Gründen hat die Verbotsnorm von *Art. 872 auch für die Nachschusspflicht Geltung* (gl.M. AB-YBERG, 39; GERWIG, 277; BERNHEIMER, 88; TANNER,

61; **a.M.** ZK-Gutzwiller, N 2 f., Art. 874 N 5; Kummer, 125 f.; Mayer, 24, 36; vgl. ferner für w.Nw. Nigg, 58 Anm. 109).

II. Die Bedeutung von Art. 872 für Haftung und Nachschusspflicht

3   Wie schon bemerkt (N 1), darf die Bedeutung dieser Norm weder bezüglich der Haftung noch hinsichtlich der Nachschusspflicht überschätzt werden. Wie ebenfalls bereits festgestellt (Art. 870 N 4, 871 N 8), sind nämlich Art. 870 Abs. 1 f. sowie Art. 871 Abs. 2 einer ausdehnenden Auslegung nicht zugänglich, weshalb Art. 872 als überflüssig erscheinen mag. Im Gegensatz zu den in Art. 872 aufgezählten unzulässigen Beschränkungstypen, handelt es sich bei den in Art. 870 Abs. 1 f. sowie Art. 871 Abs. 2 genannten Kriterien lediglich um Varianten der einzig zulässigen Beschränkungsart, nämlich jener auf einen Kapitalbetrag. Nur das – und nicht mehr – wird in Art. 872 verdeutlicht, indem alle weiteren Beschränkungskategorien – seien es solche der Zeit oder der Person – durch eine beispielhafte Aufzählung für unzulässig erklärt werden (vgl. Nigg, 58 f. m.w.Nw.).

Art. 873

e. Verfahren im Konkurs

¹ Im Konkurs einer Genossenschaft mit persönlicher Haftung oder mit Nachschusspflicht der Genossenschafter hat die Konkursverwaltung gleichzeitig mit der Aufstellung des Kollokationsplanes die auf die einzelnen Genossenschafter entfallenden vorläufigen Haftungsanteile oder Nachschussbeträge festzustellen und einzufordern.

² Uneinbringliche Beträge sind auf die übrigen Genossenschafter im gleichen Verhältnis zu verteilen, Überschüsse nach endgültiger Feststellung der Verteilungsliste zurückzuerstatten. Der Rückgriff der Genossenschafter unter sich bleibt vorbehalten.

³ Die vorläufige Feststellung der Verpflichtungen der Genossenschafter und die Verteilungsliste können nach den Vorschriften des Schuldbetreibungs- und Konkursgesetzes vom 11. April 1889 durch Beschwerde angefochten werden.

⁴ Das Verfahren wird durch eine Verordnung des Bundesgerichts geregelt.

e. En cas de faillite sociale

¹ En cas de faillite d'une société dont les membres répondent individuellement des engagements sociaux ou sont tenus d'opérer des versements supplémentaires, l'administration de la faillite fixe et réclame, en même temps qu'elle dresse l'état de collocation, les sommes dont répond provisoirement chacun des associés ou le montant de leurs versements supplémentaires.

² Les sommes non recouvrables se répartissent dans la même proportion entre les autres associés et le solde actif est restitué après l'établissement définitif du tableau de distribution. Demeure réservé le recours des associés les uns contre les autres.

³ Le règlement provisoire des obligations incombant aux associés et l'établissement du tableau de distribution peuvent être l'objet d'une plainte conformément aux dispositions de la loi fédérale du 11 avril 1889 sur la poursuite pour dettes et la faillite.

⁴ Une ordonnance du Tribunal fédéral déterminera la procédure à suivre.

4. Abschnitt: Rechte und Pflichten der Genossenschafter **Art. 873**

e. Procedura nel fallimento

¹ In caso di fallimento d'una società cooperativa i cui membri rispondono personalmente degli obblighi sociali o sono tenuti ad eseguire versamenti suppletivi, l'amministrazione del fallimento deve, mentre forma la graduatoria, determinare provvisoriamente ed esigere le somme dovute dai singoli soci a dipendenza della loro responsabilità per le obbligazioni sociali o a titolo di versamenti suppletivi.

² Le somme che non si possono riscuotere devono essere ripartite nella stessa proporzione tra gli altri soci; le somme riscosse in troppo sono restituite dopo che lo stato di ripartizione è divenuto definitivo. Rimane riservato il regresso dei soci tra di loro.

³ Contro la determinazione provvisoria degli obblighi dei soci e contro lo stato di ripartizione è ammesso il reclamo in conformità delle disposizioni della legge federale dell'›11 aprile 1889 sulla esecuzione e sul fallimento.

⁴ La procedura sarà stabilita da un'ordinanza del Tribunale federale.

Literatur

Vgl. die Literaturhinweise zu Art. 868.

I. Allgemeines. Vorteile der Zurückdrängung des selbständigen und direkten Vorgehens der Gläubiger (Einzelangriff) und des Regresses durch das Umlageverfahren

Statt durch die individuelle Geltendmachung der Haftung nach Beendigung des Konkursverfahrens, erfolgt die Haftungsrealisierung seit der Revision von 1936 bereits durch die Konkursverwaltung (Art. 869 Abs. 2, 870 Abs. 3, 873). Dadurch werden *Einzelangriff* (Art. 878 N 1 ff.) *und Regress* (Art. 878 N 5 ff.) *zurückgedrängt*. Dieses Ziel wurde erreicht, indem durch die Konkursverwaltung schon im Anfangsstadium des Konkurses eine einheitliche und organisierte Belangung der Genossenschafter gewährleistet werden konnte (NIGG, 129, 131 m.w.Nw.). Dem Konkursverlust als Haftauslösungsgrund (Art. 869 N 4) steht dabei nicht entgegen, dass in diesem Anfangsstadium laut Art. 16 Abs. 1 GenV Haftungsbeiträge zu leisten sind, die gemäss dem provisorischen Verteilungsplan vorerst nur zur Deckung des *mutmasslichen Konkursverlustes* dienen; der *Ausfall* im Konkurs steht ja jedenfalls fest, lediglich dessen Höhe lässt sich noch nicht genau bestimmen.

Das Umlageverfahren wirkt sich für die *Gläubiger positiv* aus. Indem die Konkursverwaltung für die Gläubiger bereits im Genossenschaftskonkurs die Haftung geltend macht, erfahren diese schon während des Konkursverfahrens eine unmittelbare Besserstellung (Art. 878 N 10). Demgegenüber ist die Verbesserung der Rechtslage der *Genossenschafter* im Verlauf des Umlageverfahrens weniger offensichtlich. Immerhin gereicht diesen das Umlageverfahren durch seine blosse Existenz zum **Vorteil.** Dies insofern, als bei solidarischer Verpflichtung durch eine erneute Umlage uneinbringlicher Beträge auf zahlungsfähige Genossenschafter Rückgriffe weitgehend ausgeschlossen werden können. Eine Relativierung erfährt dieser Vorzug allerdings dann, wenn die Konkursverwaltung nach Art. 18 Abs. 1 GenV Beiträge, deren Betreibung den Abschluss des Verfahrens verzögern würde, in einem zusätzlichen Verteilungsplan auf die übrigen Genossenschafter umlegt (N 21 sowie Art. 878 N 6 und 11). Positiv wirkt sich das Umlageverfahren indessen auch bei anteilmässiger Haftung auf die Genossenschafter aus, fallen doch Einzelangriffe (Art. 878 N 1 ff.) – wenn überhaupt – erst nach durchgeführtem Genossenschaftskonkurs in Betracht.

II. Haftung und Nachschusspflicht im Umlageverfahren

2   Wie bereits festgestellt (Art. 869 N 15), leitet die Konkursverwaltung ihre **Einforderungsberechtigung** bei der Nachschusspflicht von der Genossenschaft, bei der Haftung dagegen von den Gläubigern ab. Demnach vertritt sie im ersten Fall die Konkursmasse, während sie im zweiten als Vertreterin der Gesamtheit der Gläubiger handelt. Diese in der strukturellen Verschiedenheit von Haftung und Nachschusspflicht gründende Differenzierung findet denn auch darin Ausdruck, dass die Beträge der Nachschussumlage selbstverständlich in das Massevermögen fallen, jene der Haftungsumlage hingegen eine besondere Masse bilden (N 6, 25). Abgesehen von Besonderheiten, wie sie z.B. in Art. 8 und Art. 10 GenV normiert sind, trägt die GenV diesen Unterschieden indessen keine Rechnung, sondern *unterstellt die Einforderung der Beträge aus Haftungs- wie Nachschussverpflichtung den gleichen Vorschriften* (vgl. etwa N 6). Demzufolge werden auch die im Rahmen des Umlageverfahrens einzuziehenden Beiträge der haftpflichtigen Genossenschafter *wie* Masseforderungen behandelt (Nigg, 130 f. m.w.Nw.).

Angemerkt sei noch, dass die Konkursverwaltung bei Genossenschaften, welche Haftung und Nachschusspflicht kumuliert haben, zuerst die Nachschüsse einzufordern hat. Ergibt sich dann noch ein Ausfall, so ist dieser aufgrund der Haftpflicht der Genossenschafter umzulegen (vgl. Art. 10 GenV; N 16).

III. Das Umlageverfahren als Teil des Konkursverfahrens

1. Bedeutung der Beschwerde nach Art. 17 ff. SchKG

3   Art. 1 GenV legt fest, dass, sofern über eine Genossenschaft mit persönlicher Haftung oder mit Nachschusspflicht der Genossenschafter der Konkurs eröffnet wird, die Geltendmachung der Haftungsanteile oder Nachschüsse einen Teil des Konkursverfahrens bildet. Die Bedeutung dieser Bestimmung liegt zunächst darin, dass Gläubigern wie Genossenschaftern nebst der Umlagebeschwerde (N 18 f.) auch die (gewöhnliche) **Beschwerde i.S.v. Art. 17 ff. SchKG** zustehen muss. So ist auch der Genossenschafter zur Beschwerde nach Art. 17 ff. SchKG legitimiert, wenn er durch eine betreibungsrechtliche Verfügung oder Unterlassung in seinen Rechten betroffen ist und ein eigenes Interesse an der Aufhebung, Änderung oder Vornahme einer bestimmten Verfügung hat (Nigg, 129 f. m.w.Nw.).

2. Das Abtretungsverbot gemäss Art. 4 Abs. 4 GenV

4   Nach dieser Vorschrift ist die **Abtretung** des Anspruchs aus der Haftung oder Nachschusspflicht der Genossenschafter **i.S.v. Art. 260 SchKG nicht zulässig.** Da das Gesetz das Umlageverfahren zwingend vorschreibt und damit den Einzelangriff erst nach Abschluss des Genossenschaftskonkurses ermöglicht, müsste das besagte Verbot nicht einmal in einer Norm ausdrücklich festgehalten werden, denn es ist offenkundig, dass eine solche Zession der Natur des Umlageverfahrens geradezu zuwiderläuft (Nigg, 137 m.w.Nw.).

3. Die Kompetenzen der Konkursverwaltung

5   Die grundlegende Kompetenz zur *Geltendmachung der Haftungsanteile:* Aus der Berechtigung, anstelle der Gläubiger die Haftungsanteile einzufordern (Art. 873 Abs. 1), ergeben sich für die Konkursverwaltung zahlreiche *Einzelkompetenzen*, welche in der GenV geregelt werden (vgl. etwa Art. 16 Abs. 1 Satz 2, Art. 18 Abs. 1 GenV).

4. Abschnitt: Rechte und Pflichten der Genossenschafter   6–10 Art. 873

Die Kompetenz zum Abschluss von **Vergleichen:** Nach Art. 4 Abs. 1 GenV kann die   6
Konkursverwaltung mit Zustimmung der Gläubiger nach Aufstellung des provisorischen
Verteilungsplanes über Haftung oder Nachschusspflicht aller oder einzelner Genossenschafter Vergleiche abschliessen. Weil das der Konkursverwaltung gemäss Art. 240
SchKG eingeräumte Prozessführungsrecht den Abschluss eines Vergleichs ohnehin einschliesst, ist diese von Art. 4 Abs. 1 GenV genannte Befugnis in Bezug auf die Nachschusspflicht nichts Aussergewöhnliches, bilden doch die Nachschussforderungen Ansprüche der Konkursmasse. Bemerkenswert ist hingegen, dass der Konkursverwaltung
durch Art. 4 Abs. 1 GenV hinsichtlich der Haftung ebenfalls eine über die blosse Geltendmachung hinausgehende Kompetenz zugestanden wird (N 2, Art. 869 N 15).

Diese Kompetenzfülle erfordert *Kontroll- und Korrekturmöglichkeiten:* Zur Wahrung   7
der Gläubigerinteressen sieht Art. 4 Abs. 1 und 2 GenV vor, dass der Abschluss von
Vergleichen der Zustimmung der Gläubigerversammlung bedarf. Da die Beschlüsse der
Gläubigerversammlung mit einfachem Stimmenmehr gefasst werden, erklärt Art. 4
Abs. 3 GenV die Beschwerde i.S.v. Art. 17 ff. SchKG für jene Gläubiger, die nicht zugestimmt haben, als zulässig. Für die Gläubiger ist dieses Beschwerderecht v.a. bei anteilmässig ausgestalteter Haftung von Belang, kann doch ein allfälliger Fehlbetrag nicht
einfach auf die solventen Mitgenossenschafter umgelegt werden (Näheres bei NIGG,
138 f.).

Schliesst die Konkursverwaltung in Ausübung der Gläubigerrechte mit einem Genos-   8
senschafter einen Vergleich ab, so kann damit einzig die Entlastung des in Frage stehenden Gesellschafters bewirkt werden. Bei *solidarischer* Haftung bedeutet dies jedoch,
dass der dadurch anfallende Fehlbetrag von der Konkursverwaltung auf die übrigen Genossenschafter umzulegen ist (NIGG, 139 m.w.Nw.). Diese Entlastung muss für den betreffenden Genossenschafter aber nicht nur während, sondern auch *nach Abschluss* des
Genossenschaftskonkurses Geltung haben. Demnach ist es den Mitgenossenschaftern
nach durchgeführtem Umlageverfahren verwehrt, den durch den Vergleich bedingten
Ausfall auf dem Wege des Rückgriffs geltend zu machen (Art. 878 N 8). Müsste der
durch den Vergleich entlastete Genossenschafter nachträglich seinen Mitgesellschaftern
gegenüber für seinen ganzen Anteil einstehen, so würde der Vergleich seine praktische
Wirkung einbüssen. Mit der Beschwerdemöglichkeit i.S.v. Art. 4 Abs. 3 GenV (N 7)
wird den Schutzbedürfnissen der Mitgenossenschafter Genüge getan, weshalb *ein mit
der Konkursverwaltung abgeschlossener Vergleich auch gegenüber den übrigen Gesellschaftern volle Wirksamkeit entfaltet* (gl.M. AB-YBERG, 141 f.; **a.A.** MÜLLER, 98).

IV. Der Verlauf des Umlageverfahrens

1. Erste Verfahrensschritte. Möglichkeiten des Umlageverfahrens

Das Konkursverfahren für Genossenschaften mit Nachschusspflicht bzw. mit beschränk-   9
ter oder unbeschränkter Haftung beginnt mit der Aufstellung der *Liste aller Leistungs-
pflichtigen* (Art. 877 N 5). Nach Art. 2 GenV hat die Konkursverwaltung diese Liste anhand des beim Handelsregister liegenden Verzeichnisses (Art. 877 N 1 ff.) und der
Protokolle anzufertigen. In besagter Liste sind alle *gegenwärtigen* sowie die *früheren
Genossenschafter* zu berücksichtigen, die durch Tod oder in anderer Weise ausgeschieden sind, jedoch *nach Art. 876 noch* für die Verbindlichkeiten der Genossenschaft persönlich *haften* oder dieser gegenüber noch *nachschusspflichtig* sind.

Kann bei der Genossenschaft kein in die Masse gehörendes Vermögen vorgefunden   10
werden und genügen voraussichtlich auch die von den haft- oder nachschusspflichtigen

Genossenschaftern erhältlichen Beträge nicht, um die Kosten der Durchführung des ordentlichen oder summarischen Konkursverfahrens zu decken, so hat das Konkursamt dem Konkursgericht Anzeige zu erstatten. Sodann beschliesst Letzteres die *Einstellung des Konkursverfahrens* (vgl. Art. 3 Abs. 1 GenV, Art. 230 Abs. 1 SchKG). Verlangt aber ein Gläubiger die Durchführung des Konkursverfahrens, dann hat er für die Kosten hinreichende Sicherheit zu leisten; dazu sind auch diejenigen Auslagen zu rechnen, die aus der Eintreibung der Haftungsanteile oder Nachschüsse der Genossenschafter entstehen werden (Art. 3 Abs. 2 GenV).

11 Selbst dann, wenn *kein Massevermögen* vorgefunden wird, hat die *Geltendmachung* der Nachschüsse und der Haftungsanteile auf dem Wege des *Umlageverfahrens* zu erfolgen. Wird jedoch vom Konkursgericht die Einstellung des Konkursverfahrens beschlossen, so bleibt es den Gläubigern nicht verwehrt, die haftpflichtigen Genossenschafter mittels *Einzelangriffs* in Anspruch zu nehmen (Art. 878 N 1–4, 9 f.).

12 Da die haft- und nachschusspflichtigen Genossenschafter für den Konkursverlust ohnehin einzustehen haben, haben sie alles Interesse daran, dass die Konkursmasse möglichst gross, die Ausfälle im Konkurs hingegen möglichst gering gehalten werden. Diese Interessenlage wird in Art. 5 GenV berücksichtigt, wonach *zur Masse gehörende Rechtsansprüche,* auf deren Geltendmachung die Gesamtheit der Gläubiger verzichtet und deren Abtretung gemäss Art. 260 SchKG kein Gläubiger verlangt, den *haft- und nachschusspflichtigen Genossenschaftern zur Geltendmachung anzubieten* sind, falls die Genossenschaft selbst zu deren Verfolgung legitimiert wäre. Das Ergebnis einer erfolgreichen Durchsetzung kommt nach Abzug der Kosten den betreffenden Genossenschaftern zugute, und zwar bis zur Deckung ihrer Haftungsanteile oder Nachschüsse. Ergibt sich dann noch ein Überschuss, so wird dieser gemäss Art. 19 Abs. 2 GenV auf sämtliche Genossenschafter verteilt (Art. 5 Abs. 2 GenV).

2. Kollokations- und provisorischer Verteilungsplan

a) Anfechtung des Kollokationsplans

Hiezu sind folgende Besonderheiten hervorzuheben (Näheres dazu bei NIGG, *142 f.):*

13 Da nicht nur die Gläubiger, sondern auch die haft- und nachschusspflichtigen Genossenschafter ein Interesse daran haben, dass unberechtigte Forderungen abgewiesen werden, verleiht Art. 6 Abs. 2 GenV *den Genossenschaftern* ebenfalls das *Recht, Kollokationsklage* zu erheben. Deshalb ist gemäss Art. 6 Abs. 1 GenV jedem Genossenschafter unter Hinweis auf dieses Klagerecht die Auflage des Kollokationsplans durch eingeschriebenen Brief mitzuteilen. Wegen der eben genannten Interessen der Genossenschafter ist offenkundig, dass nicht die Konkursmasse, sondern der betreffende *Gläubiger passivlegitimiert* ist, steht doch dessen Forderung und nicht eine solche des Genossenschafters in Frage. Somit hat sich die Klage gegen den Gläubiger zu richten, dessen zugelassene Forderung angefochten wird (ebenso AB-YBERG, 142; MÜLLER, 76).

14 Im Unterschied zum Gläubiger kann der *Genossenschafter* laut Art. 6 GenV *nur den Bestand einer Forderung,* nicht jedoch auch den einem Gläubiger zugewiesenen Rang *bestreiten.* Demnach kann der Genossenschafter innerhalb von zehn Tagen seit Empfang besagter Anzeige den Bestand der kollozierten Forderung anfechten.

Wird die Klage des Genossenschafters gutgeheissen, so ist der Kollokationsplan mit Wirkung für alle Genossenschafter abzuändern. Dringt der Genossenschafter im Prozess jedoch nicht durch, bleibt die Forderung weiterhin kolloziert.

b) Der provisorische Verteilungsplan

Grundlage des provisorischen Verteilungsplans bilden einerseits der Kollokationsplan und andererseits das Konkursinventar. Gestützt darauf hat die Konkursverwaltung den *maximal zu erwartenden Konkursverlust* zu berechnen. Bei der Feststellung der Passiven sind demnach die Konkurskosten, die Forderungen, welche Gegenstand von Kollokationsklagen bilden sowie bedingte Forderungen in vollem Betrage zu berücksichtigen. Streitige Masseansprüche werden den Aktiven nicht zugezählt (vgl. Art. 7 GenV). Im Gegensatz zu Art. 873 Abs. 1, wonach *gleichzeitig* mit der Aufstellung des Kollokationsplans auch schon die auf die einzelnen Genossenschafter entfallenden vorläufigen Haftungsanteile festzustellen und einzufordern sind, ist die in Art. 7 GenV getroffene Lösung zweckmässiger. Danach ist nämlich der mutmassliche Konkursausfall erst zu berechnen, nachdem die Frist zur Anfechtung des Kollokationsplans abgelaufen ist (gl. M. AB-YBERG, 136 Anm. 2; MÜLLER, 77 f.). 15

Hat die Konkursverwaltung den maximal zu erwartenden Konkursausfall berechnet, so legt sie ihn in einem provisorischen Verteilungsplan auf die haft- und nachschusspflichtigen Genossenschafter um. Dabei gilt es, Folgendes zu berücksichtigen: 16

– zur Beachtung der jeweils geltenden Verteilungsordnung vgl. Art. 8 GenV;
– zum Beizug der Verpflichtungen ausgeschiedener Genossenschafter i.S.v. Art. 876 vgl. Art. 8 Abs. 3 GenV (s.a. Art. 876 N 7, 11);
– zu den Verpflichtungsbeschränkungen i.S.v. Art. 874 Abs. 3 vgl. Art. 9 GenV (Art. 874 N 4);
– zur Umlage bei Kumulation von Haftung und Nachschusspflicht vgl. Art. 10 GenV.

Zur Planauflage, Vollstreckbarkeit und Wirkungen der Beschwerdeeinreichung sind folgende Bestimmungen der GenV heranzuziehen (Näheres hiezu bei NIGG, 145 f.): 17

– zur Planauflage vgl. Art. 11 Abs. 1 f. GenV;
– zur Vollstreckbarkeit bei (unbenütztem) Ablauf der Beschwerdefrist vgl. Art. 12 Abs. 1 GenV;
– zur Vollstreckbarkeit bei Abweisung der Beschwerde vgl. Art. 12 Abs. 2 GenV;
– bei Gutheissung der Beschwerde ist gemäss Art. 15 GenV vorzugehen.

Umlagebeschwerde: 18

– Die *Beschwerdegründe* werden in Art. 13 GenV genannt. Dazu ist hervorzuheben, dass mit der Umlagebeschwerde nicht nur Einwände gegen die Verfahrenstätigkeit der Konkursverwaltung erhoben werden können, sondern auch solche, die den Bestand der Leistungspflicht betreffen (Näheres dazu bei NIGG, 146).
– *Gegenstand der Beschwerde* ist der Verteilungsplan, sei dieser nun provisorischer oder definitiver Natur. Dass mit der Beschwerde nur Rügen, die sich auf den Verteilungsplan beziehen, erhoben werden können, macht ihre Singularität geradezu aus.
– *Aktivlegitimation:* Durch den Verteilungsplan können *Gläubiger wie Genossenschafter* in ihren Rechten betroffen sein, weshalb er von beiden während einer Frist von zehn Tagen angefochten werden kann. Ein Unterschied besteht jedoch hinsichtlich des Beginns der Beschwerdefrist (vgl. Art. 11 Abs. 2 f. GenV).
– Massgebend für die *Passivlegitimation* ist die Art der geltend gemachten Beschwerdegründe. Im Gegensatz zur gewöhnlichen SchKG-Beschwerde ist die Umlagebe-

schwerde gegen die Konkursverwaltung und, wenn damit die Weglassung oder die zu geringe Belastung beitragspflichtiger Genossenschafter gerügt wird, ausserdem gegen diese zu richten (Art. 14 Abs. 1 GenV). Genossenschafter sind auch in den von Art. 14 Abs. 2 GenV genannten Fällen passivlegitimiert.

– Gemäss Art. 14 Abs. 7 GenV wirkt der Beschwerdeentscheid im Verteilungsverfahren für und gegen alle Genossenschafter. Er gilt aber auch zugunsten und zulasten aller Gläubiger und bleibt nicht auf das Umlageverfahren beschränkt, sondern erstreckt sich bei solidarischer Verpflichtung grundsätzlich auch auf die Regressverhältnisse (NIGG, 148 m.w.Nw.).

19 **Das Umlagebeschwerdeverfahren:** Obschon im Umlageverfahren auch Fragen materiellrechtlicher Natur zu entscheiden sind, ist die Beurteilung der Umlagebeschwerde – gleich wie bei der gewöhnlichen konkursrechtlichen Beschwerde – durch die Aufsichtsbehörden und nicht durch die Gerichte vorzunehmen. Weitere Verfahrensregeln finden sich in den Abs. 3 bis 6 von Art. 14 GenV (Näheres dazu bei NIGG, 148 f.). Das BGer hält eine extensive Auslegung von Art. 14 Abs. 4 GenV entsprechend den zivilprozessualen Grundsätzen über die Tatsachenermittlung für angebracht und betont ausdrücklich, es handle sich diesfalls im Verfahren der Konkursbeschwerde nach Art. 17 ff. SchKG um die Beurteilung zivilrechtlicher Streitigkeiten (BGE 78 III 41).

20 **Einzug der Beiträge:** Sobald die Vollstreckbarkeit des provisorischen Verteilungsplans eintritt, hat die Konkursverwaltung die Beiträge von den Genossenschaftern einzuziehen. Die Eintreibung kann nötigenfalls auf dem Wege der Zwangsvollstreckung erfolgen. Ist jedoch offenkundig, dass keine Zahlung erhältlich ist, kann die Betreibung auch unterbleiben (Art. 16 Abs. 1 GenV; s. ferner Art. 878 N 2). Ob und wann so zu verfahren ist, liegt im Ermessen der Konkursverwaltung.

c) Der zusätzliche Verteilungsplan

21 *Voraussetzungen:* Uneinbringliche Beiträge oder solche, deren Betreibung den Abschluss des Verfahrens übermässig verzögern würde (vgl. dazu auch Art. 16 Abs. 1 GenV; N 20), sind auf die übrigen zahlungsfähigen Genossenschafter umzulegen, wenn die Verpflichtung *solidarisch ausgestaltet* ist oder im Falle beschränkter Haftung oder Nachschusspflicht die *maximale Belastungsgrenze noch nicht erreicht* ist (Art. 18 Abs. 1 GenV). Bezüglich der Solidarität wird deutlich, dass sich ihr Wesen erst nach einer ersten anteilmässigen Umlage äussert. Im eben angesprochenen Sinne erfährt die Solidarität somit eine Abschwächung (Art. 869 N 20).

22 Weiterhin zu beachtende Grundsätze werden in Abs. 2 und 3 von Art. 18 GenV angesprochen. In Art. 18 Abs. 4 GenV wird die *Aufstellung mehrerer Zusatzpläne* geregelt. Für die *Anfechtung* der Zusatzpläne gelten grundsätzlich die gleichen Bestimmungen wie für den provisorischen Verteilungsplan (vgl. Art. 18 Abs. 3 GenV; NIGG, 150 m.w.Nw.).

3. Der definitive Verteilungsplan

23 Nach Art. 19 Abs. 1 GenV hat die Konkursverwaltung, sobald die Verteilungsliste im Konkurs definitiv ist (vgl. Art. 263 SchKG), den endgültigen Verteilungsplan zu erstellen. Für das weitere Vorgehen vgl. Art. 19 Abs. 1 GenV. Nach Art. 19 Abs. 3 GenV lässt sich eine *Anfechtung* nur noch damit begründen, dass die durch das endgültige Ergebnis der Konkursliquidation bedingten Änderungen der provisorischen Verteilung nicht zutreffend berücksichtigt worden seien.

Zur Berücksichtigung *verspäteter Konkurseingaben* vgl. Art. 22 Abs. 1 GenV.

4. Abschnitt: Rechte und Pflichten der Genossenschafter   Art. 874

Reichen die bereits *erbrachten Leistungen* zur Deckung des Konkursverlustes *nicht aus,* 24
sieht Art. 19 Abs. 1 GenV vor, dass der Fehlbetrag nach der Vorschrift von Art. 18
GenV zu verlegen und im Plan aufzuführen ist. Für die beschränkte, nicht solidarische
Verpflichtung vgl. Art. 20 GenV.

Wenn die *bereits eingegangenen Zahlungen* den Konkursverlust übersteigen, so ist nach
Art. 19 Abs. 2 GenV vorzugehen.

Die Verteilung der Haftungsbeträge: Zu den *Voraussetzungen der Verteilung* der von 25
den Genossenschaftern geleisteten Haftungsanteile oder Nachschüsse an die Gläubiger
im Konkurs vgl. Art. 21 GenV.

Die Gültigkeit der **konkursrechtlichen Rangordnung** *(Art. 219 SchKG) für die Haftungsbeträge:* Da die aufgrund der Haftungsumlage eingezogenen Beträge nicht wie
jene der Nachschussumlage in die Konkursmasse fallen, sondern einen im Mitgliedervermögen stehenden Deckungsfonds bilden, ist unklar, ob die Verteilung der Haftungsbeträge wie jene der Nachschüsse nach der konkursrechtlichen Rangordnung i.S.v.
Art. 219 SchKG vorgenommen werden kann. Obschon Gesetz und Verordnung diese
Frage offen lassen, ist sie zu bejahen. Wie die Konkursmasse dient auch der subsidiäre,
aus den eingezogenen Haftungsbeträgen bestehende Deckungsfonds der Befriedigung
der Gläubiger. Da mit der Haftung ohnehin bezweckt wird, den Gläubigern eine über
die Konkursmasse hinausreichende Sicherheit zu bieten, kann das, was für die Konkursmasse gilt, im Falle des subsidiären Deckungsfonds nicht an Berechtigung verlieren
(ausführlich dazu NIGG, 153 m.w.Nw.; N 2; Art. 869 N 13, 15).

4. Verteilung von nachträglich entdeckten Aktiven und von freiwerdenden Beträgen

Hierüber gibt Art. 24 GenV Auskunft (vgl. auch NIGG, 153 f.). 26

Art. 874

f. Änderung
der Haftungs-
bestimmungen

¹ Änderungen an den Haftungs- oder Nachschussverpflichtungen der Genossenschafter sowie die Herabsetzung oder Aufhebung der Anteilscheine können nur auf dem Wege der Statutenrevision vorgenommen werden.

² Auf die Herabsetzung oder Aufhebung der Anteilscheine finden überdies die Bestimmungen über die Herabsetzung des Grundkapitals bei der Aktiengesellschaft Anwendung.

³ Von einer Verminderung der Haftung oder der Nachschusspflicht werden die vor der Veröffentlichung der Statutenrevision entstandenen Verbindlichkeiten nicht betroffen.

⁴ Die Neubegründung oder Vermehrung der Haftung oder der Nachschusspflicht wirkt mit der Eintragung des Beschlusses zugunsten aller Gläubiger der Genossenschaft.

f. Modification
du régime de la
responsabilité

¹ La responsabilité des associés ou leur obligation d'opérer des versements
supplémentaires ne peuvent être modifiées que par une revision des statuts;
il en est de même de la réduction ou de la suppression de parts sociales.

² Les dispositions concernant la réduction du capital social de la société
anonyme s'appliquent au surplus à la réduction et à la suppression des parts
sociales.

³ L'atténuation de la responsabilité des associés ou de leur obligation d'opérer des versements supplémentaires ne s'applique pas aux dettes nées antérieurement à la publication des statuts révisés.

⁴ La revision des statuts qui a pour objet soit d'introduire, soit d'aggraver la responsabilité des associés ou leur obligation d'opérer des versements supplémentaires profite à tous les créanciers dès qu'elle a été inscrite.

f. Modificazione delle disposizioni sulla responsabilità

¹ Solo mediante una revisione dello statuto, la responsabilità dei soci e il loro obbligo d'eseguire versamenti suppletivi possono essere modificati ed i certificati di quota sociale ridotti o soppressi.

² Le disposizioni riguardanti la riduzione del capitale sociale della società anonima s'applicano altresì alla riduzione e alla soppressione dei certificati di quota.

³ Da una modificazione, che diminuisca la responsabilità o l'obbligo di eseguire versamenti suppletivi, non sono toccati i debiti nati prima della iscrizione della revisione statutaria.

⁴ La modificazione dello statuto che introduce o estende la responsabilità dei soci o il loro obbligo d'eseguire versamenti suppletivi giova a tutti i creditori dal momento della sua iscrizione.

Literatur

Vgl. die Literaturhinweise zu Art. 868.

I. Die Herabsetzung von Haftung und Nachschusspflicht

1. Herabsetzungstatbestände

1 **Verpflichtungsminderungen** stellen dar: die Aufhebung von Haftung und Nachschusspflicht; die Umwandlung einer unbeschränkten in eine beschränkte sowie einer solidarischen in eine anteilmässige Verpflichtung; die weitere Beschränkung einer schon limitierten Verpflichtung. Sodann *kann* auch eine Belastungsminderung eintreten, wenn die Haftung durch die Nachschusspflicht ersetzt wird. Dies ist aber z.B. dann nicht der Fall, wenn an die Stelle einer anteilmässigen Haftung eine solidarisch ausgestaltete Nachschusspflicht tritt.

2 Auch in den eher seltenen Fällen der *Einführung* oder der **Herabsetzung** *des Genossenschaftskapitals* sind Haftungsänderungen denkbar. Grund hiefür ist die zwangsläufig erforderliche Anpassung der Verteilungsordnung (Art. 8 Abs. 1 GenV; Art. 869 N 23 f.), welche bei anteilmässig ausgestalteter Haftung je nach den konkreten Umständen für Gläubiger wie Genossenschafter haftungsmindernd oder -vermehrend wirken könnte (Näheres bei AB-YBERG, 145).

2. Erfordernisse und Konsequenzen der Verpflichtungsminderung

3 Die **Herabsetzung** der Haftungs- und Nachschussverpflichtungen setzt eine *Statutenänderung* voraus. Zur Statutenrevision bedarf es der Zustimmung von zwei Dritteln der abgegebenen Stimmen, sofern die Statuten nicht bereits eine Verschärfung der Bedingungen von Art. 888 Abs. 2 vorsehen. Da es um den Schutz der Genossenschafter bei schwerwiegenden Änderungen geht, kann das Erfordernis von Art. 888 Abs. 2 statutarisch nur verschärft, jedoch nicht abgeschwächt werden (ZK-GUTZWILLER, N 4; VON STEIGER, Grundriss, 113).

Von einer Verminderung von Haftung und Nachschusspflicht werden die Rechte jener 4
Gläubiger nicht betroffen, deren Forderungen vor der Veröffentlichung der Statutenrevision zur Entstehung gelangten (vgl. Abs. 3). Mithin haben für diese **Gläubiger** noch die ursprünglichen statutarischen Regelungen Geltung. Diesen Konsequenzen trägt Art. 9 GenV Rechnung (Art. 873 N 16). Solange die Belastungsminderung nicht kundgetan ist, darf sich der gutgläubige Dritte also auf das Handelsregister verlassen. Hat ein Gläubiger bei der Begründung einer Verbindlichkeit aber von den tatsächlichen Verhältnissen genaue und sichere Kenntnis, so kann ihm diese entgegen gehalten werden, trat er doch trotz des Wissens um eine geringere Haftungs- oder Nachschussverpflichtung mit der Genossenschaft in geschäftlichen Kontakt (vgl. dazu auch Art. 877 N 6 ff.).

II. Die Neubegründung oder Vermehrung von Haftung und Nachschusspflicht

1. Vermehrungstatbestände

Abgesehen davon, dass die **Verpflichtungserhöhung** eine Veränderung in entgegengesetzter Richtung ist, besteht in inhaltlicher Hinsicht kein Unterschied zum Tatbestand 5
der Verpflichtungsminderung (N 1). So stellt die Erhöhung der Belastungssumme bei beschränkter Haftung und Nachschusspflicht genauso eine Verpflichtungsvermehrung dar, wie die Umwandlung einer limitierten und anteilmässigen Verpflichtung in eine solche, die unbeschränkt und solidarisch ausgestaltet ist.

2. Erfordernisse und Wirkungen

Nach Art. 889 Abs. 1 ist zur Einführung oder Vermehrung von Haftung oder Nach- 6
schusspflicht ein **besonders qualifiziertes Mehr** nicht nur der vertretenen, sondern *aller Genossenschafter* erforderlich. Es bedarf hiezu nämlich der Zustimmung von drei Vierteln sämtlicher Mitglieder (kritisch zum besonders qualifizierten Mehr: FRIEDRICH, 110; ZK-GUTZWILLER, Art. 889 N 43). Angesichts der für die Genossenschafter allenfalls erheblichen finanziellen Belastungen, die eine Einführung oder Verschärfung der Haftung oder Nachschusspflicht zur Folge haben können, ist eine statutarische Minderung der Dreiviertelmehrheit unzulässig (BGE 78 III 44; GERWIG, 248; FRIEDRICH, 110; NIGG, 105 m.w.Nw. in Anm. 268).

Anders als die Minderung wirken Neubegründung und Verschärfung von Haftung und 7
Nachschusspflicht mit der Eintragung zugunsten aller **Gläubiger;** mithin gereicht die Belastungsvermehrung auch denjenigen Gläubigern zum Vorteil, deren Forderungen vor der Eintragung des entsprechenden Beschlusses begründet wurden (vgl. Abs. 4; BGE 78 III 45).

3. Das ausserordentliche Austrittsrecht

Genossenschafter, die einem Beschluss i.S.v. Art. 889 Abs. 1 die Zustimmung versagt 8
haben, können gemäss Art. 889 Abs. 2 innert drei Monaten seit dessen Veröffentlichung den **Austritt** erklären. Um dieser Schutzwirkung nicht verlustig zu gehen, hat der Austrittswillige die dreimonatige Verwirkungsfrist einzuhalten und in eigenem Interesse zu belegen, dass er der Haftungseinführung bzw. -verschärfung nicht zugestimmt hat. Dieses Austrittsrecht ist aber auch jenem Genossenschafter zu gewähren, der sich in der entsprechenden Versammlung der Stimme enthalten hat oder nicht anwesend oder nicht vertreten gewesen ist.

Art. 874 9–14 29. Titel: Die Genossenschaft

9 Die Angabe der *Austrittserklärung* kann gegenüber der Genossenschaft oder gemäss Art. 877 Abs. 2 (Art. 877 N 2) beim Handelsregisteramt erfolgen; von Gesetzes wegen ist dafür keine besondere Form erforderlich (kritisch ZK-GUTZWILLER, Art. 889 N 40).

10 Nach Art. 889 Abs. 2 ist der Austritt auf den Zeitpunkt des Inkrafttretens des Beschlusses über die Verpflichtungseinführung oder -verschärfung wirksam. Obschon die Frist zur Erklärung des Austritts im Zeitpunkt der Veröffentlichung beginnt, gilt der Austritt aber bereits vom Eintrag des besagten Beschlusses ins Handelsregister an. Den Austritt erst vom Zeitpunkt der Veröffentlichung an zu berücksichtigen würde auch aus folgendem Grund keinen Sinn machen: Es würde nämlich zwangsläufig bedeuten, dass der austretende Genossenschafter noch während einer – i.d.R. wohl kurzen – Zeit Mitglied wäre, in der schon die neuen Haftungsbestimmungen Gültigkeit hätten, und zwar in der Zeitspanne zwischen Eintrag und Veröffentlichung des Beschlusses. Das kann aber nun nicht der Sinn des zum Schutz des nicht zustimmenden Genossenschafters mit rückwirkender Kraft ausgestatteten Austrittsrechtes sein. *Massgebend für den* **Beginn der Wirksamkeit des Austritts** *ist somit der Eintrag des Beschlusses ins Handelsregister* (NIGG, 106; ZK-GUTZWILLER, Art. 889 N 41; **a.M.** AB-YBERG, 148).

11 Wird in einem solchen Beschluss eine Haftungsvermehrung vorgesehen, so beginnt in diesem Zeitpunkt auch die *Frist der* **Haftungsfortdauer** *i.S.v. Art. 876 Abs. 1* zu laufen. Damit haftet der ausgeschiedene Genossenschafter nach der bisherigen Haftungs- bzw. Nachschussordnung (vgl. Art. 876 Abs. 2) für die vor dem Eintrag des Beschlusses entstandenen Verbindlichkeiten noch während der gesetzlichen oder statutarischen Weiterhaftungsfrist (NIGG, 107 m.w.Nw.; s.a. Art. 876 N 7).

12 Im Übrigen ist aber der nach Art. 889 Abs. 2 austretende Genossenschafter weder an die gesetzlichen oder statutarischen Austrittsbedingungen und Kündigungsfristen gebunden (BK-FORSTMOSER, Art. 843 N 13; AB-YBERG, 148; NIGG, 107; **a.M.** ZK-GUTZWILLER, Art. 889 N 42; ROTHENBÜHLER, 42 f., 91), noch kann der Austritt von der Leistung einer Auslösungssumme abhängig gemacht werden (Art. 889 Abs. 3). All dies im Gegensatz zum Austritt i.S.v. Art. 842 ff.

III. Die rechtliche Mangelhaftigkeit der Beschlüsse i.S.v. Art. 888 Abs. 2 und Art. 889 Abs. 1

13 *Entbehren Beschlüsse* der von den Art. 888 Abs. 2 und 889 Abs. 1 *zwingend geforderten Mehrheiten,* so sind sie gemäss bundesgerichtlicher Rechtsprechung und h.L. nicht nur anfechtbar, sondern **nichtig** (BGE 78 III 43 f.; VON STEIGER, Grundriss, 120; BÄR, Der öffentliche Glaube des Handelsregisters, in: Berner Festgabe zum Schweizerischen Juristentag 1979, 1979, 164 m.w.Nw.).

Bleibt aber ein Beschluss betr. die Vermehrung von Haftung und Nachschusspflicht trotzdem *unangefochten* während mehrerer Jahre im Handelsregister *eingetragen,* so können sich *gutgläubige Dritte* darauf berufen (BGE 78 III 43 ff.).

IV. Kapitalherabsetzung i.S.v. Art. 874 Abs. 1 und 2

14 Eine Kapitalverminderung kann entweder durch die *Herabsetzung des Nennwertes der Anteile* oder durch die Reduktion der Anzahl der Anteile erfolgen. Auf die zweitgenannte Art können die in Art. 874 Abs. 2 erwähnten **aktienrechtlichen Bestimmungen** *über die Herabsetzung des Grundkapitals* (Art. 732 ff.) aus praktischen Gründen keine Anwendung finden. Denn ausser bei Genossenschaften mit statutarisch vorgesehener

Haftung oder Nachschusspflicht, wo Ein- und Austritte dem Handelsregisteramt nach Art. 877 Abs. 1 anzumelden sind (Art. 877 N 1), bleibt die Veränderung des Genossenschaftskapitals zufolge Ein- und Austritts einer Überwachung praktisch entzogen, weshalb die dadurch bewirkten Herabsetzungen der Zahl der Genossenschaftsanteile nicht kontrollierbar sind (FRIEDRICH, 122; TANNER, 45; differenzierend nach Pflicht- und freiwillig übernommenen Anteilen FLURI, 90 m.w.Nw. insb. zur Kritik am zu generell gehaltenen Verweis in Art. 874 Abs. 2).

Art. 875

g. Haftung neu eintretender Genossenschafter

¹ Wer in eine Genossenschaft mit persönlicher Haftung oder mit Nachschusspflicht der Genossenschafter eintritt, haftet gleich den andern Genossenschaftern auch für die vor seinem Eintritt entstandenen Verbindlichkeiten.

² Eine entgegenstehende Bestimmung der Statuten oder Verabredung unter den Genossenschaftern hat Dritten gegenüber keine Wirkung.

g. Responsabilité des nouveaux sociétaires

¹ Celui qui entre dans une société dont les membres répondent individuellement des engagements sociaux ou sont obligés d'opérer des versements supplémentaires est tenu, comme les autres associés, des dettes nées antérieurement à son admission.

² Toute disposition contraire des statuts ou convention contraire passée entre les associés est sans effet à l'égard des tiers.

g. Responsabilità dei nuovi soci

¹ Chi entra a far parte di una società cooperativa, i cui soci siano personalmente responsabili dei debiti sociali o tenuti ad eseguire versamenti suppletivi, risponde al pari degli altri soci anche delle obbligazioni nate prima del suo ingresso.

² Ogni contraria disposizione statutaria o convenzione tra i soci non ha effetto per i terzi.

Literatur

Vgl. die Literaturhinweise zu Art. 868.

I. Haftungsumfang bei Mitgliedschaftsbeginn

Die in dieser Bestimmung getroffene *Lösung* gewährleistet nicht nur eine problemlose Handhabung, sondern ist auch *sachlich begründet*. Denn da der neu eintretende Genossenschafter mit dem Mitgliedschaftserwerb in den Genuss der ökonomischen Leistungsfähigkeit der Genossenschaft kommt, rechtfertigt es sich durchaus, dass er auch deren Lasten zu tragen hat, sofern es die Umstände erfordern (NIGG, 88 m.w.Nw.). 1

Das Gesetz (Abs. 2) selbst verleiht dieser Norm *zwingenden Charakter* (vgl. zum Wortlaut von Abs. 2 ZK-GUTZWILLER, N 6). Allerdings können *zwischen Genossenschaftern interne Abmachungen* getroffen werden, wonach dem später gegenüber dem früher eingetretenen Genossenschafter nach Beendigung des Konkursverfahrens ein Rückgriffsanspruch zusteht. Eine derartige Statutenbestimmung verletzt Art. 854 nicht, da im Innenverhältnis jeder Genossenschafter nur für die während der Dauer seiner Mitgliedschaft entstandenen Genossenschaftsverbindlichkeiten einzustehen hat (BERNHEIMER, 94; GUTKNECHT, 45). 2

Art. 876

h. Haftung nach Ausscheiden oder nach Auflösung

¹ Wenn ein unbeschränkt oder beschränkt haftender Genossenschafter durch Tod oder in anderer Weise ausscheidet, dauert die Haftung für die vor seinem Ausscheiden entstandenen Verbindlichkeiten fort, sofern die Genossenschaft innerhalb eines Jahres oder einer statutarisch festgesetzten längern Frist seit der Eintragung des Ausscheidens in das Handelsregister in Konkurs gerät.

² Unter den gleichen Voraussetzungen und für die gleichen Fristen besteht auch die Nachschusspflicht fort.

³ Wird eine Genossenschaft aufgelöst, so bleiben die Mitglieder in gleicher Weise haftbar oder zu Nachschüssen verpflichtet, falls innerhalb eines Jahres oder einer statutarisch festgesetzten längere Frist seit der Eintragung der Auflösung in das Handelsregister der Konkurs über die Genossenschaft eröffnet wird.

h. Responsabilité après la sortie d'un associé ou la dissolution

¹ Lorsqu'un associé dont la responsabilité est restreinte ou illimitée cesse de faire partie de la société par suite de décès ou pour toute autre cause, les engagements nés antérieurement subsistent si la société est déclarée en faillite dans l'année qui suit l'inscription de la sortie sur le registre du commerce ou dans un laps de temps plus long fixé par les statuts.

² L'obligation d'opérer des versements supplémentaires subsiste sous les mêmes conditions et dans les mêmes délais.

³ Lorsque la société est dissoute, ses membres demeurent pareillement responsables des engagements sociaux ou tenus d'opérer des versements supplémentaires si elle est déclarée en faillite dans l'année qui suit l'inscription de la sortie sur le registre du commerce ou dans un laps de temps plus long fixé par les statuts.

h. Responsabilità dopo l'uscita o dopo lo scioglimento

¹ Se un socio illimitatamente o limitatamente responsabile cessa di far parte della società, sia per morte sia per altra causa, egli resta nullameno responsabile delle obbligazioni nate prima della sua uscita, qualora, entro un anno dall'iscrizione di questa nel registro di commercio o entro il termine più lungo che fosse previsto nello statuto, sia dichiarato il fallimento della società.

² Alle stesse condizioni ed entro i medesimi termini continua pure l'obbligo d'eseguire versamenti suppletivi.

³ Qualora una società cooperativa sia sciolta, i suoi membri rimangono parimente responsabili dei debiti sociali o tenuti ad eseguire versamenti suppletivi se, entro un anno dall'iscrizione dello scioglimento nel registro di commercio o entro il termine più lungo che fosse previsto nello statuto, sia dichiarato il fallimento della società.

Literatur

Vgl. die Literaturhinweise zu Art. 868.

I. Die Voraussetzungen des Erlöschens der Haftung

1 **Das Ausscheiden aus der Genossenschaft:** Da die Eintragungen im beim Handelsregisteramt liegenden Genossenschafterverzeichnis weder für den Erwerb noch für den

Verlust der Mitgliedschaft konstitutive Bedeutung haben (Art. 877 N 6, 8), ist für das Erlöschen der Haftung das effektive Ausscheiden des Genossenschafters unabdingbare Voraussetzung (GERWIG, 303; NIGG, 89 m.w.Nw.).

Die Eintragung des Ausscheidens: Gemäss Abs. 1 bedarf es zur Beendigung der *Haftung* nebst des tatsächlichen Erlöschens der Mitgliedschaft zusätzlich noch der Streichung des Ausgeschiedenen aus der Mitgliederliste. Nach dem Wortlaut dieser Bestimmung ist somit für den Beginn der Weiterhaftungsfrist nicht das tatsächlich erfolgte Ausscheiden, sondern dessen Eintragung im Handelsregister massgebend (BGE 89 I 288; AB-YBERG, 84; ZK-GUTZWILLER, N 10; GUTKNECHT, 72; NIGG, 90 m.w.Nw.). Da nach Abs. 2 unter den gleichen Voraussetzungen und unter Beachtung der gleichen Fristen auch die *Nachschusspflicht* fortbesteht, ist zu folgern, dass auch für die nachschusspflichtigen Genossenschafter die Streichung aus der Mitgliederliste der für den entsprechenden Fristenlauf entscheidende Zeitpunkt ist. Dies entspricht wie bei der Haftung auch der Interessenlage der Gläubiger, zumal die Nachschusspflicht im Konkurs der Genossenschaft ohnehin Sicherungsfunktion hat (Art. 871 N 5).

2

Die *tatsächlichen Verhältnisse* sind indessen nur dann entscheidend, wenn die Streichung eines Genossenschafters versäumt wurde, diesem aber der Nachweis gelingt, dass der ihn belangende Gläubiger sichere Kenntnis von seinem tatsächlichen Ausscheiden hatte (Art. 877 N 9).

Fristenlauf ohne Konkurseröffnung: Nach Abs. 1 kann die *Haftung* – gemäss Abs. 2 gilt dasselbe für die *Nachschusspflicht* – für den bereits Ausgeschiedenen nur dann noch aktuell werden, wenn die Genossenschaft innert eines Jahres oder einer statutarisch festgesetzten längeren Frist (N 5 f.) seit Eintragung des Ausscheidens (N 2) in Konkurs fällt. Verstreichen die entsprechenden Fristen jedoch, ohne dass über die Genossenschaft der Konkurs eröffnet wird, so können weder der Austretende noch die Erben eines verstorbenen Genossenschafters – sofern sie nicht Mitglieder geworden sind – zur Haftung herangezogen werden. Nach Art. 175 Abs. 1 SchKG gilt der Konkurs von dem Zeitpunkt an als eröffnet, in welchem er erkannt wird.

3

II. Das Fortbestehen von Haftung und Nachschusspflicht des ausgeschiedenen Genossenschafters i.S.v. Abs. 1 und 2

1. Zweck und Dauer der Weiterhaftung

Wenn die Haftungsverpflichtung wie auch die Nachschusspflicht – Letztere wegen ihrer Sicherungsfunktion im Konkurs der Genossenschaft (Art. 869 N 12) – die Mitgliedschaft nicht überdauern würden, so wären diese Institute in ihrer Funktion als Kreditbasis (Art. 869 N 13) in Frage gestellt. Welcher Gläubiger liesse sich zur Kreditgewährung bewegen, wenn er im Falle wirtschaftlicher Schwierigkeiten der Genossenschaft zu gewärtigen hätte, dass sich deren Mitglieder durch blossen Austritt ihrer Haftungsverpflichtung entschlagen könnten? Näheres zum **Zwecke** der Weiterhaftung bei NIGG, 91 m.w.Nw.

4

In Anbetracht dieser Verhältnisse besteht kein Zweifel, dass es sich bei der *einjährigen* **Weiterhaftung** des Ausgeschiedenen um *zwingendes Recht* handelt (GERWIG, 314; AB-YBERG, 67; ZK-GUTZWILLER, N 9; NIGG, 92 m.w.Nw.).

5

Nach Art. 876 ist es der Genossenschaft aber unbenommen, die *einjährige Frist statutarisch zu verlängern*. Näheres zur Dauer der Weiterhaftungsfrist bei NIGG, 91 f.

6

2. Die Bestimmung des Verpflichtungsumfanges in zeitlicher Hinsicht

7   Liegen die von Abs. 1 vorausgesetzten Bedingungen vor, so haften die ausgeschiedenen gleich den aktuellen Genossenschaftern. Dies allerdings mit der sinnvollen Einschränkung, dass die ehemaligen Mitglieder lediglich für die *Genossenschaftsverbindlichkeiten* einzustehen haben, die *vor ihrem Ausscheiden begründet* worden sind. Konsequenterweise haften solche Genossenschafter nur gemäss der bis zu ihrem Ausscheiden gültig gewesenen Haftungsordnung. Eine danach vorgenommene Haftungsvermehrung (Art. 874 N 5 ff.) betrifft sie somit nicht (N 11; Art. 873 N 16).

8   Augenfällig ist, dass das Gesetz den Zeitpunkt des *Beginns der Weiterhaftungsfrist* präzise auf die *Eintragung des Ausscheidens in das Handelsregister* festlegt. Demgegenüber lässt es bezüglich der Bestimmung des Stichtages, für welche Genossenschaftsverbindlichkeiten auch der Ausgeschiedene noch zu haften hat, die nötige Klarheit vermissen. Indem das Gesetz für den Beginn des Fristenlaufs der Fortdauer der Haftung nicht auf das effektive Ausscheiden, sondern auf dessen **Eintrag** abstellt, spricht es sich im Interesse der Gläubiger für ein leicht und auch sofort eruierbares Kriterium aus. Dies ist sinnvoll, denn die genaue Feststellung des tatsächlichen Ausscheidens mag in manchen Fällen mit erheblichen Schwierigkeiten verbunden sein.

9   Wenn sich der Gläubiger aber bei der eben angesprochenen Frage (N 8) aus Gründen der Zweckmässigkeit auf das Mitgliederverzeichnis soll verlassen können, ist nicht einzusehen, weshalb der **Eintrag** beim Entscheid darüber, *für welche Verbindlichkeiten* der ehemalige Genossenschafter noch einzustehen hat, keine Geltung mehr haben soll. Beide genannten Fragen sind für den Gläubiger, der sich im Hinblick auf seine Kreditgewährung an die Genossenschaft informieren will, gleichermassen von Bedeutung. In Anbetracht dieser berechtigten Gläubigerinteressen und da für beide Fragen der gleiche Zweckgedanke entscheidend ist, liessen sich unterschiedliche Kriterien auch schlicht nicht vertreten (gl.M. GERWIG, 316; AB-YBERG, 94; NIGG, 93 mit näheren Ausführungen und w.Nw.; **a.M.** GUTKNECHT, 73).

3. Die Bestimmung des Verpflichtungsumfanges in inhaltlicher Hinsicht

10 Gemäss Abs. 1 hat der ausgeschiedene Genossenschafter nur für diejenigen Gesellschaftsverbindlichkeiten einzustehen, die *vor seinem Ausscheiden entstanden sind*. Mithin kann der ehemalige Genossenschafter im Konkurs nur für die Ausfälle von Forderungen belangt werden, die vor der Eintragung seines Ausscheidens schon Bestand hatten (NIGG, 73; AB-YBERG, 95; MÜLLER, 78; **a.M.** GUTKNECHT, 74). Beachtung verdient in diesem Zusammenhang der Umstand, dass einzelne Forderungen eines Schuldverhältnisses erst während dessen Dauer entstehen können (ausführlich dazu NIGG, 93 f.).

11 Am Rande sei angemerkt, dass im Umlageverfahren gemäss Art. 8 Abs. 3 GenV die «Haftungsanteile oder Nachschüsse der gemäss Art. 876 beizuziehenden ausgeschiedenen Genossenschafter von demjenigen Ausfall zu berechnen sind, den die ihrer Haftung teilhaftigen Forderungen im Konkurs erleiden, und nicht etwa vom Deckungsausfall, wie er zur Zeit des Ausscheidens aus der Genossenschaft vorhanden war» (vgl. Art. 873 N 16).

III. Der Spezialtatbestand von Abs. 3: Zweck und Unterschied zu Abs. 1

12 Während die Weiterhaftung i.S.v. Abs. 1 dem Schutz der Gläubiger dient, werden mit der Regelung von *Abs. 3* die Interessen der Mitglieder einer sich in Liquidation befind-

4. Abschnitt: Rechte und Pflichten der Genossenschafter **Art. 877**

lichen Genossenschaft gewahrt. Erforderlich ist eine solche Bestimmung deshalb, weil auch eine aufgelöste – aber noch nicht liquidierte – Genossenschaft in Konkurs fallen kann und weil zwischen der Eintragung der Auflösung und dem Ausbruch des Konkurses u.U. einige Zeit verstreicht.

Gegenüber Abs. 1 sind folgende, leicht *modifizierte Voraussetzungen des Erlöschens der Haftung bzw. Nachschusspflicht* bei Abs. 3 zu beachten: Wird die Genossenschaft anders als durch Konkurs aufgelöst, so bildet die tatsächliche Auflösung die primäre Voraussetzung für die Beendigung von Haftung und Nachschusspflicht. 13

Während beim Ausscheiden eines einzelnen Genossenschafters die Streichung des Namens genügt (vgl. Art. 88 Abs. 1 HRegV), ist bei der Auflösung der Genossenschaft gemäss Art. 932 Abs. 2 zudem noch die Veröffentlichung im Handelsamtsblatt erforderlich (ZK-GUTZWILLER, N 11).

Art. 877

i. Anmeldung von Ein- und Austritt im Handelsregister

¹ Sind die Genossenschafter für die Genossenschaftsschulden unbeschränkt oder beschränkt haftbar oder sind sie zu Nachschüssen verpflichtet, so hat die Verwaltung jeden Eintritt oder Austritt eines Genossenschafters innerhalb drei Monaten beim Handelsregisteramt anzumelden.

² Überdies steht jedem austretenden oder ausgeschlossenen Mitgliede sowie den Erben eines Mitgliedes die Befugnis zu, die Eintragung des Austrittes, des Ausschlusses oder des Todesfalles von sich aus vornehmen zu lassen. Das Handelsregisteramt hat der Verwaltung der Genossenschaft von einer solchen Anmeldung sofort Kenntnis zu geben.

³ Die konzessionierten Versicherungsgenossenschaften sind von der Pflicht zur Anmeldung ihrer Mitglieder beim Handelsregisteramt befreit.

i. Avis donné des admissions et sorties au registre du commerce

¹ Si les associés assument une responsabilité illimitée ou restreinte ou s'ils sont tenus d'opérer des versements supplémentaires, l'administration doit porter à la connaissance du préposé au registre du commerce, dans les trois mois, toute admission ou sortie.

² En outre, les associés sortants ou exclus, de même que les héritiers d'un associé décédé, ont le droit de requérir directement l'inscription de la sortie, de l'exclusion ou du décès sur le registre du commerce. Le préposé au registre avise immédiatement de cette réquisition l'administration de la société.

³ Les sociétés d'assurance concessionnaires sont dispensées de l'obligation de porter les noms de leurs membres à la connaissance du préposé au registre du commerce.

i. Notificazione dell'ammissione o dell'uscita dei soci al registro di commercio

¹ Se i soci sono illimitatamente o limitatamente responsabili dei debiti della società o sono tenuti ad eseguire versamenti suppletivi, l'amministrazione deve, entro tre mesi, notificare al registro di commercio ogni ammissione od uscita.

² Inoltre, ogni socio receduto od escluso e gli eredi d'un socio defunto hanno il diritto di far iscrivere direttamente nel registro di commercio il recesso, l'esclusione o la morte. L'ufficio del registro di commercio deve por-

tare immediatamente tale notificazione a conoscenza dell'amministrazione della società.

³ Le società mutue d'assicurazione al beneficio d'una concessione sono esonerate dall'obbligo di notificare i loro soci all'ufficio del registro di commercio.

Literatur

Vgl. die Literaturhinweise zu Art. 868.

I. Das Mitgliederverzeichnis: Pflichten und Möglichkeiten

1 Eine Genossenschaft mit persönlicher Haftung oder Nachschusspflicht hat gemäss Art. 837 und Art. 84 Abs. 1 lit. h HRegV bereits mit der Anmeldung dem Handelsregisteramt ein Verzeichnis ihrer Mitglieder einzureichen. Ausgenommen hievon sind nach Art. 877 Abs. 3 die konzessionierten Versicherungsgenossenschaften (Art. 869 N 26). Um die Aktualität dieser Mitgliederliste zu gewährleisten, muss die *Verwaltung* jeden Ein- oder Austritt eines Genossenschafters innerhalb dreier Monate beim Handelsregisteramt anmelden (Abs. 1; für Näheres in Bezug auf die erforderlichen Angaben vgl. Art. 88 Abs. 1 HRegV).

Erleidet ein Genossenschafter im Haftungsfalle zufolge versäumter Anmeldung seines Austritts einen *Schaden,* so kann er gestützt auf Art. 41 gegen die Genossenschaft vorgehen. Dieser wiederum steht gegen das verantwortliche Mitglied der Verwaltung der Regress aufgrund von Art. 916 Abs. 3 zu (NIGG, 95 Anm. 197).

2 Damit sich nicht nur der Handelsregisterführer mit Nachlässigkeiten zu befassen hat, verleiht Abs. 2 auch den *ausgeschiedenen Mitgliedern* sowie deren Erben die **Befugnis,** den Eintrag des Ausscheidens von sich aus vornehmen zu lassen. Dies drängt sich v.a. dann auf, wenn die Verwaltung aus unlauteren Gründen ihrer Pflicht zur Anmeldung nicht nachkommt.

3 Dass die in Abs. 2 genannte Befugnis aber auch nach einem **Schutz** für die Genossenschaft ruft, leuchtet ein. Denn Unkorrektheiten sind auch auf Seiten der Mitglieder nicht auszuschliessen, namentlich wenn der Genossenschaft der wirtschaftliche Untergang droht. Um angesichts einer solchen Situation die Weiterhaftung i.S.v. Art. 876 abzukürzen, ist es durchaus denkbar, dass sich ein Genossenschafter eigenmächtig beim Handelsregisteramt abmeldet. Dies versucht das Gesetz zu verhindern, indem es vorsieht, dass das Handelsregisteramt die Verwaltung der Genossenschaft von allen Abmeldungen der Mitglieder oder deren Erben in Kenntnis zu setzen hat (Abs. 2 a.E.). Mithin zielen die genannten Bestimmungen (N 1 f.) darauf ab, zwischen den tatsächlichen Verhältnissen und der Mitgliederliste möglichst keine Diskrepanzen entstehen zu lassen.

II. Die Bedeutung der Mitgliederliste für Genossenschaften mit persönlicher Haftung und Nachschusspflicht

4 Ob eine eingetragene Person auch tatsächlich noch Mitglied der Genossenschaft oder ob sie bereits ausgeschieden ist, interessiert nicht nur im Haftungsfall, sondern spielt auch für jeden Dritten eine Rolle, der mit der Genossenschaft in Rechtsverkehr tritt. Einem Gläubiger, der sich über das Risiko der Kreditgewährung einen Überblick verschaffen möchte, genügt das blosse Wissen um das Bestehen von Haft- oder Nachschussverpflichtungen nicht. Von **Interesse** für einen solchen **Gläubiger** sind Angaben über Anzahl und Person der Genossenschafter. Diesem Informationsbedürfnis trägt

Art. 837 und Art. 88 HRegV Rechnung, wonach das Mitgliederverzeichnis beim Handelsregisteramt jedermann zur Einsicht offen steht; allerdings wird es nicht veröffentlicht.

Wie eben erläutert, ist die Mitgliederliste auch im Haftungsfall von Bedeutung. So beginnt im Konkurs der Genossenschaft das Umlageverfahren mit der Aufstellung einer Liste der gegenwärtigen und jener früheren Genossenschafter, welche gemäss Art. 876 noch für die Genossenschaftsverbindlichkeiten haften oder nachschusspflichtig sind. Dieser Aufstellung hat die Konkursverwaltung das Mitgliederverzeichnis zugrunde zu legen (Art. 873 N 9).

III. Die Wirkungen des Mitgliederverzeichnisses

1. Die deklaratorische Wirkung des Eintrags

Für das amtliche Mitgliederverzeichnis haben die gleichen Grundsätze Geltung wie für das Handelsregister, denn es ist Teil dieses Registers (BGE 78 III 42; GERWIG, 303). Wie den Eintragungen in das Handelsregister, kommt somit auch jenen in das Mitgliederverzeichnis i.d.R. **deklaratorische** Wirkung zu. Demnach wird mit dem Eintrag nur festgehalten und kundgetan, was bereits unabhängig davon besteht. An der Rechtslage, am Bestehen oder Nichtbestehen der Mitgliedschaft vermag die Eintragung daher nichts zu ändern. Angesichts der Voraussetzungen des Mitgliedschaftserwerbs (Art. 869 N 7–9) wird dies besonders deutlich, geht doch weder aus Art. 834 Abs. 4 noch aus Art. 840 das Erfordernis des Eintrags hervor (ZK-GUTZWILLER, N 8; GERWIG, 236). Demzufolge haftet auch ein nicht eingetragener Genossenschafter, sofern die Kenntnisnahme i.S.v. Art. 840 Abs. 2 vorschriftsgemäss erfolgt ist (Näheres zu dieser Folgerung bei NIGG, 97).

2. Positive Publizitätswirkung i.S.v. Art. 933 Abs. 1 und Beweiswirkung gemäss Art. 9 ZGB

Wenn das eingetretene Mitglied vorschriftsgemäss im Mitgliederverzeichnis eingetragen worden ist, so ist nach Art. 933 Abs. 1 die Einwendung, dass jemand eine Dritten gegenüber wirksam gewordene Eintragung nicht gekannt habe, ausgeschlossen. Somit äussert sich die **positive Publizitätswirkung** darin, dass sich *Dritte nicht auf die Unkenntnis* solcher Eintragungen *berufen* können. Mithin ist die Kenntnis der Eintragung der Mitgliedschaft der haft- und nachschusspflichtigen Genossenschafter eine Obliegenheit für jedermann.

Der Eintrag ins amtliche Mitgliederverzeichnis schafft gemäss **Art. 9 ZGB** vollen **Beweis,** solange nicht seine Unrichtigkeit nachgewiesen ist. Demnach bewirkt der Eintrag der Mitgliedschaft, dass deren Bestand vermutet wird (BGE 78 III 42). Da von Gesetzes wegen vermutet wird, dass der Inhalt des Verzeichnisses richtig sei, kommt dies selbst jenem Genossenschafter zugute, der aufgrund von Abs. 2 den Eintrag des Ausscheidens zu bewirken vermag, obschon er in Wirklichkeit noch Mitglied der Genossenschaft ist. Allerdings kann die Vermutung durch den Nachweis des tatsächlichen Nichtausscheidens entkräftet werden. Daran werden Mitgenossenschafter wie Gläubiger alles Interesse haben. Gelingt dieser Beweis, so haftet der rechtsmissbräuchlich handelnde Genossenschafter gemäss der wirklichen Rechtslage, hat doch seine Mitgliedschaft nach wie vor Bestand. Auch damit wird offenbar, dass durch die deklaratorisch wirkende Eintragung materiellrechtlich nichts verändert wird (NIGG, 98 m.w.Nw.).

Art. 877 9, 10

3. Die negative Publizitätswirkung zugunsten gutgläubiger Dritter

9 Wie verhält es sich, wenn es die Verwaltung versäumt hat, einen tatsächlich erfolgten Austritt eines Genossenschafters fristgerecht dem Handelsregister anzumelden?

Gemäss Art. 933 Abs. 2 kann der Genossenschafter – dessen Ausscheiden vorschriftswidrig nicht eingetragen wurde – den wahren Sachverhalt dem Gläubiger dann nicht entgegenhalten, wenn dieser guten Glaubens auf den Handelsregistereintrag vertraut, wonach die Mitgliedschaft der eingetragenen Person noch besteht. Somit wird der **gute Glaube des Gläubigers** an den unveränderten Bestand der Mitgliedschaft **geschützt.** Der Genossenschafter hat deshalb den guten Glauben des Gläubigers zu zerstören. Da der Beweis des bösen Glaubens dem Genossenschafter obliegt, dringt dieser nur durch, wenn ihm der Nachweis gelingt, dass der Gläubiger vom Austritt Kenntnis hatte. Art. 933 Abs. 2 schützt den gutgläubigen Gläubiger aber selbst dann, wenn er vom Austritt des Genossenschafters hätte Kenntnis haben können. Demzufolge setzt sich der Genossenschafter nur durch, wenn er beweist, dass der Gläubiger von seinem Ausscheiden sichere Kenntnis hatte (vgl. BGE 65 II 88). Gelingt ihm dieser Nachweis, so steht fest, dass der betreffende Gläubiger bösgläubig war. Diesfalls kann dem Gläubiger das eintragungsbedürftige Ausscheiden des Genossenschafters trotz fehlender Eintragung entgegengehalten werden (NIGG, 100 m.w.Nw.; Art. 876 N 2). Sofern die Frist der Haftungsfortdauer i.S.v. Art. 876 Abs. 1 abgelaufen ist, trifft den Genossenschafter keine Haftungsverpflichtung mehr. Denn diese knüpft grundsätzlich an die Mitgliedschaft an (Art. 869 N 7 ff.), und der Eintrag des Ausscheidens i.S.v. Art. 876 Abs. 1 ist nicht konstitutiver, sondern bloss deklaratorischer Natur (NIGG, 100, 102).

4. Der (fehlende) öffentliche Glaube des Mitgliederverzeichnisses

10 Verlässt sich ein Gläubiger guten Glaubens auf den Bestand der eingetragenen Mitgliedschaft einer Person, welche die Beitrittserklärung mit Erfolg anficht, indem sie das Vorliegen eines Willensmangels geltend macht, und wird nach rechtskräftigem Urteil die Eintragung dem wahren Sachverhalt angepasst, so steht der Schutz des gutgläubigen Gläubigers für die Zeit der eingetragenen, aber nicht bestehenden Mitgliedschaft in Frage. Soll der gutgläubige Gläubiger auch in diesem Fall geschützt werden, müsste dem Handelsregister **öffentlicher Glaube** zukommen. Im Unterschied zum Grundbuchrecht findet sich in den Normen zum Handelsregister jedoch keine Vorschrift, welche der Eintragung der Mitgliedschaft schützende Wirkung verleiht. Unter Hinweis auf den Unterschied zwischen Art. 933 und Art. 973 ZGB (z.B. BGE 78 III 45) hat das *BGer* dennoch *in zahlreichen Entscheiden den guten Glauben des Dritten* an den Bestand des eingetragenen Sachverhalts *geschützt* (vgl. BGE 49 II 395; 57 I 321; 62 I 18; 66 III 28; 78 III 45 f.; 101 V 10; Näheres dazu bei VOGT, Der öffentliche Glaube des Handelsregisters. Registerrecht, Vertrauenshaftung, Ökonomie der Information, Diss. Zürich 2001, Zürich 2003 = Schweizer Schriften zum Handels- und Wirtschaftsrecht, Band 220, wo auch BGE 78 III 33 ff. eine differenzierte Besprechung erfährt (Rz 135 ff.), und BÄR, Der öffentliche Glaube des Handelsregisters, in: Berner Festgabe zum Schweizerischen Juristentag 1979, 1979, 160 f.). Damit würde auch bei einer erfolgreichen Anfechtung der Beitrittserklärung der dem öffentlichen Glauben entsprechende Gutglaubensschutz zugunsten desjenigen Gläubigers Platz greifen, der auf den Bestand der eingetragenen Mitgliedschaft vertraut (**a.M.** AB-YBERG, 88 f.). Auch die ex tunc wirkende Anfechtung könnte daran nichts ändern, denn erst mit der Löschung der Mitgliedschaft würde der gutgläubige Dritte keinen Schutz mehr geniessen. Mithin würde die erforderliche Anfechtung für diesen erst ex nunc wirken (NIGG, 102 f. m.w.Nw.).

Art. 878

k. Verjährung der Haftung

¹ Die Ansprüche der Gläubiger aus der persönlichen Haftung der einzelnen Genossenschafter können noch während der Dauer eines Jahres vom Schlusse des Konkursverfahrens an von jedem Gläubiger geltend gemacht werden, sofern sie nicht nach gesetzlicher Vorschrift schon vorher erloschen sind.

² Der Rückgriff der Genossenschafter unter sich verjährt ebenfalls in einem Jahre vom Zeitpunkt der Zahlung an, für die er geltend gemacht wird.

k. Prescription de l'action en responsabilité

¹ Les droits des créanciers dérivant de la responsabilité personnelle des divers associés peuvent encore être exercés par chacun d'eux dans l'année qui suit la clôture de la procédure de faillite, à moins qu'ils ne soient déjà éteints en vertu d'une disposition légale.

² Le droit de recours des associés entre eux se prescrit également par une année à compter du paiement qui est l'objet du recours.

k. Prescrizione delle azioni di responsabilità

¹ Le azioni che derivano ai creditori dalla responsabilità personale dei singoli soci possono ancora essere fatte valere da ciascun creditore durante un anno dalla chiusura del fallimento, in quanto non sono già estinte prima a termini di legge.

² Il regresso dei soci tra loro si prescrive egualmente in un anno dal momento del pagamento, per il quale è esercitato.

Literatur

Vgl. die Literaturhinweise zu Art. 868.

I. Der Einzelangriff

Das Gesetz eröffnet dem im Umlageverfahren nicht völlig befriedigten Gläubiger während der Dauer eines Jahres (zur Frist s.u. N 9 f.) ein *selbständiges* und *direktes Vorgehen*. Dass dieses aber im Falle jener Genossenschafter, welche geleistet haben, was die Konkursverwaltung von ihnen verlangt hat, innert Jahresfrist zum angestrebten Erfolg führen wird, ist doch eher zu bezweifeln (ebenfalls kritisch GERWIG, 310).   1

Nebst dieser faktischen besteht noch eine rechtliche Beschränkung des Einzelangriffs: Gemäss **Art. 23 GenV** sollen nämlich die gegen einzelne zahlungsunfähige Genossenschafter ausgestellten Verlustscheine zugunsten der Masse verwertet werden, sofern die Gläubiger im Konkursverfahren für ihre Konkursforderungen nicht vollständig befriedigt wurden. Diese von der Verordnung getroffene Lösung **schliesst** indes einen **Einzelangriff aus,** würde doch dadurch der entsprechende *Genossenschafter Gefahr laufen,* später *nicht nur vom Erwerber des Verlustscheins,* sondern zudem noch vom *nicht vollständig befriedigten Gläubiger belangt zu werden* (gl.A. GERWIG, 310; a.A. ABYBERG, 34 f.). Somit ist der **Einzelangriff** nur noch dann **zulässig,** wenn es zu *keiner Betreibung* und demzufolge auch *nicht zur Ausstellung eines Verlustscheines gekommen ist.* Dass die Konkursverwaltung von einer Betreibung absehen kann, obschon die Genossenschafter ihrer Leistungspflicht nicht nachgekommen sind, gründet auf Art. 16 Abs. 1 und Art. 18 Abs. 1 GenV. Danach kann nach eingetretener Vollstreckbarkeit des provisorischen Verteilungsplanes die Betreibung unterbleiben, wenn sie das Verfahren übermässig verzögern würde oder die Zahlungsunfähigkeit des beitragspflichtigen Genossenschafters offenkundig ist (Art. 873 N 20 f.). Wann dies zutrifft, stellt die Verord-   2

Hans Nigg

nung in das Ermessen der Konkursverwaltung. Hält z.B. ein nicht gänzlich befriedigter Gläubiger im Gegensatz zur Konkursverwaltung die Zahlungsunfähigkeit eines Genossenschafters nun nicht für offensichtlich, so steht es ihm frei, diesen direkt zu betreiben.

3   Vermerkt sei noch, dass der **Einzelangriff** ebenfalls **möglich** ist, wenn *mangels Masse kein Konkursverfahren* durchgeführt wird (vgl. Art. 3 Abs. 1 GenV; Art. 873 N 11).

Dagegen bleibt der **Einzelangriff** jedem **Gläubiger verwehrt,** der *seine Forderung im Konkurs nicht angemeldet hat.* Dies, weil die Genossenschafterhaftung einen Verlust voraussetzt, den die Gläubiger wegen Nichtausreichens der Konkursmasse erleiden (NIGG, 133 m.w.Nw. in Anm. 30; Art. 869 N 4).

4   Aus dem Gesagten wird ersichtlich, dass dem **Einzelangriff** im geltenden Recht ein **geringer Stellenwert** zukommt (gl.A. GERWIG, 311; TANNER, 56, 65).

II. Der Rückgriff

5   Wurde ein solidarisch haftender Genossenschafter im Umlageverfahren über seinen auf der Repartierungsordnung gründenden Teil in Anspruch genommen, so kann er für den bereits erbrachten Mehrbetrag nach Abschluss des Konkursverfahrens auf die Mitgenossenschafter Regress nehmen (vgl. Art. 873 Abs. 2). Das Gesetz räumt dem Rückgriffsberechtigten hiezu eine einjährige Verjährungsfrist ein, welche im Zeitpunkt seiner Zahlung zu laufen beginnt (N 11).

6   Da die Konkursverwaltung bei solidarisch ausgestalteter Verpflichtung gemäss Art. 18 Abs. 1 GenV nicht nur die uneinbringlichen Beiträge, sondern auch solche, deren Betreibung den Abschluss des Konkursverfahrens übermässig verzögern würde, auf die übrigen Genossenschafter umzulegen hat, sind in eben diesen Fällen die *Erfolgsaussichten* für die Durchsetzung der Regressansprüche *nicht* als *gering* zu bezeichnen (Art. 873 N 1, 21).

7   Dagegen wird in *allen übrigen Fällen die Chance,* auf dem Weg der individuellen Geltendmachung Befriedigung zu erlangen, *gering* zu veranschlagen sein (gl.A. ABYBERG, 134 f.; ähnlich GERWIG, 311). Nur ausnahmsweise dürfte ein bisher insolventer Genossenschafter innerhalb der besagten Verjährungsfrist zu neuem Vermögen kommen. Doch selbst in einem solchen Ausnahmefall können die regressberechtigten Genossenschafter nur dann mit einer erfolgreichen Durchsetzung ihrer Forderungen rechnen, wenn die Gläubiger ihrerseits im Umlageverfahren vollumfänglich befriedigt worden sind (NIGG, 134 m.w.Nw. in Anm. 37).

8   Gänzlich **ausgeschlossen** ist der **Rückgriff** aber im Fall eines Vergleichs zwischen der Konkursverwaltung und einem Genossenschafter gemäss Art. 4 Abs. 1 GenV (Art. 873 N 8).

III. Die Einjahresfristen von Art. 878: Verwirkung und Verjährung

9   Das Gesetz sieht für beide Ansprüche eine **Einjahresfrist** vor. Während es in der Marginalie zu Art. 878 und in Abs. 2 dieses Artikels im Zusammenhang mit der Rückgriffsforderung von «*Verjährung*» spricht (N 11), geht aus Abs. 1 lediglich hervor, dass der Einzelangriff nur «*noch während der Dauer eines Jahres vom Schlusse des Konkursverfahrens an von jedem Gläubiger geltend gemacht*» werden kann. Aus diesem Wortlaut ist zu schliessen, dass das Gesetz die *Vorteile der Verjährung,* welche diese der Verwir-

kung gegenüber aufweist, *dem Gläubiger* bei der Einzelverfolgung der Genossenschafter *nicht zuteil werden lassen* wollte (N 10).

Dies entspricht auch dem Sinn der ganzen Haftungsordnung. Denn mit der Einführung des Umlageverfahrens wurde nicht nur die Vermeidung langwieriger Regressprozesse bezweckt, sondern ebenso danach getrachtet, den Gläubigerinteressen besser gerecht zu werden. Ohne Zweifel ist Letzteres auch gelungen, indem während des Konkursverfahrens anstelle der Gläubiger die Konkursverwaltung deren Ansprüche einzufordern hat (Art. 873 N 1). Angesichts dieses Vorteils für die Gläubiger rechtfertigt es sich, nach Abschluss des Konkursverfahrens die Genossenschafterinteressen insofern zu berücksichtigen, als *der Genossenschafter nur während genau eines Jahres seit Beendigung des Konkurses* – und nicht länger – zu gewärtigen hat, noch *von einem Gläubiger in Anspruch genommen zu werden*. Daraus ergibt sich, dass es sich bei der einjährigen Frist gemäss **Abs. 1** um eine **Verwirkungsfrist** handeln muss (NIGG, 135 m.w.Nw.; gl. A. AB-YBERG, 125; GERWIG, 311 f.; abw., jedoch unklar ZK-GUTZWILLER, N 1 ff.). 10

Anders verhält es sich bei der **Rückgriffsforderung** des in Anspruch genommenen Genossenschafters. Dass in Abs. 2 der Begriff «*Verjährung*» verwendet wird, ist aus folgenden Gründen berechtigt: Da bei solidarisch ausgestalteter Verpflichtung nach Art. 18 Abs. 1 GenV nicht nur uneinbringliche Beiträge, sondern auch solche, deren Betreibung den Abschluss des Verfahrens übermässig verzögern würde, in Zusatzplänen auf die solventen Genossenschafter umzulegen sind, ist die praktische Bedeutung der dem Konkursverfahren folgenden Regressansprüche ohnehin grösser als jene der Einzelangriffe (N 6). Beachtung verdient ferner, dass der *Regressberechtigte* im Gegensatz zum Einzelangreifer *nicht nur einen* Mitverpflichteten für die ganze Regresssumme belangen kann, *sondern* diese u.U. *von mehreren Mitgenossenschaftern* einzeln gemäss den Belastungsquoten der Repartierungsordnung fordern muss. Daraus erhellt, dass der zahlende Genossenschafter im Vergleich zum Gläubiger durch das Umlageverfahren insofern benachteiligt ist, als die Konkursverwaltung seine Interessen im Fall von Art. 18 Abs. 1 GenV nicht wahrnimmt (Art. 873 N 1). Zudem gilt es zu berücksichtigen, dass die Einjahresfrist für Regressforderungen nicht erst nach Beendigung des Konkursverfahrens zu laufen beginnt, sondern bereits im Zeitpunkt der Zahlung derjenigen Ansprüche, die ihrerseits die Geltendmachung von Rückgriffen auslösen. In Anbetracht dieser Verhältnisse entspricht es der Interessenlage des rückgriffsberechtigten Genossenschafters, die Vorteile einer Verjährungsfrist nutzen zu können, insb. notfalls die Verjährung zu unterbrechen, um dadurch der Möglichkeit der endgültigen Verfolgung seines Anspruchs nicht verlustig zu gehen. Somit handelt es sich bei **Abs. 2** um eine **Verjährungsregelung** (NIGG, 135 f. m.w.Nw.; ebenso GERWIG, 311–313; ZK-GUTZWILLER, N 11; a.A. AB-YBERG, 125). 11

Fünfter Abschnitt: Organisation der Genossenschaft
Art. 879*

A. Generalversammlung
I. Befugnisse

¹ **Oberstes Organ der Genossenschaft ist die Generalversammlung der Genossenschafter.**

² **Ihr stehen folgende unübertragbare Befugnisse zu:**

---

* Dank gebührt Frau Dr. iur. Miryam Meile für die grosse Unterstützung bei der Überarbeitung der Beiträge.

1. die Festsetzung und Änderung der Statuten;

2. Wahl der Verwaltung und der Revisionsstelle;

3. die Abnahme der Betriebsrechnung und der Bilanz und gegebenenfalls die Beschlussfassung über die Verteilung des Reinertrages;

4. die Entlastung der Verwaltung;

5. die Beschlussfassung über die Gegenstände, die der Generalversammlung durch das Gesetz oder die Statuten vorbehalten sind.

A. Assemblée générale
I. Ses pouvoirs

[1] L'assemblée générale des associés est le pouvoir suprême de la société.

[2] Elle a le droit intransmissible:

1. d'adopter et de modifier les statuts;

2. de nommer l'administration et l'organe de révision;

3. d'approuver le compte d'exploitation et le bilan, de même que, le cas échéant, de statuer sur la répartition de l'excédent actif;

4. de donner décharge aux administrateurs;

5. de prendre toutes les décisions qui lui sont réservées par la loi ou les statuts.

A. Assemblea generale
I. Poteri

[1] L'assemblea generale dei soci costituisce l'organo supremo della società cooperativa.

[2] L'assemblea generale ha i poteri intrasmissibili seguenti:

1. l'approvazione e la modificazione dello statuto;

2. la nomina dell'amministrazione e dell'ufficio di revisione;

3. l'approvazione del conto d'esercizio e del bilancio e, ove sia il caso, la deliberazione sulla ripartizione dell'avanzo netto;

4. il discarico all'amministrazione;

5. le deliberazioni sopra le materie ad essa riservate dalla legge o dallo statuto.

Literatur

BELSER, Versicherungsgenossenschaften, Diss. Zürich 1975; VON BÜREN, Genossenschaftskonzerne – Gesetz und Wirklichkeit, in: FS Forstmoser, 2003, 99 ff.; CAPITAINE, La Participation et le Droit de Vote aux Assemblées de Délégués de la Société Coopérative Suisse, ZSR 1961, 293 ff.; FORSTMOSER, Grossgenossenschaften, Diss. Zürich 1970; GERBER, Die Genossenschaft als Organisationsform von Mittel- und Grossunternehmen, Diss. Bern 2003; GERWIG, Schweizerisches Genossenschaftsrecht, Bern 1957; GLANZMANN, Der Fusions- Spaltungs- und Umwandlungsbeschluss im neuen Fusionsgesetz, SJZ 2005, 157 ff.; HEINI, Die Vereine, SPR II 1967, 515–570; HENGGELER, Berechtigte und unberechtigte Differenzen des Genossenschaftsrechts gegenüber dem Aktienrecht, Diss. Zürich 1976; HENSEL, Das Generalversammlungsrecht der Genossenschaft nach dem neuen Schweizerischen Obligationenrecht, Diss. Zürich 1942; HOMBURGER/MOSER, Willensmängel bei der Beschlussfassung der Generalversammlung der Aktionäre, in: FS Engel, 1989, 145 ff.; KUMMER, Das oberste Organ des Genossenschaftsverbandes, in: Berner FS zum Schweizerischen Juristentag 1979, 1979, 265 ff.; MATTER, Eine umstrittene Spezialbestimmung des neuen Genossenschaftsrechts, Separatabdruck NZZ, 1939; NATSCH, Die Genossenschaft im Konzern, Diss. Bern 2002 (zit. Diss.); DIES., Stand und Revision des Genossenschaftsrechts, in: Purtschert (Hrsg.), Das Genossenschaftswesen in der Schweiz, Bern 2005, 87 ff. (zit. Stand und Revision); NIGG, Die Genossenschafterhaftung, Diss. Zürich 1990; PESTALOZZI, Mehrstimmrecht in Generalversammlung und Urabstimmung der Genossenschaft, Diss. Zürich 1977; PICENONI, Der Entlastungsbeschluss im Rechte der Handelsgesellschaften und der Korporationen aufgrund des deutschen, französischen, italienischen und besonders des schweizerischen Rechts, Diss. Zürich 1945; RIEMER, Anfechtungs- und Nichtigkeitsklage im schweizerischen Gesellschaftsrecht, Bern 1998; SCHLEIFFER, Der gesetzliche Stimmrechtsausschluss im schweizerischen Aktienrecht, Diss. Zürich 1993; SCHMID, Genossenschaftsverbände, Diss. Zürich 1979; SIGG, Das oberste Organ in der Genossenschaft, Diss. Zürich 1953; WEBER-DÜRLER, Gesellschafterversammlung, Urabstimmung und Delegiertenversammlung als Beschlussformen im schweizerischen Gesellschaftsrecht, Diss. Zürich 1973; WENNINGER, Das Stimmrecht des Genossenschafters nach dem revidierten schweizerischen Obligationenrecht, Diss. Zürich 1943.

I. Allgemeines (Abs. 1)

1. Terminologie

Das Recht der Genossenschaft ist zusammen mit dem der anderen Gesellschaften mit grundsätzlich wirtschaftlicher Zielsetzung in der dritten Abteilung des OR geregelt. Um die klare Trennung zwischen den Rechtsformen der AG und der Genossenschaft herauszustreichen, wurde auf explizite **Verweisungen** auf das Aktienrecht weitgehend verzichtet (s. aber Art. 858 Abs. 2) und stattdessen zum Mittel der Wiederholung aktienrechtlicher Normen im Genossenschaftsrecht gegriffen (HENGGELER, 4). So wurden auch Begriffe wie «Verwaltung» und «Kontrollstelle» aus dem Aktienrecht übernommen.

Die Revision des Aktienrechts von 1991 brachte Veränderungen in der **Terminologie** mit sich («Verwaltungsrat», «Revisionsstelle»), welche für die Bestimmungen über die Genossenschaft nicht nachvollzogen wurden. Anlässlich der GmbH-Revision wurde nun im Zuge der Vereinheitlichung verschiedener Begriffe im Gesellschaftsrecht der Ausdruck «Kontrollstelle» im Genossenschaftsrecht durch «Revisionsstelle» ersetzt. Soweit sich im Gesetz ausdrückliche Verweise auf das Aktienrecht (oder eine andere Rechtsform) finden, sind diese als sogenannte dynamische Verweise zu verstehen. Wird eine Norm, auf die an anderer Stelle verwiesen wird, revidiert, so beziehen sich die entsprechenden Verweisungen auf das jeweils geltende, d.h. neue Recht (Botschaft GmbH, 3167 m.w.H.; vgl. BÖCKLI, Aktienrecht, § 19 N 2 f.; NOBEL, Mühsam der Start, holprig die Fahrt, NZZ vom 8.1.92, 33; MEIER-HAYOZ/FORSTMOSER, § 10 N 50, 65 ff.; TANNER, 37; vgl. aber Vor Art. 620 N 17). Dessen ungeachtet lässt sich der Gebrauch verschiedener Begriffe im Aktien- und Genossenschaftsrecht angesichts der divergierenden Gesetzestexte aber nicht vermeiden.

2. Organe der Genossenschaft

Der fünfte Abschnitt unter dem Titel «Organisation der Genossenschaft» schreibt für die Genossenschaft drei **Organe** zwingend vor: Die GV (Art. 879–893), die Verwaltung (Art. 894–905) und die Revisionsstelle (Art. 906–910). Damit sind die möglichen Organe der Genossenschaft aber keineswegs abschliessend aufgeführt; **Organqualität** hat vielmehr jeder, dem eine entscheidende, effektive Teilnahme an der Willensbildung des Verbandes zukommt (ZK-GUTZWILLER, N 7). Zu denken ist etwa an Sekretariate und technische Kommissionen (ZK-GUTZWILLER, N 5).

Nach Art. 879 Abs. 1 ist die **GV** die Versammlung der Genossenschafter. Jeder Genossenschafter hat eine Stimme (Art. 885). Diese absolute **Gleichheit aller Genossenschafter** steht in scharfem Kontrast zur Kapitalbezogenheit des Aktienrechts (HENGGELER, 169; vgl. MEIER-HAYOZ/FORST-MOSER, § 19 N 59). Neben dem **Stimmrecht** stehen dem Genossenschafter insb. das **Recht, eine GV einberufen** zu lassen (Art. 881 Abs. 2), das **Recht auf Teilnahme** an der GV (Art. 879), das **Auskunfts-** (Art. 857), das **Einsichts-** (Art. 856 und 857 Abs. 2) und das **Antragsrecht** (Art. 883 Abs. 2 f.) zu.

Während es – unter Vorbehalt anders lautender statutarischer Bestimmungen – im Belieben des Aktionärs steht, sich an der GV durch einen Dritten vertreten zu lassen (Art. 689 Abs. 2), ist dieses Recht bei der Genossenschaft stark eingeschränkt: Als **Vertreter** kommen grundsätzlich nur andere Genossenschafter oder – sofern die Statuten dies vorsehen – handlungsfähige Familienangehörige in Betracht (Art. 886; HENGGELER, 168; MEIER-HAYOZ/FORSTMOSER, § 19 N 79).

4 Grundsätzlich soll die **GV** das Forum bilden, in dessen Rahmen die Genossenschafter ihre Mitgliedschaftsrechte persönlich oder durch Vertreter ausüben. Im Gegensatz zur AG ist es aber unter bestimmten Voraussetzungen möglich, die Befugnisse der GV durch schriftliche Stimmabgabe auszuüben (**Urabstimmung;** Art. 880). Ferner kann die GV unter den Voraussetzungen des Art. 892 durch eine Versammlung von Repräsentanten, die **Delegiertenversammlung,** ganz oder teilweise ersetzt werden. Konzessionierten Versicherungsgenossenschaften mit mehr als 1000 Mitgliedern gestattet das Gesetz zudem eine Delegation von an sich unentziehbaren Befugnissen der GV an die Verwaltung (Art. 893).

3. Verhältnis zu den anderen Organen

5 Art. 879 Abs. 1 bezeichnet die GV als oberstes Organ der Genossenschaft. Trotzdem ist das Verhältnis der Organe untereinander grundsätzlich vom **Paritätsgedanken** bestimmt, wonach jedes Organ seinen eigenen Kompetenzbereich besitzt und innerhalb dieses Bereiches selbständig ist. Die GV ist denn auch nur insofern den anderen Organen übergeordnet, als dass sie die grundlegenden Beschlüsse zu fassen hat und die Existenz der anderen Organe durch ihren Beschluss begründet (HENGGELER, 92 f.). Die Stellung als oberstes Organ wird dadurch verdeutlicht, dass der GV all jene Kompetenzen zufallen, welche weder durch das Gesetz noch durch die Statuten einem anderen Organ übertragen worden sind. Sofern also die Statuten i.S. der Füllung von Gesetzeslücken **Kompetenzen** ausdrücklich der GV zuweisen, werden damit nicht etwa Rechte der GV begründet, sondern Rechte der anderen Organe ausgegrenzt (HENSEL, 103).

6 Art. 879 Abs. 2 enthält eine kasuistische Aufzählung von Befugnissen, die der GV nicht entzogen werden können und damit ihre Stellung als oberstes Organ erst garantieren (ZK-GUTZWILLER, N 10). Diese gesetzlichen **Befugnisse** verleihen der GV aber nicht nur ein Recht, sondern sie verpflichten die GV auch zu deren Ausübung (HENSEL, 102 f.). Die Statuten können daher diese Rechte nicht an ein anderes Organ oder an Dritte abtreten oder ihnen ein Mitwirkungs- oder Einspracherecht einräumen (BGE 67 I 262, 264; 97 II 108). Offenbare Verletzungen dieser zwingenden Bestimmung sind als nichtig zu qualifizieren.

4. Durchführung der GV

7 Das Gesetz unterscheidet zwischen der **ordentlichen** und der **ausserordentlichen GV** (Art. 881 Abs. 1 f.) und der Universalversammlung (Art. 884). Für alle drei Arten der GV gelten die gleichen Regeln mit Ausnahme der Formvorschriften für die Einberufung, die nicht auf die **Universalversammlung** anwendbar sind (Art. 884). Das Gesetz enthält keine umfassende Regelung über den Ablauf der GV. In der Regel wird die GV aber folgende Abschnitte durchlaufen: Eröffnung, Beratung und Beschlussfassung über die Traktanden, Abschluss.

8 Während das Aktienrecht in Art. 699 Abs. 2 ausdrücklich vorsieht, dass die GV alljährlich innerhalb von sechs Monaten nach Abschluss des Geschäftsjahres abzuhalten ist,

fehlt eine entsprechende Bestimmung für die Genossenschaft. Das BGer hat aber festgestellt, dass eine jährliche **Beschlussfassung** der GV über Abnahme der Betriebsrechnung und Bilanz sowie über die Entlastung der Verwaltung nötig sei (Pra 1941, 281). Dies muss im Rahmen einer ordnungsgemäss einberufenen GV oder Urabstimmung (Art. 880) geschehen, da den Beschlüssen sonst die Anerkennung zu versagen ist (GERWIG, 319).

II. Unübertragbare Befugnisse der GV (Abs. 2)

1. Allgemeines

Wie bereits erwähnt (N 6), verleihen die in Art. 879 Abs. 2 aufgeführten gesetzlichen Befugnisse der GV nicht nur ein Recht, sondern sie auferlegen ihr die Pflicht zu deren Ausübung (HENSEL, 102 f.). Die GV nimmt dabei verschiedene **Funktionen** wahr, nämlich hinsichtlich **Normgebung** (Festsetzung und Änderung der Statuten; Art. 879 Abs. 2 Ziff. 1), **Aufsicht** (Wahlen; Déchargeerteilung und Genehmigung der Rechnungen; Art. 879 Abs. 2 Ziff. 2–5) und **Verwaltung** (Verwendung des Reinertrages sowie weitere gesetzliche oder statutarische Kompetenzen; Art. 879 Abs. 2 Ziff. 3, 5).

Im Gegensatz zum Aktienrecht hat die GV der Genossenschaft im geltenden Recht keine Befugnis zur Abnahme eines **Jahresberichtes**.

a) Kein Jahresbericht im Genossenschaftsrecht

Art. 698 Abs. 2 Ziff. 3 bestimmt, dass die GV der AG die nicht delegierbare Aufgabe hat, den **Jahresbericht** und die **Konzernrechnung** zu genehmigen. Das geltende Genossenschaftsrecht kennt kein Erfordernis zur Erstellung eines Jahresberichtes oder einer Konzernrechnung. Entsprechend fehlt es auch an einer Befugnis zu deren Abnahme im Rahmen der GV. Den Genossenschaftern wird damit eine wichtige Informationsquelle vorenthalten, die nicht zuletzt auch im Zusammenhang mit der Entlastung von Bedeutung ist, wird doch deren Umfang durch das Mass und die Qualität der Informationen wesentlich mitbestimmt (Einzelheiten zur Entlastung unter Art. 879 Abs. 2 Ziff. 4). Gemäss Botschaft zur Revision des Aktien- und Rechnungslegungsrechts ist diese Differenzierung zwischen AG und Genossenschaft aufgrund der rechtsformübergreifenden Ausgestaltung des neuen Rechnungslegungsrechts nicht mehr gerechtfertigt. Mit der Revision des Aktien- und Rechnungslegungsrechts soll deshalb die Formulierung von Art. 698 Abs. 2 Ziff. 3 in Art. 879 Abs. 2 Ziff. 3 übernommen werden. Ferner soll «Lagebericht» den Begriff «Jahresbericht» ersetzen (Botschaft Aktien- und Rechnungslegungsrecht, 139; vgl. auch die Ausführungen zu Art. 879 N 22a).

b) Festsetzung der Dividende und der Tantieme

Die Festsetzung einer **Dividende** ist charakteristisch für die kapitalistisch strukturierte, gewinnstrebige AG. Demgegenüber ist die Genossenschaft nicht gewinnstrebig orientiert, denn sie will den durch ihre Tätigkeit erzielten **Gewinn** nicht als Dividende ausschütten; ihr Zweck liegt vielmehr darin, ihren Mitgliedern als Verband die Möglichkeit zur Selbsthilfe zu bieten (HENGGELER, 14). Ein allfälliger Ertrag fällt vollumfänglich in das Genossenschaftsvermögen, sofern in den Statuten nicht eine Verteilung des Reingewinnes (in den engen Grenzen von Art. 859 Abs. 2) vorgesehen ist (Art. 859 Abs. 1).

Die Tantieme als jährlicher Gewinnanteil des VR wurde bei der Revision des Aktienrechtes von 1991 beibehalten, hat aber entscheidend an Bedeutung verloren, da die Ausschüttung von Tantiemen steuerlich als Gewinnverwendung gilt und daher nicht abzugsfähig ist (BÖCKLI, Aktienrecht, § 12 N 542). Obwohl die **Tantieme** in Art. 879 nicht erwähnt wird, steht ihrer Ausschüttung an Verwaltungsräte, die selbst Genossenschafter sind, nichts im Wege. Dies geht aus Art. 904 Abs. 1 hervor: Im Konkurs der Genossenschaft sind die Mitglieder der Verwaltung den Gläubigern der Gesellschaft gegenüber verpflichtet, unter gewissen Voraussetzungen alle in den letzten drei Jahren vor Konkursausbruch bezogenen *«Gewinnanteile oder unter anderer Bezeichnung gemachten Bezüge»* zurückzuerstatten. Diese Bestimmung wäre überflüssig, wenn die Ausrichtung von Tantiemen generell ausgeschlossen wäre (HENGGELER, 112).

Soweit eine Tantieme an ein Mitglied der Verwaltung ausbezahlt werden soll, welches nicht dem Verband angehört, muss die Tantieme vertraglich vereinbart werden, da Art. 859 Abs. 2 ausdrücklich eine Verteilung des Reinertrages nur unter den Genossenschaftern vorsieht. Die Möglichkeit einer vertraglichen Vereinbarung muss sich aber aus einer entsprechenden Ermächtigung in den Statuten ergeben (Art. 833 Ziff. 8; HENGGELER, 111 FN 82).

2. Festsetzung und Änderung der Statuten (Abs. 2 Ziff. 1)

14   Die **Statuten** müssen schriftlich abgefasst und einer von den Genossenschaftsgründern einzuberufenden Versammlung zur Beratung und **Genehmigung** vorgelegt werden (Art. 834 Abs. 1; HENSEL, 104). Wie diese Festsetzung der Statuten zu erfolgen hat, d.h. unter welchen Voraussetzungen ein diesbezüglicher Beschluss der GV als rechtswirksam zu betrachten ist (Einberufung, Bekanntgabe der Verhandlungsgegenstände, vorschriftsmässige Handhabung des Stimmrechts, Beachtung der einschlägigen Mehrheiten), bestimmen die Art. 880 ff.

15   Als Änderung der **Statuten** ist grundsätzlich jede formelle oder materielle Abänderung, Neuaufnahme oder Streichung einer statutarischen Bestimmung zu werten. Stets sind ein Beschluss der GV und die Eintragung im Handelsregister erforderlich (VON STEIGER, Genossenschaftsrecht, 112). Auch Änderungen, welche lediglich Korrekturen einer Statutenbestimmung betreffen, sind Änderungen i.S.v. Art. 879 Abs. 2 Ziff. 1 (HENSEL, 113). Grundsätzlich müsste sogar die Korrektur blosser Druckfehler einen diesbezüglichen GV-Beschluss nach sich ziehen, doch dürfte derartiger Formalismus wohl doch zu weit gehen (ZK-GUTZWILLER, N 21).

16   Im Gegensatz zum Aktienrecht bedürfen GV-Beschlüsse bezüglich Festsetzung und Änderung der Statuten keiner **öffentlichen Beurkundung**, die Rechtskraft der Änderung ist jedoch abhängig von ihrer Anmeldung und Eintragung im **Handelsregister** (Art. 835 ff.; HENSEL, 107 f.).

17   Die Änderung der Statuten bedarf einer Mehrheit von zwei Dritteln der abgegebenen Stimmen. Die Statuten können die **Quoren** für derartige Beschlüsse noch verschärfen (Art. 888 Abs. 2, Art. 874 Abs. 1).

3. Wahlen und Abberufungen (Abs. 2 Ziff. 2)

18   Der GV obliegt die **Wahl** der Mitglieder der Verwaltung (Art. 894 ff.) und der Revisionsstelle (Art. 906 ff.). Die GV kann diese Organe auch wieder abberufen (Art. 890 Abs. 1), wobei die Beschlussfassung mit dem absoluten Mehr der abgegebenen Stimmen zu erfolgen hat. Wie jeder GV-Beschluss muss auch die **Abberufung** bei der Einberufung der GV angekündigt werden (vgl. Art. 883 Abs. 1). Zeigt sich die Notwendigkeit einer Abberufung erst im Verlaufe der GV, bleibt nur die Möglichkeit der Einstellung des abzuberufenden Organs in seinen Funktionen und die Einberufung einer neuen Versammlung zur endgültigen Beschlussfassung (HENSEL, 120).

Die **Verwaltung** ist stets ein Kollegium von mindestens drei natürlichen Personen und muss zur Mehrheit aus Genossenschaftern bestehen (Art. 894). Da mit der Revision des Aktien- und Rechnungslegungsrechts die bisherige Bestimmung des Aktienrechts, wonach die Verwaltungsratsmitglieder der AG Aktionäre sein müssen, ersatzlos gestrichen werden soll, Art. 894 Abs. 1 aber unverändert bleibt, ist das Genossenschaftsrecht de lege ferenda strenger – statt wie bisher liberaler – als das Aktienrecht (MEIER-HAYOZ/ FORSTMOSER, § 19 N 86). Eine Bestellung der Verwaltung durch die Statuten für die erste Amtsperiode nach der Gründung ist nicht möglich. Wird die Verwaltung durch die Statuten in einen VR und in eine Geschäftsführung aufgeteilt, so ist der VR zwingend durch die GV zu wählen (vgl. Art. 898; HENSEL, 117). 19

In den Statuten finden sich gelegentlich Bestimmungen, die einem Mitglied oder einem Dritten ein verbindliches **Vorschlagsrecht** für die Wahl von Verwaltungsmitgliedern zugestehen. Damit wird die freie Beschlussfassung der GV zu stark eingeschränkt. Derartige Bestimmungen sind daher nicht zulässig (vgl. BGE 67 I 262). Eine Ausnahme besteht einzig aufgrund von Art. 926, welcher dem interessierten Gemeinwesen das Recht einräumt, Delegierte in Verwaltung oder Revisionsstelle abzuordnen. 20

Mit der Revision des GmbH-Rechts wurde gleichzeitig eine rechtsformübergreifende Vereinheitlichung der Revisionsfunktion durchgeführt. Neu sind auch für die **Revisionsstelle** der Genossenschaft die Vorschriften des Aktienrechts entsprechend anwendbar (Art. 906 Abs. 1). Grundsätzlich kann auf die dortigen Kommentarstellen verwiesen werden. Eine genossenschaftsspezifische Regel besteht einzig hinsichtlich der Möglichkeit, statt einer eingeschränkten eine ordentliche Revision zu verlangen (Art. 906 Abs. 2; MEIER-HAYOZ/FORSTMOSER, § 19 N 92; vgl. Botschaft RAG, 4042 ff.; vgl. die Ausführungen zu Art. 906 f.). 21

Neben Verwaltung und Revisionsstelle wählt die GV auch die **Liquidatoren,** sofern nicht die Verwaltung selbst die Liquidation durchführt oder der Richter die Liquidatoren bestellt. Sollte die Genossenschaft mit ihrer Verwaltung im Rechtsstreit liegen, so muss der allfällige Rechtsvertreter der Genossenschaft ebenfalls von der GV gewählt werden (HENSEL, 118). 22

4. Genehmigung des Lageberichts und der Konzernrechnung
   (Abs. 2 Ziff. 3 E-Aktien- und Rechnungslegungsrecht)

Mit der Revision des Aktien- und Rechnungslegungsrechts soll de lege ferenda auch für die Genossenschaft die Pflicht zur Erstellung eines «Jahresberichts» (neu «Lageberichts») sowie gegebenenfalls einer Konzernrechnung bestehen, deren Genehmigung unter die unübertragbaren Befugnisse der GV der Genossenschaft fällt. Da in Art. 879 Abs. 2 Ziff. 3 neu die Formulierung von Art. 698 Abs. 2 Ziff. 3 übernommen wird (Botschaft Aktien- und Rechnungslegungsrecht, 139), kann auf die dortigen Kommentarstellen verwiesen werden (vgl. auch Art. 979 N 11). 22a

5. Betriebsrechnung und Bilanz (Abs. 2 Ziff. 3) bzw. Jahresrechnung
   (Abs. 2 Ziff. 4 E-Aktien- und Rechnungslegungsrecht)

Das Genossenschaftsrecht verlangt de lege lata nur die Erstellung von **Betriebsrechnung** und **Bilanz,** aber keinen Geschäftsbericht (ZK-GUTZWILLER, N 28). Damit ihre Abnahme gültig erfolgen kann, müssen folgende drei Voraussetzungen erfüllt sein: 23

1) Betriebsrechnung und Bilanz müssen von der Verwaltung nach den Vorschriften über die kaufmännische Buchführung aufgestellt werden (Art. 858 Abs. 1). Kreditgenossenschaften und konzessionierte Versicherungsgenossenschaften unterstehen den strengeren Regeln des Aktienrechts (Art. 858 Abs. 2).

2) Die Revisionsstelle muss einen schriftlichen Revisionsbericht vorlegen, in welchem sie der GV ihre Prüfungsergebnisse mitteilt (HENSEL, 122). Wird eine ordentliche Revision durchgeführt, muss die Revisionsstelle grundsätzlich an der GV anwesend sein. Die GV kann nur durch einstimmigen Beschluss auf die Anwesenheit der Revisionsstelle verzichten (Art. 906 i.V.m. Art. 731 Abs. 2).

3) Schliesslich müssen Betriebsrechnung und Bilanz zusammen mit dem Revisionsbericht zehn Tage vor der GV am Sitz der Genossenschaft zur Einsichtnahme für die Genossenschafter aufgelegt werden (Art. 856 Abs. 1).

23a Die Revision des Aktien- und Rechnungslegungsrechts sieht vor, Art. 879 Abs. 2 Ziff. 3 terminologisch an die Neuregelung des Rechnungslegungsrechts anzupassen. Dementsprechend wird neu der Begriff «Jahresrechnung» anstelle von «Betriebsrechnung und Bilanz» verwendet (Botschaft Aktien- und Rechnungslegungsrecht, 139). Die Jahresrechnung setzt sich aus der Bilanz, der Erfolgsrechnung und dem Anhang zusammen, wobei die Vorschriften für grössere Unternehmen (s. Art. 961 ff. E-Aktien- und Rechnungslegungsrecht) und Konzerne (s. Art. 963 ff. E-Aktien- und Rechnungslegungsrecht) vorbehalten bleiben (Art. 958 Abs. 2 E-Aktien- und Rechnungslegungsrecht). Ferner soll infolge der Neuerungen im Rechnungslegungsrecht Art. 858 aufgehoben werden (Botschaft Aktien- und Rechnungslegungsrecht, 139). Die Pflicht der Revisionsstelle, der GV eines Revisionsbericht vorzulegen sowie das Recht der Genossenschafter, spätestens zehn Tage vor der GV am Sitz der Genossenschaft Einsicht in Lagebericht, Konzernrechnung, Jahresrechnung und Revisionsbericht zu nehmen (Art. 856 Abs. 1), bleibt mit den entsprechenden terminologischen Änderungen von Art. 856 Abs. 1 bestehen (vgl. N 23).

24 Die Abnahme der **Betriebsrechnung** und der **Bilanz** (bzw. neu Jahresrechnung) erfolgt durch Mehrheitsbeschluss. Sie ist als Anerkennung von deren Richtigkeit und Endgültigkeit zu verstehen. Die GV kann weitere Prüfungen durch die Revisionsstelle verlangen oder die Bilanz ganz zurückweisen. Sie kann die Verwaltung mit der Erstellung einer überarbeiteten Bilanz und mit der Einberufung einer neuen GV zwecks deren Abnahme beauftragen (HENSEL, 123). Erst aufgrund der genehmigten Bilanz kann die GV über die Verwertung des Reingewinnes beschliessen. Eine Verteilung unter die Genossenschafter muss durch die Statuten ausdrücklich vorgesehen sein, andernfalls gelangt der **Reingewinn** in vollem Umfang in das Genossenschaftsvermögen (Art. 859 Abs. 1 f.). Im Gegensatz zum Aktionär hat der Genossenschafter somit keinen grundsätzlichen Anspruch auf einen verhältnismässigen Anteil am Bilanzgewinn (Art. 660).

6. Entlastung (Abs. 2 Ziff. 4 bzw. Ziff. 5 E-Aktien- und Rechnungslegungsrecht)

a) Tragweite

25 Die Erteilung der **Entlastung** (auch Décharge) durch GV-Beschluss bedeutet, dass die Genossenschaft auf die Geltendmachung der ihr allenfalls zustehenden **Verantwortlichkeitsansprüche** gegenüber der Verwaltung für deren Tätigkeit während der abgelaufenen Zeitspanne verzichtet (HENSEL, 125 f.). Die Entlastung wirkt sich nur im Innenverhältnis der Genossenschaft aus; die Verantwortlichkeit für Pflichtverletzungen, welche Gläubiger betreffen, bleibt bestehen. Bei Kredit- und Versicherungsgenossenschaften

bleibt dem Genossenschafter ein eigenes **Klagerecht** für Schädigungen aus der Tätigkeit der Verwaltung vorbehalten (Art. 920 i.V.m. Art. 752 ff.). In den übrigen Genossenschaftsformen besteht für den einzelnen Genossenschafter nur insofern ein Klagerecht, als er durch das schädigende Verhalten der Verwaltung unmittelbar betroffen ist (HENSEL, 127; GUHL/KUMMER/DRUEY, 8. Aufl., 763 f.).

b) Personeller Geltungsbereich

Die **Entlastung** kann der Verwaltung als Kollektiv erteilt werden. Damit bringt die GV zum Ausdruck, dass sie die einzelnen Mitglieder der Verwaltung aus ihrer persönlichen und solidarischen Haftung entlässt (PICENONI, 35). Will die GV einzelnen Mitgliedern der Verwaltung die Décharge verweigern, so muss dies zum Ausdruck gebracht werden.

Das Gesetz sieht nur die **Entlastung der Verwaltung** vor. Anderen geschäftsführenden oder kontrollierenden Organen kann die GV aufgrund statutarischer Regelungen Décharge erteilen, wobei die gleichen **Stimmrechtsbeschränkungen** anzunehmen sind wie für die Mitglieder der Verwaltung (Art. 887 Abs. 1). Mit Erteilung der Décharge werden auch die den Weisungen des entlasteten Organs unterworfenen Personen – sofern sie überhaupt der GV rechenschaftspflichtig sind – entlastet. Soll ihnen die Entlastung verweigert werden, so muss dies zum Ausdruck gebracht werden.

Die **Décharge** erfasst im Zweifelsfalle die der Verwaltung unterstellte Direktion. Sofern Letztere aber die eigentliche Geschäftsführung innehat, muss ihr getrennt Décharge erteilt werden (PICENONI, 36 f.). Die Revisionsstelle wird durch die der Verwaltung erteilte Entlastung nicht befreit, da sie ein von der Verwaltung unabhängiges Organ mit anderen Aufgaben und Pflichten ist. Die Décharge muss daher auch ihr separat erteilt werden.

c) Sachlicher Geltungsbereich

Die Entlastung ist eine Willenserklärung der GV an die zu entlastenden Organe (PICENONI, 37). Ihr **Umfang** und ihre **Tragweite** bestimmen sich daher nach dem konkreten Inhalt des Entlastungsbeschlusses. Die Entlastung kann aber auch stillschweigend ausgesprochen werden, z.B. im Rahmen des Beschlusses über die Rechnungsabnahme. Dabei ist aber zu berücksichtigen, dass die Bedeutung der Rechnungsgenehmigung bei der Genossenschaft mit Rücksicht auf die oft geringere geschäftliche und kaufmännische Erfahrung der Mitglieder, namentlich bei kleineren Genossenschaften, weniger weit reicht als bei der AG (BGE 78 II 155 f.; vgl. BGer v. 4.6.2002, 4C.272/2001, E. 2).

Allgemein gilt der Grundsatz, dass die Décharge nur diejenigen Tatsachen erfasst, welche der GV zur **Kenntnis** gebracht wurden oder ohne weiteres erkennbar waren und im Rahmen des Auskunftsrechts hätten erläutert werden können (HENSEL, 126). Der Umfang der Kenntnis der GV ergibt sich somit ausschliesslich aus den ihr vorgelegten Unterlagen und Mitteilungen. Privates Wissen einzelner Gesellschafter, welches über die in der GV vermittelten Kenntnisse hinausgeht, wird damit irrelevant (BGE 65 II 2, 10). Sofern sich ein Sachverhalt in Wirklichkeit anders präsentiert, als in den der GV zur Verfügung stehenden Unterlagen und Mitteilungen dargestellt, besteht auch die Möglichkeit, die unter diesen Umständen erteilte Décharge wegen Willensmangels anzufechten (BGE 65 II 2, 14).

d) Zeitlicher Geltungsbereich

Erteilt die GV Entlastung für besondere Geschäfte oder einzelne Aufträge, so wird damit die ganze **Zeitdauer** dieser bestimmten Verrichtungen erfasst, sofern der Beschluss nichts anderes bestimmt. Im Übrigen erstreckt sich die **Präklusivwirkung** der Entlastung auf die Geschäftstätigkeit der ganzen Geschäftsperiode, für welche Rechenschaft abgelegt worden ist (PICENONI, 53 f.).

e) Stimmausübungsverbot

32 Wer an der Geschäftsführung in irgendeiner Form teilgenommen hat, darf bei Beschlüssen über die Entlastung der Verwaltung nicht stimmen (Art. 887). Diese Personen dürfen weder ihr eigenes **Stimmrecht** ausüben, noch als Vertreter eines anderen stimmen (PICENONI, 71 f.). Diese Beschränkung gilt nun auch für die Revisionsstelle. Mit der Revision des GmbH-Rechts wurde Art. 887 Abs. 2 aufgehoben, da eine Teilnahme der Revisionsstelle an der Beschlussfassung über die Entlastung der Verwaltung mit dem Gebot der Unabhängigkeit der Revisionsstelle nicht vereinbar ist (Botschaft RAG, 4041). Für weitere Einzelheiten wird auf die Ausführungen zu Art. 887 verwiesen.

7. Weitere Befugnisse gemäss Gesetz und Statuten (Abs. 2 Ziff. 5 bzw. Ziff. 6 E-Aktien- und Rechnungslegungsrecht)

33 Die GV ist das oberste Organ der Genossenschaft. Ihr fallen all jene Kompetenzen zu, welche weder durch das Gesetz noch durch die Statuten einem anderen Organ übertragen worden sind (HENSEL, 103). Art. 879 Abs. 2 Ziff. 5 enthält eine Aufzählung derjenigen **gesetzlichen Befugnisse,** welche der GV vorbehalten sind. Soweit Abs. 2 Ziff. 5 auch Befugnisse erwähnt, welche aufgrund der Statuten der GV zugewiesen werden, ist zu präzisieren, dass diese statutarischen Rechte durch Änderung der Statuten auf andere Organe der Gesellschaft übertragen werden können (vgl. ZK-TANNER, Art. 698 N 95, welcher angesichts des identischen Wortlautes auch auf die Genossenschaft anzuwenden ist). Die aufgrund gesetzlicher Bestimmungen der GV vorbehaltenen Beschlüsse betreffen namentlich folgende Gegenstände: Bestellung der notwendigen Organe durch die Gründerversammlung (Art. 834 Abs. 3), Ausschliessung eines Genossenschafters (Art. 846 Abs. 3), Entscheidung über die Aufnahme des Erwerbers von Genossenschaftsanteilen in den Verband (Art. 849 Abs. 1), Einsichtnahme in die Geschäftsbücher (Art. 857 Abs. 2), Einlagen in Reserve- und andere Fonds (Art. 863 Abs. 1), Statutenrevisionen anlässlich der Änderung von Haftungsbestimmungen (Art. 874 Abs. 1), Abberufung der Verwaltung und der Revisionsstelle sowie von Bevollmächtigten und Beauftragten (Art. 890), Auflösung der Genossenschaft (Art. 911 Ziff. 2), Verteilung des Vermögens der aufgelösten Genossenschaft (Art. 913 Abs. 5, soweit entsprechende statutarische Bestimmungen fehlen), Fusion, Spaltung und Umwandlung (Art. 12 Abs. 2, Art. 18 Abs. 1, Art. 43 und 64 FusG), Unterbleiben der Liquidation gemäss Art. 915 Abs. 1 und Bildung eines Genossenschaftsverbandes (Art. 921 ff.).

34 Hinsichtlich der **Befugnisse,** welche der GV aufgrund einer entsprechenden **statutarischen** Ermächtigung eingeräumt werden, kommen insb. die Festlegung der Aufnahmebedingungen für neue Mitglieder (Art. 840 Abs. 3) und der Aufnahmebeschluss bei Übertragung der Mitgliedschaft (Art. 849 Abs. 1) in Frage.

Art. 879a

Die Vorschriften des Aktienrechts über die Verwendung elektronischer Mittel sind bei der Vorbereitung und Durchführung der Generalversammlung sinngemäss anwendbar.

Les dispositions du droit de la société anonyme concernant le recours aux médias électroniques s'appliquent par analogie à la préparation et à la tenue de l'assemblée générale.

Le disposizioni del diritto della società anonima concernenti l'impiego di mezzi di comunicazione elettronici si applicano per analogia alla preparazione e allo svolgimento dell'assemblea generale.

Literatur

Vgl. die Literaturhinweise zu Art. 879.

Um der fortschreitenden Informatisierung Rechnung zu tragen, wird im Entwurf zur Revision des Aktien- und Rechnungslegungsrechts vorgeschlagen, dass die Einladung zur GV und weitere Unterlagen den Aktionärinnen und Aktionären auf elektronischem Weg zugestellt werden können (Art. 700 Abs. 1 E-Aktien- und Rechnungslegungsrecht; Botschaft Aktien- und Rechnungslegungsrecht, 90 f.). Im Weiteren ist eine explizite Regelung über die Verwendung elektronischer Mittel bei der Durchführung der GV und der Ausübung der Aktionärsrechte in der GV in den neuen Art. 701c–f vorgesehen. Der neue Art. 879a verweist betreffend Verwendung elektronischer Mittel bei der Vorbereitung und Durchführung der GV der Genossenschaft umfassend auf die entsprechenden Vorschriften des Aktienrechts. Es kann deshalb auf die dortigen Kommentarstellen verwiesen werden. 1

Art. 880

II. Urabstimmung	**Bei Genossenschaften, die mehr als 300 Mitglieder zählen oder bei denen die Mehrheit der Mitglieder aus Genossenschaften besteht, können die Statuten bestimmen, dass die Befugnisse der Generalversammlung ganz oder zum Teil durch schriftliche Stimmabgabe (Urabstimmung) der Genossenschafter ausgeübt werden.**
II. Votation par correspondance	Les sociétés de plus de trois cents membres, de même que celles où la majorité des membres est formée de sociétés coopératives, peuvent disposer, dans leurs statuts, que les associés exercent tout ou partie des attributions de l'assemblée générale en votant par correspondance.
II. Voto per corrispondenza	Nelle società cooperative che hanno più di trecento soci o nelle quali la maggioranza dei soci è formata di società cooperative, lo statuto può stabilire che le deliberazioni di competenza dell'assemblea generale siano, in tutto o in parte, prese dai soci mediante voto per corrispondenza.

Literatur

Vgl. die Literaturhinweise zu Art. 879.

I. Begriff

1 Als **Urabstimmung** wird jene Form der Beschlussfassung bezeichnet, bei welcher der Beschluss durch eine die GV ersetzende, schriftliche Abstimmung zustande kommt. Im Unterschied zur schriftlichen Abstimmung innerhalb der GV können Beschlüsse ohne die Abhaltung einer Versammlung der Genossenschafter gefasst werden; die Urabstimmung ersetzt somit die in der GV stattfindende Beschlussfassung (WEBER-DÜRLER, 100).

II. Voraussetzungen

2 Die Urabstimmung bedarf der **statutarischen Grundlage** (Art. 833 Ziff. 6) und ist nur möglich, sofern die Genossenschaft (a) mehr als 300 Mitglieder zählt oder wenn (b) die Mehrheit der Mitglieder wiederum aus Genossenschaften besteht. Die Ratio der Bestimmung ist darin zu suchen, dass der Gesetzgeber befürchtete, dass das Institut der GV bei grosser Mitgliederzahl seinem Zweck u.U. nicht mehr gerecht werden könnte. Hinzu kommt, dass Art. 886 Abs. 1 f. die Vertretung eines unabkömmlichen Genossenschafters nur unter strengen Restriktionen zulassen, sodass die Fassung von repräsentativen Beschlüssen nicht mehr gewährleistet werden kann. Die Urabstimmung soll hier Abhilfe schaffen, indem den Genossenschaftern die Möglichkeit eingeräumt wird, sich schriftlich zu äussern (WEBER-DÜRLER, 124 f.; vgl. GERBER, 262).

III. Ausgestaltung

3 Die Statuten können die **Befugnisse** der Urabstimmung in verschiedenster Form regeln. Schon aus dem Wortlaut von Art. 880 geht hervor, dass die Kompetenzen der GV ganz oder nur z.T. durch schriftliche Abstimmung ausgeübt werden können. Viele Genossenschaften behalten die Fassung bestimmter wichtiger Beschlüsse der Urabstimmung vor, andere verlangen die Bestätigung derartiger GV-Beschlüsse in einer Urabstimmung. Es ist aber auch möglich, der Urabstimmung keine Entscheidungen wirklich vorzubehalten, sondern dieses Institut nur für besondere Umstände gewissermassen in Reserve zu halten (SIGG, 50; vgl. auch ZK-GUTZWILLER, N 9 ff.).

4 Soweit die Befugnisse der GV durch die Urabstimmung ausgeübt werden sollen, ist der in Art. 881 Abs. 2 erwähnten **Minderheit** von einem Zehntel der Mitglieder auch das Recht zu gewähren, die Durchführung einer Urabstimmung zu verlangen (per analogiam SIGG, 78).

5 Meist erfolgt die schriftliche **Stimmabgabe** aufgrund eines jedem Genossenschafter zugestellten **Antrages**. Denkbar ist aber etwa auch die Fassung von Zirkularbeschlüssen, bei welchen die Anträge zur Beschlussfassung von einem Genossenschafter zum anderen weitergeleitet werden (HENSEL, 183 f.). Erst der Empfang der Erklärung macht diese zur relevanten Stimme. Unter Hinweis auf Art. 9 kann der Genossenschafter daher seine Stimme widerrufen, wenn dies der Verwaltung vor Eintreffen seiner schriftlichen Erklärung zur Kenntnis gebracht wird. Während in der GV die Willensäusserungen der Gesellschafter unmittelbar nach der Eröffnung der Abstimmung durch den Vorsitzenden zur Kenntnis gebracht werden, gehen die Voten bei einer Urabstimmung während eines gewissen Zeitraumes ein. Um die während dieser Zeitspanne bestehende Rechtsunsicherheit zu begrenzen, sollten die Statuten eine Frist für die Stimmabgabe ansetzen, die in Anlehnung an Art. 882 Abs. 1 mindestens fünf Tage betragen sollte (REYMOND/TRIGO TRINDADE, 190; HENSEL, 184).

5. Abschnitt: Organisation der Genossenschaft **Art. 881**

Das zur Abstimmung gelangende Geschäft muss den Genossenschaftern in Form eines 6
klaren, eindeutigen **Antrages** zur Kenntnis gebracht werden, damit das einzelne Mitglied die Möglichkeit hat, sein Urteil in Kenntnis der Tragweite seiner Entscheidung selbständig zu bilden. Für die Beschlussfassung über die Abnahme von Betriebsrechnung und Bilanz (bzw. de lege ferenda der Jahresrechnung) ist es unerlässlich, dass jeder Genossenschafter rechtzeitig mit den entsprechenden Unterlagen versorgt wird. Ebenso muss der schriftliche Revisionsbericht beigelegt werden (Art. 856 Abs. 1; Art. 906).

Grundsätzlich ist es sicherlich als sinnvoll zu erachten, wenn die Verwaltung neben dem 7
blossen Antrag die Gründe für dessen Vorlage erläutert. Sie hat aber darauf zu achten, die Genossenschafter nicht einseitig und unter Verschweigen anders lautender Meinungen zu orientieren (HENSEL, 186 f.). Wird ein Beschluss gefasst, ist die Verwaltung bei dessen **Ausführung** an den Wortlaut des dem Beschluss zugrunde liegenden Antrages gebunden (vgl. Art. 66 Abs. 2 ZGB).

Art. 888 Abs. 1 bestimmt ausdrücklich, dass die **Beschlussfassung** in GV und Urabstimmung mit dem absoluten Mehr der abgegebenen Stimmen erfolgt, unter Vorbehalt 8
gesetzlicher oder allfälliger statutarischer **Quorumsvorschriften**. Das Ergebnis der Urabstimmung ist den Genossenschaftern mitzuteilen (HENSEL, 187).

IV. Problematik der Urabstimmung

Im Rahmen der Urabstimmung ist jeder Genossenschafter bei der Urteilsbildung ganz 9
auf sich allein gestellt. Sofern die Urabstimmung auch für die Wahl von Verwaltung und Revisionsstelle verwendet wird, werden dem Genossenschafter u.U. Personen vorgeschlagen, die er nicht kennt und über deren Befähigung er sich keine Meinung bilden kann. Ganz allgemein fällt bei der schriftlichen Stimmabgabe der an einer GV entstehende Zusammenhang unter den Genossenschaftern durch die gemeinsame Beratung und Debatte dahin. Dies birgt gewisse **Gefahren** in sich und weist i.d.R. gegenüber der Beschlussfassung auf der Grundlage vorheriger Aussprache und Beratung Nachteile auf (BGE 67 I 342, 347); eine Beschlussfassung im eigentlichen Sinne ist gar nicht möglich (ZK-GUTZWILLER, N 5; vgl. GERBER, 270, 275). Anderseits ist nicht zu übersehen, dass insb. bei Grossgenossenschaften ein legitimes Bedürfnis nach diesem Institut besteht, da angesichts der mangelnden Teilnahme und Apathie der Mitglieder die Fassung repräsentativer Beschlüsse im Rahmen einer GV ausgeschlossen ist. Weil die Urabstimmung jene aber niemals vollwertig ersetzen kann, sollte der GV nach Möglichkeit ein Teil der Befugnisse (etwa Wahlen, Änderung der Haftungsbestimmungen sowie Abstimmung über Fusion oder Auflösung) vorbehalten bleiben (HENSEL, 189; vgl. GERBER, 275).

Art. 881

III. Einberufung
1. Recht und Pflicht

¹ **Die Generalversammlung wird durch die Verwaltung oder ein anderes nach den Statuten dazu befugtes Organ, nötigenfalls durch die Revisionsstelle einberufen. Das Einberufungsrecht steht auch den Liquidatoren und den Vertretern der Anleihensgläubiger zu.**

² **Die Generalversammlung muss einberufen werden, wenn wenigstens der zehnte Teil der Genossenschafter oder, bei Genos-**

senschaften von weniger als 30 Mitgliedern, mindestens drei Genossenschafter die Einberufung verlangen.

³ Entspricht die Verwaltung diesem Begehren nicht binnen angemessener Frist, so hat der Richter auf Antrag der Gesuchsteller die Einberufung anzuordnen.

III. Convocation
1. Droit et obligation de convoquer

¹ L'assemblée générale est convoquée par l'administration ou par tout autre organe auquel les statuts confèrent ce droit et, au besoin, par l'organe de révision. Les liquidateurs et les représentants des obligataires ont également le droit de la convoquer.

² Elle doit être convoquée lorsque la demande en est faite par le dixième au moins des associés ou, si le nombre de ces derniers est inférieur à trente, par au moins trois d'entre eux.

³ Si l'administration ne donne pas suite à cette requête dans un délai convenable, la convocation est ordonnée par le juge, à la demande des requérants.

III. Convocazione
1. Diritto e obbligo

¹ L'assemblea generale è convocata dall'amministrazione o da ogni altro organo al quale lo statuto ne dia il diritto e, quando occorra, dall'ufficio di revisione. Il diritto di convocarla spetta anche ai liquidatori ed ai rappresentanti degli obbligazionisti.

² L'assemblea generale dev'essere convocata quando ne sia fatta richiesta da un decimo almeno dei soci o, se il numero di questi è minore di trenta, da almeno tre soci.

³ Qualora l'amministrazione non dia corso entro un congruo termine a siffatta domanda, la convocazione sarà ordinata dal giudice, ad istanza dei richiedenti.

Literatur

Vgl. die Literaturhinweise zu Art. 879.

I. Allgemeines

1 In den Art. 881–883 behandelt das Gesetz die **ordentliche Einberufung** der GV. In Art. 881 wird bestimmt, wer für die Einberufung zuständig ist, Art. 882 befasst sich mit der Form und Art. 883 mit dem Informationsgehalt, den die Einberufung aufweisen muss. Schliesslich erlaubt der Gesetzgeber unter den Voraussetzungen der Universalsammlung (Art. 884), von der Einhaltung der soeben erwähnten Regeln ausnahmsweise abzusehen.

2 Wie bereits aus der Marginalie zu diesem Artikel hervorgeht, ist zu unterscheiden, ob eine Verpflichtung oder lediglich ein **Recht auf Einberufung** einer GV besteht. Die Frage, wann eine Verpflichtung zur Einberufung einer GV besteht, wird in Art. 881 nicht explizit beantwortet (dazu u. N 3 ff.).

II. Zur Einberufung der GV Verpflichtete (Abs. 1)

3 Eine **Einberufungspflicht** besteht nur, soweit sie sich aus dem Gesetz oder den Statuten ergibt. Das Gesetz sieht eine Pflicht zur Einberufung für die Verwaltung, die Revisionsstelle und die Liquidatoren vor. Die einzelnen Fälle der Einberufungspflicht lassen sich wie folgt zusammenstellen:

5. Abschnitt: Organisation der Genossenschaft **4, 5 Art. 881**

1. Verwaltung

a) Wenigstens **ein Zehntel der Genossenschafter** oder, bei Genossenschaften mit weniger als 30 Mitgliedern, mindestens **drei Genossenschafter** verlangen die Einberufung (Abs. 2).

b) Die **Statuten** oder der **Beschluss** einer früheren GV bestimmen, dass die GV an einem bestimmten Termin oder innert einer bestimmten Frist stattzufinden habe (HENSEL, 72).

c) Sofern die Genossenschaft Anteile ausgegeben hat und die letzte Jahresbilanz ergibt, dass die **Hälfte des Genossenschaftskapitals** nicht mehr gedeckt ist. In diesem Fall hat die Einberufung unverzüglich zu erfolgen (Art. 903 Abs. 3).

d) Wenn die GV **von Gesetzes wegen** bestimmte Beschlüsse zu fassen hat, nämlich (1) im Falle des Ablaufs der Amtszeit eines durch die GV zu wählenden Organs, (2) sofern die Verwaltung von der GV bestellte Bevollmächtigte und Beauftragte in ihren Funktionen einstellt (Art. 905 Abs. 2), (3) bei Rücktritt eines von der GV bestellten Organs, (4) bei Ausfall eines Verwaltungsmitgliedes vor Ablauf der Amtszeit, wenn dadurch der Bestand der Verwaltung unter das gesetzliche Minimum von drei Mitgliedern fällt.

e) Im Gegensatz zum Aktienrecht fehlt es im Genossenschaftsrecht an einer Bestimmung, wonach mindestens eine **jährliche GV** abzuhalten ist (vgl. Art. 699 Abs. 2). Sofern die Genossenschaft aber ein Gewerbe führt, unterliegt sie der Buchhaltungspflicht und hat jährlich aufgrund der Betriebsrechnung eine Bilanz zu erstellen und diese der GV zur Abnahme vorzulegen (Art. 879 Abs. 2 Ziff. 3, 856 Abs. 1, 958). Es ist daher grundsätzlich unumgänglich, dass mindestens einmal in jedem Jahr eine GV stattfindet (vgl. Pra 1941, 281 f.), wobei aber eine bestimmte Frist für deren Abhaltung im Gegensatz zu Art. 699 Abs. 2 fehlt. De lege ferenda haben auch Genossenschaften innerhalb von sechs Monaten nach Ablauf des Geschäftsjahres einen Geschäftsbericht (inkl. Jahresrechnung, Bilanz, Erfolgsrechnung und Anhang) zu erstellen und der GV zur Genehmigung zu unterbreiten (Art. 958 Abs. 3 i.V.m. Art. 879 Abs. 2 Ziff. 3 E-Aktien- und Rechnungslegungsrecht; Botschaft Aktien- und Rechnungslegungsrecht, 110 f.). Die Durchführung einer jährlichen GV lässt sich nur dann vermeiden, wenn die Genossenschaft mehr als 300 Mitglieder zählt oder mehrheitlich wiederum aus Genossenschaften besteht: In diesem Falle kann gestützt auf Art. 880 und 892 Abs. 4 eine Bestimmung in die Statuten aufgenommen werden, wonach in Jahren, in welchen keine GV stattfindet, eine Urabstimmung abgehalten wird, in der über die Rechnungsabnahme und andere Geschäfte, die keinen Aufschub dulden, abgestimmt wird (Pra 1941, 281 f.; vgl. auch die Ausführungen zu Art. 880 und 892).

2. Revisionsstelle

Die **Revisionsstelle** hat die GV nötigenfalls einzuberufen, d.h. immer dann, wenn die Verwaltung ihre Einberufungspflicht verletzt (vgl. BELSER, 128 ff.). In erster Linie ist somit immer die Verwaltung zur Einberufung verpflichtet (HENSEL, 74). In folgenden Fällen hat die Revisionsstelle zu handeln:

a) Die Verwaltung kommt einer gesetzlichen oder statutarischen Einberufungspflicht überhaupt nicht, nicht rechtmässig oder nicht rechtzeitig nach (vgl. ZK-GUTZWILLER, N 4).

b) Die Revisionsstelle nimmt bei ihren Revisionen Verstösse gegen das Gesetz, die Statuten oder das Organisationsreglement wahr, die sie als derart gravierend erachtet, dass sie der GV unverzüglich vorgelegt werden müssen (Art. 908 i.V.m. Art. 728c Abs. 1 und 2). Praktisch dürfte sich diese Frage für die Revisionsstelle jedoch recht selten stellen, da sie meist in der durch die Statuten festgelegten ordentlichen GV auf diese Mängel aufmerksam machen kann (vgl. HENSEL, 74).

c) Die Revisionsstelle hat den Rücktritt erklärt und will der GV die Gründe hierfür darlegen oder sicherstellen, dass der Rücktritt von der GV zur Kenntnis genommen worden ist.

d) Die Verwaltung ist infolge Rücktritts, Krankheit, Tod etc. nicht in der Lage, die GV einzuberufen.

6 Neben der Pflicht zur Einberufung der GV sind aber auch Sachverhalte denkbar, bei denen die Revisionsstelle die GV nicht einberufen muss, aber darf. In diesen Fällen trifft sie keine Pflicht, aber sie hat immerhin das **Recht,** die GV einzuberufen. Der Wortlaut des Gesetzes, welcher der Revisionsstelle «*nötigenfalls*» die Einberufung der GV gestattet, macht dies deutlich. Daraus wäre zu schliessen, dass die Revisionsstelle eine GV immer dann einberufen darf, wenn sie dies in guten Treuen für nötig hält (vgl. ZivGer BS SJZ 1951, 277 f.; **a.M.** SCHUCANY, SAG 1951/52, 68). Zu beachten ist aber, dass die Einberufung durch die Revisionsstelle etwas Ungewöhnliches ist und diese Befugnis daher im Zweifelsfall mit Zurückhaltung auszuüben ist. So sollte die GV innert einer allfälligen statutarischen Einberufungsfrist i.d.R. nur von der Verwaltung einberufen werden, weil sich erst nach Ablauf der Frist erweist, ob die Einberufung der GV durch die Revisionsstelle überhaupt notwendig ist (s. Art. 699 m.w.V.).

3. Liquidatoren und Vertreter der Anleihensgläubiger

7 Das Gesetz hält fest, dass das Recht zur Einberufung auch den **Liquidatoren** und **Vertretern der Anleihensgläubiger** zustehe. Die Liquidatoren übernehmen die Aufgaben der Verwaltung während der Auflösung der Gesellschaft und unterliegen somit während der Zeit ihrer Geschäftsführung der gleichen **Einberufungspflicht** wie die Verwaltung. Insoweit handelt es sich demnach nicht nur um ein Dürfen, sondern um ein Müssen (HENSEL, 75).

8 Den Vertretern der Anleihensgläubiger steht das **Recht** zur Einberufung und Teilnahme an der GV zu, soweit Gegenstände verhandelt werden, die ihre Interessen berühren (Art. 1160 Abs. 2 f.). Die Anleihensbedingungen können dieses Recht erweitern (vgl. Art. 699 m.w.V.).

III. Aufforderung durch Mitglieder (Abs. 2)

9 Wie bereits oben unter N 3 erwähnt, sieht Art. 881 Abs. 2 vor, dass eine Minderheit von mindestens einem Zehntel der Genossenschafter oder, bei Genossenschaften mit weniger als 30 Mitgliedern, mindestens drei **Genossenschafter** die Einberufung einer GV verlangen können. Zweifellos bezweckte der Gesetzgeber mit diesem **Initiativrecht** zugunsten einer Minderheit den Schutz der Mitgliedschaftsrechte der Genossenschafter (SIGG, 15). Es kann dabei nicht übersehen werden, dass das **Quorum** von 10% bei den grossen Genossenschaften mit zehntausenden von Mitgliedern angesichts des dafür notwendigen Aufwandes und der entstehenden Kosten praktisch nicht zu erreichen ist. So ist es denn auch möglich, das Quorum statutarisch zu erleichtern, solange dabei die

Gleichbehandlung aller Mitglieder (Art. 854) gewahrt bleibt. Mit diesem Gebot nicht zu vereinbaren wäre es z.B., wenn das (statutarisch erleichterte) Einberufungsrecht mit dem Besitz einer gewissen Menge von Anteilscheinen derart verknüpft würde, dass Genossenschafter mit namhafter Kapitalbeteiligung gegenüber den übrigen Mitgliedern bevorzugt würden. In der Genossenschaft darf das Mass der Kapitalbeteiligung kein Kriterium für die Erteilung von Herrschaftsrechten sein (SIGG, 17).

Um die Ausübung des Rechts auf Einberufung überhaupt zu ermöglichen, ist jedem Mitglied der Genossenschaft Einblick in das Mitgliederverzeichnis zu geben. Dieses **Einsichtsrecht** ist eine unerlässliche Voraussetzung des in Art. 881 Abs. 2 verankerten Rechts und kann nur dann von der Verwaltung verweigert werden, wenn die unmittelbare Gefahr einer Verletzung der Treuepflicht und damit die **Schädigung** der Genossenschaft dargetan werden kann. Selbst eine frühere **Treuepflichtverletzung** hätte nicht automatisch die Einschränkung oder gar den Entzug der Mitgliedschaftsrechte zur Folge; vielmehr wäre es dann Sache der Genossenschaft, auf dem Weg des Ausschlussverfahrens nach Art. 846 vorzugehen (OGer ZH, ZR 1979, 56 ff.; **a.A.** AppGer BS, BJM 1987, 211 f., welches die Geheimhaltung des Mitgliederverzeichnisses unter dem Gesichtspunkt des Datenschutzes grundsätzlich zulässt).

Im Gegensatz zum Aktienrecht (Art. 699 Abs. 3) bestehen für das Begehren der Minderheit der Genossenschafter zur Einberufung der GV keine **Formvorschriften** (HENSEL, 77). Unumgänglich ist aber, dass das Begehren unter Angabe des Verhandlungsgegenstandes der GV gestellt wird, denn erst dessen Kenntnis erlaubt eine formgerechte Einberufung und Durchführung der GV. Im Übrigen muss die GV für den verlangten Beschluss zuständig und das Geschäft darf nicht aufgrund des Gesetzes oder der Statuten einem anderen Organ vorbehalten sein (HENSEL, 77 f.).

Grundsätzlich hat der Adressat des Begehrens, sei es die Verwaltung oder ein anderes Organ, kein Recht auf eine materielle Prüfung des Begehrens. Sofern aber der Zweck der einzuberufenden GV sich offensichtlich als rechtsmissbräuchlich erweisen sollte, wird das angerufene Organ die Einberufung **verweigern** dürfen (HENSEL, 78). Zurückhaltung ist jedoch angebracht, denn auf die möglicherweise unlauteren Motive der Gesuchsteller kommt es nicht an; nur gerade der **Zweck der einzuberufenden GV** als solcher darf herangezogen werden, um **Rechtsmissbräuchlichkeit** oder **Rechtswidrigkeit** geltend zum machen (HENSEL, 78).

Das Gesetz nennt keine **Frist** für die Einberufung. Art. 881 Abs. 3 erwähnt eine angemessene Frist, wobei auf die konkreten Umstände abzustellen ist (BGer v. 4.6.2002, 4C.272/2001, E. 5.1). Der Adressat des Einberufungsbegehrens muss die Möglichkeit haben, die Durchführung der GV ordentlich vorbereiten zu können (HENSEL, 78).

IV. Richterliche Anordnung (Abs. 3)

Kommt das zuständige Organ dem Begehren nicht innert angemessener Frist nach, steht der Minderheit der Gang zum **Richter** offen, damit dieser die Einberufung anordne. Es ist aber auch denkbar, dass sich die Genossenschafter zuerst an ein anderes zur Einberufung berechtigtes Organ, etwa die Revisionsstelle, wenden (HENSEL, 79). Für den Fall, dass der Richter angerufen wird, verweisen die Kantone das Begehren mit Rücksicht auf dessen Dringlichkeit i.d.R. in das **summarische Verfahren** (vgl. § 219 lit. c Ziff. 17 ZPO ZH). Der Richter hat nur zu prüfen, ob die Antragsteller Mitglieder der Genossenschaft sind, die formellen Voraussetzungen von Art. 881 Abs. 2 erfüllt sind und tatsächlich ein Begehren an den zuständigen Adressaten gestellt worden war, welchem innert angemessener Frist nicht entsprochen wurde. Sofern die Antragsteller das Vorliegen sämtlicher Voraussetzungen glaubhaft machen können, befiehlt der Richter die Einberufung der GV durch das hierfür zuständige Organ (HENSEL, 79 f.; BGer v. 4.6.2002, 4C.272/2001, E. 5.2; vgl. im Übrigen Art. 699 N 11 ff.). Schliesslich sei noch auf Art. 890 Abs. 2 verwiesen, wonach ein Zehntel der Mitglieder beim Richter auch die Abberufung der Verwaltung und der Revisionsstelle verlangen kann.

15 Eine **Vernachlässigung der Einberufungspflicht** hat die **Haftung** der betreffenden Organe für den entstandenen Schaden wegen Verletzung einer gesetzlichen oder statutarischen Pflicht zur Folge (vgl. Art. 916). Im Übrigen kann ein mangelhaftes Vorgehen bei der Einberufung einer GV zur **Anfechtbarkeit** oder **Nichtigkeit** der gefassten Beschlüsse führen (vgl. BGE 78 III 33, 46 f.; 71 I 383, 387 f.).

V. Einberufung durch den Genossenschaftsverband?

16 Sofern die Genossenschaft Mitglied eines **Genossenschaftsverbandes** (Art. 921 ff.) ist, stellt sich die Frage, ob die Statuten des Verbandes diesen ermächtigen können, die Einberufung der GV eines Kollektivmitgliedes zu veranlassen. Im Hinblick auf Art. 924 Abs. 2 ist dies zu befürworten, handelt es sich bei der Einberufung einer GV doch um eine mildere Massnahme als das dort statuierte Anfechtungsrecht. Allerdings ist zu verlangen, dass die Statuten der Mitgliedgenossenschaft dieses Einberufungsrecht ausdrücklich vorsehen und die Einberufung durch die Verwaltung der Mitgliedgenossenschaft und nicht direkt durch den Verband erfolgt (NATSCH, Diss., 136 ff.; SCHMID, 192 f.; VON BÜREN, 109). Die gleiche Überlegung führt auch zum Schluss, dass dem Verband die Möglichkeit eingeräumt werden kann, verbindlich die Aufnahme eines Verhandlungsgegenstandes auf die Traktandenliste der GV des Kollektivmitgliedes zu verlangen, ist dies doch weniger einschneidend als die Einberufung einer GV (NATSCH, Diss., 139 f., VON BÜREN, 109).

Art. 882

2. Form

¹ Die Generalversammlung ist in der durch die Statuten vorgesehenen Form, jedoch mindestens fünf Tage vor dem Versammlungstag einzuberufen.

² Bei Genossenschaften von über 30 Mitgliedern ist die Einberufung wirksam, sobald sie durch öffentliche Auskündigung erfolgt.

2. Mode de convocation

¹ L'assemblée générale est convoquée suivant le mode établi par les statuts, mais cinq jours au moins avant la date de sa réunion.

² Dans les sociétés qui comptent plus de trente membres, l'assemblée générale est valablement convoquée dès qu'elle l'a été par avis public.

2. Forma

¹ La convocazione dell'assemblea generale deve farsi nella forma prescritta dallo statuto, ma cinque giorni almeno prima di quello fissato per l'adunanza.

² Nelle società di più di trenta soci, è sufficiente la convocazione mediante pubblico avviso.

5. Abschnitt: Organisation der Genossenschaft   1–5 Art. 882

Literatur

Vgl. die Literaturhinweise zu Art. 879.

I. Bedeutung

Die **Einberufung der GV** ist eine rechtsgeschäftliche Willenserklärung des zuständigen Organs, dass zu einer bestimmten Zeit an einem bestimmten Ort eine GV zwecks Fassung von Beschlüssen über angekündigte Gegenstände in den Angelegenheiten der Genossenschaft stattfinden werde (HENSEL, 65). Erst mit der formell richtig erfolgten Einberufung kommt eine GV im rechtlichen Sinne zustande. Werden die Formerfordernisse nicht eingehalten, so zieht dies die **Anfechtbarkeit** oder gar **Nichtigkeit** sämtlicher bei dieser Gelegenheit gefassten Beschlüsse nach sich, es sei denn, es handle sich um eine Universalversammlung i.S.v. Art. 884 (SIGG, 15). Grundsätzlich ist dabei von der Anfechtbarkeit der Beschlüsse auszugehen (Art. 891), so dass nach Ablauf der zweimonatigen Anfechtungsfrist die Mängel der Einberufung geheilt würden. Werden jedoch absichtlich Genossenschafter von einer Beschlussfassung ausgeschlossen, indem ihnen die Einberufung verheimlicht wird, und erhalten sie vor Ablauf der Anfechtungsfrist keine Kenntnis von den gefassten Beschlüssen, so wäre die Berufung auf die Heilung der Mängel rechtsmissbräuchlich und die gefassten Beschlüsse daher nichtig (HENSEL, 89; BGE 80 II 271, 275 f.; OGer ZH, SAG 1969, 212 ff.).   1

II. Form (Abs. 1)

Die **Form** der Einberufung ist gemäss Gesetz von den Statuten zu bestimmen (Art. 832 Ziff. 5) und kann etwa mittels persönlicher Einladung (mündlich, mittels Zirkular oder eingeschriebenen Briefes) oder durch Anschlag an Mitteilungsbrettern etc. erfolgen (vgl. zur Einberufung der GV auf elektronischem Weg Art. 879a N 1). Einzige Voraussetzung ist, dass die gewählte Form Gewähr dafür bietet, dass alle Genossenschafter von der Einberufung Kenntnis erlangen (HENSEL, 82).   2

Die Einberufung besteht aus zwei verschiedenen Erklärungen, welche auch getrennt abgegeben werden können, nämlich (1) aus der **Aufforderung zur Teilnahme** an einer GV zu einer bestimmten Zeit an einem bestimmten Ort; und (2) aus der Ankündigung der Gegenstände, über die Beschluss gefasst werden soll (**Traktanden**, vgl. Art. 883). Sofern keine einschlägigen statutarischen Bestimmungen existieren, ist das einberufende Organ in der Festlegung von Zeit und Ort frei. Diese darf aber die Teilnahme des einzelnen Mitgliedes nicht unnötig erschweren (HENSEL, 89).   3

Die gesetzliche **Einberufungsfrist** beläuft sich auf fünf Tage vor dem Versammlungstermin, ungeachtet dessen, ob es sich um eine ordentliche oder ausserordentliche GV handelt. Die Frist läuft ab der Absendung der Einladung bzw. der Veröffentlichung, wobei der Tag der Veröffentlichung und jener der Abhaltung der GV jeweils nicht mitgezählt werden (Art. 77 Abs. 1 Ziff. 1; vgl. Art. 700 N 4).   4

Im Gegensatz zum Aktienrecht (Art. 700 Abs. 1), wo die Einberufungsfrist heute 20 Tage (früher zehn Tage) beträgt, ging der Gesetzgeber davon aus, dass die Interessen der Genossenschafter hinsichtlich der Kenntnisnahme der Verhandlungsgegenstände und ggf. der Vorbereitung auf einzelne Traktanden mit einer **fünftägigen Frist** genügend gewahrt seien. Jedenfalls handelt es sich dabei nicht um ein Versehen der Räte und Kommissionen (vgl. HENGGELER, 96 f.). Das Festhalten an der Frist von fünf Tagen ist allerdings schwer verständlich, sieht doch Art. 856 Abs. 1 vor, dass Betriebsrechnung und Bilanz (bzw. de lege ferenda Lagebericht, Konzernrechnung und Jahresrechnung)   5 spätestens zehn Tage vor der GV am Sitz der Genossenschaft zur Einsichtnahme aufzulegen sind. Das Gesetz verlangt somit die Auflage dieser Unterlagen, obwohl die Einberufung der GV – und damit die Benachrichtigung der Mitglieder – vermeintlich erst fünf Tage später erfolgen kann. Eine stichhaltige Begründung für diesen Widerspruch kann nicht gegeben werden (HENGGELER, 96 f.), und man kann den beiden widersprüchlichen Bestimmungen nur dann gerecht werden, wenn das einberufende Organ der Genossenschaft dazu verpflichtet wird, die Auflage der Bilanz und der Betriebsrechnung (bzw. de lege ferenda des Lageberichts, der Konzernrechnung und der Jahresrechnung) den Genossenschaftern mindestens zehn Tage vor der GV anzuzeigen, auch wenn die Ankündigung der Einberufung der GV erst fünf Tage später zu erfolgen hat (vgl. KGer VS, ZWR 1975, 116 f.). Selbstverständlich besteht aber die Möglichkeit, in den Statuten eine längere Einberufungsfrist zu verankern und damit auch eine Harmonisierung mit Art. 856 Abs. 1 zu erreichen (eine zwingende zehntägige Frist für die ordentliche Generalversammlung fordern REYMOND/TRIGO TRINDADE, 174; für eine Anpassung der Einberufungsfrist an das Aktienrecht: GERBER, 320).

6 Das Gesetz enthält keine Bestimmung hinsichtlich eines allfälligen **Widerrufes der Einberufung.** Als einseitige Willenserklärung ist die Einberufung so lange widerruflich, als sie beim Erklärungsempfänger noch keine rechtlichen Wirkungen auszulösen vermochte. Der Widerruf kann somit bis zum Versammlungstag und in der gleichen Form wie die Einberufung erfolgen (HENSEL, 87). Er hat dabei vom einberufenden Organ auszugehen.

III. Öffentliche Auskündigung (Abs. 2)

7 Bei Genossenschaften von über 30 Mitgliedern erlaubt Art. 882 Abs. 2 auch die **öffentliche Auskündigung.** Offenbar war der Gesetzgeber bestrebt, grossen Genossenschaften eine Einberufungsform zur Verfügung zu stellen, welche den allfälligen Schwierigkeiten bei der Herstellung und Zustellung von zahlreichen Einladungen Rechnung tragen sollte. Für die Form dieser Auskündigung sind wiederum die Statuten massgebend. Voraussetzung ist auch hier einzig, dass die gewählte Form Gewähr dafür bietet, dass alle Genossenschafter von der Einberufung Kenntnis erlangen (HENSEL, 81 f.).

Art. 883

3. Verhandlungsgegenstände

¹ Bei der Einberufung sind die Verhandlungsgegenstände, bei Abänderung der Statuten der wesentliche Inhalt der vorgeschlagenen Änderungen bekanntzugeben.

² Über Gegenstände, die nicht in dieser Weise angekündigt worden sind, können Beschlüsse nicht gefasst werden, ausser über einen Antrag auf Einberufung einer weitern Generalversammlung.

³ Zur Stellung von Anträgen und zu Verhandlungen ohne Beschlussfassung bedarf es der vorgängigen Ankündigung nicht.

3. Ordre du jour

¹ L'avis de convocation indique les objets portés à l'ordre du jour et, dans le cas d'une revision des statuts, la teneur essentielle des modifications proposées.

² Aucune décision ne peut être prise sur des objets qui n'ont pas été ainsi portés à l'ordre du jour, sauf sur la proposition de convoquer une nouvelle assemblée générale.

	³ Il n'est pas nécessaire d'annoncer à l'avance les propositions et les délibérations qui ne doivent pas être suivies d'un vote.
3. Ordine del giorno	¹ L'avviso di convocazione indicherà gli argomenti che saranno trattati ed il contenuto essenziale delle modificazioni statutarie che fossero proposte.
	² Non possono prendersi deliberazioni sopra argomenti di cui non sia stata in siffatto modo annunciata la trattazione, tranne che sulla proposta di convocare un'altra assemblea generale.
	³ Possono essere formulate proposte e discussi argomenti anche senza precedente avviso, purché non siano prese deliberazioni.

Literatur

Vgl. die Literaturhinweise zu Art. 879.

I. Allgemeines

Die in Art. 882 f. enthaltenen Vorschriften über die Einberufung der GV und die Pflicht 1
zur **Bekanntgabe der Verhandlungsgegenstände** sollen dem einzelnen Genossenschafter die Möglichkeit einer ausreichenden Vorbereitung auf allfällig zu fassende Beschlüsse verschaffen. Um seine Mitgliedschaftsrechte, namentlich das Stimm- (Art. 855), das Kontroll- (Art. 856), das Teilnahme- (Art. 855, 879 f.) und das Auskunftsrecht (Art. 857), wirklich wahrnehmen zu können, muss der Genossenschafter sich auf die Beschlussfassung vorbereiten und sich über die Dringlichkeit seiner Teilnahme an der GV ein Bild machen können (KGer GR, SJZ 1961, 124, 127). Eine Verletzung der Vorschriften zur Einberufung der GV führt grundsätzlich zur Anfechtbarkeit, in schwerwiegenden Fällen zur Nichtigkeit der gefassten Beschlüsse (s. Art. 883 Abs. 2; 891), es sei denn, es handle sich um eine Universalversammlung, in deren Rahmen Beschlüsse ohne jeglichen Widerspruch aller Genossenschafter gefasst werden (Art. 884).

II. Bezeichnung der Verhandlungsgegenstände und Bekanntgabe von Statutenänderungen (Abs. 1)

1. Bezeichnung der Verhandlungsgegenstände

Anstelle des Wortes **Verhandlungsgegenstand** hat sich die Bezeichnung Traktandum 2
eingebürgert. Die Bekanntgabe der **Traktanden** ist zwingende Vorschrift. Die **Traktandenliste** muss den Genossenschaftern mindestens fünf Tage vor dem Termin der Versammlung bekannt gegeben werden, wobei die Orientierung über die Traktanden und die Bekanntmachung der Einberufung zeitlich nicht zusammenfallen müssen. Wie bereits (o. N 1) erwähnt, soll der Genossenschafter dadurch in die Lage versetzt werden, sich auf die GV vorzubereiten, die aufgelegten Akten einzusehen (Art. 856) und etwa mit anderen Genossenschaftern im Hinblick auf ein allfälliges gemeinsames Vorgehen an der GV Kontakt aufnehmen zu können (HENSEL, 83). Art. 883 Abs. 1 dient dem Schutz des einzelnen Genossenschafters und ist eine zwingende Mindestbestimmung (AppHof BE, SJZ 1956, 179 f.).

Die Traktanden, also diejenigen Geschäfte, welche einem gültigen GV-Beschluss zu- 3
gänglich sind, müssen deutlich von denjenigen Angelegenheiten unterschieden werden, über welche im Rahmen einer GV lediglich beraten und verhandelt, aber nicht Beschluss gefasst wird. Gewöhnlich werden derartige Angelegenheiten unter **«Varia»** zusammengefasst, wobei es sich hierbei eben nicht um ein Traktandum im rechtlichen Sinne handelt (ZK-GUTZWILLER, N 3 f.). Die Traktandenliste hat dem Genossenschafter

eine klare Vorstellung von der Bedeutung und Tragweite der einzelnen Geschäfte zu vermitteln. Nötig ist demnach eine eindeutige Umschreibung der angekündigten Gegenstände (HENSEL, 83), etwa «Budget 1993» oder «Verwendung des Reingewinns 1992». Ungenügend sind Umschreibungen wie «Wahlen» (wer soll für welche Funktion gewählt werden?), «Anschaffungen» (falls unklar ist, was angeschafft werden soll), etc. (ZK-GUTZWILLER, N 5).

4   Im Gegensatz zum Aktienrecht (s. Art. 700) ist es nicht nötig, **Traktanden und Anträge in derselben Form** in der Einberufung bekannt zu geben, wie sie anschliessend der GV zur Verhandlung und Beschlussfassung vorgelegt werden. Insbesondere besteht keine Verpflichtung, einen Antrag bereits in den Wortlaut eines Beschlusses zu kleiden. Die heute bestehende **Diskrepanz zwischen Aktien- und Genossenschaftsrecht** ist bedauerlich, ging doch mit der auf das Aktienrecht beschränkten Revision von 1991 die bereits von Eugen Huber postulierte Einheitlichkeit der Vorschriften über die Abhaltung der GV endgültig verloren (ZK-GUTZWILLER, N 1). Bestanden bereits unter dem alten Aktienrecht Unterschiede wie unterschiedliche Einberufungsfristen (Art. 882 Abs. 1, Art. 700 Abs. 1 altOR) oder fehlende Verpflichtung zur Vorlage eines Geschäftsberichtes bei der Genossenschaft (Art. 879 Abs. 2 Ziff. 3, Art. 698 Abs. 2 Ziff. 3 altOR; s. FORSTMOSER, SAG 1976, 52), welche weder durch die Interessenlage noch durch das Wesen der beiden Gesellschaftsformen gerechtfertigt werden konnten, wurden die Differenzen mit der Aktienrechtsrevision von 1991 noch verstärkt.

5   Die Traktandenliste ist für jede GV neu anzukündigen. Das **Recht zur Antragsstellung** hinsichtlich der aufzunehmenden Traktanden steht in erster Linie dem einberufenden Organ zu (Art. 881). Ebenso können aber die anderen einberufungsberechtigten Organe die Bekanntgabe weiterer Traktanden verlangen. Obwohl das Gesetz keine ausdrückliche Regelung enthält, wonach der einberufungsberechtigten Minderheit der Genossenschafter (vgl. Art. 881 Abs. 2) ebenfalls ein Antragsrecht zustünde, ergibt sich dieser Anspruch aus Gründen der Zweckmässigkeit: Würde einer Minderheit die Aufnahme eines Traktandums verweigert, könnte sie die Einberufung einer besonderen GV verlangen. Dies kann nicht im Interesse der Genossenschaft sein (HENSEL, 86). Demgegenüber hat der einzelne Genossenschafter keinen gesetzlich verankerten Anspruch, Anträge zur Aufnahme von Verhandlungsgegenständen in die Traktandenliste zu stellen. Sofern die Statuten dies nicht vorsehen, steht es ihm jedoch offen, im Rahmen der GV selbst einen Antrag zu stellen. Diese kann alsdann beschliessen, den Antrag auf die Traktandenliste einer später einzuberufenden GV zu setzen (Art. 883 Abs. 2).

2. Bekanntgabe von Statutenänderungen

6   Sofern die GV über eine Änderung der Statuten beschliessen soll, muss der wesentliche Inhalt der vorgeschlagenen Änderung bekannt gegeben werden. Diese Bestimmung ist zwingend und einer statutarischen Wegbedingung nicht zugänglich (ZK-GUTZWILLER, N 6). Das alte Aktienrecht sah die Auflage der **Statutenänderungen** am Hauptsitz und bei den Zweigniederlassungen der Gesellschaft vor, und das neue Aktienrecht verlangt gar die Bekanntgabe der beantragten Änderungen im vollen Wortlaut in der Einberufung (Art. 700 Abs. 2 bzw. Art. 700 Abs. 3 E-Aktien- und Rechnungslegungsrecht). Die Lösung, welche für die Genossenschaft getroffen wurde, vermag am wenigsten zu überzeugen, da sich hier die Frage stellen kann, was denn als *«wesentlicher Inhalt»* zu betrachten sei. Eine ungeschickte Formulierung oder eine unklare Darstellung der angestrebten Änderung kann die tatsächliche Absicht des Antragstellers verzerren und folglich zur **Anfechtbarkeit** des betreffenden GV-Beschlusses führen (HENGGELER,

101). Dabei ist nicht entscheidend, ob die mangelhafte Darstellung des wesentlichen Inhalts der Statutenänderung für den Beschluss kausal war oder nicht. Allein die Möglichkeit, dass bei richtiger Wiedergabe des wesentlichen Inhalts anders hätte entschieden werden können, genügt für die Anfechtbarkeit (vgl. Appellationshof BE, SJZ 1956, 179 f.).

III. Fehlende oder mangelhafte Traktandierung (Abs. 2)

Über Verhandlungsgegenstände, die nicht gehörig angekündigt worden sind, kann kein formeller, rechtswirksamer Beschluss gefasst werden, es sei denn, die Voraussetzungen der Universalversammlung gemäss Art. 884 wären erfüllt (AppHof BE, ZBJV 1961, 281, 293 f.). Die **ordentliche Ankündigung des Traktandums** ist somit Gültigkeitserfordernis für den GV-Beschluss (HENSEL, 84). Beschlüsse, welche in Verletzung der Regeln über die Einberufung gefasst werden, sind anfechtbar (BGE 80 II 271; KGer VS, ZWR 1988, 172), evtl. sogar **nichtig** (vgl. die Ausführungen zu Art. 891). 7

Abgesehen von der Möglichkeit der Durchführung einer Universalversammlung enthält Art. 883 Abs. 2 die einzige **Ausnahme** von der soeben erwähnten Regel: Ein Antrag *«auf Einberufung einer weiteren GV»* darf **ohne Formerfordernis** zum Beschluss erhoben werden (ZK-GUTZWILLER, N 11). Die Einberufung selbst untersteht dann den gleichen Regeln, wie sie für die GV gelten, in deren Rahmen der einschlägige Beschluss gefasst wurde. Es ist also nötig, die gesetzliche oder statutarische Einberufungsfrist zu wahren und die Traktanden i.S.v. Art. 883 Abs. 1 bekannt zu geben. Es ist mithin nicht möglich, die neue GV in unmittelbarem Anschluss an die beschlussfassende Versammlung einzuberufen (vgl. ZK-GUTZWILLER, N 11 f. m.H. auf den französischen und italienischen Gesetzestext). 8

Die **Änderung der Einberufung** (hinsichtlich Zeitpunkt, Ort und Traktanden) ist nur unter Beachtung der gesetzlichen oder statutarischen Einberufungsfrist möglich. Der **Widerruf einer Einberufung** ist im Gesetz nicht erwähnt, muss aber als einseitige Willenserklärung so lange möglich sein, als die Einberufung beim Empfänger noch keine rechtlichen Wirkungen auszulösen vermochte, somit also bis zum Versammlungstage (HENSEL, 87; für das Aktienrecht vgl. BÖCKLI, Aktienrecht, § 12 N 116). 9

IV. Weitere Anträge und Verhandlungen (Abs. 3)

Die **Stellung von Gegenanträgen** und die **Abänderung von Anträgen** im Rahmen ordentlich angekündigter Traktanden sind noch während der GV möglich und lassen die Fassung eines gültigen Beschlusses i.S.v. Art. 883 Abs. 1 zu (HENSEL, 96 f.). Darüber hinaus ist es aber auch möglich, über nicht gehörig angekündigte Traktanden, z.B unter Varia, zu verhandeln und allenfalls dazu Anträge zu stellen, wobei die Fassung eines verbindlichen Beschlusses – ausgenommen jenes über die Einberufung einer weiteren GV gemäss Art. 883 Abs. 2 – aber ausgeschlossen ist. 10

Art. 884

4. Universalversammlung Wenn und solange alle Genossenschafter in einer Versammlung anwesend sind, können sie, falls kein Widerspruch erhoben wird, Beschlüsse fassen, auch wenn die Vorschriften über die Einberufung nicht eingehalten wurden.

4. Réunion de tous les associés	Lorsque tous les associés sont présents à l'assemblée, ils peuvent, s'il n'y a pas d'opposition, prendre des décisions sans observer les formes prévues pour la convocation de l'assemblée générale.
4. Riunione di tutti i soci	Quando e finché tutti i soci siano adunati, essi possono, se nessuno vi si opponga, prendere deliberazioni, anche se non furono osservate le disposizioni sulla convocazione dell'assemblea generale.

Literatur

Vgl. die Literaturhinweise zu Art. 879.

I. Allgemeines

1 Grundsätzlich ist die Einhaltung der **Einberufungsvorschriften** unabdingbare Voraussetzung für eine gültige Beschlussfassung der Genossenschafter. Das Gesetz gestattet jedoch eine Ausnahme, sofern eine **Universalversammlung** zustande kommt: Wenn alle Mitglieder der Genossenschaft versammelt sind, können sie sich, sofern kein Mitglied Widerspruch erhebt, als GV konstituieren und deren Befugnisse ausüben (vgl. Art. 701 für die AG; Art. 809 Abs. 5 für die GmbH). Zweck dieser Bestimmung ist, insb. für kleinere Genossenschaften eine willensbildende Versammlung zu schaffen, welche ohne Erfüllung der Einberufungsvorschriften tätig werden kann (ZK-GUTZWILLER, N 1). Auch Formfehler bei der Einberufung einer GV sind heilbar, wenn die Voraussetzungen einer Universalversammlung vorliegen. Schliesslich erlaubt Art. 884 die Behandlung von Anträgen, welche in einer ordnungsgemäss einberufenen GV nach Behandlung der angekündigten Traktanden zur Beschlussfassung eingebracht worden sind, sofern gegen deren Erledigung kein Widerspruch erhoben wird (HENSEL, 210 f.).

2 Im Unterschied zur Urabstimmung (Art. 880) und zur Delegiertenversammlung (Art. 892) tritt die Universalversammlung nicht als anderes Organ an die Stelle der GV, sondern stellt lediglich eine **besondere Form der GV** dar. Das Erfordernis der Beschlussfassung im Rahmen einer Versammlung der Genossenschafter bleibt bestehen (HENSEL, 208).

II. Voraussetzungen

3 Erste Voraussetzung ist, dass sämtliche Genossenschafter oder Delegierte der Delegiertenversammlung (AppHof BE, ZBJV 1961, 281, 293 f.) **anwesend** sein müssen. Die Abwesenheit auch nur eines einzigen Mitgliedes bedeutet, dass von einer Universalversammlung i.S. des Gesetzes nicht mehr gesprochen werden kann. Es handelt sich um eine zwingende Mindestbestimmung, da im Hinblick auf die Formlosigkeit der Versammlung verhindert werden soll, dass die Interessen einzelner Genossenschafter durch Beschlüsse beeinträchtigt werden, die in ihrer Abwesenheit und ohne vorgängige Ankündigung gefasst worden sind (KGer GR, SJZ 1961, 124 f.). Beschlüsse in Abwesenheit auch nur eines einzigen Genossenschafters sind daher nichtig (ZK-GUTZWILLER, N 5).

4 Während nach Art. 701 Abs. 1 die Eigentümer oder Vertreter sämtlicher Aktien anwesend sein müssen, fordert Art. 884 die Anwesenheit aller Genossenschafter. Es stellt sich daher die Frage, ob aus dem unterschiedlichen Wortlaut zu folgern ist, dass bei der Genossenschaft sämtliche Mitglieder anwesend sein müssen und eine **Vertretung** abwesender Gesellschafter somit nicht möglich sein soll. Dies ist wohl eher zu verneinen: Beide Bestimmungen wollen die Beschlussfassung bei Gesellschaften mit kleinem

Mitgliederkreis erleichtern. Zudem wird auch im Genossenschaftsrecht die Vertretung als zulässig erachtet (Art. 886). Es ist daher davon auszugehen, dass dort, wo die Stellvertretung gültig bestellt worden ist, die Zustimmung des Vertreters auch im Fall des Art. 884 wirksam ist (vgl. REYMOND/TRIGO TRINDADE, 175; betreffend GmbH ZK-VON STEIGER, Art. 809 N 12). Die Frage ist allerdings umstritten. So wird etwa argumentiert, dass beim Aktionär die Kapitalbeteiligung im Vordergrund stehe und dessen persönliche Teilnahme daher von untergeordneter Bedeutung sei, während die personalistische Ausrichtung der Genossenschaft die persönliche Anwesenheit aller Verbandsmitglieder voraussetze (HENSEL, 211). Jedenfalls ist anzunehmen, dass Beschlüsse einer Versammlung, an welcher ein Teil der Genossenschafter nur vertreten (aber nicht persönlich anwesend) ist, nicht offensichtlich rechtswidrig wären, so dass die Beschlüsse allenfalls anfechtbar, nicht aber nichtig wären. Der Registerführer wäre demnach verpflichtet, die Beschlüsse im Handelsregister einzutragen.

Die zweite Voraussetzung besteht darin, dass die Universalversammlung **nur so lange beschlussfähig** ist, als sämtliche Genossenschafter anwesend sind. Damit soll verhindert werden, dass umstrittene Traktanden erst dann behandelt werden, wenn Genossenschafter, die dem betreffenden Verhandlungsgegenstand ablehnend gegenüberstehen, die Versammlung bereits wieder verlassen haben (HENSEL, 212). 5

Schliesslich ist die Beschlussfassung im Rahmen einer Universalversammlung nur möglich, sofern **kein Widerspruch** gegen die Versammlung im Allgemeinen oder gegen einzelne Traktanden vorliegt. Es ist demnach möglich, dass alle Genossenschafter der Durchführung einer Universalversammlung zustimmen und in deren Rahmen auch Beschlüsse fassen, während einzelne Traktanden aufgrund des Widerspruchs eines oder mehrerer Mitglieder der Beschlussfassung nicht zugänglich sind (ZK-GUTZWILLER, N 7). Jeder Widerspruch ist geeignet, die Beschlussfassung zu verhindern (KGer GR, SJZ 1961, 124, 126). Er kann ausdrücklich ausgesprochen werden oder sich aus dem Verhalten des Genossenschafters, z.B. dem Verlassen der Versammlung, ergeben (ZK-GUTZWILLER, N 7). Der Genossenschafter hat seinen Widerspruch oder seine Entfernung von der GV nachzuweisen. Verbleibt er in der Versammlung, hat er seinen Widerspruch ins Protokoll aufnehmen zu lassen (HENSEL, 213). 6

III. Durchführung und Zuständigkeiten der Universalversammlung

Sind alle Genossenschafter anwesend und wird kein Widerspruch gegen die Behandlung eines Traktandums erhoben, erfolgt die **Beschlussfassung** mit dem **absoluten Mehr der abgegebenen Stimmen,** sofern Gesetz oder Statuten keine abweichenden Anforderungen stellen. Das **ablehnende Verhalten** oder die **Stimmenthaltung** zu einem Traktandum bedeuten somit nicht einen Widerspruch gegen die Durchführung der Universalversammlung. Eine **Teilnahme an der Beschlussfassung** schliesst die Zustimmung zum Verfahren in sich ein (HENSEL, 213). 7

Im Übrigen gelten die gesetzlichen Vorschriften, welche allgemein auf die Durchführung einer GV anwendbar sind. Auch in der Universalversammlung muss ein **Protokoll** geführt werden. Dabei ist zu empfehlen, dass das Protokoll die Anwesenheit aller Verbandsmitglieder und deren Verzicht auf die Einhaltung der Einberufungsvorschriften festhält. Zudem sollte aus dem Protokoll hervorgehen, dass gegen die Behandlung der Traktanden kein Einspruch erhoben worden ist und dass alle Genossenschafter bis zum Ende der Versammlung anwesend waren (vgl. VON STEIGER, SAG 1939/40, 193 f.). 8

9 Sofern die Voraussetzungen für die Durchführung einer Universalversammlung erfüllt sind, kann diese über alle aufgrund von Gesetz und Statuten in die **Zuständigkeit** einer GV fallenden Geschäfte Beschluss fassen und Wahlen durchführen (HENSEL, 207).

Art. 885

IV. Stimmrecht	Jeder Genossenschafter hat in der Generalversammlung oder in der Urabstimmung eine Stimme.
IV. Droit de vote	Chaque associé a droit à une voix dans l'assemblée générale ou dans les votations par correspondance.
IV. Diritto di voto	Nell'assemblea generale o nella votazione per corrispondenza ogni socio ha un voto.

Literatur

Vgl. die Literaturhinweise zu Art. 879.

I. Allgemeines

1 Im Gegensatz zur AG bemisst sich die Stimmkraft der Genossenschafter nicht nach deren Kapitalbeteiligung. Die **Berechnung der Stimmkraft** der Verbandsmitglieder beruht vielmehr auf der personalistischen Struktur der Genossenschaft (ZK-GUTZWILLER, N 1 f.), welche auch im Grundsatz der Rechtsgleichheit aller Genossenschafter gemäss Art. 854 zum Ausdruck kommt (SIGG, 18; WENNINGER, 67). Rechtsgleichheit (so die Marginalie zu Art. 854) *«gilt, soweit sich aus dem Gesetz nicht eine Ausnahme ergibt»*. Art. 885 ist demnach zwingendes Recht (BGE 67 I 262, 267 f.) und einer Abänderung durch die Statuten nicht zugänglich. Rechte von Wohnsitz, Bürgerrecht, Konfession oder Geschlecht abhängig zu machen oder auch nur danach abzustufen, wäre undenkbar (GERWIG, 272). Insofern gilt das in Art. 885 verankerte Gebot *«als ein in der Genossenschaftsidee verwurzeltes und daher unantastbares Dogma»* (HEINI, 545). Das Gleichbehandlungsgebot ist allerdings nur relativer Natur: Gleiches muss gleich, Ungleiches ungleich behandelt werden (GERWIG, 322).

II. Grundsatz

2 Jeder Genossenschafter hat in der GV oder Urabstimmung eine Stimme. Grundsätzlich gilt die **Gleichbehandlung** aller Verbandsmitglieder. Mit dem Erwerb der Mitgliedschaft erwächst dem Genossenschafter neben seinen übrigen Rechten und Pflichten auch das Stimmrecht. Es ist demnach ausgeschlossen, einem neu eintretenden Mitglied hinsichtlich der Ausübung seines Stimmrechts etwa eine **Karenzfrist** aufzuerlegen (vgl. SIGG, 22 m.w.V.). Im Übrigen bringt Art. 885 auch zum Ausdruck, dass das Stimmrecht einzig dem Genossenschafter zukommt. Nichtmitglieder der Genossenschaft können in der GV demnach nicht stimmen, da sonst die *«körperliche Autonomie»* der Gesellschaft verletzt würde (SIGG, 23; BGE 128 III 375, 377 f.; SJ 2003, 236 f., E. 3).

3 Ebenso wenig denkbar ist ein **Ausschluss vom Stimmrecht,** solange der Genossenschafter seine Anteilscheine nicht voll liberiert hat, da seine persönlichen Mitgliedschaftsrechte unabhängig von denjenigen vermögensrechtlicher Natur sind. Im Übrigen steht für den Fall, dass ein Genossenschafter der Verpflichtung zur Liberierung seines

5. Abschnitt: Organisation der Genossenschaft

Anteils nicht nachkommt, das **Kaduzierungsverfahren** nach Art. 867 zur Verfügung, so dass sich weitere Massnahmen ohnehin erübrigen (SIGG, 22). Auch die **Abstufung des Stimmrechts** nach der Anzahl der Anteilscheine jedes Genossenschafters bzw. nach der Kapitalbeteiligung lässt sich nicht mit dem Grundsatz von Art. 885 vereinbaren (BGE 72 II 91, 103; BGer v. 8.8.2002, 4C.101/2002, E. 4.3.2). Die Kapitalbeteiligung ist bei der Genossenschaft eben nicht Grundlage der Mitgliedschaft; es gibt keine Mitglieder ohne Stimmrecht, und das Stimmrecht kann nicht entzogen werden, ohne dass die Mitgliedschaft als solche endet (vgl. VON STEIGER, SAG 1948/49, 91 ff.).

Es ist auch nicht möglich, einem Genossenschafter eine **Sonderstellung** einzuräumen, indem eine Statutenänderung z.B. nur mit Zustimmung dieses Verbandsmitgliedes beschlossen werden könnte. Damit würde diesem Genossenschafter eine Stimmkraft zuerkannt, welche den Stimmen der übrigen Genossenschafter nicht zukommt (BGE 67 I 262, 267 f., wonach auch dem als Mitglied an einer Genossenschaft beteiligten Gemeinwesen, Art. 926, keine erhöhte Stimmkraft zukommen dürfe).

III. Ausnahmen

Genossenschaften, die ihrerseits zur Hauptsache wiederum aus Genossenschaften bestehen oder die über eine grosse Anzahl von Mitgliedern verfügen, eröffnet Art. 892 die Möglichkeit, die Befugnisse der GV ganz oder teilweise einer **Delegiertenversammlung** zu übertragen. Hier stellt sich nun die Frage, wie den Erfordernissen von Art. 885 Rechnung zu tragen ist, insb., ob eine Abstufung im Stimmrecht der Delegierten u.U. zulässig ist. Dabei ist grundsätzlich zu unterscheiden, ob es sich um die Delegiertenversammlung einer Genossenschaft mit einer grossen Anzahl von Einzelmitgliedern (nachstehend Ziff. 1), eines Genossenschaftsverbandes (Ziff. 2) oder einer Genossenschaft handelt, deren Mitglieder mehrheitlich wieder Genossenschaften sind (Ziff. 3).

1. Genossenschaft mit mehr als 300 Einzelmitgliedern

Es gilt der Grundsatz, wonach jedem Verbandsmitglied die gleiche Möglichkeit der Einflussnahme auf die **Zusammensetzung** der Delegiertenversammlung zu gewähren ist. Daraus folgt, dass in der Delegiertenversammlung jeder Delegierte grundsätzlich gleich viele Mitglieder vertritt und umgekehrt, dass eine Abstufung des Stimmrechts der Delegierten nur zulässig ist, um zahlenmässige Unterschiede im Mitgliederbestand der von den Delegierten vertretenen Mitgliedergruppen auszugleichen. Jede Anknüpfung der Delegiertenstellung an andere Kriterien wäre unzulässig (SIGG, 78 ff.; GERWIG, 320 ff.; ZK-GUTZWILLER, N 11).

2. Genossenschaftsverbände (Art. 921 ff.)

Drei oder mehr Genossenschaften können einen **Genossenschaftsverband** bilden und ihn als Genossenschaft ausgestalten (Art. 921). Oberstes Organ ist gewöhnlich die Delegiertenversammlung (Art. 922 i.V.m. Art. 892). In diesem Zusammenhang stellt sich die Frage, nach welchen Grundsätzen die Delegierten zu wählen sind, ob also z.B. jede Genossenschaft unabhängig von ihrer eigenen Mitgliederzahl durch einen Delegierten vertreten sein soll oder ob eine Abstufung des Stimmrechts hier zulässig ist. Da sich die Mitgliedgenossenschaften in verschiedener Hinsicht (Mitgliederzahl, Leistungen an den Verband) meist sehr voneinander unterscheiden, ist hier gegen eine qualifizierte **Abstufung** der Delegierten oder – bei gleicher Anzahl – deren Stimmkraft nichts einzuwenden (ZK-GUTZWILLER, N 10; GERWIG, 321).

8   Die **Bemessung des Stimmrechts** in der Delegiertenversammlung hat zwei Anforderungen zu genügen: (a) Das zur Anwendung gelangende Kriterium muss die tatsächliche Bedeutung der einzelnen Mitglieder für den Genossenschaftsverband widerspiegeln (u. N 9), und (b) muss dieses Kriterium in gerechter, d.h. dem Grundsatz der Gleichbehandlung der Genossenschafter entsprechender Weise angewendet werden (SIGG, 128; N 10).

9   Die **Abstufung des Stimmrechts** kann sich nach verschiedenen Kriterien richten. Im Vordergrund steht dabei die Benützung der genossenschaftlichen Einrichtungen, denn in ihr spiegelt sich in direkter Weise die Bedeutung der betreffenden Genossenschaft für den Verband. Sehr oft wird aber auch auf die Zahl der Mitglieder der dem Verband angeschlossenen Genossenschaften abgestellt. Zudem sind weitere Kriterien denkbar, etwa der Kuhbestand der angeschlossenen Genossenschaften, der Waldbesitz der Mitglieder, das Fassungsvermögen der Weinkeller etc. (vgl. SIGG, 127 f.). Es kommt somit eine Vielzahl von Anknüpfungspunkten in Frage. Entscheidend für deren Zulässigkeit ist letztlich immer, ob die sich aufgrund der Abstufung des Stimmrechts ergebende Ungleichbehandlung noch mit dem Wesen der betreffenden Genossenschaft vereinbar ist (GERWIG, 322).

10 Aus dem Grundsatz der Gleichbehandlung folgt, dass die **Anzahl der Delegiertenstimmen** proportional zu den Quoten sein muss, welche sich aufgrund der Anwendung des ausschlaggebenden Kriteriums ergeben haben. Wenn die Quoten derart verändert werden, dass damit die grösseren Mitglieder bevorzugt werden, so ist dies mit Art. 854 nicht vereinbar. Andererseits scheint es vertretbar, die kleineren Mitglieder zu bevorzugen, indem etwa die Zuteilung von weiteren Delegierten nach oben immer mehr erschwert wird, da eine derartige Regelung dem genossenschaftlichen Wesen der Rechtsgleichheit eher entspricht (SIGG, 128 f.). Im Übrigen ist es selbstverständlich auch möglich, das Stimmrecht der einzelnen Mitglieder keiner Abstufung zu unterwerfen.

11 Schliesslich bleibt noch abzuklären, ob die **Kapitalbeteiligung** ein taugliches Kriterium für die Bemessung des Stimmrechts ist. Weiter oben (N 3) wurde bereits angetönt, dass die Kapitalbeteiligung in einer Genossenschaft grundsätzlich nie ein taugliches Kriterium für die Bemessung des Stimmrechts sein kann. Eine Ausnahme ist allerdings zu machen: Wo sich die finanzielle Beitragsleistung aufgrund der vom Verband auferlegten Statuten (etwa nach Massgabe der Benützung der Genossenschaftseinrichtungen oder der Mitgliederzahl) ergibt und das Stimmrecht anschliessend aufgrund dieser statutarischen Beitragsleistungen ausgeübt wird, liegt kein Verstoss gegen das relative Gleichbehandlungsgebot des Art. 854 vor (GERWIG, 321 f.).

3. Genossenschaften, deren Mitglieder mehrheitlich Genossenschaften sind

12 Neben den Genossenschaften, welche mehr als 300 Einzelmitglieder haben und den Genossenschaftsverbänden, deren Mitglieder wiederum ausschliesslich Genossenschaften sind, erlaubt Art. 892 Abs. 1 auch denjenigen Genossenschaften, deren **Mitglieder mehrheitlich Genossenschaften** sind, die Übertragung der Befugnisse der GV auf eine Delegiertenversammlung. Das Stimmrecht der Genossenschaften kann grundsätzlich gleich wie beim Genossenschaftsverband abgestuft werden (SIGG, 134).

13 Anders beim **Stimmrecht der Einzelmitglieder:** Sämtliche Einzelmitglieder sollen in der Delegiertenversammlung das gleiche Stimmrecht besitzen; nur dasjenige der Kollektivmitglieder darf abgestuft werden (GERWIG, 321; SIGG, 134; ZK-GUTZWILLER, N 11). Demgegenüber findet sich im Gesetz nirgends ein Anhaltspunkt, welcher eine Abstu-

fung des Stimmrechts der persönlich stimmenden Einzelmitglieder erlauben würde. Art. 854 fordert hier also zwingend die **Gleichbehandlung** der Einzelmitglieder, obwohl zweifellos auch bei einzelnen natürlichen Personen Unterschiede vorhanden sein können, welche unter Anwendung sachgerechter Kriterien (o. N 9) zu einer Abstufung des Stimmrechts führen könnten (SIGG, 134).

Sofern die Einzelmitglieder nicht persönlich an der Delegiertenversammlung teilnehmen, sondern durch Delegierte **vertreten** werden, muss ihnen bei deren Wahl untereinander das gleiche Stimmrecht eingeräumt werden (SIGG, 122). 14

Es versteht sich von selbst, dass dann, wenn alle Einzelmitglieder in der Delegiertenversammlung stimmberechtigt sind, die **Vertretung** der einzelnen Mitgliedsgenossenschaften entsprechend verstärkt werden muss, sofern sich dies aufgrund der zur Anwendung gelangenden sachlichen Kriterien rechtfertigt (SIGG, 135). 15

IV. Sonderfragen

Neben den oben besprochenen **Ausnahmen** vom Grundsatz des Art. 885 sei hier noch auf zwei weitere Sachverhalte verwiesen, in deren Rahmen die Regel, wonach jeder Genossenschafter eine Stimme hat, durchbrochen wird: 16

1. Ausschluss vom Stimmrecht

In einem einzigen Fall fordert das Gesetz den **Ausschluss vom Stimmrecht** für einzelne Verbandsmitglieder, wenn deren Privatinteressen denjenigen der Genossenschaft zuwiderlaufen und dieser Interessenkonflikt die konkrete Beschlussfassung beeinflussen könnte: Beim Beschluss über die Erteilung der Entlastung haben alle diejenigen Personen, welche in irgendeiner Weise an der Geschäftsführung teilgenommen haben, kein Stimmrecht (Art. 887 Abs. 1; s. dortige Ausführungen). 17

2. Stichentscheid des Vorsitzenden

In der überwiegenden Mehrzahl aller Statuten dürfte sich die Bestimmung finden, wonach im Falle von Stimmengleichheit der **Stichentscheid des Vorsitzenden** entscheiden soll. Grundsätzlich verstösst eine derartige Bestimmung gegen den Wortlaut von Art. 885, doch ist sie «im Interesse der beförderlichen Abwicklung der korporativen Willensbildung» zuzulassen (WENNINGER, 68; vgl. auch die Ausführungen zu Art. 888; ZK-GUTZWILLER, Art. 889 N 6 ff.; **a.A.** REYMOND/TRIGO TRINDADE, 177; HENSEL, 154; NATSCH, Diss., 47; SIGG, 26 ff.; SCHAUB, Encore la voix prépondérante du président, SAG 1962/63, 327, 328 f.). 18

Art. 886

V. Vertretung

¹ Bei der Ausübung seines Stimmrechts in der Generalversammlung kann sich ein Genossenschafter durch einen andern Genossenschafter vertreten lassen, doch kann kein Bevollmächtigter mehr als einen Genossenschafter vertreten.

² Bei Genossenschaften mit über 1000 Mitgliedern können die Statuten vorsehen, dass jeder Genossenschafter mehr als einen, höchstens aber neun andere Genossenschafter vertreten darf.

	³ **Den Statuten bleibt vorbehalten, die Vertretung durch einen handlungsfähigen Familienangehörigen zulässig zu erklären.**
V. Représentation d'un associé	¹ Le droit de vote peut être exercé en assemblée générale par l'intermédiaire d'un autre associé, mais aucun membre ne peut représenter plus d'un associé. ² Les sociétés de plus de mille membres peuvent disposer, dans leurs statuts, qu'un associé a le droit de représenter jusqu'à neuf membres. ³ Les statuts peuvent permettre à un associé de se faire représenter par un membre de sa famille ayant l'exercice des droits civils.
V. Rappresentanza	¹ Per l'esercizio del suo diritto di voto nell'assemblea generale ogni socio può farsi rappresentare da un altro socio; nessuno può tuttavia rappresentare più di un socio. ² Nelle società cooperative di più di mille soci, lo statuto può disporre che ciascun socio ha il diritto di rappresentarne più d'uno, ma al massimo nove. ³ Lo statuto può permettere che il socio si faccia rappresentare da un membro della sua famiglia il quale abbia l'esercizio dei diritti civili.

Literatur

Vgl. die Literaturhinweise zu Art. 879.

I. Allgemeines

1 Die in Art. 886 verankerten Grundsätze zur Vertretung (so die Marginalie) beschränken sich auf die Ausübung des Stimmrechts. Dies geht aus der **Systematik des Gesetzes** hervor, befinden sich doch die Bestimmungen über die Vertretung zwischen denjenigen über das Stimmrecht (Art. 885) und jenen über die Ausschliessung vom Stimmrecht (Art. 887; vgl. ZK-GUTZWILLER, N 2, 5).

2 Das Gesetz bezieht sich ausdrücklich nur auf die Ausübung des Stimmrechts **in der GV**. Daraus folgt, dass sich die Regelung der Vertretung nicht auf Delegiertenversammlungen oder die Versammlung von Genossenschaftsverbänden erstreckt (ZK-GUTZWILLER, N 5), in denen keine Beschränkungen hinsichtlich der Zahl der Mitglieder bestehen, welche der einzelne Delegierte vertreten kann. Demgegenüber gilt für die Urabstimmung, dass dort eine Stimmrechtsvertretung ganz ausgeschlossen ist (HENSEL, 189; **a.A.** REYMOND/TRIGO TRINDADE, 191); es ist auch nicht ersichtlich, unter welchen Umständen sich bei der schriftlichen Stimmabgabe ein Bedürfnis nach der Möglichkeit zur Bestellung eines Vertreters ergeben könnte.

II. Fälle der Vertretung

1. Normalfall der Vertretung durch anderen Genossenschafter (Abs. 1)

3 Ein Genossenschafter kann sich in der GV nur durch einen **anderen Genossenschafter** vertreten lassen. Kein Mitglied darf mehr als einen Genossenschafter vertreten. Dem Vertreter kommen demnach zwei Stimmen zu, seine eigene und diejenige des Vertretenen (ZK-GUTZWILLER, N 2).

4 Die Möglichkeit der Vertretung hat zwingenden Charakter und darf durch die Statuten nicht ausgeschlossen werden (HENSEL, 52; WENNINGER, 77; **a.A.** VON STEIGER, SAG 1944/45, 145 f.). Im Hinblick auf die personalistische Grundstruktur der Genossenschaft können die Statuten jedoch vorsehen, dass vom abwesenden Verbandsmitglied der

Nachweis der Begründetheit seiner Verhinderung erbracht wird (HENSEL, 53). Selbst wenn die Abwesenheit aber unbegründet i.S. der Statuten sein sollte, ändert dies nichts am **Recht des Genossenschafters,** sich in der GV durch ein anderes Mitglied vertreten zu lassen (ZK-GUTZWILLER, N 3).

Der Genossenschafter, welcher als Vertreter handeln soll, muss sich über eine entsprechende **Vollmacht** ausweisen können (ZK-GUTZWILLER, N 3). Im Gegensatz zum Aktienrecht (vgl. Art. 689a) bestehen bei der Genossenschaft keine gesetzlichen Formvorschriften darüber, wie der Vertreter sich gegenüber der Gesellschaft auszuweisen hat. Die Statuten der Genossenschaft oder die GV selbst können diese Frage regeln und einen entsprechenden Ausweis verlangen (HENSEL, 54).

Die Vertretungsbefugnis beruht grundsätzlich auf **rechtsgeschäftlicher Grundlage.** Ausnahmsweise stellt die Vertretung aber auch auf eine ausdrückliche gesetzliche Regelung ab (Art. 847 Abs. 4): Sofern die Statuten der Genossenschaft die Fortsetzung der Mitgliedschaft eines verstorbenen Genossenschafters zulassen, bedarf auch die Erbengemeinschaft zur Geltendmachung ihrer Rechte eines Vertreters (WENNINGER, 80). Unmündige und Entmündigte werden durch ihren gesetzlichen Vertreter (Eltern oder Vormund) vertreten (vgl. VON STEIGER, Genossenschaftsrecht, 83).

2. Vertretung in Grossgenossenschaften (Abs. 2)

Genossenschaften mit mehr als 1000 Mitgliedern können in den Statuten vorsehen, dass jeder Genossenschafter nicht nur ein, sondern bis zu neun andere Verbandsmitglieder vertreten darf. Damit kann ein Vertreter maximal zehn Stimmen abgeben, seine eigene und die neun Stimmen derjenigen Genossenschafter, die ihn mit der Vertretung beauftragt haben. Mit dieser Bestimmung sollten die **Vertretungsverhältnisse in den Grossgenossenschaften,** insb. den Versicherungsgenossenschaften, erleichtert werden (ZK-GUTZWILLER, N 5).

Obwohl gut gemeint, ist die Bestimmung etwas unglücklich: Art. 892 Abs. 1 erlaubt bereits bei Genossenschaften mit mehr als 300 Mitgliedern die statutarische Einführung der **Delegiertenversammlung,** und Art. 893 gestattet konzessionierten Versicherungsgenossenschaften mit mehr als 1000 Mitgliedern die **Übertragung der Befugnisse der GV auf die Verwaltung.** Angesichts dieser Möglichkeiten und der Tatsache, dass auch die in Art. 886 Abs. 2 statuierte Erweiterung bei den grossen Genossenschaften mit mehr als 20 000 Mitgliedern die Vertretung aller Mitglieder nicht sicherstellen kann (es bedürfte immerhin 2000 Vertreter), ist diese Bestimmung letztlich nicht in der Lage, eine echte Alternative zur Delegiertenversammlung zu bieten (vgl. ZK-GUTZWILLER, N 5).

3. Vertretung durch Familienangehörige (Abs. 3)

An die Stelle eines bevollmächtigten Genossenschafters kann, wenn die Statuten es gestatten, auch ein **Familienmitglied** treten. Der Begriff des Familienangehörigen ist im Gesetz nicht näher umschrieben. Er ist einschränkend auszulegen und auf diejenigen Personen zu begrenzen, welche mit dem Genossenschafter im gleichen Haushalt leben oder mit diesem verwandt sind (ZK-GUTZWILLER, N 4; HENSEL, 53).

Das Gesetz verlangt, dass das Familienmitglied **handlungsfähig** ist. Urteilsfähigkeit hätte hier wohl genügt, da der Vertreter im Normalfall vom Vertretenen instruiert werden kann (ZK-GUTZWILLER, N 4).

III. Exkurs: Teilnahme von Dritten an der GV

11 Art. 886 schränkt die **Teilnahme von Dritten an der GV** nur hinsichtlich der Ausübung des Stimmrechts ein. Im Übrigen steht der Teilnahme von Dritten, welche nicht Mitglied der Genossenschaft sind, im Rahmen der GV grundsätzlich nichts im Wege. Zu unterscheiden ist dabei, ob diese Personen ein Recht haben, Anträge zu stellen, in der GV mitzusprechen oder bloss als Zuhörer anwesend sein dürfen. Folgende Fälle lassen sich unterscheiden:

12 In **Verwaltung** und **Revisionsstelle,** aber auch als **Liquidatoren,** können Personen gewählt werden, welche nicht Genossenschafter sind (vgl. Art. 894 Abs. 1, Art. 906 i.V.m. Art. 728 und 729, Art. 913 Abs. 1 i.V.m. Art. 740 Abs. 1). Für diese Personen besteht nicht nur das Recht, sondern die Pflicht zur Teilnahme an der GV. In ihrer Eigenschaft als Organe sind sie zudem berechtigt, Anträge zu stellen, obwohl ihnen kein Stimmrecht zukommt (HENSEL, 55 f.).

13 Art. 898 bestimmt, dass die **Geschäftsführung** der Genossenschaft auch auf Nichtmitglieder übertragen werden kann. Sofern diesen Personen keine Organstellung zukommt, haben sie kein Recht auf Teilnahme an der GV. Es ist jedoch denkbar, dass ihre Anwesenheit notwendig ist, wenn sie durch Auskünfte oder Erläuterungen im Einzelfall zur Willensbildung der Genossenschaft beitragen können (HENSEL, 56).

14 **Vertreter der Gläubigergemeinschaft der Anleihensobligationäre** haben ein Recht auf Teilnahme an der GV mit beratender Stimme (aber ohne Stimmrecht), sofern sich die Genossenschaft mit der Erfüllung ihrer Verpflichtungen im Rückstand befindet (Art. 1160).

15 Schliesslich können aussenstehende Dritte aufgrund der Statuten oder durch die GV zur Teilnahme eingeladen werden. Zu denken ist etwa an **Sachverständige**, welche den Genossenschaftern bei der Urteilsbildung in einer bestimmten Angelegenheit behilflich sein sollen, oder an die Zulassung von **Berichterstattern** der Medien (HENSEL, 57).

16 Sofern **Dritte unbefugterweise** an der Beschlussfassung mitwirken, ist der Beschluss deswegen **anfechtbar,** aber nicht nichtig (vgl. Art. 691 Abs. 3, welcher nach der hier vertretenen Auffassung im Genossenschaftsrecht analog anzuwenden ist). Im Übrigen wird selbst die Anfechtung nur dann erfolgreich sein, wenn es der Gesellschaft nicht gelingt nachzuweisen, dass angesichts der tatsächlichen Verhältnisse an der GV die Mitwirkung des Unbefugten ohne Einfluss auf die Beschlussfassung geblieben ist (vgl. BGE 72 II 277, 279 f.).

Art. 887

VI. Ausschliessung vom Stimmrecht	¹ **Bei Beschlüssen über die Entlastung der Verwaltung haben Personen, die in irgendeiner Weise an der Geschäftsführung teilgenommen haben, kein Stimmrecht.** ² ...
VI. Exclusion du droit de vote	¹ Les personnes qui ont coopéré d'une manière quelconque à la gestion des affaires sociales ne peuvent prendre part aux décisions qui donnent ou refusent décharge à l'administration. ² ...

VI. Esclusione ¹ Le persone che hanno in qualsiasi modo partecipato alla gestione degli af-
dal diritto di voto fari non possono dare il voto nelle deliberazioni di discarico all'amministrazione.

² ...

Literatur

Vgl. die Literaturhinweise zu Art. 879.

I. Das Prinzip (Abs. 1)

Jene Personen, welche in irgendeiner Weise an der Geschäftsführung teilgenommen haben, sind von der Ausübung des Stimmrechts bei Beschlüssen über die Entlastung der Verwaltung (Art. 879 Abs. 2 Ziff. 4 bzw. Art. 879 Abs. 2 Ziff. 5 E-Aktien- und Rechnungslegungsrecht) ausgeschlossen. Die **Ratio** dieser Bestimmung ist leicht verständlich: Bei der Entlastung kann ein Konflikt bestehen zwischen den privaten Interessen der Personen, welche an der Décharge interessiert sind, und denjenigen der Genossenschaft (WENNINGER, 84).

Der Ausschluss vom Stimmrecht gilt einzig für die Beschlussfassung über die **Entlastung der Verwaltung.** Insoweit ist die Bestimmung zwingend. Die Statuten können keine weiteren **Ausschlussgründe** aufstellen (HENSEL, 63; ZK-GUTZWILLER, N 3; **a.A.** VON STEIGER, Genossenschaftsrecht, 133 f.; WENNINGER 84 ff.). Der Genossenschafter selbst kann im Übrigen auch nicht generell auf sein Stimmrecht verzichten, da dies eine Umgehung der Bestimmungen über die wohlerworbenen Rechte bedeuten und gegen die guten Sitten verstossen würde (HENSEL, 64).

II. Beschränkung auf den Entlastungsbeschluss

Einzig die **Beschlussfassung über die Entlastung** fällt unter das Verbot gemäss Art. 887. Es ist den vom Verbot betroffenen Genossenschaftern demnach nicht verwehrt, beim Beschluss über die Abnahme von Bilanz und Betriebsrechnung, über die Verteilung des Betriebsüberschusses sowie an der eigenen Wahl oder Abberufung oder bei der Festsetzung von Bezügen der Verwaltung mitzustimmen, obwohl es offensichtlich ist, dass z.T. substantielle persönliche Interessen am Ausgang dieser Wahlen und Abstimmungen bestehen (HENSEL, 62; ZK-GUTZWILLER, N 4; VON STEIGER, Genossenschaftsrecht, 86 f.). Ganz generell ist festzuhalten, dass das Recht zur Teilnahme an der GV i.w.S. durch die Ausschliessung gemäss Art. 887 nicht berührt wird (HENSEL, 62). So ist es den vom Stimmverbot betroffenen Personen auch möglich, an der dem Entlastungsbeschluss vorangehenden Diskussion teilzunehmen und Anträge zu stellen, obwohl ihnen damit Gelegenheit zur Einflussnahme auf das Stimmverhalten der Genossenschafter geboten wird (SIGG, 24; ZK-GUTZWILLER, N 4).

III. Personenkreis, welcher vom Verbot erfasst wird

Das Stimmverbot erfasst alle Personen, welche an der **Geschäftsführung** in irgendeiner Weise **teilgenommen** haben. Dies sind alle Mitglieder der Verwaltung sowie all diejenigen Personen, *«welche im Namen der Genossenschaft die unmittelbar massgebenden, die typischen, die laufenden Geschäfte»* mit entsprechender selbständiger Zuständigkeit tätigen, wobei die Vertretung der Gesellschaft nach aussen das charakteristische Merkmal ist (ZK-GUTZWILLER, N 5; PICENONI, 75). Das Verbot gilt für alle Mitglieder der

Art. 888

Verwaltung, und zwar unabhängig davon, ob über die Entlastung der Verwaltung in corpore oder über diejenige jedes Mitglieds separat befunden wird (PICENONI, 75; für das Aktienrecht vgl. SCHLEIFFER, 211 ff.).

5 Nicht ausgeschlossen von der Abstimmung sind demnach alle diejenigen Personen, die lediglich Anweisungen ausführen, also etwa Prokuristen, Handlungsbevollmächtigte und einfache Angestellte. Trotzdem können diese Personen im Einzelfall an der Geschäftsführung teilnehmen, wenn sie diesbezüglich **Entscheidungsträger** der Genossenschaft sind. Sofern sie Mitglieder der Genossenschaft sind, ist ihnen dann die Stimmabgabe beim Entlastungsbeschluss verwehrt (PICENONI, 75; ZK-GUTZWILLER, N 6).

6 Sofern eine juristische Person Mitglied der Genossenschaft und ein Vertreter dieser Gesellschaft Mitglied der Verwaltung der Genossenschaft ist (vgl. Art. 894 Abs. 2), stellt sich die Frage, ob die **juristische Person** bei der Entlastung mitstimmen darf. Dies ist umstritten. HENSEL hält es für unzulässig (a.a.O., 63), während BÜRGI der Stimmabgabe der juristischen Person durch einen anderen Vertreter weniger ablehnend gegenübersteht (ZK-BÜRGI, Art. 695 N 12).

7 Nicht zulässig ist die Bestellung eines **Vertreters** für die Beschlussfassung über die Entlastung durch ein bei dieser Abstimmung ausgeschlossenes Mitglied der Verwaltung oder Geschäftsführung, da dies einer Umgehung des Stimmverbots gleichkäme und somit rechtsmissbräuchlich wäre (vgl. ZK-BÜRGI, Art. 695 N 11). Die **Erben eines Verwaltungsmitgliedes** sind dagegen zur Abstimmung über die Entlastung ihres Erblassers und der übrigen an der Geschäftsführung beteiligten Personen zuzulassen (PICENONI, 76 f.).

IV. Konsequenzen einer Missachtung des Stimmverbots

8 Sofern ein unter Art. 887 Abs. 1 ausgeschlossener Genossenschafter am Entlastungsbeschluss durch seine Stimmabgabe mitgewirkt hat, kann dieser **angefochten** werden, wenn die Stimme des ausgeschlossenen Genossenschafters für das Zustandekommen des Beschlusses ausschlaggebend war. Der Ablauf der Anfechtungsfrist heilt den durch die unrechtmässige Stimmabgabe zustande gekommenen Beschluss (HENSEL, 64).

V. Abs. 2 aufgehoben

9 Aufgrund der verschärften Vorschriften zur Unabhängigkeit ist es der Revisionsstelle generell verboten, an der Geschäftsführung der von ihr geprüften Gesellschaft mitzuwirken (Art. 728 Abs. 2 Ziff. 1 und Art. 729 Abs. 1). Mit der Revision des GmbH-Rechts wurde deshalb Art. 887 Abs. 2 aufgehoben, da eine Teilnahme der Revisionsstelle an der Beschlussfassung über die Entlastung der Verwaltung mit dem Gebot der Unabhängigkeit der Revisionsstelle nicht vereinbar ist (Botschaft RAG, 4041).

Art. 888

VII. Beschlussfassung
1. Im Allgemeinen

¹ Die Generalversammlung fasst ihre Beschlüsse und vollzieht ihre Wahlen, soweit das Gesetz oder die Statuten es nicht anders bestimmen, mit absoluter Mehrheit der abgegebenen Stimmen. Dasselbe gilt für Beschlüsse und Wahlen, die auf dem Wege der Urabstimmung vorgenommen werden.

² **Für die Auflösung der Genossenschaft sowie für die Abänderung der Statuten bedarf es einer Mehrheit von zwei Dritteln der abgegebenen Stimmen. Die Statuten können die Bedingungen für diese Beschlüsse noch erschweren.**

VII. Décisions
1. En général

¹ Sauf disposition contraire de la loi ou des statuts, l'assemblée générale prend ses décisions et procède aux élections à la majorité absolue des voix émises. La même règle s'applique aux votations par correspondance.

² La majorité des deux tiers des voix émises est nécessaire pour la dissolution de la société coopérative et pour la révision des statuts. Toutefois, les statuts peuvent assujettir ces décisions à des règles plus rigoureuses.

VII. Deliberazioni
1. In genere

¹ Salvo contraria disposizione della legge o dello statuto, l'assemblea generale prende le sue deliberazioni e fa le nomine di sua competenza a maggioranza assoluta dei voti emessi. La stessa norma si applica alle deliberazioni prese ed alle nomine fatte per corrispondenza.

² Per lo scioglimento della società cooperativa e la modificazione del suo statuto è necessario che la maggioranza favorevole sia costituita dai due terzi dei voti emessi. Lo statuto può porre, per siffatte deliberazioni, requisiti anche più rigorosi.

Literatur

Vgl. die Literaturhinweise zu Art. 879.

I. Systematik

Die Art. 888 und 889 bilden eine Einheit. Der Entwurf von Eugen Huber hatte die heutigen Art. 885, 888 und 889 noch in einem einzigen Artikel zusammengefasst. Erst zu einem späteren Zeitpunkt (Entwurf Hoffmann) wurde die Trennung der einzelnen Bestimmungen vorgenommen (ZK-GUTZWILLER, N 1 ff.). Während in Art. 885 der Grundsatz der Rechtsgleichheit der Genossenschafter hinsichtlich deren Stimmkraft verankert worden ist (s. dortige Ausführungen), überlässt es Art. 888 Abs. 1 grundsätzlich den **Statuten,** die Beschlussfassung zu regeln, solange jene ihrerseits den vom Gesetz aufgestellten Rahmen respektieren (ZK-GUTZWILLER, N 12). 1

In Art. 888 Abs. 2 werden für einzelne gewichtige Beschlüsse (Statutenabänderung und Auflösung) **qualifizierte Quoren** von zwei Dritteln der abgegebenen Stimmen festgelegt. Schon jetzt sei aber darauf hingewiesen, dass die in Art. 888 Abs. 2 verankerten Quoren relativ leicht erreicht werden können und insofern der Minderheit wenig Schutz bieten. Erheblich erschwert ist dagegen die Beschlussfassung über *«die Einführung oder die Vermehrung der persönlichen Haftung oder der Nachschusspflicht der Genossenschafter»:* Hier verlangt das Gesetz zwingend eine Mehrheit von drei Vierteln sämtlicher Genossenschafter (Art. 889). 2

II. Allgemeines gesetzliches Beschlussquorum (Abs. 1)

1. Das absolute Mehr der abgegebenen Stimmen

Soweit Gesetz oder Statuten es nicht anders bestimmen, fasst die GV ihre Beschlüsse und vollzieht ihre Wahlen mit der absoluten Mehrheit der **abgegebenen Stimmen.** Bei Wahlen kann sich das Problem ergeben, dass mehrere Kandidaten vorgeschlagen worden sind und in der Folge keiner die absolute Mehrheit der Stimmen auf sich vereinigen kann. Damit ist keine Wahl zustande gekommen. Im Gegensatz zu Beschlüssen ist bei 3

Wahlen aber ein positives Ergebnis notwendig, da die Genossenschaft sonst mangels Organen handlungsunfähig wird. Sofern die Statuten für solche Fälle keine Lösung bieten (z.B. Wahl mit einfachem Mehr), muss nach dem **Ausscheidungsverfahren** vorgegangen werden: Derjenige Kandidat, welcher am wenigsten Stimmen erhielt, wird vom nächsten Wahlgang ausgeschlossen. Dieses Prozedere wird so lange fortgesetzt, bis ein Kandidat das absolute Mehr erreicht (HENSEL, 165 ff.).

4   Absolute Mehrheit bedeutet die Hälfte der Stimmen plus eine. Grundlage für die Berechnung bildet die Anzahl der **abgegebenen Stimmen.** Die GV ist damit – sofern die Statuten nichts anderes vorsehen und unter dem Vorbehalt von Art. 884 und 889 – beschlussfähig ohne Rücksicht auf die Zahl der anwesenden Genossenschafter (VON STEIGER, Genossenschaftsrecht, 83).

5   Im Vergleich zum **gesetzlichen Quorum des Aktienrechts,** wo die Zahl der vertretenen Aktienstimmen zugrunde gelegt wird (vgl. hierzu Art. 703 N 1 ff.), ist die Beschlussfassung in der Genossenschaft demnach einfacher: **Stimmenthaltungen** und **leere Stimmzettel** gelten nicht als «abgegeben» i.S. des Gesetzes und sind folglich für die Berechnung des absoluten Mehrs ohne Belang (ZK-GUTZWILLER, N 5; HENSEL, 155 f.; Bsp. 100 Gesellschafter anwesend, 80 beteiligen sich an der [schriftlichen] Stimmabgabe, wovon aber 10 leer einlegen. Das absolute Mehr liegt für die Genossenschaft bei 36 Stimmen, während bei der AG 51 Stimmen notwendig wären, sofern jeder Aktionär über eine Stimme verfügt).

2. Gesetzliche Spezialnormen

6   Gemäss Art. 888 Abs. 1 ist das absolute Mehr der abgegebenen Stimmen massgebend, *«soweit das Gesetz oder die Statuten nichts anderes bestimmen».* Auf folgende **gesetzlichen Normen** wird dabei Bezug genommen:

– Art 839 Abs. 2: Die Statuten dürfen den **Eintritt in die Genossenschaft** nicht übermässig erschweren.

– Art. 842 Abs. 3: Die Statuten dürfen kein dauerndes Verbot oder keine übermässige **Erschwerung des Austritts** vorsehen.

– Art. 888 Abs. 2: Erhöhung des Quorums auf zwei Drittel der abgegebenen Stimmen bei Beschlüssen über **Statutenabänderungen** oder **Auflösung** der Genossenschaft.

– Art. 889: Erhöhung des Quorums auf drei Viertel sämtlicher Genossenschafter bei **Vermehrung der persönlichen Haftung** oder der **Nachschusspflicht.**

– Die Mehrheitsvoraussetzungen für den **Fusionsbeschluss** von Genossenschaften werden seit Inkrafttreten des Fusionsgesetzes in Art. 18 FusG geregelt. Gemäss Art. 18 Abs. 1 lit. d FusG sind in Abweichung von Art. 888 Abs. 1 folgende Mehrheiten erforderlich: mindestens zwei Drittel der abgegebenen Stimmen oder, wenn eine Nachschusspflicht (Art. 871), andere persönliche Leistungen (Art. 867) oder die persönliche Haftung eingeführt oder erweitert werden (Art. 868 f.), mindestens drei Viertel sämtlicher Genossenschafter.

3. Vorrang der Statutenbestimmungen

7   Art. 888 Abs. 1 statuiert den Grundsatz der **Subsidiarität der gesetzlichen Regelung** gegenüber den Statutenbestimmungen, solange sich diese im gesetzlich erlaubten Rahmen bewegen. Die Frage, ob die Statuten das gesetzliche Quorum nicht nur erschweren,

sondern auch erleichtern können, ist umstritten: Gemäss ZK-GUTZWILLER (N 12) ist auch eine statutarische Erleichterung des Quorums zuzulassen, während HENSEL (157) und HENGGELER (103) dieses als gesetzliches Minimum ansehen, welches durch eine Erhöhung des Stimmquorums und/oder die Einführung von Präsenzquoren statutarisch nur erschwert, aber nicht erleichtert werden kann.

Sofern die Statuten die Ausübung der Befugnisse der GV durch eine **Urabstimmung** 8 vorsehen (Art. 880), hält das Gesetz ausdrücklich fest, dass die oben für die GV umschriebenen Grundsätze gleich anzuwenden sind. Dabei bietet sich eine grosse Bandbreite von Lösungen an. So können die Statuten etwa bestimmen, ob die Urabstimmung ganz an die Stelle der GV treten oder ob sie alternativ oder konkurrierend mit der GV als oberstes Organ der Genossenschaft eingesetzt werden soll (ZK-GUTZWILLER, N 17). Sofern Gesetz oder Statuten ein bestimmtes Quorum vorschreiben, berechnet sich dieses nach dem Verhältnis der eingegangenen (zustimmenden) Stimmen zur Gesamtzahl der Genossenschafterstimmen. In der Praxis antworten Genossenschafter allerdings oft überhaupt nicht auf schriftliche Anträge. Die Statuten können für diesen Fall vorsehen, dass Stimmen, die innert einer bestimmten Frist nicht eingereicht werden, als zustimmend oder ablehnend gewertet werden (HENSEL, 188 f.).

Die **Statuten** können das Gesetz aber auch in anderer Hinsicht **ergänzen:** Sie können 9 etwa vorsehen, dass auf Verlangen von einem Zehntel der anwesenden Genossenschafter die Abstimmungen geheim erfolgen sollen oder dass mit einem gewissen Quorum die Wiedererwägung eines in der gleichen Versammlung getroffenen Beschlusses verlangt werden kann (vgl. ZK-GUTZWILLER, N 23; bez. Wiedererwägung **a.A.** HENSEL, 170: der Wiedererwägungsantrag bedürfe der Ankündigung in einer neuen GV. Für einen neuen Beschluss in der gleichen GV würde die ordentliche Ankündigung i.S.v. Art. 883 fehlen).

4. Sonderfragen

In der Vergangenheit immer wieder Anlass zu Meinungsverschiedenheiten gab die 10 Frage, ob die Statuten den **Stichentscheid des Vorsitzenden** bei Stimmengleichheit vorsehen dürften. Die Gegner einer derartigen Bestimmung wiesen darauf hin, dass damit gegen die Gebote von Art. 854 und 885 verstossen werde (HENSEL, 154; SIGG, 27 f.). Heute kann kein Zweifel mehr daran bestehen, dass die Verankerung des Stichentscheides sowohl bei Stimmengleichheit im Zusammenhang mit der Beschlussfassung als auch bei Wahlen aufgrund einer zu Gewohnheitsrecht verdichteten Praxis zuzulassen ist (so BÖCKLI, Aktienrecht, § 12 N 358 für das Aktienrecht; ZK-GUTZWILLER, N 8 f.). Den unterlegenen Genossenschaftern bleibt allenfalls immer noch der Weg zum Richter (Anfechtungsklage nach Art. 891; evtl. Geltendmachung von Rechtsmissbrauch gemäss Art. 2 Abs. 2 ZGB oder Abberufung nach Art. 905; ZK-GUTZWILLER, N 9).

Für die **Auslegung der Statuten** sind die allgemeinen Regeln der Vertragsauslegung 11 massgebend (ZK-GUTZWILLER, N 12). Sofern die Statuten in sich widersprüchlich sind, indem sie z.B. einmal eine gesetzliche Bestimmung wiederholen und das andere Mal eine davon abweichende, strengere Regelung treffen, ist grundsätzlich davon auszugehen, dass die vom Gesetz abweichende Regelung dem wirklichen Willen der Genossenschafter entspricht und die andere nur irrtümlich Eingang in die Statuten fand (AppHof BE, SJZ 1956, 179 f.).

III. Qualifizierte Mehrheiten (Abs. 2)

1. Allgemeines

12 Für die **Auflösung** (Art. 911 Ziff. 2) und die **Abänderung der Statuten** (Art. 879 Abs. 2 Ziff. 1) verlangt das Gesetz eine Mehrheit von zwei Dritteln der abgegebenen Stimmen. Der Gesetzgeber macht ferner klar, dass dieses Quorum als zwingende Minimalvorschrift verstanden werden muss, hält Art. 888 Abs. 2 doch ausdrücklich fest, dass die Statuten eine Erschwerung der Bedingungen (Erhöhung des Stimmquorums, Einführung von Präsenzquoren) vorsehen können. Nicht zulässig wäre es jedoch, eine Statutenabänderung von der Zustimmung eines bestimmten Mitgliedes abhängig zu machen. Damit würde diesem Verbandsmitglied eine Stimmkraft eingeräumt, welche den Stimmen der übrigen Genossenschafter nicht zukommt, was einem Verstoss gegen den Grundsatz der Rechtsgleichheit (Art. 854, 885) gleichkäme (BGE 67 I 262, 267 f.).

13 Für Fragen im Zusammenhang mit den Beschlüssen über die Auflösung soll auf die dortigen Ausführungen verwiesen werden. Zu den Quoren im Zusammenhang mit einer Fusion vgl. BSK FusG-SCHLEIFFER, Art. 18 N 23 ff.

2. Statutenabänderungen

14 Vorweg ist zu unterscheiden, wann eine **Abänderung der Statuten** i.S. des Gesetzes vorliegt. Als solche kommen nämlich nur sachliche Neuerungen in Betracht, nicht aber blosse Änderungen redaktioneller Natur (z.B. Ersetzen des Begriffes «Rückvergütung» durch «Rückerstattung» oder Verbesserungen unklarer Ausdrücke in den Statuten; ZK-GUTZWILLER, N 29 f.; REYMOND/TRIGO TRINDADE, 184). Naturgemäss ist die Abgrenzung zwischen blossen Änderungen und sachlichen Neuerungen nicht immer leicht. Es ist aber zu bedenken, dass der Abänderung der Statuten bei der Genossenschaft eine geringere Bedeutung als bei den Kapitalgesellschaften beigemessen wird (ZK-GUTZWILLER, N 31). Dies kommt auch darin zum Ausdruck, dass der Beschluss über die Abänderung der Statuten bei der Genossenschaft – im Gegensatz etwa zur AG (Art. 647 Abs. 1) – nicht öffentlich beurkundet werden muss.

3. Missachtung der Quoren bei der Beschlussfassung

15 Sofern ein Beschluss der gemäss Art. 888 Abs. 2 geforderten Mehrheiten entbehrt, ist er nicht nur anfechtbar, sondern **nichtig** (NIGG, 107; ebenso REYMOND/TRIGO TRINDADE, 185; vgl. BGE 78 III 33, 43 ff.). Im soeben zitierten Entscheid kam jedoch das BGer gleichwohl zum Schluss, dass aus Gründen des materiellen Rechts (Schutz der Gläubigerinteressen) der nichtige Beschluss aufrechterhalten werden müsse. In Verletzung von Art. 889 Abs. 1 hatte die GV die Einführung der persönlichen Haftung der Genossenschafter beschlossen, ohne dass das hierfür notwendige Quorum von drei Vierteln aller Genossenschafter erreicht worden wäre. Das Handelsregister liess die Eintragung des (nichtigen) Beschlusses trotzdem zu. In der Folge hatten sich die Gläubiger der Genossenschaft auf die im Handelsregister vermerkte beschränkte persönliche Haftung verlassen. Da der Beschluss im Übrigen von Seiten der Genossenschafter nie angefochten worden war, kam das BGer nach Abwägung der einander gegenüberstehenden Interessen zum Schluss, dass dem Handelsregistereintrag «*aus unabweislichen praktischen Bedürfnissen*» ausnahmsweise eine positive Publizitätswirkung zukommen müsse (BGE 78 III 33, 45; vgl. zur umstrittenen Frage, ob Beschlüsse, die gegen Quorumsvorschriften verstossen, anfechtbar oder nichtig sind, Art. 891 N 18; interessant BGE 116 II 713 = Pra 1992, 55, wo der Beschluss über eine Fusion mangels gültiger Einberufung der

GV angefochten wurde. Zur Nichtigkeit des Beschlusses musste sich das BGer nicht äussern, weil die Anfechtungsfrist eingehalten worden war. Die Genossenschaft argumentierte, dass die Fusion bereits durchgeführt und im Handelsregister publiziert worden sei. Eine Rückabwicklung sei nicht mehr möglich. In diesem – freilich anders gelagerten – Fall kam das BGer nach Abwägung der gegenseitigen Interessen zum Schluss, dass dem Handelsregistereintrag keine absolut heilende Wirkung zukomme und die Fusion rückgängig gemacht werden könne und müsse; WENNINGER, 120 ff.).

4. Eintrag im Handelsregister

Jede Abänderung der Statuten, welche die GV beschliesst, muss von der Verwaltung beim **Handelsregisteramt zur Eintragung** angemeldet werden. Erst mit der Eintragung wird der Statutenänderungsbeschluss wirksam (VON STEIGER, Genossenschaftsrecht, 112). Vor der Eintragung hat der Beschluss weder im Innenverhältnis noch gegenüber Dritten Wirkung (BGE 84 II 34, 38 ff.). Es ist zwar möglich, bereits vor der Eintragung gestützt auf die abgeänderten Statutenbestimmungen Beschlüsse zu fassen und Wahlen vorzunehmen, doch hängt deren Gültigkeit davon ab, dass die Statutenänderung nachträglich ins Handelsregister eingetragen wird (vgl. BGE 60 I 380, 385; 84 II 34, 40).   16

5. «Unabänderliche Statutenbestimmungen»

Insbesondere im Zusammenhang mit dem **Genossenschaftszweck** stellt sich die Frage, ob der Genossenschafter Anspruch darauf hat, dass dieser nicht ohne seine Zustimmung abgeändert wird. Die Zweckänderung wurde in den Art. 888 f. nicht ausdrücklich geregelt. Somit kommt Art. 888 Abs. 2 zur Anwendung: Grundsätzlich kann auch der Zweck der Genossenschaft mit einer Mehrheit von zwei Dritteln der abgegebenen Stimmen abgeändert werden. Die Statuten können die Beschlussfassung aber erschweren und etwa vorsehen, dass die Zweckänderung nur bei Zustimmung aller Genossenschafter zulässig ist (VON STEIGER, Genossenschaftsrecht, 117).   17

Der soeben erwähnte Grundsatz findet auch dort Anwendung, wo sich die Frage stellt, ob die **Statuten** einer Genossenschaft gewisse Bestimmungen als unabänderlich bezeichnen dürfen: Die Statuten können wohl vorsehen, dass eine Abänderung nur mit Zustimmung sämtlicher Genossenschafter beschlossen werden kann. Sind aber alle Genossenschafter einverstanden, muss jede (rechtlich erlaubte) Abänderung zulässig sein, da sonst gegen das Selbstbestimmungsrecht der Genossenschaft verstossen würde (vgl. SIGG, 38; ZK-SIEGWART, Art. 647 N 6).   18

Art. 889

2. Bei Erhöhung der Leistungen der Genossenschafter

¹ Beschlüsse über die Einführung oder die Vermehrung der persönlichen Haftung oder der Nachschusspflicht der Genossenschafter bedürfen der Zustimmung von drei Vierteilen sämtlicher Genossenschafter.

² Solche Beschlüsse sind für Genossenschafter, die nicht zugestimmt haben, nicht verbindlich, wenn sie binnen drei Monaten seit der Veröffentlichung des Beschlusses den Austritt erklären.

Dieser Austritt ist wirksam auf den Zeitpunkt des Inkrafttretens des Beschlusses.

³ Der Austritt darf in diesem Falle nicht von der Leistung einer Auslösungssumme abhängig gemacht werden.

2. Extension des obligations imposées aux associés

¹ Pour les décisions qui tendent à introduire ou aggraver la responsabilité individuelle ou l'obligation d'opérer des versements supplémentaires, la majorité doit réunir les trois quarts de tous les associés.

² Ces décisions n'obligent pas ceux qui n'y ont point adhéré, s'ils déclarent leur sortie dans les trois mois à compter du jour où elles ont été publiées. Une telle déclaration porte effet à la date de l'entrée en vigueur de la décision.

³ L'exercice du droit de sortie ne peut être subordonné, dans ce cas, au paiement d'une indemnité.

2. Aumento delle prestazioni dei soci

¹ Le deliberazioni che introducono o aggravano la responsabilità personale dei soci o il loro obbligo d'eseguire versamenti suppletivi possono essere prese solo col consenso dei tre quarti di tutti i soci.

² Siffatte deliberazioni non obbligano i soci che non vi hanno consentito, s'essi dichiarano il loro recesso nel termine di tre mesi dalla pubblicazione della deliberazione. Siffatto recesso spiega i suoi effetti al momento dell'attuazione della deliberazione.

³ Il recesso non può in tal caso essere fatto dipendere dal pagamento d'una indennità.

Literatur

Vgl. die Literaturhinweise zu Art. 879.

I. Einleitung

1 Wie bereits im Rahmen der Einl. zu Art. 888 ausgeführt worden ist, bilden die Art. 888 und 889 grundsätzlich eine Einheit. Im Vergleich zu den in Art. 888 Abs. 2 geregelten Geschäften entschied sich der Gesetzgeber jedoch dazu, das Quorum für eine «*Erhöhung der finanziellen Leistungen der Genossenschafter*» (so die missverständliche Marginalie, s.u. N 4 f.) nochmals substantiell zu verschärfen und in einem separaten Artikel zu regeln. Der Gesetzgeber liess es aber nicht bei einer Erhöhung des Quorums bewenden: Selbst wenn die notwendige Mehrheit erreicht werden sollte, können diejenigen Genossenschafter, welche die **Erhöhung der finanziellen Leistungen** abgelehnt haben, innert drei Monaten seit der Veröffentlichung des Beschlusses im Handelsamtsblatt aus der Genossenschaft **austreten** und damit die Konsequenzen der erhöhten finanziellen Belastung vermeiden. Art. 889 bietet damit dem Genossenschafter einen äusserst weitgehenden Schutz vor finanziellen Lasten, welche im Zeitpunkt seines Eintritts in die Genossenschaft nicht absehbar waren (vgl. zum Austrittsrecht der nicht zustimmenden Genossenschafter bei einer Fusion BSK FusG-SCHLEIFFER, Art. 18 N 25 m.w.V.; GLANZMANN, 162).

II. Das Quorum (Abs. 1)

2 Drei Viertel sämtlicher Genossenschafter müssen dem Antrag zustimmen. Es ist also im Gegensatz zu Art. 888 hier ein **qualifiziertes Mehr** nicht der abgegebenen Stimmen, sondern aller Verbandsmitglieder notwendig (NIGG, 105). Damit ist auch klar, dass an der GV, welche über die unter Art. 889 fallenden Geschäfte abzustimmen hat, mindes-

tens drei Viertel aller Genossenschafter anwesend sein müssen. Es wäre unzulässig, etwa zu einem späteren Zeitpunkt noch weitere Voten bei Mitgliedern einzuholen, welche an der GV nicht teilgenommen haben (BGE 78 III 33, 43 f.; HENSEL, 161).

Die **Quorumsvorschrift** ist zwingend (ZK-GUTZWILLER, N 32). Ein Beschluss, welcher in Verletzung dieser Bestimmung gefasst wird, ist nichtig und darf nicht im **Handelsregister** eingetragen werden (vgl. Rechenschaftsbericht der Justiz- und Polizeidirektion AG, ZBGR 1944, 118 f.; **a.A.** BGE 80 II 271, 278; KassGer FR, RFJ 1999, 47; vgl. zur strittigen Abgrenzung zwischen Anfechtbarkeit und Nichtigkeit insb. Art. 891 N 18). Sofern ein diesbezüglicher Beschluss aber dessen ungeachtet während mehrerer Jahre unangefochten im Handelsregister eingetragen bleibt, können gutgläubige Dritte sich darauf berufen (78 III 33, 43 ff.; s.a. Bemerkungen unter Art. 888 N 14). Eine Verschärfung dieses Quorums in den Statuten ist möglich (VON STEIGER, Genossenschaftsrecht, 113; NIGG, 105 FN 268). 3

Art. 889 bezieht sich auf die Einführung oder Erhöhung der **persönlichen Haftung** oder **Nachschusspflicht** des Genossenschafters. Eine Dreiviertelmehrheit aller Genossenschafter ist also etwa notwendig, wenn eine Genossenschaft, welche bisher nur mit ihrem Gesellschaftsvermögen haftete, zur (beschränkten oder unbeschränkten) persönlichen Haftung übergehen will; wenn die beschränkte persönliche Haftung erhöht oder in eine unbeschränkte umgewandelt wird; oder wenn die Nachschusspflicht (Art. 871) erhöht werden soll (ZK-GUTZWILLER, N 35 ff.). 4

Hingegen kommt die Bestimmung von Art. 889 nicht zur Anwendung, wenn lediglich über *«Art und Grösse der Geldbeiträge oder anderweitige Leistungen»* (Lieferungs- und Abnahmepflichten) abgestimmt werden soll (ZK-GUTZWILLER, N 34). Für die **Vermehrung von Leistungen,** welche nicht in Art. 889 Abs. 1 erwähnt werden, bedarf es also entgegen des zu weit gefassten Randtitels nur der Zustimmung von zwei Dritteln der abgegebenen Stimmen, sofern in den Statuten nicht ein höheres Quorum für Statutenänderungen festgelegt worden ist (VON STEIGER, Genossenschaftsrecht, 117 f.). 5

Die Einführung oder Vermehrung der persönlichen Haftung der Genossenschafter wirkt sich zugunsten der bisherigen und zukünftigen Gläubiger der Genossenschaft aus (Art. 874 Abs. 4). Sofern die Haftungs- oder Nachschusspflicht durch einen GV-Beschluss **vermindert** werden sollte, berührt dies die vor der Veröffentlichung der Statutenrevision entstandenen Verbindlichkeiten nicht (Art. 874 Abs. 3). 6

III. Austrittsmöglichkeit für nicht zustimmende Genossenschafter (Abs. 2)

Art. 889 Abs. 2 eröffnet dem Genossenschafter, welcher der Erhöhung der finanziellen Leistungen nicht zugestimmt hat, die Möglichkeit, aus der Genossenschaft **auszutreten.** 7

Ein Beschluss gemäss Art. 889 Abs. 1 muss im **Handelsregister** eingetragen werden, da es sich dabei um eine Statutenänderung handelt, welche erst mit der Eintragung in Kraft gesetzt wird (VON STEIGER, Genossenschaftsrecht, 112; vgl. auch Art. 832 Ziff. 3 i.V.m. Art. 87 Abs. 1 lit. j HRegV). Falls die persönliche Haftung oder Nachschusspflicht eingeführt wird, muss zudem ein **Verzeichnis** der davon betroffenen Genossenschafter beim Handelsregister eingereicht werden (Art. 835 Abs. 4; Art. 84 Abs. 1 lit. h HRegV). Der Genossenschafter, welcher der Einführung oder Erhöhung der Haftung nicht zugestimmt hat, kann dann während einer **Verwirkungsfrist** von drei Monaten ab Datum der Veröffentlichung des Beschlusses seinen **Austritt erklären** (VON STEIGER, Genossenschaftsrecht, 117; NIGG, 106). 8

9 Die **Austrittserklärung** des Genossenschafters ist formlos gültig, sofern die Statuten keine anders lautenden Vorschriften enthalten (ZK-Gutzwiller, N 40). Die Erklärung kann gegenüber der Genossenschaft selbst oder dem Handelsregisteramt erfolgen (Art. 877 Abs. 2). Um Schwierigkeiten hinsichtlich des Nachweises ihrer fehlenden Zustimmung zu vermeiden, sollten die Genossenschafter dafür sorgen, dass ihre ablehnende Haltung im GV-Protokoll festgehalten wird. Neben den Genossenschaftern, welche den Antrag abgelehnt haben, steht das **Austrittsrecht** auch denjenigen zu, welche an der GV nicht teilgenommen haben, nicht vertreten waren oder sich der Stimme enthalten haben (Nigg, 106).

10 Der Austritt ist auf den **Zeitpunkt des Inkrafttretens** des Beschlusses über die Haftungseinführung oder -verschärfung wirksam, also ab dem Datum der Eintragung ins Handelsregister. Es ist demnach zu unterscheiden: Die Frist für die Austrittserklärung beginnt ab dem Datum der Veröffentlichung des Beschlusses zu laufen, während die Austrittserklärung ex tunc auf den Tag der Eintragung wirksam ist (ZK-Gutzwiller, N 41; Nigg, 106).

IV. Folgen des Austritts (Abs. 3)

11 Sofern sich ein Genossenschafter zum Austritt entschliesst, darf von ihm keine **Auslösungssumme** (Art. 842 Abs. 2) gefordert werden. Das Gesetz macht damit deutlich, dass der Austritt im Rahmen von Art. 889 eine Ausnahmeregelung ist. Der austretende Genossenschafter ist im Übrigen nicht an die gesetzlichen oder statutarischen Austrittsbedingungen und Kündigungsfristen gebunden (Nigg, 107; vgl. BK-Forstmoser, Art. 843 N 13; **a.A.** ZK-Gutzwiller, N 42, welcher davon ausgeht, dass die allgemeinen Bestimmungen der Art. 842–845 durch den Austritt gemäss Art. 889 nur hinsichtlich der Auslösungssumme berührt werden).

12 Die Frist für die **Haftungsfortdauer** des ausscheidenden Genossenschafters (Art. 876 Abs. 1) beginnt mit der Eintragung des haftungserhöhenden Beschlusses ins Handelsregister zu laufen. Der ausscheidende Genossenschafter haftet demnach für die vor dem einschlägigen Beschluss entstandenen Verbindlichkeiten noch während der gesetzlichen oder statutarischen Frist mit (Gerwig, 248).

Art. 890

VIII. Abberufung der Verwaltung und der Revisionsstelle

¹ Die Generalversammlung ist berechtigt, die Mitglieder der Verwaltung und der Revisionsstelle sowie andere von ihr gewählte Bevollmächtigte und Beauftragte abzuberufen.

² Auf den Antrag von wenigstens einem Zehntel der Genossenschafter kann der Richter die Abberufung verfügen, wenn wichtige Gründe vorliegen, insbesondere wenn die Abberufenen die ihnen obliegenden Pflichten vernachlässigt haben oder zu erfüllen ausserstande waren. Er hat in einem solchen Falle, soweit notwendig, eine Neuwahl durch die zuständigen Genossenschaftsorgane zu verfügen und für die Zwischenzeit die geeigneten Anordnungen zu treffen.

³ Entschädigungsansprüche der Abberufenen bleiben vorbehalten.

VIII. Révocation de l'administration et de l'organe de révision	¹ L'assemblée générale peut révoquer les membres de l'administration et de l'organe de révision, ainsi que les fondés de procuration et mandataires nommés par elle.

² Le juge peut les révoquer pour de justes motifs, à la requête d'au moins un dixième des associés, en particulier s'ils ont négligé leurs devoirs ou sont incapables de les remplir. Il charge, au besoin, les organes compétents de la société de remplacer les personnes révoquées et prescrit toutes mesures utiles pour la période intermédiaire.

³ Demeure réservée l'action en dommages-intérêts des personnes révoquées. |
| VII. Revoca dell'amministrazione e dell'ufficio di revisione | ¹ L'assemblea generale può revocare gli amministratori, i revisori e gli altri procuratori e mandatari da essa nominati.

² Il giudice può revocarli, ad istanza di almeno un decimo dei soci, qualora esistano gravi motivi, in ispecie quand'essi abbiano trascurato i loro doveri o non siano in condizioni di adempierli. Egli deve in tal caso, se occorre, ordinare una nuova nomina da parte degli organi competenti della società e prendere le misure opportune per l'intervallo.

³ Rimangono riservate le azioni di risarcimento che spettassero alle persone revocate. |

Literatur

Vgl. die Literaturhinweise zu Art. 879.

I. Abberufung durch die GV (Abs. 1)

Die GV ist das oberste Organ der Genossenschaft (Art. 879 Abs. 1). Sie ist nicht nur Wahlorgan, sondern auch befugt, einzelne oder alle Mitglieder der Verwaltung und der Revisionsstelle sowie alle übrigen von ihr gewählten Bevollmächtigten und Beauftragten abzuberufen. Dabei ist zu beachten, dass sich das **Recht der GV zur Abberufung** auf die *«von ihr»* gewählten Personen beschränkt: Geschäftsführer oder Bevollmächtigte, welche etwa von der Verwaltung bestellt worden sind, können demnach von der GV nicht abberufen werden. Faktisch kann sie jedoch erheblichen Druck auf die Verwaltung ausüben, hat sie doch die Möglichkeit, die Verwaltung selbst abzusetzen (HENSEL, 120 f.).

Die GV kann die Abberufung jederzeit und ohne Angabe von Gründen beschliessen (vgl. BGE 80 II 118 = Pra 1954, 377). Zu unterscheiden ist die Abberufung vom blossen **Widerruf** einer erteilten Vollmacht, da Letzterer die allfällig bestehende Organstellung des Vollmachtinhabers nicht beeinträchtigt (HENSEL, 121).

Wie jeder andere **GV-Beschluss** kann auch die Abberufung nur im Rahmen einer ordentlich einberufenen GV unter rechtzeitiger Ankündigung des Traktandums erfolgen (Art. 881 ff.), wobei auch auf eine evtl. notwendige Ersatzwahl hinzuweisen ist (HENSEL, 120). Sofern sich die Notwendigkeit der Abberufung erst im Verlaufe einer GV ergeben sollte, bleibt nur die Einstellung der betroffenen Person in ihren Funktionen und die Einberufung einer neuen GV zur endgültigen Beschlussfassung über die Abberufung (HENSEL, a.a.O.).

Art. 890 ist zwingender Natur. Eine Einschränkung der **Zuständigkeit der GV** – durch die Statuten oder durch private Vereinbarungen – ist unzulässig (ZK-GUTZWILLER, N 1). Dabei ist jedoch zu differenzieren: Materielle Einschränkungen, etwa die statutarisch verankerte Voraussetzung eines wichtigen Grundes, sind nicht zulässig (OGer AG, SJZ 1953, 295). Die Abberufung kann aber formell erschwert werden. Art. 888 Abs. 1 bestimmt, dass GV-Beschlüsse grundsätzlich mit dem absoluten Mehr der abgegebenen

Stimmen gefasst werden, sofern Gesetz oder Statuten nichts anderes vorsehen. Da Art. 890 Abs. 1 kein spezielles Quorum erwähnt, entscheidet das absolute Mehr der abgegebenen Stimmen oder allenfalls eine davon abweichende Bestimmung in den Statuten. Diese können demnach Beschlüsse gemäss Art. 890 einem qualifizierten Beschluss- oder Präsenzquorum oder einer Kombination beider Quoren unterstellen. Der derart erschwerte Beschluss darf die Durchsetzung der Abberufung allerdings nicht schlechthin verunmöglichen. Die Grenze des Erlaubten muss dabei von Fall zu Fall festgelegt werden (vgl. BGE 117 II 290 = Pra 1992, 479, 500).

II. Abberufung durch den Richter (Abs. 2)

5   Das Recht zur **Abberufung** steht nicht nur der GV der Genossenschaft, sondern ebenso derjenigen der AG zu (Art. 705). In wesentlicher Abweichung vom Aktienrecht räumt Art. 890 Abs. 2 aber auch einem Zehntel der Genossenschafter das Recht ein, beim **Richter** die Abberufung zu beantragen. Sofern *«wichtige Gründe»* vorliegen, hat der Richter einem entsprechenden Gesuch Folge zu leisten und zudem, *«soweit notwendig»*, eine Neuwahl durch die zuständigen Organe zu verfügen. Bei der AG besteht ein ähnliches Recht nur hinsichtlich der Abberufung der RS (Art. 727e Abs. 3).

6   **Zuständig** ist der Richter am Sitz der Gesellschaft. Gewöhnlich wird über das Begehren im **summarischen Verfahren** entschieden (vgl. § 219 lit. c Ziff. 14 ZPO ZH). Als wichtige Gründe kommen *«insbesondere»* Pflichtversäumnisse und Unfähigkeit in Frage. Ob Pflichtversäumnisse oder Unfähigkeit vorliegen, welche den doch ausserordentlichen Eingriff des Richters rechtfertigen, ist anhand der konkreten Umstände vom Richter sorgfältig zu beurteilen (ZK-GUTZWILLER, N 6 f.). So hat das BGer entschieden, dass die Abberufung eines Mitgliedes der Verwaltung gerechtfertigt sei, wenn dieses eigennützige Interessen verfolgt habe, die mit denjenigen der anderen Genossenschafter nicht vereinbar seien (BGE 72 II 91, 120). Im Übrigen ist die Erwähnung von Pflichtversäumnissen und Unfähigkeit im Gesetz nicht als abschliessende Aufzählung zu verstehen und schliesst die Anrufung anderer Gründe, etwa persönliche Charaktereigenschaften oder physische Unzulänglichkeiten, nicht aus (ZK-GUTZWILLER, N 8).

7   Ferner hält der oben zitierte Entscheid fest, dass vor der Anrufung des Richters keine **Stellungnahme der GV** eingeholt werden muss (BGE 72 II 91, 119). Auch die Tatsache, dass die Amtsdauer des beklagten Mitgliedes der Verwaltung bereits vor der Urteilsfällung abgelaufen ist, schliesst die nachträgliche Entscheidung des Gerichts nicht aus, obwohl die Abberufung nur ex nunc erfolgen kann (a.a.O., 119).

8   Falls der Richter die Abberufung verfügt, hat er, soweit dies im konkreten Einzelfall notwendig ist, eine Neuwahl durch die zuständigen Organe zu verfügen und für die Zwischenzeit die **geeigneten Massnahmen** zu treffen. So ist eine **Neuwahl** dann anzuordnen, wenn die Abberufung dazu führt, dass die Verwaltung der Genossenschaft aus weniger als drei Personen besteht (Art. 894 Abs. 1). Möglicherweise drängt sich (i.S. einer «geeigneten Massnahme») für die Zeit bis zur Neuwahl auch die Einsetzung eines **Sachwalters** auf, welcher die Geschäfte bis zur Einsetzung einer neuen Verwaltung weiterführt (vgl. BGE 72 II 91, 121).

III. Entschädigungsansprüche (Abs. 3)

9   Art. 890 Abs. 3 entspricht exakt dem Wortlaut von Art. 705 Abs. 2. Ein allfälliger Anspruch auf Entschädigung richtet sich nach den gesetzlichen Bestimmungen desjenigen Vertragsverhältnisses, welches zwischen der Genossenschaft und der abberufenen Per-

son besteht bzw. bestand. Dabei handelt es sich i.d.R. um ein Auftragsverhältnis oder einen Arbeitsvertrag (ZK-GUTZWILLER, N 14), so dass die Art. 404 Abs. 2 bzw. Art. 335 ff. im Vordergrund stehen. Im Übrigen muss zwischen den gesellschafts- und vertragsrechtlichen **Konsequenzen eines Abberufungsbeschlusses** unterschieden werden: Während die gesellschaftsrechtlichen Beziehungen mit sofortiger Wirkung beendet werden, hängt das Ende der vertraglichen Bindung von den für das konkrete Vertragsverhältnis massgebenden Regeln ab (vgl. BGE 111 II 480, 482; 112 V 1, 5). Ferner ist zu beachten, dass die Abberufung eines Organs der Genossenschaft gegenüber gutgläubigen Dritten erst mit der Eintragung im Handelsregister wirksam wird (Art. 932 f.).

Der Entschädigungsanspruch besteht grundsätzlich nicht nur für die durch die GV erfolgte Abberufung, sondern auch für diejenige, welche durch den **Richter** ausgesprochen wird. Dabei ist auch hier auf die konkreten Umstände abzustellen (ZK-GUTZWILLER, N 11 ff.). **10**

Neben Schadenersatzansprüchen aus Vertrag kann die Abberufung Ansprüche aus **Genugtuung** begründen, wenn jene in einer Art und Weise erfolgt ist, welche als unzulässige Verletzung der Persönlichkeit des Abberufenen betrachtet werden muss (Art. 28 ff. ZGB). Im Gegensatz zu demjenigen, welcher eine Kündigung gemäss Art. 335 Abs. 2 ausspricht, muss die GV ihren Beschluss über die Abberufung aber nicht begründen, und es ist demnach auch nicht möglich, ihren Beschluss als unberechtigt oder willkürlich erklären zu lassen (vgl. BGE 80 II 118 = Pra 1954, 377). Der abberufenen Person bleibt nur die Geltendmachung der erwähnten Entschädigungsansprüche. **11**

Art. 891

IX. Anfechtung der Generalversammlungsbeschlüsse	¹ **Die Verwaltung und jeder Genossenschafter können von der Generalversammlung oder in der Urabstimmung gefasste Beschlüsse, die gegen das Gesetz oder die Statuten verstossen, beim Richter mit Klage gegen die Genossenschaft anfechten. Ist die Verwaltung Klägerin, so bestimmt der Richter einen Vertreter für die Genossenschaft.** ² **Das Anfechtungsrecht erlischt, wenn die Klage nicht spätestens zwei Monate nach der Beschlussfassung angehoben wird.** ³ **Das Urteil, das einen Beschluss aufhebt, wirkt für und gegen alle Genossenschafter.**
IX. Droit d'attaquer les décisions de l'assemblée générale	¹ L'administration et chaque associé peuvent attaquer en justice les décisions de l'assemblée générale ou celles qui ont été prises dans une votation par correspondance, lorsqu'elles violent la loi ou les statuts. Si l'action est intentée par l'administration, le juge désigne un représentant de la société. ² L'administration et les associés sont déchus de leur action s'ils ne l'intentent pas au plus tard dans les deux mois qui suivent la décision contestée. ³ Le jugement qui annule une décision est opposable à tous les associés, et chacun d'eux peut s'en prévaloir.
IX. Diritto di contestare le deliberazioni dell'assemblea generale	¹ L'amministrazione ed ogni socio hanno il diritto di contestare davanti al giudice le deliberazioni dell'assemblea generale e quelle prese per corrispondenza, contrarie alla legge o allo statuto; l'azione è diretta contro la società. Se l'azione è proposta dall'amministrazione, il giudice designa un rappresentante della società.

² L'azione si estingue se non è proposta entro due mesi dal momento in cui la deliberazione fu presa.

³ L'annullamento per sentenza delle deliberazioni ha effetto per tutti i soci.

Literatur

Vgl. die Literaturhinweise zu Art. 879.

I. Allgemeines

1 Vor der Revision des Aktienrechts von 1991 stimmte der Wortlaut der Art. 706 und 891 (mit Ausnahme von Art. 706 Abs. 2 altOR) praktisch wörtlich überein. Es drängte sich daher auf, im Zusammenhang mit Art. 891 auch die aktienrechtliche Literatur und Judikatur heranzuziehen. Im Rahmen der **Revision des Aktienrechts von 1991** wurde die Anfechtung von GV-Beschlüssen nun aber ausführlicher geregelt und in drei Artikel (Art. 706, 706a, b) aufgegliedert, wobei u.a. versucht wurde, die Tatbestände der Anfechtbarkeit und Nichtigkeit zu konkretisieren (vgl. Art. 706 Abs. 2, Art. 706b). Für das Genossenschaftsrecht stellt sich nun die Frage, ob die rev. Art. 706 ff. Auswirkungen auf die Anwendung von Art. 891 haben, obwohl dessen Wortlaut im Rahmen der aktienrechtlichen Revision nicht verändert wurde.

2 Gewisse Vorschriften des Genossenschaftsrechts verweisen ausdrücklich auf die Bestimmungen des Aktienrechts (Art. 874 Abs. 2; Art. 896 Abs. 2, Art. 906 Abs. 1, Art. 908, 913 Abs. 1; Art. 917 Abs. 2, Art. 920). Andere wiederum – und zu diesen gehört auch Art. 891 – wiederholen den Text der (alten) aktienrechtlichen Bestimmung mehr oder weniger wörtlich. Grundsätzlich ist davon auszugehen, dass ausdrückliche **Verweise** auf das Aktienrecht als Verweis auf die jeweils geltende Fassung zu verstehen sind (TANNER, 37; vgl. aber auch Vor Art. 620 N 17), während bei **Wiederholungen** eher anzunehmen ist, dass diesen Bestimmungen eine von allfälligen Änderungen des Aktienrechts unabhängige Bedeutung zukommen soll (TANNER, 36 FN 43).

3 Da Art. 891 die Bestimmung des Art. 706 altOR wiederholt und sich nicht mit einem Verweis auf die Bestimmungen des Aktienrechts begnügt, ist eine **analoge Anwendung** der neuen Bestimmungen grundsätzlich abzulehnen. Die neuen Bestimmungen können aber hilfreich sein, indem sie die bisher bestehende Praxis zu konkretisieren versuchen (gl.M. RIEMER, N 15). Dies drängt sich etwa hinsichtlich der Kriterien in Bezug auf die Anfechtbarkeit oder Nichtigkeit von GV-Beschlüssen auf, wobei das neue Aktienrecht die erheblichen Schwierigkeiten in der tatbeständlichen Abgrenzung auch nicht beseitigen konnte (vgl. Art. 706b N 3).

4 TANNER geht noch weiter und befürwortet die sinngemässe Anwendung von Art. 706b und gar 714 (Nichtigkeit von VR-Beschlüssen), da das Genossenschaftsrecht bezüglich dieser beiden Bestimmungen eine echte **Verweisungslücke** aufweise (a.a.O., 46), welche durch die rev. Bestimmungen des neuen Aktienrechts gefüllt würde. Sie weist in diesem Zusammenhang auf ihre Ausführungen zum Recht der GmbH hin (Art. 808 Abs. 6). Gerade jener Artikel verweist aber im Gegensatz zu Art. 891 ausdrücklich auf die aktienrechtlichen Bestimmungen und es ist daher zu bezweifeln, ob eine analoge Anwendung der rev. Art. 706 ff. für das Genossenschaftsrecht tatsächlich zulässig ist.

5 Die **Anfechtungsklage** muss klar von der Verantwortlichkeitsklage (Art. 916 ff.) unterschieden werden. Gegenstand der Anfechtungsklage kann grundsätzlich nur ein GV-Beschluss sein (s. aber Art. 893 N 7 ff.). Sofern sich die Klage gegen Handlungen der Verwaltung richtet, kommt nur eine Verantwortlichkeitsklage in Frage (BGE 81 II 462,

464 f.; ZK-GUTZWILLER, N 30). Neben diesen Klagen kennt das Genossenschaftsrecht noch eine Anzahl weiterer Klagen, etwa die Klage auf Einberufung einer GV (Art. 881 Abs. 3), jene auf Abberufung der Verwaltung oder der Revisionsstelle (Art. 890 Abs. 2) oder jene auf Auflösung der Genossenschaft (Art. 831 Abs. 2).

II. Recht zur Anfechtung (Abs. 1)

1. Gegenstand der Anfechtung

Gegenstand der Anfechtung sind grundsätzlich nur **Beschlüsse der GV.** Die Anfechtung ist aber auch gegen diejenigen Beschlüsse zuzulassen, die im Rahmen einer Urabstimmung (Art. 880) oder einer Delegiertenversammlung (Art. 892) gefasst worden sind (GERWIG, 288).

Hinsichtlich Beschlüssen der Verwaltung ist zu differenzieren: Die Anfechtung von **Beschlüssen der Verwaltung** ist im Gesetz nicht vorgesehen. Das BGer verneinte das Vorliegen einer Gesetzeslücke, da aus den Materialien hervorgehe, dass der Gesetzgeber die Anfechtungsmöglichkeit hier ausdrücklich habe ausschliessen wollen (BGE 76 II 51, 61, 65). Die **Nichtigkeit** hingegen beschlägt auch Beschlüsse der Verwaltung. Diese sind einer Klage auf Feststellung der Nichtigkeit zugänglich, sofern sie gegen zwingende, im öffentlichen Interesse erlassene Bestimmungen verstossen (ZK-GUTZWILLER N 21; vgl. auch Art. 714).

2. Anfechtungsberechtigte

Neben der **Verwaltung** ist **jeder Genossenschafter** zur Anfechtung berechtigt, auch derjenige, welcher nicht an der GV teilgenommen hat (BGE 74 II 41 = Pra 1948, 214; KGer GR, SJZ 1961, 124, 126; ZK-GUTZWILLER, N 16, 20). Das gleiche Recht steht jedem Genossenschafter in der Urabstimmung und in der Delegiertenversammlung zu (ZK-GUTZWILLER, N 17). Bei der Delegiertenversammlung ist auch das einzelne, nur mittelbar an einem Verband beteiligte Mitglied selbständig aktivlegitimiert, sofern der Beschluss der Delegiertenversammlung seine Interessen tangiert, indem er etwa Pflichten aufstellt, die nicht nur die dem Verband angehörenden Genossenschaften, sondern auch ihn persönlich betreffen (AppHof BE, ZBJV 1961, 281, 292; ZK-GUTZWILLER, N 27). Gläubiger der Genossenschaft sind hingegen nicht berechtigt, Beschlüsse der GV anzufechten (GERWIG, 290).

Aktivlegitimiert sind alle Genossenschafter, welche dem fraglichen Beschluss nicht zugestimmt haben, also diejenigen, welche den Beschluss abgelehnt oder sich der Stimme enthalten haben sowie jene, welche an der GV gar nicht teilgenommen hatten (WENNINGER, 121). Die **Aktivlegitimation des Genossenschafters** endet mit seinem Austritt aus dem Verband (BGE 72 II 91, 102). Analog zum Aktienrecht ist daher davon auszugehen, dass der Kläger bis zum rechtskräftigen Urteil Mitglied der Genossenschaft sein muss (s. ausführliche Stellungnahme Art. 706 N 5). Voraussetzung ist schliesslich, dass der klagende Genossenschafter hinsichtlich des anzufechtenden Beschlusses nicht auf sein Recht verzichtet hat, indem er dem fraglichen GV-Beschluss zugestimmt hat (WENNINGER, 121). Um Beweisschwierigkeiten zu vermeiden, sollte der Genossenschafter sicherstellen, dass seine Ablehnung des GV-Beschlusses im Protokoll festgehalten wird.

Erhebt die Verwaltung die Anfechtungsklage, so muss der Richter für die Genossenschaft einen **unabhängigen Vertreter** bestellen, da die Verwaltung sonst nicht nur als

3. Willensmängel bei der Stimmabgabe

11 Genossenschafter, welche dem in Frage stehenden GV-Beschluss zugestimmt haben, sind grundsätzlich nicht berechtigt, diesen anzufechten (WENNINGER, 121). Hat nun aber ein Genossenschafter dem anzufechtenden Beschluss irrtümlich zugestimmt, kann er sich auf die Art. 23 ff. berufen und geltend machen, dass er den Beschluss aufgrund eines wesentlichen Irrtums, absichtlicher Täuschung oder Furchterregung anfechte (KGer GR, SJZ 1961, 124, 127; HOMBURGER/MOSER, 148 f.). Im Gegensatz zu Art. 31 muss der **Willensmangel** jedoch innert der zweimonatigen Frist des Art. 891 Abs. 2 geltend gemacht werden (HOMBURGER/MOSER, 151 f.).

12 Kann der Genossenschafter seinen Willensmangel nachweisen, so ist die betreffende Einzelstimme ungültig, sofern dargetan werden kann, dass der Willensmangel für das Stimmverhalten **kausal** war, dem Beschluss also in Kenntnis des wahren Sachverhaltes nicht zugestimmt worden wäre. Darüber hinaus muss die zufolge Willensmangels ungültige Einzelstimme das Abstimmungsergebnis **ausschlaggebend beeinflusst** haben, d.h. die gesetz- oder statutengemässe Mehrheit wäre bei Wegfall dieser Stimme nicht erreicht worden (HOMBURGER/MOSER, 149 f.).

13 Es ist aber auch denkbar, dass nicht nur ein einzelner Genossenschafter einem Willensmangel erlag, sondern dass **die GV** als solche bei der Beschlussfassung unter einem **Willensmangel** litt. Auch hier ist grundsätzlich darzulegen, dass die vom Willensmangel betroffenen Stimmen für das Beschlussergebnis ausschlaggebend waren (vgl. KGer GR, SJZ 1961, 124, 127 f.).

4. Passivlegitimation

14 **Passivlegitimiert** ist in allen Fällen die Genossenschaft, niemals ein Mitglied oder die dem anfechtbaren Beschluss zustimmende Mehrheit der Verbandsmitglieder (WENNINGER, 121).

III. Anfechtungsgründe

15 Beschlüsse, die gegen das **Gesetz oder die Statuten verstossen,** sind anfechtbar. Zu denken ist an Beschlüsse, die nicht durch das statutengemässe Organ (Art. 881 Abs. 1), unter Verletzung der Vorschriften über die Beschlussfassung oder nicht in der in den Statuten vorgesehenen Form gefasst worden sind (ZK-GUTZWILLER, N 7; vgl. WENNINGER, 122). Exemplarisch (aber keineswegs abschliessend) ist auch die Aufzählung in Art. 706 Abs. 2 (vgl. Art. 706 N 8 ff.), wobei aber zu beachten ist, dass im Gegensatz zu der kapitalistischen Ausrichtung der AG bei der Genossenschaft das personalistische, soziale Element im Vordergrund steht und somit u.U. ein weniger strenger Massstab an allfällige Verfehlungen anzulegen ist. Jedenfalls muss der Kläger ein **Rechtsschutzinteresse** dartun können, sei es, dass der angefochtene Beschluss Auswirkungen auf seine

Rechte hat, sei es, dass die Interessen der Genossenschaft durch die Anfechtung gewahrt werden sollen (vgl. VON STEIGER, Genossenschaftsrecht, 121 f.; ZK-GUTZWILLER, N 8). Das Anfechtungsinteresse fehlt, wenn die Verletzung von Verfahrensvorschriften für die Beschlussfassung nicht kausal war. Die gesetzliche Sonderregelung in Art. 691 Abs. 3 muss als ein allgemeines Prinzip verstanden werden, wonach Beschlüsse nur anfechtbar sind, wenn sich die Verletzung von Gesetz oder Statuten im Ergebnis effektiv ausgewirkt hat oder hätte auswirken können (vgl. RIEMER, N 79; FORSTMOSER/MEIER-HAYOZ/NOBEL, Schweizerisches Aktienrecht, Bern 1996; § 25 N 18).

Zum Beispiel ist die **Anfechtung gerechtfertigt,** wenn eine mit schriftlicher Vollmacht belegte Stellvertretung nicht anerkannt wird (Art. 886 Abs. 1) oder wenn eine Abstimmung, obwohl drei Genossenschafter es statutengemäss verlangen, nicht im geheimen Verfahren durchgeführt wird (ZK-GUTZWILLER, N 9). Die Anfechtung ist auch dann zulässig, wenn sich die GV in Verletzung der Statuten weigert, die Erledigung einer Beschwerde zu behandeln, oder Anträge unterdrückt, die ihr in statutengemässer Frist und Form vorgelegt worden sind (KGer VS, ZWR 1975, 114, 117; **a.A.** RIEMER, N 55, der auf die richterliche Anordnung gemäss Art. 881 Abs. 3 verweist, falls einem Traktandierungsbegehren nicht entsprochen wird). Beschlüsse, die ohne vorgängige Ankündigung i.S.v. Art. 883 gefasst werden, verstossen gegen das Gesetz und können angefochten werden. Sofern jedoch alle Verbandsmitglieder anwesend sind und gegen die Behandlung des betreffenden Traktandums kein Einspruch erhoben wird, kann der Entscheid später nicht angefochten werden (Art. 884; AppHof BE, ZBJV 1961, 281, 293 f.). Keinesfalls überprüfbar ist schliesslich die Zweckmässigkeit eines Beschlusses: Solange weder Gesetz noch Statuten verletzt sind, muss der Richter Zurückhaltung üben (ZK-GUTZWILLER, N 9).

IV. Abgrenzung zu nichtigen Beschlüssen

1. Allgemeines

Die Anfechtung nach Art. 891 bedingt, dass überhaupt ein Beschluss im rechtlichen Sinne vorliegt (BGE 71 I 383, 387). Ist der Beschluss hingegen nichtig, kommen die Regeln des Art. 891 nicht zur Anwendung. Dies äussert sich insb. darin, dass die **Nichtigkeit** eines Beschlusses grundsätzlich von jedermann jederzeit durch Feststellungsklage oder einredeweise geltend gemacht werden kann (WENNINGER, 123; VON STEIGER, Genossenschaftsrecht, 121). Im Übrigen muss die Nichtigkeit auch von Amtes wegen, insb. vom Handelsregisterführer, beachtet werden. Dagegen ist die blosse Anfechtbarkeit durch den Registerführer nicht zu beachten und die Eintragung auch dann vorzunehmen, wenn die zur Anfechtung berechtigende Verletzung von Gesetz oder Statuten offenkundig ist (VON STEIGER, Genossenschaftsrecht, 120 f.).

2. Nichtige Beschlüsse

GV-Beschlüsse können wegen ihres **Inhalts** nichtig sein. Dies trifft zu, wenn der Beschluss **unmöglich oder widerrechtlich** ist, gegen die **guten Sitten** oder das **Recht der Persönlichkeit** verstösst (Art. 20; Art. 27 ZGB; BGE 93 II 30 = Pra 1967, 368).

Ein Beschluss kann aber auch aus **formellen Gründen** nichtig sein, wenn er unter Verletzung zwingender Vorschriften über die Beschlussfassung zustande kommt (BGE 93 II 30 = Pra 1967, 368). Dies ist etwa der Fall, wenn die GV nicht von dem nach Gesetz oder Statuten zuständigen Organ einberufen worden ist (BGE 72 II 91, 106; 71 I 383, 388 bez. eines Vereins) oder wenn ein Beschluss nicht mit dem erforderlichen qualifizierten Stimmenmehr gefasst wurde (BGE 78 III 33, 43 f., wobei das Beschlussfassungsquorum in Art. 889 Abs. 1 ein Beschlussfähigkeitsquorum involviert – vgl. RIEMER, N 276, der sowohl bei Nichteinhaltung von Beschluss*fähigkeits*quoren als auch bei Missachtung von Beschlussfassungsquoren Nichtigkeit postuliert; für Anfechtbarkeit hingegen: BGE 80 II 271, 278; KassGer FR, RFJ 1999, 47, das Art. 889 als Vorschrift qualifiziert, die lediglich dem Schutz privater Interessen der Genossenschafter diene). Nichtig sind auch Beschlüsse über die Erhebung von Beiträgen bei den Verbandsmitgliedern ohne vorgängige Aufnahme einer einschlägigen Bestimmung in die Statuten (BGE 93 II 30 = Pra 1967, 368).

19 Schon in BGE 86 II 78, 88 hatte das BGer versucht, einen Katalog von Tatbeständen der Nichtigkeit aufzustellen. Danach sind Beschlüsse nichtig, die gegen die Grundstruktur der Genossenschaft verstossen; die unvereinbar sind mit Rechtssätzen, welche dem Schutz der Gesellschaftsgläubiger oder der Wahrung öffentlicher Interessen dienen. In einem früheren Entscheid wurde die Nichtigkeit eines Beschlusses über eine Statutenänderung verneint, obwohl die Genossenschafter anlässlich der Einberufung der GV über den wesentlichen Inhalt der vorgeschlagenen Statutenänderung nicht informiert worden waren. Das BGer anerkannte zwar, dass damit die zwingende Bestimmung des Art. 883 Abs. 1 verletzt worden war, doch hielt es dagegen, dass der Beschluss nur anfechtbar sei, da Art. 883 lediglich dem Schutz privater Interessen der Genossenschafter diene (BGE 80 II 271, 275; offen gelassen in BGE 78 III 33, 46; vgl. auch KGer VS, SAG 1989, 194).

20 Gerade das letzte Beispiel macht deutlich, dass die Beantwortung der Frage, ob ein **Beschluss nichtig oder bloss anfechtbar** ist, in der Praxis erhebliche Schwierigkeiten verursachen kann (vgl. RIEMER, N 251 ff., mit Fallgruppen und dazugehörigen Verweisen auf Rechtsprechung und Literatur; REYMOND/TRIGO TRINDADE, 187, der bei formell unregelmässigen Beschlüssen auf die Wichtigkeit des Beschlusses oder die Schwere der Unregelmässigkeit abstellt; ähnlich RIEMER, N 271). So ist auch nicht klar, was konkret unter den vom BGer eingeführten Begriff der «*Grundstruktur*» zu subsumieren ist. Diese wäre wohl dann nicht mehr gewahrt, wenn etwa Mitgliedschaftsrechte von der Kapitalbeteiligung abhängig gemacht oder bestimmte Mitglieder von der Benützung der genossenschaftlichen Einrichtungen ausgeschlossen würden, da derartige Beschlüsse mit der personalistischen Ausrichtung der Genossenschaft nicht vereinbar wären (GERWIG, 290). Die Übersicht wird zusätzlich dadurch erschwert, dass die Rechtsprechung bei eingehaltener Anfechtungsfrist oft auf Anfechtbarkeit erkennt, obschon Nichtigkeit gegeben wäre (RIEMER, N 312).

3. Teilnichtigkeit

21 Sofern nur ein **Teil des Beschlusses nichtig** sein sollte, stellt sich die Frage, ob damit der gesamte Beschluss ungültig ist. Wenn der zulässige Teil des Beschlusses nicht untrennbar mit dem nichtigen Teil verbunden ist, sondern einen selbständigen Inhalt aufweist, ist grundsätzlich von der Gültigkeit des Restbeschlusses i.S.v. Art. 20 Abs. 2 auszugehen. Voraussetzung ist allerdings, dass dieser Restbeschluss auch ohne den nichtigen Teil gefasst worden wäre, was aus hypothetischer Sicht der Gesamtheit der Gesellschafter und unter Berücksichtigung des Interesses der Genossenschaft beurteilt werden muss (vgl. HOMBURGER/MOSER, 154).

4. Frist zur Geltendmachung der Nichtigkeit

Entsprechend dem Wesen der Nichtigkeit kann diese **grundsätzlich jederzeit** geltend gemacht werden. Trotzdem sind auch der Geltendmachung der Nichtigkeit u.U. Grenzen gesetzt, nämlich dann, wenn die Wirkungen des nichtigen Beschlusses in der Praxis nicht mehr rückgängig gemacht werden können. Dies sei anhand des folgenden Falls illustriert: Eine GV hatte die Einführung der beschränkten persönlichen Haftung der Verbandsmitglieder beschlossen, ohne dass das in Art. 889 Abs. 1 statuierte zwingende Quorum erreicht worden wäre. Das BGer folgerte, dass der Beschluss ungültig sei. Die begrenzte persönliche Haftung der Genossenschafter war aber während mehrerer Jahre unangefochten im Handelsregister eingetragen gewesen. Das BGer entschied daher, dass aus Überlegungen des materiellen Rechts dem Handelsregisterauszug ausnahmsweise eine positive Publizitätswirkung zuerkannt werden müsse und die zugunsten Dritter erfolgte Eintragung daher *«aus unabweislichen praktischen Bedürfnissen»* als richtig und verbindlich gelten müsse (BGE 78 III 33, 43 ff.; anders 116 II 713 = Pra 1992, 12, wo die Ungültigkeit eines Fusionsbeschlusses festgestellt und die Rückgängigmachung einer bereits vollzogenen Fusion für praktikabel erachtet wurde). 22

V. Anfechtungsfrist (Abs. 2)

Die **Anfechtungsfrist** von zwei Monaten ist eine Verwirkungsfrist (ZK-GUTZWILLER N 26). Eine richterliche Verlängerung oder die Unterbrechung der Frist durch Parteihandlungen ist demnach nicht möglich. Die Frist beginnt bei der GV mit der Bekanntgabe des Abstimmungsresultates, bei der Urabstimmung mit der erstmöglichen Kenntnisnahme des schriftlichen Ergebnisses in der statutengemässen Form (ZK-GUTZWILLER N 23). Die Klage richtet sich gegen die Gesellschaft. Örtlich zuständig ist der Richter am Sitz der Genossenschaft (Art. 3 lit. b GestG). 23

Für die **Berechnung der Frist** ist Art. 77 Abs. 1 Ziff. 3 analog heranzuziehen, wonach bei einer nach Monaten bestimmten Frist auf denjenigen Tag des letzten Monats abzustellen ist, der durch seine Zahl jenem entspricht, an dem die Frist in Gang gesetzt wurde (ZivGer BS, BJM 1966, 188 f.). Wenn also der Fristbeginn auf den 19.9. fällt, wird die Frist mit der Einreichung der Klage am 19.11. gewahrt. 24

Bundesrecht bestimmt, dass das **Recht zur Anfechtung** nur mit der Klageerhebung gewahrt werden kann. Der Begriff der Klageerhebung ist folglich nach Bundesrecht zu definieren. Kantonales Prozessrecht, etwa hinsichtlich der Bestimmungen über Gerichtsferien, findet keine Anwendung (KGer VS, SAG 1989, 194). Obwohl die Vorschriften über die Verjährung grundsätzlich nur analog auf die Verwirkung angewendet werden können, gilt für die Verwirkung der gleiche Begriff der Klageerhebung wie im Rahmen von Art. 135 Ziff. 2 für die Verjährung (BGE 110 II 387 = Pra 1985, 33 f.). Demnach kann die Verwirkungsfrist durch Klage oder Ladung zum Sühnegesuch unterbrochen werden, wobei die erste prozesseinleitende Handlung des Klägers ausschlaggebend ist. Sofern die Eingabe an den Friedensrichter oder an das Gericht per Post erfolgt, ist die Frist somit gewahrt, wenn die Aufgabe vor Ablauf der Frist bei einer schweizerischen Poststelle erfolgt (BGE 114 II 261 ff.). Auch die Nachfrist gemäss Art. 139 ist für Verwirkungsfristen analog anwendbar (BGE 100 II 278 = Pra 1975, 344, 347). 25

Die Einreichung von Begehren um Erlass **vorsorglicher Massnahmen** genügt zur Fristwahrung nur dann, wenn identische Anträge sowohl im Massnahmebegehren wie auch im Hauptprozess (der Anfechtungsklage) gestellt werden (BGE 110 II 387 = Pra 1985, 33 ff.). 26

VI. Wirkungen der Anfechtung (Abs. 3)

27 Die erfolgreiche Anfechtung hebt den fehlerhaften Beschluss **ex tunc** auf (WENNINGER, 122; ZK-GUTZWILLER, N 34). Kraft ausdrücklicher Gesetzesvorschrift handelt es sich um ein Gestaltungsurteil, das für und gegen alle Mitglieder der Genossenschaft wirkt, auch für diejenigen, welche dem Beschluss zugestimmt haben (KGer GR, SJZ 1961, 127). Wird die Klage dagegen abgewiesen, entfaltet das Urteil nur Wirkungen für den Kläger (VON STEIGER, Genossenschaftsrecht, 121). Angefochtene Beschlüsse sind nur soweit aufzuheben, als sie Gesetz oder Statuten widersprechen (BGE 86 II 78, 86). Der Richter kann den Beschluss nur (teilweise) aufheben oder die Klage abweisen, während er den fehlerhaften Beschluss nicht durch einen positiven rechtsgestaltenden Eingriff ersetzen darf (AppGer BS, BJM 1987, 200, 210; ZK-GUTZWILLER N 33). Unter dem Aspekt des Rechtsmissbrauchs mag es jedoch allenfalls zulässig sein, neben der Aufhebung eines GV-Beschlusses die Verurteilung der Gesellschaft zur Beschlussfassung zu verlangen (vgl. OGer ZH, ZR 1982, 216).

28 Im Übrigen kann ein fehlerhafter Beschluss nur durch **Urteil,** nicht aber durch gerichtlichen oder aussergerichtlichen Vergleich aufgehoben werden (BGE 80 I 385 = Pra 1955, 127, 129).

VII. Prozessuales

1. Streitwert

29 Auch bei der Genossenschaft bemisst sich der **Streitwert** der Anfechtungsklage grundsätzlich nach dem wirtschaftlichen Interesse der Genossenschaft an der Aufrechterhaltung des angefochtenen Beschlusses und nicht nach dem Interesse der klagenden Partei (AppHof BE, ZBJV 1941, 224, 227). Das Prozessrisiko ist somit für den einzelnen klagenden Genossenschafter ähnlich wie im Aktienrecht u.U. beträchtlich (vgl. Art. 706a N 9 ff.).

30 Im Gegensatz zum Aktienrecht ist eine **Streitigkeit über die Mitgliedschaft** in einer Genossenschaft (Art. 846) aber nicht vermögensrechtlicher Natur, zumindest so lange, als sich die Mitgliedschaft in der Genossenschaft nicht im wirtschaftlichen Interesse erschöpft, sondern einen ideellen Gehalt einschliesst (BGE 80 II 71, 75).

2. Statutarische Schiedsklauseln

31 **Schiedsklauseln** können in die Statuten aufgenommen werden (BK-FORSTMOSER, Vor Art. 839–878 N 14; ZK-GUTZWILLER, N 24; WENNINGER, 124). Hat bei der Aufnahme der Schiedsklausel in die Statuten ein Verbandsmitglied Wohnsitz im Ausland, findet Kapitel 12 IPRG, in den übrigen Fällen das Konkordat vom 27.3.1969 über die Schiedsgerichtsbarkeit Anwendung (vgl. FORSTMOSER, SJZ 1992, 168).

3. Vorsorgliche Massnahmen

32 Wird dem **Handelsregisterführer** ein nichtiger GV-Beschluss zur Eintragung vorgelegt, so hat dieser die Eintragung zu verweigern. Sofern der Beschluss aber nur anfechtbar ist, muss er die Eintragung vornehmen. Die blosse Anfechtbarkeit eines Beschlusses ist m.a.W. nicht von Amtes wegen zu berücksichtigen (VON STEIGER, Genossenschaftsrecht, 120 f.).

Ist der Beschluss einmal **im Handelsregister eingetragen,** ist damit ein Rechtszustand geschaffen, der u.U. nicht mehr rückgängig gemacht werden kann. So billigte das BGer einem Eintrag über die beschränkte persönliche Haftung der Genossenschafter aus Gründen des materiellen Rechts positive Publizitätswirkung zu und hielt den dem Eintrag zugrunde liegenden GV-Beschluss aufrecht, obwohl dieser Beschluss nichtig gewesen war (BGE 78 III 33, 44 f.). 33

Der zur Anfechtung entschlossene Genossenschafter hat daher ein Interesse, die Eintragung des fehlerhaften Beschlusses im Handelsregister zu verhindern. Meist kann nicht bis zur Ausarbeitung der Anfechtungsklage zugewartet werden, vielmehr besteht das Bedürfnis nach Ergreifung **vorsorglicher Massnahmen.** Art. 162 HRegV bietet die Handhabe, mittels derer die Eintragung im Handelsregister durch **schriftlichen Einspruch** vorläufig verhindert werden kann. Das Handelsregisteramt nimmt die Eintragung vor, wenn (i) die Einsprecherin oder der Einsprecher dem Handelsregisteramt nicht innert zehn Tagen nachweist, dass sie oder er dem Gericht ein Gesuch um Erlass einer vorsorglichen Massnahme gestellt hat; oder (ii) das Gericht das Gesuch um Erlass einer vorsorglichen Massnahme rechtskräftig abgelehnt hat (Art. 162 Abs. 3 HRegV). 34

Die **Voraussetzungen** für den Erlass der vorsorglichen Verfügung richten sich nach kantonalem Prozessrecht, da diesbezüglich kein bundesrechtlicher Anspruch besteht (BGE 97 I 481, 486). Sofern der Richter dem Begehren zustimmt, ersetzt seine Verfügung die vorläufige Sperrung durch den Handelsregisterführer. Andernfalls wird die Eintragung vorgenommen (vgl. Art. 162 Abs. 3 lit. b HRegV), auch wenn die eigentliche Anfechtungsklage inzwischen anhängig gemacht worden ist. 35

Art. 892

X. Delegiertenversammlung

¹ Genossenschaften, die mehr als 300 Mitglieder zählen oder bei denen die Mehrheit der Mitglieder aus Genossenschaften besteht, können durch die Statuten die Befugnisse der Generalversammlung ganz oder zum Teil einer Delegiertenversammlung übertragen.

² Zusammensetzung, Wahlart und Einberufung der Delegiertenversammlung werden durch die Statuten geregelt.

³ Jeder Delegierte hat in der Delegiertenversammlung eine Stimme, sofern die Statuten das Stimmrecht nicht anders ordnen.

⁴ Im Übrigen gelten für die Delegiertenversammlung die gesetzlichen Vorschriften über die Generalversammlung.

X. Assemblée des délégués

¹ Les sociétés de plus de trois cents membres, de même que celles où la majorité des membres est formée de sociétés coopératives, peuvent disposer, dans leurs statuts, que les attributions de l'assemblée générale sont exercées, en tout ou en partie, par une assemblée de délégués.

² Les statuts règlent la composition, le mode d'élection et la convocation de l'assemblée des délégués.

³ Sauf disposition contraire des statuts, chaque délégué dispose d'une voix.

⁴ Pour le surplus, l'assemblée des délégués est soumise aux dispositions de la loi qui régissent l'assemblée générale.

Art. 892   1–5   29. Titel: Die Genossenschaft

X. Assemblea dei delegati

¹ Nelle società cooperative che hanno più di trecento soci o nelle quali la maggioranza dei soci è formata di società cooperative, lo statuto può stabilire che i poteri dell'assemblea generale spettino, in tutto o in parte, ad un'assemblea di delegati.

² Lo statuto regola la composizione, il modo di nomina e la convocazione dell'assemblea dei delegati.

³ Ciascun membro dell'assemblea dei delegati vi ha un voto, salvo disposizione contraria dello statuto.

⁴ Per il rimanente, l'assemblea dei delegati soggiace alle disposizioni legali sull'assemblea generale.

Literatur

Vgl. die Literaturhinweise zu Art. 879.

I. Einleitung

1   Art. 892 Abs. 1 bestimmt, dass Genossenschaften, die (a) über 300 Mitglieder zählen oder (b) mehrheitlich wiederum aus Genossenschaften bestehen, die Befugnisse der GV in den Statuten ganz oder teilweise auf eine **Delegiertenversammlung** (DV) übertragen können. Das Gesetz erwähnt dabei im gleichen Absatz zwei Sonderfälle, welche sich grundlegend voneinander unterscheiden. Es scheint daher angebracht, die Kommentierung dieses Artikels ausnahmsweise nicht der gesetzlichen Systematik folgen zu lassen, sondern vorerst die beiden Grundtypen der DV zu charakterisieren und die sich daraus ergebenden Fragen je getrennt zu behandeln.

2   Der erste Fall betrifft **Grossgenossenschaften** mit mehr als 300 Mitgliedern. Da hier allein aufgrund der Anzahl der Mitglieder die ordnungsgemässe Durchführung einer GV Schwierigkeiten bereiten kann, eröffnet der Gesetzgeber den Genossenschaften die Möglichkeit, die GV durch eine DV zu ersetzen. Der Einfachheit halber wird diese Form der Delegiertenversammlung nachstehend als «DV I» bezeichnet (SIGG, 54).

3   Bei Genossenschaften, deren **Mitglieder mehrheitlich oder ausschliesslich (Art. 921)** selbst wieder **Genossenschaften** sind, stehen praktische Überlegungen hinsichtlich der Durchführbarkeit der GV weniger im Vordergrund. Hier ergibt sich das Bedürfnis nach einer DV aus der Tatsache, dass die angeschlossenen Genossenschaften meist von unterschiedlicher Grösse sind und daher der Wunsch besteht, der Bedeutung des einzelnen Kollektivmitgliedes im Rahmen der Körperschaft gerecht werden zu können. Diese Form der DV wird in der Folge als «DV II» bezeichnet (SIGG, 54).

4   Die **Voraussetzungen** für die Einführung einer DV entsprechen exakt denjenigen für die Urabstimmung (Art. 880). Die Statuten können daher ohne weiteres vorsehen, dass die der GV zustehenden Befugnisse teils durch schriftliche Stimmabgabe (Urabstimmung), teils durch eine DV ausgeübt werden (Art. 880, 892). Während die Urabstimmung lediglich eine andere Form der Willenskundgebung darstellt, ist die DV ein von der GV grundlegend verschiedenes Organ, bedeutet sie doch für das einzelne Verbandsmitglied eine Einschränkung der unentziehbaren Mitgliedschaftsrechte wie Teilnahme und Stimmrecht an der GV, wobei Letzteres auf das aktive Delegiertenwahlrecht verkürzt wird (AppGer BS, BJM 1987, 200, 204). Der Delegierte wird somit *«zum Mittelsmann der Interessen seiner Genossenschafter»* (HENSEL, 192).

5   Der Gesetzgeber bietet unter den Voraussetzungen des Art. 892 Abs. 1 die Möglichkeit, die GV durch eine DV zu ersetzen. Es ist zu betonen, dass es sich dabei lediglich um

5. Abschnitt: Organisation der Genossenschaft   6–11 Art. 892

eine **Ermächtigung** handelt; es besteht also kein Zwang zu deren Einführung. Im Übrigen ist darauf hinzuweisen, dass die Bezeichnung der DV in den Statuten variiert. So finden sich etwa die Termini «Genossenschaftsrat» oder «Abgeordnetenversammlung». Entscheidend ist nicht die Terminologie, sondern die tatsächliche Stufe innerhalb der Organisation einer Genossenschaft (ZK-GUTZWILLER, N 2).

II. DV der Genossenschaften mit über 300 Mitgliedern (DV I)

1. Bestellung der DV I

a) Grundsätzliches

Das aktive **Delegiertenwahlrecht** unterliegt der Regel des Art. 885, wonach jeder Genossenschafter nur eine Stimme besitzt. Da es bei der Einführung der DV I lediglich darum geht, die Willensbildung einer Genossenschaft mit hoher Mitgliederzahl zu erleichtern, besteht keine Veranlassung, vom «eisernen» Prinzip der gleichen Stimmkraft abzuweichen (vgl. Art. 885 N 6), wobei die Wahl auf verschiedenste Art erfolgen kann (Wahllisten, Urabstimmung; vgl. ZK-GUTZWILLER, N 18).   6

Grundsätzlich kann das aktive Wahlrecht in zwei Formen ausgeübt werden: (1) Alle Mitglieder wählen ihre Delegierten gemeinsam, etwa im Rahmen einer Urabstimmung (**«Einkreiswahl»**); oder (2) die Gesamtheit der Mitglieder wird nach örtlichen oder anderen Gesichtspunkten in Untergruppen (auch «Sektionen») aufgeteilt, welche die ihnen zustehenden Delegierten je für sich allein wählen (**«Mehrkreiswahl»**).   7

Bei der **Einkreiswahl** verfügen alle Genossenschafter über die gleiche Stimmkraft. Entsprechend haben auch die von ihnen gewählten Delegierten in der DV I dieselbe Stimmkraft. Eine Abstufung des Stimmrechts der Delegierten steht ausser Frage (SIGG, 60; HENSEL, 197; WENNINGER, 133). Die Wahl könnte z.B. wie folgt durchgeführt werden: Die Statuten bestimmen, dass eine bestimmte Anzahl von Mitgliedern je durch einen Delegierten vertreten wird, womit sich die Zahl der Delegierten nach dem Bestand der Genossenschaft im Zeitpunkt des Wahlvorganges richtet. Die Verwaltung wird den Genossenschaftern dann die Anzahl der zu wählenden Delegierten bekannt geben und die Eingabe allfälliger Wahlanträge innert der in den Statuten vorgesehenen Frist verlangen. Diejenigen Personen, welche im Rahmen der Wahlen am meisten Stimmen auf sich vereinigen, gelten als Delegierte gewählt (HENSEL, 194 f.).   8

Die gleichen Grundsätze kommen auch bei der **Mehrkreiswahl** zur Anwendung. Auch hier muss jeder Genossenschafter dieselbe Möglichkeit zur Einflussnahme auf die Zusammensetzung der DV haben (Art. 885). Die Anzahl der Delegierten, welche die einzelnen Untergruppen zu wählen haben, darf sich nur nach der Zahl der Mitglieder richten, welche jenen angehören. Anzustreben ist demnach, dass jeder Delegierte entweder gleich viele Mitglieder vertritt, oder dass er so viele Stimmen in der DV besitzt, wie er Mitglieder repräsentiert (SIGG, 61 f.).   9

In beiden Fällen ist somit einzig auf die durch den Delegierten vertretene **Mitgliederzahl** abzustellen. Jede andere Art der Zuteilung der Delegierten, insb. eine Abstufung nach dem Mass der Kapitalbeteiligung oder der Benützung der genossenschaftlichen Einrichtungen, ist abzulehnen (vgl. Art. 885 N 6; SIGG, 70; **a.A.** GERBER, 263 f. m.w. H.).   10

Gelegentlich sehen Statuten vor, dass etwa die Mitglieder der **Verwaltung** – ohne sich einer Wahl durch die Genossenschafter zu unterziehen – die Stellung **als Delegierte** erwerben. Derartige Bestimmungen sind nicht zulässig, da sie dem Grundsatz der Gleich-   11 berechtigung der Genossenschafter widersprechen (SIGG, 74 f.; WENNINGER, 133). Auch die Einräumung des Rechts an gewisse (einflussreiche) Genossenschafter, verbindliche Wahlvorschläge vorbringen zu können, lässt sich mit dem Grundsatz der freien Wahl der Delegierten durch die Genossenschafter nicht vereinbaren (HENSEL, 196; WENNINGER, 134). Den Verwaltungsmitgliedern können aber alle übrigen Teilnahmerechte durch die Statuten eingeräumt werden, insb. das Teilnahme-, Mitsprache- und Antragsrecht (SIGG, 74 f.).

12 Als Delegierte können nur Mitglieder der Genossenschaft gewählt werden. Das **passive Delegiertenwahlrecht** kann jedoch durch die Statuten ohne weiteres eingeschränkt werden. So können die Statuten etwa vorsehen, dass nur Genossenschafter mit einer minimalen Mitgliedschaftsdauer als Delegierte wählbar sind, oder dass nur Personen in Frage kommen, die keiner anderen Genossenschaft angehören, oder dass Genossenschafter, welche die Genossenschaft in irgendeiner Form konkurrenzieren, nicht gewählt werden können (vgl. BGE 69 II 41; **a.A.** REYMOND/TRIGO TRINDADE, 194).

b) Stellung des gewählten Delegierten

13 Die für die DV I im Rahmen einer Einkreiswahl **gewählten Delegierten** üben ihre Rechte in der DV nach eigenem Willen und unabhängig von jeder Verpflichtung aus, da sie ihr Amt von der Gesamtheit der Genossenschaftsmitglieder empfangen haben und sich daher nur von den Interessen aller Mitglieder leiten lassen sollten (HENSEL, 198; WENNINGER, 138).

14 Sofern die Delegierten jedoch von einer Untergruppe im Mehrkreisverfahren gewählt wurden, sind sie grundsätzlich als Vertreter dieser Gruppe anzusehen. Sofern die Statuten nichts anderes vorsehen, haben sie daher die Interessen der von ihnen vertretenen Genossenschafter wahrzunehmen und sind insofern in ihrem Stimmverhalten an deren **Direktiven** gebunden (REYMOND/TRIGO TRINDADE, 197; HENSEL, 198 f.; WENNINGER, 138 f.; ZK-GUTZWILLER, N 37; **a.A.** WEBER/DÜRLER, 156 ff.; VON STEIGER, Genossenschaftsrecht, 86).

c) Anfechtung einer Delegiertenwahl

15 Die Wahl der Delegierten ist als GV-Beschluss zu qualifizieren. Es folgt, dass eine **Anfechtung dieser Wahl** auf der Grundlage von Art. 891 erfolgen kann (WENNINGER, 134; vgl. BGE 69 II 41).

2. Einberufung der DV I

16 Die Regelung der **Einberufung** hat generell die Grundsätze der Art. 881–883 zu berücksichtigen. Das Recht und die Pflicht zur Einberufung der DV obliegt demnach auch hier der Verwaltung (ZK-GUTZWILLER, N 21 f.). In Analogie zu Art. 881 Abs. 2 steht einem Zehntel der Mitglieder der DV das Recht zu, deren Einberufung zu verlangen (**a.A.** REYMOND/TRIGO TRINDADE, 195, der dieses Recht der Delegierten nur für gegeben hält, wenn es in den Statuten oder in einem Organisationsreglement der DV enthalten ist). Darüber hinaus ist aber auch einem Zehntel der Genossenschafter das gleiche Recht einzuräumen (SIGG, 78; ZK-GUTZWILLER, N 22; **a.A.** VON STEIGER, Genossenschaftsrecht, 79). Selbstverständlich besteht auch hinsichtlich der DV die Möglichkeit, im Rahmen der Statuten dieses Quorum zu reduzieren.

17 Die **Form der Einberufung** hat den Anforderungen von Art. 882 zu genügen. Gleiches gilt für die Bekanntgabe der Verhandlungsgegenstände (Art. 883 Abs. 1) und die Sank-

tion des Art. 883 Abs. 2 für Traktanden, welche in Verletzung dieser Grundsätze nicht ordnungsgemäss bekannt gegeben werden (s. Art. 892 Abs. 4). Im Übrigen können die Statuten die Einberufung frei regeln.

3. Stimmrecht in der DV I

Das **Stimmrecht** in der DV I wird vom Grundsatz beherrscht, dass jedem Mitglied grundsätzlich die gleiche Möglichkeit der Einflussnahme auf deren Zusammensetzung einzuräumen ist. Jede Ungleichbehandlung der Genossenschafter verstösst gegen Art. 885 und ist als nichtig zu betrachten, da gegen die Grundstruktur der Genossenschaft verstossend (vgl. SIGG, 18; s.a. BGE 80 II 271, 275 f., wonach Statuten, welche zwingende Gesetzesbestimmungen verletzen, die nicht nur den Schutz privater Interessen bezwecken, nichtig sind. Bei der Verletzung des genossenschaftlichen Gleichbehandlungsgrundsatzes ist m.E. davon auszugehen, dass damit eine zwingende Bestimmung, welche auch öffentliche Interessen schützt, verletzt wird).

Sofern alle Delegierten in der DV I über die gleiche Stimmkraft verfügten, sollte folglich jeder von ihnen grundsätzlich gleich viele Mitglieder vertreten. Eine **Abstufung des Stimmrechts** ist nur dann zulässig, wenn es darum geht, zahlenmässige Unterschiede im Mitgliederbestand der von den Delegierten vertretenen Untergruppen auszugleichen (SIGG, 79 f.; ZK-GUTZWILLER, N 30; WENNINGER, 136; **a.A.** CAPITAINE, 295 f.; GERBER, 263 f.).

Schliesslich ist noch darauf hinzuweisen, dass für die **Vertretung von Delegierten** in der DV die Bestimmungen des Art. 886 analog anzuwenden sind. Es ist der Genossenschaft demnach nicht möglich, mittels einer entsprechenden Statutenbestimmung die Möglichkeit der Vertretung anderer Delegiertenstimmen beliebig auszuweiten (ZK-GUTZWILLER, N 31; **a.A.** CAPITAINE, 296 ff.).

4. Befugnisse der DV I

Die Übertragung der **Befugnisse** der GV auf die DV I kann vollständig oder nur teilweise erfolgen. Da mit der Erfüllung der Voraussetzungen zur Ersetzung der GV durch die DV I gleichzeitig auch die Möglichkeit der Einführung der **Urabstimmung** gegeben ist, finden sich in der Praxis die verschiedensten Varianten der Kompetenzaufteilung. Auch die Einführung eines **Initiativ- und/oder Referendumsrechts** ist möglich, etwa mit der Konsequenz, dass der entsprechende Beschluss auf Begehren eines Bruchteils der Mitglieder im Rahmen einer Urabstimmung der Mitgliedergesamtheit unterbreitet werden muss (SIGG, 80 f.).

Selbst die kumulierte Anwendung beider Möglichkeiten ist nicht ausgeschlossen. So hat das BGer in einem obiter dictum erwähnt, dass die **Urabstimmung** nicht nur für Abstimmungen unter den Genossenschaftern, sondern grundsätzlich auch unter den Delegierten verwendet werden könne (Pra 1941, 281; hinsichtlich der DV I wohl zu Recht kritisch: REYMOND/TRIGO TRINDADE, 197; SIGG, 87).

In Art. 879 Abs. 2 sind diejenigen **Befugnisse der GV** statuiert, welche *«unübertragbar»* sind. Ausnahmen von dieser zwingenden Vorschrift finden sich in Art. 880 (Urabstimmung) und in Art. 892, wobei aber zu beachten ist, dass dies die einzigen Ausnahmen sind. Eine Übertragung dieser Befugnisse an ein anderes als die im Gesetz erwähnten Organe (Urabstimmung und DV) oder gar an Dritte ist somit ausgeschlossen.

Dies äussert sich z.B. darin, dass Dritten kein verbindliches Vorschlagsrecht für die Wahl von Verwaltung oder Revisionsstelle eingeräumt werden darf (SIGG, 83).

24 Obwohl das Gesetz davon spricht, dass die Befugnisse der GV ganz der DV I übertragen werden können, ist auf drei Ausnahmen hinzuweisen:

1) Denjenigen Genossenschaftern, welche nicht als Delegierte gewählt werden, bleibt als unentziehbares Mitwirkungsrecht das Recht auf **Wahl der Delegierten** (SIGG, 82).

2) Der Beschluss über die **Einführung oder Erhöhung der persönlichen Haftung oder der Nachschusspflicht** der Verbandsmitglieder bedarf der Zustimmung von drei Vierteln sämtlicher Genossenschafter (Art. 889 Abs. 1 und Art. 18 Abs. 1 lit. d FusG). Diese Beschlussfassung steht zwingend den Genossenschaftern selbst zu (HENSEL, 202; SIGG, 82).

3) Das Anfechtungsrecht der Genossenschafter bezüglich Beschlüsse der DV. Problematisch erscheint in diesem Zusammenhang die Vorschrift, wonach das Anfechtungsrecht eines Mitglieds verwirkt, wenn es dem Beschluss mittels Delegiertem zugestimmt hat (vgl. dazu REYMOND/TRIGO TRINDADE, 198).

III. Delegiertenversammlung der Genossenschaften, deren Mitglieder mehrheitlich wiederum Genossenschaften sind (DV II)

1. Bestellung der DV II

a) Grundsätzliches

25 In der DV I vertreten die Delegierten Einzelmitglieder, denen aufgrund von Art. 885 die gleiche Möglichkeit der Einflussnahme zukommen muss. Eine **qualitative Abstufung der Stimmkraft** des einzelnen Verbandsmitgliedes ist nicht möglich. Anders in der DV II: Hier sind die Verbandsmitglieder zumindest mehrheitlich Genossenschaften, welche sich hinsichtlich Mitgliederzahl, wirtschaftlicher Macht etc. substantiell voneinander unterscheiden können. Im Gegensatz zur DV I erlaubt das Gesetz daher hier ausnahmsweise eine qualitative Abstufung der Möglichkeit zur Einflussnahme auf die Entscheidungen der Genossenschaft (ZK-GUTZWILLER, N 12; SIGG, 115). Im Übrigen ist darauf hinzuweisen, dass die im Rahmen von Art. 892 mögliche Abstufung nicht nur Genossenschaften offen steht, welche zumindest mehrheitlich aus privatwirtschaftlichen Kollektivmitgliedern bestehen, sondern auch Genossenschaften, deren Mitglieder sich mehrheitlich aus öffentlich-rechtlichen Körperschaften zusammensetzen (VON STEIGER, Genossenschaftsrecht, 80 f.; ZK-GUTZWILLER, N 12).

26 Hinsichtlich der **Bestellung der Delegierten** ist zu unterscheiden:

a) Die **Kollektivmitglieder** ernennen die ihnen zustehenden Delegierten nach ihren eigenen, internen Regeln. Die Delegierten müssen dabei nicht zwingend Mitglied der angeschlossenen Genossenschaft sein (NATSCH, Diss., 25; REYMOND/TRIGO TRINDADE, 237). Meist dürften die Delegierten durch das oberste Organ gewählt werden, eine Ernennung durch die Verwaltung des Verbandsmitgliedes wäre aber auch möglich (SIGG, 118).

b) Die **Einzelmitglieder** nehmen entweder an der DV alle persönlich mit einer Stimme teil oder wählen die ihnen zustehenden Delegierten nach einem in den Statuten vorgesehenen Verfahren (z.B. Urabstimmung). Dabei ist zu beachten, dass den Einzelmitgliedern bei dieser Delegiertenwahl untereinander das gleiche Stimmrecht zukommt. Im Übrigen sei diesbezüglich auf die Ausführungen unter o. N 6 ff. verwiesen.

Wie in der DV I ist den Verwaltungsmitgliedern auch in der DV II keine **Delegiertenstellung ipso iure** einzuräumen. Sie haben daher in der DV II nur Stimmrecht, wenn sie selbst als Delegierte eines oder mehrerer Verbandsmitglieder bestimmt worden sind (SIGG, 123 f.). Im Übrigen können ihnen aber alle Teilnahmerechte eingeräumt werden (o. N 11).

b) Stellung des gewählten Delegierten

Da jeder Delegierte in der DV II eine gewisse Gruppe vertritt, ist er verpflichtet, die Interessen derjenigen zu vertreten, die ihn als Delegierten bestimmt haben. Ein Verstoss gegen diese **Bindung** im Rahmen der Beschlussfassung in der DV II bleibt für diese aber ohne Wirkung (WENNINGER, 138 f.). Ungeachtet dessen besteht aber die Möglichkeit, in den Statuten ein Verbot des Stimmens nach Instruktion vorzusehen (ZK-GUTZWILLER, N 37).

c) Anfechtung der Delegiertenwahl

Zur DV I s. die Ausführungen in N 15.

2. Einberufung der DV II

Hier kann auf die zur DV I gemachten Ausführungen verwiesen werden (o. N 16 f.). Nochmals zu betonen ist, dass das Recht, die **Einberufung** einer DV II zu verlangen, nicht nur einem Zehntel der Delegierten eingeräumt werden muss, sondern auch einem Zehntel der Verbandsmitglieder (ungeachtet der scheinbar nachgiebigen Bestimmung von Art. 892 Abs. 2; SIGG, 125).

3. Stimmrecht in der DV II

Im Gegensatz zur DV I kann das **Stimmrecht** im Rahmen der DV II abgestuft werden. Grundsätzlich lässt sich dies mittels folgender Komponenten erreichen: Die Abstufung lässt sich einmal anhand der Zahl der Delegierten vornehmen, welche die einzelnen Kollektivmitglieder in die DV II entsenden dürfen. Es ist aber auch möglich, jedem Kollektivmitglied die gleiche Anzahl von Delegierten zu gewähren und die Abstufung über die diesen Delegierten zustehenden Stimmen vorzunehmen (sog. *«Pluralstimmrecht»*, s. Art. 892 Abs. 3; ZK-GUTZWILLER, N 33). Auch eine Kombination beider Elemente ist grundsätzlich denkbar.

Vorzuziehen ist wohl die **Abstufung über die Delegiertenzahl** und nicht über das Pluralstimmrecht, da jene den Delegierten eher erlaubt, über anstehende Abstimmungen und Wahlen untereinander zu beraten. Dieser Standpunkt scheint sich auch in der Praxis durchgesetzt zu haben (vgl. ZK-GUTZWILLER, N 37).

Wie auch immer die Abstufung erfolgt, ist zu beachten, dass die **Kriterien** für deren Vornahme nicht beliebig ausgewählt werden können: Es kommen nur diejenigen Mitgliedereigenschaften in Frage, die in einem sachlichen Zusammenhang mit dem Wesen der Genossenschaft stehen (PESTALOZZI, 89). Im Vordergrund steht die Mitgliederzahl der angeschlossenen Gesellschaften, doch können auch andere Kriterien, etwa das Ausmass der Benützung der Genossenschaftseinrichtungen, herangezogen werden (vgl. NATSCH, Diss., 26; vgl. die ausführlichen Erläuterungen in Art. 885 N 7–15, wo auch zur Frage der Abstufung des Stimmrechts der Einzelmitglieder Stellung genommen wird).

4. Befugnisse der DV II

34 Es kann auf die *Ausführungen zur DV I* verwiesen werden (o. N 21–24). Auch der DV II ist es verwehrt, über die Einführung oder Erhöhung der persönlichen Haftung oder Nachschusspflicht der Genossenschafter zu beschliessen. Gemäss Art. 889 Abs. 1 ist der Entscheid darüber zwingend der Zustimmung von drei Vierteln sämtlicher Genossenschafter unterstellt. Auch eine Abstufung des Stimmrechts ist in diesem Fall nicht möglich: Jedes Einzelmitglied und jede Genossenschaft besitzt in der diesbezüglichen Abstimmung eine einzige Stimme (SIGG, 136).

35 Im Gegensatz zur DV I (o. N 22) ist die Zulässigkeit der **kumulierten Anwendung von DV II und Urabstimmung** hier aber zu bejahen, da sich der Charakter der DV II doch wesentlich von demjenigen der DV I unterscheidet: Während die Delegierten in der DV I an die Stelle der Mitglieder treten, ist die DV II – hinsichtlich der Delegierten der Kollektivmitglieder – eigentlich eine GV der juristischen Personen, vertreten durch ihre Delegierten (SIGG, 87 m.w.Nw.). Die Durchführung von Urabstimmungen im Rahmen der DV II ist daher zuzulassen (SIGG, 152).

36 Im Übrigen bestehen auch keine Bedenken, die Urabstimmung auf einer tieferen Ebene, etwa unter den **Genossenschaftern der Kollektivmitglieder,** durchzuführen (KUMMER, 272; s.a. N 37 f.). Es mag zwar eingewendet werden, dass diese nicht Mitglieder des übergeordneten Verbandes sind. Zu bedenken ist aber, dass das Gesetz selbst nichts über die Zahl der Delegierten sagt, welche eine Genossenschaft stellen kann. Theoretisch könnte daher eine beliebige Anzahl von Delegierten gewählt werden, ja die Statuten könnten sogar vorsehen, dass die Zahl der Delegierten der angeschlossenen Verbände identisch ist mit der Zahl von deren Mitgliedern. Es ist daher nicht einzusehen, warum den Genossenschaftern der angeschlossenen Verbände das Recht zur Teilnahme an einer Urabstimmung der übergeordneten Körperschaft verweigert werden könnte (FORSTMOSER, in einer nicht publizierten Stellungnahme).

5. Sonderfragen

a) Stellung der Genossenschafter der Kollektivmitglieder zur DV-II-Genossenschaft

37 Die **Mitglieder der einer DV-II-Genossenschaft** angehörenden Genossenschaft nehmen in jenem Verband keine Mitgliederstellung ein (SIGG, 144). Es ist daher nicht möglich, ihnen direkt durch Verbandsstatuten oder -beschlüsse Pflichten aufzuerlegen (SIGG, 145). Dies kann nur durch die Statuten oder Beschlüsse der Kollektivmitglieder geschehen, da es Sache jeder einzelnen Genossenschaft ist, die mitgliedschaftliche Stellung ihrer Mitglieder zu definieren (SIGG, 147).

38 Sofern Beschlüsse der DV II ungeachtet des soeben erwähnten Grundsatzes trotzdem Pflichten für die Mitglieder angeschlossener Genossenschaften mit sich bringen sollten, ist diesen neben den Delegierten die **Aktivlegitimation zur Anfechtung** jener Beschlüsse einzuräumen (AppHof BE, ZBJV 1961, 281, 292; vgl. Art. 891 N 6).

b) Stellung der Kollektivmitglieder gegenüber der DV-II-Genossenschaft

39 Die DV-II-Genossenschaft hat meist ein gewisses Interesse daran, auf die mitgliedschaftliche Stellung der ihr angeschlossenen Körperschaften Einfluss zu nehmen. Dies

kann sich z.B. darin äussern, dass die Statuten eine Bestimmung enthalten, wonach Statutenänderungen bei den Kollektivmitgliedern von der DV-II-Genossenschaft genehmigt werden müssen. Grundsätzlich ist darauf hinzuweisen, dass jeder Genossenschaft ein unveräusserliches **Selbstbestimmungsrecht** zusteht, welches sich in Art. 879 Abs. 2 manifestiert. Ein **Genehmigungsvorbehalt** im soeben beschriebenen Sinne ist daher nur dann statthaft, wenn der Zustimmung keine Konstitutivwirkung zukommt (SIGG, 150). Andererseits steht es dem Verband natürlich frei, an die Statuten seiner Mitglieder gewisse Anforderungen zu stellen und an die Missachtung dieser Vorschriften Sanktionen, z.B. den Ausschluss des Kollektivmitgliedes, zu knüpfen (BGE 69 II 41, 45 f.; SIGG, 150).

Art. 893

XI. Ausnahmebestimmungen für Versicherungsgenossenschaften

¹ Die konzessionierten Versicherungsgenossenschaften mit über 1000 Mitgliedern können durch die Statuten die Befugnisse der Generalversammlung ganz oder zum Teil der Verwaltung übertragen.

² Unübertragbar sind die Befugnisse der Generalversammlung zur Einführung oder Vermehrung der Nachschusspflicht, zur Auflösung, zur Fusion, zur Spaltung und zur Umwandlung der Rechtsform der Genossenschaft.

XI. Régime exceptionnel des sociétés d'assurance

¹ Les sociétés d'assurance concessionnaires de plus de mille membres peuvent transférer, en vertu d'une clause statutaire, tout ou partie des attributions de l'assemblée générale à leur administration.

² Ne peuvent être transférées les attributions de l'assemblée générale relatives à l'introduction ou à l'extension du régime des versements supplémentaires, à la dissolution de la société, à sa fusion, à sa scission et à la transformation de sa forme juridique.

XI. Eccezioni in favore delle società mutue di assicurazione

¹ Le società mutue d'assicurazione al beneficio d'una concessione che hanno più di mille soci possono, mediante lo statuto, delegare in tutto o in parte i poteri dell'assemblea generale all'amministrazione.

² Non possono essere delegati i poteri dell'assemblea generale riguardanti l'introduzione o l'aggravamento dell'obbligo di eseguire versamenti suppletivi, lo scioglimento della società, la sua fusione, la sua scissione e la trasformazione della sua forma giuridica.

Literatur

Vgl. die Literaturhinweise zu Art. 879.

I. Das Privileg (Abs. 1)

Art. 893 erlaubt konzessionierten Versicherungsgenossenschaften mit mehr als 1000 Mitgliedern, durch die Statuten die Befugnisse der GV ganz oder z.T. auf die Verwaltung zu übertragen. Diese **Ausnahmebestimmung** war bereits in den Räten äusserst umstritten und geht ursprünglich auf einen entsprechenden Antrag der Schweizerischen Rentenanstalt zurück (MATTER, 1 ff.).

Das Ungewöhnliche an dieser Bestimmung besteht darin, dass der **Verwaltung** mit Ausnahme der in Art. 893 Abs. 2 erwähnten, in der Praxis relativ bedeutungslosen Gegenstände **sämtliche Befugnisse der GV** übertragen werden können. Sofern die Statuten die gesetzlichen Möglichkeiten ausschöpfen, bedeutet dies, dass die Verwaltung sich selbst wählen, bestätigen, entlasten und bei Todesfällen oder Rücktritten ihrer Mitglieder ergänzen kann. Ferner kann die Verwaltung mit einfachem Mehrheitsbeschluss die Statuten, auf welchen ihre eigene Stellung beruht, abändern, ihre eigene Bilanz und Betriebsrechnung abnehmen und über die Verwendung des Reingewinns beschliessen (GERWIG, 148; ZK-GUTZWILLER, N 6). Damit ist die Möglichkeit geschaffen, die Mitgliedergesamtheit als oberstes Organ fast völlig auszuschalten. Das mitgliedschaftliche Stimmrecht wird in beträchtlichem Umfang abgewertet (WENNINGER, 145; PESTALOZZI, 201; vgl. bezüglich Folgen des fehlenden Mitspracherechts NATSCH, Stand und Revision, 102 f.) und die Genossenschaft faktisch zur Anstalt umgestaltet (FORSTMOSER, Grossgenossenschaften, 191; PESTALOZZI, 201; BELSER, 104 ff.).

3 Das Privileg des Art. 893 steht allerdings nur Versicherungsgenossenschaften zur Verfügung, welche über mindestens **1000 Mitglieder** verfügen und zudem **konzessioniert** sind, d.h. im Rahmen des VAG die Bewilligung zum Geschäftsbetrieb erhalten haben (s. BGE 107 Ib 54 zur Frage der Bewilligungspflicht nach VAG). Während Art. 893 also die Möglichkeit bietet, die Kontrolle durch die Genossenschafter praktisch vollkommen auszuschliessen, bedeutet dies nicht, dass die Versicherungsgenossenschaft niemandem Rechenschaft schuldig wäre: Die eidgenössische Aufsichtsbehörde, das Bundesamt für Privatversicherungswesen, übernimmt diese Kontrolle weitgehend durch das Recht, in die Geschäftstätigkeit der Verwaltung Einsicht zu nehmen (vgl. Art. 17 ff. VAG).

II. Ausnahmen (Abs. 2)

4 Die Beschlussfassung über die **Einführung oder Vermehrung der Nachschusspflicht**, die **Auflösung** sowie die **Fusion, Spaltung und Umwandlung** können nicht auf die Verwaltung übertragen werden (Art. 893 Abs. 2). Dies bedeutet, dass jene Beschlüsse der in Art. 888 Abs. 2 (Auflösung), Art. 889 Abs. 1 (Nachschusspflicht) und Art. 18 Abs. 1 lit. d FusG (Fusion, Spaltung und Umwandlung) zwingend statuierten Quoren bedürfen. Wie bereits erwähnt, mag es sich dabei um theoretisch wichtige Sachfragen handeln, praktisch sind sie jedoch eher irrelevant (PESTALOZZI, 205).

III. Sonderfragen

1. Einführung der Delegiertenversammlung

5 Art. 893 Abs. 1 bestimmt, dass die Befugnisse von der GV auf die Verwaltung übertragen werden können. Da Art. 893 als lex specialis zum übrigen Genossenschaftsrecht angesehen werden muss (ZK-GUTZWILLER, N 3), stellt sich die Frage, ob der Gesetzgeber damit die **Einführung einer Delegiertenversammlung** (Art. 892) hier nicht zulassen wollte (so ZK-GUTZWILLER, N 5). Dies ist wohl zu verneinen: Es ist kein ernstliches Argument denkbar, warum mit Art. 893 Abs. 1 die Möglichkeit der Einführung der Delegiertenversammlung für konzessionierte Versicherungsgenossenschaften ausgeschlossen werden sollte (ZK-GUTZWILLER, N 5; SIGG, 163).

2. Einberufung der GV

6 Gemäss Art. 881 Abs. 2 muss die GV einberufen werden, sofern wenigstens ein Zehntel der Genossenschafter dies verlangt. Dieses Recht soll u.a. auch dem Schutz vor einer

unfähigen Verwaltung dienen, ist für deren Abberufung i.d.R. doch ein GV-Beschluss notwendig (Art. 890 Abs. 1). Es ist aber zu bedenken, dass die **Einberufung** nur für Geschäfte verlangt werden kann, welche im Zuständigkeitsbereich der GV liegen. Sofern die Gesellschaft die Möglichkeiten von Art. 893 Abs. 1 voll ausgeschöpft hat, reduziert sich das Einberufungsrecht demnach auf die in Art. 893 Abs. 2 erwähnten unübertragbaren und unentziehbaren Befugnisse (BELSER, 107 f.).

3. Anfechtung von Beschlüssen der Verwaltung

Art. 891 bestimmt ausdrücklich, dass Beschlüsse der GV der **Anfechtung** unterliegen. In einem aktienrechtlichen Entscheid, der auch für die Genossenschaft grundsätzliche Bedeutung hat (SIGG, 169), kam das BGer zum Schluss, dass das Fehlen jeglichen Hinweises auf die Anfechtung von **Verwaltungsbeschlüssen** als qualifiziertes Schweigen des Gesetzgebers verstanden werden müsse und die Anfechtung daher nicht zulässig sei (BGE 76 II 51, 61 f.; vgl. die Komm. zu Art. 891 N 7). 7

Hieraus wäre grundsätzlich zu folgern, dass auch Beschlüsse der Verwaltung von konzessionierten Versicherungsgenossenschaften nicht angefochten werden können (so ZK-GUTZWILLER, N 7). Das BGer hatte seine Haltung im erwähnten Entscheid aber hauptsächlich damit begründet, dass der Gesetzgeber davon ausgegangen war, der Gesellschafter sei durch die übrigen ihm zur Verfügung stehenden Kontrollmittel, nämlich die Ausübung der Mitgliedschaftsrechte in der GV, die Möglichkeit der Anfechtung von GV-Beschlüssen und die Geltendmachung von Verantwortlichkeitsansprüchen, genügend geschützt (BGE 76 II 51, 62 ff.). Das BGer kam deshalb zum Schluss, dass die Anfechtungsklage grundsätzlich nur gegen **Beschlüsse des obersten Organs** der Gesellschaft, nämlich der GV, zuzulassen sei, da die anderen Organe diesem unterstellt seien und demnach auch zur Rechenschaft gezogen werden könnten. 8

Im Ausnahmefall des Art. 893 ist nun aber die Verwaltung das oberste Organ der Versicherungsgenossenschaft. Die **Anfechtungsklage gegen die Verwaltung** ist daher zuzulassen (vgl. REYMOND/TRIGO TRINDADE, 201, der die Anfechtbarkeit auf Beschlüsse i.S.v. 879 Abs. 2 beschränkt, da sonst die Tätigkeit der Gesellschaft gelähmt würde; SIGG, 173; BELSER, 110 f.; GERWIG, 288). 9

IV. Stellung des Art. 893

Die Bestimmung von Art. 893 bietet die Möglichkeit, die Genossenschaft faktisch in eine **Anstalt** umzugestalten. Die Regelung ist einzigartig im schweizerischen Recht (FORSTMOSER, Grossgenossenschaften, 192). Die Kritiker machen daher geltend, dass die demokratischen Mittel der Urabstimmung und Delegiertenversammlung auch für die Bedürfnisse der Versicherungsgenossenschaft ausgereicht hätten (MATTER, 19 ff.; GERWIG, 149 f.). Obwohl dieser Einwand grundsätzlich zutrifft, ist aber anzuerkennen, dass Art. 893 einem legitimen Bedürfnis gerecht wird und sich in der Praxis bewährt hat (FORSTMOSER, Grossgenossenschaften, 194). 10

Art. 894

B. Verwaltung I. Wählbarkeit 1. Mitgliedschaft	¹ Die Verwaltung der Genossenschaft besteht aus mindestens drei Personen; die Mehrheit muss aus Genossenschaftern bestehen. ² Ist an der Genossenschaft eine juristische Person oder eine Handelsgesellschaft beteiligt, so ist sie als solche nicht als Mitglied der Verwaltung wählbar; dagegen können an ihrer Stelle ihre Vertreter gewählt werden.
B. Administration I. Eligibilité 1. Qualité d'associé	¹ L'administration de la société se compose de trois personnes au moins, qui doivent être en majorité des associés. ² Les personnes morales et les sociétés commerciales ne peuvent être nommées comme telles; leurs représentants sont toutefois éligibles à leur place.
B. Amministrazione I. Eleggibilità 1. Qualità di socio	¹ L'amministrazione della società cooperativa si compone di almeno tre membri; gli amministratori devono essere in maggioranza soci. ² Le persone giuridiche e le società commerciali non possono, anche se soci, essere amministratori, ma sono eleggibili, in luogo d'esse, i loro rappresentanti.

Literatur

BLICKENSTORFER, Die genossenschaftsrechtliche Verantwortlichkeit, Zürich 1987 (SSHW 91); BÖCKLI/FORSTMOSER/RAPP, Vorentwurf für eine Reform des Rechts der GmbH, Vernehmlassungsunterlage 1999 (zit. VE GmbH); CAPITAINE, Particularités et anomalies du droit coopératif suisse, ZBJV 1953, 97 ff. (zit.: Particularités); DERS., Société coopérative VI, Les organes de la société coopérative, 1955, FJS 1159 (zit.: FJS); STEINER, Die Anwendung von Vorschriften des Aktienrechts auf die Genossenschaften, SAG 1943/44, 116 ff.; WITSCHI, Stimmrecht und Wahlrecht in der Genossenschaft nach schweizerischem Recht, 1944 (masch.geschr.); WOLFER, Die Genossenschaftsverwaltung nach schweizerischem Recht, 1947 (masch.geschr.).

I. Inhalt

1 Abs. 1 setzt die **Mindestzahl der Verwaltungsmitglieder** auf drei fest, wobei die **Mehrheit Genossenschafter** sein muss (dies im Gegensatz zur AG, wo seit Inkrafttreten der Revision des GmbH-Rechts Aktionärseigenschaft nicht mehr vorausgesetzt wird). Abs. 2 untersagt die Wählbarkeit von juristischen Personen in die Verwaltung; stattdessen kann **nur eine natürliche Person** als ihr Vertreter gewählt werden. Vgl. Art. 707 Abs. 1, 3.

II. Stellung der Verwaltung und interne Organisation

2 Die Verwaltung ist das **geschäftsführende Leitungsorgan der Genossenschaft** und **vertritt diese gegenüber Dritten** (Art. 902; WOLFER, 48 ff.; CAPITAINE, FJS, 4 f.; VON STEIGER, Genossenschaftsrecht, 50 ff.). Eine *statutarische Delegation* dieser Befugnisse und Pflichten an Ausschüsse, Direktoren und Geschäftsführer ist zulässig, wobei der Genossenschaft bei der Ausgestaltung ihrer Organisation grosse Freiheit eingeräumt wird (Art. 897 f.; WOLFER, 69 ff.; ZK-GUTZWILLER, N 6 f. m. zahlreichen Bsp.). Die Bestellung eines *Delegierten* ist mit statutarischer Grundlage zulässig, auch wenn das Genossenschaftsrecht keine Art. 716b entsprechende Vorschrift enthält (gl.M. WOLFER, 75 f.; unentschieden BK-FORSTMOSER, Systematischer Teil N 292; MEIER-HAYOZ/ FORSTMOSER, § 19 N 84; **a.M.** CAPITAINE, Particularités, 106 f.).

5. Abschnitt: Organisation der Genossenschaft 3, 4 Art. 894

Analog dem Aktienrecht (Art. 698) bestimmt auch das Genossenschaftsrecht, dass die 3
GV das «oberste Organ» der Genossenschaft ist. Eine mit Art. 716 Abs. 1 vergleichbare
Kompetenzvermutung zugunsten der Verwaltung fehlt aber, so dass bei Schweigen
des Gesetzes für jeden Einzelfall gesondert zu entscheiden ist, ob eine Massnahme in
den Zuständigkeitsbereich der Verwaltung oder der GV fällt (WOLFER, 36 ff., 41; BK-
FORSTMOSER, Systematischer Teil N 293; MEIER-HAYOZ/FORSTMOSER, § 19 N 75). Als
Richtlinie dient dabei der Grundsatz, dass *Geschäftsführung* und *Vertretung generell in
die Kompetenz der Verwaltung* fallen, während die Zuständigkeit in anderen Bereichen
vermutungsweise bei der GV liegt (ZK-GUTZWILLER, N 5 m.w.Nw.).

Die **interne Organisation** der Verwaltung ist gesetzlich nicht geregelt. Entsprechende 4
Bestimmungen sollten deshalb zur Klarstellung in die Statuten aufgenommen werden
(REYMOND, 208; VON STEIGER, Genossenschaftsrecht, 52 ff.). Die Bestimmung der **verwaltungsinternen Aufgabenverteilung** (z.B. Präsidentenamt, Aktuar und andere Chargen) kann durch die Statuten der GV oder der Verwaltung selbst übertragen werden
(BGE 72 II 91, 110 f.; WOLFER, 53); fehlen entsprechende Bestimmungen, so gilt der
Grundsatz der Selbstorganisation der Verwaltung, wobei zumindest die Wahl eines
Präsidenten und eines **Sekretärs** vorauszusetzen ist (WOLFER, 53 f.). Die Verwaltung
übt ihre Tätigkeit primär an *Sitzungen* aus, für welche die entsprechenden Bestimmungen des Aktienrechts analog heranzuziehen sind (WOLFER, 54 ff.). In Anbetracht der gesetzlichen Pflichten und der Verantwortung der Verwaltungsmitglieder sollte ihnen in
Analogie zur entsprechenden aktiengesetzlichen Regelung ebenfalls ein Auskunfts- und
Einsichtsrecht sowie das Recht zur Einberufung von Verwaltungssitzungen zustehen
(Art. 715, 715a; REYMOND, 209). Für die **Beschlussfassung** gilt, dass jedes Verwaltungsmitglied *nur eine Stimme* hat und ein *Mehrfachstimmrecht ausgeschlossen* ist; die
Zuweisung des *Stichentscheides* an den Präsidenten ist zulässig (WOLFER, 60 f.; VON
STEIGER, Genossenschaftsrecht, 55), muss jedoch in Anbetracht des Fehlens einer Parallelbestimmung zu Art. 713 Abs. 1 Satz 2 an das Vorliegen einer ausdrücklichen statutarischen Bestimmung geknüpft werden. Beschlüsse sind analog Art. 713 Abs. 1 mit der
Mehrheit der abgegebenen Stimmen zu fassen, sofern keine statutarischen Quoren
vorgesehen sind; die statutarische Einführung eines **Einstimmigkeitserfordernisses** für
bestimmte Verwaltungsbeschlüsse wird als *zulässig* erachtet (WOLFER, 56 ff.; a.M. für
die Berechnung der Mehrheit VON STEIGER, Genossenschaftsrecht, 55, der das absolute
Mehr der anwesenden Mitglieder verlangt; dazu sowie zu weiteren Einzelheiten im Zusammenhang mit der Beschlussfassung vgl. Art. 713 N 8 ff.). Zulässig sind auch **Zirkulationsbeschlüsse** (REYMOND, 209; WOLFER, 61; Art. 713 N 19 ff.; zu einschränkend
VON STEIGER, Genossenschaftsrecht, 55 f., der Zirkulationsbeschlüsse offenbar nur bei
Vorhandensein einer entsprechenden Statutenbestimmung für zulässig erachtet). Die
Pflicht der Verwaltung zur **Protokollführung** (dazu Art. 713 N 25 ff.) folgt aus Art. 902
Abs. 3. Fehlerhafte Verwaltungsbeschlüsse sind mangels ausdrücklicher gesetzlicher Regelung grundsätzlich nicht anfechtbar (BGE 76 II 51, 61 ff.; OGer LU, Max IX/333 =
SJZ 1947, 94), können aber unter denselben Umständen wie VR-Beschlüsse in der AG
nichtig sein (Art. 714; BLICKENSTORFER, 43; REYMOND, 209; für Anfechtbarkeit durch
Verwaltungsmitglieder WOLFER, 66 ff., gestützt auf die entsprechende ältere aktienrechtliche Literatur). Nimmt jedoch die Verwaltung nach Art. 893 Abs. 1 Aufgaben der GV
wahr, müssen diejenigen Verwaltungsbeschlüsse, die ohne Anwendung von Art. 893
von der GV zu fassen wären, analog Art. 891 anfechtbar sein (BLICKENSTORFER, 42).

III. Mitgliederzahl (Abs. 1 Hs. 1)

5   Im Gegensatz zum VR der AG (Art. 707 Abs. 1) ist die Verwaltung der Genossenschaft zwingend (ZBGR 1941, 109) ein **Kollegialorgan** mit *mindestens drei Mitgliedern*. Damit soll die «*personalistisch-demokratische Struktur der Genossenschaft auch in der Exekutive verwirklicht werden*» (BK-FORSTMOSER, Systematischer Teil N 290; MEIER-HAYOZ/FORSTMOSER, § 19 N 82; ähnlich CAPITAINE, Particularités, 106). Eine repräsentativ zusammengesetzte mehrköpfige Verwaltung dient dem Interessenausgleich der verschiedenen Strömungen in der Genossenschaft und kann die Beteiligung von Sachverständigen und anderen interessierten Kreisen erleichtern (WOLFER, 52). Insbesondere bei kleineren Genossenschaften besteht dabei aber auch die Gefahr einer *Störung des Gleichgewichts* zwischen der Anzahl der Mitglieder der Verwaltung und der Anzahl der Genossenschafter (ZK-GUTZWILLER, N 8). Über die Mindestanzahl von drei Mitgliedern hinaus können die **Statuten** die Grösse der Verwaltung frei festlegen.

IV. Wählbarkeitsvoraussetzungen

1. Mitgliedschaft (Abs. 1 Hs. 2)

6   Nicht alle, sondern lediglich die **Mehrheit** der Verwaltungsmitglieder **muss Genossenschafter sein.** Die Abweichung vom früheren aktienrechtlichen Grundsatz, wonach alle VR-Mitglieder Aktionäre sein müssen (bisher Art. 707 Abs. 1 OR 1936), erklärt sich dadurch, dass die Mitgliedschaft in der Genossenschaft an *persönliche Voraussetzungen* wie z.B. Vieh- oder Landbesitz (vgl. z.B. BGE 98 II 221 ff.) oder die Ausübung eines bestimmten Gewerbes geknüpft sein kann (s.o. Komm. zu Art. 839), bei dem gewünschten Beizug eines Fachmanns in die Verwaltung die für die Mitgliedschaft notwendigen persönlichen Bedingungen von diesem aber nur in den seltensten Fällen erfüllt werden. Einfacher lässt sich die Beiziehung von Fachleuten durch die Berufung einer Sachverständigenkommission verwirklichen (ZK-GUTZWILLER, N 9). Wird durch die Wahl von Nichtmitgliedern das gesetzliche Quorum unterschritten, ist der entsprechende GV-Beschluss anfechtbar; eine nachträgliche Unterschreitung (z.B. durch Demission von Genossenschaftern in der Verwaltung) ist dagegen allenfalls mit einer Klage auf Auflösung nach Art. 831 Abs. 2 (Fehlen der notwendigen Organe) zu rügen, wobei der Richter eine Frist zur Wiederherstellung des gesetzmässigen Zustandes anzusetzen hat (WOLFER, 120 f.).

7   Die **Statuten** können festlegen, dass eine *grössere Anzahl* als die Mehrheit oder sogar *alle Mitglieder* der Verwaltung Genossenschafter sein müssen (Bsp. bei ZK-GUTZWILLER, N 10).

7a Mit Inkrafttreten der GmbH-Revision müssen Mitglieder des VR der AG nicht mehr Aktionäre sein (s.o., Art. 707 N 6). Damit ist das bisher liberalere Genossenschaftsrecht nun in dieser Beziehung restriktiver als das Aktienrecht. Diese unterschiedliche Regelung mag für kleinere und mittlere Genossenschaften auf Grund der gegenüber der AG verstärkt ausgebildeten personalistisch-demokratischen Struktur der Genossenschaft (s.o., N 5) durchaus sinnvoll sein. Für Grossgenossenschaften wäre jedoch de lege ferenda eine zu der aktienrechtlichen Vorschrift (Art. 707) analoge Bestimmung vorzuziehen.

2. Physische Persönlichkeit

Analog Art. 707 Abs. 3 stellt Abs. 2 eine *negative Wählbarkeitsvoraussetzung* auf, gemäss der juristische Personen und Handelsgesellschaften nicht in die Verwaltung wählbar sind und die Mitgliedschaft somit **natürlichen Personen** vorbehalten ist (WOLFER, 121 ff.; Art. 707 N 15). Die gewählten natürlichen Personen müssen **handlungsfähig** sein (str., s.o. Art. 707 N 21 f.; a.M. VON STEIGER, Genossenschaftsrecht, 53, der nur Urteilsfähigkeit verlangt; zweifelnd WOLFER, 130 ff.). **8**

3. Inkompatibilitätsvorschriften

Zu öffentlich-rechtlichen Inkompatibilitätsvorschriften s.o. Art. 707 N 16. **9**

Privatrechtliche Inkompatibilitätsvorschriften: Während das Genossenschaftsrecht bisher keinerlei Unabhängigkeitsbestimmungen für die Kontrollstelle vorsah (Art. 906 OR 1936) und somit eine Person gleichzeitig Mitglied der Verwaltung und der Kontrollstelle sein konnte (BK-FORSTMOSER, Systematischer Teil N 298; ZK-GUTZWILLER, Art. 906 N 16; a.M. CAPITAINE, FJS, 7), muss seit Inkrafttreten der GmbH-Rechtsrevision die Revisionsstelle der Genossenschaft die selben Anforderungen erfüllen, welche an die Revisionsstelle der AG gestellt werden (Art. 906; BBl 2004, 4044) Es gelten somit dieselben privatrechtlichen Inkompatibilitätsvorschriften wie für die AG (s.o., Art. 707 N 17 ff.). **10**

4. Nationalitätserfordernis

Das Nationalitätserfordernis für Mitglieder der Verwaltung (bisher Art. 895 OR 1936) wurde aufgehoben; neu muss nur noch eine zur Vertretung berechtigte Person in der Schweiz wohnhaft sein (Art. 898 Abs. 2; BBl 2002, 3236). **11**

5. Statutarische Wählbarkeitsvoraussetzungen

Der **Grundsatz der Rechtsgleichheit** der Genossenschaftsmitglieder (Art. 854) gewährt den Genossenschaftern kein Grundrecht darauf, für jedes Amt wählbar zu sein und schliesst insb. nicht aus, dass das passive Wahlrecht an gewisse persönliche Voraussetzungen geknüpft wird, die nicht von allen Genossenschaftern erfüllt werden. Voraussetzung ist jedoch, dass die **Wählbarkeitsbeschränkungen** durch *sachliche* oder *persönliche Gründe,* die mit dem Zweck der Genossenschaft eng verbunden sind, gerechtfertigt werden (BGE 69 II 41, 45 ff., Ausschluss des passiven Wahlrechts in die Delegiertenversammlung einer Konsumgenossenschaft für Mitglieder, die gleichzeitig einer anderen Konsumgenossenschaft angehören; dazu WITSCHI, 19, 109 ff.; allg. REYMOND, 203 f.). Zulässig sind z.B. Vorschriften über die ausgewogene Zusammensetzung der Verwaltung mit Mitgliedern aus den verschiedenen zum Einzugsbereich der Genossenschaft gehörenden Gemeinden oder mit Mitgliedern verschiedener Berufsgruppen (Bsp. bei ZK-GUTZWILLER, N 12), über den Ausschluss von Angestellten der Genossenschaft oder über die Anknüpfung des passiven Wahlrechts an die Dauer der Mitgliedschaft bzw. Intensität der Inanspruchnahme der Genossenschaftseinrichtungen (WITSCHI, 83 ff., 120 ff.; ZK-GUTZWILLER, N 11), nicht jedoch Vorschriften über die Anknüpfung des Wahlrechts an die Kapitalbeteiligung, da dies Art. 854 zuwiderläuft (WITSCHI, 82 f.). Kritisch dazu WOLFER (135 ff., 141 ff.), der Wählbarkeitsbeschränkungen nur zulassen will, wenn das Genossenschaftsinteresse im Einzelfall trotz der genossenschaftlichen Treuepflicht bedroht werden kann. Demgegenüber vertritt WITSCHI die **12**

Auffassung, dass das passive Wahlrecht dann nicht ausgeschlossen werden kann, wenn die Genossenschaft aufgrund ihres konkreten Zwecks und Mitgliederkreises (z.B. bei Berufsgenossenschaften) in der Lage ist, sich der Verbundenheit der Genossenschafter mit der Genossenschaft schon bei der Aufnahme gewiss zu sein; zulässig wäre demgegenüber eine Beschränkung des passiven Wahlrechts bei Grossgenossenschaften, insb. Konsumgenossenschaften, die keine unmittelbare Kontrolle über die aufzunehmenden Mitglieder durchführen können (WITSCHI, 55 ff., 75 ff.).

6. Vertretung juristischer Personen in der Verwaltung (Abs. 2)

13   Die Regelung in Abs. 2 **entspricht Art. 707 Abs. 3,** weshalb auf die Kommentierung zu Art. 707 N 32 ff. verwiesen wird. Vgl. auch ZK-GUTZWILLER, N 14 ff.; WOLFER, 121 ff.

V. Rechtsvergleichung

14   Das **deutsche Genossenschaftsrecht** sieht zwingend eine **dualistische Organisation** mit *Vorstand* und *Aufsichtsrat* vor (§ 9 GenG), die beide von der GV gewählt werden (§§ 24, 36 GenG). Der *Vorstand* besteht aus mindestens zwei Mitgliedern, vertritt die Genossenschaft nach aussen und führt i.d.R. die Geschäfte (§§ 24 ff. GenG). Der mindestens dreiköpfige *Aufsichtsrat* überwacht den Vorstand, prüft den Jahresabschluss und vertritt die Genossenschaft gegenüber dem Vorstand (§§ 36 ff. GenG). Zwischen Vorstands- und Aufsichtsratsmandat besteht strikte Inkompatibilität (§ 37 GenG).

15   Für die Verwaltung der Genossenschaften in **Frankreich** vgl. Art. 6 loi no. 47–1775 vom 10.9.1947 «portant statut de la coopération», sowie Bestimmungen in diversen Spezialerlassen (z.B. Art. 18 loi no. 83–657 vom 20.7.1983 «relative au développement de certaines activités d'économie sociale»; Art. L. 524–1 ff., R. 524–1 ff. Code rural, für landwirtschaftliche Genossenschaften).

16   Die Verwaltung der **italienischen Genossenschaft** ist in Art. 2535 CC it. geregelt.

17   Auf europäischer Ebene sieht die Verordnung (EG) Nr. 1435/2003v. 22.7.2003 über das Statut der Europäischen Genossenschaft (SCE) alternativ ein monistisches oder ein dualistisches System für die Leitung der Genossenschaft vor (Art. 36). Im **dualistischen System** wird das geschäftsführende Leitungsorgan vom Aufsichtsorgan gewählt, wobei niemand beiden Organen gleichzeitig angehören darf; das *Leitungsorgan* führt die Geschäfte und vertritt die Genossenschaft nach aussen (Art. 37). Das von der GV gewählte *Aufsichtsorgan* überwacht die Geschäftsführung durch das Leitungsorgan, vertritt die Genossenschaft gegenüber dem Leitungsorgan, nicht aber nach aussen (Art. 39), und verfügt über ausgedehnte Informationsrechte (Art. 40). Zur internen Organisation vgl. Art. 41. Im **monistischen System** wird das *Verwaltungsorgan* mit mindestens drei Mitgliedern von der GV gewählt. Es führt die Geschäfte selbst oder durch Delegation und vertritt die Genossenschaft gegenüber Dritten (Art. 42). Jedes Mitglied verfügt über ein beschränktes individuelles Informationsrecht (Art. 43). Zur internen Organisation vgl. Art. 44. Die *Amtszeit* der Organe beträgt maximal sechs Jahre, wobei Wiederwahl zulässig ist (Art. 45). Das Recht der Mitgliedsstaaten kann die Wählbarkeit juristischer Personen in die Organe für zulässig erklären; die juristische Person muss sich aber durch eine natürliche Person mit allen Rechten und Pflichten eines ordentlichen Organmitgliedes vertreten lassen (Art. 46).

5. Abschnitt: Organisation der Genossenschaft

Art. 895

aufgehoben

abrogé

abrogato

Art. 896

II. Amtsdauer

¹ **Die Mitglieder der Verwaltung werden auf höchstens vier Jahre gewählt, sind aber, wenn die Statuten nicht etwas anderes bestimmen, wieder wählbar.**

² **Bei den konzessionierten Versicherungsgenossenschaften finden für die Amtsdauer der Verwaltung die für die Aktiengesellschaft geltenden Vorschriften Anwendung.**

II. Durée des fonctions

¹ Les administrateurs sont élus pour quatre ans au plus; ils sont rééligibles si les statuts n'en disposent autrement.

² Les règles concernant la durée des fonctions de l'administration dans les sociétés anonymes sont applicables aux sociétés d'assurance concessionnaires.

II. Durata delle funzioni

¹ Gli amministratori sono eletti per non più di quattro anni, ma, salvo disposizione contraria dello statuto, sono rieleggibili.

² Le disposizioni riguardanti la durata delle funzioni dell'amministrazione nella società anonima sono applicabili alle società mutue d'assicurazione al beneficio d'una concessione.

Literatur

Vgl. die Literaturhinweise zu Art. 894.

I. Inhalt

Abs. 1 legt die **maximale Amtsdauer** der Verwaltungsmitglieder auf vier Jahre fest und lässt *Wiederwahl* zu. Abs. 2 unterstellt **konzessionierte Versicherungsgenossenschaften** diesbezüglich dem Recht der AG. Vgl. Art. 710. 1

II. Allgemeine Amtsdauer (Abs. 1)

Die einfache **Amtsperiode** eines Verwaltungsmitgliedes kann höchstens vier Jahre betragen, wobei aber **Wiederwahl** zulässig ist. Unter Berücksichtigung dieser Obergrenze können die Statuten die Amtsdauer frei festlegen und z.B. Wahlperioden von einem bis vier Jahren vorsehen, die periodische Neuwahl von mindestens einem Drittel oder der Hälfte der Verwaltungsmitglieder vorschreiben (WOLFER, 148) oder die Wiederwahl ausschliessen (vgl. Bsp. bei ZK-GUTZWILLER, N 2 ff.). Eine *sachliche Rechtfertigung* für die im Verhältnis zum Aktienrecht (sechs Jahre, Art. 710 Abs. 1) geringere Höchstdauer der Amtszeit ist nur schwer zu erkennen (vgl. ZK-GUTZWILLER, N 1; CAPITAINE, Particularités, 113). Allenfalls denkbar ist, dass aufgrund des stärkeren *personalistischen Einflusses* bei der Genossenschaft und der *Genossenschaftsidee* der Einfluss einzelner Mitglieder durch die Verhinderung einer allzu langen Amtsdauer eingeschränkt 2 werden sollte. Mangels statutarischer Regelung ist zur Vermeidung von Lücken in der Amtszeit der Verwaltung eine Mandatsdauer von GV zu GV anzunehmen (WOLFER, 147; dazu Art. 710 N 3; überholt insofern VON STEIGER, Genossenschaftsrecht, 54, und REYMOND, 205, unter Berufung auf einen veralteten Bundesgerichtsentscheid in ZBGR 1943, 43). Entgegen der geplanten Neuregelung im Aktienrecht (Art. 710 E-Aktien- und Rechnungslegungsrecht, s.o. Art. 710 N 2a) sieht der Entwurf für eine Änderung des Aktien- und Rechnungslegungsrechts keine Beschränkung der Amtsdauer auf ein Jahr sowie keine Einzelwahl der Verwaltungsmitglieder vor (Botschaft Aktien- und Rechnungslegungsrecht, 96).

III. Ausnahme für konzessionierte Versicherungsgenossenschaften (Abs. 2)

3 Die in einem Verweis auf das Recht der AG bestehende Ausnahmeregelung für die Amtsdauer der Verwaltung von **konzessionierten Versicherungsgenossenschaften** (zum Begriff s.o. Art. 841) soll im Hinblick auf die längere Höchstdauer des Verwaltungsmandates bei der AG (sowohl nach Art. 708 Abs. 1 OR 1936 als auch nach Art. 710 OR dispositiv drei, maximal sechs Jahre) eine *grössere Stabilität* im Hinblick auf die komplexen und langfristigen Geschäfte dieser Genossenschaften ermöglichen (STEINER, 117; krit. ZK-GUTZWILLER, N 5 f.). Angesichts der Tatsache, dass dies auch auf andere Genossenschaften wie z.B. die grossen Konsumgenossenschaften zutreffen würde, erscheint diese Begründung aber nicht als stichhaltig und die Ausnahmeregelung als nicht gerechtfertigt. Der Inhalt der hierfür anwendbar erklärten aktienrechtlichen Amtszeitregelung ist sowohl nach altem wie auch nach revidiertem Recht deckungsgleich. Es ist deshalb in diesem Fall ohne Belang, ob der Verweis auf das Aktienrecht die entsprechende Norm zur Zeit des Inkrafttretens des Verweises oder die jeweils geltende Norm bei Anwendung des Verweises betrifft (für die zweite und wohl richtige Lösung BÖCKLI, § 19 N 2 f. und MEIER-HAYOZ/FORSTMOSER, § 10 N 65 f.; **a.M.** HG Präs. SG, GVP 2000, 122).

IV. Rechtsbeziehung zwischen Verwaltung und Genossenschaft

4 Das **Rechtsverhältnis** zwischen Verwaltungsmitglied und Genossenschaft **entsteht** mit *Annahme* der von der GV vorgenommenen *Wahl* (Art. 879 Abs. 2 Ziff. 2; Ausnahme in Art. 926 Abs. 1) durch die gewählte Person (WOLFER, 111 ff., 146; Näheres dazu Art. 710 N 7). Kein Genossenschaftsmitglied kann statutarisch zur Annahme der Wahl verpflichtet werden (WITSCHI, 129 f.; **a.M.** WOLFER, 146, und ihm folgend REYMOND, 205). **Kooptation** ist grundsätzlich unzulässig (VON STEIGER, Genossenschaftsrecht, 54 f.), kann aber bei grossen konzessionierten Versicherungsgesellschaften gemäss Art. 893 Abs. 1 de facto eingeführt werden (WITSCHI, 104 f.; WOLFER, 144). Der Gewählte ist zur Eintragung beim *Handelsregister* anzumelden (Art. 929 Abs. 1, Art. 931a, Art. 93 Abs. 1 lit. g HRegV; vgl. Art. 710 N 8), wobei die Eintragung nicht Gültigkeitsvoraussetzung der Bestellung ist, sondern nur deklaratorischen Charakter hat.

5 Zwischen Genossenschaft und Verwaltungsmitglied besteht ein **organschaftliches Rechtsverhältnis** (dazu Art. 710 N 9; für auftragsähnliches Rechtsverhältnis WOLFER, 114 ff.). Enthalten Statuten oder Reglement keine abweichenden Bestimmungen, erfolgt die Wahrnehmung des Mandates vermutungsweise **unentgeltlich** (CAPITAINE, FJS, 5). Dieser Unterschied zur AG (Art. 710 N 10) ist i.d.R. im Hinblick auf das genossenschaftstypische Ziel der gemeinsamen Selbsthilfe (Art. 828 Abs. 1) gerechtfertigt, wobei jedoch auf die konkreten Umstände des Einzelfalles abzustellen ist. So ist z.B. bei einer kleinen Käsereigenossenschaft, die turnusgemäss von ihren Mitgliedern verwaltet wird,

eher Unentgeltlichkeit anzunehmen als bei einem industriell geführten Grossgenossenschaftsverband mit professioneller Verwaltung. Statutarisch kann eine Entschädigung in Form von Tantiemen, Sitzungsgeldern oder festem Honorar eingeführt werden (WOLFER, 114 f.). *De lege ferenda* sieht der Entwurf für eine Änderung des Aktien- und Rechnungslegungsrechts auch für Genossenschaften ein **Auskunftsrecht** der Genossenschafter über die Vergütungen an die Verwaltung vor; für Grossgenossenschaften mit mehr als 2000 Mitgliedern ist eine **Offenlegung der Vergütungen** an die Verwaltung entsprechend den auf börsenkotierte Aktiengesellschaften anwendbaren Regeln vorgesehen (Art. 857 Abs. 2bis E-Aktien- und Rechnungslegungsrecht; Botschaft Aktien- und Rechnungslegungsrecht, 20, 138 f.).

Das Verwaltungsmandat **endet** mit *Ablauf der Amtsdauer,* vermutungsweise an der auf den Ablauf der Wahlperiode folgenden GV (WOLFER, 147; Art. 710 N 3, 11; überholt VON STEIGER, Genossenschaftsrecht, 54). Eine Beendigung kann auch eintreten aufgrund jederzeit möglicher *Abberufung* ohne Angabe von Gründen durch die GV (Art. 890 Abs. 1) oder durch den Richter auf Antrag von wenigstens einem Zehntel der Genossenschafter bei Vorliegen wichtiger Gründe (Art. 890 Abs. 2; BGE 72 II 91, 118 ff.; WOLFER, 148 f.; CAPITAINE, Particularités, 106; REYMOND, 207), durch *Tod* oder Eintritt der *Handlungsunfähigkeit* (gl.M. WOLFER, 151 f.; str., vgl. Art. 707 N 21 f.) sowie Demission (vgl. Art. 710 N 13). Die Demissionserklärung ist i.d.R. an die Verwaltung, bei Demission der gesamten Verwaltung an eine ggf. zu diesem Zweck einzuberufende GV zu richten (WOLFER, 149 f.). Das Ausscheiden aus der Verwaltung ist von der Gesellschaft oder dem Ausscheidenden beim Handelsregister anzumelden (Art. 931a, 938a; s.o., Art. 710 N 13 f.). 6

Demissioniert die gesamte Verwaltung oder wird sie aus anderen Gründen wie z.B. innerer Zerstrittenheit handlungsunfähig, so konnte der Genossenschaft bisher ggf. ein **Verwaltungsbeistand** bestellt werden (vgl. Sachverhalt in BGE 72 II 91, 98 Bst. c). Mit Inkrafttreten der Revision des GmbH-Rechts ist das Vorgehen bei Mängeln in der Organisation der Gesellschaft neu in Art. 731b geregelt (näheres s.o., Art. 710 N 5 f.). 7

Art. 897

III. Verwaltungsausschuss	Die Statuten können einen Teil der Pflichten und Befugnisse der Verwaltung einem oder mehreren von dieser gewählten Verwaltungsausschüssen übertragen.
III. Comités	Les statuts peuvent conférer une partie des obligations et des pouvoirs de l'administration à un ou plusieurs comités élus par elle.
III. Comitati	Lo statuto può delegare una parte dei doveri e dei poteri dell'amministrazione ad uno o più comitati nominati da essa.

Literatur

BLICKENSTORFER, Die genossenschaftliche Verantwortlichkeit, Diss. Zürich 1987; GERBER, Die Genossenschaft als Organisationsform von Mittel- und Grossunternehmen, Diss. Bern 2003; MÜLLER, Verantwortlichkeit der Verwaltung einer Genossenschaft, in: Waldburger/Baer/Nobel/Bernet (Hrsg.), Wirtschaftsrecht zu Beginn des 21. Jahrhunderts, Bern 2005, 225 ff.

Art. 898

1 Art. 897 gestattet es der Genossenschaft analog zur Rechtslage bei der AG (Art. 716b Abs. 1), statutarisch (vgl. Art. 833 Ziff. 6) Teile der Pflichten (Art. 902 f.) und Befugnisse (Art. 898 f.) einem oder mehreren **Ausschüssen** zu übertragen.

2 Anders als bei der AG (Art. 716a Abs. 1) bestehen dabei keine (expliziten) **materiellen Grenzen** der **Delegierbarkeit,** auch wenn das Gesetz nur die Delegation von «einem Teil der Pflichten» vorsieht (**a.M.** und für eine implizite Geltung von Art. 716a Abs. 1 sind GERBER und MEIER-HAYOZ/FORSTMOSER, welche aus der in Art. 902 Abs. 1 verankerten allgemeinen Pflicht zur Geschäftsführung «mit aller Sorgfalt» einen ähnlichen Bereich undelegierbarer Aufgaben ableiten wie die dies bei der AG aufgrund Art. 716a Abs. 1 der Fall ist (GERBER, 46; MEIER-HAYOZ/FORSTMOSER, § 19 N 84; ähnlich MÜLLER, 241 ff.). Gelten muss u.E., dass für alle Mitglieder der Verwaltung – also namentlich auch für diejenigen, die keinem Ausschuss angehören – zumindest Aufsichts- und Kontrollpflichten bestehen müssen (Art. 902 N 6). Für das einzelne Mitglied der Verwaltung existieren damit unabhängig vom konkreten Umfang der Delegation an den Ausschuss zumindest Orientierungspflichten (BLICKENSTORFER, N 402; s.a. Art. 902 Abs. 2 Ziff. 2) und damit verbunden selbstverständlich die Pflicht, bei (erkannten) Missständen einzuschreiten (CHK-MÜLLER/FORNITO, Art. 897 N 2). Auch muss die Aufgabenumschreibung in der Delegation so klar gefasst sein, dass der Ausschuss weiss, was er zu tun hat (vgl. auch N 4).

3 Voraussetzung einer Delegation von Kompetenzen (praktische Bsp. bei ZK-GUTZWILLER, Art. 897 N 54) an einen Ausschuss ist eine **statutarische Basis** (Art. 833 Ziff. 6). Die eigentliche Anordnung der Delegation kann einem Beschluss der GV oder der Verwaltung vorbehalten sein (vgl. Art. 898 N 2; CHK-MÜLLER/FORNITO, Art. 897 N 3; **a.M.** REYMOND, 213, nach welchem die Statuten die Verwaltung nicht ermächtigen dürfen, den Umfang der Befugnisse solcher Ausschüsse selber festzulegen).

4 Die Aufstellung eines formellen **Organisationsreglementes** (wie dies bei der AG der Fall ist, vgl. Art. 716b Abs. 1) ist nicht notwendig, aber empfehlenswert (ebenso MÜLLER, 245 f.), wobei insbesondere dargelegt werden muss, welche Aufgaben delegiert werden. Geht man nämlich davon aus, dass auch bei der Genossenschaft eine Delegation die Verantwortlichkeit der Mitglieder der Verwaltung auf die *curae in eligendo, instruendo und custodiendo* beschränkt (wofür Art. 902 Abs. 2 Ziff. 2 spricht; vgl. ferner Art. 754 Abs. 2; BLICKENSTORFER, N 402), muss die Verwaltung die Organisation schon aus Beweisgründen darlegen können.

5 Bestehen **mehrere Ausschüsse,** so können diese untereinander in einem horizontalen Verhältnis organisiert sein; denkbar ist aber auch ein hierarchischer Aufbau (ZK-GUTZWILLER, Art. 897 N 55).

6 Auch ohne spezifische statutarische Grundlage ist es u.E. der Verwaltung erlaubt, die **Vorbereitung** und **Ausführung** ihrer Beschlüsse an einzelne Mitglieder der Verwaltung zu übertragen (vgl. Art. 716a Abs. 2).

Art. 898

IV. Geschäftsführung und Vertretung
1. Im Allgemeinen

¹ Die Statuten können die Generalversammlung oder die Verwaltung ermächtigen, die Geschäftsführung oder einzelne Zweige derselben und die Vertretung an eine oder mehrere Personen, Geschäftsführer oder Direktoren zu übertragen, die nicht Mitglieder der Genossenschaft zu sein brauchen.

² Die Genossenschaft muss durch eine Person vertreten werden können, die Wohnsitz in der Schweiz hat. Dieses Erfordernis kann durch ein Mitglied der Verwaltung, einen Geschäftsführer oder einen Direktor erfüllt werden.

IV. Gestion et représentation
1. En général

¹ Les statuts peuvent autoriser l'assemblée générale ou l'administration à confier tout ou partie de la gestion ainsi que la représentation à un ou plusieurs gérants, directeurs ou autres personnes, lesquels n'ont pas nécessairement la qualité d'associés.

² La société coopérative doit pouvoir être représentée par une personne domiciliée en Suisse. Un administrateur, un gérant ou un directeur doit satisfaire à cette exigence.

IV. Gestione e rappresentanza
1. In genere

¹ Lo statuto può autorizzare l'assemblea generale o l'amministrazione a delegare la gestione o parte di essa e la rappresentanza della società a uno o più gerenti, direttori od altre persone, anche non soci.

² La società deve poter essere rappresentata da una persona domiciliata in Svizzera. Tale requisito può essere adempito da un amministratore, da un gerente o da un direttore.

Analog zu Art. 716b, 718 (bzw. Art. 717 altOR 1936) und 809 erlaubt das Gesetz, dass statutarisch die Geschäftsführung (dazu Art. 902 N 1) und die Vertretung (Art. 899) an Dritte delegiert werden können. Entgegen der Rechtslage bei der AG (aber wie bei der GmbH, vgl. Art. 809 N 6) kann dabei die gesamte Geschäftsführung an Dritte übertragen werden (ZK-GUTZWILLER, N 12), auch wenn eine solche Ordnung den genossenschaftlichen Grundgedanken strapaziert. Fraglich bleibt auch nach Einführung von Abs. 2, der seit 1.1.2008 Geltung hat, ob bei einer Genossenschaft auch sämtliche Vertretungsbefugnisse an Dritte übertragen werden können oder ob es – wie bei der AG und der GmbH (vgl. dazu Art. 718 N 13 bzw. Art. 814 N 6) – notwendig ist, dass wenigstens ein Mitglied der Verwaltung zur Vertretung befugt bleibt – sei es alleine oder kollektivzeichnungsberechtigt mit einem anderen Mitglied der Verwaltung. Zu bemerken ist bei der Beantwortung dieser Frage vorab, dass entgegen der Rechtslage bei der AG (Art. 718 N 2 und 13 f.) die Redaktionskommission hier nicht korrigierend eingegriffen hat. Aus den gleichen Gründen wie bei der AG (Art. 718 N 14) – und obwohl die Formulierung in Abs. 1 auch in die andere Richtung deuten könnte (und die Lehre zu Abs. 1 eher von einer vollständigen Delegierbarkeit ausgegangen ist, vgl. N 1 der Voraufl.) – muss u.E. auch bei der Genossenschaft gelten, dass ein Mitglied der Verwaltung (oder mehrere Mitglieder der Verwaltung) die Genossenschaft selbständig vertreten können muss – nicht notwendig ist, dass diese Person bzw. Personen Wohnsitz in der Schweiz haben, sofern andere Zeichnungsberechtigte dieses Erfordernis erfüllen, vgl. Abs. 2 Satz 2.

Eine Delegation der Geschäftsführung und/oder der Vertretung (dazu Art. 716b N 5 ff.) setzt – analog zur Delegation an einen Ausschuss (Art. 897 N 3) – zunächst eine **statutarische Basis** voraus (Art. 833 Ziff. 6). Gleich wie in Art. 717 altOR 1936, aber anders als in Art. 716b, kann zur Delegation neben der Verwaltung auch die GV ermächtigt werden (vgl. zur Lage bei der GmbH Art. 814 N 5). Die eigentliche Delegation erfolgt dann durch Beschluss dieses Organs. Bezüglich der Wünschbarkeit eines **Organisationsreglements** kann auf Art. 897 N 4 verwiesen werden; für die Möglichkeit, die Vertretung auf der Stufe der Verwaltung zu regeln, auch wenn keine statutarische Delegationsnorm besteht, gilt u.E. die Regelung der AG (Art. 718 N 12), nicht diejenige bei der GmbH (Art. 814 N 5): die Verwaltung kann somit ohne statutarische Basis beispielsweise ein Kollektivzeichnungsrecht zu zweien einführen.

3 Die «Geschäftsführer» oder «Direktoren» erhalten mit der Übertragung je nach Ausmass der Delegation die entsprechenden **Rechte und Pflichten;** Missachtung der Letzteren führt zu Verantwortlichkeit (Art. 916). Falls die Stellen abstrakt umschrieben sind, erfolgt die Übertragung der Rechte und Pflichten mit der Wahl (in aller Regel durch die Verwaltung) in die entsprechende Position (vgl. zur Vertretung auch Art. 718 N 17).

4 Wenn an sich auch die gesamte Geschäftsführung (vgl. zur Vertretung N 1) delegiert werden kann, so hat die Verwaltung dennoch **Kontrollpflichten** wahrzunehmen (vgl. Art. 897 N 2; Art. 902 N 6).

Art. 899

2. Umfang und Beschränkung

¹ Die zur Vertretung befugten Personen sind ermächtigt, im Namen der Genossenschaft alle Rechtshandlungen vorzunehmen, die der Zweck der Genossenschaft mit sich bringen kann.

² Eine Beschränkung dieser Vertretungsbefugnis hat gegenüber gutgläubigen Dritten keine Wirkung, unter Vorbehalt der im Handelsregister eingetragenen Bestimmungen über die ausschliessliche Vertretung der Hauptniederlassung oder einer Zweigniederlassung oder über die gemeinsame Führung der Firma.

³ Die Genossenschaft haftet für den Schaden aus unerlaubten Handlungen, die eine zur Geschäftsführung oder zur Vertretung befugte Person in Ausübung ihrer geschäftlichen Verrichtungen begeht.

2. Etendue et limitation des pouvoirs

¹ Les personnes autorisées à représenter la société ont le droit de faire au nom de celle-ci tous les actes que peut impliquer le but social.

² Une limitation de ces pouvoirs n'a aucun effet envers les tiers de bonne foi; demeurent réservées les clauses inscrites sur le registre du commerce qui concernent la représentation exclusive de l'établissement principal ou d'une succursale ou la représentation collective de la raison sociale.

³ La société répond des actes illicites commis dans la gestion des affaires sociales par une personne autorisée à la gérer ou à la représenter.

2. Estensione e limitazione

¹ Le persone autorizzate a rappresentare la società cooperativa possono fare, in nome di essa, tutti gli atti conformi al fine sociale.

² Una limitazione di questa facoltà di rappresentare è senza effetto per i terzi di buona fede; rimangono tuttavia riservate le disposizioni iscritte nel registro di commercio che limitano la facoltà di rappresentanza agli affari della sede principale o di una succursale o che prescrivono la rappresentanza in comune della ditta.

³ La società risponde del danno che una persona, a cui è affidata la gestione o la rappresentanza di essa, ha cagionato con atti illeciti commessi nell'esercizio d'incombenze sociali.

1 Art. 899 legt die Grenzen fest, innert derer die Genossenschaft durch ihre Vertretungsorgane rechtsgeschäftlich (und durch rechtsgeschäftsähnliche und andere Handlungen) gebunden werden kann.

2 **Abs. 1** über die Vertretungsmöglichkeit innerhalb der **Zweckgrenze** entspricht Art. 718a Abs. 1; auf die dortigen Ausführungen kann vollumfänglich verwiesen werden (Art. 718 a N 2–5).

5. Abschnitt: Organisation der Genossenschaft   Art. 900

Abs. 2 über interne Beschränkungen des Vertretungsrechtes und die besondere Stellung der Beschränkung auf die Hauptniederlassung oder Filiale und über das Kollektivzeichnungsrecht entspricht Art. 718a Abs. 2; wiederum kann vollumfänglich auf die Ausführungen bei der AG verwiesen werden (Art. 718a N 6–23). Verwiesen werden kann auch auf die dortigen Ausführungen zum IPR (Art. 718a N 27). 3

Abs. 3 entspricht Art. 722, weshalb die dortigen Ausführungen analog auch für die Genossenschaft gelten. 4

Art. 899a

3. Verträge zwischen der Genossenschaft und ihrem Vertreter	Wird die Genossenschaft beim Abschluss eines Vertrages durch diejenige Person vertreten, mit der sie den Vertrag abschliesst, so muss der Vertrag schriftlich abgefasst werden. Dieses Erfordernis gilt nicht für Verträge des laufenden Geschäfts, bei denen die Leistung der Gesellschaft den Wert von 1000 Franken nicht übersteigt.
3. Contrat entre la société et son représentant	Si la société est représentée par la personne avec laquelle elle conclut un contrat, celui-ci doit être passé en la forme écrite. Cette exigence ne s'applique pas aux opérations courantes pour lesquelles la prestation de la société ne dépasse pas 1000 francs.
3. Contratti tra la società e il suo rappresentante	Se all'atto della conclusione di un contratto la società è rappresentata dalla persona con cui conclude il contratto, questo dev'essere steso per scritto. Tale esigenza non si applica alle operazioni correnti per le quali la prestazione della società non supera 1000 franchi.

Mit Inkrafttreten der Revision des Obligationenrechts (GmbH-Recht sowie Anpassungen im Aktien-, Genossenschafts-, Handelsregister- und Firmenrecht) wurde neu Art. 899a ins Gesetz eingefügt. Der Art. 899a entspricht inhaltlich dem ebenfalls neu ins Gesetz aufgenommenen Art. 718b. Dementsprechend kann an dieser Stelle vollumfänglich auf die dortigen Ausführungen verwiesen werden. 1

Art. 900

4. Zeichnung	**Die zur Vertretung der Genossenschaft befugten Personen haben in der Weise zu zeichnen, dass sie der Firma der Genossenschaft ihre Unterschrift beifügen.**
4. Signature	Les personnes autorisées à représenter la société signent en ajoutant leur signature à la raison sociale.
4. Firma	Le persone autorizzate a rappresentare la società cooperativa firmano per essa aggiungendo alla ditta sociale la propria firma.

Art. 900 entspricht Art. 719 (und Art. 814 Abs. 5); auf die dortigen Ausführungen kann vollumfänglich verwiesen werden. 1

Art. 901

5. Eintragung — Die zur Vertretung der Genossenschaft befugten Personen sind von der Verwaltung zur Eintragung in das Handelsregister anzumelden unter Vorlegung einer beglaubigten Abschrift des Beschlusses. Sie haben ihre Unterschrift beim Handelsregisteramt zu zeichnen oder die Zeichnung in beglaubigter Form einzureichen.

5. Inscription — L'administration est tenue de communiquer au préposé au registre du commerce, en vue de leur inscription, les noms des personnes qui ont le droit de représenter la société, en produisant la copie certifiée conforme du document qui leur confère ce droit. Elles apposent leur signature en présence du fonctionnaire préposé au registre ou la lui remettent dûment légalisée.

5. Iscrizione — L'amministrazione deve notificare per l'iscrizione all'ufficio del registro di commercio le persone autorizzate a rappresentare la società, producendo una copia autenticata della deliberazione che conferisce loro tale facoltà. Esse devono fare la loro firma davanti all'ufficio del registro di commercio o produrla autenticata.

1 Art. 901 (vgl. auch Art. 119 und Art. 87 Abs. 1 lit. k und l HregV) entspricht Art. 720 (und Art. 814 Abs. 6); auf die dortigen Ausführungen kann vollumfänglich verwiesen werden.

Art. 902

V. Pflichten
1. Im Allgemeinen

¹ Die Verwaltung hat die Geschäfte der Genossenschaft mit aller Sorgfalt zu leiten und die genossenschaftliche Aufgabe mit besten Kräften zu fördern.

² Sie ist insbesondere verpflichtet:

1. die Geschäfte der Generalversammlung vorzubereiten und deren Beschlüsse auszuführen;

2. die mit der Geschäftsführung und Vertretung Beauftragten im Hinblick auf die Beobachtung der Gesetze, der Statuten und allfälliger Reglemente zu überwachen und sich über den Geschäftsgang regelmässig unterrichten zu lassen.

³ Die Verwaltung ist dafür verantwortlich, dass ihre Protokolle und diejenigen der Generalversammlung, die notwendigen Geschäftsbücher sowie das Genossenschafterverzeichnis regelmässig geführt werden, dass die Betriebsrechnung und die Jahresbilanz nach den gesetzlichen Vorschriften aufgestellt und der Revisionsstelle zur Prüfung unterbreitet und die vorgeschriebenen Anzeigen an das Handelsregisteramt über Eintritt und Austritt der Genossenschafter gemacht werden.

V. Obligations
1. En général

¹ L'administration applique toute la diligence nécessaire à la gestion des affaires sociales et contribue de toutes ses forces à la prospérité de l'entreprise commune.

² Elle est tenue en particulier:

1. de préparer les délibérations de l'assemblée générale et d'exécuter les décisions de celle-ci;

2. de surveiller les personnes chargées de la gestion et de la représentation, afin d'assurer à l'entreprise une activité conforme à la loi, aux statuts et aux règlements, et de se faire renseigner régulièrement sur la marche des affaires.

³ L'administration est responsable de la tenue régulière des procès-verbaux du conseil et de l'assemblée générale, ainsi que des livres nécessaires et de la liste des associés; elle répond en outre de l'établissement du compte d'exploitation et du bilan annuel et de la remise de ces pièces à l'examen de l'organe de révision conformément à la loi, ainsi que de la communication à l'office du registre du commerce de l'admission et de la sortie d'associés.

V. Doveri
1. In genere

¹ L'amministrazione ha l'obbligo di dirigere con ogni diligenza gli affari della società e di dar opera efficace all'incremento di questa.

² Essa ha l'obbligo in ispecie:

1. di preparare gli affari che saranno trattati dall'assemblea generale e d'eseguire le deliberazioni della medesima;

2. di vigilare sulle persone incaricate della gestione e della rappresentanza affinché esse rispettino la legge, lo statuto e, ove esistano regolamenti, questi ultimi, e di farsi ragguagliare regolarmente dell'andamento degli affari.

³ L'amministrazione risponde della regolare tenuta dei suoi processi verbali, di quelli dell'assemblea generale, dei libri necessari e dell'elenco dei soci; essa risponde inoltre dell'allestimento del conto d'esercizio e del bilancio annuale in conformità delle norme legali e della loro consegna per esame all'ufficio di revisione, come pure delle prescritte notificazioni all'ufficio del registro di commercio concernenti l'ammissione e l'uscita dei soci.

I. Allgemeines

Art. 902 bestätigt zunächst, dass die Verwaltung im Grundsatz das zur Geschäftsführung zuständige Organ ist. Sodann wird analog zu Art. 717 die Sorgfaltspflicht der Verwaltung definiert; schliesslich werden gewisse Einzelpflichten (vgl. Art. 716a) der Verwaltung spezifisch zugewiesen. Der Struktur nach entspricht Art. 902 weitgehend Art. 722 altOR. 1

II. Die Sorgfalts- und Treuepflicht (Abs. 1)

Die **Sorgfaltspflicht** entspricht derjenigen des VR in der AG (vgl. Art. 717 N 3 ff.). Der Sorgfaltsmassstab ist objektiviert (Art. 717 N 5; vgl. neuerdings auch BGE 128 III 375, 378). 2

Die **Treuepflicht** der Verwaltung ist – wie im alten, aber anders als im gegenwärtigen Aktienrecht – nicht explizit statuiert, gilt aber auch bei der genossenschaftlichen Verwaltung, wobei an ihre Pflichten höhere Anforderungen zu stellen sind, als an die Treuepflicht der Genossenschafter (Art. 866). Für den Inhalt der Treuepflicht kann wiederum auf das Aktienrecht verwiesen werden (Art. 717 N 15 ff.). Die Verwaltung hat auch den Grundsatz der **Gleichstellung** (Art. 854) bei ihren Handlungen zu beachten; es gelten die gleichen Überlegungen wie im Aktienrecht (Art. 717 N 22 ff.). 3

Art. 903

4 Die **Pflicht, die genossenschaftliche Aufgabe zu fördern,** grenzt nach der hier vertretenen Ansicht die Pflichten der genossenschaftlichen Verwaltung von denjenigen des VR der AG ab, der sein Handeln prinzipiell auf (mittelfristige) Gewinnmaximierung auszurichten hat (Art. 717 N 37 ff.).

III. Die speziellen Pflichten (Abs. 2 und 3)

5 Für die Pflicht, die **GV vorzubereiten und deren Beschlüsse auszuführen,** kann auf Art. 716a Abs. 1 Ziff. 6 bzw. Art. 716a N 29 ff. verwiesen werden.

6 Die **Überwachungs- und Informationspflicht** nach Abs. 2 Ziff. 2 ist dann von Bedeutung, wenn die Geschäftsführung an einzelne Mitglieder der Verwaltung (Ausschüsse) oder auf Dritte übertragen wurde (vgl. Art. 897 N 2; Art. 898 N 4). Bei jeder befugten Delegation (vgl. Art. 898, etwa der im vorliegenden Abs. 3 genannten Aufgaben an einen Ausschuss) wandeln sich die Pflichten der Verwaltung in entsprechende Auswahl-, Instruktions- und Überwachungspflichten.

7 Die in Abs. 3 aufgezählten (delegierbaren, vgl. N 6) Pflichten umfassen:
 – Protokollführungspflichten an der GV und bei Sitzungen der Verwaltung (vgl. Art. 702, 713 Abs. 3);
 – die Führung des **Genossenschafterverzeichnisses** samt Anmeldung der betreffenden Änderungen beim Handelsregister (Art. 825 Abs. 4, Art. 877);
 – die Führung der **Geschäftsbücher** und der **Buchhaltung** (Art. 856 Abs. 1, Art. 858, 957 ff.) und die Vorlage der **Jahresrechnung** an die **RS** (Art. 907 N 6 ff.; der früher verwendete Begriff «Kontrollstelle» wurde per 1.1.2008 in «Revisionsstelle» geändert, AS 2007, 4791, 4839).

8 Pflichtverletzungen können einerseits nach Arbeits- oder Auftragsrecht **sanktioniert** werden, insb. steht der Genossenschaft (und den anderen Klageberechtigten nach Art. 917) aber die Verantwortlichkeitsklage nach Art. 916 zu.

Art. 903

2. Anzeigepflicht bei Überschuldung und bei Kapitalverlust

¹ Besteht begründete Besorgnis einer Überschuldung, so hat die Verwaltung sofort auf Grund der Veräusserungswerte eine Zwischenbilanz aufzustellen.

² Zeigt die letzte Jahresbilanz und eine daraufhin zu errichtende Liquidationsbilanz oder zeigt eine Zwischenbilanz, dass die Forderungen der Genossenschaftsgläubiger durch die Aktiven nicht mehr gedeckt sind, so hat die Verwaltung den Richter zu benachrichtigen. Dieser hat die Konkurseröffnung auszusprechen, falls nicht die Voraussetzungen eines Aufschubes gegeben sind.

³ Bei Genossenschaften mit Anteilscheinen hat die Verwaltung unverzüglich eine Generalversammlung einzuberufen und diese von der Sachlage zu unterrichten, wenn die letzte Jahresbilanz ergibt, dass die Hälfte des Genossenschaftskapitals nicht mehr gedeckt ist.

5. Abschnitt: Organisation der Genossenschaft **Art. 903**

⁴ Bei Genossenschaften mit Nachschusspflicht muss der Richter erst benachrichtigt werden, wenn der durch die Bilanz ausgewiesene Verlust nicht innert drei Monaten durch Nachschüsse der Mitglieder gedeckt wird.

⁵ Auf Antrag der Verwaltung oder eines Gläubigers kann der Richter, falls Aussicht auf Sanierung besteht, die Konkurseröffnung aufschieben. In diesem Falle trifft er die zur Erhaltung des Vermögens geeigneten Massnahmen, wie Inventaraufnahme, Bestellung eines Sachwalters.

⁶ Bei konzessionierten Versicherungsgenossenschaften gelten die Ansprüche der Mitglieder aus Versicherungsverträgen als Gläubigerrechte.

2. Avis obligatoire en cas d'insolvabilité ou de diminution du capital

¹ S'il existe des raisons sérieuses d'admettre que la société n'est plus solvable, l'administration dresse immédiatement un bilan intérimaire où les biens sont portés pour leur valeur vénale.

² S'il ressort du dernier bilan annuel et d'un bilan de liquidation dressé postérieurement ou d'un bilan intérimaire que l'actif ne couvre plus les dettes, l'administration en informe le juge. Celui-ci déclare la faillite de la société, à moins que les conditions d'un ajournement ne soient remplies.

³ Si, dans une société qui a émis des parts sociales, il ressort du dernier bilan annuel que la moitié du capital social n'est plus couverte, l'administration convoque immédiatement une assemblée générale et lui fait connaître la situation.

⁴ Les sociétés ayant statué l'obligation d'effectuer des versements supplémentaires ne sont tenues d'informer le juge que si la perte constatée par le bilan n'est pas couverte dans les trois mois par des versements supplémentaires des associés.

⁵ Le juge peut toutefois, à la requête de l'administration ou d'un créancier, ajourner la déclaration de faillite si un assainissement paraît probable. Il prend dans ce cas les mesures destinées à la conservation de l'avoir social, telles que l'établissement d'un inventaire ou la désignation d'un curateur.

⁶ Dans les sociétés d'assurance concessionnaires les créances des associés dérivant de contrats d'assurance sont assimilées à des créances ordinaires.

2. Avviso obbligatorio in caso di insolvenza e di perdita di capitale sociale

¹ Se esiste fondato timore che la società sia insolvente, l'amministrazione deve immediatamente allestire un bilancio intermedio, nel quale i beni vanno iscritti per il loro valore venale.

² Se risulta dall'ultimo bilancio annuale e da un bilancio di liquidazione da allestire posteriormente o da un bilancio intermedio che l'attivo non è più sufficiente a coprire i debiti della società, l'amministrazione deve darne notizia al giudice. Questi pronuncerà il fallimento, ove non ricorrano le condizioni d'un differimento.

³ Nelle società che hanno emesso certificati di quota, se risulta dall'ultimo bilancio annuale che la metà del capitale sociale non è più coperta, l'amministrazione deve convocare immediatamente un'assemblea generale e dargliene notizia.

⁴ Nelle società che hanno introdotto l'obbligo di eseguire versamenti suppletivi, il giudice deve essere avvertito solo quando la perdita accertata dal bilancio non sia coperta entro tre mesi da versamenti suppletivi dei soci.

⁵ Ad istanza dell'amministrazione o di un creditore e quando l'assestamento appaia probabile, il giudice può differire la dichiarazione di fallimento. Egli prende in tal caso le misure appropriate per la conservazione del patrimonio sociale, quali l'allestimento dell'inventario e la nomina d'un curatore.

Hanspeter Wüstiner

⁶ Nelle società mutue d'assicurazione al beneficio d'una concessione, i crediti dei soci derivanti da contratti d'assicurazione sono parificati a crediti ordinari.

Literatur

Vgl. die Literaturhinweise zu Art. 725.

I. Vorbemerkung

1 Art. 903 wurde im Rahmen der ab 1.1.2008 geltenden rechtsformunabhängigen Neuordnung der Revisionspflicht nicht geändert und nicht mit dem Aktien- und GmbH-Recht koordiniert. Trotz identischem Normzweck (N 1a; Art. 725 N 1 ff.) besteht kein allgemeiner Verweis auf die aktienrechtliche Grundnorm von Art. 725 f. Dies führt zu abweichenden Regelungen oder Auslegungsspielräumen bei der Genossenschaft, die sachlich nicht gerechtfertigt sind (s.u. N 2–9, 12, 13). Sodann ist auch die unterschiedliche Behandlung von Nachschüssen bei der Genossenschaft und der GmbH nicht sachgerecht (N 9, 13). Es handelt sich um ein gesetzgeberisches Versehen, dass angepasst werden soll (Botschaft Aktien- und Rechnungslegungsrecht, 139).

II. Normzweck. Allgemeines

1a Der Normzweck ist weitgehend **identisch mit** demjenigen bei **der AG** (CHK-MÜLLER/FORNITO, Art. 903 OR N 1); vgl. Art. 725 N 1 ff. Wie bei der AG und der GmbH haftet die Genossenschaft für ihre Verpflichtungen ausschliesslich mit ihrem Vermögen, soweit nicht eine persönliche Haftung der Genossenschafter statutarisch eingeführt worden ist (Art. 868 ff.). Das Gesetz sieht deshalb – unter Berücksichtigung der Besonderheiten der Genossenschaft – materiell gleiche Schutzmassnahmen wie bei der AG und der GmbH vor (MEIER-HAYOZ/FORSTMOSER, § 19 N 28). Die nachfolgende Darstellung beschränkt sich darauf, die **materiellen Abweichungen zu Art. 725 und 725a** zu kommentieren. Im Übrigen wird auf die entsprechenden Komm. zu Art. 725, 725a und 820 verwiesen.

2 Da die Genossenschaft über kein festes Grundkapital verfügen muss (Art. 833 Ziff. 1), erfolgt eine **Anzeige des Kapitalverlustes** nur, soweit ein Genossenschaftskapital durch Ausgabe von Anteilscheinen besteht. Eine Anzeigepflicht von Genossenschaften ohne Genossenschaftskapital bei einem Verlust der Hälfte der gesetzlichen Reserven (Art. 860) besteht mangels gesetzlicher Vorschrift nicht, was zu bedauern ist, da diese eine Kapital- und Kreditbasis im Geschäftsverkehr bilden können. Vgl. im Übrigen Art. 725 N 18 ff.

3 Mangels eines Verweises auf Art. 725 ist fraglich, ob dem **Rangrücktritt** bei der Genossenschaft die gleiche Wirkung zukommt wie bei der AG (Art. 725 Abs. 2) und ob bei einem Kapitalverlust die Verwaltung die Verpflichtung hat, der GV **Sanierungsmassnahmen** zu beantragen (Art. 725 Abs. 1). Aufgrund des identischen Normzweckes und gestützt auf Art. 902 ist dies i.S. einer rechtsformunabhängigen Gesetzesauslegung (TANNER, 36; Vorentwurf zum RRG, Art. 64) zu bejahen (gl.M. CHK-MÜLLER/FORNITO, Art. 903 OR N 3, 5).

4 Für die Verletzung der Pflichten bei Kapitalverlust und Überschuldung haften die Mitglieder der Verwaltung, die Liquidatoren und die Revisionsstelle gegenüber der Genossenschaft, den Genossenschaftern und den Gläubigern (Art. 916 ff., 920; ZK-GUTZWILLER, N 13).

III. Zwischenbilanz zu Veräusserungswerten (Liquidationsbilanz)

Voraussetzung, eine Zwischenbilanz (Status) zu erstellen, ist eine **begründeter Besorgnis einer Überschuldung,** vgl. Art. 725 N 32 ff; CHK-MÜLLER/FORNITO, Art. 903 OR N 4. 5

Die **Bewertung** der Aktiven in der Zwischenbilanz erfolgt zu Veräusserungswerten (Abs. 1); vgl. Art. 725 N 38. Der so erstellte Liquidationsstatus ist – im Gegensatz zur AG und GmbH – allein massgebend um zu beurteilen, ob eine Genossenschaft überschuldet ist. 6

Anders als bei der AG und GmbH besteht (mangels eines Verweises auf Art. 725) **keine Pflicht zur Überprüfung der Zwischenbilanz** zu Veräusserungswerten durch die RS oder einen zugelassenen Revisor (Art. 5 RAG). Angesichts der Bedeutung und Konsequenzen (BJM 1999, E. 5, 329) sollte dies geboten sein, und eine sorgfältige Verwaltung ist gut beraten im eigenen Interesse (Verantwortlichkeit, Art. 916 ff.) die Zwischenbilanz zu Veräusserungswerten in Zusammenarbeit mit der Revisionsstelle zu erstellen bzw. überprüfen zu lassen. 7

IV. Benachrichtigung des Richters

Eine **Pflicht,** den Richter zu benachrichtigen, besteht, wenn die Zwischenbilanz zu Veräusserungswerten (Abs. 1) bzw. Liquidationswerten zeigt, dass die Forderungen der Gläubiger durch die Aktiven nicht mehr gedeckt sind, vgl. Art. 725 N 40. 8

Die Benachrichtigung des Richters kann (im Gegensatz zur GmbH; Art. 820 Abs. 2) für drei Monate aufgeschoben werden, falls die Genossenschafter zu statutarischen Sanierungsnachschüssen verpflichtet sind (Art. 871) und der Bilanzverlust von diesen innert dieser Frist abgedeckt wird, vgl. Art. 820 N 8 f. Eine unbeschränkte oder beschränkte persönliche Haftung der Genossenschafter (Art. 869 f.) entbindet die Verwaltung nicht, den Richter zu benachrichtigen, da diese keine Sanierungsmassnahme darstellt und erst im Konkurs der Genossenschaft aktuell wird (MEIER-HAYOZ/FORSTMOSER, 321 [7. Aufl.]). 9

Die **RS** der Genossenschaft hat die Pflicht, dem Richter eine offensichtliche Überschuldung anzuzeigen, sofern sie davon Kenntnis erhält (Art. 906 i.V.m. Art. 728c Abs. 3, Art. 729c). Da die Zwischenbilanz zu Veräusserungswerten bei einer begründeten Besorgnis einer Überschuldung nicht zwingend von der RS (oder einem zugelassenen Revisor) zu prüfen sind, ist die vom Gesetzgeber für die andern Gesellschaftsformen vorgesehene aussenstehende Kontrolle obsolet und die Durchsetzung der Anzeigepflicht der RS (Art. 728c Abs. 3, Art. 729c) unter dem Jahr damit auch gefährdet. 10

V. Konkurseröffnung. Konkursaufschub. Publikation

Wie bei der AG hat der Richter die Pflicht, aufgrund einer Überschuldungsanzeige sofort eine Konkurseröffnung auszusprechen, falls die **materiellen und formellen Voraussetzungen** (KRAMPF/SCHULER, 1074; <www.gerichte-zh.ch/bezirksgerichtzürich/konkursrichteramt/merkblätter>) gegeben sind, vgl. Art. 725a N 1 ff.; CHK-MÜLLER/FORNITO, Art. 903 OR N 8. 11

Entscheidungsgrundlage des Richters bildet die **Zwischenbilanz zu Veräusserungswerten.** Eine Überschuldung zu Fortführungswerten (N 6) und ein Prüfungsbericht durch die RS oder einen zugelassen Revisor (N 10) sind bei der Genossenschaft nicht Voraussetzungen für eine Konkurseröffnung. 12

Art. 904

29. Titel: Die Genossenschaft

13 Die Bestimmungen zum **Konkursaufschub** und die **Massnahmen zur Erhaltung des Vermögens** sind inhaltlich identisch mit den Bestimmungen des Aktienrechts; vgl. Art. 725a N 3 ff. Anders als bei der GmbH (Art. 820 Abs. 2) ist für einen Konkursaufschub eine sofortige Einzahlung von Nachschüssen nicht verlangt.

14 Die **Publikation des Konkursaufschubs** ist bei der Genossenschaft **nicht geregelt.** BGE 101 III 99 hält fest, dass ein Konkursaufschub (bei der AG, GmbH und Genossenschaft) amtlich zu publizieren sei. Nachdem nun bei der AG und der GmbH ein Konkursaufschub nur veröffentlicht werden muss, soweit dies zum Schutze Dritter erforderlich ist (Art. 725a Abs. 3), drängt sich eine analoge Publikationspraxis beim Konkursaufschub der Genossenschaft auf. Die Gründe, welche bei der AG und GmbH für einen Verzicht auf eine amtliche Publikation sprechen (vgl. Art. 725 N 13), gelten in gleichem Mass auch bei einem Konkursaufschub der Genossenschaft. (s.a. Art. 66, Vorentwurf zum RRG).

VI. Versicherungsgenossenschaften

15 Das Gesetz hält in Abs. 6 schliesslich die Selbstverständlichkeit fest, dass Forderungen aus Versicherungsverträgen auch von Mitgliedern Gläubigerrechte darstellen (vgl. auch ZK-GUTZWILLER, N 23; Begleitbericht Vorentwurf RRG, 153).

Art. 904

VI. Rückerstattung entrichteter Zahlungen	¹ Im Konkurse der Genossenschaft sind die Mitglieder der Verwaltung den Genossenschaftsgläubigern gegenüber zur Rückerstattung aller in den letzten drei Jahren vor Konkursausbruch als Gewinnanteile oder unter anderer Bezeichnung gemachten Bezüge verpflichtet, soweit diese ein angemessenes Entgelt für Gegenleistungen übersteigen und bei vorsichtiger Bilanzierung nicht hätten ausgerichtet werden sollen. ² Die Rückerstattung ist ausgeschlossen, soweit sie nach den Bestimmungen über die ungerechtfertigte Bereicherung nicht gefordert werden kann. ³ Der Richter entscheidet unter Würdigung aller Umstände nach freiem Ermessen.
VI. Restitution de paiements	¹ En cas de faillite de la société, les administrateurs sont tenus envers les créanciers sociaux de restituer toutes les sommes qu'ils ont perçues comme parts de bénéfice ou sous une autre dénomination au cours des derniers trois ans qui ont précédé la déclaration de faillite, en tant que ces sommes outrepassent une indemnité convenable pour des prestations et qu'elles n'auraient pas dû être distribuées si le bilan avait été prudemment dressé. ² Il n'y a pas lieu à la restitution des sommes qui ne pourraient être exigées aux termes des dispositions sur l'enrichissement illégitime. ³ Le juge statue librement, en tenant compte de toutes les circonstances.
VI. Restituzione di somme riscosse	¹ Nel fallimento della società, gli amministratori sono tenuti verso i creditori sociali a restituire tutte le somme che nei tre ultimi anni precedenti immediatamente la dichiarazione di fallimento hanno riscosso come partecipazione all'avanzo netto o sotto altra denominazione, in quanto siffatte somme eccedano il compenso giustificato da prestazioni ed in quanto esse non si

sarebbero dovute distribuire se il bilancio fosse stato allestito con prudente criterio.

² La restituzione è esclusa in quanto non possa essere richiesta secondo le norme sull'indebito arricchimento.

³ Il giudice decide con libero apprezzamento, tenendo conto di tutte le circostanze.

Literatur

Vgl. die Literaturhinweise zu Art. 675.

I. Normzweck und Allgemeines

Das Genossenschaftsrecht kennt keine **allgemeine Pflicht zur Rückerstattung** von ungerechtfertigt bezogenen Gewinnbezügen, wie sie für die Aktiengesellschaft (Art. 678) bzw. für die GmbH (Art. 800) gelten. Indessen hat der Gesetzgeber für den Fall des Konkurses der Genossenschaft die Bestimmung von Art. 679 des alten Aktienrechts wörtlich übernommen. Angestrebt wird ein Schutz der Gesellschaftsgläubiger vor ungerechtfertigten Bezügen, der allerdings nur im Fall des Konkurses greifen soll. 1

II. Voraussetzungen der Rückerstattungen

Voraussetzung für die Rückerstattungspflicht ist die Eröffnung des **Konkurses** über die Genossenschaft (Art. 171, 175, 189, 194 SchKG; vgl. Art. 679 N 2). 2

Gegenstand der Rückerstattungspflicht bilden **Gewinnanteile** oder unter anderer Bezeichnung gemachte Bezüge, soweit sie ein angemessenes Entgelt für Gegenleistungen übersteigen. Dabei gilt es zu beachten, dass derartige Bezüge dem Genossenschaftsrecht ohnehin fremd sind, womit es unwahrscheinlich ist, dass die Bestimmung je zur Anwendung kommt (ZK-GUTZWILLER, N 5 ff.). 3

Ferner ist vorausgesetzt, dass die entsprechenden **Zahlungen** (vgl. Marginalien) bei vorsichtiger Bilanzierung nicht hätten ausgerichtet werden dürfen (dazu ZK-BÜRGI, Art. 679 N 10 zum alten Aktienrecht). 4

Schliesslich ist die Rückerstattung nur soweit möglich, wie sie nach den Bestimmungen über die **ungerechtfertigte Bereicherung** eingefordert werden kann (Abs. 3). Dies bedeutet insb., dass die Rückerstattungspflicht entfällt, wenn der Begünstigte im Zeitpunkt der Rückforderung gutgläubig nicht mehr bereichert ist (Art. 64). 5

III. Aktiv-, Passivlegitimation und Verjährung

Aktivlegitimiert ist die Konkursverwaltung (Art. 679 N 7). 6

Passivlegitimiert sind die Mitglieder der Verwaltung (Art. 894 und dortige Komm.). 7

Der Anspruch **verjährt** gemäss Art. 67 innert eines Jahres, nachdem die Konkursverwaltung von ihm Kenntnis erhielt, bzw. absolut innert zehn Jahren. Dabei gilt es, die Beschränkung des Rückerstattungsanspruches auf Bezüge, die in den letzten drei Jahren vor Konkurseröffnung erfolgten (N 2), zu beachten. 8

Art. 905

VII. Einstellung und Abberufung

¹ Die Verwaltung kann die von ihr bestellten Ausschüsse, Geschäftsführer, Direktoren und andern Bevollmächtigten und Beauftragten jederzeit abberufen.

² Die von der Generalversammlung bestellten Bevollmächtigten und Beauftragten können von der Verwaltung jederzeit in ihren Funktionen eingestellt werden unter sofortiger Einberufung einer Generalversammlung.

³ Entschädigungsansprüche der Abberufenen oder in ihren Funktionen Eingestellten bleiben vorbehalten.

VII. Suspension et révocation

¹ L'administration peut révoquer en tout temps les comités, gérants, directeurs, ainsi que tous fondés de procuration et mandataires désignés par elle.

² De même, elle peut en tout temps suspendre dans l'exercice de leurs fonctions les fondés de procuration et mandataires désignés par l'assemblée générale; elle convoquera alors immédiatement cette dernière.

³ Demeure réservée l'action en dommages-intérêts des personnes révoquées ou suspendues dans l'exercice de leurs fonctions.

VII. Sospensione e revoca

¹ L'amministrazione può in ogni tempo revocare i comitati, i delegati, i gerenti, i direttori e gli altri procuratori e mandatari da essa nominati.

² Essa può pure sospendere in ogni tempo dal loro ufficio i procuratori e i mandatari nominati dall'assemblea generale, convocando immediatamente quest'ultima.

³ Rimangono riservate le azioni di risarcimento che spettassero alle persone revocate o sospese dal loro ufficio.

Literatur

Vgl. die Literaturhinweise bei Art. 726.

1 Art. 905 entspricht Art. 726. Auf die dortigen Ausführungen kann verwiesen werden: vgl. damit Art. 726 N 3 ff. zur **Abberufung durch die Verwaltung**, N 9 ff. zur **Einstellung der Funktionen** der von der GV bestellten Personen und deren definitiver **Abberufung durch die GV** und N 15 ff. zu den **Entschädigungsansprüchen** (zur Einstellung und ihren Konsequenzen auch PORTMANN, 277 f.).

2 Weiter als bei der AG ist bei der Genossenschaft der Kreis der Personen, die von der GV gewählt werden können (vgl. Art. 726 N 9 zur AG), da Art. 898 es der GV erlaubt, die Geschäftsführung und Vertretung selber zu delegieren und es damit denkbar ist, dass die GV direkt auch diese Personen bestellt (oder bspw. Personen, welche die Verwaltung lediglich angestellt hat, mit einer Organkompetenz ausstattet).

Art. 906

C. Revisionsstelle
I. Im Allgemeinen

¹ Für die Revisionsstelle sind die Vorschriften des Aktienrechts entsprechend anwendbar.

² Eine ordentliche Revision der Jahresrechnung durch eine Revisionsstelle können verlangen:

1. **10 Prozent der Genossenschafter;**
2. **Genossenschafter, die zusammen mindestens 10 Prozent des Anteilscheinkapitals vertreten;**
3. **Genossenschafter, die einer persönlichen Haftung oder einer Nachschusspflicht unterliegen.**

C. Organe de révision
I. En général

¹ Les dispositions du droit de la société anonyme concernant l'organe de révision sont applicables par analogie.

² Peuvent exiger un contrôle ordinaire des comptes annuels par un organe de révision:

1. 10% des associés;
2. les associés qui, ensemble, représentent au moins 10% du capital social;
3. les associés responsables individuellement ou tenus d'effectuer des versements supplémentaires.

C. Ufficio di revisione
I. In genere

¹ All'ufficio di revisione si applicano per analogia le disposizioni del diritto della società anonima.

² Possono chiedere una revisione ordinaria del conto annuale da parte di un ufficio di revisione:

1. il 10 per cento dei soci;
2. soci che rappresentano insieme almeno il 10 per cento del capitale sociale;
3. soci personalmente responsabili o tenuti ad eseguire versamenti suppletivi.

Literatur und Materialien

KÄSER/HÄUSLER, Änderungen der Revisionspflichten für Genossenschaften, Jusletter vom 9. Juni 2008, vgl. im Übrigen die Hinweise bei Vor Art. 727 und 727a.

I. Entstehungsgeschichte und Verhältnis zum bisherigen Recht

Bis 1992 stimmten die Bestimmungen über die Kontroll- bzw. Revisionsstelle bei der Genossenschaft und bei der AG weitgehend überein. Da die Aktienrechtsrevision von 1992, welche die Anforderungen an die RS und deren Aufgaben massgeblich verschärfte, die entsprechenden Vorschriften im Genossenschaftsrecht jedoch nicht berührte, blieb im Genossenschaftsrecht alles beim Alten. Insb. bestanden auch nach 1992 keine besonderen Anforderungen an die Kontrollstelle (wie z.B. Sachkunde oder Unabhängigkeit). Ausserdem musste die Kontrollstelle nicht im Handelsregister eingetragen sein, womit für Dritte keine Sicherheit darüber bestehen konnte, ob sie wirklich bestellt war (MEIER-HAYOZ/FORSTMOSER, § 19 N 90). Immerhin ging die genossenschaftsrechtliche Regelung der Kontrollstelle insofern über die 1992 rev. aktienrechtlichen Bestimmungen hinaus, als laut Art. 906 Abs. 1 nicht nur die Rechnungslegung, sondern auch die **Geschäftsführung** zum obligatorischen Prüfungsgegenstand der Kontrollstelle zählte (vgl. dazu nachfolgend N 2). 1

Mit der Gesetzesänderung vom 16.12.2005 wurde für juristische Personen nicht nur ein grundsätzlich rechtsformneutrales Konzept der Revisions*pflicht* eingeführt, sondern es erfolgte auch eine Harmonisierung bez. der fachlichen Anforderungen an die RS und deren Aufgaben, wobei in allen Fällen nach der wirtschaftlichen Bedeutung des Unternehmens differenziert wird (vgl. dazu Vor Art. 727 und 727a N 1 ff.). Rechtstechnisch erfolgt dies so, dass die *sedes materiae* im Aktienrecht geregelt wird (Art. 727 ff.), wäh- 2 rend sich in den jeweiligen anderen Rechtsformen entsprechende Verweisungsnormen finden (vgl. etwa auch Art. 818). Dies gilt auch für das Genossenschaftsrecht (vgl. Abs. 1; zum Vorbehalt von Abs. 2 nachfolgend N 3). Im **Vergleich zum bisherigen Recht** bringt dies eine Reihe von Änderungen mit sich, wovon nachfolgend die wichtigsten erwähnt seien:

- Die Kontrollstelle heisst neu **Revisionsstelle.**

- Durch den Verweis in Abs. 1 auf die rev. aktienrechtlichen Bestimmungen wird es Genossenschaften ermöglicht, unter bestimmten Voraussetzungen nur eine **eingeschränkte Revision** vornehmen zu lassen oder gar gänzlich auf die RS **zu verzichten** (vgl. Art. 727a).

- Im Genossenschaftsrecht sind erstmals **fachliche Anforderungen** an die RS sowie **Unabhängigkeitsvorschriften** zu beachten (vgl. Art. 727b und 727c bzw. Art. 728/729). Letzteres bewirkt insb., dass unter neuem Recht Genossenschafter von der Funktion der RS ausgeschlossen sind (Botschaft RAG, 4044; CHK-MÜLLER/FORNITO, Art. 906 OR N 3).

- Die **Aufgaben der RS** werden im Vergleich zur bisherigen Regelung nicht nur genauer geregelt, sondern auch erweitert (vgl. Art. 728a–c bzw. Art. 729a–c). So ist im Rahmen der Rechnungslegung neu insb. etwa die Existenz eines internen Kontrollsystems sowie die Einhaltung des gewählten privaten Rechnungslegungsstandards zu prüfen, sofern die Genossenschaft der ordentlichen Revisionspflicht (Art. 727) untersteht (vgl. Art. 728a Abs. 1 Ziff. 3 bzw. Ziff. 1). Andererseits gehört die **Geschäftsführung** nun nicht mehr zum obligatorischen Prüfungsgegenstand (vgl. Art. 728a Abs. 3 bzw. Art. 729a Abs. 3). Diese Änderung stiess in der Vernehmlassung auf keinen nennenswerten Widerstand, was angesichts dessen, dass die Prüfung der Geschäftsführung in der Praxis sowieso weitgehend toter Buchstabe geblieben ist, auch kaum verwundert (Botschaft RAG, 4043 m.w.H.). Immerhin kann durch entsprechende statutarische Bestimmungen auch unter neuem Recht ein Gleichlauf mit der bisherigen Regelung erzielt werden (vgl. Art. 731a). Die Prüfung des **Genossenschafterverzeichnisses** wird neu in Art. 907 geregelt, wobei inhaltlich im Vergleich mit der bisherigen Regelung keine wesentlichen Neuerungen erfolgen.

- Zusätzlich zum Revisionsbericht zuhanden der GV hat unter neuem Recht ein **umfassender Revisionsbericht** an die Verwaltung zu erfolgen, sofern die Genossenschaft der ordentlichen Revisionspflicht untersteht (vgl. Art. 728b).

- Die bisher in Art. 908 Abs. 3 verankerten **Anzeigepflichten** der RS werden umfassend neu geregelt (vgl. Art. 728c bzw. 729c). Bei der eingeschränkten Revisionspflicht ist die Anzeigepflicht der RS auf die Anzeige bei offensichtlicher Überschuldung beschränkt.

- Die **Anwesenheitspflicht** der RS bei der Genehmigung der Jahres- bzw. Konzernrechnung und bei der Beschlussfassung über die Verwendung des Bilanzgewinnes ist gelockert worden (vgl. Art. 731 Abs. 2).

- Die **Amtsdauer** der RS ist beschränkt (vgl. Art. 730a).

- Die RS ist im **Handelsregister** einzutragen; erfolgt ein Opting-Out oder Opting-Down wird ein entsprechender Hinweis im Handelsregister angebracht (vgl. Art. 87 Abs. 1 lit. n bzw. m HRegV).

3 Art. 906 wurde im **Parlament** gem. dem Vorschlag des BR angenommen (AmtlBull NR 2005 N 91 und AmtlBull StR 2005, N 635). Der Antrag von NR Baader, wonach

5. Abschnitt: Organisation der Genossenschaft   4–7   **Art. 906**

im Genossenschaftsrecht ein Opting-Out (d.h. ein Verzicht auf die RS) bereits mit Zustimmung von zwei Dritteln der Genossenschafter vorgenommen werden können sollte (entgegen der aktienrechtlichen Regelung, welche die Zustimmung *sämtlicher* Gesellschafter verlangt), wurde zurückgezogen, nachdem klar gestellt wurde, dass für die Zustimmung der Genossenschafter eine GV nicht zwingend sei, sondern auch anderweitig erfolgen könne (vgl. AmtlBull NR 2005 N 89 ff.; eingehend zum Opting-Out Art. 727a N 13 ff.).

Am 17.10.2007 hat der BR die Bestimmungen (zusammen mit den übrigen Änderungen im Zuge der GmbH-Revision) auf den 1.1.2008 in Kraft gesetzt. Gemäss Art. 7 ÜBest GmbH-Revision, gelten die Bestimmungen über «die Buchführung und die Revisionsstelle» vom ersten Geschäftsjahr an, das mit dem Inkrafttreten des Gesetzes oder danach beginnt. Art. 906, welcher ebenfalls von Art. 7 ÜBest GmbH-Revision erfasst wird (so die Botschaft RAG, 4048), findet folglich auf alle Genossenschaften Anwendung, deren **Geschäftsjahr am oder nach dem 1.1.2008** begonnen hat.   4

II. Regelung der RS im Genossenschaftsrechts

1. Verweis auf die Vorschriften des Aktienrechts (Abs. 1)

Laut Abs. 1 sind «für die Revisionsstelle» die Vorschriften des Aktienrechts entsprechend anwendbar. **In zeitlicher Hinsicht** handelt es bei dieser Verweisungsnorm um eine sog. *dynamische Verweisungsnorm*, d.h. der Verweis bezieht sich auf die jeweils geltende Fassung des Aktienrechts (Botschaft RAG, 4042 und 3990; Botschaft GmbH, 3167, je m.w.H.; CHK-MÜLLER/FORNITO, Art. 906 OR N 2). Spätere aktienrechtliche Änderungen wirken sich demnach auch unmittelbar auf diejenigen Gesellschaftsformen aus, welche für die RS auf das Aktienrecht verweisen, also auch auf die Genossenschaft.   5

In sachlicher Hinsicht bezieht sich der Verweis auf die Art. 727–731a (vgl. auch Botschaft RAG, 4043) und damit auf Vorschriften über folgende Regelungsgegenstände: 6

– Revisionspflicht (Art. 727 f.);

– Fachliche Anforderungen an die RS (Art. 727b und 727c);

– Unabhängigkeit und Aufgaben der RS, differenzierend nach der ordentlichen und eingeschränkten Revisionspflicht (Art. 728a–728c bzw. Art. 729a–729c);

– Wahl und Amtsdauer der RS, die Auskunfts- und Geheimhaltungspflicht, Dokumentation und Aufbewahrung, die Abnahme der Rechnung und Gewinnverwendung und besondere statutarische Bestimmungen (Art. 730–731a).

Sämtliche dieser Bestimmungen sind also *mutatis mutandis* auf die Genossenschaft anwendbar. Allerdings gilt es zu beachten, dass im Rahmen der Revisionspflicht das genossenschaftsrechtliche **Opting-Up** (d.h. die freiwillige Unterstellung einer eingeschränkt revisionspflichtigen Genossenschaft unter die ordentliche Revisionspflicht) in Abs. 2 eigenständig geregelt ist. Obwohl das Gesetz dies nicht ausdrücklich festhält, geht Abs. 2 als *lex specialis* der aktienrechtlichen Regelung des Opting-Up (Art. 727 Abs. 2 und 3) vor (eingehend dazu nachfolgend N 9). Ferner ist zu beachten, dass über den Katalog von Art. 728a bzw. 729a hinaus auch das **Genossenschaftsverzeichnis** Prüfungsgegenstand bildet, sofern eine persönliche Haftung oder Nachschusspflichten der Genossenschafter besteht (Art. 907 Abs. 1). Das Verzeichnis ist im Übrigen selbst dann zu prüfen, wenn die Genossenschaft auf eine RS verzichtet oder im Rahmen eines Opting-Down   7 (vgl. dazu Vor Art. 727 und 727a N 34 f. sowie Art. 727a N 45 ff.) einen nicht zugelassenen Revisor bestellt hat (Art. 907 Abs. 2).

8 Ungeachtet der Anwendbarkeit der aktienrechtlichen Bestimmungen über die RS muss ausserdem beachtet werden, dass das Genossenschaftsrecht auch **anderweitige Bestimmungen über die RS** enthält (vgl. z.B. Art. 857 Abs. 1, Art. 881, 890). Diese werden durch den Verweis in Abs. 1 nicht tangiert und bleiben unverändert anwendbar.

2. Opting-Up im Genossenschaftsrecht (Abs. 2)

a) Allgemeines

9 Gemäss Art. 727 Abs. 2 kann die Gesellschaft der ordentlichen Revisionspflicht unterstellt werden (Opting-Up), wenn Aktionäre, welche mindestens 10 Prozent des AK vertreten, dies verlangen. Anstatt diese Regelung durch den Verweis in Abs. 1 ohne Weiteres auch für die Genossenschaft für anwendbar zu erklären, hat sich der Gesetzgeber entschlossen, im Genossenschaftsrecht eine **separate Regelung** zu verankern. Die aktienrechtliche Regelung, welche am Kapitalanteil anknüpft, würde aufgrund des nicht zwingenden (Art. 853) und in der Praxis wenig verbreiteten Anteilscheinkapitals bei Genossenschaften oftmals ins Leere stossen (Botschaft RAG, 4043; CHK-MÜLLER/FORNITO, Art. 906 N 8). Ausserdem spricht auch das genossenschaftsrechtliche Kopfstimmprinzip (Art. 885) gegen eine Anknüpfung an das Kapital. Dies bewog den Gesetzgeber, nebst dem **Anteilscheinkapital** (10%, Abs. 2 Ziff. 2) zusätzlich an der **relativen Anzahl Genossenschafter** anzuknüpfen (10%; Abs. 2 Ziff. 1). Schliesslich wird auch den Genossenschaftern, welche einer **persönlichen Haftung** oder **Nachschusspflichten** unterliegen, Rechnung getragen, indem ihnen ebenfalls die Möglichkeit eingeräumt wird, ein Opting-Up zu verlangen (Abs. 2 Ziff. 3). Diese genossenschaftsrechtliche Regelung **ersetzt** die aktienrechtliche Vorschrift von Art. 727 Abs. 2, geht ihr also vor (Botschaft RAG, 4043). Art. 727 Abs. 3 (Opting-Up durch GV-Beschluss oder statutarische Bestimmung) bleibt von Abs. 2 aber unberührt und ist aufgrund des Verweises in Abs. 1 auch bei Genossenschaften entsprechend anwendbar (so auch Botschaft RAG, 4042). Zum Opting-Up nach Art. 727 Abs. 3 wird auf die entsprechende Kommentierung daselbst verwiesen und wird nachfolgend nicht weiter behandelt.

10 Eine Statutenbestimmung, welche die Voraussetzungen von Abs. 2 erschwert, ist angesichts des **zwingenden Charakters** der Bestimmung nichtig. Demgegenüber ist die Ausgestaltung als Individualrecht oder etwa das Senken der 10%-Schwelle statutarisch möglich (vgl. auch CHK-MÜLLER/FORNITO, Art. 906 OR N 9).

b) Voraussetzungen

11 Das Opting-Up nach Abs. 2 hat in allen Fällen durch einen entsprechenden **Antrag** zu erfolgen, der allerdings an **keine Form** gebunden (Art. 11 Abs. 1 analog; BÖCKLI, Revisionsstelle, N 112; CHK-OERTLI/HÄNNI, Art. 727–727a OR N 24) und auch nicht zwingend anlässlich einer GV zu stellen ist. Dabei genügt es, wenn die entsprechende Voraussetzung nach Ziff. 1, 2 oder 3 im Zeitpunkt des Antrags erreicht bzw. überschritten ist. Zu beachten ist, dass der Antrag eine **empfangsbedürftige Willenserklärung** ist, d.h. der Antrag muss, um Wirkung zu entfalten, in den Machtbereich der Genossenschaft gelangen. Zur **zeitlichen Wirkung** des Antrags auf ein Opting-Up vgl. nachfolgend N 19.

12 **Inhaltlich** muss aus dem Antrag zumindest sinngemäss die Forderung gem. Abs. 2 hervorgehen, wonach «eine ordentliche Revision der Jahresrechnung vorgenommen wer-

den [soll]». Allerdings gilt es zu beachten, dass das Institut der ordentlichen Revision inhaltlich über die Prüfung der Rechnung hinaus geht: So weicht die ordentliche Revision im Vergleich zur eingeschränkten hinsichtlich des Inhalts des Revisionsberichts, der Anzeigepflichten der RS oder der fachlichen Anforderungen an die RS ab; dies wirkt sich auch bei einem Opting-Up aus (ebenso BÖCKLI, Revisionsstelle, N 118). Allerdings bleibt es den Gesellschaftern nach der hier vertretenen, aber nicht unumstrittenen Auffassung unbenommen, von den gesetzlichen Vorgaben der ordentlichen Revision **abzuweichen** (vgl. eingehend Vor Art. 727 und 727a N 28 ff.). Welcher **Revisionsart** die Genossenschaft vor der Geltendmachung des Opting-Up i.S.v. Abs. 2 untersteht, ist unerheblich. So ist es z.B. denkbar, dass eine Genossenschaft, die Gebrauch von ihrem Recht des Opting-Out nach Art. 906 Abs. 1 i.V.m. Art. 727a Abs. 2 gemacht hat und überhaupt keiner Revisionspflicht untersteht, durch ein Opting-Up nach Art. 906 Abs. 2 (oder Art. 727 Abs. 3) direkt der ordentlichen Revisionspflicht unterstellt wird (ebenso CAMPONOVO, 227 f.; IMARK/FISCHER, 331).

Werden gleichzeitig oder nacheinander von verschiedenen Genossenschaftern **mehrere Anträge** gestellt und weichen diese Anträge inhaltlich voneinander ab (was aufgrund der in N 12 erwähnten Zulässigkeit der Abweichung von den gesetzlichen Vorgaben der ordentlichen Revisionspflicht denkbar ist), hat die Verwaltung demjenigen Antrag Folge zu leisten, welcher den gesetzlichen Vorgaben der ordentlichen Revisionspflicht am nächsten kommt. **13**

Die **Berechtigung** zum Opting-Up i.S.v. Abs. 2 kommt folgenden Personen(gruppen) zu: **14**

– Ziff. 1: Voraussetzung für ein Opting-Up nach Ziff. 1 bildet ein entsprechender Antrag von **(mindestens) 10 Prozent der Genossenschafter.** Da die Genossenschafter die genaue Anzahl Gesellschafter nicht unbedingt kennen, muss ihnen u.E. ein diesbezügliches Auskunftsrecht, das auch ausserhalb der GV ausübbar ist, zugestanden werden (Art. 857 Abs. 3 analog; zur Führung des Verzeichnisses Art. 902 Abs. 3). Ein öffentlich einsehbares Genossenschaftsverzeichnis steht den Gesellschaftern nur dann zur Verfügung, wenn sie einer Nachschusspflicht oder einer persönlichen Haftung unterliegen; in diesem Fall steht ihnen jedoch ein individuelles Recht auf Einführung eines Opting-Up zu, vgl. dazu die Ausführungen im dritten Spiegelstrich. Ob die Genossenschaft über ein Anteilscheinkapital verfügt, ist für die Anwendung von Ziff. 1 unerheblich (Botschaft RAG, 4043).

– Ziff. 2: Nach Ziff. 2 können sodann Genossenschafter, die mindestens **10 % des Anteilscheinkapitals** vertreten, ein Opting-Up verlangen. Die Schwelle von 10 % des Anteilscheinkapitals muss nicht zwingend überschritten werden, es genügt, wenn sie erreicht wird. Der **Nenner** setzt sich dabei aus der Höhe des Anteilscheinkapitals (Summe der Nennwerte aller Anteilscheine) zum Zeitpunkt des Antrags zusammen. Da das Anteilscheinkapital nicht im Handelsregister eingetragen wird, kann lediglich die Verwaltung Aufschluss über die Höhe erteilen. Der **Zähler** setzt sich aus dem gesamten Nennwert der von dem bzw. den Genossenschafter(n) zum Zeitpunkt des Antrages (direkt) gehaltenen Anteilscheine zusammen. Eine allfällige Teilliberierung ist für die Berechnung der Nennwerte unerheblich.

– Ziff. 3: Der personenbezogenen Konzeption der Genossenschaft folgend sieht das Gesetz die Möglichkeit vor, Gesellschafter einer (unbeschränkten oder beschränkten) **persönlichen Haftung (Art. 869 f.)** oder einer **Nachschusspflicht (Art. 871)** zu unterwerfen. Solche Pflichten bedürfen zwingend einer statutarischen Grundlage (Art. 833 Ziff. 5). Aufgrund des erhöhten Risikos, dem solche Genossenschafter ausgesetzt sind, räumt ihnen der Gesetzgeber in Ziff. 3 die Möglichkeit ein, ein Opting-Up zu verlangen (Botschaft RAG, 4043). Für die Geltendmachung ist lediglich erforderlich, dass ein Genossenschafter einer persönlichen Haftung oder einer Nachschusspflicht unterliegt. Ziff. 3 verzichtet auf die Statuierung weiterer Voraussetzungen, womit es insb. möglich ist, dass *ein einziger Genossenschafter,* der die Voraussetzung nach Ziff. 3 erfüllt, ein Opting-Up verlangen kann.

15   Zur Möglichkeit der **Verwaltung,** ein Opting-Up durchzuführen, vgl. Art. 727 N 55 ff.

c) Rechtsfolgen des Opting-Up

16   Sind bei einer Genossenschaft die Voraussetzungen gem. Abs. 2 erfüllt, hat sie ihre Jahresrechnung ordentlich prüfen zu lassen. Entgegen des zu engen Wortlautes von Abs. 2 wirkt sich das Opting-Up jedoch nicht nur auf die Prüfung der Jahresrechnung aus. Vielmehr untersteht die Gesellschaft diesfalls **sämtlichen Vorschriften über die ordentliche Revision** (zu den Ausnahmen vgl. sogleich N 17). Dazu gehören die Bestimmungen über

- die fachlichen Anforderungen an die RS (Art. 727b);
- die Unabhängigkeit der RS (Art. 728);
- die Prüfung der Jahres- bzw. Konzernrechnung des Antrages über die Verwendung des Bilanzgewinnes und der Existenz des internen Kontrollsystems (Art. 728a Abs. 1 Ziff. 1–3);
- die Erstellung der Revisionsberichte (Art. 728b) und
- die Anzeigepflichten der RS (Art. 728c).

17   Etwas anderes gilt nach der hier vertretenen, aber nicht unumstrittenen Auffassung dann, wenn die Gesellschafter im Rahmen eines Opting-Up bewusst von den gesetzlichen Vorgaben der ordentlichen Revision **abweichen** (vgl. dazu N 12 und eingehend Vor Art. 727 und 727a N 28 ff.).

18   Zu beachten ist, dass die ordentliche Revisionspflicht zudem zur Folge hat, dass der zugelassene Revisionsexperte auch für die sog. ausserordentlichen Prüfungen und Bestätigungen, in denen das Gesetz lediglich einen «zugelassenen Revisor» vorschreibt, beigezogen werden muss (vgl. Art. 727b Abs. 2 Satz 2). Dies gilt unabhängig von einer allfälligen Abweichung von der gesetzlichen Ordnung im Rahmen eines Opting-Up.

19   Ein Opting-Up i.S.v. Abs. 2 wirkt sich zeitlich gesehen lediglich **einmalig** aus. Die dauernde Institutionalisierung der ordentlichen Revision kann nur durch eine statutarische Bestimmung (Art. 727 Abs. 3) gewährleistet werden (vgl. Art. 727 N 61). Danach könnte sich das Opting-Up i.S.v. Abs. 2 lediglich auf das im Zeitpunkt des Antrages **laufende Geschäftsjahr** oder auf das bereits **abgeschlossene Geschäftsjahr** (allerdings nur alternativ und nicht kumulativ zum laufenden Geschäftsjahr) beziehen. Letzteres dürfte sogar die Mehrzahl der Fälle eines Opting-Up betreffen, werden Genossenschafter doch oftmals erst aufgrund des Geschäftsberichts auf Aspekte der Rechnungslegung aufmerksam, die sie genauer geprüft haben wollen. Aus diesem Grund muss es möglich sein, auch nach Ablauf eines Geschäftsjahres, aber noch vor der Genehmigung der Jahresrechnung, ein Opting-Up nach Abs. 2 zu beantragen (allerdings kommt dies nur in Bezug auf das vorangegangene Geschäftsjahr und nicht auf noch frühere Geschäftsjahre in Frage). Ein entsprechender Antrag ist analog zu Art. 727a Abs. 4 Satz 2 bis spätestens 10 Tage vor der GV möglich (BÖCKLI, Revisionsstelle, N 114; CHK-OERTLI/HÄNNI, Art. 727–727a OR N 24). Das Gesagte gilt es u.E. allerdings dahin gehend zu

relativieren, dass es nicht darauf ankommen kann, wann genau ein Opting-Up in Bezug auf das *laufende* Geschäftsjahr verlangt wird; insofern ist es durchaus denkbar, dass ein bis spätestens 10 Tage vor der ordentlichen GV eingetroffener rechtsgültiger Aktionärsantrag bzw. ein rechtsgültig gefasster GV-Beschluss vor der Genehmigung des Geschäftsberichts ein Opting-Up sowohl in Bezug auf das abgeschlossene als auch in Bezug auf das laufende Geschäftsjahr zum Gegenstand hat.

Erfolgt ein Opting-Up durch einen Antrag i.S.v. Abs. 2, muss die GV – vorbehältlich eines anders lautenden Antrages der antragstellenden Aktionäre, vgl. N 12 – auch einen zugelassenen Revisionsexperten wählen; obwohl Art. 883 Abs. 2 im Unterschied zum rev. Art. 700 Abs. 3 für die in einem solchen Fall erforderliche Wahl keine Ausnahme von der Traktandierungspflicht vorsieht, kann u.E. angesichts des bei der AG und der Genossenschaft identischen Sachverhalts mit gutem Grund die Auffassung vertreten werden, dass es sich hierbei um ein Versehen des Gesetzgesetzgebers handelt und Art. 700 Abs. 3 analog angewendet werden sollte. Zudem ist die Verwaltung verpflichtet, die Abstimmung über die Genehmigung der (eingeschränkt oder gar nicht geprüften) Jahresrechnung sowie über die Verwendung des Bilanzgewinnes auszusetzen. Geht ein Antrag im neuen Geschäftsjahr, aber frühzeitig vor der ordentlichen GV ein, ist die Verwaltung aufgrund ihrer Sorgfaltspflicht verpflichtet, eine ausserordentliche GV zwecks Wahl der RS vorzuziehen und an der ordentlichen GV über die ordentlich geprüfte Jahresrechnung sowie die Verwendung des Bilanzgewinnes abstimmen zu lassen (ebenso BÖCKLI, Revisionsstelle, N 115). Ein Opting-Up führt demnach i.d.R. dazu, dass **zwei GV** notwendig sind (eine für die Wahl der RS und eine für die Genehmigung der Jahresrechnung und die Gewinnverwendung) und damit entsprechende **Mehrkosten** verursacht werden. 20

Die RS ist im **Handelsregister** einzutragen, wobei der Eintrag keinen Hinweis auf die ordentliche Revisionspflicht enthält (vgl. Art. 87 Abs. 1 lit. n HRegV). Zu den formellen Anforderungen der Anmeldung vgl. im Übrigen Art. 727 N 33. Die Handelsregisterbehörden haben anlässlich der Eintragung nicht nur zu prüfen, ob eine RS tatsächlich bezeichnet wurde, sondern auch, ob die zur Eintragung angemeldete RS über die erforderliche Zulassung verfügt (Art. 61 Abs. 2 HRegV). 21

Schliesslich führt die Einführung der ordentlichen Revisionspflicht auch dazu, dass die Beschränkungen in Bezug auf die Amtsdauer zu beachten sind (Art. 730 Abs. 2) und dass die RS für die Abnahme der Rechnung und die Gewinnverwendung – vorbehältlich eines einstimmigen Beschlusses anlässlich der GV – an der GV anwesend sein muss (Art. 731 Abs. 2). 22

Art. 907

II. Prüfung des Genossenschafterverzeichnisses	Bei Genossenschaften mit persönlicher Haftung oder Nachschusspflicht der Genossenschafter hat die Revisionsstelle festzustellen, ob das Genossenschafterverzeichnis korrekt geführt wird. Verfügt die Genossenschaft über keine Revisionsstelle, so muss die Verwaltung das Genossenschafterverzeichnis durch einen zugelassenen Revisor prüfen lassen.
II. Contrôle de la liste des associés	Si les associés d'une société sont individuellement responsables ou sont tenus d'effectuer des versements supplémentaires, l'organe de révision contrôle que la liste des associés est tenue à jour correctement. Si la société n'a pas d'organe de révision, l'administration fait contrôler la liste des associés par un réviseur agréé.

II. Verifica dell'elenco dei soci	Qualora i soci siano personalmente responsabili o tenuti ad eseguire versamenti suppletivi, l'ufficio di revisione verifica se l'elenco dei soci è tenuto correttamente. Se la società cooperativa non dispone di un ufficio di revisione, l'amministrazione fa verificare l'elenco dei soci da un revisore abilitato.

Literatur

BLICKENSTORFER, Die genossenschaftsrechtliche Verantwortlichkeit, Diss. Zürich 1987 (= SSHW Bd. 91).

Materialien

Begleitbericht zur Totalrevision der Handelsregisterverordnung (HRegV) – Vernehmlassungsentwurf vom 28. März 2007 (abrufbar unter: <http:/www.bj.admin.ch>) (zit. Begleitbericht HRegV).

I. Entstehungsgeschichte und Inkrafttreten

1   Mit der Gesetzesänderung vom 16.12.2005 wurde für juristische Personen ein grundsätzlich rechtsformneutrales Konzept der Revisionspflicht eingeführt (vgl. zur Entstehungsgeschichte Vor Art. 727 und 727a N 1 ff.). Gleichzeitig wurden auch die fachlichen Anforderungen an die RS sowie deren *Aufgaben* grundsätzlich rechtsneutral harmonisiert, wobei in allen Fällen nach der wirtschaftlichen Bedeutung des Unternehmens differenziert wird. Rechtstechnisch erfolgt dies so, dass die relevanten Bestimmungen im Aktienrecht geregelt werden (Art. 727 ff.), während sich in den jeweiligen anderen Rechtsformen entsprechende Verweisungsnormen finden. Dies gilt auch für das Genossenschaftsrecht (vgl. Art. 906). Eine genossenschaftsrechtliche Regelung des *Prüfungsgegenstandes,* so wie er in Art. 907 altOR enthalten war, wurde damit im neuen Recht gegenstandslos. Immerhin hält das neue Recht aber im Falle statutarischer Nachschusspflichten oder persönlicher Haftung der Genossenschafter auch weiterhin an der **Prüfung des Genossenschaftsverzeichnisses** fest, welches nunmehr den einzigen Regelungsgegenstand von Art. 907 bildet. Die Formulierung dieser Prüfungspflicht weicht von der bisherigen leicht ab. In der bisherigen Fassung von Art. 907 waren die Revisoren verpflichtet «zu prüfen, ob das Genossenschafterverzeichnis regelrecht geführt wird». In der neuen Fassung ist hingegen vorgesehen, dass «die Revisionsstelle festzustellen [hat], ob das Genossenschafterverzeichnis korrekt geführt wird». Materiell ergeben sich daraus nach der hier vertretenen Auffassung jedoch keine Unterschiede.

2   Art. 907 wurde im **Parlament** ohne Debatte gem. dem Vorschlag des BR angenommen (AmtlBull NR 2005 N 91 und AmtlBull StR 2005 N 635). Am 17.10.2007 hat der BR die Bestimmungen (zusammen mit den übrigen Änderungen im Zuge der GmbH-Revision) auf den 1.1.2008 in Kraft gesetzt. Gemäss Art. 7 ÜBest GmbH-Revision, gelten die Bestimmungen über «die Buchführung und die Revisionsstelle» vom ersten Geschäftsjahr an, das mit dem Inkrafttreten des Gesetzes oder danach beginnt. Art. 907, welcher ebenfalls von Art. 7 ÜBest GmbH-Revision erfasst wird, findet folglich auf alle Genossenschaften Anwendung, deren **Geschäftsjahr am oder nach dem 1.1.2008** begonnen hat.

II. Normzweck

3   Gem. Art. 837 hat die Genossenschaft beim Handelsregisteramt ein Verzeichnis der Genossenschafter einzureichen, sofern es sich um eine Genossenschaft mit unbeschränkter

5. Abschnitt: Organisation der Genossenschaft   4–7 Art. 907

(Art. 869) oder beschränkter (Art. 870) persönlicher Haftbarkeit oder mit Nachschusspflicht (Art. 871) der Genossenschafter handelt. Die Verwaltung ist dann dafür verantwortlich, dass das Genossenschafterverzeichnis regelmässig geführt und jeder Eintritt oder Austritt eines Genossenschafters innerhalb von drei Monaten beim Handelsregisteramt angemeldet wird (Art. 902 Abs. 3; Art. 877 Abs. 1; Art. 88 Abs. 1 HRegV; ausgenommen hievon sind konzessionierte Versicherungsgenossenschaften, vgl. Art. 877 Abs. 3). Das anlässlich der Gründung oder im Falle von Mutationen beim Handelsregisteramt eingereichte (aktualisierte) Genossenschafterverzeichnis ist von einem Mitglied der Verwaltung zu unterzeichnen (Art. 88 Abs. 1 bzw. Art. 84 Abs. 1 lit. h HRegV). Das Genossenschafterverzeichnis wird nicht veröffentlicht, steht aber jeder Person zur Einsicht offen (Art. 837; Art. 88 Abs. 2 HRegV).

Art. 907 sieht nun – wie schon unter bisherigem Recht – vor, dass das Genossenschafterverzeichnis von der RS (bzw. einem Revisor) geprüft wird. Art. 907 bezweckt damit, die **Richtigkeit der Angaben im Genossenschaftsverzeichnis zu gewährleisten** (vgl. eingehend zum Zweck der Revisionspflicht i.A. Vor Art. 727 und 727a N 15 ff.). Eine solche «Revisionspflicht» ist deshalb gerechtfertigt, weil die Richtigkeit des Genossenschaftsverzeichnisses insb. für bestehende oder potentielle Gläubiger der Gesellschaft bzw. ihre Abklärungen in Bezug auf die Bonität der im Verzeichnis aufgeführten Genossenschafter von Bedeutung ist (vgl. auch Botschaft RAG, 4044; BLICKENSTORFER, 194 m.w.Nw.). 4

Ausserdem hat die Prüfung des Genossenschaftsverzeichnisses aufgrund der **totalrevidierten HRegV** zusätzlich an Bedeutung gewonnen: In der bisherigen HRegV war vorgesehen, dass der Handelsregisterführer gestützt auf das bei ihm eingereichte Genossenschafterverzeichnis der Verwaltung eine Mitgliederliste anzulegen hat und anhand der ihm gemeldeten Mutationen im Mitgliederbestand nachzuführen (vgl. Art. 94 Abs. 1 aHRegV). Diese Pflicht des Handelsregisterführers wurde in der neuen HRegV Aufwandes fallen gelassen (vgl. dazu Begleitbereich HRegV, 11). Damit entfällt die diesbezügliche «Kontrollfunktion» des Handelsregisterführers, weshalb eine Prüfung des Genossenschaftsverzeichnisses durch die RS noch mehr angezeigt ist als unter bisherigem Recht. 5

III. Prüfung des Genossenschafterverzeichnisses

Um die Richtigkeit der Angaben zu gewährleisten (vgl. N 4), hat die RS nach Art. 907 festzustellen, ob das Genossenschafterverzeichnis **korrekt geführt** wird. Verfügt die Genossenschaft über keine RS, so muss die Verwaltung das Genossenschafterverzeichnis durch einen nach Massgabe des RAG zugelassenen Revisor prüfen lassen. 6

Ob das Genossenschafterverzeichnis korrekt geführt wurde, beurteilt sich danach, ob es **vollständig und richtig** ist. Dies setzt in sachlicher Hinsicht voraus, dass sämtliche Genossenschafter, welche aufgrund statutarischer Vorschriften persönlich (beschränkt oder unbeschränkt) haften oder welche einer Nachschusspflicht unterliegen, im Verzeichnis aufgeführt sind (zum relevanten Zeitpunkt s. N 10). Die RS (bzw. der zugelassene Revisor) hat damit zum einen zu prüfen, ob die Ein- und Austritte der entsprechenden Genossenschafter im Genossenschafterverzeichnis korrekt nachgeführt wurden. Zum anderen hat sie zu kontrollieren, ob die Ein- und Austritte dem Handelsregisteramt frist- und formgerecht gemeldet wurden (ebenso ZK-GUTZWILLER, Art. 907 N 14; ihm folgend BLICKENSTORFER, 194; REYMOND, 224 m.w.Nw.). Im Einzelnen obliegen der RS (bzw. dem zugelassenen Revisor) demnach folgende Prüfungsaufgaben: 7

- **Korrekte Nachführung der Eintritte im Genossenschafterverzeichnis:** Die RS (bzw. der zugelassene Revisor) hat zu prüfen, ob die erfolgten Eintritte den gesetzlichen und statutarischen Anforderungen entsprechen und im Genossenschafterverzeichnis korrekt nachgeführt sind. Konkret wird sie prüfen müssen, ob eine (qualifiziert) *schriftliche Beitrittserklärung* vorliegt, welche die Verpflichtungen im Zusammenhang mit der beschränkten oder unbeschränkten persönlichen Haftung bzw. der Nachschusspflicht ausdrücklich enthält (Art. 840 Abs. 1 und 2) und ob ein *Aufnahmebeschluss* der Verwaltung bzw. der GV vorliegt, sofern die schriftliche Beitrittserklärung nicht genügt (Art. 840 Abs. 3). Dies gilt auch dann, wenn die Genossenschafterstellung nicht originär, sondern derivativ erworben wurde (vgl. Art. 849 Abs. 1 a.E. und dazu Art. 849 N 2; kein Aufnahmebeschluss (wohl aber eine Beitrittserklärung) ist erforderlich im Fall von Art. 849 Abs. 3; sind ausserdem die Voraussetzungen von Art. 850 Abs. 2 erfüllt, ist weder eine Beitrittserklärung noch ein Aufnahmebeschluss erforderlich). Des Weiteren hat die RS (bzw. der zugelassene Revisor) die Einhaltung allfälliger *statutarischer Beitrittsvoraussetzungen* (Art. 839 Abs. 2) zu überprüfen. – Die Prüfung der korrekten Nachführung der Eintritte im Genossenschafterverzeichnis entfällt im Falle von konzessionierten **Versicherungsgenossenschaften;** diese sind von der Anmeldepflicht gegenüber dem Handelsregisteramt befreit (Art. 877 Abs. 3), weshalb sich auch eine Prüfung durch die RS u.E. nicht rechtfertigen lässt (vgl. zum Normzweck bereits N 3 ff.).

- **Korrekte Nachführung der Austritte im Genossenschafterverzeichnis:** Wie bei den Eintritten hat die RS (bzw. der zugelassene Revisor) auch bei den Austritten zu prüfen, ob diese den gesetzlichen und statutarischen Anforderungen entsprechen und im Genossenschafterverzeichnis entsprechend nachgeführt sind. Ein «Austritt» kann durch (technischen) *Austritt* (Art. 842 ff., Art. 850), Ausschliessung (Art. 846), Tod (Art. 847), Wegfall einer mit der Genossenschaft verknüpften Beamtung oder eines Vertrages (Art. 848) sowie Übertragung der Mitgliedschaft (Art. 849 f.) erfolgen. Bei einem (technischen) Austritt ist vorab die Einhaltung allfälliger statutarischer Erschwernisse (Art. 842 Abs. 3, Art. 843, Art. 844 Abs. 2) zu überprüfen. Ohne statutarische Regelung kann der Austritt formlos erfolgen, wobei eine Kündigungsfrist von einem Jahr zu beachten ist und der Kündigungstermin auf den Schluss des Geschäftsjahres fällt (Art. 844 Abs. 1). Bei einem *Ausschluss* ist die Einhaltung der statutarischen Bestimmungen bzw. das Vorliegen eines wichtigen Grundes erforderlich (Art. 846 Abs. 1 bzw. Abs. 2); zudem muss nach Massgabe von Art. 846 Abs. 3 ein Beschluss vorliegen. Stirbt ein Genossenschafter so erlischt die Mitgliedschaft automatisch (Art. 847 Abs. 1); ein «Nachrücken» der Erbengemeinschaft oder einzelner Erben bedarf der statutarischen Grundlage (Art. 847 Abs. 2 und 3). Ohne anderslautende statutarische Grundlage erlischt die Mitgliedschaft auch im Falle von Art. 848 automatisch. Die *Veräusserung der Mitgliedschaft* setzt die Aufnahme des Erwerbers durch die Genossenschaft voraus (Art. 849 Abs. 2; ausgenommen ist lediglich der Fall von Art. 849 Abs. 3 sowie Art. 850 Abs. 2). Meldet ein ausgetretenes oder ausgeschlossenes Mitglied oder der Erbe eines verstorbenen Mitglieds die Eintragung von sich aus beim Handelsregisteramt an (Art. 877 Abs. 2 Satz 1), ist die korrekte Nachführung nach Massgabe der Mitteilung des Handelsregisteramtes zuhanden der Verwaltung (Art. 877 Abs. 2 Satz 2) zu überprüfen.

- **Frist- und formgerechte Anmeldung von Ein- und Austritten im Handelsregister:** Schliesslich hat die RS (bzw. der zugelassene Revisor) zu prüfen, ob die Verwaltung jeden Ein- und Austritt innerhalb von drei Monaten beim Handelsregisteramt angemeldet hat (Art. 877 Abs. 1 und 2; Art. 88 HRegV). Der Fristenlauf richtet sich nach Art. 77 Abs. 1 Ziff. 3 analog. Die Mitteilung muss durch ein Mitglied der

Verwaltung unterzeichnet sein (Art. 88 Abs. 1 HRegV); vorbehalten bleibt der Fall von Art. 877 Abs. 2 (Anmeldung durch austretende oder ausgeschlossene Mitglieder oder Erben).

Ob der Umfang der Prüfung des Genossenschafterverzeichnisses und der Anmeldungen der Ein- und Austritte **lückenlos** oder anhand von **Stichproben** zu erfolgen hat, ist eine Ermessensfrage und hängt von den konkreten Umständen ab (vgl. HWP II, 213 ff.). Je umfangreicher die Mutationen ausfallen, desto mehr wird sich jedenfalls eine stichprobenhafte Prüfung rechtfertigen lassen. **8**

Im Rahmen der korrekten Führung (und Überprüfung) des Genossenschafterverzeichnisses stellt sich die Frage, wie **detailliert** die Angaben zu sein haben. Art. 94 Abs. 2 aHRegV schrieb vor, dass das vom Handelsregisteramt zu führende Verzeichnis (vgl. dazu N 5) den Familiennamen, den Vornamen, das Geburtsjahr, den Heimatort und den Wohnort des Genossenschafters zu enthalten habe. Eine Personenmehrheit durfte zudem nur zusammengefasst werden, wenn es sich um Kollektiv- oder Kommanditgesellschaften oder juristische Personen handelt (vgl. dazu BK-FORSTMOSER, Art. 835 N 24). In der neuen HRegV fehlen entsprechenden Vorgaben, da – wie in N 5 erwähnt – auf ein vom Handelsregisteramt zu führendes Verzeichnis verzichtet wird und stattdessen direkt das von der Verwaltung eingereichte Genossenschafterverzeichnis zur Einsicht aufgelegt wird. Da das OR keine spezifischen Vorgaben in Bezug auf das Genossenschafterverzeichnis enthält, liegt eine Lücke vor, die es nach der hier vertretenen Auffassung durch eine analoge Anwendung von Art. 119 HRegV, welcher die erforderlichen Informationen bei *Einträgen im Handelsregister im Falle von Personenangaben* regelt, zu füllen gilt. Danach hat das Verzeichnis im Falle von **natürlichen Personen** den Familiennamen, mindestens einen ausgeschriebenen Vornamen oder, sofern dies für die Identifikation der Person erforderlich ist, alle Vornamen, den Heimatort oder, bei ausländischen Staatsangehörigen, die Staatsangehörigkeit, den Wohnsitz, den Jahrgang, sofern dies für die Identifikation der Person erforderlich ist, und, sofern belegt, schweizerische und gleichwertige ausländische akademische Titel auszuweisen (Art. 119 Abs. 1 HRegV analog). Angaben über die Funktion, die die natürliche Person in einer Rechtseinheit wahrnimmt (Art. 119 Abs. 1 lit. g) sowie die Art der Zeichnungsberechtigung oder den Hinweis, dass die Person nicht zeichnungsberechtigt ist (Art. 119 Abs. 1 lit. h) sind hingegen nicht auf die vorliegende Konstellation zugeschnitten, weshalb sie weggelassen werden können. Im Fall von **Rechtseinheiten** muss das Verzeichnis die Firma, den Namen oder die Bezeichnung in der im Handelsregister eingetragenen Fassung, die Identifikationsnummer und den Sitz angeben (Art. 119 Abs. 3 HRegV analog). **9**

In zeitlicher Hinsicht beurteilt sich die korrekte Führung des Genossenschafterverzeichnisses grundsätzlich nach den Verhältnissen zum **Zeitpunkt des Stichtags der Jahresrechnung**. In Analogie zur (ungeschriebenen) Aktualisierungspflicht bez. der Angaben über bedeutende Aktionäre im Anh. zur Jahresrechnung (Art. 663c), sind wesentliche Veränderungen, d.h. Mutationen, nach dem Stichtag u.E. ebenfalls zu berücksichtigen (vgl. Art. 663c N 34). **10**

IV. Reformvorhaben

Der BR hat in der Botschaft RAG angedeutet, dass die Pflicht zur Überprüfung des Genossenschafterverzeichnisses im Rahmen einer künftigen Revision des Genossenschaftsrechts zu überprüfen sei (Botschaft RAG, 4044). Er scheint sich dabei auf die Ansicht zu stützen, dass eine analoge Regelung im GmbH-Recht bez. der Überprüfung des Anteilbuches fehle (a.a.O.). Diese Ansicht ist zumindest insofern fehlgeleitet, als nach der **11** hier vertretenen Auffassung das Anteilbuch der GmbH durch eine analoge Anwendung von Art. 907 ebenfalls zu überprüfen ist (falls Nachschusspflichten bestehen) (vgl. Art. 818 N 11). Jedenfalls sollte u.E. aufgrund des zum Normzweck Gesagten (vgl. N 3) von einer Abschaffung der Revisionspflicht abgesehen werden, dies zumindest solange, als an der Führung eines Genossenschafterverzeichnisses festgehalten wird (ebenso CHK-MÜLLER/FORNITO, Art. 907 OR N 4).

Art. 908

D. Mängel in der Organisation Bei Mängeln in der Organisation der Genossenschaft sind die Vorschriften des Aktienrechts entsprechend anwendbar.

D. Carences dans l'organisation de la société Les dispositions du droit de la société anonyme concernant les carences dans l'organisation de la société s'appliquent par analogie à la société coopérative.

D. Lacune nell'organizzazione In caso di lacune nell'organizzazione della società cooperativa, si applicano per analogia le disposizioni del diritto della società anonima.

Literatur

Vgl. die Literaturhinweise zu Art. 731b.

1 Die **Rechtsfolgen** bei fehlender oder mangelhafter Organisation innerhalb einer AG sind derzeit in Art. 731b geregelt, womit auf die dortigen Ausführungen verwiesen werden kann (vgl. Botschaft GmbH, 3225 f.). Anzuwenden sind die Vorschriften des Aktienrechts v.a. auf die Einhaltung der Anforderungen an die Bestellung und Zusammensetzung der Organe einer Genossenschaft gem. Art. 894 Abs. 1, Art. 898 Abs. 2 oder Art. 906 Abs. 1.

2 Aufgehoben wurde insb. das in Art. 831 Abs. 2 bislang enthaltene Recht eines Genossenschafters oder Gläubigers, die **Auflösung der Genossenschaft** zu verlangen, sofern diese nicht mehr über die notwendigen Organe verfügt und auch nicht innerhalb einer angesetzten Frist den rechtmässigen Zustand wiederherstellt (BSK OR II-BAUDENBACHER, 2. Aufl. 2002, Art. 831 N 7 ff.). Neu kann gem. Art. 731b auch der Handelsregisterführer – nebst einem Genossenschafter oder Gläubiger – die **Wiederherstellung des rechtmässigen Zustandes** verlangen und der Richter nebst Auflösung der Gesellschaft auch ein Organ oder einen Sachwalter bestellen (vgl. Art. 731b N 11 f.).

3 Der Verweis in Art. 908 auf die Vorschriften des Aktienrechts ist als sog. dynamischer Verweis zu verstehen, der sich allfälligen späteren Gesetzesänderungen anpasst (Botschaft RAG, 3990, 4039); zu beachten ist auch der Verweis in Art. 831 Abs. 2 auf die Bestimmungen des Aktienrechts im Falle der nicht mehr eingehaltenen Mindestzahl der Genossenschafter.

Art. 909 und 910

aufgehoben

abrogés

abrogati

Sechster Abschnitt: Auflösung der Genossenschaft

Vorbemerkungen zu Art. 911–913

Literatur

LINIGER, Die Liquidation der Genossenschaft, Diss. Zürich 1982; WEHRLI, Die Umwandlung einer Genossenschaft in eine Aktiengesellschaft, Diss. Zürich 1976.

Die «kleine OR-Revision» fokussierte auf Änderungen des GmbH-Rechts – die Genossenschaft wurde ausserhalb von Änderungen, wie sie sich aus dem Fusionsgesetz ergeben, keiner Prüfung bezüglich Gesetzesanpassungen unterzogen. 1

Der Auflösungsvorgang zeigt bei der Genossenschaft wenig Eigenarten (BK-FORSTMOSER, System. Teil N 347); die Auflösung (mit Liquidation) der Genossenschaft wird vom Gesetzgeber in gerade drei Artikeln behandelt. Die **Auflösungstatbestände** entsprechen grundsätzlich denjenigen der AG und GmbH, doch fehlt bei der Genossenschaft die Möglichkeit der Auflösungsklage. Mit dem Inkrafttreten des Fusionsgesetzes (FusG) am 1.7.2004 wurden die Bestimmungen betr. Fusionen und Umwandlungen neu geregelt. Seither gelten die einschlägigen Bestimmungen des Fusionsgesetzes, weshalb Art. 914 aufgehoben wurde. Gemäss Art. 4 Abs. 3 FusG können Genossenschaften neu mit Genossenschaften und auch mit Kapitalgesellschaften (AG, Kommandit-AG, GmbH) fusionieren (lit. a und b). Als übernehmende Gesellschaft kann eine Genossenschaft auch mit einer Kollektiv- oder Kommanditgesellschaft fusionieren (lit. c) und auch mit Vereinen, die im Handelsregister eingetragen sind (lit. d). Weiter können Genossenschaften als übertragende Gesellschaften mit Vereinen, die im Handelsregister eingetragen sind, fusionieren (lit. e). Neben der Möglichkeit einer Fusion kann die Beendigung der Genossenschaft weiterhin durch Verstaatlichung (bzw. Übernahme durch eine Körperschaft des öffentlichen Rechts nach Art. 915) erfolgen.

Die Umwandlung einer Genossenschaft in eine Unternehmung in der Rechtsform der Kapitalgesellschaft setzte bisher grundsätzlich deren vorgängige Liquidation voraus. Im Zuge der mit BGE 125 III 18 ff. vom BGer eingeleiteten und vom Eidg. Handelsgericht praktizierten Liberalisierung konnte zwar auch bis anhin schon von der grundsätzlichen Zulässigkeit von Umwandlungen und der rechtsformüberschreitenden Fusion ausgegangen werden (Reprax 1999/1, 41 ff.; vgl. N 6; Vor Art. 736–747 N 1 und 6; Vor Art. 820–823 N 2), mit Inkrafttreten des Fusionsgesetzes wurden diese Regelungen betr. Fusion, Spaltung und Umwandlung nun auch gesetzlich verankert.

So kann sich gem. Art. 54 FusG eine Genossenschaft in eine Kapitalgesellschaft (AG, Kommandit-AG, GmbH) (lit. a) und in einen Verein, falls die Genossenschaft über keine Anteilscheine verfügt und der Verein ins Handelsregister eingetragen wird, umwandeln (lit. b). Eine Spaltung der Genossenschaft ist ebenfalls zulässig (Art. 30 FusG).

Abgesehen von den Fällen der Fusion, Spaltung oder Umwandlung tritt die Genossenschaft bei Vorliegen eines Auflösungsgrundes in Liquidation.

Mit der Auflösung wird die Genossenschaft zur **Liquidationsgesellschaft.** Für das Liquidationsverfahren selbst werden grundsätzlich die Bestimmungen des Aktienrechtes für anwendbar erklärt (Art. 913 Abs. 1). Für die Verwendung eines allfälligen Liquidationsgewinnes gilt jedoch eine eigenständige Regelung (Art. 913 Abs. 3 f.), in der der Genossenschaftsgedanke zum Ausdruck kommt. 2

Art. 911

A. Auflösungs-gründe	Die Genossenschaft wird aufgelöst:
	1. nach Massgabe der Statuten;
	2. durch einen Beschluss der Generalversammlung;
	3. durch Eröffnung des Konkurses;
	4. in den übrigen vom Gesetze vorgesehenen Fällen.
A. Causes de dissolution	La société est dissoute:
	1. en conformité des statuts;
	2. par une décision de l'assemblée générale;
	3. par l'ouverture de la faillite;
	4. pour les autres motifs prévus par la loi.
A. Cause di scioglimento	La società cooperativa si scioglie:
	1. in conformità dello statuto;
	2. per deliberazione dell'assemblea generale;
	3. per la dichiarazione del fallimento;
	4. per gli altri motivi previsti dalla legge.

I. Normzweck

1   Art. 911 nennt die einzelnen **Gründe für die Auflösung** der Genossenschaft, die schliesslich zu deren Löschung führen.

II. Auflösungsgründe im einzelnen

1. Ziffer 1: Nach Massgabe der Statuten

2   Wie bei der AG (Art. 627 Ziff. 4) können die Statuten als besonderer Auflösungsgrund den Ablauf einer begrenzten **Dauer der Genossenschaft** festhalten (BK-FORSTMOSER, Art. 833 N 198).

3   Auch andere Voraussetzungen wie z.B. das **Erreichen des statutarischen Zweckes** können umschrieben werden, bei deren Eintritt die Genossenschaft unmittelbar aufgelöst wird.

4   Die Statuten können ein gegenüber Art. 888 Abs. 2 **qualifiziertes Quorum** für die Auflösungsbeschlüsse der GV verlangen oder andere Bedingungen vorsehen (im Einzelnen ZK-GUTZWILLER, Art. 911 N 5 ff.).

2. Ziffer 2: Durch Beschluss der GV

5   Soweit statutarisch keine Regelung vorgesehen ist, ist die Auflösung Sache der GV. Art. 888 Abs. 2 verlangt für die Auflösung eine Mehrheit von zwei Dritteln der abgegebenen Stimmen. Der **Auflösungsbeschluss** kann statutarisch einer Delegiertenversammlung (Art. 892) überbunden oder mittels Urabstimmung (Art. 880) getroffen werden.

6   Da die Auflösungstatbestände grundsätzlich denjenigen der AG und der GmbH entsprechen, kann angenommen werden, dass der Auflösungsbeschluss wie bei der AG widerrufbar ist und eine **Rückgründung** grundsätzlich möglich ist (vgl. BGE 123 III 473 ff.).

6. Abschnitt: Auflösung der Genossenschaft 7–12 **Art. 911**

Form: Bei der Genossenschaft braucht der Auflösungsbeschluss nicht öffentlich beurkundet zu werden. Dies im Gegensatz zur AG (Art. 736 Ziff. 2) und der GmbH (Art. 821 Abs. 2). 7

Statutarisch kann der Beschluss erschwert werden (Art. 911 Ziff. 2, Art. 888 Abs. 2). 8

Die erforderliche Mehrheit für einen Fusionsbeschluss bei Genossenschaften ist neu im FusG geregelt. Gemäss Art. 18 Abs. 1 FusG muss der Fusionsvertrag vom obersten Leitungs- oder Verwaltungsorgan der GV zur Beschlussfassung unterbreitet werden (Art. 18 Abs. 1 FusG). Zur Genehmigung des Fusionsvertrages ist eine Mehrheit von mindestens zwei Dritteln der abgegebenen Stimmen, oder, wenn eine Nachschusspflicht, andere persönliche Leistungspflichten oder die persönliche Haftung eingeführt oder erweitert werden, von mindestens drei Vierteln aller Genossenschafterinnen und Genossenschafter (Art. 18 Abs. 1 lit. d FusG) nötig.

Der Fusionsbeschluss bedarf der öffentlichen Beurkundung (Art. 20 FusG).

Für den Umwandlungsbeschluss (Art. 64 Abs. 1 lit. d FusG) und den Spaltungsbeschluss (Art. 43 Abs. 2 FusG) gelten dieselben Quoren, ebenso ist in beiden Fällen eine öffentliche Beurkundung nötig (Art. 65 und Art. 44 FusG).

3. Ziffer 3: Durch Eröffnung des Konkurses

Die Genossenschaft unterliegt nach Art. 39 Abs. 1 Ziff. 10 SchKG dem **Konkurs** und wird mit dessen Eröffnung aufgelöst. Es ist auf die entsprechende Komm. bei der AG hinzuweisen (Art. 736 N 7 ff.). 9

Wegen der Sondervorschrift im Genossenschaftsrecht von Art. 903 wurde der **Überschuldungsbegriff** gemäss rev. Aktienrecht (vgl. Art. 725 Abs. 2 N 9) nicht übernommen. Es bleibt damit beim alten Überschuldungstatbestand, der auf die Veräusserungswerte laut Liquidationsbilanz abstellt (bei der AG und der GmbH wird der Fortführungswert mitberücksichtigt; s. Art. 725 Abs. 2, Art. 820 Abs. 1). 10

Sehen die Statuten eine **Nachschusspflicht** vor (Art. 871), braucht der Richter erst benachrichtigt zu werden, wenn der Bilanzverlust nicht binnen dreier Monate durch Nachschüsse der Mitglieder abgedeckt ist (Art. 903 Abs. 4). 11

Bei der Genossenschaft auch mit **Anteilscheinen** besteht analog der Vorschrift zur AG (Art. 725 Abs. 1) für die Verwaltung die **Anzeigepflicht,** wenn aufgrund der letzten Jahresbilanz die Hälfte des Genossenschaftskapitals nicht mehr gedeckt ist (Art. 903 Abs. 3). In allen Fällen ist es Sache der Verwaltung, den Richter zu benachrichtigen. Wird über eine Genossenschaft mit persönlicher Haftung oder mit Nachschusspflicht der Genossenschafter (Art. 869–871) der Konkurs eröffnet, so bildet die Geltendmachung der Haftungsanteile oder Nachschüsse einen Teil des Konkursverfahrens (vgl. Art. 1 VGeK). Wird eine durch Konkurseröffnung aufgelöste Genossenschaft nach Einstellung und Schliessung des Konkursverfahrens im Handelsregister nicht gelöscht, weil sie noch Aktiven besitzt, welche das Konkursamt kannte, aber als zur Deckung der Konkurskosten nicht ausreichend erachtete, so ist die Verwaltung befugt, diese Aktiven zum Zwecke der Liquidation freihändig zu veräussern. Die Statuten oder die GV können freilich eine andere Anordnung vorsehen (BGE 90 II 247, 258). 12

4. Ziffer 4: In den übrigen vom Gesetz vorgesehenen Fällen

13 Art. 911 nennt die Auflösungsgründe nicht abschliessend. Als weitere kommen in Frage:
- Art. 57 Abs. 3 ZGB: Auflösung aus öffentlichem Recht; wenn die Genossenschaft unsittliche oder widerrechtliche Zwecke verfolgt, unabhängig davon, ob der Zweck von allem Anfang an widerrechtlich war oder es erst im Verlaufe der Zeit geworden ist. Für die zuständige Behörde besteht eine Pflicht, Klage auf Feststellung der Nichtigkeit einzuleiten (BGE 112 II 1, 13 = Pra 1986, 140).
- Art. 27 Abs. 1 lit. b BewG: Diese Bestimmung der **Lex Koller** als Anwendungsfall zu Art. 57 Abs. 3 ZGB.
- Art. 831: Auflösung durch den Richter auf Begehren eines Genossenschafters oder Gläubigers, wenn die Mitgliederzahl unter sieben sinkt oder wenn es der Genossenschaft an den notwendigen Organen fehlt und der gesetzlich geforderte Zustand nicht binnen angemessener Frist wieder hergestellt wird.
- Art. 155 HRegV: Wenn eine Genossenschaft keine verwertbaren Aktiven mehr hat und kein begründetes Interesse an der Aufrechterhaltung der Eintragung besteht.
- Art. 163 f. IPRG; Art. 127 HRegV: Sitzverlegung ins Ausland bewirkt die Löschung im Handelsregister, jedoch nicht die Auflösung.

5. Keine Auflösungsklage

14 Bei der Genossenschaft steht die **Auflösungsklage** nicht zur Verfügung. Die Genossenschafter müssen den Weg über den Auflösungsbeschluss wählen und die Einberufung einer GV erzwingen (Art. 881 Abs. 2) oder aber den Austritt erklären (Art. 842–844; BGE 61 II 193).

Art. 912

B. Anmeldung beim Handelsregister

Erfolgt die Auflösung der Genossenschaft nicht durch Konkurs, so ist sie von der Verwaltung zur Eintragung in das Handelsregister anzumelden.

B. Inscription sur le registre du commerce

Sauf le cas de faillite, la dissolution de la société est communiquée au Bureau du registre du commerce par les soins de l'administration.

B. Notificazione al registro di commercio

Lo scioglimento della società, eccetto che avvenga per fallimento, dev'essere notificato dall'amministrazione per l'iscrizione nel registro di commercio.

I. Allgemeines

1 In analoger Anwendung von Art. 737 dürfte auch bei einer Genossenschaft nur bei einer **richterlichen Auflösung** (Art. 57 Abs. 3 ZGB; Art. 831 OR) der Richter die Anmeldung direkt vornehmen (Art. 913).

6. Abschnitt: Auflösung der Genossenschaft   Art. 913

II. Zweck der Anmeldung

Mit der Auflösung tritt die Genossenschaft in das Liquidationsstadium (vgl. Vor 2
Art. 911–913). Die vorgeschriebene **Eintragung der Auflösung** hat sofort zu erfolgen, für den Übergang in den Liquidationszustand ist sie aber nicht konstitutiv, und ihrer Unterlassung kommen nur die in Art. 933 vorgesehenen Publizitätswirkungen zu (BGE 91 I 445 E. 5a = Pra 1966, 177 ff.). Die Anmeldung hat vor dem Schuldenruf zu erfolgen (Art. 913 Abs. 1 i.V.m. Art. 742 Abs. 2; vgl. Art. 737 N 2).

III. Zuständigkeit für die Anmeldung

Soweit die Auflösung nicht durch Konkurs oder richterliches Urteil (Art. 911 N 9 ff.) er- 3
folgt, hat die in Anwendung von Art. 894 bestimmte **Verwaltung** die Anmeldung zu besorgen. Im Übrigen vgl. Art. 737 N 3 ff.

Art. 913

C. Liquidation, Verteilung des Vermögens

¹ Die Genossenschaft wird, unter Vorbehalt der nachfolgenden Bestimmungen, nach den für die Aktiengesellschaft geltenden Vorschriften liquidiert.

² Das nach Tilgung sämtlicher Schulden und Rückzahlung allfälliger Genossenschaftsanteile verbleibende Vermögen der aufgelösten Genossenschaft darf nur dann unter die Genossenschafter verteilt werden, wenn die Statuten eine solche Verteilung vorsehen.

³ Die Verteilung erfolgt in diesem Falle, wenn die Statuten nicht etwas anderes bestimmen, unter die zur Zeit der Auflösung vorhandenen Genossenschafter oder ihre Rechtsnachfolger nach Köpfen. Der gesetzliche Abfindungsanspruch der ausgeschiedenen Genossenschafter oder ihrer Erben bleibt vorbehalten.

⁴ Enthalten die Statuten keine Vorschrift über die Verteilung unter die Genossenschafter, so muss der Liquidationsüberschuss zu genossenschaftlichen Zwecken oder zur Forderung gemeinnütziger Bestrebungen verwendet werden.

⁵ Der Entscheid hierüber steht, wenn die Statuten es nicht anders ordnen, der Generalversammlung zu.

C. Liquidation. Répartition de l'actif

¹ La liquidation de la société s'opère, sous réserve des dispositions qui suivent, en conformité des règles adoptées pour la société anonyme.

² L'excédent qui reste après extinction de toutes les dettes et, s'il y a lieu, remboursement des parts sociales, ne peut être réparti entre les associés que si les statuts le permettent.

³ Sauf clause contraire des statuts, la répartition a lieu par tête entre tous ceux qui sont associés au jour de la dissolution ou leurs ayants droit. Demeurent réservés les droits conférés par la loi aux associés sortis ou à leurs héritiers.

⁴ Si les statuts ne prescrivent rien au sujet de la répartition de l'excédent, celui-ci doit être affecté à des buts coopératifs ou d'utilité publique.

⁵ Si les statuts n'en disposent autrement, l'affectation est du ressort de l'assemblée générale.

C. Liquidazione. Ripartizione del patrimonio

¹ La liquidazione della società s'opera in conformità delle disposizioni che valgono per la società anonima, salvo le deroghe seguenti.

² Il patrimonio della società disciolta, che rimane dopo l'estinzione di tutti i debiti ed il rimborso dei certificati di quota che fossero stati emessi, può essere ripartito tra i soci soltanto se lo statuto consente una siffatta ripartizione.

³ In tale caso la ripartizione, salvo diversa disposizione dello statuto, si fa per capi tra quelli ch'erano soci al momento dello scioglimento o i loro successori. Rimangono riservati i diritti conferiti dalla legge ai soci usciti od ai loro eredi.

⁴ Se lo statuto non contiene disposizioni sulla ripartizione tra i soci, il patrimonio rimanente dev'essere destinato a scopi cooperativi o di pubblica utilità.

⁵ Qualora lo statuto non disponga diversamente, la destinazione è deliberata dall'assemblea generale.

Literatur

Vgl. die Literaturhinweise bei den Vorbem. zu Art. 911–913.

I. Allgemeines

1   Die Genossenschaft kennt wie die AG drei Arten der **Auflösung ohne Liquidation,** nämlich die **Fusion,** die **Umwandlung** und die **Spaltung,** die seit 1.7.2004 alle im Fusionsgesetz geregelt sind (vgl. Vor Art. 911–913). Zudem ist die **Verstaatlichung** durch die Übernahme einer Körperschaft des öffentlichen Rechtes (Art. 915) möglich.

II. Normzweck

2   Art. 913 enthält zunächst einen **Verfahrensverweis:** Die Genossenschaft wird analog zu den einschlägigen Vorschriften des Aktienrechtes liquidiert (Abs. 1). Zu berücksichtigen sind aber die Besonderheiten der Genossenschaft bei der **Verwendung des Genossenschaftsvermögens.** Bleibt ein solches nach durchgeführter Liquidation übrig, ist es grundsätzlich sozialen Zwecken vorbehalten. Anderseits lässt der Gesetzgeber eine autonome Regelung durch die Genossenschaft zu. Zu berücksichtigen sind bei der Verwendung das Vermögen, sodann allfällige Abfindungsansprüche ausscheidender Mitglieder sowie die Rückerstattungsansprüche für einbezahlte Anteile. Art. 913 räumt den Genossenschaften eine grosse Freiheit zu statutarischen individuellen Regelungen ein.

III. Das Liquidationsverfahren

3   Abs. 1 verweist für das **Liquidationsverfahren** auf die einschlägigen **aktienrechtlichen Bestimmungen** (Art. 739–747), die damit zwingend anwendbar sind. Es ist auf das dort Ausgeführte zu verweisen.

IV. Spezifische Aspekte bei der Liquidation der Genossenschaft

1. Rückzahlung der Genossenschaftsanteile

4   Bestehen bei der Genossenschaft **Anteilscheine** (Art. 853), sind diese nach der vollständigen Tilgung der Drittschulden (Art. 870 Abs. 2) zunächst zurückzuzahlen (Abs. 2).

6. Abschnitt: Auflösung der Genossenschaft 5–7 Art. 913

2. Verwendung des Liquidationsüberschusses

Ohne statutarische Regelung: Schweigen die Statuten der Genossenschaft darüber, dass 5
der **Liquidationsüberschuss** unter die Genossenschafter verteilt werden soll, muss er
zwingend der **Förderung genossenschaftlicher Zwecke** oder **gemeinnütziger Bestrebungen** zugeführt werden (Abs. 4). Wenn die Statuten die Verteilung an die Genossenschafter zwar vorsehen, im Einzelnen den Verteilungsmodus aber nicht regeln, ist es
Aufgabe der GV, über die Verwendung zu beschliessen (Abs. 5; vgl. zahlreiche Bsp.
bei ZK-GUTZWILLER, Art. 913 N 7 ff.)

Mit statutarischer Regelung: Art. 913 lässt viel Raum für eine individuelle Regelung, 6
und zwar sowohl in Bezug auf den Kreis der Anspruchsberechtigten wie auch für den
Verteilungsmodus. Art. 833 Ziff. 8 anerkennt ausdrücklich die statutarische Bestimmung
über die Berechnung und die Verwendung des Liquidationsüberschusses, vorausgesetzt
ist allerdings, dass die Statuten eine Verteilung unter die Genossenschafter grundsätzlich
verankern (Abs. 2).

a) Kreis der **Anspruchberechtigten:** Dieser kann durch die Statuten definiert werden.
Ohne anderslautende Regelung ist der Liquidationsüberschuss an die im Zeitpunkt
der Auflösung (nicht im Zeitpunkt der Verteilung) vorhandenen Mitglieder oder deren Rechtsnachfolger zu verteilen. Freilich kann auch der Zeitpunkt der Berechtigung statutarisch frei und anders bestimmt werden (BGE 80 II 271), vorbehalten
hat der Gesetzgeber auch den gesetzlichen Abfindungsanspruch der ausgeschiedenen
Genossenschafter oder ihrer Erben. Art. 865 Abs. 2 will eine Gleichstellung mit den
bei der Auflösung vorhandenen Genossenschaftern bewirken. Entgegen ZK-GUTZWILLER (Art. 913 N 45) soll dieser Anspruch nicht auf den Fall eingegrenzt sein,
wo sowohl die Auflösung wie auch die Verteilung innerhalb eines Jahres stattfinden.
Dem steht schon die Sperrfrist von Art. 745 Abs. 2 entgegen.

b) **Verteilungsmodus:** Wie die Verteilung des Liquidationsüberschusses auf die Anspruchsberechtigten vorgenommen wird, kann ebenfalls autonom in den Statuten geregelt werden. Als **Bestimmungsfaktoren** werden z.B. genannt:

– Dauer der Mitgliedschaft;

– Umfang der Mitgliederbeiträge;

– Benutzungsintensität der genossenschaftlichen Einrichtungen (Art. 859 Abs. 2);

– Erfüllung der statutarischen Mitgliedschaftspflichten (BGE 80 II 271);

– nach Umfang der Kapitalbeteiligung (im Einzelnen dazu LINIGER, 145 ff., 154 ff.).

In der Gerichtspraxis ist diese «innere Liquidation» nicht ausgetestet. Ein wohlerworbenes Recht auf Liquidationsgewinn besteht aufgrund der nur spärlich vorhandenen Bundesgerichtspraxis generell nicht (BGE 80 II 271), wobei die Verhältnisse bei Versicherungsgenossenschaften gesondert beurteilt werden (BGE 80 II 123; 61 II 177).

Schweigen die Statuten bezüglich des Verteilungsmodus, findet die **Verteilung nach** 7
Köpfen statt (Abs. 3).

Christoph Stäubli

Art. 914

aufgehoben

abrogés

abrogati

Art. 915

E. Übernahme durch eine Körperschaft des öffentlichen Rechts	¹ **Wird das Vermögen einer Genossenschaft vom Bunde, von einem Kanton oder unter Garantie des Kantons von einem Bezirk oder von einer Gemeinde übernommen, so kann mit Zustimmung der Generalversammlung vereinbart werden, dass die Liquidation unterbleiben soll.** ² **Der Beschluss der Generalversammlung ist nach den Vorschriften über die Auflösung zu fassen und beim Handelsregisteramt anzumelden.** ³ **Mit der Eintragung dieses Beschlusses ist der Übergang des Vermögens der Genossenschaft mit Einschluss der Schulden vollzogen, und es ist die Firma der Genossenschaft zu löschen.**
E. Reprise par une corporation de droit public	¹ Lorsque les biens d'une société coopérative sont repris par la Confédération, par un canton ou, sous la garantie du canton, par un district ou une commune, la liquidation peut être conventionnellement exclue si l'assemblée générale y consent. ² L'assemblée générale se prononce suivant les règles applicables à la dissolution, et sa décision est inscrite sur le registre du commerce. ³ Dès cette inscription, le transfert de l'actif et du passif est accompli, et la raison sociale de la société doit être radiée.
E. Assunzione da parte d'una corporazione di diritto pubblico	¹ Qualora il patrimonio di una società cooperativa sia assunto dalla Confederazione, da un Cantone oppure, con la garanzia di questo, da un distretto o da un Comune, la liquidazione può essere contrattualmente esclusa col consenso dell'assemblea generale. ² La deliberazione dell'assemblea generale dev'essere presa in conformità delle norme riguardanti lo scioglimento e dev'essere notificata all'ufficio del registro di commercio. ³ Con l'iscrizione di tale deliberazione il trasferimento dell'attivo e del passivo della società è compiuto e la ditta sociale dev'essere cancellata.

Literatur

VON DER CRONE/GERSBACH/KESSLER/DIETRICH/BERLINGER, Das Fusionsgesetz, Zürich 2004 (zit. VON DER CRONE et al.); SCHUMACHER, Die Vermögensübertragung nach dem Fusionsgesetz, Diss. Zürich 2005 (SSHW 242); VON STEIGER, Übernahme einer Genossenschaft durch eine Körperschaft des öffentlichen Rechts, SAG 1945/1946.

I. Allgemeines

1   Analog Art. 751 für die Aktiengesellschaft ermöglicht Art. 915 die Übernahme des gesamten Vermögens einer Genossenschaft durch den Bund, einen Kanton oder mit der

Garantie eines Kantons durch einen Bezirk oder eine Gemeinde desselben auf dem Wege der **Universalsukzession**. Dabei wird die Genossenschaft aufgelöst, eine Liquidation entfällt dagegen, falls dies mit Zustimmung der GV so vereinbart wird und das gesamte Vermögen mit Rechten und Pflichten übertragen wird. Diese **Verstaatlichung** bleibt auch nach Inkrafttreten des FusG aktuell (VON DER CRONE et al., Rz 699 FN 6; ZK- WAGNER PFEIFER/GELZER, vor Art. 99–101 FusG N 3; SCHUMACHER, 221). Art. 99 Abs. 1 FusG regelt die Zulässigkeit der Umwandlung und Fusion für Fälle, in welchen Institute des öffentlichen Rechts (vgl. zur Definition Art. 2 Abs. 1 lit. d FusG und dazu BSK FusG-MORSCHER, Art. 2 N 14 sowie BGE 132 III 470, E. 3 m.w.V.) beteiligt sind. Erfasst wird dabei u.a. auch die Umwandlung in eine Genossenschaft, bzw. die Fusion mit einer Genossenschaft, bei welcher die Genossenschaft Übernehmerin ist. Damit regelt das FusG zwar die Privatisierung, im Gegensatz zum OR aber nicht den umgekehrten Vorgang der strukturellen Verstaatlichung, d.h. eine privatrechtliche Genossenschaft kann nach FusG weder in ein Institut des öffentlichen Rechts umgewandelt noch mit einem solchen fusioniert werden (ZK-WAGNER PFEIFER/GELZER, vor Art. 99–101 FusG N 2; SCHUMACHER, 221; BGE 132 III 470, E. 3–5). Zulässig ist dagegen die Vermögensübertragung nach Art. 99 Abs. 2 FusG (ZK-WAGNER PFEIFER/GELZER, vor Art. 99–101 FusG N 2; SCHUMACHER, 221). Das Gemeinwesen hat gemäss Art. 101 FusG sicherzustellen, dass die übernommenen Verpflichtungen erfüllt werden (SCHUMACHER, 228). Bei vollständiger Vermögensübertragung ist die übertragende Genossenschaft aufzulösen und zu liquidieren.

Nach wie vor sollte daneben aber auch ein Vorgehen nach Art. 181 möglich sein, wie es seit jeher neben Art. 915 zugelassen wurde, soweit das Vermögen nur teilweise übernommen werden sollte oder aber eine Liquidation nicht ausdrücklich ausgeschlossen wurde (VON STEIGER, 150).

II. Übernahmevertrag und Generalversammlungsbeschluss

Zur Durchführung einer Übernahme durch eine öffentlich-rechtliche Körperschaft nach Art. 915 bedarf es zunächst eines Vertrages zwischen dieser und der Genossenschaft. Dieser Übernahmevertrag ist formfrei gültig, wird aber mit Vorteil schriftlich abgefasst. Er regelt nebst den genannten Punkten der Übernahme des gesamten Vermögens und dem Absehen von einer Liquidation (N 1) auch eine vom Gemeinwesen allenfalls zu erbringende Gegenleistung und deren Empfänger. Sodann hat die GV der Genossenschaft die **Auflösung** der Gesellschaft **unter Ausschluss der Liquidation** zu beschliessen. Dieser Beschluss ist vorbehältlich erschwerter statutarischer Bedingungen mit der Mehrheit von zwei Dritteln der abgegebenen Stimmen zu fassen (Art. 888 Abs. 2).

III. Verzicht auf Gläubigerschutzbestimmungen

Mit dem Handelsregistereintrag vollzieht sich der Übergang des Vermögens mit allen Rechten und Pflichten kraft Universalsukzession. Vgl. zum Vermögensübergang kraft Universalsukzession die Ausführungen in BSK FusG-TSCHÄNI/MEINHARDT/PAPA, Art. 22 N 6 ff. Aufgrund des besonderen Status öffentlich-rechtlicher Körperschaften hat der Gesetzgeber von besonderen Schutzvorschriften zugunsten der Gläubiger der untergehenden Genossenschaft abgesehen. Die Genossenschaft ist mit dem Eintrag der Auflösung gleich zu löschen (Art. 915 Abs. 3). Die Gläubiger der Genossenschaft können sich fortan nur an die öffentlich-rechtliche Körperschaft halten, welche allerdings mit ihrem gesamten Vermögen haftet.

IV. Handelsregistereintrag und Löschung

4 Die Auflösung der Genossenschaft ist durch deren Verwaltung beim Handelsregister anzumelden (Art. 915 Abs. 2 i.V.m. Art. 912). Da auf einen besonderen **Gläubigerschutz verzichtet** wurde, ist die Genossenschaft gleichzeitig zu löschen.

Siebenter Abschnitt: Verantwortlichkeit

Vorbemerkungen zu Art. 916–920

Literatur

BLICKENSTORFER, Die genossenschaftsrechtliche Verantwortlichkeit, Diss. Zürich 1987; FORSTMOSER, Grossgenossenschaften, Diss. Zürich, Bern 1970; DERS., Hundert Jahre schweizerisches Genossenschaftsrecht, in: Hundert Jahre schweizerisches OR, Fribourg 1982, 307 ff.; HENGGELER, Berechtigte und unberechtigte Differenzen des Genossenschaftsrechts gegenüber dem Aktienrecht, Diss. Zürich 1976; JÖRG, Genossenschaftsrecht, in: Kunz/Jörg/Arter (Hrsg.), Entwicklungen im Gesellschaftsrecht III, Bern 2008; MONTAVON, Société Coopérative, Lausanne 1999; MÜLLER, Verantwortlichkeit der Verwaltung einer Genossenschaft, in: FS Nobel, Bern 2005, 225 ff.; STEINER, Verschiedenartige Behandlung von Aktiengesellschaft und Genossenschaft im neuen OR, SAG 1941/42, 95 ff.; DERS., Die Anwendung von Vorschriften des Aktienrechts auf die Genossenschaften, SAG 1943/44, 116 ff.; TANNER, Die Auswirkungen des neuen Aktienrechts auf Gesellschaften mit beschränkter Haftung, Genossenschaften und Bankaktiengesellschaften, in: FS Forstmoser, Zürich 1993, 31 ff.; VETTER, Der verantwortlichkeitsrechtliche Organbegriff gemäss Art. 754 Abs. 1 OR, Diss. St. Gallen, Zürich 2007; vgl. ausserdem die Literaturhinweise zu Art. 752, 753 und bei den Vorbem. zu Art. 754–761.

1 Die Regelung der Verantwortlichkeit im Genossenschaftsrecht stimmt in weiten Teilen mit derjenigen des Aktienrechts überein. Einzelne Bestimmungen entsprechen fast wörtlich denjenigen des Aktienrechts von 1936. Für Kreditgenossenschaften und konzessionierte Versicherungsgenossenschaften erfolgte durch Art. 920 sogar eine umfassende Verweisung auf die Bestimmungen des Aktienrechts (Art. 752–760). Für alle anderen Genossenschaften besteht eine abweichende Regelung insb. hinsichtlich der folgenden Punkte:

– Die Gründungshaftung ist nicht im Gesetz geregelt. Dies bedeutet, dass die Gründer einer Genossenschaft nur gestützt auf Art. 41 ff. belangt werden können (MÜLLER, 232) und dass die Verjährungsregelung von Art. 919 auf solche Klagen keine Anwendung findet (ebenso JÖRG, 256 f.).

– Es existiert keine spezielle Prospekthaftung; allenfalls gilt in diesem Bereich Art. 41 ff. (MÜLLER, 232).

– Die wesentlichste Milderung der Haftung besteht darin, dass Gläubiger und Genossenschafter ihren mittelbaren Schaden nicht wie im Aktienrecht bei jeder Pflichtverletzung durch die verantwortlichen Organe geltend machen können, sondern lediglich im Rahmen von Art. 917 Abs. 1, d.h. sofern die Mitglieder der Verwaltung und die Liquidatoren ihre Pflichten im Falle der Überschuldung der Genossenschaft verletzen.

– Als weitere Besonderheit kommt hinzu, dass sogar in dem eben genannten Fall von Art. 917 die RS gegenüber Genossenschaftern und Gläubigern nicht haftet.

Die zahlreichen ausdrücklichen Verweisungen sowie die implizite Zugrundelegung aktienrechtlicher Vorschriften werfen interpretatorische Fragen auf. Zunächst kann mit TANNER festgehalten werden, dass die **Verweisungen** auf das Aktienrecht dessen jeweils geltende Fassung betreffen. Dies gilt zunächst für Art. 920 und sodann auch für Art. 917 Abs. 2 (TANNER, 37 und 43 ff.). Diese Ansicht hat sich in der Lehre inzwischen durchgesetzt (vgl. MEIER-HAYOZ/FORSTMOSER, § 19 N 105). Des Weiteren stellt sich die Frage, ob in den Fällen, in denen der Wortlaut des Genossenschaftsrechts ganz oder weitgehend dem Wortlaut des Aktienrechts von 1936 entspricht, die seither eingetretenen gesetzgeberischen Änderungen im Aktienrecht bei der Anwendung des Genossenschaftsrechts berücksichtigt werden müssen. Die wesentlichste Frage betrifft hierbei die Berücksichtigung von Art. 759 Abs. 1 (differenzierte Solidarität) bei der Anwendung von Art. 918 Abs. 1. Dazu wird bei der Komm. zu Art. 918 Stellung genommen.

Art. 916

A. Haftung gegenüber der Genossenschaft	Alle mit der Verwaltung, Geschäftsführung, Revision oder Liquidation befassten Personen sind der Genossenschaft für den Schaden verantwortlich, den sie ihr durch absichtliche oder fahrlässige Verletzung der ihnen obliegenden Pflichten verursachen.
A. Envers la société	Toutes les personnes chargées de l'administration, de la gestion, de la révision ou de la liquidation répondent envers la société du préjudice qu'elles lui causent en manquant intentionnellement ou par négligence à leurs devoirs.
A. Verso la società	Tutte le persone incaricate dell'amministrazione, della gestione, della revisione o della liquidazione sono responsabili verso la società cooperativa del danno ad essa cagionato mediante la violazione, intenzionale o dovuta a negligenza, dei loro doveri.

Literatur

Vgl. die Literaturhinweise bei den Vorbem. zu Art. 916–920.

Die **Struktur** der Bestimmung entspricht weitgehend dem Art. 754 mit der hauptsächlichen Ausnahme, dass nur die Genossenschaft selbst anspruchsberechtigt ist. Die Ausführungen zu Art. 754 können deshalb mit geringfügigen Anpassungen auch für Art. 916 herangezogen werden.

I. Die verantwortlichen Personen

Da Art. 916 fast wörtlich Art. 754 altOR entspricht, können die unter dem Aktienrecht von 1936 entwickelten und im Aktienrecht von 1991 präzisierten Grundsätze über den **funktionalen Organbegriff** auch hier angewendet werden (BLICKENSTORFER, N 364 ff.; OR-Handkommentar-PLÜSS, Art. 916 N 3; ferner dazu Art. 754 N 5 ff.). Neben den formell mit Organfunktionen betrauten Personen werden von der Haftung also auch diejenigen betroffen, die mit Organfunktionen tatsächlich befasst sind. Im Zuge der sog. «kleinen» Aktienrechtsrevision vom Dezember 2005 (in Kraft seit 1.1.2008) wurde folgerichtig der Wortlaut von Art. 916 dahingehend angepasst, als nunmehr nicht mehr von «*betraut*» sondern von «*befasst*» die Rede ist. Die Organstellung betrifft zunächst einmal die mit der Verwaltung und Geschäftsführung befassten Personen sowie Liquidatoren und Sachwalter (Art. 903 Abs. 5; BLICKENSTORFER, N 425 ff. m.w.Nw.).

3   Die Mitglieder der **Revisionsstelle** (Art. 906) sind der Genossenschaft gegenüber ebenfalls verantwortlich, dagegen werden sie von den Ansprüchen der Genossenschafter und der Gläubiger nicht erfasst (Art. 917 Abs. 1). Die Haftung nach Art. 916 trifft nur die Mitglieder des Organs RS. Nicht organschaftlich tätige Revisoren unterstehen grundsätzlich allein dem Auftragsrecht (so auch CHK-MÜLLER/FORNITO, Art. 916 OR N 2). Da aber auch bei der Revisionshaftung die tatsächliche *Befassung* mit der gesellschaftsrechtlich vorgeschriebenen Revision die Passivlegitimation begründet, kann sich Art. 916 auch auf solche Revisoren beziehen, wenn sie gesellschaftsrechtliche Aufgaben der RS wahrnehmen. Die Haftpflicht gemäss Art. 916 erstreckt sich nicht auf die Tätigkeit der RS, die bei der Herabsetzung oder Aufhebung der Anteilscheine gemäss Art. 874 Abs. 2 Bericht erstattet (BLICKENSTORFER, N 413).

II. Anspruchsberechtigte

4   Der Anspruch aus Art. 916 steht nur der **Genossenschaft** zu. Genossenschafter und Gläubiger besitzen Verantwortlichkeitsansprüche nur im Rahmen der wesentlich engeren Voraussetzungen von Art. 917 Abs. 1. Der Schadenersatzanspruch steht der Genossenschaft indes nicht höchstpersönlich zu, weshalb eine Zession gem. Art. 164 an Genossenschafter oder Gläubiger als zulässig erachtet wird (vgl. MÜLLER, 237).

5   Diese Anspruchsordnung gilt grundsätzlich sowohl für Ansprüche aus mittelbarer wie auch aus unmittelbarer Schädigung. Allerdings kann die unmittelbare Schädigung von Genossenschaftern und Gläubigern durch Organe der Genossenschaft zur Haftung aufgrund anderer Vorschriften, insb. von **Art. 41 ff.,** führen.

III. Pflichtwidrigkeit

6   Art. 916 erfasst grundsätzlich die Verletzung aller **Organpflichten.** Dabei muss es sich aber auch im Genossenschaftsrecht um die Verletzung von Normen handeln, die zum Schutz der Genossenschafter und Gläubiger aufgestellt sind (Art. 754 N 23; CHK-MÜLLER/FORNITO, Art. 916 OR N 7; JÖRG, 255; unklar BLICKENSTORFER, N 106 f.). Im Anwendungsbereich von Art. 917 Abs. 1 ist die Haftung auf die Verletzung von Pflichten im Fall der Überschuldung beschränkt (vgl. Art. 917 N 6).

7   Im Einzelnen werden die Pflichten der **Verwaltung** durch Art. 902 f. bestimmt. Es kann auf die Komm. zu diesen Bestimmungen verwiesen werden (vgl. ferner dazu MONTAVON, 130 f.; MÜLLER, 241 ff.). Für die **RS** sind im Allgemeinen die Vorschriften des Aktienrechts entsprechend anwendbar (Art. 906 Abs. 1). Besonderheiten bestehen hinsichtlich der Prüfung des Genossenschafterverzeichnisses (vgl. Art. 907 sowie die Komm. dazu).

IV. Schaden

8   Vgl. Art. 754 N 13 ff. und Art. 755 N 9 ff.

V. Adäquater Kausalzusammenhang

9   Vgl. Art. 754 N 42 ff. und Art. 755 N 19 ff.

7. Abschnitt: Verantwortlichkeit Art. 917

VI. Verschulden

Die Mitglieder der Verwaltung haften für jedes Verschulden (BLICKENSTORFER, N 159). **10**
Fahrlässigkeit liegt vor, wenn das schädigende Ereignis für den Verantwortlichen vorauszusehen war; ein strenger Massstab ist anzulegen, wenn Mitglieder der Verwaltung nicht im Interesse der Gesellschaft, sondern im eigenen Interesse handeln (BGE 128 III 378 f.). Im Übrigen kann auf die Ausführungen zum Aktienrecht verwiesen werden (vgl. Art. 754 N 32 ff.; Art. 755 N 22).

Das Aktienrecht enthält in Art. 754 Abs. 2 ausdrücklich einen Exkulpationsgrund für die **11**
Organe bei **befugter Delegation**. Eine analoge Bestimmung fehlt im Genossenschaftsrecht. Es stellt sich deshalb die Frage, ob die aktienrechtliche Regelung auch im Genossenschaftsrecht anwendbar ist. Zunächst ist festzuhalten, dass die Berücksichtigung der befugten Delegation schon unter dem Aktienrecht von 1936 von der h.L. anerkannt war, d.h. bevor diese Exkulpationsmöglichkeit im Gesetz ausdrücklich erwähnt wurde (vgl. Art. 754 N 36). Die Gründe, die für die Anerkennung der entlastenden Wirkung bei befugter Delegation im Aktienrecht sprechen, gelten auch für die Genossenschaft. Delegation bestimmter Aufgaben und Kompetenzen bei sorgfältiger Auswahl, richtiger Instruktion und angemessener Kontrolle des Delegierten führt somit auch bei der Genossenschaft zur Einschränkung der Haftung (BLICKENSTORFER, 400 f.; MÜLLER, 245 f.).

Zur Frage der Beweislastverteilung beim Verschulden vgl. Art. 754 N 35. **12**

VII. Geltendmachung des Schadens

Im Binnenverhältnis gilt für die Verantwortlichkeitsklage des Genossenschaftsrechts **13**
Art. 29 GestG (GestG Kommentar-BLUNSCHI, Art. 29 N 8 f.). Es besteht ein alternativer Gerichtsstand am Wohnsitz oder Sitz der beklagten Partei oder am Sitz der Gesellschaft.

Für alle übrigen Probleme wie Aktivlegitimation und Vertretung der Gesellschaft sei auf **14**
die Komm. der Art. 754 ff. verwiesen.

Art. 917

B. Haftung gegenüber Genossenschaft, Genossenschaftern und Gläubigern

¹ Die Mitglieder der Verwaltung und die Liquidatoren, welche die für den Fall der Überschuldung der Genossenschaft vom Gesetz aufgestellten Pflichten absichtlich oder fahrlässig verletzen, haften der Genossenschaft, den einzelnen Genossenschaftern und den Gläubigern für den entstandenen Schaden.

² Der Ersatz des Schadens, der den Genossenschaftern und den Gläubigern nur mittelbar durch Schädigung der Genossenschaft verursacht wurde, ist nach den für die Aktiengesellschaft aufgestellten Vorschriften geltend zu machen.

B. Envers la société, les associés et les créanciers

¹ Les membres de l'administration et les liquidateurs répondent, à l'égard de la société de même qu'envers les membres de celle-ci et ses créanciers, des dommages qu'ils leur causent en manquant intentionnellement ou par négligence aux devoirs que la loi leur impose en cas d'insolvabilité de la société.

Peter Widmer/Dieter Gericke/Stefan Waller

	² L'action en réparation d'un dommage qui aurait été éprouvé par la société elle-même, mais subi d'une manière seulement indirecte par les associés ou les créanciers, s'exerce conformément aux règles adoptées pour la société anonyme.
B. Verso la società, i soci e i creditori	¹ Qualora gli amministratori od i liquidatori violino, intenzionalmente o per negligenza, i doveri loro imposti dalla legge nel caso d'insolvenza della società, essi rispondono verso questa, verso i singoli soci e verso i creditori, del danno che ne è derivato. ² L'azione per un danno cagionato alla società e subìto soltanto indirettamente dai soci o dai creditori soggiace alle disposizioni sulla società anonima.

Literatur

Vgl. die Literaturhinweise bei den Vorbem. zu Art. 916–920.

I. Einleitende Bemerkungen

1   Art. 917 schafft gegenüber einem beschränkten Kreis von Haftpflichtigen beim Vorliegen eng umschriebener Pflichtverletzungen **Ansprüche der Genossenschafter und der Gläubiger,** und zwar sowohl aus mittelbarer wie auch aus unmittelbarer Schädigung. Soweit in dieser Bestimmung auch die Genossenschaft selbst als Ansprecherin genannt ist, beruht dies auf einem Versehen des Gesetzgebers. Denn die in Art. 917 Abs. 1 erwähnten Pflichtverletzungen werden auch von Art. 916 erfasst. Die Genossenschaft hat deshalb auch bei Verletzung der für den Fall der Überschuldung aufgestellten Pflichten Ansprüche gegen alle in Art. 916 genannten Personen (zustimmend CHK-MÜLLER/FORNITO, Art. 917 OR N 2).

II. Zweck

2   Der **Zweck** von Art. 917 Abs. 1 besteht darin, die Ansprüche von Genossenschaftern und Gläubigern aus mittelbarer Schädigung auf den Spezialfall der Verletzung der Anzeigepflicht bei Kapitalverlust und bei Überschuldung zu beschränken. Der Gesetzgeber wollte die Haftung der Organe im Vergleich zur AG milder ausgestalten und die Verantwortlichkeit einschränken. Die Regelung ist «historisch» begründet und zielt darauf ab, den *«inneren Frieden»* der Genossenschaft zu wahren (vgl. BLICKENSTORFER, N 114 f.).

III. Die verantwortlichen Personen

3   Haftbar sind nur die Mitglieder der **Verwaltung** sowie die **Liquidatoren.** Dadurch sind neben den Mitgliedern der RS auch die mit der Geschäftsführung befassten Personen von dieser Haftung befreit.

4   Im Übrigen gelten die Ausführungen zu Art. 916, insb. hinsichtlich faktischer bzw. materieller Organstellung (Art. 916 N 2; **a.M.** hinsichtlich faktischer Organe REYMOND, 258 f. und VETTER, 37; wie hier BLICKENSTORFER, N 394 f.).

IV. Die Anspruchsberechtigten

5   Der spezifische Anspruch aus Art. 917 steht den **Gesellschaftsgläubigern** sowie den **Genossenschaftern** zu. Der Anspruch der Genossenschaft selbst stützt sich auf

Art. 916 (ebenso CHK-MÜLLER/FORNITO, Art. 917 OR N 2). Für die Modalitäten der Geltendmachung des Schadens vgl. u. N 11.

V. Die spezifische Pflichtverletzung (Abs. 1)

Die Mitglieder der Verwaltung und Liquidatoren haften gegenüber den Genossenschaftern und den Gläubigern, wenn sie die spezifischen Pflichten verletzen, die in Art. 903 für den Fall der **Überschuldung** der Genossenschaft aufgestellt sind. In Frage steht insb. die Pflicht zur Erstellung einer Zwischenbilanz aufgrund der Veräusserungswerte bei begründeter Besorgnis einer Überschuldung (Art. 903 Abs. 1) und zur Benachrichtigung des Richters im Fall von Art. 903 Abs. 2. Dagegen bildet die Verletzung von Art. 903 Abs. 3 (Einberufung der GV) keine Pflichtwidrigkeit i.S.v. Art. 917 Abs. 1, da der Verlust der Hälfte des Genossenschaftskapitals keinen Überschuldungstatbestand darstellt (BLICKENSTORFER, N 129; ebenso CHK-MÜLLER/FORNITO, Art. 917 OR N 3). Erst wenn die Forderungen der Genossenschaftsgläubiger nicht mehr gedeckt sind, liegt gem. der gesetzlichen Definition in Art. 903 Abs. 2 eine Überschuldung vor (MÜLLER, 236).

VI. Schaden und adäquater Kausalzusammenhang

Art. 917 gilt für die **mittelbare und unmittelbare** Schädigung, d.h. er findet auch dann Anwendung, wenn Genossenschafter und Gläubiger durch Verletzung der in N 6 genannten Pflichten unmittelbar geschädigt werden (vgl. Art. 754 N 13 ff.).

Zu ersetzen ist nur derjenige Schaden, der dadurch entsteht, dass die verantwortlichen Personen ihre Pflichten im Falle einer Überschuldung verletzt haben. Es handelt sich i.d.R. um einen sog. **Fortsetzungsschaden,** d.h. um das Anwachsen der Überschuldung zwischen der Pflichtverletzung und dem Zeitpunkt der Liquidation bzw. Konkurseröffnung (vgl. Art. 754 N 22). Dabei ist das auslösende Ereignis die Überschuldung selbst und nicht schon die *«begründete Besorgnis einer Überschuldung»* nach Art. 903 Abs. 1 (ZK-GUTZWILLER, Art. 917 N 3; BLICKENSTORFER, N 119).

VII. Verschulden

Vgl. Art. 754 N 32 ff.

Die Ansprüche der Genossenschafter gelten nach h.L. als solche vertraglicher Natur. Demzufolge wird das Verschulden vermutet (BLICKENSTORFER, N 206 ff.). Die Ansprüche der Gläubiger sind demgegenüber nach h.L. deliktischer Natur. Die **Beweislast** für das Verschulden liegt demnach beim Ansprecher (BLICKENSTORFER, N 210; vgl. zum Ganzen auch Art. 754 N 35.)

VIII. Geltendmachung des Schadens (Abs. 2)

Das Genossenschaftsrecht verweist für die Geltendmachung des mittelbaren Schadens durch Genossenschafter und Gläubiger in vollem Umfang auf das Aktienrecht. Gemeint ist damit das **Aktienrecht** in seiner jeweils geltenden Fassung (Vor Art. 916–920 N 2). Diese Verweisung erfasst sowohl die Ansprüche ausser Konkurs als auch jene im Konkurs der Genossenschaft. Dies bedeutet, dass auch die Kostenregelung in Art. 756 Abs. 2 im Rahmen der genossenschaftsrechtlichen Verantwortlichkeit Anwendung findet. Art. 756 Abs. 2 soll im Zuge der sog. «grossen» Aktienrechtsrevision aufgehoben und die Kostenverteilung inskünftig in der Schweizerischen Zivilprozessordnung geregelt werden (vgl. dazu Art. 756 N 15).

IX. Untergang der Ersatzansprüche

12 Das Genossenschaftsrecht enthält keine Bestimmung, die sinngemäss Art. 758 (**Déchargeerteilung**) entspräche. Auch das Genossenschaftsrecht kennt jedoch das Institut des Entlastungsbeschlusses, und zwar durch die GV (Art. 879 Abs. 2 Ziff. 4), die Urabstimmung (Art. 880) oder die Delegiertenversammlung (Art. 892). Bei konzessionierten Versicherungsgenossenschaften mit über tausend Mitgliedern ist sogar ein Entlastungsbeschluss durch die Verwaltung denkbar (Art. 893; BLICKENSTORFER, N 293 m.w.Nw.). Der Entlastungsbeschluss stellt einen Verzicht auf Schadenersatzansprüche der Gesellschaft gegen die entlasteten Organe dar. Im Umfang seiner Wirkung muss er deshalb auch im Genossenschaftsrecht zu einem Untergang der Verantwortlichkeitsansprüche führen. Dies gilt jedenfalls soweit, als die Entlastung durch die GV oder eine Urabstimmung erfolgte. Bei Entlastung durch die Delegiertenversammlung kann von einem Verzicht nur insofern gesprochen werden, als der klagende Genossenschafter seinem Delegierten die Weisung erteilt hat, für die Entlastung zu stimmen (vgl. im Einzelnen BLICKENSTORFER, N 230 f.; zustimmend JÖRG, 256). Im Ergebnis ist anzunehmen, dass die Grundsätze von Art. 758 auch im Genossenschaftsrecht Anwendung finden.

Art. 918

C. Solidarität und Rückgriff

¹ **Sind mehrere Personen für denselben Schaden verantwortlich, so haften sie solidarisch.**

² **Der Rückgriff unter mehreren Beteiligten wird vom Richter nach dem Grade des Verschuldens des einzelnen bestimmt.**

C. Solidarité et recours

¹ Les personnes qui répondent d'un même dommage en sont tenues solidairement.

² Le juge règle le recours de ces personnes les unes contre les autres en prenant en considération le degré de la faute de chacune.

C. Solidarietà e regresso

¹ Più persone tenute a risarcire lo stesso danno ne sono responsabili in solido.

² Il regresso tra più partecipanti è determinato dal giudice secondo il grado della colpa di ciascuno di essi.

Literatur

Vgl. die Literaturhinweise bei den Vorbem. zu Art. 916–920.

1 Art. 918 entspricht in seinem Wortlaut dem Art. 759 des Aktienrechts von 1936. Nach der Revision von Art. 759 im Jahre 1991 stellte sich daher die Frage, ob der Grundsatz der Berücksichtigung von adäquater Kausalität und Verschulden im Aussenverhältnis (**differenzierte Solidarität**) auch im Genossenschaftsrecht anzuwenden sei. Dies ist zu bejahen. Artikel 759 in der geltenden Fassung bringt im Wesentlichen eine Klärung der Frage, ob Art. 43 f. auch auf die Verantwortlichkeit bei mehreren Haftpflichtigen Anwendung finden. Die frühere Praxis des BGer zu Art. 759 altOR vermochte nicht zu überzeugen und beruhte keineswegs auf einem zwingenden Gesetzeswortlaut (vgl.

Art. 759 N 1). Der Wille des Gesetzgebers von 1991, das Verschulden des einzelnen Haftpflichtigen angemessen zu berücksichtigen und damit Art. 43 f. auch in diesem Bereich anzuwenden, muss auch auf das Genossenschaftsrecht «ausstrahlen» (BLICKENSTORFER, N 255; ebenso CHK-MÜLLER/FORNITO, Art. 918 OR N 2 und OR-Handkommentar-PLÜSS, Art. 918 N 1). Diese Ansicht entspricht mittlerweile h.L. (vgl. MÜLLER, 248).

Im Übrigen kann für die Fragen der Solidarität auf die Komm. von Art. 759 verwiesen werden. **2**

Art. 919

D. Verjährung

1 Der Anspruch auf Schadenersatz gegen die nach den vorstehenden Bestimmungen verantwortlichen Personen verjährt in fünf Jahren von dem Tage an, an dem der Geschädigte Kenntnis vom Schaden und von der Person des Ersatzpflichtigen erlangt hat, jedenfalls aber mit dem Ablaufe von zehn Jahren, vom Tage der schädigenden Handlung an gerechnet.

2 Wird die Klage aus einer strafbaren Handlung hergeleitet, für die das Strafrecht eine längere Verjährung vorschreibt, so gilt diese auch für den Zivilanspruch.

D. Prescription

¹ Les actions en responsabilité que régissent les dispositions qui précèdent se prescrivent par cinq ans à compter du jour où la partie lésée a eu connaissance du dommage, ainsi que de la personne responsable, et, dans tous les cas, par dix ans dès le jour où le fait dommageable s'est produit.

² Si les dommages-intérêts dérivent d'une infraction soumise par les lois pénales à une prescription de plus longue durée, cette prescription s'applique à l'action civile.

D. Prescrizione

¹ Le azioni di risarcimento contro le persone responsabili a norma delle precedenti disposizioni si prescrivono in cinque anni dal giorno in cui il danneggiato conobbe il danno e la persona responsabile e in ogni caso nel termine di dieci anni dal giorno dell'atto che ha causato il danno.

² Se l'azione deriva da un atto punibile, a riguardo del quale la legislazione penale stabilisca una prescrizione più lunga, questa si applica anche all'azione civile.

Literatur

Vgl. die Literaturhinweise bei den Vorbem. zu Art. 916–920.

Die Verjährungsregelung in Art. 919 entspricht wörtlich **Art. 760**. Es kann auf die Komm. jener Vorschrift verwiesen werden. **1**

Art. 920

E. Bei Kredit- und Versicherungsgenossenschaften	Bei Kreditgenossenschaften und konzessionierten Versicherungsgenossenschaften richtet sich die Verantwortlichkeit nach den Bestimmungen des Aktienrechts.
E. Dans des sociétés de crédit et d'assurance	Dans les sociétés de crédit et les sociétés d'assurance concessionnaires, la responsabilité est soumise aux règles adoptées pour la société anonyme.
E. Nelle cooperative di credito e nelle società mutue d'assicurazione	Nelle società cooperative di credito e nelle società mutue di assicurazione al beneficio d'una concessione, la responsabilità soggiace interamente alle disposizioni sulla società anonima.

Literatur

Vgl. die Literaturhinweise bei den Vorbem. zu Art. 916–920.

1   Für die atypischen Wirtschaftsgenossenschaften **verweist** das Gesetz integral auf das **Aktienrecht**. Gemeint sind die verantwortlichkeitsrechtlichen Bestimmungen in der jeweils geltenden Fassung (Vor Art. 916–920 N 2). Die Art. 752–760 gelten deshalb für diese Genossenschaften uneingeschränkt. Dies bedeutet, dass auch die Vorschriften über Prospekt- und Gründungshaftung vollumfänglich anwendbar sind (vgl. JÖRG, 271; REYMOND, 250). Ebenso gelangt Art. 29 GestG auch hier zur Anwendung (MÜLLER, 239 sowie o. Art. 916 N 13).

Achter Abschnitt: Genossenschaftsverbände

Art. 921

A. Voraussetzungen	Drei oder mehr Genossenschaften können einen Genossenschaftsverband bilden und ihn als Genossenschaft ausgestalten.
A. Conditions	Trois sociétés coopératives au moins peuvent se fédérer et constituer une société de même espèce.
A. Requisiti	Tre o più società cooperative possono riunirsi in una federazione sotto forma d'una nuova società cooperativa.

Literatur

BRUGGMANN, Zum Problem des Genossenschaftsverbands, Diss. Basel 1952 (masch. geschr.); BRUNNER, Der genossenschaftliche Zusammenschluss, unter besonderer Berücksichtigung einer vergleichsweisen Darstellung der konsumgenossenschaftlichen Verhältnisse der Schweiz und Österreichs, Diss. Bern 1951; VON BÜREN, Genossenschaftskonzerne – Gesetz und Wirklichkeit, FS Peter Forstmoser, Zürich 2003, 99 ff.; BÜTIKOFER, Genossenschaftsverbände nach dem schweizerischem OR, Diss. Bern 1945; CAPITAINE, Genossenschaftsverbände, SJK 1163, 1955; GERBER, Die Genossenschaft als Organisationsform von Mittel- und Grossunternehmen, ASR 677, Diss. Bern 2003; GLOOR, Recht und Berechtigung der Delegiertenversammlung in der Genossenschaft, Diss. Basel 1949, (masch. geschr.); KUMMER, Die Gleichbehandlung der Genossenschafter gemäss Art. 854 OR, Diss. Bern 1949; NATSCH, Die Genossenschaft im Konzern, Diss. Bern 2002; PAUL,

8. Abschnitt: Genossenschaftsverbände 1–6 **Art. 921**

Die Genossenschaft als Rechtsform von Grossunternehmen, ZBJV 1980, 567 ff.; SCHMID, Genossenschaftsverbände, Diss. Zürich 1979; SEILER, Verbände nach schweizerischem Vereins- und Genossenschaftsrecht, Diss. Zürich 1937.

I. Begriff

Der Genossenschaftsverband ist eine **Genossenschaft, deren Mitglieder ausschliesslich oder mehrheitlich Genossenschaften** sind. Umgekehrt ist jede mehrheitlich oder gänzlich aus Genossenschaften bestehende Genossenschaft ein Genossenschaftsverband (REYMOND, 231; GERBER, 12). Ein Genossenschaftsverband kann also auch *Nichtgenossenschaften* (andere juristische Personen, z.B. Vereine, so BGE 82 II 152 f. und BK-RIEMER, Vereine, Systematischer Teil N 497, oder auch natürliche Personen) *aufnehmen,* soweit der genossenschaftliche Grundgedanke gewahrt bleibt. Voraussetzung dazu ist insb., dass die Mehrheit der Mitglieder Genossenschaften sind (SCHMID, 27 ff.). Die Mitgliedsgenossenschaften können ihrerseits Genossenschaftsverbände sein (REYMOND, 231).   1

II. Anwendbares Recht

Der Genossenschaftsverband unterliegt dem *allgemeinen Genossenschaftsrecht,* soweit nicht Art. 921 ff. als leges speciales gelten. Die Bestimmungen von Art. 921–925 erfuhren in der Änderung des Obligationenrechts vom 16.12.2005 keine Anpassung ihres Wortlauts.   2

III. Gründung

Die *Gründung* eines Genossenschaftsverbandes geht grundsätzlich wie diejenige der gewöhnlichen Genossenschaft vor sich (REYMOND, 232); mithin ist auch hier dreierlei nötig: schriftliche Statuten des Genossenschaftsverbandes, eine konstituierende GV sowie der Eintrag des Genossenschaftsverbandes im Handelsregister.   3

IV. Mitgliederzahl

Art. 921 verlangt für die Gründung eines Genossenschaftsverbandes *wenigstens drei Gründungsmitglieder.* Damit wird die für das allgemeine Genossenschaftsrecht (Art. 831) geltende Siebenzahl derogiert. Diese Reduktion erfolgte, weil der Gesetzgeber allgemein den Zusammenschluss von Genossenschaften zu Verbänden fördern wollte, aber auch weil es in der Praxis unter dem altOR vielfach schwierig war, sieben Gründergenossenschaften zu finden.   4

Bei der *Zählung* der Mitglieder wird auf die formalrechtliche Situation abgestellt: Jede juristische Person oder Handelsgesellschaft zählt – unabhängig von ihrer tatsächlichen Mitgliederzahl – als eine Person (BK-FORSTMOSER, Art. 831 N 14).   5

Auch während des Bestandes des Genossenschaftsverbandes muss, gleich wie bei der gewöhnlichen Genossenschaft, die gesetzlich oder statutarisch vorgesehene *Mindestmitgliederzahl* eingehalten werden (Art. 831 Abs. 2); ein *Absinken* wird jedoch rechtlich grundsätzlich nicht verhindert. Aufgrund der Änderung des Obligationenrechts vom 16.12.2005, insb. Art. 831 Abs. 2, steht fest, dass Einpersonengenossenschaften nicht zulässig sind (vgl. Botschaft GmbH, 3235), Zweipersonengenossenschaften scheinen aber nach wie vor zulässig zu sein (vgl. zum früheren Rechtszustand (BK-FORSTMOSER, Art. 831 N 25 f.), jedoch kann allenfalls in analoger Anwendung von Art. 908 i.V.m.   6

Ernst F. Schmid

Art. 731b auf Auflösung der Genossenschaft geklagt werden. Das Vorstehende muss auch für die Genossenschaftsverbände gelten (teilweise a.M. REYMOND, 232).

Art. 922

B. Organisation I. Delegierten- versammlung	¹ Oberstes Organ des Genossenschaftsverbandes ist, sofern die Statuten es nicht anders ordnen, die Delegiertenversammlung. ² **Die Statuten bestimmen die Zahl der Delegierten der angeschlossenen Genossenschaften.** ³ **Jeder Delegierte hat, unter Vorbehalt anderer Regelung durch die Statuten, eine Stimme.**
B. Organisation I. Assemblée des délégués	¹ Sauf disposition contraire des statuts, l'assemblée des délégués est l'organe suprême de la fédération. ² Les statuts déterminent le nombre des délégués des sociétés fédérées. ³ Sauf clause contraire des statuts, chaque délégué possède une voix.
B. Organizzazione I. Assemblea dei delegati	¹ L'assemblea dei delegati è l'organo supremo della federazione, se lo statuto non dispone diversamente. ² Lo statuto determina il numero dei delegati delle società federate. ³ Salvo disposizione contraria dello statuto, ogni delegato ha un voto.

I. Notwendige Organe

1   Das OR sieht für die Genossenschaft **zwingend drei Organe** vor: die GV als Legislativorgan, die Verwaltung als Exekutivorgan und die Revisionsstelle als Kontrollorgan. Die Bedeutung von Art. 922 liegt darin, dass – unter Vorbehalt anderer statutarischer Regelung – die GV durch die Delegiertenversammlung ersetzt wird.

2   Nach einem Teil der Lehre (ZK-GUTZWILLER, N 2; KUMMER, 48) kann allerdings der Genossenschaftsverband statutarisch seine Organisation völlig frei gestalten, insb. die General- bzw. Delegiertenversammlung als willensbildendes Organ völlig ausschliessen und die entsprechenden Kompetenzen der Verwaltung übertragen. Aus allgemeinen körperschaftlichen Überlegungen ist diese Auffassung abzulehnen (SCHMID, 107; BRUGGMANN, 55; BÜTIKOFER, 42). Vielmehr ist davon auszugehen, dass *auch der Genossenschaftsverband notwendigerweise die drei Organe* der General- bzw. Delegiertenversammlung, der Verwaltung und der Revisionsstelle haben muss. Statutarisch können weitere, *fakultative Organe* vorgesehen werden; allerdings dürfen diesen nicht Kompetenzen zugewiesen werden, die nach Gesetz zwingend einem der drei obligatorischen Organe zustehen.

II. Paritätsprinzip

3   Wie bei der AG gilt bei der Genossenschaft und somit beim Genossenschaftsverband sodann das Paritätsprinzip: Alle drei notwendigen Organe haben ihren *eigenen Kompetenzbereich,* in den die andern Organe nicht eingreifen können. Wenn das Gesetz die GV als «*oberstes Organ*» bezeichnet, so bedeutet dies nur, dass ihr die wichtigsten Entscheidungsbefugnisse zustehen und dass sie Wahlorgan für die Verwaltung und die Revisionsstelle ist, nicht aber, dass sie alle Kompetenzen an sich reissen könnte.

8. Abschnitt: Genossenschaftsverbände   1, 2   Art. 923

III. Legislativorgan

Als solches bieten sich im Genossenschaftsrecht, neben oder statt der Delegiertenversammlung, die GV, die Urabstimmung und die Universalversammlung an.   4

Die Bestimmungen im OR (Art. 892, 922) über die Delegiertenversammlung sind grundsätzlich nur *dispositives Recht*. Namentlich in der Organisation der Delegiertenversammlung hat der Gesetzgeber den Genossenschaften grosse Freiheit gelassen; Schranken ergeben sich nur aus den Grundsätzen des allgemeinen Genossenschaftsrechts.   5

IV. Zur Delegiertenversammlung im Besonderen

Art. 892 erlaubt die Delegiertenversammlung nicht nur bei Genossenschaften mit über dreihundert Mitgliedern (sog. echte Delegiertenversammlung), sondern auch bei Genossenschaften, die sich mehrheitlich aus Genossenschaften zusammensetzen, also bei den Genossenschaftsverbänden (sog. unechte Delegiertenversammlung).   6

Die Delegiertenversammung erlaubt, vom *Kopfstimmprinzip* gemäss Art. 885 abzurücken.   7

Allen Genossenschaftsverbandsmitgliedern, d.h. i.d.R. den Mitgliedsgenossenschaften, steht das unentziehbare und unverzichtbare Recht zu, ihre Delegierten zu bestimmen. Nicht erlaubt ist somit, Nichtmitglieder bei der Bestellung der Delegierten mitwirken zu lassen. Als solche sind namentlich die Verwaltung und die Delegiertenversammlung des Genossenschaftsverbands von der Bestellung der Delegierten ausgeschlossen.   8

Die Delegierten brauchen selber nicht *Genossenschafterqualität* zu haben. Mehrere von einer Mitgliedgenossenschaft entsandte Delegierte müssen ihre Stimmen nicht einheitlich abgeben; ob ein Delegierter mit Mehrfachstimmrecht seine Stimmen einheitlich abgeben muss, ist strittig (bejahend SEILER, 81; BÜTIKOFER, 39; verneinend SCHMID, 119). Ein Delegierter kann grundsätzlich auch mehrere Genossenschaften vertreten.   9

Art. 923

II. Verwaltung	Die Verwaltung wird, sofern die Statuten es nicht anders bestimmen, aus Mitgliedern der angeschlossenen Genossenschaften gebildet.
II. Administration	L'administration se compose de membres des sociétés fédérées, si les statuts n'en disposent autrement.
II. Amministrazione	L'amministrazione è formata di membri delle società federate, se lo statuto non dispone diversamente.

Gemäss Art. 894 muss die Mehrheit der Verwaltung aus Genossenschaftern bestehen. Gemäss Art. 894 Abs. 2 sind *juristische Personen* nicht in den VR wählbar. Art. 923 stellt nun für den Genossenschaftsverband klar, dass – unter Vorbehalt anderer Statutenbestimmung – die *Verwaltung* aus Mitgliedern der angeschlossenen Genossenschaften gebildet wird.   1

Die Statuten können allerdings vorsehen, dass die Verwaltung des Genossenschaftsverbandes sich ganz oder nur teilweise aus *externen Personen* zusammensetzt (SCHMID, 131; CAPITAINE, 2).   2

Ernst F. Schmid

3   Die *Wahl* der Verwaltung erfolgt durch die Delegiertenversammlung oder das statutarisch an ihrer Stelle vorgesehene Legislativorgan. Eine Delegation der Wahl und der Abberufung an andere Organe ist nicht erlaubt (SCHMID, 132).

Art. 924

III. Überwachung. Anfechtung	¹ Die Statuten können der Verwaltung des Verbandes das Recht einräumen, die geschäftliche Tätigkeit der angeschlossenen Genossenschaften zu überwachen. ² Sie können der Verwaltung des Verbandes das Recht verleihen, Beschlüsse, die von den einzelnen angeschlossenen Genossenschaften gefasst worden sind, beim Richter durch Klage anzufechten.
III. Contrôle. Recours au juge	¹ Les statuts peuvent conférer à l'administration commune le droit de contrôler l'activité des sociétés fédérées. ² Ils peuvent conférer à l'administration commune le droit d'attaquer devant le juge les décisions prises isolément par les sociétés fédérées.
III. Vigilanza. Contestazione di deliberazioni	¹ Lo statuto può conferire all'amministrazione della federazione il diritto di vigilare l'attività delle società federate. ² Esso può pure conferirle il diritto di contestare davanti al giudice le deliberazioni prese da ogni singola società federata.

I. Das Überwachungsrecht gemäss Abs. 1

1   Die gesetzliche Normierung eines Überwachungsrechtes in Abs. 1 ist insofern nötig, als der Verband, da er nicht Mitglied der angeschlossenen Genossenschaften ist, nicht die in Art. 856 f. dem Genossenschafter eingeräumten Kontrollrechte ausüben kann.

2   Das Überwachungsrecht ist *kein Eingriffsrecht* des Verbandes im eigentlichen Sinne; vielmehr auferlegt es der einzelnen Genossenschaft nur die Pflicht, die Kontrolle durch den Verband zu **dulden** bzw. den Verband von sich aus zu informieren. Das Überwachungsrecht des Verbandes erlaubt aber nicht, die Gültigkeit der Beschlüsse der Genossenschaften von der Zustimmung des Verbandes *abhängig zu machen* (SCHMID, 164; BRUGGMANN, 92, 97).

3   Hingegen ist das Überwachungsrecht des Verbandes *inhaltlich grundsätzlich unbeschränkt*. Es kann daher die Überwachung der gesamten Organisation und Tätigkeit angeordnet werden, nicht nur eine buchhalterische Kontrolle der Bücher (SCHMID, 165; a.M. ZK-GUTZWILLER, N 15 ff. unter Berufung auf den deutschen und italienischen Gesetzestext, wonach der Verband nur «Acht haben» dürfe). Schranken des Überwachungsrechts ergeben sich aus dem Verbandszweck; auch muss, soweit die Beziehungen zum Verband in Frage stehen, der Mitgliedsgenossenschaft eine verbandsfreie Sphäre zugestanden werden (SCHMID, 166).

4   Eine *statutarische Grundlage* in den Verbandsstatuten ist genügend (ZK-GUTZWILLER, N 8; SCHMID, 166).

II. Das Anfechtungsrecht nach Abs. 2

Anfechtbar sind nur **Beschlüsse der Mitgliedgenossenschaften**. Das Anfechtungsrecht hilft weder bei pflichtwidriger Unterlassung der Beschlussfassung noch bei von den Mitgliedgenossenschaften ohne besondere Beschlussfassung abgeschlossenen Verträgen. Soweit allerdings ausnahmsweise der Genossenschaftsverband auch andere Genossenschafter als Genossenschaften hat, unterliegen auch deren Beschlüsse dem Überwachungsrecht nach Abs. 1 und dem Anfechtungsrecht nach Abs. 2 (NATSCH, 90; VON BÜREN, 103 FN 19).

Anfechtbar sind Beschlüsse des obersten Organs, d.h. der *GV, Delegiertenversammlung oder Urabstimmung*. Die Anfechtbarkeit von Beschlüssen der *Verwaltung bzw. einer allfälligen Direktion* durch den Genossenschaftsverband wird überwiegend bejaht (ZK-GUTZWILLER, N 26 f.; SCHMID, 169 m.w.N.; **a.M.** VON STEIGER, Grundriss, 182).

Anfechtbar sind Beschlüsse, die gegen das Gesetz oder die Statuten des Genossenschaftsverbandes oder der betreffenden Genossenschaft verstossen (SCHMID, 170).

Ob das Anfechtungsrecht neben den Verbandsstatuten auch in den *Statuten* der Mitgliedgenossenschaften verankert sein muss, ist strittig (verneinend GERWIG, Genossenschaftsrecht, 157; SCHMID, 172; bejahend SIGG, Das oberste Organ der Genossenschaft, Diss. Zürich 1953, 200 ff.; SEILER, 77).

Aktivlegitimiert ist «*die Verwaltung des Verbandes*». Richtigerweise ist wohl der Verband als solcher aktivlegitimiert, im Gegensatz zu Art. 891, wo die Verwaltung als Organ in eigenem Namen klagt. Passivlegitimiert ist die Mitgliedgenossenschaft, nicht deren Verwaltung. Das Gesetz sieht keine Frist vor; eine analoge Anwendung der Zweimonatsfrist gemäss Art. 891 Abs. 2 drängt sich auf. Die Zweimonatsfrist läuft ab dem Zeitpunkt der möglichen Kenntnisnahme des Verbandes. Die Anfechtungsklage lautet auf Ungültigerklärung des angefochtenen Beschlusses ex tunc. Erst das richterliche Urteil zerstört den angefochtenen Beschluss (Gestaltungsurteil; SCHMID, 172 ff.).

Die *praktische Bedeutung* des Anfechtungsrechts ist gering. Nur wenige Genossenschaftsverbände haben sich dieses Recht in ihren Statuten ausbedungen; publizierte Entscheide fehlen.

Art. 925

IV. Ausschluss neuer Verpflichtungen	Der Eintritt in einen Genossenschaftsverband darf für die Mitglieder der eintretenden Genossenschaft keine Verpflichtungen zur Folge haben, denen sie nicht schon durch das Gesetz oder die Statuten ihrer Genossenschaft unterworfen sind.
IV. Exclusion d'obligations nouvelles	Les membres de la société qui entre dans une fédération ne peuvent être astreints de ce chef à d'autres obligations que celles qui leur incombaient aux termes de la loi ou des statuts de leur société.
IV. Esclusione di nuovi obblighi	L'ingresso d'una società cooperativa in una federazione non può avere per effetto d'imporre ai soci di quella obblighi che già non incombessero loro per legge o per una disposizione statutaria della loro società.

Art. 925 will nur die Mitglieder der angeschlossenen Genossenschaften schützen; auf diesen Artikel können sich Genossenschaften zur Abwehr weiterer Pflichten nicht berufen (SCHMID, 209 m.w.Nw.; AppHof BE, ZBJV 1961, 295). Art. 925 verbietet nicht, dass die Genossenschaften über eine Änderung ihrer Statuten ihren Mitgliedern eine Pflichtvermehrung auferlegen, sei es zur Ermöglichung des Beitritts, sei es nach dem Beitritt zum Genossenschaftsverband (ZK-GUTZWILLER, N 5 f.). Ebenso darf der Genossenschaftsverband die Aufnahme von Genossenschaften davon abhängig machen, dass sie ihren Mitgliedern noch eine Pflichtvermehrung auferlegen (BRUGGMANN, 85). Art. 925 verbietet aber auch nicht, dass der Genossenschaftsverband Mehrverpflichtungen seiner Mitglieder, d.h. der angeschlossenen Genossenschaften, beschliesst und dass dadurch evtl. deren Mitglieder indirekt betroffen werden, indem z.B. die Genossenschaften zu vermehrten finanziellen Beitragsleistungen verpflichtet werden.

2   Art. 925 schützt einzig die Genossenschaftsmitglieder vor Pflichten, die ihnen der Genossenschaftsverband auferlegen will. Da er aber dazu ohnehin nicht die Kompetenz hat, hätte sich der Gesetzgeber diese Norm tatsächlich ersparen können. Mit BRUGGMANN (87, 90) kann der einzige Sinn dieser Norm darin gesehen werden, dass sie *«den nicht immer juristisch denkenden Verbandsgründern und Statutenredaktoren einen deutlichen Wink gibt»*, dass der Verband die Genossenschaftsmitglieder anlässlich des Beitritts der Genossenschaft zum Verband (und – so ist zu ergänzen – auch später) direkt nicht verpflichten kann (SCHMID, 209 f.).

3   Zur Frage der analogen Anwendung von Art. 925 auf Vereinsverbände vgl. BK-RIEMER, Vereine, Systematischer Teil N 99.

Neunter Abschnitt: Beteiligung von Körperschaften des öffentlichen Rechts

Art. 926

¹ Bei Genossenschaften, an denen Körperschaften des öffentlichen Rechts, wie Bund, Kanton, Bezirk oder Gemeinde, ein öffentliches Interesse besitzen, kann der Körperschaft in den Statuten der Genossenschaft das Recht eingeräumt werden, Vertreter in die Verwaltung oder in die Revisionsstelle abzuordnen.

² Die von einer Körperschaft des öffentlichen Rechts abgeordneten Mitglieder haben die gleichen Rechte und Pflichten wie die von der Genossenschaft gewählten.

³ Die Abberufung der von einer Körperschaft des öffentlichen Rechts abgeordneten Mitglieder der Verwaltung und der Revisionsstelle steht nur der Körperschaft selbst zu. Diese haftet gegenüber der Genossenschaft, den Genossenschaftern und den Gläubigern für diese Mitglieder, unter Vorbehalt des Rückgriffs nach dem Rechte des Bundes und der Kantone.

¹ Lorsqu'une corporation de droit public telle que la Confédération, un canton, un district ou une commune a un intérêt public dans une société coopérative, les statuts de celle-ci peuvent lui conférer le droit de déléguer des représentants dans l'organe d'administration ou l'organe de révision.

² Les délégués d'une corporation de droit public ont les mêmes droits et obligations que ceux de la société.

³ Les membres de l'organe d'administration et de révision délégués par une corporation de droit public ne peuvent être révoqués que par elle. La corporation répond pour ses délégués envers la société, les associés et les créanciers, sous réserve de recours selon le droit applicable de la Confédération ou du canton.

¹ Nelle società cooperative, nelle quali una corporazione di diritto pubblico, come la Confederazione, un Cantone, un Distretto o un Comune, ha un interesse pubblico, lo statuto può concedere alla corporazione il diritto di delegare una o più persone a rappresentarla negli organi d'amministrazione e nell'ufficio di revisione.

² Gli amministratori ed i revisori designati dalla corporazione di diritto pubblico hanno gli stessi diritti e gli stessi doveri di quelli nominati dalla società.

³ Il diritto di revocare gli amministratori ed i revisori designati dalla corporazione di diritto pubblico spetta soltanto a quest'ultima, la quale risponde, per siffatti amministratori e revisori, verso la società, i soci ed i creditori, salvo il regresso secondo il diritto federale o cantonale.

Literatur

Vgl. die Literaturhinweise zu Art. 762.

I. Allgemeines

Art. 926 ist **weitgehend identisch mit Art. 762** für die Aktiengesellschaft, so dass auf die dortige Kommentierung verwiesen wird und an dieser Stelle nur einige Besonderheiten hervorzuheben sind. Neu wird jedoch klargestellt, dass die öffentlich-rechtliche Körperschaft nur noch **alternativ** Vertreter in die Verwaltung **oder** die Revisionsstelle abordnen kann, nicht mehr – wie noch gem. Art. 926 Abs. 1 OR 1936 zulässig – in beide Organe gleichzeitig. 1

Der **Anwendungsbereich** dieser Bestimmung umfasst nur privatrechtliche Genossenschaften nach Art. 828 ff., nicht jedoch öffentlich-rechtlich organisierte Anstalten des Bundes und der Kantone gemäss Art. 59 Abs. 1, 3 ZGB, auch wenn sie als Genossenschaft organisiert sind oder so bezeichnet werden (vgl. Bsp. bei ZK-GUTZWILLER, N 5 ff.). 2

II. Besonderheiten

Wie jetzt auch in Art. 762 (Art. 762 N 2), ist gemäss Abs. 1 die **gleichzeitige Abordnung** von Vertretern der öffentlichen Hand **in Verwaltung und Revisionsstelle** (bisher: Kontrollstelle, BBl 2004, 2005) ausdrücklich nicht mehr zulässig. Dies entspricht den neuen Anforderungen an die Unabhängigkeit der Mitglieder von Verwaltung und Revisionsstelle bei der Genossenschaft (Art. 894 N 10; Art. 906 OR; BBl 2004, 4045 f.). 3

Vereinzelt wird aus dem Fehlen eines Art. 762 Abs. 1 i.f. entsprechenden Zusatzes *(«..., auch wenn sie nicht Aktionärin ist»)* geschlossen, dass einer öffentlich-rechtlichen Körperschaft das Recht zur Abordnung in die Genossenschaftsverwaltung nur dann eingeräumt werden kann, wenn sie selbst **Mitglied der Genossenschaft** ist (SCHÜRMANN, Recht, 184a). Diese Einschränkung gegenüber der AG ist mit Sinn und Zweck der Vorschrift (Art. 762 N 3 f.) nicht vereinbar; vielmehr kann das Abordnungsrecht des Gemeinwesens bei Vorliegen eines öffentlichen Interesses statutarisch auch dann gewährt werden, wenn die öffentliche Hand nicht Genossenschafterin ist (gl.M. POLTIER, 227; ZK-GUTZWILLER, N 32 m.Bsp., N 43 ff.; REYMOND, 217). 4

Auch bei der Genossenschaft kann die **Anzahl** der Vertreter des Gemeinwesens in den Statuten **frei bestimmt** werden, insb. kann die öffentliche Hand auch die Mehrheit der Verwaltungsmitglieder stellen (Art. 762 N 11; POLTIER, 231); **a.M.** SCHÜRMANN (Recht, 185a) mit der Begründung, dass die Mehrheit der Verwaltungsmitglieder gem. Art. 894 Abs. 1 aus Genossenschaftern bestehen müsse, was nicht der Fall sei, wenn die Mehrheit aus abgeordneten Vertretern des Gemeinwesens gebildet werde. Art. 926 geht aber 5 als *lex specialis* den allgemeinen Bestimmungen des Genossenschaftsrechts und somit auch Art. 894 Abs. 1 vor. Nach REYMOND, 28, verstösst die Bezeichnung der Mehrheit der Verwaltungsmitglieder durch das Gemeinwesen gegen das genossenschaftliche Gleichbehandlungsprinzip und «die eigentliche Natur der Genossenschaft», was aber insofern nicht stichhaltig ist, als die Genossenschaft in der Gewährung des Abordnungsrechtes *frei* ist (Abs. 1) und deshalb selbst entscheiden kann ob, und wenn ja in welchem Ausmass, sie dem Gemeinwesen ein Abordnungsrecht zugestehen will.

5a Mitglied in der Verwaltung ist nicht die öffentlich-rechtliche Körperschaft selbst, sondern die von der öffentlich-rechtlichen Körperschaft abgeordnete Person, welcher, mit Ausnahme der primären Haftung der abordnenden öffentlich-rechtlichen Körperschaft, persönlich alle Rechte und Pflichten eines Verwaltungsmitgliedes zustehen; es gilt insofern das zu Art. 762 Ausgeführte analog. Unhaltbar die gegenteilige Auffassung von REYMOND, 217. Abs. 2 spricht ausdrücklich von den von der öffentlich-rechtlichen Körperschaft abgeordneten «*Mitgliedern*», was auf die Mitgliedschaft des Abgeordneten hinweist. Ausserdem schliesst Art. 894 Abs. 2, wie auch Art. 707 Abs. 3, die Mitgliedschaft juristischer Personen (oder analog von öffentlich-rechtlichen Körperschaften) in der Verwaltung ausdrücklich aus. Da allerdings das abordnende Gemeinwesen eine direkte Haftung für die Handlungen seines Vertreters trifft, gleichen sich beide Auffassungen i.E. weitgehend an (so auch REYMOND, 217 FN 219).

III. Rechtsvergleichung (Hinweis)

6 **Italien:** Art. 2535 Abs. 3 CC it.

Vierte Abteilung: Handelsregister, Geschäftsfirmen und kaufmännische Buchführung

Dreissigster Titel: Das Handelsregister

Art. 927

A. Zweck und Einrichtung
I. Im Allgemeinen

¹ In jedem Kanton wird ein Handelsregister geführt.

² Es steht den Kantonen frei, das Handelsregister bezirksweise zu führen.

³ Die Kantone haben die Amtsstellen, denen die Führung des Handelsregisters obliegt, und eine kantonale Aufsichtsbehörde zu bestimmen

A. But et organisation
I. En général

¹ Chaque canton doit posséder un registre du commerce.

² Les cantons sont libres d'instituer des registres par district.

³ Ils désignent les organes chargés de la tenue du registre ainsi qu'une autorité cantonale de surveillance.

A. Scopo e ordinamento
I. In genere

¹ In ogni Cantone si tiene un registro di commercio.

² I Cantoni hanno la facoltà di ordinare la tenuta del registro per distretti.

³ I Cantoni designano gli uffici incaricati di tenere il registro di commercio ed un'autorità cantonale di vigilanza.

Literatur

ACHERMANN, 100 Jahre Handelsregister, SAG 1983, 157 ff.; BÄR, Kognitionsbefugnisse des Handelsregisterführers, BN 1978, 410 ff.; BERTHEL, Erste Erfahrungen mit dem revidierten Aktienrecht, Luzern 1995; BERTHEL/BOCHUD, Neues Aktienrecht aus registerlicher und notarieller Sicht, Luzern 1992; BLÄSI, Protokolle als Anmeldungsbelege für das Handelsregister & Beglaubigung der Firmaunterschrift, JBHReg 1994, 81 ff.; BÜHLER, Öffentliche Urkunden des Aktienrechts als Handelsregisterbelege, ZBGR 1982, 321 ff.; COUCHEPIN, Die Praxis des Bundesgerichts in Handelsregistersachen, Sammlung von Entscheiden (1929–1945), 1946; DANGEL, TELEdata & KISSdirect: Handelsregisterdaten im Kontext, JBHReg 1999, 136 ff.; EHRA, Weisung vom 19.4.1999 betr. Firmenrecherche, JBHReg 1999, 151 ff.; EHRA, Stellungnahme betr. Auslegung von Art. 927 OR, REPRAX 3/06, 30 f.; FANKHAUSER, Europaweit einheitliches System der handelsrechtlichen Publizität, REPRAX 1/03, 30 ff; GAUCH, Von der Eintragung im Handelsregister, ihren Wirkungen und der negativen Publizitätswirkung, SAG 1976, 139 ff.; GULDENER, Schweizerisches Zivilprozessrecht, 3. Aufl. 1979; GWELESSIANI, Eine Auswirkung der Revision des BG über die Organisation der Bundesrechtspflege auf das Rechtsmittelwesen, JBHReg 1993, 85 ff.; HABSCHEID, Schweizerisches Zivilprozess- und Gerichtsorganisationsrecht, 2. Aufl. 1990; INEICHEN, Willkommene Lockerungen im Handelsregisterrecht, ST 1982, 44; J. KOCH, Handelsregisterliche Eintragungen, Ein Leitfaden zur AG, GmbH, Genossenschaft und Stiftung, Zürich 1996; KÜNG, System der Eintragungstexte beim auf EDV geführten Handelsregister, AJP 1992, 303 ff. (zit. System); DERS., Eintragungen über Revisionsstellen im Handelsregister, ST 1992, 629 ff. (zit. Revisionsstellen); DERS., Handbuch für das Handelsregister, Bd. II, Aktiengesellschaft, 1993 (zit. Bd. II); KÜNG/MEISTERHANS, Handbuch für das Handelsregister, Bd. I, Einführung, Einzelfirma, Kollektivgesellschaft, Kommanditgesellschaft, 1993; DIES., Handbuch für das Handelsregister, Bd. IV, Verein, Stiftung, 1993; DIES., Handbuch für das Handelsregister, Bd. V, Besondere Rechtsformen, Zweigniederlassungen, 1995; DIES., Handbuch für das Handelsregister, Bd. VI, Weisungen EHRA, Mustervorlagen für Eingaben, 1995; KÜNG/MEISTERHANS/ZENGER, Handbuch für das Handelsregister, Bd. III, GmbH, Genossenschaft, 1993; LUSSY, Die Funktion des Tagebuches beim Handelsregister, SAG

1983, 162 ff.; MEIER-SCHATZ, Funktion und Recht des Handelsregisters als wirtschaftsrechtliches Problem, ZSR 1989 I 433 ff.; NAYMARK, Ordonnance sur le registre du commerce, jurisprudence fédérale et cantonale, 1964; REBSAMEN, Das Handelsregister, 2. Aufl. 1999 (zit. Handelsregister); DERS., Die Aktiengesellschaft nach neuem Recht in der Handelsregisterpraxis, 1992; REBSAMEN/ THOMI, Kommentierte Handelsregister-Eintragungstexte zur Aktiengesellschaft nach neuem Recht, 1993; RUTSCHI, Vorsorgliche Massnahmen zum Schutz schweizerischer Unternehmen im Falle von internationalen Konflikten, JBHReg 1993, 106 ff.; SCHAUB, Le registre du commerce a 100 ans, ST 1983, 2 ff.; DERS., Revision partielle de l'ordonnance sur le registre du commerce, SZW 1990, 48 ff.; DERS., Handelsregisterbehörden, SJK 5; F. VON STEIGER, Die Eintragung der Genossenschaft im Handelsregister, 1939; DERS., Prüfung und Eintragung der Aktiengesellschaft beim Handelsregister, 1937 (zit. AG); VOGT, Transfer of Corporate Domicile, 14 Comparative Law Yearbook of International Business 1992, 85 ff.; VOGT, Der öffentliche Glaube des Handelsregisters, Diss. Zürich 2003, (SSHW 220); WALDER-RICHLI, Zivilprozessrecht, 4. Aufl. 1996.

I. Allgemeines

1 Das **Handelsregister** ist eine öffentliche, staatlich geführte *Datenbank* für gesellschaftsrechtliche Daten, deren Eintragung gesetzlich geregelt ist und mit gesetzlichen Rechtswirkungen verbunden ist. Das *schweizerische Handelsregister* setzt sich aus den beim Eidgenössischen Amt für das Handelsregister (EHRA) und bei den kantonalen Handelsregisterämtern geführten Registern zusammen. Das Wort «Handelsregister» bezeichnet im positiven Recht i.d.R. das kantonale Register, also die beim kantonalen Handelsregisteramt geführte Datenbank, die ihrerseits aus dem Tagesregister und dem Hauptregister besteht (zu den einzelnen Registern s. Art. 929 N 2 ff.; GAUCH, 64 Rz 320 ff.). Das Tages- und das Hauptregister enthalten Einträge über die Rechtseinheiten, die nicht kaufmännischen Prokuren (Art. 458 Abs. 3) und über das Haupt von Gemeinderschaften (Art. 341 Abs. 3 ZGB).

2 **Eintragungssubjekte oder Rechtseinheiten** im Sinne der HRegV sind: Einzelunternehmen (früher: Einzelfirmen), Kollektivgesellschaften, Kommanditgesellschaften, AG, Kommanditaktiengesellschaften, GmbH, Genossenschaften, Vereine, Stiftungen, Kommanditgesellschaften für kollektive Kapitalanlagen, Investmentgesellschaften mit festem Kapital (SICAF), Investmentgesellschaften mit variablem Kapital (SICAV), Institute des öffentlichen Rechts und Zweigniederlassungen (Art. 2 HRegV). Im Einzelnen werden über die Rechtseinheiten die im Gesetz und in der HRegV vorgeschriebenen Daten eingetragen (sog. **Inhalt** oder **Gegenstand der Eintragung;** vgl. für die AG: Art. 641 OR und Art. 45 HRegV). Dies sind i.d.R. die kennzeichnenden Merkmale (Firma, Identifikationsnummer, evtl. Übersetzung der Firma, Sitz, Domizil bzw. Adresse, Rechtsform, Zweck), die für die Kapitalbasis und die externe Haftung wesentlichen Daten (Nominalkapital, Liberierung, Beteiligungspapiere, Vinkulierung, Partizipationskapital, Genussscheine, Sacheinlagen, Sachübernahmen etc.), die Vertretungsverhältnisse (Mitglieder der Verwaltung, Zeichnungsberechtigte, Art der Zeichnungsberechtigung) und weitere gesellschaftsrechtlich relevante Daten (Publikationsorgan, Datum der Eintragung im Tagesregister, Publikationsdatum).

3 Das Handelsregisterrecht ist grundsätzlich **öffentliches Recht,** und zwar in erster Linie Bundesrecht. Es gelten die Grundsätze des Verwaltungsrechts. Das Verfahren vor den Handelsregisterbehörden gehört zur **freiwilligen Gerichtsbarkeit** (BGE 57 I 241; GULDENER, 42; WALDER-RICHLI, § 1 Rz 20).

4 Im XXX. Titel des OR ist das Handelsregisterrecht nur rudimentär geregelt. Wichtigste **Rechtsquelle** ist die *HRegV.* Auf Gesetzesstufe finden sich weitere registerrechtliche Normen im *OR* (z.B. Art. 458, 461, 552–556, 596 f., 640–642, 764 Abs. 2, Art. 778– 778a, 835–837 OR), im *ZGB* (Art. 9, 52, 61, 81 Abs. 2 ZGB), im *FusG* (Art. 21–22,

51–52, 64, 66–67, 73, 102 FusG) und im *SchKG* (Art. 39, 40, 42 Abs. 2, Art. 159 ff., 177 f., 192 SchKG). Daneben sind das BankG, das BG zum Schutz öffentlicher Wappen und anderer öffentlicher Zeichen (SR 232.21) samt Vollziehungsverordnung (SR 232 211), das BG zum Schutz von Namen und Zeichen der Organisation der Vereinten Nationen und anderer zwischenstaatlicher Organisationen vom 15.12.1961 (SR 232.23), das BG betr. den Schutz des Zeichens und des Namens des Roten Kreuzes vom 25.3.1954 (SR 232.22), das BewG und das Haager Übereinkommen zur Befreiung ausländischer öffentlicher Urkunden von der Beglaubigung vom 5.10.1961 (SR 0 172 030.4) von Bedeutung. Auf Verordnungsstufe ist die Verordnung über Gebühren für das Handelsregister vom 3.12.1954 (SR 221 411.1; «Gebührenverordnung») und die VSHAB (SR 221 415) zu nennen.

Im IPRG und in der HRegV sind auch internationale Sachverhalte geregelt (**internationales Handelsregisterrecht**). Geregelt ist die Verlegung des Sitzes einer ausländischen Rechtseinheit in die Schweiz (Art. 161 f. IPRG; Art. 126 HRegV), die Verlegung des Sitzes einer schweizerischen Rechtseinheit ins Ausland (Art. 163 f. IPRG; Art. 127 HRegV), die vorübergehende Sitzverlegung ins Ausland im Fall von internationalen Konflikten (BB betr. vorsorgliche Schutzmassnahmen für juristische Personen, Personengesellschaften und Einzelfirmen vom 12.4.1957, SR 531.54; s. RUTSCHI, 106 ff.; VOGT, 90 ff.) sowie grenzüberschreitende Umstrukturierungen wie die Fusion vom Ausland in die Schweiz (Art. 163a, 164 ff. IPRG; Art. 146 Abs. 1, Art. 130, 131, 132 HRegV), die Fusion von der Schweiz ins Ausland (Art. 163b, 164 ff. IPRG; Art. 146 Abs. 2, Art. 128, 130, 131, 132 HRegV), die Spaltung und Vermögensübertragung (Art. 163 ff. IPRG; Art. 147, 133–135, 138, 139, 146 HRegV) sowie die Eintragung einer schweizerischen Zweigniederlassung einer Rechtseinheit mit Sitz im Ausland (Art. 160 IPRG; Art. 935 Abs. 2 OR; Art. 113 ff. HRegV). Art. 25 HRegV enthält Bestimmungen über ausländische öffentliche Urkunden und Beglaubigungen. Zur Erleichterung der Beglaubigung ausländischer öffentlicher Urkunden dienen die HÜ-Apostillen und das Europäische Übereinkommen zur Befreiung der von diplomatischen oder konsularischen Vertretern errichteten Urkunden von der Beglaubigung (SR 0 172 030.3).

II. Zweck und Funktion

Art. 927 enthält – entgegen dem Wortlaut der Marginalie – keine Aussage über den **Zweck** des Handelsregisters. Der HRegV ist jedoch zu entnehmen, dass das Handelsregister der Konstituierung und der Identifikation von Rechtseinheiten dient. Es bezweckt die Erfassung und Offenlegung rechtlich relevanter Tatsachen und gewährleistet die Rechtssicherheit sowie den Schutz Dritter im Rahmen zwingender Vorschriften des Zivilrechts (Art. 1 HRegV). Lehre und Rechtsprechung unterscheiden folgende Funktionen:

1. Publizitätsfunktion

Der Zweck des Handelsregisters besteht im Wesentlichen darin, im Interesse der Geschäftstreibenden und des Publikums im Allgemeinen die kaufmännischen Betriebe und die sie betreffenden rechtserheblichen Tatsachen zu veröffentlichen (BGE 75 I 78; **Publizitätsfunktion**). Das Handelsregister bezweckt, dem Publikum und den Gläubigern in klarer Weise die Verhältnisse und die Verantwortlichkeitsordnung der eintragungspflichtigen Geschäftsbetriebe zur Kenntnis zu bringen (BGE 109 II 481 = Pra 1984, 152; BGE 108 II 129 = Pra 1982, 612; BGE 104 Ib 322; 104 Ib 263; 80 I 384). Die öffentlichen Daten des Zentralregisters sind im elektronischen Abrufverfahren über die Internetdatenbank Zefix (<http://www.zefix.ch>) für Einzelabfragen unentgeltlich zugänglich (Art. 14 Abs. 1 HRegV). Die Registereinträge, Anmeldungen und Belege sind öffentlich, und die Eintragungen werden im SHAB publiziert (Art. 931). Gegen Gebühr werden beglaubigte Handelsregisterauszüge erstellt (s. Art. 929 N 4). Wichtig sind die amtlichen beglaubigten Handelsregisterauszüge als Beweismittel im Zivilprozess; sie erbringen für die durch sie bezeugten Tatsachen vollen Beweis, solange nicht die Unrichtigkeit ihres Inhaltes nachgewiesen ist (**Beweisfunktion;** Art. 9 ZGB). Die elektronisch abgerufenen Daten entfalten keine Rechtswirkungen (Art. 14 Abs. 1 Satz 2 HRegV). Praktische Informationsquellen sind daneben unter anderem die Schweizer Wirtschafts-CD (SWCD-ROM) oder Datenbanken (Teledata), die auf den im SHAB veröffentlichten Daten aufbauen, sowie die Websites der kantonalen Handelsregisterämter.

2. Kontroll- oder Ordnungsfunktion

8 Der Registerführer prüft die einzutragenden Sachverhalte auf ihre Rechtmässigkeit. Dadurch werden die am Geschäftsverkehr Beteiligten zu einer rechtmässigen und vergleichbaren Gestaltung ihrer geschäftlichen Verhältnisse angehalten (**Kontroll- oder Ordnungsfunktion**).

3. Anknüpfungsfunktion

9 Das Gesetz knüpft an die Eintragung in das Handelsregister spezifische Rechtsfolgen (**Anknüpfungsfunktion**). So bestehen die Wirkungen des Handelsregisters (abgesehen von der Verleihung der Rechtspersönlichkeit an gewisse Gesellschaftsformen) hauptsächlich in der Verschaffung des Firmenrechtes und Firmenschutzes und in der Unterwerfung unter die Konkurs- und Wechselbetreibung (sog. **Nebenwirkungen;** BGE 75 I 78). Anknüpfungspunkt für die kaufmännische Buchführungspflicht ist nicht die erfolgte Handelsregistereintragung, sondern das Vorliegen der Eintragungspflicht. Eingetragene Unternehmen in den Kantonen Zürich, Bern, Aargau und St. Gallen bleiben gemäss der Botschaft des Bundesrates zur Schweizerischen Zivilprozessordnung vom 28.6.2006 (BBl 2006 7221, 7261 f.) und dem Entwurf zu einer Schweizerischen Zivilprozessordnung (BBl 2006 7413) auch weiterhin der *Handelsgerichtsbarkeit* unterstellt.

III. Handelsregisterbehörden

1. Kantonale Handelsregisterämter

10 Die Führung des Handelsregisters ist in erster Linie Sache der Kantone. Das Bundesrecht bestimmt, dass in jedem Kanton mindestens ein Handelsregister zu führen ist (Art. 3 HRegV; Art. 927 Abs. 1). Es steht den Kantonen jedoch frei, das Handelsregister *bezirksweise* zu führen (Art. 3 HRegV; Art. 927 Abs. 2). Alle Kantone (ausser dem Kanton Wallis) kennen ein zentrales kantonales Handelsregisteramt. Der Kanton Wallis hat sein Gebiet in drei Handelsregisterkreise aufgeteilt: Unterwallis (St. Maurice), Zentralwallis (Sitten), Oberwallis (Brig-Glis). Im Weiteren steht es den Kantonen frei, das Handelsregister *kantonsübergreifend* zu führen (Art. 3 HRegV). Gegen die Schaffung gemeinsamer Handelsregister durch mehrere Kantone ist unter verfassungsrechtlichen Aspekten nichts einzuwenden (EHRA, Stellungnahme betr. Auslegung von Art. 927, REPRAX 3/06, 30 f.). Die Kantone bestimmen weiter die Amtsstellen, denen die Führung des Handelsregisters obliegt und ernennen die entsprechenden kantonalen Beamten und deren Stellvertreter (Art. 4 Abs. 1 HRegV; Art. 927 Abs. 3). Sie können richterliche

oder administrative Behörden, bestehende oder besonders zu errichtende Amtsstellen mit der Führung des Handelsregisters betrauen (Art. 54 SchlT ZGB). Jeder Kanton hat jedoch mindestens einen oder für jeden Registerbezirk einen Beamten als *Handelsregisterführer* zu bestimmen.

Anknüpfungspunkt für die Bestimmung des **örtlich zuständigen** Handelsregisteramtes ist der Sitz *(politische Gemeinde)* des Unternehmens. Welche Gemeinde welchem Handelsregisteramt zugeordnet ist, kann über <http://zefix.admin.ch> abgerufen werden. Dieser Webseite können die jeweils aktuellen Adressen und Telefonnummern der Handelsregisterämter entnommen werden. Auskünfte erteilt auch das EHRA. 11

Für den Vollzug des Handelsregisterrechtes sind grundsätzlich die Handelsregisterführer **sachlich zuständig** (s.a. Art. 940 N 2 ff.). Sie vollziehen als *kantonale Beamte* Bundesverwaltungsrecht und amten im Rahmen des Eintragungsverfahrens als Behörde der freiwilligen Gerichtsbarkeit (HABSCHEID, 86 Rz 136 ff.; **a.M.** BK-HIS, N 40). Zu den Aufgaben im Einzelnen s. BK-HIS, N 41 ff. 12

2. Kantonale Aufsichtsbehörde

Die Kantone haben für das ganze Kantonsgebiet eine **kantonale Aufsichtsbehörde** zu bestimmen (Art. 4 Abs. 1 HRegV; Art. 927 Abs. 3). Dies kann ein hierarchisch übergeordnete Verwaltungsbehörde sein oder ein Gericht. Das Erfordernis, wonach künftig Beschwerden gegen Verfügungen der kantonal Handelsregisterämter zwingend und ausschliesslich durch ein Gericht beurteilt werden (Art. 165 HRegV), schliesst nicht aus, dass die administrative Aufsicht über die Handelsregisterämter von hierarchisch übergeordneten Verwaltungsbehörden wahrgenommen werden kann (Art. 4 Abs. 1 HRegV). 13

Die **Befugnisse der kantonalen Aufsichtsbehörden** sind nur auf Verordnungsstufe geregelt. Ihre Aufgabe ist generell die verwaltungsinterne **Beaufsichtigung** des Handelsregisterführers samt *administrativer* Weisungsbefugnis (Art. 4 HRegV). Die **Weisungsbefugnis** der kantonalen Aufsichtsbehörden beschränkt sich auf administrative, betriebliche und disziplinarische Fragen. Erfüllen z.B. die Registerführerinnen oder Registerführer ihre Aufgaben nicht ordnungsgemäss, so kann die kantonale Aufsichtsbehörde von Amtes wegen die erforderlichen Massnahmen treffen; in besonders schweren und wiederholten Fällen ist eine Entziehung des Amtes möglich (Art. 4 Abs. 2 HRegV). Im Bereich der formellen und materiellen Registerführung ist allein das EHRA befugt, Weisungen zu erteilen; diese Weisungen sind auch für die kantonalen Aufsichtsbehörden verbindlich. 14

Die Anfechtung von Verfügungen der Handelsregisterämter richtet sich nach Art. 165 HRegV. Im Interesse der Betroffenen an einer raschen Klärung der Rechtslage und zur Vereinheitlichung der Rechtswege sieht die revidierte Handelsregisterverordnung vor, dass nur noch eine einzige gerichtliche Instanz über Beschwerden in Handelsregistersachen entscheidet. 15

3. Eidgenössisches Amt für das Handelsregister

Die Kompetenzen des EHRA sind in Art. 5 HRegV aufgelistet. Das EHRA prüft die Rechtmässigkeit der kantonalen Eintragungen in das Tagesregister (Tagebucheinträge oder Journaltexte) und veranlasst, sofern die Tagesregistereinträge genehmigt werden können, die Publikation im SHAB (Art. 32 HRegV; Art. 931 Abs. 1). Dadurch wird eine gewisse Rechtsvereinheitlichung bewirkt. Eine Eintragung, die dem EHRA mitzu- 16

Art. 928

teilen ist, wird unter der Voraussetzung der Genehmigung durch dieses Amt wirksam (BK-KÜNG, N 232).

17 Das EHRA kann – kraft Delegation – selbständig **Weisungen** an die kantonalen Registerbehörden erteilen (Art. 8 Abs. 1 lit. c, Art. 8 Abs. 2 der Organisationsverordnung für das Eidgenössische Justiz- und Polizeidepartement vom 17.11.1999, SR 172 213.1; i.V.m. Art. 5 Abs. 2 lit. a HRegV). Die Weisungen des EHRA sind für die Registerführer und die kantonalen Aufsichtsbehörden verbindlich, nicht aber für Private. In Art. 171 HRegV sind die geltenden Weisungen per 1.1.2008 aufgelistet. Das EHRA ist nicht befugt, den Registerführern individuell konkrete Anweisungen zu erteilen; trotzdem ist der Einfluss des EHRA auch in konkreten Einzelfällen gross, denn in der Praxis nehmen die kantonalen Registerführer häufig Rücksprache mit dem eidg. Handelsregisterführer, um Rückweisungen (Nichtgenehmigungen) zu vermeiden. Das EHRA kann Inspektionen der kantonalen Handelsregisterämter durchführen, Anträge gemäss Art. 4 Abs. 2 HRegV stellen und ist zur Beschwerdeführung an das Bundesgericht gegen Entscheide des Bundesverwaltungsgerichtes und der kantonalen Gerichte befugt (Art. 5 Abs. 2 lit. c, d und e HRegV).

18 Das EHRA führt ein **Zentralregister** sämtlicher Rechtseinheiten, die in den Hauptregistern der Kantone eingetragen sind (Art. 13 Abs. 1 HRegV, Firmenindex auf dem Internet: <http://www.zefix.ch>). Sofern die Firmen von Personengesellschaften und Einzelfirmen Fantasieteile enthielten, wurden diese seit längerem ebenfalls ins Zentralregister aufgenommen. Heute erfolgt die Eintragung von Einzelunternehmen und Personengesellschaften im Zentralregister, sobald die kantonale Eintragung elektronisch an das EHRA übermittelt wird (BK-KÜNG, N 36). Das EHRA erteilt über die Eintragungen im Zentralregister schriftlich Auskunft und erhebt hierfür eine Gebühr, wenn die Auskunft an Private erteilt wird (Art. 13 Abs. 2 HRegV, Rechercheformular beziehbar beim EHRA oder ab Internet unter: <http://www.zefix.ch>).

4. Eidgenössisches Justiz- und Polizeidepartement

19 Das **EJPD** übt die Oberaufsicht über die Handelsregisterführung aus (Art. 5 Abs. 1 HRegV) und wirkt bei Gesetzgebungsarbeiten mit.

Art. 928

II. Haftbarkeit	**¹ Die Handelsregisterführer und die ihnen unmittelbar vorgesetzten Aufsichtsbehörden sind persönlich für allen Schaden haftbar, den sie selbst oder die von ihnen ernannten Angestellten durch ihr Verschulden verursachen.**
	² Für die Haftbarkeit der Aufsichtsbehörden sind die Vorschriften massgebend, die über die Verantwortlichkeit der vormundschaftlichen Behörden aufgestellt sind.
	³ Wird der Schaden durch die haftbaren Beamten nicht gedeckt, so hat der Kanton den Ausfall zu tragen.
II. Responsabilité	¹ Les préposés au registre du commerce et les autorités de surveillance immédiate sont personnellement responsables du dommage causé par leur faute ou celle des employés nommés par eux.

² La responsabilité des autorités de surveillance est réglée de la même manière que celle des autorités de tutelle.

³ Les cantons sont tenus subsidiairement du dommage non réparé par les fonctionnaires responsables.

II. Responsabilità   ¹ Gli ufficiali del registro di commercio e le autorità di vigilanza da cui dipendono direttamente sono personalmente responsabili di tutti i danni che essi o gli impiegati da loro nominati cagionano per propria colpa.

² La responsabilità delle autorità di vigilanza è stabilita conformemente alle prescrizioni sulla responsabilità delle autorità di tutela.

³ Se il danno non è risarcito dai funzionari responsabili, il Cantone risponde sussidiariamente dell'ammanco.

Literatur

Vgl. die Literaturhinweise zu Art. 927 sowie BISCHOF, Amtshaftung an der Grenze zwischen öffentlichem Recht und Obligationenrecht, ZSR 1985 I 67 ff.; BÜCHI, Die Verantwortlichkeit des Handelsregisterführers, JBHReg 1993, 100 ff.; LUGON, Haftung für Registerauszug zur Gerichtsstandbestimmung vor Löschung einer AG infolge innerstaatlicher Sitzverlegung, JBHReg 2002, 65°ff.; NOEL, La responsabilité civile des organes du Registre du Commerce, 1936; SCHWARZENBACH, Die Staats- und Beamtenhaftung in der Schweiz, 2. Aufl. 1985; F. VON STEIGER, Die Haftbarkeit der Handelsregisterbehörden, SJK 44.

I. Vermögensrechtliche Haftbarkeit der Handelsregisterbehörden

1. Verhältnis von Art. 928 zur kantonalen Staats- und Beamtenhaftung

Ohne besondere Bestimmung fände auf die Handelsregisterbehörden Art. 61 Anwendung, der für die Verantwortlichkeit öffentlicher Beamter und Angestellter auf das kantonale Staats- und Beamtenhaftungsrecht verweist. Für die Registerführung sieht das Bundesrecht in Art. 928 eine spezielle Regelung vor. Die Handelsregisterführer und die Aufsichtsbehörden haften persönlich für die durch ihr Verschulden verursachten Schäden. Art. 928 dient als *bundesrechtliche Minimalvorschrift* (BK-HIS, N 2), d.h. es steht den Kantonen frei, im Rahmen ihrer Verantwortlichkeitsgesetzgebung dem geschädigten Privaten ein unmittelbares Klagerecht gegen den Staat zuzuerkennen (s.a. BÜCHI, 102 f.; BK-KÜNG, N 28 f.). Da die meisten Kantone eigene Haftungsregelungen für Beamte erlassen haben und die **Staatshaftung** vorsehen, ist die praktische Bedeutung von Art. 928 gering (HÄFELIN/MÜLLER/UHLMANN, 475 N 2229; BISCHOF, 100; BK-KÜNG, N 45 ff. mit den einzelnen kantonalen Haftungsregelungen).   1

Die Geschädigten haben in den Kantonen, welche die Staatshaftung vorsehen, ihren Anspruch bei der nach kantonalem Recht zuständigen Behörde (kantonales Verwaltungsgericht oder Zivilgericht) geltend zu machen. So entscheiden z.B. im Kanton Zürich i.d.R. Zivilgerichte über **Ansprüche Dritter gegen den Staat** (§ 19 Haftungsgesetz des Kantons Zürich vom 14.9.1969, LS 170.1).   2

2. Haftbarkeit der Handelsregisterführer nach Art. 928

Die Handelsregisterführer, ihre Stellvertreter und ihre Aufsichtsbehörden haften für die von ihnen verschuldet verursachten Schäden mit ihrem *Privatvermögen*. Die **Haftung** setzt voraus, dass ein Vermögensschaden vorliegt, dass der Handelsregisterführer in Ausübung seiner amtlichen Tätigkeit widerrechtlich gehandelt hat, dass diese Amtspflichtverletzung für den Schaden kausal war und dass der Handelsregisterführer vorsätzlich oder fahrlässig gehandelt hat. Der Handelsregisterführer haftet für seine *Ange-*   3 *stellten.* Gemeint sind die vom Handelsregisterführer ernannten Angestellten und Hilfspersonen, nicht jedoch die vom Kanton bestellten Stellvertreter des Handelsregisterführers, die ihrerseits persönlich für ihre Amtsführung haftbar sind (BK-HIS, N 38).

4   Als **Amtspflichtverletzungen** gelten z.B. willkürliche Eintragungsverweigerungen, die unrichtige Auskunftserteilung, die Fälschung von Einträgen, die Ungleichbehandlung von Anmeldungen und die Verschleppung von Eintragungen (BÜCHI, 103). Haftpflichtfälle infolge fehlerhafter Eintragungen sind selten, denn falsche Eintragungen werden meist mit der Publikation entdeckt und können berichtigt werden, bevor ein Schaden entsteht. Für fehlerhafte Publikationen sind die eingetragenen Subjekte bzw. die anmeldungspflichtigen Personen mitverantwortlich. Auch für sie gilt die unwiderlegbare Fiktion von Art. 933 Abs. 1, dass ihnen die Eintragung in der publizierten, fehlerhaften Fassung bekannt ist. Es trifft sie deshalb die Pflicht, die sie betreffenden Publikationen zu prüfen und allfällige Fehler berichtigen zu lassen (Schadenminderungspflicht).

5   Ansprüche aus Art. 928 sind beim zuständigen **Zivilgericht** einzuklagen. So kann z.B. über die persönliche Haftung des Handelsregisterführers wegen angeblicher Verletzung von Art. 28 HRegV kein Verfahren vor den Aufsichtsbehörden durchgeführt werden (BGE 92 I 499). Aktivlegitimiert ist jede geschädigte Privatperson, passivlegitimiert ist der Handelsregisterführer als Privatperson. Der Geschädigte trägt die **Beweislast** für die Voraussetzungen der Haftpflicht. Ansprüche aus Art. 928 verjähren nach einem Jahr (Art. 60). Wird der Schaden durch den haftbaren Beamten nicht gedeckt, so hat der Kanton den *Ausfall* zu tragen (Art. 928 Abs. 3; vgl. Art. 19 VG [SR 170.32] und Art. 427 Abs. 1 ZGB).

6   Nach h.L. untersteht der Handelsregisterführer der **Gründungshaftung** (Art. 753; FORSTMOSER, Verantwortlichkeit, N 937); vgl. auch Art. 753 N 26.

3. Haftbarkeit der Aufsichtsbehörden nach Art. 928

7   Für die **Haftung der Aufsichtsbehörden** verweist **Abs. 2** auf die Bestimmungen über die *Verantwortlichkeit der vormundschaftlichen Behörden,* also auf Art. 426–430 ZGB. Jedes Mitglied der Aufsichtsbehörde haftet persönlich für den verursachten Schaden, soweit es nicht nachweisen kann, dass ihm kein Verschulden zur Last fällt (s. Art. 428 Abs. 1 ZGB). Jedes der haftbaren Mitglieder trägt den Schaden für seinen Anteil (s. Art. 428 Abs. 2 ZGB). Sind der Handelsregisterführer und die Mitglieder der Aufsichtsbehörde zugleich haftbar, so haften Letztere nur für das, was vom Handelsregisterführer nicht erhältlich ist (s. Art. 429 Abs. 1 f. ZGB); anders beim Vorliegen von Arglist (s. Art. 429 Abs. 3 ZGB). Passivlegitimiert sind die einzelnen Mitglieder der Aufsichtsbehörde (einfache Streitgenossenschaft; **a.M.** BK-HIS, N 32).

4. Haftbarkeit des Eidgenössischen Amtes für das Handelsregister

8   Art. 928 findet keine Anwendung auf die **Verantwortlichkeit der Beamten des EHRA.** Massgebend ist das *VG,* das eine *ausschliessliche Haftung des Bundes* vorsieht (Art. 3 VG; vgl. Art. 146 BV). Ansprüche gegen den Bund sind beim Eidg. Finanzdepartement geltend zu machen (Art. 20 Abs. 2 VG).

II. Disziplinarrechtliche Haftbarkeit

9   Die **Beamten der kantonalen Handelsregisterämter** unterstehen administrativ und **disziplinarrechtlich** den kantonalen Aufsichtsbehörden. Pflichtverletzungen der Han-

4. Abteilung: Handelsregister, Geschäftsfirmen Art. 929

delsregisterbehörden (Säumnis, Ordnungswidrigkeiten, Verletzung des Gleichbehandlungsgebotes etc.) können mit *Beschwerde* bei der Aufsichtsbehörde gerügt werden. Die Beamten der Handelsregisterämter (Registerführer, Stellvertreter, Mitarbeiter) unterstehen zudem der Oberaufsicht des EJPD (Art. 5 Abs. 1 HRegV) und ganz allgemein der *kantonalen Disziplinarordnung*. Bundesrechtlich ist in schweren oder wiederholten Fällen die Amtsenthebung vorgesehen (Art. 4 Abs. 2 HRegV).

Für die **disziplinarische Verantwortlichkeit der Aufsichtsbehörden** ist allein kantonales Recht, für die Verantwortlichkeit der Bundesbeamten Bundesrecht massgebend. 10

III. Strafrechtliche Haftbarkeit

Alle Beamten unterstehen dem **Bundesstrafrecht.** Das *StGB* enthält im achtzehnten Titel Sonderdelikte, die strafbare Handlungen gegen die Amtspflichten betreffen (z.B. Art. 312 StGB, Amtsmissbrauch; Art. 314 StGB, ungetreue Amtsführung; Art. 320 StGB, Verletzung des Amtsgeheimnisses). Die Strafverfolgung von Bundesbeamten setzt eine Ermächtigung des EJPD voraus (Art. 15 VG; N 8). Verschiedene Kantone kennen für ihre Beamten ähnliche Strafverfolgungsprivilegien (s. HÄFELIN/MÜLLER/UHLMANN, 337 N 1598, vgl. BGE 120 IV 78). 11

Art. 929

III. Verordnung des Bundesrates 1. Im Allgemeinen	¹ Der Bundesrat erlässt die Vorschriften über die Einrichtung, die Führung und die Beaufsichtigung des Handelsregisters sowie über das Verfahren, die Anmeldung zur Eintragung, die einzureichenden Belege und deren Prüfung, den Inhalt der Eintragungen, die Gebühren und die Beschwerdeführung. ² **Die Gebühren sollen der wirtschaftlichen Bedeutung des Unternehmens angepasst sein.**
III. Ordonnances 1. En général	¹ Le Conseil fédéral édicte des dispositions concernant l'organisation, la tenue et la surveillance du registre du commerce, ainsi que la procédure, la réquisition d'inscription, les pièces justificatives et leur examen, le contenu de l'inscription, les émoluments et les voies de recours. ² Les émoluments doivent être proportionnés à l'importance économique de l'entreprise.
III. Ordinanze 1. In genere	¹ Il Consiglio federale emana disposizioni concernenti l'organizzazione, la tenuta e la sorveglianza del registro di commercio, la procedura, le notificazioni per l'iscrizione, i documenti giustificativi da produrre e l'esame degli stessi, il contenuto dell'iscrizione, le tasse e le vie di ricorso. ² Le tasse devono essere proporzionate all'importanza economica dell'impresa.

Literatur

BLÄSI, Der Handelsregisterführer und die Lex Koller, JBHReg 1998, 174 ff.; GWELESSIANI, Eine Auswirkung der Revision des BG über die Organisation der Bundesrechtspflege auf das Rechtsmittelwesen, JBHReg 1993, 85 ff.; TH. KOCH, Haftung des Rechtsanwaltes für Handelsregistergebühren, JBHReg 1992, 39 ff.; KROUG, Aperçu de la jurisprudence du Tribunal fédéral en matière du registre du commerce, pour l'année 1991, JBHReg 1992, 53 ff.; DERS., […], pour l'année 1992, JBHReg 1993, 117 ff.; DERS., Arrêts du Tribunal fédéral non publiés en matière du registre du commerce, 1971–1982, SAG 1983, 176 ff.; KÜNG, Übermässige Erträge des Bundes auf Handelsregistergebühren – Folgerungen für den künftigen Gebührentarif, AJP 1992, 427 ff.; DERS., System der Eintragungstexte beim auf EDV geführten Handelsregister, AJP 1992 (zit. System), 303 ff.; DERS., Vorgehens- und Abwehrstrategien beim privatrechlichen Einspruch, JBHReg 1997, 126 ff.; KÜNG/ARNDT, Tagebuch und Hauptregister im Grundbuch und Handelsregister, JBHReg 2002, 85 ff.; KÜNG/MEISTERHANS/ZENGER/BLÄSI/NUSSBAUM, Handbuch für das Handelsregister, Bd. VII, Kommentar zur Handelsregister-Verordnung. 2. Aufl. 2002; LEDERER/KÄCH, Umwandlung von Partizipationskapital in Aktienkapital aus der Sicht des Handelsregisters, JBHReg 1993, 47 ff.; LUSSY, Die Funktion des Tagebuches beim Handelsregister, SAG 1983, 162 ff.; MEISTERHANS, EDV-Applikation im Handelsregister, JBHReg 1992, 77 ff.; DERS., Vorfinanzierung kantonaler EDV-Lösungen für das Handelsregister aus Bundesmitteln, JBHReg 1993, 191 ff.; NUSSBAUM, Stichwortverzeichnis HRegV, JBHReg 1993, 217 ff.; PLÜSS, Der Handelsregisterführer und die «Lex Friedrich», JBHReg 1993, 80 ff.; SCHAUB, Revision partielle de l'ordonnance sur le registre du commerce, SAG 1973, 165 ff.; DERS., Revision partielle de l'ordonnance sur le registre du commerce, SZW 1990, 48 ff.; SCHMID, Bei Verein und Stiftung einzutragende Personen, JBHReg 1993, 70 ff.; SCHNEIDER, Der Rechtsschutz in Handelsregistersachen und die Entscheidungskompetenz der Handelsregisterbehörden, 1959; SPÜHLER/DOLGE/VOCK, Bundesgerichtsgesetz Kurzkommentar, 2006; F. VON STEIGER, Die Gebühren, SJK 45; vgl. auch die Literaturhinweise zu Art. 927.

I. Ergänzendes Verordnungsrecht

1   Das Handelsregisterrecht als weitgehend formelles und technisches Recht ist im Gesetz nur in den Grundzügen geregelt. Mit Art. 929 hat der Gesetzgeber die Kompetenz zum Erlass der organisatorischen Bestimmungen (Einrichtung, Führung, Beaufsichtigung, Verfahren, Beschwerdeführung) *delegiert*. Der Bundesrat hat gestützt auf diesen Auftrag zwei unselbständige Verordnungen erlassen (vgl. auch Art. 182 BV): die **Handelsregisterverordnung** und den **Gebührentarif** (vgl. auch Rechtsquellen; Art. 927 N 4). Diese Verordnungen enthalten, z.T. *extra legem*, gesetzesvertretende Normen und sind *Gesetze im materiellen Sinn*. Als formelle Verordnungen des Bundesrates darf sie das BGer auf Verfassungsmässigkeit hin überprüfen (Art. 190 BV). Die VSHAB stützt sich auf Art. 931 Abs. 3.

II. Einrichtung des Handelsregisters (Aufbau und Inhalt des Handelsregisters)

2   Das schweizerische Handelsregister ist eine **Datenbank**, die aus verschiedenen Registern besteht, die Daten über Einzelunternehmen, Kollektivgesellschaften, Kommanditgesellschaften, AG, Kommanditaktiengesellschaften, GmbH, Genossenschaften, Vereine, Stiftungen, Investmentgesellschaften mit variablem Kapital, Kommanditgesellschaften für kollektive Kapitalanlagen, Investmentgesellschaften mit festem Kapital (SICAF), Investmentgesellschaften mit variablem Kapital (SCIAV), Institute des öffentlichen Rechts, und Zweigniederlassungen enthalten (Art. 2 HRegV). Das Handelsregister besteht aus dem Tagesregister, dem Hauptregister, den Anmeldungen und Belegen (Art. 6 HRegV).

3   Wichtigstes Register ist das **Tagesregister** (früher: Tagebuch; Journal). Das Tagesregister ist das elektronische Verzeichnis aller Einträge in chronologischer Reihenfolge (Art. 6 Abs. 2 HRegV). Alle ins Handelsregister einzutragenden Tatsachen werden in das Tagesregister aufgenommen (Art. 8 Abs. 1 HRegV). Das Handelsregisteramt erstellt die Einträge aufgrund der Anmeldung und der Belege oder aufgrund eines Urteils oder einer Verfügung oder nimmt diese von Amtes wegen vor (Art. 8 Abs. 2 HRegV). Das Tagesregister enthält (a) die Einträge, (b) die Nummer und das Datum des Eintrags (sog. **Tagebuchdatum**), (c) das Identifikationszeichen der Person, die die Eintragung vorgenommen oder angeordnet hat und die Angabe des Handelsregisteramtes, (d) die

Gebühren der Eintragung und (e) die Liste der Belege, die der Eintragung zugrunde liegen (Art. 8 Abs. 3 HRegV). Die Einträge im Tagesregister werden fortlaufend nummeriert (Art. 8 Abs. 4 HRegV) und dürfen nachträglich nicht verändert werden und bleiben zeitlich unbeschränkt bestehen (Art. 8 Abs. 5 HRegV). Am Werktag, an dem die Einträge in das Tagesregister aufgenommen werden, übermittelt das kantonale Handelsregisteramt diese Daten elektronisch dem EHRA (Art. 31 HRegV).

Das **Hauptregister** ist der elektronische Zusammenzug aller rechtswirksamen Einträge im Tagesregister geordnet nach Rechtseinheit (Art. 6 Abs. 3 HRegV). Einträge im Tagesregister sind am Tag, an dem sie im SHAB veröffentlicht werden, ins Hauptregister zu übernehmen (Art. 9 Abs. 1 HRegV). Das Hauptregister muss durch elektrische Wiedergabe und auf einem Papierdruck jederzeit sichtbar gemacht werden können (Art. 9 Abs. 5 HRegV). **Handelsregisterauszüge** sind beglaubigte Auszüge über die Einträge einer Rechtseinheit im Hauptregister. Die tabellarische Darstellung erlaubt eine vollständige, dichte und übersichtliche Information; die bewährte Form der Handelsregisterauszüge wurde auch für die EDV-unterstützten Register verwendet.

Heute führen und verwalten sämtliche Kantone ihre Handelsregister elektronisch. In einigen Kantonen werden Anmeldungen und Belege originalgetreu gescannt und elektronisch archiviert; die Originale in Papierform werden parallel dazu aufbewahrt. Mit der revidierten Handelsregisterordnung soll im Sinne einer Kodifikation der aktuellen Praxis auf eine rein elektronische Handelsregisterführung umgestellt werden (Begleitbericht zur Totalrevision der Handelsregisterverordnung, Vernehmlassungsentwurf vom 28.3. 2007). Jede Rechtseinheit i.S.v. Art. 2 HRegV hat eine Identifikationsnummer. Das Hauptregister ermöglicht den Zugriff auf alle aktuellen, geänderten und auch gelöschten Daten, die unter einer bestimmten Identifikationsnummer abgelegt sind. Jede Information eines Eintrages hat eine Referenznummer, anhand derer das entsprechende Tagesregisterdatum und das Datum der Publikation im SHAB zugeordnet werden können. Das Hauptregister ist in diesem Sinne ein blosses Hilfsmittel.

Das EHRA führt ein **Zentralregister** sämtlicher Rechtseinheiten, die in den Hauptregistern der Kantone eingetragen sind (Art. 13 Abs. 1 HRegV). Das Zentralregister kann nach Weisung des EJPD erweitert bzw. zu einer vollständigen Datenbank ausgebaut werden (Art. 14 Abs. 3 lit. a HRegV). Das EJPD bestimmt auch den Inhalt und die Modalitäten der Datenbestände, die Behörden und Privaten zugänglich gemacht werden (Art. 14 Abs. 2 und 3 HRegV).

III. Führung des Handelsregisters

Zur **Führung des Handelsregisters** enthält die HRegV allgemeine Bestimmungen über die *Sprache des Registers* (Art. 29 HRegV), *Änderungen von Tatsachen* (Art. 27 HRegV), formelle Eintragungsvorschriften (Art. 26–30 HRegV), *Eintragungen von Amtes wegen* (Art. 152–157 HRegV), rechtsformspezifische Bestimmungen für die Eintragung (Art. 36–108 HRegV), die Aufbewahrung von Anmeldungen, Belegen und der Korrespondenz, über die Herausgabe von Akten in Papierform oder in elektronischer Form und die Datensicherheit (Art. 166–169 HRegV).

IV. Beaufsichtigung des Handelsregisters

Die Beaufsichtigung erfolgt durch die kantonalen Aufsichtbehörden (Art. 4 HRegV). Die Oberaufsicht übt der Bund aus (Art. 5 HRegV). Vgl. zur Aufsicht und den *Aufsichtsbehörden* s. Art. 927 N 13 ff.

V. Verfahren (Eintragungsverfahren)

9   Zum *Eintragungsverfahren* s. Art. 931a N 1 ff.

Die HRegV enthält daneben Bestimmungen für weitere Vorgänge wie die *Sitzverlegung* (Art. 123–127 HRegV) und *Umstrukturierungen* (Art. 128–129 HRegV: Zeitpunkt und Anmeldung der Eintragung; Art. 130–132 HRegV: *Fusion von Rechtseinheiten;* Art. 131–135: Spaltung von Kapitalgesellschaften und Genossenschaften; Art. 136–137 Umwandlung von Gesellschaften; Art. 138–139: Vermögensübertragung; Art. 140–141 HRegV: *Fusion und Vermögensübertragung von Stiftungen;* Art. 142–144: *Fusion, Umwandlung und Vermögensübertragung von Vorsorgeeinrichtungen;* Art. 145: *Fusion, Umwandlung und Vermögensübertragung von Instituten des öffentlichen Rechts).*

VI. Anmeldung zur Eintragung

10 Es gilt das Anmeldeprinzip. Die Eintragung ins Handelsregister beruht auf einer Anmeldung (Art. 15 Abs. 1 HRegV); vorbehalten bleibt die Eintragung aufgrund eines Urteils oder einer Verfügung eines Gerichts oder einer Behörde oder von Amtes wegen (Art. 19 HRegV).

11 Die HRegV enthält detaillierte allemeine Bestimmungen zu Inhalt, Form und Sprache von Anmeldungen (Art. 16 HRegV), die zur Anmeldung berechtigten Personen (Art. 17 HRegV; s.a. Art. 931a OR) und die Unterzeichnung der Anmeldung (Art. 18 HRegV).

VII. Einzureichende Belege und deren Prüfung

12 Es gilt das Belegprinzip. Die einzutragenden Tatsachen sind zu belegen. Dem Handelsregisteramt müssen die erforderlichen Belege eingereicht werden (Art. 15 Abs. 2 HRegV).

13 Die HRegV enthält allgemeine Bestimmungen über Inhalt, Form und Sprache der Belege (Art. 20 HRegV), der einzureichenden Unterschriften (Art. 21 HRegV), der Statuten und Stiftungsurkunden (Art. 22 HRegV), der Protokolle über die Fassung von Beschlüssen (VR-Protokolle, etc.; Art. 23 HRegV), über den Nachweis des Bestehens von Rechtseinheiten (Art. 24 HRegV) und über ausländische öffentliche Urkunden und Beglaubigungen (Art. 25 HRegV). Daneben bestehen detaillierte rechtsformspezifische Vorschriften über die einzureichenden Belege, die in der Praxis als Checklisten dienen.

VIII. Inhalt der Eintragungen

14 Die HRegV enthält detaillierte Vorschriften über den Inhalt des Eintrags für die einzelnen Rechtsformen (rechtsformspezifische Bestimmungen).

15 Daneben enthält die HRegV rechtsformübergreifende Bestimmungen für die Eintragung. Dazu gehören die Bestimmungen über die Identifikationsnummer (Art. 116 HRegV und Art. 936a OR), den Sitz, das Rechtsdomizil und weitere Adressen (Art. 117 und Art. 2 lit. c HRegV), Zweckangaben (Art. 118 HRegV), Personenangaben (Art. 119 HRegV) und Leitungs- und Verwaltungsorgane (Art. 120 HRegV).

16 Dazu kommen registerspezifische Vorschriften zum Inhalt des Tagesregisters und des Hauptregisters (Art. 8 und 9 HRegV).

17 Die HRegV enthält keine abschliessende Aufzählung der Tatsachen, die im Handelsregister eingetragen werden können. Tatsachen, deren Eintragung weder im Gesetz noch

in der Verordnung vorgesehen ist, werden auf Antrag in das Handelsregister aufgenommen, wenn (a) die Eintragung dem Zweck des Handelsregisters entspricht und (b) an der Bekanntgabe ein öffentliches Interesse besteht (Art. 30 HRegV). Der Anmeldende hat einen Anspruch auf Eintragung, wenn die Voraussetzungen von Art. 30 HRegV vorliegen (Organisationsfreiheit als Ausfluss der Handels- und Gewerbefreiheit). Der Handelsregisterführer kann Anmeldungen nicht gestützt auf datenverarbeitungstechnische Gründe abweisen.

Nicht mehr im Handelsregister eingetragen werden *Geschäftsbezeichnungen* und *Enseignes*. Eingetragene Geschäftsbezeichnungen und Enseignes werden bis zum 31.12.2009 aus dem Hauptregister gestrichen (Art. 177 HRegV). **18**

IX. Gebühren

Die **Gebührenpflicht** und die **Bemessung der Gebühren** sind in der Verordnung über **19** die Gebühren für das Handelsregister (s. Art. 927 N 4) durch Bundesrecht abschliessend geregelt. Sie sollen der wirtschaftlichen Bedeutung des Unternehmens angepasst sein (Art. 929 Abs. 2), unterliegen aber den verwaltungsrechtlichen Grundsätzen der *Gesetzmässigkeit,* der *Verhältnismässigkeit* und dem *Gleichbehandlungsgebot* (BGE 112 Ia 39). Die Höhe der Gebühr muss sich zudem im Rahmen des *Kostendeckungs- und Äquivalenzprinzips* halten. Nach bundesgerichtlicher Rechtsprechung kann sich die Bestimmung von Art. 929 Abs. 2 nicht auf die Gebühr für einen Handelsregisterauszug beziehen; zulässig ist eine Gebühr von höchstens CHF 40 (unv. BGE vom 2.3.2000 = REPRAX 1/00, 91). Für die Einsichtnahme sowie für die Auszüge, die Kopien von Anmeldungen und Belegen und die Bescheinigung ist eine Gebühr zu entrichten; keine Gebühr ist zu entrichten, wenn die Auszüge Kopien und Bescheinigungen zu amtlichem Gebrauch bestimmt sind (Art. 11 Abs. 4 HRegV). Sämtliche Sondergebühren, welche von den kantonalen Handelsregisterämtern erhoben werden können, sind in Art. 9 der Verordnung über die Gebühren für das Handelsregister abschliessend aufgezählt (unv. BGE vom 2.3.2000 = REPRAX 1/00, 93). Auch wenn die Eintragung von Amtes wegen vorgenommen wird, müssen die zur Anmeldung verpflichteten Personen die Gebühr für die Anmeldung entrichten (BGE 58 I 330). Die *Amtshilfe* ist gebührenfrei (Art. 18 Verordnung über die Gebühren für das Handelsregister), d.h. Auszüge und Bescheinigungen zu amtlichem Gebrauch sind unentgeltlich abzugeben (Art. 11 Abs. 4 HRegV). Für die Bezahlung der Gebühren und Auslagen *haftet persönlich,* wer zur Anmeldung einer Eintragung berechtigt oder verpflichtet ist, wer eine Anmeldung einreicht oder eine Amtshandlung verlangt. Mehrere Personen haften solidarisch. Ebenso haftet solidarisch die Rechtseinheit, für die die Eintragung befugterweise nachgesucht oder von Amtes wegen angeordnet worden ist (Art. 21 Abs. 1 Verordnung über die Gebühren für das Handelsregister, vgl. auch BGE 58 I 331). Es haften auch Notare (BGE 115 II 93) und Anwälte (TH. KOCH, 40), gleichgültig, ob sie von sich aus oder im Auftrage Dritter handeln. Gegen Gebührenentscheide kann *selbständig Beschwerde* geführt werden (BGE 109 II 478 = Pra 1984, 150 ff.).

X. Beschwerdeführung (Kantonale Rechtsmittel)

Die *Verfügungen der kantonalen Handelsregisterämter* können mit kantonaler Be- **20** schwerde *angefochten* werden (Art. 165 Abs. 1 HRegV): Jeder Kanton bezeichnet ein oberes Gericht als einzige Beschwerdeinstanz (Art. 165 Abs. 2 HRegV). Die Kantone regeln das Verfahren und haben ihr Rechtsmittelverfahren bis zum 31.12.2009 an die Vorgaben von Art. 165 HRegV anzupassen (Art. 181 HRegV). Da einer negativen Verwaltungsverfügung keine materielle Rechtskraft zukommt, kann auch gegen eine spätere abweisende Verfügung die verwaltungsrechtliche Beschwerde ergriffen werden (BGE 60 I 52). Aus prozessökonomischen Gründen können auch ablehnende *Vorbescheide* angefochten werden (vgl. BGE 103 Ib 8 E. 2). *Nicht beschwerdefähig* sind der Entscheid des Handelsregisterführers, der die Einsprecher an den Richter verweist (Art. 162 Abs. 5 HRegV), den Antrag an das Gericht bzw. an die Aufsichtsbehörde bei Organisationsmängeln, die erforderliche Massnahme zu ergreifen (Art. 941a) und die Verweisung der anmeldungspflichtigen Personen an die zuständige Bewilligungsbehörde bei der Prüfung der Voraussetzungen des BewG (BGE 101 Ib 441 = Pra 1976, 465; PLÜSS, 84). Beschwerdeberechtigt sind Personen und Rechtseinheiten, deren Anmeldung abgewiesen wurde oder die von einer Eintragung von Amtes wegen unmittelbar berührt sind (Art. 165 Abs. 3 HRegV, Art. 89 Abs. 1 lit. c BGG, welcher dem bisherigen Erfordernis von Art. 103 lit. a OG entspricht). Es sind dies die anmeldenden Personen, die anmeldende Firma oder die Gesuchsteller (BK-KÜNG, N 246). Dritte sind nur legitimiert, wenn ihre Eintragungsbegehren abgelehnt werden (zum privatrechtlichen Einspruch Dritter: Art. 162 HRegV; Art. 940 N 4 ff.). Gegen Gebührenverfügungen sind Dritte, die eine Anmeldung einreichen oder eine Amtshandlung verlangen (z.B. Notare oder Rechtsanwälte), zur Beschwerde legitimiert wegen ihrer persönlichen Haftung für die Bezahlung der Handelsregistergebühren und Auslagen (Art. 21 Abs. 1 Verordnung über die Gebühren für das Handelsregister; BGE 115 II 93). Beschwerden gegen Entscheide der kantonalen Handelsregisterämter sind *innert 30 Tagen* nach Eröffnung der Entscheide zu erheben (**Beschwerdefrist;** Art. 165 Abs. 4 HRegV). In der Regel hat die Beschwerde *suspensive* Wirkung. Wegen Säumnis und anderen Pflichtverletzungen des Handelsregisterführers kann *Disziplinarbeschwerde* erhoben werden (Art. 928 N 9).

21 *Entscheide und Verfügungen der kantonalen Beschwerdeinstanz* können nach den allgemeinen Bestimmungen über die Bundesrechtspflege mit der **Beschwerde in Zivilsachen** beim Bundesgericht angefochten werden (Art. 72 Abs. 2 lit. b Ziff. 2 BGG; SPÜHLER/DOLGE/VOCK, Art. 75 N 3). Beschwerdeberechtigt sind die am Verfahren vor der kantonalen Vorinstanz beteiligten Personen (Art. 76 BGG; Art. 48 Abs. 1 lit. a VwVG; BGE 81 I 397). Gemäss Art. 5 Abs. 2 lit. e HRegV ist das EHRA zur Beschwerdeführung an das Bundesgericht gegen Entscheide der kantonalen Gerichte ermächtigt.

22 Gegen *Verfügungen des EHRA* (wie Verfügungen des EHRA über die Unzulässigkeit einer Firmenbezeichnung oder des Namens von Vereinen oder Stiftungen) ist innert 30 Tagen die **Beschwerde an das Bundesverwaltungsgericht** zu ergreifen (Art. 31, 37 VGG; Art. 2 Abs. 4 i.V.m. Art. 50 VwVG). Die Beschwerde ist auch gegen Beanstandungen bzw. Nichtgenehmigungen von Eintragungen durch das EHRA zulässig, wenn diese Entscheide allein dem Handelsregisterführer in Form interner Weisungen mitgeteilt wurden (vgl. BGE 91 I 360; ZBJV 1967, 116). Anfechtungsobjekte sind in derartigen Fällen die Entscheide des EHRA; im Übrigen richtet sich das Beschwerdeverfahren vor dem Bundesverwaltungsgericht nach den Bestimmungen des VwVG (Art. 37 VGG; Art. 2 Abs. 4 VwVG).

23 Gegen *Entscheide des Bundesverwaltungsgerichts* kann ebenfalls die **Beschwerde in Zivilsachen** ergriffen werden (SPÜHLER/DOLGE/VOCK, Art. 75 N 3). Beschwerdeberechtigt vor Bundesgericht sind die am Verfahren vor der eidg. Vorinstanz beteiligten Personen (Art. 76 BGG; Art. 48 Abs. 1 lit. a VwVG; BGE 81 I 397). Gemäss Art. 5 Abs. 2 lit. e HRegV ist auch das EHRA zur Beschwerdeführung an das Bundesgericht gegen Entscheide des Bundesverwaltungsgerichtes ermächtigt.

Art. 929a

2. Bei Führung des Handelsregisters mittels Informatik

¹ Der Bundesrat erlässt die Vorschriften über die Führung des Handelsregisters mittels Informatik und den elektronischen Datenaustausch zwischen den Handelsregisterbehörden. Insbesondere kann er den Kantonen die Führung des Handelsregisters mittels Informatik, die Entgegennahme elektronisch eingereichter Belege, die elektronische Erfassung von Belegen und die elektronische Datenübermittlung vorschreiben.

² Der Bundesrat bestimmt, ob und unter welchen Voraussetzungen die elektronische Einreichung von Anmeldungen und Belegen beim Handelsregisteramt zulässig ist. Er kann Vorschriften zur elektronischen Aufbewahrung von Belegen erlassen und den Kantonen die Ausstellung beglaubigter Handelsregisterauszüge in elektronischer Form vorschreiben.

2. Tenue informatisée du registre du commerce

¹ Le Conseil fédéral édicte les dispositions concernant la tenue informatisée du registre du commerce et l'échange électronique des données entre les autorités du registre du commerce. Il peut en particulier prescrire aux cantons la tenue informatisée du registre du commerce, l'acceptation de pièces justificatives produites sous forme électronique, la saisie électronique de pièces justificatives et la transmission de données sous forme électronique.

² Le Conseil fédéral règle les conditions auxquelles, le cas échéant, le dépôt électronique de réquisitions et de pièces justificatives aux offices du registre du commerce est admissible. Il peut édicter des dispositions sur la conservation des pièces justificatives et prescrire aux cantons l'établissement d'extraits certifiés conformes du registre du commerce sous forme électronique.

2. Tenuta informatizzata del registro di commercio

¹ Il Consiglio federale emana le prescrizioni riguardanti la tenuta informatizzata del registro di commercio e lo scambio elettronico dei dati tra le autorità del registro di commercio. Esso può, in particolare, prescrivere ai Cantoni la tenuta informatizzata del registro di commercio, l'accettazione di documenti giustificativi inoltrati per via elettronica, la loro registrazione elettronica e la trasmissione di dati per via elettronica.

² Il Consiglio federale decide se e a quali condizioni è ammissibile la presentazione elettronica di richieste e di documenti giustificativi all'ufficio del registro di commercio. Esso può emanare prescrizioni circa la conservazione elettronica dei documenti giustificativi e prescrivere ai Cantoni l'allestimento elettronico di estratti certificati conformi del registro di commercio.

Literatur

Bundesamt für Justiz, Digitale Signatur und Privatrecht, Gutachten vom 24.11.1998, VBP 63.46; EHRA, Weisung vom August 1995 über die elektronische Übermittlung des Handelsregister-Tagebuches und über die Anwendungsvoraussetzungen von Artikel 23 Absatz 2 des Gebührentarifs; KÜNG, System der Eintragungstexte beim auf EDV geführten Handelsregister, AJP 1992, 303 ff.; KUSTER, Gedanken über Verbesserungen des Verkehrs mit dem Handelsregister, JBHReg 1996, 57 ff.; MEISTERHANS, EDV-Applikation im Handelsregister, JBHReg 1992, 77 ff.; DERS., Vorfinanzierung kantonaler EDV-Lösungen für das Handelsregister aus Bundesmitteln, JBHReg 1993, 191 ff.; DERS., Die Bedeutung des Internet als Publizitätsmittel für Handelsregisterdaten, JBHReg 1997, 94 ff.; STUDER/SPIESS/RINGGER, EDV-Applikation im Handelsregister, Moderne Handelsregisterlösung für die Kantone Solothurn und Zug, JBHReg 1995, 255 ff.

I. Spezifizierung der allgemeinen Delegationsnorm

1　Im Rahmen des Bundesgesetz über Zertifizierungsdienste im Bereich der elektronischen Signatur (ZertES, SR 943.03), welches am 1.1.2005 in Kraft getreten ist, wurde mit Art. 929a eine Delegationsnorm im Obligationenrecht geschaffen, welche den Bundesrat ermächtigt, die Voraussetzungen der elektronischen Führung des Handelsregisters festzulegen und zu bestimmen, unter welchen Bedingungen die Einreichung elektronischer Anmeldungen und Belege beim kantonalen Handelsregisteramt und der elektronische Datenaustausch unter den Behörden zulässig sein soll. Art. 929a Abs. 1 spezifiziert somit die allgemeine Delegationsnorm von Art. 929 Abs. 1 (vgl. Art. 929 N 1 ff.). Der Bundesrat hat in der HRegV vom 17.10.2007 entsprechende Bestimmungen erlassen.

II. Datenaustausch und elektronische Führung des Handelsregisters

2　Das Tagesregister wird als elektronisches Verzeichnis aller Einträge in chronologischer Reihenfolge geführt. Das Hauptregister ist ein elektronischer Zusammenzug aller rechtswirksamen Einträge im Tagesregister geordnet nach Rechtseinheit (vgl. Art. 6 Abs. 2 und 3 HRegV). Dieser muss elektronisch wie auch auf einem Papierausdruck jederzeit sichtbar gemacht werden können (Art. 9 Abs. 5 HRegV). Die kantonalen Handelsregisterämter, das EHRA sowie das Schweizerische Handelsamtsblatt kommunizieren elektronisch miteinander (vgl. Art. 31 ff HRegV).

3　Aus dem Grundsatz der Öffentlichkeit (vgl. Art. 930 N 1 ff.) folgt, dass auf Verlangen das Handelsregisteramt Einsicht in das Hauptregister, in die Anmeldung und in die Belege gewährt. Erstellen die Handelsregisterämter **elektronische Auszüge und Kopien von Anmeldungen** und **Belegen,** so müssen die **Beglaubigungen mit einem qualifizierten Zertifikat** nach ZertES versehen werden (Art. 11 Abs. 3 HRegV). Auch bei beglaubigten Handelsregisterauszügen mit elektronischer Signatur handelt es sich um Feststellungsurkunden. Der Registerführer konstatiert mit der Beglaubigung, dass in Bezug auf einen Rechtsträger zu einem bestimmten Zeitpunkt die im Auszug enthaltenen Daten im Handelsregister eingetragen sind (Momentaufnahme). Davon zu unterscheiden ist das elektronische Angebot der kantonalen Handelregister und die öffentlichen Daten des Zentralregisters, welche für Einzelabfragen unentgeltlich zur Verfügung gestellt werden (<http://www.zefix.ch>). Diese Ausdrucke weisen keine erhöhte Beweiskraft auf. Die elektronisch abgerufenen Daten des Zentralregisters entfalten keine Rechtswirkungen (Art. 14 Abs. 1 HRegV). Bei den von den kantonalen Handelsregisterämtern zur Verfügung gestellten Daten gehen bei Abweichungen die im Hauptregister eingetragenen Tatsachen den elektronisch abgerufenen Daten vor (Art. 12 Abs. 2 HRegV).

III. Elektronische Einreichung von Anmeldungen und Belegen beim Handelsregister

4　Mit der elektronischen Signatur kann die Herkunft (Authentizität) eines Dokuments bestimmt werden, gleichzeitig kann überprüft werden, ob das Dokument unverändert geblieben ist (Integrität). Die qualifizierte elektronische Signatur wird in der HRegV der eigenhändigen Unterschrift gleichgestellt. Handelsregisteranmeldungen können auf Papier oder in elektronischer Form eingereicht werden (Art. 16 Abs. 2 HRegV). Für die elektronische Anmeldung muss entweder das elektronische Formular des zuständigen kantonalen Handelsregisteramtes oder eine andere vom Kanton anerkannte elektronische Eingabeform verwendet werden (Art. 16 Abs. 3 HRegV) und die Anmeldung ist mit einem **qualifizierten Zertifikat im Sinne des ZertES** zu unterzeichnen (Art. 18

Abs. 4 HRegV). Bis zum 31.12.2012 müssen die kantonalen Handelsregisterämter in der Lage sein, Anmeldungen und Belege in elektronischer Form entgegen zu nehmen.

Die einzureichenden **Belege** unterliegen entweder dem Formerfordernis der einfachen Schriftlichkeit, oder sie sind öffentlich zu beurkunden. Weiter können Belege im Original oder in beglaubigter Kopie eingereicht werden, wobei letztere auf Papier oder in elektronischer Form (Art. 20 Abs. 1 HRegV). Elektronische Kopien von Belegen müssen mit einem qualifizierten Zertifikat im Sinne des ZertES unterzeichnet sein (Art. 20 Abs. 2 HRegV). 5

Ob die **öffentliche Beurkundung** auch in **digitalen Form** erfolgen kann, ist eine Frage des kantonalen Rechts (Art. 55 SchlT ZGB). Weder hindert der bundesrechtliche Begriff der öffentlichen Urkunde die Kantone an der Einführung einer öffentlichen Urkunde in digitaler Form, noch verpflichtet das Bundesrecht sie dazu (Botschaft zum Bundesgesetz über Zertifizierungsdienste im Bereich der elektronischen Signatur, BBl 2001, 5679 ff., 5690). 6

IV. Aktenaufbewahrung, Aktenherausgabe und Datensicherheit

Die HRegV enthält allgemeine Vorschriften zur Aufbewahrung von Anmeldungen, Belegen und Korrespondenz (Art. 166 HRegV), zur Herausgabe von Akten Papierform (Art. 167 HRegV) oder in elektronischer Form (Art. 168 HRegV) sowie für zur Datensicherheit (Art. 169 HRegV). Die Statuten von Rechtseinheiten und die Stiftungsurkunden müssen immer in einer aktuellen Form vorliegen (Art. 166 Abs. 1 HRegV). Nach der Löschung einer Rechtseinheit dürfen die Anmeldungen und Belege und allfällige Mitgliederverzeichnisse zehn Jahre nach der Löschung vernichtet werden (Art. 166 Abs. 2 HRegV). 7

Art. 930

IV. Öffentlichkeit Das Handelsregister mit Einschluss der Anmeldungen und der Belege ist öffentlich.

IV. Publicité Le registre du commerce est public; la publicité s'applique aux demandes d'inscription et aux pièces justificatives.

IV. Pubblicità Il registro di commercio è pubblico; lo stesso dicasi delle notificazioni e dei documenti giustificativi.

Literatur

KÜNG, System der Eintragungstexte beim auf EDV geführten Handelsregister, AJP 1992, 303 ff. (zit. System); DERS., Die Eintragung der internationalen Fusion im Handelsregister, JBHReg 1993, 15 ff.; MEISTERHANS, EDV-Applikation im Handelsregister, JBHReg 1992, 77 ff.; SCHAUB, Revision partielle de l'ordonnance sur le registre du commerce, SZW 1973, 165.

Aus der Publizitätsfunktion des Handelsregisters folgt der **Grundsatz der Öffentlichkeit**. Art. 930 begründet einerseits die *Verpflichtung* der Handelsregisterführer, Hauptregister, Anmeldungen und Belege dem Publikum zugänglich zu machen, anderseits hat jedermann, ohne Nachweis eines Interesses, einen *Anspruch auf Einsicht* in diese Akten. Dort jedoch, wo das Einsichtsrecht endet, beginnt das *Amtsgeheimnis* und die Pflicht der Behörden, die Geschäftsgeheimnisse der Privaten zu wahren. 1

2 **Öffentlich sind** die Einträge im Hauptregister, die Anmeldungen und die Belege. Die Einträge im Tagesregister werden mit der Genehmigung durch das EHRA öffentlich (Art. 10 HRegV). Anmeldungen sind die *Anmeldungsschreiben* und die für die einzelnen Eintragungen erforderlichen *Belege,* wie sie jeweils am Schluss der Eintragung im Tagesregister aufgelistet sind (Art. 8 Abs. 3 lit. e HRegV; z.B. öffentliche Urkunden, Statuten, Sacheinlageverträge, etc.). Die Unterlagen über besonders befähigte Revisoren werden ein Jahr nach Inkrafttreten der neuen HRegV von Amtes wegen aus dem Hauptregister gestrichen (Art. 179 HRegV). Auch geänderte oder gelöschte Daten bleiben einsehbar (Art. 9 Abs. 3 HRegV), jedenfalls solange die entsprechenden Register und Akten aufbewahrt werden müssen (Art. 166 HRegV).

3 **Nicht öffentlich** sind alle übrigen Handelsregisterakten, also insb. die mit Privaten oder Amtsstellen geführten *Korrespondenzen* (Art. 10 HRegV; dazu gehören Vorbescheide, Abweisungsverfügungen, etc.) und *Akten über das Zwangsverfahren* (vgl. BK-HIS, N 11).

4 Der Handelsregisterführer hat *jedermann* auf Verlangen **Einsicht** zu gewähren, beglaubigte *Auszüge über die Einträge einer Rechtseinheit im Hauptregister (sog. beglaubigte Handelsregisterauszüge;* vgl. BGE 109 II 480 = Pra 1984, 152) und *Negativatteste* auszustellen sowie Kopien von Anmeldungen und Belegen abzugeben (Art. 11 Abs. 1 und 6 HRegV). Vor der Genehmigung der Eintragung durch das EHRA dürfen keine Auszüge aus dem Handelsregister ausgestellt werden (Art. 11 Abs. 2 HRegV). Die Herausgabe der Akten in Papierform *(Edition)* ist nur an die in Art. 167 HRegV aufgelisteten Behörden gestattet. Bestimmten Behörden – nicht jedoch Privatpersonen – sind auf schriftliches Verlangen Akten in Papierform oder in elektronischer Form herauszugeben (Art. 167 und 168 HRegV).

5 Die Kantone stellen die Einträge im Hauptregister für Einzelabfragen im **Internet** unentgeltlich zur Verfügung (Art. 12 Abs. 1 HRegV). Der Zugriff auf die kantonalen Daten erfolgt am effizientesten über das elektronische zentrale Firmenregister des EHRA (zentraler Firmenindex; <http://www.zefix.ch>; Art. 14 HRegV). Bei Abweichungen gehen die im Hauptregister eingetragenen Tatsachen den elektronisch abrufbaren Daten vor (Art. 12 Abs. 2 HRegV). Für die Einsichtnahme sowie für die Auszüge (sog. beglaubigte Handelsregisterauszüge), die Kopien von Anmeldungen und Belegen und die Bescheinigungen ist eine Gebühr zu errichten (Art. 11 Abs. 4 HRegV).

Art. 931

V. Handelsamtsblatt

1 Die Eintragungen im Handelsregister werden, soweit nicht eine nur teilweise oder auszugsweise Bekanntmachung durch Gesetz oder Verordnung vorgeschrieben ist, ihrem ganzen Inhalte nach ohne Verzug durch das Schweizerische Handelsamtsblatt bekanntgemacht.

2 Ebenso haben alle vom Gesetze vorgeschriebenen Veröffentlichungen im Schweizerischen Handelsamtsblatt zu erfolgen.

2bis Der Bundesrat kann die im Schweizerischen Handelsamtsblatt veröffentlichten Daten dem Publikum auch auf andere Art zur Verfügung stellen.

3 Der Bundesrat erlässt die Vorschriften über die Einrichtung des Schweizerischen Handelsamtsblattes.

4. Abteilung: Handelsregister, Geschäftsfirmen 1–3 Art. 931

V. Feuille officielle du commerce

¹ L'inscription sur le registre du commerce est publiée intégralement et sans délai dans la *Feuille officielle suisse du commerce,* à moins que la loi ou une ordonnance ne dispose que la publication en sera faite partiellement ou par extrait.

² De même toutes les publications exigées par la loi sont faites dans la *Feuille officielle suisse du commerce.*

2bis Le Conseil fédéral peut mettre à la disposition du public les informations publiées dans la Feuille officielle suisse du commerce sous une autre forme.

³ Le Conseil fédéral édicte les prescriptions relatives à l'organisation de la *Feuille officielle suisse du commerce.*

V. Foglio ufficiale svizzero di commercio

¹ Le iscrizioni nel registro di commercio sono pubblicate nel *Foglio ufficiale svizzero di commercio* senza ritardo e per intiero, a meno che la legge o un'ordinanza ne prescriva la pubblicazione parziale o per estratto.

² Parimente, tutte le pubblicazioni prescritte dalla legge sono fatte nel *Foglio ufficiale svizzero di commercio.*

2bis Il Consiglio federale può mettere a disposizione del pubblico anche sotto un'altra forma i dati pubblicati sul Foglio ufficiale svizzero di commercio.

³ Le norme riguardanti l'organizzazione del *Foglio ufficiale svizzero di commercio* sono emanate dal Consiglio federale.

Literatur

KÜNG, Übermässige Erträge des Bundes auf Handelsregistergebühren, AJP 1992, 427 ff. (zit. Handelsregistergebühren); MEISTERHANS, Verzögerte Publikation von Handelsregistereinträgen, JBHReg 1992, 33 ff. (zit. Publikation); DERS., EDV-Applikation im Handelsregister, JBHReg 1992, 77 ff. (zit. EDV); DERS., Die Bedeutung des Internet als Publizitätsmittel für Handelsregisterdaten, JBHReg 1997, 94 ff.

Art. 931 Abs. 1 richtet sich an die Handelsregisterbehörden. Alle Eintragungen im Tagesregister sind ihrem ganzen Inhalte nach, d.h. inhaltlich alle rechtlich wesentlichen Teile erfassend (BK-HIS, N 13), im amtlichen Teil des **SHAB** zu **publizieren,** sofern in Gesetz (Art. 836) oder Verordnung (Art. 88 Abs. 2, Art. 92 lit. i, Art. 138 HRegV) nicht eine teilweise oder auszugsweise Veröffentlichung vorgesehen ist. Die Eintragungen werden ohne Verzug, d.h. innert zwei Werktagen nach deren elektronischer Übermittlung durch das EHRA an das SHAB, publiziert (Art. 35 Abs. 1 HRegV). *Nicht veröffentlicht* werden Anmeldungen und Belege. Das Datum der Ernennung von Verwaltungsräten, das Rücktrittsdatum und das Datum der Mitteilung an das Handelsregisteramt sind (im Gegensatz zum Datum der Tagesregistereintragung) keine Angaben, die der Registrierung und der Veröffentlichung bedürfen (BGE 104 Ib 326 = Pra 1979, 320). 1

Zu den **«vom Gesetz vorgeschriebenen Veröffentlichungen»** gehören alle Bekanntmachungen, die nicht Handelsregistereinträge betreffen, aber ebenfalls im amtlichen Teil des SHAB zu publizieren sind. Beispiele: Verlustigerklärung (Art. 681 Abs. 2), Aufforderung an die Gläubiger bei der Kapitalherabsetzung (Art. 733) und Schuldenruf bei der Liquidation einer AG (Art. 742 Abs. 2). Weiter gehören dazu wertpapierrechtliche Veröffentlichungen (Art. 984, 986, 1077) und Bekanntmachungen der Konkursrichter, der Konkursämter und des Eidg. Institutes für Geistiges Eigentum. 2

Neben den «vom Gesetz vorgeschriebenen Veröffentlichungen» gibt es die von der Gesellschaft ausgehenden übrigen öffentlichen **Bekanntmachungen** (z.B. öffentliche Einladung zur GV, Publikation der Ausschüttung einer Dividende). Die Statuten haben die 3 öffentlichen Blätter zu bezeichnen, in welchen diese Bekanntmachungen erfolgen sollen (**Publikationsorgan**). In den Statuten wird oft das SHAB als Publikationsorgan vorgesehen. Derartige Veröffentlichungen im SHAB gehören zu den privaten Anzeigen (N 6) und haben keine registerrechtlichen Wirkungen. Von den öffentlichen Bekanntmachungen der Gesellschaft sind die **Mitteilungen** des Verwaltungsrates an die Aktionäre zu unterscheiden. Diese richten sich *nur* an die Aktionäre. Sofern die Statuten für solche Mitteilungen eine Bestimmung enthalten, ist diese in der Handelsregistereintragung zu berücksichtigen.

4   Gestützt auf Art. 931 Abs. 2bis und Abs. 3 hat der Bundesrat in der *VSHAB* vom 15.2.2006 (SR 221 415) und in Art. 31 ff. HRegV Vorschriften über die Einrichtung des SHAB und dessen Führung erlassen. Die Art und Weise der Veröffentlichung wird vom EHRA in Zusammenarbeit mit der Leitung des Blattes bestimmt. Das SHAB wird gleichentags in gedruckter und in elektronischer Form auf <https://www.shab.ch> veröffentlicht (Art. 931 Abs. 2bis und Art. 8 Abs. 1 VSHAB). Die elektronische Fassung ist massgebend (Art. 9 VSHAB). Es ist in insgesamt zwölf Rubriken bzw. thematisch in drei Abschnitte gegliedert: einen amtlichen Abschnitt mit gesetzlich vorgeschriebenen Bekanntmachungen, aufgeteilt in die Rubriken *Handelsregister, Konkurse, Nachlassverträge, Schuldbetreibungen, Schuldenrufe, abhanden gekommene Werttitel, öffentliches Beschaffungswesen, Edelmetallkontrolle, Bilanzen, andere gesetzliche Publikationen* (Art. 2 VSHAB); die Rubrik *Infoservice,* in welcher gesetzlich nicht vorgeschriebene Bekanntmachungen veröffentlicht werden können, sofern ihr Inhalt von allgemeinem öffentlichem Interesse ist und die Bereiche Verwaltung, Handel, Gewerbe oder Industrie betrifft (Art. 3 VSHAB); und den Abschnitt *Unternehmensanzeigen* mit gleichnamiger Rubrik (Art. 4 VSHAB). Handelsregisterrechtliche Wirkungen haben nur die Publikationen im amtlichen Teil. Herausgegeben wird das SHAB vom Staatssekretariat für Wirtschaft (seco) (Art. 5 VSHAB). Die *Verantwortung* für den handelsregisterlichen Inhalt trägt das EHRA.

5   Für die **Richtigkeit einer Eintragung** ist nicht das SHAB, sondern das *Tagesregister massgebend*. Fehler sind zu berichtigen. Bei reinen *Publikationsfehlern,* d.h. bei richtigem Tagesregistereintrag, aber falscher Veröffentlichung, hat das EHRA von Amtes wegen eine Berichtigung zu veröffentlichen. *Fehler im Tagesregister* hat der Registerführer mit einer neuen Eintragung zu berichtigen. Die Einträge im Tagesregister dürfen nachträglich nicht verändert werden und bleiben zeitlich unbeschränkt bestehen (Art. 8 Abs. 5 HRegV; s. zur *Berichtigung* BGE 102 Ib 43).

6   Es ist den Kantonen gestattet, die Eintragungen im Handelsregister noch in **weiteren Publikationsorganen** (z.B. in *kantonalen Amtsblättern)* zu veröffentlichen, nachdem sie im SHAB erschienen sind (Art. 35 Abs. 3 HRegV). Die Veröffentlichung ist gebührenfrei und hat keine bundesrechtlichen Wirkungen.

7   Keinen amtlichen Charakter haben die in der Praxis wichtigen privaten **Nachschlagewerke,** die auf den im SHAB publizierten Informationen aufgebaut sind.

Art. 931a

B. Eintragungen
I. Anmeldung

¹ Bei juristischen Personen obliegt die Anmeldung zur Eintragung ins Handelsregister dem obersten Leitungs- oder Verwaltungsorgan. Spezialgesetzliche Vorschriften betreffend öffentlich-rechtliche Körperschaften und Anstalten bleiben vorbehalten.

² Die Anmeldung muss von zwei Mitgliedern des obersten Leitungs- oder Verwaltungsorgans oder von einem Mitglied mit Einzelzeichnungsberechtigung unterzeichnet werden. Die Anmeldung ist beim Handelsregisteramt zu unterzeichnen oder mit den beglaubigten Unterschriften einzureichen.

B. Inscriptions
I. Réquisition

¹ Toute réquisition d'inscription au registre du commerce concernant une personne morale incombe à l'organe supérieur de gestion ou d'administration. Les dispositions particulières concernant les corporations et établissements de droit public sont réservées.

² La réquisition doit être signée par deux membres de l'organe supérieur de gestion ou d'administration ou par un membre autorisé à représenter la personne morale par sa signature individuelle. Elle doit être signée à l'office du registre du commerce ou être déposée munie des signatures dûment légalisées.

B. Iscrizioni
I. Notificazione

¹ Per quanto concerne le persone giuridiche, le notificazioni per l'iscrizione nel registro di commercio sono fatte dall'organo superiore di direzione o di amministrazione. Sono salve le disposizioni speciali concernenti gli enti e gli stabilimenti di diritto pubblico.

² Le notificazioni devono essere firmate da due membri dell'organo superiore di direzione o di amministrazione o da un membro autorizzato a rappresentare la persona giuridica con firma individuale. Devono essere firmate presso l'ufficio del registro di commercio o prodotte per scritto con le firme autenticate.

Literatur

BERTHEL/BOCHUD, Neues Aktienrecht aus registerrechtlicher und notarieller Sicht, Luzern 1992; BÜHLER, Öffentliche Urkunden des Aktienrechts als Handelsregisterbelege, ZBGR 1982, 321 ff.; ECKERT, EHRA, Kurzkommentar zu den Bestimmungen der Handelsregisterverordnung zum Fusionsgesetz, REPRAX 2–3/2004, 1 ff.; FANKHAUSER, Europaweit einheitliches System der handelsrechtlichen Publizität, REPRAX 1/03, 30 ff; GAUCH, Von der Eintragung im Handelsregister, ihren Wirkungen und der negativen Publizitätswirkung, SAG 1976, 139 ff. (zit. Eintragung); GWELESSIANI, Handelsregisterrechtliche Aspekte zum neuen Fusionsgesetz, in Fusionsgesetz: Auswirkungen auf die Praxis, 2004, 235 ff.; HOMBURGER, Betreibungsort bei Verlegung des Sitzes einer Aktiengesellschaft, SZW 1991, 66 f.; KOCH, Handelsregisterrechtliche Eintragungen, Ein Leitfaden zur AG, GmbH, Genossenschaft und Stiftung, 1996; KÜNG, Die Prüfungspflicht des Handelsregisterführers in materiellrechtlichen Fragen, SZW 1990, 41 ff.; DERS., Eintragungen über Revisionsstellen im Handelsregister, ST 1992, 629 ff. (zit. Revisionsstellen); KÜNG/MEISTERHANS, Handbuch für das Handelsregister, Bd. I, Einführung, Einzelfirma, Kollektivgesellschaft, Kommanditgesellschaft, 1993; DIES., Handbuch für das Handelsregister, Bd. II, Aktiengesellschaft, 2. Aufl 2000 (zit. Bd. II); in Neubearbeitung: DIES., Handbuch für das Handelsregister, Bd. VI, Weisungen EHRA, Mustervorlagen für Eingaben, 1995; DIES., Handbuch für das Handelsregister, Bd. V, Besondere Rechtsformen, Zweigniederlassungen, 1995; KÜNG/MEISTERHANS/ZENGER/HAUSER, Handbuch für das Handelsregister, Bd. III, Gmbh, Genossenschaft, 1999; LUSSY, Die Funktion des Tagebuches beim Handelsregister, SAG 1983, 162 ff.; MEISTERHANS, Verzögerte Publikation von Handelsregistereinträgen, JBHReg 1992, 33 ff.; MÜLLER, Persönliche und Firmaunterschrift/Protokolle als Handelsregisterbelege, JBHReg 1992, 27 ff.; REBSAMEN, Das Handelsregister, 2. Aufl.

Martin K. Eckert

1999; REBSAMEN/THOMI, Kommentierte Handelsregister-Eintragungstexte zur Aktiengesellschaft nach neuem Recht, 1993; REICHENBACH/BLÄSI, Notwendige Belege für Eintragungen im Handelsregister betreffend die Revisionsstelle, JBHReg 2002, 85°ff; SCHMID F., Bei Verein und Stiftung einzutragende Personen, JBHReg 1993, 70 ff.; VOGEL/HEIZ/BEHNISCH, Fusionsgesetz, 2005; F. VON STEIGER, Die Wirkungen der Eintragung, SJK 37; WATTER/VON PLANTA, Register- und firmenrechtliche Probleme bei Personengesellschaften, JBHReg 1993, 73 ff.; BGE 132 III 731, Wiedereintragung einer Gesellschaft in das Handelsregister, REPRAX 3/06, 49 ff; BGE betr. Die Parteistellung Dritter bei Eintragungen im Handelsregister, publiziert in REPRAX 2/06, 14 ff.; BGE betr, Die Suspendierung der Genehmigung einer Eintragung durch das EHRA, publiziert in REPRAX 2/06, 24 ff; BGE 130 III 707 betr. Pflicht zur Eintragung freier Berufe im Handelsregister, REPRAX 1/05, 51; BGE 130 III 58 betr. Eintragung von Geschäftsbezeichnungen und Enseignes in das Handelsregister, REPRAX 4/04, 38 ff.; BGE betr. Verweigerung einer Eintragung durch das EHRA, publiziert in REPRAX 3/03, 17 ff.; vgl. auch die Literaturhinweise zu Art. 930.

I. Begriff der Eintragung

1   Das Wort «**Eintragung**» wird im positiven Handelsregisterrecht in verschiedenen Bedeutungen verwendet (GAUCH, 65 ff.): Es bezeichnet das *mehrstufige Eintragungsverfahren* (Arten: Neueintragung, Änderung, Löschung; z.B. Art. 935 Abs. 1, Art. 940 Abs. 1), die *vollzogene* Eintragung (z.B. Art. 932 Abs. 2) und die *eingetragenen Daten* (z.B. Art. 157 HRegV).

II. Eintragungsverfahren

2   Im Folgenden wird das **ordentliche Eintragungsverfahren,** das durch eine private Anmeldung ausgelöst wird, dargestellt.

1. Vorprüfung

3   Um Beanstandungen zu vermeiden, können die Anmeldenden gegen Bezahlung einer Gebühr die Anmeldung und die Belege (öffentliche Urkunden, Statuten etc.) vom Handelsregisterführer vorprüfen lassen (Art. 9 Ziff. 1, 4 Verordnung über die Gebühren für das Handelsregister). Empfehlenswert ist die **Vorprüfung** einzutragender bzw. zu ändernder Firmen (Art. 944) beim kantonalen und beim eidgenössischen Amt (Formular Firmenrecherche, JBHReg 1999, 152 f. oder <http://www.zefix.admin.ch>). Die schriftlichen Auskünfte sind verbindliche materielle *Vorbescheide*, gegen die aus prozessökonomischen Gründen Rechtsmittel ergriffen werden können (ECKERT, 158 ff.).

2. Anmeldung

4   Die Eintragung ins Handelsregister beruht auf einer Anmeldung; vorbehalten bleibt die Eintragung aufgrund eines Urteils oder einer Verfügung eines Gerichts oder einer Behörde oder von Amtes wegen (Art. 15 Abs. 1 HRegV). Die **Anmeldung** ist eine an das Handelsregisteramt gerichtete schriftliche Erklärung, mit der die Eintragung einer bestimmten eintragungspflichtigen oder eintragungsberechtigten Tatsache im Handelsregister beantragt wird **(Anmeldungsschreiben).**

5   **Inhalt der Anmeldung:** Die Anmeldung muss die Rechtseinheit klar identifizieren und die einzutragenden Tatsachen angeben oder auf die entsprechenden Belege einzeln verweisen (Art. 16 Abs. 1 HRegV). Das Anmeldungsschreiben braucht nicht ausformuliert zu sein; es genügt, wenn der Eintragungstatbestand (Gründung, Kapitalerhöhung, Fu-

sion etc.) bezeichnet ist und die einzelnen einzutragenden Angaben aus den Belegen ersichtlich sind (BGE 69 I 51).

Form der Anmeldung: Die Anmeldung erfolgt auf *Papier oder in elektronischer Form* (Art. 16 Abs. 2 HRegV). Für die elektronische Anmeldung muss entweder das *elektronische Formular* des zuständigen kantonalen Handelsregisteramtes oder eine andere vom Kanton anerkannte elektronische Eingabeform verwendet werden (Art. 16 Abs. 3 HRegV).

Sprache der Anmeldung: Die Anmeldungen sind in der *Amtssprache* des Kantons abzufassen, in dem die Eintragung erfolgt (Art. 16 Abs. 4 HRegV).

Anmeldende Personen: Die Anmeldung erfolgt durch die betroffene Rechtseinheit und muss gemäss Art. 17 Abs. 1 HRegV von folgenden Personen *(Anmeldende Personen)* unterzeichnet sein:

a. bei *Einzelunternehmen:* von der Inhaberin oder vom Inhaber;

b. bei der *Kollektiv- oder Kommanditgesellschaft:* von allen Gesellschafterinnen und Gesellschaftern;

c. bei *juristischen Personen* (AG, Kommanditaktiengesellschaft, SICAF, SICAV, GmbH, Genossenschaft, Verein, Stiftung): von zwei Mitgliedern des obersten Leitungs- und Verwaltungsorgans oder von einem Mitglied mit Einzelunterschrift (unter Vorbehalt spezialgesetzlicher Vorschriften betreffend öffentlich-rechtliche Körperschaften und Anstalten);

d. bei der *Kommanditgesellschaft für kollektive Kapitalanlagen:* von einer zur Vertretung berechtigten natürlichen Person für jede unbeschränkt haftende Gesellschafterin;

e. bei *Instituten des öffentlichen Rechts:* von den Personen, die nach öffentlichem Recht zuständig sind;

f. bei der nicht kaufmännischen *Prokura:* von der Geschäftsfrau oder vom Geschäftsherrn;

g. bei der *Gemeinderschaft:* vom Haupt der Gemeinderschaft;

h. bei der *Zweigniederlassung* von Rechtseinheiten mit Sitz im In- oder im Ausland: von einer zeichnungsberechtigten Person, die am Sitz der Hauptniederlassung oder der Zweigniederlassung im Handelsregister eingetragen ist;

i. bei der *Löschung einer Rechtseinheit:* von den Liquidatorinnen und Liquidatoren.

Die Anmeldung kann ausnahmsweise **durch die betroffenen Personen selbst** erfolgen (Art. 17 Abs. 2 HRegV):

a. bei der Löschung von Mitgliedern der Organe und der Löschung von Vertretungsbefugnissen (Art. 938b OR);

b. bei der Änderung von Personenangaben (Familienname, Vorname, Heimatort resp. Staatsangehörigkeit, Wohnsitz) gemäss Art. 119 Abs. 1 lit. a–d;

c. bei der Löschung des Rechtsdomizils gemäss Art. 117 Abs. 3 HRegV (c/o-Adresse) durch den Domizilhalter.

Haben Erbinnen oder **Erben** eine Eintragung anzumelden, so können an ihrer Stelle auch Willensvollstrecker oder Erbschaftsliquidatoren die Anmeldung vornehmen (Art. 17 Abs. 3 HRegV).

11 Unterzeichnung der Anmeldung: Die Anmeldung muss von den Personen gemäss Art. 17 HRegV unterzeichnet sein. Die Unterzeichnung durch einen Vertreter ist nicht zulässig (Art. 18 Abs. 1 HRegV). Die Anmeldung ist auf Papier beim Handelsregisteramt zu unterzeichnen oder mit den beglaubigten Unterschriften einzureichen. Eine Unterschriftenbeglaubigung ist nicht erforderlich, wenn die Unterschriften schon früher in beglaubigter Form für die gleiche Rechtseinheit eingereicht wurden (Art. 18 Abs. 2 HRegV). Elektronische Anmeldungen müssen mit einem qualifizierten Zertifikat unterzeichnet sein (Art. 18 Abs. 4 HRegV). Die Unterscheidung zwischen der persönlichen Unterschrift und der Firmaunterschrift ist mit der Revision der HRegV weggefallen.

12 Belege: Die einzutragenden Tatsachen sind zu belegen. Dem Handelsregisteramt müssen die dazu erforderlichen Belege eingereicht werden (Art. 15 Abs. 2 HRegV; *Belegprinzip*). Die Belege sind im Original oder in beglaubigter Kopie einzureichen. Beglaubigte Kopien können auf Papier oder in elektronischer Form einereicht werden (Art. 20 Abs. 1 HRegV). Belege müssen rechtskonform unterzeichnet sein. Elektronische Kopien müssen mit einem qualifizierten Zertifikat unterzeichnet sein (Art. 20 Abs. 2 HRegV). Für bestimmte Eintragungssachverhalte sind die Belege in der HRegV und im FusG aufgezählt (Art. 43, 46, 49 Abs. 1, 51 Abs. 1, 54 Abs. 1, 55 Abs. 1, 56 Abs. 1, 57 Abs. 1, 109, 113 Abs. 1, 123 Abs. 2, 126 Abs. 2, 131 Abs. 1, 134 Abs. 1, 136 Abs. 1, 138, 140 Abs. 1, 142 Abs. 1 HRegV; Art. 21 Abs. 2, 51 Abs. 2, 83 FusG).

13 Sprache der Belege: Werden Belege in einer Sprache eingereicht, die nicht als Amtssprache des Kantons gilt, so kann das Handelsregisteramt eine Übersetzung verlangen, sofern die Prüfung oder Einsichtnahme durch Dritte erforderlich ist. Soweit nötig, kann es die Übersetzerin oder den Übersetzer bezeichnen. Die Übersetzung gilt diesfalls ebenfalls als Beleg (Art. 20 Abs. 3 HRegV). In der Praxis gilt, dass wichtige Belege wie Statuten, öffentliche Urkunden, Sacheinlage- und Übernahmeverträge, Fusionsverträge, Revisions-, Gründungs- und Kapitalerhöhungsberichte sowohl in der fremdsprachigen Originalfassung als auch in deutscher **Übersetzung** (bzw. als Übersetzung in die betreffende Amtssprache des Registers) einzureichen sind. Für die übrigen Belege ist i.d.R. eine Übersetzung nicht erforderlich, wenn der Beleg in leicht verständlichem Französisch, Italienisch, Rätoromanisch oder Englisch abgefasst ist. Übersetzungen werden nur von qualifizierten Übersetzern (z.B. diplomierte Dolmetscher, amtliche Übersetzer, bei einem schweizerischen Gericht zugelassenen Übersetzer, Hochschulabsolventen in der betreffenden Sprache, Inhaber eines öffentlichrechtlich anerkannten Abschlusses einer Sprach- oder Dolmetscherausbildung) zugelassen. Die Übersetzer haben unter Aufführung ihrer Qualifikation und mit amtlich beglaubigter (und nötigenfalls superbeglaubigter) Unterschrift (unter Angabe von Vor- und Familienname, Beruf, Heimat- und Wohnort) die Übereinstimmung der Übersetzung mit der fremdsprachigen Fassung zu bestätigen.

14 Unterschriften: Wird eine zeichnungsberechtigte Person zur Eintragung in das Handelsregister angemeldet, so muss sie ihre Unterschrift beim Handelsregisteramt zeichnen oder ihr originale Unterschrift muss dem Handelsregisteramt in beglaubigter Form als Beleg eingereicht werden (Art. 21 Abs. 1 HRegV). Beglaubigungen muss ein Notar oder eine andere Urkundsperson vornehmen, wobei im Ausland vorgenommene Beglaubigungen mit einer Superlegislation durch die zuständige schweizerische diplomatische oder konsularische Vertretung oder mit HÜ-Apostille zu versehen sind. Vorbehalten bleiben allfällige spezielle staatsvertragliche Regelungen (Art. 25 Abs. 1 HRegV). Die Beglaubigung von Unterschriften hat unter Angabe von Vor- und Familiennamen, Jahrgang, allfälligen akademischen Titeln, Staatsangehörigkeit (bei Schweizerbürgern Heimatort) und Wohnort (politische Gemeinde) zu erfolgen. Ist es für die Anmeldenden nicht oder nur mit einem sehr grossen Aufwand möglich, die für die Anmeldung erforderlichen Unterschriften einzuholen, so kann die kantonale Aufsichtsbehörde ausnahmsweise die Ermächtigung zur Eintragung einer unvollständigen Anmeldung erteilen (Art. 18 Abs. 5 HRegV; s. WATTER/VON PLANTA, 76).

Protokolle über die Fassung von Beschlüssen: Beruhen die einzutragenden Tatsachen auf Beschlüssen oder Wahlen von Organen einer juristischen Person und bedarf der Beschluss nicht der öffentlichen Beurkundung, so muss das Protokoll beziehungsweise ein Protokollauszug über die Beschlussfassung oder ein Zirkularbeschluss als Beleg eingereicht werden. Protokolle oder Protokollauszüge müssen vom Protokollführer sowie vom Vorsitzenden des beschliessenden Organs unterzeichnet werden (Art. 23 Abs. 1 und 2 HRegV). Zirkularbeschlüsse müssen von allen Personen unterzeichnet werden, die dem Organ angehören (Art. 23 Abs. 2 HRegV), wobei die Unterschriften nicht auf demselben Dokument angebracht werden müssen. Ein Protokoll oder ein Protokollauszug des obersten Leitungs- oder Verwaltungsorgans ist nicht erforderlich, sofern die Anmeldung an das Handelsregisteramt von sämtlichen Mitgliedern dieses Organs unterzeichnet ist (Art. 23 Abs. 3 HRegV). 15

Statuten: Die Statuten einer AG, Kommanditaktiengesellschaft, GmbH, SICAF, SICAV oder Stiftung sind beglaubigen zu lassen, sofern sie der Urkunde bloss *beigelegt* werden (Art. 22 Abs. 3 und 4 HRegV). Werden die Statuten zum *integrierenden Bestandteil* der öffentlichen Urkunde erklärt (z.B. bei der Gründung oder der Totalrevision der Statuten), wird durch den Beurkundungsakt auch der gesamte Statuteninhalt zum Bestandteil der Urkunde und es ist keine Beglaubigung mehr nötig. Im Kanton Zürich ist es Praxis, dass es bei einer blossen Teilrevision der Statuten genügt, zusammen mit der öffentlichen Urkunde ein unbeglaubigtes Exemplar der Statuten in der aktualisierten Fassung einzureichen. Die neuen Statuten werden vom Handelsregisterführer mit dem bereits hinterlegten Exemplar verglichen, geprüft und schliesslich als neu gültige Fassung beglaubigt. Die Statuten von Genossenschaften und Vereinen müssen von einem Mitglied der Verwaltung beziehungsweise des Vorstandes unterzeichnet werden (Art. 22 Abs. 4 HRegV). 16

Wahlannahmeerklärungen: Für den Nachweis der *Annahme einer Wahl* in ein Organ einer juristischen Person bestehen folgende Möglichkeiten: Mitunterzeichnung der Handelsregisteranmeldung; schriftliche, an die Gesellschaft gerichtete *Wahlannahmeerklärung;* Mitunterzeichnung des Protokolls der Wahlversammlung; *öffentliche Urkunde,* in der die mündliche Wahlannahmeerklärung protokolliert wird. 17

Rücktrittserklärungen: Für den Nachweis des Rücktritts aus einem Organ einer juristischen Person bestehen folgende Möglichkeiten: schriftliche, an die Gesellschaft gerichtete Rücktrittserklärung oder die Mitunterzeichnung der Anmeldung. Ist aus einem Protokoll der Generalversammlung oder der Verwaltung zweifelsfrei ersichtlich, dass die betreffende Person der Gesellschaft ihren Rücktritt erklärt hat, verzichten die Handelsregisterämter in der Praxis auf eine separate Rücktrittserklärung. 18

Nachweis des Bestehens von Rechtseinheiten: Nimmt eine einzutragende Tatsache auf eine im schweizerischen Handelsregister eingetragene Rechtseinheit Bezug, so muss deren Bestehen nicht belegt werden. Das mit der Eintragung dieser Tatsache betraute Handelsregisteramt überprüft das Bestehen der Rechtseinheit durch Einsichtnahme in die kantonale Handelsregisterdatenbank (Art. 24 Abs. 1 HRegV). Das Bestehen einer Rechtseinheit, die nicht im schweizerischen Handelsregister eingetragen ist, muss durch einen aktuellen beglaubigten Auszug aus dem ausländischen Handelsregister oder durch eine gleichwertige Urkunde belegt werden (Art. 24 Abs. 2 HRegV). 19

20 **Ausländische öffentliche Urkunden und Beglaubigungen:** Im Ausland errichtete öffentliche Urkunden und Beglaubigungen müssen mit einer Bescheinigung der am Errichtungsort zuständigen Behörde versehen sein, die bestätigt, dass sie von der zuständigen Urkundsperson errichtet worden ist (Superlegislation; Apostille). Unter Vorbehalt abweichender Bestimmungen von Staatsverträgen ist zudem eine Beglaubigung der ausländischen Regierung und der zuständigen diplomatischen oder konsularischen Vertretung der Schweiz beizufügen (Art. 25 Abs. 1 HRegV). Muss nach schweizerischem Recht eine öffentliche Urkunde erstellt und als Beleg beim Handelsregisteramt eingereicht werden, so kann das Handelsregisteramt den Nachweis verlangen, dass das ausländische Beurkundungsverfahren dem öffentlichen Beurkundungsverfahren in der Schweiz gleichwertig ist. Es kann dazu ein Gutachten verlangen und den Gutachter bezeichnen (Art. 25 Abs. 2 HRegV).

21 Anmeldungen haben *unverzüglich* zu erfolgen (so Art. 938b Abs. 1) und die eingereichten Belege müssen *aktuell* sein, denn es besteht ein öffentliches Interesse an aktuellen Registerdaten. Als Faustregel kann als untere Grenze für die Anmeldungen die im Gesetz in verschiedenen Fällen vorgesehene dreimonatige Anmeldungsfrist (Art. 650 Abs. 3, Art. 653h; Art. 46 Abs. 1 HRegV), als obere Grenze für die Aktualität von Belegen sechs Monate herangezogen werden.

3. Prüfung durch den kantonalen Registerführer

22 Der Registerführer prüft die Anmeldung und die eingereichten Belege (zur Prüfung s. Art. 940 und Art. 28 HRegV). Weisen Anmeldung und Belege nicht den vom Gesetz oder der HRegV verlangten Inhalt auf oder widersprechen sie zwingenden Vorschriften, so stellt der Registerführer das Eintragungsgesuch zurück und teilt dies den Anmeldenden mit (Beanstandungsverfügung).

4. Eintragung im Tagesregister und Übermittlung ans EHRA

23 Sind die gesetzlichen Voraussetzungen für die Eintragung erfüllt, so nimmt der Handelsregisterführer die Eintragung in das Tagesregister vor. Jede Eintragung wird mit dem Datum, einer Ordnungsnummer und dem Identifikationszeichen der Amtsperson, die die Eintragung vorgenommen oder angeordnet hat, versehen (Art. 8 Abs. 4 HRegV). Die kantonalen Handelsregisterämter übermitteln dem EHRA ihre Einträge elektronisch am Werktag, an dem diese ins Tagesregister aufgenommen werden (Art. 31 HRegV).

5. Prüfung, Genehmigung der Eintragung und Veranlassung der Publikation durch das EHRA

24 Das EHRA prüft die Einträge und genehmigt sie, sofern sie die Voraussetzungen des Gesetzes und der Verordnung erfüllen. Das EHRA nimmt dabei nur ausnahmsweise («soweit dafür eine besonderer Anlass besteht») Einsicht in die Anmeldung und in die Belege (Art. 32 Abs. 2 HRegV). Es teilt seine Genehmigung dem kantonalen Handelsregisteramt elektronisch mit (Art. 32 Abs. 1 HRegV).

25 Eintragungen im Tagesregister werden mit der Genehmigung durch das EHRA rückwirkend auf den Zeitpunkt der Eintragung in das Tagesregister rechtswirksam (Art. 34 HRegV).

26 Verweigert das EHRA die Genehmigung einer Eintragung, so begründet es diesen Entscheid summarisch und teilt ihn dem kantonalen Handelsregisterführer mit. Diese Mit-

teilung ist eine nicht selbständig anfechtbare Zwischenverfügung (Art. 33 Abs. 1 HRegV). Wenn die Verweigerung der Genehmigung auf Mängeln beruht, die nicht durch das kantonale Handelsregisteramt behoben werden können, so übermittelt dieses den ablehnenden Entscheid den Personen, die die Anmeldung eingereicht haben. Es räumt ihnen Gelegenheit zur schriftlichen Stellungnahme zuhanden des EHRA ein (Art. 33 Abs. 2 HRegV). Die Anmelder können auf das Recht zur Stellungnahme auch verzichten und damit innert weniger Tage einen anfechtbaren Entscheid des EHRA bewirken (vgl. BGer v. 31.3.2006, 4A.1/2006). Genehmigt das EHRA die Eintragung nachträglich, so informiert es das kantonale Handelsregisteramt. Dieses übermittelt die Eintragung erneut elektronisch (Art. 33 Abs. 3 HRegV). Verweigert das EHRA die Eintragung endgültig, so erlässt es eine beschwerdefähige Verfügung (Art. 33 Abs. 4 HRegV).

Das EHRA übermittelt die genehmigten Einträge elektronisch dem SHAB (Art. 32 Abs. 4 HRegV).

6. Publikation im SHAB

Die Eintragungen werden ohne Verzug, d.h. innert zwei Werktagen nach deren elektronischer Übermittlung durch das EHRA im SHAB, publiziert (Art. 35 Abs. 1 HRegV). Das SHAB erscheint jeden Werktag gedruckt und elektronisch. Sämtliche Publikationen im SHAB sind im Internet (<http://www.shab.ch>) abrufbar. Die Eintragungen sind mit dem Tagesregisterdatum versehen. Spätestens durch die Publikation wird die Genehmigung gegen aussen bekannt gegeben.

7. Beschleunigtes Verfahren – vorzeitige Genehmigung durch das EHRA

Zur Beschleunigung des Eintragungsverfahrens können die Anmeldenden gegen eine Gebühr verlangen, dass das kantonale Handelsregister beim EHRA eine vorzeitige Genehmigung der Eintragung einholt, d.h. dass das EHRA bestätigt, dass eine noch nicht publizierte Eintragung genehmigt wurde (Art. 9 Abs. 1 lit. g und Art. 15 Abs. 1 lit. d Gebührenverordnung; sog. beschleunigtes Verfahren). Dies erlaubt es den kantonalen Ämtern, den Anmeldenden vor der Publikation eine beglaubigte Kopie des Tagesregisterauszuges auszuhändigen. Derartige Auszüge sind voll rechtsgültig und demzufolge von Banken (Art. 633 Abs. 2) und Amtsstellen als formeller Ausweis über die Eintragung zu akzeptieren. Mit einem beglaubigten Tagesregisterauszug kann insbesondere das auf einem Kapitaleinzahlungskonto gesperrte Kapital ausgelöst werden. Im Weiteren kann auch vor der SHAB-Publikation ein beglaubigter Handelsregisterauszug beantragt werden. Auf dem Handelsregisterauszug ist in einem solchen Fall nur der Eintrag im Tagesregister ersichtlich. In zeitlicher Hinsicht spielt es keine Rolle, ob ein beglaubigter Tagesregisterauszug oder ein beglaubigter Handelsregisterauszug vor SHAB-Publikation mit der Handelsregisteranmeldung beantragt wird.

8. Übernahme ins Hauptregister und Rechnungsstellung

Einträge im Tagesregister sind am Tag, an dem sie im SHAB veröffentlicht werden, ins Hauptregister zu übernehmen (Art. 9 Abs. 1 HRegV). Das Hauptregister enthält alle Einträge im Tagesregister, das Datum der erstmaligen Eintragung der Rechtseinheit im Handelsregister, die Nummer des Eintrages im Tagesregister, Angaben zur Publikation im SHAB, den Verweis auf einen allfälligen früheren Eintrag auf einer Karteikarte oder im Firmenverzeichnis, das Datum der Löschung im Handelsregister (Art. 9 Abs. 2

HRegV). Mit der Übernahme der Tagesregistereinträge ins Hauptregister ist das Eintragungsverfahren formell und technisch beendet. Gegen die Eintragung im Hauptregister kann kein privatrechtlicher Einspruch erhoben werden (Art. 162 HRegV; Art. 940 N 5). Nach der Publikation stellt das kantonale Amt Rechnung. Eine formelle Mitteilung, dass das Eintragungsverfahren abgeschlossen ist, erfolgt i.d.R. nicht. Die Anmeldenden müssen sich anhand des SHAB selber über die erfolgte Eintragung informieren, es sei denn, sie hätten – z.B. mittels Vermerk auf dem Anmeldungsschreiben – einen aktualisierten Handelsregisterauszug bestellt.

Art. 932

II. Beginn der Wirksamkeit

¹ **Für die Bestimmung des Zeitpunktes der Eintragung in das Handelsregister ist die Einschreibung der Anmeldung in das Tagebuch massgebend.**

² **Gegenüber Dritten wird eine Eintragung im Handelsregister erst an dem nächsten Werktage wirksam, der auf den aufgedruckten Ausgabetag derjenigen Nummer des Schweizerischen Handelsamtsblattes folgt, in der die Eintragung veröffentlicht ist. Dieser Werktag ist auch der massgebende Tag für den Lauf einer Frist, die mit der Veröffentlichung der Eintragung beginnt.**

³ **Vorbehalten bleiben die besonderen gesetzlichen Vorschriften, nach denen unmittelbar mit der Eintragung auch Dritten gegenüber Rechtswirkungen verbunden sind oder Fristen zu laufen beginnen.**

II. Début des effets

¹ La date de l'inscription sur le registre du commerce est celle de la mention faite sur le journal.

² L'inscription n'est opposable aux tiers que dès le jour ouvrable qui suit celui dont la date figure sur le numéro de la *Feuille officielle suisse du commerce* où est publiée l'inscription. Ce jour ouvrable est aussi le point de départ du délai qui commence à courir avec la publication de l'inscription.

³ Demeurent réservées les dispositions spéciales de la loi aux termes desquelles l'inscription est immédiatement suivie d'effet à l'égard des tiers ou marque le point de départ d'un délai.

II. Inizio degli effetti

¹ La data dell'iscrizione nel registro di commercio è quella in cui la notificazione è stata registrata nel giornale.

² Le iscrizioni nel registro di commercio diventano efficaci in confronto dei terzi solo il giorno feriale successivo a quello della data di pubblicazione stampata sul numero del *Foglio ufficiale svizzero di commercio* nel quale esse sono apparse. Questo giorno feriale segna l'inizio del termine che decorre dalla pubblicazione dell'iscrizione.

³ Rimangono riservate le speciali norme legali, che attribuiscono effetti immediati, anche per i terzi, all'iscrizione o che fanno decorrere un termine da questa.

Literatur

GAUCH, Von der Eintragung im Handelsregister, ihren Wirkungen und der negativen Publizitätswirkung, SAG 1976, 139 ff.; HOMBURGER, Betreibungsort bei Verlegung des Sitzes der Aktiengesellschaft, SWZ 1991, 66 f.; LUSSY, Die Funktion des Tagebuches beim Handelsregister, SAG 1983, 162 ff.; MEISTERHANS, Verzögerte Publikation von Handelsregistereinträgen, JBHReg 1992, 33 ff.; F. VON STEIGER, Die Wirkungen der Eintragung, SJK 37.

I. Beginn der Wirksamkeit der Eintragung

1. Allgemeines

Das Eintragungsverfahren umfasst mehrere Stufen (s. Art. 931a OR) und kann sich über einen längeren Zeitraum hinziehen. Zwei Daten sind für den **Beginn der Rechtswirkungen der Eintragung** massgebend: das *Datum des Tagesregistereintrages* und der *Werktag, der auf den aufgedruckten Ausgabetag derjenigen Nummer des SHAB folgt, in der die Eintragung veröffentlicht ist.* Die für die Berechnung massgeblichen Daten (Eintrag im Tagesregister; Veröffentlichung im SHAB) sind für jede Eintragung (Neueintragung, Änderung, Löschung) aus dem Handelsregisterauszug ersichtlich. 1

Der **Zeitpunkt der Anmeldung** spielt keine Rolle. Über den Eingang der Anmeldungen wird nicht Buch geführt. Das Tagesregister hat nicht die Funktion einer Anmeldekontrolle wie beim Grundbuch (vgl. Art. 948 ZGB; LUSSY, 165 f.). Der Private hat das Recht, dass seine Anmeldungen unverzüglich und grundsätzlich in der Reihenfolge der Eingänge behandelt werden (Gleichbehandlungsgebot), wobei wichtige Anmeldungstatbestände (Gründungen, Kapitalerhöhungen, Fusionen etc.) bevorzugt behandelt werden sollten. An einer speditiven Registerführung besteht auch ein öffentliches Interesse, denn nur aktuelle Informationen dienen dem Geschäftsverkehr. Die Handelsregisterämter sind deshalb von den Kantonen mit den erforderlichen personellen und materiellen Mitteln auszustatten und effizient zu verwalten; es sollte mindestens eine Geschäftskontrolle geführt werden. 2

Der **Zeitpunkt der Übernahme ins Hauptregister** spielt keine Rolle. Die Eintragungen im Hauptregister werden denn auch nicht datiert. Der Zweck der Eintragung im Hauptregister ist der Zusammenzug aller rechtswirksamen Einträge im Tagesregister geordnet nach Rechtseinheit (Art. 6 Abs. 3 HRegV). 3

2. Zeitpunkt der Wirksamkeit der Eintragung

Art. 932 Abs. 1 ist eine technische Bestimmung. Für den **Zeitpunkt der Eintragung** ist die *Einschreibung der Anmeldung im Tagebuch (gemäss der Terminologie der HRegV: Aufnahme in das Tagesregister) massgebend.* 4

Die Tagesregistereintragung ist jedoch bedingt, denn eine Eintragung, die dem EHRA mitzuteilen ist, wird nur unter der Voraussetzung der Genehmigung durch dieses Amt wirksam. Ist die Genehmigung erteilt, so gilt die Eintragung rückwirkend für den Tag des Tagesregistereintrages als rechtswirksam (vgl. Art. 34 HRegV). Der **Widerruf einer Anmeldung** ist nicht mehr möglich, wenn der Handelsregisterführer die Eintragung im Tagesregister aufgenommen hat und das EHRA die Veröffentlichung angeordnet hat (durch die elektronische Übermittlung der genehmigten Einträge an das SHAB; vgl. Art. 32 Abs. 4 HRegV und Art. 16 Abs. 1 Verordnung über die Gebühren für das Handelsregister). Mit der Genehmigung und der Anordnung der Veröffentlichung durch das EHRA ist die Eintragung materiell perfekt und wirksam. Vor der Genehmigung dürfen keine Auszüge aus dem Handelsregister erstellt werden (Art. 11 Abs. 2 HRegV). 5

Als technische Vorschrift gilt Art. 932 Abs. 1 **allgemein** für alle Bestimmungen, in denen der Zeitpunkt der Eintragung oder die Tatsache der Eintragung eine Rolle spielt. 6

Der Zeitpunkt des Tagesregistereintrages ist v.a. für die an der Eintragung Beteiligten massgebend (GAUCH, 89 Rz 442).

7 Das **Tagesregisterdatum** ist objektiv massgebend für den **Beginn der Rechtspersönlichkeit** (Art. 553, 595, 643 f., 653 Abs. 2, Art. 764 Abs. 2, Art. 783 Abs. 1, Art. 838 Abs. 1), die **Firmenpriorität** (Art. 946 Abs. 1) und Art. 162 HRegV (Registersperre; Art. 940 N 5) sowie die Rechtswirkungen gemäss FusG (Art. 21 Abs. 3, Art. 22, 51 Abs. 3, Art. 52, 67, 73 Abs. 2, Art. 83 Abs. 4, Art. 87 Abs. 4). Das Gleiche gilt für die Art. 644 f., 687 Abs. 2, Art. 783 Abs. 3, Art. 834 Abs. 4, Art. 838 Abs. 3; **a.M.** ist HIS, der einen Teil dieser Bestimmungen externen Rechtsbeziehungen zuordnet, für die der Werktag nach der Publikation massgebend sein soll (BK-HIS, Art. 932 N 124). Dazu besteht jedoch kein Grund, denn die in diesen Bestimmungen geregelten Rechtsfolgen treten unabhängig vom Wissen oder Wissenmüssen der vollzogenen Eintragung ein. Es besteht keine Veranlassung, statt auf die Eintragung im Tagesregister auf den Werktag nach der Publikation abzustellen. Objektiv massgebend ist das Tagesregisterdatum; davon zu trennen ist der Beginn der Publizitätswirkungen für Dritte.

3. Beginn der Publizitätswirkungen

8 Art. 932 **Abs. 2** bestimmt den Beginn der Wirksamkeit der Eintragung gegenüber Dritten, also den **Beginn der Publizitätswirkungen** i.S.v. Art. 933. Gegen aussen werden die eingetragenen Daten erst mit der Veröffentlichung im SHAB publik. Im externen Verhältnis, d.h. Dritten gegenüber, wird die Eintragung deshalb erst nach Veröffentlichung im SHAB wirksam. Massgebend ist der nächste Werktag, der auf den aufgedruckten Ausgabetag der betreffenden Nummer folgt (BGE 103 V 123; BGer v. 10.1.2006, 2A.165/2005). Vorbehalten bleibt Abs. 3. Was **Werktage** sind, bestimmt sich für alle potentiellen Dritten – auch für Ausländer – einheitlich nach Bundesrecht (**a.M.** BK-HIS, N 123). Werktage sind alle Wochentage ausser Samstage, Sonntage und eidg. Feiertage (vgl. BG vom 21.6.1963 über den Fristenlauf an Samstagen [SR 173 110.3], und das Verzeichnis zu Art. 11 Europäisches Übereinkommen über die Berechnung von Fristen vom 16.5.1972 [SR 0 221 122.3]).

9 Art. 932 sagt nichts über den Zeitpunkt, in dem die Rechtsakte, die der Eintragung zugrunde liegen (Erklärungen, GV- und VR-Beschlüsse), **gesellschaftsrechtlich wirksam** werden (vgl. dazu ZK-BÜRGI, Art. 648 N 11–22). So endet z.B. ein VR-Mandat intern in dem Zeitpunkt, in dem die Verwaltung der AG vom Rücktritt Kenntnis genommen hat (BGE 104 Ib 323 = Pra 1979, 319; ZBJV 1980, 46 ff.; BGE 111 II 483, Geschäftsführer GmbH). Die Publizitätswirkung hingegen beginnt am Werktag nach der Publikation (Art. 932 Abs. 2; BGE 104 Ib 324 = Pra 1979, 319; ZBJV 1980, 46 ff.; 109 V 93 f.).

10 Mehrere Gesetzesstellen bestimmen, dass eine Frist mit dem **Datum der Veröffentlichung** zu laufen beginnt (Art. 591, 609 Abs. 1, Art. 643 Abs. 4, Art. 889 Abs. 2; Art. 35 Abs. 1 SchKG). Auch in diesen Fällen ist der auf den Ausgabetag folgende Werktag massgebend (Art. 932 Abs. 2, Art. 39 Abs. 3 SchKG).

4. Keine Ausnahmeregelung für Statutenänderungen von AG und GmbH

11 Seit dem 1.1.2008 trifft der Vorbehalt von Art. 932 **Abs. 3** nicht mehr für Statutenänderungen von Aktiengesellschaften und GmbH zu. Die altrechtlichen Bestimmungen, wonach Statutenänderungen Dritten gegenüber unmittelbar mit der Eintragung im Tagesregister wirksam werden, wurden gestrichen (aArt. 647 Abs. 3 und aArt. 785 Abs. 2).

Auch Statutenänderungen der AG und GmbH werden gegenüber Dritten am Werktag nach der Publikation wirksam. Wichtig ist dieser Zeitpunkt v.a. für die örtliche Zuständigkeit der Gerichte und der Schuldbetreibungs- und Konkursbehörden bei Sitzverlegungen.

Unumstritten ist, dass Art. 932 Abs. 2 für den Beginn der Publizitätswirkungen – also im **Aussenverhältnis** – gilt. Das BGer vertrat aufgrund einer grammatikalischen und historischen Auslegung die Auffassung, dass aArt. 647 Abs. 3 auch das **Innenverhältnis** betreffe, dass also eine Statutenänderung auch gegenüber den Aktionären erst mit der Eintragung im Handelsregister wirksam werde *(konstitutive Wirkung;* Art. 933 N 3); ob diese Regel Ausnahmen hat, liess das BGer ausdrücklich offen (BGE 84 II 34; krit. W. VON STEIGER, ZBJV 1960, 7 ff.). Demgegenüber vertritt die herrschende Lehre die Auffassung, dass statutenändernde GV-Beschlüsse gesellschaftsintern schon vor der Eintragung Rechtswirkungen entfalten (vgl. BÖCKLI, Aktienrecht, 141 N 397 f.; ZK-BÜRGI, Art. 647 N 11–22; ZK-SIEGWART, Art. 647 N 12; FORSTMOSER/MEIER-HAYOZ/ NOBEL, 114 Rz 13; PATRY, SPR VIII/1, 148 f.).

12

Art. 933

III. Wirkungen	**¹ Die Einwendung, dass jemand eine Dritten gegenüber wirksam gewordene Eintragung nicht gekannt habe, ist ausgeschlossen.** **² Wurde eine Tatsache, deren Eintragung vorgeschrieben ist, nicht eingetragen, so kann sie einem Dritten nur entgegengehalten werden, wenn bewiesen wird, dass sie diesem bekannt war.**
III. Effets	¹ Les tiers auxquels une inscription est devenue opposable ne peuvent se prévaloir de ce qu'ils l'ont ignorée. ² Lorsqu'un fait dont l'inscription est requise n'a pas été inscrit, il ne peut être opposé aux tiers que s'il est établi que ces derniers en ont eu connaissance.
III. Effetti	¹ Nessuno può valersi dell'eccezione che ignorasse il contenuto di un'iscrizione diventata efficace per i terzi. ² Qualora una circostanza di fatto, della quale è prescritta l'iscrizione, non sia stata iscritta, essa può essere opposta al terzo solo qualora sia provato che questi ne aveva conoscenza.

Literatur

BÄR, Der öffentliche Glaube des Handelsregisters, Berner FG zum Schweizerischen Juristentag 1979, 131 ff.; DE CAPITANI, Der Eintrag der Parteien im Handelsregister als Voraussetzung der sachlichen Zuständigkeit des zürcherischen Handelsgerichts, SJZ 1960, 306 ff.; GAUCH, Von der Eintragung im Handelsregister, ihren Wirkungen und der negativen Publizitätswirkung, SAG 1976, 139 ff. (zit. Eintragung); TH. KOCH, Eintragungspflicht privatrechtlich organisierter Krankenkassen, JBHReg 1993, 112 ff.; MEIER-SCHATZ, Funktion und Recht des Handelsregisters als wirtschaftsrechtliches Problem, ZSR 1989 I 433 ff., 453 ff.; MEISTERHANS, Verzögerte Publikation von Handelsregistereinträgen, JBHReg 1992, 33 ff.; PATRY, Le rôle en droit fiscal de l'inscription sur le registre du commerce, SAG 1983, 138 ff.; RAUCH, Die Rechtswirkungen und der öffentliche Glaube der wichtigsten öffentlichen Register, insbesondere des Handelsregisters, 1957; SCHMID W., Zur Publizitätswirkung des Handelsregisters nach schweizerischem Recht, SJZ 1953, 90 ff.; DERS., Der Grundsatz des öffentlichen Glaubens beim Handelsregister, ZSR 1954, 463 ff.; SCHNEIDER, Der

Rechtsschutz in Handelsregistersachen und die Entscheidungskompetenz der Handelsregisterbehörden, 1959; F. VON STEIGER, Die Wirkungen der Eintragung, SJK 37; DERS., Prüfung und Eintragung der Aktiengesellschaft beim Handelsregister, 1937 (zit. AG); VIANIN, L'inscription au registre du commerce et ses effets, Diss. Fribourg 2000; VOGT, Der öffentliche Glaube des Handelsregisters, 2003; WYSSA, Les effets externes de l'inscription au registre du commerce, 1950.

I. Deklaratorische und konstitutive Wirkung

1. Deklaratorische Wirkung

1 Grundsätzlich ist *jede* Eintragung im Handelsregister **deklaratorisch** (rechtsfeststellend), d.h. die Wirkung besteht darin, dass die registrierten Sachverhalte dauernd kundgegeben werden. Eine deklaratorische Eintragung hat keine Wirkung auf die Rechtsgültigkeit der eingetragenen Tatsachen und Rechtsverhältnisse. Deklaratorisch ist z.B. die Eintragung einer kaufmännischen Prokura (Art. 458) oder eines Auflösungsbeschlusses (BGE 91 I 438). Die Eintragung führt jedoch auch hier zu einer *Umkehr der Beweislast* (Art. 9 ZGB): Das Bestehen der eingetragenen Sachverhalte wird vermutet, solange nicht die Unrichtigkeit der Eintragung bewiesen ist (zur Tragweite der Vermutung s. GAUCH, 92 N 461). Beweiskraft i.S.v. Art. 9 ZGB haben nur beglaubigte Handelsregisterauszüge. Die elektronisch abgerufenen Daten entfalten keine Rechtswirkungen (Art. 14 Abs. 1 Satz 2 HRegV).

2. Konstitutive Wirkung

2 In den *im Gesetz vorgesehenen Fällen* entstehen private Rechte nicht durch entsprechende private Rechtsakte (Erklärungen, Beschlüsse), sondern erst durch den öffentlich-rechtlichen Verwaltungsakt der Eintragung. Die Eintragung im Tagesregister hat dann neben der deklaratorischen auch eine **konstitutive, rechtserzeugende Wirkung** (unter Vorbehalt der Genehmigung durch das EHRA). So erlangen die AG, Kommanditaktiengesellschaft, GmbH, Genossenschaft, SICAV, SICAF und die Kommanditgesellschaft für kollektive Kapitalanlagen das *Recht der Persönlichkeit* erst durch die Eintragung im Handelsregister (Art. 52 Abs. 1 ZGB; Art. 643, 764 Abs. 2, 783 Abs. 1, 838 Abs. 1). Ebenso ist der Eintrag *konstitutives Formerfordernis* (GAUCH, Eintragung, 143) für die Entstehung der nicht-kaufmännischen Kollektiv- und Kommanditgesellschaft (Art. 553, 595) und der nicht-kaufmännischen Prokura (Art. 458 Abs. 3), für die Konkurs- und Wechselbetreibungsfähigkeit (Art. 39, 177 Abs. 1 SchKG) und für den Firmenschutz (Art. 946, 951, 956). Der Gerichtsstand am Ort der Zweigniederlassung ist neu unabhängig vom Handelsregistereintrag gegeben (Art. 5 GestG; Art. 761, 782 Abs. 3, Art. 837 Abs. 3 OR: per 1.1.2001 aufgehoben; BBl 1999, 2847, FN 38). Für den Beginn der konstitutiven Wirkung ist das Tagesregisterdatum massgebend (Art. 932 N 4 ff.). Eine Ausnahme gilt für Körperschaften mit öffentlich-rechtlichem Charakter; auch wenn sie als AG oder Genossenschaft konstituiert sind, bedürfen sie keiner Eintragung (Art. 52 Abs. 2 ZGB; F. VON STEIGER, AG, 123), sondern entstehen i.d.R. mit der Anerkennung durch die staatliche Behörde.

3 Für **Statutenänderungen** der AG wirkt der Eintrag nach bundesgerichtlicher Rechtsprechung i.d.R. im Aussen- wie im Innenverhältnis *konstitutiv* (vgl. BGE 84 II 42; krit. W. VON STEIGER, ZBJV 1960, 7 ff.). Ob diese Regel Ausnahmen hat, liess das BGer ausdrücklich offen. Demgegenüber vertritt die h.L. die Auffassung, dass statutenändernde GV-Beschlüsse gesellschaftsintern schon vor der Eintragung Rechtswirkungen entfalten (vgl. BÖCKLI, Aktienrecht, 141 N 397 f.; ZK-BÜRGI, Art. 647 N 11–22; ZK-SIEGWART, Art. 647 N 12; FORSTMOSER/MEIER-HAYOZ/NOBEL, 114 Rz 13; PATRY, SPR VIII/1, 148 f.).

3. Konstitutive Wirkung trotz mangelnder Eintragungsvoraussetzungen

Im Interesse der Verkehrssicherheit bestimmt **Art. 643 Abs. 2,** dass die AG das Recht der Persönlichkeit auch dann erlangt, wenn die Voraussetzungen der Eintragung tatsächlich nicht vorhanden waren. Der Bestand der AG wird so trotz Gründungsmängeln gesichert (BGE 112 II 6; 110 Ib 109; 64 II 281), und zwar gegen aussen wie gegen innen. Die Mängel sind – soweit nicht untergeordneter Natur – zu beheben oder führen in extremis zur Auflösung (Art. 643 Abs. 3 f.). Die Bezeichnung **«heilende Wirkung»** ist deshalb problematisch (MEIER-HAYOZ/FORSTMOSER, 159 N 70 ff.). Die konstitutive Wirkung trotz mangelnder Voraussetzungen gilt auch für die Eintragung einer *GmbH* (BGE 96 II 279) und einer *Genossenschaft* (BGE 34 II 672; BK-FORSTMOSER, Art. 838 N 18 ff.), *nicht* hingegen für die Eintragung einer *Stiftung* (BGE 96 II 280), bei welcher der Registereintrag deklaratorisch ist. Eine allgemeine Ausnahme statuiert Art. 52 Abs. 3 ZGB: Personenverbindungen oder Anstalten, die zu unsittlichen oder widerrechtlichen Zwecken gebildet worden sind, können das Recht der Persönlichkeit nicht erlangen. Die sog. heilende Wirkung entfaltet sich mutatis mutandis auch im Rahmen des Kapitalerhöhungsverfahrens (BGE 102 Ib 24) und bezüglich der Beibehaltung des Betreibungsortes von Art. 50 Abs. 1 SchKG bei Aufgabe der Geschäftstätigkeit (BGE 68 III 149.; GAUCH, Eintragung, 144).

II. Publizitätswirkung

Grundsätzlich gilt **Art. 9 ZGB:** Öffentliche Register erbringen für die durch sie bezeugten Tatsachen vollen Beweis, solange nicht die Unrichtigkeit ihres Inhaltes nachgewiesen ist **(beweisverstärkende Wirkung;** s.a. GAUCH, 92 f. Rz 458 ff.). Diese Regel wird durch die positive und die negative Publizitätswirkung ergänzt. Art. 933 bezieht sich jedoch nur auf eingetragene *Daten, die mit den tatsächlichen und rechtlichen Verhältnissen übereinstimmen,* und auf Tatsachen, die durch das Handelsregister auszuweisen sind. Die Handlungsfähigkeit einer eingetragenen Person ist keine durch das Handelsregister auszuweisende Tatsache; ihr kann deshalb keine Publizitätswirkung zukommen (BGE 66 III 28). Beweiskraft i.S.v. Art. 9 ZGB haben nur beglaubigte Handelsregisterauszüge. Die elektronisch abgerufenen Daten entfalten keine Rechtswirkungen (Art. 14 Abs. 1 Satz 2 HRegV).

1. Positive Publizitätswirkung

Die **positive Publizitätswirkung** (Art. 933 Abs. 1) wirkt zugunsten des Eingetragenen und zu Lasten des Publikums. Ein Dritter kann nicht einwenden, er habe im SHAB publizierte Daten nicht gekannt (Pra 1993, 265). Nach Art. 933 Abs. 1 besteht die Fiktion allgemeiner Kenntnis des Registerinhaltes. Auch ein im Ausland wohnhafter Ausländer kann sich nicht auf die Unkenntnis des Registerinhalts berufen (BGE 96 II 444 = Pra 1971, 323; KUMMER, ZBJV 1972, 128). Eine nicht allen potentiellen Beschwerdeberechtigten eröffnete Verfügung betreffend Zweckänderung einer Stiftung wird mit der Publikation im SHAB auch gegenüber diesen nicht berücksichtigten Beschwerdeberechtigten wirksam. Die Bestimmungen über die Wirksamkeit des Handelsregistereintrages gehen in diesem Sinne als lex specialis den allgemeinen Vorschriften über die Eröffnung einer Verfügung durch amtliche Publikation (vgl. Art. 36 VwVG) vor. Davon wäre einzig dann abzusehen, wenn die Verfügung geradezu nichtig wäre (Urteil 2A.165/2005 vom 10.1.2006). Ein im SHAB publizierter Sachverhalt ist gerichtsnotorisch und vom BGer von Amtes wegen zu berücksichtigen (BGer SAG 1985, 183 zu aArt. 64 Abs. 2 OG [heute: Art. 105 Abs. 2 BGG]; abw. BGE 98 II 211).

7 **Ausnahmen:** Vom Grundsatz der positiven Publizitätswirkung muss indessen abgewichen werden, wenn Treu und Glauben dies gebieten. Die Nichteinsicht in das Handelsregister schadet dem Gutgläubigen namentlich dann nicht, wenn die Gegenpartei zum guten Glauben an eine vom Registereintrag abweichende Rechtslage Anlass gegeben hat. Mit der Aufnahme von Vertragsverhandlungen entsteht für die Parteien die Pflicht, einander in gewissem Masse über Tatsachen aufzuklären, die für den Entschluss der Gegenpartei von ausschlaggebender Bedeutung sind (BGE 106 II 351, vgl. auch BGer v. 10.1.2006, 2A.165/2005). Es erscheint auch sachlich gerechtfertigt, dass Art. 997 im Interesse der Umlauffähigkeit des Wechsels und des Schutzes des Verkehrs gegenüber Art. 933 vorgeht (BGE 99 Ia 5).

2. Negative Publizitätswirkung

8 Die **negative Publizitätswirkung** (Art. 933 Abs. 2) wirkt zu Lasten des Eingetragenen und zugunsten des Publikums. Wurde eine Tatsache, deren Eintragung vorgeschrieben ist, nicht eingetragen, so kann sie einem Dritten nur entgegengehalten werden, wenn bewiesen wird, dass dieser sichere Kenntnis von der Tatsache hatte, mithin qualifiziert bösgläubig ist. Der Beweis des Kennenmüssens genügt nicht (BGE 65 II 87 f.). Das Publikum darf also auf das Schweigen des Registers bezüglich eintragungspflichtiger Tatsachen vertrauen. So kann z.B. eine Kollektivgesellschaft, die ins Liquidationsstadium getreten ist, die dadurch bedingte Beschränkung der Vertretungsbefugnis ihrer Gesellschafter einem Dritten nicht entgegenhalten, wenn im Handelsregister der Vermerk «in Liquidation» fehlt (BGE 65 II 85).

9 Die **Kenntnis** von nicht eingetragenen Sachverhalten, deren Eintragung konstitutiv ist, kann keine Rechtsfolgen haben. So können Statutenänderungen, die nicht nur für die Gesellschafter, sondern auch für Dritte Wirkungen haben, vor der Eintragung nicht wirksam werden, auch wenn jemand sichere Kenntnis vom entsprechenden Beschluss der GV hat (vgl. BGE 84 II 38).

III. Öffentlicher Glaube

10 Die Frage nach dem **Schutz des öffentlichen Glaubens** stellt sich bei *Eintragungen, die mit der tatsächlichen oder rechtlichen Lage nicht übereinstimmen.* Von Gesetzes wegen kann sich ein gutgläubiger Dritter in diesem Fall nicht auf die Eintragung verlassen, denn eine Art. 973 ZGB entsprechende Bestimmung fehlt im Handelsregisterrecht (s. dagegen für das deutsche Recht § 15 Abs. 2 HGB und Art. 3 EG-1-Publizitätsr.). Das Problem ist in der Lehre zwar nach wie vor **dogmatisch umstritten,** es herrscht aber ein weitgehender Konsens darüber, dass in einer überwiegenden Mehrheit von Fällen das Vertrauen des Dritten auf die Richtigkeit der im Handelsregister eingetragenen Daten zu schützen ist (zum Stand der Diskussion: MEIER-SCHATZ, 453 f.; MEIER-HAYOZ/FORSTMOSER, 161 N 80 ff.; BÄR, 131 f.; GAUCH, 93 f. RN 464 f.). Das BGer hat zwar *i.E. das Vertrauen des Publikums stets geschützt,* ohne aber zur Frage des öffentlichen Glaubens klar Stellung zu nehmen. So hat es in einem obiter dictum dem Handelsregister öffentlichen Glauben zuerkannt (BGE 104 Ib 326 = Pra 1979, 320 ff.) und auch ausgeführt, dass die externe Publizitätswirkung darin bestehe, dass der Dritte in positiver Hinsicht vermuten dürfe, alles im Register Eingetragene sei rechtsgültig (BGE 89 I 288; BK-HIS, N 18). In einem späteren Urteil hat das BGer die Frage mit Hinweis auf die uneinheitliche Lehre offen gelassen (BGE 111 II 484; s.a. MEIER-HAYOZ/FORSTMOSER, 162 N 83). Einen anderen Weg wies das BGer in BGE 78 III 45. Die Eintragungen im Handelsregister hätten keine allgemeine Schutzwirkung zugunsten

gutgläubiger Dritter. Ausnahmsweise ergebe sich aber der Schutz des gutgläubigen Dritten aus den Grundsätzen des materiellen Rechts. Dazu sei eine ausdrückliche Vorschrift nicht erforderlich; es genüge, dass eine zugunsten Dritter erfolgte Eintragung, namentlich wo dieser vom Gesetz rechtsbegründende (konstitutive) Wirkung beigelegt sei, aus unabweislichen praktischen Gründen als richtig gelten müsse.

Die Praxis muss ohne den absoluten Grundsatz des öffentlichen Glaubens auskommen (s. für die kantonale Rechtsprechung OGer ZG, SJZ 1986, 300 f.); entscheidend sind die **Umstände im Einzelfall**. Grundsätzlich sollen sich falsche Registerdaten zuungunsten derjenigen Partei auswirken, die das Risiko einer Informationspanne typischerweise mit geringerem Aufwand beherrschen und auffangen kann (MEIER-SCHATZ, 445). Wer eine Tatsache oder ein Rechtsverhältnis zur Eintragung und Veröffentlichung anmeldet, muss nach Treu und Glauben den Inhalt der Veröffentlichung kontrollieren und auch gegen sich gelten lassen (non venire contra factum proprium; modifiziertes *Veranlassungsprinzip*). Diese Regel liegt auch der Haftungsordnung von Art. 942 zugrunde (Art. 942 N 1 ff.). **11**

IV. Nebenwirkungen

An den formalen Tatbestand der *vollzogenen* Eintragung sind verschiedene gesetzliche **Nebenwirkungen** angeknüpft. So geniessen eingetragene Unternehmen den *Firmenschutz* nach Art. 956, unterstehen der *Konkurs- und Wechselbetreibung* (Art. 39, 177 Abs. 1 SchKG) und sind in den Kantonen Zürich, Bern, Aargau und St. Gallen der *Handelsgerichtsbarkeit* unterstellt. **12**

Die **kaufmännische Buchführungspflicht** ist nicht an die vollzogene Registereintragung, sondern an das Vorliegen der Eintragungspflicht geknüpft (Art. 934 N 1 ff.). Auch im Steuerrecht ist nicht die Eintragung entscheidend, sondern die Frage, ob ein kaufmännisches Unternehmen vorliegt (BGE 89 I 281). **13**

Art. 934

IV. Eintragung ins Handelsregister 1. Recht und Pflicht	**¹ Wer ein Handels-, Fabrikations- oder ein anderes nach kaufmännischer Art geführtes Gewerbe betreibt, ist verpflichtet, dieses am Ort der Hauptniederlassung ins Handelsregister eintragen zu lassen.** **² Wer unter einer Firma ein Gewerbe betreibt, das nicht eingetragen werden muss, hat das Recht, dieses am Ort der Hauptniederlassung ins Handelsregister eintragen zu lassen.**
IV. Inscription au registre du commerce 1. Droit et obligation	¹ Celui qui fait le commerce, exploite une fabrique ou exerce en la forme commerciale quelque autre industrie est tenu d›en requérir l'inscription au registre du commerce du lieu où il a son principal établissement. ² Celui qui, sous une raison de commerce, exploite une industrie sans être astreint à l'inscription est néanmoins autorisé à requérir celle-ci au registre du commerce du lieu de son principal établissement.
IV. Iscrizione nel registro di commercio 1. Diritto e obbligo	¹ Chiunque esercita un commercio, un'industria o altra impresa in forma commerciale è tenuto a chiederne l'iscrizione nel registro di commercio del luogo in cui si trova la sede principale dell'impresa. ² Chiunque esercita un'impresa sotto una ditta può, anche se non vi è tenuto, chiederne nondimeno l'iscrizione nel registro di commercio del luogo in cui essa ha la sede principale.

Literatur

BÜHLER, Amtspraxis zum Handelsregisterrecht aus dem Jahre 1989, SZW 1990, 238 ff.; COUCHEPIN, Eintragung von Titeln und Funktionsbezeichnungen in das Handelsregister, SAG 1969, 36; EHRA, Weisung vom 15.8.1995 über die elektronische Übermittlung des HR-Tagebuches (Art. 114 Abs. 1 HregV) und über die Anwendungsvoraussetzungen des Art. 23 Abs. 2 Geb'Tarifs, JBHReg 1996, 128 ff.; EHRA, Weisung vom 17.10.1995 betr. die Nichtbeachtung von verwaltungspolizeilichen Vorschriften bei der Handelsregistereintragung, JBHReg 1996, 139 f.; EHRA, Weisung vom 4.2.1993 über die Eintragung von Mitgliedern des Stiftungsrates, JBHReg 1993, 163 ff.; EHRA; Mitteilung vom 29.11.2001 betreffend die Eintragung von Einzelunternehmen gemäss Art. 52 ff. HRegV; FELLMANN, Anwaltsbüro – einfache Gesellschaft oder Kollektivgesellschaft, AJP 1998, 1514 ff.; GAUCH, Überkommene und andere Gedanken zu Art. 934 OR, SAG 1978, 77 ff. (zit. Gedanken); DERS., Von der Eintragung im Handelsregister, ihren Wirkungen und der negativen Publizitätswirkung, SAG 1976, 139 ff.; TH. KOCH, Eintragungspflicht privatrechtlich organisierter Krankenkassen, JBHReg 1993, 112 ff.; DERS., Haftung des Rechtsanwaltes für Handelsregistergebühren, JBHReg 1992, 39 ff.; KROUG, Arrêts du Tribunal fédéral non publiés en matière du registre du commerce, 1971–1982, SAG 1983, 176 ff.; REBSAMEN/THOMI, Kommentierte Handelsregister-Eintragungstexte für Einzelfirmen, Kollektiv- und Kommanditgesellschaften, 2000; RIEMER, Entwicklungen im Gesellschaftsrecht, in SJZ 94 (1998), 462 ff.; SANWALD, Rechtsformen für freie Berufe – eine Ausleerordnung, in: FS 100 Jahre Verband bernischer Notare, 2003, 240 ff.; SCHAUB, Revision partielle de l'ordonnance sur le registre du commerce, SZW 1990, 48 ff.; DERS., Siège fictif et siège réel, SAG 1957/58, 164; F. VON STEIGER, Die Eintragung der Genossenschaft im Handelsregister, 1937; DERS., Prüfung und Eintragung der Aktiengesellschaft beim Handelsregister, 1937; DERS., Errichtung einer Stiftung durch letztwillige Verfügung und deren Eintragung im Handelsregister, SJZ 1966, 117 ff.

I. Allgemeines

1 Art. 934 umschreibt das *Recht* (Abs. 2) und die *Pflicht* (Abs. 1), ein Gewerbe in das Handelsregister eintragen zu lassen. Die Bestimmung enthält im Kern eine **allgemeine Regel:** Jedermann, der ein kaufmännisches Gewerbe betreibt, ist verpflichtet, sich im Handelsregister als *Einzelunternehmen* (früher: *Einzelfirma*) eintragen zu lassen. Systematisch ausgelegt, kommen als *Adressaten* von Art. 934 Abs. 1 jedoch nur die Einzelkaufleute (natürliche Personen) in Betracht, denn für die anderen Gesellschaftsformen ist die Eintragungspflicht in speziellen Vorschriften geregelt.

2 **Eintragungsbedürftig** sind die Gesellschaftsformen, deren Entstehung an die Eintragung geknüpft ist: AG (Art. 643 Abs. 1), Kommanditaktiengesellschaft (Art. 764 Abs. 2), GmbH (Art. 783 Abs. 1), Genossenschaft (Art. 838 Abs. 1), die nichtkaufmännische Kollektiv- und Kommanditgesellschaft (Art. 553, 595), die selbständige Stiftung (Art. 52 Abs. 2 ZGB econtrario), die Investmentgesellschaft mit variablem Kapital (SICAV, Art. 36 ff. KAG), die Kommanditgesellschaft für kollektive Kapitalanlagen (Art. 100 KAG) und die Investmentgesellschaft mit festem Kapital (SICAF, Art. 110, 112 KAG). Diese Gesellschaften entstehen erst im Moment ihrer Eintragung im Handelsregister *(konstitutive Wirkung;* Art. 933 N 2). **Eintragungspflichtig** sind die kaufmännische Kollektivgesellschaft (Art. 552 Abs. 2), die kaufmännische Kommanditgesellschaft (Art. 594 Abs. 3), der Verein, der ein nach kaufmännischer Art geführtes Gewerbe betreibt (Art. 61 Abs. 2 ZGB) und die Zweigniederlassungen (Art. 935). Diese Rechtsformen entstehen bereits vor dem Handelsregistereintrag, doch verlangen Ordnungsvorschriften ihre Eintragung.

3 **Eintragungsberechtigt** sind: Vereine (Art. 61 Abs. 1 ZGB), selbständige Gewerbe des öffentlichen Rechts (Art. 2 lit. a Ziff. 13 HRegV), Vertreter von Gemeinderschaften (Haupt der Gemeinderschaft; Art. 341 Abs. 3 ZGB; Art. 150 HRegV) und nicht-kaufmännischen Prokuren (Art. 458 Abs. 3, Art. 149 HRegV).

Nicht eintragungsfähig, d.h. weder zur Eintragung berechtigt noch verpflichtet, ist 4
nach geltendem Recht die **einfache Gesellschaft** (BGE 79 I 181). Es ist jedoch möglich, dass die Mitglieder einer einfachen Gesellschaft ein nach kaufmännischer Art geführtes Gewerbe betreiben. Der vom BGer aufgezeigte Ausweg, die Gesellschafter in diesem Fall persönlich als Einzelfirmen (heute: Einzelunternehmen) einzutragen, ist abzulehnen (BGE 79 I 181); dies schon aus registertechnischen Gründen, denn eine mehrmalige Eintragung ein und desselben Geschäftes unter mehreren Einzelfirmen und Identifikationsnummern ist nach der ganzen Anlage des Handelsregisters nicht vorgesehen (s. GAUCH, 110 RN 544 f.; DERS., Gedanken, 89; MEIER-HAYOZ/FORSTMOSER, 124 N 53 ff.; **a.M.** W. VON STEIGER, SPR VIII/1, 334). Sofern nur natürliche Personen beteiligt sind, wird eine einfache Gesellschaft als Kollektivgesellschaft behandelt (BGE 73 I 311 ff.); bei kaufmännischem Geschäftsbetrieb wirkt die Eintragung einer Kollektivgesellschaft deklaratorisch (Art. 552); betreibt eine solche Gesellschaft kein nach kaufmännischer Art geführtes Gewerbe, entsteht sie erst mit der Eintragung (Art. 553). Wieso einfache Gesellschaften, an denen auch juristische Personen beteiligt sind, nicht eingetragen werden sollen, ist nicht einzusehen (GAUCH, Gedanken, 90). Betreibt eine einfache Gesellschaft ein nach kaufmännischer Art geführtes Gewerbe, besteht vielmehr ein erhebliches öffentliches Interesse an der Eintragung und der damit verbundenen Publizität.

Der **Inhalt der Eintragung** bestimmt sich nach dem Gesetz (z.B. Art. 641), der HRegV 5
(z.B. Art. 26, 92, 95, 110 HRegV) und den entsprechenden registertechnischen Weisungen (z.B. Eintragung von Postleitzahlen). Tatsachen, deren Eintragung nicht vorgesehen ist, können nur dann eingetragen werden, wenn das öffentliche Interesse es rechtfertigt, ihnen Wirkungen gegenüber Dritten zu verleihen (Art. 30 Abs. 2 HRegV). Bei den einzutragenden natürlichen Personen werden nur Funktionen eingetragen, die im Aussenverhältnis von Bedeutung sind (vgl. BGE 120 II 137 = Pra 1996, 222). Dazu gehören: Präsident, Vizepräsident, Delegierter, Mitglied, Sekretär, Protokollführer, Aktuar, Kassier, Generaldirektor, Direktor, Vizedirektor. Interne Titel wie Vorsitzender der Geschäftsleitung, Ehrenpräsident (SAG 1965, 256), Präsident des Ausschusses etc. werden i.d.R. nicht eingetragen.

II. Eintragungspflichtige Gewerbe (Einzelunternehmen)

Natürliche Personen, die ein Handels-, Fabrikations- oder ein anderes nach kaufmännischer Art geführtes Gewerbe betreiben und während eines Jahres Roheinnahmen von mindestens CHF 100 000 (Jahresumsatz) erzielen, sind verpflichtet, ihr Einzelunternehmen ins Handelsregister eintragen zu lassen (Art. 934 Abs. 1, Art. 36 Abs. 1 HRegV). Gehören einer Person mehrere Einzelunternehmen, so ist deren Umsatz zusammenzurechnen. Die Pflicht zur Eintragung entsteht, sobald verlässliche Zahlen über den Jahresumsatz vorliegen (Art. 36 Abs. 2 HRegV). Wer die Eintragungspflicht nicht erfüllt, kann zwangsweise eingetragen werden (Art. 152 HRegV). Als **Gewerbe** gilt eine *selbständige, auf dauernden Erwerb gerichtete wirtschaftliche Tätigkeit* (Art. 2 lit. b HRegV). Der Gewerbebegriff hängt nicht mit der Erteilung einer polizeilichen Betriebsbewilligung zusammen (BGE 104 Ib 261). Weggefallen ist der Begriff *Einzelfirma,* der durch die Bezeichnung *Einzelunternehmen* ersetzt wird.

Eintragungspflicht bejaht: Café en gérance libre (BGE 104 Ib 262); Landwirtschafts- 7
betrieb mit Handelstätigkeit oder Nebengewerbe (BGE 110 Ib 26); Lehrinstitut mit Fernunterricht (BGE 70 I 106); Inkassoagent (BGE 70 I 104; ZBJV 1945, 501); Versicherungsagent (BGE 91 I 139; ZBJV 1967, 113); Inhaber einer infolge Konkurses ge-

löschten Einzelfirma, der ein neues Unternehmen gründet, selbst wenn er nicht zu neuem Vermögen gekommen ist (BGE 102 Ib 14 = Pra 1976, 315); Buchhaltungsexperte (BGE 79 I 177); Zahnarzt, der zwei Kliniken betreibt (BGE 100 Ib 350); Arzt, der eine Klinik betreibt (BGE 100 Ib 345); selbständiger Verleger und Publizist (BVR 2000, 193).

8 **Nicht eintragungspflichtig** sind alle anderen, nicht unter die obigen Arten fallenden Gewerbe, insb. die **freien Berufe** (Ärzte, Zahnärzte, Tierärzte, Ingenieure, Architekten, Rechtsanwälte), sofern damit nicht eine kaufmännische Tätigkeit verbunden ist (vgl. dazu BGE 130 III 707 und BGE 106 Ib 315 m. w.Nw. = Pra 1981, 368). Kaufmännische Unternehmen nach Art. 934 Abs. 1 sind verpflichtet, ihre Firma im Handelsregister einzutragen. Was ein nach kaufmännischer Art geführtes Gewerbe ist, ergibt sich aus Art. 36 Abs. 1 HRegV. Mit der Ausübung eines freien Berufes ist immer dann eine kaufmännische Tätigkeit verbunden, wenn das Streben nach Wirtschaftlichkeit gegenüber der persönlichen Beziehung zum Patienten oder Klienten in den Vordergrund tritt, indem etwa im Hinblick auf eine möglichst hohe Rentabilität Planung betrieben, der Organisationsstruktur besondere Aufmerksamkeit geschenkt oder einer optimalen Finanzierung besondere Sorge getragen wird, usw. Deuten somit die Umstände darauf hin, dass sich eine Organisationsstruktur herausgebildet hat, die einem kaufmännischen Betrieb entspricht, ist eine Eintragungspflicht zu bejahen (Urteil 2A.570/2002 vom 3.6.2003 mit Verweis auf BGE 124 III 363). Der Anwaltsberuf gilt beispielsweise als nach kaufmännischer Art ausgeübt, «wenn das Streben nach Wirtschaftlichkeit gegenüber der persönlichen Beziehung zum Klienten in den Vordergrund tritt, ...» (BGer v. 3.6.2003, 2A.570/2002; BGE 124 III 363; 100 Ib 345; vgl. AJP 1998, 1514 ff.).

9 **Eintragungspflicht verneint:** Gemüsegärtnerei als Landwirtschaftsbetrieb (BGE 97 I 417; s.a. 78 I 63); abhängiger Versicherungsagent (BGE 66 I 82). Für die Beurteilung der Eintragungspflicht sind die Verhältnisse im **Zeitpunkt** der letzten nach Art. 941 OR und Art. 152 Abs. 2 HRegV ergangenen Aufforderung zur Eintragung massgebend (BGE 104 Ib 262; 100 Ib 248 = Pra 1975, 138). Die Eintragungspflicht bleibt dabei bestehen, auch wenn die im Zeitpunkt der Aufforderung gegebene Eintragungspflicht im Verlaufe des Eintragungsverfahrens entfällt. Dagegen besteht keine Eintragungspflicht, wenn die Umstände, an welche die Eintragungspflicht anknüpft, im Zeitpunkt der letzten Aufforderung zur Eintragung nicht mehr gegeben sind, auch wenn die Liquidation zu diesem Zeitpunkt noch nicht abgeschlossen ist (Urteil 4A.2/2005 vom 28.11.2005; so schon BGE 104 Ib 261; 100 Ib 246). Auch begrenzte oder provisorische wirtschaftliche Tätigkeit fällt unter den Begriff des Gewerbes. Eine gewisse Dauer ist nur insofern vorausgesetzt, als diese durch die Wiederholung geschäftlicher Handlungen und das Erfordernis einer geschäftlichen Organisation bedingt ist (BGE 84 I 190 = Pra 1959, 53 f.).

10 Die Handelsregisterämter müssen eintragungspflichtige Gewerbe ermitteln und die erforderlichen Eintragungen herbeiführen (Art. 157 Abs. 1 HRegV), insbesondere Eintragungen von Amtes wegen vornehmen (Art. 153 HRegV). Zur Erleichterung der Ermittlungspflicht des Handelsregisterführers sind eidgenössische und kantonale Behörden und Gerichte verpflichtet, den Handelsregisterämtern über eintragungspflichtige Gewerbe Auskunft zu erteilen (Art. 157 Abs. 2 HRegV). Mindestens alle drei Jahre haben die Handelsregisterämter die Gemeinde- oder Bezirksbehörden zu ersuchen, ihnen von neu gegründeten Gewerben Kenntnis zu geben (Art. 157 Abs. 4 HRegV).

III. Eintragungsberechtigte Gewerbe

Natürliche Personen, die ein Gewerbe betreiben und die nicht zur Eintragung verpflichtet sind, haben das *Recht,* ihr Einzelunternehmen eintragen zu lassen (Art. 36 Abs. 4 HRegV; Art. 934 Abs. 2). Für die Folgen der Eintragung (Verpflichtungen des Eingetragenen, Wirkungen der Eintragung) spielt es keine Rolle, ob die Eintragung freiwillig, aufgrund einer gesetzlichen Verpflichtung oder zwangsweise erfolgte. **11**

IV. Ort der Eintragung – Sitz und Rechtsdomizil

Einzelunternehmen sind am **Orte der Hauptniederlassung** (Hauptsitz) einzutragen. Massgebend ist der Ort, wo sich die oberste Geschäftsleitung befindet (GAUCH, Gedanken, 82). Die entsprechende politische Gemeinde bildet den Anknüpfungspunkt für die örtliche Zuständigkeit des Registerführers (Art. 927 N 11). **12**

Handelsgesellschaften, Genossenschaften, Vereine und Stiftungen sind am Orte des **statutarischen Sitzes** einzutragen (z.B. Art. 554, 640), d.h. das örtlich zuständige Handelsregister ist aufgrund der entsprechenden politischen Gemeinde zu bestimmen (Art. 927 N 11). Als Sitz wird der Name der politischen Gemeinde eingetragen (Art. 117 Abs. 1 HRegV). Mit der Anmeldung ist eine *Erklärung* einzureichen, dass die juristische Person am statutarischen Sitz ein Geschäftsbüro (sog. **eigene Büros**) hat (für die AG: Art. 43 Abs. 1 lit. g HRegV). Es wird keine separate Erklärung verlangt, wenn dieser Sachverhalt aus einem anderen Dokument bspw. aus der Handelsregisteranmeldung oder einer öffentlichen Urkunde ersichtlich ist. Ein eigenes Geschäftsbüro ist ein Lokal, über das die Gesellschaft aufgrund eines Rechtstitels (z.B. Eigentum, Miete, Untermiete) verfügen kann, das den Mittelpunkt ihrer administrativen Tätigkeit bildet und wo ihr Mitteilungen aller Art zugestellt werden können (BGE 100 Ib 455 E. 4). Hat die Gesellschaft hingegen keine eigenen Büros, sondern eine *c/o-Adresse,* so muss in die Eintragung aufgenommen werden, bei wem sich das **Rechtsdomizil** befindet (Art. 117 Abs. 3 und Art. 2 lit. c HRegV). In diesen Fällen ist mit der Anmeldung eine zustimmende Erklärung des Domizilhalters einzureichen (sog. **Domizilhaltererklärung;** Art. 117 Abs. 3 HRegV). Als Domizilhalter kommen in Betracht: natürliche oder juristische Personen sowie Personenmehrheiten ohne eigene Rechtspersönlichkeit, die unter einer eigenen Firma auftreten können (Kollektiv- und Kommanditgesellschaften). Nicht zugelassen werden einfache Gesellschaften (z.B. Rechtsanwaltsbüros; vgl. auch N 4, 8) oder Erbengemeinschaften. **Doppelsitze** sind nach h.L. und der bisherigen Gerichts- und Verwaltungspraxis zu Art. 56 ZGB unzulässig. Aus politischen Gründen wurde im Fall UBS AG und Swiss International Airlines AG von dieser Regel abgewichen. Neben der Angabe von Sitz und Rechtsdomizil kann jede Rechtseinheit weitere in der Schweiz gelegene Adressen im Handelsregister ihres Sitzes eintragen lassen (Art. 117 Abs. 4 HRegV). **13**

Besitzt die Gesellschaft am Ort des statutarischen Sitzes kein Rechtsdomizil mehr, wird sie von Amtes wegen aufgelöst (Art. 153 HRegV; BGE 126 III 283). Ist eine Stiftung, die der Aufsicht des Gemeinwesens untersteht, ohne Rechtsdomizil (Art. 2 lit. c HRegV), so meldet dies das Handelsregisteramt der Aufsichtsbehörde (Art. 153 Abs. 6 HRegV). Das Verfahren gem. Art. 153 Abs. 1 HRegV ist auf Stiftungen unter der Aufsicht des Gemeinwesens nicht anwendbar (vgl. Art. 88, 89 Abs. 2 ZGB). **14**

In der HRegV besonders geregelt ist die **Sitzverlegung** innerhalb der Schweiz in einen anderen Registerbezirk, vom Ausland in die Schweiz und von der Schweiz ins Ausland (Art. 123–127 HRegV; Art. 927 N 5). **15**

Art. 935

2. Zweigniederlassungen	¹ Schweizerische Zweigniederlassungen von Firmen, deren Hauptsitz sich in der Schweiz befindet, sind an ihrem Sitz einzutragen, nachdem die Eintragung am Hauptsitz erfolgt ist.
	² **Die schweizerischen Zweigniederlassungen von Firmen mit Hauptsitz im Auslande sind einzutragen, und zwar in derselben Weise wie diejenigen schweizerischer Firmen, soweit das ausländische Recht keine Abweichung nötig macht. Für solche Zweigniederlassungen muss ein Bevollmächtigter mit Wohnsitz in der Schweiz und mit dem Rechte der geschäftlichen Vertretung bestellt werden.**
2. Succursales	¹ Les succursales suisses de maisons dont le principal établissement est en Suisse sont inscrites au lieu où elles ont leur siège, après l'avoir été au siège de l'établissement principal.
	² Les succursales suisses de maisons dont le siège principal est à l'étranger sont tenues de se faire inscrire; l'inscription s'opère comme si leur siège principal était en Suisse, sous réserve des dérogations découlant de la législation étrangère. Pour ces succursales, il devra être désigné un fondé de procuration domicilié en Suisse chargé de les représenter.
2. Succursali	¹ Le succursali svizzere di ditte, la cui sede principale si trova nella Svizzera, devono essere iscritte nella loro sede dopo essere state iscritte nella sede principale.
	² Le succursali svizzere di ditte, la cui sede principale si trova all'estero, sono tenute a farsi iscrivere; l'iscrizione s'opera come se la loro sede principale si trovasse nella Svizzera, salvo le deroghe rese necessarie dalla legislazione estera. Per siffatte succursali deve essere designato un mandatario domiciliato nella Svizzera ed autorizzato a rappresentarle.

Literatur

BÜHLER, Amtspraxis zum Handelsregisterrecht in den Jahren 1990/91, SZW 1992, 84 ff.; DERS., Amtspraxis zum Handelsregisterrecht im Jahre 1989, SZW 1990, 239 f.; DIEBOLD, Les succursales suisses d'entreprises étrangères, 1958; EHRA, Wegleitung zur Eintragung einer Zweigniederlassung, JBHReg 1994, 312 ff.; EHRA, Fragebogen zur Selbständigkeit der Zweigniederlassung, JBHReg 1994, 319 f.; ECKERT-BRACHER, Personeneintragungen bei Zweigniederlassungen, JBHReg 1998, 166 ff.; GAUCH, Der Zweigbetrieb im schweizerischen Zivilrecht, 1974, HILBIG, Rechtsstellung und Rechtsnatur der Zweigniederlassung ausländischer Gesellschaften unter besonderer Berücksichtigung kollisionsrechtlicher Probleme, 1968; HUBER, Zum Begriff der «Zweigniederlassung», SAG 1965, 37; KÄCH/LEDERER, Zweigniederlassungen britischer und US-amerikanischer Aktiengesellschaften: Handelsregisterbelege, JBHReg 1992, 19 ff.; LUSSY, Aktuelle Fragen des Handelsregisterrechts, BN 1986, 219; NOELPP, Handelsregister-Eintragung der Zweigniederlassung und deren Bedeutung, L'Expert-comptable suisse 1992, 354 ff.; SCHAUB, Succursale ou filiale, SAG 1964, 82; DERS., Revision partielle de l'ordonnance sur le registre du commerce, SJZ 1973, 165 ff.; DERS., Revision partielle de l'ordonnance sur le registre du commerce, SZW 1990, 48 ff.; F. VON STEIGER, Zum Begriff der Zweigniederlassung, SAG 1940/41, 49; WÄGER/KALT, Ablaufprozedere der Handelsregistereinträge bei Zweigniederlassungen einer Grossbank, JBHReg 1994, 186 ff.

I. Zweigniederlassungen einer Rechtseinheit mit Sitz in der Schweiz (Art. 935 Abs. 1)

Alle im schweizerischen Handelsregister eingetragenen Rechtseinheiten sind verpflichtet, ihre schweizerischen **Zweigniederlassungen** einzutragen. 1

Weder das Gesetz noch die HRegV umschreiben den Begriff der Zweigniederlassung. 2
Nach Lehre und Rechtsprechung ist darunter ein kaufmännischer Betrieb zu verstehen, der zwar rechtlich Teil einer Hauptunternehmung ist, von der er abhängt, aber in eigenen Räumlichkeiten dauernd eine gleichartige Tätigkeit wie jene ausübt und dabei über eine gewisse wirtschaftliche und geschäftliche Unabhängigkeit verfügt (BGE 117 II 87; 108 II 124; Lussy, 219). Das BGer hat in ständiger Rechtsprechung das Erfordernis der Selbständigkeit (BGE 89 I 413; 108 II 125 E. 1) und der Eigenständigkeit nach aussen (BGE 68 I 113; 81 I 154, 158; 89 I 413; BGE 117 II 87; FORSTMOSER, Aktienrecht, 415 FN 13) betont, dies aber nie begründet. Es ist denn auch nicht klar, welche Interessen durch eine restriktive Eintragungspraxis geschützt werden sollen. Im Rahmen des Eintragungsverfahrens wird die Selbständigkeit und Eigenständigkeit aufgrund der totalrevidierten HRegV nicht mehr überprüft (Wegfall der sog. Selbständigkeitserklärung). Die bisherige Rechtsprechung des BGer zum Thema «Selbständigkeit von Zweigniederlassungen» ist überholt.

Anmeldung: In der Anmeldung ist die einzutragende Zweigniederlassung unter Angabe von Firma bzw. Name, Sitz (politische Gemeinde), Rechtsdomizil (Strasse, Hausnummer, Postleitzahl und Ortschaft) eindeutig zu identifizieren. Für die Einzelheiten kann auf die beigefügten und in der Anmeldung aufzuführenden Belege verwiesen werden. Die Anmeldung muss von einer einzelzeichnungsberechtigten Person, die am Sitz der Hauptniederlassung oder der Zweigniederlassung im Handelsregister eingetragen ist oder wird, unterzeichnet sein (Art. 17 Abs. 1 lit. h HRegV). Möglich ist auch die Unterzeichnung durch zwei Personen, die am Hauptsitz oder bei der Zweigniederlassung Kollektivunterschrift zu zweien haben. Zusätzlich sind die Unterschriften aller übrigen Personen, die für die Zweigniederlassung zeichnungsberechtigt sind (zeichnungsberechtigte Verwaltungsratsmitglieder, Direktoren, Prokuristen usw.), anzubringen bzw. auf separaten Unterschriftenbögen einzureichen (Art. 21 Abs. 1 HRegV). Sämtliche Unterschriften sind amtlich beglaubigen zu lassen (Art. 18 Abs. 2, 21 Abs. 1 und 3 HRegV). 3

Belege: Mit der Anmeldung zur Eintragung einer Zweigniederlassung einer Rechtseinheit mit Sitz in der Schweiz müssen gemäss Art. 109 HRegV dem Handelsregisteramt a) das **Protokoll** oder der Protokollauszug **über die Bestellung der Personen, die nur für die Zweigniederlassung vertretungsberechtigt sind** und b) im Fall von Art. 117 Abs. 3 die **Erklärung des Domizilhalters,** dass er der Zweigniederlassung am Ort von deren Sitz ein Rechtsdomizil gewährt, eingereicht werden. Ausführlicher ist die Handelsregisterpraxis im Kanton Zürich (vgl. Merkblatt, <http://www.hra.zh.ch/internet/ji/hra/de/merkblaetter.html> Stand: 17.12.2007, besucht am 6.3.2008). Es wird Folgendes verlangt: (a) das Protokoll des zuständigen Organs über die Errichtung der Zweigniederlassung und deren Zweck, die Bestellung der Vertreter und die Art ihrer Zeichnung (nur bei juristischen Personen). Das Protokoll kann als durch den Vorsitzenden und den Protokollführer originalhandschriftlich unterzeichnetes Vollprotokoll, als von den erwähnten Personen unterzeichneter Protokollauszug oder als amtlich beglaubigte Fotokopie eingereicht werden (Art. 20 Abs. 1, 23 Abs. 2 HRegV). Ist das Exekutivorgan (z.B. Verwaltungsrat, Vorstand, Stiftungsrat) für die entsprechenden Beschlüsse zuständig, so genügt auch ein durch sämtliche Organmitglieder originalhandschriftlich unterzeichneter Zirkulationsbeschluss (z.B. in Form einer Anmeldung; Art. 23 Abs. 2 und 3 HRegV). 4

Aus dem Protokoll muss hervorgehen: (i) dass das Organ die Errichtung der Zweigniederlassung beschlossen hat; (ii) unter welcher Firmenbezeichnung die Zweigniederlassung eingetragen werden soll, wobei Art. 952 OR zu beachten ist; (iii) wer für die Zweigniederlassung zeichnungsberechtigt ist, unter Angabe des Vor- und des Familiennamens, der Staatsangehörigkeit (bei Schweizerbürgern des Heimatortes), des Wohnortes sowie der Art der Zeichnungsberechtigung (Einzelunterschrift, Kollektivunterschrift, Einzelprokura, Kollektivprokura); (iv) wo sich das Rechtsdomizil der Zweigniederlassung befindet (Strasse, Hausnummer, Postleitzahl und Ortschaft); (v) der Zweck der Zweigniederlassung, sofern er enger gefasst ist als der Zweck der Hauptniederlassung (Art. 110 Abs. 1 lit. d HRegV). (b) die **Erklärung betreffend Rechtsdomizil:** Es ist dem Handelsregisteramt mitzuteilen, ob die Zweigniederlassung an der einzutragenden Adresse über ein Rechtsdomizil verfügt (Art. 117 Abs. 2 HRegV i.V.m. Art. 2 lit. c HRegV). Es ist keine separate Erklärung verlangt, wenn dieser Sachverhalt aus einem anderen Dokument bspw. aus der Handelsregisteranmeldung hervorgeht. Darunter ist gemäss Art. 2 lit. c HRegV eine Adresse zu verstehen, unter der die Zweigniederlassung an ihrem Sitz erreicht werden kann, z.B. ein Lokal, über das sie Zweigniederlassung aufgrund eines Rechtstitels (z.B. Eigentum, Miete, Untermiete etc.) tatsächlich verfügen kann, welches den Mittelpunkt ihrer administrativen Tätigkeit bildet und wo ihr Mitteilungen aller Art zugestellt werden können (vgl. BGE 100 Ib 455 E. 4). Sind diese Voraussetzungen nicht erfüllt, liegt eine c/o-Adresse vor. In diesem Fall ist zusätzlich die Domizilhalterin bzw. der Domizilhalter anzumelden und deren bzw. dessen schriftliche Erklärung, dass sie bzw. er der Zweigniederlassung an der angegebenen Adresse ein Rechtsdomizil gewähre, einzureichen (Art. 109 lit. b, Art. 117 Abs. 3 HRegV).

5   Zweigniederlassungen sind an ihrem **Sitz** (politische Gemeinde) einzutragen (Art. 935 Abs. 1); der Sitz der Zweigniederlassung kann mit dem Hauptsitz übereinstimmen. Eine AG mit Sitz in Zürich (Bahnhofstrasse 1, 8001 Zürich) kann z.B. eine Zweigniederlassung in Zürich (Asylstrasse 50, 8032 Zürich) eintragen. Der Inhalt der Eintragung ist in Art. 110 HRegV umschrieben. Die Löschung ist in Art. 115 HRegV geregelt. Die Handelsregisterämter am Sitz der Zweigniederlassung und der Hauptniederlassung informieren sich gegenseitig und nehmen Einträge von Haupt- und Zweigniederlassung koordiniert vor (Art. 111 HRegV). Spezielle Registervorschriften gelten für die *Fusion, Spaltung, Umwandlung* und *Vermögensübertragung* (Art. 112 HRegV).

6   Für Klagen aus dem Betrieb einer Zweigniederlassungen sind die **Gerichte am Wohnsitz oder Sitz der beklagten Partei oder am Ort der Niederlassung** zuständig (Art. 5 GestG; vgl. Art. 933 N 2). Für die Begründung eines schweizerischen *Betreibungsortes* nach Art. 50 SchKG ist nicht erforderlich, dass die Geschäftsniederlassung im Handelsregister eingetragen ist (BGE 114 III 8 = Pra 1988, 769 ff.).

II. Zweigniederlassungen ausländischer Gesellschaften (Art. 935 Abs. 2)

7   Eine Gesellschaft mit Sitz im Ausland kann in der Schweiz eine Zweigniederlassung haben und ist verpflichtet, ihre schweizerische Zweigniederlassung im Handelsregister eintragen zu lassen. Die für die inländischen Zweigniederlassungen genannten Eintragungsvoraussetzungen gelten auch für die Zweigniederlassungen ausländischer Unternehmen (s. BGE 108 II 124 = Pra 1982, 609 ff.). Verfügt ein Geschäftsbetrieb über ein eigenes Lokal und steht ihm Personal zur Verfügung, das in seinem Namen auf eigene Rechnung handelt, so handelt es sich um eine Zweigniederlassung, die im Handelsregister einzutragen ist. Die Eintragungspflicht darf nicht durch die Gründung einer «Dienstleistungsgesellschaft» (= société de service) mit Sitz in der Schweiz umgangen

werden (BGE 108 II 124 = Pra 1982, Nr. 239, 609 ff.). Die schweizerische Zweigniederlassung einer Rechtseinheit mit Sitz im Ausland untersteht schweizerischem Recht (Art. 160 Abs. 1 IPRG). Der Inhalt der Eintragung ist in Art. 114 HRegV umschrieben. Die Löschung ist in Art. 115 HRegV geregelt.).

Anmeldung: In der Anmeldung ist die einzutragende Zweigniederlassung unter Angabe von Firma bzw. Name, Sitz (politische Gemeinde), Rechtsdomizil (Strasse, Hausnummer, Postleitzahl und Ortschaft) eindeutig zu identifizieren. Für die Einzelheiten kann auf die beigefügten und in der Anmeldung aufzuführenden Belege verwiesen werden. Die Anmeldung muss von einer einzelzeichnungsberechtigten Person, die am Sitz der Hauptniederlassung oder der Zweigniederlassung im Handelsregister eingetragen ist oder wird, unterzeichnet sein (Art. 17 Abs. 1 lit. h HRegV). Möglich ist auch die Unterzeichnung durch zwei Personen, die am Hauptsitz oder bei der Zweigniederlassung Kollektivunterschrift zu zweien haben. Zusätzlich sind die Unterschriften aller übrigen Personen, die für die Zweigniederlassung zeichnungsberechtigt sind (zeichnungsberechtigte Verwaltungsratsmitglieder, Direktoren, Prokuristen usw.), anzubringen bzw. auf separaten Unterschriftenbögen einzureichen (Art. 21 Abs. 1 HRegV). Sämtliche Unterschriften sind amtlich beglaubigen zu lassen (Art. 18 Abs. 2, Art. 21 Abs. 1 und 3 HRegV). 8

Belege: Mit der Anmeldung müssen dem Handelsregisteramt folgende Belege eingereicht werden (Art. 113 HRegV): (lit. a) **Auszug aus dem Handelsregister des Hauptsitzes:** Der Handelsregisterauszug muss durch das zuständige Amt am Ort der Eintragung der Hauptniederlassung per neuesten Datums beglaubigt sein. Falls der Auszug keine genügenden Angaben enthält oder wenn am Sitz der Hauptniederlassung keine dem schweizerischen Handelsregister entsprechende Einrichtung besteht, ist ein amtlicher Nachweis neuesten Datums darüber, dass die Rechtseinheit am Orte ihrer Hauptniederlassung nach den geltenden Vorschriften des massgeblichen ausländischen Rechts rechtmässig besteht, einzureichen (Art. 113 Abs. 1 lit. a HRegV; s. Art. 24 Abs. 2 HRegV); (lit. b) bei juristischen Personen ein **beglaubigtes Exemplar der geltenden Statuten** oder des entsprechenden Dokumentes der Hauptniederlassung; die Statuten müssen vom dem für die Hauptniederlassung zuständigen Handelsregisteramt oder einem anderen zuständigen Amt oder Notar beglaubigt sein; (lit. c und d) **Protokoll** des zuständigen Organs über die Errichtung der Zweigniederlassung und deren Zweck, die Bestellung der Vertreter und die Art ihrer Zeichnung. Das Protokoll kann als durch den Vorsitzenden und den Protokollführer originalhandschriftlich unterzeichnetes Vollprotokoll, als von den erwähnten Personen unterzeichneter Protokollauszug oder als amtlich beglaubigte Fotokopie eingereicht werden (Art. 20 Abs. 1, Art. 23 Abs. 2 HRegV). Ist das Exekutivorgan (z.B. Verwaltungsrat, Vorstand, Stiftungsrat) für die entsprechenden Beschlüsse zuständig, so genügt auch ein durch sämtliche Organmitglieder originalhandschriftlich unterzeichneter Zirkulationsbeschluss (z.B. in Form einer Anmeldung; Art. 23 Abs. 2 und 3 HRegV). Aus dem Protokoll muss hervorgehen: (i) dass das Organ die Errichtung der Zweigniederlassung beschlossen hat; (ii) unter welcher Firmenbezeichnung die Zweigniederlassung eingetragen werden soll, wobei Art. 952 OR zu beachten ist; (iii) wer für die Zweigniederlassung zeichnungsberechtigt ist, unter Angabe des Vor- und des Familiennamens, der Staatsangehörigkeit (bei Schweizerbürgern des Heimatortes), des Wohnortes sowie der Art der Zeichnungsberechtigung (Einzelunterschrift, Kollektivunterschrift, Einzelprokura, Kollektivprokura); (iv) wo sich das Rechtsdomizil der Zweigniederlassung befindet (Strasse, Hausnummer, Postleitzahl und Ortschaft); (v) der Zweck der Zweigniederlassung, sofern er enger gefasst ist als der Zweck der Hauptniederlassung (Art. 110 Abs. 1 lit. d HRegV); (lit. e) **Erklärung betreffend Rechtsdomizil:** Es ist dem Handelsregisteramt mitzuteilen, ob die Zweignie- 9 derlassung an der einzutragenden Adresse über ein Rechtsdomizil verfügt (Art. 117 Abs. 2 HRegV i.V.m. Art. 2 lit. c HRegV). Darunter ist gemäss Art. 2 lit. c HRegV eine Adresse zu verstehen, unter der die Zweigniederlassung an ihrem Sitz erreicht werden kann, z.B. ein Lokal, über das sie Zweigniederlassung aufgrund eines Rechtstitels (z.B. Eigentum, Miete, Untermiete etc.) tatsächlich verfügen kann, welches den Mittelpunkt ihrer administrativen Tätigkeit bildet und wo ihr Mitteilungen aller Art zugestellt werden können (vgl. BGE 100 Ib 455 E. 4). Sind diese Voraussetzungen nicht erfüllt, liegt eine c/o-Adresse vor. In diesem Fall ist zusätzlich die Domizilhalterin bzw. der Domizilhalter anzumelden und deren bzw. dessen schriftliche Erklärung, dass sie bzw. er der Zweigniederlassung an der angegebenen Adresse ein Rechtsdomizil gewähre, einzureichen (Art. 109 lit. b, Art. 117 Abs. 3 HRegV). Wenn in den oben unter (lit. a) und (lit. b) erwähnten Belegen der auf ein allfällig bestehendes Kapital einbezahlte Betrag nicht ersichtlich ist, verlangt die Praxis eine notarielle Bescheinigung über die einbezahlten Beträge oder einen notariell beglaubigten Auszug aus den Geschäftsbüchern der Gesellschaft, damit Höhe und Währung eines allfälligen Kapitals der Hauptniederlassung sowie Angaben zu den geleisteten Einlagen eingetragen werden können (Art. 114 Abs. 1 lit. b HRegV). Ist in der Schweiz bereits eine Zweigniederlassung derselben Rechtseinheit im Handelsregister eingetragen, so sind die in Art. 113 Abs. 1 lit. a und b HRegV genannten Belege nicht erforderlich. Fremdsprachigen Belegen ist eine beglaubigte *Übersetzung* beizufügen (Art. 20 Abs. 3 HRegV). Beurkundungen oder Beglaubigungen ausländischer Behörden oder Notare ist die Beglaubigung der zuständigen diplomatischen oder konsularischen Vertretung der Schweiz oder, sofern staatsvertraglich geregelt, eine HÜ-Apostille beizufügen. Vorbehalten bleiben allfällige spezielle staatsvertragliche Regelungen (Art. 25 Abs. 1 HRegV).

10 Der bundesrechtliche *Gerichtsstand am Ort der Niederlassung* gilt für alle Zweigniederlassungen (s.a. N 6). Für die Begründung eines schweizerischen *Betreibungsortes* nach Art. 50 SchKG ist nicht erforderlich, dass die Geschäftsniederlassung im Handelsregister eingetragen ist (BGE 114 III 8 = Pra 1988, 769 ff.).

11 De lege lata können **im Ausland gelegene Zweigniederlassungen von Unternehmen mit Sitz in der Schweiz** nicht eingetragen oder vorgemerkt werden. De lege ferenda wäre eine entsprechende Eintragungspflicht zu wünschen, besteht doch ein erhebliches Interesse des Geschäftsverkehrs an der Kundgabe von «ausländischen» Zweigniederlassungen schweizerischer Unternehmen.

Art. 936

3. Ausführungsbestimmungen	Der Bundesrat erlässt die näheren Vorschriften über die Pflicht zur Eintragung in das Handelsregister.
3. Ordonnances d'exécution	Le Conseil fédéral édicte les prescriptions particulières concernant l'inscription obligatoire sur le registre du commerce.
3. Norme d'esecuzione	Il Consiglio federale emana le norme particolareggiate riguardanti l'obbligo di farsi iscrivere nel registro di commercio.

1 Die Pflicht zur Eintragung ist in Art. 934 und 935 nicht erschöpfend geregelt. Der Gesetzgeber beauftragte deshalb den Bundesrat, nähere Vorschriften (**Ausführungsbestimmungen**) zu erlassen. Gemeint sind nicht nur ergänzende Regeln über die *Eintragungspflicht*, sondern auch über die *Eintragungsfähigkeit* gewisser Subjekte und Tatsachen

(Art. 934 N 2 ff.; BK-HIS, N 2). Der Bundesrat vollzog die Vorschrift von Art. 936 durch Erlass der **HRegV** (insb. Art. 2, 36, 152, 157 HRegV) und der **Verordnung über die Gebühren für das Handelsregister**. Die beiden Verordnungen stützen sich deshalb nicht nur auf Art. 929, sondern auch auf Art. 936.

Art. 936a

4. Identifikationsnummer

¹ Die im Handelsregister eingetragenen Einzelunternehmen, Kollektiv- und Kommanditgesellschaften, Kapitalgesellschaften, Genossenschaften, Vereine, Stiftungen und Institute des öffentlichen Rechts erhalten eine Identifikationsnummer.

² Die Identifikationsnummer bleibt während des Bestehens des Rechtsträgers unverändert, so insbesondere auch bei der Sitzverlegung, der Umwandlung und der Änderung des Namens oder der Firma.

³ Der Bundesrat erlässt Ausführungsvorschriften. Er kann vorsehen, dass die Identifikationsnummer nebst der Firma auf Briefen, Bestellscheinen und Rechnungen anzugeben ist.

4. Numéro d'identification

¹ Les entreprises individuelles, les sociétés en nom collectif, les sociétés en commandite, les sociétés de capitaux, les sociétés coopératives, les associations, les fondations et les instituts de droit public inscrits au registre du commerce reçoivent un numéro d'identification.

² Le numéro d'identification demeure inchangé pendant toute l'existence du sujet, même en cas de transfert du siège, de transformation ou de modification du nom ou de la raison de commerce.

³ Le Conseil fédéral édicte les dispositions d'exécution. Il peut prévoir que le numéro d'identification figure, avec la raison de commerce, sur les lettres, les notes de commande et les factures.

4. Numero di identificazione

¹ Alle imprese individuali, alle società in nome collettivo, alle società in accomandita, alle società di capitali, alle società cooperative, alle associazioni, alle fondazioni e agli istituti di diritto pubblico iscritti nel registro di commercio è assegnato un numero di identificazione.

² Il numero di identificazione permane invariato nel corso dell'intera esistenza del soggetto giuridico, anche in caso di trasferimento della sede o di trasformazione o di cambiamento del nome o della ditta.

³ Il Consiglio federale emana le disposizioni esecutive. Può prevedere che il numero di identificazione figuri, con la ditta, sulle lettere, i bollettini d'ordinazione e le fatture.

Literatur

CHAMPEAUX, 3. Bericht über die Tätigkeit der Eidg. Fachkommission für das Handelsregister im Jahre 2002, REPRAX 3/2003, 26 ff.; DÖRIG, Zur Identifikationsnummer gemäss Art. 936a OR, AJP/PJA 2004, 405–410; HILTI, in: Schweizerisches Immaterialgüter- und Wettbewerbsrecht/ SIWR Bd. III/2, Firmenrecht, nicht registrierte Kennzeichen, Herkunftsangaben und Domainnamen, 2. Aufl., Basel 2005, 11, 80.; THOMI, Fusionsgesetz – ausgewählte Fragen, in: FS 100 Jahre Verband bernischer Notare, 2003, 443 ff.

Art. 936a sieht zur zweifelsfreien Identifizierung von Unternehmen eine **Identifikationsnummer** vor. Damit schuf der Gesetzgeber per 1.1.2004 im Rahmen der Schaffung des Fusionsgesetzes die klare gesetzliche Grundlage für die in der Handelsregisterpraxis längst eingeführte Identifikationsnummer für im Handelsregister eingetragene und einzutragende Rechtseinheiten (Art. 116 HRegV).

2 Die Möglichkeiten des Fusionsgesetzes zur Änderung der rechtlichen Unternehmensstruktur (insbesondere die Umwandlung) hatten die Identifikation von Gesellschaften zunehmend erschwert. Die **Firma** eines Unternehmens kann die eindeutige Identifikation nicht gewährleisten. Die Identifikationsnummer ist unveränderlich (Art. 116 Abs. 2 HRegV) und stellt bei der Änderung der Firma, Sitzverlegung oder Wechsel der Rechtsform die dauerhafte Identifikation der im Handelsregister eingetragenen Rechtseinheit sicher. Alle kantonalen Handelsregisterämter und auch das EHRA führen die Register elektronisch und ordnen den im Handelsregister eingetragenen bzw. einzutragenden Rechtsträgern eine Identifikationsnummer zu (früher **«Registernummer»** oder **«Firmennummer»**; Art. 116 Abs. 1 HRegV): **CH-XXX.X.XXX.XXX-X.** Vorangestellt ist der *Ländercode* «CH»; die folgenden drei Ziffern bezeichnen das jeweilige *Handelsregisteramt* (z.B «170» für das Handelsregisteramt ZG, «020» für das Handelsregisteramt ZH). Diese führen den eingetragenen bzw. einzutragenden Rechtsträger unter einer 7-stelligen *Laufnummer,* welche den sieben nachfolgenden Ziffern in der Identifikationsnummer entspricht. Die letzte Ziffer nach dem Bindestrich ist eine *Prüfziffer.*

3 Um eine dauerhafte Identifizierung der Rechtsträger zu gewährleisten, muss diese Nummer während des Bestehens eines Rechtsträgers **unverändert** bleiben (Art. 116 Abs. 2 HRegV); dies insbesondere auch im Fall einer Sitzverlegung, einer Umwandlung und einer Änderung der Firma oder des Namens (Abs. 2). Die Identifikationsnummern von gelöschten Rechtsträgern darf nicht neu vergeben werden. Wird der gelöschte Rechtsträger wieder im Handelsregister eingetragen, so erhält er seine frühere Identifikationsnummer (Art. 116 Abs. 3 HRegV). Bei der Absorptionsfusion (Art. 3 Abs. 1 lit. a FusG) behält der übernehmende Rechtsträger seine Identifikationsnummer; bei der Kombinationsfusion (Art. 3 Abs. 1 lit. b FusG) erhält der aus der Fusion entstehende Rechtsträger eine neue Identifikationsnummer (Art. 116 Abs. 4 HRegV). Bei der Spaltung (Art. 29 ff. FusG) behalten die übernehmenden Gesellschaften ihre Identifikationsnummern bei. Dasselbe gilt für die übertragende Gesellschaft im Falle einer Abspaltung. Entsteht infolge der Spaltung eine neue Gesellschaft, so erhält sie eine neue Identifikationsnummer (Art. 116 Abs. 5 HRegV). Die im Rahmen des FusG untergehenden Gesellschaften bzw. auch ihre Identifikationsnummern werden im Handelsregister gelöscht (Art. 3 Abs. 2, Art. 21 Abs. 3, Art. 29 lit. a, Art. 51 Abs. 3 FusG). Bei der Modifikation der Rechtsform einer Gesellschaft (Umwandlung) bleiben deren Rechtsverhältnisse bzw. die Identifikationsnummer unverändert (Art. 53 FusG). Die Vermögensübertragung, mit welcher ein ganzes Vermögen oder Teile davon von einer Gesellschaft auf eine andere Gesellschaft übertragen werden kann (Art. 69 Abs. 1 FusG), hat keinen Einfluss auf die Identifikationsnummer, da beide Rechtseinheiten nach der Vermögensübertragung bestehen bleiben. Führen die Gesellschafter einer Kollektiv- oder Kommanditgesellschaft das Geschäft als Einzelunternehmer weiter (Art. 579), bleibt die Identifikationsnummer ebenfalls unverändert (Art. 116 Abs. 6 HRegV).

4 Absatz 3 delegiert die Kompetenz zum Erlass von Ausführungsvorschriften auf Verordnungsstufe an den Bundesrat. Im Weiteren ist der Bundesrat ermächtigt, die Angabe der Identifikationsnummer nebst der Firma auf Briefen, Bestellscheinen und Rechnungen zu verlangen. Von dieser Ermächtigung hat der Bundesrat bisher nicht Gebrauch gemacht (vgl. demgegenüber im Recht der Europäischen Union, Richtlinien 68/151/EWG vom 9.3.1968; 2003/58/EG vom 15.7.2003).

Art. 937

V. Änderungen	Ist eine Tatsache im Handelsregister eingetragen, so muss auch jede Änderung dieser Tatsache eingetragen werden.
V. Modifications	Toute modification de faits inscrits sur le registre du commerce doit également être inscrite.
V. Modificazioni	Ogni modificazione dei fatti iscritti nel registro di commercio deve pure essere iscritta.

Literatur

BÜHLER, Amtspraxis zum Handelsregisterrecht in den Jahren 1990/91, SZW 1992, 86 f.; GAUCH, Von der Eintragung im Handelsregister, ihren Wirkungen und der negativen Publizitätswirkung, SAG 1976, 139 ff. (zit. Eintragung); RUTSCHI, Vorsorgliche Massnahmen zum Schutz schweizerischer Unternehmen im Falle von internationalen Konflikten, JBHReg 1993, 106 ff.; SCHAUB, Revision partielle de l'ordonnance sur le registre du commerce, SZW 1990, 48 ff.; VOGT, Transfer of Corporate Domicile, 14 Comparative Law Yearbook of International Business 1992, 85 ff.

I. Allgemeiner Normzweck

Die im Handelsregister zugänglich gemachten Daten müssen **aktuell** sein. Ist eine Tatsache im Handelsregister eingetragen, so muss *jede Änderung dieser Tatsache* zu einer Veränderung der eingetragenen Daten führen (Art. 27 HRegV). Die Eintragung der Änderungen hat aufgrund einer Anmeldung oder von Amtes wegen zu erfolgen. 1

II. Geltungsbereich

Adressaten der Bestimmung sind die *anmeldungspflichtigen Personen* (s. die Auflistung in BK-HIS, Art. 932 N 44 ff.) und die *Handelsregisterführer.* Diejenigen Personen oder Organe, die zur Neueintragung einer Tatsache verpflichtet waren (Art. 17 HRegV), haben auch die Änderungen anzumelden. Wer dies absichtlich oder fahrlässig unterlässt, haftet für den dadurch entstehenden Schaden (Art. 942). Im Gesetz und in der HRegV ist für die **Pflicht zur Anmeldung der Änderung** keine allgemeine Frist vorgesehen; die Anmeldungen haben jedoch *ohne Verzug* zu erfolgen, denn nur aktuelle Registerinformationen dienen dem Geschäftsverkehr. Die Anmeldungspflichtigen haben auch die von einer Verwaltungsbehörde oder vom Richter verfügten Einschränkungen oder Änderungen in der Geschäftsführung oder Vertretung von Firmen anzumelden, sofern nicht die Verfügung den Registerführer zur unmittelbaren Eintragung anweist (Art. 27 HRegV). Die Registerführer ihrerseits haben die Eintragungen festzustellen, die nicht mehr mit den Tatsachen übereinstimmen (Art. 152 Abs. 1 lit. b HRegV). Zu diesem Zwecke sind die *Gerichte, die Gemeinde- und Bezirksbehörden* verpflichtet, dem Registerführer von den die Änderungspflicht begründenden Tatsachen Mitteilung zu machen (Art. 157 Abs. 4 HRegV). Das in Art. 152 Abs. 6 HRegV vorgesehene amtliche Eintragungsverfahren auf *Anzeige Dritter* gilt auch für die Änderung von Tatsachen (s.a. Art. 27 HRegV). 2

Die Pflicht, Änderungen den Registerbehörden anzumelden, gilt **für alle eingetragenen Tatsachen,** also für die eintragungspflichtigen und die eintragungsfähigen Tatsachen, gleichgültig, ob die Eintragung aufgrund privater Anmeldung oder von Amtes wegen erfolgte. Anzumelden sind nicht nur Änderungen publizierter Tatsachen, sondern auch Veränderungen betr. die beim Handelsregister hinterlegten *Belege* (Statuten, Regle- 3 mente, Stiftungsurkunden, Mitgliederlisten, etc.); die Belege sind zwar nicht im technischen Sinn eingetragen, aber sie gehören ebenfalls zum registrierten (bzw. archivierten), der Öffentlichkeit zugänglichen Datenbestand des Registers. Wird von einer Statutenrevision keine publikationspflichtige Tatsache betroffen, so wird in der Eintragung das Datum des GV-Beschlusses angegeben und im Übrigen erwähnt, dass die publikationspflichtigen Tatsachen keine Änderung erfahren haben.

4   **Besondere Vorschriften** gelten für die Nachführung der hinterlegten Listen persönlich haftender oder nachschusspflichtiger Vereins- oder Genossenschaftsmitglieder (Art. 88 Abs. 1, Art. 90 Abs. 1 lit. f HRegV), für Meldungen über den Bestand der Beteiligungen an einer GmbH (Art. 73 Abs. 1 lit. i, Art. 82 HRegV), und für den Fall, dass einem Mitglied der Verwaltung einer Kommanditaktiengesellschaft die Geschäftsführung entzogen wird (Art. 69 Abs. 2 HRegV).

III. Anmeldung und Eintragung der Änderung

5   **Änderungen** sind registertechnisch grundsätzlich *wie neue Eintragungen* zu behandeln (Art. 27 HRegV). Beruhen die zu ändernden Tatsachen auf Beschlüssen oder Wahlen von Organen juristischer Personen, so ist, sofern das Gesetz nicht eine öffentliche Urkunde vorschreibt (wie z.B. für Statutenänderungen der AG; Art. 647), das vollständige Protokoll mit Originalunterschriften oder ein von einer Urkundsperson zu beglaubigender Protokollauszug als *Beleg* einzureichen (Art. 23 HRegV), oder aber die Anmeldung ist von allen Mitgliedern des Organs *unterzeichnen* zu lassen (Art. 23 Abs. 3 HRegV). Für die erforderlichen **Unterschriften** gelten *Erleichterungen:* Die einer späteren Anmeldung beigefügten Unterschriften brauchen nicht ein zweites Mal beglaubigt zu werden (Art. 18 Abs. 2 HRegV); die Änderung der Geschäftsadresse (bei gleich bleibendem Sitz) kann jede im Handelsregister eingetragene unterschriftsberechtigte Person anmelden; Änderungen persönlicher Daten (Namen, Wohnort, Heimatort, Staatsangehörigkeit) können die eingetragenen Personen selbst anmelden (Art. 17 Abs. 2 lit. b HRegV):

6   Die HRegV enthält Listen für die *Belege,* die mit der Anmeldung bei einer ordentlichen (Art. 46 HRegV), genehmigten (Art. 49 Abs. 1 HRegV) oder bedingten **Kapitalerhöhung** einer AG (Art. 51 Abs. 1 HRegV), bei der **nachträglichen Liberierung** des Aktienkapitals (Art. 54 Abs. 1 HRegV), bei der **Kapitalherabsetzung** (Art. 55–57 HRegV), bei der **Fusion, Spaltung, Umwandlung** und **Vermögensübertragung** von Gesellschaften (Art. 131, 134, 136, 138 HRegV) einzureichen sind.

7   Die **Sitzverlegung** wird registertechnisch nicht als Änderung, sondern als Neueintragung am neuen Sitz und Löschung am alten Sitz behandelt, sofern die Sitzverlegung in einen anderen Registerbezirk erfolgt (Art. 123 Abs. 1 HRegV). Die Identifikationsnummer bleibt unverändert (Art. 936a Abs. 2). Speziell geregelt ist die *Sitzverlegung vom Ausland in die Schweiz* und von der *Schweiz ins Ausland* (Art. 126, 127 HRegV; Art. 161–164 IPRG) sowie die vorübergehende Sitzverlegung ins Ausland im Falle von internationalen Konflikten (BB betr. vorsorgliche Schutzmassnahmen für juristische Personen, Personengesellschaften und Einzelfirmen vom 12.4.1957 [SR 531.54]; s. RUTSCHI, 106 ff.; VOGT, 91 ff.).

Art. 938

VI. Löschung **1. Pflicht zur Löschung**	Wenn ein im Handelsregister eingetragenes Gewerbe zu bestehen aufhört oder auf eine andere Person übergeht, so sind die bisherigen Inhaber oder deren Erben verpflichtet, die Eintragung löschen zu lassen.
VI. Radiation 1. Devoir de requérir la radiation	Lorsqu'une industrie inscrite dans le registre du commerce cesse d'exister ou est cédée à un tiers, sa radiation du registre du commerce doit être requise par les anciens titulaires ou leurs héritiers.
VI. Cancellazione 1. Obbligo di cancellazione	Qualora un'impresa iscritta nel registro di commercio cessi di esistere o sia continuata da un terzo, i precedenti titolari o i loro eredi devono far cancellare l'iscrizione.

Literatur

BESSENICH, Der Widerruf der Auflösung der Aktiengesellschaft von Amtes wegen gemäss Art. 86 Abs. 3 HregV, JBHReg 1994, 129 ff.; BÜHLER, Öffentliche Urkunden des Aktienrechts als Handelsregisterbelege, ZBGR 1982, 321 ff.; DERS., Amtspraxis zum Handelsregisterrecht im Jahre 1989, SZW 1990, 244 f.; CALDERAN, Die Wiedereintragung einer gelöschten Aktiengesellschaft, JBHReg 1992, 45 ff.; GAMPER, Ausscheiden aus der Verwaltung einer juristischen Person, JBHReg 1992, 31; GAUCH, Von der Eintragung im Handelsregister, ihren Wirkungen und der negativen Publizitätswirkung, SAG 1976, 139 ff. (zit. Eintragung); TH. KOCH, Zwangsauflösung einer altrechtlichen Aktiengesellschaft wegen Nichtanpassung an das neue Aktienrecht, JBHReg 1997, 35 ff.; KROUG, Arrêts du Tribunal fédéral non publiés en matière du registre du commerce, 1971–1982, SAG 1983, 176 ff.; KUNZ, Löschung und Wiedereintragung von Handelsgesellschaften im Handelsregister, 1942; SCHAUB, La radiation des «administrateurs» au registre du commerce, ST 1982, 20; DERS., Pour la radiation des administrateurs: une disposition superflue, SJZ 1987, 116 ff.; DERS., Revision partielle de l'ordonnance sur le registre du commerce, SZW 1990, 48 ff.; WETTENSCHWILER, Die stille Liquidation der AG, Diss. Zürich 1982 (SSHW 68); BGE 132 III 731, Wiedereintragung einer Gesellschaft in das Handelsregister, REPRAX 3/06, 49 ff.

I. Begriff und Wirkung der Löschung

Die **Löschung** ist der formelle Verwaltungsakt, mit dem der Registerführer eingetragene Daten streicht. Mit der Löschung enden die Registerwirkungen (Publizitätswirkungen, beweisverstärkende Wirkung) der gelöschten Daten endgültig und unwiderruflich (BK-HIS, N 3, 7; GAUCH, Eintragung, 147 f.); eine gelöschte Rechtseinheit kann jedoch wieder eingetragen werden (N 12). Die Löschung bewirkt die Vermutung, dass der eingetragene Sachverhalt (Firma, Geschäft, Vertretungsverhältnis etc.) zu bestehen aufgehört hat (Art. 933 Abs. 2). Durch die Löschungs-Eintragung entfallen die Rechtsfolgen, welche die bisherige Eintragung kraft konstitutiver Wirkung hervorgebracht hat. Kapitalgesellschaften verlieren ihre Rechtspersönlichkeit mit der Löschung ihrer Eintragung (BGE 73 III 62) oder schon vor der Löschung, wenn die Liquidation vollständig durchgeführt wurde (GAUCH, Eintragung, 147 FN 40 m.w.Nw.). In den Fällen der Auflösung ohne Liquidation (Fusion, Art. 3 ff. FusG; Aufspaltung, Art. 29 lit. a FusG) tritt der Verlust der Rechtspersönlichkeit mit der Eintragung der Auflösung im Handelsregister ein (BGE 108 Ib 454; Art. 21 Abs. 3, Art. 51 Abs. 3 FusG). Registertechnisch hat die Löschung einen entsprechenden Tagesregistereintrag, die Publikation der Löschung im SHAB und die **Streichung** im Hauptregister zur Folge. Die «gelöschten» Daten werden im Hauptregister durchgestrichen und bleiben weiterhin lesbar (s. Art. 9 Abs. 3 HRegV). Mit der Streichung im Hauptregister ist die Löschungs-Eintragung technisch beendet. Der Zeitpunkt, in dem die Registerwirkungen enden, bestimmt sich jedoch nach

Art. 932. Bei der Löschung einer Firma ist der Löschungsgrund (z.B. Fusion, Wegzug, Tod) und die Tatsache der Löschung anzugeben (vgl. 39 Abs. 3, Art. 42 Abs. 5, Art. 65 Abs. 3 etc. HRegV).

2 Die HRegV enthält rechtsformspezifische Vorschriften zur Löschung. Mit der Anmeldung der Löschung einer Aktiengesellschaft müssen die Liquidatoren den Nachweis erbringen, dass die Aufforderungen an die Gläubiger im SHAB nach Massgabe des Gesetzes durchgeführt wurde (Art. 65 Abs. 1 HRegV). Wird die Löschung einer Aktiengesellschaft im Handelsregister angemeldet, so macht das Handelsregisteramt den Steuerbehörden des Bundes und des Kantons Mitteilung. Die Löschung darf erst vorgenommen werden, wenn ihr diese Behörden der Löschung zugestimmt haben (Art. 65 Abs. 2 HRegV). Diese Regel gilt für weitere juristische Personen.

3 Die Löschung einer Gesellschaft ist von der **Auflösung** zu unterscheiden. Die Auflösung ist registertechnisch eine *Änderung* (Art. 937 N 7). Mit der Auflösung tritt die Gesellschaft in Liquidation, unter Vorbehalt der Fälle der Auflösung ohne Liquidation (Fusion, Aufspaltung, Umwandlung in eine andere Rechtsform). Bei der Auflösung mit Liquidation tritt an die Stelle des bisherigen Zwecks der Liquidationszweck und die Firma erhält den Zusatz «in Liquidation». Der Auflösungsbeschluss führt jedoch nicht zur Löschung des Eintrages. Die Löschung im Handelsregister erfolgt erst nach Beendigung der Liquidation (vgl. auch BGer v. 28.11.2005, 4A.2/2005 m.w.H.). Die HRegV enthält rechtsformspezifische Vorschriften, wie die Auflösung anzumelden und im Handelsregister einzutragen ist.

II. Pflicht zur Anmeldung der Löschung

4 Die **Pflicht zur Anmeldung der Löschung** ist in einer Vielzahl von Vorschriften geregelt. Artikel 938 umschreibt bloss die Anmeldungspflicht für die Löschung eines eingetragenen Gewerbes (Einzelunternehmen). Die Bestimmung enthält im Kern eine *allgemeine Regel*, gilt aber systematisch ausgelegt nur für Einzelunternehmen, denn für die anderen Rechtseinheiten ist die Löschungspflicht in speziellen rechtsformspezifischen Vorschriften geregelt.

5 Bei den *Gesellschaften* des OR haben die **Liquidatoren** nach erfolgter Liquidation die Löschung der Firma im Handelsregister anzumelden: Kollektivgesellschaft (Art. 589), Kommanditgesellschaft (Art. 42 HRegV; Art. 619 Abs. 1), AG (Art. 65 HRegV; Art. 746), Kommanditaktiengesellschaft (Art. 764 Abs. 2), GmbH (Art. 83 HRegV; Art. 823) und Genossenschaft (Art. 89 HRegV; Art. 913). Beim Verein ist der Vorstand oder der Richter anmeldungspflichtig (Art. 93 HRegV; Art. 79 ZGB). Die Löschung einer aufgehobenen *Stiftung* erfolgt auf Mitteilung der zuständigen Behörde oder des Richters von Amtes wegen (Art. 89 Abs. 2 ZGB, Art. 97 Abs. 2 HRegV). Die zur Anmeldung verpflichteten Personen haben auch die Löschung einer *Zweigniederlassung* anzumelden, wenn deren Geschäftsbetrieb aufgehört hat (Art. 112 Abs. 1, Art. 115 HRegV).

6 Die **Löschung von Einzelunternehmen** ist von den *bisherigen Inhabern oder deren Erben* anzumelden, wenn das Geschäft zu bestehen aufhört oder auf eine andere Person übergeht (Art. 39 HRegV). Der Registerführer kann sich im Falle des Todes des Inhabers eines Einzelunternehmens zur Löschung mit der Anmeldung eines einzigen Erben begnügen, wenn der Geschäftsbetrieb aufgehört hat (Art. 39 Abs. 2 HRegV). Anstelle der Erben können auch die Willensvollstrecker oder Erbschaftsliquidatoren anmelden (Art. 17 Abs. 3 HRegV). Die Einstellung der Geschäftstätigkeit muss endgültig, nicht

bloss vorübergehend sein (BK-HIS, N 40). Wird die Geschäftstätigkeit nach dem Tod des Inhabers eines Einzelunternehmens weitergeführt und sind die Voraussetzungen von Art. 36 Abs. 1 HRegV erfüllt, so ist die neue Inhaberin oder der neue Inhaber zur Anmeldung des Unternehmens verpflichtet. Das Einzelunternehmen erhält eine neue Identifikationsnummer (Art. 39 Abs. 2 HRegV).

III. Löschung von Amtes wegen (Zwangseintragungsverfahren)

Die **Löschung von Amtes wegen** ist in Art. 938a OR geregelt. 7

Zur **Löschung im Konkursverfahren** s. Art. 939 N 8. 8

IV. Löschung von Rechtseinheiten nach FusG (Fusion und Aufspaltung)

Sofern sich bei Fusionen nicht alle an der **Fusion** beteiligten Gesellschaften im selben Registerbezirk befinden, ist das Handelsregisteramt am Ort der übernehmenden Gesellschaft für die Prüfung sämtlicher Belege zuständig. Es informiert das Handelsregisteramt der übernehmenden Gesellschaft die Handelsregisterämter am Sitz der übertragenden Gesellschaften über die vorzunehmende Eintragung und übermittelt ihnen die sie betreffenden Anmeldungen. Die übertragende Gesellschaft wird mit der Eintragung der Fusion im Handelsregister gelöscht (Art. 3 Abs. 2 und 21 Abs. 3 FusG). Die Löschung der übertragenden Gesellschaften ist ohne weitere Prüfung einzutragen (Art. 130 Abs. 2 HRegV). Bei der übertragenden Rechtseinheit werden Firma oder Name, der Sitz sowie die Identifikationsnummer der an der Fusion beteiligten Rechtseinheiten eingetragen, sowie die Tatsache, dass die übertragene Rechtseinheit infolge Fusion gelöscht wird (Art. 132 HRegV). Sämtliche Belege und elektronische Daten zu den Eintragungen der übertragenden Rechtseinheiten sind nach deren Löschung an das Handelsregisteramt am Sitz der übernehmenden Rechtseinheit zu übermitteln und zu den Akten der übernehmenden Rechtseinheit zu nehmen (Art. 130 Abs. 3 HRegV). 9

Teilt eine Gesellschaft ihr ganzes Vermögen auf und überträgt dieses auf andere Gesellschaften **(Aufspaltung),** wird die übertragende Gesellschaft aufgelöst und im Handelsregister gelöscht (Art. 29 Abs. 1 lit. a und Art. 51 Abs. 3 FusG). Im Fall einer Aufspaltung müssen bei der übertragenden Gesellschaft die Firma, der Sitz sowie die Identifikationsnummer aller an der Aufspaltung beteiligten Gesellschaften sowie die Tatsache, dass die Gesellschaft infolge Aufspaltung gelöscht wird (Art. 51 Abs. 3 FusG) ins Handelsregister eingetragen werden (Art. 135 Abs. 2 HRegV). 10

V. Ausscheiden von eintragungspflichtigen Personen

Das Ausscheiden von eintragungspflichtigen Personen ist in Art. Art. 938b geregelt. 11

VI. Wiedereintragung

Auf Antrag kann der Zivilrichter die Wiedereintragung einer gelöschten Rechtseinheit ins Handelsregister anordnen, sofern glaubhaft gemacht wird, dass: (a) nach Abschluss der Liquidation der gelöschten Rechtseinheit Aktiven vorliegen, die noch nicht verwertet worden sind; (b) die gelöschte Rechtseinheit in einem Gerichtsverfahren als Partei teilnimmt; (c) die Wiedereintragung der gelöschten Rechtseinheit für die Bereinigung eines öffentlichen Registers erforderlich ist; oder (d) die Wiedereintragung für die Beendigung des Konkursverfahrens der gelöschten Rechtseinheit erforderlich ist (vgl. 12

Art. 164 Abs. 1 HRegV). Bei vorzeitiger Löschung kann ein Gläubiger die **Wiedereintragung** erwirken, der neben seiner Forderung auch Verantwortlichkeitsansprüche geltend machen will (BGE 110 II 396). Wenn der Inhaber einer Einzelfirma (heute: Einzelunternehmen) in Konkurs geraten ist und gegen ihn Verlustscheine bestehen, befreit ihn das nicht von der Pflicht zur Wiedereintragung im Handelsregister, wenn er ein neues Geschäft betreibt (BGE 102 Ib 14 = Pra 1976, 315). *Zweigniederlassungen,* deren Geschäftsbetrieb aufgehört hat, können nicht wiedereingetragen werden, auch wenn Verbindlichkeiten aus dem Geschäftsbetrieb der gelöschten Zweigniederlassung geltend gemacht werden (BGE 98 Ib 103 = Pra 1972, 516).

13 Zum Antrag ist berechtigt, wer ein schutzwürdiges Interesse an der Wiedereintragung der gelöschten Rechtseinheit hat (Art. 164 Abs. 2 HRegV). Ein Interesse an der Wiedereintragung ist immer dann gegeben, wenn der Gläubiger einer nach ihrem Konkurs gelöschten Gesellschaft eine Schadenersatzforderung der gelöschten Gesellschaft gegen ihre Organe glaubhaft macht. Die Wiedereintragung ermöglicht dadurch dem Gläubiger von der Gläubigergemeinschaft die Abtretung der Gesellschaftsforderung auf Schadenersatz zu verlangen (BGE 132 III 734; vgl. auch 4A.3/1993 E. 1b). Ein schutzwürdiges Interesse hat auch der Pfandgläubiger, der gegen die schuldnerische Gesellschaft eine Pfandverwertung anstrengen will (BGE 67 I 119).

14 Das Handelsregisteramt nimmt die Wiedereintragung auf Anordnung des Gerichts vor. Die Wiedereintragung bewirkt ein Wiederaufleben der Rechtspersönlichkeit (BGE 73 III 62; s. GAUCH, Eintragung, 147 FN 40 m.w.Nw.). Die Rechtseinheit wird als «in Liquidation» befindlich eingetragen. Weiter muss der Liquidator und die Liquidationsadresse angegeben werden (Art. 164 Abs. 4 HRegV). Entfällt der Grund für die Wiedereintragung, so muss der Liquidator die Löschung der Rechtseinheit beim Handelsregisteramt zur Eintragung anmelden (Art. 164 Abs. 5 HRegV).

Art. 938a

2. Löschung von Amtes wegen	¹ Weist eine Gesellschaft keine Geschäftstätigkeit mehr auf und hat sie keine verwertbaren Aktiven mehr, so kann sie der Handelsregisterführer nach dreimaligem ergebnislosem Rechnungsruf im Handelsregister löschen. ² Macht ein Gesellschafter beziehungsweise ein Aktionär oder Genossenschafter oder ein Gläubiger ein Interesse an der Aufrechterhaltung der Eintragung geltend, so entscheidet der Richter. ³ Der Bundesrat regelt die Einzelheiten.
2. Radiation d'office	¹ Lorsqu'une société n'exerce plus d'activités et n'a plus d'actifs réalisables, le préposé au registre du commerce peut la radier du registre du commerce après une triple sommation publique demeurée sans résultat. ² Lorsqu'un associé ou un actionnaire, ou encore un créancier, fait valoir un intérêt au maintien de l'inscription, le juge tranche. ³ Le Conseil fédéral règle les modalités.
2. Cancellazione d'ufficio	¹ Se una società non esercita più alcuna attività e non ha più attivi realizzabili, l'ufficiale del registro di commercio può cancellarla dal registro di commercio dopo tre grida successive rimaste infruttuose.

² Se un socio, un azionista o un creditore fa valere un interesse al mantenimento dell'iscrizione, decide il giudice.
³ Il Consiglio federale disciplina i dettagli.

Literatur

Vgl. die Literaturhinweise zu Art. 938 sowie KÄCH, GmbH-Revision und weitere Änderungen des Gesellschafts- und Handelsregisterrechts, ZBGR 89 (2008), 1–29.

Gesellschaften, die ihre Geschäftstätigkeit eingestellt haben und die faktisch liquidiert wurden, versäumen es in der Praxis oftmals, sich im Handelsregister löschen zu lassen. Die Handelsregisterverordnung sah daher in Art. 89 aHRegV die Möglichkeit der Löschung von Amtes wegen vor. Die von Amtes wegen vorzunehmende Löschung einer Gesellschaft mangels verwertbarer Aktiven wird aufgrund der materiellrechtlichen Bedeutung neu auf **Gesetzesstufe** geregelt und in der Handelsregisterverordnung konkretisiert (vgl. Abs. 3 und Art. 155 HRegV). 1

Der Wortlaut in Art. 155 HRegV weicht in Bezug auf den sachlichen Anwendungsbereich von Art. 938a Abs. 1 OR ab. In Art. 938a Abs. 1 ist von Gesellschaft die Rede, während Art. 155 HRegV trotz anderslautendem Titel von **Rechtseinheit** spricht. Art. 155 HRegV ist gemäss Wortlaut auf alle Rechtseinheiten gemäss Art. 2 Abs. 1 lit. a HRegV anwendbar. 2

Eine Löschung von Amtes wegen setzt voraus, dass die Gesellschaft **keine Geschäftstätigkeit** mehr aufweist, d.h. ihre Geschäftstätigkeit vollumfänglich eingestellt hat, und bzw. *oder* (so der abweichende Wortlaut von Art. 155 Abs. 1 HRegV in Abweichung zu Art. 938a Abs. 1) über **keine verwertbaren Aktiven** mehr verfügt. Auszugehen ist vom Wortlaut des OR (Legalitätsprinzip). Der Bundesrat ist gemäss Art. 938a Abs. 3 ermächtigt, die Einzelheiten zu regeln, nicht jedoch die Voraussetzungen für einen staatlichen Eingriff in die Organisationsfreiheit von Rechtseinheiten zu erweitern. Aus diesem Grund ist zu fordern, dass. die beiden Voraussetzungen kumulativ vorliegen müssen (so auch CHK-VOGEL, Art. 938a OR N 3). Das Handelsregisteramt fordert die zur Anmeldung verpflichteten Personen mit eingeschriebenem Brief auf, innert 30 Tagen die Löschung anzumelden oder mitzuteilen, dass die Eintragung aufrecht erhalten bleiben soll (Art. 155 Abs. 1 HRegV). Wird innerhalb dieser Frist keine Mitteilung eingereicht oder werden keine Gründe für die Aufrechterhaltung der Eintragung geltend gemacht, so veranlasst das Handelsregisteramt einen **dreimaligen Rechnungsruf** (s. Art. 745 Abs. 3 «Schuldenruf») im SHAB, in dem Gesellschafter und Gläubiger aufgefordert werden, innert 30 Tagen ein begründetes Interesse an der Aufrechterhaltung der Eintragung der Rechtseinheit schriftlich mitzuteilen (Art. 155 Abs. 2 HRegV). Bleibt der dreimalige Rechnungsruf ergebnislos, so löscht das Handelsregisteramt die Rechtseinheit im Handelsregister (Art. 938a Abs. 1 OR; Art. 155 Abs. 3 HRegV). 3

Teilt zumindest ein **Mitglied des obersten Leitungs- oder Verwaltungsorgans** mit, dass die Eintragung aufrecht erhalten bleiben soll, erfolgt weder eine Aufforderung an die Gesellschafter und Gläubiger im SHAB noch wird die Angelegenheit dem Gericht überwiesen. Vielmehr schreibt das Handelsregisteramt das Verfahren ab (KÄCH, 18). 4

Falls eine **Gläubigerin**, ein **Gläubiger** oder eine **an der Gesellschaft beteiligte Person** ein Interesse an der Aufrechterhaltung der Eintragung geltend macht (etwa durch Anmeldung einer Forderung aufgrund des Rechnungsrufs), überweist das Handelsregister die Angelegenheit dem **Zivilgericht** zum Entscheid über die Löschung (Abs. 2). Der 5

Art. 938b

Handelsregisterführer darf in diesem Fall die Löschung nicht verfügen, und zwar auch dann, wenn klar ist, dass die Gesellschaft völlig vermögenslos ist (CHK-VOGEL, Art. 938a OR N 5). Für die Aufrechterhaltung hat der Gläubiger mehr geltend zu machen als bloss den Bestand einer Forderung, nämlich ein Interesse an der Beibehaltung der Gesellschaft. Diesbezüglich kann die Rechtsprechung zur Frage der Wiedereintragung analog herangezogen werden (vgl. BGE 132 III 731 E. 3.2). Dem Handelsregisteramt werden keine Kostenvorschüsse und keine Verfahrenskosten auferlegt. Ordnet das Gericht die Löschung an, reicht es dem Handelsregisteramt das vollstreckbare Urteil oder die vollstreckbare Verfügung ein (vgl. Art. 19 Abs. 1 HRegV). Das Handelsregisteramt nimmt die Eintragung der Löschung unverzüglich vor (Art. 19 Abs. 2 HRegV).

6   Das Handelsregisteramt kann für Aufforderungen gemäss Art. 155 HRegV **Gebühren** erheben (Art. 12 VO über die Gebühren für das Handelsregister in der Fassung vom 1.1.2008, SR 221 411.1).

Art. 938b

3. Organe und Vertretungsbefugnisse

¹ Scheiden im Handelsregister als Organ eingetragene Personen aus ihrem Amt aus, so muss die betroffene juristische Person unverzüglich deren Löschung verlangen.

² Die ausgeschiedenen Personen können ihre Löschung auch selbst anmelden. Der Registerführer teilt der juristischen Person die Löschung unverzüglich mit.

³ Diese Vorschriften sind für die Löschung eingetragener Zeichnungsberechtigter ebenfalls anwendbar.

3. Organes et pouvoirs de représentation

¹ Lorsque des personnes inscrites au registre du commerce en tant qu'organe cessent l'exercice de leurs fonctions, la personne morale concernée requiert sans retard leur radiation.

² Les personnes qui quittent leurs fonctions peuvent aussi requérir elles-mêmes leur radiation. Le préposé au registre du commerce communique sans retard la radiation à la personne morale.

³ Ces dispositions sont également applicables à la radiation des pouvoirs de représentation.

3. Organi e poteri di rappresentanza

¹ Se persone iscritte nel registro di commercio in qualità di organo cessano le loro funzioni, la persona giuridica interessata ne chiede immediatamente la cancellazione.

² La cancellazione può essere chiesta anche dalle persone che cessano le loro funzioni. L'ufficiale del registro di commercio notifica immediatamente la cancellazione alla persona giuridica.

³ Queste disposizioni si applicano anche alla cancellazione di persone iscritte nel registro come persone autorizzate a firmare.

Literatur

Vgl. die Literaturhinweise zu Art. 938 sowie CHAMPEAUX, Bericht über die Tätigkeit der Eidg. Fachkommission für das Handelsregister im Jahre 2001, in: REPRAX 2002 (1), 71; GAMPER, Ausscheiden aus der Verwaltung einer juristischen Person, JBHReg 1992, 30 ff.; GLANZMANN, Die kleine Aktienrechtsrevision, ZBGR 88 (2007) 69–85; KÄCH, GmbH-Revision und weitere Änderungen des Gesellschafts- und Handelsregisterrechts, ZBGR 89 (2008), 1–29; SCHAUB, Revision partielle de l'ordonnance sur le registre du commerce, SZW 1990, 48 ff.

1 Der Gesetzgeber hat die Löschung von Organmitgliedern und Vertretungsbefugnissen in Art. 938b neu geregelt, welcher an die Stelle der uneinheitlichen Vorschriften für die verschiedenen juristischen Personen tritt. Scheiden im Handelsregister als Organ eingetragene Personen aus ihrem Amt aus, so ist es grundsätzlich die **Pflicht der betroffenen juristischen Person,** die eingetragenen Personen **unverzüglich** löschen zu lassen (Abs. 1) und eine entsprechende Anmeldung einzureichen. Die Unterlassung der unverzüglichen Anmeldung ist eine Pflichtverletzung die bei einer allfälligen Schädigung zu Verantwortlichkeitsansprüchen führen kann. Bei einer Verzögerung von mehr als 30 Tagen ist i.d.R. von einem pflichtwidrigen Verhalten auszugehen (CHK-VOGEL, N 2).

2 Weil das Mandat von Organen in jedem Fall zwingend mit ihrer rechtsgenügenden Demission beendet wird, haben sowohl die ausscheidenden Personen als auch Dritte ein grosses Interesse an einer umgehenden Bereinigung des Handelsregistereintrags, da unrichtig gewordene Eintragungen zu Täuschungen führen können (Botschaft zur Änderung des Obligationenrechts [GmbH-Recht sowie Anpassungen im Aktien-, Genossenschafts-, Handelsregister- und Firmenrecht] vom 19.12.2001, BBl 2002 3148, 3239). Danach können sämtliche Organe und Zeichnungsberechtigte beim Austritt aus der Gesellschaft ihre Löschung dem Handelsregister selbst anmelden (Art. 938b Abs. 2; Art. 17 Abs. 2 lit. a HRegV), und zwar unabhängig davon, ob dieses Ausscheiden auf eigene Initiative (Demission, Rücktritt, Ablehnung der Wiederwahl oder auf Initiative der Rechtseinheit (Abwahl, Auslaufen der Amtsdauer ohne Wiederwahl) erfolgt. Neu ist, dass die bisherige Wartefrist von 30 Tagen entfällt. Nimmt eine ausgeschiedene Person ihre Löschung selbst vor, dann hat der Registerführer dies der Gesellschaft unverzüglich mitzuteilen (Abs. 2). Diese Mitteilung erfolgt nach der Eintragung der Löschung. Der Gesellschaft wird keine Möglichkeit geboten, zur beantragten Löschung Stellung zu nehmen.

3 Die Vorschriften über die Regelung der Löschung von Organmitgliedern ist auch für die Löschung von im Handelsregister eingetragenen **Zeichnungsberechtigungen** anwendbar (Abs. 3). Dabei bleibt unbeachtlich, ob es sich um eine Zeichnungsberechtigung für eine juristische Person, eine Personengesellschaft oder ein Einzelunternehmen handelt (BBl 2002, 3239).

4 Die ausgeschiedene Person muss zur Anmeldung der **Löschung** die erforderlichen **Belege** einreichen und die erforderlichen Gebühren bezahlen (Art. 21 Gebührenverordnung). Als Belege genügen: das *GV- oder VR-Protokoll*, in dem das Ausscheiden (Abwahl, Nichtwiederwahl, Demission/Rücktritt) zweifelsfrei festgehalten ist; die Kopie eines *Rücktritts- oder Demissionsschreibens* an die Gesellschaft (bzw. an den Präsidenten); die schriftliche Erklärung der Gesellschaft an den Handelsregisterführer, dass die betreffende Person die Demission gegenüber der Gesellschaft erklärt hat oder dass sie durch das zuständige Wahlorgan abberufen worden ist. Will das einzige Mitglied des VR zurücktreten, so hat es eine GV einzuberufen und gegenüber der GV den Rücktritt zu erklären. Als Beleg genügt in diesem Fall das GV-Protokoll oder, sofern alle Aktionäre und deren Adressen bekannt sind, die Kopien der an die einzelnen Adressen gerichteten Rücktrittsschreiben.

Art. 939

VII. Konkurs von Handelsgesellschaften und Genossenschaften

¹ Ist über eine Handelsgesellschaft oder über eine Genossenschaft der Konkurs eröffnet worden, so hat der Handelsregisterführer nach Empfang der amtlichen Mitteilung des Konkurserkenntnisses die dadurch bewirkte Auflösung der Gesellschaft oder Genossenschaft in das Handelsregister einzutragen.

² **Wird der Konkurs widerrufen, so ist auf die amtliche Mitteilung des Widerrufs hin diese Eintragung im Handelsregister zu löschen.**

³ **Nach Schluss des Konkursverfahrens ist auf die amtliche Mitteilung des Schlusserkenntnisses hin die Gesellschaft oder Genossenschaft im Handelsregister zu löschen.**

VII. Faillite de sociétés commerciales et de sociétés coopératives

¹ Si la faillite d'une société commerciale ou d'une société coopérative a été déclarée, le préposé au registre du commerce doit, au vu de la communication officielle de la déclaration de faillite, inscrire la dissolution qui en résulte.

² En cas de révocation de la faillite, l'inscription doit, au vu de la communication officielle de la révocation, être radiée au registre.

³ Après la clôture de la procédure de faillite, la société est radiée au registre, au vu de la communication officielle de la déclaration de faillite.

VII. Fallimento di società commerciali e di società cooperative

¹ Qualora una società commerciale o una società cooperativa cada in fallimento, l'ufficiale del registro di commercio deve, non appena la dichiarazione di fallimento gli è stata ufficialmente comunicata, iscrivere lo scioglimento della società nel registro di commercio.

² Se il fallimento è revocato, l'iscrizione dello scioglimento deve essere cancellata sulla base della comunicazione della revoca.

³ Chiusa la procedura di fallimento, la società è cancellata nel registro di commercio sulla base della comunicazione ufficiale della chiusura.

Literatur

EHRA, Weisung über die Bildung der Firma im Konkurs vom 8.2.1993, JBHReg 1993, 165; MEISTERHANS, Die Firma im Konkurs der juristischen Personen und der Handelsgesellschaften ohne juristische Persönlichkeit, JBHReg 1993, 95 ff.; SCHAUB, Revision partielle de l'ordonnance sur le registre du commerce, SZW 1990, 48 ff., 53; DERS., Die Eintragungen betreffend den Nachlassvertrag mit Vermögensabtretung, SJK 46; DERS., Die Eintragungen betreffend den Konkurs, SJK 48.

I. Allgemeiner Normzweck

1   Art. 939 regelt für Handelsgesellschaften (AG, Kommanditaktiengesellschaften, GmbH, Kollektiv- und Kommanditgesellschaften) und Genossenschaften die registerlichen Folgen der Konkurseröffnung, des Konkurswiderrufs und des Abschlusses des Konkursverfahrens. Die HRegV regelt in allgemeiner Form die registerliche Behandlung von Konkurs, Nachlassstundung und Vermögensabtreten. *Ergänzende Bestimmungen* finden sich im SchKG (Art. 176, 194 Abs. 2 SchKG).

II. Konkurs

Die **Konkurseröffnung** führt zur Liquidation der Gesellschaft. Im Handelsregister ist 2
deshalb die **Auflösung** (Liquidation) der Handelsgesellschaften und Genossenschaften
einzutragen (Art. 574 Abs. 1, Art. 736 Ziff. 3, Art. 821a Abs. 1, Art. 911 Ziff. 3; BGE 90
II 255).

Der Gemeinschuldner ist nicht verpflichtet, diese Änderung anzumelden, denn nach 3
Art. 176 SchKG hat der **Konkursrichter oder die Konkursbehörde** die Konkurseröffnung dem Handelsregisterführer mitzuteilen (Art. 158 Abs. 1 HRegV). Das Handelsregisteramt muss die entsprechende Eintragung unverzüglich nach Eingang der Meldung des Gerichts oder der Behörde in das Handelsregister eintragen (Art. 158 Abs. 2 HRegV). Die HRegV regelt im Detail den Inhalt der Eintragung der Konkurseröffnung (Art. 159 Abs. 1 HRegV), der Erteilung der aufschiebenden Wirkung oder des Widerrufs des Konkurses (Art. 159 Abs. 2 HRegV), der Einstellung mangels Aktiven (Art. 159 Abs. 3 HRegV) der Wiederaufnahme des Konkursverfahrens (Art. 159 Abs. 4 HRegV) und der Löschung von Amtes wegen (Art. 159 Abs. 5 HRegV).

Freiwillig eingetragene **Vereine** werden mit der Konkurseröffnung sofort, d.h. ohne vor- 4
herige Eintragung der Auflösung, gelöscht (s. Art. 77 ZGB). Für eingetragene eintragungspflichtige Vereine gilt Art. 939 OR und Art. 158–161 HRegV analog.

Fallen Privatpersonen in den Konkurs, die als **Organe** oder **zeichnungsberechtigte** 5
Personen eingetragen sind, so wird dies weder mitgeteilt noch eingetragen.

III. Nachlassstundung

Das Gericht meldet dem Handelsregisteramt die Bewilligung der Nachlassstundung und 6
reicht ihm das Dispositiv seines Entscheides ein (Art. 160 Abs. 1 HRegV). Das Datum der Bewilligung und die Dauer der Nachlassstundung sowie die Personenangaben zum Sachwalter müssen ins Handelsregister eingetragen werden (Art. 160 Abs. 3 lit. a und b HRegV). Wird der Nachlassvertrag abgelehnt oder die Nachlassstundung widerrufen (Art. 295 Abs. 5, 298 Abs. 3 SchKG), so muss diese Tatsache ins Handelsregister eingetragen werden (Art. 160 Abs. 4 HRegV).

IV. Nachlassverträge

Kommt ein **Nachlassvertrag mit Vermögensabtretung** zustande, so meldet das Ge- 7
richt dem Handelsregisteramt die Bestätigung des Nachlassvertrages mit Vermögensabtretung (Art. 308 SchKG) und reicht folgende Belege ein: (a) Kopie des Nachlassvertrages und (b) das Dispositiv des Urteils (Art. 161 Abs. 1 HRegV). Das Handelsregisteramt nimmt die Eintragung unverzüglich nach Eingang der Meldung vor (Art. 161 Abs. 2 HRegV) und trägt das Datum der Bestätigung des Nachlassvertrages, die Firma beziehungsweise den Namen mit dem Zusatz «in Nachlassliquidation» und die Liquidatoren ein und löscht die bisherigen Zeichnungsberechtigungen (Art. 319 Abs. 2 SchKG, Art. 161 Abs. 3 lit. b HRegV). Wird die Liquidation beendet, hat der Liquidator die Löschung der Rechtseinheit anzumelden (Art. 161 Abs. 4 HRegV). Nachlassverträge *ohne* Vermögensabtretung (z.B. Prozentvergleiche) werden nicht eingetragen (BK-HIS, N 15).

V. Widerruf des Konkurses

Wird der Konkurs widerrufen (Art. 195 SchKG), so trägt der Registerführer folgende 8
Angaben im Handelsregister ein: (a) die Tatsache, dass der Konkurs widerrufen wurde;

(b) das Datum der Verfügung; (c) bei Personengesellschaften und juristischen Personen die ursprüngliche Firma bzw. den ursprünglichen Namen ohne Liquidationszusatz (Art. 159 Abs. 2 HRegV). Mit dem Konkurswiderruf wird der Schuldner wieder in die Verfügung über sein Vermögen eingesetzt. Eine AG, die sich seit mehreren Jahren im Konkurs befunden hat, sich jedoch um die Abfindung sämtlicher Gläubiger bemüht und den Konkurswiderruf erreicht hat, kann in der Lage sein, ihren Geschäftsbetrieb weiterzuführen. Eine kurz nach *Widerruf* ergangene Aufforderung des Handelsregisteramtes, das tatsächliche Weiterbestehen der Gesellschaft innert zehn Tagen nachzuweisen, ist nicht angemessen (BGE 63 I 63; Art. 195 Abs. 1 SchKG).

VI. Löschung

9   Eine Rechtseinheit wird von Amtes wegen gelöscht, wenn bei der Einstellung des Konkursverfahrens mangels Aktiven innert drei Monaten nach der Publikation der Eintragung gemäss Art. 159 Abs. 3 HRegV kein begründeter Einspruch erhoben wurde und – im Falle eines Einzelunternehmens – der Geschäftsbetrieb aufgehört hat (Art. 159 Abs. 5 lit. a HRegV). Eine Rechtseinheit wird zudem von Amtes wegen gelöscht, wenn das Konkursverfahren durch Entscheid des Gerichts abgeschlossen wurde (Art. 159 Abs. 5 lit. b HRegV). Der blosse Verdacht eines unzulässigen Mantelverkaufs vermag die **Löschung** nicht zu rechtfertigen (BGE 80 I 60).

VII. Einstellung mangels Aktiven

10   Wird das **Konkursverfahren mangels Aktiven eingestellt** (Art. 230 SchKG), so hat dies der Registerführer auf richterliche oder behördliche Mitteilung hin einzutragen (Art. 159 Abs. 3 HRegV). Bei Gesellschaften erfolgt die Löschung der Gesellschaft, wenn nicht innert drei Monaten nach der Publikation der Einstellung gegen die Löschung begründeter Einspruch erhoben wird (Art. 159 Abs. 5 lit. a HRegV; vgl. BGE 90 II 256). Ist der Einspruch berechtigt, so ist die Firma mit dem Zusatz «in Liquidation» von Amtes wegen einzutragen. Nach durchgeführter Liquidation und Abschluss des Konkursverfahrens ist die Löschung unter allen Umständen vorzunehmen (Art. 159 Abs. 6 HRegV). Eine Einzelfirma, deren Konkurs mangels Aktiven eingestellt und geschlossen wird, ist im Handelsregister nicht zu löschen, wenn das Geschäft weiter betrieben wird (Art. 159 Abs. 5 lit. a HRegV; BGE 67 I 255).

VIII. Wiedereintragung

11   Auf Antrag kann der Zivilrichter die Wiedereintragung einer gelöschten Rechtseinheit ins Handelsregister anordnen, sofern glaubhaft gemacht wird, dass: (a) nach Abschluss der Liquidation der gelöschten Rechtseinheit Aktiven vorliegen, die noch nicht verwertet worden sind; (b) die gelöschte Rechtseinheit in einem Gerichtsverfahren als Partei teilnimmt; (c) die Wiedereintragung der gelöschten Rechtseinheit für die Bereinigung eines öffentlichen Registers erforderlich ist; oder (d) die Wiedereintragung für die Beendigung des Konkursverfahrens der gelöschten Rechtseinheit erforderlich ist (vgl. Art. 164 Abs. 1 HRegV). Bei vorzeitiger Löschung kann ein Gläubiger die Wiedereintragung erwirken, der neben seiner Forderung auch Verantwortlichkeitsansprüche geltend machen will (BGE 110 II 396). Wenn der Inhaber einer Einzelfirma (heute: Einzelunternehmen) in Konkurs geraten ist und gegen ihn Verlustscheine bestehen, befreit ihn das nicht von der Pflicht zur **Wiedereintragung** im Handelsregister, wenn er ein neues Geschäft betreibt (BGE 102 Ib 14 = Pra 1976, 315).

4. Abteilung: Handelsregister, Geschäftsfirmen   **Art. 940**

Zum Antrag ist berechtigt, wer ein schutzwürdiges Interesse an der Wiedereintragung der gelöschten Rechtseinheit hat (Art. 164 Abs. 2 HRegV). Ein Interesse an der Wiedereintragung ist immer dann gegeben, wenn der Gläubiger einer nach ihrem Konkurs gelöschten Gesellschaft eine Schadenersatzforderung der gelöschten Gesellschaft gegen ihre Organe glaubhaft macht. Die Wiedereintragung ermöglicht dadurch dem Gläubiger von der Gläubigergemeinschaft die Abtretung der Gesellschaftsforderung auf Schadenersatz zu verlangen (BGE 132 III 734; vgl. auch 4A.3/1993 E. 1b). Ein schutzwürdiges Interesse hat auch der Pfandgläubiger, der gegen die schuldnerische Gesellschaft eine Pfandverwertung anstrengen will (BGE 67 I 119).   12

Das Handelsregisteramt nimmt die Wiedereintragung auf Anordnung des Gerichts vor. Die Rechtseinheit wird als in Liquidation befindlich eingetragen. Weiter muss der Liquidator und die Liquidationsadresse angegeben werden (Art. 164 Abs. 4 HRegV).   13

Entfällt der Grund für die Wiedereintragung, so muss der Liquidator die Löschung der Rechtseinheit beim Handelsregisteramt zur Eintragung anmelden (Art. 164 Abs. 5 HRegV).   14

Art. 940

VIII. Pflichten des Registerführers
1. Prüfungspflicht

[1] **Der Registerführer hat zu prüfen, ob die gesetzlichen Voraussetzungen für die Eintragung erfüllt sind.**

[2] **Bei der Eintragung juristischer Personen ist insbesondere zu prüfen, ob die Statuten keinen zwingenden Vorschriften widersprechen und den vom Gesetz verlangten Inhalt aufweisen.**

VIII. Obligations du préposé au registre du commerce
1. Contrôle

[1] Le préposé au registre du commerce doit vérifier si les conditions légales requises pour l'inscription sont remplies.

[2] Il recherche en particulier, lors de l'inscription de personnes morales, si les statuts ne dérogent pas à des dispositions légales de caractère impératif et s'ils contiennent les clauses exigées par la loi.

VIII. Doveri dell'ufficiale del registro di commercio
1. Verifica

[1] L'ufficiale del registro deve verificare se ricorrano le condizioni legali dell'iscrizione.

[2] Qualora si tratti dell'iscrizione di persone giuridiche, egli deve particolarmente verificare se lo statuto violi disposizioni legali di carattere imperativo e se contenga quanto la legge richiede.

Literatur

BÄR, Kognitionsbefugnisse des Handelsregisterführers, BN 1978, 410 ff. (zit. Kognitionsbefugnisse); DERS., Die Kognition des Handelsregisterführers, REPRAX 1/00, 53 ff. (zit. Kognition); BECK, Die Kognition des Handelsregisterführers im Rechte der Aktiengesellschaft, 1954; BÜHLER, Öffentliche Urkunden des Aktienrechts als Handelsregisterbelege, ZBGR 1982, 321 ff. (zit. Öffentliche Urkunden); DERS., Verfahrensgrundlagen der handelsregisterlichen Firmenprüfung, SAG 1983, 169 ff. (zit. Firmenprüfung); DERS., Amtspraxis zum Handelsregisterrecht im Jahre 1989, SZW 1990, 238 ff.; DERS., Amtspraxis zum Handelsregisterrecht in den Jahren 1990/91, SZW 1992, 80 ff.; DERS., Beitrag des Handelregisterführers zur Corporate Governance einer AG?, JBHReg 2002, 37° ff.; COUCHEPIN, Zur Prüfungspflicht des Handelsregisterführers, SAG 1948, 201 ff.; DERS., La limitation du pouvoir d'examen du préposé au registre du commerce, SAG 1966, 125; DERS., Les pouvoirs de l'administration/directeur, SAG 1967, 21; DERS., Die Praxis des Bundesgerichtes in Handelsregistersachen, 1946, 11 ff.; EHRA, Erwerb von Grundstücken durch Personen im Ausland, Richtlinien für die kantonalen Handelsregisterämter, Bern, 13.1. 1998; FORSTMOSER, Die Rückgängigmachung von Eintragungen im Aktienbuch – problemlos oder unzweideutig rechtswidrig?, SAG 1989, 178 ff.; DERS., Atypische und widerrechtliche Genossenschaften und Vereine sowie ihre registerrechtliche Behandlung (zit. Atypische und widerrechtliche Genossenschaften), SAG 1983, 142 ff.; DERS., Die Kognitionsbefugnis des Handelsregisterführers (zit. Kognitionsbefugnis), REPRAX 2/99, 1 ff.; FREY, Die Prüfungspflicht des Handelsregisterführers nach schweiz. Recht, 1941, 54 ff.; GAUCH, Von der Eintragung im Handelsregister, ihren Wirkungen und der negativen Publizitätswirkung, SAG 1976, 139 ff. (zit. Eintragung); GEISSMANN/HUBER/WETZEL, Grundstückerwerb in der Schweiz durch Personen im Ausland, Von der Lex Friederich zur Lex Koller, 1998; GULDENER, Schweizerisches Zivilprozessrecht, 3. Aufl. 1979, 41 ff. (zit. Zivilprozessrecht); DERS., Grundzüge der freiwilligen Gerichtsbarkeit in der Schweiz, 1954 (zit. Freiwillige Gerichtsbarkeit); HABSCHEID, Schweizerisches Zivilprozess- und Gerichtsorganisationsrecht, 2. Aufl. 1990; KÜNG, Die Aberkennung der Aktionärseigenschaft durch die Verwaltung, SAG 1989, 181 ff.; DERS., Die Prüfungspflicht des Handelsregisterführers in materiellrechtlichen Fragen, SZW 1990, 41 ff. (zit. Prüfungspflicht); DERS., Eintragungen über Revisionsstellen im Handelsregister, ST 1992, 629 ff. (zit. Revisionsstellen); DERS., Vorgehens- und Abwehrstrategien beim privatrechtlichen Einspruch, JBHReg 1997, 126 ff.; KROUG, Arrêts du Tribunal fédéral non publiés en matière de registre du commerce, 1971–1983, SAG 1983, 179 f.; KUSTER, Die Einsprache nach Art. 32 Abs. 2 HRegV, JBHReg 1997, 105 ff.; LUSSY, Die Funktion des Tagebuches beim Handelsregister, SAG 1983, 162 ff.; MAURER, Die Kognition des Handelsregisterführers, 1941; MEIER-SCHATZ, Funktion und Recht des Handelsregisters als wirtschaftsrechtliches Problem, ZSR 1989 I 446 ff.; MEISTERHANS, Prüfungspflicht und Kognitionsbefugnis der Handelsregisterbehörde, Diss. Zürich 1996; MÜHLEBACH/GEISSMANN, Lex Friedrich, Kommentar zum BG über den Erwerb von Grundstücken durch Personen im Ausland, 1986; PATRY, Le contrôle de la constitution des sociétés anonymes en Suisse, ZSR 1962 I 245 ff.; PLÜSS, Der Handelsregisterführer und die «Lex Friedrich», JBHReg 1993, 80 ff.; SCHAUB, Prüfungspflicht des Registerführers, SJK 36; DERS., Succursale ou filiale?, SAG 1964, 82; SCHERRER, Die Cognitionsbefugnis des Handelsregisterführers, WuR 1963, 50 ff.; SCHNEIDER, Der Rechtsschutz in Handelsregistersachen und die Entscheidungskompetenz der Handelsregisterbehörden, 1959; F. VON STEIGER, Observations concernant la possibilité des autorités du registre du commerce d'intervenir contre l'abus de l'emploi des formes de sociétés à disposition, ZBJV 1960, 190; DERS., Zur Auslegung von Art. 32 Abs. 2 HRegV, SAG 1966, 29; DERS., Vorsorgliche Verfügungen in Handelsregistersachen, SJZ 1972, 121 f.; SUTER, Kognition des Handelsregisterführers in Bezug auf statutarische Übertragungsbeschränkungen für Namenaktien nach neuem Aktienrecht, JBHReg 1993, 55 ff.; VOGEL/SPÜHLER, Grundriss des Zivilprozessrechts, 8. Aufl. 2006.; VOCK, Prozessuale Fragen bei der Durchsetzung von Aktionärsrechten, 187 ff.; WALDER-RICHLI, Zivilprozessrecht, 4. Aufl. 1996.

I. Allgemeines

1   Unter der **Kognition** des Handelsregisterführers wird der Umfang und die Intensität der Pflicht und der Befugnis zur Prüfung der Eintragungsvoraussetzungen verstanden. Im Gegensatz zur freien Prüfung registerrechtlicher formeller Vorschriften hat sich das BGer konsequent und entschieden für eine **enge Begrenzung der Kognition in materiellrechtlichen Fragen** ausgesprochen (BGer v. 22.6.2007, 4A_24/2007, E. 2.2; Pra 1998, 280 f.; BGE 121 III 371; 117 II 188 m.w.Nw.). Diese Praxis begründet das BGer ansatzweise mit der *dispositiven Natur beträchtlicher Teile des Handelsrechts und mit der in diesem Gebiet vorrangigen Zuständigkeit des Zivilrichters* (BGE 114 II 70). Der Begriff der Kognition i.S. der bundesgerichtlichen Begründung ist unscharf und abzulehnen, da zwei Aspekte vermischt werden, die auseinander zu halten sind: die Prüfungszuständigkeit und die Prüfungskriterien. Die **Prüfungszuständigkeit** beschlägt die Frage, wer prüfen darf (N 2 ff.). Die **Prüfungskriterien** bestimmen, wie und was geprüft wird (N 9 ff.).

II. Prüfungszuständigkeit des Handelsregisterführers

1. Abgrenzung der sachlichen Zuständigkeit

Der Handelsregisterführer darf nur auf Eintragungsverfahren eintreten, für die er örtlich und **sachlich zuständig** ist. Zur örtlichen Zuständigkeit s. Art. 927 N 11. Sachlich ist die Zuständigkeit der Handelsregisterbehörden von der Zuständigkeit der Zivilgerichte abzugrenzen. Entscheidendes Abgrenzungskriterium ist die *prozessuale Ausgangslage*.

2

Das Handelsregisterverfahren gehört zur freiwilligen Gerichtsbarkeit (BGE 57 I 241; GULDENER, Zivilprozessrecht, 42; WALDER-RICHLI, § 1 Rz 20). Die freiwillige Gerichtsbarkeit ist ein **nichtstreitiges Verfahren,** das der Rechtsverwirklichung im Privatrecht dient, in dem aber i.d.R. nur eine Person Antrag stellt und anzuhören ist (VOGEL/SPÜHLER, 45 N 48). Im handelsregisterlichen Eintragungsverfahren gibt es jeweils nur eine private Partei. Die anmeldungspflichtigen oder anmeldungsberechtigten Personen stellen Antrag auf Eintragung eines bestimmten Sachverhaltes im Handelsregister. Der Handelsregisterführer trägt entweder ein oder weist die Anmeldung zurück; es gibt keine vorläufige oder bedingte Eintragung (BGE 107 II 249). Im Gegensatz dazu steht der *Zivilprozess*. Zivilprozesse sind **streitige Zweiparteienverfahren** zur autoritativen Feststellung von privaten Rechten und Pflichten (VOGEL/SPÜHLER, 33 N 2). Zuständig sind die Zivilgerichte.

3

Die **Abgrenzung der Zuständigkeit** orientiert sich an dieser grundlegenden Unterscheidung der beiden Verfahrensarten. Sind allein die *anmeldungspflichtigen oder anmeldungsberechtigten Personen* mit einem Entscheid des Handelsregisterführers nicht einverstanden, so liegt ein nichtstreitiges Verfahren vor, für das die Handelsregisterbehörden zuständig sind. Die Zuständigkeit der Zivilgerichte ist in diesem Fall ausgeschlossen. Es steht allein der verwaltungsrechtliche Instanzenzug offen. Fühlen sich hingegen *Dritte* durch noch nicht in das Tagesregister aufgenommene Eintragung verletzt oder sehen sie ihre Interessen durch eine noch erfolgende Eintragung gefährdet (z.B. drohende Verletzung statutarischer Rechte der Aktionäre), so liegt ein streitiges Verfahren vor und die betroffenen Parteien (Dritte) müssen prozessual aktiv werden und schriftlich **privatrechtlichen Einspruch** erheben und eine **Registersperre** verlangen. Art. 162 HRegV regelt den prozessualen Übergang vom nichtstreitigen Einparteien- in das streitige Zweiparteienverfahren. Die Bestimmung ist auch dann anzuwenden, wenn nicht ein Dritter, sondern ein unmittelbar Beteiligter gegen eine Eintragung Einspruch erhebt (BGE 68 I 184).

4

2. Registersperre gegen nicht im Tagesregister aufgenommene Eintragungen

Auf schriftlichen Einspruch Dritter nimmt das Handelsregisteramt die Eintragung ins Tagesregister vorläufig nicht vor (sog. **Registersperre,** Art. 162 Abs. 1 HRegV). Das Handelsregisteramt informiert die Rechtseinheit über die Registersperre und gewährt den Einsprechenden Einsicht in die Anmeldung und die Belege, sofern das Gericht dies anordnet (Art. 162 Abs. 2 HRegV). Das Handelsregisteramt nimmt die Eintragung erst vor, wenn (a) der Einsprecher dem Handelsregisteramt nicht innert zehn Tagen nachweist, dass er dem Gericht ein Gesuch um Erlass einer vorsorglichen Massnahme gestellt hat; oder (b) das Gericht das Gesuch um Erlass einer vorsorglichen Massnahme rechtskräftig abgelehnt hat (Art. 162 Abs. 3 HRegV). Der Fristbeginn und die Belege für den Nachweis i.S.v. Art. 162 Abs. 3 lit. a sind in Art. 163 HRegV detailliert geregelt. Das Gericht entscheidet im summarischen Verfahren unverzüglich über die Registersperre (Art. 162 Abs. 4 HRegV).

5

6   Aus Art. 162 Abs. 1 HRegV ergibt sich kein bundesrechtlicher Anspruch auf vorsorgliche richterliche Untersagung von Handelsregistereinträgen. Die Bestimmung verweist vielmehr auf das anwendbare kantonale Prozessrecht (vgl. BGE 97 II 190; VOGEL/ SPÜHLER, 353 f. N 207). Die Registersperre stellt eine vorsorgliche Massnahme des kantonalen Prozessrechts dar (RVJ 1993, 241 ff.). Der Regel von Art. 162 Abs. 1 HRegV liegt ein Interessenausgleich zugrunde: Die Anmeldenden sollen mit der Eintragung nicht vollendete Tatsachen schaffen können; die Einsprecher hingegen sollen das Eintragungsverfahren nicht ohne jede Begründung bis zum Ende eines (allfälligen) Zivilprozesses blockieren können (wegleitend für Art. 162 Abs. 1 HRegV: BGE 59 I 239). Die Einsprecher müssen deshalb dem Richter die drohende Verletzung ihrer Rechte glaubhaft machen.

3. Keine Registersperre gegen im Tagesregister aufgenommene Eintragungen

7   Ist eine Eintragung im Tagesregister aufgenommen, so ist das nichtstreitige Verfahren abgeschlossen. Erheben Dritte Einsprache gegen eine Eintragung, die **bereits in das Tagesregister aufgenommen** wurde, so ist es daher **zu spät** für eine Registersperre. Eine Eintragung ist i.S.v. Art. 162 Abs. 5 HRegV ins Tagesregister aufgenommen, wenn der Handelsregisterführer die einzutragenden Tatsachen im Tagesregister eingetragen hat (sog. Tagesregisterdatum). Ob diese Eintragung in der Folge vom EHRA genehmigt wird oder nicht, spielt für den Zeitpunkt der Aufnahme in das Tagesregister keine Rolle (vgl. dazu Art. 8 i.V.m. 31 HRegV). In diesem Fall hat ein Einspruch grundsätzlich *keine Wirkung*. Dritte, die keine anmeldungspflichtigen oder anmeldungsberechtigten Personen sind, können mit ihrem **Einspruch** kein nichtstreitiges Einparteienverfahren auslösen; sie können nicht Partei eines Änderungsverfahrens sein, denn der Einspruch ist *keine Popularklage* (BGer SAG 1983, 179 f.). **Art. 162 Abs. 5 HRegV** bestimmt daher, dass der Registerführer Dritte **an den Richter zu weisen** hat, d.h. der Handelsregisterführer belässt den Eintrag unverändert und teilt dem Einsprecher lediglich mit, dass er die Verletzung seiner Rechte beim Zivilrichter geltend machen muss. Der Richter wird aber erst zuständig, wenn der Dritte den Zivilprozess ordnungsgemäss eingeleitet hat. Im Zivilprozess können auch formelle registerrechtliche Fragen eine Rolle spielen, die gleichwohl vom Richter zu beurteilen sind (z.B. Art. 650 Abs. 3). Der Richter kann den Handelsregisterführer im Urteil anweisen, eine bestimmte Eintragung vorzunehmen (Art. 162 Abs. 4 HRegV; BGE 81 I 401).

8   **Ausnahmsweise** kann der Handelsregisterführer Eintragungen bzw. Änderungen direkt vornehmen, wenn sich die Einsprecher auf **Vorschriften berufen, die von Amtes wegen anzuwenden sind.** Von Amtes wegen anzuwendende Bestimmungen sind stets *öffentlich-rechtlicher oder zwingender Natur,* also insb. formelle Normen über die Registerführung oder zwingende Vorschriften des materiellen Rechts. Rügt der Einsprecher die Nichtbeachtung *formeller* Vorschriften, so ist seine Einsprache als *Anzeige* entgegenzunehmen, die zur zwangsweisen Eintragung führen kann (Art. 152–157 HRegV). Macht der Einsprecher die Verletzung einer zwingenden *materiellen* Vorschrift geltend, so ist von einem Zivilprozess nur dann abzusehen, wenn klares Recht verletzt wird und dem Dritten der Gang zum Richter nicht zuzumuten ist. Leidet ein GV-Beschluss einer AG an einem Mangel, der ihn nicht nur als anfechtbar, sondern als eindeutig **nichtig** erscheinen lässt, weil er offensichtlich unmöglich oder widerrechtlich ist oder in schwerwiegender Weise gegen das Recht der Persönlichkeit verstösst (BGE 93 II 33 ff. E. 3), so ist der Mangel vom Handelsregisterführer auch ohne Vorliegen eines richterlichen Feststellungsentscheides zu berücksichtigen; bereits vorgenommene Eintragungen sind in solchen offensichtlichen und klaren Fällen von Amtes wegen rückgängig zu ma-

chen. Dem Entscheid des Registerführers kommt aber nicht die Wirkung einer abschliessenden Qualifikation des Mangels als Nichtigkeitsgrund zu (BGE 114 II 70), denn handelsregisterliche Entscheide sind keiner materiellen Rechtskraft fähig (BÄR, Kognitionsbefugnisse, 422; HABSCHEID, 80 RN 141).

III. Prüfungskriterien im nicht-streitigen Verfahren

1. Grundsatz

Ist der Handelsregisterführer örtlich und sachlich zuständig, so hat er die Voraussetzungen einer Eintragung von Amtes wegen zu prüfen, und zwar unbekümmert um die Vorbringen der Parteien (BGE 100 Ib 38 E. 1). Die Anmeldenden haben ein **subjektives öffentliches Recht auf Eintragung** ihrer Anmeldungen ins Handelsregister, sofern keine Eintragungshindernisse entgegenstehen (vgl. GAUCH, 80 RN 402; PATRY, SPR VIII/1, 131). Indem der Handelsregisterführer eine Anmeldung zurückweist, verhindert er die Entstehung privater Rechte und greift damit in die Privatautonomie ein. Der Handelsregisterführer ist daher bei der Prüfung der Eintragungsvoraussetzungen an die **allgemeinen Grundsätze des Verwaltungsrechtes** gebunden. Abweisungen müssen eine gesetzliche Grundlage haben *(Legalitätsprinzip)*, im *öffentlichen Interesse* sein, den Grundsatz der *Verhältnismässigkeit* beachten und begründet werden.

Die Handlungen der Registerbehörden im Prüfungsverfahren sind **Rechtspflegeakte der freiwilligen Gerichtsbarkeit.** Sie unterscheiden sich von blossen Verwaltungsakten dadurch, dass sie gestaltend in die private Rechtssphäre eingreifen (HABSCHEID, 79 RN 139), indem Registereinträgen deklarative oder konstitutive, jedenfalls aber privatrechtliche Wirkung zukommt. Trotzdem hat gerade das handelsregisterliche Prüfungsverfahren stark verwaltungsrechtlichen Charakter. GULDENER definiert die freiwillige Gerichtsbarkeit denn auch als «Verwaltungstätigkeit (der Zivilgerichte und anderweitiger Behörden) in bürgerlichen Angelegenheiten» (GULDENER, Freiwillige Gerichtsbarkeit, 2). Es gelten deshalb die *verfassungsrechtlich geschützten Verfahrensgrundsätze des Verwaltungsrechtes:* Ermittlung des anzuwendenden Rechts von Amtes wegen; rechtliches Gehör; Pflicht, Verfügungen zu eröffnen und zu begründen; Pflicht zur Rechtsmittelbelehrung; Anfechtbarkeit der Verfügungen mit verwaltungsrechtlichen Rechtsmitteln wie Beschwerde und Verwaltungsgerichtsbeschwerde. Für das **Verfahren der kantonalen Aufsichtsbehörden** sind teilweise die Bestimmungen des Verwaltungsverfahrensgesetzes anwendbar (Art. 1 Abs. 3 VwVG).

Ziel der Prüfung ist es, Unrichtigkeiten im Zusammenhang mit den im Register bekannt gegebenen Tatsachen zu verhindern. Alle Eintragungen müssen wahr sein, dürfen zu keinen Täuschungen Anlass geben und keinem öffentlichen Interesse widersprechen (Art. 26 HRegV; *Grundsatz der Wahrheit der Eintragungen*). Zwar gilt im nichtstreitigen Verfahren die *Untersuchungs- und Offizialmaxime* (GULDENER, Freiwillige Gerichtsbarkeit, 55), aber die **Untersuchungsmittel** und die **Prüfungsintensität** sind beschränkt (vgl. MEIER-SCHATZ, 449 f.). Das öffentliche Registerrecht mit seinen Verfahren, die auf dem Antragsprinzip beruhen, muss seiner Natur und seinem Zweck entsprechend rasch und einfach gehandhabt werden (BGE 115 II 95). Der Handelsregisterführer darf von der inhaltlichen Richtigkeit der ihm eingereichten Erklärungen und Belege ausgehen und hat nur im Zweifelsfall eine beschränkte Nachprüfungspflicht (BGE 114 II 70). Der Registerführer hat sich im Allgemeinen an die zwischen den Beteiligten getroffenen Vereinbarungen zu halten (BGE 102 Ib 42). Die Handelsregisterbehörden haben selbst dann ohne weitere Abklärungen einzutragen, wenn sie ernsthafte Zweifel hegen (i.c. an der Wahrheit des statutarischen Hauptsitzes im Ausland und am rechtlichen Bestand der Gesellschaft; BGE 108 II 125 = Pra 1982, 610 E. 2; krit. BÄR, Kognitionsbefugnisse, 423 ff.; BÜHLER, Öffentliche Urkunden, 353 ff.).

12   Die **Prüfungspflicht des** EHRA entspricht derjenigen des kantonalen Handelsregisteramtes (Art. 32 Abs. 3 HRegV). Die **Prüfungsbefugnis** des EHRA ist damit rechtlich in gleicher Weise beschränkt wie die Prüfungsbefugnis der kantonalen Handelsregisterbehörden (vgl. BGE 91 I 440; GAUCH, Eintragung, 139 FN 4; MEIER-HAYOZ/FORSTMOSER, 149 N 37). Das EHRA entscheidet jedoch faktisch allein aufgrund des übermittelten Tagesregisterauszuges, ob die Voraussetzungen für die Eintragung erfüllt sind. Eine Einsichtnahme in die Anmeldung und in die Belege erfolgt nur ausnahmsweise, soweit dafür ein besonderer Anlass besteht (Art. 32 Abs. 2 HRegV), d.h. geprüft wird in der Regel nur der Inhalt der übermittelten Tagesregistereintragung, die Gesetzmässigkeit der Firma, die Zweckbestimmung und die Vertretungsverhältnisse. Das Schwergewicht der Prüfung liegt damit effektiv bei den kantonalen Registerführern.

13   Das BGer hat Art. 940 in einer umfangreichen und im Grundtenor einheitlichen **Rechtsprechung** ausgelegt; es unterscheidet zwischen formellen (N 14 ff.) und materiellen Eintragungsvoraussetzungen (N 18 ff.).

2. Formelle, registerrechtliche Eintragungsvoraussetzungen

14   Nach ständiger bundesgerichtlicher Rechtsprechung prüft der Registerführer die **formellen, registerrechtlichen Voraussetzungen**, d.h. die Einhaltung der Normen, welche unmittelbar die Führung des Handelsregisters betreffen, *frei* (BGer v. 20.4.2006, 4A.4/2006; BGE 91 I 362; 114 II 69). Fehlen formelle Eintragungsvoraussetzungen, so darf die Anmeldung nicht einfach abgewiesen werden, sondern das Verfahren bleibt pendent und den Anmeldenden ist Gelegenheit zu geben, das Fehlende (z.B. Originalbelege, Unterschriften, Beglaubigungen) nachzureichen (BÜHLER, Öffentliche Urkunden, 341).

15   Der Registerführer hat zu kontrollieren, ob die *Anmeldungen* formell korrekt sind (Inhalt, Unterschriften etc.), ob die nach Gesetz oder nach der Natur der Sache erforderlichen *Belege* und insb. die öffentlichen Urkunden vollständig und formrichtig vorliegen (BÜHLER, Öffentliche Urkunden, 342 ff.), ob die öffentlichen Urkunden von der zuständigen Urkundsperson errichtet worden sind (TC FR, SAG 1942/43, 213), ob die anzumeldenden Personen ihrer Wahl zugestimmt haben (BGE 105 II 132 = Pra 1979, 530) und ob ein Sachverhalt eintragungsfähig ist (BGE 79 I 179). Die Handelsregisterverordnung listet die einzureichenden Belege abschliessend auf und schreibt den minimalen Inhalt bestimmter Belege vor (Art. 44, 47, 49, 50, 51, 52, 67, 72, 75, 85, 103 HRegV). Damit ist in der HRegV abschliessend umschrieben, was der Registerführer diesbezüglich formell zu prüfen hat. Bei der Sacheinlage von Grundstücken ist zu prüfen, ob die Gesellschaft nach Abschluss des Gründungsvorganges einen bedingungslosen Anspruch besitzt, die Grundstücke im Grundbuch auf ihren Namen übertragen zu lassen (BGE 102 Ib 41 f.; vgl. Mitteilung des EHRA vom 15.8.2001 an die kantonalen Handelsregisterbehörden betreffend Sacheinlage und Sachübernahme).

16   Die Erfüllung **polizeirechtlicher Vorschriften** (z.B. Gewerbebewilligung, fremdenpolizeiliche Bewilligung) ist grundsätzlich keine Eintragungsvoraussetzung (BK-HIS, N 37 ff.; PATRY, SPR VIII/1, 135). Eine zusätzliche Prüfungspflicht ergibt sich indessen aus Art. 18 BewG (PLÜSS, 80 ff.). Der Handelsregisterführer darf eine Immobiliengesellschaft nur dann eintragen, wenn sich die Bewilligungspflicht ohne weiteres ausschliessen lässt. Andernfalls hat er das Eintragungsverfahren auszusetzen und den Anmeldenden eine Frist von 30 Tagen einzuräumen, um bei der Bewilligungsbehörde entweder

die Bewilligung zu erwirken oder die Feststellung einzuholen, dass eine Bewilligung nicht notwendig ist (Art. 18 Abs. 2 f. BewG [SR 211 412.41]; BGE 114 Ib 261 = Pra 1989, 693 ff.; s. BGE 102 Ib 41; MÜHLEBACH/GEISSMANN, Art. 18 N 1 ff.). Als Wegleitung dienen die Richtlinien des EHRA vom 13.1.1998 über Erwerb von Grundstücken durch Personen im Ausland (vgl. Art. 171 lit. c HRegV, in: JBHReg 1998, 277 ff.; vgl. GEISSMANN/HUBER/WETZEL, 13 ff.).

Die bundesgerichtliche Praxis zur Prüfung der formellen Eintragungsvoraussetzungen ist unbestritten. Die formellen Bestimmungen des OR und die registerrechtlichen Bestimmungen der HRegV sind (i.V.m. Art. 940) eine ausreichende *gesetzliche Grundlage* für Abweisungsverfügungen. Die HRegV ist zwar kein Gesetz im formellen Sinn, die registerrechtlichen Eintragungsvoraussetzungen der HRegV beruhen aber auf einer zulässigen Gesetzesdelegation (Art. 929, 936).

3. Materiellrechtliche Eintragungsvoraussetzungen

Der Registerführer hat auch die **materiellrechtlichen Eintragungsvoraussetzungen** zu prüfen. Die gesetzliche Regelung der Prüfungspflicht der Handelsregisterbehörden sieht grundsätzlich keine Beschränkung der Kognition vor (Art. 940 OR und Art. 28 HRegV). Bei der Eintragung juristischer Personen ist insb. zu prüfen, ob die Statuten keinen zwingenden Vorschriften widersprechen und ob sie den vom Gesetz verlangten Inhalt aufweisen (Art. 940 Abs. 2; Art. 28 HRegV). Demgegenüber wiederholt das Bundesgericht in steter Rechtsprechung eine Beschränkung der Prüfungsbefugnis in der sog. **Kognitionsformel** (vgl. statt vieler: BGer v. 22.6.2007, 4A.24/2007, E. 2.2 und bspw. BGer v. 20.4.2006, 4A.4/2006/ruo E. 2.1, publiziert in REPRAX 2/06, 1 ff.). Danach hat der Registerführer bloss auf die Einhaltung jener zwingenden Gesetzesbestimmungen zu achten, die im öffentlichen Interesse oder zum Schutze Dritter aufgestellt worden sind, während die Betroffenen zur Durchsetzung von Vorschriften, die dem dispositiven Recht angehören oder nur private Interessen berühren, den Zivilrichter anzurufen haben. Da die Abgrenzung im Einzelfall schwierig sein kann, ist die Eintragung nur dann abzulehnen, wenn sie offensichtlich und unzweideutig dem Recht widerspricht, nicht dagegen, falls sie auf einer ebenfalls denkbaren Gesetzesauslegung beruht, deren Beurteilung dem Richter überlassen bleiben muss (BGE 125 III 18, 21 E. 3b; 121 III 368, 371 E. 2a; 117 II 186, 188 E. 1). Die Rechtsprechung folgt nicht immer in strenger Weise dieser Formel. Die Kognitionsformel ist interpretationsbedürftig und das Bundesgericht hat richtigerweise den Interessen, die im Einzelfall betroffen sind, ein entscheidendes Gewicht zugemessen (vgl. N 28). In einzelnen Urteilen hat das BGer weiterführende Überlegungen zur Kognition angeführt und ist zumindest im Ergebnis von seiner früheren Rechtsprechung abgewichen (s. insb. BGE 125 III 18 E. 3b und c, BGer 4A.4/2006 E. 2.1–2.3). Im Zuge der Revision der Handelsregisterverordnung wurde ausdrücklich darauf verzichtet, die Kognitionsformel in die HRegV aufzunehmen, um eine sach- und fallbezogene Weiterentwicklung der Rechtsprechung zu ermöglichen (vgl. Begleitbericht zur Totalrevision HRegV, 5).

Generalversammlungsbeschlüsse, die an Mängeln leiden, die sie nicht nur als anfechtbar, sondern als nichtig erscheinen lassen, sind vom Handelsregisterführer in offensichtlichen und klaren Fällen zu beanstanden. Die im Bereiche der freiwilligen Gerichtsbarkeit getroffenen Feststellungen können jedoch nicht in materielle Rechtskraft erwachsen (HABSCHEID, 80 RN 141).

a) Prüfung der Statuten

20 Bei der Eintragung juristischer Personen hat der Registerführer zu prüfen, ob die **Statuten** den vom Gesetz verlangten Inhalt aufweisen (Art. 940 Abs. 2; **Vollständigkeitskontrolle**; s. für die AG Art. 626). So ist z.B. eine statutarische Regelung, die nur für die gesetzlich vorgeschriebenen, nicht aber für die übrigen Bekanntmachungen ein *Publikationsorgan* vorsieht und auch kein Gesellschaftsorgan zur Bestimmung weiterer öffentlicher Blätter ermächtigt, zurückzuweisen (BGE 69 I 51).

21 Der Registerführer hat zu prüfen, ob die **Statuten** keinen **zwingenden Vorschriften widersprechen.** Das BGer hat die Prüfung zwingender Vorschriften in ständiger **Rechtsprechung** eingeschränkt. Der Registerführer hat bloss auf die Einhaltung jener zwingenden Gesetzesbestimmungen zu achten, die im *öffentlichen Interesse* oder *zum Schutze Dritter* aufgestellt sind, während die Betroffenen zur Durchsetzung von Vorschriften, die nachgiebigen Rechts sind oder nur private Interessen berühren, den Zivilrichter anzurufen haben (BGer v. 20.4.2006, 4A.4/2006; Pra 1997 280f.; BGE 121 III 371; 117 II 188). Zwingendes Recht sind z.B. die Legaldefinitionen (FORSTMOSER, Aktienrecht, 4), der Grundsatz, dass die Aktionäre ihr Stimmrecht in der GV nach Verhältnis des gesamten Nennwerts der ihnen gehörenden Aktien ausüben (Art. 692; BGE 67 I 250) und die Vorschrift, dass die ordentliche GV innerhalb von sechs Monaten nach Schluss des Geschäftsjahres stattzufinden hat (Art. 699 Abs. 2; BGE 107 II 246).

22 In der bundesgerichtlichen Rechtsprechung kommen der Grundsatz des *öffentlichen Interesses* und das *Legalitätsprinzip* zum Ausdruck. Der Handelsregisterführer ist nicht berechtigt, Anmeldungen aufgrund dispositiver materieller Normen des OR abzuweisen, denn die Privaten sind in der Ausgestaltung ihrer Statuten frei, soweit das Gesetz nicht eine unabänderliche Vorschrift aufstellt oder die Abweichung ein Verstoss gegen die *öffentliche Ordnung*, die guten Sitten oder das Recht der Persönlichkeit in sich schliesst (Art. 19 Abs. 2; FORSTMOSER, Atypische und widerrechtliche Genossenschaften, 145).

23 Da eine Abgrenzung von zwingenden Vorschriften, die im öffentlichen Interesse oder zum Schutze Dritter aufgestellt worden sind, zu den übrigen zwingenden oder dispositiven Vorschriften im Einzelfall schwierig sein kann, hat das BGer die «Kognition» des Handelsregisterführers in einem weiteren Schritt auf die Anwendung klaren Rechts beschränkt. Die Eintragung ist nur dann abzulehnen, wenn sie offensichtlich und unzweideutig dem Recht widerspricht, nicht dagegen, falls sie auf einer ebenfalls denkbaren Gesetzesauslegung beruht, deren Beurteilung dem Richter überlassen bleiben muss (BGer v. 18.7.2006, 4A.9/2006; BGer v. 20.4.2006, 4A.4/2006; BGE 125 III 21; Pra 1997, 280f.; BGE 121 III 371; 117 II 188; 107 II 247).

24 Die grundsätzliche **Beschränkung der Prüfungspflicht auf klare Gesetzesverletzungen** lässt sich nicht auf den Wortlaut von Art. 940 Abs. 2 stützen. Die Beschränkung auf die Prüfung offensichtlicher Rechtsverletzungen wurde denn auch in der Lehre kritisiert (BÄR, Kognitionsbefugnisse, 418ff.; DERS., Kognition, 53ff.; FORSTMOSER, Kognitionsbefugnis, 1ff.; MEIER-SCHATZ, 450). In der Amtspraxis ergeben sich zudem erhebliche praktische Schwierigkeiten bei der Anwendung dieses bundesgerichtlichen Kriteriums (KÜNG, Prüfungspflicht, 43ff.). Es leuchtet nicht ein, weshalb die Handelsregisterführer als zur Rechtsanwendung berufene staatliche Organe in der Auslegung zwingenden Rechts eingeschränkt sein sollen. An der fehlenden Zuständigkeit kann es nicht liegen, denn die Zuständigkeit hängt von der prozessualen Ausgangslage ab (N 2ff.). Auch das Argument der Gewaltentrennung (Verwaltung – Justiz) hat BÄR (Kognitionsbefugnisse, 414f.) widerlegt. Zu beachten ist in diesem Zusammenhang, dass Verwaltungs- und Gerichtsbehörden mit dem gleichwertigen juristischen Sachver-

stand ausgerüstet sind (s. MEIER-SCHATZ, 450; s.a. Art. 54 SchlT ZGB). Für die bundesgerichtliche Praxis spricht das **Verhältnismässigkeitsprinzip**. Die Anmeldenden werden durch eine Abweisung – auch wenn sie rechtlich nicht präjudizierend ist (BGE 114 II 70) – unmittelbar und einschneidend betroffen, während die Verletzung Dritter hypothetisch ist. Die Dritten können zudem jederzeit im Zivilprozess die Nichtigkeit geltend machen. Eine Abweisung ist deshalb nur dann verhältnismässig, wenn *klares Recht verletzt* wird. Bei der Beurteilung der Verhältnismässigkeit ist auch zu berücksichtigen, ob aufgrund der konkreten Umstände überhaupt mit einer Anfechtungsklage zu rechnen ist (BGer v. 27.8.1975 i.S. T. contra Direktion der Justiz des Kantons Zürich, zit. bei KÜNG, Prüfungspflicht, 43; vgl. BÄR, Kognitionsbefugnisse, 431; BÜHLER, Öffentliche Urkunden, 350 f.; MEISTERHANS, 142 ff.).

Der Handelsregisterführer hat Statutenbestimmungen, die zwingenden Vorschriften widersprechen, zu beanstanden (sog. **Beanstandung** oder Abweisung). Die GV hat die gesetzeswidrigen Statutenbestimmungen zu streichen oder im gesetzlich vorgeschriebenen Verfahren anzupassen, d.h. dem Registerführer ist die öffentliche Urkunde über den entsprechenden statutenändernden GV-Beschluss und ein Exemplar der dann gültigen Statuten nachzureichen (Art. 647, 785). **25**

Gemäss der Sondervorschrift von Art. 955 prüft der Registerführer die **Firmenbildungsvorschriften** *frei* (vgl. BÜHLER, Firmenprüfung, 170). **26**

b) Prüfung von Beschlüssen

Die Prüfung der Gesetzmässigkeit einzutragender Beschlüsse ist auf die Einhaltung zwingender Bestimmungen beschränkt. Zu prüfen ist das **Zustandekommen** (z.B. gesetzliche Quoren) und der Inhalt der Beschlüsse. GV-Beschlüsse, die an Mängeln leiden, die sie nicht nur als *anfechtbar,* sondern als **nichtig** erscheinen lassen, sind vom Handelsregisterführer zu beanstanden; bereits vorgenommene Eintragungen sind in solchen Fällen von Amtes wegen rückgängig zu machen. Nach ständiger bundesgerichtlicher **Rechtsprechung** darf der Handelsregisterführer nur *in offensichtlichen und klaren Fällen* abweisen. So hat der Registerführer einen durch die ihm vorgelegten Unterlagen gültig ausgewiesenen Beschluss der Aktionäre entgegenzunehmen, ohne zu prüfen, ob die GV ordnungsgemäss einberufen und zusammengesetzt war (BGE 114 II 71). Eindeutig rechtswidrig ist ein Zirkulationsbeschluss der Aktionäre statt einer GV bei der AG (BGE 67 I 342). Ein Eintragungsbegehren, dem ein bloss **statutenwidriger Gesellschaftsbeschluss** zugrunde liegt, darf nicht abgelehnt werden (BGE 91 I 362). **27**

Die bundesgerichtliche Grenzziehung zwischen anfechtbaren und nichtigen Beschlüssen wird auch von der Lehre anerkannt (BÄR, Kognitionsbefugnisse, 430; MEIER-SCHATZ, 452; vgl. auch Art. 706, 706b). Nichtig ist ein Beschluss, wenn er gegen im öffentlichen Interesse oder im Gläubigerinteresse erlassene oder gegen strukturwesentliche Normen verstösst; nichtig ist auch der sog. Nichtbeschluss (Einberufung durch Unzuständige, Abhaltung einer GV durch Nichtaktionäre; BÄR, Kognitionsbefugnisse, 434 f.). Abzulehnen ist die **Beschränkung der Prüfungspflicht auf offensichtlich nichtige Fälle.** Das BGer hat nie begründet, wieso die Registerbehörden nicht in der Lage sein sollten, die im Einzelfall schwierigen Abgrenzungen vorzunehmen (vgl. BGE 114 II 68; MEIER-SCHATZ, 450; s.a. Art. 54 SchlT ZGB). Die Nichtigkeit eines GV-Beschlusses ist vielmehr eine Rechtslage, die jede Behörde von Amtes wegen zu beachten hat. Es besteht zudem ein erhebliches öffentliches Interesse, dass nichtige Beschlüsse nicht zu Eintragungen und der damit verbundenen Umkehr der Beweislast führen können. Den Entscheiden der Registerbehörden kommt jedoch keine materielle Rechtskraft zu (N 19). **28**

c) Prüfung von Umstrukturierungen und Rechtsformen

29 Sowohl in BGE 125 III 21, in dem es um die Umwandlung einer GmbH in eine AG ging, sowie im 4A.4/2006 E. 2, in welchem ein Institut des öff. Rechts eine private Aktiengesellschaft durch Absorptionsfusion übernehmen wollte, entschied das BGer, dass diese Operationen geeignet seien, die Interessen Dritter zu tangieren und zwingende oder im öff. Interesse erlassene Bestimmungen zu verletzen. Zudem könne der Registerführer sich in diesen Fällen nicht mit der Feststellung begnügen, dass die Operation nicht offensichtlich und unzweideutig dem Recht widerspreche. Die Eintragung setze voraus, dass die verlangte Umwandlung bzw. Fusion vom Gesetz ausdrücklich oder nach Auslegung erlaubt sei. Der Registerführer könne daher mit freier Kognition prüfen, ob die Umwandlung auf einer korrekten Auslegung des Gesetzes beruhe. Das Bundesgericht bejaht somit die freie Prüfungsbefugnis des Registerführers bzw. des EHRA, wenn es darum geht, die Rechtmässigkeit einer verlangten Eintragung von gesetzlich nicht vorgesehenen Rechtsformen oder gesetzlich nicht vorgesehenen Umwandlungen und Fusionen zu beurteilen.

Art. 941

2. Mahnung. Eintragung von Amtes wegen	Der Registerführer hat die Beteiligten zur Erfüllung der Anmeldungspflicht anzuhalten und nötigenfalls die vorgeschriebenen Eintragungen von Amtes wegen vorzunehmen.
2. Avertissement et inscription d'office	Le préposé au registre du commerce doit inviter les intéressés à requérir les inscriptions obligatoires et, au besoin, y procéder d'office.
2. Diffida. Iscrizione d'ufficio	L'ufficiale del registro deve invitare gli interessati a fare le notificazioni obbligatorie ed, occorrendo, procedere d'ufficio alle iscrizioni prescritte.

Literatur

KOCH, Die Aktiengesellschaft ohne Revisionsstelle – Ein Tatbestand des handelsregisterrechtlichen Zwangsverfahrens, JBHReg 1998, 133 ff.; DERS., Das Zwangsverfahren des Handelsregisterführers, Diss. Zürich 1997; SCHAUB, Revision partielle de l'ordonnance sur le registre du commerce, SZW 1990, 48 ff., 52; SCHMID, Das Zwangsverfahren des Handelsregisterführers beim Domizilverlust der Aktiengesellschaft, JBHReg 1994, 92 ff.

I. Allgemeiner Normzweck

1 Art. 941 ist die gesetzliche Grundlage für die Eintragung von Amtes wegen. Das **Zwangsverfahren** hat drei Stufen: die Ermittlung, die Aufforderung zur Anmeldung (Mahnung) und die Eintragung von Amtes wegen.

II. Ermittlung

2 Der Handelsregisterführer ist verpflichtet, alle nach Gesetz und HRegV anmeldungspflichtigen Personen (die *«Beteiligten»*) zur Anmeldung der eintragungspflichtigen Tatsachen (Neueintragungen, Änderungen und Löschungen) anzuhalten (zur Anmeldung s. Art. 932 N 4 ff.). Er ist insb. verpflichtet, die Inhaber eintragungspflichtiger Gewerbe zu ermitteln und ihre Eintragung herbeizuführen (Art. 157 Abs. 1 HRegV). Ferner hat er Eintragungen festzustellen, die mit den Tatsachen nicht mehr übereinstimmen (Art. 157 Abs. 1 HRegV). Mindestens einmal in drei Jahren hat der Registerführer das sog. **Er-**

mittlungsverfahren durchzuführen (Art. 157 Abs. 4 HRegV; krit. zur Effizienz SCHAUB, 52).

III. Aufforderung zur Anmeldung (Mahnung)

Wer nach Art. 934 Abs. 1 und Art. 36–115 HRegV zur Eintragung verpflichtet ist und dieser Pflicht nicht nachgekommen ist oder wer eine Änderung oder Löschung pflichtwidrig nicht anmeldet, obwohl eine Eintragung den Tatsachen oder der Rechtslage nicht, oder nicht mehr entspricht, ist vom Handelsregisterführer unter Hinweis auf die massgeblichen Vorschriften, die erforderlichen Belege und die Rechtsfolgen der Verletzung dieser Pflicht durch eingeschriebenen Brief oder Veröffentlichung im SHAB aufzufordern, binnen 30 Tagen die Eintragung anzumelden oder zu belegen, dass keine Eintragung erforderlich ist (Art. 152 Abs. 2 HRegV; **Mahnung**). Die Aufforderung hat in allen Fällen zu erfolgen (BGE 104 Ib 322). Für die schriftliche Aufforderung, eine fällige Anmeldung vorzunehmen, wird eine Gebühr bezogen (Art. 9 lit. h Verordnung über die Gebühren für das Handelsregister). Wird eine zwangsweise Eintragung von dritter Seite verlangt, so ist das Begehren des Dritten dem Aufgeforderten nicht bekannt zu geben (TC VD, SJZ 1941/42, 299).   3

Die Eintragungspflicht ist nach den Umständen im **Zeitpunkt** der (letzten) Aufforderung zur Eintragung zu beurteilen (BGer v. 28.11.2005, 4A.2/2005; so schon BGE 104 Ib 262; 100 Ib 248 m.w.Nw. = Pra 1975, 138; vgl. auch Art. 934 N 13).   4

IV. Eintragung von Amtes wegen

Wenn innerhalb der in der Mahnung angesetzten Frist weder die Anmeldung erfolgt, noch *Weigerungsgründe* schriftlich geltend gemacht werden, nimmt der Registerführer die **Eintragung von Amtes wegen** vor. Das Handelsregisteramt erlässt eine Verfügung über die Eintragungspflicht, den Inhalt des Eintrags, die Gebühren und gegebenenfalls die Ordnungsbusse gemäss Art. 943 (Art. 152 Abs. 1 und 5 HRegV).   5

Der Registerführer hat auch im Falle der zwangsweisen Eintragung die Eintragungsvoraussetzungen zu prüfen (**Prüfungspflicht** gemäss Art. 940). Die Prüfungs- und Entscheidungspflicht ist **im Zwangsverfahren** nicht grösser als im ordentlichen Eintragungsverfahren (BGE 78 I 450).   6

Eintragungen von Amtes wegen erfolgen **gebührenfrei.** Davon ausgenommen sind die Eintragungen, die nach den Art. 152–155 HRegV vorgenommen werden (Art. 18 Verordnung über die Gebühren für das Handelsregister).   7

Art. 941a

3. Überweisung an den Richter oder an die Aufsichtsbehörde

[1] Bei Mängeln in der gesetzlich zwingend vorgeschriebenen Organisation der Gesellschaft stellt der Registerführer dem Richter den Antrag, die erforderlichen Massnahmen zu ergreifen.

[2] Bei Mängeln in der gesetzlich zwingend vorgeschriebenen Organisation der Stiftung stellt der Registerführer der Aufsichtsbehörde den Antrag, die erforderlichen Massnahmen zu ergreifen.

	³ **Sind die zwingenden Vorschriften über die Revisionsstelle im Verein verletzt, so stellt der Registerführer dem Richter den Antrag, die erforderlichen Massnahmen zu ergreifen.**
3. Requête au juge ou à l'autorité de surveillance	¹ En cas de carences dans l'organisation impérativement prescrite par la loi d'une société, le préposé au registre du commerce requiert du juge qu'il prenne les mesures nécessaires. ² En cas de carences dans l'organisation impérativement prescrite par la loi d'une fondation, le préposé au registre du commerce requiert de l'autorité de surveillance qu'elle prenne les mesures nécessaires. ³ Si les prescriptions impératives concernant l'organe de révision d'une association ne sont pas respectées, le préposé au registre du commerce requiert du juge qu'il prenne les mesures nécessaires.
3. Richiesta al giudice o all'autorità di vigilanza	¹ Se una società presenta lacune nell'organizzazione imperativamente prescritta dalla legge, l'ufficiale del registro chiede al giudice di prendere le misure necessarie. ² Se una fondazione presenta lacune nell'organizzazione imperativamente prescritta dalla legge, l'ufficiale del registro chiede all'autorità di vigilanza di prendere le misure necessarie. ³ Se in un'associazione sono violate le disposizioni imperative concernenti l'ufficio di revisione, l'ufficiale del registro chiede al giudice di prendere le misure necessarie.

Literatur

BESSENICH, Der Widerruf der Auflösung der AG von Amtes wegen gemäss Art. 86 Abs. 3 HRegV, JBHReg 1994, 129 ff.; GLANZMANN, Die kleine Aktienrechtsrevision, ZBGR 88 (2007) 69–85.; GWELESSIANI, Die Änderungen des OR vom 16.12.2005 aus handelsregisterrechtlicher Sicht, in: Das neue schweizerische GmbH-Recht, 2006, 187 ff.; KÄCH, GmbH-Revision und weitere Änderungen des Gesellschafts- und Handelsregisterrechts, ZBGR 89 (2008), 1–29; KOCH, Die Aktiengesellschaft ohne Revisionsstelle – Ein Tatbestand des handelsregisterrechtlichen Zwangsverfahrens, JBHReg 1998, 133 ff.; DERS., Zwangsauflösung einer altrechtlichen AG wegen Nichtanpassung an das neue Aktienrecht, JBHReg 1997, 35 ff.; DERS., Das Zwangsverfahren des Handelsregisterführers, 1997; LENGAUER, Gesellschaftsrecht Neuerungen im Revisionsrecht, Chancen-2006–2007, 23–31; SCHAUB, Revision partielle de l'ordonnance sur le registre du commerce, SZW 1990, 48 ff.; SCHMID, Das Zwangsverfahren des Handelsregisterführers beim Domizilverlust der Aktiengesellschaft, JBHReg 1994, 92 ff.; SPRECHER, Die Revision des schweizerischen Stiftungsrechts, Zürich 2006, 89–92.

I. Mängel in der gesetzlich zwingend vorgeschriebenen Organisation von Gesellschaften

1 Artikel 941a sieht eine vollständige Neuordnung des Vorgehens bei Mängeln in der Organisation von Gesellschaften vor (vgl. zur AG Art. 731b, zur GmbH Art. 819 und zur Genossenschaft Art. 908 OR sowie zum Verein Art. 69c ZGB). Weist eine Rechtseinheit Mängel in der gesetzlich zwingend vorgeschriebenen Organisation auf, so fordert zunächst das Handelsregisteramt die zur Anmeldung verpflichteten Personen auf, innert 30 Tagen den rechtmässigen Zustand wiederherzustellen und die entsprechenden Eintragungen anzumelden (Art. 154 Abs. 1 HRegV). Es weist dabei auf die massgebenden Vorschriften und die Rechtsfolgen der Verletzung dieser Pflicht hin. Die Mitteilung erfolgt mittels eingeschriebenen Briefs. Wird der rechtmässige Zustand innert Frist nicht wiederhergestellt, ist der Registerführer verpflichtet, dem **Richter** den Antrag zu stellen, die erforderlichen Massnahmen zu ergreifen (Art. 941a Abs. 1 OR und Art. 154 Abs. 3 HRegV). Diese Pflicht bleibt auf Verletzungen **zwingender gesetzlicher Vorschriften**

beschränkt, die sich aus dem Handelsregistereintrag und den einzureichenden Belegen ergeben. Sie betrifft insbesondere die Verletzung der Pflicht zur Bestellung einer Revisionsstelle und die Missachtung von Wohnsitzerfordernissen. Demgegenüber ist es nicht Sache der Handelsregisterbehörden, rein statutarische Vorschriften durchzusetzen (Botschaft zur Änderung des Obligationenrechts [GmbH-Recht sowie Anpassungen im Aktien-, Genossenschafts-, Handelsregister- und Firmenrecht] vom 19.12.2001, BBl 2002 3148, 3239).

Dem **Richter** steht es frei, diejenigen Anordnungen zu treffen, die nach den Umständen zur Durchsetzung der zwingenden gesetzlichen Vorgaben geeignet erscheinen. Aufgrund des überwiegenden Interesses der Öffentlichkeit und von Dritten besteht **keine Bindung an Anträge** der Parteien (BBl 2002, 3232). Der Richter kann der Gesellschaft unter Androhung ihrer Auflösung eine Frist zur Wiederherstellung des rechtmässigen Zustandes ansetzen. In gewissen Situationen – bspw. in andauernden Pattsituationen oder bei Handlungsunfähigkeit des einzigen Aktionärs – kann es notwendig sein, dass der Richter das fehlende Organ selbst ernennt oder als befristete Massnahme einen Sachwalter bestimmt. Die Kompetenzen des Sachwalters – bspw. die Führung der Geschäfte oder die Behebung eines Mangels – sind im Urteil zu umschreiben (vgl. auch Art. 725a Abs. 2). Soweit es sachlich notwendig ist, setzt das Gericht auch die Dauer der getroffenen Massnahme fest. In solchen Fällen ist die Gesellschaft zu verpflichten, die Kosten zu tragen und den ernannten Personen gegebenenfalls einen Vorschuss zu leisten (vgl. Art. 731b Abs. 2). Demgegenüber kann die Gesellschaft, sofern ein wichtiger Grund vorliegt, die Abberufung der vom Richter eingesetzten Person verlangen (vgl. Art. 731b Abs. 3). Der Richter kann schliesslich die Gesellschaft auch auflösen und ihre Liquidation nach den Vorschriften über den Konkurs anordnen *(zwangsweise Liquidation).* Damit ist gesagt, dass bei der Anordnung der zwangsweisen Liquidation die Vorschriften über den Konkurs auch dann sinngemäss zur Anwendung gelangen, wenn die Gesellschaft nicht überschuldet ist (BBl 2002, 3232). 2

Gemäss höchstrichterlicher Rechtsprechung ist klar, dass die Generalversammlung richterliche Anordnungen weder widerrufen noch durch andere Beschlüsse derogieren darf (BGE 126 III 283). 3

II. Mängel in der gesetzlich zwingenden Organisation von Stiftungen

Stellt das Handelsregisteramt Mängel in der gesetzlich zwingenden **Organisation der Stiftung** fest, so hat es gemäss Art. 941a die Mängel in der Stiftungsorganisation der **Aufsichtsbehörde** zu melden (Abs. 2). Die Aufsichtsbehörde hat daraufhin alle erforderlichen Massnahmen zu treffen, um den Mangel in der Stiftungsorganisation zu beseitigen, bspw. bei fehlender Unabhängigkeit der Revisionsstelle für einen Ersatz zu sorgen. Die Prüfungspflicht der Registerbehörden beschränkt sich jedoch auf **Verstösse gegen zwingende Vorschriften des Gesetzes,** soweit die Mängel aus der Eintragung im Handelsregister oder aus Belegen hervorgehen, wie beispielsweise das Fehlen einer Revisionsstelle oder die fehlende Unabhängigkeit der Revisionsstelle (Art. 83a ZGB). Die Handelsregisterbehörden sind hingegen nicht verpflichtet, die Einhaltung der in der Stiftungsurkunde oder in den Stiftungsreglementen enthaltenen Bestimmungen sicherzustellen; diese Aufgabe obliegt der Aufsichtsbehörde (SPRECHER, N 367; Bericht der WAK-S vom 23.10.2003; BBl 2003 8153, 8172). 4

Bestehen Mängel in der Organisation der Stiftung, hat die Aufsichtsbehörde die erforderlichen **Massnahmen** zu ergreifen. Sie kann insbesondere der Stiftung eine Frist ansetzen, binnen derer der rechtmässige Zustand wieder herzustellen ist, oder das fehlende 5

Organ oder einen Sachwalter ernennen (Art. 83d Abs. 1 Ziff. 1 und 2 ZGB). Kann eine zweckdienliche Organisation nicht gewährleistet werden, so hat die Aufsichtsbehörde das Vermögen einer anderen Stiftung mit möglichst gleichartigem Zweck zuzuwenden (Art. 83d Abs. 2 ZGB). Soweit sachlich notwendig, bestimmt die Aufsichtsbehörde die Dauer der getroffenen Massnahme. Die Stiftung trägt die Kosten der Massnahme und hat den ernannten Personen gegebenenfalls einen Vorschuss zu leisten (vgl. Art. 83d Abs. 3 ZGB). Demgegenüber kann die Stiftung bei Vorliegen eines wichtigen Grundes die Abberufung der von der Aufsichtsbehörde eingesetzten Person verlangen.

6   Gemäss Art. 83b ZGB ist grundsätzlich jede Stiftung bzw. jeweils das oberste Stiftungsorgan verpflichtet, eine Revisionsstelle zu bezeichnen. Die Aufsichtsbehörde kann eine Stiftung auf Gesuch des obersten Stiftungsorgans unter bestimmten kumulativen Voraussetzungen von dieser Pflicht befreien (vgl. Art. 2 der Verordnung vom 24.8.2005 über die Revisionsstelle von Stiftungen, SR 211 121.3). Der Gesetzgeber hat die Frage der Revisionspflicht der Stiftung in Art. 83b Abs. 1 und 2 ZGB abschliessend geregelt (LENGAUER, 30). Entsprechend kommen die aktienrechtlichen Bestimmungen zu den Wahlrechten nicht zur Anwendung (Botschaft des Bundesrats zur Änderung des Obligationenrechts [Revisionspflicht im Gesellschaftsrecht] sowie zum Bundesgesetz über die Zulassung und Beaufsichtigung der Revisorinnen und Revisoren vom 23.6.2004, BBl 2004, 3969 ff., 4054). Die Stiftungsaufsicht kann jederzeit die Befreiung von der Revisionspflicht widerrufen, wenn die Voraussetzungen für die Befreiung nicht mehr gegeben sind (Art. 2 Abs. 2 der Verordnung über die Revisionsstelle von Stiftungen). Für die übrigen Fragen im Zusammenhang mit der Revision verweist das Stiftungsrecht auf das Aktienrecht (Art. 83b Abs. 3 ZGB). Damit richtet sich insbesondere die Art der Revision (ordentliche oder eingeschränkte Revision) nach den aktienrechtlichen Schwellenwerten (BBl 2004, 4054).

III. Mängel bei den zwingenden Vorschriften über die Revisionsstelle im Verein

7   Der Registerführer stellt dem **Richter** Antrag, die erforderlichen Massnahmen zu ergreifen, falls **zwingende Vorschriften** über die Revisionsstelle im **Verein** verletzt sind **(Abs. 3)**. Die Revisionspflicht der Vereine ist in Art. 69b ZGB geregelt. Grundsätzlich steht es den Vereinen frei, ob sie eine Revision durchführen wollen und wie sie diese ausgestalten (Art. 69b Abs. 4 ZGB). Von diesem Grundsatz gibt es zwei Ausnahmen. Vereine müssen ihre Buchführung durch einen zugelassenen Revisor ordentlich prüfen lassen, wenn die Schwellenwerte nach Art. 69b Abs. 1 ZGB überschritten werden. Ferner muss der Verein seine Buchführung durch eine Revisionsstelle eingeschränkt prüfen lassen, wenn ein Vereinsmitglied, das einer persönlichen Haftung oder einer Nachschusspflicht unterliegt, dies verlangt (Art. 69b Abs. 2 ZGB). Muss ein Verein die Buchführung ordentlich oder eingeschränkt prüfen lassen, kommen betreffend Anforderung, Aufgaben und Unabhängigkeit des Revisors die Vorschriften des Aktienrechts sinngemäss zur Anwendung (Art. 69b Abs. 3 ZGB).

IV. Vorgehen bei fehlendem Rechtsdomizil

8   Art. 153 HRegV sieht ein besonderes Zwangsverfahren vor, wenn eine Rechtseinheit kein Rechtsdomizil (zum Begriff vgl. Art. 2 lit. c HRegV) hat. In diesem Fall erfolgt die *Aufforderung/Mahnung* zur Anmeldung eines Rechtsdomizils durch die *Handelsregisterbehörde* unter Androhung der Auflösung (vgl. dazu BGE 126 III 283; vgl. auch Art. 934 N 14).

Art. 942

IX. Nichtbefolgung der Vorschriften 1. Haftung für Schaden	**Wer zur Anmeldung einer Eintragung in das Handelsregister verpflichtet ist und diese absichtlich oder fahrlässig unterlässt, haftet für den dadurch verursachten Schaden.**
IX. Inobservation des prescriptions 1. Responsabilité pour le dommage	Celui qui, intentionnellement ou par négligence, ne procède pas à une inscription à laquelle il est tenu répond du dommage qui en résulte.
IX. Inosservanza delle norme 1. Responsabilità per il danno	Chiunque è tenuto a fare una notificazione per l'iscrizione nel registro di commercio e l'omette intenzionalmente o per negligenza, deve risarcire i danni derivati dall'omissione.

Literatur

Vgl. die Literaturhinweise zu Art. 941a.

I. Schadenersatz

1. Rechtsnatur von Art. 942

Art. 942 ist eine **Haftungsnorm des materiellen Zivilrechts**. Die Unterlassung der Anmeldepflicht ist eine unerlaubte Handlung. Art. 942 geht als lex specialis Art. 41 vor, wobei die allgemeinen Regeln des OR subsidiär bzw. ergänzend (Berechnung des Schadens, Solidarität etc.) hinzutreten. Auf die Handelsregisterbehörden findet Art. 942 keine Anwendung.   **1**

2. Voraussetzungen für die Haftung

Die **Haftung** setzt voraus, dass ein Vermögensschaden vorliegt, dass die Schädigung widerrechtlich war, dass das widerrechtliche Verhalten für den Schaden kausal war und dass den Schädiger ein Verschulden trifft.   **2**

Wer Schadenersatz beansprucht, hat den **Vermögensschaden** zu beweisen. *Anspruchsberechtigt* sind daher nur Dritte (Gläubiger, Aktionäre, Zeichner von Aktien und Anteilsscheinen Genossenschafter). Nur Drittpersonen können geschädigt werden. Nicht als Dritte gelten Personen, die an der eingetragenen oder einzutragenden Unternehmung persönlich als Organe, Zeichnungsberechtigte, verantwortliche Gesellschafter, Leiter oder Aufsichtsorgane beteiligt sind (BK-His, N 13).   **3**

Das widerrechtliche Verhalten ist in Art. 942 umschrieben. Es handelt widerrechtlich, wer zur Anmeldung einer Eintragung (Neueintragung, Änderung, Löschung) in das Handelsregister verpflichtet ist und dies unterlässt (s. die Auflistung der anmeldungspflichtigen Personen in BK-His, N 44 ff.). Die Unterlassung betrifft *nur eintragungspflichtige Tatsachen;* die Unterlassung der Anmeldung von bloss eintragungsfähigen Tatsachen kann allenfalls nach den allgemeinen Regeln von Art. 41 eine Schadenersatzpflicht auslösen. Widerrechtlich ist nicht nur die gänzliche Unterlassung der Anmeldung, sondern ganz *allgemein die unrichtige Anmeldung.* Dazu gehört die Nichtanmeldung einzelner Tatsachen, die lückenhafte Anmeldung oder die Anmeldung falscher   **4**

Tatsachen. Als *Schädiger* kommen grundsätzlich alle anmeldungspflichtigen Personen, die eine Anmeldung unterlassen haben, in Frage. Schadensersatzpflichtig sind jedoch nur diejenigen Personen, die vom einzutragenden Tatbestand gewusst haben oder hätten wissen müssen und denen die Anmeldung zumutbar war *(Vorsatz oder Fahrlässigkeit)*.

3. Schadenersatzklage

5   Die Schadenersatzklage ist beim **Zivilrichter** geltend zu machen. Aktivlegitimiert ist der Geschädigte, passivlegitimiert der Schädiger. Der Geschädigte trägt die **Beweislast** für den Schaden, die Widerrechtlichkeit, den Kausalzusammenhang und das Verschulden. Der Schädiger kann den Gegenbeweis antreten, dass er nicht anmeldungspflichtig war und dass er von der anmeldungspflichtigen Tatsache nichts gewusst hat oder hätte wissen müssen (BK-HIS, N 17). In der Praxis ist die Bestimmung von geringer Bedeutung. Es sind keine Entscheide bekannt.

II. Strafrechtliche Verantwortlichkeit

6   Neben der zivilrechtlichen Haftung ist die **strafrechtliche Verantwortlichkeit** von Bedeutung (Art. 943 N 7 ff.).

Art. 943

2. Ordnungsbussen	¹ Wenn das Gesetz die Beteiligten zur Anmeldung einer Eintragung verpflichtet, hat die Registerbehörde von Amtes wegen gegen die Fehlbaren mit Ordnungsbussen im Betrage von 10 bis 500 Franken einzuschreiten.
	² Die nämliche Busse ist gegen die Mitglieder der Verwaltung einer Aktiengesellschaft auszusprechen, die der Aufforderung zur Auflegung der Gewinn- und Verlustrechnung und der Bilanz beim Handelsregisteramt nicht nachkommen.
2. Amendes d'ordre	¹ Lorsque la loi oblige les intéressés eux-mêmes à requérir une inscription, l'autorité préposée au registre doit, en cas de contravention, frapper les contrevenants d'une amende d'ordre de 10 à 500 francs.
	² La même amende est prononcée contre les administrateurs d'une société anonyme qui, malgré sommation, ne déposent pas au Bureau du registre du commerce le compte de profits et pertes et le bilan.
2. Ammende	¹ Qualora la legge obblighi gli interessati a una notificazione per l'iscrizione, l'autorità del registro procederà d'ufficio contro i contravventori, applicando un'ammenda da dieci a cinquecento franchi.
	² La stessa ammenda è inflitta agli amministratori di una società anonima che non diano seguito alla diffida di depositare presso l'ufficio del registro il conto dei profitti e delle perdite e il bilancio.

Literatur

HÄFELIN/MÜLLER/UHLMANN, Grundriss des Allgemeinen Verwaltungsrechts, 5. Aufl. 2006; KROUG, Arrêts du Tribunal fédéral non publiés en matière du registre du commerce, 1971–1982, SAG 1983, 176 ff., 180; LUSSY, Auswirkungen des neuen Aktienrechts auf die Handelsregisterführung, AJP 1992, 740 ff. = BN 1992 420 ff.; URBATUS, Die Stampaerklärung – Ein geschichtlicher Kurzabriss, JBHReg 1995, 127 ff.

I. Ordnungsbusse (Art. 943 Abs. 1)

Die Handelsregisterbehörden sind auf die Mitwirkung der anmeldungspflichtigen Personen (s. die Auflistung bei BK-HIS, Art. 932 N 44 ff.) angewiesen und kann die Eintragungspflicht gemäss Art. 152 HRegV durchsetzen. Gegen fehlbare Beteiligte ist als Zwangsmittel die **Ordnungsbusse** vorgesehen. Zu büssen ist jeder absichtliche oder fahrlässige Verstoss gegen die in Gesetz oder Verordnung geregelte Pflicht, eine Eintragung (Neueintragung, Änderung oder Löschung) im Handelsregister anzumelden (s. BGE 104 Ib 263 = Pra 1979, 72; Pfander contra Berne, Direction de la justice, 17.12.1980, Auszug bei KROUG, 180). Bei juristischen Personen werden die verantwortlichen Organe, d.h. die anmeldungspflichtigen Personen, bestraft (BGE 64 I 53). Auch bei fehlendem Rechtsdomizil ist eine Ordnungsbusse vorgesehen (Art. 153 Abs. 3 lit. e HRegV). 1

Die Ordnungsbusse gemäss Art. 943 Abs. 1 ist eine **Verwaltungsstrafe**, also ein Mittel des Verwaltungszwanges, und *nicht eine Strafe im Rechtssinne* (BGE 72 I 255 = Pra 1946, 290 f.). Sie dient der Sanktionierung von Verstössen gegen verwaltungsrechtliche Bestimmungen des Handelsregisterrechtes, während das Strafgesetzbuch andere Rechtsgüter schützt (vgl. HÄFELIN/MÜLLER/UHLMANN, 251 N 1171). Die Ordnungsbusse ist *keine Disziplinarstrafe* (so die Übersetzung von BGE 104 Ib 263 in Pra 1979, 72), denn die anmeldungspflichtigen Personen unterstehen nicht der Disziplinargewalt der Handelsregisterbehörden, fehlt es doch an einem Sonderstatusverhältnis oder einer besonderen Aufsicht des Staates über die Anmeldungspflichtigen (vgl. HÄFELIN/MÜLLER/UHLMANN, 287 N 1338). 2

Die Formulierung von Art. 943 Abs. 1 ist missglückt; der Vergehenstatbestand wird nicht genau genannt (BK-HIS, N 2). Für die direkte Auferlegung einer Ordnungsbusse ist Art. 943 zu wenig klar bestimmt. In der Praxis dient deshalb Art. 943 Abs. 1 richtigerweise als Rechtsgrundlage für **Beugestrafen**, d.h. für die Bestrafung wegen Ungehorsams, denn der Büssung geht eine *Mahnung* i.S.v. Art. 941 voraus (vgl. BK-Küng, OR 943, N 14 ff.). Mit der Aufforderung wird die Androhung einer Ordnungsbusse verbunden. Dieses Vorgehen ist aufgrund des Verhältnismässigkeitsprinzips geboten und neu in Art. 152 Abs. 2 und Art. 153 Abs. 1 HRegV vorgesehen. Wenn die zur Anmeldung verpflichtete Person innerhalb von 30 Tagen weder die Anmeldung vornimmt noch belegt, dass keine Eintragung erforderlich ist, verfügt das Handelsregisteramt gegebenenfalls eine Ordnungsbusse (Art. 152 Abs. 5 lit. d, Art. 153 Abs. 3 lit. e HRegV). Als Beugestrafe kann die Ordnungsbusse wiederholt auferlegt werden, wenn sich die anmeldungspflichtigen Personen wiederholt Verfügungen der Handelsregisterbehörden widersetzt haben (vgl. HÄFELIN/MÜLLER/UHLMANN, 254 N 1189). 3

Die zur **Auferlegung von Bussen** befugte Registerbehörde i.S.v. Art. 943 Abs. 1 ist *das Handelsregisteramt* (vgl. Art. 152 Abs. 5 lit. d und Art. 153 Abs. 3 lit. e HRegV). Die Bussen fallen den Kantonen zu (Art. 23 Abs. 3 Verordnung über die Gebühren für das Handelsregister). 4

Als **Rechtsmittel gegen die Bussenverfügung** der kantonalen Handelsregisterämter ist erstinstanzlich die Beschwerde gemäss Art. 165 HRegV an die kantonale Beschwerdeinstanz (oberes kantonales Gericht) und zweitinstanzlich die *Beschwerde in Zivilsachen* an das Bundesgericht gegeben (Art. 72 Abs. 2 lit. b Ziff. 2 BGG). Ordnungsbussen können unabhängig vom Entscheid über die Eintragungspflicht angefochten werden (BGE 72 I 255 = Pra 1946, 289 ff.; BGE 104 Ib 263 = Pra 1979, 72). 5

II. Bedeutungslosigkeit von Art. 943 Abs. 2

6 Mit der Revision des Aktienrechts (Aktienrechtsrevision im Jahre 1991) ist das sog. **Bilanzauflageverfahren** weggefallen (Pflicht der Mitglieder des VR zur Auflegung der Gewinn- und Verlustrechnung und der Bilanz beim Handelsregisteramt). Art. 943 Abs. 2 ist allein aufgrund eines gesetzgeberischen Versehens nicht gestrichen worden und hat auch die später erfolgten Teilrevisionen des Gesellschaftsrechtes (FusG; GmbH-Novelle) überlebt. Die Bestimmung hat jede Bedeutung verloren.

III. Strafrecht

7 Nach Art. 153 StGB (Unwahre Angaben gegenüber Handelsregisterbehörden) macht sich strafbar, wer vorsätzlich eine Handelsregisterbehörde zu einer unwahren Eintragung veranlasst oder ihr eine eintragungspflichtige Tatsache verschweigt. Dieser Tatbestand ist als abstraktes Gefährdungsdelikt ausgestaltet und betrifft sowohl obligatorische als auch fakultative Handelsregistereintragungen. LUSSY weist in diesem Zusammenhang auf die besondere Bedeutung der sog. *Stampa-Erklärung* hin (Erklärung Nichtsachübernahme, z.B. Art. 43 Abs. 1 lit. h HRegV; LUSSY, AJP 1992 740 = BN 420).

8 Im Übrigen sind die folgenden strafrechtlichen Bestimmungen im Auge zu behalten: Urkundenfälschung, Art. 251 StGB; Erschleichung einer falschen Beurkundung (BGE 120 IV 199; 123 IV 132), Art. 253 StGB; unwahre Angaben über kaufmännische Gewerbe, Art. 152 StGB; Übertretung firmenrechtlicher Bestimmungen, Art. 326ter StGB; und unwahre Auskunft durch eine Personalvorsorgeeinrichtung, Art. 326^{quater} StGB.

9 Die **Strafverfolgung** obliegt den *kantonalen Strafbehörden*. Die Kantone können die Registerführer zur Verzeigung solcher Straffälle bei den ordentlichen Strafverfolgungsbehörden verpflichten (BK-HIS, N 18).

Einunddreissigster Titel: Die Geschäftsfirmen

Art. 944

A. Grundsätze der Firmenbildung
I. Allgemeine Bestimmungen

¹ Jede Firma darf, neben dem vom Gesetze vorgeschriebenen wesentlichen Inhalt, Angaben enthalten, die zur näheren Umschreibung der darin erwähnten Personen dienen oder auf die Natur des Unternehmens hinweisen oder eine Phantasiebezeichnung darstellen, vorausgesetzt, dass der Inhalt der Firma der Wahrheit entspricht, keine Täuschungen verursachen kann und keinem öffentlichen Interesse zuwiderläuft.

² Der Bundesrat kann Vorschriften darüber erlassen, in welchem Umfange nationale und territoriale Bezeichnungen bei der Bildung von Firmen verwendet werden dürfen.

A. Formation des raisons de commerce
I. En général

¹ Toute raison de commerce peut contenir, outre les éléments essentiels prescrits par la loi, des précisions sur les personnes y mentionnées, des indications sur la nature de l'entreprise, ou un nom de fantaisie, pourvu qu'elle soit conforme à la vérité, ne puisse induire en erreur et ne lèse aucun intérêt public.

² Le Conseil fédéral peut déterminer, par une ordonnance, dans quelle mesure il est permis de faire entrer des désignations de caractère national ou territorial dans les raisons de commerce.

A. Formazione delle ditte
I. In genere

¹ Ogni ditta può, accanto agli elementi essenziali determinati dalla legge, contenere una più precisa designazione delle persone in essa menzionate o richiami alla natura del negozio o un nome di fantasia, purché siffatte aggiunte siano conformi alla verità, non possano trarre in inganno e non ledano nessun interesse pubblico.

² Il Consiglio federale può determinare, per via d'ordinanza, in quale misura è lecito includere nelle ditte designazioni nazionali e territoriali.

Literatur

ACHERMANN, Die Täuschungsgefahr im Firmenrecht, BN 1985, 47 ff.; Anleitung und Weisung an die Handelsregisterbehörden betreffend die Prüfung von Firmen und Namen vom 1. Januar 1998, Stand 15. Oktober 2005 (SR 172 011) inkl. aktuelle Liste der gesperrten Begiffe; BÜHLER, Firmenfunktion und Eintragungsfähigkeit von Firmen, BN 1987 (zit. Firmenfunktion); DERS., Grundlagen des materiellen Firmenrechts, 1991 (zit. Grundlagen); ECKERT, Bewilligungspflichtige und verbotene Firmenbestandteile, Diss. Zürich 1992; HILTI, in: SIWR III/2, 1. Teil Firmenrecht, 2. Aufl. 2005; KÜNG, Handbuch für das Handelsregister, Bd. II, Aktiengesellschaft, 1993; PEDRAZZINI, Bemerkungen zur neueren firmenrechtlichen Praxis, FS Bürgi, 1971, 306 ff.; F. VON STEIGER, Schweizerisches Firmenrecht, 1938; P. TROLLER, Kollisionen zwischen Firmen, Handelsnamen und Marken, 1980; WATTER/ VON PLANTA, Register- und firmenrechtliche Probleme bei Personengesellschaften, JBHReg 1993, 73 ff.

I. Begriff, Normzweck und Anwendbarkeit

Das Gesetz (OR und HRegV) definiert den **Begriff der Firma** nicht. Die Lehrmeinungen zum *Firmenbegriff* gehen auseinander (vgl. TROLLER, 18 ff.). Nach Auffassung der Lehre (BÜHLER, Grundlagen, 1 ff.; MEIER-HAYOZ/FORSTMOSER, 166 ff.) ergeben sich aus den Bestimmungen des OR die folgenden gesetzlichen Firmenmerkmale: «Die Firma ist dasjenige Kennzeichen, das den Einzelkaufleuten sowie den ausländischen Zweigniederlassungsinhabern als auf ihr Gewerbe (Geschäft, Unternehmen) bezogener

1

Name bzw. den Handelsgesellschaften sowie den Genossenschaften als Name schlechthin dient, und das als solcher Name im Handelsregister eingetragen ist». Schlagwortartig ausgedrückt ist die Firma der im Handelsregister eingetragene Name eines kaufmännischen Unternehmens; dieser bezweckt die Kennzeichnung und Individualisierung eines Betriebes (BGE 114 II 285 ff.). Unter der Firma als Name tritt ein kaufmännisches Unternehmen im Rechtsverkehr auf, betreibt seine Geschäfte und gibt Verpflichtungserklärungen ab (FORSTMOSER, Aktienrecht, § 4 N 4 f.). Ungeachtet der jeweiligen Definition der kennzeichenrechtlichen Hauptbedeutung des Firmenbegriffes finden sich im OR zahlreiche Bestimmungen, welche den Ausdruck «Firma» mehrdeutig bzw. in verschiedenen Nebenbedeutungen verwenden (z.B. als Name, Zweigniederlassungsinhaberin, Geschäftsfirma; näher dazu BÜHLER, Grundlagen, 13 ff.).

2 Der **Firmenschutz** erfasst nur die (im Handelsregister eingetragenen) Geschäftsfirmen (BGE 93 I 567), die Gegenstand des ganzen 31. Titels des OR sind (Näheres bei BK-HIS, Art. 944 N 33). Art. 944 ff. finden infolgedessen auf die Namen von Vereinen und Stiftungen keine Anwendung. Diese geniessen (unabhängig von einem allfälligen Handelsregistereintrag) lediglich den Namens- und Persönlichkeitsschutz des ZGB (BGE 83 II 255; relativierend 102 II 165 E. 2; BGE 69 I 123 E. 1). Die Grundsätze der Firmenbildung gelten hingegen auch für die Eintragung von Vereinen in das Handelsregister (BGE 116 II 605 ff.). Demgegenüber geniesst der Name einer Verwaltungsstelle (i.c.: Interkantonale Vereinigung für die Kontrolle der Heilmittel) keinen Namensschutz gem. Art. 29 Abs. 2 ZGB (KGer ZG, SMI 1990, 37). Zusätzlich zu den Bestimmungen des Firmenrechts gelten für die juristischen Personen die Vorschriften des ZGB über den Namensschutz (BGE 102 II 165) sowie die Bestimmungen des UWG (100 II 397) und des MSchG (BGE 122 III 160 ff.). Das Firmen- und Lauterkeitsrecht sind kumulativ anwendbar. Liegt jedoch Verwechslungsgefahr gemäss Firmenrecht vor, braucht nicht mehr geprüft zu werden, ob Tatbestände des UWG erfüllt sind (Massnahmeentscheid des Gerichtskreises VIII Bern – Laupen, sic! 1/1998, 72). Bei einer Kollision zwischen Firmen- und Markenrecht, ist nicht schematisch zu entscheiden, sondern durch eine Abwägung der Interessen, die einem möglichst gerechten Ausgleich entgegenzuführen sind (BGE 125 III 91). Zu den einzelnen Schutzbehelfen ausserhalb des Firmenrechts und deren Rangfolge (ALTENPOHL, Ohne Domainname kein Internetauftritt, Faustregeln zur Vermeidung von Rechtsstreitigkeiten, in: NZZ Nr. 224 vom 26.9.2000; MEIER-HAYOZ/FORSTMOSER, 188 ff.).

3 Der Begriff der Firma ist von der **Marke** abzugrenzen, als dem Kennzeichen, das Waren oder Dienstleistungen eines Unternehmens von solchen anderen Unternehmen unterscheidet (vgl. Art. 1 MSchG). Zu unterscheiden ist die Firma ferner von der **Enseigne** als der besonderen Bezeichnung des Geschäftslokals oder von der **Geschäftsbezeichnung** (vgl. Näheres bei Art. 954a).

II. Die Firmenbildung

1. Allgemeine Grundsätze für die Firmenwahl

a) Vorbemerkungen

4 Abs. 1 legt die allgemeinen **Grundsätze der Firmenbildung** fest. Diese gewährleisten die kennzeichnende und unterscheidende Funktion der Firma (BGE 101 Ib 363). Innerhalb der je nach Gesellschaftsart unterschiedlichen Schranken (Art. 945 ff., vgl. dazu nachfolgend) kann eine Firma Personen-, Sach- oder Fantasiebezeichnungen verwen-

den, soweit das Prinzip der Firmenwahrheit sowie das Täuschungsverbot beachtet werden (Urteil des BGer, sic! 4/2001, 327 ff.).

Bis anhin zeichnete sich die Schweiz im Firmenrecht durch eine im internationalen Vergleich strenge gesetzliche Ordnung (sog. Grundsatz der Firmenstrenge) aus. Diese wurde zusätzlich von Registerbehörden und Gerichten restriktiv gehandhabt. Die per 1.1.1998 in Kraft gesetzte Änderung der HRegV und die gestützt darauf erlassene Weisung des EHRA haben das zuvor geltende Firmenrecht erheblich liberalisiert. Daher sind frühere Lehrmeinungen und Gerichtsentscheidungen zu einzelnen Aspekten (wie Schreibweise, Reklameverbot, Bewilligungspflicht für geografische Bezeichnungen) überholt.

Im Zusammenhang mit der Revision des GmbH Rechts erfolgten auch im Firmenrecht Gesetzesanpassungen, die auf den 1.1.2008 in Kraft traten. Dabei handelt es sich im Wesentlichen um folgende Änderungen:

Art. 950 sieht für AG, Genossenschaft und *GmbH* die Pflicht vor, die Rechtsform in der Firma konsequent anzugeben; gem. Art. 950 Abs. 2 wird die *GmbH* bezüglich firmenrechtlichem Schutzbereich mit der AG und Genossenschaft gleichgestellt. Der Randtitel von Art. 945 stellt terminologisch richtig, dass es nicht mehr Einzelfirma, sondern *Einzelunternehmen* heisst. Im neuen Art. 954a wird die *Firmengebrauchspflicht* auf Gesetzesstufe geregelt.

Erleichtert wurden einerseits die Anforderungen an die Wahl und Schreibweise von Firmen. Verzichtet wurde andererseits auf das Bewilligungsverfahren für geografische Bezeichnungen und auf das Reklameverbot.

Eine Anzahl von Sondergesetzen sieht weitere Schranken der Firmenbildung vor (vgl. dazu nachfolgend N 21).

b) Beginn und Ende der Firma

Die Geschäftsfirma entsteht nicht erst mit der Anmeldung beim Handelsregister oder mit deren Eintragung (bzw. Veröffentlichung im SHAB). Vielmehr ist der **Beginn der Firma** bereits bei ihrer **tatsächlichen Führung** im geschäftlichen Verkehr durch den Firmenberechtigten anzusiedeln. Infolgedessen können Verletzungsklagen wegen Firmengebrauch schon ab diesem Zeitpunkt und vor dem Handelsregistereintrag angehoben werden (BK-HIS, Art. 944 N 35). Das Recht und auch die Pflicht zur Firmenführung hören demgegenüber mit der Löschung des Firmeneintrags im Handelsregister auf. 5

c) Zwingende und fakultative Formschriften des Firmenrechts

Das **Firmenrecht** enthält sowohl **zwingende wie auch fakultative Bestimmungen** zum Inhalt oder zu Zusätzen (wie «AG», Art. 950 Abs. 2; «in Liquidation», Art. 739 Abs. 1; «vormals», Art. 953 Abs. 2 und dgl.); diese sind je nach Rechtsform der hinter der Firma stehenden Unternehmung unterschiedlich geregelt (Näheres bei BK-HIS, Art. 944 N 39 ff.; KÜNG, 41 ff. sowie bei der Komm. der entsprechenden Bestimmungen). 6

d) Sprache und Schreibweise der Firma

Wie bisher kann eine Firma – unabhängig vom Sitz der schweizerischen Gesellschaft – ganz oder teilweise ausserhalb der schweizerischen **Amtssprachen** (Creative Technology SA, Intelligent Nutrition AG etc.) sowie aus einer toten Sprache (z.B. Securitas AG) oder auch im Dialekt («Musig-Boggs Akziegsellschaft», SHAB vom 3.1.1985, 1) 7 gebildet werden. Die Firmenbildung in fremder Sprache muss jedoch in deutschen oder romanischen Buchstaben oder arabischen Ziffern schreibbar und in einer schweizerischen Amtssprache aussprechbar sein, was z.B. bei asiatischen Sprachen nicht immer gewährleistet ist (BK-HIS, Art. 944 N 144). Eine aus fremdländischen Zeichen gebildete Firma ist dann eintragungsfähig, wenn sich ihr Inhalt mit ungefähr gleich lautenden Zeichen des lateinischen Alphabets wiedergeben lässt (Zulässigkeit von phonetischen Transkription aus dem Japanischen oder Arabischen: BGE 106 II 62 ff.). Die Schreibweise der Firma im Rechtsverkehr muss derjenigen der Statuten oder des Gesellschaftsvertrags sowie der Handelsregistereintragung entsprechen; dies gilt auch für den Gebrauch der Firma in mehreren Sprachen (Weisung des EHRA Nr. 171 ff.). Soweit die vorstehenden Grundsätze beachtet werden, darf eine Firma auch in mehreren Sprachen angemeldet und eingetragen werden; dabei sollen die einzelnen Übersetzungen inhaltlich, wenngleich nicht wörtlich, übereinstimmen (Weisung des EHRA Nr. 179 ff.). Nur die im Handelsregister eingetragenen fremdsprachigen Firmenfassungen geniessen das Recht auf ausschliesslichen Gebrauch (Weisung des EHRA Nr. 173, zur Handhabung nicht übersetzbarer Firmenbestandteile vgl. Weisung des EHRA Nr. 175). Gemäss Art. 954 Abs. 1 muss die Firma im formellen Verkehr so wie im Handelsregister eingetragen verwendet werden (für die zulässige, zusätzliche Verwendung von Kurzbezeichnungen vgl. nachfolgend Art. 954a Abs. 2 N 2 f.).

8   Bei der Firmenbildung sind die Regeln der Grammatik grundsätzlich *nicht* zu beachten. Gleichzeitig muss bei der Firmenbildung nach wie vor gewährleistet sein, dass die Identifikation und Individualisierung des Rechtssubjekts durch die Firma erhalten bleibt (Weisung des EHRA Nr. 158 ff.). Gemäss Weisung des EHRA dürfen sämtliche lateinische Gross- und Kleinbuchstaben sowie arabische Zahlen frei verwendet werden (Weisung des EHRA Nr. 150: zulässig ist z.B. primeLight GmbH; 2-gether AG). Interpunktionszeichen und Wiederholungen oder Kombinationen von Interpunktionszeichen können nicht alleinige Bestandteile einer Firma i.S.v. Art. 944 sein. Zulässig wäre z.B. «WOOP! AG», «Wer gewinnt?GmbH», «Es klingt ... Hugo Muster»; unzulässig wäre «http:\karix-AG (Weisung des EHRA Nr. 153 f.). Zwischen den einzelnen Zeichen kann höchstens ein normaler Wortabstand (Leerschlag) gesetzt werden (Weisung des EHRA Nr. 156). Enthält eine Firma Buchstaben, Zahlen und/oder Zeichen in einer Weise, dass daraus allein die Firmenbezeichnung nicht ohne weiteres erkennbar ist, muss zusätzlich die Rechtsform angegeben werden, da sonst der Bezeichnung der Kennzeichencharakter fehlt (Weisung des EHRA Nr. 160 f.). Beispiele zulässiger Firmenbildung: «Z-AG»; «NRG4U SA»; «Speak for Yourself AG»; «Ihr Partner beim Ladenbau AG»; «Stiftung Allez-hopp Schweiz!» (Weisung des EHRA Nr. 163). Rechtsformandeutende Zusätze sind einheitlich zu verwenden (Weisung des EHRA Nr. 192 ff.). Nach wie vor ist die Verwendung von Signeten, Symbolen, Emblemen, Farben, Bildzeichen, graphischen Besonderheiten (wie Logo, Farbe, Fettdruck, Kursivschrift usw.) oder anderem figürlichem Beiwerk in der Firma, wie etwa bei der Marke, *unzulässig* (Weisung des EHRA Nr. 165 ff. mit Bsp.).

Der Schutz des figurativen Beiwerkes einer Firma kann jedoch seit dem 1.4.1993 mittels Eintragung als (Dienstleistungs-)Marke erzielt werden (vgl. Art. 1 ff. MSchG).

2. Personennamen

9   Die Verwendung von Personennamen in Firmen ist im OR für jede Rechtsform gesondert geregelt. Generell sind jedoch die Schranken der Firmenwahrheit und das Gebot deutlicher Unterscheidbarkeit bestimmend für die Wahl eines Familiennamens als Fir-

menbestandteil. Infolgedessen muss im Zeitpunkt der Firmenbildung eine Beziehung der Firma zu einem Träger des verwendeten Geschlechtsnamens vorliegen. Der erforderliche Konnex kann sich aus dem Erwerb von Vermögenswerten, der Übernahme einer Verwaltungstätigkeit, der Verwandtschaft der Aktionäre oder Verwaltungsmitglieder mit dem Namensträger, der Produktion und dem Verkauf der Erzeugnisse, die mit dem Namen der Firma bezeichnet werden («Chocolat Tobler AG», «Lindt & Sprüngli AG») oder der Übernahme eines Teils des Unternehmensvermögens durch den Inhaber des Personennamens ergeben (FORSTMOSER, Aktienrecht, § 4 N 12 m.w.Nw.).

Bei der Verwendung des **Geschlechtsnamens** in der Firma ist grundsätzlich auf den im **Zivilstandsregister** eingetragenen Personennamen abzustellen. Zulässig sind nähere Angaben zur Individualisierung der Person, z.B. zum Verwandtschaftsverhältnis (BK-HIS, Art. 944 N 44). Die Firma kann jedoch auch mit einem Künstlernamen gebildet werden, insb. wenn sich dieser mit einem weitverbreiteten Familiennamen deckt (BGE 112 II 60 ff.). Erlaubt sind Hinweise auf akademische Titel, wenn dadurch keine Täuschungen bewirkt werden (BGE 113 II 281 f.). In der Praxis wird zugelassen, dass ein **Vorname** in die Firma auch dann aufgenommen werden kann, wenn kein derartiger Namensträger in der erforderlichen Beziehung zum betreffenden Unternehmen steht (z.B. «Coiffeur René AG», «Dany's Blumenshop AG» etc.). Es ist zulässig, einen Personennamen in der Firma ausschliesslich mit Gross- oder Kleinbuchstaben zu schreiben (Weisung des EHRA Nr. 100).

Entfällt die Beziehung zwischen dem Namensträger und der Firma nach der Firmenbildung, so kann die bisherige Firma im Falle von AG, GmbH oder Genossenschaft grundsätzlich beibehalten werden (BGE 73 II 120 ff.; FORSTMOSER, Aktienrecht, § 4 N 13 m.w.Nw.). Gleichzeitig hat der Träger des entsprechenden Geschlechtsnamens i.d.R. keinen Anspruch darauf, dass bei Entfallen des Zusammenhanges zwischen ihm und der Unternehmung ihre Firma geändert wird (BJM 1978, 257 ff.). Demgegenüber können Personengesellschaften ihre Firma beim **Ausscheiden des namengebenden Partners** nur innert gesetzlicher Schranken (Art. 948, 953 und 954) unter erschwerten Bedingungen beibehalten. Diese wenig praxisorientierten Vorschriften benachteiligen zum einen die Personengesellschaften gegenüber der AG. Zum anderen entsteht damit eine zusätzliche Diskrepanz zum stark erweiterten Schutzbereich des neuen Markenschutzgesetzes. Danach ist es Unternehmen (inkl. Personengesellschaften) unbenommen, auch nach einem Partnerwechsel ihre Marke, die Teile der alten Firma enthält, unverändert weiter zu verwenden. Die neue Praxis der Registerbehörden bringt im Rahmen des gesetzlichen Spielraumes gewisse Erleichterungen (vgl. WATTER/VON PLANTA, 73 ff.).

Ein **Geschlechtsname** darf von dessen Träger in einer Firma auch dann gebraucht werden, wenn er bereits als Firmenbezeichnung figuriert, sofern sich die jüngere Firma von der bisherigen durch einen **deutlichen Zusatz** unterscheidet (BGE 70 II 124; 79 II 188; 102 II 171; BGer, SMI 1993, 259 ff.: «Reis AG Russikon und Reiss AG sind verwechselbar; HGer SG, SMI 1990, 331 ff.; Näheres bei Art. 946 und 951).

3. Sachbezeichnungen

Die **Firma** darf, entweder als wesentlichen Inhalt oder als freiwilligen Zusatz, **Angaben über den Zweck oder die Natur des Unternehmens** enthalten (Art. 944 Abs. 1; Weisung des EHRA Nr. 19 f.). Derartige **beschreibende Angaben** (sog. **Sachbezeichnungen**) bewirken konkrete, sachliche Vorstellungen und umschreiben häufig die Tätigkeit, Branche oder Natur des Geschäfts. Im Unterschied zum Markenrecht ist die Verwendung von im Gemeingebrauch stehenden Begriffen prinzipiell erlaubt (BGE 78 II 459). Seit Mitte der siebziger Jahre weist das EHRA Eintragungsgesuche für reine Sachfirmen mangels genügender Kennzeichnungskraft zurück (BÜHLER, Grundlagen, 108 m. Nw.; krit. dazu PEDRAZZINI, 306 ff.). Ferner ist die firmenmässige Monopolisierung des sprachlichen Gemeingutes unzulässig. Diese Auffassung wurde durch das BGer bestätigt (BGE 101 1b 369 ff.; 114 II 286). Eine Ausnahme von diesem Verbot besteht dahingehend, dass die bereits im Handelsregister eingetragenen reinen Sachfirmen nicht mehr geändert bzw. gelöscht werden müssen (Computer-Handels AG, Lift AG, Bau AG). Gemäss BGer kann bei Firmen, die unter der alten Praxis als reine Sachbezeichnungen eingetragen wurden, keine Nichtigkeit geltend gemacht werden, auch wenn diese Firmen nach heutiger Praxis nicht mehr eingetragen würden (BGE 128 II 224). Das EHRA wendet die vorgenannten Kriterien grundsätzlich für alle Sachbezeichnungen an (inkl. nicht landessprachliche). Die Frage nach dem Vorliegen einer reinen Sachfirma entscheidet sich nach der Verkehrsauffassung (BÜHLER, Firmenfunktion, 18 f.). Sachbezeichnungen sind eintragungsfähig, sobald ihnen Buchstabenkürzel (z.B. Akronyme), Fantasiebezeichnungen oder allenfalls Personennamen zugefügt werden. Demgegenüber haben geografische Zusätze allein kaum individualisierende Wirkung (daher W.T. Wäscherei Thalwil AG). Schliesslich kann die Kennzeichnungskraft nicht durch die Zufügung weiterer Sachbezeichnungen erreicht werden (BÜHLER, Firmenfunktion, 19). Unzulässig ist z.B. Hand-Pack AG (zugelassen als Soft-Pack AG), Jet-Technologie AG (zugelassen als Inter-Technologie AG), Spaghetti Factory AG (zugelassen als Restaurant Spaghetti Factory AG), Value Wert AG (zugelassen als Value Valor AG), währenddem Uhr AG (mit Hauptaktionären namens G. und R. Uhr) als rechtmässig erachtet wurde (BÜHLER, Firmenfunktion, 18 m.w.Bsp; ausreichende Individualisierung der Sachbezeichnung «Rustica» durch die Zufügung von «Casa», KGer VS, SMI 1994, 281 ff.). Das EHRA hat seine Praxis modifiziert, indem das Verbot der reinen Sachbezeichnungen neuerdings flexibler gehandhabt wird. Nunmehr wird eine aus reinen Sachbezeichnungen zusammengesetzte Firma nur dann abgelehnt, wenn die Firma auch eine effektiv monopolisierende Wirkung haben kann. Sachbegriffe oder Kombinationen von Sachbezeichnungen mit Fantasiecharakter oder originelle Sachbegriffskombinationen sind als alleinige Firmenbestandteile zulässig, soweit die Firma durch die Angabe der Rechtsform als solche erkennbar ist (Weisung des EHRA Nr. 21 ff.). An die Originalität von Sachbegriffkombinationen werden wegen der Bedürfnisse der Praxis keine hohen Anforderungen mehr gestellt (Weisung des EHRA Nr. 26). Auch eine Firma, welche aus einer oder mehreren gemeinfreien Sachbezeichnungen besteht, kann Firmenschutz und damit Exklusivität beanspruchen. Jüngere Unternehmen, die gleiche Sachbezeichnungen wie ältere Firmen in ihrer Firma führen, haben mit zusätzlichen Kennzeichen für eine hinreichend deutliche Abgrenzung (i.c. genügte der kennzeichnungsschwache Zusatz «Orthopaedics») zu sorgen. Die Anforderungen an die Kennzeichnungskraft individualisierender Zusätze dürfen in solchen Fällen jedoch «nicht überspannt» werden (BGer i.S. «Biomed AG/Biomet Orthopaedics Switzerland GmbH», sic! 2007, 379). Als zulässig werden z.B. erachtet: Scientific and Mathematical Research and Computing GmbH; Management Zentrum Hinwil AG; Speisewerk GmbH, Zweck: Betrieb eines Restaurants (Weisung des EHRA Nr. 27, 30). Die neuere Praxis ist zwar weniger strikt, enthält jedoch ein weites Ermessenselement, welches zu Unterschieden in der Beurteilung von Registrierungsgesuchen durch einzelne Sachbearbeiter führen wird (JBHReg 1993, 132 ff. m. ausführlichen Bsp. 1992 zugelassener sowie abgelehnter Sachbezeichnungen; vgl. Weisung des EHRA Nr. 17 ff. mit zahlreichen Bsp.).

4. Fantasiebezeichnungen

Im Rahmen der allgemeinen Grundsätze der Firmenbildung (z.B. für Personengesellschaften) und des Verbots von Täuschung (dazu nachfolgend) besteht bei der Wahl von **Fantasiebezeichnungen für Firmen grosse Freiheit** (FORSTMOSER, Aktienrecht, § 4 N 18; BGer, sic! 4/2001, 327 ff.). Eine Fantasiebezeichnung umschreibt nicht den Sachverhalt, sondern eine der menschlichen Vorstellung entnommene Fiktion; sie wird häufig in lateinischen bzw. international verständlichen Ausdrücken oder Eigenschaften ausgedrückt (wie bspw. «Novartis», «Implenia», «Phonak», «Sonowa», «Geberit» und kann auch grammatikalisch unrichtig oder inhaltlich ohne Aussagekraft sein (BK-HIS, Art. 944 N 53; BGer, sic!1/1997, betr. Fantasiegehalt und Kennzeichnungskraft mangels klarer Bedeutung von «Integra»; vgl. aber gegenläufiger BGer, Urteil 4C.31/2003, wonach der Firmengehalt INTEGRA nur einen geringen Fantasiegehalt enthält. Dem äusserst schwachen Zeichen komme daher nur ein sehr geringer Schutzbereich zu). Im Rahmen des Täuschungsverbotes (Art. 944 Abs. 1 OR; Art. 26 HRegV) müssen Fantasiebestandteile von Firmen nicht notwendigerweise mit dem Geschäftszweck übereinstimmen bzw. können gleichlautend sein, wie der Personenname eines Dritten (Columbus, Abraham) sein. Sofern der Name Allgemeingut oder Sachbezeichnung geworden ist, hat der dritte Namensträger keinen Anspruch auf Verbot dieser Firma, sobald ein unterscheidungskräftiger Zusatz beigefügt wird (BK-HIS, Art. 944 N 56 ff.).

III. Schranken in der Freiheit der Firmenbildung

1. Wahrheitsgebot, Täuschungsverbot

Abs. 1 setzt (in Übereinstimmung mit Art. 26 HRegV) voraus, dass der Inhalt einer Firma der **Wahrheit entsprechen** muss, **keine Täuschungen verursachen** (Näheres bei ACHERMANN, 47 ff.) und nicht dem öffentlichen Interesse zuwiderlaufen darf (BGE 123 III 225 E. 4b). Bei der Prüfung der Täuschungsgefahr durch die Handelsregisterbehörden (von Amtes wegen, BGE 101 Ib 386) ist auf die besonderen Umstände des Einzelfalles abzustellen (BGE 108 II 133). Eine Täuschungsgefahr ist dann zu bejahen, wenn die Firma Begriffe enthält, die sich auf eine Tätigkeit oder ein Produkt bzw. eine Dienstleistung beziehen, die in der Umschreibung der Zwecksetzung oder Geschäftstätigkeit nicht erwähnt wird, oder wenn sie nur auf einen Nebenerwerb hinweist und dadurch die eigentliche Haupttätigkeit verborgen bleibt (BGE 117 II 198; vgl. Bsp. für Rechtsprechung zum Täuschungsverbot bei MEIER-HAYOZ/FORSTMOSER, 183). Nach der Praxis des BGer ist die Firma als Ganzes massgebend, und zwar nach dem Eindruck, den sie einem durchschnittlich aufmerksamen Publikum oder einem Durchschnittsbetrachter macht (BGE 114 II 287 f. m.V.). Der vorgenannte Grundsatz der Verkehrsauffassung (im Einzelnen ECKERT, 28 ff.) gilt selbst dann, wenn einem einzelnen Bestandteil erhöhte Bedeutung zukommt (BGE 112 II 61). Relevant ist nicht der spezifische Kundenkreis der in Frage stehenden Firmen, sondern das schweizerische Publikum überhaupt. Dabei kommt es vornehmlich auf den Wortsinn der in der Firma verwendeten Sprache an; daneben ist auch auf den Eindruck abzustellen, den die Firma auf das durchschnittlich aufmerksame Publikum in einer anderen Landessprache macht (BGE 110 II 399 f.; 123 III 220 ff.). Es ist nicht erforderlich, dass konkrete Täuschungen oder eine eingetretene Schädigung bei der besser berechtigten Firma nachgewiesen werden müssen; die blosse Täuschungsgefahr genügt (BGE 113 II 282; 108 II 132 f.). Immerhin kann es ein Indiz für fehlende Täuschungsgefahr sein, falls es während langer Zeit zu keiner Verwechslung gekommen ist (BGE 101 Ib 33 f.). Massgebend für das Vorliegen einer Verwechslungsgefahr ist ausschliesslich der (eingetragene) Wortlaut der Firma.

16 Ein neu gegründetes Unternehmen darf die verschiedenen Geschäftszweige, auf die es angelegt ist, in der Firma angeben, ohne sich bereits über die effektive Tätigkeit im Einzelnen ausweisen zu müssen (BGE 68 I 119 ff.). Die Nennung nur einer von mehreren geschäftlichen Tätigkeiten in der Firma begründet nicht notwendigerweise eine Täuschungsgefahr. Diese kann erst dann vorliegen, wenn ein nebensächlicher Geschäftszweig (unter Weglassung des Hauptzweckes) hervorgehoben wird (BGE 91 I 218 f.). Demgegenüber ist jedoch unerlässlich, dass die **Firma** stets **durch** den statutarisch festgehaltenen **Gesellschaftszweck gedeckt** ist (Weisung des EHRA Nr. 4 ff.; BGE 68 I 119 ff.; nicht zugelassen wurde «Desic Bau AG», da es sich nicht um ein Baugeschäft im eigentlichen Sinn handelte, sowie «Schneider Industrie AG» für eine Verkaufsgesellschaft, JBHReg 1993, 139). Bei Änderung des Gesellschaftszweckes muss die Firma-Zweck-Relation überprüft werden (Weisung des EHRA Nr. 6 mit Bsp. in Nr. 7). Enthält die Firma eine Ortsangabe, so muss eine Beziehung zum Sitz, Ort des Betriebes, Natur oder Tätigkeit der Unternehmung bestehen, ansonsten gegen das Täuschungsverbot verstossen wird (BGE 113 II 175 f.; 108 II 132 ff.; 100 Ib 243 f.; Massnahmenentscheid des TC FR, sic! 3/1997, 305).

17 In gewissen Fällen (insb. bei der Übernahme oder der Umwandlung einer Gesellschaft) ist es möglich und zulässig, dass zwei identisch lautende Geschäftsfirmen im Register eingetragen sind. Wenn die aufgelöste und die neu eingetragene Gesellschaft eine einzige wirtschaftliche Einheit bildeten, werde das Privatinteresse der ersten in keiner Weise verletzt, dass der zweiten die Bewilligung erteilt werde, den gleichen Namen zu verwenden (BGer, sic! 1/1999, 42 ff.). Je nach den konkreten Umständen kann die Übernahme einer identischen Firmenbezeichnung, welche die vorbestehende Firma gleichentags durch Firmenänderung aufgegeben hatte, durch eine andere Firma gegen das Täuschungsverbot verstossen (BGE 123 III 224 ff. E. 4b; Weisung des EHRA Nr. 3 ff.).

18 Eine Firma darf werbende Elemente enthalten, soweit sie dem Wahrheitsgebot entsprechen, das Täuschungsverbot nicht verletzt wird und keine öffentliche Interessen entgegenstehen (Weisung des EHRA Nr. 13). Als zulässig werden z.B. folgende Firmen erachtet: «Pub Number One AG», «The Best Company AG», «Auto-Center GmBH», «Hans Muster, Ihr Partner beim Küchenbau» (Weisung des EHRA Nr. 14). Nachdem reklamehafte Firmenbestandteile von der früheren Registerpraxis nur mit äusserster Zurückhaltung zugelassen worden sind, verlangt das Täuschungsverbot, dass diese Firmenbestandteile nach erfolgter Praxisänderung per 1.1.1998 nun nicht einfach monopolisiert werden können (BGer, sic!, 415 ff. betr. Firmenbestandteil «Excellent»).

19 Ein Verstoss gegen die gesetzlichen Bestimmungen über die Firmenbildung und die Firmengebrauchspflicht kann einerseits (z.B. infolge Verstoss gegen das Täuschungsverbote oder infolge Schaffung einer Verwechslungsgefahr) zu einer Schadenersatzpflicht nach Art. 41 führen (BGE 123 III 224 ff. E. 4b). Andererseits ist die Verwendung einer Bezeichnung, die nicht mit derjenigen der Handelsregistereintragung übereinstimmt und irreführen kann, mit Busse strafbar (Art. 326ter StGB).

2. Verstoss gegen öffentliche Interessen

20 Nach Art. 944 Abs. 1 darf der **Firmeninhalt keinem öffentlichen Interesse zuwiderlaufen.** Den Registerbehörden obliegt es, die angemeldeten Firmen auf die Übereinstimmung mit diesem Verbot zu prüfen. Schützenswert sind diejenigen öffentlichen Interessen, welche Rechtsgüter von Gemeinwesen, öffentlich-rechtlichen Kirchen und Kooperationen darstellen, die überdies durch Gesetz oder Verordnung geschützt sind. Damit soll vermieden werden, dass private Unternehmen in ihrer Firma Ausdrücke ver-

wenden, mittels welcher vorgegeben wird, es handle sich um öffentliche, staatliche oder kommunale Institutionen. Im Wesentlichen untersagen drei Gesetze den Gebrauch von bestimmten Bezeichnungen und deren Eintragung in das Handelsregister ausdrücklich im öffentlichen Interesse: Zum einen Art. 6 des BG zum Schutz öffentlicher Wappen und anderer öffentlicher Zeichen vom 9.6.1931 (SR 232.21) in Bezug auf Begriffe wie «Eidgenossenschaft», «Kanton» oder «Gemeinde». Ferner sieht Art. 1 Abs. 1 und Art. 7 Abs. 1 des BG betr. den Schutz des Zeichens und des Namens des roten Kreuzes vom 25.3.1954 (SR 232.22) vor, dass Firmen mit den Ausdrücken «Rotes» oder «Genfer Kreuz» nicht im Handelsregister eingetragen werden dürfen. Schliesslich ist es untersagt, den Namen und die Zeichen der Organisation der Vereinten Nationen und anderer zwischenstaatlicher Organisationen zu verwenden (BG zum Schutz von Namen und Zeichen der Organisation der Vereinten Nationen und anderer zwischenstaatlicher Organisationen vom 1.6.1962, SR 232.23; für weitere spezialgesetzliche Schranken v.a. für Firmen von Banken, Anlage- und Investmentfonds sowie Effektenhändlern; vgl. MEIER-HAYOZ/FORSTMOSER, 185). Konkrete Verbotsbeispiele finden sich in der aktuellen Liste der gesperrten Begriffe des EHRA.

3. Nationale und territoriale Bezeichnungen

Geografische und nationale Bezeichnungen als Firmenbestandteile sind grundsätzlich frei verwendbar; vorbehalten bleiben das Wahrheitsgebot, das Täuschungsverbot und der Schutz öffentlicher Interessen (Weisung des EHRA Nr. 38 ff. mit Bsp.). Weggefallen ist auch die bisherige Verpflichtung, den nationalen, territorialen oder regionalen Zusatz nur in Klammern zu verwenden. Geografische Hinweise in der Firma auf den Gesellschaftszweck, die Herkunft von Produkten oder Dienstleistungen, das Tätigkeitsfeld oder Konzernverhältnisse (Zulässigkeit des Zusatzes «Schweiz» bei schweizerischer Tochtergesellschaft, einer internationalen Firmengruppe mit Konzernsitz im Ausland) dürfen verwendet werden, wenn sie zutreffend sind (Weisung des EHRA Nr. 38 ff.). Unzulässig ist es, wenn geografische Bezeichnungen den alleinigen Firmenbestandteil darstellen («Indian-Swiss Corporation»), wenn sie den Anschein einer offiziellen Tätigkeit oder Stellung vermitteln («Suisse Promotion SA») oder wenn sie den Anschein einer tatsächlich nicht bestehenden Marktposition oder wirtschaftlichen Bedeutung («European Parcel Service AG» bei vorwiegend lokal tätigem Unternehmen) erwecken (Weisung EHRA Nr. 58 ff.). Die Begriffe «International», «Worldwide», «Mondial» usw. dürfen nur verwendet werden, wenn entweder das Unternehmen über institutionalisierte Vertriebsstrukturen (Tochtergesellschaften, Zweigniederlassungen) im entsprechenden Raum verfügt oder die Verwendung entsprechender Ausdrücke durch die Art der Leistungen des Unternehmens (z.B «Italia-Mare Travel GmbH», Zweck: Reisebüro mit Spezialisierung Italienreisen) sachlich begründet ist (Weisung EHRA Nr. 65). Das Bestehen von Kundenbeziehungen im Ausland rechtfertigt nicht die Verwendung des Begriffs «International» in der Firma, wenn das Unternehmen selbst keine grenzüberschreitenden Strukturen aufweist (Weisung des EHRA Nr. 66). Zur Verwendung des Ortnamens des Sitzes oder nicht des Ortnamens für einen nicht (mehr) bestehenden Sitz in der Firma vgl. Weisung EHRA Nr. 68 ff.

In Übereinstimmung mit den allgemeinen firmenrechtlichen Grundsätzen ist ein nationaler bzw. territorialer Zusatz aus der Firma zu entfernen, sobald die Voraussetzungen für deren Verwendung wegfallen (BGE 100 Ib 243; 82 I 43).

IV. Änderung der Firma

23 Die einmal im Handelsregister eingetragene **Firma kann jederzeit** – innerhalb der gesetzlichen Schranken – **geändert** werden. Es kann sich dabei handeln um eine Firmenänderung aus freien Stücken, aufgrund einer administrativen Anweisung wegen Verstosses gegen Firmenrechtsvorschriften (Art. 60 Abs. 1 HRegV), wegen eines gerichtlichen Urteils, das die Verletzung von Firmenrechten Dritter feststellt (Art. 956 Abs. 2) oder aufgrund des Eintrittes der Liquidation.

Art. 945

II. Einzelunternehmen 1. Wesentlicher Inhalt	¹ **Wer als alleiniger Inhaber ein Geschäft betreibt, muss den wesentlichen Inhalt seiner Firma aus dem Familiennamen mit oder ohne Vornamen bilden.** ² … ³ **Der Firma darf kein Zusatz beigefügt werden, der ein Gesellschaftsverhältnis andeutet.**
II. Entreprises individuelles 1. Eléments essentiels	¹ Celui qui est seul à la tête d'une maison doit prendre comme élément essentiel de la raison de commerce son nom de famille avec ou sans prénoms. ² … ³ La raison de commerce ne doit pas comprendre d'adjonction pouvant faire présumer l'existence d'une société.
II. Imprese individuali 1. Contenuto essenziale	¹ Chiunque esercita da solo un'azienda deve assumere come elemento essenziale della ditta il suo cognome, con o senza nomi. ² … ³ Non sono permesse aggiunte che accennino ad un rapporto di società.

Literatur

SCHAUB, Firmenrecht III, Grundsätze der Firmenbildung, Einzelfirmen, SJK 1263.

I. Firmenbildung durch den Einzelkaufmann

1 Das Geschäft des Inhabers eines Einzelunternehmens ist kein von diesem getrenntes Rechtssubjekt, sondern ein Vermögensbestandteil desselben. Infolgedessen ist die Firma die Bezeichnung dieses Vermögensbestandteils des Inhabers (BK-HIS, Art. 945 N 1).

Für die **Bildung der Einzelfirma** gelten sowohl die **allgemeinen** firmenrechtlichen **Grundsätze** (vgl. Art. 944), wie auch die **spezifischen Vorschriften** von Art. 945 f. OR und Art. 38 HRegV. Auch ein nicht im Handelsregister eingetragenes Einzelunternehmen hat die gesetzlichen Firmenbildungsvorschriften zu beachten (Weisung EHRA Nr. 224) bzw. kann eine im Handelsregister registrierte Firma verletzen (BGE 131 III 572). In diesem gesetzlichen Rahmen hat der Einzelunternehmer bei der Firmenbildung weitgehende Freiheiten, namentlich in Bezug auf wahrheitskonforme Firmenzusätze zu Person, Natur, Produkt oder Sitz des Geschäftes («Ulrich Müller, Bus- und Transportfahrten, Bümpliz», «Boutique Ulla Gygax Geschenkartikel», «Witwe Marie Abt-Meier, vormals Hans Abt, Papierhandlung Papyrus, zum grünen Eck», BK-HIS, Art. 945 N 7). Sobald die Firmenzusätze jedoch ein Gesellschaftsverhältnis andeuten (z.B. «U. Müllers

Erben», «U. und A. Müller») sind diese wegen dem Wahrheitsgebot durch den Handelsregisterführer abzuweisen (Art. 945 Abs. 3; Weisung EHRA Nr. 225 ff.). Unzulässig ist diesbezüglich jede geringfügige Unklarheit. Dabei kommt es auch nicht darauf an, ob z.B. im internen Verhältnis ein Dritter finanziell am Geschäft beteiligt ist oder an dessen Führung mitwirkt (stiller Teilhaber). Werden jedoch Ausdrücke gebraucht, die auf Mitarbeiter hindeuten, kann dies u.U. zulässig sein, wenn erkennbar bleibt, dass es sich dabei um ein Einzelunternehmen handelt (z.B. bei «Architekten-Team Moderna, Inhaberin Hanna Hauser», Weisung EHRA Nr. 228).

II. Wesentlicher Inhalt der Einzelfirma

Gemäss Abs. 1 muss der alleinige Inhaber eines Geschäftes den **wesentlichen Inhalt** seiner Firma «aus dem **Familiennamen mit oder ohne Vornamen** bilden». Mithin ist vorgeschrieben, dass der alleinige Inhaber der Einzelfirma seinen Familiennamen ausgeschrieben nennen muss. Demgegenüber ist der Vorname lediglich fakultativ aufzunehmen. Immerhin können Vornamen auch abgekürzt (Ruedi statt Rudolf, Ursi statt Ursula) oder auch als blosse Anfangsbuchstaben («F. Keller» oder «Friedr. Keller») in der Einzelfirma enthalten sein. 2

Die Schreibweise bzw. die Bestandteile des Familiennamens richten sich nach der **Eintragung im Zivilstandsregister.** Bei zusammengesetzten Namen lässt das EHRA Firmen zu, die den üblichen Bestandteil des entsprechenden Familiennamens enthalten (z.B. «Droz» für «Humbert-Droz»). Die Partikel «von», «de» sind nur erlaubt, wenn sie im Zivilstandsregister als Bestandteil des Namens eingetragen sind. Unzulässig ist eine Einzelfirma, die sich lediglich aus dem Künstlernamen des Inhabers zusammensetzt (SCHAUB, SJK 1263). Entsprechendes gilt für Neueintragungen mit dem Mädchennamen einer nunmehr verheirateten Frau, soweit sie diesen nicht beibehalten hat (vgl. aber Art. 954). Nach neuem Eherecht muss die Ehefrau, die ihren Mädchennamen gem. Art. 160 Abs. 2 ZGB voranstellt, den vollen Doppelnamen in der Firma führen (BGE 116 II 76). Der Familienname muss in der Firma nicht im Nominativ stehen; zulässig und häufig ist der Genitiv (z.B. «Max Meiers Witwe», «Max Meiers Erben», «Max Meiers Sohn», «Max Meiers Shop» etc.). 3

Massgebend für die Schreibweise des Familiennamens in der Firma ist das Heimatrecht der Person; wenn z.B. eine Frau als Firmeninhaberin nachweist, dass nach ihrem südamerikanischen Heimatrecht der Familienname (Mädchenname) der Frau vor denjenigen des Ehemannes gesetzt wird, so ist dies zu berücksichtigen. Ferner ist der ausländische Familienname durch einen offiziellen Rufnamen zu ersetzen, wenn nach dem Heimatrecht des Inhabers kein Familienname feststeht (BK-HIS, Art. 945 N 10, 13).

Art. 946

2. Ausschliesslichkeit der eingetragenen Firma

¹ Eine im Handelsregister eingetragene Einzelfirma darf von keinem andern Geschäftsinhaber an demselben Orte verwendet werden, selbst dann nicht, wenn er den gleichen Vor- und Familiennamen hat, mit dem die ältere Firma gebildet worden ist.

² **Der neue Geschäftsinhaber hat in einem solchen Falle seinem Namen in der Firma einen Zusatz beizufügen, durch den diese deutlich von der älteren Firma unterschieden wird.**

³ **Gegenüber einer an einem andern Orte eingetragenen Einzelfirma bleiben die Ansprüche aus unlauterem Wettbewerb vorbehalten.**

2. Droit exclusif d'user de la raison inscrite

¹ Lorsqu'une raison individuelle est inscrite sur le registre du commerce, un autre chef de maison ne peut en user dans la même localité, encore que ses nom et prénoms soient identiques avec ceux qui figurent dans la raison inscrite.

² En pareil cas, il est tenu d'apporter à son nom une adjonction qui distingue nettement sa raison de commerce de la raison déjà inscrite.

³ Demeurent réservés, à l'égard d'une raison individuelle inscrite dans un autre lieu, les droits dérivant des dispositions relatives à la concurrence déloyale.

2. Diritto esclusivo di usare la ditta iscritta

¹ Una ditta iscritta nel registro di commercio non può essere adoperata come ditta nello stesso luogo da alcun altro e nemmeno da colui che abbia un cognome ed un nome identici a quelli in essa contenuti.

² Quest'ultimo deve in tal caso, costituendo una ditta, fare al suo cognome, con o senza nome, un'aggiunta tale che la distingua chiaramente dalla ditta precedentemente iscritta.

³ Rimangono riservate, in favore delle ditte iscritte in un altro luogo, le disposizioni sulla concorrenza sleale.

Literatur

VON BÜREN, Über die Beschränkungen des Rechts, den eigenen Namen zu gebrauchen, SJZ 1948, 65 ff.; VON STEIGER, Zum Wettbewerbsrecht der Gleichnamigen, SMI 1951, 34 ff.

I. Begründung der Ausschliesslichkeit (Abs. 1)

1 Mit der **Eintragung und Veröffentlichung der Einzelfirma im Handelsregister** erzielt der Einzelkaufmann das durch Art. 946 Abs. 1 geschützte **Vorrecht** des ausschliesslichen Firmengebrauches. Damit ist es anderen Einzelgeschäftsinhabern am betreffenden Ort untersagt, den gleichen bzw. einen nicht deutlich unterscheidbaren Firmenwortlaut zu verwenden. Das Verwendungsverbot untersagt nicht nur, eine gleiche bzw. nicht deutlich unterscheidbare, prioritätsjüngere Firma im Handelsregister eintragen zu lassen, sondern diese ohne bzw. abweichend vom Eintrag im Geschäftsverkehr tatsächlich zu gebrauchen (BK-HIS, Art. 946 N 10).

II. Anspruchsbegründendes Prioritätsprinzip

2 Das auf Einzelfirmen anwendbare Ausschliesslichkeitsprinzip basiert auf der **Priorität der Handelsregistereintragung.** Das Recht zum ausschliesslichen Gebrauch der Einzelfirma leitet sich aus der Priorität der Eintragung im schweizerischen Handelsregister her (zum massgebenden Zeitpunkt, s. Art. 932; FORSTMOSER, Aktienrecht § 4 N 134 ff.). Eine in einem ausländischen Handelsregister erfolgte Firmeneintragung begründet keine Priorität i.S. der Ausschliesslichkeit (BGE 66 II 263 ff.; 90 II 199 f.; 98 II 59 f.), ausser wenn in der Schweiz eine Zweigniederlassung eingetragen ist (BGE 98 II 59 ff.). Firmen ausländischer Gesellschaften können sich jedoch auf Persönlichkeits-, Namensrecht oder UWG berufen. Die Eintragungspriorität gilt dann nicht, wenn es sich lediglich um eine vorsorglich eingetragene Firma handelt, die tatsächlich keinen Geschäftsbetrieb hat (BGE 93 II 257), oder wenn die Verwechslungsgefahr die Folge davon ist, dass die prioritätsältere Firma ihren Geschäftszweck bzw. Tätigkeitsbereich nachträglich erweitert

hat; diesfalls muss sich die zuerst eingetragene Firma den neuen Gegebenheiten anpassen (BGE 73 II 116; 85 II 323 ff.). Die vorgenannten Erwägungen zur Eintragungspriorität finden gleichermassen Anwendung auf Umfang und Beginn der Ausschliesslichkeit der eingetragenen Firmen von AG, Genossenschaft und GmbH ohne Personennamen (vgl. Art. 951 N 1). Werden zwei gleiche oder nicht deutlich unterscheidbare Firmen gleichzeitig angemeldet, kann keiner von beiden ein Prioritätsrecht eingeräumt werden (BGE 62 II 121). Falls nicht andere Gesichtspunkte (Nachfolgeverhältnis der einen Firma) ein Vorrecht begründen, ist diesfalls die Zufügung von unterscheidenden Merkmalen nach billigem Ermessen anzuordnen (BK-HIS, Art. 946 N 6; zur Prüfungspflicht des Handelsregisterführers auf Gleichheit und deutliche Unterscheidbarkeit vgl. die Komm. zu Art. 940 und 951 N 1).

III. Deutliche Unterscheidungspflicht (Abs. 2)

Art. 945 schreibt vor, dass Inhaber von Einzelfirmen ihren zivilrechtlichen Familiennamen in die Firma aufzunehmen haben. Sobald zwei Einzelunternehmer gleiche oder ähnliche Personennamen tragen, kommt es naturgemäss zu firmenrechtlichen Konflikten. Der Gesetzgeber mindert diese, indem er einerseits das **Prioritätsprinzip relativiert** und andererseits das **Erfordernis der deutlichen Unterscheidbarkeit** der jüngeren Einzelfirma verlangt (zum Erfordernis der deutlichen Unterscheidbarkeit s. Art. 951 N 5 ff.).

Ist z.B. die Firma «B. Müller» des Einzelkaufmanns Beat Müller bereits im Handelsregister eingetragen, so darf ein anderer Beat Müller diese Einzelfirma nicht eintragen lassen, ohne seiner Firma einen deutlich unterscheidenden Zusatz beizufügen. Dabei kann es sich z.B. um einen Titel, einen Allianz- oder Vaternamen, eine Angabe über die Geschäftsnatur, den Geschäftsvorgänger, eine Sitzbezeichnung, eine Fantasiebezeichnung, ein Enseigne oder die Geschäftstätigkeit handeln (BK-HIS, Art. 946 N 14). Das gesetzlich geforderte erhöhte Mass von Unterscheidbarkeit verlangt nicht eine absolute Ungleichheit, sondern lässt auch gewisse Gleichheiten einzelner Firmenbestandteile zu. **Massgebend** ist, ob für die optische und akustische Wahrnehmung des Wortbildes und -klangs der in Frage stehenden Einzelfirmen **im üblichen Geschäftsverkehr** eine **Verwechslungsgefahr** besteht, wobei eine **gewisse Sorgfalt** des im Geschäftsleben tätigen Lesers oder Hörers **vorausgesetzt** werden darf (BK-HIS, Art. 946 N 25; Näheres in Art. 951 N 6). Bei kürzerem Firmenwortlaut steht der Gesamteindruck im Vordergrund. Bei längerem Wortlaut kommt es auf den besonderen Eindruck an, den die hervorstechenden Kennworte oder Merkmale der Firma erwecken (BGE 36 II 38 ff. betr. Kennwort «Globus»; BGE 131 III 572 betr. den Begriff «Atlantis» für Schönheitsinstitute). Grundsätzlich werden Sachbezeichnungen in der Einzelfirma strenger beurteilt, da für sie ein grösserer Auswahlspielraum zur Verfügung steht als für die gesetzlich vorgeschriebenen Familiennamen (BGE 100 II 226). Die Praxis hat anerkannt, dass z.B. eine ausreichend deutliche Unterscheidung vorliegt, wenn die eine Firma in einer ausländischen, die andere in deutscher Sprache verfasst ist, trotz inhaltlicher Ähnlichkeit (BGE 27 II 520, «Anglo-Swiss Condensed Milk Cy.» und «Schweizer. Milchgesellschaft»; für weitere Bsp. vgl. BK-HIS, Art. 946 N 28 ff.; VON BÜREN, 65 ff.).

IV. Örtliche Begrenzung der Ausschliesslichkeit der Einzelfirma (Abs. 1, 3)

Die **Ausschliesslichkeit** der eingetragenen Einzelfirma gilt nur innerhalb des Ortes, an welchem sie aufgrund des Handelsregistereintrages ihren Sitz hat. Der Ausdruck «Ort» ist nicht unabdingbar mit Gemeinde, Stadtgebiet oder sonstwie öffentlich-rechtlich defi-

Art. 947

nierter Örtlichkeit oder gar Registerbezirk gleichzusetzen. Vielmehr ist dieser Begriff gleichbedeutend mit einem unter einem Ortsnamen im allgemeinen Sprachgebrauch zusammengefassten und begrenzten **Wirtschaftsgebiet** (wie Agglomeration der Stadt Zürich); dieses mag häufig übereinstimmend mit dem einen Ortsnamen tragenden Gemeindegebiet sein (BK-HIS, Art. 946 N 19; vgl. auch SAG 1973, 49; BGE 131 III 572, darin erachtete das BGer die Genfer Gemeinde Onex, welche nur durch die Rhone von der Stadt Genf getrennt wird, als zum Wirtschaftsraum Genf gehörend).

6 **Ausserhalb des gleichen Ortes** besteht lediglich ein Schutz des Inhabers einer Einzelfirma aufgrund des **UWG** (Art. 946 Abs. 3), wegen allfälliger Verletzung eines Persönlichkeitsrechts (Art. 29 Abs. 2 **ZGB**) oder aufgrund des **MSchG**.

Art. 947

III. Gesellschaftsfirmen
1. Kollektiv-, Kommandit- und Kommanditaktiengesellschaft
a. Bildung der Firma

¹ **Die Firma einer Kollektivgesellschaft muss, sofern nicht sämtliche Gesellschafter namentlich aufgeführt werden, den Familiennamen wenigstens eines der Gesellschafter mit einem das Gesellschaftsverhältnis andeutenden Zusatz enthalten.**

² **Bei Aufnahme weiterer Gesellschafter kann die Kollektivgesellschaft ihre Firma unverändert beibehalten.**

³ **Die Firma einer Kommanditgesellschaft oder Kommanditaktiengesellschaft muss den Familiennamen wenigstens eines unbeschränkt haftenden Gesellschafters mit einem das Gesellschaftsverhältnis andeutenden Zusatz enthalten.**

⁴ **Die Namen anderer Personen als der unbeschränkt haftenden Gesellschafter dürfen in der Firma einer Kollektivgesellschaft, Kommanditgesellschaft oder Kommanditaktiengesellschaft nicht enthalten sein.**

III. Raisons sociales
1. Sociétés en nom collectif, en commandite et en commandite par actions
a. Formation de la raison

¹ La raison de commerce d'une société en nom collectif doit, si tous les associés n'y sont pas nommés, contenir au moins le nom de famille de l'un d'entre eux, avec une adjonction indiquant l'existence d'une société.

² La société en nom collectif qui admet de nouveaux associés peut maintenir sans changement sa raison de commerce.

³ La raison de commerce d'une société en commandite ou en commandite par actions doit contenir le nom de famille de l'un au moins des associés indéfiniment responsables, avec une adjonction indiquant l'existence d'une société.

⁴ Les noms de personnes autres que les associés indéfiniment responsables ne peuvent entrer dans la raison de commerce d'une société en nom collectif, en commandite ou en commandite par actions.

III. Ditte sociali
1. Società in nome collettivo, in accomandita e in accomandita per azioni
a. Formazione della ditta

¹ La ditta d'una società in nome collettivo, quando non comprenda il cognome di tutti i soci, deve contenere almeno quello d'uno di essi con un'aggiunta che denoti il rapporto sociale.

² La società in nome collettivo, che ammetta nuovi soci, può mantenere inalterata la sua ditta.

³ La ditta d'una società in accomandita o d'una società in accomandita per azioni deve contenere il cognome d'uno almeno dei soci illimitatamente responsabili con un'aggiunta che denoti il rapporto sociale.

⁴ La ditta di una società in nome collettivo o in accomandita o in accomandita per azioni non deve contenere i nomi di altre persone oltre quelli dei soci illimitatamente responsabili.

I. Allgemeines

Die gesetzlichen Bestimmungen über die Bildung der Kollektiv- oder Kommanditgesellschaft sind dergestalt, dass sich aus dem **Wortlaut der Firma nicht immer erkennen** lässt, welche Gesellschaftsform vorliegt. Denn die Verwendung der Begriffe «Kollektiv-» oder «Kommanditgesellschaft» in der Firma ist weder gesetzlich gefordert, noch in der Praxis üblich. Insbesondere ist die KAG (anders als die AG, Art. 950 Abs. 2) nicht verpflichtet, den Zusatz «Kommanditaktiengesellschaft» in die Firma einzufügen.

II. Neubildung der Firma der Kollektivgesellschaft (Abs. 1)

In Bezug auf den wesentlichen **Inhalt der Firma** einer neu gegründeten Kollektivgesellschaft stellt das Gesetz **zwei Möglichkeiten** zur Verfügung: Entweder werden in der Firma **alle Gesellschafter** namentlich **aufgeführt** (z.B. «Meier», «Müller & Huber») oder die Firma muss den **Familiennamen wenigstens eines der Gesellschafter** mit einem das **Gesellschaftsverhältnis andeutenden Zusatz** enthalten (z.B. «Huber & Co.», «Huber & Müller», «Huber & Cie.», «Huber-Gesellschaft», «Huber & Söhne», «Ehegatten Huber», «Huber & Frau», «Gebr. Huber», «Geschwister Huber», «Erben Huber» etc.).

Fakultativ ist die Aufnahme des Vornamens oder die Nennung aller oder nur eines Teils der zivilrechtlichen Familiennamen der Gründungs-Kollektivgesellschafter. Es ist nicht Zweck der Firmenbildung, im einzelnen über die Zusammensetzung der Gesellschaft Aufschluss zu geben. Vielmehr genügt es, wenn aus der Firma das Bestehen eines Gesellschaftsverhältnisses ersichtlich ist. Der Zusatz «Gebrüder» oder die blosse Nennung zweier von mehreren Gesellschaftern in der Firmenbezeichnung machen das Bestehen eines Gesellschaftsverhältnisses bereits ersichtlich (BGE 60 I 54 f.). Ein Widerspruch zwischen Gesellschafts- und Firmenrecht kann daraus resultieren, dass zwar eine Gesellschaft alle Erfordernisse einer Kollektivgesellschaft erfüllt, jedoch entgegen der Vorschriften über die Gesellschaftsfirmen keine Familiennamen enthält. Diesfalls kommt der gesellschaftsrechtlichen Komponente grundsätzlich der Vorrang zu (vgl. BGE 73 I 314 E. 2).

Unzulässig ist die Aufnahme eines Familiennamens, der nicht derjenige eines der haftenden Gesellschafter ist oder war, etwa in der täuschenden Gestalt eines Fantasienamens (z.B. «Volta & Watt, Elektrische Installationen»). Dieses Vorgehen ist lediglich zulässig, wenn der Fantasiename (z.B. durch Anführungszeichen) als solcher erkennbar gemacht ist oder es sich dabei um einen Sachnamen handelt (z.B. «Diesel» i.V.m. «Motor», BK-HIS, Art. 947 N 9).

III. Firmenbildung bei Aufnahme neuer Kollektivgesellschafter (Abs. 2)

Nach Art. 947 Abs. 2 kann die Kollektivgesellschaft bei **Aufnahme weiterer Gesellschafter** ihre **Firma unverändert** beibehalten. Voraussetzung dafür ist, dass die bisherige Kollektivgesellschaft nicht liquidiert und durch eine Neugründung ersetzt wird oder gar sämtliche bisherigen Teilhaber wegfallen, sondern dass sie lediglich den Kreis der Gesellschafter erweitert (BK-HIS, Art. 947 N 13). Eine Einschränkung des Grundsatzes der Firmenwahrheit liegt darin, dass die rein verwandtschaftliche Firmenbezeichnung einer Kollektivgesellschaft (z.B. «Müllers Erben») auch dann unverändert beibehalten werden kann, wenn eine nicht im Verwandtschaftsverhältnis stehende Person der Kollektivgesellschaft beitritt.

6   Abs. 2 ist lediglich dann anwendbar, wenn mit dem **Hinzutritt** eines oder mehrerer neuer Gesellschafter zur bisherigen Kollektivgesellschaft deren **rechtlicher Charakter unverändert** bleibt. Tritt z.B. ein Kommanditär bei, sodass die bisherige Kollektivgesellschaft zur Kommanditgesellschaft umgewandelt wird, so kann die Firma nur in Übereinstimmung mit dem Grundsatz der Firmenwahrheit fortbestehen (z.B. bei der bisherigen Firma «Meier & Cie.», BK-HIS, Art. 947 N 19).

IV. Firmenbildung bei Neueintragung einer Kommandit- oder Kommanditaktiengesellschaft (Abs. 3)

7   Gemäss Abs. 3 muss die Firma einer Kommanditgesellschaft oder KAG den Familiennamen mindestens eines unbeschränkt haftenden Gesellschafters mit einem das Gesellschaftsverhältnis andeutenden Zusatz enthalten. Wie bei der Kollektivgesellschaft ist die Nennung des Vornamens fakultativ und die Bezeichnung als Kommanditgesellschaft oder KAG nicht notwendig. Es genügen ebenfalls die Zusätze wie «& Cie.». Ein Sonderfall liegt darin, dass der Firmenzusatz «& Cie.» oder «und Konsorten» und dgl. aufgenommen werden muss, sobald die Firma verwandtschaftliche Bezeichnungen (wie «Geschwister», «Erben» etc.) enthält, die den Kommanditär mitumfassen könnten. Dieser Zusatz ist ebenfalls erforderlich, wenn nicht alle unbeschränkt haftenden Mitgesellschafter aufgeführt sind bzw. lediglich ein unbeschränkt haftender Teilhaber mit einem Kommanditär die Gesellschaft bildet (BK-HIS, Art. 947 N 29 f.).

8   **Die Aufnahme weiterer persönlich haftender Gesellschafter in die Kommanditgesellschaft oder KAG** ist im Gesetz – im Unterschied zur Kollektivgesellschaft (Abs. 2) – nicht ausdrücklich geregelt. Diese Regeln sind jedoch auch **analog** für die Kommanditgesellschaft **anwendbar,** soweit ein weiterer unbeschränkt haftender Gesellschafter hinzutritt (BK-HIS, Art. 947 N 34).

V. Keine Nennung von anderen als unbeschränkt haftenden Gesellschaftern in der Firma (Abs. 4)

9   Bei der **Kollektivgesellschaft** kann ausschliesslich der gesetzliche **Personenname** eines oder mehrerer **unbeschränkt haftender Gesellschafter,** nicht jedoch der Familienname von Personen wie stillen Teilhabern, Direktoren, Geldgebern etc. genannt werden. Genausowenig darf ein Familienname in der Firma erscheinen, der nicht demjenigen eines der Kollektivgesellschafter entspricht oder nicht deutlich als Fantasie- bzw. Sachname gekennzeichnet ist (vgl. N 4).

10 Auch bei der **Kommanditgesellschaft und KAG** gilt zwingend, dass der beschränkt haftende Teilhaber keinesfalls mit seinem Familiennamen in der Firma erscheinen darf, falls er nicht in die Gefahr laufen will, unbeschränkt zu haften (Art. 607). Eine Ausnahme gilt lediglich dann, wenn der Familienname des Kommanditärs der gleiche ist, wie der eines unbeschränkt haftenden Gesellschafters, bzw. als Sachbezeichnung erkennbar ist (BK-HIS, Art. 947 N 24). Da der «Name» des Kommanditärs in der Firma nicht figurieren darf, kann dies nach dem Zweck der Vorschrift lediglich den Sinn haben, dass in der Firma einer Kollektiv- oder Kommanditgesellschaft überhaupt niemand auch nur andeutungsweise bezeichnet werden darf, der nicht unbeschränkt haftet.

4. Abteilung: Handelsregister, Geschäftsfirmen

Der Ausdruck «Namen» bedeutet «Bezeichnung» in dem Sinne, dass sich die individuelle Bezeichnung von Kommanditären auch nicht aus dem Zusatz «& Söhne» ergeben darf (BGE 71 I 272 ff.). Abs. 4 bestimmt als Ausführungsvorschrift zu Art. 944 Abs. 1, in welcher Weise Täuschungen vermieden werden müssen. Infolgedessen ist vom darin enthaltenen Grundsatz selbst dann keine Ausnahme zu gestatten, wenn die Firma nicht täuschend wirken würde (BGE 71 I 272 ff.).

Im **Liquidationsstadium** muss der unveränderten Firma der Kollektivgesellschaft und der Kommanditgesellschaft der Zusatz «in Liquidation» oder «in Liq.» beigefügt werden (Art. 42 Abs. 3 HRegV).

Art. 948

b. Änderung der Firma

¹ Wenn eine Person, deren Familienname in der Firma einer Kollektivgesellschaft Kommanditgesellschaft oder Kommanditaktiengesellschaft enthalten ist, aus der Gesellschaft ausscheidet, so darf auch mit Einwilligung dieser Person oder ihrer Erben ihr Name in der Gesellschaftsfirma nicht beibehalten werden.

² Ausnahmen können bewilligt werden, wenn das Gesellschaftsverhältnis durch eine verwandtschaftliche Beziehung ausgedrückt ist, solange wenigstens unter zwei unbeschränkt haftenden Gesellschaftern noch eine Verwandtschaft oder Schwägerschaft besteht und einer von ihnen den in der Firma enthaltenen Familiennamen trägt.

b. Modification

¹ Lorsqu'un associé dont le nom de famille figure dans la raison de commerce d'une société en nom collectif, en commandite ou en commandite par actions cesse de faire partie de la société, ce nom ne peut être maintenu dans la raison sociale, même avec son assentiment ou celui de ses héritiers.

² Des exceptions peuvent être autorisées dans les cas où l'existence d'une société est exprimée par un rapport de parenté, aussi longtemps au moins qu'une parenté ou alliance existe encore entre deux associés indéfiniment responsables et que l'un d'eux porte le nom de famille figurant dans la raison de commerce.

b. Modificazione della ditta

¹ Quando una persona il cui cognome fa parte della ditta d'una società in nome collettivo, in accomandita o in accomandita per azioni cessa di essere socio, il suo cognome non può essere conservato nella ditta nemmeno col suo consenso o con quello dei suoi eredi.

² Possono essere consentite eccezioni, qualora il rapporto sociale sia espresso mediante una relazione di parentela, purché almeno due soci illimitatamente responsabili siano consanguinei o affini ed uno di essi abbia il cognome che fa parte della ditta.

I. Grundsatz der Firmenänderung bei Ausscheiden eines Gesellschafters aus einer Kollektiv-, Kommandit- oder Kommanditaktiengesellschaft (Abs. 1)

Firmenrechtlich ist das **Ausscheiden eines Gesellschafters** aus einer Kollektiv-, Kommandit- oder Kommanditaktiengesellschaft **anders als der Beitritt** eines neuen Gesellschafters **geregelt.** So kann die Firma einer Kollektivgesellschaft (sowie häufig auch diejenige der KAG) bei der Aufnahme von neuen Gesellschaftern unverändert bleiben

(Art. 947 Abs. 2), falls das Vorliegen eines Gesellschaftsverhältnisses erkennbar bleibt. Demgegenüber ist gesetzlich grundsätzlich vorgeschrieben, dass beim Ausscheiden eines Gesellschafters, dessen Personenname in der Firma einer Kollektiv-, Kommandit- oder Kommanditaktiengesellschaft enthalten ist, dem Gebot der Firmenwahrheit entsprochen und die Firma den neuen Gegebenheiten angepasst wird.

2   Überdies sieht das Gesetz spezifisch vor, dass diesfalls **der Name als Firmenbestandteil unverkäuflich und unvererblich** ist. Denn es ist dem bei Lebzeiten ausscheidenden Gesellschafter untersagt, den übrigbleibenden Gesellschaftern die Beibehaltung seines Personennamens in der Firma zu gestatten. Beim Ausscheiden eines Gesellschafters durch Tod können auch seine Erben nicht über dessen Namen in der Firma verfügen. Mit diesem Verbot bezweckt der Gesetzesgeber die Vermeidung der Täuschung von Gesellschaftsgläubigern. Andernfalls entstünde der Anschein, der ausgeschiedene Gesellschafter bzw. dessen Erben hafteten noch weiterhin für Gesellschaftsverbindlichkeiten (BK-His, Art. 948 N 2).

3   **Ausnahmsweise** kann der in der Firma enthaltene Name eines ausscheidenden Gesellschafters einer Kollektiv-, Kommandit- oder Kommanditaktiengesellschaft beibehalten werden, wenn ein gleichnamiger Gesellschafter im Unternehmen verbleibt oder ein Zusatz über das Nachfolgeverhältnis (z.B. «H. Müller, vormals E. Meier & H. Müller») in die Firma eingefügt wird.

II. Ausnahmebewilligung der Beibehaltung der Firma bei verwandtschaftlicher Beziehung (Abs. 2)

4   Abs. 2 sieht eng umschrieben folgende **Ausnahme vom Rechtsgrundsatz** der **Änderung der Firma bei Ausscheiden eines namengebenden Gesellschafters** vor: Ist das Gesellschaftsverhältnis durch eine verwandtschaftliche Beziehung ausgedrückt (z.B. «H. Müllers Erben», «Gebr. Müller», «Müller & Söhne», «Witwe Müller», nicht hingegen «& Co.» u.a.), besteht wenigstens noch unter zwei unbeschränkt haftenden Gesellschaftern eine Verwandtschaft oder Schwägerschaft und trägt einer von ihnen den in der Firma enthaltenen Familiennamen, so können Ausnahmen bewilligt werden.

5   Diese im Interesse von Familiengeschäften geschaffene Sonderbestimmung führt zu einer erheblichen Einschränkung der Firmenwahrheit. So brauchen die Ausdrücke der **Verwandtschaft** oder **Schwägerschaft** in der beizubehaltenden Firma bei Vorliegen der Voraussetzungen von Abs. 2 nicht mehr den Tatsachen zu entsprechen, wie folgende Bsp. illustrieren: Stirbt bei der aus zwei Brüdern bestehenden Gesellschaft «Gebr. Holenstein» der eine und tritt seine Tochter an seine Stelle, so dass nunmehr Onkel und Nichte Teilhaber sind, kann die bisherige Firma beibehalten werden. Entsprechendes gilt, wenn der Vater der Firma «Wiederkehr & Söhne» als Gesellschafter ausscheidet und die beiden Söhne das Geschäft weiterführen oder ein Sohn sich zurückzieht und der Vater mit dem anderen Sohn, sowie ausserdem noch einem Dritten, das Gesellschaftsverhältnis fortsetzt (SCHAUB, Firmenrecht IV, SJK 1264, 2). So dürfen ebenfalls zwei ledige Töchter namens Meier die Firma ihrer verstorbenen Eltern «Ehegatten Meier» weiterführen. Tragen die beiden Töchter jedoch infolge Heirat anders lautende Ehenamen, die nicht in der Firma der Eltern stehen, so muss die Firma geändert werden, da Abs. 2 lex specialis zu Art. 954 (dazu nachfolgend) ist (BK-His, Art. 948 N 10).

6   Der Begriff der **Schwägerschaft** wird durch Art. 21 ZGB definiert und bleibt auch nach Auflösung der Ehe bestehen. Nach Art. 948 Abs. 2 darf die Firma des verstorbenen Gesellschafters «Meier & Sohn» von dessen Schwager B. Müller-Meier mit dem Sohn

Meier beibehalten werden. Dies gilt aber nicht für die Firma «A. Meier & Sohn», da für die Beibehaltung des Personennamens (d.h. mit dem Vornamen) die Regel von Abs. 1 gültig bleibt (BK-His, Art. 948 N 11 f. m.w.Bsp.).

Die Ausnahmeregel von Abs. 2 ist derart formuliert, dass sich die Beibehaltung der Firma unter Verwandten gleichen Namens mehrfach wiederholen und geradezu zu einer **Übertragungswirkung mit vererbungsähnlichem Charakter** führen kann. Der Gesetzgeber hat damit zugunsten von Familienbetrieben das Prinzip der Firmenwahrheit eingeschränkt, solange das Vorliegen eines Gesellschafts- und Verwandtschafts- bzw. Schwägerschaftsverhältnisses sowie der zivilrechtlich zutreffende Familienname zum Ausdruck kommen.

Art. 949

aufgehoben

abrogé

abrogato

Art. 950

2. Aktiengesellschaft, Gesellschaft mit beschränkter Haftung und Genossenschaft	Aktiengesellschaften, Gesellschaften mit beschränkter Haftung und Genossenschaften können unter Wahrung der allgemeinen Grundsätze der Firmenbildung ihre Firma frei wählen. In der Firma muss die Rechtsform angegeben werden.
2. Société anonyme, société à responsabilité limitée et société coopérative	La société anonyme, la société à responsabilité limitée et la société coopérative peuvent, sous réserve des dispositions générales sur la formation des raisons de commerce, former librement leur raison de commerce. Celle-ci doit en désigner la forme juridique.
2. Società anonima, società a garanzia limitata e società cooperative	Le società anonime, le società a garanzia limitata e le società cooperative possono scegliere liberamente la loro ditta, purché siano osservate le norme generali sulla formazione delle ditte. Nella ditta dev'essere indicata la forma giuridica.

I. Grundsatz der Freiheit der Firmenwahl: Sach-, Personen- und Fantasiebezeichnungen bei AG, GmbH und Genossenschaft

Der per 1.1.2008 revidierte Art. 950 behandelt die Firmenbildung von AG, GmbH und Genossenschaft nunmehr gleich. Dies bedeutet neu einerseits, dass sich auch die aus Personennamen gebildete GmbH von allen bereits in der Schweiz eingetragenen Firmen von AGs, GmbHs und Genossenschaften unterscheiden müssen und andererseits, dass auch die Aktiengesellschaften und Genossenschaften in der Firma die Rechtsform zwingend anzugeben haben. Für beide grundlegende Neuerungen besteht eine Übergangsfrist von zwei Jahren. Nach unbenutztem Ablauf dieser Frist ergänzt das Handelsregisteramt Firmen, welche den neuen gesetzlichen Vorschriften nicht entsprechen, von Amtes wegen (Art. 2 Abs. 4 ÜBest) und weist jede weitere Anmeldung zur Eintragung einer Änderung der Statuten ab, solange diese in Bezug auf die Firma nicht angepasst wurden (Art. 176 HRegV).

2 Die neu geforderte Rechtsformangabe kann ausgeschrieben, als AG, GmbH oder als Genossenschaft oder in der Abkürzung AG, SA oder in Zusammensetzung mit «Aktien-« (Aktienmühle, Aktienbrauerei) bzw. «GmbH» («S.à.r.l.», «S.a.g.l.») oder «Genossenschaft»/«genossenschaftlich» vonstatten gehen. Die Bezeichnung «AG» oder «GmbH», darf jedoch nicht so dem Personennamen vorangestellt werden, dass der Eindruck entsteht, es handle sich um einen abgekürzten Vornamen («A.G. B. Müller» statt «AG B. Müller»). Nicht zulässig ist der Zusatz «G.M.B.H.». Erlaubt ist demgegenüber ein mit dem Begriff «Gesellschaft» zusammengesetztes Wort, z.B. «Beteiligungsgesellschaft m.b.H.» oder «Gesellschaft für Beteiligungsanlagen m.b.H.», nicht jedoch der Begriff «m.b.H.» für sich allein (BK-His, Art. 950 N 4; vgl. dazu Weisung EHRA Nr. 194 ff.). Aus den vorgenannten Rechtsformangaben soll ersichtlich werden, dass es sich nicht um eine Personengesellschaft oder eine Einzelfirma handelt, deren Inhaber persönlich und unbeschränkt haften (BK-His, Art. 950 N 12). Firmen wie «Credit Suisse», «Europäische Rückversicherungs-Gesellschaft in Zürich, Zürich», «Basler Versicherungs-Gesellschaft, Basel» oder «Swiss Life Holding» sind damit nach Massgabe dieser Neuerungen nicht mehr zulässig

3 Der obligatorische Zusatz betr. die Rechtsform «AG», «GmbH» oder Genossenschaft (dazu N 1 f.) schützt Dritte vor einem Irrtum über eine unbeschränkte Haftung oder eine sonstige Beteiligung tatsächlich nicht als Gesellschafter fungierender Dritter. Das Publikum wiederum kann sich gegenüber täuschenden Firmennamen einer GmbH auf das Wahrheitsgebot (Art. 944) berufen.

4 Im Rahmen der allgemeinen gesetzlichen Schranken (s. die Komm. zu Art. 944) sowie der zusätzlichen Einschränkung von Art. 950 können die AG, GmbH und Genossenschaft ihre Firma frei wählen (Art. 950; BGer, sic! 4/2001, 327 ff.). Dabei kann es sich um Sachbezeichnungen, Fantasiebegriffe oder Personennamen handeln. Erlaubt – und nach jüngerer Bundesgerichtspraxis (BGE 101 Ib 367 ff.; Art. 944 N 16) bei Sachbezeichnungen erforderlich – sind Kombinationen.

5 Am meisten Freiheit besteht bei der Wahl von **Fantasiebezeichnungen.** Diesbezüglich sind lediglich die allgemeinen Grundsätze der Firmenbildung zu beachten (vgl. Art. 944).

6 Ebenfalls grosse Freiheit besteht für die Verwendung von **Sachbezeichnungen** in der Firma einer AG, GmbH oder Genossenschaft, wobei ebenfalls die vorgenannten Prinzipien zu befolgen sind. Nach neuerer bundesgerichtlicher Rechtsprechung sind reine Sachbezeichnungen nicht mehr zulässig (BGE 101 Ib 361 ff.). Diese müssen durch einen individualisierenden Zusatz (Fantasiebegriff oder Personenname, i.d.R. jedoch keine Ortsbezeichnungen) ergänzt werden. Die unter der früheren Rechtsprechung aus reinen Sachbezeichnungen bestehenden Firmen müssen nicht geändert werden (BGE 101 Ib 370; vgl. Art. 944 N 13). Wird die Firma jedoch abgeändert, so darf nach der Praxis der Registerämter die blosse Sachfirma nicht weitergeführt werden, ebensowenig bei der Übernahme eines Geschäftes und dessen Überführung in eine neue Rechtsform (FORSTMOSER, Aktienrecht, § 4 N 12 FN 21). Verwendet eine AG, GmbH oder Genossenschaft als Hauptbestandteil ihrer Firma eine Sachbezeichnung, so kann eine jüngere Firma diese lediglich dann verwenden, wenn sie einen unterscheidungskräftigen Zusatz hinzufügt (BGE 100 II 228; 101 Ib 365; 114 II 286).

7 Setzt sich die Firma einer AG, GmbH oder Genossenschaft aus **Personennamen** zusammen, so hat sich deren Bildung wiederum an die Schranken der Firmenwahrheit so-

wie zusätzlich der speziell bei Personenfirmen erforderlichen deutlichen Unterscheidbarkeit zu halten. Der Grundsatz der **Firmenwahrheit** gebietet zunächst, dass im Zeitpunkt der Gründung der Firma eine Beziehung des Trägers des verwendeten Personennamens zur AG vorhanden sein muss (BK-HIS, Art. 950 N 11). Der Bezug braucht nicht notwendigerweise rechtsgeschäftlicher Natur, unmittelbar oder besonders eng zu sein. Denn einem Familiennamen kommt in der Firma einer AG oder Genossenschaft im Unterschied zu den Personengesellschaften (Art. 945, 947 f.) rechtlich keine besondere Bedeutung zu, weil Aktionäre oder Genossenschafter nicht besonders haften (BGE 112 II 62 ff.). Ausreichende Beziehungen können etwa in der Sacheinlage oder Übernahme von Vermögenswerten oder dem Eintritt des Namenträgers in den VR, der Abstammung einzelner Aktionäre, Genossenschafter oder VR-Mitglieder vom Namensträger der Herstellung oder dem Vertrieb von Erzeugnissen, die mit diesem Namen bezeichnet werden (z.B. «Lindt & Sprüngli AG»), der Übernahme eines Teils des AK durch den Namensträger liegen (FORSTMOSER, Aktienrecht, § 4 N 12; vgl. Art. 944 N 12; vgl. auch COUCHEPAIN, Personenfirmen und Verwechslungsgefahr, SAG 1957/58, 198 f. zur Frage der missbräuchlichen Verwendung bekannter Namen).

Wird ein Personennamen bereits als Firmenbezeichnung gebraucht, so steht dessen Verwendung durch eine jüngere Genossenschaft, GmbH oder AG nichts im Wege, soweit sie sich **durch** einen **Zusatz deutlich unterscheidet** (BGE 70 II 124; 79 II 188; 102 II 171; BGer, SMI 1993, 25 ff.; VON BÜREN, SJZ 1948, 65 ff.). 8

Bei der Verwendung von blossen **Vornamen** in der Firma, z.B. einer AG (wie «Dany's Blumenshop AG»), braucht kein Zusammenhang zwischen einem Träger eines solchen Vornamens und der Unternehmung vorhanden zu sein (FORSTMOSER, Aktienrecht, § 4 N 17). 9

Anders als bei den Personengesellschaften braucht die **Firma** der AG, GmbH oder Genossenschaft **bei Entfallen des Zusammenhangs nicht geändert** zu werden (vgl. Art. 944 N 14; BGE 32 II 396; 38 II 178; 52 II 276; 73 II 120 ff.; BJM 1978, 257 ff.). 10

Im **Liquidationsstadium** muss der unveränderten Firma der AG, GmbH oder Genossenschaft der Zusatz «in Liquidation» oder «in Liq.» beigefügt werden (Art. 739). 11

Art. 951

3. Ausschliesslichkeit der eingetragenen Firma

¹ Die Vorschriften über die Ausschliesslichkeit der eingetragenen Firma von Einzelunternehmen gelten auch für die Firma der Kollektivgesellschaft, der Kommanditgesellschaft und der Kommanditaktiengesellschaft.

² Die Firmen der Aktiengesellschaften, der Gesellschaften mit beschränkter Haftung und der Genossenschaften müssen sich von allen in der Schweiz bereits eingetragenen Firmen von Gesellschaften in einer dieser Rechtsformen deutlich unterscheiden.

3. Droit exclusif à la raison de commerce inscrite

¹ Les dispositions concernant le droit exclusif à la raison de commerce de l'entreprise individuelle s'appliquent également à la raison d'une société en nom collectif, d'une société en commandite ou d'une société en commandite par actions.

² La raison de commerce de la société anonyme, de la société à responsabilité limitée et de la société coopérative doit se distinguer nettement de toute

	autre raison d'une société revêtant l'une de ces formes déjà inscrite en Suisse.
3. Diritto esclusivo di usare la ditta iscritta	¹ Le disposizioni sul diritto esclusivo di valersi della ditta di imprese individuali iscritta nel registro di commercio si applicano anche alla ditta della società in nome collettivo, della società in accomandita e della società in accomandita per azioni. ² Le ditte delle società anonime, delle società a garanzia limitata e delle società cooperative devono distinguersi chiaramente da ogni ditta, già iscritta in Svizzera, di società che rivestono una di queste forme giuridiche.

Literatur

KRAMER, «Starke» und «schwache» Firmenbestandteile, FS Pedrazzini, 1990, 683 ff.; SPOENDLIN, Zusammenfassung der Rechtsprechung seit 1991, Immaterialgüterrecht, Unlauterer Wettbewerb und Firmenrecht, SZW 1993, 52 ff.

I. Allgemeines

1   Das **Gebot der deutlichen Unterscheidbarkeit** dient nicht der Ordnung des Wettbewerbs. Vielmehr bezweckt es, den Inhaber der älteren Firma um seiner Persönlichkeit und seiner gesamten Geschäftsinteressen willen vor Verletzung zu bewahren und gleichzeitig das Publikum vor Täuschung zu schützen (BGE 100 II 226 f.). Der Besserberechtigte braucht sich daher nicht einmal den durch Ähnlichkeit der späteren Firma hervorgerufenen Eindruck gefallen zu lassen, er hätte zu diesem Unternehmen wirtschaftliche oder rechtliche Beziehungen (BGE 98 II 70 f.).

Bei sämtlichen Gesellschaftsformen knüpft das Recht zum ausschliesslichen Gebrauch einer Firma an die Priorität der Eintragung im schweizerischen Handelsregister an (vgl. Art. 946 N 3).

Entscheidend ist ausschliesslich der **Firmenwortlaut,** wie er im Handelsregister eingetragen ist (BGE 92 II 98). Der Schutzumfang einer prioritätsberechtigten Firma (i.c. «A. Braun, Braun Héritier Eschmann AG») erfasst nicht mögliche Kurzbezeichnungen (i.c. «Braunpat Braun Eder AG», ZivGer BS, sic! 2005, 816). Firmenrechtlich unbeachtlich ist das grafisch gestaltete Schriftbild einer Firma, wie es häufig auf dem Briefpapier oder in Prospekten eines Unternehmens Verwendung findet. Insbesondere gilt zu beachten, dass bei Eintragung einer Firma in mehreren Sprachen eine deutliche Unterscheidbarkeit in jeder der Sprachen von bisher eingetragenen Firmen vorhanden sein muss (BGE 27 II 523). Das Recht auf Ausschliesslichkeit der eingetragenen Firma muss vom Berechtigten selbst durchgesetzt werden (vgl. Art. 956). Von Amtes wegen **nicht zugelassen** (vgl. dazu Art. 33 HRegV und Weisung EHRA Nr. 282 ff.) werden lediglich **identische Firmen** (vorbehalten sind **gewisse Ausnahmen,** vgl. Art. 944 N 17 und Weisung EHRA Nr. 337 ff.). **Geringfügige Unterscheidungen** und Zusätze **genügen jedoch** (BGE 55 I 189). Infolgedessen darf auch bei starker Ähnlichkeit einer neu einzutragenden Firma mit einer bereits bestehenden die Eintragung durch das Handelsregister nicht verweigert werden, falls der Besserberechtigte keine Einwände erhebt (BGE 101 Ib 366). Immerhin ist das blosse Hinzufügen der Rechtsform oder das alleinige Umstellen von Wörtern nicht ausreichend (BGE 99 Ib 37 ff.), wohl aber die Verwendung eines anderen Zusatzes, wie etwa der Hinweis auf die frühere Rechtsform des Unternehmens (z.B. «F.J. Buruss et Cie. SA» neben «F.J. Buruss SA»; FORSTMOSER, Aktienrecht, § 4 N 94). Auf Anfrage hin erteilt das EHRA schriftlich Auskunft darüber, ob im Vergleich zur beabsichtigten Firma bereits identische oder ähnlich lautende Firmen bestehen. Die entsprechende Mitteilung besagt jedoch nichts über die Frage der ausreichenden Unterscheidbarkeit der anvisierten Firma sowie über die Notwendigkeit zwecks Vermeidung von wettbewerbsrechtlicher Verwechslungsgefahr prioritätsberechtigte Marken, Domainnamen oder weitere Kennzeichen zu prüfen (vgl. Näheres bei Art. 944 N 2).

II. Ausschliesslichkeit der Personen-Handelsgesellschaften, der KAG sowie der GmbH (Abs. 1)

Abs. 1 sieht vor, dass die **Vorschriften über die Ausschliesslichkeit der im Handelsregister eingetragenen Firma von Einzelunternehmen** (vgl. zu Art. 946) auch für die Firma der Kollektivgesellschaft, der Kommanditgesellschaft und der KAG gelten. Die Ausschliesslichkeit der eingetragenen Firma der Einzelunternehmen ist in Art. 946 geregelt. Danach ist der firmenrechtliche Schutzumfang für Firmenkategorien gem. Art. 946 und 951 Abs. 1 auf den gleichen «Ort» beschränkt. Dieser Begriff ist nicht unbedingt mit politischer Gemeinde gleichzusetzen, sondern erfasst darüber hinaus die Agglomeration, soweit sie wirtschaftlich als Einheit erscheint (vgl. dafür im Einzelnen Art. 946 N 6 f.). 2

Der Tatbestand von Art. 951 Abs. 1 i.V.m. Art. 946 ist nicht erfüllt bei der jüngeren Firma «Gottfr. Gennheimer & Co., Nachfolger Max Weber-Gennheimer & Co.» neben der Firma «Carl Gennheimer & Cie» am gleichen Ort (BGE 85 II 328 ff.).

III. Die Ausschliesslichkeit der Firmen von AG, Genossenschaft sowie GmbH (Abs. 2)

Abs. 2 bestimmt, dass die Firmen von AG und Genossenschaften sowie GmbH sich von jeder in der Schweiz bereits eingetragenen Firma deutlich unterscheiden müssen. 3

Abs. 2 besagt lediglich, dass sich das **Recht auf Ausschliesslichkeit** der Firmen von AG, Genossenschaften sowie GmbH gegenüber den Firmen der vorgenannten Gesellschaftsformen auf die **ganze Schweiz** erstreckt. Vom Gesetzestext nicht ausdrücklich geregelt ist die Frage des Verhältnisses von deren firmenrechtlichen Schutzbereichen zu den eingetragenen Personengesellschaften und Einzelfirmen. Der Wortlaut des Gesetzes scheint die Vorschrift zur deutlichen Unterscheidbarkeit im Territorium der gesamten Schweiz nur den Körperschaften aufzuerlegen, nicht dagegen eingetragenen Einzelfirmen und Personengesellschaften. Die h.L. und Rechtsprechung nehmen jedoch an, dass dies für das beiderseitige Verhältnis der vorgenannten Firmenkategorien gilt, so dass Abs. 2 diesbezüglich gegenseitig anwendbar ist, womit gesamtschweizerischer ausschliesslicher Firmenschutz besteht (FORSTMOSER, Aktienrecht, § 4 N 74 f.; BK-HIS, Art. 951 N 15; BGE 74 II 235 ff.; 88 II 35 f.). 4

IV. Die Anforderungen an das Tatbestandsmerkmal der deutlichen Unterscheidbarkeit (Abs. 1 und 2)

Die Ausschliesslichkeit (gem. Art. 946 sowie 951) bedeutet, dass sich innerhalb des genannten örtlichen Rahmens jede später eingetragene Firma von der älteren (insoweit diese rechtlich geschützt ist) hinreichend unterscheiden muss. Unterlässt sie dies, so besteht i.d.R. Verwechselbarkeit (vgl. HILTI, SIWR III/2, 77, zu möglichen Kennzeichenbeeinträchtigungen ohne Verwechslungsgefahr). Diese setzt nicht den Nachweis eingetretener Verwechslungen voraus. Vielmehr genügt blosse **Verwechslungsgefahr;** über deren Vorliegen entscheidet der Richter nach seinem Ermessen (GUHL/KUMMER/DRUEY, 5

785 f.). Das BGer überprüft die Rechtsfrage nach dem Vorliegen einer Verwechslungsgefahr frei. Diese Gefahr ist nicht nur zu bejahen, wenn es nachweislich zu Verwechslungen gekommen ist. Vielmehr genügt es, wenn solche wahrscheinlich eintreten werden (BGE 95 II 458 f.). Möglich ist auch die Bejahung einer Verwechslungsgefahr bei gleichzeitiger Verneinung der Verletzung der älteren Firma mangels Verletzung von deren (eingeschränktem) Schutzumfang (Firma beschreibt deren Tätigkeit «auditing»; CJ GE, sic! 2002, 763 i.S. Audiconsult S.A./Audit & Co. S.A.).

6 Die Frage, ob eine Firma im Vergleich zu einer prioritären verwechslungsfähig bzw. nicht deutlich unterscheidbar ist und daher – dem Grundsatz der Firmenausschliesslichkeit entsprechend – zurückstehen muss, wird in Lehre und Rechtsprechung anhand verschiedener Kriterien beurteilt. Gradmesser für diese Frage ist eine (vom Richter gedachte) *«normal unterscheidungsfähige Person bei Anwendung der im Verkehr üblichen Sorgfalt»* (BGE 40 II 123 f.). Dabei ist zunächst auf die Aufmerksamkeit abzustellen, die in denjenigen Kreisen üblich ist, in denen die beiden Firmen geschäftlich tätig sind. Weitere Adressaten, auf deren Empfängerhorizont es ankommt, sind öffentliche Dienste (PTT), Behörden oder Stellensuchende (BGE 100 II 226). Es wird nicht erwartet, dass der Empfängerkreis zwischen zwei Firmen einen aufmerksamen Vergleich vornimmt. Abgestellt wird darauf, ob im **Erinnerungsbild** eine deutliche Unterscheidbarkeit zwischen zwei Firmen vorliegt (BGer, sic! 5/2000, 400; BGE 97 II 236 ff.; vgl. auch Art. 946 N 5). Unternehmen, die sich an ein breites Publikum richten, müssen sich mit ihrer Firma deutlicher von anderen Firmen unterscheiden als Unternehmen, welche mit einem enger begrenzten, speziellen Publikum verkehren (HILTI, SIWR III/2, 83 m. w.V.). Richten sich Unternehmen mindestens teilweise an denselben Kundenkreis, sind an die Unterscheidbarkeit erhöhte Anforderungen zu stellen (BGE 118 II 325).

7 Als Regel gilt, dass für die Beurteilung der Verwechselbarkeit die **Firmen als Ganzes zu vergleichen** sind. Dabei kommt es v.a. auf jene **Bestandteile** an, die der Firma ihr **charakteristisches Gepräge** geben. Erhöhte Bedeutung kommt Bestandteilen zu, die durch ihren Klang oder Sinn auffallen. Dabei kann es sich um Elemente handeln, die als besonders einprägsam in der Erinnerung besser haften bleiben oder die im mündlichen und schriftlichen Verkehr oft allein verwendet werden. Diesfalls kann schon die Verwendung oder Nachahmung des Hauptbestandteils einer Firma die Verwechslungsgefahr herbeiführen (BGE 97 II 155 f., 235 f.). Allerdings ergibt sich aus dem blossen Gebrauch des wesentlichen Merkmals einer älteren Firma als Bestandteil in einer jüngeren Firma nicht schon per se eine Verwechslungsgefahr (BGE 74 II 237 f.). Allgemein ausgedrückt ist eine **Verwechslungsgefahr** besonders klar **indiziert, wenn** die jüngere Firma **dieselben oder ähnliche stark prägende Firmenbestandteile** enthält wie eine ältere (BGer, sic! 5/2000, 400 f.). Die daraus resultierende fehlende deutliche Unterscheidbarkeit kann nicht allein durch die Hinzufügung schwacher Elemente kompensiert werden (KRAMER, 605). Das gleiche gilt umgekehrt: Enthält die spätere Firma lediglich Gemeinsamkeiten oder Ähnlichkeiten im Hinblick auf schwache, nicht prägende Firmenbestandteile der früheren Firma, so ist die Verwechslungsgefahr a priori nur schwach indiziert; es genügen relativ geringfügige Unterschiede, um die deutliche Unterscheidbarkeit herbeizuführen (BGE 74 II 240).

8 Typischerweise starke Firmenbestandteile sind Fantasiewörter (z.B. «StraBAG», BGer, sic! 2007, 834; «Altium», HG AG, sic! 2003, 145; «Hadax Dental Products SA» verwechselbar mit «Adax Decollétages Jean-Pierre Parel», BGer, SMI 1985, 58), Elemente mit stark individualisierender Sinnesassoziation («Logi» verwechselbar mit «Lego» für Spielzeuge, HGer ZH, SMI 1985, 74), nicht gebräuchliche Familien- und Eigennamen («Murer» und «Züblin», BGer, sic! 2007, 834; «Hartmann», KGer ZG, sic! 2004, 586; «Reis AG Russikon» verwechselbar mit «Reiss AG», HGer ZH, ZR 90 [1991], Nr. 58), Abkürzungen und Buchstaben, wenn sie originell sind und wie Fantasieworte ausgesprochen werden können («BSA», BGer, Urteil 4C.360/2005; «IBA», HGer BE, sic! 2003, 144; HGer BE, SMI 1971, 157) bzw. als Akronyme (Buchstaben- oder Buchstaben/Zahlenkombination) infolge Verkehrsgeltung stark individualisierend sind («IBM», «BP» oder «BBC», BGE 109 II 343; «C3/C4», ZR 1992/93, 214 ff.; vgl. aber auch SZW 1991, 87, wonach die Silbe «cos» nicht dadurch monopolisiert werden kann, dass sie zum gemeinsamen Merkmal der beteiligten Firmen gemacht wird, wie «Unicos Holding AG» und «COS Computersystems AG»; vgl. KGer AI, sic! 2007, 917, wonach das Akronym «MFC» unabhängig von der Verkehrsdurchsetzung Kennzeichnungskraft haben soll), Fantasiebezeichnungen mit besonderer Schreibweise oder Klangfarbe der Firma («Interstop» ist mit «Intershop» verwechselbar, BGE 97 II 234; nicht verwechselbar ist «Profisoft» mit «Prosoft», HGer ZH, ZR 91/92 [1992/93], Nr. 38), kreative Kombinationen von landläufigen Firmenelementen («Äroleasing», BGE 114 II 284 f.; krit. dazu KRAMER, 614 f.) oder bei deren Erlangung von Verkehrsgeltung («Metro», KGer ZG, sic! 2003, 145; «Commerzbank», BGE 98 II 64; «Securitas», BGE 127 III 160 ff.) sowie den am Beginn einer Firma stehenden Wortelementen, deren ersten Silben besondere Prägekraft zukommt («Meyer-Munzinger», BGE 74 II 235; «Aussenhandel», BGE 100 II 224; «Hadax»/«Adax», BGer, SMI 1985, 58; «Astra Pharmaceutica AG»/«Astra AG», BGer, sic! 5/2000, 397 ff.; «Avia AG»/«Aviareps Airline Managemnet GmbH», BGer, sic! 5/2000, 399 ff.; «Darya Shipping S.-A.»/«Dary S. A.», TC FR, sic! 3/2000, 198 ff.; «IMG Services S.A.»/«IMG Interest Management Group S.A.», CJ GE, SMI 1994, 179 ff.; grundsätzlich unterscheidungsfähige Bestandteile vgl. Weisung des EHRA Nr. 317 ff.).

Typischerweise schwache Firmenbestandteile sind demgegenüber die Bezeichnung 9 der Rechtsform (BGer, SMI 1989, 43), Worte des sprachlichen Gemeingebrauchs («Werke», BGE 97 II 156; «Aqua», BGE 94 II 130), mit wenig Fantasiegehalt («INTEGRA», BGer, sic! 2004, 325). Hinweise auf den geschäftlichen Tätigkeitsbereich («Bio», «med» und «Orthopaedics» für biologische oder medizinische Produkte, BGer, sic! 2007, 379; «Lernstudio» für Nachhilfe- und Stützunterricht, BGer, Urteil 4C.197/2003; «Audiconsult» resp. «Audit» für Revisionstätigkeiten, CJ GE, sic! 2002, 763; «Excellent», BGer, sic! 4/1998, 425 ff.; «Leasing», BGE 114 II 287; «Holding», BGE 79 II 236; «Feindraht», BGE 97 II 153), Akronyme ohne Verkehrsgeltung («IVF», KGer ZG, sic! 2004, 586; «ESA», AppGer TI, sic! 2003, 718) sowie Ortsbezeichnungen («IC Invest Consult Zürich AG», HGer ZH, SMI 1986, 106; vgl. dazu im Einzelnen KRAMER, 603 ff. mit zusätzlichen Bsp. und Erläuterungen; vgl. grundsätzlich nicht unterscheidungskräftige Bestandteile und Merkmale, vgl. Weisung des EHRA Nr. 285 ff.).

Als weiterer Grundsatz gilt, dass diejenigen Gesellschaften, die ihre Firma frei wählen 10 können (AG, Genossenschaften sowie GmbH) strengeren Anforderungen an die Unterscheidbarkeit unterliegen als Personengesellschaften (BGE 100 II 226 ff.).

Schliesslich besteht die Regel, dass ein besonders **strenger Massstab** anzulegen ist, 11 wenn zwei Gesellschaften ihren Sitz am gleichen Ort haben (BGE 88 II 181; 95 II 458 f.), in der gleichen Branche oder mit dem gleichen Zweck (unter Berücksichtigung allfälliger künftiger Entwicklungsmöglichkeiten) tätig sind (BGE 88 II 181 f., 295 ff.; 97 II 155 f., 237 ff.; BGer, SMI 1993, 73 ff.). Die Anwendung eines eigentlichen **Branchensystems,** wie es ein Teil der Lehre postuliert, hat jedoch das BGer in einer neueren Entscheidung ausdrücklich abgelehnt (BGer, sic! 5/2000, 400; BGE 100 II 226; 97 II 236 f.; weitere Einzelheiten dazu s. FORSTMOSER, Aktienrecht, § 4 N 83 f.; MEIER-HAYOZ/FORSTMOSER, 178 ff.; gegenläufig aber BGE 118 II 324 «Fertrans AG»/«Ferosped AG»). In der kantonalen Rechtsprechung finden sich immer wieder Hinweise darauf, dass sich die Verwechslungsgefahr verringere, wenn die Parteien in unterschiedlichen Branchen tätig sind (KG ZG, sic! 2004, 586; AppGer TI, sic! 2003, 718). Dies bedeutet, dass die Kriterien der geografischen oder branchenmässigen Nähe im Firmenrecht vermehrt indirekt im Rahmen der Beurteilung der Verwechslungsgefahr Eingang ins Firmenrecht finden (gl.M. HILTI, SIWR III/2, 85).

12   Insgesamt wird die **Bildung neuer Bezeichnungen** durch die wachsende Zahl von Firmen immer **schwieriger** (ZivGer BS, sic! 2005, 816). Älteren Firmen wird darum tendenziell immer weniger erlaubt, bestimmte Firmenbestandteile zu monopolisieren; u.U. müssen sie deren Benutzung auch durch später gegründete Firmen gestatten (GUHL/KUMMER/DRUEY, 786 m.Nw.; BGer, sic! 2007, 379; ZivGer BS, sic! 2005, 816; BGer, sic! 4/1998, 415 ff. «Excellent»). In einer neueren Entscheidung verneinte das BGer die Verwechslungsgefahr zwischen den Firmen «MZSG Management Zentrum St. Gallen» und «SMP Management Programm St. Gallen» trotz eingetretener Verwechslungen, u.a. mit der Begründung, dass der Firmenschutz nicht jegliche entfernte Verwechslungsmöglichkeit ausschliessen wolle, sondern nur Verwechslungen verhindern solle, denen der durchschnittliche Firmenadressat mit einer gewissen Wahrscheinlichkeit unterliege ...» (BGE 122 II 373 E. 2c). Dem steht bspw. die bundesgerichtliche Entscheidung gegenüber, dass zwar ein verhältnismässig schwacher Zusatz bei Firmen, die aus identischen oder ähnlichen Sachbezeichnungen bestehen, genüge. Der Zusatz «Bodensee» sei aber zu kennzeichnungsschwach (BGer, Urteil 4C.199/2003; demgegenüber liess das BGer in der Entscheidung Biomed/Biomet den die Tätigkeit beschreibenden Zusatz «Orthopaedics» als kennzeichnend genügen, da die Anforderungen an «individualisierende Zusätze» «nicht überspannt» werden dürften, BGer, sic! 2007, 379). Die vorgenannte auszugsweise Kasuistik aus dem Firmenrecht belegt eindrücklich eine erhebliche Widersprüchlichkeit bei der gerichtlichen Gewichtung der massgebenden Gesamtsicht, welche die Einschätzung der Verwechslungsgefahr als sehr schwierig gestaltet. Infolgedessen erstaunt es nicht, dass die Firmenwahl in der Lehre als «Vabanquespiel» bezeichnet wird (MEIER-HAYOUZ/FORSTMOSER, 199 m.V.). Das Problem der Firmenwahl wird dadurch erschwert, dass vor der Firmengründung richtigerweise zusätzlich zur Prüfung der allfällig vorbestehenden verwechselbaren Firmen die vorbestehenden gleichlautenden oder ähnlichen Marken und Domainnamen auf eine mögliche (wettbewerbsrechtlich relevante) Verwechslungsgefahr überprüft werden sollten (vgl. Art. 944 N 2).

13   Bei Unternehmern beliebt, aber wegen deren engen Schutzumfangs aus juristischer Sicht zu vermeiden sind Firmen mit Sachbezeichnungscharakter. Insbesondere **Sachbezeichnungen** sind seit Änderung der bundesgerichtlichen Rechtsprechung (BGE 101 Ib 366 ff. i.S. «Inkasso AG») als solche nicht monopolisierbar. Der Benützer einer Sachbezeichnung kann lediglich verlangen, dass sich die Firma des späteren Benützers in Nebenelementen unterscheide (BGE 82 II 341 f.; im Einzelnen s. Art. 944). Diese Vorschrift ist auch anwendbar, wenn die eingetragene Firma vorwiegend aus Wörtern des allgemeinen Sprachschatzes besteht (BGE 88 II 297; 95 II 570). Entsprechendes gilt, wenn in der Firma die Natur des Geschäftes angegeben ist. Diesfalls ist durch einen unterscheidungskräftigen Zusatz dafür zu sorgen, dass es dennoch ausreichend von Geschäften der Konkurrenten unterschieden werden kann (BGE 82 II 154; 94 II 129 f.). Hat jedoch die Sachbezeichnung in der älteren Firma durch lange Benutzung Verkehrsgeltung erlangt und ist sie damit zum Individualzeichen geworden, so darf sie selbst i.V.m. Zusatzelementen nicht als charakteristischer Bestandteil in die neuere Firma aufgenommen werden (BGE 127 II 160 ff. «Securitas»; BGE 98 II 63 f.).

V. Kasuistik

Es besteht eine fast unübersehbar reichhaltige und z.T. widersprüchliche Kasuistik zur Frage der Verwechselbarkeit von Firmen. Als Bsp. seien erwähnt:

a) Ausreichend unterscheidungsfähig waren: «Meyer-Munzinger, Wollenhof» im Verhältnis zu «Wollenhof AG» (BGE 74 II 235 ff.); «Meubles Graber, Au Bûcheron» im Verhältnis zu «Au Bûcheron SA», da sich die Geschäfte an verschiedenen Orten befanden (BGE 88 II 28 ff.); «Louis A. Leuber SA» im Verhältnis zu «Compagnie des Montres Favre-Leuber SA» (BGE 88 II 371 ff.); «Farmer Karl SA» neben «Farmag SA» (BGE 95 II 460 f.); «Pierre Keller», «Alligator Publicité» gegenüber «Lacoste Alligator S.A.» (BGE 114 II 432 ff.); «Cartier SA Genève» im Verhältnis zu «G. Cottier Genève SA» (CJ GE, SMI 1992, 193 ff.); «Profisoft Informatik AG» gegenüber «Prosoft AG» (BGer, SMI 1994, 53 ff.); «SMP Management Programm St. Gallen AG» gegenüber der Aktiengesellschaft «lMZG Management Zentrum St. Gallen», da bei derart schwachen Firmen verhältnismässig kennzeichnungsschwache Zusätze genügend Abstand zu schaffen vermögen (BGE 122 III 369 ff.); «Excellent Co. Mila GmbH» gegenüber «Excellent Personaldienstleistung AG», da «Excellent» ein reklamehafter, schwacher Firmenbestandteil mit Gemeingutcharakter sei, der nicht monopolisiert werden könne (BGer, sic! 4/1998, 415 ff.); mit ähnlicher Begründung wurde die Verwechselbarkeit von «SOS Evasan S.A.» mit «SOS Assistance S.A.» verneint (CJ GE, sic! 1/1998, 66 ff.); «Tri-Matic AG» im Verhältnis zu «Trigress AG» wegen der unbeanstandeten häufigen Verwendung der Vorsilbe TRI in 105 anderen Firmen (KGer ZG, SMI 1993, 76 ff.); diese Beurteilung widerspricht der höchstrichterlichen Rechtsprechung, wonach es einer Gesellschaft unbenommen ist, lediglich gegen vereinzelte allenfalls mit ihrer Firma verwechselbaren Drittfirmen vorzugehen (BGE 92 II, 101 E. 5; HGer ZH, ZR 90 [1991], Nr. 58; BGer, sic! 5/2000, 402). Die markenrechtliche sog. «Abstandstheorie» gilt gerade nicht im Firmenrecht (BGer, sic! 2007, 834; Näheres bei HILTI, SIWR III/2, 79); «Audiconsult S.A.» im Verhältnis zu «Audit & Co. S.A.» infolge beschreibender Firma und dementsprechend geringem Schutzumfang, CJ GE, sic! 2002, 763; «ESA – Einkaufsorganisation des Schweizerischen Auto- und Motorfahrzeuggewerbes» im Verhältnis zu «Concessionaria Jura-esa Sagl» wegen dem starken Bestandteil «JURA», AppGer TI, sic! 2003, 718; «Integra Holding AG» im Verhältnis zu «Wintegra GmbH» wegen dem geringen Fantasiegehalt und Schutzumfang von «Integra» sowie wegen grundlegend unterschiedlichem Sinngehalt, BGer, sic! 2004, 325; «IVF HARTMANN AG» im Verhältnis zu «IVF Immobilien, Verwaltungs- und Finanz AG» wegen der Kennzeichnungsschwäche des nicht aussprechbaren Kürzels «IVF», dem prägenden Namen «Hartmann» und wegen den unterschiedlichen Tätigkeitsbereichen der Gesellschaften (KGer ZG, sic! 2004, 586; «A. Braun, Braun Héritier Eschmann AG» im Verhältnis zu «Braunpat Braun Eder AG», da die Verwendung des Zeichens «Braunpat», auch wenn es als Kurzbezeichnung für die Gesuchstellerin stehen könnte, nicht gegen das Firmenrecht der Gesuchstellerin verstosse (ZivGer BS, sic! 2005, 816); «Biomed AG» im Verhältnis zu «Biomet Orthopaethics Switzerland GmbH», weil beide Firmen im Wesentlichen aus nicht kennzeichnenden und nicht schützenswerten Sachbezeichnungen bestünden. Da die Anforderungen an zusätzliche Firmenelemente nicht überspannt werden dürften, genüge die gemeinfreie Sachbezeichnung «Orthopaedics» als Zusatz (BGer, sic! 2007, 379).

b) Als nicht deutlich unterscheidbar und mithin verwechselbar wurden erachtet: «Rolax AG Kugellager Fabrik» im Verhältnis zu «Uhrenfabrik Rolex AG Biel» (BGer, SMI 1972, 83 ff.); «Autogen Endress AG» im Verhältnis zu «M. Müller-Endress», da sich die Firmen in der gleichen Branche betätigten (BGE 73 II 110 f.); «Silta Werke AG» neben «Papierfabrik an der Sihl», da die aus dem Firmennamen abgeleiteten Marken die Verwechslungsgefahr zusätzlich erhöhten (BGE 77 II 321 ff.); «Bavag Bau- und Verwaltungs-AG» im Verhältnis zu «Pavag AG» (BGE 92 II 95 ff.); «Rubinia AG» neben «Helena Rubinstein SA» (BGE 93 II 40 ff.); «Aqua Filtro AG» im Verhältnis zu «Filtro SA» (BGE 94 II 128 ff.); «Interim Service SA» im Verhältnis zu «Adia Interim S.a.r.l.», insb. wegen dem gleichen Sitz und Zweck der Unternehmen (BGE 95 II 568 ff.); «Elektrisola Feindraht AG» im Verhältnis zu «Schweizerische Isola-Werke AG» (BGE 97 II 153 ff.); «Interstop AG» im Verhältnis zu «Intershop Holding AG» (BGE 97 II 234 ff.); «Standard Commerzbank» im Verhältnis zu «Commerzbank AG» (BGE 98 II 57 ff.); «Aussenhandels-Finanz AG» im Verhältnis zu «Aussen Handel AG» (BGE 100 II 224 ff.); «Apaque 2000 SA» im Verhältnis zu «Abac SA, Société Fiduciaire» (BGer, SMI 1989, 35 ff.); «Société Mondataire SA» im Verhältnis zu «Mandatex SA, Société Fiduciaire SA» (BGer, SMI 1989, 42; CJ GE, SMI 1990, 70 ff.); «Finor Trust, Financial Organisation and Trusteeship» im Verhältnis zu «Finor Sud SA» (BGer, SMI 1990, 67 f.); «Tropicalfruits Import SA» im Verhältnis zu «TFT Tropical Fruits Trading SA» (BGer, SMI 1990, 77); «Omega Management AG» im Verhältnis zu «Omega AG», trotz Branchenverschiedenheit (HGer ZH, SMI 1991, 51 ff.); «Avia Tour AG» im Verhältnis zu Firmen von Mitgliedern der «Avia»-Gruppe (BGer, SMI 1992, 41 ff.); «Messenging Intercity SA» im Verhältnis zu «Intercity AG» (CJ GE, SMI 1992, 185 ff.); «IBACOM AG» im Verhältnis zu «IBA AG» (BGer, SMI 1993, 78 ff.); die in der Baubranche tätige «Reis AG Russikon» im Verhältnis zum Theaterverlag «Reiss AG» (BGer, SMI 1993, 259 ff.); «Ferosped AG» im Verhältnis zu der an der gleichen Adresse und in der gleichen Branche tätigen «Fertrans AG» (BGer, SMI 1993, 73 ff.); «EMM Group SA» im Verhältnis zu «M Group SA»; «Vergnügungsbetriebe 3-D AG» im Verhältnis zu «3 D AG» (KGer ZG, SMI 1993, 87 ff.); «Archplan Willisau AG» im Verhältnis zu «Archplan AG» (BGer, SMI 1994, 281); «IMG Interest Management Group S.A.» im Verhältnis zu «IMG Services S.A.» (CJ GE SMI 1994, 179 ff.); «Integra Consulting AG» im Verhältnis zu «Integra Holding AG» und «Integra Finanz AG» (HGer BE, SMI 1995, 95 ff.; vgl. dazu aber neueres gegenläufiges Urteil des BGer i.S. Integra unter N 14 lit. a); «Taddeo Toitures S.A.» im Verhältnis zu «Toitures Michel Taddeo S.A.» (CJ GE, SMI 1996, 429 ff.); «Kronen Mineralöl GmbH» im Verhältnis zu «König Mineralöl AG» (Massnahmeentscheid des Gerichtskreises VIII Bern-Laupen, sic! 1/1998, 72 ff.); «Le restaurant la boucherie S.A.» im Verhältnis zu «Bistrot du boucher S.A. (CJ GE, sic! 1/1998, 69 ff.); «Cleaning Technology Diffusion sàrl» im Verhältnis zu «NGL Cleaning Technology S.A.», mangels Kennzeichnungskraft des Kürzels «NGL» (CJ GE, sic! 3/1999, 287 ff.); «Dary S.A.» im Verhältnis zu «Darya Shipping S.A.» (TC FR, sic! 3/2000, 198 ff.); «Astra (Schweiz) AG» im Verhältnis zu «Astra Pharmaceutica AG» (BGer, sic! 5/2000, 397 ff.); «Aviareps Airline GmbH» im Verhältnis zu «Avia AG» (BGer, sic! 5/2000, 399 ff.); «Securicall AG» im Verhältnis zu Firmen der «Securitas»-Gruppe wie «Securitas AG Schweizerische Bewachungsgesellschaft», «Securitas Direct AG», «Securiton AG» (BGE 127 III 160 ff.); «Die Wache Wach- und Schliessgesellschaft Vaduz (FL), Zweigniederlassung Altstätten» im Verhältnis zu «Wache AG» (diesem Unternehmen war nach alter BGer Praxis Exklusivität für die Sachbezeichnung in der Firma gewährt worden; BGE 128 III 224 ff.); «Experteam AG» im Verhältnis zu «Xperteam Management Consultants AG», weil «Experteam» resp. «Xperteam» die prägenden Bestandteile der gemäss Statuten im Wettbewerb stehenden Unternehmen sind, welche deren Firmen aufgrund der Rechtsform frei wählen können (BGE 128 III 224); «IBA AG» im Verhältnis zu «Iba Net AG», da «IBA» stark prägend und «Net» bloss beschreibend ist (HGer BE, sic! 2003, 144); «Altium Capital AG» im Verhältnis zu «Altium Europe AG», der der lateinische Ausdruck gemeinhin nicht verstanden, sondern als Fantasieausdruck verstanden wird und die Zusätze «Capital» und «Europe» beschreibend und daher nur schwach kennzeichnend sind (HGer AG, sic! 2003, 145); «Metro Holding AG», «Metro International AG» etc. im Verhältnis zu «Metro e-commerce AG», «Metro Engineering AG» etc., weil «Metro» als grundsätzlich nicht monopolisierbare Sachbezeichnung durch langjährige Verwendung Verkehrsgeltung erlangt, wenn es für die Tätigkeit der mit dieser Firma bezeichneten Unternehmen nicht direkt beschreibend ist. Da Metro (ähnlich zu einer Serienmarke) Bestandteil zahlreicher Firmen der Klägerin ist, muss ein Dritter einen grösseren Abstand wahren. Die Beifügung von kennzeichnungsschwachen Bestandteilen wie «Engineering» beseitigt die Verwechslungsgefahr unter diesen Umständen nicht (KGer ZG, sic! 2003, 504); «Euregio Immobilien-Treuhand AG» im Verhältnis zu «Euregio Bodensee Immobilien AG» reicht die Beifügung des schwach kennzeichnenden Zusatzes «Bodensee» nicht aus (BGer, Urteil 4C.199/2003); «Simao Institut de Beauté Atlantis» im Verhältnis zu «Institut de Beauté Atlantis», weil der Begriff «Atlantis» trotz Voranstellung des Familiennamens «Simao» den prägenden Bestandteil in den zu vergleichenden Firmen darstellt (BGE 131 III 572); «StraBAG Strassenbau und Beton AG» im Verhältnis zu «Murer Strabag AG», «Züblin Strabag AG», weil das Kürzel vom Publikum nicht ohne weiteres als Abkürzung für «Strassenbau und Beton AG», sondern als Fantasiewort angesehen werden kann. Durch die serienmässige Verwendung entstehe beim Publikum der Eindruck, die Unternehmen seien miteinander verbunden. Daran ändere auch der Umstand nichts, dass die Klägerin andere Firmen mit dem Kürzel «Strabag» duldet und dass den Familiennamen «Murer» und «Züblin» prägende Kraft zukomme (BGer, sic! 2007, 834); «MFC Merchant Bank S.A.» im Verhältnis zu «MFC Finanz GmbH», weil das Akronym «MFC» unabhängig von dessen Verkehrsdurchsetzung aufgrund seiner Kennzeichenkraft firmenrechtlichen Schutz gegenüber Firmen mit dem identischen Akronym, das ein schwacher Zusatz ergänzt, geniesse (KGer AI, sic! 2007, 917). Für weitere Rechtsprechungsnachweise s. FORSTMOSER, Aktienrecht, § 4 N 89 ff.; KRAMER, 603 ff.; SPOENDLIN, 237 ff.; MEIER-HAYOZ/FORSTMOSER, 196 ff.

Art. 952

IV. Zweigniederlassungen

¹ Zweigniederlassungen müssen die gleiche Firma führen wie die Hauptniederlassung; sie dürfen jedoch ihrer Firma besondere Zusätze beifügen, sofern diese nur für die Zweigniederlassung zutreffen.

² Die Firma der Zweigniederlassung eines Unternehmens, dessen Sitz sich im Auslande befindet, muss überdies den Ort der Hauptniederlassung, den Ort der Zweigniederlassung und die ausdrückliche Bezeichnung als solche enthalten.

IV. Succursales

¹ La raison de commerce des succursales doit être la même que celle de l'établissement principal; il est toutefois permis d'y apporter une adjonction spéciale, si celle-ci ne s'adapte qu'à la succursale.

² Lorsque le siège d'une entreprise est à l'étranger, la raison de la succursale indiquera en outre le siège de l'établissement principal, celui de la succursale et la désignation expresse de celle-ci avec sa qualité.

IV. Succursali

¹ Le succursali devono avere la stessa ditta della sede principale; è tuttavia lecito farvi aggiunte che si riferiscano alla sola succursale.

² La ditta della succursale di un'azienda, la cui sede principale trovasi all'estero, deve inoltre indicare la sede principale e la sede della succursale, e contenere l'esplicita qualifica di succursale.

Art. 952   1–4

Literatur

SCHAUB, Firmenrecht VI, Grundsätze der Firmenbildung: Zweigniederlassungen, SJK 1266; F. VON STEIGER, Schweizerisches Firmenrecht, 1938.

I. Begriffe und Anwendungsbereich

1   Die Begriffe der Haupt- und Zweigniederlassung und deren Anwendungsbereich bestimmen sich nach Art. 934 (vgl. die Komm. zu Art. 943). Art. 952 bezieht sich unausgesprochen auf die in einem schweizerischen Handelsregister eingetragene Zweigniederlassung. Art. 952 unterscheidet zwischen der **Zweigniederlassung** eines Geschäftes mit **schweizerischer Geschäftsfirma** (Abs. 1) **sowie** einer Zweigniederlassung **eines Geschäftes mit ausländischer Hauptniederlassung** (Abs. 2). Abs. 1 ist jedoch auf die schweizerische Zweigniederlassung eines Unternehmens mit Hauptsitz im Ausland ebenso anwendbar wie auf die Zweigniederlassung eines schweizerischen Geschäftes. Es versteht sich von selbst, dass auch bei der Firmenbildung für Zweigniederlassungen die allgemeinen firmenrechtlichen Grundsätze, so die Vorschriften über Firmenwahrheit, Täuschungsverbot, Verbot oder Verletzung öffentlicher Interessen (Art. 944; Art. 38 HRegV), Sprache der Firma (Art. 39 HRegV), Aufnahme von Kurzbezeichnungen (Art. 44 Abs. 2 HRegV) sowie die Aufnahme eines Enseigne (Art. 48 HRegV) gelten.

II. Zweigniederlassung eines Unternehmens mit Hauptsitz in der Schweiz (Abs. 1; Art. 70 Abs. 1, Art. 71–74 HRegV)

2   Voraussetzung für die Firmenbildung einer schweizerischen Zweigniederlassung ist das **Vorhandensein einer bereits eingetragenen Hauptniederlassung in der Schweiz.** Für die Firmenbildung einer schweizerischen Zweigniederlassung schreibt Art. 952 Abs. 1 zwingend vor, dass diese die gleiche Firma wie die schweizerische Hauptniederlassung führen muss. Das Gebot der **Firmengleichheit** für die Zweigniederlassung hat zur Folge, dass der Firmenwortlaut der Hauptniederlassung unverändert (auch in Bezug auf unwesentliche Zusätze oder lange Wortbildungen) in der Firma der Zweigniederlassung ungekürzt wiedergegeben werden muss. Eine anders lautende Firma der Zweigniederlassung wäre erst nach entsprechender Änderung der Firma der Hauptniederlassung möglich (SCHAUB, 1). Als Konsequenz davon ist es zulässig, dass mehrere schweizerische Zweigniederlassungen eines Hauptsitzes ohne ein unterscheidendes Merkmal die gleiche Firma führen (F. VON STEIGER, Firmenrecht, 47 f.).

3   Das Gebot der Firmengleichheit lässt jedoch zu (bzw. schreibt sogar vor), dass Zweigniederlassungen der Firma der Hauptniederlassung **Zusätze** beifügen. **Obligatorisch** ist ein Zusatz, wenn am Ort des Sitzes der Zweigniederlassung bereits eine andere mit der Firma der auswärtigen Hauptniederlassung verwechselbare Firma eingetragen ist (Art. 946 Abs. 2, Art. 951; BK-HIS, Art. 952 N 7). In einem solchen Fall ist der Handelsregisterführer gehalten, von Amtes wegen einen Zusatz zu verlangen (Art. 955). Im Streitfall entscheidet der Richter, ob der gewählte Zusatz die erforderliche deutliche Unterscheidbarkeit zwischen den beiden Firmen herbeiführt (BGE 55 I 189). Aufgrund von Art. 946 beschränkt sich die Anwendbarkeit derartiger obligatorischer Zusätze lediglich auf Firmen von Personengesellschaften.

4   Daneben lässt Art. 952 Abs. 1 ausdrücklich zu, dass der Firma der Zweigniederlassung **freiwillig** besondere **Zusätze** beigefügt werden können. Dabei handelt es sich um weitere Worte, die an irgendeiner passenden Stelle dem von der Hauptniederlassung übernommenen Firmenwortlaut beigefügt werden. Diesbezüglich ist unabdingbar, dass die

Zusätze nur für die Zweigniederlassung zutreffen. D.h. sie müssen die Zweigniederlassung gegenüber der Hauptniederlassung oder gegenüber anderen Filialen genauer umschreiben (BK-HIS, Art. 952 N 10). Der häufigste Zusatz besteht im Hinweis auf die Zweigniederlassung selbst, unter Nennung ihres Sitzes (z.B. «Zweigniederlassung Zürich»). Dabei ist jedoch festzuhalten, dass das Gesetz für die Zweigniederlassung eines Geschäftes mit Hauptsitz in der Schweiz nicht verlangt, das Wort «Zweigniederlassung» oder «Filiale», welches die Rechtsnatur deutlich erkennen lässt, zu verwenden. Vielmehr ist es auch zulässig, Bezeichnungen wie «Abteilung Büromaterial», «Verkaufsladen», «Agentur», «Magazin», «Fabrik», «Werkstätte» etc. zu gebrauchen (SCHAUB, 2). Sobald eine nationale, territoriale oder regionale Bezeichnung in der Firma der Zweigniederlassung verwendet werden soll («Filiale Unterwallis»), ist dafür die Bewilligung des EHRA (gem. Art. 944 OR; Art. 44–46 HRegV) erforderlich.

Die Firma der Zweigniederlassung darf keine Zusätze enthalten, welche auch für die Hauptniederlassung zutreffen würden, in deren Firma aber nicht aufgenommen wurden (z.B. Vorgänger- und Nachfolgerverhältnisse, Fantasiebegriffe; BK-HIS, Art. 952 N 12). Umgekehrt hat die **Änderung der Firma** der Hauptniederlassung immer die Änderung der Firma der Zweigniederlassung zur Folge. Eine Änderung für die Zweigniederlassung allein ist unumgänglich, sobald ein Zusatz (z.B. Tätigkeitsgebiet oder -art) nicht mehr den Tatsachen entspricht (SCHAUB, 2).

III. Zweigniederlassungen eines Unternehmens mit Hauptsitz im Ausland (Abs. 2; Art. 113–115 HRegV)

Grundvoraussetzung ist, dass ein schon bestehendes Unternehmen, das seinen rechtmässigen Sitz im Ausland hat und beabsichtigt, in der Schweiz eine wirkliche Zweigniederlassung zu eröffnen (BK-HIS, Art. 952 N 14). Ferner muss auch die Firma der ausländischen Hauptniederlassung gem. Art. 952 Abs. 1 ohne jede Änderung in die Firma der schweizerischen Zweigniederlassung übernommen werden **(Grundsatz der Firmengleichheit)**. Dies gilt i.d.R. selbst dann, wenn die ausländische Gesetzgebung den besonderen Bestimmungen des schweizerischen Rechts über die Firmenbildung nicht entspricht. Denn die ausländische Hauptniederlassung, welche in der Schweiz eine Filiale errichten will, untersteht (obwohl die Firma der Hauptniederlassung, mit derjenigen der Zweigniederlassung übereinstimmen muss, durch das ausländische Recht bestimmt wird) diesbezüglich der schweizerischen Gesetzgebung (F. VON STEIGER, Firmenrecht, 48 m.H. auf die in der Schweiz unzulässige Firma «Swiss First National Pictures Inc. Wilmington»). Infolgedessen kann die schweizerische Zweigniederlassung im Handelsregister nur eingetragen werden, wenn ihre Firma den zwingenden Vorschriften des schweizerischen öffentlichen Rechts über die Firmenbildung gerecht wird. Können die Voraussetzungen allenfalls auch nicht mit einem Zusatz erfüllt werden, so muss die Firma der ausländischen Hauptniederlassung zuvor geändert werden (BGE 90 II 200 ff.; 102 Ib 18). Nötigenfalls müsste die kantonale Aufsichtsbehörde in Handelsregistersachen selbst den Wortlaut der Firma festsetzen (Art. 152 f. HRegV). Bei der Beurteilung einer Firma eines Unternehmens, das in einem Verbandsland der Pariser Übereinkunft zum Schutz des gewerblichen Eigentums (SR 0232.01–04) niedergelassen ist, muss eine gewisse Zurückhaltung geübt werden, solange die ausländische Geschäftsfirma nicht dem schweizerischen Ordre Public widerspricht (BGE 102 Ib 114 ff.).

Sind die Voraussetzungen der Firmengleichheit einer schweizerischen Zweigniederlassung mit dem ausländischen Unternehmen vorhanden, so muss deren Firma die folgenden **drei obligatorischen Zusätze** führen:

a) Der genaue **Ort der Hauptniederlassung** (z.B. London, Madrid, Neu Delhi, aber nicht die Region oder das Land) ist in der Firma der schweizerischen Niederlassung als Zusatz zu nennen, soweit diese Angabe nicht schon in der Firma der Hauptniederlassung enthalten ist. Befindet sich die Hauptniederlassung des ausländischen Unternehmens nicht an seinem statutarischen Sitz, ist dennoch der statutarische Sitz anzugeben; denn aus diesem leitet sich das Recht her, welches auf die betreffende Gesellschaft anwendbar ist (SCHAUB, 3).

b) Gleichermassen muss der **Ort der schweizerischen Zweigniederlassung** in der Firma zusätzlich Erwähnung finden. Dabei muss die Gemeinde, in der sich das Geschäftslokal der schweizerischen Zweigniederlassung befindet, genannt werden (SCHAUB, 3).

c) Das Gebot der ausdrücklichen **Bezeichnung als Zweigniederlassung** wird ausschliesslich durch die eindeutige Verwendung des Firmenzusatzes «Zweigniederlassung», «Filiale», «Succursale» oder eines gleichbedeutenden Begriffes erfüllt. Nicht zulässig ist aber die Verwendung von Begriffen, welche den rechtlichen Charakter einer Filiale nicht eindeutig indizieren (z.B. «Verkaufsbüro», «Werkstätte», «Agentur» etc.; BK-HIS, Art. 952 N 19).

8 Neben den drei vorerwähnten obligatorischen Zusätzen kann die Firma der schweizerischen Zweigniederlassung einer ausländischen Hauptniederlassung weitere **fakultative Zusätze** enthalten. Dabei gelten dieselben Erwägungen wie bereits für die fakultativen Zusätze bei einer Filiale einer schweizerischen Hauptniederlassung (vgl. N 4). Entsprechendes gilt für die Änderung der Firma der schweizerischen Niederlassung eines ausländischen Unternehmens.

Art. 953

V. Übernahme eines Geschäftes

¹ Wer ein Geschäft übernimmt, ist an die Vorschriften gebunden, die für die Bildung und die Führung einer Firma aufgestellt sind.

² Der Übernehmer darf jedoch mit ausdrücklicher oder stillschweigender Zustimmung der früheren Inhaber oder ihrer Erben die bisherige Firma weiterführen, sofern in einem Zusatz das Nachfolgeverhältnis zum Ausdruck gebracht und der neue Inhaber genannt wird.

V. Reprise d'une maison existante

¹ Celui qui reprend une maison existante est soumis aux dispositions régissant la formation et l'usage d'une raison de commerce.

² Il peut toutefois, s'il y est expressément ou tacitement autorisé par ses prédécesseurs ou leurs héritiers, maintenir l'ancienne raison de commerce, en y apportant une adjonction exprimant qu'il en est le successeur.

V. Assunzione di una azienda

¹ Chi continua un'azienda altrui deve uniformarsi alle disposizioni sulla formazione e sull'uso della ditta.

² Tuttavia, se il precedente titolare o i suoi eredi vi acconsentano espressamente o tacitamente, l'assuntore potrà far uso della ditta preesistente, purché un'aggiunta indichi il rapporto di successione ed il nuovo titolare.

Literatur

Vgl. die Literaturhinweise zu Art. 952.

I. Allgemeines

Art. 953 zeigt für die **Übernahme eines Geschäftes zwei Varianten** auf. Entweder hat 1
sich der Übernehmer des Geschäftes an die allgemeinen Vorschriften über die Bildung
und Führung einer Firma (Art. 944) zu halten oder er kann die bisherige Firma unter
gewissen Bedingungen weiterführen (Abs. 2). Nicht möglich ist jedoch eine vom Geschäft unabhängige Veräusserung der Firma an einen Dritten. Diese ist ein vom Unternehmen untrennbarer Bestandteil (BK-His, Art. 953 N 5).

II. Begriff der Geschäftsübernahme

Die Anwendbarkeit von Art. 953 setzt voraus, dass jemand «ein Geschäft» übernimmt. 2
Unter «**Geschäft**» i.S. dieser Bestimmung ist eine tatsächlich vorhandene und betriebene, im Handelsregister eingetragene Geschäftsfirma (BGE 39 II 42) zu verstehen.
Ausreichend ist jedoch, dass das übernommene Geschäft rechtmässig bestanden hat,
auch wenn der Betrieb zeitweise eingestellt worden ist, z.B. in Folge eines Konkurses
oder aus anderen Gründen (BGE 52 II 276). Schliesslich verlangt die Praxis, dass das
zu übernehmende Geschäft im Inland besteht oder bestanden hat. Die Eintragung der
Firma «C. Dalmbert, Inhaber Alexander Metzger» in Zürich wurde verweigert, weil die
Firma «C. Dalmbert» in Deutschland domiziliert war (SCHAUB, 2). Die firmenrechtlichen Vorschriften von Art. 953 sind nicht auf andere im Handelsregister eingetragene
Subjekte, die keinen firmenrechtlichen Schutz haben (wie Vereine oder Stiftungen) anwendbar (BK-His, Art. 953 N 7).

Grundsätzlich bedeutet «**Geschäftsübernahme**» den Erwerb des ganzen Unternehmens 3
durch einen neuen Eigentümer unter Wahrung der Kontinuität des Geschäftsbetriebes.
Dies setzt einerseits voraus, dass mit der Geschäftsübernahme keine wesentliche Änderung der Geschäftsnatur oder -tätigkeit einhergehen darf (BK-His, Art. 953 N 8). Andererseits ist ein totaler Subjektwechsel erforderlich, der im Falle einer bloss partiellen
Inhaberänderung nicht erfüllt ist (BK-His, Art. 953 N 9). Insbesondere darf der Veräusserer das Geschäft oder dessen Firma nicht weiterführen (BK-His, Art. 953 N 12).

In der Praxis wird nicht verlangt, dass der neue Inhaber das Geschäft «mit Aktiven und 4
Passiven» i.S.v. Art. 181 übernimmt. Es reicht aus, dass die wichtigsten, d.h. für die
Weiterführung des Betriebes **wesentlichen, Vermögensbestandteile** auf den Erwerber
übergehen. Je nach Natur des Geschäftes werden allenfalls fast keine Aktiven zu übernehmen sein (etwa Büromöbel und Kundenverzeichnis bei einem Makler; SCHAUB, 3
unter Zitierung eines unv. BGE vom 31.5.1939, welcher besagt, dass die handelsregisterliche Nachfolge weniger strenge Anforderungen erfüllen muss, als das materiellrechtliche Nachfolgeverhältnis gem. Art. 181; **a.M.** BK-His, Art. 953 N 10 unter Berufung auf ältere Literatur).

Der Rechtsgrund der Geschäftsübernahme kann unterschiedlicher Natur sein, z.B. ein 5
Rechtsgeschäft unter Lebenden (Geschäftsübernahme gem. Art. 181, Kaufvertrag, Fusion, Umwandlung der Gesellschaftsform mit komplettem Inhaberwechsel), eine Verfügung von Todes wegen (z.B. Erbgang), ein Geschäftsübergang von Gesetzes wegen
(z.B. bei gesetzlicher Erbfolge) sowie ein Übergang kraft Urteilsspruch (z.B. Teilung
von Mit- oder Gesamteigentum, aufgrund von Ehescheidung etc.; BK-His, Art. 953
N 13).

III. Grundsatz der Bindung an die allgemeinen firmenrechtlichen Vorschriften (Abs. 1)

6   Abs. 1 schreibt vor, dass der **Übernehmer eines Geschäftes** an die Vorschriften gebunden ist, die für die Bildung und die Führung einer Firma aufgestellt sind. Die in Abs. 1 festgehaltene Regel ist eine Selbstverständlichkeit, die sich ohnehin aus den firmenrechtlichen Vorschriften ergibt. Diese schreiben vor, dass die als Bestandteil eines Geschäfts mit übernommene Firma der Anpassung an die für die **Neubildung geltenden Vorschriften** unterliegt. Dabei hat der Übernehmer insb. dem Grundsatz der Firmenwahrheit und dem Täuschungsverbot Rechnung zu tragen (BGE 72 I 359 ff.).

IV. Beibehaltung der bisherigen Firma durch den Übernehmer mit Nachfolgezusatz (Abs. 2)

7   Abs. 2 sieht eine **Ausnahme zum allgemeinen firmenrechtlichen Grundsatz von Abs. 1** vor. Danach darf der Übernehmer mit ausdrücklicher oder stillschweigender Zustimmung der früheren Inhaber oder ihrer Erben die bisherige Firma weiterführen, sofern darin in einem Zusatz das Nachfolgeverhältnis zum Ausdruck gebracht und der neue Inhaber genannt wird.

8   Die **Zustimmung** des bisherigen Inhabers ist stets erforderlich, wenn er noch lebt. Ist der **bisherige Inhaber** oder die Mehrzahl der bisherigen Inhaber gestorben, so sind die Erben berechtigt, die Zustimmung zur Weiterführung der bisherigen Firma zu erteilen oder zu verweigern, sofern der Erblasser darüber nicht schon letztwillig oder rechtsgeschäftlich verfügt hat (BK-His, Art. 953 N 21 f.). Erwirbt der Übernehmer das bisherige Geschäft aus einem Konkurs oder in Folge eines Nachlassvertrages, so ist der frühere konkursite Inhaber zur Erteilung oder Verweigerung der Zustimmung zur Weiterführung seiner bisherigen Firma berechtigt. Dies gilt unabhängig davon, ob die Firma seinen oder seiner Gesellschafter Personennamen enthält oder nicht. Demgegenüber ist die Konkursverwaltung befugt, die Zustimmung zur Übernahme des Geschäfts zu erteilen (F. von Steiger, Firmenrecht, 50). Die vom Gesetz ausdrücklich vorgesehene «stillschweigende Zustimmung» ist eine aus den Umständen der ganzen Geschäftsübernahme zu entnehmende Billigung der Weiterführung auch der Firma neben der Weiterführung des ganzen Geschäfts (BGE 52 II 276). Dabei ist jedoch der Vorbehalt zu machen, dass die Handelsregisterführer regelmässig eine ausdrückliche Zustimmung des bisherigen Inhabers bzw. seiner Erben bei der Eintragung des angeblichen Nachfolgers verlangen (Schaub, 3). Die Zustimmung darf auch unter Bedingungen erteilt werden. Eine vorbehaltlos abgegebene Genehmigung der Beibehaltung der Firma kann nicht mehr rückgängig gemacht werden (Schaub, 3).

9   Ausser der genannten Zustimmung des früheren Geschäftsinhabers bzw. seiner Erben ist zusätzlich erforderlich, dass die «**bisherige Firma**» **weitergeführt** wird. Damit ist der Übernehmer des Geschäfts, der die Firma weiterführt, gehalten, diese Firma unverändert, d.h. ungekürzt, zu übernehmen (BGE 32 II 397). Eine Ausnahme liegt vor, wenn der bisherige Inhaber die Bewilligung zur Verwendung einer nationalen, territorialen oder regionalen Bezeichnung (gem. Art. 45 ff. HRegV) hatte, diese dem neuen Inhaber aber mangels Vorhandensein der Voraussetzungen verweigert wird (F. von Steiger, Firmenrecht, 52).

10   Ferner muss im Wortlaut der bisherigen Firma ein **Zusatz** aufgenommen werden, der das **Nachfolgeverhältnis** zum Ausdruck bringt. Dabei kann es sich um Begriffe wie «vormals», «früher», «ehemalige», «Nachfolger von», «Inhaber», «nunmehr» etc. han-

deln (BK-His, Art. 953 N 25). Die Vorschrift, dass das Nachfolgeverhältnis durch einen besonderen Zusatz zum Ausdruck gebracht werden müsse, bezieht sich jedoch in erster Linie auf Einzelfirmen, Kollektiv- und Kommanditgesellschaften. Sie dient ausschliesslich der Vermeidung von Täuschung des Publikums über die an der Firma beteiligten Personen. Wird ein Personennamen oder die Firma einer Kollektiv- oder Kommanditgesellschaft mit der Bezeichnung als **AG** verbunden, so ist das **Nachfolgeverhältnis genügend angedeutet** (BGE 73 II 120 ff.). Dies gilt wohl sinngemäss auch für die Genossenschaft.

Schliesslich muss grundsätzlich der **neue Inhaber genannt** werden, wobei dieses Gebot ebenfalls **nicht für** AG (auch nicht für Genossenschaften und GmbH ohne Personennamen) Gültigkeit hat. Es ist offensichtlich auf Verhältnisse zugeschnitten, bei denen der neue Inhaber mit seinem Familiennamen in der Firma genannt sein muss (BGE 73 II 120 ff.). Der Inhaberzusatz darf in der Firma an beliebiger Stelle stehen (F. VON STEIGER, Firmenrecht, 50).

Die vorgenannten **Bestimmungen** sind nach der Praxis ebenfalls **in ähnlichen Fällen anzuwenden,** bei denen es sich genau betrachtet **nicht** um eine **Geschäftsübernahme** handelt. Zum einen ist dies der Fall, wenn eine Person, deren Familienname in der Firma einer Kollektivgesellschaft, Kommanditgesellschaft oder KAG enthalten ist, aus der Gesellschaft ausscheidet. Diesfalls darf gem. Art. 948 Abs. 1 auch mit Einwilligung dieser Person oder ihrer Erben ihr Name in der Gesellschaftsfirma nicht beibehalten werden. Das bedeutet, dass die Firma «Burkhard, Sommer & Co.» beim Ausscheiden des Gesellschafters Burkhard geändert werden muss. In einem solchen Fall wäre es aber zulässig, die Firma nunmehr «Burkhard, Sommer & Co., Sommer & Co. Nachfolger» zu nennen, obwohl diese als solche weiterbesteht und es sich nicht um eine eigentliche Geschäftsübernahme durch einen neuen Inhaber handelt (SCHAUB, 4). Entsprechendes gilt, wenn gem. Art. 579 ein Gesellschafter das Geschäft allein fortsetzt, obwohl es sich dabei nicht um eine «Geschäftsübernahme» handelt (BGE 75 I 273). Diesfalls würde z.B. die Firma «Martin & Co., Paul Martin Nachfolger» zugelassen (SCHAUB, 4).

Ein **weiterer Sonderfall,** der in extensiver Interpretation von Abs. 2 gelöst wird, ist der folgende: Wird ein Geschäft, das von einem neuen Inhaber übernommen wurde, der bereits die bisherige Firma gem. Art. 953 Abs. 2 weiterführte, von diesem an einen Dritten und vom Dritten auf einen Vierten usw. übertragen, so wäre es sehr umständlich, wenn jedes dieser mehrfachen Nachfolgerverhältnisse in strikter Anwendung von Abs. 2 in der Firma zum Ausdruck gebracht werden müsste. Die Praxis gestattet daher, dass sich der neue Inhaber als Nachfolger des ursprünglichen Unternehmers erklärt, auch wenn er nicht dessen unmittelbarer Nachfolger ist. Damit ist es möglich, die Firma «Kasper & Co., Hans Futtiger Nachfolger» zu bilden, obwohl zunächst ein Jahr Paul Brunner als unmittelbarer Nachfolger von «Kasper & Co.» das Geschäft besass (SCHAUB, 4). Liegt dieser Sachverhalt vor, so reicht es aus, dass Hans Futtiger die ausdrückliche oder stillschweigende Zustimmung von Paul Brunner (oder seiner Erben) erhalten hat, soweit dieser wiederum die frühere vorbehaltlose Zustimmung der Gesellschafter bzw. deren Erben von «Kasper & Co.» erhalten hatte (BGE 52 II 276).

Die Regelung von Abs. 2 ermöglicht, dass in der beibehaltenen Firma Namen von Personen enthalten sein können, die nicht mehr persönlich oder beschränkt haften, sei es dass es sich um ausgeschiedene Teilhaber oder um bisher unbeschränkt haftende Teilhaber, die nunmehr nur noch Kommanditäre sind, handelt. Die **Beibehaltung ihrer Namen in der Firma** bewirkt jedoch **nicht ihre Weiterhaftung** i.S.v. Art. 947 Abs. 4 und Art. 607, indem aus der übernommenen Firma das Nachfolgeverhältnis und der neue Inhaber erkennbar sind. Mithin ist es für Gläubiger ersichtlich, dass der Kommanditär oder ausgeschiedene Teilhaber nur noch als Rechtsvorgänger in der Firma genannt ist (BK-HIS, Art. 953 N 28; F. VON STEIGER, Firmenrecht, 56).

Art. 954

VI. Namens-änderung	Die bisherige Firma kann beibehalten werden, wenn der darin enthaltene Name des Geschäftsinhabers oder eines Gesellschafters von Gesetzes wegen oder durch die zuständige Behörde geändert worden ist.
VI. Changement de nom	L'ancienne raison de commerce peut être maintenue si le nom du titulaire ou d'un associé y figurant a été changé de par la loi ou par décision de l'autorité compétente.
VI. Cambiamento di nome	La ditta precedente può essere conservata se il nome, in essa contenuto, del titolare o di un socio è stato cambiato per legge o per decisione dell'autorità competente.

I. Zulässigkeit der Firmenänderung oder -beibehaltung in Folge gesetzlicher oder behördlicher Namensänderung

1   Art. 954 sieht in Einschränkung des Grundsatzes der Firmenwahrheit vor, dass die **bisherige Firma beibehalten** werden kann, **wenn** der darin enthaltene **Name** des Geschäftsinhabers oder eines Gesellschafters **von Gesetzes wegen** oder durch die zuständige Behörde **geändert** worden ist. Die ausdrückliche Regelung dieses Ausnahmetatbestandes lässt jedoch ohne weiteres zu, dass der betroffene Firmeninhaber oder Gesellschafter nach Eintritt eines derartigen Ereignisses seine Firma entsprechend den allgemeinen Vorschriften in Übereinstimmung mit der Firmenwahrheit abändert.

II. Beibehaltung der bisherigen Firma trotz Namensänderung

2   Art. 954 ist anwendbar, wenn die folgenden **Voraussetzungen kumulativ** vorliegen: Es besteht eine rechtmässige und im Handelsregister eingetragene Geschäftsfirma. Ferner enthält deren Firma den Namen eines oder des Geschäftsinhabers oder Gesellschafters. Überdies verbleibt der in der Firma genannte Inhaber oder Gesellschafter in dieser Rechtsstellung im Geschäft (ansonsten allenfalls Art. 948 anwendbar wäre) und schliesslich liegt eine rechtmässige, behördliche oder gesetzliche Namensänderung des betreffenden Inhabers oder Gesellschafters vor (BK-HIS, Art. 954 N 4).

3   Die in Art. 954 umschriebene gesetzliche oder behördliche **Namensänderung** muss sich (ganz oder teilweise) auf den Familiennamen oder Vornamen der in der Firma genannten Person beziehen. Dadurch muss gegenüber dem bisherigen, im Zivilstandsregister gemäss Heimatrecht eingetragenen Bestand eine rechtmässige Abweichung herbeigeführt werden (BK-HIS, Art. 954 N 5).

4   Namensänderungen **von Gesetzes wegen** greifen Platz z.B. durch Heirat einer Frau, die den Namen des Ehemannes annimmt (Art. 160 Abs. 1 ZGB) oder infolge Ehescheidung (Art. 137 ff. ZGB). Namensänderungen **durch die zuständige Behörde** (Verwaltungsbehörde oder Gericht) erfolgen z.B. beim Ersuchen um Bewilligung einer Namensänderung (Art. 30 Abs. 1 ZGB), Nichtigerklärung der Ehe (Art. 120 ZGB), Adoption

(Art. 268 ZGB) etc. (Näheres bei BK-His, Art. 954 N 9 f.). Denkbar ist v.a. eine durch ein Zivilgerichtsurteil veranlasste Firmenänderung, wonach der Gebrauch der eingetragenen Firma (inkl. des Personennamens) als unbefugt erklärt wird (Art. 956 Abs. 2; vgl. unten). Keine Namensänderung i.S.v. Art. 954 ist die Berichtigung einer unrichtigen Namensschreibweise im Zivilstandsregister, da der bisherige Eintrag fehlerhaft und somit nicht rechtmässig war. Die Firma hat sich in Übereinstimmung mit der Berichtigung im Wortlaut zu ändern (BK-His, Art. 954 N 14). Art. 40 HRegV sieht jedoch vor, dass auch bei Beibehaltung der Firma infolge gesetzlicher oder behördlicher Namensänderung der neue Personenname des betreffenden Gesellschafters oder Inhabers im Handelsregister anzumelden ist.

Art. 954a

B. Firmen- und Namens- gebrauchspflicht

¹ In der Korrespondenz, auf Bestellscheinen und Rechnungen sowie in Bekanntmachungen muss die im Handelsregister eingetragene Firma oder der im Handelsregister eingetragene Name vollständig und unverändert angegeben werden.

² Zusätzlich können Kurzbezeichnungen, Logos, Geschäftsbezeichnungen, Enseignes und ähnliche Angaben verwendet werden.

B. Obligation d'utiliser la raison de commerce et le nom

¹ La raison de commerce ou le nom inscrits au registre du commerce doivent figurer de manière complète et inchangée dans la correspondance, les bulletins de commande, les factures et les communications de la société.

² L'utilisation complémentaire d'abréviations, de logos, de noms commerciaux, d'enseignes ou d'indications analogues est admissible.

B. Obbligo di usare la ditta o il nome

¹ La corrispondenza, i talloncini di ordinazione, le fatture e le comunicazioni della società devono indicare, in modo completo e senza modifiche, la ditta o il nome iscritti nel registro di commercio.

² È ammesso l'uso complementare di abbreviazioni, simboli, nomi commerciali, insegne o indicazioni analoghe.

Literatur

Vgl. die Literaturhinweise zu Art. 944.

I. Vorbemerkungen

In der Praxis sehr verbreitet ist die Verwendung von Firmenkurzbezeichnungen und -abkürzungen, Logos, Geschäftsbezeichnungen (besondere Bezeichnung eines Geschäftsbetriebs), Firmenkurzbezeichnungen oder Enseignes (besondere Bezeichnung eines Geschäftslokals (wie «Lederland»), sei es zusätzlich zur offiziellen Firma oder in Alleinstellung. Bis zum 31.12.2007 konnten Geschäftsbezeichnungen und Enseignes *zusätzlich zur Firma* in das Handelsregister eingetragen werden (Art. 48 aHRegV); die Eintragung gewährte aber kein Recht auf ausschliesslichen Gebrauch i.S. des Firmenrechts. Die Regelung von Art. 48 aHRegV bewährte sich in der Praxis jedoch nicht, indem die Regeln zur Bildung von Firmen durch die Eintragung von Geschäftsbezeichnungen und deren anschliessend ausschliessliche Verwendung umgangen wurden (BGE 130 III 58 «JohnsonDiversey Schweiz»).

Art. 955

Art. 48 aHRegV wurde daher auf den 1.1.2008 hin ersatzlos gestrichen. Mit der Neueinführung von Art. 954a werden nun auf Gesetzesebene die bisher geltenden Grundsätze kodifiziert. Diese lassen sich wie folgt erläutern:

II. Grundsatz der Firmengebrauchspflicht im formellen Verkehr (Abs. 1 und 2)

2 Im formellen Verkehr (die gesetzlich genannten Kommunikationsmittel sind lediglich bespielhaft erwähnt) besteht gem. Abs. 1 für die im Handelsregisteramt eingetragene Firma eine Pflicht, sie unverändert zu gebrauchen (z.B. unterhalb der Unterschrift oder am Rand des Briefpapiers). Die Irreführung durch die Verwendung einer Bezeichnung, die mit im Handelsregister eingetragenen nicht übereinstimmt, ist ein Straftatbestand (Art. 326ter StGB), der mit Busse sanktioniert ist.

Im formellen Verkehr können Kurzbezeichnungen, Logos, Enseignes und dgl. nur *zusätzlich* zum Gebrauch der im Handelsregister eingetragenen Firma verwendet werden.

3 *Firmenkurzbezeichnungen* erfahren nur dann einen Schutz nach Firmenrecht (Art. 956), wenn sie als Firmenbestandteil im Handelsregister eingetragen sind (z.B. «*OTG* Ostschweizerische Treuhandgesellschaft AG»). Entsprechendes gilt für einen lauterkeitsrechtlichen Schutz durch das UWG, da dieses eine rechtmässige Zeichenbildung erfordert (BGE 93 II 259). Diese Rechtslage lässt es angezeigt erscheinen, die (für die betreffenden Firmen im Rechtsverkehr jeweils bedeutsamen) Kurzbezeichnungen zum Firmenbestandteil zu machen und sie infolgedessen im Handelsregister eintragen zu lassen.

Schranken der Zulässigkeit von Kurzbezeichnungen ergeben sich auch aus dem Grundsatz der Firmeneinheit. Danach darf ein Unternehmen nur eine einzige Firma führen. Die demnach verbotenen Doppelfirmen enthalten gleichzeitig eine ausführliche wie eine kurze Firmenversion (z.B. «Cigarren Weber, Charles Weber AG», «Takt-Visuell AG, Tavi AG», «MOFAG AG» («Moto-Fachgeschäft AG»; Näheres bei BÜHLER, Firmenfunktion, 21; Weisung des EHRA Nr. 86 ff.).

III. Grundsätze zur Verwendung von Kurzbezeichnungen im informellen Verkehr

4 Im formlosen Verkehr (Werbung, Telefongespräche) ist es jedem Unternehmen überlassen, lediglich eine Firmenkurzbezeichnung zu verwenden. Sie brauchen nicht Bestandteil der eingetragenen Firma zu sein, dürfen jedoch das Publikum nicht täuschen (MEIER-HAYOZ/FORSTMOSER, 187). Die Verwendung einer unrichtigen Bezeichnung ändert nichts an der Verbindlichkeit des Vertrages, sofern über die Identität des Vertragspartners Gewissheit besteht (BGE 130 III 633 ff.).

Art. 955

C. Überwachung	Der Registerführer ist von Amtes wegen verpflichtet, die Beteiligten zur Beobachtung der Bestimmungen über die Firmenbildung anzuhalten.
C. Contrôle officiel	Le préposé au registre du commerce doit inviter d'office les intéressés à se conformer aux dispositions concernant la formation des raisons de commerce.

C. Sorveglianza L'ufficiale del registro deve vegliare d'ufficio a che gli interessati osservino le disposizioni sulla formazione delle ditte.

Art. 955 ist eine ergänzende Sonderbestimmung zu Art. 940, wonach die Handelsregistereinträge nur bei Vorliegen der gesetzlichen Voraussetzungen zulässig sind. Danach ist der kantonale Registerführer verpflichtet, die Beteiligten «von Amtes wegen zur Beobachtung der **Bestimmungen über die Firmenbildung** anzuhalten». 1

Die Firmenbildungsvorschriften i.S.v. Art. 955 sind insb. Art. 944 sowie die darin anschliessenden konkretisierenden Einzelbestimmungen des OR und Art. 21 sowie Art. 61 HRegV. Durch die ausdrückliche Bezugnahme von Art. 955 auf die Firmenbildungsregeln fehlt die **Kognitionsbefugnis,** der Registerbehörden im Bereich von Art. 946, 951 und 956. Als Folge davon haben kantonale Registerführer selbst dann nicht von Amtes wegen einzuschreiten, wenn die Verwechselbarkeit neu einzutragender Firmen mit bestehenden bzw. die Verletzung von Ausschliesslichkeitsrechten Dritter klar erkennbar ist (Weisung EHRA Nr. 273 ff.). Dem steht nicht entgegen, dass die Eintragung von ganz oder beinahe identischen Firmen vom Handelsregisterführer von Amtes wegen zu verweigern ist, da es sich dabei um einen Anwendungsfall von Art. 944 Abs. 1 handelt, der das Verbot des Verstosses gegen öffentliche Interessen bei der Firmenwahl festhält. 2

Im Rahmen des Anwendungsbereichs von Art. 955 postuliert ein Teil der Lehre eine freie Kognitionsbefugnis der Handelsregisterführer (BÜHLER, Grundlagen, 98; ECKERT, 25) und der andere Teil der Lehre (BK-HIS, Art. 940 N 1 ff.; FORSTMOSER, Aktienrecht, § 11 N 57 ff.) sowie grundsätzlich das BGer eine beschränkte Kognitionsbefugnis (BGE 117 II 186 mit Ausnahme des in BGE 125 III 18 ff. beurteilten Einzelfalles einer erweiterten Kognition). Im Unterschied zur allgemeinen Regel im Bereich der materiellrechtlichen Eintragungsvoraussetzungen gem. Art. 940 ist die firmenrechtliche Prüfungsbefugnis aufgrund von Art. 955 nicht auf offensichtliche Verstösse gegen zwingende Vorschriften, die im Interesse Dritter oder zum Schutze der Öffentlichkeit erlassen wurden, beschränkt (ECKERT, 25 m.H. auf weitere Lehrmeinungen; BGE 104 II 69 ff.). 3

Die Adressaten der Überwachungspflicht des Registerführers sind die **Beteiligten.** Dabei handelt es sich um Personen, welche rechtlich zur Firmenbildung für ein Unternehmen und zur Anmeldung des Unternehmens beim Handelsregister berechtigt und verpflichtet sind. 4

Diese Beteiligten hat der Registerführer zur Beobachtung der Bestimmungen über die Firmenbildung **anzuhalten (Art. 152 HRegV).** Darunter ist zunächst zu verstehen, dass der Handelsregisterführer bei Vorlegen einer Anmeldung über die Neubildung oder Änderung einer Firma gleichzeitig zu prüfen hat, ob die Firma aufgrund der in vorliegenden Belegen und bekanntgegebenen Tatsachen (noch) rechtmässig ist (Art. 157 HRegV; BK-HIS, Art. 60 N 8). 5

Entscheidet ein Gericht, dass eine prioritätsältere, verwechselbare Firma geändert werden muss, so muss im Dispositiv des Urteils eine klare und vollständige Anordnung über die einzutragenden Tatsachen erteilt werden. Sobald das Urteil vollstreckbar ist, nimmt das Handelsregisteramt die Eintragung unverzüglich vor (Art. 19 HRegV). 6

Die Vorschrift von Art. 955 richtet sich jedoch ausschliesslich an die kantonalen Handelsregisterbehörden (BK-HIS, Art. 955 N 12). Neben dem jeweiligen kantonalen Handelsregisterführer hat auch das EHRA die Firmen auf Rechtmässigkeit zu prüfen (Art. 115 HRegV). Dessen Verfügungen über die Unzulässigkeit einer Firmenbezeich- 7 nung und des Namens von Vereinen und Stiftungen können mit Beschwerde beim Bundesverwaltungsgericht (mit dem Recht auf Weiterzug ans BGer) angefochten werden (Art. 22 lit. d VGG i.V.m. Art. 72 Abs. 2 lit. b Ziff. 2 BGG).

Art. 956

D. Schutz der Firma

¹ Die im Handelsregister eingetragene und im Schweizerischen Handelsamtsblatt veröffentlichte Firma eines einzelnen Geschäftsinhabers oder einer Handelsgesellschaft oder Genossenschaft steht dem Berechtigten zu ausschliesslichem Gebrauche zu.

² Wer durch den unbefugten Gebrauch einer Firma beeinträchtigt wird, kann auf Unterlassung der weitern Führung der Firma und bei Verschulden auf Schadenersatz klagen.

D. Protection des raisons de commerce

¹ Dès que la raison de commerce d'un particulier, d'une société commerciale ou d'une société coopérative a été inscrite sur le registre et publiée dans la *Feuille officielle suisse du commerce*, l'ayant droit en a l'usage exclusif.

² Celui qui subit un préjudice du fait de l'usage indu d'une raison de commerce peut demander au juge d'y mettre fin et, s'il y a faute, réclamer des dommages-intérêts.

D. Protezione della ditta

¹ Il diritto di usare la ditta d'un privato o d'una società commerciale o d'una società cooperativa, che sia stata iscritta nel registro di commercio e pubblicata nel *Foglio ufficiale svizzero di commercio*, spetta esclusivamente al proprietario della medesima.

² Chiunque risenta pregiudizio per l'indebito uso d'una ditta può procedere affinché cessi l'abuso e si faccia luogo, in caso di colpa, al risarcimento dei danni.

I. Schutzumfang (Abs. 1)

1   Abs. 1 legt fest, dass lediglich **die Firma eines Einzelunternehmens,** einer **Handelsgesellschaft** (Kollektiv- und Kommanditgesellschaft, KAG, AG sowie GmbH) **oder Genossenschaft** dem Berechtigten zum **ausschliesslichen Gebrauch** zusteht und mithin in den Genuss des speziellen Firmenschutzes gelangt. Negativ ausgedrückt sind die Namen von Vereinen und Stiftungen einerseits sowie die Geschäftslokalbezeichnungen (sog. Enseignes) und Kurzbezeichnungen andererseits, soweit sie nicht Bestandteil einer Firma sind, vom speziellen Firmenschutz gem. Art. 956 ausgeschlossen. Diese können sich allenfalls auf den Namens- und Persönlichkeitsschutz (gem. Art. 28 f. ZGB), auf den Markenschutz (gem. MSchG) oder auf den Schutz gegen unlauteren Wettbewerb (gem. UWG) berufen, soweit die entsprechenden Voraussetzungen jeweils erfüllt sind (s.u.).

2   Eine weitere kumulative Voraussetzung für die Gewährung des Firmenschutzes gem. Art. 956 ist, dass die in deren Anwendungsbereich fallende Firma **im Handelsregister eingetragen** und bereits **im SHAB veröffentlicht** worden ist. Infolgedessen sind vom Firmenschutz gem. Art. 956 diejenigen Firmen ausgeschlossen, die noch nicht eingetragen und veröffentlicht, sondern erst tatsächlich gebraucht bzw. erst angemeldet werden, aber noch nicht genehmigt sind. Ferner findet Art. 956 auf Firmen, welche nicht mehr eingetragen, sondern bereits gemäss SHAB-Veröffentlichung gelöscht sind, keine An-

wendung (BK-HIS, Art. 956 N 8). Auf die Eintragung einer Firma in einem ausländischen Register und die im Ausland erfolgte Veröffentlichung kann nicht abgestellt werden (BGE 90 II 199 ff.). Auch Art. 8 der Pariser Übereinkunft zum Schutz des gewerblichen Eigentums (SR 0232.01–04) entbindet die Angehörigen der Verbandsländer nicht von der Pflicht, ihre Firma im schweizerischen Handelsregister einzutragen, wenn sie den Schutz gem. Art. 956 geniessen wollen (BGE 79 II 307 ff.; 90 II 197 f.).

Abs. 1 hält fest, dass die eingetragene und veröffentlichte Firma **dem Berechtigten** zum ausschliesslichen Gebrauch zusteht. Dabei handelt es sich entweder um den einzelnen Geschäftsinhaber, die Mehrzahl der Gesellschafter einer Kollektiv- oder Kommanditgesellschaft oder die juristische Person, vertreten durch ihre zeichnungsberechtigten Organe selbst. Das subjektive Recht an der Firma gilt nur gegenüber Dritten, nicht jedoch im Verhältnis zum Staat (BGE 82 I 43 ff.; 105 II 141). 3

Zusätzlich sieht Abs. 1 vor, dass die mit dem Vorrecht der Ausschliesslichkeit versehene Firma ihrem Inhaber zum ausschliesslichen **Gebrauch** zusteht. Eine nur vorsorglich eingetragene Firma, die tatsächlich kein Unternehmen betreibt, verstösst gegen den Grundsatz der Firmenwahrheit und das Täuschungsverbot, weshalb sie keinen Firmenschutz beanspruchen kann (BGE 93 II 258 ff.). Der erforderliche Gebrauch der Firma liegt in ihrer Verwendung im Geschäftsverkehr nach aussen, d.h. mit Dritten wie Kundschaft, Behörden, Konkurrenten etc. Die häufigste Art des Firmengebrauchs liegt in der schriftlichen und mündlichen Äusserung des Firmenwortlautes, sei es in der geschäftlichen Korrespondenz, in formeller Unterschrift, auf dem Briefkopf, in geschäftlichen Reklamen, Prospekten, Zeitungsinseraten, Geschäftsanzeigen, Preislisten, in Aufschriften auf Waren, im Schaufenster, am Firmenaushängeschild, auf Geschäftsautos etc. (BK-HIS, Art. 956 N 16). 4

Schliesslich steht die eingetragene Firma der genannten Unternehmensarten dem Berechtigten zum **ausschliesslichen** Gebrauch zu. Gemäss Art. 946 i.V.m. Art. 951 ist die Ausschliesslichkeit örtlich nur auf denselben Ort begrenzt, falls es sich um Firmen von Einzelkaufleuten, Kollektiv- und Kommanditgesellschaften sowie KAG handelt. Demgegenüber sind die Firmen von AG, Genossenschaften und Gesellschaften mit beschränkter Haftung auf die ganze Schweiz beschränkt (s.o. zu den genannten Gesetzesbestimmungen). Währenddem Art. 946 und 951 die speziellen Regeln enthalten, stellt Art. 956 Abs. 1 zur Ausschliesslichkeit einen allgemein gültigen Grundsatz auf. Dieser bewirkt, dass ein Dritter innerhalb des nach Firmentypus massgeblichen Teritoriums keine gleiche (d.h. im Wortlaut identische) oder ähnliche Firma verwenden darf, die von einer eingetragenen Firma nicht deutlich unterscheidbar und mithin verwechselbar ist. 5

II. Rechtsbehelfe zur Durchsetzung des Firmenschutzes (Abs. 2)

Voraussetzung für die Zulässigkeit der Ergreifung von prozessualen Rechtsbehelfen des Firmenrechts ist, dass eine Firma, welche die Voraussetzungen nach Art. 956 Abs. 1 erfüllt, «unbefugt gebraucht» wird. 6

Der **Gebrauch** der Firma nach Abs. 2 ist (wie der Gebrauch nach Abs. 1) ein tatsächlicher Vorgang des geschäftlichen Verkehrs (vgl. N 1 ff.). Ein Unterschied besteht diesbezüglich jedoch darin, dass der unbefugte Gebrauch auch ohne eine Handelsregistereintragung, durch jegliche Verwendung eines gleichen oder verwechselbaren Firmenwortlauts im geschäftlichen Leben bestehen kann (BK-HIS, Art. 956 N 26). 7

8 **Unbefugt** ist der Gebrauch einer Firma nicht nur dann, wenn diese sich ungenügend von der Geschäftsfirma eines anderen unterscheidet; vielmehr macht jeder Verstoss gegen objektives Recht den Gebrauch einer Firma unbefugt (BGE 73 II 181 ff.; 93 II 259). Dieser ist überdies von Anfang an rechtswidrig, so dass der Inhaber der jüngeren verwechselbaren Firma nicht erst von der Entdeckung der Verletzung der Ausschliesslichkeit an zur Unterlassung ihres weiteren Gebrauches verpflichtet ist (BGE 79 II 310).

9 Schliesslich verlangt Art. 956 Abs. 1 das Vorliegen einer **Beeinträchtigung des Berechtigten** durch den unbefugten Firmengebrauch. Diese liegt nicht nur bei nachweisbarer Schädigung des geschützten Firmeninhabers durch den verletzenden Dritten vor. Vielmehr ist diese Voraussetzung bereits dann erfüllt, wenn der Berechtigte dadurch lediglich gefährdet oder mit Schaden bedroht ist bzw. aufgrund der Umstände eine Schädigung erwartet werden kann. Diese Gefahr ist lediglich glaubhaft zu machen. Bloss entfernte Möglichkeiten gelten jedoch nicht als Beeinträchtigung (BGE 122 III 373; 76 II 90 ff.). Art. 956 schützt den berechtigten Firmeninhaber nicht nur gegen die Beeinträchtigung seines Kundenkreises aufgrund von Verwechslungen, sondern auch in seiner Geheimsphäre, in seinem geschäftlichen und privaten Ruf gegenüber Umtrieben infolge von Verwechslungen (BGE 59 II 155).

10 Abs. 2 stellt dem Berechtigten für den Fall der Beeinträchtigung durch unbefugten Firmengebrauch explizit folgende drei Klagen zur Verfügung:

11 a) **Unterlassungs-/Beseitigungsklage:** Diese Klage geht auf Unterlassung der weiteren Führung der Firma und setzt voraus, dass der Berechtigte die objektive Beeinträchtigung durch unbefugten Firmengebrauch nachweist (BK-HIS, Art. 956 N 32). Ein Verschulden seitens des Verletzers ist nicht erforderlich (BGE 73 II 74). Das Urteil lautet auf Unterlassen des zukünftigen Verhaltens, falls der unbefugte Firmengebrauch nachgewiesen ist. Dazu gehört auch die Beseitigung der Störung (BK-HIS, Art. 956 N 33). Der Unterlassungsanspruch und der sich daraus ergebende Beseitigungsanspruch bestehen nur solange, als die Wiederholungsgefahr bzw. der rechtswidrige Zustand andauert. Es bedarf daher keiner Verjährungsfrist, um das Klagerecht zeitlich zu begrenzen (BGE 88 II 178 ff.). Ist über die beklagte Firma der Konkurs eröffnet worden, so kann das rechtliche Interesse an einer Klage aus Firmenrecht andauern (BGE 93 II 43 ff.). Da im Firmenrecht – im Gegensatz zum Marken-, Muster- und Patentrecht – die Nichtigkeit durch Klage oder Einrede nicht geltend gemacht werden kann, hat der Richter beim Entscheid über die Verwechselbarkeit nicht zu prüfen, ob eine Firma zu Recht eingetragen ist oder nicht (BGE 101 I b 364). Immerhin kann der Unterlassungsanspruch eventuell einredeweise geltend gemacht werden (i.c. Berufung auf die Schutzunfähigkeit der Firma des Klägers, BGE 93 II 259).

Unterlassungs- und Löschungsansprüche aus Firmenrecht können aufgrund von Art. 2 ZGB durch Zeitablauf untergehen bzw. als verwirkt gelten (BGE 100 II 397 ff.). Um sich auf die Verwirkung der klägerischen Rechte berufen zu können, muss der gutgläubige Beklagte dartun, dass seine Firma eine Bekanntheit und einen wertvollen Besitzstand erworben hat und dass das Vorgehen des Klägers offensichtlich gegen Treu und Glauben verstösst (BGer, SMI 1989, 35 ff.). Demgegenüber hat das KGer ZG (SMI 1993, 87 ff.) festgehalten, dass die prioritätsältere Firma, welche gegen die Benutzung verwechselbarer Bestandteile in anderen Firmen nicht vorging, nicht rechtsmissbräuchlich handelt, wenn sie eine neuerliche Benutzung dieses Bestandteils nicht mehr zulassen will (vgl. auch BJM 1968, 39).

12 b) **Schadenersatzklage:** Der andere zivilprozessuale Rechtsbehelf, der dem Berechtigten gem. Abs. 2 zusteht, ist die Schadenersatzklage gemäss den hierfür gültigen allgemeinen Grundsätzen (Art. 41). Danach hat der klagende Berechtigte die tatsächlich eingetretene Schädigung oder Beeinträchtigung sowie ein adäquat kausales Verschulden des Beklagten (Absicht oder Fahrlässigkeit) nachzuweisen. Die in der Praxis bestehenden Schwierigkeiten, die kumulativ erforderlichen Tatbestandsvoraussetzungen für eine Schadenersatzforderung wegen einer schuldhaften Firmenverletzung vor Gericht nachzuweisen, begünstigt Rechtsverletzer (vgl. HILTI, SIWR 3/2, 98). Die Verjährung des Schadenersatzanspruches gegen Firmenmissbrauch bemisst sich nach Art. 60.

c) **Feststellungsklage:** Obwohl dies in Art. 956 Abs. 2 nicht erwähnt ist, wird in der Rechtsprechung (HGer BE, SMI 1991, 45) und Lehre (FORSTMOSER, Aktienrecht, § 4 N 106) die Zulässigkeit einer Feststellungsklage befürwortet (HILTI, SIWR III/2, 97 m. w.V. auf die befürwortende Lehre; soweit jedoch eine Leistungsklage möglich ist, besteht daneben kein Interesse an einer Feststellungsklage, KGer ZG, SMI 1990, 55 ff.; **a.M.** BGE 76 II 90, welcher die Feststellungsklage für unzulässig hielt). **13**

d) Die Frage, ob ein **einstweiliger Rechtsschutz** (inkl. Urteilspublikation) möglich ist, entscheidet sich ausschliesslich nach dem anwendbaren kantonalen Prozessrecht (BGE 73 II 399 ff.). Der Inhaber eines allfällig besser berechtigten Kennzeichens kann beim zuständigen Handelsregisteramt schriftlich Einspruch gegen die Eintragung einer verwechselbaren Firma erheben, was zu einer vorübergehenden Registersperre führen kann (vgl. KGer VS, sic! 2007, 194; Art 162 ff. HRegV). Im Firmenrecht ist besondere Zurückhaltung beim Erlass vorsorglicher Massnahmen geboten, da das Unternehmen, dem der Gebrauch seiner Firma vorsorglich verboten würde, gezwungen wäre, diese Firma aufzugeben und eine neue anzunehmen, was praktisch nicht mehr rückgängig zu machen wäre (ZivGer BS, sic! 2005, 816; Massnahmeentscheid des BezGer ZH, sic! 4/1997, 399 ff.; TC FR, Ingres News 8/01, MP A2 67/01). Ein vorsorgliches Verbot darf nur bei Vorliegen einer offensichtlichen, schweren Verletzung ausgesprochen werden (ZivGer BS, sic! 2005, 816). Einige Zivilprozessordnungen bieten die Möglichkeiten eines summarischen Erkenntnisverfahrens zur schnellen Handhabung klaren Rechts (Urteil des HGer ZH, SMI 1990, 328; HILTI, SIWR III/2, 100 f.). **14**

Zur Beurteilung von Unterlassungs-, Feststellungs- oder Schadenersatzklagen bzw. vorsorglichen Massnahmen sind die kantonalen Zivilgerichte gemäss der jeweils anwendbaren kantonalen Zivilprozessordnungen **zuständig** (zur Anfechtung von Verfügungen des kantonalen Handelsregisterführers s. Art. 165 HRegV). **15**

Neben dem spezifisch firmenrechtlichen Schutz, der unter den eingeschränkten Bedingungen von Art. 956 gewährt wird, bestehen **weitere Rechtsbehelfe,** namentlich die Berufung auf den **Persönlichkeitsschutz** (Art. 28 ZGB), den **Namensschutz** (Art. 29 ZGB), auf den **Markenschutz** (vermehrt aktuell unter dem stark erweiterten Schutzbereich des neuen MSchG) sowie auf den **Schutz gegen unlauteren Wettbewerb** (UWG). Diese Rechtsbehelfe können zusätzlich auch bei Anwendbarkeit des spezifischen Firmenschutzes gem. Art. 956 angerufen werden (BGE 73 II 117; 100 II 228 ff.; vgl. w.Nw. unter Art. 944 N 2). Häufig werden diese Rechtsbehelfe dann ergriffen, wenn das Firmenrecht keinen Schutz gewährt. Zum einen handelt es sich dabei um Firmen, die a priori im schweizerischen Handelsregister nicht eintragbar sind (z.B. die Firmen ausländischer AG ohne in der Schweiz eingetragene Zweigniederlassung, BGE 91 II 128 f.; 98 II 60; FORSTMOSER, Aktienrecht, § 4 N 111, Anm. 213 m.w.Nw.). Überdies ist es möglich, dass sich zwar zwei Firmen firmenrechtlich betrachtet ausreichend unterscheiden, dessen ungeachtet jedoch eine Wettbewerbsverletzung vorliegt (BGE 79 II 189 f.; 85 II 330 ff.; 88 II 374 f.). Schliesslich muss sich allenfalls eine prioritätsältere Firma in einem geografisch beschränkten Raum die (infolge überragender lokaler Verkehrsgeltung) wettbewerbsrechtlich begründete Verwechslungsgefahr durch eine priori- **16** tätsjüngere Firma entgegenhalten lassen («Modissa AG» im Verhältnis zur «Modesa Stoffe und Vorhänge AG» im Bereich der Stadt Zürich, BGer, Urteil 4C.240/2006). Darüber hinausgehend bestehen auch Kollisionsmöglichkeiten zwischen der Führung einer firmenrechtlich nicht zu beanstandenden Firma und den Rechten an Marken (Wortbildmarke «Planet Horizons» im Verhältnis zur Firma «Planet Horizons S.A.», KGer VS, sic! 2007, 194; BGE 64 II 244 ff.; FORSTMOSER, Aktienrecht, § 4 N 112 Anm. 215 m. w.Nw.). Schliesslich kann auch das Recht auf den eigenen Namen die firmenrechtliche Verwendung von Personenangaben ausschliessen (verneint im markenrechtlichen Entscheid für das Pseudonym «Sheila», BGE 92 II 305 ff.; im firmenrechtlichen Entscheid für den Familiennamen «Abraham», BGE 102 II 305 ff.). Für weitere Einzelheiten zur Abgrenzung der einzelnen Rechtsbehelfe aus Firmen-, Persönlichkeits- und Namensrecht oder unlauterem Wettbewerb s. DAVID, Schweizerisches Immaterialgüter- und Wettbewerbsrecht, Bd. I, 2. Teilband, Der Rechtsschutz im Immaterialgüterrecht, 1992; BK-HIS, Art. 956 N 55 ff.; A. TROLLER, Immaterialgüterrecht, Bd. I und II, 1983, 1985; P. TROLLER, Kollisionen zwischen Firmen, Handelsnamen und Marken, 1980 sowie Art. 944 N 2.

17 Aktiv legitimiert ist jede im Schweizerischen Handelsregister eingetragene Firma; passiv legitimiert ist der verletzende Einzelunternehmer bzw. die verletzende Gesellschaft (auch wenn sie sich bereits im Konkurs befindet, BGE 93 II 43) bzw. in deren Gründungsphase die Gründer (FORSTMOSER, Aktienrecht, § 4 N 7).

Zweiunddreissigster Titel:
Die kaufmännische Buchführung

Vorbemerkung zum Zweiunddreissigsten Titel

I. Einführung

Am 21.12.2007 hat der Bundesrat die Botschaft zur **Änderung des Obligationenrechts** (Aktienrecht und Rechnungslegungsrecht sowie Anpassung im Recht der Kollektiv- und der Kommanditgesellschaft, im GmbH-Recht, Genossenschafts-, Handelsregister- sowie Firmenrecht) verabschiedet und einen Entwurf zu diesen Änderungen vorgelegt. Als eines der vier Hauptziele verfolgt der Bundesrat damit auch die umfassende Revision des sachlich veralteten Rechnungslegungsrechts (Botschaft Aktien- und Rechnungslegungsrecht, 1592, 1598 f.).

1

Die Buchführungs- und Rechnungslegungsvorschriften sollen **rechtsformunabhängig** im zweiunddreissigsten Titel ab E-Art. 957 geregelt werden. Durch die einheitliche Ordnung der Rechnungslegung für alle Rechtsformen des Privatrechtes werden die Art. 662–670 des Aktienrechtes folgerichtig aufgehoben.

2

Neu soll nach der **wirtschaftlichen Bedeutung des Unternehmens** unterschieden werden. Einerseits werden die allgemeinen Bestimmungen und die Bestimmungen zur Jahresrechnung (E-Art. 957 bis E-Art. 960 f) bei allen buchführungs- und rechnungslegungspflichtigen Unternehmen Anwendung finden. Bereits heute sind Einzelunternehmen, Personengesellschaften und juristische Personen, die sich ins Handelsregister eintragen müssen, aufgrund ihrer Registrierungspflicht zur Buchführung und Rechnungslegung gem. E-Art. 957 ff. verpflichtet. Andererseits sind weitergehende Bestimmungen für grössere Unternehmen und Konzerne anzuwenden (E-Art. 961 ff.). Zur Bestimmung dieser werden die gleichen Kriterien herbeigezogen, die bereits zur Festlegung der ordentlichen Revisionspflicht nach Art. 727 Gültigkeit haben. Grössere Unternehmen müssen im Anhang zusätzliche Angaben machen. Sie haben eine Geldflussrechnung zu erstellen und einen Lagebericht zu verfassen (E-Art. 961). Besondere Informationen sind durch Gesellschaften mit börsenkotierten Aktien zu publizieren, wobei diese Regeln verschoben werden mussten, da alt Art. 662–670 aufgehoben wurden. Neu finden sich diese Bestimmungen in E-Art. 697^{quater} ff. Inhaltlich sind sie weitgehend identisch mit dem geltenden Recht.

3

Unterscheidungskriterien:

4

a) Einzelunternehmen, Vereine und Stiftungen, die nicht verpflichtet sind, sich ins **Handelsregister** eintragen zu lassen, müssen gem. E-Art. 957 Abs. 2 lediglich über Einnahmen und Ausgaben sowie über die Vermögenslage Buch führen;

b) Einzelunternehmen, Personengesellschaften und juristische Personen, die sich ins Handelsregister eintragen müssen **(Unternehmen),** unterliegen der Pflicht zur Buchführung und Rechnungslegung nach E-Art. 957 Abs. 1;

c) **Grössere Unternehmen,** die zu einer ordentlichen Revision verpflichtet (E-Art. 961) sind und somit zwei der nachstehenden Grössen in zwei aufeinander folgenden Geschäftsjahren überschreiten: Bilanzsumme von CHF 10 Mio., Umsatzerlös von CHF 20 Mio. und 50 Vollzeitstellen im Jahresdurchschnitt (Art. 727 Abs. 1 Ziff. 2), haben zusätzliche Anforderungen an den Geschäftsbericht zu erfüllen. Dabei handelt es sich um zusätzliche Angaben im Anhang der Jahresrechnung, eine Geldflussrechnung und einen Lagebericht.

d) **Publikumsgesellschaften,** also Gesellschaften, die Beteiligungspapiere an einer Börse kotiert oder Anleihensobligationen ausstehend haben oder die mindestens 20% der Aktiven oder des Umsatzes zur Konzernrechnung einer der genannten Gesellschaften beitragen (Art. 727 Abs. 1 Ziff. 1), haben besondere Informationen zu publizieren (E-Art. 697quater);

e) Die Pflicht zur **Erstellung einer Konzernrechnung** wird, bei Erfüllung gewisser objektiver Kriterien, auf alle rechnungslegungspflichtigen juristischen Personen erweitert. Das Kontrollprinzip wird gesetzlich verankert, d.h. ausschlaggebend ist ausschliesslich die Möglichkeit der Beherrschung eines Unternehmens. Gemäss heutiger Rechtslage ist nicht restlos klar, ob das Kontroll- oder das effektive Leitungsprinzip gilt, obwohl dem Kontrollprinzip schon heute der Vorzug gegeben werden sollte, also Konsolidierungspflicht bei der Möglichkeit der Beherrschung, nicht erst bei effektiver Ausübung der Beherrschung. Diese Kontrolle ist gegeben, wenn ein Unternehmen direkt oder indirekt über die Mehrheit der Stimmen verfügt, die Mehrheit der Mitglieder des obersten Leitungs- oder Verwaltungsorgan bestellen oder abberufen, oder aufgrund der Statuten, der Stiftungsurkunde, eines Vertrages oder vergleichbarer Instrumente einen beherrschenden Einfluss ausüben kann (E-Art. 963 Abs. 2).

II. Einzelabschluss für alle Unternehmen

5   Das **Mindestgliederungsschema der Bilanz** wird praktisch unverändert aus dem bisherigen Aktienrecht (Art. 663a) für alle Gesellschaftsformen übernommen, wobei unter den Passiven neu explizit zwischen kurz- und langfristigem Fremdkapital zu unterscheiden ist. Als weitere Neuerung sieht der Entwurf vor, dass eigene Kapitalanteile als Minusposten im Eigenkapital auszuweisen sind (E-Art. 959a Ziff. 3 lit. e).

6   Auch die **Mindestgliederung der Erfolgsrechnung** lehnt stark an die heutigen aktienrechtlichen Bestimmungen von Art. 663 an, wobei die nun 10 explizit verankerten Positionen gem. E-Art. 959b Abs. 2 für die Produktionserfolgsrechnung bzw. deren sieben für die Absatzerfolgsrechnung in der vorgegebenen Reihenfolge gem. E-Art. 959b Abs. 3 ausgewiesen werden müssen.

7   Der Entwurf übernimmt die im geltenden Aktienrecht bestehende **Konzeption des Anhangs** (Art. 663b) und erklärt diese – nach einer inhaltlichen Bereinigung – für alle Unternehmen für verbindlich (Botschaft Aktien- und Rechnungslegungsrecht, 1708). Die Offenlegung der Brandversicherungswerte ist nicht mehr vorgesehen (E-Art. 959c). Kleine Einzelunternehmen und Personengesellschaften sollen gem. E-Art. 959c Abs. 3 auch nach dem neuen Recht auf einen Anhang zur Jahresrechnung verzichten können.

8   Das Prinzip des subjektiven Geschäftswertes, wie heute im kaufmännischen Buchführungsrecht nach Art. 960 Abs. 2 verankert, soll es gemäss Entwurf nicht mehr geben. E-Art. 960a knüpft an die heutigen aktienrechtlichen Vorschriften an und lässt eine Ersterfassung der Aktiven nur **zu den Anschaffungs- oder Herstellungskosten** zu. Ausgenommen davon sind Aktiven mit Börsenkurs gem. E-Art. 960b, die zu Marktwerten einzusetzen sind. Die bisherigen aktienrechtlichen Bestimmungen zur Folgebewertung von Vorräten und nicht fakturierten Dienstleistungen (Niederstwertprinzip) werden allgemein Anwendung finden (E-Art. 960c).

Vorsicht, wie heute explizit in Art. 662a für Aktiengesellschaften als Grundsatz ordnungsmässiger Rechnungslegung statuiert, wird kein Grundsatz der ordnungsmässigen Buchführung (E-Art. 957a) oder der ordnungsmässigen Rechnungslegung (E-Art. 958c) mehr sein, sondern in den Bereich der Bewertungsgrundsätze (E-Art. 960 Abs. 2) verschoben. 9

Der Entwurf statuiert im Rahmen der Bewertungsregeln das Prinzip der **zuverlässigen Beurteilung der wirtschaftlichen Lage** des Unternehmens (E-Art. 960 Abs. 2), was sprachlich präziser ist, als die bisherige Formulierung der möglichst zuverlässigen Beurteilung (vgl. Art. 662a Abs. 1), materiell jedoch wohl zu keiner Änderung führen wird. Ein Übergang zum Grundsatz der «fair presentation» oder der «true and fair view» erfolgt trotz vereinzelter Kritik in der Vernehmlassung nicht (Botschaft Aktien- und Rechnungslegungsrecht, 1625, 1699). **Stille Reserven** sind weiterhin zulässig. So müssen insb. nicht mehr benötigte Rückstellungen explizit nicht aufgelöst werden (E-Art. 960e Abs. 4). Diese Regelung steht in klarem Widerspruch zum Stand und der Entwicklung der internationalen Rechnungslegungsstandards. 10

Publikumsgesellschaften haben ihre Rechnungslegung zusätzlich (E-Art. 962 Abs. 3) oder allein (E-Art. 962 Abs. 1) nach einem **anerkannten Standard zur Rechnungslegung** zu erstellen. Dasselbe gilt für alle Konzernrechnungen (E-Art. 963b). Damit findet die «fair presentation» in diesem Bereich zwingend Anwendung. Trotzdem bleibt die Möglichkeit des Abschlusses nach OR und damit mit stillen Reserven bestehen. 11

III. Zusätzliche Anforderungen für grössere und börsenkotierte Unternehmen

Grössere Unternehmen (N 4 lit. c) müssen umfassender berichten. So haben alle grösseren Unternehmen, d.h. nicht nur Aktiengesellschaften, die in E-Art. 961 ff. aufgeführten **zusätzlichen Anforderungen im Geschäftsbericht** zu erfüllen. Diese sehen zusätzliche Angaben im Anhang der Jahresrechnung, eine Geldflussrechnung sowie einen Lagebericht vor. 12

Die per 1.1.2008 im **Anhang** (Art. 663c Ziff. 12) eingeführte Offenlegung der Durchführung einer Risikobeurteilung wird nur noch für grössere Unternehmen Anwendung finden. Weitere Punkte müssen gem. E-Art. 961c separat offen gelegt werden: (z.B. Fristigkeit von langfristig verzinslichen Verbindlichkeiten sowie Honorar der Revisionsstelle). 13

Der **Lagebericht** wird in Zukunft umfassender ausfallen als der heutige Jahresbericht gem. Art. 663d; er wird weiterhin nicht Teil der von der Revisionsstelle zu prüfenden Jahresrechnung sein. Für kleinere Unternehmen entfällt die Verpflichtung zur Erstellung des Lageberichtes, bzw. des heutigen Jahresberichtes. 14

Die **Geldflussrechnung** stellt die Veränderung der flüssigen Mittel des Unternehmens infolge Ein- und Auszahlungen aus der Geschäftstätigkeit, Investitionstätigkeit und Finanzierungstätigkeit dar. Die Geldflussrechnung enthält somit wichtige Zusatzinformationen, die insb. für die Beurteilung der Entwicklung der Zahlungsfähigkeit wertvoll sind. Der Entwurf enthält kein fixes Gliederungsschema. Sofern jedoch keine triftigen Gründe für Abweichungen bestehen, richtet sich die Gliederung nach den Vorschriften zur Bilanz gem. E-Art. 959a (Botschaft Aktien- und Rechnungslegungsrecht, 1717). 15

Die heute geltenden **Offenlegungsbestimmungen für börsenkotierte Aktiengesellschaften** betreffend Angaben im Anhang der Jahresrechnung (Art. 663b[bis] bzw. Art. 663c) sollen nicht in E-Art. 957 ff. verschoben werden, sondern finden sich nur leicht angepasst 16 in E-Art. 697^quarter «Besondere Informationen, Gesellschaften mit börsenkotierten Aktien» bzw. in E-Art. 697^sexies «Beteilungsverhältnisse bei Gesellschaften mit börsenkotierten Aktien» wieder. Beide Bestimmungen sind erst am 1.1.2007 in Kraft getreten.

17 Viele grössere Unternehmen kennen schon heute ein Nebeneinander des obligationenrechtlichen Abschlusses mit jenem gemäss einem anerkannten Standard («Dual Reporting»), wobei der obligationenrechtliche auch die Grundlage bildet für die Bemessung des steuerbaren Gewinnes und Kapitals. Eine Umstellung der **Rechnungslegung auf einen anerkannten Standard** unter Aufgabe des nach Obligationenrecht erstellten Abschlusses ist neu möglich (E-Art. 962 Abs. 1). Entsprechend würde der nach einem anerkannten Standard erstellten Abschluss auch Grundlage der steuerlichen Bemessung von Gewinn und Kapital (Botschaft Aktien- und Rechnungslegungsrecht, 1721 f.). Die im Zuge der Umstellung aufzulösenden stillen Reserven stellen steuerbaren Gewinn dar. Erfolgt die Umstellung auf einen anerkannten Standard in den ersten drei Geschäftsjahren nach dem Inkrafttreten der Revision des OR, so können die stillen Reserven gestaffelt über drei Jahre versteuert werden.

18 Wird bloss ein **Abschluss nach einem anerkannten Standard** erstellt, so dient dieser zudem auch als Basis für die Reservenzuteilung und -verwendung. Ebenso gilt er für Fragen des Kapitalverlustes und der Überschuldung (Art. 725).

19 Die Einführung eines **umgekehrten Massgeblichkeitsprinzips,** d.h. dass die Handelsbilanz nach den steuerrechtlichen Bemessungsregeln erstellt würde (s. dazu NEUHAUS, in: ASA 69, 42 f.), wurde aufgrund der negativen Vernehmlassungsantworten fallen gelassen. Für das Verhältnis zwischen Handels- und Steuerrecht wird am geltenden **Massgeblichkeitsprinzip** festgehalten. Wertberichtigungen, Abschreibungen und Rückstellungen sind demnach im Abschluss nach Obligationenrecht zu erfassen, damit sie steuerlich anerkannt werden. Aufgrund der weiterhin zulässigen stillen Reserven und der Dualität zwischen einem obligationenrechtlichen Abschluss und einem Abschluss nach einem anerkannten Standard für Publikumsgesellschaften und die Konzernrechnungen, ist die Steuerneutralität der Neuordnung gewährleistet.

20 Von den **Steuerbehörden** nicht anerkannte Abschreibungen, Wertberichtigungen oder Rückstellungen müssen entgegen dem in die Vernehmlassung geschickten Vorschlag nicht zwingend im handelsrechtlichen Abschluss aufgelöst werden, sondern können stattdessen als Gesamtbetrag im Anhang offen gelegt werden. Auf diese Offenlegung kann verzichtet werden, wenn das Unternehmen die Auflösung der steuerlich nicht anerkannten Abschreibungen, Wertberichtigungen und Rückstellungen direkt in der Bilanz erfolgsneutral nachvollzieht (E-Art. 960 f). Unternehmen, die keinen Anhang der Jahresrechnung erstellen (was nur für kleine Gesellschaften gelten kann), sind zu diesem Nachvollzug in der Bilanz verpflichtet (E-Art. 960 f; Botschaft Aktien- und Rechnungslegungsrecht, 1626).

IV. Konsolidierter Abschluss (Konzernrechnung)

21 Der konsolidierte Abschluss hat nach E-Art. 963b zwingend nach einem **anerkannten Standard zur Rechnungslegung** zu erfolgen. Der Bundesrat bezeichnet nach E-Art. 962a, Abs. 5 die anerkannten Standards, auch Regelwerke genannt. Gemäss Botschaft (Aktien- und Rechnungslegungsrecht, 1722) werden voraussichtlich Swiss GAAP FER, IFRS und US GAAP als Standards anerkannt. Somit wird es keine **konsolidierten Jahresrechnungen** mehr geben, die auf obligationenrechtlichen Bewertungsregeln basieren, oder auf einem Mix verschiedenster nationaler Bewertungsregeln oder

auf von der Gesellschaft selbst erstellten Bewertungsregeln. Kleinkonzerne sind unter bestimmten Bedingungen von der Pflicht zur Erstellung einer Konzernrechnung befreit (E-Art. 963a).

V. Aufbewahrungspflicht

Nach dem geltenden Recht ist die gesamte Geschäftskorrespondenz aufzubewahren (Art. 957 Abs. 2). Neu beschränkt sich die **Aufbewahrungspflicht** nur noch auf die Geschäftsbücher und die Buchungsbelege sowie den Geschäftsbericht und den Revisionsbericht (E-Art. 958 f). Die Aufbewahrungspflicht beträgt unverändert 10 Jahre. Als Buchungsbelege gelten nach E-Art. 957 Abs. 3 alle schriftlichen Aufzeichnungen auf Papier oder in elektronischer oder vergleichbarer Form, die notwendig sind, damit ein Geschäftsvorfall oder ein Sachverhalt, der zu einer Buchung führt, nachvollzogen werden kann. Hierbei kann allerdings auch eine Geschäftskorrespondenz als Buchungsbeleg gelten und folglich aufbewahrungspflichtig werden. Soweit ein Geschäftsvorfall jedoch durch einen Buchungsbeleg nachgewiesen wird, ist eine Geschäftskorrespondenz, die diesen Sachverhalt gleichwertig belegt, nicht aufbewahrungspflichtig (Botschaft Aktien- und Rechnungslegungsrecht, 1698). Es wird auf den geltenden Art. 957 verwiesen zwecks Abgrenzung von Buchungsbeleg und Geschäftskorrespondenz.

22

Grundsätzlich wird nachstehend die heutige Rechtslage wiedergegeben und kommentiert.

Art. 957

A. Pflicht zur Führung und Aufbewahrung der Geschäftsbücher	¹ **Wer verpflichtet ist, seine Firma in das Handelsregister eintragen zu lassen, ist gehalten, diejenigen Bücher ordnungsgemäss zu führen und aufzubewahren, die nach Art und Umfang seines Geschäftes nötig sind, um die Vermögenslage des Geschäftes und die mit dem Geschäftsbetriebe zusammenhängenden Schuld- und Forderungsverhältnisse sowie die Ergebnisse der einzelnen Geschäftsjahre festzustellen.** ² **Die Bücher, die Buchungsbelege und die Geschäftskorrespondenz können schriftlich, elektronisch oder in vergleichbarer Weise geführt und aufbewahrt werden, soweit dadurch die Übereinstimmung mit den zu Grunde liegenden Geschäftsvorfällen gewährleistet ist.** ³ **Betriebsrechnung und Bilanz sind schriftlich und unterzeichnet aufzubewahren. Die übrigen Geschäftsbücher, die Buchungsbelege und die Geschäftskorrespondenz können auch elektronisch oder in vergleichbarer Weise aufbewahrt werden, wenn sie jederzeit lesbar gemacht werden können.** ⁴ **Elektronisch oder in vergleichbarer Weise aufbewahrte Geschäftsbücher, Buchungsbelege und Geschäftskorrespondenz haben die gleiche Beweiskraft wie solche, die ohne Hilfsmittel lesbar sind.** ⁵ **Der Bundesrat kann die Voraussetzungen näher umschreiben.**

Art. 957

A. Obligation de tenir et de conserver les livres	¹ Quiconque a l'obligation de faire inscrire sa raison de commerce au registre du commerce doit tenir et conserver, conformément aux principes de régularité, les livres exigés par la nature et l'étendue de ses affaires; ceux-ci refléteront à la fois la situation financière de l'entreprise, l'état des dettes et des créances se rattachant à l'exploitation, de même que le résultat des exercices annuels. ² Les livres, les pièces comptables et la correspondance peuvent être tenus et conservés par écrit, par un moyen électronique ou par un moyen comparable, pour autant que la conformité avec la transaction de base soit garantie. ³ Le compte d'exploitation et le bilan doivent être conservés par écrit et signés. Les autres livres, les pièces comptables et la correspondance peuvent être conservés également par un moyen électronique ou par un moyen comparable, pour autant qu'ils puissent être rendus lisibles en tout temps. ⁴ Les livres, les pièces comptables et la correspondance conservés par un moyen électronique ou par un moyen comparable ont la même force probante que ceux qui sont lisibles sans l'aide d'instruments. ⁵ Le Conseil fédéral peut préciser les modalités.
A. Obbligo di tenere e conservare i libri di commercio	¹ Chi ha l'obbligo di far iscrivere la propria ditta nel registro di commercio deve tenere e conservare regolarmente i libri che sono richiesti dalla natura e dall'estensione della sua azienda e dai quali si possono rilevare lo stato patrimoniale di questa, i rapporti di debito e di credito derivanti dal corso degli affari e il risultato dei singoli esercizi annuali. ² I libri, i documenti contabili e la corrispondenza d'affari possono essere tenuti e conservati per scritto, su supporto elettronico o in modo analogo, sempreché sia garantita la concordanza con i fatti aziendali cui si riferiscono. ³ Il conto d'esercizio e il bilancio devono essere conservati per scritto e muniti di firma. Gli altri libri di commercio, i documenti contabili e la corrispondenza d'affari possono anche essere conservati su supporto elettronico o in modo analogo, sempreché possano essere resi leggibili in ogni momento. ⁴ I libri di commercio, i documenti contabili e la corrispondenza d'affari conservati su supporto elettronico o in modo analogo hanno la stessa forza probante di quelli leggibili senza mezzi ausiliari. ⁵ Il Consiglio federale può precisare le condizioni.

Literatur

BEELER, Schweizerisches Buchführungs- und Bilanzrecht, Zürich 1956; BEHR, Rechnungslegung, Zürich 2005; BLUMER, Die kaufmännische Bilanz, 10. Aufl., Zürich 1989; BOEMLE, Der Jahresabschluss. Bilanz, Erfolgsrechung, Anhang, 4. Aufl., Zürich 2006; BOURQUI, Wesentlichkeitsbegriff und Risikenbetrachtung in der Abschlussprüfung, ST 1992, 381 ff.; BOURQUIN, Le principe de sincérité du bilan, Genf 1976; DERS., SAG 1980, 104 ff.; CAGIANUT/HÖHN, Unternehmungssteuerrecht, 3. Aufl., Bern 1993; CANEPA, in: Zünd (Hrsg.), Grundsätze ordnungsmässiger Rechnungslegung, 1990 (SSTR 97), 91 ff.; DELLMANN, Bilanzierung nach neuem Aktienrecht, 3. Aufl., Bern 1996; DOBER, SAG 1965, 161 ff.; HEINI, Das Schweizerische Vereinsrecht, Basel 1988; HELBLING, Revisions- und Bilanzierungspraxis, 3. Aufl., Bern 1992; MASSHARDT, Kommentar zur direkten Bundessteuer, 2. Aufl., Zürich 1985; MEYER, Betriebswirtschaftliches Rechnungswesen, Zürich 2002; H. R. MÜLLER, Allgemein anerkannte kaufmännische Grundsätze (Art. 957 und 959 OR), 1979 (SSTR 39); REIMANN/ZUPPINGER/SCHÄRRER, Kommentar zum Zürcher Steuergesetz, Bd I–IV, Ergänzungsband, 2. Aufl., Bern 1983; WEBER, Das Verhältnis von Handelsbilanz und Steuerbilanz, Bern 1979; WÜEST, Schweizerische Rechnungslegung für Kapitalgesellschaften – heute und morgen, 1992 (SSHW 144); Botschaft des BR zur Revision des OR (Die kaufmännische Buchführung) vom 31.3.1999, BBl 1999 5149 ff.; vgl. ausserdem die Literaturhinweise zu Art. 660.

I. Neues Recht

Der Art. 957 erfuhr durch die Ziff. 1 des BG vom 22.12.1999, in Kraft seit dem 1.6.2002, eine grundlegende Überarbeitung. Bezüglich der Gliederung besteht die wesentliche Neuerung darin, dass die **Pflicht zur Führung und Aufbewahrung der Bücher** in einem Artikel zusammengefasst wurde. Damit wurden wesentliche Elemente des früheren Art. 962 in Art. 957 aufgenommen. Mit der Gleichstellung von Führung und Aufbewahrung wird zum Ausdruck gebracht, dass heute aufgrund der technischen Entwicklung nicht mehr sinnvoll zwischen Führen und Aufbewahren unterschieden werden kann. Das Medium des Führens dient oft gleichzeitig auch dem Aufbewahren. Das papierlose Führen der Bücher wurde damit zulässig.

Während der alte Art. 957 bis auf eine kleine redaktionelle Änderung unverändert in den Abs. 1 des neuen Art. 957 einfloss, wurden die Abs. 2–4 des alten Art. 962 materiell angepasst und teilweise neu gegliedert zu den Abs. 2–5 des neuen Art. 957. Entsprechend dieser Neugliederung im Gesetz wurde die Kommentierung grundlegend überarbeitet und es erfolgte eine völlig neue Nummerierung der Noten.

Es versteht sich von selbst, dass all die Bücher, welche «geführt» werden müssen, auch «aufzubewahren» sind. Im Sinne dieser neuen gesetzlichen Gliederung gelten die nachfolgenden Ausführungen für die Führung und für die Aufbewahrung der Bücher. Den spezifischen Aufbewahrungsvorschriften ist Ziff. VII gewidmet.

Art. 957 Abs. 5 delegiert die Kompetenz, die Voraussetzungen für die Führung und Aufbewahrung der Bücher näher zu umschreiben, an den Bundesrat. Eine gleich lautende Bestimmung bestand in Art. 962 Abs. 2 altOR bereits bezüglich der Aufbewahrung von Geschäftsbüchern. Die in Art. 957 Abs. 5 delegierten Befugnisse wurden in der **Geschäftsbücherverordnung** vom 24.4.2002 (GeBüV), in Kraft seit 1.6.2002, umgesetzt. Die GeBüV hob die unter altem Recht geltende Verordnung vom 2.6.1976 über die Aufzeichnung von aufzubewahrenden Unterlagen auf. Nachfolgend wird auf die GeBüV Bezug genommen.

II. Allgemeines

Art. 957 leitet die **Buchführungspflicht** von der Pflicht zur Eintragung ins Handelsregister ab. Letztere ergibt sich einerseits aus der Rechtsform einer Unternehmung, andererseits aus der Art des geführten Betriebes (Art. 934).

Die Buchführung dient in erster Linie der **Information**. Informiert werden sollen einerseits Aussenstehende (Gläubiger, Allgemeinheit) und andererseits die an einem Unternehmen Beteiligten (Gesellschafter, Geschäftsführer, Organe, Mitarbeiter). Aus dem Kreis der Adressaten folgt aber auch, dass die Buchführung **Schutzfunktionen** erfüllt (BK-KÄFER, Grundlagen, 175; MEIER-HAYOZ/FORSTMOSER, § 5 N 170 ff.).

Das OR sieht für folgende Kreise explizit **Informationsrechte** vor: Ein umfassendes Einsichtsrecht steht dem Kommanditär nach Art. 600 Abs. 3 sowie dem nicht geschäftsführenden Gesellschafter einer einfachen Gesellschaft nach Art. 541 Abs. 1 zu; wesentlich eingeschränkter sind die Informationsrechte des Aktionärs nach Art. 696 f. und des am Gewinn beteiligten Arbeitnehmers nach Art. 322a Abs. 2 f. Detaillierter ist im neuen Aktienrecht das Auskunfts- und Einsichtsrecht jedes einzelnen VR-Mitgliedes ausgestaltet (Art. 715a im Vergleich mit Art. 713 altOR).

Der Buchhaltung werden aber auch die **Bemessungsgrundlagen für die Besteuerung** entnommen. Insofern ist auch der Staat Adressat der Buchführung. Dabei ist zu berücksichtigen, dass nur ordnungsgemäss geführte Bücher Anspruch auf Anerkennung durch die Steuerbehörden haben (CAGIANUT/HÖHN, § 4 N 56; s.a. WEBER).

III. Buchführungspflichtige Unternehmungen

9 Buchführungspflichtig ist derjenige, der sein Unternehmen im Handelsregister einzutragen hat. Dies ist nach Art. 934 Abs. 1 grundsätzlich jeder, der ein **«nach kaufmännischer Art geführtes Gewerbe»** betreibt (Art. 36 ff. HRegV; BGE 93 I 357 f.; 104 I b 262). Ausgenommen von der Eintragungspflicht sind jedoch natürliche Personen, deren Roheinnahmen die Summe von CHF 100 000 pro Jahr nicht erreichen (Art. 36 HRegV).

10 Der Anknüpfungspunkt für die kaufmännische Buchführungspflicht liegt nicht in der erfolgten Handelsregistereintragung, sondern in der **Pflicht zur Eintragung** (MEIER-HAYOZ/FORSTMOSER, § 5 N 179 f.). Somit unterliegt ein lediglich eintragungsberechtigter Betrieb der Buchführungspflicht auch dann nicht, wenn er tatsächlich eingetragen ist (BGE 79 I 59; BK-KÄFER, N 115). Ein zur Eintragung verpflichteter Betrieb ist hingegen immer buchführungspflichtig, selbst wenn die Eintragung im Handelsregister unterbleibt (MEIER-HAYOZ/FORSTMOSER, § 5 N 179 f.).

11 Gemäss OR kommt dem Handelsregistereintrag bei folgenden Rechtsformen konstitutive Wirkung zu: **AG** (Art. 643; Art. 43 ff. HRegV), **KAG** (Art. 764 Abs. 2; Art. 66 ff. HRegV), **GmbH** (Art. 783; Art. 71 ff. HRegV), **Genossenschaft** des OR (Art. 830; Art. 84 ff. HRegV). Bei diesen Rechtsformen entsteht mit dem Handelsregistereintrag unmittelbar auch die Buchführungspflicht.

12 Im Unterschied dazu unterliegen die **nicht kaufmännischen Kollektiv- und Kommanditgesellschaften** jedoch trotz konstitutiver Wirkung des Handelsregistereintrages nicht der Buchführungspflicht, da sie gerade kein nach kaufmännischer Art geführtes Gewerbe betreiben (BK-KÄFER, N 97 f.; BGE 79 I 57 ff.). **Kaufmännische Kollektiv- und Kommanditgesellschaften** hingegen werden mit ihrer Gründung eintragungs- und damit auch buchführungspflichtig (Art. 552 Abs. 2, Art. 554, Art. 594 Abs. 3, Art. 596; BK-KÄFER, N 92 ff.).

13 Ebenso erlangt die **Stiftung** gewöhnlich mit dem Handelsregistereintrag ihre Rechtspersönlichkeit (Art. 52, 81 ZGB; Art. 94 ff. HRegV; Ausnahme: Familienstiftungen, Art. 335 ZGB; kirchliche Stiftungen, Art. 52 Abs. 2 ZGB). Für sie besteht jedoch eine Buchführungspflicht nur dann, wenn sie ein i.S.v. Art. 934 nach kaufmännischer Art geführtes Gewerbe betreibt, wobei in diesem Zusammenhang die Anforderungen einer jährlichen Roheinnahme von CHF 100 000 nicht entscheidend ist. (BK-KÄFER, N 107; BGE 110 I b 19 E. 2a).

14 Gleiches gilt hinsichtlich der Buchführungspflicht grundsätzlich auch für den **Verein,** welcher zu seiner Entstehung nicht eines Handelsregistereintrages bedarf. Es besteht jedoch eine eingeschränkte gesetzliche und oft auch statutarische Buchführungspflicht für den Vorstand (Art. 61 Abs. 2 ZGB; BK-KÄFER, N 99 ff.; HEINI, 18; MEIER-HAYOZ/FORSTMOSER, § 4 N 22).

15 Weder eintragungsberechtigt noch zur Eintragung verpflichtet ist die **einfache Gesellschaft** (MEIER-HAYOZ/FORSTMOSER, § 4 N 58). Damit unterliegt die einfache Gesellschaft grundsätzlich auch nicht der obligationenrechtlichen Buchführungspflicht. Sowohl (steuer-)gesetzliche wie auch vertragliche Anforderungen können jedoch eine Buchführung i.w.S. erfordern.

Keine obligationenrechtliche Buchführungspflicht besteht im Weiteren für die **liberalen** **16** **Berufe** (Ärzte, Anwälte, Architekten, Künstler) und für Vermögensverwalter, sofern der Umfang und die Art ihrer Tätigkeit nicht dazu führen, dass sie ein nach kaufmännischer Art geführtes Gewerbe betreiben (ZK-BOSSARD, N 25 f.; BGE 124 III 365 zur Eintragungspflicht einer Anwaltskanzlei und BGE 2A.570/2002 vom 3.6.2003 zur Eintragungspflicht von verschiedenen anderen liberalen Berufen). Zu den weiteren Ausnahmen: Betriebe der Landwirtschaft (BGE 110 I b 26); Angehörige wissenschaftlicher Berufsarten nach Art. 95 BV; Handwerksbetriebe (BGE 75 I 74 ff.; ASA 1983/84, 630 f.).

Da die handelsrechtlichen Buchführungs- und Aufbewahrungsvorschriften im **Steuer-** **17** **recht** zur Anwendung kommen (vgl. bspw. Art. 58 MWSTG), orientieren sich auch Steuerpflichtige an diesen Bestimmungen, welche nach OR **nicht buchführungspflichtig** wären. Ein gutes Beispiel für die Wirkung des Handelsrechts auf das Steuerrecht sind die Richtlinien für die Ordnungsmässigkeit des Rechnungswesens unter steuerlichen Gesichtspunkten sowie über die Aufzeichnung von Geschäftsunterlagen auf Bild- oder Datenträgern, welche 1977 von der Konferenz staatlicher Steuerbeamter in Zusammenarbeit mit der ESTV und dem Bundesamt für Justiz herausgegeben wurden. Dass über spezialgesetzliche Bestimmungen eine Buchführungspflicht nach Art. 957 ff. formell auferlegt werden kann, ist aber abzulehnen. In der Wegleitung 2008 zur MWST wird den nach OR Nichtbuchführungspflichtigen in Rz 888 denn auch nur in deren Interesse nahe gelegt, sich an die handelsrechtlichen Bestimmungen zu halten.

IV. Zu führende Bücher

Die Ausgestaltung der Buchführung richtet sich gemäss Wortlaut des Gesetzes nach Art **18** und Umfang des buchführungspflichtigen Geschäftes. Zudem müssen die Bücher so geführt werden, dass jährlich ein **Inventar,** eine **Bilanz** und eine **Betriebsrechnung** gemäss Art. 958 aufgestellt werden können (BK-KÄFER, N 142). Dabei reicht das blosse Aufbewahren von Unterlagen und Belegen nicht, sondern es müssen fortlaufend systematische, vollständige und klare rechnerische Aufzeichnungen über die Geschäftsvorgänge gemacht werden (BGE 77 IV 164 ff.).

Gemäss Art. 1 der GeBüV muss ein **Hauptbuch** bestehend aus den **Konten** (sachlogi- **19** sche Gliederung der Geschäftsvorfälle) und dem **Journal** (chronologische Erfassung der Geschäftsvorfälle) geführt werden. **Hilfsbücher** müssen in Ergänzung geführt werden, wenn dies zur Feststellung der Vermögenslage des Geschäfts und der mit dem Geschäftsbetrieb zusammenhängenden Schuld- und Forderungsverhältnissen sowie den Betriebsergebnissen nötig ist.

Neben dem Hauptbuch und den Hilfsbüchern (wie bspw. die Lohnbuchhaltung und die **20** Debitoren- Kreditorenbuchhaltung) sind auch die **Buchungsbelege** und die **Geschäfts-** **korrespondenz** zu führen und aufzubewahren, sofern diese zur Feststellung der Schuld und Forderungsverhältnissen notwendig sein können. Somit sind, wie grundsätzlich schon unter altem Recht, alle geschäftsbezogenen Dokumente, die für die buchführungspflichtige Unternehmung oder allenfalls Dritte von wesentlicher Bedeutung sein können, aufzubewahren (BK-KÄFER, N 34 ff. ZK-BOSSHARD, N 24 ff.

Unter **Geschäftskorrespondenz** versteht man all die ein- oder ausgehenden oder auch **21** intern erstellten Schriftstücke, deren Inhalt sich in irgendeiner Form bilanzmässig niederschlagen kann. Sie enthalten Wesentliches bezüglich rechtsgeschäftlichem Handeln des Unternehmens und bezüglich der rechtlichen Stellung des Unternehmens an sich

(BK-KÄFER, N 49 ff.; ZK-BOSSARD, N 28 f.). Die Abgrenzung zu **nicht aufbewahrungspflichtigen Informationen** muss fallweise getroffen werden. Dabei ist zu beachten, dass nicht nur vertragliche und vorvertragliche Sachverhalte, sondern bspw. auch deliktisches Handeln eine Verpflichtung oder einen Anspruch auslösen können. So müssen bspw. (interne oder externe) Telefonnotizen, welche bezüglich Rechtsbeziehungen mit Dritten oder der Verwaltung relevant sind, durchaus aufbewahrt werden. Weiter muss «Korrespondenz» weit gefasst werden und beinhaltet bspw. auch **Verträge und E-mails** sofern diese einen qualifizierten Konnex zur Vermögenslage der Unternehmung beinhalten.

22 Unter **Buchungsbeleg** versteht man das Schriftstück, aus welchem sich die für eine einzelne Buchung relevanten Elemente ableiten lassen. Die Buchungsbelege dienen somit dem Nachweis der Richtigkeit einer einzelnen Buchung (BK-KÄFER, N 40 ff.; ZK-BOSSARD, N 30 ff.).

23 Innerhalb eines kaufmännischen Gewerbes sind diejenigen Personen für die Buchführung und Aufbewahrung verantwortlich, die die **Geschäftsführung** innehaben und damit auch die Verantwortung für die Eintragung im Handelsregister tragen (BK-KÄFER, N 85 ff.; ZK-BOSSARD, N 14). Diese Personen trifft auch die Pflicht, im Falle der Umwandlung oder Auflösung eines kaufmännischen Gewerbes dafür zu sorgen, dass die Unterlagen weiterhin aufbewahrt bleiben (BK-KÄFER, N 89 ff.; ZK-BOSSARD, N 16; Art. 590, 619, 747, 770, 823, 913 Abs. 1).

V. Ziel und Zweck der Buchführung

24 Das Gesetz nennt drei Ziele: Erstens die **Vermögenslage** des Geschäfts darzustellen, zweitens die **Schuld- und Forderungsverhältnisse,** die mit dem Geschäftsbetrieb zusammenhängen, festzustellen und drittens das **Ergebnis** einzelner Jahre aufzuzeichnen.

25 Die **Vermögenslage** des Geschäfts (Nettovermögen) ergibt sich aus der Summe aller Aktiven (Bruttovermögen) abzüglich Schulden (ZK-BOSSARD, N 65).

26 Die Buchführungspflicht bezieht sich dabei nur auf das **Geschäftsvermögen,** nicht auf das **Privatvermögen.** Letzteres darf gerade nicht verbucht werden, um die Verhältnisse des Geschäftes tatsächlich wieder zu geben. Die Abgrenzung bereitet v.a. beim Einzelkaufmann Schwierigkeiten. Es ist auf die Herkunft der Mittel, deren Verwendungszweck und deren tatsächliche Verwendung abzustellen (BK-KÄFER, N 268 f.).

27 Zum Zwecke der Darstellung der Vermögenslage müssen sämtliche **Schuld- und Forderungsverhältnisse** festgestellt werden. Es ist deshalb notwendig, die Buchhaltung entsprechend einzurichten, mit einem den Verhältnissen des Unternehmens angepassten **Kontenplan.**

28 Die **Betriebsrechnung,** aus der sich das Ergebnis ergibt, ist eine dynamische Rechnung, die sich nicht auf einen statischen Vermögensstandsvergleich beschränkt, sondern Aufwände und Erträge aufzeichnet (BK-KÄFER, N 350). Aus ihr ergibt sich der Gewinn/Verlust, für ein Geschäftsjahr. Dieser muss mit dem Gewinn/Verlust, wie er aus der Bilanz resultiert, identisch sein (ZK-BOSSARD, Vorbem. N 18).

VI. Ordnungsmässigkeit

1. Ordnungsmässigkeit

Die nach Art und Umfang eines Betriebes notwendigen Bücher müssen ordnungsgemäss geführt und aufbewahrt werden, um die Vermögenslage, die Schuld- und Forderungsverhältnisse sowie das Betriebsergebnis festzustellen. 29

Beim Begriff der **Ordnungsmässigkeit** handelt es sich um einen unbestimmten Rechtsbegriff (BK-KÄFER, N 435). Der Gesetzgeber hat es der Praxis überlassen zu definieren, was unter Ordnungsmässigkeit zu verstehen ist, und er hat damit auch ermöglicht, diesen Begriff den jeweils geltenden Anforderungen laufend anzupassen. 30

Die von der Praxis entwickelten Grundsätze ordnungsmässiger Rechnungslegung fanden neu formuliert Eingang ins **Aktienrecht** (Art. 662a Abs. 2). Damit muss bei der AG nicht mehr auf den Grundsatz gemäss Art. 957 oder auf die aakG gemäss Art. 959 abgestellt werden. 31

Die derart in Art. 662a formulierten **Grundsätze ordnungsmässiger Rechnungslegung** können heute als allgemein gültig anerkannt werden. Sie entsprechen damit auch dem heutigen Verständnis der im allgemeinen kaufmännischen Buchführungsrecht anwendbaren Grundsätze. Für die praktische Anwendung ist wesentlich, die einzelnen Grundsätze nicht für sich isoliert, sondern immer im Zusammenhang mit den andern zu betrachten (CANEPA, 92). 32

Gemäss Art. 2 Abs. 3 der GeBüV richtet sich die Ordnungsmässigkeit nach den **allgemein anerkannten Regelwerken und Fachempfehlungen** wie etwa Swiss GAP FER oder Schweizer Prüfungsstandards (PS), sofern das Obligationenrecht, die GeBüV oder darauf abstützende Erlasse keine eigenen Bestimmungen enthalten. 33

Zum Verhältnis zwischen den Grundsätzen ordnungsmässiger Rechnungslegung in Art. 957 und den in Art. 959 genannten aakG ist festzuhalten, dass grundsätzlich Identität besteht. Auf den Inhalt der einzelnen Grundsätze der Ordnungsmässigkeit wird deshalb dort eingegangen (s. Art. 959). 34

Werden die Geschäftsbücher elektronisch oder in vergleichbarer Weise geführt, sind die Grundsätze der **ordnungsgemässen Datenverarbeitung** einzuhalten. Auch dieser Begriff ist gesetzlich nicht weiter definiert. Entsprechend sind Branchen-Standards und internationale Standards wie ISO 15489-1 oder ISAD(G) International Standard Archival Description, die General Rule des International Council on Archives (ICA) beizuziehen. 35

Insbesondere sind die Bücher, Buchungsbelege sowie die Geschäftskorrespondenz so zu führen, dass sie nicht geändert werden können, ohne dass sich dies feststellen lässt. Dieser in Art. 3 der GeBüV allgemein umschriebene Grundsatz der **Integrität** hat durch die sich in den letzten Jahren durchsetzende elektronische Archivierung stark an praktischer Bedeutung gewonnen. Die Integrität muss durch organisatorische (bspw. Zugangsbeschränkungen und -kontrollen, Datensicherungskonzepte und klare Verantwortlichkeiten für die Überprüfung der Integrität) sowie technische (vgl. unter VII. nachfolgend) Massnahmen gewährleistet werden. 36

Neben der Integrität müssen die Bücher nach den Standards die folgenden Anforderungen erfüllen: **Authentizität** (es muss das sein, was es vorgibt, der Bearbeiter muss identifizierbar sein), **Verlässlichkeit** (glaubwürdige, vollständige und genaue Wiedergabe der nachgewiesenen Aktivitäten) und **Benutzbarkeit** (Information muss nachgewiesen, wieder aufgefunden, dargestellt und verstanden werden können).

2. Dokumentation der Prozesse

37 Aus Gründen der stetig zunehmenden Technologisierung hat in den letzten Jahren die **Dokumentation** der Organisation, der Zuständigkeiten, der Abläufe und Verfahren sowie der Infrastruktur bei der Führung der Bücher an Bedeutung gewonnen.

38 Eine derartige Dokumentation ist auch zur Einhaltung der **corporate governance** sowie von verschiedenen in- und ausländischen Vorschriften (wie bspw. **Internes Kontrollsystem** gemäss Art. 663b Ziff. 12 rev. OR oder Section 404 des US Sarbanes Oxley Act) notwendig. Zur Einhaltung der Dokumentationserfordernisse sind gemäss Art. 4 GeBüV Arbeitsanweisungen zu erstellen. Diese Arbeitsanweisungen sind laufend zu aktualisieren und gleich lang aufzubewahren wie die Geschäftsbücher selber.

39 Dokumentiert werden muss weiter die **Verantwortung** für die archivierten Informationen (Art. 7 Abs. 1 GeBüV).

VII. Aufbewahrung der Bücher

1. Allgemeine Sorgfaltspflicht

40 Gemäss Art. 5 GeBüV sind die Geschäftsbücher, die Buchungsbelege sowie die Geschäftskorrespondenz sorgfältig, geordnet und von schädlichen Einwirkungen geschützt aufzubewahren.

41 In einer ordnungsgemässen Buchführung sind die **archivierten Informationen** von den aktuellen Informationen zu trennen (Art 7 Abs. 1 GeBüV). Zulässig ist auch eine Kennzeichnung, welche eine Trennung zulässt. Zusätzlich sind im Archiv die Informationen systematisch zu inventarisieren und von unbefugtem Zugriff zu schützen und Zutritte und Zugriffe zu dokumentieren (Art. 8 GeBüV).

2. Verfügbarkeit

42 Die aufzubewahrenden Unterlagen müssen bis zum Ende der **Aufbewahrungsfrist** (Art. 962 OR) innert angemessener Frist eingesehen und geprüft werden können (Art. 6 Abs. 1 GeBüV).

Daraus ergibt sich, dass das zur Einsicht notwendige Personal sowie die Geräte und Hilfsmittel verfügbar zu halten sind (Art. 6 Abs. 2 GeBüV). Zusätzlich ist sicherzustellen, dass die aufzubewahrenden Unterlagen auch ohne Hilfsmittel (d.h. in der Regel auf einem für das menschliche Auge verstehbaren Papierausdruck) lesbar gemacht werden können (Art. 6 Abs. 3 GeBüV). Der Begriff «innert angemessener Frist» ist gesetzlich nicht weiter definiert und muss je nach Verwendungsart und Daten unterschiedlich ausgelegt werden. So müssen ältere Daten in den meisten Fällen weniger schnell zugreifbar sein als Daten neueren Datums. In der Praxis werden bspw. Steuerrevisionen meistens angekündigt (Vorbereitungszeit) und es werden Fristen gewährt, falls gewisse Dokumente während der Revision nicht beigebracht werden können. Nach Ablauf dieser Fristen (in der Regel 2–4 Wochen) wird aber erwartet, dass innerhalb von Minuten auf die gewünschten Dokumente oder auf Dokumentengruppen zugegriffen werden kann.

Auch auf **archivierte Daten** muss «innert nützlicher Frist» zugegriffen werden können (Art. 7 Abs. 2 GeBüV). Die Überlegungen in der vorangehenden Note gelten sinngemäss, wobei «nützlich» und «angemessen» als Synonym zu betrachten sind. 43

3. Form der Aufbewahrung

Nur **Betriebsrechnung (Erfolgsrechnung) und Bilanz** sind «schriftlich» (gemeint ist auf Papier) und unterzeichnet aufzubewahren. Die Unterzeichnungspflicht gemäss Art. 961 altOR für das Inventar entfällt. Explizit ist die Unterzeichnungspflicht noch heute in Art. 961 OR für die Betriebsrechnung und die Bilanz geregelt. Im Rahmen des Aktienrechts gehört die Jahresrechnung sowie die Konzernrechnung zu den im Original aufzubewahrenden Unterlagen. 44

Die übrigen aufbewahrungspflichtigen Unterlagen können auch **elektronisch oder auf vergleichbare Weise** (womit Offenheit gegenüber künftigen Technologien, wie bspw. biologische oder kristalline Medien, demonstriert wird) aufbewahrt werden, wenn sie jederzeit lesbar gemacht werden können (Art. 957 Abs. 3 OR). «Jederzeit» gemäss Art. 957 Abs. 3 ist gleichbedeutend wie «innert angemessener Frist» (Art. 6 Abs. 1 GeBüV) und «innert nützlicher Frist» (Art. 7 Abs. 2 GeBüV) (vgl. *Verfügbarkeit,* oben N 42 f.). 45

4. Informationsträger

Zur technischen Sicherstellung der «Integrität» und der «Authentizität» sind die **zulässigen Informationsträger** in Art. 9 GeBüV geregelt. Gemäss Art. 9 Abs. 1 Bst. a sind **unveränderbare Informationsträger** wie Papier, Bildträger (Mikrofichen) und unveränderbare Datenträger per se zulässig. Dies gilt natürlich nur unter der Annahme, dass die weiteren Voraussetzungen der Ordnungsmässigkeit, wie bspw. die sichere Verwahrung der Informationsträger, erfüllt sind. 46

Anders sind die Voraussetzungen für die **veränderbaren Informationsträger.** Als solche gelten Medien wo Informationen gelöscht oder geändert werden können, ohne dass dies nachweisbar ist. Art. 9 Abs. 2 GeBüV zählt beispielhaft Magnetbänder, magnetische oder magnetoptische Disketten, Fest- und Wechselplatten sowie Solid-state-Speicher dazu. Diese offene Formulierung erlaubt zwar eine jederzeitige Anpassung der Technik, die beispielhafte Aufzählung vermittelt aber in der Praxis auch Unsicherheit. Die veränderbaren Informationsträger dürfen nur eingesetzt werden, wenn diverse Massnahmen wie der Einsatz von Log files und Zeitstempel gemäss Art. 9 Abs. 1 Bst. b GeBüV, getroffen werden. 47

5. Überprüfung und Datenmigration

Um eine ordnungsgemässe Aufbewahrung sicherzustellen, sind die Informationsträger zudem regelmässig auf Integrität und Lesbarkeit zu prüfen. Die dafür Verantwortlichen haben die Ergebnisse der Prüfung zu dokumentieren (vgl. *Dokumentation N 37 ff. oben).* Daten dürfen in andere Formate und auf andere Informationsträger kopiert werden **(Datenmigration),** wenn die Vollständigkeit und Richtigkeit gewährleistet bleibt, die Verfügbarkeit und die Lesbarkeit bestehen bleibt und die Migration protokolliert wird (Art. 10 GeBüV). 48

VIII. Beweiskraft von elektronisch geführten Büchern

49 Elektronisch oder in vergleichbarer Weise geführte Bücher haben die gleiche **Beweiskraft** wie solche, die ohne Hilfsmittel (also auf Papier) gelesen werden können (vgl. BGE 111 IV 120 für die strafrechtliche Relevanz). Dabei ist zu beachten, dass für die formale Zulassung als Beweismittel und vor allem bezüglich des Beweiswertes (Echtheit) die Ordnungsmässigkeit der Führung und Aufbewahrung nachgewiesen werden muss. Dabei werden insbesondere die Umstände der Entstehung der Daten sowie die Unveränderbarkeit während der Aufbewahrung gewürdigt.

50 Nach dem Wortlaut gilt die Bestimmung von Art. 957 Abs. 4 OR nur für jene Informationen, welche gemäss Obligationenrecht aufbewahrt werden müssen. In der Botschaft (S. 159 f.) werden jedoch die Art. 957 ff. OR auch als «Richtschnur dafür, wie rechtsrelevante Unterlagen bzw. Daten, die nicht unmittelbar kaufmännischer Natur sind […] aufbewahrt und im Rechtstreit gewürdigt werden müssen» bezeichnet. Die sinngemässe Anwendung von Art. 957 Abs. 4 OR auch auf letztere ist sinnvoll.

51 Es ist fraglich, ob Art. 957 Abs. 4 zu einer absoluten Gleichstellung von digitaler Kopie und **Original** führt. Insbesondere dann, wenn die Beweiskraft eines Originals eine andere ist als die der Kopie, oder wenn einzig ein Originaldokument für gewisse Zwecke verwendbar ist, zeigen sich klare Differenzen (gl.M. GASSER/HÄUSERMANN, AJP/PJA 2006, 305–316). Das Original ist der digitalen Kopie bspw. überlegen, wenn die Echtheit einer Urkunde strittig ist und die beweisführende Partei den Nachweis über ein graphologisches Gutachten zur Echtheit der Unterschrift auf dem Dokument führen will (für Gutachten müssen regelmässig Original-Unterschriften vorliegen).

52 Weiter ist zu bemerken, dass gemäss Botschaft (S. 5165) öffentliche Papier-Urkunden ihre erhöhte Beweiskraft nach Art. 9 ZGB verlieren, wenn sie nur noch elektronisch geführt werden und dass auch besondere gesetzliche Bestimmungen originäre (Hand-) Schriftlichkeit fordern können (bspw. bei der schriftlichen **Schuldanerkennung** im Schuldbetreibungs- und Konkursverfahren).

IX. Buchführungspflicht von Zweigniederlassungen

53 **Zweigniederlassungen** von in- und ausländischen Unternehmungen sind an ihrem Sitz in der Schweiz ins Handelsregister einzutragen (Art. 935). Kriterien für die Eintragung bilden der kaufmännische Betrieb sowie eine gewisse wirtschaftliche und geschäftliche Selbständigkeit (BGE 79 I 57). Daraus folgt jedoch nicht, dass für jede Zweigniederlassung eine kaufmännische Buchführung i.S.v. Art. 957 ff. zu erstellen ist (BK-KÄFER, N 75 f.; GAUCH, N 798). Wird jedoch eine gesonderte Filialbuchhaltung geführt, so darf zur Bilanzierung des Gesamtunternehmens nicht bloss das Nettovermögen der Zweigniederlassung als eine Bilanzposition übertragen werden. Vielmehr müssen sämtliche Bilanzpositionen der Zweigniederlassung einzeln in die Bücher des Gesamtunternehmens einfliessen.

X. Weitere buchführungsrechtliche Bestimmungen

54 Buchführungsrechtliche Bestimmungen sind unter anderem enthalten im Familienrecht (Inventaraufnahme: Art. 195a, 318, 398 ZGB; Rechnungsführung bei Vormundschaft: Art. 413, 426 ZGB), im Erbrecht (Inventar: Art. 490, 553, 568, 580–592, 595 ZGB), im Sachenrecht (Inventar bei Nutzniessung: Art. 763 ZGB), im Arbeitsvertragsrecht (Art. 322a), im Auftragsrecht (Art. 400), bei Agenten (Art. 418k), bei der einfachen Ge-

4. Abteilung: Handelsregister, Geschäftsfirmen 1 Art. 958

sellschaft (Art. 541), bei Anleihensobligationen (Art. 652a; 1156), im Bankengesetz (Art. 6 BankG), im Kollektivanlagengesetz (Art. 87–91 KAG) und im Versicherungsaufsichtsgesetz (Art. 25 VAG sowie weitere Bestimmungen in Verordnungen).

Von der Buchführungspflicht nach OR ist insbesondere die **steuerrechtliche Aufzeichnungspflicht** zu unterscheiden. Gemäss DBG (Art. 125 Abs. 2) und StHG (Art. 42 Abs. 3) sind alle Selbständigerwerbenden aufzeichnungspflichtig (ungeachtet dessen, ob sie im Handelsregister eintragungspflichtig sind). Wenn eine nach kaufmännischen Grundsätzen geführte Buchhaltung fehlt, sind der Steuererklärung Aufstellungen über Aktiven und Passiven, Einnahmen und Ausgaben sowie Privatentnahmen und Privateinlagen beizulegen. Damit wird eine Art «eigenständige steuerliche Buchführungspflicht» begründet (HWP I 42). 55

Auch in weiteren Steuererlassen des Bundes finden sich Vorschriften über die Buchführung und Aufbewahrung. Diese halten sich in der Regel an die handelsrechtlichen Vorschriften (explizit so festgehalten in Art. 58 Abs. 1 MWSTG), gehen jedoch in Einzelfällen (bspw. die 20-jährige Aufbewahrungsfrist für mit unbeweglichen Gegenständen zusammenhängenden Geschäftsunterlagen gemäss Art. 58 Abs. 2 MWSTG) über diese hinaus. 56

Art. 958

B. Bilanzvorschriften
I. Bilanzpflicht

¹ **Wer zur Führung von Geschäftsbüchern verpflichtet ist, hat bei Eröffnung des Geschäftsbetriebes ein Inventar und eine Bilanz und auf Schluss eines jeden Geschäftsjahres ein Inventar, eine Betriebsrechnung und eine Bilanz aufzustellen.**

² **Inventar, Betriebsrechnung und Bilanz sind innerhalb einer dem ordnungsmässigen Geschäftsgang entsprechenden Frist abzuschliessen.**

B. Règles concernant le bilan
I. Obligation de dresser un bilan

¹ Toute personne astreinte à tenir des livres doit dresser un inventaire et un bilan au début de son entreprise, ainsi qu'un inventaire, un compte d'exploitation et un bilan à la fin de chaque exercice annuel.

² L'inventaire, le compte d'exploitation et le bilan sont clos dans un délai répondant aux nécessités d'une marche régulière de l'entreprise.

B. Bilancio
I. Obbligo di allestimento

¹ Chi ha l'obbligo di tenere dei libri di commercio, deve allestire all'inizio dell'esercizio un inventario ed un bilancio, ed alla fine d'ogni esercizio annuale un inventario, un conto d'esercizio ed un bilancio.

² L'inventario, il conto d'esercizio ed il bilancio devono chiudersi entro il termine imposto dal regolare andamento dell'azienda.

Literatur

Vgl. die Literaturhinweise zu Art. 957.

I. Allgemeines

Art. 958–961 werden unter der Marginalie **Bilanzvorschriften** zusammengefasst, wobei Art. 958 unter der speziellen Marginalie der **Bilanzpflicht** steht. Unter dem Begriff der Bilanzvorschriften versteht man die Rechnungslegungsvorschriften ganz grundsätzlich, unter demjenigen der Bilanzpflicht die Pflicht zur Erstellung von Inventar, Betriebsrech- 1

Markus Neuhaus/Jörg Blättler

nung und Bilanz, allenfalls samt Anhang. Auf diese beziehen sich Art. 958 ff. (HWP I 35).

2a Die Bilanzierungspflicht ist eine Folge der Pflicht zur Buchführung gemäss Art. 957. Bei Eröffnung des Geschäftsbetriebes und danach jährlich sind Inventar, Betriebsrechnung und Bilanz zu erstellen, basierend auf den gemäss Art. 957 ordnungsgemäss geführten Geschäftsbüchern.

2b Im Verhältnis zu Art. 957 stellen Art. 958 ff. Spezialregelungen dar, die die allgemeinen Regeln von Art. 957 konkretisieren (BK-KÄFER, N 43).

II. Bilanzierungsvorschriften bei Eröffnung des Geschäftsbetriebes und auf Schluss eines jeden Geschäftsjahres

3 Mit der **Eröffnung des Geschäftsbetriebes** hat der Buchführungspflichtige eine **Eröffnungsbilanz** und ein **Inventar** aufzustellen. Der Zeitpunkt der Eröffnung des Geschäftsbetriebes ist beim Einzelunternehmer und den (kaufmännischen) Personengesellschaften gegeben, wenn die Verpflichtung zur Eintragung ins Handelsregister besteht (BK-KÄFER, Art. 960 N 421; vgl. Art. 957). Anders bei Kapitalgesellschaften und Genossenschaften, die ihre Gründungsbilanz auf den Tag des Eintrages ins Handelsregister zu errichten haben (BK-KÄFER, Art. 960 N 421).

4 Auf den Schluss eines jeden Geschäftsjahres (Bilanzstichtag) ist nebst Bilanz und Inventar zudem eine **Betriebsrechnung** – heute üblicherweise **Erfolgsrechnung** genannt – zu erstellen. Als Geschäftsjahr gilt der Zeitraum zwischen zwei Bilanzstichtagen. Das **Geschäftsjahr** umfasst normalerweise 12 Monate und ist üblicherweise mit dem Kalenderjahr identisch. Es kann auch kürzer als 12 Monate sein, Kurzjahr genannt, oder länger, Langjahr genannt (BK-KÄFER, N 667 ff.). Als Maximum wird allgemein die Periode von 23 Monaten angenommen, da nur dann noch von einem Jahr gesprochen werden kann (HWP I 58). Die Dauer eines Geschäftsjahres geht bei der AG und den anderen juristischen Personen i.d.R. aus den Statuten hervor; bei den Personengesellschaften kann dies z.B. im Gesellschaftsvertrag festgelegt werden (ZK-BOSSARD, N 17).

III. Abschlussfrist

5 Gemäss Art. 958 Abs. 2 sind das Inventar, die Erfolgsrechnung und die Bilanz innerhalb einer dem ordnungsmässigen Geschäftsgang entsprechenden Frist abzuschliessen. Dies ist eine reine Ordnungsvorschrift, die der Auslegung bedarf (ZK-BOSSARD, N 22). Ex lege ergeben sich spezifische Fristen für die AG, die KAG und die GmbH aus der Pflicht, eine **Generalversammlung (GV)** bzw. Gesellschafterversammlung innerhalb von sechs Monaten nach Schluss des Geschäftsjahres abzuhalten (Art. 699 Abs. 2, Art. 764 Abs. 2 i.V.m. Art. 699 Abs. 2, Art. 805 Abs. 2) und zudem den Geschäftsbericht und den Revisionsbericht spätestens 20 Tage (AG und KAG; Art. 696 Abs. 1) vor der ordentlichen GV den Aktionären am Gesellschaftssitz zur Einsicht aufzulegen oder auf Wunsch zuzustellen (Art. 696 Abs. 1). Für die GmbH gelten die Bestimmungen von Art. 696 Abs. 1 betreffend Revisionsbericht ebenfalls, falls die Statuten eine Revisionsstelle vorsehen. Weiter verweist Art. 805 Abs. 5 auf die aktienrechtlichen Vorschriften für die Einberufung der Gesellschafterversammlung. Die sechsmonatige Frist kann durch die Statuten verkürzt, aber nicht verlängert werden (ZK-BOSSARD, N 25). Diese spezifische, gesetzliche Abschlussfrist von sechs Monaten wird von der Praxis auch für Betriebe anderer Rechtsformen als anwendbar betrachtet und bildet die obere Grenze,

die bloss beim Vorliegen ausserordentlicher Ereignisse überschritten werden sollte (BK-KÄFER, N 693).

Für **Banken** gilt überdies die Spezialbestimmung nach Art. 27 BankV, wonach die Jahresrechnungen innerhalb von vier Monaten nach dem Abschlusstermin zu veröffentlichen sind. Entsprechend verkürzt sich die Abschlussfrist für die dem Bankengesetz unterstehenden Gesellschaften. Ferner sind Banken mit einer Bilanzsumme von wenigstens 100 Mio. Franken (Art. 23b Abs. 1 BankV) zudem verpflichtet innerhalb von 2 Monaten einen halbjährlichen Zwischenabschluss, bestehend aus Bilanz und Erfolgsrechnung zu publizieren. 6

Für börsenkotierte Unternehmungen gelten zudem die Bestimmungen der jeweiligen Börse. Die SWX regelt in ihrer Richtlinie betr. Anforderungen an die Finanzberichterstattung in Ziff. 25 ff. die grundsätzlichen Fristen für die Veröffentlichung und Einreichung von Finanzberichten. Für Geschäftsberichte gilt hiernach eine Frist von vier Monaten nach Abschluss des Geschäftsjahres und für Zwischenberichte eine solche von drei Monaten nach Beendigung des Berichtszeitraums. Zusatzregelement und Richtlinien können diese Fristen weiter verkürzen, was z.B. bei Emittenten von Beteilungsrechten der Segmente «EU-kompatibles Segment der SWX» und Investmentgesellschaften zu einer Frist von zwei Monaten für Zwischenberichte führt. 6a

IV. Inventar

Das **Inventar** besteht aus einer vollständigen Auflistung aller Aktiven und des Fremdkapitals (Schulden, Verbindlichkeiten und Rückstellungen) der Unternehmung auf einen bestimmten Zeitpunkt (BK-KÄFER, N 16). Mit der mind. einmal jährlich durchzuführenden Inventur ist das Vorhandensein dieser **Bilanzbestände** physisch nachzuweisen (HWP I 46 f.) – tatsächlicher Nachweis, nicht bloss buchmässiger – oder wenigstens mit geeigneten Unterlagen glaubhaft zu machen (ZK-BOSSARD, N 40; HWP I 143 f.). Daraus wird deutlich, dass der Begriff Inventar nach Art. 958 sich nicht bloss auf das Warenlager bezieht, sondern umfassend ist. 7

Bei der Inventaraufnahme sind die **GoR**, insb. **Vollständigkeit, Klarheit, Wahrheit** und **Stetigkeit** zu berücksichtigen (ZK-BOSSARD, N 43 ff.). Stichproben, Treffen von Annahmen, Schätzungen etc. sind unter dem Aspekt der **Wesentlichkeit** in einem gewissen Masse erlaubt. Unzulässig sind aber bloss globale Schätzungen oder gar Weglassungen (BK-KÄFER, N 85 f.). 8

Das Inventar ist im Prinzip einmal pro Jahr aufzunehmen (Art. 958). Für gewisse Bilanzpositionen (z.B. Kasse), oder je nach Grösse des Geschäftes, mag die bloss einmalige jährliche Bestandesaufnahme den Grundsätzen der Ordnungsmässigkeit aber nicht zu genügen (BK-KÄFER, N 100). So wird anstelle der jährlichen Inventarisation eine **permanente Inventur** geführt (BK-KÄFER, N 98 f.; HWP I 45 f.; HELBLING, 273; BOEMLE, 192). Eine permanente Inventur (täglich, wöchentlich, monatlich) setzt voraus, dass laufend alle Bestandesveränderungen erfasst und fortgeschrieben werden. 9

Aus praktischen Gründen ist es zudem meist nicht möglich, eine Inventarisation auf den Bilanzstichtag hin vorzunehmen (Inventar am Abschlussstichtag). Vielmehr wird insb. bei der Inventarisation von Waren und dgl. oft die so genannte **verlegte oder verschobene Stichtagsinventur** angewendet (BK-KÄFER, N 98, 107; HWP I 144). Die derart ermittelten Werte sind dann mittels geeigneter Verfahren auf den Bilanzstichtag fortzuschreiben oder zurückzurechnen. Im Allgemeinen wird ein Zeitraum von drei Monaten für die Vorverlegung oder Verschiebung der Inventarisation als ordnungsmässig be- 10 zeichnet (BK-KÄFER, N 107 f.; HWP I 144 spricht von «in der Regel nicht mehr als 2 Monaten»).

11 Die Bilanzpositionen sind im Allgemeinen nach folgenden Kriterien nachzuweisen: Flüssige Mittel, Wertschriften, Beteiligungen, Vorräte, Maschinen und Mobilien durch Feststellung des physischen Vorhandenseins mittels Zählen, Messen und Wägen; Post- und Bankguthaben sowie -schulden, Forderungen und Verbindlichkeiten, durch Saldobestätigung oder Konto- und Depotauszug; Grundstücke und immaterielle Güter durch Auszüge aus öffentlichen Registern oder durch Bestätigungen von Amtsstellen; aktive und passive Rechnungsabgrenzungsposten, Organisations- und Gründungskosten, Obligationenanleihen, Rückstellungen, Wertberichtigungen und Eigenkapital durch die Buchhaltung selbst, Belege, Verträge oder Geschäftskorrespondenz (ZK-BOSSARD, N 41; HWP I 46 f.; BOEMLE, 191).

V. Betriebsrechnung

12 Die **Betriebsrechnung** – heute üblicherweise Erfolgsrechnung genannt – umfasst alle **Erträge** und **Aufwendungen** einer bestimmten Rechnungsperiode. Als Saldo daraus ergibt sich der Jahresgewinn oder –verlust. Die Erfolgsrechnung ist im Zusammenhang mit der Bilanz und dem Inventar zu sehen. Entsprechend müssen ihre Resultate übereinstimmen (BK-KÄFER, N 128). Im Recht der kaufmännischen Buchführung bestehen keine gesetzlichen **Gliederungsvorschriften** zur Erfolgsrechnung. Dennoch wird in der Praxis, gestützt auf das Prinzip der Klarheit und Wesentlichkeit, eine Aufteilung der Erfolgsrechnung erwartet. Aus dem Grundsatz der Bilanzwahrheit und insb. aus dem Grundsatz des Verrechnungsverbotes ergibt sich, dass Aufwendungen und Erträge **brutto** auszuweisen sind und nur ausnahmsweise **netto** (BK-KÄFER, N 137).

13 In der Praxis haben sich grundsätzlich zwei Darstellungsformen für die Erfolgsrechnung durchgesetzt: Die **Kontenform** und die **Staffelform** (BK-KÄFER, Grundlagen N 2.41, Art. 958, N 153). Die Kontenform weist im Soll den Aufwand und im Haben den Ertrag aus (s.u. Tabelle I). Die Staffelform (auch Berichts- oder Reportform genannt) fasst die jeweils wirtschaftlich verknüpften Erträge und Aufwendungen zusammen und zeigt zudem das jeweilige Nettoresultat (s.u. Tabelle II). Bei beiden Darstellungsformen wird der Aufwand und Ertrag nach dem Prinzip der Klarheit in **betriebliche, betriebsfremde und ausserordentliche Elemente** aufgeteilt (vgl. auch Art. 663).

VI. Bilanz

14 Die **Bilanz** weist die Aktiven und Passiven einer Unternehmung auf einen bestimmten Stichtag, den Bilanzstichtag, aus. Sie ist also eine Momentaufnahme und zeigt, wie sich eine Unternehmung finanziert hat (Passiven) und wie diese finanziellen Mittel investiert sind (Aktiven). Aktivierungspflichtig sind jene Positionen, welche einen Wert über den Stichtag hinaus haben. Passivierungspflichtig sind Schulden, Verbindlichkeiten und Rückstellungen, unter Berücksichtigung der Vollständigkeit und der Periodizität. Als Residualgrösse ergibt sich daraus die Position Eigenkapital. Aus der Differenz von Reinvermögen zu Beginn und am Ende einer Rechnungsperiode ergibt sich zudem auch der Jahresgewinn oder -verlust (BK-KÄFER, N 269 ff.).

15 Beim Erstellen der Bilanz ist für sämtliche Aktiven und Passiven die Frage der **Bilanzfähigkeit,** insb. der Aktivierbarkeit, der **Bilanzierungspflicht** oder eines **Bilanzierungsverbotes** zu prüfen (BK-KÄFER, N 284 ff.).

Auch zur Bilanz bestehen im Recht der kaufmännischen Buchführung keine **Gliede-** 16
rungsvorschriften. Dennoch wird in der Praxis, gestützt auf das Prinzip der Klarheit
und Wesentlichkeit, auch eine Aufteilung der Bilanz erwartet. Im Allgemeinen wird aktivseitig mindestens in **UV** (flüssige Mittel, Forderungen aus Lieferung und Leistung,
andere Forderungen sowie Vorräte) sowie **AV** (Finanz-, Sach- und immaterielle Anlagen) und passivseitig in **kurz- und langfristiges FK** (Schulden aus Lieferung und Leistung, langfristige Verbindlichkeiten sowie Rückstellungen) sowie in **EK** (AK, gesetzliche und andere Reserven sowie Bilanzgewinn) unterteilt (vgl. Art. 663a). Eine weitere
Unterteilung einzelner Positionen ist üblich und aufgrund konkreter Gegebenheiten oft
auch geboten (s.u. Tabelle III).

Die beiden Elemente Bilanz und Erfolgsrechnung werden unter dem Begriff **Jahres-** 16a
rechnung zusammengefasst. Im Gegensatz zu den aktienrechtlichen Bestimmungen
(Art. 662 Abs. 2) ist im allgemeinen kaufmännischen Buchführungsrecht der Anhang
nicht gesetzlich vorgeschrieben.

VII. Rechtsvergleichung

Es wird grundsätzlich auf die Rechtsvergleichung in Art. 663a verwiesen. Zu den dort 17
erwähnten Unterschieden kommen für Art. 958 u.a. noch folgende Punkte dazu: Es
sind in Art. 958 keine Mindestgliederungsvorschriften vorgesehen und es sind es besteht
kein Zwang zur Erstellung eines Anhanges. Die Differenz zu den dort verglichenen
Rechnungslegungsstandards präsentiert sich somit noch grösser.

Die Randnummern 18 und 19 entfallen. 18–19

VIII. Tabellen I–III: Gliederung der Erfolgsrechnung und Bilanz

Siehe hierzu auch Swiss GAAP FER 3: Darstellung und Gliederung sowie Art. 663 f. 20
für die AG.

Tabelle I: Gliederung der Erfolgsrechnung in Kontenform

Betrieblicher (= ordentlicher) Aufwand:	*Betrieblicher (= ordentlicher) Ertrag:*
Material- und Warenaufwand	Erlöse aus Lieferungen und Leistungen
Personalaufwand	Übriger betrieblicher Ertrag
Finanzaufwand	
Abschreibungen	
Übriger betrieblicher Aufwand	
Betriebsfremder (neutraler) Aufwand:	*Betriebsfremder Ertrag:*
	Finanzertrag
Ausserordentlicher Aufwand:	
	Ausserordentlicher Ertrag:
	Gewinn aus Veräusserung von Anlagevermögen
Jahresgewinn	(oder) Jahresverlust

Tabelle II: Gliederung der Erfolgsrechnung in Staffelform

   Umsatzerlös
− Material- und Warenaufwand
= **Bruttogewinn**
± Übrige betriebliche Positionen (einschliesslich Abschreibungen)
= **Betriebliches Ergebnis** (vor Zinsen und Steuern)
± Finanzergebnis
= **Ordentliches Ergebnis** (nach Zinsen, vor Steuern)
± Betriebsfremde Positionen
± Ausserordentliche Positionen
= **Unternehmensgewinn/-verlust vor Steuern**
− Steuern
= **Unternehmensgewinn/-verlust für das Geschäftsjahr**

(s.a. BOEMLE, 208 ff.; DELLMANN, 154 ff.; HWP I 79 ff.; Swiss GAAP FER 3: Darstellung und Gliederung).

Tabelle III: Gliederung der Bilanz in Kontenform

Umlaufvermögen
Flüssige Mittel (Kasse, Post, Bank)
Wertschriften
Forderungen aus Lieferungen und Leistungen
Darlehen (kurzfristig)
Andere Forderungen
Forderungen gegenüber anderen Gesellschaften des Konzerns oder Aktionären, die eine Beteiligung an der Gesellschaft halten
Vorräte
Übriges Umlaufvermögen
Rechnungsabgrenzungsposten

Anlagevermögen
Sachanlagen
   Grundstücke
   Mobilien
Maschinen
Finanzanlagen
   Darlehen (langfristig)
   Forderungen gegenüber anderen
   Gesellschaften des Konzerns oder Aktionären
   Beteiligungen
Immaterielle Anlagen
Patente, Lizenzen, Rechte
Goodwill
Gründungs-, Kapitalerhöhungs- und Organisationskosten

Fremdkapital
Schulden aus Lieferungen und Leistungen
Verbindlichkeiten gegenüber anderen Gesellschaften des Konzerns oder Aktionären, die eine Beteiligung an der Gesellschaft halten
Andere kurzfristige Verbindlichkeiten
Rückstellungen (kurzfristig)
Rechnungsabgrenzungen

Langfristige Verbindlichkeiten
Rückstellungen (langfristig)

Eigenkapital
Grund- oder Aktienkapital
Gesetzliche Reserven
Allgemeine Reserven
Reserven für eigene Aktien
Aufwertungsreserven
Andere Reserven
Statutarische Reserven
Beschlussmässige Reserven
Bilanzgewinn (oder ./. Bilanzverlust)

(s.a. ZK-BOSSARD, N 181; BOEMLE, 287 ff.; DELLMANN, 86; Swiss GAAP FER 3: Darstellung und Gliederung sowie Ausführungen zu Art. 663a).

Art. 959

II. Bilanzgrundsätze **1. Bilanzwahrheit und -klarheit**	Betriebsrechnung und Jahresbilanz sind nach allgemein anerkannten kaufmännischen Grundsätzen vollständig, klar und übersichtlich aufzustellen, damit die Beteiligten einen möglichst sicheren Einblick in die wirtschaftliche Lage des Geschäftes erhalten.
II. Principes à observer **1. Clarté et sincérité du bilan**	Le compte d'exploitation et le bilan annuel sont dressés conformément aux principes généralement admis dans le commerce; ils doivent être complets, clairs et faciles à consulter, afin que les intéressés puissent se rendre compte aussi exactement que possible de la situation économique de l'entreprise.
II. Norme per l'allestimento **1. Verità e chiarezza del bilancio**	Il conto d'esercizio ed il bilancio annuale devono essere allestiti secondo i principi generalmente ammessi dalla pratica commerciale, in modo completo e chiaro, sì da mostrare agli interessati con la maggiore evidenza e verità la situazione economica dell'azienda.

Literatur

Vgl. die Literaturhinweise zu Art. 957.

I. Allgemeines

Unter den Marginalien zu Art. 959 und 960 werden die **Bilanzgrundsätze** der **Bilanzwahrheit und -klarheit** sowie die **Wertansätze** zusammengefasst. Sämtliche dieser Grundsätze beziehen sich auf die Aufstellung von **Betriebsrechnung** – heute üblicherweise **Erfolgsrechnung** genannt – und **Bilanz**, somit auf die Abschlussrechnungen (BK-KÄFER, N 9). Da die Erstellung des **Inventars** ebenfalls zu den jährlichen Bilanzpflichten gehört, unterliegt auch die Inventarisation den gesetzlichen Bilanzgrundsätzen nach Art. 959 und 960. Dies gilt, obwohl das Inventar in Art. 959 nicht erwähnt wird, denn Art. 957 erklärt mit dem Anspruch auf Ordnungsmässigkeit die aakG für die gesamte Rechnungslegung als verbindlich (s.a. MEIER-HAYOZ/FORSTMOSER, § 8 N 28). 1

Die Bilanzgrundsätze sind darauf ausgerichtet, einen **möglichst sicheren Einblick in die wirtschaftliche Lage des Geschäftes** zu gewähren. Dies ist ein Gebot an den Bilanzierenden. Um dieses Ziel zu erreichen, sind die aakG zu befolgen und es ist vollständig, klar und übersichtlich zu bilanzieren. 2

Art. 959 enthält damit die materiellen Buchführungs- und Bilanzgrundsätze. Die formellen Buchführungsvorschriften werden in Art. 960 Abs. 1 (Landeswährung), Art. 958 (jährliches Erstellen des Abschlusses innerhalb einer dem ordnungsmässigen Geschäftsgang entsprechenden Frist), Art. 961 (Unterzeichnung), Art. 962 Abs. 1 (Aufbewahrungspflicht), Art. 963 (Editionspflicht) oder Art. 704 (Einsicht) geregelt. 3

II. Ziel des möglichst sicheren Einblicks in die wirtschaftliche Lage des Geschäfts

Nach dem Willen des Gesetzgebers sollen die Erfolgsrechnung und die Bilanz unter Anwendung der aakG erstellt werden, um den **Beteiligten** einen möglichst sicheren Einblick in die wirtschaftliche Lage des Geschäfts zu gewähren. 4

5 Der Begriff der Beteiligten ist dabei nicht in einem engen Sinn zu verstehen (BK-KÄFER, N 227 ff., 231). Vielmehr umfasst er all diejenigen Personen, die an einer ordentlichen Rechnungslegung ein berechtigtes Interesse haben (vgl. Art. 957).

6 Die Forderung nach sicherem Einblick bezieht sich sowohl auf die Bilanz als auch auf die Erfolgsrechnung. Der sichere Einblick wird dann gewährt, wenn der Leser einer Jahresrechnung ausreichende Informationen erhält, die es ihm ermöglichen, sich ein Bild von der **wirtschaftlichen Situation** des Unternehmens zu machen (CANEPA, 92). Die Rechnungslegung muss für einen Aussenstehenden ein objektives Bild der Unternehmung abgeben. Dabei darf beim Aussenstehenden **Sachkunde** vorausgesetzt werden (BK-KÄFER, N 215).

7 Die Forderung nach dem möglichst sicheren Einblick ist jedoch beschränkt auf den Einblick in die Gesamtlage des Geschäftes. Ein im wesentlichen **zuverlässiger Gesamteindruck** genügt im Allgemeinen den gesetzlichen Anforderungen (BK-KÄFER, N 218). Die Forderung nach dem möglichst sicheren Einblick wird jedoch durch andere Grundsätze eingeschränkt, insb. durch den Grundsatz der **Vorsicht**.

8 Aus der Tatsache, dass die wirtschaftliche Lage des Geschäftes darzustellen ist, folgt auch hier das Gebot der Trennung von **Geschäfts- und Privatvermögen.** Der Einbezug von privaten Aktiven in die geschäftliche Bilanz würde eine zu positive wirtschaftliche Situation aufzeigen, der Einbezug privater Verbindlichkeiten eine zu negative. Beides ist von Gesetzes wegen zu unterlassen. Dies gilt ebenfalls für die Erfolgsrechnung, in welche keine privaten Aufwendungen und Erträge einfliessen dürfen (s.a. Art. 957).

III. Allgemein anerkannte kaufmännische Grundsätze (aakG)

9 Der Begriff der aakG stellt einen **unbestimmten Rechtsbegriff** dar (BK-KÄFER, N 152 ff.; WÜEST, 31). Die aakG wurden gleich wie der Begriff der Ordnungsmässigkeit von der Praxis konkretisiert und können dank ihrer Offenheit Veränderungen angepasst werden.

10 Inhaltlich werden die aakG aber nicht immer identisch umschrieben. Aus dem Verhältnis von Art. 957 zu 959 ergibt sich, dass zwischen den Begriffen der Ordnungsmässigkeit und der aakG weitgehend Kongruenz besteht (vgl. Art. 957).

11 Zu den aakG zählen: **Wahrheit, Vollständigkeit, Klarheit, Wesentlichkeit, Vorsicht, Unternehmensfortführung, Stetigkeit, Verrechnungsverbot.** Diese Aufzählung enthält die aus heutiger Sicht wichtigsten aakG. So sind sie denn auch im Aktienrecht in Art. 662a Abs. 2 festgeschrieben, wobei die formelle Bilanzwahrheit im Begriff der Vollständigkeit enthalten ist (MEIER-HAYOZ/FORSTMOSER, § 8 N 51 ff.). Zwischen Art. 959 und Art. 662a besteht ein direkter Zusammenhang. Dies führt auch die Botschaft (Botschaft AG, 886) aus, indem sie festhält, dass Art. 662a eine Verbindung zum Recht der kaufmännischen Buchführung herstelle. Die obige Liste der aakG ist jedoch nicht abschliessend (vgl. WÜEST, 42). So können etwa auch die Grundsätze der **periodengerechten Abgrenzung** (Swiss GAAP FER RK, Ziff. 11) der **Anwendung angemessener Bewertungsprinzipien** und der **Wirtschaftlichkeit** hinzugefügt werden (BK-KÄFER, N 130 f., 442 ff.).

12 Aus obiger Auflistung folgt, dass die in der Marginalie zu Art. 959 aufgeführten Begriffe der Bilanzwahrheit und -klarheit sowie die im Gesetzestext erwähnten weiteren Elemente der Vollständigkeit und Übersichtlichkeit einzelne aakG darstellen, die durch weitere zu ergänzen sind.

1. Wahrheit

Mit **formeller Wahrheit** wird die **Vollständigkeit** der Bilanz und Erfolgsrechnung, also die lückenlose Aufzählung aller Aktiven und Passiven sowie aller Aufwand- und Ertragsposten bezeichnet. Ebenso fällt etwa die rechnerische Richtigkeit unter diesen Begriff. Mit **materieller Wahrheit** hingegen wird die angemessene Bewertung der in der Jahresrechnung ausgewiesenen Positionen verstanden (BK-KÄFER, N 282 ff.; BOURQUIN, SAG 1980, 109 f.; DOBER, SAG 1965, 162; zur Bewertung vgl. Art. 960, im Speziellen Art. 664 ff.; BOEMLE, 116 ff.; verwendet den Begriff der Richtigkeit oder Willkürfreiheit). Das Gebot der formellen Wahrheit gilt uneingeschränkt, währenddem das Gebot der materiellen Wahrheit etwa durch den Grundsatz der Vorsicht eingeschränkt ist. Generell dürfen sich Auslassungen nie auf wesentliche Sachverhalte beziehen (CANEPA, 93 f.). Unwahr ist eine Jahresrechnung dann, wenn sie die wirtschaftliche Lage eines Unternehmens falsch darstellt, indem z.B. fiktive Schulden aufgeführt werden oder Aufwendungen gebucht werden, die nicht bestehen (BGE 110 1b 127 = Pra 1984, 709 E. 3cc). 13

2. Vollständigkeit

Der Grundsatz der **Vollständigkeit** verlangt, dass die Aktiven und Passiven vollständig erfasst werden (BK-KÄFER, N 304 ff.), ebenso aber auch Ertrag und Aufwand (BÖCKLI, Aktienrecht, § 8 N 121). Daraus ergibt sich z.B. auch das Gebot, die Aktiven immer mindestens pro memoria in den Büchern stehen zu lassen. Ein generelles Nichtbilanzieren von Vorräten oder angefangenen Arbeiten verstösst gegen diesen Grundsatz (HWP I 45 ff.). Auch ist es nicht zulässig, die Bildung einer Rückstellung erfolgsneutral zu Lasten des Eigenkapitals zu verbuchen, anstatt richtigerweise als Aufwand über die Erfolgsrechnung, weil dadurch der Aufwand nicht vollständig erfasst wäre (BOEMLE, 124 ff.). 14

3. Klarheit

Der Grundsatz der **Klarheit** beruht auf zwei Elementen: Die richtige **Bezeichnung** der einzelnen Positionen in der Bilanz und Erfolgsrechnung einerseits und die **Übersichtlichkeit,** mithin die **Gliederung,** andererseits (DOBER, SAG 1965, 162; BÖCKLI, Aktienrecht, § 8 N 122 f.; BOEMLE, 120 ff.; BOURQUIN, 271; vgl. auch Swiss GAAP FER RK, Ziff. 33). 15

Nach dem Grundsatz der Klarheit ist auch die Buchhaltung zu führen. So spielt etwa die richtige Bezeichnung der einzelnen Konten und deren Abgrenzung eine wichtige Rolle (Kontenrahmen). Die richtige Bezeichnung soll vermeiden, dass irreführende Begriffe verwendet werden, das Postulat der Übersichtlichkeit will sicherstellen, dass eine Gliederung vorgenommen wird, die einen raschen Einblick in die wirtschaftliche Lage des Geschäftes ermöglicht (ZK-BOSSARD, N 27). 16

Unklarheit liegt etwa vor, wenn Belege nicht referenziert sind, wenn Bilanzpositionen irreführend bezeichnet werden oder wenn solche unsachgemäss gruppiert werden (weitere Bsp. s. HELBLING, 164 f.). 17

4. Wesentlichkeit (materiality)

Das Prinzip der **Wesentlichkeit** besagt, dass in der Jahresrechnung nicht alle Sachverhalte darzustellen sind, sondern bloss diejenigen, die für die spezifische Unternehmung 18 und zur Darstellung ihrer wirtschaftlichen Lage von Bedeutung sind (BK-KÄFER, N 445 ff.; BÖCKLI, Aktienrecht, § 8 N 147; vgl. auch Swiss GAAP FER RK, Ziff. 29). Vereinfachungen sind demnach zulässig, allenfalls nach dem Grundsatz der Klarheit sogar geboten, solange sie den sicheren Einblick in die wirtschaftliche Lage des Unternehmens nicht gefährden.

19 Dem Grundsatz der Wesentlichkeit kommt aber noch weitere Bedeutung zu. So ist er generell im Zusammenhang mit den aakG zu sehen. Diese sind im Rahmen ihrer Wesentlichkeit anzuwenden. Zudem kommt der Grundsatz auch im Rahmen der **Abschlussprüfung** zum Tragen (BOURQUI, ST 1992, 381 ff.).

20 Klare Kriterien zur Abgrenzung wesentlicher und unwesentlicher Faktoren gibt es nicht. Die Abgrenzung ist vielmehr individuell, d.h. gestützt auf die konkreten Umstände, vorzunehmen, wobei dem Bilanzierenden ein **Ermessensspielraum** verbleibt. Dieser wird aber insb. durch die absolute Grösse eines Faktors oder seine relative Grösse im Gesamtzusammenhang sowie durch den Vergleich zum Vorjahr eingeschränkt (HWP I 47 f.). Entscheidend bleibt immer die Frage, ob die Weglassung oder vereinfachte Darstellung eines Sachverhaltes beim Adressaten einer Jahresrechnung den sicheren Einblick in die wirtschaftliche Lage des Unternehmens trüben könnte oder nicht.

5. Vorsicht

21 Dem Grundsatz der **Bilanzvorsicht** kommt in schweizerischen Verhältnissen grosse Bedeutung zu (BK-KÄFER, N 424 ff.; BÖCKLI, Aktienrecht, § 8 N 125 ff.; BOEMLE, 134 f.). Er drückt sich z.B. bei den aktienrechtlichen **Höchstwertvorschriften** und im **Realisationsprinzip** (z.B. Art. 666 Abs. 1, wonach z.B. Vorräte nicht schon zu Verkaufspreisen bilanziert werden dürfen), dem **Niederstwertprinzip** (z.B. Art. 666 Abs. 2, nach welchem der tiefere von zwei zur Auswahl stehenden Werten eingesetzt werden muss) und dem **Imparitätsprinzip** aus. Insbesondere zum Tragen kommt das Vorsichtsprinzip in der Zulassung der Äufnung von **stillen Reserven** (Art. 669 Abs. 3). Im Zweifel hat der Bilanzierende Aktiven eher tiefer zu bewerten bzw. Schulden und Aufwendungen höher anzusetzen (HELBLING, 165).

22 Das Vorsichtsprinzip, insb. die Möglichkeit der Bildung **stiller Reserven**, steht in einem Spannungsverhältnis zu den Geboten der Wahrheit und Klarheit.

23 In der Lehre wird die Frage uneinheitlich beantwortet, ob dem Grundsatz der Vorsicht Vorrang gegenüber anderen Bilanzgrundsätzen und den aakG zukomme oder ob die verschiedenen Grundsätze gleichgestellt seien. Mit BK-KÄFER (N 435 ff., 145) ist die Meinung zu vertreten, dass kein Anlass besteht, dem Vorsichtsprinzip generell Vorrang einzuräumen und es zum obersten Bilanzgrundsatz zu erheben. Vielmehr sind die verschiedenen Grundsätze als gleichwertig zu betrachten und anhand der konkreten Gegebenheiten entsprechend anzuwenden und zu gewichten (s. Darstellung der abweichenden Meinungen bei BK-KÄFER, N 434).

24 Als Beispiele für die Verletzung des Grundsatzes der Vorsicht können angeführt werden: Ausweis nicht-realisierter Gewinne, fehlende Wertberichtigung auf Forderungen (Delkredere) und fehlende Bildung von Rückstellungen (BGE 116 II 536; weitere Bsp. s. HELBLING, 166).

6. Unternehmensfortführung (going concern)

Der Grundsatz der **Unternehmungsfortführung** oder auch Bewertung zu **Fortführungswerten** steht im Gegensatz zur Bewertung zu **Liquidationswerten** und besagt, dass ein Geschäft und die einzelnen Bilanzpositionen im Lichte der Fortführung der unternehmerischen Einheit darzustellen sind und nicht im Lichte einer allfälligen Veräusserung oder Liquidation (BK-KÄFER, N 452 ff., insb. 457; BÖCKLI, Aktienrecht, § 8 N 134 ff.; HELBLING, 256 ff.). Swiss GAAP FER geht generell vom Grundsatz der Unternehmensfortführung aus (Swiss GAAP FER RK, Ziff. 9). — 25

7. Stetigkeit (Kontinuität, Consistency)

Nach dem Prinzip der **Stetigkeit** sollen die Grundsätze der Darstellung und der Bewertung von Jahr zu Jahr gleich angewendet werden. Dabei ist zwischen **formeller Stetigkeit** (Gliederung der Bilanz und Erfolgsrechnung, Terminologie, Inhalt einzelner Positionen der Jahresrechnung etc.) und **materieller Stetigkeit** (Bewertungsprinzipien, Abschreibungsprinzipien, Inventarisationsgrundsätze etc., vgl. auch Swiss GAAP FER RK, Ziff. 30) zu unterscheiden (BK-KÄFER, N 467; BOEMLE, 132 ff.; BEELER, 70 spricht von innerer und äusserer Bilanzkontinuität). Das OR enthält jedoch z.B. keine Vorschriften bezüglich der anzuwendenden Abschreibungsmethode. Der Buchführende ist hier somit frei (lineare oder degressive Abschreibung, direkt oder indirekt, leistungsabhängig nach tatsächlichem Wertverzehr; Botschaft AG, 893; BOEMLE, 327 ff.). Er ist jedoch an eine einmal gewählte Methode gebunden, nicht aber an die angewendeten Abschreibungssätze (Botschaft AG, 887, 893). Die Methode soll dem Grundsatz der Stetigkeit entsprechen und beibehalten werden. Ein Methodenwechsel ist möglich, muss aber im Anhang begründet und dargelegt werden (HWP I 67). Als Ausfluss der Stetigkeit ergibt sich zudem auch, dass die Schlussbilanz eines Jahres mit der Anfangsbilanz des Folgejahres übereinstimmen muss (weitere Ausführungen hiezu s. BK-KÄFER, N 458 ff.; BÖCKLI, Aktienrecht, § 8 N 137 ff). — 26

Änderungen formeller oder materieller Art sollten auch im Recht der kaufmännischen Buchführung in einer Bilanzanmerkung, bzw. allenfalls im **Anhang** zur Jahresrechnung offen gelegt und erläutert werden (HWP I 26; Swiss GAAP FER RK Ziff. 30; **a.M.** BK-KÄFER, N 473). Die Erläuterung kann z.B. darin bestehen, dass Änderungen in Bewertungsmethoden quantifiziert werden oder dass z.B. der Vorjahresabschluss nach den neuen materiellen Methoden oder formellen Kriterien neu zu Vergleichszwecken erstellt wird. — 27

Mit Blick auf das Aktienrecht (Art. 662a Abs. 3) ist wesentlich, dass dort Abweichungen vom Prinzip der Stetigkeit in Darstellung und Bewertung nur in begründeten Fällen zulässig sind und dann ex lege im Anhang offen gelegt werden müssen. — 28

8. Verrechnungsverbot (Bruttoprinzip)

Nach dem **Verrechnungsverbot** dürfen Aktiven und Passiven sowie Aufwand und Ertrag nicht verrechnet werden (BGE 105 I b 412 E. 5b; BK-KÄFER, N 7; BÖCKLI, Aktienrecht, § 8 N 143 ff.; zur Auslegung des Verrechnungsverbotes s. Art. 662a). Swiss GAAP FER nennt dies weniger scharf das Bruttoprinzip (Swiss GAAP FER, RK Ziff. 14), meint aber das gleiche. BÖCKLI (Aktienrecht, § 8 N 145, FN 220) wird noch präziser, indem er das Verrechnungsverbot und das Saldierungsverbot zusammen als Bruttoprinzip bezeichnet. — 29

IV. Rechtsvergleichung

30 Die IFRS verwirklichen die Prinzipien der **«true and fair view»** sowie der **«fair presentation»** weitestgehend. Insbesondere wird ausdrücklich festgehalten, dass der Grundsatz der Vorsicht nicht erlaube, stille (Willkür-)Reserven zu bilden. Im Weiteren gelten nach den IFRS insb. die Grundsätze der Fortführung der Unternehmenstätigkeit, der Verständlichkeit, der Relevanz, der Stetigkeit, der Vorsicht, von Substance over Form (i.S.v. wirtschaftlicher Betrachtungsweise), der Vollständigkeit, der Vergleichbarkeit und der Wesentlichkeit (IASB Framework; IAS 1).

31 Nach EU-Recht werden allgemeine Grundsätze zur Rechnungslegung definiert: Klarheit, Übersichtlichkeit, Wesentlichkeit, Verrechnungsverbot, Fortführung, Stetigkeit, Vorsichtsprinzip und Realisationsprinzip (EU-Jahresabschluss-RL).

32 Im Swiss GAAP FER RK werden in Ziff. 9–14 die Grundlagen zur Jahresrechnung genannt. Wie unter IFRS wird auch hier zusätzlich die wirtschaftliche Betrachtungsweise (Ziff. 10) explizit erwähnt. Ebenfalls zusätzlich zu den oben kommentierten Grundsätzen kommen die zeitliche und sachliche Abgrenzungen dazu (Ziff. 11 und 12). Die in Ziff. 29–33 aufgeführten qualitativen Anforderungen werden um die Begriffe der Vergleichbarkeit und der Verlässlichkeit ergänzt.

Art. 960

2. Wertansätze

¹ Inventar, Betriebsrechnung und Bilanz sind in Landeswährung aufzustellen.

² Bei ihrer Errichtung sind alle Aktiven höchstens nach dem Werte anzusetzen, der ihnen im Zeitpunkt, auf welchen die Bilanz errichtet wird, für das Geschäft zukommt.

³ Vorbehalten bleiben die abweichenden Bilanzvorschriften, die für Aktiengesellschaften, Kommanditaktiengesellschaften, Gesellschaften mit beschränkter Haftung sowie Versicherungs- und Kreditgenossenschaften aufgestellt sind.

2. Evaluations

¹ Les articles de l'inventaire, du compte d'exploitation et du bilan sont exprimés en monnaie suisse.

² La valeur de tous les éléments de l'actif ne peut y figurer pour un chiffre dépassant celui qu'ils représentent pour l'entreprise à la date du bilan.

³ Demeurent réservées les dispositions contraires qui s'appliquent aux sociétés anonymes, aux sociétés en commandite par actions, aux sociétés à responsabilité limitée et aux sociétés coopératives d'assurance et de crédit.

2. Valutazioni

¹ Le partite dell'inventario, del conto d'esercizio e del bilancio devono essere espresse in moneta svizzera.

² Gli elementi dell'attivo non possono essere iscritti per un valore superiore a quello che rappresentano per l'azienda alla data del bilancio.

³ Rimangono riservate le norme contrarie sull'allestimento dei bilanci delle società anonime, delle società in accomandita per azioni, delle società a garanzia limitata, delle società mutue d'assicurazione e delle società cooperative di credito.

I. Allgemeines

Art. 960 regelt zwei grundsätzliche Fragen des Rechnungslegungsrechts. Vorerst wird stipuliert, dass in **Landeswährung,** somit in Schweizer Franken, zu bilanzieren ist (Abs. 1). Zudem wird eine allgemein gültige **Höchstwertvorschrift** für Aktiven festgeschrieben (Abs. 2). 1

Art. 960 bezieht sich auf die Bilanzierung insgesamt, d.h. auf die Erstellung des Inventars, der Erfolgsrechnung und der Bilanz. Während des Jahres braucht sich der Buchführende jedoch nicht an Art. 960 zu halten. Er kann somit seine Bücher in fremder Währung führen und andere Wertansätze als die nach Art. 960 definierten anwenden. 2

Art. 960 erfasst alle Buchführungspflichtigen, d.h. z.B. auch die buchführungspflichtigen Zweigniederlassungen ausländischer Gesellschaften (BK-KÄFER, N 16). 3

II. Inventar, Betriebsrechnung und Bilanz in Landeswährung

Inventar, Betriebsrechnung – heute üblicherweise Erfolgsrechnung genannt – und Bilanz müssen in **Landeswährung,** mithin in Schweizer Franken, aufgestellt werden. Dieses Gebot ist zwingender Natur (BK-KÄFER, N 11). Es bezieht sich aber nicht zwingend auf die laufende Buchhaltung, das eigentliche Buchführen (BK-KÄFER, N 14), sondern nur auf die Bilanzierung (jährliche Bilanzierung und Sonderbilanzen, z.B. nach Art. 725; BK-KÄFER, N 415 ff.). 4

Die Umrechnung einzelner Transaktionen in die **Landeswährung** ist im Gesetz nicht geregelt, erfolgt aber üblicherweise zum Devisenkurs. Als Stichtag zur Bestimmung des massgeblichen Wechselkurses steht der Zeitpunkt der Abwicklung im Vordergrund, möglich ist aber auch der Zeitpunkt der Zahlung. Ebenso kann ein fester interner Devisenkurs definiert werden, der grundsätzlich während des gesamten Geschäftsjahrs angewendet wird, bei grösseren Schwankungen jedoch angepasst werden muss. Zudem kann die Anwendung des Jahresendkurses zulässig sein (HWP I 370 ff.). 5

In der Praxis werden Fremdwährungspositionen grundsätzlich nach der Stichtagskurs-Methode, der Nominal-/Sachwert-Methode, oder der modifizierten Nominal-/Sachwert-Methode bewertet. Dabei ist jeweils zu entscheiden, ob eine Bilanzposition zum **historischen Kurs** umzurechnen sei oder zum aktuellen **Jahresendkurs.** Die Fristigkeitsmethode ist heute nicht mehr gebräuchlich (HWP I 372 ff.). 6

III. Allgemeine Bewertungsprinzipien

1. Wertansätze als Höchstwertvorschriften

Das kaufmännische Buchführungsrecht enthält explizit nur **Höchstwertvorschriften,** nicht aber Vorschriften für minimale Wertansätze, wodurch eine zu positive Darstellung des Unternehmens vermieden werden soll (VON GREYERZ, SAG 1982, 2 f.). 7

Damit ist die Bildung **stiller (Willkür-)Reserven** aus bewertungstechnischer Sicht unbeschränkt zulässig (BK-KÄFER, N 195 ff.). Diesbezügliche Schranken ergeben sich höchstens aus den aakG und der Pflicht zu ordnungsmässiger Rechnungslegung, insb. aus dem Gebot der **Wahrheit** (BK-KÄFER, Art. 959 N 436). 8

2. Einzelbewertung/Gruppenbewertung

9   Grundsätzlich sind die Vermögensgegenstände nach dem Prinzip der **Einzelbewertung** zu beurteilen, auch wenn der Wortlaut von Art. 960 Abs. 2 diesbezüglich unklar ist und von der Bewertung aller Aktiven spricht (BK-KÄFER, N 102; VON GREYERZ, a.a.O., 6).

10 Die Praxis erlaubt jedoch die **Gruppenbewertung**, d.h. innerhalb einer Bilanzposition und innerhalb gleichartiger Aktiven können Wertsteigerungen und -minderungen kompensiert werden, ohne dass diese auszuweisen wären (BK-KÄFER, N 105 f.; BÖCKLI, Aktienrecht, § 8 N 159 ff.). Auch Inventarpreise für bestimmte Artikelgruppen dürfen gesamthaft ermittelt werden (ZK-BOSSARD, Art. 958 N 59). Swiss GAAP FER sieht grundsätzlich ebenfalls eine Einzelbewertung vor, lässt aber zu, dass ausnahmsweise gleichartige Aktiven mit gleicher Qualität sowie gleichartige Passiven i.S. einer Gruppenbewertung in die Jahresrechnung einfliessen können (Swiss GAAP FER, RK, Ziff. 25).

3. Subjektiver Geschäftswert

11 Nach Art. 960 Abs. 2 sind die Aktiven am Bilanzstichtag höchstens zum **Geschäftswert** in die Bilanz einzusetzen. Daraus folgt, dass die Bewertung subjektiv zu erfolgen hat. Objektive Bewertungskriterien können immer nur einen ersten Hinweis ergeben, der aufgrund der subjektiven Umstände zu überprüfen ist. Einzig das Resultat der subjektiven Beurteilung kann letztlich entscheidend sein. Dieser subjektive Charakter der Wertansätze lässt sich anhand einiger Beispiele erläutern: Individuell gestaltete EDV-Einrichtungen sind auf die besonderen Bedürfnisse und Wünsche eines speziellen Buchführungspflichtigen ausgerichtet und haben bei ihm einen ungleich höheren Wert, als bei einem beliebigen Dritten. Ebenso hängt z.B. der Wert eines immateriellen Rechtes entscheidend vom Berechtigten selbst ab (BK-KÄFER, N 38 ff.; DELLMANN, 195 ff.).

12 Nach subjektiven Kriterien ist auch die Frage zu beantworten, ob nach **Fortführungs-** oder nach **Liquidationswerten** zu bewerten sei. Als Grundsatz gilt, dass nach Fortführungswerten zu bilanzieren ist. Dies gilt, obwohl dies in den allgemeinen Buchführungsvorschriften nicht ausdrücklich erwähnt wird. Erst dann, wenn die Weiterführung des Unternehmens tatsächlich oder rechtlich (Art. 725) nicht mehr möglich oder nicht mehr beabsichtigt ist, muss nach Liquidations- oder Veräusserungswerten bilanziert werden (HWP I 49; HELBLING, 249; BGE 75 I 22). Welche Bewertungsmethode im Einzelnen zu höheren Werten führt, kann nicht pauschal beurteilt werden. Dass Liquidationswerte über den Fortführungswerten liegen können, hat sich insb. anhand zahlreicher Unternehmensübernahmen gezeigt, bei welchen kurz nach dem Erwerb gewisse Unternehmensteile mit Gewinn veräussert wurden (Asset Stripping: der Gesamtwert der einzelnen Unternehmensteile ist höher als der Wert der Gesamtunternehmung).

13 Das allgemeine kaufmännische Buchführungsrecht steht bezüglich Höchstwertvorschriften in klarem Gegensatz zum Aktienrecht. Dort gilt der subjektive Geschäftswert zwar ebenfalls als Höchstwert. Zudem stellen aber im Aktienrecht die **Anschaffungs- oder Herstellungskosten (Kostenwertprinzip**; Art. 665) resp. der Marktpreis (**Tageswertprinzip**; Art. 666) absolute Höchstwerte dar (Ausnahme: Art. 667 für Wertschriften mit Kurswert, Art. 670 bezüglich zulässiger Aufwertungen von Grundstücken oder Beteiligungen zum Zwecke der Beseitigung einer Unterbilanz). Im Gegensatz zum Aktienrecht sind demnach im Recht der kaufmännischen Buchführung Aufwertungen zulässig, so weit sie den subjektiven Geschäftswert nicht übersteigen (BK-KÄFER, N 170 ff.; VON GREYERZ, SAG 1982, 4).

Das Prinzip des **subjektiven Geschäftswertes** steht im Gegensatz zu den nachfolgend dargestellten Prinzipien: Kostenwert-, Tageswert-, Niederstwert-, Imparitäts- und Realisationsprinzip (BOEMLE, 146 f.). 14

Als Höchstwertprinzip lässt das Prinzip des subjektiven Geschäftswertes dem Bilanzierenden einen weit gehenden **Beurteilungsspielraum** (BK-KÄFER, N 153). 15

4. Kostenwertprinzip

Nach dem **Kostenwertprinzip** bewerten bedeutet, dass die Aktiven zu **Anschaffungs- oder Herstellungskosten** zu bilanzieren sind (vgl. Art. 665, Art. 666 Abs. 1, Art. 667 Abs. 2) (BK-KÄFER, N 56 ff.; HWP I 50; BÖCKLI, Aktienrecht, § 8 N 129; DELLMANN, 200; BOEMLE, 147 ff.). Kommen den Anschaffungs- oder Herstellungskosten die Funktion von **Höchstwerten** zu (s. Art. 665), so sind Aufwertungen über diesen Wert hinaus grundsätzlich nicht zulässig, selbst wenn der subjektive Geschäftswert höher wäre. 16

Die Anschaffungs- oder Herstellungskosten können im allgemeinen Buchführungsrecht nur einen Anhaltspunkt zur Bewertung ergeben. Sie stellen aber keinen absoluten Höchstwert dar. 17

5. Tageswertprinzip

Nach dem **Tageswertprinzip** erfolgt die Bewertung nach **Markt- oder Kurswerten**. Der Wertansatz von Aktiven ist laufend dem Marktpreis anzupassen. Der Marktpreis stellt im Gegensatz zum subjektiven Geschäftswert eine objektive Grösse dar (BK-KÄFER, N 40, 110; HWP I 50; DELLMANN, 197). Im Aktienrecht findet er ausnahmsweise für Wertschriften mit Kurswert Anwendung (Art. 667). 18

6. Niederstwertprinzip

Das **Niederstwertprinzip** verknüpft verschiedene Bewertungsprinzipien, indem es festhält, dass immer der **tiefste Wert** zu bilanzieren sei, der sich aus den verschiedenen, alternativ zulässigen Bewertungsprinzipien ergibt (BK-KÄFER, N 113 ff.; HWP I 50; BÖCKLI, Aktienrecht, § 8 N 130; VON GREYERZ, SAG 1982, 5 f.). 19

Im Recht der kaufmännischen Buchführung gilt das Niederstwertprinzip nicht. Es ist immer zulässig, den momentan gültigen **subjektiven Geschäftswert** zu bilanzieren, selbst wenn dieser über dem Kostenwert liegt (BK-KÄFER, N 113). Anders im Aktienrecht, wo das **Niederstwertprinzip** ex lege gilt (Art. 666 Abs. 2 für Vorräte: Kosten oder tieferer Marktpreis; Art. 665 für das Anlagevermögen: Anschaffungs- oder Herstellungskosten nach Art. 665 oder der tiefere subjektive Geschäftswert nach Art. 665 und 960 Abs. 2). Das Niederstwertprinzip ist Ausfluss des allgemeinen **Vorsichtsprinzips**. 20

7. Imparitätsprinzip

Nach dem **Imparitätsprinzip** sind Gewinne erst bei ihrer tatsächlichen Realisierung auszuweisen, andererseits sind Risiken zu berücksichtigen, sobald sie erkennbar sind (BK-KÄFER, N 128 ff.; HWP I 15; BÖCKLI, Aktienrecht, § 8 N 126; BGE 105 I b 410 E. 4a = Pra 1989, 788). 21

Das Imparitätsprinzip leitet sich aus dem **Vorsichtsprinzip** ab. Es steht aber im Widerspruch zu den Grundsätzen der **Wahrheit** und **Vollständigkeit**. 22

8. Realisationsprinzip

23 Das **Realisationsprinzip** besagt, wann Erträge oder Aufwendungen auszuweisen sind (BK-KÄFER, N 118 ff.; HWP I, 15; BÖCKLI, Aktienrecht, § 8 N 127 f.; VON GREYERZ, a.a.O., 6 f.).

24 Für Erträge gilt danach, dass sie erst ausgewiesen werden dürfen, wenn sie sich auch geld- oder forderungsmässig verwirklicht haben und nicht schon bereits dann, wenn sie sich verwirklichen lassen könnten (BGE 105 I b 410 E. 4a = Pra 1989, 788). Demgegenüber sind Aufwendungen bereits im Zeitpunkt ihrer Erkennbarkeit zu belasten.

IV. Wert am Bilanzstichtag

25 Die Wertansätze sind nach allgemeinem Buchführungsrecht auf den Zeitpunkt des **Bilanzstichtages** hin zu bemessen (Abs. 2). Ereignisse, die nach dem Bilanzstichtag eintreten, sind demnach im Rahmen der Bilanzierung dann zu berücksichtigen, wenn ihre Ursache vor dem Bilanzstichtag lag (HWP I 50; BK-KÄFER, N 320 ff.; BÖCKLI, Aktienrecht, § 8 N 169 ff.; BOEMLE, 465 ff.; s. hierzu auch Art. 666 Abs. 2 sowie hierzu Botschaft AG, 892).

V. Bewertung einzelner Bilanzposten

1. Flüssige Mittel

26 **Flüssige Mittel** sind nominell zu bilanzieren. Fremdwährungspositionen sind gemäss N 4 ff. in Landeswährung umzurechnen (HWP I 124 f.; DELLMANN, 219; BOEMLE, 298).

2. Wertschriften

27 **Wertschriften mit Kurswert** sind zum **Börsenkurs** zu bilanzieren. Mangels dem Aktienrecht vergleichbarer Regelung, wo zur Bewertung von Wertschriften mit Kurswert zwingend auf den Durchschnittskurs des letzten Monats vor dem Bilanzstichtag abzustellen ist (Art. 667), kann im allgemeinen Buchführungsrecht auch auf den Kurs per Bilanzstichtag abgestellt werden (HWP I 191; DELLMANN, 221; BOEMLE, 299 ff.; vgl. auch Art. 667 Abs. 1; Kursliste der Eidg. Steuerverwaltung).

28 **Wertschriften ohne Kurswert** können nach der «Wegleitung der Eidg. Steuerverwaltung zur Bewertung von Wertpapieren ohne Kurswert für die Vermögenssteuer» bewertet werden oder nach anderen angemessenen Bewertungsprinzipien.

3. Forderungen aus Lieferungen und Leistungen

29 **Forderungen aus Lieferungen und Leistungen** werden üblicherweise mit ihrem Nominalbetrag in die Bilanz eingestellt, wobei für Rabatte, Preisnachlässe, Umsatzprämien sowie für zu erwartende Skonti- und ähnliche Abzüge Wertberichtigungen zu bilden sind (HWP I 131; BOEMLE, 309 f.). Allenfalls sind die Forderungen zu Anschaffungskosten (DELLMANN, 219) oder zum Marktwert zu bilanzieren. Für zweifelhafte Forderungen sind angemessene Wertberichtigungen in Form eines **Delkrederes** zu bilden.

4. Andere Forderungen

Andere Forderungen sind wie Forderungen aus Lieferungen und Leistungen zu bilanzieren (HWP I 134).

5. Vorräte

Vorräte (Roh-, Halb- und Fertigfabrikate, Betriebs- und Hilfsstoffe sowie Handelswaren) werden üblicherweise zu **Anschaffungs- oder Herstellungskosten** bewertet. Im allgemeinen kaufmännischen Buchführungsrecht ist eine Aufwertung über die Kosten hinaus auf den **subjektiven Geschäftswert** (z.B. bei allgemeinem Preisanstieg auf dem Markt für die am Lager gehaltenen Vorräte) zulässig (Art. 960 Abs. 2; BK-KÄFER, N 220). Liegt der **Marktpreis** unter den Anschaffungs- oder Herstellungskosten, so ist eine entsprechende Wertberichtigung vorzunehmen, ausser der subjektive Geschäftswert weiche positiv vom Marktwert ab, was allerdings in der Praxis kaum vorstellbar ist.

Im Rahmen der Bewertung der Vorräte, samt Zu- und Abgängen, stehen verschiedene Methoden zur Verfügung: Bewertung zum **Durchschnittspreis; FIFO-Verfahren** (first in – first out), Verbrauch der zuerst angeschafften Erzeugnisse; **LIFO-Verfahren** (last in – first out), Verbrauch der zuletzt eingegangenen Erzeugnisse; **HIFO-Verfahren** (highest in – first out) Verbrauch der am teuersten angeschafften Erzeugnisse; **Festverfahren,** der eiserne Bestand wird zu einem festen, gleich bleibenden Preis bilanziert, der so tief angesetzt wird, dass er die Wiederbeschaffungskosten nicht überschreitet (weitere Ausführungen s. HWP I 149; BOEMLE, 149 ff.).

Die Steuerpraxis lässt eine Unterbewertung des **Warenlagers** von $33^{1}/_{3}\%$ des handelsrechtlichen Buchwertes zu (s. Kreisschreiben der Eidg. Steuerverwaltung vom 26.11. 1951, in: MASSHARDT, Art. 49 Abs. 1 lit. c N 53). Entsprechend wird auch der handelsrechtlich ausgewiesene Wert für Vorräte häufig herabgesetzt. Vgl. weitere Ausführungen zu den Vorräten unter Art. 666.

6. Materielles Anlagevermögen

Zur Bewertung von **materiellem Anlagevermögen** ist nebst den **Anschaffungs- oder Herstellungskosten** die Entwertung durch Verschleiss aufgrund von Gebrauch und durch technische Alterung zu berücksichtigen (ZK-BOSSARD, N 92 ff.). Entsprechend ist die Höhe der jährlichen Abschreibungen festzulegen (HWP I 171; BOEMLE, 319 ff.; DELLMANN, 204). Siehe weitere Ausführungen zum Anlagevermögen unter den aktienrechtlichen Bestimmungen in Art. 665.

7. Beteiligungen

Die Definition der Beteiligung ist im Aktienrecht in Art. 665a Abs. 2 f. geregelt. Diese gilt auch im Bereich des allgemeinen kaufmännischen Buchführungsrechts. Die Unterscheidung ist jedoch im Aktienrecht von grösserer Bedeutung, da dort unterschiedliche Bewertungsprinzipien gelten (Art. 665a im Gegensatz zu Art. 667).

Zur **Bewertung** einer Beteiligung ist es grundsätzlich notwendig, Aktiven und Passiven der unterliegenden Gesellschaft (Bewertung von «unten nach oben») nach den hier umschriebenen Prinzipien zu bewerten sowie ihre Ertragslage zu beurteilen (innerer Wert; HWP I 198 ff.). Es kommen jedoch auch andere Bewertungsverfahren in Frage (reine Ertragswertmethode, reine Substanzwertmethode, Discounted Cash Flow Methode u.a.;

s. HELBLING, Unternehmensbewertung und Steuern, 9. Aufl., Düsseldorf 1998, 530 ff.). Oft genügt aber bereits ein Vergleich zwischen Buchwert der Beteiligung und unterliegender (anteilsmässiger) Substanz (= ausgewiesene Eigenmittel; HWP I 198). Siehe weitere Ausführungen zu den Beteiligungen unter Art. 665a.

8. Immaterielle Anlagen

37 Zu den **immateriellen Anlagen** gehören die identifizierbaren Vermögensobjekte wie z.B. Konzessionen, Schutzrechte, Handelsmarken, Nutzungsrechte, Lizenzen, Franchising, Software sowie Forschungs- und Entwicklungskosten (BOEMLE, 335 ff.). Ebenfalls dazu gehört der erworbene (derivative) Goodwill, auch Firmen- oder Geschäftswert genannt, welcher den Mehrbetrag darstellt, um den der Ertragswert bzw. der Kaufpreis des Unternehmens den Gesamtwert aller aktivierten Vermögenswerte abzüglich der Schulden übersteigt. Siehe weitere Ausführungen zum Goodwill unter Art. 663a, N 41 f.

37a Zur Bewertung der immateriellen Anlagen ist vorweg jeweils die Frage der **Aktivierungsfähigkeit** zu prüfen. Dabei gilt, dass originärer Goodwill nicht bilanziert werden darf. Derivativer Goodwill darf demgegenüber aktiviert werden (BK-KÄFER, N 282; HWP I 184; BOEMLE, 335 ff.).

38 Die **Abschreibung** von immateriellen Anlagen richtet sich zwingend nach Massgabe der tatsächlichen Entwertung. Dies bemisst sich üblicherweise am zukünftigen Nutzen, den ein immaterielles Gut abzuwerfen vermag. Somit darf die Abschreibung nicht sprunghaft oder willkürlich vorgenommen werden (HWP I 244 f.) Auch aktivierter erworbener Goodwill muss entsprechend seiner Entwertung abgeschrieben werden. In der Praxis erfolgt die Abschreibung in Anlehnung an Art. 664 oft über fünf Jahre, was aber nicht gesetzlich zwingend ist. Die Werthaltigkeit des Goodwills ist periodisch zu überprüfen (HWP I 184).

39 Gemäss Art. 664 besteht zudem für **Gründungs-, Kapitalerhöhungs- und Organisationskosten** unter gewissen Umständen ein Aktivierungswahlrecht. Dies ist einerseits Ausfluss des (Herstellungs-)Kostenprinzips gemäss Art. 665, andererseits kann es auch einen Einschnitt ins sonst bestehende Verbot der Aktivierung von originärem Goodwill darstellen. Soweit diese Kosten aktiviert werden, müssen sie innert fünf Jahren abgeschrieben werden. Dieses Aktivierungswahlrecht nach Art. 664 hat analog auch Bedeutung für das allgemeine kaufmännische Buchführungsrecht (BK-KÄFER, N 286).

VI. Stille Reserven

40 In der Theorie sowie auch in der Praxis werden die stillen Reserven in drei Kategorien unterteilt (Botschaft AG, 812). Stille **Zwangsreserven** machen die Differenz zwischen dem höheren tatsächlichen Wert und dem gesetzlichen Höchstwert aus. Dieser unrealisierte Wertzuwachs, welcher sich ergibt aus einer Wertsteigerung von Aktiven (z.B. Liegenschaften), darf durch den nach Aktienrecht Bilanzierenden nicht ausgewiesen werden. Das allgemeine kaufmännische Buchführungsrecht lässt eine solche Aufwertung bis zur Höhe des subjektiven Geschäftswertes zu. Stille **Ermessensreserven** entstehen durch die Wahl der vorsichtigsten Bewertung, dort wo mehrere betriebswirtschaftliche Wertansätze zur Verfügung stehen. Stille **Willkür- oder Verwaltungsreserven** entstehen durch Abschreibungen, Rückstellungen und Wertberichtigungen, die über das betriebswirtschaftlich notwendige und über das vorsichtige Mass hinausgehen (HWP I 71 ff.). Die Bildung stiller Reserven steht einerseits im Einklang mit dem **Vorsichtsprinzip,** andererseits in schärfstem Widerspruch zur Bilanzwahrheit. Im Gegensatz zur

4. Abteilung: Handelsregister, Geschäftsfirmen

aktienrechtlichen Bestimmung, Art. 663b Ziff. 8, müssen Buchführungspflichtige nach dem allgemeinen kaufmännischen Buchführungsrecht die **Netto-Auflösung stiller Reserven** nicht in einem Bilanzanhang ausweisen. Zudem werden an die Zulässigkeit der Bildung auch nicht dieselben Anforderungen gestellt wie im Aktienrecht (Art. 669 Abs. 3).

VII. Vorbehaltenes Recht

Art. 960 Abs. 3 behält die **abweichenden Bilanzvorschriften** der AG, der KAG, der GmbH sowie der Versicherungs- und Kreditgenossenschaften vor. Daraus ergibt sich, dass für alle nicht explizit ausgenommenen Rechtsformen abschliessend die hier erläuterten Bewertungsprinzipien gelten, währenddem für die nach Abs. 3 vorbehaltenen Rechtsformen über die allgemeinen Bewertungsvorschriften hinaus weitere, spezifische Bewertungsprinzipien zu beachten sind. 41

Ein weiterer Vorbehalt zu obigen Bewertungsprinzipien bildet Art. 5 SchlT AG. Danach ist der Bundesrat berechtigt, wenn ausserordentliche wirtschaftliche Verhältnisse es erfordern, Bestimmungen zu erlassen, die dem Bilanzpflichtigen Abweichungen von den in diesem Gesetz aufgestellten Bilanzierungsvorschriften gestatten. Die Bilanzierung nach einem solchen Bundesratsbeschluss muss in einer Bilanzanmerkung, bzw. allenfalls im Anhang zur Jahresrechnung vermerkt werden. Die Möglichkeit des Bundesrates, auf die Bewertung Einfluss zu nehmen, wurde für Krisenzeiten geschaffen. 42

Art. 961

III. Unterzeichnung	Betriebsrechnung und Bilanz sind vom Firmeninhaber, gegebenenfalls von sämtlichen persönlich haftenden Gesellschaftern und, wenn es sich um eine Aktiengesellschaft, Kommanditaktiengesellschaft, Gesellschaft mit beschränkter Haftung oder Genossenschaft handelt, von den mit der Geschäftsführung betrauten Personen zu unterzeichnen.
III. Signature	Le compte d'exploitation et le bilan sont signés par le chef d'entreprise ou, le cas échéant, par tous les associés personnellement responsables; s'il s'agit de sociétés anonymes, de sociétés en commandite par actions, de sociétés à responsabilité limitée ou de sociétés coopératives, ils sont signés par les personnes chargées de la gestion.
III. Firma	Il conto d'esercizio e il bilancio devono essere sottoscritti dal titolare della ditta o, dato il caso, da tutti i soci personalmente responsabili; nelle società anonime o in accomandita per azioni o a garanzia limitata o cooperative, essi devono essere sottoscritti dalle persone cui è affidata la gestione.

Literatur

Vgl. die Literaturhinweise zu Art. 957.

I. Allgemeines

Die Pflicht, das oft sehr umfangreiche **Inventar** im Original zu unterzeichnen, ist mit dem BG über die Änderung des Obligationenrechts vom 22.12.1999 (am 1.6.2002 in Kraft getreten) weggefallen. Eine Aufbewahrungspflicht im Original bestand jedoch zu- 1 vor schon nicht, womit das Inventar nach Unterzeichnung sogleich im Original vernichtet und auf einem Bildträger aufbewahrt werden konnte. Es kann nun von vornherein elektronisch oder in vergleichbarer Weise geführt und aufbewahrt werden.

1a Die für die Rechnungslegung verantwortlichen Geschäftsführer sind verpflichtet, **Betriebsrechnung** – heute üblicherweise **Erfolgsrechnung** genannt – und **Bilanz** zu unterzeichnen. Die **Unterzeichnung** stellt eine Wissens- und Willenskundgabe dar (BK-KÄFER, N 68). Der Unterzeichnende bestätigt, die Unterlagen zu kennen, sie für richtig zu befinden und sie gutzuheissen (HWP I 59). Später kann sich der Unterzeichnende nicht auf Unkenntnis oder Unrichtigkeit berufen, es sei denn, er habe einen allfälligen Mangel auch bei gegebener Vorsicht nicht entdecken können (ZK-BOSSARD, N 17).

II. Gegenstand der Unterzeichnung

2 Zu unterzeichnen sind sämtliche von Gesetzes wegen zu erstellenden **Erfolgsrechnungen** und **Bilanzen**. Dies umfasst die bei Eröffnung eines Geschäftsbetriebes zu erstellende Bilanz, die am Schluss eines jeden Geschäftsjahres zu erstellende Bilanz und Erfolgsrechnung (Art. 958; BK-KÄFER, N 28), eine allfällige Liquidationseröffnungsbilanz nach Art. 587, 742 Abs. 1, Liquidationszwischenbilanzen nach Art. 743 Abs. 5 sowie weitere Übernahme-, Umwandlungs- und Auseinandersetzungsbilanzen (ZK-BOSSARD, N 9; BK-KÄFER, N 26 f.). Gemäss heutiger Auffassung ist auch der Anhang zu unterzeichnen, sofern er, wie z.B. bei der Aktiengesellschaft, gesetzlicher Bestandteil der Jahresrechnung bildet (BEHR, 92 f.).

3 Die Unterzeichnungspflicht besteht hingegen nicht für Zwischenbilanzen, kurzfristige Erfolgsrechnungen, Umsatz-, Probe-, Verkehrs- und Saldobilanzen (BK-KÄFER, N 29). Sie besteht auch nicht für Abschriften oder Kopien (BK-KÄFER, N 18; ZK-BOSSARD, N 10).

III. Unterzeichnungspflichtige Personen

4 Bei der Einzelfirma hat der Firmainhaber Bilanz und Erfolgsrechnung persönlich zu unterzeichnen (BK-KÄFER, N 34; ZK-BOSSARD, N 11). Bei der Kollektivgesellschaft haben sämtliche Gesellschafter, bei der Kommanditgesellschaft nur die persönlich haftenden Gesellschafter zu unterzeichnen (BK-KÄFER, N 35 f.; ZK-BOSSARD, N 11). In der AG und der KAG erfolgt die **Unterzeichnung** durch die mit der Geschäftsführung betrauten Personen, nicht durch das Organ des VR (BK-KÄFER, N 30 f., 39; ZK-BOSSARD, N 11). Es kann sich dabei um VR-Mitglieder handeln, aber auch um Personen, denen kraft Delegation die obersten Geschäftsführungsbefugnisse übertragen wurden (Art. 716a, 716b, 765). Bei der GmbH haben die mit der Geschäftsführung betrauten Gesellschafter zu unterschreiben (Art. 809 f.; BK-KÄFER, N 42), bei der Genossenschaft die geschäftsführenden Mitglieder der Verwaltung oder die weiteren mit der Geschäftsführung betrauten Personen (Art. 902 Abs. 3, Art. 898; BK-KÄFER, N 43).

5 Generell gelten bei der Unterzeichnungspflicht somit nicht die handelsrechtlichen Vertretungskompetenzen (HWP I 58). Unterzeichnung durch einen **Prokuristen** ist damit nicht zulässig (BEELER, 31; BK-KÄFER, N 32). Ob die Unterzeichnung durch einen Stellvertreter möglich sei, ist umstritten (bejahend: BK-KÄFER, N 33; eher abl. ZK-BOSSARD, N 12; BLUMER, 90). Aus dem Sinn der Norm schliessend, darf eine **Stellvertretung** wohl nur dann zulässig sein, wenn der Vertretene den Inhalt der zu unterzeichnenden Bilanz und Erfolgsrechnung kennt. Dies folgt aus dem eigentlichen Zweck der Unterzeichnung, einer materiellen Wissens- und Willenskundgabe, und der daran geknüpften Wirkung.

IV. Wirkung der Unterzeichnung

Die **Unterzeichnung** der genannten Dokumente ist zwingender Natur (ZK-BOSSARD, N 15). Entsprechend gehört auch die Kontrolle der rechtsgültigen Unterzeichnung zu den allgemeinen Prüfungshandlungen der Abschlussprüfung (HWP II 227). **6**

Fehlt die Unterschrift, so liegt ein Verstoss gegen die **Ordnungsmässigkeit** vor (ZK-BOSSARD, N 19). Trotzdem entfaltet eine nicht unterzeichnete Bilanz oder Erfolgsrechnung Wirkung (BK-KÄFER, N 65). Die Unterschrift ist somit nicht Gültigkeitsvoraussetzung (BGE 103 IV 25). **7**

Liegt die Unterschrift vor, so ist dies als **Wissens- und Willenskundgabe** zu verstehen. Inhaltlich sind Bilanz und Erfolgsrechnung dem Wissen des Unterzeichnenden zuzurechnen. Zudem bringt der Unterzeichnende damit den Willen zum Ausdruck, Bilanz und Erfolgsrechnung seien definitiv und auch korrekt (BK-KÄFER, N 68; HWP I 58). **8**

Art. 962

C. Dauer der Aufbewahrungspflicht

¹ Die Geschäftsbücher, die Buchungsbelege und die Geschäftskorrespondenz sind während zehn Jahren aufzubewahren.

² Die Aufbewahrungsfrist beginnt mit dem Ablauf des Geschäftsjahres, in dem die letzten Eintragungen vorgenommen wurden, die Buchungsbelege entstanden sind und die Geschäftskorrespondenz ein- oder ausgegangen ist.

C. Durée de conservation

¹ Les livres, les pièces comptables et la correspondance doivent être conservés pendant dix ans.

² Le délai commence à courir à partir de la fin de l'exercice annuel au cours duquel les dernières inscriptions ont été faites, les pièces comptables établies et la correspondance reçue ou expédiée.

C. Durata dell'obbligo di conservare

¹ I libri di commercio, i documenti contabili e la corrispondenza d'affari devono essere conservati per dieci anni.

² Il termine di conservazione decorre dalla fine dell'esercizio annuale nel quale sono state fatte le ultime iscrizioni, sono stati stesi i documenti contabili ed è stata ricevuta o spedita la corrispondenza d'affari.

Literatur

Vgl. die Literaturhinweise zu Art. 957.

I. Allgemeines

Mit dem BG über die Änderung des Obligationenrechts vom 22.12.1999 (am 1.6.2002 in Kraft getreten) sind wesentliche Elemente des früheren Art. 962 in Art. 957 übertragen worden. Somit sind in Art. 957 die Führung und die Aufbewahrung geregelt und in Art. 962 nur noch die **Dauer** und der **Beginn** der Aufbewahrungsfrist. **1**

II. Aufbewahrungsfrist

Die **Aufbewahrungsfrist** für die in Art. 957 erwähnten Unterlagen beträgt zehn Jahre. Die Frist beginnt mit dem Ablauf des Kalenderjahres, in dem die letzten Eintragungen **2**

Art. 963

in der Buchhaltung vorgenommen wurden, die Geschäftskorrespondenz ein- oder ausgegangen ist und die Buchungsbelege entstanden sind (BK-KÄFER, N 75 ff.; ZK-BOSSARD, N 36 f.).

3 Zu beachten sind nebst den obligationenrechtlichen auch andere gesetzliche Aufbewahrungspflichten, namentlich steuerrechtliche. Solche können sich auch als Konsequenz von Verjährungsfristen ergeben. So treten im Recht der direkten Bundessteuer die absolute Veranlagungsverjährung (Art. 120 Abs. 4 DBG) und die Nachsteuerverjährung (Art. 152 Abs. 3 DBG) erst nach 15 Jahren ein. Entsprechend lange ist der Steuerpflichtige gehalten, die für die Steuerpflicht wesentlichen Unterlagen aufzubewahren.

4 Der Beginn der Aufbewahrungsfrist fällt mit dem Ablauf des **Geschäftsjahres** zusammen. Früher war der Ablauf des **Kalenderjahres** relevant, in welchem die letzten Eintragungen vorgenommen wurden, die Geschäftskorrespondenz ein- oder ausgegangen ist oder die Buchungsbelege entstanden sind.

Art. 963

D. Editionspflicht

1 Wer zur Führung von Geschäftsbüchern verpflichtet ist, kann bei Streitigkeiten, die das Geschäft betreffen, angehalten werden, Geschäftsbücher, Buchungsbelege und Geschäftskorrespondenz vorzulegen, wenn ein schutzwürdiges Interesse nachgewiesen wird und das Gericht dies für den Beweis als notwendig erachtet.

2 Werden die Geschäftsbücher, die Buchungsbelege oder die Geschäftskorrespondenz elektronisch oder in vergleichbarer Weise aufbewahrt, so kann das Gericht oder die Behörde, die kraft öffentlichen Rechts ihre Edition verlangen kann, anordnen, dass:

1. sie so vorgelegt werden, dass sie ohne Hilfsmittel gelesen werden können; oder

2. die Mittel zur Verfügung gestellt werden, mit denen sie lesbar gemacht werden können.

D. Obligation de produire les livres

1 Toute personne astreinte à tenir des livres peut être obligée, dans les contestations qui concernent l'entreprise, de produire ses livres, ses pièces comptables et sa correspondance, si un intérêt digne de protection est démontré et si le juge estime cette production nécessaire à l'administration de la preuve.

2 Lorsque les livres, les pièces comptables ou la correspondance sont conservés par un moyen électronique ou par un moyen comparable, le juge ou l'autorité qui peut en exiger la production en vertu du droit public peut ordonner:

1. qu'ils soient produits de manière à être lisibles sans l'aide d'instruments ou

2. que soient mis à sa disposition les moyens nécessaires pour les rendre lisibles.

D. Obbligo di edizione

1 Chi ha l'obbligo di tenere libri di commercio può, nelle controversie concernenti l'azienda, essere obbligato a produrre detti libri, i documenti contabili e la corrispondenza d'affari, in quanto sia giustificato un interesse degno di protezione e il giudice reputi l'edizione necessaria ai fini della prova.

² Se i libri di commercio, i documenti contabili o la corrispondenza d'affari sono conservati su supporto elettronico o in modo analogo, il giudice o l'autorità autorizzata a chiederne l'edizione in virtù del diritto pubblico può ordinare che:
1. siano prodotti in modo da essere leggibili senza mezzi ausiliari; o
2. siano resi disponibili i mezzi atti a renderli leggibili.

Literatur

FRANK/STRÄULI/MESSMER, ZPO, Kommentar zur zürcherischen Zivilprozessordnung, 3. Aufl. 1997; GULDENER, Schweizerisches Zivilprozessrecht, 3. Aufl. 1979; KRNETA, Praxiskommentar Verwaltungsrat, Art. 707–726, 754 OR und Spezialgesetze, Bern 2001; WALDER, Zivilprozessrecht, 4. Aufl. 1996; vgl. ausserdem die Literaturhinweise zu Art. 660 und 957.

I. Allgemeines

Bei Art. 963 handelt es sich um eine prozessrechtliche Vorschrift öffentlich-rechtlicher Natur. Als Teil des Bundesrechts stellt diese Norm einen Eingriff in die sonst geltende kantonale Hoheit zum Erlass prozessrechtlicher Bestimmungen dar. Der selbständige Wert dieser Norm besteht darin, die Editionspflicht kantonaler Prozessordnungen zu differenzieren und zu vereinheitlichen. Diese Vorschrift begründet keine Ansprüche eines Privaten gegen einen anderen Privaten (BGE 96 I 463). 1

Es bleibt den Kantonen jedoch vorbehalten, weiter gehende **Editionspflichten** in ihren Prozessordnungen zu statuieren. Art. 963 stellt lediglich eine Minimalvorschrift dar (WALDER, § 29 N 123, FN 76a; FRANK/STRÄULI/MESSMER, Vorbem. vor § 183 N 4a; **a.M.** BK-KÄFER, N 23 ff., insb. N 24 i.f., wo er die Meinung vertritt, Art. 963 enthalte eine abschliessende Regelung). Art. 963 setzt voraus, dass der Richter gemäss dem anwendbaren kantonalen Prozessrecht überhaupt Veranlassung hat, die Edition zu verlangen. Editionsbegehren aus dem Ausland sind im Rahmen eines Rechtshilfeverfahrens zu behandeln. 2

Durch die Verwirklichung einer Schweizerischen Zivilprozessordnung gemäss Art. 122 Abs. 1 BV wird der Eingriff von Art. 963 in die Hoheit der Kantone zum Erlass prozessrechtlicher Bestimmungen obsolet werden. 3

II. Anforderungen an die Editionspflicht

1. Editionspflichtige Personen

Editionspflichtig sind all diejenigen Personen, die zur Führung von Geschäftsbüchern nach Art. 957 verpflichtet sind, mithin, wer ein **nach kaufmännischer Art geführtes Gewerbe** betreibt und damit auch zur Eintragung im Handelsregister verpflichtet ist (Art. 934 Abs. 1). 4

2. Streitigkeiten, die das Geschäft betreffen

Die Editionspflicht nach Art. 963 beschränkt sich auf **Streitigkeiten, die das Geschäft betreffen.** Dabei ist jedoch von einem weiten Verständnis der geschäftlichen Streitigkeiten auszugehen (noch enger: BGE 73 I 358, insb. 359, wo ausgeführt wird, die Editionspflicht sei zu beschränken, «auf Streitigkeiten, welche mit oder ohne Beteiligung des Inhabers der Unternehmung diese als solche zum Gegenstand haben»). Insbesondere ist nicht zu fordern, dass das Geschäft selbst Partei im Streit ist. Es genügt, dass 5 eine Streitigkeit über das Geschäft zu entscheiden ist (BGE 93 II 60, insb. 62; GULDENER, 335 FN 16; FRANK/STRÄULI/MESSMER, § 184 N 2 ff.; BK-KÄFER, N 75 ff., 47 ff. m.Bsp.).

3. Gegenstand der Edition

6 Der Umfang der editionspflichtigen Unterlagen ist weitgehend identisch mit dem Umfang der nach Art. 957 aufbewahrungspflichtigen Unterlagen. Im Einzelnen handelt es sich um Geschäftsbücher, Geschäftskorrespondenz und Buchungsbelege, mithin um Dokumente, die sich in irgendeiner Weise auf die Jahresrechnung auswirken und deshalb aufbewahrungspflichtig sind. Der Begriff der Geschäftskorrespondenz wird weit gefasst und beinhaltet Briefe, Faxsendungen, Aktennotizen und interne Dokumente gleich welcher Art, sofern zwischen diesen Unterlagen und dem Geschäftsbetrieb ein Zusammenhang besteht (vgl. Art. 957 N 18 ff.). Bei einer konkreten Beurteilung, ob eine Editionspflicht gegeben sei, müssen trotz weitgehender Identität zwischen aufbewahrungs- und editionspflichtigen Unterlagen die besonderen Aspekte der Editionspflicht berücksichtigt werden. Was aufbewahrungspflichtig ist, muss aufgrund des geforderten schutzwürdigen Interesses (vgl. N 6) im Einzelfall nicht zwingend Gegenstand der Edition sein. Der Umfang der editionspflichtigen Unterlagen ist m.a.W. tendenziell enger. So stellen z.B. E-Mails als elektronische Dokumente nur dann editionspflichtige Geschäftskorrespondenz dar, sofern ein qualifizierter Konnex zum Geschäftsbetrieb besteht und sie geeignet sind, die Ordnungsmässigkeit der Buchführung zu beweisen. Die Qualifikation ist gegeben, wenn solche E-Mails relevant sind für die Erfassung der Vermögenslage und damit einen Bezug zur Jahresrechnung aufweisen. In einem solchen Fall unterliegen sie der Editionspflicht nach Art. 963. Demgegenüber i.d.R. nicht nach Art. 963 editionspflichtig ist das Protokoll des Verwaltungsrates, weil es im Gegensatz zu den üblichen editionspflichtigen Unterlagen kein kaufmännisches Buch i.S.v. Art. 957–961 ist, sondern das Zustandekommen der Willensbildung innerhalb des Leitungsorgans festhält (BÖCKLI § 13 N 154). Wenn das Verwaltungsratsprotokoll jedoch einen Entscheid enthält (etwa über ein durch den Verwaltungsrat genehmigtes «Accounting Manual»), welcher einen direkten Einfluss auf die Buchführung hat, so ist es den editionspflichtigen Unterlagen nach Art. 963 gleichzustellen (ähnlich KRNETA N 851; a.M. BÖCKLI § 13 N 154). Die Editionspflicht erstreckt sich auch auf geschäftsrelevante Unterlagen, die im Auftrag der Unternehmung (etwa im Rahmen eines «*Outsourcing*») von einer Drittpartei erstellt wurden. Die Editionspflicht gemäss Art. 963 gibt keine Auskunft darüber, ob und inwieweit der Inhalt der eingereichten Unterlagen der Gegenpartei zur Kenntnis gebracht werden muss.

4. Nachweis des schutzwürdigen Interesses

7 Die Editionspflicht besteht nur dann, wenn ein **schutzwürdiges Interesse** nachgewiesen wird. An den Nachweis werden jedoch nicht allzu strenge Anforderungen gestellt, es genügt bereits ein Glaubhaftmachen (ZK-BOSSARD, N 17), welches aber auch die Begründetheit des mit der geltend gemachten Editionsmassnahme zu schützenden rechtlichen Anspruchs umfassen muss. Ob im Übrigen ein schutzwürdiges Interesse besteht, kann nur im Einzelfall entschieden werden (BK-KÄFER, N 62). Im Rahmen einer richterlichen Abwägung ist ein schutzwürdiges Interesse einer nicht in das Editionsverfahren involvierten Partei an Geheimhaltung zu berücksichtigen bzw. zu wahren.

8 Wesentlich ist, dass nicht bloss eine Partei die Edition von Unterlagen fordern kann, indem sie den Nachweis des schutzwürdigen Interesses erbringt, sondern dass auch der

Richter von sich aus die Edition anordnen kann, falls er der Ansicht ist, die einzufordernden Unterlagen könnten Wesentliches zur Klärung der Streitigkeit beitragen (BK-KÄFER, N 67 ff.).

5. Notwendigkeit für den Beweis

Die Editionspflicht setzt voraus, dass der Richter die Edition zur Erbringung des Beweises als notwendig erachtet. Daraus ist zu schliessen, dass der Richter den Umfang der Edition einschränken kann und nicht sämtliche Geschäftsbücher, sämtliche Korrespondenz oder Buchungsbelege vorzulegen sind, sondern bloss die zum Nachweis bezüglich einer spezifischen Frage notwendigen. Aus diesem Bestimmtheitsgebot folgt, dass etwa nicht pauschal die Vorlage der gesamten Korrespondenz oder sämtlicher Geschäftsbücher gefordert werden kann, sondern, dass zwischen dem Inhalt der Urkunde und dem konkreten Rechtsverhältnis ein objektiver, unmittelbarer Zusammenhang bestehen muss (ZR 95 [1996] Nr. 62). Dementsprechend ist die Ausforschung (sog. *«Fishing Expedition»*) nicht statthaft.

6. Frist

Nach Art. 962 besteht eine gesetzliche Pflicht zur Aufbewahrung der Geschäftsbücher während zehn Jahren. Die Editionspflicht nach Art. 963 dauert jedoch auch nach Ablauf dieser **Frist** an, soweit Unterlagen im Zeitpunkt der Anhängigmachung eines Editionsbegehrens noch vorhanden sind und auch die anderen an die Edition gestellten Anforderungen erfüllt sind (BK-KÄFER, N 98 f.).

III. Form der Vorlegung

Gemäss dem revidierten Abs. 2 kann das Gericht oder die Behörde, welche kraft öffentlichem Recht **Edition** von Büchern, Buchungsbelegen oder Geschäftskorrespondenz verlangt, anordnen, dass elektronisch oder in vergleichbarer Weise aufbewahrte Unterlagen ohne **Hilfsmittel** lesbar sein müssen. In der Regel bedeutet dies, dass die Unterlagen dem Gericht in Papierform vorzulegen sind. Alternativ kann das Gericht aber auch Zugang zu den technischen Mitteln verlangen, mit welchen es die Bücher, Buchungsbelege und Geschäftskorrespondenz lesbar machen kann. Dieses Wahlrecht ermöglicht dem Gericht, die Edition von Büchern, Buchungsbelegen oder Geschäftskorrespondenz unabhängig von ihrer technischen Beschaffenheit in jeder beliebigen Form zu verlangen.

Art. 964

aufgehoben

abrogé

abrogato

Fünfte Abteilung: Die Wertpapiere

Dreiunddreissigster Titel: Die Namen-, Inhaber- und Ordrepapiere

Erster Abschnitt: Allgemeine Bestimmungen

Vorbemerkungen zur fünften Abteilung

Die **fünfte Abteilung** des OR zerfällt in den 33. und 34. Titel. Der 33. Titel enthält allgemeine Bestimmungen zum Wertpapierrecht (Art. 965–973), regelt die drei Wertpapierarten Namenpapier (Art. 974–977), Inhaberpapier (Art. 978–989) und Ordrepapier (Art. 1145–1152; mit ausgedehnten Verweisen auf das Wechselrecht). Sodann finden sich im 33. Titel Bestimmungen zu den Wertpapiertypen Wechsel (Art. 990–1099), Check (Art. 1100–1144) und Warenpapier (Art. 1153–1155). 1

Die Platzierung des 34. Titels, welcher sich mit dem Prospektzwang bei Ausgabe von Anleihensobligationen (Art. 1156) und der Gläubigergemeinschaft bei Anleihensobligationen (Art. 1157–1186) befasst, unter dem Titel der fünften Abteilung (*«Die Wertpapiere»*) ist insofern unglücklich, als sie den Eindruck entstehen lässt, die **Anleihensobligation** sei eine eigene Wertpapierart. Dem ist nicht so: Die Anleihensobligationen fallen immer unter die drei Wertpapierarten und sind in der Praxis regelmässig als Inhaberpapiere ausgestaltet. Insofern regelt der 34. Titel lediglich zwei wertpapierrechtliche Teilaspekte eines Wertpapiertyps, jedoch nicht eine Wertpapierart (ZK-Jäggi, Vorbem. zur 5. Abteilung). 2

Die Art. 965–1155, welche den 33. Titel des OR ausmachen, enthalten eine **systematische Darstellung des Wertpapierrechtes.** Das Wertpapierrecht ist der wichtigste Teil des **Schuldurkundenrechtes,** für welches es verschiedene gesetzliche Einzelvorschriften, jedoch keine systematische gesetzliche Regelung gibt. Der Oberbegriff Schuldurkunde umfasst die Wertpapiere: Jedes Wertpapier ist eine Schuldurkunde, jedoch nicht jede Schuldurkunde ist ein Wertpapier. Die Regelung des Wertpapierrechtes in Art. 965–1155 ist *keine abschliessende,* sondern wird ergänzt durch eine Vielzahl von *Einzelvorschriften* im OR und im übrigen Privatrecht. Andererseits finden zwei praktisch bedeutsame Schuldurkunden, das Präsentations- und das Legitimationspapier, im Gesetz überhaupt keine Erwähnung. 3

Die **Einzelvorschriften** zum Schuldurkunden- und Wertpapierrecht ausserhalb des 33. Titels finden sich insb. im OR und ZGB, aber auch in Spezialerlassen (z.B. Art. 11–13, 73 VVG, Art. 2 lit. a BEHG). Sie können sich auf alle Arten von Wertpapieren (z.B. Art. 895 ff. und 901 ZGB), einzelne Wertpapierarten (Art. 935 ZGB) oder einzelne Wertpapiertypen (Grundpfandtitel: Art. 842 ff. ZGB; Aktien: Regelung in verschiedenen Bestimmungen des Aktienrechtes) beziehen. Gewisse Sonderbestimmungen schliessen den Wertpapiercharakter einzelner Urkunden ausdrücklich aus (Art. 852 ZGB für den Grundbuchauszug über die Grundpfandverschreibung; Art. 784 Abs. 1 hinsichtlich der Verurkundung des Gesellschaftsanteils bei der GmbH und Art. 853 Abs. 3 hinsichtlich des Anteilscheins bei der Genossenschaft; vgl. zu den Einzelvorschriften ausführlich ZK-Jäggi, Vorbem. zum 33. Titel N 6 f.). 4

Vorbemerkungen zu Art. 965–1155

Literatur

BÄR, Entwicklungen der wertpapierrechtlichen Dogmatik, in: Caroni (Hrsg.), Das Obligationenrecht 1883 bis 1983, Bern/Stuttgart 1984; VON BALLMOOS, Der wertpapierrechtliche Verkehrsschutz unter spezieller Berücksichtigung des stückelosen Effektenverkehrs, Diss. Bern, Bern/Stuttgart/Wien 1993; BALZLI/KERBER, Repetitorium Wertpapierrecht, Zürich 2005; BEELER, Die Wertpapiere im schweizerischen Recht, Aarau 1937; BERNASCONI/KÄNZIG/VOGT, Switzerland, und BERNASCONI/POTOK, The future Hague Convention on indirectly held securities, in: Potok (Hrsg.), Cross Border Collateral: Legal Risk and the Conflict of Laws, London 2002; BOEMLE, Wertpapiere des Zahlungs- und Kreditverkehrs sowie der Kapitalanlage, 8. Aufl., Zürich 1991; BOHNET, La théorie générale des papiers-valeurs, Diss. Neuenburg, Basel 2000; BROX, Handelsrecht und Wertpapierrecht, 18. Aufl., München 2005; BRUNNER, Wertrechte – nicht verurkundete Rechte mit gleicher Funktion wie Wertpapiere, Diss. Bern 1996; CUDKOWICZ, Kraftloserklärung von Wertpapieren, Diss. Bern 1941; DRUEY, Die Entmaterialisierung des Wertpapiers – einige rechtsvergleichende Hinweise, SAG 1987, 65 ff.; DUPRAZ, Titres et papiers-valeurs, Lausanne 1949; FORSTMOSER/LÖRTSCHER, Namenaktien mit aufgeschobenem Titeldruck, SAG 1987, 50 ff.; GIRSBERGER, Revolution des Internationalen Wertpapier-Sachenrechts? Dynamik der Rechtsvereinheitlichung durch die Haager Konferenz, in: FG Schnyder, Zürich 2002, 77 ff.; HANDSCHIN, Papierlose Wertpapiere, Diss. Basel 1987; JACOBI, Grundriss des Rechts der Wertpapiere, 3. Aufl., Leipzig 1928; KUHN, Die Modernisierung des Rechts der mediatisierten Wertpapierverwahrung in der Schweiz, in: Nobel (Hrsg.), Aktuelle Rechtsprobleme des Finanz- und Börsenplatzes Schweiz, Bd. 13, Bern 2006, 125 ff.; LAREIDA, Der Schuldbrief aus wertpapierrechtlicher Sicht, Diss. Zürich 1986; MEIER-HAYOZ, Abschied vom Wertpapier?, ZBJV 1986, 385 ff.; PATRY/AUBERT, Les valeurs mobilières en droit suisse, Genf 1970; PETITPIERRE-SAUVAIN, Les papiers-valeurs, SPR VIII/7, Basel/Genf/München 2006; RIBI, Von der Übertragung der Wertpapiere, Diss. Zürich 1959; RICKENBACHER, Globalurkunden und Bucheffekten im schweizerischen Recht, Diss. Zürich 1981; ROBLOT, Les effets de commerce, 1975; SAXER, Die gewillkürten Ordrepapiere, Diss. Zürich 1954; SCHLEGEL, Die schweizerische Effekten-Giro AG und ihre Beziehungen zum Bankkunden in der Verwahrung von Wertpapieren, Diss. Zürich 1983; STAHEL, Zur Rechtsübertragung, unter bes. Berücksichtigung der Wertpapiere, Diss. Zürich 1967; STEINER/BÜCHI, Vom Wertrecht zur Bucheffekte – Kristallisation aus dem Nichts?, GesKR 1/2007, 73 ff.; STROHMEIER, Die gerichtliche Kraftloserklärung der Wertpapiere im schweizerischen Recht, Diss. Zürich 1952; ULMER, Das Recht der Wertpapiere, Stuttgart/Berlin 1938; VÖGELI, Der gutgläubige Erwerb von Wertpapieren, Diss. Zürich 1951; WEBER, Die Legitimationspapiere im schweizerischen Recht, Diss. Zürich 1956; WIEGAND/BRUNNER, Vorschläge zur Ausgestaltung des Schuldbriefes als papierloses Registerpfand, Basel 2003; ZAPPIA, Die Namenpapiere im schweizerischen und italienischen Recht, Diss. Zürich 1958; ZOBL/LAMBERT, Zur Entmaterialisierung der Wertpapiere, SWZ 1991, 117 ff.; ZÖLLNER, Wertpapierrecht, 14. Aufl., München 1987.

I. Schuldurkundenrecht im Allgemeinen

1 Das **Schuldurkundenrecht** umfasst diejenigen Rechtssätze, die durch die Verurkundung einer Forderung, einer Mitgliedschaft oder eines Sachenrechtes bedingt sind (JÄGGI/DRUEY/VON GREYERZ, 5), und regelt den Begriff der Schuldurkunde und deren Bedeutung für Beweis, Entstehung und Geltendmachung des verbrieften Rechtes (GUHL-DRUEY, 893 f.). Es steht in engem Zusammenhang mit dem (materiellen) Schuld- und Gesellschaftsrecht, welche den Inhalt der in der Schuldurkunde verbrieften Forderung oder Mitgliedschaft oder das gesamte Schuld- oder Gesellschaftsverhältnis, dem das verbriefte Recht entspringt, regeln. Deshalb sind insb. diejenigen Einzelbestimmungen des Schuldurkundenrechtes, die sich lediglich auf einen einzelnen Urkundentyp beziehen, mit den entsprechenden Teilen des materiellen Rechtes vermengt. Bsp.: Die materiellrechtlichen Vorschriften des Grundpfandrechtes und des Aktienrechtes enthalten verschiedene urkundenrechtliche Bestimmungen für Grundpfandtitel und Aktien. Verstreut sind aber auch jene Einzelvorschriften, die sich auf alle Schuldurkunden oder

einzelne Schuldurkundenarten beziehen. Bsp.: Art. 14 Abs. 2, Art. 17, 88, 90 Abs. 1, Art. 164 Abs. 2 (vgl. prägnant JÄGGI/DRUEY/VON GREYERZ, 5).

II. Begriff der Schuldurkunde

1. Urkunde

Wie das Wort an sich bereits aussagt, wird eine **Schuldurkunde durch eine Urkunde** verkörpert. Das Gesetz umschreibt den zivilrechtlichen Begriff der Urkunde nicht. Straf-, steuer- und zivilprozessrechtliche Definitionen sind zur Klärung des Urkundenbegriffes im Zivilrecht wenig geeignet. Die verschiedenen Lehrmeinungen zum Urkundenbegriff sind uneinheitlich, unterscheiden sich jedoch lediglich in Nuancen (MEIER-HAYOZ/ VON DER CRONE, 3: *«Eine Urkunde im Sinne des Privatrechts ist ein Schriftstück, das eine privatrechtlich relevante Erklärung enthält»*; JÄGGI/DRUEY/VON GREYERZ, 12: *«Urkunde ist ein Schriftstück, das einen Gedanken seines Urhebers kundgibt»*; PETITPIERRE-SAUVAIN, 15: *«Le titre ... est simplement un écrit contenant l'expression d'une idée ayant une portée juridique»*). Unbestritten ist, dass die Definition zwei Aspekte abdeckt, nämlich das Bestehen eines Erklärungsträgers (ein zum Schriftträger gemachter Gegenstand, insb. ein Schriftstück) und dessen Beschriftung (Skriptur), aus welcher sich eine Willensäusserung (Erklärung) ergibt. 2

Urkundenstoff ist normalerweise, aber nicht notwendigerweise **Papier.** Geeignet ist **jedes Material,** auf dem sich eine Erklärung anbringen lässt, somit auch Holz, Metalle und Plastik. Ungeklärt ist, ob der Urkundenbegriff auch Träger umfasst, deren Inhalt nur mittels technischer Hilfsmittel zugänglich gemacht werden kann (eingehend MEIER-HAYOZ/VON DER CRONE, 4 f.). Die Lehre will **elektronische oder optische Datenträger** wie Mikrofilm, Mikrofichen, Magnetbänder, Disketten oder Chipkarten insb. dann als zivilrechtliche Urkunden anerkennen, wenn die Unterschrift für die entsprechende Schuldurkunde oder das entsprechende Wertpapier nicht Gültigkeitserfordernis ist. Sie geht dabei davon aus, dass Schriftlichkeit im Wertpapierrecht dem Grundsatz der Formfreiheit (Art. 11 Abs. 1) und nicht der einfachen Schriftlichkeit nach Art. 12 ff. untersteht (ZK-JÄGGI, Art. 965 N 252 ff.; MEIER-HAYOZ/VON DER CRONE, 4; **a.A.** BGE 68 II 96 ff.). Soweit die Unterschrift des Verpflichteten gesetzliches Gültigkeitserfordernis für ein Wertpapier ist (Art. 622 Abs. 5 unter Vorbehalt von Art. 14 Abs. 2; Art. 991 Ziff. 8, Art. 1096 Ziff. 7, Art. 1100 Ziff. 6, Art. 1153 Ziff. 1), ist die Verwendung von optischen und elektronischen Datenträgern oder der elektronischen Signatur gemäss Art. 14 Abs. 2bis (CHK-KUHN, Art. 965 OR N 20) ausgeschlossen. Hingegen ist die faksimilierte Unterschrift auf einem optischen Datenträger der mechanischen Nachbildung gemäss Art. 14 Abs. 2 gleichzusetzen (MEIER-HAYOZ/VON DER CRONE, 5, welche auch die Anerkennung der Kodierung befürworten). 3

Der Sinngehalt der **Erklärung** *(«Inhalt der Urkunde»*; vgl. JÄGGI/DRUEY/VON GREYERZ, 16 f.) ergibt sich aus der Beschriftung entweder ohne zusätzliche Deutung oder durch Auslegung (einschliesslich ausserhalb der Skriptur liegender Umstände; vgl. GUHL-DRUEY, 894 f. mit dem Paradebeispiel der Garderobenmarke als lediglich mit Nummer versehener Metallmarke). 4

Erklärungsträger und Erklärung müssen miteinander **verbunden** sein. Die Verbindung muss *«dauerhaft, aber nicht unbedingt untrennbar»* sein (MEIER-HAYOZ/VON DER CRONE, 4). 5

2. Das verbriefte Recht

6 Eine Urkunde wird zur Schuldurkunde, wenn sie, wie Art. 965 sagt, **ein Recht verbrieft**. Eine Schuldurkunde enthält die Anerkennung einer bestehenden oder durch die Schuldurkunde begründeten Schuld oder eines Mitgliedschaftsverhältnisses. Dabei wird die ausgefertigte Urkunde erst durch die *Begebung* zur Schuldurkunde (CHK-FRICK, Art. 965 OR N 2). Die Begebung ist die willentliche Kundgabe des Verurkundeten durch Übergabe der Urkunde vom Aussteller an den (ersten) Empfänger. Sie fehlt, wenn der Aussteller das Schriftstück zurückbehält oder es ihm gegen seinen Willen abhanden kommt (wobei jedoch der gutgläubig Erwerbende bei den Wertpapieren öffentlichen Glaubens in seinem Vertrauen in die Urkunde geschützt wird; vgl. Art. 979 N 9).

7 Durch Schuldurkunden können Forderungsrechte, Mitgliedschaftsrechte oder dingliche Rechte verbrieft werden.

8 Bei den **Forderungsrechten** ist die gewöhnliche *Geldforderung* der Normalfall (z.B. Anleihens- oder Kassenobligation, Sparheft). Von grosser Bedeutung sind jedoch auch die Papiere, die eine *Anweisung* verbriefen (gezogener Wechsel, Check). Ist die Geldforderung grundpfandrechtlich gesichert, verbrieft die Schuldurkunde sowohl das Forderungsrecht wie auch das Sachenrecht. Für die *wertpapierrechtlich verbriefbaren dinglichen Rechte* besteht ein Numerus clausus. Die Verbriefung ist nur für Forderungen und Grundpfandrechte in der Form des Schuldbriefes und der Gült (Art. 842 ff. ZGB) und des Anleihenstitel mit Grundpfandrecht (Art. 875 ff. ZGB) zulässig.

9 Schuldurkunden können auch **Sachleistungen** verbriefen. Die typischen und hauptsächlichen Beispiele sind Depot-, Lager- und Frachturkunden sowie Fahr-, Zutritts- und Bezugsausweise.

10 Die wertpapiermässige Verurkundung der Mitgliedschaft ist lediglich bei den Gesellschaftsformen der AG und der Kommanditaktiengesellschaft zulässig. Bei der GmbH und der Genossenschaft darf die Mitgliedschaft nur durch eine einfache Schuldurkunde (Beweisurkunde) oder Namenpapier (bei der GmbH) verbrieft werden (Art. 784 Abs. 1, Art. 853 Abs. 3).

III. Hauptsächlichste Wirkungen der Schuldurkunden

11 Die Ausstellung einer Schuldurkunde bedeutet Schuldanerkennung und **unterbricht** somit die **Verjährung** (Art. 135 Ziff. 1).

12 Die Schuldurkunde *«ist gültig auch ohne die Angabe eines Verpflichtungsgrundes»* (Art. 17). Die einzige praktische Konsequenz zwischen der Schuldurkunde, die den Rechtsgrund der anerkannten Schuld nennt (kausales Schuldbekenntnis) oder ihn nicht nennt (abstraktes Schuldbekenntnis), sind gewisse Auswirkungen auf die Beweislast. Hingegen ist auch das abstrakte Schuldbekenntnis insofern kausal, als seine Gültigkeit grundsätzlich vom Bestand des Grundverhältnisses abhängig ist (BGE 127 III 564; BSK OR I-SCHWENZER, Art. 17 N 13). Weiterhin umstritten ist die Frage, ob die Zession kausaler oder abstrakter Natur ist, also in ihrer Wirksamkeit vom Verpflichtungsgeschäft abhängig oder unabhängig. Die Bundesgerichtspraxis ist schwankend (BGE 67 II 127; offen gelassen in BGE 84 II 363) und die Lehre geteilt, wobei die neuere Lehre zur Bejahung der Kausalität tendiert (aus der wertpapierrechtlichen Lehre Kausalität bejahend ZK-JÄGGI, Art. 967 N 161 f.; MEIER-HAYOZ/VON DER CRONE, 13 ff., die für begrenzte Kausalität plädieren; für weitere Nachweise ausserhalb des Wertpapierrechtes s. BSK OR I-GIRSBERGER, Art. 164 N 22 ff.). Die Befürworter der Abstraktheit berufen

sich auf den weitgehend fehlenden Gutglaubensschutz des Erwerbers vom Nichtberechtigten bei Schuldurkunden, die nicht Wertpapiere öffentlichen Glaubens sind, welcher die Verkehrsfähigkeit solcher Urkunden bei kausaler Verknüpfung von Verfügung und Grundgeschäft noch weiter verschlechtern würde. Die Befürworter der Kausalität nehmen dagegen auch bei der Zession einen ausgedehnten Gutglaubensschutz an, obwohl sich dieser nicht (wenigstens nicht ausdrücklich) aus dem Gesetz ergibt (vgl. zur praktischen Bedeutung des Unterschiedes der beiden Theorien BSK OR I-GIRSBERGER, Art. 164 N 23 ff.; MEIER-HAYOZ/VON DER CRONE, 13 ff. mit prägnanter Zusammenfassung des Theorienstreites aus wertpapierrechtlicher Sicht).

Die Schuldurkunde hat **Beweiskraft** und führt zu einer Umkehr der Beweislast (CHK-FRICK, Art. 965 OR N 4). Das Mass der Beweiskraft ist je nach den Umständen verschieden und reicht nicht immer für den Beweis (GUHL-DRUEY, 893). Für die Wahrheit des Inhaltes der öffentlichen Urkunden besteht eine gesetzliche Vermutung (Art. 9 ZGB). Es ist grundsätzlich am Schuldner, die tatsächliche Vermutung durch Zweifel weckende Indizien umzustossen. 13

Für den *Gläubiger oder Ansprecher aus der Schuldurkunde* hat diese Beweiskraft für die Schuldanerkennung, den Bestand des verurkundeten Rechtes zur Zeit der Anerkennung und dessen Inhalt, soweit verurkundet, als auch für den Fortbestand des verurkundeten Rechtes, wenn der Gläubiger oder Ansprecher den Besitz der Urkunde nachweisen kann (JÄGGI/DRUEY/VON GREYERZ, 23 f.). Der Besitz der Urkunde ist auch Beweis für die Legitimation des Ansprechers, wenigsten soweit allfällige Formvorschriften bei der Übertragung der Urkunde beachtet wurden. Zu beachten ist jedoch, dass die Beweiskraft der Schuldurkunde durch Einwendungen verschiedenster Art aufgehoben werden kann (vgl. ZK-JÄGGI, Art. 965 N 138 ff.).

Befindet sich die Urkunde im Besitz des *Schuldners,* eignet sie sich zum Beweis, dass das verbriefte Recht nicht entstanden (weil die Urkunde nicht begeben wurde) oder untergegangen ist. Wenn der Schuldner die Schuld vollständig tilgt, hat er das Recht, die Rückgabe der Schuldurkunde oder deren Entkräftung zu fordern (Art. 88 Abs. 1). Wurde die Schuldurkunde an den Schuldner zurückgegeben, hat dessen Besitz Beweiskraft für die Vermutung, dass die Schuld getilgt ist (Art. 89 Abs. 3).

Soweit die Schuldanerkennung in der Schuldurkunde durch Unterschrift bekräftigt ist, bildet die Schuldurkunde i.d.R. einen **provisorischen Rechtsöffnungstitel** (Art. 82 Abs. 1 SchKG). 14

IV. Einteilung der Schuldurkunden

1. Allgemeines

Die Schuldurkunden lassen sich *nach verschiedensten Merkmalen* einteilen, die normalerweise bei verschiedenen Urkundentypen vorkommen (vgl. dazu JÄGGI/DRUEY/VON GREYERZ, 21 f.). Die praktisch wichtigste Einteilung ist diejenige nach der Bedeutung, die die Schuldurkunde für die Geltendmachung und Übertragung des verbrieften Rechtes hat, oder anders ausgedrückt, nach der **«Verknüpfung von Recht und Urkunde»** (MEIER-HAYOZ/VON DER CRONE, 7). Die Verknüpfung von Recht und Urkunde erfolgt durch die Urkundenklauseln als qualifizierende Merkmale der Schuldurkunden. Zur Einteilung der Schuldurkunden aufgrund der Urkundenklauseln vgl. die Tabellen bei ZK-JÄGGI, Art. 965 (nach) N 238; JÄGGI/DRUEY/VON GREYERZ, 68; MEIER-HAYOZ/VON DER CRONE, 11. 15

2. Die Urkundenklauseln

16 Eine **Urkundenklausel** ist «*eine Erklärung des Schuldners über die Bedeutung der Urkunde bei der Geltendmachung des verurkundeten Rechts*» (JÄGGI/DRUEY/VON GREYERZ, 36).. Die Urkundenklauseln entsprechen Verkehrsbedürfnissen, insb. dem Ausweisbedürfnis bei unpersönlichen Rechtsbeziehungen im Massenverkehr (z.B. Theaterbillet, Anleihensobligation) sowie dem Umlaufsbedürfnis im Kapitalverkehr, wo sie leichte Übertragbarkeit der Gläubigerstellung sicherstellen (vgl. JÄGGI/DRUEY/VON GREYERZ, 37 ff.).

17 Zu unterscheiden sind die folgenden Arten von Urkundenklauseln:

– *einfache Präsentations-* (oder *Vorlegungs-*)*Klausel;*

– *einfache Legitimations-* (oder *Ausweis-*)*Klausel;*

– *einfache Wertpapierklausel* (doppelseitige Präsentationsklausel);

– *Inhaberklausel* (doppelseitige Legitimationsklausel);

– Ordreklausel.

Zu den einzelnen Urkundenklauseln vgl. ausführlich ZK-JÄGGI, Art. 965 N 213 ff.

3. Der einfache Schuldschein

18 Der einfache Schuldschein enthält **keine Urkundenklausel** und ist ein **reines Beweispapier.** Das Recht entsteht unabhängig vom einfachen Schuldschein und kann auch ohne Vorlage der Urkunde geltend gemacht werden. Der Schuldner hat an den Papiervorweiser nur dann zu leisten und befreit sich (unter Vorbehalt der gutgläubigen Leistung an den Zedenten vor Anzeige der Abtretung, Art. 167) nur dann, wenn dieser sich als der materiell Berechtigte ausweist. Gegenüber der Rechtslage bei der Geltendmachung eines unverbrieften Rechtes führt der einfache Schuldschein lediglich zu einer Beweislastumkehr, als der Verpflichtete allfällig bestehende Einreden gegen das verbriefte Recht nachweisen muss (MEIER-HAYOZ/VON DER CRONE, 12).

19 Die Übertragung des in einem einfachen Schuldschein verbrieften Rechtes erfolgt nach den Vorschriften über die **Zession** (Art. 164 ff.). Der Zessionar hat Anspruch auf Aushändigung der Schuldurkunde (Art. 170 Abs. 2). Die Übertragung der Urkunde ist jedoch für die Gültigkeit und Wirksamkeit der Übertragung des Rechtes nicht notwendig (MEIER-HAYOZ/VON DER CRONE, 12).

20 Gemäss Art. 169 bleiben dem Schuldner alle **Einreden** und Einwendungen (BSK OR I-GIRSBERGER, Art. 169 N 4) erhalten, wie sie gegen den Zedenten zur Zeit bestanden, als der Schuldner von der Abtretung Kenntnis erhielt. Dem Schuldner stehen gegenüber dem Zessionar sämtliche Einreden zu, die er ohne Zession gegenüber seinem ursprünglichen Gläubiger oder bei Mehrfachzession gegenüber jedem früheren Zedenten hätte erheben können, als auch jene, die er gegen den Zessionar selbst hat (vgl. ausführlich GUHL-KOLLER, 273 ff.; BSK OR I-GIRSBERGER, Art. 169 N 1 ff.). Das Gesetz sieht lediglich zwei Ausnahmen vom Grundsatz, dass der Zessionar keinen Gutglaubensschutz geniesst, vor (differenzierter MEIER-HAYOZ/VON DER CRONE, 23 f.):

– Dem gutgläubigen Zessionar kann die Einrede, dass die Forderung laut Abrede mit dem ersten Nehmer nicht abtretbar ist, dann nicht entgegengehalten werden, wenn sich das Abtretungsverbot nicht aus der Urkunde selbst ergibt (Art. 164 Abs. 2).

– Dem gutgläubigen Zessionar kann die Einrede der Simulation nicht entgegengehalten werden (Art. 18 Abs. 2).

Die **Verpfändung** des in einem einfachen Schuldschein verurkundeten Rechtes bestimmt sich nach Art. 900 Abs. 1 ZGB. Es bedarf eines schriftlichen Pfandvertrages und der Übergabe der Urkunde. 21

Der Schuldner ist nur gegen **Rückgabe des Schuldscheines** zur Zahlung verpflichtet (Art. 88 Abs. 1) und hat bei Nichtvorlage der Urkunde ein beschränktes Leistungsverweigerungsrecht i.S. einer Einrede (im Einzelnen BK-WEBER, Art. 88 N 67 ff.; BSK OR I-LEU, Art. 88 N 6). Ist der Gläubiger zur Rückgabe der Urkunde nicht in der Lage, weil ihm diese abhanden gekommen ist, kann der Schuldner bei seiner Leistungserbringung deren Entkräftung durch Erklärung des Gläubigers in einer öffentlichen oder beglaubigten Urkunde verlangen (Art. 90 Abs. 1; sog. *«Privatmortifikation»* oder *«Privatamortisation»*, MEIER-HAYOZ/VON DER CRONE, 25; für Einzelheiten vgl. BK-WEBER, Art. 90 N 20 ff.; BSK OR I-LEU, Art. 90 N 1 ff.). In der öffentlichen oder beglaubigten Urkunde muss der Gläubiger dabei bestätigen, dass der Schuldschein entkräftigt und die Schuld getilgt ist. 22

4. Das Präsentationspapier

Das Präsentations- oder Vorlegungspapier enthält eine **einfache Präsentationsklausel.** Diese besagt, dass der Schuldner dem materiell Berechtigten nur gegen Vorlegung der Urkunde leisten muss, diesem aber ohne Vorlegung der Urkunde leisten darf (MEIER-HAYOZ/VON DER CRONE, 25; CHK-FRICK, Art. 965 OR N 5). Bsp.: Depotschein, Reparaturannahmequittung. 23

Die Präsentationsklausel wirkt **nur zugunsten des Schuldners.** Legt der Berechtigte die Urkunde nicht vor, darf der Verpflichtete die Leistung verweigern. Anderseits befreit die Leistung an den materiell Berechtigten auch ohne Vorlegung der Urkunde den Schuldner vollumfänglich. Hingegen muss der Gläubiger seine materielle Berechtigung auch dann nachweisen (und der Schuldner ist zu deren Überprüfung auch dann verpflichtet; JÄGGI/DRUEY/VON GREYERZ, 46 f.), wenn er das Präsentationspapier vorlegt. Die Vorlegungspflicht hat für den Berechtigten zwei praktisch wichtige Konsequenzen in Bezug auf die Erhebung der Leistung: Der Schuldner gerät erst nach Präsentation in Verzug, womit das verbriefte Recht immer Mahnschuld ist, selbst wenn ein Verfalltag i.S.v. Art. 102 Abs. 2 vereinbart wurde (MEIER-HAYOZ/VON DER CRONE, 26). Soweit die Urkunde eine Geldforderung verbrieft, wird diese zur Holschuld (BGE 100 II 158). 24

Im Übrigen ist **die Rechtslage beim Präsentationspapier die gleiche wie beim einfachen Schuldschein** (N 19 ff.), wobei die Durchsetzung des Rechtes dann faktisch erschwert ist, wenn der Zedent bei Übertragung des Rechtes die Urkunde nicht herausgibt, da der Schuldner auch vom Zessionar die Vorlegung der Urkunde verlangen kann. Da die Rechtszuständigkeit jedoch unabhängig von der Übergabe der Urkunde auf den Zessionar übergeht, kann er seinen Anspruch auch ohne das Präsentationspapier durchsetzen, indem er es bei Empfang der Leistung nach Art. 90 Abs. 1 entkräftet. 25

5. Das Legitimationspapier

Das Legitimationspapier (oder Ausweispapier; vgl. MEIER-HAYOZ/VON DER CRONE, 29) zeichnet sich durch die **Legitimationsklausel** (oder Ausweisklausel) aus (sie tritt regelmässig als Inhaber-Ausweisklausel auf; dazu und für Ausnahmen JÄGGI/DRUEY/VON 26

GREYERZ, 40). Diese besagt, dass der Schuldner demjenigen, der die Urkunde vorlegt, mit befreiender Wirkung leisten darf, jedoch nicht muss, sondern zur Überprüfung der materiellen Berechtigung trotz Vorlage berechtigt ist. Die Legitimationsklausel befreit somit den Schuldner, wenn er gutgläubig an den Papiervorleger leistet (zur Anwendung von Art. 976 und zum guten Glauben beim Legitimationspapier s. JÄGGI/DRUEY/VON GREYERZ, 48 f.). Soweit dieser nicht der materiell Berechtigte ist, bewirkt die Leistung des gutgläubigen Verpflichteten den Untergang des Rechtes des wirklichen materiell Berechtigten (GUHL-DRUEY, 895). Hingegen wirkt die Legitimationsklausel nicht zugunsten des Berechtigten. Dieser ist auf Verlangen des Schuldners trotz Legitimationsklausel zum Nachweis der materiellen Berechtigung verpflichtet. Die Legitimationsklausel ist i.d.R. mit einer Präsentationsklausel verbunden (Bsp. bei MEIER-HAYOZ/ VON DER CRONE, 29; BOEMLE, 19).

27 Im Übrigen ist **die Rechtslage die gleiche wie beim einfachen Schuldschein** (N 19 ff.), ausser dass der Verlust des Legitimationspapiers den materiell Berechtigten insofern ungünstig stellt, als der gutgläubige Schuldner sich durch Leistung an den materiell nichtberechtigten Vorleger befreien kann. Der Berechtigte, welcher der Urkunde verlustig gegangen ist, kann jedoch den guten Glauben des Schuldners durch Anzeige des Urkundenverlustes zerstören (MEIER-HAYOZ/VON DER CRONE, 32).

6. Die Wertpapiere

28 Vgl. die Komm. zu Art. 965 ff.; für Begriff, Arten und Kasuistik insb. Art. 965.

Art. 965

A. Begriff des Wertpapiers	Wertpapier ist jede Urkunde, mit der ein Recht derart verknüpft ist, dass es ohne die Urkunde weder geltend gemacht noch auf andere übertragen werden kann.
A. Définition du papier-valeur	Sont papiers-valeurs tous les titres auxquels un droit incorporé est incorporé d'une manière telle qu'il soit impossible de le faire valoir ou de le transférer indépendamment du titre.
A. Definizione del titolo di credito	Titolo di credito (cartavalore) è ogni documento, nel quale un diritto è incorporato sì da non poter essere né esercitato né trasferito senza il documento medesimo.

Literatur

Vgl. die Literaturhinweise bei den Vorbem. zu Art. 965–1155.

I. Normzweck. Legaldefinition

1 Art. 965 enthält die **Legaldefinition des Wertpapierbegriffes.** Das wesentliche negative Merkmal des Wertpapiers gegenüber den Schuldurkunden ist *die Verpflichtung* des Schuldners, ohne Vorweisung der Urkunde die verbriefte Schuldpflicht nicht zu erfüllen (GUHL-DRUEY, 897). Daraus folgt, dass:

a) der Schuldner verpflichtet ist, ohne Vorlegung der Urkunde nicht zu erfüllen (und somit grundsätzlich nur bei Vorlegung der Urkunde befreiend erfüllen kann), selbst wenn der das Papier nicht vorlegende Ansprecher der materiell Berechtigte ist (Art. 965, 966 Abs. 1);

b) der Ansprecher die Urkunde vorlegen muss (Art. 965, 966 Abs. 1);

c) die Übertragung des verbrieften Rechtes der Übertragung des Besitzes an der Urkunde bedarf (Art. 965, 967 Abs. 1).

Art. 965 ist präzisierungsbedürftig (MEIER-HAYOZ/VON DER CRONE, 61 ff.). So muss das mit der Urkunde verknüpfte Recht eine *privatrechtliche Rechtsstellung* verbriefen. Zudem ist der Grundsatz *«kein Recht ohne Papier»* insoweit zu relativieren, als *Papier und Recht durch Kraftloserklärung getrennt* werden können und der Ansprecher, welcher die Urkunde verloren hat, das Recht anschliessend auch ohne Originalurkunde geltend machen oder übertragen kann. Nach MEIER-HAYOZ/VON DER CRONE (63) ergibt sich deshalb die folgende vervollständigte und präzisierte Begriffsumschreibung: «*Wertpapier ist jede Urkunde, in der eine private Rechtsstellung derart verbrieft ist, dass sie ohne die Urkunde nicht übertragen werden kann und dass – unter Vorbehalt der Kraftloserklärung – weder der Berechtigte Leistung verlangen noch der Verpflichtete mit befreiender Wirkung erfüllen kann.*». 2

II. Urkunde und verbriefte schuldrechtliche Beziehung

Ein Wertpapier muss gemäss Legaldefinition von Art. 965 in der Form einer **Urkunde** ausgestellt sein. Zum Urkundenbegriff vgl. Vor Art. 965–1155 N 2 ff. 3

Das Wertpapier muss zudem eine **schuldrechtliche Beziehung** verbriefen (für Einzelheiten vgl. Vor Art. 965–1155 N 6 ff.). Zu präzisieren bleibt, dass das verbriefte Recht oder die verbriefte Rechtsstellung privatrechtlicher Natur sein muss. Soweit Urkunden einen öffentlich-rechtlichen Anspruch verbriefen, sind sie keine Wertpapiere (MEIER-HAYOZ/VON DER CRONE, 62). Bsp.: Briefmarken, Gebührenmarken. Auch Banknoten sind keine Wertpapiere (vgl. Art. 988 N 1). Dennoch gelten verschiedene Rechtssätze, welche Inhaberpapiere betreffen, auch für Banknoten, z.T. aufgrund ausdrücklicher gesetzlicher Anordnung (z.B. Art. 935 ZGB). 4

III. Die einfache Wertpapierklausel

Eine Urkunde wird durch die **einfache Wertpapierklausel** zum Wertpapier i.S.v. Art. 965. Die einfache Wertpapierklausel ist eine *doppelseitige Präsentationsklausel* (MEIER-HAYOZ/VON DER CRONE, 8 f.). Entgegen dem nicht ganz eindeutigen Wortlaut von Art. 965 wirkt sie *nicht nur gegen den Berechtigten, sondern auch gegen den Verpflichteten* (MEIER-HAYOZ/VON DER CRONE, 63). Anders als bei der einfachen Präsentationsklausel verspricht der Schuldner durch die einfache Wertpapierklausel, dass er ohne Vorweisung der Schuldurkunde die Leistung verweigern wird *(qualifizierte Vorlegungsklausel;* vgl. JÄGGI/DRUEY/VON GREYERZ, 41). 5

Das Versprechen des Schuldners, nicht ohne Vorweisung der Urkunde zu erfüllen, muss **aus der Urkunde** hervorgehen, ist aber an **keine besondere Form** gebunden (ZK-JÄGGI, N 258). In der Regel ergibt sich das Versprechen des Schuldners, nur gegen Vorweisung der Urkunde zu leisten, nicht unmittelbar aus dem Wortlaut der Urkunde, sondern mittelbar durch Auslegung der Erklärung des Schuldners. Dies schliesst eine leichte und sichere, für den täglichen Verkehr taugliche Feststellung, ob eine Urkunde ein Wertpapier ist, lediglich aufgrund der einfachen Wertpapierklausel faktisch aus (ZK-JÄGGI, N 259). 6

IV. Wertpapierarten

7 Einfache Wertpapiere sind:

– das gewöhnliche Namenpapier (Art. 974 f.);

– das hinkende Inhaberpapier (Art. 976).

Wertpapiere öffentlichen Glaubens (qualifizierte Wertpapiere) sind:

– das *Inhaberpapier* (Art. 978 ff.);

– das *Ordrepapier* (Art. 1145 ff. mit ausgedehnten Verweisen auf andere Gesetzesbestimmungen).

8 Die **Namenpapiere** bilden im geschäftlichen Verkehr die Ausnahme, weil die erschwerte Übertragung durch Abtretung die Handelbarkeit erschwert. Die praktische Bedeutung der **hinkenden Inhaberpapiere** liegt auf dem Gebiet der Sparhefte.

9 In der Praxis weitaus bedeutungsvoller als die einfachen Wertpapiere sind die Wertpapiere öffentlichen Glaubens (qualifizierte Wertpapiere), nämlich die **Inhaberpapiere** und die **Ordrepapiere.** Diese enthalten immer eine einfache Wertpapierklausel, jedoch gepaart mit einer *Inhaberklausel* oder *Ordreklausel.* Sie sind zudem normalerweise in Bezug auf Form und Inhalt der Urkunde besonderen Vorschriften unterworfen. Ihre Qualifikation als Wertpapiere kann deshalb eindeutiger vorgenommen werden als beim einfachen Wertpapier. «*Wertpapiere öffentlichen Glaubens*» werden sie aufgrund ihres ausgedehnten Verkehrsschutzes (Gutglaubensschutz) genannt (vgl. ausführlich MEIER-HAYOZ/VON DER CRONE, 79 ff.; JÄGGI/DRUEY/VON GREYERZ, 58 ff.).

V. Zweck der Wertpapiere

10 Wertpapiere dienen verschiedenen **Zwecken** (zur wirtschaftlichen Funktion BALZLI/KERBER, 59):

– *Sicherung:* des Gläubigers gegen Leistung des Schuldners an den falschen Ansprecher und des Schuldners vor Doppelzahlung;

– *Legitimation:* abgestuft nach Art des Wertpapiere;

– *Handelbarkeit/Verkehrsfähigkeit:* des Inhaber- und Ordrepapiers aufgrund einfacher Übertragung und Schutz des guten Glaubens;

– *Kapitalanlage-, Kredit- und Zahlungsmittel;*

– *Garantiefunktion:* Regress bei Wechsel und Check.

VI. Kasuistik

11 Die Wertpapiernatur einer Urkunde ist aufgrund der Umstände für jeden Einzelfall gesondert festzustellen (BGE 50 II 531; 43 II 801). Dies ist einfach bei jenen Urkunden, die von Gesetzes wegen Wertpapiere sind oder die ausdrücklich die Wertpapierklausel enthalten. Schwierig ist die Bestimmung der Wertpapiernatur dort, wo sich die Wertpapierklausel lediglich aus den Begleitumständen ergibt. Bsp.: Sparhefte (N 17). Ein bestimmter Wertpapiertyp kann zudem je nach Ausgestaltung verschiedenen Wertpapierarten angehören. Bsp. Aktie: Inhaberpapier, wenn auf den Inhaber lautend, Ordrepapier, wenn auf den Namen lautend. Die nachfolgenden Generalisierungen stehen unter diesem Vorbehalt (ausführliche Darstellungen einzelner Wertpapier- und Schuldurkunden-

1. Abschnitt: Allgemeine Bestimmungen   12–16 Art. 965

typen finden sich bei ZK-JÄGGI, N 266 ff.; JÄGGI/DRUEY/VON GREYERZ, 79 ff.; MEIER-HAYOZ/VON DER CRONE, 119 ff.; sehr anschaulich und praxisbezogen BOEMLE, 36 ff.).

Wertpapiere sind: 12

(a) Forderungspapiere: 13

- Wechsel und Check (Art. 990 ff., 1100 ff.; gesetzliche Ordrepapiere, ausser Inhabercheck);
- Kassenobligation (Inhaber- oder ausnahmsweise Namenpapier);
- Anleihensobligation (Art. 1156 ff.; im Normalfall Inhaberpapier; für die vielfältigen Erscheinungsformen in der Praxis vgl. BOEMLE, 109 ff.; MEIER-HAYOZ/VON DER CRONE, 275 ff., 303 ff.);
- Lotterielos (AppGer TI, SJZ 1958, 313);
- Optionsschein (ex Anleihensobligation oder als Warrant; BOEMLE, 141 f., 276 f.; MEIER-HAYOZ/VON DER CRONE, 311 ff);
- Notes (BOEMLE, 80 f.);
- Pfandbrief (BGE 123 III 16; gesetzliches Ordrepapier, wenn auf den Namen lautend; ZK-JÄGGI, Art. 1145 N 24);
- Anlagefondsanteilschein (Inhaberpapier oder gesetzliches Ordrepapier, Art. 108 Abs. 2 KAV);
- Versatzschein (ZK-JÄGGI, N 296; ZK-OFTINGER/BÄR, Art. 909 ZGB N 16a; **a.A.** OGer ZH, ZR 1923, 39; BK-WEBER, Art. 90 N 16);
- Inhaberobligation mit Grundpfandverschreibung (BGE 100 II 319; BGE 77 II 364 f. = Pra 1952, 80 f.).

(b) sachenrechtliche Papiere: 14

- Schuldbrief und Gült (Art. 842 ff. ZGB): Inhaberschuldbrief und Inhabergült sind Inhaberpapiere (Art. 989), auf den Namen lautende Schuldbriefe und Gülten sind gesetzliche Ordrepapiere (Art. 866, 872, 862 ZGB);
- Warenpapier (vgl. die Komm. zu Art. 1153 ff.; MEIER-HAYOZ/VON DER CRONE, 350 ff., 393 ff.; ZK-JÄGGI, Vorbem. zum 7. Abschnitt N 1 ff.);
- Konnossement (BGE 114 II 48 = Pra 1988, 754; MEIER-HAYOZ/VON DER CRONE, 365 ff.; BOEMLE, 70 ff.).

(c) Mitgliedschaftspapiere: 15

- Aktie: die Inhaberaktie (Art. 683) ist Inhaberpapier (Art. 981), die Namenaktie ist (gesetzliches) Ordrepapier, auch wenn sie vinkuliert ist (BGE 90 II 178 f.; 83 II 304 ff.); schliessen die Statuten die Übertragung der Namenaktie durch Indossament aus, wird diese zum Namenpapier (Rektaaktie; BGE 83 II 304);
- Aktienzertifikat (BGE 86 II 98);
- Dividendencoupon und Bezugschein (Art. 981; normalerweise Inhaberpapiere: BGE 99 III 20);
- PS und Genussschein (BÖCKLI, Aktienrecht, 540 ff.).

Keine Wertpapiere sind: 16

- Darlehensschuldschein;
- Depotschein, Hinterlegungsschein;
- Anteilschein der GmbH (Art. 784 Abs. 1, soweit nicht Namenpapier) und der Genossenschaft (Art. 853 Abs. 3);
- Warenpapier, das nicht den gesetzlichen Formvorschriften entspricht (Art. 1155);
- (i.d.R.) Versicherungspolice (BGE 45 II 261; 41 II 37; vgl. ZK-JÄGGI, 292 ff.; BK-WEBER, Art. 90 N 16);
- Kreditkarte, Checkkarte, Bargeldautomatenkarte (GUHL-DRUEY, 900);
- Wertrecht (N 24);
- «WIR»-Check (BGE 95 II 178 ff.);
- Wertrecht (N 24);
- Banknote (Art. 988 N 1).

17 Umstritten war in Rechtsprechung und Lehre der Wertpapiercharakter des **Sparheftes** (einschliesslich des Einlage- und Depositenheftes). Das BGer hat sich in BGE 117 II 167 f. der (dort zitierten) überwiegenden Lehrmeinung angeschlossen, das auf den Namen lautende Sparheft habe als Wertpapier zu gelten, wenn das Sparheftreglement verlangt, dass der Kunde das Heft für Bezüge vorlege. Dies sei als (doppelseitige) Präsentationsklausel zu verstehen. Damit ist wohl auch die Frage geklärt, ob das Namensparheft mit Inhaber-Legitimationsklausel (als hinkendes Inhaberpapier) und das Inhabersparheft Wertpapiere sind (was vom BGer in BGE 116 II 461 = Pra 1990, 987 und BGE 107 Ia 121 jeweils noch offen gelassen wurde). Voraussetzung ist jedoch das Fehlen wertpapierfeindlicher Klauseln im Sparheftreglement (vgl. z.B. BGE 67 II 31; zum Ganzen GUHL-DRUEY, 899 f.; BK-WEBER, Art. 90 N 16).

18 Einen Sonderfall bilden die **Karten und Marken des täglichen Verkehrs.** Ihre rechtliche Einordnung kann im Einzelfall schwierig sein, ist jedoch meistens aufgrund der geringfügigen verurkundeten Leistung von kleiner praktischer Bedeutung. Sie sind regelmässig nicht Wertpapiere, sondern Beweisurkunden, oft in der Form des unvollkommenen Inhaberpapiers (vgl. ZK-JÄGGI, N 297 ff., Art. 978 N 99 ff.; JÄGGI/DRUEY/VON GREYERZ, 50 f., 88 ff.). Zu den Karten und Marken des täglichen Verkehrs gehören Eintrittskarten, Bahnbillets, Garderobenmarken, Reparaturscheine, Gepäckempfangsscheine, Parking-Tickets, Bankettkarten, Kinobillets (BGE 80 II 34 f.), auf den Namen lautende Dauerkarten, etc (vgl. dazu GUHL-DRUEY, 901; BK-WEBER, Art. 90 N 17).

VII. Entmaterialisierung der Wertpapiere

19 Insbesondere bei den Kapitalmarktpapieren geht die Entwicklung heute dahin, Wertpapiere nur noch durch Finanzintermediäre zu verwahren und zu übertragen und das physische Wertpapier durch obligatorische Wertrechte zu ersetzen. Die Stichworte sind **«mediatisierte Wertpapierverwahrung»** (Botschaft E-BEG, 9321 ff.; CHK-KUHN, N 14) und **«Entmaterialisierung der Wertpapiere»** oder der Übergang von einem sachenrechtlichen zu einem schuldrechtlichen Konzept (ZOBL/LAMBERT, 118). Dabei konnten Rationalisierungskonzepte geschaffen werden, welche den Verlust der Wertpapierfunktionen ausgleichen und den Anlegerschutz nicht beeinträchtigen (vgl. ZOBL/LAMBERT, 134 ff., die darauf hinweisen, dass die Anleger das früher in die Urkunde gesetzte Vertrauen heute in ihre Bank verlagern).

1. Abschnitt: Allgemeine Bestimmungen **20–23 Art. 965**

Die **Sammelverwahrung** von Wertpapieren beruht auf vertraglicher Vereinbarung zwi- **20** schen Bank und Bankkunde. Die Banken lassen sich im Depotreglement (AGB zum Depotvertrag) regelmässig ausdrücklich zur internen oder externen Sammelverwahrung ermächtigen (MEIER-HAYOZ/VON DER CRONE, 325 f.; BSK OR I-KOLLER, Art. 484 N 9; Finanzmarkt-Lexikon-ZOBL, 298). Die vertragliche Vereinbarung zwischen Bank und Kunde führt zu einem sog. Vermengungsdepot i.S.v. Art. 484 (welcher auch auf die gewöhnliche Hinterlegung anwendbar ist: BGE 112 II 415; BSK OR I-KOLLER, Art. 484 N 1).

(a) Bei der **internen Sammelverwahrung** (Haussammelverwahrung) verwahrt die **21** Bank die bei ihr von Kunden hinterlegten Wertschriften selbst. Der Bankkunde hat modifiziertes oder labiles Miteigentum an den sammelverwahrten Wertschriften (BGE 112 II 414 f.; BSK OR I-KOLLER, Art. 484 N 9; ZK-HAAB/SIMONIUS/SCHERRER/ZOBL, Art. 727 ZGB N 94a ff.; MEIER-HAYOZ/VON DER CRONE, 327). Der einzelne Bankkunde kann jederzeit die Teilung des Miteigentums durch das Begehren auf Herausgabe einer seinem Anteil entsprechenden Menge verlangen, ohne dass es dazu der Mitwirkung der übrigen Deponenten bedarf. Neben dem obligatorischen Herausgabeanspruch steht dem Bankkunden zudem die Vindikationsklage gemäss Art. 641 Abs. 2 ZGB zur Verfügung. Die Übertragung von sammelverwahrten Wertschriften erfolgt faktisch durch reine Buchungsvorgänge zwischen den Beteiligten, welche das Wertpapier physisch nicht berühren; sachenrechtlich kann dies die Form der Besitzanweisung oder eines anderen Übertragungssurrogates annehmen (ZOBL/LAMBERT, 132). Geltendmachungs- und Legitimationsfunktion sowie Verkehrsschutzfunktion büsst das Wertpapier bei der Sammelverwahrung faktisch ein (vgl. ausführlich ZOBL/LAMBERT, 133).

(b) Die **externe Sammelverwahrung** (Drittsammelverwahrung) unterscheidet sich von **22** der internen Sammelverwahrung dadurch, dass zwischen der Sammeldepotzentralstelle und dem Bankkunden keine vertragsrechtlichen Beziehungen bestehen und der Bankkunde keinen obligatorischen Herausgabeanspruch gegen die Zentrale hat (BSK OR I-KOLLER, Art. 484 N 10; MEIER-HAYOZ/VON DER CRONE, 326). Hingegen ist die vertragliche Vereinbarung zwischen Sammeldepotzentrale und Bank einerseits und Bank und Bankkunden andererseits in der Praxis so ausgestaltet, dass der Kunde an den bei der Sammeldepotstelle hinterlegten Wertschriften Miteigentum hat, welches der Kunde mit Vindikationsklage gemäss Art. 641 Abs. 2 ZGB geltend machen kann (BGE 102 III 101; BSK OR I-KOLLER, Art. 484 N 10; ZOBL/LAMBERT, 135). Die externe Sammelverwahrung ist heute die Regel und ermöglicht den Effektengiroverkehr, bei dem Wertpapiere von Bank zu Bank im nationalen wie internationalen Verhältnis nur noch buchmässig, ohne physische Lieferung, übertragen werden (Finanzmarkt-Lexikon-HÄBERLI, 932). Der technische Rationalisierungseffekt der Sammelverwahrung ist enorm (MEIER-HAYOZ/VON DER CRONE, 326). Die für den schweizerischen Wertpapiermarkt lokal und im grenzüberschreitenden Verhältnis wichtigsten Girozentralen sind *SIS, Clearstream, Euroclear,* und *CRESTCo* (vgl. Finanzmarkt-Lexikon-AMMANN, 962 f.; Finanzmarkt-Lexikon-FREY, 244 f., 401 f.; EMCH/RENZ/ARPAGAUS, Das schweizerische Bankgeschäft, 6. Aufl. 2004, 659). Der Funktionsverlust der Wertpapiere durch externe Sammelverwahrung entspricht demjenigen der internen Sammelverwahrung.

Die **Globalurkunde** verbrieft eine ganze Wertpapieremission und tritt an die Stelle von **23** Einzeltiteln (Finanzmarkt-Lexikon-HÄBERLI, 518). Die «*Globalurkunden auf Dauer*» sind heute die übliche Art der Verbriefung von kotierten Inhaberpapieren an der SWX (vgl. «*Richtlinie der Schweizerischen Zulassungsstelle betr. Verbriefung von Valoren* vom 1.9.1997). Dabei steht das Recht, die Auslieferung von physischen Einzelurkunden zu veranlassen, nur dem Federführer resp. dem Emittenten zu. wobei einzelne schweizerische Gesellschaften auch diese Möglichkeit für ihre Aktien in den Statuten gänzlich ausschliessen (Finanzmarkt-Lexikon-HÄBERLI, 518). Auch an der Globalurkunde besteht Miteigentum der Beteiligten, jedoch beschränkt auf eine Urkunde und nicht auf eine Summe von Einzelurkunden. Die Situation bei der Globalurkunde hinsichtlich Übertragungs-, Geltendmachungs- und Legitimationsfunktion sowie Verkehrsschutzfunktion entspricht derjenigen bei der Sammelverwahrung von Einzelurkunden.

24 Der letzte Schritt der Entmaterialisierung ist die Ablösung des Wertpapieres durch das **Wertrecht.** Beim Wertrecht fehlt die Verbriefung. Voraussetzung für das Wertrecht ist, dass die wertpapierrechtliche Verurkundung für die Entstehung des Rechtes deklaratorischer und nicht konstitutiver Natur ist. Das ist sowohl bei Aktien wie Darlehensforderungen der Fall. Wertrechte treten in der Schweiz in folgenden Formen auf:

– *Schuldbuchforderungen des Bundes* (vgl. Näheres bei MEIER-HAYOZ/VON DER CRONE, 332).

– *Geldmarktbuchforderungen* (vgl. Näheres bei BRUNNER, 113 ff.; ZOBL/LAMBERT, 129 f., Finanzmarkt-Lexikon-THOMANN, 480).

– *Namenaktien mit aufgeschobenem Titeldruck* (SIS-Namenaktiensystem) (vgl. für Einzelheiten FORSTMOSER/LÖRTSCHER, 50 ff.; VON BALLMOOS, 166 ff.; BRUNNER, 121 ff.).

Wertrechte präsentieren nur obligatorische Rechte. Sie unterstehen in Bezug auf ihre Übertragbarkeit dem Zessionsrecht (Art. 164 ff.). Faktisch ist die Übertragung, Verpfändung und Ausübung des buchmässigen Rechtes genau gleich gewährleistet wie bei sammelverwahrten Wertpapieren (MEIER-HAYOZ/VON DER CRONE, 332).

24a Nachdem die Wertrechte in Art. 2 lit. a BEHG ausdrückliche gesetzliche Anerkennung gefunden haben, steht nun angesichts deren praktischen Bedeutung (vgl. MEIER-HAYOZ/VON DER CRONE, 334) mit dem E-BEG die von der Lehre schon lange geforderte gesetzliche Regelung an. Mit der *Bucheffekte* soll ein neues Vermögensobjekt sui generis geschaffen werden (Art. 3 E-BEG). Zentral ist die Entstehung und Uebertragung von Bucheffekten durch die Anerkennung der konstitutiv rechtsbegründenden Wirkung von Gutschriften und Belastungen (Buchungen) in Effektenkonten. Bucheffekten sollen gemäss Art. 6 E-BEG durch Hinterlegung von Wertpapieren oder Globalurkunden bei der Verwahrungsstelle oder im Falle von Wertrechten durch Eintragung in einem von der Verwahrungsstelle geführten Buch (Hauptregister), immer zusammen mit gleichzeitiger Gutschrift im Effektenkonto, entstehen. Die Übertragung soll durch Weisung des Kontoinhabers an die Verwahrungsstelle und Gutschrift der Bucheffekten im Konto des Erwerbers erfolgen (Art. 24 E-BEG). Art. 25 und 26 E-BEG regeln die Bestellung von Sicherheiten an Bucheffekten. Im Übrigen sollen neben technischen Aspekten auch die typischen Risiken des Anlegers bei der Wertpapierverwahrung durch Intermediäre abgedeckt werden (Unterbestand geregelt in Art. 11 ff., Art. 19 E-BEG, Absonderung in Art. 17 f.). *Sammelverwahrung, Globalurkunden und Wertrechte* sollen ausdrücklich durch neue Bestimmungen in der fünften Abteilung des OR geregelt werden (Art. 973a, 973b und 973c gemäss Anhang Ziff. 3 E-BEG). Insbesondere sollen Wertrechte gemäss Art. 973c E durch Eintrag in das vom Schuldner geführte Buch entstehen. Die Verfügung soll nach den Vorschriften über die Abtretung (Art. 164 ff.) und die Forderungsverpfändung (Art. 899 ff. ZGB) erfolgen, womit Art. 965 ff. für Aktien und Obligationen erheblich an Bedeutung verlieren werden. Vgl. zum Ganzen Botschaft E-BEG; VON DER CRONE/KESSLER/GERSBACH; KUHN; STEINER/BÜCHI. Zum Haager Wertpapierübereinkommen vgl. Art. 967 N 18a.

1. Abschnitt: Allgemeine Bestimmungen   **Art. 966**

Weitere Entwicklungen stehen im Grundpfandrecht (papierloser Register-Schuldbrief, vgl. WIEGAND/BRUNNER, 22 ff.) und bei den Warenpapieren (elektronisches Seekonossement, vgl. CHK-KUHN, N 18) an.   24b

VIII. IPR

Der *Inhalt* des durch ein Wertpapier verurkundeten Rechtes bestimmt sich nach dem auf das **Grundverhältnis** zwischen Aussteller und erstem Nehmer anwendbaren Recht. Für Mitgliedschaftspapiere gilt gemäss Art. 154 IPRG i.V.m. Art. 155 lit. f IPRG das Recht des Ortes der Inkorporation, sofern die Gesellschaft die im Organisationsstaat bestehenden Vorschriften erfüllt, subsidiär (bei Fehlen von Vorschriften im Organisationsstaat) das Recht des Staates, in dem die Gesellschaft tatsächlich verwaltet wird (Gesellschaftsstatut). Bei Rechten aus Forderungspapieren ist bei Fehlen einer Rechtswahl regelmässig das Recht des Staates anwendbar, in welchem der Schuldner seinen gewöhnlichen Aufenthalt oder seine Niederlassung hat (Art. 117 IPRG). Rechtswahl ist zulässig, und von ihr wird bei Kapitalmarktforderungspapieren praktisch immer Gebrauch gemacht.   25

Die Frage, **wann** eine Urkunde ein **Wertpapier** ist (oder *«welche Bedeutung der Urkunde bei der Erfüllung des verurkundeten Rechtes zukommt»*, ZK-JÄGGI, Vorbem. zum 33. Titel N 25), wird durch das IPRG nicht beantwortet. Sie ist nach der Verkehrssitte und dem Recht am Ort der Inkorporation oder des gewöhnlichen Aufenthaltes des Ausstellers oder bei Massenpapieren (z.B. Obligationenanleihen) am Emissionsort zu beurteilen (ZK-JÄGGI, Vorbem. zum 33. Titel N 26; BSK BEHG-DAENIKER/WALLER, Art. 2 lit. a–c N 18).   26

Für Wechsel und Check bestehen gesetzliche Sondervorschriften (Art. 1086–1095, 1138–1142, 1143 Ziff. 21).   27

Art. 966

B. Verpflichtung aus dem Wertpapier	¹ Der Schuldner aus einem Wertpapier ist nur gegen Aushändigung der Urkunde zu leisten verpflichtet. ² Der Schuldner wird durch eine bei Verfall erfolgte Leistung an den durch die Urkunde ausgewiesenen Gläubiger befreit, wenn ihm nicht Arglist oder grobe Fahrlässigkeit zur Last fällt.
B. Obligations dérivant du papier-valeur	¹ Celui dont la dette est incorporée dans un papier-valeur n'est tenu de payer que contre la remise du titre. ² Sauf dol ou négligence grave de sa part le débiteur est libéré par un paiement à l'échéance entre les mains de la personne à qui le titre confère la qualité de créancier.
B. Obbligo derivante dal titolo di credito	¹ Il debitore d'un titolo di credito non è tenuto ad adempiere la prestazione se non contro consegna del titolo. ² Il debitore, qualora non gli sia imputabile dolo o negligenza grave, si libera soddisfacendo alla scadenza il creditore che risulta dal titolo.

Literatur

Vgl. die Literaturhinweise bei den Vorbem. zu Art. 965–1155.

I. Allgemeines. Normzweck

1 Entgegen dem Wortlaut des Randtitels regelt Art. 966 nicht die Verpflichtung aus dem Wertpapier, sondern die **Bedeutung des Wertpapieres bei der Geltendmachung des verbrieften Rechtes** (ZK-JÄGGI, N 1). Geltendmachung i.S.v. Art. 966 bedeutet die Aufforderung des Gläubigers (Ansprechers) an den Schuldner, die durch das Wertpapier verbriefte Schuld zu leisten (oder im Falle der Anweisung die Aufforderung an den Angewiesenen, die angewiesene Leistung zu erbringen). Art. 966 regelt zwei Tatbestände, nämlich denjenigen der Geltendmachung *ohne Vorweisung* der Urkunde (Art. 966 Abs. 1) und denjenigen der Geltendmachung *unter Vorweisung* der Urkunde (Art. 966 Abs. 2). Art. 966 betrifft somit zwei spezifische Rechtsfragen, die sich bei der Geltendmachung eines wertpapierrechtlich verbrieften Rechtes stellen können. Sie sind insofern Ausschnitte aus dem Legitimationsrecht (ZK-JÄGGI, N 6). Zum *Legitimationsrecht* im Allgemeinen vgl. ZK-JÄGGI, N 7 ff.; JÄGGI/DRUEY/VON GREYERZ, 33 ff.

II. Geltendmachung ohne Vorweisung des Wertpapieres (Abs. 1)

2 Art. 966 Abs. 1 regelt den Tatbestand der **Geltendmachung ohne Vorweisung** des Wertpapieres. Vorgewiesen wird ein Wertpapier i.d.R. durch physisches Vorlegen durch den Gläubiger aufgrund seines unmittelbaren Besitzes oder durch einen Besitzdiener. Der Vorweisung gleichgestellt ist die Beweisführung des Ansprechers, dass das Wertpapier sich bereits im Besitze des Schuldners befindet, ohne dass dieser die Leistung bereits erbracht hat. ZK-JÄGGI (N 100) will sodann der Vorweisung auch den Sachverhalt gleichstellen, in welchem der Gläubiger seinen zumindest mittelbaren Besitz am Wertpapier und die Möglichkeit, darüber jederzeit nach Belieben verfügen zu können, sowie den gegenwärtigen Wortlaut der Urkunde nachweist.

3 **Rechtsfolge der Nichtvorweisung** ist die Verpflichtung des Schuldners, die vom Ansprecher einverlangte Leistung so lange zu verweigern, bis der Ansprecher die Urkunde vorweist oder deren gerichtliche Kraftloserklärung dartut (ZK-JÄGGI, N 102). Die Leistungsverweigerungspflicht des Schuldners bei Nichtvorlegung gilt für alle Wertpapiere.

4 Leistet der Schuldner ohne Vorlegung des Wertpapieres und ist der Ansprecher nicht der Berechtigte, führt dies zur **Nichtbefreiung des Schuldners.** Der wirkliche Gläubiger kann das verbriefte Recht weiterhin geltend machen (BGE 117 II 169). Ist der Nichtvorweiser der Berechtigte, wird der Schuldner zwar befreit (BGE 117 II 168), riskiert jedoch, einem Unberechtigten ein zweites Mal leisten zu müssen, wenn ein Ordrepapier oder Inhaberpapier von einem Dritten gutgläubig erworben wurde. Leistet der Schuldner an einen Bevollmächtigten, ohne dass dieser die Urkunde vorweist, wird er nicht befreit. Der Schutz des Vertrauens des Gläubigers in die wertpapiermässige Verbriefung geht dem Gutglaubensschutz nach Art. 34 Abs. 3 vor (BGE 117 II 169).

III. Geltendmachung unter Vorweisung der Urkunde (Abs. 2)

5 Bei der Geltendmachung unter **Vorweisung der Urkunde** ist zu unterscheiden zwischen der Geltendmachung durch den berechtigten Vorweiser und der Geltendmachung durch den unberechtigten Vorweiser.

6 Wird das Wertpapier durch den berechtigten Gläubiger vorgelegt und ist dieser durch den Urkundeninhalt als Gläubiger ausgewiesen, wird der Schuldner befreit, wenn er bei Verfall leistet. Dieser Tatbestand bildet den **Regelfall,** obwohl er durch Art. 966 nicht ausdrücklich geregelt ist.

1. Abschnitt: Allgemeine Bestimmungen 7–11 Art. 966

Abs. 2 regelt den Fall, dass der Ansprecher durch die Urkunde **als Gläubiger ausge-** 7
wiesen, dieser **Ausweis jedoch unrichtig** ist (ZK-JÄGGI, N 123). Direkte Anwendung
findet die Bestimmung nur für das *Namenpapier* und das *vollkommene Inhaberpapier,*
weil für das hinkende Inhaberpapier (Art. 976) und das Ordrepapier (Art. 1030 Abs. 3)
Sonderbestimmungen bestehen, die in Nuancen abweichen.

Für das vollkommene und hinkende Inhaberpapier und das Ordrepapier ist Abs. 2 aber
insofern von genereller praktischer Bedeutung, als er den Grundsatz der Legitimationsklausel, wonach sich der Schuldner durch Leistung an den durch die Urkunde ausgewiesenen Vorleger befreit, insoweit einschränkt, indem die befreiende Wirkung dann
nicht eintritt, wenn der Schuldner arglistig oder grob fahrlässig gehandelt hat. Diese
Rechtsfolge ist zwingender Natur und kann rechtsgeschäftlich nicht abgeändert werden
(ZK-JÄGGI, N 175).

Der Gläubigerausweis *«durch die Urkunde»* erfolgt beim **Inhaberpapier** durch blosse 8
Vorweisung der Urkunde.

Beim **Namenpapier** muss der Inhalt der vorgewiesenen Urkunde den Ansprecher als 9
Gläubiger bezeichnen. Dies ist dann der Fall, wenn (1) die Urkunde den Ansprecher
als ersten Nehmer bezeichnet und nach dem Urkundeninhalt nicht anzunehmen ist,
dass eine Rechtsnachfolge stattgefunden hat, oder (2) die Urkunde den Ansprecher als
letzten Rechtsnachfolger bezeichnet (durch echte, unverfälschte und lückenlose Rechtsnachfolgevermerke). Ist der letzte Übertragungsvermerk ein Blankovermerk (Blankoindossament beim Ordrepapier oder Blankozession beim Namenpapier), ist der Vorweiser
durch die Urkunde dann ausgewiesen, wenn nach dem weiteren Urkundeninhalt nicht
anzunehmen ist, er sei nicht letzter Rechtsnachfolger. Kein Ausweis *«durch die Urkunde»* liegt vor und der Schuldner wird nicht befreit, wenn:

– die Urkunde den Ansprecher nicht als Gläubiger bezeichnet und keinen Blankovermerk aufweist;
– die Urkunde den Ansprecher zwar als Gläubiger bezeichnet, aber diese Bezeichnung
  durch spätere Rechtsnachfolgevermerke auf der Urkunde überholt ist;
– die Urkunde den Ansprecher als letzten Rechtsnachfolger bezeichnet, der entsprechende Vermerk oder Blankovermerk jedoch nicht von lückenlosen Rechtsnachfolge-
  vermerken gedeckt ist.

Der durch die Urkunde erbrachte **Gläubigerausweis** ist **unrichtig,** wenn die materielle 10
Rechtslage zur Zeit der Geltendmachung mit ihm nicht übereinstimmt. Das ist dann der
Fall, wenn (1) der Ansprecher entgegen dem mit der Urkunde erbrachten Ausweis nicht
Gläubiger ist, oder (2) er zwar Gläubiger, aber zur Geltendmachung des Rechtes nicht
befugt ist (z.B. wegen des Bestandes beschränkter dinglicher Rechte, SchKG-Pfändung
oder Konkurs; ZK-JÄGGI, N 140). Der praktisch bedeutsamste Fall der Unrichtigkeit des
durch die Urkunde erbrachten Gläubigerausweises ist die ungerechtfertigte Vorweisung
eines Inhaberpapieres oder eines Ordre- oder Namenpapiers mit Blanko-Rechtsnachfol-
gevermerk durch einen Nichtberechtigten (für die Spezialfälle, die auf der Unrichtigkeit
der Gläubigerbezeichnung beruhen, vgl. ZK-JÄGGI, N 142 ff.).

Die Rechtsfolge von Art. 966 Abs. 2 tritt nur dann ein, wenn der Schuldner **«bei Ver-** 11
fall» leistet und ihm **«nicht Arglist oder grobe Fahrlässigkeit zur Last fällt».** Arglist
und Fahrlässigkeit bezeichnen zwei Arten bösen Glaubens. Der Ausdruck *«Arglist»*
stammt aus dem Wechselrecht (vgl. Art. 1030 Abs. 3). Arglist besteht bei Art. 966
Abs. 2 dann, wenn der Schuldner die Nichtberechtigung des Gläubigers kennt (ZK-
JÄGGI, N 150), z.B. weiss, dass die Urkunde gestohlen ist. Nicht nötig ist jedoch, dass

der Schuldner die Nichtberechtigung liquide nachweisen kann (so auch Cour de Justice Civil GE, SemJud 1954, 614; offengelassen in BGE 123 IV 143; **a.M.** ZK-JÄGGI, N 150 für das Ordrepapier und Inhaberpapier). Woher die Kenntnis der Nichtberechtigung kommt, ist unerheblich. Deshalb hat der Schuldner ihm zugegangene Anzeigen des Rechtsüberganges oder einer Verfügungsbeschränkung zu beachten (ZK-JÄGGI, N 152). Der Schuldner leistet dann *ohne grobe Fahrlässigkeit,* wenn er die Unrichtigkeit des Gläubigerausweises nicht kennt und diese Unkenntnis nicht darauf beruht, dass er elementarste Sorgfaltsregeln ausser Acht gelassen hat (ZK-JÄGGI, N 153). Leichte Fahrlässigkeit wird durch Abs. 2 der unverschuldeten Unkenntnis gleichgesetzt. Der gute Glaube gemäss Abs. 2 ist somit für den Schuldner günstiger als derjenige nach Art. 3 Abs. 2 und 933 ZGB (MEIER-HAYOZ/VON DER CRONE, 35). Für das Mass der aufzuwendenden Sorgfalt ist auf die Umstände des Einzelfalles abzustellen. Bsp.: Zession zugunsten des Ansprechers ist durch den Ehemann der bisherigen Gläubigerin ausgestellt, und der Schuldner weiss, dass die Eheleute getrennt leben und der Ansprecher mit dem Ehemann gut befreundet ist (ZK-JÄGGI, N 154). Gemäss ZK-JÄGGI (N 154) ist zudem die Nichtbeachtung qualifiziert öffentlich bekannt gemachter Tatsachen unabhängig von deren Kenntnisnahme durch den Schuldner immer als grobe Fahrlässigkeit aufzufassen. Bsp.: Konkurs des Ansprechers. Die Leistung darf *nicht vor Verfall* erfolgen. Leistet der Schuldner vor Verfall, tritt die befreiende Wirkung der Leistung nicht ein. Leistung vor Verfall kann als gesetzlich unwiderlegbare grobe Fahrlässigkeit aufgefasst werden (ZK-JÄGGI, N 156).

12 Ist der Tatbestand von Abs. 2 erfüllt, tritt als **Rechtsfolge** die **Befreiung des Schuldners** gegenüber dem wirklichen Gläubiger ein. Der Schuldner muss alsdann die geschuldete Leistung dem wirklichen Gläubiger kein zweites Mal erbringen. Das Verhältnis des Schuldners zum Gläubiger gestaltet sich so, als ob der Schuldner dem Gläubiger geleistet hätte. War der Ansprecher zwar Gläubiger, aber infolge einer Verfügungsbeschränkung zur Einziehung nicht befugt, tritt die Befreiung nicht nur zwischen Schuldner und Gläubiger, sondern auch zwischen Schuldner und dem beschränkt Berechtigten ein: *«Der Schutz des gutgläubigen Schuldners geht dem Schutz des beschränkt Berechtigten vor»* (ZK-JÄGGI, N 166). Abs. 2 regelt einzig die Rechtsfolge zwischen Schuldner und Gläubiger (und beschränkt Berechtigtem). Das Verhältnis zwischen Gläubiger und Ansprecher oder beschränkt Berechtigtem und Gläubiger beurteilt sich nach den allgemeinen Regeln des Bereicherungs- und Deliktrechtes.

IV. Verwandte Tatbestände

13 ZK-JÄGGI (N 177 ff.) unterscheidet verschiedene **verwandte Tatbestände,** bei denen **Abs. 2 keine Anwendung** finden soll. Die praktisch wichtigsten Fälle sind die Leistung des Schuldners aufgrund einer unechten Urkunde oder eines unechten Rechtsnachfolgevermerkes auf der Urkunde selbst oder in einem separaten Dokument (z.B. Zession, amtliche Übertragungsbescheinigung) sowie die Täuschung des Schuldners über die Identität des Gläubigers oder die Vertretungsbefugnis eines allfälligen Vertreters.

14 Soweit der Schuldner aufgrund einer **unechten Urkunde** oder eines **unechten Rechtsnachfolgevermerkes** auf oder ausserhalb der Urkunde leistet, ist Abs. 2 deshalb nicht anwendbar, weil das Wertpapier den Ansprecher nicht als Gläubiger ausweist (ZK-Jäggi, N 178, 196; so schon BGE 26 II 357). Somit wird der Schuldner nicht befreit, hat aber (neben den Ansprüchen gegenüber dem Fälscher) allenfalls Schadenersatz- oder Bereicherungsansprüche gegenüber dem Ansprecher und dem wirklichen Gläubiger (und allenfalls umgekehrt, wenn den Schuldner, welcher die Leistung verweigert,

1. Abschnitt: Allgemeine Bestimmungen   **Art. 967**

ein Verschulden hinsichtlich der Fälschung trifft; BGE 26 II 358). Art. 1030 Abs. 3 stellt für den Wechsel die (für alle Ordrepapiere geltende; ZK-JÄGGI, N 188) Sonderregel auf, dass der Schuldner die Echtheit der Unterschriften der Indossanten nicht zu prüfen hat.

Der Schuldner hat die **Identität des Gläubigers** und die **Vertretungsbefugnis** eines als Vertreter des Gläubigers auftretenden Ansprechers zu prüfen. Unterlässt er dies und täuscht er sich über die Identität des Gläubigers oder über die Vertretungsbefugnis, tritt keine Befreiung nach Art. 966 Abs. 2 ein. Diese Regel hat lediglich praktische Bedeutung für das einfache Namenpapier, da beim vollkommenen und hinkenden Inhaberpapier die blosse Vorlegung der Urkunde genügt, um den Ansprecher als berechtigten Gläubiger auszuweisen. Unklar ist, ob Art. 1030 Abs. 3 für das Ordrepapier auch hinsichtlich der Überprüfung der Identität und der Vertreterbefugnis eine Sonderregel aufstellt (so ZK-JÄGGI, N 199). Aus dem Wortlaut von Art. 1030 Abs. 3 ergibt sich dies jedenfalls nicht.   **15**

V. IPR

Vgl. Art. 965 N 25 f.   **16**

Art. 967

C. Übertragung des Wertpapiers I. Allgemeine Form	¹ Zur Übertragung des Wertpapiers zu Eigentum oder zu einem beschränkten dinglichen Recht bedarf es in allen Fällen der Übertragung des Besitzes an der Urkunde.
	² Bei Ordrepapieren bedarf es überdies der Indossierung, bei Namenpapieren einer schriftlichen Erklärung, die nicht auf das Wertpapier selbst gesetzt werden muss.
	³ Durch Gesetz oder Vertrag kann für die Übertragung die Mitwirkung anderer Personen, wie namentlich des Schuldners, vorgeschrieben werden.
C. Transfert I. Forme ordinaire	¹ Pour transférer la propriété d'un papier-valeur ou le grever de quelque autre droit réel, il faut dans tous les cas le transfert de possession du titre.
	² Il faut en plus pour les titres à ordre un endossement, et pour les titres nominatifs une déclaration écrite, qui ne sera pas nécessairement insérée sur le titre même.
	³ La loi ou la convention peut prévoir, pour le transfert, la coopération d'autres personnes, en particulier du débiteur.
C. Trasferimento del titolo di credito I. Forma generale	¹ Il trasferimento del titolo di credito, allo scopo sia di trasmetterne la proprietà sia di gravarlo d'un diritto reale limitato, esige in tutti i casi la traslazione del possesso del titolo.
	² Per i titoli all'ordine occorre inoltre una girata e per i titoli nominativi una dichiarazione scritta, che non deve necessariamente farsi sul titolo stesso.
	³ La legge o una convenzione può subordinare il trasferimento all'intervento di altre persone, in particolar modo del debitore.

Literatur

Vgl. die Literaturhinweise bei den Vorbem. zu Art. 965–1155.

I. Allgemeines. Normzweck

1 Art. 967 regelt für alle Wertpapiere die **Übertragung zu Eigentum oder zu einem beschränkten dinglichen Recht,** soweit diese auf Vertrag beruht (ZK-JÄGGI, N 1). Dazu bedarf es zweierlei: Einer *Übertragung des Besitzes* an der Urkunde (Abs. 1) und eines *Übertragungsvertrages* (Abs. 2). Soweit sich dieser auf die Übertragung eines Ordrepapiers oder Namenpapiers bezieht, stellt Abs. 2 für den Übertragungsvertrag besondere *Formvorschriften* auf.

2 **Gegenstand des Übertragungsvertrages** ist in erster Linie das im Wertpapier verurkundete Recht (*«Recht aus dem Papier»*). Notwendig ist aber auch die Übertragung der Urkunde selbst (*«Recht am Papier»*); diese hat aber insofern keine selbständige Bedeutung, als sie immer auch die Übertragung des verurkundeten Rechtes bezweckt. Insofern umfasst das Wort «Wertpapier» im Randtitel und in Abs. 1 nicht nur das Papier, sondern auch das durch das Papier verurkundete Recht (ZK-JÄGGI, N 5). Der Übertragungsvertrag bewirkt eine Übertragung zu vollem Recht (Eigentum, Art. 713 ff. ZGB) oder zu einem beschränkten dinglichen Recht (Nutzniessung, Art. 745 ff. ZGB; Pfandrecht, Art. 899 ff. ZGB).

II. Übertragung des Besitzes (Abs. 1)

3 Das Erfordernis der Besitzübertragung gilt für alle Wertpapiere. Unabdingbar ist die Besitzübertragung deshalb, weil die Urkunde zur Geltendmachung des verurkundeten Rechts notwendig ist (JÄGGI/DRUEY/VON GREYERZ, 57). Anwendbar sind die **allgemeinen Regeln der Besitzübertragung** (Art. 922 ff. ZGB), wobei jede Art der Besitzübertragung genügt (BGE 98 IV 243). Art. 967 Abs. 1 prägt keinen besonderen wertpapierrechtlichen Begriff der Besitzübertragung, sondern enthält lediglich eine Verweisung auf die allgemeinen sachenrechtlichen Regeln (BGE 93 II 479 f.; ZK-JÄGGI, N 32 ff. zu den einzelnen Arten der Besitzübertragung).

4 Abs. 1 ist nicht anwendbar auf die Übertragung eines **unverurkundeten Rechtes.** Hauptfall ist die Übertragung der (unverurkundeten) Aktionärsstellung, deren wertpapierrechtliche Verbriefung nur deklaratorischer Natur ist und in der Praxis häufig unterlassen wird. Ist die Aktionärsstellung nicht in einem Wertpapier verbrieft, kann sie nach den allgemeinen Grundsätzen durch Zession (Art. 164 ff.), allenfalls verbunden mit einem schriftlichen Pfandvertrag (Art. 900 Abs. 1 ZGB), übertragen werden.

5 Der Gläubiger, welcher die Urkunde **nicht besitzt,** weil sie verloren gegangen oder sich im Besitz eines unberechtigten Dritten befindet, kann diese dennoch nach den allgemeinen Regeln der Eigentumsübertragung an verlorener oder im Fremdbesitz befindlicher Fahrnis ohne Besitzesübertragung zu Eigentum oder Nutzniessung (nicht jedoch zur Begründung eines Pfandrechtes!) übertragen (ZK-JÄGGI, N 83). Hingegen sieht sich der besitzlose Erwerber der Gefahr ausgesetzt, dass der Schuldner gutgläubig mit befreiender Wirkung an den Papierbesitzer leistet (Art. 966 Abs. 2).

III. Form des Übertragungsvertrages (Abs. 2)

1. Inhaberpapier

6 Art. 967 ist auf alle Wertpapiere anwendbar. Nachdem Art. 967 Abs. 2 nur für das Ordrepapier und das Namenpapier, nicht jedoch für das Inhaberpapier, eine besondere Form des Übertragungsvertrages vorsieht, folgt daraus, dass der Übertragungsvertrag bei einem Inhaberpapier **keiner Formvorschrift** unterliegt (ZK-JÄGGI, N 84).

Verpfändet wird das Inhaberpapier wie Fahrnis (Art. 988, 901 Abs. 1, Art. 899 ZGB). 7
Einfache Übergabe des Inhaberpapiers ohne schriftlichen Pfandvertrag genügt. Alle Arten der Besitzübertragung sind zulässig (BGE 81 II 341). Ist die Inhaberpapiernatur der zu verpfändenden Urkunde jedoch nicht eindeutig feststellbar, empfiehlt sich der Abschluss eines schriftlichen Pfandvertrages nach Art. 900 ZGB (BOEMLE, 26).

2. Ordrepapier

Indem Art. 967 Abs. 2 für das Ordrepapier auf die **Indossierung** verweist, schreibt er 8
für den Übertragungsvertrag Schriftlichkeit vor. Gemäss Art. 1003 Abs. 1, der durch den Verweis in Art. 968 Abs. 1 auf das Ordrepapier Anwendung findet, muss das Indossament vom Indossanten unterschrieben sein. Für Näheres vgl. die Komm. zu Art. 968 und 1003.

Art. 967 Abs. 2 schliesst bei Ordrepapieren die Übertragung durch **Abtretung** nicht aus 9
(BGE 124 III 353; 90 II 179). Jedoch ist bei Übertragung eines Ordrepapiers durch Zession selbstverständlich auch Schriftlichkeit (Art. 165 Abs. 1) vorgeschrieben.

Die Übertragung durch Indossament ist nichts anderes als eine auf dem Wertpapier 10
selbst angebrachte Abtretungserklärung, die sich in der Form nicht von der Zession unterscheidet. Der praktisch bedeutsame Unterschied zwischen Indossament und Abtretung liegt beim Ordrepapier beim Eintritt der **wertpapiermässigen Wirkungen des Indossamentes** (Art. 1004 ff.), insb. des Einredenausschlusses (Art. 1007, 1146; s. für Einzelheiten ZK-JÄGGI, Art. 1146 N 21). Zu beachten ist, dass jeder auf einem Ordrepapier angebrachte Übertragungsvermerk ein Indossament ist und somit die wertpapierrechtlichen Wirkungen entfaltet (ZK-JÄGGI, N 95; unklar BGE 81 II 202). In beiden Fällen, bei Zession und Abtretungserklärung, bedarf lediglich die Erklärung des Veräusserers der schriftlichen Form (Art. 13 Abs. 1).

Die **Verpfändung** eines Ordrepapiers kann durch Übergabe der Urkunde i.V.m. Indos- 11
sament oder Zession, Verpfändungserklärung auf der Urkunde oder in besonderer Verpfändungsurkunde (Pfandvertrag) erfolgen (BGE 81 II 204 f.; 61 II 332 f.; 42 III 296 ff.).

3. Namenpapier

Das Namenpapier kann nur durch **Abtretung** übertragen werden. Somit bedarf auch 12
beim Namenpapier die Verpflichtung des Übertragenden im Übertragungsvertrag der Schriftform (Art. 165, 12 ff.) Die Forderungsabtretung kann auf dem Namenpapier selbst (Vorder- oder Rückseite) oder in einer separaten Urkunde erfolgen. Soweit die Abtretung auf dem Namenpapier erfolgt, bleibt sie Abtretung und entfaltet lediglich die Wirkungen der Abtretung. Die wertpapierrechtlichen Wirkungen eines Indossamentes treten nicht ein (so ausdrücklich Art. 1001 Abs. 2 für den Rektawechsel und Art. 1108 Abs. 2 für den Rektacheck). Die Abtretung kann in Blankoform erfolgen, sei es, dass sie offen lässt, zu wessen Gunsten abgetreten wird, sei es, dass sie ausdrücklich zugunsten des Inhabers erfolgt.

Im Gegensatz zum Inhaber- und Ordrepapier bleiben dem Schuldner bei Abtretung 13
eines Namenpapiers alle **Einreden** erhalten (Art. 169). Davon ausgenommen sind die Einrede, dass die Forderung laut Abrede mit dem ersten Nehmer nicht abtretbar ist, wenn sich das Abtretungsverbot nicht aus der Urkunde selbst ergibt (Art. 164 Abs. 2). Ebenfalls ausgenommen ist die Einrede der Simulation (Art. 18 Abs. 2).

14 Die **Verpfändung** der durch ein Namenpapier verurkundeten Forderung erfolgt ebenfalls durch Abtretung und Übergabe der Urkunde (Art. 901 Abs. 2 ZGB). Dadurch wird der Pfandberechtigte der am Namenpapier Vollberechtigte, ist jedoch aufgrund fiduziarischer Abrede verpflichtet, seine überschiessende Rechtsmacht nur insoweit auszuüben, als dies zur Geltendmachung seines Pfandrechtes notwendig ist. Die Forderung aus Namenpapier kann auch nach den Regeln für die Verpfändung der einfachen Schuldurkunde, nämlich durch schriftlichen Pfandvertrag und Übergabe der Urkunde (Art. 900 Abs. 1 ZGB), verpfändet werden.

IV. Nicht-rechtsgeschäftliche Übertragung

15 Art. 967 gibt keine Antwort auf die Frage, wie sich der Übergang der durch ein Wertpapier verurkundeten Forderung gestaltet, wenn dieser nicht auf einem Vertrag beruht (nicht-rechtsgeschäftlicher Übergang). Zu denken ist an den Gläubigerwechsel durch Erbgang, Ehegüterrecht, Subrogation (Art. 110), Urteil, Zwangsverwertung, gesellschaftsrechtliche Sachverhalte wie Fusion, gesetzliches Pfandrecht und gesetzliche Nutzniessung beim Erbgang. Der **nicht-rechtsgeschäftliche Übergang** richtet sich nach den allgemeinen Vorschriften, die auf den nicht-rechtsgeschäftlichen Tatbestand anwendbar sind (ZK-JÄGGI, N 188). Beim Ordre- und Namenpapier stellt sich beim nicht-rechtsgeschäftlichen Übergang der Forderung die Frage, wie die Legitimation des Erwerbers durch Indossament oder Abtretung hergestellt wird. Soweit sie nicht vom bisherigen Gläubiger erhältlich ist, tritt an dessen Stelle eine Behörde (z.B. bei Zwangsverwertung, Erbgang oder Weigerung des Gläubigers, ZK-JÄGGI, N 195). Bei der Gesamtrechtsnachfolge infolge Erbgang gibt es weder Gutglaubensschutz des Erben noch Einredenausschluss; hingegen wird bei Zwangsvollstreckung der Erwerber wie der rechtsgeschäftliche Erwerber geschützt (ZK-JÄGGI, N 196). Erbteilung ist rechtsgeschäftlicher Übergang und fällt unter Art. 967 (ZK-JÄGGI, N 200).

V. Mitwirkung Dritter (Abs. 3)

16 Die **Mitwirkung Dritter** an der Übertragung der durch das Wertpapier verbrieften Forderung kann durch Gesetzesbestimmung vorgeschrieben sein oder vertraglich vereinbart werden. Soweit die Mitwirkung vertraglich vereinbart ist, kann sie dem gutgläubigen Erwerber nur dann entgegengehalten werden, wenn sie sich aus dem Inhalt der Urkunde ergibt (Art. 164 Abs. 2). Es gibt lediglich drei *gesetzliche Mitwirkungsvorbehalte,* nämlich die schriftliche Anzeige an den Versicherer der Übertragung oder Verpfändung eines wertpapiermässig verurkundeten Personenversicherungsanspruches (Art. 73 VVG), die Zustimmung der AG bei der Übertragung nicht voll liberierter Namenaktien (Art. 685) und bei Übertragung einer (voll liberierten) nichtvinkulierten Namenaktie die Eintragung des Erwerbers (Eigentümer oder Nutzniesser) in das Aktienbuch und die Bescheinigung auf dem Aktientitel (Art. 686). Im Falle der nichtvinkulierten Namenaktie hat die Eintragung und Bescheinigung auf dem Aktientitel lediglich die Bedeutung, dass die AG den Erwerber vorher noch nicht als Aktionär zu behandeln hat (Art. 686 Abs. 4). Zwischen Veräusserer und Erwerber entfaltet die Übertragung bereits volle Wirkung mit Beobachtung der Form von Art. 967 (ZK-JÄGGI, N 140). Der wichtigste Fall eines *vertraglichen Mitwirkungsvorbehaltes* ist die Vinkulierung der Namenaktie (Art. 685a ff.). Die Statuten können bestimmen, dass Namenaktien nur mit Zustimmung der Gesellschaft zu Eigentum oder Nutzniessung (nicht jedoch Pfandrecht; BGE 78 II 276) übertragen werden können (Art. 685a Abs. 1 f.). Der Rechtsübergang bei nicht börsenkotierten vinkulierten Namenaktien ist in Art. 685c, derjenige bei börsenkotierten vinkulierten Namenaktien in Art. 685f geregelt.

VI. IPR

Die **Verpfändung** von Wertpapieren richtet sich nach Art. 105 IPRG. Sie untersteht in erster Linie dem von den Parteien gewählten Recht, wobei die Rechtswahl jedoch Dritten nicht entgegengehalten werden kann (Art. 105 Abs. 1 IPRG). Haben die Parteien keine Rechtswahl getroffen, untersteht die Verpfändung von Wertpapieren dem Recht am gewöhnlichen Aufenthalt des Pfandgläubigers (Art. 105 Abs. 2 IPRG). Sowohl Rechtswahl wie objektive Anknüpfung stehen unter dem generellen Vorbehalt, dass sich der Schuldner nur das Recht entgegenhalten lassen muss, dem das durch das Wertpapier verurkundete Recht untersteht (Art. 105 IPRG Abs. 3).

17

Auf den Erwerb und Verlust **anderer dinglicher Rechte** an Wertpapieren können die Parteien das Recht des Abgangs- oder des Bestimmungsstaates oder das Recht, dem das verbriefte Recht untersteht, vereinbaren, wobei die Rechtswahl jeweils Dritten nicht entgegengehalten werden kann (Art. 104 IPRG). Die objektive Anknüpfung des Erwerbes und Verlustes anderer dinglicher Rechte als des Pfandrechtes an Wertpapieren bestimmt sich grundsätzlich nach dem Ort der gelegenen Sache im Zeitpunkt des Vorganges, aus dem der Erwerb oder der Verlust hergeleitet wird (Art. 100 Abs. 1 IPRG). Die Grundsatzanknüpfung an die *«lex rei sitae»* wird jedoch durch die besonderen Regelungen in Art. 101 ff. IPRG konkretisiert und eingeschränkt.

18

Es ist vorgesehen, dass die Schweiz das Haager Übereinkommen vom 5.7.2006 über die auf bestimmte Rechte an Intermediär-verwahrten Wertpapieren anzuwendende Rechtsordung (Haager Wertpapierübereinkommen, HWpÜ) ratifiziert. Bis zu dessen Inkrafttreten sollen dessen Bestimmungen zudem durch eine Änderung des IPRG als autonomes schweizerisches Recht eingeführt werden (Botschaft E-BEG, 9396 ff., 9439 ff.). Nach dem HWpÜ soll das von den Parteien der Kontovereinbarung gewählte Recht Anwendung finden. Fehlt eine vertragliche Vereinbarung, wird subsidiär kaskadenartig an verschiedene Berührungspunkte mit dem massgebenden Intermediär angeknüpft (Geschäftsstelle, Inkorporierungsort, Hauptgeschäftsstelle, vgl. Botschaft E-BEG, 9397; zu PRIMA – Place of the Relevant Intermediary vgl. GIRSBERGER, 83 ff. und BERNASCONI/POTOK, 615 ff.).

18a

Für die Verpfändung von Warenpapieren besteht eine Sondervorschrift (Art. 106 IPRG).

19

Art. 968

II. Indossierung 1. Form	¹ **Die Indossierung erfolgt in allen Fällen nach den Vorschriften über den Wechsel.** ² **Das ausgefüllte Indossament gilt in Verbindung mit der Übergabe der Urkunde als genügende Form der Übertragung.**
II. Endossement 1. Forme	¹ L'endossement s'opère dans tous les cas selon les règles du droit de change. ² L'endossement complet, avec remise du titre, constitue une forme suffisante du transfert.
II. Girata 1. Forma	¹ La girata s'opera in tutti i casi secondo le norme riguardanti la cambiale. ² La girata riempita, accompagnata dalla consegna del titolo, costituisce una forma sufficiente di trasferimento.

Literatur

Vgl. die Literaturhinweise bei den Vorbem. zu Art. 965–1155.

I. Form des Indossamentes (Abs. 1)

1 Art. 968 Abs. 1 verweist für die Form des Indossamentes auf die **Vorschriften über den Wechsel.** Soweit sich der Randtitel von Art. 968 auf Abs. 1 bezieht, bezeichnet er mit dem Wort «Form» nur die äussere Gestaltung der durch das Indossament verkörperten Erklärung (ZK-JÄGGI, Art. 968/969 N 18). Abs. 1 verweist somit nur auf Art. 1003 und Art. 1085, nicht jedoch auf die wechselrechtlichen Bestimmungen über den Inhalt und die Legitimationskraft des Indossamentes (ZK-JÄGGI, Art. 968/969 N 18).

2 Das Indossament muss folgende **Form** aufweisen:

- Es muss auf das Wertpapier selbst oder ein mit diesem verbundenes Blatt (Anhang, Allonge) gesetzt werden (Art. 1003 Abs. 1).
- Das Indossament muss vom Indossanten unterschrieben werden (Art. 1003 Abs. 3).
- Die Unterschrift muss eigenhändig sein und kann nicht durch mechanische Nachbildung, Handzeichen oder öffentliche Beurkundung ersetzt werden (Art. 1085 Abs. 1 und 2; ZK-JÄGGI, Art. 968/969 N 25 will die Faksimile-Unterzeichnung bei «massenweiser Indossierung» gelten lassen). Die Unterschrift eines Blinden muss beglaubigt sein (Art. 1085 Abs. 3).

Umstritten ist, ob die Einschränkung von Art. 1003 Abs. 2 Satz 2, wonach ein Blankoindossament nur auf der Rückseite der Urkunde zulässig ist, nur auf den Wechsel und Check Anwendung findet oder auf alle Ordrepapiere (für vollumfängliche Anwendung ZK-JÄGGI, Art. 968/969 N 22 mit Einschränkung in N 25; für limitierte Anwendung MEIER-HAYOZ/VON DER CRONE, 54).

3 Obwohl sich Art. 968 Abs. 1 auf alle Wertpapiere bezieht, ist seine **praktische Tragweite** gering (vgl. ZK-JÄGGI, Art. 968/969 N 24 ff.):

Das Inhaberpapier kann formfrei übertragen werden, weshalb Art. 968 Abs. 1 für dieses gegenstandslos ist.

- Auf die Mehrzahl der Ordrepapiere ist Art. 1003 bereits durch die Verweisungen in Art. 1143 Ziff. 4 und Art. 1152 Abs. 2 anwendbar. Für die Grundpfandtitel geht die Formvorschrift von Art. 869 Abs. 2 ZGB durch den Vorbehalt in Art. 973 der Vorschrift von Art. 968 Abs. 1 vor.
- Für das Namenpapier ergibt sich durch den Verweis auf Art. 1003 nichts anderes, als was bereits in Art. 967 Abs. 2 geregelt ist. Soweit beim Namenpapier der Übertragungsvermerk auf der Urkunde selbst erfolgt, braucht es die Unterschrift des Veräusserers und nicht mehr.

II. Legitimationskraft des Indossamentes (Abs. 2)

4 Das Wort «Form» in Art. 968 Abs. 2 ist irreführend. Abs. 2 bezieht sich lediglich auf die Frage, wann sich ein Dritter (der Schuldner oder ein Rechtsnachfolger eines Indossanten) auf ein Indossament verlassen darf und muss. In dieser Hinsicht drückt Art. 968 Abs. 2 eine Selbstverständlichkeit aus, nämlich dass ein Vollindossament zusammen mit der Übergabe der Urkunde den Erwerber **legitimiert.** Dass sich Art. 968 Abs. 2 laut französischem Gesetzestext auf das Vollindossament bezieht, hat keine praktische Be-

1. Abschnitt: Allgemeine Bestimmungen　　　　　　　　　　　　　　　**Art. 970**

deutung, da der letzte Inhaber das Blankoindossament immer durch Einsetzung eines Namens vervollständigen kann. Zudem legitimiert Art. 1006 Abs. 1 beim Ordrepapier den durch ein Blankoindossament als letztes Indossament ausgewiesenen Inhaber. Art. 968 Abs. 2 bezieht sich nicht auf die Prüfung der *Echtheit* der Indossamente. Der Schuldner eines Namenpapiers hat deren Echtheit (als zessionsrechtliche Abtretungsvermerke) zu prüfen; derjenige eines Ordrepapiers ist davon aufgrund von Art. 1030 Abs. 3 befreit. Vgl. im Übrigen zu Art. 968 Abs. 2 ZK-JÄGGI, Art. 968/969 N 27 ff.

Art. 969

2. Wirkung	Mit der Indossierung und der Übergabe der indossierten Urkunde gehen bei allen übertragbaren Wertpapieren, soweit sich aus dem Inhalt oder der Natur der Urkunde nicht etwas anderes ergibt, die Rechte des Indossanten auf den Erwerber über.
2. Effets	Les droits de l'endosseur sont, pour tous les papiers-valeurs transmissibles, transférés à l'acquéreur par l'endossement et la remise du titre, à moins que l'objet ou la nature de ce dernier ne fasse présumer qu'il en est autrement.
2. Effetti	Con la girata e la consegna del titolo girato, se questo è trasferibile, tutti i diritti del girante passano al giratario, purché il contrario non risulti dal contenuto o dalla natura del titolo.

I. Allgemeines

Die einzige **praktische Bedeutung** von Art. 969 ist diejenige, dass die Indossierung im Normalfall lediglich den Übergang der im Wertpapier verbrieften Rechte vom Indossanten auf den Erwerber bewirkt, jedoch nicht zu einem Einredenausschluss führt oder eine Garantiepflicht des Indossanten konstituiert (ZK-JÄGGI, Art. 968/969 N 37). Wann ein Einredenausschluss oder eine Garantie durch Indossament eintritt, ist andernorts geregelt. Vgl. für Einzelheiten ZK-JÄGGI, Art. 968/969 N 35 ff. 　1

Art. 970

D. Umwandlung	¹ Ein Namen- oder Ordrepapier kann nur mit Zustimmung aller berechtigten und verpflichteten Personen in ein Inhaberpapier umgewandelt werden. Diese Zustimmung ist auf der Urkunde selbst zu erklären.
	² Der gleiche Grundsatz gilt für die Umwandlung von Inhaberpapieren in Namen- oder Ordrepapiere. Fehlt in diesem Falle die Zustimmung einer der berechtigten oder verpflichteten Personen, so ist die Umwandlung wirksam, jedoch nur zwischen dem Gläubiger, der sie vorgenommen hat, und seinem unmittelbaren Rechtsnachfolger.
D. Conversion	¹ Un titre nominatif ou un titre à ordre ne peut être converti valablement en un titre au porteur qu'avec l'assentiment de tous ceux auxquels il confère des droits et impose des obligations. Cet assentiment doit être mentionné sur le titre même.

… Art. 970   1, 2   33. Titel: Die Namen-, Inhaber- und Ordrepapiere

² La même règle est applicable à la conversion d'un titre au porteur en un titre nominatif ou à ordre. Si, dans ce dernier cas, l'une des personnes auxquelles le titre confère des droits ou impose des obligations ne donne pas son assentiment, la conversion reste valable, mais ne produit d'effets qu'entre le créancier qui en est l'auteur et son ayant cause immédiat.

D. Conversione

¹ Un titolo all'ordine o nominativo può essere convertito in un titolo al portatore solo col consenso di tutte le persone a cui conferisce diritti o impone obblighi. Il consenso dev'essere dato con annotazioni sul titolo stesso.

² La stessa norma vale per la conversione di titoli al portatore in titoli all'ordine o nominativi. In questo caso, qualora manchi il consenso d'una delle persone a cui il titolo conferisce diritti o impone obblighi, la conversione ha effetto, ma solo tra il creditore, che l'ha operata, ed il suo diretto successore.

Literatur

Vgl. die Literaturhinweise bei den Vorbem. zu Art. 965–1155.

I. Allgemeines

1. Umwandlungsfreiheit

1   Art. 970 regelt zwei Fälle der **Umwandlungsfreiheit** von Wertpapieren. Die Regelung ist nicht erschöpfend, da die Umwandlungsfreiheit nicht nur die Umwandlung eines Namen- oder Ordrepapiers in ein Inhaberpapier und umgekehrt erlaubt, sondern auch (1) die Umwandlung eines Namenpapiers in ein Ordrepapier oder, umgekehrt, (2) die eines Inhaberpapiers in ein hinkendes Inhaberpapier und umgekehrt sowie (3) die einer Schuldurkunde in ein Wertpapier und umgekehrt (JÄGGI, N 6; JÄGGI/DRUEY/VON GREYERZ, 70 f.; MEIER-HAYOZ/VON DER CRONE, 61). Umwandlung i.S.v. Art. 970 betrifft immer die Umwandlung der Urkundenklausel. Es wird entweder (1) eine bisherige Urkundenklausel aufgehoben oder (2) eine erste oder weitere beigefügt oder (3) eine bestehende durch eine neue ersetzt (JÄGGI/DRUEY/VON GREYERZ, 70).

2. Schranken

2   Die Umwandlungsfreiheit nach Art. 970 ist verschiedenen **Schranken** unterworfen (CHK-KUHN, N 1):

– Ordre- und Inhaberklauseln schliessen sich gegenseitig aus und können nicht kumulativ verwendet werden.

– Die Präsentationsklausel ist unabdingbare Voraussetzung für alle anderen Wertpapierklauseln und kann deshalb nicht gestrichen werden, wenn andere Klauseln Geltung behalten sollen.

– Ein Wechsel kann nicht in ein Inhaberpapier umgewandelt werden (Art. 1002 Abs. 3).

– Anteilscheine der GmbH können nur in Namenpapiere und Anteilscheine der Genossenschaft nicht in Wertpapiere umgewandelt werden (Art. 784 Abs. 1, Art. 853 Abs. 3).

Für die Umwandlung von Aktien vgl. N 11.

II. Umwandlungsvertrag

Mit dem **Umwandlungsvertrag** vereinbaren der Schuldner und die Berechtigten zur Zeit der Umwandlung (Eigentümer und allfälliger Pfandnehmer oder Nutzniesser) die Änderung der durch die Urkundenklauseln bewirkten Rechtslage. Der Umwandlungsvertrag ist formfrei (JÄGGI, N 14; Ausnahme: der Vertrag auf Umwandlung eines Grundpfandtitels bedarf der öffentlichen Beurkundung, Art. 977 ZGB). 3

III. Umschreibung

Die Zustimmung des Schuldners auf der Urkunde selbst (Art. 970 Abs. 1 Satz 2) erfolgt durch **Umschreibung**. Mit ihr streicht der Schuldner eine Urkundenklausel auf der Urkunde selbst, fügt eine neue hinzu oder tut beides. Die Worte «Umwandlung» oder «Zustimmung» brauchen nicht verwendet zu werden (JÄGGI, N 18 f.). Durch Anbringung eines Übertragungsvermerkes wird ein Inhaberpapier nicht in ein Namenpapier umgewandelt (BGE 43 II 802). Ebenso wenig führt die Blanko-Indossierung eines Ordrepapiers oder eines Namenpapiers zur Umwandlung in ein Inhaberpapier (BGE 20 927). 4

Mit der Umschreibung wird die Umwandlung gegenüber **Dritten** rechtswirksam. Dabei genügt entgegen dem Wortlaut von Art. 970 Abs. 1 Satz 2 die Anbringung der Zustimmung des Schuldners auf der Urkunde. Die Zustimmung des oder der Berechtigten auf der Urkunde selbst ist nur Ordnungsvorschrift und berührt die Gültigkeit der Umwandlung nicht, falls die Berechtigten in anderer Form zugestimmt haben (JÄGGI, N 20). Falls die zum Zeitpunkt der Umwandlung Berechtigten ihre Zustimmung nicht verurkundet haben, tragen die später Berechtigten im Streitfall die Beweislast für die Zustimmung. 5

Der Umwandlungsvertrag wirkt zwischen Schuldner und Berechtigtem auch **ohne** Umschreibung. Haben Schuldner und Gläubiger die Umwandlung eines Inhaberpapiers in ein Namenpapier vereinbart, muss der Schuldner bei Vorlegung nach Abschluss des Umwandlungsvertrages die Berechtigung des Gläubigers prüfen, auch wenn die Urkunde noch nicht umgeschrieben wurde (JÄGGI, N 15). 6

Anstelle der Umschreibung kann immer auch eine **neue Urkunde** ausgestellt werden, welche die alte ersetzt. Auf die Neuverurkundung sind die Regeln einer Erstverurkundung anwendbar. 7

IV. Eigenmächtige Umschreibung

Die Umschreibung des Wertpapieres durch den Gläubiger **ohne Zustimmung des Schuldners** ist unwirksam. Ein Namenpapier, auf dem ein Gläubiger eigenmächtig eine Inhaberklausel anbringt, bleibt ein Namenpapier. Für eine schuldhaft vorgenommene eigenmächtige Umschreibung kann der Gläubiger schadenersatzpflichtig werden (JÄGGI, N 23). 8

Art. 970 Abs. 2 Satz 2 betrifft den **Sonderfall** der eigenmächtigen Verurkundung der Gläubigereigenschaft durch den Gläubiger durch Einsetzung seines Namens und Streichung der Inhaberklausel auf einem Inhaberpapier (JÄGGI, N 24). Diese (unklare) Bestimmung ist nach JÄGGI dahingehend zu verstehen, dass sich der Gläubiger (auch wenn der Schuldner der Umschreibung nicht zugestimmt hat) gegenüber angeblichen Dritterwerbern zum Beweis seiner Berechtigung auf die Umschreibung berufen kann. 9

10 Eine eigenmächtige Umschreibung **durch den Schuldner** ist unwirksam, soweit ihr der Gläubiger nicht ausdrücklich oder stillschweigend (durch Unterlassung des Begehrens um Beseitigung) zustimmt. Sie wirkt jedoch gegenüber Dritten, welche das Wertpapier erlangt haben, ohne dass der Gläubiger vorher die Beseitigung der Umschreibung verlangen konnte (JÄGGI, N 25).

V. Umwandlung von Aktien

11 Die **Umwandlung von Aktien** ist zulässig, wenn sie in den Statuten vorgesehen ist (Art. 622 Abs. 3). Lassen die Statuten die Umwandlung einer einzelnen Aktie zu, unterliegt sie im Übrigen Art. 970. Dieser Fall ist in der Praxis selten. Für die Praxis wichtiger ist die gesamthafte Umwandlung aller Aktien durch die Gesellschaft. Sie erfolgt durch Statutenänderung und fällt nicht unter Art. 970 (JÄGGI, N 28; JÄGGI/DRUEY/VON GREYERZ, 71).

Art. 971

E. Kraftloserklärung
I. Geltendmachung

¹ **Wird ein Wertpapier vermisst, so kann es durch den Richter kraftlos erklärt werden.**

² **Die Kraftloserklärung kann verlangen, wer zur Zeit des Verlustes oder der Entdeckung des Verlustes an dem Papier berechtigt ist.**

E. Annulation
I. Conditions

¹ Un papier-valeur perdu peut être annulé par le juge.

² L'annulation peut être demandée par celui qui, lors de la perte ou de la découverte de la perte, avait droit au titre.

E. Ammortamento
I. Requisiti

¹ In caso di smarrimento, il titolo di credito può essere ammortizzato dal giudice.

² Ha qualità per chiedere l'ammortamento chi al momento dello smarrimento o della scoperta di questo aveva diritto al titolo.

Literatur

Vgl. die Literaturhinweise bei den Vorbem. zu Art. 965–1155.

I. Allgemeines und Normzweck

1 Die Kraftloserklärung von Wertpapieren bezweckt die **Verbesserung der Stellung des Gläubigers** bei Verlust der Urkunde. Ohne Besitz an der Urkunde ist der Gläubiger in mehrfacher Hinsicht *tatsächlich benachteiligt:*

2 a) Er kann sein Recht gegenüber dem Schuldner *nicht mehr durchsetzen,* da dieser verpflichtet ist, ohne Vorlage der Urkunde die Leistung zu verweigern (Art. 966 Abs. 1).

3 b) Beim Inhaberpapier sowie beim Ordre- und Namenpapier mit Blankoübertragungsvermerk wird der *Schuldner* durch Leistung bei Verfall gegen Vorweisung der Urkunde *befreit,* wenn ihm nicht Arglist oder grobe Fahrlässigkeit zur Last fällt (Art. 966 Abs. 2). Ist dem Schuldner der Verlust der Urkunde angezeigt worden und leistet er dennoch an einen Nichtberechtigten, ist der Gläubiger insofern geschützt, als der Schuldner grob fahrlässig gehandelt hat.

c) Ein Erwerber kann die Rechtszuständigkeit beim Inhaberpapier kraft guten Glaubens aufgrund von Art. 935 ZGB und beim Ordrepapier *«kraft berechtigter Erwartung»* (Art. 1006 Abs. 2, Art. 1112, 1006 Abs. 2 i.V.m. Art. 1098, 1147 Abs. 1, Art. 1151 Abs. 1, Art. 1152 Abs. 2; vgl. MEIER-HAYOZ/VON DER CRONE, 59; ZK-JÄGGI, N 175) erwerben. Dagegen kann sich der Gläubiger nicht durch Anzeige an den Schuldner schützen.

Obwohl sich wegen des Verlustes die Rechtslage grundsätzlich nicht ändert, ist dem Gläubiger der Beweis seiner Berechtigung wenn nicht verunmöglicht, so erschwert; er verliert mit der Urkunde praktisch auch das Recht (JÄGGI/DRUEY/VON GREYERZ, 73; CHK-FRICK, N 1). Hier hilft dem Gläubiger (oder einem beschränkt Berechtigten) die **Kraftloserklärung.** Nachdem das Wertpapier kraftlos erklärt ist, können die Berechtigten ihr Recht auch ohne Urkunde geltend machen oder die Ausstellung einer neuen Urkunde verlangen (Art. 972 Abs. 1).

Art. 971 und 972 Abs. 2 wiederholen die Hauptgrundsätze der Sonderregeln, die gemäss Verweis in Art. 972 Abs. 2 auf die Kraftloserklärung der einzelnen Arten von Wertpapieren Anwendung finden.

Besondere Vorschriften bestehen für die Kraftloserkärung von Wertpapieren in **Kriegszeiten** (BRB vom 12.4.1957 über den Schutz von Wertpapieren und ähnlichen Urkunden durch vorsorgliche Massnahmen, SR 531.55). Unglücklich ist die Verwendung des Begriffes der Kraftloserklärung in Art. 871 Abs. 2 ZGB und Art. 33 BEHG.

II. Gerichtliche Kraftloserklärung (Abs. 1)

Im Gegensatz zur Schuldurkunde, welche gemäss Art. 90 Abs. 1 durch Privatmortifikation entkräftet wird, muss das Wertpapier **durch den Richter kraftlos erklärt** werden. Einzig beim Namenpapier hat der Schuldner die Möglichkeit, sich in der Urkunde selbst das Recht vorzubehalten, ohne richterliche Kraftloserklärung zu leisten, wenn der Gläubiger die Entkräftung der Urkunde und die Tilgung der Schuld in einer öffentlichen oder beglaubigten Urkunde ausspricht (Art. 977 Abs. 2). Durch Verweis sieht Art. 13 VVG vor, dass die Versicherungspolice, obwohl sie regelmässig nicht Wertpapiercharakter hat, nach den Vorschriften für die Inhaberpapiere (Art. 981 ff.) gerichtlich amortisierbar ist. Der Grund liegt darin, dass die Verpfändung der Übertragung der Versicherungspolice bedarf (JÄGGI/DRUEY/VON GREYERZ, 75).

III. Verfahrensgrundsätze

Das Kraftloserklärungsverfahren wird primär durch **Bundesrecht** geregelt. Nur soweit das Bundesrecht keine Verfahrensvorschriften aufstellt, darf kantonales Recht angewendet werden (BGE 82 II 226 = Pra 1956, 406). Die bundesrechtlichen Verfahrensvorschriften beziehen sich in erster Linie auf die Zuständigkeit (Art. 30 GestG) und auf die vorsorglichen Massnahmen (Art. 982 Abs. 1, Art. 1072 Abs. 1). Zudem ergibt sich aus der Art und Weise, wie das Kraftloserklärungsverfahren geregelt ist, dass nur dem Gesuchsteller, nicht jedoch dem Schuldner, Parteistellung zukommt (BGE 82 II 227 = Pra 1956, 407; ZK-JÄGGI, Art. 971/972 N 131; SJZ 1953, 65). Das Kraftloserklärungsverfahren ist somit nicht streitig und gehört der freiwilligen Gerichtsbarkeit an.

Die Regelung der Verfahrensfragen, für die keine bundesrechtlichen Vorschriften bestehen, ist dem **kantonalen Recht** überlassen. Die kantonalen Prozessgesetze weisen das Kraftloserklärungsverfahren zumeist dem Einzelrichter im summarischen Verfahren zu.

IV. Verlust des Wertpapiers (Abs. 1)

11 Das Kraftloserklärungsverfahren kommt dann zum Zug, wenn der oder die Berechtigten des Wertpapiers verlustig gegangen sind. Der **Verlust** kann darin bestehen, dass das Wertpapier zerstört wurde, dauernd unauffindbar ist oder sich in unbekanntem Drittbesitz befindet (BGE 66 II 39 f.; so auch ausdrücklich Art. 1074 Abs. 1). Ist der Drittbesitzer bekannt, muss der frühere Inhaber nach den Besitzregeln auf Herausgabe des Papiers klagen (BGE 66 II 40); die Kraftloserklärung ist insofern eine subsidiäre Massnahme (ZK-JÄGGI, Art. 971/972 N 103). Die Beschlagnahmung durch einen fremden Staat ist nicht als Verlust zu betrachten (BGE 66 II 42). Mangelnde Feststellbarkeit der Skriptur der Urkunde gilt ebenfalls nicht als Verlust, da die Urkunde in einem solchen Fall immer noch vorgelegt werden kann (ZK-JÄGGI, Art. 971/972 N 35). Im Übrigen kommt es auf das Verlustereignis nicht an. Auch die willentliche Besitzaufgabe durch den Gläubiger (z.B. durch Zerreissen) gilt als Verlust, soweit sein Verhalten nicht in Tilgungsabsicht erfolgt (ZK-JÄGGI, Art. 971/972 N 40). Ob ein neuer Inhaber rechtmässig Berechtigter ist, kann nicht Gegenstand des Verfahrens auf Kraftloserklärung sein (BGE 82 II 230 = Pra 1956, 410).

V. Aktivlegitimation (Abs. 2)

12 Das Kraftloserklärungsverfahren kann eingeleitet werden vom Berechtigten an der Urkunde zur Zeit des Verlustes oder der Entdeckung des Verlustes. Die Aktivlegitimation beschränkt sich dabei nicht nur auf den **Gläubiger** (vgl. dazu AppGer BS, BJM 1984, 145 ff.); auch einem **Pfandnehmer** oder **Nutzniesser** steht das Gesuchsrecht zu (JÄGGI/DRUEY/VON GREYERZ, 76). Art. 981 Abs. 3 und Art. 1074 Abs. 2 stellen die prozessuale Regel auf, dass es genügt, wenn der Berechtigte Besitz und Verlust der Urkunde glaubhaft machen kann. Zudem muss der Gesuchsteller das vermisste Papier hinreichend individualisieren (BGE 83 II 450, wonach nur der Gattung nach bezeichnete Wertpapiere nicht kraftlos erklärt werden können). Hinsichtlich der Glaubhaftmachung von Besitz und Verlust der Urkunde wurde nicht als ausreichend befunden, dass der Gesuchsteller nachzuweisen vermochte, dass die Papiere bei einer Bank hinterlegt waren, deren Sitz in einer im Krieg schwer bombardierten Stadt lag (ZivGer BS, SJZ 1948, 245; vgl. aber auch AppGer BS, SJZ 1959, 375; AppGer BS, BJM 1966, 193). Zur Begründung des Begehrens um Kraftloserklärung genügt bei abhanden gekommenen Couponbogen oder Bezugscheinen die Vorzeigung des Haupttitels (Art. 981 Abs. 4).

VI. IPR

13 Besteht *in der* Schweiz *ein Gerichtsstand* für die Durchführung des Kraftloserklärungsverfahrens, steht damit gemäss der Lehre auch die Anwendbarkeit des **materiellen schweizerischen Rechtes** fest (ZK-JÄGGI, Art. 971/972 N 20; implizit FREI, Kraftloserklärung von Titeln internationaler Anleihen durch den schweizerischen Richter, SJZ 1953, 43 ff.). Ob dies in so absoluter Form richtig ist, kann offen gelassen werden. In der Praxis wird die Frage der Anwendbarkeit eines anderen materiellen Rechtes als des schweizerischen bei bestehendem Gerichtsstand in der Schweiz wohl nie auftreten.

14 Die **örtliche Zuständigkeit** der schweizerischen Gerichte für das Kraftloserklärungsverfahren im internationalen Verhältnis regelt sich wie folgt:

- schweizerischer Zahlungsort für Wechsel, Check und die wechselähnlichen Papiere;
- schweizerischer (Wohn-)Sitz des Schuldners für alle übrigen Wertpapiere (aufgrund von Art. 1 Abs. 2 ZGB, nicht etwa Art. 981 Abs. 2, etc.; für Ausnahmen bei Grundpfandtiteln und Versicherungspolicen vgl. ZK-JÄGGI, Art. 971/972 N 25 f.);
- schweizerischer Emissionsort für Anleihensobligationen ausländischer Schuldner, auf die aufgrund subjektiver oder objektiver Anknüpfung schweizerisches materielles Recht anwendbar ist (ZK-JÄGGI, Art. 971 N 27; FREI, a.a.O., 44). In der Praxis fallen örtliche Zuständigkeit und anwendbares Recht aufgrund von Gerichtsstand- und Rechtswahlklauseln regelmässig zusammen.

Art. 972

II. Verfahren. Wirkung	¹ **Nach der Kraftloserklärung kann der Berechtigte sein Recht auch ohne die Urkunde geltend machen oder die Ausstellung einer neuen Urkunde verlangen.** ² **Im übrigen kommen für das Verfahren und die Wirkung der Kraftloserklärung die bei den einzelnen Arten von Wertpapieren aufgestellten Bestimmungen zur Anwendung.**
II. Procédure. Effets	¹ Celui qui a obtenu l'annulation peut faire valoir ses droits, même à défaut du titre, ou requérir la création d'un nouveau titre. ² La procédure d'annulation et ses effets sont d'ailleurs régis par les dispositions applicables aux diverses catégories de papiers-valeurs.
II. Procedura. Effetti	¹ Pronunciato l'ammortamento, chi l'ha ottenuto può esercitare i suoi diritti anche senza titolo o chiedere il rilascio di un nuovo titolo. ² Del resto, la procedura d'ammortamento e gli effetti di questo sono retti dalle norme riguardanti le singole specie di titoli di credito.

Literatur

Vgl. die Literaturhinweise bei den Vorbem. zu Art. 965–1155.

I. Wirkung der Kraftloserklärung (Abs. 1)

Durch die Kraftloserklärung wird der Berechtigte wieder in die Lage versetzt, wie wenn er die verloren gegangene Urkunde noch vorweisen könnte (JÄGGI/DRUEY/VON GREYERZ, 77). Die Kraftloserklärung **trennt das Recht vom Papier** (MEIER-HAYOZ/VON DER CRONE, 48). Bei Fälligkeit kann der Berechtigte die Leistung aufgrund des Kraftloserklärungsurteils auch ohne Urkunde geltend machen. Ist die Leistung noch nicht fällig, kann er die Ausstellung einer Ersatzurkunde verlangen. Die Ausfertigung des Kraftloserklärungsentscheides tritt somit nicht an die Stelle der kraftlos erklärten Urkunde (ZK-JÄGGI, Art. 971/972 N 203).

1

Die Kraftloserklärung **beraubt** die Urkunde teilweise ihrer **wertpapierrechtlichen Wirkung.** Die Kraftloserklärung wirkt «*legitimationszerstörend*» (BGE 84 II 176 = Pra 1958, 334; OR CHK-FRICK, N 1), indem die kraftlos erklärte Urkunde für die Geltendmachung des Rechtes nicht mehr notwendig, aber auch nicht mehr ausreichend ist. Der Gläubiger kann vom Schuldner Leistung ohne Vorlage der Urkunde verlangen (BGer v.

2

22.12.2003, 4P.178/2003, E. 5). Der Schuldner darf und muss dem Vorleger nicht mehr leisten.

3 Hingegen wird der **Verlierer** durch die Kraftloserklärung nicht besser gestellt als bei Vorweisung der Urkunde (JÄGGI/DRUEY/VON GREYERZ, 77). Der Gesuchsteller kann mit dem Kraftloserklärungsentscheid lediglich nachweisen, dass er zur Geltendmachung der in der kraftlos erklärten Urkunde verbrieften Rechte berechtigt ist, soweit solche bestehen. Da der Schuldner am Kraftloserklärungsverfahren nicht beteiligt war, kann er dem Gesuchsteller alle Einreden, ausser der Einrede, er müsse die Urkunde vorlegen, entgegenhalten (vgl. BGE 84 II 176 f. = Pra 1958, 334 f.; zur Beweislast ZK-JÄGGI Art. 971/972 N 209).

4 Die Kraftloserklärung nimmt dem Wertpapier nur einen Teil seiner wertpapierrechtlichen Wirkung. Die **Übertragungsfunktion** (Art. 965) des kraftlos erklärten Papiers bleibt aufrecht erhalten. Der gutgläubige Erwerb eines kraftlos erklärten Wertpapiers ist möglich (ZK-JÄGGI, Art. 971/972 N 228; MEIER-HAYOZ/VON DER CRONE, 50 wollen den gutgläubigen Erwerb allerdings nur vor der Kraftloserklärung zulassen, da die Urkunde durch das Urteil die Wertpapiereigenschaft verliert und somit auch nicht mehr Gegenstand gutgläubigen Erwerbs sein kann). Dem gutgläubigen Drittwerber stehen gegenüber dem Gesuchsteller Herausgabe- und Bereicherungsansprüche zu (MEIER-HAYOZ/VON DER CRONE, 50). Soweit der Schuldner noch nicht an den Gläubiger geleistet hat, muss der Drittansprecher ein Verfahren gegen diesen einleiten, das eine bessere Berechtigung feststellt und den Gesuchsteller zur Abtretung der Rechte aus der Kraftloserklärung oder zur Herausgabe der Ersatzurkunde verpflichtet. Als vorsorgliche Massnahme wird der Drittansprecher den Erlass eines Zahlungsverbotes an den Schuldner beantragen. Falls der Schuldner bereits an den Gesuchsteller geleistet hat, muss der Drittansprecher die Rückerstattung des vom Schuldner Erlangten aus Bereicherungsrecht fordern (ZK-JÄGGI, Art. 971/972 N 228).

II. Verweis auf Sondervorschriften

5 Art. 972 Abs. 2 **verweist** für das Verfahren und die Wirkung der Kraftloserklärung auf die bei den einzelnen Arten von Wertpapieren aufgestellten Bestimmungen. Solche bestehen für das Inhaberpapier (Art. 981 ff.), welche kraft der Verweisungen von Art. 977 Abs. 1, Art. 870 Abs. 2 ZGB und Art. 13 VVG auch für die Namenpapiere, die Grundpfandtitel und die Versicherungspolice gelten (in allen drei Fällen mit gewissen Abweichungen). Die Regeln über die Kraftloserklärung von Wechseln (Art. 1072 ff.) gelten kraft der Verweisungen in Art. 1143, 1147, 1151 und 1152 auch für den Check und alle übrigen Ordrepapiere, nicht aber für Namenaktien (OGer BL, BJM 1959, 17 f.).

Art. 973

F. Besondere Vorschriften	**Die besondern Vorschriften über die Wertpapiere, wie namentlich über den Wechsel, den Check und die Pfandtitel, bleiben vorbehalten.**
F. Dispositions spéciales	Demeurent réservées les règles spéciales concernant les divers papiers-valeurs, notamment les effets de change, les chèques et les titres de gage.
F. Norme particolari	Rimangono riservate le norme particolari riguardanti le singole specie di titoli di credito, in ispecial modo la cambiale, l'assegno bancario ed i titoli di pegno.

I. Allgemeines

Art. 973 hält fest, dass die allgemeinen Regeln der Art. 965–972 nicht in die zivilrechtlichen **Sonderregeln** für einzelne Wertpapierarten oder Wertpapiertypen eingreifen, soweit diese Sonderregeln nicht mit den allgemeinen Bestimmungen übereinstimmen. Dies ist selten der Fall (ZK-JÄGGI, Art. 973). Bsp.: Grundpfandtitel sind nach Art. 869 Abs. 2 ZGB zu indossieren (BGE 81 II 115), und nicht nach Art. 1003 i.V.m. Art. 968. Art. 1079 Abs. 2 schränkt Art. 972 Abs. 1 in Bezug auf die Geltendmachung des kraftlos erklärten Wechsels ein.

Zweiter Abschnitt: Die Namenpapiere

Art. 974

A. Begriff	Ein Wertpapier gilt als Namenpapier, wenn es auf einen bestimmten Namen lautet und weder an Ordre gestellt noch gesetzlich als Ordrepapier erklärt ist.
A. Définition	Est titre nominatif tout papier-valeur créé au nom d'une personne déterminée, et qui n'est ni émis à ordre ni déclaré titre à ordre par la loi.
A. Nozione	Un titolo di credito si considera nominativo quando è intestato a una persona determinata, non è emesso all'ordine e non è dalla legge dichiarato titolo all'ordine.

Literatur

Vgl. die Literaturhinweise bei den Vorbem. zu Art. 965–1155.

I. Begriff und Begriffsmerkmale des Namenpapiers

Art. 974 enthält eine **Legaldefinition** des Namenpapiers. Das Namenpapier ist ein Wertpapier, das benannt ist (*«auf einen bestimmten Namen lautet»*) und keine Ordre- oder Inhaberklausel aufweist (ZK-JÄGGI, N 1 ff.; JÄGGI/DRUEY/VON GREYERZ, 53). Der Gesetzeswortlaut ist insofern nicht ganz klar, als er die Inhaberklausel nicht ausdrücklich ausschliesst. Diese unterscheidet das Inhaber- vom Namenpapier und nicht die Benennung; auch ein Inhaberpapier kann auf den Namen lauten (ZK-JÄGGI, N 10). Zudem ist der Begriff *«Namenpapier»* unglücklich, da auch Ordrepapiere benannt sind. Dennoch ist der ebenfalls gebräuchliche Ausdruck *«Rektapapier»* der gesetzlichen Bezeichnung *«Namenpapier»* nicht vorzuziehen, da dieser den Eindruck entstehen lässt, alle Namenpapiere seien *«verkümmerte Ordrepapiere»*, bei denen mit der Rektaklausel der Sinn der Ordreklausel aufgehoben wurde (JÄGGI/DRUEY/VON GREYERZ, 53).

Das Namenpapier ist **Wertpapier**, enthält also immer die einfache Wertpapierklausel (doppelseitige oder qualifizierte Präsentationsklausel). Neben der einfachen Wertpapierklausel kann das Namenpapier auch noch eine einfache Legitimationsklausel enthalten, womit es zum hinkenden Inhaberpapier (auch qualifiziertes Legitimationspapier oder hinkendes Namenpapier genannt; vgl. MEIER-HAYOZ/VON DER CRONE, 39) wird, welches in Art. 976 geregelt ist. Das Namenpapier und das hinkende Inhaberpapier unter-

3   Das Namenpapier muss den **Gläubiger** des verbrieften Rechtes zur Zeit der Ausstellung **benennen.** Entgegen dem klaren Wortlaut des Gesetzes (*«wenn es auf einen bestimmten Namen lautet»*) will ZK-JÄGGI (N 8) eine andere Individualbezeichnung als den Namen genügen lassen.

II. Grundsätzliches zum Namenpapier

4   Die **Geltendmachung** und die **Übertragung** des verbrieften Rechtes bestimmen sich beim Namenpapier nach Art. 966, 975 und Art. 967; für die Verpfändung gelten Art. 967 und 901 ZGB.

5   Der wesentliche Unterschied des Namenpapiers zu den Wertpapieren öffentlichen Glaubens ist das **Fehlen eines Einredenausschlusses** oder einer Einredenbeschränkung. Dem Schuldner bleiben bei Übertragung durch Zession alle Einreden erhalten, mit Ausnahme der Einrede der Simulation und der Unabtretbarkeit, soweit sich Letztere nicht aus dem Wortlaut der Urkunde ergibt (vgl. Vor Art. 965–1155 N 20).

6   Die Ausstellung eines Namenpapiers hat die gleichen **Wirkungen** wie die Ausstellung jeder anderen schriftlichen Schuldanerkennung, aber keine weiteren (vgl. Vor Art. 965–1155 N 11 ff.).

7   Namenpapiere sind **retentionsfähig** (Art. 895 ZGB). Sie weisen jedoch normalerweise den Retentionsgläubiger nicht als Berechtigten am verbrieften Recht aus, in welchem Fall sich dieser die fehlende Legitimation durch eine Behörde verschaffen muss (JÄGGI/DRUEY/VON GREYERZ, 58).

III. Praktische Bedeutung des Namenpapiers

8   Das Erfordernis der Zession bei der Übertragung, die Notwendigkeit materiell einwandfreier Zessionen und die fehlende Einredenbeschränkung **beeinträchtigen die Verkehrsfähigkeit** des Namenpapiers wesentlich (MEIER-HAYOZ/VON DER CRONE, 38 f.). Die praktische Bedeutung von Namenpapieren ist deshalb gering.

Art. 975

B. Ausweis über das Gläubigerrecht
I. In der Regel

¹ Der Schuldner ist nur demjenigen zu leisten verpflichtet, der Inhaber der Urkunde ist und der sich als die Person oder als Rechtsnachfolger der Person ausweist, auf welche die Urkunde lautet.

² Leistet der Schuldner ohne diesen Ausweis, so wird er gegenüber einem Dritten, der seine Berechtigung nachweist, nicht befreit.

B. Preuve du droit du créancier
I. Règle générale

¹ Le débiteur n'est tenu de payer qu'entre les mains de celui qui est porteur du titre et qui justifie de son identité avec la personne au nom de laquelle le titre est créé ou de la qualité d'ayant cause de cette personne.

² Le débiteur qui paie sans avoir obtenu cette justification n'est pas libéré à l'égard d'un tiers qui établirait ses droits de créancier.

B. Prova del diritto del creditore
I. Regola generale

¹ Il debitore non è tenuto a pagare se non al portatore del titolo, che prova d'essere la persona alla quale il titolo è intestato o il suo successore.

² Il debitore, che paga senza esigere questa prova, non è liberato dalla propria obbligazione verso il terzo che può giustificare la sua qualità di creditore.

Literatur

Vgl. die Literaturhinweise bei den Vorbem. zu Art. 965–1155.

I. Allgemeines. Normzweck

Art. 975 regelt den Tatbestand der **Geltendmachung** des in einem Namenpapier verurkundeten Rechtes; er wiederholt und verdeutlicht Art. 966 (ZK-JÄGGI, N 1 f.). Abs. 1 hält zunächst fest, dass der Schuldner die Leistung verweigern muss, wenn der Ansprecher die Urkunde nicht vorweist oder sich nicht als die Person oder als Rechtsnachfolger der Person ausweist, auf deren Namen die Urkunde lautet. Abs. 2 regelt die Rechtsfolge des Tatbestandes der Leistung durch den Schuldner ohne Vorlage der Urkunde oder ohne Ausweis des Ansprechers. Nicht ausdrücklich geregelt wird die Rechtsfolge des Normaltatbestandes, bei dem der Ansprecher das Namenpapier vorweist und sich zusätzlich rechtsgenügend ausweist (vgl. N 4).

II. Pflicht zur Verweigerung der Leistung (Abs. 1)

Der Wortlaut von Abs. 1 ist insofern klarzustellen, als dieser nicht die Pflicht des Schuldners festlegt, dem ausgewiesenen Vorweiser des Namenpapiers zu leisten, sondern die **Pflicht,** dem Ansprecher, der das Papier nicht vorweist oder der es vorweist, aber durch das Namenpapier nicht ausgewiesen ist, **nicht zu leisten** (ZK-JÄGGI, N 4, welcher dies aus dem Wort «nur» herleitet). Die Pflicht des Schuldners, die Leistung an den Ansprecher bei Nichtvorweisung des Namenpapiers zu verweigern, ergibt sich bereits aus Art. 966 Abs. 1 (vgl. Art. 966 N 3).

Abs. 1 statuiert im Weiteren die **Pflicht des Schuldners,** die Leistung auch dann zu verweigern, wenn der Ansprecher, welcher das Namenpapier vorweist, weder als Gläubiger zur Zeit der Ausstellung genannt ist, noch sich als Rechtsnachfolger dieser Person ausweisen kann. Wann dieser Nachweis erbracht ist, ergibt sich aus den allgemeinen legitimationsrechtlichen Regeln (vgl. dazu Art. 966 N 1; ZK-JÄGGI, Art. 966 N 78 ff., 85 f.).

III. Befreiung des Schuldners bei Vorweisung des Namenpapiers und Ausweis des Gläubigers

Der Schuldner wird **befreit** durch Leistung an den Ansprecher, welcher das Namenpapier vorweist und sich als Person oder als Rechtsnachfolger der Person ausweist, auf deren Namen das Namenpapier lautet, sofern der Schuldner die Identität des Ansprechers und ggf. auch dessen Vertretungsbefugnis geprüft hat (ZK-JÄGGI, N 9). Sind diese Voraussetzungen erfüllt, wird der Schuldner auch dann befreit, wenn der Ansprecher nicht berechtigt ist, solange die Leistung nicht vor Verfall erfolgt und der Schuldner nicht bösgläubig ist (Art. 966 Abs. 2). Die legitimationsrechtliche Pflicht zur Leistung bei Erfüllung der Voraussetzungen von Art. 975 Abs. 1 beschränkt jedoch nicht das Recht des Schuldners, auf eigene Gefahr hin die Berechtigung des Ansprechers und den Bestand und Inhalt des Rechtes zu bestreiten (ZK-JÄGGI, N 10).

IV. Rechtsfolge bei Leistung ohne Vorweisung des Namenpapiers oder Nichtausweis des Gläubigers (Abs. 2)

5 Durch Umkehrschluss aus Art. 975 Abs. 2 ergibt sich, dass der Schuldner dann **befreit** wird, wenn er dem wirklichen Gläubiger leistet, auch wenn dieser das Namenpapier nicht vorweist oder sich nicht als Rechtsnachfolger desjenigen, auf den das Namenpapier lautet, ausweisen kann. Wenn der Schuldner jedoch einen Beweisnotstand gegenüber einem Nichtberechtigten, welcher das Namenpapier nach Zahlung vorweist, vermeiden will, ist es für ihn ratsam, dass er lediglich dann leistet, wenn der Beweis der Berechtigung des Leistungsempfängers gesichert ist oder dieser bereit ist, ihn für allfällige Doppelleistung schadlos zu halten (ZK-JÄGGI, N 13).

6 Leistet der Schuldner an einen Dritten, der das Namenpapier nicht vorweist oder sich nicht als Rechtsnachfolger desjenigen, auf den das Namenpapier lautet, ausweisen kann, wird er gegenüber dem wirklichen Gläubiger (oder gegenüber beschränkt Berechtigten, falls der Leistungsempfänger der Gläubiger ist) **nicht befreit**.

Art. 976

II. Beim hinkenden Inhaberpapier	Hat sich der Schuldner im Namenpapier das Recht vorbehalten, jedem Inhaber der Urkunde leisten zu dürfen, so wird er durch die in gutem Glauben erfolgte Leistung an den Inhaber befreit, auch wenn er den Ausweis über das Gläubigerrecht nicht verlangt hat; er ist indessen nicht verpflichtet, an den Inhaber zu leisten.
II. Justification par la seule possession du titre	Le débiteur qui s'est réservé, sur le titre nominatif, la faculté de payer entre les mains de tout porteur est libéré par le paiement qu'il a fait de bonne foi au porteur même s'il ne lui a pas réclamé la justification de sa qualité de créancier: il n'est cependant pas tenu de payer entre les mains du porteur.
II. Prova mediante il semplice possesso	Qualora il debitore si sia riservato nel titolo nominativo il diritto di pagare ad ogni portatore del medesimo, egli si libera pagando in buona fede al portatore, quand'anche non gli abbia chiesto la prova della sua qualità di creditore; il debitore non è tuttavia tenuto a pagare al portatore.

Literatur

Vgl. die Literaturhinweise bei den Vorbem. zu Art. 965–1155.

I. Allgemeines. Normzweck

1 Das **hinkende Inhaberpapier** ist ein Namenpapier, das neben der einfachen Wertpapierklausel noch eine einfache Inhaber-Legitimationsklausel (zugunsten des Schuldners) enthält. Die Regelung der Inhaber-Legitimationsklausel in Art. 976 ist allgemeiner Natur und gilt für alle Schuldurkunden, insb. auch für das einfache Legitimationspapier (ZK-JÄGGI, N 19 f.).

II. Geltendmachung des Rechtes

1. Vorlegung des hinkenden Inhaberpapiers

Das hinkende Inhaberpapier ist ein **Namenpapier** und enthält die einfache Wertpapierklausel. Somit ist der Schuldner verpflichtet, dem Ansprecher, der das Papier nicht vorweist, die Leistung zu verweigern. Leistet der Schuldner trotz Nichtvorlegung, treten die Rechtsfolgen von Art. 975 Abs. 1 ein (Art. 975 N 5 f.).

2. Beschränkte Pflicht, jedoch Recht, des Schuldners zur Legitimationsprüfung

Zugunsten des Schuldners wirkt die Vorweisung des hinkenden Inhaberpapiers (unter Vorbehalt der Gutgläubigkeit) **legitimierend.** Er darf aufgrund der Inhaber-Legitimationsklausel von der Rechtszuständigkeit des Vorweisers ausgehen und ist nicht verpflichtet, dessen materielle Berechtigung, Identität und Vertretungsbefugnis zu prüfen, und zwar auch dann nicht, wenn das Papier nicht auf den Vorweiser lautet (MEIER-HAYOZ/VON DER CRONE, 40). Die Worte *«auch wenn er den Ausweis über das Gläubigerrecht nicht verlangt hat»* sind somit in zweierlei Hinsicht unvollständig: Einerseits muss der Gläubiger einen gewissen Ausweis über das Gläubigerrecht erbringen, indem er die Urkunde vorlegt, anderseits ist er nicht nur entbunden von der Überprüfung des *«Gläubigerrechtes»,* sondern auch der Identität und der Vertretungsbefugnis (JÄGGI/DRUEY/VON GREYERZ, 48 f.; **a.A.** BGE 116 II 462 = Pra 1990, 988).

Der Schuldner ist jedoch nicht verpflichtet, an den Vorweiser zu leisten, sondern ist befugt, dessen Einziehungsbefugnis, also materielle Berechtigung, Identität oder Vertretungsbefugnis, ganz oder teilweise zu prüfen. Diese **Prüfungsberechtigung** grenzt das hinkende Inhaberpapier vom vollkommenen Inhaberpapier ab (JÄGGI/DRUEY/VON GREYERZ, 49).

Für den Gläubiger zeitigt die einfache Inhaber-Legitimationsklausel keine **legitimierende Wirkung;** er hat wie der Ansprecher eines gewöhnlichen Namenpapiers das hinkende Inhaberpapier vorzuweisen, sich als die Person, auf deren Namen das hinkende Inhaberpapier lautet, oder als deren Rechtsnachfolger auszuweisen und seine Identität oder Vertretungsbefugnis zu belegen, wenn dies vom Schuldner verlangt wird. Dies ist umschrieben durch die Worte, das der Schuldner *«nicht verpflichtet»* ist, *«an den Inhaber zu leisten».*

3. Guter Glaube

Die Befreiung gemäss Art. 976 tritt nur bei **gutgläubiger Leistung** des Schuldners an einen nichtberechtigten Papiervorleger ein. Der Schuldner muss sich über die Einziehungsbefugnis des Gläubigers irren und der Irrtum muss entschuldbar sein (ZK-JÄGGI, N 43). Nicht gutgläubig ist der Schuldner, der vom Vorweiser eines hinkenden Inhaberpapiers keinen Ausweis über die Identität verlangt (BGE 116 II 462 = Pra 1990, 988; **a.A.** ZK-JÄGGI, N 45). Der Irrtum ist dann entschuldbar, wenn der Schuldner die ihm obliegenden Sorgfaltspflichten nicht oder nur leicht fahrlässig verletzt; insofern ist Art. 976 trotz des verschiedenen Wortlautes anhand des Massstabes gemäss Art. 966 Abs. 2 auszulegen (ZK-JÄGGI, N 48; für konkrete Beispiele zur Sorgfaltspflicht vgl. BGE 116 II 462 = Pra 1990, 988; OGer AG, AGVE 1990, 38 f.; ZK-JÄGGI, N 46, 49 ff.). Leistet der Schuldner durch eine Hilfsperson oder einen Vertreter, muss der gute Glaube auch bei diesen gegeben sein (ZK-JÄGGI, N 53 f.).

Art. 977

4. Rechtsfolge: Befreiung des Schuldners

7 Leistet der Schuldner in gutem Glauben an den Vorweiser des hinkenden Inhaberpapiers, wird er gemäss Art. 976 **befreit,** auch wenn der Leistungsempfänger nicht der materiell Berechtigte oder dessen Vertreter ist. Die Wirkungen der Befreiung gemäss Art. 976 sind die gleichen wie diejenigen der Befreiung gemäss Art. 966 Abs. 2 (vgl. dazu Art. 966 N 12).

III. Grundsätzliches. Praktische Bedeutung

8 Hinsichtlich der Übertragung des verbrieften Rechtes, Verpfändung, Einreden, Retentionsfähigkeit und beschränkter Verkehrsfähigkeit kann auf das zum Namenpapier Gesagte verwiesen werden (Art. 974 N 4 ff.) Die gesteigerte **praktische Bedeutung** des hinkenden Inhaberpapiers zum Namenpapier liegt wie bei allen Legitimationspapieren in der Rationalisierung des Betriebsablaufes des Verpflichteten (MEIER-HAYOZ/VON DER CRONE, 41). Den Hauptfall des hinkenden Inhaberpapieres bildet das Sparheft mit Einschluss des Depositen- und Einlageheftes (PETITPIERRRE-SAUVAIN, 60; offen gelassen in BGE 116 II 460 = Pra 1990, 987).

Art. 977

C. Kraftloserklärung

¹ **Die Namenpapiere werden, wenn keine besondern Vorschriften aufgestellt sind, nach den für die Inhaberpapiere geltenden Bestimmungen kraftlos erklärt.**

² **Der Schuldner kann in der Urkunde eine vereinfachte Kraftloserklärung durch Herabsetzung der Zahl der öffentlichen Aufforderungen oder durch Verkürzung der Fristen vorsehen, oder sich das Recht vorbehalten, auch ohne Vorweisung der Urkunde und ohne Kraftloserklärung gültig zu leisten, wenn der Gläubiger die Entkräftung des Schuldscheins und die Tilgung der Schuld in einer öffentlichen oder beglaubigten Urkunde ausspricht.**

C. Annulation

¹ Sauf dispositions contraires, les titres nominatifs sont annulés selon les règles applicables aux titres au porteur.

² Le débiteur peut se réserver sur le titre le droit de recourir à une procédure d'annulation plus simple en réduisant le nombre des sommations publiques ou la durée des délais; il peut aussi se réserver le droit de payer valablement, même sans présentation et sans annulation du titre, quand le créancier a déclaré dans un acte authentique ou dûment légalisé que titre et dette sont éteints.

C. Ammortamento

¹ All'ammortamento dei titoli nominativi si applicano, salvo disposizioni speciali, le norme riguardanti i titoli al portatore.

² Il debitore può, nel titolo, prevedere una procedura d'ammortamento più semplice, riducendo il numero delle pubbliche diffide o abbreviando i termini, oppure riservarsi il diritto di pagare validamente anche senza presentazione del titolo e senza ammortamento, quando il creditore attesti mediante atto pubblico o scrittura autenticata l'annullamento del titolo e l'estinzione del debito.

2. Abschnitt: Die Namenpapiere

Literatur

Vgl. die Literaturhinweise bei den Vorbem. zu Art. 965–1155.

I. Grundsätze

Art. 977 Abs. 1 statuiert den **Grundsatz,** dass Namenpapiere nach den Bestimmungen für die Inhaberpapiere kraftlos erklärt werden, wenn in der Urkunde selbst keine besonderen Vorschriften aufgestellt sind. Damit deckt Abs. 1 zwei Aspekte ab: Er trägt mit der Bekräftigung des Grundsatzes, dass Namenpapiere kraftlos erklärt werden können, der Tatsache Rechnung, dass das verbriefte Recht ohne das Namenpapier nicht geltend gemacht werden kann und somit der Berechtigte, dem das Papier abhanden gekommen ist, sein Recht ohne Kraftloserklärung nicht mehr durchsetzen könnte. Zudem statuiert er den (dispositiven) Grundsatz, dass Namenpapiere nach den Vorschriften über die Inhaberpapiere gerichtlich kraftlos erklärt werden können und verweist somit auf Art. 981 ff. 1

Die Anwendung der Bestimmungen über die Inhaberpapiere für die Kraftloserklärung der Namenpapiere ist insofern **dispositiv,** als sie nur dann zur Anwendung kommt, *«wenn keine besonderen Vorschriften aufgestellt sind».* Damit bleibt nicht nur Art. 977 Abs. 2 vorbehalten, sondern auch Sonderregeln für einzelne Urkundentypen. Letztere haben jedoch wenig praktische Bedeutung, da Sonderregeln nur für die Grundpfandtitel und die Versicherungspolice bestehen, welche normalerweise nicht als Namenpapiere ausgestaltet sind (ZK-JÄGGI, N 11). 2

In der Praxis wird von den **Ausnahmemöglichkeiten** gemäss Art. 977 Abs. 2 relativ häufig Gebrauch gemacht. Selbst wenn sich der Schuldner jedoch die vereinfachte Kraftloserklärung vorbehält, kann der Gläubiger nach den strengeren Vorschriften, welche für die Inhaberpapiere gelten, vorgehen (ZK-JÄGGI, N 5). Art. 977 Abs. 2 ist auch anwendbar auf Namencoupons; lauten die Coupons eines Namenpapiers jedoch auf den Inhaber, gilt unmittelbar Art. 987 und die Anwendung von Art. 977 Abs. 2 entfällt. 3

Art. 977 Abs. 2 ermöglicht es dem Schuldner, entweder eine vereinfachte gerichtliche Kraftloserklärung vorzusehen oder sich das Recht zur Leistung gegen private Entkräftung (Privatmortifikation) vorzubehalten. Der **Vorbehalt** muss sich jedoch in beiden Fällen **aus der Urkunde** ergeben. Er kann auch nachträglich (nach Ausstellung und Begebung der Urkunde) vereinbart werden, wenn kein Papierverlust des Berechtigten eingetreten ist (ZK-JÄGGI, N 14; nicht ganz klar MEIER-HAYOZ/VON DER CRONE, 38). Der Vorbehalt kann in der Urkunde selbst ausdrücklich umschrieben werden oder sich kraft Verweis auf ein anderes Schriftstück mittelbar aus dem Urkundenwortlaut ergeben (ZK-JÄGGI, N 13). 4

II. Vereinfachte Kraftloserklärung

Der Schuldner kann sich eine **vereinfachte gerichtliche Kraftloserklärung** durch Herabsetzung der Zahl der öffentlichen Aufforderungen oder durch Verkürzung der Fristen vorbehalten. Art. 977 Abs. 2 Hs. 1 verweist damit auf die Vorschriften von Art. 983 f. Der Gläubiger kann die Veröffentlichung der Aufforderung zur Vorlegung im SHAB auf zweimal oder einmal oder die Mindestaufgebotsfrist von sechs Monaten auf eine vernünftige Mindestfrist (gem. ZK-JÄGGI, N 17 einen Monat) reduzieren. 5

III. Privatmortifikation

6 Der Schuldner kann sich auch die Leistung gegen **Privatmortifikation** in der Urkunde vorbehalten (Art. 977 Abs. 2 Hs. 2). Damit wird der Tatbestand abgedeckt, bei dem ein bisheriger Gläubiger das verurkundete Recht ohne Vorweisung geltend macht und den Verlust des Namenpapiers behauptet. Hat sich der Schuldner alsdann in der Urkunde die Leistung gegen Privatmortifikation vorbehalten, ist er gegenüber dem bisherigen Gläubiger zur Leistung verpflichtet, wenn dieser die private Entkräftungserklärung abgibt. Ist der bisherige Gläubiger, der eine Privatentkräftung vornimmt, nicht mehr berechtigt, wird der Schuldner bei Leistung in gutem Glauben gegenüber dem wirklichen Gläubiger dennoch befreit (ZK-JÄGGI, N 24). War der Ansprecher jedoch gar nie Gläubiger, liegt eine Fehlleistung vor, die sich nicht nach Art. 977 Abs. 2, sondern nach Art. 966 Abs. 2, Art. 975 Abs. 2 oder 976 beurteilt (ZK-JÄGGI, N 21). Hinsichtlich der Form (öffentliche oder beglaubigte Urkunde) verweist Art. 977 Abs. 2 vollumfänglich auf Art. 90 Abs. 1.

Dritter Abschnitt: Die Inhaberpapiere

Art. 978

A. Begriff	**¹ Ein Wertpapier gilt als Inhaberpapier, wenn aus dem Wortlaut oder der Form der Urkunde ersichtlich ist, dass der jeweilige Inhaber als Berechtigter anerkannt wird.**
	² Der Schuldner darf jedoch nicht mehr bezahlen, wenn ein gerichtliches oder polizeiliches Zahlungsverbot an ihn erlassen worden ist.
A. Définition	¹ Est titre au porteur tout papier-valeur dont le texte ou la forme constate que chaque porteur en sera reconnu comme l'ayant droit.
	² Toutefois le débiteur ne peut plus valablement payer lorsque les autorités judiciaires ou de police lui en ont fait défense.
A. Nozione	¹ Un titolo di credito si considera al portatore quando dal suo testo o dalla sua forma risulta che ogni portatore sarà riconosciuto titolare del diritto che vi è menzionato.
	² Il debitore tuttavia non ha più il diritto di pagare se l'autorità giudiziaria o di polizia glielo abbia inibito.

Literatur

Vgl. die Literaturhinweise bei den Vorbem. zu Art. 965–1155.

I. Begriff des Inhaberpapiers

1 Art. 978 enthält die **Legaldefinition** des Inhaberpapiers. Das Inhaberpapier ist ein Wertpapier, welches den jeweiligen Inhaber als Berechtigten ausweist. Das Inhaberpapier weist alle Merkmale des Wertpapierbegriffes auf (Art. 965). Als Wertpapier enthält es die einfache Wertpapierklausel (vgl. Art. 965 N 5). Zusätzlich enthält das Inhaberpapier eine Inhaberklausel, in welcher der Schuldner verspricht, er werde dem Inhaber aufgrund der blossen Vorweisung erfüllen (ZK-JÄGGI, N 2).

II. Die Inhaberklausel

Die **Inhaberklausel** ist eine *doppelseitige (Inhaber-)Legitimationsklausel.* Der Schuldner ist verpflichtet und berechtigt, dem Vorweiser (Inhaber) zu leisten, ohne dessen materielle Berechtigung weiter zu überprüfen (Legitimationswirkung zugunsten des Schuldners). Andererseits genügt dem Gläubiger für die Geltendmachung des verbrieften Rechtes die reine Vorweisung der Urkunde an den Schuldner (Legitimationswirkung zugunsten des Gläubigers).

Die Inhaberklausel muss sich *«aus dem Wortlaut oder der Form der Urkunde»* ergeben. Die Urkunde kann ausdrücklich den **Inhaber** als Berechtigten bezeichnen, sei es ausschliesslich oder alternativ, z.B. mit der Nennung des Gläubigers zur Zeit der Ausstellung. Obwohl sehr gebräuchlich, ist die Verwendung des Wortes *«Inhaber»* nicht notwendig; es genügen andere Bezeichnungen wie *«Vorweiser»* oder *«Überbringer».* Selbst wenn die Urkunde keinen Berechtigten nennt, kann sich aus den Umständen ergeben, dass der Inhaber Berechtigter ist (GUHL-DRUEY, 903). Die Inhaberpapier-Natur einer Urkunde ist individuell zu bestimmen (BGE 53 II 159; 43 II 801). Es kommt nach dem Vertrauensprinzip darauf an, wie der Adressat der Urkunde (erster Nehmer oder später Berechtigter) diese in guten Treuen verstehen durfte und musste (ZK-JÄGGI, N 19).

Im Einzelfall kann sich die **Abgrenzung der Inhaberklausel von der einfachen Legitimationsklausel** schwierig gestalten. Ob ein vollkommenes Inhaberpapier vorliegt, das den Inhaber zum Berechtigten macht oder ein hinkendes, in welchem sich der Schuldner lediglich ermächtigt, jedoch nicht verpflichtet, statt an den in der Urkunde genannten auch an den Inhaber zu leisten, ist aufgrund der Sachumstände zu entscheiden (vgl. z.B. BGE 43 II 98 ff.). Das Gleiche gilt für die *Abgrenzung* zwischen *vollkommenem Inhaberpapier* und *einfachem Legitimationspapier* und *unvollkommenem Inhaberpapier* (Karten und Marken des täglichen Verkehrs, bei denen der Schuldner dem ersten Nehmer auch dann leisten darf, wenn dieser die Urkunde nicht vorlegt; vgl. im Einzelnen ZK-JÄGGI, N 99 ff.; JÄGGI/DRUEY/VON GREYERZ, 50 f.).

III. Die Geltendmachung des verbrieften Rechtes

Der Gläubiger **legitimiert** sich durch **Innehabung der Urkunde.** Er muss dem Schuldner gegenüber keinen weiteren Nachweis seiner Berechtigung erbringen, sondern kann sich auf die gesetzliche Vermutung stützen, als Besitzer auch Eigentümer der Urkunde zu sein (Art. 930 Abs. 1 ZGB). Der Inhaber muss weder erklären (geschweige denn, sich darüber ausweisen), dass er (fiduziarischer) Eigentümer des Papieres ist oder als Vertreter des Gläubigers und Papiereigentümers die Leistung fordert (BGE 84 II 286 = Pra 1958, 447; BGE 109 II 241 f.) oder sich über seine Identität ausweisen. Ein Vertreter des Gläubigers kann eine Klage auf Erfüllung der Schuld im eigenen Namen einbringen (BGE 84 II 286 ff. = Pra 1958, 447 ff.), nach der Praxis des BGer jedoch keine Zwangsvollstreckung im Namen eines ungenannten Gläubigers geltend machen (BGE 57 III 135, 163 f.).

Der Schuldner ist (unter Vorbehalt von Art. 966 Abs. 2; vgl. Art. 966 N 5 ff.) **verpflichtet und berechtigt,** dem Vorweiser des echten Inhaberpapiers zu leisten, soweit kein behördliches Zahlungsverbot besteht (Art. 978 Abs. 2) oder die Urkunde gerichtlich kraftlos erklärt ist. Er ist weder berechtigt noch verpflichtet, etwas anderes als die Vorweisung der (echten) Urkunde zu prüfen. Verweigert der Schuldner die Leistung an den wirklichen Berechtigten, der das Inhaberpapier vorweist, gerät er in Verzug. Der

Schuldner ist jedoch berechtigt, auf eigene Gefahr die materielle Berechtigung des Vorweisers zu bestreiten und den Gegenbeweis der Nichtberechtigung zu führen (BGer v. 20.10.2000, 5C.134/2000, E. 4a/cc; ZK-JÄGGI, N 51).

7   Das Recht des Schuldners, dem Vorweiser zu leisten (Legitimationswirkung zugunsten des Schuldners), findet seine Grenze in Art. 966 Abs. 2. Der Schuldner wird gegenüber dem wahren Berechtigten **nicht befreit,** wenn er dem Inhaber des Papiers die Leistung erbringt und dessen Nichtberechtigung arglistig oder grobfahrlässig missachtet (BGE 35 II 586; 36 II 356; 38 II 190, 123 IV 142). Insofern schränkt Art. 966 Abs. 2 gegenüber dem bösgläubigen Vorweiser die Vermutung von Art. 930 Abs. 1 ZGB beim Inhaberpapier ein (vgl. zum Begriff der groben Fahrlässigkeit und Arglist Art. 966 N 11; ZK-JÄGGI, N 63 ff.).

8   Leistet der Schuldner **ohne Vorweisung** des Inhaberpapiers, wird er dem Gläubiger gegenüber *befreit,* wenn dieser oder sein befugter Vertreter Leistungsempfänger ist. Hingegen läuft der Schuldner Gefahr, dem gutgläubigen Dritten, welcher das Inhaberpapier vorweist, ein zweites Mal leisten zu müssen, soweit sich der Leistungsempfänger nicht zur Schadloshaltung verpflichtet hat. Ist der Leistungsempfänger nicht Gläubiger, wird der Schuldner *nicht befreit* (vgl. zum Ganzen ZK-JÄGGI, N 44 f.).

IV. Einzelfragen

9   Für die Übertragung des Inhaberpapiers gilt Art. 967 (vgl. Art. 967 N 6). Verpfändet wird das Inhaberpapier nach Art. 901 Abs. 1 ZGB (BGE 81 II 340 f.). Zum Gutglaubensschutz des Dritterwerbers und zum Einredenausschluss vgl. Art. 979 N 1 ff.

10 Das Inhaberpapier kann als Wertpapier kraftlos erklärt werden (Art. 981 ff.) und ist retentionsfähig (Art. 795 ZGB).

V. Behördliches Zahlungsverbot (Abs. 2)

11 Ist ein gerichtliches oder polizeiliches **Zahlungsverbot** an den Schuldner ergangen, befreit sich der Schuldner durch Leistung an den Vorweiser nicht. Die Mitteilung muss an den Schuldner persönlich erfolgen, weshalb die Veröffentlichung in einem amtlichen Organ nicht genügt (ZK-JÄGGI, N 78). Soweit dem Schuldner das Zahlungsverbot mitgeteilt wurde, trifft ihn eine absolute Sorgfaltspflicht, die sich auch auf seinen Vertreter erstreckt, ob dieser das Verbot kennt oder nicht. Beispiele für behördliche Zahlungsverbote finden sich in Art. 982 Abs. 1 und Art. 1072 Abs. 1. Gemäss Art. 978 Abs. 2 genügt jedoch irgendein behördliches Zahlungsverbot, so z.B. auch ein als vorsorgliche Massnahme im Prätendentenstreit ergangenes Verbot (ZK-JÄGGI, N 79). Private Verlustanzeigen fallen nicht unter Art. 978 Abs. 2. Deren Nichtbeachtung stellt aber i.d.R. eine grobe Fahrlässigkeit oder Arglist i.S.v. Art. 966 Abs. 2 dar.

Art. 979

B. Einreden des Schuldners
I. Im Allgemeinen

¹ Der Schuldner kann der Forderung aus einem Inhaberpapier nur solche Einreden entgegensetzen, die entweder gegen die Gültigkeit der Urkunde gerichtet sind oder aus der Urkunde selbst hervorgehen, sowie solche, die ihm persönlich gegen den jeweiligen Gläubiger zustehen.

² **Einreden, die sich auf die unmittelbaren Beziehungen des Schuldners zu einem früheren Inhaber gründen, sind zulässig, wenn der Inhaber bei dem Erwerb der Urkunde bewusst zum Nachteil des Schuldners gehandelt hat.**

³ **Ausgeschlossen ist die Einrede, dass die Urkunde wider den Willen des Schuldners in den Verkehr gelangt sei.**

B. Exceptions du débiteur
I. En général

¹ Le débiteur ne peut opposer à l'action dérivant d'un titre au porteur que les exceptions tirées de la nullité du titre ou de son texte même, et celles qu'il a personnellement contre son créancier.

² Il peut opposer les exceptions fondées sur ses rapports personnels avec un porteur antérieur, si le porteur, en acquérant le titre, a agi sciemment au détriment du débiteur.

³ Il ne peut exciper du fait que le titre a été mis en circulation contre son gré.

B. Eccezioni del debitore
I. In genere

¹ Il debitore non può opporre al credito fondato sopra un titolo al portatore se non le eccezioni che sono dirette contro la validità del titolo o desunte dal titolo stesso e le eccezioni che gli spettano personalmente contro l'attuale creditore.

² Egli può opporvi le eccezioni dedotte dai suoi rapporti personali con un portatore anteriore, quando il portatore, acquistando il titolo, abbia agito scientemente a danno del debitore.

³ Egli non può opporvi l'eccezione che il titolo è entrato in circolazione contro la sua volontà.

Literatur

Vgl. die Literaturhinweise bei den Vorbem. zu Art. 965–1155.

I. Der öffentliche Glaube des Inhaberpapiers

Das Inhaberpapier ist ein **Wertpapier des öffentlichen Glaubens.** Dies bedeutet, dass der gutgläubige Erwerber in Bezug auf Bestand und Inhalt des verurkundeten Rechtes und die Rechtszuständigkeit des Inhabers geschützt ist (ZK-JÄGGI, Art. 978 N 97; MEIER-HAYOZ/VON DER CRONE, 64). Den **Gutglaubensschutz** hinsichtlich des Bestandes und Inhaltes des verbrieften Rechtes regeln Art. 979 Abs. 1 f., ergänzt durch Art. 979 Abs. 3, aufgrund dessen sich der Gläubiger darauf verlassen darf, dass das Inhaberpapier vom Schuldner in Verkehr gesetzt wurde. Art. 935 ZGB regelt den Schutz des Erwerbers hinsichtlich der Rechtszuständigkeit des Inhabers (Berechtigung zur Übertragung des Inhaberpapiers). Die Gegenseite des Gutglaubensschutzes des Dritterwerbers ist der Schutz des guten Glaubens des Schuldners in die Berechtigung des Vorweisers des Inhaberpapiers.

Die Regelung der Einredebeschränkung in Art. 979 wird ergänzt durch den **sachenrechtlichen Schutz des gutgläubigen Erwerbers,** auch wenn dieser von einem Nichtberechtigten erwirbt (Art. 935 ZGB i.V.m. Art. 936 ZGB; für Einzelheiten vgl. BK-STARK, Art. 934, 935). Dem Gläubiger gegen seinen Willen abhanden gekommene, also verlorene oder gestohlene Inhaberpapiere kann dieser nur vom bösgläubigen, nicht aber vom gutgläubigen Empfänger herausverlangen. Ein Inhaberpapier wird insoweit wie Geld behandelt. Ein Erwerber ist dann bösgläubig, wenn er Grund für ernstlichen Verdacht an der Redlichkeit des Veräusserers hat und das Inhaberpapier dennoch kauft oder zu Pfand nimmt, ohne sich über die Berechtigung des Veräusserers näher zu erkundigen (BGE 70 II 106).

3   Art. 979 bezweckt die Erleichterung des Handels von Inhaberpapieren und ist deshalb **zwingendes Recht** (MEIER-HAYOZ/VON DER CRONE, 48 ff.). Gesetzliche Sonderregelungen bestehen für die Inhaberaktie, die Inhabergrundpfandtitel und das Inhaberkonossement (vgl. MEIER-HAYOZ/VON DER CRONE, 265 ff., 344 ff., 382 ff.).

II. Einreden gegen die Gültigkeit der Urkunde (Abs. 1)

4   Es gibt fünf Einwendungen, die *«gegen die Gültigkeit der Urkunde»* gerichtet sind, nämlich dass das Inhaberpapier (1) unecht ist, (2) verfälscht ist, (3) gestützt auf eine ungültige Ausstellung in Verkehr gesetzt wurde, (4) kraftlos erklärt oder (5) mit einem behördlichen Zahlungsverbot belegt ist (ZK-JÄGGI, N 7). Die zwei letzten Einwendungen ergeben sich bereits aus Art. 986 Abs. 3 und Art. 978 Abs. 2. Die Einrede, dass das Inhaberpapier ungültig ausgestellt (also die Schuldanerkennung mangelhaft ist), kann nur gegenüber dem ersten Nehmer vollumfänglich geltend gemacht werden. Gegenüber dem gutgläubigen rechtsgeschäftlichen Erwerber kann sich der Schuldner in dieser Hinsicht nur auf seine Handlungsunfähigkeit (BGE 89 II 391) und die Nichtbefugnis des Vertreters, der die Urkunde namens des Schuldners ausgestellt hat, berufen; ausgeschlossen ist er insb. mit der Einrede der Simulation (Art. 18 Abs. 2) und der mangelnden Begebung (Art. 979 Abs. 2; vgl. im Einzelnen ZK-JÄGGI, N 7 ff., 24 ff.).

III. Aus der Urkunde selbst hervorgehende Einreden (Abs. 1)

5   Soweit er nicht ausdrücklich Ausnahmen zulässt, beschränkt Art. 979 Abs. 1 die Einreden des Schuldners generell auf solche, die aus dem **Inhalt der Urkunde** hervorgehen, somit deren ausdrücklichem oder ausgelegtem Wortlaut entnommen werden können. Ob der Erwerber die Einrede erkannt hat, ist unerheblich (MEIER-HAYOZ/VON DER CRONE, 100). Das Wort *«Urkunde»* bezieht sich dabei nicht nur auf das Inhaberpapier selber, sondern auch auf dritte Schriftstücke, auf welche das Inhaberpapier ausdrücklich oder dem Sinne nach verweist (ZK-JÄGGI, N 74, der auf Bankreglemente, Anleihensprospekte und Usanzen verweist). Bsp.: Der Schuldner kann einwenden, dass sich eine aus der Urkunde ergebende, die Fälligkeit aufschiebende Bedingung (noch) nicht erfüllt hat. Der Schuldner kann nicht einwenden, dass die im Inhaberpapier verbriefte, gegen ihn gerichtete Kaufpreisforderung wegen Wandelung des Kaufvertrages untergegangen ist.

IV. Persönliche Einreden gegen den jeweiligen Gläubiger (Abs. 1)

6   Es handelt sich um diejenigen Einreden, die den jeweiligen Gläubiger deshalb betreffen, weil sie sich auf Tatsachen stützen, die während der Zeit seiner Gläubigerschaft eingetreten sind (ZK-JÄGGI, N 14). **Persönliche Einreden** sind sie dann, wenn sie sich nicht gegen die Gültigkeit der Urkunde richten und auch nicht aus dieser hervorgehen, also nur gegen einen bestimmten Gläubiger vorgebracht werden können. Hauptfälle sind die Einreden der Verrechnung (differenziert ZK-JÄGGI, N 118 ff.), der Stundung und der Teilzahlung. Der Inhaber, der die Leistung im eigenen Namen aufgrund eines Inkassomandates einfordert, ist *«jeweiliger Gläubiger»* (BGE 84 II 291 f. = Pra 1958, 451).

3. Abschnitt: Die Inhaberpapiere   **Art. 980**

V. Ausgeschlossene Einreden

1. Persönliche Einreden, die gegen einen früheren Gläubiger bestehen (Abs. 2)

Art. 979 Abs. 2 schliesst gegenüber einem gutgläubigen Gläubiger diejenigen Einreden 7
aus, *«die sich auf die unmittelbaren Beziehungen des Schuldners zu einem früheren Inhaber gründen»*. Damit sind persönliche Einreden i.S.v. Abs. 1 gemeint, die zwar gegen einen **früheren Gläubiger,** nicht jedoch gegen den Ansprecher bestehen (für den Fall fiduziarischer Eigentumsübertragung vgl. MEIER-HAYOZ/VON DER CRONE, 104 f.).

Zugelassen sind solche Einreden jedoch dann, wenn der Ansprecher *«bei dem Erwerb* 8
der Urkunde bewusst zum Nachteil des Schuldners», also **arglistig** gehandelt hat (vgl. zur Arglist und zum Fehlen von Arglist ausführlich ZK-JÄGGI, N 84 ff.). Dies ist dann der Fall, wenn der Erwerber Kenntnis der Einrede des Schuldners gegen den früheren Inhaber hat und in der arglistigen Absicht erwirbt, dem Schuldner die Möglichkeit der Erhebung dieser Einreden abzuschneiden (BGE 77 II 366 = Pra 1952, 81). Generell gilt, dass (1) der Erwerber die Einrede und ihre Grundlage positiv kennen muss (BGE 99 Ia 7), (2) über deren Weiterbestehen bis zur Fälligkeit weiss und (3) weiss, dass die Einrede vom Schuldner wird geltend gemacht werden (MEIER-HAYOZ/VON DER CRONE, 108 f.).

2. Einrede der mangelnden Begebung (Abs. 3)

Gegenüber einem gutgläubigen Erwerber ist die Einrede, *«dass die Urkunde wider den* 9
Willen des Schuldners in den Verkehr gelangt sei», somit die **Einrede der mangelnden Begebung,** ausgeschlossen. Hat der Schuldner ein Inhaberpapier zwar ausgefertigt, aber nocht nicht begeben (noch nicht zu einer Schuldanerkennung verwendet, JÄGGI/DRUEY/VON GREYERZ, 65), und gelangt das Papier dennoch durch einen Dritten eigenmächtig in Verkehr, muss dies der Schuldner gegenüber einem gutgläubigen Erwerber gegen sich gelten lassen.

VI. Einzelfragen

Gegenüber dem **ersten Nehmer** ist der Schuldner **keinem Einredenausschluss** unter- 10
worfen (BGE 132 III 193; ZK-JÄGGI, N 38).

Hinsichtlich der Verjährung ist das Inhaberpapier vollumfänglich den allgemeinen Re- 11
geln von Art. 127 ff. unterworfen (ZK-JÄGGI, N 119).

Für einzelne Typen von Inhaberpapieren gibt es spezielle Bestimmungen zu zulässigen 12
Einreden, die der Regelung von Art. 979 vorgehen, so z.B. beim Schuldbrief Art. 867 Abs. 2 und 844 ZGB. Der Einredenausschluss bei Inhaberaktien beurteilt sich hinsichtlich des Bestandes und des Inhaltes der in der Aktie verurkundeten Aktionärsstellung in erster Linie nach Aktienrecht und Statuten (vgl. dazu BGE 132 III 193 f.).

Art. 980

II. Bei Inhaber-zinscoupons	¹ **Gegen die Forderung aus Inhaberzinscoupons kann der Schuldner die Einrede, dass die Kapitalschuld getilgt sei, nicht erheben.**
	² **Der Schuldner ist aber berechtigt, bei Bezahlung der Kapital-schuld den Betrag der erst in Zukunft verfallenden Inhaber-**

zinscoupons, die ihm nicht mit dem Haupttitel abgeliefert werden, bis nach Ablauf der für diese Coupons geltenden Verjährungsfrist zurückzubehalten, es sei denn, dass die nicht abgelieferten Coupons kraftlos erklärt worden sind oder dass deren Betrag sichergestellt wird.

II. Coupons d'intérêts au porteur

¹ Le débiteur ne peut opposer à la demande fondée sur un coupon d'intérêts au porteur l'exception que le capital serait payé.

² Il a toutefois le droit, lors du paiement du capital, de retenir jusqu'à la fin du délai de prescription établi pour les coupons d'intérêts le montant des coupons qui ne seraient échus qu'après le remboursement du capital, si ces coupons ne lui ont pas été remis avec le titre, à moins que les coupons non délivrés n'aient été annulés ou que des sûretés ne soient fournies pour le montant de ces coupons.

II. Cedole di interessi al portatore

¹ Al credito fondato sopra cedole d'interessi al portatore il debitore non può opporre l'eccezione che il debito principale è estinto.

² Pagando quest'ultimo, il debitore ha tuttavia il diritto di trattenere l'ammontare delle cedole d'interessi al portatore non ancora scadute e che non gli sono presentate col titolo principale, fino a che sia decorso il termine di prescrizione delle cedole stesse, a meno ch'esse siano state ammortizzate o che siano fornite garanzie per il loro ammontare.

Literatur

Vgl. die Literaturhinweise bei den Vorbem. zu Art. 965–1155.

I. Allgemeines

1 Art. 980 Abs. 1 regelt den folgenden Tatbestand: Die Kapitalschuld ist durch Tilgung untergegangen, jedoch verbleiben Inhaberzinscoupons, welche erst **nach** der **Tilgung fällig** geworden sind oder werden, im Umlauf. In diesem Falle schützt das Gesetz den gutgläubigen Erwerber eines solchen Zinscoupons, obwohl wegen der akzessorischen Natur des Zinses nach Tilgung der Hauptforderung die durch den Inhaberzinscoupon verbriefte Zinsforderung nicht mehr entstehen konnte (ZK-JÄGGI, N 21).

2 Art. 980 Abs. 2 setzt voraus, dass die in einem Inhaberzinscoupon verurkundete Zinsforderung, die vor der Tilgung der Hauptforderung entstanden ist, selbständig weiter besteht (ZK-JÄGGI, N 19).

3 Bezahlt der Schuldner die Kapitalschuld an einen Vorweiser des Haupttitels, der nicht in der Lage ist, ihm diejenigen Inhaberzinscoupons auszuliefern, welche Zinsansprüche verurkunden, die bei Tilgung der Hauptschuld noch nicht entstanden (fällig) sind, darf der Schuldner denjenigen Betrag, der dem Betrag der noch ausstehenden Coupons entspricht, bis nach Ablauf der für diese Zinscoupons geltenden Verjährungsfrist **zurückbehalten.** Der Schuldner muss jedoch dann den vollen Kapitalbetrag bezahlen, wenn die nicht abgelieferten Coupons *kraftlos erklärt* worden sind oder der Ansprecher den durch diese Zinscoupons verkörperten Betrag *sicherstellt* (z.B. durch ein Bardepot oder Hinterlegung von Wertschriften).

4 Hingegen berührt die Regelung von Art. 980 Abs. 2 **bereits verfallene Zinscoupons** nicht; der Schuldner hat diese Coupons bis zum Ablauf der Verjährungsfrist zu honorieren und kann dem Ansprecher des Kapitalbetrages gegenüber für diese Coupons keine Kürzung vornehmen.

Art. 981

C. Kraftlos-erklärung
I. Im Allgemeinen
1. Begehren

¹ **Inhaberpapiere, wie Aktien, Obligationen, Genussscheine, Couponsbogen, Bezugsscheine für Couponsbogen, jedoch mit Ausschluss einzelner Coupons, werden auf Begehren des Berechtigten durch den Richter kraftlos erklärt.**

² ...

³ **Der Gesuchsteller hat den Besitz und Verlust der Urkunde glaubhaft zu machen.**

⁴ **Ist dem Inhaber eines mit Couponsbogen oder Bezugsschein versehenen Papiers bloss der Couponsbogen oder Bezugsschein abhanden gekommen, so genügt zur Begründung des Begehrens die Vorzeigung des Haupttitels.**

C. Annulation
I. En général
1. Requête

¹ L'annulation des titres au porteur, tels qu'actions, obligations, bons de jouissance, feuilles de coupons, talons pour le renouvellement des feuilles de coupons, mais à l'exclusion des coupons isolés, est prononcée par le juge à la requête de l'ayant droit.

² ...

³ Le requérant doit rendre plausible qu'il a possédé le titre et qu'il l'a perdu.

⁴ Lorsque le porteur a perdu seulement la feuille de coupons ou le talon dont le titre était muni, il suffit que le titre principal soit produit à l'appui de sa requête.

C. Ammortamento
I. In generale
1. Domanda

¹ L'ammortamento dei titoli al portatore, come azioni, obbligazioni, buoni di godimento, fogli di cedole, scontrini per il rinnovo di tali fogli (talloni), è pronunciato dal giudice ad istanza di chi ha diritto al titolo; non possono essere ammortizzate singole cedole.

² ...

³ L'istante deve render verosimili il possesso e la perdita del titolo.

⁴ Qualora l'istante abbia smarrito soltanto il foglio di cedole o il tallone di cui era munito il titolo principale, basterà, per giustificare l'istanza, la produzione di questo.

Literatur

Vgl. die Literaturhinweise bei den Vorbem. zu Art. 965–1155.

I. Grundsatz. Amortisierbarkeit (Abs. 1)

Abs. 1 bestätigt den bereits in Art. 971 Abs. 1 statuierten Grundsatz, dass Inhaberpapiere durch den Richter **kraftlos** erklärt werden können. Die Aufzählung der Urkundentypen in Abs. 1 ist beispielhaft und nicht abschliessend. Art. 981 ff. findet insb. auch auf die Inhaberobligation mit Grundpfandverschreibung Anwendung (BGE 77 II 364 = Pra 1952, 80).

Das Gesetz sieht verschiedene grundsätzliche oder verfahrensrechtliche **Ausnahmen** vor (zur Privatautonomie im Bereich der Kraftloserklärung von Inhaberpapieren ZK-JÄGGI, N 5):

– einzelne Coupons sind nicht amortisierbar (Art. 987);

– Geld und Geldsurrogate sind nicht amortisierbar (Art. 988);

- der Inhabercheck wird gemäss Verweis in Art. 1143 Ziff. 19 nach Art. 1072 ff. amortisiert.

3 Die Bestimmungen von Art. 981 ff. finden kraft Verweisungen in Art. 977 Abs. 1, Art. 870 Abs. 2 ZGB und Art. 13 VVG auch auf die Namenpapiere, die Grundpfandtitel und die Versicherungspolice (in allen drei Fällen mit gewissen Abweichungen) Anwendung (Art. 972 N 5).

II. Aktivlegitimation (Abs. 1)

4 Aktivlegitimiert zur Stellung des Begehrens um Kraftloserklärung eines Inhaberpapiers ist der *«Berechtigte»*, also in erster Linie der **Gläubiger**, aber auch der **Pfandnehmer** oder **Nutzniesser** (vgl. Art. 971 N 11; ZK-JÄGGI, Art. 971/972 N 114 ff.).

III. Zuständigkeit

5 Der frühere Abs. 2 wurde durch Art. 30 GestG aufgehoben. Danach ist für die Kraftloserklärung von Aktien das Gericht am **Sitz der Aktiengesellschaft,** für Zahlungsverbote und Kraftloserklärung von Wechsel und Check das Gericht am **Zahlungsort** und für die Kraftloserklärung der übrigen Wertpapiere das Gericht am **Wohnsitz oder Sitz des Schuldners** zuständig. Das gilt auch für die Grundpfandtitel (BK-KURTH/BERNET, Art. 30 GestG N 4). Wer Schuldner ist und wo er seinen Wohnsitz hat, bestimmt sich nach der Zeit der Einreichung des Gesuches. Die Bestimmung des Wohnsitzes erfolgt nach Art. 23 ff. und 56 ZGB. Der Gerichtsstand gemäss Art. 981 Abs. 2 ist (faktisch) zwingend (ZK-JÄGGI, N 7; CHK-FRICK, N 3). Bei der AG besteht am Ort der Zweigniederlassung kein Gerichtsstand (BGE 74 II 244; BK-KURTH/BERNET, Art. 30 GestG N 11). Eine Ausnahme vom Gerichtsstand des Schuldnerwohnsitzes besteht für die Versicherungspolice (Art. 13 VVG: Erfüllungsort)

6 Abs. 1 fordert für das Kraftloserklärungsverfahren von Inhaberpapieren ein **gerichtliches Verfahren,** überlässt jedoch die Bestimmung der sachlichen Zuständigkeit dem kantonalen Recht (vgl. Art. 971 N 8 f.).

IV. Glaubhaftmachung (Abs. 3 und 4)

7 Der Gesuchsteller hat den Verlust der Urkunde und den Besitz (zur Zeit des Verlustes oder der Entdeckung des Verlustes) **glaubhaft zu machen** und das vermisste Papier hinreichend zu individualisieren (vgl. für Näheres Art. 971 N 11). Nur gattungsweise Bezeichnung ist nicht ausreichend (BGE 83 II 450 ff.).

8 *«Glaubhaftmachen»* gemäss Art. 981 Abs. 3 ist ein bundesrechtlicher Begriff. Ob der Gesuchsteller den Besitz und Verlust der Urkunde glaubhaft gemacht hat, kann das BGer frei überprüfen (ZK-JÄGGI, Art. 971/972 N 162). Beim Glaubhaftmachen braucht das Gericht nicht voll überzeugt zu sein, sondern es genügt, wenn für die Behauptungen eine gewisse Wahrscheinlichkeit spricht, auch wenn das Gericht noch mit der Möglichkeit rechnet, dass die behauptete Tatsache sich nicht wie behauptet verwirklicht haben könnte (BGE 104 Ia 413; 99 II 346 f.; 88 I 14; STROHMEIER, 62 f.). Blosse Versicherungen des Gesuchstellers, dass er Besitzer war und die Urkunde verloren habe, genügen nicht (Rep 1971, 307). Auch blosse Hinweise, die einen Verlust als möglich erscheinen lassen, reichen nicht (ZivGer BS, SJZ 1948, 245; vgl. aber auch AppGer BS, SJZ 1959, 375).

3. Abschnitt: Die Inhaberpapiere 1 **Art. 982**

In der Regel wird der Urkundenverlust sowohl das **Hauptpapier** (Mantel) als auch das 9
Nebenpapier (Couponsbogen, Bezugsschein für Couponsbogen), die i.d.R. im Verkehr
nicht selbständig gehandelt werden, betreffen. Mit der Glaubhaftmachung des Verlustes
des Haupttitels macht der Berechtigte dabei gleichzeitig den Verlust der Nebenpapiere
glaubhaft. Er hat jedoch im Rechtsbegehren auch die Nebenpapiere zu erwähnen und
deren Identität (wie selbstverständlich auch jene des Haupttitels) zu umschreiben (ZK-
JÄGGI, N 20).

Verlangt der Berechtigte lediglich das Kraftloserklärungsverfahren auf einem **Coupons-** 10
bogen oder **Bezugsschein,** genügt zur Glaubhaftmachung des Besitzes und Verlustes
die Vorzeigung des Haupttitels (Art. 981 Abs. 4). ZK-JÄGGI (N 22) will Abs. 4 auch
dann analog angewendet haben, wenn der Berechtigte lediglich die Kraftloserklärung
des Haupttitels verlangt. Er macht dann dessen Besitz und Verlust i.d.R. durch Vorweisung des Couponsbogens glaubhaft. In den beiden Fällen, in denen sich das Begehren
um Kraftloserklärung lediglich auf den Haupt- oder den (oder die) Nebentitel bezieht,
ist die Vorweisung des nicht verlustig gegangenen Teiles der Urkunde zur Glaubhaftmachung nicht nur genügend, sondern wohl auch notwendig. Das Gesetz sieht die Hinterlegung des noch vorhandenen Haupt- oder Nebentitels nicht vor, doch ist deren Anordnung durch den Richter zweckmässig.

Art. 982

2. Zahlungs- verbot	**¹ Dem aus dem Wertpapier Verpflichteten kann auf Verlangen des Gesuchstellers die Einlösung unter Hinweis auf die Gefahr doppelter Zahlung verboten werden.** **² Soll ein Couponsbogen kraftlos erklärt werden, so findet auf die während des Verfahrens verfallenden einzelnen Coupons die Bestimmung über die Kraftloserklärung der Zinscoupons entsprechende Anwendung.**
2. Défense de payer	¹ A la demande du requérant, le juge peut interdire au débiteur du titre d'en acquitter le montant, sous la menace de devoir payer deux fois. ² En cas d'annulation de feuilles de coupons, les règles concernant l'annulation de coupons d'intérêts s'appliquent par analogie aux coupons qui échoient en cours de procédure.
2. Divieto di paga- mento	¹ Ad istanza di chi propone l'ammortamento, può essere vietato al debitore del titolo di solverlo, sotto pena di doppio pagamento. ² Qualora si tratti dell'ammortamento di fogli di cedole, si applicano per analogia alle singole cedole che scadono durante il procedimento le norme riguardanti l'ammortamento delle cedole.

Literatur

Vgl. die Literaturhinweise bei den Vorbem. zu Art. 965–1155.

I. Zweck und Rechtsnatur des Zahlungsverbotes

Der Schuldner hat bei Verfall dem Vorweiser eines Inhaberpapiers die verbriefte Leis- 1
tung zu erbringen. Diese unbedingte Leistungspflicht des Schuldners kann durch den
Erlass eines **richterlichen Zahlungsverbotes** gemäss Art. 982 Abs. 1 aufgehoben wer-

2 Das Zahlungsverbot gemäss Art. 982 Abs. 1 ist eine **vorsorgliche Massnahme** des Bundes im Kraftloserklärungsverfahren. Im Gegensatz zum Zahlungsverbot gemäss Art. 1072 kann es erst dann erlassen werden, wenn das Gesuch um Kraftloserklärung eingereicht ist (ZK-JÄGGI, Art. 971/972 N 183; **a.M.** STROHMEIER, 71 f.). Hingegen schliesst Art. 982 Abs. 1 den Erlass eines Zahlungsverbotes aufgrund des kantonalen Prozessrechtes vor Einreichung des Gesuches um Kraftloserklärung nicht aus (ZK-Jäggi, Art. 971/72 N 230; zu polizeilichen und privaten Verboten vgl. ZK-JÄGGI, Art. 971/972 N 232 f.).

II. Voraussetzungen

3 Die formellen und materiellen Voraussetzungen sind grundsätzlich die gleichen wie für die eigentliche Kraftloserklärung (vgl. Art. 981 N 4 ff.).

III. Verfahren

4 Die **örtliche Zuständigkeit** für den Erlass des Zahlungsverbotes richtet sich nach Art. 33 GestG, vor Einreichung des Gesuches um Kraftloserklärung nach kantonalem Recht (vgl. dazu prägnant BK-KURTH/BERNET, Art. 30 GestG N 9).

5 Für die Regelung des **Verfahrens** gilt kantonales Recht, soweit nicht Bundesrecht Verfahrensvorschriften aufstellt. Wie das eigentliche Kraftloserklärungsverfahren weisen die Kantone i.d.R. auch das Verfahren um Zahlungsverbote gemäss Art. 982 dem summarischen Verfahren zu (vgl. Art. 971 N 9). Aus der Beweisregel für das eigentliche Kraftloserklärungsverfahren (Art. 981 Abs. 3, Art. 983) lässt sich ableiten, dass die Anforderungen an den Nachweis des früheren Besitzes und des Verlustes der Urkunde beim Gesuch um Erlass eines Zahlungsverbots die gleichen sind.

6 Ob sich der Gesuchsteller gegen die Verweigerung des Zahlungsverbotes oder ein Dritter oder der Schuldner gegen den Erlass des Zahlungsverbotes zur Wehr setzen kann, ist nach kantonalem Recht zu beurteilen (ZK-JÄGGI, Art. 971/972 N 184).

IV. Adressat und Wirkungen

7 Adressat des Verbotes ist der «*aus dem Wertpapier Verpflichtete*», also der **Schuldner,** nicht jedoch die Zahlstellen. Diese sind vom Schuldner über das Zahlungsverbot zu unterrichten (ZK-JÄGGI, Art. 971/972 N 168). Das Zahlungsverbot nimmt eine Wirkung der Kraftloserklärung vorweg: Einerseits verbietet es dem Schuldner, dem Vorweiser des Inhaberpapiers zu leisten. Andererseits berechtigt es den Schuldner, dem Vorweiser, dem ohne Zahlungsverbot zwingend geleistet werden müsste, die Leistung zu verweigern. Eine weitere Wirkung hat das Zahlungsverbot nicht. Insbesondere ist es dem Schuldner freigestellt, an den Berechtigten zu leisten. Der Schuldner wird alsdann von seinen Verpflichtungen befreit, wenn es ihm gelingt, die Nichtberechtigung des Gesuchstellers nachzuweisen, läuft aber Gefahr, die Leistung ein zweites Mal erbringen zu müssen (ZK-JÄGGI, Art. 971/972 N 189).

8 Ein Zahlungsverbot bezieht sich auf **sämtliche Leistungen,** die in der verlorenen Urkunde verbrieft sind, insb. auch auf die Ausstellung einer Ersatzurkunde. Bei Aktien

3. Abschnitt: Die Inhaberpapiere   **Art. 983**

umfasst das Zahlungsverbot nicht nur die verurkundeten Vermögensrechte, sondern auch die Teilnahmerechte (ZK-JÄGGI, Art. 971/972 N 190; **a.M.** CUDKOWICZ, 149).

Anders als bei den Ordrepapieren (Art. 1072 Abs. 2) kann der Richter den Schuldner beim Inhaberpapier nicht zur **Hinterlegung** ermächtigen. Hingegen kann der Schuldner die Leistung gemäss Art. 96 hinterlegen, wenn ein Vorweiser der Urkunde nach Erlass des Zahlungsverbotes Erfüllung fordert. Das Gesetz sieht keine Pflicht des Schuldners vor, die ihm von einem Dritten vorgelegte Urkunde anzuhalten, doch kann er dazu nach den Umständen berechtigt oder nach Treu und Glauben sogar verpflichtet sein (vgl. dazu ZK-JÄGGI, Art. 971/972 N 191).

V. Dauer

Wird das Inhaberpapier innerhalb der Anmeldungsfrist (Art. 983) nicht vorgelegt und dem Kraftloserklärungsgesuch stattgegeben (Art. 986), so gilt das Zahlungsverbot bis zur Mitteilung der Kraftloserklärung an den Schuldner; wird das Kraftloserklärungsgesuch abgelehnt, so bleibt das Zahlungsverbot bis zum Eintritt der Rechtskraft des ablehnenden Kraftloserklärungsentscheides in Kraft (ZK-JÄGGI, Art. 971/972 N 188). Wird die Urkunde vorgelegt und dem Gesuchsteller Frist nach Art. 985 Abs. 1 angesetzt, fällt das Zahlungsverbot dahin, wenn der Gesuchsteller nicht fristgemäss Klage auf Herausgabe der Urkunde einleitet (Art. 985 Abs. 2). Wahrt der Gesuchsteller die Frist, bleibt das Zahlungsverbot in Kraft (ZK-JÄGGI, Art. 985 N 17).

VI. Zahlungsverbot für Coupons (Abs. 2)

Bei Verlust **einzelner Coupons** ist Art. 987 ausschliesslich anwendbar und kein Erlass eines Zahlungsverbotes möglich.

Abs. 2 findet im Verfahren Anwendung, in dem ein **Couponsbogen** ohne Haupttitel kraftlos erklärt werden soll. Er schliesst für diesen Fall ein Zahlungsverbot nach Abs. 1 aus. Für Coupons, die während des Verfahrens verfallen oder bei Einleitung des Verfahrens schon verfallen sind, hat der Richter die gerichtliche Hinterlegung bei Verfall oder sofort anzuordnen (Art. 987 Abs. 1 i.V.m. Art. 982 Abs. 2). Hingegen bedeutet der Verweis in Abs. 2 nicht, dass für verfallene Coupons Art. 987 schlechthin anwendbar wäre; das ordentliche Verfahren gilt für den ganzen Couponsbogen, einschliesslich verfallener Coupons (gl.M. ZK-JÄGGI, N 6; **a.M.** BGE 64 II 34; STROHMEIER, 111).

Wird die Kraftloserklärung des **Haupttitels einschliesslich Couponsbogen** verlangt, ist der Schuldner bösgläubig, wenn er Coupons einlöst, obwohl sich das Zahlungsverbot nicht ausdrücklich auf diese erstreckt.

Art. 983

3. Aufgebot, Anmeldungsfrist — Erachtet der Richter die Darstellung des Gesuchstellers über seinen frühern Besitz und über den Verlust der Urkunde für glaubhaft, so fordert er durch öffentliche Bekanntmachung den unbekannten Inhaber auf, das Wertpapier innerhalb bestimmter Frist vorzulegen, widrigenfalls die Kraftloserklärung ausgesprochen werde. Die Frist ist auf mindestens sechs Monate festzusetzen; sie läuft vom Tage der ersten Bekanntmachung an.

3. Sommation et délai	Si le juge estime dignes de foi les allégations du requérant au sujet de la possession et de la perte du titre, il somme, par avis public, le détenteur inconnu de produire le titre dans un délai déterminé, sous peine d'en voir prononcer l'annulation. Le délai sera de six mois au moins à compter de la première publication.
3. Diffida. Termine di produzione	Qualora il giudice reputi che l'istante ha reso verosimili il possesso e la perdita del titolo, egli diffida lo sconosciuto detentore, mediante pubblico avviso, a produrre il titolo entro un termine determinato, sotto comminatoria dell'ammortamento; il termine dev'essere di sei mesi almeno. Esso decorre dalla prima pubblicazione.

Literatur

Vgl. die Literaturhinweise bei den Vorbem. zu Art. 965–1155.

I. Zweck, Voraussetzungen und Inhalt des Aufgebotes

1   Da die Kraftloserklärung es dem Gesuchsteller ermöglicht, vom Schuldner Leistung ohne Vorweisung der Urkunde zu erhalten, bezweckt das Aufgebot, dass vom Richter alle Vorkehren zur **Wahrung der Interessen Dritter,** die allenfalls die Urkunde besitzen, getroffen werden. Deshalb hat das Aufgebot immer zu erfolgen, ohne Rücksicht auf die Kosten oder einen vom Gesuchsteller allfällig erbrachten Beweis der Zerstörung der Urkunde (ZK-JÄGGI, Art. 971/972 N 167).

2   Die **Voraussetzungen** für das Aufgebot sind die Hängigkeit eines Kraftloserklärungsgesuches und die Bejahung des Richters der Glaubhaftmachung des früheren Besitzes und Verlustes der Urkunde durch den Gesuchsteller (vgl. Art. 981 N 7 ff.).

3   Das Kraftloserklärungsgesuch und das Aufgebot müssen das Wertpapier so genau bezeichnen, dass es von allen andern, insb. von Wertpapieren der gleichen Art, zuverlässig unterschieden werden kann (BGE 83 II 450; ZK-JÄGGI, N 8 verlangt sogar die zweifelsfreie Identifizierung). Bei einem Inhaberpapier gehört zur **Identifizierung** die Angabe der Nummer und des Schuldner, seine Bezeichnung der Gattung nach ist ungenügend (BGE 83 II 453). Weitere Angaben wie Schuldbetrag, Ausstellungsdatum, Umschreibung des Verlustereignisses oder Identifizierung des Gesuchstellers können ebenfalls nützlich sein (ZK-JÄGGI, N 8, 11). Das Aufgebot muss den aufbietenden Richter als Vorlegungsstelle bezeichnen und die Androhung enthalten, dass bei nicht fristgerechter Vorlegung die Kraftloserklärung ausgesprochen werde.

II. Frist

4   Der zweite Satz von Art. 983 setzt den Rahmen für die vom Richter anzusetzende **Frist,** die mindestens sechs Monate betragen muss. Bestehen keine besonderen Umstände, wird sich der Richter an die Mindestfrist halten. Fristbeginn ist der Tag der ersten öffentlichen Bekanntmachung. Erfolgt diese in mehreren Zeitungen, ist der Tag der ersten Veröffentlichung massgebend.

5   Die Vorlegungsfrist ist **keine Verwirkungsfrist.** Wird das Inhaberpapier nach Ablauf der Vorlegungsfrist, aber vor Aussprechung der Kraftloserklärung vorgelegt, kann diese nicht mehr erfolgen (BGE 46 II 144). In diesem Falle endet das Kraftloserklärungverfahren, und der Richter hat Frist zur Anhebung der Klage auf Herausgabe der Urkunde gemäss Art. 985 Abs. 1 anzusetzen. Erst die Kraftloserklärung durch den Richter ge-

3. Abschnitt: Die Inhaberpapiere   Art. 985

mäss Art. 986 Abs. 1 erschwert die Rechtsstellung des Besitzers des Inhaberpapiers (vgl. für die Wirkung der Kraftloserklärung Art. 972 N 1 ff.).

Art. 984

4. Art der Bekanntmachung	**¹ Die Aufforderung zur Vorlegung der Urkunde ist dreimal im Schweizerischen Handelsamtsblatt zu veröffentlichen.**
	² In besonderen Fällen kann der Richter noch in anderer Weise für angemessene Veröffentlichung sorgen.
4. Mode de publication	¹ La sommation de produire le titre est publiée trois fois dans la *Feuille officielle suisse du commerce.*
	² Le juge peut exceptionnellement prescrire telles autres mesures de publicité qui lui paraîtraient utiles.
4. Modo della pubblicazione	¹ La diffida di produrre il titolo dev'essere pubblicata tre volte nel *Foglio ufficiale svizzero di commercio.*
	² In casi speciali il giudice può provvedere anche in altro modo ad un'opportuna pubblicità.

Die Aufforderung zur Vorlegung der Urkunde ist dreimal im SHAB zu veröffentlichen. Die Abstände zwischen den einzelnen **Veröffentlichungen** werden vom Richter bestimmt. Immerhin hat er nicht zu grosse Abstände zu wählen. Es ist nützlich, wenn sich die Veröffentlichung darüber ausspricht, ob es sich um die erste, zweite oder dritte handelt. Zum Inhalt der Veröffentlichung vgl. Art. 983 N 3. 1

Es steht dem Richter des Kraftloserklärungsverfahrens frei, das Aufgebot in weiteren geeigneten Zeitschriften oder in anderer Form zu veröffentlichen. In der Regel wird das Aufgebot auch im kantonalen Amtsblatt publiziert. 2

Art. 985

5. Wirkung a. Bei Vorlegung der Urkunde	**¹ Wird das abhanden gekommene Inhaberpapier vorgelegt, so setzt der Richter dem Gesuchsteller Frist zur Anhebung der Klage auf Herausgabe der Urkunde.**
	² Klagt der Gesuchsteller nicht binnen dieser Frist, so gibt der Richter die Urkunde zurück und hebt das Zahlungsverbot auf.
5. Effets a. En cas de production du titre	¹ Lorsque le titre perdu est produit, le juge impartit au requérant un délai pour intenter l'action en revendication.
	² Si le requérant n'intente pas l'action avant l'expiration du délai, le juge restitue le titre et lève la défense de payer.
5. Effetti a. Se il titolo è prodotto	¹ Se il titolo smarrito è prodotto, il giudice fissa all'istante un termine per proporre l'azione di rivendicazione.
	² Se l'istante non propone l'azione entro questo termine, il giudice restituisce il titolo e toglie il divieto di pagare.

Literatur

Vgl. die Literaturhinweise bei den Vorbem. zu Art. 965–1155.

I. Zweck

1 Art. 985 regelt die Rechtsfolge für den Fall, dass das Inhaberpapier innert Frist **vorgelegt** wird. Er versucht, einen Ausgleich zu schaffen zwischen den Interessen des Vorlegers, der durch das Kraftloserklärungsverfahren zur Vorlage des Inhaberpapiers gezwungen wird, und den Interessen des Gesuchstellers, der die Berechtigung an der vorgelegten **Urkunde** behauptet.

II. Hinterlegung

2 Der Besitzer des Inhaberpapiers ist verpflichtet, die Urkunde beim Kraftloserklärungsrichter im Original zu **hinterlegen** (Vorlage genügt nicht: OGE BL, AB BL 1988, 44; ZK-JÄGGI, N 2). Der Gesetzeswortlaut ist insofern klar, als er die Vorlage einer Kopie ausschliesst. Zudem muss der Vorleger die Urkunde als Berechtigter beanspruchen, ansonsten die Urkunde an den Gesuchsteller ausgehändigt wird (ZK-JÄGGI, N 4).

3 Blosse Mitteilungen über den Verbleib der Urkunde können die Rechtsfolgen von Art. 985 nicht auslösen. Aufgrund derartiger Hinweise kann der Richter das Angebot allenfalls in anderen als den bisherigen Zeitschriften veröffentlichen, das Aufgebot bestimmten Personen direkt zustellen oder eigene Nachforschungen betreiben (ZK-JÄGGI, Art. 986 N 5; vgl. auch STROHMEIER, 78). Den Schuldner trifft keine Pflicht zu gezielten Nachforschungen (BGE 80 II 269 f.).

III. Vorlegung innert Frist

4 Damit die Rechtsfolge gemäss Art. 985 eintritt, muss das Inhaberpapier **innert** der im Aufgebot angesetzten **Frist** vorgelegt werden. Nach Ablauf dieser Frist tritt die Rechtsfolge gemäss Art. 986 ein. Immerhin ist die Vorlegungsfrist keine strenge Verwirkungsfrist. Daher ist die Vorlegung der Urkunde nach Ablauf der Vorlegungsfrist, aber vor rechtskräftiger Kraftloserklärung noch zu berücksichtigen (BGE 46 II 140). Es treten alsdann die Rechtsfolgen gemäss Art. 985 ein.

IV. Rechtsfolgen

5 Wurde das Inhaberpapier ordnungsgemäss beim Richter hinterlegt, setzt dieser dem Gesuchsteller von Amtes wegen **Frist** zur Einreichung der Herausgabeklage an. Die Bestimmung der Klagefrist liegt im Ermessen des Richters. Im Normalfall dürfte ein Monat angemessen sein.

6 Der Gesuchsteller hat innert der vom Richter angesetzten Frist die **Herausgabeklage** zu erheben. Gemäss Art. 20 GestG ist die Klage entweder am Wohnsitz oder Sitz des Beklagten oder beim Gericht der Kraftloserklärung (Ort, an dem die Sache liegt) einzureichen. Die Klageeinleitung bewirkt, dass die Kraftloserklärung (wenigstens aufgrund des eingeleiteten Verfahrens) nicht mehr ausgesprochen werden darf (BGE 46 II 144; zum weiteren Schicksal des Kraftloserklärungsverfahrens vgl. ZK-JÄGGI, N 17).

7 Leitet der Gesuchsteller die Klage nicht innert Frist ein, gibt der Richter die hinterlegte Urkunde in Ablehnung des Kraftloserklärungsgesuches an den Einreicher zurück und hebt ein allfälliges Zahlungsverbot auf. Hingegen kann der Gesuchsteller den Vorleger der Urkunde auch **nach Fristablauf** immer noch auf Herausgabe einklagen.

3. Abschnitt: Die Inhaberpapiere

Art. 986

b. Bei Nichtvorlegung

¹ Wird das abhanden gekommene Inhaberpapier innert der angesetzten Frist nicht vorgelegt, so kann der Richter die Urkunde kraftlos erklären oder je nach Umständen weitere Anordnungen treffen.

² **Die Kraftloserklärung eines Inhaberpapiers ist sofort im Schweizerischen Handelsamtsblatt, nach Ermessen des Richters auch anderweitig zu veröffentlichen.**

³ Nach der Kraftloserklärung ist der Gesuchsteller berechtigt, auf seine Kosten die Ausfertigung einer neuen Urkunde oder die Erfüllung der fälligen Leistung zu fordern.

b. Si le titre n'est pas produit

¹ Lorsque le titre n'est pas produit dans le délai imparti, le juge peut prononcer l'annulation ou prendre, s'il y a lieu, d'autres mesures.

² L'annulation d'un titre au porteur est immédiatement publiée dans la *Feuille officielle suisse du commerce* et par tels autres moyens qui paraissent utiles au juge.

³ Dès que l'annulation est prononcée, le requérant peut demander qu'un nouveau titre lui soit remis à ses frais ou que le paiement de la dette exigible lui soit fait.

b. Se il titolo non è prodotto

¹ Quando il titolo smarrito non sia prodotto entro il termine fissato, il giudice potrà dichiararlo annullato o, secondo le circostanze, ordinare ulteriori provvedimenti.

² L'ammortamento d'un titolo al portatore sarà immediatamente pubblicato nel *Foglio ufficiale svizzero di commercio* e in ogni altro modo che il giudice reputerà opportuno.

³ Pronunciato l'ammortamento, l'istante potrà chiedere a sue spese il rilascio d'un nuovo titolo oppure, se il credito è esigibile, il pagamento.

Literatur

Vgl. die Literaturhinweise bei den Vorbem. zu Art. 965–1155.

I. Nichtvorlegung

Bei **Nichtvorlegung** der Urkunde innert der Frist des Art. 983 hat der Richter das Kraftloserklärungsverfahren von Amtes wegen fortzusetzen. Wird die Urkunde jedoch vor Rechtskraft der Kraftloserklärung, aber nach Ablauf der Vorlegungsfrist beim Richter ordnungsgemäss hinterlegt, hat der Richter nach Art. 685 zu verfahren (BGE 46 II 145). 1

II. Weitere Anordnungen

Bei Nichtvorlegung ist der Richter nicht ohne weiteres zur Kraftloserklärung verpflichtet, sondern kann «*je nach Umständen weitere Anordnungen treffen*». Bei Nichtvorlegung hat vor der Kraftloserklärung eine ergänzende Prüfung stattzufinden, welche zwar im Normalfall zur Kraftloserklärung führt, aber nicht dazu führen muss (ZK-Jäggi, Art. 971/972 N 172). Als **weitere Anordnungen** kommen nochmaliges Aufgebot, Äusserung des Gesuchstellers zu Meldungen Dritter, Aufforderung zur Beibringung weiterer Beweismittel oder eigene Nachforschungen des Richters in Frage (ZK-JÄGGI, N 5). 2

III. Kraftloserklärung

3 Wenn das abhanden gekommene Inhaberpapier im Kraftloserklärungsverfahren nicht innert Frist vorgelegt wird, kann der Richter die **Kraftloserklärung** aussprechen. Diese erfolgt zumeist in der Form einer Verfügung, der Gestaltungswirkung zukommt. Die Kraftloserklärung bewirkt, dass das Inhaberpapier mit der Rechtskraft des Kraftloserklärungsentscheides grundsätzlich seine wertpapierrechtlichen Funktionen verliert (vgl. dazu Art. 972 N 1 ff.). Der Kraftloserklärungentscheid hebt mit Mitteilung an den Schuldner regelmässig das Zahlungsverbot auf. Sodann legt er die Gerichtsgebühren fest, welche dem Gesuchsteller aufzuerlegen sind. Die Aufhebung des Zahlungsverbotes und die Kraftloserklärung sind dem Schuldner vom Gericht mitzuteilen (**a.M.** ZK-JÄGGI, Art. 971/972 N 178).

4 Die meisten Kantone stellen gegen die Kraftloserklärung ein **Rechtsmittel** zur Verfügung. Gegen das letztinstanzliche kantonale Urteil kann Beschwerde an das BGer geführt werden (Art. 72 ff. BGG). Zum Rechtsmittelverfahren sind grundsätzlich der Gesuchsteller und allenfalls ein Drittansprecher legitimiert, nicht aber der Schuldner (AppGer BS, SJZ 1953, 65 f.). Die Rechtsmittelfrist beginnt für Drittansprecher mit Veröffentlichung gemäss Abs. 2 (BGE 55 II 54 ff.). Soweit neue Tatsachen im Rechtsmittelverfahren Berücksichtigung finden können, ist auch die Vorlegung der Urkunde erst im Rechtsmittelverfahren vom Richter zu beachten.

5 Die Kraftloserklärung des Inhaberpapiers ist sofort im SHAB zu **veröffentlichen.** Sie dient der Warnung des Verkehrs, insb. eines allfälligen Drittbesitzers, und hat deshalb sofort, schon vor Eintritt der Rechtskraft zu erfolgen, damit ein Drittbesitzer allfällige Rechtsmittel rechtzeitig ergreifen kann (ZK-JÄGGI, N 7 f.) Anderweitige Veröffentlichungen liegen im Ermessen des Richters, werden jedoch nur in besonderen Fällen angeordnet. Die Veröffentlichung ist zwingendes Recht.

Art. 987

II. Bei Coupons im besondern	¹ **Sind einzelne Coupons abhanden gekommen, so hat der Richter auf Begehren des Berechtigten zu verfügen, dass der Betrag bei Verfall oder, sofern der Coupon bereits verfallen ist, sofort gerichtlich hinterlegt werde.** ² **Nach Ablauf von drei Jahren seit dem Verfalltage ist, wenn sich inzwischen kein Berechtigter gemeldet hat, der Betrag nach Verfügung des Richters an den Gesuchsteller herauszugeben.**
II. Procédure pour les coupons isolés	¹ Lorsque des coupons isolés sont perdus, le juge ordonne, à la requête de l'ayant droit, que le montant en soit consigné en justice dès l'échéance, ou, si les titres sont échus, immédiatement. ² Le juge ordonne que le montant des titres soit remis au requérant dès que trois ans se sont écoulés à compter de l'échéance, si aucun ayant droit ne s'est présenté dans l'intervalle.
II. Singole cedole	¹ Quando siano state smarrite singole cedole, il giudice ordina, ad istanza di chi vi ha diritto, che il loro ammontare sia depositato in giudizio alla scadenza oppure immediatamente se il titolo è già scaduto. ² Trascorsi tre anni dal giorno della scadenza, il giudice ordina che l'ammontare depositato sia consegnato all'istante, sempreché nel frattempo non siasi presentato alcuno che abbia diritto all'esazione.

3. Abschnitt: Die Inhaberpapiere **Art. 988**

Literatur

Vgl. die Literaturhinweise bei den Vorbem. zu Art. 965–1155.

I. Allgemeines

Einzelne Coupons sind nicht amortisierbar (Art. 981 Abs. 1). Hingegen stellt Art. 987 **1**
für abhanden gekommene einzelne Coupons ein anderes Verfahren zur Verfügung, das
entgegen des Randtitels kein vereinfachtes Amortisationsverfahren ist, aber den gleichen Zweck verfolgt (ZK-JÄGGI, N 1; BGE 64 II 34). Das Verfahren nach Art. 987 hat
geringe praktische Bedeutung, da ein Verlierer vom Schuldner gewöhnlich Leistung
gegen eine Schadloshaltungserklärung erhält.

Das Verfahren nach Art. 987 ist auf «*einzelne Coupons*» (einen Coupon, mehrere nicht **2**
aufeinander folgende Coupons oder aufeinander folgende Coupons ohne den letzten,
vgl. ZK-JÄGGI, N 3 f.) anwendbar, die Inhabercoupons sind, wobei es auf die Urkundenart des Haupttitels nicht ankommt. Bei Couponsbogen hat der Gesuchsteller die
Wahl zwischen dem Amortisationsverfahren nach Art. 981 ff. und dem Verfahren gemäss Art. 987 (nicht ganz eindeutig in BGE 64 II 30 ff.).

Auf Begehren des Berechtigten kann der Richter verfügen, dass der Betrag fällig wer- **3**
dender Coupons bei Verfall oder bereits verfallener Coupons sofort **gerichtlich hinterlegt** werde. Die Verfügung richtet sich an den Schuldner und ist diesem unter Ansetzung einer Frist mit Androhung allfälliger Vollziehung mitzuteilen. Die Hinterlegung
hat für den Schuldner befreiende Wirkung. Aktivlegitimation und Verfahren richten
sich nach den Bestimmungen über das Kraftloserklärungsverfahren (vgl. Art. 981
N 4 ff.).

Der Richter hat ohne weitere Prüfung und von Amtes wegen drei Jahre nach dem Ver- **4**
fall der jeweiligen Coupons die **Herausgabe** des hinterlegten Betrages an den Gesuchsteller zu verfügen. Werden die Coupons vor der Herausgabe des Betrages an den Gesuchsteller vorgelegt, hat der Richter nach Art. 985 vorzugehen. Er kann auch weitere
Anordnungen i.S.v. Art. 986 Abs. 1 treffen, wenn die Berechtigung des Gesuchstellers
nach der Hinterlegung aus irgendeinem Grunde zweifelhaft wird.

Art. 988

III. Bei Banknoten und ähnlichen Papieren	Bei Banknoten und andern in grösserer Anzahl ausgegebenen, auf Sicht zahlbaren Inhaberpapieren, die zum Umlauf als Ersatzmittel für Geld bestimmt sind und auf feste Beträge lauten, findet eine Kraftloserklärung nicht statt.
III. Procédure pour les billets de banque, etc.	Ne peuvent être l'objet d'une demande d'annulation les billets de banque de même que les autres titres au porteur émis en nombre considérable pour une somme fixe, payables à vue et destinés à remplacer le numéraire.
III. Biglietti di banca e titoli analoghi	Quando si tratti di biglietti di banca ed altri titoli al portatore, emessi in gran numero per somme fisse, pagabili a vista e destinati a circolare in luogo di denaro, non si fa luogo ad ammortamento.

1 Art. 988 schliesst für **Banknoten** und auf Sicht zahlbare Inhaberpapiere die Kraftloserklärung aus. Die Frage der Amortisierbarkeit von Banknoten stellt sich jedoch seit Erlass des Bundesgesetzes über die Währung und die Zahlungsmittel (SR 941.10) nicht mehr, da Banknoten gemäss dessen Art. 3 gesetzliches Zahlungsmittel und nicht Schuldurkunden sind und dessen Art. 8 den Ersatz für vernichtete oder verlorene Banknoten ausschliesst. Auf Sicht zahlbare Inhaberpapiere sind Geldsurrogate. Solche existieren gegenwärtig keine.

Art. 989

D. Schuldbrief und Gült	Vorbehalten bleiben die besondern Bestimmungen über den Schuldbrief und die Gült, die auf den Inhaber lauten.
D. Cédules hypothécaires et lettres de rente	Demeurent réservées les dispositions spéciales relatives à la cédule hypothécaire et à la lettre de rente qui sont au porteur.
D. Cartella ipotecaria e rendita fondiaria	Rimangono riservate le norme speciali riguardanti la cartella ipotecaria al portatore e la rendita fondiaria al portatore.

1 Auf den Inhaber ausgestellte Schuldbriefe oder Gülten (Art. 859 ZGB) sind Inhaberpapiere i.S.v. Art. 978. Art. 989 legt fest, dass die abweichenden und ergänzenden Bestimmungen des ZGB über Inhaberschuldbriefe und Inhabergülten den Bestimmungen von Art. 978 ff. vorgehen; diese sind nur subsidiär anwendbar. Die praktische Bedeutung bezieht sich lediglich auf gewisse Einreden (vgl. ZK-JÄGGI, Art. 979 N 70; Art. 989).

Vierter Abschnitt: Der Wechsel

Vorbemerkungen zu Art. 990–1099

Literatur

VON BALLMOOS, Der wertpapierrechliche Verkehrsschutz, 1993; BAUMBACH/HEFERMEHL/CASPER, Wechselgesetz, Scheckgesetz, Recht der kartengeschützten Zahlungen, 23. Aufl., 2008; BÜLOW, Heidelberger Kommentar zum Wechselgesetz/Scheckgesetz und zu den Allgemeinen Geschäftsbedingungen, 4. Aufl., 2004; VON CAEMMERER, Internationale Rechtsprechung zum Genfer Einheitlichen Wechsel- und Scheckrecht, 1954; CARRY, SJK 453; Comptes rendus de la conférence internationale pour l'unification du droit en matière de lettres de change, billets à ordre et chèques, tenue à Genève du 13. mai au 7. juin 1930, Première session: Lettres de change et billets à ordre, Völkerbundsdrucksache C 360 M 151, 1930, Deuxième session: Chèques, Völkerbundsdrucksache C 294 M 137, 1931 II.B (zit. CR); GUHL/KUMMER/DRUEY, Das Schweizerische Obligationenrecht, 8. Aufl., 1991; HUECK/CANARIS, Recht der Wertpapiere, 1986; JACOBI, Wechsel- und Scheckrecht unter Berücksichtigung des ausländischen Rechts, 1956; KREUZER/AHRENS, Internationale Rechtsprechung zum Genfer Einheitlichen Wechsel- und Scheckrecht, 4. Folge, 1993; SIEBER, Schweizerischer Wechsel – U.S. Bill of Exchange und Promissory Note, 1995; STRANZ, Wechselgesetz, 1952; TAISCH/BEUTTER, Gesellschafts- und Wertpapierrecht, 1999; ULMER, Das Recht der Wertpapiere, 1938; ZÖLLNER, Wertpapierrecht, 15. Aufl., 2006.

I. Gesetzliche Grundlagen

Das Wechselrecht war ursprünglich in Art. 720–829 altOR geregelt. Die geltende gesetzliche Ordnung, im **4. Abschnitt des 33. Titels des OR** geregelt (**Art. 990–1099**), stützt sich auf das **EinhWG**, welches 1932 von der Schweiz ratifiziert wurde. In Art. 991 ff. wurde das in Anlage I des Genfer Wechselrechtsabkommens enthaltene Einheitliche Wechselgesetz übernommen und am 1.7.1937 in Kraft gesetzt. Gleichzeitig hat die Schweiz von den in Anlage II des Abkommens vorgesehenen **Vorbehalten** zugunsten des innerstaatlichen Rechts Gebrauch gemacht. Dies betrifft Art. 990, 1028, 1035–1041, 1045 Ziff. 4, Art. 1046 Ziff. 4, Art. 1052, 1053, 1070, 1072–1080, 1081, 1084, 1085, 1092 und 1093. Weitere Abweichungen vom Einheitlichen Wechselgesetz lässt das Abkommen nicht zu (Art. I Abs. 2 Genfer Wechselrechtsabkommen). 1

Weitere Normen, welche den Wechsel betreffen, finden sich u.a. im Schuldbetreibungs- und Konkursrecht (vgl. u.a. Art. 177 ff. SchKG über die **Wechselbetreibung**). 2

Mit dem Übereinkommen der Vereinten Nationen vom 9.12.1988 über internationale gezogene und internationale eigene Wechsel (sog. UNCITRAL-Übereinkommen über internationale Wechsel) wurde eine einheitliche Regelung für internationale Wechsel eingeführt. Das UNCITRAL-Übereinkommen hat insbesondere den Zweck, die Schwierigkeiten im internationalen Zahlungsverkehr zu überwinden, welche durch das Nebeneinander des EinhWG und des anglo-amerikanischen Wechselrechts hervorgerufen werden (KREUZER/AHRENS, 7). Die darin enthaltenen Bestimmungen kommen jedoch nur dann zur Anwendung, wenn es die betreffenden Parteien eines Wechselgeschäfts von Fall zu Fall vertraglich ausdrücklich so beschliessen (VOLKEN, Das UNO-Übereinkommen über internationale Wechsel, SZW 1990, 104). 3

II. Auslegung

Für die Auslegung des Einheitlichen Wechselgesetzes ist der französische und englische Wortlaut massgebend (Art. III Genfer Wechselrechtsabkommen). Beim deutschen Text handelt es sich um eine gemeinsame Übersetzung der deutschen, österreichischen und schweizerischen Delegationen (BGE 99 Ia 2 = Pra 1973, 269). Der *französische* Text des OR geht dem deutschen und italienischen Text deshalb vor. 4

Die *Marginalien* im OR wurden vom EJPD wegen der formalen Einheitlichkeit des OR eingefügt. Sie sind nicht Bestandteil des Einheitlichen Wechselgesetzes und dürfen deshalb zur Auslegung nicht herangezogen werden (SCHERRER, StenBull NR 1932, 478). 5

Gemäss BGE 90 II 124 f. E. 2 dürfen die *Verhandlungen,* die zum Abschluss des Abkommens über das Einheitliche Wechselgesetz geführt haben, ebenfalls als Auslegungsquelle dienen, soweit sie den Willen der vertragschliessenden Staaten klar erkennen lassen. 6

Wechselrechtliche *Erklärungen* sind rechtsgeschäftliche Willensäusserungen und unterliegen grundsätzlich den allgemeinen Auslegungsregeln von Art. 18, insoweit nicht typisch wechselrechtliche Formalien, insb. eine gesetzlich festgelegte Sinngebung bestimmter Erklärungen, entgegenstehen (SJZ 1973, 74; SIEBER, 170). 7

III. Begriff

Der Wechsel ist ein **Wertpapier** i.S.v. Art. 965 ff. Das Recht aus dem Wechsel kann nur mit dem Wechsel übertragen und geltend gemacht werden (vgl. dazu JÄGGI/DRUEY/VON 8

GREYERZ, 52 ff., 136 f.). Der Wechsel ist zudem **Orderpapier** (Art. 991 Ziff. 6). Er ist Forderungstitel, sofern er den Vorweisenden als Berechtigten ausweist. Dieser ist zum Einfordern legitimiert, der Wechselschuldner zum Zahlen verpflichtet (JÄGGI/DRUEY/VON GREYERZ, 137).

9   Der Wechsel kann nur auf eine *Verbindlichkeit zur Zahlung* lauten (Art. 991 Ziff. 2). Die im Wechsel verbriefte Schuld ist **Holschuld** (JÄGGI/DRUEY/VON GREYERZ, 138). Die Wechselforderung ist *abstrakt,* d.h. losgelöst vom zugrunde liegenden Rechtsgeschäft, für das sie begründet wurde (sog. **materielle Abstraktheit**). Auch ist der Verpflichtungsgrund in der Wechselurkunde nicht erwähnt (Art. 991; sog. **formelle Abstraktheit**). Der Wechsel ist somit auch abstrakte Schuldurkunde i.S.v. Art. 17 (JÄGGI/DRUEY/VON GREYERZ, 138). Insbesondere bewirkt die Eingehung einer Wechselverbindlichkeit mit Rücksicht auf eine bestehende Schuld vermutungsweise keine Novation der bisherigen Schuld (vgl. Art. 116 Abs. 2 OR; BGE 84 II 650; differenzierter BGer 4C.154/2001 E. 3b). Der Wechselschuldner kann nur **Einreden** geltend machen, die sich aus dem Wechselrecht ergeben (z.B. Nichteinhaltung der Formvorschriften) oder die sich gegen den Wechselgläubiger selbst richten (Art. 1007). Weil die Wechselforderung eine abstrakte ist, ist der Wechsel auch *bedingungsfeindlich* (Art. 991 Ziff. 2).

10 Als abstraktes Schuldversprechen hat der Wechsel unabdingbar den im OR enthaltenen *formellen* Voraussetzungen zu genügen (vgl. insb. Art. 991 und 1096). Erfüllt er diese Formvorschriften – im Sinne einer sog. Inhaltsform – nicht, ist der Wechsel *ungültig* und sind die darin enthaltenen Erklärungen ohne wechselrechtliche Wirkung (Art. 992 Abs. 1, Art. 1097 Abs. 1; GUHL/DRUEY, 916 f.; BGE 67 III 151; SJZ 1953, 213). Der Wechsel ist in diesem Fall blosses Schuldversprechen (sog. **materielle Wechselstrenge**) und die Wechselbetreibung ist ausgeschlossen (BGE 111 III 35; 113 III 124).

11 Zwar setzt der Zahlungsanspruch **Fälligkeit** voraus, doch kann der Wechselnehmer schon *vor* dem Zeitpunkt der Fälligkeit die Wechselforderung auf einen Dritten übertragen und Bezahlung aus dem Wechsel verlangen. Er kann den Wechsel einer Bank zum *Diskont* anbieten (sog. **Diskontierung;** GUHL/DRUEY, 916; TAISCH/BEUTTER, 132 f.). Die Bank kann ihn dann am Verfalltag dem Bezogenen zur Zahlung vorlegen. Für die Zeitspanne zwischen der Übernahme des Wechsels bis zum Verfalltag verrechnet die Bank dem Wechselnehmer einen Zins, den sog. *«Diskont»*.

12 Gegen den säumigen oder zahlungsunfähigen Wechselschuldner kann, sofern er der Konkursbetreibung unterliegt, die **Wechselbetreibung** gemäss Art. 39 f. SchKG erhoben werden (sog. **formelle bzw. prozessuale Wechselstrenge;** JÄGGI/DRUEY/VON GREYERZ, 141; GUHL/DRUEY, 915 f.).

13 Der Wechsel kann durch **Indossament** oder gewöhnliche **Abtretung** übertragen werden (Art. 1001). Wird er durch Indossament übertragen, wird der Kreis der aus dem Wechsel Verpflichteten erweitert. Mangels eines entgegenstehenden Vermerks auf dem Wechsel haftet der Indossant dem Wechselgläubiger, wenn der Aussteller, oder beim gezogenen Wechsel der Bezogene oder der Akzeptant, nicht zahlt (Art. 1005).

IV. Wechselformen

14 Das Wechselrecht kennt *zwei Wechselformen,* den **gezogenen Wechsel** (Tratte; effet de change; Art. 991–1095) und den **eigenen Wechsel** (Sola-Wechsel oder trockener Wechsel; billet à ordre; Art. 1096–1099).

Der *gezogene Wechsel* ist eine unwiderrufliche **Anweisung,** durch die der *Anweisende* (Aussteller, Trassant; émetteur, tireur) den *Angewiesenen* (Bezogenen, Trassant; tiré) anweist, dem *Anweisungsempfänger* (Wechselnehmer, Remittent, 1. Nehmer, Begünstigter, Zahlungsempfänger; preneur) die Wechselsumme zu bezahlen (sog. **qualifizierte Zahlungsanweisung;** GUHL/DRUEY, 915 f.). 15

Beim **Eigenwechsel** verspricht der Schuldner (Aussteller), dem Gläubiger (Remittent, 1. Nehmer) die Wechselsumme zu bezahlen (sog. **qualifiziertes Zahlungsversprechen;** GUHL/DRUEY, 915 f.). 16

V. Entstehung der Wechselverpflichtung

Die Wechselverpflichtung entsteht durch die Ausstellung einer **formgültigen Wechselurkunde,** die **Zurechenbarkeit** der Urkunde an den Aussteller und den Abschluss eines gültigen **Begebungsvertrages** (MEIER-HAYOZ/VON DER CRONE, 121). 17

Beim *gezogenen Wechsel* verspricht der Aussteller dem Wechselnehmer die **Annahme** und **Zahlung** des Wechsels durch den Bezogenen. Hat der Bezogene die Zahlungsverpflichtung aus dem Wechsel rechtsgültig angenommen, wird seine Verpflichtung zur Hauptverpflichtung, und diejenige des Ausstellers zur blossen Garantieverpflichtung. Kommt der Bezogene diesen Verpflichtungen nicht nach, haftet der Aussteller dem Wechselnehmer gegenüber für diese Verbindlichkeiten selbst (Art. 999).

VI. Vorteile und praktische Bedeutung des Wechsels

Der Wechsel weist u.a. folgende Vorteile auf: 18

– unabhängige und solidarische Haftung der Mitunterzeichnenden gegenüber dem Wechselgläubiger, ohne dass die strengen Formvorschriften des Bürgschaftsrechts beachtet werden müssen;

– erleichterte Verkäuflichkeit des Wechsels und Möglichkeit der Barmittelbeschaffung vor Verfall dank Gutglaubensschutz des Wechselerwerbers;

– die Wechselurkunde ist einfacher Beweistitel;

– die Wechselbetreibung ermöglicht faktisch einen privilegierten Zugriff auf das Vermögen des Schuldners.

Deshalb wird der Wechsel heute v.a. als Kreditbeschaffungs- und Zahlungsmittel sowie zu Sicherungszwecken verwendet (JÄGGI/DRUEY/VON GREYERZ, 135). Als *Kreditmittel* wird der Wechsel in Form des **Warenkredits, Akzeptkredits** (insb. Bankakzept) und **Diskontkredits** verwendet. Als *Zahlungsmittel* ist der gezogene Wechsel einfache Schuldregulierung: da er eine Anweisung enthält, kann die Forderung des Ausstellers gegen den Bezogenen (Deckungsverhältnis) und die Forderung des Wechselnehmers gegen den Aussteller (Valutaverhältnis) erfüllt werden. Der gezogene Wechsel dient damit der Vereinfachung von Zahlungsströmen (TAISCH/BEUTTER, 133). Als *Sicherungsmittel* tritt der Wechsel in der Form des **Sicherheitswechsels** zur Sicherung von Kontokorrentkrediten bei einer Bank und in der Form des **Pfandwechsels** (Wechselpension, Wechsellombard) zur Sicherung eines Krediteis im Betrag der Wechselsumme abzüglich des Zinses. 19

A. Wechselfähigkeit

Art. 990

Wer sich durch Verträge verpflichten kann, ist wechselfähig.

Quiconque est capable de s'obliger par contrat peut s'obliger par lettre de change ou par billet à ordre.

È capace di obbligarsi per cambiale o per vaglia cambiario chiunque può obbligarsi per contratto.

Literatur

Vgl. die Literaturhinweise zu den Vorbem. zu Art. 990–1099.

I. Allgemeines. Normgehalt

1 Unter **Wechselfähigkeit** ist die Fähigkeit zu verstehen, sich durch einen Wechsel zu verpflichten (vgl. franz. Text). Verpflichten können sich der Aussteller (Anweisender, Trasant), der Akzeptant (Bezogener, Trassat) sowie der Indossant. *Vertragsfähig* ist, wer *handlungsfähig* ist (vgl. Art. 11 ff. ZGB; zur Handlungsfähigkeit im IPR vgl. N 12).

2 Die **Vertragsfähigkeit** der juristischen Personen entspricht den allgemeinen Grundsätzen, d.h. dass die Verpflichtung durch die Organe erfolgt (BGE 90 II 120). Kollektivgesellschafter haften für die Wechselforderung gegenüber der Kollektivgesellschaft gemäss Art. 568 Abs. 3 (BGE 39 I 295).

II. Normzweck

3 Zweck dieser Norm ist der Schutz des Handlungsunfähigen; diesem Schutz wird somit eindeutig der Vorrang gegenüber der **Umlauffähigkeit** des Wechsels und dem **Verkehrsschutz** gegeben. Letztere Anliegen werden wiederum, soweit möglich, durch Art. 997 abgesichert. Der Schutz ist umfassend, der absolute Charakter der entsprechenden Einwendung des Handlungsunfähigen (also auch gegenüber Gutgläubigen: vgl. OTT, SJZ 1979, 156; JÄGGI/DRUEY/VON GREYERZ, 979; MEIER-HAYOZ/VON DER CRONE, 163) ist unwidersprochen (JÄGGI/DRUEY/VON GREYERZ, 228): Der Handlungsunfähige kann keine wechselrechtliche Verpflichtung, welcher Natur auch immer, in welcher Stellung auch immer, sei es als Aussteller (Art. 999), als Akzeptant (Art. 1018) oder als Indossant (Art. 1005), eingehen.

4 Unerheblich ist auch die theoretische Klassifizierung des die Wechselverbindlichkeit begründenden Rechtsgeschäfts als *kausales* oder *abstraktes,* als *Vorbereitungs-, Verpflichtungs-* oder als *Verfügungsgeschäft.* Es stellt sich einzig die Frage, in welchem Zeitpunkt die Handlungs**un**fähigkeit gegeben sein muss, damit die Entstehung einer Verpflichtung verhindert wird (vgl. N 7 ff.).

III. Vertretung

5 Bei Vertretung beim Ausstellen eines Wechsels ist Wechselrecht, bei Vertretung bei der Begebung allgemeines Vertragsrecht anwendbar. Ein Unmündiger kann deshalb als Vertreter einer vertragsfähigen Person gültig einen Wechsel unterzeichnen. Im Sinne einer Ausnahme vom Grundsatz der Anwendbarkeit des allgemeinen Stellvertretungsrechts ist der **falsus procurator** dem Wechselgläubiger gegenüber gemäss Art. 998 in jenem Um-

fang verpflichtet, in welchem der angeblich Vertretene bei Bestehen der Vollmacht gehaftet hätte (BGE 99 Ia 5 E. 2b).

Wird auf das Vertretungsverhältnis nicht hingewiesen, so gilt der Unterzeichnende gegenüber dem gutgläubigen Berechtigten als persönlich verpflichtet (ZR 1986, 222 E. 5). Ist er allerdings vertragsunfähig, so steht ihm die Ungültigkeitseinrede zu. Das Fehlen eines Hinweises auf das Vertretungsverhältnis (z.B. pp., i.V.) wird als starkes Indiz für das Fehlen eines Vertretungs- bzw. Vollmachtsverhältnisses betrachtet (SemJud 1985, 89).

IV. Rechtsfolgen

1. Im Allgemeinen

Die Rechtsfolge der Beteiligung eines Vertragsunfähigen an einer Wechselverbindlichkeit ergibt sich grösstenteils aus Art. 990, teilweise aber auch aus Art. 997 (bez. Folgen bei Ausstellung, Akzept, Indossament) und aus dem allgemeinen Vertragsrecht (bez. Begebungsvertrag). Aus Art. 990 ergibt sich die **absolute Einrede** (im Wechselrecht gleich bedeutend mit *Einwendung,* vgl. VON BALLMOOS, 63, FN 310) der Unverbindlichkeit gegenüber dem Handlungsunfähigen. Unterschiedlich ist aber die Anwendbarkeit dieser Norm je nach Zeitpunkt der Handlungsunfähigkeit.

2. Mangelnde Handlungsfähigkeit bei der Ausstellung

Die **Handlungsunfähigkeit** des **Ausstellers** hindert die formelle Gültigkeit des Wechsels und der darin enthaltenen Verpflichtungen Dritter nicht (Art. 997). Der Wechsel ist immer ein Zahlungsversprechen des Ausstellers *(bedingtes* beim gezogenen Wechsel, für den Fall, dass der Bezogene nicht leistet, *unbedingtes* beim Eigenwechsel). Dieses Versprechen wird allerdings erst mit der Begebung aktuell, die blosse Ausstellung hat keine verpflichtungsbegründende Wirkung (MEIER-HAYOZ/VON DER CRONE, 139). Immerhin ist nach der Ausstellung zumindest die Gefahr der Verpflichtung gegeben (MEIER-HAYOZ/VON DER CRONE, 141). Ist der Aussteller also *handlungsunfähig,* so ist ein Rückgriff auf ihn nicht möglich.

3. Mangelnde Handlungsfähigkeit bei der Begebung

Hingabe eines Wechsels ist ein *Zahlungsversuch* (Hingabe erfüllungshalber), aber keineswegs Zahlung oder Hingabe an Zahlungs statt (BGE 81 II 341 E. 3); das Grundgeschäft wird durch die Wechselbegebung nicht berührt. Die Handlungsfähigkeit muss also im Zeitpunkt der **Begebung** gegeben sein, da sich die wechselrechtliche Verpflichtung erst in diesem Zeitpunkt aktualisiert (gemäss Art. 967 Abs. 1 bedarf die Übertragung eines Wertpapiers der Übertragung des Besitzes an der Urkunde). Ist der Wechsel von einem Handlungsunfähigen ausgestellt worden und wird er hierauf von diesem in einem Zeitpunkt begeben, da er handlungsfähig ist, so ist die wechselrechtliche Verpflichtung perfekt, da die Ausstellung mit der Begebung als bestätigt bzw. genehmigt gelten muss (vgl. zur Genehmigung im Wechselrecht als einseitige, empfangsbedürftige, formlose Willenserklärung BAUMBACH/HEFERMEHL, Art. 7 WG N 7 f., aber auch einschränkend BGE 41 II 372 f.). War die Handlungsfähigkeit im Zeitpunkt der Ausstellung zwar gegeben, bei der Begebung hingegen nicht, so gelten die allgemeinen vertragsrechtlichen Grundsätze im Zusammenhang mit mangelnder Handlungsfähigkeit. Der Schutz des Handlungsunfähigen geht dem Schutz des Gutgläubigen vor (VON BALLMOOS, 62).

Art. 991

4. Mangelnde Handlungsfähigkeit beim Akzept, beim Indossament

10 Bei Handlungsunfähigkeit können sich aus dem *Akzept* bzw. dem *Indossament* keine wechselrechtlichen Verpflichtungen ergeben. Hingegen ist es durchaus möglich, dass eine Verpflichtung aus der Ausstellung (vor)besteht, wenn in diesem Zeitpunkt die Handlungsfähigkeit gegeben war.

V. IPR

11 Ganz allgemein gilt für das Wechselrecht, dass im IPR in erster Linie das für die Schweiz am 1.7.1937 in Kraft getretene EinhWG (vgl. Vor Art. 990–1099 N 1), in zweiter Linie die Bestimmungen des OR über den Geltungsbereich der wechselrechtlichen Normen (Art. 1086 ff.) anwendbar sind (BGE 90 II 123 f.).

12 Bezüglich **Wechselfähigkeit** sieht Art. 2 Abs. 1 EinhWG vor, dass jene nach dem Recht des Landes bestimmt wird, dem die fragliche Person angehört, es sei denn, dieses Recht verweise auf das Recht eines anderen Staates. Ausnahmen von dieser Regel ergeben sich aufgrund des Territorialitäts- und des Gegenseitigkeitsprinzips.

B. Gezogener Wechsel

I. Ausstellung und Form des gezogenen Wechsels

Art. 991

1. Erfordernisse — Der gezogene Wechsel enthält:

1. die Bezeichnung als Wechsel im Texte der Urkunde, und zwar in der Sprache, in der sie ausgestellt ist;

2. die unbedingte Anweisung, eine bestimmte Geldsumme zu zahlen;

3. den Namen dessen, der zahlen soll (Bezogener);

4. die Angabe der Verfallzeit;

5. die Angabe des Zahlungsortes;

6. den Namen dessen, an den oder an dessen Ordre gezahlt werden soll;

7. die Angabe des Tages und des Ortes der Ausstellung;

8. die Unterschrift des Ausstellers.

1. Enonciations — La lettre de change contient:

1. la dénomination de lettre de change insérée dans le texte même du titre et exprimée dans la langue employée pour la rédaction de ce titre;

2. le mandat pur et simple de payer une somme déterminée;

3. le nom de celui qui doit payer (tiré);

4. l'indication de l'échéance;

5. celle du lieu où le paiement doit s'effectuer;

6. le nom de celui auquel ou à l'ordre duquel le paiement doit être fait;

7. l'indication de la date et du lieu où la lettre est créée;

8. la signature de celui qui émet la lettre (tireur).

4. Abschnitt: Der Wechsel   1–4   **Art. 991**

1. Requisiti   La cambiale contiene:
                    1. la denominazione di cambiale inserita nel contesto del titolo ed espressa nella lingua in cui esso è redatto;
                    2. l'ordine incondizionato di pagare una somma determinata;
                    3. il nome di chi è designato a pagare (trattario);
                    4. l'indicazione della scadenza;
                    5. l'indicazione del luogo di pagamento;
                    6. il nome di colui al quale o all'ordine del quale deve farsi il pagamento;
                    7. l'indicazione della data e del luogo dove la cambiale è emessa;
                    8. la sottoscrizione di colui che emette la cambiale (traente).

Literatur

Vgl. die Literaturhinweise zu den Vorbem. zu Art. 990–1099.

I. Allgemeines. Normzweck

Der gezogene Wechsel (Tratte) ist eine Unterart der Anweisung, wobei der Anweisende (Aussteller, Trassant) den Angewiesenen (Bezogener, Trassat) anweist, dem Anweisungsempfänger (Remittent, 1. Nehmer) die Wechselsumme zu bezahlen. Der Anweisungsempfänger kann der Anweisende selbst sein *(an eigene Order).* Mithin ist der gezogene Wechsel ein Mittel, um Schulden auszugleichen: Der Anweisende erfüllt seine Schuld gegenüber dem Anweisungsempfänger, indem er den Angewiesenen an den Anweisungsempfänger zahlen lässt, und der Angewiesene tilgt seine Schuld gegenüber dem Anweisenden, indem er tatsächlich an den Anweisungsempfänger zahlt (GUHL/KUMMER/DRUEY, 818). Das Zahlungsversprechen des Ausstellers an den Anweisungsempfänger kann mittels Indossament (vgl. Art. 1001) weitergegeben werden. **1**

Die blosse Entgegennahme des Wechsels durch den Anweisungsempfänger bewirkt keine Tilgung der Schuld des Ausstellers aus dem Grundgeschäft, denn dieses wird nicht berührt (GUHL/KUMMER/DRUEY, 819). Die Begebung eines gezogenen Wechsels erfolgt vermutungsweise zahlungshalber und nicht an Erfüllungsstatt (BGer 4C.154/2001 E. 3b). Ein direktes Forderungsrecht des Anweisungsempfängers aus dem Wechsel gegenüber dem Angewiesenen entsteht erst im Zeitpunkt, wenn letzterer das Zahlungsversprechen des Ausstellers akzeptiert hat. Der Aussteller hingegen bleibt aus dem Wechsel gegenüber dem Anweisungsempfänger verpflichtet (GUHL/KUMMER/DRUEY, 819). **2**

II. Formvorschriften

Die Gültigkeit des Wechsels als Urkunde ist gemäss Art. 991 an strenge Formvorschriften gebunden. Hingegen ist ein mündlicher Vertrag über die Unterzeichnung eines Wechsels entgegen Art. 22 Abs. 2 gültig und gibt einen Anspruch auf Erfüllung. Der Gläubiger ist nicht berechtigt, alleine aufgrund seiner Gläubigerstellung ohne Zustimmung des Schuldners einen Wechsel auf diesen zu ziehen. Das blosse Ausstellen eines Wechsels wird nicht als **Verpflichtungsvertrag,** sondern als *Verfügungsversuch* qualifiziert. **3**

Bezüglich der Formulierung und der Sprache enthält das Gesetz keine Vorschriften. Die zwingenden Angaben auf der Urkunde müssen lediglich schriftlich sein. Ebenfalls nicht vorgeschrieben ist, wie und wo die Bestandteile des Wechsels auf der Urkunde aufge- **4** führt werden müssen (Reihenfolge, Vorder-, Hinterseite). Die Darstellungsweise dient lediglich als Auslegungshilfe (BÜLOW, Art. 1 WG N 1).

III. Elemente des gezogenen Wechsels

5 a) Ziff. 1:
Diese Vorschrift ist als Ausdruck der besonderen **Wechselstrenge** und als Schutzvorschrift für den Rechtsverkehr zu verstehen (sog. **Wechselklausel).** Damit soll verhindert werden, dass dieser wesentliche Bestandteil nachträglich, z.B. als Überschrift, auf der Urkunde angebracht werden kann (BAUMBACH/HEFERMEHL, Art. 1 WG N 2).

6 Der Begriff *Wechsel* darf anders umschrieben werden, so z.B. mit **Sola-Wechsel, Wechselbrief** oder **Wechselurkunde,** nicht aber als **Tratte** oder **Akzept** (BÜLOW, Art. 1 WG N 4; JÄGGI/DRUEY/VON GREYERZ, 148; MEIER-HAYOZ/VON DER CRONE, 124). Insoweit ist eine bestimmte Formulierung, nämlich die Verwendung des Wortes «Wechsel», vorgeschrieben. Nur die Bezeichnung als *Wechsel* und die Anweisung *(«Zahlen Sie»)* müssen in derselben Sprache erscheinen; der restliche Text kann in einer anderen Sprache abgefasst werden.

7 Die Beschaffenheit der Urkunde (Bierdeckel, Papierfetzen) sowie die Art der Schriftzeichen (Schreibmaschine, Tinte, Bleistift) ist unerheblich (BÜLOW, Art. 1 WG N 2; BAUMBACH/HEFERMEHL, Art. 1 WG N 2).

8 b) Ziff. 2:
Ob die Geldsumme in Ziffern oder Buchstaben geschrieben werden muss, sagt das Gesetz nicht (BGE 99 II 326). Anweisung ist nur auf *Geld* – nicht zwingend in einer inländischen Währung – möglich. Die Wechselsumme muss in einem einzigen bestimmten Betrag angegeben werden. Circa- und Rahmenbeträge sind nicht zulässig (BÜLOW, Art. 1 WG N 13; BAUMBACH/HEFERMEHL/CAPSER, Art. 1 WG N 5b). Es genügt also auch nicht, dass die Geldsumme bestimmbar oder errechenbar ist (MEIER-HAYOZ/VON DER CRONE, 125; SIEBER, 18). Andere vertretbare Sachen wie Wertpapiere, Waren etc. können nicht angewiesen werden (BÜLOW, Art. 1 WG N 11).

9 Der Wechsel darf nicht an Bedingungen geknüpft sein (Grundsatz der **Wechselabstraktheit),** wogegen der Begebungsvertrag Bedingungen enthalten kann. Fehlt die unbedingte Zahlungsaufforderung, so ist der Wechsel ungültig (MEIER-HAYOZ/VON DER CRONE, 124). Die unbedingte Anweisung, eine bestimmte Geldsumme zu bezahlen, verträgt sich auch damit nicht, dass die Wechselsumme ausserhalb des Textes geschrieben wird, ansonsten ein **Blankowechsel** (vgl. Art. 1000) vorliegt (JÄGGI/DRUEY/VON GREYERZ, 149; BÜLOW, Art. 1 WG N 9 f.; BGE 108 II 326; 99 II 324 = Pra 1974, 248; SJZ 1951, 128; OGer AR, SJZ 1972, 97).

10 c) Ziff. 3:
Der gezogene Wechsel muss den Namen oder die Firma des Bezogenen nennen; fehlt die Angabe des Bezogenen, liegt kein gezogener Wechsel vor (ZBGR 1987, 49 = BGE 111 III 33 = Pra 1985, 158). Der Aussteller kann mit dem Bezogenen (trassiert-eigener Wechsel, vgl. Art. 993 Abs. 2; BAUMBACH/HEFERMEHL/CASPER, Art. 1 WG N 7; MEIER-HAYOZ/VON DER CRONE, 125) oder mit dem Anweisungsempfänger (vgl. Art. 993 Abs. 1; «an eigene Order») identisch sein. Die Angabe eines *möglichen* Namens oder einer *möglichen* Firma einer *wechselfähigen* Person genügt, wobei es sich für den Aussteller lohnt, möglichst klare Angaben zu machen, um einen Rückgriff mangels **Präsentierbarkeit** zu vermeiden (JÄGGI/DRUEY/VON GREYERZ, 151; BAUMBACH/HEFERMEHL/CASPER, Art. 1 WG N 7).

Der Wechsel kann auch mehrere Bezogene nennen, sofern jeder für die ganze Wechselsumme einsteht und ein einheitliches **Domizil** bestimmt ist, da gemäss Art. 991 Ziff. 5 nur ein Zahlungsort bezeichnet werden darf (BÜLOW, Art. 1 WG N 18; BAUMBACH/HEFERMEHL/CASPER, Art. 1 WG N 7).

Nicht vorgeschrieben ist, ob der Name des Bezogenen auf der Rück- oder Vorderseite des Wechsels stehen muss. Da das **Indossament** üblicherweise auf der Rückseite angebracht wird (GUHL/DRUEY, 920) oder werden muss (vgl. Art. 1003 Abs. 2), spricht die Vermutung für die Vorderseite (JÄGGI/DRUEY/VON GREYERZ, 150; GUHL/DRUEY, 921; **a.M.** BAUMBACH/HEFERMEHL/CASPER, Art. 1 WG N 7: Angabe auf der Rückseite wäre auf jeden Fall ein Indossament). Üblicherweise erscheint der Name unten links (SIEBER, 19).

Wer die Wechselverbindlichkeit für einen andern als **Stellvertreter** eingehen will, muss das Vertretungsverhältnis auf dem Wechsel kennzeichnen, um die eigene Haftung auszuschliessen (ZR 1986, 22; BAUMBACH/HEFERMEHL/CASPER, Art. 1 WG N 7).

d) Ziff. 4:
Die Angabe einer *Verfallzeit* ist nicht zwingend. Bei deren Fehlen wird ein **Sichtwechsel** (Verfall bei Vorlegung des Wechsels) angenommen (vgl. Art. 992 Abs. 2). Weitere Verfallzeiten werden durch das Gesetz in Art. 1023 bestimmt. Dabei wird unterschieden zwischen **Tagwechsel** (Verfall auf einen bestimmten Tag), **Nach-Sicht-Wechsel** (Verfall auf eine bestimmte Zeit nach Sicht) und **Datowechsel** (Verfall auf eine bestimmte Frist nach Ausstellung). Gemäss Art. 1023 Abs. 2 gilt der Verfall für die gesamte Wechselsumme; ratenweiser Verfall macht den Wechsel nichtig (BAUMBACH/HEFERMEHL/CASPER, Art. 1 N 9; BÜLOW, Art. 1 N 21).

e) Ziff. 5:
Der Wechsel bewirkt eine **Holschuld** (GUHL/DRUEY, 924), weshalb der **Zahlungsort** *zwingend* angegeben werden muss. Es genügt der beim Namen des Bezogenen angegebene Ort (vgl. Art. 992 Abs. 3). Das Fehlen des Zahlungsortes oder die Angabe mehrerer Zahlungsorte machen den Wechsel nichtig. Vom Zahlungsort zu unterscheiden ist der **Vorlegungsort**, welcher mit ersterem nicht identisch sein muss (BÜLOW, Art. 1 WG N 23 f.; BAUMBACH/HEFERMEHL/CASPER, Art. 1 WG N 10). Der Zahlungsort bestimmt den Gerichtsstand für die Wechselklage gegen den Aussteller (vgl. Art. 999 i.V.m. Art. 3 GestG; BÜLOW, Art. 9 WG N 4).

Der angegebene Ort muss tatsächlich existieren, wobei die Angabe von z.B. «*Zürich*» genügt. Unterscheidet sich der Zahlungsort vom Wohnort des Bezogenen, handelt es sich um einen **Domizilwechsel;** bei nicht identischem Zahlungs- und Ausstellungsort um einen **Distanzwechsel**, andernfalls um einen **Platzwechsel** (BÜLOW, Art. 1 WG N 25 f.).

Der Ort der Vornahme einer wechselrechtlichen Erklärung bestimmt im internationalen Verhältnis das anwendbare Recht mit der Ausnahme, dass für die Stellung des Hauptschuldners (beim gezogenen Wechsel der Bezogene, beim Eigenwechsel der Aussteller) das Recht des Zahlungsortes gilt (vgl. Art. 1086 ff.; BGE 90 II 121; SemJud 1967, 75; GUHL/KUMMER/DRUEY, 823; BGer 4C.292/2000 E. 3c/bb).

f) Ziff. 6:
Der *Anweisungsempfänger* muss irgendwo auf der Wechselurkunde (auch Rückseite möglich) bestimmt sein, wobei der Aussteller und der Anweisungsempfänger identisch sein können. Der Wechsel darf *nicht* auf den Inhaber ausgestellt werden. Dennoch lässt sich ein **Inhaberwechsel** kreieren, indem ihn der Aussteller auf **eigene Order** (vgl.

Art. 993) ausstellt und blanko indossiert (vgl. Art. 1000; MEIER-HAYOZ/VON DER CRONE, 133). Zulässig hingegen ist die Angabe «an Herrn Müller oder Inhaber», da der Zusatz als Orderklausel ausgelegt wird (BAUMBACH/HEFERMEHL/CAPSER, Art. 1 WG N 11; BGE 108 II 320 = Pra 1982, 297; ZBJV 1961, 154).

19 Fehlt die Angabe des Anweisungsempfängers, kann durch *Auslegung* der Wechsel als an **eigene Order** ausgestellt aufgefasst werden, sofern der Aussteller als erster, demnach als Anweisungsempfänger, indossierte. Auch Umstände ausserhalb der Urkunde können zur Ermittlung des Anweisungsempfängers herangezogen werden (JÄGGI/DRUEY/VON GREYERZ, 150; BÜLOW, Art. 1 WG N 31; BAUMBACH/HEFERMEHL/CASPER, Art. 1 WG N 11).

20 Wie beim Bezogenen (vgl. N 10) genügt die Angabe eines *möglichen* Namens oder einer *möglichen* Firma. Für eine juristische Person ist eine handelsregisterrechtlich korrekte Bezeichnung zu wählen (SIEBER, 20). Der Wechsel ist auch dann gültig, wenn es den Anweisungsempfänger tatsächlich nicht gibt, wobei in diesem Fall aber niemand Rechte aus dem Wechsel geltend machen kann (SJZ 1993, 213; BAUMBACH/HEFERMEHL/CASPER, Art. 1 WG N 11).

21 Wie bei den Bezogenen (vgl. N 11) können auch mehrere Anweisungsempfänger als **Gesamtgläubiger** angegeben werden. Die wahlweise Angabe als Teilgläubiger ist hingegen unzulässig (BÜLOW, Art. 1 WG N 33).

22 g) Ziff. 7:
Ausstellungsort wie -tag (Monat und Jahr) sind *unentbehrliche* Elemente des Wechsels und führen bei deren Fehlen zur Nichtigkeit der Urkunde. Der Ausstellungsort kann ersetzt werden (vgl. Art. 992 Abs. 4) und bestimmt den Ort, wo die Wechselklage gegen den Aussteller anzuheben ist (vgl. Art. 999 i.V.m. Art. 3 GestG; BÜLOW, Art. 9 WG N 4). Der Tag der Ausstellung ist wesentlich für die Fristberechnung (MEIER-HAYOZ/VON DER CRONE, 128). Ort und Zeit müssen nicht richtig, sondern nur möglich sein. Wo der Ort und der Tag auf der Urkunde angegeben werden, ist unerheblich. Werden mehrere Orts- und Zeitangaben auf die Urkunde gesetzt, ist der Wechsel nur gültig, wenn auch mehrere Personen als Aussteller auftreten. Liegt der Verfalltag vor dem Ausstellungstag, ist der Wechsel nichtig (BAUMBACH/HEFERMEHL/CASPER, Art. 1 WG N 12; **a.M.** BÜLOW, Art. 1 WG N 37).

23 h) Ziff. 8:
Der Wechsel muss mit der *eigenhändigen* Unterschrift versehen sein (Schreibmaschine, Stempel, Facsimile etc. genügt als Ausnahme von Art. 14 Abs. 2 nicht; vgl. Art. 1085 Abs. 3, beglaubigte Unterschrift des Blinden). Stellvertretung ist möglich (vgl. Art. 998), allerdings muss das Vertretungsverhältnis angegeben werden (MEIER-HAYOZ/VON DER CRONE, 128). Das Vorhandensein der Unterschrift allein genügt, um die von dieser Unterschrift gedeckten Erklärung als formell in Ordnung erscheinen und die übrigen wechselrechtlichen Erklärungen auf der Urkunde wirksam werden zu lassen. Daraus folgt, dass mit Blick auf Art. 997 und unter Berücksichtigung des für den Wechsel geltenden Grundsatzes der **Verkehrssicherheit** und **Handelbarkei**t, der Wechsel allein durch eine gefälschte Unterschrift (BGE 99 I a 2 = Pra 1973, 268) oder bei Unterschrift einer Person, die keine Wechselverbindlichkeit eingehen kann, nicht ungültig wird (SIEBER, 22). Die Unterschrift ist nicht nur für die formale Gültigkeit des Wechsels, sondern auch für die *Haftung des Ausstellers* wesentlich (BAUMBACH/HEFERMEHL/CASPER, Art. 1 WG N 14 ff.; BÜLOW, Art. 1 WG N 40). Die Unterschrift muss auf der *Vorderseite* der Urkunde unter dem Text stehen (MEIER-HAYOZ/VON DER CRONE, 129; SemJud 1977, 179; 1996, 515 f.; BGE 103 II 145; SJZ 1972, 97).

IV. Rechtsfolgen

Das Wechselrecht ist im Interesse der **Verkehrssicherheit** und im Hinblick auf die wechselmässige **Haftung** durch Formstrenge gekennzeichnet. Die Gültigkeit bzw. Ungültigkeit muss sich aus der Urkunde selbst ergeben (BGE 108 II 320). Nach dem Gesetz (vgl. Art. 992) gilt, dass der Wechsel nichtig ist, wenn nicht alle Erfordernisse an die Form erfüllt sind. Diese strenge Rechtsfolge wird z.T. dadurch gemildert, dass zwischen einem *unbedingt notwendigen* Inhalt (**Essentialia**) und **entbehrlichem,** d.h. *ersetzbarem,* Inhalt (**Naturalia**) unterschieden wird (vgl. Art. 992). Fehlen Essentialia, liegt ein unvollständiger, nichtiger Wechsel vor, was bewirkt, dass er keinem Wechselinhaber entgegengehalten werden kann (SemJud 1983, 344).

Der Betreibungsbeamte muss die Wechselbetreibung verweigern, wenn der ihm vorgelegte Titel die vom Gesetz geforderten Angaben offensichtlich nicht enthält (BGE 113 III 123). Beim Einwand, es fehle an einem Wechselprotest, handelt es sich um eine materiellrechtliche Frage, welche vom Rechtsöffnungsrichter zu beurteilen ist. Der Betreibungsbeamte wie auch die Aufsichtsbehörde über Schuldbetreibung und Konkurs haben demgegenüber nur zu prüfen, ob die eingereichte Forderungsurkunde alle wesentlichen Erfordernisse eines Wechsels erfüllt und eine wechselmässige Verpflichtung des Schuldners begründet (BGE 118 III 24 f.).

Der unvollständige Wechsel kann aber auch absichtlich als **Blankowechsel** (vgl. Art. 1000) ausgestellt werden. Der Aussteller überlässt es so dem Anweisungsempfänger, den notwendigen Inhalt zu ergänzen, wobei der Begebungsvertrag zwischen dem Aussteller und Anweisungsempfänger hierfür die Grundlage bildet. Wird das **Blankett** abredewidrig ausgefüllt, ist der Wechsel trotzdem gültig (MEIER-HAYOZ/VON DER CRONE, 131). Die Ermächtigung zum Ausfüllen des Blankowechsels geht mit der Übertragung auf die Nachmänner (Indossanten) über. Für die Haftung des Ausstellers vgl. Art. 1000 (BGE 111 III 33 = Pra 1985, 158; BGE 41 II 372; ZBGR 1987, 47). Im Rahmen der Abgrenzung des Blankowechsels vom unvollständigen Wechsel wird im Zweifelsfall ein Blankowechsel angenommen (SIEBER, 23).

Auch ein nichtiger Wechsel kann Rechtswirkungen entfalten, da die versuchte Wechselausstellung, soweit möglich, qua Konversion in ein anderes Rechtsgeschäft umzudeuten ist (MEIER-HAYOZ/VON DER CRONE, 129).

V. IPR

Vgl. Ausführungen zu Art. 1086 ff.

Art. 992

2. Fehlen von Erfordernissen

¹ Eine Urkunde, der einer der im vorstehenden Artikel bezeichneten Bestandteile fehlt, gilt nicht als gezogener Wechsel, vorbehaltlich der in den folgenden Absätzen bezeichneten Fälle.

² Ein Wechsel ohne Angabe der Verfallzeit gilt als Sichtwechsel.

³ **Mangels einer besonderen Angabe gilt der bei dem Namen des Bezogenen angegebene Ort als Zahlungsort und zugleich als Wohnort des Bezogenen.**

4 Ein Wechsel ohne Angabe des Ausstellungsortes gilt als ausgestellt an dem Orte, der bei dem Namen des Ausstellers angegeben ist.

2. Défaut d'énonciations

¹ Le titre dans lequel une des énonciations indiquées à l'article précédent fait défaut ne vaut pas comme lettre de change, sauf dans les cas déterminés par les alinéas suivants.

² La lettre de change dont l'échéance n'est pas indiquée est considérée comme payable à vue.

³ A défaut d'indication spéciale, le lieu désigné à côté du nom du tiré est réputé être le lieu du paiement et, en même temps, le lieu du domicile du tiré.

⁴ La lettre de change n'indiquant pas le lieu de sa création est considérée comme souscrite dans le lieu désigné à côté du nom du tireur.

2. Requisiti mancanti

¹ Il titolo nel quale manchi alcuno dei requisiti indicati nell'articolo precedente non vale come cambiale, salvo i casi previsti nei seguenti capoversi.

² La cambiale senza indicazione di scadenza si considera pagabile a vista.

³ In mancanza d'indicazione speciale, il luogo indicato accanto al nome del trattario si reputa luogo del pagamento e, insieme, domicilio del trattario.

⁴ La cambiale in cui non è indicato il luogo di emissione si considera sottoscritta nel luogo indicato accanto al nome del traente.

Literatur

Vgl. die Literaturhinweise zu den Vorbem. zu Art. 990–1099.

I. Allgemeines. Normzweck

1 Als Grundsatz gilt, dass die *notwendigen* Elemente des gezogenen Wechsels im Zeitpunkt der wechselmässigen Inanspruchnahme ausgefüllt sein müssen, ansonsten der Wechsel ungültig ist (BGE 89 II 343; 91 II 110). Auch der spätere Wegfall eines wesentlichen Formerfordernisses sowie die nachträgliche Hinzufügung eines unzulässigen Bestandteils machen den Wechsel förmlich ungültig (BAUMBACH/HEFERMEHL/CASPER, Art. 2 WG N 2). Dieses strenge Formerfordernis wird durch Art. 992 teilweise gemildert, indem das Gesetz Anhaltspunkte gibt, wie *fehlende* Elemente aus *vorhandenen* hergeleitet werden können. Wo das Gesetz keinen Hinweis gibt, hilft die Praxis in gewissen Fällen nach (SemJud 1954, 436; ZR 1950, 366; AGVE 1971, 46 = SJZ 1973, 47).

2 Der unvollständige und nichtige Wechsel kann nach dem Willen der Parteien nachträglich vervollständigt werden (**Blankowechsel;** vgl. Art. 1000). Ist dies nicht möglich, kann der Wechsel durch **Auslegung** *geheilt* werden, wobei in diesem Falle nur *Umstände herangezogen werden dürfen, die sich aus der Urkunde selbst ergeben* (BÜLOW, Art. 2 WG N 3).

3 Die *Vervollständigung* kann auch dadurch erreicht werden, dass *unzulässige* Elemente (z.B. mehrere Zahlungsorte) später gestrichen werden. Hier haften aber nur diejenigen, die den Wechsel verändert oder nach der Veränderung gezeichnet haben (vgl. Art. 1068).

4 Nicht zuletzt kann ein unvollständiger Wechsel auch in ein anderes Rechtsgeschäft *umgedeutet* werden (BÜLOW, Art. 2 WG N 7; BAUMBACH/HEFERMEHL/CASPER, Art. 2 WG N 9). Dabei wird nicht selten auf den *hypothetischen* Parteiwillen der Beteiligten abgestellt (z.B. abstrakte Schuldanerkennung; gewöhnliche Anweisung, Art. 466 ff.; wech-

selähnliche Orderanweisung, Art. 1147 ff.; wechselähnliches Zahlungsversprechen, Art. 1151; anderes indossierbares Papier i.S.v. Art. 1152).

II. Anwendungsbereich

Das Gesetz legt in Art. 992 Abs. 2–4 eine *Ersatzregelung* vor für den Fall, dass die **Verfallzeit** (Art. 991 Ziff. 4), der **Zahlungsort** (Art. 991 Ziff. 5) und der **Ausstellungsort** (Art. 991 Ziff. 6) auf der Urkunde nicht aufgeführt sind. Es handelt sich dabei um eine *unwiderlegbare gesetzliche Vermutung* und nicht lediglich um Auslegungsregeln (BÜLOW, Art. 2 WG N 18).

1. Verfallzeit (Abs. 2)

Es sind nur Verfallzeiten i.S.v. Art. 1023 zulässig, ansonsten der Wechsel ungültig ist (BÜLOW, Art. 2 WG N 19; BAUMBACH/HEFERMEHL/CASPER, Art. 2 WG N 6). Ist auf der Wechselurkunde keine Verfallzeit angegeben, liegt ein **Sichtwechsel** vor.

2. Zahlungsort (Abs. 3)

Ist auch beim Bezogenen keine Ortsangabe vorhanden, ist der Wechsel nichtig. Der Wohnort des Bezogenen ist selbst kein notwendiges Element des Wechsels (vgl. Art. 1011).

3. Ausstellungsort (Abs. 4)

Während die Angabe des Ausstellungs*datums* (Art. 991 Ziff. 7) *notwendig* und *nicht ersetzbar* ist, gilt für das Fehlen des Ausstellungs*ortes* derjenige Ort, der beim Namen des Ausstellers angegeben ist. Fehlt auch dieser, ist der Wechsel ungültig.

III. Weitere Bestandteile des Wechsels

Von den notwendigen, ersetzbaren oder nicht ersetzbaren Elementen des Wechsels zu unterscheiden sind Klauseln, die wechselrechtlichen Charakter aufweisen wie die **Rektaklausel**, Art. 1001, die **Domizilklausel**, Art. 994, die **Präsentationsklausel**, Art. 1012, die **Angstklausel**, Art. 999, die **Protesterlassklausel**, Art. 1043, die **Notklausel**, Art. 1054, die **Duplikatsklausel**, Art. 1063 und die **Verwahrungsklausel**, Art. 1067.

Andere zusätzliche Bestimmungen auf der Wechselurkunde sind wechselrechtlich bedeutungslos und haben nur *zivilrechtliche* Wirkung wie z.B. die **Valutaklausel** *(Wert in Waren)* und die **Orderklausel**, wobei letztere überflüssig ist, da der Wechsel ein **Orderpapier** ist.

(Randnote 11 entfällt)

IV. Prozessuales

Bei der gesetzlichen Umdeutung gemäss Abs. 2–4 handelt es sich um eine **unwiderlegbare Vermutung** *(praesumtio iuris et de iure)*; der Gegenbeweis ist somit ausgeschlossen (Art. 8 ZGB).

Art. 993

3. Arten	¹ **Der Wechsel kann an die eigene Ordre des Ausstellers lauten.**
	² **Er kann auf den Aussteller selbst gezogen werden.**
	³ **Er kann für Rechnung eines Dritten gezogen werden.**
3. Espèces	¹ La lettre de change peut être à l'ordre du tireur lui-même.
	² Elle peut être tirée sur le tireur lui-même.
	³ Elle peut être tirée pour le compte d'un tiers.
3. Specie	¹ La cambiale può essere all'ordine dello stesso traente.
	² Può essere tratta sullo stesso traente.
	³ Può essere tratta per conto di un terzo.

Literatur

Vgl. die Literaturhinweise zu den Vorbem. zu Art. 990–1099.

I. Normzweck

1 Das Gesetz regelt in diesem Artikel *drei* besondere Arten des gezogenen Wechsels, die beim **Eigenwechsel** (Art. 1096 ff.) mangels eines Bezogenen nicht zur Anwendung kommen. Das beim gezogenen Wechsel analog der Anweisung üblicherweise urkundlich gestaltete *Dreiparteienverhältnis* (Aussteller, Bezogener, Anweisungsempfänger) wird insofern durchbrochen, als dass gem. Abs. 1 der Aussteller mit dem Anweisungsempfänger und gem. Abs. 2 der Aussteller mit dem Bezogenen identisch sein können **(Personenidentität)**. Im Falle von Abs. 3 wird der Wechsel für *Rechnung eines Dritten,* aber in eigenem Namen ausgestellt.

2 Art. 993 regelt die *Personenidentitäten* der Wechselbeteiligten nicht abschliessend: Möglich ist ebenfalls eine Identität von Aussteller, Bezogenem und Anweisungsempfänger, wobei hier eine Verpflichtung erst mit dem **Indossament** entsteht; denkbar ist weiter, dass der Aussteller dieselbe Person als Bezogenen und Anweisungsempfänger bestimmt. Zur wirtschaftlichen Bedeutung vgl. BÜLOW, Art. 3 WG N 6; BAUMBACH/HEFERMEHL/CASPER, Art. 3 WG N 4.

II. Anwendungsbereich

1. An eigene Order (Abs. 1)

3 Der Aussteller kann sich in einem späteren Zeitpunkt überlegen, an wen er den Wechsel mittels **Indossament** (vgl. Art. 1001) weitergeben will. Bevor der Wechsel durch den Bezogenen akzeptiert oder durch Indossament übertragen wird, entfaltet der Wechsel keine Verbindlichkeit. Der Wechsel kann auch vor der Annahme gültig indossiert werden. Der Aussteller haftet wechselmässig als Aussteller und – falls gemäss Art. 1005 nicht urkundlich ausgeschlossen *(ohne obligo)* – als Indossant bei allfälliger Weiterindossierung. Mittels **Blankoindossament** entsteht ein gültiger **Inhaberwechsel** (ZBJV 1961, 154; JÄGGI/DRUEY/VON GREYERZ, 255; MEIER-HAYOZ/VON DER CRONE, 133, 155; dagegen sind auf den Inhaber ausgestellte Wechsel ungültig; BÜLOW, Art. 3 WG N 6). Die blosse Angabe *an Order* bewirkt nur dann einen gültigen Wechsel, wenn der Aussteller erster Indossant ist und sich keine Lücke vor dem Indossanten befindet

(BAUMBACH/HEFERMEHL/CASPER, Art. 3 WG N 1; JÄGGI/DRUEY/VON GREYERZ, 151, 160).

2. Der Aussteller als Bezogener (Abs. 2)

Diese Form wird meistens dort angewendet, wo die *Hauptniederlassung* einen Wechsel auf die *Zweigniederlassung* oder umgekehrt zieht (**trassiert-eigener** Wechsel; JÄGGI/DRUEY/VON GREYERZ, 316; MEIER-HAYOZ/VON DER CRONE, 125; BÜLOW, Art. 3 WG N 4; BAUMBACH/HEFERMEHL/CASPER, Art. 3 WG N 2). Obwohl dem Wesen nach ein **Eigenwechsel** (vgl. Art. 1096 ff.), gelten die Bestimmungen von Art. 991 ff.: Haftung also wie beim gewöhnlichen Wechsel, was erst mit der Indossierung rechtlich bedeutsam wird (BAUMBACH/HEFERMEHL/CAPSER, Art. 3 WG N 2). Die *Personenidentität* muss aus der Urkunde klar ersichtlich sein (BAUMBACH/HEFERMEHL/CASPER, Art. 3 WG N 2; **a.M.** BÜLOW, Art. 3 WG N 4). 4

Beim trassiert-eigenen Wechsel ist zu beachten, dass die Indossamentenkette beim Aussteller selber, der im Zeitpunkt der Ausstellung ja gleichzeitig erster Nehmer ist, beginnen muss, damit spätere Wechselinhaber eine formell lückenlose Indossamentenkette vorweisen und somit ihre Rechte aus dem Wechsel geltend machen können (MEIER-HAYOZ/VON DER CRONE, 162). 4a

3. Wechsel für Rechnung eines Dritten (Abs. 3)

«Zahlen Sie für Rechnung des Herrn Meier…»: Nur der Aussteller und nicht der Dritte haftet aus dem Wechsel. 5

Art. 994

4. Zahlstellen. Domizilwechsel	Der Wechsel kann bei einem Dritten, am Wohnorte des Bezogenen oder an einem anderen Orte zahlbar gestellt werden.
4. Lettre de change domiciliée	Une lettre de change peut être payable au domicile d'un tiers, soit dans la localité où le tiré a son domicile, soit dans une autre localité.
4. Luoghi di pagamento. Cambiale domiciliata	La cambiale può essere pagabile al domicilio di un terzo, sia nel luogo del domicilio del trattario, sia in altro luogo.

Literatur

Vgl. die Literaturhinweise zu den Vorbem. zu Art. 990–1099.

I. Allgemeines. Normgehalt

Der Aussteller kann bestimmen, dass der Wechsel nicht beim Bezogenen, sondern bei einem *Dritten*, z.B. bei einer Bank, (sog. **Zahlstelle** oder **Domiziliat**) zu zahlen ist *(Zahlstellenklausel)*. Der Wechsel wird damit zum **Zahlstellenwechsel** (vgl. BGE 55 II 90). Zahlungspflichtig ist aber immer der Bezogene, nicht etwa der Dritte, der das Geld nur bereitstellt und nicht Wechselschuldner ist (BAUMBACH/HEFERMEHL/CASPER, Art. 4 WG N 1; BÜLOW, Art. 4 WG N 1). 1

Art. 995

2 Der Zahlstellenwechsel kann entweder am *Wohnort des Bezogenen* oder an einem *anderen Ort* zahlbar gestellt sein (sog. **Zahlungsort).** Bestimmt der Aussteller einen anderen Zahlungsort als den Wohnort des Bezogenen, wird der Zahlstellenwechsel dadurch zugleich auch zum **Domizilwechsel** (BAUMBACH/HEFERMEHL/CASPER, Art. 4 WG N 1; MEIER-HAYOZ/VON DER CRONE, 127). Die Angabe des Zahlungsortes ist Gültigkeitsvoraussetzung. Fehlt sie, gilt der beim Namen des Bezogenen aufgeführte Ort als Zahlungsort (Art. 992 Abs. 3; BAUMBACH/HEFERMEHL/CASPER, Art. 4 WG N 1).

II. Rechtsfolgen

3 Sofern nicht schon der Aussteller im Wechsel eine **Zahlstelle** bestimmt hat, kann der Bezogene bei der Annahmeerklärung selbst eine Zahlstelle nennen (vgl. Art. 1017; BAUMBACH/HEFERMEHL/CASPER, Art. 4 WG N 2). Auch kann der Aussteller durch Beifügung des Vermerks «Domizil offen» einen späteren Wechselinhaber ermächtigen, einen **Domizilvermerk** anzubringen. Da ein Wechsel nur an einer Stelle zahlbar sein kann, können nicht mehrere Zahlstellen bezeichnet werden. Zahlstelle kann jede Rechtsperson sein (BAUMBACH/HEFERMEHL/CASPER, Art. 4 WG N 2).

4 Der Wechsel ist am Zahlungsort, ggf. dem Dritten (Zahlstelle/Domiziliat), vorzulegen und dort gegen den Bezogenen zu **protestieren** (ZR 1980, 148; BÜLOW, Art. 4 WG N 1). Wird gegen den Wechsel infolge Zahlungseinstellung durch den Bezogenen nach Massgabe von Art. 1034 Abs. 5 *vor Verfall* protestiert, ist nicht bei der Zahlstelle, sondern beim Bezogenen zu protestieren (BÜLOW, Art. 4 WG N 1). Auch ist die Zahlstelle dem Bezogenen gegenüber, der bei Zahlung vor Verfall auf eigene Gefahr handelt (Art. 1030 Abs. 2), nicht befugt zu entscheiden, ob vor Verfall bezahlt werden soll (BÜLOW, Art. 4 WG N 1; BGH NJW 1974, 1707).

Art. 995

5. Zinsversprechen	¹ In einem Wechsel, der auf Sicht oder auf eine bestimmte Zeit nach Sicht lautet, kann der Aussteller bestimmen, dass die Wechselsumme zu verzinsen ist. Bei jedem anderen Wechsel gilt der Zinsvermerk als nicht geschrieben. ² Der Zinsfuss ist im Wechsel anzugeben; fehlt diese Angabe, so gilt der Zinsvermerk als nicht geschrieben. ³ Die Zinsen laufen vom Tage der Ausstellung des Wechsels, sofern nicht ein anderer Tag bestimmt ist.
5. Promesse d'intérêts	¹ Dans une lettre de change payable à vue ou à un certain délai de vue, il peut être stipulé par le tireur que la somme sera productive d'intérêts. Dans toute autre lettre de change, cette stipulation est réputée non écrite. ² Le taux des intérêts doit être indiqué dans la lettre; à défaut de cette indication, la clause est réputée non écrite. ³ Les intérêts courent à partir de la date de la lettre de change si une autre date n'est pas indiquée.
5. Promessa d'interessi	¹ Nella cambiale pagabile a vista o a certo tempo vista il traente può disporre che la somma sia produttiva d'interessi. In qualunque altra specie di cambiale la promessa d'interessi si ha per non scritta.

² Il tasso d'interesse deve essere indicato nella cambiale; mancando tale indicazione, la clausola si ha per non scritta.

³ Gl'interessi decorrono dalla data della cambiale quando non sia indicata una decorrenza diversa.

Literatur

Vgl. die Literaturhinweise zu den Vorbem. zu Art. 990–1099.

I. Normzweck

Aus dem *zwingenden* Gebot, dass die Wechselsumme in einem *einzigen bestimmten* Betrag anzugeben ist (vgl. Art. 991 N 8), folgt, dass ein Zinsvermerk auf der Wechselurkunde grundsätzlich nicht zulässig ist; der Zinsbetrag müsste im Voraus berechnet und zur Hauptsumme geschlagen werden. Ein trotzdem geschriebener Zinsvermerk macht den Wechsel aber nicht *eo ipso* ungültig: Die Zinsangabe gilt lediglich als *nicht geschrieben*. 1

Da aber beim **Sichtwechsel** (Art. 1024) und beim **Nach-Sicht-Wechsel** (Art. 1025) die Fälligkeit am Tag der Vorlegung bzw. eine bestimmte Zeit danach eintritt, ist eine vorgängige Berechnung des Zinses nicht möglich. Das Gesetz lässt daher bei diesen beiden Wechselarten die Angabe eines Zinsvermerkes ausdrücklich zu, so dass ein Zinsvermerk nur beim **Datowechsel** und beim **Tagwechsel** (vgl. Art. 1023) als *nicht geschrieben* gilt (BÜLOW, Art. 5 WG N 1; BAUMBACH/HEFERMEHL/CASPER, Art. 5 WG N 1; GUHL/DRUEY, 924). 2

II. Anwendungsbereich

Die Angabe des Zinssatzes muss sich nicht zwingend im *Wechseltext,* aber auf der *Wechselurkunde* selbst befinden. Bei nicht genauer Bezeichnung ist ein Jahreszins anzunehmen. Vage Zinsversprechen auf der Urkunde oder im Text sind als *nicht geschrieben* zu betrachten, führen aber *nicht* zur Nichtigkeit (vgl. N 1). *Wucherzinse* führen lediglich zur Ungültigkeit der Zinsverpflichtung, nicht aber des Wechsels selbst (vgl. BSK OR I-WIEGAND, Art. 104 N 7; BÜLOW, Art. 5 WG N 2). 3

Abs. 3 ist zu entnehmen, dass der Aussteller den *Beginn des Zinslaufes* frei bestimmen kann. Fehlt eine entsprechende Angabe, ist der Zins ab Wechselausstellung geschuldet. Wird der Zinsbeginn auf einen bestimmten Tag nach der Vorlegung festgesetzt, schuldet der Bezogene bei ordnungsmässiger Einlösung keine Zinsen (BÜLOW, Art. 5 WG N 3). 4

III. Prozessuales

Aus dem Wechsel selbst trägt ein Gläubiger keine Beweislast für die Höhe des Zinssatzes. Fehlt eine genaue Angabe, ist der Vermerk als nicht geschrieben zu betrachten (vgl. N 3; ferner BSK OR I-WIEGAND, Art. 104 N 8). 5

Art. 996

6. Verschiedene Bezeichnung der Wechselsumme	¹ Ist die Wechselsumme in Buchstaben und in Ziffern angegeben, so gilt bei Abweichungen die in Buchstaben angegebene Summe. ² Ist die Wechselsumme mehrmals in Buchstaben oder mehrmals in Ziffern angegeben, so gilt bei Abweichungen die geringste Summe.
6. Différences dans l'énonciation du montant	¹ La lettre de change dont le montant est écrit à la fois en toutes lettres et en chiffres vaut, en cas de différence, pour la somme écrite en toutes lettres. ² La lettre de change dont le montant est écrit plusieurs fois, soit en toutes lettres, soit en chiffres, ne vaut, en cas de différence, que pour la moindre somme.
6. Differenze in caso di somma scritta più volte	¹ La cambiale con la somma da pagarsi scritta in lettere ed in cifre, vale, in caso di differenza, per la somma indicata in lettere. ² Se la somma da pagarsi è scritta più d'una volta in lettere o in cifre, la cambiale, in caso di differenza, vale per la somma minore.

Literatur

Vgl. die Literaturhinweise zu den Vorbem. zu Art. 990–1099.

I. Normzweck

1 Art. 996 regelt Fälle, in denen der Wechseltext **verschiedene Wechselsummen** enthält. Die Bestimmung trägt dem Brauch Rechnung, dass in Urkunden die Schuldsumme oft hinter der ziffernmässigen Angabe noch in Buchstaben ausgeschrieben wird, wobei sich zwischen der Angabe in Ziffern und Buchstaben versehentlich Abweichungen ergeben können (BGE 99 II 327).

II. Anwendungsbereich

2 Aus Art. 991 Ziff. 2 i.V.m. Art. 996 Abs. 1 ergibt sich, dass die Geldsumme entweder in Ziffern oder in Worten auf der Wechselurkunde angegeben werden muss. Die Angabe der Geldsumme muss im Wechseltext selbst enthalten sein, ansonsten ein **Blankowechsel** (Art. 1000) vorliegt.

3 Ist die Buchstabenangabe unleserlich, gilt die ziffernmässig bestimmte Wechselsumme im Text. Falls sich aber die Ziffernangabe ausserhalb des Textes befindet (Blankowechsel; Art. 1000) und anschliessend abgeändert und mit Buchstaben im Text ergänzt wird, haftet der Wechselaussteller. Anders verhält es sich nur, wenn die bereits im Text enthaltene Ziffer abgeändert und ebenfalls im Text mit Buchstabenangabe ergänzt wird. In diesem Fall spielen die Haftungsregeln von Art. 1068, d.h. es haften nun diejenigen, die nach der Änderung ihre Unterschrift auf den Wechsel gesetzt haben (BGE 99 II 331 = Pra 1974, 247).

4 Nach Auffassung von BÜLOW (Art. 6 WG N 1) liegt *kein* Blankowechsel vor, wenn der Aussteller nach der Wechselsummenziffer die Buchstabenzeile im Text bewusst offen lässt und einen Dritten zu deren Ergänzung ermächtigt. Der Wechsel ist mit der ziffern-

mässigen Angabe der Wechselsumme vollständig (vgl. auch BGE 99 II 331 = Pra 1974, 247; **a.M.** BAUMBACH/HEFERMEHL/CASPER, Art. 6 WG N 2).

Art. 996 regelt nur den Fall von **Summenunterschieden** und nicht von Währungsunterschieden. Obwohl die Wechselsumme nicht zwingend in einer inländischen Währung angegeben werden muss, führt die unterschiedliche Währungsangabe in Ziffern und Buchstaben zu einer *unbestimmten* Wechselsumme und zur Nichtigkeit des Wechsels (vgl. Art. 991 N 8; BÜLOW, Art. 6 WG N 3). 5

III. Prozessuales

Art. 996 stellt eine **unwiderlegbare Vermutung** *(praesumptio iuris et de iure)* für diejenigen Fälle auf, wo die Angabe der Summen im Wechseltext verschieden sind. Der Gegenbeweis ist ausgeschlossen (Art. 8 ZGB). 6

Art. 997

7. Unterschriften von Wechselunfähigen	Trägt ein Wechsel Unterschriften von Personen, die eine Wechselverbindlichkeit nicht eingehen können, gefälschte Unterschriften, Unterschriften erdichteter Personen oder Unterschriften, die aus irgendeinem anderen Grunde für die Personen, die unterschrieben haben oder mit deren Namen unterschrieben worden ist, keine Verbindlichkeit begründen, so hat dies auf die Gültigkeit der übrigen Unterschriften keinen Einfluss.
7. Signature de personnes incapables de s'obliger	Si la lettre de change porte des signatures de personnes incapables de s'obliger par lettre de change, des signatures fausses ou des signatures de personnes imaginaires, ou des signatures qui, pour toute autre raison, ne sauraient obliger les personnes qui ont signé la lettre de change, ou au nom desquelles elle a été signée, les obligations des autres signataires n'en sont pas moins valables.
7. Firme di persone incapaci di obbligarsi	Se la cambiale contiene firme di persone incapaci di obbligarsi cambiariamente, firme false o di persone immaginarie, ovvero firme che per qualsiasi altra ragione non obbligano le persone che hanno firmato la cambiale o col nome delle quali essa è stata firmata, le obbligazioni degli altri firmatari restano tuttavia valide.

Literatur

Vgl. die Literaturhinweise zu den Vorbem. zu Art. 990–1099.

I. Normgehalt. Normzweck

Im Text des deutschen Wechselgesetzes ist von *Selbstständigkeit der Wechselerklärung* die Rede. Damit wird der diesem Artikel zugrunde liegende Gedanke zum Ausdruck gebracht, dass die, wie auch immer begründete, Unverbindlichkeit einer einzelnen Wechselverpflichtung (z.B. des Ausstellers, des Bezogenen, des Wechselnehmers oder Indossanten) nicht die Ungültigkeit der anderen Verpflichtungen zur Folge hat. 1

Zweck der Norm ist einzig der Schutz der **Umlauffähigkeit** des Wechsels und der **Verkehrsschutz:** Nur wenn man sich (weitgehend) auf den Inhalt des Wertpapiers verlassen kann, ist dieses umlauffähig. 2

II. Anwendungsbereich. Abgrenzungen

3 Die Bestimmung ist ausdrücklich nicht auf die beispielhaft aufgezeigten Sachverhalte beschränkt, sondern gilt i.S. einer *Generalklausel*, wann immer «aus irgend einem anderen Grund» (z.B. **Wechselreiterei**) in Bezug auf eine bestimmte Person keine Verbindlichkeit begründet wurde. Voraussetzung ist allerdings, dass die formellen Elemente des Wechsels überhaupt gegeben sind. Hauptanwendungsfälle sind die Fälschung von Unterschriften und die Zeichnung durch eine nicht wechselfähige Person (vgl. Art. 990).

4 Als *Fälschung* gilt die unbefugtermassen gezeichnete Unterschrift eines Dritten. Das abredewidrige Ausfüllen eines **Blankowechsels** hingegen wird entsprechend Art. 1000 nicht als Fälschung behandelt. Der Namensträger, dessen Unterschrift auf dem Wechsel gefälscht wurde, haftet nicht. Einer *nachträglichen Genehmigung* liess das BGer in einem vor Inkrafttreten des Genfer Abkommens gefällten Entscheid keine wechselmässige Verpflichtung des angeblichen Ausstellers zukommen; möglich sei allenfalls eine nicht-wechselmässige Verpflichtung (BGE 41 II 372 f.). Die heute vorherrschende Meinung lässt eine nachträgliche Genehmigung neben einer Haftung aus zurechenbar veranlasstem Rechtsschein zu (BGE 128 III 324 E. 2; BAUMBACH/HEFERMEHL/CASPER, Art. 7 WG N 5; BÜLOW, Art. 7 WG N 11). Aus Gründen der *Verkehrssicherheit* muss man wohl annehmen, der Fälscher hafte wechselmässig (BAUMBACH/HEFERMEHL/CASPER, Art. 7 WG N 2). Wer bei Abgabe des *Akzeptes* von einem Mangel der Unterschrift des Ausstellers Kenntnis hatte, kann sich gegenüber dem Wechselinhaber nicht auf diesen Mangel berufen, da dies ein Verstoss gegen den Grundsatz von **Treu und Glauben** wäre (BGE 99 Ia 7 E. a).

5 Zeichnet eine handlungs- und daher wechselunfähige Person einen Wechsel als Aussteller, so ist sie zwar nicht verpflichtet, lässt aber dennoch einen gültigen Wechsel entstehen. *Selbstverschuldete vorübergehende Handlungsunfähigkeit* (z.B. Trunkenheit) kann Haftung wegen zurechenbar veranlasstem Rechtsschein nach sich ziehen (BÜLOW, Art. 7 WG N 4).

III. Prozessuales

6 Die Beweislast für die Wechselunfähigkeit trägt gemäss allgemeiner Regel (Art. 8 ZGB) derjenige, der sich darauf beruft (BÜLOW, Art. 7 WG N 5).

Art. 998

8. Unterschrift ohne Ermächtigung	**Wer auf einem Wechsel seine Unterschrift als Vertreter eines anderen setzt, ohne hierzu ermächtigt zu sein, haftet selbst wechselmässig und hat, wenn er den Wechsel einlöst, dieselben Rechte, die der angeblich Vertretene haben würde. Das gleiche gilt von einem Vertreter, der seine Vertretungsbefugnis überschritten hat.**
8. Signature sans pouvoirs	Quiconque appose sa signature sur une lettre de change, comme représentant d'une personne pour laquelle il n'avait pas le pouvoir d'agir, est obligé lui-même en vertu de la lettre et, s'il a payé, a les mêmes droits qu'aurait eus le prétendu représenté. Il en est de même du représentant qui a dépassé ses pouvoirs.

8. Firma senza poteri	Chi appone la firma sulla cambiale quale rappresentante di una persona per la quale non ha il potere di agire, è obbligato cambiariamente come se avesse firmato in proprio, e, se ha pagato, ha gli stessi diritti che avrebbe avuto il preteso rappresentato. La stessa disposizione si applica al rappresentante che abbia ecceduto i suoi poteri.

Literatur

Vgl. die Literaturhinweise zu den Vorbem. zu Art. 990–1099.

I. Allgemeines. Normgehalt

Diese Bestimmung bezweckt den Schutz der **Umlauffähigkeit** des Wechsels. Sie führt dazu, dass bei vollmachtloser Stellvertretung bzw. Überschreitung der Vollmacht der Wechsel nicht ungültig ist.

Art. 998 setzt voraus, dass Wechselerklärungen auch durch einen **Stellvertreter** abgegeben werden können. Dieser wird berechtigt und verpflichtet, soweit die Vollmacht reicht. Die Bestimmungen über die Stellvertretung in Art. 32 ff. sind entsprechend anwendbar.

Der Stellvertreter muss sowohl **Vertretungsmacht** wie auch den *Willen* haben, als Vertreter zu handeln, was in der Wechselurkunde erkennbar sein muss (BAUMBACH/HEFERMEHL/CASPER, Art. 8 WG N 3). Es muss der Name des Vertretenen allein oder i.V.m. dem Namen des Vertreters genannt sein. Der Vertreter verpflichtet damit nicht sich selbst, sondern nur *den Vollmachtgeber* (SemJud 1974, 93 E. 3).

II. Rechtsfolgen

Hat der Wechselzeichner zwar Vollmacht, die ihn zur Wechselzeichnung befugt, setzt er aber *nur seinen eigenen Namen* auf den Wechsel, *verpflichtet er* wechselrechtlich *nur sich selbst*. Er kann dem *gutgläubigen* Wechselgläubiger nicht entgegenhalten, nur als Vertreter gehandelt zu haben (ZR 1986, 222 E. 5; SemJud 1985, 89). Hat der Vertreter aufgrund des Wechsels bezahlt und kann er die Vollmacht nachweisen, kann er ggf. ausserhalb des Wechselrechts auf den Vertretenen zurückgreifen.

III. Vollmachtlose Vertretung und Überschreitung der Vertretungsmacht

Wenn der Wechselzeichner *keine Vertretungsmacht* hat oder wenn er sie *überschreitet*, wird er, falls er den Wechsel unterzeichnet hat, sowohl nach Massgabe von Art. 39 ersatzpflichtig wie auch selbst *wechselmässig haftbar* (BGE 99 Ia 5 E. 2b). Die wechselrechtliche Erfüllungshaftung tritt somit neben die bürgerliche Schadenersatzpflicht (BÜLOW Art. 8 WG N 13; BAUMBACH/HEFERMEHL/CASPER, Art. 8 WG N 9; MEIER-HAYOZ/VON DER CRONE, 137).

Der **falsus procurator** wird selbst Wechselschuldner, d.h. er tritt in diejenige Rechtsstellung, die der angeblich Vertretene hätte. Dies gilt sowohl für die *Pflichten* wie auch für die *Rechte* aus dem Wechsel. Voraussetzung ist aber, dass der Wechselzeichner **wechselfähig** ist (Art. 990). Darauf, ob der (angeblich) Vertretene diese Voraussetzungen erfüllt hätte, mithin auch die Tatsache, dass dieser gar nicht wechselfähig gewesen wäre, kommt es nicht an.

7 Hat der Vertreter seine Vertretungsmacht *überschritten,* haftet er nicht nur in dem Umfang, wie die Vertretungsmacht nicht bestand, sondern in *vollem* Umfang auf Erfüllung, d.h. auch, soweit er Vollmacht hatte (BÜLOW Art. 8 WG N 16). Der Vertretene seinerseits haftet, soweit Vollmacht bestand.

8 Die **wechselrechtliche Haftung** des falsus procurator ist *verschuldensunabhängig.* Sie ist auch nicht vom guten Glauben des Wechselgläubigers abhängig (MEIER-HAYOZ/ VON DER CRONE, 138). Die wechselrechtliche Haftung des vollmachtlosen Stellvertreters entfällt nur bei nachträglicher Genehmigung durch den Vertretenen oder, wenn der Wechselgläubiger nachweislich das Fehlen der Vollmacht kannte oder ohne grobes, an Arglist grenzendens Verschulden hätte erkennen müssen. Es genügt nicht, dass der Gläubiger bei Anwendung der nach den Umständen gebotenen Sorgfalt das Fehlen der Vertretungsmacht hätte erkennen müssen (BGE 85 II 28 ff. = Pra 1959, 293 f.). Die *Beweislast* für den Bestand der Vollmacht bzw. die Voraussetzungen der Arglisteinrede trägt der Vertreter.

IV. Weitere Tatbestände

9 Art. 998 gilt per analogiam auch für den vollmachtlosen Stellvertreter, der *nur mit dem Namen des Vertretenen* unterzeichnet (MEIER-HAYOZ/VON DER CRONE, 137; gl.A. BAUMBACH/HEFERMEHL/CASPER, Art. 8 WG N 6; HUECK/CANARIS, 59).

10 Die Bestimmung ist ebenfalls auf das Vertretungsverhältnis der Organe der **juristischen Personen** anwendbar. Dadurch, dass ein nur kollektiv zeichnungsberechtigtes Organ einen Wechsel im Namen der juristischen Person alleine unterzeichnet, wird diese wechselrechtlich *nicht* verpflichtet (BGE 99 Ia 6 E. 2b; vgl. aber Art. 722 N 10 zur allfälligen Organhaftung der juristischen Person). Der Unterzeichnende wird selbst wechselrechtlich verpflichtet und kann sich gegenüber dem Gläubiger nicht auf die Publizitätswirkung von Art. 933 Abs. 1 berufen.

11 Dagegen ist Art. 998 auf den **indirekten Stellvertreter** nicht anwendbar. Dieser haftet ohnehin selbst wechselrechtlich.

12 Die **Fälschung der Unterschrift** auf dem Wechsel wird gleich behandelt wie die vollmachtlose Stellvertretung. In analoger Anwendung von Art. 998 verpflichtet sich der Fälscher wechselrechtlich (MEIER-HAYOZ/VON DER CRONE, 138).

Art. 999

9. Haftung des Ausstellers	[1] Der Aussteller haftet für die Annahme und die Zahlung des Wechsels. [2] **Er kann die Haftung für die Annahme ausschliessen; jeder Vermerk, durch den er die Haftung für die Zahlung ausschliesst, gilt als nicht geschrieben.**
9. Responsabilité du tireur	[1] Le tireur est garant de l'acceptation et du paiement. [2] Il peut s'exonérer de la garantie de l'acceptation; toute clause par laquelle il s'exonère de la garantie du paiement est réputée non écrite.
9. Responsabilità del traente	[1] Il traente risponde dell'accettazione e del pagamento. [2] Egli può esonerarsi dalla responsabilità per l'accettazione; ogni clausola con la quale si esoneri dalla responsabilità per il pagamento si ha per non scritta.

4. Abschnitt: Der Wechsel   1–7 **Art. 999**

Literatur

Vgl. die Literaturhinweise zu den Vorbem. zu Art. 990–1099.

I. Allgemeines. Abs. 1

Art. 999 bildet die Grundlage für die *Inanspruchnahme des Ausstellers* durch den 1
Wechselinhaber. Die **Haftung des Ausstellers** setzt die wirksame *Ausstellung des
Wechsels* (Art. 991), die *Begebung* des Wechsels an den Wechselnehmer oder beim Eigenwechsel an den Indossatar sowie, sofern nicht gemäss Art. 1043 erlassen, den wirksamen *Protest* (Art. 1034 ff.) voraus (vgl. BAUMBACH/HEFERMEHL/CASPER, Art. 9 WG
N 1).

Der Aussteller ist nur **sekundärer Wechselschuldner.** Er haftet nur, wenn die Verpflichtung 2
des Bezogenen mangels Akzept nicht entsteht oder wenn der Bezogene, obwohl er akzeptiert hat, die Wechselverpflichtung nicht erfüllt. Der Aussteller haftet deshalb sowohl für die **Annahme** des Wechsels wie auch für die **Zahlung** der Wechselsumme durch den Bezogenen. Art. 999 begründet somit eine *Garantiehaftung des Ausstellers* (BAUMBACH/HEFERMEHL/CASPER, Art. 9 WG N 1).

Da die Haftung des Austellers nur durch die rechtswirksame Ausstellung eines Wechsels 3
und die willentliche Entäusserung der Wechselurkunde durch einen *Begebungsvertrag* begründet wird, kommt es auf den **Verpflichtungswillen** des Ausstellers in Bezug auf die Haftung nicht an. Die *Geltendmachung von Willensmängel* bezüglich der Haftung sowie die *Anfechtung* der Verpflichtungserklärung des Ausstellers *wegen Irrtums* gemäss Art. 23 ff. ist deshalb *ausgeschlossen* (BÜLOW, Art. 9 WG N 5).

Der Aussteller kann den Wechsel jedoch wegen **Täuschung** oder **Drohung** (Art. 28 ff.) 4
oder weil ihm nicht bewusst war, einen Wechsel auszustellen, anfechten. Der fehlende Verpflichtungswille kann allerdings nur dem *ersten Wechselnehmer*, nicht späteren gutgläubigen Erwerbern, entgegengehalten werden (BÜLOW Art. 9 WG N 5).

Die Haftung des Ausstellers besteht aber nicht nur gegenüber dem Wechselnehmer, sondern 5
gegenüber *jedem legitimierten Wechselinhaber* (Art. 1044 Abs. 1). Diese Haftung kann allerdings durch die Anbringung einer **negativen Orderklausel** auf den Wechsel *eingeschränkt* werden, und zwar dergestalt, dass der Wechsel nur noch in der Form und mit der Wirkung einer *gewöhnlichen Abtretung* weitergegeben werden kann (Art. 1001 Abs. 2).

Verweigert der Bezogene die Annahme des Wechsels ganz oder teilweise, können der 6
Wechselnehmer und spätere Wechselinhaber gegen den Aussteller und die übrigen Garantieschuldner gemäss Art. 1033 Abs. 2 Ziff. 1 schon *vor Verfall* Regress nehmen und Zahlung verlangen (vgl. Art. 1045 Abs. 2; MEIER-HAYOZ/VON DER CRONE, 147). Dasselbe gilt für den Fall, dass der Bezogene seine Zahlungen einstellt oder fruchtlos betrieben oder über ihn der Konkurs eröffnet wird (vgl. Art. 1033 Abs. 2 Ziff. 2).

II. Abs. 2

Gemäss dieser Bestimmung kann der Aussteller seine *Haftung für die Annahme* des 7
Wechsels durch den Bezogenen *ausschliessen* (sog. **Angstklausel;** GUHL/DRUEY, 919;
MEIER-HAYOZ/VON DER CRONE, 134). Mangels Annahme kann der *Protest* (Art. 1034) in diesem Fall nur noch gegen Indossanten und andere Wechselverpflichtete (Wechselbürgen und Ehrenannehmer) erhoben werden.

Art. 999 1, 2

8   Wenn aber der Aussteller gemäss Art. 1012 die *Vorlegung des Wechsels zur Annahme vorschreibt,* kann er die Haftung für die Annahme durch den Bezogenen *nicht* ausschliessen. Setzt er eine **Vorlegungsfrist** fest, so kann er die Haftung für die Zeit *nach Ablauf* der Frist ausschliessen. Hat der Aussteller die *Vorlegung* des Wechsels gestützt auf Art. 1012 Abs. 2 *verboten,* so liegt darin zugleich ein *Haftungsausschluss* für den Fall, dass der Wechsel dem Bezogenen dennoch zur Annahme vorgelegt werden sollte (BÜLOW, Art. 9 WG N 11).

9   Der Aussteller haftet aber gegenüber allen Wechselberechtigten immer für die **Zahlung** der Wechselsumme durch den Bezogenen. Im Gegensatz zur Haftung für die Annahme und anders als die Indossanten (vgl. Art. 1005 Abs. 1) kann der Aussteller die Haftung für die Zahlung *nicht* ausschliessen (MEIER-HAYOZ/VON DER CRONE, 134, 136). Sie besteht unabhängig vom Verpflichtungswillen des Ausstellers und eines allfälligen entgegengesetzten Vermerks auf der Wechselurkunde (BÜLOW, Art. 9 WG N 9).

Art. 1000

10. Blanko-wechsel	Wenn ein Wechsel, der bei der Begebung unvollständig war, den getroffenen Vereinbarungen zuwider ausgefüllt worden ist, so kann die Nichteinhaltung dieser Vereinbarungen dem Inhaber nicht entgegengesetzt werden, es sei denn, dass er den Wechsel in bösem Glauben erworben hat oder ihm beim Erwerb eine grobe Fahrlässigkeit zur Last fällt.
10. Lettre de change en blanc	Si une lettre de change, incomplète à l'émission, a été complétée contrairement aux accords intervenus, l'inobservation de ces accords ne peut pas être opposée au porteur, à moins qu'il n'ait acquis la lettre de change de mauvaise foi ou que, en l'acquérant, il n'ait commis une faute lourde.
10. Cambiale in bianco	Se una cambiale, incompleta quando fu emessa, venga completata contrariamente agli accordi interceduti, l'inosservanza di tali accordi non può essere opposta al portatore, a meno che questi abbia acquistato la cambiale in mala fede, ovvero abbia commesso colpa grave acquistandola.

Literatur

Vgl. die Literaturhinweise zu den Vorbem. zu Art. 990–1099.

I. Normzweck

1   Art. 1000 regelt zwei Dinge: einerseits wird dem Wechselaussteller die Möglichkeit geboten, *bewusst* gewisse notwendige Bestandteile wegzulassen (gemäss dem Grundsatz, dass die zwingend vorgeschriebenen Elemente erst im Zeitpunkt der Geltendmachung der wechselmässigen Ansprüche ausgefüllt sein müssen; BGE 89 II 343; SemJud 1983, 344); andererseits haftet der aus dem **Blankowechsel** Verpflichtete gegenüber jedem *gutgläubig* Berechtigten auch dann, wenn der Wechsel *abredewidrig* zu seinem Nachteil vervollständigt worden ist (Schutz des Erwerbers kraft berechtigter Erwartungen; vgl. SIEBER, 64.).

2   Der **Blankowechsel** erhöht die **Handelbarkeit** des Wechsels. Der Aussteller lässt bestimmte Wechselelemente bewusst offen und ermächtigt einen späteren Wechselinhaber, diese vereinbarungsgemäss zu vervollständigen. Nach Lehre und Rechtsprechung kann

ein Wechsel vervollständigt werden, solange die **Wechselklage** möglich ist, ja sogar noch im Laufe des Prozesses, in welchem der Inhaber seine Forderung geltend macht (BGE 91 II 110 = Pra 1964, 374).

II. Begriff und Abgrenzung

Das **Blankett** enthält die **Ermächtigung** an den Wechselnehmer, den Wechsel zu vervollständigen; der Ermächtigte kann somit mehr, als er darf, wobei keine Verpflichtung zur Vervollständigung besteht (JÄGGI/DRUEY/VON GREYERZ, 160). Die Ermächtigung ist nicht eine Vollmacht, sondern eine Delegation (SIEBER, 23); der Ermächtigte handelt *in eigenem Namen* und auf *eigene Rechnung*. Da es sich nicht um ein höchstpersönliches Recht handelt, darf die Vervollständigung auch durch andere als die Wechselnehmer vorgenommen werden (BGE 88 III 100; vgl. auch BGE 120 II 53 = Pra 1993, 829; in casu auch durch ein Organ der Zwangsvollstreckung). Eine Vervollständigung ist auch noch nach dem Tod, bei Handlungsunfähigkeit oder Konkurs des Ausstellers möglich. Das Recht zur Vervollständigung berechtigt auch dazu, den Verfalltag i.S.v. Art. 1069 zu bestimmen (BGE 120 II 53 = Pra 1993, 829). 3

Die Ausfüllungsbefugnis ist als **Nebenrecht** mit dem unvollständigen Papier verbunden und geht als Nebenrecht mit der Übertragung des Wechsels auf die nachfolgenden Wechselnehmer über. Die Ermächtigung folgt dem Papier, welches folglich pfänd- und arrestierbar ist (BGE 88 III 100; MEIER-HAYOZ/VON DER CRONE, 31; 97; GUHL/DRUEY, 912 f.). 4

Der **Begebungsvertrag** zwischen dem Aussteller und dem ersten Anweisungsempfänger bestimmt den *Umfang* der Ermächtigung. Ohne anders lautende Vereinbarung spricht die Umlauffähigkeit des **Blankowechsels** dafür, dass die Ermächtigung *unwiderruflich* abgegeben worden ist (BÜLOW, Art. 10 WG N 8). 5

Blankowechsel ist nur, was nach dem *Willen* des Unterzeichnenden dazu bestimmt ist. Somit ist alleine der Wille entscheidend, einen unvollständigen Wechsel zu begeben und einen Dritten zu ermächtigen, die Wechselurkunde vereinbarungsgemäss zu vervollständigen. Gestohlene **Blankette** oder ein leeres, blanko unterzeichnetes Blatt Papier führen nicht zu einer Anwendung von Art. 1000. 6

Die Frage, ob ein Wechsel *bewusst* oder *unbewusst* nicht vervollständigt worden ist, ist entscheidend für den Zeitpunkt, in welchem der Wechsel gültig wirksam wird. Bei **unbewusster** Unvollständigkeit wird der Wechsel mit Vervollständigung ex nunc wirksam. Diejenigen, die den Wechsel vorher gezeichnet haben, haften nicht wechselrechtlich. Bei **bewusster** Unvollständigkeit und bei Vorliegen der Ermächtiung zur Vervollständigung wird die Urkunde *ex tunc* wirksam: all diejenigen, die vor Vervollständigung gezeichnet haben, haften wechselrechtlich (BÜLOW, Art. 10 WG N 1 f.). 7

III. Haftung. Rechtsfolgen

Art. 1000 regelt nur die **Rechtsfolgen,** wenn Wechsel erworben werden, die *entgegen den getroffenen Vereinbarungen ausgefüllt worden sind*. Werden Wechsel verfälscht oder unbefugterweise vervollständigt, findet Art. 1068 Anwendung. 8

Der Aussteller und auch jeder weitere Unterzeichner tragen das Risiko für die abredewidrige Vervollständigung des Blanketts und haften für den Missbrauch. Der Grad der Unvollständigkeit ist dabei massgebend für das Risiko des Ausstellers und weiterer Unterzeichner. 9

Art. 1001

10 Nur gegenüber dem ersten Anweisungsempfänger (Remittent) kann der Aussteller einwenden, die Lücken entgegen den getroffenen Abreden ausgefüllt zu haben. Weitere Anweisungsempfänger dürfen auf die Ergänzungsermächtigung vertrauen, wenn sie einen (vervollständigten) Blankowechsel entgegengenommen haben; ihr Vertrauen auf die ermächtigungskonforme Ergänzung durch ihre Vormänner wird geschützt (Meier-Hayoz/von der Crone, 131).

11 Der Ermächtigungsmissbrauch kann einem Dritterwerber des ursprünglichen Blankowechsels nur entgegengehalten werden, wenn der Dritte die Urkunde **bösgläubig** oder **grobfahrlässig** erworben hat, d.h. wenn er wusste oder mit minimaler Sorgfalt hätte erkennen sollen, dass der Unterzeichner die Lücken abredewidrig ausgefüllt hat (BGE 99 II 331 = Pra 1974, 247).

IV. Prozessuales

12 Das Vorliegen eines Blankowechsels lässt verschiedene Vermutungen zu. Bei der Begebung einer unvollständigen Urkunde spricht die Vermutung für ein **Blankett**. Die Vermutung, dass der Wille zur Errichtung eines Wechsels beim Aussteller vorlag, spricht zugunsten des gutgläubigen Erwerbers. Falls letztlich die unvollständige Urkunde durch den Aussteller und/oder Bezogenen unterzeichnet wird, wird vermutet, dass die Ermächtigung zur Vervollständigung gegeben ist (Bülow, Art. 10 WG N 7). Der **Gegenbeweis** ist in jedem Fall zulässig.

V. Rechtsvergleichung

13 Wegen des erhöhten Haftungsrisikos für den Aussteller und weitere Unterzeichner hat Frankreich das Institut des **Blankowechsels** nicht übernommen.

II. Indossament

Art. 1001

1. Übertragbarkeit	¹ **Jeder Wechsel kann durch Indossament übertragen werden, auch wenn er nicht ausdrücklich an Ordre lautet.** ² **Hat der Aussteller in den Wechsel die Worte: «nicht an Ordre» oder einen gleichbedeutenden Vermerk aufgenommen, so kann der Wechsel nur in der Form und mit den Wirkungen einer gewöhnlichen Abtretung übertragen werden.** ³ **Das Indossament kann auch auf den Bezogenen, gleichviel ob er den Wechsel angenommen hat oder nicht, auf den Aussteller oder auf jeden anderen Wechselverpflichteten lauten. Diese Personen können den Wechsel weiter indossieren.**
1. Transmissibilité	¹ Toute lettre de change, même non expressément tirée à ordre, est transmissible par la voie de l'endossement. ² Lorsque le tireur a inséré dans la lettre de change les mots «non à ordre» ou une expression équivalente, le titre n'est transmissible que dans la forme et avec les effets d'une cession ordinaire. ³ L'endossement peut être fait même au profit du tiré, accepteur ou non, du tireur ou de tout autre obligé. Ces personnes peuvent endosser la lettre à nouveau.

4. Abschnitt: Der Wechsel   1–4 Art. 1001

1. Trasmissibilità   ¹ La cambiale ancorché non espressamente tratta all'ordine è trasferibile mediante girata.

² Se il traente abbia inserito nella cambiale le parole «non all'ordine» o un'espressione equivalente, il titolo è trasferibile solo nella forma e con gli effetti di una cessione ordinaria.

³ La girata può essere fatta anche a favore del trattario, abbia o non abbia accettato, del traente o di qualunque altro obbligato. Essi possono girare di nuovo la cambiale.

Literatur

Vgl. die Literaturhinweise zu den Vorbem. zu Art. 990–1099.

I. Normzweck. Bedeutung

Art. 1001 regelt grundsätzlich die Übertragung des Wechsels als gesetzliches **Orderpapier** mittels **Indossament** (zum Begriff vgl. Art. 967 ff.). Die Indossierung ist *abstrakt*, d.h. vom zugrunde liegenden Geschäft (Kauf, Schenkung, Auftrag) unabhängig. Mit entsprechendem Vermerk durch den Aussteller auf der Urkunde (sog. **Rektaklausel**) wird die Weiterübertragung mittels Indossament unterbunden; die Wechselurkunde wird zum **Rektapapier** umfunktioniert, welches nur in der Form und mit der Wirkung einer **Abtretung** gemäss Art. 164 ff. übertragen werden kann (vgl. Abs. 2; MEIER-HAYOZ/VON DER CRONE, 133). Durch die Rektaklausel wird die Wechselurkunde zum gewillkürten Namenpapier. Übertragen werden kann der Wechsel an jeden beliebigen Dritten, so ausdrücklich auch an den Aussteller, den Bezogenen oder jeden anderen Wechselverpflichteten (sog. **Rückindossament;** vgl. Abs. 3).   1

Das Indossament gewährleistet die **Umlauffähigkeit** des Wechsels als Wertpapier. Zur besonderen Bedeutung des Indossamentes als *Kreditbeschaffungsinstrument* beim **Inkasso- und Diskontgeschäft** mit Banken vgl. BAUMBACH/HEFERMEHL/CASPER, Art. 11 WG N 7 ff.; BÜLOW, Art. 11 WG N 13 ff.   2

II. Anwendungsbereich. Zulässigkeit

Das Indossament ist für jeden Wechsel ohne Orderverbot zulässig. Betreffend der Form vgl. Art. 1003. Neben dem Indossament als blossem Vermerk auf der Urkunde ist ein **Verfügungsvertrag** zwischen dem Übertragenden, dem **Indossant**, und dem Erwerber, dem **Indossatar**, notwendig, welcher den Eigentumserwerb des Indossatars an der Urkunde regelt. Im Verfügungsvertrag können die Rechte *eingeschränkt* übertragen werden (z.B. nur das Recht zum *Inkasso* oder das Recht zur *Diskontierung;* BÜLOW, Art. 11 N 2 f. und Art. 18 N 8). Der Verfügungsvertrag untersteht den allgemeinen Bestimmungen des OR, so z.B. auch der Anfechtung wegen Willensmangel gemäss Art. 23 ff. *Die Rechte aus dem Wechsel werden in Form der Übereignung der mit Indossament versehenen Urkunde übertragen* (BAUMBACH/HEFERMEHL/CASPER, Art. 11 WG N 1; vgl. Art. 1004). Die blosse Übertragung des Rechts ohne Übereignung der Urkunde hat die Wirkung einer Abtretung (BAUMBACH/HEFERMEHL/CASPER, Art. 11 WG N 1; **a.M.** BÜLOW, Art. 11 WG N 2).   3

Die Wechselforderung kann aber auch durch gewöhnliche Abtretung gemäss den Regeln von Art. 164 ff. übertragen werden, wobei in diesem Falle die Einreden gemäss Art. 169 zulässig sind und die Garantiefunktion gemäss Art. 1005 ausgeschlossen wird. Die umstrittene Frage, ob bei der Abtretung die Urkunde ebenfalls an den Zessionar   4 herauszugeben ist, ist in der Praxis nicht sehr relevant: Analog Art. 1029 kann der Zessionar seine Rechte aus dem Wechsel nur gegen Aushändigung der Urkunde geltend machen (BAUMBACH/HEFERMEHL/CASPER, Art. 11 WG N 5). Der Zessionar ist daher gut beraten, die Herausgabe der Urkunde zu verlangen, da sonst der Zedent die Möglichkeit hätte, die im Wechsel verbriefte Forderung ein zweites Mal abzutreten.

4a Spätere Wechselinhaber können für den von ihnen vorzunehmenden einzelnen Übertragungsvorgang anstelle der Indossierung die Zession wählen. Dadurch wird zwar die Indossamentenkette unterbrochen, der Wechsel aber nicht zum Namenpapier (MEIER-HAYOZ/VON DER CRONE, 133).

III. Wirkungen

1. Übertragungsfunktion

5 Sämtliche Rechte aus dem Wechsel werden auf den Indossatar übertragen, welcher an die Stelle des bisherigen Gläubigers tritt (vgl. Art. 1004). *Nebenrechte* können gemäss Art. 170 Abs. 1 und Art. 969 ebenfalls übergehen (GUHL/KUMMER/DRUEY, 836). Von der *gewöhnlichen Abtretung* unterscheidet sich diese Rechtsnachfolge insofern, als Einreden gegenüber dem Indossatar nur im Rahmen von Art. 1007 zulässig sind. Da der Indossant ebenfalls mithaftet, wird die Stellung des Indossatars als neuer Gläubiger zudem verstärkt (GUHL/DRUEY, 920; BAUMBACH/HEFERMEHL/CASPER, Art. 11 WG N 2).

2. Garantiefunktion

6 Der Indossant haftet gegenüber seinen *Nachmännern* für die Einlösung des Wechsels. Beim gezogenen Wechsel für Annahme und Zahlung, beim Eigenwechsel nur für die Zahlung (vgl. Art. 1005). Ein Handlungsunfähiger kann zwar rechtsgültig indossieren, jedoch nicht als *Garant* haftbar gemacht werden (GUHL/DRUEY, 920; MEIER-HAYOZ/VON DER CRONE, 139).

3. Legitimationsfunktion

7 Nur wer durch eine ununterbrochene *Indossamentenkette* als rechtmässiger Wechselinhaber ausgewiesen ist, kann bei rechtzeitigem **Protest** (Art. 1034) auf den Aussteller, Indossanten und allfällige **Wechselbürgen** Regress nehmen (vgl. Art. 1006).

IV. Rektaklausel

8 Als Grundsatz gilt, dass jeder Wechsel mittels Indossament übertragen werden kann; auch die Erben eines Indossatars können gemäss dem Grundsatz der Universalsukzession indossieren. Gemäss Art. 1001 Abs. 2 kann der Aussteller die Weiterübertragung mittels Indossament ausschliessen. Üblicherweise geschieht dies mit dem Vermerk »**nicht an Order**«, welcher auf der Vorderseite (auf der Rückseite angebracht, wäre er als Rektaindossament gemäss Art. 1005 Abs. 2, vgl. auch N 9, zu qualifizieren), nicht aber im Wechseltext selbst, angebracht werden muss. Klauseln wie «*Indossierung verboten*» oder «*zahlbar an Herrn Müller*» sind ebenfalls zulässig und entfalten die gleiche Wirkung. Blosses Streichen der Orderklausel im Wechselvordruck genügt nicht, weil der Wechsel auch ohne Orderklausel ein Orderpapier ist (BAUMBACH/HEFERMEHL/CASPER, Art. 11 WG N 4).

Die vom Aussteller angebrachte **Rektaklausel** ist in ihrer Wirkung vom **Rektaindossament** (Art. 1005 Abs. 2) zu unterscheiden. Hier wird nicht die Weiterübertragung mittels Indossament eingeschränkt, sondern die Garantiefunktion des Wechsels. Der Indossant haftet nur gegenüber seinem Indossatar und nicht auch gegenüber dessen Nachmännern. An der Natur des Wechsels als Orderpapier ändert sich nichts (GUHL/DRUEY, 920; MEIER-HAYOZ/VON DER CRONE, 133; BÜLOW, Art. 11 WG N 4). 9

V. Rechtsfolgen

Die vom Aussteller vermerkte Rektaklausel verunmöglicht die Indossierung eines Wechsels. Das trotzdem geschriebene Indossament ist *nichtig*. Die deutsche Lehre lässt aber ein Umdeutung in eine Abtretung gemäss § 140 BGB zu (BÜLOW, Art. 11 WG N 4). 10

Das Indossament setzt das Recht des Indossanten aus dem Wechsel voraus. Fehlt diese Berechtigung, kann der Indossant mittels Indossament auch keine Rechte übertragen. Seine Unterschrift kann insb. auch nicht die Garantiefunktion eines gültigen Indossaments aufweisen (BGE 90 II 121). 11

Art. 1002

2. Erfordernisse	¹ **Das Indossament muss unbedingt sein. Bedingungen, von denen es abhängig gemacht wird, gelten als nicht geschrieben.** ² **Ein Teilindossament ist nichtig.** ³ **Ein Indossament an den Inhaber gilt als Blankoindossament.**
2. Eléments	¹ L'endossement doit être pur et simple. Toute condition à laquelle il est subordonné est réputée non écrite. ² L'endossement partiel est nul. ³ L'endossement au porteur vaut comme endossement en blanc.
2. Requisiti	¹ La girata deve essere incondizionata. Qualsiasi condizione alla quale sia subordinata si ha per non scritta. ² La girata parziale è nulla. ³ La girata al portatore vale come girata in bianco.

Literatur

Vgl. die Literaturhinweise zu den Vorbem. zu Art. 990–1099.

I. Allgemeines. Normgehalt

Obwohl die Marginalie zum Art. 1002 von *«Erfordernissen»* (an das Indossament) spricht, behandelt diese Bestimmung drei verschiedene *Arten* des Indossaments, nämlich das **bedingte Indossament,** das **Teilindossament** und das **Inhaberindossament** und deren Zulässigkeit im Rechtsverkehr. 1

II. Arten des Indossaments

1. Das bedingte Indossament (Abs. 1)

2 Das Indossament kann nicht mit Bedingungen verknüpft werden. Die Bedingungsfeindlichkeit betrifft aber nur das *Aussenverhältnis*, sodass **Valuta**- oder **Avisklauseln** mit dem Indossament verbunden werden können (BÜLOW, Art. 12 WG N 1).

2. Teilindossament

3 Es würde das Gebot der **Verkehrsfähigkeit** des Wechsels verletzen, wenn die Wechselforderung auf verschiedene Indossatare übertragen werden könnte, ohne dass jeder Indossatar für die ganze Wechselsumme haften würde. Der Besitz der Wechselurkunde als Voraussetzung für die Geltendmachung der Wechselrechte ist nicht teilbar.

Nicht als **Teilindossament** gilt die Indossierung an mehrere Indossatare, wenn jeder von diesen als *Gesamtgläubiger* für die gesamte Wechselsumme haftet. Als Teilindossament gilt dagegen die Aufteilung der Wechselsumme auf mehrere Teilschuldner. Ein Teil der deutschen Lehre vertritt die Auffassung, dass einer solchen Teilabtretung der Wechselrechte nichts entgegen steht (BÜLOW, Art. 12 WG N 2; **a.M.** BAUMBACH/HEFERMEHL/CASPER, Art. 12 WG N 2).

3. Inhaberindossament

4 Ein Wechsel darf nicht auf den Inhaber ausgestellt werden (Art. 991 N 18). Ein Indossament auf den Inhaber dagegen ist zulässig und gilt als **Blankoindossament** (Art. 1003 N 5 ff.). Der Wechsel selbst wird dadurch nicht zum Inhaberwechsel (BÜLOW, Art. 12 WG N 4; Art. 13 WG N 3; BAUMBACH/HEFERMEHL/CASPER, Art. 12 WG N 3).

III. Rechtsfolgen

5 Beim **bedingten Indossament** wird nur die *Bedingung*, nicht aber das Indossament selbst unwirksam. Die Bedingung ist nichtig und gilt als nicht geschrieben. Dagegen ist die **bedingte Annahme** als solche nichtig (Art. 1015). Ein **Teilindossament** ist *nichtig* und führt nicht zur Übertragung der Wechselrechte.

Art. 1003

3. Form

¹ Das Indossament muss auf den Wechsel oder auf ein mit dem Wechsel verbundenes Blatt (Anhang, Allonge) gesetzt werden. Es muss von dem Indossanten unterschrieben werden.

² Das Indossament braucht den Indossatar nicht zu bezeichnen und kann selbst in der blossen Unterschrift des Indossanten bestehen (Blankoindossament). In diesem letzteren Falle muss das Indossament, um gültig zu sein, auf die Rückseite des Wechsels oder auf den Anhang gesetzt werden.

3. Formes

¹ L'endossement doit être inscrit sur la lettre de change ou sur une feuille qui y est attachée (allonge). Il doit être signé par l'endosseur.

² L'endossement peut ne pas désigner le bénéficiaire ou consister simplement dans la signature de l'endosseur (endossement en blanc). Dans ce der-

nier cas, l'endossement, pour être valable, doit être inscrit au dos de la lettre de change ou sur l'allonge.

3. Forma

¹ La girata deve essere scritta sulla cambiale o su un foglio ad essa attaccato (allungamento). Dev'essere sottoscritta dal girante.

² La girata è valida ancorché il beneficiario non sia indicato o il girante abbia apposto soltanto la firma (girata in bianco). In questo caso la girata per essere valida deve essere scritta a tergo della cambiale o ull'allungamento.

Literatur

Vgl. die Literaturhinweise zu den Vorbem. zu Art. 990–1099.

I. Form und Inhalt

Das **Indossament** muss, um gültig zu sein, *schriftlich* erfolgen. Die Unterschrift des Indossanten muss *eigenhändig*, aber nicht vollständig oder leserlich sein. Das Indossament selbst, d.h. der Übertragungstext, kann *gestempelt* oder *maschinell* geschrieben werden (BAUMBACH/HEFERMEHL/CASPER, Art. 13 WG N 1; BÜLOW, Art. 13 WG N 8). 1

Der **Text des Indossaments** ist nicht vorgeschrieben. Es muss aber der *klare Übertragungswille* zum Ausdruck kommen, z.B. «Für mich an die Order von X» oder «An Herrn Y». Dies ist v.a. bei einem (unüblicherweise) auf der Vorderseite des Wechsels stehenden Indossament wichtig, da ein Blankoindossament dort nicht von der Wechselbürgschaft (Art. 1021 Abs. 3) unterschieden werden bzw. auch als Akzept ausgelegt werden könnte (BAUMBACH/HEFERMEHL/CASPER, Art. 13 WG N 1; BÜLOW, Art. 13 WG N 9). Das *Datum* des Indossaments ist nicht nötig und auch nicht üblich. Ebenso entbehrlich ist die *Adresse des Indossanten* (vgl. dazu aber Art. 1042 Abs. 3). 2

II. Voll- bzw. Namensindossament

Beim **Voll- bzw. Namensindossament** muss der *Name* bzw. die *Firma des Indossatars* stehen. Der Indossatar muss *wechselfähig* und eindeutig *bezeichnet* sein (BAUMBACH/ HEFERMEHL/CASPER, Art. 13 WG N 1; differenzierter BÜLOW, Art. 13 WG N 2). Unerheblich ist aber, ob dieser tatsächlich *existiert*. Existiert er nicht, kann allerdings zwischen dem Indossanten und dem fiktiven Indossatar kein Begebungsvertrag zustandekommen und es werden demzufolge auch die Wechselrechte nicht übertragen (BAUMBACH/HEFERMEHL/CASPER, Art. 13 WG N 1; BÜLOW, Art. 13 WG N 2). 3

Das Indossament muss auf dem Wechsel selbst oder auf einem mit diesem verbundenen Blatt (sog. **Anhang** bzw. **Allonge**) stehen. Es darf nicht in einer besonderen Urkunde enthalten sein, es sei denn, es handle sich dabei um eine **Wechselabschrift** gemäss Art. 1066 Abs. 3 (BAUMBACH/HEFERMEHL/CASPER, Art. 13 WG N 1; BÜLOW, Art. 13 WG N 9; vgl. zur Frage der analogen Anwendung von Art. 1003 im Checkrecht BGE 102 II 273 E. 1b). 4

Bei der fiduziarischen Sicherungsübereignung handelt es sich um einen Spezialfall des Vollindossaments. Für unbeteiligte Dritte ist eine fiduziarische Übertragung insoweit unerheblich, als dass sie als eine Übertragung mit unbeschränkter Wirkung zu betrachten ist. Massgebend für die Einredeordnung bzw. die wechselrechtliche Einredebeschränkung ist hingegen, in welchem Interesse der Fiduziar die Wechselforderung geltend macht (MEIER-HAYOZ/VON DER CRONE, 156). 4a

III. Blankoindossament

5 Bezeichnet das Indossament den Indossatar nicht, so handelt es sich um ein **Blankoindossament** (Art. 1003 Abs. 2). Dieses besteht entweder aus einer *nicht vollständig ausgefüllten Skriptur* (z.B. «Für mich an die Order …») oder aus der blossen *Unterschrift des Indossanten.* Im letzteren Fall muss das Blankoindossament auf die *Rückseite* des Wechsels oder auf einen *Anhang* gesetzt werden. Steht die Unterschrift auf der Vorderseite, so handelt es sich, wenn es nicht die Unterschrift des Ausstellers ist, um ein *Akzept* (Art. 1015 Abs. 1) oder eine *Bürgschaftserklärung* für den Aussteller (Art. 1021 Abs. 3; BAUMBACH/HEFERMEHL/CASPER, Art. 13 WG N 2; BÜLOW, Art. 13 WG N 9). Ein Blankoindossament kann aber auf der *Vorderseite* des Wechsels angebracht werden, wenn neben der Unterschrift ein *Zusatz* klar zum Ausdruck bringt, dass es sich um ein Blankoindossament handelt (BAUMBACH/HEFERMEHL/CASPER, Art. 13 WG N 2; BÜLOW, Art. 13 WG N 10).

6 Ein Vollindossament kann durch **Streichung** der Skriptur oder des Namens des Indossatars nachträglich in ein Blankoindossament *umgewandelt* werden. Dies ist vor Abschluss des Begebungsvertrages oder danach, wenn der Indossant und der Indossatar dies einverständlich beschliessen, unproblematisch. Wird das Vollindossament aber durch einen *späteren Erwerber* durch Streichung verändert, *verfälscht* er den Wechsel i.S.v. Art. 1068 (BAUMBACH/HEFERMEHL/CASPER, Art. 13 WG N 2; BÜLOW, Art. 13 WG N 6).

7 Das Blankoindossament ist voll wirksam und hat **Traditions-, Garantie- und Legitimationsfunktion** (Art. 1006 Abs. 1 Satz 1) (BÜLOW, Art. 13 WG N 3). Durch die Blankoskriptur und den Begebungsvertrag gehen alle Wechselrechte auf den Erwerber über, auch wenn dieser nicht namentlich bezeichnet wird. Der Blankoindossatar kann die Wechselrechte nach Massgabe von Art. 1004 Abs. 2 *weiterindossieren* bzw. durch blossen Begebungsvertrag *weitergeben*. Im letzteren Fall erscheint der Indossatar nicht auf dem Wechsel und kann Wechselrechte erwerben und weiterübertragen, *ohne der Garantiehaftung* ausgesetzt zu sein und ohne seine Identität preiszugeben (BÜLOW, Art. 13 WG N 3; SIEBER, 41). Da der jeweilige Inhaber des Wechsels als legitimiert gilt, erhält der blankoindossierte Wechsel die Bedeutung eines *Inhaberpapiers,* was seine Umlauffähigkeit erhöht (BAUMBACH/HEFERMEHL/CASPER, Art. 13 WG N 2).

8 Auch das Blankoindossament erfordert einen **Begebungsvertrag** zur Übertragung der Wechselrechte. Hat ein Vertreter ohne Vertretungsmacht den Wechsel blankoindossiert, wird die Indossierung erst mit der *Genehmigung* des Vertretenen rechtswirksam (BAUMBACH/HEFERMEHL/CASPER, Art. 13 WG N 3).

Art. 1004

4. Wirkungen a. Übertragungsfunktion

¹ **Das Indossament überträgt alle Rechte aus dem Wechsel.**

² **Ist es ein Blankoindossament, so kann der Inhaber**

1. das Indossament mit seinem Namen oder mit dem Namen eines anderen ausfüllen;

2. den Wechsel durch ein Blankoindossament oder an eine bestimmte Person weiter indossieren;

3. den Wechsel weiter begeben, ohne das Blankoindossament auszufüllen und ohne ihn zu indossieren.

4. Effets a. Transfert	¹ L'endossement transmet tous les droits résultant de la lettre de change. ² Si l'endossement est en blanc, le porteur peut: 1. remplir le blanc, soit de son nom, soit du nom d'une autre personne; 2. endosser la lettre de nouveau en blanc ou à une autre personne; 3. remettre la lettre à un tiers, sans remplir le blanc et sans l'endosser.
4. Effetti a. Funzione di trasferimento	¹ La girata trasferisce tutti i diritti inerenti alla cambiale. ² Se la girata è in bianco, il portatore può: 1. riempirla col proprio nome o con quello di altra persona; 2. girare la cambiale di nuovo in bianco o a persona determinata; 3. trasmettere la cambiale a un terzo, senza riempire la girata in bianco e senza girarla.

Literatur

Vgl. die Literaturhinweise zu den Vorbem. zu Art. 990–1099.

I. Allgemeines. Normgehalt

Das Indossament hat eine **Transport- bzw. Übertragungs-**, eine **Garantie-** bzw. **Haftungs-** und eine **Legitimations- bzw. Ausweiswirkung:** Mit dem Übertragungsvermerk werden a) alle Rechte aus dem Wechsel auf den Indossatar übertragen (Art. 1004 Abs. 1), wird b) eine Haftung des Indossanten für Annahme und Zahlung begründet (Art. 1005) und wird c) die Legitimation des Wechselinhabers begründet (Art. 1006). Art. 1004 betrifft nur das **Indossament zu Eigentum** (vgl. zum Vollmachtsindossament Art. 1008, zum Pfandindossament Art. 1009 und zum Nachindossament Art. 1010). 1

Das Indossament bewirkt für sich alleine noch *keine* Übertragung der Rechte aus dem Wechsel auf den Indossatar. Dazu bedarf es über den Wortlaut von Art. 1004 Abs. 1 hinaus noch des **Begebungsvertrags,** d.h. der Einigung der Parteien über den Eigentumsübergang und der Übergabe der Wechselurkunde an den neuen Berechtigten entsprechend den allgemeinen Grundsätzen des Wertpapierrechts (Art. 967; JÄGGI/DRUEY/VON GREYERZ, 176; BAUMBACH/HEFERMEHL/CASPER, Art. 14 WG N 2; BÜLOW, Art. 14 WG N 2). 2

II. Rechtsfolgen

Durch das Indossament erwirbt der Indossatar die **wechselrechtlichen Ansprüche** gegen *alle* Wechselschuldner, d.h. die *primären Wechselansprüche* gegen den *Akzeptanten* und die *sekundären Ansprüche* gegen alle *Vorindossanten* einschliesslich des Ausstellers und gegen die Wechselbürgen (BÜLOW, Art. 14 WG N 3). Der Indossatar erhält *sämtliche Rechte* aus dem Wechsel, d.h. sowohl die *Forderungsrechte* aus dem Wechsel wie auch das *Recht zur Weiterübertragung* des Wechsels (GUHL/DRUEY, 919 f.; MEIER-HAYOZ/VON DER CRONE, 161). Weitere Rechte, die *nicht im Wechsel verurkundet* sind, wie z.B. Ansprüche aus dem Grundgeschäft oder die zur Sicherung der Forderungen aus dem Grundverhältnis bestehenden Nebenrechte (Pfandrechte usw.), sind aber *nicht* Gegenstand der Rechtsübertragung auf den Indossatar und gehen nicht mit der Indossierung über (BAUMBACH/HEFERMEHL/CASPER, Art. 14 WG N 3; BÜLOW, Art. 14 WG N 3). Solche Nebenrechte können aber gestützt auf Art. 170 Abs. 1 auf den Indossatar übertragen werden (GUHL/KUMMER/DRUEY, 836). 3

4   Durch das Indossament erlangt der Indossatar die Rechtstellung eines *ursprünglichen Gläubigers* aus dem Wechsel. Allerdings kann im Gegensatz zur gewöhnlichen Abtretung (Art. 169) der vom Indossatar in Anspruch genommene Wechselschuldner **keine Einwendungen** entgegenhalten, die sich auf seine unmittelbaren Beziehungen zum Aussteller oder zu einem früheren Inhaber gründen, es sei denn, der Inhaber habe beim Erwerb des Wechsels *bewusst zum Nachteil des Schuldners* gehandelt (Art. 1007; BAUMBACH/HEFERMEHL/CASPER, Art. 14 WG N 2).

III. Blankoindossament (Abs. 2)

5   Abs. 2 regelt die **Weiterübertragung eines Blankoindossaments.** Der **Blankoindossatar** kann mithin den Wechsel durch Blanko- oder Vollindossament *weiterindossieren,* oder den Wechsel *blanko begeben:*

Der Blankoindossatar kann das Blankoindossament durch *Ausfüllen* mit seinem Namen oder demjenigen eines Dritten zu einem **Vollindossament** (bzw. Namensindossament) machen (Ziff. 1). Da er in letzterem Fall nicht selbst auf dem Wechsel erscheint, wird er nicht *Wechselschuldner* und haftet mithin nicht für die Annahme und die Zahlung (Art. 1005). Der Blankoindossatar kann nur das ihn legitimierende Blankoindossament vervollständigen. Das Ausfüllen früherer Blankoindossamente wäre eine Verfälschung. *Andere Ergänzungen* (z.B. durch Anbringung des Zusatzes «ohne Kosten») sind *unzulässig,* da sie die Rechtsstellung des Indossanten verschlechtern (BÜLOW, Art. 14 WG N 7). Das Recht des Blankoindossatars zur Vervollständigung des Blankoindossaments wird durch den *Tod* oder *Konkurs des Indossanten* nicht berührt (BAUMBACH/HEFERMEHL/CASPER, Art. 14 WG N 5).

6   Der Blankoindossatar kann den durch Blankoindossament erworbenen Wechsel durch **Blanko-** oder **Vollindossament** *weiterindossieren* (Ziff. 2). In diesem Fall *haftet* der Blankoindossatar als *sekundärer Wechselschuldner,* weil nun sein Name auf der Urkunde erscheint. Bei der Übertragung durch Vollindossament wird neben dem Blankoindossatar auch sein Indossatar zum sekundären Wechselschuldner (BÜLOW, Art. 14 WG N 9).

7   Schliesslich kann der Blankoindossatar die Rechte aus dem Wechsel auch *ohne Indossament* durch **Blankobegebung** *weiterübertragen* (Ziff. 3). Die Begebung durch *Übereignung der Wechselurkunde* genügt. Es handelt sich dabei um einen wechselrechtlichen Übertragungsakt auf der Grundlage des vorhandenen Blankoindossaments, welcher auch alle Rechte aus dem Wechsel überträgt (BAUMBACH/HEFERMEHL/CASPER, Art. 14 WG N 5). Der Blankogeber wird *nicht zum Wechselschuldner,* da sein Name nicht auf der Wechselurkunde vermerkt wird.

Art. 1005

b. Garantiefunktion	[1] Der Indossant haftet mangels eines entgegenstehenden Vermerks für die Annahme und die Zahlung. [2] Er kann untersagen, dass der Wechsel weiter indossiert wird; in diesem Falle haftet er denen nicht, an die der Wechsel weiter indossiert wird.
b. Garanties	[1] L'endosseur est, sauf clause contraire, garant de l'acceptation et du paiement.

4. Abschnitt: Der Wechsel 1–3 Art. 1005

² Il peut interdire un nouvel endossement; dans ce cas, il n'est pas tenu à la garantie envers les personnes auxquelles la lettre est ultérieurement endossée.

b. Funzione di garanzia

¹ Il girante, se non vi sia clausola contraria, risponde dell'accettazione e del pagamento.

² Egli può vietare una nuova girata; in questo caso non è responsabile verso coloro ai quali la cambiale sia stata ulteriormente girata.

Literatur

Vgl. die Literaturhinweise zu den Vorbem. zu Art. 990–1099.

I. Allgemeines. Normgehalt

Im Grunde genommen zieht der Indossant durch das **Indossament** einen *neuen* Wechsel auf den Bezogenen. Seine *Haftung* gleicht derjenigen des Ausstellers. Mangels eines entgegenstehenden Vermerks haftet deshalb der Indossant jedem künftigen rechtmässigen Wechselinhaber für die **Annahme** und die **Zahlung,** d.h. für den Fall, dass der Bezogene nicht akzeptiert, oder dass der Bezogene oder Akzeptant den Wechselbetrag nicht bezahlt (Art. 1005 Abs. 1; BGE 90 II 125 E. 3; GUHL/DRUEY, 920; MEIER-HAYOZ/VON DER CRONE, 167 f.). Der Indossant haftet aber nur als *sekundärer Wechselschuldner* bzw. als Rückgriffsschuldner. Er haftet grundsätzlich gegenüber *sämtlichen* Nachberechtigten (ausser im Falle von Art. 1005 Abs. 2). Die Haftung besteht gegenüber dem *materiell berechtigten Wechselinhaber,* wobei die materielle Berechtigung aufgrund *formeller* Legitimation vermutet wird (Art. 1006 Abs. 1). Nur der *Blankoindossatar,* der seinerseits den Wechsel durch *Blankobegebung* weitergibt, haftet nicht (Art. 1004 N 5). 1

II. Rechtsfolgen. Garantiewirkung

Die **Haftung** des Indossanten tritt mit der wirksamen *Übertragung der Rechte* aus dem Wechsel auf den Indossatar ein. Die Übertragung ist wirksam, wenn der Indossant Inhaber der Wechselrechte ist und der Indossatar den Willen hat, diese zu erwerben. Grundsätzlich haftet somit der Indossant, welcher sowohl *formell* wie auch *sachlich berechtigt* ist, den Wechsel zu indossieren (zur Indossierungsbefugnis vgl. Art. 1001 N 3). Indessen entfaltet auch das Indossament eines *sachlich,* jedoch *nicht formell* berechtigten Indossanten Haftungswirkung (so beim Indossanten, welcher den Wechsel durch Erbgang oder Abtretung erworben hat und anschliessend weiterindossiert). Doch auch der zwar durch eine ununterbrochene Indossamentenkette *formell* ausgewiesene, aber *nicht sachlich* berechtigte Wechselinhaber kann gemäss Art. 1006 Abs. 2 dem gutgläubigen Erwerber durch Übertragung des Wechsels die Wechselrechte verschaffen und haftet ihm somit für Annahme und Zahlung (BAUMBACH/HEFERMEHL/CASPER, Art. 15 WG N 4; BÜLOW, Art. 15 WG N 2 f.). 2

Keine Haftungswirkung löst hingegen die Unterschrift des *weder formell noch sachlich* Legitimierten auf der Rückseite des Wechsels aus. Wer aus dem Wechsel nicht berechtigt ist bzw. nicht zu fordern hat, d.h. nicht Inhaber der Wechselrechte ist und sich auch nicht durch eine ununterbrochene Reihe von Indossamenten legitimieren kann, den Wechsel aber trotzdem indossiert, überträgt durch seine Unterschrift keine Rechte und übernimmt keine Haftung für Annahme und Zahlung (BGE 90 II 125 ff. E. 3). Ein gutgläubiger Erwerb des Dritten gemäss Art. 1006 Abs. 2 scheitert an der *formellen* Legiti- 3 mation des Indossanten (BÜLOW, Art. 15 WG N 3, 6; **a.M.** BAUMBACH/HEFERMEHL/ CASPER, Art. 15 WG N 4).

4 Umstritten, aber vom BGer grundsätzlich abgelehnt, ist die Auffassung, wonach sich ein weder *formell* noch *sachlich* zur Indossierung Berechtigter kraft seines rechtsgeschäftlichen Willens ausserhalb der Indossamentenreihe als Indossant verpflichten könne. Eine solche Unterschrift auf der Rückseite des Wechsels wird als Indossament mit blosser Garantiefunktion (sog. **Garantieindossament**) qualifiziert und dient dazu, die *Bonität* des Wechsels zu erhöhen. Das Indossament hat in diesem Fall *nur Haftungs-, jedoch keine Übertragungswirkung* und erfüllt ähnliche Zwecke wie die Wechselbürgschaft (BAUMBACH/HEFERMEHL/CASPER, Art. 15 WG N 5). Das BGer lehnt aber diese Abspaltung der Garantiefunktion des Indossaments von seiner Übertragungsfunktion ab (BGE 90 II 125 ff. E. 3; JÄGGI/DRUEY/VON GREYERZ, 182 FN 16; MEIER-HAYOZ/VON DER CRONE, 168).

5 Unerheblich ist, ob der Indossant *Haftungswillen* hatte (BÜLOW, Art. 15 WG N 2; BAUMBACH/HEFERMEHL/CASPER, Art. 15 WG N 2). Die Haftung des Indossanten setzt dagegen seine **Wechselfähigkeit** voraus. Auch kann es sich nur um ein Indossament zu Eigentum handeln. Allerdings schliessen verdeckte Vollmachtindossamente zwar eine Haftung aufgrund des Treuhandverhältnisses gegenüber dem Indossatar aus, nicht aber gegenüber späteren Erwerbern (BAUMBACH/HEFERMEHL/CASPER, Art. 15 WG N 2).

6 Die Garantiewirkung des Indossaments verpflichtet den Indossanten, den Wechsel *einzulösen*, wenn der primäre Wechselschuldner ihn nicht bezahlt und Protest nach Massgabe von Art. 1033 ff. erhoben wurde. Der einlösende Indossant ist alsdann gegenüber seinen Vormännern und dem Akzeptanten rückgriffsberechtigt (Art. 1046).

III. Einschränkung und Wegbedingung der Garantiewirkung

7 Der Indossant kann entsprechend Art. 1005 Abs. 1 die Garantiewirkung durch einen Vermerk auf dem Wechsel ganz oder teilweise *wegbedingen* (z.B. «ohne Obligo», «ohne Gewähr», «Haftung nur auf Fr. 500.–» usw.). Durch die sog. **Angstklausel** kann sowohl die Haftung für *Annahme* wie auch für *Zahlung* oder für beide *ausgeschlossen* werden. Der Vermerk muss nicht beim Indossament stehen, muss aber durch die *Unterschrift des Indossanten* gedeckt sein. Mangels anderweitiger Erklärung gilt der Haftungsausschluss *sowohl für die Annahme wie auch für die Zahlung* (BAUMBACH/HEFERMEHL/CASPER, Art. 15 WG N 7).

8 Durch die Anbringung eines der Rektaklausel *entsprechenden* **Verbots** (z.B. «nicht an Order», «Indossierung verboten» usw.), den Wechsel weiter zu indossieren, kann der Indossant die Garantiewirkung des Indossaments ebenfalls *einschränken* (Art. 1005 Abs. 2). Der Vermerk muss nicht im Indossament stehen, muss aber durch die *Unterschrift des Indossanten* gedeckt sein (BAUMBACH/HEFERMEHL/CASPER, Art. 15 WG N 8; BÜLOW, Art. 15 WG N 15). Dadurch wird nicht die weitere Übertragung durch Indossament, wohl aber die *Haftung* des betreffenden Indossanten gegenüber den Nachmännern des Indossatars *ausgeschlossen* (GUHL/KUMMER/DRUEY, 837; MEIER-HAYOZ/ VON DER CRONE, 133; BAUMBACH/HEFERMEHL/CASPER, Art. 15 WG N 8; BÜLOW, Art. 15 WG N 14).

Art. 1006

c. Legitimation des Inhabers

¹ Wer den Wechsel in Händen hat, gilt als rechtmässiger Inhaber, sofern er sein Recht durch eine ununterbrochene Reihe von Indossamenten nachweist, und zwar auch dann, wenn das letzte ein Blankoindossament ist. Ausgestrichene Indossamente gelten hiebei als nicht geschrieben. Folgt auf ein Blankoindossament ein weiteres Indossament, so wird angenommen, dass der Aussteller dieses Indossaments den Wechsel durch das Blankoindossament erworben hat.

² Ist der Wechsel einem früheren Inhaber irgendwie abhanden gekommen, so ist der neue Inhaber, der sein Recht nach den Vorschriften des vorstehenden Absatzes nachweist, zur Herausgabe des Wechsels nur verpflichtet, wenn er ihn in bösem Glauben erworben hat oder ihm beim Erwerb eine grobe Fahrlässigkeit zur Last fällt.

c. Légitimation du porteur

¹ Le détenteur d'une lettre de change est considéré comme porteur légitime, s'il justifie de son droit par une suite ininterrompue d'endossements, même si le dernier endossement est en blanc. Les endossements biffés sont à cet égard réputés non écrits. Quand un endossement en blanc est suivi d'un autre endossement, le signataire de celui-ci est réputé avoir acquis la lettre par l'endossement en blanc.

² Si une personne a été dépossédée d'une lettre de change par quelque événement que ce soit, le porteur, justifiant de son droit de la manière indiquée à l'alinéa précédent, n'est tenu de se dessaisir de la lettre que s'il l'a acquise de mauvaise foi ou si, en l'acquérant, il a commis une faute lourde.

c. Legittimazione del portatore

¹ Il detentore della cambiale è considerato portatore legittimo se giustifica il suo diritto con una serie continua di girate, anche se l'ultima è in bianco. Le girate cancellate si hanno, a questo effetto, per non scritte. Se una girata in bianco è seguita da un'altra girata, si reputa che il sottoscrittore di quest'ultima abbia acquistato la cambiale per effetto della girata in bianco.

² Se una persona ha perduto per qualsiasi ragione il possesso di una cambiale, il nuovo portatore che giustifichi il suo diritto nella maniera indicata nel precedente capoverso, non è tenuto a consegnarla se non quando l'abbia acquistata in mala fede ovvero abbia commesso colpa grave acquistandola.

Literatur

Vgl. die Literaturhinweise zu den Vorbem. zu Art. 990–1099.

I. Allgemeines. Normgehalt

Die Bestimmung enthält in Abs. 1 eine (widerlegbare) gesetzliche Vermutung für die Legitimation am Wechsel. Die daraus resultierende **formelle Legitimation** ist nicht gleich bedeutend mit der **sachlichen Legitimation,** welche grundsätzlich nur beim rechtmässigen Inhaber und Eigentümer liegt. Letzterer ist möglicherweise nicht formell ausgewiesen, wie z.B. der Erbe des formell Ausgewiesenen oder ein Zessionar. Wer allerdings den Wechsel besitzt (evtl. sogar als Besitzdiener) und sich ausweisen kann, profitiert vom (widerlegbaren) Rechtsschein der *materiellen* Berechtigung. Ob der Besitzer rechtmässig besitzt oder nicht (Finder, Dieb bei Blankoindossamment; vgl. BÜLOW, Art. 16 WG N 4) spielt dabei keine Rolle (MEIER-HAYOZ/VON DER CRONE,

1

162 f.). Die ununterbrochene Reihe von Indossamenten hat folgendermassen auszusehen: 1. Nehmer (bzw. beim Wechsel an eigene Order: Aussteller) an 2. Nehmer oder x-Beliebigen (beim Blankowechsel), 2. Nehmer an 3. Nehmer usw. bis zum aktuellen Besitzer.

2 In Abs. 2 wird der aus den formellen Kriterien abgeleitete **Rechtsschein** der Legitimation für den Fall, dass der Wechsel dem materiell Berechtigten abhanden gekommen ist (Diebstahl, Verlust, mit einem [Willens-]Mangel behaftete Übertragung; gemäss SIEBER, 62, jede Weggabe oder Wegnahme ohne wirksamen Begebungsvertrag), für den *Bösgläubigen* bzw. *Grobfahrlässigen* relativiert (vgl. Anwendungsfall in BGE 99 Ia 7 f.). Mehr ergibt sich aus dieser Bestimmung nicht. Insbesondere sagt sie nicht abschliessend, wer aus dem Wechsel berechtigt ist. Das kann ausnahmsweise nämlich auch jemand sein, für den die obgenannten formellen Kriterien nicht zutreffen (z.B. Erben, andere Gesamtrechtsnachfolger). Grobfahrlässig erwirbt wohl derjenige, welcher die *Identität des Wechselinhabers* nicht überprüft (BÜLOW, Art. 16 WG N 9).

II. Normzweck

3 Zweck dieser Norm ist die **Sicherstellung der Umlauffähigkeit** des Wechsels. Es soll dank unzweideutigen, formellen Kriterien eine klare Rechtslage geschaffen und vermieden werden, dass der Inhaber eines Wechsels, der sein Recht durch eine ununterbrochene Reihe von Indossamenten nachweist, zur Ausübung der Rechte aus dem Wechsel noch weitere Vorkehrungen zu treffen hat. Um der Umlauffähigkeit willen nimmt es der Gesetzgeber in Kauf, dass die Rechte aus dem Wechsel möglicherweise durch eine Person geltend gemacht werden, die *materiell* gar nicht berechtigt ist (z.B. Entwender, Finder eines blankoindossierten Wechsels); allerdings kann die Möglichkeit bestehen, die Ungültigkeit des Begebungsvertrags einzuwenden.

III. Ununterbrochene Reihe von Indossamenten

4 Die Reihe gilt z.B. als *unterbrochen,* wenn beim Wechsel an fremde Order das erste Indossament vom Aussteller stammt oder wenn der Indossatar nach Namenswechsel mit dem neuen Namen zeichnet. Desgleichen, wenn ein gesetzlicher Vertreter das Indossament für den Indossatar zeichnet, ohne dass das Vertretungsverhältnis aus dem Indossament ersichtlich wäre. Hingegen spielt es nach Art. 997 keine Rolle, ob der Wechsel *gefälschte* oder sonst wie *ungültige* Unterschriften enthält. Auch gilt die Reihe der Indossamente als ununterbrochen, wenn ein störendes Indossament (zu Recht oder zu Unrecht) gestrichen oder unleserlich gemacht wird (BAUMBACH/HEFERMEHL/CASPER, Art. 16 WG N 5; MEIER-HAYOZ/VON DER CRONE, 169) oder wenn es sich um ein Indossament ohne **Transportfunktion** handelt, wie beim **Garantieindossament** (BÜLOW, Art. 16 WG N 6). Eine Lücke in der Indossamentenreihe kann auch durch den Nachweis der materiellen Berechtigung (z.B. Gesamtrechtsnachfolge) geschlossen werden (z.B. durch einen wie die **Allonge** mit dem Wechsel verbundenen Erbenschein). Hingegen wird die Reihe der Indossamente *unterbrochen,* wenn der Gesamtrechtsnachfolger mit seinem Namen weiterindossiert, selbst wenn die Nachfolge aus dem Wechsel ersichtlich ist (BAUMBACH/HEFERMEHL/CASPER, Art. 16 WG N 6). Steht die Rechtsnachfolge aber fest, so sind die Indossamente der nun beginnenden Reihe als voll wirksam anzusehen (BAUMBACH/HEFERMEHL/CASPER, Art. 16 WG N 6, 13).

IV. Anwendungsbereich

Art. 1006 ist nur anwendbar, solange sich der Wechsel (noch) im Umlauf befindet. Im Wechselrücklauf (**Rückgriff**) gilt Art. 1006 nicht mehr (BAUMBACH/HEFERMEHL/CASPER, Art. 16 WG N 7). Um formell berechtigt zu sein, kann sich der Wechselnehmer also nach erfolgter Einlösung den Wechsel *rückindossieren* lassen oder sein Indossament sowie alle folgenden *streichen*. Allerdings kann er seine Berechtigung zum Rückgriff kraft Gesetzes auch aus dem Besitz des Wechsels und der mit diesem verbundenen Protesturkunde herleiten (BÜLOW, Art. 16 WG N 11 f., 16).

V. Rechtsfolgen. Prozessuales

Die Rechtsfolge des aus dem Besitz bzw. der ununterbrochenen Reihe von Indossamenten folgenden Rechtsscheins ist die starke Position des Inhabers. Er gilt bis zum *Beweis des Gegenteils* als aus dem Wechsel berechtigt (zur prozessualen Wirkung vgl. N 7) und ist nur dann zur Herausgabe verpflichtet, wenn er den Wechsel *bösgläubig* erworben hat (materiellrechtliche Wirkung). Umgekehrt ergibt sich aus letzterem, dass der Gutgläubige vom formell berechtigten Inhaber eines Wechsels auch dann das Eigentum am Wechsel und damit die Rechte aus dem Wechsel erwerben kann, wenn jener materiell nicht berechtigt ist (vgl. BAUMBACH/HEFERMEHL/CASPER, Art. 16 WG N 8). Hingegen ist ein gültiges Indossament vom materiell, aber nicht formell Berechtigten wohl nicht möglich (vgl. aber N 4 zum Erben). Ferner ergibt sich aus Art. 1006, dass der Inhaber rechtswirksam **Protest** erheben kann und dass bei Verfall an den formell berechtigten Inhaber des Wechsels (allerdings nicht nur an diesen) rechtsgültig und mit befreiender Wirkung bezahlt werden kann, was dem sachlich, aber nicht formell Berechtigten nicht möglich ist.

Gemäss Art. 1006 Abs. 1 besteht eine *widerlegbare gesetzliche Vermutung* zugunsten des Inhabers eines Wechsels. Die **Beweislast** liegt nicht beim Besitzer. Es ist ggf. Sache des Wechselschuldners bzw. des sachlich, aber nicht formell Berechtigten, zu beweisen, dass der Inhaber des Wechsels nicht Eigentümer bzw. Gläubiger ist (BAUMBACH/HEFERMEHL/CASPER, Art. 16 WG N 14), z.B. infolge *nichtigen* Begebungsvertrags. Es besteht hingegen keine Vermutung zugunsten der *Lückenlosigkeit der Indossamentenkette*, sofern diesbezüglich Zweifel bestehen.

Art. 1007

5. Einreden	Wer aus dem Wechsel in Anspruch genommen wird, kann dem Inhaber keine Einwendungen entgegensetzen, die sich auf seine unmittelbaren Beziehungen zu dem Aussteller oder zu einem früheren Inhaber gründen, es sei denn, dass der Inhaber bei dem Erwerb des Wechsels bewusst zum Nachteil des Schuldners gehandelt hat.
5. Exceptions	Les personnes actionnées en vertu de la lettre de change ne peuvent pas opposer au porteur les exceptions fondées sur leurs rapports personnels avec le tireur ou avec les porteurs antérieurs, à moins que le porteur, en acquérant la lettre, n'ait agi sciemment au détriment du débiteur.
5. Eccezioni	La persona contro la quale sia promossa azione cambiaria non può opporre al portatore le eccezioni fondate sui rapporti suoi personali col traente o con i portatori precedenti a meno che il portatore, acquistando la cambiale, abbia agito scientemente a danno del debitore.

Marc Grüninger/Bruno Hunziker/Gerhard Roth

Literatur

Vgl. die Literaturhinweise zu den Vorbem. zu Art. 990–1099.

I. Normgehalt

1 Art. 1007 behandelt den *Ausschluss von Einreden* (im Wechselrecht gleich bedeutend wie **Einwendungen,** vgl. Zusammenstellung der diesbezüglichen Literatur in VON BALLMOOS, 63 FN 310) gegenüber dem (legitimierten) Inhaber eines Wechsels. Die Bestimmung enthält einen *Grundsatz* und eine *Ausnahmeregelung.* Der Grundsatz besagt, dass keine (relativen) Einreden gehört werden, die sich aus der direkten Beziehung zwischen dem in Anspruch Genommenen und dem Aussteller oder früheren Inhaber des Wechsels ergeben. Damit wird eine bestimmte Kategorie von Einreden ausgeschlossen (andere, nicht zu dieser Kategorie gehörende Einreden werden also, e contrario, zugelassen). Eine Ausnahme von diesem Grundsatz ergibt sich dann, wenn der Inhaber des Wechsels beim Erwerb bewusst zum Nachteil des Schuldners gehandelt hat. Es können somit drei Kategorien von Einreden unterschieden werden:

2 a) Einmal die **absoluten Einreden,** die sich aus der Urkunde selbst ergeben und gegenüber jedem Wechselinhaber geltend gemacht werden können, wie *Formmangel, Haftungsausschluss* auf dem Wechsel («Sine-obligo»-Klausel gemäss Art. 999 Abs. 2, Art. 1005 Abs. 1), *mangelnde Legitimation* (Art. 1006), *Untergang mangels rechtzeitiger Präsentation,* mangels *Protest* bzw. *Verjährung, Rektaklausel* gemäss Art. 1005 Abs. 2, *Prolongations-, Depotklausel* (vgl. dazu BAUMBACH/HEFERMEHL/CASPER, Art. 17 WG N 11; BÜLOW, Art. 17 WG N 13 ff.).

3 b) Dann die **relativen** (persönlichen) **Einreden** (BAUMBACH/HEFERMEHL/CASPER, Art. 17 WG N 12; BÜLOW, Art. 17 WG N 58 ff.), die aufgrund einer direkten Rechtsbeziehung gegenüber dem Aussteller oder einem früheren Inhaber des Wechsels (und nur diesem gegenüber) geltend gemacht werden können. Diese persönlichen Einreden sind im Wechselrecht nicht besonders geregelt. Es gilt das allgemeine Vertragsrecht.

4 Einzig die Rechtsfolge der **Bösgläubigkeit** des aktuellen Inhabers wird klar statuiert: handelte er beim Erwerb des Wechsels bewusst zum Nachteil des Schuldners, so kann er sich gemäss Art. 1007 auf den sonst geltenden Einredeausschluss nicht berufen (BGE 96 II 381).

5 c) Schliesslich die **Einreden** bezüglich *Nicht-Bestehens* einer gültigen **Wechselverpflichtung** (BAUMBACH/HEFERMEHL/CASPER, Art. 17 WG N 13; BÜLOW, Art. 17 WG N 24 ff.). Diese Einreden werden dann aktuell, wenn ein Begebungsvertrag *fehlt* (bei verlorenem oder gestohlenem Wechsel) oder *ungültig* ist (fehlende Wechselfähigkeit, Fälschung). Immerhin kann hier ausnahmsweise auch eine Haftung für zurechenbar (nicht gleichzusetzen mit «schuldhaft») veranlassten Rechtsschein bestehen: Der *gutgläubige* Erwerber wird geschützt aufgrund des vom Schuldner veranlassten Scheins wirksamer Wechselbegebung. (Daher wird der gutgläubige Erwerb im Orderpapierrecht auch als «Erwerb kraft berechtigter Erwartungen» bezeichnet; vgl. SIEBER, 61.) Das fordert der Verkehrsschutz, dem neben Art. 1006 Abs. 2 auch Art. 1007 dient (vgl. auch N 21).

6 Der Vollständigkeit halber sei noch erwähnt, dass allenfalls statt den wechselrechtlichen auch Einreden aufgrund einer Zession gegeben sein können, dass aber umgekehrt die Geltendmachung einer Wechselforderung nicht schon deshalb ausgeschlossen ist, weil die Forderung aus der Abtretung nicht besteht (BÜLOW, Art. 17 WG N 12).

II. Normzweck

Hauptzweck dieser Norm ist die Sicherstellung der **Umlauffähigkeit** des Wechsels. Es soll dank eindeutigen formellen Kriterien eine klare Rechtslage geschaffen und vermieden werden, dass der Inhaber eines Wechsels, dessen Legitimation gemäss Art. 1006 gegeben ist, zur Ausübung der Rechte aus dem Wechsel noch weitere Vorkehrungen zu treffen hat. Um der Umlauffähigkeit willen nimmt es der Gesetzgeber in Kauf, dass die Rechte aus dem Wechsel möglicherweise durch eine Person geltend gemacht werden, die materiell gar nicht berechtigt ist (z.B. Entwender, Finder eines blankoindossierten Wechsels); allerdings kann hier die Möglichkeit gegeben sein, aufgrund der Ungültigkeit des Begebungsvertrags Einwendungen zu erheben.

III. Anwendungsbereich. Abgrenzungen

Aufgrund der Einordnung der Norm sowie des Normzwecks ergibt sich deren Anwendungsbereich ohne weiteres: Die Norm geht im Bereich des Wechselrechts allgemeinen Regeln vor. Allerdings ergibt sich auch zweifelsfrei, dass in Bezug auf die in N 3 genannten Einreden *Komplementarität* zu den allgemeinen Einredensregeln bestehen kann.

Grundsätzlich kann sich jeder Inhaber auf Art. 1007 berufen (BGE 96 II 381). Der hier vorgesehene Einredenausschluss wird aber dem Normzweck entsprechend erst dann aktuell, wenn ein *wechselmässiger Erwerb stattgefunden* hat (regelmässig durch Indossament; im Verhältnis zum Annehmer erwirbt der Remittent den Wechsel, der ihm vom Aussteller übergeben wird, aber ebenfalls wechselmässig). Dazu müssen folgende Voraussetzungen kumulativ erfüllt sein: Zurechenbarkeit der wechselrechtlichen Erklärung, Verkehrsschutzbedürfnis und subjektive Schutzwürdigkeit des Erwerbers (MEIER-HAYOZ/VON DER CRONE, 165 f.). Findet keine der Funktion des Wechsels entsprechende Übertragung statt (z.B. bei Abtretung, Nachindossament, Gesamtrechtsnachfolge), so kommt der *Einredenausschluss* von Art. 1007 nicht zum Zug (BAUMBACH/HEFERMEHL/CASPER, Art. 17 WG N 15 ff.; BÜLOW, Art. 17 WG N 8 ff.; SIEBER, 73). Auch wenn das Indossament nicht dem Umlaufzweck dient und also den Verkehrsschutz gar nicht verdient, entfällt der Einredenausschluss (z.B. fiduziarische Übertragung, Rückerwerb, vgl. BAUMBACH/HEFERMEHL/CASPER, Art. 17 WG N 22, 25). Dem Wechselschuldner stehen gegenüber dem Gläubiger, der den Begebungsvertrag mit ihm abgeschlossen hat, sämtliche Einreden offen. Selbstverständlich können nur urkundliche Einreden, die nach Wechselrecht überhaupt aufnahmefähig sind, Wirkung entfalten.

IV. Rechtsfolge

Die Rechtsfolge des aus dem Besitz bzw. der ununterbrochenen Reihe von Indossamenten folgenden Rechtsscheins ist die durch den Einredenausschluss **gestärkte Position des Inhabers.** Letzterer gilt *bis zum Beweis des Gegenteils* als aus dem Wechsel berechtigt (prozessuale Wirkung, s.u. N 11) und ist nur dann zur Herausgabe verpflichtet, wenn er den Wechsel *bösgläubig* erworben hat (materiellrechtliche Wirkung). Umgekehrt ergibt sich aus letzterem, dass der Gutgläubige vom formell berechtigten Inhaber eines Wechsels auch dann das Eigentum am Wechsel und damit die Rechte aus dem Wechsel erwerben kann, wenn jener materiell nicht berechtigt ist (hingegen kann der Wechsel vom materiell, aber nicht formell Berechtigten nicht gültig indossiert werden). Ferner ergibt sich aus der Bestimmung die *Rechtsfolge*, dass der Inhaber **Protest** erheben kann und dass bei Verfall an den förmlich berechtigten Inhaber des Wechsels (allerdings nicht nur an diesen) *rechtsgültig* und mit *befreiender Wirkung* bezahlt werden kann. Diese Rechtswirkungen bestehen nicht beim Wechselrücklauf (**Rückgriff**).

V. Prozessuales

11 Primär hat der Inhaber der Wechselrechte durch Vorlegen des ihn als letzten einer ununterbrochenen Reihe von Indossataren ausweisenden Wechsels die anspruchbegründenden Voraussetzungen zu beweisen. Gemäss Art. 1006 Abs. 1 besteht eine widerlegbare gesetzliche Vermutung zugunsten des Inhabers eines Wechsel (hingegen besteht keine Vermutung zugunsten der Lückenlosigkeit der Indossamentenkette). Es ist ggf. Sache des Wechselschuldners bzw. des sachlich, aber nicht formell Berechtigten, zu beweisen, dass der Inhaber des Wechsels nicht Eigentümer bzw. Gläubiger ist, z.B. infolge nichtigen Begebungsvertrags. Der Wechselschuldner hat die Tatsachen zu beweisen, die eine allfällige Einrede begründen bzw. den Einredeausschluss dahinfallen lassen.

VI. Kasuistik

12 **Mangelnde Wechselfähigkeit:** Eine Haftung auch nach Rechtsscheingesichtspunkten scheidet aus, sofern der Schuldner im Zeitpunkt der Begebung handlungsunfähig war; war er bei der Ausstellung noch wechselfähig, nicht jedoch bei der Begebung, so kann aufgrund eines in diesem Zeitpunkt zurechenbaren Rechtsscheins eine Haftung gegenüber dem gutgläubigen Zweiterwerber möglich sein (vgl. Art. 990). Vom Einwand der *mangelnden Haftung wegen Geschäftsunfähigkeit* zu trennen ist der Einwand, der Inhaber sei aufgrund von Art. 1006 Abs. 2 nicht Wechselgläubiger geworden, weil er von einem handlungsunfähigen Vormann erworben habe. Ob diese Einrede stichhaltig ist, ist ausschliesslich gemäss Art. 1006 Abs. 2 zu beurteilen.

13 **Indossament nach Anhebung der gewöhnlichen Betreibung:** Ein erst nach der Anhebung der gewöhnlichen Betreibung gegen den Wechselschuldner auf den Wechsel gesetztes Indossament kann die Stellung des Betriebenen nicht verschlechtern; der Indossatar kann sich nicht auf Art. 1007 berufen, sondern nur jene Rechte geltend machen, die schon seinem Vormann, dem Indossanten, zustanden (BGE 83 II 214 f. E. b).

14 **Unbefugte Vertretung:** Keine Haftung des unbefugt Vertretenen, es sei denn, die Haftung rechtfertige sich unter dem Gesichtspunkt der *Duldungs- oder Anscheinsvollmacht* oder es sei nachträglich eine Genehmigung erfolgt (vgl. auch BGE 130 III 87). Zu beachten ist aber ggf. auch die Einrede aus Art. 1006 Abs. 2.

15 **Gesetzliche Rechtsnachfolge:** Der Verkehrsschutz verlangt, dass bei gesetzlicher Nachfolge (z.B. Erbfall) kein *Einredenausschluss* stattfindet. Der Erbe muss sich all das entgegenhalten lassen, was gegenüber dem Erblasser hätte eingewendet werden können (BAUMBACH/HEFERMEHL/CASPER, Art. 17 WG N 16).

16 **Abtretung:** Da hier keine wechselmässige Übertragung vorliegt, besteht kein Anlass, den Erwerber besonders zu schützen. Es können ihm sämtliche gegenüber dem Vormann zulässigen Einreden entgegengehalten werden (BAUMBACH/HEFERMEHL/CASPER, Art. 17 WG N 17).

16a **Factoring:** Beim echten Factoring erhält der Erwerber des Wechsels zugleich auch die dem Wechsel zugrunde liegende Forderung mittels Zession übertragen. Der Wechsel wird in diesem Fall zu Finanzierungszwecken – und damit zu Umlaufzwecken – übergeben. Aus diesem Grund kommt die Einredebeschränkung für den Wechselschuldner gemäss Art. 1007 hier zur Anwendung (MEIER-HAYOZ/VON DER CRONE, 167; BGH, WM 1993, 2120 f.; BÜLOW, Art. 17 WG N 12).

Fälschung von Unterschrift oder Inhalt: Den Rechtsschein setzt der Fälscher, nicht der Namensträger, welcher somit nicht haftet (BÜLOW, Art. 17 WG N 29), ausser bei Genehmigung oder Veranlassung des Rechtsscheins der Genehmigung (z.B. bei mehrmaliger Einlösung gefälschter Akzeptunterschriften). 17

Unredliche Handlung des Wechselgläubigers: Blosses Kennensollen des Mangels genügt für die Annahme einer solchen Handlung selbst dann nicht, wenn er diesem anlässlich des Erwerbs bereits mit minimaler Sorgfalt hätte erkennen können, z.B. durch Einsichtnahme in das Handelsregister (BGE 99 Ia 7 E. a). 18

Verstoss gegen Treu und Glauben: Wer bei Abgabe des Akzeptes von einem Mangel der Ausstellerunterschrift Kenntnis hat, kann sich gegenüber dem Inhaber des Wechsels nicht auf diesen Mangel berufen (BGE 99 Ia 7 E. a). 19

Einreden des Annehmenden: Der Annehmende kann dem Wechselnehmer die Einreden aus dem *Grundgeschäft* entgegenhalten; unzulässig sind diese Einreden jedoch gegenüber dem Indossatar, der am Grundgeschäft nicht beteiligt ist (BGE 96 II 381 E. 2; 58 II 159 E. 1). 20

Zwang, Drohung: Wie bei der Fälschung ist es auch bei unmittelbarem Zwang *(vis absoluta)* nicht der Namensträger, der den Rechtsschein setzt. Anders kann es bei *Drohung* sein, wo ein zunächst zurechenbarer Rechtsschein geschaffen wird. Die Zulässigkeit der Einrede hängt hier von der *Bösgläubigkeit* des späteren Wechselinhabers ab (BÜLOW, Art. 17 WG N 34). 21

Abhandenkommen des Wechsels: Ist der Wechsel nach Unterzeichnung gestohlen worden oder sonst wie abhanden gekommen, so ist der Rechtsschein zurechenbar gesetzt, so dass nur gegenüber dem *Bösgläubigen* eine Einrede besteht (BÜLOW, Art. 17 WG N 40). 22

Wechselreiterei, Akzepttausch, Ausnutzung psychischer Zwangslagen, Wucher: In all diesen Fällen ist der Begebungsvertrag zwar sittenwidrig, was an sich die üblichen Rechtsfolgen hat, aber es entsteht ein zurechenbarer Rechtsschein, der bei gutem Glauben des Erwerbers zum Ausschluss der Gültigkeitseinrede führt (BÜLOW, Art. 17 WG N 43 f., 45). 23

Rechtsvorschlag in der Wechselbetreibung: Eine Solidarbürgschaft stellt keine hinreichende Hinterlegung i.S.v. Art. 182 Ziff. 4 SchKG dar (BGE 119 III 75 = Pra 1993, 838). 24

Art. 1008

6. Vollmachtsindossament

¹ **Enthält das Indossament den Vermerk «Wert zur Einziehung», «zum Inkasso», «in Prokura» oder einen anderen nur eine Bevollmächtigung ausdrückenden Vermerk, so kann der Inhaber alle Rechte aus dem Wechsel geltend machen; aber er kann ihn nur durch ein weiteres Vollmachtsindossament übertragen.**

² **Die Wechselverpflichteten können in diesem Falle dem Inhaber nur solche Einwendungen entgegensetzen, die ihnen gegen den Indossanten zustehen.**

> ³ **Die in dem Vollmachtsindossament enthaltene Vollmacht erlischt weder mit dem Tod noch mit dem Eintritt der Handlungsunfähigkeit des Vollmachtgebers.**

6. Endossement par procuration

> ¹ Lorsque l'endossement contient la mention «valeur en recouvrement», «pour encaissement», «par procuration» ou toute autre mention impliquant un simple mandat, le porteur peut exercer tous les droits dérivant de la lettre de change, mais il ne peut endosser celle-ci qu'à titre de procuration.
>
> ² Les obligés ne peuvent, dans ce cas, invoquer contre le porteur que les exceptions qui seraient opposables à l'endosseur.
>
> ³ Le mandat renfermé dans un endossement de procuration ne prend pas fin par le décès du mandant ou la survenance de son incapacité.

6. Girata per procura

> ¹ Se alla girata è apposta la clausola «valuta per incasso», «per incasso», «per procura» od ogni altra che implichi un semplice mandato, il portatore può esercitare tutti i diritti inerenti alla cambiale, ma non può girarla che per procura.
>
> ² Gli obblighi non possono in questo caso opporre al portatore se non le eccezioni che avrebbero potuto opporre al girante.
>
> ³ Il mandato contenuto in una girata per procura non si estingue per la morte del mandante o per la sopravvenuta sua incapacità.

Literatur

Vgl. die Literaturhinweise zu den Vorbem. zu Art. 990–1099.

I. Normgehalt

1 Durch das **Vollmachtsindossament** (Inkassoindossament) wird der Indossatar zur Einziehung der Wechselschuld bevollmächtigt. Es wird dadurch weder *Volleigentum* am Wechsel übertragen, noch eine *wechselmässige Haftung* des Indossanten gegenüber dem Indossatar begründet. Es handelt sich daher um ein beschränkt wirksames Indossament (MEIER-HAYOZ/VON DER CRONE, 157). Aber diese Art von Indossament ist insofern wirkungsvoller als eine gewöhnliche Ermächtigung zur Einziehung der Wechselschuld (ohne Indossierung), als der Bevollmächtigte wechselmässig vorgehen kann.

2 Der **Vollmachtsindossant** bleibt, da kein Vollindossament erfolgt ist, Wechselgläubiger. Er kann (trotz der erteilten Vollmacht) *sämtliche Rechte* aus dem Wechsel geltend machen, sofern er im Besitz desselben ist (BAUMBACH/HEFERMEHL/CASPER, Art. 18 WG N 4). Umgekehrt können dem Vollmachtsindossatar gegenüber gemäss Abs. 2 ausschliesslich (aber auch ohne Ausnahme) *Einreden* geltend gemacht werden, die gegenüber dem Indossanten bestehen.

3 Der **Vollmachtsindossatar** kann alle Rechte aus dem Wechsel geltend machen, allerdings im Namen des Indossanten. Ob er dies auch tun muss bzw. unter welchen Bedingungen er es tun darf, ist eine zwischen ihm und dem Indossanten intern zu regelnde Frage. Im Aussenverhältnis kann er jedenfalls den Wechsel rechtswirksam *einziehen*, *protestieren*, den Schuldner *einklagen*, aber auch den Wechsel zur Einziehung *weiterindossieren*.

II. Normzweck

4 Es geht hier darum, das Aussenverhältnis zwischen *Indossanten*, *Vollmachtsindossatar* und *Wechselschuldner* unter dem Gesichtspunkt des **Verkehrsschutzes** zu regeln. Was

im *Innenverhältnis* zwischen dem Indossanten und dem Vollmachtsindossatar gilt, ob letzterer insb. nicht nur zur Einziehung ermächtigt, sondern auch verpflichtet ist, ob er weiterindossieren *darf* (laut Gesetz *kann* er es) usw., wird in Art. 1008 nicht geregelt.

III. Begriff. Abgrenzung

Neben dem in Art. 1008 geregelten, **offenen Vollmachtsindossament,** dessen Qualifikation sich aus dem Text der Übertragung (neben den im Gesetzestext genannten Klauselformulierungen etwa auch «für meine Rechnung» oder «als Bevollmächtigter/Vertreter») ergibt, ist auch das **verdeckte Vollmachtisndossament** möglich. Bei diesem ist der Umstand der Bevollmächtigung nicht aus dem Text der Übertragung ersichtlich; es ist deshalb formell ein *Vollindossament.* Die Rechtswirkungen eines solchen verdeckten Vollmachtsindossaments *(Ermächtigungsindossament* einerseits, *Treuhandindossament,* welches teilweise auch Interessen des Indossatars sichert, andererseits) müssen sich aus dem Parteiwillen ergeben (BAUMBACH/HEFERMEHL/CASPER, Art. 18 WG N 7 ff.).   5

Im Unterschied zum **Vollindossament** wird beim **Vollmachtsindossament** dem Indossatar *nur* die *Ermächtigung zur Geltendmachung der Rechte* aus dem Wechsel übertragen. Dazu gehört auch das Recht, seinerseits durch ein weiteres Vollmachtsindossament zu übertragen. Indossiert er *ohne Vermerk,* so ist das Indossament *nicht* ungültig, aber ohne weiteres *auf die Einziehung beschränkt* (V, Art. 18 WG N 3).   6

Entgegen den allgemeinen Regeln *erlischt die Vollmacht nicht mit dem Tod* oder dem *Eintritt der Handlungsunfähigkeit* des Vollmachtgebers, sondern nur durch *formelle Streichung* auf dem Wechsel. Das kann bei entsprechenden erbrechtlichen Gegebenheiten durchaus zu Missbräuchen führen. Ein **Widerruf** der Vollmacht wirkt aber gegenüber dem davon in Kenntnis gesetzten Dritten genau gleich wie ausserhalb des Wechselrechts (BAUMBACH/HEFERMEHL/CASPER, Art. 18 WG N 6).   7

Fällt ein Vollmachtsindossatar in Konkurs, hat der Indossant ein Aussonderungsrecht gemäss Art. 201 SchKG (vgl. hierzu MEIER-HAYOZ/VON DER CRONE, 158, m.w.H.).   7a

IV. Prozessuales

Der Vollmachtsindossatar ist aufgrund des Indossaments befugt, als Vertreter des Indossanten zu klagen, allerdings nicht in eigenem Namen. Eine **Prozesstandschaft** ist nicht gegeben. Der Indossatar ist also nicht Partei; er haftet nicht für die Kosten, muss im Prozess keine aktive Rolle spielen, kann aber nötigenfalls als Zeuge einvernommen werden (BAUMBACH/HEFERMEHL/CASPER, Art. 18 WG N 4; BÜLOW, Art. 18 WG N 6). Der Beklagte kann andererseits gemäss Abs. 2 keine Einwendungen (bzw. Einreden, zwei im Wechselrecht äquivalente Begriffe, vgl. VON BALLMOOS, 63 N 310) geltend machen, die ihm gegen den Indossatar zustehen. Zugelassen ist nur, was ihm gegenüber dem Indossanten zur Verfügung steht (z.B. Einrede der Verrechnung).   8

Art. 1009

7. Offenes Pfandindossament

[1] Enthält das Indossament den Vermerk «Wert zur Sicherheit», «Wert zum Pfande» oder einen anderen eine Verpfändung ausdrückenden Vermerk, so kann der Inhaber alle Rechte aus dem Wechsel geltend machen; ein von ihm ausgestelltes Indos-

sament hat aber nur die Wirkung eines Vollmachtsindossaments.

² **Die Wechselverpflichteten können dem Inhaber keine Einwendungen entgegensetzen, die sich auf ihre unmittelbaren Beziehungen zu dem Indossanten gründen, es sei denn, dass der Inhaber bei dem Erwerb des Wechsels bewusst zum Nachteil des Schuldners gehandelt hat.**

7. Endossement pignoratif	¹ Lorsqu'un endossement contient la mention «valeur en garantie», «valeur en gage» ou toute autre mention impliquant un nantissement, le porteur peut exercer tous les droits dérivant de la lettre de change, mais un endossement fait par lui ne vaut que comme un endossement à titre de procuration. ² Les obligés ne peuvent invoquer contre le porteur les exceptions fondées sur leurs rapports personnels avec l'endosseur, à moins que le porteur, en recevant la lettre, n'ait agi sciemment au détriment du débiteur.
7. Girata pignoratizia	¹ Se alla girata è apposta la clausola «valuta in garanzia», «valuta in pegno» od ogni altra che implichi un pegno, il portatore può esercitare tutti i diritti inerenti alla cambiale, ma la girata da lui fatta vale solo come girata per procura. ² Gli obligati non possono opporre al portatore le eccezioni fondate sui loro rapporti personali col girante, a meno che il portatore, ricevendo la cambiale, abbia agito scientemente a danno del debitore.

Literatur

Vgl. die Literaturhinweise zu den Vorbem. zu Art. 990–1099.

I. Normgehalt

1 Zur **Sicherung eines Kredits** kann der Inhaber eines Wechsels seine Wechselrechte verpfänden. Das **Pfandindossament** wird durch entsprechenden, in seinem Wortlaut nicht feststehenden **Vermerk** *auf dem Wechsel* zum Ausdruck gebracht, was die Entstehung eines Vollindossaments verhindert; beim **verdeckten Pfandindossament** (ohne entsprechenden Vermerk auf dem Wechsel, vgl. BGE 96 II 378 ff.) ist dies nicht unbedingt der Fall (gutgläubiger Indossatar). Denn dort wird gegen aussen das Bild eines *Vollindossaments* vermittelt.

2 Das Pfandrecht entsteht nicht eo ipso durch das Pfandindossament. Voraussetzung ist ein *gültiger Pfandvertrag* und eine *bestehende Forderung* (BAUMBACH/HEFERMEHL/CASPER, Art. 19 WG N 1). Aus diesem **Pfandvertrag** ergeben sich die bei der Pfandverwertung zu beachtenden Regeln. In jedem Fall hat der Indossatar die Verpflichtung, den Wechsel rechtzeitig zur Zahlung vorzulegen und ggf. Protest zu erheben.

II. Normzweck

3 In Art. 1009 geht es einzig darum, eine *besondere Art des Wechsel-Indossaments* in seinen Wirkungen gegenüber den übrigen, am Wechselverhältnis beteiligten Personen zu regeln. Insbesondere soll *die Stellung* des Indossatars bei der Geltendmachung der Wechselrechte geklärt werden. Im Übrigen werden die Wirkungen der Verpfändung durch die Bestimmungen über das **Fahrnispfand** (Art. 884 ff. ZGB) geregelt.

III. Begriff. Abgrenzung

Neben den bekannten (TUOR/SCHNYDER/SCHMID, 1063) wird hier eine weitere, ausschliesslich bei Wechseln zulässige **Form der Verpfändung** begründet. Der **Inhalt der Verpfändung** ergibt sich nicht aus Art. 1009, sondern aus den Bestimmungen über das Fahrnispfand, Art. 884 ff. ZGB *(Akzessorietät, Unteilbarkeit der Pfandhaftung, Pflichten des Pfandinhabers usw.;* vgl. BGE 96 II 382) bzw. aus dem allenfalls parallel abgeschlossenen Pfandvertrag. Ein **Blanko-Pfandindossament** ist nicht ausgeschlossen. Der Inhaber eines *Blankowechsels,* welcher einen Pfandvermerk enthält, kann also die Wechselrechte geltend machen (BÜLOW, Art. 19 WG N 4 i. f.; **a.M.** BAUMBACH/HEFERMEHL/CASPER, Art. 19 WG N 7). 4

Das **Pfandindossament** wird *wirkungslos nach Rückgabe* des Wechsels; eine Streichung des Indossaments ist nicht nötig, da der Indossant materiell Eigentümer und Wechselgläubiger bleibt. Letzteres ist insb. im Konkurs von Bedeutung. 5

IV. Rechtsfolge

Ähnlich wie das *Vollmachtsindossament* ist auch das *offene Pfandindossament* ein **beschränktes Indossament.** Nur das Verwertungsrecht geht über, nicht aber die übrigen Rechte (Eigentumsrecht, Wechselrechte). Der Pfandindossatar wird nicht Wechselgläubiger, und zwar dem Indossanten gegenüber nicht einmal dann, wenn der Akzeptant nicht leistet (BÜLOW, Art. 19 WG N 6); das vom Pfandindossatar ausgestellte Indossament kann, unabhängig von seiner Ausgestaltung, gemäss Abs. 1 nur ein Vollmachtsindossament i.S.v. Art. 1008 sein. Eine *Haftung* des Pfandindossanten gegenüber den Nachmännern und dem Indossatar entsteht nicht (BAUMBACH/HEFERMEHL/CASPER, Art. 19 WG N 11; BÜLOW, Art. 19 WG N 7). Wird die Wechselsumme vor Fälligkeit der Pfandforderung ausbezahlt, so erwirbt der Indossatar an dieser Summe ebenfalls nur ein Pfandrecht (Surrogationsprinzip; MEIER-HAYOZ/VON DER CRONE, 159). 6

Immerhin wird dem Pfandindossatar ein eigenes Recht übertragen und nicht nur, wie beim Vollmachtsindossament, eine Befugnis zur Geltendmachung eines fremden Rechts. Der Pfandindossatar kann den Wechsel *(in eigenem Namen)* zur Zahlung vorlegen, ihn *einkassieren, Protest erheben, Rückgriff nehmen.* Er kann aber z.B. die Wechselforderung nicht zum Nachteil des Indossanten erlassen, da diese Verfügung über den Rahmen des Pfandzwecks hinausgehen würde. Der Wechselschuldner kann befreiend *nur* an den Pfandindossatar leisten. 7

V. Prozessuales. Einwendungen

In Abweichung zur Situation beim Vollmachtsindossatar können die Wechselverpflichteten dem Pfandindossatar gegenüber keine Einwendungen geltend machen, die sich auf ihre *unmittelbaren* Beziehungen zum Indossanten stützen. Das ergibt sich aus dem Umstand, dass dem Pfandindossatar eigene Rechte an und aus dem Wechsel zustehen. Soweit allerdings die Wechselforderung die gesicherte Forderung übersteigt (und dem Pfandindossatar also in diesem Umfang auch keine eigenen Rechte mehr zustehen), ist der Ausschluss der in Abs. 2 genannten Einwendungen sachlich nicht gerechtfertigt (BAUMBACH/HEFERMEHL/CASPER, Art. 19 WG N 14). Der Wechselschuldner kann also in diesem Bereich Einwendungen geltend machen, die gegenüber dem Pfandindossanten bestehen (BÜLOW, Art. 19 WG N 8). 8

Art. 1010

8. Nachindossament

¹ Ein Indossament nach Verfall hat dieselben Wirkungen wie ein Indossament vor Verfall. Ist jedoch der Wechsel erst nach Erhebung des Protestes mangels Zahlung oder nach Ablauf der hiefür bestimmten Frist indossiert worden, so hat das Indossament nur die Wirkungen einer gewöhnlichen Abtretung.

² Bis zum Beweis des Gegenteils wird vermutet, dass ein nicht datiertes Indossament vor Ablauf der für die Erhebung des Protestes bestimmten Frist auf den Wechsel gesetzt worden ist.

8. Endossement postérieur à l'échéance ou au protêt

¹ L'endossement postérieur à l'échéance produit les mêmes effets qu'un endossement antérieur. Toutefois, l'endossement postérieur au protêt faute de paiement, ou fait après l'expiration du délai fixé pour dresser le protêt, ne produit que les effets d'une cession ordinaire.

² Sauf preuve contraire, l'endossement sans date est censé avoir été fait avant l'expiration du délai fixé pour dresser le protêt.

8. Girata dopo la scadenza o il protesto

¹ La girata posteriore alla scadenza produce gli stessi effetti di una girata anteriore. Nondimeno la girata fatta posteriormente al protesto per mancato pagamento o dopo spirato il termine per levare protesto produce solo gli effetti di una cessione ordinaria.

² La girata senza data si presume, fino a prova contraria, fatta prima dello spirare del termine stabilito per levare protesto.

Literatur

Vgl. die Literaturhinweise zu den Vorbem. zu Art. 990–1099.

I. Normgehalt

1 Wird ein *Not leidender* (also erfolglos zur Zahlung vorgelegter) Wechsel weiterübertragen, so geschieht dies durch ein **Nachindossament.** Der Erwerber eines erkennbar Not leidenden Wechsels verdient nun allerdings den besonderen, wechselrechtlichen Schutz nicht mehr. Deshalb werden dem Nachindossament in Art. 1010 die Wirkungen der gewöhnlichen Abtretung verliehen. Hingegen soll ein nach Verfall, aber *vor Protest mangels Zahlung und vor Ablauf der Protestfrist* erfolgendes Indossament dieselben Wirkungen wie ein Indossament vor Verfall haben.

II. Normzweck

2 Zweck der Norm ist es, die wechselrechtlichen Wirkungen des Indossaments *zeitlich* auf das Nötige zu beschränken. Wer weiss oder wissen musste, dass die Wechselforderung fällig und der Wechsel erfolglos präsentiert worden war, verdient nicht mehr Schutz als irgend ein Abtretungsgläubiger. Denn nach Verfall hat der Wechsel grundsätzlich seine Umlauffunktion verloren. Auch ist ein besonderer **Verkehrsschutz** nicht mehr nötig.

III. Zeitliche Abgrenzung

3 Ein Wechsel kann entweder auf **Sicht** bzw. auf eine bestimmte **Zeit nach Sicht** oder Ausstellung, oder auf ein bestimmtes **Verfalldatum** gezogen werden (Art. 1023). Vor-

gelegt werden muss dann der Wechsel *spätestens* am *zweiten* auf den Verfalltag folgenden Werktag (Art. 1028 Abs. 1). Zwischen Vorlage und Zahlung kann wiederum Zeit vergehen, ohne dass der Wechsel *Not leidend* wird. Erst nach erfolgtem *Protest* oder nach *Ablauf der Protestfrist* (Art. 1034) gilt der Wechsel als *Not leidend*. Ab diesem Zeitpunkt ist ein Indossament mit den normalen Rechtsfolgen des Indossaments vor Verfall nicht mehr möglich und es kommt nur noch ein **Nachindossament** in Frage. Das gilt auch dann, wenn zwar das Indossament vor diesem Zeitpunkt, die Begebung aber erst nachher erfolgt oder, umgekehrt, die Begebung vorher, das Indossament aber erst nachher (BÜLOW, Art. 20 WG N 2 f.).

IV. Rechtsfolge

Vorab wird in Art. 1010 festgehalten, wann ein Indossament als Nachindossament zu gelten hat. Hierauf werden die *Besonderheiten* des Nachindossaments geregelt: Das Nachindossament hat die Rechtswirkungen einer **gewöhnlichen Abtretung**. Wechselrechtliche Wirkungen (insb. gemäss Art. 994 Abs. 1, Art. 995, 996 Abs. 2, Art. 997) entfallen. Insbesondere ist also ein **Rückgriff** auf den Indossanten nicht möglich (BGE 124 III 112). Die **Garantiefunktion** des Indossanten entfällt also bezüglich des Wechsels, der im Zeitpunkt der Übertragung sichtlich Not leidend war. Der Indossatar, der wissen musste, dass der Wechsel Not leidend war, verdient *keinen besonderen Schutz* mehr.

V. Prozessuales

Art. 1010 beinhaltet eine ausdrückliche, zudem aber auch implizite **Beweisregel**. Ausdrücklich wird in Abs. 2 eine **widerlegbare gesetzliche Vermutung** festgehalten, wonach ein *nicht datiertes* Indossament als vor Ablauf der Protestfrist erfolgt zu gelten hat. Damit ist allerdings nichts in Bezug auf *den Zeitpunkt der Begebung* gesagt (vgl. zur Bedeutung dieses Zeitpunkts N 3). Die *Richtigkeit des Datums* wird übrigens *(widerlegbar)* vermutet.

Implizit enthält Art. 1010 aber auch Beweisregeln, die sich aus der Systematik ergeben. Ist das letzte Indossament ein **Blankoindossament,** so kann der Wechsel erworben werden, ohne dass er ergänzt oder verändert werden müsste. Der Erwerb kann dann allerdings auf dem Papier nicht nachvollzogen werden, was eine formelle Legitimierung gemäss Art. 996 Abs. 1 verhindert. Die **Legitimation** muss also ggf. mit anderen Mitteln bewiesen werden (BÜLOW, Art. 20 WG N 5). Logischerweise kommt nur jener als *Nachindossant* in Frage, der den Wechsel eingelöst hat oder hat protestieren lassen. Das vor dem Protest aufgesetzte Blankoindossament legitimiert den Nachindossatar übrigens nicht. Es muss nach dem Protest ein **Nachindossament** (auch **Blankoindossament**) erfolgen (BAUMBACH/HEFERMEHL/CASPER, Art. 20 WG N 5).

Der Wechselschuldner kann (entgegen Art. 997) gegenüber dem Nachindossatar neben den persönlichen auch diejenigen Einreden geltend machen, die er gegenüber dem Nachindossanten hatte. Das ergibt sich aus der Anwendbarkeit der bei Abtretungen geltenden Einredeordnung (Art. 169).

III. Annahme

Art. 1011

1. Recht zur Vorlegung	Der Wechsel kann von dem Inhaber oder von jedem, der den Wechsel auch nur in Händen hat, bis zum Verfall dem Bezogenen an seinem Wohnorte zur Annahme vorgelegt werden.
1. Droit de présentation	La lettre de change peut être, jusqu'à l'échéance, présentée à l'acceptation du tiré, au lieu de son domicile, par le porteur ou même par un simple détenteur.
1. Diritto di presentazione	La cambiale può, dal portatore o da un semplice detentore, essere presentata per l'accettazione al trattario nel suo domicilio fino alla scadenza.

Literatur

ARMINJON/CARRY, La Lettre de Change et le Billet à ordre, 1938; VON ÄSCH, Das Akzept im Wechselrecht, Diss. Zürich 1938; CARRY, SJK 448; DESSEMONTET, SJK 448; KAPFER, Handkommentar zum Wechselgesetz, 1969; LESCOT/ROBLOT, Les effets de commerce, 1953; MOSSA, Trattato della cambiale, 3. Aufl. 1956; PIMMER, Wechselgesetz und Scheckgesetz, 1992; RICHARDI, Wertpapierrecht, 1987; STAUB/STRANZ, Kommentar zum Wechselgesetz, 13. Aufl. 1934; vgl. ausserdem die Literaturhinweise zu den Vorbem. zu Art. 990–1099.

I. Allgemeines zur Annahme

1 Die **Annahme (Akzept)** des Wechsels ist die unterschriftliche Erklärung des Bezogenen, den Wechsel bei Verfall zu bezahlen. Der Wechsel ist auch ohne Akzept gültig, das Akzept bildet nicht Bestandteil der Formerfordernisse von Art. 991. Mit der Annahme wird der Bezogene wechselrechtlich verpflichtet (vgl. BGE 111 III 35); als **Annehmer (Akzeptant)** wird er zum **Hauptschuldner** des Wechsels (vgl. Art. 1018). Erst damit wird auch das dem gezogenen Wechsel zugrundeliegende Anweisungsverhältnis begründet. Durch die Funktion des Akzeptanten als Hauptschuldner steigt der Wert des Wechsels; der Inhaber hat nun die Möglichkeit, Zahlung vom Bezogenen zu verlangen. In der Praxis wird das Akzept häufig bereits vor der Begebung des Wechsels an den Wechselnehmer eingeholt.

2 Vor der Annahme ist der Bezogene wechselrechtlich nicht verpflichtet (vgl. BGE 111 III 35). Der Aussteller kann den Bezogenen durch dessen Nennung im Wechsel nicht von sich aus zur Annahme verpflichten, es ist dafür die Mitwirkung des Bezogenen erforderlich. Es besteht **keine wechselrechtliche Pflicht** des Bezogenen **zur Annahme** (MEIER-HAYOZ/VON DER CRONE, § 7 N 90). Eine zivilrechtliche Pflicht kann sich allerdings aus dem Verhältnis zwischen dem Aussteller und dem Bezogenen ergeben. Die Verweigerung der Annahme eröffnet dem Inhaber den Rückgriff (Art. 1033 Abs. 2 Ziff. 1). Durch die Nennung in der Wechselurkunde (vgl. Art. 991 Ziff. 3) wird der Bezogene vom Aussteller zur Bezahlung des Wechsels ermächtigt. Grundsätzlich kann dem Bezogenen bei Verfall auch ein nicht akzeptierter Wechsel zur Zahlung vorgelegt werden (PETITPIERRE-SAUVAIN, N 343; STRANZ, Art. 21 WG N 1).

II. Recht zur Vorlegung

1. Allgemeines

Art. 1011 statuiert das Recht, den Wechsel dem Bezogenen zur Annahme vorzulegen. Es wird also davon ausgegangen, dass der Wechsel bei der Inverkehrsetzung noch nicht akzeptiert ist. Es besteht jedoch **keine Plicht** zur **Vorlegung (Präsentation)**. Eine eigentliche Vorlegungspflicht besteht nur aufgrund ausdrücklicher Anordnung des Ausstellers oder Indossanten (Art. 1012 Abs. 1, 4) sowie bei Nachsichtwechseln (Art. 1013). Andererseits kann die Vorlegung auch verboten werden (vgl. Art. 1012 Abs. 2). Die Vorlegung ist im Interesse jedes Inhabers, denn nur dadurch lässt sich der Verpflichtungswille des Bezogenen feststellen bzw. die Bereitschaft zum Akzept, das den wirtschaftlichen Wert des Wechsels i.d.R. erst begründet. Erst die Vorlegung ermöglicht zudem bei einer Verweigerung der Annahme, vor Verfall auf den Aussteller Rückgriff zu nehmen (Art. 1033 Abs. 2 Ziff. 1). Mit der Vorlegung wird dem Bezogenen zudem ermöglicht, den Wechsel bezüglich seines Inhalts zu überprüfen.

3

Sichtwechsel sind bei der Vorlegung fällig und müssen, sofern nicht vom Aussteller oder Indossanten andere Fristen vorgeschrieben worden sind, binnen einem Jahr seit Ausstellung zur Zahlung vorgelegt werden (Art. 1024 Abs. 1). Daraus folgt, dass Sichtwechsel nicht zur Annahme, sondern direkt zur Zahlung vorzulegen sind; die Annahme eines Sichtwechsels ist aber dennoch zulässig (BAUMBACH/HEFERMEHL, Art. 21 WG N 4; BÜLOW, Art. 21 WG N 3; JACOBI, 515; STRANZ, Art. 21 WG N 9; ARMINJON/CARRY, N 250; **a.M.** MEIER-HAYOZ/VON DER CRONE, § 7 N 94). Geboten ist die Vorlegung zum Akzept bei einem Sichtwechsel im Falle eines Vorlegungsgebotes gemäss Art. 1012 sowie bei Nachsichtwechseln (Art. 1013 N 1); denkbar ist sie auch beim Verbot, den Wechsel vor einem bestimmten Tag zur Zahlung vorzulegen (Art. 1024 Abs. 2) sowie bei Sichtwechseln, bei denen der Zahlungsort nicht mit dem Wohnort des Bezogenen übereinstimmt oder die einen Domiziliaten vorsehen (BAUMBACH/HEFERMEHL, Art. 21 WG N 3; STRANZ, Art. 21 WG N 9).

4

2. Legitimation zur Vorlegung

Legitimiert zur Präsentation des Wechsels zur Annahme ist nicht nur der Inhaber, sondern *«jeder, der den Wechsel auch nur in Händen hat»*. **Blosser Besitz** (auch unbefugter) **genügt** also für die Berechtigung, einen Wechsel zur Annahme vorzulegen (BAUMBACH/HEFERMEHL, Art. 21 WG N 1; BÜLOW, Art. 21 WG N 1; HÜCK/CANARIS, 75; **a.M.** MEIER-HAYOZ/VON DER CRONE § 7 N 92, wonach die Präsentation zur Annahme nur durch den formell berechtigten Inhaber erfolgen kann). Demzufolge ist der Bezogene nicht verpflichtet, die Identität des Präsentanten zu überprüfen (DESSEMONTET/BERTHOUD, N° 106; ARMINJON/CARRY, N 249). Dies ist für den Bezogenen insofern unbedenklich, als keine wechselmässige Pflicht zur Annahme besteht und sowohl Zahlung als auch Rückgriff mangels Annahme nur durch den rechtsmässigen Inhaber verlangt werden können (vgl. Art. 1030 N 4, Art. 1033 N 3).

5

3. Vorlegungszeitraum

Die Vorlegung kann nur *bis zum Verfall* erfolgen (vgl. Art. 1023 ff.). Bis zum Verfall bedeutet, dass der Wechsel **spätestens am letzten Werktag (vgl. Art. 1081 Abs. 1) vor dem Verfalltag zum Akzept vorgelegt werden muss** (BAUMBACH/HEFERMEHL, Art. 21 WG N 1; DESSEMONTET/BERTHOUD, N 107; KAPFER, Art. 21 öWG B bei N 14; STRANZ, Art. 21 WG N 8; JACOBI, 565 FN 4; ARMINJON/CARRY, N 250). Bei Verlänge-

6

rung der Frist bis zum Verfall kann die Annahme bis zum neuen Verfalltag erfolgen (PETITPIERRE-SAUVAIN, N° 346). Am Verfalltag und nachher kann der Inhaber nicht mehr Annahme, sondern nur noch Zahlung verlangen (vgl. Art. 1028 Abs. 1). Bei einer Vorlegung zu jenem Zeitpunkt kann deshalb auch kein Protest mangels Annahme und auch kein entsprechender Rückgriff erfolgen (vgl. Art. 1034 Abs. 2 i.V.m. Art. 1050 Abs. 1). Nimmt ein Bezogener einen Wechsel nach Verfall an, wird er dennoch vollumfänglich verpflichtet (STRANZ, Art. 21 WG N 8; JACOBI, 515; ARMINJON/CARRY, N 250; vgl. Art. 1015 N 4). Innerhalb der Vorlegungsfrist kann der Wechsel mehrmals und durch verschiedene Inhaber vorgelegt werden, sofern noch kein Protest mangels Annahme erhoben worden ist (BÜLOW, Art. 21 WG N 2).

4. Vorlegungsadressat und Vorlegungsort

7 Der Wechsel ist **dem Bezogenen vorzulegen,** wobei die Vorlegung an einen Vertreter des Bezogenen genügt. Auch die bei einem Dritten (Domiziliat, Zahlstelle) zahlbaren Wechsel sind dem Bezogenen und nicht dem Dritten vorzulegen (BÜLOW, Art. 21 WG N 5; KAPFER, Art. 21 öWG B bei N 29). Ein solcher Dritter ist nur zur Zahlung berechtigt, es sei denn, er sei vom Bezogenen ausdrücklich zur Annahme bevollmächtigt worden. Bei mehreren Bezogenen genügt nach RGZ 46, 140 vergebliche Vorlegung zur Annahme bei einem von ihnen, um nach Protesterhebung Rückgriff zu nehmen.

8 Der Wechsel ist dem Bezogenen an seinem **Wohnort** zur Annahme vorzulegen (DESSEMONTET/BERTHOUD, N 108). Mangels einer besonderen Angabe gilt der beim Namen des Bezogenen angegebene Ort auch als Wohnort des Bezogenen (Art. 992 Abs. 3). Fehlt jegliche Ortsangabe, ist der Wechsel am tatsächlichen Wohnort des Bezogenen zur Annahme vorzulegen. Dieser Wohnort muss vom Inhaber ermittelt werden (BAUMBACH/HEFERMEHL, Art. 21 WG N 2). Ist dies nicht möglich, kann am Zahlungsort protestiert werden (BÜLOW, Art. 21 WG N 4; STAUB/STRANZ, Art. 21 WG N 5). Innerhalb des Wohnortes muss die Vorlegung zur Annahme im Geschäftslokal des Bezogenen oder in Ermangelung eines solchen in dessen Wohnung vorgenommen werden (Art. 1084). Können Geschäftslokal oder Wohnung nicht ermittelt werden, kann dies mittels Protest festgehalten werden (Art. 1036 Abs. 1 Ziff. 2).

Art. 1012

2. Gebot und Verbot der Vorlegung

¹ **Der Aussteller kann in jedem Wechsel mit oder ohne Bestimmung einer Frist vorschreiben, dass der Wechsel zur Annahme vorgelegt werden muss.**

² **Er kann im Wechsel die Vorlegung zur Annahme untersagen wenn es sich nicht um einen Wechsel handelt, der bei einem Dritten oder an einem von dem Wohnort des Bezogenen verschiedenen Ort zahlbar ist oder der auf eine bestimmte Zeit nach Sicht lautet.**

³ **Er kann auch vorschreiben, dass der Wechsel nicht vor einem bestimmten Tage zur Annahme vorgelegt werden darf.**

⁴ **Jeder Indossant kann, wenn nicht der Aussteller die Vorlegung zur Annahme untersagt hat, mit oder ohne Bestimmung einer Frist vorschreiben, dass der Wechsel zur Annahme vorgelegt werden muss.**

4. Abschnitt: Der Wechsel

2. Ordre ou défense de présentation	¹ Dans toute lettre de change, le tireur peut stipuler qu'elle devra être présentée à l'acceptation, avec ou sans fixation de délai. ² Il peut interdire dans la lettre la présentation à l'acceptation, à moins qu'il ne s'agisse d'une lettre de change payable chez un tiers ou d'une lettre payable dans une localité autre que celle du domicile du tiré ou d'une lettre tirée à un certain délai de vue. ³ Il peut aussi stipuler que la présentation à l'acceptation ne pourra avoir lieu avant un terme indiqué. ⁴ Tout endosseur peut stipuler que la lettre devra être présentée à l'acceptation, avec ou sans fixation de délai, à moins qu'elle n'ait été déclarée non acceptable par le tireur.
2. Ordine o divieto di presentazione	¹ In qualsiasi cambiale il traente può prescrivere che essa sia presentata per l'accettazione, fissando o non fissando un termine. ² Egli può vietare nella cambiale che essa sia presentata alla accettazione, a meno che non sia pagabile presso un terzo, o in luogo diverso da quello del domicilio del trattario, o sia tratta a certo tempo vista. ³ Egli può anche prescrivere che la presentazione per l'accettazione non abbia luogo prima di un certo termine. ⁴ Ogni girante può prescrivere che la cambiale sia presentata per l'accettazione, fissando o non fissando un termine, salvo che il traente l'abbia dichiarata non accettabile.

Literatur

Vgl. die Literaturhinweise zu Art. 1011.

I. Vorlegungsgebot des Ausstellers (Abs. 1)

Ein **Vorlegungsgebot (Präsentationsgebot)** besteht *von Gesetzes wegen* für den Wechselinhaber nur *bei Nachsichtwechseln* (Art. 1013). Daneben kann der **Aussteller in jedem Wechsel** mit oder ohne Ansetzung einer Frist vorschreiben, dass der Wechsel zur Annahme vorgelegt werden muss. Ist keine Frist angegeben, gilt die Regelung von Art. 1011, wonach der Wechsel bis zum Verfall, d.h. spätestens am letzten Werktag vor dem Verfalldatum, zum Akzept vorgelegt werden muss (vgl. Art. 1011 N 6). Zulässig ist auch die Angabe eines Vorlegungszeitraums, innerhalb welchem der Wechsel vorzulegen ist (BAUMBACH/HEFERMEHL, Art. 22 WG N 2). Das Vorlegungsgebot kann einer bestimmten, namentlich genannten Person auferlegt werden; es gilt dann aber ohne weiteres auch für die späteren Inhaber, falls die verpflichtete Person die Vorlegung unterlässt (STRANZ, Art. 22 WG N 5). Ist im Wechsel keine bestimmte Person genannt, gilt das Vorlegungsgebot für den ersten Inhaber und, bei Versäumnis der Vorlegung durch diesen, auch für jeden späteren Inhaber (BÜLOW, Art. 22 WG N 2; BAUMBACH/HEFERMEHL, Art. 22 WG N 1). 1

Die **Form** des Vorlegungsgebotes ist nicht geregelt. Erforderlich ist in jedem Fall aber, dass es von der Unterschrift des Ausstellers gedeckt ist (BÜLOW, Art. 22 WG N 2; BAUMBACH/HEFERMEHL, Art. 22 WG N 1; STRANZ, Art. 22 WG N 4). Das Vorlegungsgebot wird in der Regel in den Text des Wechsels aufgenommen oder in einem besonderen Vermerk festgehalten. In der Praxis werden für das Vorlegungsgebot etwa folgende Formulierungen verwendet: «Der Wechsel ist zur Annahme vorzulegen», «der Wechsel ist bis 12.7.2009 zum Akzept vorzulegen», «an R. Meier oder Ordre, der den Wechsel zur Annahme vorzulegen hat», «zur Annahme vorzulegen zwischen dem 12.6.2009 und dem 12.7.2009». 2

3   Umstritten ist der **Ort des Vorlegungsgebotes,** d.h. wo auf dem Wechsel es angebracht werden muss. Die Möglichkeit eines Vorlegungsgebotes auch auf der Rückseite des Wechsels wird z.T. ausdrücklich bejaht (LESCOT/ROBLOT, N 426 FN 2; ARMINJON/CARRY, N 252; JÄGGI/DRUEY/VON GREYERZ, 175). Wohl zum gleichen Ergebnis führt die Feststellung, das Vorlegungsgebot könne an einem beliebigen Ort angebracht werden (BÜLOW, Art. 22 WG N 2, wohl auch BAUMBACH/HEFERMEHL, Art. 22 WG N 1; PETITPIERRE-SAUVAIN, N 348 und JACOBI, 562). Andere Autoren gehen davon aus, dass das Präsentationsgebot in den Wechseltext aufzunehmen ist (MEIER-HAYOZ/VON DER CRONE, § 7 N 98) bzw. einen Teil der Grundwechselerklärung darstellt und deshalb auf der Vorderseite des Wechsel angebracht werden müsse (STRANZ, Art. 22 WG N 4). Der Wortlaut des Gesetzestextes besagt zwar, dass das Präsentationsgebot «*in*» (franz. «dans», engl. «in») jedem Wechsel vorgeschrieben sein kann (und nicht etwa «auf» dem Wechsel wie z.B. in Art. 1015 Abs. 1, Art. 1043 Abs. 1). Massgebend muss jedoch einzig sein, dass das Vorlegungsgebot eindeutig dem Aussteller zugeordnet werden kann, d.h. *von ihm unterschrieben bzw. von seiner Unterschrift gedeckt ist* (gl.M. CR CO II-EIGENMANN, art. 1012 N 4). Der Aussteller kann nämlich verschiedene andere fakultative Wechselerklärungen ohne weiteres auch auf die Rückseite des Wechsels setzen (z.B. den Protesterlass gemäss Art. 1043, vgl. BAUMBACH/HEFERMEHL, Art. 46 WG N 1; BÜLOW, Art. 46 WG N 3 oder die Notadresse, vgl. Art. 1056 N 1); zudem wird kein notwendiger Wechselbestandteil i.S.v. Art. 991 abgeändert (zur Bedeutung der Rückseite vgl. auch BGE 124 III 115). Da die Unterschrift des Ausstellers zwingend auf der Vorderseite stehen muss (Art. 992 N 23), muss der Aussteller bei einem Vorlegungsgebot auf der Rückseite erneut unterschreiben.

4   Das Vorlegungsgebot hat zur Folge, dass die **Annahme datiert** bzw. das Datum der Vorlegung angegeben werden muss; weigert sich der Bezogene, ist darüber zur Wahrung der Regressrechte Protest aufnehmen zu lassen (Art. 1015 Abs. 2). Wird die Vorlegungsfrist nicht eingehalten, verliert der Inhaber seine Rückgriffsrechte mangels Annahme sowie auch mangels Zahlung, sofern nicht der Wortlaut des Vorlegungsgebots ergibt, dass der Aussteller nur die Haftung für die Annahme hat ausschliessen wollen (Art. 1050 Abs. 2). Die Versäumung der Vorlegungsfrist macht den Wechsel jedoch nicht unwirksam; eine spätere Annahme entfaltet volle Wirkung (BAUMBACH/HEFERMEHL, Art. 22 WG N 3; BÜLOW, Art. 22 WG N 4).

II. Vorlegungsverbot (Abs. 2 und 3)

5   Mit der «Angstklausel» kann der Aussteller seine Haftung für die Annahme ausschliessen (Art. 999 Abs. 2). Ein ähnliches Ziel lässt sich mit dem **Vorlegungsverbot (Präsentationsverbot)** gemäss Art. 1012 Abs. 2 erzielen (sog. **«nichtakzeptable Tratte»**). Ein solches Verbot hat nämlich zur Folge, dass ein allenfalls erhobener Protest mangels Annahme unwirksam und insbesondere ein entsprechender Rückgriff auf den Aussteller und seine Nachmänner ausgeschlossen ist (Art. 1033 N 13). Ein trotz des Vorlegungsverbots erwirktes Akzept ist jedoch gültig und macht den Bezogenen ohne weiteres zum Hauptschuldner (BAUMBACH/HEFERMEHL, Art. 22 WG N 3; BÜLOW, Art. 22 WG N 5; MEIER-HAYOZ/VON DER CRONE, § 7 N 95; PETITPIERRE-SAUVAIN, N 352). Verboten ist nämlich nur die Vorlegung zur Annahme, nicht die Annahme selber; der Aussteller will nicht das Akzept verhindern, sondern sicherstellen, dass er nicht dem Rückgriff mangels Annahme ausgesetzt ist. Dem Inhaber wird gewissermassen als Entschädigung für den Verlust der Möglichkeit, vor Verfall gegen den Aussteller Regress mangels Annahme nehmen zu können, eine solche vorzeitige Regressmöglichkeit bei Eröffnung des Konkurses über den Aussteller eingeräumt (Art. 1033 Abs. 2 Ziff. 3). Der Rückgriff

mangels Zahlung bzw. wegen Unsicherheit des Bezogenen wird vom Präsentationsverbot nicht beeinträchtigt (BAUMBACH/HEFERMEHL, Art. 22 WG N 3; BÜLOW, Art. 22 WG N 5; STRANZ, Art. 22 WG N 12).

Das Vorlegungsverbot kann **nur vom Aussteller** erlassen werden, nicht jedoch von einem Indossanten oder Wechselbürgen. Ein *Vorlegungsverbot des Indossanten* kann u.U. als *Haftungsausschluss* gemäss Art. 1005 Abs. 1 ausgelegt werden. Ein Verbot durch den Aussteller, das als Vorlegungsverbot unwirksam ist, kann evtl. als *Angstklausel* i.S.v. Art. 999 Abs. 2, d.h. als Ausschluss der Haftung des Ausstellers für die Annahme, umgedeutet werden (BAUMBACH/HEFERMEHL, Art. 22 WG N 4; STRANZ, Art. 22 WG N 10). Für die **Form** des Vorlegungsverbotes vgl. die Ausführungen zum Vorlegungsgebot (N 2 und 3 sowie LESCOT/ROBLOT, N 429 FN 2, die ein Vorlegungsverbot auf der Rückseite ebenfalls als zulässig erachten). 6

Ein Vorlegungsverbot ist **zulässig bei allen Wechseln mit Ausnahme von Nachsichtwechseln oder** Wechseln, die bei einem Dritten oder an einem vom Wohnort des Bezogenen verschiedenen Ort zahlbar sind **(Zahlstellen- und Domizilwechsel).** Bei den letztgenannten Wechseln soll dem Bezogenen ermöglicht werden, die im Wechsel vorgesehene Zahlung durch einen Dritten bzw. an einem anderen Ort als seinem Wohnort sicherzustellen, wofür er vom Wechsel durch Vorlage erfahren muss. Die Unzulässigkeit des Vorlegungsverbotes für Nachsichtwechsel folgt ohne weiteres daraus, dass erst die Annahme die Sichtfrist bzw. den Verfall auslöst (Art. 1025 Abs. 1) und deshalb zwingend erfolgen muss. Die Vermutung der Annahme gemäss Art. 1025 Abs. 2 knüpft zudem an die Vorlegungsfrist an. Ein in den erwähnten Fällen trotz des gesetzlichen Verbots erlassenes Vorlegungsverbot ändert an der Wirksamkeit des Wechsels nichts. Ein solcher Wechsel kann ohne weiteres zur Annahme vorgelegt werden (BÜLOW, Art. 22 WG N 6; KAPFER, Art. 22 öWG C vor N 40). 7

Abs. 3 ermöglicht ein **befristetes Vorlegungsverbot** in dem Sinne, dass ein Wechsel nicht vor einem bestimmten Tag zur Annahme vorgelegt werden darf. Dieser **Vorlegungsaufschub** ist im Gegensatz zum unbefristeten Präsentationsverbot gemäss Abs. 2 **bei jedem Wechsel,** also auch bei Nachsichtwechseln oder Domizil- oder Zahlstellenwechseln möglich. Bei Nachsichtwechseln bewirkt ein befristetes Vorlegungsverbot eine Verkürzung der gesetzlichen einjährigen Vorlegungsfrist ab Ausstellung gemäss Art. 1013 Abs. 1. Ein einjähriges Vorlegungsverbot ohne Verlängerung der Vorlegungsfrist gemäss Art. 1013 Abs. 2 wäre eine Umgehung von Abs. 2 und deshalb unzulässig (ebenso STRANZ, Art. 22 WG N 11). Ein befristetes Vorlegungsverbot hat während des Laufs der Frist dieselben Wirkungen wie ein unbefristetes Vorlegungsverbot. Während dieser Frist ist somit der Rückgriff mangels Annahme ausgeschlossen (N 5; BAUMBACH/HEFERMEHL, Art. 22 WG N 5). Die Konkurseröffnung über den Aussteller muss während der Frist des Vorlegungsverbotes eintreten, um den Rückgriff gemäss Art. 1033 Abs. 2 Ziff. 3 zu ermöglichen (STRANZ, Art. 22 WG N 12). Andererseits ist nach dem Ablauf der Frist der Rückgriff mangels Annahme wieder zulässig. 8

III. Vorlegungsgebot des Indossanten (Abs. 4)

Abs. 4 ermöglicht auch dem Indossanten, ein Vorlegungsgebot, d.h. die Vorlegung mit oder ohne Fristbestimmung, vorzuschreiben. Ein **Vorlegungsgebot des Indossanten** ist nur möglich, wenn der Aussteller nicht schon ein Vorlegungsverbot erlassen hat. Die **Form** des Vorlegungsgebots des Indossanten ist nicht geregelt. Da es sich um einen haftungsbeschränkenden Vermerk des Indossanten handelt, muss er von jenem unterschrieben bzw. von dessen Unterschrift gedeckt sein (STRANZ, Art. 22 WG N 6). Eine 9

Verletzung des Vorlegungsgebotes schliesst gemäss Art. 1050 Abs. 3 die Haftung des verbietenden Indossanten aus, nicht jedoch die Haftung seiner Nachmänner (Art. 1050 N 4).

Art. 1013

3. Pflicht zur Vorlegung bei Nachsichtwechseln

¹ Wechsel, die auf eine bestimmte Zeit nach Sicht lauten, müssen binnen einem Jahre nach dem Tage der Ausstellung zur Annahme vorgelegt werden.

² Der Aussteller kann eine kürzere oder eine längere Frist bestimmen.

³ Die Indossanten können die Vorlegungsfristen abkürzen.

3. Obligation de présenter les lettres de change à un certain délai de vue

¹ Les lettres de change à un certain délai de vue doivent être présentées à l'acceptation dans le délai d'un an à partir de leur date.

² Le tireur peut abréger ce dernier délai ou en stipuler un plus long.

³ Ces délais peuvent être abrégés par les endosseurs.

3. Obbligo di presentazione della cambiale a certo tempo vista

¹ La cambiale a certo tempo vista deve essere presentata all'accettazione entro un anno dalla sua data.

² Il traente può abbreviare questo termine o prolungarlo.

³ Detti termini possono essere abbreviati dai giranti.

Literatur

Vgl. die Literaturhinweise zu Art. 1011.

1   **Nachsichtwechsel** sind Wechsel, die auf eine bestimmte Zeit nach Sicht lauten (z.B. «drei Monate nach Sicht zahlen Sie ...»). Nachsichtwechsel müssen zur Annahme vorgelegt werden, damit die Fälligkeit ausgelöst werden kann (vgl. Art. 1012 N 7). Massgebend für die Fälligkeit ist nämlich das Datum der Annahmeerklärung oder des Protestes (vgl. Art. 1025 Abs. 1). Aus diesem Grund bedarf es bei Nachsichtwechseln einer **datierten Annahme** (vgl. Art. 1015 Abs. 2). Damit wird sichergestellt, dass der Inhaber weiss, wann der Wechsel zur Zahlung fällig ist. Die **Vorlegungspflicht** bewirkt zudem, dass der Aussteller innert nützlicher Frist weiss, ob er aus Rückgriff mangels Annahme in Anspruch genommen wird.

2   Nachsichtwechsel sind **innert einem Jahr seit Ausstellung** dem Bezogenen zur Annahme vorzulegen. Der *Aussteller* kann diese **gesetzliche Vorlegungsfrist** *verkürzen oder verlängern;* die *Indossanten* hingegen können diese gesetzliche Vorlegungsfrist oder die vom Aussteller gemäss Abs. 2 bestimmte Vorlegungsfrist zwar *abkürzen, aber nicht verlängern* (Abs. 3). Die Verlängerung bzw. Verkürzung der Frist erfolgt durch den Aussteller mittels eines entsprechenden Vermerks *auf dem Wechsel* (BAUMBACH/HEFERMEHL, Art. 23 WG N 1) bzw. durch den Indossanten *im Indossament* (vgl. Art. 1050 Abs. 3; BÜLOW, Art. 23 WG N 3) wie z.B. «vorzulegen bis ...» oder «vorzulegen innert drei Monaten». Für die Fristbestimmung vgl. Art. 1082. Fristversäumnis hat grundsätzlich einen vollständigen Rückgriffsverlust des Inhabers gegen seine Vormänner, den Aussteller und die übrigen Wechselverpflichteten (mit Ausnahme des Akzeptanten) zur Folge (Art. 1050 Abs. 1). Wird der Wechsel aber nach Fristablauf akzep-

tiert, kann der Akzeptant nach Art. 1018 in Anspruch genommen werden (BÜLOW, Art. 23 WG N 1; vgl. auch Art. 1012 N 4). Das Versäumnis der vom Indossanten abgekürzten Frist bewirkt gemäss Art. 1050 Abs. 3 den Rückgriffsverlust nur gegen den Indossanten (und seinen Bürgen), nicht jedoch gegen andere Wechselschuldner (vgl. Art. 1050 N 4). Im Übrigen gilt für die Vorlegung Art. 1011.

Art. 1014

4. Nochmalige Vorlegung

¹ Der Bezogene kann verlangen, dass ihm der Wechsel am Tage nach der ersten Vorlegung nochmals vorgelegt wird. Die Beteiligten können sich darauf, dass diesem Verlangen nicht entsprochen worden ist, nur berufen, wenn das Verlangen im Protest vermerkt ist.

² **Der Inhaber ist nicht verpflichtet, den zur Annahme vorgelegten Wechsel in der Hand des Bezogenen zu lassen.**

4. Seconde présentation

¹ Le tiré peut demander qu'une seconde présentation lui soit faite le lendemain de la première. Les intéressés ne sont admis à prétendre qu'il n'a pas été fait droit à cette demande que si celle-ci est mentionnée dans le protêt.

² Le porteur n'est pas obligé de se dessaisir, entre les mains du tiré, de la lettre présentée à l'acceptation.

4. Seconda presentazione

¹ Il trattario può chiedere che gli sia fatta una seconda presentazione il giorno seguente alla prima. Gli interessati non possono prevalersi dell'inosservanza di tale richiesta se non sia stata menzionata nel protesto.

² Il portatore non è obbligato a consegnare al trattario la cambiale presentata per l'accettazione.

Literatur

Vgl. die Literaturhinweise zu Art. 1011.

Das Recht des Wechselinhabers, den Wechsel zur Annahme zu präsentieren, bedeutet nicht, dass die Annahme durch den Bezogenen unverzüglich erfolgen muss. Der Bezogene hat die Möglichkeit, **nochmalige Vorlegung** am nächsten Tag zu verlangen, d.h. sich eine eintägige **Überlegungsfrist** einräumen zu lassen. Dies erfolgt durch eine entsprechende *ausdrückliche Erklärung anlässlich der ersten Vorlegung zur Annahme* und ist bei späteren Vorlegungen nicht mehr möglich (BÜLOW, Art. 24 WG N 2). Auch eine frühere Vorlegung durch eine andere Person als den nunmehrigen Vorleger, selbst wenn sie zur Vorlegung nicht befugt war, schliesst das Recht auf Überlegungsfrist aus (BAUMBACH/HEFERMEHL, Art. 24 WG N 1). Dies folgt aus Art. 1011, wonach jeder Inhaber zur Präsentation eines Wechsels befugt ist (vgl. Art. 1011 N 5). Nochmalige Vorlegung kann der Bezogene nur bei der Vorlegung zur Annahme, nicht jedoch bei der Präsentation zur Zahlung verlangen (STRANZ, Art. 24 WG N 2). Die Überlegungsfrist von einem Tag kann vom Inhaber faktisch verlängert werden, indem er den Wechsel nicht schon am nächsten Werktag, sondern an einem beliebigen späteren Tag innerhalb der Vorlegungsfrist nochmals zur Annahme vorlegt; die Wiedervorlegung braucht nicht am nächsten Tag zu erfolgen (BÜLOW, Art. 24 WG N 1).

Art. 1015

2　Das Verlangen der nochmaligen Vorlegung durch den Bezogenen bedeutet *keine Verweigerung der Annahme* (BAUMBACH/HEFERMEHL, Art. 24 WG N 1). Eine solche liegt dagegen vor, wenn der Bezogene das Akzept ohne jede Erklärung verweigert. Verlangt der Bezogene nochmalige Vorlegung, kann der Inhaber dennoch einen Protest mangels Annahme vornehmen lassen, Rückgriff mangels Annahme ist aber (noch) nicht möglich (BÜLOW, Art. 24 WG N 1). Dieser **Protest** hält die Vorlegung sowie das Verlangen des Bezogenen auf nochmalige Vorlegung fest (Art. 1036 Abs. 3). Wird er nicht erhoben, kann sich kein Beteiligter auf dieses Verlangen berufen (Abs. 1 Satz 2). Wird der Wechsel am nächsten Werktag nochmals vorgelegt, so muss bei Verweigerung des Akzepts ein **zweiter Protest** aufgenommen werden, ansonsten die Rückgriffsrechte des Wechselinhabers verfallen (Art. 1050 Abs. 1). Dieser Protest hält die nochmalige Vorlegung sowie die Verweigerung der Annahme fest und eröffnet dem Inhaber die Möglichkeit des Rückgriffs mangels Annahme (Art. 1033 Abs. 2 Ziff. 1). Die erstmalige Vorlegung am letzten Tage der Vorlegungsfrist schadet nicht. Gemäss Art. 1034 Abs. 2 findet in einem solchen Fall eine Verlängerung der Protestfrist um einen Tag statt (vgl. Art. 1034 N 15).

3　Wenn der Bezogene bei der Präsentation zur Annahme eine Überlegungsfrist verlangt, kann der Inhaber den Wechsel wieder mitnehmen; er muss ihn dem Bezogenen nicht überlassen (Abs. 2). Vorlegung zur Annahme bedeutet Vorlegung zur Einsicht und nicht Übergabe.

Art. 1015

5. Form der Annahme

¹ Die Annahmeerklärung wird auf den Wechsel gesetzt. Sie wird durch das Wort «angenommen» oder ein gleichbedeutendes Wort ausgedrückt; sie ist vom Bezogenen zu unterschreiben. Die blosse Unterschrift des Bezogenen auf der Vorderseite des Wechsels gilt als Annahme.

² Lautet der Wechsel auf eine bestimmte Zeit nach Sicht oder ist er infolge eines besonderen Vermerks innerhalb einer bestimmten Frist zur Annahme vorzulegen, so muss die Annahmeerklärung den Tag bezeichnen, an dem sie erfolgt ist, sofern nicht der Inhaber die Angabe des Tages der Vorlegung verlangt. Ist kein Tag angegeben, so muss der Inhaber, um seine Rückgriffsrechte gegen die Indossanten und den Aussteller zu wahren, diese Unterlassung rechtzeitig durch einen Protest feststellen lassen.

5. Forme de l'acceptation

¹ L'acceptation est écrite sur la lettre de change. Elle est exprimée par le mot «accepté» ou tout autre mot équivalent; elle est signée du tiré. La simple signature du tiré apposée au recto de la lettre vaut acceptation.

² Quand la lettre est payable à un certain délai de vue ou lorsqu'elle doit être présentée à l'acceptation dans un délai déterminé en vertu d'une stipulation spéciale, l'acceptation doit être datée du jour où elle a été donnée, à moins que le porteur n'exige qu'elle soit datée du jour de la présentation. A défaut de date, le porteur, pour conserver ses droits de recours contre les endosseurs et contre le tireur, fait constater cette omission par un protêt dressé en temps utile.

4. Abschnitt: Der Wechsel   1–3 Art. 1015

5. Forma della accettazione

¹ L'accettazione è scritta sulla cambiale. È espressa colla parola «accettato» o con altre equivalenti; è sottoscritta dal trattario. La semplice sottoscrizione del trattario sulla faccia anteriore della cambiale vale accettazione.

² Se la cambiale è pagabile a certo tempo vista o, in virtù di clausola speciale, deve essere presentata per l'accettazione entro un termine stabilito, l'accettazione deve portare la data del giorno in cui è fatta, a meno che il portatore non esiga che vi sia apposta la data della presentazione. Se manca la data, il portatore, per conservare il regresso contro i giranti e contro il traente, deve far constatare la mancanza con protesto levato in tempo utile.

Literatur

Vgl. die Literaturhinweise zu Art. 1011.

I. Form

Die **Annahmeerklärung,** d.h. die Erklärung des Bezogenen, der im Wechsel enthaltenen Zahlungsaufforderung nachzukommen, erfolgt durch das Wort «angenommen» bzw. «akzeptiert» oder einen gleichbedeutenden Vermerk, der den Annahmewillen ausdrückt, wie z.B. «einverstanden», «genehmigt», «in Ordnung», «gut zur Annahme», «ich werde zahlen». Auch die **blosse Unterschrift** des Bezogenen auf der Vorderseite gilt als Annahmeerklärung. Die Formulierung «gesehen» gilt nicht als Annahmeerklärung, da dadurch der Annahmewille nicht zum Ausdruck kommt (BÜLOW, Art. 25 WG N 4; KAPFER, Art. 25 öWG A vor N 29; ARMINJON/CARRY, N 256, CARRY, 3, **a.M.** BAUMBACH/HEFERMEHL, Art. 25 WG N 1, wonach Formulierungen wie «gesehen» und «vorgelegt» unbeachtlich seien und somit das Akzept durch die blosse Unterschrift des Bezogenen begründet werde, ebenso STAUB/STRANZ, Art. 25 WG N 5; für andere Autoren drückt «gesehen» den Annahmewillen aus, vgl. STRANZ, Art. 25 WG N 5; LESCOT/ROBLOT, N 449). 1

Die Annahmeerklärung kann *auf der Vorder- oder Rückseite* des Wechsels stehen, sie muss aber *unterschrieben bzw. von der Unterschrift des Bezogenen gedeckt* sein. Die ebenfalls eine Annahmeerklärung begründende blosse Unterschrift des Bezogenen kann grundsätzlich an einer beliebigen Stelle auf der Vorderseite des Wechsels angebracht werden (STRANZ, Art. 25 WG N 2). Auf der Rückseite gilt die blosse Unterschrift grundsätzlich als Blankoindossament und nicht als Akzept (vgl. Art. 1003 Abs. 2). Üblicherweise erfolgt die Annahmeerklärung bzw. die blosse Unterschrift jedoch quer am linken Rand des Wechsels. Die Annahmeerklärung muss *auf dem Wechsel selbst* angebracht werden; sie darf gemäss wohl überwiegender Lehrmeinung (BAUMBACH/HEFERMEHL, Art. 25 WG N 1; BÜLOW, Art. 25 WG N 4; HÜCK/CANARIS, 77; KAPFER, Art. 25 öWG A bei N 3; JÄGGI/DRUEY/VON GREYERZ, 175; PIMMER, ART. 25 öWG N 2; VON ÄSCH, 124) **weder** auf einem **Anhang (a.M.** JACOBI, 524; MEIER-HAYOZ/VON DER CRONE, § 7 N 100; PETITPIERRE-SAUVAIN, N 355; DESSEMONTET/BERTHOUD, N 114; STRANZ, Art. 25 WG N 1) **noch** auf einer **Abschrift** (vgl. Art. 1066 N 7) stehen. Das Bundesgericht bezeichnet in BGE 124 III 114 E. 1b) die Frage der Gültigkeit einer Annahmeerklärung auf dem Anhang als umstritten. Es bejaht dann allerdings die Zulässigkeit der Quittierung einer Ehrenzahlung (vgl. Art. 1056) auf der Allonge und scheint in seinen Erwägungen bezüglich der Gleichbehandlung von eigentlicher Wechselurkunde und Anhang einer liberaleren Haltung zuzuneigen, ohne allerdings explizit zur Gültigkeit einer Annahmeerklärung auf dem Anhang Stellung zu nehmen. 2

Für die Annahmeerklärung ist die **Schriftform** erforderlich; handschriftlich, d.h. **eigenhändig,** muss aber nur die **Unterschrift** des Akzeptanten sein, nicht jedoch die eigent- 3 liche Annahmeerklärung (KAPFER, Art. 25 öWG A bei N 7; STRANZ, Art. 25 WG N 2). Für die Unterschrift gelten im übrigen die selben Grundsätze wie für die Unterschrift des Ausstellers (BÜLOW, Art. 25 WG N 5; für Einzelheiten vgl. Art. 991 N 23). Die Angabe von Ort und Zeit des Akzepts ist zulässig (BAUMBACH/HEFERMEHL, Art. 25 WG N 2); der Annahmewille des Akzeptanten wird dadurch nicht beeinträchtigt. Diese Angaben sind jedoch für die Gültigkeit der Annahmeerklärung nicht erforderlich (vgl. zur Datierung N 7).

II. Zeitpunkt

4   Das Akzept kann grundsätzlich zu einem **beliebigen Zeitpunkt** erfolgen, also auch, bevor der Wechsel vollständig ist (**Blankoakzept**; BÜLOW, Art. 25 WG N 8; JÄGGI/DRUEY/VON GREYERZ, 161). In einem solchen Fall wird der Akzeptant jedoch erst mit der Vervollständigung der wesentlichen Wechselbestandteile verpflichtet (vgl. Art. 1000 N 1 ff., insb. N 7). Auch nach Ablauf der Präsentationsfrist und nach Verfall ist ein Akzept möglich und verpflichtet den Akzeptanten ohne weiteres (BAUMBACH/HEFERMEHL, Art. 25 WG N 3; vgl. Art. 1011 N 6, 1012 N 4). Oft wird das Akzept bereits vor der Inverkehrsetzung des Wechsels eingeholt.

III. Identität

5   Die Annahmeerklärung muss **vom Bezogenen** unterschrieben werden, um wirksam zu sein. Der Bezogene muss nicht persönlich zeichnen, er kann sich eines Vertreters bedienen, wobei der Name des Vertretenen allein oder in Verbindung mit demjenigen des Vertreters genannt werden muss (vgl. Art. 998 N 2 ff.; MEIER-HAYOZ/VON DER CRONE, § 7 N 72; PETITPIERRE-SAUVAIN, N 356). Die blosse Unterschrift durch einen anderen als den Bezogenen kann die Haftung des Unterzeichnenden als Bürge des Ausstellers begründen (vgl. Art. 1021 Abs. 3). Generell für die Wirkungen von Unterschriften von vollmachtlosen Vertretern sowie verwandten Tatbeständen vgl. Art. 998 N 5 ff. und 9 ff. sowie PETITPIERRE-SAUVAIN, N 357 ff. und DESSEMONTET, SJK, N 13 ff. (**a.M.** DESSEMONTET/BERTHOUD, N 118, für die Art. 998 für das Akzept nicht anwendbar ist; differenzierter DESSEMONTET, SJK, N 16). Allerdings sollte beim Akzept im Zweifel keine Zurechnung von Handlungen Dritter zu Lasten des Akzeptanten erfolgen (PETITPIERRE-SAUVAIN, N 359). Das Verhalten des Bezogenen gegenüber dem Inhaber (z.B. bei Täuschung über die Echtheit seiner Unterschrift) kann u.U. eine vertragliche Haftung begründen (BGE 128 III 324).

6   Es ist keine formale Identität zwischen dem im Wechsel angegebenen Namen des Bezogenen und dem Namen, mit dem der Bezogene unterschreibt, erforderlich. Es genügt, wenn der Bezogene mit einem Namen unterzeichnet, dessen er sich tatsächlich bedient und der eine zuverlässige Feststellung seiner Identität erlaubt (RGZ 119, 198). Nicht formale Identität, d.h. äussere Namensgleichheit, sondern **materielle** bzw. **sachliche Identität**, d.h. **Personengleichheit** zwischen dem Bezogenen und dem Akzeptanten ist erforderlich und ausreichend (h.L. BAUMBACH/HEFERMEHL, Art. 25 WG N 4 f. m.Nw.; BÜLOW, Art. 25 WG N 12; DESSEMONTET/BERTHOUD, N 115; HÜCK/CANARIS, 77; KAPFER, Art. 25 öWG A bei N 11–13; MOSSA, 429; PIMMER, Art. 25 öWG, N 2; **a.M.** STRANZ, Art. 25 WG N 7 f.; OLG Celle NJW 52, 884). Für die Bestimmung der Identität zwischen dem Bezogenen und dem Akzeptanten gilt das Prinzip der formellen Wechselstrenge nicht, es können dafür auch ausserhalb der Urkunde liegende Umstände mit zusammen einbezogen werden, sofern der Wechsel selber Anhaltspunkte für die Ermittlung der Identität bzw. dafür enthält, dass solche Umstände massgeblich sein könn-

ten (BAUMBACH/HEFERMEHL, Art. 25 WG N 5; BÜLOW, Art. 25 WG N 2; KAPFER, Art. 25 öWG A bei N 18; PIMMER, Art. 25 öWG E 5).

IV. Datierung

Grundsätzlich muss die Annahme nicht datiert werden, der Akzeptant wird auch bei fehlender **Datierung** in jedem Fall vollumfänglich verpflichtet. Eine **Datierungspflicht** besteht in den Fällen, in denen ein gesetzliches (Nachsichtwechsel, vgl. Art. 1013) oder ein gewillkürtes (Art. 1012) **Vorlegungsgebot** existiert. Beim Nachsichtwechsel wird mit der Datierung der Annahme gleichzeitig auch der Verfall bestimmt (Art. 1025 Abs. 1). Beim Vorlegungsgebot soll mit der Datierung festgestellt werden können, ob der Wechsel rechtzeitig präsentiert wurde und somit die Rückgriffsrechte noch bestehen (vgl. Art. 1012 N 4). Eine fehlende Datierung trotz Datierungspflicht hat jedoch nicht Unwirksamkeit des Akzepts zur Folge, sondern macht die Vornahme eines Protests mangels Datierung erforderlich, ansonsten der Inhaber seine Regressrechte einbüsst (Abs. 2 Satz 2). Der Akzeptant selber bleibt auch ohne Protest verpflichtet (BAUMBACH/HEFERMEHL, Art. 25 WG N 10). Der Protest ist «rechtzeitig», d.h. innerhalb der für den Protest mangels Annahme vorgeschriebenen Frist (vgl. Art. 1034 Abs. 2), vorzunehmen zu lassen, also nicht bereits am Tag der Erteilung der undatierten Annahmeerklärung (KAPFER Art. 25 öWG B bei N 46; STRANZ, Art. 25 WG N 14). 7

Bei der Datierung ist der **Tag der Unterzeichnung** anzugeben, es sei denn der Inhaber habe die Angabe des Tages der Vorlegung verlangt. Mit **Vorlegungstag** ist der Tag der ersten Vorlegung gemeint (BAUMBACH/HEFERMEHL, Art. 25 WG N 10). Die Angabe des *Vorlegungsdatums* ist bei der Vorlegung am letzten Tag der Vorlegungsfrist und gleichzeitiger Beanspruchung der Überlegungsfrist gemäss Art. 1014 Abs. 1 durch den Bezogenen unverzichtbar, um in den Genuss der Verlängerung der Protestfrist gemäss Art. 1034 Abs. 2 zu gelangen (vgl. Art. 1014 N 2). 8

Art. 1016

6. Einschränkungen der Annahme	**¹ Die Annahme muss unbedingt sein; der Bezogene kann sie aber auf einen Teil der Wechselsumme beschränken.** **² Wenn die Annahmeerklärung irgendeine andere Abweichung von den Bestimmungen des Wechsels enthält, so gilt die Annahme als verweigert. Der Annehmende haftet jedoch nach dem Inhalte seiner Annahmeerklärung.**
6. Acceptation restreinte	¹ L'acceptation est pure et simple, mais le tiré peut la restreindre à une partie de la somme. ² Toute autre modification apportée par l'acceptation aux énonciations de la lettre de change équivaut à un refus d'acceptation. Toutefois, l'accepteur est tenu dans les termes de son acceptation.
6. Accettazione limitata	¹ L'accettazione deve essere incondizionata; il trattario può limitarla ad una parte della somma. ² Qualsiasi altra modificazione apportata nell'accettazione al tenore della cambiale equivale a rifiuto di accettazione; nondimeno l'accettante resta obbligato nei termini della sua accettazione.

Literatur

Vgl. die Literaturhinweise zu Art. 1011.

I. Bedingte Annahme

1 Die Annahme des Bezogenen muss unbedingt sein. Eine **bedingte Annahme** (z.B. «falls Deckung vorhanden ist», «wenn Vertrag vom ... [korrekt] erfüllt wird») entfaltet keinerlei wechselmässige Verpflichtung des Bezogenen, sie gilt vielmehr als **Annahmeverweigerung** (MEIER-HAYOZ/VON DER CRONE, § 7 N 103) und erlaubt dem Inhaber die Aufnahme des Protestes mangels Annahme bzw. den entsprechenden Rückgriff (BAUMBACH/HEFERMEHL, Art. 26 WG N 1). Ein anderes Ergebnis würde der Abstraktheit der Wechselverpflichtung widersprechen und die Umlauffähigkeit eines Wechsels wesentlich beeinträchtigen. Im Falle einer bedingten Annahme haftet der Bezogene auch nicht nach Abs. 2 Satz 2 (vgl. N 5), da ansonsten eine Umgehung des Bedingungsverbots von Abs. 1 vorliegen würde (BAUMBACH/HEFERMEHL, Art. 26 WG N 1 m.V. auch auf abweichende Meinungen; HÜCK/CANARIS, 79; KAPFER, Art. 26 öWG A bei N 5; STRANZ, Art. 26 WG N 4; zweifelnd JÄGGI/DRUEY/VON GREYERZ, 173). Wenn nicht behebbare Zweifel bestehen, ob ein Zusatz zur Annahmeerklärung als Bedingung aufzufassen ist, entsteht gemäss Praxis des deutschen Bundesgerichtshofes keine wechselmässige Verpflichtung; u.U. ist aber eine Umdeutung in ein abstraktes Schuldversprechen möglich (BGHZ 124, 263 ff., publ. in WM 1994, 57 = NJW 1994, 448). Ein mit dem Zusatz «siehe Schreiben vom ...» versehenes Akzept gilt als bedingte Annahmeerklärung und ist somit unwirksam (OLG Saarbrücken, WM 1998, 38).

2 Unschädlich sind solche «Bedingungen», welche die Haftung des Akzeptanten nur von ohnehin bestehenden gesetzlichen Voraussetzungen abhängig machen wie z.B. «Zahle (nur) gegen Aushändigung des Wechsels» oder «Bei Vorlegung nach Verfall» (KAPFER, Art. 26 öWG C bei N 25–28; STRANZ, Art. 26 WG N 2). Gemäss RGZ 119, 422 kann das Akzept bei einem Sichtwechsel die Bedingung enthalten, dass er bis zu einem bestimmten Datum vorgelegt werden muss. Begründet wird dies mit der besonderen Rechtsnatur des Sichtwechsels, der erst beim (ungewissen) Tag der Vorlegung fällig wird, womit durch die «Bedingung» keine Unklarheit geschaffen werde.

II. Teilannahme

3 Der Bezogene, der die Annahme auf einen Teil der Wechselsumme beschränkt hat, haftet als Akzeptant für diesen Teil wie bei einem reinen Akzept; es liegt eine sogenannte **Teilannahme (Teilakzept)** vor. Der Inhaber muss die Teilannahme zulassen, ansonsten er seine Rückgriffsrechte verliert. Dies folgt aus Art. 1045 Abs. 1 Ziff. 1, wonach der Rückgriff nur möglich ist, *soweit der Wechsel nicht angenommen worden ist*. Für den Rest, d.h. den nicht angenommenen Teil der Wechselsumme, liegt eine Annahmeverweigerung vor, und es kann Rückgriff genommen werden (BÜLOW, Art. 26 WG N 4; MEIER-HAYOZ/VON DER CRONE, § 7 N 106). Bei Annahme zu einem höheren Betrag als die Wechselsumme (**Mehrannahme**) gilt, dass die Haftung des Mehrannehmers auf die Wechselsumme beschränkt ist; (nur) in diesem Umfang entfaltet das Akzept seine volle Wirkung (BAUMBACH/HEFERMEHL, Art. 26 WG N 3; MEIER-HAYOZ/VON DER CRONE, § 7 N 107; STRANZ, Art. 26 WG N 6; BlSchK 1979, 47 ff.).

4 Mit dem Teilakzept kann **nur die Wechselsumme beschränkt,** nicht aber eine Begrenzung der Haftung bis zum Wert eines bestimmten Gegenstandes (z.B. ein Grundstück) angeordnet werden, auch wenn diese Beschränkung vollumfänglich aus dem Wechsel

4. Abschnitt: Der Wechsel Art. 1017

selbst ersichtlich ist (ebenso BÜLOW, Art. 26 WG N 2; **a.M.** wohl BAUMBACH/HEFER-MEHL, Art. 26 WG N 2). Dies geht bereits aus dem Wortlaut hervor (*«auf einen Teil der Wechselsumme beschränken»*); zudem wäre ein solches Akzept vom schwankenden Wert des Haftungsobjekts abhängig, womit ein bedingtes und somit unzulässiges Akzept vorliegen würde.

III. Andere Abweichungen

Als **andere Abweichungen** von den Bestimmungen des Wechsels in der Annahmeerklärung gemäss Abs. 2 gelten alle Abweichungen ausser einer Bedingung oder der Beschränkung der Annahme auf einen Teil der Wechselsumme, welche bereits abschliessend in Abs. 1 geregelt sind. Solche anderen Abweichungen können etwa den Zahlungsort, die Zahlungszeit, ein Indossierungsverbot (sogenannte Rektaannahme, «angenommen aber nicht an Order») oder die geschuldete Währung (Effektivvermerk) betreffen. Sie müssen infolge von Art. 1015 ausdrücklich sein und sich aus der Annahmeerklärung ergeben (BAUMBACH/HEFERMEHL, Art. 26 WG N 4). Die Benennung eines Domiziliaten oder die Bezeichnung einer Zahlstelle durch den Bezogenen in der Annahmeerklärung i.S.v. Art. 1017 gilt nicht als andere Abweichung i.S.v. Art. 1016 und stellt somit keine Einschränkung der Annahmeerklärung dar; es liegt in solchen Fällen ein reguläres Akzept vor (vgl. Art. 1017 N 1).

5

Andere Abweichungen i.S.v. Abs. 2 haben zur **Folge,** dass die *Annahme als verweigert gilt*. Der Akzeptant haftet aber nach dem Inhalt seiner Annahmeerklärung. Eine wechselmässige Haftung des Akzeptanten nach dem Inhalt seines Akzepts setzt voraus, dass die entsprechende Erklärung den sonstigen Erfordernissen einer wechselrechtlichen Erklärung entspricht (BAUMBACH/HEFERMEHL, Art. 26 WG N 4) bzw. es sich dabei um eine Verpflichtung handelt, die Gegenstand eines Wechsels sein könnte, wenn sie auch mit der tatsächlichen Zahlungsaufforderung des Ausstellers nicht übereinstimmt (STRANZ, Art. 26 WG N 9). Da bei einer anderen Abweichung die Annahme als verweigert gilt, kann der Inhaber schon vor Verfall Rückgriff nehmen (Art. 1033 Abs. 2 Ziff. 1). Verzichtet er auf einen Rückgriff vor Verfall, muss der Inhaber zur Wahrung seiner Rückgriffsrechte *Vorlegung und Protest nach Massgabe des (ursprünglichen) Wechselinhaltes* (insb. des Verfalldatums) ohne Beachtung der im Akzept enthaltenen (abweichenden) Angaben vornehmen (BÜLOW, Art. 26 WG N 5; ARMINJON/CARRY, N 259).

6

Art. 1017

7. Domiziliat und Zahlstelle

¹ Hat der Aussteller im Wechsel einen von dem Wohnorte des Bezogenen verschiedenen Zahlungsort angegeben, ohne einen Dritten zu bezeichnen, bei dem die Zahlung geleistet werden soll, so kann der Bezogene bei der Annahmeerklärung einen Dritten bezeichnen. Mangels einer solchen Bezeichnung wird angenommen, dass sich der Annehmer verpflichtet hat, selbst am Zahlungsorte zu zahlen.

² Ist der Wechsel beim Bezogenen selbst zahlbar, so kann dieser in der Annahmeerklärung eine am Zahlungsorte befindliche Stelle bezeichnen, wo die Zahlung geleistet werden soll.

7. Domiciliataire et lieu de paiement	¹ Quand le tireur a indiqué dans la lettre de change un lieu de paiement autre que celui du domicile du tiré, sans désigner un tiers chez qui le paiement doit être effectué, le tiré peut l'indiquer lors de l'acceptation. A défaut de cette indication, l'accepteur est réputé s'être obligé à payer lui-même au lieu du paiement. ² Si la lettre est payable au domicile du tiré, celui-ci peut, dans l'acceptation, indiquer une adresse du même lieu où le paiement doit être effectué.
7. Domiciliatario e luogo di pagamento	¹ Se il traente ha indicato nella cambiale un luogo di pagamento diverso da quello del domicilio del trattario, ma non una terza persona presso la quale il pagamento deve essere effettuato, il trattario può indicarla al momento dell'accettazione. In mancanza di tale indicazione, si reputa che l'accettante sia tenuto a pagare egli stesso nel luogo di pagamento. ² Se la cambiale è pagabile al domicilio del trattario, questi può indicare nell'accettazione un indirizzo nello stesso luogo in cui il pagamento deve essere effettuato.

Literatur

Vgl. die Literaturhinweise zu Art. 1011.

I. Allgemeines

1 Art. 1017 bezweckt, dem Bezogenen zu ermöglichen, bei einem Domizilwechsel einen Dritten anzugeben, bei dem der Wechsel bezahlt werden soll bzw. bei einem Wechsel, der an seinem Wohnort zahlbar ist, eine Zahlstelle zu bezeichnen. Dies wird in beiden Fällen i.d.R. die Bank des Bezogenen sein. Die Bezeichnung eines Dritten (Domiziliaten) oder einer Zahlstelle stellt **keine Abweichung** von den Bestimmungen des Wechsels **i.S.v. Art. 1016 Abs. 2** dar, sondern eine befugte Ergänzung des Wechselinhalts, die für alle Wechselbeteiligten verbindlich ist (Art. 1016 N 5; BÜLOW, Art. 27 WG N 2; RICHARDI, 169).

2 Ein **Domizilwechsel** liegt vor, wenn der Wohnort des Bezogenen nicht mit dem Zahlungsort übereinstimmt (vgl. Art. 994). Ein **Zahlstellenwechsel** ist ein Wechsel, der nicht beim Bezogenen, sondern bei einem Dritten zahlbar ist (Art. 994 N 2). Ein Domizilwechsel kann somit gleichzeitig auch Zahlstellenwechsel sein, muss es aber nicht. Der Bezogene kann einen Wechsel zum Zahlstellenwechsel, nicht jedoch zum Domizilwechsel machen (BAUMBACH/HEFERMEHL, Art. 27 WG N 1; BÜLOW, Art. 27 WG N 1; ARMINJON/CARRY, N 259).

II. Domiziliat (Abs. 1)

3 Abs. 1 bezieht sich auf **Domizilwechsel** (vgl. N 2). Wenn der Aussteller zwar einen Domizilwechsel ausgestellt, es aber unterlassen hat, einen Dritten zu bezeichnen, bei dem die Zahlung geleistet werden soll, kann der Bezogene mit dem Akzept einen solchen Dritten (**Domiziliaten**) bezeichnen. Domiziliat kann jede vom Aussteller verschiedene Person sein, auch der Bezogene sowie jeder aus dem Wechsel Berechtigte (BAUMBACH/HEFERMEHL, Art. 27 WG N 1). Der Bezogene muss einen Dritten **am Zahlungsort** und nicht an einem beliebigen Ort bestimmen (BÜLOW, Art. 27 WG N 2; ARMINJON/CARRY, N 259; RICHARDI, 169; nun auch entgegen der Voraufl. BAUMBACH/HEFERMEHL, Art. 27 WG N 2). Dies folgt bereits aus dem Wortlaut (Satz 2). Als Domiziliat kann ferner nur eine Person benannt werden, nicht mehrere (BAUMBACH/HEFERMEHL, Art. 27 WG N 2; BÜLOW, Art. 27 WG N 2). Unterlässt der Bezogene die Be-

zeichnung eines Domiziliaten, gilt gemäss Abs. 1 Satz 2 die **Vermutung,** dass er selbst zur Zahlung am Zahlungsort verpflichtet ist. Diese Vermutung ist u.U. widerlegbar (vgl. dazu BÜLOW, Art. 27 WG N 4).

Der entsprechende **Vermerk** wird gemäss Wortlaut von Abs. 1 *«bei der Annahmeerklärung»* vorgenommen. In Abs. 2 wird für die analoge Situation beim Zahlstellenwechsel die Formulierung *«in der Annahmeerklärung»* verwendet. Dennoch gilt, dass die Bezeichnung des Domiziliaten gemäss Abs. 1 **im bzw. auf dem Wechsel,** jedoch nicht unbedingt in der Annahmeerklärung zu erfolgen hat (h.L. BAUMBACH/HEFERMEHL, Art. 27 WG N 2; BÜLOW, Art. 27 WG N 2; STRANZ Art. 27 WG N 7; **a.M.** ARMINJON/CARRY, N 259, wonach die Unterscheidung zwischen Abs. 1 und 2 nicht gerechtfertigt sei und der entsprechende Vermerk in beiden Fällen in der Annahmeerklärung erfolgen müsse). 4

III. Zahlstelle (Abs. 2)

Abs. 2 behandelt Wechsel, die im Gegensatz zu den in Abs. 1 geregelten echten Domizilwechseln nicht an einem Drittort, sondern am **Wohnort des Bezogenen** selbst zahlbar sind. Ist der Wechsel am Wohnort des Bezogenen zahlbar, so kann dieser in der Annahmeerklärung eine am Zahlungsort befindliche Stelle bezeichnen, wo die Zahlung geleistet werden soll. Die Angabe der Wohnung des Bezogenen, der Geschäftsräume hat, durch den Aussteller dient nur der Erleichterung des Auffindens, gibt aber keine Zahlstelle an (RGZ 85, 304). Der Bezogene kann also die **Zahlstelle,** nicht jedoch einen Zahlungsort bezeichnen, d.h. er kann den Wechsel nicht zum Domizilwechsel machen (vgl. N 2). 5

Zahlstelle ist eine von der Wohnung oder den Geschäftsräumen des Akzeptanten verschiedene Stelle (i.d.R. eine Person, z.B. eine Bank), wo gezahlt werden soll. Wie aus dem Wortlaut folgt, muss die Angabe der Zahlstelle **in der Annahmeerklärung** erfolgen, die Bestimmung ausserhalb der Annahmeerklärung ist unbeachtlich (h.L. BAUMBACH/HEFERMEHL, Art. 27 WG N 3; BÜLOW, Art. 27 N 8; ARMINJON/CARRY, N 259; **a.M.** STRANZ, Art. 27 WG N 7, wonach die – weniger strenge – Formvorschrift von Abs. 1 auch für Abs. 2 gelten soll). 6

Art. 1018

8. Wirkung der Annahme a. Im Allgemeinen	¹ **Der Bezogene wird durch die Annahme verpflichtet, den Wechsel bei Verfall zu bezahlen.** ² **Mangels Zahlung hat der Inhaber, auch wenn er der Aussteller ist, gegen den Annehmer einen unmittelbaren Anspruch aus dem Wechsel auf alles, was auf Grund der Artikel 1045 und 1046 gefordert werden kann.**
8. Effets de l'acceptation a. En général	¹ Par l'acceptation le tiré s'oblige à payer la lettre de change à l'échéance. ² A défaut de paiement, le porteur, même s'il est le tireur, a contre l'accepteur une action directe résultant de la lettre de change pour tout ce qui peut être exigé en vertu des art. 1045 et 1046.
8. Effetti della accettazione a. In genere	¹ Con l'accettazione il trattario si obbliga di pagare la cambiale alla scadenza. ² In mancanza di pagamento il portatore, ancorché sia il traente, ha contro l'accettante un'azione cambiaria diretta per tutto quanto può essere chiesto a sensi degli articoli 1045e 1046.

Literatur

Vgl. die Literaturhinweise zu Art. 1011.

I. Zahlungsverpflichtung des Akzeptanten

1 Art. 1018 begründet die eigentliche **Zahlungsverpflichtung (Einlösungspflicht)** des Akzeptanten. Erst durch die Annahme wird der Bezogene verpflichtet, den Wechsel bei Verfall zu bezahlen (einzulösen), vorher ist er wechselrechtlich nicht verpflichtet (vgl. BGE 111 III 35). Er wird damit zum Hauptschuldner des Wechsels. Die Haftung aller übrigen Wechselverpflichteten ist nur subsidiär, da sie grundsätzlich nur eintritt, wenn der Wechsel nicht akzeptiert oder bezahlt wird (Art. 1033). Der Umfang der Zahlungsverpflichtung des Akzeptanten hängt davon ab, ob er den Wechsel rechtzeitig, d.h. bei Verfall (Abs. 1, vgl. N 3), oder nicht (Abs. 2, sog. erweiterte Haftung, vgl. N 4 f.) bezahlt.

2 Für die Begründung der Zahlungsverpflichtung des Akzeptanten genügt die blosse Annahmeerklärung nicht, es ist zusätzlich noch die **Begebung** des akzeptierten Wechsels an den Inhaber erforderlich, d.h. der Abschluss des **Begebungsvertrages,** damit die selbständige Verpflichtung des Akzeptanten aus dem Wechsel begründet wird (BAUMBACH/HEFERMEHL, Art. 28 WG N 1; STRANZ, Art. 28 WG N 3 f.; MEIER-HAYOZ/VON DER CRONE, § 7 N 113; RICHARDI, 169; vgl. Art. 1019 N 2). Der Bezogene kann deshalb bis zur Rückgabe des Wechsels die Annahmeerklärung wieder streichen, was als Annahmeverweigerung gilt (Art. 1019 Abs. 1). In der Praxis wird der Wechsel jedoch oft schon vor seiner Inverkehrsetzung akzeptiert. Die Begebung des Wechsels vom Akzeptanten an den Inhaber ist in diesen Fällen nicht notwendig; die Verpflichtung des Akzeptanten entsteht mit der Übergabe des akzeptierten Wechsels an den Aussteller (BAUMBACH/HEFERMEHL, Art. 28 N 1).

3 Der Akzeptant hat den Wechsel *bei Verfall* zu bezahlen (Abs. 1). Die Bezahlung des Wechsels bei Verfall beinhaltet die Zahlung der Wechselsumme bzw. des entsprechenden Teils bei der Teilannahme sowie bei Sicht- und Nachsichtwechseln ggf. auch der Zinsen (vgl. Art. 995). Dazu haftet der Annehmer noch zusätzlich für die Kosten eines Protests mangels Datierung, falls er dessen Erhebung durch Nichterfüllung seiner Datierungspflicht verschuldet hat (KAPFER, Art. 28 öWG A bei N 21). Damit erschöpft sich die Zahlungsverpflichtung des Akzeptanten, falls er bei Verfall auf erste Vorlegung hin zahlt. Die Wechselschuld ist eine **Holschuld;** der Inhaber muss den Wechsel zur Zahlung vorlegen (Art. 1028 Abs. 1), und der Akzeptant kann gegen Zahlung die Aushändigung des quittierten Wechsels verlangen (Art. 1029 Abs. 1). Durch Verzug wird die Wechselschuld zur Bringschuld (RGZ 160, 341). **Erfüllungsort** ist aber stets der Zahlungsort des Wechsels (BAUMBACH/HEFERMEHL, Art. 28 WG N 2; KAPFER, Art. 28 öWG A bei N 11; ARMINJON/CARRY, N 263).

II. Erweiterte Haftung (Abs. 2)

4 Kommt der Annehmer bei Verfall seiner Zahlungsverpflichtung nicht nach, tritt die **erweiterte Haftung** nach Abs. 2 ein. Danach steht dem Inhaber gegenüber dem Akzeptanten ein unmittelbarer Anspruch auf die Rückgriffssumme nach Art. 1045 bzw. 1046 zu, der Akzeptant wird also wie ein Rückgriffsschuldner behandelt. Die erweiterte Haftung des Akzeptanten setzt jedoch voraus, dass der Wechsel dem Akzeptanten bei Verfall zur Zahlung vorgelegt worden ist (Art. 1028 Abs. 1). Bei nicht rechtzeitiger Vorlegung haftet der Akzeptant wechselmässig lediglich gemäss Abs. 1 für die Wechsel-

summe und allfällige Zinsen, nicht jedoch für Zinsen, Protestkosten etc. gemäss Art. 1045 bzw. 1046 (BAUMBACH/HEFERMEHL, Art. 28 WG N 3; KAPFER, Art. 28 öWG B bei N 37; STRANZ, Art. 28 WG N 10). Auch bei verspäteter Vorlegung zur Zahlung befindet sich der Annehmer jedoch vom Zeitpunkt der effektiven Vorlegung an im Verzug (BÜLOW, Art. 28 WG N 3). Im Gegensatz zur Haftung der Rückgriffsverpflichteten gemäss Art. 1045 Abs. 1 ist die erweiterte Haftung des Akzeptanten gemäss Abs. 2 nicht von der Erhebung eines Protests bzw. der Einhaltung der Protestfristen gemäss Art. 1050 abhängig (vgl. Art. 1050 Abs. 1, *«mit Ausnahme des Annehmers»*; Art. 1050 N 7; CR CO II-EIGENMANN, art. 1018 N 12).

Die Haftung nach Art. 1045 tritt ein, wenn der Wechsel rechtzeitig zur Zahlung vorgelegt, jedoch vom Akzeptanten nicht honoriert worden ist und der letzte Inhaber keinen Rückgriff genommen hat. Die Haftung nach Art. 1045 umfasst neben der Wechselsumme und allfälligen Zinsen einen Zins von 6%, Protest- und Nachrichtenkosten, andere Auslagen sowie die Provision. Eine Haftung des Akzeptanten für die weitergehenden Nebenforderungen gemäss Art. 1046 (*«Rückgriff des Einlösers»*) ist nur gegeben, wenn ein Rückgriff durch den letzten Inhaber erfolgt ist. In einem solchen Fall kann der vom letzten Inhaber rückgriffsweise belangte Sekundärschuldner seine Ansprüche gemäss Art. 1046 direkt gegen den Akzeptanten geltend machen. Dem Sekundärschuldner steht es selbstverständlich frei, statt gegen den Akzeptanten gegen allfällige weitere Sekundärschuldner (Vormänner) vorzugehen (ebenso KAPFER, Art. 28 öWG B bei N 31; vgl. Art. 1044 N 7).

III. Kein Revalierungsanspruch

Dem Akzeptanten, der den Wechsel bezahlt hat, steht kein wechselmässiger Anspruch gegen den Aussteller auf Ersatz des bezahlten Betrages (**Revalierungsanspruch**) zu. Inhalt und Umfang allfälliger Ansprüche des Akzeptanten gegen den Aussteller richten sich ausschliesslich nach dem internen Rechtsverhältnis (BAUMBACH/HEFERMEHL, Art. 28 WG N 4; BÜLOW, Art. 28 WG N 7).

Art. 1019

b. Bei Streichung

¹ Hat der Bezogene die auf den Wechsel gesetzte Annahmeerklärung vor der Rückgabe des Wechsels gestrichen, so gilt die Annahme als verweigert. Bis zum Beweis des Gegenteils wird vermutet, dass die Streichung vor der Rückgabe des Wechsels erfolgt ist.

² Hat der Bezogene jedoch dem Inhaber oder einer Person, deren Unterschrift sich auf dem Wechsel befindet, die Annahme schriftlich mitgeteilt, so haftet er diesen nach dem Inhalt seiner Annahmeerklärung.

b. Acceptation biffée

¹ Si le tiré qui a revêtu la lettre de change de son acceptation a biffé celle-ci avant la restitution de la lettre, l'acceptation est censée refusée. Sauf preuve contraire, la radiation est réputée avoir été faite avant la restitution du titre.

² Toutefois, si le tiré a fait connaître son acceptation par écrit au porteur ou à un signataire quelconque, il est tenu envers ceux-ci dans les termes de son acceptation.

b. Accettazione cancellata	¹ Se l'accettazione apposta sulla cambiale del trattario è da lui cancellata prima di restituire il titolo, l'accettazione si ha per rifiutata. La cancellazione si reputa fatta, fino a prova contraria, prima della restituzione del titolo.
	² Nondimeno, se il trattario ha dato notizia dell'accettazione per iscritto al portatore o a un firmatario qualsiasi, è tenuto verso di essi nei termini dell'accettazione.

Literatur

Vgl. die Literaturhinweise zu Art. 1011.

I. Streichung der Annahmeerklärung

1. Allgemeines

1 Dem Bezogenen wird durch Abs. 1 ein **Widerrufsrecht** eingeräumt, indem er selbst durch einen mit seiner Annahmeerklärung versehenen Wechsel nicht gebunden ist, wenn er die **Annahmeerklärung vor der Rückgabe des Wechsels** an den Inhaber **streicht**. Im Falle einer solchen Streichung gilt die Annahme als verweigert. Daraus folgt, dass die Rückgabe eines mit einer Annahmeerklärung versehenen Wechsels den Akzeptanten unwiderruflich wechselmässig als Hauptschuldner verpflichtet. Ein Widerruf gemäss Abs. 1 macht lediglich die Annahmeerklärung unwirksam, berührt jedoch die Gültigkeit des Wechsels nicht (BÜLOW, Art. 29 WG N 2). In einer anderen Form als durch Streichung der Annahmeerklärung ist ein Widerruf wechselmässig unwirksam (BAUMBACH/HEFERMEHL, Art. 29 WG N 3).

2. Rückgabe

2 Die **Rückgabe** an den Inhaber muss **freiwillig** erfolgen, ansonsten kein gültiger **Begebungsvertrag** vorliegt (vgl. Art. 1018 N 1). Ein gültiger Begebungsvertrag fehlt insbesondere, wenn der Wechsel dem Akzeptanten abhanden gekommen ist oder dieser handlungsunfähig ist (BAUMBACH/HEFERMEHL, Art. 29 WG N 2). Das Fehlen des Begebungsvertrages oder allfällige Mängel desselben kann der Bezogene im Rahmen von Art. 1007 geltend machen (Art. 1007 N 5; MEIER-HAYOZ/VON DER CRONE, § 7 N 115).

3 Massgebend für den **Zeitpunkt** der Rückgabe ist die **tatsächliche Besitzerlangung** durch den Inhaber (BAUMBACH/HEFERMEHL, Art. 29 WG N 2). Statt an den Inhaber kann der Wechsel auch an dessen Vertreter sowie auf dem Postweg übermittelt werden. Im letzteren Fall ist die Rückgabe erst mit dem Erhalt der Sendung durch den Inhaber bzw. dessen Vertreter vollzogen, da tatsächliche Besitzerlangung erforderlich ist (BÜLOW, Art. 29 WG N 2).

4 Abs. 1 Satz 2 stellt die **Beweisregel** auf, wonach bei einer durchgestrichenen Annahmeerklärung die Vermutung gilt, dass die Streichung vor Rückgabe des Wechsels erfolgt ist. Diese **Vermutung** ist zwar widerlegbar, doch eine solche Widerlegung ist naturgemäss mit schwierigen Beweisproblemen verbunden. Da die Streichung nicht datiert werden muss (vgl. N 6), gilt im Zweifelsfall, dass der Akzeptant infolge rechtzeitiger Streichung von der Haftung befreit ist, andererseits aber auch, dass der Inhaber zum Rückgriff mangels Annahme berechtigt ist.

3. Form

Streichung i.S.v. Art. 1019 bedeutet nicht nur durchstreichen, sondern auch die Rücknahme der Annahmeerklärung in anderen Form, z.B. durch Einfügung des Wortes «nicht» vor «angenommen» oder durch den **Vermerk** «Annahme gestrichen» oder «Widerrufen» sowie durch Unleserlichmachen oder Abschneiden (BAUMBACH/HEFERMEHL, Art. 29 WG N 4; LESCOT/ROBLOT, N 462). Eine bestimmte **Form** ist für die Streichung nicht vorgesehen, woraus grundsätzlich folgt, dass sie weder datiert noch unterschrieben sein muss (KAPFER, Art. 29 öWG B; LESCOT/ROBLOT, N 462; STAUB/STRANZ, Art. 29 WG N 6, einschränkend BAUMBACH/HEFERMEHL, Art. 29 WG N 4, wonach Vermerke, die den Streichungswillen ausdrücken wie z.B. «Annahme gestrichen» oder «widerrufen», vom Akzeptanten unterschrieben sein müssen).

Die Streichung muss auf dem Wechsel selbst erfolgen (ebenso BÜLOW, Art. 29 WG N 5). Dies folgt daraus, dass die (zu streichende) Annahmeerklärung gemäss wohl überwiegender Lehrmeinung ihrerseits ebenfalls auf dem Wechsel selber angebracht werden muss (vgl. Art. 1015 N 2). Gemäss BAUMBACH/HEFERMEHL, Art. 29 WG N 4 müssen Vermerke, die den Streichungswillen ausdrücken, auf der Vorderseite des Wechsels stehen; ebenso BÜLOW, Art. 29 WG N 7, wonach die «verbale Streichung der Umlauffähigkeit» beim Akzept, also auf der Vorderseite, zu erfolgen habe. Da die Annahmeerklärung auch auf der Rückseite des Wechsels angebracht werden kann (vgl. Art. 1015 N 2), kann jedoch höchstens verlangt werden, dass diese Vermerke auf der selben Seite wie die Annahmeerklärung stehen, bzw. auf dem Anhang, falls man die Zulässigkeit der Annahmeerklärung auf dem Anhang bejaht (vgl. Art. 1015 N 2). Die Streichung des Textes der Annahmeerklärung auf der Vorderseite des Wechsels ohne Streichung der Unterschrift genügt für einen Widerruf nicht, denn die blosse Unterschrift des Bezogenen auf der Vorderseite stellt eine gültige Annahmeerklärung dar (Art. 1015 Abs. 1; STRANZ, Art. 29 WG N 3; KAPFER, Art. 29 öWG A bei N 14).

4. Streichung nach Rückgabe

Streichung nach Rückgabe des Wechsels *ohne Zustimmung des Inhabers* bewirkt keinen Widerruf, sondern ist eine Änderung des Wechsels und somit nach Art. 1068 zu beurteilen (KAPFER, Art. 29 öWG A bei N 8; ARMINJON/CARRY, N 262). Der Akzeptant bleibt Hauptschuldner, wobei es keine Rolle spielt, ob die Streichung durch den Akzeptanten bloss versehentlich oder durch einen Dritten erfolgt (BÜLOW, Art. 29 WG N 3; STRANZ, Art. 29 WG N 3). Streichung nach Rückgabe des Wechsels aber *mit Zustimmung des Inhabers* (oder Streichung durch den Inhaber mit Zustimmung des Akzeptanten) ist gegenüber Dritten grundsätzlich wirkungslos und die Annahme gilt als erfolgt, sind doch beide Voraussetzungen dafür, nämlich Annahmeerklärung und Begebung, erfüllt (vgl. N 8, zur Beweislage N 4). Streichung mit Zustimmung sämtlicher Beteiligter stellt den Zustand vor der Annahme wieder her. Somit sind neuerliche Vorlegung zur Annahme und bei deren Verweigerung Protest mangels Annahme möglich (KAPFER, Art. 29 öWG A bei N 12; STRANZ, Art. 29 WG N 5).

Die (einvernehmliche) Streichung der Annahmeerklärung nach Rückgabe des Wechsels gilt als **Verzicht** des Inhabers auf die Haftung des Akzeptanten (und damit als Erlass) und hat nur Wirkung zwischen diesen (BAUMBACH/HEFERMEHL, Art. 29 WG N 3; BÜLOW, Art. 29 WG N 6). Allfällige Nachmänner des Inhabers oder andere gutgläubige Dritte sind durch die Streichung nach Rückgabe bzw. den daraus folgenden Verzicht des Inhabers auf die Haftung des Akzeptanten nur im Rahmen von Art. 1007 gebunden (STRANZ, Art. 29 WG N 5), d.h. sie werden davon im Normalfall nicht betroffen sein und können gegen den Akzeptanten vorgehen, vorausgesetzt die Beweisregel (vgl. N 4) kann umgestossen werden. Gegen die Vormänner hat eine solche Streichung grundsätzlich keine Wirkung, denn es liegt ein gültiges Akzept vor (STRANZ, Art. 29 WG N 5; LESCOT/ROBLOT, N 462). Umstritten ist jedoch, ob die Vormänner sich bei der rückgriffsweisen Inanspruchnahme durch den verzichtenden Inhaber auf den Verzicht bzw. Erlass berufen und die Zahlung verweigern können (bejahend BÜLOW Art. 29 WG N 6; JACOBI, 540 f.; ablehnend BAUMBACH/HEFERMEHL, Art. 29 WG N 3). Aufgrund der Tatsache, dass ein Erlass gegenüber dem Akzeptanten als Hauptschuldner des Wechsels im Zweifel zum Untergang der Wechselschuld führt (vgl. BAUMBACH/HEFERMEHL, Art. 17 WG N 67; BÜLOW Art. 17 WG N 55), müssen sich die Vormänner gegenüber dem Inhaber auf den Verzicht bzw. Erlass berufen können (BÜLOW Art. 29 WG N 6). Andernfalls wäre ein solcher Erlass aufgrund des Regressrechts der in Anspruch genommenen Vormänner gegenüber dem Akzeptanten illusorisch, das Verhalten des Inhabers mithin widersprüchlich.

II. Haftung bei schriftlicher Mitteilung der Annahme

9   Hat der Bezogene dem Inhaber oder einer Person, deren Unterschrift sich auf dem Wechsel befindet, die *Annahme schriftlich mitgeteilt,* so bleibt die **wechselmässige Haftung gegenüber dem Empfänger** der Mitteilung trotz Streichung bestehen. Eine Streichung hat gegenüber dem Empfänger keine Wirkung. Unerheblich ist, ob die Mitteilung vor oder nach der Streichung erfolgte; Voraussetzung für die Haftung des Bezogenen ist jedoch, dass tatsächlich eine Annahme erfolgt ist (STRANZ, Art. 29 WG N 8). Schriftlich bedeutet nicht Schriftform i.S.v. Art. 13, sondern es genügt bloss *«urkundliche Form»,* also auch telegrafische oder Telefax-Mitteilungen (BAUMBACH/HEFERMEHL, Art. 29 WG N 6; LESCOT/ROBLOT, N 463), elektronische Mitteilungen (PETITPIERRE-SAUVAIN, Nº 371) oder ein unterstempelter, aber nicht handschriftlich unterschriebener Brief (STRANZ, Art. 29 WG N 8). Mündliche Mitteilungen sind wechselmässig wirkungslos (BÜLOW, Art. 29 WG N 7; LESCOT/ROBLOT, N 463).

10 Die wechselmässige Haftung des Bezogenen richtet sich **nach dem Inhalt der Annahmeerklärung** und nicht etwa nach dem Inhalt der schriftlichen Mitteilung. Sie besteht aber nur gegenüber dem Empfänger der schriftlichen Mitteilung, nicht gegenüber dessen Vor- und Nachmännern (BAUMBACH/HEFERMEHL, Art. 29 WG N 6; BÜLOW, Art. 29 WG N 8). Trotz der wechselmässigen Haftung des Akzeptanten gegenüber dem Empfänger ist die Annahmeerklärung gestrichen, und die Annahme gilt gegenüber allen anderen als verweigert (Abs. 1). Aus diesem Grund kann trotz der Haftung des Bezogenen gegenüber dem Empfänger Protest mangels Annahme erhoben und Rückgriff genommen werden (Art. 1033 Abs. 2 Ziff. 1).

IV. Wechselbürgschaft

Art. 1020

1. Wechselbürgen

¹ **Die Zahlung der Wechselsumme kann ganz oder teilweise durch Wechselbürgschaft gesichert werden.**

² **Diese Sicherheit kann von einem Dritten oder auch von einer Person geleistet werden, deren Unterschrift sich schon auf dem Wechsel befindet.**

4. Abschnitt: Der Wechsel   1–4 Art. 1020

1. Donneurs d'aval   ¹ Le paiement d'une lettre de change peut être garanti pour tout ou partie de son montant par un aval.

                      ² Cette garantie est fournie par un tiers ou même par un signataire de la lettre.

1. Avallanti   ¹ Il pagamento di una cambiale può essere garantito con avallo per tutta o parte della somma.

                      ² Questa garanzia può essere prestata da un terzo o anche da un firmatario della cambiale.

Literatur

BRÄNDLE, Das unbenannte Wechselaval, 1970; CARRY, Wechsel VII, Die Wechselbürgschaft, SJK 452; DERS., Problèmes relatifs à l'aval, Mélanges Sauser-Hall, 1952, 135 ff.; PATRY, Quelques remarques sur l'aval, FS Hug, 1968, 397 ff.; SPIRO, Fragen zur Wechselbürgschaft, FS Simonius, 1955, 368 ff.; BYDLINSKI, Die Bürgschaft im österreichischen und deutschen Handels-, Gesellschafts- und Wertpapierrecht, 1991, 149 ff.; vgl. ausserdem die Literaturhinweise zu Art. 990 ff.

I. Allgemeines. Normzweck

Die **Wechselbürgschaft** (vgl. Art. 30 EinhWG) ist die auf dem Wechsel oder dem Anhang angebrachte Erklärung, neben einem anderen Wechselverpflichteten für die Zahlung der Wechselsumme ganz oder teilweise mitzuhaften. Die Wechselbürgschaft bezweckt, die Sicherheit des Wechselgläubigers und damit den Wert des Wechsels als Kreditmittel zu erhöhen. Da eine Wechselbürgschaft nur verlangt wird, wenn die Zahlungsfähigkeit eines Verpflichteten zweifelhaft ist, hemmt sie allerdings die Umlauffähigkeit des Wechsels. 1

Die Wechselbürgschaft wird auch als **Aval**, der Wechselbürge als *Avalist* und derjenige, auf dessen Verpflichtung sich die Wechselbürgschaft bezieht, als *Avalat* oder *Avalierter* bezeichnet. Als Avalat kommt in erster Linie der Aussteller in Frage. Die Wechselbürgschaft kann aber auch zugunsten jedes anderen Wechselverpflichteten (Akzeptant oder Indossant) eingegangen werden. Die Wechselbürgschaft kann nicht nur von einem Dritten, sondern auch von einer Person geleistet werden, deren Unterschrift sich bereits auf dem Wechsel befindet (z.B. als Aussteller, Bezogener oder Indossant). Vgl. für den Ausschluss des Bezogenen als *Checkbürge* Art. 1114 N 1. 2

Praktisch bedeutender ist die sog. **versteckte Wechselbürgschaft** (Garantieindossament, fideiussio cambiaria palliata), bei der jemand mit Interzessionsabsicht als zusätzlicher Indossant auftritt (MEIER-HAYOZ/VON DER CRONE, § 12 N 5; ZIMMERMANN, Art. 1114 N 2, 7). 3

II. Selbständigkeit und Bezogenheit der Verpflichtung

Die Wechselbürgschaft begründet eine **selbständige Verpflichtung** des Wechselbürgen, die von der Verpflichtung des Avalaten völlig unabhängig ist (vgl. Art. 1022 N 9). Darin unterscheidet sich die Wechselbürgschaft von der gewöhnlichen Bürgschaft (Art. 495). Trotzdem *bezieht* sich die Verpflichtung des Wechselbürgen auf diejenige des Avalaten, d.h. der Inhalt der Verpflichtung des Wechselbürgen richtet sich nach derjenigen des Avalaten (vgl. Art. 1022 N 2). Mit der Zahlung erwirbt der Wechselbürge gegenüber dem Avalaten *Wechselansprüche* (Art. 1022 N 6). 4

III. Beschränkungen und Bedingungen

5 Die Wechselbürgschaft kann auf einen Teil der Verpflichtung des Avalaten **beschränkt** werden. Möglich sind Beschränkungen der Höhe der Haftungssumme oder der Dauer der Haftung. Abzulehnen sind dagegen auflösende oder aufschiebende *Bedingungen* oder die Anweisung an den Wechselgläubiger, den Avalaten vor dem Avalisten belangen zu müssen (vgl. JÄGGI/DRUEY/VON GREYERZ, 192). Finden sich solche Zusätze auf dem Wechsel oder dem Anhang, sind sie analog zu Art. 1002 Abs. 1 als nicht geschrieben zu betrachten.

Art. 1021

2. Form

¹ Die Bürgschaftserklärung wird auf den Wechsel oder auf einen Anhang (Allonge) gesetzt.

² Sie wird durch die Worte «als Bürge» oder einen gleichbedeutenden Vermerk ausgedrückt; sie ist von dem Wechselbürgen zu unterschreiben.

³ Die blosse Unterschrift auf der Vorderseite des Wechsels gilt als Bürgschaftserklärung, soweit es sich nicht um die Unterschrift des Bezogenen oder des Ausstellers handelt.

⁴ In der Erklärung ist anzugeben, für wen die Bürgschaft geleistet wird; mangels einer solchen Angabe gilt sie für den Aussteller.

2. Forme

¹ L'aval est donné sur la lettre de change ou sur une allonge.

² Il est exprimé par les mots «bon pour aval» ou par toute autre formule équivalente; il est signé par le donneur d'aval.

³ Il est considéré comme résultant de la seule signature du donneur d'aval, apposée au recto de la lettre de change, sauf quand il s'agit de la signature du tiré ou de celle du tireur.

⁴ L'aval doit indiquer pour le compte de qui il est donné. A défaut de cette indication, il est réputé donné pour le tireur.

2. Forma

¹ L'avallo è apposto sulla cambiale o sull'allungamento.

² È espresso con le parole «per avallo» o con ogni altra formula equivalente; è sottoscritto dall'avallante.

³ Si considera dato colla sola firma dell'avallante apposta sulla faccia anteriore della cambiale, purché non si tratti della firma del trattario o del traente.

⁴ L'avallo deve indicare per chi è dato. In mancanza di questa indicazione si intende dato per il traente.

Literatur

Vgl. die Literaturhinweise zu Art. 1020.

I. Form

1 Die **Bürgschaftserklärung** (vgl. Art. 31 EinhWG) muss auf die Vorder- oder Rückseite des Wechsels oder auf einen Anhang (Allonge) gesetzt werden. Sie besteht in der *Un-*

terschrift des Wechselbürgen und einem *Zusatz,* der den Willen des Wechselbürgen ausdrückt, Sicherheit zu leisten, z.B. durch den Vermerk «als Bürge», «für Herrn X», «per aval», «p.a.», «als Sicherheit» (Abs. 2; BGE 79 II 79). In der Erklärung ist anzugeben, *für wen* die Wechselbürgschaft übernommen wird (Abs. 4), sei es durch ausdrückliche Nennung des Avalaten oder dadurch, dass der Wechselbürge seine Unterschrift unter jene des Ausstellers oder des Bezogenen setzt (BGE 83 II 211; 91 II 109 = Pra 1965, 373). Eine Wechselbürgschaft kann auch zugunsten des noch *nicht genannten Akzeptanten* eingegangen werden, dessen Name später eingesetzt wird (Blankowechsel, BGE 91 II 108).

Die Formvorschriften des allgemeinen Bürgschaftsrechts (Art. 493) finden auf die Wechselbürgschaft keine Anwendung.

Von der Wechselbürgschaft zu unterscheiden ist die **interne Übernahme** einer Schuld (Art. 175 Abs. 1), die keinen besonderen Formvorschriften unterliegt, auch wenn die Hauptschuld in einem Wechsel verurkundet ist (BGE 110 II 340 = Pra 1985, 224). 2

II. Auslegung der Bürgschaftserklärung

Fehlt eine ausdrückliche Bürgschaftserklärung, so gilt als gesetzliche Vermutung **jede Unterschrift auf der Vorderseite** des Wechsels (ausser derjenigen des Bezogenen oder des Ausstellers) als Bürgschaftserklärung (Abs. 3), und zwar zugunsten des Ausstellers (Abs. 4). Dagegen kann eine blosse Unterschrift auf der *Rückseite* des Wechsels (d.h. ohne zusätzliche Erklärung) nicht als Wechselbürgschaft ausgelegt werden (BGE 90 II 125; **a.A.** STRANZ, Art. 31 WG N 4). 3

Die gesetzliche **Vermutung,** wonach mangels anderer Angabe des Wechselbürgen seine Verpflichtung zugunsten des Ausstellers gilt, ist im Verhältnis zwischen Inhaber und Wechselschuldner unwiderlegbar, im Verhältnis zwischen Wechselbürgen und Aussteller jedoch *widerlegbar* (BGE 77 II 251 f. E. 1 f.; **a.A.** CARRY, SJK Nr. 452; ZIMMERMANN, Art. 1114 N 13). Der Nachweis, dass die Bürgschaftserklärung zugunsten einer anderen Person als des Ausstellers abgegeben worden sei, muss indes aus Hinweisen in der Urkunde selbst erbracht werden können, z.B. durch die Anordnung der Bürgschaftserklärung in der Nähe einer anderen Wechselerklärung, z.B. des Akzepts oder eines Indossaments (BGE 77 II 250; 83 II 211; 91 II 109 = Pra 1965, 373; Cour de Justice GE, SJ 1989, 222). 4

III. Keine Umdeutung/Konversion einer blossen Unterschrift

Die eine Wechselbürgschaft für den Aussteller begründende blosse Unterschrift auf der Wechselurkunde gemäss Art. 1021 Abs. 3 und Abs. 4, 2. Hs., hat allein wechselrechtliche Bedeutung. So lehnte das Bundesgericht eine Umdeutung einer zweiten Unterschrift auf einem verjährten Wechsel, der immerhin auf das zu sichernde Darlehen ausdrücklich Bezug nahm, in eine kumulative Schuldübernahme, in einen Garantievertrag oder in eine einfache Bürgschaft ab (BGE vom 3.6.1996, SemJud 1996, 629; vgl. ZOBL, SZW 1997, 148, 160; vgl. FORSTMOSER/FREYMOND, SZW 1993, 436, 440, s.a. KGer ZG vom 6.11.1991, ZGGVP 1991, 131). Unter Umständen kann aber die Unterschrift eines Wechselbürgen als Schuldanerkennung ausgelegt werden (Cour de cassation civile vom 9.6.1993, RVJ 1993, 209). 5

Art. 1022

3. Wirkungen

¹ Der Wechselbürge haftet in der gleichen Weise wie derjenige, für den er sich verbürgt hat.

² Seine Verpflichtungserklärung ist auch gültig, wenn die Verbindlichkeit, für die er sich verbürgt hat, aus einem andern Grund als wegen eines Formfehlers nichtig ist.

³ Der Wechselbürge, der den Wechsel bezahlt, erwirbt die Rechte aus dem Wechsel gegen denjenigen, für den er sich verbürgt hat, und gegen alle, die diesem wechselmässig haften.

3. Effets

¹ Le donneur d'aval est tenu de la même manière que celui dont il s'est porté garant.

² Son engagement est valable, alors même que l'obligation qu'il a garantie serait nulle pour toute cause autre qu'un vice de forme.

³ Quand il paie la lettre de change, le donneur d'aval acquiert les droits résultant de la lettre de change contre le garanti et contre ceux qui sont tenus envers ce dernier en vertu de la lettre de change.

3. Effetti

¹ L'avallante è obbligato nello stesso modo di colui per il quale l'avallo è stato dato.

² La sua obbligazione è valida ancorché l'obbligazione garantita sia nulla per qualsiasi altra causa che un vizio di forma.

³ L'avallante che paga la cambiale acquista i diritti ad essa inerenti contro l'avallato e contro coloro che sono obbligati cambiariamente verso quest'ultimo.

Literatur

Vgl. die Literaturhinweise zu Art. 1020.

I. Haftung gegenüber dem Wechselgläubiger

1 Der **Wechselbürge** haftet gegenüber dem Wechselgläubiger **unabhängig** vom Wechselschuldner und **solidarisch** mit allen anderen Wechselverpflichteten für die Erfüllung der Wechselschuld (Art. 1044 Abs. 1; vgl. Art. 32 EinhWG; BGE 44 II 145; 96 III 39). Er kann belangt werden, ohne dass überhaupt Leistung vom Avalaten oder von einem anderen Wechselverpflichteten verlangt wurde (Art. 1044 Abs. 2; BGE 96 III 39 E. 1; ZBJV 1970, 31).

2 Die Verbindlichkeit des Wechselbürgen **entspricht derjenigen des Avalaten** (Abs. 1): Er muss zahlen, was der Avalat bezahlen müsste, falls er belangt worden wäre (BGE 84 II 648), ausser wenn der Wechselbürge seine Haftung auf einen Teil der Wechselsumme beschränkt hat (vgl. Art. 1020 N 5). Dem Avalaten selbst haftet der Wechselbürge jedoch nicht (Cour de Justice GE, SJ 1989, 224).

Der Wechselbürge kann nur unter denselben Bedingungen in Anspruch genommen werden wie der Avalat: Wurde die Bürgschaft für den Akzeptanten (bzw. für den Aussteller beim Eigenwechsel) geleistet, so kann der Wechselbürge ohne vorgängige Protesterhebung belangt werden (Art. 1018 Abs. 2, Art. 1050 Abs. 1, Art. 1099 Abs. 1; BGE 91 II 110). Ein Ehrenzahler (Art. 1054 ff., Nichtschuldner, der in die wechselmässigen Pflichten eines Wechselschuldners durch Zahlung eintritt, MEIER-HAYOZ/VON DER CRONE, § 12 N 16 ff.) kann deshalb im Fall eines prolongierten Eigenwechsels beim Wechselbürgen auch dann Regress nehmen, wenn dem Wechselbürgen die Prolongation nicht angezeigt wurde oder die Frist für die Erhebung eines Protests mangels Zahlung verstrichen ist (BGE 124 III 112; vgl. FORSTMOSER/RAEBER, SJZ 1994, 464, 467 f.). Wurde die Wechselbürgschaft für einen Indossanten geleistet, muss der Wechsel fristgemäss vorgelegt und Protest erhoben werden.

Die **Verpflichtungserklärung** des Wechselbürgen ist *unabhängig von der Gültigkeit der gesicherten Verpflichtung gültig*, ausser die Verpflichtung sei wegen eines Formmangels ungültig und damit für den Dritten aus der Urkunde feststellbar (Abs. 2). Die Wechselbürgschaft ist somit auch rechtswirksam, wenn sie z.B. für eine Person geleistet wurde, die eine Wechselverbindlichkeit wegen fehlender Geschäftsfähigkeit nicht eingehen kann, oder deren Unterschrift gefälscht ist (vgl. ZIMMERMANN, Art. 1114 N 18). Der Wechselbürge, der sich auf einem *Blankowechsel* zugunsten des noch nicht genannten Akzeptanten verbürgt, ist verpflichtet, auch wenn der Berechtigte den Wechsel erst nachträglich vervollständigt (BGE 91 II 110). 3

Der Wechselbürge kann gegenüber dem Wechselgläubiger **alle Einreden** erheben, die auch dem Avalaten zustehen würden, z.B. Untergang der Forderung. Alle Tatsachen, die nach Übernahme der Wechselbürgschaft die Hauptverpflichtung aufheben oder schwächen, mindern auch die Verpflichtung des Wechselbürgen in gleicher Weise (BGE 84 II 648 f.; ZR 1959, 71; a.A. CARRY, SJK 452, 2 einschränkend zugunsten des gutgläubigen Wechselinhabers, der auf zusätzliche Haftende angewiesen ist, JÄGGI/ DRUEY/VON GREYERZ, 189). 4

II. Das Rückgriffsrecht des Wechselbürgen

Der Wechselbürge erwirbt mit der Bezahlung des Wechsels die Rechte aus dem Wechsel gegen den Avalaten. Er kann nach Einlösung des Wechsels sowohl auf den Avalaten, als auch gegen alle anderen, die ihrerseits *dem Avalaten* aus dem Wechsel haften, **Rückgriff** nehmen, unabhängig von der zeitlichen Reihenfolge ihrer Unterschrift (Abs. 3; JÄGGI/DRUEY/VON GREYERZ, 190). 5

Das Rückgriffsrecht ist **wechselrechtlicher Natur;** es unterliegt der Wechselbetreibung. Der Wechselbürge tritt nicht an die Stelle des Avalaten (keine Subrogation), sondern er erwirbt ein eigenes und autonomes Recht gegenüber den Vormännern des Avalaten. Einreden können dem Wechselbürgen nur im Rahmen von Art. 1007 entgegengehalten werden (JÄGGI/DRUEY/VON GREYERZ, 190 m.w.Nw.), d.h. Einreden, die gegen den Avalaten hätten geltend gemacht werden können, sind ausgeschlossen. Unter mehreren Wechselbürgen gelten die gewöhnlichen Regeln über die Solidarschuld (GUHL/KUMMER/DRUEY, 8. Voraufl., Nachdruck 1955, 840). Für den Regress des Wechselbürgen gelten die Verjährungsfristen nach Art. 1069 Abs. 1 und 3 (KGer ZG vom 6.11.1991, 129; zur ordentlichen Verjährung des Regresses unter Mitwechselbürgen s. AppGer FR vom 17.7.1970, SJZ 68 [1972], 378). 6

III. Konkurs des Wechselbürgen

Im **Konkurs des Wechselbürgen** kann der Wechselgläubiger die Wechselschuld gegenüber der Konkursmasse geltend machen, auch wenn sie zur Zeit der Konkurseröffnung noch nicht fällig war (Art. 208 Abs. 1 SchKG), und zwar im vollen Betrag, auch wenn andere Wechselverpflichtete bereits Teilzahlungen geleistet haben (Art. 217 Abs. 1 SchKG; BGE 96 III 39 f.). 7

IV. Verjährung

8 Die Wechselbürgschaft unterliegt betr. **Verjährung** denselben Bestimmungen wie die Verbindlichkeit des Avalaten (Art. 1069–1071, zur Verjährung des Regresses des Wechselbürgen s. Art. 1022 N 5). Bei einem Blankoeigenwechsel mit offen gelassenem Verfalltag beginnt diese für den Wechselbürgen daher an dem vom Gläubiger eingesetzten Verfalltag zu laufen (BGE 120 II 53 = Pra 83, 247; vgl. ZOBL, SZW 1997, 148, 160). Der Fristenlauf beginnt jedoch individuell und wird auch individuell unterbrochen (JÄGGI/DRUEY/VON GREYERZ, 190). Zur Verjährung und zu den Unterbrechungsgründen im *internationalen Verhältnis* vgl. BGE 91 II 362. Der Wechselbürge, der das Papier trotz Verwirkung oder Verjährung seiner wechselrechtlichen Verpflichtung bezahlt, erwirbt weder gegen den Avalaten noch gegen dessen Vormänner einen wechselrechtlichen oder zivilrechtlichen Anspruch (ZIMMERMANN, Art. 1114 N 20).

V. Abgrenzung zur gewöhnlichen Bürgschaft (Art. 492)

9 Die Wechselbürgschaft unterscheidet sich in folgenden Punkten von der **gewöhnlichen Bürgschaft** (Art. 492):

– *Keine Akzessorietät.* Bei der Wechselbürgschaft handelt es sich um eine selbständige Verpflichtung, deren Gültigkeit von der Gültigkeit der gesicherten Verpflichtung unabhängig ist (vgl. aber N 2).

– *Keine Subsidiarität.* Der Wechselbürge kann belangt werden, ohne dass vorher Leistung vom Avalaten verlangt wurde, dies im Gegensatz zu Art. 495 Abs. 1 f.

– *Kein beneficium divisionis* bei einer Mehrheit von Bürgen (Art. 487). Der belangte Wechselbürge kann die Rückgriffsforderung vollumfänglich gegen den Avalaten geltend machen.

– *Keine Umgehung* der zwingenden Formvorschriften von Art. 493 f. durch Verwendung der Wechselbürgschaft (BGE 79 II 79; 83 II 213, vgl. auch BSK OR I-PESTALOZZI, Art. 111 N 34).

– Die Wechselbürgschaft trägt im Übrigen nur in der deutschen Sprache die gleiche Bezeichnung wie die gewöhnliche Bürgschaft (frz.: aval/cautionnement; it.: avallo/fideiussione).

VI. Anwendbares Recht

10 Das anwendbare Recht für die *Erklärung des Wechselbürgen* richtet sich gemäss Art. 1090 Abs. 2 («übrige Wechselerklärungen») nach dem Recht des Landes, in dessen Gebiet die Erklärung unterschrieben worden ist (vgl. Art. 1090 N 5). Hingegen richtet sich der *Rückgriffsanspruch* des bezahlenden Wechselbürgen gegen einen anderen aus dem Wechsel Verpflichteten nach dem Recht des Rückgriffsschuldners.

V. Verfall

Art. 1023

1. Im Allgemeinen	**1 Ein Wechsel kann gezogen werden:** **auf Sicht;** **auf eine bestimmte Zeit nach Sicht;** **auf eine bestimmte Zeit nach der Ausstellung;** **auf einen bestimmten Tag.** **² Wechsel mit anderen oder mit mehreren aufeinander folgenden Verfallzeiten sind nichtig.**
1. En général	¹ Une lettre de change peut être tirée: à vue; à un certain délai de vue; à un certain délai de date; à jour fixe. ² Les lettres de change, soit à d'autres échéances, soit à échéances successives, sont nulles.
1. In genere	¹ La cambiale può essere tratta: a vista; a certo tempo vista; a certo tempo data; a giorno fisso. ² Le cambiali ad altre scadenze o a scadenze successive sono nulle.

Literatur

CARRY, Wechsel IV, Verfall und Zahlung, SJK 449; NÄGELI, Die Wechselprolongation nach schweizerischem, deutschem und österreichischem Recht, 1956.

I. Allgemeines

Zahlung der Wechselschuld kann erst mit Eintritt der **Fälligkeit** (Verfall) des Wechsels gefordert werden (vgl. Art. 33 EinhWG). Der Verfalltag ist aus dem Wechsel selbst ersichtlich (N 3). 1

Weitere Voraussetzung für die Zahlung ist die Vorlegung der Wechselurkunde zur Zahlung (Art. 1028 Abs. 1). Der Wechselschuldner ist verpflichtet den fälligen und korrekt präsentierten Wechsel sofort zu bezahlen. Für den Entscheid über die Honorierung und die Beschaffung der Mittel wird ihm keine Frist eingeräumt (im Unterschied zum Entscheid über die Annahme gemäss Art. 1014; JÄGGI/DRUEY/VON GREYERZ, 194). Verfällt der Wechsel indes an einem gesetzlichen Feiertag, darf erst am folgenden Werktag Zahlung verlangt werden (Art. 1081 Abs. 1).

Der Verfalltag hat noch **weitere Bedeutungen** (vgl. MEIER-HAYOZ/VON DER CRONE, § 10 N 5): 2

– Beginn des Zinsenlaufs im Rückgriffsfall (Art. 1045 Abs. 1 Ziff. 2);

– Beginn der Verjährungsfristen (Art. 1069);

– massgeblicher Zeitpunkt für die Umrechnung der in fremder Währung angegebenen Wechselsumme (Art. 1031 Abs. 1; vgl. Art. 1031 N 1).

II. Die vier Methoden zur Bestimmung des Verfalls

3   Der Zeitpunkt, auf welchen der Wechsel **gezogen** wird, d.h. der Zeitpunkt des Verfalls, wird durch einen entsprechenden Vermerk in der Wechselurkunde festgelegt (Art. 991), wobei das Gesetz einen *numerus clausus* von vier Methoden zur Bestimmung des Verfalls vorsieht (Art. 1023), die in den Art. 1024–1027 präzisiert werden:

1. Fällig *auf Sicht:* Der Wechsel enthält weder Datum noch Frist, sondern lediglich den Vermerk «Sicht». Fälligkeit tritt am Tag ein, an welchem der Wechsel zur Zahlung vorgelegt wird («Sichtwechsel», Art. 1024).

2. Fällig nach einer bestimmten Frist *nach Sicht.* Fälligkeit tritt erst ein nach Ablauf einer bestimmten Frist, die ab erster Vorlegung durch den dannzumaligen Gläubiger beim Bezogenen (Eigenwechsel: Aussteller) läuft («Nachsichtwechsel», Art. 1025 f.).

3. Fällig an einem *bestimmten Tag.* Fälligkeit tritt an dem im Wechsel genannten Tag ein («Tagwechsel»).

4. Fällig nach Ablauf einer bestimmten Frist *ab Ausstellungsdatum* («Datowechsel», Art. 1026).

4   Jede andere Umschreibung der Fälligkeit macht den Wechsel **nichtig** (Abs. 2). Fehlt hingegen ein ausdrücklicher Fälligkeitsvermerk, so gilt der Wechsel als *Sichtwechsel* (Art. 992 Abs. 2).

III. Wechselprolongation

5   Obschon im Gesetz nicht ausdrücklich vorgesehen, ist das Institut der **Wechselprolongation,** d.h. des *Hinausschiebens des Fälligkeits- bzw. Zahlungstermins,* allgemein anerkannt (zum Ganzen NÄGELI, passim). Der Zahlungstermin von Wechseln kann auf *vier* verschiedene Arten hinausgeschoben werden:

1. Durch Stundung nach allgemeinem OR (sog. einfache Wechselprolongation), wobei die Abrede nur inter partes wirkt.

2. Durch einen entsprechenden Vermerk in der Wechselurkunde (sog. direkte oder qualifizierte Wechselprolongation; Art. 1068), indem z.B. mit roter Tinte das neue Verfalldatum aufgeführt und mit dem Vermerk «prolongiert bis ...» versehen wird. Die geänderte Version ist für die Nachmänner verbindlich, für die Vormänner nur, wenn sie zugestimmt haben.

3. Durch *Ersetzung* des ursprünglichen Wechsels durch einen neuen mit hinausgeschobenem Fälligkeitstermin (sog. indirekte Wechselprolongation mittels Prolongationswechsel). Der ursprüngliche Wechsel gilt weiter für diejenigen Personen, die der Ersetzung nicht zugestimmt haben. Aus Sicherheitsgründen wird diese Form in der Praxis vorgezogen.

4. Durch gesetzliche oder gerichtliche Massnahmen oder durch Eintritt höherer Gewalt (sog. notwendige Wechselprolongation).

6   Einfache und qualifizierte Prolongation unterscheiden sich v.a. im Zusammenhang mit dem **Protest** (Art. 1034): Der einfach gestundete Wechsel muss am *ursprünglichen* Ver-

falltag protestiert werden (ZR 1951, 124), der qualifiziert gestundete Wechsel nach Ablauf der *verlängerten* Frist (Cour de Justice GE SJ 1948, 616; NÄGELI, 159; OGer BL vom 17.2.1998, BJM 99, 212, 213).

IV. Zinsversprechen

Als Besonderheit beim Sichtwechsel und beim Nachsichtwechsel kann der Aussteller bestimmen, dass die Wechselsumme **zu verzinsen** ist. Bei jedem anderen Wechsel gilt der Zinsvermerk als nicht geschrieben (Art. 995 Abs. 1).

7

Art. 1024

2. Bei Sichtwechseln

¹ Der Sichtwechsel ist bei der Vorlegung fällig. Er muss binnen einem Jahre nach der Ausstellung zur Zahlung vorgelegt werden. Der Aussteller kann eine kürzere oder eine längere Frist bestimmen. Die Indossanten können die Vorlegungsfristen abkürzen.

² Der Aussteller kann vorschreiben, dass der Sichtwechsel nicht vor einem bestimmten Tage zur Zahlung vorgelegt werden darf. In diesem Fall beginnt die Vorlegungsfrist mit diesem Tage.

2. Des lettres de change à vue

¹ La lettre de change à vue est payable à sa présentation. Elle doit être présentée au paiement dans le délai d'un an à partir de sa date. Le tireur peut abréger ce délai ou en stipuler un plus long. Ces délais peuvent être abrégés par les endosseurs.

² Le tireur peut prescrire qu'une lettre de change payable à vue ne doit pas être présentée au paiement avant un terme indiqué. Dans ce cas, le délai de présentation part de ce terme.

2. Cambiali a vista

¹ La cambiale a vista è pagabile alla presentazione. Essa deve essere presentata per il pagamento nel termine di un anno dalla sua data. Il traente può abbreviare questo termine o prolungarlo. Tali termini possono essere abbreviati dai giranti.

² Il traente può stabilire che una cambiale pagabile a vista non sia presentata per il pagamento prima di una certa data. In questo caso il termine di presentazione decorre da tale data.

Literatur

Vgl. die Literaturhinweise zu Art. 1023.

I. Allgemeines

Der Sichtwechsel (vgl. Art. 34 EinhWG) ist **bei der Vorlegung fällig**; d.h. der Wechselschuldner ist verpflichtet, bei Präsentation sofort zu zahlen.

1

II. Abkürzung oder Verlängerung der Vorlegungsfrist

Der Berechtigte ist beim Sichtwechsel grundsätzlich frei, *wann* er den Wechsel zur Zahlung vorlegen will. Das Gesetz schreibt lediglich vor, dass er dies **spätestens ein Jahr**

2

Art. 1025

nach Ausstellung des Wechsels tun muss. Der Aussteller kann die Vorlegungsfrist jedoch *abkürzen oder verlängern*, die Indossanten können sie lediglich abkürzen (Abs. 1).

3 Der Aussteller – und nur der Aussteller – kann aber auch den **frühesten Zeitpunkt** festlegen, ab welchem der Wechsel zur Zahlung vorgelegt werden kann. Die Vorlegungsfrist beginnt in diesem Fall erst an diesem Tag zu laufen (Abs. 2).

III. Rechtsfolgen

4 Mit **Ablauf der Vorlegungsfrist** tritt die *Fälligkeit* der Wechselschuld ein (vgl. Art. 1023 N 2 f.). Erst zu diesem Zeitpunkt beginnt die *Verjährung* zu laufen (Art. 1069–1071; JÄGGI/DRUEY/VON GREYERZ, 195).

5 Legt der Berechtigte den Wechsel nicht innerhalb der Vorlegungsfrist zur Zahlung vor, so verliert er zwar seine **Regressrechte** (Art. 1050 Abs. 1, sog. «Präjudizierung»), jedoch nicht den Anspruch gegen den Hauptschuldner.

Art. 1025

3. Bei Nachsichtwechseln

¹ **Der Verfall eines Wechsels, der auf eine bestimmte Zeit nach Sicht lautet, richtet sich nach dem in der Annahmeerklärung angegebenen Tage oder nach dem Tage des Protestes.**

² **Ist in der Annahmeerklärung ein Tag nicht angegeben und ein Protest nicht erhoben worden, so gilt dem Annehmer gegenüber der Wechsel als am letzten Tage der für die Vorlegung zur Annahme vorgesehenen Frist angenommen.**

3. Des lettres de change à un certain délai de vue

¹ L'échéance d'une lettre de change à un certain délai de vue est déterminée, soit par la date de l'acceptation, soit par celle du protêt.

² En l'absence du protêt, l'acceptation non datée est réputée, à l'égard de l'accepteur, avoir été donnée le dernier jour du délai prévu pour la présentation à l'acceptation.

3. Cambiali a certo tempo vista

¹ La scadenza della cambiale a certo tempo vista è determinata dalla data dell'accettazione o da quella del protesto.

² In mancanza di protesto l'accettazione non datata si reputa data, rispetto all'accettante, l'ultimo giorno del termine previsto per la presentazione all'accettazione.

Literatur

Vgl. die Literaturhinweise zu Art. 1023.

I. Allgemeines. Fristberechnung

1 Der **Nachsichtwechsel** (vgl. Art. 35 EinhWG) ist zunächst innerhalb eines Jahres nach Ausstellung zur *Annahme* vorzulegen (Art. 1013), wobei die Vorlegungsfrist verlängert oder verkürzt werden kann (Art. 1013 Abs. 2, Art. 1024 Abs. 2 *per analogiam*; vgl. Art. 1013 N 2). Mit der Annahme (Sicht) beginnt die in der Wechselurkunde genannte Frist (Art. 991 Abs. 1 Ziff. 4) zu laufen, nach deren Ablauf die *Fälligkeit* der Wechselschuld eintritt (Abs. 1) und der Wechsel zur Zahlung vorzulegen ist (Art. 1028).

4. Abschnitt: Der Wechsel   **Art. 1026**

II. Annahme als wesentlicher Zeitpunkt zur Fristberechnung

Um feststellen zu können, wann die «bestimmte Zeit nach Sicht» abgelaufen ist, muss das **Datum der Annahme** in der Annahmeerklärung angegeben werden (Abs. 1, Art. 1015 Abs. 2; vgl. Art. 1015 N 1). Fehlt eine solche Zeitbestimmung, so muss der Inhaber, um seine Rückgriffsrechte zu wahren, diese Unterlassung rechtzeitig durch *Protest* feststellen lassen (Art. 1015 Abs. 2, Art. 1034 Abs. 2; vgl. Art. 1015 N 7). Protest kann während der ganzen Dauer der Vorlegungsfrist erhoben werden.

2

III. Rechtsfolgen

Der Inhaber, der nicht fristgemäss Protest mangels Annahme erheben lässt, **verliert jedes Rückgriffsrecht** (Art. 1050 Abs. 1, «Präjudizierung»), jedoch nicht den Anspruch gegen den Hauptschuldner. Wurde zumindest eine *undatierte Annahme* erreicht, aber kein Protest erhoben, so gilt gegenüber dem Annehmer der Wechsel als am letzten Tag der Vorlegungsfrist angenommen (Art. 1025 Abs. 2; vgl. CARRY, SJK 449, 2).

3

Art. 1026

4. Fristenberechnung

¹ Ein Wechsel, der auf einen oder mehrere Monate nach der Ausstellung oder nach Sicht lautet, verfällt an dem entsprechenden Tage des Zahlungsmonats. Fehlt dieser Tag, so ist der Wechsel am letzten Tage des Monats fällig.

² Lautet der Wechsel auf einen oder mehrere Monate und einen halben Monat nach der Ausstellung oder nach Sicht, so werden die ganzen Monate zuerst gezählt.

³ Ist als Verfallzeit der Anfang, die Mitte oder das Ende eines Monats angegeben, so ist darunter der erste, der fünfzehnte oder der letzte Tag des Monats zu verstehen.

⁴ Die Ausdrücke «acht Tage» oder «fünfzehn Tage» bedeuten nicht eine oder zwei Wochen, sondern volle acht oder fünfzehn Tage.

⁵ Der Ausdruck «halber Monat» bedeutet fünfzehn Tage.

4. Calcul des délais

¹ L'échéance d'une lettre de change tirée à un ou plusieurs mois de date ou de vue a lieu à la date correspondante du mois où le paiement doit être effectué. A défaut de date correspondante, l'échéance a lieu le dernier jour de ce mois.

² Quand une lettre de change est tirée à un ou plusieurs mois et demi de date ou de vue, on compte d'abord les mois entiers.

³ Si l'échéance est fixée au commencement, au milieu (mi-janvier, mi-février, etc.) ou à la fin du mois, on entend par ces termes le premier, le quinze ou le dernier jour du mois.

⁴ Les expressions «huit jours» ou «quinze jours» s'entendent, non d'une ou deux semaines, mais d'un délai de huit ou de quinze jours effectifs.

⁵ L'expression «demi-mois» indique un délai de quinze jours.

4. Computo dei termini

¹ La cambiale tratta a uno o più mesi data o vista scade nel giorno corrispondente del mese in cui il pagamento deve essere effettuato. In mancanza del giorno corrispondente la cambiale scade l'ultimo del mese.

² Se la cambiale è tratta a uno o più mesi e mezzo data o vista, si computano prima i mesi interi.

³ Se la scadenza è fissata al principio, alla metà (metà gennaio, metà febbraio, ecc.) o alla fine del mese, la cambiale scade il primo, il quindici o l'ultimo giorno del mese.

⁴ Con le espressioni «otto giorni» o «quindici giorni» s'intende non già una o due settimane, ma otto o quindici giorni effettivi.

⁵ Con l'espressione «mezzo mese» si intende il termine di quindici giorni.

Literatur

Vgl. die Literaturhinweise zu Art. 1023.

I. Allgemeines

1 Art. 1026 (vgl. Art. 36 EinhWG) enthält als lex specialis zu Art. 77 **Auslegungsregeln** zur exakten Bestimmung des Verfalltages im Wechselrecht. Beispiel zu Abs. 1: Ein am 31. 1. ausgestellter, auf einen Monat nach der Ausstellung lautender Wechsel verfällt am 28. oder 29. 2.. Beispiel zu Abs. 2: Ein am 8. 1. ausgestellter, auf zweieinhalb Monate nach der Ausstellung lautender Wechsel verfällt am 23. 3. (vgl. CARRY, SJK 449, 3).

II. Ergänzung und Verweisung

2 Ergänzend dazu sind **Art. 1081–1083** zu beachten. Allgemein gilt auch für die Fristen des Wechselrechts, dass der letzte Tag auf einen *Werktag* fallen muss, andernfalls wird die Frist von Gesetzes wegen bis zum nächsten Werktag verlängert (JÄGGI/DRUEY/VON GREYERZ, 196 mit Hinweis auf Art. 1081 und Art. 1 des BG vom 21.6.1963 über den Fristenlauf an Samstagen, SR 173 110.3; ZR 1968, 149). Betreffend Fristerstreckung wegen *höherer Gewalt* vgl. Art. 1051.

Art. 1027

5. Zeitberechnung nach altem Stil

¹ Ist ein Wechsel an einem bestimmten Tag an einem Orte zahlbar, dessen Kalender von dem des Ausstellungsortes abweicht, so ist für den Verfalltag der Kalender des Zahlungsortes massgebend.

² Ist ein zwischen zwei Orten mit verschiedenem Kalender gezogener Wechsel eine bestimmte Zeit nach der Ausstellung zahlbar, so wird der Tag der Ausstellung in den nach dem Kalender des Zahlungsortes entsprechenden Tag umgerechnet und hienach der Verfalltag ermittelt.

³ Auf die Berechnung der Fristen für die Vorlegung von Wechseln findet die Vorschrift des vorstehenden Absatzes entsprechende Anwendung.

⁴ Die Vorschriften dieses Artikels finden keine Anwendung wenn sich aus einem Vermerk im Wechsel oder sonst aus dessen Inhalt ergibt, dass etwas anderes beabsichtigt war.

4. Abschnitt: Der Wechsel **Art. 1028**

5. Ancien style

¹ Quand une lettre de change est payable à jour fixe dans un lieu où le calendrier est différent de celui du lieu de l'émission, la date de l'échéance est considérée comme fixée d'après le calendrier du lieu de paiement.

² Quand une lettre de change tirée entre deux places ayant des calendriers différents est payable à un certain délai de date, le jour de l'émission est ramené au jour correspondant du calendrier du lieu de paiement et l'échéance est fixée en conséquence.

³ Les délais de présentation des lettres de change sont calculés conformément aux règles de l'alinéa précédent.

⁴ Ces règles ne sont pas applicables si une clause de la lettre de change, ou même les simples énonciations du titre, indiquent que l'intention a été d'adopter des règles différentes.

5. Computo secondo il vecchio stile

¹ Se la cambiale è pagabile a giorno fisso in un luogo in cui il calendario è differente da quello del luogo di emissione, la data della scadenza si intende fissata secondo il calendario del luogo di pagamento.

² Se una cambiale tratta fra due piazze che hanno calendari diversi è pagabile a certo tempo data, la scadenza è stabilita contando dal giorno che, secondo il calendario del luogo di pagamento, corrisponde al giorno dell'emissione.

³ I termini di presentazione delle cambiali sono calcolati in conformità alle disposizioni del capoverso precedente.

⁴ Queste disposizioni non si applicano se da clausola della cambiale o anche dalle sole enunciazioni del titolo risulti l'intenzione di adottare norme diverse.

Art. 1027 (vgl. Art. 37 EinhWG) enthält Auslegungsregeln zur Bestimmung des Verfalltages, falls am Zahlungs- und am Ausstellungsort **verschiedene Kalender** gelten. In der Praxis wird das Problem indes in Anwendung von Abs. 4 durch klärende, individuelle Zusätze in der Wechselurkunde getroffen. 1

VI. Zahlung

Art. 1028

1. Vorlegung zur Zahlung

¹ **Der Inhaber eines Wechsels, der an einem bestimmten Tag oder bestimmte Zeit nach der Ausstellung oder nach Sicht zahlbar ist, hat den Wechsel am Zahlungstag oder an einem der beiden folgenden Werktage zur Zahlung vorzulegen.**

² **Die Einlieferung in eine von der Schweizerischen Nationalbank anerkannte Abrechnungsstelle steht der Vorlegung zur Zahlung gleich.**

1. Présentation au paiement

¹ Le porteur d'une lettre de change payable à jour fixe ou à un certain délai de date ou de vue doit présenter la lettre de change au paiement, soit le jour où elle est payable, soit l'un des deux jours ouvrables qui suivent.

² La présentation d'une lettre de change à une chambre de compensation reconnue par la Banque nationale suisse équivaut à une présentation au paiement.

1. Presentazione per il pagamento	¹ Il portatore di una cambiale pagabile a giorno fisso o a certo tempo data o vista deve presentarla al pagamento nel giorno in cui essa è pagabile o in uno dei due giorni feriali successivi.
	² La presentazione della cambiale ad una stanza di compensazione riconosciuta dalla Banca Nazionale Svizzera equivale a presentazione per il pagamento.

Literatur

Vgl. die Literaturhinweise zu Art. 1023.

I. Allgemeines

1 Die Wechselschuld ist eine Hol-, keine Bringschuld (vgl. Art. 38 EinhWG). Für die Einforderung der Zahlung ist bei Fälligkeit die **Vorlegung des Wechsels zur Zahlung** gegenüber dem Bezogenen (bzw. dem Aussteller beim Eigenwechsel) notwendig. Der Bezogene, dem der Wechsel orts- und fristgerecht vorgelegt wird, *muss* ihn einlösen, wenn er den Wechsel akzeptiert hat (Art. 1018).

II. Fristen

2 Der Wechsel, der an einem bestimmten Tag oder zu einer bestimmten Zeit nach Ausstellung oder nach Sicht zahlbar ist, muss **am Tag der Fälligkeit oder an einem der beiden folgenden Werktage** zur Zahlung vorgelegt werden (Abs. 1). Das Gesetz erwähnt den Sichtwechsel nicht, da dessen Fälligkeit durch die Vorlegung zur Zahlung bestimmt wird (vgl. Art. 1024 N 1). Die Vorlegung darf weder früher noch später stattfinden. Nimmt der Hauptschuldner den Wechsel vorzeitig entgegen, so handelt er im Mandatsverhältnis für den Vorlegenden. Er muss nicht vor Fälligkeit bezahlen (Art. 1030). Will er den Wechsel nicht honorieren, so darf er die entsprechende Erklärung erst innerhalb der Frist von Abs. 1 abgeben (vgl. JÄGGI/DRUEY/VON GREYERZ, 199).

III. Ablauf der Vorlegung zur Zahlung

3 Der Wechsel ist beim Bezogenen oder beim Aussteller (Eigenwechsel) zur Zahlung **im Original vorzulegen,** allenfalls bei der Zahlstelle, falls eine solche genannt ist (Art. 994, 1017; vgl. Art. 1017 N 2). Bei Zustellung des Wechsels per Post trägt der Präsentierende das Risiko des rechtzeitigen Eintreffens. Die Vorlegung zur Zahlung muss in den Geschäftsräumlichkeiten des Adressaten, in Ermangelung davon in seiner Wohnung (Art. 1084), und während der normalen Bürozeiten erfolgen (vgl. JÄGGI/DRUEY/VON GREYERZ, 200). Der Wechsel muss vom Berechtigten nicht persönlich, sondern kann auch durch einen Bevollmächtigten vorgelegt werden (betreffend Inkasso eines Wechsels durch eine Bank vgl. Konvention XIII betr. Vereinfachung des Inkassos von Wechseln und Checks der Schweizerischen Bankiervereinigung vom 1.7.1984).

4 Eine zentrale **Abrechnungsstelle,** wie sie Abs. 2 erwähnt, besteht nur noch für Checks (Schweizerische Checkzentrale), aber nicht mehr für Wechsel.

IV. Wirkungen der Vorlegung zur Zahlung

5 Legt der Inhaber den Wechsel dem Hauptschuldner (Akzeptant, Aussteller des Eigenwechsels) nicht rechtzeitig vor, so verliert er das **Rückgriffsrecht** gegenüber den Mitverpflichteten (Art. 1050 Abs. 1, «Präjudizierung»). Rechtzeitige Vorlegung zur Zahlung

4. Abschnitt: Der Wechsel

hat alle Ansprüche gemäss Art. 1045 f. zur Folge. Der Hauptschuldner *bleibt* bis zum Ablauf der Verjährungsfrist (Art. 1069 Abs. 1) *verpflichtet,* auch wenn ihm der Wechsel nach Ablauf der Präsentationsfrist zur Zahlung vorgelegt wird (Art. 1050 Abs. 1). Hingegen kann *Verzugszins* erst ab effektiver Vorlegung gefordert werden.

Wird der Wechsel nicht innerhalb der Vorlegungsfrist zur Zahlung vorgelegt, so kann der Schuldner die Wechselsumme auf Gefahr und Kosten des Inhabers **hinterlegen** (Art. 1032). 6

V. Die Klausel «Ohne Vorlegung»

Bei einem Eigenwechsel ist es zulässig, den ausdrücklichen Vermerk «ohne Vorlegung» auf dem Wechsel anzubringen (Cour de cassation civile vom 9.6.1993, RVJ 1993, 209; vgl. ZOBL, SZW 1997, 148, 160). Dieser Vermerk hat zur Wirkung, dass Art. 1028 wegbedungen wird und die Wechselforderung von einer Hol- in eine Bringschuld umgewandelt wird (a.a.O.). 7

Art. 1029

2. Recht auf Quittung. Teilzahlung

¹ **Der Bezogene kann vom Inhaber gegen Zahlung die Aushändigung des quittierten Wechsels verlangen.**

² **Der Inhaber darf eine Teilzahlung nicht zurückweisen.**

³ **Im Falle der Teilzahlung kann der Bezogene verlangen, dass sie auf dem Wechsel vermerkt und ihm eine Quittung erteilt wird.**

2. Quittance. Paiement partiel

¹ Le tiré peut exiger, en payant la lettre de change, qu'elle lui soit remise acquittée par le porteur.

² Le porteur ne peut refuser un paiement partiel.

³ En cas de paiement partiel, le tiré peut exiger que mention de ce paiement soit faite sur la lettre et que quittance lui en soit donnée.

2. Diritto alla quietanza. Pagamento parziale

¹ Il trattario che paga la cambiale può esigere che gli sia consegnata quietanzata dal portatore.

² Il portatore non può rifiutare un pagamento parziale.

³ In caso di pagamento parziale il trattario può esigere che ne sia fatta menzione sulla cambiale e gliene sia data quietanza.

Literatur

Vgl. die Literaturhinweise zu Art. 1023.

I. Allgemeines

Art. 1029 (vgl. Art. 39 EinhWG) nennt die Rechte des Bezogenen im Zusammenhang mit der Zahlung, nämlich das Recht auf **Aushändigung des quittierten Wechsels** und das Recht, **Teilzahlungen** zu leisten. 1

II. Aushändigung des quittierten Wechsels

2   Der Bezogene kann vom Inhaber gegen Zahlung die Aushändigung des **quittierten Wechsels** verlangen (Abs. 1, Art. 965). Der Inhaber *muss* deshalb den Wechsel im Original vorlegen, um Zahlung verlangen zu können (Art. 1028 Abs. 1). Dieselbe Verpflichtung obliegt auch dem Betreibungsamt bei der Wechselbetreibung. Die Wechselbetreibung setzt voraus, dass der Wechsel dem Betreibungsamt übergeben wurde, damit das Betreibungsamt die formellen Voraussetzungen prüfen kann und damit Dritte den Wechsel während der Wechselbetreibung nicht missbrauchen (BGer vom 20.12. 1999, Pra 2000, 424; Art. 177 Abs. 2 SchKG). Der Inhaber darf den Wechsel nicht zur Sicherung anderer Forderungen zurückbehalten (MEIER-HAYOZ/VON DER CRONE. § 10 N 24; BAUMBACH/HEFERMEHL, Art. 39 WG N 3). Leistet ein Wechselschuldner, ohne dass ihm der Wechsel ausgehändigt wird, und verlangt ein gutgläubiger Erwerber erneut Zahlung, so muss der Akzeptant die Schuld ein zweites Mal begleichen (MEIER-HAYOZ/ VON DER CRONE, § 10 N 25). Erfolgte Zahlung gegen Aushändigung des *nicht quittierten* Wechsels, so besteht zugunsten des Empfängers des Wechsels trotzdem eine Vermutung für Zahlung (CARRY, SJK 449, 4).

III. Teilzahlungen

3   Der Inhaber **muss eine Teilzahlung annehmen,** die Teilzahlung auf dem Wechsel vermerken und quittieren (Abs. 2 f.; vgl. auch Art. 88). Der Wechsel muss dem Bezogenen indes erst nach *vollständiger* Zahlung ausgehändigt werden. Die Pflicht, Teilzahlungen anzunehmen, widerspricht zwar der allgemeinen Regel von Art. 69, schützt jedoch die Interessen der Garantieschuldner. Zurückgewiesene Teilzahlungen kann der Bezogene hinterlegen (Art. 1032) und kommt damit in deren Umfang nicht in Verzug. Protest kann zudem nur für den nicht bezahlten Teil der Wechselsumme erhoben werden. Ebenso kann gültiger Rückgriff nur für den Restbetrag genommen werden.

Art. 1030

3. Zahlung vor und bei Verfall	¹ Der Inhaber des Wechsels ist nicht verpflichtet, die Zahlung vor Verfall anzunehmen. ² Der Bezogene, der vor Verfall zahlt, handelt auf eigene Gefahr. ³ Wer bei Verfall zahlt, wird von seiner Verbindlichkeit befreit, wenn ihm nicht Arglist oder grobe Fahrlässigkeit zur Last fällt. Er ist verpflichtet, die Ordnungsmässigkeit der Reihe der Indossamente, aber nicht die Unterschriften der Indossanten zu prüfen.
3. Paiement anticipé et paiement à l'échéance	¹ Le porteur d'une lettre de change ne peut être contraint d'en recevoir le paiement avant l'échéance. ² Le tiré qui paie avant l'échéance le fait à ses risques et périls. ³ Celui qui paie à l'échéance est valablement libéré, à moins qu'il n'y ait de sa part une fraude ou une faute lourde. Il est obligé de vérifier la régularité de la suite des endossements mais non la signature des endosseurs.
3. Pagamento anticipato e pagamento alla scadenza	¹ Il portatore della cambiale non è tenuto a riceverne il pagamento prima della scadenza.

² Il trattario che paga prima della scadenza lo fa a suo rischio e pericolo.

³ Chi paga alla scadenza è validamente liberato, a meno che da parte sua non vi sia dolo o colpa grave. Egli è tenuto ad accertare la regolare continuità delle girate ma non a verificare l'autenticità delle firme dei giranti.

Literatur

Vgl. die Literaturhinweise zu Art. 1023.

I. Allgemeines zur Zahlung

Zur Frage, was als Erfüllung der im Wechsel stipulierten Zahlungspflicht gelten kann, sind die Grundsätze des **allgemeinen OR** anwendbar, d.h. der Gläubiger kann Barzahlung verlangen (JÄGGI/DRUEY/VON GREYERZ, 202). 1

II. Zahlung vor oder bei Verfall

Vor Verfall kann der Bezogene mit befreiender Wirkung nur mit Einwilligung des Inhabers bezahlen, dies im Unterschied zur allgemeinen Regel von Art. 81 (vgl. auch Art. 40 EinhWG). Der vorzeitig Zahlende kann sich nicht auf Abs. 3 berufen, d.h. er trägt das *Risiko der Vorzeitigkeit* (z.B. es stellt sich am Fälligkeitstag heraus, dass der Präsentierende nicht der Berechtigte war; vgl. JÄGGI/DRUEY/VON GREYERZ, 202). Weist der Inhaber eine vorzeitige Zahlung zurück, so beeinträchtigt das die Ausübung seines Rückgriffs gegen die Wechselverpflichteten in keiner Weise, falls der Bezogene bei Verfall nicht zahlt (CARRY, SJK 449, 5). 2

Zahlt der Bezogene dagegen **bei Verfall,** so wird er von seiner Verbindlichkeit *befreit,* selbst wenn der formell rechtmässige Inhaber nicht der wahre Berechtigte ist, es sei denn, der Bezogene sei bösgläubig (Art. 1030 Abs. 1). 3

III. Notwendige Prüfungen

Wer bei Verfall zahlt, ist verpflichtet zu prüfen, dass er sich zuhanden eines **formell rechtmässigen Inhabers** befreit, der sich durch eine ordnungsgemässe, d.h. ununterbrochene, Reihe von Indossamenten ausweisen kann (Art. 1006). Der Zahlende muss aber nicht die Unterschriften der Indossanten prüfen (Abs. 2), d.h. er ist nicht verpflichtet, die Echtheit der Unterschriften oder die materielle Berechtigung des Inhabers zu kontrollieren. Er befreit sich durch Zahlung, sofern er bei der Prüfung nicht *arglistig oder grob fahrlässig* handelte. Arglistig handelt ein Bezogener, der Umstände kennt, die so deutlich sind, dass die mangelnde materielle Berechtigung des Inhabers für ihn nicht zweifelhaft sein kann, und er dafür auch Beweise besitzt. Grobe Fahrlässigkeit muss sich der Bezogene vorwerfen lassen, der bei genügender Aufmerksamkeit die mangelnde materielle Berechtigung des Inhabers hätte erkennen müssen und dies auch hätte beweisen können (CARRY, SJK 449, 5 f.). 4

Art. 1031

4. Zahlung in fremder Währung

¹ Lautet der Wechsel auf eine Währung, die am Zahlungsorte nicht gilt, so kann die Wechselsumme in der Landeswährung nach dem Werte gezahlt werden, den sie am Verfalltage besitzt. Wenn der Schuldner die Zahlung verzögert, so kann der Inhaber wählen, ob die Wechselsumme nach dem Kurs des Verfalltages oder nach dem Kurs des Zahlungstages in die Landeswährung umgerechnet werden soll.

² Der Wert der fremden Währung bestimmt sich nach den Handelsgebräuchen des Zahlungsortes. Der Aussteller kann jedoch im Wechsel für die zu zahlende Summe einen Umrechnungskurs bestimmen.

³ Die Vorschriften der beiden ersten Absätze finden keine Anwendung, wenn der Aussteller die Zahlung in einer bestimmten Währung vorgeschrieben hat (Effektivvermerk).

⁴ Lautet der Wechsel auf eine Geldsorte, die im Lande der Ausstellung dieselbe Bezeichnung, aber einen anderen Wert hat als in dem der Zahlung, so wird vermutet, dass die Geldsorte des Zahlungsortes gemeint ist.

4. Paiement en monnaie étrangère

¹ Lorsqu'une lettre de change est stipulée payable en une monnaie n'ayant pas cours au lieu du paiement, le montant peut en être payé dans la monnaie du pays d'après sa valeur au jour de l'échéance. Si le débiteur est en retard, le porteur peut, à son choix, demander que le montant de la lettre de change soit payé dans la monnaie du pays d'après le cours soit du jour de l'échéance, soit du jour du paiement.

² Les usages du lieu du paiement servent à déterminer la valeur de la monnaie étrangère. Toutefois, le tireur peut stipuler que la somme à payer sera calculée d'après un cours déterminé dans la lettre.

³ Les règles ci-énoncées ne s'appliquent pas au cas où le tireur a stipulé que le paiement devra être fait dans une certaine monnaie indiquée (clause de paiement effectif en une monnaie étrangère).

⁴ Si le montant de la lettre de change est indiqué dans une monnaie ayant la même dénomination, mais une valeur différente dans le pays d'émission et dans celui du paiement, on est présumé s'être référé à la monnaie du lieu du paiement.

4. Pagamento in moneta estera

¹ Se la cambiale è pagabile in moneta che non ha corso nel luogo di pagamento, la somma può essere pagata nella moneta del Paese secondo il suo valore nel giorno della scadenza. Se il debitore è in ritardo, il portatore può a sua scelta domandare che la somma sia pagata nella moneta del Paese secondo il valore nel giorno di scadenza o in quello del pagamento.

² Il valore della moneta estera è determinato dagli usi del luogo di pagamento. Il traente può tuttavia stabilire che la somma da pagare sia calcolata secondo il corso indicato nella cambiale.

³ Le disposizioni precedenti non si applicano nel caso in cui il traente abbia stabilito che il pagamento sia fatto in una moneta espressamente indicata (clausola di pagamento effettivo in moneta estera).

⁴ Se la somma è indicata in una moneta avente la stessa denominazione ma un valore diverso nel Paese di emissione e in quello del pagamento, si presume che l'indicazione si riferisca alla moneta del luogo di pagamento.

Literatur

Vgl. die Literaturhinweise zu Art. 1023.

I. Allgemeines. Abgrenzung

Anhand von Abs. 1 f. (vgl. auch Art. 41 EinhWG) ist zu bestimmen, in welcher Währung die Wechselschuld zu bezahlen ist. Es gilt ebenfalls das allgemeine Prinzip von Art. 84 Abs. 2, wonach trotz Angabe in fremder Währung grundsätzlich in **Devisen des Zahlungsortes** erfüllt werden kann, falls der Aussteller nicht Zahlung in einer ausdrücklich bestimmten Währung (Effektivvermerk) vorgeschrieben hat (Abs. 3; vgl. im Checkrecht Art. 1122). Massgebend für die Umrechnung in die Landeswährung ist der Kurs am *Verfalltag* (i.d.R. der offizielle Wechselkurs am Zahlungsort), im Checkrecht dagegen der Kurs am *Zahlungstag*.

Abs. 1 f. treffen eine Regelung ausschliesslich für diejenigen Wechsel, die auf **eine am (schweizerischen) Zahlungsort nicht geltende Währung** lauten. Die praktisch bedeutsameren Fremdwährungswechsel, die von einem inländischen auf einen ausländischen Ort in der Währung des Letzteren gezogen werden, verbleiben damit ausserhalb des Geltungsbereiches des EinhWG ohne Regelung (vgl. ZIMMERMANN, Art. 1122 N 1a, 6).

II. Einführung des Euro

Mit der Schaffung des Euro am 1.1.1999 (VO (EG) Nr. 974/98 des Rates vom 3.5.1998 über die Einführung des Euro) ist es möglich, einen Wechsel auf Euro auszustellen. Die Zahlung eines solchen Wechsels bestimmt sich wie bei anderen Wechseln nach Art. 84 OR und im internationalen Verhältnis nach Art. 147 IPRG. Der Euro ist die gesetzliche Währung von 15 der 27 Mitgliedstaaten der EU sowie sechs weiteren europäischen Staaten (Andorra, Belgien, Deutschland, Finnland, Frankreich, Griechenland, Irland, Italien, Kosovo, Luxemburg, Malta, Monaco, Montenegro, Niederlande, Österreich, Portugal, San Marino, Slowenien, Spanien, Vatikanstadt, Zypern). Noch bestehende, «alte» Schulden, sind auch dann bei Fortbestand des Wechsels umzurechnen, wenn allein schweizerische Parteien beteiligt sind (allgemein zu Verträgen: h.M. NOBEL, SZW 1999, 164; VISCHER, Die Währungsumstellung auf den Euro und die Auswirkungen auf Verträge, die dem schweizerischen Recht unterstehen, Gutachten vom 22.10.1998 [Hg. Schweizerische Bankiervereinigung]; **a.M.** WIEGAND, recht 1998, 94).

III. Gleich lautende Geldsorten

Lautet der Wechsel auf eine **Geldsorte,** die im Lande der Ausstellung dieselbe Bezeichnung, aber einen anderen Wert hat als im Land der Zahlung, z.B. Franken (Schweiz oder Frankreich), Kronen (Norwegen, Dänemark oder Schweden) oder Dollar (USA, Kanada oder Australien), so wird vermutet, dass die *Geldsorte des Zahlungsortes* gemeint ist (Abs. 4).

Art. 1032

5. Hinterlegung	Wird der Wechsel nicht innerhalb der im Artikel 1028 bestimmten Frist zur Zahlung vorgelegt, so kann der Schuldner die Wechselsumme bei der zuständigen Behörde auf Gefahr und Kosten des Inhabers hinterlegen.
5. Consignation	A défaut de présentation de la lettre de change au paiement dans le délai fixé par l'art. 1028, tout débiteur a la faculté d'en remettre le montant en dépôt à l'autorité compétente, aux frais, risques et périls du porteur.
5. Deposito	Se la cambiale non è presentata per il pagamento nel termine fissato dall'articolo 1028, qualsiasi debitore ha facoltà di depositare la somma presso l'autorità competente, a spese, rischio e pericolo del portatore del titolo.

Literatur

Vgl. die Literaturhinweise zu Art. 1023.

I. Allgemeines

1   Die Wechselschuld ist eine *Holschuld* (vgl. Art. 1028 N 1, 7). Legt der Inhaber den Wechsel nicht rechtzeitig (Art. 1028) vor, so geht indes die Wechselschuld nicht unter (im Unterschied zu den Ansprüchen gegen die weiteren aus dem Wechsel verpflichteten Personen, vgl. Art. 1028 N 5, Art. 1050), d.h. der Wechselschuldner bleibt bis zur Erfüllung verpflichtet. Er hat aber die Möglichkeit, sich durch **Hinterlegung** der Wechselsumme von seiner Verbindlichkeit zu befreien.

II. Modalitäten und Wirkungen der Hinterlegung

2   Für Modalitäten und Wirkung der Hinterlegung gelten die allgemeinen obligationenrechtlichen Grundsätze der Hinterlegung bei Gläubigerverzug (Art. 92), d.h. die Wechselsumme kann am Zahlungsort (d.h. am Wohnort des Bezogenen oder an einer bestimmten Zahlstelle, vgl. Art. 1017) bei den von den Kantonen bezeichneten **Depositenstellen** auf Gefahr und Kosten des Wechselgläubigers hinterlegt werden. Zur Durchführung der Hinterlegung vgl. BSK OR I-BERNET, Art. 92 N 4 ff.

VII. Rückgriff mangels Annahme und mangels Zahlung

Vorbemerkungen zu Art. 1033 ff.

Literatur

BRÜSTLEIN, Die Notifikationspflicht im Wechselrecht, Diss. Bern 1933; CARRY, SJK 450 (Wechselrückgriff) und SJK 451 (Wechselanspruch); GERBER, Der Protest im schweizerischen Wechsel- und Checkrecht, Diss. Bern 1944; HULFTEGGER, Die Stundungsmassnahmen in der schweizerischen Kriegsgesetzgebung, FS Cohn, 1915; JENNI, Die Rückgriffshaftung des Wechselindossanten nach schweizerischem Recht, Diss. Bern 1942; MERZ, Der Einfluss des Wechsels auf das Grundgeschäft und der Wechselbereicherungsanspruch, Diss. Bern 1932; NOBBE, Die neuere Rechtsprechung des Bundesgerichtshofs zum Wechsel- und Scheckrecht, in WM, Sonderbeilage Nr. 5, 2000, 1 ff.; SPIRO, Die Begrenzung privater Rechte durch Verjährungs-, Verwirkungs- und

Fatalfristen, Bd. I, 1975; vgl. ausserdem die Literaturhinweise bei den Vorbem. zu Art. 965 ff. und 990.

I. Übersicht

Die Art. 1033 ff. regeln den *Rückgriff mangels Annahme und mangels Zahlung,* d.h. die Rechte und Pflichten der Beteiligten beim **Wechselrücklauf.** Art. 1033 begründet das Rückgriffsrecht und umschreibt die materiellen *Voraussetzungen,* der Protest als die formelle Voraussetzung ist in den Art. 1034 ff. geregelt. Die Art. 1044 ff. befassen sich mit den *Wirkungen* des Rückgriffsrechts, die Art. 1050 f. mit den Folgen der *Säumnis* von Vorlegungs- und Protestfristen. Die Härten, die sich aus diesen Säumnisfolgen (und aus den Folgen der *Verjährung)* ergeben können, werden in Art. 1052 durch den **wechselrechtlichen Bereicherungsanspruch** gemildert. 1

II. Grundzüge

Der Rückgriff (Regress) besteht in der Beanspruchung der Garantieschuldner des Wechselinhabers. In materieller Hinsicht wird hierfür vorausgesetzt, dass der Wechsel **Not leidend** geworden ist (Art. 1033), was in formeller Hinsicht grundsätzlich durch **Protest** festzustellen ist (Art. 1034 ff.). 2

Anlass für die Geltendmachung des Rückgriffsrechts (Regressrechts) ist der Umstand, dass der planmässige Ablauf bei der Geltendmachung der Wechselforderung (Vorlauf) gescheitert ist, weil der Bezogene die Annahme oder die Zahlung verweigert hat. Deshalb sollen nun die **subsidiär** aus dem Wechsel Verpflichteten in Anspruch genommen werden (Rücklauf). 3

Grundlage und Anknüpfungspunkt für die subsidiäre Haftung bilden die **Garantieverpflichtungen,** die der Aussteller, der Indossant, sowie deren Ehrenannehmer und Wechselbürgen durch ihre Unterschrift auf dem Wechsel eingegangen sind (insb. zum Indossament, Art. 1005; GUHL/KUMMER/DRUEY, 836; MEIER-HAYOZ/VON DER CRONE, 186). Diese Personen haften für die Annahme und die Zahlung des Wechsels. Ihre Verpflichtung besteht kraft Gesetz und unabhängig vom Grundverhältnis, welches sie zur Unterschrift auf dem Wechsel veranlasst hat (JÄGGI/DRUEY/VON GREYERZ, 209; OGer ZH, ZR 1963, 111). 4

III. Hauptforderung und Regressforderung

Von der **Wechselhauptforderung,** die sich gegen den Hauptschuldner (Annehmer) richtet, unterscheidet sich die **Rückgriffsforderung,** die sich gegen die *Garantieschuldner* richtet, in mehrfacher Hinsicht: Die Hauptforderung besteht unabhängig von der Protesterhebung, sie unterliegt einer längeren Verjährungsfrist, und ihre Erfüllung bewirkt das Erlöschen aller Wechselverbindlichkeiten, auch der Garantieverpflichtungen. Die Regressforderung setzt demgegenüber einen gültigen Protest voraus, und mit ihrer Tilgung erlischt die Hauptforderung nicht. Auch inhaltlich und der Höhe nach unterscheiden sich Wechselsumme und Wechselzahlung einerseits von *Regresssumme und Regresszahlung* anderseits (Art. 1045 f.; KGer NE, RJN 2002, 352). 5

IV. Erstrückgriff und Einlösungsrückgriff

6 Hauptgläubiger und Rückgriffsgläubiger ist zunächst der **Wechselinhaber,** d.h. der letzte Indossatar (bzw. der Wechseleigentümer beim Blankoindossament). Ihm haften die **Wechselverpflichteten** (Hauptschuldner und Garantieschuldner) solidarisch (Art. 1044 Abs. 1). Rückgriffsberechtigt ist indessen auch jener Garantieschuldner, der den Wechsel einlöst. Dementsprechend ist vom (Wechsel-)**Inhaber** und **Einlöser,** vom **Erst-** und vom **Einlösungsrückgriff** *(Weitergriff)* die Rede (vgl. Marginalie zu Art. 1045 f.; BÜLOW, Art. 43 WG N 4).

V. IPR

7 Die Vorschriften über das IPR des Wechselregresses sowie des wechselrechtlichen Bereicherungsanspruchs finden sich in Art. 1086 ff., insb. Art. 1088 f. und 1093.

Art. 1033

1. Rückgriff des Inhabers	¹ **Der Inhaber kann gegen die Indossanten, den Aussteller und die anderen Wechselverpflichteten bei Verfall des Wechsels Rückgriff nehmen, wenn der Wechsel nicht bezahlt worden ist.** ² **Das gleiche Recht steht dem Inhaber schon vor Verfall zu:** **1. wenn die Annahme ganz oder teilweise verweigert worden ist;** **2. wenn über das Vermögen des Bezogenen, gleichviel ob er den Wechsel angenommen hat oder nicht, der Konkurs eröffnet worden ist oder wenn der Bezogene auch nur seine Zahlungen eingestellt hat oder wenn eine Zwangsvollstreckung in sein Vermögen fruchtlos verlaufen ist;** **3. wenn über das Vermögen des Ausstellers eines Wechsels, dessen Vorlegung zur Annahme untersagt ist, der Konkurs eröffnet worden ist.**
1. Recours du porteur	Le porteur peut exercer ses recours contre les endosseurs, le tireur et les autres obligés: à l'échéance: si le paiement n'a pas eu lieu; même avant l'échéance: 1. s'il y a eu refus, total ou partiel, d'acceptation; 2. dans les cas de faillite du tiré, accepteur ou non, de cessation de ses paiements, même non constatée par un jugement, ou de saisie de ses biens demeurée infructueuse; 3. dans les cas de faillite du tireur d'une lettre non acceptable.
1. Regresso del portatore	Il portatore può esercitare il regresso contro i giranti, il traente e gli altri obbligati: alla scadenza, se il pagamento non ha avuto luogo; anche prima della scadenza: 1. se l'accettazione sia stata rifiutata in tutto o in parte; 2. in caso di fallimento del trattario, abbia o non abbia accettato; di cessazione dei pagamenti, ancorché non constatata con sentenza; di esecuzione infruttuosa sui suoi beni; 3. in caso di fallimento del traente di una cambiale non accettabile.

4. Abschnitt: Der Wechsel 1–4 Art. 1033

Literatur

Vgl. die Literaturhinweise bei den Vorbem. zu Art. 1033.

I. Normzweck. Übersicht

Art. 1033 verankert den **Grundsatz der Rückgriffsberechtigung** und umschreibt die **materiellen Voraussetzungen,** unter denen von den Garantieschuldnern Zahlung verlangt werden kann. Diese sollen nur und erst leisten müssen, wenn der Wechsel bei Verfall nicht bezahlt ist (Rückgriff mangels Zahlung, Abs. 1) oder wenn schon vor Verfall die Zahlung des Wechsels nicht mehr zu erwarten ist (Rückgriff mangels Annahme oder wegen Unsicherheit, Abs. 2). Die *formellen* Voraussetzungen sind in Art. 1034 (Protest), die sachlichen in Art. 1047 (Aushändigung der Wechselpapiere) festgelegt. 1

II. Anwendungsbereich

Die Anwendung der Regressregeln setzt den Bestand eines formgültigen **Wechsels** voraus (Art. 991 für den gezogenen Wechsel und Art. 1096 i.V.m. Art. 1098 für den Eigenwechsel). Der Anwendungsbereich erstreckt sich auf die *wechselähnlichen Papiere,* die an Ordre lauten und – mit Ausnahme der Wechselklausel – den Formerfordernissen eines Wechsels entsprechen. Dabei gelten die Regeln über den Rückgriff mangels Zahlung für das *Zahlungsversprechen an Ordre* kraft Verweisung in Art. 1151 Abs. 1 und 1098 und für die *Anweisung an Ordre* kraft Art. 1147 (BGE 78 II 158), darüber hinaus ist für Letztere ein eingeschränkter Rückgriff für den Fall der freiwilligen Annahme vorgesehen (Art. 1149). Nicht anwendbar sind die Rückgriffsregeln indessen auf die *anderen indossierbaren Papiere* (Art. 1152 Abs. 3) und auf mündliche oder schriftliche *Verträge* über die Unterzeichnung eines Wechsels (GUHL/KUMMER/Druey, 824 f.). 2

III. Parteien (Abs. 1)

1. Der Rückgriffsgläubiger

Rückgriffsberechtigt ist der **Inhaber** des Wechsels, d.h. der rechtmässige Wechseleigentümer. Ist der Inhaber der letzte Indossatar, so ergibt sich sein Recht vermutungsweise aus der lückenlosen Indossamentenkette (BGH BB 1991, 1514), beim blanko indossierten Wechsel aus dem blossen Besitz (Art. 1006). Das Rückgriffsrecht des Einlösers, der den Wechselinhaber befriedigt hat, wird *nicht* in Art. 1033, sondern in Art. 1046 begründet. *Nicht* rückgriffsberechtigt ist der Bezogene bzw. der Hauptschuldner (N 5), der den Wechsel honoriert, denn das Aufleben des Rückgriffsrechts setzt ja gerade voraus, dass der Wechsel *nicht bezahlt* ist (Abs. 1). Zum *Übergang* der Rückgriffsrechte auf den zahlenden Wechselbürgen s. Art. 1022 Abs. 3, auf den Ehrenzahler s. Art. 1062 Abs. 3 und BGE 124 III 112. 3

2. Der Rückgriffsschuldner

Dem Rückgriff unterliegen nach der Aufzählung des Gesetzes die *Indossanten,* der *Aussteller* (unabhängig davon, ob der Bezogene die Annahme erklärt hat oder nicht) und die *anderen Wechselverpflichteten.* Zu den Letzteren gehören die Wechselbürgen und Ehrenannehmer, welche für Aussteller und Indossanten einstehen. Sie bilden die Gruppe der **Garantieschuldner** (Rückgriffs- oder Regressschuldner), welche subsidiär für die Annahme des Wechsels und für die Bezahlung bei Verfall haften. 4

Thomas Bauer

5 Von den *anderen Wechselverpflichteten* unterliegen kraft ihrer Stellung im Wechselverband die primär haftenden **Hauptschuldner nicht** der Rückgriffshaftung. Es sind dies der Akzeptant beim gezogenen Wechsel (Art. 1018), der Aussteller beim Eigenwechsel (Art. 1099) sowie deren Wechselbürgen (Art. 1022 Abs. 1) und Ehrenannehmer (Art. 1057 Abs. 1). Gegen sie richtet sich der eigentliche Wechselhauptanspruch, der ohne vorgängigen Protest geltend zu machen ist (BGE 124 III 121; 91 II 110 = Pra 1965, 374; OGer BE, ZBJV 1970, 32; GUHL/KUMMER/DRUEY, 840, 844; MEIER-HAYOZ/VON DER CRONE, 211, BGH WM 1999, 1564). Nicht rückgriffspflichtig ist ferner der **Blankoindossatar,** der den Wechsel blanko weitergibt, ohne ihn selbst zu indossieren (Art. 1004 Abs. 2 Ziff. 3), oder der das Blankoindossament des Vormannes mit dem Namen eines anderen ausfüllt (Art. 1004 Abs. 2 Ziff. 1), denn er erscheint nicht in der Indossamentenkette, ist nicht Teil des Wechselverbands und damit von der Garantiehaftung ausgenommen.

6 Es besteht auch die Möglichkeit der **gewillkürten Einschränkung** der Garantenstellung: So können der Aussteller die Haftung für die Annahme (Art. 999 Abs. 2), die Indossanten darüber hinaus auch die Haftung für die Zahlung ausschliessen (Angstklausel, Art. 1005). Die Haftung für die Annahme kann ferner durch ein gänzliches oder zeitweises Vorlegungsverbot (Art. 1012 Abs. 2 f.) ausgeschlossen bzw. begrenzt werden. Eine weitere Einschränkung der Garantenstellung ergibt sich, wenn der Rückgriffsgläubiger den Wechsel zuvor **selbst indossiert** hat. Seine eigenen Nachmänner, denen er aus jenem früheren Indossament haftet, darf er als späterer Inhaber (oder Einlöser, Art. 1046) nicht belangen (BÜLOW, Art. 43 WG N 4; JÄGGI/DRUEY/VON GREYERZ, 210). Beim *Forfaitierungsgeschäft* verzichtet die forfaitierende Bank auf die Geltendmachung von Rückgriffsansprüchen. Dieser *schuldrechtliche* Regressverzicht wirkt auch gegenüber den *früheren* Wechselgläubigern (BGHZ 126, 263 f. = ZIP 1994, 1166, NOBBE, 9).

IV. Rückgriff mangels Zahlung (Abs. 1)

7 Der Wechsel verkörpert eine Holschuld. Er muss fristgemäss **zur Zahlung vorgelegt** worden sein (Art. 1028), andernfalls besteht kein Rückgriffsrecht gegen den Garantieschuldner. Eine allfällige Annahme des Bezogenen ändert hieran nichts. Wurde hingegen Protest mangels Annahme erhoben, ist die Vorlegung zur Zahlung nicht mehr erforderlich (Art. 1034 Abs. 4). Der Vorlegung gleichzusetzen ist ein vergeblicher Vorlegungsversuch i.S.v. Art. 1036 Abs. 1 Ziff. 2 (OGer ZH, ZR 1987, 78). Wurde die Vorlegung **zur Annahme** *vorgeschrieben,* hängt von der fristgemässen Vorlegung auch die Haftung für die Zahlung ab (N 14).

8 Die Ausübung des Rückgriffsrechts mangels Zahlung setzt ferner voraus, dass der Wechsel **nicht bezahlt** wurde. Die teilweise Honorierung des Wechsels (Art. 1029 Abs. 2) berechtigt zum Rückgriff für die nicht bezahlte Teilforderung. Verweigert der Inhaber die Entgegennahme einer Zahlung, so geht der Rückgriff verloren, bei Zurückweisung einer Teilzahlung bleibt das Rückgriffsrecht in Höhe des Restbetrages erhalten.

9 Nach Abs. 1 darf das Rückgriffsrecht erst **nach Verfall** des Wechsels ausgeübt werden (entgegen dem Wortlaut also nicht schon *bei* Verfall; BAUMBACH/HEFERMEHL, Art. 43 WG N 2).

V. Rückgriff mangels Annahme oder wegen Unsicherheit (Abs. 2)

1. Allgemeines

Abs. 2 sieht über das Ausbleiben der Zahlung (Abs. 1) hinaus weitere Tatbestände vor, welche den Inhaber zum Rückgriff berechtigen. Der Wechsel ist in diesen Fällen nicht deshalb Not leidend, weil er nicht bezahlt wurde, sondern weil er voraussichtlich nicht bezahlt werden wird, weshalb dem Inhaber ein Zuwarten bis zum Verfall nicht zugemutet werden soll und ihm das Recht eingeräumt wird, die Garantieschuldner **schon vor Verfall** der Wechselforderung zu belangen.

2. Rückgriff mangels Annahme (Ziff. 1)

Durch die Verweigerung der Annahme gibt der Bezogene zu verstehen, dass er **nicht zahlungswillig** ist. Eine spätere Annahme bzw. die Zahlung ist damit zwar nicht ausgeschlossen, sie ist jedoch unwahrscheinlich geworden. Jedenfalls ist der Wechsel als Umlaufpapier in höchstem Masse gefährdet.

Der Rückgriff mangels Annahme setzt voraus, dass der Wechsel erfolglos zur Annahme **vorgelegt** wurde. Bei blosser Teilannahme (Art. 1016 Abs. 1) kann nur für den verweigerten Teil vor Verfall Rückgriff genommen werden.

Kein Rückgriffsrecht besteht, wenn und soweit die Präsentation zur Annahme **untersagt** oder die Haftung für die Annahme ausgeschlossen wurde (N 6).

Hat der Aussteller (mit Wirkung für sämtliche Garantieschuldner) oder der Indossant (mit Wirkung nur für sich selbst) vorgeschrieben, dass der Wechsel zur Annahme vorgelegt werden **muss** (Art. 1012 Abs. 1, 4), so ist nicht nur für den Rückgriff mangels Annahme, sondern auch für den Rückgriff mangels Zahlung die fristgerechte Vorlegung zur Annahme vorausgesetzt (Art. 1050 Abs. 2 f.).

3. Rückgriff wegen Unsicherheit des Bezogenen (Ziff. 2)

Ist der **Bezogene zahlungsunfähig,** was sich durch Konkurseröffnung, fruchtlose Pfändung oder Einstellung der Zahlungen (vgl. RGZ 132, 281) manifestiert haben muss, kann ebenfalls vor Verfall Rückgriff genommen werden. Allerdings muss, solange über den Bezogenen nicht der Konkurs eröffnet ist, der Wechsel *zur Zahlung* präsentiert und dieser mangels Zahlung protestiert werden, bevor Rückgriff genommen werden kann (Art. 1034 Abs. 5 f.). Ist die Unsicherheit des Bezogenen schon eingetreten, bevor der Wechsel in Umlauf gesetzt wurde, sollte ein Rückgriff vor Verfall dennoch gegeben sein (STAUB/STRANZ, Art. 43 WG N 18; a.M. JENNI, 36). Ohne Bedeutung ist es, ob der Bezogene den Wechsel angenommen hat oder nicht und ob die Unsicherheit vor oder nach der Annahme eingetreten ist. Ziff. 2 ist sinngemäss auf die Zahlungsunfähigkeit des Ausstellers eines Eigenwechsels anwendbar (Art. 1098).

4. Rückgriff wegen Unsicherheit des Ausstellers (Ziff. 3)

Die Zahlungsunfähigkeit des **Ausstellers** bildet regelmässig **keinen Grund,** das Rückgriffsrecht schon vor Verfall aufleben zu lassen. Eine **Ausnahme** besteht dann, wenn der Aussteller die Vorlegung zur Annahme *gänzlich* untersagt hat (Art. 1012 Abs. 2), denn eine **nicht akzeptable Tratte** stützt sich allein auf den Kredit des Ausstellers. Ein zeitlich nur begrenztes Vorlegungsverbot des Ausstellers (Art. 1012 Abs. 3) oder ein Haftungsausschluss für die Annahme reichen nicht aus (BAUMBACH/HEFERMEHL,

Art. 43 WG N 8). Ferner muss sich die Zahlungsunfähigkeit des Ausstellers in der **Konkurseröffnung** manifestieren. Das richterliche Konkursdekret erlaubt die Ausübung des Rückgriffsrechts auch ohne Vorlegung und Protest. Wird der Wechsel entgegen dem Vorlegungsverbot des Ausstellers präsentiert und angenommen, so wird der Annehmer gleichwohl zum Hauptschuldner, und es entfällt der Rückgriffsgrund der Unsicherheit des Ausstellers (JENNI, 37).

VI. Rechtsfolgen

17 Der Inhaber muss nicht, er **kann** Rückgriff nehmen. Unterlässt er die Geltendmachung des Rückgriffsrechts, so verliert er seine Ansprüche gegen den Annehmer nicht.

18 Der Anlass bestimmt, **wann** Rückgriff genommen werden kann. Rückgriff mangels Zahlung ist erst nach Verfall, Rückgriff mangels Annahme oder wegen Unsicherheit sind schon vor Verfall möglich (N 9 f.).

19 Unabhängig vom Anlass ist, **was** verlangt werden kann. Auch beim Rückgriff vor Verfall (mangels Annahme oder wegen Unsicherheit) besteht ein Anspruch auf *Zahlung*, nicht etwa auf eine Abgabe einer Annahmeerklärung oder auf das Stellen einer Sicherheit. Der Höhe nach ist die **Regresssumme** geschuldet. Bei ihrer Ermittlung ist ein Zwischenzins abzuziehen, wenn Rückgriff vor Verfall genommen wird (Art. 1045 Abs. 2). Die Rückgriffsschuld ist sofort fällig.

20 Die **Durchsetzung** des Rückgriffsrechts erfolgt regelmässig durch Betreibung, ferner durch Klage oder durch Konkurseingabe. Ist der Schuldner konkursfähig (Art. 39 f. SchKG), so kann die **Wechselbetreibung** durchgeführt werden (Art. 177 ff. SchKG), die sich gegenüber der ordentlichen Betreibung durch eine zeitliche Straffung des Verfahrens bzw. durch die Zusammenlegung einzelner Verfahrensschritte auszeichnet (sog. *formelle Wechselstrenge*). Dabei muss der Rechtsvorschlag gerichtlich bewilligt werden, die Bewilligungsgründe sind in Art. 182 SchKG abschliessend aufgezählt. Dem Betreibungsamt ist neben dem Wechsel auch die Protesturkunde vorzulegen (BGE 111 III 36 = Pra 1985, 459; OGer LU, BlSchK 1989/90, 70). Es hat die formellen Voraussetzungen für die Wechselbetreibung von Amtes wegen zu prüfen und das Wechselbetreibungsbegehren bei *offensichtlichen* Mängeln zurückzuweisen (BGE 113 III 127). Statt der Wechselbetreibung kann der Gläubiger auch die ordentliche Betreibung einleiten. Diese ist stets durchzuführen, wenn der Schuldner nicht konkursfähig ist. Zur Ausübung des Regressrechts durch Ausstellung eines Rückwechsels s. Art. 1049.

Art. 1034

2. Protest
a. Fristen und Erfordernisse

¹ **Die Verweigerung der Annahme oder der Zahlung muss durch eine öffentliche Urkunde (Protest mangels Annahme oder mangels Zahlung) festgestellt werden.**

² Der Protest mangels Annahme muss innerhalb der Frist erhoben werden, die für die Vorlegung zur Annahme gilt. Ist im Falle des Artikels 1014 Absatz 1 der Wechsel am letzten Tage der Frist zum ersten Male vorgelegt worden, so kann der Protest noch am folgenden Tage erhoben werden.

4. Abschnitt: Der Wechsel — Art. 1034

³ **Der Protest mangels Zahlung muss bei einem Wechsel, der an einem bestimmten Tag oder bestimmte Zeit nach der Ausstellung oder nach Sicht zahlbar ist, an einem der beiden auf den Zahlungstag folgenden Werktage erhoben werden. Bei einem Sichtwechsel muss der Protest mangels Zahlung in den gleichen Fristen erhoben werden, wie sie im vorhergehenden Absatz für den Protest mangels Annahme vorgesehen sind.**

⁴ **Ist Protest mangels Annahme erhoben worden, so bedarf es weder der Vorlegung zur Zahlung noch des Protestes mangels Zahlung.**

⁵ **Hat der Bezogene, gleichviel ob er den Wechsel angenommen hat oder nicht, seine Zahlungen eingestellt, oder ist eine Zwangsvollstreckung in sein Vermögen fruchtlos verlaufen, so kann der Inhaber nur Rückgriff nehmen, nachdem der Wechsel dem Bezogenen zur Zahlung vorgelegt und Protest erhoben worden ist.**

⁶ **Ist über das Vermögen des Bezogenen, gleichviel ob er den Wechsel angenommen hat oder nicht, oder über das Vermögen des Ausstellers eines Wechsels, dessen Vorlegung zur Annahme untersagt ist, Konkurs eröffnet worden, so genügt es zur Ausübung des Rückgriffsrechts, dass der gerichtliche Beschluss über die Eröffnung des Konkurses vorgelegt wird.**

2. Protêt
a. Conditions et délais

¹ Le refus d'acceptation ou de paiement doit être constaté par un acte authentique (protêt faute d'acceptation ou faute de paiement).

² Le protêt faute d'acceptation doit être fait dans les délais fixés pour la présentation à l'acceptation. Si, dans le cas prévu par l'art. 1014, al. 1, la première présentation a eu lieu le dernier jour du délai, le protêt peut encore être dressé le lendemain.

³ Le protêt faute de paiement d'une lettre de change payable à jour fixe ou à un certain délai de date ou de vue doit être fait l'un des deux jours ouvrables qui suivent le jour où la lettre de change est payable. S'il s'agit d'une lettre payable à vue, le protêt doit être dressé dans les conditions indiquées à l'alinéa précédent pour dresser le protêt faute d'acceptation.

⁴ Le protêt faute d'acceptation dispense de la présentation au paiement et du protêt faute de paiement.

⁵ En cas de cessation de paiements du tiré, accepteur ou non, ou en cas de saisie de ses biens demeurée infructueuse, le porteur ne peut exercer ses recours qu'après présentation de la lettre au tiré pour le paiement et après confection d'un protêt.

⁶ En cas de faillite déclarée du tiré, accepteur ou non, ainsi qu'en cas de faillite déclarée du tireur d'une lettre non acceptable, la production du jugement déclaratif de la faillite suffit pour permettre au porteur d'exercer ses recours.

2. Protesto
a. Termini e condizioni

¹ Il rifiuto dell'accettazione o del pagamento deve essere constatato con atto autentico (protesto per mancata accettazione o per mancato pagamento).

² Il protesto per mancata accettazione deve essere levato nei termini fissati per la presentazione all'accettazione. Se la prima presentazione, nel caso previsto dall'articolo 1014 capoverso 1, è stata fatta nell'ultimo giorno del termine, il protesto può essere levato anche il giorno successivo.

³ Il protesto per mancato pagamento di una cambiale pagabile a giorno fisso o a certo tempo data o vista deve essere levato in uno dei due giorni feriali

> seguenti il giorno in cui la cambiale è pagabile. Se la cambiale è a vista, il protesto deve essere levato secondo le norme del precedente capoverso relativo al protesto per mancata accettazione.
>
> [4] Il protesto per mancata accettazione dispensa dalla presentazione al pagamento e dal protesto per mancato pagamento.
>
> [5] In caso di cessazione di pagamenti del trattario, abbia o non abbia accettato, o in caso di esecuzione infruttuosa sui suoi beni, il portatore non può esercitare il regresso che dopo aver presentato la cambiale al trattario per il pagamento e dopo aver levato protesto.
>
> [6] In caso di fallimento del trattario, abbia o non abbia accettato, e nel caso di fallimento del traente di una cambiale non accettabile, la produzione della sentenza dichiarativa del fallimento basta al portatore per esercitare il regresso.

Literatur

Vgl. die Literaturhinweise bei den Vorbem. zu Art. 1033.

I. Allgemeines

1. Übersicht

1   Die Marginalie kündigt neben den Regeln über die *Fristen* auch die Bestimmungen über die (übrigen) *Erfordernisse* des Protestes an. Als Erfordernis ist indessen einzig die *öffentliche Urkunde* erwähnt (hierzu Art. 1035 f.). Im Grunde genommen regelt die Bestimmung vor allem die **Erforderlichkeit** des Protestes, sowohl dem Grundsatze nach (Abs. 1), wie auch in Einzelfällen, die den Rückgriff vor Verfall betreffen (Abs. 4–6). Abs. 1 enthält ferner eine **Definition** des Protestes. Die **Fristen** sind in Abs. 2 (Protest mangels Annahme) und Abs. 3 (Protest mangels Zahlung) festgelegt.

2. Normzweck

2   Der Garantieschuldner soll nur und erst belangt werden können, wenn der Wechsel nicht bezahlt wurde oder nach Massgabe bestimmter Anhaltspunkte voraussichtlich nicht bezahlt werden wird (Art. 1033). Der Protest dient der **sicheren Feststellung,** dass die Voraussetzungen für die Ausübung des Rückgriffsrechts gegeben sind. Diese Sicherheit herzustellen überlässt das Gesetz nicht allein den Vorkehrungen des Wechselinhabers, sondern es verlangt die Einbeziehung einer neutralen Urkundsperson oder Amtsstelle sowie die Einhaltung von Formen und Fristen. Anders als durch Protest kann der Nachweis für das Vorliegen der Rückgriffsvoraussetzungen *zwecks Rückgriffsnahme* nicht erbracht werden (N 20). Der Protest schützt somit in erster Linie das *Interesse des Garantieschuldners,* Gewissheit über seine Leistungspflicht zu haben (JÄGGI/DRUEY/VON GREYERZ, 204). Dem entspricht auch die Ordnung der **Ausnahmen:** Rückgriff ohne Protest ist nur vorgesehen, wenn der Garantieschuldner auf diesen Schutz verzichtet hat (Art. 1043) oder wenn die Protesterhebung unmöglich (höhere Gewalt, Art. 1051 Abs. 4) bzw. überflüssig ist (weil die Zahlungsunfähigkeit bereits durch Konkursdekret ausreichend belegt ist, Art. 1034 Abs. 6). Obwohl seine Erhebung selbst hinderlich und zeitraubend sein kann, dient der Protest *auch* den Interessen des Wechselinhabers und der Einlöser, gewährleistet er doch die Schnelligkeit und die Sicherheit des Wechselrücklaufs.

3. Begriff. Arten (Abs. 1)

Der **Protest** (von spätlateinisch *protestari*, bezeugen, beteuern) ist zum einen die vergebliche Aufforderung zur Vornahme bestimmter wechselrechtlicher Handlungen und ihre Feststellung in Form einer öffentlichen Urkunde (Abs. 1; BAUMBACH/HEFERMEHL, Art. 44 WG N 1). Mit Protest wird zuweilen nur die Protesthandlung des Urkundsbeamten (die Erhebung der festzustellenden Tatsachen), bisweilen auch nur die öffentliche Urkunde selbst bezeichnet (MEIER-HAYOZ/VON DER CRONE, 199).

Art. 1034 nennt die beiden wichtigsten **Arten** des Protestes: Den Protest *mangels Annahme,* der erhoben wird, wenn der Bezogene die Annahmeerklärung gemäss Art. 1011 ff. verweigert, und den *Protest mangels Zahlung,* der erhoben wird, wenn der Bezogene oder der Annehmer die Zahlung verweigert.

An anderer Stelle des Gesetzes sind weitere Umstände geregelt, die mittels Protest festzustellen sind (GERBER, 22 ff.). Diese **Sonderfälle** finden sich in:

- Art. 1015 Abs. 2 (Protest mangels Angabe des Annahmedatums);
- Art. 1055 Abs. 2 (Protest mangels Ehrenannahme);
- Art. 1059 Abs. 1 (Protest mangels Ehrenzahlung, sog. *Kontraprotest);*
- Art. 1065 Abs. 2 und 1067 Abs. 2 (Protest mangels Herausgabe von Duplikaten bzw. Kopien, sog. *Ausfolgungsprotest);*
- Art. 1099 Abs. 2 (Protest mangels Sichtbestätigung beim Eigenwechsel).

II. Die Erforderlichkeit des Protestes

1. Grundsatz (Abs. 1)

Nach Abs. 1 **muss** die Verweigerung von Annahme oder Zahlung durch öffentliche Urkunde festgestellt werden. Der Protest ist damit **(formelle) Voraussetzung** für die Geltendmachung des Rückgriffsrechts: *ohne Protest kein Regress.* Bei den Genfer Verhandlungen hat sich dieser Grundsatz erst durchsetzen müssen, sahen doch die angelsächsischen Vorbilder den Protest nur für Tratten vor, die im Ausland ausgestellt bzw. zahlbar waren, während das Rückgriffsrecht im Allgemeinen durch die Einhaltung einer förmlichen Notifikation ausgelöst wurde (GERBER, 10). Der Protest soll im Übrigen das Rückgriffsrecht (Art. 1033) *erhalten,* nicht begründen (GERBER, 19), auch ist keine Verpflichtung zur Protesterhebung, sondern eine Obliegenheit gegeben (VON TUHR/PETER, 12).

2. Die Entbehrlichkeit des Protestes mangels Zahlung nach Protest mangels Annahme (Abs. 4)

Grundsätzlich steht es dem Inhaber **frei,** den Wechsel zur Annahme vorzulegen (Art. 1011 N 3) und ihn mangels Annahme protestieren zu lassen. Wurde der Wechsel nicht zur Annahme vorgelegt, oder wurde trotz Verweigerung der Annahme auf die Protesterhebung verzichtet, so bedeutet dies einzig, dass vor Verfall kein Rückgriff genommen werden kann. Ein Rechtsverlust ist damit noch nicht verbunden, sondern lediglich der vorläufige Verzicht auf die Regresssicherung. Die Erhaltung des Regressrechts hängt dann allein von der fristgerechten Präsentation zur Zahlung und der Protesterhebung mangels Zahlung ab (JÄGGI/DRUEY/VON GREYERZ, 200). Ist aber der Protest mangels Annahme erfolgt, *so bedarf es weder einer separaten Vorlegung zur Zahlung noch* *eines Protestes mangels Zahlung (Abs. 4)*. Dies gilt auch dann, wenn der Inhaber mit dem Rückgriff noch bis zum Verfall zuwartet.

8 Ist jedoch die Vorlegung zur Annahme **vorgeschrieben,** weil der *Aussteller* dies angeordnet hat (Art. 1012 Abs. 1) oder weil es sich um einen Nachsichtwechsel handelt (Art. 1013), so **muss** Protest mangels Annahme erhoben werden, wenn sich der Inhaber sein Rückgriffsrecht gegen die Garantieschuldner mangels Annahme *und mangels Zahlung* erhalten will (Art. 1050). Eine spätere Protesterhebung mangels Zahlung vermag den Rückgriffsverlust nicht zu heilen. Auch ist in diesen Fällen die Annahme zu datieren. Fehlt allein die Datierung, ist ebenfalls Protest zu erheben, andernfalls der Inhaber seine Rückgriffsrechte verliert (Art. 1015 Abs. 2). Der Rechtsverlust wirkt nur hinsichtlich des *Indossanten,* wenn dieser die Vorlegung zur Annahme vorgeschrieben hat (Art. 1012 Abs. 4) und der Protest mangels Annahme (oder auch nur wegen fehlender Datierung der Annahme) nicht fristgerecht erhoben wurde (Art. 1050 Abs. 3, 1015 Abs. 2). *In allen genannten Fällen gilt Abs. 4 ebenfalls,* d.h. der Protest mangels Annahme macht die Vorlegung zur Zahlung und den Protest mangels Zahlung entbehrlich.

9 Hat umgekehrt der Aussteller die Vorlegung zur Annahme **untersagt** (Art. 1012 Abs. 2), *so gilt Abs. 4 nicht*. Ein gleichwohl mangels Annahme erhobener Protest ist ungültig und entbindet nicht von der Vorlegung zur (und dem Protest mangels) Zahlung. Das Gleiche gilt, wenn das Vorlegungsverbot **befristet** ist und innerhalb der Sperrfrist Protest mangels Annahme erhoben wurde, doch kann hier schon nach Ablauf der Sperrfrist eine zweite Vorlegung zur Annahme und ein nunmehr gültiger Protest mangels Annahme erhoben werden. Anders wiederum ist die Lage, wenn Aussteller (Art. 999 Abs. 2) oder Indossant (Art. 1005 Abs. 1) die **Haftung für die Annahme ausgeschlossen** haben, denn im Haftungsausschluss ist kein Vorlegungsverbot enthalten, so dass die Protesterhebung mangels Annahme nur vorläufig unwirksam ist, weil die Garantieschuldner erst bei Verfall und nur mangels Zahlung haften, es hierzu aber keiner weiteren Vorlegung zur Zahlung mehr bedarf (BAUMBACH/HEFERMEHL, Art. 44 WG N 2; **a.M.** JENNI, 48).

3. Protest beim Rückgriff wegen Unsicherheit (Abs. 5 und 6)

10 Die Unsicherheit des **Bezogenen** berechtigt zum Rückgriff vor Verfall, wobei es ohne Bedeutung ist, ob bereits Annahme erklärt wurde oder nicht (Art. 1033 Abs. 2 Ziff. 2). Abs. 5 bestätigt den Grundsatz *kein Regress ohne Protest* für den Rückgriff wegen Unsicherheit des Bezogenen, *wenn* diese Unsicherheit in der Zahlungseinstellung oder einer fruchtlosen Pfändung besteht. In diesen Fällen ist der Wechsel zur *Zahlung* vorzulegen *und* Protest mangels Zahlung zu erheben. Beides hat beim *Bezogenen* und nicht beim Domiziliaten oder der Zahlstelle zu erfolgen (BGH NJW 1974, 1708; BAUMBACH/HEFERMEHL, Art. 44 WG N 7; STAUB/STRANZ, Art. 44 WG N 24). Dasselbe gilt für die Unsicherheit des Ausstellers eines Eigenwechsels (Art. 1099).

11 Nur im Fall der **Konkurseröffnung** entbindet das Gesetz von der Vorlegung zur Zahlung und vom Protest mangels Zahlung für den vorzeitigen Rückgriff wegen Unsicherheit (Abs. 6). Hier manifestiert sich die Zahlungsunfähigkeit des Bezogenen im Konkursdekret (Art. 171 ff. SchKG). Der Protest ist deshalb überflüssig. Immerhin obliegt auch hier dem Wechselinhaber der Nachweis, denn er hat dem Garantieschuldner bei der Ausübung des Rückgriffsrechts das Konkursdekret *vorzulegen*. Dasselbe gilt auch beim Konkurs des Ausstellers eines Eigenwechsels (Art. 1099) oder einer nichtakzeptablen Tratte (Abs. 6).

III. Voraussetzungen (Erfordernisse)

1. Legitimation

Die **Aktivlegitimation** zur Protesterhebung, d.h. die Befugnis, dem Protestbeamten den Auftrag zur Protesterhebung zu erteilen, richtet sich nach der Legitimation zur Vorlegung. Demnach darf nicht nur der Wechselinhaber, sondern auch der blosse *Besitzer* unabhängig von seinen Rechten am Wechsel diesen mangels *Annahme* protestieren lassen, während der Protest mangels Zahlung ausschliesslich für den *Wechselinhaber* zu erfolgen hat (Art. 1011, 1028). Die Legitimation des Wechselinhabers zur Erhebung des Protestes mangels Zahlung ergibt sich aus der lückenlosen Kette von Indossamenten (BGH NJW 1977, 1633). Beim Indossament zugunsten des Bezogenen (Rückindossament, Art. 1001 Abs. 3) besteht die Eigentümlichkeit, dass der Wechselinhaber gegen sich selbst als Bezogenen Protest zu erheben hat (sog. Deklarationsprotest; JÄGGI/DRUEY/VON GREYERZ, 205; GERBER, 69 f.). Wird der Wechsel demgegenüber auf den Annehmer übertragen, so erlischt die Wechselschuld durch Konfusion von Gläubiger und Schuldner, weshalb der Annehmer keinen Protest mangels Zahlung erheben kann. Der Vollmachtsindossatar (Art. 1008 Abs. 1) ist zum Rückgriff und damit zur Protesterhebung legitimiert (JENNI, 75 ff.).

Passivlegitimiert ist jene Person, *gegen die* der Protest zu erheben ist (vgl. Abs. 1036 Abs. 1 Ziff. 1). Dies ist nicht der Garantieschuldner, sondern der Bezogene bzw. Hauptschuldner (OGer ZH, ZR 1963, 108).

2. Fristen

Die Protestfristen gemäss Abs. 2 und 3 verlängern sich bei Vorliegen höherer Gewalt (Art. 1051). Für ihre Berechnung sind im Übrigen die Art. 1081 ff. anwendbar.

a) Protest mangels Annahme (Abs. 2)

Der Protest mangels Annahme muss *innerhalb* der **Frist** für die **Vorlegung** zur Annahme erhoben werden (Abs. 2). Die Vorlegung zur Annahme hat *bis* zum *Verfalltage* zu erfolgen, d.h. bis zum letzten Werktag vor dem Verfalltag. Am Verfalltage selbst kann nur noch die Zahlung verlangt werden (Art. 1011 N 6; Art. 1023 ff.). Immerhin können der Aussteller und die Indossanten die Präsentations- und damit auch die Protestfristen verkürzen (Art. 1012 Abs. 1 und 4). Bei Präsentation zur Annahme am letzten Tage der Annahmefrist muss der Wechsel noch am selben Tage protestiert werden, es sei denn, der Bezogene habe eine nochmalige Vorlegung des Wechsels am folgenden Tage verlangt (Art. 1014 Abs. 1), was nach Satz 2 die Verlängerung auch der Protestfrist um einen Tag bewirkt. Dem Inhaber steht die **ganze** Annahmefrist zur Verfügung, er braucht nicht beim ersten erfolglosen Vorlegungsversuch Protest erheben zu lassen (GERBER, 28; JENNI, 46).

b) Protest mangels Zahlung (Abs. 3)

Für den Protest mangels Zahlung differenziert Abs. 3 nach der Art der Verfallklausel. Ist der Wechsel an einem bestimmten Tag (**Tagwechsel**) oder innerhalb bestimmter Zeit nach Ausstellung (**Datowechsel**) oder nach Sicht (**Nachsichtwechsel**) zur Zahlung fällig, so ist der Protest mangels Zahlung innerhalb der zwei dem *Zahlungstag* folgenden Werktage zu erheben (Satz 1). Der Zahlungstag ist stets ein Werktag. Ist der Verfalltag ein Sonntag (oder ein anderer staatlich anerkannter Feiertag), so fällt der Zahlungstag auf den darauf folgenden Werktag, i.d.R. auf den Montag (Art. 1081 Abs. 1).

Protesttage sind dann der Dienstag und der Mittwoch. Dasselbe gilt, wenn der Verfalltag ein Samstag ist (BG vom 21.6.1963 über den Fristenlauf an Samstagen; OGer ZH, ZBGR 1967, 337 ff.). Das Gesetz stellt dem Schuldner für die Erfüllung den ganzen Zahlungstag zur Verfügung, indem es den Protest erst für den *folgenden* Werktag zulässt, während der Protest mangels Annahme schon am Tage der Vorlegung selbst zulässig ist (Abs. 2; GERBER, 41 f.). Auch dem Gläubiger müssen zwei *volle* Werktage für die Protesterhebung zugestanden werden.

17 Bei einem **Sichtwechsel** ist der Protest mangels Zahlung innerhalb derselben Frist wie für den Protest mangels Annahme zu erheben, d.h. ohne andere Bestimmung innert eines Jahres seit der Ausstellung (Satz 2; Art. 1024).

IV. Rechtsfolgen

18 Mit dem Protest *mangels Zahlung* endet die **Umlauffähigkeit** des Wechsels. Die Indossamentenkette wird geschlossen, weshalb das Indossament auf einem mangels Zahlung protestierten Wechsel nur noch wie eine gewöhnliche Abtretung wirkt (Art. 1010 Abs. 1 Satz 2; BGHZ 52, 181).

19 Mit dem Protest leben die bis dahin ruhenden Rückgriffsrechte gegen die Garantieschuldner auf, ihre bis anhin subsidiäre Haftung aktualisiert sich. Die Garantieschuldner treten **solidarisch** zum Hauptverpflichteten (Annehmer) hinzu und haften zusammen mit diesem für die Zahlung des Wechsels (Art. 1044 Abs. 1). Gleichzeitig beginnt die einjährige **Verjährungsfrist** des Art. 1069 Abs. 2.

20 Anders als durch Protest kann der Nachweis für das Vorliegen der materiellen Rückgriffsvoraussetzungen (fristgemässe, aber erfolglose Vorlegung) nicht erbracht werden. Selbst wenn dem Garantieschuldner nachweislich bekannt ist, dass diese Voraussetzungen gegeben sind, oder wenn er dies *anerkennt,* braucht er bei **Fehlen des Protests** nicht zu leisten, denn mit Ablauf der unbenutzten Protestfrist ist das Rückgriffsrecht untergegangen (Art. 1050).

Art. 1035

b. Zuständigkeit	Der Protest muss durch eine hierzu ermächtigte Urkundsperson oder Amtsstelle erhoben werden.
b. Officier public compétent	Le protêt doit être dressé par une personne ou un office public ayant qualité à cet effet.
b. Competenza	Il protesto dev'essere levato da una persona o da un ufficio pubblico a ciò autorizzati.

Literatur

Vgl. die Literaturhinweise bei den Vorbem. zu Art. 1033.

1 Der Protest kann nur in der Form einer **öffentlichen Urkunde** erhoben werden (Art. 1034 Abs. 1). Eine weiter gehende Vereinfachung in dem Sinne, dass auch ein Privatprotest ausreicht, vermochte sich im Wechselrecht – anders als im Checkrecht –

4. Abschnitt: Der Wechsel **Art. 1036**

nicht durchzusetzen (Art. 1128; GERBER, 101 f.). Die Bezeichnung der zuständigen Urkundsperson oder Amtsstelle erfolgt durch die Kantone (Art. 55 SchlT ZGB).

Die **Kantone** regeln die **Zuständigkeit** für die Erhebung des Wechselprotestes in den Einführungsgesetzen zum OR bzw. in den Notariatsgesetzen. Neben den Notaren, Bezirks- oder Gemeindeschreibern sind auch Gerichtsorgane oder Betreibungsbeamte als Urkundspersonen bzw. Amtsstellen vorgesehen (vgl. GERBER, 88 f.). In der Schweiz unbekannt ist der in Deutschland für bestimmte Fälle vorgesehene Postprotest (Erhebung des Sachverhaltes und Errichtung der öffentlichen Urkunde durch Postbeamte, BAUMBACH/HEFERMEHL, Art. 79 WG N 2). Die Zuständigkeit bildet Voraussetzung für die Gültigkeit der Protesterhebung (Art. 1041). Sie ist von der Urkundsperson bzw. Amtsstelle von Amtes wegen zu prüfen. 2

Der Protest *muss* durch die Urkundsperson selbst **erhoben** werden. Die Bestimmung lässt Raum für eine den Bedürfnissen der Praxis Rechnung tragende Auslegung, wonach unter Protest nur die **Protesturkunde** zu verstehen ist. Diese kann einzig durch die zuständige Urkundsperson erstellt werden. Demgegenüber ist es nicht ausgeschlossen, dass sich die Urkundsperson bei der Ermittlung des zu beurkundenden Sachverhalts einer **Hilfsperson** (Notariatsangestellte) bedient, die sich vor Ort begibt, den Wechsel mit der Aufforderung zur Vornahme der wechselrechtlichen Leistung präsentiert und die Erfolglosigkeit der Aufforderung feststellt. Der Notar beurkundet dann die Feststellungen der Hilfsperson. Die Hilfsperson ist sorgfältig auszuwählen und zu instruieren. Art. 1041 ändert hieran nichts. Die Auffassung hierzu ist indessen nicht einheitlich (MARTI, Notariatsprozess, 1989, 134; § 27 Beurkundungsgesetz LU, SR Nr. 255; **a.M.** Weisungen der Justizkommission BS, Fassung 1978, Ziff. 47a; ZBGR 1955, 227). 3

Die **örtliche** Zuständigkeit der Urkundsperson *(Protestort)* bestimmt sich nach dem Lokal, in dem die Erhebung des Protestbeamten zu erfolgen hat *(Proteststelle)*. Massgebend ist dabei der Vorlegungsort, d.h. das Geschäftslokal oder die Wohnung des Bezogenen bzw. Hauptschuldners (Art. 1084). Beim Eigenwechsel kann der Ausstellungsort massgebend sein (Art. 1097 Abs. 3). Domizilwechsel sind am Domizil zu protestieren (OGer ZH, ZR 1980, 149 f.). 4

Der Ort des Protestes bestimmt im **internationalen** Verhältnis das für Form und Fristen massgebende Recht (Art. 1088). 5

Art. 1036

c. Inhalt

1 Der Protest enthält:

1. den Namen der Person oder die Firma, für die und gegen die der Protest erhoben wird;

2. die Angabe, dass die Person oder die Firma, gegen die der Protest erhoben wird, ohne Erfolg zur Vornahme der wechselrechtlichen Leistung aufgefordert worden oder nicht anzutreffen gewesen ist oder dass ihr Geschäftslokal oder ihre Wohnung sich nicht hat ermitteln lassen;

3. die Angabe des Ortes und des Tages, an dem die Aufforderung vorgenommen oder ohne Erfolg versucht worden ist;

Thomas Bauer

4. die Unterschrift der den Protest erhebenden Person oder Amtsstelle.

² **Wird eine Teilzahlung geleistet, so ist dies im Protest zu vermerken.**

³ **Verlangt der Bezogene, dem der Wechsel zur Annahme vorgelegt worden ist, die nochmalige Vorlegung am nächsten Tage, so ist auch dies im Protest zu vermerken.**

c. Enonciations

¹ Le protêt contient:

1. le nom de la personne ou la raison de commerce pour et contre laquelle il est dressé;

2. la mention que la personne ou la raison de commerce contre laquelle le protêt est dressé a été sommée en vain d'exécuter la prestation dérivant de la lettre de change ou qu'elle est restée introuvable, ou encore que ses bureaux ou sa demeure n'ont pu être découverts;

3. l'indication du lieu et du jour où ladite sommation a été faite ou tentée en vain;

4. la signature de celui qui a dressé le protêt.

² Le paiement partiel est mentionné sur le protêt.

³ Lorsque le tiré à qui une lettre de change est présentée à l'acceptation demande qu'une seconde présentation lui soit faite le lendemain, cette demande est insérée dans le protêt.

c. Contenuto

¹ Il protesto contiene:

1. il nome della persona o la ditta, per la quale e contro la quale è levato;

2. la menzione che la persona o la ditta, contro cui si leva il protesto, è stata inutilmente richiesta d'adempiere la prestazione cambiaria o ch'essa non fu reperibile o che non fu possibile trovare il suo ufficio o la sua abitazione;

3. l'indicazione del luogo e del giorno in cui la richiesta fu fatta o tentata invano;

4. la sottoscrizione della persona o dell'ufficio pubblico che ha steso il protesto.

² In caso di pagamento parziale dev'esserne fatta menzione nel protesto.

³ Qualora il trattario al quale la cambiale è presentata per l'accettazione richieda ch'essa gli sia presentata una seconda volta il giorno seguente, ne va fatta menzione nel protesto.

Literatur

Vgl. die Literaturhinweise bei den Vorbem. zu Art. 1033.

I. Allgemeines

1   Art. 1036 legt den **Inhalt der Protesturkunde** und damit gleichzeitig auch die **Prozedur** der Protesterhebung fest. Der Protestbeamte begibt sich nach der Autragserteilung und Instruktion durch den Inhaber (Besitzer) zum Bezogenen bzw. zur Zahlstelle und legt den Wechsel vor. Wird seiner Aufforderung, die wechselrechtliche Leistung vorzunehmen, nicht nachgekommen, so ist die Protesturkunde zu erstellen. Nimmt der Bezogene den Wechsel an oder wird der Wechsel bezahlt, so erübrigt sich die Erstellung einer Protesturkunde. Dem Wortlaut des Gesetzes ist keine unbedingte Präsenzpflicht der Urkundsperson bei der Vorlegung des Wechsels zu entnehmen. Wo es die Umstände

erlauben und der Zweck der Protesterhebung dadurch nicht gefährdet ist, ist deshalb auch eine **telephonische** Protesterhebung durch die Urkundsperson als zulässig anzusehen. Dies ist insb. der Fall bei einem Protest, der bei einer Bank als Domiziliatin aufzunehmen ist, wenn dieser Bank der Wechsel bereits vorliegt (weil er ihr vom Wechselinhaber, der ebenfalls eine Beziehung zu dieser Bank unterhält, zum Inkasso bereits zugesandt wurde). Immerhin muss sich die Urkundsperson von der Zuständigkeit und der Identität jener Person überzeugen, welche die Weigerungserklärung abgibt. Dasselbe ist anzunehmen, wenn besondere Umstände, z.B. zeitliche Dringlichkeit bei drohendem Fristablauf, die Verwendung des Telephons *notwendig* machen (§ 166 Abs. 2 NotariatsV ZH, SR 242. 2). Zur Mitwirkung einer Hilfsperson s. Art. 1035 N 3.

II. Inhalt der Protesturkunde (Abs. 1)

1. Parteien (Ziff. 1)

Festzuhalten ist zunächst, für wen und gegen wen Protest erhoben wird (Art. 1034 N 12 f.). Jener wird *Protestierender* oder *Protestant*, dieser *Protestat* oder *Protestgegner* genannt. Nicht erforderlich ist die Identifizierung der Parteien anhand amtlicher Ausweise (GERBER, 96). Der Domizilwechsel ist beim Domiziliaten, aber *gegen* den Bezogenen zu protestieren. 2

2. Begründung (Ziff. 2)

a) Allgemeines

Abs. 1 Ziff. 2 enthält **abschliessend** drei alternative Gründe für die Protesterhebung. Diese sind von jener Person zu vertreten, gegen die der Protest erhoben wird. Wegen Hindernissen in der Person des Wechselinhabers, mögen sie von diesem auch unverschuldet sein (Unfall, Tod, Krankeit), kann kein Protest erhoben werden (JÄGGI/DRUEY/VON GREYERZ, 205). 3

b) Weigerungsprotest

Wird der Protestat angetroffen, so hat ihm die Urkundsperson den Wechsel *vorzulegen* und ihn zur Vornahme der wechselrechtlichen Leistung *aufzufordern*. Die Leistung besteht in der Annahme des Wechsels, der Bezahlung oder in einer der oben (Art. 1035 N 5) aufgeführten Erklärung. Wird der Aufforderung nicht *sogleich* Folge geleistet, so ist dies als **Weigerung** anzusehen *(Weigerungsprotest)*. Dabei ist eine allfällig abgegebene Begründung für die Verweigerung wechselrechtlich unerheblich (OGer ZH, ZR 1963, 109). Die Abgabe eines blossen Zahlungsversprechens gilt als Weigerung. 4

c) Wandprotest

Ein weiterer Grund für die Protestaufnahme ist die **Abwesenheit** jener Person, die angesprochen werden soll *(Wand- oder Platzprotest)*. In zeitlicher Hinsicht soll der Protest nur während der üblichen Bürozeiten erhoben werden, sofern der Protestgegner (bzw. der Domiziliat) nicht mit einer anderen Zeit einverstanden ist (vgl. Art. 86 WG). Ist eine *Bank* als Zahlstelle angegeben, ist zu beachten, dass deren Schalter früher als zur üblichen Bürozeit schliessen. Wird deshalb ein Wandprotest erhoben, ist der Protest als ungültig anzusehen, wenn nicht zuvor eine Vorlegung durch den Wechselinhaber erfolgt ist, denn die gravierenden wirtschaftlichen Folgen, welche mit der Protesterhebung eines Wechsels verbunden sind, gebieten es, dass der Bezogene bzw. Wechselschuldner 5 mindestens einmal effektiv Gelegenheit zur Zahlung hatte (AHRENS zu OLG Hamm EWiR 1989, 403).

d) Windprotest

6 Schliesslich kann es **unmöglich** sein, den Protestaten aufzufinden, weil er selbst oder der Ort, an dem er anzutreffen sein soll, nicht ausreichend bezeichnet ist *(Windprotest)*. Dies ist etwa der Fall, wenn als Bezogener «Müller, Zürich» angegeben wird. Beim *Tod* des Protestgegners ist festzuhalten, dass und weshalb er nicht anzutreffen war, oder der Protest ist gegen zumindest einen bekannten Erben zu erheben. Vorsorglich können beide Feststellungen beurkundet werden (OGer LU, SJZ 1973, 75; GERBER, 96).

3. Sonstiger Inhalt der Protesturkunde

7 Neben der genauen Ortsangabe, Datierung und Unterzeichnung ist in der Protesturkunde auch eine allfällige **Teilzahlung** zu vermerken (Abs. 1 Ziff. 3 f., Abs. 2, Art. 1029 Abs. 2). Das Gleiche gilt, wenn der Bezogene sein Recht auf einen **Bedenktag** geltend macht und den Protestbeamten ersucht, den Wechsel am folgenden Tag noch einmal zur Annahme vorzulegen (Abs. 3, Art. 1014). Bei bloss teilweiser Annahme ist eine Abschrift des Wechsels zu erstellen und der Protest auf diese Abschrift zu setzen (Art. 1038).

8 Das Betreibungsamt, welches die formellen Voraussetzungen für die Zulässigkeit der Wechselbetreibung zu prüfen hat, darf bei unklar abgefassten Wechselurkunden auf den Inhalt der Protesturkunde abstellen (BGE 111 III 37 = Pra 1985, 459).

Art. 1037

d. Form

¹ **Der Protest ist auf ein besonderes Blatt zu setzen, das mit dem Wechsel verbunden wird.**

² **Wird der Protest unter Vorlegung mehrerer Ausfertigungen desselben Wechsels oder unter Vorlegung der Urschrift und einer Abschrift erhoben, so genügt die Verbindung des Protestes mit einer der Ausfertigungen oder dem Originalwechsel.**

³ **Auf den anderen Ausfertigungen oder der Abschrift ist zu vermerken, dass sich der Protest auf einer der übrigen Ausfertigungen oder auf der Urschrift befindet.**

d. Forme

¹ Le protêt est dressé par acte séparé et rattaché à la lettre de change.

² Si le protêt est dressé sur présentation de plusieurs exemplaires de la même lettre de change ou de l'original et d'une copie de la lettre, il suffit de le rattacher à l'un des exemplaires ou au titre original.

³ Mention de cette opération est faite sur les autres exemplaires ou sur la copie.

d. Forma

¹ Il protesto dev'essere steso sopra un foglio separato, che è aggiunto alla cambiale.

² Se il protesto è levato su presentazione di più esemplari della medesima cambiale o su presentazione dell'originale e di una copia, basta aggiungere il protesto ad uno degli esemplari o all'originale della cambiale.

³ Menzione dev'essere fatta di questa operazione sugli altri esemplari o sulla copia.

4. Abschnitt: Der Wechsel

Literatur

Vgl. die Literaturhinweise bei den Vorbem. zu Art. 1033.

Hinsichtlich der Form legt Art. 1037 nur fest, dass der Protest auf ein besonderes Blatt, also nicht auf den Wechsel selbst, zu setzen ist. Im Übrigen wird andernorts (Art. 1034 Abs. 1) vorgeschrieben, dass der Protest in der **Form** der öffentlichen Urkunde festzuhalten ist. Abs. 1 schreibt ferner vor, dass die Protesturkunde mit der Wechselurkunde zu **verbinden** ist. 1

Der Protest bezweckt einzig die *Feststellung* (Art. 1034 Abs. 1) eines wechselrechtlich erheblichen Sachverhalts. Die Protesturkunde ist insoweit lediglich **Beweisurkunde** und wird auch durch die Verbindung mit dem Wechsel nicht zum Wertpapier. Da jedoch der Garantieschuldner nicht ohne Vorlegung und gegen Aushändigung der Protesturkunde bezahlen muss (Art. 1047), ist im Falle von Abtrennung und Verlust eine neue Protesturkunde gestützt auf die Abschrift (Art. 1040) zu erstellen und mit dem Wechsel zu verbinden. 2

Gemäss Abs. 2 genügt die Verbindung der Protesturkunde mit einem **Wechselduplikat** (Art. 1063 ff.). Auf den anderen Ausfertigungen, soweit diese der Urkundsperson vorgelegt werden, ist immerhin ein entsprechender Vermerk anzubringen (Abs. 3). Letzteres gilt für auch für **Wechselkopien** (Art. 1066 f.), der Protest selbst ist indessen stets mit dem Originalwechsel zu verbinden. 3

Für die Wechselbetreibung ist dem **Betreibungsamt** nicht nur der Wechsel, sondern auch die Protesturkunde einzureichen (Art. 177 Abs. 2 SchKG; BGE 111 III 36 = Pra 1985, 459). 4

Art. 1038

e. Bei Teilannahme	**Ist der Wechsel nur zu einem Teil der Wechselsumme angenommen worden und wird deshalb Protest erhoben, so ist eine Abschrift des Wechsels auszufertigen und der Protest auf diese Abschrift zu setzen.**
e. En cas d'acceptation partielle	Lorsque l'acceptation est restreinte à une partie de la somme et qu'un protêt est dressé de ce chef, il y a lieu de faire une copie de la lettre et de rédiger le protêt sur cette copie.
e. In caso di accettazione parziale	Se il protesto è levato perché l'accettazione è stata limitata ad una parte della somma indicata dalla cambiale, si deve fare una copia della cambiale e stendere su di essa il protesto.

Bei nur **teilweiser Annahme** des Wechsels durch den Bezogenen kann sich der Wechselinhaber nur für den nicht angenommen Teil an die Garantieschuldner halten. Dabei stützt er sich auf die von der Urkundsperson zu erstellende Abschrift des Wechsels, an welche der Protest anzuheften ist. Das Original, auf dem das Teilakzept erklärt wurde (Art. 1015 f.), benötigt der Inhaber für die Geltendmachung seiner Forderung gegen den Annehmer. 1

Art. 1039

f. Gegen mehrere Personen	Muss eine wechselrechtliche Leistung von mehreren Verpflichteten verlangt werden, so ist über die Proteste nur eine Urkunde erforderlich.
f. Protêt dressé contre plusieurs personnes	Lorsqu'une même prestation fondée sur une lettre de change doit être réclamée à plusieurs personnes, les protêts peuvent être dressés dans un seul et même acte.
f. Protesto contro più persone	Se la stessa prestazione cambiaria dev'essere chiesta a più obbligati, basta stendere un solo atto contenente i diversi protesti.

1 Mit **mehreren Verpflichteten** i.S. dieser Bestimmung sind mehrere Bezogene bzw. mehrere Hauptschuldner gemeint. Wird von ihnen allen die Annahme oder die Zahlung (oder eine andere wechselrechtliche Leistung; Art. 1034 N 5) verweigert, so sind zwar mehrere Proteste zu erheben, aber nur *eine* Protesturkunde ist erforderlich.

Art. 1040

g. Abschrift der Protesturkunde	**¹ Die den Protest erhebende Urkundsperson oder Amtsstelle hat eine Abschrift der Protesturkunde zu erstellen.**
	² Auf dieser Abschrift sind anzugeben:
	1. der Betrag des Wechsels;
	2. die Verfallzeit;
	3. Ort und Tag der Ausstellung;
	4. der Aussteller des Wechsels, der Bezogene sowie der Name der Person oder die Firma, an die oder an deren Ordre gezahlt werden soll;
	5. wenn eine vom Bezogenen verschiedene Person oder Firma angegeben ist, durch die die Zahlung erfolgen soll, der Name dieser Person oder diese Firma;
	6. die Notadressen und Ehrenannehmer.
	³ Die Abschriften der Protesturkunden sind durch die den Protest erhebende Urkundsperson oder Amtsstelle in der Zeitfolge geordnet aufzubewahren.
g. Copie du protêt	¹ Les personnes ou les offices publics ayant qualité pour dresser les protêts en font une copie.
	² Cette copie indique:
	1. la somme à payer;
	2. l'échéance;
	3. le lieu et le jour de création de la lettre de change;
	4. le tireur, le tiré, ainsi que la personne ou la raison de commerce à laquelle ou à l'ordre de laquelle le paiement doit être fait;
	5. la personne ou la raison de commerce désignée pour payer, si elle n'est pas identique avec le tiré;

	6. ceux qui sont désignés comme devant payer au besoin et les accepteurs par intervention. ³ Les personnes ou les offices publics ayant qualité pour dresser les protêts en conservent des copies rangées par ordre chronologique.
g. Copia dell'atto di protesto	¹ La persona o l'ufficio pubblico che leva il protesto deve farne una copia. ² Questa copia deve indicare: 1. la somma della cambiale; 2. la scadenza; 3. il luogo e la data dell'emissione; 4. il traente, il trattario, come pure il nome della persona o la ditta, alla quale o all'ordine della quale deve farsi il pagamento; 5. il nome della persona o la ditta che deve eseguire il pagamento, quand'essa non s'identifichi col trattario; 6. gl'indicati al bisogno e gli accettanti per intervento. ³ La persona o l'ufficio pubblico che leva i protesti deve conservarne le copie, disposte per ordine cronologico.

Art. 1040 enthält Anweisungen administrativer Art an die Urkundspersonen bzw. Amtsstellen. Die **Abschrift der Protesturkunde,** welche in zeitlicher Folge abzulegen ist, bezweckt die Beweissicherung des einmal erhobenen Protests für den Fall, dass das Original der Protesturkunde verloren geht. 1

Art. 1041

h. Mangelhafter Protest	**Ist der Protest von einer zuständigen Urkundsperson oder Amtsstelle unterschrieben worden, so ist er auch dann gültig, wenn er nicht vorschriftsgemäss erhoben worden ist oder wenn die darin enthaltenen Angaben unrichtig sind.**
h. Vices de forme	Le protêt signé par la personne ou l'office public ayant qualité à cet effet est valable, même s'il n'a pas été rédigé conformément à la loi ou s'il contient des énonciations inexactes.
h. Vizi di forma	Il protesto sottoscritto da una persona o da un ufficio pubblico competente a levarlo è valido, anche se non è stato steso conformemente alla legge o se contiene indicazioni inesatte.

Literatur

Vgl. die Literaturhinweise bei den Vorbem. zu Art. 1033.

I. Normzweck

Art. 1041 regelt die Auswirkung von Mängeln bei der Protesterhebung und inhaltlicher Mängel der Protesturkunde. Während nach früherem Recht auch untergeordnete formelle Mängel bei der Protestaufnahme häufig den Verlust des Rückgriffsrechts zur Folge hatten, soll dies nach geltendem Recht nur noch *ausnahmsweise* der Fall sein (GERBER, 98; SCHNEIDER/FICK, Art. 815 altOR N 1). Deshalb sind die meisten der in Art. 1035 ff. enthaltenen Bestimmungen blosse Ordnungsvorschriften, von deren Einhaltung die **Gültigkeit** des Protestes nicht abhängt. Darin (*Rückgriff auch bei mangelhaf-* 1 *tem Protest)* besteht ein auffälliger Gegensatz zu Art. 1034, der die Notwendigkeit des Protests festlegt *(kein Rückgriff ohne Protest).*

II. Anwendungsbereich

2 Art. 1041 regelt nur die Bedeutung **formeller** Mängel, d.h. solcher im Verfahren der Protesterhebung und im Inhalt der Protesturkunde. Werden materiellrechtliche Wechselvorschriften missachtet, indem z.B. eine Fristbestimmung nicht eingehalten oder der Protest gegen eine nicht legitimierte Person (Art. 1034 N 13) erhoben wird, so ändert Art. 1041 nichts an der Ungültigkeit des Protests.

III. Grundsatz

3 Der Inhalt des Protests als öffentliche Urkunde wird zunächst als wahr vermutet (Art. 9 ZGB). Doch vermag der Beweis des Gegenteils den Rückgriff nicht zu verhindern, machen doch die Unrichtigkeit des Urkundeninhalts und das unvorschriftsmässige Vorgehen bei der Erhebung des Protests (Art. 1036–1039) den Protest nicht ungültig.

IV. Ausnahme

4 Lediglich zwei formelle Mängel bewirken die Ungültigkeit des Protests: die **Unzuständigkeit,** wobei hierunter nicht nur die funktionale Zuständigkeit gemäss Art. 1035 zu verstehen ist, sondern auch die örtliche Unzuständigkeit der Urkundsperson oder der Amtsstelle, sowie das **Fehlen der Unterschrift** auf der Protesturkunde. Zuständigkeit und Unterzeichnung sind Gültigkeitsvoraussetzungen. Diesbezügliche Mängel kann der Wechselinhaber regelmässig entweder selbst vermeiden (Unzuständigkeit) oder doch sogleich erkennen (fehlende Unterschrift). Die fehlende Unterschrift kann, ohne dass die Protestaufnahme noch einmal wiederholt werden muss, im Rahmen einer Berichtigung durch die zuständige Amtsstelle oder Urkundsperson nachträglich noch angebracht werden, allerdings nur innerhalb der Protestfrist. Im Falle der Unzuständigkeit ist der Protest innerhalb der Frist noch einmal zu erheben. Eine falsche Datumsangabe auf der Protesturkunde kann demgegenüber auch nachträglich noch berichtigt werden (AppGer BS, BJM 1971, 231).

Art. 1042

3. Benachrichtigung

¹ Der Inhaber muss seinen unmittelbaren Vormann und den Aussteller von dem Unterbleiben der Annahme oder der Zahlung innerhalb der vier Werktage benachrichtigen, die auf den Tag der Protesterhebung oder, im Falle des Vermerks «ohne Kosten», auf den Tag der Vorlegung folgen. Jeder Indossant muss innerhalb zweier Werktage nach Empfang der Nachricht seinem unmittelbaren Vormanne von der Nachricht, die er erhalten hat, Kenntnis geben und ihm die Namen und Adressen derjenigen mitteilen, die vorher Nachricht gegeben haben, und so weiter in der Reihenfolge bis zum Aussteller. Die Fristen laufen vom Empfang der vorhergehenden Nachricht.

² Wird nach Massgabe des vorhergehenden Absatzes einer Person, deren Unterschrift sich auf dem Wechsel befindet, Nach-

richt gegeben, so muss die gleiche Nachricht in derselben Frist ihrem Wechselbürgen gegeben werden.

³ Hat ein Indossant seine Adresse nicht oder in unleserlicher Form angegeben, so genügt es, dass sein unmittelbarer Vormann benachrichtigt wird.

⁴ Die Nachricht kann in jeder Form gegeben werden, auch durch die blosse Rücksendung des Wechsels.

⁵ Der zur Benachrichtigung Verpflichtete hat zu beweisen, dass er in der vorgeschriebenen Frist benachrichtigt hat. Die Frist gilt als eingehalten, wenn ein Schreiben, das die Benachrichtigung enthält, innerhalb der Frist zur Post gegeben worden ist.

⁶ Wer die rechtzeitige Benachrichtigung versäumt, verliert nicht den Rückgriff; er haftet für den etwa durch seine Nachlässigkeit entstandenen Schaden, jedoch nur bis zur Höhe der Wechselsumme.

3. Avis

¹ Le porteur doit donner avis du défaut d'acceptation ou de paiement à son endosseur et au tireur dans les quatre jours ouvrables qui suivent le jour du protêt ou celui de la présentation en cas de clause de retour sans frais. Chaque endosseur doit, dans les deux jours ouvrables qui suivent le jour où il a reçu l'avis, faire connaître à son endosseur l'avis qu'il a reçu, en indiquant les noms et les adresses de ceux qui ont donné les avis précédents, et ainsi de suite, en remontant jusqu'au tireur. Les délais ci-dessus indiqués courent de la réception de l'avis précédent.

² Lorsque, en conformité de l'alinéa précédent, un avis est donné à un signataire de la lettre de change, le même avis doit être donné dans le même délai à son avaliseur.

³ Dans le cas où un endosseur n'a pas indiqué son adresse ou l'a indiquée d'une façon illisible, il suffit que l'avis soit donné à l'endosseur qui le précède.

⁴ Celui qui a un avis à donner peut le faire sous une forme quelconque, même par un simple renvoi de la lettre de change.

⁵ Il doit prouver qu'il a donné l'avis dans le délai imparti. Ce délai sera considéré comme observé si une lettre missive donnant l'avis a été mise à la poste dans ledit délai.

⁶ Celui qui ne donne pas l'avis dans le délai ci-dessus indiqué n'encourt pas de déchéance; il est responsable, s'il y a lieu, du préjudice causé par sa négligence, sans que les dommages-intérêts puissent dépasser le montant de la lettre de change.

3. Avviso

¹ Il portatore deve dare avviso al proprio girante e al traente della mancata accettazione o del mancato pagamento entro i quattro giorni feriali successivi al giorno del protesto o della presentazione se vi sia la clausola «senza spese». Ogni girante nei due giorni feriali successivi al giorno in cui ha ricevuto l'avviso deve informare il precedente girante dell'avviso ricevuto, indicando i nomi e gli indirizzi di coloro che hanno dato gli avvisi precedenti, e così di seguito, risalendo fino al traente. I termini predetti decorrono dal ricevimento dell'avviso precedente.

² Se in conformità del precedente capoverso l'avviso è dato ad un firmatario della cambiale, analogo avviso deve essere dato entro lo stesso termine anche al suo avallante.

³ Se un girante non ha indicato il suo indirizzo o l'ha indicato in maniera illeggibile, basta che l'avviso sia dato al girante che lo precede.

⁴ Chi è tenuto a dare l'avviso può darlo in una forma qualsiasi, anche col semplice rinvio della cambiale.

⁵ Egli deve provare di aver dato l'avviso nel termine stabilito. Il termine si considera rispettato se una lettera contenente l'avviso sia stata spedita per posta nel termine predetto.

⁶ Chi non dà l'avviso nel termine sopra indicato non decade dal regresso; tuttavia è responsabile della sua negligenza se abbia causato danno, senza però che l'ammontare del risarcimento possa superare quello della cambiale.

Literatur

Vgl. die Literaturhinweise bei den Vorbem. zu Art. 1033.

I. Normzweck

1 Mit der Erhebung des Protestes wird der Zugriff auf den Garantieschuldner frei. Aus seiner Eventualverbindlichkeit ist eine aktuelle Verbindlichkeit geworden. Er muss u.U. Vorkehrungen treffen, die dieser neuen Lage entsprechen: Ausbuchung als Eventual- und Einbuchung als feste Verbindlichkeit; Bereitstellung der erforderlichen Mittel; allenfalls Angebot einer vorzeitigen Zahlung, um den Regressweg abzukürzen und damit Kosten zu vermeiden (Art. 1044, 1047). Der Aussteller muss zudem seine Beziehungen zum Bezogenen überprüfen können (JENNI, 56). Hierfür ist erforderlich, dass der Garantieschuldner Kenntnis von der Wechselnot erhält, dass ihm diese **notifiziert** wird.

II. Voraussetzungen und Inhalt

2 Die Benachrichtigungspflicht **entsteht** erst, wenn der Wechsel Not leidend ist, also regelmässig mit der Protesterhebung. Ein Protesterlass hebt die Benachrichtigungspflicht nicht auf (Art. 1043 Abs. 2). Ein Erlass der Benachrichtigungspflicht ist im Wechselrecht nicht vorgesehen und wirkt, selbst wenn auf dem Wechsel vermerkt, nur gegenüber dem Verzichtenden (BAUMBACH/HEFERMEHL, Art. 45 N 1; vgl. JENNI, 56).

3 **Benachrichtigungspflichtig** ist zunächst der *Wechselinhaber* (also nicht die Amtsstelle oder Urkundsperson nach Art. 1035), der den Aussteller und den letzten Indossanten zu unterrichten hat. Alsdann hat der letzte *Indossant* seinen unmittelbaren Vormann zu benachrichtigen, und dieser den seinen, bis die ganze Kette der Garantieschuldner hin zum Aussteller orientiert ist (Abs. 1). Ebenfalls vom Nachmann zu unterrichten ist der Wechselbürge des Vormannes (Abs. 2). Ist die Adresse eines Indossanten nicht oder unleserlich angegeben, so genügt es, wenn dessen unmittelbarer Vormann benachrichtigt wird (Abs. 3). Immerhin ist mit Bezug auf Abs. 3 die Auffassung anzutreffen, dass dem Mitteilungspflichtigen eine gewisse Erkundigungspflicht hinsichtlich seines unmittelbaren Vormannes zuzumuten ist (JÄGGI/DRUEY/VON GREYERZ, 208; vgl. BRÜSTLEIN, 79 f.). Nicht zu benachrichtigen sind die Hauptschuldner (der Akzeptant oder sein Wechselbürge), auch dann nicht, wenn etwa ein Domiziliat hätte zahlen sollen.

4 **Gegenstand** der Benachrichtigung ist das *Unterbleiben der Annahme oder der Zahlung*. Gründe hierfür brauchen nicht mitgeteilt zu werden. Keine Benachrichtigungspflicht besteht bei den anderen durch Protest festzustellenden Umständen (Art. 1034 N 5). Die Indossanten haben ferner die *Namen und Adressen* derjenigen bekannt zu geben, die vorher Nachricht gegeben haben (Abs. 1).

5 Die **Frist** für die Benachrichtigung des letzten Indossanten und des Ausstellers durch den Wechselinhaber beträgt **vier** Werktage (Abs. 1; vgl. BGE 99 II 342). Die Frist be-

ginnt am Tage nach der Protesterhebung, im Falle des Protesterlasses (Art. 1043) am Tage nach der Vorlegung. Die Indossanten haben die Benachrichtigung innerhalb von jeweils **zwei** Werktagen an ihre Vormänner weiterzuleiten. Der erste Tag dieser Frist ist auch hier jener, der auf den Tag der eigenen Benachrichtigung folgt. Erfolgt die Benachrichtigung schriftlich, so ist für die Einhaltung der Frist die Postaufgabe ausreichend (Abs. 5 Satz 2), bei anderen Übermittlungsarten (Bote, Telefax) ist der Zeitpunkt des Empfangs der Nachricht massgebend. Die Frist beginnt und läuft nur an *Werktagen*. Fällt der erste Tag der Frist auf einen Samstag, so verschiebt sich der Fristbeginn auf den kommenden Montag (BG vom 21.6.1963 über den Fristenlauf an Samstagen, SR 173 1103; anders das deutsche Recht: BAUMBACH/HEFERMEHL, Art. 45 WG N 5). Der Ablauf der Frist hebt die Benachrichtigungspflicht nicht auf, denn trotz Verspätung kann Schaden noch vermieden werden.

Die Benachrichtigung ist an keine **Form** gebunden, sie kann auch konkludent, etwa durch blosse Rücksendung des Wechsels oder durch Rückgriffnahme (BRÜSTLEIN, 82), aber auch telephonisch erfolgen. Immerhin trägt der Verpflichtete die Beweislast dafür, dass die Benachrichtigung fristgerecht erfolgt ist (Abs. 4, 5 Satz 1). 6

III. Säumnisfolgen

Anders als die Säumnis bei der Protesterhebung löst die Säumnis bei der Benachrichtigung keine Verwirkungsfolgen aus, insb. bleibt das Rückgriffsrecht erhalten. Entsteht einem Garantieschuldner indessen durch die unterbliebene oder verspätete Benachrichtigung ein *Schaden*, etwa durch Verlust einer Verrechnungslage, eines Retentionsrechts oder durch die Erhöhung der Regresssumme, so haftet ihm jener, der ihm gegenüber zur Benachrichtigung verpflichtet ist, für den **Ersatz** dieses **Schadens**. Die Pflichtverletzung muss den Schaden *verursacht* haben (vgl. BGE 99 II 342). Der Schaden kann auch in einem neuen Kredit an den Aussteller bestehen, der bei rechtzeitiger Benachrichtigung nicht gewährt worden wäre (BGH WM 1984, 1600; BAUMBACH/HEFERMEHL, Art. 45 WG N 10; **a.M.** JACOBI, 840 FN 4). *Ersatzpflichtig* ist auch ein mittelbarer Vormann, der die Benachrichtigungskette nicht weitergeführt hat (JÄGGI/DRUEY/VON GREYERZ, 209). Vorausgesetzt ist eine *Nachlässigkeit*, also ein Verschulden des Verpflichteten. Die Schadenersatzpflicht ist aus praktischen Gründen begrenzt auf die Höhe der Wechselsumme (BRÜSTLEIN, 84 ff.). 7

Art. 1043

4. Protesterlass

¹ **Der Aussteller sowie jeder Indossant oder Wechselbürge kann durch den Vermerk «ohne Kosten», «ohne Protest» oder einen gleichbedeutenden auf den Wechsel gesetzten und unterzeichneten Vermerk den Inhaber von der Verpflichtung befreien, zum Zwecke der Ausübung des Rückgriffs Protest mangels Annahme oder mangels Zahlung erheben zu lassen.**

² **Der Vermerk befreit den Inhaber nicht von der Verpflichtung, den Wechsel rechtzeitig vorzulegen und die erforderlichen Nachrichten zu geben. Der Beweis, dass die Frist nicht eingehalten worden ist, liegt demjenigen ob, der sich dem Inhaber gegenüber darauf beruft.**

Thomas Bauer

³ Ist der Vermerk vom Aussteller beigefügt, so wirkt er gegenüber allen Wechselverpflichteten; ist er von einem Indossanten oder einem Wechselbürgen beigefügt, so wirkt er nur diesen gegenüber. Lässt der Inhaber ungeachtet des vom Aussteller beigefügten Vermerks Protest erheben, so fallen ihm die Kosten zur Last. Ist der Vermerk von einem Indossanten oder einem Wechselbürgen beigefügt, so sind alle Wechselverpflichteten zum Ersatze der Kosten eines dennoch erhobenen Protestes verpflichtet.

4. Clause «sans protêt»	¹ Le tireur, un endosseur ou un avaliseur peut, par la clause «retour sans frais», «sans protêt», ou toute autre clause équivalente, inscrite sur le titre et signée, dispenser le porteur de faire dresser, pour exercer ses recours, un protêt faute d'acceptation ou faute de paiement. ² Cette clause ne dispense pas le porteur de la présentation de la lettre de change dans les délais prescrits ni des avis à donner. La preuve de l'inobservation des délais incombe à celui qui s'en prévaut contre le porteur. ³ Si la clause est inscrite par le tireur, elle produit ses effets à l'égard de tous les signataires; si elle est inscrite par un endosseur ou un avaliseur, elle produit ses effets seulement à l'égard de celui-ci. Si malgré la clause inscrite par le tireur, le porteur fait dresser le protêt, les frais en restent à sa charge. Quand la clause émane d'un endosseur ou d'un avaliseur, les frais du protêt, s'il en est dressé un, peuvent être recouvrés contre tous les signataires.
4. Dispensa dal protesto	¹ Il traente, il girante o l'avallante può, con la clausola «senza spese», «senza protesto» od ogni altra equivalente, apposta sulla cambiale e firmata, dispensare il portatore dal protesto per mancata accettazione o per mancato pagamento, per esercitare il regresso. ² Tale clausola non dispensa il portatore dalla presentazione della cambiale nei termini prescritti né dagli avvisi. La prova dell'inosservanza dei termini incombe a colui che la oppone al portatore. ³ Se la clausola è apposta dal traente produce i suoi effetti nei confronti di tutti i firmatari; se è apposta da un girante o da un avallante, produce i suoi effetti soltanto rispetto a costui. Se la clausola è apposta dal traente, e il portatore fa levare il protesto, le spese restano a suo carico. Se la clausola è apposta da un girante o da un avallante, le spese per il protesto, qualora sia levato, sono ripetibili contro tutti i firmatari.

Literatur

Vgl. die Literaturhinweise bei den Vorbem. zu Art. 1033.

I. Normzweck

1 Die Erhebung des Protestes als Beweis dafür, dass der Wechsel Not leidend geworden ist, dient in erster Linie dem Interesse der Garantieschuldner (Art. 1034 N 2). Für den Inhaber ist das Prozedere mit Zeitaufwand und Kosten verbunden, für welche der Garantieschuldner letztlich haftet (Art. 1045). Dem Willen des Garantieschuldners soll es deshalb anheim gestellt sein, den Inhaber von der Protesterhebung zu **entbinden**.

II. Anwendungsbereich

Der Erlass kann sich auf den Protest **mangels Annahme** *oder* auf den Protest **mangels Zahlung** beziehen. Letzterer schliesst den Protest gemäss Art. 1034 Abs. 5 mit ein. Ohne entsprechenden Zusatz wie auch in Zweifelsfällen entbindet der Vermerk vom Protest mangels Annahme *und* vom Protest mangels Zahlung. Erlassen werden kann *nur* der Protest mangels Annahme oder mangels Zahlung, nicht aber der Protest mangels Datierung der Annahmeerklärung (Art. 1015 Abs. 2) oder der Ausfolgerungsprotest (Art. 1065 Abs. 2, 1067 Abs. 2; JENNI, 51 f.). Ob neben dem Protest auch die Vorlegung erlassen werden kann, ist umstritten (verneinend JACOBI, 147; offen gelassen in OGer ZH, ZR 1963, 109).

Vom gewillkürten Protesterlass ist der Protesterlass **von Gesetzes wegen** zu unterscheiden, wie er bei Konkurs des Bezogenen (Art. 1034 Abs. 6) und bei Vorliegen höherer Gewalt während mehr als 30 Tagen (Art. 1051 Abs. 4) angeordnet wird. Anders wie hier (N 6) entfällt dort auch die *Verpflichtung* (Abs. 2) zur Vorlegung.

III. Legitimation

Aus dem Zweck ergibt sich auch die Legitimation zum Protesterlass (Abs. 1). Nur der **Garantieschuldner** kann entbinden. Das Gesetz bezeichnet ausdrücklich *Aussteller, Indossanten* und (deren) *Wechselbürgen*. Auch der Ehrenannehmer kann den Protest erlassen, denn auch er ist Garantieschuldner. **Nicht** legitimiert sind demgegenüber der Bezogene (da er gar nicht haftet) und der Annehmer (da er nicht als Garantieschuldner haftet) sowie *sein* Wechselbürge. Hauptschuldner ist auch der Aussteller des Eigenwechsels. Der von ihm erklärte Protesterlass ist deshalb für ihn selbst ohne Bedeutung, wirkt sich aber zu Lasten seiner Nachmänner aus, die als Garantieschuldner ohne vorgängige Protesterhebung in Anspruch genommen werden können. Dies mag unbillig sein, ergibt sich jedoch aus der (umfassenden) Verweisung in Art. 1098 auch auf Abs. 1 (**a.M.** GERBER, 73).

IV. Form

Die Entbindung erfolgt gemäss Abs. 1 durch einen **Vermerk** auf dem Wechsel (z.B. «ohne Kosten», «o.K.», «kostenfrei», «ohne Protest», «ohne Präjudiz»). Der Vermerk muss unterzeichnet sein. Ein ausserhalb des Wechsels vereinbarter, formloser, z.B. mündlicher oder brieflicher Protesterlass hat keine wechselmässigen Wirkungen, ist aber gültig als vertragliche Abmachung zwischen den Parteien (BGE 78 II 159; JENNI, 50; BÜLOW, Art. 46 WG N 2; **a.M.** GERBER, 74).

V. Rechtsfolgen

Der Protesterlass **befreit** den Inhaber von der *Verpflichtung* (genauer: Obliegenheit), vor der Ausübung des Rückgriffsrechts **Protest** erheben zu lassen (Abs. 1). Der Inhaber darf damit im Anschluss an die erfolglose Vorlegung unmittelbar an den Garantieschuldner gelangen (vgl. OGer ZH, ZR 1987, 78). Von der rechtzeitigen Vorlegung selbst (wie auch von der Benachrichtigung nach erfolgloser Vorlegung, Art. 1042) entbindet der Protesterlass nicht (Abs. 2). *Dass* die Vorlegung rechtzeitig erfolgte, wird nicht mehr durch eine öffentliche Urkunde festgestellt, sondern kraft Gesetzes vermutet. Diese **Vermutung** kann durch Gegenbeweis widerlegt werden (Abs. 2).

7 In **persönlicher** Hinsicht wirkt der Protesterlass *gegenüber* allen Garantieschuldnern, wenn er vom Aussteller erklärt wird. Der Protesterlass eines Indossanten oder Wechselbürgen wirkt nur für diesen selbst (Abs. 3). Hat also ein Indossant den Protest erlassen, so ist ein Rückgriffsrecht gegenüber den übrigen Garantieschuldnern nur nach vorgängiger Protesterhebung gegeben. Weil der einlösende Indossant kein Rückgriffsrecht gegen seine Vormänner hat, wenn der Inhaber gemäss der Klausel keinen Protest hat erheben lassen, empfiehlt sich der Protesterlass durch den Indossanten nicht.

8 Die Differenzierung hinsichtlich der **Kosten** eines *trotz Erlass* erhobenen Protests erfolgt ebenfalls nach der Person des erlassenden Wechselverpflichteten, wirkt indessen nicht gleichermassen wie die Regressfreigabe (N 7). Die Protestkosten eines vom Aussteller erklärten Erlasses trägt zwar in jedem Falle der Inhaber, beim Erlass durch einen Indossanten oder einen Wechselbürgen aber bleiben *alle* Wechselverpflichteten, d.h. auch der erlassende, für die Kosten haftbar (Abs. 3). Denn es ist dem Inhaber nicht zuzumuten, wegen des beschränkten Erlasses von der Protesterhebung abzusehen und so auf das Rückgriffsrecht gegenüber den übrigen Garantieschuldnern zu verzichten. Auch aus diesem Grunde ist der Protesterlass durch einen Indossanten wenig sinnvoll.

9 In materieller Hinsicht wirkt sich der Protesterlass auf den **Verjährungsbeginn** der Regressforderung des Inhabers aus (Art. 1069 Abs. 2).

Art. 1044

5. Solidarische Haftung der Wechselverpflichteten

¹ Alle die einen Wechsel ausgestellt, angenommen, indossiert oder mit einer Bürgschaftserklärung versehen haben, haften dem Inhaber als Gesamtschuldner.

² Der Inhaber kann jeden einzeln oder mehrere oder alle zusammen in Anspruch nehmen, ohne an die Reihenfolge gebunden zu sein, in der sie sich verpflichtet haben.

³ Das gleiche Recht steht jedem Wechselverpflichteten zu, der den Wechsel eingelöst hat.

⁴ Durch die Geltendmachung des Anspruches gegen einen Wechselverpflichteten verliert der Inhaber nicht seine Rechte gegen die anderen Wechselverpflichteten, auch nicht gegen die Nachmänner desjenigen, der zuerst in Anspruch genommen worden ist.

5. Garantie solidaire des personnes obligées

¹ Tous ceux qui ont tiré, accepté, endossé ou avalisé une lettre de change sont tenus solidairement envers le porteur.

² Le porteur a le droit d'agir contre toutes ces personnes, individuellement ou collectivement, sans être astreint à observer l'ordre dans lequel elles se sont obligées.

³ Le même droit appartient à tout signataire d'une lettre de change qui a remboursé celle-ci.

⁴ L'action intentée contre un des obligés n'empêche pas d'agir contre les autres, même postérieurs à celui qui a été d'abord poursuivi.

5. Responsabilità solidale degli obbligati

¹ Il traente, l'accettante, il girante e l'avallante della cambiale rispondono in solido verso il portatore.

² Il portatore ha diritto di agire contro queste persone individualmente o congiuntamente e non è tenuto ad osservare l'ordine nel quale si sono obbligate.

³ Lo stesso diritto spetta a ogni firmatario che abbia pagato la cambiale.

⁴ L'azione promossa contro uno degli obbligati non impedisce di agire contro gli altri, anche se posteriori a colui contro il quale si sia prima proceduto.

Literatur

Vgl. die Literaturhinweise bei den Vorbem. zu Art. 1033.

I. Übersicht

Art. 1044 regelt die **Wirkungen** des Not leidenden Wechsels auf die Rechte und Pflichten der Beteiligten. Diese Wirkungen knüpfen an das Vorliegen der materiellen (Art. 1033, 1046) und formellen (Art. 1034 ff.) Voraussetzungen für die Ausübung des Rückgriffsrechts an.

Auf Seiten des Berechtigten ist zu unterscheiden, ob vom Wechselinhaber oder vom Einlöser Rückgriff genommen wird. Das Rückgriffsrecht des Wechselinhabers stützt sich auf Art. 1033, jenes des Einlösers auf Art. 1046. Der Kreis der Garanten verkleinert sich bei jedem Rückgriff (dem Wechselinhaber haften alle Garantieschuldner, Art. 1033, dem Einlöser nur die Vormänner, Art. 1046). Umgekehrt erhöht sich bei jedem Rückgriff die Regresssumme (Art. 1045 f.). Für beide Rückgriffsarten bestehen Unterschiede bezüglich Beginn und Dauer der Verjährungsfristen (hierzu Art. 1069). Deshalb ist der **Rückgriff des Inhabers** *(Erstrückgriff, Inhaberrückgriff;* N 3 ff.) getrennt vom **Rückgriff des Einlösers** *(Einlösungsrückgriff, Ersatzrückgriff, Remboursregress;* Art. 1046) zu behandeln, mit Ausnahme der Wirkungen des Rückgriffs gegenüber den Pflichtigen, die für beide Rückgriffsstufen in Art. 1044 geregelt werden (N 7).

II. Der Erstrückgriff

Nach Abs. 1 haftet jeder Wechselverpflichtete dem **Wechselinhaber** als *Gesamtschuldner,* d.h. **solidarisch** (Art. 143 ff.), ungeachtet dessen, ob sich die Verpflichtung aus der Stellung als Hauptschuldner (Annehmer und sein Bürge) oder als Garantieschuldner (Indossant und sein Bürge) ergibt. Für die Zahlungsverpflichtung der Garantieschuldner und damit auch für deren solidarische Haftung ist immerhin die Protesterhebung oder – bei Protesterlass – die erfolglose Präsentation des Wechsels vorausgesetzt (OGer ZH, ZR 1963, 108). Zum Konkurs des Wechselbürgen vgl. BGE 96 III 39. Die Forderung des Wechselinhabers geht auf Zahlung der Regresssumme (Art. 1045), welche auch vom Annehmer geschuldet ist (Art. 1018 Abs. 2).

Gemäss Abs. 2 braucht sich der Inhaber nicht an die **Reihenfolge** der Indossamente zu richten. Er kann sich vielmehr an jenen Garantieschuldner (oder den Hauptschuldner) halten, von dem am ehesten Zahlung zu erwarten ist. Der Inhaber darf Indossamente überspringen (Abs. 2, **Sprungregress**), das Zurückkommen auf einen übersprungenen Indossanten oder den Hauptschuldner wird dadurch nicht ausgeschlossen (Abs. 4, **Variationsrecht**). Der Inhaber kann auch **gleichzeitig** *mehrere oder alle* Garantieschuldner in Anspruch nehmen (Abs. 2).

Mit der **Zahlung** der Regresssumme (Art. 1045) *durch den Hauptschuldner* werden *alle* Garantieschuldner befreit. Der Zahlung stehen andere Tilgungsgründe gleich (Verrechnung, Erlass). Hat der Inhaber dem Annehmer lediglich Stundung zugesagt, so kann sich der Garantieschuldner nicht darauf berufen (BGE 84 II 650; RGZ 61, 182). Mit der Einlösung *durch einen Garantieschuldner* wird nur seine eigene Verpflichtung (und die Verpflichtung seiner Nachmänner) gegenüber dem Wechselinhaber getilgt, die Ansprüche gegenüber dem Hauptschuldner aber gehen auf den Einlöser über, und auch seine Vormänner haften weiterhin für die Zahlung (N 7; Art. 1046; Hger ZH, ZR 2002, 188).

6 Im Übrigen ist die **analoge** Anwendung des Gesetzes, das nur die Hauptzahlung regelt, zulässig (Prüfung des Wechsels, Art. 1030 Abs. 3; Zulässigkeit einer Teilzahlung, Art. 1029 Abs. 2; JÄGGI/DRUEY/VON GREYERZ, 201; **a.M.** hinsichtlich Teilzahlung JENNI, 101).

III. Der Einlösungsrückgriff

7 Anders als der Inhaber braucht der Einlöser, um seinerseits Rückgriff nehmen zu können, keinen Protest aufnehmen zu lassen. Die Rechtsfolgen beim Einlösungsrückgriff sind im Übrigen dieselben wie jene beim Erstrückgriff (N 3 ff.). Die **solidarische** Haftung auch der Vormänner gegenüber dem Einlöser und dessen Recht zum Sprungregress sind in Abs. 3 verankert. Neben den Vormännern haftet solidarisch weiterhin auch der Akzeptant. Obwohl das Variationsrecht nicht Gegenstand der Verweisung in Abs. 3 ist, steht es auch dem Einlöser zu.

8 Die **Einreden und Einwendungen,** die früher gegen den Einlöser als dem vormaligen Indossatar bestanden, muss er nun wieder gegen sich gelten lassen. Auf den guten Glauben seiner Nachmänner kann er sich nicht berufen (BGH NJW 1971, 806; vgl. JENNI, 85 f.).

9 Betragsmässig unterscheidet sich die Regressforderung des Einlösers von jener des Wechselinhabers (Art. 1045 f.). Den Betrag, den er von seinen Vormännern verlangen kann, schuldet ihm auch der Hauptschuldner (Art. 1018 Abs. 2).

Art. 1045

6. Inhalt des Rückgriffs
a. Des Inhabers

¹ Der Inhaber kann im Wege des Rückgriffs verlangen:

1. die Wechselsumme, soweit der Wechsel nicht angenommen oder nicht eingelöst worden ist, mit den etwa bedungenen Zinsen;

2. Zinsen zu sechs vom Hundert seit dem Verfalltage;

3. die Kosten des Protestes und der Nachrichten sowie die anderen Auslagen;

4. eine Provision von höchstens einem Drittel Prozent.

² Wird der Rückgriff vor Verfall genommen, so werden von der Wechselsumme Zinsen abgezogen. Diese Zinsen werden auf Grund des öffentlich bekanntgemachten Diskontsatzes (Satz der Schweizerischen Nationalbank) berechnet, der am Tage des Rückgriffs am Wohnorte des Inhabers gilt.

6. Etendue du recours
a. Du porteur

¹ Le porteur peut réclamer à celui contre lequel il exerce son recours:

1. le montant de la lettre de change non acceptée ou non payée avec les intérêts, s'il en a été stipulé;

2. les intérêts au taux de 6% à partir de l'échéance;

3. les frais du protêt, ceux des avis donnés, ainsi que les autres frais;

4. un droit de commission d'un tiers pour cent au plus.

² Si le recours est exercé avant l'échéance, déduction sera faite d'un escompte sur le montant de la lettre. Cet escompte sera calculé, d'après le taux de l'escompte officiel (taux de la Banque nationale suisse), tel qu'il existe à la date du recours au lieu du domicile du porteur.

6. Estensione del diritto del regresso
a. Del portatore

¹ Il portatore può chiedere in via di regresso:

1. l'ammontare della cambiale non accettata o non pagata con gli interessi, se siano stati indicati;

2. gli interessi al tasso del sei per cento dalla scadenza;

3. le spese per il protesto, per gli avvisi dati e le altre spese;

4. la provvigione di non più d'un terzo per cento.

² Se il regresso è esercitato prima della scadenza, sarà dedotto uno sconto dall'ammontare della cambiale. Tale sconto è calcolato in base al tasso ufficiale vigente (tasso della Banca Nazionale Svizzera) alla data del regresso nel luogo del domicilio del portatore.

Literatur

Vgl. die Literaturhinweise bei den Vorbem. zu Art. 1033.

I. Allgemeines

Auch Art. 1045 befasst sich mit der Wirkung des Rückgriffsrechts, indem hier die Zusammensetzung und die Höhe der **Regresssumme** festgelegt wird, d.h. jene Summe, deren Bezahlung der letzte **Inhaber** des Wechsels beim *ersten* Rückgriff verlangen kann. Dieselbe Forderung steht dem Inhaber aber auch gegenüber dem Annehmer zu, wenn der Wechsel mangels Zahlung protestiert wurde (Art. 1018 Abs. 2). Die einzelnen Forderungsbestandteile sind abschliessend aufgezählt, ein allfälliger weiter gehender Schaden kann aus dem Wechsel nicht geltend gemacht werden. Umgekehrt ist ein Verzug nicht erforderlich. Die Regressforderung der *Einlöser* wird in Art. 1046 für die *übrigen* Regressstufen festgelegt.

II. Die Zusammensetzung der Regresssumme beim Erstrückgriff

Ziff. 1: Die **Wechselsumme** ist beim Rückgriff mangels Annahme um den bereits angenommenen Betrag zu kürzen. Soweit der Bezogene bereits bezahlt hat, ist der Rückgriff unzulässig, weshalb auch Teilzahlungen abzuziehen sind (Hger ZH, ZR 2002, 188). Dasselbe gilt im Falle der Teileinlösung durch einen anderen Garantieschuldner. Hinzuzurechnen sind allfällige, nach Art. 995 Abs. 1 geschuldete *Zinsen* bis zum Verfalltag. Auf diese Weise gelangt man zum *Grundbetrag*.

Ziff. 2: Die 6% **Zinsen** sind seit dem Verfalltag bis zum Einlösungstag und unabhängig vom Verzug auf dem Grundbetrag (Ziff. 1) geschuldet. Nicht zu verzinsen sind die Forderungsbestandteile gemäss Ziff. 3 und 4 (BAUMBACH/HEFERMEHL, Art. 48 WG N 4).

Ziff. 3: Die **Kosten** des *Protestes* dürfen ausnahmsweise dann nicht geltend gemacht werden, wenn der *Aussteller* Protesterlass erklärt hat (Art. 1043 Abs. 3 Satz 2) oder wenn trotz eines vom Aussteller erklärten Verbots der Vorlegung zur Annahme (Art. 1012) Protest mangels Annahme erhoben wurde. Zu den Protestkosten kommen hinzu die Kosten der *Benachrichtigung* (Art. 1042) und *andere Auslagen* (z.B. Portospesen), nicht hingegen die Betreibungs- und Prozesskosten, die zwar durch die Gel-

Art. 1046 1   33. Titel: Die Namen-, Inhaber- und Ordrepapiere

tendmachung der Wechselforderung entstanden sind, aber nicht Teil der wechselmässigen Verpflichtung bilden (CARRY, SJK 450, 4).

5   Ziff. 4: Als **Provision** bezeichnet das Gesetz eine schadensunabhängige Vergütung, die den Inhaber für die Umtriebe bei der Geltendmachung der Regressforderung entschädigen soll. Sie ist auch bei Protesterlass geschuldet. Die Provision ist auf die Wechselsumme gemäss Ziff. 1, ohne Einbeziehung allfälliger Zinsen (N 2), zu berechnen (BÜLOW, Art. 48 WG N 6; zur Vorgeschichte JENNI, 91 ff.). Sie beträgt *höchstens 1/3 %* und kann durch Vereinbarung herabgesetzt oder ganz ausgeschlossen werden (BAUMBACH/HEFERMEHL, Art. 48 WG N 6).

6   Nach Abs. 2 ist bei *Rückgriff vor Verfall* (Art. 1033 Abs. 2) ein **Zwischenzins** in Höhe des Diskontsatzes der Schweizerischen Nationalbank abzuziehen. Der abzuziehende Betrag ist auf dem Grundbetrag unter Einschluss der bis dahin allenfalls aufgelaufenen Zinsen (N 2) für die Zeit zwischen Einlösung und Verfall zu berechnen (BAUMBACH/HEFERMEHL, Art. 48 WG N 8).

Art. 1046

b. Des Einlösers	Wer den Wechsel eingelöst hat, kann von seinen Vormännern verlangen: 1. **den vollen Betrag, den er gezahlt hat;** 2. **die Zinsen dieses Betrages zu sechs vom Hundert seit dem Tage der Einlösung;** 3. **seine Auslagen;** 4. **eine Provision von höchstens 2 Promille.**
b. De celui qui a remboursé	Celui qui a remboursé la lettre de change peut réclamer à ses garants: 1. la somme intégrale qu'il a payée; 2. les intérêts de ladite somme, calculés au taux de 6%, à partir du jour où il l'a déboursée; 3. les frais qu'il a faits; 4. un droit de commission de 2 pour mille au plus.
b. Di chi ha pagato	Chi ha pagato la cambiale può ripetere dai suoi garanti: 1. la somma integrale sborsata; 2. gli interessi sulla somma calcolati al tasso del sei per cento dal giorno del disborso; 3. le spese sostenute; 4. la provvigione di non più del due per mille.

Literatur

Vgl. die Literaturhinweise bei den Vorbem. zu Art. 1033.

I. Übersicht

1   Art. 1046 begründet zum einen das **Rückgriffsrecht des Einlösers,** gegen den vom Inhaber (beim Erstrückgriff, Art. 1044 Abs. 1) oder vom eigenen Nachmann (beim Zweit-, Drittrückgriff) bereits *Rückgriff genommen wurde* oder der den Wechsel *von sich aus*

eingelöst hat (Art. 1047). Zum anderen wird von den Wirkungen dieses Rückgriffsrechts Inhalt und Umfang der **Regressforderung** geregelt. Zum Unterschied zwischen Erst- und Einlösungsrückgriff s. Art. 1044 N 2, zu den übrigen Wirkungen des Einlösungsrückgriffs s. Art. 1044 N 7 ff.

II. Das Rückgriffsrecht des Einlösers

1. Gläubiger

Einlöser (Marginalie zu Art. 1046), dem die *gleichen Rechte zustehen* sollen wie dem Inhaber, ist nicht jeder *Wechselverpflichtete*, der den Wechsel bezahlt (Art. 1044 Abs. 3), sondern stets ein **Garantieschuldner** (Art. 1033 N 4). Mit der Einlösung durch den Aussteller endet der Rücklauf des Wechsels, der Aussteller hat keinen Vormann mehr, auf den er zurückgreifen kann, und es haftet ihm nur noch der Annehmer (Art. 1018 Abs. 2). 2

Die Zahlung durch andere Personen als einen Garantieschuldner, etwa durch den *Bezogenen*, den Hauptschuldner *(Annehmer der Tratte oder Aussteller des Eigenwechsels)*, den Wechselbürgen oder den Ehrenannehmer des Hauptschuldners, aber auch die Zahlung durch die Zahlstelle der genannten Personen (JÄGGI/DRUEY/VON GREYERZ, 202) ist **keine Einlösung** i.S.v. Art. 1046. Durch ihre Zahlung (Hauptzahlung) wird die Wechselschuld getilgt und damit auch die subsidiäre Verpflichtung der Garantieschuldner beendet (Vorbem. zu Art. 1033 ff. N 5). Ebenfalls kein wechselrechtliches Rückgriffsrecht begründet die freiwille Zahlung eines aussenstehenden *Dritten*, der nicht Teil des Wechselverbands und damit auch nicht aus dem Wechsel verpflichtet ist. Dasselbe gilt für jenen Zahler, der aus dem Wechsel *nur berechtigt*, nicht auch verpflichtet ist. Diese Lage besteht beim **Indossament mit Angstklausel** (Art. 1005 Abs. 1; BÜLOW, Art. 47 WG N 10; **a.M.** JENNI, 78 ff.). 3

Die **Verpflichtung** des Garantieschuldners muss im Zeitpunkt der Einlösung **schon und noch bestehen.** Solange der Protest noch nicht erhoben wurde, *kann* (vgl. Art. 1047) auf den Wechselverpflichteten noch nicht Rückgriff genommen werden, so dass auch seine Zahlung nicht zum Rückgriff berechtigt. Wer vor Protest (oder – bei Protesterlass – vor der Präsentation) bezahlt, sollte sich den Wechsel deshalb indossieren lassen, um als letzter Inhaber seine Regressrechte selbst sichern zu können. Löst ein Garantieschuldner einen verjährten oder mangels Protest verwirkten Wechsel ein, so kann er nicht seinerseits Rückgriff nehmen, hatte doch schon der Inhaber sämtliche Regressansprüche gegen die Garantieschuldner verloren (OLG Düsseldorf, NJW 1955, 1154; zur Abtretung N 6). 4

Umstritten ist, ob der Einlöser aus dem Wechsel **nicht nur verpflichtet, sondern auch berechtigt** gewesen sein muss, damit ihm im Falle der Zahlung der Einlösungsrückgriff zusteht. Die Frage stellt sich insb. beim sog. **Garantieindossament,** welches nur die Haftung des Indossanten bezweckt, nicht aber das Eigentum am Wechsel und die darin verbrieften Rechte übertragen kann, weil diese Rechte dem Indossanten nicht zustehen. Vermag ein solches Indossament a) überhaupt die Haftung des Indossanten und b) sein Rückgriffsrecht nach Einlösung zu begründen? Das BGer hat mit dem Ersten auch das Zweite verneint (BGE 90 II 125), der BGH nur Letzteres (BGHZ 13, 87, neuerdings offengelassen, BGH WM 1998, 1287). Das Regressrecht zu bejahen wird nur möglich sein, wenn der Einlösungsrückgriff als ein kraft Gesetzes *vom Wechselinhaber* abgeleitetes Recht verstanden wird (so BAUMBACH/Hefermehl, Art. 14 WG N 4, 49 N 3; **a.M.** BÜLOW, der das Rückgriffsrecht des Garantieindossanten verneint, Art. 11 WG N 11, 15 5

N 11, *obwohl* er eine cessio legis bejaht, Art. 47 WG N 11). Eine solche *cessio legis* setzt indessen eine gesetzliche Grundlage voraus, wie sie zwar für den Wechselbürgen (Art. 1022 Abs. 3) und den Ehrenzahler (Art. 1062 Abs. 1), nicht aber für den Einlöser gegeben ist. Das Rückgriffsrecht des Einlösers ist somit schon mangels gesetzlicher Grundlage kein vom Inhaber abgeleitetes (vgl. Art. 149), sondern ein eigenes, mit der Einlösung wieder auflebendes und auf der Wechselunterschrift des Vormannes beruhendes Recht. Der Einlösende rückt damit nicht in die Rechtsstellung des befriedigten Inhabers ein, sondern er erhält die gleiche Rechtsstellung, die er vor der Weitergabe des Wechsels innehatte (STAUB/STRANZ, Art. 49 WG N 7; OLG Hamburg, MDR 1968, 1014; OGH ÖJZ, 1969, 352; **a.M.** BAUMBACH/HEFERMEHL, Art. 14 WG N 4, 49 N 1, 3; HUECK/CANARIS, 92, 143; BÜLOW, a.a.O.). Der Garantieindossant hat aber keinen Vormann, auf den er zurückgreifen kann. Würde mit dem BGH (und entgegen dem BGer) nur die *Haftung* des Garantieindossanten bejaht, so erwürbe er als Wechselverpflichteter mit der Einlösung immerhin die Forderung gegen den *Annehmer* (BAUMBACH/HEFERMEHL, Art. 49 WG N 3; Art. 1044 Abs. 3).

6   Fehlen die Voraussetzungen für den Einlösungsrückgriff, insb. bei der freiwilligen Intervention des **Nicht-Garanten,** so bedeutet dies lediglich, dass dem Zahler ein *eigener wechselrechtlicher* Einlösungsrückgriff nicht zusteht. Nicht ausgeschlossen ist indessen, dass eine **Abtretung** vereinbart wird zwischen dem Zahler und dem befriedigten Inhaber (BAUMBACH/HEFERMEHL, Art. 49 WG N 2). Der Zahler kann dann aus dem *Wechselrecht des Abtretenden* gegen *dessen* Garantieschuldner vorgehen. Dabei muss er sich die Einreden entgegenhalten lassen, die dem Garantieschuldner gegen den Abtretenden zustehen. Für die Höhe seiner Forderung bleibt Art. 1045 massgebend (nicht Art. 1046). Dasselbe Ergebnis wird erreicht, wenn der protestierte Wechsel durch **Nachindossament** auf den Zahler übertragen wird (Art. 1010 Abs. 1) oder wenn der Garantieschuldner mit dem Zahler zusammenwirkt **(Subrogation,** Art. 110 Ziff. 2; JÄGGI/DRUEY/VON GREYERZ, 210 FN 10). Diese Übertragungsarten sind dem **Garantieschuldner** im Rahmen der freiwilligen Einlösung (Art. 1047) zwar nicht verschlossen, doch kann er dadurch den Kreis seiner eigenen Garantieschuldner nicht durch seine Nachmänner erweitern, denen er selbst als Garantieschuldner haftet, denn *dolo facit qui petit quod redditurus est* (JÄGGI/Druey/VON GREYERZ, 210; **a.M.** BAUMBACH/HEFERMEHL, Art. 47 WG N 3).

7   Mit dem Besitz des Wechsels, des vorprotestlichen Indossaments und des Protestes ist die **formelle Legitimation** des Einlösers gegenüber seinen Vormännern gegeben (STAUB/STRANZ, Art. 49 WG N 5; OGH ÖJZ 1967, 243).

2. Schuldner

8   Während sich die Forderung des Inhabers noch gegen sämtliche Wechselverpflichteten richtete, stehen den Einlösern Regressansprüche nur noch gegen ihre **eigenen Garantieschuldner** zu. Es sind dies die jeweiligen *Vormänner* in der Indossamentenkette (Art. 1046; BGE 90 II 126), einschliesslich des Ausstellers der Tratte, sowie deren Ehrenakzeptanten und Wechselbürgen. Art. 148 über das Innenverhältnis mehrerer Solidarschuldner gilt nicht. Mit jedem Einlösungsrückgriff (Zweiteinlösung, Dritteinlösung usw.) verringert sich die Zahl der weiterhin noch haftenden Garantieschuldner, bis der Aussteller selbst den Wechsel einlöst. Ferner scheiden jene Vormänner als Garantieschuldner aus, denen der Einlöser aus einem früheren Indossament seinerseits haftet (N 6 a.E., Art. 1033 N 6).

4. Abschnitt: Der Wechsel **Art. 1047**

Nicht Vormann ist der **Annehmer**. Gegen ihn richtet sich nach wie vor die Hauptforderung aus dem Wechsel, die sich von der Regressforderung grundsätzlich unterscheidet (Vorbem. zu Art. 1033 ff. N 5). Sie besteht unabhängig von der Protesterhebung und unterliegt einer längeren Verjährungsfrist. Ihre Erfüllung bewirkt das Erlöschen der Wechselverbindlichkeit und die Befreiung der verbleibenden Garantieschuldner. Immerhin passt sich die Hauptschuld der Höhe nach an die Regressschuld an (Art. 1018 Abs. 2). 9

Hat der Einlöser einen **Protesterlass** erklärt, so wirkt dieser nur für ihn selbst (Art. 1043 Abs. 3). Wurde gemäss dieser Klausel kein Protest erhoben, so haften die Vormänner des Einlösers diesem nicht mehr aus dem Wechsel (Art. 1043 N 7). 10

III. Regresssumme beim Einlösungsrückgriff

Dem Einlöser steht der **volle Betrag** zu, den er dem Wechselinhaber **gezahlt** hat (Ziff. 1). Dieser Betrag richtet sich bei der Ersteinlösung nach Art. 1045 und bei den nachfolgenden Einlösungen nach Art. 1046. Unberücksichtigt zu bleiben haben dabei jene Beträge gemäss Art. 1045, welche der Inhaber vom ersten Einlöser nicht geltend gemacht hat, ebenso jene Beträge, welche der erste Einlöser freiwillig oder mangels Beachtung von Art. 1045 zu viel bezahlt hat. Der Rückriff des Ersteinlösers ist somit nicht nur begrenzt durch seine eigene Leistung, sondern auch durch den Betrag, den er gemäss Art. 1045 aus dem Wechsel bezahlen *musste*. Dieser Betrag ist nach Ziff. 2 mit 6% seit dem Tage der *Einlösung* zu verzinsen. Die Zinsen für die Zeit zwischen Verfall und Einlösung sind bereits im Betrag gemäss Ziff. 1 berücksichtigt. Hinzu kommen die Auslagen des Einlösers gemäss Ziff. 3 und wiederum eine Provision, nunmehr allerdings von 2 Promille, welche auf den Betrag der Wechselsumme zu berechnen ist (wie Art. 1045 Abs. 1 Ziff. 4). 11

Art. 1047

c. Recht auf Aushändigung von Wechsel, Protest und Quittung

¹ Jeder Wechselverpflichtete, gegen den Rückgriff genommen wird oder genommen werden kann, ist berechtigt, zu verlangen, dass ihm gegen Entrichtung der Rückgriffssumme der Wechsel mit dem Protest und eine quittierte Rechnung ausgehändigt werden.

² Jeder Indossant, der den Wechsel eingelöst hat, kann sein Indossament und die Indossamente seiner Nachmänner ausstreichen.

c. Droit à la remise de la lettre, du protêt et de la quittance

¹ Tout obligé contre lequel un recours est exercé ou qui est exposé à un recours peut exiger, contre remboursement, la remise de la lettre de change avec le protêt et un compte acquitté.

² Tout endosseur qui a remboursé la lettre de change peut biffer son endossement et ceux des endosseurs subséquents.

c. Diritto alla consegna della cambiale, del protesto e della quietanza

¹ Qualsiasi obbligato contro il quale sia stato o possa essere promosso il regresso può esigere, contro pagamento, la consegna della cambiale col protesto e il conto di ritorno quietanzato.

² Qualsiasi girante che ha pagato la cambiale può cancellare la propria girata e quelle dei giranti susseguenti.

Literatur

Vgl. die Literaturhinweise bei den Vorbem. zu Art. 1033.

I. Übersicht

1   Art. 1047 regelt zunächst die Rechte des Einlösers im Zusammenhang mit der Regresszahlung. Ferner wird das Recht des Garantieschuldners *zur* Einlösung begründet.

II. Recht auf Aushändigung und Quittung

2   Der Wechselverpflichtete hat **Zug um Zug** gegen Honorierung des Wechsels Anspruch auf die **Aushändigung** des Wechsels nebst Protesturkunde. Während die Hauptzahlung durch den Bezogenen die Regressverpflichtungen untergehen lässt und deshalb auf dem Wechsel selbst zu quittieren ist (Art. 1029), ist bei der Rückgriffszahlung, mit der nur die Schuld des Einlösers getilgt wird, die aber die Garantiepflichten der Vormänner unberührt lässt, eine **gesonderte Quittung** auszustellen. Diese Quittung ist für die Ausübung des eigenen Rückgriffsrechts an sich nicht unabdingbar. Denn allein der Besitz des protestierten Wechsels, der den Einlöser als Rückgriffsverpflichteten aufführt, begründet die Vermutung, dass der Besitzer den Wechsel eingelöst hat (vgl. Art. 1006). Indessen stärkt die Quittung die Position des Wechselbesitzers sowohl dem eigenen Vormann wie auch dem bereits befriedigten Regressnehmer gegenüber, wenn diese die Vermutung aus dem Besitz zu widerlegen versuchen. Darüber hinaus ist die Quittung erforderlich für die Geltendmachung jener Teile der Regressforderung, die sich nicht aus dem Wechsel selbst (Wechselsumme, allfällige Zinsen) oder der Protesturkunde (Kosten) ergeben, deren Bezahlung aber vom Rückgriffsgläubiger beim Zweit- und Drittrückgriff nachzuweisen ist (Art. 1046 N 11).

III. Recht, Indossamente zu streichen

3   Der Einlöser ist ferner befugt, sein eigenes Indossament und jene seiner Nachmänner zu **streichen,** da die entsprechenden Wechselverpflichtungen mit der Einlösung erloschen sind (Abs. 2). Damit wird die Berechtigung des Einlösers als letzter Indossatar auf dem Wechsel selbst ersichtlich (OGer ZH, ZR 1986, 222) und im Falle des Verlustes die Gefahr einer wiederholten Inanspruchnahme gebannt. Eine Pflicht zur Streichung (etwa gegenüber den Nachmännern) ist hingegen nicht gegeben, und auch ohne Streichung kann der Einlöser gegenüber seinen Vormännern Rückgriff nehmen (STAUB/STRANZ, Art. 50 WG N 13; OGH ÖJZ 1967, 242). Kein Streichungsrecht besitzt, wer ohne wechselmässige Verpflichtung *freiwillig* einlöst (OLG Düsseldorf, NJW 1955, 1154; STRANZ, NJW 1955, 1681).

IV. Recht zur Einlösung

4   Jeder Wechselverpflichtete (Haupt- oder Garantieschuldner) kann, ohne abzuwarten, ob er vom Inhaber oder einem einlösenden Nachmann belangt wird, in die Reihenfolge des Rücklaufs eingreifen, indem er die Regresssumme **von sich aus bezahlt.** Ein solches Vorgehen kann v.a. für den Garantieschuldner am Anfang der Indossamentenkette sinnvoll sein, lassen sich doch so die Kosten vermeiden, die bei jedem Regressschritt markant anwachsen und für welche er haftet. Ein Recht zur bloss *teilweisen* Einlösung besteht nicht (STAUB/STRANZ, Art. 50 WG N 5).

Das Einlösungsrecht steht nur jenen **Wechselverpflichteten** zu, *gegen die Rückgriff genommen werden kann*. Es steht weder dem Dritten zu, der nicht dem Wechselverband zugehört, noch demjenigen Garantieschuldner, der im Rahmen des Wechselrücklaufs bereits übersprungen wurde. Das Einlösungsrecht **entsteht** erst mit der Protesterhebung, oder – wenn diese erlassen wurde – mit der erfolglosen Präsentation.

5

Die **Rechtsfolgen** sind dieselben wie für den Einlöser, auf den Rückgriff genommen wurde. Auch hier kann die Zahl der Garantieschuldner des Einlösenden nicht erhöht werden (Art. 1046 N 6 a.E.).

6

Art. 1048

d. Bei Teilannahme

Bei dem Rückgriff nach einer Teilannahme kann derjenige, der den nicht angenommenen Teil der Wechselsumme entrichtet, verlangen, dass dies auf dem Wechsel vermerkt und ihm darüber Quittung erteilt wird. Der Inhaber muss ihm ferner eine beglaubigte Abschrift des Wechsels und den Protest aushändigen, um den weiteren Rückgriff zu ermöglichen.

d. En cas d'acceptation partielle

En cas d'exercice d'un recours après une acceptation partielle, celui qui rembourse la somme pour laquelle la lettre n'a pas été acceptée peut exiger que ce remboursement soit mentionné sur la lettre et qu'il lui en soit donné quittance. Le porteur doit, en outre, lui remettre une copie certifiée conforme de la lettre et le protêt pour permettre l'exercice du recours ultérieurs.

d. In caso di accettazione parziale

In caso di regresso dopo un'accettazione parziale, chi paga la somma per la quale la cambiale non è stata accettata, può esigere che del pagamento sia fatta menzione sulla cambiale e che gliene sia data quietanza. Il portatore deve inoltre rilasciargli copia certificata conforme della cambiale ed il protesto per rendere possibile l'esercizio degli ulteriori regressi.

Bei einer Teilannahme (Art. 1016) besteht die Schwierigkeit, dass der Inhaber das Wechseloriginal behalten muss, um den angenommenen Betrag geltend machen zu können. Bezahlt der Garantieschuldner den nicht angenommenen Teil, so kann ihm der Wechsel deshalb nicht übergeben werden (Art. 1047). Daher kann der Einlöser nur verlangen, dass auf dem Originalwechsel ein entsprechender Zahlungsvermerk angebracht und ihm eine Quittung ausgehändigt wird. Seinen eigenen Regressanspruch macht der Einlöser nunmehr aus der beglaubigten Abschrift des Wechsels geltend, auf die der Protest gesetzt ist (Art. 1038).

1

Art. 1049

e. Rückwechsel

1 Wer zum Rückgriff berechtigt ist, kann mangels eines entgegenstehenden Vermerks den Rückgriff dadurch nehmen, dass er auf einen seiner Vormänner einen neuen Wechsel (Rückwechsel) zieht, der auf Sicht lautet und am Wohnort dieses Vormannes zahlbar ist.

² **Der Rückwechsel umfasst, ausser den in den Artikeln 1045 und 1046 angegebenen Beträgen, die Mäklergebühr und die Stempelgebühr für den Rückwechsel.**

³ **Wird der Rückwechsel vom Inhaber gezogen, so richtet sich die Höhe der Wechselsumme nach dem Kurse, den ein vom Zahlungsorte des ursprünglichen Wechsels auf den Wohnort des Vormannes gezogener Sichtwechsel hat. Wird der Rückwechsel von einem Indossanten gezogen, so richtet sich die Höhe der Wechselsumme nach dem Kurse, den ein vom Wohnorte des Ausstellers des Rückwechsels auf den Wohnort des Vormannes gezogener Sichtwechsel hat.**

e. Retraite

¹ Toute personne ayant le droit d'exercer un recours peut, sauf stipulation contraire, se rembourser au moyen d'une nouvelle lettre (retraite) tirée à vue sur l'un de ses garants et payable au domicile de celui-ci.

² La retraite comprend, outre les sommes indiquées dans les art. 1045 et 1046, un droit de courtage et le droit de timbre de la retraite.

³ Si la retraite est tirée par le porteur, le montant en est fixé d'après le cours d'une lettre de change à vue, tirée du lieu où la lettre primitive était payable sur le lieu du domicile du garant. Si la retraite est tirée par un endosseur, le montant en est fixé d'après le cours d'une lettre à vue tirée du lieu où le tireur de la retraite a son domicile sur le lieu du domicile du garant.

e. Rivalsa

¹ Chi ha diritto di esercitare il regresso può, salvo clausola contraria, rimborsarsi con una nuova cambiale (rivalsa) tratta a vista su uno dei propri garanti e pagabile al domicilio di costui.

² La rivalsa comprende, oltre le somme indicate negli articoli 1045 e 1046, un diritto di provvigione e la tassa di bollo sulla rivalsa.

³ Se la rivalsa è tratta dal portatore, l'ammontare ne è fissato secondo il corso di una cambiale a vista tratta dal luogo dove la cambiale originaria era pagabile sul luogo del domicilio del garante. Se la rivalsa è tratta da un girante, l'ammontare ne è fissato secondo il corso di una cambiale a vista tratta dal luogo dove il traente della rivalsa ha il suo domicilio sul luogo del domicilio del garante.

Literatur

Vgl. die Literaturhinweise bei den Vorbem. zu Art. 1033.

1 Sowohl der Inhaber wie auch der Einlöser eines Wechsels können, um ihr Rückgriffsrecht auszuüben, auf einen rückgriffspflichtigen Vormann eine neue Tratte auf Sicht ziehen, zahlbar am Wohnort dieses Vormannes (**Rückwechsel,** Abs. 1). Die Bezeichnung eines Domiziliaten ist unzulässig. Den Bezogenen darf der Aussteller unter seinen Vormännern beliebig aussuchen, doch darf nur auf *einen* der Vormänner ein solcher Wechsel gezogen werden. Ein *entgegenstehender Vermerk* (z.B. «kein Rückwechsel») auf dem Not leidenden Wechsel wirkt für alle Garantieschuldner, wenn er vom Aussteller angebracht wurde, der Vermerk eines Indossanten oder eines Wechselbürgen wirkt nur für diese.

2 Die **Wechselsumme** setzt sich aus der Regresssumme, einer allfälligen Mäklergebühr sowie der Stempelgebühr zusammen (Abs. 2; der geltende Art. 13 Abs. 2 StG führt den Wechsel nicht mehr als steuerbare Urkunde auf). Abs. 3 regelt die Kursberechnung.

4. Abschnitt: Der Wechsel Art. 1050

Der Aussteller begibt einen **neuen Wechsel,** für dessen Annahme und Zahlung durch den Bezogenen er als Garantieschuldner haftet. Der Rückwechsel bildet als Tratte gegenüber dem Wechselnehmer einen Zahlungsversuch und gleichzeitig den Versuch des Ausstellers, seine Rückgriffsforderung einzulösen. Ein Anspruch auf Annahme des Rückwechsels besteht nicht (BÜLOW, Art. 52 WG N 1). Der Bezogene haftet erst durch seine Annahme für den Rückwechsel. In praktischer Hinsicht ist der Rückwechsel heute bedeutungslos (JENNI, 97 ff.). 3

Art. 1050

7. Präjudizierung
a. Im Allgemeinen

¹ **Mit der Versäumung der Fristen**

für die Vorlegung eines Wechsels, der auf Sicht oder auf eine bestimmte Zeit nach Sicht lautet,

für die Erhebung des Protestes mangels Annahme oder mangels Zahlung,

für die Vorlegung zur Zahlung im Falle des Vermerkes «ohne Kosten»

verliert der Inhaber seine Rechte gegen die Indossanten, den Aussteller und alle anderen Wechselverpflichteten, mit Ausnahme des Annehmers.

² **Versäumt der Inhaber die vom Aussteller für die Vorlegung zur Annahme vorgeschriebene Frist, so verliert er das Recht, mangels Annahme und mangels Zahlung Rückgriff zu nehmen, sofern nicht der Wortlaut des Vermerkes ergibt, dass der Aussteller nur die Haftung für die Annahme hat ausschliessen wollen.**

³ **Ist die Frist für die Vorlegung in einem Indossament enthalten, so kann sich nur der Indossant darauf berufen.**

7. Déchéances
a. En général

¹ Après l'expiration des délais fixés:

pour la présentation d'une lettre de change à vue ou à un certain délai de vue;

pour la confection du protêt faute d'acceptation ou faute de paiement;

pour la présentation au paiement en cas de clause de retour sans frais, le porteur est déchu de ses droits contre les endosseurs, contre le tireur et contre les autres obligés, à l'exception de l'accepteur.

² A défaut de présentation à l'acceptation dans le délai stipulé par le tireur, le porteur est déchu de ses droits de recours, tant pour défaut de paiement que pour défaut d'acceptation, à moins qu'il ne résulte des termes de la stipulation que le tireur n'a entendu s'exonérer que de la garantie de l'acceptation.

³ Si la stipulation d'un délai pour la présentation est contenue dans un endossement, l'endosseur, seul, peut s'en prévaloir.

7. Perenzione
a. In genere

¹ Spirati i termini stabiliti:

per la presentazione di una cambiale a vista o a certo tempo vista;

per levare il protesto per mancata accettazione o mancato pagamento;

per la presentazione al pagamento se vi sia la clausola «senza spese»;

² il portatore decade dai suoi diritti contro i giranti, contro il traente e contro gli altri obbligati, ad eccezione dell'accettante.

² Se la cambiale non è presentata per l'accettazione nel termine stabilito dal traente, il portatore decade dal diritto di esercitare il regresso sia per mancato pagamento sia per mancata accettazione, salvo che non risulti dal tenore del titolo che il traente abbia inteso di esonerarsi soltanto dalla garanzia per l'accettazione.

³ Se un termine per la presentazione è fissato in una girata, solo il girante può prevalersene.

Literatur

Vgl. die Literaturhinweise bei den Vorbem. zu Art. 1033.

I. Begriff. Normzweck

1   Präjudizierung (Marginalie) bedeutet in diesem Zusammenhang die Verwirkung der Regressrechte wegen Fristversäumnis *(präjudizierter* Wechsel). Neben den Interessen der Rechtssicherheit (Verkehrsschutz) stehen die Interessen der Regressschuldner im Vordergrund. Die Verwirkung tritt unabhängig davon ein, ob den Inhaber ein Verschulden an der Säumnis trifft. Nur im Falle höherer Gewalt sieht das Gesetz eine Milderung vor (Art. 1051).

II. Anwendungsbereich

2   Das Gesetz listet die **Fristen** auf, deren Säumnis zur Verwirkung führt. Es sind dies die Frist, innert der ein auf Sicht zahlbarer Wechsel zur *Zahlung* vorzulegen ist (Art. 1024 ff.), sowie die Frist, welche für die *Annahme* eines Nachsichtwechsels massgebend ist (Art. 1013), ferner die Frist zur Erhebung des Protests mangels Annahme oder mangels Zahlung (Art. 1034 Abs. 2 f.), und schliesslich die Frist für die Vorlegung zur Zahlung im Falle des Protesterlasses (Art. 1043).

3   Abs. 2 bezieht die Frist ein, welche der **Aussteller** für die *Vorlegung zur Annahme* **vorgeschrieben** hat (Art. 1012). Ihre Versäumnis führt zum Verlust des Rechts, Rückgriff mangels Annahme *wie auch mangels Zahlung* zu nehmen, es sei denn, der Vermerk des Ausstellers sei so zu verstehen, dass er nur die Haftung für die Annahme habe ausschliessen wollen (Art. 999 Abs. 2).

4   Hat der **Indossant** eine Frist zur Annahme **vorgeschrieben** (Art. 1012 Abs. 4), so wird mit der Säumnis nur der Rückgriff gegen diesen Indossanten (und seinen Bürgen) ausgeschlossen. Insbesondere seine Nachmänner können sich nicht auf die Fristversäumnis berufen (Abs. 3).

5   Der Rückgriff mangels Zahlung wie auch mangels Annahme geht beim Nachsichtwechsel (N 2) und beim gewillkürten Vorlegungsgebot (N 3 f.) nicht nur dann verloren, wenn die Vorlegung zur Annahme oder der Protest mangels Annahme nicht rechtzeitig erfolgen, sondern auch dann, wenn die Annahme zwar erklärt, aber nicht **datiert** und wegen des Fehlens des Datums kein Protest erhoben wird (Art. 1015 Abs. 2).

III. Rechtsfolgen

6   Die Präjudizierung besteht regelmässig im **Verlust des Rückgriffsrechts** gegenüber **sämtlichen** Garantieschuldnern (Abs. 1 a.E., Abs. 2). In einigen Fällen wirkt der

Rechtsverlust nur gegenüber **bestimmten** Garanten. So wirkt im Falle des Protesterlasses durch einen Indossanten die Präjudizierung nur gegen die übrigen Garanten, die keinen Protesterlass erklärt haben (Art. 1043 Abs. 3; vgl. ferner N 4).

Keine Verwirkungsfolge zeitigen die erwähnten Fristversäumnisse gegenüber dem **Annehmer** (Abs. 1 a.E.). Dieser haftet ebenso wie sein Bürge weiterhin aus dem Wechsel, auch wenn die Fristen für Vorlegung und Protest versäumt wurden (BGE 124 III 121; 92 II 110 = Pra 1965, 374; OGer BL, BJM 1999, 213; OGer LU, ZBJV 1970, 32; OLG Düsseldorf, NJW 1955, 1154). 7

Wer wegen der Verwirkungsfolge aus dem Verband der Garantieschuldner ausscheidet und den Wechsel **freiwillig** gleichwohl bezahlt, kann keinen Einlösungsrückgriff geltend machen (Art. 1046 N 4). 8

Weil eine Wechselverpflichtung unabhängig vom Bestand eines zugrunde liegenden Schuldverhältnisses eingegangen werden kann und ohne gegenteilige Vereinbarung auch keine Neuerung einer vorbestehenden Schuld bewirkt (Art. 116 Abs. 2; BGE 84 II 649), kommt einem präjudizierten Wechsel zivilrechtlich keine Bedeutung mehr zu. Insbesondere bildet er **keine Schuldanerkennung** i.S.v. Art. 82 SchKG (OGer ZH, ZR 1963, 110). 9

Dem Einwand, der Anspruch aus dem Wechsel sei gemäss Art. 1050 verwirkt, wird der Urkundsbeamte bei der Protesterhebung oder der Betreibungsbeamte bei der Wechselbetreibung nur ganz ausnahmsweise, in klaren und krassen Fällen Beachtung schenken. Denn Art. 1050 ist materiellrechtlicher Natur und damit nicht Gegenstand der bloss formellen Prüfung seitens dieser Organe. Regelmässig hat der Schuldner deshalb seinen Standpunkt auf dem Beschwerdeweg oder anlässlich der Bewilligung des Rechtsvorschlags **geltend zu machen** (BGE 113 III 127). Die Präjudizierung ist Gegenstand einer *aus dem Wechselrecht hervorgehenden Einrede* i.S.v. Art. 182 Ziff. 3 SchKG. 10

Art. 1051 wird nach zwei Richtungen hin **gemildert**: Bei Vorliegen höherer Gewalt werden die Fristbestimmungen gelockert (Art. 1051), dem materiellen Ausgleich der Verwirkungsfolgen dient der wechselrechtliche Bereicherungsanspruch (Art. 1052). 11

Art. 1051

b. Höhere Gewalt

¹ **Steht der rechtzeitigen Vorlegung des Wechsels oder der rechtzeitigen Erhebung des Protestes ein unüberwindliches Hindernis entgegen (gesetzliche Vorschrift eines Staates oder ein anderer Fall höherer Gewalt), so werden die für diese Handlungen bestimmten Fristen verlängert.**

² **Der Inhaber ist verpflichtet, seinen unmittelbaren Vormann von dem Falle der höheren Gewalt unverzüglich zu benachrichtigen und die Benachrichtigung unter Beifügung des Tages und Ortes sowie seiner Unterschrift auf dem Wechsel oder einem Anhange zu vermerken; im übrigen finden die Vorschriften des Artikels 1042 Anwendung.**

³ **Fällt die höhere Gewalt weg, so muss der Inhaber den Wechsel unverzüglich zur Annahme oder zur Zahlung vorlegen und gegebenenfalls Protest erheben lassen.**

⁴ Dauert die höhere Gewalt länger als 30 Tage nach Verfall, so kann Rückgriff genommen werden, ohne dass es der Vorlegung oder der Protesterhebung bedarf.

⁵ Bei Wechseln, die auf Sicht oder auf eine bestimmte Zeit nach Sicht lauten, läuft die dreissigtägige Frist von dem Tage, an dem der Inhaber seinen Vormann von dem Falle der höheren Gewalt benachrichtigt hat; diese Nachricht kann schon vor Ablauf der Vorlegungsfrist gegeben werden. Bei Wechseln, die auf bestimmte Zeit nach Sicht lauten, verlängert sich die dreissigtägige Frist um die im Wechsel angegebene Nachsichtfrist.

⁶ Tatsachen, die rein persönlich den Inhaber oder denjenigen betreffen, den er mit der Vorlegung des Wechsels oder mit der Protesterhebung beauftragt hat, gelten nicht als Fälle höherer Gewalt.

b. Force majeure

¹ Quand la présentation de la lettre de change ou la confection du protêt dans les délais prescrits est empêchée par un obstacle insurmontable (prescription légale d'un Etat quelconque ou autre cas de force majeure), ces délais sont prolongés.

² Le porteur est tenu de donner, sans retard, avis du cas de force majeure à son endosseur et de mentionner cet avis, daté et signé de lui, sur la lettre de change ou sur une allonge; pour le surplus, les dispositions de l'art. 1042 sont applicables.

³ Après la cessation de la force majeure, le porteur doit, sans retard, présenter la lettre à l'acceptation ou au paiement et, s'il y a lieu, faire dresser le protêt.

⁴ Si la force majeure persiste au-delà de trente jours à partir de l'échéance, les recours peuvent être exercés, sans que ni la présentation ni la confection d'un protêt soit nécessaire.

⁵ Pour les lettres de change à vue ou à un certain délai de vue, le délai de trente jours court de la date à laquelle le porteur a, même avant l'expiration des délais de présentation, donné avis de la force majeure à son endosseur; pour les lettres de change à un certain délai de vue, le délai de trente jours s'augmente du délai de vue indiqué dans la lettre de change.

⁶ Ne sont point considérés comme constituant des cas de force majeure les faits purement personnels au porteur ou à celui qu'il a chargé de la présentation de la lettre ou de la confection du protêt.

b. Forza maggiore

¹ Se un ostacolo insormontabile (disposizione di legge di uno Stato o altro caso di forza maggiore) impedisce di presentare la cambiale o di levare il protesto nei termini stabiliti, questi sono prolungati.

² Il portatore è tenuto a dare avviso senza indugio del caso di forza maggiore al girante precedente e a fare, sulla cambiale o sull'allungamento, menzione datata e sottoscritta di questo avviso; per il resto si applicano le disposizioni dell'articolo 1042.

³ Cessata la forza maggiore, il portatore deve presentare senza indugio la cambiale per l'accettazione o per il pagamento e, se necessario, levare protesto.

⁴ Se la forza maggiore dura oltre trenta giorni dalla scadenza, il regresso può essere esercitato senza bisogno di presentazione e di protesto.

⁵ Nelle cambiali a vista o a certo tempo vista, il termine di trenta giorni decorre dalla data in cui il portatore, anche prima che sia scaduto il termine di presentazione, ha dato avviso della forza maggiore al girante precedente; nelle cambiali a certo tempo vista al termine di trenta giorni si aggiunge il termine dalla vista indicato nella cambiale.

⁶ Non sono considerati casi di forza maggiore i fatti puramente personali al portatore o alla persona da lui incaricata di presentare la cambiale o di levare il protesto.

Literatur

Vgl. die Literaturhinweise bei den Vorbem. zu Art. 1033.

I. Normzweck

Zahlreiche Umstände sind denkbar, die den Inhaber von der rechtzeitigen Vorlegung und Protesterhebung abhalten können. Selbst wenn diese Umstände vom Inhaber nicht verschuldet oder von Dritten zu vertreten sind, ändert dies nichts an der Dauer der Verwirkungsfristen oder der Wirksamkeit der Präjudizierung. Dass damit **Härten** verbunden sein können, nimmt das Gesetz in Kauf. Nur **ausnahmsweise,** nämlich bei Vorliegen höherer Gewalt, mildert das Gesetz die Strenge des Art. 1050, indem es Fristen verlängert oder von Vorlegung und Protest gänzlich entbindet.

II. Voraussetzungen

Höhere Gewalt kann dem Inhaber die rechtzeitige Vorlegung oder den fristgemässen Protest verunmöglichen. Abs. 1 umschreibt die höhere Gewalt als *unüberwindliches Hindernis* und nennt beispielhaft gesetzliche Vorschriften eines Staates. Gemeint ist insb. die staatlich angeordnete Einstellung von Protesterhebung und Wechselexekution in Not- oder Krisenzeiten (Wechselmoratorium; vgl. HULFTEGGER, 97 ff.). Auch Moratorien ausländischer Staaten fallen unter Abs. 1 (JENNI, 61). Wie das Wechselmoratorium müssen auch die anderen Fälle höherer Gewalt stets die Allgemeinheit treffen. In Frage kommen etwa Krieg, Epidemie, Revolution, Streik und Naturkatastrophen (CARRY, SJK 451, 5). Umgekehrt fallen Umstände, die den Inhaber oder seinen Beauftragten persönlich treffen (z.B. der Tod des Wechselinhabers, der Unfall der Urkundsperson), nicht darunter (Abs. 6).

III. Rechtsfolgen

Bei Vorliegen höherer Gewalt ist der Inhaber zur *unverzüglichen* **Benachrichtigung** des Vormannes verpflichtet, die Benachrichtigung ist auf dem Wechsel oder einem Anhange zu vermerken, der Vermerk ist zu unterzeichnen. Anders als bei der Benachrichtigung über die Wechselnot braucht der Inhaber nur den Vormann, nicht auch den Aussteller zu unterrichten, im Übrigen sind die Bestimmungen von Art. 1042 anwendbar (Abs. 2).

Die höhere Gewalt bewirkt die **Verlängerung** der Fristen für die Vorlegung und Protesterhebung, soweit und solange sie der Vornahme dieser wechselrechtlichen Handlungen entgegensteht. Verhindert sie nur die Protesterhebung, bleibt die Frist für die Vorlegung unberührt und umgekehrt. Die Verlängerung richtet sich nach der Dauer der höheren Gewalt. Bei Wegfall der höheren Gewalt haben Vorlegung bzw. Protest *unverzüglich* zu erfolgen (Abs. 3).

Dauert die höhere Gewalt länger als 30 Tage, so **entbindet** Abs. 4 den Inhaber von Vorlegung und Protesterhebung, so dass der Regress auf die Garantieschuldner ohne weiteres vorgenommen werden kann. Unerheblich ist, ob und wie lange die höhere Gewalt fortbesteht (BGHZ 10, 149).

6 Die **Frist** von 30 Tagen beginnt am Tage *nach* dem Verfall zu laufen (Abs. 4). Verhindert die höhere Gewalt indessen die Vorlegung eines *Sicht- oder Nachsichtwechsels*, wird gleichzeitig die Bestimmung des Verfalltages vereitelt, also auch des Zeitpunkts, von dem an die 30-tägige Wartefrist zu laufen beginnt. Deshalb wird in diesen beiden Fällen auf den Zeitpunkt der Benachrichtigung abgestellt. Beim Nachsichtwechsel verlängert sich die 30-Tage-Frist um die Wartefrist (Abs. 5; JENNI, 63 f.; GERBER, 85).

Art. 1052

c. Ungerechtfertigte Bereicherung

¹ Soweit der Aussteller eines Wechsels und der Annehmer zum Schaden des Wechselinhabers ungerechtfertigt bereichert sind bleiben sie diesem verpflichtet, auch wenn ihre wechselmässige Verbindlichkeit durch Verjährung oder wegen Unterlassung der zur Erhaltung des Wechselanspruches gesetzlich vorgeschriebenen Handlungen erloschen ist.

² Der Bereicherungsanspruch besteht auch gegen den Bezogenen, den Domiziliaten und die Person oder Firma, für deren Rechnung der Aussteller den Wechsel gezogen hat.

³ Ein solcher Anspruch besteht dagegen nicht gegen die Indossanten, deren wechselmässige Verbindlichkeit erloschen ist.

c. Enrichissement

¹ Le tireur et l'accepteur restent obligés envers le porteur jusqu'à concurrence du montant dont ils se sont enrichis illégitimement à ses dépens, même lorsque leurs obligations fondées sur la lettre de change se sont éteintes par prescription ou par suite de l'omission des actes requis par la loi pour la conservation des droits dérivant du titre.

² L'action pour cause d'enrichissement illégitime peut être exercée aussi contre le tiré, contre le domiciliataire et contre la personne ou la raison de commerce pour le compte de laquelle la lettre a été tirée.

³ Les endosseurs dont l'obligation est éteinte ne peuvent être l'objet de cette action.

c. Indebito arricchimento

¹ Il traente e l'accettante, in quanto si siano indebitamente arricchiti in danno del portatore della cambiale, rimangono obbligati verso di lui, anche se la loro obbligazione cambiaria si è estinta per effetto della prescrizione o per l'omissione degli atti necessari a preservare i diritti cambiari.

² L'azione d'indebito arricchimento può esercitarsi anche contro il trattario, contro il domiciliatario e contro la persona o la ditta per conto della quale la cambiale fu tratta.

³ Siffatta azione non può per contro esercitarsi contro i giranti, la cui obbligazione cambiaria è estinta.

Literatur

Vgl. die Literaturhinweise bei den Vorbem. zu Art. 1033.

I. Allgemeines

1. Normzweck

1 Mit der wechselrechtlichen Bereicherungsklage sollen die wirtschaftlich unbilligen **Härten gemildert** werden, die sich aus der Versäumung der z.T. sehr kurzen wechselrechtlichen Fristen ergeben können. Sie stellt insofern eine Nachwirkung des verjährten (Art. 1069 ff.) bzw. verwirkten (Art. 1050) Wechselrechts dar.

2. Rechtsnatur

Gegenüber der ordentlichen Bereicherungsklage (Art. 62 ff.) bildet die wechselrechtliche Bereicherungsklage keinen Sonderfall, sondern sie stellt ein eigenständiges wechselrechtliches Institut dar (MEIER-HAYOZ/VON DER CRONE, 215; a.M. HUECK/Canaris, 156). Grund für den Anspruch bildet einzig der Verlust einer *wechsel*rechtlichen Rechtsposition zufolge Fristablauf, während nach allgemeinen Regeln verjährte oder verwirkte Rechte nicht mehr über Art. 62 ff. geltend gemacht werden können. Korrigiert werden soll nicht eine grundlose Vermögensverschiebung, sondern eine unbillige Vermögenslage als Folge des Rechtsverlustes. Die Umschreibung der Bereicherung als *ungerechtfertigt* (Marginalie) bezeichnet somit nicht das Fehlen einer Causa für den Vermögenszuwachs beim Bereicherten, sondern die Bereicherung als solche, d.h. das *wirtschaftliche* Ungleichgewicht, welches entsteht, wenn der Verlust des wechselrechtlichen Anspruchs und das Dahinfallen der entsprechenden Verpflichtung mit einer Bereicherung eines bis anhin Verpflichteten endet. Dementsprechend ist auch keine Verschiebung *zwischen* dem Vermögen des Entreicherten und jenem des Bereicherten vorausgesetzt. Der Bereicherte kann nämlich weit vorne in der Indossamentenkette oder – als Bezogener – gar ausserhalb derselben stehen, weshalb bei der Ermittlung der Passivlegitimation die Grundverhältnisse ausserhalb des Wechsels zu berücksichtigen sind (JÄGGI/DRUEY/VON GREYERZ, 248; GUHL/KUMMER/DRUEY, 851). Der *Anspruch* gründet im Verlust des Rechts aus dem Wechsel, die *Haftung* in der Ersparnis des für die Einlösung des Wechsels nötigen Aufwands (SPIRO, 585).

Selbständig ist der Anspruch indessen auch gegenüber dem Wechsel selbst. Zwar beruht er auf dem Wechsel und kann ohne ihn nicht geltend gemacht werden, doch werden nicht nur alte, untergegange Rechte durch einen neuen Anspruch ersetzt, sondern es werden neue Ansprüche begründet, die im Wechsel selbst keine Entsprechung finden (N 7; BGE 24 II 424).

Trotz der Eigenständigkeit des wechselrechtlichen Bereicherungsanspruchs gegenüber dem allgemeinen Bereicherungsrecht dürfen die Art. 62 ff. für die im Wechselrecht nicht geregelten Einzelheiten **analog** herangezogen werden (JÄGGI/DRUEY/VON GREYERZ, 249; a.M. MEIER-HAYOZ/VON DER CRONE, 215; BAUMBACH/HEFERMEHL, Art. 89 WG, N 1). Der allgemeine und der wechselrechtliche Bereicherungsanspruch schliessen sich im Übrigen gegenseitig nicht aus und können *nebeneinander* bestehen (BGE 30 II 324; CARRY, SJK 451, 7; vgl. MERZ, 75 ff.).

II. Parteien

1. Gläubiger

Wenn das Gesetz als Gläubiger den **Wechselinhaber** bezeichnet, so meint es hier den *im Zeitpunkt* der Verjährung bzw. Verwirkung Berechtigten (JÄGGI/DRUEY/VON GREYERZ, 249). Dies ist nicht immer der letzte Indossatar, sondern kann auch ein Rückgriffsschuldner (z.B. der Aussteller) sein, der den Wechsel vor dem Rechtsverlust eingelöst hat. Einlösung nach diesem Zeipunkt begründet keinen Bereicherungsanspruch nach Art. 1052, ebenso die Einlösung durch Personen, die nie aus dem Wechsel verpflichtet waren (**a.M.** MERZ, 65; vgl. ferner SemJud 1985, 48).

2. Schuldner

6 Der Anspruch richtet sich zunächst gegen den **Aussteller** der Tratte, unabhängig davon, ob diese akzeptiert wurde oder nicht, ferner gegen den **Annehmer** (Abs. 1).

7 Schuldner der Bereicherungsforderung sind nach Abs. 2 indessen (anders als nach Art. 89 WG) auch der **Bezogene,** der Domiziliat (Art. 994, 1017) und jener, für dessen Rechnung der Aussteller den Wechsel gezogen hat (Art. 993 Abs. 3), *obschon* sie alle weder dem Inhaber gegenüber noch aus dem Wechsel überhaupt verpflichtet waren. Diese Personen sind häufig durch ein zivilrechtliches Verhältnis mit einem der Wechselverpflichteten verbunden, bei ihnen kann deshalb auch jener Vorteil geortet werden, der mit der Nichteinlösung des Wechsels verbunden ist.

8 Umgekehrt ist gegenüber den **übrigen Wechselverpflichteten** (den Ehrenakzeptanten, Wechselbürgen und gemäss ausdrücklicher Vorschrift in Abs. 3 auch den Indossanten) ein Vorgehen nach Art. 1052 **ausgeschlossen,** *obwohl* sie bis zur Präjudizierung aus dem Wechsel verpflichtet waren. Der Grund liegt darin, dass bei diesen Wechselbeteiligten eine Bereicherung *regelmässig* nicht gegeben ist.

III. Voraussetzungen

1. Erlöschen der Wechselrechte (Subsidiarität des Bereicherungsanspruchs)

9 Vorausgesetzt wird zunächst das **Erlöschen** der wechselmässigen Verbindlichkeit. Damit sind *sämtliche* Ansprüche aus dem Wechsel gemeint. Solange noch gegen einen Wechselverpflichteten aus dem Wechsel vorgegangen werden kann, ist die Bereicherungsklage ausgeschlossen (OGer ZH, ZR 1963, 111 f.). Dies ist z.B. der Fall, wenn die Forderung gegen den Annehmer bereits verjährt ist, das Regressrecht gegen einen Indossanten aber noch besteht. Ist die Insolvenz des wechselmässig noch Haftenden allerdings einwandfrei festgestellt (fruchtlose Pfändung oder Konkurseröffnung), so ist ausnahmsweise schon vor Erlöschen des Anspruchs die Bereicherungsklage zulässig (SPIRO, 590; MERZ, 69 ff.; STAUB/STRANZ, Art. 89 WG N 12). Für nie entstandene wechselmässige Ansprüche ist die Bereicherungsklage nicht gegeben (z.B. mangels Protesterhebung die Provision gemäss Art. 1045 Abs. 1 Ziff. 4).

10 Der erloschene Anspruch musste sich aus einem formell gültigen **Wechsel** ergeben. Bestehen noch Ansprüche aus dem Kausalverhältnis, so schliesst dies die Anwendung von Art. 1052 nicht aus (HUECK/CANARIS, 157; BAUMBACH/HEFERMEHL, Art. 89 WG N 5a; MEIER-HAYOZ/VON DER CRONE, 215 f.; **a.M.** CARRY, SJK 451, 7; MERZ, 68 f.; STAUB/ STRANZ, Art. 89 WG N 23). Auf Eigenwechsel ist Art. 1052 nicht anwendbar (Art. 1098), wohl aber auf die wechselähnliche Anweisung an Ordre (Art. 1147) und auf den Check (Art. 1143 Ziff. 14). Weil sich der Anspruch aus dem Wechsel selbst ergibt, ist für die Geltendmachung der **Besitz** erforderlich (CARRY, SJK 451, 6).

11 Verlangt werden ferner bestimmte **Gründe** für den Untergang der Ansprüche aus dem Wechsel. Es sind dies die *Verjährung* (Art. 1069 ff.) oder die Unterlassung einer Handlung, die zur Erhaltung des Wechselrechts gesetzlich vorgeschrieben ist (Verwirkung durch Säumnis einer Frist für Präsentation oder Protest, Art. 1050). Andere Gründe als Verjährung oder Verwirkung, die der Geltendmachung der Wechselrechte entgegenstehen (z.B. der Verlust der Urkunde), scheiden somit aus.

2. Schaden

Der **Schaden** besteht im *Verlust des Wechselanspruchs*. Entscheidend ist somit der rein wechselmässige, *abstrakte* Schaden, unabhängig davon, ob der Inhaber für den Erhalt des Wechsels eine Gegenleistung erbracht hat (JÄGGI/DRUEY/VON GREYERZ, 249), und unabhängig davon, ob ihm aus dem Grundverhältnis noch Ansprüche zustehen (N 10). Wenn der Gläubiger jedoch auch aus dem unpräjudizierten Wechsel nichts hätte erlangen können, etwa weil seiner Forderung Einreden entgegenstanden, so ist ein Schaden nicht gegeben (MERZ, 67). Die Schadenshöhe besteht, je nach dem, welcher Wechselanspruch erloschen ist, in der Wechselsumme (Säumnis bei Vorlegung oder Protest) oder in der Regresssumme (Art. 1045 f.; Verjährung eines protestierten Wechsels). Der Schaden kann auch in einem Teilbetrag bestehen (Fristablauf im Falle von Teilzahlung oder Teilannahme). **12**

3. Bereicherung

Der Schuldner haftet nur, wenn und soweit eine **Bereicherung** seinerseits gegeben ist. Die Befreiung von der Wechselverpflichtung allein bewirkt noch keine Bereicherung. Es ist vielmehr – anders als beim Schaden – auf die *schuldrechtlichen Grundverhältnisse* abzustellen. Bereichert ist somit, wer nach dem Zweck der Wechselhingabe letztlich zur Einlösung des Wechsels materiell verpflichtet gewesen wäre und nun aus der Nichteinlösung des Wechsels einen Vorteil zieht (BAUMBACH/HEFERMEHL, Art. 89 WG N 6 ff.; MERZ, 72 ff.). Die Bereicherung besteht z.B. in der nicht mehr benötigten Deckung, die der Aussteller dem Bezogenen verschafft hat, oder in der Gegenleistung, die der Aussteller eines präjudizierten Wechsels vom Remittenten bereits bezogen hat. Die Bereicherung muss im Zeitpunkt der Verjährung oder Verwirkung bestehen (BGH 3, 243), unbeachtlich ist, ob sie im Zeitpunkt der Geltendmachung noch vorhanden ist (BAUMBACH/HEFERMEHL, Art. 89 WG N 20; **a.M.** MERZ, 74). **13**

IV. Rechtsfolgen

1. Inhalt des Anspruchs. Geltendmachung

Der Anspruch aus Art. 1052 ist in doppelter Weise begrenzt, nämlich durch den Schaden des Klägers und durch die Bereicherung des Beklagten. Beginn und Höhe des Zinsanspruchs richten sich nach den Regeln der ordentlichen Bereicherung (Art. 62 ff.). Im internationalen Verhältnis ist Art. 1093 zu beachten. Geltend zu machen ist der Bereicherungsanspruch im ordentlichen Prozess. **14**

2. Verjährung

Anders als das deutsche WG, das in Art. 89 Abs. I eine dreijährige Verjährungsfrist vorsieht, fehlt im OR eine ausdrückliche Regelung. Das BGer hat sich gegen die Anwendung von Art. 67 und für die zehnjährige Frist des Art. 127 entschieden, welche mit dem Erlöschen des wechselrechtlichen Anspruchs zu laufen beginnt (BGE 67 II 179; **a.M.** SPIRO, 732 ff.; MERZ, 80). **15**

VIII. Übergang der Deckung

Art. 1053

¹ Ist über den Aussteller eines Wechsels der Konkurs eröffnet worden, so geht ein allfälliger zivilrechtlicher Anspruch des Ausstellers gegen den Bezogenen auf Rückgabe der Deckung oder Erstattung gutgebrachter Beträge auf den Inhaber des Wechsels über.

² Erklärt der Aussteller auf dem Wechsel, dass er seine Ansprüche aus dem Deckungsverhältnisse abtrete, so stehen diese dem jeweiligen Wechselinhaber zu.

³ Der Bezogene darf, sobald der Konkurs veröffentlicht oder ihm die Abtretung angezeigt ist, nur an den gehörig ausgewiesenen Inhaber gegen Rückgabe des Wechsels Zahlung leisten.

¹ En cas de faillite du tireur, l'action civile que celui-ci pourrait avoir contre le tiré en restitution de la provision ou au remboursement des sommes dont il a été crédité est dévolue au porteur de la lettre de change.

² Si le tireur déclare sur la lettre de change faire cession de ses droits relatifs à la provision, ceux-ci passent au porteur.

³ Après publication de la faillite ou notification de la cession, le tiré ne peut payer qu'au porteur dûment légitimé, contre remise de la lettre de change.

¹ In caso di fallimento del traente, l'azione civile che questi potesse avere contro il trattario per la restituzione della provvista o per il rimborso di somme abbuonate passa al portatore della cambiale.

² Se il traente dichiara sulla cambiale che cede i diritti derivantigli dalla provvista, questi spettano al portatore.

³ Tosto che il fallimento sia stato pubblicato o la cessione sia stata notificata al trattario, questi può pagare soltanto al portatore debitamente legittimato, contro restituzione della cambiale.

Literatur

Vgl. die Literaturhinweise zu den Vorbem. zu Art. 990–1099.

I. Vorbemerkungen

1 Nach Art. 16 Anlage II WG wird die Frage, ob der Aussteller eines Wechsels verpflichtet ist, bei Verfall für Deckung zu sorgen, oder ob der Inhaber besondere Rechte auf diese hat, durch das einheitliche Wechselrecht nicht berührt; ein Gleiches gilt für jede andere Frage, welche die Rechtsbeziehungen betrifft, die der Ausstellung des Wechsels zugrunde liegen. Die Vertragsstaaten sind daher in der Legiferierung in diesem Bereiche frei. Die Schweiz hat von diesem Vorbehalt Gebrauch gemacht und Art. 1053 erlassen.

2 Die international privatrechtliche Frage der Anwendbarkeit von Art. 1053 beurteilt sich nach dem Recht des Ausstellungsortes des Wechsels (s. Art. 1094).

II. Das Deckungsverhältnis

3 Die Ausstellung eines gezogenen Wechsels ist eine in der besonderen wertpapierrechtlichen Form des Wechsels verurkundete Anweisung (s. BSK OR I-KOLLER, Vor Art. 466 N 2 m.w.Nw.). Der Aussteller des Wechsels ist Anweisender, der Bezogene ist Angewiesener und der Wechselinhaber ist Anweisungsempfänger. Der Bezogene wird

durch die Ausstellung des Wechsels auf ihn als Bezogenen vom Aussteller zur Zahlung an den Wechselinhaber ermächtigt. Dem Wechselinhaber gegenüber hat der Bezogene keine Pflicht zur Zahlung, es sei denn, er akzeptiere den Wechsel (s. Art. 1018). Dem Wechselaussteller gegenüber ist der Bezogene weder wechselrechtlich noch sonst zivilrechtlich verpflichtet; eine Ausnahme, aber nicht auf der Grundlage des Wechselrechtes, sondern nur auf anderer zivilrechtlicher Grundlage ergibt sich, wenn der Bezogene Schuldner des Wechselausstellers ist, womit er zur Zahlung – nicht aber zum vorherigen Akzept (s. Art. 468 Abs. 3) – verpflichtet ist, es sei denn, dass er Abweichendes vertraglich vereinbart habe (s. Art. 468 Abs. 2 f.; BSK OR I-KOLLER, Art. 468 N 9 ff.).

Deckung i.S. des Titels zu Art. 1053 sind alle vom Aussteller vor der Ausstellung des Wechsels entweder im Hinblick auf dessen Ausstellung erbrachten Leistungen oder die Leistungen unter dem sog. Deckungsverhältnis (z.B. eine Warenlieferung des Ausstellers an den Bezogenen), welche den Bezogenen zum Schuldner des Ausstellers machten, so dass dieser nach den Regeln der Anweisung zur Honorierung des auf ihn gezogenen Wechsels verpflichtet ist. 4

III. Die Abtretung nach Abs. 2 und 3

Gehen mit der Ausstellung des Wechsels die Ansprüche aus dem Deckungsverhältnis auf den Wechselinhaber über, so gibt das dem Inhaber grössere Sicherheit, dass der Wechsel werthaltig sein werde. Das Gesetz sieht keinen **Übergang der Deckungsforderung** des Ausstellers an den Wechselinhaber vor (anders z.B. Art. 116 Abs. 3 C. com., der von Gesetzes wegen den Übergang der Geldforderung des Ausstellers gegen den Bezogenen aus dem **Deckungsgeschäft** vorsieht). Abs. 2 gestattet aber dem Aussteller, seine Forderung aus dem **Deckungsverhältnis** mittels entsprechender schriftlicher Erklärung auf dem Wechsel an den Wechselinhaber abzutreten. 5

Die **Abtretungserklärung** untersteht den Regeln der **Zession**. Sie muss auf der Wechselurkunde figurieren und hat den Rechtsgrund der Forderung zu bezeichnen, der Höhe nach entspricht die Abtretung selbstredend der Wechselsumme; bilden verschiedene Rechtstitel die Grundlage des Deckungsverhältnisses und übersteigen die Forderungen insgesamt die Wechselsumme, so ist anzugeben, welche Forderung nur teilweise abgetreten wird. 6

Die Abtretungserklärung hat die Wirkung einer **Zession,** d.h. alle Einreden aus dem Deckungsverhältnis bleiben dem Bezogenen erhalten. Der Bezogene, dem die Abtretung angezeigt worden ist, kann jedoch bezüglich der Forderung aus dem Deckungsverhältnis nur noch mit befreiender Wirkung an den gehörig ausgewiesenen Wechselinhaber (s. Art. 1006) leisten (s. Art. 167); allerdings hat er Anspruch gegen den Wechselinhaber auf Aushändigung des Wechsels Zug um Zug gegen Zahlung der Wechselsumme oder, bei einer Teilzahlung, auf Vermerk der Teilzahlung gemäss den Regeln von Art. 1029. 7

IV. Konkurs des Ausstellers

Wird über den **Aussteller des Wechsels der Konkurs** eröffnet, so geht ein Deckungsanspruch nach Abs. 1 von Gesetzes wegen auf den jeweiligen Wechselinhaber über, auch wenn der Wechsel keine Abtretungserklärung nach Abs. 2 trägt. Es handelt sich hier um den Fall einer **Legalzession** i.S.v. Art. 166 (s. BSK OR I-GIRSBERGER, Art. 166 N 1 f.). 8

Christian P. Meister

9 Die **Legalzession** erfolgt im **Zeitpunkt** der Konkurseröffnung, der im Konkursdekret vom Gericht festzustellen ist (s. Art. 175 Abs. 2 SchKG; zur Wirkung von Rechtsmitteln mit aufschiebender Wirkung gegen erstinstanzliche Konkursdekrete s. BGE 85 III 157; BlSchK 1985, 151).

10 Nach Abs. 3 kann der Bezogene nach Publikation des Konkurserkenntnisses mit befreiender Wirkung auch für das Deckungsverhältnis nur noch an den gehörig ausgewiesenen Wechselinhaber (s. Art. 1006) leisten, Zug um Zug gegen Aushändigung des Wechsels oder, bei einer blossen Teilzahlung, gegen Vermerk derselben auf der Wechselurkunde nach den Regeln von Art. 1029. Da die Legalzession bereits mit der Ausfällung des **Konkursdekretes** eintritt (s. N 9), tritt der Ausschluss der befreienden Wirkung einer Leistung an den Wechselaussteller für den Bezogenen bereits mit dessen konkreter Kenntnis vom Konkursdekret ein; die **Publikation der Konkurseröffnung,** die gegenüber jedermann Wirkung entfaltet, ist bloss der Zeitpunkt, zu dem jene Folge spätestens Platz greift.

IX. Ehreneintritt

Vorbemerkungen zu Art. 1054–1062

Literatur

Vgl. die Literaturhinweise zu den Vorbem. zu Art. 990–1099.

I. Allgemeines

1 Der Ehreneintritt (auch **Intervention** geheissen) bezweckt, einen drohenden Rückgriff mangels Annahme oder Zahlung abzuwenden, d.h. er soll dem daraus Begünstigten die hohen Kosten aus einem Rücklauf des Wechsels durch alle Indossanten ersparen (zustimmend BGE 124 III 112 ff. E. 1a). Im Zeitalter der modernen Nachrichtenübermittlung und Zahlungsmethoden kommt dem Ehreneintritt praktisch keine Bedeutung mehr zu, weil diese es den Rückgriffsschuldnern ermöglichen, im Bedarfsfall selbst innert nützlicher Frist für die Begleichung ihrer Verpflichtungen Sorge zu tragen (s.a. MEIER-HAYOZ/ VON DER CRONE, § 14 N 16 f.; ZOELLNER, 121). Früher erfuhren die Wechselbeteiligten jedoch oft nicht oder zu spät, dass ein auf fremden Plätzen zahlbarer Wechsel in Not geraten war und der Protest unvermeidlich wurde; hiergegen half die Intervention (s. BÜLOW, Art. 55 WG N 7). Die Unerheblichkeit im Alltag der Moderne spiegelt sich im faktischen Fehlen – BGE 124 III 112 hat Seltenheitscharakter – von Gerichtsentscheiden und schweizerischen Abhandlungen neueren Datums zu diesem Rechtsinstitut wider.

2 Vor der Übernahme des EinhWG in das OR regelten die Vorschriften der Art. 774–782 OR die Ehrenannahme und die Ehrenzahlung. Bereits im Rahmen der Genfer Wechselrecht-Konferenzen wurde jedoch erwogen, ob das Institut nicht überholt sei (s. CR, 308, 312).

II. Wesen des Ehreneintrittes und Abgrenzung

3 Zu unterscheiden sind zwei Hauptarten des **Ehreneintrittes,**
  – die **Ehrenannahme,** welche nur in Betracht kommt, wenn vor Verfall des Wechsels Rückgriff genommen werden kann (s. Art. 1055),

– die **Ehrenzahlung,** welche vor und bei Verfall in allen Rückgriffsfällen zulässig ist (s. Art. 1058).

Unterschieden wird ferner bei beiden Arten der Intervention zwischen **gerufenem und ungerufenem Ehreneintritt.** Die Intervention ist eine gerufene, wenn sie durch eine auf dem Wechsel als Notadresse angegebene Person erfolgt, sie ist eine ungerufene, wenn sie durch einen Dritten erfolgt, den der Wechsel nicht angibt (MEIER-HAYOZ/VON DER CRONE, 212 N 21 ff.; BAUMBACH/HEFERMEHL/CASPER, Art. 55 WG N 1; STRANZ, Art. 55 WG N 5).

Während die **Wechselbürgschaft** (s. Art. 1020–1022) unabhängig von der Zulässigkeit des Rückgriffs eine weitere Sekundärhaftung begründet, kommt der Ehreneintritt erst in Betracht, wenn die materiellen Voraussetzungen des Rückgriffs gemäss Art. 1033 eingetreten sind; davor ist ein Ehreneintritt nicht möglich. Von der Wechselbürgschaft unterscheidet sich der Ehreneintritt ausserdem dadurch, dass er nur zugunsten von Rückgriffsschuldnern, nicht aber eines Primärschuldners wie des Akzeptanten, zulässig ist. Wer akzeptiert hat und nicht zahlt, dessen Ehre ist nicht zu retten; es wird die Haftung der Sekundärschuldner eröffnet. Um die Verwirklichung der Rückgriffshaftung zu vermeiden, kann ein Dritter intervenieren, der die Rückgriffsschuld eines Sekundärschuldners erfüllt. Der Ehreneintritt ist also nur dann möglich, wenn der Wechsel Not leidend geworden ist. Die formellen Voraussetzungen des Rückgriffs, also der Protest, brauchen aber noch nicht erfüllt zu sein, doch wird durch die Präjudizierung des Wechsels (s. Art. 1050) auch die Intervention hinfällig. Durch den Ehreneintritt haftet der Intervenient neben dem, für den er interveniert; Letzterer erklärt mit der Notadresse, nur nach ordnungsgemässer, aber vergeblicher Angehung der Notadresse dem Wechselinhaber als Rückgriffsschuldner Gewähr zu bieten (vgl. STRANZ, Art. 55 WG N 3; BAUMBACH/HEFERMEHL/CASPER, Art. 55 WG N 2; unklar BÜLOW, Art. 55 WG N 1, der von einer Haftung «anstelle» des Honoraten spricht). Die Ehrenzahlung hat die Wirkungen einer befreienden Schuldleistung durch den Intervenienten (s. von TUHR/ESCHER, § 59, 24 FN 9, 27).

Der Ehrenannehmer ist kein Annehmer und die Notadresse gibt keinen zweiten Bezogenen an (s. CR, 308). Er haftet nur, wenn der Rückgriff (s. Art. 1050) nicht verloren ist, und nur als Rückgriffsschuldner. Die Vorschriften über die Annahme oder die Wechselbürgschaft sind auf ihn nicht anwendbar (s. BAUMBACH/HEFERMEHL/CASPER, Art. 55 WG N 3).

III. Beteiligte Parteien

Geehrter, Honorat oder **Notadressant** ist die Partei, die eine Notadresse auf dem Wechsel angegeben hat oder zu deren Gunsten eine Intervention oder Ehrenannahme oder Ehrenzahlung erfolgt.

Notadressat ist die Partei, deren Name als Notadresse auf dem Wechsel angegeben ist.

Ehrender, Honorant oder **Intervenient** ist die Partei, die zugunsten eines Rückgriffsverpflichteten intervenieren soll oder tatsächlich interveniert. Die akzeptierende Notadresse wird als **Ehrenakzeptant** bezeichnet, die zahlende als **Ehrenzahler.**

IV. IPR

Die Intervention beurteilt sich im international-privatrechtlichen Verhältnis nach den Vorschriften der Art. 1086–1095.

Art. 1054

1. Allgemeine Vorschriften

¹ Der Aussteller sowie jeder Indossant oder Wechselbürge kann eine Person angeben, die im Notfall annehmen oder zahlen soll.

² Der Wechsel kann unter den nachstehend bezeichneten Voraussetzungen zu Ehren eines jeden Wechselverpflichteten, gegen den Rückgriff genommen werden kann, angenommen oder bezahlt werden.

³ Jeder Dritte, auch der Bezogene, sowie jeder aus dem Wechsel bereits Verpflichtete, mit Ausnahme des Annehmers, kann einen Wechsel zu Ehren annehmen oder bezahlen.

⁴ Wer zu Ehren annimmt oder zahlt, ist verpflichtet, den Wechselverpflichteten, für den er eintritt, innerhalb zweier Werktage hiervon zu benachrichtigen. Hält er die Frist nicht ein, so haftet er für den etwa durch seine Nachlässigkeit entstandenen Schaden, jedoch nur bis zur Höhe der Wechselsumme.

1. Dispositions générales

¹ Le tireur, un endosseur ou un avaliseur peut indiquer une personne pour accepter ou payer au besoin.

² La lettre de change peut être, sous les conditions déterminées ci-après, acceptée ou payée par une personne intervenant pour un débiteur quelconque exposé au recours.

³ L'intervenant peut être un tiers, même le tiré, ou une personne déjà obligée en vertu de la lettre de change, sauf l'accepteur.

⁴ L'intervenant est tenu de donner, dans un délai de deux jours ouvrables, avis de son intervention à celui pour qui il est intervenu. En cas d'inobservation de ce délai, il est responsable, s'il y a lieu, du préjudice causé par sa négligence sans que les dommages-intérêts puissent dépasser le montant de la lettre de change.

1. Disposizioni generali

¹ Il traente, il girante o l'avallante può indicare una persona per accettare o pagare al bisogno.

² La cambiale può, nelle condizioni sottoindicate, essere accettata o pagata da una persona che interviene per qualsiasi obbligato in via di regresso.

³ L'interveniente può essere un terzo, lo stesso trattario o una persona già obbligata cambiariamente, tranne l'accettante.

⁴ L'interveniente deve, nei due giorni feriali successivi all'intervento, darne avviso a colui per il quale è intervenuto. In caso di inosservanza di tale termine egli è responsabile della sua negligenza se abbia causato danno, senza però che l'ammontare del risarcimento possa superare quello della cambiale.

Literatur

Vgl. die Literaturhinweise zu den Vorbem. zu Art. 990–1099.

I. Beteiligte beim Ehreneintritt und bei Notadressen

1 Art. 1054 gibt **allgemeine Vorschriften** wieder, die für beide Arten des Ehreneintrittes (s. dazu Vor Art. 1054 N 3 f.) gelten.

Abs. 1 bestimmt, **wer eine Intervention berufen** (s.a. Vor Art. 1054 N 4), d.h. eine 2
Notadresse im Wechsel angeben kann; aus Abs. 2 folgt, dass eine Intervention nur zugunsten eines Rückgriffsschuldners möglich ist, und Rückgriffsschuldner (s. dazu Art. 1033) sind nur Aussteller, Indossant oder Wechselbürge, nicht hingegen der Akzeptant, weil er Primärschuldner ist, nicht der blosse Bezogene, weil er überhaupt nicht Wechselschuldner ist, nicht der Wechselbürge für den Akzeptanten, weil er wie dieser haftet (s. Art. 1022), nicht der Indossant ohne Obligo (s. Art. 1005), weil er nicht als Regressschuldner haftet, und auch nicht der Aussteller eines eigenen Wechsels (s. BÜLOW, Art. 55 WG N 9; BAUMBACH/HEFERMEHL/CASPER, Art. 55 WG N 2; STRANZ Art. 55 WG N 5; JACOBI, 865).

Eine Ausdehnung der Vorschriften über den Ehreneintritt per analogiam auf den Annehmer ist deshalb unzulässig, weil eine Ehrenannahme für ihn seine Verpflichtung zu einer bedingten machen würde, indem für den Fall der Not vorerst der Notadressat angegangen werden müsste (s. JACOBI, 866 m.V. auch auf die Entstehungsgeschichte der Vorschrift).

Finden sich auf dem Wechsel **unzulässige Notadressen** (oder Ehrenannahmen) zugunsten dem Regress nicht unterworfenen Personen (wie Akzeptant oder Bezogener), so hat 3
dies wechselrechtlich keine Wirkungen. Der Wechselinhaber kann sie unbeachtet lassen, ohne am Rückgriff gehindert zu sein (s. BÜLOW, Art. 55 WG N 9; STRANZ, Art. 55 WG N 7). Ein Gleiches gilt für sinnwidrige Notadressen wie solche angegeben von einem Indossanten, der seine Rückgriffshaftung rechtswirksam (s. Art. 1005) ausgeschlossen hat (s. STRANZ, Art. 55 WG N 5).

II. Notadressen und Notfall

Notadresse ist die Angabe einer «Person, die im Notfall annehmen oder zahlen soll». 4
Ein **Notfall** i.S. dieser Vorschrift besteht, wie aus Art. 1055 Abs. 1 und Art. 1058 Abs. 1 folgt, wenn der Wechselinhaber bei oder vor Verfall Rückgriff (s. Art. 1033) nehmen könnte. Ist in der Notadresse keine Beschränkung auf Zahlung oder Annahme vermerkt (N 9), so bezieht sich die Aufforderung zum Ehreneintritt für den Notfall auf alle Rückgriffsmöglichkeiten, also sowohl auf den Rückgriff vor Verfall wie auch auf denjenigen bei Verfall (s. STRANZ, Art. 55 WG N 2; BAUMBACH/HEFERMEHL/CASPER, Art. 55 WG N 2 a.E.; BÜLOW, Art. 55 WG N 9 a.E.).

Abs. 3 erlaubt, als **Honoranten** jede Person (einschliesslich des Bezogenen) zu bezeichnen, ausgenommen den Akzeptanten, weil Primärschuldner, den Wechselbürgen des 5
Akzeptanten, weil er wie dieser haftet, und den Aussteller beim eigenen Wechsel (s. BÜLOW, Art. 55 WG N 10; BAUMBACH/HEFERMEHL/CASPER, Art. 55 WG N 5; STRANZ, Art. 55 WG N 6, 59 N 2 a.E.; JACOBI, 901 f., FN 8). Der Aussteller oder ein anderer Rückgriffsschuldner kann sich also auch selbst als Notadresse angeben (z.B. «im Notfalle mir vorzulegen»), um notfalls zu eigenen Ehren eintreten zu können (**a.M.** BÜLOW, Art. 55 WG N 10, der als Honoranten nur mit dem Honoraten nicht identische Dritte zulassen will). Ein Rückgriffsschuldner kann auch für einen andern intervenieren.

Nur **Notadressen am Zahlungsort** muss der Wechselinhaber angeben, bevor er Rückgriff nehmen kann (s. Art. 1055 Abs. 2, Art. 1059 Abs. 2). **Notadressen andernorts** 6
sind zwar nicht vom Gesetz her ausgeschlossen, können aber unbeachtet bleiben ohne irgendwelche Präklusivfolgen daraus (s. BAUMBACH/HEFERMEHL/CASPER, Art. 56 WG N 2), und die Rechtslage ist dieselbe wie bei der ungerufenen Intervention (s. STRANZ, Art. 55 WG N 2; **a.M.** BÜLOW, Art. 55 WG N 9, Art. 57 WG N 2 a.E.).

Christian P. Meister

7 Jeder Rückgriffsverpflichtete kann eine oder **mehrere Notadressen** angeben. Sind mehrere Notadressen angegeben, so sind sämtliche in beliebiger Reihenfolge vorzulegen. Dass damit seine Vorlageobliegenheit ins Uferlose ausgedehnt wird, ist für den Inhaber des Wechsels bei dessen Erwerb ersichtlich (s. BAUMBACH/HEFERMEHL/CASPER, 56 WG N 2; BÜLOW, Art. 55 WG N 9).

III. Form und Ausgestaltung der Notadresse

8 Die Notadresse ist **auf dem Wechselpapier** (Wechsel oder Allonge; zu dieser Kontroverse s. BGE 124 III 114 E. 1b) selbst anzubringen (s. Art. 1055 Abs. 2 a.A., Art. 1056; STRANZ, Art. 55 WG N 4); BAUMBACH/HEFERMEHL/CASPER, Art. 55 WG N 2; a.M. BÜLOW, Art. 55 WG N 9, der der Auffassung ist, dass eine Notadresse auch auf einer Wechselabschrift oder einer Wechselausfertigung nach Art. 1063 ff. gültig sei, was aber abzulehnen ist, weil eine wechselrechtliche Verpflichtung, deren Missachtung Präklusivfolgen nach sich zieht, aus dem Wechsel selbst hervorgehen muss und auch die Ehrenannahme auf dem Wechsel anzumerken ist (s. Art. 1056 N 1 f.); eine **extracambial oder ausserhalb des Wechselpapiers** (schriftlich oder mündlich) bekannt gegebene Notadresse kann wechselrechtlich nicht genügen, auch nicht, wenn sie bei Gelegenheit einer Protestaufnahme mangels Annahme erfolgt ist. Gleichgültig ist hingegen, wo sie auf dem Wechselpapier steht; vom Aussteller wird sie üblicherweise unter der Anschrift des Bezogenen angebracht.

9 Zur **Formulierung der Notadresse** bestehen keine genauen Vorschriften. Die Angabe muss jedoch eindeutig als Notadresse zu verstehen sein; üblich sind «notfalls bei ...», «nötigenfalls bei ...», «à défaut auprés ...», «al bisogno presso ...» (s. BAUMBACH/HEFERMEHL/CASPER, Art. 55 WG N 2; BÜLOW, Art. 55 WG N 9; STRANZ, Art. 55 WG N 4). Mangels klarer Bestimmbarkeit als Notadresse ist die Erklärung wirkungslos. Soll die **Notadresse nur für die Zahlung oder die Annahme** gelten (N 4), so ist sie entsprechend einschränkend zu formulieren, z.B. mit «Im Falle der Not zahlbar ...» oder «Nötigenfalls zur Annahme vorzulegen bei ...».

10 Sie muss den Namen einer bestimmten Person samt Adresse als Notadressaten umfassen, der Intervenient muss eindeutig bestimmbar sein. Keine wirksame Notadresse und unbeachtlich ist die blosse Angabe einer Örtlichkeit oder eines Amtsträgers ohne Namensangabe (STRANZ, Art. 55 WG N 6; BÜLOW, Art. 55 WG N 9; BAUMBACH/HEFERMEHL/CASPER, Art. 55 WG N 2). Ist bloss eine Person zwar mit einer bestimmten Adresse, aber ohne Ortsangabe vermerkt, so lautet sie unwiderleglich auf den Zahlungsort (s. BAUMBACH/HEFERMEHL/CASPER, Art. 55 WG N 2; STRANZ, Art. 55 WG N 2 a.E.). Zum Eintritt des Ausstellers zu eigenen Ehren vgl. N 5 a.E. und Art. 1058 N 2.

11 Die Notadresse muss klar erkennen lassen, wer **Honorat** sein soll, d.h. die Notadresse angegeben hat. Die Notadresse muss, wie alle wechselrechtlichen Erklärungen, von der Unterschrift des beifügenden Wechselbeteiligten gedeckt sein (STRANZ, Art. 55 WG N 4; a.M. BÜLOW, Art. 55 WG N 9, der die Auffassung vertritt, wer Begünstigter sei, könne sich auch aus dem räumlichen Zusammenhang auf dem Wechsel ergeben; JACOBI, 904, der das Erfordernis einer Unterschrift verneint). Die Auffassung, Honorat aus einer nicht unterzeichneten Notadresse sei unwiderleglich der Aussteller des Wechsels (so BAUMBACH/HEFERMEHL/CASPER, Art. 55 WG N 2), ist mit STRANZ (Art. 55 WG N 4), JACOBI (904 FN 2) und BÜLOW (Art. 55 WG N 9) abzulehnen, weil eine von einem Unbefugten angebrachte Notadresse nach den allgemeinen Wechselrechtsgrundsätzen unbeachtlich und unwirksam ist, ferner es für den Wechselinhaber wesentlich ist zu wissen, von welchem Regressverpflichteten die Notadresse beigefügt ist, wen also

deren Übergehung befreien würde. Eine Notadresse, die keinem bestimmten Honoraten zuzuordnen ist, ist unbeachtlich.

IV. Pflicht des Notadressaten zur Intervention

Ob der Notadressat verpflichtet ist, zugunsten desjenigen zu intervenieren, der ihn als Notadressat bezeichnete, richtet sich nicht nach Wechselrecht, sondern nach dem zwischen ihnen zugrunde liegenden Rechtsverhältnis (s. von TUHR/ESCHER, § 59, 24 FN 9, die die Notadresse sinngemäss als Auftrag zur eventuellen Zahlung qualifizieren; STRANZ, Art. 55 WG N 3; BÜLOW, Art. 58 WG N 1). 12

V. Die Benachrichtigung des Honoraten vom Ehreneintritt

Die **Pflicht zur Benachrichtigung** über den Ehreneintritt trifft nach Abs. 4 den Honoranten, nicht den Wechselinhaber. Sie ist der zweitägigen Benachrichtigungspflicht der Indossanten gemäss Art. 1042 Abs. 1 Satz 2 nachgebildet. Sie gilt nur gegenüber dem Honoraten. Die Pflicht des Intervenienten gemäss Abs. 4 läuft neben der Pflicht des Rückgriffspflichtigen zur Benachrichtigung des Vormannes über das Notleiden des Wechsels nach Art. 1042. Der Honorat kann zwar auch auf letzterem Weg Kenntnis vom Notleiden des Wechsels erhalten, dass dem so ist, entbindet den Intervenienten jedoch nicht von seiner Benachrichtigungspflicht nach Abs. 4, er kann sich weder darauf verlassen, dass die Pflicht gemäss Art. 1042 erfüllt wird, noch geht dem Honoraten auf jenem Weg die Mitteilung über den Ehreneintritt zu, sondern lediglich die Nachricht über die Notlage des Wechsels. Der Honorat hat aber Anspruch auf Mitteilung beider Tatsachen (vgl. BAUMBACH/HEFERMEHL/CASPER, Art. 55 WG N 6 a.E.; BÜLOW Art. 55 WG N 11; STRANZ, Art. 55 WG N 8 f.; **a.M.** JACOBI, 920, der sinngemäss die Auffassung vertritt, es müsse genügen, dass der Honorat von der Notlage erfahre). 13

Ein **Protesterlass** (s. Art. 1043) befreit nicht von der Benachrichtigungspflicht (vgl. STRANZ, Art. 55 WG N 8 a.E.). 14

Die **Frist zur Benachrichtigung** beträgt zwei Werktage, die sich nach Art. 1082 berechnen, d.h. der Tag des Ehreneintrittes zählt nicht mit. 15

Die Benachrichtigung ist an keine **Form** gebunden, kann also mündlich oder schriftlich erfolgen. Im Streitfall trägt allerdings der Intervenient die Beweislast für die Rechtzeitigkeit (s.a. N 18). Bei Benachrichtigung auf dem Postweg muss es analog Art. 1042 Abs. 5 auf die rechtzeitige Absendung, nicht auf den Zugang ankommen (vgl. BAUMBACH/HEFERMEHL/CASPER, Art. 55 WG N 6; BÜLOW Art. 55 WG N 11 a.E.; JACOBI, 920). 16

Bei **Verletzung der Benachrichtigungspflicht** wird der Intervenient dem Honoraten schadenersatzpflichtig. Wenn also der Honorat infolge verspäteter Nachricht vom Notleiden des Wechsels nicht mehr auf seine Vormänner zurückgreifen kann, weil diese inzwischen ihr Vermögen eingebüsst haben, so kann der Honorat dafür den Intervenienten haftbar machen. Dessen Schadenshaftung ist aber auf die «Höhe der Wechselsumme» begrenzt. Das erklärt sich damit, dass das Gesetz dem Intervenienten, namentlich dem ungerufenen, obwohl er Gutes tut, zumutet, dass er noch ein Mehreres hätte tun sollen als bloss zu intervenieren. Die Begrenzung der Ersatzpflicht nach Abs. 4 gilt unabhängig davon, ob die Intervention eine gerufene oder ungerufene war und ob der Intervenient zum Ehreneintritt verpflichtet war oder nicht. In der Praxis wird der geschädigte Honorat seine Ansprüche auf Schadenersatz mit denjenigen verrechnen, die der Interve- 17 nient ihm gegenüber nach Art. 1062 Abs. 1 i.V.m. Art. 1045 und 1046 geltend macht (vgl. JACOBI, 920 f.). Gegen etwaige Vormänner des Honoraten behält der säumige Ehrenintervenient seine Rechte jedoch ungeschmälert, da er ihnen gegenüber keine Benachrichtigungspflicht hat (N 13).

18 Zu ersetzen ist nur der adäquat kausal verursachte Schaden. Der Honorat hat nach allgemeinen Rechtsgrundsätzen die **Beweislast** für den eingetretenen Schaden und die Kausalität der verspäteten oder unterbliebenen Nachricht sowie die Nachlässigkeit des Intervenienten, wobei leichte Fahrlässigkeit genügen muss. Der Intervenient trägt die Beweislast für die Nachricht und deren Rechtzeitigkeit, wobei er nur zu beweisen hat, dass er die Nachricht rechtzeitig zur Post gegeben hat (N 16 a.E.); der Beweis der Absendung genügt also, und der Honorat trägt das Übermittlungsrisiko.

19 Bestand jedoch zwischen dem Honoraten und dem Honoranten eine **andere zivilrechtliche Rechtsbeziehung** (z.B. ein Auftrag) als die rein wechselrechtliche über eine Pflicht des Intervenienten zur Benachrichtigung des Honoraten über seine Intervention, so richtet sich der Umfang der Ersatzpflicht nach den auf jene zivilrechtliche Beziehung anwendbaren Vorschriften, nicht nach dem Wechselrecht.

Art. 1055

2. Ehrenannahme
a. Voraussetzungen. Stellung des Inhabers

¹ Die Ehrenannahme ist in allen Fällen zulässig, in denen der Inhaber vor Verfall Rückgriff nehmen kann, es sei denn, dass es sich um einen Wechsel handelt, dessen Vorlegung zur Annahme untersagt ist.

² Ist auf dem Wechsel eine Person angegeben, die im Notfall am Zahlungsort annehmen oder zahlen soll, so kann der Inhaber vor Verfall gegen denjenigen, der die Notadresse beigefügt hat, und gegen seine Nachmänner nur Rückgriff nehmen, wenn er den Wechsel der in der Notadresse bezeichneten Person vorgelegt hat und im Falle der Verweigerung der Ehrenannahme die Verweigerung durch einen Protest hat feststellen lassen.

³ **In den anderen Fällen des Ehreneintritts kann der Inhaber die Ehrenannahme zurückweisen. Lässt er sie aber zu, so verliert er den Rückgriff vor Verfall gegen denjenigen, zu dessen Ehren die Annahme erklärt worden ist, und gegen dessen Nachmänner.**

2. Acceptation par intervention
a. Conditions. Situation du porteur

¹ L'acceptation par intervention peut avoir lieu dans tous les cas où des recours sont ouverts, avant l'échéance, au porteur d'une lettre de change acceptable.

² Lorsqu'il a été indiqué sur la lettre de change une personne pour l'accepter ou la payer au besoin au lieu du paiement, le porteur ne peut exercer avant l'échéance ses droits de recours contre celui qui a apposé l'indication et contre les signataires subséquents, à moins qu'il n'ait présenté la lettre de change à la personne désignée et que, celle-ci ayant refusé l'acceptation, ce refus n'ait été constaté par un protêt.

³ Dans les autres cas d'intervention, le porteur peut refuser l'acceptation par intervention. Toutefois s'il l'admet, il perd les recours qui lui appartiennent avant l'échéance contre celui pour qui l'acceptation a été donnée et contre les signataires subséquents.

4. Abschnitt: Der Wechsel   1–3 **Art. 1055**

2. Dell'accettazione per intervento
a. Requisiti. Condizione del portatore

¹ L'accettazione per intervento può esser fatta ogni qualvolta il portatore di una cambiale accettabile possa esercitare il regresso prima della scadenza.

² Se sulla cambiale è stata indicata una persona per accettarla o pagarla al bisogno nel luogo del pagamento, il portatore non può esercitare prima della scadenza il regresso contro colui che ha apposto l'indicazione e contro i firmatari susseguenti a meno che egli abbia presentato la cambiale alla persona indicata e, avendone questa rifiutato l'accettazione, il rifiuto sia stato constatato con protesto.

³ Negli altri casi d'intervento il portatore può rifiutare l'accettazione per intervento. Tuttavia, se l'ammette, perde il diritto di agire prima della scadenza in via di regresso contro colui per il quale l'accettazione è stata data e contro i firmatari susseguenti.

Literatur

Vgl. die Literaturhinweise zu den Vorbem. zu Art. 990–1099.

I. Voraussetzungen der Ehrenannahme nach Abs. 1

Die Ehrenannahme ist keine ersatzweise Annahme, d.h. keine Übernahme der Wechselhauptschuld entsprechend der Verpflichtung des Akzeptanten, sondern, wie Art. 1054 Abs. 2 i.V.m. Art. 1057 Abs. 1 ergibt, die Eingehung einer Rückgriffsverbindlichkeit nach Massgabe derjenigen des Honoraten (s. STRANZ, Art. 56 WG N 1). 1

Die Ehrenannahme «ist in allen Fällen zulässig, in denen der Inhaber vor Verfall Rückgriff nehmen kann». Ihr Zweck ist die **Abwendung des Rückgriffes,** wo ein solcher vor Verfall möglich wäre. Die sachlichen und formellen Voraussetzungen für den Rückgriff vor Verfall gegen den Honoraten, zu dessen Gunsten das Ehrenakzept erfolgt, müssen damit gegeben sein, damit die Ehrenannahme zulässig ist. 2

Die **sachlichen Voraussetzungen des Rückgriffs vor Verfall** (zum Ausnahmefall des Wechsels, dessen Vorlage zur Annahme verboten ist, s.u. N 8) sind:

– Verweigerung der Annahme durch den Bezogenen (s. Art. 1033 Abs. 2 Ziff. 1); oder

– mangelnde Sicherheit des Bezogenen nach Art. 1033 Abs. 2 Ziff. 2.

Die **formalen Voraussetzungen** sind der Protest mangels Annahme (s. Art. 1034 Abs. 1 und 2) und bei mangelnder Sicherheit – den Fall des Konkurses ausgenommen, bei dem nach Art. 1034 Abs. 6 die Vorlage des Konkurseröffnungsdekretes oder dessen Publikation genügt – die Vorlegung zur Zahlung und Protest nach Art. 1034 Abs. 5. Erst nach Erhebung dieser Proteste ist die Ausübung des Rückgriffes vor Verfall zulässig, es sei denn, der Protest sei nach Art. 1043 erlassen worden (s. dazu N 14). Protesterhebung gegen den Bezogenen ist Voraussetzung der Wirksamkeit der Ehrenannahme; eine vor Beurkundung des Protestes gegen den Bezogenen erfolgende Ehrenannahme ist jedoch nicht als nichtig, sondern als schwebend unwirksam anzusehen. Sie wird voll wirksam, sobald die Voraussetzungen für den vorzeitigen Rückgriff eingetreten sind (s. STRANZ, Art. 56 WG N 2; JACOBI, 868 f.).

Die **Ehrenannahme muss vor Verfall** erfolgen. Waren die sachlichen und formellen Voraussetzungen für den Rückgriff vor Verfall gegeben, so sind nach Art. 1034 Abs. 4 bei Verfall keine weiteren Handlungen mehr vorzunehmen (s. Art. 1034). Da die Ehrenannahme nur den Rückgriff vor Verfall abwendet, aber nicht den nach Verfall, wäre eine **nach Verfall erfolgende Ehrenannahme** unzulässig und unverbindlich (s. STRANZ Art. 56 WG N 3; BÜLOW, Art. 56 WG N 1; BAUMBACH/HEFERMEHL/CASPER, 3

Art. 56 WG N 1). Eine andere Frist für die Ehrenannahme, als dass sie vor Verfall erfolgen muss, besteht nicht (vgl. STRANZ, Art. 56 WG N 10). Ist die Vorlegung bis dahin unterblieben, so muss nunmehr zunächst fristgerechte Vorlegung zur Zahlung beim Bezogenen und nach Protest gegen diesen Vorlegung bei der Notadresse zur Ehrenzahlung gemäss Art. 1059 erfolgen, ansonsten eine Verwirkung des Rückgriffes nach jener Bestimmung eintritt.

4   Bei **Teilannahme durch den Bezogenen** ist die Ehrenannahme nur für den nicht angenommenen Teilbetrag, für den allein der Rückgriff gegeben ist, zulässig und verbindlich (s. STRANZ, Art. 56 WG N 4; BAUMBACH/HEFERMEHL/CASPER, Art. 56 WG N 1; BÜLOW, Art. 56 WG N 1 a.E.).

5   Die **ohne Rückgriffsvoraussetzungen erteilte unzulässige Ehrenannahme** lässt sich trotz der Ähnlichkeit der Haftung nicht als Wechselbürgschaft aufrechterhalten, denn der Zweck und die wesentliche Wirkung der Ehrenannahme, die Abwendung des Rückgriffs, ist mit der Wechselbürgschaft nicht verbunden (s. STRANZ, Art. 56 WG N 5).

6   **Unwirksam ist eine Ehrenannahme zugunsten eines Indossanten ohne Obligo** (s. Art. 1005), da er nicht Rückgriffsschuldner ist (s.a. Art. 1054 N 2; vgl. BÜLOW, Art. 56 WG N 1; BAUMBACH/HEFERMEHL/CASPER, Art. 56 WG N 1). Sie kann nicht in eine solche für dessen nächsten haftenden Nachmann umgedeutet werden, weil die Erklärung keine Übernahme der Haftung nach Massgabe der Haftung dieses Nachmannes enthält (s. Art. 1057).

7   **Unzulässig ist eine Ehrenannahme beim Eigenwechsel** (vgl. Art. 1098 Abs. 1 Ziff. 5). Sie ist unwirksam (vgl. BAUMBACH/HEFERMEHL/CASPER, Art. 56 WG N 1; BÜLOW, Art. 56 WG N 1; STRANZ, Art. 56 WG N 4; abw. JACOBI, 888).

8   Beim **Wechsel, dessen Vorlage zur Annahme vom Aussteller untersagt ist** (s. Art. 1012), kommt der Rückgriff vor Verfall in seinem Hauptfall, dem Rückgriff mangels Annahme, begrifflich nicht in Frage. Hingegen ist ein Rückgriff vor Verfall wegen mangelnder Sicherheit des Bezogenen oder Ausstellers nach Art. 1033 Abs. 2 Ziffern 2 und 3 möglich (s. Art. 1033). Eine Ehrenannahme zur Abwendung dieses Rückgriffes ist trotz des scheinbaren Widerspruchs mit dem Wortlaut von Abs. 1 zulässig (s. BÜLOW, Art. 56 WG N 1 a.E.; STRANZ, Art. 56 WG N 4; JACOBI, 875 f.; CARRY, SJK 453, III. 1.).

II. Die Wirkungen der Ehrenannahme nach Abs. 2

9   Die **Haftung des Ehrenakzeptanten** ergibt sich nach Art. 1057 Abs. 1 (s. Art. 1057); zu seiner Benachrichtigungspflicht s. Art. 1054 N 13.

10 Die **Wirkungen der Ehrenannahme auf den Rückgriff** des Inhabers des Wechsels richten sich danach, ob der Honorat eine Notadresse auf dem Wechsel vermerkt hatte (also, ob eine gerufene oder ungerufene Intervention – s. Vor Art. 1054–1062 N 4 – vorliegt), und ob am Zahlungsort interveniert werden soll (s. Art. 1054 N 6).

11 Ist eine Wechselerklärung eines Honoraten wegen **Formfehlern** nichtig, so entfaltet auch die Ehrenannahme zu dessen Gunsten keine Wirkung (vgl. BAUMBACH/HEFERMEHL/CASPER, Art. 56 WG N 1).

12 Notadressen, die «am Zahlungsort annehmen und zahlen sollen» sind solche, bei denen eine auf den **Zahlungsort** lautende Anschrift oder eine Anschrift ohne Nennung der Ortschaft (s. Art. 1054 N 10) angegeben ist (s. STRANZ, Art. 56 WG N 9). Ist der Wech-

sel domiziliert (s. Art. 994, 1017), so ist der Zahlungsort des Domiziliaten massgebend. Ort ist die politische Gemeinde; Nachbarorte sind in diesem Sinne nicht die gleichen Ortschaft (vgl. STRANZ, Art. 56 WG N 9; BAUMBACH/HEFERMEHL/CASPER, Art. 56 WG N 2; BÜLOW, Art. 56 WG N 6 a.E.).

Hatte der Honorat eine Notadresse angegeben, nach der am Zahlungsort angenommen oder gezahlt werden soll, so muss der Inhaber den Wechsel dem Notadressaten vorlegen und bei Annahmeverweigerung den Protest aufnehmen lassen, bevor er vor Verfall gegen den Notadressanten Rückgriff nehmen kann. Die auf den Zahlungsort lautende Notadresse knüpft den Rückgriff also an eine weitere, sonst nicht bestehende Voraussetzung. Legt der Wechselinhaber den Wechsel nicht vor oder lässt er bei Annahmeverweigerung keinen Protest erheben, behält er den Rückgriff nur gegen die Vormänner des Honoraten, verliert ihn aber gegen den Honoraten selbst und gegen dessen Nachmänner: Diese haben den Wechsel mit der Notadresse weitergegeben und dürfen sich auf die Vorlage an den Intervenienten einstellen, ihre Vormänner hingegen nicht. Gegen die Vormänner des Honoraten kann also ohne Vorlage an den Notadressaten und auch ungeachtet einer Ehrenannahme Regress genommen werden (vgl. BAUMBACH/HEFERMEHL/CASPER, Art. 56 WG N 3; STRANZ, Art. 56 WG N 7, 10; BÜLOW, Art. 56 WG N 3). Hat folglich der Aussteller die Notadresse angegeben, kann der Inhaber ohne Vorlage an den Notadressaten überhaupt nicht mehr Regress nehmen, sondern nur noch den Akzeptanten in Anspruch nehmen. **13**

Die Vorlage bei der Notadresse und Protest mangels Ehrenannahme sind demnach keine Erhaltungsakte, deren Versäumung Befreiung der Rückgriffsschuldner nach sich zieht, sondern lediglich Voraussetzung für die Ausübung des Rückgriffs vor Verfall (s. STRANZ, Art. 56 WG N 11). Die Ehrenannahme soll den sonst begründeten Rückgriff vor Verfall beseitigen, und zwar ohne dass die Rückgriffsberechtigten materiell geschädigt werden. Dies wird dadurch erreicht, dass diese Berechtigten im Ehrenakzeptanten einen neuen Schuldner erhalten, dem sie selbst ihr Vertrauen geschenkt haben, sei es durch Erwerb des Wechsels mit der darauf befindlichen Notadresse, sei es durch Zulassung einer ungerufenen Intervention. Daher ist die Wirkung des Ehrenakzeptes, dass dafür der Inhaber den Rückgriff vor Verfall gegen den Honoraten und dessen Nachmänner verliert (s. JACOBI, 878). Bei Verweigerung des Ehrenakzeptes und deren Feststellung durch Protest ist damit Rückgriff vor Verfall ohne Einschränkung eröffnet (s. STRANZ, Art. 56 WG N 12). Die Unterlassung der nach Abs. 2 erforderlichen Vorlegung und Protestaufnahme hat jedoch anders als jene nach Art. 1059 keine Rückgriffsverwirkung zufolge, sie verhindert ausschliesslich einen Rückgriff vor Verfall (s. STRANZ, Art. 60 WG N 1). **14**

Präsentiert der Inhaber den Wechsel dem Notadressaten vor Verfall und gibt dieser sein Ehrenakzept entsprechend Art. 1056, so hat die Intervention ihr Ziel, den vorzeitigen Rückgriff gegen den Honoraten und seine Nachmänner zu vermeiden, erreicht; der Wechselinhaber kann nur noch gegen die Vormänner des Honoraten vorzeitigen Rückgriff nehmen. Bei **Verweigerung des Ehrenakzeptes** durch den Notadressaten muss der Inhaber gegen denselben **Verweigerungsprotest** erheben, sonst verliert er den Rückgriff vor Verfall. **15**

Beruft die Notadresse nur zur Zahlung am Zahlungsort, nicht aber zur Annahme (Art. 1054 N 9), so hat nach Abs. 2 gleichwohl die Vorlage auch dann zur Ehrenannahme zu erfolgen (s. STRANZ, Art. 56 WG N 9 a.E.). Bietet die Notadresse bei dieser Gelegenheit keine Ehrenzahlung an, die der Wechselinhaber nicht zurückweisen kann (s. Art. 1058, 1060), so ist auch in diesem Fall die Verweigerung der Ehrenannahme durch Protest festzustellen (vgl. STRANZ, Art. 56 WG N 9, 13). Die Aufnahme des **Ver-**

weigerungsprotestes zur Annahme entbindet jedoch nicht von der **Vorlegungspflicht** zur Ehrenzahlung bei einer Notadresse, die nur zur Zahlung beruft (vgl. BAUMBACH/ HEFERMEHL/CASPER, Art. 56 WG N 3; **a.M.** STRANZ, Art. 56 WG N 12).

16 Der **Protesterlass** (s. Art. 1043) ist auch für den Verweigerungs- oder Kontraprotest gegen den Notadressaten möglich. Ein Erlass nach Art. 1043 Abs. 1 wirkt ohne weitere Anhaltspunkte aber nicht gegen den Notadressaten, weil Ziel der Intervention gerade nicht ist, den Rückgriff zu erleichtern, sie belastet den Inhaber vielmehr (s. BÜLOW, Art. 56 WG N 5; BAUMBACH/HEFERMEHL/CASPER, Art. 56 WG N 3; **a.M.** STRANZ, Art. 56 WG N 11 a.E., Art. 58 WG N 3).

17 **Verweigerung der Ehrenannahme** liegt vor, wenn der Notadressat eine **Überlegungsfrist** beanspruchen will, da Art. 1004 nicht anwendbar ist; der Notadressat ist kein zweiter Bezogener (s. vor 1054–1062 N 6).

Verweigerung der Ehrenannahme liegt ferner vor bei einer **Beschränkung der Ehrenannahme auf einen Teil der Rückgriffssumme oder einer anderweitigen Beschränkung** (s. BAUMBACH/HEFERMEHL/CASPER, Art. 56 WG N 3 a.A.; BÜLOW, Art. 56 WG N 4 a.E.; Art. 1016 Abs. 1 findet auf die Ehrenannahme auch keine analoge Anwendung). Der Wechselinhaber braucht eine beschränkte Ehrenannahme nicht zuzulassen, kann also bei Hinzufügen einer Einschränkung durch den Ehrenakzeptanten ohne seine Zustimmung den Protest aufnehmen lassen und Rückgriff nehmen; dann entfällt allerdings auch die Haftung des Ehrenannehmers. Lässt der Inhaber aber eine beschränkte Annahme zu, so kann er in der Höhe des von der Ehrenannahme gedeckten Betrages (wegen Verzichtes auf den Rückgriff analog Abs. 3 Satz 2) keinen Rückgriff vor Verfall nehmen. Der Ehrenannehmer haftet dann nach Massgabe seiner Erklärung (s. STRANZ, Art. 56 WG N 12, ferner Art. 58 WG N 4 f.; **a.M.** BÜLOW, Art. 56 WG N 4 a.E., der die Möglichkeit einer Teilehrenannahme verneint, weil dies zur Spaltung des Rückgriffes führe).

III. Gerufene und ungerufene Ehrenannahme nach Abs. 3

18 Eine **nicht durch Notadresse gerufene Ehrenannahme** kann der Wechselinhaber zurückweisen, ohne am Rückgriff vor Verfall gehindert zu sein.

Gerufen ist die **Ehrenannahme** nur, wenn sie für den Notadressanten als Honoraten erfolgt. Will also ein durch Notadresse eines Indossanten berufener Intervenient zu Ehren des Ausstellers annehmen, so braucht der Wechselinhaber das nicht zuzulassen, denn er würde dann gegen die Vormänner des Begünstigten keinen Rückgriff vor Verfall nehmen können. Dagegen kann er der Ehrenannahme für einen Nachmann des Notadressanten nicht widersprechen, denn die Notadresse wirkt auch ohne Wiederholung durch die Nachmänner mit zu deren Gunsten, so dass der Ehrenannehmer auch sie als Notadressanten behandeln und zu ihren Ehren annehmen kann (s. STRANZ, Art. 56 WG N 14; ähnlich BAUMBACH/HEFERMEHL/CASPER, Art. 57 WG N 2).

Zwar liegt ein Fall gerufener Intervention auch beim **Notadressaten mit einer Adresse nicht am Zahlungsort** (s. dazu N 11 ff.) vor; ihre Wirkung ist aber nur jene einer ungerufenen Intervention (N 19).

19 Der Wechselinhaber ist nicht verpflichtet, einem **ungerufenen** an ihn herantretenden **Intervenienten** den Wechsel vorzulegen, selbst wenn dieser am Zahlungsort ist, womit diesem auch keine Möglichkeit bleibt, sein Ehrenakzept darauf zu setzen. Er kann derartige Interventionen vielmehr zurückweisen (s. BAUMBACH/HEFERMEHL/CASPER, Art. 56 WG N 4). Dasselbe gilt, wenn durch einen Notadressaten an einem anderen Ort als dem Zahlungsort interveniert werden soll.

Die **Zurückweisung einer ungerufenen Intervention** ist an keine Form gebunden (s. BAUMBACH/HEFERMEHL/CASPER, Art. 56 WG N 4 a.E.).

Lässt der Wechselinhaber eine **ungerufene Ehrenannahme** zu, also die Ehrenannahme eines auf dem Wechsel nicht genannten Notadressaten oder jene eines Notadressaten an einer nicht auf den Zahlungsort lautenden Notadresse, so hat sie nach Abs. 3 dieselbe Wirkung wie eine gerufene Ehrenannahme; die Rückgriffsfolgen sind bei der ungerufenen, aber zugelassenen Intervention genau wie bei der gerufenen nach Abs. 2 (s. BAUMBACH/HEFERMEHL/CASPER, Art. 56 WG N 4; BÜLOW Art. 56 WG N 7; STRANZ, Art. 56 WG N 15). 20

Art. 1056

b. Form	Die Ehrenannahme wird auf dem Wechsel vermerkt; sie ist von demjenigen, der zu Ehren annimmt, zu unterschreiben. In der Annahmeerklärung ist anzugeben, für wen die Ehrenannahme stattfindet; mangels einer solchen Angabe gilt sie für den Aussteller.
b. Forme	L'acceptation par intervention est mentionnée sur la lettre de change; elle est signée par l'intervenant. Elle indique pour le compte de qui elle a lieu; à défaut de cette indication, l'acceptation est réputée donnée pour le tireur.
b. Forma	L'accettazione per intervento è apposta sulla cambiale ed è firmata dall'interveniente. Essa indica per chi è stata data; in mancanza di questa indicazione l'accettazione si reputa data per il traente.

Literatur

Vgl. die Literaturhinweise zu den Vorbem. zu Art. 990–1099.

Die Ehrenannahme ist **auf dem Wechsel** anzumerken, wozu auch eine damit verbundene Allonge gehört; **die Stelle auf dem Wechsel ist gleichgültig** (BAUMBACH/HEFERMEHL/CASPER, Art. 57 WG N 1 a.E.; BÜLOW, Art. 57 WG N 1 a.E.; STRANZ, Art. 57 WG N 2). Eine **extracambiale Annahmeerklärung** hat keine wechselrechtliche Wirkung, sie kann aber eine anderweitige zivilrechtliche Wirkung haben (s. als Bsp. in letzterem Sinne BGE 110 II 350 ff.). 1

Da die Ehrenannahme nicht unter den auf einer **Wechselabschrift** zulässigen Erklärungen in Art. 1066 Abs. 3 aufgeführt ist, ist die Auffassung, dass die Erklärung auf einer Wechselabschrift genüge, abzulehnen; Protest und Ehrenannahme müssen auf eine Urkunde gesetzt sein, so dass nicht aufgrund des protestierten Wechsels in Unkenntnis der Ehrenannahme Rückgriff genommen werden kann (vgl. STRANZ, Art. 57 WG N 2; **a.M.** BAUMBACH/HEFERMEHL/CASPER, Art. 57 WG N 1; BÜLOW, Art. 57 WG N 1). 2

Inhalt des Annahmevermerkes ist die Erklärung des Intervenienten ohne jede Einschränkung seinerseits, zwecks Abwendung des Rückgriffs (vor Verfall) die gleiche Haftung wie der Honorat zu übernehmen (zur Frage von Einschränkungen s.a. Art. 1055 N 16; N 6). Dies muss in einer für den Wechselverkehr verständlichen eindeutigen Form zum Ausdruck kommen, ohne dass eine bestimmte Form vorgeschrieben wäre (vgl. STRANZ, Art. 57 WG N 1; BAUMBACH/HEFERMEHL/CASPER, Art. 57 WG N 1). Die Erklärung ist vom Honoranten handschriftlich (s. Art. 1085 Abs. 1 f.) zu unterzeichnen. 3

Die blosse Unterschrift auf der Vorderseite des Wechsels genügt nicht, sie gilt gemäss Art. 1021 Abs. 3 als Bürgschaftserklärung; die blosse Unterschrift auf der Rückseite ist gemäss Art. 1003 Abs. 2 Satz 2 Blankoindossament. Aus dem Vermerk hervorzugehen hat auch der Honorat. Üblich sind Formulierungen wie «Angenommen zu Ehren (oder zugunsten) des …» oder «als Ehrenannehmer für …», «accepté par intervention pour …» oder «accetato per intervento per …». Zur wechselrechtlichen Tragweite eines von einem Dritten auf der Rückseite des Wechsels angebrachten Vermerks «acceptée» gefolgt von Firma und Unterschrift eines Organes s. CARRY, SemJud 1949, 129 ff.

4   Die **Bezeichnung des Honoraten** hat durch den Ehrenakzeptanten zu erfolgen, d.h. in dem von ihm unterschriebenen Vermerk oder in erkennbarem Zusammenhang damit. Die Form der Bezeichnung ist gleichgültig, so kann auch die Bezeichnung mit den Anfangsbuchstaben des Namens erfolgen, der Honorat kann auch aus dem Zusammenhang des Wechsels zu entnehmen sein (BAUMBACH/HEFERMEHL/CASPER, Art. 57 N 2; BÜLOW, Art. 57 WG N 2 **a.A.**). Die Notwendigkeit einer ausdrücklichen Angabe des Honoraten ist zu verneinen (vgl. BGE 77 II 251 f. zu Art. 1021 Abs. 4, dessen Text in für diese Frage nichts Wesentlichem von jenem von Art. 1056 abweicht, und, bestätigend, BGE 83 II 213). Der übrige Wechselinhalt ist vielmehr nach allgemeinen Auslegungsregeln mit heranzuziehen. Die ohne ausdrückliche Nennung eines Honoraten erfolgende Ehrenannahme eines Notadressaten kann ohne Bedenken als für den diesen Ehreneintritt herbeirufenden Notadressanten geschehend angesehen werden (vgl. STRANZ, Art. 57 WG N 4; ähnlich CARRY, SJK 453, III.5., der im Falle der gerufenen Intervention die Ehrenannahme als zwingend für denjenigen erfolgt betrachtet, der die Notadresse beigefügt hat). Nur wenn die Ehrenannahme bei Auslegung nach Treu und Glauben unter Berücksichtigung auch des übrigen Wechselinhaltes nicht ergibt, für wen sie erklärt wurde, gilt sie als für den Aussteller erfolgt (vgl. BAUMBACH/HEFERMEHL/CASPER, Art. 57 WG N 2; BÜLOW, Art. 57 WG N 2 **a.A.**), ohne dass diese gesetzliche Folge durch den Nachweis abweichender Abrede oder anderer aus dem Wechsel nicht ersichtlicher Umstände widerlegt werden könnte (vgl. STRANZ, Art. 57 WG N 4 a.E.; ähnlich CARRY, SJK 453, III.5., der sich für eine praesumptio iuris et de iure ausspricht, dies aber nur im Falle einer ungerufenen Ehrenannahme gelten lassen will).

5   **Gibt der Intervenient nicht an, zu wessen Gunsten er interveniert,** und greift die Vermutung von Satz 2 Hs. 2 Platz, so liegt ggf. ein anderes Akzept auf dem Wechsel vor als es der Inhaber erwarten durfte. Mit seiner Abweichung handelt der Ehrenakzeptant folglich ungerufen. Demgemäss hätte der Inhaber ohne Präsentationsobliegenheit auf den Aussteller Rückgriff nehmen können und er brauchte sich auf ein solches Ehrenakzept nicht einzulassen (Art. 1055 N 16 ff.). Damit stellt sich die Frage, ob der Inhaber i.S.v. Art. 1055 Abs. 3 Satz 2, die Ehrenannahme zulasse, wenn der Ehrenakzeptant den Honoraten nicht bezeichnet, so dass die Vermutung von Art. 1056 Satz 2 eintritt, obwohl nicht der Aussteller die Notadresse angegeben hatte, sondern ein Nachmann. «Zulassen» bedeutet aber die Einwilligung des Wechselinhabers, so dass es, wenn der Intervenient das Ehrenakzept für einen anderen als in der Notadresse bezeichnet und entgegen der Erwartung des Inhabers abgibt, an der Einwilligung fehlt, m.a.W. das abweichende Ehrenakzept ist konkludent i.S.v. Art. 1055 Abs. 3 Satz 1, zurückgewiesen (s. BÜLOW, Art. 57 WG N 2) und der vorzeitige Rückgriff folglich nicht verloren (s.a. Art. 1055 N 18).

6   **Einschränkungen der Haftung aus Ehrenannahme** durch Vermerk sind zwar zulässig, aber nur gültig, wenn der Wechselinhaber sie nicht zurückweist (vgl. STRANZ, Art. 58 WG N 4 f.; **a.M.** BÜLOW, Art. 56 WG N 4 a.E., 57 WG N 3 a.E., der eine Teilannahme durch den Ehrenakzeptanten als nicht möglich und ungültig erachtet).

Art. 1057

c. Haftung des Ehrenannehmenden. Wirkung auf das Rückgriffsrecht

¹ Wer zu Ehren annimmt, haftet dem Inhaber und den Nachmännern desjenigen, für den er eingetreten ist, in der gleichen Weise wie dieser selbst.

² **Trotz der Ehrenannahme können der Wechselverpflichtete, zu dessen Ehren der Wechsel angenommen worden ist, und seine Vormänner vom Inhaber gegen Erstattung des im Artikel 1045 angegebenen Betrags die Aushändigung des Wechsels und gegebenenfalls des erhobenen Protestes sowie einer quittierten Rechnung verlangen.**

c. Obligation de l'accepteur; effets quant au droit de recours

¹ L'accepteur par intervention est obligé envers le porteur et envers les endosseurs postérieurs à celui pour le compte duquel il est intervenu, de la même manière que celui-ci.

² Malgré l'acceptation par intervention, celui pour lequel elle a été faite et ses garants peuvent exiger du porteur, contre remboursement de la somme indiquée à l'art. 1045, la remise de la lettre de change, du protêt et d'un compte acquitté, s'il y a lieu.

c. Responsabilità dell'accettante per intervento. Effetti sul regresso

¹ L'accettante per intervento risponde verso il portatore e verso i giranti susseguenti a colui per il quale è intervenuto, nello stesso modo di questo.

² Nonostante l'accettazione per intervento, colui per il quale è stata data e i suoi garanti possono chiedere al portatore, contro rimborso della somma indicata nell'articolo 1045, la consegna della cambiale, del protesto e del conto di ritorno quietanzato, se del caso.

Literatur

Vgl. die Literaturhinweise zu den Vorbem. zu Art. 990–1099.

I. Die Haftung nach Abs. 1

Voraussetzung der Haftung ist die formgerechte Erklärung der Ehrenannahme auf dem Wechsel nach Art. 1057 sowie die Zulässigkeit der Ehrenannahme nach den Bestimmungen von Art. 1054 Abs. 2 f., ferner die Möglichkeit zur Aushändigung des mit dem Ehrenakzept versehenen Wechsels. 1

Der Ehrenakzeptant, obwohl am Wechselumlauf regelmässig nicht beteiligt, haftet wie der Honorat als Rückgriffsschuldner und nicht etwa als Akzeptant gemäss Art. 1018 (BAUMBACH/HEFERMEHL/CASPER, Art. 58 WG N 1; BÜLOW, Art. 58 WG N 1; STRANZ, Art. 58 WG N 3 a.E.). Der Inhaber hat mit dem Ehrenakzept einen zusätzlichen Schuldner, anderseits verliert er das Recht, vor Verfall Rückgriff zu nehmen (s. STRANZ, Art. 58 WG N 4; JACOBI, 878; unklar BÜLOW, Art. 58 WG N 1 f., **a.A.**, der einerseits von einer Haftung «anstelle des Honoraten» und davon spricht, dass der Honorat aufhöre, «Rückgriffsschuldner zu sein», anderseits – s. Art. 56 WG N 4 a.E. – anerkennt, dass der Honorat hafte, sofern der Ehrenakzeptant bei Verfall nicht zahle). 2

Haftungsbeschränkungen durch entsprechenden Vermerk in der Annahmeerklärung (z.B. auf einen in der Annahmeerklärung durch den Honoranten festgelegten Teil der Wechselsumme, den Fall des Teilakzeptes durch den Bezogenen ausgenommen) binden den Wechselinhaber nur, soweit er sie zugelassen und sie nicht durch Erhebung eines 3

Protestes zurückgewiesen hat (vgl. STRANZ, Art. 56 WG N 12, Art. 58 WG N 4 f.; **a.M.** BÜLOW, Art. 56 WG N 4 a.E., der eine Teilannahme seitens des Ehrenakzeptanten als nicht möglich und ungültig erachtet).

4 Verbindlich für den Wechselinhaber ist jedenfalls ein Ausschluss des **Protesterlasses** des Honoraten durch den Honoranten (vgl. STRANZ, Art. 58 WG N 6 a.E.).

5 Die Haftung des Honoranten aus Rückgriff wird verwirkt nicht nur durch Unterlassung der bei Verfall gegenüber dem Bezogenen vorzunehmenden Erhaltungsakte (Vorlegung nach Art. 1028 bzw. Protest mangels Zahlung), sondern der Inhaber muss, sofern der Ehrenakzeptant am Zahlungsort wohnt, auch die Schritte gemäss Art. 1059 rechtzeitig vornehmen, ansonsten er seine Ansprüche gegenüber dem Honoraten und dessen Nachmännern wie auch dem Ehrenannehmer verliert, da Letzterer ja nur wie der Honorat haftet (vgl. STRANZ, Art. 58 WG N 7). Ganz allgemein lässt sich sagen, dass die Haftung des Ehrenakzeptanten mit dem Erlöschen der Haftung des Honoraten untergeht. Auch besteht keine Haftung des Ehrenakzeptanten, wenn es von Anfang an an einer Haftung des Honoraten gebrach, z.B. wegen Formfehlers bei dessen Verpflichtungserklärung (BÜLOW, Art. 58 WG N 1; BAUMBACH/HEFERMEHL/CASPER, Art. 58 WG N 1). Hingegen kann der Ehrenakzeptant keinerlei Einrede aus der Person des Honoraten (z.B. Fälschung der Unterschrift des Honoraten) erheben. Verrechnungseinreden aus persönlichen Forderungen gegenüber dem Wechselinhaber kann er jedoch erheben (vgl. BAUMBACH/HEFERMEHL/CASPER, Art. 58 WG N 1; BÜLOW, Art. 58 WG N 1).

II. Das Einlösungsrecht nach Abs. 2

6 Der Ehrenakzeptant hat gegenüber dem Honoraten oder dessen Vormännern vor Verfall keinerlei Ansprüche aus Wechselrecht, auch nicht etwa das Recht, sein Ehrenakzept vorzeitig in eine Ehrenzahlung umzuwandeln; denn gegen diese Schuldner kann zufolge des Ehrenakzeptes kein Rückgriff vor Verfall genommen werden, also auch keine Ehrenzahlung nach Art. 1059 vor Eröffnung des Rückgriffs bei Verfall erfolgen (s. STRANZ, Art. 56 WG N 13). Erst nach Ehrenzahlung bei Verfall kann er den Honoraten und dessen Vormänner wechselrechtlich in Anspruch nehmen (BAUMBACH/HEFERMEHL/CASPER, Art 58 WG N 2 a.E.; BÜLOW, Art. 58 WG N 2; STRANZ, Art. 58 WG N 8 a.E.).

7 Die Ehrenannahme nimmt dem Honoraten und seinen Vormännern jedoch nicht das Recht, den Wechsel gegenüber dem Wechselinhaber einzulösen. Der Anspruch geht auf Aushändigung des Wechsels, des mangels Protesterlass erhobenen Protestes und einer quittierten Rechnung dafür, Zug um Zug gegen Zahlung der in Art. 1045 statuierten Beträge. Von seinem Einlösungsrecht erfährt der Honorat durch die Benachrichtigungspflicht gemäss Art. 1054 (vgl. BAUMBACH/HEFERMEHL/CASPER, Art. 58 WG N 2; BÜLOW, Art. 58 WG N 2; STRANZ, Art. 58 WG N 8). Der Wechselinhaber erfährt durch dieses Einlöserecht keine Benachteiligung.

Art. 1058

3. Ehrenzahlung
a. Voraussetzungen

¹ Die Ehrenzahlung ist in allen Fällen zulässig, in denen der Inhaber bei Verfall oder vor Verfall Rückgriff nehmen kann.

² **Die Ehrenzahlung muss den vollen Betrag umfassen, den der Wechselverpflichtete, für den sie stattfindet, zahlen müsste.**

³ **Sie muss spätestens am Tage nach Ablauf der Frist für die Erhebung des Protestes mangels Zahlung stattfinden.**

3. Paiement par intervention
a. Conditions

¹ Le paiement par intervention peut avoir lieu dans tous les cas où, soit à l'échéance, soit avant l'échéance, des recours sont ouverts au porteur.

² Le paiement doit comprendre toute la somme qu'aurait à acquitter celui pour lequel il a lieu.

³ Il doit être fait au plus tard le lendemain du dernier jour admis pour la confection du protêt faute de paiement.

3. Del pagamento per intervento
a. Requisiti

¹ Il pagamento per intervento può essere fatto ogni qualvolta il portatore possa esercitare il regresso alla scadenza o prima di essa.

² Il pagamento deve comprendere tutta la somma che avrebbe dovuto essere pagata da colui per il quale l'intervento ha luogo.

³ Esso deve essere fatto al più tardi nel giorno successivo all'ultimo giorno consentito per levare il protesto per mancato pagamento.

Literatur

Vgl. die Literaturhinweise zu den Vorbem. zu Art. 990–1099.

Die **Voraussetzungen der Ehrenzahlung** werden durch Art. 1058 geregelt, soweit sie sich nicht bereits aus den allgemeinen beide Formen des Ehreneintrittes betreffenden Bestimmungen des Art. 1054 (vgl. dazu Vor Art. 1054 N 3) ergeben. 1

Im Gegensatz zur Ehrenannahme, die der Abwendung des Rückgriffs vor Verfall dient, bezweckt die Ehrenzahlung die **Abkürzung des Rückgriffs.** Beide Einrichtungen dienen dazu, Kreditschädigungen zu vermeiden, die für den Notadressanten dadurch entstehen könnten, dass von ihm in Umlauf gebrachte und zur Deckung seiner Verbindlichkeiten benutzte Wechsel sich als schlecht erweisen. Die durch den Bezogenen unterbliebene Honorierung des Wechsels wird durch jene des Ehrenzahlers ersetzt, wodurch nicht nur der letzte Inhaber Zahlung erhält, sondern auch die Nachmänner des Honoraten aus dem Rückgriff ganz ausgeschaltet werden (s. Art. 1063 Abs. 2). Hierauf beruht auch das Vorkommen von Wechseln, in denen der Aussteller für den Notfall Vorlegung bei sich selber anordnet, um mangels Zahlung des Bezogenen den Wechsel zu eigenen Ehren einzulösen, bevor das Notleiden des Wechsels durch Einleitung des Rückgriffs oder Notanzeige bekannt wird (s. STRANZ, Art. 59 WG N 2; vgl. ferner Art. 1054 N 5 a.E.). 2

Honorat kann nur ein Rückgriffsschuldner sein (s. Art. 1054 N 2). Die Person des Honoraten ist in den auf dem Wechsel zu setzenden Vermerk über die Ehrenzahlung nach Art. 1062 Abs. 1 anzugeben (s. Art. 1062). 3

Eine für eine andere Person erfolgende Zahlung ist ungeachtet ihrer Bezeichnung **keine Ehrenzahlung.** Zahlung für den Bezogenen oder den Annehmer tilgt zwar die gesamte Wechselverbindlichkeit, überträgt aber keine Rechte nach Art. 1062 auf den Zahlenden, auch wenn sie als Ehrenzahlung für den Bezogenen bezeichnet wird (s. STRANZ, Art. 59 WG N 3; CAEMMERER, Rechtsprechung, Art. 55 WG Nr. 1). Ob und welche Ansprüche der Zahlende in solchen Fällen gegen den erwirbt, für dessen Rechnung er zahlt, richtet sich nicht nach Wechselrecht, sondern nach dem dann zugrunde liegenden Rechtsverhältnis.

4 **Ehrenzahler** kann jedermann ausser dem Annehmer und dessen Wechselbürgen sein. Insbesondere kann auch ein Bezogener, wenn er nicht angenommen hat und den Wechsel nicht für eigene Rechnung einlösen will, (nach Protestaufnahme gegen ihn) Ehrenzahlung für den Aussteller oder einen anderen Rückgriffschuldner leisten und dadurch nach Art. 1062 Wechselansprüche erwerben. Die Ehrenzahlung eines Rückgriffsschuldners zugunsten eines seiner Nachmänner gibt dem Ehrenzahler jedoch keine Ansprüche gegen seine Nachmänner einschliesslich des Honoraten. Denn diese könnten, wenn der Zahlende sie nach Art. 1062 in Anspruch nehmen will, einwenden, der Ehrenzahler sei ihnen als Vormann im Rückgriff erstattungspflichtig (s. STRANZ, Art. 59 WG N 4).

5 Wie bei der Ehrenannahme ist auch bei der Ehrenzahlung **gerufener oder ungerufener Ehreneintritt** zulässig. In der Regel wird der Ehrenzahler entweder durch Notadresse gerufen oder durch vorherige Ehrenannahme zur Zahlung verpflichtet sein. Ist dem so, so hat der Wechselinhaber den Wechsel dem Notadressaten zu präsentieren. Anders als bei der Ehrenannahme, kann der Wechselinhaber aber eine **ungerufene Ehrenzahlung** nicht ohne **Rechtsverlust** zurückweisen (s. Art. 1060). Die ungerufene Ehrenzahlung hat bezüglich des Rechtserwerbes nach Art. 1062 dieselben Wirkungen wie die gerufene Ehrenannahme (s. STRANZ, Art. 59 WG N 1; BAUMBACH/HEFERMEHL/CASPER, Art. 61 WG N 1 **a.A.;** BÜLOW, Art. 61 WG N 1; CARRY, SJK 453, IV. 4.).

6 Die Ehrenzahlung kann stets erfolgen, wenn der **Rückgriff zulässig** ist, sowohl bei wie vor Verfall. Da der Rückgriff vor Verfall nach Art. 1055 durch Ehrenannahme abgewendet werden kann, hat der zu Ehren Eintretende vor Verfall die Wahl zwischen Ehrenannahme und -zahlung, auch wenn er in der Notadresse nur für eine dieser Massnahmen (s. Art. 1054 N 4, 9) berufen sein sollte (s. STRANZ, Art. 59 WG N 6).

Damit die Ehrenzahlung erfolgen kann, müssen wie bei der Ehrenannahme die **sachlichen und formellen Rückgriffsvoraussetzungen** nach Art. 1033 f. erfüllt sein. Abgesehen von den Fällen nach Art. 1034 Abs. 6 (**a.M.** STRANZ, Art. 59 WG N 9, der als weiteren Ausnahmefall auch jenen des Protesterlasses nach Art. 1042 betrachtet), muss also der Protest gegen den Bezogenen aufgenommen sein, bevor die Ehrenzahlung stattfinden kann (zustimmend BGE 124 III 117 E. 2a). Vor Vornahme der Protestaufnahme gegen den Bezogenen ist eine Ehrenzahlung dagegen nicht möglich; der Zahlende muss sich diesfalls den Wechsel indossieren lassen, will er wechselrechtliche Ansprüche erwerben (s. STRANZ, Art. 59 WG N 6; BAUMBACH/HEFERMEHL/CASPER, Art. 59 WG N 1; BÜLOW, Art. 59 WG N 2).

7 Die Ehrenzahlung hat **innert der Frist** gemäss Abs. 3 zu erfolgen, d.h. «spätestens am Tag nach Ablauf der Frist für die Erhebung des Protestes mangels Zahlung», d.h. für alle Wechsel ausser Sichtwechsel (s. Art. 1024) spätestens am dritten Werktag nach dem Zahlungstag (s. Art. 1034 Abs. 3). Die Frist ist identisch mit derjenigen nach Art. 1059 Abs. 1 für die Anforderung der Ehrenzahlung bei Notadressen oder Ehrenannehmern am Zahlungsort durch den Wechselinhaber. Ein Protesterlass lässt die Frist unberührt.

8 Eine Ehrenzahlung **nach Fristablauf** kann der Wechselinhaber zurückweisen ohne Rückgriffsverlust nach Art. 1060. Das gilt auch für eine **Zahlung seitens des Ehrenakzeptanten,** die nach vergeblicher rechtzeitiger Vorlegung verspätet angeboten wird. Sie bringt zwar den Gläubiger in Annahmeverzug, da der Ehrenakzeptant als Rückgriffsschuldner jederzeit gemäss Art. 1047 die Einlösung vornehmen kann, sie kann aber nicht mehr die Verwirkung des einmal eröffneten Rückgriffes bewirken, und es erwirbt der Ehrenannehmer auch diesfalls die Rechte aus Art. 1062. **Verspätete Zahlung durch eine andere Person als den Ehrenakzeptanten** bewirkt hingegen, auch wenn sie als

4. Abschnitt: Der Wechsel **Art. 1059**

Ehrenzahlung bezeichnet und als solche vom Wechselinhaber akzeptiert wird, keinen Rechtserwerb des Zahlenden nach Art. 1062, selbst wenn der Zahlende Notadressat ist (s. STRANZ, Art. 59 WG N 8; BAUMBACH/HEFERMEHL/CASPER, Art. 59 WG N 3; BÜLOW, Art. 59 WG N 3 [recte 4] a.E.).

Die **Ehrenzahlung muss den vollen vom Honoraten geschuldeten Betrag** umfassen, 9 also alles, was dieser nach Art. 1045 f. schuldet. Eine Teilzahlung kann der Wechselinhaber ohne für ihn nachteilige Rechtsfolge zurückweisen. Er kann sie aber auch entgegennehmen, hat dafür aber auf dem Wechsel zu quittieren (Art. 1061 Abs. 1). Den Wechsel braucht der Inhaber aber nicht auszuhändigen, sondern kann dafür dem Zahlenden eine separate Quittung (analog Art. 1029 Abs. 3) aushändigen. Der Zahlende erwirbt im Umfang seiner Zahlung die Rechte nach Art. 1062 (s. STRANZ, Art. 59 WG N 9; **a.M.** BAUMBACH/HEFERMEHL/CASPER, Art. 59 WG N 2; BÜLOW, Art. 59 WG N 3, die einer Teilzahlung jede Wirkung i.S. einer Ehrenzahlung absprechen).

Art. 1059

b. Verpflichtung des Inhabers

¹ Ist der Wechsel von Personen zu Ehren angenommen, die ihren Wohnsitz am Zahlungsort haben, oder sind am Zahlungsort wohnende Personen angegeben, die im Notfall zahlen sollen, so muss der Inhaber spätestens am Tage nach Ablauf der Frist für die Erhebung des Protestes mangels Zahlung den Wechsel allen diesen Personen vorlegen und gegebenenfalls Protest wegen unterbliebener Ehrenzahlung erheben lassen.

² Wird der Protest nicht rechtzeitig erhoben, so werden derjenige, der die Notadresse angegeben hat oder zu dessen Ehren der Wechsel angenommen worden ist, und die Nachmänner frei.

b. Obligations du porteur

¹ Si la lettre de change a été acceptée par des intervenants ayant leur domicile au lieu du paiement, ou si des personnes ayant leur domicile dans ce même lieu ont été indiquées pour payer au besoin, le porteur doit présenter la lettre à toutes ces personnes et faire dresser, s'il y a lieu, un protêt faute de paiement au plus tard le lendemain du dernier jour admis pour la confection du protêt.

² A défaut de protêt dans ce délai, celui qui a indiqué le besoin ou pour le compte de qui la lettre a été acceptée et les endosseurs postérieurs cessent d'être obligés.

b. Obblighi del portatore

¹ Se la cambiale è stata accettata da intervenienti che hanno il loro domicilio nel luogo del pagamento o se sono state indicate per pagare al bisogno persone che hanno il loro domicilio nel detto luogo, il portatore deve presentare la cambiale a tutte queste persone e, se del caso, levare protesto per mancato pagamento non più tardi del giorno seguente all'ultimo consentito per levare il protesto.

² Se il protesto non è levato entro questo termine, colui che ha apposto l'indicazione al bisogno o per il quale la cambiale è stata accettata e i giranti susseguenti sono liberati.

Literatur

Vgl. die Literaturhinweise zu den Vorbem. zu Art. 990–1099.

Art. 1060

1 Dieser Artikel auferlegt dem Wechselinhaber die Pflicht zur Einforderung der Ehrenzahlung des Wechsels bei Verfall, widrigenfalls er den Rückgriff verliert.

2 Die **Vorlagepflicht** gilt, entsprechend jener nach Art. 1055 Abs. 2 zur Angehung von Notadressen zur Ehrenannahme bei Möglichkeit des Rückgriffs vor Verfall, nur bei Notadressen (zu deren Form s. Art. 1054 N 8 ff.) am Zahlungsort (s. dazu Art. 1055 N 11).

Sind **mehrere Notadressaten** oder Ehrenannehmer auf dem Wechsel genannt, so haben die in Abs. 1 genannten Handlungen allen gegenüber innert Frist stattzufinden, um den Rückgriff gegen sämtliche Rückgriffsschuldner zu gewährleisten. Die Reihenfolge ist beliebig, doch kann die Präsentation innert Frist bei einer grossen Anzahl von Intervenienten an die Grenzen praktischer Durchführbarkeit stossen (s. BAUMBACH/HEFERMEHL/CASPER, Art. 60 WG N 2; BÜLOW, Art. 60 WG N 3; STRANZ, Art. 60 WG N 7).

3 **Zahlt einer der Intervenienten,** so bedarf es keiner weiteren Präsentation mehr, der Wechsel ist ja dann auch dem Ehrenzahler auszuhändigen (s. Art. 1061 Abs. 2), und dieser erwirbt die Rechte aus dem Wechsel und wird damit Rückgriffsgläubiger (s. Art. 1062 Abs. 1). Der Wechselinhaber braucht sich um die Regeln von Art. 1062 Abs. 3 nicht zu kümmern, d.h. es trifft ihn keine Pflicht zu prüfen, ob gerade durch diese Zahlung die meisten Wechselverpflichteten frei werden; jene Bestimmung bezieht sich nur auf das Verhältnis mehrerer zahlungswilliger Intervenienten untereinander (s. Art. 1062 N 7). Verweigert ein Intervenient die Zahlung, bleibt es bei der Präsentationsobligenheit. **Verweigern alle Intervenienten die Zahlung,** ist der **Ehrenprotest** mangels Ehrenzahlung (auch **Kontraprotest** geheissen) aufzunehmen (s. dazu Art. 1039). Dieser Protest ist zu unterscheiden vom Protest mangels Zahlung gegenüber dem Bezogenen oder dem Akzeptanten, der ausserdem erhoben werden muss, soweit ein Protest nicht wirksam erlassen (s. Art. 1043) ist (s. BÜLOW, Art. 60 WG N 4, 6; STRANZ, Art. 60 WG N 4; BAUMBACH/HEFERMEHL/CASPER, Art. 60 WG N 2).

4 Die **Frist für die Präsentation des Wechsels** an sämtlichen Notadressen und für den Kontraprotest endet wie die Frist nach Art. 1058 Abs. 3. **Kontraprotest** ist auch zu erheben, wenn bereits gemäss Art. 1055 Abs. 2 Verweigerungsprotest erhoben worden war (Art. 1034 Abs. 4 ist nicht anwendbar; s. BÜLOW, Art. 60 WG N 5; BAUMBACH/HEFERMEHL/CASPER, Art. 60 WG N 2 a.E.).

5 Bei **Versäumung der Frist** zur Vorlegung und Protesterhebung tritt Verwirkung des Rückgriffes gegen den Notadressanten und den Honoraten und ihre Nachmänner ein, ohne dass es auf die Zahlungsfähigkeit oder -willigkeit des Notadressaten oder Ehrenakzeptanten ankäme. Der Rückgriff auf die Vormänner des Honoraten oder Notadressanten bleibt bestehen (s. STRANZ, Art. 60 WG N 9; BÜLOW, Art. 60 WG N 7; BAUMBACH/HEFERMEHL/CASPER, Art. 60 WG N 4).

Art. 1060

c. Folge der Zurückweisung	Weist der Inhaber die Ehrenzahlung zurück, so verliert er den Rückgriff gegen diejenigen, die frei geworden wären.
c. Conséquence du refus	Le porteur qui refuse le paiement par intervention perd ses recours contre ceux qui auraient été libérés.
c. Conseguenza del rifiuto	Il portatore che rifiuta il pagamento per intervento perde il regresso contro coloro che sarebbero stati liberati.

4. Abschnitt: Der Wechsel   **Art. 1061**

Literatur

Vgl. die Literaturhinweise zu den Vorbem. zu Art. 990–1099.

Art. 1060 betrifft sowohl die gerufenen als auch die ungerufenen Ehrenzahlungen. Die Vorschrift hat jedoch vorwiegend Bedeutung für eine ungerufene Ehrenzahlung, da bei der gerufenen Ehrenzahlung schon die Unterlassung ihrer Einforderung bei Verfall, nicht erst die Zurückweisung nach Art. 1059 zum Rückgriffsverlust führt. Für die gerufene Ehrenzahlung beschränkt sich daher die Anwendbarkeit der Vorschrift im Wesentlichen auf den Rückgriff vor Verfall. Die Zurückweisung jeder Ehrenzahlung, auch wenn sie ungerufen ist, führt zum Rückgriffsverlust (s. STRANZ, Art. 61 WG N 1; BÜLOW, Art. 61 WG N 1; BAUMBACH/HEFERMEHL/CASPER, Art. 61 WG N 1). 1

Voraussetzung des **Rückgriffsverlustes** ist die Ordnungsmässigkeit der angebotenen Ehrenzahlung. Das Angebot einer Ehrenzahlung muss also zugunsten eines Honoraten sein, der Rückgriffsschuldner ist, es muss von einer Person ausgehen, die Ehrenzahler sein kann, das Angebot muss auf die volle Rückgriffssumme, innert der Frist für die Ehrenzahlung und am Zahlungsort erfolgen (s. Art. 1058). 2

Der Rückgriffsverlust tritt mit der **Zurückweisung der Ehrenzahlung** ein. Eine Zurückweisung der Ehrenzahlung liegt auch vor, wenn der Wechselinhaber sich weigert, seinen Pflichten entsprechend Art. 1061 Zug um Zug gegen die Ehrenzahlung nachzukommen (s. STRANZ, Art. 61 WG N 4; BAUMBACH/HEFERMEHL/CASPER, Art. 61 WG N 1; BÜLOW, Art. 62 WG N 1). 3

Die Wirkung der Zurückweisung ist die Befreiung der Nachmänner dessen, für den Zahlung erfolgen sollte (Art. 1062 Abs. 2), nicht aber (im Gegensatz zu Art. 1059 Abs. 2) auch des Honoraten, denn dieser wird nach Art. 1062 Abs. 1 durch die Ehrenzahlung von seiner Haftung als Rückgriffsschuldner nicht befreit (s. STRANZ, Art. 61 WG N 5; BAUMBACH/HEFERMEHL/CASPER, Art. 61 WG N 1; BÜLOW, Art. 61 WG N 1). 4

Der Ehrenzahler wird Rückgriffsgläubiger gemäss Art. 1062. 5

Art. 1061

d. Recht auf Aushändigung von Wechsel, Protest und Quittung

[1] Über die Ehrenzahlung ist auf dem Wechsel eine Quittung auszustellen, die denjenigen bezeichnet, für den gezahlt wird. Fehlt die Bezeichnung, so gilt die Zahlung für den Aussteller.

[2] Der Wechsel und der etwa erhobene Protest sind dem Ehrenzahler auszuhändigen.

d. Droit à la remise de la lettre, du protêt et de la quittance

[1] Le paiement par intervention doit être constaté par un acquit donné sur la lettre de change avec indication de celui pour qui il est fait. A défaut de cette indication, le paiement est considéré comme fait pour le tireur.

[2] La lettre de change et le protêt, s'il en a été dressé un, doivent être remis au payeur par intervention.

d. Diritto alla consegna della cambiale, del protesto e della quietanza

[1] Del pagamento per intervento deve essere data quietanza sulla cambiale coll'indicazione per chi è fatto. In mancanza di tale indicazione, il pagamento si intende fatto per il traente.

[2] La cambiale e il protesto, se sia stato levato, devono essere consegnati a chi paga per intervento.

Art. 1062

Literatur

Vgl. die Literaturhinweise zu den Vorbem. zu Art. 990–1099.

1. Die Vorschrift von Art. 1061 entspricht jener von Art. 1047. Bei Befriedigung des Wechselinhabers durch einen Ehrenakzeptanten sind beide Vorschriften unmittelbar anwendbar, weil diese Zahlung sowohl Ehrenzahlung wie Einlösung durch einen Rückgriffsschuldner ist.

2. Die **Quittung ist auf dem Wechsel** (d.h. auf der Wechselurkunde oder der Allonge s. BGE 124 III 114 f. E. 1b) beliebigenorts anzubringen, sie ist vom Zahlungsempfänger, also dem Wechselinhaber oder dessen bevollmächtigtem Vertreter auszustellen und zu unterzeichnen. Die Quittung hat zu bezeichnen die erhaltene Summe, welche nicht der Wechselsumme, sondern der Rückgriffsschuld des Honoraten zu entsprechen hat, dass es sich um eine Ehrenzahlung handelt, von wem die Zahlung gemacht wurde (z.B. «Von ... zu Ehren von Herrn ... Fr ... erhalten zu haben.», mit Datum und Unterschrift).

3. Fehlt die **Angabe des Honoraten**, so gilt Abs. 1 Satz 2 (**abw.** STRANZ, Art. 62 WG N 6, der für eine einschränkende Anwendung dieser Bestimmung in dem Sinne eintritt, dass der Aussteller nur dann als Honorat gilt, wenn sich nicht bereits aus dem Ehrenakzept ein anderer Honorat ergibt oder der Ehrenzahlende nicht von einem bestimmten anderen Honoraten gerufen worden ist).

4. Die Natur der Zahlung als **Ehrenzahlung muss sich aus der Quittung** ergeben. Das ist der Fall, wenn sie in der Quittung als solche bezeichnet wird oder wenn sonstwie darin auf einen Honoraten Bezug genommen wird. Dafür, dass eine Zahlung als Ehrenzahlung erfolge, besteht jedoch keine Vermutung, selbst dann nicht, wenn sie innert der Frist von Art. 1058 Abs. 3 geleistet wurde (s. STRANZ, Art. 62 WG N 8; BAUMBACH/HEFERMEHL/CASPER, Art. 62 WG N 1 a.E.). Ergibt sich dergestalt keine Ehrenzahlung, so erwirbt der Zahlende keine Rechte aus den Wechsel nach Art. 1062.

5. Durch die ordnungsgemässe Ehrenzahlung wird der Ehrenzahler gemäss Art. 1062 Rückgriffsgläubiger, hat aber dem Rückgriffsschuldner gemäss Art. 1047 den Wechsel herauszugeben, weshalb er in den Besitz des Wechsels kommen muss.

Art. 1062

e. Übergang der Inhaberrechte. Mehrere Ehrenzahlungen

¹ **Der Ehrenzahler erwirbt die Rechte aus dem Wechsel gegen den Wechselverpflichteten, für den er gezahlt hat, und gegen die Personen, die diesem aus dem Wechsel haften. Er kann jedoch den Wechsel nicht weiter indossieren.**

² **Die Nachmänner des Wechselverpflichteten, für den gezahlt worden ist, werden frei.**

³ **Sind mehrere Ehrenzahlungen angeboten, so gebührt derjenigen der Vorzug, durch welche die meisten Wechselverpflichteten frei werden. Wer entgegen dieser Vorschrift in Kenntnis der Sachlage zu Ehren zahlt, verliert den Rückgriff gegen diejenigen, die sonst frei geworden wären.**

e. Transfert des droits du porteur. Concours d'intervenants	¹ Le payeur par intervention acquiert les droits résultant de la lettre de change contre celui pour lequel il a payé et contre ceux qui sont tenus vis-à-vis de ce dernier en vertu de la lettre de change. Toutefois, il ne peut endosser la lettre de change à nouveau. ² Les endosseurs postérieurs au signataire pour qui le paiement a eu lieu sont libérés. ³ En cas de concurrence pour le paiement par intervention, celui qui opère le plus de libération est préféré. Celui qui intervient, en connaissance de cause, contrairement à cette règle, perd ses recours contre ceux qui auraient été libérés.
e. Surrogazione nei diritti del portatore. Concorso d'intervenienti	¹ Chi paga per intervento acquista i diritti inerenti alla cambiale contro colui per il quale ha pagato e contro coloro che sono obbligati cambiariamente verso quest'ultimo; ma non può girare nuovamente la cambiale. ² I giranti susseguenti all'obbligato per il quale il pagamento è stato fatto sono liberati. ³ Se più persone offrono il pagamento per intervento, è preferita quella il cui pagamento libera il maggior numero di obbligati. Chi scientemente interviene in contrasto con questa disposizione perde il regresso contro coloro che sarebbero stati liberati.

Literatur

Vgl. die Literaturhinweise zu den Vorbem. zu Art. 990–1099.

Die Wirkungen der Ehrenzahlung sind nebst der Befriedigung des bisherigen Wechselinhabers und der Befreiung der Nachmänner dessen, zu dessen Ehren die Zahlung erfolgt, der Rechtserwerb des Ehrenzahlers. **1**

Der Rechtserwerb tritt von Gesetzes wegen ein, ohne dass es einer Rechtsübertragungshandlung seitens des befriedigten Inhabers bedürfte (s. STRANZ, Art. 63 WG N 2; BAUMBACH/HEFERMEHL/CASPER, Art. 63 WG N 1 **a.A.**). Es liegt also eine **Subrogation** vor (s. dazu BSK OR I-GIRSBERGER, Art. 166 N 1). Allerdings hat der nach Art. 1061 auf den Wechsel zu setzende Zahlungsvermerk für den Umfang des Rechtserwerbs insofern entscheidende Bedeutung, als dadurch der Kreis der dem Ehrenzahler haftenden Rückgriffsschuldner mittels gesetzlicher Fiktion über die Person des Honoraten bestimmt wird (zustimmend BGE 124 III 118 E. 2b). Im Übrigen ist der Besitz des Wechsels mit dem Vermerk nach Art. 1061 über die Ehrenzahlung nur zum formellen Ausweis des Ehrenzahlers erforderlich, um die durch die Ehrenzahlung erworbenen Ansprüche geltend machen zu können (s. STRANZ, Art. 63 WG N 2). **2**

Der Ehrenzahler ist nicht Rechtsnachfolger des befriedigten letzten Inhabers und keinen Einwendungen ausgesetzt ausser jenen nach Art. 1007 (s. STRANZ, Art. 63 WG N 3, 5; BAUMBACH/HEFERMEHL/CASPER, Art. 63 WG N 1; BÜLOW Art. 63 WG N 3). **3**

Dem Ehrenzahler haften ausser dem Annehmer der im Vermerk nach Art. 1061 genannte Honorat und dessen Vormänner. Die Nachmänner des Honoraten haften, wie Abs. 2 klarstellt, dem Ehrenzahler nicht (zustimmend BGE 124 III 118 E. 2b); sie werden durch die Ehrenzahlung befreit, wie wenn der Honorat selber gezahlt hätte. Der Honorat selber wird hingegen nicht frei, er haftet aber nur dem Honoranten; mit ihm, dem Honoraten, haftet auch sein etwaiger Wechselbürge (s. Art. 1022 Abs. 1). **4**

Das Rückgriffsrecht richtet sich der Höhe nach nach Art. 1046 (s. BÜLOW, Art. 63 WG N 4; BAUMBACH/HEFERMEHL/CASPER, Art. 63 WG N 1 a.E.; STRANZ, Art. 63 WG N 10). **5**

6 Das **Indossierungsverbot** nach Abs. 1 Satz 2, ist nicht als Einschränkung des nach Satz 1 eintretenden Rechtserwerbs zu sehen. Das Verbot ist lediglich die durch offenkundiges Notleiden des Wechsels schon nach Art. 1010 eingetretene Rechtsfolge, dass der Wechsel nicht mehr indossabel, sondern nur noch mittels **Zession** nach Art. 164 ff. bzw. mit der Wirkung einer solchen übertragbar ist (STRANZ, Art. 63 WG N 6; BÜLOW, Art. 63 WG N 5). Zu den Konsequenzen s. Art. 1001.

7 Nach Abs. 3 kann eine weitere **Befreiung von Rückgriffsschuldnern** dann eintreten, wenn eine Ehrenzahlung geleistet wird trotz Kenntnis des Ehrenzahlers von einem Angebot einer weiteren Ehrenzahlung, durch welche mehr Rückgriffsschuldner befreit worden wären. Das übergangene Angebot muss also zu Ehren eines Vormannes des bei der ausgeführten Ehrenzahlung bezeichneten Honoraten erfolgt sein. Durch die Verdrängung dieser besseren Ehrenzahlung werden zwar nicht der bei deren Angebot bezeichnete Honorat, aber alle seine Nachmänner von der Haftung befreit. Diese Vorschrift bezweckt die optimale Abkürzung des Rückgriffs und bewirkt beim Vorliegen ihrer Voraussetzungen eine Beschränkung des nach Abs. 1 eintretenden Rechtserwerbs des Ehrenzahlers. Es ist Sache des Ehrenzahlers, auf mögliche solche Konsequenzen zu achten; der Wechselinhaber kann jede ihm angebotene zulässige Ehrenzahlung ohne jede Abklärung ohne Rechtsnachteil für sich annehmen (s. STRANZ, Art. 63 WG N 9; BAUMBACH/HEFERMEHL/CASPER, Art. 63 WG N 2; BÜLOW, Art. 63 WG N 6). Die Vorschrift kann jedoch nicht bedeuten, dass ein zur Ehrenzahlung Gewillter sich beim Wechselinhaber danach zu erkundigen hätte, ob allenfalls ein anderer Ehrenakzeptant auch Ehrenzahlung angeboten hätte; er muss vom anderen Angebot vielmehr vor seiner Ehrenzahlung positiv Kenntnis haben.

X. Ausfertigung mehrerer Stücke eines Wechsels (Duplikate), Wechselabschriften (Wechselkopien)

Art. 1063

1. Ausfertigungen **a. Recht auf mehrere Ausfertigungen**	¹ Der Wechsel kann in mehreren gleichen Ausfertigungen (Duplikaten) ausgestellt werden. ² Diese Ausfertigungen müssen im Texte der Urkunde mit fortlaufenden Nummern versehen sein; andernfalls gilt jede Ausfertigung als besonderer Wechsel. ³ Jeder Inhaber eines Wechsels kann auf seine Kosten die Übergabe mehrerer Ausfertigungen verlangen, sofern nicht aus dem Wechsel zu ersehen ist, dass er in einer einzigen Ausfertigung ausgestellt worden ist. Zu diesem Zwecke hat sich der Inhaber an seinen unmittelbaren Vormann zu wenden, der wieder an seinen Vormann zurückgehen muss, und so weiter in der Reihenfolge bis zum Aussteller. Die Indossanten sind verpflichtet, ihre Indossamente auf den neuen Ausfertigungen zu wiederholen.
1. Pluralité d'exemplaires a. Droit à plusieurs exemplaires	¹ La lettre de change peut être tirée en plusieurs exemplaires identiques (duplicata). ² Ces exemplaires doivent être numérotés dans le texte même du titre, faute de quoi, chacun d'eux est considéré comme une lettre de change distincte.

³ Tout porteur d'une lettre n'indiquant pas qu'elle a été tirée en un exemplaire unique peut exiger à ses frais la délivrance de plusieurs exemplaires. A cet effet, il doit s'adresser à son endosseur immédiat, qui est tenu de lui prêter ses soins pour agir contre son propre endosseur, et ainsi de suite, en remontant jusqu'au tireur. Les endosseurs sont tenus de reproduire les endossements sur les nouveaux exemplaires.

1. Dei duplicati
a. Diritto a più esemplari

¹ La cambiale può essere tratta in più esemplari identici (duplicati).

² I duplicati devono essere numerati nel contesto di ciascun titolo; in difetto, si considerano come altrettante cambiali distinte.

³ Il portatore può chiedere il rilascio di duplicati a sue spese, salvo che dalla cambiale risulti che essa è tratta come sola di cambio. A tale effetto egli deve rivolgersi al suo girante immediato il quale è tenuto a prestare l'opera sua verso il proprio girante e così di seguito fino al traente. I giranti sono tenuti a riprodurre le girate sui duplicati.

Literatur

ANGELONI, Cambiale e vaglia cambiario, 3. Aufl. 1949; BAUMBACH/HEFERMEHL/CASPER, Wechselgesetz, Scheckgesetz, Recht der kartengestützten Zahlungen, 23. Aufl. 2008; BOHNET, La théorie générale des papiers-valeurs, 2000; BÜLOW, WechselG, ScheckG, AGB, Heidelberger Kommentar, 4. Aufl. 2004; CABRILLAC, La lettre de change dans la jurisprudence, 2. Aufl. 1978; VON CAEMMERER (Hrsg.), Internationale Rechtsprechung zum Genfer Einheitlichen Wechsel- und Scheckrecht, 1. und 2. Folge, 1954/1967; VON CAEMMERER/VON MARSCHALL FREIHERR (Hrsg.), Internationale Rechtsprechung zum Genfer Einheitlichen Wechsel- und Scheckrecht, 3. Folge, 1976; CANARIS, Die Bedeutung allgemeiner Auslegungs- und Rechtsfortbildungskriterien im Wechselrecht, Juristenzeitung 1987, 543 ff.; VON ESCHER, Einheitsgesetz und Einheitsrecht, 1992; HIRSCH, Einheitliches Wechselgesetz oder einheitliches Wechselrecht?, NJW 1961, 1089 ff.; HUBER, Einwendungen des Bezogenen gegen den Wechsel, FS Flume, 1978, 83 ff.; HUECK/CANARIS, Recht der Wertpapiere, 12. Aufl. 1986; JACOBI, Wechsel- und Scheckrecht, 1955; KAPFER, Wechselgesetz und Scheckgesetz (Österreich), 8. Aufl. 1981; LESCOT/ROBLOT, Les effets de commerce, 1953; MEIER-HAYOZ/VON DER CRONE, Wertpapierrecht, 2. Aufl. 2000: MOSSA, Trattato della cambiale, 3. Aufl. 1956; PETITPIERRE-SAUVAIN, Les papiers-valeurs, Traité de droit privé suisse VIII/7, 2006; RICHARDI, Wertpapierrecht, 1987; ROBLOT, Les effets de commerce, 1975; RÜEGG, Die Vervielfältigung des Wechsels, Diss. Bern 1940; SCHNITZER, Handbuch des Internationalen Handels-, Wechsel- und Checkrechts, 1938; STRANZ, Kommentar zum Wechselgesetz, 14. Aufl. 1952.

I. Allgemeines

Das Gesetz kennt zwei *Arten der Vervielfältigung* des Wechsels: die Ausstellung von Wechselduplikaten und die Herstellung von Wechselkopien. **Duplikate** (*«Ausfertigungen»*, Art. 1063–1065) sind mehrere gleich lautende, vom Aussteller ausgefertigte Exemplare desselben Wechsels. Sie unterscheiden sich voneinander durch fortlaufende Nummerierung. Sie stellen je ein Original dar, verkörpern aber ein und dasselbe Wechselverhältnis. Es gilt der Grundsatz der gegenseitigen Vertretung: Die Verfügung über ein Exemplar wirkt sich auch auf die übrigen aus (s. Art. 1064). Anders die **Wechselkopien** (*«Abschriften»*, Art. 1066 f.), die untereinander nicht gleichwertig und keine Originale sind. Kopien können auch nicht zum Akzept benutzt werden. 1

Duplikate sind nur beim gezogenen Wechsel **zulässig.** Vom eigenen Wechsel (Art. 1096 ff.) können lediglich Wechselkopien hergestellt werden. Der eigene Wechsel ist somit von Gesetzes wegen ein Solawechsel (vgl. Art. 1098 Abs. 1, der nur auf die Vorschriften über die Kopien verweist; Art. 1098 N 1, 9). Anders als beim Check (vgl. Art. 1133 N 4) kennt das Gesetz keine Beschränkung hinsichtlich der Möglichkeit, Duplikate auch für solche Wechsel auszustellen, die nicht in den internationalen Verkehr gelangen. 2

3 **Zweck** der Herstellung von Duplikaten ist in erster Linie die *Vereinfachung des Wechselumlaufes:* Während eine Ausfertigung (i.d.R. die erste) an den Bezogenen zur Akzepteinholung versandt wird, kann eine andere zur Indossierung oder Diskontierung benutzt werden. Weiter dienen Duplikate zur *Beschränkung der Verlustgefahr:* Mehrere Ausfertigungen können separat aufbewahrt oder auf verschiedenen Wegen versandt werden. Den Vorteilen der Ausstellung von Duplikaten steht die **Gefahr** deren missbräuchlicher Verwendung gegenüber. Der Umlauf mehrerer Ausfertigungen kann dazu führen, dass die Einheit des Wechsels zerstört wird und dass mehrere Wertpapierinhaber als Berechtigte auftreten. So z.B., wenn mehrere Duplikate an verschiedene Personen indossiert werden (MEIER-HAYOZ/VON DER CRONE, § 8 N 6 ff.). **Praktische Bedeutung** haben Duplikate nur noch im internationalen, insb. im Überseeverkehr; im Inlandverkehr kommen sie indessen selten vor (HUECK/CANARIS, § 14/I/2). Dennoch ist die Bedeutung von Duplikaten im Rahmen einer **Wechselbetreibung** nicht zu unterschätzen: In der Tat kann eine Wechselbetreibung auch gestützt auf ein Duplikat, nicht aber gestützt auf Kopien i.S.v. Art. 1066 durchgeführt werden (Autorité de surveillance, SJ 2001 I 359, 360; BSK SchKG II-BAUER, Art. 177 N 53). **Rechtsöffnung** wird bei einem Duplikat, nicht aber bei einer blossen Wechselkopie erteilt (BSK SchKG I-BAUER, Art. 82 N 154).

II. Voraussetzungen

1. Mehrere gleiche Ausfertigungen (Abs. 1)

4 Duplikate dürfen in beliebiger **Zahl** ausgestellt werden. Meist werden nur zwei oder drei Exemplare ausgestellt (BAUMBACH/HEFERMEHL/CASPER, Art. 64 WG N 2; LESCOT/ROBLOT, N 256 f.). Duplikate müssen **identisch** sein, also die gleiche Erklärung des Wechselausstellers wiedergeben. *Abweichungen* sind unerheblich, solange sie die Gleichheit des Wechselinhaltes nicht in Frage stellen. So sind z.B. Ungenauigkeiten wie «Bitte zu zahlen» statt «Zahlen Sie» oder «für» statt «gegen diesen Prima-Wechsel» nicht zu berücksichtigen (RÜEGG, 25 f.). Stimmen die Ausfertigungen materiell nicht überein, so gilt jedes Stück als besonderer Wechsel (Abs. 2). Das ist z.B. der Fall, wenn Wechselsumme oder Ausstellungsdatum nicht identisch sind. Alle Ausfertigungen müssen *original unterzeichnet* werden, da sie sonst als blosse Abschriften gelten (s. Art. 1066).

2. Fortlaufende Nummerierung im Text (Abs. 2)

5 Duplikate müssen als solche klar erkennbar sein. Darum sieht das Gesetz vor, dass jede einzelne Ausfertigung nummeriert wird: sog. **Duplikatsklausel** (oder *Duplizierungsklausel*). Die Klausel muss **im Text** der Urkunde und nicht etwa bloss in der Überschrift enthalten sein (so wie die Bezeichnung als Wechsel gemäss Art. 991 Ziff. 1; KAPFER, Art. 1 öWG N 2). Die Praxis hat sich den strengen gesetzlichen Anforderungen angepasst; übliche Ausdrücke sind: «Zahlen Sie gegen diesen Prima- (bzw. Secunda-, Tertia-, usw.)Wechsel ...» oder «gegen diesen ersten Wechsel ...» oder auch «gegen diesen Wechsel Nr. 1...». Ein deutlicher Zusatz (z.B. «Diese Urkunde ist die erste Ausfertigung») ist ebenso ausreichend (RÜEGG, 25; LESCOT/ROBLOT, N 258). Fehlt die Nummerierung, so wird jede Ausfertigung zum selbständigen Wechsel und der Aussteller kann aus jedem Stück belangt werden. Nicht erforderlich, aber zulässig, ist die Angabe der *Gesamtzahl* der ausgestellten Ausfertigungen. Von einer solchen Angabe profitiert in erster Linie der Wechselinhaber, der damit die Anzahl der hergestellten Duplikate leicht feststellen kann. Durch die Gesamtzahlangabe kann seinerseits der

Wechselaussteller die Anzahl der möglichen Duplikate im Voraus begrenzen (N 8; Mossa, N 659; Jacobi, 949 FN 2).

III. Der Anspruch auf Duplikate (Abs. 3)

1. Aktiv- und Passivlegitimation

Nach Abs. 3 ist **jeder Wechselinhaber** berechtigt, die Ausfertigung von Duplikaten zu verlangen. Dieses Recht steht auch dem ersten Nehmer zu, sofern er und der Aussteller keine gegenteilige – freilich bloss obligatorisch wirkende – Abrede getroffen haben (Jacobi, 970). Die Anfertigung kann ausschliesslich durch den **Wechselaussteller** erfolgen. Ein von einem Indossanten oder einer anderen Person hergestelltes Duplikat hat keine Wirkung. Zum Verfahren s.u. N 9 ff.

2. Innehabung des Papiers

Nach einem Teil der Lehre setzt der Anspruch des Wechselinhabers den **Besitz des Wechsels** voraus (Baumbach/Hefermehl/Casper, Art. 64 WG N 4 m.Nw.; a.M. Lescot/Roblot, FN 2 bei N 257; RGZ 1902 Bd. 49, 132 ff., in Bezug auf Art. 66 Allgemeine Deutsche Wechselordnung von 1848). Richtig ist, dass die Innehabung des Papiers nur dann erforderlich ist, wenn das erste und bisher einzige Exemplar die Bezeichnung als erste Ausfertigung (Duplikatsklausel, N 5) nicht trägt. Bei Verlust eines Wechsels ohne Primaklausel ist also der Wechselinhaber auf die *Kraftloserklärung* (Art. 1072 ff.) angewiesen (Jacobi, 970 f.; Rüegg, 28 f.; Bülow, Art. 65 WG N 4). Wird, trotz Fehlen der Klausel auf der verlorenen Urkunde, ein Duplikat ausgefertigt, so besteht die Gefahr, dass beim Wiederauftauchen der Urschrift die Urkunden als zwei selbständige Wechsel angesehen werden.

3. Ausschluss des Anspruchs auf Duplikate

Der Aussteller hat die Möglichkeit, den ersten Wechsel als einzige Ausfertigung, m.a. W. als **Solawechsel** zu bezeichnen *(Solaklausel)*. Damit verliert ein Wechselinhaber das Recht, das Anfertigen von Duplikaten zu verlangen (Abs. 3). Der Ausschluss muss «aus dem Wechsel» ersichtlich sein. Es ist nicht notwendig, dass er im Wechseltext enthalten ist (anders die Duplikatsklausel, vgl. N 5). Vermerke wie «Duplikate ausgeschlossen» oder «Einziger Wechsel» genügen und können auch in der Überschrift angegeben werden.

4. Verfahren

Der jeweilige Wechselinhaber, der die Anfertigung von Duplikaten verlangt, muss sich an seinen Vormann, also an seinen unmittelbaren Indossanten wenden. Dieser wendet sich wiederum an seinen Vormann, und so weiter in umgekehrter Reihenfolge durch die ganze **Vormännerkette** bis zum Aussteller (Abs. 3). Bei einer *Blankoindossierung* gilt der zuletzt unterzeichnende Indossant als Vormann (Jacobi, 971 FN 4). Dieses umständliche Verfahren beruht auf zwei Überlegungen: Bei mehreren Indossamenten besteht einerseits die Möglichkeit, dass der Wechselinhaber den Indossant, nicht aber den Aussteller kennt (und mangels präziser Angaben in der Urkunde ihn auch nicht individualisieren kann). Andererseits dient die Regelung auch dem Schutz des Ausstellers, weil die Mitwirkung der Vormänner am Verfahren die Legitimation des Inhabers bestätigt. Dem Aussteller muss der ursprüngliche Wechsel *vorgelegt* werden, damit er auf ihm die Duplikatsklausel vermerken kann. Aus diesem Grund ist es im Verkehr üblich geworden, die erste Urkunde von vornherein als Primawechsel zu bezeichnen, auch wenn die Herstellung eines Duplikats noch nicht beabsichtigt ist. Auf diesem Weg erübrigt sich die Vorlegung der Urschrift (BAUMBACH/HEFERMEHL/CASPER, Art. 64 WG N 3; HUECK/CANARIS, § 14/I/3). Das Begehren um Aushändigung eines Duplikats und die Vorlegung der Urschrift müssen in den Geschäftsräumen, eventuell in der Wohnung des Ausstellers vorgenommen werden (Art. 1084 Abs. 1).

10   Umstritten ist, ob der Inhaber seinen Anspruch **direkt an den Aussteller** richten kann. Dagegen sprechen nicht nur die oben ausgeführten Überlegungen, sondern auch die klare Formulierung des Gesetzes («hat sich ... zu wenden», bzw. «il doit s'adresser», «deve rivolgersi»; so JACOBI, 971 f.; LESCOT/ROBLOT, N 257; MOSSA, N 661; **a.M.** RÜEGG, 28).

Unklar ist, ob dem Wechselinhaber ein **Klagerecht** gegen den Aussteller zusteht. Das ist zu bejahen. Es ist nicht einzusehen, aus welchem Grund der Remittent, nicht aber der Inhaber prozessführungsberechtigt sein sollte. Ist der Inhaber durch die Vormännerkette bis zum Remittenten zurückgegangen, dann soll es für ihn möglich sein, seinen Anspruch auf Ausstellung (und eventuell auch einen Schadenersatzanspruch) selbständig und im eigenen Namen gerichtlich geltend zu machen. Dies obwohl nach der soeben beschriebenen Regelung nur der Remittent vom Aussteller die Anfertigung der Duplikate verlangen kann (teilweise gl.M. MOSSA, N 662; ROBLOT, N 161; LESCOT/ ROBLOT, N 257; ANGELONI, N 335; BÜLOW, Art. 64 WG N 4; **a.M.** JACOBI, 971 f.).

11   Für die **Vollstreckung** eines die Ausstellungspflicht bejahenden Urteils kommt nicht das eidgenössische, sondern das kantonale Zwangsvollstreckungsrecht zur Anwendung (Art. 38 Abs. 1 SchKG). In den meisten Prozessordnungen besteht für den Richter in erster Linie die Möglichkeit, dem Aussteller im Falle des Nichtherstellens der Duplikate eine *Ordnungsbusse* oder eine *Ungehorsamsstrafe* nach Art. 292 StGB anzudrohen (s. z.B. § 306 ZPO ZH).

12   Die **Kosten** für die Herstellung der Duplikate sind vom Inhaber zu tragen, der die Anfertigung verlangt hat. Darunter fallen auch die Aufwendungen des Ausstellers und der Vormänner.

5. Die Wiederholung der Unterschriften

13   Nach Abs. 3 hat der Inhaber das Recht, von jedem Indossanten, und gegebenenfalls von seinen *Erben,* die Wiederholung der **Indossamente** auf den neuen Ausfertigungen zu verlangen. Damit bekommen Duplikate den gleichen Wert wie die Urschrift. Nach h.L. besteht die Pflicht zur Wiederholung der Unterschrift auch für **Ehrenannehmer** und **Wechselbürgen** (zustimmend OR-Handkommentar-SCHWAIBOLD, Vor Art. 1063–1068 N 12). Voraussetzung ist, dass sie sich damit nicht einer zusätzlichen Haftung unterstellen (RÜEGG, 28; LESCOT/ROBLOT, N 257 m.Nw.; MOSSA, 571 f.; **a.M.** JACOBI, 972 f.). Zur Wiederholung nicht verpflichtet ist hingegen der **Akzeptant,** der sich dadurch einer doppelten Haftung aussetzen würde (s. Art. 1064 Abs. 1; MEIER-HAYOZ/VON DER CRONE, § 8 N 6).

IV. Internationales Recht. Rechtsvergleichung

14   Art. 1063 entspricht **Art. 64** des *Genfer Abkommens über das einheitliche Wechselgesetz* vom 7.6.1930 (SR 0 221 554.1, **EinhWG;** ebenso Art. 64 WG, Art. 64 öWG, Art. 173

4. Abschnitt: Der Wechsel   1   Art. 1064

C.com. und Art. 83 R.D. 1669). Das Abkommen gilt heute in fast allen europäischen Ländern, nicht aber in Grossbritannien, wo der *Bill of Exchange Act* von 1882 massgebend ist. In den Vereinigten Staaten findet i.d.R. der *Uniform Commercial Code* Anwendung (Ausnahme Louisiana: Negotiable Instruments Law von 1896; zum Ganzen s. Vorbem. zu Art. 1086–1095 N 1 ff.). *Ausländische Urteile* können entsprechend als Hilfsmittel zur Urteilsfindung berücksichtigt werden (ganz wie h.M.: VON ESCHER, 39 f. und passim; CANARIS, Juristenzeitung 1987, 543 ff.; HIRSCH, NJW 1961, 1089 ff.; s.a. HUBER, 86 ff.; einschränkend HUECK/CANARIS, § 5/5). Für die Auslegung sind der französische und der englische Text massgebend (beide abgedruckt in VON CAEMMERER).

Art. 1064

b. Verhältnis der Ausfertigungen

¹ Wird eine Ausfertigung bezahlt, so erlöschen die Rechte aus allen Ausfertigungen, auch wenn diese nicht den Vermerk tragen, dass durch die Zahlung auf eine Ausfertigung die anderen ihre Gültigkeit verlieren. Jedoch bleibt der Bezogene aus jeder angenommenen Ausfertigung, die ihm nicht zurückgegeben worden ist, verpflichtet.

² Hat ein Indossant die Ausfertigungen an verschiedene Personen übertragen, so haften er und seine Nachmänner aus allen Ausfertigungen, die ihre Unterschrift tragen und nicht herausgegeben worden sind.

b. Relation des divers exemplaires entre eux

¹ Le paiement fait sur un des exemplaires est libératoire, alors même qu'il n'est pas stipulé que ce paiement annule l'effet des autres exemplaires. Toutefois, le tiré reste tenu à raison de chaque exemplaire accepté dont il n'a pas obtenu la restitution.

² L'endosseur qui a transféré les exemplaires à différentes personnes, ainsi que les endosseurs subséquents, sont tenus à raison de tous les exemplaires portant leur signature et qui n'ont pas été restitués.

b. Rapporti dei duplicati tra loro

¹ Il pagamento di un duplicato è liberatorio, ancorché non sia dichiarato che tale pagamento annulli gli effetti degli altri duplicati. Il trattario resta però obbligato per ogni duplicato accettato del quale non abbia ottenuto la restituzione.

² Il girante che ha trasferito i duplicati a persone diverse e i giranti susseguenti sono obbligati per tutti i duplicati che portino la loro firma e non siano stati restituiti.

Literatur

Vgl. die Literaturhinweise zu Art. 1063.

I. Grundsatz der Befreiung durch Zahlung auf ein Duplikat (Abs. 1)

Die Zahlung einer Ausfertigung führt zum **Erlöschen** der Wechselkraft aller Papiere (Abs. 1 Satz 1). Dieser Grundsatz beruht darauf, dass alle Duplikate eine und dieselbe Forderung verkörpern und sich gegenseitig vertreten (Art. 1063 N 1). Der Zahlende hat keinen Anspruch auf *Vorlegung* aller ausgefertigten Exemplare. Die orts- und fristgerechte (Art. 1024 ff., 1028, 1084) Präsentation eines Duplikats genügt, solange die Be- 1 rechtigung des Inhabers aus diesem einzigen Stück – z.B. durch eine lückenlose Indossamentenreihe – resultiert. Der Zahlende hat Anspruch auf Aushändigung der *quittierten* Ausfertigung (Art. 1029). Wird er vom Inhaber eines anderen Duplikats nochmals zur Zahlung aufgefordert, kann er sie durch Vorlegung des quittierten Wechselstücks verweigern. Zur Ausnahme beim *mehrfachen Akzept* und bei der *Doppelindossierung* s. N 3 ff. Mit der *Zahlung des Bezogenen* erlöschen alle Wechselverbindlichkeiten. Zahlt ein *Rückgriffsschuldner*, so gehen alle Ansprüche gegen ihn und seine Vormänner unter.

II. Kassatorische Klausel

2 Die sog. kassatorische Klausel, d.h. der Vermerk, wonach durch die Zahlung auf eine Ausfertigung die übrigen ihre Gültigkeit verlieren, ist **überflüssig** (Abs. 1 Satz 1). Trotzdem wird die Klausel im Verkehr nicht selten verwendet. Das ist unproblematisch, sofern die Annahme auf jenem Exemplar erfolgt, das von der Klausel als «Zahlungsausfertigung» bezeichnet wird (N 3 ff.). Übliche Formulierungen für die Klausel sind: «Zahlen Sie gegen diese zweite Ausfertigung (erste nicht)», «Gegen die Prima zahlen Sie, gegen Secunda und Tertia nicht» oder «Zahlen Sie gegen diese Secunda, wenn Prima unbezahlt», usw. (BAUMBACH/HEFERMEHL/CASPER, Art. 65 WG N 1; JACOBI, 949 FN 2, 955 f.; RÜEGG, 33).

III. Mehrfaches Akzept (Abs. 1)

3 Der **Bezogene** ist nicht verpflichtet, mehrere Ausfertigungen anzunehmen (s. Art. 1063 N 13). Hat er aus Irrtum oder absichtlich Akzept auf mehreren Exemplaren erklärt, so setzt er sich der Gefahr *mehrfacher Inanspruchnahme* aus. Es wird das Prinzip durchbrochen, wonach alle Duplikate ein und dasselbe Wechselverhältnis verkörpern (s. Art. 1063 N 1). Damit wird der gutgläubige Dritte geschützt, der im Vertrauen auf das verurkundete Akzept den Wechsel erworben hat (BAUMBACH/HEFERMEHL/CASPER, Art. 65 WG N 2; LESCOT/ROBLOT, N 600; RÜEGG, 34). Umstritten ist, welche Bedeutung einem *einschränkenden Vorbehalt* bei der zweiten Annahmeerklärung zukommen soll. Ein Zusatz wie «Zahlung auf Secunda, wenn Prima nicht schon bezahlt» wird von einem Teil der Lehre zu Recht als Bedingung bezeichnet, die zur Unwirksamkeit der Annahmeerklärung – und damit faktisch zum gewollten Ergebnis – führt (BAUMBACH/HEFERMEHL/CASPER, a.a.O., m.Nw. zur Gegenmeinung; BÜLOW, Art. 65 WG N 2; **a.M.** RÜEGG, a.a.O., der Art. 1016 Abs. 2 als anwendbar erklärt; JACOBI, 957 ff.).

IV. Zahlung auf ein nichtakzeptiertes Duplikat (Abs. 1)

4 Der **Bezogene** läuft Gefahr der *doppelten Haftung,* wenn er mehrmals die Annahme erklärt (N 3) und auch, wenn er auf Vorlegung eines nichtakzeptierten Duplikats zahlt. Er haftet (Art. 1018) weiterhin aus der angenommenen und nicht zurückgeforderten Ausfertigung (MEIER-HAYOZ/VON DER CRONE, § 8 N 10; HUECK/CANARIS, § 14/I/5; RÜEGG, 35).

V. Doppelindossierung (Abs. 2)

5 Eine *mehrfache Verpflichtung* trifft auch den **Indossant,** der verschiedene Duplikate an verschiedene Personen indossiert und damit die Einheit des Wechsels zerstört (ausführlich dazu JACOBI, § 121; RÜEGG, § 15). Wie der mehrfache Annehmer (N 3) haftet er aus allen von ihm unterschriebenen Ausfertigungen. Die bis zu diesem Zeitpunkt gleich

lautende Indossamentenkette spaltet sich: Die verschiedenen Ausfertigungen zirkulieren auf separaten Wegen und vertreten sich nicht mehr gegenseitig. Die Zahlung des Wechsels befreit freilich den Annehmer von der Schuld sowie einen Teil der Indossanten von der Rückgriffshaftung. *Regresspflichtig* (Art. 1033 ff.) bleiben aber diejenigen Indossanten, die dem Zirkulationskreis des nicht eingelösten Duplikats angehören, weil sie durch Indossierung die Garantiepflicht für *dieses* Exemplar übernommen haben (Art. 1005).

Die mehrfache *wechselrechtliche* Haftung des mehrfachen Indossanten fällt weg, wenn er die Ausfertigungen durch *Blankoindossament* erhalten hat und sie nun ebenfalls ohne eigene Unterschrift (Art. 1004 Abs. 2 Ziff. 3) weitergibt (BAUMBACH/HEFERMEHL/CASPER, Art. 65 WG N 3; RÜEGG, 35 ff.). Neben einem eventuellen *vertraglichen* Anspruch bejaht die h.L. eine Schadenersatzhaftung des mehrfach Indossierenden aus **unerlaubter Handlung** (BAUMBACH/HEFERMEHL/CASPER, a.a.O.; BÜLOW, Art. 65 WG N 3; JACOBI, 963; MOSSA, N 664; auch für das schweizerische Recht: RÜEGG, 36 f., ohne nähere Begründung). Das setzt *Widerrechtlichkeit* i.S.v. Art. 41 Abs. 1 voraus, was aber nicht leicht anzunehmen ist. Allenfalls denkbar wäre, dass die Handlung des Indossanten den Tatbestand des *Betruges* (Art. 146 StGB) erfüllt. Dies würde – nach klassischer Lehre freilich nur dem betroffenen Indossatar gegenüber – Widerrechtlichkeit begründen *(Schutznormverletzung;* OFTINGER/STARK, II/1, 35 f.; OR-SCHNYDER, Art. 41 N 15). 6

VI. Internationales Recht

Art. 1064 entspricht der einheitlichen Regelung von **Art. 65 EinhWG** (und Art. 65 WG, Art. 65 öWG, Art. 174 C.com. und Art. 84 R. D. 1669). 7

Art. 1065

c. Annahmevermerk

¹ Wer eine Ausfertigung zur Annahme versendet, hat auf den anderen Ausfertigungen den Namen dessen anzugeben, bei dem sich die versendete Ausfertigung befindet. Dieser ist verpflichtet, sie dem rechtmässigen Inhaber einer anderen Ausfertigung auszuhändigen.

² Wird die Aushändigung verweigert, so kann der Inhaber nur Rückgriff nehmen, nachdem er durch einen Protest hat feststellen lassen:

1. dass ihm die zur Annahme versendete Ausfertigung auf sein Verlangen nicht ausgehändigt worden ist;

2. dass die Annahme oder die Zahlung auch nicht auf eine andere Ausfertigung zu erlangen war.

c. Mention de l'acceptation

¹ Celui qui a envoyé un des exemplaires à l'acceptation doit indiquer sur les autres exemplaires le nom de la personne entre les mains de laquelle cet exemplaire se trouve. Celle-ci est tenue de le remettre au porteur légitime d'un autre exemplaire.

² Si elle s'y refuse, le porteur ne peut exercer de recours qu'après avoir fait constater par un protêt:

1. que l'exemplaire envoyé à l'acceptation ne lui a pas été remis sur sa demande;

2. que l'acceptation ou le paiement n'a pu être obtenu sur un autre exemplaire.

c. Menzione dell'accettazione

¹ Chi ha inviato un duplicato per l'accettazione deve indicare sugli altri il nome della persona presso cui esso si trova. Questa è tenuta a consegnarlo al portatore legittimo di un altro duplicato.

² Se essa si rifiuta, il portatore non può esercitare il regresso che dopo aver fatto constare con protesto:

1. che il duplicato inviato per l'accettazione non gli è stato consegnato malgrado sua richiesta;
2. che l'accettazione o il pagamento non ha potuto essere ottenuto su altro duplicato.

Literatur

Vgl. die Literaturhinweise zu Art. 1063.

I. Antreffungsvermerk (Abs. 1)

1 Duplikate dienen der Beschleunigung des Wechselumlaufes (s. Art. 1063 N 3). Wird eine Ausfertigung dem Bezogenen zum Akzept versandt, so hat der Aussteller auf den anderen Umlaufexemplaren den **Namen des Verwahrers** des Versandstücks anzugeben *(Antreffungs-, Verwahrungs-* oder *Depositionsvermerk).* Damit ist es für jeden Wechselinhaber möglich, beim Verwahrer die Herausgabe der akzeptierten Ausfertigung zu verlangen (Abs. 2, N 3 f.; vgl. Art. 1006). Das Gesetz schreibt nur die Angabe des Namens vor. Nach h.L. ist auch der **Verwahrungsort** anzugeben, wenn dieser nicht mit dem Wohnsitz des Bezogenen übereinstimmt; damit ist jeder Wechselinhaber in der Lage, seinen Herausgabeanspruch geltend zu machen (BAUMBACH/HEFERMEHL/CASPER, Art. 66 WG N 1; RÜEGG, 32; MOSSA, N 672; JACOBI, 966 f. m.Nw. zur Gegenmeinung). *Übliche Klauseln* sind z.B.: «Prima bei XY», «Erste Ausfertigung zur Annahme bei der Bank X». Der *unterzeichnete* Vermerk «Prima zum Akzept versendet, gez. XY» ist so zu interpretieren, dass der Versender selbst Verwahrer ist (RÜEGG, a.a.O.; STRANZ, Art. 66 WG N 6; LESCOT/ROBLOT, N 432).

II. Unterlassung des Antreffungsvermerks

2 Das Fehlen des Vermerks hat nicht die Ungültigkeit der Duplikate zur Folge (BAUMBACH/HEFERMEHL/CASPER, Art. 66 WG N 1; RÜEGG, 33; JACOBI, 969 FN 6; MOSSA, N 672; LESCOT/ROBLOT, N 432). Entsteht durch die Unterlassung dem Inhaber eines Umlaufexemplars oder einem Rückgriffspflichtigen ein Schaden, so ist der nachlässige Versender zum **vollen Schadenersatz** verpflichtet (KUHN, Handkomm. Schweiz. Privatrecht, Art. 1063–1067 N 5, BAUMBACH/HEFERMEHL/CASPER, a.a.O.; RÜEGG, a.a.O.; JACOBI, 969; LESCOT/ROBLOT, a.a.O.; MOSSA, N 675, der zu Unrecht die *Wechselsumme* als oberste Schadensgrenze bezeichnet).

III. Anspruch auf Herausgabe der versandten Ausfertigung

1. Aktivlegitimation

3 Der gemäss Art. 1006 Abs. 1 **rechtmässige Wechselinhaber** hat das Recht, vom Verwahrer durch Vorlegung der Umlaufausfertigung die Herausgabe des Annahmeexemplars zu verlangen (Abs. 1). Der Wechselinhaber ist ja auf die Aushändigung angewiesen, weil er die angenommene Ausfertigung für die Zahlung des Wechsels vorzulegen hat (vgl. Art. 1064).

2. Passivlegitimation

Nach dem Wortlaut von Abs. 1 ist in erster Linie der im Antreffungsvermerk bezeichnete Verwahrer zur Herausgabe verpflichtet. Nach h.L. trifft aber die Pflicht **jeden Verwahrer** (zust. OR-Handkommentar-SCHWAIBOLD, N 6; BAUMBACH/HEFERMEHL/CASPER, Art. 66 WG N 2; RÜEGG, 39; MOSSA, N 675).

IV. Rückgriff wegen Verweigerung der Herausgabe (Abs. 2)

Wird die Herausgabe des Annahmeexemplars verweigert, so kann der Inhaber der Umlaufausfertigung auf den Aussteller bzw. auf die Indossanten Rückgriff nach Art. 1033 ff. nehmen. Voraussetzung dafür ist die Erhebung eines **Doppelprotestes** *(zweifacher Protest;* anders der einfache Protest gemäss Art. 1067 Abs. 2, s. dort). Der Wechselinhaber hat zunächst feststellen zu lassen, dass er – nach Verweigerung der Herausgabe – vom Bezogenen durch Vorlegung des Umlaufexemplars erfolglos Annahme oder Zahlung verlangt hat (**Hauptprotest,** Abs. 2 Ziff. 2; im Einzelnen s. Art. 1034 ff.). Weiter hat er den sog. **Ausfolgungsprotest** (Abs. 2 Ziff. 1: *Herausgabe-* oder *Perquisitionsprotest)* zu erheben. Es muss festgestellt werden, dass der Verwahrer die Herausgabe der Annahmeausfertigung verweigert hat.

Fehlt auf dem Umlaufexemplar der Antreffungsvermerk (N 1), so genügt der Hauptprotest nach den allgemeinen Regeln (Art. 1034 ff.; KAPFER, Art. 66 öWG N 9; HUECK/Canaris, § 14/I/6; JACOBI, 968). **Zuständig** für den Ausfolgungsprotest ist die *Urkundsperson* am Verwahrungsort. Massgeblich ist der im Antreffungsvermerk bezeichnete *Ort.* Fehlt eine solche Angabe und ist der Verwahrungsort nicht auszufinden, so gilt der Wohnsitz des Bezogenen als Protestort (so auch SCHWAIBOLD, a.a.O., N 10). Für die **Form** und das **Verfahren** gilt die allgemeine Regelung von Art. 1034 ff. (s.a. die kantonalen Vorschriften, z.B. § 165 ff. NotariatsV). Der Hauptprotest ist innerhalb der allgemeinen **Fristen** (Art. 1012 ff., 1034) zu erheben. Der Ausfolgungsprotest ist nach dem Gesetz an keine Frist gebunden. Er kann bis zum Ablauf der Frist für den Hauptprotest erhoben werden (BAUMBACH/HEFERMEHL/CASPER, Art. 66 WG N 3; RÜEGG, 45; LESCOT/ROBLOT, N 660; MOSSA, N 554, 673).

V. Protesterlass

Der Wechselinhaber kann sowohl von der Pflicht zur Erhebung des Hauptprotestes wie auch von derjenigen zur Erhebung des Ausfolgungsprotestes befreit werden. Umstritten ist aber, ob eine allgemeine Protesterlassklausel i.S.v. Art. 1043 (z.B. «ohne Protest», «ohne Kosten») den Wechselinhaber vom Doppelprotest oder bloss vom Hauptprotest befreit. Eine Beschränkung der Erlassklausel muss ausdrücklich vermerkt werden (BAUMBACH/HEFERMEHL/CASPER, Art. 46 WG N 1; BÜLOW, Art. 46 WG N 5; s. dazu die Kommentierung von Art. 1043). Eine allgemeine, undifferenziert formulierte Klausel ist daher als gültiger und den Ausfolgungsprotest **mitenthaltender** Erlass zu betrachten (ebenso i.E. BAUMBACH/HEFERMEHL/CASPER, a.a.O. und Art. 66 WG N 3; RÜEGG, 45; LESCOT/ROBLOT, N 242; **a.M.** JACOBI, § 98).

VI. Internationales Recht

Art. 1065 entspricht der einheitlichen Regelung von **Art. 66 EinhWG** (und Art. 66 WG, Art. 66 öWG, Art. 175 C.com. und Art. 85 R.D. 1669).

Art. 1066

2. Abschriften a. Form und Wirkung	**¹ Jeder Inhaber eines Wechsels ist befugt, Abschriften (Wechselkopien) davon herzustellen.** **² Die Abschrift muss die Urschrift mit den Indossamenten und allen anderen darauf befindlichen Vermerken genau wiedergeben. Es muss angegeben sein, wie weit die Abschrift reicht.** **³ Die Abschrift kann auf dieselbe Weise und mit denselben Wirkungen indossiert und mit einer Bürgschaftserklärung versehen werden wie die Urschrift.**
2. Copies a. Forme et effets	¹ Tout porteur d'une lettre de change a le droit d'en faire des copies. ² La copie doit reproduire exactement l'original avec les endossements et toutes les autres mentions qui y figurent. Elle doit indiquer où elle s'arrête. ³ Elle peut être endossée et avalisée de la même manière et avec les mêmes effets que l'original.
2. Delle copie a. Forma ed effetti	¹ Qualsiasi portatore di una cambiale ha diritto di farne una o più copie. ² La copia deve riprodurre esattamente l'originale con le girate e tutte le altre indicazioni che vi figurano; essa deve indicare fin dove arriva. ³ Può essere girata ed avallata nello stesso modo e con gli stessi effetti dell'originale.

Literatur

Vgl. die Literaturhinweise zu Art. 1063.

I. Allgemeines

1   Wechselkopien *(Wechselabschriften,* Art. 1066 f.) stellen die zweite Art der Vervielfältigung eines Wechsels dar. Von den Duplikaten (Ausfertigungen, Art. 1063–1065) unterscheiden sie sich durch folgende Merkmale: Wechselkopien stellen *keine Originale* dar; sie haben nur i.V.m. der Urschrift wechselmässige Geltung. Bezüglich der auf ihnen angebrachten *Originalerklärungen* erlangen sie aber selbständige Kraft (N 7). Sie können für Indossamente und Bürgschaftserklärungen, nicht aber zum *Akzept,* benutzt werden (Abs. 3). Anders als Duplikate (Art. 1063 N 2) sind Abschriften sowohl beim *gezogenen* als auch beim *eigenen Wechsel* zulässig (s. Art. 1098 Abs. 1) und können von *jedem Wechselinhaber* hergestellt werden (Abs. 1; vgl. für die Duplikate Art. 1063 N 6). Anders als für Duplikate wird für blosse Wechselkopien keine Rechtsöffnung erteilt (BSK SchKG I-BAUER, Art. 82 N 154). Ebensowenig kann eine Wechselbetreibung gestützt auf Wechselkopien durchgeführt werden; einzureichen ist ein Original oder ein Duplikat (Autorité de surveillance, SJ 2001 I 359, 360; BSK SchKG II-BAUER, Art. 177 N 53).

2   Kopien dienen denselben **Zwecken** wie Duplikate: zur *Beschleunigung des Wechselumlaufes* und zur *Einschränkung der Verlustgefahr.* Auch bei Abschriften besteht die **Gefahr** des Missbrauchs, insb. durch die Möglichkeit des mehrfachen Indossaments (s. dazu Art. 1063 N 3). Diese Gefahr kann durch eine *Sperrklausel* eingeschränkt werden (Art. 1067 Abs. 3). Wegen ihrer leichten Herstellung (Abs. 1) kommen Wechselkopien **häufiger** als Duplikate vor (vgl. Art. 1063 N 3).

II. Voraussetzungen

1. Legitimation (Abs. 1)

Jeder Wechselinhaber ist zur Herstellung einer Abschrift berechtigt. Anders als beim Wechselduplikat ist er nicht auf den Umweg über die Vormänner bis zum Aussteller angewiesen. Umstritten ist, ob der *Aussteller* selbst Abschriften herstellen darf. Nach h.L. ist der Aussteller beim Wechsel an eigene Order Wechselinhaber i.S.v. Abs. 1 und damit zur Herstellung berechtigt (BAUMBACH/HEFERMEHL/CASPER, Art. 67 WG N 2; BÜLOW, Art. 67 WG N 1; RÜEGG, 47; MOSSA, N 677 FN 59; LESCOT/ROBLOT, N 260 FN 2; weitgehender JACOBI, 979).

2. Form (Abs. 2)

Das Gesetz verlangt die **genaue Wiedergabe** der *gesamten* Urschrift, mit allen Erklärungen, Klauseln und Vermerken, die sich auf der Urschrift befinden (anders beim Duplikat; s. Art. 1063 N 4 f.). Die Wiedergabe kann handschriftlich oder mechanisch *(Fotokopie, Telefax oder gescannte und ausgedruckte Fassung)* erfolgen (BAUMBACH/ HEFERMEHL/CASPER, Art. 67 WG N 3; KAPFER, Art. 67 öWG N 2; OGer BL, SJZ 1939/40, 224 ff.). Eine *Beglaubigung* oder die Unterzeichnung durch den Hersteller ist nicht erforderlich (RÜEGG, 48). Die Abschrift muss als solche erkennbar sein. Ohne eine entsprechende Angabe gilt die Urkunde als gültiger Wechsel mit unechten Unterschriften (s. Art. 997; BAUMBACH/HEFERMEHL/CASPER, a.a.O.; BÜLOW, Art. 67 WG N 3; RÜEGG, 48 f.; JACOBI, 967; OGer BL, SJZ 1939/40, 224 ff. m.Nw.). Wird ein allgemeiner Vermerk (Stempel) «Kopie» ohne einen Trennungsstrich (s. N 5) angebracht, so haben später eingesetzte Originalunterschriften nach h.L. keine selbständige wechselmässige Bedeutung (BAUMBACH/HEFERMEHL/CASPER, a.a.O.; RÜEGG, 49; JACOBI, a.a.O.; LESCOT/ROBLOT, N 261 m.Nw.).

Üblich ist, die Kopie durch einen **Trennungsvermerk** *(Trennungsstrich, Schlussvermerk, Arretierungsklausel,* z.B. «Bis hier Kopie», «Von hier an Urschrift») als Abschrift zu bezeichnen. Damit wird die Urkunde zweigeteilt. Ab dem Arretierungspunkt kann die originale Zirkulation beginnen (N 7). Die Angabe, wie weit die Kopie reicht, kann auch in der Überschrift erfolgen (STRANZ, Art. 67 WG N 5).

3. Spesen

Die Kosten für die Herstellung der Abschriften sind vom *Inhaber* zu tragen.

III. Zulässige Wechselerklärungen

Nach Abs. 3 kann die Abschrift zur **Indossierung** (Art. 1001 ff.) und für die Einholung einer **Bürgschaftserklärung** (Art. 1020 ff.) verwendet werden. Damit das Indossament gültig ist, hat der Indossant seine Originalerklärung nach dem Trennungsvermerk zu setzen. Die *Annahmeerklärung* muss hingegen auf die Urschrift gesetzt werden (h.L. BAUMBACH/HEFERMEHL/CASPER, Art. 67 WG N 4; MEIER-HAYOZ/VON DER CRONE, § 10 N 17; RÜEGG, 52; JACOBI, 980; s.a. Art. 1015 Abs. 1; **a.M.** ANGELONI, N 343, der ein Akzept auf der Abschrift gelten lassen will). *Zahlung* kann nicht durch Vorlegung der blossen Abschrift verlangt werden. Ausgeschlossen ist deshalb ein *Protest* mangels Zahlung gegen Vorlegung der alleinigen Kopie (OGer BL, SJZ 1939/40, 224 ff., 226).

IV. Internationales Recht

8   Art. 1066 entspricht der einheitlichen Regelung von **Art. 67 EinhWG** (und Art. 67 WG, Art. 67 öWG, Art. 176 C.com. und Art. 86 R.D. 1669).

Art. 1067

b. Auslieferung der Urschrift	**¹ In der Abschrift ist der Verwahrer der Urschrift zu bezeichnen. Dieser ist verpflichtet, die Urschrift dem rechtmässigen Inhaber der Abschrift auszuhändigen.** **² Wird die Aushändigung verweigert, so kann der Inhaber gegen die Indossanten der Abschrift und gegen diejenigen, die eine Bürgschaftserklärung auf die Abschrift gesetzt haben, nur Rückgriff nehmen, nachdem er durch einen Protest hat feststellen lassen, dass ihm die Urschrift auf sein Verlangen nicht ausgehändigt worden ist.** **³ Enthält die Urschrift nach dem letzten, vor Anfertigung der Abschrift daraufgesetzten Indossament den Vermerk «von hier ab gelten Indossamente nur noch auf der Abschrift» oder einen gleichbedeutenden Vermerk, so ist ein später auf die Urschrift gesetztes Indossament nichtig.**
b. Délivrance de l'original	¹ La copie doit désigner le détenteur du titre original. Celui-ci est tenu de remettre ledit titre au porteur légitime de la copie. ² S'il s'y refuse, le porteur ne peut exercer de recours contre les personnes qui ont endossé ou avalisé la copie qu'après avoir fait constater par un protêt que l'original ne lui a pas été remis sur sa demande. ³ Si le titre original, après le dernier endossement survenu avant que la copie ne soit faite, porte la clause: «à partir d'ici l'endossement ne vaut que sur la copie» ou toute autre formule équivalente, un endossement signé ultérieurement sur l'original est nul.
b. Consegna dell'originale	¹ La copia deve indicare chi detiene il titolo originale. Questi è tenuto a consegnarlo al portatore legittimo della copia. ² In caso di rifiuto il portatore non può esercitare il regresso contro le persone che hanno girato o avallato la copia se non dopo aver fatto constare con protesto che l'originale non gli è stato consegnato malgrado sua richiesta. ³ Se l'originale dopo l'ultima girata apposta prima che la copia sia stata fatta, porti la clausola «da qui la girata non vale che sulla copia» od ogni altra formula equivalente, la girata fatta ulteriormente sull'originale è nulla.

Literatur

Vgl. die Literaturhinweise zu Art. 1063.

I. Verwahrungsvermerk (Abs. 1 Satz 1)

1   Der Indossatar einer Abschrift muss wissen, wo sich die Urschrift befindet. Ohne diese kann er vom Bezogenen keine Zahlung fordern (Art. 1066 N 7). Daher verlangt das Gesetz, dass der Verwahrer aus der Abschrift ersichtlich ist *(Verwahrungs-, Depositions-* oder *Antreffungsvermerk)*. Die Vorschrift gleicht Art. 1065 Abs. 1, spricht sich aber

nicht über den Umfang des Vermerks aus. Ihrem Zweck gemäss hat die Klausel neben dem **Namen des Verwahrers** auch den **Verwahrungsort** anzugeben (h.L. JACOBI, 982; STRANZ, Art. 68 WG N 2; ANGELONI, N 344). Mangels Ortsangabe gilt auch hier der Wohnort des Bezogenen als Verwahrungsort (s. Art. 1065 N 1; STRANZ, a.a.O.).

Die **Pflicht zur Anbringung** des Vermerks trifft denjenigen Wechselinhaber, der als Erster die Abschrift ohne Urschrift in Umlauf setzt (JACOBI, 982; ANGELONI, N 344). 2

Bei **Fehlen des Vermerks** behält die Wechselkopie ihre Gültigkeit. Der Inhaber der Abschrift kann aber keinen Protest gegen den ihm unbekannten Verwahrer der Urschrift erheben und verliert somit auch die Möglichkeit, Rückgriff gegen die Indossanten zu nehmen. Er kann aber gegen den Indossanten, der den Vermerk hätte setzen müssen, vorgehen und Schadenersatz verlangen (JACOBI, 982 f., insb. FN 4 f.). 3

II. Recht auf Herausgabe der Urschrift (Abs. 1 Satz 2)

Jeder **rechtmässige Inhaber** (Art. 1006 Abs. 1) hat das Recht, vom **Verwahrer** durch Vorlegung der Abschrift die Aushändigung der Urschrift zu verlangen. Der Anspruch entspricht demjenigen des Inhabers eines Duplikats und richtet sich, mangels eines Vermerks, gegen den jeweiligen Verwahrer, soweit dieser ausfindig gemacht werden kann (str.; s. Art. 1065 N 4). 4

III. Rückgriff wegen Verweigerung der Aushändigung (Abs. 2)

Wird die Aushändigung der Urschrift verweigert, so kann der Inhaber der Abschrift auf die Indossanten und Wechselbürgen der Abschrift Rückgriff nach Art. 1033 ff. nehmen. Voraussetzung dafür ist die Erhebung eines **Ausfolgungsprotests** (*Herausgabe-* oder *Perquisitionsprotest*). Er muss feststellen lassen, dass der Verwahrer die Herausgabe der Urschrift verweigert hat (sog. einfacher Protest; anders bei Art. 1065, s. dort N 5). Im Übrigen gelten die gleichen Regeln wie beim Rückgriff wegen Nichtherausgabe der Annahmeausfertigung (dazu Art. 1065 N 5). 5

IV. Sperrklausel (Abschlussvermerk, Abs. 3)

Will der Inhaber einer Abschrift eine mehrfache, nicht gemeinsame **Weiterindossierung** von Urschrift und Abschrift **verhindern,** so hat er eine Sperrklausel auf der Urschrift zu setzen. *Übliche Klauseln* sind z.B. «Ab hier Indossamente nur noch auf Abschrift» oder «Keine Indossierung mehr, weil Kopie genommen» (BAUMBACH/HEFERMEHL/CASPER, Art. 68 WG N 4; MEIER-HAYOZ/VON DER CRONE, § 8 N 12). 6

Die **Durchkreuzung** der Rückseite der Urschrift nach dem letzten Indossament kann die Wirkung einer Sperrklausel haben. Das Anbringen einer Allonge könnte aber die Sperrwirkung wiederum in Frage stellen (BAUMBACH/HEFERMEHL/CASPER, Art. 68 WG N 4; JACOBI, 981 FN 2). 7

Wird die Urschrift trotz Sperrklausel in Umlauf gesetzt, so sind die darauf erfolgten Indossamente **nichtig** und es ist **kein gutgläubiger Erwerb** möglich (Abs. 3 a.E.; STRANZ, Art. 68 WG N 11). 8

V. Internationales Recht

Art. 1067 entspricht der einheitlichen Regelung von **Art. 68 EinhWG** (und Art. 68 WG, Art. 68 öWG, Art. 177 C.com. und Art. 87 R.D. 1669). 9

XI. Änderungen des Wechsels

Art. 1068

Wird der Text eines Wechsels geändert, so haften diejenigen, die nach der Änderung ihre Unterschrift auf den Wechsel gesetzt haben, entsprechend dem geänderten Text. Wer früher unterschrieben hat, haftet nach dem ursprünglichen Text.

En cas d'altération du texte d'une lettre de change, les signataires postérieurs à cette altération sont tenus dans les termes du texte altéré. Les signataires antérieurs le sont dans les termes du texte originaire.

In caso di alterazione del testo della cambiale chi ha firmato dopo l'alterazione risponde nei termini del testo alterato. Chi ha firmato prima risponde nei termini del testo originario.

Literatur

BOHNET, La théorie générale des papiers-valeurs, 2000; BÜLOW, WechselG, ScheckG, AGB, Heidelberger Kommentar, 4. Aufl. 2004; VON BÜREN, Die Beschränkung der Einreden des Wechselschuldners, 1965; CANARIS, Die Bedeutung allgemeiner Auslegungs- und Fortbildungskriterien im Wechselrecht, Juristenzeitung 1987, 543 ff.; DERS., Die Vertrauenshaftung im deutschen Privatrecht, 1971; DERS., Der Einwendungsausschluss im Wertpapierrecht, Juristische Schulung 1971, 441 ff.; CARRY, La règle de l'inopposabilité des exceptions en matière d'effets de change et la bonne foi du porteur, FS Simonius, 1955, 29 ff.; COING, Zur Rechtsstellung des gutgläubigen Wechselerwerbers, FS Barz, 1974, 443 ff.; HADDING, Die zweifelhaften Wechsel, Juristische Schulung 1986, 469 ff.; HENRICHS, Der Schutz des gutgläubigen Wechselerwerbers nach dem einheitlichen Wechselgesetz der Genfer Verträge unter besonderer Berücksichtigung der Rechtsentwicklung in den Vertragsstaaten, 1962; HUBER, Einwendungen des Bezogenen gegen den Wechsel, FS Flume, 1978, 83 ff.; JAHR, Die Einrede des bürgerlichen Rechts, Juristische Schulung 1964, 125 ff.; KÖHLER, Haftungsfragen beim Blankowechsel, fehlerhaften Wechsel und verfälschten Wechsel, JA 1977, 1 ff.; KOLLER, Fälschung und Verfälschung von Wertpapieren, WM 1981, 210 ff.; LAMPRECHT, Die Haftung des Namensträgers bei Wechselfälschungen, Diss. Zürich 1977; LESCOT, Les altérations matérielles de la lettre de change, Jurisclasseur périodique et semaine juridique, 1939, 91; LIESECKE, Wechselverkehr und Wechselrecht in neuerer Sicht, WM 1972, 1202 ff.; MEIER-HAYOZ/VON DER CRONE, Wertpapierrecht, 2. Aufl. 2000; NOBBE, Die neuere Rechtsprechung des Bundesgerichtshofes zum Wechsel- und Scheckrecht, WM 1991, Sonderbeilage Nr. 10, 1 ff.; OSTHEIM, Zur Lehre von den Einwendungen im Wechselrecht, FS Kastner, 1972, 349 ff.; OTT, Das Vertrauensprinzip und die Lehre vom Einredensausschluss im Wechselrecht, SJZ 1979, 153 ff.; REHFELDT, Zur Haftung bei nachträglicher Erhöhung der Wechselsumme, Juristische Schulung 1963, 147 ff.; REINICKE, Zur Haftung aus gefälschten Wechseln, DB 1963, 1243 ff.; SCHLECHTRIEM, Zur Haftung bei Wechselfälschungen, Juristenzeitung 1967, 479 ff.; SCHUMANN, Die Fälschung nach dem neuen Wechsel- und Scheckrecht, 1935; SPIELBERG, Fälschungen der Ausstellerunterschrift, Inhaltsveränderungen und unrichtige Blankettausfüllungen bei Scheck und Wechsel, AWD 1967, 8 ff.; TRECHSEL, Schweizerisches Strafgesetzbuch: Kurzkommentar, 1989 1997, 2. Aufl.; ZEISS, Genehmigung gefälschter Wechselunterschriften?, Juristenzeitung 1963, 742 ff.; ZÖLLNER, Wertpapierrecht, 14. Aufl. 1987; vgl. ausserdem die Literaturhinweise zu Art. 1063.

I. Allgemeines

1 Art. 1068 bestimmt die Rechtsfolgen einer **nachträglichen Veränderung** (frz. «altération») des Inhalts eines **gültigen Wechsels.** Man spricht hier von Verfälschung (s. N 3). *Nicht* darunter fällt die (originäre) *Fälschung einer Unterschrift* oder *eines Wechsels* (s. Art. 997 f.) sowenig wie das *abredewidrige Ausfüllen eines Blankowechsels* (s. Art. 1000). Der Blankowechsel ist ein *bewusst* unvollständig ausgestellter Wechsel; nicht so dasjenige Papier, das vom Zeichner *unbewusst* unvollständig (jedoch rechtsge-

nügend) ausgefüllt wird und von einem Dritten durch Ergänzung verfälscht wird. Abredewidrige Ergänzungen eines unvollständig ausgefüllten Wechsels sind keine Veränderungen i.S.v. Art. 1068 (BGE 99 II 324, 327 f., m.H. auf eine Änderung ausserhalb des Wechseltextes). Die freilich schwierige Abgrenzung (unpräzis BGE 99 II 324; s.a. JÄGGI/DRUEY/VON GREYERZ, § 31/IV/5) spielt insb. bei der Haftung des Zeichners eine wichtige Rolle (s. dazu N 13 f.).

Nach Art. 1068 haftet derjenige, der seine Unterschrift vor der Änderung auf den Wechsel gesetzt hat, nach Massgabe des ursprünglichen, von ihm unterschriebenen Textes, *wer später unterschrieben hat, nach dem veränderten.* Das entspricht dem in Art. 997 festgelegten **Grundsatz der Selbständigkeit** einzelner Wechselerklärungen (BAUMBACH/HEFERMEHL/CASPER, Art. 69 WG N 1; STRANZ, Art. 7 WG N 1; ANGELONI, N 348; MOSSA, N 337 ff.).   **2**

II. Veränderung

In Frage kommt jede Art der **rechtserheblichen Änderung** des Wechselinhaltes, z.B. das Hinzufügen eines Domizilvermerks, die Erweiterung der Wechselsumme, die Streichung einer Notadresse, das Überschreiben einer Vorlegungsfrist, das Ausradieren eines Protesterlasses usw. Irrelevant ist, ob der ursprüngliche Text weiter lesbar ist oder nicht (BGH WM 1969, 1278; BAUMBACH/HEFERMEHL/CASPER, Art. 69 WG N 3 m.Nw.; RICHARDI, § 15/IV; STRANZ, Art. 69 WG N 3; LESCOT/ROBLOT, N 767). **Keine** Veränderung des Wechsels i.S.v. Art. 1068 liegt vor, wenn die Änderung die *Ungültigkeit,* d.h. die *Vernichtung des Papiers* herbeiführt. Das ist der Fall, wenn wesentliche Wechselbestandteile (s. Art. 991 f., 1096 f.) nicht mehr vorhanden sind. Der Wechselinhaber, der hier gegen den ursprünglichen Wechselschuldner vorgehen will, ist auf die *Kraftloserklärung* (Art. 1072 ff.) der Urkunde angewiesen (BAUMBACH/HEFERMEHL/CASPER, a.a.O., N 2; STRANZ, a.a.O.; SCHUMANN, 72 ff.; ZÖLLNER, § 12/VIII/1; ANGELONI, N 351; LESCOT/ROBLOT, a.a.O.). Ebenso wenig unter Art. 1068 fallen Zusätze, Klarstellungen oder sonstige für die Wechselverbindlichkeit *unerhebliche* Erklärungen (z.B. die Berichtigung offenbarer Schreibfehler; SCHUMANN, 74; BAUMBACH/HEFERMEHL/CASPER, a.a.O., N 2) oder Abänderungen des Wechsels, die mit *Zustimmung aller Wechselbeteiligten* vorgenommen werden (Rechtsstellung aller Beteiligten nach neuem Text: SCHUMANN, 75; STRANZ, a.a.O., N 4).   **3**

Die Änderung muss den **Text des Wechsels** betreffen. Als solcher gilt hier (anders als in Art. 991 und 1063) nicht nur der Wortlaut der Anweisung, sondern der ganze Inhalt des Wechsels, einschliesslich der *Unterschrift,* sofern sie nur geändert und nicht vernichtet wird (Entscheidungen des OGH in Zivil- und Justizverwaltungssachen 1964, 250 ff., Veränderung der Unterschrift durch den Zusatz «GmbH»; KAPFER, Art. 69 öWG N 2b; STRANZ, Art. 69 WG N 2).   **4**

III. Massgebender Zeitpunkt

Massgebend für die Festsetzung des Inhalts der Wechselverpflichtung ist nach Art. 1068 der Zeitpunkt der Unterschrift. Sofern Unterschrift und **Begebung** des Wechsels gleichzeitig stattfinden, ist der Zeitpunkt eindeutig. Wird hingegen der Wechsel zunächst unterschrieben und erst später begeben, so soll der Zeitpunkt der Begebung entscheidend sein (BAUMBACH/HEFERMEHL/CASPER, Art. 69 WG N 1 und WG Einl N 27; ANGELONI, N 350 mit Hinweis auf Art. 34 R.D. 1669 = Art. 1019). Das gilt auch, wenn der Zeich-   **5** ner selbst nach seiner Unterschrift, aber vor Begebung, den Wechsel verändert hat: Er haftet nach dem neuen Inhalt (BAUMBACH/HEFERMEHL/CASPER, Art. 69 WG N 7).

IV. Wirkungen

1. Änderung der Wechselsumme

6 Die häufigste Veränderung eines Wechsels besteht in der Erhöhung der Wechselsumme (s. ZIP 1986, 967 ff. = NJW 1986, 2834 ff. = JA 1986, 614 ff. mit Anm. von KÖNIG= EwiR 1986, 939 mit Komm. von BLAUROCK; BGH WM 1967, 338 ff. = NJW 1967, 1464 f. mit Anm. von DEUBNER; Landgericht Nürnberg-Fürth NJW 1961, 1775 f.; RGZ 1940 Bd. 164, 10 ff.). Das kann erfolgen durch die Verfälschung des nur in Ziffern (Art. 991 Ziff. 2) angegebenen Betrages oder durch das Hinzufügen eines höheren Betrages in Buchstaben (deren Angabe nach Art. 996 den Vorrang hat). In diesem Fall haften der Fälscher und seine Nachmänner (Indossanten, Wechselbürgen) für die höhere Summe. Hat der Bezogene vor der Änderung den Wechsel angenommen, so haftet er im Umfang der ursprünglichen Summe. Der Wechselinhaber hat in einem solchen Fall Protest für den **Restbetrag** zu erheben, damit er auf die anderen (Neu-)Schuldner Rückgriff nehmen kann (BAUMBACH/HEFERMEHL/CASPER, Art. 69 WG N 4; STRANZ, Art. 69 WG N 9; LESCOT/ROBLOT, N 769). Zur Haftung des Wechselzeichners, der eine Verfälschung begünstigt hat, s. u. N 13 ff.

2. Änderung der Verfallzeit

7 Wird die Verfallzeit geändert, so muss der Wechsel zur Erhaltung aller Rückgriffsansprüche **mehrfach** zum **Protest** vorgelegt werden, nämlich unter Einhaltung sowohl der ursprünglichen Frist – den alten Rückgriffschuldnern gegenüber – als auch der neuen, veränderten Frist (STRANZ, Art. 69 WG N 10; BAUMBACH/HEFERMEHL/CASPER, Art. 69 WG N 6; BÜLOW, Art. 69 WG N 9; BJM 1954, 163 ff.). Eine Änderung des Verfall- und des Ausstellungsdatums kann insb. beim Konkurs des Ausstellers mit der Absicht vorgenommen werden, die *période suspecte* der paulianischen Anfechtung (Art. 285 ff. SchKG) zu umgehen.

3. Änderung des Zahlungsortes

8 Ist ein **zweiter Zahlungsort** nach der wirksamen Ausstellung hinzugefügt worden, so bleibt der Wechsel gültig: Eine Kraftloserklärung ist nicht nötig (BGH NJW 1969, 2196 f. = BB 1969, 1288). Auch hier ist eine mehrfache Vorlegung nötig (STRANZ, Art. 69 WG N 11; BAUMBACH/HEFERMEHL/CASPER, Art. 69 WG N 6; BÜLOW, Art. 69 WG N 9).

V. Genehmigung der Veränderung

9 Der Namensträger, d.h. derjenige, dessen Erklärung verfälscht worden ist (JACOBI, 256), hat die Möglichkeit, die Änderung **ausdrücklich** zu genehmigen. Damit haftet er nach dem veränderten Text. Die deutsche Lehre stützt sich auf § 177 BGB (Genehmigung des vom falsus procurator abgewickelten Rechtsgeschäfts; SCHUMANN, 34 ff., 93 ff.; JACOBI, 257 ff.; BAUMBACH/HEFERMEHL/CASPER, Art. 69 WG N 7; BGH NJW 1952, 64; BGH JA 1986, 614 ff.; abw. STRANZ, Art. 69 WG N 6 f.; so auch MOSSA, N 338). Für das schweizerische Recht kann Art. 38 herangezogen werden, und zwar – per analogiam – auch wenn der Verfälscher nicht als Stellvertreter des Namensträgers i.S.v.

Art. 32 gehandelt hat (ähnlich MEIER-HAYOZ/VON DER CRONE, § 4 N 49; zum Fall des Unterzeichnens ohne entsprechende Vollmacht s. BK-ZÄCH, Art. 39 N 88).

Nicht selten ist, dass der Wechselinhaber beim Namensträger wegen der Echtheit der Urkunde **anfragt**. Wird sie trotz veränderten Inhalts vom Namensträger bestätigt («Papier in Ordnung»), so gilt für ihn der neue Wechseltext (h.M.: BAUMBACH/HEFERMEHL/CASPER, Art. 7 WG N 5 ff., Art. 69 WG N 7; MEIER-HAYOZ/VON DER CRONE, § 4 N 49; REINICKE, 1243 f.; ZÖLLNER, § 12/VIII/1; JACOBI, 257 ff.; einschränkend STRANZ, Art. 69 WG N 6 f.). Die Genehmigung ist an keine besondere Form gebunden. Sie kann auch **konkludent** erklärt werden, etwa durch **Schweigen** auf eine Anfrage (vgl. BGE 124 III 112, 121). Ein Teil der Lehre setzt für die Annahme einer konkludenten Genehmigung voraus, dass der Zustimmende die Veränderung kannte oder wenigstens mit der Möglichkeit einer Veränderung rechnen konnte und musste (BAUMBACH/HEFERMEHL/CASPER, Art. 7 WG N 10; JACOBI, 259 f.; SCHUMANN, 50 ff.; STRANZ, a.a.O., N 7; a.M. CANARIS, Vertrauenshaftung, 243 ff.; DERS., Juristische Schulung 1971, 444 f., der das Vorliegen einer Genehmigung ablehnt und die Haftung des Namensträgers nach Massgabe des veränderten Textes mit dem *Rechtsscheingedanken* begründet; s. dazu N 13 f.; ebenso kritisch zur Genehmigungslösung: ZEISS, 742 ff., der dem schweigenden Namensträger die Erhebung des Verfälschungseinwandes wegen *widersprüchlichen Verhaltens* versagt; ähnlich SCHLECHTRIEM, 482 f., der für den Arglisteinwand das Verhalten des Namensträgers und dasjenige des Wechselinhabers berücksichtigt).

VI. Beweislast

Die Vorlegung eines gültigen Wechsels hat zur Folge, dass der Wechselinhaber den Bestand der Wechselverpflichtung nicht weiter nachzuweisen hat (ZK-JÄGGI, Art. 965 N 113 ff., 190 ff.; MEIER-HAYOZ/VON DER CRONE, § 7 N 82). Behauptet der Wechselschuldner, der Wechsel sei gemäss Art. 1068 verfälscht worden, so muss er dies nachweisen. Denn nach Art. 8 ZGB hat derjenige das Vorhandensein einer Tatsache zu beweisen, der aus ihr Rechte ableitet. Mit seiner Einwendung bringt der Schuldner eine *rechtshindernde Tatsache* vor, die in der mangelnden Übereinstimmung zwischen dem tatsächlichen und dem seinerzeit von ihm unterschriebenen Wortlaut besteht. Der **Schuldner** hat für die gesamte Behauptung den *vollen Beweis* zu erbringen. Und zwar hat er nicht nur das *Vorhandensein einer Verfälschung* zu beweisen, sondern auch, dass er den Wechsel *vor seiner Veränderung unterschrieben* hatte. Art. 1068, aus welchem der Schuldner Rechte ableitet, setzt das Vorliegen *beider* Elemente voraus. Unter Berücksichtigung von Art. 8 ZGB ist es deshalb unrichtig, die Beweislast des Schuldners auf die Verfälschung zu beschränken und dem Gläubiger den Beweis des Zeitpunktes der Veränderung zu überbinden. Es ist der Schuldner, der aus der Rechtslage des *früheren* Zeitpunktes Rechte ableitet (ebenso VON BÜREN, FN 52; im Ansatz NOBBE, 5; BGH JA 1986, 616 = NJW 1986, 2836 – beide übertragen das volle Beweisrisiko dem Schuldner; s.a. BGE 46 II 445 E. 1; **a.M.** die h.L.: BAUMBACH/HEFERMEHL/CASPER, Art. 69 WG N 11; KAPFER, Art. 69 öWG N 11; STRANZ, Art. 69 WG N 13; JACOBI, 257; SCHUMANN, 112; MOSSA, N 347; LESCOT/ROBLOT, N 773). Behauptet der **Gläubiger,** der Zeichner hätte die Veränderung nachträglich *genehmigt,* so hat er dies seinerseits nachzuweisen (SCHUMANN, 111).

VII. Haftung des Verfälschers

Hat der Verfälscher nach der Veränderung seine Unterschrift auf den Text gesetzt, haftet er gemäss Art. 1068 nach dem neuen Wechselinhalt. Problematischer ist seine Inanspruchnahme, wenn er den Wechsel blanko indossiert erhalten und ebenfalls blanko weiterbegeben hat. Bejaht wird im Ausland eine Haftung aus **unerlaubter Handlung** (SCHUMANN, 96; JACOBI, 260 f., beide m.V. auf § 823 Abs. 2 BGB i.V.m. § 267 des deutschen StGB – Urkundenfälschung – und § 826 BGB; STRANZ, Art. 69 WG N 13; LESCOT/ROBLOT, N 769 m.V. auf Art. 1382 f. CC fr.; MOSSA, N 348). Dasselbe soll auch nach schweizerischem Recht gelten. Die Anwendbarkeit von Art. 41 setzt Widerrechtlichkeit (allenfalls Sittenwidrigkeit, Art. 41 Abs. 2) voraus. Die Widerrechtlichkeit einer Wechselverfälschung kann insb. durch den Verstoss gegen eine Strafnorm begründet werden (Urkundenfälschung, Art. 251 StGB, oder Betrug, Art. 146 StGB), denn diesen Normen ist ein breiter Schutzzweck zuzusprechen (statt vieler s. BSK STGB II-BOOG, Art. 251 StGB N 1 m.Nw.; vgl. OR-SCHNYDER, Art. 41 N 15 ff.; OFTINGER/STARK, II/1, 35 f.; s.a. Art. 1064 N 6).

VIII. Haftung des Zeichners

13   Seit jeher umstritten ist die Frage nach der Haftbarkeit desjenigen Zeichners, der durch unvollständige Ausfüllung eine Veränderung des Wechsels *begünstigt* hat. Die neuere **deutsche Rechtsprechung** lehnt eine Haftung des Zeichners ab (BGH WM 1986, 902 ff. = NJW 1986, 2834 ff. = JA 1986, 614 ff.; BGHZ 1967 Bd. 47, 95 ff. = WM 1967, 338 ff.; anders RGZ 1940 Bd. 164, 10 ff.). Dies wird von einem Teil der Lehre begrüsst (NOBBE, 5; LIESECKE, 1206 ff.), überwiegend aber zu Recht kritisiert (CANARIS, Juristenzeitung 1987, 543 ff.; DERS., Vertrauenshaftung, 246 ff.; ZÖLLNER, § 12/VIII/2; KOLLER, 217 f.; BAUMBACH/HEFERMEHL/CASPER, Art. 69 WG N 16 f.; DEUBNER, NJW 1967, 1467 f.; REHFELDT, 147). Der BGH stützt die Ablehnung der Zeichnerhaftung auf den klaren Wortlaut des Art. 69 WG (= Art. 1068) und auf das Nichtvorhandensein eines Grundsatzes im Gesetz, wonach jeder Wechselzeichner durch geeignete Vorkehrungen dafür zu sorgen hat, dass der Wechsel nicht leicht verfälscht werden kann. Der BGH lässt den Zeichner nur dann haften, wenn dieser nach den Umständen mit einer Verfälschung rechnen musste und sie in Kauf genommen hat (BGHZ 1967, 101). Die Berufung auf die Verfälschung erscheint in einem solchen Fall als **rechtsmissbräuchlich** *(venire contra factum proprium)* und soll nicht geschützt werden (vgl. Art. 1087 N 9).

14   Ob der Gesetzeswortlaut wirklich so eindeutig ist, wie vom BGH behauptet, lässt sich bezweifeln (eingehend CANARIS, Juristenzeitung 1987, 544 ff.). Durch Art. 69 EinhWG (= Art. 1068) wurde die alte Streitfrage der grundsätzlichen Haftung des Zeichners entschieden (s. CANARIS, Vertrauenshaftung, 247). Damit abgelehnt wurde der Standpunkt, der Zeichner habe wegen der eingetretenen Veränderung nicht einmal nach dem ursprünglichen Inhalt einzustehen. Nicht entschieden ist damit aber die Frage, ob der Zeichner sogar für mehr haften muss (CANARIS, Juristenzeitung 1987, 548). Nach **h.L.** kann sich der Zeichner, der schuldhaft die Möglichkeit einer Verfälschung durch Unterlassen von *verkehrsüblichen und zumutbaren* Vorkehrungen in besonderer Weise begünstigt hat (z.B. durch nur ziffernmässige Angabe der Wechselsumme ohne Sperrung der Buchstabenreihe oder durch das Einsetzen der Summe «tausend» ohne Füllstriche im leeren Vorraum), nicht mit dem Verfälschungseinwand von jeder Pflicht befreien. Seine Haftung beruht auf dem wechselrechtlichen Prinzip des Verkehrs- und Vertrauensschutzes und dem daraus entwickelten Einwendungsausschluss kraft zurechenbar veranlassten **Rechtsscheins** (CANARIS, Juristenzeitung 1987, 547; DERS., Vertrauenshaftung, 246 ff.; BAUMBACH/HEFERMEHL/CASPER, Art. 69 WG N 16 f.; HUECK/CANARIS, § 19/II/3c; JACOBI, 256 ff.; JÄGGI/DRUEY/VON GREYERZ, § 31/IV/5; MEIER-HAYOZ/VON DER CRONE, § 4 N 49 und 7 N 75, m.H. auf Art. 1000; in diese Richtung auch BGE 99

II 324, 330 f.). Freilich lässt die Lösung nach dem Rechtsscheinsprinzip gewisse Fragen offen (s. dazu NOBBE, 5; LIESECKE, 1206 ff.). In jedem Falle *rechtsmissbräuchlich* und nicht zu schützen ist das Verhalten eines Gläubigers, der selbst bei der Übernahme des Wechsels fahrlässig gehandelt hat (MEIER-HAYOZ/VON DER CRONE, a.a.O.).

Eine Haftung des Namensträgers aus **unerlaubter** Handlung scheitert an der Voraussetzung der Widerrechtlichkeit (auch wird wohl in aller Regel kein adäquater Kausalzusammenhang vorhanden sein; vgl. VON BÜREN, 47). Anders im französischen Recht: Haftung aus Art. 1382 f. CC fr. (LESCOT/ROBLOT, N 769). 15

IX. Internationales Recht

Art. 1068 entspricht der einheitlichen Regelung von **Art. 69 EinhWG** (und Art. 69 WG, Art. 69 öWG, Art. 178 C.com. und Art. 88 R.D. 1669). 16

XII. Verjährung

Art. 1069

1. Fristen

¹ **Die wechselmässigen Ansprüche gegen den Annehmer verjähren in drei Jahren vom Verfalltage.**

² **Die Ansprüche des Inhabers gegen die Indossanten und gegen den Aussteller verjähren in einem Jahre vom Tage des rechtzeitig erhobenen Protestes oder im Falle des Vermerks «ohne Kosten» vom Verfalltage.**

³ **Die Ansprüche eines Indossanten gegen andere Indossanten und gegen den Aussteller verjähren in sechs Monaten von dem Tage, an dem der Wechsel vom Indossanten eingelöst oder ihm gegenüber gerichtlich geltend gemacht worden ist.**

1. Délais

¹ Toutes actions résultant de la lettre de change contre l'accepteur se prescrivent par trois ans à compter de la date de l'échéance.

² Les actions du porteur contre les endosseurs et contre le tireur se prescrivent par un an à partir de la date du protêt dressé en temps utile ou de celle de l'échéance, en cas de clause de retour sans frais.

³ Les actions des endosseurs les uns contre les autres et contre le tireur se prescrivent par six mois à partir du jour où l'endosseur a remboursé la lettre ou du jour où il a été lui-même actionné.

1. Termini

¹ Le azioni cambiarie contro l'accettante si prescrivono in tre anni a decorrere dalla data della scadenza.

² Le azioni del portatore contro i giranti e contro il traente si prescrivono in un anno a decorrere dalla data del protesto levato in tempo utile o da quella della scadenza, se vi sia la clausola «senza spese».

³ Le azioni dei giranti gli uni contro gli altri e quelle contro il traente si prescrivono in sei mesi a decorrere dal giorno in cui il girante ha pagato la cambiale o dal giorno in cui l'azione di regresso è stata promossa contro di lui.

Art. 1069

Literatur

EGGER, Die Verjährung im Wechselrecht, in: Hug (Hrsg.), Ausgewählte Schriften und Abhandlungen, Bd. II, 1957, 269; JACOBI, Wechsel- und Checkrecht, 1955; HUPKA, Das einheitliche Wechselrecht der Genfer Verträge, 1934; SPIRO, Die Begrenzung privater Rechte durch Verjährungs-, Verwirkungs- und Fatalfristen, Bd. I, 1975, insb. §§ 310–313; vgl. ausserdem die Literaturhinweise zu den Vorbem. zu Art. 127–142.

I. Zweck der Vorschrift

1   Art. 1069 entspricht Art. 70 EinhWG. Sie sieht als *lex specialis* zu Art. 127 gegenüber der ordentlichen zehnjährigen Verjährungsfrist um einiges kürzere Verjährungsfristen (drei Jahre, ein Jahr, sechs Monate) für **wechselmässige Ansprüche** vor. Die Verkürzung beruht nicht auf einer Tilgungsvermutung infolge Papierbegebung, sondern auf der Wechselstrenge (SPIRO, 583).

2   Obwohl Abs. 2 f. in Bezug auf die «Ansprüche» im Gegensatz zu Abs. 1 das Adjektiv «wechselmässig» nicht enthalten ist, ist diese Qualifikation auch dort impliziert.

II. Gegenstand der wechselrechtlichen Verjährungsregelung

3   Abs. 1 betrifft die wechselmässigen Ansprüche aus dem Rückgriff des **Inhabers** gegen den **Annehmer**, die *drei Jahre* nach dem Verfalltag (Art. 1033) verjähren. Der wechselmässige Anspruch gegen den **Wechselbürgen** (Art. 1022 Abs. 1 i.V.m. Art. 1098 Abs. 3; BGE 38 II 70 f.; SemJud 1967, 79 f.) sowie gegen einen **Ehrenakzeptanten** (Art. 1057; SPIRO, 743 vor und in Anm. 1) und gegen einen **unbefugten Stellvertreter** (Art. 998; SPIRO, 743 vor und in Anm. 1) untersteht ebenfalls dieser Verjährungsfrist.

4   Abs. 2 lässt die Ansprüche des **Inhabers** gegen die **Indossanten** und den **Aussteller** in *einem Jahre* vom Tage des rechtzeitig erhobenen Protestes oder vom Verfalltage an verjähren.

5   Abs. 3 sieht eine Verjährungsfrist von *sechs Monaten* für **Rückgriffsansprüche eines Indossanten** gegen **andere Indossanten** und den **Aussteller** vor.

6   Hingegen betrifft Art. 1069 *weder* die Forderung aus dem **Grundverhältnis** zwischen dem **Aussteller** und dem **ersten Checknehmer** (s. N 10) *noch* die Verjährung des Wechselbereicherungsanspruches (s. dazu Art. 1052; BGE 53 II 119 71; 67 II 176; SPIRO, 732–735).

III. Beginn des Verjährungslaufes

7   Bezüglich Beginn des Verjährungslaufes ist Art. 1069 *lex specialis* zu Art. 130 (auslösender Zeitpunkt), nicht aber zu Art. 132 Abs. 1 (Bestimmung der *dies a quo*, entspricht Art. 73 Abs. 1 EinhWG). Der Verfalltag eines Wechsels (Abs. 1) bestimmt sich nach Art. 1023–1027, der Zeitpunkt des rechtzeitig erhobenen Protestes (Abs. 2) nach Art. 1034–1041. Der Vermerk «ohne Kosten» (Abs. 2) befreit von der Notwendigkeit der Protesterhebung (s. Art. 1043); diesfalls beginnt der Verjährungslauf mit dem Verfall. Die Verjährung von **Blankowechseln** beginnt, unter Vorbehalt von Art. 1000 OR, an dem vom Gläubiger angegebenen Verfalltag an zu laufen (BGE 120 II 54 ff. E. 3).

8   Nach (nicht ganz unumstrittener) h.M. beginnt die Verjährung bei Protest *vor* Verfall bereits mit dem **Protesttag** zu laufen (SPIRO, 74 in Anm. 4 m.w.Nw. auf JACOBI, § 42 B II; LESCOT/ROBLOT, Les effects de commerce, 2 Bde., 1953, 718; HUPKA, 216).

Der Tag der **Einlösung** (Abs. 3) ist der Tag der Erfüllung der Schuld gegenüber seinem 9
Vormann durch den Rückgriff nehmenden Indossanten. Der Tag der **gerichtlichen Geltendmachung** (Abs. 3) richtet sich nach der bundesgerichtlichen Rechtsprechung zur Fristenwahrung bei aus Bundeszivilrecht abgeleiteten Ansprüchen durch **Klageanhebung** (s. BGE 74 II 14 ff.; ZK-BERTI, Art. 135 OR N 59 ff.). Der gerichtlich belangte Indossant kann – anders als bei nichtwechsel- (bzw. check-)mässigen Ansprüchen – durch *Streitverkündung* (s. ZK-BERTI, Art. 135 OR N 13, Art. 193) an die anderen Indossanten und an den Aussteller diesen Personen gegenüber den Verjährungslauf unterbrechen.

IV. Verjährung des Grundverhältnisses

Bei Ausstellung eines Wechsels wird die ordentliche Verjährung des Grundverhältnisses 10
nicht durch die Wechselverjährung absorbiert (BGE 78 II 456 f. E. 4, in Anlehnung an den französischen Cour de Cassation = Pra 1953, 204 = JdT 1953 I 324 = Rep 1953, 231 = ZBJV 1954, 308), jedenfalls sofern der Wechsel zahlungshalber (und nicht an Zahlungs statt – in solutum) begeben worden ist (BGE a.a.O. 457; vgl. ferner SPIRO, 472 vor Anm. 11).

V. Rechtsfolgen der Verjährung

Zu den Rechtsfolgen der Verjährung im allgemeinen ZK-BERTI, Art. 142 OR N 28 f., 11
zur rechtsmissbräuchlichen Erhebung der Verjährungseinrede ZK-BERTI, Art. 142 OR N 32 ff., aber auch die spezifisch auf das Check- und Wechselrecht zugeschnittenen Ausführungen von EGGER, 274–278.

VI. IPR

Werden in Mailand ausgestellte und dort zahlbare Eigenwechsel von einem Wechselbürgen an seinem Wohnsitz in Zürich unterzeichnet, so beurteilt sich die Verjährung der Forderung nach schweizerischem Recht (BGE 91 II 362 = Pra 1966, 116). 12

Ist davon auszugehen, dass eine Aval-Erklärung zugunsten des Akzeptanten in New 13
York auf den Wechsel gesetzt worden ist, so richtet sich die Verjährung nach dem Recht dieses Staates (CJ GE, SemJud 1967, 75).

Art. 1070

2. Unterbrechung a. Gründe	Die Verjährung wird durch Anhebung der Klage, durch Einreichung des Betreibungsbegehrens, durch Streitverkündung oder durch Eingabe im Konkurse unterbrochen.
2. Interruption a. Causes	La prescription est interrompue par l'introduction d'une action en justice, une réquisition de poursuite, une dénonciation d'instance ou par une production faite dans la faillite.
2. Interruzione a. Cause	La prescrizione è interrotta mediante promovimento dell'azione, presentazione della domanda d'esecuzione, denuncia di lite o notifica nel fallimento.

Literatur

Vgl. die Literaturhinweise zu Art. 1069.

I. Zweck der Vorschrift

1 Art. 1070 bestimmt als *lex specialis* zu Art. 135 *abschliessend* – und letzterer Bestimmung gegenüber *einschränkend* (es fehlt die Möglichkeit der Unterbrechung durch Anerkennung der Forderung seitens des Schuldners gemäss Art. 135 Ziff. 1) – die vier bezüglich der Verjährung eines wechselmässigen Anspruches massgeblichen Unterbrechungsgründe. Er entspricht Art. 806 altOR.

II. Gegenstand der Vorschrift

2 Art. 1070 bestimmt nur die für die *Wechselforderung* geltenden Unterbrechungsgründe. Die Frage, unter welchen Voraussetzungen *Handlungen des Gläubigers* die Verjährung unterbrechen, löst sich nach Art. 138, der in Ergänzung zu Art. 1070 anwendbar ist (BGE 91 II 362 = Pra 1966, 116 = JdT 1966 I 277 = ZBJV 1967, 128).

III. Die Unterbrechungshandlungen im Einzelnen

3 *Anhebung der Klage.* Die Modalitäten der dazu notwendigen prozessualen Vorkehren richten sich grundsätzlich nach kantonalem Prozessrecht. Für die Zwecke der Wahrung bundesrechtlicher Fristen genügt als **Klageanhebung** diejenige nach kantonalem Recht vorgesehene prozesseinleitende oder vorbereitende Handlung des Klägers, mit der er zum ersten Mal in bestimmter Form für den von ihm erhobenen Anspruch den Schutz des Richters anruft. Art. 1070 erwähnt die Ladung zu einem amtlichen Sühneversuch nicht, jedoch unterbricht bereits das Absenden eines Gesuches um Abhaltung eines Sühneversuches die Verjährung, weil dieses vom bundes(prozess)rechtlichen Begriff der Klageanhebung erfasst ist, sofern das kantonale Prozessrecht die obligatorische vorgängige Sühneverhandlung vorsieht (BGE 118 II 487 E. 3; 74 II 16 f.; ZK-BERTI, Art. 135 OR N 59 ff.).

4 *Einreichung des Betreibungsbegehrens.* Zur Unterbrechung der Verjährung genügt, dass das Betreibungsbegehren beim Amt gestellt wurde; die Zustellung eines Betreibungsbegehrens ist nicht erforderlich (BGE 104 III 22 E. 2). Siehe ferner ZK-BERTI, Art. 135 OR N 155 ff. sowie Art. 32 SchKG.

5 *Streitverkündung.* Sie ist die Aufforderung an den Verkündungsaddressaten, dem Rechtsstreit beizutreten (HABSCHEID, Schweizerisches Zivilprozess- und Gerichtsorganisationsrecht, 2. Aufl. 1990, 181). Streitverkündung ist als Unterbrechungsgrund in Art. 135 nicht erwähnt (s. dort N 13). Die formellen Voraussetzungen der Streitverkündung sind vom kantonalen Zivilprozessrecht geregelt. So bestimmt z.B. § 46 ZPO ZH: «Eine Partei, die für den Fall ihres Unterliegens einen Dritten belangen will oder den Anspruch eines Dritten befürchtet, kann dem Dritten (Litisdenunziaten) bis zur Erledigung des Prozesses und aller Rechtsmittel den Streit verkünden. Ob die Partei an der Streitverkündung ein Interesse habe, wird nicht geprüft. Der Litisdenunziat ist zu weiterer Streitverkündung berechtigt.» Für die vorgesehene Regelung in einer schweizerischen Zivilprozessordnung vgl. Art. 75 ff. E ZPO CH.

6 *Eingabe im Konkurs.* Siehe Art. 231 ff. und 251 SchKG.

IV. Anwendbarkeit weiterer Normen

Es finden aus dem allgemeinen Teil Art. 129, 132, 133, 134 (SPIRO, 274 vor Anm. 1 sowie 743 in Anm. 14), Art. 138 (nicht aber in Bezug auf die Unterbrechung durch Einrede, die nicht für wechselrechtliche Anprüche gilt, SPIRO, 309 vor Anm. 11) sowie Art. 139–142 (s. dort) auf die Verjährung wechselrechtlicher Ansprüche Anwendung.

7

V. IPR

Das BGer hält es nicht für willkürlich, Art. 1070 auch dann anzuwenden, wenn aus einem **ausländischen** Wechsel Ansprüche in der Schweiz geltend gemacht werden, gleichgültig, welches Recht auf die Wirkungen der Wechselverpflichtung anwendbar ist. Die Bestimmung gilt somit als *lex fori* auch dann, wenn die Verjährung sich im Übrigen nach einem fremden Rechte beurteilen würde, Art. 1090 (BGE 77 I 4 = Pra 1951, 284 = SemJud 1951, 401 = ZBJV 1953, 50; ferner Cour de Cassation Civile NE, JdT 1951 I, 24).

8

Art. 1071

b. Wirkungen

¹ **Die Unterbrechung der Verjährung wirkt nur gegen den Wechselverpflichteten, in Ansehung dessen die Tatsache eingetreten ist, welche die Unterbrechung bewirkt.**

² **Mit der Unterbrechung der Verjährung beginnt eine neue Verjährungsfrist von gleicher Dauer zu laufen.**

b. Effets

¹ L'interruption de la prescription n'a d'effet que contre celui à l'égard duquel l'acte interruptif a été fait.

² Lorsque la prescription est interrompue, une nouvelle prescription de même durée commence à courir.

b. Effetti

¹ L'interruzione della prescrizione non vale che contro colui rispetto al quale è stato compiuto l'atto interruttivo.

² Coll'interruzione incomincia a decorrere una nuova prescrizione di eguale durata.

Art. 1071 Abs. 1 entspricht Art. 71 EinhWG und derogiert als *lex specialis* Art. 136 Abs. 1: Bei solidarischer wechselmässiger Verpflichtung mehrerer (Art. 1044) wirkt die Unterbrechung gegen einen Solidarschuldner *nicht* auch gegen die übrigen Mitschuldner (s. die Kritik zur anders lautenden Regelung des Art. 136 Abs. 1 in ZK-BERTI, Art. 136 OR N 3).

1

Die **weiteren Wirkungen der Unterbrechung** richten sich nach Abs. 2 sowie nach Art. 138 (BGE 91 II 368 f. E. 7 f.). Mit jeder Unterbrechung der Verjährung beginnt eine neue Verjährungsfrist zu laufen. Abs. 2 stellt klar, dass – in Abweichung von Art. 807 altOR – die neue Verjährungsfrist von gleicher Dauer ist wie die ursprüngliche (BBl 1928 I 336). Art. 137 Abs. 2 gilt bezüglich *schriftlich anerkannter wechselmässiger Ansprüche* nicht; sie findet hingegen auf urteilsmässig festgestellte wechselmässige Ansprüche (Judikatsforderungen) Anwendung.

2

XIII. Kraftloserklärung

Vorbemerkungen zu Art. 1072–1080

Literatur

CUDKOWICZ, Kraftloserklärung von Wertpapieren, Diss. Bern 1941; STROHMEIER, Die gerichtliche Kraftloserklärung der Wertpapiere im schweizerischen Recht, Diss. Zürich 1952; VIELI, Die Rechtsfolgen des Checkverlusts nach schweizerischem und nach französischem Recht, Diss. Zürich 1954; FREI, Kraftloserklärung von Titeln internationaler Anleihen durch den schweizerischen Richter, SJZ 1953, 43; RÜTTI, Über die Prüfungspflicht des Richters bei der Kraftloserklärung von Wertpapieren, SAG 1950/51, 189; RUPP, La protection des propriétaires de titre au porteur involontairement dépossédés: étude de droit comparé (droits suisse, français, allemand, italien et anglais), Diss. Lausanne 1933; SIEBER, Schweizerischer Wechsel – U.S. Bill of Exchange and Promissory Note, Diss. Zürich 1995; ZIMMERLI, Die gerichtliche Kraftloserklärung von Wertpapieren nach schweiz. Bundesrecht, insbesondere deren Gegenstand, Voraussetzungen und Wirkungen, Diss. Bern 1919.

I. Zweck

1 Da das in der Wechselurkunde verbriefte Gläubigerrecht, die Wechselsumme zu fordern, an die Wechselurkunde gebunden ist, indem die Wechselsumme nur zusammen mit der Vorlage des Wechsels eingefordert werden kann, wirkt sich ein Verlust des Papiers auf die Rechtsstellung des Wechselberechtigten fatal aus. Der Gläubiger kann sein Recht nicht mehr geltend machen. Diese formale Härte, welche mit der materiellen Rechtslage nicht übereinstimmt, mildert das Gesetz dadurch, dass es das Institut der Entkräftung der Wechselurkunde zur Verfügung stellt. Mit der **Kraftloserklärung** soll erreicht werden, dass der aus dem Wechsel Berechtigte nach einer sorgfältigen Überprüfung des Verlusts des Wechsels die Wechselsumme auch ohne Vorlage des Wechsels einfordern kann.

II. Anwendungsbereich

2 Art. 1072–1080 sind bei der Kraftloserklärung von gezogenen Wechseln (Art. 990 ff.) und eigenen Wechseln (Art. 1096 ff.) **anwendbar.** Zudem finden die Bestimmungen mit Ausnahme von Art. 1079 Abs. 2 und Art. 1080 auf die Kraftloserklärung von Checks (Art. 1143 Ziff. 19) und anderen Ordrepapiere (Art. 1147, 1151 Abs. 1, Art. 1152 Abs. 2) – nicht aber Namenaktien (BJM 1959, 17) – Anwendung.

3 Art. 1072–1080 finden auf alle Wechsel mit Zahlungsort in der Schweiz Anwendung (Art. 1095). Ferner sind sie anwendbar auf alle Checks, welche in der Schweiz zahlbar sind (Art. 1141 Ziff. 8 i.V.m. Art. 1095).

III. Geregelte Tatbestände

4 Der Wortlaut Art. 1072–1080 scheint die Anwendbarkeit der Kraftloserklärung auf wenige Tatbestände zu begrenzen. So spricht das Gesetz lediglich von den Forderungen gegen den «Bezogenen» (Art. 1072 Abs. 1, Art. 1078 Abs. 2) und den «Annehmenden» (Art. 1079 Abs. 2, Art. 1080). Umstritten ist, ob die Kraftloserklärung entsprechend dem engen Wortlaut nur gegenüber dem Bezogenen bzw. Annehmenden (in diesem Sinne MEIER-HAYOZ/VON DER CRONE, 204; OR-Handkommentar-REITER Art. 1072 N 3; CHK-KUHN Art. 1080 N 5; SIEBER, 134; krit. demgegenüber STROHMEIER, 118; CUD-

KOWICZ, 142 ff.) oder auch gegenüber den **weiteren Wechselverpflichteten** möglich ist.

Tatsächlich sprechen einige Argumente dafür, dass die Kraftloserklärung auch gegenüber den übrigen Wechselverpflichteten (Art. 1033) Wirkung entfaltet:

- Die Regressschuldner haften wechselmässig (MEIER-HAYOZ/VON DER CRONE, 182). Es finden sämtliche Regeln über wechselmässige Verbindlichkeiten auch auf die Regresshaftung Anwendung (JÄGGI/DRUEY/VON GREYERZ, 209). Die Vorlage der Wechselurkunde ist zur Geltendmachung der Regressforderung notwendig (Art. 1047). Die Härte, welche das Kraftloserklärungsverfahren mildern will, kann daher auch einen Wechselinhaber treffen, der gegen einen Regressschuldner vorgehen will.

- Aus Art. 971 f., welche als allgemeine Bestimmungen zum Wertpapierrecht auch auf Wechsel Anwendung finden, ergibt sich, dass die Kraftloserklärung sämtlichen aus Wertpapieren Berechtigten zustehen soll. Daraus kann abgeleitet werden, dass die Kraftloserklärungsbestimmungen nicht restriktiv auszulegen sind.

- Die erleichterte Durchsetzung der Wechselforderung besteht gegenüber allen Wechselverpflichteten. Die Wechselbetreibung ist nicht nur gegen Aussteller und Akzeptant, sondern auch gegen Indossant oder Wechselbürge zulässig (Art. 177 SchKG). Dieses Verfahren setzt den Besitz des Wechsels ebenfalls voraus, indem es die Vorlage des Wechsels oder Checks an das Betreibungsamt verlangt (Art. 177 Abs. 2 SchKG).

Beim Check ist der Regress aufgrund des Kraftloserklärungsurteils ohne Zweifel zulässig, da Art. 1143 Ziff. 19 die Anwendbarkeit von Art. 1079 Abs. 2 ausschliesst (VIELI, 220).

Art. 1072

1. Vorsorgliche Massnahmen

¹ Derjenige, dem ein Wechsel abhanden gekommen ist, kann beim Richter verlangen, dass dem Bezogenen die Bezahlung des Wechsels verboten werde.

² Der Richter ermächtigt mit dem Zahlungsverbot den Bezogenen, am Verfalltage den Wechselbetrag zu hinterlegen, und bestimmt den Ort der Hinterlegung.

1. Mesures provisionnelles

¹ Celui qui est dessaisi sans sa volonté d'une lettre de change peut requérir du juge une ordonnance interdisant au tiré de payer le titre.

² Dans cette ordonnance, le juge autorise le tiré à consigner, lors de l'échéance, le montant de la lettre de change et il désigne le lieu de la consignation.

1. Misure provvisionali

¹ Chi ha smarrito una cambiale può chiedere al giudice che vieti al trattario di pagarla.

² Pronunciando questo divieto, il giudice autorizza il trattario a depositare alla scadenza la somma della cambiale e designa il luogo del deposito.

Literatur

Vgl. die Literaturhinweise bei den Vorbem. zu Art. 1072–1080.

I. Zweck. Rechtsnatur. Zeitpunkt der vorsorglichen Massnahme

1 Der Wechselschuldner hat demjenigen zu leisten, der den Wechsel vorlegt und sein Recht durch eine ununterbrochene Reihe von Indossamenten nachweist (Art. 1006). Diese unbedingte Leistungspflicht des Wechselschuldners bei Vorliegen der Voraussetzungen gemäss Art. 1006 kann durch den Erlass eines **richterlichen Zahlungsverbotes** gemäss Art. 1072 Abs. 1 aufgehoben werden. Obwohl der Wechselinhaber sämtliche Voraussetzungen erfüllt, muss der Wechselschuldner dem Wechselvorleger die Wechselsumme nicht bezahlen.

2 Das Zahlungsverbot gemäss Art. 1072 Abs. 1 stellt eine **vorsorgliche Massnahme des Bundesrechts** dar. Neben dem gestützt auf Art. 1072 erlassenen Zahlungsverbot sind Zahlungsverbote nach kantonalem Prozessrecht nicht zulässig (**a.M.** ZK-JÄGGI, Art. 971/972 N 230; JÄGGI/DRUEY/VON GREYERZ, 77). Soweit ein Zahlungsverbot oder die Ermächtigung der Hinterlegung des Wechselbetrags zur Diskussion steht, stellt Art. 1072 eine abschliessende bundesrechtliche Regelung dar, die der Anwendung von kantonalem Recht keinen Raum lässt.

3 Das Zahlungsverbot nach Art. 1072 kann schon **vor Einleitung des Kraftloserklärungsverfahrens** erlassen werden (ZK-JÄGGI, Art. 971/972 N 229). Jedoch wird dann der Richter dem Gesuchsteller entweder Frist zur Anhebung der Klage gegen den bekannten Inhaber des Wechsels (Art. 1073) oder zur Einleitung des Kraftloserklärungsverfahrens ansetzen.

II. Voraussetzungen für den Erlass vorsorglicher Massnahmen

4 Das Gesuch um vorsorgliche Massnahme stellt der Wechselbesitzer, dem der Wechsel abhanden gekommen ist. Die Voraussetzungen sind grundsätzlich die gleichen wie für die eigentliche Krafloserklärung (vgl. Art. 1074 N 1). Der Gesuchsteller muss Wechselberechtigung und Verlust des Wechsels glaubhaft machen. Ferner hat er die Urkunde in geeigneter Weise zu individualisieren, damit sich der Richter davon überzeugen kann, dass die abhanden gekommene Urkunde ein Wechsel ist, der den Vorschriften von Art. 1072 ff. untersteht. Immerhin sind die **Anforderungen** in zweierlei Hinsicht geringer als bei der eigentlichen Kraftloserklärung: Aus Art. 1073 folgt, dass der Richter ein Zahlungsverbot auch dann erlassen kann, wenn der heutige Besitzer des Wechsels bekannt ist (ZK-JÄGGI, Art. 971/972 N 185). Aus dem Vorsorgecharakter des Zahlungsverbots ergibt sich, dass die Anforderungen an die Glaubhaftmachung des Wechselbesitzes, des Verlusts und der Beschreibung der Urkunde geringer sind als bei der eigentlichen Kraftloserklärung (vgl. auch N 7).

5 Vorsorgliche Massnahmen können nach dem Gesetzeswortlaut **nur gegen den Bezogenen** (Art. 991 Ziff. 3) erlassen werden. Soweit man annimmt, dass die Kraftloserklärung auch gegenüber den weiteren Wechselverpflichteten wirkt (vgl. dazu Vor Art. 1072–1080 N 4), sind vorsorgliche Massnahmen auch gegen die übrigen Wechselverpflichteten (Art. 1033) möglich (CUDKOWICZ, 140 f.; STROHMEIER, 117).

6 In jedem Fall sind einzig die Wechselverpflichteten Adressaten des Zahlungsverbots; besteht eine **Zahlstelle** gemäss Art. 994, so ist sie vom Wechselschuldner aufgrund des Zahlungsverbots zu benachrichtigen (ZK-JÄGGI, Art. 971/972 N 186).

III. Verfahren

Vorsorgliche Massnahmen i.S.v. Art. 1072 sind gemäss Art. 30 GestG beim Richter des Zahlungsortes (Art. 991 Ziff. 5, Art. 992, 994) zu verlangen. Der Zahlungsort stellt einen bundesrechtlichen Gerichtsstand dar, der durch kantonales Recht nicht geändert werden kann (BK-GASSER, Art. 1 GestG N 6). Demgegenüber bestimmt das kantonale Recht die sachliche **Zuständigkeit** (STROHMEIER, 47; FREI, 43). In der Regel haben die Kantone diese Aufgabe dem Einzelrichter zugewiesen, der auch für das ordentliche Kraftloserklärungsverfahren zuständig ist (vgl. dazu Art. 1074 N 4).

7

Die Regelung des Verfahrens überlässt das Obligationenrecht dem kantonalen Recht. Wie das eigentliche Kraftloserklärungsverfahren weisen die Kantone i.d.R. auch das Verfahren um vorsorgliche Massnahmen gemäss Art. 1072 dem **summarischen Verfahren** zu (vgl. dazu Art. 1074 N 4). Aus der Beweisregel für das eigentliche Kraftloserklärungsverfahren (Art. 1075) lässt sich ableiten, dass die Kantone im Verfahren um vorsorgliche Massnahmen, das die Zwecke des Kraftloserklärungsverfahrens vorläufig sichern soll, keine strengeren Anforderungen an den Nachweis des früheren Besitzes und des Verlusts des Wechsels stellen dürfen.

8

Ob der Gesuchsteller sich gegen die Verweigerung des Zahlungsverbots, oder ein Dritter oder der Schuldner sich gegen den Erlass des Zahlungsverbots **zur Wehr setzen** kann, ist nach kantonalem Recht zu beurteilen.

9

IV. Die Wirkungen der Anordnungen

Das Zahlungsverbot nimmt eine **Wirkung** der Kraftloserklärung vorweg: Einerseits verbietet sie dem Wechselschuldner, dem Vorleger der Wechselurkunde zu leisten. Andererseits berechtigt sie den Wechselschuldner, dem Wechselvorleger, dem der Wechselschuldner sonst zwingend leisten müsste, die Zahlung zu verweigern. Eine weiter gehende Wirkung hat das Zahlungsverbot nicht. Insbesondere ist es dem Wechselschuldner freigestellt, trotz des Zahlungsverbots an einen Wechselvorleger zu leisten. Der Wechselschuldner wird von seinen Verpflichtungen befreit, wenn es ihm gelingt, die Nichtberechtigung des Gesuchstellers nachzuweisen. (ZK-JÄGGI, Art. 971/972 N 189). Falls ihm dies nicht gelingt, hat er die Wechselsumme ein zweites Mal zu bezahlen (ZK-JÄGGI, Art. 971/972 N 189).

10

Ein Zahlungsverbot bezieht sich auf sämtliche Leistungen, die in der verlorenen Urkunde verbrieft sind. Dazu zählt insb. auch die **Ausstellung einer Ersatzurkunde** (ZK-JÄGGI, Art. 971/972 N 190).

11

V. Die Dauer der Anordnung

Soweit der Inhaber des verlorenen Wechsels **bekannt** ist, findet Art. 1073 Anwendung.

12

Ist der **Wechselinhaber unbekannt,** so ist Frist für die Einleitung des Kraftloserklärungsverfahrens anzusetzen (mit Vorbehalten STROHMEIER, 70). Wird das Kraftloserklärungsverfahren nicht eingeleitet, so fällt das Zahlungsverbot ohne weiteres dahin. Bei fristgemässer Einreichung des Kraftloserklärungsgesuchs bleiben die Anordnungen während des gesamten Verfahrens in Kraft. Wird dem Kraftloserklärungsgesuch stattgegeben, so gilt das Zahlungsverbot bis zur Mitteilung der Kraftloserklärung an den Schuldner; wird das Kraftloserklärungsgesuch abgelehnt, so bleibt das Zahlungsverbot bis zum Eintritt der Rechtskraft des ablehnenden Kraftloserklärungsentscheids in Kraft (ZK-JÄGGI, Art. 971/972 N 188).

13

Art. 1073

2. Bekannter Inhaber	¹ Ist der Inhaber des Wechsels bekannt, so setzt der Richter dem Gesuchsteller eine angemessene Frist zur Anhebung der Klage auf Herausgabe des Wechsels. ² **Klagt der Gesuchsteller nicht binnen dieser Frist, so hebt der Richter das dem Bezogenen auferlegte Zahlungsverbot auf.**
2. Si le détenteur du titre est connu	¹ Lorsque le détenteur de la lettre de change est connu, le juge fixe au requérant un délai convenable pour intenter l'action en restitution. ² Si le requérant n'actionne pas dans le délai fixé, le juge lève l'interdiction de payer faite au tiré.
2. Portatore conosciuto	¹ Se il portatore della cambiale è conosciuto, il giudice fissa all'istante un congruo termine per proporre l'azione di rivendicazione. ² Se l'istante non propone l'azione entro questo termine, il giudice toglie il divieto fatto al trattario.

Literatur

Vgl. die Literaturhinweise bei den Vorbem. zu Art. 1072–1080.

I. Zweck

1   Diese Bestimmung bezweckt, das vom Richter gemäss Art. 1072 erlassene Zahlungsverbot zu befristen, sofern der Inhaber des Wechsels bekannt ist. Sie entspringt dem gleichen Gedanken wie die in den kantonalen Zivilprozessordnungen beim Erlass vorsorglicher Massnahmen vorgesehene **Klageeinleitungspflicht** sowie die Prosequierungspflicht im Arrestverfahren.

II. Bekanntheit des Wechselinhabers

2   Damit der Richter gemäss Art. 1073 vorgehen kann, muss der Inhaber des Wechsels bekannt sein. **Wechselinhaber** ist dabei jeder, der die sachliche Herrschaft über den Wechsel hat. Es ist nicht erforderlich, dass bekannt ist, welche Rechte der Inhaber des Wechsels an diesem Papier geltend macht.

3   Das Gesetz spricht vom **bekannten** Inhaber. Daraus ergibt sich, dass eindeutig feststehen muss, wer den Wechsel zur Zeit besitzt. Blosse Vermutungen genügen nicht. Im Zweifel ist Unbekanntheit des Wechselinhabers anzunehmen. Denn Bekanntheit i.S.v. Art. 1073 ist nur anzunehmen, wenn dem Gesuchsteller aufgrund des Sachverhalts klar ist, gegen wen er Klage auf Herausgabe des Wechsels führen soll. Daraus ergibt sich, dass Unbekanntheit auch dann anzunehmen ist, wenn zwar der Wechselinhaber bekannt ist, dieser aber nicht eingeklagt werden kann, da sein Aufenthalt unbekannt ist oder sein Wohnsitz in einem Land liegt, das keinen wirksamen Rechtsschutz gewährt (ZK-JÄGGI, Art. 971/972 N 106; vgl. auch BJM 1966, 193). Demgegenüber ist bei Konfiskation des Wertpapiers durch einen fremden Staat nicht Unbekanntheit des Wechselinhabers anzunehmen (BGE 66 II 37; STROHMEIER, 56).

III. Frist zur Klageeinleitung

Gemäss Art. 1073 Abs. 1 hat der Richter dem Gesuchsteller eine **angemessene Frist** anzusetzen. Dabei ist insb. zu berücksichtigen, wo der Gesuchsteller Klage einleiten muss. Ist die Klage im Ausland zu erheben, ist eine relativ lange Frist zu gewähren.

Art. 1074

3. Unbekannter Inhaber
a. Pflichten des Gesuchstellers

¹ Ist der Inhaber des Wechsels unbekannt, so kann die Kraftloserklärung des Wechsels verlangt werden.

² Wer die Kraftloserklärung begehrt, hat den Besitz und Verlust des Wechsels glaubhaft zu machen und entweder eine Abschrift des Wechsels oder Angaben über dessen wesentlichen Inhalt beizubringen.

3. Si le détenteur est inconnu
a. Obligation du requérant

¹ Si le détenteur de la lettre de change est inconnu, l'annulation du titre peut être demandée.

² Celui qui demande l'annulation doit rendre plausible qu'il a été dessaisi du titre sans sa volonté et en produire une copie ou en indiquer la teneur essentielle.

3. Portatore sconosciuto
a. Obblighi dell'istante

¹ Se il portatore della cambiale è sconosciuto, può essere chiesto l'ammortamento del titolo.

² Chi chiede l'ammortamento deve rendere verosimili il possesso e lo smarrimento della cambiale e produrre una copia di questa o indicarne il tenore essenziale.

Literatur

Vgl. die Literaturhinweise bei den Vorbem. zu Art. 1072–1080.

I. Voraussetzungen der Kraftloserklärung

Art. 1074 statuiert die Voraussetzungen, unter denen die Kraftloserklärung verlangt werden kann. Dabei sind die folgenden fünf Voraussetzungen wesentlich:

– Der Inhaber des Wechsels darf nicht bekannt sein. Zur Umschreibung des «gegenwärtigen Wechselinhabers» sowie zu den Anforderungen an die **Bekanntheit des Wechselinhabers,** vorne Art. 1073 N 3.

– Der Gesuchsteller der Kraftloserklärung muss glaubhaft machen, dass er zur Zeit des Verlusts **Besitzer des Wechsels** war (GUHL-DRUEY, 905). Zur Frage des Gesuchsrechts des unselbständigen Besitzers oder des Besitzmittlers s. nachfolgender Absatz. Bei Gesamtbesitz müssen grundsätzlich alle Gesamtbesitzer zusammen das Gesuch stellen. Verweigert ein Gesamtbesitzer die Mitwirkung bei der Gesuchstellung, so ist Verzicht anzunehmen, womit seine Rechte den übrigen Gesamtbesitzern anwachsen und diese allein zur Gesuchstellung berechtigt sind.

– Da Art. 971 Abs. 2 auch auf die Kraftloserklärung von Wechseln Anwendung findet, hat der Gesuchsteller zudem geltend zu machen, dass er zur Zeit des Verlusts **Berechtigter** der verlorenen Wechselurkunde (Berechtigung am Papier) war. Dazu zählen lediglich der Eigentümer, der Nutzniesser oder Pfandnehmer (BJM 1984, 145; ZK-JÄGGI, Art. 971/972 N 119). Entgegen zahlreicher Lehrmeinungen (vgl. ZK-

JÄGGI, Art. 971/972 N 126; BEELER, 3; RUPP, 110 f.; ZIMMERLI, 54; VIELI, 206) haben die unselbständigen Besitzer kein Gesuchsrecht (BJM 1984, 145). Jedenfalls fehlt ihnen eine solche Berechtigung, wenn sie sich nicht auf die Rechte des berechtigten selbständigen Besitzers berufen.

- Der Gesuchsteller hat den Verlust des Wechsels glaubhaft zu machen. **Verlust** liegt vor, wenn der Wechsel dem Gesuchsteller abhanden gekommen ist (etwa durch Diebstahl) oder wenn der Wechsel zerstört wurde (vgl. ZK-JÄGGI, Art. 971/972 N 151). In beiden Fällen ist es dem Berechtigten unmöglich, den Wechsel vorzulegen. Demgegenüber gilt die mangelnde Feststellbarkeit der Skriptur des Wechsels nicht als Verlust. Die Urkunde kann in einem solchen Fall immer noch vorgelegt werden, weshalb das Kraftloserklärungsverfahren nicht in Betracht kommt (ZK-JÄGGI, Art. 971/972 N 35). Ebenso ist die Enteignung oder Beschlagnahmung durch einen fremden Staat nicht als Verlust zu betrachten (CUDKOWICZ, 98; VIELI, 205).

- Der Gesuchsteller hat eine Abschrift des Wechsels vorzulegen. Soweit er nicht im Besitz einer solchen Abschrift ist, hat er den wesentlichen **Inhalt des Wechsels anzugeben**. Die Angaben haben so detailliert zu sein, dass damit die folgenden beiden Ziele erreicht werden können: Einmal muss aufgrund der Angaben die verlorene Urkunde individualisiert werden können (BGE 83 II 450). Sodann soll aufgrund der Angaben feststellbar sein, ob es sich bei der vermissten Urkunde um einen Wechsel handelt. Zur Anforderung an das Glaubhaftmachen vgl. Art. 1075 N 3.

II. Verfahren

2 Das Kraftloserklärungsverfahren wird primär durch **Bundesrecht** geregelt. Nur soweit keine bundesrechtlichen Vorschriften bestehen, darf kantonales Recht angewendet werden (BGE 82 II 226).

3 Von Bundesrechts wegen gelten folgende Bestimmungen: Gemäss Art. 30 GestG ist der Richter am Zahlungsort für die Kraftloserklärung des Wechsels zuständig. Der Art und Weise, wie das Kraftloserklärungsverfahren in Art. 1072–1080 geregelt ist, kann entnommen werden, dass einzig dem Gesuchsteller – und nicht auch dem Schuldner – Parteistellung zukommt (ZK-JÄGGI, Art. 971/972 N 131; SJZ 1953, 65). Daraus folgt auch, dass die Kraftloserklärung im nichtstreitigen Verfahren durchzuführen ist (vgl. auch STROHMEIER, 57).

4 Die Regelung der übrigen Verfahrensfragen ist dem **kantonalen Recht** überlassen. Die kantonalen Prozessgesetze weisen das Kraftloserlärungsverfahren zumeist dem Einzelrichter zu (z.B. Zürich: § 219 Ziff. 21 ZPO ZH). Dabei findet häufig das summarische Verfahren Anwendung (z.B. § 219 Ziff. 21 ZPO ZH). Der Richter prüft den Sachverhalt von Amtes wegen (z.B. § 211 ZPO ZH) ohne Beschränkung der Beweismittel (z.B. § 209 Abs. 2 ZPO ZH).

Art. 1075

b. Einleitung des Aufgebots — Erachtet der Richter die Darstellung des Gesuchstellers über den frühern Besitz und über den Verlust des Wechsels für glaubhaft, so fordert er durch öffentliche Bekanntmachung den Inhaber auf, innerhalb bestimmter Frist den Wechsel vorzulegen, widrigenfalls die Kraftloserklärung ausgesprochen werde.

4. Abschnitt: Der Wechsel 1–4 Art. 1075

b. Sommation   Après ces justifications, le juge somme le détenteur inconnu de produire la lettre de change dans un délai déterminé, sous peine d'en voir prononcer l'annulation.

b. Diffida   Qualora siano resi verosimili il possesso e lo smarrimento della cambiale, il giudice diffida, mediante pubblico avviso, lo sconosciuto portatore a produrla entro un dato termine, sotto comminatoria dell'ammortamento.

Literatur

Vgl. die Literaturhinweise bei den Vorbem. zu Art. 1072–1080.

I. Zweck

Art. 1075 legt fest, welche **Anordnungen** der Richter treffen muss, wenn die Voraussetzungen gemäss Art. 1074 erfüllt sind. Dabei wiederholt Art. 1075 die Beweisregel von Art. 1074, wonach Glaubhaftmachen der Voraussetzungen gemäss Art. 1074 genügt. 1

II. Glaubhaftmachung

Der Begriff des «Glaubhaftmachens» gemäss Art. 1074 f. ist ein bundesrechtlicher Begriff. Ob die Voraussetzungen der Kraftloserklärung gemäss Art. 1074 **glaubhaft gemacht** sind, kann daher das BGer frei überprüfen (ZK-JÄGGI, Art. 971/972 N 162). 2

Die hier verlangte Glaubhaftmachung deckt sich mit der üblicherweise – insb. im Verfahren um einstweiligen Rechtsschutz – geforderten **Beweisintensität.** Danach braucht beim Glaubhaftmachen das Gericht nicht voll überzeugt zu sein, sondern es genügt, wenn für die Behauptungen eine gewisse Wahrscheinlichkeit spricht, auch wenn das Gericht noch mit der Möglichkeit rechnet, dass die behauptete Tatsache sich nicht wie behauptet verwirklicht haben könnte (BGE 104 I 413; 99 II 347; 88 I 13; ZBJV 1944, 418; im Hinblick auf die Kraftloserklärung VIELI, 208; STROHMEIER, 62 f.). Blosse Versicherungen des Gesuchstellers, dass er Besitzer war und die Urkunde verloren hat, genügen nicht (Rep 1971, 307). Auch blosse Hinweise, die einen Verlust als möglich erscheinen lassen, reichen nicht (SJ 1948, 245). Vgl. aber auch SJZ 1959, 375. 3

III. Rechtsfolge

Sind die Voraussetzungen gemäss Art. 1074 glaubhaft gemacht, fordert der Richter mittels **öffentlicher Bekanntmachung** den Inhaber des Wechsels auf, diesen innert bestimmter Frist vorzulegen. Im Bekanntmachungstext ist der Wechsel möglichst genau zu bezeichnen, sodass er von Dritten, die im Besitz des Wechsels sind, identifiziert werden kann. Zur Umschreibung des Wechsels im Bekanntmachungstext gehören insb. die Namen des Bezogenen sowie des Ausstellers und allenfalls das Ausstellungsdatum. Der Bekanntmachungstext hat sodann die Frist, innert welcher der Wechsel vom Wechselinhaber vorgelegt werden muss, anzugeben. Ferner ist im Bekanntmachungstext auf die Folge der Nichtvorweisung des Wechsels – die Kraftloserklärung – hinzuweisen. 4

Art. 1076

c. Fristen	¹ **Die Vorlegungsfrist beträgt mindestens drei Monate und höchstens ein Jahr.** ² **Der Richter ist indessen an die Mindestdauer von drei Monaten nicht gebunden, wenn bei verfallenen Wechseln die Verjährung vor Ablauf der drei Monate eintreten würde.** ³ **Die Frist läuft bei verfallenen Wechseln vom Tage der ersten öffentlichen Bekanntmachung, bei noch nicht verfallenen Wechseln vom Verfall an.**
c. Délais	¹ Le délai pour produire la lettre de change est de trois mois au moins et d'une année au plus. ² Le juge peut fixer un délai plus court pour les lettres de change échues qui seraient prescrites avant l'expiration du délai de trois mois. ³ Le délai court, à l'égard des lettres de change échues, dès le jour où la première sommation a été publiée et, à l'égard des titres non échus, dès l'échéance.
c. Termini	¹ Il termine per produrre la cambiale non dev'essere minore di tre mesi, né maggiore di un anno. ² Per le cambiali scadute il giudice può tuttavia stabilire un termine minore di tre mesi, se venisse prima a compiersene la prescrizione. ³ Il termine decorre per le cambiali scadute dal giorno in cui fu pubblicata la prima diffida, per le cambiali non ancora scadute dalla scadenza.

Literatur

Vgl. die Literaturhinweise bei den Vorbem. zu Art. 1072–1080.

I. Frist zur Vorlegung

1   Art. 1076 setzt den Rahmen für die **vom Richter anzusetzende Frist** zur Vorlegung des Wechsels. Fristbeginn ist bei verfallenen Wechseln immer der Tag der ersten öffentlichen Bekanntmachung. Bei Bekanntmachungen in mehreren Zeitungen ist der Tag der Veröffentlichung im SHAB massgebend.

2   Bei noch **nicht verfallenen Wechseln** läuft die Frist vom Verfalltag an (Art. 1023).

II. Rechtsnatur der Frist

3   Die Vorlegungsfrist ist **keine Verwirkungsfrist.** Mit der Unterlassung der Vorlegung allein verliert der Besitzer des Wechsels die Rechte aus dem Wechsel nicht. Erst die Kraftloserklärung durch den Richter gemäss Art. 1079 erschwert die Rechtsstellung des Wechselbesitzers (vgl. dort). Entsprechend hat der Richter einen nach der Vorlegungsfrist, aber vor Erlass des Kraftloserklärungsentscheids, vorgelegten Wechsel zu berücksichtigen. Er hat dann das Verfahren gemäss Art. 1078 anzuordnen. Zur Frage, wie ein nach der Kraftloserklärung vorgelegter Wechsel zu behandeln ist, vgl. Art. 1079 N 2, 7.

Art. 1077

d. Veröffentlichung	¹ Die Aufforderung zur Vorlegung des Wechsels ist dreimal im Schweizerischen Handelsamtsblatt zu veröffentlichen. ² In besondern Fällen kann der Richter noch in anderer Weise für angemessene Veröffentlichung sorgen.
d. Publication	¹ La sommation de produire est publiée trois fois dans la *Feuille officielle suisse du commerce*. ² Le juge peut exceptionnellement prescrire telles autres mesures de publicité qui lui paraîtraient utiles.
d. Pubblicazione	¹ La diffida dev'essere pubblicata tre volte nel *Foglio ufficiale svizzero di commercio*. ² In casi speciali il giudice può provvedere anche in altro modo ad un'opportuna pubblicità.

Literatur

Vgl. die Literaturhinweise bei den Vorbem. zu Art. 1072–1080.

I. Publikation

Die Abstände zwischen den einzelnen Veröffentlichungen werden vom Richter bestimmt. Immerhin hat er nicht zu grosse Abstände zwischen den **einzelnen Veröffentlichungen** zu wählen. Die Tatsache, dass die Vorlegungsfrist bei verfallenen Wechseln von der ersten Veröffentlichung an zu laufen beginnt (Art. 1076 Abs. 3), spricht dafür, dass die Aufgebote nicht in allzu grossen Abständen voneinander publiziert werden sollten. 1

Der **Publikationstext** hat folgende Angaben zu enthalten: 2

– Sämtliche Angaben über den Wechsel, die zur Individualisierung geeignet sind.
– Die Aufforderung an den Besitzer des Wechsels und jedermann, der über die Urkunde Auskunft geben kann, sich innert einer bestimmten Frist zu melden und den Wechsel vorzulegen bzw. über den Verbleib des Wechsels Auskunft zu geben.
– Die Androhung der Kraftloserklärung bei Nichtvorlage innert Frist.

II. Andere angemessene Veröffentlichungen

Es steht dem Richter des Kraftloserklärungsverfahrens frei, das Aufgebot in weiteren geeigneten Zeitschriften oder in anderer Form zu veröffentlichen. In der Regel wird das Aufgebot auch **im kantonalen Amtsblatt** publiziert. 3

Art. 1078

4. Wirkung a. Bei Vorlegung des Wechsels	¹ Wird der abhanden gekommene Wechsel vorgelegt, so setzt der Richter dem Gesuchsteller eine Frist zur Anhebung der Klage auf Herausgabe des Wechsels.

² **Klagt der Gesuchsteller nicht binnen dieser Frist, so gibt der Richter den Wechsel zurück und hebt das dem Bezogenen auferlegte Zahlungsverbot auf.**

4. Effets
a. En cas de production du titre

¹ Si la lettre de change perdue est produite, le juge impartit au requérant un délai pour intenter l'action en restitution.

² Si l'action n'est pas intentée dans ce délai, le juge restitue le titre à celui qui l'a produit et lève l'interdiction de payer faite au tiré.

4. Effetti
a. Se la cambiale è prodotta

¹ Quando la cambiale sia prodotta, il giudice assegna all'istante un termine per proporre l'azione di rivendicazione.

² Se l'istante non propone l'azione entro questo termine, il giudice restituisce la cambiale e toglie il divieto di pagamento fatto al trattario.

Literatur

Vgl. die Literaturhinweise bei den Vorbem. zu Art. 1072–1080.

I. Zweck

1   Art. 1078 regelt die Rechtsfolge für den Fall, dass der Wechsel innert Frist vorgelegt wird. Er versucht, einen Ausgleich zu schaffen zwischen den Interessen des Vorlegers, der durch das Kraftloserklärungsverfahren zur Vorlage des Wechsels gezwungen wird, und den Interessen des Gesuchstellers des Kraftloserklärungsverfahrens, der die Berechtigung am vorgelegten Wechsel behauptet.

II. Vorlage des Wechsels

2   Der Besitzer des Wechsels ist verpflichtet, den **Wechsel im Original vorzulegen.** Der Gesetzeswortlaut ist klar: Die Vorlage einer Kopie genügt nicht.

3   Blosse **Mitteilungen über den Verbleib des Wechsels** können die Rechtsfolgen von Art. 1078 nicht auslösen. Aufgrund derartiger Hinweise kann der Richter das Aufgebot allenfalls in anderen als den bisherigen Zeitschriften veröffentlichen oder bestimmten Personen das Aufgebot direkt zustellen (vgl. auch STROHMEIER, 78; VIELI, 212).

4   Kann ein anderer Wechselbesitzer den Wechsel **nicht vorlegen,** weil er ihn ebenfalls verloren hat, gilt Folgendes: Da der Wechsel nicht vorgelegt werden kann, treten die Rechtsfolgen gemäss Art. 1079 ein. Der spätere Wechselinhaber kann aber gegen den Gesuchsteller Klage einleiten und die Abtretung der Rechte aus der Kraftloserklärung verlangen. Zudem kann er auf Feststellung, dass der Gesuchsteller nicht der wahrhafte Wechselberechtigte sei, klagen. Auf diese Weise verliert der Schuldner seine Gutgläubigkeit und kann somit nicht mehr befreiend an den Gesuchsteller leisten (vgl. Art. 1079 N 7).

III. Vorlegung innert Frist

5   Damit die Rechtsfolge gemäss Art. 1078 eintritt, muss der Wechsel innert der im Aufgebot angesetzten Frist vorgelegt werden. Nach Ablauf dieser Frist tritt die Rechtsfolge gemäss Art. 1079 ein. Immerhin ist die Vorlegungsfrist keine strenge Verwirkungsfrist. Daher ist die Vorlegung des Wechsels **nach Ablauf der Vorlegungsfrist** aber vor rechtskräftiger Kraftloserklärung noch zu berücksichtigen (BGE 46 II 140; VIELI, 213), und es treten die Rechtsfolgen gemäss Art. 1078 ein.

IV. Rechtsfolgen

Der Gesuchsteller hat innert der vom Richter angesetzten Frist die **Herausgabeklage** zu erheben. Gemäss Art. 20 GestG ist die Klage entweder am Wohnsitz oder Sitz des Beklagten oder beim Gericht der Kraftloserklärung (Ort, an dem die Sache liegt) einzureichen. 6

Leitet der Gesuchsteller die Klage nicht innert Frist ein, gibt der Richter den vorgelegten Wechsel zurück und **hebt das Zahlungsverbot auf.** Selbstverständlich ist, dass der Richter auch einen gemäss Art. 1080 hinterlegten Betrag an den Annehmer zurückbezahlt. 7

Art. 1079

b. Bei Nichtvorlegung	¹ Wird der abhanden gekommene Wechsel innert der angesetzten Frist nicht vorgelegt, so hat der Richter ihn kraftlos zu erklären. ² Nach der Kraftloserklärung des Wechsels kann der Gesuchsteller seinen wechselmässigen Anspruch noch gegen den Annehmenden geltend machen.
b. Si le titre n'est pas produit	¹ Lorsque la lettre de change n'est pas produite dans le délai imparti, le juge en prononce l'annulation. ² Dès lors, l'action de change peut être encore intentée contre l'accepteur.
b. Se la cambiale non è prodotta	¹ Se nel termine fissato la cambiale non è prodotta al giudice, questi la dichiara annullata. ² Dopo l'annullamento l'istante può esercitare ancora l'azione cambiaria contro l'accettante.

Literatur

Vgl. die Literaturhinweise bei den Vorbem. zu Art. 1072–1080.

I. Die Krafloserklärung

Wenn der abhanden gekommene Wechsel im Kraftloserklärungsverfahren nicht innert Frist vorgelegt wird, hat der Richter die Kraftloserklärung auszusprechen. Diese erfolgt zumeist in der Form einer Verfügung, der Gestaltungswirkung zukommt; d.h. die Kraftloserklärung bewirkt, dass die Wechselurkunde mit der Rechtskraft des Kraftloserklärungsentscheids ihre wertpapierrechtliche Funktion verliert (vgl. dazu N 4 ff.). Der **Kraftloserklärungsentscheid** hebt regelmässig das dem Schuldner auferlegte Zahlungsverbot auf. Sodann legt er die Gerichtsgebühren fest, welche dem Gesuchsteller auferlegt werden. Die Aufhebung des Zahlungsverbots und die Kraftloserklärung sind dem Schuldner vom Gericht mitzuteilen (a.M. ZK-JÄGGI, Art. 971/972 N 178). 1

Die meisten Kantone stellen gegen die Kraftloserklärung ein **Rechtsmittel** zur Verfügung; z.B. Zürich: Rekurs gemäss § 272 ZPO ZH. Gegen das letztinstanzliche kantonale Urteil kann Beschwerde an das BGer geführt werden (Art. 72 ff. BGG). Im Rechtsmittelverfahren sind grundsätzlich der Gesuchsteller und allenfalls ein Drittansprecher legitimiert, nicht aber der Schuldner (SJZ 1953, 65 f.). Soweit neue Tatsachen im 2

Rechtsmittelverfahren Berücksichtigung finden können, ist auch die Vorlegung des Wechsels erst im Rechtsmittelverfahren vom Richter zu beachten.

3   Im Gegensatz zur Kraftloserklärung von Inhaberpapieren (vgl. Art. 986 Abs. 2) wird die Kraftloserklärung eines Wechsels **nicht veröffentlicht**.

II. Die Wirkungen der Kraftloserklärung

4   Die Kraftloserklärung hat eine **negative** und eine **positive Wirkung**:
   – In einem negativen Sinn beraubt sie den kraftloserklärten Wechsel teilweise seiner wertpapierrechtlichen Wirkung. Die Kraftloserklärung wirkt «legitimationszerstörend» (BGE 84 II 174; MEIER-HAYOZ/VON DER CRONE, 204), indem der kraftloserklärte Wechsel für die Geltendmachung des Rechts nicht mehr notwendig, aber auch nicht mehr ausreichend ist. Das heisst für den Gesuchsteller, dass er vom Schuldner Leistung ohne Vorlage des kraftloserklärten Papiers verlangen kann (BGer v. 22.12.2003, 4P.178/2003, E. 5). Für den Schuldner bedeutet es, dass er an den Papiervorleger nicht mehr leisten darf oder muss.
   – In einem positiven Sinn weist der Kraftloserklärungsentscheid den Gesuchsteller als den Gläubiger der im kraftloserklärten Wechsel verbrieften Rechte aus. Das heisst, der Gesuchsteller kann diese Rechte geltend machen und der Schuldner kann an den Gesuchsteller mit befreiender Wirkung leisten. Allerdings darf der Schuldner nur leisten, wenn er gutgläubig ist (Art. 966 Abs. 2).

5   Damit nimmt die Kraftloserklärung dem kraftloserklärten Wechsel nur einen Teil seiner wertpapierrechtlichen Wirkung. Die Übertragungsfunktion (Art. 965) des kraftloserklärten Papiers bleibt nämlich aufrechterhalten. Der **gutgläubige Erwerb** eines kraftloserklärten Wechsels ist möglich (ZK-JÄGGI, Art. 971/972 N 228; MEIER-HAYOZ/VON DER CRONE, 204 sowie VIELI, 212, 214 wollen den gutgläubigen Erwerb allerdings nur vor der Kraftloserklärung zulassen). Zwar kann der gutgläubige Erwerber infolge der Kraftloserklärung vom Schuldner nicht mehr Zahlung fordern, doch kann er als Drittansprecher gegen den Gesuchsteller vorgehen (vgl. N 7).

6   Die Ausfertigung des Kraftloserklärungsentscheids tritt nicht an die Stelle der kraftloserklärten Urkunde (ZK-JÄGGI, Art. 971/972 N 203) und beweist den **Bestand der Gläubigerrechte** nicht. Der Gesuchsteller kann mit dem Kraftloserklärungsentscheid lediglich nachweisen, dass er zur Geltendmachung der im kraftloserklärten Wechsel verbrieften Rechte berechtigt ist, soweit solche bestehen. Da der Schuldner am Kraftloserklärungsverfahren nicht beteiligt war, kann er dem Gesuchsteller alle Einreden, ausser die Einrede, er müsse die Wechselurkunde vorlegen, entgegenhalten (vgl. BGE 84 II 174 ff.; zur Beweislast ZK-JÄGGI, Art. 971/972 N 209).

7   Wenn ein **Drittansprecher** ein besseres Recht als der Gesuchsteller an dem kraftloserklärten Wechsel geltend machen will, hat er wie folgt vorzugehen: Soweit der Schuldner die Wechselsumme an den Gesuchsteller noch nicht bezahlt hat, muss der Drittansprecher ein Verfahren gegen den Gesuchsteller einleiten, das seine bessere Berechtigung feststellen und den Gesuchsteller zur Abtretung der Rechte aus der Kraftloserklärung verpflichten soll. Als vorsorgliche Massnahme wird der Drittansprecher den Erlass eines Zahlungsverbots an den Schuldner beantragen. Falls der Schuldner dem Gesuchsteller des Kraftloserklärungsverfahrens die Wechselsumme bereits bezahlt hat, muss der Drittansprecher die Rückzahlung des vom Schuldner erlangten Betrages aus Bereicherungs-

recht fordern (ZK-JÄGGI, Art. 971/972 N 228). Häufig wird es allerdings an der Bereicherung des Gesuchstellers fehlen.

Die Kraftloserklärung der Wechselurkunde führt dazu, dass die im kraftloserklärten Wechsel verurkundete Forderung nicht mittels **Wechselbetreibung** eingefordert werden kann. Der Gläubiger kann die Wechselurkunde nicht vorlegen, und der Kraftloserklärungsentscheid selbst hat keine urkundenrechtliche Bedeutung. 8

Es ist umstritten, ob mit dem Kraftloserklärungsurteil auch **Regressforderungen** gegen die übrigen Wechselverpflichteten (Art. 1033, 1044) geltend gemacht werden können (dazu Vor Art. 1072–1080 N 4). Jedenfalls steht diese Möglichkeit dem Checkinhaber offen (Art. 1123 Ziff. 19; VIELI, 220). Wird ein kraftloserklärter Check nicht honoriert, so hat der Checkinhaber Protest zu erheben. Mit dem Protest und seiner Rechtsposition als Gesuchssteller im Kraftloserklärungsverfahren kann er nachher gegen die übrigen Checkverpflichteten Regress nehmen. Dabei hat er dem Checkverpflichteten, welcher die Rückgriffsumme bezahlt, in analoger Anwendung von Art. 1047 seine Rechtsposition als Gesuchsteller des Kraftloserklärungsverfahrens abzutreten und den Protest sowie eine quittierte Rechnung auszuhändigen. Zur Problematik der Protesterhebung während des Kraftloserklärungsverfahrens vgl. STROHMEIER (123 f.) und VIELI (221). Kommt ein Not leidender Check mit dazugehörigem Protest abhanden, so sind Zahlungsverbote gegen die Checkverpflichteten anzustreben (vgl. Art. 1072 N 5). Die darauf folgende Kraftloserklärung ersetzt die Urkunde und den Protest (VIELI, 221). 9

Mit der Kraftloserklärung erhält der Gesuchsteller auch einen Anspruch auf Ausstellung einer **Ersatzurkunde**. Zwar sehen die Artikel über die Kraftloserklärung von Wechseln diesen Anspruch nicht selbst vor, doch steht ein solcher Anspruch dem Gesuchsteller gemäss Art. 972 Abs. 1, der auch bei der Kraftloserklärung von Wechseln Anwendung findet, zu. Die Kosten für die Ausstellung einer Ersatzurkunde hat der Gesuchsteller dem Schuldner vorgängig zu vergüten (ZK-JÄGGI, Art. 971/972 N 204). 10

Art. 1080

5. Richterliche Verfügungen	**¹ Der Richter kann schon vor der Kraftloserklärung dem Annehmer die Hinterlegung und gegen Sicherstellung selbst die Zahlung des Wechselbetrages zur Pflicht machen.**
	² Die Sicherheit haftet dem gutgläubigen Erwerber des Wechsels. Sie wird frei, wenn der Wechsel kraftlos erklärt wird oder die Ansprüche aus ihm sonst erlöschen.
5. Ordonnances du juge	¹ Le juge peut, déjà avant de prononcer l'annulation, ordonner à l'accepteur de consigner le montant de la lettre de change ou, contre sûreté suffisante, de le payer.
	² Le montant de la sûreté garantit celui qui, de bonne foi, est devenu acquéreur de la lettre de change; il peut être retiré si le titre est annulé ou si les droits en dérivant sont éteints pour quelque autre cause.
5. Misure ordinate dal giudice	¹ Il giudice può, anche prima di pronunciare l'ammortamento, ordinare all'accettante di depositare la somma della cambiale e persino di pagarla quando sia prestata garanzia.
	² L'acquirente in buona fede della cambiale ha il diritto di essere soddisfatto sulla garanzia. Questa è svincolata quando la cambiale sia annullata o si estinguano altrimenti i diritti da essa derivanti.

Art. 1081

Literatur

Vgl. die Literaturhinweise bei den Vorbem. zu Art. 1072–1080.

I. Zweck

1 Der Verlust der Wechselurkunde hat für den Verlierer gravierende Wirkung. Er kann die in der Wechselurkunde verbrieften Rechte trotz ihrer Fälligkeit nicht geltend machen. Das Gesetz mildert diese Härte für den Verlierer dadurch, dass es ihm das Kraftloserklärungsverfahren zur Verfügung stellt. Mit Art. 1080 wird diese Härte weiter gemildert, indem das Gesetz gewisse Vollstreckungsmassnahmen gegenüber dem Wechselschuldner – **Hinterlegung** oder **Zahlung gegen Sicherstellung** – schon vor der Kraftloserklärung zulässt.

2 Immerhin gewährt das Gesetz diese Erleichterung dem Verlierer des Wechsels nur zögernd. So ist die vorläufige Hinterlegungs- oder Zahlungspflicht gemäss Art. 1080 nur als «Kann-Vorschrift» statuiert. Es ist also im **Ermessen des Richters,** ob er dem Wechselverlierer diese Wohltat gewähren will. Zudem ist nach Gesetzeswortlaut diese Massnahme nur gegen den Annehmer möglich.

II. Anordnungen

3 Der Richter kann den Schuldner zur Hinterlegung der Wechselsumme verpflichten. Im Gegensatz zur Anordnung gemäss Art. 1072 Abs. 2 ist der Schuldner dann nicht nur ermächtigt, sondern er ist **verpflichtet,** die Wechselsumme zu hinterlegen.

4 Anstelle der Hinterlegung kann der Richter den Wechselschuldner zur Zahlung verpflichten. Auf diese Weise kommt der Gesuchsteller im Kraftloserklärungsverfahren trotz Verlusts der Wechselurkunde bei Fälligkeit in den Genuss der Wechselsumme. Immerhin hat er für den erhaltenen Wechselbetrag **Sicherstellung** zu leisten. Die Sicherstellungspflicht endet erst mit der Rechtskraft des Kraftloserklärungsentscheids.

XIV. Allgemeine Vorschriften

Art. 1081

1. Fristbestimmungen
a. Feiertage

¹ Verfällt der Wechsel an einem Sonntag oder einem anderen staatlich anerkannten Feiertag, so kann die Zahlung erst am nächsten Werktage verlangt werden. Auch alle anderen auf den Wechsel bezüglichen Handlungen, insbesondere die Vorlegung zur Annahme und die Protesterhebung, können nur an einem Werktage stattfinden.

² Fällt der letzte Tag einer Frist, innerhalb deren eine dieser Handlungen vorgenommen werden muss, auf einen Sonntag oder einen anderen staatlich anerkannten Feiertag, so wird die Frist bis zum nächsten Werktage verlängert. Feiertage, die in den Lauf einer Frist fallen, werden bei der Berechnung der Frist mitgezählt.

1. Délais
a. Jours fériés

¹ Le paiement d'une lettre de change dont l'échéance est à un dimanche ou à un autre jour reconnu férié par l'Etat ne peut être exigé que le premier

4. Abschnitt: Der Wechsel 1–5 Art. 1081

jour ouvrable qui suit. De même, tous autres actes relatifs à la lettre de change, notamment la présentation à l'acceptation et le protêt, ne peuvent être faits qu'un jour ouvrable.

² Lorsqu'un de ces actes doit être accompli dans un certain délai dont le dernier jour est un dimanche ou un autre jour reconnu férié par l'Etat, ce délai est prorogé jusqu'au premier jour ouvrable qui en suit l'expiration. Les jours fériés intermédiaires sont compris dans la computation du délai.

1. Termini
a. Giorni festivi

¹ Il pagamento della cambiale che scade in domenica o altro giorno riconosciuto dallo Stato come festivo non si può chiedere che il primo giorno feriale successivo. Ugualmente tutti gli altri atti relativi alla cambiale, e in particolare la presentazione per l'accettazione e il protesto, non possono essere fatti che in giorno feriale.

² Se uno di questi atti deve essere fatto entro un termine il cui ultimo giorno è una domenica o un altro giorno riconosciuto dallo Stato come festivo, il termine è prorogato fino al primo giorno feriale successivo. I giorni festivi intermedi sono compresi nel computo del termine.

Literatur

Vgl. die Literaturhinweise zu Art. 990.

Art. 1081 (vgl. auch Art. 72 EinhWG; Art. 18 Anlage II EinhWG; Art. 72 WG; Art. 180 C.com.; Art. 96 R.D. 1669) **entspricht inhaltlich Art. 78.** Massgebend ist das Recht am Zahlungsort (Art. 991 Ziff. 5, Art. 992 Abs. 3). Zum Begriff des staatlich anerkannten Feiertages vgl. BGE 115 IV 266f.; BSK OR I-LEU, Art. 78 N 4. Samstage sind auch bez. der wechselrechtlichen Fristen von Bundesrechts wegen den Feiertagen gleichgestellt (Art. 1 des BG vom 21.6.1963 über den Fristenlauf an Samstagen, SR 173 110.3; ZR 1958, 153). 1

Verfalltag und Zahlungstag sind zu unterscheiden (ZR 1968, 152; JACOBI, 338). Der Wechsel kann wohl an einem Sonn- oder Feiertag fällig werden (Fristbeginn für die Verjährung, Art. 1069 Abs. 1), Zahlung kann jedoch erst am nächsten Werktag verlangt werden. 2

An Sonn- und Feiertagen geleistete und angenommene Zahlung ist wirksame Erfüllung. Der Gläubiger **muss** eine an einem Sonn- oder Feiertag angebotene Zahlung **annehmen** (BSK OR I-LEU, Art. 78 N 1). 3

Die an einem Sonn- oder Feiertag vorgenommenen wechselrechtlichen Handlungen wie Präsentation zur Annahme oder zur Zahlung sind nichtig. Ein von einer zuständigen Urkundsperson oder Amtsstelle an einem Sonn- oder Feiertag erhobener Protest ist jedoch aufgrund Art. 1041 gültig. Art. 1081 ist **nicht zwingend** (JACOBI, 337 FN 1; **a.M.** BAUMBACH/HEFERMEHL/CASPER, Art. 72 WG N 3). So ist das anlässlich der Präsentation am Sonntag unterzeichnete Akzept gültig. Die an einem Sonn- oder Feiertag stattgefundene mündliche Benachrichtigung (Art. 1042) ist unwirksam. Eine an einem Sonn- oder Feiertag eingetroffene schriftliche Benachrichtigung ist wirksam, gilt jedoch erst als am nächsten Werktag zugegangen (JACOBI, 337f.; BAUMBACH/HEFERMEHL/CASPER, Art. 72 WG N 3). 4

Gemäss Abs. 2 kann eine **Frist** nicht an einem Sonn- oder Feiertag enden, jedoch an einem derartigen Tag beginnen. Vorbehalten bleiben Sondernormen, wonach eine Frist nur aus Werktagen bestehen kann, wie bei der Vorlegung zur Zahlung (Art. 1028 Abs. 1) und bei der Benachrichtigung (Art. 1042 Abs. 1; BÜLOW, Art. 72 WG N 4). 5

Art. 1082

b. Fristberech- nung	Bei der Berechnung der gesetzlichen oder im Wechsel bestimmten Fristen wird der Tag, von dem sie zu laufen beginnen, nicht mitgezählt.
b. Calcul des délais	Les délais légaux ou conventionnels ne comprennent pas le jour qui leur sert de point de départ.
b. Computo dei termini	Nei termini legali o convenzionali non si computa il giorno da cui cominciano a decorrere.

1 Art. 1082 (vgl. auch Art. 73 EinhWG; Art. 73 WG; Art. 182 C.com.; Art. 97 R.D. 1669) entspricht Art. 77 Abs. 1 Ziff. 1: dies a quo non computatur in termino.

Art. 1083

c. Ausschluss von Respekttagen	Weder gesetzliche noch richterliche Respekttage werden anerkannt.
c. Exclusion des jours de grâce	Aucun jour de grâce, ni légal ni judiciaire n'est admis.
c. Esclusione dei giorni di rispetto	Non sono ammessi giorni di rispetto né legali né giudiziari.

1 **Respekttage** sind Fristverlängerungen. Gesetzliche (kantonalrechtliche) oder richterliche sind aufgrund Art. 1083 (vgl. auch Art. 74 EinhWG; Art. 74 WG; Art. 182 C.com.; Art. 98 R.D. 1669) ungültig. Bloss Sonntage und staatlich anerkannte Feiertage vermögen eine Frist zu verlängern (Art. 1081 Abs. 1). Massgebend ist das Recht am Zahlungsort, ausländische Respekttage sind soweit zu beachten (vgl. Art. 1092 N 3).

2 Fraglich ist die Zulässigkeit von **Anordnungen im Wechsel selbst betr. Fristverlängerungen** (vgl. Art. 1023 Abs. 2; gegen Zulässigkeit BÜLOW, Art. 74 WG N 1). Sicher zulässig ist eine Prolongation.

3 Eine **Nachlassstundung** bewirkt bloss einen Vollstreckungsaufschub gegenüber dem Schuldner und hemmt die Verjährung (Art. 297 SchKG), berührt ansonsten jedoch die wechselrechtlichen Fristen nicht.

Art. 1084

2. Ort der Vornahme wechselrechtlicher Handlungen	¹ Die Vorlegung zur Annahme oder zur Zahlung, die Protesterhebung, das Begehren um Aushändigung einer Ausfertigung des Wechsels sowie alle übrigen bei einer bestimmten Person vorzunehmenden Handlungen müssen in deren Geschäftslokal oder in Ermangelung eines solchen in deren Wohnung vorgenommen werden.

4. Abschnitt: Der Wechsel

² **Geschäftslokal oder Wohnung sind sorgfältig zu ermitteln.**

³ **Ist jedoch eine Nachfrage bei der Polizeibehörde oder Post stelle des Ortes ohne Erfolg geblieben, so bedarf es keiner weiteren Nachforschungen.**

2. Lieu où doivent se faire les actes relatifs à la lettre de change

¹ La présentation à l'acceptation ou au paiement, le protêt, la demande de duplicata, ainsi que tous les autres actes à faire auprès d'une personne déterminée, doivent être faits dans ses bureaux ou, à défaut de bureaux, dans sa demeure.

² Les bureaux ou la demeure seront l'objet de recherches diligentes.

³ Toutefois, ces recherches peuvent être abandonnées si les informations prises auprès de la police ou de l'office postal de la localité sont restées infructueuses.

2. Luogo in cui debbono eseguirsi gli atti relativi alla cambiale

¹ La presentazione per l'accettazione o per il pagamento, il protesto, la domanda d'un duplicato della cambiale e tutti gli altri atti da farsi presso una determinata persona devono eseguirsi nel locale in cui essa tratta i propri affari o, in mancanza di questo, nella sua abitazione.

² Il banco o l'abitazione devono essere diligentemente ricercati.

³ Qualora tuttavia sia riuscita vana la ricerca fattane presso l'autorità di polizia o l'ufficio postale del luogo, non occorrono altre indagini.

Literatur

Vgl. die Literaturhinweise zu Art. 990.

Art. 1084 (vgl. auch Art. 87 WG; Art. 159 C.com.; Art. 40, 70 R.D. 1669) bestimmt, dass sämtliche wechselrechtlichen Handlungen, die sich gegen eine bestimmte Person richten, in deren Geschäftslokal vorgenommen werden müssen. Hat sie kein Geschäftslokal, sind diese Handlungen in deren Wohnung vorzunehmen. Art. 1084 regelt **nur die Lokalität innerhalb eines bestimmten Ortes** (politische Gemeinde), wo sich dieser Ort befindet, ergibt sich aus den anderen Normen des Wechselrechts (BÜLOW, Art. 87 WG N 1). Die Präsentation zur Annahme z.B. hat am Wohnort des Bezogenen zu erfolgen (Art. 1011), evtl. am Ort, der auf dem Wechsel beim Namen des Bezogenen angegeben ist (Art. 992 Abs. 3). Dies gilt auch dann, wenn der Wechsel domiziliert ist (ARMINJON/CARRY, 281; BÜLOW, Art. 21 WG N 3). Hat er an seinem Wohnort ein Geschäftslokal, so ist dies der massgebende Ort, hat er ein Geschäftslokal in einer anderen Gemeinde, so muss ihm der Wechsel in seiner Wohnung präsentiert werden; Art. 1011 geht Art. 1084 vor (vgl. BÜLOW, Art. 21 WG N 7). 1

Geschäftslokalitäten sind diejenigen Räume, in denen der Schuldner gewöhnlich seiner geschäftlichen oder beruflichen Tätigkeit nachgeht. Unerheblich ist, ob ihm das Geschäft gehört oder ob er bloss Angestellter ist. 2

Die Geschäftslokalität kann auch aus einer **Zweigniederlassung** bestehen. Besitzt der Schuldner an dem gleichen Ort mehrere Niederlassungen (Zweigniederlassungen und Hauptsitz), so ist die auf dem Wechsel bezeichnete Niederlassung massgebend. In Ermangelung einer Bezeichnung hat der Gläubiger die Wahl. Möglich ist es jedoch auch, anstelle der im Wechsel bezeichneten Zweigniederlassung die notwendigen Handlungen am Hauptsitz vorzunehmen, wenn sich dieser am gleichen Ort befindet (BAUMBACH/HEFERMEHL/CASPER, Art. 87 WG N 3). 3

Daniel Staehelin

4   Diese Handlungen sind während den **Bürozeiten** vorzunehmen (ZR 1968, 153 f.; JÄGGI/DRUEY/VON GREYERZ, 200; GUHL/KUMMER/DRUEY, 8. Aufl., 828), da nur dann die Geschäftsräume besetzt sind. Hat der Schuldner keine Geschäftsräume, so dürfen diese Handlungen auch ausserhalb der Bürozeiten, aber nicht zur Unzeit vorgenommen werden (vgl. BSK OR I-LEU, Art. 80 N 1).

5   **Abs. 2 und 3** umschreiben die vorzunehmenden Handlungen bei der Ermittlung der massgebenden Lokalitäten. Ein Protest ist jedoch auch gültig, wenn diese Vorschriften nicht eingehalten wurden, sofern der Protestbeamte zuständig war (Art. 1041).

6   Art. 1084 ist **dispositiver Natur.** Die erwähnten Handlungen können im gegenseitigen Einverständnis auch an einem dritten Ort vorgenommen werden. Wer sich auf eine abweichende Vereinbarung berufen will, hat sie zu beweisen.

Art. 1085

3. Eigenhändige Unterschrift. Unterschrift des Blinden	**¹ Wechselerklärungen müssen eigenhändig unterschrieben sein.** **² Die Unterschrift kann nicht durch eine auf mechanischem Wege bewirkte Nachbildung der eigenhändigen Schrift, durch Handzeichen, auch wenn sie beglaubigt sind, oder durch eine öffentliche Beurkundung ersetzt werden.** **³ Die Unterschrift des Blinden muss beglaubigt sein.**
3. Signature manuscrite; signature des aveugles	¹ Les déclarations faites par lettre de change doivent porter la signature manuscrite de leur auteur. ² La signature manuscrite ne peut être remplacée ni par une signature qui procède de quelque moyen mécanique, ni par une marque à la main, même légalisée, ni par une attestation authentique. ³ La signature de l'aveugle doit être légalisée.
3. Sottoscrizione di propria mano. Sottoscrizione del cieco	¹ Le dichiarazioni cambiarie devono essere sottoscritte di propria mano. ² La sottoscrizione di propria mano non può essere sostituita né da una riproduzione meccanica della firma autografa né da segni a mano, neppure se autenticati, né da un'attestazione pubblica. ³ La firma del cieco deve essere autenticata.

Literatur

Vgl. die Literaturhinweise zu Art. 990.

1   Art. 1085 (vgl. Art. 2 Anlage II EinhWG; Art. 1, 7, 11 R.D. 1669) bestimmt, dass alle Wechselerklärungen **eigenhändig** unterschrieben werden müssen. Im Gegensatz zu den allgemeinen Regeln (Art. 14 Abs. 2, Art. 15) ist eine Nachbildung der eigenhändigen Schrift auf mechanischem Wege (Faksimile) ausgeschlossen und die Unterschrift kann weder durch ein beglaubigtes Handzeichen noch durch eine öffentliche Beurkundung der Erklärung ersetzt werden (Abs. 2). Die Unterschrift des Blinden muss in jedem Fall beglaubigt werden (Abs. 3).

2   Aufgrund der Zweckbestimmung des Wechsels als verkehrsfähiges Wertpapier sollte die **Unterschrift** zumindest den Familiennamen des Unterzeichners enthalten (JÄGGI/DRUEY/VON GREYERZ, 152), doch verpflichten auch Pseudonyme. Andere Bezeichnun-

gen sind nur zulässig, wenn sie verkehrsüblich sind und aufgrund der Urkunde allein eine klare Identifizierung möglich ist (vgl. BSK OR I-SCHWENZER, Art. 13 N 6). Bei Gesellschaften bedarf es neben der eigenhändigen Unterschriften des Zeichnungsberechtigten der Bezeichnung der Firma, diese muss jedoch nicht handschriftlich erfolgen (BAUMBACH/HEFERMEHL/CASPER, Art. 1 WG N 20). Leserlich braucht die Unterschrift nicht zu sein (JACOBI, 234).

Formungültig ist eine Unterschrift mittels **Kohlepapier** (BÜLOW, Art. 1 WG N 40; BAUMBACH/HEFERMEHL/CASPER, Art. 1 WG N 19), da hierbei ein Zweck des Formerfordernis, die visuelle Kenntnisnahme des unterzeichneten Textes, nicht erfüllt ist. 3

Gültig ist die Unterzeichnung eines Wechsels durch einen **Stellvertreter** (vgl. Art. 998; JACOBI, 238 ff.; JÄGGI/DRUEY/VON GREYERZ, 152), wobei das Vertretungsverhältnis anzugeben ist. Eine entsprechende Vollmacht ist formlos gültig. Insofern kann auch ein Schreibunfähiger eine Wechselverpflichtung eingehen. 4

Bezüglich der Frage, inwiefern eine gültige Ausstellerunterschrift erforderlich ist, vgl. Art. 991 N 23, Art. 1096 N 13 f., im Weiteren Art. 990 N 8, Art. 997 N 3 f. 5

XV. Geltungsbereich der Gesetze

Vorbemerkungen zu Art. 1086–1095

Literatur

ARMINJON, La Convention international pour régler certains conflits de lois en matière de lettres de change et de billets à ordre, Clunet 1935, 521 ff., 825 ff., 1156 ff.; ARMINJON/CARRY, La Lettre de Change et le Billet à Ordre, 1938; BAUMBACH/HEFERMEHL/CASPER, Wechselgesetz und Scheckgesetz, 23. Aufl. 2008; BÜLOW, Heidelberger Kommentar zum Wechselgesetz, Scheckgesetz und zu den Allgemeinen Geschäftsbedingungen, 4. Aufl. 2004; VON CAEMMERER, Scheck- und Wechselrecht, Internationales, in: Wörterbuch des Völkerrechts, Bd. 3, 1962, 166 ff.; CARRY, Wechsel – Geltungsbereich der Gesetze, SJK 604; DERS., Les effets des obligationes cambiaires en droit international privé, in: Recueil de travaux publié a l'occasion de l'assemblée de la Société Suisse des Juristes à Genève 1938, (zit. Effets); Comptes rendus de la conférence internationale pour l'unification du droit en matière de lettres de change, billets à ordre et chèques, tenue à Genève du 13 mai au 7 juin 1930; VON ESCHER, Einheitsgesetz und Einheitsrecht, Diss. Basel 1992; HIRSCH, Der Rechtsbegriff Provision im französischen und internationalen Wechselrecht, 1930; JACOBI, Wechsel- und Scheckrecht, 1955; HUPKA, Das einheitliche Wechselrecht der Genfer Verträge, 1934; JÄHNCHEN-JOHN, Das Wechsel- und Scheckrecht der Vereinigten Staaten von Amerika, 1976; KELLER/SIEHR, Allgemeine Lehren des internationalen Privatrechts, 1986; LESCOT/ROBLOT, Les Effets de Commerce, Bd. 2, 1953; LOTTER, Das englische Wechsel- und Scheckrecht, 1979; LOUSSOUARN/BREDIN, Droit du commerce international, 1969; MORAWITZ, Das internationale Wechselrecht, 1991; PERCEROU/BOUTERON, La Nouvelle Législation française et internationale de la La Lettre de Change, du Billet à Ordre et du Chèque, Bd. 1, 1937, Bd. 2, 1951; PETITPIERRE-SAUVAIN, Les papiers-valeurs, Traité de droit privé suisse, Basel 2006; RAISER, Die Wirkungen der Wechselerklärungen im internationalen Privatrecht, 1931; SCHETTLER/BÜELER, Das Wechsel- und Scheckrecht aller Länder, Loseblattsammlung, 1957 ff.; SCHNITZER, Handbuch des Internationalen Handels-, Wechsel- und Checkrechts, 1938; SCHÜTZ, Die UNCITRAL-Konvention über Internationale Gezogene Wechsel und Internationale Eigenwechsel vom 9.12.1988, 1992; SCHWANDER, Einführung in das internationale Privatrecht, 3. Aufl. 2000; SIEBER, Schweizerischer Wechsel – U.S. Bill of Exchange und Promissory Note, Diss. Zürich 1995; VOLKEN, Das UNO-Übereinkommen vom 9.12.1988 über internationale Wechsel, SZW 1990, 100 ff.; WIRTH/PHILIPPS/RINKE, Wechselprotest und Rückgriff mangels Zahlung und ihre kollisionsrechtliche Behandlung im Deutschen Recht, FS Zajtay, 1982, 527 ff.

I. Die gesetzlichen Grundlagen des internationalen Wechselrechts

1 Die Art. 1086–1095 stehen unter dem Titel «Geltungsbereich der Gesetze» und bestimmen durch **Verweisungsnormen** das anwendbare Recht bei wechselrechtlichen Sachverhalten mit Auslandsberührung. Wie das materielle Wechselrecht auf dem Genfer einheitlichen Abkommen (EinhWG) beruht, finden die Verweisungsnormen der Art. 1086 ff. ihre Grundlage in dem parallel dazu abgeschlossenen **«Abkommen über Bestimmungen auf dem Gebiete des internationalen Wechselprivatrechts»** vom 7.6.1930 (SR 0 221 554.2, Konfl.Abk.). Diesem Abkommen sind folgende Länder beigetreten: Belgien, Brasilien, Dänemark, Deutschland, Finnland, Frankreich, Griechenland, Italien, Japan, Luxemburg, Monaco, Niederlande, Norwegen, Österreich, Polen, Portugal, Schweden, Schweiz, ehem. Sowjetunion, Ungarn. Eine Nachfolgeerklärung hat Belarus abgegeben. Beigetreten sind nun auch Kasachstan, Litauen und die Ukraine. Das Übereinkommen ist auch in der besonderen Verwaltungsregion Macau der Volksrepublik China anwendbar (AS 2005, 4943).

2 Die Normen des Konfl.Abk. wurden durch die Übernahme in das OR zu schweizerischem Landesrecht (SCHNITZER, 371 f.; VON ESCHER, 23 ff.), das Konfl.Abk. ist nicht direkt anwendbar (BGer v. 21.12.2000, 4C.292/2000, E. 2a; missverständlich BGE 91 II 364; 90 II 123 f., wonach sich das anwendbare Recht in erster Linie nach dem Konfl.Abk. und in zweiter Linie nach den Art. 1086 ff. richte, vgl. auch BGE 88 III 99). Bei der **Auslegung** des OR sind jedoch i.S. einer einheitlichen Anwendung (BGer v. 21.12.2000, 4C.292/2000, E. 2d) die Materialien zum Konfl.Abk. beizuziehen (BGE 90 II 125) sowie ausländische Entscheidungen und Lehrmeinungen zu berücksichtigen (ZR 1970, 52; 1972, 120; 1987, 78; VON ESCHER, 62 ff.).

3 Das Konfl.Abk. regelt **nicht abschliessend** alle auf dem Gebiet des Wechselrechts auftauchenden internationalen Normkonflikte. Dies ergibt sich aus seiner französischen Originalüberschrift: «Convention destinée à régler certains conflits de lois en matière de lettres de change et de billets à ordre». Soweit sich mithin für einen bestimmten Sachverhalt keine Verweisungsnorm in den Art. 1086–1095 findet, kommt das **schweizerische IPRG** zur Anwendung (Botschaft, BBl 1931 II 350; JACOBI, 988; BAUMBACH/HEFERMEHL/CASPER, Vor Art. 91 WG N 1; MORAWITZ, 18; PETITPIERRE-SAUVAIN, N 183).

II. Der Anwendungsbereich der Verweisungsnormen

4 Die Verweisungsnormen der Art. 1086 ff. kommen primär dann **zur Anwendung,** wenn ein wechselrechtlicher Sachverhalt ein Land berührt, das dem EinhWG nicht beigetreten ist (LOUSSOUARN/BREDIN, 542 f.; BAUMBACH/HEFERMEHL/CASPER, Vor Art. 91 WG N 1; FIRSCHING, IPRax 1982, 175; MORAWITZ, 31; PETITPIERRE-SAUVAIN, N 184). Dies betrifft hauptsächlich den **anglo-amerikanischen Rechtskreis.** In England und in den meisten Staaten des Commonwealth gilt der «Bills of Exchange Act» von 1882 (Halsbury's Statutes of England and Wales, Bd. 5, 4. Aufl., Reissue 1998, 414 ff.; LOTTER, 48 ff.). Dieser war auch Vorbild für die US-amerikanische Regelung in Sec. 3–01 ff. des Uniform Commercial Code, welcher mit Ausnahme von Louisiana in allen Staaten der Union gilt (vgl. JÄHNCHEN-JOHN, 164 ff.; SCHETTLER/BÜELER, Bd. 14, Länderteil, Vereinigte Staaten von Amerika, 1 ff.; SIEBER, 7). In vielen **süd- und mittelamerikanischen Staaten** gilt noch das alte französische oder spanische Wechselrecht. Dem Interamerikanischen Abkommen von Panama vom 10.1.1975 über das internationale Privatrecht für Wechsel, Schecks und Fakturen beigetreten sind Argentinien, Chile, Costa Rica, Dominikanische Republik, Ecuador, Guatemala, Honduras, Mexiko, Panama, Paraguay, Peru, El Salvador, Uruguay und Venezuela (BAUMBACH/HEFERMEHL/ CASPER, Vor Art. 91 WG N 4). Dieses interamerikanische Abkommen enthält nur Kollisionsnormen und keine materielle Vereinheitlichung des Wechselrechts. Gewisse andere Länder haben, ohne dem EinhWG beizutreten, ihre Gesetzgebung autonom dem Genfer Abkommen angeglichen (Rumänien, Syrien, Haiti, Irak, Jugoslawien, Tschechoslowakei, Türkei, Laos, Tunesien, Kambodscha, Afghanistan, Äthiopien, Spanien; vgl. SCHETTLER/BÜELER, passim; VON CAEMMERER, 168).

Die Verweisungsnormen der Art. 1086 ff. gelten auch im Verhältnis zu denjenigen Staaten, die dem EinhWG beigetreten sind. Dies betrifft zum einen diejenigen Gebiete, deren Regelung das Genfer Abkommen ausdrücklich oder konkludent den nationalen Gesetzgebern überliess. Gemäss nicht unumstrittener Auffassung kommt den Verweisungsnormen auch dann Bedeutung zu, wenn sich in den Ländern, die dem EinhWG beigetreten sind, eine divergierende Auslegungspraxis entwickelt hat (VON ESCHER, 55; MORAWITZ, 32 ff.; **a.M.** JACOBI, 986). Es muss somit **bei jedem wechselrechtlichen Sachverhalt mit Auslandsberührung** zuerst das anwendbare Recht bestimmt werden. 5

Am 9.12.1988 wurde von der UNO-Generalversammlung die «**UNCITRAL-Konvention**» über internationale gezogene Wechsel und internationale Eigenwechsel» angenommen (VOLKEN, 100; englischer Text bei SCHÜTZ, 277 ff.). Diese kodifiziert den wertpapierrechtlichen Teil des internationalen Wechselrechts (SIEBER, 169). Es besteht inhaltlich aus Elementen des EinhWG wie des anglo-amerikanischen Rechts (MEIER-HAYOZ/VON DER CRONE, 207). Ein Wechsel unterliegt dem Recht der UNCITRAL-Konvention wenn er betitelt ist als «Internationaler Wechsel (UNCITRAL-Konvention)», in der Zahlungsanweisung, resp. im Zahlungsversprechen die Worte «Gegen diesen internationalen Wechsel (UNCITRAL-Konvention) zahlen Sie/zahle ich» enthält und mindestens zwei relevante Orte (Ausstellungsort, Zahlungsort, Wohnsitz des Ausstellers, des Bezogenen oder des Remittenten) in verschiedenen Staaten liegen, wobei entweder der Ausstellungsort oder der Zahlungsort in einem Vertragsstaat der Konvention liegen muss (Art. 2 der Konvention). Sind diese Voraussetzungen erfüllt, und verweisen unsere Kollisionsnormen auf das Recht eines Vertragsstaates, so hat der Schweizer Richter die Konvention anzuwenden (SCHÜTZ, 23 f.). Die Konvention tritt jedoch erst in Kraft, wenn ihr zehn Staaten beigetreten sind. Zurzeit (Februar 2008) sind ihr fünf Staaten (USA, Kanada, Russland, Guinea, Mexico, Honduras, Gabon und Liberia) beigetreten, weitere drei (Kanada, USA, vorm. UdSSR, jetzt Russische Föderation) haben sie erst unterzeichnet und noch nicht ratifiziert. Für die Schweiz ist ein Beitritt zurzeit nicht vordringlich. In der Literatur ist zudem umstritten, ob für die Vertragsstaaten des EinhWG ein Beitritt überhaupt zulässig ist (SCHÜTZ, 25 ff.; BAUMBACH/HEFERMEHL/CASPER, Einl. WG N 5). 6

Die Verweisungsnormen der Art. 1086–1095 kommen nur zur Anwendung, wenn es sich bei dem streitigen Schriftstück um einen Wechsel handelt (ZK-JÄGGI, Art. 1147 N 8). Liegt kein Wechsel vor, so richtet sich das anwendbare Recht nach dem IPRG. Ob das Schriftstück als Wechsel bezeichnet werden kann, ist eine Frage der **Qualifikation.** Diese wird nach feststehender Praxis lege fori vorgenommen (BGE 115 II 69; 111 II 278; 110 II 157; 110 II 192). Falsch wäre es indes, zuerst festzustellen, ob das Schriftstück alle Erfordernisse eines Wechsels gem. Art. 991 enthält, und nur dann die wechselrechtlichen Verweisungsnormen anzuwenden (**a.M.** OR-Handkommentar-SCHWAIBOLD, N 7), da z.B. in England die Bezeichnung als Wechsel nicht erforderlich ist. Vielmehr ist der Begriff des gezogenen Wechsels funktional zu definieren als Wertpapier, in dem eine Person eine andere anweist, einem Dritten eine Geldleistung zu erbringen. Der Eigenwechsel ist ein Wertpapier, das ein abstraktes Zahlungsversprechen 7 enthält. Zur Abgrenzung zum Check vgl. Vor Art. 1138–1142 N 6. Der Aussage, die Qualifikationsprobleme seien im internationalen Wechselrecht von geringer praktischer Bedeutung, da beinahe sämtliche Staaten das Institut des Wechsels kennen (ARMINJON/CARRY, 451; LESCOT/ROBLOT, Bd. 2, 544; LOUSSOUARN/BREDIN, 538), kann nicht zugestimmt werden, solange nicht alle Staaten dieselben Formerfordernisse kennen.

III. Überblick über die gesetzliche Regelung

8   Die Art. 1086–1095 enthalten weder Bestimmungen über die **Zuständigkeit der Gerichte,** noch über die **Anerkennung ausländischer Entscheidungen.** Die direkte Zuständigkeit der schweizerischen Gerichte richtet sich nach Art. 2–9, 112 und 113 IPRG resp. nach Staatsverträgen, insb. nach Art. 2 ff. LugÜ. Die Anerkennung ausländischer Entscheidungen regeln Art. 25–31 und 149 IPRG resp. Staatsverträge, insb. Art. 25 ff. LugÜ.

9   Ist nach diesen Normen ein schweizerisches Gericht zuständig, bestimmen die schweizerischen Kollisionsnormen, seien sie in Art. 1086 ff. oder im IPRG geregelt, das **anwendbare materielle Recht.** Das gemäss den schweizerischen Verweisungsnormen anwendbare ausländische Recht kommt auch dann zur Anwendung, wenn es seinerseits ein anderes Recht für anwendbar erklärt (Art. 14 IPRG, **kein Renvoi**), da sich der Verweis nur auf die ausländischen Sachnormen bezieht (ARMINJON/CARRY, 453; MORAWITZ, 137 ff. m.w.Nw. pro et contra). Wird ein ausländisches Gericht angerufen, so wendet dieses die Kollisionsnormen seines eigenen Rechts an.

10 Die **zentrale Bestimmung des Gesetzes** ist Art. 1090, welche das anwendbare Recht für die einzelnen Wechselerklärungen normiert. Sonderanknüpfungen sieht das Gesetz vor für die Wechselfähigkeit (Art. 1086), für die Form der Wechselerklärungen (Art. 1087 f.), für die Form der zur Ausübung und Erhaltung der Wechselrechte notwendigen Handlungen (Art. 1088), für die Fristen der Protesterhebung (Art. 1088), für die Fristen bei Ausübung der Rückgriffsrechte (Art. 1089), für Teilannahmen und Teilzahlungen (Art. 1091), für die Zahlung bei Verfall und die Zahlung von Wechseln, die auf eine fremde Währung lauten (Art. 1092), für gewisse Bereicherungsansprüche (Art. 1093), für den Übergang der Deckung (Art. 1094) sowie für die Kraftloserklärung (Art. 1095).

11 Der Inhalt des anzuwendenden ausländischen Rechts ist durch das Gericht **von Amtes wegen festzustellen.** Da es sich beim Wechselrecht immer um vermögensrechtliche Ansprüche handelt, kann dessen Nachweis durch prozessleitende Verfügung den Parteien überbunden werden (Art. 16 IPRG).

Art. 1086

1. Wechselfähigkeit

¹ **Die Fähigkeit einer Person, eine Wechselverbindlichkeit einzugehen, bestimmt sich nach dem Recht des Landes, dem sie angehört. Erklärt dieses Recht das Recht eines anderen Landes für massgebend, so ist das letztere Recht anzuwenden.**

² **Wer nach dem im vorstehenden Absatz bezeichneten Recht nicht wechselfähig ist, wird gleichwohl gültig verpflichtet, wenn die Unterschrift in dem Gebiet eines Landes abgegeben worden ist, nach dessen Recht er wechselfähig wäre.**

1. Capacité de s'obliger	¹ La capacité d'une personne pour s'engager par lettre de change et billet à ordre est déterminée par sa loi nationale. Si cette loi nationale déclare compétente la loi d'un autre pays, cette dernière loi est appliquée. ² La personne qui serait incapable, d'après la loi indiquée par l'alinéa précédent, est néanmoins valablement tenue, si la signature a été donnée sur le territoire d'un pays d'après la législation duquel la personne aurait été capable.
1. Capacità di obbligarsi in via cambiaria	¹ La capacità d'una persona ad obbligarsi per cambiale o per vaglia cambiario è determinata dalla sua legge nazionale. Se essa legge dichiara competente la legge d'un altro Paese, è applicabile quest'ultima. ² La persona, che fosse incapace secondo la legge indicata dal capoverso precedente, è nondimeno validamente obbligata se la firma è stata apposta nel territorio d'un Paese secondo la legislazione del quale la persona sarebbe stata capace.

Literatur

Vgl. die Literaturhinweise bei den Vorbem. zu Art. 1086–1095.

I. Allgemeines

Art. 1086 (vgl. Art. 2 Konfl.Abk.; Art. 91 WG) bestimmt das anwendbare Recht zur Regelung der Fähigkeit einer Person, eine Wechselverbindlichkeit einzugehen (**passive Wechselfähigkeit**). Dieser spezielle Aspekt der Handlungsfähigkeit beruhte namentlich früher oft auf anderen Voraussetzungen als die allgemeine Handlungsfähigkeit (SCHNITZER, 375), wird aber auch heute in gewissen Ländern durch Sondernormen geregelt (vgl. MORAWITZ, 75). Im schweizerischen Recht wird die Wechselfähigkeit in Art. 990 normiert. Massgebend ist der Zeitpunkt der Unterzeichnung (SCHNITZER, 382).

Im Interesse des Verkehrs verweist der Artikel **alternativ** auf das Recht desjenigen Landes, dessen Staatsangehörigkeit der Wechselschuldner hat (Abs. 1), oder desjenigen Landes, in dem die Erklärung unterzeichnet wurde (Abs. 2). Es genügt somit, dass der Wechselschuldner nach dem Recht eines dieser beiden Länder wechselfähig ist (ARMINJON/CARRY, 457).

Wenn das Recht des Landes, dessen Staatsangehörigkeit der Schuldner hat, seinerseits das Recht eines Drittlandes für anwendbar bezeichnet, so kommt Letzteres alternativ zum Recht des Unterzeichnungsortes zur Anwendung (Abs. 1 Satz 2; sog. **Renvoi**). Hierbei handelt es sich um eine Ausnahmevorschrift, der Renvoi ist ansonsten im internationalen Wechselrecht nicht zu berücksichtigen (Vor Art. 1086–1095 N 7, 9; MEIER-HAYOZ/VON DER CRONE, 208). Eine weitere Verweisung dieses Drittlandes ist jedoch nicht mehr zu beachten (ARMINJON/CARRY, 453; HUPKA, 238; BAUMBACH/HEFERMEHL/CASPER, Art. 91 WG N 3), selbst wenn auf Schweizer Recht verwiesen werden sollte.

Die vorliegende Kollisionsnorm hat ihre **Bedeutung** auch im Verhältnis zu den Signatarstaaten des Genfer Abkommens, da dieses die Wechselfähigkeit nicht regelt.

Die Schweiz hat, etwa im Gegensatz zu Deutschland, von der in Art. 2 Abs. 3 Konfl. Abk. vorgesehenen Ermächtigung **keinen Gebrauch** gemacht. Demgemäss sind auch Wechselerklärungen von Schweizern, die nach Schweizer Recht nicht wechselfähig wären, gültig, wenn sie die Erklärung in einem Land unterzeichnet haben, in dem sie wechselfähig wären (Art. 1086 Abs. 2).

II. Die Anknüpfungsbegriffe

6 Für den **Unterzeichnungsort** massgebend ist das Land, wo die Erklärung tatsächlich unterzeichnet wurde, weder ein davon abweichender auf dem Wechsel angegebener Ort, noch das Land der Begebung (HUPKA, 245; BAUMBACH/HEFERMEHL/CASPER, Art. 91 WG N 3; BÜLOW, Art. 91 WG N 3; PETITPIERRE-SAUVAIN, N 187). Der Inhaber des Wechsels kann sich nicht darauf berufen, er habe gestützt auf den im Wechsel angegebenen Ort, der nicht der wirkliche Unterzeichnungsort war, gutgläubig angenommen, der sich Verpflichtende sei wechselfähig gewesen (JACOBI, 1010).

7 Besitzt eine Person **mehrere Staatsangehörigkeiten,** so ist die Angehörigkeit zu dem Staat massgebend, mit dem die Person am engsten verbunden ist (Art. 23 Abs. 2 IPRG). Nicht gefolgt werden kann der verschiedentlich vertretenen Auffassung, es genüge, wenn bei Personen mit mehreren Staatsangehörigkeiten irgendeines dieser Rechte die Wechselfähigkeit bejahe. Da dem Konfliktabkommen keine entsprechende Regel zu entnehmen ist, sind keine überzeugenden Gründe ersichtlich, wieso hier von den allgemeinen Normen des IPR abgewichen werden müsste (ARMINJON/CARRY, 461; MORAWITZ, 77; a.M. SCHNITZER, 378; BAUMBACH/HEFERMEHL/CASPER, Art. 91 WG N 2).

III. Von Art. 1086 nicht geregelte Fragen

8 Art. 1086 regelt nur die passive Wechselfähigkeit (LOUSSOUARN/BREDIN, 546; BAUMBACH/HEFERMEHL/CASPER, Art. 91 WG N 1; MORAWITZ, 75), d.h. die Rechts- und Handlungsfähigkeit des Wechselschuldners. Die **Rechts- und Handlungsfähigkeit des Wechselgläubigers** bestimmt das IPRG und nicht Art. 1086. Die Anknüpfung an die Staatsangehörigkeit durch Art. 1086 entsprach den innerstaatlichen Kollisionsnormen der meisten Signatarstaaten der Genfer Konvention um 1930 (vgl. KELLER/SIEHR, 65 ff.). Im Gegensatz hierzu verweist das schweizerische IPRG von 1987 zur Regelung der Handlungsfähigkeit auf das Recht des Wohnsitzstaates (Art. 35 IPRG) und unterstellt die Rechtsfähigkeit immer schweizerischem Recht (Art. 34 Abs. 1 IPRG). Wurde jedoch der gemäss Art. 1086 wechselfähige Schuldner in Anspruch genommen, so kann er als Einlöser seinen Rückgriff nehmen (Art. 1046), auch wenn er gemäss IPRG nicht rechts- und handlungsfähig wäre.

9 Die Signatarstaaten des Konfl.Abk. konnten sich über das anwendbare Recht zur Bestimmung der **passiven Wechselfähigkeit der juristischen Personen** nicht einigen (SCHNITZER, 379; ARMINJON/CARRY, 455; HUPKA, 241). Daher umfasst Art. 2 Konfl. Abk. und der gleichlautende Art. 1086 nur die Wechselfähigkeit natürlicher Personen. Nach dem IPRG und nicht nach Art. 1086 bestimmt sich die Rechts- und Handlungsfähigkeit von sich wechselmässig verpflichtenden juristischen Personen und Personengesellschaften (MORAWITZ, 75; PETITPIERRE-SAUVAIN, N 188; a.M. SCHNITZER, 380). Daher findet auch Art. 1086 Abs. 2, die alternative Anknüpfung an den Erklärungsort, keine Anwendung (SCHNITZER, 381; a.M. ESCHELBACH, 60 f. zum Check). Massgebend für die Rechts- und Handlungsfähigkeit der juristischen Personen und Personengesellschaften ist das Recht des Staates, nach dessen Vorschriften sie organisiert sind, wenn sie die darin vorgeschriebenen Publizitäts- oder Registrierungsvorschriften dieses Rechts erfüllen oder, falls solche Vorschriften nicht bestehen, wenn sie sich nach dem Recht dieses Staates organisiert haben. Erfüllt eine Gesellschaft diese Voraussetzungen nicht, so ist das Recht desjenigen Staates anwendbar, in dem sie tatsächlich verwaltet wird (Art. 154 i.V.m. Art. 155 lit. c IPRG).

Art. 1087

2. Form und Fristen der Wechselerklärungen a. Im Allgemeinen	¹ Die Form einer Wechselerklärung bestimmt sich nach dem Recht des Landes, in dessen Gebiete die Erklärung unterschrieben worden ist. ² Wenn jedoch eine Wechselerklärung, die nach den Vorschriften des vorstehenden Absatzes ungültig ist, dem Recht des Landes entspricht, in dessen Gebiet eine spätere Wechselerklärung unterschrieben worden ist, so wird durch Mängel in der Form der ersten Wechselerklärung die Gültigkeit der späteren Wechselerklärung nicht berührt. ³ Ebenso ist eine Wechselerklärung, die ein Schweizer im Ausland abgegeben hat, in der Schweiz gegenüber einem anderen Schweizer gültig, wenn sie den Formerfordernissen des schweizerischen Rechtes genügt.
2. Forme et délais des engagements de change a. En général	¹ La forme des engagements pris en matière de lettre de change et de billet à ordre est réglée par la loi du pays sur le territoire duquel ces engagements ont été souscrits. ² Cependant, si les engagements souscrits sur une lettre de change ou un billet à ordre ne sont pas valables d'après les dispositions de l'alinéa précédent, mais qu'ils soient conformes à la législation de l'Etat où un engagement ultérieur a été souscrit, la circonstance que les premiers engagements sont irréguliers en la forme n'infirme pas la validité de l'engagement ultérieur. ³ De même, les engagements pris en matière de lettre de change ou de billet à ordre à l'étranger par un Suisse seront valables en Suisse à l'égard d'un autre ressortissant de ce pays, pourvu qu'ils aient été pris dans une forme prévue par la loi suisse.
2. Forma e termini degli obblighi cambiari a. In genere	¹ La forma degli obblighi assunti per cambiale o per vaglia cambiario è determinata dalla legge del Paese nel cui territorio essi sono stati sottoscritti. ² Tuttavia, se gli obblighi sottoscritti su di una cambiale o su di un vaglia cambiario, pur non essendo validi secondo le disposizioni del capoverso precedente, sono conformi alla legislazione del Paese nel quale è stato sottoscritto un obbligo successivo, l'irregolarità formale dei primi obblighi non infirma la validità dell'obbligo successivo. ³ Parimente gli obblighi assunti all'estero per cambiale o per vaglia cambiario da uno Svizzero sono validi nella Svizzera verso un altro Svizzero purché sia stata osservata la forma prescritta dalla legge svizzera.

Literatur

Vgl. die Literaturhinweise bei den Vorbem. zu Art. 1086–1095.

I. Abs. 1

1. Allgemeines

Abs. 1 (vgl. Art. 3 Konfl.Abk.; Art. 92 WG) bestimmt, dass sich die Formgültigkeit einer Wechselerklärung nach dem Recht desjenigen Landes richtet, in dem sie unterzeichnet wurde (**locus regit formam actus**). Daher ist z.B. ein in England ausgestellter Wechsel ohne Wechselklausel oder ohne Angabe des Ausstellungsdatums auch in der

Schweiz gültig. Dieser Grundsatz **gilt für jede Wechselerklärung** auf einer Wechselurkunde (des Ausstellers, des Akzeptanten, des Indossanten etc.) **gesondert;** es können demnach auf eine Wechselurkunde verschiedene Rechte anwendbar sein (SCHNITZER, 382; MORAWITZ, 64 f.). Dies ist eine Folge des Prinzips der Unabhängigkeit der Wechselerklärung (vgl. Art. 997).

2   Der Grundsatz gilt auch für **Blankowechsel** (vgl. Art. 1000): Entscheidend ist der Ort der Unterzeichnung, nicht derjenige der späteren Vervollständigung (SJ 1983, 348; CARRY, Effets, 138). Die Befugnis, das Blanket auszufüllen, unterliegt gemäss der wohl h.L. nicht den wechselrechtlichen Verweisungsnormen, da noch überhaupt keine wechselrechtliche Verpflichtung vorliege. Hierfür massgebend sei das gemäss IPRG (Art. 116 ff.) auf die Ausfüllungsvereinbarung anwendbare Recht (MEIER-HAYOZ/VON DER CRONE, 208; BAUMBACH/HEFERMEHL/CASPER, Art. 92 WG N 1; MORAWITZ, 74; PETITPIERRE-SAUVAIN, N 190; a.M. ARMINJON/CARRY, 475). Dieser Auffassung ist konsequenterweise die Gefolgschaft zu verweigern, wenn man die Erteilung der Ausfüllungsbefugnis (lege fori) als wechselrechtliche Erklärung qualifiziert (vgl. JÄGGI/DRUEY/VON GREYERZ, 163 m.w.Nw.).

3   **Keine ergänzende Anwendung** findet Art. 124 Abs. 1 IPRG, wonach auf schuldrechtliche Verträge neben der Form des Abschlussortes alternativ die Form des auf den Vertrag anwendbaren Rechts genügt (MORAWITZ, 67).

4   Art. 1087 ist dispositives Recht, eine **Rechtswahl** ist möglich, muss sich jedoch aus der Urkunde ergeben (JACOBI, 989 f.; FIRSCHING, IPRax 1982, 175; WIRTH/PHILIPPS/RINKE, 547; vgl. auch BGE 102 II 145 ff.; a.M. ARMINJON/CARRY, 487 f.; LOUSSOUARN/BREDIN, 550). Eine Rechtswahl hinsichtlich der Wirkungen der Wechselerklärung (vgl. Art. 1090 N 3) umfasst dann auch die Form, wenn der Wechsel ansonsten aufgrund des gemäss Art. 1087 anwendbaren Rechts ungültig wäre (BGE 102 II 146).

2. Der Anknüpfungsgegenstand

5   Die **Form** einer Wechselerklärung muss von ihren materiellen Wirksamkeitsvoraussetzungen und den Rechtswirkungen abgegrenzt werden. Als Qualifikationsfrage unterliegt dies der lex fori. Zur Form gehören neben den Erfordernissen für die Unterschrift (vgl. im schweizerischen Recht Art. 1085; PERCEROU/BOUTERON, Bd. 1, 196; WIRTH/PHILIPPS/RINKE, 542) auch der Inhalt der Wechselurkunde, d.h. die schriftliche Bezeichnung der übrigen Bestandteile, welche nach dem Recht des Unterzeichnungslandes (vgl. zum schweizerischen Recht Art. 991) für eine wechselrechtliche Erklärung erforderlich sind (BGE 90 II 118; BGHZ 21, 158 f.; BAUMBACH/HEFERMEHL/CASPER, Art. 92 WG N 1; BÜLOW, Art. 92 WG N 3; PETITPIERRE-SAUVAIN, N 192), sowie diejenigen Erklärungen, welche nicht in der Urkunde aufgeführt sein dürfen (JACOBI, 1014; MORAWITZ, 72). Nicht nach Art. 1087, sondern nach Art. 1090 richten sich die materiellen Wirksamkeitsvoraussetzungen (Art. 1090 N 7) und die Rechtswirkungen einer nach Art. 1087 formgültigen Wechselerklärung. Konsequenzen hat diese Unterscheidung jedoch nur für die Erklärung des Hauptschuldners (Akzeptant beim gezogenen und Aussteller beim eigenen Wechsel: Recht des Zahlungsortes, Art. 1090 Abs. 1), da für die Rechtswirkungen der übrigen Wechselerklärungen auch das Recht des Unterzeichnungsortes massgebend ist (Art. 1090 Abs. 2). Daher muss bei der klassischen Frage, wann eine Unterschrift eine Bürgschaftserklärung darstellt und für wen die Bürgschaft geleistet wurde, nicht zwischen Form (so BAUMBACH/HEFERMEHL/CASPER, Art. 93 WG N 4) und Wirkungen (so WIRTH/PHILIPPS/RINKE, 543) unterschieden werden (BGH WM 1977, 1323).

Aufgrund einer extensiven Auslegung des Begriffes «Form» wird durch Art. 1087 auch **6**
die Frage angeknüpft, inwiefern ein **Stellvertreter** den Vertretenen wechselmässig verpflichten kann (BGE 90 II 118; BAUMBACH/HEFERMEHL/CASPER, Art. 92 WG N 1; **a.M.** ARMINJON/CARRY, 492; LESCOT/ROBLOT, Bd. 2, 566; LOUSSOUARN/BREDIN, 549, welche annehmen, dies sei vom Konfl.Abk. nicht geregelt). Genauer betrachtet unterliegt nur die Frage, ob ein Vertreter überhaupt einen Wechsel unterzeichnen kann, dem Formstatut. Ob dadurch der Vertretene verpflichtet wird und inwiefern der Vertreter selbst haftet (vgl. Art. 998), muss als materielle Gültigkeitsvoraussetzung (vgl. Art. 1090 N 7) von Art. 1090 angeknüpft werden (PETITPIERRE-SAUVAIN, N 193).

Das gemäss Art. 1087 anwendbar Recht bestimmt nicht nur, ob die Wechselerklärung **7**
formell gültig oder ungültig ist, sondern umfasst auch die **gesetzliche Ergänzung** (vgl. Art. 992) einer unvollständigen, aber formgültigen Erklärung (RAISER, 62; ARMINJON/CARRY, 470, 476 f.; CARRY, Effets, 137; LESCOT/ROBLOT, Bd. 2, 569; PETITPIERRE-SAUVAIN, N 192; **a.M.** JACOBI, 1015).

Nicht zur Form i.S.v. Art. 1087 gehören Vorschriften, wonach Wechsel aus steuerrecht- **8**
lichen Gründen mit einem **Stempel** versehen werden müssen (BAUMBACH/HEFERMEHL/CASPER, Art. 92 WG N 1; vgl. auch das Abkommen über das Verhältnis der Stempelgesetze zum Wechselrecht vom 7.6.1930, SR 0 221 554.3). Derartige ausländische Vorschriften sind dem öffentlichen Recht zuzuordnen und haben keine exterritoriale Wirkung (MORAWITZ, 74; **a.M.** LESCOT/ROBLOT, Bd. 2, 559 f.; LOUSSOUARN/BREDIN, 553).

3. Der Anknüpfungsbegriff

Der Unterzeichnungsort wird vom Gesetz autonom definiert. Massgebend ist der Ort, **9**
an dem die Unterschrift **tatsächlich angebracht** wurde, nicht ein davon abweichender im Wechsel angegebener Ort (Comptes rendus, 352 ff.; BGE 90 II 118; MEIER-HAYOZ/VON DER CRONE, 208; SCHNITZER, 383; RAISER, 56; BAUMBACH/HEFERMEHL/CASPER, Art. 92 WG N 1; BÜLOW, Art. 92 WG N 6; MORAWITZ, 70; PETITPIERRE-SAUVAIN, N 189). Es besteht jedoch eine Vermutung für die Richtigkeit der Skriptur (ARMINJON/CARRY, 474; CARRY, SJK 604, 2; LESCOT/ROBLOT, Bd. 2, 580; MORAWITZ, 71). Fraglich ist, ob demjenigen, der gestützt auf den im Wechsel angegebenen Ort gutgläubig annimmt, der Wechsel sei formgültig, die Formungültigkeit entgegengehalten werden kann. Die deutsche Doktrin verneint dies, gestützt auf die Lehre vom Rechtsschein (RAISER, 57; BAUMBACH/HEFERMEHL/CASPER, Art. 92 WG N 1; MORAWITZ, 142 ff.; HUPKA, 250; **a.M.** WOLFF, FS Wieland, 1934, 457 ff.; CARRY, SJK 604, 2; DERS., Effets, 134 ff.; LESCOT/ROBLOT, Bd. 2, 580 f.; LOUSSOUARN/BREDIN, 552; WIRTH/PHILIPPS/RINKE, 541 f.). Auch wenn man die Lehre vom Rechtsschein bloss mit Einschränkungen gelten lassen will (CARRY, Effets, 135 f.; JÄGGI/DRUEY/VON GREYERZ, 215 f.), ist zumindest dann die Berufung auf den wahren Unterzeichnungsort zu versagen, wenn sie im Einzelfall als venire contra factum proprium rechtsmissbräuchlich erscheint (PETITPIERRE-SAUVAIN, N 189 FN 193).

II. Abs. 2

Gemäss Abs. 2 hat eine formungültige Wechselerklärung auf keinen Fall die Ungültig- **10**
keit einer späteren Wechselerklärung zur Folge, wenn die erste Wechselerklärung gemäss dem Recht der späteren Wechselerklärung formgültig wäre. Auch dies folgt aus dem Grundsatz der **Unabhängigkeit der Wechselerklärung** (Art. 997), geht jedoch darüber hinaus. Dass eine formgültige Erklärung des Akzeptanten, Indossanten, Ehren-

annehmers und Wechselbürgen die Formgültigkeit der übrigen Erklärungen nicht berührt, gilt auch im internen Recht. Gemäss Art. 1087 Abs. 2 sind jedoch die nach ihrem Erklärungsort formgültigen späteren Wechselerklärungen auch dann formgültig, wenn die Erklärung des Ausstellers nach seinem Erklärungsort ungültig ist und somit noch gar kein gültiger Wechsel vorhanden ist, sofern die Erklärung des Ausstellers nach dem Recht des Ortes der späteren Wechselerklärung gültig wäre. Dann wird die spätere Wechselerklärung gültig, die Erklärung des Ausstellers bleibt aber ungültig (LESCOT/ROBLOT, Bd. 2, 554; BAUMBACH/HEFERMEHL/CASPER, Art. 92 WG N 3; BÜLOW, Art. 92 WG N 4; MORAWITZ, 68). Diese Regel gilt zu Lasten des Urhebers der späteren Erklärung auch dann, wenn dieser weiss, dass noch gar kein gültiger Grundwechsel vorliegt, wenn z.B. ein «Indossant» annimmt, er zediere eine gewöhnliche Anweisung (PETITPIERRE-SAUVAIN, N 191 i.f.; **a.M.** ARMINJON/CARRY, 465). Art. 1087 Abs. 2 ist eine Sachnorm und keine Verweisungsnorm, da er den Unabhängigkeitsgrundsatz im gemäss Abs. 1 anwendbaren Recht materiell umschreibt.

III. Abs. 3

11   Gemäss **Abs. 3** kann in einem beschränkten Umfang eine gemäss Abs. 1 formungültige Wechselerklärung Geltung erlangen. Voraussetzungen hierfür sind kumulativ, dass:

1. ein Schweizer Staatsbürger im Ausland eine Wechselerklärung abgegeben hat; ob diese Erklärung gegenüber einem Schweizer oder einem Ausländer abgegeben wurde, ist unerheblich (SCHNITZER, 388; LOUSSOUARN/BREDIN, 551; BAUMBACH/HEFERMEHL/CASPER, Art. 92 WG N 4; krit. ARMINJON/CARRY, 466);

2. diese Erklärung den Formerfordernissen des Schweizerischen Rechts genügt;

3. der Erklärende von einem anderen Schweizer Staatsbürger in der Schweiz in Anspruch genommen wird, mithin in der Schweiz einen Gerichtsstand hat (SCHNITZER, 388), da gemäss dem Gesetzestext die Erklärung aus Schweizer Sicht nur in der Schweiz Gültigkeit erlangt. Diese dritte Voraussetzung ist nur von Bedeutung, wenn ein ausländisches Gericht mit der Sache befasst ist und aufgrund seiner eigenen Kollisionsnormen Art. 1087 zu beachten hat.

Art. 1088

b. Handlungen zur Ausübung und Erhaltung des Wechselrechts

Die Form des Protestes und die Fristen für die Protesterhebung sowie die Form der übrigen Handlungen, die zur Ausübung oder Erhaltung der Wechselrechte erforderlich sind, bestimmen sich nach dem Recht des Landes, in dessen Gebiet der Protest zu erheben oder die Handlung vorzunehmen ist.

b. Actes destinés à exercer et conserver les droits en matière de change

La forme et les délais du protêt, ainsi que la forme des autres actes nécessaires à l'exercice ou à la conservation des droits en matière de lettre de change et de billet à ordre, sont réglés par les lois du pays sur le territoire duquel doit être dressé le protêt ou passé l'acte en question.

b. Atti necessari all'esercizio e alla preservazione dei diritti cambiari

La forma e i termini del protesto, come pure la forma degli altri atti necessari all'esercizio o alla preservazione dei diritti derivanti dalla cambiale e dal vaglia cambiario, sono determinati dalla legge del Paese nel cui territorio deve essere levato il protesto o eseguito l'atto.

4. Abschnitt: Der Wechsel 1–4 **Art. 1088**

Literatur

Vgl. die Literaturhinweise bei den Vorbem. zu Art. 1086–1095.

Art. 1088 (vgl. Art. 8 Konfl.Abk.; Art. 97 WG) bestimmt das anwendbare Recht bez. **1** der **Form** der Handlungen, die zur Ausübung oder Erhaltung der Wechselrechte erforderlich sind. Dies betrifft hauptsächlich **Präsentation** zur Annahme (vgl. Art. 1011 ff.) und zur Zahlung (vgl. Art. 1028), **Protest** (vgl. Art. 1034 ff.) und **Benachrichtigung** (vgl. Art. 1042). Ob diese Massnahmen überhaupt erforderlich sind und was für Konsequenzen ihre Missachtung hat, bestimmt hingegen das von Art. 1090 bezeichnete Recht (vgl. Art. 1090 N 12; PETITPIERRE-SAUVAIN, N 196). Dieses Recht ist auch massgebend zur Regelung der Frage, in welchem Land diese Handlungen, insb. Präsentation und Protest, stattzufinden haben. Erst wenn dies feststeht, kommt Art. 1088 zur Anwendung und bestimmt, dass sich die Form nach dem Recht des Ortes richtet, wo diese Handlungen vorzunehmen sind. Für die Form der Benachrichtigung, die ja überall stattfinden kann, genügt es, wenn sie entweder den Erfordernissen des Absendungsortes oder des Ankunftsortes entspricht (JACOBI, 1001 FN 3; LESCOT/ROBLOT, Bd. 2, 615; **a.M.** RAISER, 79: für Absendungsort; WIRTH/PHILIPPS/RINKE, 568: für Zahlungsort; OR-Handkommentar-SCHWAIBOLD, N 3: für Ankunftsort).

Beim Protest umfasst die **Form** neben Inhalt und Form der eigentlichen Protesturkunde **2** die Bezeichnung des zuständigen Protestbeamten sowie Lokalität und Tageszeit der Aufnahme (HUPKA, 255; SCHNITZER, 393; BÜLOW, Art. 97 N 1 WG; PETITPIERRE-SAUVAIN, N 196). Ebenfalls zur Form und nicht zur Erforderlichkeit des Protestes, welche von Art. 1090 angeknüpft wird, gehört die Frage, ob der formelle Protest durch eine andere Formalität, z.B. durch eine Erklärung des Bezogenen, ersetzt werden kann (CARRY, Effets, 116; ARMINJON/CARRY, 528). Bei der Präsentation unterliegt dem Formstatut neben der Lokalität, Person und Tageszeit der Vorlegung die Frage, ob physische Vorlegung notwendig ist (WIRTH/PHILIPPS/RINKE, 566; **a.M.** LESCOT/ROBLOT, Bd. 2, 604), was z.B. in Amerika nur der Fall ist, wenn dies der Hauptschuldner verlangt (vgl. Sec. 3–504 f. UCC). Bei der Benachrichtigung umfasst die Form den Inhalt der Mitteilung sowie die Art und Weise der Übermittlung. Wem hingegen eine Nachricht zukommen muss, bestimmt das gemäss Art. 1090 anwendbare Recht.

Aus Art. 1088 ergibt sich die Pflicht, eine gemäss Art. 1090 Abs. 1 und Art. 1088 for- **3** mal gültige **ausländische Protesturkunde** in der Schweiz zu anerkennen (**a.M.** WIRTH/PHILIPPS/RINKE, 567 zu einer mangelhaften, aber gemäss Art. 1041 gültigen schweizerischen Protesturkunde), doch kann die Anerkennung verweigert werden, wenn sie dem ordre public widersprechen würde (Art. 27 Abs. 1 IPRG).

Art. 1088 bezeichnet auch das anwendbare Recht für die **Fristen der Protesterhebung** **4** (vgl. Art. 1034 Abs. 2 f.). Die übrigen Fristen, welche zur Rechtserhaltung eingehalten werden müssen, insb. die Präsentations- und Benachrichtigungsfristen, werden nicht durch Art. 1088, sondern durch Art. 1090 für jede Erklärung gesondert angeknüpft (Comptes rendus, 365; HUPKA, 256; JACOBI, 1000; MORAWITZ, 104; WIRTH/PHILIPPS/RINKE, 564; BAUMBACH/HEFERMEHL/CASPER, Art. 97 WG N 1; BÜLOW, Art. 97 WG N 1; **a.M.** SCHNITZER, 390 ff.; RAISER, 80; ARMINJON/CARRY, 523; CARRY, SJK 604, 3; LESCOT/ROBLOT, Bd. 2, 603; LOUSSOUARN/BREDIN, 561). Gegen einen Indossanten, der sein Indossament in der Schweiz unterzeichnete, kann daher nur Rückgriff mangels Zahlung genommen werden, wenn der Wechsel dem Bezogenen innert der Frist von Art. 1028 zur Zahlung präsentiert wurde.

5   Art. 1088 ist auch im Verhältnis zu denjenigen Staaten von **Bedeutung,** die dem EinhWG beigetreten sind, da dieses die Form des Protestes nicht regelt sowie in seiner Anlage II nationale Bestimmungen bez. Protesterhebung durch schriftliche Erklärung des Bezogenen (Art. 8) und Protesterhebung schon am Zahlungstag (Art. 9) zulässt. Weitere Unterschiede ergeben sich aus den verschiedenen gesetzlichen Feiertagen und der Befugnis, gemäss Art. 18 Anlage II EinhWG weitere Tage den gesetzlichen Feiertagen gleichzustellen.

Art. 1089

c. Ausübung des Rückgriffs	**Die Fristen für die Ausübung der Rückgriffsrechte werden für alle Wechselverpflichteten durch das Recht des Ortes bestimmt, an dem der Wechsel ausgestellt worden ist.**
c. Exercice de recours	Les délais de l'exercice de l'action en recours restent déterminés pour tous les signataires par la loi du lieu de la création du titre.
c. Esercizio del regresso	I termini dell'esercizio del regresso restano determinati per tutti i firmatari dalla legge del luogo dov'è emesso il titolo.

Literatur

Vgl. die Literaturhinweise bei den Vorbem. zu Art. 1086–1095.

1   Art. 1089 (Art. 5 Konfl.Abk.; Art. 94 WG) durchbricht den Grundsatz der Einzelanknüpfung jeder Wechselerklärung, indem er die **Fristen für die Ausübung der Rückgriffsrechte** gegen sämtliche Wechselverpflichteten einheitlich dem Recht desjenigen Ortes unterstellt, wo der Wechsel ausgestellt worden ist. Dadurch soll verhindert werden, dass ein Wechselschuldner in Anspruch genommen wird, dieser aber seinen Rückgriff aufgrund des Fristablaufes nicht mehr ausüben kann (HUPKA, 259).

2   **Rückgriffsrechte** i.S. des Gesetzes sind die Ansprüche des Wechselgläubigers gegen alle aus dem Wechsel verpflichteten, mit Ausnahme des Hauptschuldners (Bezogener beim gezogenen Wechsel, Aussteller beim Eigenwechsel, vgl. Art. 1033 ff.). Keine Fristen für die Ausübung der Rückgriffsrechte sind die Fristen innerhalb deren der Wechsel dem Hauptschuldner zu präsentieren und Protest aufzunehmen ist (ARMINJON/CARRY, 532; CARRY, SJK 604, 2), diese werden im ersten Fall von Art. 1090 Abs. 1, im zweiten von Art. 1088 angeknüpft. Art. 1089 umfasst auch nur die wechselrechtlichen Ansprüche, nicht die zivilrechtlichen Forderungen aus dem Grundverhältnis.

3   Die Verweisung umfasst sowohl **Verwirkungs-, wie auch Verjährungsfristen** (RAISER, 67 ff.; HUPKA, 259; SCHNITZER, 395; ARMINJON/CARRY, 532 f., 542; CARRY, SJK 604, 2; JACOBI, 996 f.; LESCOT/ROBLOT, Bd. 2, 623 f.; LOUSSOUARN/BREDIN, 567 f.; BAUMBACH/HEFERMEHL/CASPER, Art. 94 WG N 1; MORAWITZ, 97 ff.; PETITPIERRE-SAUVAIN, N N 195 FN 206; **a.M.** BGE 91 II 364, welcher auf die Verjährung der Forderung gegen den Wechselbürgen Art. 1090 Abs. 2 anwendet). Dies gilt selbst wenn die Verjährung im anwendbaren Recht, wie z.B. in den anglo-amerikanischen Ländern, ein Institut des Prozessrechts ist (CARRY, Effets, 133 f.; SCHWANDER, N 259, 137; RGZ 145, 126 ff.; RAISER, 70; BAUMBACH/HEFERMEHL/CASPER, Art. 94 WG N 1; BÜLOW, Art. 94 WG N 1). Das anwendbare Recht für die Verjährung der Forderung gegen den Haupt-

4. Abschnitt: Der Wechsel **Art. 1090**

schuldner richtet sich aber nach Art. 1090 Abs. 1 (ARMINJON/CARRY, 542; MORAWITZ, 100).

Die Gründe für die **Hemmung und Unterbrechung der Verjährung** richten sich aufgrund Art. 17 Anlage II EinhWG vor einem schweizerischen Gericht immer nach schweizerischem Recht (BGE 77 I 10 ff., mit auf Willkür beschränkter Kognition; CARRY, SJK 604, 2 f.; BGH vom 18.9.1958 i.f., in: LINDENMAIER-MÖHRING, Nachschlagewerk des BGH, Art. 92 WG Nr. 1; HUPKA, 260; LESCOT/ROBLOT, Bd. 2, 625; BAUMBACH/HEFERMEHL/CASPER, Art. 93 WG N 1; **a.M.** MORAWITZ, 107). 4

Der **Ausstellungsort** muss autonom definiert werden. Es ist der Ort, an dem der Wechsel vom Aussteller unterzeichnet wurde (ARMINJON/CARRY, 512, 532). Massgebend ist der Ort, an dem die Unterschrift des Ausstellers tatsächlich angebracht wurde, nicht ein davon abweichender im Wechsel angegebener Ort (BAUMBACH/HEFERMEHL/CASPER, Art. 92 WG N 1). Es besteht jedoch eine Vermutung für die Richtigkeit des im Wechsel angegebenen Ausstellungsortes oder des Ortes, der bei dem Namen des Ausstellers angegeben ist (vgl. Art. 1087 N 9; PETITPIERRE-SAUVAIN, N 194, 205). 5

Art. 1088 ist nur im Verhältnis zu denjenigen Staaten von **Bedeutung**, die dem EinhWG nicht beigetreten sind, da dieses keine Verwirkungsfristen kennt und die Verjährungsfristen einheitlich regelt (Art. 1069 ff.). 6

Art. 1090

3. Wirkung der Wechselerklärungen a. Im Allgemeinen	**¹ Die Wirkungen der Verpflichtungserklärungen des Annehmers eines gezogenen Wechsels und des Ausstellers eines eigenen Wechsels bestimmen sich nach dem Recht des Zahlungsorts.** **² Die Wirkungen der übrigen Wechselerklärungen bestimmen sich nach dem Recht des Landes, in dessen Gebiete die Erklärungen unterschrieben worden sind.**
3. Effets des engagements de change a. En général	¹ Les effets des obligations de l'accepteur d'une lettre de change et du souscripteur d'un billet à ordre sont déterminés par la loi du lieu où ces titres sont payables. ² Les effets que produisent les signatures des autres obligés par lettre de change ou billet à ordre sont déterminés par la loi du pays sur le territoire duquel les signatures ont été données.
3. Effetti degli obblighi cambiari a. In genere	¹ Gli effetti degli obblighi dell'accettante d'una cambiale e del sottoscrittore di un vaglia cambiario sono determinati dalla legge del luogo dove questi titoli sono pagabili. ² Gli effetti prodotti dalle firme degli altri obbligati mediante cambiale o vaglia cambiario sono determinati dalla legge del Paese nel cui territorio furono apposte le firme.

Literatur

Vgl. die Literaturhinweise bei den Vorbem. zu Art. 1086–1095.

I. Allgemeines

1 Die Art. 1090–1095 bestimmen das anwendbare Recht hinsichtlich der materiellrechtlichen Wirkungen einer gemäss Art. 1087 formgültigen Wechselerklärung. Abs. 1 enthält den Grundsatz, wonach sich die Wirkungen der Erklärung des Akzeptanten beim gezogenen und des Ausstellers beim eigenen Wechsel nach dem Recht des Zahlungsortes richten. Die übrigen Wechselerklärungen stehen bez. ihrer Wirkungen unter dem Recht des jeweiligen Unterzeichnungsortes (Abs. 2; vgl. auch Art. 4 Konfl.Abk.; Art. 93 WG). Die in Art. 1090 vorgenommene **Einzelanknüpfung** hat zur Folge, dass das anwendbare Recht für jede Wechselerklärung gesondert bestimmt werden muss (ARMINJON/CARRY, 484; LESCOT/ROBLOT, Bd. 2, 572; LOUSSOUARN/BREDIN, 553 f.; JACOBI, 1017; MORAWITZ, 91).

2 Speziell normiert wurde das anwendbare Recht für die Wechselfähigkeit (Art. 1086), für die Formfragen (Art. 1087 f.), für die Fristen bei Ausübung der Rückgriffsrechte (Art. 1089), für Teilannahmen und Teilzahlungen (Art. 1091), für die Zahlung bei Verfall und die Zahlung von Wechseln, die auf eine fremde Währung lauten (Art. 1092), für gewisse Bereicherungsansprüche (Art. 1093), für den Übergang der Deckung (Art. 1094) sowie für die Kraftloserklärung (Art. 1095). Diese **Sonderanknüpfungen** sind die Ausnahme, Art. 1090 die Regel, welche alle übrigen Rechtsfolgen der Wechselerklärung anknüpft (MORAWITZ, 96).

3 Art. 1090 ist dispositives Recht, eine **Rechtswahl** somit möglich (BGE 90 II 117 i.f.; KGer TI, Rep 1982, 215; BGHZ 104, 146; JACOBI, 990; MORAWITZ, 149 ff.; **a.M.** HUPKA, 253; SCHNITZER, 397; ARMINJON, 834). Wer sich auf eine Rechtswahl berufen will, hat sie zu beweisen. Gegenüber Dritterwerbern des Wechsels wirkt die Rechtswahl nur, wenn sie sich aus der Wechselurkunde selbst ergibt (BGHZ 104, 148; BÜLOW, Vor Art. 91 ff. WG N 2; PETITPIERRE-SAUVAIN, N 198 FN 210). Inter partes ist eine Rechtswahl auch dann gültig, wenn sie nicht in der Wechselurkunde enthalten ist (BGHZ 104, 149; SCHLECHTRIEM, IPRax 1989, 155 f.; **a.M.** JACOBI, 990). Zu den Wirkungen der Rechtswahl auf die Form der Wechselerklärungen vgl. Art. 1087 N 4.

II. Der Anknüpfungsgegenstand

1. Die wechselrechtliche Erklärung

4 Die Erklärungen des Akzeptanten beim gezogenen und des Ausstellers beim Eigenwechsel, welche nach Abs. 1 angeknüpft werden, sind die Verpflichtungen des **Hauptschuldners** des Wechsels. Die übrigen Wechselerklärungen nach Abs. 2 sind die Erklärungen der **subsidiär Verpflichteten**. Ob eine Erklärung zwecks Zuordnung zu Abs. 1 oder Abs. 2 als diejenige eines Hauptschuldners oder die eines subsidiär verpflichteten qualifiziert werden muss, bestimmt das schweizerische Recht als lex fori, berücksichtigt dabei jedoch die in Frage kommenden ausländischen Rechtsordnungen.

5 Das anwendbare Recht für die **Erklärung des Bürgen und des Ehrenintervenienten**, die sich für den Hauptschuldner verpflichtet haben, richtet sich nach Abs. 2 und nicht nach Abs. 1 (BGH NJW 1963, 252; CARRY, Effets, 128 f.; SCHNITZER, 399; LESCOT/ROBLOT, Bd. 2, 594; BÜLOW, Art. 93 WG N 3).

6 Art. 1090 kommt nur zur Anwendung, wenn eine nach Art. 1087 formgültige Wechselerklärung vorliegt. Ob eine **formungültige Wechselerklärung** allenfalls andere Rechtswirkungen entfaltet, z.B. u.U. den Wechseln gleichgestellt wird (vgl. Art. 1147) oder eine gültige Schuldanerkennung (vgl. Art. 82 SchKG) beinhaltet, bestimmt daher nicht

Art. 1090, sondern das gemäss den allgemeinen Grundsätzen des IPRG (insb. Art. 117) anwendbare Recht (für Anknüpfung an den Ausstellungsort ZK-JÄGGI, Art. 1147 N 8).

2. Die Wirkungen der Erklärung

Umstritten ist, ob «Wirkungen» i.S. des Abkommens und des Gesetzes nur die Rechtsfolgen einer bereits entstandenen Wechselerklärung (ARMINJON/CARRY, 475; LESCOT/ROBLOT, Bd. 2, 564, 581; LOUSSOUARN/BREDIN, 544, 546; MORAWITZ, 87), oder auch **die materiellen Gültigkeitvoraussetzungen** (SCHNITZER, 398; JACOBI, 1020; BÜLOW, Art. 93 WG N 2) umfasst. Zu den Gültigkeitsfragen gehören z.B. Willensmängel, Fälschung sowie die Frage der abstrakten oder kausalen Natur der Wechselverpflichtung. Für die erste Lösung spricht eine grammatikalische Auslegung, wonach unter dem Begriff «Wirkungen (effets, effects)» im Allgemeinen nur die Rechtsfolgen einer formell und materiell gültig entstanden Verbindlichkeit subsumiert werden (MORAWITZ, 85). Die Frage kann indes offen gelassen werden. Selbst wenn das IPRG und nicht Art. 1090 bez. der materiellen Gültigkeitserfordernisse massgebend wäre, müsste dieses im Interesse einer einheitlichen Anknüpfung (analog zur Ablehnung der Theorie der «grossen Vertragsspaltung», vgl. BGE 78 II 83 ff.; ZK-SCHÖNENBERGER/JÄGGI, Allgemeine Einl. N 223 f.) mittels seiner Ausnahmeklausel (Art. 15 IPRG) auf dasjenige Recht verweisen, welches gemäss Art. 1090 für die Rechtswirkungen anwendbar ist (vgl. MORAWITZ, 87 ff.; PETITPIERRE-SAUVAIN, N 198; **a.M.** LOUSSOUARN/BREDIN, 548: für Zahlungsort). Zur Frage inwiefern ein **Stellvertreter** seinen Prinzipal verpflichte, vgl. Art. 1087 N 6. 7

Das auf die Erklärung des Akzeptanten anwendbare Recht (Zahlungsort, Art. 1090 Abs. 1) bestimmt auch, ob diese von einem **gültigen Grundwechsel,** d.h. einer form- und materiell gültigen Erklärung des Ausstellers, abhängt (JACOBI, 991). Letztere untersteht indes dem Recht ihres Unterzeichnungsortes (Art. 1087 Abs. 1, 1090 Abs. 2; vgl. BGH vom 4.2.1960, in: LINDENMAIER-MÖHRING, Nachschlagewerk des BGH, Art. 92 WG Nr. 1; BAUMBACH/HEFERMEHL/CASPER, Art. 93 WG N 2). V gl. auch die Sondernorm von Art. 1087 Abs. 2 betr. formungültige Ausstellererklärungen. 8

Zu den Wirkungen der Wechselerklärung i.S. des Gesetzes gehört alles, was den Inhalt der Verpflichtungserklärung betrifft, mithin **Art und Umfang der Haftung** (HUPKA, 254; SCHNITZER, 398; MEIER-HAYOZ/VON DER CRONE, 209; LOUSSOUARN/BREDIN, 568; BAUMBACH/HEFERMEHL/CASPER, Art. 93 WG N 1; MORAWITZ, 96). Darunter fällt insb. der Umfang der Verpflichtung und die Reihenfolge der Inanspruchnahme (ARMINJON/CARRY, 533 f.). Der Regressanspruch des Einlösers gegen einen anderen aus dem Wechsel Verpflichteten (Art. 1046) richtet sich nach dem Recht des Regressschuldners, da dessen Wechselerklärung Grundlage des Anspruchs ist. Nicht zu den Wirkungen der Wechselerklärung gehören die Zahlungsmodalitäten (SCHNITZER, 398), diese werden von Art. 1092 angeknüpft. 9

Die Verweisung von Art. 1090 Abs. 1 umfasst auch die Bestimmungen über die **Verjährung** der Forderung gegen den Hauptschuldner (BGE 77 I 10; HUPKA, 254; CARRY, SJK 604, 3), selbst wenn diese im anwendbaren Recht, wie z.B. in den anglo-amerikanischen Ländern, ein Institut des Prozessrechts ist (SCHWANDER, N 259, 137; RGZ 145, 126 ff.; BAUMBACH/HEFERMEHL/CASPER, Art. 93 WG N 1). Die Verjährung der Forderung gegen die subsidiär aus dem Wechsel Verpflichteten richtet sich jedoch nicht nach Art. 1090 Abs. 2, sondern nach Art. 1089 (vgl. Art. 1089 N 3; PETITPIERRE-SAUVAIN, N 198). Betreffend Hemmung und Unterbrechung der Verjährung vgl. Art. 1089 N 4. 10

11 Art. 1090 bestimmt auch das anwendbare Recht für die Frage, welche **Einreden** dem Verpflichteten zustehen (BGE 90 II 119; CARRY, SJK 604, 3; HUPKA, 254). Einreden im technischen Sinne werden gegen eine an sich bestehende Wechselforderung erhoben (JÄGGI/DRUEY/VON GREYERZ, 216). Gründet die Einrede im Wechselrecht, wie z.B. die Verjährung (Art. 1069 ff.), so richtet sich nicht nur die Zulässigkeit, sondern auch der Bestand der Einrede i.c. nach dem von Art. 1090 bestimmten Recht. Dasselbe gilt bez. Sonderabmachungen, welche primär die Wechselforderung betreffen wie z.B. Stundung, Erlass oder Verjährungsverzicht. Bei Einreden, welche in einem anderen Rechtsverhältnis gründen, wie z.B. bei Einreden aus dem Grundverhältnis und bei der Verrechnung mit einer Gegenforderung, bestimmt Art. 1090 das anwendbare Recht nur bez. der Frage, ob die Einreden zulässig sind (vgl. Art. 1007). Ob sie überhaupt bestehen und welche Wirkungen ihnen zukommt, bestimmt dasjenige Recht, welches auf die Rechtsverhältnisse anwendbar ist, dem die Einreden entstammen.

12 Auch die Notwendigkeit der Massnahmen zur Ausübung oder Erhaltung der wechselrechtlichen Ansprüche wie **Präsentation, Protest und Benachrichtigung** sowie die Konsequenzen ihrer Missachtung richten sich nach dem von Art. 1090 bezeichneten Recht (HUPKA, 257; CARRY, SJK 604, 3; BGH NJW 1963, 253; LESCOT/ROBLOT, Bd. 2, 612; LOUSSOUARN/BREDIN, 566 f.; RAISER, 72, 80; JACOBI, 999; BAUMBACH/HEFERMEHL/CASPER, Art. 93 WG N 1; BÜLOW, Art. 93 WG N 2; WIRTH/PHILIPPS/RINKE, 558; PETITPIERRE-SAUVAIN, N 199; krit. ARMINJON/CARRY, 527 f.; **a.M.** SCHNITZER, 393). Diese Fragen unterliegen somit dem Recht, dem die Erklärung des Verpflichteten unterstehen; z.B. kann für den Rückgriff gegen den Indossanten A ein Protest gegen den Bezogenen notwendig sein, nicht jedoch für den Regress gegen den Indossanten B. Dieses Recht bestimmt auch, wo diese Handlungen vorzunehmen sind. Deren Form wird jedoch durch Art. 1088 angeknüpft (lex loci actus). Zur Form und nicht zur Notwendigkeit gehört die Frage, ob der Protest durch eine andere Formalität, z.B. durch eine Erklärung des Bezogenen, ersetzt werden kann (CARRY, Effets, 116; ARMINJON/CARRY, 528). Die Wirksamkeit eines Protesterlasses (vgl. Art. 1043) richtet sich für jeden Regressschuldner jedoch gesondert nach dem von Abs. 2 bezeichneten Recht (CARRY, Effets, 122; LESCOT/ROBLOT, Bd. 2, 613; LOUSSOUARN/BREDIN, 566). Im anglo-amerikanischen Recht ist üblicherweise Benachrichtigung Voraussetzung für den Rückgriff.

13 Nicht anwendbar ist Art. 1090 hinsichtlich der prozessualen und vollstreckungsrechtlichen **Verfahrensnormen** bei der Geltendmachung einer Wechselverpflichtung, diese richten sich nach der lex fori (ARMINJON/CARRY, 537; LESCOT/ROBLOT, Bd. 2, 615; BAUMBACH/HEFERMEHL/CASPER, Art. 93 WG N 1; BÜLOW, Art. 93 WG N 2).

3. Die Übertragung des Wechsels

14 Die Übertragung eines Wechsels mittels **Indossament** (Art. 1001 ff.) hat üblicherweise drei Rechtswirkungen. Zum einen entsteht mangels eines entgegenstehenden Vermerks eine subsidiäre Leistungspflicht des Indossanten (**Garantiefunktion;** Art. 1005). Diese Verpflichtungswirkung richtet sich aufgrund von Abs. 2 nach dem Recht desjenigen Landes, in dem das Indossament unterzeichnet wurde (CARRY, Effets, 142; LESCOT/ROBLOT, Bd. 2, 590; BAUMBACH/HEFERMEHL/CASPER, Art. 93 WG N 4; BÜLOW, Art. 93 WG N 4). Umstritten ist hingegen, ob auch die zweite Rechtswirkung des Indossaments, die **Übertragung** des Wechsels mittels Verfügungsgeschäft, nach Abs. 2 angeknüpft wird (so SCHNITZER, 399; RAISER, 111; ARMINJON/CARRY, 505; CARRY, SJK 604, 3 f.; DERS., Effets, 145; LESCOT/ROBLOT, Bd. 2, 590; LOUSSOUARN/BREDIN, 557;

KELLER/SIEHR, 340; **a.M.** HUPKA, 265; BAUMBACH/HEFERMEHL/CASPER, Art. 93 WG N 1 m.w.Nw.). Die Frage kann offen gelassen werden, denn selbst wenn bez. des Verfügungsgeschäfts Abs. 2 nicht direkt zur Anwendung käme, müsste für dieses im Interesse einer einheitlichen Anknüpfung aufgrund der Ausnahmeklausel (Art. 15 IPRG) ebenfalls das Recht des Unterzeichnungsortes gelten (RAISER, 109; MORAWITZ, 123). Unmassgebend ist das Recht des Ortes, wo die Urkunde übergeben wurde. Der Schuldner verliert jedoch gegenüber dem Indossatar seine Einreden nur in dem Umfang, wie sie kumulativ vom Recht seiner Verpflichtungserklärung wie vom Recht des Indossaments vorgesehen ist (JACOBI, 1024; **a.M.** CARRY, SJK 604, 4). Die dritte Rechtswirkung, die **Legitimationsfunktion**, muss in zwei Bereiche aufgeteilt werden (MEIER-HAYOZ/VON DER CRONE, 162 f.): Die Legitimation bei der Übertragung (vgl. Art. 1006 Abs. 2) unterliegt dem Unterzeichnungsort als Übertragungsstatut (LESCOT/ROBLOT, Bd. 2, 591), die Legitimation bei der Bezahlung (vgl. Art. 1030 Abs. 3) wird durch Art. 1092 an das Recht des Erfüllungsortes angeknüpft (vgl. Art. 1092 N 3; **a.M.** HUPKA, 268).

Beim **Blankoindossament** ergeben sich keine Besonderheiten, es gilt Abs. 2 (Unterzeichnungsort). Wird jedoch ein bereits mit einem Blankoindossament versehener Wechsel vom Empfänger weiterübertragen, ohne dass dieser das Blankoindossament ausgefüllt und seinerseits ein neues hinzugefügt hätte, so ist dies keine wechselrechtliche Erklärung die Abs. 2 unterstehen würde (LESCOT/ROBLOT, Bd. 2, 592; BAUMBACH/HEFERMEHL/CASPER, Art. 93 WG N 1; MORAWITZ, 123; **a.M.** JACOBI, 1025). Dasselbe gilt für die Übertragung eines anglo-amerikanischen Inhaberwechsels. Diese sind gemäss den allgemeinen Grundsätzen (das IPRG regelt nur die Verpfändung, nicht aber die Übertragung von Wertpapieren, die eine Forderung verurkunden) an das Recht des Lageortes des Wertpapiers anzuknüpfen (lex chartae sitae, Art. 100 IPRG; SCHNITZER, 354 f.; LESCOT/ROBLOT, Bd. 2, 592; BGHZ 108, 356 f.; RAISER, 103, 109; MORAWITZ, 132; KRONKE/BERGER, IPRax 1991, 317; **a.M.** ZK-JÄGGI, Vorbem. zum 33. Titel N 28 f.; KELLER/SIEHR, 340: für Forderungsstatut). Bei Versendung in ein anderes Land gilt das Recht des Bestimmungsortes (vgl. Art. 101 IPRG, welcher jedoch nur von Sachen «im Transit» handelt). **15**

Ob ein Wechsel überhaupt durch Indossament übertragen werden kann oder ein **Rektapapier** ist, richtet sich für alle späteren Übertragungen nach dem auf die Erklärung des Ausstellers anwendbaren Recht (RAISER, 111; HUPKA, MORAWITZ, 129; **a.M.** HUPKA, 267; CARRY, Effets, 140 f.; LESCOT/ROBLOT, Bd. 2, 589; WIRTH/PHILIPPS/RINKE, 545). Diese Erklärung des Ausstellers richtet sich beim gezogenen Wechsel nach dem Recht des Unterzeichnungsortes (Art. 1090 Abs. 2; MORAWITZ, 129; BAUMBACH/HEFERMEHL/CASPER, Art. 93 WG N 4) und beim Eigenwechsel nach dem Recht des Zahlungsortes (Abs. 1; **a.M.** RAISER, 111, der das Formstatut für massgebend hält). **16**

Wird der Wechsel durch **Zession** übertragen, so steht diese gemäss Art. 145 IPRG unter dem auf die abgetretene Forderung anzuwendenden Recht. Die Abtretung des Wechsels umfasst den Übergang aller Forderungen gegen die aus dem Wechsel Verpflichteten. Da das anwendbare Recht für jede Wechselerklärung gesondert bestimmt wird (vgl. N 1), muss auch die Abtretung jeder dieser Forderung gesondert angeknüpft werden und richtet sie sich nach dem auf die abgetretenen Ansprüche anwendbaren Recht gemäss Abs. 1 f. (MORAWITZ, 131 f.). **17**

III. Die Anknüpfungsbegriffe

18 Schwierigkeiten bereitet die **Bestimmung des Zahlungsortes,** nach dessen Recht sich die Verpflichtung des Hauptschuldners richten soll, da dieser nur bestimmt werden kann, wenn das anwendbare Recht bereits bekannt ist (vgl. KELLER/SIEHR, 355 f.). Dementsprechend muss der Begriff autonom definiert werden. Ist im Wechsel ein Zahlungsort oder ein Domizil angegeben, so sind diese massgebend (SCHNITZER, 399; MORAWITZ, 93). Ist kein Zahlungsort oder Domizil angegeben, so bestimmt das Formstatut der Ausstellererklärung (Recht des Ortes, wo der Aussteller den Wechsel unterzeichnete, Art. 1087) den Zahlungsort, da dieses die materielle Ergänzung einer unvollständigen Ausstellererklärung umfasst (Art. 1087 N 7; **a.M.** SCHNITZER, 399; MORAWITZ, 94, welche immer Art. 992 Abs. 3 analog anwenden möchten). Wurde der Wechsel in der Schweiz ausgestellt, gilt der bei dem Namen des Bezogenen angegebene Ort als Zahlungsort (Art. 992 Abs. 3), beim Eigenwechsel der Ausstellungsort (Art. 1097 Abs. 3) resp. der Ort, der bei dem Namen des Ausstellers angegeben ist.

19 Der **Unterzeichnungsort** wird vom Gesetz autonom definiert. Analog zur Anknüpfung der Form (vgl. Art. 1087 N 9) ist massgebend der Ort, an dem die Unterschrift tatsächlich angebracht wurde, und nicht ein davon abweichender auf dem Wechsel angegebener Ort (SCHNITZER, 398; HUPKA, 253; MEIER-HAYOZ/VON DER CRONE, 209; BAUMBACH/HEFERMEHL/CASPER, Art. 93 WG N 4; BÜLOW, Art. 93 WG N 4). Es besteht jedoch eine Vermutung für die Richtigkeit der Skriptur, und die Berufung des Verpflichteten auf einen abweichenden tatsächlichen Unterzeichnungsort kann gegenüber einem gutgläubigen Dritterwerber rechtsmissbräuchlich sein (vgl. MEIER-HAYOZ/VON DER CRONE, 209; BAUMBACH/HEFERMEHL/CASPER, Art. 93 WG N 4; PETITPIERRE-SAUVAIN, N 207).

Art. 1091

b. Teilannahme und Teilzahlung	Das Recht des Zahlungsortes bestimmt, ob die Annahme eines gezogenen Wechsels auf einen Teil der Summe beschränkt werden kann und ob der Inhaber verpflichtet oder nicht verpflichtet ist, eine Teilzahlung anzunehmen.
b. Acceptation partielle et paiement partiel	La loi du pays où la lettre de change est payable règle la question de savoir si l'acceptation peut être restreinte à une partie de la somme ou si le porteur est tenu ou non de recevoir un paiement partiel.
b. Accettazione parziale. Pagamento parziale	La legge del Paese nel quale la cambiale è pagabile determina se l'accettazione può essere limitata ad una parte della somma e se il portatore è obbligato o no ad accettare un pagamento parziale.

Literatur

Vgl. die Literaturhinweise bei den Vorbem. zu Art. 1086–1095.

1 Art. 1091 (vgl. Art. 7 Konfl.Abk.; Art. 96 WG) statuiert, dass die Befugnis des Bezogenen, die Annahme auf einen Teil der Wechselsumme zu beschränken, sowie die Pflicht des Inhabers zur Annahme von Teilzahlungen sich nach dem Recht des Zahlungsortes richten. Der Verweis bezieht sich nicht nur auf die Verpflichtung des Hauptschuldners (Akzeptant resp. Aussteller beim Eigenwechsel), sondern umfasst auch die Zulässigkeit

4. Abschnitt: Der Wechsel   1 Art. 1092

des Rückgriffes auf die übrigen Wechselschuldner bei **Teilannahme** oder **Teilzahlung** durch den Hauptschuldner (RAISER, 81; HUPKA, 258; SCHNITZER, 400; ARMINJON/CARRY, 525; CARRY, Effets, 126 f.; JACOBI, 994; MORAWITZ, 101; PETITPIERRE-SAUVAIN, N 210; **a.M.** LESCOT/ROBLOT, Bd. 2, 587; LOUSSOUARN/BREDIN, 556 f.; BAUMBACH/HEFERMEHL/CASPER, Art. 96 WG N 1; OR Handkommentar-SCHWAIBOLD, N 2).

Art. 1091 bezieht sich nicht auf die Verpflichtung des Inhabers, von einem **subsidiären** 2 **Wechselschuldner** eine Teilzahlung anzunehmen, da diese nicht am Zahlungsort zu zahlen haben (JACOBI, 995; **a.M.** BÜLOW, Art. 47 WG 9). Diese Verpflichtung untersteht dem Recht des Ortes, an dem der subsidiäre Wechselschuldner zu zahlen hat (PETITPIERRE-SAUVAIN, N 201). Dieser Ort wird durch das Wirkungsstatut bestimmt, welches an den Unterzeichnungsort der subsidiären Verpflichtung anknüpft (Art. 1090 Abs. 2). Im schweizerischen Recht hat der Regressschuldner an seinem Wohnsitz resp. Sitz zu zahlen.

Art. 1091 hat nur im Verhältnis zu denjenigen Staaten **Bedeutung,** die dem EinhWG 3 nicht beigetreten sind, da im Abkommen Teilannahme (Art. 1016 Abs. 1) und Teilzahlung (Art. 1029) zulässig sind (HUPKA, 258). Im anglo-amerikanischen Rechtsbereich ist die Wirksamkeit eines Teilakzeptes und die Zulässigkeit von Teilzahlungen von der Zustimmung des Wechselinhabers abhängig (MORAWITZ, 100 f. m.w.Nw.).

Zum Begriff des **Zahlungsortes** vgl. Art. 1090 N 18.   4

Art. 1092

c. Zahlung   Die Zahlung des Wechsels bei Verfall, insbesondere die Berechnung des Verfalltages und des Zahlungstages sowie die Zahlung von Wechseln, die auf eine fremde Währung lauten, bestimmen sich nach dem Recht des Landes, in dessen Gebiete der Wechsel zahlbar ist.

c. Paiement   Le paiement à l'échéance, en particulier le calcul du jour de l'échéance et du paiement, de même que le paiement des lettres de change dont le montant est exprimé en monnaie étrangère, se règlent conformément à la loi du pays dans le territoire duquel le titre est payable.

c. Pagamento   Il pagamento alla scadenza, in ispecie il computo del giorno della scadenza e del giorno del pagamento, come pure il pagamento delle cambiali la cui somma è espressa in moneta estera, sono determinati dalla legge del Paese nel cui territorio la cambiale è pagabile.

Literatur

Vgl. die Literaturhinweise bei den Vorbem. zu Art. 1086–1095.

Art. 1092 unterstellt sowohl die Zahlung des Wechsels bei Verfall, insb. die Berechnung 1 des Verfalltages und des Zahlungstages, sowie die Zahlung von Wechseln, die auf eine fremde Währung lauten, dem Recht des Zahlungsortes. Der Artikel beruht nicht auf dem Konfl.Abk., da dieses die Zahlungsmodalitäten nicht umfasst (SCHNITZER, 405; LOUSSOUARN/BREDIN, 560 f., 563), sondern wurde vom Schweizer Gesetzgeber autonom erlassen. Entsprechend Art. 125 IPRG gilt für die **Erfüllungsmodalitäten** das **Recht des Zahlungsortes.**

2 Aufgrund seines Wortlautes («Zahlung ... bei Verfall») und seinem Zweck, die Zahlungsmodalitäten dem Recht des Zahlungsortes zu unterstellen, gilt Art. 1092 nur für die Verpflichtungen des Hauptschuldners (Akzeptant beim gezogenen und Aussteller beim eigenen Wechsel), da die übrigen **subsidiären Wechselschuldner** nicht an dem im Wechsel angegebenen Zahlungsort zu leisten haben (JACOBI, 995; PETITPIERRE-SAUVAIN, N 202; **a.M.** BÜLOW, Art. 47 WG 9). Die Zahlungsmodalitäten bei Zahlung durch die subsidiären Wechselschuldner unterliegen dem Recht ihres eigenen Zahlungsortes. Dieser Ort wird durch das Wirkungsstatut bestimmt, welches an den Unterzeichnungsort der subsidiären Verpflichtung anknüpft (Abs. 2). Im schweizerischen Recht hat der Regressschuldners an seinem Wohnsitz resp. Sitz zu zahlen.

3 Eine genaue Abgrenzung der **Zahlungsmodalitäten** von den «Wirkungen der Wechselerklärung» ist nur bei Zahlung durch einen subsidiär Verpflichteten von Bedeutung, da die Wirkungen der Erklärung des Hauptschuldners auch an den Zahlungsort angeknüpft wird (Art. 1090 Abs. 1). Zu den Zahlungsmodalitäten gehören der Termin der Fälligkeit, Lokalität und Zeitpunkt der Zahlung (vgl. Art. 1030, 1081–1084; vgl. LESCOT/Roblot, Bd. 2, 602), die Sorgfaltspflichten bei der Zahlung (vgl. Art. 1030 Abs. 3; ARMINJON/CARRY, 524 f.; LESCOT/ROBLOT, Bd. 2, 606; JACOBI, 992), Art und Form der Quittierung (vgl. Art. 1029 Abs. 1, 3), die Aushändigung des Wechsels (Art. 1029 Abs. 1, 1047 f.), das Recht zur Hinterlegung (vgl. Art. 1032) sowie die Zahlung von Wechseln in fremder Währung (vgl. Art. 1031).

4 Zur **höheren Gewalt** und staatlichen Zahlungsmoratorien (vgl. Art. 1051) vgl. CARRY, Effets, 120 ff.; ARMINJON/CARRY, 538; SCHNITZER, 408 ff.; LESCOT/ROBLOT, Bd. 2, 619 ff.; LOUSSOUARN/BREDIN, 565.

5 Zum Begriff des **Zahlungsortes** vgl. Art. 1090 N 18 und oben N 2.

Art. 1093

d. Bereicherungsanspruch	Der Bereicherungsanspruch gegen den Bezogenen, den Domiziliaten und die Person oder Firma, für deren Rechnung der Aussteller den Wechsel gezogen hat, bestimmt sich nach dem Recht des Landes, in dessen Gebiet diese Personen ihren Wohnsitz haben.
d. Droits dérivant de l'enrichissement	L'action exercée pour cause d'enrichissement illégitime contre le tiré, contre le domiciliataire ou contre la personne ou raison de commerce pour le compte de laquelle la lettre de change a été tirée se règle en conformité de la loi du pays où ces personnes sont domiciliées.
d. Azione di indebito arricchimento	L'azione d'indebito arricchimento contro il trattario, contro il domiciliatario e contro la persona o la ditta per conto della quale la cambiale fu tratta è retta dalla legge del Paese, nel cui territorio queste persone sono domiciliate.

Literatur

Vgl. die Literaturhinweise bei den Vorbem. zu Art. 1086–1095.

1 Art. 1093 bestimmt, dass die **Bereicherungsansprüche** gegen den Bezogenen, den Domiziliaten und die Person oder Firma, für deren Rechnung der Aussteller den Wechsel

gezogen hat, dem Recht desjenigen Landes unterliegen, in dem diese Personen ihren Wohnsitz haben. Die Norm umfasst nur die wechselrechtlichen Bereicherungsansprüche (vgl. Art. 1052), nicht allfällige konkurrierende Forderungen aus dem Grundverhältnis oder aus Art. 62 ff. (PETITPIERRE-SAUVAIN, N 208).

Der wechselrechtliche Bereicherungsanspruch wurde weder im EinhWG materiell geregelt (vgl. Art. 15 Anlage II EinhWG), noch enthält das Konfl.Abk. eine entsprechende Verweisungsnorm. Der vom schweizerischen Gesetzgeber autonom eingefügte Art. 1093 ist daher auch gegenüber denjenigen Staaten von **Bedeutung,** die dem EinhWG beigetreten sind, obwohl sich die Frage stellen lässt, inwiefern das Konfl.Abk. einer derartigen Regelung Raum lässt (vgl. ARMINJON/CARRY, 545 f.; BAUMBACH/HEFERMEHL/CASPER, Art. 93 WG N 1; BÜLOW, Art. 93 WG N 1, die Art. 4 Konfl.Abk. = Art. 1090 OR für anwendbar halten). 2

Art. 1093 regelt nur die Bereicherungsansprüche gegen den Bezogenen, der nicht akzeptiert hat (JÄGGI/DRUEY/VON GREYERZ, 250), den Domiziliaten und die Person oder Firma, für deren Rechnung der Aussteller den Wechsel gezogen hat (Letzterer beruht auf dem sog. Kommissionswechsel, der im Verkehr nicht mehr vorkommt). Dadurch sollten diejenigen Fälle international-privatrechtlich geregelt werden, in denen das schweizerische Recht (Art. 1052 Abs. 2), im Gegensatz zum deutschen (Art. 89 WG), einen Bereicherungsanspruch zugesteht (SCHNITZER, 410). Diesem Zweck entsprechend ist Art. 1093 auszulegen: Er **umfasst diejenigen Sachverhalte, bei denen sich,** würden sie schweizerischem Recht unterstehen, **nach Art. 1052 Abs. 2 ein Bereicherungsanspruch ergeben würde.** 3

Art. 1093 verweist auf das Recht des Wohnsitzes desjenigen, gegen den sich der Bereicherungsanspruch richtet. Der **Begriff des Wohnsitzes** wird in internationalen Verhältnissen vom IPRG autonom umschrieben: der Staat, in dem sich eine Person mit der Absicht dauernden Verbleibens aufhält (Art. 20 Abs. 1 lit. a IPRG). Hat eine Person nirgends einen Wohnsitz, so tritt der gewöhnliche Aufenthalt (Art. 20 Abs. 1 lit. b) an die Stelle des Wohnsitzes (Art. 20 Abs. 2 IPRG). Bei Gesellschaften gilt der Sitz als Wohnsitz (Art. 21 Abs. 1 IPRG). Als Sitz einer Gesellschaft gilt der statutarisch oder im Gesellschaftsvertrag festgelegte Ort. Fehlt eine solche Bezeichnung, so gilt als Sitz der Ort, an dem die Gesellschaft tatsächlich verwaltet wird (Art. 21 Abs. 2 IPRG). 4

Nicht von Art. 1093 geregelt sind **die übrigen wechselrechtlichen Bereicherungsansprüche** (BGE 102 II 276 ff.), namentlich die gegen den Aussteller, den Akzeptanten (vgl. Art. 1052 Abs. 1) und gegen die Indossanten (kein Anspruch gem. Art. 1052 Abs. 3). Da es sich hierbei um Rechte aus dem Wechsel handelt (JÄGGI/DRUEY/VON GREYERZ, 249), unterstehen sie dem Recht, welches gemäss Art. 1090 auf die Wechselverpflichtung des Bereicherten Anwendung findet (ARMINJON/CARRY, 545 f.; CARRY, SJK 604, 3; LESCOT/ROBLOT, Bd. 2, 627 f.; BAUMBACH/HEFERMEHL/CASPER, Art. 93 WG N 1; BÜLOW, Art. 93 WG N 1; **a.M.** SCHNITZER, 411, der immer das Recht des Unterzeichnungsortes für anwendbar hält). 5

Art. 1094

e. Übergang der Deckung | Das Recht des Ausstellungsortes bestimmt, ob der Inhaber eines gezogenen Wechsels die seiner Ausstellung zugrunde liegende Forderung erwirbt.

e. Transfert de la créance	La loi du lieu de la création du titre détermine si le porteur d'une lettre de change acquiert la créance qui a donné lieu à l'émission du titre.
e. Trasferimento del credito	La legge del luogo dove il titolo fu emesso determina se il portatore d'una cambiale acquista il credito per il quale l'emissione fu fatta.

Literatur

Vgl. die Literaturhinweise bei den Vorbem. zu Art. 1086–1095.

1   Art. 1094 (vgl. Art. 6 Konfl.Abk.; Art. 95 WG) bestimmt, dass das Recht des Ausstellungsortes entscheidet, ob der Inhaber eines gezogenen Wechsels die seiner Ausstellung zugrunde liegende Forderung erwirbt. Diese Verweisungsnorm ist auch im Verhältnis zu denjenigen Staaten von **Bedeutung,** die dem EinhWG beigetreten sind, da dieses die Frage des **Deckungsüberganges** nicht regelt (Art. 16 Anlage II EinhWG). Einen automatischen Übergang der Deckung («provision») kennen die Staaten des französischen Rechtskreises, die Schweiz wählte in Art. 1053 eine Mittellösung.

2   Art. 1094 regelt das anwendbare Recht bez. der Frage, **ob und wie der Inhaber die Grundforderung erwirbt,** insb. ob dies eo ipso geschieht oder ob es hierfür zusätzlicher Erfordernisse, wie einer Erklärung auf dem Wechsel (vgl. Art. 1053 Abs. 2) oder einer Notifikation, bedarf (LESCOT/ROBLOT, Bd. 2, 599; BÜLOW, Art. 95 WG N 1). Art. 1094 regelt primär das Verhältnis zwischen altem und neuem Gläubiger (CARRY, SJK 604, 4), den Schuldner schützende Normen des auf die Grundforderung anwendbaren Rechts, insb. die Frage, an wen der Schuldner leisten darf (vgl. Art. 1053 Abs. 3) und welche Einreden er erheben kann, bleiben vorbehalten (vgl. Art. 146 Abs. 2 IPRG; HUPKA, 273; HIRSCH, 157; BAUMBACH/HEFERMEHL/CASPER, Art. 95 WG N 1; BÜLOW, Art. 95 WG N 1; MORAWITZ, 51). Nicht von Art. 1094 geregelt ist das anwendbare Recht für den Bestand und Umfang der Grundforderung, und ob der Bezogene verpflichtet ist, die Annahme zu erklären; dies bestimmt sich nach Art. 116 ff. IPRG (ARMINJON/CARRY, 499; LESCOT/ROBLOT, Bd. 2, 584, 597; MORAWITZ, 49; PETITPIERRE-SAUVAIN, N 206). Ebenfalls nicht von Art. 1094 geregelt ist die Frage, ob und wann ein Wechsel eine Deckung haben muss. Diese richtet sich im Verhältnis zwischen Aussteller und Bezogenem nach dem auf die Grundforderung anwendbaren Recht (HUPKA, 269 FN 4; ARMINJON/CARRY, 511; SCHNITZER, 402; LESCOT/ROBLOT, Bd. 2, 597; LOUSSOUARN/BREDIN, 558) sowie im Verhältnis zwischen Aussteller und Inhaber nach Art. 1090 Abs. 2 (Unterzeichnungsort; LESCOT/ROBLOT, Bd. 2, 597; **a.M.** LOUSSOUARN/BREDIN, 558 f.: für Zahlungsort). Art. 1094 knüpft nur den Übergang der Grundforderung an, die der Ausstellung des Wechsels zugrunde liegt. Der Übergang weiterer Rechte, welche vom Begriff der «provision» teilweise umfasst werden (vgl. HIRSCH, passim), unterliegt dem IPRG (JACOBI, 1004 f.; MORAWITZ, 51; **a.M.** LESCOT/ROBLOT, Bd. 2, 599).

3   Nur ausländische materiellrechtliche Normen sind bez. in der Schweiz belegenen Forderungen aufgrund Art. 1094 zu beachten (D. STAEHELIN, Die Anerkennung ausländischer Konkurse und Nachlassverträge in der Schweiz, Art. 166 ff. IPRG, Diss. Basel 1989, 18). Eine ausländische Bestimmung, wonach der Inhaber nur ein vollstreckungsrechtliches Privileg an der Forderung erhält (vgl. HIRSCH, 104 ff.), hat daher bez. einer in der Schweiz belegenen Forderung (vgl. hierzu STAEHELIN, a.a.O., 124 ff.; DERS., Die internationale Zuständigkeit der Schweiz im Schuldbetreibungs- und Konkursrecht, AJP 1995, 263 f.) vor einem schweizerischen Gericht keine Geltung (STAEHELIN, a.a.O., 156; **a.M.** JACOBI, 1005). Das Gleiche gilt für eine ausländische Bestimmung, wonach

der Inhaber im Falle des **Konkurses** des Ausstellers Gläubiger der Grundforderung wird, da diese als konkursrechtliche Norm zu qualifizieren ist (HUPKA, 272; HIRSCH, 161; STAEHELIN, a.a.O., 134). Wird der ausländische Konkurs in der Schweiz gemäss Art. 166 ff. IPRG anerkannt, so kommt auf den Tatbestand Art. 1053 Abs. 1 zur Anwendung (STAEHELIN, a.a.O., 19, 135).

Art. 1094 definiert die **Deckung** autonom als Forderung (des Ausstellers gegen den Bezogenen), die der Ausstellung des Wechsels zugrunde liegt (JACOBI, 1004). Wohl als selbstverständlich wird vorausgesetzt, dass deren Umfang durch die Höhe der Wechselforderung begrenzt wird (JÄGGI/DRUEY/VON GREYERZ, 245). Nur diese Grundforderung unterliegt der Verweisung von Art. 1094, ein darüber hinausgehender Übergang anderer Forderungen und dinglicher Rechte wird davon nicht umfasst (JACOBI, 1005; MORAWITZ, 51; PETITPIERRE-SAUVAIN, N 206), sondern wird vom IPRG angeknüpft. Dieses muss jedoch aufgrund der Ausnahmeklausel (Art. 15 IPRG) i.S. einer einheitlichen Anknüpfung auch auf das Recht des Ausstellungsortes verweisen. 4

Zum **Ausstellungsort** vgl. Art. 1089 N 5. 5

Art. 1095

f. Kraftloserklärung	Das Recht des Zahlungsortes bestimmt die Massnahmen, die bei Verlust oder Diebstahl eines Wechsels zu ergreifen sind.
f. Annulation	La loi du pays où la lettre de change ou le billet à ordre sont payables détermine les mesures à prendre en cas de perte ou de vol de la lettre de change ou du billet à ordre.
f. Ammortamento	La legge del Paese dov'è pagabile la cambiale o il vaglia cambiario stabilisce le misure da prendere in caso di perdita o di furto del titolo.

Literatur

Vgl. die Literaturhinweise bei den Vorbem. zu Art. 1086–1095.

Art. 1095 (vgl. Art. 9 Konfl.Abk.; Art. 98 WG) statuiert, dass das Recht des Zahlungsortes die Massnahmen bestimmt, die bei **Verlust** oder **Diebstahl** eines Wechsels zu ergreifen sind. Dasselbe gilt bei Zerstörung des Wechsels (Comptes rendus, 152; SCHNITZER, 404; BAUMBACH/HEFERMEHL/CASPER, Art. 98 WG N 1), nicht aber bei Konkurs des Inhabers (**a.M.** LESCOT/ROBLOT, Bd. 2, 605). 1

Als Massnahmen kommen v.a. Kraftloserklärung und Zahlungssperre in Frage. Das gemäss Art. 1095 zuständige Recht gilt auch für die Wirkungen dieser Massnahmen (BAUMBACH/HEFERMEHL/CASPER, Art. 98 WG N 1; BÜLOW, Art. 98 WG N 1; MORAWITZ, 105). Hierbei handelt es sich um hoheitliche Akte, welche die zuständige Behörde immer in Anwendung ihrer lex fori erlässt (ZK-JÄGGI, Art. 971/972 N 20). Wer hierfür zuständig ist, bestimmt sich gemäss Art. 1095 nach dem Recht des Zahlungsortes (SCHNITZER, 404). Dadurch hat das Gesetz, im Gegensatz zu Art. 1086–1094, nicht nur das anwendbare Recht bestimmt, sondern indirekt auch die **örtlich zuständige Behörde** bezeichnet (ZK-JÄGGI, Art. 971/972 N 21; **a.M.** OR-Handkommentar-SCHWAIBOLD, N 4). Aus dem Zweck der Norm, wonach die Massnahmen eines Landes genügen sollten (MORAWITZ, 105), ergibt sich darüber hinaus die Pflicht, eine von der zuständigen **ausländischen Behörde erlassene Massnahme** in der Schweiz anzuerken- 2 nen. Die Anerkennung kann jedoch verweigert werden, wenn sie mit dem schweizerischen ordre public unvereinbar wäre oder die Massnahme unter Verletzung wesentlicher Verfahrensgrundsätze zustande gekommen ist (vgl. Art. 27 IPRG).

3   Die Bestimmung ist auch im Verhältnis zu denjenigen Staaten von **Bedeutung,** die dem EinhWG beigetreten sind, da dieses die zu ergreifenden Massnahmen bei Verlust oder Diebstahl nicht regelt.

4   Massgebend ist allein der **Zahlungsort** des Hauptschuldners (vgl. Art. 1087 N 18), nie der Zahlungsort der Regressschuldner.

C. Eigener Wechsel

Vorbemerkungen zu Art. 1096–1099

Literatur

Vgl. die Literaturhinweise zu den Vorbem. zu Art. 990–1099.

1   Vom gezogenen Wechsel unterscheidet sich der Eigenwechsel dadurch, dass bei ihm die Zahlungsaufforderung an einen Dritten, den Bezogenen, fehlt und sich an dessen Stelle der Aussteller selber verpflichtet, an den Wechselnehmer oder an dessen Order die Wechselsumme zu bezahlen. Der **Aussteller** ist demnach beim Eigenwechsel als **Hauptschuldner** verpflichtet (Art. 1099 Abs. 1); dies im Gegensatz zum gezogenen Wechsel, wo er Zahlung nur im Rahmen des Rückgriffs (Art. 1033) zu leisten hat. Aus der Natur des Eigenwechsels ergibt sich demnach, dass bei ihm eine Annahme nicht möglich sein kann (vgl. zum Begriff des Eigenwechsels JÄGGI/DRUEY/VON GREYERZ, 146; BAUMBACH/HEFERMEHL/CASPER, Art. 75 WG N 1; STRANZ, Art. 75 WG N 1 f.; PETITPIERRE-SAUVAIN, N 524 ff.). Der Eigenwechsel ist ein abstraktes Schuldbekenntnis i.S.v. Art. 17. Er ist eine Schuldanerkennung in Wechselform (BGE 127 III 559 E. 3a).

2   Nicht zu verwechseln ist der eigene Wechsel mit dem auf den Aussteller gezogenen Wechsel (Art. 993 Abs. 2; sog. **trassiert-eigener Wechsel**), auf welchen die Regeln des gezogenen Wechsels und nicht die des Eigenwechsels Anwendung finden.

3   Gelegentlich wird der Eigenwechsel auch **Solawechsel** genannt, da er nur in einer Ausfertigung ausgestellt werden darf (Art. 1098e contrario; s. Art. 1063 N 2). Kaum mehr gebräuchlich ist der Begriff des «*trockenen Wechsels*» (dieser wurde früher verwendet, da sich der eigene Wechsel als für den Überseeverkehr ungeeignet erwiesen hatte, vgl. MEIER-HAYOZ/VON DER CRONE, § 14 N 2). Betreffend fremdsprachige Bezeichnungen s. Art. 1096 N 6.

4   Da der Eigenwechsel durch Indossament (Art. 1098) diskontiert werden kann, eignet er sich als Finanzwechsel im Besonderen zur **Kreditbeschaffung des Ausstellers** (STRANZ, Art. 75 WG N 2). Eingesetzt wird er etwa auch von Verbänden zur Durchsetzung von Konventionalstrafen *(Kautions- oder Depotwechsel)*. Als abstraktes Schuldversprechen in der Form eines Orderpapieres hat er gegenüber anderen Schuldversprechen im weiteren den Vorteil, dass der Gläubiger die Wechselsumme ohne Nachweis der Causa geltend machen kann, und die Forderung gegen einen konkursfähigen Schuldner auf dem Wege der Wechselbetreibung (Art. 177 SchKG) vollstreckbar ist (vgl. auch RVJ 1995, 181).

4. Abschnitt: Der Wechsel **Art. 1096**

Der Eigenwechsel begründet grundsätzlich keine vom Rechtsgrund der ursprünglichen **4a** Schuld gelöste Rechtsbeziehung zwischen Schuldner und erstem Nehmer. Die Forderung des ersten Nehmers aus dem Wechsel ist mit der Forderung aus dem der Schuldanerkennung zu Grunde liegenden Rechtsverhältnis identisch. Vorbehältlich einer Novationsabrede stehen dem Aussteller daher gegenüber dem ersten Nehmer sämtliche Einreden und Einwendungen aus dem Grundgeschäft offen (BGE 127 III 559 E. 4a; BGE 131 III 586; DESSEMONTET, N 330; PETITPIERRE-SAUVIN, N 528 und FN 568; vgl. Art. 1007).

Weil sich gezogener und eigener Wechsel im Wesentlichen ähnlich sind, beschränkt **5** sich die gesetzliche Regelung in den Art. 1096–1099 darauf, auf die Prinzipien des gezogenen Wechsels zu **verweisen,** soweit sich nicht aus der Natur des Eigenwechsels Abweichungen ergeben. Sollte sich im Folgenden auf eine bestimmte Frage keine Antwort ergeben, ist deshalb auf die Kommentierung der entsprechenden Regel beim gezogenen Wechsel zurückzugreifen.

Art. 1096

1. Erfordernisse	Der eigene Wechsel enthält: 1. die Bezeichnung als Wechsel im Texte der Urkunde, und zwar in der Sprache, in der sie ausgestellt ist: 2. das unbedingte Versprechen, eine bestimmte Geldsumme zu zahlen; 3. die Angabe der Verfallzeit; 4. die Angabe des Zahlungsortes; 5. den Namen dessen, an den oder an dessen Ordre gezahlt werden soll; 6. die Angabe des Tages und des Ortes der Ausstellung; 7. die Unterschrift des Ausstellers.
1. Enonciations	Le billet à ordre contient: 1. la dénomination du titre insérée dans le texte même et exprimée dans la langue employée pour la rédaction de ce titre; 2. la promesse pure et simple de payer une somme déterminée; 3. l'indication de l'échéance; 4. celle du lieu où le paiement doit s'effectuer; 5. le nom de celui auquel ou à l'ordre duquel le paiement doit être fait; 6. l'indication de la date et du lieu où le billet est souscrit; 7. la signature de celui qui émet le titre (souscripteur).
1. Requisiti	Il vaglia cambiario o pagherò cambiario o cambiale propria contiene: 1. la denominazione del titolo inserita nel contesto ed espressa nella lingua in cui esso è redatto; 2. la promessa incondizionata di pagare una somma determinata; 3. l'indicazione della scadenza; 4. l'indicazione del luogo di pagamento; 5. il nome di colui al quale o all'ordine del quale deve farsi il pagamento;

6. l'indicazione della data e del luogo in cui il vaglia è emesso;
7. la sottoscrizione di colui che emette il titolo (emittente).

Literatur

Vgl. die Literaturhinweise zu den Vorbem. zu Art. 990–1099.

I. Allgemeines

1 Art. 1096 zählt die **Bestandteile** des eigenen Wechsels auf. Der Wortlaut der Bestimmung entspricht im Wesentlichen Art. 991 mit der Ausnahme, dass der Name des Bezogenen, der Natur des eigenen Wechsels folgend, nicht enthalten sein muss.

2 **Nicht** alle der aufgezählten Bestandteile sind zur Gültigkeit **unbedingt erforderlich**; aus Art. 1097 ergibt sich, dass

– ein eigener Wechsel ohne Angabe der Verfallzeit als Sichtwechsel gilt (Abs. 2);

– bei fehlender Bezeichnung des Zahlungsortes der Ausstellungsort als Zahlungsort und zugleich als Wohnort des Ausstellers gilt (Abs. 2);

– mangels Angabe des Ausstellungsortes der eigene Wechsel als an dem Ort ausgestellt gilt, der beim Namen des Ausstellers angegeben ist (Abs. 3).

3 Weitere Bestandteile als die in Art. 1096 angegebenen hat der eigene Wechsel **nicht zu enthalten;** so ist z.B. die übliche Angabe der Wechselsumme in Worten nicht Formererfordernis (JÄGGI/DRUEY/VON GREYERZ, 147). Für Musterformulierungen s. GUHL/DRUEY, 917; JÄGGI/DRUEY/VON GREYERZ, 145.

II. Inhalt des Eigenwechsels im Einzelnen

1. Bezeichnung als Wechsel

4 Der schweizerische Gesetzgeber hat von der Befugnis gemäss Art. 19 Anhang II EinhWG, wonach es jedem Land freisteht, die Bezeichnung der eigenen Wechsel zu bestimmen, keinen Gebrauch gemacht; deshalb **genügt die Bezeichnung als «Wechsel»** im Urkundentext. Hingegen schadet die Verwendung von «eigener Wechsel», «Solawechsel», «Eigenwechsel» oder die Erweiterung des Wortstammes «Wechsel-« («Wechselbrief», «Wechselurkunde») nicht (JÄGGI/DRUEY/VON GREYERZ, 148); ebenso wenig die Bezeichnung als «Tratte», sofern sich aus dem Text der Urkunde eindeutig ergibt, dass es sich um einen eigenen Wechsel handelt (gl.M. STRANZ, Art. 75 WG N 5; **a.A.** JÄGGI/DRUEY/VON GREYERZ, a.a.O.; JACOBI, 360).

5 Die Bezeichnung als Wechsel hat im Text der Urkunde in der Sprache zu erfolgen, in welcher diese ausgestellt ist. Zulässig ist es, den Urkundentext in mehreren Sprachen abzufassen, wobei die Wechselbezeichnung in der Sprache der eigentlichen Verpflichtung des Ausstellers («zahle ich») geschrieben sein muss (VON CAEMMERER, III, 13). Unzulässig wäre demnach: «gegen diese bill of exchange zahle ich»; gültig dagegen: «this bill of exchange is payable …» (BGHZ 21, 155). Die Bezeichnung als «Wechsel» bloss in der Überschrift genügt nicht (JÄGGI/DRUEY/VON GREYERZ, 145; DESSEMONTET, N 329).

6 Auf Französisch wird der Eigenwechsel als **«billet à ordre»** bezeichnet (BGE 70 III 39, wobei der Entscheid offen lässt, ob auch die Bezeichnung «billet de change» (= gezogener Wechsel) zulässig sein kann; dies ist m.E. zu bejahen, sofern ein unbedingtes

Zahlungsversprechen des Ausstellers nach Ziff. 2 vorliegt; vgl. dazu auch BGE 111 III 33 = Pra 1985, 458). Die italienische Bezeichnung lautet «**vaglia cambiario**» oder «**cambiale**» (BGE 111 III 33 = Pra 1985, 458) und die englische «**promissory note**», wobei auch *«bill of exchange»* zulässig sein sollte, da nach schweizerischem Recht der eigene Wechsel nicht als «Eigenwechsel» bezeichnet werden muss (vgl. BAUMBACH/HEFERMEHL/CASPER, WG Art. 75 N 3).

2. Unbedingtes Zahlungsversprechen

Der **Aussteller** hat sich selbst zur **bedingungslosen Zahlung** (vgl. BGE 111 III 33 und BGer vom 16.10.2007, 5P.403/2006) einer bestimmten Geldsumme in einer bestimmten (auch ausländischen) Währung (Rep 1950, 107) in bar (BGHZ 21, 155) zu verpflichten; die Angabe der Geldsumme gehört wie die Bezeichnung als Wechsel in den Text der Urkunde (BGE 99 II 324). Eine übliche Formel ist: «zahle ich gegen diesen (Eigen-) Wechsel an die Order von X die Summe von CHF ...». 7

Wird irrtümlicherweise die Urkunde mit «Eigenwechsel» bezeichnet und **gleichzeitig ein Bezogener genannt,** welcher angewiesen wird, eine gewisse Geldsumme zu bezahlen («zahlen Sie»), so gilt die Urkunde als gezogener Wechsel (DESSEMONTET, N 330; BAUMBACH/HEFERMEHL/CASPER, Art. 75 WG N 4; BÜLOW, Art. 75 WG N 4; a.A. Extraits 1972, 40). Fehlt dagegen bei dieser Konstellation die Bezeichnung eines Bezogenen, ist der Wechsel nichtig (BGE 111 III 33 = Pra 1985, 458; ZR 1984, 128). Der Aussteller darf den Eigenwechsel nicht als angeblicher Akzeptant unterzeichnen (SJZ 1995, 294). Das Anbringen irgendwelcher Bedingungen (wie z.B. «ohne obligo») für die Zahlung oder das Einfügen einer Klausel, wonach durch Verrechnung bezahlt werde, macht den Wechsel insgesamt ungültig (JÄGGI/DRUEY/VON GREYERZ, 149). 8

3. Angabe der Verfallzeit

Für den Eigenwechsel gelten bezüglich Verfallzeit **dieselben Regeln wie für den gezogenen Wechsel** (Art. 1098 Abs. 1 i.V.m. Art. 1023–1027). Wird keine Verfallzeit angegeben, gilt der eigene Wechsel als Sichtwechsel (Art. 1097 Abs. 2). Die Angabe der Fälligkeit muss sich im Übrigen nicht aus dem eigentlichen Text der Urkunde ergeben, sondern kann auch ausserhalb desselben stehen (JÄGGI/DRUEY/VON GREYERZ, 151). 9

4. Angabe des Zahlungsortes

Zahlungsort ist derjenige Ort, an welchem der Gläubiger die **Zahlung verlangen darf** bzw. wo der Aussteller zur Leistung verpflichtet ist (vgl. Art. 991 Ziff. 5). Üblich ist es, als Zahlungsort die Bank des Ausstellers anzugeben («zahlbar bei ... «). Fehlt die Angabe des Zahlungsortes und ist dagegen ein Ausstellungsort angegeben, gilt dieser als Zahlungsort und zugleich als Wohnort des Ausstellers (Art. 1097 Abs. 3). Sind mehrere Zahlungsorte angegeben oder ist in der Urkunde überhaupt keine Ortsbezeichnung zu finden, ist der Wechsel nichtig (JÄGGI/DRUEY/VON GREYERZ, 151; BÜLOW, Art. 75 WG N 8). 10

5. Angabe des Wechselnehmers

Umstritten ist, ob die **Ausstellung des eigenen Wechsels an die eigene Order** zulässig ist (dafür STRANZ, Art. 75 WG N 7; BAUMBACH/HEFERMEHL/CASPER, Art. 75 N 7; dagegen BÜLOW, Art. 75 WG N 9). Meines Erachtens ergibt sich e contrario aus 11

Art. 1098 Abs. 2, welcher keinen Hinweis auf die Anwendbarkeit von Art. 993 enthält, dass die Ausstellung des eigenen Wechsels an die eigene Order angesichts des eindeutigen Gesetzeswortlauts und dem Prinzip der Wechselstrenge nicht zulässig sein sollte. Unzulässig ist es überdies, den eigenen wie auch den gezogenen Wechsel an die Order des Inhabers auszustellen (BGE 108 II 319).

6. Angabe des Ausstellungstages und -ortes

12   Auch der eigene Wechsel bedarf der Angabe des Tages und des Ortes der Ausstellung. Bei Fehlen der Ortsangabe greift Art. 1097 Abs. 4 ein, wonach der eigene Wechsel ohne Angabe des Ausstellungsortes als an dem Ort ausgestellt gilt, der beim Namen des Ausstellers angegeben ist (s. Art. 1097 N 2). Beim Ausstellungsdatum ist einzig entscheidend, dass dieses **nicht objektiv unmöglich** ist («31.2.2001»), d.h. selbst bei einem simulierten oder einem nachträglich eingefügten Datum wird der eigene Wechsel nicht ungültig (SemJud 1071, 619, gemäss welchem die Gültigkeit zweier Eigenwechsel mit Ausstellungsdatum nach dem Verfalltag bejaht wurde). Damit ist auch in Bezug auf die Angabe des Ausstellungsdatums der Blankowechsel möglich (gl.M. JÄGGI/DRUEY/VON GREYERZ, 160).

7. Unterschrift des Ausstellers

13   Zu den **Anforderungen** an die Unterschrift vgl. Art. 14 sowie die Ausführungen zu Art. 991 Ziff. 8.

14   Es schadet der Gültigkeit des eigenen Wechsels **nicht,** wenn nach den Worten «zahle ich» **mehrere Unterschriften** stehen; ebenso wenig, wenn nach «zahlen wir» nur eine Unterschrift folgt (BÜLOW, Art. 75 WG N 11; BAUMBACH/HEFERMEHL/CASPER, Art. 75 WG N 9; s.a. AGVE 1971, 46 = SJZ 1973, 74). Nennt der Aussteller (freiwilligerweise) im Wechseltext seinen Namen («... zahle ich, J. Ausderau,...») und unterschreibt ein anderer, ist der Wechsel nichtig (BÜLOW, a.a.O.).

15   Die Unterschrift muss auf der Urkunde so angebracht sein, dass sie **den Text deckt** (JÄGGI/DRUEY/VON GREYERZ, 152). **Umstritten** ist die Frage, ob beim Eigenwechsel die Unterschrift (wie beim Akzept) auch **quergestellt zum Urkundentext** geleistet werden kann. Während die Mehrheit der neueren deutschen und österreichischen Literatur (BAUMBACH/HEFERMEHL/CASPER, Art. 75 WG N 9; BÜLOW, Art. 75 WG N 11; KAPFER, Art. 75 WG N 7) und JÄGGI/DRUEY/VON GREYERZ (152 FN 22), diese Frage richtigerweise bejahen, entschied das BGer in BGE 103 II 145, die Praxis der zürcherischen (ZR 1972, 119 = SJZ 1972, 97) und anderer kantonaler Gerichte (LGVE 1989 I 70) sei **nicht willkürlich,** wonach die Unterschriftsleistung des Ausstellers quer zum übrigen Text des Wechsels zu dessen Ungültigkeit führe. Diese Praxis wurde seither höchstrichterlich bestätigt (SJ 1996, 516; vgl. auch SJZ 1995, 293 f.)

Art. 1097

2. Fehlen von Erfordernissen

¹ **Eine Urkunde, der einer der im vorstehenden Artikel bezeichneten Bestandteile fehlt, gilt nicht als eigener Wechsel, vorbehaltlich der in den folgenden Absätzen bezeichneten Fälle.**

² **Ein eigener Wechsel ohne Angabe der Verfallzeit gilt als Sichtwechsel.**

4. Abschnitt: Der Wechsel Art. 1098

³ Mangels einer besonderen Angabe gilt der Ausstellungsort als Zahlungsort und zugleich als Wohnort des Ausstellers.

⁴ Ein eigener Wechsel ohne Angabe des Ausstellungsortes gilt als ausgestellt an dem Orte, der bei dem Namen des Ausstellers angegeben ist.

2. Défaut d'énonciations

¹ Le titre dans lequel une des énonciations indiquées à l'article précédent fait défaut ne vaut pas comme billet à ordre, sauf dans les cas déterminés par les alinéas suivants.

² Le billet à ordre dont l'échéance n'est pas indiquée est considéré comme payable à vue.

³ A défaut d'indication spéciale, le lieu de création du titre est réputé être le lieu du paiement et, en même temps, le lieu du domicile du souscripteur.

⁴ Le billet à ordre n'indiquant pas le lieu de sa création est considéré comme souscrit dans le lieu désigné à côté du nom du souscripteur.

2. Requisiti mancanti

¹ Il titolo nel quale manchi alcuno dei requisiti indicati nell'articolo precedente non vale come vaglia cambiario, salvo nei casi previsti nei seguenti capoversi.

² Il vaglia cambiario senza indicazione di scadenza si considera pagabile a vista.

³ In mancanza d'indicazione speciale, il luogo di emissione del titolo si reputa luogo del pagamento ed insieme domicilio dell'emittente.

⁴ Il vaglia cambiario in cui non è indicato il luogo di emissione si considera sottoscritto nel luogo indicato accanto al nome dell'emittente.

Aus Art. 1097 i.V.m. Art. 1096 ergibt sich, welche wesentlichen **Formerfordernisse** ein eigener Wechel **zwingend** erfüllen muss: die Bezeichnung als Wechsel (Art. 1096 Ziff. 1), das unbedingte Zahlungsversprechen (Art. 1096 Ziff. 2), die Angabe des Remittenten (Art. 1096 Ziff. 5) sowie die Unterschrift des Ausstellers (Art. 1096 Ziff. 7). Fehlt eines dieser zwingenden Merkmale, liegt nicht mehr ein gültiger eigener Wechsel vor; allerdings dürften in aller Regel die Voraussetzungen eines *abstrakten Schuldanerkenntnisses* gegeben sein, womit dem Gläubiger immerhin noch die provisorische Rechtsöffnung offen stehen sollte (JACOBI, 345–348; JÄGGI/DRUEY/VON GREYERZ, 159). 1

Inhaltlich entspricht die Bestimmung Art. 992, wobei in Abs. 3 dem Fehlen eines Bezogenen dadurch Rechnung getragen wird, dass nicht der beim Namen des Bezogenen angegebene Ort als Zahlungsort gilt, sondern der Ausstellungsort; dieser gilt mangels anderer deutlicher (BGE 86 III 81) Angaben auch als *Wohnort des Ausstellers.* Dieser Ortsangabe kommt beim Nachsichtwechsel insofern Bedeutung zu, als hier nach Art. 1099 Abs. 2 Satz 4 der Protest wegen Verweigerung des Sichtvermerks zu erheben ist, wenn der Aussteller beim Ausstellungsort bei Vorlegung des Wechsels nicht anzutreffen ist. Im Einzelnen kann auf die Komm. zu Art. 992 verwiesen werden. 2

Art. 1098

3. Verweisung auf den gezogenen Wechsel

¹ Für den eigenen Wechsel gelten, soweit sie nicht mit seinem Wesen in Widerspruch stehen, die für den gezogenen Wechsel gegebenen Vorschriften über:

das Indossament (Art. 1001–1010);

Art. 1098

den Verfall (Art. 1023–1027);

die Zahlung (Art. 1028–1032);

den Rückgriff mangels Zahlung (Art. 1033–1047, 1049–1051);

die Ehrenzahlung (Art. 1054, 1058–1062);

die Abschriften (Art. 1066 und 1067);

die Änderungen (Art. 1068);

die Verjährung (Art. 1069–1071);

die Kraftloserklärung (Art. 1072–1080);

die Feiertage, die Fristenberechnung, das Verbot der Respekttage, den Ort der Vornahme wechselrechtlicher Handlungen und die Unterschrift (Art. 1081–1085).

² Ferner gelten für den eigenen Wechsel die Vorschriften über gezogene Wechsel, die bei einem Dritten oder an einem von dem Wohnort des Bezogenen verschiedenen Ort zahlbar sind (Art. 994 und 1017), über den Zinsvermerk (Art. 995), über die Abweichungen bei der Angabe der Wechselsumme (Art. 996), über die Folgen einer ungültigen Unterschrift (Art. 997) oder die Unterschrift einer Person, die ohne Vertretungsbefugnis handelt oder ihre Vertretungsbefugnis überschreitet (Art. 998), und über den Blankowechsel (Art. 1000).

³ Ebenso finden auf den eigenen Wechsel die Vorschriften über die Wechselbürgschaft Anwendung (Art. 1020–1022); im Falle des Artikels 1021 Absatz 4 gilt die Wechselbürgschaft, wenn die Erklärung nicht angibt, für wen sie geleistet wird, für den Aussteller des eigenen Wechsels.

3. Renvoi aux règles sur la lettre de change

¹ Sont applicables au billet à ordre, en tant qu'elles ne sont pas incompatibles avec la nature de ce titre, les dispositions relatives à la lettre de change et concernant:

l'endossement (art. 1001 à 1010);

l'échéance (art. 1023 à 1027);

le paiement (art. 1028 à 1032);

les recours faute de paiement (art. 1033 à 1047, 1049 à 1051);

le paiement par intervention (art. 1054, 1058 à 1062);

les copies (art. 1066 et 1067);

les altérations (art. 1068);

la prescription (art. 1069 à 1071);

l'annulation (art. 1072 à 1080);

les jours fériés, la computation des délais, l'interdiction des jours de grâce, le lieu où doivent se faire les actes relatifs à la lettre de change et la signature (art. 1081 à 1085).

² Sont aussi applicables au billet à ordre les dispositions concernant la lettre de change payable chez un tiers ou dans une localité autre que celle du domicile du tiré (art. 994 et 1017), la stipulation d'intérêts (art. 995), les différences d'énonciation relatives à la somme à payer (art. 996), les conséquences de l'apposition d'une signature dans les conditions visées à l'art. 997, celles de la signature d'une personne qui agit sans pouvoirs ou en dépassant ses pouvoirs (art. 998) et la lettre de change en blanc (art. 1000).

4. Abschnitt: Der Wechsel   1, 2 Art. 1098

³ Sont également applicables au billet à ordre, les dispositions relatives à l'aval (art. 1020 à 1022); dans le cas prévu à l'art. 1021, dernier alinéa, si l'aval n'indique pas pour le compte de qui il a été donné, il est réputé l'avoir été pour le compte du souscripteur du billet à ordre.

3. Riferimento alle norme sulla cambiale

¹ In quanto non siano incompatibili con la natura del vaglia cambiario, sono applicabili ad esso le disposizioni relative alla cambiale e concernenti: la girata (art. 1001a 1010);

la scadenza (art. 1023a 1027);

il pagamento (art. 1028a 1032);

il regresso per mancato pagamento (art. 1033a 1047, 1049a 1051);

il pagamento per intervento (art. 1054, 1058a 1062);

le copie (art. 1066e 1067);

le alterazioni (art. 1068);

la prescrizione (art. 1069a 1071);

l'ammortamento (art. 1072a 1080);

i giorni festivi, il computo dei termini, l'inammissibilità dei giorni di rispetto, il luogo in cui debbono eseguirsi gli atti relativi alla cambiale e la sottoscrizione (art. 1081a 1085).

² Sono egualmente applicabili al vaglia cambiario le disposizioni concernenti la cambiale pagabile presso un terzo o in luogo diverso da quello del domicilio del trattario (art. 994e 1017), la promessa d'interessi (art. 995), le differenze nell'indicazione della somma (art. 996), gli effetti delle firme apposte nelle circostanze previste dall'articolo 997, quelli della firma di persona che agisce senza poteri o eccedendo i suoi poteri (art. 998) e la cambiale in bianco (art. 1000).

³ Sono egualmente applicabili al vaglia cambiario le disposizioni relative all'avallo (art. 1020e 1022); se l'avallo nel caso previsto dall'articolo 1021 ultimo capoverso non indica per chi è dato, si reputa dato per l'emittente.

Literatur

Vgl. die Literaturhinweise zu den Vorbem. zu Art. 990–1099.

I. Allgemeines. Normzweck

Zielsetzung dieser Norm ist die **Verweisung** auf bestimmte Vorschriften des gezogenen Wechsels, soweit diese nicht mit dem Wesen des eigenen Wechsels (Fehlen eines Bezogenen und Akzeptanten und dadurch Haftung des Ausstellers als Hauptschuldner) im Widerspruch stehen. Die Normen, auf welche verwiesen wird, sind nicht wortwörtlich, sondern sinngemäss anwendbar, indem Hinweise auf den Bezogenen oder den Akzeptanten in diesen Bestimmungen jeweils durch Hinweise auf den Aussteller zu substituieren sind (vgl. DESSEMONTET, N 334). 1

Im Einzelnen wird auf die folgenden Artikel **nicht** verwiesen. Diese finden denn auch (mit Ausnahme der nachfolgend aufgeführten Einschränkungen) keine Anwendung auf den Eigenwechsel: 2

– Art. 991 f. über die *Ausstellung und Form;* diese haben in den Art. 1096 f. eine spezielle Regelung erfahren;

– Art. 993 über die *Arten des gezogenen Wechsels;* daher ist die Ausstellung des eigenen Wechsels an die eigene Order m.E. nicht zulässig (vgl. zu dieser umstrittenen Frage Art. 1096 N 11);

- Art. 999 über die *Haftung des Ausstellers;* diese findet ihre spezielle Regelung in Art. 1099;
- Art. 1011–1016 sowie 1018 f. über die *Annahme,* welche wesensgemäss beim eigenen Wechsel nicht möglich ist;
- Art. 1048 über den Rückgriff bei Teilannahme;
- Art. 1052 f. über die *ungerechtfertigte Bereicherung* (vgl. Art. 1052 N 10; **a.A.** DESSEMONTET, N 334 und PETITPIERRRE-SAUVIN, N 543, welche die Möglichkeit einer Klage aus ungerechtfertigter Bereicherung nach Art. 1052 auch für den Eigenwechsel bejahen) und den Übergang der Deckung;
- Art. 1055–1057 über die *Ehrenannahme;* trotz Nichterwähnung dieser Bestimmungen ist deren Anwendung auf den eigenen Wechsel jedoch umstritten (für Anwendung STRANZ, Art. 77 WG N 11; keine Anwendung BAUMBACH/HEFERMEHL/CASPER, Art. 77 WG N 2e);
- Art. 1063–1065 über die *Duplikate,* deren Ausstellung demnach nur beim gezogenen Wechsel (zum Einholen des Akzepts) zulässig ist (Art. 1063 N 2). Werden beim eigenen Wechsel trotzdem mehrere Ausfertigungen erstellt, haften der Aussteller und die übrigen Wechselschuldner aus jedem Duplikat (BAUMBACH/HEFERMEHL/CASPER, Art. 77 WG N 2 f).

II. Die Verweisungen im Einzelnen (Abs. 1 und 2)

3   Aus dem in Abs. 2 enthaltenen Hinweis auf Art. 994 ergibt sich, dass eigene Wechsel als **echte Domizilwechsel,** d.h. als Wechsel, die bei einem Dritten zahlbar gestellt sind, oder als **Zahlstellenwechsel,** d.h. am Wohnort des Ausstellers oder einem andern Ort zahlbare Wechsel, ausgestaltet werden können (ZR 1980, 148). Die Erwähnung von Art. 1017 in Abs. 2 bedeutet nicht, dass der Aussteller nachträglich im Rahmen der Erteilung des *Sichtvermerkes* (Art. 1099 Abs. 2) einen Dritten als Zahlstelle bezeichnen darf; in diesem Fall hat er selbst nach Art. 1017 Abs. 2 Satz 2 am Zahlungsort zu leisten (STRANZ, Art. 77 WG N 5; BÜLOW, Art. 77 WG N 2; BAUMBACH/HEFERMEHL/CASPER, Art. 77 WG N 3a).

4   Gemäss Abs. 2 sind im Weiteren auf den eigenen Wechsel die Bestimmungen des gezogenen Wechsels über den **Zinsvermerk** (Art. 995), über die **Abweichungen bei der Angabe der Wechselsumme** (Art. 996), über die Folgen einer **ungültigen Unterschrift** (Art. 997) oder die **unbefugte Vertretung** (Art. 998) sowie über den **Blankowechsel** (Art. 1000) anwendbar.

5   Die Bestimmungen zum **Indossament** (Art. 1001–1010) sind in ihrem ganzen Umfang sinngemäss auf den Eigenwechsel anwendbar (SemJud 1979, 638 betr. Art. 1007). Demnach kann nach Art. 1001 Abs. 2 durch Anfügung der Worte «nicht an Order» oder einem gleich bedeutenden Vermerk auch der eigene Wechsel zum Rektapapier gemacht werden (STRANZ, Art. 77 WG N 7). Rückübertragung auf den Aussteller (Art. 1001 Abs. 3) ist ebenfalls zulässig (BÜLOW, Art. 77 WG N 3).

6   Auch die Regeln über den **Verfall** (Art. 1023–1027) und die **Zahlung** (Art. 1028–1032) finden sinngemäss beim Eigenwechsel Anwendung (SemJud 1985, 251). Dabei ist der eigene Wechsel dem Aussteller zur Zahlung vorzulegen. Beim Nachsichtwechsel ist die Sonderregelung gemäss Art. 1099 Abs. 2 zu beachten.

Der Verweis auf den VII. Abschnitt beschränkt sich naturgemäss auf den **Rückgriff** 7
mangels Zahlung (Art. 1033–1051), wobei Art. 1048 (Rückgriff bei Teilannahme)
überdies explizit *nicht* erwähnt wird. Zulässig ist jedoch auch der **Rückgriff vor Verfall** auf die Wechselverpflichteten, wenn in analoger Anwendung von Art. 1033 Abs. 2
Ziff. 2 Unsicherheit über die Zahlungsfähigkeit des Ausstellers besteht (BAUMBACH/HEFERMEHL/CASPER, Art. 77 WG N 2; STRANZ, Art. 77 WG N 10; BÜLOW, Art. 77 WG
N 6). Ein Protesterlass des Ausstellers nach Art. 1043 Abs. 3 wirkt auch beim Eigenwechsel gegen alle Regressschuldner (BÜLOW, a.a.O.). Die sinngemässe Anwendung
von Art. 1050 auf den Eigenwechsel führt dazu, dass die Regressrechte auch bei Fristversäumnis zur Protesterhebung gegen den Aussteller nicht verloren gehen (SJZ 1965,
225).

Beim Eigenwechsel ist die **Ehrenzahlung** (Art. 1054, 1058–1062), nicht jedoch die Eh- 8
renannahme (Art. 1055–1057) möglich (BGE 124 III 114; gl.M. BAUMBACH/HEFERMEHL/CASPER, Art. 77 WG N 2e; a.A. STRANZ, Art. 77 WG N 11). Die Angabe einer
Notadresse kann nur durch die Rückgriffsschuldner, jedoch nicht durch den Aussteller
erfolgen, da gemäss Art. 1054 Abs. 2 nur zugunsten der Regressverpflichteten der Ehreneintritt erklärt werden kann (STRANZ, Art. 77 WG N 11).

Zulässig ist einzig die **Ausfertigung von Kopien** (Abschriften) eines eigenen Wechsels 9
(Art. 1066 f.); werden trotzdem Duplikate, also mehrere Originale, ausgefertigt, haftet
hieraus der Aussteller einem gutgläubigen Erwerber aus jeder Urkunde (Art. 1063
Abs. 2 Satz 2).

Es finden weiter analog Anwendung auf den eigenen Wechsel die Bestimmungen über 10
die **Verjährung** (Art. 1069–1071), die **Kraftloserklärung** (1072–1080), die **Feiertage**
(Art. 1081), die **Fristberechnung** (Art. 1082), das **Verbot der Respekttage** (Art. 1083),
den **Ort der Vornahme wechselrechtlicher Handlungen** (Art. 1084) und die **Unterschrift** (Art. 1085). Zu beachten ist allerdings, dass die *Verjährungsfrist gegen den Aussteller* (wie diejenige gegen den Annehmer) als dem Hauptverpflichteten aus dem eigenen Wechsel gemäss Art. 1069 Abs. 1 *drei Jahre seit dem Verfalltag* beträgt (BGE 91 II
362 E. 10; BGE 38 II 70; bestätigt in SJ 1994, 503); beim gezogenen Wechsel beträgt
sie gegen den Aussteller bloss ein Jahr (Art. 1069 Abs. 2).

III. Anwendung der Wechselbürgschaft

Nach Abs. 3 sind auf den eigenen Wechsel auch die Bestimmungen über die **Wechsel-** 11
bürgschaft (Art. 1020–1022) anwendbar. Die Erklärung des Wechselbürgen hat dabei
wie beim gezogenen Wechsel auf dem Wechsel selbst oder auf einem Anhang (Allonge) zu erfolgen (Art. 1021 Abs. 1; BGE 110 II 340 = Pra 1985, 222).

Um jegliche Zweifel aus dem Weg zu räumen, wird überdies hervorgehoben, dass als 12
Begünstigter aus der Wechselbürgschaft (wie bei Art. 1021 Abs. 4) der **Aussteller** des
eigenen Wechsels gilt, wenn die Bürgschaftserklärung nicht angibt, für wen die Bürgschaft geleistet worden ist. In diesem Falle haftet der Bürge wie der Aussteller
(Art. 1022 Abs. 1). Bei Bezahlung erwirbt der Bürge nach Art. 1022 Abs. 3 die Rechte
aus dem Wechsel gegen denjenigen, für den er sich verbürgt hat, und gegen diejenigen,
die diesem aus dem Wechsel haften (JdT 1968, 95).

Art. 1099

| 4. Haftung des Ausstellers. Vorlegung zur Sichtnahme | **¹ Der Aussteller eines eigenen Wechsels haftet in der gleichen Weise wie der Annehmer eines gezogenen Wechsels.**

² Eigene Wechsel, die auf eine bestimmte Zeit nach Sicht lauten, müssen dem Aussteller innerhalb der im Artikel 1013 bezeichneten Fristen zur Sicht vorgelegt werden. Die Sicht ist von dem Aussteller auf dem Wechsel unter Angabe des Tages und Beifügung der Unterschrift zu bestätigen. Die Nachsichtfrist läuft vom Tage des Sichtvermerks. Weigert sich der Aussteller, die Sicht unter Angabe des Tages zu bestätigen, so ist dies durch einen Protest festzustellen (Art. 1015); die Nachsichtfrist läuft dann vom Tage des Protestes. |

| 4. Responsabilité du souscripteur; présentation et délai de vue | ¹ Le souscripteur d'un billet à ordre est obligé de la même manière que l'accepteur d'une lettre de change.

² Les billets à ordre payables à un certain délai de vue doivent être présentés au visa du souscripteur dans les délais fixés à l'art. 1013. Le délai de vue court de la date du visa signé du souscripteur sur le billet. Le refus du souscripteur de donner son visa daté est constaté par un protêt (art. 1015) dont la date sert de point de départ au délai de vue. |

| 4. Responsabilità dell'emittente; presentazione al visto | ¹ L'emittente è obbligato nello stesso modo dell'accettante di una cambiale.

² Il vaglia cambiario pagabile a certo tempo vista deve essere presentato al visto dell'emittente nel termine fissato dall'articolo 1013. Il termine dalla vista decorre dalla data del visto apposto dall'emittente sul vaglia. Il rifiuto dell'emittente di apporre il visto datato è constatato con protesto (art. 1015), la cui data serve a fissare l'inizio del termine dalla vista. |

Literatur

Vgl. die Literaturhinweise zu den Vorbem. zu Art. 990–1099.

I. Haftung des Ausstellers (Abs. 1)

1 Im Gegensatz zum gezogenen Wechsel ist beim eigenen Wechsel der Aussteller zugleich **Hauptschuldner** aus dem Wechselverhältnis. Deshalb haftet er in der gleichen Weise wie der Annehmer (Bezogener) beim gezogen Wechsel (so auch ZR 93, 38).

2 Im Einzelnen ergibt sich Folgendes:

– Der eigene Wechsel ist dem Aussteller innerhalb der Zahlungsfristen gemäss Art. 1028 (d.h. am Zahlungstag oder an einem der beiden folgenden Werktage) zur Zahlung vorzulegen. Beim Sichtwechsel hat die Vorlegung innerhalb eines Jahres nach Ausstellung zu erfolgen (Art. 1024 Abs. 1). Erfolgt die Zahlung nicht, ist gegen den Aussteller **Protest zu erheben;** wird die Protesterhebung unterlassen, verliert der Wechselinhaber seine Rechte gegen die Rückgriffsschuldner, nicht jedoch gegen den Aussteller selbst. Der Aussteller eines Eigenwechsels haftet ohne vorgängigen Protest (Art. 1050 Abs. 1; s. Art. 1098 N 7; BGE 124 III 121 E. 3; ZWR 1993, 210; PETITPIERRE-SAUVIN, N 543; BÜLOW, Art. 77 WG N 6).

– Rückgriff vor Verfall ist im Rahmen von Art. 1033 Abs. 2 zulässig (vgl. Art. 1098 N 7).

– Die Ansprüche gegen den Aussteller *verjähren dabei innerhalb von drei Jahren nach Verfall* (vgl. Art. 1098 N 10; SJ 1994, 504).

II. Nachsichtwechsel (Abs. 2)

Gemäss Art. 1025 Abs. 1 ergibt sich der Verfall beim gezogenen Nachsichtwechsel aus dem in der Annahmeerklärung angegebenen Tag oder aus dem Tag des mangels Annahme erhobenen Protests. Da es aus begrifflichen Gründen beim eigenen Wechsel nie zur Annahme kommt, legt Abs. 2 fest, dass **eigene Nachsichtwechsel dem Aussteller** innerhalb der in Art. 1013 festgelegten Frist, d.h. längstens **innerhalb eines Jahres** nach der Austellung, zur Anbringung der datierten *Sichtbescheinigung* vorzulegen sind. 3

Weigert sich der Aussteller, die Sicht zu bescheinigen, ist gegen ihn **Protest** zu erheben (Art. 1015 Abs. 2 i.V.m. Art. 1034 ff.). Dabei kommt dem Aussteller das Recht, die nochmalige Vorlage nach Art. 1014 zu verlangen, *nicht* zu (gl.M. STRANZ, Art. 78 WG N 4; BAUMBACH/HEFERMEHL/CASPER, Art. 78 WG N 2). Wurde die Protesterhebung gemäss Art. 1043 erlassen, gilt als Tag der Protesterhebung der Tag der vergeblichen Vorlage zur Einholung des Sichtvermerks (gl.M. STRANZ, Art. 77 WG N 5). 4

Die **Nachsichtfrist** läuft vom Tag des Sichtvermerks bzw. vom Tag des Protestes an. Dabei wird dieser Tag nicht in die Fristberechnung miteinbezogen (Art. 1082). 5

Erfolgt innerhalb der Vorlegungsfrist gemäss Art. 1013 weder eine Sichtbescheinigung durch den Aussteller noch ein Protest, so verliert der Inhaber des eigenen Wechsels seine **Rechte gegenüber den Rückgriffsschuldnern** (Art. 1050 Abs. 1). Im Verhältnis zum Aussteller gilt in diesem Fall Art. 1025 Abs. 2 analog, d.h. als Verfalltag wird der letzte Tag der Jahresfrist gemäss Art. 1013 zuzüglich Nachsichtfrist angenommen. Von diesem Tag an läuft denn auch die dreijährige Verjährungsfrist (STRANZ, Art. 78 WG N 5; BÜLOW, Art. 78 WG N 2). 6

Fünfter Abschnitt: Der Check

Vorbemerkungen zu Art. 1100–1144

Literatur

AHRENS/KREUZER, Internationale Rechtsprechung zum Genfer einheitlichen Wechsel- und Scheckrecht, 4. Folge, 1993; AUCKENTHALER, Das Verbot des Checkakzepts, Diss. Basel 1958; BAUMBACH/HEFERMEHL, Wechselgesetz und Scheckgesetz, 23. Aufl. 2008; BOEMLE/GSELL/JETZER/NYFFELER/THALMANN, Geld-, Bank- und Finanzmarkt-Lexikon der Schweiz; Zürich 2002; BÖSCH, Der Reisecheck, Diss. Zürich 1987; BÜLOW, Wechselgesetz, Checkgesetz, Allgemeine Geschäftsbedingungen, 4. Aufl. 2004; CAEMMERER/MARSCHALL, Internationale Rechtsprechung zum Genfer einheitlichen Wechsel- und Scheckrecht, 3. Folge 1976; HABICHT, der Checkvertrag und das Checkrecht, Diss. Zürich 1956; HAERTLEIN, Der abhanden gekommene Inhabercheck, 1999; HAMMER, der trassiert-eigene Bankcheck, Diss. Zürich 1982; HOERNI/VON BÜREN, Check, SJK 721/722a, 1943; HUECK/CANARIS, Recht der Wertpapiere, 12. Aufl. 1986; JÄGGI/DRUEY/VON GREYERZ, Wertpapierrecht, Basel 1985; KÖRBER, Der Protest im schweizerischen Wechsel- und Checkrecht, 1944; LUDIN, der Widerruf des Checks, Diss. Bern 1974; MARBACHER, Das Zahlungsverkehrssystem der Schweiz, Diss. Zürich 1977; MEIER-HAYOZ/VON DER CRONE, Wertpapierrecht, 2. Aufl. 2000; PIMMER, Wechsel- und Scheckgesetz, 9. Aufl. 1992; RAMPA, der ungedeckte Check und seine Rechtsfolgen, Diss. Bern 1947; SCHMID, Missbräuche im modernen Zahlungs- und Kreditverkehr, in: Bankwirtschaftliche Forschungen, Bd. 73, 1979; SCHNITZER, Handbuch des internationalen Handels-, Wechsel- und Scheckrechts; SCHÜTZ, Die Fortbildung des Checkrechts durch die Praxis, NJW 1986, 721 ff.; STANZL, Wechsel-, Scheck- und sonstiges Wertpapierrecht, 1957; VON DER

CRONE-SCHMOCKER, Das Checkinkasso und die Checktruncation, Diss. Zürich 1986; VIELI, Die Rechtsfolgen des Checkverlustes nach schweizerischem und französischem Recht, Diss. Zürich 1954; ZÖLLNER, Wertpapierrecht, 15. Aufl. 2001.

I. Grundzüge des Checkrechts

1 Wie der gezogene Wechsel soll der Check eine **Zahlung durch einen Dritten** bewirken. Allerdings kann der gemäss Check bezogene Dritte Zahlung nicht wie der Wechselbezogene versprechen (Annahmeerklärung), weswegen der Check nicht als Kreditmittel taugt. Der Check dient der Zahlungsabwicklung. Bezogener Dritter muss immer eine Bank sein (Art. 1102), und zwar eine Bank, bei welcher der Aussteller über ein Guthaben verfügt.

2 Der Check ist ein *Wertpapier*. Er verkörpert eine wertpapierrechtliche Form der schriftlichen **Bankanweisung,** mit welcher der Aussteller seine Bank *abstrakt* und *unbedingt* anweist, auf Sicht eine Zahlung an den Checkberechtigten, d.h. an den im Check genannten Empfänger, an dessen Order oder an den Inhaber zu leisten. Grundlage dieser Anweisung bildet der *Checkvertrag,* welcher das Recht des Kunden regelt, die Bank als Bezogene zur Zahlung anzuweisen, und festlegt, unter welchen Voraussetzungen die Bank zur Ausführung der Anweisung verpflichtet ist. Der Check ermächtigt die bezogene Bank, aus ihrem eigenen Vermögen, aber mit rechtlicher Wirkung für den Aussteller an den Checkinhaber zu zahlen. Der Checkinhaber wird durch die Ermächtigung *begünstigt,* erlangt aber kein Forderungsrecht gegenüber der bezogenen Bank. Hingegen begründet die ordnungsgemäss protestierte bzw. durch Erklärung verurkundete Zahlungsverweigerung der Bank eine checkrechtliche *Rückgriffsforderung* gegen die Indossanten, Checkbürgen und den Aussteller.

3 Es ist insb. diese **Rückgriffshaftung,** welche die formelle *Checkstrenge* erforderlich macht. Als gesetzliches Ordrepapier ist der Check wie der Wechsel auch ein Umlaufpapier, obwohl er in der Praxis kaum ausserhalb des Inkassoprozederes in Verkehr gebracht wird. Dies hängt insb. mit denjenigen gesetzlichen Bestimmungen zusammen, die verhindern, dass der Check als Kreditmittel verwendet werden kann, so insb. das Verbot des Akzepts (Art. 1104) und der Zahlung bei Sicht (Art. 1115), die kurzen Präsentationszeiten (Art. 1116) und die Unverzinslichkeit (Art. 1106). Die gesetzlich vorgeschriebene Form des Checks dient dazu, den Umlauf zu beschleunigen und dadurch seine Funktion als Zahlungsmittel sicherzustellen.

II. Gesetzessystematik und Auslegung

4 Der Check ist eng mit dem Wechsel verwandt. Der Gesetzgeber hat es leider versäumt, den beiden Instituten einen gemeinsamen allgemeinen Teil voranzustellen, was gesetzessystematisch konsequenter gewesen wäre. Vielmehr hat er es im Unterschied etwa zum deutschen System vorgezogen, einen umfangreichen **Verweisungskatalog** ins Gesetz aufzunehmen (Art. 1143; darin werden nicht weniger als 50 Artikel des Wechselrechts als für das Checkrecht anwendbar erklärt). Damit werden allerdings noch nicht alle Übereinstimmungen zwischen Wechsel- und Checkrecht erfasst. Weit gehende Analogien mit dem Wechselrecht finden sich in manchen Bestimmungen des Checkrechts, so namentlich bei den Formerfordernissen (Art. 1100, analog zu Art. 991), bei der Domizilierung (Art. 1107, analog zu Art. 994), beim Indossament (Art. 1108, analog zu Art. 1001) oder bei der Bürgschaft (Art. 1114, analog zu Art. 1020).

5 Das in den Art. 1100–1144 enthaltene nationale Checkrecht ist im Wesentlichen eine Übernahme des Genfer Abkommens über das einheitliche Checkgesetz von 1931

(EinhSchG). Zweck dieses Abkommens ist – wie bei dem entsprechenden Abkommen über das Wechselrecht – die Vereinheitlichung des Checkrechts in den Vertragsstaaten, um damit den Check als internationales Zahlungsmittel verfügbar zu machen. Durch die globale Verbreitung des kredit- und debitkartengestützten Zahlungsverkehrs ist die Bedeutung des Checks in jüngster Zeit stark zurück gegangen (dazu Art. 1104).

Das **EinhSchG** sollte durch Vereinheitlichung die internationale Verkehrstauglichkeit des Checks erhöhen (BAUMBACH/HEFERMEHL, SchG Einl. N 1 ff.). Um dieses Projekt konsensfähig zu machen, klammerte man die privatrechtlichen Grundlagen des Checkrechts praktisch aus und konzentrierte sich v.a. auf Form und Wirkungen der auf der Urkunde angebrachten Erklärungen sowie auf die Rechtsstellung des Papierinhabers (MEIER-HAYOZ/VON DER CRONE, 73). Die Gültigkeit des Checks ist daher im EinhSchG einzig von der Erfüllung formeller Voraussetzungen abhängig, nicht aber etwa vom Vorliegen eines gültigen Begebungsvertrages. Der Check wird daher auch als ein *schriftgemässes Papier* bezeichnet (BAUMBACH/HEFERMEHL, SchG Einl. N 8).

Wie im Wechselrecht ist auch im Checkrecht scharf zwischen dem verurkundeten (schriftgemässen oder Skriptur-)Recht und den darunter liegenden Grundverhältnissen zu unterscheiden. Die Wirksamkeit des Checks ist vom **Grundgeschäft** zwischen Aussteller und bezogener Bank unabhängig. Das Checkrecht befasst sich nur mit den Rechten aus dem Check, nicht bzw. nur am Rande mit dem Grundverhältnis zwischen Aussteller und erstem Nehmer. Es regelt daher im Wesentlichen nur die formellen Voraussetzungen der *Gültigkeit* des Checks, die Voraussetzungen und die Entstehung der checkrechtlichen *Haftung* sowie die *Übertragung* des verurkundeten Rechts.

Hingabe eines Checks soll Zahlung, also Erfüllung einer Geldschuld bewirken. Gemäss Art. 84 ist dazu jedoch *Barzahlung* erforderlich, sofern die Parteien nichts anderes vereinbart haben (BSK OR I-LEU, Art. 84 N 4). Bei Nachnahmelieferung genügt somit Ausstellung eines Checks nicht. Die Checkausstellung und Begebung stellt lediglich einen Zahlungsversuch dar, eine Leistung erfüllungshalber. Schuldentilgung tritt erst mit der endgültigen Bezahlung oder Gutschrift ein (BAUMBACH/HEFERMEHL, SchG Einl. N 35).

III. Wirtschaftliche Funktion

Der Check dient dem **bargeldlosen Zahlungsverkehr.** Er erfüllt diese Funktion dann besser als eine Überweisung, wenn es auf *Zug-um-Zug-Leistung* ankommt (HUECK/CANARIS, 158) und eine kartengestützte Zahlung nicht zur Verfügung steht.

IV. Prozessuales

Der rechtmässige Checkeinreicher, an welchen nicht bezahlt wird und der die Zahlungsverweigerung der bezogenen Bank gemäss Art. 1128 feststellen liess, kann gegen jeden Checkverpflichteten, d.h. Aussteller, Indossanten und Checkbürgen, auf dem Weg der **Wechselbetreibung** gemäss Art. 177 SchKG vorgehen. Wird gleichzeitig gegen mehrere Checkverpflichtete Betreibung bei verschiedenen Betreibungsämtern angehoben, ist das Original des Checks beim zuerst in Anspruch genommenen vorzulegen (BGE 113 III 124; 111 III 33 = Pra 1985, 458 ff.; BGE 74 III 35).

Trotz internationaler Vereinheitlichung bleibt das Checkrecht nationales Recht. Dieses ist massgeblich etwa bei der Interpretation (KELLER/SIEHR, Allgemeine Lehren des internationalen Privatrechts, Zürich 1986, 97) sowie bei der Feststellung der Berufungsfähigkeit an das Bundesgericht (BGE 114 II 188; ZR 1992/93, 129).

I. Ausstellung und Form des Checks

Art. 1100

1. Erfordernisse — Der Check enthält:

1. die Bezeichnung als Check im Texte der Urkunde, und zwar in der Sprache, in der sie ausgestellt ist;
2. die unbedingte Anweisung, eine bestimmte Geldsumme zu zahlen;
3. den Namen dessen, der zahlen soll (Bezogener);
4. die Angabe des Zahlungsortes;
5. die Angabe des Tages und des Ortes der Ausstellung;
6. die Unterschrift des Ausstellers.

1. Enonciations — Le chèque contient:

1. la dénomination de chèque, insérée dans le texte même du titre et exprimée dans la langue employée pour la rédaction de ce titre;
2. le mandat pur et simple de payer une somme déterminée;
3. le nom de celui qui doit payer (tiré);
4. l'indication du lieu où le paiement doit s'effectuer;
5. l'indication de la date et du lieu où le chèque est créé;
6. la signature de celui qui émet le chèque (tireur).

1. Requisiti — L'assegno bancario (chèque) contiene:

1. la denominazione di assegno bancario (chèque) inserita nel contesto del titolo ed espressa nella lingua in cui esso è redatto:
2. l'ordine incondizionato di pagare una somma determinata;
3. in nome di chi è designato a pagare (trattario);
4. l'indicazione del luogo di pagamento;
5. l'indicazione della data e del luogo dove l'assegno bancario è emesso;
6. la sottoscrizione di colui che emette l'assegno bancario (traente).

Literatur

Vgl. die Literaturhinweise bei den Vorbem. zu Art. 1100–1144.

I. Allgemeines

1 Art. 1100 normiert diejenigen **Elemente,** deren Vorhandensein ein Papier zu einem Check macht. Es sind dies: Checkklausel, Checksumme, Bezeichnung des Bezogenen, Zahlungsart, Ausstellungsort und -datum, Unterschrift des Ausstellers. Diese Elemente sind mit denjenigen des gezogenen Wechsels identisch, ausser dass beim gezogenen Wechsel noch zwei weitere Elemente dazukommen: Angabe der Verfallzeit und Name des ersten Nehmers (Art. 991).

2 Das Fehlen eines der gesetzlichen Formerfordernisse zerstört die rechtliche Qualifikation als Check (vgl. aber Art. 1101). Nehmer und Indossatare erwerben in diesem Fall kein *Rückgriffsrecht* gegen Indossanten und Aussteller.

Die *Abstraktheit dieser Merkmale* erlaubt die Ausstellung eines Checks im Rechtssinne auf irgendeinem Stück Papier. Die Praxis verwendet jedoch regelmässig **normierte Vordrucke** (Checkformulare). Die Verwendung derselben wird dem Aussteller von dem Bezogenen im Checkvertrag typischerweise vorgeschrieben.

In Konvention XIV haben sich die in der SBVg zusammengeschlossenen Banken verpflichtet, an private und kommerzielle Kunden ausschliesslich die schweizerischen **Einheitschecks** abzugeben *(«Swiss Cheque»)*. Seit dem Beitritt der Schweizer Banken zum Eurochecksystem (dazu Kommentar zu Art. 1104) gilt der *«Eurocheque»* als Einheitscheck i.S. der Konvention XIV.

II. Zu den Erfordernissen im Einzelnen

a) Ziff. 1:

Die Verwendung von Checkformularen, in welchen die **Checkklausel** nicht durch den Aussteller ausgefertigt, sondern durch die bezogene Bank vorgedruckt wird, macht diese Bestimmung bedeutungslos für die Praxis. Checkvordrucke grosser und international tätiger Banken geben die Checkklausel regelmässig in mehreren, meist vier Sprachen wieder (Englisch, Deutsch, Französisch und Italienisch).

b) Ziff. 2:

Auch die Erfüllung des Erfordernisses einer **unbedingten Anweisung** ist durch die Verwendung der Checkformulare bereits vorgegeben. Von Bedeutung ist allerdings die explizit verlangte Bedingungslosigkeit der Anweisung, da eine Bedingung handschriftlich hinzugefügt werden könnte, etwa durch die Klausel: *«Wenn Gegenleistung erfolgt ist»*. Die Bedingungsfeindlichkeit ergibt sich aus der Abstraktheit des Checks, welche wiederum seine Umlauffähigkeit gewährleistet und eine rasche Abwicklung der Zahlung mittels Check ermöglicht. Schliesslich wäre ein bankseitiger Prüfungsaufwand erforderlich, welcher dieses Zahlungsinstrument verteuert und damit für die Praxis unattraktiv gemacht hätte. Eine Bedingungsklausel macht den Check *ungültig*. Diese Folge ergibt sich aus der Gesetzessystematik. Vgl. demgegenüber die einem *Indossament* beigefügte Bedingung, welche lediglich als *nicht geschrieben* gilt (Art. 1109 Abs. 1).

Eine **Avisklausel** («laut Avis») stellt keine Bedingung dar, sondern weist lediglich auf eine Nachricht hin, weshalb die Gültigkeit als Check dadurch grundsätzlich unberührt bleibt (vgl. BAUMBACH/HEFERMEHL, Art. 1 SchG N 9).

Das Erfordernis **«Zahlung»** (= Barzahlung) ist beim gekreuzten und Verrechnungscheck überlagert durch einschränkende Anweisungen, die als lex specialis dieser Bestimmung vorgehen.

Das Erfordernis **«Geldsumme»** bedeutet Festlegung eines Betrages und einer Währung (zu Fragen im Zusammenhang mit Fremdwährungen, s. Art. 1122). Die Angabe des Geldbetrages kann in Buchstaben oder Zahlen oder beidem erfolgen. In letzterem Fall geht die Bezeichnung in Buchstaben vor (Art. 1143 Abs. 1 Ziff. 3 i.V.m. Art. 996).

c) Ziff. 3:

Die **Bezeichnung des Bezogenen** ist wiederum unproblematisch dank der Verwendung von Checkvordrucken durch den Bezogenen selbst. Auch die Trassierung auf mehrere Bezogene, obwohl nach Gesetz nicht unzulässig, kommt daher in der Praxis kaum vor. Der Aussteller kann sich selbst als Bezogenen einsetzen, was etwa im Verhältnis Haupt-

Art. 1101

sitz-Filiale einer Bank (s. Art. 1143 Abs. 1 Ziff. 2 i.V.m. Art. 993 Abs. 2) und v.a. auch beim Bankcheck (Art. 1104 N 6, 8) vorkommt.

11 d) Ziff. 4:

Der **Zahlungsort** (die Einlösestelle) ist deshalb wesentlich, weil die *Rechtzeitigkeit der Vorlage* eine Voraussetzung für die Entstehung der Rückgriffsrechte darstellt. Die Angabe des Zahlungsortes kann allerdings ohne Schaden unterbleiben, weil alsdann unwiderlegbare *gesetzliche Vermutungen* Platz greifen (s. dazu Komm. zu Art. 1101). Die Angabe des Zahlungsortes, einschliesslich die Bezeichnung der Filiale bei mehreren Vertretungen an demselben Ort, ist Bestandteil des Checkvordrucks.

12 e) Ziff. 5:

Die **Datierung** der Ausstellung des Checks ist wesentlich, weil sich nach ihr die Rechtzeitigkeit der Vorlegung zur Zahlung bestimmt (Art. 1116 Abs. 4). Sie kann aber vom Aussteller offen gelassen werden und erst vom Nehmer oder Indossatar eingefügt werden. Vor- oder Nachdatierung sind zulässig, was sich indirekt aus Art. 1115 Abs. 2 ergibt. Nachdatierung verkürzt die Vorlegungszeit (unüblich); Vordatierung verlängert sie (häufig).

13 Der **Ausstellungsort** des Checks ist ebenfalls zwecks Feststellung der Rechtzeitigkeit der Vorlegung wesentlich. Ausserdem ist er kollisionsrechtlich bedeutsam, denn nach ihm bestimmen sich insb. die Wirkungen der Checkerklärungen (BGE 80 II 86 E. 2). Fehlt die Angabe des Ausstellungsortes, gilt jedoch subsidiär die Ortsangabe beim Namen des Ausstellers als Ausstellungsort (Art. 1101 Abs. 4). Fehlt auch diese – sie ist gesetzlich nicht vorgeschrieben –, ist der Check als Check ungültig (s. jedoch Art. 1101 N 4).

14 f) Ziff. 6:

Die **Unterschrift des Ausstellers** ist unentbehrlich. Eine faksimilierte Unterschrift genügt nicht (BAUMBACH/HEFERMEHL, Art. 1 SchG N 7). Ein mit *Faksimileunterschrift* versehener Checkvordruck kann kraft Vereinbarung zwischen Bank und Aussteller seinen Verkehrszweck zwar gleichwohl erfüllen. Da es sich rechtlich jedoch um keinen Check, sondern ggf. um eine gewöhnliche *Anweisung* gemäss Art. 466 ff. handelt, kann der Checkinhaber keine Regressrechte erwerben.

15 In der Literatur wird erwähnt, dass die Ausstellung des Checks durch *mehrere Personen* zulässig sein müsse, sofern dadurch die Einheitlichkeit des Checks (mit Bezug auf Ausstellungsort und -zeit) nicht zerstört wird (s. ZIMMERMANN, N 31; MEIER-HAYOZ/VON DER CRONE, 228 N 26). Die Frage ist insofern von geringer praktischer Relevanz, als die Unterschrift auf dem Check, welche nicht vom Aussteller stammt, eine *Bürgschaftshaftung* gemäss Art. 1114 begründet, die derjenigen des Ausstellers zumindest gleichgestellt ist (Art. 1143 Abs. 1 Ziff. 7 i.V.m. Art. 1021 Abs. 2 und 1022 Abs. 1; zur Checkbürgenhaftung im Übrigen Art. 1020 ff. und 1114).

Art. 1101

2. Fehlen von Erfordernissen

¹ Eine Urkunde, in der einer der im vorstehenden Artikel bezeichneten Bestandteile fehlt, gilt nicht als Check, vorbehältlich der in den folgenden Absätzen bezeichneten Fälle.

² Mangels einer besonderen Angabe gilt der bei dem Namen des Bezogenen angegebene Ort als Zahlungsort. Sind mehrere

5. Abschnitt: Der Check

Orte bei dem Namen des Bezogenen angegeben, so ist der Check an dem an erster Stelle angegebenen Orte zahlbar.

³ Fehlt eine solche und jede andere Angabe, so ist der Check an dem Orte zahlbar, an dem der Bezogene seine Hauptniederlassung hat.

⁴ **Ein Check ohne Angabe des Ausstellungsortes gilt als ausgestellt an dem Orte, der bei dem Namen des Ausstellers angegeben ist.**

2. Défaut d'énonciations

¹ Le titre dans lequel une des énonciations indiquées à l'article précédent fait défaut ne vaut pas comme chèque, sauf dans les cas déterminés par les alinéas suivants.

² A défaut d'indication spéciale, le lieu désigné à côté du nom du tiré est réputé être le lieu de paiement. Si plusieurs lieux sont indiqués à côté du nom du tiré, le chèque est payable au premier lieu indiqué.

³ A défaut de ces indications ou de toute autre indication, le chèque est payable au lieu où le tiré a son établissement principal.

⁴ Le chèque sans indication du lieu de sa création est considéré comme souscrit dans le lieu désigné à côté du nom du tireur.

2. Requisiti mancanti

¹ Il titolo nel quale manchi alcuno dei requisiti indicati nell'articolo precedente non vale come assegno bancario, salvo i casi previsti nei seguenti capoversi.

² In mancanza di indicazione speciale, il luogo indicato accanto al nome del trattario si reputa luogo del pagamento. Se più luoghi sono indicati accanto al nome del trattario, l'assegno bancario è pagabile nel luogo indicato per primo.

³ In mancanza di queste o di ogni altra indicazione, l'assegno bancario è pagabile nel luogo dove il trattario ha lo stabilimento principale.

⁴ L'assegno bancario in cui non è indicato il luogo di emissione si considera sottoscritto nel luogo indicato accanto al nome del traente.

Literatur

Vgl. die Literaturhinweise bei den Vorbem. zu Art. 1100–1144.

I. Allgemeines. Normzweck

Art. 1101 ist der analogen Bestimmung des Wechselrechts (Art. 992) nachgebildet. Unterschiede ergeben sich lediglich, wo diese aus der divergierenden Natur der beiden Papiere stammen. Es wird ein Grundsatz statuiert und es werden Ausnahmefälle definiert: Der Grundsatz besagt, dass ein Papier nur dann als Check gilt, wenn es die Voraussetzungen von Art. 1100 erfüllt. Dieser Grundsatz ist selbstverständlich und ergibt sich schon aus Art. 1100.

Bei den Ausnahmen handelt es sich um die Erfordernisse der Angabe eines **Zahlungsortes** (Art. 1100 Ziff. 4) und eines **Ausstellungsortes** (Art. 1100 Ziff. 5). Diese Ausnahmen beziehen sich somit auf Fälle, in welchen eine mangelnde Angabe in der Checkurkunde durch eine *unwiderlegbare gesetzliche Vermutung* ersetzt wird (BGE 80 II 85 E. 2 = Pra 1954, 122). Die formale Strenge der Checkurkunde wird dadurch im Kern nicht relativiert, bleibt doch die Definition von Zahlungs- und Ausstellungsort nach wie vor unentbehrliche Checkinformation. Fehlt die Spezifizierung von Zahlungs- oder Ausstellungsort, wird der Sitz der Bank und der Sitz/Wohnsitz des Ausstellers als Zahlungs- bzw. Ausstellungsort **interpretiert**. Fehlt auch eine dieser Angaben – es sind beides nicht zwingend erforderliche Checkangaben –, bleibt es bei der Nichtigkeit des Checks (wie dies in BGE 80 II 82 der Fall war, wo bei einem Check der Bankgesellschaft Genf Ausstellungsort und Ortsangabe beim Namen des Ausstellers fehlten).

II. Unabdingbare Angaben

3   Als absolut **unabdingbare Angaben** muss die Checkurkunde somit enthalten: *Checkklausel, unbedingte Zahlungsanweisung, Name des Bezogenen, Datum und Unterschrift des Ausstellers* (BAUMBACH/HEFERMEHL, Art. 2 SchG N 2). Genau besehen bedarf es indes auch der Angabe eines Zahlungsorts und eines Orts der Ausstellung, wobei als solche subsidiär Sitz des Bezogenen bzw. Sitz/Wohnsitz des Ausstellers gelten.

4   Fehlt eines dieser Erfordernisse, ist der Check **formnichtig**. Die Deutung des hypothetischen Parteiwillens kann rechtsgeschäftliche Verbindlichkeit ergeben (BÜLOW, Art. 2 SchG N 3). Typus und Inhalt der Einigung ist aus allgemeinen vertragsrechtlichen Grundsätzen herzuleiten. Das BGer leitet aus der Grundstruktur des Checks als einer besonderen Form der *Anweisung* her, dass er i.d.R. als Anweisung zu interpretieren sei (BGE 80 II 87 E. 4 = Pra 1954, 125).

Art. 1102

3. Passive Checkfähigkeit	¹ Auf Checks, die in der Schweiz zahlbar sind kann als Bezogener nur ein Bankier bezeichnet werden. ² Ein auf eine andere Person gezogener Check gilt nur als Anweisung.
3. Désignation du tiré	¹ Les chèques payables en Suisse ne peuvent être tirés que sur des banquiers. ² Un chèque tiré sur une autre personne vaut comme simple assignation.
3. Persone su cui l'assegno bancario può essere tratto	¹ Se l'assegno bancario è pagabile nella Svizzera, non può essere tratto se non su di un banchiere. ² L'assegno bancario tratto su di un'altra persona vale come semplice assegno.

Literatur

Vgl. die Literaturhinweise bei den Vorbem. zu Art. 1100–1144.

I. Allgemeines

1   Art. 1102 füllt einen Vorbehalt des EinhSchG zugunsten des Landesrechts aus. Art. 3 Abs. 1 EinhSchG sieht nämlich vor, dass das Recht des Landes, in dem der Check zahlbar ist, die Personen bestimmt, auf die ein Check gezogen werden kann. Nach EinhSchG können somit auch andere als Banken **Bezogene** sein, ohne dass dadurch die Gültigkeit des Papiers als Check berührt wird.

2   Im Unterschied etwa zu Deutschland hat sich der schweizerische Gesetzgeber für die Beschränkung der passiven Checkfähigkeit auf **Bankiers** entschieden. Auch in Deutschland darf der Check nur auf einen Bankier gezogen werden, doch berührt die

Nichtbeachtung dieser Vorschrift die Gültigkeit der Urkunde als Check nicht (Art. 3 SchG). Von der Schweiz aus könnte somit ein Check gültig z.B. auf ein deutsches Treuhandunternehmen gezogen werden und an einen schweizerischen Checknehmer mit Zahlungsort Deutschland abgegeben werden (Art. 1138). Voraussetzung bliebe auch hier selbstverständlich der Bestand eines Checkvertrages zwischen Aussteller und Bezogenem (s. dazu Art. 1103 N 6 ff.). Checks, die auf einen Nicht-Bankier gezogen sind, sind jedoch auch in Deutschland eine zu vernachlässigende, praktisch unbedeutende Erscheinung.

Die schweizerische Lösung, die **nur Bankiers als Bezogene** zulässt, dient der Durchsetzung der dem Checkrecht zugrunde liegenden Zwecksetzung, wonach dieser als reines Zahlungsmittel Verwendung finden soll (MEIER-HAYOZ/VON DER CRONE, 227). Banken sind als Bezogene prädestiniert für die Gewährleistung von *Zahlungsfähigkeit*. Ein weiterer Grund für eine Beschränkung der Bezogenenrolle auf Banken liegt im **Deckungserfordernis** von Art. 1103 Abs. 1. Typischerweise besteht das Guthaben (s. zum Begriff «*Guthaben*» Art. 1103 N 3 f.) bei einer Bank gerade zum Zwecke der Verfügbarkeit von liquiden Mitteln. Guthaben i.S. hinterlegter Werte bleiben, wenn nicht sachenrechtlich, so doch buchführungsmässig, vom Vermögen der Bank getrennt. Demgegenüber wird das Guthaben bei einem Dritten i.d.R. als Gegenleistung aus einem unabhängigen Geschäftsvorgang begründet, wie z.B. Kauf, Auftrag, Versicherung etc. Derartige Guthaben sind naturgemäss häufig einredenbelastet. 3

Der Begriff des Bankiers folgt der in Art. 1135 gegebenen Definition. 4

II. Konversion zur Anweisung (Abs. 2)

Gemäss Abs. 2 gilt in der Schweiz der auf einen Nichtbankier gezogene Check als **Anweisung.** Der auf einen Nichtbankier gezogene, in der Schweiz zahlbare, nicht ausdrücklich an Ordre (und damit auf den Inhaber) lautende Check gilt als zivilrechtliche Anweisung i.S.v. Art. 471 Abs. 1. Liegt eine Ordreklausel vor, fällt auch die Qualifikation als Anweisung *an Ordre* gemäss Art. 1147 in Betracht. 5

Art. 1103

4. Deckungs-
erfordernis

¹ Ein Check darf nur ausgestellt werden, wenn der Aussteller beim Bezogenen ein Guthaben besitzt und gemäss einer ausdrücklichen oder stillschweigenden Vereinbarung, wonach der Aussteller das Recht hat, über dieses Guthaben mittels Checks zu verfügen. Die Gültigkeit der Urkunde als Check wird jedoch durch die Nichtbeachtung dieser Vorschriften nicht berührt.

² Kann der Aussteller beim Bezogenen nur über einen Teilbetrag verfügen, so ist der Bezogene zur Zahlung dieses Teilbetrages verpflichtet.

³ Wer einen Check ausstellt, ohne bei dem Bezogenen für den angewiesenen Betrag verfügungsberechtigt zu sein, hat dem Inhaber des Checks ausser dem verursachten Schaden fünf vom Hundert des nicht gedeckten Betrages der angewiesenen Summe zu vergüten.

Ernst A. Widmer

4. Provision préalable	¹ Le chèque ne peut être émis que si le tireur a des fonds à sa disposition chez le tiré et conformément à une convention, expresse ou tacite, d'après laquelle le tireur a le droit de disposer de ces fonds par chèque. Néanmoins, en cas d'inobservation de ces prescriptions, la validité du titre comme chèque n'est pas atteinte. ² Lorsque le tireur ne peut disposer que d'une provision partielle chez le tiré, ce dernier est tenu d'en verser le montant. ³ Le tireur qui émet un chèque sans posséder de provision chez le tiré pour la somme indiquée doit au porteur 5% du montant non couvert du chèque, outre la réparation du dommage causé.
4. Provvista	¹ L'assegno bancario può essere emesso solo se il trattario tiene fondi a disposizione del traente e in conformità di una convenzione espressa o tacita, secondo la quale il traente ha diritto di disporre di detti fondi mediante assegno bancario. Tuttavia il titolo vale come assegno bancario anche se non siano osservate tali prescrizioni. ² Se i fondi a disposizione del traente presso il trattario non raggiungono la somma indicata nell'assegno bancario, il trattario è nondimeno tenuto a versarli. ³ Chi emette un assegno bancario, senza avere disponibile presso il trattario la somma in esso indicata, deve al portatore, oltre il risarcimento del danno, il cinque per cento della somma scoperta.

Literatur

Vgl. die Literaturhinweise bei den Vorbem. zu Art. 1100–1144.

I. Allgemeines. Normzweck

1 Nicht anders als der Wechsel ist der Check als abstraktes Wertpapier eingebettet in **kausale Grundverhältnisse** zwischen (mindestens) drei involvierten Parteien. Mit diesen Kausalverhältnissen befasst sich das Gesetz grundsätzlich nicht. Eine wesentliche Ausnahme hiervon bildet Art. 1103, in welchem im Unterschied zum Wechselrecht verlangt wird, dass der Aussteller *bei Ausstellung* des Checks über ein *Guthaben* bei der bezogenen Bank verfügt und dass der Ausstellung eine Vereinbarung zwischen dem Aussteller und der bezogenen Bank zugrunde liegt, wonach der Aussteller über dieses Guthaben verfügen kann (**Checkvertrag**). Diese Ausnahme dient der Durchsetzung des zentralen Anliegens des Checkrechts, durch Übergabe des Checks eine Zahlung herbeizuführen (BGE 6S.928/1999, E. e). Erst für die beim Check unzulässige Annahme bedarf es beim Wechsel einer Vereinbarung zwischen Aussteller und Bezogenem (JÄGGI/DRUEY/VON GREYERZ, 245).

2 Fehlen Guthaben und/oder Checkvertrag, bleibt das Papier gleichwohl als Check **gültig** (BÜLOW, Art. 3 SchG N 1). Die Rückgriffsrechte des Checkinhabers sind somit gewahrt. Ausserdem begründet der Mangel an Deckung eine Privatstrafe von 5% des nicht gedeckten Teils der Checksumme.

II. Guthaben

3 Das Gesetz normiert ein Minimalerfordernis «**Guthaben**», welches auslegungsbedürftig ist. Es kann sich um Barguthaben, Zahlungsversprechen oder Kredit handeln. Das Guthaben braucht nicht am Ausstellungstag, sondern *erst am Vorlegungstag* vorhanden zu sein. Regelmässig verlangen jedoch Banken in ihren AGB Vorhandensein von Deckung bei Ausstellung des Checks. Der Grund hierfür ist das Bestreben der Banken nach

5. Abschnitt: Der Check

Sicherheit und die Gewährleistung der Funktion des Checks als verlässliches Zahlungsmittel. Häufig wird der Checknehmer *vor der Ausstellung* die Bank über Vorhandensein von Deckung anfragen. Ohne derartige Anfragen wird allerdings mangelnde Deckung bei *der Ausstellung* für den Aussteller folgenlos bleiben. Für die Bank wirkt eine falsche Angabe über das Vorhandensein von Deckungsguthaben grundsätzlich nicht haftungsbegründend, da dies dem Annahmeverbot von Art. 1104 widersprechen würde; immerhin kann im Einzelfall eine Haftung aus Art. 41 gegeben sein. Sie kann sich jedoch durch eine separate vertragliche Einlösungszusage gegenüber dem Einreicher verpflichten (s. dazu Art. 1104 N 2 ff.).

Nach Abs. 2 ist die Bank zur Zahlung verpflichtet, soweit ein **Deckungsguthaben** verfügbar ist. Die Frage bleibt dabei im Einzelfall allerdings offen, ob überhaupt ein Deckungsguthaben vorhanden ist. Diese Frage stellt sich für die Bank namentlich dann, wenn ausreichendes Deckungssubstrat entgegen der checkvertraglichen Pflicht des Ausstellers erst nach der Checkbegebung einbezahlt wird. Ist die Bank in diesem Fall verpflichtet, das Guthaben zur Checkzahlung zu verwenden oder kann sie es anderweitig – etwa zur Deckung eines Debets des Ausstellers bei der Bank – verwenden? Nach Treu und Glauben wird die Bank die Checkzahlung leisten müssen. Eine andere Lösung müsste m.E. jedenfalls im Checkvertrag klar geregelt werden. Fest steht die vertragliche Haftung der Bank für Schaden des Ausstellers bei Nichteinlösung des Checks, obwohl genügend Deckungsguthaben vorhanden war.

III. Privatstrafe

Durch **Abs. 3** erhält die Frage der Deckung zusätzliches Gewicht, da der Checkinhaber bei Nichteinlösung des Checks eine **Privatstrafe** von 5% des nicht gedeckten Checkbetrages beim Aussteller einfordern kann. Für den Aussteller stellt sich in dieser Situation die Frage des Rückgriffs gegen die Bank.

IV. Checkvertrag

Mit dem Checkvertrag verpflichtet sich die Bank gegenüber dem Aussteller zur Zahlung der von ihm ausgestellten Checks, vorausgesetzt der Kunde verfüge über ein entsprechendes Guthaben bei der Bank (BSK OR I-SCHLUEP/AMSTUTZ, Einl. vor Art. 184 ff. N 200; SCHLUEP/BAUDENBACHER, Der Checkvertrag, SPR VII/2, 1979, 877). Über die Rechtsnatur des Checkvertrags herrscht in der Lehre keine Einigkeit. Während etwa MEIER-HAYOZ/VON DER CRONE, VON DER CRONE-SCHMOCKER, HABICHT und SCHLUEP/Baudenbacher von einem *Innominatvertrag* ausgehen, wird er von JÄGGI/DRUEY/VON GREYERZ dem *Auftragsrecht* subsumiert (für eine ausführliche Auseinandersetzung mit den verschiedenen Checkvertragstheorien s. HABICHT, 14 ff.). In der deutschen Lehre wird auch von *Werkvertrag* gesprochen, da ein Erfolg (Zahlung durch den Bezogenen) bezweckt werde (CANARIS, Bankvertragsrecht, 3. Aufl. 1988, N 682). Der Vertrag ist jedoch auf Dauer angelegt und sieht eine im Prinzip nicht begrenzte Anzahl von Erfolgswiederholungen vor, was gegen die Annahme eines Werkvertrages spricht. Für den *Innominatkontraktscharakter* spricht, dass der Checkvertrag in wesentlichen Punkten vom Auftragsrecht abweicht. Insbesondere erbringt der Bezogene eine eigene Leistung (die Zahlung erfolgt aus eigenen Mitteln des Bezogenen, daher das Guthabenserfordernis), wogegen der Beauftragte stets zumindest als indirekter Stellvertreter auftritt. Die Interessenlage der Parteien erfordert im Übrigen kein jederzeitiges Widerrufsrecht.

7   Der formlos gültige Checkvertrag erscheint häufig als **Zusatz** zu einem Konto- oder Girovertrag, deckt sich mit diesem jedoch nicht (SJ 1989, 549). Bereits die Ausgabe eines Checkhefts mit Formularen der betreffenden Bank aufgrund eines Kontovertrages genügt zur Entstehung eines Checkvertrages (BGE 100 II 216 E. c; JÄGGI/DRUEY/VON GREYERZ, 271 f.).

8   Die Banken geben ihren Kunden Checks nach einheitlichen Bedingungen ab. Dazu gehören insb.

– Verfügbarkeit des Checkbetrags als Voraussetzung der Checkausstellung;
– Sorgfaltspflicht bei Aufbewahrung und Ausfüllung des Checks, Mitteilungspflicht bei Verlust;
– Rückgabepflicht gegenüber der Bank für nichtbenützte Checkformulare;
– Verlust- und Missbrauchsrisiko des Kunden sowie dessen Risiko der Fälschung von Checkformularen, soweit die Bank kein grobes Verschulden trifft (ALBISETTI/BOEMLE/EHRSAM/GSELL/NYFFELER/RUTSCHI, 179 f.).

9   Der Checkvertrag kann **nicht als Vertrag zugunsten Dritter** konstruiert werden. Unter keinen Umständen erwirbt der *Checkinhaber* aus dem Checkvertrag einen Anspruch gegen die bezogene Bank. Die limitierte Haftung der Bank beim mittlerweile nicht mehr neu ausgegebenen *Eurocheck* (Art. 1104 N 11 ff.) beruht auf einem vom Checkvertrag unabhängigen Garantievertrag zwischen bezogener Bank und Checknehmer, der durch den Aussteller unter Verwendung der Checkkarte vermittelt wird (BAUMBACH/HEFERMEHL, Art. 3 SchG N 6).

V. Einlösung des Checks – Belastung des Ausstellerkontos

10 Die Checkeinlösung, mithin Zahlung oder Gutschrift an den Checkinhaber, ist **Geschäftsführung** der Bank aufgrund der vom Kunden durch die Checkausstellung i.V.m. dem Checkvertrag erteilten Ermächtigung. Die Belastung des Kundenkontos darf erst nach Zahlung erfolgen. Die Valutierung, d.h. die Terminierung des Zinsenlaufs, kann je nach AGB der Bank schon vorher, z.B. ein bis drei Tage nach Checkausstellung erfolgen.

Art. 1104

5. Ausschluss der Annahme	Der Check kann nicht angenommen werden. Ein auf den Check gesetzter Annahmevermerk gilt als nicht geschrieben.
5. Acceptation exclue	Le chèque ne peut pas être accepté. Une mention d'acceptation portée sur le chèque est réputée non écrite.
5. Esclusione dell'accettazione	L'assegno bancario non può essere accettato. Ogni menzione di accettazione apposta sull'assegno bancario si ha per non scritta.

Literatur

Vgl. die Literaturhinweise bei den Vorbem. zu Art. 1100–1144.

5. Abschnitt: Der Check 1–5 Art. 1104

I. Allgemeines

Das gesetzliche **Annahmeverbot** stellt einen der wesentlichen Unterschiede des Checks gegenüber dem Wechsel dar. Es soll damit verhindert werden, dass der Check ihm nicht zugedachte Funktionen ausfüllt, namentlich eine *Geldfunktion* als Banknotenersatz oder als *Kreditmittel* (BGE 120 II 128 ff. E. 2b). Im Unterschied zur Lösung der dem EinhSchG beigetretenen Staaten kennen namentlich die USA das Akzeptverbot nicht. Die sog. «certified checks» sind dort eine übliche und verbreitete Erscheinung. Das «certifying» erfolgt durch einen Stempel «certified» mit Datum und Unterschrift eines Bankbeamten. Die Zertifizierung hat dieselben Wirkungen wie ein wechselrechtliches Akzept (Art. 1018). 1

II. Normzweck

Die Vorschrift soll den *bestimmungsgemässen Gebrauch* des Checks gewährleisten. Ausserhalb der Checkurkunde kann sich die Bank selbstverständlich i.S. einer obligationenrechtlichen **Checkeinlösungszusage** verpflichten. Diese ist nicht als Gesetzesumgehung zu werten, denn sie ist nicht checkrechtlicher Natur (BGE 120 II 128 E. 2b/bb, Entscheid HGer ZH vom 14.2.1974, SJZ 1975, 96 ff.; BGHZ WM 90, 494). Die Checkeinlösungszusage begründet eine selbständige, formlos gültige Zahlungsverpflichtung der Bank (BÜLOW, Art. 4 SchG N 6). Einer selbständigen Einlösungsgarantie der Bank steht die Einrede, die checkrechtliche Haftung sei erloschen, nicht entgegen. Auf der Grundlage des ausserurkundlichen Einlösungsversprechens beruht das System der Eurocheck/Eurocheckkarten (s. dazu N 11 ff.), nach welchem die bezogene Bank eine beschränkte Garantiehaftung übernimmt. 2

Eine positive **Deckungsauskunft** begründet hingegen keine Akzepthaftung der Bank. Es handelt sich dabei stets nur um eine **banKübliche Checkbestätigung,** wonach der Check eingelöst werden könnte, wenn er zur Zeit der Auskunftserteilung eingereicht würde (vgl. Art. 1103 N 3). 3

III. Rechtsfolgen

Indem der Annahmevermerk als **nicht geschrieben** gilt, macht er den Check selbst *nicht unwirksam*. Ebenso entfällt Konversion in ein anderes Geschäft mit einem selbständigen Einlösungsversprechen. Das Checkrecht verhindert hier die Begründung eines besonderen Kausalverhältnisses zwischen Bezogenem und Checkinhaber. Ein solches kann auch nicht i.S. eines Vertrages zugunsten Dritter aus dem Checkvertrag hergeleitet werden. 4

Das Akzeptverbot ist eine systemlogische und dennoch problematische Regel des Checkrechts. Ihre *Schwäche* liegt in der Ungewissheit des Nehmers, ob die bezogene Bank den Check einlösen wird. Dadurch wird nicht nur die Verwendbarkeit des Checks als Kreditmittel verhindert, sondern auch seine Funktionstauglichkeit als Zahlungsmittel eingeschränkt. Um diese Unzulänglichkeit zu mindern, und damit die Verlässlichkeit des Checks zu steigern, wurden verschiedene Systeme entwickelt, welche das verpönte Akzept der Bezogenen substituieren. Hierzu sind namentlich der **trassiert-eigene Bankcheck** der bezogenen Bank sowie das **Eurochecksystem** zu zählen, die im Folgenden kurz dargestellt werden sollen. 5

IV. Bankcheck (trassiert-eigener Check)

6 Der **trassiert-eigene Check** ist ein vom Aussteller auf sich selbst «gezogener» Check. Aussteller und Bezogener sind ein und dieselbe Person. Weil gemäss Art. 1102 nur eine Bank als Checkbezogene auftreten darf, kommt der trassiert-eigene Check praktisch nur bei Banken vor und wird daher auch als *Bankcheck* bezeichnet.

7 Ein **Bankcheck** wird *auf Bestellung* und Bezahlung des Kunden von der Bank ausgestellt und auf sich selbst oder eine Niederlassung gezogen. Die nach Art. 1104 gesetzlich verbotene Garantenstellung in Form einer Akzepthaftung übernimmt die Bank, indem sie nicht nur Bezogene, sondern auch *unterschriftlich verpflichtete Ausstellerin* des Checks ist. Obwohl damit eine klare Umgehung des Akzeptverbots erreicht wird, ist der Bankcheck gesetzlich ausdrücklich sanktioniert (Art. 1143 Ziff. 2 i.V.m. Art. 993 Abs. 2). Die im EinhSchG enthaltene Verbotsklausel wurde von der Schweiz durch einen zulässigen Vorbehalt wegbedungen (s. dazu HAMMER, 15 ff.).

8 Der Bankcheck dient im Allgemeinen einem bestimmten, im Umfang häufig erheblichen **Geldtransfer,** bei welchem entweder ein Bankkonto des Empfängers fehlt oder unbekannt ist oder bei welchem es auf eine Zug um Zug Erfüllung der Leistungspflichten ankommt, wie namentlich etwa beim *Kauf.* Dem Sicherheitsbedürfnis des Checknehmers wird dadurch Rechnung getragen, dass anstelle des Vertragspartners, über dessen finanziellen Hintergrund der Nehmer typischerweise nichts weiss, eine im Allgemeinen zahlungsfähige und vertrauenswürdige Bank unterzeichnet.

9 Das Vertragsverhältnis zwischen Besteller und Bank ist m.E. als **Kauf** zu qualifizieren; **a.M.** HAMMER, der darin ein *Innominatverhältnis* mit kaufvertrags- und auftragsähnlichen Elementen sieht, namentlich weil zum Vertragsverhältnis die Dienstleistung gehöre, den Check auf Ansuchen des Bestellers zu widerrufen (HAMMER, 105 ff.). Das Widerrufsrecht des Bestellers ist allerdings umstritten. HAMMER betrachtet den Widerruf auf Ersuchen des Bestellers selbst als eine Frage des «guten Willens» der Bank (162 f.). JÄGGI/DRUEY/VON GREYERZ sehen demgegenüber eine *Pflicht* der Bank, dem Widerrufsgesuch des Bestellers zu entsprechen (318). Geht man richtigerweise davon aus, dass die Bank keine Pflicht trifft, dem Widerrufsersuchen des Bestellers zu entsprechen, reduziert sich die wesentliche Vertragspflicht der Bank auf die Eigentumsübergabe des Bankchecks an den Besteller oder den Begünstigten und damit auf Kauf.

10 Der Besteller erhält gegen Bezahlung von der Bank ein Wertpapier (den Bankcheck) zu **Eigentum** übertragen. Unmassgeblich ist diesbezüglich m.E., ob der Bankcheck als Inhabercheck oder als Ordrecheck ausgestellt wird. Wird er als Ordrecheck gestaltet, spielt es wiederum keine Rolle, ob er an die Ordre des Bestellers oder des Empfängers – was der Normalfall ist – gestellt ist. In jedem dieser Fälle kauft der Besteller ein Zahlungsmittel in Form des Wertpapiers Bankcheck. Selbst wenn der Empfänger formell als erster Nehmer zu betrachten ist, weil der Check an seine Ordre gestellt ist, steht ausser Frage, dass ihm – ausser bei Bösgläubigkeit – der Einredenschutz von Art. 1007 (nach Verweisung in Art. 1143 Ziff. 5) vollumfänglich zusteht, denn er ist mit der Bank nicht direkt vertraglich verbunden.

V. «Maestro» löst das ec-System (ec-Karte und ec-Check) ab

1. Allgemeines

11 Das **ec-System** ist seit dem 1.1.2002 durch das **Maestro-Debitkartensystem** abgelöst worden. ec-Checks werden nicht mehr ausgegeben. Die Funktion bleibt im Wesent-

lichen dieselbe: Sie ermöglicht dem Karteninhaber den flexiblen Zugriff auf sein Bankguthaben und damit dem Bargeldbedarf sowie dem bargeldlosen Zahlungsverkehr. Ursprünglich als Konzept eines europäischen Zahlungsmittels ins Leben gerufen, ist es heute in eine globale Anwendung hineingewachsen. Die Bezeichnung ec (eurocheque) erwies sich dadurch als nicht mehr sachgerecht. Während die Karte ursprünglich als Identifikationsausweis für den Checkaussteller diente, wurde sie mit der zunehmenden und heute praktisch weltumspannenden Geldversorgung an Automaten sowie Kartenterminals in Ladenlokalen (POS = Point of Sales) zum eigenständigen Zahlungsmittel (Debit-Karte als «pay now»-Instrument im Gegensatz zur Kreditkarte als «pay later»-Funktionsträger). ec-Checks, die sich noch im Umlauf befinden, werden jedoch noch honoriert (s. zu dieser Entwicklung Jahresbericht der Wettbewerbskommission, RPW 2006, 601 ff.).

Die *rechtlichen Grundlagen* betreffend Herstellung, Abgabe und Benutzung der Maestro-Debitkarten sind in dem umfassenden Regelwerk *Maestro Global Rules* niedergelegt, welche vom Kreditkartenunternehmen MasterCard International als vertragliche Rechtsgrundlage herausgegeben werden (Stand: Januar 2005). Die Schweizerischen Issuer (Banken) der Maestro-Karten haben sich den Maestro Global Rules zu unterziehen. MasterCard International lässt den einzelnen Ländern die Freiheit, die Maestro Global Rules durch länderspezifische Regeln zu ergänzen. Liegen keine nationalen Ergänzungsregeln vor, werden automatisch die internationalen Regeln von MasterCard International angewendet. Nationale Ergänzungsregeln können durch bilaterale Vereinbarungen oder multilateral in Form von Domestic Rules festgelegt werden. Die Domestic Rules dürfen nicht gegen die Maestro Global Rules verstossen (RPW 2006, 602, Rz 8). Die Regelungsfunktion der Schweizerischen Bankiervereinigung ist damit in diesem Bereich entfallen. Die staatliche Rolle beschränkt sich auf die Überwachung der Einhaltung wettbewerbsrechtlicher Regeln (s. etwa Jahresbericht der Wettbewerbskommission, RPW 2007, 3 f.). Neben Maestro existiert auch das VISA Electron System, welches ebenfalls als Debit-Karte konzipiert ist, jedoch bisher von schweizerischen Issuern nicht herausgegeben wird. **12**

Das Maestro-Debitkartensystem ist als Drei- oder Vier-Parteien-System ausgestaltet, in welchem spezifische Leistungen von verschiedenen Marktteilnehmern erbracht werden: Die *Issuer* geben gegen eine Jahresgebühr Debitkarten an die *Kontoinhaber* ab, welche diese zum Bezug von Bargeld sowie zum bargeldlosen Bezahlung von Gütern und Dienstleistungen einsetzen können. Die *Händler*, welche Maestro-Debitkarten zur Zahlung akzeptieren wollen, schliessen diesbezüglich einen Vertrag mit einem *Acquirer* ab, der auch mit dem Issuer identisch sein kann. Sie bezahlen dem Acquirer/Issuer pro Transaktion, die durch den Kunden getätigt wird, eine Kommission (RPW 2006, 603, Rz 11, zur Abrenzung gegenüber den Kreditkarten, BSK OR I-SCHLUEP/AMSTUTZ, Einl. vor Art. 184 ff. N 241 ff.). **13**

Die **Debit-Kartensysteme** bieten insbesondere dem Händler den Vorteil rascher Verfügbarkeit der Geldleistung des Kunden sowie günstige Tarife. Dem Kontoinhaber bietet sie einen kostengünstigen Zugriff auf sein Bankguthaben. **14**

2. Maestro Karte

Das **Maestro-Debitkartensystem** beruht ausschliesslich auf dem Einsatz der Karte. Checks werden in dem System nicht ausgegeben. **15**

Die **Maestro-Karte,** welche kein Wertpapier ist, enthält auf der Vorderseite die Firma der ausstellenden Bank (Issuer), den Namen des Karten- und Kontoinhabers, die **16**

IBAN-, Konto- und Karten-Nummer, die bildliche Maestro Marke sowie das Verfalldatum der Karte. Die Rückseite weist die Unterschrift des Karteninhabers auf.

17 Die Maestro-Karte dient (a) zum Bargeldbezug, (b) zur bargeldlosen Zahlung und (c) für Dienstleistungen des Issuers. Mit Bezug auf ec-Checks, welche noch im Umlauf sind, dient sie nach wie vor als **Garantiekarte.** Aus diesem Grund wird die Garantiefunktion nachstehend kurz erörtert.

3. Zur Garantiefunktion insbesondere

18 Vorbemerkung: Die folgenden Ausführungen beziehen sich auf die ec-Checks, welche neu seit der Einführung des Maestro-Systems in der Schweiz nicht mehr ausgegeben werden. Die Regeln gelten aber für ec-Checks, welche sich noch im Umlauf befinden.

Obwohl von Garantie die Rede ist, wird rechtlich nicht die Leistung eines Dritten durch ein eigenes Leistungsversprechen flankiert, sondern ein primär eigenes Leistungsversprechen abgegeben. Um sich die **Garantiehaftung** der Bank zu sichern, muss der Checknehmer bei der Entgegennahme eines ec-Checks folgende Punkte beachten:

Unterschrift, Bank sowie *Konto-* und *Kartennummer* auf ec-Check und ec-Karte müssen übereinstimmen.

Das *Ausstellungsdatum* des ec-Checks muss innerhalb der Gültigkeitsdauer der ec-Karte liegen.

Schliesslich muss der Checknehmer dafür sorgen, dass der Check der bezogenen Bank innerhalb der Präsentationsfrist von *8 Tagen* bei *inländischen* Checks und innerhalb von *20 Tagen* bei im Ausland ausgestellten Checks zur Zahlung vorgelegt wird.

19 Die Garantiehaftung der Bank ist jedoch nicht davon abhängig, dass der Aussteller dem Checknehmer die Maestro-Karte **vorgelegt** hat, solange die genannten Voraussetzungen erfüllt sind. Sind sie nicht erfüllt, bleibt die Urkunde *als gewöhnlicher Check wirksam* (BGHZ 83, 28, 31; BAUMBACH/HEFERMEHL, Art. 4 SchG Anh. N 10).

20 Aus diesem Grund ist auch davon auszugehen, dass nicht nur der erste Checknehmer **Begünstigter der Garantiehaftung** ist, sondern jeder nachfolgende Checknehmer ebenfalls. Zwar wird der *Garantievertrag,* der die Garantiehaftung der Bank begründet, zwischen dem Aussteller und dem ersten Nehmer abgeschlossen. Der Aussteller wirkt dabei als *Stellvertreter* (oder als Übermittlungsbote) der Bank. Doch wird der so begründete Garantieanspruch durch Indossierung des Checks ohne weiteres an weitere Checknehmer *abgetreten.*

21 Diese Ansicht ist insb. in der deutschen Lehre umstritten. Namentlich vertreten BAUMBACH/HEFERMEHL (Art. 4 SchG Anh. N 9) eine gegenteilige Ansicht: Sie gehen davon aus, dass die Garantieforderung nicht in der Checkurkunde verbrieft ist und daher nicht ohne zusätzliche Abtretungserklärung übertragbar sei. Dieser Auffassung kann nicht gefolgt werden. Obwohl nämlich eine explizite Verbriefung der Garantieforderung im ec-Check fehlt, sind doch sämtliche Elemente, die den notwendigen Inhalt einer **Zession** darstellen, enthalten. Dazu gehören die *genaue Bezeichnung der abgetretenen Forderung* und des *Schuldners* sowie der *Übertragungswille* der Parteien, ausgedrückt durch die *Unterschrift* mindestens des Zedenten. Der Bezeichnung als Abtretung bedarf die Urkunde nicht (BSK OR I-GIRSBERGER, Art. 165 N 2 f.). Auf dem Check sind der Forderungsbetrag sowie die Bank als Bezogene angegeben. Aus der Indossierung geht der Übertragungswille zumindest des Zedenten hervor. Gestützt wird diese Auffassung für

5. Abschnitt: Der Check

die Schweiz durch Ziff. 3.1 der Konvention XV der SBVg, wonach die Bank Zahlung an jeden *nach den Grundsätzen des Checkrechts rechtmässigen Inhaber* garantiert.

4. Die Einlösungspflicht der Bank

a) Unzulässige Einwendungen

Sind die genannten Voraussetzungen der Einlösungspflicht der Bank erfüllt, kann diese dem Einreicher bis zur Höhe der Garantiehaftung weder eine **Einrede** aus dem *Deckungsverhältnis* noch aus dem *Valutaverhältnis* entgegenhalten. Die ec-Karte lässt sich nicht sperren. Eine Schranke bildet lediglich der *Rechtsmissbrauch* i.S.v. Art. 2 ZGB (dazu N 24, BGE 122 III 373 E. 4a). Auch eine *gefälschte Unterschrift* auf einem echten Vordruck oder die *Verfälschung eines Vordruckes* vermögen an der Garantiehaftung der Bank nichts zu ändern, sofern das äussere Erscheinungsbild den *Eindruck der Echtheit* erzeugt (BAUMBACH/HEFERMEHL, Art. 4 SchG Anh. N 16). Nach der Terminologie der Konvention XV der SBVg genügt der *scheinbare Bestand* der Kartengarantie (Ziff. 3.2). Die Haftung entfällt, wenn ein Checkvordruck *gefälscht*, d.h. hergestellt, wurde.

22

b) Zulässige Einwendungen

Zulässige Einwendungen der Bank ergeben sich aus Mängeln in den aufgeführten *formellen Gültigkeitsvoraussetzungen* sowohl des Checks (Art. 1100 f.) als auch der Garantiehaftung. Dem Einreicher kann von der Bank auch entgegenhalten werden, er sei nicht *rechtmässiger Eigentümer* des Checks. Dies ist etwa dann der Fall, wenn der Übertragungsvertrag, aus dem der Einreicher sein Recht ableitet, an einem *Willensmangel* leidet oder wenn der Aussteller bei Ausstellung des Checks nicht *geschäftsfähig* war. Der gutgläubige Erwerber des dem berechtigten Inhaber abhanden gekommenen Checks wird zwar Eigentümer, aber er kann den Garantieanspruch nicht geltend machen, da es keinen gutgläubigen Forderungserwerb gibt (BAUMBACH/HEFERMEHL, Art. 4 SchG Anh. N 18). Es fehlt mithin an einer gültigen Zession der Garantieforderung an den Erwerber.

23

Die Einrede **missbräuchlicher Rechtsausübung** steht der Bank nicht schon dann zu, wenn der Nehmer aus *grober Fahrlässigkeit* nicht erkannt hat, dass der Check nicht gedeckt ist. Der Sinn des ec-Systems verbietet es, dem Checknehmer eine Prüfungspflicht hinsichtlich der Deckung aufzuerlegen. Eine andere Sicht greift dann Platz, wenn der Nehmer *wusste*, dass Deckung nicht vorhanden und bis zur Einlösung nicht zu erwarten war.

24

Gegenüber einer **Pfändung** oder einem **Arrest** des Deckungskontos ist der Aufwendungsersatzanspruch der Bank aus der Garantiehaftung vorrangig, selbst wenn der Check erst nach Pfändungs- oder Arrestbeschlag begeben und die Garantiehaftung der Bank dadurch entstanden ist. Diese Auffassung lässt sich dadurch begründen, dass der Aufwendungsersatzanspruch der Bank bereits mit der Begebung der ec-Karte und der ec-Checkformulare erfolgt ist (BAUMBACH/HEFERMEHL, Art. 4 SchG Anh. N 22).

25

5. Pflichten des Checkausstellers

Die Pflichten des Checkausstellers richten sich nach dem Vertrag zwischen ihm und der Bank. Art. 4 Abs. 3 der **Konvention XV** der SBVg sieht diesbezüglich vor, dass diesem Vertrag ein Reglement zugrunde liegen muss, das mindestens die im Anh. 1 («Checkkartenreglement») umschriebenen Bestimmungen enthalten muss. Den Karteninhaber treffen somit zumindest die folgenden Pflichten (s.a. Art. 1103 N 8):

26

Art. 1105

27 **Sorgfaltspflichten** (Konvention XV Anh. 1 Ziff. 2.6): Insbesondere die Pflicht zur *Unterzeichnung* der Karte, zur sorgfältigen und getrennten *Aufbewahrung* von Karte und Checks, zur *Geheimhaltung* des ec-Codes, zur *Benachrichtigung* der Bank bei Verlust von Karte oder Checks.

28 **Schadenersatzpflicht** (Konvention XV Anh. 1 Ziff. 2.9): Den Karteninhaber trifft nicht nur bei Verletzung seiner Sorgfaltspflichten eine Schadenersatzpflicht, sondern grundsätzlich auch ohne eigenes Verschulden immer dann, wenn der Bank kein grobes Verschulden vorzuwerfen ist.

29 **Deckungspflicht** (Konvention XV Anh. 1 Ziff. 2.7): Verwendungsvoraussetzung für ec-Karte und ec-Checks ist ein verfügbares Guthaben auf dem Konto oder eine zugesprochene Kreditlimite.

30 **Aufwendungsersatzpflicht** (Konvention XV Anh. 1 Ziff. 2.8): Belastungsrecht der Bank für sämtlichen Aufwand, welchen die Bank aufgrund der Benützung der ec-Karte oder der ec-Checks hat.

31 **Rückgabepflicht** (Konvention XV Anh. 1 Ziff. 2.12): Die Bank kann ec-Karte und ec-Checks *jederzeit zurückfordern*.

6. Schadensregelung

32 Zum Zweck der Deckung von seitens des Karteninhabers unverschuldet entstandenen Schäden aus Verwendung von ec-Karte und ec-Checks haben die angeschlossenen Bankinstitute einen **Schadenpool** in der Form einer einfachen Gesellschaft gegründet, mit Sitz bei der Telekurs AG in Zürich (Konvention XV Anh. 2).

33 Anh. 3 regelt die Voraussetzungen, unter welchen der Schaden-Pool beansprucht werden kann. Gedeckt sind namentlich Schäden aus der missbräuchlichen Verwendung der ec-Karte bzw. der ec-Checks *durch Dritte* (Ziff. 1). Der **Deckungsumfang** ist auf 20 Checks pro Karte und Ereignis limitiert, wobei ein Selbstbehalt von 10% abgezogen wird (Ziff. 3). Dem Karteninhaber obliegt eine *Meldepflicht* im Schadensfall.

Art. 1105

6. Bezeichnung des Remittenten

¹ Der Check kann zahlbar gestellt werden:

an eine bestimmte Person, mit oder ohne den ausdrücklichen Vermerk «an Ordre»;

an eine bestimmte Person, mit dem Vermerk «nicht an Ordre» oder mit einem gleichbedeutenden Vermerk;

an den Inhaber.

² Ist dem Check eine bestimmte Person mit dem Zusatz «oder Überbringer» oder mit einem gleichbedeutenden Vermerk als Zahlungsempfänger bezeichnet, so gilt der Check als auf den Inhaber gestellt.

³ Ein Check ohne Angabe des Nehmers gilt als zahlbar an den Inhaber.

6. Désignation du créancier

¹ Le chèque peut être stipulé payable:

à une personne dénommée, avec ou sans clause expresse «à ordre»;

5. Abschnitt: Der Check   1–3 Art. 1105

à une personne dénommée, avec la clause «non à ordre» ou une clause équivalente;

au porteur.

² Le chèque au profit d'une personne dénommée, avec la mention «ou au porteur», ou un terme équivalent, vaut comme chèque au porteur.

³ Le chèque sans indication du bénéficiaire vaut comme chèque au porteur.

6. Designazione del prenditore

¹ L'assegno bancario può essere pagabile:

a una persona determinata con o senza l'espressa clausola «all'ordine»;

a una persona determinata con la clausola «non all'ordine» o altra equivalente;

al portatore.

² L'assegno bancario a favore di una persona determinata, con la clausola «o al portatore» ovvero con altra equivalente, vale come assegno bancario al portatore.

³ L'assegno bancario senza indicazione del prenditore vale come assegno bancario al portatore.

Literatur

Vgl. die Literaturhinweise bei den Vorbem. zu Art. 1100–1144.

I. Allgemeines. Normzweck

Art. 1105 regelt, wie auf der Checkurkunde der **Zahlungsempfänger** bestimmt wird. 1
Im Randtitel ist ungenau von der **«Bezeichnung des Remittenten»** die Rede. Ob überhaupt ein Remittent – also ein Checknehmer – bezeichnet wird, ist aber dem Belieben des Ausstellers überlassen und somit *überflüssig*, wie aus Abs. 3 der Bestimmung hervorgeht. Der Check braucht überhaupt keine Nehmerbestimmung aufzuweisen, in welchem Fall das Gesetz die unwiderlegbare Vermutung aufstellt, er sei an den Inhaber zahlbar. Darin manifestiert sich ein weiterer formeller Unterschied zum Wechsel, der *nicht* auf den Inhaber gestellt werden kann. Im Ergebnis kann durch *Blankoindossament* oder Ausstellung des Wechsels an die eigene Ordre jedoch dasselbe Resultat erzielt werden.

II. Unzulässigkeit des Eigen-Checks

Im Unterschied zum deutschen Checkrecht, lässt das schweizerische Checkrecht einen 2
«Eigen-Check» – also einen Check als Schuldanerkennung *(«ich zahle»)* – nicht zu. Die Unzulässigkeit des «Eigen-Checks» folgt formell schon aus Art. 1100 Ziff. 3 i.V.m. Art. 1101, wonach die Bezeichnung eines Bezogenen zu den unabdingbaren Essentialia des Checks gehört. Der *trassiert-eigene Check* ist demgegenüber zulässig, jedoch nur für Banken, weil Art. 1102 zwingend eine Bank als Bezogene vorsieht. Ein Eigen-Check würde überdies die verpönte Möglichkeit öffnen, den Check als Kreditmittel zu verwenden, weil in diesem Falle der Aussteller bereits durch die Begebung des Papiers checkrechtlich verpflichtet wäre.

III. Wertpapierrechtliche Qualifikation

Ungenauerweise wird in der Lehre häufig vertreten, der Check sei ein **gesetzliches** 3
Ordrepapier. Art. 1105 Abs. 1 macht den Check nur dann zum Ordrepapier, wenn

eine Person als Remittent bezeichnet und Rektaklausel sowie Inhaberklausel («oder Überbringer») fehlen (s. z.B. JÄGGI/DRUEY/VON GREYERZ, 255; MEIER-HAYOZ/VON DER CRONE, 233). Hingegen ist der Check gesetzliches **Inhaberpapier**, wenn der Nehmerbezeichnung ein Zusatz wie *«oder Überbringer»* o.Ä. beigefügt wurde (Abs. 2) oder wenn überhaupt keine Person als Nehmer bezeichnet ist (Abs. 3).

IV. Ordrecheck

4   Der Check wird durch Bezeichnung eines Nehmers (mit oder ohne Ordreklausel) zum Ordrepapier (ZR 1967, 121). Die von den Schweizer Banken ausgegebenen, auf Einheitsrichtlinien beruhenden Checkformulare (Einheitscheck) sind als Ordrechecks ausgestaltet. Fehlt die Bezeichnung eines Nehmers, wurde aber Raum für die Einsetzung eines Namens freigelassen (Blankett), liegt zwar, solange das Blankett nicht ausgefüllt wurde, ein Inhabercheck vor, er kann aber von jedem Nehmer durch Einfügen eines Namens zum Ordrecheck umgestaltet werden (JÄGGI/DRUEY/VON GREYERZ, 255 FN 2).

5   Als Ordrepapiere sind diese Checks durch Indossament zu übertragen. Die unwirksame Benennung einer Person macht den Check ungültig, es sei denn, er sei durch die Überbringerklausel, die nur der Aussteller anbringen kann, Inhabercheck (BAUMBACH/Hefermehl, Art. 5 SchG N 4).

V. Inhabercheck

6   Durch die Inhaberklausel (Nehmer *«oder Inhaber»*, *«oder Überbringer»*, *«oder Vorweiser»* etc.) bzw. durch Weglassung jeder Nehmerbezeichnung wird der Check zum gesetzlichen Inhaberpapier (BGE 99 II 342). Der Inhabercheck wird gemäss den allgemeinen inhaberpapierrechtlichen Regeln übertragen (Art. 967 Abs. 1). Ein als Inhabercheck ausgegebener Check behält seine Rechtsnatur. Er kann nicht durch Indossament des Inhabers in einen Ordrecheck umgewandelt werden (BAUMBACH/HEFERMEHL, Art. 5 SchG N 1 f.). Hingegen unterwirft die (überflüssige) Indossierung des Inhaberchecks den Indossanten der checkrechtlichen Garantiehaftung (s. Komm. zu Art. 1111).

Art. 1106

7. Zinsvermerk	Ein in den Check aufgenommener Zinsvermerk gilt als nicht geschrieben.
7. Stipulation d'intérêts	Toute stipulation d'intérêts insérée dans le chèque est réputée non écrite.
7. Promessa di interessi	Qualsiasi promessa d'interessi inserita nell'assegno bancario si ha per non scritta.

Literatur

Vgl. die Literaturhinweise bei den Vorbem. zu Art. 1100–1144.

I. Allgemeines. Normzweck

1   Diese Bestimmung ist eines der Elemente im gesetzgeberischen Arsenal zur **Verhinderung der Funktionserweiterung** des Checks zum Kreditmittel. Die Verzinsung der Checkvaluta wäre diesbezüglich ein wesentlicher Faktor (s. dazu RVJ 1974, 13).

Die Funktionsfähigkeit des Checks als Zahlungsmittel hängt davon ab, dass er insb. im Inkasso **einfach zu handhaben** und zu bearbeiten ist. Daher ist er bedingungsfeindlich und entsprechend sind kurze Vorlegungsfristen vorgesehen. Die Zulässigkeit eines Zinsvermerks würde die *Umlauffähigkeit des Checks beeinträchtigen*.

II. Rechtsfolgen

Wird eine Zinsklausel auf die Checkurkunde angebracht (z.B. «*zuzüglich Zins zu 8% seit dem Datum der Ausstellung*»), gilt sie als nicht geschrieben. Das heisst, der Check bleibt als Check gültig, und zwar für den Betrag, welcher als «bestimmte Geldsumme» auf dem Check angegeben werden muss (Art. 1100 Ziff. 2).

III. Teilweise Analogie zum Wechsel

Art. 1106 entspricht dem letzten Satz von Art. 995 Abs. 1, wonach der Zinsvermerk für alle Wechsel ausser für solche, die auf Sicht oder auf eine bestimmte Zeit nach Sicht ausgestellt sind, als nicht geschrieben gilt.

Art. 1107

8. Zahlstellen. Domizilcheck	Der Check kann bei einem Dritten, am Wohnort des Bezogenen oder an einem andern Orte zahlbar gestellt werden, sofern der Dritte Bankier ist.
8. Lieux de paiement et chèque domicilié	Le chèque peut être payable au domicile d'un tiers, soit dans la localité où le tiré a son domicile, soit dans une autre localité, à condition toutefois que le tiers soit banquier.
8. Luoghi di pagamento ed assegno bancario domiciliato	L'assegno bancario può essere pagabile al domicilio di un terzo, sia nel luogo del domicilio del trattario, sia in altro luogo, purché il terzo sia banchiere.

Literatur

Vgl. die Literaturhinweise bei den Vorbem. zu Art. 1100–1144.

I. Allgemeines. Normzweck

Art. 1107 entspricht wörtlich Art. 994 des Wechselrechts mit der einzigen Abweichung, dass **als Dritter nur eine Bank** in Frage kommt. Nur aus diesem Grund wurde Art. 1107 in das Gesetz aufgenommen und fehlt demzufolge Art. 994 im Verweisungskatalog von Art. 1143.

Die Domizilierung des Checks soll die **Zahlung erleichtern,** wenn die Bezogene am Zahlungsort *keine Zahlstelle* hat. Ein praktisches Bedürfnis besteht hierfür jedoch nicht, da das Checkinkasso einfacher durch *Zwischenschaltung der Bank des Checkinhabers* abgewickelt werden kann. Es entstehen dadurch auch geringere Spesen, da insb. eine Akkreditierung der Domizilstelle durch den Aussteller unterbleiben kann (s. dazu ZIMMERMANN, 185 N 2). In der Praxis kommt der Domizilcheck selten vor.

Ernst A. Widmer

II. Domizilierung nur durch den Aussteller

3 Eine **Checkdomizilierung** kann nur durch den *Aussteller,* nicht aber durch die bezogene Bank vorgenommen werden. Nennt der Aussteller einen Nichtbankier (gemäss Art. 1135) als Domizilstelle, gilt der Vermerk als nicht geschrieben und bleibt die Bezogene Zahlstelle und deren Domizil Zahlungsort (BAUMBACH/HEFERMEHL, Art. 8 SchG N 2; **a.M.** ZIMMERMANN, 186 N 3, ohne nähere Begründung). Eine praktische Notwendigkeit, einen bei einem Nichtbankier domizilierten Check für ungültig zu erklären, besteht nicht. Ungültigkeit des Domizilvermerks genügt, um den Bedürfnissen des Verkehrs zu entsprechen.

II. Übertragung

Vorbemerkungen zu Art. 1108–1113

Literatur

Vgl. die Literaturhinweise bei den Vorbem. zu Art. 1100–1144.

I. Allgemeines

1 Die Art. 1108–1113 enthalten Regeln zur **Übertragung des Ordrechecks** sowie des in der Praxis unbedeutenden Rektachecks. Das Gesetz schweigt, was die Übertragung des *Inhaberchecks* betrifft. Dieser wird nach rein sachenrechtlichen Grundsätzen übertragen, nämlich durch Einigung und Übergabe (Art. 929 ff. ZGB).

2 Die in den genannten sechs Artikeln enthaltene Regelung der Übertragung ist noch in einer anderen Hinsicht *unvollständig*. Art. 1108–1113 widerspiegeln nur sechs von insgesamt elf Bestimmungen des EinhSchG (Art. 14–24) zur Übertragung. Die restlichen fünf Artikel sind durch **Verweisung** in Art. 1143 Ziff. 4–6 auf die wechselrechtlichen Bestimmungen der Art. 1003–1005, 1007 und 1008 geregelt, nämlich hinsichtlich Form (Art. 1003), Wirkungen (Art. 1004 f.), Einredebeschränkung (Art. 1007) sowie der Spezialregelung betr. Vollmachts- oder Inkassoindossament (Art. 1008; vgl. die entsprechenden Kommentarstellen des Wechselrechts).

II. Indossierung des Inhaberchecks

3 Die wertpapierrechtliche Natur als Inhaber- oder Ordrepapier bestimmt allein der Aussteller. Die **Indossierung** eines *Inhaberchecks* hat daher weder Übertragungs- noch Ausweisfunktion. Ein Indossament auf einem Inhabercheck hat jedoch Haftungswirkung (Art. 1111). Die Bedeutung dieser Regel lässt sich an folgendem Beispiel veranschaulichen: Ein von A ausgestellter Inhabercheck wird vom legitimen Inhaber B an C indossiert (*«an die Ordre von C, sig. B»*) und übertragen. In der Folge gelangt der Check ohne oder gegen den Willen von C an D. Die bezogene Bank wird D ohne weiteres Zahlung leisten, denn eine ununterbrochene und vollständige Indossamentenkette ist zur Legitimation bei einem Inhabercheck nicht erforderlich. Es genügt der Urkundenbesitz. Zahlt die Bank trotz Formgültigkeit des Checks und rechtzeitiger Vorlegung aus irgendeinem Grund nicht, kann D nicht nur gegen A Rückgriff nehmen, sondern auch gegen B. Trotz fehlender Übertragungs- und Ausweisfunktion erzeugt das Indossament *checkrechtliche Haftung*. B kann gegen den Haftungsanspruch selbstverständlich einwenden, D habe nicht rechtmässig Eigentum am Check erworben, D habe m.a.W.

wegen Bösgläubigkeit keinen Anspruch auf Einredenbeschränkung gemäss Art. 1007 (i.V.m. Art. 1143 Ziff. 5). Unterliegt B (weil er z.B. seine Einrede nicht beweisen kann), steht ihm der Rückgriff gegen A offen. A kann B die mangelnde Legitimität von D nicht entgegenhalten, denn B durfte sich bei der Entgegennahme des Checks auf die checkrechtliche Haftung von A verlassen. Die wertpapierrechtliche Einredenbeschränkung findet hier Anwendung.

Art. 1108

1. Übertragbarkeit

¹ Der auf eine bestimmte Person zahlbar gestellte Check mit oder ohne den ausdrücklichen Vermerk «an Ordre» kann durch Indossament übertragen werden.

² Der auf eine bestimmte Person zahlbar gestellte Check mit dem Vermerk «nicht an Ordre» oder mit einem gleichbedeutenden Vermerk kann nur in der Form und mit den Wirkungen einer gewöhnlichen Abtretung übertragen werden.

³ Das Indossament kann auch auf den Aussteller oder jeden anderen Checkverpflichteten lauten. Diese Personen können den Check weiter indossieren.

1. Transmissibilité

¹ Le chèque stipulé payable au profit d'une personne dénommée avec ou sans clause expresse «à ordre» est transmissible par la voie de l'endossement.

² Le chèque stipulé payable au profit d'une personne dénommée avec la clause «non à ordre» ou une clause équivalente n'est transmissible que dans la forme et avec les effets d'une cession ordinaire.

³ L'endossement peut être fait même au profit du tireur ou de tout autre obligé. Ces personnes peuvent endosser le chèque à nouveau.

1. Trasmissibilità

¹ L'assegno bancario pagabile ad una persona determinata con o senza la clausola espressa «all'ordine» è trasferibile mediante girata.

² L'assegno bancario pagabile ad una persona determinata con la clausola «non all'ordine» o altra equivalente, non può essere trasferito che nella forma e con gli effetti della cessione ordinaria.

³ La girata può esser fatta anche a favore del traente o di qualunque altro obbligato. Essi possono girare di nuovo l'assegno bancario.

Literatur

Vgl. die Literaturhinweise bei den Vorbem. zu Art. 1100–1144.

I. Allgemeines

Art. 1108 befasst sich mit der Übertragung des Ordre- sowie des Rektachecks und grenzt diese beiden Erscheinungsformen des Checks gegeneinander ab. Wird der Check an eine bestimmte Person zahlbar gestellt, so ist er nach Art. 1108 **Ordrepapier,** selbst wenn *keine* Ordreklausel vorliegt. Der Ordrecheck wird grundsätzlich durch Indossament, der Rektacheck durch Abtretung übertragen. Das Indossament kann *blanko* erfolgen. Jeder Inhaber ist berechtigt, den Check mit sämtlichen Wirkungen eines Indossaments zu indossieren. Freilich kann auch ein Ordrecheck mittels der zivilrechtlichen *Abtretung* übertragen werden (BAUMBACH/HEFERMEHL, Art. 14 SchG N 2).

2 Die **Abtretung** wird nicht näher geregelt. Es wird auf die Regeln der «gewöhnlichen» Abtretung verwiesen. Damit kann nur die zivilrechtliche Abtretung nach den Art. 164 ff. gemeint sein. Die Abtretung als Übertragungsform des Checks ist in der Praxis ebenso selten anzutreffen wie der Rektacheck selbst.

II. Indossament (Abs. 1)

3 Hinsichtlich der Voraussetzungen und Wirkungen des **Indossaments** ist auf die Kommentierung zu Art. 1001 zu verweisen. Zu beachten ist, dass zur **rechtmässigen Übertragung** des Papiers die *Indossierung* allein nicht genügt, sondern die *Übergabe* unabdingbare zusätzliche Voraussetzung bildet (s. dazu etwa BGE 98 IV 241 = Pra 1973, 157). Die Indossierung verleiht dem Empfänger gegenüber dem Indossanten eine viel stärkere Rechtsstellung als die Abtretung. Der durch Besitz und Indossament (sowie vollständige Indossamentenkette) ausgewiesene Inhaber gilt als aus dem Papier Berechtigter (**Transport-** und **Legitimationsfunktion**). Das Indossament begründet die checkrechtliche Haftung des Indossanten (**Haftungsfunktion,** Art. 1143 i.V.m. Art. 1005). Dem Rückgriffsrecht des Indossatars stehen keine Einreden entgegen ausser derjenigen, dieser habe bewusst zum Nachteil des checkrechtlich Verpflichteten gehandelt (**Einredenbeschränkung**).

III. Ausschluss der Indossierung (Abs. 2)

4 Mit dieser Klausel, auch «**Rektavermerk**» genannt (s. etwa ZIMMERMANN, Art. 1108 N 4), wird ein Check zum Namenpapier und kann nur noch in der Form und mit den Wirkungen einer gewöhnlichen Abtretung übertragen werden (MEIER-HAYOZ/VON DER CRONE, 233). Gegenstand der Abtretung ist nicht etwa der Anspruch gegenüber dem Bezogenen, denn dieser Anspruch besteht aufgrund des checkrechtlichen Akzeptverbots gar nicht, sondern die Rückgriffsforderung gegen die Vormänner des Zessionars. Der Inhaber legitimiert sich folglich in diesem Fall durch eine geschlossene Kette von Abtretungserklärungen.

IV. Rückindossierung (Abs. 3)

5 Durch **Rückindossierung** des Checks an den Aussteller oder einen anderen Checkverpflichteten fallen Checkanspruch und -schuld nur mit Bezug auf diejenigen Checkverpflichteten zusammen, die Nachmänner des Indossatars sind, der den Check wieder erhält. Der Check geht durch Rückindossament nicht unter. Art. 1108 Abs. 3 will ein Zweifaches: Erstens behält der Check seine volle checkrechtliche Wirkung gegenüber den Vormännern. Davon profitiert freilich der Aussteller nicht, da der keine Vormänner hat. Zweitens kann der rückindossierte Check *erneut in Umlauf* gebracht werden, was nun auch für den Aussteller von Bedeutung ist.

Art. 1109

2. Erfordernisse

¹ **Das Indossament muss unbedingt sein. Bedingungen, von denen es abhängig gemacht wird, gelten als nicht geschrieben.**

² **Ein Teilindossament ist nichtig.**

³ **Ebenso ist ein Indossament des Bezogenen nichtig.**

5. Abschnitt: Der Check 1–3 Art. 1109

⁴ **Ein Indossament an den Inhaber gilt als Blankoindossament.**

⁵ **Das Indossament an den Bezogenen gilt nur als Quittung, es sei denn, dass der Bezogene mehrere Niederlassungen hat und das Indossament auf eine andere Niederlassung lautet als diejenige, auf die der Check gezogen worden ist.**

2. Eléments

¹ L'endossement doit être pur et simple. Toute condition à laquelle il est subordonné est réputée non écrite.

² L'endossement partiel est nul.

³ Est également nul l'endossement du tiré.

⁴ L'endossement au porteur vaut comme endossement en blanc.

⁵ L'endossement au tiré ne vaut que comme quittance, sauf dans le cas où le tiré a plusieurs établissements et où l'endossement est fait au bénéfice d'un établissement autre que celui sur lequel le chèque a été tiré.

2. Requisiti

¹ La girata deve essere incondizionata. Qualsiasi condizione alla quale sia subordinata si ha per non scritta.

² La girata parziale è nulla.

³ È egualmente nulla la girata del trattario.

⁴ La girata al portatore vale come girata in bianco.

⁵ La girata al trattario vale come quietanza, salvo il caso che il trattario abbia diversi stabilimenti e la girata sia fatta ad uno stabilimento diverso da quello sul quale l'assegno bancario è stato tratto.

Literatur

Vgl. die Literaturhinweise bei den Vorbem. zu Art. 1100–1144.

I. Allgemeines

Art. 1109 Abs. 1, 2 und 4 stimmen wörtlich mit Art. 1002 überein. Es kann mit Ausnahme weniger Bemerkungen auf die Kommentierung zu Art. 1002 verwiesen werden. 1

II. Bedingte Indossierung (Abs. 1)

Die **Bedingungsfeindlichkeit der Indossierung** ist nicht zu verwechseln mit der Bedingungsfeindlichkeit der checkrechtlichen Anweisung (Art. 1100 Ziff. 2). Letztere bewirkt die Ungültigkeit des Checks. Bedingte Indossierungen haben demgegenüber lediglich zur Folge, dass die Bedingung als nicht geschrieben gilt, der Check aber gültig ist. 2

III. Verbot des Indossaments des Bezogenen (Abs. 3)

Dieses Verbot stellt eine checkrechtliche Spezialität dar, die im Wechselrecht keine Entsprechung findet. Mit dieser Bestimmung soll sichergestellt werden, dass nicht mittels Indossament das checkrechtliche Annahmeverbot (Art. 1104) *umgangen* wird. Durch die Indossierung übernimmt der Indossant nämlich checkrechtliche Haftung. Die bezogene Bank könnte den ihr vom Inhaber durch Übergabe oder Indossament übertragenen Check an diesen (rück-)indossieren und damit eine checkrechtliche **Garantiehaftung** übernehmen. 3

4 Gemäss Abs. 2 ist das Indossament der Bezogenen *nichtig*. Eine wirksame Übertragung kommt dadurch nicht zustande. Da die bezogene Bank nur durch Präsentation zur Zahlung in den Besitz gelangen kann, bedeutet die Rückindossierung an den Vorleger eine **Nichteinlösung,** welche die checkrechtliche Rückgriffshaftung begründet, wenn die Nichtzahlung gemäss den Bestimmungen von Art. 1128 festgestellt wurde.

IV. Indossament an den Bezogenen (Abs. 5)

5 Bei der Präsentation zur Zahlung «indossiert» der Inhaber den Check i.d.R. blanko und übergibt ihn der Bank. Abs. 5 besagt, dass dieses Indossament keine checkrechtliche Haftung nach sich zieht, sondern lediglich eine **Zahlungsquittung** darstellt. Abs. 5 impliziert aber keine unwiderlegbare gesetzliche Vermutung. Vielmehr ist die Behauptung zum Beweis zuzulassen, dass nicht bezahlt wurde (BAUMBACH/HEFERMEHL, Art. 15 SchG N 3).

6 Hat die Bank *mehrere Niederlassungen* und lautet das Indossament auf eine andere als die bezogene Niederlassung, dann liegt ein *vollwirksames Indossament* vor. Die Niederlassung, bei welcher der Check eingereicht wurde, hat jedoch nicht das Recht zur freien Weiterindossierung (BAUMBACH/HEFERMEHL, Art. 15 SchG N 4). Das bedeutet im Effekt, dass die Bezogene bei mangelnder Deckung via Niederlassung volles Rückgriffsrecht auf die Vormänner erhält.

Art. 1110

3. Legitimation des Inhabers	Wer einen durch Indossament übertragbaren Check in Händen hat, gilt als rechtmässiger Inhaber, sofern er sein Recht durch eine ununterbrochene Reihe von Indossamenten nachweist, und zwar auch dann, wenn das letzte ein Blankoindossament ist. Ausgestrichene Indossamente gelten hiebei als nicht geschrieben. Folgt auf ein Blankoindossament ein weiteres Indossament, so wird angenommen, dass der Aussteller dieses Indossaments den Check durch das Blankoindossament erworben hat.
3. Légitimation du porteur	Le détenteur d'un chèque endossable est considéré comme porteur légitime s'il justifie de son droit par une suite ininterrompue d'endossements, même si le dernier endossement est en blanc. Les endossements biffés sont, à cet égard, réputés non écrits. Quand un endossement en blanc est suivi d'un autre endossement, le signataire de celui-ci est réputé avoir acquis le chèque par l'endossement en blanc.
3. Legittimazione del portatore	Il detentore dell'assegno bancario trasferibile per girata è considerato portatore legittimo se giustifica il suo diritto con una serie continua di girate, anche se l'ultima è in bianco. Le girate cancellate si hanno, a questo effetto, per non scritte. Se una girata in bianco è seguita da un'altra girata, si reputa che il sottoscrittore di quest'ultima abbia acquistato l'assegno bancario per effetto della girata in bianco.

Literatur

Vgl. die Literaturhinweise bei den Vorbem. zu Art. 1100–1144.

5. Abschnitt: Der Check Art. 1111

I. Allgemeines. Normzweck

Art. 1110 stimmt inhaltlich mit Art. 1006 Abs. 1 überein (vgl. dort). Die Bestimmung definiert die *förmliche* Berechtigung oder **Legitimation** am Check. Verlangt werden erstens der *Papierbesitz* und zweitens eine *ununterbrochene Indossamentenkette*. Die förmliche Berechtigung schafft gleichzeitig eine **widerlegbare gesetzliche Vermutung** für die *sachliche* oder *materielle* Berechtigung des Inhabers. 1

Art. 1110 legt die **Prüfungspflicht** des Erwerbers fest und bestimmt damit, wann sich dieser auf die Berechtigung des Veräusserers verlassen kann. Ist die formelle Berechtigung zu verneinen, entfallen die meisten Wirkungen des Indossaments, namentlich die Transport-, Legitimations- und Einredebeschränkungsfunktion. Einzig die *Garantiefunktion* bleibt erhalten, denn grundsätzlich begründet jede auf der Urkunde angebrachte Unterschrift eine checkrechtliche Haftung. 2

II. Anwendungsbereich

Die Bestimmung gilt nach dem Wortlaut **nur für Ordrechecks** («durch Indossament übertragbare Checks»), nicht aber für Inhaber- oder Rektachecks. Insbesondere bei Inhaberchecks ergibt sich die förmliche Berechtigung – unter Vorbehalt der Bösgläubigkeit – allein aus dem *Besitz*. 3

III. Voraussetzungen der förmlichen Berechtigung

Erstes Element der förmlichen Berechtigung oder **Legitimation** des Ordrecheckinhabers ist die **Innehabung** des Papiers. Als Inhaber des Papiers gilt, wer das Papier derart in seiner Gewalt hat, dass er es vorzulegen imstande ist (BAUMBACH/HEFERMEHL, Art. 16 WG N 1). 4

Das zweite Element ist die **ununterbrochene Reihe von Indossamenten.** Nicht zu prüfen ist dagegen Echtheit der Unterschriften und Rechtsgültigkeit der früheren Begebungsakte. Besondere Umstände können jedoch eine weiter gehende Erkundigungspflicht der Bank auslösen, so namentlich Verdachtsmomente, welche jedem sorgfältigen Bankier auffallen müssen (siehe dazu Art. 1112 N 6; BGE 121 III 69 ff. E. 3c). Ist die letzte Übertragung ein Blankoindossament, folgt aus der Indossamentenkette keine Angabe über die Identität des berechtigten Inhabers. Die Innehabung des Checks erhält diesfalls eine ähnliche Legitimationsfunktion wie beim Inhabercheck, und es ist insb. Art. 1112 zu beachten. 5

Art. 1111

4. Inhabercheck	Ein Indossament auf einem Inhabercheck macht den Indossanten nach den Vorschriften über den Rückgriff haftbar, ohne aber die Urkunde in einen Ordrecheck umzuwandeln.
4. Chèque au porteur	Un endossement figurant sur un chèque au porteur rend l'endosseur responsable aux termes des dispositions qui régissent le recours; il ne convertit, d'ailleurs, pas le titre en un chèque à ordre.
4. Assegno bancario al portatore	Una girata apposta ad un assegno bancario al portatore rende il girante responsabile secondo le norme sul regresso; ma non trasforma il titolo in un assegno bancario all'ordine.

Ernst A. Widmer

Art. 1112   33. Titel: Die Namen-, Inhaber- und Ordrepapiere

Literatur

Vgl. die Literaturhinweise bei den Vorbem. zu Art. 1100–1144.

I. Allgemeines. Normzweck

1   Art. 1111 stellt zwei checkrechtliche Grundprinzipien sicher: 1. Der Aussteller bestimmt die **Art des Checks** (Inhaber oder Ordre). 2. Jede Unterschrift auf der Checkurkunde begründet checkrechtliche **Haftung**.

2   Bei Art. 1111 handelt es sich um eine checkrechtliche Spezialvorschrift, da das Gesetz einen Inhaberwechsel nicht zulässt. Selbstverständlich gilt das in Art. 1109 Abs. 3 aufgestellte Verbot der Indossierung durch den Bezogenen auch für den Inhabercheck.

II. Übertragung

3   Art. 1111 bewirkt, dass der Inhabercheck durch Indossierung nicht in einen Ordrecheck umgewandelt werden kann (s. vor Art. 1108–1113 N 3). Umgekehrt behält auch ein Ordrecheck seine Eigenschaft als Ordrecheck bis zur Einlösung, obwohl allerdings ein Blankoindossament die Weiterübertragung durch blosse Übertragung wie beim Inhabercheck erlaubt. Über die Natur des Papiers entscheidet allein der Aussteller (BAUMBACH/HEFERMEHL, Art. 20 SchG N 2).

4   Trotz fehlender Übertragungswirkung des auf den Inhabercheck gesetzten Indossamentes behält dieses immerhin die Bedeutung eines **Beweismittels** für die Übertragung (BAUMBACH/HEFERMEHL, Art. 20 SchG N 1).

III. Haftung

5   Die durch Art. 1111 begründete **Garantiehaftung** desjenigen, der für die Übertragung überflüssigerweise seine Unterschrift auf die Urkunde setzt, entspricht einem Bedürfnis des Verkehrs und damit der Umlauffähigkeit des Checks (vgl. auch Art. 1107 N 3). Wer den Check unterschreibt, soll seinen Nachmännern gegenüber für die Einlösung des Checks einstehen. Jede Unterschrift auf der Urkunde begründet grundsätzlich checkrechtliche Garantiehaftung, es sei denn, diese sei gesetzlich ausdrücklich ausgeschlossen worden, wie dies beim Indossament durch den Bezogenen (Art. 1109 Abs. 3), durch den Checkeinreicher (Art. 1109 Abs. 5) sowie beim Nachindossament (Art. 1113 Abs. 1) der Fall ist, oder wenn die Haftung durch einen entsprechenden Vermerk des Indossanten wegbedungen worden ist (Art. 1143 Ziff. 4 i.V.m. Art. 1005).

Art. 1112

5. Abhandengekommener Check   Ist der Check einem früheren Inhaber irgendwie abhanden gekommen, so ist der Inhaber, in dessen Hände der Check gelangt ist – sei es, dass es sich um einen Inhabercheck handelt, sei es, dass es sich um einen durch Indossament übertragbaren Check handelt und der Inhaber sein Recht gemäss Artikel 1110 nachweist –, zur Herausgabe des Checks nur verpflichtet, wenn er ihm in bösem Glauben erworben hat oder ihm beim Erwerb eine grobe Fahrlässigkeit zur Last fällt.

5. Dépossession	Lorsqu'une personne a été dépossédée d'un chèque par quelque événement que ce soit, le porteur entre les mains duquel le chèque est parvenu – soit qu'il s'agisse d'un chèque au porteur, soit qu'il s'agisse d'un chèque endossable pour lequel le porteur justifie de son droit de la manière indiquée à l'art. 1110 – n'est tenu de se dessaisir du chèque que s'il l'a acquis de mauvaise foi ou si, en l'acquérant, il a commis une faute lourde.
5. Perdita del possesso	Se una persona ha perduto per qualsiasi ragione il possesso di un assegno bancario, il nuovo portatore, cui è pervenuto l'assegno bancario – sia che si tratti di assegno bancario al portatore, sia che si tratti di assegno bancario trasferibile per girata e rispetto al quale il portatore giustifichi il suo diritto nella maniera indicata nell'articolo 1110 – non è tenuto a consegnarlo se non quando l'abbia acquistato in mala fede ovvero abbia commesso colpa grave acquistandolo.

Literatur

Vgl. die Literaturhinweise bei den Vorbem. zu Art. 1100–1144.

I. Allgemeines. Normzweck

Art. 1112 entspricht inhaltlich Art. 1006 Abs. 2, und es kann grundsätzlich auf die Kommentierung zu Art. 1006 verwiesen werden. Die Bestimmung befasst sich mit dem **gutgläubigen Erwerb** abhanden gekommener Checks. Gegenüber dem Wechselrecht tritt die Besonderheit hervor, dass die Bestimmung nicht nur Ordrechecks, sondern auch den gutgläubigen Erwerb von Inhaberchecks beschlägt.

Die Bestimmung normiert die Legitimation des Inhabers bzw. Erwerbers zum **subjektiven Checkrecht** (VIELI, 74). Gesetzessystematisch gehörte Art. 1112 daher eigentlich in den Abschnitt über Vorlegung und Zahlung und nicht in denjenigen zur Übertragbarkeit. In der Praxis ist die Herausgabeklage gegen den bösgläubigen Erwerber viel weniger bedeutend als die Schadenersatzklage des Ausstellers gegen die grob fahrlässige oder bösgläubige bezogene Bank.

Im Unterschied zu der in Art. 935 ZGB niedergelegten Regel des sachenrechtlichen Besitzverlustes, wonach der Erwerber geschützt wird, wenn er mit Bezug auf die Rechtszuständigkeit des Veräusserers im guten Glauben war, genügt hier bereits das **Fehlen bösen Glaubens bzw. grober Fahrlässigkeit** des Erwerbers (s. dazu VIELI, 69). Der Erwerber braucht sich somit um den durch Innehabung des Checks geleisteten Rechtsausweis des Checkinhabers nicht zu kümmern, es sei denn, er *kenne* die fehlende Rechtszuständigkeit des Veräusserers oder er hätte diese nach den Regeln der groben Fahrlässigkeit *kennen* oder *erkennen müssen*. Art. 1112 stellt zugunsten des Erwerbers eine Ausdehnung der in Art. 935 ZGB niedergelegten Regeln dar. Bösgläubig und nicht bloss grob fahrlässig handelt, wer einen gekreuzten Check einlöst, obwohl er annehmen muss, dass der Check dem Berechtigten abhanden gekommen ist (BGE 126 IV 113 E. 3c).

Dieser weit gehende Schutz des Erwerbers **dient dem Funktionieren des Checks als Zahlungsmittel.** Obwohl der Gutglaubensschutz von Art. 1112 grundsätzlich jedem Nehmer gewährt wird, profitiert davon angesichts des in der Praxis meist sehr beschränkten Umlaufs des Checks in erster Linie die bezogene Bank sowie die Einreicherbank, gegen welche der Aussteller, dessen Konto mit dem Checkbetrag belastet wurde, unter den Voraussetzungen von Art. 1112 einen Schadenersatzanspruch geltend machen kann.

II. Gutgläubiger Erwerb

5 Das **Abhandenkommen** («*irgendwie abhanden gekommen*») umfasst sämtliche Tatbestände des Gewahrsamsverlusts, bei welchen ein rechtswirksamer Begebungsvertrag fehlt – die Unfreiwilligkeit des Verlustes ist somit im Gegensatz zu Art. 935 ZGB nicht vorausgesetzt (BGE 121 III 69 E. 3; ZIMMERMANN, N 21; VIELI, 69; BAUMBACH/HEFERMEHL, Art. 21 SchG N 3). Die Veräusserung durch den Vertreter ohne Vertretungsmacht erfüllt diese Voraussetzung daher ebenso wie diejenige durch einen Geschäftsunfähigen ohne weiteres. Umgekehrt liegt kein Abhandenkommen vor, wenn der Nehmer den ihm zweckgebunden übertragenen Check abredewidrig verwendet.

6 Sein **guter Glaube** schützt den Erwerber weitgehend vor dem Fehlen oder der Mangelhaftigkeit des Begebungsvertrags. Diesen Schutz verliert nur derjenige Erwerber, der den Mangel kennt oder wegen grober Fahrlässigkeit nicht kennt (ZIMMERMANN, N 31; WEISS, 146; STANZL, 87; VIELI, 71). Nach einem Entscheid des deutschen Bundesgerichtshofes bedeutet grobe Fahrlässigkeit namentlich, dass vom Erwerber unbeachtet geblieben ist, was im konkreten Fall *jedem hätte einleuchten müssen* (BGHZ 10, 14, 16 f.; NJW 1962, 1056; s. BAUMBACH/HEFERMEHL, Art. 21 SchG N 4). Die individuellen Fähigkeiten des Erwerbers sind dabei zu berücksichtigen (so ausdrücklich ZIMMERMANN, N 41). Aus diesem Standard folgt, dass den Nehmer eine **Erkundigungspflicht** über die Berechtigung des Veräusserers nur unter aussergewöhnlichen Umständen trifft, namentlich etwa, wenn das Geschäft selbst als aussergewöhnlich erscheint oder wenn besondere Gründe in der Person des Veräusserers einen sorgfältigen Kaufmann zu weiter gehenden Abklärungen veranlassen würden. Zu würdigen ist die Gesamtheit der Umstände (ZR 1992/93, 131). Verdachtsmomente, die jedem sorgfältigen Bankier auffallen müssen, darf die Bank nicht übergehen. Liegen sie vor, sind entsprechende Abklärungen zu treffen (BGE 6S.928/1999, E. e).

7 Der Rechtserwerb am **Inhabercheck** entspricht demjenigen am Inhaberpapier gemäss den Bestimmungen des allgemeinen Wertpapierrechts (s. Art. 978).

III. Herausgabeklage

8 Der **Herausgabeanspruch** steht dem «früheren» Inhaber zu und richtet sich gegen den «neuen» Inhaber, der den Check bösgläubig oder grob fahrlässig entgegengenommen hat (BGE 121 III 69 E. 3b). Mit dem früheren Inhaber kann nur der letzte Inhaber vor dem tatbeständlichen Verlust des Papiers gemeint sein. Das kann der Eigentümer, aber auch jeder andere berechtigte Besitzer, namentlich auch der Pfandbesitzer, sein. Hingegen steht die checkrechtliche Vindikationsklage dem durch Abtretung Berechtigten (Rektacheck) nicht zu (ZIMMERMANN, N 18). Dieser ist vielmehr auf die obligationenrechtlichen Rechtsbehelfe angewiesen.

IV. Schadenersatzklage

9 Ist der bösgläubige oder grob fahrlässige Erwerber nicht mehr in der Lage, den Check herauszugeben, **haftet** er in analoger Anwendung von Art. 940 Abs. 1 ZGB für den Schaden des Berechtigten. Der primäre Schaden entsteht durch *Zahlung an den Nichtberechtigten* oder durch *gutgläubigen Dritterwerb* des Papiers (BGE 121 III 69 E. 3b, 84 II 253 E. 2; ZIMMERMANN, N 7 ff.; JÄGGI/DRUEY/VON GREYERZ, 288 Anm. 113).

10 Der Schadenersatzanspruch setzt tatsächlichen **Schadenseintritt** voraus. Der Schaden durch Zahlung an den Nichtberechtigten kann u.U. durch *Kraftloserklärung* des Checks

5. Abschnitt: Der Check   1–3 Art. 1113

(Art. 1143 Ziff. 19 i.V.m. Art. 1072 ff.) oder durch *Zahlungsverbot* und *Widerruf* des Ausstellers verhindert werden (s. dazu VIELI, 204 ff.).

Der **Schaden** des Papierinhabers (namentlich des ersten Nehmers), dem der Check abhanden gekommen ist, materialisiert sich nicht unmittelbar durch den Verlust des Rückgriffsanspruchs gegen seine Vormänner (insb. den Aussteller). Vielmehr führt erst der Untergang des Zahlungsanspruchs aus dem *Grundverhältnis* zu einem Schaden. Der Anspruch aus dem Grundverhältnis geht insb. dann unter, wenn der Bezogene an den gutgläubigen Erwerber leistet und das Ausstellerkonto entsprechend belastet. Der Forderungsklage des ersten Nehmers gegen den Aussteller steht die Einrede rechtmässiger Checkeinlösung durch den gutgläubigen Erwerber entgegen.   11

Art. 1113

6. Rechte aus dem Nachindossament

[1] Ein Indossament, das nach Erhebung des Protests oder nach Vornahme einer gleichbedeutenden Feststellung oder nach Ablauf der Vorlegungsfrist auf den Check gesetzt wird, hat nur die Wirkungen einer gewöhnlichen Abtretung.

[2] Bis zum Beweis des Gegenteils wird vermutet, dass ein nicht datiertes Indossament vor Erhebung des Protests oder vor der Vornahme einer gleichbedeutenden Feststellung oder vor Ablauf der Vorlegungsfrist auf den Check gesetzt worden ist.

6. Droits dérivant de l'endossement postérieur à l'échéance ou au protêt

[1] L'endossement fait après le protêt ou une constatation équivalente, ou après l'expiration du délai de présentation, ne produit que les effets d'une cession ordinaire.

[2] Sauf preuve contraire, l'endossement sans date est présumé avoir été fait avant le protêt ou les constatations équivalentes ou avant l'expiration du délai visé à l'alinéa précédent.

6. Diritti derivanti dalla girata dopo la scadenza o il protesto

[1] La girata fatta dopo il protesto o dopo una constatazione equivalente oppure dopo spirato il termine per la presentazione produce solo gli effetti di una cessione ordinaria.

[2] La girata senza data si presume, fino a prova contraria, fatta prima del protesto o della constatazione equivalente, oppure prima dello spirare del termine indicato nel capoverso precedente.

Literatur

Vgl. die Literaturhinweise bei den Vorbem. zu Art. 1100–1144.

Allgemeines. Normzweck

Art. 1113 entspricht Art. 1010 für den Wechsel, und es ist auf die Kommentierung zu Art. 1010 zu verweisen.   1

Beim Wechsel ist die Verfallzeit massgeblich. Beim Check ist demgegenüber mangels einer vom Aussteller festzulegenden Verfallzeit auf den **Ablauf der Vorlegungsfrist** bzw. auf Feststellung der Zahlungsverweigerung durch Protesterhebung oder Erklärung der Bezogenen abzustellen.   2

Nach Ablauf der Vorlegungsfrist sowie nach Feststellung der Zahlungsverweigerung kann der Check nicht weiter durch Indossament übertragen werden. Der **nicht einge-**   3 löste **Check** ist nicht mehr zum Umlauf bestimmt. Checkrechtliche Haftung kann somit nicht mehr begründet werden. Der «Nachindossatar» erwirbt wenig. Es können ihm sämtliche Einreden, insb. die der abgelaufenen Zahlungsfrist und der festgestellten Zahlungsverweigerung, entgegengehalten werden. Der gutgläubige Erwerb ist ausgeschlossen. Einwendungen, die durch vorgängigen gutgläubigen Erwerb beseitigt wurden, leben allerdings nicht wieder auf (BAUMBACH/HEFERMEHL, Art. 24 SchG N 2).

4 Der Ablauf der Vorlegungsfrist ist aufgrund des gemäss Art. 1100 Ziff. 5 zwingend erforderlichen Ausstellungsdatums i.V.m. der gesetzlichen Regelung der Vorlegungsfristen (Art. 1116) unmittelbar *aus dem Papier erkennbar.*

III. Checkbürgschaft

Art. 1114

¹ **Die Zahlung der Checksumme kann ganz oder teilweise durch Checkbürgschaft gesichert werden.**
² **Diese Sicherheit kann von einem Dritten, mit Ausnahme des Bezogenen, oder auch von einer Person geleistet werden, deren Unterschrift sich schon auf dem Check befindet.**

¹ Le paiement d'un chèque peut être garanti pour tout ou partie de son montant par un aval.

² Cette garantie est fournie par un tiers, sauf le tiré, ou même par un signataire du chèque.

¹ Il pagamento di un assegno bancario può essere garantito con avallo per tutta o parte della somma.

² Questa garanzia può essere prestata da un terzo, escluso il trattario, o anche da un firmatario dell'assegno bancario.

Literatur

Vgl. die Literaturhinweise bei den Vorbem. zu Art. 990–1099.

I. Allgemeines. Verweisung

1 Das Institut der **Checkbürgschaft** entspricht demjenigen der **Wechselbürgschaft.** Der Wortlaut von Art. 1114 entspricht denn auch demjenigen von Art. 1020, mit Ausnahme des ausdrücklichen Hinweises in Abs. 2, dass der *Bezogene (Bankier),* dessen Haftung im Unterschied zum Wechsel grundsätzlich ausgeschlossen ist (Art. 1104), *nicht Checkbürge* sein darf bzw. kann. Aufgrund der Verweisungsnorm von Art. 1143 Abs. 1 Ziff. 7 kommen für Form und Wirkungen der Checkbürgschaft die Vorschriften von Art. 1021 f. zur Anwendung.

2 Eine ausdrückliche, vollständige Regelung der Checkbürgschaft findet sich in Art. 25–27 EinhSchG, welche mit der Regelung im OR übereinstimmt.

II. Praktische Bedeutung

3 Die praktische Bedeutung der Checkbürgschaft ist in der Schweiz äusserst gering. Der Check ist als reines Zahlungsmittel gedacht, mit dessen Einlösung ohne weiteres gerechnet werden kann (vgl. ZIMMERMANN, Art. 1114 N 2).

IV. Vorlegung und Zahlung

Art. 1115

1. Verfallzeit

¹ Der Check ist bei Sicht zahlbar. Jede gegenteilige Angabe gilt als nicht geschrieben.

² Ein Check, der vor Eintritt des auf ihm angegebenen Ausstellungstages zur Zahlung vorgelegt wird, ist am Tage der Vorlegung zahlbar.

1. Echéance

¹ Le chèque est payable à vue. Toute mention contraire est réputée non écrite.

² Le chèque présenté au paiement avant le jour indiqué comme date d'émission est payable le jour de la présentation.

1. Scadenza

¹ L'assegno bancario è pagabile a vista. Ogni contraria disposizione si ha per non scritta.

² L'assegno bancario presentato al pagamento prima del giorno indicato come data d'emissione è pagabile nel giorno di presentazione.

Literatur

Vgl. die Literaturhinweise bei den Vorbem. zu Art. 1100–1144.

I. Zahlung bei Sicht

Der Check ist als Zahlungsmittel **bei Sicht zahlbar;** sobald er also der Bezogenen vorgelegt wird, ist er **fällig.** Namentlich sind Angaben auf dem Check, wonach er erst nach Sicht zahlbar sein soll, unbeachtlich. Im Gegensatz zum Wechsel, dem u.a. die Funktion eines Kreditmittels zukommt, sind also nicht mehrere verschiedene Verfallarten möglich bzw. wählbar (ZIMMERMANN, N 1; SJ 1989, 551 E. 2; s.a. BGE 91 I 253 ff.; vgl. im Übrigen die Komm. zu Art. 1023 ff.). 1

Zwischen dem **Aussteller** eines Checks und dem **Checknehmer** kann ohne weiteres eine **Abrede** getroffen werden, wonach Letzterer nicht berechtigt ist, den ihm übergebenen Check vor einem bestimmten Zeitpunkt einzulösen. Eine solche Absprache bindet jedoch nur die Parteien auf vertragsrechtlicher Ebene und ist checkrechtlich ohne Bedeutung; aus ihrer Verletzung kann der Checknehmer jedoch schadenersatzpflichtig werden (BAUMBACH/HEFERMEHL, Art. 28 SchG N 1). 2

II. Zahlungsaufschub und Vordatierung

Will der Aussteller eines Checks einen **Zahlungsaufschub** erreichen, so kann er diesen wiederum nur durch Vertrag mit dem Checknehmer vereinbaren; die Abrede bleibt aus checkrechtlicher Sicht irrelevant (vgl. N 2; BÜLOW, Art. 28 N 2). 3

Grundsätzlich braucht das **Ausstellungsdatum** nicht mit der Wirklichkeit übereinzustimmen; **Vor-** und **Rückdatierung** sind zulässig (MEIER-HAYOZ/VON DER CRONE, 235; vgl. im Übrigen Art. 1100 Ziff. 5). 4

Sinn und Zweck der **Vordatierung** ist die Verlängerung der Vorlegungsfristen von Art. 1116; diese beginnen erst an dem auf dem Check angegebenen Ausstellungstag zu 5 laufen (Art. 1116 Abs. 4; ZIMMERMANN, N 5; ZR 1974, 235; SJZ 1975, 98; BAUMBACH/HEFERMEHL, Art. 28 SchG N 2).

6 Entsprechend dem unter N 5 Gesagten gilt für die **Rückdatierung,** dass sie die Vorlegungsfristen von Art. 1116 verkürzt (BÜLOW, Art. 28 N 3).

III. Ausland

7 Im Zusammenhang mit Checks, die aus ausländischen Nicht-Vertragsstaaten des Genfer Abkommens über das Einheitliche Scheckgesetz stammen, d.h. dort eine Bezogene angeben, ist Vorsicht geboten: Manche dieser Rechtsordnungen anerkennen Vor- und Rückdatierung als relevant.

Art. 1116

2. Vorlegung zur Zahlung

¹ **Ein Check, der in dem Lande der Ausstellung zahlbar ist, muss binnen acht Tagen zur Zahlung vorgelegt werden.**

² **Ein Check, der in einem anderen Lande als dem der Ausstellung zahlbar ist, muss binnen 20 Tagen vorgelegt werden, wenn Ausstellungsort und Zahlungsort sich in demselben Erdteile befinden, und binnen 70 Tagen, wenn Ausstellungsort und Zahlungsort sich in verschiedenen Erdteilen befinden.**

³ **Hiebei gelten die in einem Lande Europas ausgestellten und in einem an das Mittelmeer grenzenden Lande zahlbaren Checks, ebenso wie die in einem an das Mittelmeer grenzenden Lande ausgestellten und in einem Lande Europas zahlbaren Checks als Checks, die in demselben Erdteile ausgestellt und zahlbar sind.**

⁴ **Die vorstehend erwähnten Fristen beginnen an dem Tage zu laufen, der in dem Check als Ausstellungstag angegeben ist.**

2. Présentation au paiement

¹ Le chèque émis et payable dans le même pays doit être présenté au paiement dans le délai de huit jours.

² Le chèque émis dans un autre pays que celui où il est payable doit être présenté dans un délai, soit de vingt jours, soit de soixante-dix jours, selon que le lieu d'émission et le lieu de paiement se trouvent situés dans la même ou dans une autre partie du monde.

³ A cet égard, les chèques émis dans un pays de l'Europe et payables dans un pays riverain de la Méditerranée ou vice versa sont considérés comme émis et payables dans la même partie du monde.

⁴ Le point de départ des délais susindiqués est le jour porté sur le chèque comme date d'émission.

2. Presentazione per il pagamento

¹ L'assegno bancario emesso e pagabile nello stesso Paese deve essere presentato al pagamento nel termine di otto giorni.

² L'assegno bancario emesso in un Paese diverso da quello nel quale è pagabile deve esser presentato entro il termine di venti giorni o di settanta giorni, a seconda che il luogo di emissione e quello di pagamento siano nello stesso o in diversi continenti.

³ A questo effetto gli assegni bancari emessi in un Paese di Europa e pagabili in un Paese litoraneo del Mediterraneo o viceversa sono considerati come assegni bancari emessi e pagabili nello stesso continente.

⁴ I termini suddetti decorrono dal giorno indicato nell'assegno bancario come data d'emissione.

Literatur

Vgl. die Literaturhinweise bei den Vorbem. zu Art. 1100–1144.

I. Zahlungsort

Art. 1116 bezieht sich nur auf **in der Schweiz zahlbare Checks;** im Falle der Zahlbarkeit in einem ausländischen Staat ist dessen Recht anwendbar (Art. 1141 Ziff. 2). 1

II. Zwingendes Recht

Die **Fristen** von Art. 1116 sind **zwingender Natur** (BÜLOW, Art. 29 N 5; BAUMBACH/ HEFERMEHL, Art. 29 SchG N 3; ZIMMERMANN, N 18). Namentlich ist eine Verlängerung bzw. Verkürzung dieser Fristen durch Vermerk auf dem Check nicht möglich; ein solcher gilt als nicht geschrieben (ZIMMERMANN, N 19 f.). 2

Eine Verkürzung oder Verlängerung der Präsentationsfrist kann jedoch auf dem Wege der Vor- oder Rückdatierung erreicht werden (vgl. Art. 1115 N 4 ff.). 3

III. Beginn und Berechnung der Fristen

Massgeblich für den **Beginn des Fristenlaufs** ist der auf dem Check angegebene **Ausstellungstag** (Art. 1116 Abs. 4; BGE 102 II 273 E. 1b = Pra 1976, 659 E. 1b; BAUMBACH/HEFERMEHL, Art. 29 SchG N 2; BÜLOW, Art. 29 N 2 f; ZIMMERMANN, N 15 f.). Ob dieser mit dem wirklichen Ausstellungstag übereinstimmt oder nicht, spielt für den Beginn des Fristenlaufs ebenso wenig eine Rolle wie für die Gültigkeit des Checks. Massgeblich beeinflusst wird durch solche Vor- oder Rückdatierungen jedoch die effektive Präsentationsfrist (vgl. N 3). 4

Der **Ausstellungstag** wird bei der Fristberechnung **nicht mitgerechnet** (Art. 1137; ZIMMERMANN, N 16). 5

Die Präsentationsfristen sind abhängig vom **Ausstellungsort.** Sie betragen bei **Inlandchecks,** also solchen, die in der Schweiz ausgestellt und zahlbar sind, acht Tage (BGE 102 II 273 E. 1b = Pra 1976, 659 E. 1b; LGVE 1986 I 63 f.). Bei **Auslandchecks,** also solchen, die im Ausland ausgestellt, aber in der Schweiz zahlbar sind, hängen sie davon ab, ob der Ausstellungsort im selben Erdteil liegt wie der Zahlungsort (zwanzig Tage) oder in einem anderen Erdteil (siebzig Tage). Gemäss Abs. 3 gelten dabei die an das Mittelmeer grenzenden Länder im Verhältnis zu den in Europa liegenden Ländern und diese im Verhältnis zu den an das Mittelmeer angrenzenden Ländern als in demselben Erdteil liegend (vgl. ZIMMERMANN, N 13 f.). 6

Die **Fristen** sind in **Tagen** angegeben und tageweise zu zählen. Die Präsentationsfrist von acht Tagen für Inlandchecks entspricht also nicht etwa einer Woche, sondern vollen acht Tagen. Ein Inlandcheck kann somit i.d.R. noch an dem der Ausstellung folgenden Wochentag der nächsten Woche rechtzeitig präsentiert werden (BÜLOW, Art. 29 N 3). 7

IV. Wirkung der Präsentationsfristen

8 Die Einhaltung der Präsentationsfristen ist Voraussetzung für den **Rückgriff** des Checkinhabers auf die Indossanten, den Aussteller und weitere Checkverpflichtete (Art. 1128) sowie den **Widerruf** (Art. 1119; BGE 113 III 125 E. 4a = Pra 1988, 166 f.; JDT 1990 II 55 E. 4a; PKG 1983 56; RVJ 1974, 14; s.a. CARRY, SJ 1966, 481 ff., insb. 482; BAUMBACH/HEFERMEHL, Art. 29 SchG N 6; vgl. zum Ganzen ZIMMERMANN, N 4 ff.).

V. Inkasso

9 Soweit dies möglich ist, ist die **Inkassobank** verpflichtet, den Check rechtzeitig einzureichen. Für verschuldete Fristversäumnis wird sie grundsätzlich haftbar; eine Erfolgshaftung trifft sie dagegen nicht (MEIER-HAYOZ/VON DER CRONE, 237; VON DER CRONE-SCHMOCKER, 62 m.Nw.). Grundsätzlich lehnen die Banken in ihren AGB bzw. Allgemeinen Bestimmungen des Inkassotarifs für Kunden die **Haftung für die rechtzeitige Vorlegung** von Checks ab, wenn der Verfallzeitpunkt zu nahe ist (VON DER CRONE-SCHMOCKER, 62 m.Nw.).

Art. 1117

3. Zeitberechnung nach altem Stil

Ist ein Check auf einen Ort gezogen, dessen Kalender von dem des Ausstellungsortes abweicht, so wird der Tag der Ausstellung in den nach dem Kalender des Zahlungsortes entsprechenden Tag umgerechnet.

3. Ancien style

Lorsqu'un chèque est tiré entre deux places ayant des calendriers différents, le jour de l'émission sera ramené au jour correspondant du calendrier du lieu du paiement.

3. Computo secondo il vecchio stile

Se un assegno bancario è tratto fra due piazze che hanno calendari diversi, il giorno dell'emissione è sostituito con quello corrispondente del calendario del luogo di pagamento.

Literatur

Vgl. die Literaturhinweise bei den Vorbem. zu Art. 1100–1144.

1 Art. 1117 bezieht sich nur auf **in der Schweiz zahlbare Checks** (BAUMBACH/HEFERMEHL, Art. 30 SchG N 1; BÜLOW, Art. 30 N 1; ZIMMERMANN, N 1); im Falle der Zahlbarkeit in einem ausländischen Staat ist dessen Recht anwendbar (Art. 1141 Ziff. 2).

2 Die **Anwendbarkeit** dieser Bestimmung beschränkt sich daher (vgl. N 1) auf die Umrechnung eines anderen Kalenders in die Zeitrechnung des gregorianischen Kalenders. Als abweichende Kalender kommen z.B. der jüdische Kalender (Ausstellung in Israel) oder der julianische Kalender (Ausstellung in Ägypten) in Frage (Bsp. bei BÜLOW, Art. 30 N 1; s.a. ZIMMERMANN, N 2).

Art. 1118

4. Einlieferung in eine Abrechnungsstelle	Die Einlieferung in eine von der Schweizerischen Nationalbank anerkannte Abrechnungsstelle steht der Vorlegung zur Zahlung gleich.
4. Présentation à une chambre de compensation	La présentation d'un chèque à une chambre de compensation reconnue par la Banque nationale suisse équivaut à la présentation au paiement.
4. Presentazione a una stanza di compensazione	La presentazione d'un assegno bancario ad una stanza di compensazione riconosciuta dalla Banca Nazionale Svizzera equivale a presentazione per il pagamento.

Literatur

Vgl. die Literaturhinweise bei den Vorbem. zu Art. 1100–1144.

I. Rechtswirkungen der Einlieferung

Die Einlieferung eines Checks in eine **Abrechnungsstelle** i.S. des Gesetzes hat dieselben Rechtswirkungen wie die Vorlegung zur Zahlung gemäss Art. 1116 (vgl. dortige Kommentierung; LGVE 1986 I 64). Sie wahrt also die Vorlegungsfrist und ist damit einerseits Voraussetzung für den Widerruf des Checks (Art. 1119) und andererseits für den Regress (Art. 1128). Betreffend die Einlieferung von Wechseln in eine Abrechnungsstelle vgl. Art. 1028 Abs. 2 und die dortige Kommentierung. **1**

II. Abrechnungsstelle

Als «von der Schweizerischen Nationalbank geleitete **Abrechnungsstelle**» fungiert die **Telekurs AG,** genau genommen die **Schweizerische Checkzentrale** als eine Dienstleistung innerhalb derselben und als Gemeinschaftswerk der Banken (MEIER-HAYOZ/VON DER CRONE, 239; JÄGGI/DRUEY/VON GREYERZ, 298; VON DER CRONE-SCHMOCKER, 100 ff.; s.a. ZIMMERMANN, N 1–3). **2**

Als **rechtliche Grundlage der Schweizerischen Checkzentrale** bzw. deren Funktion als Abrechnungsstelle wird Art. 1118 herangezogen (VON DER CRONE-SCHMOCKER, 100 f., 115 m.Nw.). **3**

III. Der schweizerische Einheitscheck

1. Grundsätzliches

Im Interesse einer rationellen und zentralen Checkverarbeitung haben sich die meisten Schweizer und Liechtensteiner Banken auf Basis einer entsprechenden Konvention verpflichtet, nur noch sog. **schweizerische Einheitschecks** auszugeben. Diese sind definiert durch ein einheitliches Format, einheitliche **Gestaltung der Anordnung der einzelnen einzusetzenden Angaben** auf der Checkvorderseite und eine **optisch lesbare Codierzeile** für die elektronische Verarbeitung. **4**

2. Arten des schweizerischen Einheitschecks

5   Der **schweizerische Einheitscheck** ist in **verschiedenen Arten** im Umlauf; so v.a. als **Eurocheque** mit und ohne ec-Karte sowie als **Korrespondenzcheck** in verschiedenen Ausführungen (vgl. VON DER CRONE-SCHMOCKER, 97 f. m.Nw.). Die Garantiefunktion der ec-Karte endete am 1.1.2002. In Rahmen der raschen Entwicklung anderer (papierloser) Zahlungsarten verliert der Check an Bedeutung und vielerlei alternative, dem Checkrecht nicht unterstehende Zahlungsmittel finden zunehmend Verbreitung. Der Eurocheque z.B. ist daher im Begriff, ein Stück Wirtschaftsgeschichte zu werden.

IV. Verfahren

6   In der **Praxis** ist der im Gesetz vorgesehene **Präsentations- und Zahlungsvorgang** durch die Technisierung und Elektronifizierung der Checkverarbeitung weitgehend rationalisiert und dadurch geändert worden. Die Checks werden üblicherweise (schweizerische Einheitschecks stets) bei der Inkassobank auf Mikrofilm (bzw. zunehmend auf sichere elektronische Bilddatenträger) aufgenommen und anschliessend an die Schweizerische Checkzentrale bei der Telekurs AG versandt. Dort werden die mit einer optisch lesbaren Codierzeile versehenen Checks eingelesen, d.h. elektronisch erfasst. Nachfolgend erfolgt auf dem Wege des Bankenclearing bei der Schweizerischen Nationalbank die Belastung der bezogenen Bank und die Gutschrift an die Inkassobank. Die Regelung dieser Verfahren beruht v.a. auf privatrechtlichen Vereinbarungen (ZIMMERMANN, N 2).

Das Verfahren wird hier bewusst vereinfacht dargestellt, betrifft es doch v.a. administrativ-technische Belange. Ausführliche Darstellung bei MEIER-HAYOZ/VON DER CRONE, 237 ff.; VON DER CRONE-SCHMOCKER, 98 ff.

V. Checktruncation

7   Im Rahmen der Rationalisierung der Verarbeitung der zu einem Massenzahlungsmittel gewordenen Checks erweist sich die physische Zirkulation der Checkurkunden v.a. im Inkassowesen als zunehmend störend. Aus diesem Grund sind seit einiger Zeit Bestrebungen im Gange, das im Wertpapier verbriefte Recht von der Urkunde zu lösen und quasi nur noch die verurkundeten Daten zu transferieren. Ein Weg hierzu ist die sog. **Checktruncation**: Die einer Bank zum Inkasso übergebenen Checks verbleiben physisch bei dieser, während die relevanten **Checkdaten** auf einem **Datenträger** oder mittels **elektronischer Datenübermittlung** der Abrechnungsstelle bzw. der bezogenen Bank übermittelt werden. Die Checkurkunden bleiben bei der Einreicher- bzw. Inkassobank, wo sie archiviert werden; die weitere Verarbeitung erfolgt ausschliesslich aufgrund der elektronisch erfassten Daten (VON DER CRONE-SCHMOCKER, 113; JÄGGI/DRUEY/VON GREYERZ, 300).

8   Die **Checktruncation** wirft verschiedene **rechtliche Probleme** auf, die nur auf dem Wege der Gesetzesrevision gelöst werden können. So vermögen die **von der Checkurkunde losgelösten Checkdaten** der Definition des Wertpapiers nicht zu genügen (vgl. Art. 965). Die Verlagerung der Funktion der Einlösestelle auf die Einreicherbank erfordert eine entsprechende Anpassung von Art. 1118 (JÄGGI/DRUEY/VON GREYERZ, 300; VON DER CRONE-SCHMOCKER, 114). Vgl. zur ganzen Problematik und Lösungsmöglichkeiten de lege ferenda VON DER CRONE-SCHMOCKER, 114 ff., insb. 117 ff.

Art. 1119

5. Widerruf a. Im Allgemeinen	¹ **Ein Widerruf des Checks ist erst nach Ablauf der Vorlegungsfrist wirksam.** ² **Wenn der Check nicht widerrufen ist, kann der Bezogene auch nach Ablauf der Vorlegungsfrist Zahlung leisten.** ³ **Behauptet der Aussteller, dass der Check ihm oder einem Dritten abhanden gekommen sei, so kann er dem Bezogenen die Einlösung verbieten.**
5. Révocation a. En général	¹ La révocation du chèque n'a d'effet qu'après l'expiration du délai de présentation. ² S'il n'y a pas de révocation, le tiré peut payer même après l'expiration du délai. ³ Si le tireur allègue que le chèque a été perdu par lui ou par un tiers, il peut en interdire le paiement au tiré.
5. Revoca a. In genere	¹ L'ordine di non pagare la somma dell'assegno bancario non ha effetto che dopo spirato il termine di presentazione. ² In mancanza di tale ordine, il trattario può pagare anche dopo spirato detto termine. ³ Il traente, che asserisce d'aver smarrito l'assegno bancario o che un terzo l'ha smarrito, può vietarne il pagamento al trattario.

Literatur

Vgl. die Literaturhinweise bei den Vorbem. zu Art. 1100–1144.

I. Begriff

Durch den **Widerruf** des Checks verbietet dessen Aussteller der Bezogenen, den Check einzulösen. Er widerruft daher nicht eigentlich den Check selbst, sondern die der Bezogenen erteilte **Zahlungsermächtigung** (ZOBL, ZSR 1983, 338). Das Recht zum Widerruf als Akt des Ausstellers – Weisung an die Bezogene – gründet zudem auf dem zwischen Aussteller und Bezogener abgeschlossenen Checkvertrag (JÄGGI/DRUEY/VON GREYERZ, 319). Rechtssystematisch betrachtet ist der Widerruf daher eine Angelegenheit zwischen dem Aussteller und der Bezogenen (ZOBL, ZSR 1983, 338 m.Nw.; vgl. zum Ganzen ZIMMERMANN, N 1 ff.). 1

II. Form des Widerrufs

Der Widerruf ist an **keine bestimmte Form** gebunden, handelt es sich doch dabei im Lichte des zwischen dem Aussteller und der Bezogenen abgeschlossenen Checkvertrags um eine auftragsrechtliche Instruktion (JÄGGI/DRUEY/VON GREYERZ, 320). In der Praxis erfolgt der Checkwiderruf denn auch oft telefonisch. ZOBL verlangt für die gültige Vereinbarung einer Checksperre (vgl. N 3, 5 f.) allerdings, dass der den Widerruf entgegennehmende Bankangestellte mit der nötigen Vertretungsmacht ausgestattet sein müsse (ZOBL, a.a.O., 348). 2

III. Wirkungen des Widerrufs

3   Nach Erhalt des Widerrufs verhängt die Bezogene eine **Checksperre,** d.h. sie trifft die notwendigen organisatorischen Vorkehren zur Nichteinlösung des Checks (JÄGGI/DRUEY/VON GREYERZ, 319). Dadurch soll eine missbräuchliche Geltendmachung des Checks verhindert werden (JÄGGI/DRUEY/VON GREYERZ, 320; vgl. zum Ganzen ZIMMERMANN, N 14).

IV. Ablauf der Vorlegungsfrist

4   Nach dem Wortlaut von **Abs. 1** ist ein Widerruf des Checks erst nach **Ablauf der Vorlegungsfrist** von Art. 1116 – hier ist allenfalls eine entsprechende Umrechnung i.S.v. Art. 1117 vorzunehmen – wirksam (RVJ 1974, 14 f.; LGVE 1991 I 77). Die Bezogene muss also, ausser im Falle von **Abs. 3,** nach Gesetz einen Widerruf erst nach Ablauf der Präsentationsfrist befolgen (vgl. ZIMMERMANN, N 15 ff.).

5   In der **Praxis** hat sich jedoch eine **von Abs. 1 abweichende** Handhabung von Widerruf und Sperre durchgesetzt; ein Widerruf wird i.d.R. beachtet, auch wenn der Check rechtzeitig, d.h. innerhalb der Präsentationsfrist, vorgelegt wird (JÄGGI/DRUEY/VON GREYERZ, 321; VON DER CRONE-SCHMOCKER, 52; ZOBL, a.a.O., 331). Die auf einen solchen Widerruf hin erlassene Sperre gründet damit auf einer Vereinbarung zwischen Aussteller und Bezogener und nicht auf den Normen des Checkrechts (BAUMBACH/HEFERMEHL, Art. 32 SchG N 2; BÜLOW, Art 32 N 9).

6   Diese Praxis wirft die Frage nach ihrer **Zulässigkeit** auf. Hierzu ist vorab auf das in Art. 1104 verankerte **Akzeptverbot** für Checks hinzuweisen, aufgrund desselben eine checkrechtliche **Zahlungspflicht der Bezogenen** gegenüber dem Checkinhaber entfällt (BGE 99 II 336 E. 2a; Kommentierung zu Art 1104). Der Checkinhaber kann auch nicht von der Bezogenen verlangen, dass sie das Guthaben des Ausstellers sperre, damit bei Vorweisung des Checks die Einlösung erfolgen kann (BGE 99 II 336 E. 2a). Zwischen der bezogenen Bank und dem Checkinhaber bestehen keine Rechtsbeziehungen (BGE 61 II 187).

7   Der **Checkwiderruf** darf also trotz **Abs. 1** von der Bezogenen stets beachtet werden, auch **bevor die Präsentationsfrist abgelaufen** ist, ohne dass dadurch Schadenersatzansprüche des Checkinhabers gegen sie entstehen; eine **Pflicht** der Bezogenen hierzu besteht allerdings nicht. Abs. 1 ist damit weitgehend **toter Buchstabe** (JÄGGI/DRUEY/VON GREYERZ, 321, 328; VON DER CRONE-SCHMOKER, 55; ZOBL, a.a.O., 342 f.).

V. Der Widerruf beim trassiert-eigenen Bankcheck

1. Begriffe

8   Bankchecks sind Checks, die von einer Bank als Ausstellerin auf eine andere Bank gezogen werden (HAMMER, 5). **Trassiert-eigene Bankchecks** sind Bankchecks, die von der Ausstellerbank auf sie selbst gezogen werden; es liegt mitunter Identität zwischen Ausstellerin und Bezogener vor. Der Kunde ist nicht mehr Aussteller, sondern Besteller des Checks; dieser Bestellung liegt ein sog. **Bankcheckausstellungsvertrag** zugrunde (HAMMER, 5).

5. Abschnitt: Der Check   **Art. 1120**

2. Problem und Lösung

Da dieselbe Bank gleichzeitig Ausstellerin und Bezogene ist, müsste sie den Check gegenüber sich selbst widerrufen. Zudem ist sie nicht nur Bezogene, sondern auch Ausstellerin, so dass gutgläubigen Checkinhabern der **Rückgriff** auf sie in letzterer Eigenschaft offen steht; sie ist gegenüber dem Checkinhaber direkt verpflichtet (HAMMER, 162). Umgekehrt kann die Bezogene einem unberechtigten Checkinhaber gegenüber die Einlösung auch ohne Widerruf verweigern (HAMMER, 162).   9

Der **Checkbesteller** kann einen **Widerruf** nur aufgrund des mit der Bank abgeschlossenen Bankcheckausstellungsvertrags bewirken, wobei er auf deren guten Willen angewiesen ist, da er checkrechtlich ohne Parteistellung ist (HAMMER, 162 f.). Erschwerend kommt hinzu, dass die Bank durch ihre Ausstellereigenschaft in einen eigentlichen Interessenkonflikt gerät, wenn der Check vor Ablauf der Präsentationsfrist gesperrt werden soll (HAMMER, 162). So ist die Bank, ausser wenn der Check dem Besteller abhanden gekommen ist, i.d.R. nur aufgrund einer **speziellen Vereinbarung** bereit, einen vom Besteller begehrten Widerruf zu veranlassen. Inhalt einer solchen Vereinbarung ist einerseits die Verpflichtung der Bank, den Check zu widerrufen und nicht ohne das Einverständnis des Bestellers einzulösen; zudem erfolgt oft die Rückerstattung des vom Besteller vorgeleisteten Betrags. Andererseits muss der Besteller sich gegenüber der Bank für **regresspflichtig** erklären, falls diese den Check gegenüber einem gutgläubigen Inhaber honorieren muss (HAMMER, 163 f.).   10

VI. Einlösung nach Fristablauf

Nur wenn **kein Widerruf** erfolgt ist, darf die Bezogene laut **Abs. 2** für einen Check nach Ablauf der Präsentationsfrist **Zahlung** leisten; **checkrechtlich** verpflichtet ist sie hierzu jedoch nicht (BAUMBACH/HEFERMEHL, Art. 32 SchG N 15; BÜLOW, Art 32 N 13). Aufgrund des mit dem Aussteller abgeschlossenen Checkvertrages kann jedoch eine **vertragsrechtliche,** andauernde Einlösungspflicht mit der Bezogenen vereinbart werden.   11

VII. Abhandenkommen

Die in **Abs. 3** enthaltene Bestimmung ist in Art. 32 EinhSchG nicht enthalten. Sie statuiert des Recht des **Ausstellers** – und nur desselben –, der Bezogenen die Einlösung eines Checks zu verbieten, indem er behauptet, dieser sei ihm selbst oder einem Dritten abhanden gekommen. Ein solcher Widerruf ist **jederzeit,** insb. auch innerhalb der Vorlegungsfrist, wirksam, d.h. die Bezogene muss den Check sperren (ZOBL, a.a.O., 337).   12

Der **Aussteller** ist jedoch **nicht verpflichtet,** der Bezogenen auf Begehren eines **Dritten** (Remittenten oder Indossanten) hin die Einlösung des Checks **zu verbieten** (ZIMMERMANN, N 19).   13

Art. 1120

b. Bei Tod, Handlungsunfähigkeit, Konkurs	Auf die Wirksamkeit des Checks ist es ohne Einfluss, wenn nach der Begebung des Checks der Aussteller stirbt oder handlungsunfähig wird oder wenn über sein Vermögen der Konkurs eröffnet wird.

Art. 1121

b. En cas de mort, d'incapacité et de faillite	Ni le décès du tireur ni son incapacité survenant après l'émission ni sa faillite ne touchent aux effets du chèque.
b. In caso di morte, d'incapacità o di fallimento	La morte del traente, la sua incapacità sopravvenuta dopo la emissione o il suo fallimento lasciano inalterati gli effetti dell'assegno bancario.

Literatur

Vgl. die Literaturhinweise bei den Vorbem. zu Art. 1100–1144.

I. EinhSchG

1 Im Gegensatz zu **Art. 33 EinhSchG** enthält Art. 1120 zusätzlich die Bestimmung, dass auch die Eröffnung des **Konkurses** über das Vermögen des Ausstellers die Wirksamkeit des Checks nicht beeinträchtigt (vgl. ZIMMERMANN, N 1).

II. Wirksamkeit des Checks

2 Die Kontinuität der **Wirksamkeit** des Checks bei Eintritt der **Handlungsunfähigkeit** oder des **Todes** des Ausstellers oder des **Konkurses** über sein Vermögen nach erfolgter Begebung bedeutet, dass die erwähnten Vorgänge **ohne Einfluss** auf die sich aus dem Check ergebenden **Rechte und Pflichten** aller Beteiligten (Aussteller, Remittenten, Indossanten und Bezogene) sind (ZIMMERMANN, N 2).

3 Die Aufrechterhaltung der Wirksamkeit des Checks nach Eintritt der in Art. 1120 genannten Ereignisse dient der **Verkehrssicherheit** des Checks als Wertpapier; die Bestimmung ist daher **zwingend** (BAUMBACH/HEFERMEHL, Art. 33 SchG N 1; teilweise **a.A.** BÜLOW, Art. 33 N 2).

4 **Vormund, Erben, Willensvollstrecker** und **Erbschaftsverwalter** des Ausstellers können das **Widerrufsrecht** nach Art. 1119 ggf. so ausüben, wie es vom Aussteller zur Zeit seines Lebens oder seiner Handlungsfähigkeit hätte ausgeübt werden können (ZIMMERMANN, N 2).

5 Im Falle des **Konkurses des Ausstellers** ist gemäss Art. 1143 Ziff. 15 die wechselrechtliche Bestimmung von Art. 1053 betr. den Übergang der Deckung anwendbar. Demnach geht der **Anspruch des Ausstellers gegenüber der Bezogenen** im Konkursfalle von Gesetzes wegen auf den jeweiligen Checkinhaber über, was der Konkursverwaltung **verunmöglicht, den Check zu widerrufen**. Art. 1120 (als spezifische Bestimmung) geht dem Widerrufsrecht nach Art. 1119 vor (ZIMMERMANN, N 5).

Art. 1121

6. Prüfung der Indossamente	Der Bezogene, der einen durch Indossament übertragbaren Check einlöst, ist verpflichtet, die Ordnungsmässigkeit der Reihe der Indossamente, aber nicht die Unterschriften der Indossanten, zu prüfen.
6. Vérification des endossements	Le tiré qui paie un chèque endossable est obligé de vérifier la régularité de la suite des endossements mais non la signature des endosseurs.

5. Abschnitt: Der Check   Art. 1122

6. Verifica delle girate | Il trattario che paga un assegno bancario trasferibile per girata è tenuto ad accertare la regolare continuità delle girate, ma non a verificare l'autenticità delle firme dei giranti.

I. Verweisung

Der Wortlaut von Art. 1121 entspricht demjenigen der wechselrechtlichen Vorschrift von **Art. 1030 Abs. 3 Satz 2** (vgl. Art. 1030 N 4). Der Bezogene hat seine Prüfungspflicht erfüllt, falls ihm keine grobe Fahrlässigkeit vorgeworfen werden kann (JÄGGI/ DRUEY/VON GREYERZ, 286, 288; vgl. BGE 121 III 69, 72 zur grob fahrlässigen Entgegennahme eines Checks durch eine Bank gemäss Art. 1110 und 1112; vgl. BGE 126 IV 113, 118). Praktisch betrifft die Regelung des Art. 1121 die Frage, ob die bezogene Bank das Konto des Ausstellers belasten darf (BAUMBACH/HEFERMEHL, Art. 35 SchG N 1). 1

II. Inkasso von Checks ohne Indossament des Einreichers

In der Praxis übergibt der Checkinhaber den Check häufig seiner Hausbank zur Einlösung bei der bezogenen Bank. Die Einreicherbank kann den Check direkt bei der bezogenen Bank einreichen oder eine weitere Bank mit dem Inkasso beauftragen. Im zweiten Fall kann das Vollmachtsindossament durch einen nicht unterschriebenen Stempelvermerk ersetzt werden (vgl. Art. 2 der Konvention XIII betr. Vereinfachung des Inkassos von Wechseln und Checks der Schweizerischen Bankiervereinigung vom 1.7.1984). Gemäss Art. 4 Abs. 1 der Konvention XIII ist die Überprüfung der Berechtigung des Einreichers bzw. der Ordnungsmässigkeit der Indossamentenkette gemäss Art. 1121 Sache der Einreicherbank als der letzten *wertpapierrechtlich* beauftragten Bank (vgl. MEIER-HAYOZ/VON DER CRONE, § 19 N 99 f.). 2

Art. 1122

7. Zahlung in fremder Währung | **¹ Lautet der Check auf eine Währung, die am Zahlungsorte nicht gilt, so kann die Checksumme in der Landeswährung nach dem Werte gezahlt werden, den sie am Tage der Vorlegung besitzt. Wenn die Zahlung bei Vorlegung nicht erfolgt ist, so kann der Inhaber wählen, ob die Checksumme nach dem Kurs des Vorlegungstages oder nach dem Kurs des Zahlungstages in die Landeswährung umgerechnet werden soll.**

² Der Wert der fremden Währung bestimmt sich nach den Handelsgebräuchen des Zahlungsortes. Der Aussteller kann jedoch im Check für die zu zahlende Summe einen Umrechnungskurs bestimmen.

³ Die Vorschriften der beiden ersten Absätze finden keine Anwendung, wenn der Aussteller die Zahlung in einer bestimmten Währung vorgeschrieben hat (Effektivvermerk).

⁴ Lautet der Check auf eine Geldsorte, die im Lande der Ausstellung dieselbe Bezeichnung, aber einen andern Wert hat als in dem der Zahlung, so wird vermutet, dass die Geldsorte des Zahlungsortes gemeint ist.

Art. 1123

33. Titel: Die Namen-, Inhaber- und Ordrepapiere

7. Paiement en monnaie étrangère

¹ Lorsqu'un chèque est stipulé payable en une monnaie n'ayant pas cours au lieu du paiement, le montant peut en être payé, dans le délai de présentation du chèque, en la monnaie du pays d'après sa valeur au jour du paiement. Si le paiement n'a pas été effectué à la présentation, le porteur peut, à son choix, demander que le montant du chèque soit payé dans la monnaie du pays d'après le cours, soit du jour de la présentation, soit du jour du paiement.

² Les usages du lieu du paiement servent à déterminer la valeur de la monnaie étrangère. Toutefois, le tireur peut stipuler que la somme à payer sera calculée d'après un cours déterminé dans le chèque.

³ Les règles ci-énoncées ne s'appliquent pas au cas où le tireur a stipulé que le paiement devra être fait dans une certaine monnaie indiquée (clause de paiement effectif en une monnaie étrangère).

⁴ Si le montant du chèque est indiqué dans une monnaie ayant la même dénomination, mais une valeur différente, dans le pays d'émission et dans celui du paiement, on est présumé s'être référé à la monnaie du lieu du paiement.

7. Pagamento in moneta estera

¹ Se l'assegno bancario è pagabile in moneta che non ha corso nel luogo di pagamento, la somma può essere pagata entro il termine di presentazione nella moneta del Paese secondo il suo valore nel giorno del pagamento. Se il pagamento non è stato fatto alla presentazione, il portatore può a sua scelta domandare che la somma sia pagata nella moneta del Paese secondo il valore nel giorno della presentazione o in quello del pagamento.

² Il valore della moneta estera è determinato dagli usi del luogo di pagamento. Il traente può tuttavia stabilire che la somma da pagare sia calcolata secondo il corso indicato nell'assegno bancario.

³ Le disposizioni precedenti non si applicano nel caso in cui il traente abbia stabilito che il pagamento sia fatto in una moneta espressamente indicata (clausola di pagamento effettivo in moneta estera).

⁴ Se la somma è indicata in una moneta avente la stessa denominazione, ma un valore diverso nel Paese di emissione e in quello del pagamento, si presume che l'indicazione si riferisca alla moneta del luogo di pagamento.

1 Auf fremde Währungen lautende Checks geben dem Inhaber dieselben Rechte wie im Wechselrecht (Art. 1031, zum Euro vgl. Art. 1031 N 3). Massgebend ist indes der Kurs am *Vorlegungstag*, nicht wie beim Wechsel am Verfalltag (vgl. Art. 1031 N 1).

V. Gekreuzter Check und Verrechnungscheck

Art. 1123

1. Gekreuzter Check
a. Begriff

¹ Der Aussteller sowie jeder Inhaber können den Check mit den im Artikel 1124 vorgesehenen Wirkungen kreuzen.

² Die Kreuzung erfolgt durch zwei gleichlaufende Striche auf der Vorderseite des Checks. Die Kreuzung kann allgemein oder besonders sein.

³ Die Kreuzung ist allgemein, wenn zwischen den beiden Strichen keine Angabe oder die Bezeichnung «Bankier» oder ein gleichbedeutender Vermerk steht; sie ist eine besondere, wenn der Name eines Bankiers zwischen die beiden Striche gesetzt ist.

⁴ **Die allgemeine Kreuzung kann in eine besondere, nicht aber die besondere Kreuzung in eine allgemeine umgewandelt werden.**

⁵ **Die Streichung der Kreuzung oder des Namens des bezeichneten Bankiers gilt als nicht erfolgt.**

1. Chèque barré
a. Définition

¹ Le tireur ou le porteur d'un chèque peut le barrer avec les effets indiqués dans l'article suivant.

² Le barrement s'effectue au moyen de deux barres parallèles apposées au recto. Il peut être général ou spécial.

³ Le barrement est général s'il ne porte entre les deux barres aucune désignation ou la mention «banquier» ou un terme équivalent; il est spécial si le nom d'un banquier est inscrit entre les deux barres.

⁴ Le barrement général peut être transformé en barrement spécial, mais le barrement spécial ne peut être transformé en barrement général.

⁵ Le biffage du barrement ou du nom du banquier désigné est réputé non avenu.

1. Assegno bancario sbarrato
a. Nozione

¹ Il traente o il portatore dell'assegno bancario può sbarrarlo con gli effetti indicati nell'articolo seguente.

² Lo sbarramento è fatto con due sbarre parallele apposte sulla faccia anteriore. Esso può essere generale o speciale.

³ Lo sbarramento è generale se tra le due sbarre non vi è alcuna indicazione o vi è la semplice parola «banchiere» o altra equivalente; è speciale se tra le due sbarre è scritto il nome di un banchiere.

⁴ Lo sbarramento generale può essere trasformato in sbarramento speciale; ma questo non può essere trasformato in sbarramento generale.

⁵ La cancellazione dello sbarramento o del nome del banchiere si ha per non fatta.

Literatur

Vgl. Literaturhinweise bei den Vorbem. zu Art. 1100–1144.

I. Legitimation zur Kreuzung

Nicht nur der **Aussteller,** sondern auch jeder **Inhaber** eines Checks ist **berechtigt,** den Check zu kreuzen (Abs. 1). Die Wirkungen der Kreuzung richten sich nach Art. 1124. 1

II. Kreuzbare Checks

Da Art. 1123 f. nicht zwischen verschiedenen Checkarten differenzieren, können nebst dem **Ordrecheck** auch der **Inhabercheck** (Art. 1105 Abs. 1) und der an Ordre, aber mit dem Zusatz «oder Überbringer» bzw. einem gleichbedeutenden Vermerk versehene Check (Art. 1105 Abs. 2) gekreuzt werden (ZIMMERMANN, N 2a). 2

III. Arten der Kreuzung

Die **Kreuzung** erfolgt grundsätzlich durch das **Anbringen zweier paralleler Striche** auf der **Checkvorderseite (Abs. 2).** Diese Striche sind sowohl für die **allgemeine** wie auch für die **besondere** Kreuzung notwendig. Eine Kreuzung auf der **Checkrückseite** ist **nichtig,** unabhängig davon, wer sie auf der Urkunde angebracht hat (ZIMMERMANN, 3

N 3). Der genaue **Ort der Kreuzung** auf der Vorderseite des Checks wird vom Gesetz jedoch nicht festgelegt; üblicherweise erfolgt die Kreuzung schräg (diagonal) von links unten nach rechts oben (JÄGGI/DRUEY/VON GREYERZ, 334).

4 Bei der **allgemeinen Kreuzung** steht zwischen den beiden Strichen entweder **nichts** oder die **allgemeine Bezeichnung «Bankier»** bzw. ein **gleich lautender Vermerk** (Abs. 3; LGVE 1986 I 63; vgl. auch ZIMMERMANN, N 4).

5 Bei der **besonderen Kreuzung** wird zwischen die beiden Striche der **Name eines Bankiers** gesetzt (Abs. 3). Eine solche Kreuzung kann auch auf eine bestimmte **Zweigstelle** einer Bank lauten, was sich insb. bei Grossbanken aufdrängt (JÄGGI/DRUEY/VON GREYERZ, 333). Auch ein **ausländischer Bankier** darf eingesetzt werden (ZIMMERMANN, N 5; DERS., Vor Art. 1123–1127 N 2 f.).

IV. Konversion der Kreuzung

6 Gemäss **Abs. 4** kann eine allgemeine Kreuzung in eine besondere, nicht aber eine besondere in eine allgemeine Kreuzung **umgewandelt** werden. Dies ist die logische Konsequenz aus Abs. 1, der dem Aussteller und jedem Inhaber des Checks das Recht gibt, eine allgemeine oder besondere Kreuzung gemäss Abs. 2 auf dem Check anzubringen.

7 Erfolgt eine «Umwandlung» eines besonders gekreuzten Checks in einen allgemein gekreuzten, so ist diese **nicht rechtswirksam;** der Check gilt weiterhin als besonders gekreuzt (ZIMMERMANN, N 5a).

V. Streichung der Kreuzung oder des bezeichneten Bankiers

8 Die **Streichung** der Kreuzung überhaupt oder des Namens bzw. der Bezeichnung des Bankiers gilt als **nicht erfolgt (Abs. 5).** Sie ist daher **nichtig.** Als **Streichung** gilt dabei nebst dem eigentlichen **Ausstreichen** durch weitere Striche **jegliche Art von Unkenntlichmachung** sowie das **Anbringen von aufhebenden und abändernden Vermerken** (vgl. Bsp. bei ZIMMERMANN, N 6).

Art. 1124

b. Wirkungen

¹ Ein allgemein gekreuzter Check darf vom Bezogenen nur an einen Bankier oder an einen Kunden des Bezogenen bezahlt werden.

² Ein besonders gekreuzter Check darf vom Bezogenen nur an den bezeichneten Bankier oder, wenn dieser selbst der Bezogene ist, an dessen Kunden bezahlt werden. Immerhin kann der bezeichnete Bankier einen andern Bankier mit der Einziehung des Checks betrauen.

³ Ein Bankier darf einen gekreuzten Check nur von einem seiner Kunden oder von einem anderen Bankier erwerben. Auch darf er ihn nicht für Rechnung anderer als der vorgenannten Personen einziehen.

⁴ Befinden sich auf einem Check mehrere besondere Kreuzungen, so darf der Check vom Bezogenen nur dann bezahlt werden, wenn nicht mehr als zwei Kreuzungen vorliegen und die

eine zum Zwecke der Einziehung durch Einlieferung in eine Abrechnungsstelle erfolgt ist.

⁵ **Der Bezogene oder der Bankier, der den vorstehenden Vorschriften zuwiderhandelt, haftet für den entstandenen Schaden, jedoch nur bis zur Höhe der Checksumme.**

b. Effets

¹ Un chèque à barrement général ne peut être payé par le tiré qu'à un banquier ou à un client du tiré.

² Un chèque à barrement spécial ne peut être payé par le tiré qu'au banquier désigné ou, si celui-ci est le tiré, qu'à son client. Toutefois, le banquier désigné peut recourir pour l'encaissement à un autre banquier.

³ Un banquier ne peut acquérir un chèque barré que d'un de ses clients ou d'un autre banquier. Il ne peut l'encaisser pour le compte d'autres personnes que celles-ci.

⁴ Un chèque portant plusieurs barrements spéciaux ne peut être payé par le tiré que dans le cas où il s'agit de deux barrements dont l'un pour encaissement par une chambre de compensation.

⁵ Le tiré ou le banquier qui n'observe pas les dispositions ci-dessus est responsable du préjudice jusqu'à concurrence du montant du chèque.

b. Effetti

¹ L'assegno bancario con sbarramento generale non può essere pagato dal trattario che a un banchiere o a un cliente del trattario.

² Un assegno bancario con sbarramento speciale non può essere pagato dal trattario che al banchiere designato o, se questi è il trattario, a un suo cliente. Tuttavia il banchiere designato può servirsi per l'incasso di altro banchiere.

³ Un banchiere non può acquistare un assegno sbarrato che da un suo cliente o da altro banchiere. Non può incassarlo per conto di altre persone tranne le anzidette.

⁴ Un assegno bancario con diversi sbarramenti speciali non può essere pagato dal trattario, salvo il caso che si tratti di due sbarramenti, di cui uno per l'incasso a mezzo di una stanza di compensazione.

⁵ Il trattario o il banchiere che non osservi le precedenti disposizioni risponde del danno nei limiti dell'importo dell'assegno bancario.

Literatur

Vgl. Literaturhinweise bei den Vorbem. zu Art. 1100–1144.

I. Begriffe

Als **Bankier** gelten gemäss **Art. 1135** Firmen, die dem BankG unterstehen. Ist ein Check im **Ausland** zahlbar, so gelten diesbezüglich die Bestimmungen von **Art. 1138** (vgl. ZIMMERMANN, N 3). 1

Der Begriff des **Kunden** i.S.v. Art. 1124 ist unbestimmt und z.T. auch kontrovers (vgl. ZIMMERMANN, N 4–6). Zusammenfassend darf als Kunde i.S. des Gesetzes betrachtet werden, wer **mit dem Bankier in Geschäftsbeziehungen** steht; diese können verschieden geartet sein und bedürfen insb. nicht unbedingt eines Kontos oder Depots beim Bankier (ZIMMERMANN, N 5 m.Bsp.). Da formale Kriterien für das Bestehen einer Kundenbeziehung unzulänglich sind, ist deren Vorhandensein «aufgrund der konkreten Kenntnisse des Bankiers und der Umstände im Einzelfall zu beurteilen» (BGE 124 III 319). Dabei darf jedoch der Schutzzweck der Bestimmungen über den gekreuzten Check nicht vergessen werden; die Einreicherbank muss stets eine «besonders sorgfäl- 2 tige Prüfung» vornehmen (BGE 124 III 320). Im Zweifelsfall sollte darauf abgestellt werden, ob die Einreicherbank nach den soliden Geschäftspraktiken eines guten Bankiers einen «Kunden» als solchen betrachten durfte. Vorsicht, Vernunft und Sorgfalt sind bei der Bestimmung der Kundeneigenschaft weitere Leitlinien, die ein gewissenhafter Bankier anwenden sollte. Insbesondere bei «Neukunden» ist besondere Vorsicht angebracht; diese erfüllen u.U. den hier verlangten Kundenbegriff eben nicht.

3   Als **Bezahlung** gilt nicht nur die effektive **Barauszahlung,** sondern **jede Art der Honorierung** des gekreuzten Checks durch die Bezogene (ZIMMERMANN, N 7a).

II. Wirkungen der Kreuzung

1. Allgemeine Kreuzung

4   Gemäss **Abs. 1** darf ein **allgemein gekreuzter Check** (Art. 1123 Abs. 3) von der Bezogenen nur an einen **Bankier** (Art. 1135; N 1) oder an einen **eigenen Kunden** (N 2) bezahlt werden (LGVE 1986 I 63). **Abs. 1** bezieht sich nur auf die **Zahlung durch die Bezogene** und damit nicht auf weitere checkrechtlich relevante Personen (ZIMMERMANN, N 7).

2. Besondere Kreuzung

5   Gemäss **Abs. 2** darf ein **besonders gekreuzter Check** (Art. 1123 Abs. 3) von der Bezogenen nur an den mittels der Kreuzung **bezeichneten Bankier** bezahlt werden. Ist **die Bezogene selbst der bezeichnete Bankier,** so darf sie nur an einen **eigenen Kunden** zahlen. Die Bezogene darf zudem Zahlung an einen **vom bezeichneten Bankier mit dem Inkasso des Checks betrauten** anderen Bankier leisten. Die **Einlösung im Clearingverfahren** durch die Bezogene ist **statthaft** (ZIMMERMANN, N 11).

6   Aufgrund des Zwecks der besonderen Kreuzung, eine erhöhte Sicherheit zu gewährleisten (JÄGGI/DRUEY/VON GREYERZ, 335), ist die Vorschrift von **Abs. 2 eng auszulegen:** Sie gilt nicht für **Nichtbankiers,** die mit dem Inkasso eines besonders gekreuzten Checks betraut werden (ZIMMERMANN, N 12).

3. Erwerb und Einziehung gekreuzter Checks

7   Abs. 3 bezieht sich nicht auf die in Abs. 1 und 2 geregelte Zahlung bzw. Einlösung gekreuzter Checks durch die Bezogene, sondern auf deren **Erwerb** und **Einziehung.** Insbesondere ist zu beachten, dass diese Bestimmung gemäss ihrem Wortlaut für **den allgemein und den besonders gekreuzten Check** gilt. Ein **Bankier** darf demnach gekreuzte Checks nur von einem seiner **Kunden** oder irgendeinem anderen **Bankier erwerben.** Er darf ihn auch **nur für Rechnung eigener Kunden oder anderer Bankiers einziehen.** Im Zusammenhang mit Abs. 3 spricht das BGer denn auch zutreffenderweise von einer «Filter- oder Siebfunktion» zum Schutze des Ausstellers vor Missbrauch und einer entsprechend gesteigerten Verantwortung der Einreicherbank (BGE 126 IV 118 f E. 3b und E. 3c cc).

8   Die **Abs. 1–3** bilden ein **geschlossenes System** von Regeln der Checkkreuzung. Es erfasst jedoch **nicht den Erwerb gekreuzter Checks durch Nichtbankiers;** dieser untersteht den **allgemeinen Zirkulationsregeln** für die jeweiligen Checkarten (ZIMMERMANN, N 14). Die Subjekte der Haftpflicht sind abschliessend bestimmt und Verletzungshandlungen dürfen nur derjenigen Bank angelastet werden, die sie begangen hat (BGE 122 III 31 E. 3a).

4. Mehrere besondere Kreuzungen auf demselben Check

Gemäss Abs. 4 darf die Bezogene einen Check mit mehreren besonderen Kreuzungen nur dann einlösen, wenn nicht mehr als zwei Kreuzungen angebracht worden sind und eine davon zwecks Einziehung durch Einlieferung in eine Abrechnungsstelle (Art. 1118) erfolgt ist. Diese Bestimmung gilt nur für besonders gekreuzte Checks; eine Mehrzahl von allgemeinen Kreuzungen würde nichts anderes bewirken als eine einzige. 9

Der **Zweck von Abs. 4** ist die Erhaltung der **Sicherungswirkung** der besonderen Kreuzung. Diese würde dadurch, dass jeder Checkinhaber eine weitere besondere Kreuzung anbringen könnte, vollständig vereitelt (ZIMMERMANN, N 13). Abs. 4 ist zudem die logische Ergänzung zu Art. 1123 Abs. 4. 10

Liegen mehr als zwei besondere Kreuzungen auf demselben Check vor, oder zwei, von denen die eine nicht zum Zwecke der Einlieferung in eine Abrechnungsstelle erfolgt ist, so darf die Bezogene den Check nicht bezahlen. Da Abs. 4 ein gesetzliches Zahlungsverbot darstellt, entfallen die Rückgriffsrechte des Checkinhabers (Art. 1128, 1130); die Annahme eines mit solch schwersten Mängeln behafteten Checks hat er selbst zu verantworten (ZIMMERMANN, N 14). 11

5. Haftung der Bezogenen und des Bankiers

Abs. 5 bestimmt, dass die **Bezogene** oder ein **Bankier,** wenn sie den Vorschriften von **Abs. 1–4 zuwiderhandeln,** für den hierdurch entstandenen **Schaden haften,** allerdings nur bis zur **Höhe der Checksumme.** Abs. 5 statuiert einen **gesetzlichen Schadenersatzanspruch** als **alleinige Sanktion** für solche Zuwiderhandlungen (ZIMMERMANN, N 15a m.Nw.). Die **Gültigkeit** der vom Gesetz verpönten Handlungen der Bezogenen oder eines Bankiers wird **nicht tangiert;** insb. ist die **Zahlung an einen Nichtbankier oder Nichtkunden** endgültig und **nicht nichtig** (ZIMMERMANN, N 15a), und lässt demzufolge auch keine Bereicherungsansprüche aus. 12

Das **Wesen der Haftung** nach Abs. 5 ist **rein zivilrechtlicher Natur,** obwohl sie sich aus den Bestimmungen des Checkrechts ergibt; sie ist, mit Ausnahme der Haftung der Bezogenen gegenüber dem Aussteller, die als Vertragshaftung gilt, eine Haftung aus Delikt (ZIMMERMANN, N 16 m.Nw.). Eine weiter gehende Haftung der Bezogenen müsste vertraglich vereinbart werden; eine solche Vereinbarung kann jedoch nicht aus der blossen Kreuzung eines Checks durch den Aussteller abgeleitet werden (BGE 122 III 30). 13

Schadenersatzberechtigt aus Abs. 5 ist der **Geschädigte;** dieser kann der **Aussteller** oder ein **anderer Checkverpflichteter (Indossant, Bürge)** bzw. der **rechtmässige Checkinhaber (wirklich Berechtigter)** sein (BÜLOW, Art. 39 N 11; BAUMBACH/HEFERMEHL, Art. 39 SchG N 8; ZIMMERMANN, N 17b f.). 14

Die sich aus Abs. 5 ergebende **Schadenersatzpflicht** der Bezogenen bzw. eines Bankiers ist **verschuldensunabhängig** (ZIMMERMANN, N 18; BÜLOW, Art. 39 N 12; BAUMBACH/HEFERMEHL, Art. 39 SchG N 9). Die Schadenersatzpflicht als reine Legalhaftung dient der genauen Einhaltung der Sicherheitsbestimmungen der Kreuzung. Wäre sie nur bei Verschulden der Bezogenen oder des Bankiers gegeben, vermöchte sie ihrem Zweck nicht gerecht zu werden. So trägt selbst die Gefahr, in Verkennung der umstrittenen Qualifikation des Kunden (vgl. N 2) an einen **Nichtkunden** zu zahlen, allein der Bankier (ZIMMERMANN, N 18a). 15

Ein (adäquater) **Kausalzusammenhang** zwischen dem eingetretenen Schaden und dem Fehlverhalten der Bezogenen oder eines Bankiers ist nach dem **Wortlaut** von Abs. 5 16

Art. 1125

nicht erforderlich; der Zuwiderhandelnde ist schlechthin zum Ersatz des Schadens gegenüber dem Checkberechtigten verpflichtet (ZIMMERMANN, Art. 1123 N 19b). Mit Recht argumentiert ZIMMERMANN, dass nur durch diese Art der Haftung der **Eintritt des schädigenden Erfolgs** einer unrechtmässigen Begebung oder Entgegennahme eines gekreuzten Checks wirksam verhindert werden kann (N 19b). Im Übrigen entspricht eine gewisse Härte dem System der Klarheit und Sicherheit im Checkrecht; Letztere ist von grösster Bedeutung bei einem Massen-Wertpapier wie dem Check.

17 Laut Abs. 5 ist die Haftung der Bezogenen oder des Bankiers auf die **Höhe der Checksumme** beschränkt. Diese Beschränkung gilt ungeachtet allfälligen weiteren Schadens, den der Checkberechtigte erlitten hat; da der Check eingelöst wurde, entfallen insb. sämtliche Regressspesen und checkrechtlichen Verzugszinsen, soweit sie die Checksumme überschreiten (vgl. ZIMMERMANN, N 20; BAUMBACH/HEFERMEHL, Art. 39 SchG N 8 f; BÜLOW, Art. 39 N 11).

Art. 1125

2. Verrechnungs-
check
a. Im Allgemeinen

¹ Der Aussteller sowie jeder Inhaber eines Checks kann durch den quer über die Vorderseite gesetzten Vermerk «nur zur Verrechnung» oder durch einen gleichbedeutenden Vermerk untersagen, dass der Check bar bezahlt wird.

² Der Bezogene darf in diesem Falle den Check nur im Wege der Gutschrift einlösen (Verrechnung, Überweisung, Ausgleichung). Die Gutschrift gilt als Zahlung.

³ Die Streichung des Vermerks «nur zur Verrechnung» gilt als nicht erfolgt.

⁴ Der Bezogene, der den vorstehenden Vorschriften zuwiderhandelt, haftet für den entstandenen Schaden, jedoch nur bis zur Höhe der Checksumme.

2. Chèque à porter
en compte
a. En général

¹ Le tireur ainsi que le porteur d'un chèque peut défendre qu'on le paie en espèces, en insérant au recto la mention transversale «à porter en compte» ou une expression équivalente.

² Dans ce cas, le chèque ne peut donner lieu, de la part du tiré, qu'à un règlement par écritures (crédit en compte, virement ou compensation). Le règlement par écritures vaut paiement.

³ Le biffage de la mention «à porter en compte» est réputé non avenu.

⁴ Le tiré qui n'observe pas les dispositions ci-dessus est responsable du préjudice jusqu'à concurrence du montant du chèque.

2. Assegno bancario
da accreditare
a. In genere

¹ Il traente o il portatore di un assegno bancario può vietare che esso sia pagato in contanti, apponendo sulla faccia anteriore in senso trasversale le parole «da accreditare» o altra espressione equivalente.

² In questo caso l'assegno bancario non può essere regolato dal trattario che a mezzo di una scritturazione contabile (accreditamento in conto, giro in conto, compensazione). Il regolamento per scritturazione contabile equivale a pagamento.

³ La cancellazione delle parole «da accreditare» si ha per non fatta.

⁴ Il trattario che non osservi le norme sopra indicate risponde del danno nei limiti dell'importo dell'assegno bancario.

5. Abschnitt: Der Check

Literatur

Vgl. Literaturhinweise bei den Vorbem. zu Art. 1100–1144.

I. Legitimation zur Schaffung eines Verrechnungschecks

Nicht nur der **Aussteller,** sondern auch jeder **Inhaber** eines Checks ist **berechtigt,** den Check in einen Verrechnungscheck umzuwandeln **(Abs. 1).** Ein durch einen Checkbürgen oder Dritten auf der Urkunde angebrachter Verrechnungsvermerk wäre dagegen unwirksam (BÜLOW, Art. 39 N 2). Die Wirkungen des Verrechnungsvermerks richten sich nach Abs. 1 a.E. und Abs. 2–4.

II. Zur Verrechnung stellbare Checkarten

Art. 1125 differenziert nicht zwischen verschiedenen Checkarten. So können nebst dem **Ordrecheck** auch der **Inhabercheck** (Art. 1105 Abs. 1) und der an Ordre, aber mit dem Zusatz «oder Überbringer» bzw. einem gleichbedeutenden Vermerk versehene Check (Art. 1105 Abs. 2) in Verrechnungschecks konvertiert werden (Art. 1123 N 2; ZIMMERMANN, N 4).

III. Anbringen des Verrechnungsvermerks

Wie beim gekreuzten Check erfolgt die Konversion eines «gewöhnlichen» Checks in einen Verrechnungscheck durch das Anbringen eines Vermerks auf der **Checkvorderseite** (Art. 1123 N 3). Der Vermerk lautet **«nur zur Verrechnung»** oder trägt einen gleichbedeutenden Inhalt (Abs. 1). Er soll laut Gesetz **quer** auf der Vorderseite des Checks angebracht werden (SJZ 1992, 225 = Rep 1990, 248). Diese Vorschrift stellt indessen **kein Gültigkeitserfordernis** dar; der Vermerk kann auch am Rande stehen und braucht im Übrigen den Urkundstext nicht zu berühren oder zu decken (BAUMBACH/HEFERMEHL, Art. 39 SchG N 1; ZIMMERMANN, N 8; **a.A.** BÜLOW, Art. 39 N 2). Im Weiteren steht wohl jeder Verrechnungsvermerk bei strenger geometrischer Überprüfung nicht absolut parallel zum Checktext und somit quer, was der Vorschrift des Gesetzes wiederum zu genügen vermöchte (ZIMMERMANN, N 8).

IV. Wirkungen des Verrechnungsvermerks

1. Barzahlungsverbot

Laut **Abs. 1** a.E. bewirkt das Anbringen des Verrechnungsvermerks durch die hierzu Legitimierten (N 1), dass die **Barzahlung untersagt** wird (SJZ 1992, 225 = Rep 1990, 248 f.). **Adressatin** dieses Barzahlungsverbots kann aufgrund von Abs. 2 und 4 **nur die Bezogene** sein (ZIMMERMANN, N 9; BAUMBACH/HEFERMEHL, Art. 39 SchG N 2); dies im klaren Gegensatz zu den Bestimmungen über den gekreuzten Check (Art. 1123 f.).

Hingegen ist es – anders als beim gekreuzten Check – unabhängig von einer allfälligen Bankier- oder Kundeneigenschaft jedermann ausser der Bezogenen gestattet, einen Verrechnungscheck durch **Barzahlung** zu Eigentum oder zum Inkasso zu erwerben und auch weiter zu übertragen. Erst bei Einlösung des Checks durch die Bezogene kommt der Verrechnungsvermerk somit zum Tragen (BAUMBACH/HEFERMEHL, Art. 39 SchG N 2; ZIMMERMANN, N 9).

Thomas Ch. Hippele

2. Einlösung durch Gutschrift

a) Begriff der Gutschrift im Allgemeinen

6 Laut **Abs. 2 Satz 1** darf die Bezogene einen Verrechnungscheck nur durch **Gutschrift** (Verrechnung, Überweisung, Ausgleichung) einlösen. Der Begriff der Gutschrift ist Oberbegriff für die nachfolgend aufgezählten Begriffe der Verrechnung, der Überweisung und der Ausgleichung (ZIMMERMANN, N 12); die Aufzählung ist exemplifikatorischer Natur (so sinngemäss BÜLOW, Art. 39 N 4 und Aufzählung im Détail in N 5 ff; unentschieden ZIMMERMANN, N 12a).

7 Die Begriffe der **Gutschrift** wie auch der **Verrechnung,** der **Überweisung** und der **Ausgleichung** sind solche des EinhSchG und dementsprechend **auszulegen:** Sie decken sich daher nicht unbedingt mit den synonym verwendeten Begriffen der Gesetzgebung der jeweiligen Mitgliedstaaten (ZIMMERMANN, N 12a).

b) Verrechnung

8 Die **Verrechnung** wird im EinhSchG nicht definiert. Sie darf daher ohne weiteres i.S. der Verrechnung gemäss **Art. 120 ff. OR** verstanden werden (ZIMMERMANN, N 12b). Dasselbe gilt für in der Bundesrepublik Deutschland zahlbare Checks; sie können zur **Aufrechnung** mit Verbindlichkeiten gegenüber der Bank eingereicht werden (BÜLOW, Art. 39 N 8).

c) Überweisung

9 Der Checkinhaber kann beim Einreichen des Checks den Auftrag erteilen, die Checksumme auf das Konto eines anderen Bankkunden, dasjenige eines Dritten oder auf sein eigenes Konto bei einer anderen Bank zu **überweisen** (BÜLOW, Art. 39 N 6; BAUMBACH/HEFERMEHL, Art. 39 SchG N 4). Zudem steht es dem Checkinhaber auch offen, den Check zunächst seinem eigenen Konto durch Verrechnung gutschreiben zu lassen und anschliessend die Checksumme auf ein beliebiges anderes Konto zu überweisen (BÜLOW, Art. 39 N 6).

d) Ausgleichung

10 Unter **Ausgleichung** sind in erster Linie die verschiedenen Vorgänge im Zusammenhang mit dem **Clearing** und der Verarbeitung von Checks durch die Schweizerische Checkzentrale zu verstehen. Damit umfasst dieser Begriff auch die Einlieferung in eine von der Schweizerischen Nationalbank geleitete **Abrechnungsstelle** (Art. 1118) und insb. die Prozedur der **Checktruncation** (vgl. Art. 1118 N 7 f. hiervor; ZIMMERMANN, N 12e; BÜLOW, Art. 39 N 7). Im Abrechnungsverkehr erfolgt die Ausgleichung durch Ziehung und Zahlung des **Abrechnungssaldos** (BAUMBACH/HEFERMEHL, Art. 39 SchG N 3).

3. Zahlung durch Gutschrift

11 Entsprechend dem Sinn des Verrechnungschecks, seine Bareinlösung zu vermeiden und nur die Einlösung auf dem Wege der Gutschrift zu gestatten, kann am Ende des Checkumlaufs logischerweise nicht die Zahlung der Checksumme stehen. Die Einlösung eines Verrechnungschecks ist vielmehr nur auf den unter N 6 ff. beschriebenen Wegen möglich. An die Stelle der beim «gewöhnlichen» Check üblichen Zahlung muss daher eine andere Art der Einlösung treten. Laut **Abs. 2 Satz 2** gilt daher die **Gutschrift** als Zahlung.

Die Zahlung durch **Gutschrift** und damit die **Einlösung** bzw. das Ende des Umlaufs **12**
des Verrechnungschecks i.S. des Gesetzes gilt für alle Checkberechtigten und -verpflichteten als erfolgt, wenn die Checksumme dem Konto des Checkinhabers oder – im Falle der Überweisung – demjenigen des Empfängers endgültig gutgeschrieben wurde (BÜLOW, Art. 39 N 10; BAUMBACH/HEFERMEHL, Art. 39 SchG N 4 f.). Die von ZIMMERMANN (N 19) vertretene Auffassung, der Verrechnungscheck gelte als eingelöst, wenn er der Bezogenen zugegangen sei und zwischen ihr und dem Präsentanten eine Einigung über die Gutschrift der Checksumme auf einem Konto erzielt worden sei, widerspricht dem klaren Wortlaut des Gesetzes. Wie bei jedem Check kann zudem auch beim Verrechnungscheck erst die definitive, d.h. die bedingungs- und vorbehaltlose Freigabe der Checksumme als Einlösung und damit als Gutschrift bzw. Zahlung gelten.

V. Streichung des Verrechnungsvermerks

Laut **Abs. 3** gilt die **Streichung** des Vermerks «nur zur Verrechnung» als **nicht erfolgt**. **13**
Entsprechend dem Sinn des Gesetzes und Abs. 1 ergibt sich, dass sich Abs. 3 auch auf gleichbedeutende Vermerke und damit auf jeden Verrechnungsvermerk schlechthin bezieht (ZIMMERMANN, N 21).

Der Verrechnungsvermerk ist **unwiderruflich** und durch nichts zu beseitigen; soweit er **14**
noch in irgendeiner Weise erkennbar ist, muss ihn die Bezogene beachten (BÜLOW, Art. 39 N 3; BAUMBACH/HEFERMEHL, Art. 39 SchG N 1). Der Begriff **«Streichung»**, wie er im vorliegenden Artikel verwendet wird, ist synonym zu demjenigen von Art. 1123 Abs. 5. Es wird daher auf die Kommentierung zu Art. 1123 (N 8) verwiesen.

VI. Haftung der Bezogenen

Laut **Abs. 4** haftet die Bezogene, wenn sie den Vorschriften über den Verrechnungscheck zuwiderhandelt, für den entstandenen Schaden bis zur Höhe der Checksumme **15**
(vgl. SJZ 1992, 225 f. = Rep 1990, 249 f.). Als Zuwiderhandlung kommt dabei praktisch nur die **Barzahlung** statt der vorgeschriebenen Einlösung durch Gutschrift in Frage (BÜLOW, Art. 39 N 11; BAUMBACH/HEFERMEHL, Art. 39 SchG N 8). Haftbar ist entsprechend dem Wortlaut von Abs. 4 und dem Sinn der Bestimmungen über den Verrechnungscheck einzig die **Bezogene** (und nicht etwa auch der Bankier wie gem. Art. 1124 Abs. 5). Art und Umfang ihrer Haftung sind jedoch dieselben wie nach Art. 1124 Abs. 5; es wird daher auf die Kommentierung zu Art. 1124 (N 12 ff.) verwiesen.

VII. Exkurs: Der «WIR»-Check

Beim **«WIR»-Check** handelt es sich um ein Zahlungsmittel zwischen den Mitgliedern **16**
der «WIR», d.h. der im Jahre 1934 gegründeten Wirtschaftsring-Genossenschaft, und weiteren Teilnehmern (vgl. BGE 95 II 178 ff. E. 3 = Pra 1969, 512 ff. E. 3 = JDT 1970 I 229 ff. E. 3). Im vorzitierten Entscheid befasste sich das BGer mit der Frage der **Rechtsnatur** des «WIR»-Checks. Dabei stellte es fest, dass der «WIR»-Check zwar auf einem Formular ausgestellt werde, das dem Post- oder Bankcheck ähnlich sei und in seinen Auswirkungen denjenigen des Verrechnungschecks i.S.v. Art. 1125 nahe komme. Aufgrund des Fehlens der Bezeichnung «Check» im Urkundstext fehle jedoch ein wesentliches Gültigkeitserfordernis i.S.v. Art. 1100 Ziff. 1 und 1101 Abs. 1. Weiter mangle es an der unbedingten Anweisung, eine bestimmte Geldsumme zu bezahlen (Art. 1100 Ziff. 2). Schliesslich sei der «WIR»-Auftrag («WIR»-Check) auch nicht der-

art mit der Urkunde verknüpft, dass er ohne sie nicht geltend gemacht werden könne, was aber nach Art. 965 Begriffsmerkmal des Wertpapiers sei. Der «WIR»-Check bzw. «WIR»-Auftrag ist daher **weder ein Check noch ein anderes Wertpapier** (BGE 95 II 181 f. E. 4 = Pra 1969, 513 f. E. 4 = JdT 1970 I 231 f. E. 4).

Art. 1126

b. Rechte des Inhabers bei Konkurs, Zahlungseinstellung, Zwangsvollstreckung

[1] Der Inhaber eines Verrechnungschecks ist jedoch befugt, vom Bezogenen Barzahlung zu verlangen und bei Nichtzahlung Rückgriff zu nehmen, wenn über das Vermögen des Bezogenen der Konkurs eröffnet worden ist oder wenn er seine Zahlungen eingestellt hat oder wenn eine Zwangsvollstreckung in sein Vermögen fruchtlos verlaufen ist.

[2] Dasselbe gilt, wenn der Inhaber infolge von Massnahmen, die auf Grund des Bankengesetzes vom 8. November 1934 getroffen worden sind, über die Gutschrift beim Bezogenen nicht verfügen kann.

b. Droits du porteur en cas de faillite, suspension de paiements, saisie

[1] Le porteur d'un chèque de compensation peut toutefois exiger du tiré qu'il paie comptant et, faute par celui-ci de le faire, exercer son recours si le tiré est en faillite, a suspendu ses paiements ou a été l'objet d'une saisie infructueuse.

[2] Il en est de même du porteur qui, par suite de mesures prises en application de la loi fédérale du 8 novembre 1934 sur les banques et les caisses d'épargne, ne peut pas disposer de son avoir auprès du tiré.

b. Diritti del portatore in caso di fallimento, di sospensione dei pagamenti, di esecuzione forzata

[1] Il portatore di un assegno bancario da accreditare ha tuttavia il diritto di esigere dal trattario il pagamento in contanti e di esercitare, in mancanza di pagamento, il regresso, se il trattario è fallito, ha sospeso i pagamenti o è stato inutilmente escusso.

[2] Lo stesso vale se il portatore non può disporre dei suoi fondi presso il trattario a seguito di misure ordinate in applicazione della legge federale dell'8 novembre 1934 su le banche e le casse di risparmio.

Literatur

Vgl. Literaturhinweise bei den Vorbem. zu Art. 1100–1144.

I. Allgemeines

1   Die Bestimmungen von **Art. 1126** sind **im EinhSchG nicht enthalten,** stellen aber eine sinnvolle und mit dem EinhSchG im Einklang stehende Regelung dar (vgl. ZIMMERMANN, N 1). Gründe für die Aufnahme von Art. 1126 in das schweizerische Checkrecht waren v.a. solche der Sicherheit im Checkverkehr und der Billigkeit; dem Checkinhaber sollte nicht die Beschränkung auf eine Konkurs- oder Nachlassdividende zugemutet werden (ZIMMERMANN, N 2).

II. Barzahlung des Verrechnungschecks

2   Gemäss **Abs. 1** ist der **Inhaber** eines Verrechnungschecks befugt, von der Bezogenen **Barzahlung** zu verlangen und bei Nichtzahlung Rückgriff (Art. 1128) zu nehmen,

wenn die Bezogene eine der in diesem Absatz aufgezählten Voraussetzungen (Konkurs, Einstellung der Zahlungen, fruchtlose Zwangsvollstreckung) erfüllt. Diesfalls wird die Bezogene zwar regelmässig nicht in der Lage sein, die verlangte Barzahlung zu leisten; der Checkinhaber wird aber wenigstens in die Lage versetzt, nach der Nichtzahlung seine **Regressansprüche** durch Protest oder eine gleichbedeutende Feststellung i.S.v. Art. 1128 zu sichern (ZIMMERMANN, N 3).

Dieselben Möglichkeiten sollen laut **Abs. 2** dem Checkinhaber offen stehen, wenn er über die Gutschrift bei der Bezogenen infolge von Massnahmen, die aufgrund des BankG ergangen sind, nicht verfügen kann. Der Gesetzestext ist unglücklich formuliert, scheint er doch zu sagen, dass dem Präsentanten die **Regressansprüche** auch **nach erfolgter Gutschrift** zustünden. Dies ist aber nach Beendigung des Checkumlaufs beim Verrechnungscheck genauso wenig möglich wie bei jeder anderen Checkart (ZIMMERMANN, N 5). Im Falle der von Abs. 2 erfassten Massnahmen gemäss **Art. 25 und 29 BankG** (Fälligkeitsaufschub und Stundung) hat die Bezogene ohnehin ihre Zahlungen i.S.v. Abs. 1 eingestellt, womit die Regressansprüche des Präsentanten auch ohne Abs. 2 begründet werden. Abs. 2 verdeutlicht damit lediglich, dass die Bestimmungen von Abs. 1 betr. Einstellung der Zahlungen der Bezogenen auch dann gelten, wenn diese aufgrund von bankengesetzlichen Massnahmen erfolgt ist. Abs. 2 hätte daher «der Aufnahme in das Gesetz nicht bedurft» (ZIMMERMANN, N 5).

Art. 1127

c. Rechte des Inhabers bei Verweigerung der Gutschrift oder der Ausgleichung

Der Inhaber eines Verrechnungschecks ist ferner berechtigt, Rückgriff zu nehmen, wenn er nachweist, dass der Bezogene die bedingungslose Gutschrift ablehnt oder dass der Check von der Abrechnungsstelle des Zahlungsortes als zur Ausgleichung von Verbindlichkeiten des Inhabers ungeeignet erklärt worden ist.

c. Droits du porteur en cas de refus d'opérer virement ou compensation

Le porteur d'un chèque de compensation a, en outre, le droit d'exercer son recours s'il établit que le tiré refuse d'en opérer le virement sans condition ou si la chambre de compensation du lieu de paiement déclare que ce chèque ne se prête pas à éteindre des dettes du porteur.

c. Diritti del portatore in caso di rifiuto dell'accreditamento, del giro o della compensazione

Il portatore di un assegno bancario da accreditare ha inoltre il diritto di esercitare il regresso, quando provi che il trattario rifiuti l'incondizionato regolamento per scritturazione contabile o che la stanza di compensazione del luogo di pagamento non riconosca il titolo come atto a soddisfare le obbligazioni del portatore.

Literatur

Vgl. Literaturhinweise bei den Vorbem. zu Art. 1100–1144.

I. Allgemeines

Die Bestimmungen von **Art. 1127** sind **im EinhSchG nicht enthalten,** wie dies auch für Art. 1126 zutrifft. Beide Gesetzesartikel entsprechen jedoch dem Sinn und Zweck des EinhSchG (ZIMMERMANN, N 1).

II. Ablehnung der bedingungslosen Gutschrift

2 Die **Ablehnung** der **bedingungslosen Gutschrift** gilt als **Nichtzahlung** bzw. **Nichteinlösung** des Verrechnungschecks. Dies ergibt sich schon aus Art. 1125 Abs. 2, wonach ein Verrechnungscheck nur durch Gutschrift eingelöst werden darf und diese Gutschrift wiederum als Zahlung gilt (Art. 1125 N 6 ff.; ZIMMERMANN, N 1 m.Nw.). Eine bedingte Gutschrift ist keine Gutschrift i.S. des Checkrechts und stellt damit auch keine Zahlung dar (vgl. Art. 1100 Ziff. 2 und die dortige Kommentierung; Art. 1125 N 12). Als Ablehnung der bedingungslosen Gutschrift ist daher jede diesbezügliche Weigerung der Bezogenen zu betrachten.

III. Erklärung der Nichteignung zur Ausgleichung von Verbindlichkeiten

3 Neben Protesturkunde und Nichteinlösungsvermerk der Bezogenen oder Verweigerung der bedingungslosen Gutschrift soll nach dem Sinn und Zweck der vorliegenden Bestimmung auch die **Dishonorierungserklärung** der Abrechnungsstelle dem Checkinhaber die Möglichkeit des Vorgehens nach Abs. 1 einräumen (ZIMMERMANN, N 4). Der Wortlaut des Gesetzes, wonach hierfür «der Check von der Abrechnungsstelle des Zahlungsortes als zur Ausgleichung von Verbindlichkeiten des Inhabers ungeeignet erklärt» werden muss, ist zu eng gefasst: Er trägt denjenigen Fällen nicht Rechnung, in denen das Clearing ohne Ausgleichung von «Verbindlichkeiten» erfolgt (vgl. ZIMMERMANN, N 4). Die Auslegung der Bestimmung ergibt daher deren generelle Anwendbarkeit auf jede Dishonorierungserklärung der Abrechnungsstelle betr. einen Verrechnungscheck.

IV. Nachweis der Nichtzahlung

4 Die Anforderungen an den **Nachweis** der Ablehnung der bedingungslosen Gutschrift durch die Bezogene oder Dishonorierung durch die Abrechnungsstelle ist beim Verrechnungscheck nicht anders zu erbringen als bei anderen Checkarten: Das Vorgehen richtet sich streng nach **Art. 1128**; andere Arten des Nachweises bestehen nicht (vgl. ZIMMERMANN, N 2).

V. Rückgriff

5 Der **Rückgriff** des Checkinhabers gegen die anderen Checkverpflichteten geht stets auf **Barzahlung**; einzig die Bezogene ist schliesslich Adressatin des Verrechnungsvermerks und damit zur Barzahlung nicht befugt (ZIMMERMANN, N 5).

VI. Rückgriff mangels Zahlung

Vorbemerkungen zu Art. 1128–1131

Literatur

GERBER, Der Protest im schweizerischen Wechsel- und Checkrecht, Diss. Bern 1944; HOERNI, SJK 722 (Indossament, Zahlung, Rückgriff mangels Zahlung, Geltungsbereich der Gesetze); vgl. ausserdem die Literaturhinweise bei den Vorbem. zu Art. 965–1155 und Art. 990–1010.

5. Abschnitt: Der Check   Art. 1128

I. Übersicht

Art. 1128 regelt die Voraussetzungen für den Rückgriff des Checkinhabers gegenüber den Checkverpflichteten. In Art. 1129 werden die Fristen für die Protesterhebung, in Art. 1130 der Inhalt der Rückgriffsforderung und in Art. 1131 der Einfluss der höheren Gewalt insb. auf die Fristbestimmungen geregelt. Alle vier Bestimmungen finden ihre *Entsprechung* im Wechselrecht (Art. 1033, 1034 Abs. 3, 1045, 1051). Darüber hinaus ist die weit reichende *Verweisung* auf die Regeln des *Wechselregresses* in Art. 1143 Abs. 1 Ziff. 9 ff. zu beachten. 1

Die bedeutendsten Unterschiede zwischen dem Wechsel- und dem Checkregress ergeben sich aus dem checkrechtlichen Akzeptverbot einerseits (vgl. Art. 1143 Abs. 2) und der Zulässigkeit des sog. Privatprotests andererseits (vgl. Art. 1143 Abs. 3). 2

Weil der Check nicht angenommen werden kann und weil auch der Aussteller nicht als Hauptschuldner selbst die Zahlung verspricht, sondern nur einen Dritten zur Zahlung anweist und für die Befolgung dieser Anweisung haftet, fehlt beim Check das Nebeneinander von Hauptverpflichtung und (subsidiärer) Garantieverpflichtung; dies *im Gegensatz* zum angenommenen Wechsel und zum Eigenwechsel, aber *wie* bei der nicht akzeptierten Tratte (vgl. Vorbem. zu Art. 1033 ff. N 5). Gleichwohl (und wiederum wie bei der nicht akzeptierten Tratte) sind auch im Checkrecht **Hauptzahlung** und **Rückgriffszahlung** voneinander zu unterscheiden. Die Hauptzahlung des Checks durch den Bezogenen beendet die Zirkulation des Checks und bewirkt das Erlöschen sämtlicher Checkverpflichtungen (einschliesslich der des Ausstellers), während mit der Rückgriffszahlung durch einen Checkverpflichteten die Schuld nur dieses zahlenden Garanten getilgt wird und die übrigen Checkverpflichteten (soweit sie nicht Nachmänner des Einlösers sind) gebunden bleiben. Erst mit der Rückgriffszahlung durch den Aussteller erlöschen alle Regresspflichten aus dem Check. 3

II. IPR

Die Frage, ob ein Protest oder eine gleich bedeutende Feststellung *notwendig* ist, ist im IPR nach dem Recht des Zahlungsortes zu entscheiden (Art. 1141 Ziff. 9). Für die Formen und Fristen des Protestes bzw. der gleich bedeutenden Feststellung sowie für die Ausübung des Rückgriffsrechts sind die *wechselrechtlichen* Kollisionsnormen massgebend (Art. 1143 Ziff. 21 i.V.m. Art. 1088 f.; BGE 102 II 270). 4

Art. 1128

1. Rückgriffsrechte des Inhabers	Der Inhaber kann gegen die Indossanten, den Aussteller und die anderen Checkverpflichteten Rückgriff nehmen, wenn der rechtzeitig vorgelegte Check nicht eingelöst und die Verweigerung der Zahlung festgestellt worden ist: 1. durch eine öffentliche Urkunde (Protest) oder 2. durch eine schriftliche, datierte Erklärung des Bezogenen auf dem Check, die den Tag der Vorlegung angibt, oder 3. durch eine datierte Erklärung einer Abrechnungsstelle, dass der Check rechtzeitig eingeliefert und nicht bezahlt worden ist.

1. Droits du porteur	Le porteur peut exercer ses recours contre les endosseurs, le tireur et les autres obligés, si le chèque, présenté en temps utile, n'est pas payé et si le refus de paiement est constaté:
1. soit par un acte authentique (protêt);
2. soit par une déclaration du tiré, datée et écrite sur le chèque avec l'indication du jour de la présentation;
3. soit par une déclaration datée d'une chambre de compensation constatant que le chèque a été remis en temps utile et qu'il n'a pas été payé.
1. Diritti di regresso del portatore	Il portatore può esercitare il regresso contro i giranti, il traente e gli altri obbligati, se l'assegno bancario, presentato in tempo utile, non è pagato, purché il rifiuto del pagamento sia constatato:
1. con atto autentico (protesto); oppure
2. con dichiarazione del trattario scritta sull'assegno bancario con l'indicazione del luogo e del giorno della presentazione; oppure
3. con dichiarazione di una stanza di compensazione datata e attestante che l'assegno bancario le è stato trasmesso in tempo utile e non è stato pagato.

Literatur

Vgl. Literaturhinweise bei den Vorbem. zu Art. 1128–1131.

I. Normzweck. Übersicht

1 Ausgangslage ist die Nichtzahlung des Checks durch den (nicht verpflichteten) Bezogenen. Nunmehr sollen im Rahmen des sog. Checkrückgriffs (Checkregresses) die Checkverpflichteten aus ihrer Haftung für die Zahlung des Checks belangt werden. Art. 1128 regelt hierfür die materiellen und die formellen Voraussetzungen.

II. Parteien

1. Der Rückgriffsgläubiger

2 Rückgriffsberechtigt ist der rechtmässige **Inhaber** des Checks. Dies ist der letzte **Indossatar** einer lückenlosen Indossamentenkette oder der Inhaber eines zuletzt blanko indossierten Checks (Art. 1110). Indessen gilt das Indossament *an den Bezogenen* grundsätzlich nur als Quittung (Art. 1109 Abs. 5), so dass der Bezogene keinen Regressanspruch erwirbt (HUECK/CANARIS, 182).

3 Bei einem **Inhabercheck** (Art. 1105) spricht die Vermutung für das Recht des Besitzers (Art. 1112), der bis zum Nachweis des Gegenteils als rückgriffsberechtigter Inhaber gemäss Art. 1128 anzusehen ist. Ein auf eine bestimmte Person ausgestellter Check mit **Rektaklausel** kann nur in der Form und mit der Wirkung einer Abtretung übertragen werden (Art. 1108 Abs. 2). Hier gilt der letzte Zessionar als Inhaber. Dieser macht kein eigenes, sondern das an ihn abgetretene Rückgriffsrecht des ersten Checknehmers (Remittenten) geltend (ZIMMERMANN, N 7).

4 Nicht nur der Inhaber, sondern auch der einlösende Garantieschuldner (Indossant, Checkbürge) ist zum Rückgriff auf seine eigenen Vormänner berechtigt (Rückgriffsrecht des **Einlösers**). Die Rechtsgrundlage hierfür findet sich allerdings nicht in Art. 1128, sondern in den einschlägigen Bestimmungen des Wechselrechts (Art. 1046 f.), auf die Art. 1143 Ziff. 13 verweist (N 24).

5. Abschnitt: Der Check

2. Der Rückgriffsschuldner

Checkverpflichtete (Garantieschuldner) sind der *Aussteller, die Indossanten und die übrigen Checkverpflichteten*. Von praktischer Bedeutung ist v.a. der Rückgriff gegen den **Aussteller** (Art. 1143 Abs. 1 Ziff. 3 i.V.m. Art. 999 Abs. 2). Beim Check als geborenem **Orderpapier** haften die **Indossanten** kraft Gesetzes für die Zahlung, doch können sie diese Haftung durch einen entsprechenden Vermerk auf dem Check ausschliessen (Angstklausel, Art. 1143 Abs. 1 Ziff. 4, 1005). Ebenso wenig wie beim Wechsel haftet, wer einen bereits blanko indossierten Check ohne eigenes Indossament weitergibt. Zu den **anderen** *Checkverpflichteten* gehören der Checkbürge des Ausstellers oder eines Indossanten und der falsus procurator, der den Check ohne Ermächtigung oder in Überschreitung einer solchen als Vertreter eines anderen (Aussteller, Indossant, Bürge) unterzeichnet hat (Art. 1143 Abs. 1 Ziff. 3, 998). 5

Beim **Inhabercheck** haften nur der Aussteller und sein Bürge. Keine Checkhaftung besteht für die Zwischenbesitzer, die die Rechte aus dem Check durch dessen Weitergabe übertragen haben. Wurde indessen ein Indossament angebracht, so haftet der Indossant als Rückgriffsschuldner (Art. 1111). Beim Check mit **Rektaklausel** (Art. 1108 Abs. 2) wie auch beim Nachindossament eines protestierten oder nicht vorgelegten Checks (Art. 1113) besteht keine checkrechtliche Haftung der Zedenten. Doch es haften auch hier der *Aussteller und sein Bürge* als Checkverpflichtete (Art. 1128) für die Zahlung des Checks (Art. 1143 Abs. 1 Ziff. 3 i.V.m. Art. 999 Abs. 1; Art. 1114). 6

Wegen des Akzeptverbots (Art. 1104) besteht im Unterschied zum Wechselrecht **keine** checkrechtliche **Rückgriffshaftung für die Annahme** und für die Ehrenannahme. Ebenfalls keine checkrechtliche Garantieverpflichtung, sondern eine nach allgemeinen Grundsätzen zu beurteilende Erklärung liegt in der sog. Einlösungszusage bzw. Einlösungsgarantie der **bezogenen** Bank, mit der über die ordentliche Deckungsbestätigung hinaus eine eigenständige Verpflichtung gegenüber dem Inhaber begründet wird (JÄGGI/DRUEY/VON GREYERZ, 311 f.). Nicht Gegenstand des Checkrückgriffs ist schliesslich die Verpflichtung zum Ersatz des Schadens, den der Bezogene dem Aussteller (bei zu Unrecht abgegebener Nichteinlösungsbestätigung; ZIMMERMANN, N 63) oder dem Einreicher (durch unrichtige Deckungsbestätigung oder versäumte Dishonorierungserklärung; JÄGGI/DRUEY/VON GREYERZ, 301) zufügen kann. 7

III. Voraussetzungen

1. Präsentation

Nur der **rechtzeitig vorgelegte** Check berechtigt zum Rückgriff. Die Fristen zur Vorlegung des Checks zur Zahlung gemäss Art. 1116–1118 müssen zur Erhaltung des Rückgriffsrechts gewahrt sein. Vorzulegen ist der Check während der üblichen Geschäftsstunden des Bezogenen bzw. des Domiziliaten. Als Vorlegung gilt auch der schuldlos vergebliche Vorlegungsversuch, der etwa dann gegeben ist, wenn sich am Zahlungsort keine Geschäftsräume des Bezogenen bzw. Domiziliaten haben finden lassen, oder wenn dort niemand anzutreffen war, der für die Entgegennahme des Checks zuständig ist (BAUMBACH/HEFERMEHL, Art. 40 SchG N 3). 8

2. Nichteinlösung

Rückgriff kann nur *mangels Zahlung* genommen werden (Titel vor Art. 1128 ff.). Einzig zulässiger Grund für die Rückgriffsnahme auf die Checkverpflichteten ist demnach das 9

Ausbleiben der Checkeinlösung durch den Bezogenen. Im Falle der Teilzahlung besteht das Rückgriffsrecht nur für den nicht bezahlten Teil der Checksumme (Art. 1143 Abs. 1 Ziff. 8 i.V.m. Art. 1029 Abs. 2).

10 Andere, dem Wechselrecht bekannte Gründe berechtigen **nicht** zum Rückgriff. Das Akzeptverbot im Checkrecht (Art. 1104) schliesst eine Haftung mangels *Annahme* aus. Weil der Check notwendigerweise auf Sicht zahlbar ist, begründet auch die *Unsicherheit* zukünftiger Zahlung, insb. die Unsicherheit des Bezogenen, kein Rückgriffsrecht. Wegen der kurzen Vorlegungsfristen fehlt hierfür auch ein praktisches Bedürfnis (JACOBI, 843; **a.M.** ZIMMERMANN, N 16 ff.).

3. Feststellung der Nichteinlösung

a) Allgemeines

11 Anders als beim Wechsel (Art. 1033 Abs. 1) braucht die Nichtzahlung nicht notwendigerweise durch eine öffentliche Urkunde (Protest) festgestellt zu werden, vielmehr genügt eine Erklärung des Bezogenen oder der Check-Abrechnungsstelle. Die Möglichkeit eines solchen **Privatprotestes** (Dishonorierungs- oder Nichteinlösungserklärung) wurde zugelassen, weil der Bezogene stets eine Bank ist (Art. 1102; GERBER, 102). Die beiden in Ziff. 2 und 3 geregelten Erklärungen werden auch *Ersatzerklärungen* genannt, weil sie anstelle des Protestes durch eine Urkundsperson treten, oder *gleich bedeutende Feststellungen* (vgl. Art. 1129 Abs. 1), weil sie wie der Protest nicht nur die Funktion eines Beweismittels haben, sondern eine sachliche Voraussetzung für die Geltendmachung des Rückgriffsrechts darstellen, deren Fehlen von Amtes wegen festzustellen ist (BGHZ 96, 15). Nicht gleich wie beim Protest (Art. 1041) ist indessen die *Strenge*, mit welcher die Gültigkeit der Ersatzerklärung von der Einhaltung der Form- und Inhaltsvorschriften abhängig gemacht wird (N 15 ff.). Ferner ist hinsichtlich der *Beweiskraft* die Nichteinlösungsbescheinigung als Privaturkunde der freien richterlichen Würdigung anheim gestellt, während für den Protest Art. 9 ZGB anwendbar ist (ZIMMERMANN, N 53).

12 Die drei Arten der *Feststellung* i.S.v. Art. 1128 stehen einander gleichwertig gegenüber, der Inhaber hat die **Wahl**, wie er vorgehen will. Eine Ausnahme hiervon besteht beim vergeblichen Vorlegungsversuch (N 8). Hier ist die Feststellung einzig durch Protest (Wandprotest, Windprotest) zulässig (JÄGGI/DRUEY/VON GREYERZ, 300).

13 Auch beim Check kann der **Protest erlassen** werden (Art. 1143 Abs. 1 Ziff. 11). Der Erlass entbindet von *allen* in Art. 1128 genannten Feststellungsformen für die Nichteinlösung (Art. 1143 Abs. 3). Im Übrigen ist Art. 1043 (Protesterlass beim Wechsel) anwendbar, soweit er sich nicht auf die *Annahme* des Wechsels bezieht (Art. 1143 Abs. 2). Der Protesterlass ist beim Check von geringer praktischer Bedeutung (BÜLOW, Art. 43 SchG N 1).

b) Protest (Ziff. 1)

14 Der Protest ist durch **öffentliche Urkunde** festzustellen. Aufgrund der Verweisung in Art. 1143 Abs. 1 Ziff. 9 gelten die Bestimmungen über den Wechselprotest, wobei Art. 1038 (Teilannahme) von der Verweisung ausgenommen ist. Wegen der vermeidbaren Kosten und der Umtriebe kommt der Checkprotest in der Praxis kaum vor.

c) Erklärung des Bezogenen (Ziff. 2)

Das Checkrecht schreibt der bezogenen Bank nicht vor, bei fehlender Deckung von sich aus eine Dishonorierungserklärung auf dem Check anzubringen. *Grundsätzlich* muss deshalb der Inhaber diese Erklärung von der bezogenen Bank **verlangen,** andernfalls wird ihm der Check unverändert zurückgegeben (BGE 102 II 276; ZIMMERMANN, N 66; BÜLOW, Art. 40 SchG N 13 f.; BAUMBACH/HEFERMEHL, Art. 40 SchG N 4; BGH WM 1975, 755). Wurde die Erklärung rechtzeitig verlangt und **zugesagt,** so haftet die bezogene Bank für die versäumte Dishonorierungserklärung (JÄGGI/DRUEY/VON GREYERZ, 301; KGer GR, PKG 1983, 59). Eine solche Zusage enthält die **Konvention XIII** der Schweizerischen Bankiervereinigung vom 1.7.1984 betr. Vereinfachung des Inkassos von Wechseln und Checks, die in Art. 2 Ziff. 2 die bezogene Bank im Rahmen eines Inkassoauftrags zur Abgabe der Dishonorierungserklärung verpflichtet.

Zuständig für den Vermerk ist der **Bezogene,** nicht ein Dritter, etwa eine Inkassobank (BÜLOW, Art. 40 SchG, N 12). Weil der Vermerk lediglich die Beurkundung einer Tatsache, nicht aber ein Rechtsgeschäft darstellt, macht das Fehlen einer Zweitunterschrift neben der des kollektivzeichungsberechtigten Bankprokuristen den Nichteinlösungsvermerk nicht ungültig (BÜLOW, Art. 40 SchG N 9, 12; BAUMBACH/HEFERMEHL, Art. 40 SchG N 4; JACOBI, 854 f.; **a.M.** RGZ 100, 141; OLG Oldenburg, NJW 1957, 1285; JÄGGI/DRUEY/VON GREYERZ, 300 FN 23; ZIMMERMANN, N 48 f.). Dennoch empfiehlt sich die Kollektivzeichnung.

Aus der **schriftlichen Erklärung** des Bezogenen muss hervorgehen, wann der Check vorgelegt und dass er nicht bezahlt wurde (z.B. «vorgelegt am ... und nicht bezahlt»). Nicht ausreichend ist etwa der blosse Vermerk «Vom Aussteller gesperrt» (BGH ZIP 1989, 562).

Die Erklärung muss **auf dem Check** selbst angebracht werden. In der Regel wird ein Stempel verwendet, der auf der Rückseite angebracht wird. Ungültig ist die Verwendung einer Allonge, wie sie beim Protest vorgeschrieben ist (Art. 1037; BGE 102 II 273; OGer ZH, ZR 1977, 160 f.; GERBER, 105; **a.M.** ZIMMERMANN, N 46; JACOBI, 856).

Die Erklärung muss **datiert** werden. Das Datum ist deshalb bedeutsam, weil die Feststellung *vor Ablauf der Vorlegungsfrist vorzunehmen* ist (Art. 1129; BGH WM 1995, 56). Auch die Datierung ist keine blosse Formvorschrift zwecks Nachweis der Rechtzeitigkeit, der auch anders geführt werden kann, sondern eine selbständige Voraussetzung für die Erhaltung des Rückgriffsrechts. Eine nachträglichen Datierung ist – auch wenn die Vorlegung selbst rechtzeitig erfolgt war – ungenügend. Mit dieser Regelung sollen Verdunkelung und Beweisschwierigkeiten vermieden werden. Fehlt das Datum oder wurde es nicht rechtzeitig angebracht, so ist der Vermerk unwirksam und es entfällt das Rückgriffsrecht (BGHZ 115, 252), wenn der Mangel nicht innerhalb der Frist des Art. 1129 berichtigt wird (BGH ZIP 1989, 562; KassGer ZH, SJZ 1974, 114). Die Erklärung muss von Hand **unterzeichnet** sein (N 16; ZIMMERMANN, N 47; **a.M.** BÜLOW, Art. 40 SchG N 9).

d) Erklärung der Abrechnungsstelle (Ziff. 3)

Die Abrechnungsstelle (in der Schweiz die Telekurs AG bzw. die Schweizerische Nationalbank, Art. 1118) hat lediglich zu bestätigen, dass der Check *rechtzeitig eingeliefert* und *nicht bezahlt* worden ist. Diese Erklärung ist zu *datieren.* Nicht erforderlich sind die Angabe des Einlieferungstages, die Unterzeichnung der Erklärung und das Anbringen der Erklärung auf dem Check selbst (BAUMBACH/HEFERMEHL, Art. 40 SchG N 4; **a.M.** GERBER, 106).

IV. Rechtsfolgen

1. Benachrichtigungspflicht

21 Wie beim Not leidenden Wechsel besteht auch beim Check eine **Benachrichtigungspflicht** des Inhabers und seiner Vormänner, sobald eine der drei Dishonorierungs-Feststellungen gemäss Art. 1128 Ziff. 1–3 gegeben ist oder – beim Protesterlass – der Check trotz fristgemässer Vorlegung nicht bezahlt wurde (Art. 1143 Abs. 1 Ziff. 10, Abs. 2 f.). Die Benachrichtigungspflicht besteht auch bei einem mit Indossamenten versehenen Inhabercheck, ferner gegenüber dem Aussteller, dem jedoch ein Schadenersatzanspruch wegen Verletzung der Benachrichtigungspflicht (Art. 1042 Abs. 6) nicht zusteht (JACOBI, 847). Wer nicht Checkverpflichteter ist (z.B. der vormalige Besitzer eines Inhaberchecks), braucht nicht benachrichtigt zu werden (BÜLOW, Art. 42 SchG N 1). Die Frist zur Benachrichtigung durch den Inhaber beträgt vier Werktage (BGE 99 II 341). Für die Einzelheiten wird auf die Ausführungen zu Art. 1042 und auf ZIMMERMANN (525 ff.) verwiesen. Der kraft Verweisung anwendbare Art. 1042 auferlegt nun aber nur dem **Inhaber** (und seinen Vormännern) eine Benachrichtigungspflicht, lässt also die Informationsbedürfnisse des Einreichers und der Inkassobank im Rahmen eines Inkassoverfahrens ausser Acht. Deshalb wird in Konvention XIII der Schweizerischen Bankiervereinigung (N 15) die Benachrichtigungs*pflicht* auf die bezogene Bank und die Transitbanken ausgedehnt. Ferner wird von der Lehre zumindest eine analoge Anwendung von Art. 1042 beim Inkassoverfahren gefordert. Damit sind indessen noch nicht die *Frist*probleme gelöst, die beim Checkinkasso im Zusammenhang mit Benachrichtigung und Checkrückgabe bestehen (JÄGGI/DRUEY/VON GREYERZ, 302 f.). Denn das Verfahren der zentralen Checkverarbeitung benötigt ebenfalls Zeit, so dass es sich empfiehlt, den Check *frühzeitig* zum Inkasso zu übergeben (MEIER-HAYOZ/VON DER CRONE, 252 ff.).

2. Solidarische Haftung aller Checkverpflichteten

22 Alle Garantieschuldner des Checks haften dem Inhaber **solidarisch** für die Zahlung. Der Inhaber ist befugt, Indossamente zu überspringen und auf übersprungene Indossamente zurückzukommen (Sprungregress und Variationsrecht). Es kann damit auf die Ausführungen zu Art. 1044 verwiesen werden, der gemäss Art. 1143 Abs. 1 Ziff. 12 und Abs. 2 auch für den Checkrückgriff gilt.

3. Rechte des Einlösers

23 Der Anspruch des Einlösers auf **Aushändigung** der Checkpapiere und einer Quittung ergibt sich ebenfalls aus einer gesetzlichen Verweisung auf das Wechselrecht (Art. 1143 Abs. 1 Ziff. 13; s. Ausführungen zu Art. 1047). Auch beim Ordrecheck ist der Einlöser berechtigt, sein eigenes und die nachfolgenden Indossamente zu streichen (BÜLOW, Art. 47 SchG N 6).

24 Wer als **Checkverpflichteter** (oben N 5 f.) aus dem Check belangt wird (Art. 1128) oder den Check *von sich aus* einlöst (Art. 1047), hat seinerseits ein Rückgriffsrecht gegen seine eigenen Vormänner. Für diesen sog. **Einlösungsrückgriff** gelten kraft Verweisung Art. 1143 Abs. 1 Ziff. 12 f., Art. 1046 (Rückgriffsrecht des Einlösers, Berech-

nung seines Anspruchs), Art. 1044 Abs. 3 (solidarische Haftung auch der Vormänner gegenüber dem Einlöser) und Art. 1047 (Pflicht, dem zahlenden Vormann den Check, den allfälligen Protest und eine Quittung auszuhändigen). Es wird auf die Ausführungen zu jenen Bestimmungen verwiesen. Die Verweisung auf das Wechselrecht gebietet die *entsprechende* und verbietet eine extensive Anwendung von Art. 1044 Abs. 3 i.V.m. Art. 1046. Deshalb steht nur dem Check*verpflichteten* der checkrechtliche Einlösungsrückgriff zu, nicht aber dem früheren Inhaber eines blanko indossierten Checks oder eines Inhaberchecks, wenn der Inhaber den Check ohne eigenes Indossament weitergegeben hatte und diesen nachträglich dennoch freiwillig einlöst (**a.M.** ZIMMERMANN, Art. 1130 N 26).

4. Nachindossament. Durchsetzung. Verjährung

Ein nach dem Zeitpunkt der Protesterhebung (oder Ersatzerklärung) angebrachtes **Indossament** hat nur die Wirkung einer gewöhnlichen Abtretung (Art. 1113). Dasselbe gilt entsprechend für den Inhabercheck (BGH WM 1989, 1009). 25

Die Durchsetzung der Rückgriffsrechte durch den Inhaber oder den Einlöser kann auf dem Wege der **Wechselbetreibung** erfolgen, sofern der Rückgriffsschuldner konkursfähig ist (Art. 177 SchKG; Art. 1033 N 20; BGE 113 III 123). Sind die Rückgriffsvoraussetzungen gegeben, bildet der Check im Rahmen einer ordentlichen Betreibung einen Rechtsöffnungstitel i.S.v. Art. 82 Abs. 1 SchKG (Schuldbetreibungs- und Konkurskommission BE, ZBJV 1966, 148). 26

Der Regressanspruch **verjährt** nach sechs Monaten, bei unterschiedlichem Fristbeginn für Erst- und Einlösungsrückgriff (Art. 1134). 27

5. Präjudizierung

Obwohl im Checkrecht eine dem Art. 1050 (Präjudizierung) entsprechende Bestimmung fehlt und obwohl der Verweisungskatalog des Art. 1143 den Art. 1050 nicht ausdrücklich aufführt, ist das Rückgriffsrecht des Inhabers gegen sämtliche Checkverpflichteten **verwirkt,** wenn der Check nicht fristgemäss vorgelegt oder die Nichteinlösung nicht ordnungs- und fristgemäss festgestellt wurde (zur Frist s. Art. 1129). Dies ergibt sich aus der unmissverständlichen Umschreibung der Rückgriffsvoraussetzungen in Art. 1128 f. Auch beim präjudizierten Check ist der **Bereicherungsanspruch** des Art. 1052 gegeben (s. dort; Art. 1143 Abs. 1 Ziff. 14; vgl. für das deutsche Recht BGHZ 115, 252 f.). 28

Ist das Rückgriffsrecht verwirkt, kann **auch gegen den Aussteller** ein checkrechtlicher Rückgriff nicht mehr genommen werden, denn der Aussteller ist – anders als beim Eigenwechsel – nur Garant und nicht Hauptschuldner. Dies folgt aus der Natur des Checks als Anweisung mit der Besonderheit, dass der Anweisende für die Zahlung haftet (HUECK/CANARIS, 178). 29

Wie der präjudizierte Wechsel ist auch der präjudizierte Check **nicht als Schuldanerkennung** des Checkausstellers für das die Checkbegebung veranlassende Grundverhältnis anzusehen, denn eine solche Umdeutung würde Art. 1128 für den Aussteller aushöhlen (Art. 1050 N 9; BGH ZIP 1989, 563; BGHZ, 3, 239; BAUMBACH/HEFERMEHL, Art. 40 SchG N 1; BÜLOW, Art. 2 SchG N 3; ZIMMERMANN, N 13). 30

Art. 1129

2. Protesterhebung. Fristen	**[1] Der Protest oder die gleichbedeutende Feststellung muss vor Ablauf der Vorlegungsfrist vorgenommen werden.**
	[2] Ist die Vorlegung am letzten Tage der Frist erfolgt, so kann der Protest oder die gleichbedeutende Feststellung auch noch an dem folgenden Werktage vorgenommen werden.
2. Protêt. Délais	[1] Le protêt ou la constatation équivalente doit être fait avant l'expiration du délai de présentation.
	[2] Si la présentation a lieu le dernier jour du délai, le protêt ou la constatation équivalente peut être établi le premier jour ouvrable suivant.
2. Protesto. Termini	[1] Il protesto o la constatazione equivalente deve farsi prima che sia spirato il termine di presentazione.
	[2] Se la presentazione è fatta l'ultimo giorno del termine, il protesto o la constatazione equivalente può farsi il primo giorno feriale successivo.

Literatur

Vgl. Literaturhinweise bei den Vorbem. zu Art. 1128–1131.

1 Nach Abs. 1 hat die Protesterhebung bzw. die Abgabe der gleich bedeutenden Feststellung (Art. 1028 Ziff. 2 f.) *vor Ablauf der Vorlegungsfrist* zu erfolgen (Art. 1116 ff.; KGer GR, PKG 1983, 56). Protest- und Vorlegungsfrist sind somit grundsätzlich identisch. Einzig bei Vorlegung des Checks am letzten Tage der Vorlegungsfrist verlängert sich die Frist zur Protesterhebung bzw. zur Abgabe der gleich bedeutenden Erklärung bis zum folgenden Werktag (Abs. 2). Dies entspricht der Regelung beim Sichtwechsel (Art. 1034 Abs. 3 Satz 2). Der Samstag gilt nicht als Werktag (Art. 1034 N 16).

2 Innerhalb der Vorlegungsfrist kann der Check mehrmals vorgelegt werden, ohne dass gleich ein Protest zu erheben oder eine gleich bedeutende Feststellung vorzunehmen ist (GERBER, 103). Die Fristeinhaltung ist im Übrigen sachliche Voraussetzung für die Wahrung des Regressrechts. Eine verspätete Erklärung ist wirkungslos (OGer ZH, ZR 1977, 160; BAUMBACH/HEFERMEHL, Art. 41 SchG N 2; zur Verwirkungsfolge s. Art. 1028 N 28 ff.).

Art 1130

3. Inhalt der Rückgriffsforderung	**Der Inhaber kann im Wege des Rückgriffs verlangen:**
	1. die Checksumme, soweit der Check nicht eingelöst worden ist;
	2. Zinsen zu sechs vom Hundert seit dem Tage der Vorlegung;
	3. die Kosten des Protestes oder der gleichbedeutenden Feststellung und der Nachrichten sowie die anderen Auslagen;
	4. eine Provision von höchstens einem Drittel Prozent.
3. Etendue du recours	Le porteur peut réclamer à celui contre lequel il exerce son recours:
	1. le montant du chèque non payé;
	2. les intérêts au taux de 6% à partir du jour de la présentation;

	3. les frais du protêt ou de la constatation équivalente, ceux des avis donnés, ainsi que les autres frais;
	4. un droit de commission d'un tiers pour cent au plus.
3. Estensione del regresso	Il portatore può chiedere in via di regresso:
	1. l'ammontare dell'assegno bancario non pagato;
	2. gli interessi al tasso del sei per cento dal giorno della presentazione;
	3. le spese per il protesto o la constatazione equivalente, quelle per gli avvisi dati e le altre spese;
	4. la provvigione di non più d'un terzo per cento

Literatur

Vgl. Literaturhinweise bei den Vorbem. zu Art. 1128–1131.

I. Anwendungsbereich. Verweisung auf das Wechselrecht

In Art. 1130 werden der Umfang und die Zusammensetzung der Rückgriffsforderung des Checkinhabers beim **Erstrückriff** bestimmt. Die Regelung *entspricht* jener im Wechselrecht, so dass auf die Ausführungen zu Art. 1045 Abs. 1 verwiesen werden kann. Eine Verzinsung der Checksumme fällt gemäss Ziff. 1 ausser Betracht (vgl. Art. 1106). Die Zinsen gemäss Ziff. 2 sind vom Tage der effektiven Vorlegung an geschuldet, nicht vom letzten Tage der Vorlegungsfrist (BÜLOW, Art. 45 SchG N 3).

Art. 1130 begründet **nicht** den **Einlösungsrückgriff**. Die Rückgriffsforderung, die dem einlösenden Garanten gegen seine eigenen Vormänner im Rahmen der Zweit-, Dritteinlösung usw. zusteht, richtet sich kraft der Verweisung in Art. 1143 Ziff. 13 unmittelbar nach der wechselrechtlichen Bestimmung des Art. 1046, weshalb auch diesbezüglich auf die dortigen Ausführungen verwiesen wird. Die Regresssumme des Art. 1130 bildet – sofern der Einlöser alles bezahlt hat – die Basis für die Berechnung seiner eigenen Rückgriffsforderung gemäss Art. 1046 Ziff. 1.

II. Weitere Ansprüche des Inhabers

Neben der Regresssumme gemäss Art. 1130 schuldet der *Aussteller* unabhängig vom Verschulden dem *Checkinhaber* 5% des nicht gedeckten Checkbetrages als eine Art Privatstrafe für die Verletzung des Deckungsgebotes. Die Geltendmachung eines weiteren, über Regress- und Strafsumme hinausgehenden Schadens ist nicht ausgeschlossen, richtet sich aber nach den allgemeinen Grundsätzen des OR (Art. 1103 Abs. 3; JÄGGI/DRUEY/VON GREYERZ, 282).

Art. 1131

4. Vorbehalt der höheren Gewalt	¹ Steht der rechtzeitigen Vorlegung des Checks oder der rechtzeitigen Erhebung des Protestes oder der Vornahme einer gleichbedeutenden Feststellung ein unüberwindliches Hindernis entgegen (gesetzliche Vorschrift eines Staates oder ein anderer Fall höherer Gewalt), so werden die für diese Handlungen bestimmten Fristen verlängert.

² Der Inhaber ist verpflichtet, seinen unmittelbaren Vormann von dem Falle der höheren Gewalt unverzüglich zu benachrichtigen und die Benachrichtigung unter Beifügung des Tages und Ortes sowie seiner Unterschrift auf dem Check oder einem Anhang zu vermerken; im übrigen finden die Vorschriften des Artikels 1042 Anwendung.

³ Fällt die höhere Gewalt weg, so muss der Inhaber den Check unverzüglich zur Zahlung vorlegen und gegebenenfalls Protest erheben oder eine gleichbedeutende Feststellung vornehmen lassen.

⁴ Dauert die höhere Gewalt länger als 15 Tage seit dem Tage, an dem der Inhaber selbst vor Ablauf der Vorlegungsfrist seinen Vormann von dem Falle der höheren Gewalt benachrichtigt hat, so kann Rückgriff genommen werden, ohne dass es der Vorlegung oder der Protesterhebung oder einer gleichbedeutenden Feststellung bedarf.

⁵ Tatsachen, die rein persönlich den Inhaber oder denjenigen betreffen, den er mit der Vorlegung des Checks oder mit der Erhebung des Protestes oder mit der Herbeiführung einer gleichbedeutenden Feststellung beauftragt hat, gelten nicht als Fälle höherer Gewalt.

| 4. Réserve concernant la force majeure | ¹ Quand la présentation du chèque, la confection du protêt ou la constatation équivalente dans les délais prescrits est empêchée par un obstacle insurmontable (prescription légale d'un Etat quelconque ou autre cas de force majeure), ces délais sont prolongés.

² Le porteur est tenu de donner, sans retard, avis du cas de force majeure à son endosseur et de mentionner cet avis, daté et signé de lui, sur le chèque ou sur une allonge; pour le surplus, les dispositions de l'art. 1042 sont applicables.

³ Après la cessation de la force majeure, le porteur doit, sans retard, présenter le chèque au paiement et, s'il y a lieu, faire établir le protêt ou une constatation équivalente.

⁴ Si la force majeure persiste au-delà de quinze jours à partir de la date à laquelle le porteur a, même avant l'expiration du délai de présentation, donné avis de la force majeure à son endosseur, les recours peuvent être exercés, sans que ni la présentation ni le protêt ou une constatation équivalente soit nécessaire.

⁵ Ne sont pas considérés comme constituant des cas de force majeure les faits purement personnels au porteur ou à celui qu'il a chargé de la présentation du chèque ou de l'établissement du protêt ou d'une constatation équivalente. |
|---|---|
| 4. Riserva della forza maggiore | ¹ Se un ostacolo insormontabile (disposizione di legge di uno Stato o altro caso di forza maggiore) impedisce di presentare l'assegno bancario, di levare il protesto o di ottenere la constatazione equivalente nei termini stabiliti, questi sono prolungati.

² Il portatore è tenuto a dare avviso senza indugio del caso di forza maggiore al girante precedente e a fare, sull'assegno bancario o sull'allungamento, menzione datata e sottoscritta di questo avviso; per il resto si applicano le disposizioni dell'articolo 1042.

³ Cessata la forza maggiore, il portatore deve presentare senza indugio l'assegno bancario per il pagamento e, se necessario, levare protesto od ottenere la constatazione equivalente. |

⁴ Se la forza maggiore dura oltre quindici giorni dal giorno in cui il portatore ha dato avviso della forza maggiore al precedente girante, ancorché detto avviso sia stato dato prima dello spirare del termine di presentazione, il regresso può essere esercitato senza bisogno di presentazione, di protesto o della constatazione equivalente.

⁵ Non sono considerati casi di forza maggiore i fatti puramente personali al portatore o alla persona da lui incaricata di presentare l'assegno bancario, di levare il protesto o di ottenere la constatazione equivalente.

Literatur

Vgl. Literaturhinweise bei den Vorbem. zu Art. 1128–1131.

I. Übersicht

Art. 1131 regelt den Fall, dass **höhere Gewalt** die Vorlegung des Checks, die Erhebung des Protests oder die gleich bedeutende Feststellung verunmöglicht. Dabei wird für die Vornahme dieser checkrechtlichen Handlungen zunächst eine **Fristverlängerung** gewährt (Abs. 1), bei Andauern der höheren Gewalt wird von den rückgriffswahrenden Vorkehrungen gänzlich **entbunden,** so dass die Garantieschuldner unmittelbar belangt werden können (Abs. 4). Der Inhaber muss seinen unmittelbaren Vormann vom Vorliegen der höheren Gewalt benachrichtigen (Abs. 2).

II. Verweisung auf das Wechselrecht

Art. 1131 entspricht der Regelung im Wechselrecht, so dass auf die Erläuterungen zu Art. 1051 verwiesen werden kann (vgl. ferner ZIMMERMANN, N 5 ff.). Dabei ist zu beachten, dass die *gleich bedeutenden Feststellungen* gemäss Art. 1128 Ziff. 2 f. mit dem Protest durch öffentliche Urkunde stets **gleichgestellt** sind.

III. Besonderheiten gegenüber dem Wechselrecht

Anders als im Wechselrecht muss die Dauer der höheren Gewalt nicht 30, sondern nur **15 Tage** betragen, damit der Inhaber von der Vorlegung, der Protesterhebung oder der Einholung der gleich bedeutenden Feststellung entbunden wird (Abs. 4). Da der Check wie der Sichtwechsel bei Vorlegung zu zahlen ist, beginnt der Fristenlauf am Tage nach der *Benachrichtigung* des Vormannes durch den Inhaber (gemäss Abs. 2), also nicht mit dem Verfall (vgl. Art. 1051 Abs. 4 f.).

VII. Gefälschter Check

Art. 1132

Der aus der Einlösung eines falschen oder verfälschten Checks sich ergebende Schaden trifft den Bezogenen, sofern nicht dem in dem Check genannten Aussteller ein Verschulden zur Last fällt, wie namentlich eine nachlässige Verwahrung der ihm überlassenen Checkformulare.

Le dommage résultant d'un chèque faux ou falsifié est à la charge du tiré si aucune faute n'est imputable à la personne désignée comme tireur dans le titre; la faute du tireur consistera notamment dans le fait de n'avoir pas veillé avec assez de soin à la conservation des formulaires de chèque qui lui ont été remis.

Il danno cagionato dal pagamento d'un assegno bancario falso o falsificato è sopportato dal trattario, salvo che il traente designato nel titolo sia in colpa, specialmente per non aver custodito con la necessaria diligenza i formulari d'assegno che gli erano stati consegnati.

Literatur

Vgl. die Literaturhinweise zu den Vorbem. zu Art. 1100–1144.

I. Allgemeines

1 Die Bestimmung von **Art. 1132** ist **im EinhSchG nicht enthalten,** ebenso wenig im Checkrecht unserer Nachbarstaaten. Sie regelt einzig das **Rechtsverhältnis** zwischen dem **Aussteller** und der **Bezogenen** im Falle der Einlösung eines falschen oder verfälschten Checks (vgl. ZIMMERMANN, N I 1–5). Das Gesetz erfasst dabei **jede Art der Fälschung oder Verfälschung** (vgl. N 2 f.) eines Checks (ZIMMERMANN, N II 4).

II. Begriffe

2 Als **falscher** Check gilt derjenige Check, der nicht von dem im Urkundstext bezeichneten «Aussteller» herrührt, bzw. dessen **Unterschrift** gefälscht wurde (vgl. JÄGGI/DRUEY/VON GREYERZ, 229).

3 Beim **verfälschten** Check wurde der **Inhalt** der wirklich vom Aussteller unterschriebenen Urkunde verändert, so dass er nicht mehr mit der ursprünglichen Erklärung des Ausstellers übereinstimmt (vgl. JÄGGI/DRUEY/VON GREYERZ, 229).

III. Tragen des Schadens

4 Als **Grundsatz** gilt, dass die **Bezogene** den sich aus der Einlösung eines falschen oder verfälschten Checks ergebenden Schaden zu tragen hat. Diese **Legalhaftung** ist **verschuldensunabhängig;** sie trifft die Bezogene stets, wenn nicht – aufgrund seines Verschuldens – der Aussteller selbst haftet (vgl. N 5).

5 Als **Ausnahme** gilt, dass der **Aussteller** haftet, sofern ihm ein **Verschulden** zur Last fällt. Dabei haftet er für **jedes Verschulden,** also auch für leichte Fahrlässigkeit (ZIMMERMANN, N II 1 f.). Ein Verschulden des Ausstellers kann jedoch nicht vorliegen, wenn er den Check **ordnungsgemäss** ausgefüllt und übergeben hat und **hiernach** eine **Verfälschung** erfolgt, da sich diese regelmässig ausserhalb seines Einflussbereichs ereignet (ZIMMERMANN, N II 4, 14).

6 Die Bestimmung von **Art. 1132** ist **dispositiver Natur;** sie kommt daher lediglich dann zum Tragen, wenn zwischen den Parteien (Aussteller und Bezogene) aufgrund der demnach bestehenden Vertragsfreiheit – im Rahmen von Art. 100 und 101 – keine anderweitige Regelung getroffen wurde (SJ 1972, 38 f. E. a m.Nw.; SJ 1977, 46 m.Nw.; ZIMMERMANN, N II 3, 8–10).

7 Regelmässig treffen die Banken daher von der Haftungsregelung von Art. 1132 abweichende Vereinbarungen mit ihren Checkkunden. In ihren **AGB** bzw. **Allgemeinen Checkbedingungen,** die i.d.R. jedem Checkvertrag zugrunde liegen, überwälzen sie so das Risiko der Fälschung oder Verfälschung von Checkformularen auf den Kunden; zu-

dem wird meist die Haftung der Bezogenen auf grobes Verschulden reduziert (Art. 100; SJ 1977, 46 f. m.Nw.; ZIMMERMANN, N II 5–8). Im Rahmen der allgemeinen Bestimmungen des Vertragsrechts und insb. der Grenzen der Vertragsfreiheit können daher zwischen der Bezogenen und dem Aussteller **beliebige Absprachen** über die Tragung des Fälschungsrisikos getroffen werden (ZIMMERMANN, N II 10). Die Banken ihrerseits bestimmen – in gegenseitiger Absprache zwischen den wichtigen Instituten – die Modalitäten der **internen Prüfung und Sicherheitsmassnahmen** bei der Entgegennahme von Checks (ZIMMERMANN, N II 11 f.). Vgl. zur gesamten Problematik auch BGE 122 III 31 f. und 122 III 374 ff.

Im Schadenfall kann sich bei **beidseitigem Verschulden.** d.h. bei Vorliegen eines konkurrierenden Verschuldens sowohl des Ausstellers als auch der Bezogenen, die Frage stellen, ob und wie die Schadenstragung zwischen den Parteien zu verteilen sei. Gemäss den allgemeinen diesbezüglichen Grundsätzen des Haftpflichtrechts (**Art. 44 Abs. 1 i.V.m. Art. 99 Abs. 3**), die hier anzuwenden sind (ZIMMERMANN, N II 14, m.Nw.; vgl. BSK OR I-SCHNYDER, Art. 44; BSK OR I-WIEGAND, Art. 99), ist eine entsprechende Aufteilung des Schadens zulässig (BGE 112 II 457 E. 4 = Pra 1987, 512 E. 4; ZIMMERMANN, N II 14 f.). 8

VIII. Ausfertigung mehrerer Stücke eines Checks

Art. 1133

Checks, die nicht auf den Inhaber gestellt sind und in einem anderen Lande als dem der Ausstellung oder in einem überseeischen Gebiete des Landes der Ausstellung zahlbar sind, und umgekehrt, oder in dem überseeischen Gebiete eines Landes ausgestellt und zahlbar sind, oder in dem überseeischen Gebiete eines Landes ausgestellt und in einem anderen überseeischen Gebiete desselben Landes zahlbar sind, können in mehreren gleichen Ausfertigungen ausgestellt werden. Diese Ausfertigungen müssen im Texte der Urkunde mit fortlaufenden Nummern versehen sein; andernfalls gilt jede Ausfertigung als besonderer Check.

Sauf les chèques au porteur, tout chèque émis dans un pays et payable dans un autre pays ou dans une partie d'outre-mer du même pays et vice versa, ou bien émis et payable dans la même partie ou dans diverses parties d'outre-mer du même pays, peut être tiré en plusieurs exemplaires identiques. Lorsqu'un chèque est établi en plusieurs exemplaires, ces exemplaires doivent être numérotés dans le texte même du titre, faute de quoi chacun d'eux est considéré comme un chèque distinct.

Ad eccezione degli assegni bancari al portatore, qualsiasi assegno bancario, emesso in un Paese e pagabile in un altro Paese oppure in una parte d'oltre mare dello stesso Paese o viceversa, oppure emesso e pagabile nella stessa o in diverse parti d'oltre mare dello stesso Paese, può essere emesso in diversi esemplari (duplicati). Se un assegno bancario è emesso in diversi duplicati, questi devono essere numerati nel contesto di ciascun titolo; in difetto, si considerano come altrettanti assegni bancari distinti.

Literatur

BAUMBACH/HEFERMEHL/CASPER, Wechselgesetz Scheckgesetz Recht der kartengestützten Zahlungen, 23. Aufl. 2008; BOHNET, La théorie générale des papiers-valeurs, 2000; BÜLOW, WechselG, ScheckG, AGB, Heidelberger Kommentar, 4. Aufl. 2004; VON CAEMMERER (Hrsg.), Internationale Rechtsprechung zum Genfer Einheitlichen Wechsel- und Scheckrecht, 1. und 2. Folge, 1954/1967;

VON CAEMMERER/VON MARSCHALL FREIHERR (Hrsg.), Internationale Rechtsprechung zum Genfer Einheitlichen Wechsel- und Scheckrecht, 3. Folge, 1976; VON ESCHER, Einheitsgesetz und Einheitsrecht, 1992; HUECK/CANARIS, Recht der Wertpapiere, 12. Aufl. 1986; JACOBI, Wechsel- und Scheckrecht, 1955; KAPFER, Wechselgesetz und Scheckgesetz, 8. Aufl. 1981; MOSSA, Lo check e l'assegno circolare, 1939; PETITPIERRE-SAUVAIN, Les papiers-valeurs, Traité de droit privé suisse VIII/7, 2006; VASSEUR/MARIN, Le chèque, 1969; ZIMMERMANN, Kommentar zum Schweizerischen Scheckrecht, Art. 1100–1144 OR, 2. Aufl. 1980; ZÖLLNER, Wertpapierrecht, 14. Aufl. 1987.

I. Allgemeines

1 Da Checks nicht akzeptiert werden können (Art. 1104), besteht selten ein Bedürfnis für Vervielfältigung. Trotzdem wurde im Genfer Abkommen über das Einheitliche Scheckgesetz die Möglichkeit der Herstellung von Ausfertigungen (Duplikaten) – beschränkt – vorgesehen. Dies wurde mit der *Seegefahr,* insb. für Segelschiffe, begründet, was freilich heutzutage kaum mehr von **Bedeutung** ist (MOSSA, N 247; JACOBI, 973 ff.). Ganz ausgeschlossen wurden hingegen **Abschriften** (Kopien), weil sie beim Check, anders als beim Wechsel (Art. 1066 f.), als völlig unbedeutsam betrachtet wurden (MOSSA, N 245; JACOBI, 985 f.).

2 Auf Checkduplikate sind **Art. 1064 Abs. 1 Satz 1** und **Abs. 2** anwendbar (s. Verweis in Art. 1143 Abs. 1 Ziff. 16). Für die Folgen s. die Komm. dieser Bestimmungen (ausführlich dazu auch ZIMMERMANN, N 9 ff.).

II. Voraussetzungen (Satz 1)

1. Kein Inhabercheck

3 Die Herstellung von Ausfertigungen kommt nur beim **Order-** und beim **Rektacheck** in Frage. Eine Ausfertigung eines Inhaberchecks ist unzulässig, weil sie nur äusserlich ein Duplikat darstellen würde, und bei einer mehrfachen Indossierung wäre es unmöglich, die mehrfachen Indossanten zu individualisieren (JACOBI, 974; MOSSA, N 245; zur Regelung krit. ZIMMERMANN, N 4). Umstritten sind Rechtsnatur und Folgen von *Inhaberduplikatchecks,* die trotz Art. 1133 erstellt worden sind. Ein Teil der Lehre will jedes Duplikat als einen selbständigen Check ansehen (MOSSA, N 245: «tanti duplicati, tanti check»). Vorzuziehen ist die Meinung, wonach die Inhaberduplikate wertpapierrechtlich nichtig sind und blosse, jedoch gültige Anweisungen i.S.v. Art. 466 ff. darstellen (OR-Handkommentar-SCHWARZ, N 3; ZIMMERMANN, a.a.O.; JACOBI, 975 f.).

2. Kein Inlandcheck

4 Zugelassen sind nur Duplikate von **Auslandchecks,** von Checks also, die nicht im Inland ausgestellt und zahlbar sind und für die eine Transportgefahr angenommen wurde (MOSSA, N 245 ff.; JACOBI, 974 f.). Unzulässige Duplikate von *Inlandchecks* sind wertpapierrechtlich ungültig. Sie können Anweisung i.S.v. Art. 466 ff., allenfalls wechselähnliche Papiere i.S.v. Art. 1147 ff. sein (str.; wie hier ZIMMERMANN, N 5; JACOBI, 975 f.; **a.M.** MOSSA, N 246; VASSEUR/MARIN, N 113, die mehrere selbständige Checks annehmen).

III. Duplikatsklausel (Satz 2)

5 Werden Ausfertigungen hergestellt, so muss die Urkunde im Text fortlaufend **nummeriert** werden. Fehlt die Klausel, so gilt jede Urkunde als selbständiger Check. Die Be-

stimmung entspricht Art. 1063 Abs. 2 (vgl. dort; s.a. ZIMMERMANN, N 7 f.; PETIT-PIERRE-SAUVAIN, FN 668).

IV. Internationales Recht

Art. 1133 entspricht der einheitlichen Regelung von **Art. 49 EinhSchG** (und Art. 49 ScheckG, Art. 49 öScheckG, Art. 49 D. L. 1935 und Art. 66 R.D. 1736). Für die Urteilsfindung können Urteile der Vertragsstaaten berücksichtigt werden (h.M.: s. Art. 1063 N 14).

IX. Verjährung

Art. 1134

[1] **Die Rückgriffsansprüche des Inhabers gegen die Indossanten, den Aussteller und die anderen Checkverpflichteten verjähren in sechs Monaten vom Ablauf der Vorlegungsfrist.**

[2] **Die Rückgriffsansprüche eines Verpflichteten gegen einen andern Checkverpflichteten verjähren in sechs Monaten von dem Tage, an dem der Check von dem Verpflichteten eingelöst oder ihm gegenüber gerichtlich geltend gemacht worden ist.**

[1] Les actions en recours du porteur contre les endosseurs, le tireur et les autres obligés se prescrivent par six mois à partir de l'expiration du délai de présentation.

[2] Les actions en recours des divers obligés au paiement d'un chèque les uns contre les autres se prescrivent par six mois à partir du jour où l'obligé a remboursé le chèque ou du jour où il a été lui-même actionné.

[1] Il regresso del portatore contro i giranti, il traente e gli altri obbligati si prescrive in sei mesi dallo spirare del termine di presentazione.

[2] Le azioni di regresso tra i diversi obbligati al pagamento dell'assegno bancario gli uni contro gli altri si prescrivono in sei mesi a decorrere dal giorno in cui l'obbligato ha pagato l'assegno bancario o dal giorno in cui l'azione di regresso è stata promossa contro di lui.

Literatur

Vgl. die Literaturhinweise zu Art. 1069.

I. Normzweck

Die Vorschrift sieht in Entsprechung von Art. 52 EinhSchG eine einheitliche, kurze Verjährungsfrist von **sechs Monaten** zugunsten aller aus dem Check Verpflichteten gegenüber dem **Rückgriffsanspruch des Inhabers** (Abs. 1; s. ferner Art. 1128–1131) sowie gegenüber dem **Rückgriffsanspruch eines anderen Checkverpflichteten** (Abs. 2; s. ferner Art. 1046 f. i.V.m. Art. 1098 Ziff. 13) vor.

II. Normgegenstand

Gegenstand des Art. 1134 sind nur die eigentlichen checkrechtlichen Rückgriffsansprüche (SPIRO, 707 Anm. 25) gegen alle aus einem Check Verpflichteten, d.h. die im Gesetz ausdrücklich genannten **Aussteller** und **Indossanten,** ferner der **Avalist, Ehrenakzeptant** und der **unbefugte Stellvertreter** (SPIRO, 743 vor Anm. 1). Die Vorschrift betrifft *nicht* die Forderung aus dem *Grundverhältnis* zwischen dem Aussteller und dem ersten Checknehmer, die nach ihrem eigenen Statut verjährt (BGE 78 II 455; SPIRO, 472 vor Anm. 11).

III. Beginn und Berechnung der Verjährungsfrist

3   Beginn der Verjährungsfrist nach Abs. 1 ist auch bei früherem Verfall der **Ablauf der Vorlegungsfrist** (SPIRO, 73 f.). Ebenfalls beginnt die Verjährungsfrist für den Rückgriffsanspruch auch dann, wenn er schon bei einem Sichtcheck vor Verfall entstanden ist, erst mit dem *Protesttag,* und bei Protesterlass mit dem *Verfalltag.* Dagegen soll die Verjährung bei Protest *vor* Verfall nach (nicht unumstrittener) h.M. bereits mit dem Protesttag zu laufen beginnen (SPIRO, 74 in Anm. 4 m.w.Nw.).

4   Beginn der Verjährungsfrist nach Abs. 2 ist der Tag der Einlösung bzw. der gerichtlichen Geltendmachung. Der **Tag der Einlösung** ist der Tag der Erfüllung der Schuld durch den Verpflichteten. Der Begriff der **gerichtlichen Geltendmachung** entspricht für den Zweck der Fristwahrung bei aus Bundesprivatrecht abgeleiteten Ansprüchen dem bundes(prozess)rechtlichen Begriff der Klageanhebung, s. BGE 118 II 487 E. 3; 74 II 16 f.; ZK-BERTI, Art. 135 OR N 59 ff.

5   Bei der Berechnung der Frist wird der Tag, an dem sie zu laufen beginnt, nicht mitgezählt (Art. 56 EinhSchG, dem Art. 132 Abs. 1 entspricht).

IV. Unterbrechung der Verjährungsfrist

6   Nach Art. 53 EinhSchG wirkt die Unterbrechung der Verjährung nur gegen denjenigen Checkverpflichteten, in Ansehung dessen die Tatsache eingetreten ist, welche die Unterbrechung bewirkt. Dasselbe gilt in Bezug auf die Unterbrechung der Wechselverjährungsfrist, Art. 1070, der mit Art. 1071 (s. dort) kraft der Anordnung von Art. 1143 Ziff. 18 ebenfalls Anwendung auf den Check findet.

V. Anwendbarkeit weiterer Normen

7   Nebst Art. 1070 f. finden aus dem allgemeinen Teil Art. 129, 132, 133, 134 (SPIRO, 274 vor Anm. 1) und Art. 138 *(nicht* aber in Bezug auf die Unterbrechung durch Einrede, die nicht für checkrechtliche Anprüche gilt, SPIRO, 309 vor Anm. 11) sowie Art. 139–142 (s. dort) auf die Verjährung checkrechtlicher Ansprüche Anwendung.

VI. Rechtsfolgen der Verjährung

8   Zu den Rechtsfolgen der Verjährung im allgemeinen ZK-BERTI, Art. 142 OR N 28 f., zur rechtsmissbräuchlichen Erhebung der Verjährungseinrede ZK-BERTI, Art. 142 OR N 32 ff., aber auch die spezifisch auf das Check- und Wechselrecht zugeschnittenen Ausführungen von EGGER, 274–278.

VII. IPR

9   Siehe Art. 1069 N 11 f., Art. 1070 N 8.

X. Allgemeine Vorschriften

Art. 1135

1. Begriff des «Bankiers»	In diesem Abschnitt sind unter der Bezeichnung «Bankier» Firmen zu verstehen, die dem Bankengesetz vom 8. November 1934 unterstehen.
1. Définition du «banquier»	Dans le présent chapitre, le mot «banquier» comprend les raisons de commerce qui sont soumises à la loi fédérale du 8 novembre 1934 sur les banques et les caisses d'épargne.
1. Definizione del «banchiere»	Nel presente capo sotto il nome di «banchiere» si comprendono le ditte che soggiacciono alla legge federale dell'8 novembre 1934 su le banche e le casse di risparmio.

Literatur

Vgl. die Literaturhinweise bei den Vorbem. zu Art. 1100–1144.

I. Begriff des Bankiers

Als **Bankier** i.S. des Checkrechts gelten die dem BankG unterstehenden Firmen (vgl. **Art. 1 BankG**). Die checkrechtliche Definition des Bankiers wird also allein durch das BankG bestimmt; im Falle einer Änderung desselben betr. die Unterstellung würde der checkrechtliche Bankierbegriff damit automatisch an die Revision angepasst. 1

Der Begriff des **Bankiers** wird im Checkrecht in **Art. 1102, 1107, 1123 und 1124** verwendet. 2

II. Bedeutung der Bankiereigenschaft

In **Art. 1102** wird die **passive Checkfähigkeit** festgelegt: Demnach kann als Bezogene eines in der Schweiz zahlbaren Checks nur ein Bankier bezeichnet werden (Abs. 1). 3

Gemäss **Art. 1107** kann ein Check **bei einem Dritten zahlbar** gestellt werden, soweit dieser Bankier i.S. des Gesetzes ist **(Zahlstellencheck)**. 4

Die Bestimmungen von **Art. 1123** und **1124** über den **gekreuzten Check** erwähnen ebenfalls den Begriff des Bankiers und knüpfen gewisse Rechtswirkungen an die Bankiereigenschaft. 5

Nicht ausdrücklich, aber aufgrund von Art. 1102, wonach nur ein Bankier Bezogener eines in der Schweiz zahlbaren Checks sein kann, ist auch in **Art. 1125–1127,** die den **Verrechnungscheck** regeln, die Bankiereigenschaft von Bedeutung. 6

Bei **Auslandchecks** und **ausländischen Bankiers** sind die Bestimmungen der **Art. 1138–1142** zu beachten. 7

Art. 1136

2. Fristbestimmungen
a. Feiertage

¹ **Die Vorlegung und der Protest eines Checks können nur an einem Werktage stattfinden.**

² **Fällt der letzte Tag einer Frist, innerhalb derer eine auf den Check bezügliche Handlung, insbesondere die Vorlegung, der Protest oder eine gleichbedeutende Feststellung vorgenommen werden muss, auf einen Sonntag oder einen anderen staatlich anerkannten Feiertag, so wird die Frist bis zum nächsten Werktag verlängert.**

Feiertage, die in den Lauf einer Frist fallen, werden bei der Berechnung der Frist mitgezählt.

2. Délais
a. Jours fériés

¹ La présentation et le protêt d'un chèque ne peuvent être faits qu'un jour ouvrable.

² Lorsque le dernier jour du délai accordé par la loi pour l'accomplissement des actes relatifs au chèque et notamment pour la présentation ou pour l'établissement du protêt ou d'un acte équivalent, est un dimanche ou un autre jour reconnu férié par l'Etat, ce délai est prorogé jusqu'au premier jour ouvrable qui en suit l'expiration. Les jours fériés intermédiaires sont compris dans la computation du délai.

2. Termini
a. Giorni festivi

¹ La presentazione e il protesto dell'assegno bancario non possono farsi che in giorno feriale.

² Se l'ultimo giorno del termine stabilito dalla legge per compiere atti relativi all'assegno bancario e in particolare per la presentazione, per levare il protesto o per ottenere un atto equivalente è una domenica o un altro giorno riconosciuto dallo Stato come festivo, il termine è prorogato fino al primo giorno feriale successivo. I giorni festivi intermedi sono compresi nel computo del termine.

Literatur

Vgl. die Literaturhinweise bei den Vorbem. zu Art. 1100–1144.

I. Begriffe

1   Als **Werktag** i.S.v. **Abs. 1** gilt im Hinblick auf Abs. 2 jeder Tag, der nicht ein Sonntag oder ein anderer staatlich anerkannter Feiertag ist (vgl. ZIMMERMANN, Art. 1136 N 1).

2   **Staatlich anerkannte Feiertage** i.S.v. **Abs. 2** sind neben dem ausdrücklich erwähnten **Sonntag** v.a. die Feiertage des auf den Zahlungsort anwendbaren jeweiligen **kantonalen Rechts,** da auf **eidgenössischer Ebene** mit der nachstehend erwähnten Ausnahme (und der Ausnahme des Bundesfeiertags: 1.8.) einstweilen keine diesbezüglichen Bestimmungen erlassen worden sind. Bei der Auslegung von Art. 1136 ist jedoch **Art. 78 Abs. 1** zu beachten, ebenso das BG über den Fristenlauf an Samstagen vom 21.6.1963 (SR 173 110.3), gemäss dessen Art. 1 der **Samstag** einem staatlich anerkannten Feiertag gleichgestellt wird (ZR 1968, 151 ff. E. 5; ZBGR 1967, 337 ff.). Schliesslich räumen die kantonalen Gesetze z.T. den **Gemeinden** eine (parallele) Gesetzgebungskompetenz ein, so dass auch allfällige Feiertage des Gemeinderechts zu beachten sind (vgl. zum Ganzen ZIMMERMANN, N 5 f.).

II. Wirkung

Entgegen dem Wortlaut des Gesetzes ist die **Einlösung** eines Checks an einem Feiertag **rechtswirksam** (ZIMMERMANN, N 2 m.Nw., N 3). Gleiches gilt für den **Protest** und damit für die Ausübung der **Regressrechte**; dies ergibt sich aus dem Sinn der Bestimmung, der nicht in der Wahrung der Feiertagsruhe liegt, sondern darin, dass die Bezogene hierfür nur werktags zur Verfügung stehen muss und auch der Präsentant nur dann zur Vornahme der interessenwahrenden Handlung verpflichtet ist (ZIMMERMANN, Art. 1136 N 2). Diese Interpretation von Abs. 1 wird dadurch unterstützt, dass nur der Protest, nicht aber die ihm in ihrer Bedeutung gleichkommenden Institute des **Nichteinlösungsvermerks** der Bezogenen und der **Dishonorierungserklärung** einer Abrechnungsstelle (Art. 1128 Ziff. 2 f.) erwähnt werden. Es kann nicht die Absicht eines vernünftigen Gesetzgebers sein, die Gültigkeit gleichwertiger Feststellungsarten der Zahlungsverweigerung bei Vornahme an einem Feiertag unterschiedlich zu regeln. 3

Für die **Fristberechnung** werden die in ihren Lauf fallenden Feiertage mitgezählt. Eine **Fristverlängerung** ist nur für denjenigen Fall vorgesehen, dass der letzte Tag der Frist auf einen Feiertag fällt. 4

Als **Ausnahme** des Fristberechnungsmodus von Art. 1136 ist **Art. 1143 Ziff. 10 i.V.m. Art. 1042** zu beachten, wonach sich die vier- bzw. zweitägige Frist zur Benachrichtigung des Regressverpflichteten nach **Werktagen** bemisst, unter Ausserachtlassung der Feiertage. 5

Art. 1137

b. Fristberechnung	Bei der Berechnung der in diesem Gesetz vorgesehenen Fristen wird der Tag, an dem sie zu laufen beginnen, nicht mitgezählt.
b. Calcul des délais	Les délais prévus par la présente loi ne comprennent pas le jour qui leur sert de point de départ.
b. Computo dei termini	Nei termini previsti dalla presente legge non si computa il giorno da cui cominciano a decorrere.

Literatur

Vgl. die Literaturhinweise bei den Vorbem. zu Art. 1100–1144.

Gemäss Art. 1137 wird für die **Berechnung der Fristen** des Checkrechts der Tag, an dem sie zu laufen beginnen, nicht mitgezählt. Die Vorlegungsfrist von Art. 1116 Abs. 1 z.B. beginnt also noch nicht am Ausstellungstag zu laufen, obschon der Check bereits dann zur Zahlung vorgelegt werden könnte (Art. 1115; Bsp. bei BAUMBACH/HEFERMEHL, Art. 56 SchG N 1; vgl. auch BÜLOW, Art. 56). 1

Die **Art der Fristberechnung** im Checkrecht entspricht im Übrigen dem allgemein üblichen Berechnungsmodus des OR (Art. 77 Ziff. 1, 132 Abs. 1) und Art. 1082 des Wechselrechts. 2

Thomas Ch. Hippele

XI. Geltungsbereich der Gesetze

Vorbemerkungen zu Art. 1138–1142

Literatur

Vgl. die Literaturhinweise bei den Vorbem. zu Art. 1086–1095 sowie ESCHELBACH, Deutsches internationales Scheckrecht, Diss. Mainz 1990; KOCH, Konfliktprobleme des angelsächsischen und des deutschen Scheckrechts, ZHR 1976, 1 ff.

I. Die gesetzlichen Grundlagen des internationalen Checkrechts

1 Die Art. 1138–1142 stehen unter dem Titel «Geltungsbereich der Gesetze» und bestimmen durch **Verweisungsnormen** das anwendbare Recht bei checkrechtlichen Sachverhalten mit Auslandsberührung. Weitere checkrechtliche Verweisungsnormen enthält Art. 1143 Ziff. 21, welcher auf das Wechselrecht verweist. Wie das materielle Checkrecht auf dem Genfer einheitlichen Abkommen (EinhSchG) beruht, finden die Verweisungsnormen der Art. 1138 ff. ihre Grundlage in dem parallel dazu abgeschlossenen **«Abkommen über Bestimmungen auf dem Gebiete des internationalen Checkprivatrechts»** vom 19.3.1931 (Ch.Konfl.Abk., SR 0 221 555.2). Diesem Abkommen sind folgende Länder beigetreten: Belgien, Brasilien, Dänemark, Deutschland, Finnland, Frankreich, Griechenland, Indonesien, Italien, Japan, Luxemburg, Monaco, Nicaragua, Niederlande, Norwegen, Österreich, Polen, Portugal, Schweden, Schweiz, Ungarn. Beigetreten sind nun auch Liberia und Litauen. Das Übereinkommen ist auch in der besonderen Verwaltungsregion Macau der Volksrepublik China anwendbar (AS 2006, 755).

2 Zur **Rechtsnatur** der in das OR übernommenen Normen des Ch.Konfl.Abk. vgl. Vor Art. 1086–1095 N 2.

3 Das Ch.Konfl.Abk. regelt **nicht abschliessend** alle auf dem Gebiet des Checkrechts auftauchenden internationalen Normkonflikte (PERCEROU/BOUTERON, Bd. 2, 167 f.). Soweit sich mithin für einen bestimmten Sachverhalt keine Verweisungsnorm in den Art. 1138 ff. findet, kommt das **schweizerische IPRG** zur Anwendung (vgl. Vor Art. 1086–1095 N 3).

II. Der Anwendungsbereich der Verweisungsnormen

4 Die Verweisungsnormen der Art. 1138 ff. kommen primär dann **zur Anwendung,** wenn ein checkrechtlicher Sachverhalt ein Land berührt, das dem EinhSchG nicht beigetreten ist. Dies betrifft hauptsächlich den **anglo-amerikanischen Rechtskreis.** Sowohl in England und in den meisten Staaten des Commonwealth wie den USA ist der Check in den gleichen Gesetzen wie der Wechsel kodifiziert. Demgemäss sind die checkrechtlichen Normen in England in Sec. 73 ff. des «Bills of Exchange Act» von 1882 enthalten, der «Cheques Act» von 1957 enthält nur einige ergänzende und modifizierende Vorschriften (LOTTER, 41). In den USA mit Ausnahme von Louisiana gelten die Sec. 1–101 ff. des Uniform Commercial Code (vgl. die Fundstellen in Vor Art. 1086–1095 N 4). In vielen **süd- und mittelamerikanischen Staaten** gilt noch das alte französische oder spanische Checkrecht. Das Interamerikanische Abkommen von Panama vom 30.1.1975 über das internationale Privatrecht für Schecks (Mitglieder: Brasilien, Costa Rica, Chile, Ecuador, El Salvador, Guatemala, Honduras, Kolumbien, Nicaragua, Panama, Peru und Uruguay) sowie die Konvention über das Internationale Checkrecht von Montevideo vom 8.5.1979 (Mitglieder: Ecuador, Paraguay, Peru, Uruguay und Ve-

nezuela) enthalten nur Kollisionsnormen und keine materielle Vereinheitlichung des Checkrechts (BAUMBACH/HEFERMEHL, Vor Art. 60 ScheckG, m.w.Hinw.). Gewisse andere Länder haben, ohne dem EinhSchG beizutreten, ihre Gesetzgebung autonom dem Genfer Abkommen angeglichen (Rumänien, Syrien, Haiti, Irak, Jugoslawien, Tschechoslowakei, Türkei, Laos, Tunesien, Kambodscha, Afghanistan, Äthiopien, Spanien, Dominikanische Republik; vgl. SCHETTLER/BÜELER, passim; VON CAEMMERER, 170 f.). Die Arbeiten an einer UNCITRAL-Konvention über das Checkrecht wurden 1986 zurückgestellt.

Die Verweisungsnormen der Art. 1086 ff. gelten auch im Verhältnis zu denjenigen Staaten, die dem EinhSchG beigetreten sind. Dies betrifft zum einen diejenigen Gebiete, deren Regelung das Genfer Abkommen ausdrücklich oder konkludent den nationalen Gesetzgebern überliess (PERCEROU/BOUTERON, Bd. 2, 168 f.). Gemäss nicht unumstrittener Auffassung kommt den Verweisungsnormen auch dann Bedeutung zu, wenn sich in den Ländern, die dem EinhSchG beigetreten sind, eine divergierende Auslegungspraxis entwickelt hat (VON ESCHER, 55; MORAWITZ, 32 ff.; **a.M.** JACOBI, 986). Es muss somit **bei jedem checkrechtlichen Sachverhalt mit Auslandsberührung** zuerst das anwendbare Recht bestimmt werden (vgl. Vor Art. 1086–1095 N 5). 5

Die Verweisungsnormen der Art. 1138 ff. kommen nur zur Anwendung, wenn es sich bei dem streitigen Schriftstück um einen Check handelt. Liegt kein Check vor, so richtet sich das anwendbare Recht nach dem IPRG. Ob das Schriftstück als Check bezeichnet werden kann, ist eine Frage der **Qualifikation.** Diese wird nach feststehender Praxis lege fori vorgenommen (BGE 115 II 69; 111 II 278; 110 II 157; 110 II 192; 80 II 84). Falsch wäre es indes, zuerst festzustellen, ob das Schriftstück alle Erfordernisse eines Checks gem. Art. 1100 enthält, und nur dann die checkrechtlichen Verweisungsnormen anzuwenden, da z.B. in England die Bezeichnung als Check nicht erforderlich ist. Vielmehr ist der Begriff des Checks funktional zu definieren als Wertpapier, in dem eine Person eine andere (meist einen Bankier) anweist, einem Dritten eine Geldleistung zu erbringen. Diese Definition unterscheidet sich nicht von derjenigen des gezogenen Wechsels (vgl. Vor Art. 1086–1095 N 7), da z.B. in England jeder Check ein Wechsel ist, jedoch nicht jeder Wechsel ein Check (GUTTERIDGE, in: PERCEROU/BOUTERON, Bd. 2, 206). Erster Anhaltspunkt, ob die wechsel- oder die checkrechtlichen Verweisungsnormen zur Anwendung kommen, ist die Bezeichnung im Papier als Wechsel oder Check. Fehlt diese oder ist sie aufgrund einer fremdsprachigen Bezeichnung nicht eindeutig, so ist lege causae nach dem Recht des Ortes, wo der Aussteller die Urkunde unterzeichnete (Art. 1090 Abs. 2, 1140), abzuklären, ob es sich um einen Wechsel oder um einen Check handelt. Entsprechend kommen dann die schweizerischen Verweisungsnormen in den Art. 1086 ff. (Wechsel) oder Art. 1138 ff. (Check) zum Zuge. Liegt weder ein Wechsel noch ein Check vor, so erfolgt die Anknüpfung nach dem IPRG resp. den allgemeinen Grundsätzen des IPR (vgl. ZK-JÄGGI, Vorbem. zum 33. Titel N 20 ff.). Qualifikationsprobleme gibt es insb. bei den Reisechecks (Travellers Cheques, vgl. LOUSSOUARN/BREDIN, 569 f.; JÄGGI/DRUEY/VON GREYERZ, 339 ff.). 6

Die Kollisionsnormen in den Art. 1138 ff. gelten nur für die checkrechtlichen Tatbestände, nicht für die zivilrechtlichen Kausalverhältnisse zwischen den beteiligten Parteien. Diese werden vom IPRG, insb. von Art. 116 ff. angeknüpft. Dies gilt insb. für den **Checkvertrag,** er unterliegt meist dem Recht des Sitzes der bezogenen Bank, sei es aufgrund einer Rechtswahl (Art. 116 IPRG), sei es, weil das Versprechen der Bank, auf sie gezogene Checks einzulösen, als charakteristische Leistung (Art. 117 IPRG) bezeichnet werden muss (SCHNITZER, 444 f.; KOCH, 14; BSK OR I-AMSTUTZ/SCHLUEP, Einl. Vor Art. 184 ff. N 228). Ausnahmen von dieser Regel bestehen, wie im materiellen Check- 7 recht (JÄGGI/DRUEY/VON GREYERZ, 269), beim Bereicherungsanspruch (Art. 1142, 1140) und beim Übergang der Deckung (Art. 1141 Ziff. 6).

III. Überblick über die gesetzliche Regelung

8 Die Art. 1138 ff. enthalten weder Bestimmungen über die **Zuständigkeit der Gerichte,** noch über die **Anerkennung ausländischer Entscheidungen.** Die direkte Zuständigkeit der schweizerischen Gerichte richtet sich nach Art. 2–9, 112 und 113 IPRG resp. nach Staatsverträgen, insb. nach Art. 2 ff. LugÜ. Die Anerkennung ausländischer Entscheidungen regeln Art. 25–31 und 149 IPRG resp. Staatsverträge, insb. Art. 25 ff. LugÜ.

9 Ist nach diesen Normen ein schweizerisches Gericht zuständig, bestimmen die schweizerischen Kollisionsnormen, seien sie in Art. 1138 ff. oder im IPRG geregelt, das **anwendbare materielle Recht.** Das gemäss den schweizerischen Verweisungsnormen anwendbare ausländische Recht kommt auch dann zur Anwendung, wenn es seinerseits ein anderes Recht für anwendbar erklärt (Art. 14 IPRG, **kein Renvoi**), da sich der Verweis nur auf die ausländischen Sachnormen bezieht (**a.M.** KOCH, 15). Wird ein ausländisches Gericht angerufen, so wendet dieses die Kollisionsnormen seines eigenen Rechts an.

10 Jede einzelne Checkerklärung wird grundsätzlich **gesondert angeknüpft,** auf eine Checkurkunde können demzufolge die Rechte verschiedener Länder anwendbar sein. Unterschieden wird zwischen der Form und den Wirkungen einer Checkerklärung. Die Form (Art. 1139) unterliegt alternativ dem Recht des Unterzeichnungsortes oder des Zahlungsortes. Die Wirkungen der Erklärungen der Rückgriffsschuldner werden ebenfalls an das Recht des Unterzeichnungsortes angeknüpft (Art. 1140), die Erklärungen des Bezogenen unterliegen jedoch dem Recht des Zahlungsortes (Art. 1141 Ziff. 3). Sonderanknüpfungen nimmt das Gesetz vor für die Checkfähigkeit (Art. 1138, 1143 Ziff. 21, 1086) und den Bereicherungsanspruch gegen den Bezogenen und den Domiziliaten (Art. 1142). Gewisse Tatbestände werden jedoch in Durchbrechung des Grundsatzes der Einzelanknüpfung **einheitlich für alle Beteiligten dem gleichen Recht,** dem des Zahlungsortes, unterstellt. Dies betrifft die Fälligkeit (Art. 1141 Ziff. 1), die Präsentationsfrist (Art. 1141 Ziff. 2), Teilzahlungen (Art. 1141 Ziff. 4), gekreuzte und Verrechnungschecks (Art. 1141 Ziff. 5), die Rechte an der Deckung (Art. 1141 Ziff. 6), Widerruf und Widerspruch (Art. 1141 Ziff. 7), Massnahmen bei Verlust und Diebstahl (Art. 1141 Ziff. 8), die Notwendigkeit von Protest oder einer gleichbedeutenden Feststellung (Art. 1141 Ziff. 9), die Form der Rechtserhaltungsmassnahmen und die Fristen der Protesterhebung (Art. 1143 Ziff. 21, 1088) sowie die Fristen für die Ausübung der Rückgriffsrechte (Art. 1143 Ziff. 21, Art. 1089).

11 Der Inhalt des anzuwendenden ausländischen Rechts ist durch das Gericht **von Amtes wegen festzustellen.** Da es sich beim Checkrecht immer um vermögensrechtliche Ansprüche handelt, kann dessen Nachweis durch prozessleitende Verfügung den Parteien überbunden werden (Art. 16 IPRG).

Art. 1138

1. Passive Checkfähigkeit

¹ Das Recht des Landes, in dem der Check zahlbar ist, bestimmt die Personen, auf die ein Check gezogen werden kann.

² Ist nach diesem Recht der Check im Hinblick auf die Person des Bezogenen nichtig, so sind gleichwohl die Verpflichtungen aus Unterschriften gültig, die in Ländern auf den Check gesetzt worden sind, deren Recht die Nichtigkeit aus einem solchen Grunde nicht vorsieht.

1. Capacité passive de s'obliger par chèque

¹ La loi du pays où le chèque est payable détermine les personnes sur lesquelles un chèque peut être tiré.

² Si, d'après cette loi, le titre est nul comme chèque en raison de la personne sur laquelle il a été tiré, les obligations résultant des signatures y apposées dans d'autres pays dont les lois ne contiennent pas ladite disposition sont néanmoins valables.

1. Persone su cui l'assegno bancario può essere tratto

¹ La legge del Paese, nel quale è pagabile l'assegno bancario, determina le persone sulle quali un assegno bancario può essere tratto.

² Se secondo siffatta legge, il titolo è nullo come assegno bancario a causa della persona sulla quale fu tratto, sono nondimeno validi gli obblighi derivanti dalle firme che vi furono apposte in altri Paesi, le cui leggi non contengono detta disposizione.

Literatur

Vgl. die Literaturhinweise bei den Vorbem. zu Art. 1138–1142.

Die Frage, auf wen ein Check gezogen werden könne, richtet sich gem. Art. 1138 (vgl. auch Art. 3 Ch.Konfl.Abk.; Art. 61 ScheckG) nach dem Recht des Zahlungsortes. Im schweizerischen Recht kann nur eine Bank Bezogene sein (Art. 1102). Die Verweisung umfasst nicht nur die Regelung der Frage, wem die **passive Checkfähigkeit** (genauer: Bezogenenfähigkeit; ESCHELBACH, 65; BAUMBACH/HEFERMEHL, Art. 61 ScheckG N 1) zukommt, sondern auch, ob ein Verstoss gegen diese Norm die Nichtigkeit des Checks zur Folge hat (so Art. 1102 Abs. 2 e contrario, anders Art. 3 Abs. 2 ScheckG). Ob hingegen ein nichtiger Check andere Rechtswirkungen zeitigt, z.B. als Anweisung gilt (vgl. Art. 1102 Abs. 2), ist nicht eine Frage des Checkrechts und wird daher nicht von Art. 1138 angeknüpft. Massgebend hierfür ist das auf das Deckungsverhältnis anwendbare Recht. 1

Ist ein Check nach diesen Vorschriften nichtig, so verbleiben aufgrund des **Abs. 2** von Art. 1138 die Verpflichtungserklärungen derjenigen Personen gültig, welche den Check in einem Lande unterschrieben, das für diesen Fall die Nichtigkeit des Checks nicht vorsieht. Verweigert der Bezogene die Bezahlung des nichtigen Checks, so kann der Inhaber gegen den Aussteller, die Indossanten und den Checkbürgen Rückgriff nehmen, wenn das Recht ihres Unterzeichnungsortes den Check für gültig hält (SCHNITZER, 426; ZIMMERMANN, N 1b; BAUMBACH/HEFERMEHL, Art. 61 ScheckG N 3; BÜLOW, Art. 61 ScheckG N 2). 2

Art. 1138 kann auch im Verhältnis zu denjenigen Staaten zur Anwendung kommen, die dem EinhSchG beigetreten sind, da dieses in Art. 4 seiner Anlage II die Regelung, ob ein nicht auf eine Bank gezogener Check nichtig ist, den einzelnen Staaten überlässt 3

(BAUMBACH/HEFERMEHL, Art. 61 ScheckG N 3) und in Art. 29 Anlage II den Staaten freistellt, weitere Personen und Institutionen den Banken gleichzustellen. Im anglo-amerikanischen Rechtskreis kann nur eine Bank Bezogene sein. Die Bestimmung ist jedoch von geringer praktischer **Bedeutung,** da es in internationalen Verhältnissen fast nur auf Banken gezogene Checks gibt.

4 Schwierigkeiten bereitet der Anknüpfungsbegriff, die **Bestimmung des Zahlungsortes,** da dieser nur bestimmt werden kann, wenn das anwendbare Recht bereits bekannt ist (vgl. KELLER/SIEHR, 355 f.). Dementsprechend muss der Begriff autonom definiert werden. Ist im Check ein Zahlungsort oder ein Domizil angegeben, so sind diese massgebend (ESCHELBACH, 101; zum Wechsel SCHNITZER, 399; MORAWITZ, 93). Ist kein Zahlungsort oder Domizil angegeben, so bestimmt das Recht des Ortes, wo der Aussteller den Check unterzeichnete, den Zahlungsort (**a.M.** ESCHELBACH, 101, welcher Art. 1101 Abs. 2 f. direkt anwenden möchte), da dieses die materielle Ergänzung einer unvollständigen Ausstellererklärung umfasst (Art. 1087 N 7; vgl. auch Art. 1090 N 18). Wurde der Check in der Schweiz ausgestellt, gilt der bei dem Namen des Bezogenen angegebene Ort als Zahlungsort resp. seine Niederlassung (Art. 1101 Abs. 2 f.).

5 Art. 1138 regelt nur die passive Checkfähigkeit des Bezogenen. Das anwendbare Recht für die **Fähigkeit,** sich auf einem Check **als Aussteller, Indossant oder Bürge gültig zu verpflichten,** richtet sich aufgrund des Verweises in Art. 1143 Ziff. 21 nach Art. 1086, womit auf die Erläuterungen zu dieser Bestimmung verwiesen werden kann. Die Anknüpfung der Fähigkeit, **Checkgläubiger** zu sein, ist im OR nicht geregelt (PERCEROU/BOUTERON, Bd. 2, 169). Massgebend hierfür ist für natürlich Personen Art. 34 Abs. 1 und Art. 35 IPRG und für Gesellschaften Art. 154 i.V.m. Art. 155 lit. c IPRG.

Art. 1139

2. Form und Fristen der Checkerklärungen

¹ **Die Form einer Checkerklärung bestimmt sich nach dem Recht des Landes, in dessen Gebiete die Erklärung unterschrieben worden ist. Es genügt jedoch die Beobachtung der Form, die das Recht des Zahlungsortes vorschreibt.**

² **Wenn eine Checkerklärung, die nach den Vorschriften des vorstehenden Absatzes ungültig ist, dem Recht des Landes entspricht, in dessen Gebiet eine spätere Checkerklärung unterschrieben worden ist, so wird durch Mängel in der Form der ersten Checkerklärung die Gültigkeit der späteren Checkerklärung nicht berührt.**

³ **Ebenso ist eine Checkerklärung, die ein Schweizer im Ausland abgegeben hat, in der Schweiz gegenüber einem anderen Schweizer gültig, wenn sie den Formerfordernissen des schweizerischen Rechts genügt.**

2. Forme et délais des engagements par chèque

¹ La forme des engagements pris en matière de chèques est réglée par la loi du pays sur le territoire duquel ces engagements ont été souscrits. Toutefois, l'observation des formes prescrites par la loi du lieu du paiement suffit.

² Cependant, si les engagements souscrits sur un chèque ne sont pas valables d'après les dispositions de l'alinéa précédent, mais qu'ils soient conformes à la législation du pays où un engagement ultérieur a été souscrit, la circonstance que les premiers engagements sont irréguliers en la forme n'infirme pas la validité de l'engagement ultérieur.

³ De même, les engagements pris en matière de chèques à l'étranger par un Suisse seront valables en Suisse à l'égard d'un autre de ses ressortissants, pourvu qu'ils aient été pris dans la forme prévue par la loi suisse.

2. Forma e termini degli obblighi assunti per assegno bancario

¹ La forma degli obblighi assunti per assegno bancario è determinata dalla legge del Paese nel cui territorio essi furono sottoscritti. Basta tuttavia l'osservanza della forma prescritta dalla legge del luogo di pagamento.

² Tuttavia, se gli obblighi sottoscritti su di un assegno bancario, pur non essendo validi secondo le disposizioni del capoverso precedente, sono conformi alla legislazione del Paese dove è stato sottoscritto un obbligo successivo, l'irregolarità formale dei primi obblighi non infirma la validità dell'obbligo successivo.

³ Parimente gli obblighi assunti all'estero per assegno bancario da uno Svizzero sono validi nella Svizzera verso un altro Svizzero, purché sia stata osservata la forma prescritta dalla legge svizzera.

Literatur

Vgl. die Literaturhinweise bei den Vorbem. zu Art. 1138–1142.

Art. 1139 (vgl. auch Art. 4 Ch.Konfl.Abk.; Art. 62 ScheckG) bestimmt das anwendbare Recht für die **Form der Checkerklärungen,** während deren Wirkungen durch Art. 1140 angeknüpft werden. Art. 1139 entspricht mit Ausnahme von Abs. 1 Satz 2 dem Art. 1087, welcher die Form der Wechselerklärungen anknüpft. Es kann daher auf die Erläuterungen zu Art. 1087 verwiesen werden, insb. gilt auch hier die gesonderte Anknüpfung jeder einzelnen Checkerklärung. Im Gegensatz zum Wechselrecht, wo die Form nur dem Recht des Unterzeichnungsortes unterliegt, knüpft das Checkrecht alternativ an das Recht des Unterzeichnungs- und des Zahlungsortes an (BGE 80 II 85). 1

Checkerklärungen sind in unserem Recht die Verpflichtungserklärungen des Ausstellers, des Indossanten und des Checkbürgen. Keine Checkerklärung ist die schriftliche Erklärung des Bezogenen über die Verweigerung der Zahlung (Art. 1128 Ziff. 2), diese wird hinsichtlich ihrer Form von Art. 1143 Ziff. 21 i.V.m. Art. 1088 angeknüpft (ZIMMERMANN, N 1). Eine Checkerklärung i.S. der Verweisungsnorm ist jedoch auch eine nach unserem Recht ungültige, aber im Ausland gültige Erklärung des Bezogenen auf dem Check. Diese wird bez. ihrer materiellen Wirkungen von Art. 1141 Ziff. 3 an das Recht des Zahlungsortes angeknüpft, ihre Form unterliegt jedoch gemäss Art. 1139 alternativ dem Recht des Unterzeichnungsortes oder des Zahlungsortes (ESCHELBACH, 112; wohl **a.M.** ZIMMERMANN, N 1). Dies entspricht der analogen Regelung im Wechselrecht, wo auch die materiellen Wirkungen der Erklärung des Bezogenen dem Recht des Zahlungsortes unterliegen (Art. 1090 Abs. 1), deren Form aber an das Recht des Unterzeichnungsortes angeknüpft wird (Art. 1087). 2

Eine **Abgrenzung der Form** einer Erklärung **von ihren Wirkungen** (vgl. Art. 1087 N 5 ff.) kann auch beim Check von Bedeutung sein, da bei der Form im Gegensatz zu den Wirkungen (Art. 1140, 1141 Ziff. 3) eine alternative Anknüpfung an den Unterzeichnungsort oder Zahlungsort erfolgt. 3

Bezüglich der Form der Checkerklärung ist eine **Rechtswahl** möglich, doch muss sie in der Urkunde enthalten sein (vgl. Art. 1087 N 4; **a.M.** ZIMMERMANN, N 6; ESCHELBACH, 159). 4

Massgebend zur Festlegung des **Unterzeichnungsortes** als Anknüpfungsbegriff ist der Ort, wo die Unterschrift tatsächlich angebracht wurde, und nicht ein davon abweichen- 5 der, auf dem Check angegebener Ort (vgl. Art. 1087 N 9; ZIMMERMANN, N 3 ff.). Es besteht jedoch eine Vermutung für die Richtigkeit der Skriptur, und die Berufung auf den davon abweichenden wahren Unterzeichnungsort kann rechtsmissbräuchlich sein.

6 Zum Anknüpfungsbegriff des **Zahlungsortes** vgl. Art. 1138 N 4.

Art. 1140

3. Wirkung der Checkerklärungen a. Recht des Ausstellungsortes	Die Wirkungen der Checkerklärungen bestimmen sich nach dem Recht des Landes, in dessen Gebiete die Erklärungen unterschrieben worden sind.
3. Effets des engagements de chèques a. Loi du lieu de souscription	La loi du pays sur le territoire duquel les obligations résultant du chèque ont été souscrites règle les effets de ces obligations.
3. Effetti degli obblighi derivanti da assegno bancario a. Legge del luogo di sottoscrizione	Gli effetti degli obblighi derivanti dall'assegno bancario sono determinati dalla legge del Paese, nel quale siffatti obblighi furono sottoscritti.

Literatur

Vgl. die Literaturhinweise bei den Vorbem. zu Art. 1138–1142.

1 Art. 1140 (vgl. auch Art. 5 Ch.Konfl.Abk.; Art. 63 ScheckG) knüpft die **Wirkungen** der Checkerklärungen an. Er entspricht Art. 1090 Abs. 2, auf dessen Erläuterungen teilweise verwiesen werden kann. Zu den Wirkungen i.S.v. Art. 1140 gehört auch die Frage der vom Ausstellers gestellten Anforderungen an die Lückenlosigkeit der Indossamentenkette (BGer v. 21.12.2000, 4C.292/2000, E. 3 c/bb). Art. 1140 umfasst **nur die Erklärungen des Ausstellers, Indossanten und Checkbürgen,** eine allfällige Erklärung des Bezogenen wird von Art. 1141 Ziff. 3 angeknüpft. Ebenfalls nicht von Art. 1140, sondern von der **Sondernorm Art. 1141** angeknüpft werden die Fälligkeit (Ziff. 1), die Präsentationsfrist (Ziff. 2), Teilzahlungen (Ziff. 4), gekreuzte und Verrechnungschecks (Ziff. 5), die Rechte an der Deckung (Ziff. 6), Widerruf und Widerspruch (Ziff. 7), Massnahmen bei Verlust und Diebstahl (Ziff. 8) und die Notwendigkeit von Protest oder einer gleichbedeutenden Feststellung (Ziff. 9). Nicht zu den Wirkungen i.S.v. Art. 1140 gehören die Zahlungsmodalitäten (PERCEROU/BOUTERON, Bd. 2, 169 zur Effektivklausel), diese unterliegen dem Recht des Erfüllungsortes (vgl. die Erläuterungen zu Art. 1092).

2 **Wie beim internationalen Wechselrecht** (Art. 1090 Abs. 2) gilt auch hier der Grundsatz der Einzelanknüpfung, wonach das anwendbare Recht für jede Checkerklärung gesondert bestimmt werden muss (vgl. Art. 1090 N 1). Eine Rechtswahl ist möglich (vgl. Art. 1090 N 3; SCHEFOLD, IPRax 1987, 150 f.; BGHZ 108, 356; **a.M.** PERCEROU/BOUTERON, Bd. 2, 179; LOUSSOUARN/BREDIN, 577; ESCHELBACH, 163), die Verweisung umfasst die materiellen Gültigkeitsvoraussetzungen (vgl. Art. 1090 N 7 f.; ESCHELBACH, 113 m.w.Nw.; **a.M.** PERCEROU/BOUTERON, Bd. 2, 169), Art und Umfang der Haftung

5. Abschnitt: Der Check Art. 1141

(vgl. Art. 1090 N 9), die zulässigen Einreden (vgl. Art. 1090 N 11), die Notwendigkeit von Präsentation und Benachrichtigung (vgl. Art. 1090 N 12) und die Übertragungswirkungen des Indossaments (vgl. Art. 1090 N 14; ZIMMERMANN, N 7; ESCHELBACH, 119).

Die **Übertragung eines Inhaberchecks** unterliegt nicht Art. 1140, sondern es gilt gemäss den allgemeinen Grundsätzen des IPR das Recht des Lageortes des Wertpapiers (lex chartae sitae, Art. 100 IPRG; vgl. Art. 1090 N 15; a.M. ESCHELBACH, 120 ff.). Bei Versendung in ein anderes Land gilt das Recht des Bestimmungsortes (vgl. Art. 101 IPRG, welcher jedoch nur von Sachen «im Transit» handelt). Da Wertpapiere nach Anbringen des Inkassostempels (vgl. hierzu JÄGGI/DRUEY/VON GREYERZ, 293) nicht mehr wertpapierrechtlich zirkulieren (VON DER CRONE-SCHMOCKER, Das Checkinkasso und Checktrunkation, Diss. Zürich 1986, 85), beurteilt sich die Wirkung des Inkassostempels nicht nach Art. 1140, sondern nach dem Recht des Staates, in welchem die Partei, welche die charakteristische Leistung erbringt, gemäss Art. 117 IPRG ihren Sitz hat (BGer v. 21.12.2000, 4C.292/2000, E. 4c). 3

Nicht von Art. 1140, sondern von Art. 1143 Ziff. 21 i.V.m. Art. 1089 werden die **Fristen für die Ausübung der Rückgriffsrechte** (Verwirkungs- und Verjährungsfristen, vgl. hierzu Art. 1089 N 3) angeknüpft. 4

Zum Anknüpfungsbegriff des Unterzeichnungsortes vgl. Art. 1139 N 5. 5

Art. 1141

b. Recht des Zahlungsortes

Das Recht des Landes, in dessen Gebiet der Check zahlbar ist, bestimmt:

1. ob der Check notwendigerweise bei Sicht zahlbar ist oder ob er auf eine bestimmte Zeit nach Sicht gezogen werden kann und welches die Wirkungen sind, wenn auf dem Check ein späterer als der wirkliche Ausstellungstag angegeben ist.

2. die Vorlegungsfrist;

3. ob ein Check angenommen, zertifiziert, bestätigt oder mit einem Visum versehen werden kann, und welches die Wirkungen dieser Vermerke sind;

4. ob der Inhaber eine Teilzahlung verlangen kann und ob er eine solche annehmen muss;

5. ob ein Check gekreuzt oder mit dem Vermerk «nur zur Verrechnung» oder mit einem gleichbedeutenden Vermerk versehen werden kann, und welches die Wirkungen der Kreuzung oder des Verrechnungsvermerks oder eines gleichbedeutenden Vermerks sind;

6. ob der Inhaber besondere Rechte auf die Deckung hat und welches der Inhalt dieser Rechte ist;

7. ob der Aussteller den Check widerrufen oder gegen die Einlösung des Checks Widerspruch erheben kann;

8. die Massnahmen, die im Falle des Verlustes oder des Diebstahls des Checks zu ergreifen sind;

Art. 1141

9. ob ein Protest oder eine gleichbedeutende Feststellung zur Erhaltung des Rückgriffs gegen die Indossanten, den Aussteller und die anderen Checkverpflichteten notwendig ist.

b. Loi du lieu de paiement

La loi du pays où le chèque est payable détermine:

1. si le chèque est nécessairement à vue ou s'il peut être tiré à un certain délai de vue et également quels sont les effets d'une postdate;

2. le délai de présentation;

3. si le chèque peut être accepté, certifié, confirmé ou visé et quels sont les effets de ces mentions;

4. si le porteur peut exiger et s'il est tenu de recevoir un paiement partiel;

5. si le chèque peut être barré ou être revêtu de la clause «à porter en compte» ou d'une expression équivalente et quels sont les effets de ce barrement ou de cette clause ou de cette expression équivalente;

6. si le porteur a des droits spéciaux sur la provision et quelle est la nature de ceux-ci;

7. si le tireur peut révoquer le chèque ou faire opposition au paiement de celui-ci;

8. les mesures à prendre en cas de perte ou de vol du chèque;

9. si un protêt ou une constatation équivalente est nécessaire pour conserver le droit de recours contre les endosseurs, le tireur et les autres obligés.

b. Legge del luogo di pagamento

La legge del Paese, nel quale è pagabile l'assegno bancario, determina:

1. se l'assegno bancario è necessariamente a vista o se può essere tratto a certo tempo vista e parimente quali sono gli effetti d'una postdata;

2. il termine di presentazione;

3. se l'assegno bancario può essere accettato, certificato, confermato o vistato e quali sono gli effetti di queste menzioni;

4. se il portatore può richiedere un pagamento parziale e se è obbligato a riceverlo;

5. se l'assegno bancario può essere sbarrato o munito della clausola «da accreditare» o di una espressione equivalente e quali sono gli effetti dello sbarramento o di detta clausola o espressione equivalente;

6. se il portatore ha diritti speciali sulla provvista e quali;

7. se il traente può revocare l'assegno bancario o fare opposizione a che sia pagato;

8. i provvedimenti da prendere in caso di perdita o di furto dell'assegno bancario;

9. se occorre un protesto o una constatazione equivalente per preservare il diritto di regresso contro i giranti, il traente e gli altri obbligati.

Literatur

Vgl. die Literaturhinweise bei den Vorbem. zu Art. 1138–1142.

1 Art. 1141 (vgl. auch Art. 7 Ch.Konfl.Abk.; Art. 65 ScheckG) unterstellt gewisse Tatbestände dem Recht des Zahlungsortes. Hierbei **wird der Grundsatz der Einzelanknüpfung** jeder Checkerklärung **durchbrochen** und es werden diejenigen Sachverhalte, welche insb. den Bezogenen betreffen, einheitlich für alle Beteiligten dem Recht des Zahlungsortes, der sich üblicherweise am Sitz des Bezogenen befindet, unterstellt (JACOBI, 993). Als lex specialis geht Art. 1141 der Grundregel von Art. 1140, welche auf das Recht des Unterzeichnungsortes verweist, vor (ZIMMERMANN, N 1).

5. Abschnitt: Der Check   2–5   **Art. 1141**

Ziff. 1 regelt das anwendbare Recht für die Frage, ob ein Check notwendigerweise **bei** 2
Sicht zahlbar ist oder ob er auch auf eine bestimmte Zeit nach Sicht gezogen werden
kann. Die Verweisung umfasst auch die checkrechtlichen Rechtswirkungen, wenn ein
Check entgegen den Bestimmungen des anwendbaren Rechts auf eine Zeit nach Sicht
gezogen wurde. Ebenfalls knüpft Ziff. 1 Zulässigkeit und Wirkungen einer **Vordatierung** an. Dies ist nur gegenüber Staaten von Bedeutung, die dem EinhSchG nicht beigetreten sind, da diese Fragen einheitlich geregelt wurden (Art. 1115).

Gemäss **Ziff. 2** ist das Recht des Zahlungsortes massgebend für die **Präsentationsfrist,** 3
d.h. für den Zeitraum, innerhalb dessen der Check dem Bezogenen zur Zahlung vorgelegt werden muss. Ist der Check in der Schweiz zahlbar, so gilt Art. 1116. Diese Bestimmung ist wichtig, da das EinhSchG in Art. 14 seiner Anlage II die Regelung der
Präsentationsfrist den Vertragsparteien überlässt (BAUMBACH/HEFERMEHL, Art. 65
ScheckG N 1). Ausserdem ist sie bei Zahlungsort im angelsächsischen Rechtsbereich
von Bedeutung, wo der Check innert «reasonable time» vorzulegen ist (Art. 74 (1) Bill
of Exchange Act, Halsbury's Statutes of England and Wales, Bd. 5, 4. Aufl., Reissue
1998, 414 ff.). Die Verweisung umfasst nur die Frist, nicht auch die Folgen einer zu
späten Präsentation. Ob der Bezogene nach Ablauf der Präsentationspflicht bezahlen
darf (vgl. Art. 1119 Abs. 2), richtet sich auch nach dem Recht des Zahlungsortes
(Art. 1141 Ziff. 7). Ob nach zu später Präsentation die Regressansprüche verwirkt sind,
bestimmt gem. Art. 1140 das Recht des Landes, wo die Erklärung des Rückgriffsschuldners unterzeichnet wurde (vgl. Art. 1040 N 2, Art. 1090 N 12; **a.M.** ESCHELBACH,
125).

Ziff. 3 unterstellt die Frage, ob ein Check **angenommen, zertifiziert, bestätigt oder** 4
mit einem Visum versehen werden kann und welches die Wirkungen dieser Vermerke
sind, dem Recht des Zahlungsortes. Die Annahme ist eine Erklärung des Bezogenen auf
dem Check, er werde diesen bezahlen. Im Gegensatz zu den USA (Sec. 3–411 (1)
UCC) kann im Geltungsbereich des EinhSchG ein Check nicht angenommen werden
(vgl. Art. 1104). Das Abkommen überlässt es jedoch in Art. 6 seiner Anlage II den einzelnen Vertragsstaaten, Erklärung des Bezogenen auf dem Check wie Bestätigung, Visierung (Bestätigung im französischen Recht, dass im Zeitpunkt des Vermerks Deckung
vorhanden ist; JÄGGI/DRUEY/VON GREYERZ, 310), Zertifizierung (Zusage des Bezogenen, die Deckung zu blockieren; JÄGGI/DRUEY/VON GREYERZ, 311) zuzulassen. Die
Schweiz hat von diesem Vorbehalt keinen Gebrauch gemacht. Über die genaue Bedeutung dieser Vermerke bestehen in den einzelnen Ländern Unterschiede und Unklarheiten. In den USA gilt die Zertifizierung (certification) als Annahme (Sec. 3–411 (1)
UCC; JÄHNCHEN-JOHN, 82). Gemäss Art. 1141 Ziff. 3 ist nun das Recht des Zahlungsortes zuständig für die Auslegung, Zulässigkeit und Rechtswirkungen dieser Vermerke
(ESCHELBACH, 112). Die Verweisung umfasst **sämtliche Erklärungen des Bezogenen**
auf dem Check, welche auf die künftige Einlösung Bezug nehmen. Art. 1141 Ziff. 3
knüpft jedoch nur die materiellen Voraussetzungen und die Wirkungen dieser Erklärungen an, nicht jedoch deren Form (vgl. zu dieser Unterscheidung Art. 1087 N 5). Diese
richtet sich aufgrund von Art. 1139 alternativ nach dem Recht ihres Unterzeichnungsortes oder des Zahlungsortes (ESCHELBACH, 112). Die Verweisung gilt auch nicht für Deckungszusagen ausserhalb des Checks (z.B. beim Eurocheck) und nicht bez. einer allfälligen Verpflichtung des Bezogenen gegen den Aussteller, einen derartigen Vermerk
anzubringen. Ziff. 9 und nicht Ziff. 3 unterliegt die schriftliche Erklärung des Bezogenen über die Verweigerung der Zahlung (vgl. Art. 1128 Ziff. 2).

Ziff. 4 verweist auf das Recht des Zahlungsortes bez. der beiden Fragen, ob der Inhaber 5
des Checks eine **Teilzahlung** verlangen kann und ob er eine solche, wenn sie ihm an-

geboten wird, annehmen muss. Zu letzterer kann auf die Erläuterungen zu Art. 1091 verwiesen werden. Insbesondere gilt die Verweisung nur bez. Teilzahlungen des Bezogenen, nicht der Rückgriffsschuldner (Art. 1091 N 2; JACOBI, 995 FN 4). Im anglo-amerikanischen Rechtsbereich besteht keine Verpflichtung zur Annahme einer Teilzahlung. Die Frage, ob der Inhaber eines Checks vom Bezogenen Teilzahlung verlangen kann, stellt sich nur, wenn er gegen den Bezogenen überhaupt einen checkrechtlichen Anspruch hat (JACOBI, 995), sei es aufgrund eines Akzeptes oder eines Vermerkes durch den Bezogenen (Ziff. 3), sei es, wenn er einen Anspruch auf die Deckung hat (Ziff. 6; ZIMMERMANN, N 8). Die Frage, ob der Bezogene aufgrund des Checkvertrages gegenüber dem Aussteller verpflichtet ist, dem Inhaber eine Teilzahlung zu leisten (so Art. 1103 Abs. 2), unterliegt nicht der Verweisung von Ziff. 4, sondern dem Statut des Checkvertrages (vgl. Vor Art. 1138–1142 N 7).

6 Ziff. 5 unterstellt die Zulässigkeit und Wirkungen einer **Kreuzung** oder eines **Verrechnungsvermerkes** dem Recht des Zahlungsortes. Der Anknüpfungsbegriff ist weit zu fassen: Der Hinweis im Gesetz auf einen «gleichbedeutenden Vermerk» gilt nicht nur für den Vermerk «nur zur Verrechnung», sondern auch für die Kreuzung, das heisst für jede Klausel auf dem Check, welche die Barauszahlung einschränkt. Das Recht des Zahlungsortes bestimmt sodann, ob sie zulässig und formgültig ist und welche Wirkungen ihr zukommen. Lässt dieses Recht eine derartige Klausel nicht zu, so muss noch untersucht werden, ob sie in eine zulässige Erklärung transponiert werden kann (ZIMMERMANN, N 10). So werden in Deutschland oder Österreich, die den gekreuzten Check nicht kennen, gekreuzte Checks als Verrechnungschecks behandelt (Art. 3 EGSchG; BAUMBACH/HEFERMEHL, Übersicht Vor Art. 37 ScheckG N 2).

7 Ziff. 6 unterstellt die Frage, ob der Inhaber des Checks neben seiner Forderung aus dem Papier besondere **Rechte auf die Deckung** hat, und welches der Inhalt dieser Rechte ist, dem Recht des Zahlungsortes. Wie im Wechselrecht (vgl. Art. 1094 N 2), wurde auch im Checkrecht die Frage des Deckungsüberganges im EinhSchG nicht materiell geregelt (Art. 19 Abs. 1 Anlage II des Abkommens). Die Schweiz hat dieselbe Lösung wie im Wechselrecht gewählt, Art. 1143 Abs. 1 Ziff. 15 verweist auf Art. 1053. Einen automatischen Übergang der Deckung («provision») kennen die Staaten des französischen Rechtskreises. Anders als das internationale Wechselrecht, welches auf das Recht des Ausstellungsortes verweist (Art. 1094), knüpft Art. 1141 Ziff. 6 an das Recht des Zahlungsortes an. Ebenfalls anders als Art. 1094, welcher die Deckung definiert als Forderung des Ausstellers gegen den Bezogenen, die der Ausstellung des Wechsels zugrunde liegt, spricht Art. 1141 Ziff. 6 von der Deckung ohne nähere Spezifikation. Dieser Begriff umfasst alle Rechte des Ausstellers gegen den Bezogenen, welche der Ausstellung des Checks zugrunde liegen und die aufgrund des Rechts des Zahlungsortes auf den Inhaber übergehen (JACOBI, 1006; PERCEROU/BOUTERON, Bd. 2, 184). Sodann bestimmt das Recht des Zahlungsortes, ob und wie der Inhaber die Deckung erwirbt, insb. ob dies eo ipso geschieht oder ob es hierfür zusätzlicher Erfordernisse, wie einer Erklärung auf dem Check (vgl. Art. 1053 Abs. 2) oder einer Notifikation, bedarf. Art. 1141 Ziff. 6 regelt primär das Verhältnis zwischen altem und neuem Gläubiger, den Schuldner schützende Normen des auf die Deckung anwendbaren Rechts, insb. die Frage, an wen der bezogene Schuldner leisten darf (vgl. Art. 1053 Abs. 3) und welche Einreden er erheben kann, bleiben vorbehalten (vgl. Art. 1094 N 2). Nicht von Art. 1141 Ziff. 6 geregelt ist das anwendbare Recht für den Bestand und Umfang der Deckung sowie für die Frage, ob und wann ein Check eine Deckung haben muss (SCHNITZER, 434; **a.M.** PERCEROU/BOUTERON, Bd. 2, 184). Diese richtet sich im Verhältnis zwischen Aussteller und Bezogenem nach dem auf den Checkvertrag anwendbaren Recht (SCHNITZER, 434) sowie im Verhältnis zwischen Aussteller und Inhaber nach Art. 1140 (vgl. Art. 1094 N 2). Zur Beachtung ausländischer vollstreckungs- und konkursrechtlicher Normen vgl. Art. 1094 N 3.

Ziff. 7 unterstellt die Frage, ob der Aussteller den Check gegenüber dem Bezogenen **widerrufen** oder gegen die Einlösung des Checks Widerspruch erheben kann, dem Recht des Zahlungsortes. Widerruf ist eine direkte Mitteilung des Ausstellers an den Bezogenen, er solle den Check nicht einlösen, Widerspruch (opposition) eine Institution des französischen Rechts, wo der Richter auf Antrag des Ausstellers im Falle des Verlustes oder des Konkurses des Inhabers die Einlösung verbieten kann (SCHNITZER, 435; ZIMMERMANN, N 15). Das EinhSchG erklärt einen Widerruf erst nach Ablauf der Vorlegungsfrist für wirksam, doch lässt es in Art. 16 seiner Anlage II diesbezügliche Vorbehalte zu. Die Schweiz hat davon Gebrauch gemacht und in Art. 1119 Abs. 3 statuiert, dass der Aussteller wirksam widerrufen könne, wenn er behauptet, der Check sei ihm oder einem Dritten abhanden gekommen. Im angelsächsischen Rechtsbereich ist ein Widerruf jederzeit möglich (SCHNITZER, 435; ZIMMERMANN, N 15). Die Zulässigkeit eines Widerrufs kann eingeschränkt werden durch ein Akzept oder eine Zertifizierung durch den Bezogenen, durch Bestimmungen über den Deckungsübergang (ZIMMERMANN, N 14) sowie durch Bestimmungen über Massnahmen bei Verlust und Diebstahl (vgl. Art. 1119 Abs. 3). Da diese Fragen alle auch an das Recht des Zahlungsortes angeknüpft werden (Art. 1141 Ziff. 3, 6, 8), ergeben sich daraus keine Normkonflikte.

Gemäss **Ziff. 8** unterliegen die Massnahmen, die im Falle des **Verlustes** oder des **Diebstahles** des Checks zu ergreifen sind, dem Recht des Zahlungsortes. Die Regelung umfasst auch die **Zerstörung** des Papiers (SCHNITZER, 437; ZIMMERMANN, Art. 1141 N 18b) und entspricht vollumfänglich der entsprechenden Norm im internationalen Wechselrecht, womit auf die Erläuterungen zu Art. 1095 verwiesen werden kann.

Ziff. 9 unterstellt die Frage, ob ein **Protest oder eine gleichbedeutende Feststellung** zur Erhaltung des Rückgriffs gegen die Indossanten, den Aussteller und die anderen Checkverpflichteten notwendig ist, dem Recht des Zahlungsortes. Im Gegensatz zum internationalen Wechselrecht (vgl. Art. 1090 N 12) bestimmt hier das Recht des Zahlungsortes einheitlich gegenüber allen Rückgriffsschuldnern, ob Voraussetzung ihrer Inanspruchnahme ein Protest ist (z.B. in Frankreich), ob eine gleichbedeutende Feststellung genügt (vgl. Art. 1128 Ziff. 2; PERCEROU/BOUTERON, Bd. 2, 186) oder ob gar keine Vorkehrungen zur Feststellung der Nichtbezahlung getroffen werden müssen. Das gemäss Art. 1141 Ziff. 9 anwendbare Recht bestimmt auch, wo diese Handlungen vorzunehmen sind. Deren Form wird jedoch aufgrund des Verweises in Art. 1143 Ziff. 21 durch Art. 1088 an die lex loci actus angeknüpft, welche üblicherweise auch das Recht des Zahlungsortes ist (vgl. BGE 102 II 272). Art. 1141 Ziff. 9 ist auch gegenüber den Signatarstaaten des EinhSchG von Bedeutung, da dieses in Art. 20 seiner Anlage II entsprechende nationale Sonderregelungen zulässt. Die Wirksamkeit eines Protesterlasses (vgl. Art. 1143 Ziff. 11, 1043) richtet sich für jeden Regressschuldner gesondert nach dem Recht seines Unterzeichnungsortes (Art. 1140; PERCEROU/BOUTERON, Bd. 2, 186; Art. 1090 N 12). Art. 1141 Ziff. 9 umfasst aufgrund seines eindeutigen Wortlautes nicht die übrigen Massnahmen, die zur Erhaltung der checkrechtlichen Regressansprüche getroffen werden müssen, wie rechtzeitige Präsentation dem Bezogenen oder Benachrichtigung der Rückgriffsschuldner. Diese richten sich als Voraussetzung des Regressanspruches gemäss Art. 1140 nach dem Recht des Ortes, wo der Rückgriffsschuldner seine Erklärung unterzeichnet hat (ZIMMERMANN, N 21b; KOCH, 12; ESCHELBACH, 125). Ebenfalls nicht nach Ziff. 9, sondern nach Art. 1143 Ziff. 21 i.V.m. Art. 1088 richten sich die Fristen der Protesterhebung (Rep 1984, 370), doch ist der Anknüpfungsbegriff in Art. 1088 üblicherweise auch der Zahlungsort (vgl. BGE 102 II

272). Die übrigen Fristen, welche zur Rechtserhaltung gegen die Rückgriffsschuldner eingehalten werden müssen, insb. die Präsentations- und Benachrichtigungsfristen, werden hingegen durch Art. 1140 angeknüpft (vgl. Art. 1088 N 4). Welche rechtserhaltenden Massnahmen gegen den Bezogenen, der einen Check akzeptiert oder zertifiziert hat, vorgenommen werden müssen, richtet sich gem. Art. 1141 Ziff. 3 auch nach dem Recht des Zahlungsorts.

11 Zum Anknüpfungsbegriff des **Zahlungsorts** vgl. Art. 1138 N 4. Massgebend ist allein der Zahlungsort des Bezogenen, nicht derjenige der Regressschuldner.

Art. 1142

c. Recht des Wohnsitzes

Der Bereicherungsanspruch gegen den Bezogenen oder den Domiziliaten bestimmt sich nach dem Recht des Landes, in dessen Gebiet diese Personen ihren Wohnsitz haben.

c. Loi du lieu de domicile

Les droits dérivant de l'enrichissement illégitime contre le tiré ou le domiciliataire se règlent en conformité de la loi du pays où ces personnes sont domiciliées.

c. Legge del luogo di domicilio

L'azione d'indebito arricchimento contro il trattario o contro il domiciliatario è retta dalla legge del Paese, nel cui territorio queste persone sono domiciliate.

Literatur

Vgl. die Literaturhinweise bei den Vorbem. zu Art. 1138–1142.

1 Art. 1042 bestimmt, dass die **Bereicherungsansprüche** gegen den Bezogenen oder den Domiziliaten dem Recht desjenigen Landes unterliegen, in dem diese Personen ihren Wohnsitz haben. Die Norm umfasst nur die checkrechtlichen Bereicherungsansprüche (vgl. Art. 1143 Ziff. 14, 1052), nicht allfällige konkurrierende Forderungen aus dem Grundverhältnis (SCHNITZER, 440) oder aus Art. 62 ff.

2 Der checkrechtliche Bereicherungsanspruch wurde weder im EinhSchG materiell geregelt, noch enthält das Ch.Konfl.Abk. eine entsprechende Verweisungsnorm. Der vom schweizerischen Gesetzgeber autonom eingefügte Art. 1093 ist daher auch gegenüber denjenigen Staaten von **Bedeutung,** die dem EinhSchG beigetreten sind.

3 Zum **Begriff des Wohnsitzes** vgl. Art. 1093 N 4.

4 Art. 1142 regelt nur die Bereicherungsansprüche gegen den Bezogenen und den Domiziliaten, nicht aber **die übrigen checkrechtlichen Bereicherungsansprüche,** namentlich die gegen den Aussteller (BGE 102 II 278) und gegen die Indossanten (kein Anspruch gem. Art. 1052 Abs. 3). Der Anspruch gegen den Aussteller untersteht gem. Art. 1140 dem Recht seines Unterzeichnungsorts (BGE 102 II 278; SCHNITZER, 440). Dasselbe gilt für den Anspruch gegen den Indossanten (SCHNITZER, 440). Wie im Wechselrecht (Art. 1093) umfasst die Verweisung von Art. 1142 auch nicht den Bereicherungsanspruch gegen einen Bezogenen, der durch Annahme oder Zertifizierung eine nach seinem Recht (Art. 1141 Ziff. 3) gültige Checkerklärung abgegeben hat. Dieser Bereicherungsanspruch untersteht gem. Art. 1141 Ziff. 3 dem Zahlungsort, der jedoch im Normalfall auch der Wohnort (Sitz) des Bezogenen ist.

XII. Anwendbarkeit des Wechselrechts

Art. 1143

¹ Auf den Check finden die nachstehenden Bestimmungen des Wechselrechts Anwendung:

1. Artikel 990 über die Wechselfähigkeit;

2. Artikel 993 über Wechsel an eigene Ordre, auf den Aussteller und für Rechnung eines Dritten;

3. Artikel 996–1000 über verschiedene Bezeichnung der Wechselsumme, Unterschriften von Wechselunfähigen, Unterschrift ohne Ermächtigung, Haftung des Ausstellers und Blankowechsel;

4. Artikel 1003–1005 über das Indossament;

5. Artikel 1007 über die Wechseleinreden;

6. Artikel 1008 über die Rechte aus dem Vollmachtsindossament;

7. Artikel 1021 und 1022 über Form und Wirkungen der Wechselbürgschaft;

8. Artikel 1029 über das Recht auf Quittung und Teilzahlung;

9. Artikel 1035–1037 und 1039–1041 über den Protest;

10. Artikel 1042 über die Benachrichtigung;

11. Artikel 1043 über den Protesterlass;

12. Artikel 1044 über die solidarische Haftung der Wechselverpflichteten;

13. Artikel 1046 und 1047 über die Rückgriffsforderung bei Einlösung des Wechsels und das Recht auf Aushändigung von Wechsel, Protest und Quittung;

14. Artikel 1052 über den Bereicherungsanspruch;

15. Artikel 1053 über den Übergang der Deckung;

16. Artikel 1064 über das Verhältnis mehrerer Ausfertigungen;

17. Artikel 1068 über Änderungen;

18. Artikel 1070 und 1071 über die Unterbrechung der Verjährung;

19. Artikel 1072–1078 und 1079 Absatz 1 über die Kraftloserklärung;

20. Artikel 1083–1085 über den Ausschluss von Respekttagen, den Ort der Vornahme wechselrechtlicher Handlungen und die eigenhändige Unterschrift;

21. Artikel 1086, 1088 und 1089 über den Geltungsbereich der Gesetze in Bezug auf Wechselfähigkeit, Handlungen zur Ausübung und Erhaltung des Wechselrechts und Ausübung der Rückgriffsrechte.

² In Wegfall kommen bei diesen Artikeln die Bestimmungen, die sich auf die Annahme des Wechsels beziehen.

³ Die Artikel 1042 Absatz 1, 1043 Absätze 1 und 3 und 1047 werden für die Anwendung auf den Check in dem Sinne ergänzt, dass an die Stelle des Protestes die gleichbedeutende Feststellung nach Artikel 1128 Ziffern 2 und 3 treten kann.

---

¹ Les dispositions suivantes du droit de change sont applicables au chèque:

1. art. 990 sur la capacité de s'obliger par lettre de change;

2. art. 993 sur la lettre de change à l'ordre du tireur, tirée sur lui-même et pour le compte d'un tiers;

3. art. 996 à 1000 sur les différences dans l'énonciation du montant, la signature de personnes incapables de s'obliger, la signature sans pouvoirs, la responsabilité du tireur et la lettre de change en blanc;

4. art. 1003 à 1005 sur l'endossement;

5. art. 1007 sur les exceptions de la lettre de change;

6. art. 1008 sur les droits dérivant de l'endossement par procuration;

7. art. 1021 et 1022 sur la forme et les effets de l'aval;

8. art. 1029 sur le droit d'exiger une quittance et le paiement partiel;

9. art. 1035 à 1037 et art. 1039 à 1041 sur le protêt;

10. art. 1042 sur l'avis;

11. art. 1043 sur la clause «sans protêt»;

12. art. 1044 sur la garantie solidaire des personnes obligées;

13. art. 1046 et 1047 sur le recours en cas de remboursement de la lettre de change et le droit à la remise de la lettre, du protêt et de la quittance;

14. art. 1052 sur les droits dérivant de l'enrichissement;

15. art. 1053 sur le transfert de la provision;

16. art. 1064 sur la relation des divers exemplaires entre eux;

17. art. 1068 sur les altérations;

18. art. 1070 et 1071 sur l'interruption de la prescription;

19. art. 1072 à 1078 et 1079, al. 1, sur l'annulation;

20. art. 1083 à 1085 sur l'exclusion des jours de grâce, le lieu où doivent se faire les actes relatifs à la lettre de change et la signature manuscrite;

21. art. 1086, 1088 et 1089 sur le conflit des lois relatif à la capacité de s'obliger, aux actes destinés à exercer et conserver les droits en matière de change et à l'exercice des recours.

² Ne sont pas applicables au chèque les dispositions de ces articles relatives à l'acceptation de la lettre de change.

³ Pour être applicables au chèque, les art. 1042, al. 1, 1043, al. 1 et 3, et 1047 sont complétés en ce sens que le protêt peut être remplacé par la constatation analogue prévue à l'art. 1128, ch. 2 et 3.

¹ Le disposizioni seguenti del diritto cambiario si applicano all'assegno bancario:

1. articolo 990 sulla capacità di obbligarsi in via cambiaria;

2. articolo 993 sulla cambiale all'ordine del traente, tratta sul traente o tratta per conto di un terzo;

3. articoli 996 a 1000 su le differenze in caso di somma scritta più volte, le firme di persone incapaci di obbligarsi, la firma senza poteri, la responsabilità del traente e la cambiale in bianco;

4. articoli 1003 a 1005 sulla girata;

5. articolo 1007 sulle eccezioni cambiarie;

6. articolo 1008 sui diritti derivanti dalla girata per procura;

7. articoli 1021 e 1022 su la forma e gli effetti dell'avallo;

8. articolo 1029 sul diritto alla quietanza e sul pagamento parziale;

9. articoli 1035 a 1037 e 1039 a 1041 sul protesto;

10. articolo 1042 sull'avviso;

11. articolo 1043 sulla dispensa dal protesto;

12. articolo 1044 sulla responsabilità solidale degli obbligati in via cambiaria;

13. articoli 1046 e 1047 sul regresso di chi ha pagato la cambiale e sul diritto alla consegna della cambiale, del protesto e della quietanza;

14. articolo 1052 sull'indebito arricchimento;

15. articolo 1053 sul trasferimento della provvista;

16. articolo 1064 sui rapporti dei duplicati tra loro;
17. articolo 1068 sulle alterazioni;
18. articoli 1070 e 1071 sull'interruzione della prescrizione;
19. articoli 1072 a 1078 e 1079 capoverso 1 sull'ammortamento;
20. articoli 1083 a 1085 su l'esclusione dei giorni di rispetto, il luogo in cui debbono eseguirsi gli atti relativi alla cambiale, e la sottoscrizione di propria mano;
21. articoli 1086, 1088 e 1089 sul conflitto delle leggi riguardanti la capacità di obbligarsi in via cambiaria, gli atti necessari all'esercizio e alla preservazione dei diritti cambiari e l'esercizio del regresso.

² Non si applicano all'assegno bancario le disposizioni di questi articoli riguardanti l'accettazione della cambiale.

³ Per essere applicabili all'assegno bancario, gli articoli 1042 capoverso 1, 1043 capoversi 1 e 3, e 1047 sono completati nel senso che il protesto può essere sostituito dalla dichiarazione prevista nell'articolo 1128 numeri 2 e 3.

Literatur

Vgl. die Literaturhinweise bei den Vorbem. zu Art. 1100–1144.

I. Allgemeines

In **Art. 1143** wird festgelegt, welche **Bestimmungen des Wechselrechts** auch **auf den Check anwendbar** sind. In **Abs. 1** ist ein 21 Ziffern umfassender Katalog der im Checkrecht geltenden wechselrechtlichen Normen enthalten. In **Abs. 2** werden die Bestimmungen über das Wechselakzept in Bekräftigung des Akzeptverbots von Art. 1104 ausdrücklich als nicht anwendbar erklärt. In **Abs. 3** schliesslich wird in **Ergänzung** zu den Bestimmungen des Wechselrechts festgelegt, dass für die Anwendung der Art. 1042 Abs. 1 (Benachrichtigungspflicht), 1043 Abs. 1 und 3 (Protest und Protesterlass) und 1047 (Recht auf Aushändigung von Wechsel, Protest und Quittung) auf den Check der Nichteinlösungsvermerk der Bezogenen (Art. 1128 Ziff. 2) und die Dishonorierungserklärung einer Abrechnungsstelle (Art. 1128 Ziff. 3) treten können.

II. Anwendbare Bestimmungen des Wechselrechts

a) Ziff. 1:

Wer gemäss **Art. 990** die **Wechselfähigkeit** besitzt, ist auch **checkfähig**; hierzu bedarf er i.d.R. der **Handlungsfähigkeit** nach Art. 12 ZGB.

b) Ziff. 2:

Wie der Wechsel aufgrund von **Art. 993 Abs. 1,** kann auch der Check an die **eigene Ordre** seines Ausstellers lauten. Der Check kann gemäss **Art. 993 Abs. 2** auch **auf den Aussteller gezogen** werden, womit er zum **trassiert-eigenen Check** wird. Zulässig ist auch der trassiert-eigene Check an eigene Ordre (vgl. Art. 1119 N 8 ff.; ZIMMERMANN, N 8). Weiter kann laut Verweisung auf **Art. 993 Abs. 3** auch für Rechnung eines Dritten ein **Kommissionscheck** gezogen werden (ZIMMERMANN, N 8).

c) Ziff. 3:

In **Ziff. 3** werden die Vorschriften von **Art. 996–1000** des Wechselrechts als auf den Check anwendbar erklärt.

Art. 1143 5–11

5   d) Ziff. 4:

Gemäss **Ziff. 4** finden die Bestimmungen von **Art. 1003–1005** des Wechselrechts über Form und Wirkungen des **Indossamentes** auf den Check Anwendung. Die Regelung des Indossamentes beim Check ergibt sich einerseits aus Art. 1108–1113 betr. die Übertragung und andererseits aus den Verweisungen von Art. 1143 Abs. 1. Ziff. 4–6 auf Art. 1003–1005, 1007 und 1008. Demnach gelten die Art. 1001, 1002, 1006, 1009 und 1010 des Wechselrechts für den Check nicht (vgl. ZIMMERMANN, N 10). Art. 1005 betr. die Garantiefunktion des Indossaments gilt aufgrund von Art. 1143 Abs. 2 und Art. 1104 beim Check nicht hinsichtlich Haftung des Indossanten für ein allfälliges Akzept der Bezogenen auf dem Check (vgl. ZIMMERMANN, N 11). Siehe im Übrigen die Komm. zu Art. 1003–1005.

6   e) Ziff. 5:

Laut **Ziff. 5** findet **Art. 1007** über die **Einreden** des aus dem Wechsel regressweise in Anspruch Genommenen auch auf den Check Anwendung (SJ 1971, 11 E. B.a; s.a. N 5; vgl. die Komm. zu Art. 1007).

7   f) Ziff. 6:

Gemäss **Ziff. 6** gelten die Bestimmungen von **Art. 1008** über das **Vollmachts- oder Prokuraindossament** auch im Checkrecht (LGVE 1979 I 549 E. 3b; SJZ 1981, 251).

8   g) Ziff. 7:

Nach **Ziff. 7** finden die **Art. 1021** und **1022** über die Form und Wirkungen der **Wechselbürgschaft** auf den Check Anwendung. Art. 1020 über den Wechselbürgen ist nicht anwendbar; im Checkrecht ist Art. 1114 an seine Stelle getreten, dessen Abs. 2 die Bezogene als Checkbürgin ausschliesst (vgl. im Übrigen Art. 1021, 1022, 1114).

9   h) Ziff. 8:

Laut **Ziff. 8** gelten im Checkrecht die wechselrechtlichen Bestimmungen von **Art. 1029** über das **Recht auf Quittung** der Bezogenen für von ihr geleistete Zahlungen und die vom Inhaber zu akzeptierende **Teilzahlung** (vgl. die Komm. zu Art. 1029). Als Pendent zu dieser Vorschrift statuiert das Checkrecht in Art. 1103 Abs. 2 eine Pflicht der Bezogenen, wenn der Aussteller bei ihr nur über einen Teilbetrag verfügen kann, diesen Teilbetrag auszuzahlen (vgl. im Übrigen die Komm. zu Art. 1103).

10   i) Ziff. 9:

In **Ziff. 9** werden die **Art. 1035–1037** und **1039–1041** des Wechselrechts, die sich mit dem **Protest** befassen, als auf den Check anwendbar erklärt. Dagegen gelten die übrigen Bestimmungen über den Protest beim Wechsel (Art. 1034 betr. Fristen und Erfordernisse und Art. 1038 betr. Teilannahme) für den Check nicht. Aufgrund des **Annahmeverbots** beim Check (s. Art. 1104, 1115, 1143 Abs. 2) sind nur die wechselrechtlichen Normen über den **Protest mangels Zahlung** auf den Check übertragbar; ein Protest mangels Annahme scheidet beim Check aus (vgl. ZIMMERMANN, N 16).

11   j) Ziff. 10:

Gemäss **Ziff. 10** gilt die wechselrechtliche Pflicht zur **Benachrichtigung** nach **Art. 1042 (Notifikationspflicht)** auch im Checkrecht (BGE 99 II 341 f. E. 4c = JDT 1974 I 567 E. 4c), wobei sie sich beim Check aufgrund von Art. 1104 und 1143 Abs. 2 wiederum nur auf die Nichtzahlung beziehen kann, nicht aber auf ein Nichtakzept. Aufgrund von Art. 1128 i.V.m. Art. 1143 Abs. 3 besteht die Notifikationspflicht beim Check

– ebenso wie bei Protesterhebung – auch im Falle des **Nichteinlösungsvermerks** der Bezogenen oder der **Dishonorierungserklärung** einer Abrechnungsstelle (vgl. ZIMMERMANN, N 17).

k) Ziff. 11:

Nach **Ziff. 11** ist **Art. 1043** des Wechselrechts betr. den **Protesterlass** auch für den Check gültig; dies aber wiederum nur bei Nichtzahlung, nicht auch bei Nichtakzept (s. Art. 1104, 1143 Abs. 2). Aufgrund von Art. 1128 i.V.m. Art. 1143 Abs. 3 sind dem Protest der **Nichteinlösungsvermerk** der Bezogenen oder die **Dishonorierungserklärung** einer Abrechnungsstelle gleichgestellt.

l) Ziff. 12:

Laut **Ziff. 12** gilt **Art. 1044** auch im Checkrecht; demnach gilt das Prinzip der **Solidarhaftung** der Checkverpflichteten (Art. 143 ff.; BGE 111 III 35 E. 1c = Pra 1985, 458 E. 1c = JDT 1987 II 133 E. 1c = SJ 1985, 448 E. 1a). Selbstverständlich gelangen auch hier die wechselrechtlichen Bestimmungen nur soweit zur Anwendung, als sie nicht gegen das Annahmeverbot verstossen (Art. 1104, 1143 Abs. 2).

m) Ziff. 13:

Für den Check gelten nach **Ziff. 13** auch die **Art. 1046** und **1047** über die **Rückgriffsforderung des Einlösers** und das Recht auf **Aushändigung, Protest und Quittung**. Die Regressansprüche gemäss Art. 1046 betreffen nicht die Rückgriffsforderung des Präsentanten, sondern diejenige der ihrerseits bereits regressweise Belangten (vgl. ZIMMERMANN, N 20). Die Rückgriffsrechte des Präsentanten sind in Art. 1128 ff., insb. Art. 1130, geregelt (vgl. dortige Komm.). Im Checkrecht haben bei Anwendung von Art. 1047 die dem Protest gleichbedeutenden Feststellungen des Art. 1128 aufgrund von Art. 1143 Abs. 3 dieselben Rechtswirkungen wie der Protest (vgl. im Übrigen Art. 1046 f.).

n) Ziff. 14:

Weiter gelten nach **Ziff. 14** die Vorschriften von Art. 1052 über die **ungerechtfertigte Bereicherung** (Art. 1052, 62 ff.); sie regeln die Ansprüche des Inhabers gegenüber den zu seinem Schaden aus dem Wertpapier ungerechtfertigt Bereicherten (ZR 1977, 165 f.; vgl. im Übrigen Art. 1052).

o) Ziff. 15:

Gemäss **Ziff. 15** ist ferner **Art. 1053** betr. den **Übergang der Deckung** auf den Check anwendbar; hierbei handelt es sich v.a. um den Übergang eines allfälligen zivilrechtlichen Anspruchs des Ausstellers gegen den Bezogenen auf Rückgabe einer im Zusammenhang mit der Begebung des Wertpapiers angeschafften Deckung (SJ 1973, 190 f. E. 3; vgl. im Übrigen Art. 1053).

p) Ziff. 16:

In **Ziff. 16** wird **Art. 1064** über das **Verhältnis der Ausfertigungen** eines Wechsels für den Check anwendbar erklärt; damit wird Art. 1133 ergänzt (ZIMMERMANN, N 23; vgl. im Übrigen Art. 1064).

q) Ziff. 17:

Gemäss **Ziff. 17** gilt **Art. 1068** über die **Änderungen** des Urkundstextes und ihre Auswirkungen auf die **Haftung** der Unterzeichner auch für den Check (vgl. zum gefälschten Check Art. 1132 und im Übrigen Art. 1068).

19 r) Ziff. 18:

Nach **Ziff. 18** finden die **Art. 1070** und **1071** über die Gründe für und die Wirkung der **Unterbrechung der Verjährung** der Regressrechte Anwendung auf den Check. Die weiteren Bestimmungen über die Verjährung sind in Art. 1134 geregelt (vgl. Art. 1134 und im Übrigen Art. 1070 f.).

20 s) Ziff. 19:

In **Ziff. 19** wird auf die **Art. 1072–1078** und **1079 Abs. 1** betr. die **Kraftloserklärung** umfassend verwiesen. Die übrigen wechselrechtlichen Bestimmungen von Art. 1079 Abs. 2 und Art. 1080 über die Kraftloserklärung sind aufgrund des Annahmeverbots (Art. 1104, 1143 Abs. 2) von der Verweisung ausgeschlossen (vgl. im Übrigen Art. 1072–1078, 1079 Abs. 1).

21 t) Ziff. 20:

Gemäss Ziff. 20 gelten die Art. 1083–1085 über den Ausschluss von Respekttagen, den Ort der Vornahme wechselrechtlicher Handlungen und die eigenhändige Unterschrift auch für den Check (vgl. im Übrigen Art. 1083–1085).

22 u) Ziff. 21:

Schliesslich finden laut Ziff. 21 die Art. 1086, 1088 und 1089 betr. den Geltungsbereich der Gesetze in Bezug auf die Wechselfähigkeit, die Handlungen zur Ausübung und Erhaltung des Wechselrechts und die Ausübung des Rückgriffs Anwendung auf den Check. Hierbei handelt es sich um Bestimmungen über den örtlichen Geltungsbereich der Gesetze und damit um solche des internationalen Checkrechts (BGE 102 II 272 E. 1a = Pra 1976, 658 f. E. 1a = JDT 1977 I 268 f. E. 1a; ZR 1977, 159; Rep 1984, 370; SJZ 1977, 359; ZIMMERMANN, Art. 1143 N 28; vgl. im Übrigen Art. 1086, 1088, 1089).

III. Nicht anwendbare Bestimmungen des Wechselrechts

23 Nach **Abs. 2 entfallen** für den Check alle Bestimmungen der in Abs. 1 aufgezählten Artikel des Wechselrechts, die sich auf die Annahme des Wechsels beziehen. Weiter scheiden die nicht in Abs. 1 anwendbar erklärten Artikel aus (vgl. Aufzählung bei ZIMMERMANN, N 29).

XIII. Vorbehalt besondern Rechtes

Art. 1144

Vorbehalten bleiben die besondern Bestimmungen über den Postcheck.

Demeurent réservées les dispositions particulières régissant le chèque postal.

Restano riservate le disposizioni speciali che reggono l'assegno postale.

1 In **Art. 1144** enthält das Gesetz für den **Postcheck** einen Vorbehalt besonderer Bestimmungen. Diese Sonderregelungen finden sich im **Postgesetz (PG), Art. 9 und 11 Abs. 2** vom 30.4.1997.

Seit der Revision der Postgesetzgebung und namentlich der Aufhebung des früheren **2**
PVG und der damit verbundenen Verordnung (PVV) und Erlasse ist der blaue Postcheck, der ein echtes Wertpapier i.S. des Checkrechts war, abgeschafft worden. Während das PG eine Wiedereinführung des Postchecks in der einen oder anderen Form erlauben würde, ist eine solche z.Zt. nicht vorgesehen.

Sechster Abschnitt: Wechselähnliche und andere Ordrepapiere

Art. 1145

A. Im Allgemeinen
I. Voraussetzungen

Ein Wertpapier gilt als Ordrepapier, wenn es an Ordre lautet oder vom Gesetze als Ordrepapier erklärt ist.

A. En général
I. Conditions

Est considéré comme titre à ordre tout papier-valeur créé avec la clause à ordre ou déclaré tel par la loi.

A. In genere
I. Requisiti

Un titolo di credito si considera all'ordine se è emesso all'ordine o se è dichiarato tale dalla legge.

Literatur

VON BALLMOOS, Der wertpapierrechtliche Verkehrsschutz, Dissertation Bern, Bern/Stuttgart/Wien 1993; BALZLI/KERBER, Repetitorium Wertpapierrecht, Zürich 2005; BOHNET, La théorie générale des papiers-valeurs, Diss. Neuchâtel, Basel 2000; MEYER/MOOSMANN, Kleiner Merkur Bd. I, 8. Aufl., Zürich 2003; PETITPIERRE-SAUVAIN, Les papiers-valeurs, Traité de droit privé suisse VIII/7, Basel 2006; PRÜSSMANN (Begr.)/RABE (Bearb.), Seehandelsrecht: fünftes Buch des Handelsgesetzbuches mit Nebenvorschriften und internationalen Übereinkommen, 4. Aufl., München 2000; SAXER, Die gewillkürten Ordrepapiere, Dissertation Zürich, Zürich 1954; SCHÜTZE, Dokumentenakkreditiv im internationalen Handelsverkehr, 5. Aufl., Heidelberg 1999; vgl. im Übrigen die Literaturhinweise zu Art. 965 ff.

I. Allgemeines

Art. 1145 knüpft an die Definition des Wertpapiers in Art. 965 an und enthält eine **Le-** **1**
galdefinition des Ordrepapiers. Das Gesetz unterscheidet einerseits zwischen einem Wertpapier, das *an Ordre lautet,* dem sog. **gewillkürten oder gekorenen Ordrepapier,** und dem *vom Gesetz als* **Ordrepapier** erklärten Wertpapier, dem sog. gesetzlichen oder geborenen **Ordrepapier** (ZK-JÄGGI, Art. 1145 N 18 ff.). Ergänzt wird Art. 1145 durch Art. 974, der festhält, dass ein auf einen bestimmten Namen lautendes Wertpapier nur dann als Namenpapier gilt, wenn es «weder an Ordre gestellt noch gesetzlich als Ordrepapier erklärt ist».

Zu den **gesetzlichen Ordrepapieren** gehören insb. Wechsel (Art. 1001), auf den Namen **2**
lautende Checks (Art. 1108), Namenaktien (Art. 684 Abs. 2), Namengrundpfandtitel (Schuldbrief und Gült, Art. 869 Abs. 2 ZGB) sowie auf den Namen lautende Anteile nach dem KAG (Botschaft KAG, BBl, 6442; zur entsprechenden Rechtslage vor Inkrafttreten des KAG BGer v. 1.11.2005, 4C.47/2005, E. 4.4.1; zu den gesetzlichen Ordrepapiertypen SAXER, 45 ff.). Entscheidend ist nicht die jeweilige Bezeichnung, sondern der Umstand, dass das Papier allein durch Indossament übertragen werden kann (MEYER/MOOSMANN, 304).

3   Das Ordrepapier ist – ebenso wie das Inhaberpapier aber anders als das Namenpapier – ein qualifiziertes Wertpapier. Es gilt der Grundsatz der Skripturrechtlichkeit, was bedeutet, dass für einen gutgläubigen Dritten weitgehend ausschliesslich das Papier selbst für die Rechtslage massgebend ist (GUHL-DRUEY, § 84 N 35 ff.).

II. Ordreklausel

4   Das Ordrepapier enthält eine Schuldanerkennung und das Versprechen, nicht ohne Vorweisung der Urkunde zu leisten (**Präsentationsklausel**), und zwar an jeden durch die Skriptur der Urkunde ausgewiesenen Vorweiser (**Ordreklausel;** ZK-JÄGGI, N 11 f., 16). Die wörtliche Erwähnung von «*an Ordre*» ist bei den **gesetzlichen Ordrepapieren** überflüssig, bei den gesetzlich bestimmten **gewillkürten Ordrepapieren,** also den wechselähnlichen Papieren i.S.v. Art. 1147–1151, notwendig und bei allen übrigen gewillkürten Ordrepapieren das einfachste Mittel, um die Ordreklausel auszudrücken (ZK-JÄGGI, Art. 1145 N 35 ff.).

5   Durch die sog. Rektaklausel wird ein Ordrepapier zum Namenpapier («Rektapapier»). Sie kann etwa folgendermassen lauten: «Diese Urkunde ist nicht indossabel». Das Rektapapier ist dann kein **Wertpapier öffentlichen Glaubens** mehr; es wird durch Zession übertragen.

III. Legitimation und Übertragung

6   Wer ein Inhaber- oder ein Ordrepapier erwirbt, darf davon ausgehen, dass der Veräusserer zur Übertragung berechtigt ist und das verbriefte Recht besteht. Inhaber- und Ordrepapiere sind somit Wertpapiere öffentlichen Glaubens (MEIER-HAYOZ/VON DER CRONE, 50).

7   Zur Übertragung des Ordrepapiers ist neben der Besitzverschaffung und Bestehen eines wirksamen Kausalgeschäfts die Anbringung eines Indossamentes auf dem Papier erforderlich (Art. 967–969, 1001–1003, BALZLI/KERBER, 79 f.), wobei – mit Ausnahme von Schuldbrief und Gült, Art. 869 Abs. 2 ZGB – auch ein Blankoindossament (Art. 1152 Abs. 2 i.V.m. Art. 1002 Abs. 2) zulässig ist. Unter einem Indossament ist eine auf die Übertragung des verbrieften Rechts gerichtete schriftliche Willenserklärung zu verstehen, die auf dem Papier selbst (in der Praxis zumeist auf dessen Rücken [«en dos»]) anzubringen ist (BALZLI/KERBER, 80). Das Indossament darf an keine Bedingungen geknüpft sein; widrigenfalls gelten diese als nicht aufgestellt, Art. 1002 Abs. 1. Denjenigen, der ein Ordrepapier durch Indossament veräussert, nennt man Indossant, denjenigen, der er es durch Indossament erwirbt, Indossatar (Art. 1003 Abs. 2; MEYER/MOOSMANN, 306). Das Blankoindossament, d.h. das Indossament, das den Namen des Indossatars offen lässt, führt dazu, dass das Ordrepapier praktisch zu einem Inhaberpapier wird. Ein Indossament an den Inhaber, d.h. ein solches, das als Indossatar «den jeweiligen Inhaber» nennt, gilt als Blankoindossament, Art. 1002 Abs. 3. Art. 1003 Abs. 2 Satz 2, nach dem das Blankoindossament auf dem Rücken des Papiers angebracht werden muss, stellt eine wechsel- bzw. checkrechtliche Besonderheit dar und ist auf die anderen Ordrepapiere nicht anzuwenden (MEIER-HAYOZ/VON DER CRONE, 54).

8   Der Schuldner ist nur verpflichtet, die Reihe der Indossamente auf deren Lückenlosigkeit hin, nicht aber die Echtheit der Unterschriften zu überprüfen (Art. 1030 Abs. 3; JÄGGI/DRUEY/VON GREYERZ, 61). So wird beispielsweise der Schuldner S, der ein Ordrepapier ausgestellt hat, von seiner Verpflichtung frei, wenn der erste Berechtigte B zugunsten des Indossatars G indossiert hat, das Ordrepapier aber vom Dieb D entwendet

worden war, der D auf dem Ordrepapier die Unterschrift des G gefälscht und das Papier bei S eingelöst hat. Das formell korrekte Indossament ist ausreichend, um auf die Berechtigung des D schliessen zu dürfen. Anderes würde etwa gelten, wenn B dem S den Diebstahl des Ordrepapiers rechtzeitig gemeldet hat oder S die Falschheit der Unterschrift erkannt hatte. Im Verhältnis zwischen dem Inhaber und dem wirklich Berechtigten gilt Art. 1006 Abs. 2, der – anders als Art. 935, Art. 3 Abs. 2 ZGB für das Sachenrecht – anordnet, dass nur grobe Fahrlässigkeit oder böser Glauben den gutgläubigen Erwerb hindert und dass auch das Abhandenkommen des Ordrepapiers unschädlich ist (vgl. BALZLI/KERBER, 80). Durch Art. 1006 Abs. 2, der für alle Ordrepapiere gilt (JÄGGI/DRUEY/VON GREYERZ, 66), soll die Umlauffähigkeit von Ordrepapieren verbessert werden. Hätte also im vorgenannten Bsp. der D unter Fälschung des Indossaments dem gutgläubigen A das Ordrepapier weiterveräussert, so dürfte B von A keine Herausgabe verlangen (zum gutgläubigen Erwerb bei Ordrepapieren VON BALLMOOS, 41 ff.).

Art. 1146

II. Einreden des Schuldners

¹ Wer aus einem Ordrepapier in Anspruch genommen wird, kann sich nur solcher Einreden bedienen, die entweder gegen die Gültigkeit der Urkunde gerichtet sind oder aus der Urkunde selbst hervorgehen, sowie solcher, die ihm persönlich gegen den jeweiligen Gläubiger zustehen.

² Einreden, die sich auf die unmittelbaren Beziehungen des Schuldners zum Aussteller oder zu einem frühern Inhaber gründen, sind zulässig, wenn der Inhaber bei dem Erwerb des Ordrepapiers bewusst zum Nachteil des Schuldners gehandelt hat.

II. Exceptions du débiteur

¹ Le débiteur d'un titre à ordre ne peut opposer que les exceptions tirées de la nullité du titre ou de son texte même, et celles qu'il a personnellement contre le créancier.

² Il peut opposer les exceptions fondées sur ses rapports personnels avec le tireur ou avec un porteur antérieur si le porteur, en acquérant le titre, a agi sciemment au détriment du débiteur.

II. Eccezioni del debitore

¹ Il debitore non può opporre al credito fondato sopra un titolo all'ordine se non le eccezioni che sono dirette contro la validità del titolo o desunte dal titolo stesso e le eccezioni che gli spettano personalmente contro l'attuale creditore.

² Egli può opporvi le eccezioni dedotte dai suoi rapporti personali con un traente o con un portatore anteriore quando il portatore, acquistando il titolo, abbia scientemente agito a danno del debitore.

Literatur

Vgl. die Literaturhinweise zu Art. 1145.

I. Anwendungsbereich

Art. 1146 legt den Umfang derjenigen **Einreden** fest, die der aus dem Ordrepapier Verpflichtete gegenüber dem Erwerber erheben kann. Diese Bestimmung gilt grundsätzlich für den rechtsgeschäftlichen Erwerb durch Indossament und Übergabe aller Ordrepapiere.

Für den gezogenen Wechsel bestehen inhaltlich gleiche Spezialnormen (Art. 1007), welche auch auf den eigenen Wechsel, den Check und die wechselähnlichen Papiere anwendbar sind (Art. 1098, 1143 Ziff. 5, Art. 1147, 1151 Abs. 1; MEIER-HAYOZ/VON DER CRONE, 58; ausführlich zum Umfang der zum Schuldner zustehenden Einreden BALZLI/ KERBER, 83 ff.). Für die Einreden bei einem Grundpfandtitel gilt Art. 872 ZGB (ZK-JÄGGI, N 1; MEIER-HAYOZ/VON DER CRONE, 343). Art. 1146 macht ernst mit dem Grundsatz, dass für den Bestand des im Ordrepapier verbrieften Rechtes zwischen dem Schuldner und dem gutgläubigen rechtsgeschäftlichen Erwerber ausschliesslich die Urkunde massgebend ist. Durch den in Art. 1146 normierten Einredeausschluss wird die Zirkulationsfähigkeit von Ordrepapieren gewährleistet (vgl. BGer v. 1.11.2005, 4C.47/2005, E. 4.4.3).

II. Inhalt der Einredebeschränkung

2   Der Verpflichtete kann **Einreden** aus seinem unmittelbaren Verhältnis zum jeweiligen Ansprecher ohne Einschränkung geltend machen (MEIER-HAYOZ/VON DER CRONE, 58 f.). Dies bedeutet, dass dem Schuldner gegenüber dem ersten Nehmer uneingeschränkt die Möglichkeit offen steht, sich auf das Grundverhältnis zu berufen (JÄGGI/ DRUEY/VON GREYERZ, 62 f.). Gegenüber einem rechtsgeschäftlichen Erwerber und dessen Rechtsnachfolger kann der Schuldner keine Einrede erheben, die auf seiner unmittelbaren Beziehung zu einem früheren Gläubiger basiert und die nicht aus der Urkunde hervorgeht, es sei denn, der Erwerber handelte beim Erwerb bewusst zum Nachteil des Schuldners (ZK-JÄGGI, N 10; vgl. auch die Komm. zu Art. 979 und 1007). Beispielsweise kann der aus einem Ordrepapier Verpflichtete nicht den Einwand erheben, er habe bereits an den vorigen Gläubiger geleistet. Hingegen kann im oben geschilderten Fall der Entwendung eines Ordrepapiers und der Fälschung des Indossaments durch den Dieb D (Art. 1145 N 8) zwar der Verpflichtete S im Verhältnis zum Gläubiger mit schuldbefreiender Wirkung an den D leisten, gegenüber dem D steht ihm jedoch nach Abs. 1 die Einrede der mangelnden Echtheit der Unterschrift zu und er kann die Leistung verweigern (ausführlich zu den Einreden BALZLI/KERBER, 83 ff.; VON BALLMOOS, 96 ff.).

3   In Art. 1146 nicht ausdrücklich geregelt ist die Frage, ob dem Schuldner des Ordrepapiers die Einrede zusteht, dass das Papier wider seinen Willen in den Verkehr gelangt ist. Für die Inhaberpapiere schliesst Art. 979 Abs. 3 diese Einrede explizit aus. Die h.L. verneint auch beim Ordrepapier ein Durchgreifen dieses Verteidigungsmittels und argumentiert, dass der Schuldner durch die Ausfertigung des Ordrepapiers einen Rechtsschein geschaffen hat und für diesen haften muss (JÄGGI/DRUEY/VON GREYERZ, 64 f.; BOHNET, § 64 N 317 m.w.N).

III. Kraftloserklärung

4   Geht dem Berechtigten das Ordrepapier verloren oder hat er es unauffindbar verlegt, so kann er die ihm aus dem Papier zustehenden Rechte wegen des Fehlens des Papiers nicht mehr geltend machen. In diesem Fall steht dem Berechtigten das im Wechselrecht normierte Institut der Kraftloseerklärung zu (Art. 1072–1080), auf das durch Art. 1152 Abs. 2 verwiesen wird.

6. Abschnitt: Wechselähnliche und andere Ordrepapiere   Art. 1147–1151

Art. 1147

B. Wechselähnliche Papiere
I. Anweisungen an Ordre
1. Im Allgemeinen

Anweisungen, die im Texte der Urkunde nicht als Wechsel bezeichnet sind, aber ausdrücklich an Ordre lauten und im übrigen den Erfordernissen des gezogenen Wechsels entsprechen, stehen den gezogenen Wechseln gleich.

B. Titres analogues aux effets de change
I. Assignation à ordre
1. En général

Les assignations qui ne sont pas définies dans le titre comme effets de change, mais qui sont expressément créées à ordre et qui d'ailleurs satisfont aux conditions requises pour la lettre de change, sont assimilées à celle-ci.

B. Titoli affini alle cambiali
I. Assegni all'ordine
1. In genere

Gli assegni, che nel loro contesto non sono denominati come cambiali, ma che sono espressamente emessi all'ordine e rispondono del resto ai requisiti delle cambiali, sono equiparati a queste.

Art. 1148

2. Keine Annahmepflicht

[1] **Die Anweisung an Ordre ist nicht zur Annahme vorzulegen.**

[2] **Wird sie trotzdem vorgelegt, aber ihre Annahme verweigert, so steht dem Inhaber ein Rückgriffsrecht aus diesem Grunde nicht zu.**

2. Pas de présentation obligatoire

[1] L'assignation à ordre n'est pas présentée à l'acceptation.

[2] Si elle est présentée néanmoins et que l'acceptation soit refusée, le porteur n'a aucun droit de recours de ce chef.

2. Esclusione dell'obbligo d'accettazione

[1] Negli assegni all'ordine, non ha luogo la presentazione per l'accettazione.

[2] Qualora la presentazione avvenga e l'accettazione sia rifiutata, il portatore non ha diritto di esercitare il regresso per mancanza di accettazione.

Art. 1149

3. Folgen der Annahme

[1] **Wird die Anweisung an Ordre freiwillig angenommen, so steht der Annehmer der Anweisung dem Annehmer des gezogenen Wechsels gleich.**

[2] **Der Inhaber kann jedoch nicht vor Verfall Rückgriff nehmen, wenn über den Angewiesenen der Konkurs eröffnet worden ist oder wenn der Angewiesene seine Zahlungen eingestellt hat oder wenn eine Zwangsvollstreckung in sein Vermögen fruchtlos verlaufen ist.**

[3] **Ebenso steht dem Inhaber der Rückgriff vor Verfall nicht zu, wenn über den Anweisenden der Konkurs eröffnet worden ist.**

Bernhard Christen

3. Effets de l'acceptation	¹ Lorsqu'une assignation à ordre est acceptée de plein gré, l'auteur de l'acceptation est assimilé à l'accepteur d'une lettre de change. ² Le porteur ne peut cependant exercer son recours avant l'échéance si l'assigné est en faillite, a suspendu ses paiements ou a été l'objet d'une saisie infructueuse. ³ De même, il n'y a pas de recours avant l'échéance lorsque l'assignant est en faillite.
3. Conseguenze dell'accettazione	¹ Chi accetta volontariamente l'assegno all'ordine è obbligato come se avesse accettato una cambiale. ² Il portatore non può tuttavia esercitare il regresso prima della scadenza, se l'assegnato è fallito o ha sospeso i pagamenti o se una esecuzione contro di lui è riuscita inutile. ³ Parimente il portatore non può esercitare il regresso prima della scadenza in caso di fallimento dell'assegnante.

Art. 1150

4. Keine Wechselbetreibung	**Die Bestimmungen des Schuldbetreibungs- und Konkursgesetzes vom 11. April 1889 betreffend die Wechselbetreibung finden auf die Anweisung an Ordre keine Anwendung.**
4. Exclusion de la poursuite pour effets de change	Les dispositions de la loi fédérale du 11 avril 1889 sur la poursuite pour dettes et la faillite relatives à la poursuite pour effets de change ne sont pas applicables à l'assignation à ordre.
4. Esclusione dell'esecuzione cambiaria	Le disposizioni della legge federale dell'11 aprile 1889 sulla esecuzione e sul fallimento riguardanti l'esecuzione cambiaria non sono applicabili all'assegno all'ordine.

Art. 1151

II. Zahlungsversprechen an Ordre	**¹ Zahlungsversprechen, die im Texte der Urkunde nicht als Wechsel bezeichnet sind, aber ausdrücklich an Ordre lauten und im übrigen den Erfordernissen des eigenen Wechsels entsprechen, stehen den eigenen Wechseln gleich.** **² Für das Zahlungsversprechen an Ordre gelten jedoch die Bestimmungen über die Ehrenzahlung nicht.** **³ Die Bestimmungen des Schuldbetreibungs- und Konkursgesetzes vom 11. April 1889 betreffend die Wechselbetreibung finden auf das Zahlungsversprechen an Ordre keine Anwendung.**
II. Promesse de payer à ordre	¹ Les promesses de payer qui ne sont pas désignées dans le titre comme des effets de change, mais qui sont expressément créées à ordre et qui satisfont d'ailleurs aux conditions requises pour le billet à ordre, sont assimilées à celui-ci. ² Toutefois, les promesses de payer créées à ordre ne sont pas soumises aux règles concernant le paiement par intervention.

	³ Les dispositions de la loi fédérale du 11 avril 1889 sur la poursuite pour dettes et la faillite relatives à la poursuite pour effets de change ne sont pas applicables aux promesses de payer à ordre.
II. Promesse di pagamento all'ordine	¹ Le promesse di pagamento che nel loro contesto non sono denominate come cambiali, ma che sono espressamente emesse all'ordine e rispondono del resto ai requisiti dei vaglia cambiari, sono equiparate a questi. ² Alle promesse di pagamento all'ordine non sono tuttavia applicabili le disposizioni sul pagamento per intervento. ³ Le disposizioni della legge federale dell'11 aprile 1889 sulla esecuzione e sul fallimento riguardanti l'esecuzione cambiaria non sono applicabili alle promesse di pagamento all'ordine.

Literatur

Vgl. die Literaturhinweise zu Art. 1145.

I. Allgemeines

Die **wechselähnlichen Papiere** sind Urkunden, welche alle Merkmale eines Wechsels aufweisen, mit Ausnahme der Wechselklausel (Art. 991 Ziff. 1). Sie kommen in der Praxis kaum vor. 1

Die wechselähnlichen Papiere sind teilweise dem materiellen Wechselrecht unterworfen, jedoch nicht den Bestimmungen über die Wechselbetreibung (ZK-JÄGGI, Art. 1147 N 1; Art. 1150, 1151 Abs. 3; vgl. zu den kollisionsrechtlichen Fragen Art. 1086). 2

II. Die wechselähnliche Anweisung an Ordre

Mit Ausnahme der Wechselklausel erfüllt die **wechselähnliche Anweisung an Ordre** sämtliche Erfordernisse eines gezogenen Wechsels (Art. 991; Rep 1977, 118 f.; HUECK/CANARIS, Wertpapierrecht, 193 f.). Die Wechselklausel fehlt dann, wenn die Urkunde das Wort Wechsel überhaupt nicht aufweist oder das Wort Wechsel nicht im Text der Urkunde erscheint (ZK-JÄGGI, Art. 1147 N 20). 3

Für die wechselähnliche Anweisung an Ordre schliesst das Gesetz die Haftung für Annahme aus (Art. 1148; ZK-JÄGGI, Art. 1148 N 2). Trotzdem ist eine freiwillige Annahme möglich (Art. 1149 Abs. 1), mit der Einschränkung gegenüber dem normalen Wechsel, dass auch dadurch keine Haftung der Garanten entsteht (ZK-JÄGGI, Art. 1149 N 4). Darüber hinaus wird auch der Rückgriff eingeschränkt (Art. 1149 Abs. 2 f.). 4

III. Das wechselähnliche Zahlungsversprechen an Ordre

Mit Ausnahme der Wechselklausel erfüllt das **wechselähnliche Zahlungsversprechen an Ordre** sämtliche Erfordernisse eines eigenen Wechsels (Art. 1096; Rep 1983, 142 ff.). Die Ehrenzahlung ist ausgeschlossen (Art. 1151 Abs. 2, 1054, 1058–1062). 5

Art. 1152

C. Andere indossierbare Papiere

¹ Urkunden, in denen der Zeichner sich verpflichtet, nach Ort, Zeit und Summe bestimmte Geldzahlungen zu leisten oder bestimmte Mengen vertretbarer Sachen zu liefern, können, wenn sie ausdrücklich an Ordre lauten, durch Indossament übertragen werden.

² Für diese Urkunden sowie für andere indossierbare Papiere, wie Lagerscheine, Warrants, Ladescheine, gelten die Vorschriften des Wechselrechtes über die Form des Indossaments, die Legitimation des Inhabers, die Kraftloserklärung sowie über die Pflicht des Inhabers zur Herausgabe.

³ Dagegen sind die Bestimmungen über den Wechselrückgriff auf solche Papiere nicht anwendbar.

C. Autres titres endossables

¹ Tous titres par lesquels le souscripteur s'engage à faire dans un lieu, dans un temps et pour une somme déterminés, certains paiements en numéraire ou la livraison de certaines quantités de choses fongibles peuvent être transférés par endossement s'ils sont expressément créés à ordre.

² Ces titres, de même que les autres titres endossables, tels que certificats de dépôt, warrants, bulletins de chargement, sont soumis aux règles du droit de change en ce qui concerne la forme de l'endossement, la légitimation du porteur, l'annulation et l'action en restitution donnée contre celui qui les détient.

³ Les dispositions relatives au recours en matière d'effets de change ne sont pas applicables à ces titres.

C. Altri titoli girabili

¹ Ogni titolo col quale il firmatario si obbliga a pagare in un determinato luogo e tempo una determinata somma, o a consegnare una determinata quantità di cose fungibili, può essere trasferito mediante girata, qualora sia espressamente all'ordine.

² A questi titoli, come pure agli altri titoli girabili, quali fedi di deposito, note di pegno (warrant), polizze di carico, si applicano le disposizioni del diritto cambiario per tutto ciò che concerne la forma della girata, la legittimazione del portatore, l'ammortamento e l'obbligo della restituzione da parte del portatore.

³ Non sono per contro applicabili a siffatti titoli le disposizioni sul regresso cambiario.

Literatur

Vgl. die Literaturhinweise zu Art. 1145.

I. Allgemeines

1 Die gesetzlichen Erfordernisse an frei gewillkürte, keinem gesetzlichen Typus entsprechende **Ordrepapiere** i.S.v. Art. 1152 Abs. 1, also Eigenwechsel, Versprechen an Ordre i.S.v. Art. 1151 und andere indossierbare Papiere i.S.v. Art. 1152 Abs. 2, sind (ZK-JÄGGI, Art. 1152 N 4 ff.; PETITPIERRE-SAUVAIN, N 784):

- die Verpflichtung zur Leistung einer Geld- oder Gattungsschuld, also auch von Waren, wobei im Unterschied zu Art. 1153 nicht nur die Lieferung fremder Waren in Frage kommt;

7. Abschnitt: Die Warenpapiere

– die Unterzeichnung der Urkunde;

– eine ausdrückliche Ordreklausel.

Andere indossierbare Papiere, die weder Art. 1152 Abs. 1 noch einem gesetzlich geregelten Typus entsprechen, gibt es nicht (ZK-JÄGGI, Art. 1152 N 15; vgl. VON NAYHAUS CORMONS, Die Warenwertpapiere im Internationalen Privatrecht der Schweiz, insbesondere beim Lagervertrag, 1977, 11 f.; zum deutschen Recht HUECK/CANARIS, Recht der Wertpapiere, 1986, 194). 2

II. Verweis auf die wechselrechtlichen Normen

In Bezug auf die in Art. 1152 Abs. 1 geregelten **gewillkürten Ordrepapiere** sowie insb. für die **Warenpapiere** (Lagerschein, Warrant und Ladeschein) verweist das Gesetz auf die Anwendbarkeit einzelner wechselrechtlicher Vorschriften (Art. 1003, 1006 Abs. 1 und 2, Art. 1072–1080) und schliesst ausdrücklich den **Wechselrückgriff** aus (Art. 1152 Abs. 2). 3

Siebenter Abschnitt: Die Warenpapiere

Art. 1153

A. Erfordernisse Warenpapiere, die von einem Lagerhalter oder Frachtführer als Wertpapier ausgestellt werden, müssen enthalten:

1. den Ort und den Tag der Ausstellung und die Unterschrift des Ausstellers;

2. den Namen und den Wohnort des Ausstellers;

3. den Namen und den Wohnort des Einlagerers oder des Absenders;

4. die Bezeichnung der eingelagerten oder aufgegebenen Ware nach Beschaffenheit, Menge und Merkzeichen;

5. die Gebühren und Löhne, die zu entrichten sind oder die vorausbezahlt wurden;

6. die besondern Vereinbarungen, die von den Beteiligten über die Behandlung der Ware getroffen worden sind;

7. die Zahl der Ausfertigungen des Warenpapiers;

8. die Angabe des Verfügungsberechtigten mit Namen oder an Ordre oder als Inhaber.

A. Enonciations Les titres représentatifs de marchandises émis comme papiers-valeurs par un entrepositaire ou un voiturier doivent mentionner:

1. le lieu et le jour de l'émission, ainsi que la signature de la personne qui émet le titre;

2. le nom et le domicile de cette personne;

3. le nom et le domicile du déposant ou de l'expéditeur;

4. la désignation de la marchandise entreposée ou expédiée, avec indication de sa qualité, de sa quantité et des signes qui peuvent l'individualiser;

	5. les émoluments et frais à payer ou dont le paiement a été anticipé;
	6. les conventions particulières des intéressés relatives à la manutention des marchandises;
	7. le nombre des exemplaires du titre;
	8. le nom de la personne qui a le droit de disposer, ou la mention que le titre est à ordre ou au porteur.
A. Requisiti	I titoli rappresentanti merci, emessi come titoli di credito da un magazziniere o da un vetturale, devono contenere:
	1. l'indicazione del luogo e del giorno dell'emissione e la sottoscrizione dell'emittente;
	2. il nome dell'emittente e l'indicazione del suo domicilio;
	3. il nome del deponente o del mittente e l'indicazione del suo domicilio;
	4. la designazione della merce depositata o consegnata, con l'indicazione della natura, della quantità e dei segni atti a stabilirne l'identità;
	5. la menzione delle mercedi e delle spese da pagarsi o che furono anticipatamente pagate;
	6. i patti speciali riguardanti la conservazione o la manipolazione della merce, stipulati dagli interessati;
	7. il numero degli esemplari del titolo;
	8. il nome di chi ha il diritto di disporre della merce o la clausola all'ordine o al portatore.

Art. 1154

B. Der Pfandschein	**¹ Wird von mehreren Warenpapieren eines für die Pfandbestellung bestimmt, so muss es als Pfandschein (Warrant) bezeichnet sein und im Übrigen der Gestalt eines Warenpapiers entsprechen.**
	² Auf den andern Ausfertigungen ist die Ausstellung des Pfandscheines anzugeben und jede vorgenommene Verpfändung mit Forderungsbetrag und Verfalltag einzutragen.
B. Du warrant	¹ Lorsque plusieurs exemplaires d'un de ces titres sont dressés et que l'un d'eux est destiné à être remis en nantissement, il doit être désigné comme tel (warrant) et renfermer d'ailleurs les éléments d'un titre représentatif de marchandises.
	² L'émission du warrant est mentionnée sur les autres exemplaires, et tout nantissement y est inscrit avec indication de la somme à payer et de l'échéance.
B. Nota di pegno (warrant)	¹ Se sono emessi più titoli rappresentanti le stesse merci e se uno di essi è specialmente destinato ad essere costituito in pegno, esso deve essere designato come nota di pegno (warrant) e rispondere del resto ai requisiti dei titoli rappresentanti merci.
	² L'emissione del warrant dev'essere menzionata sugli altri titoli, sui quali dev'essere iscritta ogni costituzione in pegno con l'indicazione dell'ammontare del credito e della scadenza.

Art. 1155

C. Bedeutung der Formvorschriften

¹ Scheine, die über lagernde oder verfrachtete Waren ausgestellt werden, ohne den gesetzlichen Formvorschriften für Warenpapiere zu entsprechen, werden nicht als Wertpapiere anerkannt, sondern gelten nur als Empfangsscheine oder andere Beweisurkunden.

² Scheine, die von Lagerhaltern ausgegeben werden, ohne dass die zuständige Behörde die vom Gesetz verlangte Bewilligung erteilt hat, sind, wenn sie den gesetzlichen Formvorschriften entsprechen, als Wertpapiere anzuerkennen. Ihre Aussteller unterliegen einer von der zuständigen kantonalen Behörde zu verhängenden Ordnungsbusse bis zu 1000 Franken.

C. Portée des formes prescrites

¹ Les titres émis pour des marchandises entreposées ou qui sont l'objet d'un contrat de transport ne constituent point des papiers-valeurs si les formes requises par la loi n'ont pas été observées; ils n'ont que le caractère de récépissés ou d'autres documents probatoires.

² Les titres émis par des entrepositaires qui n'ont pas obtenu de l'autorité compétente la concession prévue par la loi sont considérés comme des papiers-valeurs si les formes légales ont été observées. Les auteurs de ces émissions seront frappés par l'autorité cantonale compétente d'une amende pouvant atteindre 1000 francs.

C. Effetti dei vizi di forma

¹ I documenti emessi per merci depositate presso magazzinieri o consegnate a vetturali non valgono come titoli di credito, ma solo come ricevute o altri documenti probatori, qualora non rispondano ai requisiti formali previsti dalla legge per i titoli rappresentanti merci.

² I documenti emessi dai magazzinieri, che non hanno ottenuto dall'autorità competente l'autorizzazione d'emetterli richiesta dalla legge, valgono come titoli di credito, se rispondono ai requisiti formali legali. Gli emittenti sono puniti dalla competente autorità cantonale con l'ammenda fino ai mille franchi.

Literatur

Vgl. die Literaturhinweise zu Art. 1145.

I. Begriff und Anwendungsbereich

Warenpapiere enthalten die Bestätigung eines Frachtführers oder Lagerhalters, bestimmte fremde Waren zur Beförderung oder Aufbewahrung erhalten zu haben, und die Verpflichtung, diese Waren nur an den nach wertpapierrechtlichen Grundsätzen berechtigten Inhaber herauszugeben (MEIER-HAYOZ/VON DER CRONE, 350). Um gültige Warenpapiere zu sein, müssen Lager- und Frachturkunden zwingend das Versprechen enthalten, nicht ohne Vorweisung der Urkunde zu erfüllen (Wertpapierklausel) und zudem grundsätzlich alle Erfordernisse von Art. 1153 erfüllen (ZK-JÄGGI, Art. 1153 N 2 f.; zu den einzelnen Voraussetzungen PETITPIERRE-SAUVAIN, N 796 ff.). Sind die vorgenannten Voraussetzungen nicht gegeben, so werden die ausgestellten Dokumente nicht als Wertpapiere behandelt, sondern gelten nur als Empfangsscheine oder andere Beweisurkunden (Art. 1155 Abs. 1; PETITPIERRE-SAUVAIN, N 795). Ausnahmsweise unschädlich für die Wertpapierqualität ist ein Verstoss gegen Art. 1153 in folgenden Fällen:

- Art. 1153 Ziff. 5: Die Vorschrift ordnet an, dass Warenpapiere *«die Gebühren und Löhne, die zu entrichten sind oder die vorausbezahlt wurden»* enthalten müssen. Für ordnungsgemäss im Papier aufgeführte Gebühren steht dem Frachtführer oder Lagerhalter ein Retentionsrecht nach Art. 483 Abs. 3 OR zu. Nach h.L. führt die Nichtnennung der Gebühren und Löhne jedoch nicht dazu, dass die Wertpapierqualität des Dokuments zu verneinen ist (PETITPIERRE-SAUVAIN, N 801).

- Art. 1153 Ziff. 6: Nach dieser Vorschrift muss das Warenpapier *«die besondern Vereinbarungen, die von den Beteiligten über die Behandlung der Ware getroffen worden sind»*, wiedergeben. Ein Verstoss gegen diese Norm führt nicht zum Eingreifen von Art. 1155 Abs. 1, weil die Beteiligten entweder keine entsprechende Vereinbarung getroffen haben und deswegen eine Erwähnung auf der Urkunde unterblieb oder die Vereinbarung zwar getroffen haben, diese aber nicht aufnehmen wollten, damit sie im Verhältnis zwischen dem wertpapiermässig Berechtigten und dem Verpflichteten keine Wirkung entfalten kann (MEIER-HAYOZ/VON DER CRONE, 355).

2 Der Begriff der «Ware» umfasst alle beweglichen «Sachen, welche Gegenstand des Güterverkehrs sind und deren Wert in ihrer Substanz liegt» (MEIER-HAYOZ/VON DER CRONE, 352 f.). Keine Ware ist beispielsweise ein Wertpapier, da dieses keinen eigenen Substanzwert hat. Anders als bei Papieren nach Art. 1152 Abs. 1 verpflichtet sich der Schuldner eines Warenpapiers nicht zu einer Leistung aus eigenem Vermögen, sondern zur Herausgabe fremder Waren.

3 **Warenpapiere verbriefen** wertpapiermässig einen **Anspruch auf Herausgabe transportierter oder gelagerter Güter.** Sie eignen sich als Wertpapiere öffentlichen Glaubens hervorragend dazu, um gerade im internationalen Handelsverkehr die Übertragung der Ware und die Finanzierung insb. über **Akkreditive** (vgl. BSK OR I-KOLLER, Anh. zum 18. Titel N 1 ff.; ausführlich SCHÜTZE, Dokumentenakkreditiv im internationalen Handelsverkehr, passim) sicherzustellen (vgl. MEIER-HAYOZ/VON DER CRONE, 419 f.; SCHÜTZE, 107 ff.). Die Papierübereignung wird zum Traditionssurrogat, d.h. der Besitz an der Ware wird durch Übertragung des Rechtes an einem Wertpapier übertragen (BK-STARK, Art. 925 ZGB N 1). Verliert der Lagerhalter oder Frachtführer unmittelbaren Besitz an der Ware und kommt es danach zur Papierübertragung, so geht der gutgläubige Erwerb der Waren dem gutgläubigen Erwerb des Wertpapiers vor (Art. 925 Abs. 2 ZGB); dem Warenpapiererwerber stehen in diesem Fall Ansprüche gegen den Lagerhalter oder Frachtführer zu, es sei denn, dieser hat die Ware unverschuldet an den Nichtberechtigten herausgegeben. Hingegen scheidet ein gutgläubiger Erwerb des Dritten aus, wenn dem Lagerhalter oder Frachtführer die Ware abhanden kommt. In Betracht kommen dann Vindikations- und Besitzschutzansprüche des Warenpapiererwerbers (BALZLI/KERBER, 176).

4 Urkunden, welche den Formvorschriften von Art. 1153 nicht genau entsprechen, sind zur Übertragung des Eigentums an der Ware untauglich; sie dienen allenfalls als **Beweismittel** für eine besitzesrechtliche Eigentumsübertragung (Art. 1155 Abs. 1; BGE 109 II 146 = Pra 1983, 713).

II. Arten

5 Das bedeutendste Warenpapier ist das **Seekonnossement** (u. N 10 ff.). Zahlreiche Lager- und Frachturkunden des täglichen Güterverkehrs sind nicht als Wertpapiere ausgestaltet und fallen deshalb formell nicht unter die in Art. 1153 geregelten Warenpapiere (MEIER-HAYOZ/VON DER CRONE, 393 ff.; vgl. dazu WEBER, Warenpapiere ohne Tradi-

tionsfunktion, 1978; zum Frachtbrief BSK OR I-STAEHELIN, Art. 443 N 4). Zu diesen nicht traditionsfähigen Papieren gehören:

a) Der **Spediteurempfangsschein** (FCR = Forwarders Certificate of Receipt). Darin bestätigt der Spediteur, eine Warensendung in äusserlich guter Beschaffenheit übernommen zu haben und diese Warensendung entweder zur Verfügung des Empfängers zu halten oder an den Empfänger zu versenden.

b) Der **Luftfrachtbrief** (AWB = Air Way Bill = Air Consignment Note) enthält die Bestätigung des Luftfrachtführers, eine Warensendung in gutem Zustand zur Versendung an den Empfänger erhalten zu haben. Der Empfänger ist nach Avisierung der Fracht verfügungsberechtigt, unabhängig davon, ob er im Besitze des Luftfrachtbriefs ist oder nicht (Art. 5 ff. Warschauer Abkommen, SR 0 748 410; Art. 5 f. LTR).

c) Sowohl der **Frachtbrief** im internationalen Strassengüterverkehr als auch der **Eisenbahnfrachtbrief** dienen lediglich als Nachweis für den Abschluss und Inhalt des Beförderungsvertrages sowie für die Übernahme des Gutes durch den Frachtführer (Art. 9 CMR bzw. Art. 12 COTIF/CIM).

d) Die vorherrschend ausgestellten **Lageraufnahmescheine** enthalten die ausdrückliche Erklärung des Lagerhalters, die Ware auch ohne Rückgabe dieses Lageraufnahmescheines herauszugeben. Sie sind keine Wertpapiere; die Übertragbarkeit wird von vorneherein ausgeschlossen.

III. Konnossement

Das **Seekonnossement** ist für das schweizerische Recht unter Verweis auf die sog. Haager Regeln im Seeschifffahrtsgesetz geregelt (MEIER-HAYOZ/VON DER CRONE, 366; PETER, Internationales Seehandelsrecht, SJZ 1991, 45 f. m.V.). Danach ist das Konnossement *eine Urkunde, in welcher der Seefrachtführer anerkennt, bestimmte Güter an Bord eines Seeschiffes empfangen zu haben, und sich gleichzeitig verpflichtet, diese Güter an den vereinbarten Bestimmungsort zu befördern und daselbst dem berechtigten Inhaber der Urkunde auszuliefern* (Art. 112 SSG; HGer SG, SJZ 1985, 11 ff.; vgl. eingehend zum Konnossementsrecht MEIER-HAYOZ/VON DER CRONE, 365 ff.; MÜLLER, SJK 1031; PRÜSSMANN/RABE, Vor § 642–663a HGB). Das Konnossement (**Bill of Lading** = B/L) ist somit von Gesetzes wegen ein Wertpapier, das auf den Namen, an Ordre oder auf den Inhaber lauten kann (Art. 114 Abs. 2 lit. b SSG; MEIER-HAYOZ/VON DER CRONE, 372). Das am 1.11.1992 in Kraft getretene Übereinkommen der Vereinten Nationen über die Beförderung von Gütern auf See (Hamburg Rules) hat die Schweiz nicht unterzeichnet.

International ist folgende Terminologie üblich:

– *Seefrachtführer* ist derjenige, der im eigenen Namen die Beförderung von Waren zur See übernimmt. Andere Vertragspartei ist der *Befrachter*.

– *Ablader* ist derjenige, der dem Seefrachtführer die Waren übergibt und dafür einen Anspruch auf Erhalt eines Konnossementes hat.

– Der *Empfänger* kann die Waren am Bestimmungsort herausverlangen und muss dazu das Konnossement vorlegen (ausführlich PRÜSSMANN/RABE, Vor § 556 II. A.).

Das SSG hat unglücklicherweise diese Terminologie nicht eins zu eins übernommen. Zur besseren Verständlichkeit wird sie aber im Folgenden dennoch verwendet.

12 In Ergänzung zu dem in Art. 112, Art. 113 Abs. 1 SSG geregelten **Bordkonnossement** (on board bill of lading) unterscheidet man zum einen das **Übernahmekonnossement** (Art. 113 Abs. 2 SSG; received bill of lading). Auf dessen Ausstellung besteht ein Anspruch, wenn der Seefrachtführer bereits vor der An-Bord-Nahme mittelbaren oder unmittelbaren Besitz an den Gütern erlangt. Nach dem Verladen wird das Übernahmekonnossement durch ein Bordkonnossement ersetzt. Zum anderen ist das Bordkonnossement vom **Durchkonnossement** abzugrenzen (through bill of lading; Art. 113 Abs. 3 SSG; MEIER-HAYOZ/VON DER CRONE, 368 ff.). Das Durchkonnossement trägt den Bedürfnissen der kombinierten Beförderung Rechnung. Wird die Ware von einem auf ein anderes Transportmittel (auch ein solches gleicher Art) umgeladen, so kann ein Durchkonnossement als Frachtdokument für die gesamte Transportstrecke ausgestellt werden, wenn mindestens eines der Transportmittel den Transport über See zum Gegenstand hat. Unterschieden wird zwischen der sukzessiven (Art. 113 Abs. 3 Var. 1 SSG; Umladen von einem Schiff auf ein anderes) und der gemischten Beförderung (Art. 113 Abs. 3 Var. 2 SSG; z.B. Umladen von einem Flugzeug auf ein Schiff).

13 Von einem Konnossement kann nur gesprochen werden, wenn das Papier eine Wertpapierklausel enthält (vgl. Art. 112 SSG). Zwar wird das Seekonnossement üblicherweise als Ordrepapier ausgestellt; möglich ist aber auch die Ausstellung als Inhaber- oder Namenpapier (Art. 114 Abs. 2 lit. b SSG). Die Inhaltsanforderungen an eine gültige Wertpapierklausel stellt Art. 114 SSG auf, der gegenüber Art. 1153 als lex specialis zu betrachten ist (zu den einzelnen Anforderungen des Art. 114 SSG MEIER-HAYOZ/VON DER CRONE, 372 ff.; ferner PETITPIERRE-SAUVAIN, N 837 ff.).

14 Ablader und Seefrachtführer schliessen einen deklarativen Begebungsvertrag, der im Konnossement wertpapiermässig verbrieft ist. Dieser Vertrag ist nicht mit dem zwischen Befrachter und Seefrachtführer bestehenden Seefrachtvertrag zu verwechseln. Hinsichtlich des Begebungsvertrages gilt es wie folgt zu unterscheiden:

– Lautet das Konnossement an Ordre des Abladers oder ist der Ablader erster Berechtigter eines Inhaber- oder Rektakonnossementes, entfaltet der Begebungsvertrag allein zwischen ihm und dem Seefrachtführer rechtliche Wirkung.

– Lautet das Konnossement jedoch an Ordre des Empfängers oder ist dieser erster Berechtigter eines Rekta- oder Inhaberkonnossementes, so ist der von dem Ablader und dem Seefrachtführer geschlossene Begebungsvertrag als echter Vertrag zugunsten Dritter (Art. 112 Abs. 2) zu qualifizieren.

15 Der Seefrachtführer ist nur dann zur Herausgabe der von ihm beförderten Güter berechtigt und verpflichtet, wenn ihm der nach wertpapiermässigen Grundsätzen Berechtigte das Konnossement vorlegt (Art. 112, 116 Abs. 2 und 3 SSG). Die Besonderheit beim Seekonnossement besteht darin, dass zumeist mehrere Originalausfertigungen ausgestellt werden. Art. 116 Abs. 2 bestimmt für diesen Fall, dass *«die Güter am Bestimmungsort nur gegen Rückgabe der zuerst vorgewiesenen Originalausfertigung ausgeliefert [werden], wodurch die übrigen Originalausfertigungen ihre Wirkung verlieren»*. Vor Ankunft am Bestimmungsort darf der Frachtführer die Waren nur dann herausgeben, wenn ihm sämtliche Originalausfertigungen herausgegeben werden (Art. 116 Abs. 3 SSG), ansonsten ist er dem berechtigten Konnossementsinhaber zum Ersatz des aus der Nichtbefolgung der vorgenannten Vorschrift entstehenden Schadens verpflichtet (Art. 116 Abs. 4 SSG).

16 Ist das Konnossement am Bestimmungsort noch nicht eingetroffen oder verloren gegangen, so darf der Seefrachtführer die Ware nicht herausgeben. Dies läuft den Anforderungen der Praxis zuwider, die deswegen das sog. **Empfängerrevers** (letter of indem-

nity) entwickelt hat. Der Empfänger garantiert dem Frachtführer im Empfängerrevers, ihn von allen Ansprüchen freizustellen, die ihm gegenüber aus der Nichtbefolgung der Art. 116 Abs. 2 und 3 SSG entstehen; ferner verpflichtet sich der Empfänger, das Konnossement unverzüglich nachzureichen. Rechtstechnisch handelt es sich beim Empfängerrevers um einen nach den Grundsätzen der Vertragsfreiheit zulässigen Garantievertrag. Da dem Frachtführer in der Regel die Bonität des Empfängers unbekannt ist, wird er sich zumeist mit einem Empfängerrevers allein nicht zufrieden geben und von einem anerkannten Kreditinstitut eine **Konnossementsgarantie** genannte Bankgarantie (Art. 111 OR; dazu BGE 122 III 73, 79 E. 6b/bb, nicht in Pra) verlangen, in dem das Kreditinstitut sich verpflichtet, für die Erfüllung der Verpflichtung aus dem Empfängerrevers durch den Empfänger einzustehen. Im Falle des Verlustes des Konnossementes stellt der Weg über Empfängerrevers und Bankgarantie die schnellere Variante dar als die Beschreitung des zeitaufwendigen Weges der Kraftloserklärung (BALZLI/KERBER, 182).

Hinsichtlich der beim Seekonnossement geltenden **Einredeordnung** bestehen einige Besonderheiten. Art. 115 Abs. 1 SSG ordnet an, dass *«Konnossement […] für das Rechtsverhältnis zwischen dem Seefrachtführer und dem Empfänger der Güter massgebend [ist]»*. Mit anderen Worten: Der im Konnossement verbriefte Anspruch ist von der frachtvertraglichen Vereinbarung unabhängig. Diese **Unabhängigkeit des Konnossements** (man spricht insoweit auch vom Konnossement als abstraktem Wertpapier) bezieht sich sowohl auf den Inhalt des Frachtvertrages als auch auf dessen Abschluss und Wirksamkeit. Der Seefrachtführer kann sich daher beispielsweise, sofern ihm die Ausstellung des Konnossementes nach wertpapierrechtlichen Grundsätzen zurechenbar ist, gegen ein Herausgabeverlangen des Empfängers nicht mit dem Argument wehren, es bestehe gar kein wirksamer Seefrachtvertrag (MEIER-HAYOZ/VON DER CRONE, 382). Hingegen entfaltet eine aus dem Frachtvertrag fliessende Einrede auch im Verhältnis des Seefrachtführers zum wertpapiermässig Berechtigten Wirkung, wenn diese sich explizit aus dem Konnossement ergibt. Die **Haftung des Seefrachtführers für die Güterbeschreibung** regelt Art. 115 Abs. 2 und 3 SSG. Art. 115 Abs. 1 Satz 1 SSG vermutet, *«dass der Seefrachtführer die Güter so übernommen habe, wie sie im Konnossement beschrieben sind»*. Wird beispielsweise die Qualität der übernommenen Güter im Konnossement als «makellos» beschrieben, so wird deren einwandfreier Zustand im Moment der Übernahme vermutet. Zwar kann der Seefrachtführer diese Vermutung grundsätzlich widerlegen; diese Möglichkeit steht ihm jedoch dann nicht offen, *«wenn das Konnossement an einen gutgläubigen Dritten übertragen worden ist»* (Art. 115 Abs. 1 Satz 2 SSG). Der Seefrachtführer wird daher versuchen, im Konnossement Vorbehalte bezüglich der Beschreibung der Güter anzubringen. Allerdings lässt das Gesetz entsprechende Vorbehalte nur eingeschränkt zu (Art. 115 Abs. 3 SSG). Zulässig sind auch sog. typusbedingte Einreden. Typusbedingte Einreden gelten absolut, d.h. sie wirken auch gegenüber dem gutgläubigen Papiererwerber, was sich damit rechtfertigen lässt, dass Erwerber mit deren Bestehen rechnen muss. Zahlreiche typusbedingte Einreden finden sich in Art. 104 Abs. 2 SSG: So haftet der Frachtführer etwa nicht für Verspätung, wenn diese auf kriegerische Ereignisse oder Unruhen zurückzuführen ist (Art. 114 Abs. 2 lit. b SSG). Relevant ist auch Art. 106 Abs. 3 SSG, der anordnet, dass der Frachtführer für unrichtige Angaben betreffend die Güter dann nicht haftet, wenn der Ablader wissentlich falsche Angaben über die Natur und den Wert der Güter gemacht hat. Weitere **typusbedingte Einreden** enthalten die Art. 103 Abs. 1 und 2, Art. 104, 111 Abs. 2 SSG. Hingegen kann sich der Seefrachtführer nie von seiner Haftung befreien, wenn er oder seine Hilfspersonen *«den Schaden durch eine Handlung oder Unterlassung in der Absicht, einen Schaden herbeizuführen oder leichtfertig und* *im Bewusstsein, dass ein Schaden wahrscheinlich eintreten werde, verursacht haben»;* dies gilt sogar dann, wenn ein entsprechender Haftungsausschluss auf dem Konnossement vermerkt ist (vgl. Art. 105a und 117 Abs. 1 SSG; zur Einredeordnung insgesamt MEIER-HAYOZ/VON DER CRONE, 382 ff.; PETITPIERRE-SAUVAIN, N 870 ff.).

18 Für den kombinierten Güterverkehr (Strasse, Bahn, Flugzeug) entwickelte sich das Bedürfnis nach der Ausstellung eines einzigen Warenpapiers, für den Fall, wo mangels Abwicklung einer Teilstrecke als Seetransport kein Durchkonnossement ausgestellt werden kann (Art. 113 Abs. 3 SSG). Derartige **Combined Transport Bill of Ladings,** z.B. das auf der IHK-Richtlinie Nr. 298 basierende Durchfracht-Konnossement des Internationalen Spediteurverbandes FIATA, sind sehr verbreitet. Diese Dokumente sind durchaus gültige Warenpapiere, falls sie die Formerfordernisse von Art. 1153 erfüllen (MEIER-HAYOZ/VON DER CRONE, 414 ff.; vgl. ZUELLIG, Der CT [Combined Transport]-Vertrag im schweizerischen Recht, 1983; PRÜSSMANN/RABE, Anh. § 656 HGB).

19 Bei der Rheinschifffahrt unterscheidet man zwischen dem **Rheinfrachtbrief,** der nur Begleitpapier und kein Wertpapier ist, und dem **Rheinkonnossement,** das in seiner rechtlichen Konstruktion und Wirkung dem Seekonnossement entspricht (Art. 125 SSG; MEIER-HAYOZ/VON DER CRONE, 385 ff.). In der Praxis kommt das Rheinkonnossement selten vor; es wird nach Massgabe der üblicherweise verwendeten Formularverträge nur aufgrund einer ausdrücklichen Vereinbarung bei Vertragsschluss ausgestellt (Schweizer Rheintransport-Bedingungen, SRTB, 1985).

IV. Lagerschein

20 Beim **Lagerschein** handelt es sich um eine Urkunde, in der vom Lagerhalter die Übernahme bestimmter Güter zwecks Lagerung anerkannt wird und in dem dieser sich verpflichtet, die Güter nur an den nach wertpapierrechtlichen Grundsätzen Berechtigten herauszugeben (Art. 482 Abs. 2, Art. 486 Abs. 2). Lagerscheine können als Namen-, Inhaber- oder Ordrepapiere ausgestellt werden (Art. 482 Abs. 3, Art. 1153 Ziff. 8). Sie sind von blossen Lagerempfangsscheinen abzugrenzen; Letztere besitzen keine Wertpapierqualität (PETITPIERRE-SAUVAIN, N 816). Die gewählte Bezeichnung ist dabei nicht entscheidend, sondern der im Dokument niedergelegte Text (MEIER-HAYOZ/VON DER CRONE, 361). Fehlt diesem – wie in der Regel eine Wertpapierklausel – so ist ein blosser Lagerempfangsschein gegeben (vgl. Art. 1155 Abs. 1).

21 Welche Art der Einreden der Lagerhalter geltend machen kann, bestimmt sich zunächst aus der jeweiligen Wertpapierart, welcher der Lagerschein zuzuordnen ist. Zudem steht dem Lagerhalter eine erweiterte Zahl von Einreden, sog. **typusbedingte Einreden,** zur Verfügung, was sich aus dem Gedanken rechtfertigt, dass der Gläubiger mit solchen Einreden rechnen muss, da sich diese aus der gesetzlichen Ordnung über den Lagervertrag ergeben (MEIER-HAYOZ/VON DER CRONE, 363). Beispielsweise hat der Lagerhalter zur Sicherung seiner Ansprüche auf Lagergeld und Erstattung der Auslagen ein Retentionsrecht an dem eingelagerten Gut, das er gegenüber dem wertpapierrechtlich Berechtigten geltend machen kann (Art. 485 Abs. 1 und 3) und er haftet ferner nicht, wenn die eingelagerten Waren ohne sein Verschulden untergegangen oder beschädigt worden sind (MEIER-HAYOZ/VON DER CRONE, 363).

22 Hat ein Lagerhalter Lagerscheine ausgegeben, ohne die nach Art. 482 Abs. 1 erforderliche Bewilligung zu besitzen, so ändert dies nichts an deren Wertpapierqualität (MEIER-HAYOZ/VON DER CRONE, 361). Allerdings droht dem Lagerhalter eine Ordnungsbusse von bis zu CHF 1 000 (Art. 1155 Abs. 2).

Selten wird von der Möglichkeit Gebrauch gemacht, die eingelagerten Waren zu verpfänden; die Praxis bevorzugt das Institut der Sicherungsübereignung. Bei der Verpfändung im Wege des *Einscheinsystems* wird der ausgestellte Lagerschein selbst zur Verpfändung der Waren eingesetzt; Art. 902 Abs. 1 ZGB ordnet an, dass durch die Verpfändung des Lagerscheins ein Pfandrecht an der Ware bestellt wird. Es sind dabei die Vorgaben des Art. 901 ZGB einzuhalten. Beim sog. *Zweischeinsystem* existiert neben dem Lagerschein ein Lagerpfandschein; das Pfand an den eingelagerten Waren entsteht, sobald der Lagerpfandschein ausgestellt und die Verpfändung mit dem Forderungsbetrag und dem Verfalltag auf dem Lagerschein eingetragen ist (Art. 902 Abs. 2 ZGB). Der Lagerpfandschein muss zwingend als Warrant bezeichnet werden und die Formvorgaben des Art. 1153 sind einzuhalten. Das Zweischeinsystem ermöglicht es, über Eigentum und Pfandrecht separat zu verfügen (zu Ein- und Zweischeinsystem MEIER-HAYOZ/VON DER CRONE, 364 f.). Im Übrigen sei für Lagerschein und Lagerempfangsschein auf die einschlägige Spezialliteratur verwiesen (MEIER-HAYOZ/VON DER CRONE, 360 ff.; BSK OR I-KOLLER, Art. 482 N 6 ff. und Art. 486 N 2 ff.; BALZLI/KERBER, 176 ff.). **23**

V. Übertragung

Bei der Übertragung der Warenpapiere und des in diesen wertpapierrechtlich verbrieften Herausgabeanspruchs sind die für die betreffende Wertpapierart geltenden Grundsätze zu berücksichtigen. **24**

VI. IPR

Ob ein **Warenpapier** die Ware vertritt, beurteilt sich bei Fehlen einer Rechtswahl nach dem Recht des Staates, in dem der Aussteller des Warenpapiers seine Niederlassung hat (Art. 106 Abs. 1 IPRG). Falls das Papier die Ware vertritt, so unterstehen die dinglichen Rechte am Papier und an der Ware dem Recht, das auf das Warenpapier als bewegliche Sache anwendbar ist, also der lex chartae sitae (Art. 106 Abs. 2 IPRG; MEIER-HAYOZ/VON DER CRONE, 359 f.; BK-STARK, Art. 925 N 43). Macht eine Partei unmittelbar Rechte an der Ware geltend und die andere aufgrund eines Warenpapiers, so entscheidet über den Vorrang das auf die Ware selbst anwendbare Recht (Art. 106 Abs. 3, Art. 100 ff. IPRG; zum Ganzen BSK IPRG-FISCH, Art. 106 passim). **25**

Vierunddreissigster Titel: Anleihensobligationen

Erster Abschnitt: Prospektzwang bei Ausgabe von Anleihensobligationen

Art. 1156

[1] Anleihensobligationen dürfen nur auf Grund eines Prospektes öffentlich zur Zeichnung aufgelegt oder an der Börse eingeführt werden.

[2] Die Bestimmungen über den Prospekt bei Ausgabe neuer Aktien finden entsprechende Anwendung; überdies soll der Prospekt die nähern Angaben enthalten über das Anleihen, insbesondere die Verzinsungs- und Rückzahlungsbedingungen, die für die Obligationen bestellten besondern Sicherheiten und gegebenenfalls die Vertretung der Anleihensgläubiger.

[3] Sind Obligationen ohne Zugrundelegung eines diesen Vorschriften entsprechenden Prospektes ausgegeben worden, oder enthält dieser unrichtige oder den gesetzlichen Erfordernissen nicht entsprechende Angaben, so sind die Personen, die absichtlich oder fahrlässig mitgewirkt haben, solidarisch für den Schaden haftbar.

[1] Les obligations d'un emprunt ne peuvent être mises en souscription publique ou introduites en bourse que sur la foi d'un prospectus.

[2] Les dispositions concernant le prospectus pour l'émission d'actions nouvelles sont applicables par analogie; au surplus, le prospectus doit mentionner le détail des conditions de l'emprunt, notamment en ce qui a trait aux intérêts, au remboursement, aux garanties particulières prévues pour les obligations et, le cas échéant, à la représentation de la communauté des créanciers.

[3] Lorsque des obligations ont été émises sans un prospectus conforme aux dispositions qui précèdent, ou lorsque le prospectus contient des assertions inexactes ou des indications contraires aux exigences de la loi, les personnes qui y ont contribué sont solidairement responsables du préjudice qu'elles ont causé intentionnellement ou par négligence.

[1] Le obbligazioni di prestiti possono essere offerte in sottoscrizione pubblica o introdotte alla borsa soltanto in base ad un manifesto.

[2] Si applicano per analogia al manifesto le disposizioni sul programma d'emissione di nuove azioni; il manifesto deve enumerare inoltre minutamente le condizioni del prestito, in particolar modo l'interesse che le obbligazioni producono, il modo in cui saranno rimborsate, le speciali garanzie costituite in favore di esse e le norme che fossero stabilite per la rappresentanza degli obbligazionisti.

[3] Quando l'emissione abbia avuto luogo senza la pubblicazione d'un manifesto conforme a queste norme ovvero il manifesto contenga enunciazioni inesatte o non conformi alle esigenze della legge, le persone che vi hanno cooperato intenzionalmente o per negligenza sono solidalmente responsabili del danno.

Literatur

CAMENZIND, Prospektzwang und Prospekthaftung bei öffentlichen Anleihensobligationen und Notes, Diss. Zürich 1989; DAENIKER, Anlegerschutz bei Obligationenanleihen, Diss. Zürich 1992 (zit. Diss.); DERS., Swiss Securities Regulation: An Introduction to the Regulation of the Swiss Financial Market, Zürich 1998; DERS., Stellung der federführenden Bank bei Obligationenanleihen, SJZ 99 (2003), 365 ff.; DAENIKER/WALLER, Kapitalmarktbezogene Informationspflichten und Haftung, in: Weber (Hrsg.), Verantwortlichkeit im Unternehmensrecht, Zürich 2003, 55 ff.; ERB, Der Prospekt und die Prospekthaftung bei Anleihens-Emissionen am schweizerischen Kapitalmarkt, Diss. Basel 1986; HOPT, Die Verantwortlichkeit der Bank bei Emissionen, München 1991; KOWA-

LEWSKI, Prospekt- und Kapitalinformationshaftung in der Schweiz und den USA, in: Hopt/Voigt (Hrsg.) Prospekt- und Kapitalmarktinformationshaftung, Tübingen 2005, 999 ff.; MAROLDA/VON DER CRONE, Prospekthaftung bei Anleihensobligationen und die Stellung der federführenden Bank, SZW 2003, 158 ff.; NOBEL, Schweizerisches Finanzmarktrecht, Bern 2004; NOTH/GROB, Rechtsnatur und Voraussetzungen der obligationenrechtlichen Prospekthaftung – ein Überblick, AJP 2002, 1435 ff.; REUTTER/RASMUSSEN, Auswirkungen neuer EU-Richtlinien auf Kapitalmarkttransaktionen schweizerischer Emittenten, in: Reutter/Watter/Werlen (Hrsg.), Kapitalmarkttransaktionen, Zürich 2006, 1 ff.; ROBERTO/WEGMANN, Prospekthaftung in der Schweiz, SZW 2001, 161 ff.; ROHR, Die Grundsätze des Emissionsrechtes, Diss. Zürich 1990; WATTER, Prospekt(haft) pflicht heute und morgen, AJP 1992, 48 ff. (zit. AJP 1992); DERS., Investorenschutz im Kapitalmarktrecht, AJP 1997, 269 ff. (zit. AJP 1997); WEBER, Prospektpflicht in der Praxis, SZW 1993, 55 ff.; WEGMANN/VON DER CRONE, Aufklärungspflicht und Haftung bei der Anleihensemission, SZW 2006, 308 ff.; ZOBL/ARPAGAUS, Aktuelle Probleme des Primärmarktes – ein Überblick, SZW 1995, 244 ff.; ZOBL/KRAMER, Schweizerisches Kapitalmarktrecht, Zürich 2004; vgl. zudem die Literaturhinweise zu Art. 752.

I. Allgemeines, Normzweck

1 Art. 1156 statuiert eine Prospektpflicht bei der Ausgabe von öffentlich angebotenen Anleihensobligationen (Abs. 1; vgl. auch Art. 752 N 5), wobei für den Umfang der zu vermittelnden Informationen im Wesentlichen auf das Aktienrecht verwiesen wird (Abs. 2). Die Durchsetzung der Prospektpflicht hat der Gesetzgeber so geregelt, dass er den wegen eines fehlenden oder mangelhaften Prospektes geschädigten Investoren einen Ersatzanspruch einräumt (Abs. 3; vgl. N 7 und Art. 752 N 1).

II. Der Begriff der Anleihensobligation

2 Eine Anleihensobligation kann als ein in **Teilbeträge** aufgeteiltes **Grossdarlehen** mit einheitlichen Bedingungen betr. Zinssatz, Ausgabepreis, Laufzeit, Zeichnungsfrist und Liberierungsdatum definiert werden (vgl. auch die Begriffsbestimmung in Art. 4 Abs. 3 StG und vor Art. 1157 N 1__; vgl. ferner NOBEL, § 11 N 225). Der Emittent bzw. Anleihensschuldner schliesst dabei mit einer Vielzahl von Investoren (Gläubigern) gleichlautende, aber selbständige Schuldverhältnisse ab, wobei die Forderungen der Investoren üblicherweise – aber nicht notwendigerweise (N 3) – in Wertpapieren verurkundet werden (BGE in SJ 1997, 110; BGE 113 II 283, 288); allerdings verdrängen Globalurkunden mehr und mehr die Einzelurkunden (vgl. auch Art. 22 Kotierungsreglement). Ebenfalls unter den Begriff der Anleihensobligation fallen **Options-** und **Wandelanleihen** (Art. 653; vgl. auch vor Art. 1157 N 2 und Art. 752 N 3).

3 Abzugrenzen ist die Ausgabe von Anleihensobligationen einerseits von der Emission von **Beteiligungspapieren** (dazu Art. 652a für die Aktie, 656a für den PS) und andererseits von der Emission von **Wertrechten;** auf beide findet Art. 1156 grundsätzlich keine Anwendung (dafür aber Art. 752; vgl. Art. 752 N 4; BSK IPRG-WATTER, Art. 156 N 25 f.); davon ausgenommen regelt Art. 1156 (wenigstens für gewisse Gesellschaftsformen, vgl. N 23) auch die Emission von **unverbrieften Obligationenanleihen** (DAENIKER, Diss., 23 ff.), nachdem generell eine Tendenz besteht, die Vorschriften über Wertpapiere auch auf Wertrechte anzuwenden (vgl. Art. 752 N 4; ferner Art. 4 Abs. 4 lit. c StG zur steuerlichen Gleichbehandlung und E-BEG, BBl 2006, 9315).

4 Die **Investoren** (bzw. die Erwerber der Papiere) sind in aller Regel weder untereinander verbunden noch dem Emittenten namentlich bekannt. Dies wirkt sich v.a. dann nachteilig aus, wenn sich eine Änderung der Anleihensbedingungen aufdrängt. Das Gesetz hat deshalb in den Art. 1157 ff. Vorkehrungen getroffen, die einerseits eine **gemeinsame Wahrung** der **Gläubigerinteressen** ermöglichen, und die es andererseits dem Schuld-

ner erlauben, **Sanierungsmassnahmen** zu ergreifen, ohne ein Nachlassverfahren einleiten zu müssen (BGE 113 II 283, 288).

Inhaltlich ergeben sich die Rechte der Gläubiger gegenüber dem Schuldner aus den **Anleihensbedingungen,** die früher auf der Rückseite der Obligation aufgedruckt waren. Im Zeitalter der Sammelverwahrung und der Bucheffekten können die Investoren aber immer seltener unmittelbar vom Urkundentext Kenntnis nehmen (vgl. DAENIKER, Diss., 55 ff.); dies ist für den Investor indessen nicht nachteilig, da die Anleihensbedingungen heute auch im Kotierungsprospekt wiedergegeben werden (vgl. dazu Ziff. 3.3 Schema B zum Kotierungsreglement) oder zumindest in einer Zusammenfassung (Term Sheet) vor dem Investitionsentscheid zur Verfügung stehen. Vgl. auch N 22 nachfolgend zur Rechtslage bei Diskrepanzen zwischen Urkundentext, Term Sheet und Prospekt. 5

III. Der Prospektzwang (Abs. 1)

1. Allgemeines

Das Erfordernis der Erstellung eines Prospektes (Prospektzwang) will sicherstellen, dass die Investoren diejenigen Fakten über den Emittenten und das Wertpapier erhalten, die für einen **fundierten Anlageentscheid** notwendig sind; statuiert wird somit eine Art vorvertragliche Aufklärungspflicht (vgl. WATTER, AJP 1992, 48 f.; vgl. auch Art. 752 N 2 und 5). 6

Anders als in anderen Ländern besteht **keine behördliche Kontrolle** des Prospektes (zur Rechtslage in den USA vgl. WATTER, AJP 1992, 53 und Art. 752 N 1). Ein indirekter Zwang zur Erstellung eines korrekten Prospektes wird aber durch die Prospekthaftung erreicht (Abs. 3; N 23 ff.). 7

2. Der Prospektzwang bei der öffentlichen Zeichnung

Ein Prospektzwang besteht nur, wenn die Anleihensobligationen **öffentlich zur Zeichnung aufgelegt** werden. Als öffentlich gilt dabei nach Art. 652a Abs. 2 jede Einladung zur Zeichnung, die sich nicht an einen begrenzten Kreis von Personen richtet (vgl. auch Art. 2 Abs. 1 lit. d EU-Prospekt-RL; BGE 101 Ib 346 f.). Im Sinne einer klaren Richtlinie wird teilweise gefordert, die in anderen Kapitalmarktrechtsvorschriften verwendete Zahl 20 (die etwa im Bankenrecht als Abgrenzung für den Begriff «Öffentlichkeit» dient, vgl. Art. 3a Abs. 2 BankV, ferner Art. 4 BEHV) auch im vorliegenden Kontext heranzuziehen (so etwa NOBEL, § 11 N 213 ff.; CHK-KUHN, Art. 1156 OR N 6; a.M. KUSTER, SZW 1997, 10 ff.; ZOBL/KRAMER, N 1066; OR Handkommentar-BERTSCHINGER, Art. 752 N 6; krit. REUTTER/RASMUSSEN, 15; s.a. Art. 3 der EU-Prospekt-RL, wonach ein Angebot u.a. dann nicht öffentlich ist, wenn es sich an weniger als 100 natürliche oder juristische Personen richtet). Auf jeden Fall liegt dann keine Öffentlichkeit vor, wenn die Titel ausschliesslich den Aktionären angeboten werden und die Bezugs- bzw. Vorwegzeichnungsrechte nicht an Dritte abtretbar sind (vgl. BÖCKLI, § 2 N 104). 8

Adressat des Prospektzwanges ist primär der Schuldner, sekundär jeder, der an der Emission in wesentlicher Art mitwirkt, was indirekt aus Abs. 3 folgt. Neben den Organen des Emittenten sind das die emittierende Bank und die allfällig mitwirkenden Syndikatsbanken. Im Einzelfall können aber auch Rechtsanwälte, welche die Transaktion begleiten, aufgrund ihrer möglichen (Prospekt-) Haftung (vgl. Art. 752 N 10) gut beraten sein, die Erstellung eines Prospektes zu veranlassen. In der Praxis wird der Prospekt von der emittierenden Bank (bei Syndikaten vom Federführer) in Zusammenarbeit mit dem Schuldner erstellt. 9

10 Unerheblich ist dabei nach hier vertretener Ansicht, ob die Obligationen von einem Bankensyndikat im Rahmen einer sog. **Festübernahme** übernommen und anschliessend an Investoren verkauft werden oder ob Banken bei einer **kommissionsweisen Platzierung** nur als Vermittler agieren (ebenso NOBEL, § 11 N 232; HOPT, N 82, 93; ROHR, 192); nach anderen (älteren) Meinungen sind bei der Festübernahme technisch die Banken Zeichner bzw. Ersterwerber, was die Prospektvorschriften ausser Kraft setzen würde (Nw. zu dieser überholten Ansicht bei WATTER, AJP 1992, 51 FN 51). Massgebend ist einzig, ob der Emittent und die ihn unterstützende Bank planen, die Wertpapiere letztlich öffentlich zu platzieren (für eine **echte Privatplatzierung,** auf die andere Rechtsgrundlagen als Art. 1156 anwendbar sind, s. BGer v. 21.2.2006, 4C.20/2005 und dessen Besprechung von WEGMANN/VON DER CRONE, 308 ff.).

11 Der **Zeitpunkt** der Veröffentlichung des Prospektes ist gesetzlich nicht bestimmt. Zu fordern ist, dass der Prospekt analog zur Regelung in der EU (Art. 14 Abs. 1 EU-Prospekt-RL) im Moment des öffentlichen Angebotes vorhanden ist. Zu beachten ist, dass auch nach Veröffentlichung des Prospektes haftungsbegründende ähnliche Mitteilungen gemacht werden können (NOTH/GROB, 1442). Gesetzlich nicht erforderlich ist, dass potentielle Investoren den Prospekt zugeschickt erhalten (oder gar, wie in den USA, nur mittels des Prospektes kontaktiert werden dürfen). Rechtsgenügend ist, wenn der Prospekt bei den Zeichnungsstellen bzw. der federführenden Bank aufliegt und von den Interessenten bestellt werden kann (WATTER, AJP 1992, 51; vgl. auch Art. 752 N 15).

12 Anzumerken ist, dass die Richtlinie der SBVg zu Notes ausländischer Schuldner eine Prospektpflicht für solche **Notes** auch dort vorsieht, wo kein öffentliches Angebot erfolgt (vgl. WATTER, AJP 1992, 52; ZOBL/KRAMER, N 1110; ROHR, 203 ff.). Zur Prospektpflicht bei **kollektiven Kapitalanlagen** vgl. Art. 5 KAG (vgl. ferner das Zusatzreglement für die Kotierung von kollektiven Kapitalanlagen).

3. Der Prospektzwang bei der Börseneinführung

13 Das Gesetz hält auch fest, dass eine **Börseneinführung** nur aufgrund eines Prospektes erfolgen dürfe. Das für die SWX massgebliche **Kotierungsreglement** (zu beachten ist auch das Zusatzreglement für die Kotierung von Anleihen) sieht denn auch einen Prospektzwang vor, wobei der Kotierungsprospekt entweder zu veröffentlichen oder aufzulegen und mittels einer Anzeige im Kotierungsinserat zu orientieren ist, wo der Prospekt erhältlich ist (Art. 33 Kotierungsreglement). Die Anforderungen an den Inhalt gehen nach der börsenrechtlichen Ordnung wesentlich weiter als nach der obligationenrechtlichen (vgl. Schema B zum Kotierungsreglement und N 16). In der Praxis wird meist versucht, **Emissions-** und **Kotierungsprospekt** zu vereinen, da Art. 38 Abs. 1 Ziff. 1 Kotierungsreglement vorsieht, dass der Emissionsprospekt dann als Kotierungsprospekt gelten kann, wenn ersterer nicht mehr als drei Monate vor der Kotierung aufgelegt wurde.

4. Prospektzwang aus anderen Rechtsgrundlagen

14 Der Vollständigkeit halber ist darauf hinzuweisen, dass sich ein Prospektzwang auch aus anderen als den vorgenannten Grundlagen (vgl. N 8 und 13) ergeben kann, so namentlich bei **Notes** gemäss der Richtlinie der SBVg (vgl. N 12). Investoren haben dort aber nur Ansprüche bei einem falschen, nicht aber bei einem fehlenden Prospekt (vgl. N 25).

5. Der Prospektzwang im internationalen Verhältnis

Grundsätzlich haben auch **ausländische Schuldner,** welche Anleihensobligationen auf dem Schweizer Markt begeben wollen, die Prospektpflicht nach Abs. 1 zu beachten; dies gilt auch bei sog. «multi-national offerings», bei denen Obligationen in mehreren Staaten angeboten werden, und bei «überregionalen» Angeboten wie Eurobonds (vgl. BSK IPRG-WATTER, Art. 156 N 14). Aus Art. 156 IPRG ergibt sich weiter, dass ausländische Emittenten auch allfällig höhere Anforderungen des Sitzstaates zu beachten haben (vgl. BSK IPRG-WATTER, Art. 156 N 31), umgekehrt **Schweizer Emittenten** im Ausland mindestens den Standard von Art. 1156 einhalten müssen.

IV. Der Prospektinhalt (Abs. 2)

Abs. 2 verweist bezüglich des Prospektinhaltes primär auf den **Prospektinhalt bei Aktienemissionen** nach Art. 652a (und nicht nach Art. 652 altOR; so auch vor Art. 620 N 17), wobei sich der Verweis in Art. 652a Abs. 1 Ziff. 7 bei der Anleihensobligation auf den Beschluss des VR (oder allenfalls auch der GL) beziehen muss, Obligationen auszugeben; wiederzugeben ist im Prospekt lediglich dessen Datum. Hinzuweisen ist weiter darauf, dass gemäss dem Gesetzeswortlaut nach der Revision des Aktienrechts von 1992 keine Angaben mehr zu bereits ausgegebenen Obligationenanleihen (vgl. 651 Abs. 2 Ziff. 8 altOR) gemacht werden müssen. Es dürfte sich hier um ein Versehen des Gesetzgebers handeln, sind doch Angaben über ausstehende Obligationenanleihen in der Praxis wichtig, weshalb sie etwa für den Kotierungsprospekt bei Neuemittenten (Ziff. 1.5.2. des Schema B zum Kotierungsreglement i.V.m. Art. 39 f. Kotierungsreglement) und im Anhang zur Jahresrechung (Art. 663b Ziff. 6) verlangt werden (womit der Prospekt zumindest Anleihen früherer Jahre – nicht aber notwendigerweise kürzlich ausgegebene – erfassen muss; vgl. Art. 652a Abs. 1 Ziff. 5).

Zudem hat der Prospekt die spezifischen Angaben zu den emittierten Wertpapieren zu enthalten, wozu namentlich die **Laufzeit,** der **Zins** und die **Rückzahlungsbedingungen** (insb. bei vorzeitigen Rückzahlungsmöglichkeiten) gehören. Bei Wandel- und Optionsanleihen kommen die Bedingungen und technischen Details für die Ausübung der Options- und Konversionsrechte hinzu. Die Wiedergabe der detaillierten Anleihensbedingungen ist für den Kotierungsprospekt erforderlich (Ziff. 3 des Schema B zum Kotierungsreglement); bei Anleihen, die nicht kotiert werden, gilt u.E., dass mindestens sämtliche Aspekte zu erörtern sind, die dem Investor Pflichten auferlegen oder seine Rechtsposition anderweitig tangieren (vgl. ferner zu den Anforderungen an die Verständlichkeit des Prospektes WATTER, AJP, 55 m.Nw. und Art. 752 N 17).

Separat erwähnt das Gesetz, dass Angaben über **Sicherheiten** zu machen sind. Darunter fallen in der Praxis v.a. **Garantien** einer Muttergesellschaft, die Emissionen ihrer Finanzgesellschaften, die aus Steuergründen (Verrechnungssteuer) oft in sog. «off-shore jurisdictions» angesiedelt sind, absichern. Da in solchen Fällen, wenn auch nicht formell, so doch wirtschaftlich die Muttergesellschaft Emittentin ist, verlangt Art. 44 Kotierungsreglement konsequenterweise dieselben Angaben über die Muttergesellschaft wie über die formelle Schuldnerin. Denkbar sind aber auch **andere Sicherheiten,** z.B. Grundsicherheiten (vgl. DAENIKER, Diss., 181 ff.; vgl. auch BG über die Pfandbriefe vom 25.6.1930), sicherungshalber hinterlegte Wertschriften oder zedierte Forderungen, Bürgschaften oder Garantien von Banken.

Zu erwähnen haben die Anleihensbedingungen schliesslich, wer **Vertreter** der Anleihensgläubiger ist (Art. 1158; DAENIKER, Diss., 121 ff.); oft werden auch Angaben über dessen Befugnisse und über die Einberufung der Gläubigerversammlung gemacht (DAENIKER, Diss., 82 ff., 93 ff., 106 ff.; BK-ZIEGLER, N 18).

20   Nach der Richtlinie der SBVg (N 12; vgl. Art. 3 Abs. 2 lit. f) ist bei Notes ein allfällig vorhandenes **Rating** in den Prospekt aufzunehmen. Im alten Anhang I zum Kotierungsreglement (Ziff. 1.1.7) wurde diese Angabe verlangt, im Schema B zum aktuellen Kotierungsreglement ist sie entfallen, offenbar in der Überlegung, dass Emittenten freiwillig auf ein allenfalls vorhandenes Rating hinweisen werden.

21   Im **internationalen Vergleich** und gemessen am EU Recht ist der in der Schweiz vorgeschriebene Prospektinhalt bescheiden (vgl. Art. 5, 7 EU-Prospekt-RL und die EU-Prospektverordnung; so schon WATTER, AJP, 54 f.), während der Kotierungsprospekt nach dem Kotierungsreglement internationalen Anforderungen durchaus entspricht.

22   Bei einem **Auseinanderfallen von Anleihensbedingungen,** die auf der Urkunde bzw. bei zu kotierenden Anleihen im Prospekt (vgl. Ziff. 3.3 Schema B zum Kotierungsreglement) abgebildet oder in einem Term Sheet zusammengefasst sind, **und den (weiteren) im Prospekt gemachten Angaben zur Anleihe** gelten im Grundsatz die Anleihensbedingungen; die Investoren haben im Schadensfall allerdings Ansprüche aus Prospekthaftung (N 23 ff.). Sind die Anleihensbedingungen dem Investor jedoch nicht bekannt (z.B. weil die Urkunden noch nicht gedruckt sind und sie im Prospekt nicht abgebildet sind), so gelten die Angaben im Prospekt (ebenso DAENIKER, 65 f.).

V. Die Prospekthaftung (Abs. 3)

23   Art. 752 statuiert eine Prospekthaftpflicht für alle von einer AG emittierten Wertpapiere, somit auch für die Ausgabe von Anleihensobligationen. Damit stellt sich die Frage nach dem **Anwendungsbereich** von Abs. 3. Nach der hier vertretenen Ansicht (ebenso ZOBL/ KRAMER, N 1137; NOTH/GROB, 1437) gilt folgendes:

– Ist die Schuldnerin eine **AG,** gilt – als neuere Norm – ausschliesslich Art. 752.

– Ist die Schuldnerin eine **Personengesellschaft,** eine **GmbH,** oder eine **Genossenschaft,** gilt Abs. 3.

– Abs. 3 gilt auch bei **ausländischen Emittenten,** falls sich der Investor im Rahmen von Art. 156 IPRG auf Schweizer Recht beruft (bestätigt ihn BGE 129 III 71, 74 [=Pra 4/2003, 365]).

24   Auch in diesem verbleibenden Anwendungsbereich kann in Anbetracht des praktisch identischen Wortlautes auf die **Ausführungen** zu **Art. 752** (speziell N 13 ff.) **verwiesen** werden, dies mit nachfolgenden Spezifizierungen:

25   – Obwohl Abs. 3 dies nicht explizit erwähnt, gilt die Prospekthaftung nach Art. 1156 im verbleibenden Anwendungsbereich auch für **prospektähnliche Mitteilungen** (vgl. dazu Art. 752 N 14), ist doch nicht einsehbar, weshalb Personengesellschaften oder ausländische Emittenten gegenüber einer AG bevorzugt behandelt werden sollten.

26   – Obwohl in Abs. 3 gegenüber Art. 752 ein Verweis auf «**irreführende Ausführungen**» (Art. 752 N 17) fehlt, gelten auch solche als Pflichtverletzungen gem. Art. 1156 (vgl. auch BGE 129 III 71, 74).

27   – Bezüglich **Solidarität** gilt u.E. die Regelung von Art. 759, auch wenn rechtstechnisch die ältere Norm natürlich nicht ohne weiteres auf eine neuere verweisen kann;

für die Begründung dieser Ansicht kann auf die Ausführungen in Art. 918 N 1 verwiesen werden (anders Voraufl., vor Art. 620 N 17).

– Bezüglich des **Klagerechts** der **Gläubigergemeinschaft** kann auf Art. 752 N 9 verwiesen werden, bezüglich des Klagerechts **des späteren Erwerbers** auf BGE SJ 1997, 112 und Art. 752 N 6. 28

VI. IPR und EU-Recht

Für international begebene Anleihen kann bezüglich der Prospektpflicht auf N 15 verwiesen werden, für die Prospekthaftpflicht auf Art. 752 N 41, ferner auf BSK IPRG-WATTER, Art. 156 N 1 ff. 29

Für die in der EU massgebende **EU-Prospekt-RL** und **EU-Prospektverordnung** EG Nr. 809/2004 s. Art. 752 N 42. 30

Zweiter Abschnitt: Gläubigergemeinschaft bei Anleihensobligationen

Vorbemerkungen zu Art. 1157–1186

Literatur

BECK, Die Gläubigergemeinschaft bei Anleihensobligationen nach der Verordnung des Bundesrates vom 20. Februar 1918, 1918; Botschaft und Entwurf vom 12. Dezember 1947 zu einem BG über die Gläubigergemeinschaft bei Anleihensobligationen (BBl 1947 III 869 ff., zit. Botschaft 1947); BÖSCH, Hybride Finanzinstrumente, in: Reutter/Watter/Werlen (Hrsg.), Kapitalmarkttransaktionen III, Zürich 2008, 37 ff.; CAMENZIND, Prospektzwang und Prospekthaftung bei öffentlichen Anleihensobligationen und Notes, Diss. Zürich 1989 (SSHW 121); DAENIKER, Anlegerschutz bei Obligationenanleihen, Diss. Zürich 1992 (SSHW 142); DERS., Stellung der federführenden Bank bei Obligationenanleihen, SJZ 99 (2003), 365 ff. (zit. SJZ); Eidgenössische Steuerverwaltung, Kreisschreiben Nr. 15 (7. Februar 2007); FRANCIONI, Konsortialverträge bei Konsortialdarlehen im schweizerischen Recht, Diss. Zürich 1987 (SSHW 94); HÄMMERLI, Aspekte des schweizerischen Emissionsgeschäfts in volkswirtschaftlicher, bankbetriebswirtschaftlicher und juristischer Sicht, 1986 (BWF 100); F. HUBER, Der Schutz der Obligationäre nach den Entwürfen zum OR, 1936; KÖNDGEN/DAENIKER, Wandel- und Optionsanleihen in der Schweiz, ZGR 1995, 341 ff.; KUSTER, Zum Begriff der Öffentlichkeit und Gewerbsmässigkeit im Kapitalmarktrecht (OR, BankG, BEHG und AFG), SZW 1997, 10 ff.; ROHR, Grundzüge des Emissionsrechts, 1990; REUTTER/RASMUSSEN, Auswirkungen neuer EU-Richtlinien auf Kapitalmarkttransaktionen schweizerischer Emittenten, in: Reutter/Watter/Werlen (Hrsg.), Kapitalmarkttransaktionen, Zürich 2006, 1 ff.; RISI, in: Zweifel/Athanas/Bauer-Balmelli (Hrsg.), Kommentar zum Schweizerischen Steuerrecht II/3; WATTER, Prospekt(haft)pflicht heute und morgen, AJP 1992, 48 ff.; WOLF, Internationale Emissionsprospekte in der Schweiz, SJZ 1972, 40 ff.; ZOBL, Änderungen von Anleihensbedingungen, SZW 129 ff.

I. Zum Begriff der Anleihensobligation

Die **Anleihe** bzw. die **Obligationenanleihe** ist ein in Teilbeträge aufgeteiltes Grossdarlehen auf einheitlicher Rechtsgrundlage und zu einheitlichen Bedingungen (Zinssatz, Ausgabepreis, Laufzeit, Zeichnungsfrist und Liberierungsdatum). Gestützt auf seine **Anleihensbedingungen** schliesst der **Anleihensnehmer** bzw. der **Emittent** *(Issuer)* mit einer Vielzahl von Darleihern selbständige Einzelverträge ab, wobei er für die Rückforderung jedes Teilbetrags dem Darleiher ein Wertpapier, die sog. **Anleihensobligation** *(Bond)*, begibt (BGE 113 II 288; MEIER-HAYOZ/VON DER CRONE, 269; Art. 1156 N 2). In der früheren Literatur wurde mehrheitlich die Auffassung vertreten, Anleihensobliga- 1 tionen müssten notwendigerweise auch Wertpapiere sein (BK-ZIEGLER, Vor Art. 1156–1186 N 4; BECK, 39; F. HUBER, 3). Die neuere und wohl richtige Lehre geht jedoch davon aus, dass Anleihensobligationen durchaus auch als unverbriefte Wertrechte ausgegeben werden können (DAENIKER, 23 ff.; ZOBL, 152; Art. 1156 N 3). In der Praxis börsenkotierter Anleihen ist die Ausgabe in Form einer Globalurkunde vorherrschend. Das Recht der einzelnen Obligationäre, individuelle Urkunden zu verlangen, wird dabei in den Anleihensbedingungen in aller Regel ausgeschlossen. Bei der sogenannten «Globalurkunde auf Dauer» hat der Investor nur ein sachenrechtliches Miteigentum an der Urkunde. Das Recht, den Titeldruck und die Auslieferung der Einzelurkunden zu veranlassen, steht dabei ausschliesslich dem Federführer bzw. dem Emittenten zu (vgl. hierzu die Richtlinie betr. Verbriefung der Valoren der SWX Swiss Exchange, mittels welcher die Einzelheiten der Verbriefung von börsenkotierten Valoren geregelt werden).

2 Weitere Merkmale, wie die Angabe des Forderungsbetrages in einer bestimmten Währung, die laufende Verzinsung des Darlehensbetrages durch einen i.d.R. jährlichen Coupon, eine feste Laufzeit, das Bestehen von Sicherheiten durch Pfandrechte, Bürgschaften oder Garantien, sind nicht notwendiger Bestandteil des Anleihensbegriffes.

3 Die Möglichkeiten zur Kategorisierung von Anleihen sind vielfältig: Aufgrund von allfälligen internationalen Berührungspunkten können sie in Inland- und Auslandsanleihen unterteilt werden. Als sog. **Inlandanleihen** werden Obligationenanleihen eines Schuldners auf dem Kapitalmarkt seines Sitzlandes und in lokaler Währung bezeichnet. Darunter sollten u.E. auch diejenigen Anleihen (in Schweizer Franken) fallen, welche von einem Emittenten im Ausland begeben, jedoch durch einen Sicherheitsgeber *(Guarantor)* mit Sitz in der Schweiz garantiert werden. Wie in Art. 11 des Kotierungsreglements der SWX Swiss Exchange deutlich zum Ausdruck kommt, tritt in einer derartigen Konstellation der Sicherheitsgeber (in aller Regel ein Garant, seltener ein Unterzeichner eines sog. *Keep-well Agreement*) zumindest im Bereich der Börsenkotierung quasi an die Stelle des Emittenten und muss die zur Kotierung erforderlichen Anforderungen erfüllen. Der Bedeutung des Garanten sollte u.E. auch bei der Qualifikation einer Anleihe als Inland- oder Auslandsanleihe Rechnung getragen werden, indem sein Sitzstaat der für die Einteilung in Inland- und Auslandsanleihen massgebliche ist. Im Gegensatz zu den Inlandanleihen stehen die **internationalen Anleihen** (sog. **Auslandsanleihen**) mit internationalen Berührungspunkten. Im Reglement für die Handelszulassung von internationalen Anleihen an der SWX Swiss Exchange werden internationale Anleihen als «von ausländischen Schuldnern begebene und auf eine Fremdwährung lautende Anleihen (…)» definiert.

4 Aufgrund der Gläubigerrechte, welche durch die einzelnen Anleihensobligationen verkörpert werden, lassen sich Anleihen in gewöhnliche Obligationenanleihen, Wandelanleihen und Optionsanleihen unterteilen:

5 Unter **gewöhnlichen Obligationenanleihen** versteht man Anleihen, welche dem Gläubiger einen Anspruch auf Kapitalrückzahlung und in aller Regel auch auf Zinszahlungen einräumen.

6 **Wandelanleihen** *(Convertible Bonds)* räumen den Obligationären das Recht ein, während einer bestimmten Frist und zu einem bestimmten Preis (Wandelpreis) die Obligationen in eine festgelegte Anzahl Beteiligungspapiere der Emittentin, der Garantin oder einer Drittgesellschaft (sog. *Exchangeable Bond*) zu wandeln. Durch dieses zusätzliche Wandelrecht kann der Obligationär von zukünftigen Kursanstiegen der Obligation zugrundeliegender Beteiligungsrechte profitieren. Als Gegenleistung für diese Möglichkeit nehmen die Anleger i.d.R. einen tieferen Zinssatz auf der Anleihe in Kauf.

Optionsanleihen dagegen räumen dem Inhaber ein regelmässig von der Anleihensobligation trennbares Optionsrecht ein, welches diesen berechtigt, während einer bestimmten Frist ein Beteiligungspapier oder sonstige Vermögenswerte wie Edelmetalle etc. zu einem im Voraus festgelegten Preis zu erwerben. Optionsanleihen enthalten somit neben dem Zinscoupon zusätzlich eine oder mehrere Optionen *(Warrant)*, welcher von den Anlegern ebenfalls mit einem tieferen Zinssatz auf der Anleihe erkauft wird. Wenn die Beteiligungspapiere bezogen werden, muss der Anleger lediglich den Optionsschein, nicht aber die Obligation «hergeben». Dies unterscheidet die Optionsanleihe von der Wandelanleihe. Für die Emittentin bleibt das Anleihenskapital somit Fremdkapital, auch nachdem die Optionen ausgeübt worden sind. Eine Tilgung der Schuld durch Verrechnung findet somit bei der Optionsanleihe nicht statt. 7

Alle geschilderten Formen von Obligationenanleihen können zinslos ausgestaltet werden und anstelle eines Zinses (Coupons) ein Rückzahlungsagio vorsehen. In diesem Fall spricht man von einem *Zero Coupon Bond*. Häufiger sind allerdings Mischformen, die einen (tieferen) Coupon mit einem Rückzahlungsagio *(Accredited Principal Amount)* verbinden. 8

Anders als im Schuldrecht wurde für die Stempelabgaben und die Verrechnungssteuer der Begriff der Anleihensobligationen gesetzlich geregelt (Art. 4 Abs. 3 des BG vom 27.6.1973 über die Stempelabgaben [StG] und Art. 15 der Vollziehungsverordnung vom 19.12.1966 über die Verrechnungssteuer [VStV]). Demnach sind Anleihensobligationen schriftliche, auf feste Beträge lautende und zu identischen Bedingungen ausgegebene Schuldanerkennungen, die zum Zwecke der kollektiven Kapitalbeschaffung oder Anlagegewährung oder der Konsolidierung von Verbindlichkeiten in einer Mehrzahl von Exemplaren ausgegeben werden. Eine Anleihe ist ein in sich geschlossenes Kreditgeschäft. Der steuerrechtliche Obligationenbegriff geht somit weiter als der derjenige des Wertpapierrechts, welcher die Obligation als Verkörperung einer Forderung oder eines Pfandrechts umschreibt (vgl. ESTV-KS Nr. 15; vgl. auch RISI, Art. 4 StG N 27 ff.). 9

II. Anwendungsbereich der Art. 1157 ff.

Der 34. Titel ist unterteilt in zwei Abschnitte: Der erste Abschnitt, welcher lediglich Art. 1156 umfasst, behandelt den Prospektzwang bei der Ausgabe von Anleihensobligationen. Der zweite Abschnitt mit den Art. 1157–1186 behandelt ausschliesslich die Gläubigergemeinschaft bei Anleihensobligationen. Beide Abschnitte beziehen sich jedoch auf verschiedene Anwendungsbereiche. Währenddem Art. 1156 einen Prospektzwang für öffentlich zur Zeichnung aufgelegte oder an der Börse eingeführte Anleihensobligationen vorsieht, sind die Bestimmungen über die Gläubigergemeinschaft bei Anleihensobligationen nur auf solche eines Schuldners, der in der Schweiz seinen Wohnsitz oder eine geschäftliche Niederlassung hat, anwendbar. Das strikte Erfordernis des Wohnsitzes bzw. der geschäftlichen Niederlassung in der Schweiz hat zur Folge, dass die Art. 1157–1186 auch nicht auf den in der Praxis häufigen Fall anwendbar sind, in dem die Anleihensobligationen ausländischer Emittenten durch eine Gesellschaft mit Sitz in der Schweiz garantiert werden. Diese Konstellation tritt insb. dann auf, wenn aus steuerlichen Gründen (Verrechnungssteuer auf Coupon und Rückzahlungsagio, Stempelsteuer von 0.12% pro Jahr Laufzeit) entschieden wird, die Anleihe einer schweizerischen Gesellschaft durch eine im Ausland domizilierte Tochtergesellschaft auszugeben und die Muttergesellschaft lediglich als Garantin für die Anleihe fungieren zu lassen. Der 34. Titel des OR enthält daher, anders als die Überschrift vermu- 10 ten lässt, keine generelle Regelung der Anleihensobligationen. Die Bestimmungen der Art. 1156–1186 sehen lediglich einen Prospektzwang bei der Ausgabe von öffentlichen Anleihen vor und regeln im Weiteren die Gläubigergemeinschaft bei öffentlichen Anleihen schweizerischer Emittenten. Alle übrigen Fragen des Anleihensrechts sind ausgeklammert und unterstehen dem allgemeinen Teil des Obligationenrechts sowie der entsprechenden Spezialgesetzgebung des Bundes und der Kantone und den allenfalls anwendbaren Börsenvorschriften.

11 Es ist selbstverständlich den Emittenten unbenommen, die Anleihe mittels ausdrücklichem Einbezug (vgl. hierzu unten, Art. 1175 N 10) in die Anleihensbedingungen freiwillig den Vorschriften in Art. 1157 ff. zu unterstellen. Die Parteien haben auch die Möglichkeit, lediglich einen Teil der gesetzlichen Vorschriften für anwendbar zu erklären (Teilübernahme).

12 Voraussetzung für eine Anwendbarkeit von Art. 1157 ff. ist die Ausgabe durch **«öffentliche Zeichnung»**. Leider fehlt es im Bereich des Wertpapierrechts an einem klar definierten Grenzwert, mittels welchem man den öffentlichen Charakter eines Angebots zur Zeichnung von Anleihensobligationen eindeutig bestimmen könnte. Beim Erlass von Art. 1157 im Jahr 1949 schien der Bundesrat noch davon auszugehen, dass es sich auch bei «einer kleinen Anzahl von Titeln, die sich vielleicht nur in wenigen Händen befinden», um ein öffentliches Angebot handelt, denn er nahm explizit das Erfordernis einer Mindestanzahl von ausgestellten Obligationen von den Voraussetzungen für das Entstehen einer Gläubigergemeinschaft aus (BBl 1947 III 876 f.). Dies tut auch die Eidgenössische Revisionsaufsichtsbehörde RAB, indem sie auf ihrer Website (www.revisionsaufsichtsbehoerde.ch) unter «Definition der Anleihenobligationen» festhält: «Der Emissionsprospekt wird dann als öffentlich qualifiziert, wenn er einem unbestimmten Adressatenkreis oder mindestens 20 Adressaten angeboten wird.»

13 Unseres Erachtens ist diese Ansicht verfehlt, weil sie nicht auf die Natur der Angebotsadressaten abstellt und im Europäischen Raum einzigartig restriktiv ist. Zur Abgrenzung «öffentlich» vs. «privat» ist nicht nur die absolute Zahl der potentiellen Investoren, sondern auch deren Qualifikation zu berücksichtigen, was i.d.R. zu einem höheren «Grenzwert» führt (vgl. Art. 1156, m.w.H.; vgl. REUTTER/RASMUSSEN, 15). In Anlehnung an die EU-Prospektrichtlinie (Richtlinie 2003/71/EG vom 4.11.2003) sowie im Hinblick auf die nachfolgend beschriebene Revision des Aktienrechts sollte man somit u.E. bereits heute zumindest dann von einem nicht öffentlichen Angebot ausgehen können, wenn es sich bei den Adressaten um weniger als 100 qualifizierte Investoren (institutionelle Investoren und sog. *High Net Worth Individuals*) handelt.

14 Ein Blick in den Entwurf zur Änderung des Obligationenrechts vom 21.12.2007 (BBl 2008 1751) zeigt, dass gem. Art. 652a Abs. 4 E-OR zukünftig für Zeichnungsangebote, die sich ausschliesslich an «qualifizierte Anleger» i.S.v. Art. 10 Abs. 3 KAG wenden, wohl kein Emissionsprospekt mehr erforderlich sein wird. Vor diesem Hintergrund muss die Frage gestellt werden, ob ein Zeichnungsangebot, bei dem kein Prospekt zum Schutz der Investoren erforderlich ist, die wenig liberalen Gläubigerschutzbestimmungen von Art. 1157 ff. nach sich ziehen soll. Erlaubt der Gesetzgeber Angebote an gewisse Anleger ohne entsprechende Offenlegung mittels Prospekt, so sollte er auch den Verzicht auf die restriktiven Gläubigerschutzbestimmungen der Art. 1157 ff. erlauben. Sofern ein solcher Verzicht vor dem Investitionsentscheid ausgesprochen wird oder vor dem Investitionsentscheid klar und deutlich aus den Anleihensbedingungen hervorgeht, sollte er unseres Erachtens zulässig sein, wenn Art. 652a Abs. 4 E-OR dereinst in Kraft tritt. Bereits de lege lata sollte jedoch das Kriterium der «Öffentlichkeit» nicht eng ausgelegt werden (s.o. N 13).

Art. 1157

A. Voraussetzungen

¹ Sind Anleihensobligationen von einem Schuldner, der in der Schweiz seinen Wohnsitz oder eine geschäftliche Niederlassung hat, mit einheitlichen Anleihensbedingungen unmittelbar oder mittelbar durch öffentliche Zeichnung ausgegeben, so bilden die Gläubiger von Gesetzes wegen eine Gläubigergemeinschaft.

² Sind mehrere Anleihen ausgegeben, so bilden die Gläubiger jedes Anleihens eine besondere Gläubigergemeinschaft.

³ Die Vorschriften dieses Abschnittes sind nicht anwendbar auf Anleihen des Bundes, der Kantone, der Gemeinden und anderer Körperschaften und Anstalten des öffentlichen Rechts.

A. Conditions

¹ Lorsque les obligations d'un emprunt pour lequel des conditions uniformes ont été adoptées sont émises, directement ou indirectement, à la suite d'une souscription publique, par un débiteur ayant en Suisse son domicile ou un établissement industriel ou commercial, les créanciers constituent, de plein droit, une communauté.

² Lorsque plusieurs emprunts sont émis, les créanciers de chacun d'eux forment une communauté distincte.

³ Les dispositions du présent chapitre ne sont pas applicables aux emprunts de la Confédération, des cantons, des communes et de collectivités ou institutions de droit public.

A. Requisiti

¹ Quando siano state emesse, direttamente o indirettamente, col mezzo di pubblica sottoscrizione, da un debitore avente il suo domicilio personale o d'affari nella Svizzera, delle obbligazioni di prestiti soggette a condizioni uniformi, gli obbligazionisti formano di diritto una comunione.

² Qualora siano emessi più prestiti, gli obbligazionisti di ciascuno di essi formano una comunione a sé stante.

³ Le disposizioni del presente capo non sono applicabili ai prestiti della Confederazione, dei Cantoni, dei Comuni e di altri enti o istituzioni di diritto pubblico.

Literatur

Vgl. die Literaturhinweise bei den Vorbem. zu Art. 1157–1186.

I. Allgemeines. Normzweck

Art. 1157 nennt die Voraussetzungen für das Zustandekommen einer **Gläubigergemeinschaft** (Abs. 1). Sofern die Voraussetzungen, nämlich das Vorhandensein von **Anleihensobligationen,** der Wohnsitz oder die geschäftliche **Niederlassung des Schuldners in der Schweiz** und die Ausgabe der Obligationen (mittelbar oder unmittelbar) durch **öffentliche Zeichnung** gegeben sind, bilden die Obligationäre von Gesetzes wegen **zwingend eine Gläubigergemeinschaft.** Wie in Art. 1156 N 2 ff. und den Vorbem. zu Art. 1157–1186 bereits ausgeführt, beinhaltet der Begriff der Anleihensobligation auch, dass diese mit **einheitlichen Anleihensbedingungen** ausgegeben wurden. Dabei sind unterschiedliche Nennwerte der Obligationen innerhalb einer einzigen Anleihe unerheblich (ROHR, 266), hingegen bilden Obligationen mit verschiedenen Laufzeiten oder verschiedenen Zinssätzen voneinander getrennte Anleihen, welche auch gesonderte Gläubigergemeinschaften bewirken (Abs. 2; ROHR, 266).

Christian Steinmann/Thomas U. Reutter

2 Die Art. 1157–1186 sind ausschliesslich auf Anleihen von privaten Emittenten anwendbar, wogegen **Anleihen der öffentlichen Hand** und Körperschaften sowie Anstalten des öffentlichen Rechts davon ausgenommen sind (Abs. 3; MEIER-HAYOZ/VON DER CRONE, 285; BGE 113 II 285; Botschaft 1947, 877). Dabei gilt es zu unterscheiden zwischen Anleihen von Bund und Kantonen, welche überhaupt keine Gläubigergemeinschaft bewirken (vgl. dazu Art. 1 Abs. 2 GSchG), und Anleihen von Gemeinden und anderen Körperschaften des kantonalen öffentlichen Rechts, welche eine Gläubigergemeinschaft eigener Art, nämlich i.S.v. Art. 13–27 GSchG, entstehen lassen. Sofern die Voraussetzungen von Art. 1157 gegeben sind, bilden hingegen die Gläubiger von **Eisenbahn- und Schifffahrtsunternehmungen** (BGE 96 II 200 ff.), **Pfandbriefgläubiger** (Art. 30 Pfandbriefgesetz vom 25.7.1930, SR 211 423.4) und Inhaber von Genussscheinen (Art. 657 Abs. 4), Letztere allerdings mit gewissen Modifikationen (ROHR, 267 m. w.Nw.), jeweils eine Gläubigergemeinschaft. In Bezug auf Anleihensobligationen von Eisenbahn- und Schifffahrtsunternehmungen ist jedoch das Bundesgesetz über die Verpfändung und Zwangsliquidation von Eisenbahn- und Schifffahrtsunternehmungen vom 25.9.1917 (VZEG, SR 742 211), insb. die Art. 51 ff. (betr. Nachlassvertrag) und Art. 78 ff. (betr. Stundung), zu beachten (s. im Weiteren auch Art. 1185 N 1 ff.).

II. Voraussetzungen

3 Zum Begriff der Anleihensobligation s. Vor Art. 1157–1186 N 1 f. sowie vorstehend N 1.

4 Zum Begriff der **öffentlichen Zeichnung** s. Vor Art. 1157–1186 N 12 ff.

5 Falls Anleihen zunächst von einer oder mehreren Banken mittels Festübernahme übernommen und erst anschliessend im Publikum platziert werden, findet die erste Zeichnung der Anleihen streng genommen stets in einem eng begrenzten Kreis (von Banken) statt. Da mit dieser Argumentation der Begriff der «Öffentlichkeit» und die damit verbundenen Rechtsfolgen auf denkbar einfache Weise umgangen bzw. ausgehöhlt werden könnten, muss es u.E. fraglos sein, dass der Wiederverkauf der Anleihensobligationen durch die Konsortialbanken ebenfalls in die Beurteilung des öffentlichen Charakters eines Angebotes mit einzubeziehen ist (gl.M. DAENIKER, 26).

6 Der Gesetzeswortlaut unterscheidet weiter zwischen unmittelbarer und mittelbarer Ausgabe von Anleihensobligationen. Unter einer unmittelbaren Ausgabe ist die sogenannte **Selbstemission** zu verstehen, welche immer dann vorliegt, wenn die Emittentin die Anleihensobligationen auf eigene Rechnung und Gefahr im Kapitalmarkt unterbringt. Wenn die Platzierung ohne jegliche Mitwirkung eines Dritten erfolgt, handelt es sich um eine direkte Platzierung, sobald eine Bank zur Unterstützung hinzu gezogen wird, spricht man von einer kommissionsweisen Platzierung (vgl. DAENIKER, 35). Die mittelbare und in der Praxis weit häufigere Form der Ausgabe von Anleihensobligationen liegt dann vor, wenn die gesamte Obligationenanleihe zunächst fest von einer oder mehreren Banken übernommen wird, welche sie dann auf eigene Rechnung und Gefahr im Markt platzieren. Man spricht in diesem Fall von einer **Fremdemission**.

7 Der Wohnsitz oder die geschäftliche Niederlassung eines Schuldners bestimmt sich ausschliesslich nach Schweizer Recht und damit nach Art. 20 IPRG bzw. Art. 23 ZGB für natürliche Personen und Art. 21 IPRG bzw. Art. 56 ZGB für juristische Personen (ROHR, 266). Die geschäftliche Niederlassung des Schuldners befindet sich damit nur dann in der Schweiz, wenn der Schuldner hier entweder seinen Sitz oder zumindest eine Zweigniederlassung hat (Art. 21 Abs. 3 IPRG). Damit genügt für die Begründung einer geschäftlichen Niederlassung weder die Vereinbarung eines Erfüllungsortes oder eines Gerichtsstandes in der Schweiz noch die Bezeichnung einer Schweizer Bank als Treuhänderin oder Agentin des Schuldners (VPB 1934, 91 f.). Eine nachträgliche Sitzverlegung des Schuldners aus der Schweiz lässt e contrario Art. 1157 Abs. 1 die Gläubigergemeinschaft weiter bestehen, währenddem eine nachträgliche Sitzverlegung aus dem Ausland in die Schweiz die gleichzeitige Anwendung der Bestimmungen über die Gläubigergemeinschaft nach sich zieht (ROHR, 266 m.w.Nw.).

Für eine Anwendbarkeit der Art. 1157 ff. auf ausländische Emittenten genügt es nach h.L. und bundesgerichtlicher Rechtsprechung nicht, in den Anleihensbedingungen in genereller Weise die Vorschriften des schweizerischen Rechts für anwendbar zu erklären. Das BGer kommt zum Schluss, dass eine generelle Unterstellung der Anleihe unter schweizerisches Recht nicht dazu führen kann, dass Vorschriften, welche das schweizerische Recht auf einen bestimmten Sachverhalt ausdrücklich nicht angewandt sehen will, auf einmal auf genau diesen Sachverhalt anwendbar werden (BGE 129 III 71 E. 3.3). Mit diesem Entscheid folgt das Bundesgericht der Auffassung von DAENIKER (87, m.w.H.), nach dem die Bestimmungen von Art. 1157 ff. OR für Gläubigerversammlungen ausländischer Emittenten nur dann zur Anwendung kommen können, wenn sie ausdrücklich in die Anleihensbedingungen übernommen worden sind. Diese Ansicht verdient Zustimmung.

III. Die Gläubigergemeinschaft

Die von Gesetzes wegen entstehende Gläubigergemeinschaft ist nicht als juristische Person ausgestaltet und damit nach herrschender Auffassung auch nicht rechtsfähig (BGE 113 II 285). Ihr sind jedoch durch das Gesetz bestimmte Befugnisse verliehen, welche ihr erlauben, am Rechtsverkehr selbständig teilzunehmen (Art. 1164 Abs. 1). Damit wird ihr auch als nicht-rechtsfähigem Gebilde von Bundesrechts wegen in bestimmtem Umfang Parteifähigkeit und Prozessfähigkeit zuerkannt (BGE 113 II 285 m. w.Nw.). Dennoch gilt auch beim Vorliegen einer Gläubigergemeinschaft grundsätzlich das Prinzip der Unabhängigkeit der einzelnen Gläubiger. Das heisst, dass diese wie auch andere Gläubiger ihre Forderungs- und sonstigen Rechte unabhängig und selbständig gegenüber dem Schuldner wahrnehmen können. Einschränkungen erfährt diese Unabhängigkeit lediglich insoweit, als ihr entsprechende, rechtsgültig zustande gekommene Beschlüsse der Gläubigergemeinschaft entgegenstehen (Art. 1164 Abs. 3).

Die Gläubigergemeinschaft besteht aus der Gesamtheit der entsprechenden Anleihensgläubiger. Sie entsteht mit Zeichnung bzw. Kauf einer oder mehrerer Obligationen von Gesetzes wegen und als unabdingbare Rechtsfolge des entsprechenden Rechtsgeschäfts. Auf dieselbe Weise erlischt sie auch wieder bzw. geht über an den Erwerber der entsprechenden Obligation. Gemäss Abs. 2 bilden jedoch bei mehreren ausstehenden Anleihen des Schuldners die Gläubiger jedes Anleihens eine besondere und damit separate und von den übrigen unabhängige Gläubigergemeinschaft. Allerdings erfährt dieses Prinzip der Unabhängigkeit gewisse Einschränkungen (s. Art. 1171). Zur Frage der Unterscheidung zwischen verschiedenen Anleihen s.o. N 1.

IV. Aussergesetzliche Gläubigergemeinschaft

Art. 1157–1186 sind zwingend anwendbar, wenn die entsprechenden gesetzlichen Voraussetzungen erfüllt sind. Andererseits können die Bestimmungen über die Gläubigergemeinschaft bei Anleihensobligationen ohne Vorliegen sämtlicher entsprechender

Merkmale nicht analog Anwendung finden. Dies geht bereits aus dem klaren Wortlaut des Gesetzes hervor (Botschaft, 878), der offensichtlich keine Lücken enthält (DAENIKER, 84 f.; ZOBL, 142). Damit stellt sich die Frage der Möglichkeit einer **freiwilligen Unterstellung unter die Art. 1157–1186.** Da auch im Bereiche der Anleihensobligationen das Prinzip der Vertragsfreiheit gilt, muss dies grundsätzlich zulässig sein. Nachträglich kann dies wohl nur durch Zustimmung des Schuldners und sämtlicher Anleihensgläubiger geschehen, wobei diesfalls spätere Erwerber von Anleihensobligationen ohne eigene Zustimmung an diese Vereinbarung nicht gebunden wären. Aufgrund dieser Tatsache und der im Allgemeinen sehr grossen Zahl von Anleihensgläubigern ist diese Möglichkeit aber ohnehin unpraktikabel.

12 Viel wichtiger ist die Frage – insb. für die relativ grosse Zahl von schweizerischen Anleihen ausländischer Schuldner (sog. Auslandanleihen, Vor Art. 1157–1186 N 3) –, ob bereits von vornherein in den **Anleihensbedingungen** die Anleihe den Art. 1157–1186 unterstellt werden könnte. Grundsätzlich muss dies zulässig sein (DAENIKER, 88; ZOBL, 142), wobei sich sofort die Frage nach den Anforderungen an eine entsprechende Vereinbarung stellt. Von vornherein auszuschliessen ist die globale Übernahme der gesetzlichen Bestimmungen durch einfachen Verweis auf Schweizer Recht in den Anleihensbedingungen. Grund dafür ist der klare Wortlaut von Art. 1157 Abs. 1, der eben nicht generell die Gläubiger von Anleihensobligationen in einer Gläubigergemeinschaft zusammenfasst, sondern das Entstehen einer solchen von gewissen klar definierten Bedingungen, insb. von Wohnsitz, Sitz oder geschäftlicher Niederlassung des Schuldners in der Schweiz, abhängig macht (DAENIKER, 86 f.; ZOBL, 145; WOLF, 41; ROHR, 361; **a.M.** CJ GE, SemJud 1983, 406 ff. sowie unv. Entscheid vom 8.12.1988). Erforderlich zur Übernahme der gesetzlichen Regelung ist deshalb der ausdrückliche Einbezug der Bestimmungen in die Anleihensbedingungen. Dies kann gesamthaft oder bloss teilweise geschehen (DAENIKER, 88). Sicher zulässig und wirksam, jedoch sehr umständlich wäre der wörtliche Einbezug der Art. 1157–1186 (ganz genau wohl erst ab Art. 1157 Abs. 2, da die Aufführung der Voraussetzungen gem. Abs. 1 die Anwendbarkeit im konkreten Fall wieder ausschliessen würde) in den Anleihensbedingungen (ZOBL, 145; DAENIKER, 86). Zulässig muss jedoch auch der klare Verweis auf sämtliche oder einen Teil der Bestimmungen dieses Kapitels sein (DAENIKER, 90). Eine mögliche Formulierung wäre: «Die Gläubiger dieser Anleihe bilden vertraglich eine Gläubigergemeinschaft gemäss den Bestimmungen der Art. 1157 ff. des Schweizerischen Obligationenrechts. Die Art. 1157 Abs. 2 bis 1186 des Schweizerischen Obligationenrechts in der am Liberierungstag dieser Anleihe in Kraft stehenden Fassung werden hiermit zum integralen Bestandteil dieser Anleihensbedingungen erklärt.» Selbstverständlich wäre es zulässig – und u.U. auch sinnvoll (s. dazu die Problematik einer Übernahme von Art. 1176 bei DAENIKER, 89 ff.) –, die Bestimmungen der Art. 1157–1186 auch nur teilweise zu übernehmen.

Art. 1158

B. Anleihensvertreter
I. Bestellung

¹ **Vertreter, die durch die Anleihensbedingungen bestellt sind, gelten mangels gegenteiliger Bestimmung als Vertreter sowohl der Gläubigergemeinschaft wie des Schuldners.**

² **Die Gläubigerversammlung kann einen oder mehrere Vertreter der Gläubigergemeinschaft wählen.**

³ **Mehrere Vertreter üben, wenn es nicht anders bestimmt ist, die Vertretung gemeinsam aus.**

B. Le représentant de la communauté
I. Désignation

¹ Sauf disposition contraire, les représentants désignés dans les conditions de l'emprunt représentent tant la communauté des créanciers que le débiteur.

² L'assemblée des créanciers peut élire un ou plusieurs représentants de la communauté.

³ Si plusieurs représentants ont été désignés, ils exercent, sauf convention contraire, leurs pouvoirs conjointement.

B. Rappresentante della comunione
I. Nomina

¹ Salvo disposizione contraria, i rappresentanti designati nelle condizioni del prestito rappresentano tanto la comunione dei creditori quanto il debitore.

² L'assemblea degli obbligazionisti può nominare uno o più rappresentanti della comunione.

³ Salvo disposizione contraria, più rappresentanti esercitano la rappresentanza in comune.

Literatur

Vgl. die Literaturhinweise bei den Vorbem. zu Art. 1157–1186.

I. Der Anleihensvertreter

Die Emission einer Anleihe erfolgt in der Schweiz in aller Regel mittels Übernahmevertrag (Bond Purchase Agreement) der Emittentin und, sofern der Garantin, mit einer oder mehreren Banken (s. dazu auch Art. 2a lit. c BankV). Wenn mehr als eine Bank an der Übernahme beteiligt ist, spricht man von einem Bankenkonsortium, welches i.d.R. eine der Banken als federführende Bank (Konsortialführer oder Lead Manager) bezeichnet. Der Konsortialführer wird von den anderen Konsortialbanken damit beauftragt, die Anleihensbedingungen mit der Emittentin auszuhandeln. Die Anleihensbedingungen sind jeweils Bestandteil des Übernahmevertrages. In aller Regel wird dieser Vertrag aber erst abgeschlossen, wenn die Anleihe platziert ist bzw. Ansprüche auf Erwerb der entsprechenden Schuldverschreibungen rechtsverbindlich an Investoren zugeteilt wurden. Von einer eigentlichen «Festübernahme» i.S. der Übernahme des Platzierungsrisikos kann somit nicht gesprochen werden.

Durch die Übernahme der Obligationenanleihe verpflichten sich die beteiligten Banken nicht nur, diese im Publikum zu platzieren, sondern sie treten dadurch selber als «Quasi-Gläubiger» auf. In diesem Sinne vertreten sie bei den Vertragsverhandlungen und bei der Zeichnung die zukünftigen Anleihensgläubiger. Sie spielen so eine eigentliche Vermittlerrolle zwischen Emittenten und potentiellen Anleihensgläubigern. Dies trifft in besonderem Masse auf den Konsortialführer zu, welcher in aller Regel in den Anleihensbedingungen als Vertreter der Gläubiger gegenüber dem Schuldner bezeichnet wird. Er sorgt zumeist auch während der Laufzeit der Anleihe für eine reibungslose Abwicklung des Anleihensverhältnisses und wickelt Zinszahlungen, allfällige Konversionen und vorzeitige Rückzahlungen etc. ab. Art. 1158 legt nun fest, dass derartige, in den Anleihensbedingungen genannte Vertreter mangels gegenteiliger Bestimmung sowohl als Vertreter der Gläubigergemeinschaft (gegenüber dem Schuldner) wie auch des Schuldners (gegenüber der Gläubigergemeinschaft) gelten. Damit übt der Vertreter eine Doppel- bzw. Vermittlerfunktion zwischen Anleihensschuldner und Anleihensgläubiger aus (s. dazu auch DAENIKER, 120 ff.).

3   Im Gegensatz zu ausländischen Regelungen (insb. USA und Deutschland) bestehen in der Schweiz keine gesetzlichen Ausschlussgründe für den Anleihensvertreter. Grundsätzlich kann jede natürliche oder juristische Person Anleihensvertreter sein, unabhängig davon, ob sie selbst Anleihensgläubigerin ist oder nicht. Insbesondere ist eine Vertretung durch die **federführende Bank** nach der Platzierung der Anleihensobligationen im Publikum zulässig (DAENIKER, 125 ff.; ROHR, 269).

4   Der Anleihensvertreter kann durch die Anleihensbedingungen bestellt (Abs. 1) oder durch die Gläubigerversammlung gewählt (Abs. 2) werden. Im ersten Fall spricht man von einem **Vertragsvertreter,** im zweiten Fall von einem **Wahlvertreter.** Aufgrund von Abs. 2 kann die Gläubigerversammlung auch den Vertragsvertreter durch einen eigenen Wahlvertreter ersetzen (DAENIKER, 121). Mangels anderweitiger Disposition des Schuldners bleibt damit der ursprüngliche Vertragsvertreter ausschliesslicher Vertreter des Schuldners gegenüber der Gläubigergemeinschaft. Als Beispiel kann hier auf die Obligationärsversammlung der Swisslog Holding AG vom 26. Februar 2004 hingewiesen werden. Die Emittentin beantragte damals der Obligationärsversammlung, einen Rechtsanwalt als Vertreter der Gläubigergemeinschaft zu wählen und ihn zusätzlich zu den gesetzlich vorgesehenen Befugnissen mit den Eingriffs-, Kontroll- und Informationsrechten auszustatten, welche gemäss Anleihensbedingungen bis anhin der federführenden Bank zugestanden hatten.

II. Rechtsstellung des Anleihensvertreters

5   Währenddem in der älteren Lehre eine Mehrheit der Autoren die Auffassung vertrat, dem **Anleihensvertreter** komme die Funktion eines **Treuhänders** zu, geht die heute wohl vorherrschende Auffassung davon aus, dass der Anleihensvertreter lediglich als Stellvertreter mit direkter Wirkung für die Gläubigergemeinschaft handelt. Der Unterschied besteht darin, dass der Treuhänder (Fiduziar) in eigenem Namen, aber im Interesse der Treugeber handelt, währenddem der Stellvertreter keine eigenen Rechte wahrnimmt. Gerade im Hinblick auf Art. 1159 ist von letzterem auszugehen, auch wenn die gesetzlichen Befugnisse des Anleihensvertreters über diejenigen eines normalen Stellvertreters hinausgehen. Das BGer spricht von einem «auftragsähnlichen, dreiseitigen Vertrag sui generis, für dessen Inhalt ausschliesslich die Bestimmungen des Anleihensvertrages massgebend sind» (BGE 62 II 144). Das mag wohl auf den Vertragsvertreter zutreffen, da dieser gem. Abs. 1 sowohl als Vertreter des Schuldners als auch der Gläubigergemeinschaft gilt und auch von diesen nur gemeinsam (s. Art. 1162 Abs. 2) abberufen werden kann. Auf den Wahlvertreter sind jedoch zur Hauptsache die Bestimmungen des einfachen Auftrages anwendbar (s. dazu insb. BSK OR I-WEBER, Art. 394 N 23, Art. 404 N 10). Die vom Auftragsrecht abweichenden Bestimmungen der Art. 1157–1186 sind dabei als lex specialis im Verhältnis zum Auftragsrecht bzw. zu Art. 34 zu betrachten (s. dazu auch Art. 1162 N 2).

6   In einem neueren Entscheid (BGE 129 III 71) lässt das Bundesgericht nun die Frage offen, ob es sich beim Rechtsverhältnis zwischen den Gläubigern und dem Anleihens-

vertreter um einen einfachen Auftrag oder um ein auftragsähnliches Vertragsverhältnis sui generis handelt. Es hält jedoch ausdrücklich fest, dass die Bestimmungen von Art. 398 Abs. 1, 2 sowie Art. 321e zumindest analog zur Anwendung kommen.

Art. 1159

II. Befugnisse
1. Im Allgemeinen

¹ Der Vertreter hat die Befugnisse, die ihm durch das Gesetz, die Anleihensbedingungen oder die Gläubigerversammlung übertragen werden.

² Er verlangt vom Schuldner, wenn die Voraussetzungen vorliegen, die Einberufung einer Gläubigerversammlung, vollzieht deren Beschlüsse und vertritt die Gemeinschaft im Rahmen der ihm übertragenen Befugnisse.

³ Soweit der Vertreter zur Geltendmachung von Rechten der Gläubiger ermächtigt ist, sind die einzelnen Gläubiger zur selbständigen Ausübung ihrer Rechte nicht befugt.

II. Pouvoirs du représentant
1. Règles générales

¹ Le représentant a les pouvoirs qui lui sont conférés par la loi, par les conditions de l'emprunt ou par l'assemblée des créanciers.

² Il requiert du débiteur, s'il y a lieu, la convocation de l'assemblée des créanciers, en exécute les décisions et représente la communauté dans les limites des pouvoirs dont il est investi.

³ Les créanciers ne peuvent faire valoir individuellement leurs droits, en tant que le représentant a le pouvoir de les exercer.

II. Poteri del rappresentante
1. In genere

¹ Il rappresentante ha i poteri che gli sono conferiti dalla legge, dalle condizioni del prestito o dall'assemblea degli obbligazionisti.

² Egli richiede dal debitore, quando ricorrono le condizioni a ciò poste, la convocazione dell'assemblea degli obbligazionisti, ne eseguisce le deliberazioni e rappresenta la comunione entro i limiti dei poteri conferitigli.

³ Gli obbligazionisti non possono far valere individualmente i diritti che il rappresentante ha la facoltà d'esercitare.

Literatur

Vgl. die Literaturhinweise bei den Vorbem. zu Art. 1157–1186.

I. Gesetzliche Befugnisse

Abs. 1 verweist primär auf die weiteren Bestimmungen dieses Abschnitts, so namentlich auf Art. 1160 (Kontrolle des Schuldners), Art. 1161 (Befugnisse bei pfandgesicherten Anleihen), Art. 1159 Abs. 2 i.V.m. Art. 1165 Abs. 2 (Begehren um Einberufung einer Gläubigerversammlung) und Art. 699 Abs. 1 Satz 2 (Einberufung einer GV, sofern der Schuldner eine AG oder KAG ist). Für Einzelheiten s. den Kommentar zu den entsprechenden Bestimmungen. Diese **gesetzlichen Befugnisse** stehen nur dem Vertrags- und/oder Wahlvertreter gem. Art. 1158 Abs. 1 und 2 zu. Die Anleihensbestimmungen oder die Beschlüsse der Gläubigerversammlung können vorsehen, dass gewisse Vertreter die gesetzlichen Befugnisse allein ausüben können. Ohne derartige Bestimmungen oder Beschlüsse üben mehrere Vertreter die geschäftlichen Befugnisse nur gemeinsam aus (s. Art. 1158 Abs. 3). Dem blossen Pfandhalter einer pfandgesicherten Anleihe stehen die gesetzlichen Befugnisse des Anleihensvertreters nicht zu. Dies gilt auch für eine Bank, die lediglich als Zahlstelle einer Anleihe fungiert.

II. Befugnisse aufgrund der Anleihensbedingungen

2   Die **Anleihensbedingungen** können dem Vertragsvertreter neben den gesetzlichen Befugnissen noch weitere Rechte übertragen (Abs. 1). Dazu kann auch die ausschliessliche Befugnis zur Eintreibung der Anleihensschuld oder von Zinsbetreffnissen gehören, sofern dies aus den Anleihensbedingungen klar und unzweideutig hervorgeht. Dem Vertragsvertreter können jedoch nicht Befugnisse übertragen werden, welche aufgrund des Gesetzes der Gläubigergemeinschaft zustehen (Art. 1186 N 1). Unzulässig wäre auch die Ermächtigung des Vertragsvertreters zur Änderung der Anleihensbedingungen (ZOBL, 136 ff.).

3   Da i.d.R. die Anleihensbedingungen den Konsortialführer als Anleihensvertreter einsetzen, beschränken sich dessen Funktionen oft nicht auf die im Gesetz beschriebenen, sondern er nimmt gleichzeitig diverse Aufgaben im Rahmen der Abwicklung der vertraglichen Beziehung zwischen den Gläubigern und der Emittentin wahr. So wird bspw. der Konsortialführer häufig als Zahlstelle für die Zinszahlung zugunsten der Gläubiger fungieren und bei einer Wandelanleihe deren Umwandlung in Aktien abwickeln.

4   Weiter kommt ihm die wichtige Aufgabe zu, die während der Laufzeit der Anleihe allenfalls erforderlichen Massnahmen wie bspw. die Neuberechnung des Wandelpreises oder die Einberufung einer Gläubigerversammlung vorzunehmen. Gerät der Schuldner mit der Zinszahlung oder einer anderen seiner Verpflichtungen in Verzug (Event of Default), finden sich Bestimmungen, wonach der Vertreter die Forderungen der Gläubiger fällig zu stellen und die Rückzahlung des von den Gläubigern zur Verfügung gestellten Kapitals zu verlangen hat. Allerdings ist die Gläubigergemeinschaft zwingend dafür zuständig, die geeigneten Massnahmen zur Wahrung der Interessen der Anleihensgläubiger in einer Notlage des Schuldners zu treffen (vgl. Art. 1164 Abs. 1 i.V.m. Art. 1186). Eine Kompetenz des Vertreters zur Kündigung der Anleihe im Falle eines Verzugs kann daher nur sehr beschränkt gültig sein.

5   Die Anleihensbedingungen können den Anleihensvertreter zu weiteren einzelnen konkreten Rechtshandlungen ermächtigen oder gar verpflichten, so zum Beispiel zur Zustimmung zu einem Schuldnerwechsel.

III. Befugnisse aufgrund von Beschlüssen der Gläubigerversammlung

6   Regelmässig stattet die Gläubigerversammlung den von ihr bestellten Wahlvertreter mit weiteren, im Gesetz und in den Anleihensbedingungen nicht genannten Befugnissen aus. Dabei kann die Gläubigerversammlung ihrem Vertreter nicht mehr Befugnisse übertragen, als sie selber gemäss Gesetz oder Anleihensbedingungen besitzt. Damit sind auch diejenigen Befugnisse, die dem Vertragsvertreter aufgrund der Anleihensbedingungen übertragen und damit der Gläubigerversammlung bereits bei Begebung der Anleihe entzogen wurden, ausgeschlossen. Die dem Vertreter übertragenen Befugnisse müssen im Weiteren konkretisiert sein, womit z.B. nicht einfach sämtliche möglichen Rechte der Gläubigerversammlung dem Vertreter übertragen werden können. Art. 1186 würde einer solchen Übertragung zwar nicht entgegenstehen – er verbietet nur den Entzug von Rechten der Gläubigerversammlung durch die Anleihensbedingungen oder durch Abrede zwischen Schuldner und Gläubigern – doch kann die gesetzlich vorgese-

hene Kompetenzverteilung nur durch ausreichende Konkretisierung des Delegationsbeschlusses unter Einhaltung allfälliger qualifizierter Quoren (z.B. in den Fällen von Art. 1170) gewahrt werden. Eine generelle Ermächtigung des Vertreters zur Änderung der Anleihensbedingungen zusammen mit dem Schuldner wäre unzulässig (ZOBL, 137).

IV. Vollzug der Beschlüsse der Gläubigerversammlung

Der **Vollzug von Gläubigerversammlungsbeschlüssen** und die Vertretung der Gläubigergemeinschaft ist dort vonnöten, wo die entsprechenden Beschlüsse nur aufgrund einer Willenserklärung (gegenüber Drittpersonen, Behörden etc.) oder aufgrund weiterer Vorkehrungen ihre Wirksamkeit entfalten können. Dazu gehört insb. die Führung von Prozessen und der Vollzug von Beschlüssen in Bezug auf Änderungen der Anleihensbedingungen in Zusammenarbeit mit dem Schuldner (ZOBL, 137). Der Umfang der möglichen Vertretung ist jedoch durch Art. 1170 beschränkt (s. Kommentar dazu; WIDMER, SAG 1988, 80; BGE 113 II 289 f.).

V. Vorrang des Vertreters (Abs. 3)

Zweck dieser Regelung ist die Vermeidung widersprüchlicher Entscheide über dieselbe Sache. Einzelne Gläubiger sollen die Gesamtverbindlichkeit des Schuldners gegenüber der Gläubigergemeinschaft nicht unterlaufen können (BGE 107 III 51 f.). Ein Vertreter kann bereits in den Anleihensbedingungen selber zur Geltendmachung von Rechten der Gläubiger ermächtigt sein, womit diesbezüglich die einzelnen Gläubiger zur selbständigen Ausübung ihrer Rechte ausgeschlossen sind (BGE 49 III 185). Jedenfalls sind aber auch die Schranken des Art. 1170 zu berücksichtigen. Solange jedoch kein Vertreter zur Geltendmachung von Gläubigerrechten ermächtigt ist, kann jeder einzelne Anleihensgläubiger selbst seine Ansprüche auf Rückzahlung und Zinszahlung geltend machen (SJZ 1983, 344).

VI. Pflichten des Vertreters

Während der Laufzeit einer Anleihe obliegen dem Vertreter diejenigen Pflichten, welche ihm durch Gesetz oder Anleihensbedingungen auferlegt worden sind. Darunter ist insb. die Wahrung der Interessen der Gläubiger zu verstehen. Sollte sich der Vertreter in einem Interessenkonflikt zwischen den Interessen des Schuldners und denjenigen der Gläubiger befinden, so hat er im Zweifelsfall die Gläubigerinteressen zu wahren (ROHR, 270; DAENIKER, 125). Sofern der Vertreter gleichzeitig auch noch Konsortialführer ist, obliegen ihm zusätzlich gewisse Treuepflichten den Gläubigern und den anderen Konsortialbanken gegenüber.

In einem Entscheid aus dem Jahr 2002 (BGE 129 III 71) setzte sich das Bundesgericht mit den Fragen auseinander, in welchen Fällen die federführende Bank für einen fehlerhaften Emissionsprospekt haftet und ob sie allenfalls wegen unterlassener Kündigung der Anleihe gegenüber den Gläubigern haftet. Dabei hielt es fest, dass die Bank, welche sich der Emittentin vertraglich verpflichtet hat, den Emissionsprospekt zu erstellen, die ihr von der Emittentin zur Verfügung gestellten Informationen auf ihre Richtigkeit hin zu prüfen hat. Allerdings gelte diese Prüfungspflicht nicht unbeschränkt, sondern richte sich nach der unter den Umständen gebotenen Sorgfalt. Im Grundsatz kann sich somit die Bank auf die Richtigkeit der Angaben verlassen, welche sie von den Beratern der Emittentin erhalten hatte. In Bezug auf die unterlassene Kündigung der Anleihe hielt das Bundesgericht fest, dass die federführende Bank den Gläubigern zwar aus Auftragsrecht verpflichtet ist, dass diese Sorgfalts- und Treuepflicht jedoch ebenfalls nicht schrankenlos ist. Die Bank könne nicht für den wirtschaftlichen Erfolg der Emittentin haften, da ihre Rolle nicht derjenigen einer «stillen Garantin» der Anleihe entsprechen soll (DAENIKER, SJZ, 369 f.). Zusätzlich betonte das Bundesgericht im konkreten Fall den Ermessensspielraum, welcher der federführenden Bank bei der Entscheidung, ob die Anleihe zu kündigen sei, zustand.

Art. 1160

2. Kontrolle des Schuldners

¹ Solange der Schuldner sich mit der Erfüllung seiner Verpflichtungen aus dem Anleihen im Rückstande befindet, ist der Vertreter der Gläubigergemeinschaft befugt, vom Schuldner alle Aufschlüsse zu verlangen, die für die Gemeinschaft von Interesse sind.

² Ist eine Aktiengesellschaft, Kommanditaktiengesellschaft, Gesellschaft mit beschränkter Haftung oder Genossenschaft Schuldnerin, so kann der Vertreter unter den gleichen Voraussetzungen an den Verhandlungen ihrer Organe mit beratender Stimme teilnehmen, soweit Gegenstände behandelt werden, welche die Interessen der Anleihensgläubiger berühren.

³ Der Vertreter ist zu solchen Verhandlungen einzuladen und hat Anspruch auf rechtzeitige Mitteilung der für die Verhandlungen massgebenden Grundlagen.

2. Contrôle du débiteur

¹ Le représentant de la communauté des créanciers est autorisé à exiger du débiteur tous renseignements offrant un intérêt pour la communauté, aussi longtemps que ce débiteur est en retard dans l'exécution des obligations que lui impose le contrat d'emprunt.

² Si le débiteur est une société anonyme, une société en commandite par actions, une société à responsabilité limitée ou une société coopérative, le représentant peut, sous les mêmes conditions, prendre part, avec voix consultative, aux délibérations des organes sociaux en tant qu'elles affectent les intérêts des créanciers de l'emprunt.

³ Il doit être convoqué à ces délibérations et recevoir en temps utile communication de toutes les pièces qui s'y rapportent.

2. Controllo del debitore

¹ Finché il debitore è in mora nell'adempimento degli obblighi che gli impone il contratto di prestito, il rappresentante della comunione dei creditori è autorizzato a richiedergli le informazioni che interessano la comunione.

² Nelle stesse condizioni, se il debitore è una società anonima, una società in accomandita per azioni, una società a garanzia limitata o una società cooperativa, il rappresentante può partecipare con voto consultivo alle deliberazioni degli organi sociali, per quanto esse tocchino gli interessi degli obbligazionisti.

³ Il rappresentante dev'essere convocato a queste deliberazioni e ricevere in tempo debito gli atti che vi si riferiscono.

Literatur

Vgl. die Literaturhinweise bei den Vorbem. zu Art. 1157–1186.

I. Normzweck

Sobald der Schuldner mit der Erfüllung seiner Verpflichtungen in Rückstand gerät, entsteht ein gesteigertes Informationsbedürfnis der Anleger. Erst aufgrund entsprechender Informationen ist die Gläubigergemeinschaft in der Lage, Entscheide zu treffen. Das in Art. 1160 vorgesehene **Kontrollrecht** ermöglicht es dem Vertreter, die finanzielle und sonstige Lage des Schuldners zu beurteilen und gestützt darauf die Gläubigergemeinschaft in Bezug auf allfällige Massnahmen zu beraten. Da aufgrund dieser Informationen die entsprechenden Massnahmen der Gläubigergemeinschaft oft auch in der Stundung fälliger Zinszahlungen oder sogar der Rückzahlung des Kapitals bestehen können, dient das Informationsrecht auch dem Schuldner, so dass der Eingriff in seine Privatsphäre gerechtfertigt ist (ROHR, 272).

II. Vornahme des Kontrollrechts im Allgemeinen

Zur **Vornahme der Kontrolle des Schuldners** ist ausschliesslich der Vertreter der Gläubigergemeinschaft befugt. Voraussetzung dafür ist, dass der Schuldner sich mit der Erfüllung zumindest einer Verpflichtung aus der Anleihe (z.B. Zinszahlungspflicht, Rückzahlungspflicht, Pflicht zur Auslieferung von Aktien bei Wandel- und Optionsanleihen) im Rückstand befindet. Die Pflichten des Schuldners beschränken sich also auf diejenigen, welche in einem direkten Zusammenhang mit der Anleihe stehen. Der Vertreter kann somit sein Kontrollrecht nicht ausüben, wenn sich der Schuldner lediglich mit einer seiner anderweitigen Pflichten, wie bspw. der Pflicht zur Erstellung eines Jahresberichtes, in Verzug befindet. Die einzelnen Gläubiger sind damit von einer direkten Kontrolle des Schuldners ausgeschlossen (vgl. aber immerhin Art. 697h Abs. 1 Ziff. 1). Die Kontrollrechte des Vertreters der Gläubigergemeinschaft können im Weiteren weder durch die Anleihensbedingungen noch durch einen anders lautenden Beschluss der Gläubigerversammlung beschränkt werden (s. dazu Art. 1186 Abs. 1).

Grundsätzlich kann der Vertreter vom Schuldner sämtliche **Aufschlüsse** und **Informationen** verlangen, die für die Gemeinschaft von Interesse sind. Dazu gehören insb. sämtliche geschäftlichen Verhältnisse, welche die Anleihe direkt oder indirekt betreffen, wie z.B. die Frage einer möglichen (Teil-)Zahlung der Ausstände, aber auch die generelle finanzielle Situation des Schuldners wie Vermögens- und Ertragslage, andere überfällige Verpflichtungen, laufender Geschäftsgang und Liquidität etc. Der Wortlaut von Abs. 1 kann nicht die Meinung haben, dass der Vertreter sich mit blossen Auskünften des Schuldners zu begnügen hätte (DAENIKER, 174; ROHR, 272). Vielmehr ist ihm Einblick in die entsprechenden Geschäftsunterlagen wie geprüfte Geschäftsabschlüsse, (ungeprüfte) Zwischenabschlüsse, soweit vorhanden, sowie weitere für die Beurteilung der finanziellen Situation des Schuldners massgebende Unterlagen zu gewähren. Aufgrund der Tatsache, dass der Schuldner den Anleihensbedingungen bei der Ausgabe der Obligationen zugestimmt hatte, sind dem Vertragsvertreter die Auskünfte uneingeschränkt zu gewähren. Sofern es sich bei einem Wahlvertreter der Gläubigergemeinschaft z.B. jedoch um einen Konkurrenten des Schuldners handelt, kann Letzterem nicht zugemutet werden, dass er diesem auch Geschäftsgeheimnisse offenbart.

Sofern – was wohl zumeist der Fall sein wird – die Schuldnerin eine AG, KAG, GmbH oder Genossenschaft ist, steht dem Vertreter neben dem Einsichtsrecht unter denselben Voraussetzungen auch ein **Teilnahmerecht** mit beratender Stimme an den Verhandlungen der entsprechenden Organe zu (Abs. 2). Dazu gehören die obersten Organe wie GV bzw. Genossenschafterversammlung, VR und GL, jedoch auch die Ausschüsse und Teilgremien dieser Organe wie Verwaltungsdelegation, Verwaltungsratsausschuss und

Direktion (ROHR, 271 f.). Das Teilnahmerecht des Vertreters ist jedoch auf die Behandlung von Gegenständen, welche die Interessen der Anleihensgläubiger berühren, beschränkt. Dazu gehören v.a. sämtliche Belange der betreffenden Anleihe, jedoch auch sämtliche übrigen Gegenstände, welche den Geschäftsgang und die finanziellen Verhältnisse sowie die Liquidität des Schuldners betreffen. Damit dürften die weitaus grössere Zahl der Geschäfte zumindest der leitenden Gremien unter die Bestimmung von Abs. 2 fallen. Soweit dies nicht bereits durch das Gesetz ausgeschlossen ist (s. z.B. Art. 894 Abs. 1 für die Verwaltung der Genossenschaft), kann sich der Schuldner durch eine monokratische Struktur diesem Teilnahmerecht des Vertreters nicht entziehen. Richtig betrachtet ist nämlich davon auszugehen, dass auch ein einziger VR bzw. eine Ein-Mann-Direktion gewisse Beschlüsse fasst bzw. Anträge unterer Chargen genehmigt oder ablehnt. Damit ist der Vertreter vorgängig über solche Beschlüsse zu informieren und ihm Gelegenheit zur Abgabe seiner «beratenden Stimme» zu geben.

5   Gemäss Abs. 3 ist der Vertreter zu solchen Verhandlungen einzuladen, wobei er Anspruch auf rechtzeitige **Mitteilung bzw. Zustellung der für die Verhandlungen massgebenden Informationen und Grundlagen** hat. Grundsätzlich gelten dafür dieselben Regeln, wie für die Mitglieder der entsprechenden Organe selber. Die Einladung zu den Verhandlungen hat rechtzeitig zu erfolgen, damit eine Teilnahme dem Vertreter überhaupt möglich ist. Die Information über die für die Verhandlungen massgebenden Grundlagen ist im Weiteren dann rechtzeitig, wenn sie eine angemessene Vorbereitung, insb. genaues Studium der zugestellten Unterlagen vor Sitzungsbeginn ermöglichen.

6   Der Vertreter der Gläubigergemeinschaft ist im Weiteren ähnlich wie die Revisoren (s. dazu Art. 730, 909) zur **Verschwiegenheit** verpflichtet. Insbesondere ist der Vertreter nicht befugt, einzelnen Gläubigern oder Dritten von seinen Wahrnehmungen Kenntnis zu geben. Nicht unter die Verschwiegenheit fallen jedoch Auskünfte des Vertreters in der Gläubigerversammlung über Tatsachen, die für die Beurteilung der Sachlage und die Beschlussfassung durch die Gläubigergemeinschaft notwendig sind (s. dazu auch Art. 730 Abs. 1 in Bezug auf die Berichterstattung der Revisoren in der GV der AG). Der Vertreter nimmt somit eine Art «Filterfunktion» wahr, indem er einerseits beurteilt, welche Informationen und welcher Grad an Detailliertheit der Informationen für die Gläubiger von Interesse sind und an sie weiter gegeben werden müssen, und andererseits gleichzeitig versucht, bei der Weitergabe der Informationen die Geheimsphäre und die berechtigten Geheimhaltungsinteressen des Schuldners so weit wie möglich zu wahren.

Art. 1161

3. Bei pfandgesicherten Anleihen

¹ Ist für ein Anleihen mit Grundpfandrecht oder mit Fahrnispfand ein Vertreter des Schuldners und der Gläubiger bestellt worden, so stehen ihm die gleichen Befugnisse zu wie dem Pfandhalter nach Grundpfandrecht.

² Der Vertreter hat die Rechte der Gläubiger, des Schuldners und des Eigentümers der Pfandsache mit aller Sorgfalt und Unparteilichkeit zu wahren.

3. En cas d'emprunts garantis par gage

¹ Lorsqu'un représentant du débiteur et des créanciers a été désigné pour un emprunt garanti par un gage mobilier ou immobilier, il a les mêmes droits que le fondé de pouvoirs en matière de gage sur des immeubles.

² Le représentant est tenu de sauvegarder avec la plus grande diligence et en toute impartialité les droits tant des créanciers que du débiteur et du propriétaire du gage.

3. In caso di prestiti garantiti da pegno

¹ Qualora per un prestito garantito da pegno immobiliare o mobiliare siasi designato un rappresentante del debitore e degli obbligazionisti, egli ha le stesse facoltà del procuratore in materia di pegno immobiliare.

² Il rappresentante deve provvedere con ogni diligenza ed imparzialità alla tutela degli interessi degli obbligazionisti, del debitore e del proprietario del pegno.

Literatur

Vgl. die Literaturhinweise bei den Vorbem. zu Art. 1157–1186.

Zusätzlich zu den Auskunfts- und Teilnahmerechten des Vertreters will Art. 1161 bei Anleihen mit Grund- oder Fahrnispfand dem Vertreter dieselben Rechte wie dem Bevollmächtigten gem. Art. 860 ZGB einräumen (für Einzelheiten s. Art. 875 ff. ZGB). Der Verweis auf die Bestimmungen des ZGB geht bereits aus dem Wortlaut von Art. 1161 hervor. Dabei fällt auf, dass im Gegensatz zu Art. 860 dieses Recht nicht nur bei Schuldbrief und Gült, sondern auch bei der Grundpfandverschreibung und beim Fahrnispfand dem Vertreter eingeräumt wird. Währenddem zudem die Art. 1158, 1159, 1160 und 1162 lediglich vom «Vertreter» sprechen, verweist Abs. 1 auf den «Vertreter des Schuldners und der Gläubiger». Gemäss Art. 1158 Abs. 2 ist jedoch der Wahlvertreter lediglich Vertreter der Gläubigergemeinschaft. Die Befugnisse gem. Art. 1161 stehen somit nur dem Vertragsvertreter und nicht einem allfälligen Wahlvertreter zu (**a.M.** BK-ZIEGLER, Art. 1158 N 2, Art. 1161 N 1). Dazu kommt schliesslich, dass dieser Vertreter gemäss ausdrücklicher Bestimmung von Abs. 2 die Rechte der Gläubiger des Schuldners und des Pfandeigentümers zu wahren hat. Damit übernimmt Abs. 2 die Vorschrift von Art. 860 Abs. 1 ZGB. 1

Für Einzelheiten, insb. in Bezug auf die einzelnen **Befugnisse des Pfandhalters,** s. die entsprechenden Bestimmungen des ZGB. Dabei ist darauf hinzuweisen, dass die Bestimmungen eines Stellvertreters gem. Art. 860 ZGB fakultativ, diejenige der Ausgabestelle als Vertreter des Gläubigers und des Schuldners unter der Voraussetzung von Art. 877 Abs. 3 ZGB obligatorisch ist. Aufgrund von Art. 1186 Abs. 1 können jedoch die Befugnisse des Vertreters nicht ausgeschlossen werden. Auch diesbezüglich gilt daher die Bestimmung von Art. 1161 Abs. 1 OR über Art. 860 Abs. 1 ZGB hinaus. 2

Art. 1162

III. Dahinfallen der Vollmacht

¹ **Die Gläubigerversammlung kann die Vollmacht, die sie einem Vertreter erteilt hat, jederzeit widerrufen oder abändern.**

² **Die Vollmacht eines durch die Anleihensbedingungen bestellten Vertreters kann durch einen Beschluss der Gläubigergemeinschaft mit Zustimmung des Schuldners jederzeit widerrufen oder abgeändert werden.**

³ **Der Richter kann aus wichtigen Gründen auf Antrag eines Anleihensgläubigers oder des Schuldners die Vollmacht als erloschen erklären.**

⁴ Fällt die Vollmacht aus irgendeinem Grunde dahin, so trifft auf Verlangen eines Anleihensgläubigers oder des Schuldners der Richter die zum Schutze der Anleihensgläubiger und des Schuldners notwendigen Anordnungen.

III. Fin des pouvoirs

¹ L'assemblée des créanciers peut révoquer ou modifier en tout temps les pouvoirs qu'elle a conférés à un représentant.

² Les pouvoirs d'un représentant désigné dans les conditions de l'emprunt peuvent être révoqués ou modifiés en tout temps par décision de la communauté avec l'assentiment du débiteur.

³ Le juge peut, pour de justes motifs, prononcer la révocation des pouvoirs à la requête du débiteur ou d'un obligataire.

⁴ Lorsque les pouvoirs du représentant s'éteignent pour une cause quelconque, le juge prend, à la requête d'un obligataire ou du débiteur, les mesures commandées par la sauvegarde de leurs droits.

III. Cessazione della procura

¹ L'assemblea degli obbligazionisti può revocare o modificare in ogni tempo la procura che essa ha conferito ad un rappresentante.

² La procura di un rappresentante designato nelle condizioni del prestito può essere revocata o modificata in ogni tempo mediante decisione della comunione con il consenso del debitore.

³ Ad istanza di un obbligazionista o del debitore, il giudice può per motivi gravi dichiarare la procura estinta.

⁴ Cessando per qualsiasi motivo la procura, il giudice prende, ad istanza di un obbligazionista o del debitore, le misure opportune per tutelare gli interessi degli obbligazionisti e del debitore.

Literatur

Vgl. die Literaturhinweise bei den Vorbem. zu Art. 1157–1186.

I. Widerruf und Abänderung der Vollmacht

1 Dem allfälligerweise von der Gläubigerversammlung ernannten Wahlvertreter kann die entsprechende Vollmacht konsequenterweise ebenfalls durch die Gläubigerversammlung wieder entzogen werden (Abs. 1). Der **Widerruf der dem Vertragsvertreter erteilten Vollmacht** kann hingegen nur durch die Gläubigergemeinschaft und den Schuldner gemeinsam erfolgen, da dies eine Änderung der Anleihensbedingungen bewirkt. Gleiches wie für den Widerruf der Vollmacht gilt auch für «Änderungen» der Vollmacht, d.h. für deren Beschränkung oder deren Ausdehnung.

2 Der Widerruf oder die Änderung der Vollmacht des Vertreters kann nur durch die **Gläubigerversammlung** (allenfalls mit Zustimmung des Schuldners), nicht aber durch einzelne Gläubiger erfolgen. Art. 1162 Abs. 1 f. bilden daher lex specialis zu Art. 34, aufgrund dessen bei mehreren Vollmachtgebern jeder einzeln die Vollmacht widerrufen kann (BK-ZÄCH, Art. 34 N 32; VON TUHR/PETER, 367). Im Allgemeinen bedürfen der Widerruf oder die Abänderung der dem Vertreter erteilten Vollmacht durch die Gläubigerversammlung der Zustimmung von mehr als der Hälfte des im Umlauf befindlichen Anleihenskapitals (Art. 1180 Abs. 1). Soweit es sich jedoch um die Erweiterung der Vollmacht zur Ermächtigung von Massnahmen gem. Art. 1170 Abs. 1 oder deren Widerruf handelt, ist gemäss jener Vorschrift eine Mehrheit von zwei Dritteln des im Umlauf befindlichen Anleihenskapitals notwendig. Andernfalls könnten jene einem erhöh-

ten Quorum unterliegenden Massnahmen durch Vollmachtserteilung an den Vertreter durch eine einfache Mehrheit des vertretenen Anleihenskapitals unterlaufen werden.

II. Entzug der Vollmacht durch den Richter

Jeder einzelne Anleihensgläubiger oder der Schuldner kann beim Richter beantragen, dass die Vollmacht des Vertreters als erloschen erklärt wird (Abs. 3). Dies mildert die Quorums-Bestimmungen von Art. 1180 bzw. Art. 1170 und nähert sich damit wieder Art. 34. Allerdings kann ein derartiger Richterspruch nur aus wichtigen Gründen erfolgen. Hiezu gehören das Vorliegen grober Pflichtverletzungen wie bspw. die Missachtung des Gleichbehandlungsgebots der Gläubiger, ursprünglicher Mangel oder späterer Wegfall der Eignung oder der Vertrauenswürdigkeit des Vertreters. Da auch dem Wahlvertreter gegenüber dem Schuldner weitgehende Rechte eingeräumt werden (s. dazu z.B. Art. 1160), kann der Schuldner beim Richter nicht nur den **Entzug der Vollmacht des Vertragsvertreters,** sondern auch des Wahlvertreters der Gläubigergemeinschaft beantragen.

III. Prozessuale Fragen

Für die **örtliche Zuständigkeit des Richters** gilt Art. 31 GestG (Gerichtsstand am Sitz des Schuldners bei Anleihensobligationen).

IV. Richterliche Anordnungen

Sofern aufgrund eines entsprechenden Beschlusses der Gläubigerversammlung (allenfalls mit Zustimmung des Schuldners) oder aufgrund eines Richterspruchs die Vollmacht des Vertreters widerrufen oder als erloschen erklärt wurde, kann der Richter auf Begehren eines Anleihensgläubigers oder des Schuldners **Anordnungen** treffen. Solche müssen jedoch **zum Schutze der Anleihensgläubiger** und/oder des Schuldners notwendig sein. Damit fallen derartige Anordnungen dann ausser Betracht, wenn die Vollmacht nur eines Teils mehrerer Vertreter erloschen ist. Zu beachten ist im Weiteren, dass der Richter nur die notwendigen Anordnungen treffen kann, d.h. lediglich die mildeste mögliche Massnahme, welche zum Schutz der Anleihensgläubiger oder des Schuldners erforderlich ist. Dabei stehen Anordnungen im Vordergrund, welche die Bestellung eines Ersatzvertreters durch die Gläubigerversammlung und allenfalls durch den Schuldner ermöglichen, wie die Einberufung einer entsprechenden Gläubigerversammlung durch den Richter. Lediglich subsidiär, d.h. sofern die Gläubigerversammlung sich nicht auf einen neuen Vertreter einigen kann, oder im Falle von Art. 1180 Abs. 2 die erforderliche Mehrheit nicht zustande kommen kann, oder wo sich bei der Bestellung eines neuen Vertragsvertreters die Gläubigerversammlung und der Schuldner nicht zu einigen vermögen, erfolgt die Bestellung eines neuen Anleihensvertreters durch den Richter selbst. Ähnliches gilt in dringenden Fällen zur Fristwahrung in Prozessen und anderen Verfahren, wo die Einhaltung der Vorschriften für die Einberufung der Gläubigerversammlung gem. Art. 1 GGV (für Näheres s. Art. 1169) zu einem Rechtsverlust führen würde. Selbstverständlich kann daraufhin eine spätere Gläubigerversammlung (allenfalls mit Zustimmung des Schuldners, soweit es den Vertragsvertreter betrifft) den durch den Richter bestimmten Vertreter wiederum ersetzen.

Art. 1163

IV. Kosten

¹ **Die Kosten einer in den Anleihensbedingungen vorgesehenen Vertretung sind vom Anleihensschuldner zu tragen.**

² **Die Kosten einer von der Gläubigergemeinschaft gewählten Vertretung werden aus den Leistungen des Anleihensschuldners gedeckt und allen Anleihensgläubigern nach Massgabe des Nennwertes der Obligationen, die sie besitzen, in Abzug gebracht.**

IV. Frais

¹ Les frais d'un représentant désigné dans les conditions de l'emprunt sont à la charge du débiteur de l'emprunt.

² Les frais d'un représentant élu par la communauté des créanciers sont imputés sur les prestations du débiteur de l'emprunt et portés en compte à tous les créanciers au prorata de la valeur nominale des obligations qu'ils détiennent.

IV. Spese

¹ Le spese di un rappresentante designato nelle condizioni del prestito sono a carico del debitore del prestito.

² Le spese di un rappresentante nominato dalla comunione degli obbligazionisti sono imputate sulle prestazioni del debitore del prestito e messe a debito di ogni obbligazionista proporzionalmente al valore nominale delle obbligazioni che egli possiede.

Literatur

Vgl. die Literaturhinweise bei den Vorbem. zu Art. 1157–1186.

1 Art. 1163 bezweckt die Aufteilung der **Kosten des Vertreters** zwischen Schuldner und Anleihensgläubigern. Währenddem die Kosten des Vertragsvertreters vom Schuldner zu tragen sind, haben die Gläubiger die Kosten ihres Wahlvertreters nach Massgabe des Nennwertes ihrer Obligationen zu tragen. In der Praxis führt dies dazu, dass – mit Ausnahme der vollständigen Befriedigung sämtlicher Gläubiger – die Kosten des Vertragsvertreters letztlich von *allen Gläubigern* des Schuldners getragen werden, währenddem für den Wahlvertreter lediglich die *Anleihensgläubiger* aufzukommen haben. Der Hauptunterschied besteht in der Praxis zudem darin, dass der Vertragsvertreter durch den Schuldner bevorschusst werden darf, währenddem der Wahlvertreter wohl nur von der zustimmenden Gläubigermehrheit einen Vorschuss erwarten darf. Aus den Abschlagszahlungen an die Anleihensgläubiger sind diese Vorschüsse jedoch vorab zurückzuvergüten.

2 In Anbetracht von Art. 1186 Abs. 1 ist zumindest Art. 1163 Abs. 1 zwingend, so dass auch aufgrund der Anleihensbedingungen die Kosten des Vertragsvertreters nicht den Anleihensgläubigern auferlegt werden können. Allerdings würde Art. 1186 Abs. 1 der **Übernahme der Kosten eines allfälligen Wahlvertreters** durch den Schuldner nicht entgegenstehen. Dies dürfte jedoch in der Praxis wohl kaum vorkommen.

3 Der Schuldner hat lediglich die **Kosten einer in den Anleihensbedingungen vorgesehenen Vertretung** zu tragen. Damit sind die Kosten der von der Gläubigerversammlung dem Vertragsvertreter zusätzlich aufgetragenen Verrichtungen von dieser zu tragen, wobei eine entsprechende Abgrenzung im Einzelfall wohl schwierig sein kann. Die Kostenverteilung des Art. 1163 gilt sodann auch für allfällige durch den Richter aufgrund von Art. 1162 Abs. 4 ernannte Ersatzvertreter. Auch hier kann im Einzelfall eine

Abgrenzung zwischen der in den Anleihensbedingungen vorgesehenen und der von der Gläubigergemeinschaft gewählten Vertretung schwierig sein, so dass wohl zweckmässigerweise der Richter in seinem Entscheid auch die entsprechenden Kostenfragen regelt. Allerdings ist auch der Richter an die Kostenverteilung gem. Art. 1163 gebunden. Eine Vereinbarung zwischen Gläubigergemeinschaft und Schuldner, wonach Letzterer auch die Kosten der Wahlvertretung übernimmt, ist wohl aufgrund der Bestimmungen über die Anleihensobligationen zulässig. Allerdings dürfte ein derartiges Vorgehen gegenüber Gläubigern anderer Anleihen und, soweit auch jene gleich behandelt würden, zumindest gegenüber sonstigen Gläubigern des Schuldners eine Gläubigerbevorzugung darstellen. Diese wäre im Konkursfalle des Schuldners anfechtbar (Art. 285 ff. SchKG).

Art. 1164

C. Gläubigerversammlung
I. Im Allgemeinen

¹ **Die Gläubigergemeinschaft ist befugt, in den Schranken des Gesetzes die geeigneten Massnahmen zur Wahrung der gemeinsamen Interessen der Anleihensgläubiger, insbesondere gegenüber einer Notlage des Schuldners, zu treffen.**

² **Die Beschlüsse der Gläubigergemeinschaft werden von der Gläubigerversammlung gefasst und sind gültig, wenn die Voraussetzungen erfüllt sind, die das Gesetz im Allgemeinen oder für einzelne Massnahmen vorsieht.**

³ **Soweit rechtsgültige Beschlüsse der Gläubigerversammlung entgegenstehen, können die einzelnen Anleihensgläubiger ihre Rechte nicht mehr selbständig geltend machen.**

⁴ **Die Kosten der Einberufung und der Abhaltung der Gläubigerversammlung trägt der Schuldner.**

C. Assemblée des créanciers
I. Règles générales

¹ La communauté des créanciers peut recourir, dans les limites de la loi, à toutes mesures utiles pour la défense des intérêts communs, notamment si le débiteur se trouve dans une situation critique.

² Les décisions de la communauté sont prises par l'assemblée des créanciers et sont valables si elles satisfont aux conditions générales ou spéciales établies par la loi.

³ Les obligataires ne peuvent plus exercer individuellement leurs droits dans la mesure ou une décision valable de l'assemblée des créanciers s'y oppose.

⁴ Les frais occasionnés par la convocation et la réunion de l'assemblée sont à la charge du débiteur.

C. Assemblea degli obbligazionisti
I. In genere

¹ La comunione degli obbligazionisti ha, segnatamente se il debitore si trovi in una situazione critica, il diritto di prendere, entro i limiti della legge, le misure opportune per la tutela degli interessi comuni.

² Le deliberazioni della comunione sono prese dall'assemblea degli obbligazionisti e sono valide se soddisfano le condizioni poste dalla legge in genere o per singole misure.

³ In quanto vi si oppongano deliberazioni valide dell'assemblea degli obbligazionisti, questi ultimi non possono far valere individualmente i loro diritti.

⁴ Le spese della convocazione e della riunione dell'assemblea degli obbligazionisti sono a carico del debitore.

Literatur

Vgl. die Literaturhinweise bei den Vorbem. zu Art. 1157–1186.

I. Befugnisse der Gläubigergemeinschaft

1 Die Gläubigergemeinschaft gem. Art. 1157 ist keine juristische Person und damit auch nicht rechtsfähig. Innerhalb der Schranken des Gesetzes kann die Gläubigergemeinschaft jedoch das zur **Wahrung der gemeinsamen Interessen der Anleihensgläubiger** Geeignete vorkehren. Im Rahmen dieser Befugnisse wird ihr somit von Bundesrechts wegen Parteifähigkeit zuerkannt (BGE 113 II 283). Die Zuständigkeit der Gläubigergemeinschaft ist so von vornherein auf die Wahrung der gemeinsamen Interessen beschränkt. Im Vordergrund steht eine allfällige Sanierung des in eine Notlage geratenen Schuldners, darüber hinaus aber allenfalls auch andere Massnahmen, die sich aus den gemeinsamen Anliegen der Gläubiger rechtfertigen. Gemeinsame Interessen der Obligationäre i.S.v. Abs. 1 liegen jedoch nur vor, wenn sie sich auf das Anleihensverhältnis selbst beziehen. Daraus folgt, dass die Gläubigergemeinschaft darauf beschränkt ist, auf eine Änderung der Anleihensbedingungen hinzuwirken oder Massnahmen zu treffen, die für die Erhaltung des Haftungssubstrats des Anleihensschuldners geboten erscheinen. In diesem Sinne ist die Gläubigergemeinschaft auch befugt, die Rechte der Obligationäre im Konkurs des Schuldners wahrzunehmen (s. dazu Art. 1183), nicht hingegen im Nachlassvertrag (s. dazu Art. 1184). Nicht direkt auf das Anleihensverhältnis gerichtete Gläubigerinteressen kann die Gläubigergemeinschaft konsequenterweise nicht in eigenem Namen wahrnehmen, selbst dann, wenn sie im gemeinsamen Interesse sein sollten (BGE 113 II 289). Die Formulierung: «insbesondere gegenüber einer Notlage des Schuldners» lässt hingegen den Schluss zu, dass die Notlage des Schuldners der hauptsächliche, jedoch nicht ausschliessliche Anwendungsfall von Abs. 1 ist. Das Vorliegen einer eingetretenen oder drohenden Notlage ist für allfällige Vorkehren der Gläubigergemeinschaft daher nicht unbedingt erforderlich (BGE 89 II 352).

2 Klarerweise bilden Ansprüche der Gläubigergemeinschaft aus dem Anleihensverhältnis gegenüber dem Schuldner selbst einen Anwendungsfall von Abs. 1. Anders ist es jedoch mit Ansprüchen gegenüber Dritten. Ursprünglich war strittig, ob aufgrund von Abs. 1 die Gläubigergemeinschaft ausschliesslich im Rahmen der Rechtsbeziehungen zwischen den Anleihensgläubigern und dem Schuldner tätig wird, oder aber auch gegen Dritte vorgehen könne. Die heutige Lehre und Rechtsprechung geht davon aus, dass die **Anspruchsberechtigung** und damit verbunden auch die **Prozessführungsbefugnis der Gläubigergemeinschaft gegenüber Dritten** dann gegeben ist, wenn sie sich auf Forderungen beziehen, die ihrerseits zum Anleihensverhältnis in einem unmittelbaren, rechtlichen Zusammenhang stehen, insb. darauf ausgerichtet sind, das Haftungssubstrat für die Anleihe zu erhalten. Dies trifft zu für eine Klage gegen den Pfandeigentümer (Art. 808 ZGB), aber auch für Verantwortlichkeitsansprüche für den mittelbaren, aus dem Schaden der schuldnerischen Gesellschaft abgeleiteten Schaden (Art. 754 ff.). In Bezug auf direkte Schadenersatzforderungen der Gesellschaftsgläubiger aufgrund von Art. 754 f. fehlt jedoch der unmittelbare, rechtliche Zusammenhang zum Anleihensverhältnis. Dazu kommt, dass bei der Geltendmachung des direkten Schadens die individuell erforderlichen Haftungsvoraussetzungen sich bei den einzelnen Anleihensgläubigern unterschiedlich verwirklicht haben können. Der direkte Schaden ist eben individueller und nicht «gemeinsamer» Schaden. Gleiches gilt natürlich auch für die Prospekthaftungsklage aufgrund von Art. 752 oder 1156 Abs. 3 (BGE 113 II 290 f. m. w.Nw.).

Die Befugnisse der Gläubigergemeinschaft sind im Weiteren insoweit beschränkt, als dass sie grundsätzlich die Gläubigerrechte nicht empfindlicher beeinträchtigen dürfen als die in Art. 1170 aufgeführten (und einem erhöhten Quorum unterliegenden) Beschlüsse (ROHR, 274). Aber auch unterhalb der Schwelle von Art. 1170 darf die Gläubigergemeinschaft lediglich **Massnahmen zur Wahrung der gemeinsamen Interessen** treffen. Erforderlich ist damit ein zumindest minimales Interesse der Gläubiger, womit Massnahmen im ausschliesslichen Interesse des Schuldners, wie ein Schuldenerlass ohne Gegenleistung, ausgeschlossen sind. Allerdings liegen die Vorkehren der Gläubigergemeinschaft oft und zulässigerweise sowohl im Interesse der Anleihensgläubiger als auch des Schuldners (ROHR, 274). 3

II. Die Zuständigkeit der Gläubigerversammlung

Abs. 2 bestimmt die **Gläubigerversammlung als oberstes Organ der Gläubigergemeinschaft.** Ihre Beschlüsse bedürfen jedoch zu ihrer Gültigkeit der Erfüllung der gesetzlichen Voraussetzungen, womit insb. die ordentliche Einberufung, die Einhaltung der gesetzlich vorgeschriebenen Verfahrensvorschriften, in Beachtung der Quorumsbestimmungen, und eine allfällige behördliche Genehmigung (s. dazu die Ausführungen zu Art. 1165–1182) gemeint sind. Dies schliesst jedoch nicht aus, dass die Gläubigerversammlung ihre Befugnisse einem Vertreter überträgt, der von der Gläubigerversammlung gewählt wird. Die Übertragung derartiger Befugnisse muss die delegierten Kompetenzen konkretisieren und unterliegt im Einzelfall den Quorumsvorschriften für einen entsprechenden Beschluss der Gläubigerversammlung selbst, da sonst die Quorumsvorschriften einfach umgangen werden könnten. Näheres dazu bei Art. 1170. 4

III. Ausschluss der Rechte einzelner Anleihensgläubiger

Abs. 3 stellt sicher, dass die Gläubigerversammlung auch tatsächlich mit Mehrheit oder mit dem gesetzlich oder in den Anleihensbedingungen vorgeschriebenen Quorum gültig beschliessen und ihre Beschlüsse auch in die Tat umsetzen kann. Dies gilt nicht nur für die an der Gläubigerversammlung nicht teilnehmenden oder für die den Beschluss ablehnenden Gläubiger, sondern auch generell für spätere Rechtsnachfolger, welche sich insoweit nicht auf den gutgläubigen Erwerb von Anleihenstiteln berufen können. Vorbehalten bleiben diesfalls natürlich allfällige Rechte aus dem Erwerbsgeschäft selber. Allerdings ist in diesem Zusammenhang Art. 1176 Abs. 1 zu beachten, aufgrund dessen Eingriffe der Gläubigerversammlung in die einzelnen Gläubigerrechte der Zustimmung der oberen kantonalen Nachlassbehörde bedürfen. 5

IV. Die Kosten

Der Schuldner trägt ohne Einschränkung die **Kosten der Gläubigerversammlung.** Hiezu gehören unter anderem die Kosten für die Einberufungsinserate, für andere Mitteilungen und Publikationen, allfällige Beurkundungen, notwendige Rechtsberatung, Miete des Lokals, Kosten der Protokollführung etc. Dies trifft auch dann zu, wenn eine Gläubigerversammlung auf Verlangen eines Teils der Anleihensgläubiger oder des Anleihensvertreters (Art. 1165 Abs. 2) einberufen wird. Die Kosten des Wahlvertreters hingegen fallen nicht unter die Bestimmungen von Abs. 4 (s. dazu Art. 1163 Abs. 1). 6

Art. 1165

II. Einberufung 1. Im Allgemeinen	[1] Die Gläubigerversammlung wird durch den Schuldner einberufen. [2] Der Schuldner ist verpflichtet, sie binnen 20 Tagen einzuberufen, wenn Anleihensgläubiger, denen zusammen der zwanzigste Teil des im Umlauf befindlichen Kapitals zusteht, oder der Anleihensvertreter die Einberufung schriftlich und unter Angabe des Zweckes und der Gründe verlangen. [3] Entspricht der Schuldner diesem Begehren nicht, so kann der Richter die Gesuchsteller ermächtigen, von sich aus eine Gläubigerversammlung einzuberufen. [4] ...
II. Convocation 1. Règles générales	[1] L'assemblée des créanciers est convoquée par le débiteur. [2] Le débiteur est tenu de la convoquer dans les vingt jours lorsque des créanciers qui possèdent ensemble au moins un vingtième du capital en circulation ou lorsque le représentant de la communauté le demandent par écrit en indiquant le but et les motifs de cette convocation. [3] Si le débiteur ne donne pas suite à la demande, le juge peut autoriser ses auteurs à convoquer eux-mêmes l'assemblée. [4] ...
II. Convocazione 1. In genere	[1] L'assemblea degli obbligazionisti è convocata dal debitore. [2] Il debitore deve convocarla entro un termine di venti giorni, quando degli obbligazionisti, i quali possegano insieme un ventesimo del capitale in circolazione o il rappresentante della comunione ne facciano istanza per iscritto, indicando lo scopo ed i motivi della convocazione. [3] Se il debitore non ottempera a siffatta istanza, il giudice può autorizzare gli istanti a provvedere alla convocazione. [4] ...

Literatur

Vgl. die Literaturhinweise bei den Vorbem. zu Art. 1157–1186.

I. Berechtigung zur Einberufung

1 Grundsätzlich ist ausschliesslich der Schuldner berechtigt, eine **Gläubigerversammlung einzuberufen.** Dies kann als Gegenstück zu seiner Kostentragungspflicht gem. Art. 1164 Abs. 4 betrachtet werden. Ausnahmen von dieser Regel sehen lediglich Art. 1183 für den Fall des Konkurses des Anleihensschuldners und Art. 1185 für Eisenbahn- und Schifffahrtsunternehmungen vor. Allerdings können die Anleihensbedingungen die Befugnis zur Einberufung einer Gläubigerversammlung auch weiteren Personen wie dem Anleihensvertreter übertragen.

2 Zweck und Zeitpunkt der Gläubigerversammlung liegen im Ermessen des Schuldners, wobei er selbstverständlich an die gesetzlichen Bestimmungen über die Einberufung und Durchführung der Gläubigerversammlung (insb. gemäss GGV, wiedergegeben unten bei Art. 1169) gebunden ist.

II. Pflicht zur Einberufung

Auf Begehren des Anleihensvertreters oder von 5% des im Umlauf befindlichen Anleihenskapitals ist der **Schuldner verpflichtet, eine Gläubigerversammlung** innert 20 Tagen **einzuberufen**. Bei der Bestimmung des im Umlauf befindlichen Kapitals sind dabei die Vorschriften von Art. 1172 Abs. 1 i.V.m. Art. 1167 Abs. 2 zu beachten. Aufgrund von Art. 1186 Abs. 1 kann dieses Quorum durch die Anleihensbedingungen zwar reduziert, nicht jedoch erhöht werden.

Das **Begehren um Einberufung einer Gläubigerversammlung** hat schriftlich und unter Angabe des Zweckes samt Begründung zu erfolgen. Dies soll dem Schuldner ermöglichen, die Gläubigerversammlung gemäss den Vorschriften der GGV ordentlich und rechtmässig einzuberufen. Als Zweck der Gläubigerversammlung kommt nur ein zulässiger Mehrheitsbeschluss der Gläubigerversammlung in Frage. Andernfalls entfällt die Verpflichtung zur Einberufung einer Gläubigerversammlung, da der Schuldner nicht gezwungen werden kann, auf seine Kosten eine Gläubigerversammlung einzuberufen, die von vornherein keinen gültigen Zweck verfolgen kann (BK-ZIEGLER, Art. 1165 N 3). Insbesondere besteht keine Verpflichtung des Schuldners, eine Universalversammlung der Anleihensgläubiger einzuberufen, um allfälligerweise Beschlüsse zu verabschieden, die über die in Art. 1170 vorgesehenen Befugnisse hinausgehen und damit der Zustimmung sämtlicher Anleihensgläubiger bedürfen.

Die 20-tägige Frist beginnt mit Eintreffen des schriftlichen Verlangens beim Schuldner. Der Schuldner ist lediglich verpflichtet, innerhalb dieser **Frist** das Verfahren **zur Einberufung der Gläubigerversammlung** in Gang zu setzen, d.h. gem. Art. 1 GGV die Einberufung ein erstes Mal zu publizieren. Nicht notwendigerweise muss aber die Gläubigerversammlung selbst innerhalb der in Abs. 2 genannten 20-tägigen Frist stattfinden. In der Festlegung des Versammlungstermins ist der Schuldner grundsätzlich frei, wobei auch hier selbstverständlich die Schranken des Rechtsmissbrauchs zu beachten sind. Gleiches gilt auch für die Wahl des Versammlungsortes, der sich grundsätzlich am Wohnsitz oder am Ort der geschäftlichen Niederlassung des Schuldners, aber auch an einem anderen, grösseren Ort in der Schweiz befinden kann. Für Anleihen ausländischer Schuldner, die sich durch zulässige Abrede den Bestimmungen von Art. 1157 ff. unterstellen (s. dazu Art. 1157 N 10), wäre auch ein Versammlungsort ausserhalb der Schweiz, z.B. am Sitze des Emittenten, denkbar. Es empfiehlt sich jedoch, in den Anleihensbedingungen mögliche Orte einer allfälligen Gläubigerversammlung bereits zu definieren.

III. Richterliche Ermächtigung

Voraussetzung für die Pflicht des Schuldners, eine Gläubigerversammlung einzuberufen, ist ein entsprechendes Begehren gem. Abs. 2. Sofern der Schuldner einem berechtigten und begründeten Gesuch des Vertreters oder von 5% der Gläubiger nicht oder in ungenügender Weise nachkommt, kann der **Richter** den oder die Gesuchsteller **ermächtigen**, von sich aus **eine Gläubigerversammlung einzuberufen**. Dabei sind mit dem Begriff «Gesuchsteller» diejenige Person oder diejenigen Personen gemeint, die das Gesuch um Einberufung einer Gläubigerversammlung beim Schuldner stellten.

Die **örtliche Zuständigkeit** ergibt sich aus Art. 31 GestG. (Der frühere Art. 1165 Abs. 4 wurde zwar integral aufgehoben aber unverändert als Art. 31 in das Gerichtsstandsgesetz übernommen.) Klar ist, dass bei einem gegenwärtigen Wohnsitz bzw. Hauptsitz des Schuldners dieser unter allen Umständen die Zuständigkeit des örtlichen Richters bewirkt. Nach dem deutschen Text wäre an und für sich der Vorrang des letzten Wohn- bzw. Hauptsitzes vor dem aktuellen Ort der geschäftlichen Niederlassung bzw. der aktuellen Zweigniederlassung wie auch die umgekehrte Reihenfolge denkbar. Aufgrund des französischen und italienischen Textes ist jedoch klar, dass bei einem ehemaligen Wohn- bzw. Hauptsitz dieser Vorrang vor einer allfälligen geschäftlichen Niederlassung bzw. Zweigniederlassung hat. Die Tatsache, dass sowohl der französische wie auch der italienische Text die ehemalige geschäftliche Niederlassung des Schuldners nicht erwähnen, muss allerdings als Versehen gewertet werden. Gegen die teilweise geäusserte Auffassung, dass ein allfälliger Gesuchsteller zwischen mehreren in Art. 31 GestG genannten Orten wählen kann, spricht einmal die Formulierung der französischen und italienischen Texte, welche den klaren Vorrang des Wohn- bzw. Hauptsitzes vor der geschäftlichen Niederlassung bzw. Zweigniederlassung stipulieren.

8 Die sachliche Zuständigkeit des Richters ergibt sich aus dem kantonalen Verfahrensrecht (für Zürich aufgrund von § 219 lit. d Ziff. 24 ZPO der Einzelrichter im summarischen Verfahren). Bei Gutheissung der Klage hat der Gesuchsteller die Vorschriften über die Einberufung der Gläubigerversammlung ebenso wie der Schuldner zu beachten. Auch bei erzwungener Einberufung der Gläubigerversammlung durch den Gesuchsteller hat der Schuldner nach Art. 1164 Abs. 4 die Kosten der Einberufung und Durchführung der Gläubigerversammlung zu tragen. Die Kosten des gerichtlichen Verfahrens hat der Schuldner als Beklagter bei Unterliegen ohnehin gemäss kantonalem Prozessrecht zu tragen.

Art. 1166

2. Stundung

¹ Vom Zeitpunkte der ordnungsmässigen Veröffentlichung der Einladung zur Gläubigerversammlung an bis zur rechtskräftigen Beendigung des Verfahrens vor der Nachlassbehörde bleiben die fälligen Ansprüche der Anleihensgläubiger gestundet.

² Diese Stundung gilt nicht als Zahlungseinstellung im Sinne des Schuldbetreibungs- und Konkursgesetzes vom 11. April 1889; eine Konkurseröffnung ohne vorgängige Betreibung kann nicht verlangt werden.

³ Während der Dauer der Stundung ist der Lauf der Verjährungs- und Verwirkungsfristen, welche durch Betreibung unterbrochen werden können, für die fälligen Ansprüche der Anleihensgläubiger gehemmt.

⁴ Missbraucht der Schuldner das Recht auf Stundung, so kann sie von der oberen kantonalen Nachlassbehörde auf Begehren eines Anleihensgläubigers aufgehoben werden.

2. Sursis

¹ Il est sursis à l'exercice des droits exigibles appartenant aux créanciers de l'emprunt dès que la convocation de l'assemblée des créanciers a été régulièrement publiée et jusqu'à ce que la procédure devant l'autorité de concordat soit définitivement close.

² Ce sursis n'est pas assimilé à la suspension de paiement aux termes de la loi fédérale du 11 avril 1889 sur la poursuite pour dettes et la faillite; la faillite ne peut être déclarée sans poursuite préalable.

³ Pendant la durée du sursis pour les droits exigibles appartenant aux créanciers de l'emprunt la prescription ou la péremption qui pourraient être interrompues par un acte de poursuite restent suspendues.

2. Abschnitt: Gläubigergem. bei Anleihensoblig.   1, 2 **Art. 1166**

⁴ L'autorité cantonale supérieure en matière de concordat peut, à la demande d'un créancier, révoquer le sursis dont le débiteur ferait abus.

2. Moratoria

¹ Dal momento in cui la convocazione dell'assemblea degli obbligazionisti fu regolarmente pubblicata e fino alla chiusura definitiva della procedura dinanzi all'autorità dei concordati, il debitore è al beneficio d'una moratoria per i crediti degli obbligazionisti che fossero scaduti.

² Questa moratoria non equivale ad una sospensione dei pagamenti a'sensi della legge federale dell'11 aprile 1889 sulla esecuzione e sul fallimento; non può essere chiesta una dichiarazione di fallimento senza preventiva esecuzione.

³ Finché dura la moratoria, il corso delle prescrizioni o perenzioni che potessero essere interrotte mediante esecuzione rimane sospeso per i crediti degli obbligazionisti che fossero scaduti.

⁴ Qualora il debitore abusi della moratoria, l'autorità cantonale superiore competente in materia di concordato può revocarla, ad istanza d'un obbligazionista.

Literatur

Vgl. die Literaturhinweise bei den Vorbem. zu Art. 1157–1186.

I. Normzweck

Um zu verhindern, dass ein Anleihensgläubiger den Zweck einer Gläubigerversammlung im Falle des Verzugs des Schuldners durch Betreibung und Rechtsöffnung unterlaufen kann, bleiben die fälligen **Ansprüche der Anleihensgläubiger** nicht nur bis zur Gläubigerversammlung, sondern bis zur rechtskräftigen Beendigung des Genehmigungsverfahrens vor der Nachlassbehörde gem. Art. 1176 ff. **gestundet.** Mit rechtskräftiger Genehmigung der Beschlüsse der Gläubigerversammlung fällt zwar die Stundung gem. Art. 1166 wieder dahin, gleichzeitig greift aber dann Art. 1164 Abs. 3 ein, wonach die einzelnen Anleihensgläubiger ihre Rechte, denen rechtsgültige Beschlüsse der Gläubigerversammlung entgegenstehen, definitiv nicht mehr selbständig geltend machen können. Aufgrund der Tatsache, dass es der Schuldner in der Hand hat, durch eine gem. Art. 1165 Abs. 1 in seiner Befugnis stehende Einberufung der Gläubigerversammlung die sofortige Stundung der fälligen Anleihensforderungen zu erwirken, muss man von einer ausserordentlichen Massnahme unserer Rechtsordnung sprechen (ROHR, 276). Sie wird jedoch durch das ausdrückliche Missbrauchsverbot gem. Abs. 4 beschränkt (s. N 3). Im weiteren muss diese ausserordentliche Massnahme auch einschränkend ausgelegt werden, d.h. die Stundung gilt nicht generell für sämtliche fälligen Ansprüche der Anleihensgläubiger, sondern nur für diejenigen, über welche die einberufene Gläubigerversammlung Beschluss zu fassen hat, da nur in Bezug auf diese Forderungen rechtsgültige Beschlüsse der Gläubigerversammlung i.S.v. Art. 1164 Abs. 3 gefasst werden können.

1

II. Voraussetzungen

Voraussetzung für eine Stundung ist die ordnungsgemässe Veröffentlichung der Einladung zur Gläubigerversammlung. Gemäss Art. 1 und 2 GGV muss die Einberufung durch zweimalige Publikation im SHAB und in den durch die Anleihensbedingungen angegebenen Zeitungen erfolgen. Mit dieser Einberufung oder doch zumindest zehn Tage vor der Gläubigerversammlung sind auch die Traktanden der Versammlung bekannt zu geben. Im Falle einer generellen Einladung zur Gläubigerversammlung mit

2

nachfolgender Mitteilung der Traktanden gem. Art. 2 GGV bleiben sämtliche fälligen Ansprüche der Anleihensgläubiger bis zur Bekanntgabe der Traktandenliste gestundet, wobei ab Veröffentlichung Letzterer diese Massnahme nur noch für die zur Diskussion stehenden Forderungen besteht. Die Einladung muss durch den Schuldner oder gem. Art. 1165 durch die ermächtigten Gesuchsteller erfolgen. Im Weiteren gilt es, die Fristen und das Erfordernis der zweimaligen Publikation gem. Art. 1 und 2 GGV zu beachten. Die Stundung beginnt jedoch nicht erst mit der letzten erforderlichen, sondern bereits mit der ersten Publikation entweder in einem in den Anleihensbedingungen angegebenen Organ oder im SHAB, sofern diese so frühzeitig erfolgte, dass sämtliche weiteren erforderlichen Publikationen den Fristerfordernissen von Art. 1 GGV genügen können. Andernfalls kann nicht von einer ordnungsgemässen Veröffentlichung der Einladung zur Gläubigerversammlung gesprochen werden, so dass Art. 1166 überhaupt nicht zum Tragen kommt. Die Stundung gilt im Weiteren lediglich bis zum rechtskräftigen Entscheid über die von der Stundung betroffenen Gegenstände. Mit Ablehnung oder durch Nichterreichen des Quorums gem. Art. 1170 findet die Stundung für die entsprechenden Ansprüche ein Ende. Gleiches gilt für den Fall, dass die Gläubigerversammlung nicht stattfinden kann, da der Schuldner ausbleibt, wenn sich kein einziger Anleihensgläubiger einfindet, wenn keine Urkundsperson anwesend ist und somit aufgrund von Art. 6 GGV keine gültigen Beschlüsse gefällt werden können oder wenn die Frist zur Genehmigung der Beschlüsse der Gläubigerversammlung gem. Art. 1176 unbenutzt verstrichen ist.

3   Der **Missbrauchstatbestand** gem. Abs. 4 umfasst Fälle, bei denen der Haupt- oder überwiegende Zweck der Einberufung der Gläubigerversammlung darin besteht, die Stundungswirkung auszulösen. Hierzu gehören v.a. Fälle, bei denen der Termin für die Gläubigerversammlung mehrere Monate entfernt angesetzt wird, solche mit unzulässigen oder kaum ernst zu nehmenden Anträgen (z.B. Antrag auf völligen Forderungsverzicht) und solche der wiederholten Einberufung der Gläubigerversammlung zur Beschlussfassung über dieselben – in früheren Gläubigerversammlungen abgelehnten – Anträge. Allerdings darf ein Missbrauch nicht ausschliesslich bereits in einer wiederholten Einberufung der Gläubigerversammlung gesehen werden, da sich die Verhältnisse ändern oder allfällige Mängel (Verfehlen des notwendigen Quorums) geheilt werden können.

III. Rechtsfolgen

4   Die **Stundung** bezieht sich nicht auf sämtliche Forderungen der Anleihensgläubiger, sondern lediglich auf die **fälligen Forderungen.** Dies gilt primär für fällige Zinszahlungen und, sofern durch Verzug bereits fällig geworden, die Rückzahlung des Anleihebetrages. Andere Forderungen, welche in der einberufenen Gläubigerversammlung nicht zur Diskussion stehen, unterliegen (soweit nicht frühere Beschlüsse der Gläubigerversammlung entgegenstehen) weiterhin der Betreibung durch die einzelnen Anleihensgläubiger. Aufgrund des vorstehend unter N 2 Gesagten gilt dasselbe für diejenigen Anträge, welche nachträglich wieder dahinfallen oder die von der Gläubigerversammlung oder der Aufsichtsbehörde abgelehnt werden. Hervorzuheben ist, dass die Stundung gem. Art. 1166 keine Dispositionsbeschränkung des Schuldners i.S.v. Art. 298 SchKG bewirkt. Der Schuldner kann demnach uneingeschränkt sein Geschäft weiterbetreiben und über seine Vermögenswerte verfügen. Aufgrund von Abs. 2 stellt die Stundung auch nicht eine Zahlungseinstellung gem. Art. 190 Abs. 1 Ziff. 2 SchKG dar, so dass eine Konkurseröffnung ohne vorgängige Betreibung nicht verlangt werden kann.

Art. 1167

III. Abhaltung
1. Stimmrecht

¹ **Stimmberechtigt ist der Eigentümer einer Obligation oder sein Vertreter, bei in Nutzniessung stehenden Obligationen jedoch der Nutzniesser oder sein Vertreter. Der Nutzniesser wird aber dem Eigentümer ersatzpflichtig, wenn er bei der Ausübung des Stimmrechts auf dessen Interessen nicht in billiger Weise Rücksicht nimmt.**

² **Obligationen, die im Eigentum oder in der Nutzniessung des Schuldners stehen, gewähren kein Stimmrecht. Sind hingegen Obligationen verpfändet, die dem Schuldner gehören, so steht das Stimmrecht dem Pfandgläubiger zu.**

³ **Ein dem Schuldner an Obligationen zustehendes Pfandrecht oder Retentionsrecht schliesst das Stimmrecht ihres Eigentümers nicht aus.**

III. Réunion
1. Droit de vote

¹ Le droit de vote appartient au propriétaire d'une obligation ou à son représentant; si l'obligation est grevée d'usufruit, il appartient toutefois à l'usufruitier ou à son représentant. L'usufruitier est cependant responsable envers le propriétaire si, en exerçant le droit de vote, il ne prend pas ses intérêts en considération dans une mesure équitable.

² Les obligations dont le débiteur est propriétaire ou usufruitier ne confèrent pas le droit de vote. Toutefois, lorsque des obligations appartenant au débiteur sont mises en gage, le créancier gagiste conserve le droit de vote.

³ Le propriétaire des obligations grevées d'un droit de gage ou de rétention en faveur du débiteur a le droit de vote.

III. Riunione
1. Diritto di voto

¹ Il diritto di voto spetta al proprietario di un'obbligazione o al suo rappresentante; tuttavia, se sull'obbligazione grava un diritto d'usufrutto, il diritto di voto spetta all'usufruttuario o al suo rappresentante. L'usufruttuario è però responsabile verso il proprietario se, esercitando il diritto di voto, non tiene equamente conto degli interessi di quest'ultimo.

² Le obbligazioni di cui il debitore è proprietario o usufruttuario non conferiscono il diritto di voto. Tuttavia, se obbligazioni appartenenti al debitore sono costituite in pegno, il diritto di voto spetta al creditore pignoratizio.

³ Il proprietario di obbligazioni gravate da un diritto di pegno o di ritenzione in favore del debitore non perde il diritto di voto.

Literatur

Vgl. die Literaturhinweise bei den Vorbem. zu Art. 1157–1186.

I. Stimmrecht des Eigentümers bzw. des Nutzniessers

Grundsätzlich sind die Eigentümer der Obligationen an der Gläubigerversammlung stimmberechtigt. Sind die Obligationen nicht sachenrechtlich verbrieft, steht das Stimmrecht dem Inhaber der jeweiligen Effekte zu. Denkbar ist in beiden Konstellationen, dass Depotbanken oder besondere Nominees zwar formell an den Obligationen berechtigt sind (als Eigentümer oder Inhaber der Bucheffekte), aber Dritte daran wirtschaftlich berechtigt sind. In diesem Fall steht das Stimmrecht den formell Berechtigten zu. 1

Sofern die Anleihensbedingungen nicht etwas anderes bestimmen, kann sich dabei jeder Obligationär durch einen andern Obligationär oder eine Drittperson vertreten lassen. 2

Das Stimmrecht steht im weiteren gem. Abs. 1 im Falle von unmündigen oder entmündigten Obligationären direkt dem gesetzlichen Vertreter und im Falle einer Nutzniessung dem Nutzniesser zu. Damit gilt für die Gläubigerversammlung der Anleihensobligationäre grundsätzlich dasselbe wie für die Aktionäre in der GV (Art. 689 ff., insb. Art. 690 Abs. 2). Der Nutzniesser wird dem Eigentümer lediglich dann ersatzpflichtig, wenn er in Ausübung des Stimmrechts auf dessen Interessen nicht in billiger Weise, d.h. unangemessen oder missbräuchlich, Rücksicht nimmt. Abs. 1 schliesst jedoch nicht aus, dass der Nutzniesser primär seine eigenen Interessen verfolgt, d.h. z.B. einer Stundung der Kapitalrückzahlung i.V.m. Zahlung der Zinsen zustimmt.

3   Anders als bei der Nutzniessung steht das Stimmrecht bei verpfändeten Obligationen nicht dem Pfandgläubiger, sondern dem Eigentümer zu.

II. Ausschluss vom Stimmrecht

4   Abs. 2 und 3 bezwecken den **Ausschluss des Schuldners vom Stimmrecht.** Bei Obligationen, die im Eigentum des Schuldners stehen, jedoch zugunsten von Dritten verpfändet sind, geht das Stimmrecht vom Eigentümer auf den Pfandgläubiger über. Diese Regelung wäre an sich auch für Obligationen, die im Eigentum eines Dritten stehen, jedoch mit der Nutzniessung des Schuldners belastet sind, denkbar. Diesfalls ruht jedoch das Stimmrecht genauso wie bei Obligationen, die im unbelasteten Eigentum des Schuldners stehen. Auch hier gilt damit die analoge Regelung zum Stimmrecht der Aktien in der GV (Art. 659a Abs. 1). Im Weiteren muss wohl aufgrund der allgemeinen Missbrauchsbestimmungen Art. 691 betr. Verbot der Umgehung einer Stimmrechtsbeschränkung auch für Anleihensobligationen und die Gläubigerversammlung gelten.

III. Ausweis der Stimmberechtigung

5   Wer sein Stimmrecht an der Gläubigerversammlung ausüben will, hat seine **Berechtigung** dazu als Eigentümer (bzw. Inhaber) oder Nutzniesser oder Pfandgläubiger (bei Obligationen im Eigentum des Schuldners) **nachzuweisen.** Bei Inhabertiteln geschieht dies grundsätzlich durch Vorlage der entsprechenden Obligationen. Die Stellung als Anleihensgläubiger oder als Nutzniesser von Obligationen kann sich aber auch aus einer Depotbestätigung einer in der Einladung bezeichneten Depotstelle (s. dazu Art. 3 Abs. 2 GGV) ergeben. Dabei ist zu beachten, dass Art. 3 Abs. 2 GGV lediglich eine Höchstbestimmung enthält. Es ist daher auch möglich, sich auf die Depotbestätigung von anderen, einer staatlichen Aufsicht unterstehenden Banken abzustützen. Diese Depotbestätigung muss allerdings auch eine Klausel für die Sperrung der Obligationen bis nach Durchführung der Gläubigerversammlung enthalten, da sie sich sonst naturgemäss nur auf einen Zeitpunkt in der Vergangenheit bezieht.

6   Art. 3 Abs. 3 GGV verlangt bei anderen Obligationen den Nachweis des Eigentums bzw. der Nutzniessung oder des Pfandrechts (im Falle von im Eigentum des Schuldners stehenden Obligationen). Dieser Nachweis kann grundsätzlich frei geführt werden, wobei auch das Abstellen auf entsprechende Depot- und Sperrbescheinigungen zulässig ist. Bei Namenobligationen ist zusätzlich auch ein entsprechendes Indossament oder eine schriftliche Zession notwendig.

Art. 1168

2. Vertretung einzelner Anleihensgläubiger	¹ Zur Vertretung von Anleihensgläubigern bedarf es, sofern die Vertretung nicht auf Gesetz beruht, einer schriftlichen Vollmacht. ² Die Ausübung der Vertretung der stimmberechtigten Anleihensgläubiger durch den Schuldner ist ausgeschlossen.
2. Représentation d'obligataires déterminés	¹ La représentation d'un créancier ne peut être exercée qu'en vertu de pouvoirs écrits, à moins qu'elle ne dérive de la loi. ² Il n'est pas permis au débiteur de représenter des obligataires ayant droit de vote.
2. Rappresentanza di singoli obbligazionisti	¹ Per poter rappresentare degli obbligazionisti occorre una procura scritta, eccetto che la facoltà di rappresentanza derivi dalla legge. ² Il debitore non può assumersi la rappresentanza di obbligazionisti aventi diritto di voto.

Literatur

Vgl. die Literaturhinweise bei den Vorbem. zu Art. 1157–1186.

Die **Vertretung eines individuellen Anleihensgläubigers** kann grundsätzlich auf zwei Arten geschehen: entweder durch Überlassung der entsprechenden Titel (bei auf den Namen lautenden Obligationen allenfalls zusammen mit einem Indossament oder einer Zession) und damit durch fiduziarische Eigentumsübertragung, oder aber durch eine entsprechende Vollmacht, die aufgrund von Abs. 1 jedoch in schriftlicher Form vorliegen muss. Diese kann als Generalvollmacht oder aber als spezielle Vollmacht mit Instruktionen ausgestellt werden. Letzternfalls ist nur die Stimmabgabe gemäss Vollmachtstext gültig, wogegen gestützt auf eine Generalvollmacht auch die instruktionswidrig abgegebene Stimme gültig ist (s. dazu auch Art. 33 Abs. 3). 1

Wie Art. 1167 schliesst auch Art. 1168 die **Einflussnahme des Schuldners** in der Gläubigerversammlung aus. Damit soll primär die Möglichkeit eines Interessenkonflikts des Schuldners im Falle von instruktionslosen Vollmachten ausgeschlossen werden. Allerdings schliesst Abs. 2 eine Vertretung von Anleihensgläubigern durch den Schuldner auch dann aus, wenn dieser durch genaue Abstimmungsinstruktionen gebunden wäre. Eine entsprechende Stimmabgabe in der Gläubigerversammlung durch den Schuldner wäre ungültig; dieser kann jedoch zur Erreichung der erforderlichen Stimmenzahl gem. Art. 1172 Abs. 2 vorgehen (s. dort). 2

Art. 1169

IV. Verfahrensvorschriften	Der Bundesrat erlässt die Vorschriften über die Einberufung der Gläubigerversammlung, die Mitteilung der Tagesordnung, die Ausweise zur Teilnahme an der Gläubigerversammlung, die Leitung der Versammlung, die Beurkundung und die Mitteilung der Beschlüsse.
IV. Règles de procédure	Le Conseil fédéral édicte des règles pour la convocation de l'assemblée des créanciers, la communication de l'ordre du jour, la justification du droit de

	prendre part à l'assemblée, la présidence de celle-ci, la forme à observer pour les décisions et le mode selon lequel les intéressés en sont avisés.
IV. Norme di procedura	Il Consiglio federale emana norme su la convocazione dell'assemblea degli obbligazionisti, la comunicazione dell'ordine del giorno, la giustificazione del diritto di partecipare all'assemblea, la presidenza di questa, la stesura e la comunicazione delle deliberazioni.

Literatur

Vgl. die Literaturhinweise bei den Vorbem. zu Art. 1157–1186.

1   Aufgrund von Art. 1169 begnügte sich der Bundesrat mit einer relativ kurzen, jedoch präzisen und klaren **Verordnung.** Das BGer hat sich zu einigen in Art. 1169 angesprochenen Fragen der Einberufung der Gläubigerversammlung, Mitteilung der Tagesordnung, Nachweis der Teilnahmeberechtigung, Leitung der Versammlung, Beurkundung und Mitteilung von Beschlüssen in wenigen Entscheiden geäussert, so namentlich in BGE 68 II 308; 62 III 168; 59 III 164 und 58 III 174, die vor dem Erlass dieser Verordnung ergangen sind.

Verordnung über die Gläubigergemeinschaft bei Anleihensobligationen vom 9. Dezember 1949 (GGV)

Art. 1

¹ Die Einberufung der Obligationäre zur Gläubigerversammlung erfolgt durch mindestens zweimalige öffentliche Auskündigung im Handelsamtsblatt und in den durch die Anleihensbedingungen angegebenen öffentlichen Blättern. Dabei muss die zweite öffentliche Bekanntmachung mindestens zehn Tage vor dem Versammlungstermin erfolgen.

² Gläubiger, deren Obligationen auf den Namen lauten, sind ausserdem durch eingeschriebenen Brief mindestens zehn Tage zum voraus einzuladen.

³ Bei der Einberufung aufgrund einer Ermächtigung des Richters sind überdies seine besonderen Anordnungen zu beachten.

Art. 2

¹ Die Tagesordnung für die Gläubigerversammlung ist den Eingeladenen mit der Einberufung selbst oder doch mindestens zehn Tage vor der Versammlung nach den für die Einberufung geltenden Vorschriften bekanntzugeben.

² Jedem Anleihensgläubiger ist auf Verlangen eine Abschrift der Anträge zu verabfolgen.

³ Über Gegenstände, die nicht derart wenigstens nach ihrem wesentlichen Inhalt bekanntgegeben worden sind, kann auch mit Einstimmigkeit der vertretenen Stimmen kein verbindlicher Beschluss gefasst werden. Vorbehalten bleiben Beschlüsse, denen alle zur Gemeinschaft gehörenden Obligationäre oder ihre Vertreter zugestimmt haben.

Art. 3

¹ An den Beratungen und Abstimmungen können nur Personen teilnehmen, die sich bei der Urkundsperson über ihre Stimmberechtigung ausgewiesen haben.

² Bei Obligationen, die auf den Inhaber lauten, genügt die Vorlegung der Titel, für welche das Stimmrecht beansprucht wird, oder die Bescheinigung, dass sie bei einer in der Einberufung bezeichneten Stelle auf den Namen des Inhabers hinterlegt sind.

³ Bei andern Obligationen ist das Eigentum, gegebenenfalls das Nutzniessungsrecht oder das Pfandrecht nachzuweisen. Der Stellvertreter eines Stimmberechtigten hat überdies, sofern die Stellvertretung nicht auf Gesetz beruht, eine schriftliche Vollmacht vor-

zulegen. Auf Verlangen der Urkundsperson hat der gesetzliche Verteter sich als solcher auszuweisen.

Art. 4

¹ Es ist ein Verzeichnis der Teilnehmer an der Gläubigerversammlung anzulegen.

² Dieses hat den Namen und den Wohnort der Stimmberechtigten und gegebenenfalls ihrer Stellvertreter sowie den Betrag der durch jeden Teilnehmer vertretenen Obligationen anzugeben.

Art. 5

¹ Soweit die Anleihensbedingungen es nicht anders bestimmen, wird der Vorsitzende von der Gläubigerversammlung bezeichnet. Die Urkundsperson kann jedoch nicht als Vorsitzender der Versammlung gewählt werden.

² Solange die Versammlung keinen Vorsitzenden hat, steht die vorläufige Leitung dem Anleihensvertreter, in Ermangelung eines solchen, der Urkundsperson zu.

³ Bei der Einberufung auf Anordnung des Richters kann dieser den Vorsitzenden oder den vorläufigen Leiter der Versammlung bezeichnen.

⁴ Im Verfahren vor Bundesgericht (Art. 1185 OR) ist die Leitung der Versammlung Sache des Gerichts, sofern dieses nicht im einzelnen Falle etwas anderes anordnet.

Art. 6

¹ Über jeden Beschluss, sei er in der Gläubigerversammlung gefasst worden oder durch nachträgliche Zustimmung zustande gekommen, ist eine öffentliche Urkunde zu errichten.

² Das Verzeichnis der Teilnehmer sowie gegebenenfalls eine von der Urkundsperson anzufertigende Zusammenstellung der nachträglich zustimmenden Gläubiger ist in die öffentliche Urkunde aufzunehmen oder dieser mit den Belegen über die ordnungsgemässe Einberufung der Versammlung beizufügen.

³ In der öffentlichen Urkunde sind auf Verlangen die Nummern der Obligationen, deren Inhaber oder Vertreter gegen einen mehrheitlichen genehmigten Antrag gestimmt haben, anzugeben.

⁴ Das kantonale Recht ordnet die Befugnis zur Beurkundung der Versammlungsbeschlüsse.

Art. 7

¹ Jeder zustande gekommene Beschluss, der Eingriffe in die Gläubigerrechte vornimmt oder die Anleihensbedingungen sonstwie abändert, ist im Handelsamtsblatt und in den durch die Anleihensbedingungen angegebenen öffentlichen Blättern bekanntzugeben. Den Gläubigern, deren Obligationen auf den Namen lauten, ist er besonders mitzuteilen.

² Eine beglaubigte Abschrift des Protokolls sowie gegebenenfalls der Genehmigungsbeschluss der Nachlassbehörde oder allenfalls des Bundesgerichts und die Gerichtsurteile über erhobene Anfechtungsbegehren sind dem Handelsregister zu den Akten des Schuldners einzureichen.

³ Die in Kraft erwachsenen Beschlüsse werden, soweit erforderlich, auf den Anleihenstiteln angemerkt.

Vorbemerkungen zu Art. 1170–1182

Art. 1170–1182 befassen sich mit den **Beschlüssen der Gläubigergemeinschaft.** Dabei unterscheidet das Gesetz zwischen Beschlüssen, welche die Rechte der einzelnen Anleihensgläubiger beschneiden oder modifizieren (Art. 1170–1179), und solchen, «die weder in die Gläubigerrechte eingreifen, noch den Gläubigern Leistungen auferlegen»

(Art. 1180–1182). Dabei ist zu berücksichtigen, dass die möglichen Gemeinschaftsbeschlüsse, welche in die Gläubigerrechte eingreifen, in Art. 1170 abschliessend aufgeführt sind. Damit kann kein Anleihensgläubiger ohne seine Zustimmung zu einem auch nur teilweisen Kapitalverzicht oder zu einer längeren als in Art. 1170 vorgesehenen Stundung gezwungen werden.

2   Beschlüsse über Gegenstände **mit Einschränkungen der Gläubigerrechte,** welche über die in Art. 1170 genannten Gegenstände hinausgehen, sind einstimmig, d.h. unter Zustimmung der Eigentümer bzw. Vertreter sämtlicher ausstehender Obligationen, möglich (BGE 96 II 200 ff.). Im Weiteren können Beschlüsse, welche die Beschränkungen von Art. 1170 verletzen, zumindest bei Vorliegen des entsprechenden Quorums u.U. auf das zulässige Mass reduziert werden (so bei Überschreitung der zeitlich beschränkten Stundung, BGE 62 III 168 ff., insb. E. 9). Im Weiteren ist jeder Anleihensgläubiger selbständig zur Wahrung seiner Rechte befugt, soweit keine dem entgegenstehenden Gläubigerbeschlüsse vorliegen (SJZ 1983, 344).

3   Allgemein kann zu den Bestimmungen über die Eingriffe in die Gläubigerrechte gesagt werden, dass es sich dabei um sehr restriktive Vorschriften handelt, welche in der Praxis einer raschen und effizienten Restrukturierung eines Emittenten und damit dessen längerfristigen Rettung entgegen stehen können. Die Beschränkung der zulässigen Eingriffe auf die ausdrücklich im Gesetz genannten sowie das Einstimmigkeitserfordernis für alle anderweitigen Massnahmen ist in der Praxis oft nicht sachdienlich und kann, je nach Ausgangslage, den Handlungsspielraum aller Beteiligten für eine allfällig erforderliche Restrukturierung massiv einschränken.

Art. 1170

D. Gemeinschaftsbeschlüsse
I. Eingriffe in die Gläubigerrechte
1. Zulässigkeit und erforderliche Mehrheit
a. Bei nur einer Gemeinschaft

¹ Eine Mehrheit von mindestens zwei Dritteln des im Umlauf befindlichen Kapitals ist zur Gültigkeit des Beschlusses erforderlich, wenn es sich um folgende Massnahmen handelt:

1. Stundung von Zinsen für die Dauer von höchstens fünf Jahren, mit der Möglichkeit der zweimaligen Verlängerung der Stundung um je höchstens fünf Jahre;

2. Erlass von höchstens fünf Jahreszinsen innerhalb eines Zeitraumes von sieben Jahren;

3. Ermässigung des Zinsfusses bis zur Hälfte des in den Anleihensbedingungen vereinbarten Satzes oder Umwandlung eines festen Zinsfusses in einen vom Geschäftsergebnis abhängigen Zinsfuss, beides für höchstens zehn Jahre, mit der Möglichkeit der Verlängerung um höchstens fünf Jahre;

4. Verlängerung der Amortisationsfrist um höchstens zehn Jahre durch Herabsetzung der Annuität oder Erhöhung der Zahl der Rückzahlungsquoten oder vorübergehende Einstellung dieser Leistungen, mit der Möglichkeit der Erstreckung um höchstens fünf Jahre;

5. Stundung eines fälligen oder binnen fünf Jahren verfallenden Anleihens oder von Teilbeträgen eines solchen auf höchstens zehn Jahre, mit der Möglichkeit der Verlängerung um höchstens fünf Jahre;

2. Abschnitt: Gläubigergem. bei Anleihensoblig. **Art. 1170**

6. Ermächtigung zu einer vorzeitigen Rückzahlung des Kapitals;

7. Einräumung eines Vorgangspfandrechts für dem Unternehmen neu zugeführtes Kapital sowie Änderung an den für ein Anleihen bestellten Sicherheiten oder gänzlicher oder teilweiser Verzicht auf solche;

8. Zustimmung zu einer Änderung der Bestimmungen über Beschränkung der Obligationenausgabe im Verhältnis zum Aktienkapital;

9. Zustimmung zu einer gänzlichen oder teilweisen Umwandlung von Anleihensobligationen in Aktien.

² Diese Massnahmen können miteinander verbunden werden.

D. Décisions de la communauté
I. Restriction des droits des créanciers
1. Mesures licites et majorité requise
a. Communauté unique

¹ Une majorité des deux tiers au moins du capital en circulation est nécessaire pour que des décisions valables puissent être prises sur les objets suivants:

1. l'ajournement du paiement d'intérêts pour cinq années au plus, avec possibilité de prolongation pour deux nouvelles périodes de cinq années au maximum;

2. la remise d'intérêts pour cinq années au plus, comprises dans une période de sept ans;

3. la réduction du taux de l'intérêt jusqu'à la moitié du taux stipulé dans les conditions de l'emprunt ou le remplacement d'un intérêt fixe par un intérêt dépendant du résultat des affaires, dans les deux cas pour dix années au plus, avec possibilité de prolongation pour cinq ans au plus;

4. la prolongation de dix ans au plus du délai prévu pour l'amortissement, au moyen de la réduction des annuités ou de l'augmentation du nombre des remboursements partiels ou de la suspension temporaire de ces prestations, avec possibilité de prorogation pour cinq ans au plus;

5. l'ajournement pendant dix années au plus des termes de remboursement, soit pour un emprunt échu ou venant a échéance dans le délai de cinq ans, soit pour des fractions de cet emprunt, avec possibilité de prorogation pour cinq ans au plus;

6. l'autorisation d'un remboursement anticipé du capital;

7. la constitution d'un gage avec droit de priorité en faveur de nouveaux capitaux versés à l'entreprise, la modification des sûretés garantissant un emprunt ou la renonciation totale ou partielle à ces sûretés;

8. l'approbation de la revision des clauses qui limitent l'émission des obligations par rapport au capital-actions;

9. l'approbation de la conversion totale ou partielle d'obligations de l'emprunt en actions.

² Ces mesures peuvent être combinées.

D. Decisioni della comunione
I. Limitazione dei diritti dei creditori
1. Ammissibilità e maggioranza richiesta
a. Comunione unica

¹ L'assenso dei rappresentanti di almeno due terzi del capitale in circolazione è necessario per deliberare validamente:

1. la sospensione del pagamento d'interessi per cinque anni al più, con possibilità di prorogarla per due nuovi periodi di cinque anni al massimo;

2. la remissione d'interessi per cinque anni al più, in un periodo di sette anni;

3. la riduzione del tasso dell'interesse fino alla metà di quello pattuito nelle condizioni del prestito, oppure la conversione di un tasso d'interesse fisso in altro variabile secondo il risultato dell'esercizio, l'una e l'altra per dieci anni al più, con possibilità di prorogare detto termine di cinque anni al massimo;

4. la proroga, di dieci anni al più, del termine d'ammortamento, sia mediante riduzione dell'annualità, sia mediante aumento del numero dei rimborsi parziali, sia mediante la temporanea sospensione di queste prestazioni, con possibilità di prorogare detto termine di cinque anni al massimo;

5. la sospensione del rimborso d'un prestito scaduto o scadente entro il termine di cinque anni, o di frazioni dello stesso, per dieci anni al più, con possibilità di prorogare detto termine di cinque anni al massimo;

6. l'autorizzazione d'un rimborso anticipato del capitale;

7. la concessione della precedenza ad un diritto di pegno costituendo a favore di nuovi capitali apportati all'impresa, la modificazione delle garanzie esistenti, oppure la rinuncia totale o parziale alle stesse;

8. l'approvazione della modificazione delle clausole che limitano l'emissione delle obbligazioni in proporzione del capitale sociale;

9. l'approvazione della conversione totale o parziale di obbligazioni del prestito in azioni.

² Dette misure possono essere combinate.

Literatur

Vgl. die Literaturhinweise bei den Vorbem. zu Art. 1157–1186.

I. Quorum bei Beschlüssen mit Eingriff in die Gläubigerrechte

1 Für die in Ziff. 1–9 aufgeführten Beschlüsse verlangt Art. 1170 eine Mehrheit von zumindest zwei Dritteln des im Umlauf befindlichen Anleihenskapitals. Damit ist weder das **Quorum** der an der Gläubigerversammlung anwesenden Anleihensvertreter noch die Kopfzahl der einzelnen Anleihensgläubiger massgebend. Dies bewirkt, dass Stimmenthaltungen und an der Gläubigerversammlung abwesende Anleihensgläubiger im Effekt als ablehnende Stimmen gezählt werden (s. jedoch die Nachfrist für die Erreichung eines Quorums gem. Art. 1172 Abs. 2).

2 Diese Quorumsbestimmung ist insoweit **zwingend,** als dass sie durch die Anleihensbedingungen zwar erhöht, jedoch nicht reduziert werden kann (vgl. Art. 1186 Abs. 2). Dabei dürfen die Anleihensbedingungen aber nicht so weit gehen, dass sie einzelne oder sogar sämtliche in den Art. 1170 ff. aufgeführten Beschlüsse beschränken oder ausschliessen (vgl. Art. 1186 Abs. 1). Allerdings wäre auch möglich, in den Anleihensbedingungen für gewisse in Art. 1170 aufgeführte Gegenstände einen Einheitsbeschluss zu verlangen (**a.M.** BK-ZIEGLER, Art. 1186 N 4; Näheres dazu bei Art. 1186). Eine Reduktion des geforderten Quorums durch die Anleihensbedingungen oder eine Ausdehnung dieser Beschlüsse auf weitere Gegenstände, die die Rechte der einzelnen Gläubiger beschränken, ist jedoch ausgeschlossen (e contrario Art. 1186 Abs. 2, Art. 1173 Abs. 1).

II. Zustimmung des Schuldners

3 Aufgrund der zweiseitigen Natur des Anleihensvertrages zwischen dem Schuldner und den Gläubigern bedürfen Beschlüsse, welche in die Rechte des Schuldners eingreifen, auch dessen **Zustimmung.** Hierzu zählen insb. Beschlüsse, welche eigene, gesellschaftsrechtliche Handlungen des Schuldners erfordern, wie z.B. Änderung von Bestimmungen betr. Verhältnis ausstehender Obligationen zum AK oder betr. Umwandlung von Anleihensobligationen in Aktien (Ziff. 8 f.). Anders verhält es sich mit Beschlüssen der Gläubigerversammlung, welche lediglich den einseitigen Verzicht auf gewisse Gläu-

bigerrechte, wie Stundung, Ermässigung oder Erlass von Zinsen etc., beinhalten. Es ist nicht einzusehen, wieso Beschlüsse der Gläubigerversammlung ohne Einschränkung der Rechtsstellung des Schuldners dessen Zustimmung bedürfen. So wie jedermann auch bei anderen zweiseitigen Verträgen mit wenigen Einschränkungen (z.B. Art. 27 ZGB oder Art. 34 Abs. 2 OR) einseitig auf gewisse Rechte verzichten kann, muss es der Gläubigergemeinschaft unbenommen sein, allenfalls einseitig und unter Wahrung der entsprechenden Quorumsvorschriften gegenüber dem Schuldner auf gewisse Rechte zu verzichten (**a.M. BK-**ZIEGLER, N 7).

III. Die zulässigen Eingriffe in die Gläubigerrechte

Die in Art. 1170 vorgesehenen gesetzlichen Massnahmen lassen sich in drei Kategorien gliedern: Abänderung der Zahlungsmodalitäten, Veränderung der Substanz der Forderung und Änderung der Sicherheiten. 4

Die **Abänderung der Zahlungsmodalitäten** betrifft primär die Stundung von Zinsen (Ziff. 1) oder der Rückzahlung des Kapitals (Ziff. 4 f.) und in einem weiteren Punkt das Gegenteil der Stundung, nämlich die Ermächtigung zu einer vorzeitigen Rückzahlung der Anleihe (Ziff. 6). Die zulässigen Stundungsbeschlüsse sind jedoch stets beschränkt, maximal (mit Einrechnung einer möglichen Verlängerung) auf 15 Jahre ab Datum des Beschlusses der Gläubigerversammlung. Eine Erstreckung der Stundung im von Art. 1170 zugelassenen Rahmen kann u.E. bereits in der ursprünglichen Gläubigerversammlung vorgesehen werden. Die Versammlung kann darin den Schuldner ermächtigen, die Verlängerung einseitig zu bewirken. Über die von Art. 1170 zugelassene Maximaldauer von 15 Jahren hinausgehende Stundungen bedürfen jedoch der Zustimmung sämtlicher Anleihensgläubiger (BGE 96 II 200). 5

Bei **vorzeitiger Rückzahlung des Kapitals** gemäss Ziff. 6 wird automatisch auch der Endtermin des Zinsenlaufes vorgerückt (BGE 89 II 344 ff., insb. E. 2). 6

Bei Beschlüssen betr. die **Substanz der Forderung** stehen solche über einen teilweisen oder gänzlichen Zinsverzicht (Ziff. 2 f.) im Vordergrund. Art. 1170 sieht zwar keinen Beschluss betr. einen teilweisen oder sogar gänzlichen Kapitalverzicht vor, jedoch die Möglichkeit einer gänzlichen oder teilweisen Umwandlung von Obligationen in Aktien (Ziff. 9). A majore minus muss daher u.E. auch eine Umwandlung in nachrangiges Hybridkapital zulässig sein. In Bezug auf den vorgeschriebenen Zeitraum ist zu unterscheiden zwischen dem Erlass einzelner Jahreszinsen gemäss Ziff. 2 und der Ermässigung des Zinsfusses gemäss Ziff. 3. Der erste Fall bezieht sich zeitlich auf fünf Jahresbetreffnisse, welche gemäss Anleihensbedingungen innerhalb eines Zeitraumes von sieben Jahren liegen müssen. Dies beinhaltet auch allenfalls bereits fällige Jahreszinsen. Die 7-Jahre-Frist berechnet sich ab Fälligkeitsdatum der ersten davon betroffenen Zinszahlung. Selbstverständlich gilt Gleiches mutatis mutandis für Zinszahlungen anderer Perioden (Halbjahreszinsen etc.). Die Ermässigung oder Umwandlung des Zinsfusses gemäss Ziff. 3 berechnet sich demgegenüber für eine bestimmte Zeitperiode, die mit dem Beginn der Ermässigung oder Umwandlung – auch soweit zurückliegend – beginnt. Die beiden in Ziff. 3 erwähnten Möglichkeiten der Ermässigung oder Umwandlung können auch miteinander verbunden werden (BGE 77 II 53 = Pra 1951, 271). 7

Die **Umwandlung von Anleihensobligationen in Aktien** gem. Ziff. 9 kann neben dem Kapitalbetrag auch die noch ausstehenden Zinsen, allenfalls aber auch nur einen Teilbetrag von Kapital und Zinsen umfassen. Der Nennwert der entsprechenden Aktien darf jedoch höchstens dem umgewandelten Forderungsbetrag (Kapital und allenfalls Zinsen) entsprechen (BGE 89 II 350 f.). 8

Art. 1171

9 In Bezug auf die **Änderung der Sicherheiten** sieht Art. 1170 entweder die Einräumung spezieller Sicherheiten für neu zugeführtes Kapital oder aber die Änderung der für die Anleihe bestellten Sicherheiten oder der Verzicht auf diese (Ziff. 7) sowie die Möglichkeit der Zustimmung zu einer Änderung bestehender Beschränkungen von Obligationen im Verhältnis zum Aktienkapital (Ziff. 8) vor. Eine Beschlussfassung über Sicherheiten für neues Kapital ist u.E. nur notwendig, soweit die Negativklausel der Anleihe (Verpflichtung, keine oder keine höherrangigen Sicherheiten zu gewähren; *negative pledge*) durch eine solche Sicherheitenbestellung verletzt wäre.

10 Ziff. 7 umfasst im Weiteren nicht nur einen möglichen **Verzicht auf Sicherheiten,** die für die Obligationenanleihe bestellt wurden, sondern auch den Verzicht auf Geltendmachung des Sicherstellungsanspruchs gem. Art. 733 (HGer SG, GVP 1977, 34 f., bestätigt vom BGer mit unv. Urteil vom 27.10.1977).

IV. Verbindung mehrerer Massnahmen miteinander

11 Abs. 2 sieht vor, dass mehrere in Abs. 1 aufgeführte Massnahmen miteinander verbunden werden können. Dies gilt auch für mehrere innerhalb einer einzigen Ziffer aufgeführten Möglichkeiten (insb. Ziff. 3, 4, 7; BGE 77 II 53).

Art. 1171

b. Bei mehreren Gemeinschaften

¹ Bei einer Mehrheit von Gläubigergemeinschaften kann der Schuldner eine oder mehrere der im vorangehenden Artikel vorgesehenen Massnahmen den Gemeinschaften gleichzeitig unterbreiten, im ersten Falle mit dem Vorbehalte, dass die Massnahme nur gültig sein soll, falls sie von allen Gemeinschaften angenommen wird, im zweiten Falle mit dem weitern Vorbehalte, dass die Gültigkeit jeder Massnahme von der Annahme der übrigen abhängig ist.

² Die Vorschläge gelten als angenommen, wenn sie die Zustimmung der Vertretung von mindestens zwei Dritteln des im Umlauf befindlichen Kapitals aller dieser Gläubigergemeinschaften zusammen gefunden haben, gleichzeitig von der Mehrheit der Gemeinschaften angenommen worden sind und in jeder Gemeinschaft mindestens die einfache Mehrheit des vertretenen Kapitals zugestimmt hat.

b. S'il y a plus d'une communauté

¹ Lorsqu'il existe plus d'une communauté de créanciers, le débiteur peut leur soumettre simultanément une ou diverses des mesures prévues par le précédent article, dans le premier cas sous la réserve que la mesure proposée ne sera valable que si toutes les communautés y adhèrent, dans le second sous la réserve supplémentaire que la validité de chacune de ces mesures dépendra de l'acceptation des autres.

² Sont considérées comme acceptées les propositions auxquelles ont adhéré les représentants d'au moins les deux tiers du capital en circulation de toutes les communautés, à condition encore que la majorité de ces dernières les ait approuvées et que, dans chacune d'elles, les propositions aient été agréées au moins par la majorité simple du capital représenté.

b. Pluralità di comunioni

¹ Quando esistano più comunioni d'obbligazionisti, il debitore può proporre loro simultaneamente una o parecchie delle misure prevedute nel precedente

articolo, nel primo caso con la riserva che la misura proposta sarà valida solo se tutte le comunioni l'accetteranno, nel secondo caso con la riserva inoltre che la validità di ogni misura dipenderà dall'accettazione delle altre.

² Le proposte si considerano accettate, se hanno ottenuto l'assenso di almeno due terzi del capitale in circolazione di tutte le comunioni, quello della maggioranza delle comunioni e quello, in ciascuna di esse, di almeno la maggioranza semplice del capitale rappresentato.

Literatur

Vgl. die Literaturhinweise bei den Vorbem. zu Art. 1157–1186.

I. Normzweck

Art. 1171 definiert die Ausnahmen von der grundsätzlichen Unabhängigkeit der verschiedenen Gläubigergemeinschaften gem. Art. 1157 Abs. 2. Diese **Einschränkungen der Unabhängigkeit der einzelnen Gläubigergemeinschaft** dienen der Gleichbehandlung sämtlicher Anleihensgläubiger und können als Ausfluss einer Gemeinschaft der verschiedenen Gläubigergemeinschaften untereinander angesehen werden. Währenddem die Vorbehalte gem. Abs. 1 eine Selbstverständlichkeit sind (sowohl der Schuldner wie auch die Gläubiger können Einschränkungen ihrer Rechte sowie Verzichte um weitere Vereinbarungen unter gewissen Vorbehalten abschliessen), ist bedeutsam, dass Abs. 2 zumindest teilweise die Quorumsvorschrift von Art. 1170 abändert.

II. Voraussetzungen

Entgegen anderer Ansicht (BK-ZIEGLER, N 1) ist zumindest Abs. 1 bereits bei zwei und nicht erst bei drei Anleihen anwendbar. Abs. 2 sieht jedoch vor, dass die Vorschläge nur dann als angenommen gelten, wenn folgende drei **Voraussetzungen** kumulativ erfüllt sind:

– Zustimmung der Vertretung von mindestens zwei Dritteln des gesamten Anleihenkapitals;
– Annahme (mit Quorum gem. Art. 1170 bzw. gemäss Anleihensbedingungen) durch die Mehrheit der einzelnen Gemeinschaften;
– Annahme mit einfacher Mehrheit durch sämtliche Gläubigergemeinschaften.

Da insb. die zweite der vorgenannten drei Bedingungen erst bei mindestens drei Obligationenanleihen ihre Wirkung entfaltet, gelten bei zwei ausstehenden Anleihen die Quorumsvorschriften für beide Gläubigerversammlungen.

Weitere Voraussetzung für die Anwendbarkeit von Art. 1171 ist natürlich, dass den einzelnen Gläubigergemeinschaften dieselben Massnahmen zum Beschluss vorgelegt werden (ROHR, 284).

Die Anbringung des **Vorbehalts** gem. Abs. 1 muss ausdrücklich und unmissverständlich geschehen. Gerade im Hinblick auf die Bestimmung in Abs. 2, wonach die Zustimmung einer «einfachen Mehrheit des an der Versammlung vertretenen Kapitals» bei einer Obligationenanleihe allenfalls genügt (sofern die übrigen Voraussetzungen erfüllt sind), erfordert, dass die Anleihensgläubiger bereits zum Voraus klar über diese Konsequenz informiert sind. Lediglich die Einberufung von Gläubigerversammlungen der übrigen Obligationenanleihen mit gleichen oder gleichgearteten Anträgen genügt als Vorbehalt i.S.v. Abs. 1 jedenfalls nicht.

III. Rechtsfolge

5 Rechtsfolge von Art. 1171 ist, dass bei einer Zustimmung mit erforderlichem Quorum in der Mehrheit der Gläubigerversammlung sowie durch das gesamte Obligationenkapital auch **Massnahmen** gem. Art. 1170 in einzelnen Gläubigerversammlungen **mit** nur **einer einfachen Mehrheit des vertretenen Kapitals** zustande kommen können. Diese Einschränkung der Quorumsbestimmung von Art. 1170 bzw. der Anleihensbedingungen rechtfertigt sich durch das Postulat der Gleichbehandlung sämtlicher Anleihensgläubiger. Es wäre stossend, wenn u.U. eine Minderheit von mehr als einem Drittel einer einzigen Obligationenanleihe auch durch blosses Fernbleiben gewisse Massnahmen für sämtliche ausstehenden Obligationenanleihen verhindern könnte. Allerdings kann Art. 1171 durch die Anleihensbedingungen eingeschränkt oder sogar gänzlich wegbedungen werden.

Art. 1172

c. Feststellung der Mehrheit

¹ Für die Feststellung des im Umlauf befindlichen Kapitals fallen Anleihensobligationen, die kein Stimmrecht gewähren, ausser Betracht.

² Erreicht ein Antrag in der Gläubigerversammlung nicht die erforderliche Stimmenzahl, so kann der Schuldner die fehlenden Stimmen durch schriftliche und beglaubigte Erklärungen binnen zwei Monaten nach dem Versammlungstage beim Leiter der Versammlung beibringen und dadurch einen gültigen Beschluss herstellen.

c. Détermination de la majorité

¹ Les obligations qui ne confèrent pas le droit de vote n'entrent pas en ligne de compte pour le calcul du capital en circulation.

² Lorsqu'une proposition soumise à l'assemblée des créanciers ne réunit pas la majorité requise, le débiteur peut compléter le nombre des voix obtenues en faisant tenir au président de l'assemblée, dans les deux mois qui suivent, des déclarations d'adhésion écrites et légalisées, et provoquer ainsi une décision valable.

c. Determinazione della maggioranza

¹ Nel determinare il capitale in circolazione non si tien conto delle obbligazioni che non conferiscono diritto di voto.

² Se una proposta non è approvata nell'assemblea degli obbligazionisti con il numero di voti richiesto, il debitore può completarlo, presentando al presidente dell'assemblea, entro due mesi dalla sua riunione, delle dichiarazioni scritte ed autenticate d'adesione, e provocare in questo modo una deliberazione valida.

Literatur

Vgl. die Literaturhinweise bei den Vorbem. zu Art. 1157–1186.

1 Für die **Feststellung der Mehrheit** auch in Bezug auf das ausstehende Kapital fallen Obligationen ohne Stimmrecht gem. Art. 1167 Abs. 2 ausser Betracht. Andernfalls wären Beschlüsse gem. Art. 1170 bei denjenigen Anleihen, die vom Schuldner zu mehr als einem Drittel im Markt zurückgekauft wurden, von vornherein von entsprechenden Massnahmen ausgeschlossen.

2. Abschnitt: Gläubigergem. bei Anleihensoblig. **Art. 1173**

Die Quorumsvorschriften der Gläubigerversammlung erfahren im Weiteren eine Einschränkung dadurch, dass Abs. 2 die Möglichkeit einer **nachträglichen Beibringung weiterer Zustimmungen** bis zur Erfüllung des notwendigen Quorums durch den Schuldner vorsieht. Diese Bestimmung bezweckt, dass ausschliesslich Passivität oder Nachlässigkeit der Gläubiger nicht zum Scheitern von Gemeinschaftsbeschlüssen führen soll. Voraussetzung der Gültigkeit der nachträglichen Zustimmung ist jedoch, dass eine Gläubigerversammlung auch tatsächlich gültig durchgeführt wurde (s. dazu insb. die Vorschriften der GGV). Im Weiteren muss mindestens ein Anleihensgläubiger den Anträgen zustimmen, damit überhaupt ein gültiger Versammlungsbeschluss als Voraussetzung von Abs. 2 vorliegt. 2

Da die Zustimmungserklärungen sich auf einen bestimmten Beschluss der Gläubigerversammlung beziehen müssen, sind **vor der Gläubigerversammlung abgegebene Zustimmungserklärungen** unwirksam (BGE 47 III 106). 3

Art. 1173

2. Beschränkungen a. Im Allgemeinen	¹ Kein Anleihensgläubiger kann durch Gemeinschaftsbeschluss verpflichtet werden, andere als die in Artikel 1170 vorgesehenen Eingriffe in die Gläubigerrechte zu dulden oder Leistungen zu machen, die weder in den Anleihensbedingungen vorgesehen noch mit ihm bei der Begebung der Obligation vereinbart worden sind. ² Zu einer Vermehrung der Gläubigerrechte ist die Gläubigergemeinschaft ohne Zustimmung des Schuldners nicht befugt.
2. Clause limitative a. Règle générale	¹ Aucun obligataire ne peut être contraint par décision de la communauté de tolérer d'autres restrictions des droits des créanciers que celles que prévoit l'art. 1170 ou à exécuter des prestations qui n'ont pas été prévues dans les conditions de l'emprunt ni convenues avec lui lors de la remise de l'obligation. ² La communauté des créanciers ne peut étendre les droits de ces derniers sans le consentement du débiteur.
2. Restrizioni a. In generale	¹ Nessun obbligazionista può essere tenuto mediante deliberazione della comunione a tollerare altre limitazioni ai diritti dei creditori oltre quelle previste nell'articolo 1170 o a eseguire prestazioni non previste nelle condizioni del prestito né pattuite all'atto della consegna dell'obbligazione. ² La comunione dei creditori non può aumentare i diritti di questi senza il consenso del debitore.

Literatur

Vgl. die Literaturhinweise bei den Vorbem. zu Art. 1157–1186.

I. Abschliessende Regelung des Art. 1170

Abs. 1 macht klar, dass die in Art. 1170 aufgezählten Eingriffe abschliessend zu verstehen sind. Weiter gehende oder andere Eingriffe in die Gläubigerrechte bedürfen der Zustimmung sämtlicher Anleihensgläubiger. Dies ergibt sich allerdings bereits aus den Marginalien vor Art. 1170. Unzulässig ist damit insb. ein Mehrheitsbeschluss über einen Kapitalverzicht (ausser Umwandlung in Aktien gem. Art. 1170 Abs. 1 Ziff. 9). Dies be- 1 deutet aber nicht, dass die Bestimmungen des Art. 1170 allzu einschränkend verstanden werden müssen (s. dazu Art. 1170 N 2).

2 Bei **Überschreitung der** gem. Art. 1170 **zulässigen Eingriffe** erfolgt auf Anfechtung gem. Art. 1182 hin eine Reduktion auf das zulässige Mass durch den Richter. Allerdings ist dies nur dort möglich, wo das Mass eines Beschlusses gem. Art. 1170 überschritten wird (z.B. in Bezug auf die zulässige Höchstfrist), nicht jedoch bei Beschlüssen, die absolut unzulässig sind. So kann z.B. ein beschlossener Kapitalverzicht durch den Richter lediglich für ungültig erklärt, nicht jedoch in einen Zinsverzicht umgewandelt werden.

II. Leistungen der Gläubiger

3 Abs. 1 sieht insb. vor, dass die Anleihensgläubiger zu keinen Leistungen, die nicht bereits in den Anleihensbedingungen vorgesehen oder sonstwie bei der Begebung der Obligationen vereinbart wurden, verpflichtet werden können. Damit ist eine weitere **Leistungspflicht durch Mehrheitsbeschluss** der Gläubigerversammlung ähnlich einer Nachschusspflicht der Aktionäre von vornherein ausgeschlossen. Allerdings ist dabei die Einschränkung von Art. 1163 Abs. 2 zu beachten, welche immerhin die Kosten des Gläubigervertreters von allfälligen Leistungen des Anleihensschuldners an die Obligationäre in Abzug bringt.

4 Die Frage weiterer **Leistungen der Anleihensgläubiger** stellt sich insb. in Bezug auf das Prozesskostenrisiko für eine allfällige Klage der Gläubigergemeinschaft. Grundsätzlich ist die Gläubigergemeinschaft prozessfähig (BGE 113 II 285 E. 2 m.w.Nw.). Zumindest insoweit, als Gläubiger zur Leistung von Prozesskosten und/oder Umtriebsentschädigungen verpflichtet würden, stände Abs. 1 einem derartigen Mehrheitsbeschluss wohl entgegen. Das BGer hat jedoch diese Frage ausdrücklich offen gelassen (BGE 113 II 291 E. 6).

III. Zustimmung des Schuldners

5 Da eine **Vermehrung der Gläubigerrechte** grundsätzlich die Rechte des Schuldners einschränkt, ist dazu jedenfalls dessen Zustimmung erforderlich. Diese Selbstverständlichkeit basiert auf dem Grundgedanken der Zweiseitigkeit des Anleihensvertrages. Allerdings könnte, ähnlich wie dies unter Abs. 1 vorgesehen ist, auch Abs. 2 durch die Anleihensbedingungen modifiziert werden.

Art. 1174

b. Gleichbehandlung

¹ Die einer Gemeinschaft angehörenden Gläubiger müssen alle gleichmässig von den Zwangsbeschlüssen betroffen werden, es sei denn, dass jeder etwa ungünstiger behandelte Gläubiger ausdrücklich zustimmt.

² Unter Pfandgläubigern darf die bisherige Rangordnung ohne deren Zustimmung nicht abgeändert werden. Vorbehalten bleibt Artikel 1170 Ziffer 7.

³ Zusicherungen oder Zuwendungen an einzelne Gläubiger, durch die sie gegenüber andern der Gemeinschaft angehörenden Gläubigern begünstigt werden, sind ungültig.

b. Egalité de traitement	¹ Les décisions de caractère obligatoire doivent avoir le même effet pour tous les créanciers d'une communauté, sauf l'adhésion expresse de ceux qui seraient traités plus défavorablement que les autres.
² Le rang des créanciers gagistes ne peut être modifié que de leur gré. Est réservé l'art. 1170, ch. 7.
³ Sont nulles les assurances données ou les attributions faites à certains créanciers au détriment des autres membres de la communauté.
b. Uguaglianza di trattamento	¹ Le deliberazioni che vincolano gli obbligazionisti di una comunione devono colpirli tutti in eguale misura, eccetto che quelli maggiormente colpiti si dichiarino espressamente d'accordo.
² Il grado degli obbligazionisti pignoratizi non può essere modificato senza il loro consenso. È riservato l'articolo 1170 numero 7.
³ È nulla ogni promessa o concessione di vantaggi a singoli obbligazionisti in confronto d'altri appartenenti alla comunione.

Literatur

Vgl. die Literaturhinweise bei den Vorbem. zu Art. 1157–1186.

I. Normzweck

Als Gegenstück zur Tatsache, dass aufgrund von Beschlüssen gem. Art. 1170 gewisse Anleihensgläubiger auch gegen ihren Willen Einschränkungen in Kauf nehmen müssen, stipuliert Art. 1174 das **Gleichbehandlungsgebot.** Unter dieser Marginalie findet sich jedoch nicht nur das Gleichbehandlungsgebot an sich, sondern auch die Vorschrift, wonach ungünstiger behandelte Gläubiger ausdrücklich dieser Behandlung zustimmen müssen (Abs. 1), dass spezielle Begünstigungen einzelner Gläubiger ungültig sind (Abs. 3) und dass schliesslich das Gleichbehandlungsgebot die Rangordnung unter Pfandgläubigern nicht berührt (Abs. 2).

II. Zustimmung ungünstiger behandelter Gläubiger

Abs. 1 befasst sich nur mit **«Zwangsbeschlüssen»,** d.h. mit Beschlüssen, welche einen Eingriff in die Gläubigerrechte gem. Art. 1170 bewirken. Selbstverständlich ist mit «gleichmässiger Betroffenheit» lediglich eine relative Gleichbehandlung, d.h. nach dem Nennwert der Obligationen, gemeint. Im Weiteren betrifft das Gleichbehandlungsgebot lediglich die «einer Gemeinschaft angehörenden» Gläubiger, d.h. ausschliesslich diejenigen innerhalb einer einzigen Gläubigergemeinschaft (ROHR, 285).

Vom Gleichbehandlungsgebot innerhalb einer Gläubigergemeinschaft kann nur abgewichen werden, wenn sämtliche ungünstiger behandelten Gläubiger ausdrücklich zustimmen. Das heisst, dass ein derartiger Beschluss bereits dann anfechtbar ist, wenn auch nur ein einziger dadurch ungünstiger behandelter Gläubiger nicht zustimmt (BGE 62 III 168 ff.).

III. Rangordnung der Pfandgläubiger

Ausgenommen von der Gleichbehandlungspflicht ist die bestehende **Rangordnung der Pfandgläubiger** innerhalb der Gemeinschaft. Selbstverständlich darf diese bestehende «Ungleichbehandlung» nur mit Zustimmung der entsprechenden Pfandgläubiger abgeändert werden. Davon wieder ausgenommen sind die Fälle von Ziff. 7 des Art. 1170,

Art. 1175

welche jedoch nicht eine Änderung der Rangordnung der Pfandgläubiger, sondern nur deren (gleichmässige) Zurücksetzung bzw. die Aufhebung von deren Pfandrecht zum Gegenstand hat.

IV. Bevorzugung einzelner Gläubiger

5   Abs. 3 betrifft den Fall der Ungleichbehandlung, der sich meist nicht in einem Gläubigerversammlungsbeschluss niederschlägt, sondern ausserhalb von diesem, allenfalls gerade zum Zwecke des Erreichens eines Quorums insgeheim erfolgt. **Besserstellungen** aufgrund eines Gläubigerversammlungsbeschlusses können gem. Abs. 1 mit Zustimmung sämtlicher nicht bevorzugter Gläubiger gültig gefasst werden. Separate Zusicherungen oder Zuwendungen an einzelne Gläubiger sind jedoch nichtig i.S.v. Art. 20. Gestützt darauf bereits erfolgte Zuwendungen sind allerdings aufgrund von Art. 66 nicht rückforderbar. Denkbar wäre hingegen eine Schadenersatzklage der übrigen Gläubiger gegen den Empfänger.

6   Beschlüsse, die aufgrund von Zusicherungen oder Zuwendungen des Schuldners an einzelne Gläubiger zustande kommen, dürfen von der oberen kantonalen Nachlassbehörde nicht genehmigt werden (Art. 1177 Ziff. 4) bzw. sind auf Begehren eines Anleihensgläubigers zu widerrufen (Art. 1179 Abs. 1).

7   Abs. 3 verbietet nicht Zusicherungen oder Zuwendungen an einzelne Gläubiger durch Dritte. Abs. 3 ist jedoch anwendbar, wo der Dritte auf Rechnung des Schuldners handelt. Ist dies nicht der Fall, kann sich aber die Frage des «unredlichen Handelns» stellen, womit die Rechtsfolgen der Art. 1177 Ziff. 4 und Art. 1179 Abs. 1 anwendbar wären.

Art. 1175

c. Status und Bilanz	**Ein Antrag auf Ergreifung der in Artikel 1170 genannten Massnahmen darf vom Schuldner nur eingebracht und von der Gläubigerversammlung nur in Beratung gezogen werden auf Grund eines auf den Tag der Gläubigerversammlung aufgestellten Status oder einer ordnungsgemäss errichteten und gegebenenfalls von der Revisionsstelle als richtig bescheinigten Bilanz, die auf einen höchstens sechs Monate zurückliegenden Zeitpunkt abgeschlossen ist.**
c. Etat de situation et bilan	Des propositions visant les mesures prévues à l'art. 1170 ne peuvent être faites par le débiteur et discutées par l'assemblée des créanciers que sur la base d'un état de situation au jour de sa réunion ou d'un bilan remontant à six mois au plus, régulièrement dressé et certifié exact par l'organe de révision, s'il y en a un.
c. Conto di situazione e bilancio	Una proposta relativa ai provvedimenti previsti nell'articolo 1170 non può essere presentata dal debitore né formare argomento di deliberazione nell'assemblea degli obbligazionisti, se non sulla base d'un conto di situazione il giorno dell'assemblea o sulla base di un bilancio regolarmente allestito per una data non anteriore a sei mesi e, qualora esista un ufficio di revisione, accertato conforme dallo stesso.

Literatur

Vgl. die Literaturhinweise bei den Vorbem. zu Art. 1157–1186.

I. Normzweck

Unabdingbare Voraussetzung für die Möglichkeit, Massnahmen gem. Art. 1170 zu ergreifen, ist die, dass die Gläubigerversammlung nur in Kenntnis eines Status bzw. einer geprüften Bilanz ihre Entscheide fällt. Damit wird bezweckt, dass die Gläubiger für Beschlüsse, bei denen sie gewisse Nachteile bzw. Verzichte in Kauf nehmen müssen, nur in Kenntnis der wirtschaftlichen Verhältnisse des Schuldners fällen sollen.

II. Status und Bilanz

Der Schuldner hat die Wahl, der Gläubigerversammlung entweder einen **Status** oder eine **Bilanz** vorzulegen. Im ersten Fall ist der Status auf den Tag der Gläubigerversammlung aufzustellen, womit er gegenüber der Bilanz den Vorteil der absolut aktuellen Lage, aber auch den Nachteil der mangelnden Neubewertung der Aktiven, des Fehlens eines RS-Berichts und der Unzuverlässigkeit in Bezug auf transitorische Passiven hat. Die einzelnen Positionen des Status sollten mit derjenigen der letzten Bilanz vergleichbar sein. Besonderes Augenmerk ist naturgemäss auf die kurz- und langfristigen Schulden und auf die vorhandene Liquidität zu richten. Diese Positionen sollten ohne besondere Prüfhandlungen wie bspw. eine Inventur – zuverlässig feststellbar sein. Die Bilanz hingegen muss gemäss den entsprechenden Vorschriften (Art. 957 ff. und allenfalls auch Art. 663 ff.) errichtet und ggf., d.h. soweit es sich um eine Jahresendbilanz handelt, von der RS geprüft und als richtig bezeichnet sein. Damit steht bei der Bilanz gegenüber dem Status der Vorteil der Überprüfung durch die RS dem Nachteil der allenfalls mangelnden Aktualität gegenüber. Selbstverständlich ist es dem Schuldner jedoch unbenommen, sowohl Status als auch geprüfte Bilanz vorzulegen.

Der Status oder die Bilanz sind grundsätzlich auf Ebene der betroffenen Rechtseinheit bzw. des Emittenten zu erstellen. Ist der Emittent zu einem konsolidierten Abschluss verpflichtet, sollte zumindest der Status auch Aussagen zu den wesentlichsten Tochtergesellschaften machen, damit die Werthaltigkeit der entsprechenden Beteiligungen in der Bilanz der Muttergesellschaft zum Gegenstand informierter Diskussion gemacht werden kann.

Art. 1175 verlangt mit Status und Bilanz lediglich eine Stichtagsbetrachtung, obwohl eine dynamische Sichtweise als Entscheidungsgrundlage oft viel nützlicher wäre. Entscheidend ist in aller Regel die Frage, ob der Emittent aus dem in Zukunft erwirtschafteten Mitteln (Cash Flow) den Schuldendienst zu begleichen im Stande ist. Dies geht aus einer statischen Betrachtung nicht hervor.

III. Rechtsfolgen

Bei Nichteinhaltung der Vorschrift von Art. 1175 kann allenfalls die Genehmigung der entsprechenden Beschlüsse verweigert (Art. 1177 Ziff. 4) oder widerrufen (Art. 1179 Abs. 1) werden. Bei der von der RS geprüften, jedoch falschen oder irreführenden Bilanz stellt sich im Weiteren auch die Frage der **Haftung der RS aufgrund von Art. 755**.

Art. 1176

3. Genehmigung a. Im Allgemeinen	¹ Die Beschlüsse, die einen Eingriff in Gläubigerrechte enthalten, sind nur wirksam und für die nicht zustimmenden Anleihensgläubiger verbindlich, wenn sie von der oberen kantonalen Nachlassbehörde genehmigt worden sind. ² Der Schuldner hat sie dieser Behörde innerhalb eines Monats seit dem Zustandekommen zur Genehmigung zu unterbreiten. ³ Die Zeit der Verhandlung wird öffentlich bekanntgemacht mit der Anzeige an die Anleihensgläubiger, dass sie ihre Einwendungen schriftlich oder in der Verhandlung auch mündlich anbringen können. ⁴ Die Kosten des Genehmigungsverfahrens trägt der Schuldner.
3. Approbation a. Règles générales	¹ Les décisions restreignant les droits des créanciers n'ont d'effet que si elles ont été approuvées par l'autorité cantonale supérieure en matière de concordat. ² Le débiteur les soumet à l'approbation de cette autorité dans le mois à compter du jour où elles ont été prises. ³ La date prévue pour délibérer à ce sujet est publiée et les obligataires sont avisés qu'ils pourront présenter leurs observations par écrit ou, au cours de la discussion, aussi de vive voix. ⁴ Les frais de cette procédure sont à la charge du débiteur.
3. Approvazione a. In generale	¹ Le deliberazioni che limitano i diritti dei creditori producono i loro effetti solo quando siano state approvate dall'autorità cantonale superiore competente in materia di concordato. ² Il debitore deve sottoporle all'approvazione di quest'autorità entro il termine di un mese dal giorno in cui furono prese. ³ Il giorno dell'udienza dev'essere reso pubblicamente noto, con l'avvertenza agli obbligazionisti ch'essi possono far valere per iscritto, oppure anche oralmente nel corso dell'udienza, i loro motivi di opposizione. ⁴ Le spese della procedura d'approvazione sono sopportate dal debitore.

Literatur

Vgl. die Literaturhinweise bei den Vorbem. zu Art. 1157–1186.

I. Normzweck

1 Zum **Schutze** der in der Gläubigerversammlung unterlegenen **Gläubiger** sieht Art. 1176 vor, dass Beschlüsse, die einen Eingriff in Gläubigerrechte bewirken nur wirksam werden, nachdem sie von der oberen kantonalen Nachlassbehörde genehmigt wurden (s. im Gegensatz dazu die Anfechtbarkeit anderer Beschlüsse gem. Art. 1182). Noch der Vorentwurf von 1918 sah in Art. 22 vor, dass auch Beschlüsse, die eine Einschränkung der Gläubigerrechte bewirkten, lediglich anfechtbar hätten sein sollen. Gegen diese Regelung sprach jedoch der Schutz der kleinen Gläubiger, denen ein längeres Anfechtungsverfahren mit ungewissem Ausgang schon aufgrund der hohen Kosten nicht zuzumuten ist. Dazu kommt, dass ein – allenfalls auch unberechtigtes – Anfechtungsverfahren derartige Beschlüsse während längerer Zeit blockieren können (s. zu dieser Problematik auch Botschaft, 872, 887 ff.).

Nachteile dieser Regelung sind die zwingend vorgeschriebene Publizität (s. insb. Abs. 3) und die mit dem Genehmigungsverfahren verbundenen Kosten. In der Praxis führt dies dazu, dass derartige Beschlüsse eher zurückhaltend traktandiert und meist in einem Paket von mehreren derartigen Massnahmen, für welche dann zusammen die behördliche Genehmigung erteilt werden kann, gefasst werden.

II. Genehmigung

Art. 1176 verweist auf die in Art. 1170 abschliessend aufgezählten Gemeinschaftsbeschlüsse. Andere Beschlüsse über Gegenstände mit Einschränkungen der Gläubigerrechte sind hingegen einstimmig zu fassen (s. dazu Vor Art. 1170–1182 N 2) und bedürfen, da damit jeder einzelne Gläubiger diesen Einschränkungen zugestimmt hat, keiner weiteren **Genehmigung.** Dies ist auch der Fall für Beschlüsse gem. Art. 1170, denen sämtliche Anleihensgläubiger zustimmen. Zum einen geht dies aus der Formulierung des Abs. 1 hervor (Erfordernis der Genehmigung zur Verbindlichkeit für die nicht zustimmenden Anleihensgläubiger). Dazu kommt, dass bei einstimmigen Beschlüssen jeder einzelne Anleihensgläubiger dem entsprechenden Eingriff in seine Rechte explizit zustimmt und damit wirksam auf seine konkurrierenden Gläubigerrechte verzichtet. Da zu einem einstimmigen Beschluss die Zustimmung sämtlicher und nicht nur der an der Versammlung teilnehmenden Anleihensgläubiger notwendig ist, sind diese jedoch äusserst selten und wohl ohnehin nur bei Privatplatzierungen mit einer relativ kleinen Anzahl von Gläubigern denkbar. Mangels öffentlicher Zeichnung wären dann allerdings die Bestimmungen des Art. 1170 ohnehin nicht anwendbar (vgl. Art. 1157).

Gemäss Abs. 1 kommt ein **Mehrheitsbeschluss** bereits mit der Beschlussfassung selber zustande. Derartige Beschlüsse sind damit sofort gültig, bedürfen jedoch zu ihrer Wirksamkeit und Verbindlichkeit für die nichtzustimmenden Anleihensgläubiger der erwähnten Genehmigung. Diese Unterscheidung ist insoweit bedeutsam, als dass nach erfolgter Beschlussfassung die entsprechenden Beschlüsse nicht mehr einseitig (z.B. durch den Schuldner oder durch eine Mehrheit der Anleihensgläubiger) zurückgenommen werden können.

Gemäss Abs. 2 muss der Schuldner entsprechende Beschlüsse innerhalb eines Monats seit dem Zustandekommen der **oberen kantonalen Nachlassbehörde** zur Genehmigung unterbreiten. Dabei kann es nicht die Meinung des Gesetzgebers sein, dass der Schuldner allenfalls nachträglich durch Unterlassung des Einreichens bei der Genehmigungsbehörde einen derartigen Beschluss endgültig verhindern kann. Unterlässt der Schuldner eine Unterbreitung innert Frist, kann jeder Anleihensgläubiger (also auch die unterlegene Minderheit oder ein bei der Beschlussfassung abwesender Gläubiger) auf die Verpflichtung des Schuldners zur Einreichung der Beschlüsse klagen. Bei fortgesetzter Weigerung des Schuldners ist gemäss kantonalem Prozessrecht vorzugehen (mit Einschluss einer allfälligen Ersatzvornahme). Währenddem die dem Beschluss zustimmenden Gläubiger Anspruch auf Genehmigung des entsprechenden Beschlusses besitzen, können auch die unterlegenen Anleihensgläubiger allenfalls einen Anspruch auf einen die Genehmigung ablehnenden Beschluss haben (**a.M.** ROHR, 287 m.w.Nw.). Gleichzeitig mit der Erzwingung der Einreichung eines Mehrheitsbeschlusses zur Genehmigung kann ein Anleihensgläubiger auch die Aufhebung der Stundung der fälligen Ansprüche der Anleihensgläubiger gegen den Schuldner verlangen (Art. 1166 Abs. 4).

Art. 1177

III. Prozessuales

6 Zuständig für das Genehmigungsverfahren ist die obere kantonale Nachlassbehörde am Sitz bzw. am Ort der geschäftlichen Niederlassung des Schuldners im Zeitpunkt der Unterbreitung des Gesuches an die Behörden. Die einmonatige Frist gem. Abs. 2 beginnt mit dem Tage, an dem das Zustandekommen des Beschlusses dem Schuldner zur Kenntnis gelangt. Grundsätzlich ist lediglich der Schuldner befugt und verpflichtet, die zustande gekommenen Beschlüsse der Behörde zur Genehmigung zu unterbreiten (s. jedoch Art. 1176 N 5). Dabei ist zumindest die öffentliche Urkunde über die gefassten Beschlüsse einzureichen, in der Praxis auch das Protokoll der Gläubigerversammlung samt Teilnehmerverzeichnis, die der Gläubigerversammlung als Grundlage des Beschlusses vorgelegten Dokumente (samt insb. Bilanz oder Status des Schuldners) und die Belege für die form- und fristgerechte Einberufung der Gläubigerversammlung.

7 Ausser den in Abs. 3 genannten Vorschriften richtet sich das **Genehmigungsverfahren** nach kantonalem Prozessrecht. Der Entscheid der Nachlassbehörde muss schliesslich wiederum im Handelsamtsblatt und in den durch die Anleihensbedingungen angegebenen öffentlichen Zeitungen bekannt gegeben werden (Art. 7 GGV). Sofern die Anleihensbedingungen einer Anleihe keine Publikation in Printmedien mehr vorsehen, was bei neueren börsenkotierten Anleihen vorkommt, sollte u.E. neben der Publikation im Handelsamtsblatt auch keine Publikation des Entscheides in Zeitungen mehr erforderlich sein.

8 Abs. 4 regelt schliesslich die **Kostenfrage,** wobei es jedem Anleihensgläubiger unbenommen ist, allein oder gemeinsam mit anderen Anleihensgläubigern die Verfahrenskosten – soweit gemäss kantonalem Prozessrecht eine Vorschusspflicht besteht und diese durch den Schuldner nicht erfüllt wird – vorzuschiessen. Ähnlich wie bei der Einreichung des Beschlusses bei der Genehmigungsbehörde (s. dazu N 5) kann es nämlich dem Schuldner nicht anheim gestellt bleiben, ob er durch Nichtbezahlung des notwendigen Kostenvorschusses das Genehmigungsverfahren vereiteln will.

Art. 1177

b. Voraussetzungen

Die Genehmigung darf nur verweigert werden:

1. wenn die Vorschriften über die Einberufung und das Zustandekommen der Beschlüsse der Gläubigerversammlung verletzt worden sind;

2. wenn der zur Abwendung einer Notlage des Schuldners gefasste Beschluss sich als nicht notwendig herausstellt;

3. wenn die gemeinsamen Interessen der Anleihensgläubiger nicht genügend gewahrt sind;

4. wenn der Beschluss auf unredliche Weise zustande gekommen ist.

b. Conditions

L'approbation ne peut être refusée que dans les cas suivants:

1. si les prescriptions relatives à la convocation de l'assemblée et aux conditions que doivent remplir les décisions de celle-ci ont été violées;

2. si la décision prise pour remédier à une situation critique du débiteur n'était pas indispensable;

3. si les intérêts communs des obligataires ne sont pas suffisamment sauvegardés;

4. si la décision est intervenue d'une manière illicite.

b. Condizioni   L'approvazione può essere negata soltanto nei casi seguenti:

1. se furono violate le disposizioni su la convocazione dell'assemblea e sui requisiti delle deliberazioni di quest'ultima:

2. se la deliberazione presa per rimediare ad una situazione critica del debitore non si dimostra necessaria;

3. se gli interessi comuni degli obbligazionisti non sono sufficientemente tutelati;

4. se la deliberazione è la conseguenza di manovre sleali.

Literatur

Vgl. die Literaturhinweise bei den Vorbem. zu Art. 1157–1186.

Interessanterweise legt Art. 1177 nicht die Voraussetzungen einer Genehmigung der Beschlüsse der Gläubigerversammlung fest, sondern die Voraussetzungen einer **Verweigerung der Genehmigung**. Dies und der genaue Wortlaut des Einleitungshalbsatzes lassen den Schluss zu, dass Art. 1177 lediglich einschränkend ausgelegt werden darf. Das heisst, dass bei Einhaltung der Vorschriften Beschlüsse der Gläubigerversammlung genehmigt werden müssen, sofern sie nicht unangemessen sind bzw. unter eine der in Ziff. 1–4 genannten Einschränkungen fallen. Dafür spricht auch die Privatautonomie der Anleihensgläubiger, die den entsprechenden Beschluss immerhin mit qualifizierter Mehrheit gefasst haben. 1

Ziff. 1 sieht als **Verweigerungsgrund** die Verletzung der Vorschriften über die Einberufung und das Zustandekommen der Beschlüsse der Gläubigerversammlung vor. Dabei sind nicht nur die gesetzlichen, sondern auch die in den Anleihensbedingungen festgelegten Vorschriften gemeint. Ziff. 1 behandelt somit die formellen Voraussetzungen der entsprechenden Beschlüsse, wobei vielfältige Mängel wie die mangelhafte Publikation der Einberufung zur Gläubigerversammlung, die mangelhafte Traktandierung einzelner Gegenstände, ein unzulässiges Abstimmungsverfahren etc. denkbar sind. Zur Erfüllung der formellen Voraussetzungen gehören auch die gesetzmässige Information der Anleihensgläubiger, nicht jedoch eigentliche materielle Mängel der Beschlussfassung, welche gemäss den Vorschriften von Ziff. 2–4 überprüft werden können. U.E. sollte Ziff. 1 restriktiv ausgelegt werden. Nur formelle Mängel, die vernünftigerweise einen Einfluss auf den Ausgang des Beschluss gehabt haben könnten, sollten einen Verweigerungsgrund darstellen. 2

Die Genehmigung eines Beschlusses kann im Weiteren dann verweigert werden, wenn dieser sich zur Abwendung einer **Notlage des Schuldners** als nicht notwendig herausstellt. Damit knüpft Ziff. 2 an Art. 1164 Abs. 1 an, welcher insb. Massnahmen infolge einer Notlage des Schuldners erwähnt. Hervorzuheben ist, dass das Erfordernis der Notwendigkeit sich nur auf Beschlüsse bezieht, welche explizit oder doch zumindest dem Sinn nach zur Abwendung einer Notlage des Schuldners gefasst wurden. In Art. 1170 sind jedoch teilweise Beschlüsse aufgeführt, welche allenfalls auch ohne Notlage des Schuldners gefasst werden können (so insb. die in Ziff. 6–9 aufgeführten Fälle). Ziff. 2 ist dann auf derartige Fälle wohl nicht anwendbar. 3

Die Notlage des Schuldners muss nicht unbedingt bereits eingetreten sein. Auch eine **drohende Notlage,** welche durch einen Beschluss möglicherweise abgewendet werden 4

Art. 1178

kann, bildet die rechtsgenügliche Basis für einen entsprechenden Beschluss. Eine Notlage ist jedenfalls dann zu bejahen, wenn der Anleihensschuldner nicht in der Lage ist, die Anleihe zurückzubezahlen (BGE 89 II 344 ff., bestätigt im Entscheid 7B.156/2006). Gleiches gilt auch, wenn der Schuldner ein Zinsbetreffnis nicht mehr aufbringen kann oder von mehreren Anleihen lediglich einen Teil bedienen oder zurückbezahlen kann. Um notwendig zu sein, muss ein Beschluss auch zur Erreichung des entsprechenden Zieles geeignet sein. Das heisst, dass in hoffnungslosen Fällen, welche absehbar zum Konkurse des Schuldners führen, nicht noch kurz vorher eine Massnahme beschlossen werden darf, welche den Konkurs des Schuldners absehbar nicht abwenden kann, die Stellung des Anleihensgläubigers im Konkurs jedoch beeinträchtigt (etwa durch Zinserlass etc.). Das Gericht sollte auch hier nicht ohne Not sein Ermessen anstelle desjenigen des Schuldners und einer qualifizierten Mehrheit von Gläubigern stellen. Diese Bestimmung sollte u.E. nur in Missbrauchsfällen überhaupt Anwendbarkeit finden.

5   Ziff. 3 sichert die gemeinsamen Interessen der Anleihensgläubiger (s. dazu Näheres bei Art. 1164). Dazu gehören insb. das Prinzip der **Gleichbehandlung sämtlicher Anleihensgläubiger** (s. dazu BGE 62 III 168 ff.; 46 III 31 ff.), das Prinzip der Angemessenheit der Massnahme, Rechtfertigung der Massnahme durch die Situation des Schuldners (BGE 62 III 168 ff.) und die Leistungspflicht des Schuldners (BGE 62 III 168; 59 III 160 ff.; 48 III 55 ff.; 45 III 135 ff.). Die Beschlüsse der Anleihensgläubiger sind jedoch jedenfalls dann angemessen und deren Interessen genügend gewahrt, wenn die Gläubiger im Liquidationsfall schlechter gestellt wären als aufgrund der Durchführung der beschlossenen Massnahme (BGE 89 II 344 ff.; 46 III 31 ff.).

6   Ziff. 4 behandelt schliesslich den Fall, in dem ein Beschluss «auf unredliche Weise» zustande gekommen ist. Dazu gehören insb. die Fälle einer Täuschung der Anleihensgläubiger, der Missbrauch von Vollmachten oder der Stimmenkauf etc. Dabei ist es unerheblich, ob diese **Unredlichkeit** vom Schuldner selber, oder aber von einzelnen Gläubigern oder von Dritten begangen wurden. Hingegen muss diese für das Zustandekommen des Beschlusses kausal sein.

Art. 1178

c. Weiterzug

¹ Wird die Genehmigung erteilt, so kann sie von jedem Anleihensgläubiger, der dem Beschluss nicht zugestimmt hat, innerhalb 30 Tagen beim Bundesgericht wegen Gesetzesverletzung oder Unangemessenheit angefochten werden, wobei das für die Rechtspflege in Schuldbetreibungs- und Konkurssachen vorgesehene Verfahren Anwendung findet.

² Ebenso kann der Entscheid, mit dem die Genehmigung verweigert wird, von einem Anleihensgläubiger, der dem Beschluss zugestimmt hat, oder vom Schuldner angefochten werden.

c. Recours

¹ Tout obligataire peut, dans les trente jours, conformément à la procédure de recours en matière de poursuite et de faillite, déférer au Tribunal fédéral le prononcé d'approbation d'une décision à laquelle il n'a pas adhéré, lorsque cette décision viole la loi ou n'est pas appropriée aux circonstances.

² De même, le créancier qui a adhéré à une décision et le débiteur peuvent recourir contre le refus de l'approuver.

c. Ricorso

¹ Ogni obbligazionista che non ha aderito a una decisione può, nel termine di 30 giorni, conformemente alla procedura di ricorso in materia di esecuzione e fallimento, ricorrere al Tribunale federale contro il decreto d'approvazione, allorché detta decisione approvata viola la legge o non è adeguata alle circostanze.

² Del pari, l'obbligazionista che ha aderito ad una decisione e il debitore possono ricorrere contro il rifiuto di approvare detta decisione.

Literatur

Vgl. die Literaturhinweise bei den Vorbem. zu Art. 1157–1186.

Gegen den Beschluss der Genehmigungsbehörde kann aufgrund von Art. 72 Abs. 2 lit. a BGG zivilrechtliche Beschwerde **ans BGer** geführt werden. Bei Erteilung der Genehmigung steht ein derartiger Rekurs jedem Anleihensgläubiger, der dem Beschluss nicht zugestimmt hat, bei einer Verweigerung der Genehmigung jedem zustimmenden Anleihensgläubiger sowie dem Schuldner zu. Gemäss bundesgerichtlicher Rechtsprechung können zu den nicht zustimmenden und somit zur Rekurserhebung legitimierten Anleihensgläubigern auch diejenigen Gläubiger gerechnet werden, welche ihre Zustimmung wegen eines Willensmangels nicht gelten lassen wollen (BGE 7B.156/2006). Damit folgt das Bundesgericht der Praxis zu Art. 706, wonach auch dem irrenden Aktionär trotz Zustimmung zum Beschluss die Klage zur Anfechtung eines Beschlusses der Generalversammlung zur Verfügung steht. Obwohl im Entscheid nicht ausdrücklich so erwähnt, kann wohl davon ausgegangen werden, dass es sich hierbei um einen wesentlichen Irrtum i.S.v. Art. 24 Abs. 1 handeln muss. Die Frist von 30 Tagen beginnt mit Publikation der Genehmigung bzw. der Verweigerung der Genehmigung (s. dazu Art. 7 GGV). 1

Neben einer möglichen Gesetzesverletzung kann das BGer den Genehmigungsentscheid auch auf seine Angemessenheit überprüfen. In Abweichung von Art. 36 SchKG kommt der Beschwerde aufgrund von Art. 1166 Abs. 1 aufschiebende Wirkung zu. 2

Art. 1179

d. Widerruf

¹ **Stellt sich nachträglich heraus, dass der Beschluss der Gläubigerversammlung auf unredliche Weise zustande gekommen ist, so kann die obere kantonale Nachlassbehörde auf Begehren eines Anleihensgläubigers die Genehmigung ganz oder teilweise widerrufen.**

² **Das Begehren ist binnen sechs Monaten, nachdem der Anleihensgläubiger vom Anfechtungsgrunde Kenntnis erhalten hat, zu stellen.**

³ **Der Widerruf kann vom Schuldner und von jedem Anleihensgläubiger innerhalb 30 Tagen beim Bundesgericht wegen Gesetzesverletzung oder Unangemessenheit in dem für die Rechtspflege in Schuldbetreibungs- und Konkurssachen vorgesehenen Verfahren angefochten werden. Ebenso kann die Verweigerung des Widerrufs von jedem Anleihensgläubiger, der den Widerruf verlangt hat, angefochten werden.**

d. Révocation	¹ S'il est constaté ultérieurement que la décision de l'assemblée des créanciers est intervenue d'une manière illicite, l'autorité cantonale supérieure en matière de concordat peut, à la requête d'un obligataire, révoquer totalement ou partiellement son approbation. ² La requête doit être présentée dans les six mois à compter du jour où l'obligataire a eu connaissance de l'irrégularité de la décision. ³ Le débiteur et tout obligataire peuvent, dans les trente jours, conformément à la procédure de recours en matière de poursuite et de faillite, recourir au Tribunal fédéral contre la révocation de l'approbation, lorsqu'elle viole la loi ou n'est pas appropriée aux circonstances. De même, l'obligataire requérant peut recourir contre le refus de révoquer l'approbation.
d. Revoca	¹ Qualora sia in seguito accertato che la deliberazione dell'assemblea dei creditori fu la conseguenza di manovre sleali, l'autorità cantonale superiore competente in materia di concordato può, ad istanza d'un obbligazionista, revocare totalmente o parzialmente la sua approvazione. ² L'istanza dev'essere presentata entro il termine di sei mesi a contare dal giorno in cui l'obbligazionista ha avuto notizia dell'irregolarità della deliberazione. ³ Il debitore e ogni obbligazionista possono, nel termine di 30 giorni, conformemente alla procedura di ricorso in materia di esecuzione e fallimento, ricorrere al Tribunale federale contro la revocazione dell'approvazione allorché essa viola la legge o non è adeguata alle circostanze. Del pari, l'obbligazionista richiedente può ricorrere contro il rifiuto di revocare l'approvazione.

Literatur

Vgl. die Literaturhinweise bei den Vorbem. zu Art. 1157–1186.

I. Widerruf der Genehmigung

1   Als aussergewöhnliche Massnahme kann auch eine rechtskräftig erteilte Genehmigung eines Beschlusses der Gläubigerversammlung **widerrufen** werden. Voraussetzung dafür ist, dass nachträglich festgestellt wird, dass der Beschluss der Gläubigerversammlung «auf unredliche Weise» zustande kam (zum Begriff der Unredlichkeit s.a. die Bemerkungen zu den Art. 1164 und 1177). Weitere Voraussetzung ist das Begehren eines Anleihensgläubigers. Ohne ein derartiges Begehren oder aufgrund eines Begehrens des Schuldners oder eines Dritten kann der Genehmigungsbeschluss jedoch nicht widerrufen werden.

2   Fragen stellen sich hier insb. zur Praktikabilität eines derartigen Widerrufs. Währenddem dies bei Art. 1170 Ziff. 1–5 ohne weiteres denkbar ist (der Widerruf bewirkt die Unwirksamkeit und Unverbindlichkeit des entsprechenden Beschlusses ex tunc und nicht erst ab Widerruf der Genehmigung), müsste wohl der **Widerruf der Genehmigung** eines Beschlusses gem. Art. 1170 Ziff. 6–9 jedenfalls dann an der Nichtdurchführbarkeit scheitern, wenn Massnahmen aufgrund des ursprünglich genehmigten Beschlusses bereits durchgeführt wurden. Nur teilweise rückgängig gemacht werden können im Weiteren auch kombinierte Massnahmen wie z.B. ein Zinserlass verbunden mit der Ermächtigung zu einer vorzeitigen Rückzahlung des Kapitals. Derartige Beschlüsse sind – soweit sie nicht bereits durchgeführt wurden – unwirksam, so dass diesfalls der Schuldner nach erfolgter vorzeitiger Rückzahlung des Kapitals auch noch die ursprünglich erlassenen Zinsen nachbezahlen muss. Dies ist einigermassen einleuchtend in Fällen, in denen der Schuldner das unredliche Zustandekommen des Beschlusses be-

wirkte. In anderen Fällen wird dem Schuldner wohl nur die Möglichkeit einer Schadenersatzklage bzw. eines Regresses gegenüber dem Schuldigen offen stehen.

II. Verfahren

Ein **Begehren auf Widerruf der Genehmigung** kann von jedem Anleihensgläubiger innerhalb von sechs Monaten, nachdem dieser Kenntnis des Anfechtungsgrundes erhalten hat, gestellt werden. Eine absolute Frist zur Stellung des Widerrufsbegehrens besteht nicht. Dies ist insb. bei Zinsverzichten, jedoch auch bei einer erfolgten Stundung bedeutsam, da diesfalls die zu Unrecht gestundeten Forderungen zusätzlich verzinst werden müssen. Zuständig für den Widerruf der Genehmigung ist wie für die Erteilung der Genehmigung die obere kantonale Nachlassbehörde. 3

Der Entscheid der oberen kantonalen Nachlassbehörde kann jedenfalls wiederum mit Beschwerde ans BGer angefochten werden, die Verweigerung des Widerrufs im Gegensatz zum erteilten Widerruf jedoch nur von denjenigen Anleihensgläubigern, die den Widerruf verlangt haben. Für das weitere Verfahren s. die Komm. zu Art. 1178. 4

Art. 1180

II. Andere Beschlüsse
1. Vollmacht des Anleihensvertreters

¹ Die Zustimmung der Vertretung von mehr als der Hälfte des im Umlauf befindlichen Kapitals ist erforderlich für den Widerruf und für die Abänderung der einem Anleihensvertreter erteilten Vollmacht.

² Der gleichen Mehrheit bedarf ein Beschluss, durch welchen einem Anleihensvertreter Vollmacht zur einheitlichen Wahrung der Rechte der Anleihensgläubiger im Konkurs erteilt wird.

II. Autres décisions
1. Pouvoirs du représentant de la communauté

¹ L'assentiment de créanciers représentant plus de la moitié du capital en circulation est nécessaire pour révoquer ou modifier les pouvoirs conférés à un représentant de la communauté.

² La même majorité est requise pour donner à un représentant de la communauté les pouvoirs nécessaires pour sauvegarder d'une manière égale les droits des créanciers dans la faillite du débiteur.

II. Altre decisioni
1. Procura del rappresentante della comunione

¹ Il consenso di obbligazionisti rappresentanti più della metà del capitale in circolazione e necessario per revocare o modificare la procura conferita ad un rappresentante della comunione.

² La stessa maggioranza è richiesta per conferire ad un rappresentante della comunione le facoltà necessarie per la tutela collettiva dei diritti degli obbligazionisti nel fallimento del debitore.

Literatur

Vgl. die Literaturhinweise bei den Vorbem. zu Art. 1157–1186.

Neben denjenigen Beschlüssen, welche einen Eingriff in die Rechte der einzelnen Anleihensgläubiger bewirken, erfährt noch ein weiterer Fall eine, allerdings anders geartete, Spezialbehandlung, nämlich der **Widerruf** (aber nicht die Erteilung) **und die Abänderung der** einem **Anleihensvertreter** erteilten (allgemeinen) **Vollmacht**. Die Erteilung (und damit dann wohl auch der Widerruf und die Abänderung) einer Voll- 1

Art. 1181 1   34. Titel: Anleihensobligationen

macht an den Anleihensvertreter zur einheitlichen Wahrung der Rechte der Anleihensgläubiger im Konkurs unterliegt ebenfalls dieser Sonderregelung des Art. 1180. Im Gegensatz zu den Beschlüssen gem. Art. 1170 bedürfen derartige Beschlüsse jedoch nicht einer Mehrheit von zwei Dritteln, sondern «lediglich» von mehr als der Hälfte des in Umlauf befindlichen Kapitals. Diese Beschlüsse unterliegen im Weiteren auch nicht dem Vorbehalt einer Genehmigung durch ein staatliches Organ. Von Interesse ist dabei, dass die Wahl eines Anleihensvertreters (ausser für die einheitliche Wahrung der Rechte der Anleihensgläubiger im Konkurs gem. Art. 1183) lediglich der absoluten Mehrheit der an der Versammlung vertretenen Stimmen bedarf, der Widerruf und die Abänderung dieser Vollmacht unterliegen jedoch der Quorumsbestimmung von Art. 1180. Zweck dieser unterschiedlichen Anforderungen an die entsprechenden Beschlüsse ist der einer erhöhten Stabilität, damit verhindert wird, dass knappe Mehrheiten an einzelnen Gläubigerversammlungen gegenteilige Beschlüsse fassen (s. dazu auch Botschaft 1947, 879).

2   Das im Umlauf befindliche Kapital wird aufgrund von Art. 1173 Abs. 1 ermittelt.

Art. 1181

2. Die übrigen Fälle	**¹ Für Beschlüsse, die weder in die Gläubigerrechte eingreifen noch den Gläubigern Leistungen auferlegen, genügt die absolute Mehrheit der vertretenen Stimmen, soweit das Gesetz es nicht anders bestimmt oder die Anleihensbedingungen nicht strengere Bestimmungen aufstellen.**
	² Diese Mehrheit berechnet sich in allen Fällen nach dem Nennwert des in der Versammlung vertretenen stimmberechtigten Kapitals.
2. Autres cas	¹ Les décisions qui n'entament pas les droits de l'obligataire ni n'imposent à ceux-ci de nouvelles prestations peuvent être prises à la majorité absolue des voix représentées, à moins que la loi n'en dispose autrement ou que les conditions de l'emprunt n'exigent une majorité plus forte.
	² La majorité absolue est calculée, dans tous les cas, sur la valeur nominale du capital représenté à l'assemblée par les obligations donnant droit de vote.
3. Altri casi	¹ Le altre deliberazioni che non ledono i diritti degli obbligazionisti e non impongono a questi nuove prestazioni possono essere prese dalla maggioranza assoluta dei voti rappresentati, eccetto che la legge disponga diversamente o che le condizioni del prestito stabiliscano una maggioranza superiore.
	² La maggioranza assoluta si determina, in tutti i casi, secondo il valore nominale del capitale con diritto di voto rappresentato all'assemblea.

Literatur

Vgl. die Literaturhinweise bei den Vorbem. zu Art. 1157–1186.

1   Art. 1181 bezieht sich auf sämtliche Beschlüsse, die weder unter Art. 1170 noch unter Art. 1180 zu subsumieren sind. Diese übrigen Fälle unterteilen sich wiederum in zwei Gruppen, nämlich diejenigen **Beschlüsse,** die – ohne dass sie einen der Tatbestände von Art. 1170 erfüllen – in die Rechte der einzelnen Anleihensgläubiger eingreifen, und diejenigen, **die die einzelnen Gläubigerrechte nicht tangieren.** Erstere bedürfen,

soweit sie über die von Art. 1170 zugelassenen Massnahmen hinausgehen, aufgrund von Art. 1173 eines einstimmigen Beschlusses sämtlicher Anleihensgläubiger. Soweit Eingriffe in Gläubigerrechte jedoch von Sinn und Zweck des Art. 1170 mitumfasst sind oder lediglich kleinere Anpassungen bedeuten (z.B. Wegbedingung des Rechts auf Publikation von Anleihensänderungen in den Printmedien und Substituierung durch Nutzung von elektronischen Plattformen), sollten sie mit den Quoren von Art. 1170 gefasst werden können. Für die zweite Kategorie von Beschlüssen genügt die absolute Mehrheit der an der Versammlung vertretenen Stimmen. Allerdings bleiben auch hier die weiter gehenden Anleihensbedingungen vorbehalten. Hierunter fällt v.a. die Wahl eines Anleihensvertreters, die Bestimmung seiner Befugnisse und die Änderung der Zahlstellen.

Die stimmberechtigten Versammlungsteilnehmer, deren Stimmkraft und damit auch die erforderliche absolute Mehrheit berechnet sich aufgrund des Nennwertes des vertretenen Kapitals. Im Einzelnen gelten dabei die Vorschriften der Art. 1167 f. (s. dort). Massgebender Zeitpunkt für die **Berechnung des an der Versammlung vertretenen stimmberechtigten Kapitals** ist der Zeitpunkt der entsprechenden Abstimmung. Im Extremfall würde somit die Zustimmung des einzigen an der Abstimmung teilnehmenden Anleihensgläubigers genügen. Diese Regelung läuft im Resultat darauf hinaus, dass Nicht-Teilnahme an der Gläubigerversammlung Stimmenthaltung, Teilnahme mit Stimmenthaltung jedoch Ablehnung des entsprechenden Antrages bedeutet.

Art. 1182

3. Anfechtung	Beschlüsse im Sinne der Artikel 1180 und 1181, die das Gesetz oder vertragliche Vereinbarungen verletzen, können von jedem Anleihensgläubiger der Gemeinschaft, der nicht zugestimmt hat, binnen 30 Tagen, nachdem er von ihnen Kenntnis erhalten hat, beim Richter angefochten werden.
3. Recours	Tout obligataire qui n'a pas adhéré aux décisions visées par les art. 1180 et 1181 peut, lorsqu'elles violent la loi ou des clauses conventionnelles, les déférer au juge dans le mois à compter du jour où il en a eu connaissance.
3. Ricorso	Contro le deliberazioni previste negli articoli 1180 e 1181 ogni obbligazionista che non vi ha aderito può, allorché esse violano la legge o disposizioni convenzionali, presentare ricorso al giudice, entro il termine di un mese dal giorno in cui egli ha avuto notizia di esse.

Literatur

Vgl. die Literaturhinweise bei den Vorbem. zu Art. 1157–1186.

I. Normzweck

Währenddem Beschlüsse aufgrund von Art. 1170 der Genehmigung durch ein staatliches Aufsichtsorgan bedürfen, können die übrigen Beschlüsse gerichtlich angefochten werden. Im Gegensatz zu den Beschlüssen gem. Art. 1170 wird somit in den übrigen Fällen der nicht zustimmende Anleihensgläubiger gezwungen, selber aktiv etwas zu unternehmen, sofern er sich mit den Mehrheitsbeschlüssen nicht zufrieden geben will. Die Gläubigerversammlungsbeschlüsse aufgrund der Art. 1180 f. sind jedoch bei Erreichen des notwendigen Quorums sofort und uneingeschränkt gültig. Die erfolgreiche **Anfech-**

tung eines Beschlusses** führt jedoch zu dessen Aufhebung *ex tunc* mit Wirkung *erga omnes,* selbst wenn der Beschluss auch nur von einem einzigen Gläubiger angefochten wurde (BGE 62 III 168 ff.).

II. Anfechtungsverfahren

2 Beschlüsse der Gläubigerversammlung können von jedem einzelnen Anleihensgläubiger des entsprechenden Anleihens, der dem Beschluss nicht zugestimmt hat (also sich der Stimme enthielt, dagegen stimmte oder abwesend war), angefochten werden. Nach dem deutschen Text beträgt die **Anfechtungsfrist** 30 Tage, der französische und italienische Text sprechen von einem Monat. Damit muss davon ausgegangen werden, dass die Frist jedenfalls 30 Tage beträgt, sofern jedoch der Monat des Beginns des Fristenlaufes 31 Tage hat, 31 Tage (s. dazu auch BGE 47 III 4 f.). Die Frist beginnt mit dem Tag, an welchem der anfechtende Anleihensgläubiger vom Beschluss Kenntnis erhalten hat.

3 Für die örtliche und sachliche **Zuständigkeit** gilt analog Art. 31 GestG. Für das Verfahren ist das danach zutreffende kantonale Recht massgebend, wobei ohne besondere Vorschriften eine den Vorschriften des kantonalen Zivilprozessrechtes entsprechende, ordentliche Klage zu erheben ist. Dabei genügt zur Einhaltung der Frist das vom kantonalen Prozessrecht vorgeschriebene erste Tätigwerden zur Einleitung des Verfahrens. Die Klage richtet sich sowohl gegen die Gläubigergemeinschaft wie auch gegen den Schuldner (ROHR, 292).

4 Anfechtungsgründe sind aufgrund des klaren Gesetzestextes entweder die Verletzung gesetzlicher Bestimmungen oder aber vertragliche Vereinbarungen, womit wohl nur die Anleihensbedingungen gemeint sein können.

Art. 1183

E. Besondere Anwendungsfälle
I. Konkurs des Schuldners

¹ **Gerät ein Anleihensschuldner in Konkurs, so beruft die Konkursverwaltung unverzüglich eine Versammlung der Anleihensgläubiger ein, die dem bereits ernannten oder einem von ihr zu ernennenden Vertreter die Vollmacht zur einheitlichen Wahrung der Rechte der Anleihensgläubiger im Konkursverfahren erteilt.**

² **Kommt kein Beschluss über die Erteilung einer Vollmacht zustande, so vertritt jeder Anleihensgläubiger seine Rechte selbständig.**

E. Cas particuliers
I. Faillite du débiteur

¹ Lorsque le débiteur est déclaré en faillite, l'administration de la faillite convoque immédiatement une assemblée des créanciers, qui donne au représentant déjà désigné, ou à celui qu'elle désignera elle-même, les pouvoirs nécessaires pour sauvegarder d'une manière égale les droits des créanciers dans la faillite.

² Faute de décision conférant les pouvoirs nécessaires à un représentant, chaque créancier exerce personnellement ses droits.

E. Casi particolari
I. Fallimento del debitore

¹ Se il debitore è dichiarato in fallimento, l'amministrazione di questo convoca immediatamente un'assemblea degli obbligazionisti, la quale conferisce al rappresentante già designato o ch'essa designa, le facoltà necessarie

per la tutela collettiva dei diritti degli obbligazionisti nella procedura fallimentare.

² In mancanza di deliberazione che conferisca le facoltà necessarie a un rappresentante, ogni obbligazionista fa valere individualmente i suoi diritti.

Literatur

Vgl. die Literaturhinweise bei den Vorbem. zu Art. 1157–1186.

I. Normzweck

Zweck der in Art. 1183 getroffenen Regelung ist der einer einheitlichen **Wahrung der** 1
Rechte der Anleihensgläubiger im Konkursverfahren. Von Vorteil ist dabei v.a., dass die meisten Anleihensgläubiger auf sich allein gestellt wohl nur zu den kleinen Konkursgläubigern zählen würden, währenddem eine ausstehende Anleihe als ganzes wohl zu den grösseren Passivpositionen des konkursiten Schuldners gehört. Damit kommt dem Anleihensvertreter im Konkursverfahren und insb. in den Gläubigerversammlungen eine einflussreichere Position als jedem einzelnen auf sich gestellten Anleihensgläubiger zu.

Gleichzeitig bewirkt Abs. 1 die **Anonymisierung der einzelnen Anleihensgläubiger,** 2
welche entgegen Art. 232 Abs. 1 Ziff. 1 SchKG und BGE 42 III 387 nicht als einzelne, namentlich genannte Konkursgläubiger am Konkursverfahren teilnehmen. Dies wiederum bewirkt den praktischen Ausschluss der Verrechnung einzelner Anleihensforderungen mit Gegenforderungen der Konkursmasse gegen ebenfalls insolvente Anleihensgläubiger. Andererseits verwehrt Art. 1183 dem einzelnen Anleihensgläubiger nicht, seinerseits aufgrund von Art. 213 Abs. 3 SchKG die Einrede der Verrechnung mit seiner Forderung aufgrund der Anleihe einzuwenden (ROHR, 292).

II. Einberufung und Durchführung der Versammlung

Die **Versammlung der Anleihensgläubiger** wird durch die Konkursverwaltung einbe- 3
rufen. Damit kann eine derartige Versammlung der Anleihensgläubiger erst nach Durchführung der ersten Konkursgläubigerversammlung i.S.v. Art. 235 ff. SchKG durchgeführt werden, da im ordentlichen Konkursverfahren die Konkursverwaltung erst in diesem Zeitpunkt gewählt wird (s. dazu Art. 237 Abs. 2 SchKG). Bis zu diesem Zeitpunkt kann jeder einzelne Anleihensgläubiger seine Rechte selber wahrnehmen, also insb. an der ersten Konkursgläubigerversammlung teilnehmen. Sofern jedoch das Konkursverfahren mangels Vermögen gem. Art. 230 SchKG eingestellt wird, findet überhaupt keine Versammlung der Anleihensgläubiger statt und kann eine solche auch nicht verlangt werden (OGer LU, LGVE 1986 I 66 ff.).

Gemäss Art. 1180 Abs. 2 bedarf der Beschluss zur Erteilung der Vollmacht der Zustim- 4
mung von mehr als der Hälfte des im Umlauf befindlichen Kapitals.

III. Rechtsfolgen

Sofern die Versammlung der Anleihensgläubiger mit dem dafür notwendigen Quorum 5
beschliesst, einem Vertreter die **Vollmacht zur einheitlichen Wahrung der Rechte** zu erteilen, kann nur noch dieser Vertreter an weiteren Konkursgläubigerversammlungen im Namen aller Anleihensgläubiger teilnehmen. Dabei kann dieser Vertreter die Zahl sämtlicher Anleihensgläubiger (also auch der nicht zustimmenden) stimmmässig ver-

Art. 1184

treten (s.a. BGE 116 III 96 ff.; 38 I 774 ff.). Andernfalls wären die an der Versammlung der Anleihensgläubiger nicht teilnehmenden sowie die den Beschluss ablehnenden Gläubiger aufgrund der Ausschliesslichkeitsregel von Art. 1183 vom Konkursverfahren überhaupt ausgeschlossen (a.M. ROHR, 292, jedoch ohne Begründung, sowie WÜTHRICH, Anleihensobligationen im Konkurs des Schuldners, Insolvenz- und Wirtschaftsrecht 3/2000, 97 m.H. auf die Schwierigkeit der exakten Feststellung der Anzahl Anleihensgläubiger; WÜTHRICH spricht sich daher für ein Stimmrecht im Umfang der an der Gläubigerversammlung anwesenden oder vertretenen Gläubiger aus).

6   Der **Umfang der Vollmacht** ergibt sich aus dem konkreten Beschluss der Versammlung der Anleihensgläubiger. Sofern sich dieser ohne nähere Ausführungen einfach auf Art. 1183 Abs. 1 bezieht, umfasst die Vollmacht lediglich die Konkurseingabe und allenfalls die Kollokationsklage auf Zulassung bzw. die Verteidigung gegen eine Kollokationsplananfechtung anderer Gläubiger sowie die Vertretung der Anleihensgläubiger an der zweiten Konkursgläubigerversammlung (BK-ZIEGLER, N 6 f.). Ohne ausdrückliche Prozessvollmacht sind jedoch weitere Klagen wie insb. die abtretungsweise Geltendmachung von Massenansprüchen lediglich zur Wahrung von angesetzten Fristen mit anschliessender Zustimmung und Vollmachtserteilung durch eine nachfolgende Versammlung der Anleihensgläubiger möglich. Aufgrund von Art. 1163 Abs. 2 sind die Kosten des gemeinsamen Vertreters vom Konkursergebnis in Abzug zu bringen.

Art. 1184

II. Nachlassvertrag

¹ Im Nachlassverfahren wird unter Vorbehalt der Vorschriften über die pfandversicherten Anleihen ein besonderer Beschluss der Anleihensgläubiger über die Stellungnahme zum Nachlassvertrag nicht gefasst, und es gelten für ihre Zustimmung ausschliesslich die Vorschriften des Schuldbetreibungs- und Konkursgesetzes vom 11. April 1889.

² Auf die pfandversicherten Anleihensgläubiger kommen, soweit eine über die Wirkungen des Nachlassverfahrens hinausgehende Einschränkung ihrer Gläubigerrechte stattfinden soll, die Bestimmungen über die Gläubigergemeinschaft zur Anwendung.

II. Concordat

¹ Dans la procédure concordataire, les créanciers ne prennent, sous réserve de ce qui est prescrit pour les emprunts garantis par gage, aucune décision au sujet du concordat et leur adhésion est exclusivement régie par la loi fédérale du 11 avril 1889 sur la poursuite pour dettes et la faillite.

² Les règles de la communauté des créanciers s'appliquent aux créanciers de l'emprunt garanti par gage, en tant que des restrictions seraient apportées à leurs droits dans une mesure excédant les effets du concordat.

II. Concordato

¹ Nella procedura concordataria, con riserva delle disposizioni sui prestiti garantiti da pegno, gli obbligazionisti non prendono deliberazione alcuna sul concordato e per la loro adesione valgono unicamente le disposizioni della legge federale dell'11 aprile 1889 sulla esecuzione e sul fallimento.

² Le norme sulla comunione degli obbligazionisti si applicano agli obbligazionisti garantiti da pegno, in quanto i loro diritti fossero lesi in misura eccedente gli effetti del concordato.

2. Abschnitt: Gläubigergem. bei Anleihensoblig. Art. 1185

Literatur

Vgl. die Literaturhinweise bei den Vorbem. zu Art. 1157–1186.

Anders als im Konkursverfahren sieht das Gesetz für das **Nachlassverfahren** keine einheitliche Wahrung der Anleihensgläubigerrechte vor. Eine Forderungseingabe hat im Nachlassverfahren daher durch jeden einzelnen Anleihensgläubiger aufgrund von Art. 300 SchKG zu erfolgen. Die entsprechende öffentliche Aufforderung des Sachwalters richtet sich damit ohne weiteres auch an die nicht pfandgesicherten bzw. nicht pfandgedeckten Anleihensgläubiger. Zur Bestimmung der für das Zustandekommen des Nachlassvertrages notwendigen Mehrheit der Gläubiger gem. Art. 305 SchKG ist auf die Eingabe der Gläubiger abzustellen, soweit aus den Büchern der Gesellschaft sich nicht etwas anderes ergibt. Diejenigen Titel, für welche keine Forderungseingabe vorliegt, sind – soweit sie auf den Inhaber lauten – je einzeln als selbständige Forderung zu behandeln. 1

Abs. 2 ergänzt im Weiteren Art. 1164 ff. und insb. Art. 1170 insoweit, als dass der **Sachwalter** und allfälligerweise der Konkursverwalter als Vertreter des Schuldners auch im Nachlassverfahren bei pfandversicherten Anleihen eine Gläubigerversammlung einberufen können. Diese kann wiederum aufgrund von Art. 1170 auch die dort aufgeführten Einschränkungen der Gläubigerrechte beschliessen. Für Einzelheiten s. die Komm. zu Art. 1164 ff. 2

Art. 1185

III. Anleihen von Eisenbahn- oder Schifffahrtsunternehmungen

¹ **Auf die Anleihensgläubiger einer Eisenbahn- oder Schifffahrtsunternehmung sind die Bestimmungen des gegenwärtigen Abschnittes unter Vorbehalt der nachfolgenden besondern Vorschriften anwendbar.**

² **Das Gesuch um Einberufung einer Gläubigerversammlung ist an das Bundesgericht zu richten.**

³ **Für die Einberufung der Gläubigerversammlung, die Beurkundung, die Genehmigung und die Ausführung ihrer Beschlüsse ist das Bundesgericht zuständig.**

⁴ **Das Bundesgericht kann nach Eingang des Gesuches um Einberufung einer Gläubigerversammlung eine Stundung mit den in Artikel 1166 vorgesehenen Wirkungen anordnen.**

III. Emprunts d'entreprises de chemins de fer ou de navigation

¹ Les dispositions du présent chapitre sont applicables sous réserve de celles qui suivent, aux entreprises de chemins de fer ou de navigation.

² La requête tendant à la convocation d'une assemblée des créanciers est adressée au Tribunal fédéral.

³ Le Tribunal fédéral est compétent pour convoquer l'assemblée des créanciers, ainsi que pour constater, approuver et exécuter ses décisions.

⁴ Dès que le Tribunal fédéral est saisi de la requête tendant à la convocation d'une assemblée des créanciers, il peut ordonner un sursis ayant les effets prévus à l'art. 1166.

III. Prestiti di imprese di strade ferrate o di navigazione

¹ Le disposizioni del presente capo sono applicabili agli obbligazionisti di un'impresa di strade ferrate o di navigazione con riserva delle norme speciali seguenti.

Christian Steinmann/Thomas U. Reutter

Art. 1186

² L'istanza per la convocazione di un'assemblea degli obbligazionisti deve essere diretta al Tribunale federale.

³ Il Tribunale federale è competente a convocare l'assemblea degli obbligazionisti come pure a certificare, approvare ed eseguire le sue decisioni.

⁴ Non appena gli è stata presentata l'istanza per la convocazione di un'assemblea degli obbligazionisti, il Tribunale federale può ordinare una moratoria con gli effetti previsti nell'articolo 1166.

Literatur

Vgl. die Literaturhinweise bei den Vorbem. zu Art. 1157–1186.

1   Die Sonderregelung von Art. 1185 **für Eisenbahn- und Schifffahrtsunternehmungen** ist wohl nur historisch erklärbar und heute kaum mehr begründet. Da aufgrund von Art. 1157 Abs. 3 die Vorschriften dieses Abschnittes nicht auf Anleihen des Bundes, der Kantone, der Gemeinden und anderer Körperschaften und Anstalten des öffentlichen Rechts anwendbar sind, kommen auch für die Anwendbarkeit von Art. 1185 nur private Eisenbahn- und Schifffahrtsunternehmungen in Frage. Dabei werden die Eisenbahnen in Art. 1 Abs. 2 des Eisenbahngesetzes vom 20.12.1957 (SR 742 101) und die Schifffahrtsunternehmungen in Art. 1 VZEG (SR 742 211) definiert. Nach BGE 101 I 130 (= Pra 1975, 781 ff.) fallen jedoch Luftseilbahnen nicht unter den Begriff der Eisenbahnunternehmung.

2   Das **Gesuch um Einberufung einer Gläubigerversammlung** muss nur für Beschlüsse gem. Art. 1170 an das BGer gerichtet werden. Die Einberufung einer Gläubigerversammlung zur Erfassung von Beschlüssen gem. Art. 1180 oder 1181 kann jedoch ohne Mitwirkung des BGer durch den Schuldner selbst erfolgen, da diese Beschlüsse auch ohne weitere behördliche Genehmigung gefasst werden können. Das Gesuch um Einberufung einer Gläubigerversammlung wird vom BGer jedoch abgewiesen, sofern von vornherein feststeht, dass der Vorschlag, über den die Versammlung abstimmen soll, nicht genehmigt werden kann (BGE 96 II 200).

3   Für das Verfahren gelten grundsätzlich die Vorschriften der GGV, wobei die Leitung des Verfahrens beim BGer liegt. Dieses kann jedoch auch etwas anderes anordnen (s. Art. 5 Abs. 4 GGV).

Art. 1186

F. Zwingendes Recht

¹ **Die Rechte, die das Gesetz der Gläubigergemeinschaft und dem Anleihensvertreter zuweist, können durch die Anleihensbedingungen oder durch besondere Abreden zwischen den Gläubigern und dem Schuldner weder ausgeschlossen noch beschränkt werden.**

² **Die erschwerenden Bestimmungen der Anleihensbedingungen über das Zustandekommen der Beschlüsse der Gläubigerversammlung bleiben vorbehalten.**

F. Droit impératif

¹ Les droits conférés par la loi à la communauté des créanciers et à son représentant ne peuvent être supprimés, ni restreints par les conditions de l'emprunt ou par des conventions spéciales entre les créanciers et le débiteur.

² Sont réservées les dispositions des conditions de l'emprunt qui rendent les décisions de l'assemblée des créanciers plus difficiles à obtenir.

F. Diritto imperativo ¹ I diritti che la legge conferisce alla comunione degli obbligazionisti ed al suo rappresentante non possono essere né soppressi né menomati dalle condizioni del prestito o da pattuizioni speciali fra gli obbligazionisti ed il debitore.

² Sono riservate le disposizioni delle condizioni del prestito che possono assoggettare a requisiti più rigorosi le deliberazioni dell'assemblea degli obbligazionisti.

Literatur

Vgl. die Literaturhinweise bei den Vorbem. zu Art. 1157–1186.

Gemäss Art. 1186 sind die Bestimmungen dieses Abschnittes weitgehend **zwingend**. Aufgrund von Abs. 1 darf jedoch nicht *e contrario* geschlossen werden, dass der Gläubigergemeinschaft oder dem Anleihensvertreter weitere, im Gesetz nicht vorgesehene Rechte zugewiesen werden könnten. Dem steht Abs. 2 entgegen, der lediglich erschwerende Bestimmungen der Anleihensbedingungen über das Zustandekommen von Beschlüssen der Gläubigerversammlung vorbehält. Dabei wird überwiegend die Meinung vertreten, dass eine derartige Erschwerung nicht bis zum Erfordernis der Einstimmigkeit gehen könne (ROHR, 293 m.w.Nw.). 1

Es ist jedoch nicht ersichtlich, wieso die Anleihensbedingungen nicht auch für gewisse Beschlüsse Einstimmigkeit verlangen können. In diese Richtung geht zumindest auch die Botschaft 1947, 888. 2

Schlussbestimmungen zum Sechsundzwanzigsten Titel

Art. 1 SchlT AG

A. Schlusstitel des Zivilgesetzbuches	**Der Schlusstitel des Zivilgesetzbuches gilt für dieses Gesetz.**
A. Titre final du code civil	Il titolo finale del Codice civile è applicabile parimenti alla presente legge.
A. Titolo finale del Codice civile	Le titre final du code civil est applicable à la présente loi.

Literatur

M. VISCHER, Die allgemeinen Bestimmungen des schweizerischen intertemporalen Privatrechts, 1986 (ZStP 52).

I. Einleitung

Art. 1–6 SchlT AG befassen sich mit dem Verhältnis des (mit Ausnahme der Bestimmungen von Art. 663e–663g) auf den 1.7.1992 in Kraft gesetzten revidierten Aktienrechts (Fassung gemäss BG vom 4.10.1991, s. AS 1992 733; betreffend Inkrafttreten AS 1992 786; dazugehörige Botschaft in BBl 1983 II 745 ff.) zum bis dahin in Kraft stehenden Aktienrecht. Art. 1–6 SchlT AG beschäftigen sich damit nicht mit dem Verhältnis des auf den 1.1.2008 in Kraft gesetzten revidierten Aktienrechts (Fassung gemäss BG vom 16.12.2005, s. AS 2007 4791, betreffend Inkrafttreten AS 2007 4839; dazugehörige Botschaften in BBl 2002, 3148 ff.; BBl 2004, 3969 ff.) zum bis dahin in Kraft stehenden Aktienrechts. Zum diesbezüglichen intertemporalen Recht s. Art. 1–11 ÜBest der Änderung vom 16.12.2005 (AS 2007 4836). **1a**

Art. 1 SchlT AG verweist auf Art. 1–61 SchlT ZGB, wobei je nach der bez. Art. 2 SchlT AG vertretenen Auffassung die Tragweite dieser **Verweisung** unterschiedlich ist. **1b**

Da nach der hier vertretenen Auffassung zwar Art. 2 SchlT AG Art. 1 ff. SchlT ZGB als **lex specialis** weitgehend verdrängt (Art. 2 SchlT AG N 5, 10 ff.), Art. 1–4 SchlT ZGB für das Verständnis von Art. 2 SchlT AG aber dennoch sehr wichtig sind (vgl. z.B. Art. 2 SchlT AG N 3, 10), seien diese Bestimmungen kurz kommentiert. **2**

II. Regel der Nichtrückwirkung in der objektiven Fassung: Art. 1 SchlT ZGB

Art. 1 SchlT ZGB besagt zusammengefasst Folgendes: **3**

Altrechtliche Tatsachen werden auch nach dem formellen Inkrafttreten des **neuen Privatrechts** nach **altem Privatrecht** beurteilt. Das bedeutet, dass die vom **alten Privatrecht** bez. der **altrechtlichen Tatsachen** getroffenen Anordnungen auch nach dem formellen Inkrafttreten des **neuen Privatrechts** weiter bestehen bleiben. Das impliziert, dass auch gewisse neurechtliche Tatsachen nach **altem Privatrecht** beurteilt werden. Im Übrigen aber ist für die **neurechtlichen Tatsachen** das **neue Privatrecht** relevant (CHK-BRÄNDLI, Art. 1 SchlT ZGB N 10 f.; BSK ZGB II-VISCHER, Art. 1 SchlT N 12; VISCHER, 45).

4 Art. 1 SchlT ZGB enthält die Regel der **Nichtrückwirkung** in der objektiven Fassung, weil sie die **Nichtrückwirkung** relativ formalistisch und wertindifferent umschreibt (CHK-BRÄNDLI, Art. 1 SchlT ZGB N 3, 6; BSK ZGB II-VISCHER, Art. 1 SchlT N 14; VISCHER, 46; vgl. auch TUOR/SCHNYDER/SCHMID, 1074). Als formalistische Formel genügt sie nicht, was auch der schweizerische Gesetzgeber erkannt hat und die Regel der **Nichtrückwirkung** in der objektiven Fassung (Art. 1 SchlT ZGB) mittels der Art. 1 SchlT ZGB präzisierenden Art. 2–4 SchlT ZGB zur Regel der **Nichtrückwirkung** in der subjektiven Fassung (Art. 1–4 SchlT ZGB) ausgebaut hat (CHK-BRÄNDLI, Art. 1 SchlT ZGB N 3; BSK ZGB II-VISCHER, Art. 1 SchlT N 14; VISCHER, 46; vgl. auch HEGNAUER, Die Übergangsbestimmungen zum neuen Kindesrecht, in: Mélanges Deschenaux, 1977, 154). Es geht deshalb nicht an, Entscheide im Bereich von Art. 1–4 SchlT ZGB allein auf Art. 1 SchlT ZGB abzustützen (CHK-BRÄNDLI, Art. 1 SchlT ZGB N 3; BSK ZGB II-VISCHER, Art. 1 SchlT N 14).

III. Regel der Nichtrückwirkung in der subjektiven Fassung: Beitrag von Art. 3 und 4 SchlT ZGB

5 Rein teleologisch lassen sich Art. 3 f. SchlT ZGB wie folgt formulieren: Altrechtliche Vertrauenspositionen (oder **Vertrauensinteressen** oder Vertrauenslagen) sind bei Privatrechtsänderungen zu schützen (BGE 133 III 105, 114; 131 III 327, 332 f.; 126 III 421, 429 = Pra 2001, 688, 696; BSK ZGB II-VISCHER, Art. 3 SchlT N 3 ff., Art. 4 SchlT N 3 ff.; VISCHER, 83).

6 Art. 3 f. SchlT ZGB sind **Generalklauseln,** die der **Typisierung** durch den Gesetzgeber und den Richter bedürfen (CHK-BRÄNDLI, Art. 3 SchlT ZGB N 4; BSK ZGB II-VISCHER, Art. 3 SchlT N 6, Art. 4 SchlT N 6; VISCHER, 90 ff.).

7 Art. 3 SchlT ZGB ist zu entnehmen, dass die rechtsgeschäftlichen Rechtsposition ein Beispiel resp. ein Typus einer Vertrauensposition oder, was gleich bedeutend ist, eines erworbenen Rechtes ist (BGE 126 III 421, 429 = Pra 2001, 688, 696; BSK ZGB II-VISCHER, Art. 3 SchlT N 6; VISCHER, 61 ff., 88 ff.), womit Art. 3 SchlT ZGB zum Ausdruck bringt, dass **Vertrauensschutz** i.d.R. **Dispositionsschutz,** d.h. Schutz eines Tätigwerdens des Rechtsunterworfenen, ist (BSK ZGB II-VISCHER, Art. 3 SchlT N 6; VISCHER, 90; WEBER-DÜRLER, Vertrauensschutz im öffentlichen Recht, 1983, 96 ff.). Art. 4 SchlT ZGB ist zu entnehmen, dass das subjektive Recht ein Beispiel resp. ein Typus einer weiteren Vertrauensposition bzw. eines weiteren erworbenen Rechtes ist (BGE 131 III 327, 332 f.; BSK ZGB-II VISCHER, Art. 4 SchlT N 3; VISCHER, 71 ff., 88 ff.).

IV. Regel der Nichtrückwirkung in der subjektiven Fassung: Beitrag von Art. 2 SchlT ZGB

8 Nach Art. 2 SchlT ZGB ist der Schutz altrechtlicher Vertrauenspositionen gemäss Art. 3 f. SchlT ZGB nicht absolut, sondern findet seine Schranke in entgegenstehenden, überwiegenden **öffentlichen Interessen** (BGE 133 III 105, 109 f., 113; 131 I 321, 329; 128 III 305, 307; 127 II 69, 77; 127 III 16, 19; 123 II 359, 362 f.; 119 II 46, 48; 117 II 452, 455; 117 III 52, 56; CHK-BRÄNDLI, Art. 2 SchlT ZGB N 7, Art. 3 SchlT ZGB N 4, Art. 4 SchlT ZGB N 5; BSK ZGB II-VISCHER, Art. 2 SchlT N 3 ff., Art. 3 SchlT N 4 und 7 f., Art. 4 SchlT N 8; TUOR/SCHNYDER/SCHMID, 1076; VISCHER, 96; ähnlich BROGGINI, SPR I 374).

Art. 2 SchlT ZGB ist wie Art. 3 f. SchlT eine **Generalklausel,** die der **Typisierung** **9**
durch den Gesetzgeber und Richter bedarf (CHK-BRÄNDLI, Art. 2 SchlT ZGB N 6,
Art. 3 SchlT ZGB N 4; BSK ZGB II-VISCHER, Art. 2 SchlT N 5, Art. 3 SchlT N 6,
Art. 4 SchlT N 6; VISCHER, 96 f.).

V. Regel der Nichtrückwirkung in der subjektiven Fassung: Art. 1–4 SchlT – Zusammenfassung

Art. 1–4 SchlT ZGB besagen zusammengefasst Folgendes: **10**

Altrechtliche erworbene Rechte, altrechtliche Vertrauenspositionen des Privaten gegenüber dem Staat bestehen auch nach dem formellen Inkrafttreten **neuen Privatrechts** nach **altem Privatrecht** weiter, sofern keine überwiegenden **öffentlichen Interessen** entgegenstehen (BSK ZGB II-VISCHER, Art. 1 SchlT N 15; VISCHER, 101).

Art. 1–4 SchlT ZGB enthalten die Regel der **Nichtrückwirkung** in der subjektiven Fassung, weil sie die **Nichtrückwirkung** relativ wertorientiert umschreibt (CHK-BRÄNDLI, Art. 1 SchlT ZGB N 3; BSK ZGB II-VISCHER, Art. 1 SchlT N 14; VISCHER, 101). **11**

Art. 1–4 SchlT ZGB verlangen damit beim Entscheid, ob **altes oder neues Recht** anwendbar ist, eine **Interessenabwägung,** d.h. eine Abwägung von **Vertrauensinteressen** und entgegenstehenden **öffentlichen Interessen** (BGE 133 III 105, 109 f., 113; 127 III 16, 19; 119 II 46, 48; 117 II 452, 455; 117 III 52, 56; CHK-BRÄNDLI, Art. 1 SchlT ZGB N 3, Art. 2 SchlT ZGB N 6 f.; BSK ZGB II-VISCHER, Art. 1 SchlT N 14, Art. 2 SchlT N 3 f., Art. 3 SchlT N 4 und 7, Art. 4 SchlT N 4, 8). **12**

Diese **Interessenabwägung** ist nicht allgemein und schematisch, aber auch nicht von Fall zu Fall, sondern auf dem Wege einer **Typisierung** durch Bildung von Regeln von höherem und niedrigem Abstraktionsgrad vorzunehmen (CHK-BRÄNDLI, Art. 2 SchlT ZGB N 6, Art. 3 SchlT ZGB N 4; BSK ZGB II-VISCHER, Art. 2 SchlT N 4 f., Art. 3 SchlT N 6, Art. 4 SchlT N 6 f.; VISCHER, 101; vgl. schon Art. 1 SchlT AG N 6, 9). Je höher dabei der Abstraktionsgrad einer Regel ist, umso grösser ist die Gefahr, dass sie einem Einzelfall nicht gerecht wird. **13**

Die **Typisierung** ist durch den Gesetzgeber und den Richter vorzunehmen, womit ausgesagt ist, welche Stellung Art. 1–4 SchlT ZGB zukommt. Es handelt sich bei diesen Bestimmungen mit quasi **Verfassungsrang** (BSK ZGB II-VISCHER, Art. 2 SchlT N 3, Art. 3 SchlT N 5; VISCHER, 30) um die allgemeinen Bestimmungen des schweizerischen **intertemporalen Privatrechts** (BGE 133 III 105, 108 f., 111; 126 III 421, 426 f. = Pra 2001, 688, 694; 124 III 266, 271; 124 III 277, 282; 121 III 210, 212 = Pra 1996, 316, 317; 120 II 118, 120; 117 III 52, 53 f.; 116 II 33, 36 = Pra 1991, 67, 69; 116 II 33, 36; 116 III 120, 124), ja des schweizerischen **intertemporalen Rechts** überhaupt (BGE 131 I 321, 329 und 127 II 69, 77 bez. Art. 2 SchlT ZGB; 116 II 209, 211; 84 II 179, 182; CHK-BRÄNDLI, Art. 1 SchlT ZGB N 2; BSK ZGB II-VISCHER, Art. 1 SchlT N 2; TUOR/SCHNYDER/SCHMID, 1074 f.; VISCHER, 27 f.). **14**

Führt die Abwägung der entgegenstehenden Interessen zur Anwendung **neuen Rechts,** so sind die im Zeitpunkt des Inkrafttretens des **neuen Rechts** bestehenden Rechtsverhältnisse in die äquivalenten Kategorien des **neuen Rechts** zu transponieren, durch welche **Transposition** quasi das **alte Recht** für den Bestand und das **neue Recht** für den Inhalt der altrechtlichen, im Zeitpunkt des Inkrafttretens des **neuen Rechts** noch bestehenden Rechtsverhältnisse massgebend wird (BSK ZGB II-VISCHER, Art. 2 SchlT N 6; VISCHER, 98; s.a. CHK-BRÄNDLI, Art. 1 SchlT N 4, Art. 2 SchlT N 7). **15**

Art. 2 SchlT AG

B. Anpassung an das neue Recht
I. Im Allgemeinen

¹ Aktiengesellschaften und Kommanditaktiengesellschaften, die im Zeitpunkt des Inkrafttretens dieses Gesetzes im Handelsregister eingetragen sind, jedoch den neuen gesetzlichen Vorschriften nicht entsprechen, müssen innert fünf Jahren ihre Statuten den neuen Bestimmungen anpassen.

² Gesellschaften die ihre Statuten trotz öffentlicher Aufforderung durch mehrfache Publikation im Schweizerischen Handelsamtsblatt und in den kantonalen Amtsblättern nicht innert fünf Jahren den Bestimmungen über das Mindestkapital, die Mindesteinlage und die Partizipations- und Genussscheine anpassen, werden auf Antrag des Handelsregisterführers vom Richter aufgelöst. Der Richter kann eine Nachfrist von höchstens sechs Monaten ansetzen. Gesellschaften, die vor dem 1. Januar 1985 gegründet wurden, sind von der Anpassung ihrer Statutenbestimmung über das Mindestkapital ausgenommen. Gesellschaften, deren Partizipationskapital am 1. Januar 1985 das Doppelte des Aktienkapitals überstieg, sind von dessen Anpassung an die gesetzliche Begrenzung ausgenommen.

³ Andere statutarische Bestimmungen, die mit dem neuen Recht unvereinbar sind, bleiben bis zur Anpassung, längstens aber noch fünf Jahre, in Kraft.

B. Adaptation au nouveau régime légal
I. En général

¹ Les sociétés anonymes et les sociétés en commandite par actions inscrites au registre du commerce lors de l'entrée en vigueur de la présente loi et qui ne seraient pas conformes aux règles de celle-ci sont tenues d'adapter leurs statuts aux exigences de la législation nouvelle dans un délai de cinq ans.

² Les sociétés qui, malgré une sommation officielle publiée à plusieurs reprises dans la *Feuille officielle suisse du commerce* et dans les Feuilles officielles cantonales n'adaptent pas leurs statuts dans les cinq ans aux dispositions sur le capital minimum, le montant minimal de libération et les bons de participation et de jouissance sont dissoutes par le juge à la requête du préposé au registre du commerce. Le juge peut impartir un délai supplémentaire de six mois au plus. Les sociétés constituées avant le 1er janvier 1985 ne sont pas tenues d'adapter leur disposition statutaire relative au capital minimum. Les sociétés dont le capital-participation dépassait le double du capital-actions au 1er janvier 1985 ne sont pas tenues de s'adapter à la limite légale.

³ Les autres dispositions statutaires incompatibles avec le nouveau régime légal restent en vigueur jusqu'à leur adaptation, mais au plus pendant cinq ans.

B. Adeguamento alla nuova disciplina legale
I. In genere

¹ Le società anonime e le società in accomandita per azioni che alla data dell'entrata in vigore della presente legge sono iscritte nel registro di commercio, ma non sono conformi alle nuove disposizioni legali, sono tenute ad adeguare, entro cinque anni, il loro statuto alle nuove norme.

² Le società che, nonostante diffida ufficiale pubblicata più volte nel «Foglio ufficiale svizzero di commercio» e nei Fogli ufficiali cantonali, non hanno adeguato entro cinque anni il proprio statuto alle disposizioni sul capitale minimo, sul conferimento minimo e sui buoni di partecipazione e di godimento, sono sciolte dal giudice, su richiesta dell'ufficiale del registro di commercio. Il giudice può assegnare un termine supplementare di sei mesi al massimo. Le società costituite innanzi il 1° gennaio 1985 non sono tenute

ad adeguare le loro disposizioni statutarie relative al capitale minimo. Le società il cui capitale di partecipazione eccedeva, il 1° gennaio 1985, il doppio del capitale azionario, non sono tenute ad adeguarsi al limite legale.

³ Le altre disposizioni statutarie incompatibili con la nuova disciplina legale rimangono in vigore fino al loro adeguamento, ma non oltre un periodo superiore a cinque anni.

Literatur

FORSTMOSER, Vom alten zum neuen Aktienrecht, SJZ 1992, 137, 157; RAPP, L'application du nouveau droit de la société anonyme aux sociétés fondées avant son entrée en viguer – problèmes urgents de droit transitoire, SZW 1992, 106; vgl. ausserdem die Literaturhinweise zu Art. 1 SchlT AG.

I. Einleitung

Art. 2 SchlT AG hat offensichtlich Art. 2 der Schluss- und Übergangsbestimmungen des BG vom 18.12.1936 über die Revision der Titel 24–33 des Obligationenrechts zum **Vorbild** (z.B. BÖCKLI, § 19 N 14; RAPP, SZW 1992, 107), für das schon STAUFFER festgestellt hat, dass es sich nicht durch besondere Klarheit auszeichnet (BK-STAUFFER, N 7). Gleiches gilt auch für Art. 2 SchlT AG, ja für Art. 1 ff. SchlT AG überhaupt (gl. M. BÖCKLI, § 19 N 1, 4, 13; FORSTMOSER/MEIER-HAYOZ/NOBEL, § 5 N 61; FORSTMOSER, SJZ 1992, 147; FORSTMOSER, SZW 1992, 67).

Die **Grundfrage** bei der Auslegung von Art. 2 SchlT AG ist, ob diese Bestimmungen von der Anpassung der **altrechtlichen Gesellschaften** schlechthin handeln, was der Wortlaut des Randtitels zu Art. 2 ff. SchlT AG sowie der Wortlaut des ersten Halbsatzes von Abs. 1 anzudeuten scheint, oder nur von der Anpassung der **altrechtlichen Statuten,** was der übrige Wortlaut von Art. 2 SchlT AG nahe zu legen scheint.

II. Weitergeltung des alten Rechts

Nach Abs. 3 blieben im Sinne der von BÖCKLI aufgeführten dritten Hauptregel des hier kommentierten **intertemporalen Rechts** (BÖCKLI, § 19 N 27 ff.) gewisse **altrechtliche statutarische Bestimmungen** während längstens fünf Jahren ab Inkrafttreten des neuen Rechts (also bis 30.6.1997) in Kraft, wobei vor dem Hintergrund von Art. 1–4 SchlT ZGB und insb. des Beitrages von Art. 3 SchlT ZGB zur Auslegung von Art. 1–4 SchlT ZGB, wonach **Vertrauensschutz** i.d.R. **Dispositionsschutz** ist (Art. 1 SchlT AG N 7), klar ist, welche **altrechtlichen statutarischen Bestimmungen** gemeint waren. Es sind nämlich nur diejenigen Bestimmungen, mit welchen von einem nach **altem Recht (**a.M. RAPP, SZW 1992, 108) bestehenden **Gestaltungsspielraum,** der nach **neuem Recht** nicht mehr besteht, Gebrauch gemacht wurde, sei es mit der Übernahme der dispositiven gesetzlichen Regelung **des alten Rechts** mittels Wiedergabe dieser Regelung (was sich auch aus Art. 6 SchlT AG ergibt, da diese Bestimmung eine Weitergeltung bloss «abgeschriebener» gesetzlicher **Quorumsvorschriften** voraussetzt, vgl. auch FORSTMOSER/ MEIER-HAYOZ/NOBEL, § 5 N 66) oder durch Verweisung auf diese Regelung (a.M. FORSTMOSER/MEIER-HAYOZ/NOBEL, § 5 N 92, FORSTMOSER, SJZ 1992, 158; KLÄY, SZW 1991, 315; unklar BÖCKLI, § 19 N 28) oder sei es durch eine (zulässige) Abweichung davon. Als Beispiele solcher **altrechtlicher statutarischer Bestimmungen** können etwa **altrechtliche statutarische Vinkulierungsbestimmungen** (dazu z.B. BAUMGARTNER, SZW 1992, 154; BÖCKLI, N 2053, 2151 ff.; FORSTMOSER, SJZ 1992, 164; KLÄY, SZW 1991, 315), **altrechtliche statutarische Quorumsvorschriften** (dazu z.B.

FORSTMOSER, SJZ 1992, 158 ff., 166 f.) oder **altrechtliche statutarische Bestimmungen** über die **Einladungsfrist** im Zusammenhang mit der GV (dazu z.B. FORSTMOSER, SJZ 1992, 166) genannt werden.

4   Ausnahmen von dieser Regelung bestehen nach Abs. 2 Satz 3 f. SchlT AG im Bereich **altrechtlicher Statutenbestimmungen** über das **Mindestkapital** von vor dem 1.1.1985 gegründeten Gesellschaften und im Bereich **altrechtlicher Statutenbestimmungen** über die Höhe des **PS-Kapitals** von Gesellschaften, bei denen dieses Kapital am 1.1.1985 das Doppelte des **AK** überstieg. Diese **altrechtlichen Statutenbestimmungen** bleiben im Sinne der von BÖCKLI aufgeführten vierten Hauptregel des hier kommentierten **intertemporalen Rechts** (BÖCKLI, § 19 N 39 ff.) zeitlich unbeschränkt in Kraft, sofern sie nicht freiwillig angepasst werden (sog. «Grandfathering», vgl. BÖCKLI, § 19 N 39 ff.; FORSTMOSER/MEIER-HAYOZ/NOBEL, § 5 N 77 ff.; FORSTMOSER, SJZ 1992, 160).

5   Soweit **altrechtliche Statutenbestimmungen** (gemäss diesen Ausnahmebestimmungen und nicht einfach aufgrund der Tatsache, dass sie mit dem **neuen Recht** vereinbar sind) in Kraft bleiben, gilt **altes Recht** weiter (m.E. zu Unrecht bezüglich der **Vinkulierungsbestimmungen** differenzierend, FORSTMOSER, SJZ 1992, 157). Diesbezüglich hat der Richter keine **Interessenabwägung** i.S.v. Art. 1–4 SchlT ZGB mehr vorzunehmen und allenfalls gestützt darauf dem **neuen Recht** doch zum Durchbruch zu verhelfen. Der Gesetzgeber hat bereits die geforderte **Interessenabwägung** vorgenommen und entschieden. Art. 2 SchlT AG geht deshalb diesbezüglich Art. 1 ff. SchlT ZGB als **lex specialis** vor (gl.M. RAPP, SZW 1992, 107; **a.M.** FORSTMOSER, SJZ 1992, 158, vgl. auch Art. 2 SchlT AG N 10 ff.).

6   Art. 2 SchlT AG schützte bzw. schützt damit für eine gewisse Zeit (beschränkt oder unbeschränkt) erlaubtes statutarisches Tätigwerden unter **altem Recht.**

III. Anwendung des neuen Rechts

7   Umgekehrt bedeutet die positive Aussage, wonach erlaubtes statutarisches Tätigwerden unter **altem Recht** für eine gewisse Zeit geschützt wird, negativ, dass überall dort, wo ein erlaubtes statutarisches Tätigwerden unter **altem Recht** nicht vorlag, sei es mangels **Gestaltungsspielraum** (infolge zwingendem **alten Recht**) trotz statutarischem Tätigwerden (vgl. auch BÖCKLI, § 19 N 28; FORSTMOSER, SJZ 1992, 159) oder mangels statutarischem Tätigwerden überhaupt, ab Inkrafttreten des **neuen Rechts** dieses Recht zur Anwendung kam. Denn es darf bei diesem (konsequenten) Umkehrschluss keine Rolle spielen, ob ein statutarisches Tätigwerden in einem Bereich vorlag, in dem nach **altem Recht** kein **Gestaltungsspielraum** bestand, oder ob überhaupt ein statutarisches Tätigwerden vorlag.

8   Das führt im Sinne der von BÖCKLI aufgeführten zweiten Hauptregel des hier kommentierten **intertemporalen Rechts** (BÖCKLI, § 19 N 20 ff.) zur integralen Anwendung des **neuen Rechts** ab Inkrafttreten dieses Rechts, es sei denn, dem stünden **altrechtliche Statutenbestimmungen** in einem Bereich entgegen, in dem das **alte Recht,** nicht aber das **neue Recht** einen **Gestaltungsspielraum,** einräumte, in dem das alte Recht also dispositiv war und das neue Recht zwingend ist. In diesen Fällen blieb bzw. bleibt das **alte Recht** für eine gewisse Zeit weiter anwendbar (vgl. Art. 2 SchlT AG N 3 ff.).

9   Auch dieses wurde aber mit den in Art. 2 Abs. 2 Satz 3 f. SchlT AG (und weiteren Bestimmungen, wie z.B. Art. 5 SchlT AG) genannten Ausnahmen nach spätestens fünf Jahren, d.h. ab dem 30.6.1997, durch das **neue Recht** verdrängt, indem die betreffen-

den **altrechtlichen Statutenbestimmungen** ausser Kraft traten und **neues Recht** zur Anwendung kommt (BÖCKLI, § 19 N 31 ff.; FORSTMOSER/MEIER-HAYOZ/NOBEL, § 5 N 74; BAUMGARTNER, SZW 1992, 154 betreffend Vinkulierungsvorschriften; FORSTMOSER, SJZ 1992, 157; KLÄY, SZW 1991, 314). Eine Ausnahme von dieser Regel enthält Art. 2 Abs. 2 Satz 1 f. SchlT AG, nach welcher Bestimmung im Bereich **altrechtlicher Statutenbestimmungen** über das **Mindestkapital, die Mindesteinlage** und die **PS und Genussscheine** nach Ablauf von längstens fünf Jahren nicht **neues Recht** zur Anwendung kommt, sondern die betreffende Gesellschaft auf Antrag des Handelsregisterführers vom Richter aufgelöst werden kann (BÖCKLI, § 19 N 35 ff.; FORSTMOSER/MEIER-HAYOZ/NOBEL, § 5 N 75 f.; FORSTMOSER, SJZ 1992, 157, m.H. auf die Problematik der Durchsetzung von Art. 2 Abs. 2 Satz 1 f. SchlT AG; für konkrete Anwendungsfälle z.B. PKG 2006 Nr. 32; ZR 1998 Nr. 101; SJ 1998 673). Immerhin kann der Richter noch eine Nachfrist von höchstens sechs Monaten ansetzen.

Damit lag vom Gesetzgeber ein **Grundsatzentscheid** zugunsten des **neuen Rechts** vor, weshalb mit dem Inkrafttreten des **neuen Rechts** überwiegend dieses zur Anwendung kommt. Für eine Anwendung von Art. 1 ff. SchlT ZGB, insb. 1–4 SchlT ZGB, bleibt kein Raum mehr. Der Richter hat keine **Interessenabwägung** mehr vorzunehmen und allenfalls weitere **Vertrauensinteressen** nicht zu schützen. Der Gesetzgeber hat bereits die geforderte **Interessenabwägung** vorgenommen und entschieden. Art. 2 SchlT AG geht deshalb auch diesbezüglich Art. 1 ff. SchlT ZGB als **lex spezialis** vor (Art. 2 SchlT AG N 5, vgl. auch RAPP, SZW 1992, 107 f., inbes. FN 11, m.w.V.; **a.M.** BÖCKLI, § 19 N 15 ff., der als erste Hauptregel des hier kommentierten **intertemporalen Rechts** die Regel der **Nichtrückwirkung** nennt, dann allerdings kein Beispiel der Anwendung dieser Regel aufführt). Immerhin ist das Heranziehen von Art. 1 ff. SchlT ZGB, insb. von Art. 1–4 SchlT ZGB, im Bereich von Lücken (zum Begriff z.B. BSK ZGB I-HONSELL, Art. 1 N 25 ff.) vorbehalten. Solche Lücken sind aber mit grösster Zurückhaltung anzunehmen (VISCHER, 27; FORSTMOSER, SZW 1992, 71 bez. der neuen Anforderung an die **RS**). Es geht nicht an, die Regel des Gesetzgebers, die einen relativ hohen Abstraktionsgrad hat und damit nicht jedem Einzelfall gerecht werden kann (Art. 1 SchlT AG N 13), mit der zu häufigen Anwendung von Art. 1–4 SchlT ZGB ausser Kraft zu setzen.

Diese Schlussfolgerung beruht im Wesentlichen auf einem (konsequenten) Umkehrschluss (vgl. Art. 2 SchlT AG N 7), aber nicht nur. Vielmehr ergibt sich die grundsätzliche Anwendbarkeit des **neuen Rechts** auch aus der Tatsache, dass selbst ausgeprägte **Vertrauensinteressen** wie diejenigen im Bereich des erlaubten statutarischen Tätigwerdens unter **altem Recht** mit zwei Ausnahmen (Art. 2 Abs. 2 Satz 3 f. SchlT AG) nur für längstens fünf Jahre ab Inkrafttreten des **neuen Rechts** geschützt werden, und überdies aus der Tatsache, dass bezüglich bestimmter **altrechtlicher Statutenbestimmungen** nach längstens fünf Jahren und einer evtl. Nachfrist von höchstens sechs Monaten die harte Sanktion der **Auflösung der Gesellschaft** verhängt wird (Art. 2 SchlT AG N 9).

Im Einklang mit dieser Schlussfolgerung geht auch die Lehre und Rechtsprechung in vielen Fällen vom Grundsatz der sofortigen Anwendbarkeit des neuen Rechts aus (vgl. z.B. Listen bei BÖCKLI, § 19 N 23 und FORSTMOSER, SJZ 1992, 159; vgl. auch BGE 120 II 393, 395 f., einem Entscheid im Bereich der Sonderprüfung). Allerdings wird in Lehre und Rechtsprechung oft in wenig systematischer Weise von Grundsatz der sofortigen Anwendbarkeit des neuen Rechts abgewichen und unter Berufung auf Art. 1–4 SchlT ZGB altes Recht angewendet (z.B. im Bereich der neuen Rechnungslegungsnormen mit dem Resultat, dass die neuen Rechnungslegungsnormen für im Zeitpunkt des Inkrafttretens des **neuen Rechts** bestehende Gesellschaften erst auf das erste volle Geschäftsjahr dieser Gesellschaften nach dem Inkrafttreten des **neuen Rechts** zur Anwendung kommen sollen, so BGE 120 II 425, 428 = Pra 1995, 441, 443 und z.B. FORSTMOSER/MEIER-HAYOZ/NOBEL, § 5 N 86 ff.; FORSTMOSER, SJZ 1992, 147 und 167; FORSTMOSER, SZW 1992, 67; im Bereich der neuen Anforderungen an die **RS** mit dem Resultat, dass die **RS** von im Zeitpunkt des Inkrafttretens des **neuen Rechts** bestehende Gesellschaften die neuen Anforderungen erst bei der Revision des ersten Abschlusses aufgrund der neuen Rechnungslegungsnormen soll erfüllen müssen, so z.B. FORSTMOSER/MEIER-HAYOZ/NOBEL, § 5 N 89; RAPP, SZW 1992, 108 f.; KLÄY, SZW 1991, 315; **a.M.** FORSTMOSER, SJZ 1992, 159 und 165; FORSTMOSER, SZW 1992, 70 f.; im Bereich der **Verantwortlichkeit** mit dem Resultat, dass auf Handlungen oder Unterlassungen vor dem Inkrafttreten des **neuen Rechts** (materielles) **altes Recht** zur Anwendung kommen soll, so BGE 127 III 453, 455 = Pra 2001, 1084, 1085 f.; 122 III 488, 490 = Pra 1997, 504, 506; 122 III 324, 324 f. = Pra 1997, 216, 217 und z.B. FORSTMOSER, SJZ 1992, 159; für die Anwendung der prozessualen Vorschriften des neuen Verantwortlichkeitsrechts aber BGE 122 III 324, 324 f. = Pra 1997, 216, 217 und z.B. SUTTER, SJZ 1998, 377; für die Anwendung der Regeln über die Solidarität des **neuen Rechts** aber BGE 127 III 453, 455 = Pra 2001, 1084, 1085 f. und z.B. BÖCKLI, § 19 N 24; im Bereich des Einsichtsrechts mit dem Resultat, dass auf im Zeitpunkt des Inkrafttretens des **neuen Rechts** hängige Einsichtsgesuche **altes Recht** zur Anwendung kommen soll, so BGE 119 II 46, 50; vgl. für einen instruktiven Anwendungsfall im Bereich der neuen Vorschriften über die Eintragung der **RS** auch ZR 1996 Nr. 41 oder im Bereich der Anfechtung von unter **altem Recht** ergangenen Generalversammlungsbeschlüssen auch RVJ 1993 270).

13 Ist aufgrund von Art. 2 SchlT AG **neues Recht** anwendbar, so sind die im Zeitpunkt des formellen Inkrafttretens des **neuen Rechts** bestehenden Rechtsverhältnisse in die äquivalenten Kategorien des **neuen Rechts** zu transponieren: *«So können etwa PS bis zum Inkrafttreten des neuen Rechts noch in der heutigen Form – also ohne Einhaltung eines Kapitalerhöhungsverfahrens – eingeführt werden. Der Inhalt der Partizipantenstellung richtete sich jedoch nach dem Inkrafttreten des neuen Rechts nach diesem, soweit nicht SchlBest. 3 I eine Ausnahme vorsieht»* (FORSTMOSER, SJZ 1992, 147). **Altrechtliche Gesellschaften** werden damit aufgrund des **Grundsatzentscheides** des Gesetzgebers zugunsten des **neuen Rechts** (Art. 2 SchlT AG N 8, 10) eo ipso mit dem Inkrafttreten des **neuen Rechts neurechtliche Gesellschaften,** soweit das Gesetz in Einzelbereichen keine Ausnahmen vorsieht (s.a. Art. 6b Abs. 3 SchlT ZGB).

14 Mit den Anordnungen in Art. 2 Abs. 3 SchlT AG, wonach nach Ablauf von fünf Jahren in Kraft gebliebene **altrechtliche Statutenbestimmungen** vorbehältlich gewisser Ausnahmen (s. insbesondere Art. 2 Abs. 2 Satz 3 und 4) ausser Kraft treten und neues Recht gilt, und in Art. 2 Abs. 2 Satz 1 und 2 SchlT AG, wonach nach Ablauf von längstens fünf Jahren und einer evtl. **Nachfrist** von höchstens sechs Monaten Gesellschaften mit bestimmten in Kraft gebliebenen **altrechtlichen Statutenbestimmungen** (nämlich betr. Mindestkapital, Mindesteinlage, PS und Genussscheine) auf Antrag des Handelsregisterführers vom Richter aufgelöst werden, hätte sich an sich die Bestimmung von Art. 2 Abs. 1 SchlT AG erübrigt. Dennoch sagt das Gesetz in Art. 2 Abs. 1 SchlT AG nochmals ausdrücklich, dass AG und KAG, die im Zeitpunkt des Inkrafttretens des **neuen Rechts** im Handelsregister eingetragen sind, jedoch den neuen Vorschriften nicht entsprechen, innert fünf Jahren ihre Statuten dem **neuen Recht** anzupassen hatten. Um die **Anpassung** zu erleichtern, enthält Art. 6 SchlT AG eine Sonderbestimmung.

IV. Sonderregelung in Art. 3 SchlT AG

Vgl. dort. 15

V. Schlussfolgerung

Entsprechend der hier vertretenen Ansicht der grundsätzlichen Anwendung des **neuen** 16
Rechts ab dessen Inkrafttreten, geht es in Art. 2 SchlT AG nicht nur um die Anpassung
der **altrechtlichen Statuten,** sondern um die Anpassung der **altrechtlichen Gesellschaften** schlechthin (vgl. auch Botschaft, 195: «*Hier [gemeint in Art. 2 SchlT AG]
wird die Wirkung des neuen Rechts auf die vorbestehenden Gesellschaften, insbesondere auf die alten Statuten geregelt*»; vgl. auch MEIER, AJP 1992, 318, wonach Art. 2
SchlT AG in allgemeiner Form die Wirkung des **neuen Rechts** auf bestehende Gesellschaften regelt). Das macht auch Sinn, nachdem eine Gesellschaft in erster Linie durch
das Gesetz definiert wird und nur, wo es das Gesetz erlaubt, durch (abweichende) Statuten, weshalb sich eine grundsätzlich einheitliche Unterstellung unter **altes oder neues
Recht** aufdrängt. Eine Differenzierung scheint zudem theoretisch nicht möglich und auf
alle Fälle kaum praktikabel.

VI. Anwendungsbereich

Art. 2 SchlT AG findet auf AG, aber gemäss ausdrücklichem Wortlaut auch auf KAG 17
Anwendung. Art. 2 SchlT AG findet m.E. auch auf andere Gesellschaftsformen Anwendung, soweit im Recht dieser anderen Gesellschaftsformen auf das Aktienrecht (und damit auch Art. 2 SchlT AG) verwiesen wird. Damit ist auch für diese anderen Gesellschaftsformen grundsätzlich **neues (Aktien-) Recht** anwendbar, soweit Aktienrecht
durch Verweisung im Recht dieser anderen Gesellschaftsformen relevant ist (gl.M.
BÖCKLI, § 19 N 2 f. m.H. auf abw. Meinungen FORSTMOSER/MEIER-HAYOZ/NOBEL, § 5
N 73).

Art. 3 SchlT AG

II. Einzelne Bestimmungen
1. Partizipations- und Genussscheine

**¹ Die Artikel 656a, 656b Absätze 2 und 3, 656c und 656d sowie
656g gelten für bestehende Gesellschaften mit dem Inkrafttreten dieses Gesetzes, auch wenn ihnen die Statuten oder Ausgabebedingungen widersprechen. Sie gelten für Titel, die als Partizipationsscheine oder Genussscheine bezeichnet sind, einen
Nennwert haben und in den Passiven der Bilanz ausgewiesen
sind.**

**² Die Gesellschaften müssen für die in Absatz 1 genannten Titel
innert fünf Jahren die Ausgabebedingungen in den Statuten
niederlegen und Artikel 656f anpassen, die erforderlichen Eintragungen in das Handelsregister veranlassen und die Titel, die
sich im Umlauf befinden und nicht als Partizipationsscheine
bezeichnet sind, mit dieser Bezeichnung versehen.**

**³ Für andere als in Absatz 1 genannte Titel gelten die neuen
Vorschriften über die Genussscheine, auch wenn sie als Partizipationsscheine bezeichnet sind. Innert fünf Jahren müssen sie
nach dem neuen Recht bezeichnet werden und dürfen keinen**

Art. 4 SchlT AG

Nennwert mehr angeben. Die Statuten sind entsprechend abzuändern. Vorbehalten bleibt die Umwandlung in Partizipationsscheine.

II. Dispositions particulières 1. Bons de participation et de jouissance	¹ Les art. 656*a*, 656*b*, al. 2 et 3, 656*c* et 656*d*, ainsi que 656*g* s'appliquent aux sociétés existant dès l'entrée en vigueur de la présente loi, même en cas de non-conformité des statuts ou des conditions d'émission. Ils s'appliquent à tous les titres désignés comme bons de participation ou bons de jouissance qui ont une valeur nominale et sont portés au passif du bilan. ² S'agissant des titres mentionnés au al. 1, les sociétés doivent, dans un délai de cinq ans, transcrire les conditions d'émission dans les statuts et les adapter à l'art. 656*f*, requérir les inscriptions nécessaires au registre du commerce et qualifier de bons de participation les titres en circulation qui ne sont pas désignés comme tels. ³ Les titres autres que ceux qui sont mentionnés au al. 1 sont soumis aux nouvelles dispositions sur les bons de jouissance, même s'ils sont qualifiés de bons de participation. Ils doivent être qualifiés conformément au nouveau droit dans un délai de cinq ans et ne peuvent plus avoir de valeur nominale. Les statuts doivent être modifiés en conséquence. La conversion en bons de participation est réservée.
II. Disposizioni particolari 1. Buoni di partecipazione e di godimento	¹ Per le società già costituite, gli articoli 656*a*, 656*b* capoversi 2e 3, 656*c*, 656*d* e 656*g* si applicano a partire dall'entrata in vigore della presente legge, anche se lo statuto o le condizioni d'emissione vi contrastino. Essi si applicano a tutti i titoli designati come buoni di partecipazione o buoni di godimento che abbiano un valore nominale e siano iscritti tra i passivi del bilancio. ² Per quanto concerne i titoli menzionati nel capoverso 1, le società devono, entro cinque anni, inserire le condizioni d'emissione nello statuto e adeguarle alle disposizioni dell'articolo 656*f*, richiedere le iscrizioni necessarie nel registro di commercio e qualificare di buoni di partecipazione i titoli in circolazione che non siano designati come tali. ³ I titoli diversi da quelli menzionati nel capoverso 1 soggiacciono alle nuove disposizioni sui buoni di godimento anche laddove siano designati come buoni di partecipazione. Entro cinque anni, essi devono essere designati conformemente al nuovo diritto e non devono più indicare un valore nominale. Lo statuto va modificato in modo corrispondente. Rimane salva la conversione in buoni di partecipazione.

Vgl. Art. 656a N 10 ff.

Art. 4 SchlT AG

2. Ablehnung von Namenaktionären	**In Ergänzung zu Artikel 685*d* Absatz 1 kann die Gesellschaft, aufgrund statutarischer Bestimmung, Personen als Erwerber börsenkotierter Namenaktien ablehnen, soweit und solange deren Anerkennung die Gesellschaft daran hindern könnte, durch Bundesgesetze geforderte Nachweise über die Zusammensetzung des Kreises der Aktionäre zu erbringen.**
2. Refus des propriétaires d'actions nominatives	En complément à l'art. 685d, al. 1, la société peut, en vertu d'une disposition statutaire, refuser l'acquéreur d'actions nominatives cotées en bourse, pour autant et aussi longtemps que leur acceptation pourrait empêcher la société de produire la preuve exigée par la législation fédérale relative à la composition du cercle des actionnaires.

2. Rifiuto dell'acquirente di azioni nominative	In complemento all'articolo 685*d* capoverso 1, la società può, in virtù di una disposizione statutaria, rifiutare l'acquirente di azioni nominative quotate in borsa, in quanto e finché il riconoscimento potrebbe impedire alla società di fornire la prova richiesta dalla legislazione federale in materia di composizione della cerchia degli azionisti.

Literatur

Vgl. die Literaturhinweise zu Art. 685.

I. Allgemeines

Nachdem die «Erhaltung des schweizerischen Charakters der Gesellschaft» als Vinkulierungsgrund letztlich nicht Eingang gefunden hat in das neue Gesetz (vgl. Art. 685b Abs. 2 Ziff. 1 E), musste eine Lösung gefunden werden, die es auch den Gesellschaften mit börsenkotierten Namenaktien erlaubt, den Anforderungen derjenigen BG zu genügen, die für den Eintritt bestimmter Rechtsfolgen auf die **schweizerische Beherrschung** der Gesellschaft abstellen. Das neue Gesetz bringt die Lösung nicht im eigentlichen Gesetzesteil, sondern in den Schlussbestimmungen (AmtlBull NR 1991, 848). Damit bringt der Gesetzgeber zum Ausdruck, dass mit einer Abschaffung der Beherrschungsklauseln in den betreffenden BG in absehbarer Zeit zu rechnen ist. Gleichzeitig aber wird dadurch die gesetzliche Regelung mindestens für diese **Übergangszeit** unübersichtlich: Entgegen dem Wortlaut in Art. 685d Abs. 1 ist eben die Überschreitung der Prozentklausel doch nicht der einzige Grund zur Ablehnung eines Erwerbers börsenkotierter Namenaktien; auch seine **Eigenschaft als Ausländer** i.S. des betreffenden BG kann einen Ablehnungsgrund darstellen.

1

II. Anwendungsbereich

Gemäss seinem Wortlaut ist Art. 4 SchlT AG eine «Ergänzung zu Art. 685d Abs. 1». Damit wird der **Anwendungsbereich** der Norm in doppelter Hinsicht **eingeschränkt:** Zum einen gilt sie nur für *börsenkotierte*, nicht jedoch für nicht börsenkotierte Namenaktien (BAUMGARTNER, 154; BÖCKLI, § 6 N 282 ff., der dies allerdings für ein redaktionelles Versehen hält; FORSTMOSER, SZW, 64; DU PASQUIER/OERTLE, 760; vgl. auch Art. 685b N 7). Obwohl diese Ausklammerung der nicht börsenkotierten Namenaktien nicht recht einleuchtet, geht die h.L. davon aus, dass private Gesellschaften das gleiche Resultat erreichen können über Art. 685b Abs. 2, vorausgesetzt freilich, dass der Gesellschaftszweck entsprechend abgefasst ist (BAUMGARTNER, 154; BÖCKLI, § 6 N 284; FORSTMOSER, SZW, 64 Anm. 47; DU PASQUIER/OERTLE, 760; vgl. auch Art. 685b N 7). Ungewiss ist, ob die Ablehnung eines Ausländers auch ohne entsprechenden Gesellschaftszweck lediglich unter Hinweis auf die «wirtschaftliche Selbständigkeit» der Gesellschaft zulässig ist (so BAUMGARTNER, 154). Die Frage ist differenziert zu betrachten, wobei vorauszuschicken ist, dass der Begriff der «wirtschaftlichen Selbständigkeit» einer Gesellschaft überhaupt kein taugliches Kriterium zur Ablehnung eines Erwerbers abgeben kann, weil diese wirtschaftlich letztlich immer von ihren jeweiligen Aktionären abhängt. Einerseits ist es klar, dass der Begriff der wirtschaftlichen Selbständigkeit nichts mit der Nationalität des Aktionärs zu tun haben kann. Das Verständnis der wirtschaftlichen Selbständigkeit als «Selbständigkeit gegenüber dem Ausland» ist daher abzulehnen. Andererseits gilt ebenso eindeutig, dass sich der Vinkulierungsgrund der Wahrung der wirtschaftlichen Selbständigkeit auch auf ausländische Aktionäre bezieht, da diese im Vergleich zu inländischen Aktionären sonst bevorzugt würden.

2

Im Resultat ist daher festzuhalten, dass die Ablehung eines ausländischen Erwerbers nicht kotierter Namenaktien gestützt auf den Grund der Wahrung der wirtschaftlichen Selbständigkeit nicht allein wegen seiner Nationalität erfolgen darf (wirtschaftliche Selbständigkeit gegenüber dem Ausland), sondern sie ist nur dann möglich, wenn seine Anerkennung als Aktionär die wirtschaftliche Selbständigkeit der Gesellschaft tatsächlich gefährden würde. Die Entstehungsgeschichte des Gesetzes, insb. die Tatsache, dass «die Erhaltung des schweizerischen Charakters» als Vinkulierungsgrund vom Gesetzgeber letztlich nicht berücksichtigt wurde, sprechen für die hier vertretene Auffassung (**a.M.** KLÄY, 1991, 162). Zum Mass der Gefährdung vgl. Art. 685b N 6.

3   Eine weitere Einengung des Anwendungsbereichs aufgrund der Formulierung in Art. 4 SchlT AG ist in Bezug auf die Übertragung von börsenkotierten Namenaktien kraft **Erbgangs, Erbteilung oder ehelichen Güterrechts** festzustellen. Das in diesem Zusammenhang geltende Ablehnungsverbot ist in Abs. 3 und nicht in Abs. 1 von Art. 685d statuiert. Eine systematische Auslegung des Gesetzes führt daher zur Vorrangigkeit von Art. 685d Abs. 3 gegenüber Art. 4 SchlT AG, so dass eine Gesellschaft einen Erben oder Ehegatten nicht unter Hinweis auf seine Eigenschaft als Ausländer ablehnen darf (BAUMGARTNER, 153; BÖCKLI, § 6 N 112 ff.).

III. Bundesgesetze

4   Art. 4 SchlT AG bestimmt, dass die Ablehnung eines Ausländers nur dann möglich ist, wenn der Gesellschaft sonst der Nachweis über die Zusammensetzung ihres Aktionärskreises verwehrt würde und dieser Nachweis im Hinblick auf **«Bundesgesetze»** notwendig ist. Der Begriff der *«Bundesgesetze»* ist gestützt auf den französischen Gesetzestext, der von *«législation fédérale»* spricht, weit auszulegen und umfasst folglich nicht nur Bundesgesetze im formellen Sinne (BÖCKLI, N 608; FORSTMOSER, SZW, 65 Anm. 52).

5   Nach allgemeiner Auffassung (vgl. BAUMGARTNER, 149 ff.; BÖCKLI, § 6 N 84 f.; PLETSCHER, 212 Anm. 23) fallen folgende BG (und die gestützt darauf erlassenen Verordnungen) in den Anwendungsbereich von Art. 4 SchlT AG: BewG; BankG; BEHG; BG vom 23.9.1953 über die Seeschifffahrt unter Schweizerflagge (SR 747.30); BG vom 21.12.1948 über die Luftfahrt (SR 748.0); BG vom 23.9.1959 über die friedliche Verwendung der Atomenergie und den Strahlenschutz (SR 732.0); BG vom 4.10.1963 über Rohrleitungen (SR 746.1); BRB vom 14.12.1962 betr. Massnahmen gegen die ungerechtfertigte Inanspruchnahme von Doppelbesteuerungsabkommen des Bundes (SR 672 202). In Betracht kommen ferner auch Staatsverträge des Bundes, wie etwa Doppelbesteuerungsabkommen.

6   Zu beachten ist, dass die erwähnten BG den **Begriff des Ausländers** *uneinheitlich definieren* und zudem an den Begriff der «ausländischen Beherrschung» *unterschiedliche Anforderungen* stellen (vgl. hierzu BAUMGARTNER, 149 f.; BÖCKLI, § 6 N 109; KLÄY, Vinkulierung, 9.3.4 ff.). Insbesondere bezüglich der beiden in diesem Bereich wichtigsten BG, nämlich dem BankG und der Lex Koller, ist festzustellen, dass der Begriff der «ausländischen Beherrschung» nicht nur an die *Stimmenverhältnisse*, sondern *alternativ* an die *Kapitalbeteiligung* anknüpft. Im Hinblick auf die neue gesetzliche Ordnung, welche den Rechtsübergang beim Erwerb börsenkotierter Namenaktien regelt, bedeutet dies nichts anderes, als dass der vom Gesetzgeber angestrebte Zweck, nämlich die Kontrolle der Gesellschaft über die Zusammensetzung ihres Aktionärkreises, überhaupt nicht erreicht werden kann. Indem der Rechtsübergang in Bezug auf die Vermögensrechte unabhängig von der Zustimmung der Gesellschaft erfolgt, ist dieser die wirksame Kon-

trolle über die Zusammensetzung der reinen Kapitaleigner, also der Aktionäre ohne Stimmrecht, entzogen (BÖCKLI, § 6 N 126 ff. und ihm folgend FORSTMOSER, SZW, 65; FORSTMOSER/MEYER-HAYOZ/NOBEL, § 44 N 202 f.; KLÄY, Vinkulierung, 9.3.8).

IV. Vereitelung des Nachweises

Das Gesetz lässt eine grundlegende Frage im Zusammenhang mit dem Ablehnungsgrund von Art. 4 SchlT AG offen: Ist es einer Gesellschaft mit börsenkotierten Namenaktien unter Berufung auf diese Vorschrift gestattet, jeden ausländischen Erwerber abzulehnen oder darf sie dies nur unter der Voraussetzung, dass mit Anerkennung des betreffenden ausländischen Erwerbers gerade das noch zulässige Mass an Ausländerbeteiligung überschritten würde. Mit anderen Worten genügt zur Berufung auf Art. 4 SchlT AG eine rein **abstrakte Gefährdung** für die Erbringung des gesetzlich geforderten Nachweises oder ist im Gegenteil eine **konkrete Gefährdung** zu verlangen. In der Literatur wird überwiegend die Auffassung vertreten, es müsse eine *konkrete Gefährdung* bestehen (BAUMGARTNER, 152; BÖCKLI, § 6 N 88; FORSTMOSER, SZW, 64 f.; FORSTMOSER/MEYER-HAYOZ/NOBEL, § 44, N 198; KLÄY, Vinkulierung, 9.3.2; DU PASQUIER/OERTLE, 763; ebenso Empfehlung 2 der Arbeitsgruppe der Schweizer Börsen, SZW 1993, 85 f.). Diese Meinung stützt sich in erster Linie auf den *Wortlaut* der Bestimmung («soweit und solange» bzw. «pour autant et aussi longtemps») sowie auf ihre *historische* und *teleologische Auslegung,* die eine enge Interpretation der Vorschrift nahe legt. 7

Wo die Schwelle der konkreten Gefährdung jeweils anzusetzen ist, beurteilt sich verschieden, je nach dem in Frage stehenden BG: Für eine *Immobiliengesellschaft* gefährdet bereits ein einziger ausländischer Aktionär den gesetzlich geforderten Nachweis (Art. 4 Abs. 1 lit. e BewG). Gemäss BankG gilt eine Gesellschaft dann als ausländisch beherrscht, wenn sie einen Ausländeranteil von mehr als 50% an Kapital und Stimmen aufweist (Art. 3 bis Abs. 3 BankG; vgl. hierzu BAUMGARTNER, 152; BÖCKLI, § 6 N 91 ff.). 8

In diesem Zusammenhang ist u.E. darauf hinzuweisen, dass es die Gesellschaft letztlich in der Hand hat, ob sie ihre Namenaktien an der Börse kotieren will (vgl. Art. 685d N 1). Erachtet sie eine Eintragung auch nur eines einzigen Ausländers aufgrund ihres Gesellschaftszweckes für unerwünscht, so hat sie eben auf eine Kotierung ihrer Namenaktien zu verzichten. Sind ihre Namenaktien andererseits einmal an der Börse kotiert, so scheint die Limiten-Regelung den nötigen Schutz im Hinblick auf die in Frage stehenden BG durchaus zu bieten. 9

V. Zur Frage der Warteliste

Verschiedentlich wird die Frage aufgeworfen, ob es der Wortlaut von Art. 4 SchlT AG («soweit und solange») nicht nahe lege, dass der abgelehnte Aktionär in eine Art **Warteposition** versetzt würde und als anerkannter Aktionär nachrücke, sobald entsprechende «Ausländerstellen» im Aktienregister frei würden (BÖCKLI, § 6 N 104; FORSTMOSER, SZW, 65; FORSTMOSER/MEYER-HAYOZ/NOBEL, § 44 N 199). Unseres Erachtens ist die Frage zu *verneinen*. Mit der Wendung «soweit und solange» wollte der Gesetzgeber lediglich zum Ausdruck bringen, dass eine Begrenzung der Ausländerbeteiligung einerseits nur bei einer konkreten Nachweisgefährdung («soweit») gerechtfertigt sei und dass die Berufung auf diesen Ablehnungsgrund andererseits nur solange zulässig sei, als diese Diskriminationsklauseln in den betreffenden BG noch fortbestehen («so- 10 lange»). Jede subtilere Interpretation von Art. 4 SchlT AG schiesst nach unserem Dafürhalten über das Ziel hinaus (gl.M. BAUMGARTNER, 153; KLÄY, Vinkulierung, 9.3.9). Zudem kann der abgelehnte Aktionär sein Gesuch um Anerkennung jederzeit erneuern. Freilich steht es im Belieben der Gesellschaft, ob sie eine solche Warteliste auf *freiwilliger Basis* einführen will.

VI. Statutarische Verankerung von Art. 4 SchlT AG

11 Kontrovers ist die Frage nach der **Verankerung von Art. 4 SchlT AG in den Statuten** (BÖCKLI, § 6 N 105 ff.). Genügt ein allgemeiner Verweis auf Art. 4 SchlT AG oder ist vielmehr eine präzise Auflistung der in Frage kommenden BG mit der anwendbaren Prozentlimite notwendig? Im Hinblick auf die für die Vinkulierungsordnung durch die Revision angestrebte Transparenz sowie auf den allgemeinen Grundsatz, wonach Statutenbestimmungen genügend bestimmt zu sein brauchen, sind wir der Ansicht, dass jedenfalls *ein allgemeiner Verweis* in den Statuten auf Art. 4 SchlT AG *nicht genügt*. Vielmehr sind die relevanten BG in den Statuten selbst zu nennen. Dies sollte aber auch genügen, ist es doch bei Nennung des entsprechenden BG für jedermann nachvollziehbar, wo die Limite der Ausländerbeteiligung konkret liegt (gl.M. wohl BÖCKLI, § 6 N 107; KLÄY, Vinkulierung, 9.3.10; ähnlich Empfehlung 1 der Arbeitsgruppe der Schweizer Börsen, SZW 1993, 85; nuancierter FORSTMOSER/MEYER-HAYOZ/NOBEL, § 44 N 204 ff., die das Prinzip einer exemplifikativen Aufzählung der einschlägigen BG gelten lassen).

Art. 5 SchlT AG

3. Stimmrechtsaktien	Gesellschaften, die in Anwendung von Artikel 10 der Schluss- und Übergangsbestimmungen des Bundesgesetzes vom 18. Dezember 1936 über die Revision der Titel 24–33 des Obligationenrechtes Stimmrechtsaktien mit einem Nennwert von unter zehn Franken beibehalten haben, sowie Gesellschaften, bei denen der Nennwert der grösseren Aktien mehr als das Zehnfache des Nennwertes der kleineren Aktien beträgt, müssen ihre Statuten dem Artikel 693 Absatz 2 zweiter Satz nicht anpassen. Sie dürfen jedoch keine neuen Aktien mehr ausgeben, deren Nennwert mehr als das Zehnfache des Nennwertes der kleineren Aktien oder weniger als zehn Prozent des Nennwertes der grösseren Aktien beträgt.
3. Actions à droit de vote privilégié	Les sociétés qui, en application de l'art. 10 des dispositions finales et transitoires de la loi fédérale du 18 décembre 1936 sur la révision des titres vingt-quatrième à trente-troisième du code des obligations, ont maintenu des actions à droit de vote privilégié avec une valeur nominale inférieure à 10 francs ainsi que les sociétés dont les plus grandes actions ont une valeur nominale supérieure à dix fois celle des plus petites, n'ont pas l'obligation d'adapter leurs statuts à l'art. 693, al. 2, deuxième phrase. Toutefois, elles ne peuvent plus émettre de nouvelles actions dont la valeur nominale est supérieure à dix fois la valeur nominale des plus petites ou inférieure à 10% de la valeur nominale des plus grandes.
3. Azioni con diritto di voto privilegiato	Le società che, in applicazione dell'articolo 10 delle disposizioni finali e transitorie della legge federale del 18 dicembre 1936 sulla revisione dei titoli XXIV–XXXIII del Codice delle obbligazioni, hanno mantenuto azioni

con diritto di voto privilegiato aventi un valore nominale inferiore a 10 franchi, come pure le società in cui le azioni più grandi hanno un valore nominale superiore a dieci volte quello delle più piccole, non sono tenute ad adeguare il loro statuto a quanto stabilito dall'articolo 693 capoverso 2 secondo periodo. Tuttavia non è più consentito loro di emettere nuove azioni il cui valore nominale sia superiore a dieci volte il valore nominale delle più piccole o inferiore al 10 per cento del valore nominale delle più grandi.

Vgl. Art. 693 N 12 f.

Art. 6 SchlT AG

4. Qualifizierte Mehrheiten	Hat eine Gesellschaft durch blosse Wiedergabe von Bestimmungen des bisherigen Rechts für bestimmte Beschlüsse Vorschriften über qualifizierte Mehrheiten in die Statuten übernommen, so kann binnen eines Jahres seit dem Inkrafttreten dieses Gesetzes mit absoluter Mehrheit aller an einer Generalversammlung vertretenen Aktienstimmen die Anpassung an das neue Recht beschlossen werden.
4. Majorités qualifiées	Si une société, en reproduisant simplement des dispositions de l'ancien droit, a repris dans ses statuts, pour certaines décisions, les dispositions relatives à des majorités qualifiées, elle peut dans l'année qui suit l'entrée en vigueur de cette loi décider de s'adapter au nouveau droit à la majorité absolue des voix représentées a l'assemblée générale.
4. Maggioranze qualificate	Qualora una società abbia ripreso nello statuto, riproducendo semplicemente disposizioni del diritto previgente, disposizioni che richiedono, per determinate deliberazioni, una maggioranza qualificata, essa può, entro un anno dall'entrata in vigore della presente legge, decidere, con maggioranza assoluta dei voti rappresentati nell'assemblea generale, di adattare le predette disposizioni al nuovo diritto.

Vgl. Art. 704 N 21 f. (1. Auflage, 1994).

Übergangsbestimmungen zur Revision des GmbH-Rechts 2006

Art. 1 ÜBest

A. Allgemeine Regel

¹ Der Schlusstitel des Zivilgesetzbuches gilt für dieses Gesetz, soweit die folgenden Bestimmungen nichts anderes vorsehen.

² **Die Bestimmungen des neuen Gesetzes werden mit seinem Inkrafttreten auf bestehende Gesellschaften anwendbar.**

A. Règle générale

¹ Le titre final du code civil est applicable à la présente loi dans la mesure où les dispositions suivantes n'en disposent pas autrement.

² Les dispositions de la nouvelle loi s'appliquent aux sociétés existantes dès leur entrée en vigueur.

A. Regola generale

¹ Il titolo finale del Codice civile si applica alla presente legge in quanto le disposizioni seguenti non prevedano altrimenti.

² Dall'entrata in vigore della nuova legge, le disposizioni della stessa si applicano anche alle società già esistenti.

Literatur

BÖCKLI/FORSTMOSER/RAPP, Expertenbericht zum Vorentwurf für eine Reform des Rechts der Gesellschaft mit beschränkter Haftung, Vernehmlassungsunterlage vom April 1999 (zit. Expertenbericht GmbH); BROGGINI, Intertemporales Privatrecht, in: Schweiz. Privatrecht I, Basel/Stuttgart 1969, 353 ff.; FORSTMOSER, Vom alten zum neuen Aktienrecht, in: SJZ 1992, 137 ff. (zit. SJZ 1992); KELLERHALS, Das neue schweizerische GmbH-Recht – Übergangsbestimmungen, in: Böckli/Forstmoser, Das neue schweizerische GmbH-Recht, Zürich 2006.

I. Regelungskonzept

Aufgrund des Verweises auf Art. 1 SchlT ZGB ergibt sich in Art. 1 Abs. 1 ÜBest der Grundsatz der Nichtrückwirkung. Die ÜBest verweisen damit wie bereits anlässlich der Aktienrechtsrevision vom 4.10.1991 in Bezug auf die intertemporale Geltung grundsätzlich auf den SchlT ZGB. 1

Art. 1 Abs. 2 ÜBest legt zudem fest, dass die Bestimmungen des neuen Rechts mit dessen Inkrafttreten auf bestehende Gesellschaften anwendbar sind. 2

II. Grundsatz der Nichtrückwirkung

Art. 1 SchlT ZGB legt fest, dass sich die rechtlichen Wirkungen von Tatsachen, die vor Inkrafttreten des neuen Rechts eingetreten sind, auch nachher nach bisherigem Recht richten. Tatsachen gem. Art. 1 SchlT ZGB sind Gegebenheiten der Sinneswelt. Sie sind mithin dem Beweis zugängliche Tatfragen. Von ihnen abzugrenzen sind die reinen Rechtsfragen. Tatsachen lassen sich in Vorgänge oder Zustände, auch Dauertatbestände genannt, einteilen, je nachdem, ob es sich um zeitlich punktuell lokalisierbare oder sich über eine gewisse Zeit erstreckende Gegebenheiten handelt. Je nach dem, ob eine Tatsache vor oder nach dem Inkrafttreten des neuen Rechts eingetreten ist, unterscheidet man ausserdem zwischen alt- und neurechtlichen Tatsachen (BSK ZGB II-VISCHER, Art. 1 SchlT N 4). 3

4 Mit der Verweisung auf den SchlT ZGB gilt auch für die Einführung des neuen Rechts der GmbH grundsätzlich die Regel «Alte Tatsache: altes Recht, neue Tatsache: neues Recht» (BROGGINI, 434; BK-STAUFFER, Art. 1 N 13 und 40). In diesem Zusammenhang wird von der **Regel der Nichtrückwirkung** gesprochen: Auf abgeschlossene Sachverhalte der Vergangenheit soll das neue Recht keine Anwendung finden. Wurde z.B. eine Stammanteilübertragung nach altem Recht ohne öffentliche Beurkundung, aber mittels schriftlicher Abtretung vorgenommen (vgl. Art. 791 Abs. 4), dann bleibt dieses Geschäft ungültig, auch wenn es den Formen des neuen Rechts entspricht (vgl. i.A. und zu den SchlB AG: FORSTMOSER, SJZ 1992, 147). Von dieser Regelung ausgeschlossen sind nach allg. anerkannter Auffassung Dauertatbestände, d.h. Sachverhalte, die unter neuem Recht andauern (vgl. Botschaft GmbH, 3246; HANDSCHIN/TRUNIGER, § 37 N 2; KELLERHALS, 166). In solchen Fällen stellt die Anwendung des neuen Rechts nämlich gar keine Rückwirkung dar (Expertenbericht GmbH, 44).

5 Die Nichtrückwirkungsregel spielt im Gesellschaftsrecht eine grosse Rolle, da sowohl die Organisation der Gesellschaft als auch die Rechtsstellung der beteiligten Personen als Dauertatbestände vom Zeitpunkt des Inkrafttretens an grundsätzlich dem neuen Recht folgen (vgl. Botschaft GmbH, 3247). Deshalb erschien es dem Gesetzgeber als angebracht, diese wichtige Ausnahme der allg. Regel im SchlT ZGB ausdrücklich auch in den Übergangsbestimmungen festzuhalten. Abs. 2 der ÜBest weist daher ausdrücklich darauf hin, dass die Bestimmungen des neuen Gesetzes mit seinem Inkrafttreten auch auf bestehende Gesellschaften Anwendung finden, soweit die besonderen Vorschriften der Art. 2–11 ÜBest nichts anderes vorsehen (Expertenbericht GmbH, 44; KELLERHALS, 167). Diese Regelung entspricht im Übrigen Art. 3 SchlT ZGB, wonach Rechtsverhältnisse, deren Inhalt unabhängig vom Willen der Beteiligten durch das Gesetz umschrieben wird, nach neuem Recht zu beurteilen sind, auch wenn sie vor diesem Zeitpunkte begründet worden sind.

III. Vorbehalt zwingenden Rechts

6 Die zwingenden Bestimmungen des geltenden Rechts kommen unmittelbar zur Anwendung. Es sind dies insb. die Bestimmungen zum Schutz der Gläubiger (Art. 781–783, 795 ff., 798), zum Schutz von Gesellschaftern mit Minderheitsbeteiligungen (z.B. Art. 781 Abs. 5 i.V.m. Art. 732a Abs. 2, Art. 786 Abs. 2, Art. 808b, 813, 822) und die Bestimmungen bez. die Grundstruktur der GmbH. Ausgenommen davon sind die dispositiven Bestimmungen. Für diese gilt bis zum Ablauf der zweijährigen Übergangsfrist das statutarische Recht nach dem alten GmbH-Recht (HANDSCHIN/TRUNIGER, § 37 N 3).

Art. 2 ÜBest

B. Anpassungsfrist

¹ Gesellschaften mit beschränkter Haftung, die im Zeitpunkt des Inkrafttretens dieses Gesetzes im Handelsregister eingetragen sind, jedoch den neuen Vorschriften nicht entsprechen, müssen innerhalb von zwei Jahren ihre Statuten und Reglemente den neuen Bestimmungen anpassen.

² Bestimmungen der Statuten und Reglemente, die mit dem neuen Recht nicht vereinbar sind, bleiben bis zur Anpassung, längstens aber noch zwei Jahre, in Kraft.

Übergangsbestimmungen   **Art. 2 ÜBest**

³ **Für Gesellschaften mit beschränkter Haftung, die im Zeitpunkt des Inkrafttretens dieses Gesetzes im Handelsregister eingetragen sind, finden die Artikel 808a und 809 Absatz 4 zweiter Satz erst nach Ablauf der Frist zur Anpassung der Statuten Anwendung.**

⁴ **Aktiengesellschaften und Genossenschaften, die im Zeitpunkt des Inkrafttretens dieses Gesetzes im Handelsregister eingetragen sind und deren Firma den neuen gesetzlichen Vorschriften nicht entspricht, müssen ihre Firma innerhalb von zwei Jahren den neuen Bestimmungen anpassen. Nach Ablauf dieser Frist ergänzt das Handelsregisteramt die Firma von Amtes wegen.**

B. Délai d'adaptation

¹ Les sociétés à responsabilité limitée qui, à l'entrée en vigueur de la présente loi, sont inscrites au registre du commerce mais qui ne sont pas conformes aux nouvelles dispositions sont tenues d'adapter leurs statuts et leurs règlements dans un délai de deux ans.

² Les dispositions statutaires et réglementaires qui ne sont pas conformes à la nouvelle réglementation restent en vigueur jusqu'à leur adaptation mais au plus pendant deux ans.

³ Les art. 808a et 809, al. 4, 2ᵉ phrase, ne s'appliquent aux sociétés à responsabilité limitée qui, à l'entrée en vigueur de la présente loi sont inscrites au registre du commerce, qu'à l'expiration du délai dont elles disposent pour adapter leurs statuts.

⁴ Les sociétés anonymes et les sociétés coopératives qui, à l'entrée en vigueur de la présente loi, sont inscrites au registre du commerce et dont la raison de commerce n'est pas conforme aux nouvelles dispositions légales doivent adapter leur raison de commerce dans les deux ans. A l'expiration de ce délai, le préposé au registre du commerce complète d'office la raison de commerce.

B. Termine di adeguamento

¹ Le società a garanzia limitata che, al momento dell'entrata in vigore della presente legge, sono iscritte nel registro di commercio ma non sono conformi alle nuove disposizioni devono adeguare il loro statuto e i loro regolamenti entro due anni.

² Le disposizioni statutarie e regolamentari non conformi al nuovo diritto restano in vigore sino al loro adeguamento, ma al massimo per due anni.

³ Gli articoli 808a e 809 capoverso 4, secondo periodo, si applicano alle società a garanzia limitata iscritte nel registro di commercio al momento dell'entrata in vigore della presente legge soltanto dopo la scadenza del termine di adeguamento dello statuto.

⁴ Le società anonime e le società cooperative iscritte nel registro di commercio al momento dell'entrata in vigore della presente legge e la cui ditta non è conforme alle nuove disposizioni, devono adeguare la loro ditta entro due anni. Trascorso tale termine, l'ufficiale del registro di commercio completa d'ufficio la ditta.

Literatur

Vgl. die Literaturhinweise zu Art. 1 ÜBest sowie CHAPPUIS, Le nouveau droit de la Sàrl: Introduction pour le practicien, Basel 2007; RAPP, L'application du nouveau droit de la société anonyme aux sociétés fondées avant son entrée en vigueur – problèmes urgents de droit transitoire, in: SZW 1992; Vorentwurf für eine Reform des Rechts der Gesellschaft mit beschränkter Haftung, Zusammenstellung der Vernehmlassungen, Bern 2000.

Art. 2 ÜBest 1–4   Übergangsbestimmungen zur Revision des GmbH-Rechts 2006

I. Normzweck

1 Den Gesellschaften soll eine angemessene Übergangsfrist für die Anpassung ihrer Statuten und Reglemente an die neuen gesetzlichen Bestimmungen eingeräumt werden. Da die rechtliche Ausgestaltung von Gesellschaften zumeist in den Statuten und Reglementen konkretisiert ist, bedarf es einer angemessenen Frist von zwei Jahren zur Anpassung ihrer rechtlichen Grundordnung an das neue Recht (Botschaft GmbH, 3247).

II. Anpassungsfristen für die GmbH betreffend Statuten und Reglemente (Abs. 1 und 2)

2 Abs. 1 räumt den Gesellschaften, die im Zeitpunkt des Inkrafttretens des neuen Rechts am 1.1.2008 bereits im Handelsregister eingetragen sind, eine **Frist von zwei Jahren** für die **Anpassung** ihrer **Statuten** und **Reglemente** ein. Somit müssen diese Angleichungen bis spätestens Ende 2009 durch die zuständigen Organe der Gesellschaften vorgenommen werden und im Handelsregister eingetragen sein. Für Gesellschaften, die nach dem Inkrafttreten des neuen Rechts in das Handelsregister eingetragen werden, finden die ÜBest e contrario keine Anwendung. Anwendbar ist einzig das neue Recht (vgl. Art. 1 ÜBest N 3).

3 Die Aktienrechtsrevision von 1991 sah eine Anpassungsfrist an die gesetzlichen Änderungen von fünf Jahren vor, während das neue Gesetz nun eine weit kürzere Frist vorsieht. Im Gesetzgebungsverfahren war die Festlegung der Anpassungsfrist zum neuen Recht denn auch umstritten (Zusammenfassung Vernehmlassungsergebnisse, 363 f.). Zu Recht wurde u.E. eine kürzere, zweijährige Übergangsfrist festgelegt. Eine solche dient einer raschen Rechtsvereinheitlichung und folglich auch der Rechtssicherheit. Ausserdem gehen die Handlungspflichten der Gesellschafter und Geschäftsführer von GmbH aufgrund der kurzen aber angemessenen Übergangsfrist nicht vergessen. Auch mit dem Bestehen einer kurzen Übergangsfrist lässt sich jedoch nicht vermeiden, dass bis Ende des Jahres 2009 zwei unterschiedliche GmbH-Rechte Geltung haben; und zwar eines für altrechtliche und eines für unter geltendem Recht gegründete Gesellschaften. Den Gesellschaftsverantwortlichen wird durch die Zweijahresfrist genügend Zeit eingeräumt, die notwendigen Abklärungen und Dispositionen zu treffen, damit die Anpassungen an das geänderte Recht fristgerecht vorgenommen werden können (Expertenbericht GmbH, 45). Da das GmbH-Recht keiner grundlegenden Neugestaltung unterzogen wurde (z.B. Verzicht auf Anpassung des Mindestkapitals; vgl. aArt. 773 und Art. 773) und der Änderungsbedarf aufgrund der dispositiven Natur zahlreicher gesetzlichen Normen gering sein dürfte (Botschaft GmbH, 3247), erscheint eine zweijährige Anpassungsfrist als gerechtfertigt. Es wird sich in der Praxis zeigen, ob die Handelsregisterämter in Anbetracht der hohen Zahl der GmbH (Statistik EHRA per 31.12.2007: 94 558 GmbH) dem Anpassungsaufwand gewachsen sein werden, wie dies vereinzelt befürchtet worden ist. (Zusammenfassung Vernehmlassungsergebnisse, 363 f., m.w.H.).

4 Im Gegensatz zur Aktienrechtsrevision von 1991 wird die Anpassungsregel von Abs. 2 nicht nur auf die Statuten beschränkt, sondern findet ausdrücklich auch auf die **Reglemente** der GmbH Anwendung. Die Reglemente umschreiben üblicherweise die Nebenleistungspflichten und Vertretungsbefugnisse im Detail (vgl. Art. 796 Abs. 3; Art. 804 Abs. 2 Ziff. 12; Art. 810 Abs. 2 Ziff. 4 und Art. 814). Eine solche Ausdehnung soll nach den Materialien gerechtfertigt sein, weil die Reglemente bei der GmbH in mannigfacher Weise die in den Statuten festgehaltenen Bestimmungen ergänzen, vertiefen und differenzieren (Expertenbericht GmbH, 45). Bestehen solche Reglemente, was in der Praxis jedoch bei den wenigsten Gesellschaften der Fall sein wird, und ist deren Inhalt von

den Änderungen betroffen, so werden diesen kraft Unterstellung unter Abs. 1 gleichfalls eine zweijährige Übergangsfrist zugestanden.

Nach Abs. 2 bleiben – in Abweichung vom allg. intertemporalen Recht (Art. 1 ÜBest) – die Bestimmungen der Statuten und Reglemente, die mit dem geltenden Recht nicht vereinbar sind, bis zur Anpassung an dieses Recht, längstens aber bis zum Ablauf der zweijährigen Anpassungsfrist Ende 2009 in Kraft. Werden sie **nicht innert Frist angepasst,** fallen sie ersatzlos dahin, soweit nicht dispositive gesetzliche Regelungen an ihre Stelle treten (Botschaft GmbH, 3247). Statutenbestimmungen, die lediglich den alten Gesetzestext wiedergeben, fallen jedoch dann automatisch dahin, wenn nachgewiesen werden kann, dass bei deren Erlass die Meinung bestand, den jeweiligen Gesetzestext wiederzugeben (zu SchlB AG: RAPP, 106 ff.). In den ÜBest bleibt die Rechtsfolge unerwähnt, falls die Statutenänderungen durch die Gesellschaften nicht fristgerecht vorgenommen werden. Werden die notwendigen Anpassungen im Handelsregister nicht (rechtzeitig) zur Eintragung angemeldet, kann das Handelsregisteramt diese – anders als in der besonderen Übergangsregel in Abs. 4 zu Art. 950 ausdrücklich erwähnt (vgl. N 8) – nicht von Amtes wegen vornehmen.

Die Anpassung bzw. Änderung der Statuten liegt in der unübertragbaren Befugnis der Gesellschafterversammlung (Art. 804 Abs. 2 Ziff. 1). Dennoch muss die Geschäftsführung die durch die GmbH-Revision bedingten Statutenanpassungen der Gesellschafterversammlung zur Beschlussfassung vorlegen und die entsprechenden Beschlüsse beim Handelsregister anmelden (vgl. Art. 810 Abs. 2 Ziff. 6). Unterlässt dies die Geschäftsführung innert der genannten Übergangsfrist, dann obliegt es der Revisionsstelle, ihren Anzeigepflichten nachzukommen und Ersterer den Verstoss gegen das Gesetz und die Statuten zu melden (Art. 728c Abs. 1). U.E. liegt jedoch kein «wesentlicher» Verstoss gegen das Gesetz und die Statuten vor, wenn die Statutenanpassungen nicht fristgerecht vorgenommen werden, weshalb es der Revisionsstelle freigestellt werden sollte, auch die Gesellschafterversammlung über das Versäumnis zu unterrichten (vgl. Art. 728 Abs. 2 Ziff. 1; CHAPPUIS, 62).

III. Anpassungsfristen für die GmbH betreffend Stichentscheid (Abs. 3)

Das alte Recht enthielt keine Bestimmung zum Stichentscheid, gewährte aber die Regelung, dass dem Vorsitzenden der Gesellschafterversammlung oder einem anderen Gesellschafter im Falle von Pattsituationen ein Recht zum Stichentscheid eingeräumt wurde (KÜNG/CAMP, Art. 808 Ziff. B). Eine Anpassung der Statuten kann sich nun aufdrängen, wenn eine Gesellschaft die neue dispositive Regelung des **Stichentscheids in der Gesellschafterversammlung** ausschliessen will (Art. 808a). Wurde die Frage des Stichentscheids nach altem Recht in den Statuten nicht geregelt, so muss nach neuem Recht eine entsprechende Anordnung aufgenommen werden, dass auf die Stichentscheidsregelung verzichtet wird. Abs. 3 sieht jedoch vor, dass die neue Bestimmung zum Stichentscheid für Gesellschaften, die im Zeitpunkt des Inkrafttretens des neuen Rechts im Handelsregister eingetragen sind, erst nach der zweijährigen Frist für die Anpassung der Statuten (Abs. 1) zur Anwendung gelangt. Es steht den betroffenen Gesellschaften demnach offen, während dieser Frist den Stichentscheid statutarisch auszuschliessen, um eine Änderung der bisherigen Verhältnisse zu vermeiden. Gleiches gilt auch für die Regelung des **Stichentscheids der Vorsitzenden der Geschäftsführung,** es sei denn die Statuten sehen eine andere Regelung der Beschlussfassung durch die Geschäftsführer vor (Art. 809 Abs. 4; vgl. auch Botschaft GmbH, 3247).

IV. Anpassungsfrist für die Angabe der Rechtsform in der Firma (Abs. 4)

8 Mit der Revision des GmbH-Rechts wurden auch weitere Bestimmungen des Gesellschaftsrechts, so auch des Firmenrechts revidiert (vgl. Art. 950), was eine entsprechende Übergangsregelung erfordert. Abs. 4 stellt eine spezifische ÜBest betreffend die Angabe der Rechtsform in der Firma dar. **Aktiengesellschaften** und **Genossenschaften** müssen, sofern ihre Firmen dazu noch keine Angaben enthalten, **innerhalb von zwei Jahren nach Inkrafttreten des revidierten GmbH-Rechts** – also bis Ende 2009 – den gesetzlich neu geforderten **Rechtsformzusatz hinzufügen** (vgl. Art. 950). Gem. Botschaft soll der Rechtszwang für diese Anpassung zurückhaltend ausgestaltet werden: Bleibt eine Gesellschaft untätig, wird die Firma von Amtes wegen durch das Handelsregisteramt ergänzt. Da die erforderliche Statutenänderung ein Tätigwerden der Generalversammlung bedingt und sich nicht auf direktem Weg erzwingen lässt, müssen die Statuten darum erst mit der nächsten ohnehin durchzuführenden Statutenrevision zwingend der neuen Firma angepasst werden (Botschaft GmbH, 3248). Von der Pflicht zur Firmenbildung gilt es die Firmengebrauchspflicht zu unterscheiden (Art. 954a). Für den Gebrauch der Firma ist nach der amtlich angeordneten Änderung jedoch sofort die neue im Handelsregister eingetragene Firma massgebend. Mit dieser Regelung wird der Grundsatz durchbrochen, wonach die Statuten für die Schreibweise der Firma massgebend sind (KELLERHALS, 169).

Art. 3 ÜBest

C. Leistung der Einlagen	¹ Wurden in Gesellschaften mit beschränkter Haftung, die im Zeitpunkt des Inkrafttretens dieses Gesetzes im Handelsregister eingetragen sind, keine dem Ausgabebetrag aller Stammanteile entsprechenden Einlagen geleistet, so müssen diese innerhalb von zwei Jahren erbracht werden.
	² Bis zur vollständigen Leistung der Einlagen in der Höhe des Stammkapitals haften die Gesellschafter nach Artikel 802 des Obligationenrechts in der Fassung vom 18. Dezember 1936.
C. Libération des apports	¹ Lorsque, dans des sociétés à responsabilité limitée qui, à l'entrée en vigueur de la présente loi, sont inscrites au registre du commerce, les apports n'ont pas été libérés au prix d'émission de l'ensemble des parts sociales, la libération doit être effectuée dans les deux ans.
	² Les associés répondent de toutes les obligations de la société, conformément à l'art. 802 du code des obligations dans sa teneur du 18 décembre 1936, aussi longtemps que les apports n'ont pas été intégralement libérés jusqu'à concurrence du montant du capital social.
C. Prestazione dei conferimenti	¹ Nelle società a garanzia limitata iscritte nel registro di commercio al momento dell'entrata in vigore della presente legge, i conferimenti che non sono stati eseguiti sino a concorrenza del prezzo di emissione dell'insieme delle quote sociali devono essere effettuati entro due anni.
	² I soci rispondono conformemente all'articolo 802 del Codice delle obbligazioni nella versione del 18 dicembre 1936 sino alla prestazione integrale dei conferimenti a concorrenza dell'importo del capitale sociale.

Literatur

Vgl. die Literaturhinweise zu Art. 1 ÜBest.

I. Normzweck

Nach altem Recht war es zulässig, lediglich die Hälfte des Stammkapitals einzubezahlen (aArt. 774). Im Hinblick auf die Rechtssicherheit im Geschäftsverkehr mit der GmbH und weil die Vollliberierung Voraussetzung verschiedener Neuerungen der GmbH-Revision darstellt (z.B. die Aufhebung der bisherigen subsidiären Haftung; aArt. 802), hat es der Gesetzgeber als unerlässlich erachtet, Gesellschaften, deren Stammkapital nicht voll einbezahlt ist, zur Liberierung des noch ausstehenden Teils anzuhalten (Botschaft GmbH, 3248).

II. Anpassungsfrist für die Leistung der Einlagen (Abs. 1)

Abs. 1 verlangt die vollständige Leistung des Ausgabebetrags aller Stammanteile innerhalb von zwei Jahren. Für die **Vollliberierung** ist somit die gleiche Frist vorgesehen, wie für die Anpassung von Statuten und Reglementen (Art. 2 Abs. 1 ÜBest). Der Gesetzgeber erwartet, dass nur eine Minderheit der Gesellschaften davon betroffen sein wird (Botschaft GmbH, 3248). Da das Mindestkapital auf CHF 20000 belassen wird (Art. 773), beträgt die zu leistende Liberierung bei Gesellschaften mit minimaler Kapitalausstattung lediglich maximal CHF 10000. Hierbei handelt es sich ohnehin um die Erfüllung einer bestehenden Verbindlichkeit. Die noch zu leistende Einlage des Stammkapitals kann sowohl durch nachträgliche Einzahlung oder Sacheinlage als auch durch die Umwandlung von Reserven in Stammkapital erfolgen. Es liegt in der Verantwortlichkeit des Geschäftsführers der Gesellschaft, die Einhaltung des Gesetzes zu gewährleisten; er hat demnach den Betrag des «non-versé» innerhalb von zwei Jahren einzufordern oder durch Umbuchung frei verwendbarer Mittel in das Stammkapital einzubeziehen. Eine «abgeleitete» Klagemöglichkeit der Gläubiger auf Erbringung der Stammeinlage wurde von der Arbeitsgruppe GmbH erörtert, jedoch mit der Begründung verworfen, eine derartige Eingriffsmöglichkeit der Gläubiger in die Eigenkapitalverhältnisse einer aufrecht stehenden Gesellschaft sei systemwidrig (Expertenbericht GmbH, 46).

Das Übergangsrecht zur Revision des Aktienrechts von 1991 sanktionierte das Unterbleiben der Anpassung an die neuen Vorschriften zur Mindesteinlage mit der gerichtlichen Auflösung (Art. 2 Abs. 2 SchlB AG). In den vorliegenden ÜBest wird auf einen derartigen Rechtszwang verzichtet. Abs. 2 beschränkt sich darauf, die subsidiäre solidarische Haftung der Gesellschafter nach altem Recht bis zur vollständigen Leistung der Einlagen andauern zu lassen (aArt. 802). Eine solche Regelung ist sachgemäss: Es liegt im Interesse der Gesellschafter, sich durch eine Liberierung ihrer Stammanteile von dieser Haftung zu befreien. Die Befreiung von der subsidiären solidarischen Haftung tritt erst mit der vollständigen Liberierung aller Stammanteile ein. Bei der Abtretung von nicht vollständig einbezahlten Stammanteilen, geht die subsidiäre solidarische Haftung nach dem alten Recht auf den Erwerber über. Ihn trifft die Obliegenheit zu prüfen, ob die Stammanteile vollständig liberiert sind (Botschaft GmbH, 3248).

Raphael Camp/Manfred Küng

Art. 4 ÜBest

D. Partizipationsscheine und Genussscheine

¹ Anteile an Gesellschaften mit beschränkter Haftung, die einen Nennwert aufweisen und in den Passiven der Bilanz ausgewiesen werden, die aber kein Stimmrecht vermitteln (Partizipationsscheine), gelten nach Ablauf von zwei Jahren als Stammanteile mit gleichen Vermögensrechten, wenn sie nicht innerhalb dieser Frist durch Kapitalherabsetzung vernichtet werden. Werden die Anteile vernichtet, so muss den bisherigen Partizipanten eine Abfindung in der Höhe des wirklichen Werts ausgerichtet werden.

² Die erforderlichen Beschlüsse der Gesellschafterversammlung können mit der absoluten Mehrheit der vertretenen Stimmen gefasst werden, auch wenn die Statuten etwas anderes vorsehen.

³ Für Anteile an Gesellschaften mit beschränkter Haftung, die nicht in den Passiven der Bilanz ausgewiesen werden, finden nach dem Inkrafttreten dieses Gesetzes die Vorschriften über die Genussscheine Anwendung, dies auch dann, wenn sie als Partizipationsscheine bezeichnet sind. Sie dürfen keinen Nennwert angeben und müssen als Genussscheine bezeichnet werden. Die Bezeichnung der Titel und die Statuten sind innerhalb von zwei Jahren anzupassen.

D. Bons de participation et bons de jouissance

¹ Les parts de sociétés à responsabilité limitée qui ont une valeur nominale et figurent au passif du bilan mais ne confèrent pas le droit de vote (bons de participation) sont considérées, après deux ans, comme des parts sociales avec des droits patrimoniaux identiques, si elles ne sont pas supprimées par une réduction du capital social dans ce délai. Si les parts sont supprimées, les participants doivent être indemnisés à leur valeur réelle.

² Les décisions que l'assemblée des associés doit prendre à cet effet peuvent, malgré l'existence de dispositions statutaires contraires, être prises à la majorité absolue des voix représentées.

³ Après l'entrée en vigueur de la présente loi, les dispositions relatives aux bons de jouissance s'appliquent aux parts de sociétés à responsabilité limitée qui ne figurent pas au passif du bilan, même si ces parts sont qualifiées de bons de participation. Ces parts ne peuvent pas avoir de valeur nominale et doivent être qualifiées de bons de jouissance. La qualification des titres et les statuts doivent être adaptés dans les deux ans.

D. Buoni di partecipazione e buoni di godimento

¹ Dopo due anni, le quote di società a garanzia limitata che hanno un valore nominale e figurano nel passivo del bilancio ma non conferiscono alcun diritto di voto (buoni di partecipazione) sono considerate quote sociali con identici diritti patrimoniali se non sono soppresse entro tale termine mediante una riduzione del capitale sociale. Se le quote sono soppresse, i partecipanti devono essere indennizzati sino a concorrenza del valore reale delle loro quote.

² Le necessarie deliberazioni dell'assemblea dei soci possono essere prese a maggioranza assoluta dei voti rappresentati anche se lo statuto prevede altrimenti.

³ Dopo l'entrata in vigore della presente legge, le disposizioni relative ai buoni di godimento si applicano alle quote delle società a garanzia limitata che non figurano nel passivo del bilancio, anche se designate buoni di partecipazione. Tali quote non possono avere alcun valore nominale e devono

essere designate buoni di godimento. La designazione dei titoli e lo statuto devono essere adeguati entro due anni.

Literatur

Vgl. die Literaturhinweise zu Art. 1 ÜBest.

I. Normzweck

Als Partizipationsscheine gelten Anteile, die einen Nennwert aufweisen und auf der Passivseite der Bilanz ausgewiesen werden, ohne jedoch ein Stimmrecht zu vermitteln (Abs. 1; vgl. auch Art. 656a Abs. 2). Die Ausgabe von PS durch die GmbH war im alten Recht nicht geregelt. Immerhin wird in den vorliegenden ÜBest klargestellt, dass die unter altem GmbH-Recht ausgegebenen PS zulässig sind. 1

Mangels einschlägiger Vorschrift brauchte das Partizipationskapital nicht in das Handelsregister eingetragen zu werden. Wo die Eintragung stattgefunden hat, erfolgte sie im Rahmen der beschränkten Kognition der Registerbehörde und wurde allg. als zulässig erachtet, obwohl hierzu keine gerichtliche Beurteilung stattfand. 2

Der Gesetzgeber sieht nun von der Möglichkeit der Ausgabe von Partizipationsscheinen durch qualifiziertes Schweigen im geltenden Recht ab. Die **Abschaffung von Partizipationsscheinen** wird damit begründet, dass neben dem beschränkten Bedürfnis die Ausgabe von Partizipationsscheinen die Übernahme von aktienrechtlichen Schutzmechanismen – insb. ein Obligatorium für eine Revisionsstelle und das Rechtsinstitut der Sonderprüfung – voraussetzen, welche das Recht der GmbH nicht gewährleistet. Zudem stellt der Partizipationsschein ein typisches Instrument für die anonyme Kapitalanlage dar. Es wurde die Meinung vertreten, dass die personenbezogene Struktur der GmbH für ein stimmrechtsloses Eigenkapital nicht geeignet sei (Botschaft GmbH, 2349 und 3154). 3

Für die beschränkte Zahl der GmbH, die ein Partizipationskapital aufweisen, ist eine entsprechende Übergangsregelung geschaffen worden. Abs. 1 sieht vor, dass Partizipationsscheine nach Ablauf von zwei Jahren und somit ab dem 1.1.2010 als Stammeinlage gelten, sofern die Gesellschaft nicht von den Möglichkeiten Gebrauch macht, um das Partizipationskapital zu eliminieren. Die Gesellschaft kann die Umwandlung der Partizipationsscheine in Stammanteile dadurch vermeiden, dass sie die Partizipationsscheine vor Ablauf der Anpassungsfrist durch eine Kapitalherabsetzung vernichtet und den bisherigen Partizipanten eine Abfindung in der Höhe des wirklichen Werts ausrichtet (Abs. 1). 4

Die Gesellschaft hat somit die Wahl zwischen einer Abfindungsleistung in bar und einer Leistung von Stammanteilen mit den gleichen Vermögenswerten wie die Partizipationsscheine sachgemäss besitzen. Eine Barabfindung scheint u.E. lediglich dann als prüfenswerte Variante, wenn dies weder zu einem Liquiditätsengpass, noch zu einer unangemessenen Verringerung des Eigenkapitals der Gesellschaft führt (ähnlich: Expertenbericht GmbH, 46).

Eine weitere im Gesetzestext nicht erwähnte Möglichkeit besteht in der Umwandlung einer GmbH in eine AG unter Beibehaltung eines Partizipationskapitals. Dies stellt eine Möglichkeit dar, eine stimmrechtslose Beteiligung am Risikokapital – im Kleid einer anderen Rechtsform – beizubehalten. Eine einfache Umwandlung von einer GmbH in eine AG ist nach FusG möglich (vgl. Art. 53 ff.). Eine weitere Möglichkeit besteht darin, zwar das Partizipationskapital abzuschaffen und die PS ohne Rückleis- 5 tung in Genussscheine ohne Nennwert umzuwandeln. Solange die Genussscheine die gleichen Dividendenrechte wie die Stammanteile vermitteln, werden die Partizipanten gegenüber dem altrechtlichen Zustand nicht schlechter gestellt.

6   Um die Anpassungen gem. Abs. 1 zu erleichtern, sieht Abs. 2 vor, dass die notwendigen Beschlüsse der Generalversammlung mit der absoluten Mehrheit der vertretenen Stimmen gefasst werden können (vgl. Art. 808), und zwar auch dann, wenn die Statuten andere Mehrheitserfordernisse vorsehen. Dieses festgelegte Quorum gilt nicht für den in Abs. 1 unerwähnt gebliebenen Fall der Umwandlung einer GmbH in eine AG. Anwendbar ist das Quorum nach Art. 64 Abs. 1 lit. c FusG.

7   Abs. 3 thematisiert die Abgrenzung zwischen Partizipations- und Genussscheinen: Anteile, die nicht auf der Passivseite der Bilanz ausgewiesen werden, unterstehen zwingend den Vorschriften der Genussscheine (vgl. Art. 774a und 657). Weiter stellt der genannte Abs. einen Auffangtatbestand für jene Fälle dar, in denen in bereits bestehenden GmbH Beteiligungsrechte ohne Nennwert als Genussscheine ausgegeben worden sind, die jedoch irreführend als Partizipationsscheine oder mit einer anderen Bezeichnung benannt worden sind. Diese Titel ohne Nennwert müssen bis Ende 2009 einheitlich als Genussscheine bezeichnet werden. Insb. müssen die Titelbezeichnungen innert der Frist statutarisch angepasst werden.

Art. 5 ÜBest

E. Eigene Stammanteile	Haben Gesellschaften mit beschränkter Haftung vor dem Inkrafttreten dieses Gesetzes eigene Stammanteile erworben, so müssen sie diese, soweit sie 10 Prozent des Stammkapitals übersteigen, innerhalb von zwei Jahren veräussern oder durch Kapitalherabsetzung vernichten.
E. Parts sociales propres	Si, avant l'entrée en vigueur de la présente loi, des sociétés à responsabilité limitée ont acquis des parts sociales propres, elles doivent les aliéner ou les supprimer par une réduction du capital social dans les deux ans, pour autant que leur valeur nominale dépasse 10% du capital social.
E. Quote sociali proprie	Le società a garanzia limitata che hanno acquistato quote sociali proprie prima dell'entrata in vigore della presente legge devono, entro due anni, alienarle o sopprimerle mediante una riduzione del capitale sociale, sempreché il loro valore nominale complessivo ecceda il 10 per cento del capitale sociale.

Literatur

Vgl. die Literaturhinweise zu Art. 1 ÜBest.

I. Normzweck

1   Das alte Recht gestattete – sofern vollständig liberiert wurde – den Erwerb und das Halten eigener Stammanteile ohne Beschränkung (aArt. 807), während das neue GmbH-Recht – ähnlich zu den aktienrechtlichen Bestimmungen (vgl. auch den Verweis in Art. 783 Abs. 4 auf Art. 659 ff.) – eine **Begrenzung** auf 10% des **Stammkapitals** vorsieht; für besondere Tatbestände gilt eine erhöhte Schwelle von 35% (vgl. Art. 783 Abs. 1 und 2). Über 10% des Stammkapitals hinaus erworbene eigene Stammanteile

sind gem. dieser ÜBest während der zweijährigen Übergangsfrist seit Inkrafttreten des neuen Rechts und somit bis Ende 2009 durch Kapitalherabsetzung zu vernichten (Art. 782) oder zu veräussern (Art. 785).

II. Rechtsfolge

Die Rechtsfolge bei Missachtung bleibt im GmbH-Recht und in den ÜBest unerwähnt. Mangels entsprechender Rechtsgrundlage kann eine behördliche Intervention nicht erfolgen. 2

III. Veräusserung

In diesem Zusammenhang ist Folgendes zu beachten: Wenn eine GmbH an Tochtergesellschaften mehrheitlich beteiligt ist, so gelten für den Erwerb ihrer Stammanteile durch diese Tochtergesellschaften die gleichen Einschränkungen wie für den Erwerb eigener Stammanteile (Art. 659b i.V.m. Art. 783 Abs. 4). 3

Art. 6 ÜBest

F. Nachschusspflicht

¹ Statutarische Verpflichtungen zur Leistung von Nachschüssen, die vor dem Inkrafttreten dieses Gesetzes begründet wurden und die das Doppelte des Nennwerts der Stammanteile übersteigen, bleiben rechtsgültig und können nur im Verfahren nach Artikel 795c herabgesetzt werden.

² Im Übrigen finden nach dem Inkrafttreten dieses Gesetzes die neuen Vorschriften Anwendung, so namentlich für die Einforderung der Nachschüsse.

F. Obligation d'effectuer des versements supplémentaires

¹ Les obligations statutaires d'effectuer des versements supplémentaires qui sont prévues avant l'entrée en vigueur de la présente loi et qui dépassent le double de la valeur nominale de la part sociale à laquelle elles sont attachées restent valables et ne peuvent être réduites qu'en application de la procédure fixée à l'art. 795c.

² Pour le surplus, la nouvelle réglementation s'applique dès l'entrée en vigueur de la présente loi, notamment en ce qui concerne l'exigibilité des versements supplémentaires.

F. Obbligo di effettuare versamenti suppletivi

¹ Gli obblighi statutari di effettuare versamenti suppletivi previsti prima dell'entrata in vigore della presente legge e che eccedono il doppio del valore nominale della quota sociale cui sono connessi restano validi e possono essere ridotti soltanto in applicazione della procedura prescritta nell'articolo 795c.

² Per il rimanente, le nuove disposizioni si applicano dall'entrata in vigore della presente legge, segnatamente per quanto concerne la richiesta di versamenti suppletivi.

Literatur

Vgl. die Literaturhinweise zu Art. 1 ÜBest.

Art. 6 ÜBest 1–4 Übergangsbestimmungen zur Revision des GmbH-Rechts 2006

I. Normzweck

1 Das alte Recht sah für statutarische Nachschusspflichten grundsätzlich keine gesetzliche Begrenzung vor (aArt. 803). Das geltende Recht beschränkt **Nachschusspflichten** hingegen **auf das Doppelte des Nennwerts der Stammanteile,** mit denen sie verbunden sind (Art. 795 Abs. 2). Diese Begrenzung wurde aus Gründen des Systemschutzes der GmbH getroffen: Das massgebende Substrat soll vordergründig in Form von Gesellschaftskapital eingebracht und nicht lediglich als Nachschuss versprochen werden (KELLERHALS, 175).

2 Unter dem alten Recht begründete Nachschusspflichten, welche die neue gesetzliche Schranke übersteigen, bleiben nach Abs. 1 weiterhin gültig. Sie dürfen nur herabgesetzt oder aufgehoben werden, wenn das Stammkapital und die gesetzlichen Reserven voll gedeckt sind (Art. 795c Abs. 1). Die Fortdauer bestehender Nachschusspflichten in ihrer bisherigen Höhe ist zum Schutz der Gläubiger als Haftungssubstrat unabdingbar. Das begründete Vertrauen der Gläubiger wird durch das sog. Grandfathering geschützt, indem die statutarischen Nachschusspflichten, welche die gesetzliche Limite übersteigen, unbefristet weiter bestehen, sofern keine Herabsetzung oder Aufhebung erfolgt (MEIER-HAYOZ/FORSTMOSER, § 18 N 156). Erwerber von Stammanteilen sollen durch diese Übergangsregelung nicht gefährdet werden, da sie sich ohnehin in den Statuten über allfällige Nachschusspflichten informieren müssen (Botschaft GmbH, 3250). Trotz entsprechender Erwähnung im Expertenbericht GmbH fehlt in den ÜBest eine Bestimmung betreffend besonderer Handlungspflicht für die Gesellschaften, die in ihren Statuten die Nachschusspflicht nicht auf den Nennwert bezogen haben (Expertenbericht GmbH, 47). Die vom geltenden Recht verlangte Bezugnahme der Nachschusspflicht auf den Nennwert – und somit auch der Maximalbetrag des doppelten Nennwerts – muss innerhalb der zweijährigen Übergangsfrist neu in die Statuten aufgenommen werden (vgl. Art. 2 Abs. 1 und 2 ÜBest).

3 Abgesehen von der neuen gesetzlichen Begrenzung finden für unter dem alten Recht begründete Nachschusspflichten nach dem Inkrafttreten nach Abs. 2 die neuen Vorschriften Anwendung, so namentlich für die Einforderung der Nachschüsse (Art. 795a).

4 Das geltende Recht verzichtet auf eine übergangsrechtliche Regelung von statutarischen **Nebenleistungspflichten.** Abweichend vom alten Recht (vgl. aArt. 777 Ziff. 2) wurden Nebenleistungspflichten mit der Revision in ihrem Verwendungszweck geringfügig beschränkt (vgl. Art. 796 Abs. 2; HANDSCHIN/TRUNIGER, § 37 N 14). Da es sich um eine sachlich gebotene Eingrenzung auf für die Gesellschaft relevante Pflichten handelt, erscheint es angezeigt, unter dem alten Recht begründete Nebenleistungspflichten, die mit der neuen Regelung nicht vereinbar sind, nach Ablauf der Frist zur Anpassung der Statuten entfallen zu lassen (vgl. Art. 2 ÜBest). In den wenigen Fällen, die von dieser Regelung betroffen sind, steht es offen, bisherige statutarische Anordnungen während der zweijährigen Anpassungsfrist durch vertragliche Vereinbarungen bzw. Gesellschafterbindungsverträge abzulösen (Botschaft GmbH, 3250 f.).

Art. 7 ÜBest

G. Revisionsstelle	Die Bestimmungen dieses Gesetzes zur Revisionsstelle gelten vom ersten Geschäftsjahr an, das mit dem Inkrafttreten dieses Gesetzes oder danach beginnt.
G. Organe de révision	Les dispositions de la présente loi concernant l'organe de révision sont applicables dès l'exercice qui commence avec l'entrée en vigueur de la présente loi ou qui la suit.
G. Ufficio di revisione	Le disposizioni della presente legge concernenti l'ufficio di revisione si applicano dal primo esercizio che comincia con l'entrata in vigore della presente legge o successivamente.

Literatur

Vgl. die Literaturhinweise zu Art. 1 ÜBest sowie VON BÜREN/STEINER, Der Vorentwurf für eine Reform des Rechts der Gesellschaft mit beschränkter Haftung, ZBJV 1999, 460 ff.

I. Normzweck

Da für die GmbH die Revisionspflicht neu eingeführt wird, hält dieser Artikel fest, wann die gesetzlichen **Bestimmungen zum Revisionsrecht** (Art. 727 ff.) zur Anwendung gelangen. Zur Vorschrift von Art. 1 Abs. 2 ÜBest (vgl. auch Art. 3 SchlT ZGB), wonach Bestimmungen des neuen Gesetzes mit seinem Inkrafttreten auf bestehende Gesellschaften Anwendung finden, stellt diese ÜBest eine Ausnahme dar: Die Pflicht zur Bezeichnung einer Revisionsstelle gilt erst vom ersten Geschäftsjahr an, das mit dem Inkrafttreten des Gesetzes oder danach beginnt. Diese Ausnahme lässt sich dadurch erklären, dass die Prüfung von Jahres- und Konzernrechnungen kein punktuelles Ereignis sondern einen Dauertatbestand darstellt, der sich über die ganze Zeitspanne der Rechnungslegungsperiode erstreckt. Als Gesamttatsache sind die in ihr widergespiegelten Einzeltatsachen erst am letzten Tag der Rechnungsperiode vollendet. Eine Aufspaltung der Rechtsfolgen (Anwendung von altem Revisionsrecht auf Ereignisse vor Inkrafttreten der vorliegenden Gesetzesänderung, von neuem auf die Ereignisse danach) wurde zu Recht als nicht praktikabel angesehen. Durch die Festlegung in der ÜBest wird daher sichergestellt, dass die Revision einer Jahres- oder Konzernrechnung in Übereinstimmung mit dem zu Grunde liegenden Geschäftsjahr vollumfänglich unter dem neuen Revisionsrecht erfolgen kann. Durch diese differenzierte Übergangslösung können Unklarheiten, wie sie beim Übergangsrecht zum Aktienrecht bestanden haben, vermieden werden (vgl. VON BÜREN/STEINER, 478). 1

Für die Umschreibung der Revisionspflicht stellt das Gesetz auf bestimmte Grössenkriterien ab (Art. 727 Abs. 1 Ziff. 2). Für die Beurteilung der Frage, ob diese in zwei aufeinander folgenden Geschäftsjahren überschritten worden sind, ist im Zeitpunkt des Inkrafttretens aus sachlichen Gründen auf die zwei letzten Geschäftsjahre abzustellen, die dem Inkrafttreten vorangegangen sind. Dabei liegt keine Rückwirkung vor, da die vorangehenden Geschäftsjahre lediglich zur Ermittlung der neurechtlichen Revisionspflicht dienen, diese aber ausschliesslich Geschäftsjahre betrifft, die nach dem Inkrafttreten beginnen (Botschaft RAG, 4048). 2

Das geltende Gesetz unterstellt die GmbH unter bestimmten Voraussetzungen einer Revisionspflicht (vgl. Art. 818), wobei unter gewissen Bedingungen auch darauf verzichtet werden kann (vgl. Art. 727a Abs. 2; opting out). Die Pflicht zur Bezeichnung einer Re- 3

Art. 8 ÜBest 1, 2 Übergangsbestimmungen zur Revision des GmbH-Rechts 2006

visionsstelle gilt für die betroffenen Gesellschaften vom ersten Geschäftsjahr an, das am Tag des Inkrafttretens des neuen Rechts oder nach diesem Zeitpunkt gilt. Da das geltende Recht mit dem 1.1.2008 in Kraft getreten ist, sind die Jahresabschlüsse somit ab dem 31.12.2008 (Abschluss nach Kalenderjahr) bzw. je nach Geschäftsjahrbeginn später (z.B. 30.6.2009) nach dem neuen Revisionsrecht zu revidieren.

Art. 8 ÜBest

H. Stimmrecht
: [1] **Gesellschaften mit beschränkter Haftung, die das Stimmrecht vor dem Inkrafttreten dieses Gesetzes unabhängig vom Nennwert der Stammanteile festgelegt haben, müssen die entsprechenden Bestimmungen nicht an die Anforderungen von Artikel 806 anpassen.**

  [2] **Bei der Ausgabe neuer Stammanteile muss Artikel 806 Absatz 2 zweiter Satz in jedem Fall beachtet werden.**

H. Droit de vote
: [1] Les sociétés à responsabilité limitée qui, avant l'entrée en vigueur de la présente loi, ont déterminé le droit de vote indépendamment de la valeur nominale des parts sociales ne sont pas tenues d'adapter les dispositions correspondantes aux exigences fixées à l'art. 806.

  [2] Lorsque de nouvelles parts sociales sont émises, l'art. 806, al. 2, 2e phrase, doit être respecté dans tous les cas.

H. Diritto di voto
: [1] Le società a garanzia limitata che, prima dell'entrata in vigore della presente legge, hanno determinato il diritto di voto indipendentemente dal valore nominale delle quote sociali non sono tenute ad adeguare le relative disposizioni alle esigenze di cui all'articolo 806.

  [2] In caso di emissione di nuove quote sociali, l'articolo 806 capoverso 2, secondo periodo, deve sempre essere rispettato.

Literatur

Vgl. die Literaturhinweise zu Art. 1 ÜBest.

I. Normzweck

1 Während das alte Recht festhielt, dass die Statuten das Stimmrecht auch anders ordnen können, als das Gesetz dies vorsieht (aArt. 808 Abs. 4), gibt das geltende Recht für die statutarische Regelung klare Vorgaben und setzt damit für Abweichungen von der für Kapitalgesellschaften typischen Parallelität zwischen der Beteiligung am Stammkapital und der Stimmkraft gewisse Grenzen (vgl. Art. 806 Abs. 1). Diese Grenzen entsprechen weitgehend der aktienrechtlichen Ausgestaltung des Stimmrechts bei Stimmrechtsaktien (Art. 693 Abs. 2; KÜNG/CAMP, Art. 806 N 4 f.).

II. Bemessung/Stimmrecht

2 Das Stimmrecht kann nicht mehr beliebig in den Statuten festgesetzt werden, z.B. nach Köpfen oder aufgrund eines in den Statuten beliebig festgeschriebenen Stimmprivilegs bestimmter Gesellschafter (Expertenbericht GmbH, 48). Das Stimmrecht muss sich nach der Kapitalbeteiligung richten, wobei Stammanteile mit privilegiertem Stimmrecht möglich sind.

Gesellschaften, die unter dem alten Recht ihr Stimmrecht abweichend von der gesetzlichen Regelung festgelegt haben, gelten gem. Abs. 1 vom neuen Recht unberührt weiter. Somit müssen die betreffenden Statutenbestimmungen nicht den Anforderungen von Art. 806 angepasst werden. Für sie gilt damit der Fall des Grandfathering, bei dem die alte Ordnung trotz Widerspruch zum neuen Recht beibehalten werden darf. Nach dieser Bestimmung können die Regeln somit zeitlich unbeschränkt in den Statuten enthalten bleiben. Eine solche Ausnahmeregelung erscheint gerechtfertigt; eine Zwangsumstellung der bisherigen Beherrschungsverhältnisse einer Gesellschaft wäre unter dem Aspekt der Rechtssicherheit äusserst problematisch, da allzu stark in gewachsene Sonderregelungen eingegriffen würde (Expertenbericht GmbH, 48).

3

Setzen die Statuten das Stimmrecht unabhängig vom Nennwert auf eine Stimme pro Stammanteil fest, so dürfen nach dem Inkrafttreten des neuen Rechts keine zusätzlichen Stammanteile ausgegeben werden, die der Regel der maximal zehnfachen Stimmrechtsprivilegierung widersprechen (Abs. 2; Art. 806 Abs. 2). Diese Regelung verhindert, dass eine nicht mehr zulässige Ausgestaltung der Stimmrechtsverhältnisse nach dem Inkrafttreten der neuen Vorschriften noch verstärkt wird (so bereits Art. 5 SchlB AG; Botschaft GmbH, 3251).

4

Art. 9 ÜBest

J. Anpassung statutarischer Mehrheitserfordernisse	Hat eine Gesellschaft mit beschränkter Haftung durch blosse Wiedergabe von Bestimmungen des alten Rechts Vorschriften in die Statuten aufgenommen, die für die Beschlussfassung der Gesellschafterversammlung qualifizierte Mehrheiten vorsehen, so kann die Gesellschafterversammlung innerhalb von zwei Jahren mit der absoluten Mehrheit der vertretenen Stimmen die Anpassung dieser Bestimmungen an das neue Recht beschliessen.
J. Adaptation des exigences statutaires de majorité	Lorsqu'une société à responsabilité limitée n'a fait que reproduire dans ses statuts les dispositions de l'ancien droit qui prévoient des majorités qualifiées pour les décisions de l'assemblée des associés, celle-ci peut, dans les deux ans, décider à la majorité absolue des voix représentées d'adapter ces dispositions statutaires à la nouvelle réglementation.
J. Adeguamento delle maggioranze richieste dallo statuto	Se una società a garanzia limitata ha semplicemente riprodotto nello statuto disposizioni del diritto previgente che prevedono maggioranze qualificate per le deliberazioni dell'assemblea dei soci, questa può, entro due anni, decidere a maggioranza assoluta dei voti rappresentati di adeguare tali disposizioni al nuovo diritto.

Literatur

Vgl. die Literaturhinweise zu Art. 1 ÜBest.

I. Normzweck

Das alte Recht unterstellte Beschlüsse (aArt. 784 Abs. 2 und aArt. 791 Abs. 2) einer nicht zu rechtfertigenden einschränkenden qualifizierten Mehrheit: Drei Viertel sämtlicher Gesellschafter, die zugleich mindestens drei Viertel des Stammkapitals vertreten, mussten einem Beschluss zustimmen. Nicht nur in den meisten Gesellschaften mit

1

Art. 10 ÜBest 1   Übergangsbestimmungen zur Revision des GmbH-Rechts 2006

zwei bis drei Anteilsinhabern, sondern je nach Konstellation auch in Gesellschaften mit mehr Gesellschaftern wirkte sich diese Regel, die sich unabhängig von der Präsenz in der Gesellschafterversammlung stets auf sämtliche Stammanteile bezog, oft als Einstimmigkeitserfordernis aus. Das geltende Recht sieht nun eine liberalere Regelung betreffend wichtiger Beschlussfassungen vor: Zwei Drittel der vertretenen Stimmen sowie die absolute Mehrheit des gesamten stimmberechtigen Stammkapitals sind für eine Beschlussfassung erforderlich (Art. 808b Abs. 1). Die ÜBest bezweckt, die **Übernahme der neu festgelegten Mindestanforderungen an die Beschlussfassung zu erleichtern.**

II. Ergänzungsregel

2   Verschiedene Gesellschaften haben durch blosse Wiedergabe von Bestimmungen des alten Rechts Vorschriften in die Statuten aufgenommen, welche für bestimmte Beschlüsse qualifizierte Mehrheiten oder die Zustimmung aller Gesellschafter vorsehen (vgl. aArt. 784 Abs. 2 und 3; aArt. 791 Abs. 2 sowie aArt. 822 Abs. 3). Innerhalb einer zweijährigen Übergangsfrist, also bis zum 31.12.2009, haben die Gesellschaften die Möglichkeit, diese Beschlüsse mit einfachem Mehr bzw. mit der absoluten Mehrheit der vertretenen Stimmen an die neuen gesetzlichen Mehrheitserfordernisse anzupassen (so bereits Art. 6 SchlB AG; als Ergänzungsregel bezeichnet). Die Übergangsregelung gilt gem. Wortlaut jedoch nicht für GmbH, die in ihren Statuten ein besonderes Mehrheitserfordernis festgelegt haben, ohne lediglich den alten Gesetzestext wiedergegeben zu haben (vgl. Expertenbericht GmbH, 49).

Art. 10 ÜBest

K. Vernichtung von Aktien und Stammanteilen im Fall einer Sanierung	Wurde das Aktienkapital oder das Stammkapital vor dem Inkrafttreten dieses Gesetzes zum Zwecke der Sanierung auf null herabgesetzt und anschliessend wieder erhöht, so gehen die Mitgliedschaftsrechte der früheren Aktionäre oder Gesellschafter mit dem Inkrafttreten unter.
K. Destruction d'actions et de parts sociales en cas d'assainissement	Lorsque, avant l'entrée en vigueur de la présente loi, le capital-actions ou le capital social a été réduit à zéro, puis immédiatement augmenté, à des fins d'assainissement, les droits d'associé des anciens actionnaires ou associés disparaissent à l'entrée en vigueur de la présente loi.
K. Soppressione di azioni e di quote sociali in caso di risanamento	Se, prima dell'entrata in vigore della presente legge, il capitale azionario o il capitale sociale è stato ridotto a zero e nuovamente aumentato a fini di risanamento, i diritti societari degli azionisti o dei soci precedenti decadono al momento dell'entrata in vigore della presente legge.

Literatur

Vgl. die Literaturhinweise zu Art. 1 ÜBest.

I. Normzweck

1   Mit der GmbH-Revision wurden u.a. aktienrechtliche Bestimmungen einer Änderung unterzogen, so auch das Kapitalherabsetzungsverfahren (Art. 732 ff.). Wird das Aktienkapital zum Zweck der Sanierung unter Vernichtung der Aktien auf null herabgesetzt und zugleich wieder erhöht, so kommt den bisherigen Aktionären gem. Rechtsprechung

auch dann noch ein minimales Stimmrecht zu, wenn sie am Aktienkapital nicht mehr beteiligt sind (BGE 121 III 420 ff.).

Mit Inkrafttreten des neuen Rechts wird diese Rechtsprechung für das Aktienrecht und – kraft Verweis in Art. 782 Abs. 4 – für das GmbH-Recht obsolet: Es wird normativ festgelegt, dass die Stimmrechte mit der Vernichtung der Aktien bzw. Stammanteile jeweils untergehen. Dies gem. Übergangsbestimmung auch dann, wenn diese Sanierungsmassnahme vor dem Inkrafttreten des neuen GmbH-Rechts erfolgte. 2

Art. 11 ÜBest

L. Ausschliesslichkeit eingetragener Firmen Die Ausschliesslichkeit von Firmen, die vor dem Inkrafttreten dieses Gesetzes im Handelsregister eingetragen wurden, beurteilt sich nach Artikel 951 des Obligationenrechts in der Fassung vom 18. Dezember 1936.

L. Droit exclusif aux raisons de commerce inscrites Le droit exclusif aux raisons de commerce qui ont été inscrites au registre du commerce avant l'entrée en vigueur de la présente loi est régi par l'art. 951 du code des obligations dans sa teneur du 18 décembre 1936.

L. Diritto esclusivo di usare le ditte iscritte Il diritto esclusivo di valersi delle ditte iscritte nel registro di commercio prima dell'entrata in vigore della presente legge è retto dall'articolo 951 del Codice delle obbligazioni nella versione del 18 dicembre 1936.

Literatur

Vgl. die Literaturhinweise zu Art. 1 ÜBest.

I. Ausschliesslichkeit eingetragener Firmen

Gemäss altem Recht gilt für die **Ausschliesslichkeit der Firmen von GmbH** eine unterschiedliche Regelung, je nachdem ob sie einen Personennamen enthalten oder nicht (aArt. 951). Nach den alten Vorschriften konnten mehrere GmbH die gleiche Firma führen, sofern diese einen Personennamen enthielt und der Sitz der betreffenden Gesellschaften nicht am selben Orte lag. Demgegenüber soll die Firma der GmbH nach dem geltenden Firmenrecht in allen Fällen für die ganze Schweiz das Recht der Ausschliesslichkeit geniessen. Für bereits im Handelsregister eingetragene Firmen darf die Rechtslage aber nicht verändert werden (Botschaft GmbH, 3253). Im Verhältnis zwischen Firmen, die beim Inkrafttreten des geltenden Rechts im Handelsregister eingetragen waren, ist die Ausschliesslichkeit daher nach der altrechtlichen Bestimmung zu beurteilen. 1

Die nach altem Recht gegründete GmbH kann die Ausschliesslichkeit nur lokal beanspruchen, sofern sie einen Personennamen in der Firma enthält (Art. 11 ÜBest i.V.m. Art. 951 altOR und Art. 946 OR). 2

Die nach altem Recht gegründete GmbH kann die Ausschliesslichkeit landesweit beanspruchen, sofern sie einen Personennamen in der Firma enthält, aber unter neuem Recht die Firma ändert oder den Sitz verlegt (Art. 11 ÜBest i.V.m. Art. 951 altOR und Art. 946 OR e contrario). Der Ausschliesslichkeitsanspruch gilt aber nur beschränkt, weil eine nach altem Recht eingetragene ähnliche Firma als älteres Zeichen gilt. 3

Raphael Camp/Manfred Küng

Sachregister

A

Abberufung von Liquidatoren, 583 N 5
Abfindung, 580 N 1 ff.; 619 N 5
Abfindungsklausel, 580 N 2
Abgrenzung, periodengerechte, 959 N 11
Abnahme der Rechnung und Gewinnverwendung
- Auskunftspflicht der RS, 731 N 11 ff.
  - Ausübung des Fragerechts, 731 N 11
  - Geschäftsgeheimnis, 731 N 14
  - Gläubiger, 731 N 13
- Persönlicher Geltungsbereich, 731 N 3 f.
- Voraussetzungen
  - Anfechtbarkeit bei Abwesenheit der RS, 731 N 8
  - Anwesenheit der RS, 731 N 7
  - Dispens von der GV, 731 N 9
  - Nichtigkeit bei Fehlen eine Revisionsberichts, 731 N 7
  - Vorliegen eines Revisionsberichts, 731 N 5 ff.
- Zweck, 731 N 2

Abnahme, trotz Einschränkung, 663h N 23
Absatzmarkt, 666 N 9
Abschlagszahlungen, 548/549 N 3; 586 N 1
Abschlussprüfung, 697a N 4; 959 N 19
- eingeschränkte Revision, 729a N 1 ff.
- ordentliche Revision, 728a N 1 ff.

Abschlussstichtag, 663g N 6 ff., 42
Abschlussvermerk, 1066 N 2, 5; 1067 N 6 ff.
Abschreibungen, 663 N 8 f., 24; 665 N 11; 669 N 3, 5 f., 30; 671a N 7, 14; 858 N 11; 960 N 38
- notwendige, 669 N 4
- planmässige, 669 N 10

Abschreibungsmethoden, 665 N 14; 669 N 8, 10, 12
Abschreibungssätze, 669 N 13
Absicht, dauernder Anlage, 665a N 3 ff.
Abtretung eines Gesellschaftsanteils, 548/549 N 16a

Actio pro socio, im Liquidationsstadium, 531 N 3; 585 N 3
Agio, 624 N 7; 671 N 15, 28, 36, 47; 675 N 19; 680 N 6, 16, 19; 681/682 N 4; 774 N 6
- Festsetzung, 624 N 8
- Verwendung, 624 N 9

Agioreserven, 671 N 36
AHV/IV/EO, 677 N 19
Akkreditive, 1153–1155 N 3
Akkreszenz, 548/549 N 17; 576 N 8
Akontodividende, 675 N 37
Akontotantiemen, 677 N 15
Aktien
- Aktienmantel, 620 N 8 f.
  - Begriff, 620 N 8
  - Löschungspflicht, 620 N 9
  - Rechtsgeschäfte über, 620 N 8
- als Wertpapiere, 622 N 6 ff.
- Art, 650 N 12
- Arten, 622 N 11 ff.
- Ausgabezeitpunkt, 622 N 5
- Aushändigungsanspruch
  - Verjährung, 622 N 10
- Bilanzierung eigener, 659a N 5
- Couponbogen, 622 N 23
- deklaratorisches Wertpapier, 622 N 2, 7
- eigene, 663a N 12, 68; 667 N 17; 671a N 1 f., 6, 10 ff.; 674 N 5
- Erwerb eigener
  - EU-Recht, Vor Art. 659 N 8 ff.
  - fiduziarischer, 659 N 14
  - im internationalen Verhältnis, 659b N 15 ff.
  - nichtiger, 659 N 12
  - Ordnungsvorschrift, 659 N 11
  - originärer, 659 N 4
  - teilliberierter, 659 N 5
  - treuhänderischer, 659 N 14
  - unentgeltlicher, 659 N 3; 659a N 8
- formale Kraftloserklärung, 622 N 10
- gemeinschaftliches Eigentum, 690 N 2
  - Aktienbuch, Eintrag, 690 N 7
  - gemeinsamer Vertreter, 690 N 4, 8
  - Gesamteigentum/Miteigentum, 690 N 5

Aktienarten

- Legitimation, 690 N 6
- Stellvertretung oder Handeln kraft eigenen Rechts, 690 N 5 f.
- Global-, 622 N 19
- Grundsatz der Unteilbarkeit, 690 N 1
- Interimsschein, 622 N 22
- kausales Wertpapier, 622 N 7
- Mindestnennwert, 622 N 29
  - Unterschreitung, 622 N 30, 34
- mit aufgeschobenem Titeldruck, 622 N 21
- Mitberechtigung mehrerer, 623 N 2
- Nennwert, 620 N 21, 28; 622 N 28 ff.; 624 N 2
  - Änderungen, 622 N 33; 623 N 3 ff.
    - bei konstantem Aktienkapital, 623 N 3 ff.
    - Nennwerterhöhung, 623 N 9 f.
    - Nennwertherabsetzung, 623 N 6 ff.
    - sanierungsbedingte Nennwertherabsetzung, 622 N 34
  - Erhöhung/Heraufsetzung, 650 N 9
  - nennwertlose Aktie, 620 N 21; 622 N 36
  - Quotenaktie, 620 N 21
  - Sanierungskleinaktien, 622 N 34
  - Substanzwert, 622 N 32
  - wirtschaftlicher Wert, 622 N 32
- Nichtigkeit, 644 N 1 ff.
- Nutzniessung, 690 N 2
  - Aktienbuch, 690 N 3
  - Anfechtungsrecht, 690 N 16
  - Bestellung, 690 N 10
  - Bezugsrecht, 690 N 14
  - Cash or Title Options, 690 N 15
  - Dividende, 690 N 14
  - Gratisaktien, 690 N 14
  - Kontroll- und Auskunftsrechte, 690 N 16
  - Pflicht zur sorgfältigen Wirtschaft, 690 N 12
  - Schadenersatz, 690 N 12
  - statutarische Vinkulierungsvorschriften, 690 N 3, 11
  - Stimmrecht, 690 N 12 f.
  - Umfang, 690 N 12, 14
- Pfandnahme eigener, 659 N 13
- Talon, 622 N 23
- Titelausgabe, 622 N 3 ff.
- Übertragungsbeschränkungen, 659 N 2
- Unteilbarkeit, 623 N 1
- Unterbeteiligung, 623 N 2
- Verbriefung, 622 N 1 ff.
- Verbriefungsanspruch, 622 N 4 f.
- Vorlageerfordernis, 622 N 9
- Wertpapier des öffentlichen Glaubens, 622 N 8
- Wiederverkauf eigener, 659 N 8 ff.
- Zertifikat, 622 N 19
  - Einweg-, 622 N 21
  - über blosse Aktienteile, 622 N 20

Aktienarten, 620 N 24 ff.; 622 N 11 ff.
- Inhaberaktie, 622 N 12
- Namenaktie, 622 N 13
- Rektaaktie, 622 N 15
- Stammaktie, 620 N 25
- Stimmrechtsaktie, 620 N 27; 622 N 29; 623 N 8
- Umwandlung, 622 N 16 ff.
  - durch Statutenänderung, 622 N 17
- vinkulierte Namenaktie, Vor Art. 620 N 9; 620 N 7; 622 N 14
- Vorzugsaktie, 620 N 26
- Wahlfreiheit, 622 N 11
  - Stimmrechtaktien, 622 N 11

Aktienbuch
- Einsichtnahme, 686 N 8; 697 N 14
- Eintragungen, 684 N 9; 685a N 5; 686 N 4 f.
- Führung, 686 N 2
- Prüfung, 686 N 7
- Streichung, 686a N 1 ff.

Aktienemission, 622 N 3 ff.; 624 N 1 ff.
- Ausgabebetrag, 624 N 1
- zum Nennwert, 624 N 2
- Überpari, 620 N 34; 624 N 7 ff.
- Unterpari
  - ausgefallene Aktie, 624 N 5
  - Nichtbeachtung des Verbots, 624 N 6
  - Verbot der, 624 N 3 f.
  - Verbotsausnahme, 624 N 5

Aktiengesellschaft, 663e N 5; 957 N 11
- Aktie, 620 N 20 ff.; 622 N 1 ff.
- Begriff, Vor Art. 620 N 1; 620 N 1
- Einpersonen-AG, 625 N 21
  - Begriff, 625 N 21
  - Berufung auf wirtschaftliche Identität, 625 N 27

- formal-rechtliche Selbständigkeit, 625 N 24
- Haftungsdurchgriff, 625 N 29
  - Beweislast, 625 N 33
- Organisationsvorschriften, 625 N 25
- Problemkonstellation, 625 N 22
- Rechtsmissbrauch, 625 N 29 ff.
- Steuerrecht, 625 N 28, 31
- Strukturvorschriften, 625 N 25
- Vermögenstrennung, 625 N 26
- Zulässigkeit, 625 N 23
- Flucht in die, Vor Art. 620 N 10
- Gesellschafter, 620 N 6 f.
- Gesellschaftsvermögen, 620 N 12
- Gesellschaftszweck, 620 N 2
- gesetzliches Leitbild, Vor Art. 620 N 9
- Gründer, 625 N 3 ff.
  - Nationalität der, 625 N 4
- Gründeranzahl, 625 N 1
- Gründung, 629 N 1 ff.
  - Voraussetzungen Gründerqualität, 625 N 3 f.
- Gründungsgesellschaft, Vor Art. 620 N 6
- Gründungshaftung, 753 N 1 ff.
- Haftungsbeschränkung, 620 N 30
- Haftungsdurchgriff, Vor Art. 620 N 2, 23; 625 N 29 ff.
- Holdinggesellschaft, Vor Art. 620 N 25
- Immobiliengesellschaft, 620 N 3
- IPR, Vor Art. 620 N 28 f.
  - Anerkennung ausländischer AG, Vor Art. 620 N 28
  - Gründungstheorie, Vor Art. 620 N 28
  - Inkorporationstheorie, Vor Art. 620 N 28
  - Zweigniederlassung ausländischer Gesellschaften, Vor Art. 620 N 29
- juristische Person, Vor Art. 620 N 2
- Kapitalgesellschaft, Vor Art. 620 N 8
- Kapitalsammelfunktion, Vor Art. 620 N 10
- Kooperative AG, 620 N 5
- Körperschaft, Vor Art. 620 N 7
- Mieter-AG, 620 N 4
- Mindestkapital, 621 N 1 ff.
  - Anpassungpflicht, 621 N 5
  - Erhöhung, 621 N 1
  - Ziele der Erhöhung, 621 N 4
- Mindestnennwert, 650 N 11

- Mitgliedschaftsrecht, 620 N 18, 23
- Niederlassungsfreiheit, Vor Art. 620 N 16
- öffentlich-rechtliche, 763 N 1 ff.
- Organe, 620 N 6
- Organisationsmängel, 710 N 6; 713 N 18
- Partizipationskapital, 620 N 13
- Prospekthaftung, 752 N 1 ff.
- Publizität, 620 N 19
- Rechtsfähigkeit, Vor Art. 620 N 4 ff.
  - Erlangung, Vor Art. 620 N 11
  - Umfang, Vor Art. 620 N 4
- Rechtsmissbrauch, Vor Art. 620 N 5, 23, 28; 625 N 29 ff.
- Rechtsnatur, Vor Art. 620 N 2
- Rechtspersönlichkeit, Vor Art. 620 N 2
- Vorgesellschaft, Vor Art. 620 N 6
- Zeichnung
  - Verpflichtung trotz Nichtigkeit der Aktientitel, 652h N 9

Aktienkapital, 620 N 11 ff.; 661 N 2; 663a N 12, 63; 670 N 5, 7; 2 SchlT N 4
- AG-Statuten, 626 N 10 ff.
- Änderung, 620 N 19
- Begriff, 620 N 11
- einbezahltes, 671 N 8
- Funktion, 620 N 14
- Gebot der Reservebildung, 620 N 17
- Gesellschaftsvermögen, 620 N 12
- Grundkapital, 620 N 13
- Kapitalaufbringung, 620 N 15
- Kapitalerhaltung, 620 N 16
- Mindesteinlage, 650 N 7
- Mindestkapital, 650 N 6
- nicht einbezahlt, 663a N 5
- nicht voll einbezahlt, 663a N 45

Aktienkategorie
- Anzahl der Aktionäre, 709 N 10
- Begriff, 709 N 1 ff., 9 ff.
- Sonderversammlung, 709 N 13

Aktienkategorievertreter
- Ablehnung durch GV, 709 N 11, 14 f.
- Abwahl, 709 N 17
- Gesetzesrevision, 709 N 2
- im VR-Ausschuss, 709 N 19
- Rechtsstellung, 709 N 18
- statutarische Ausgestaltung, 709 N 5
- Vertretungsrecht
  - Durchsetzbarkeit des, 709 N 16

Aktienrecht

- Rechtsnatur des, 709 N 5 ff.
- Wahl, 709 N 11, 13
- Wählbarkeit, 709 N 12
- Zweck, 709 N 4

Aktienrecht, 801 N 8; 957 N 31
- Aktuelle Entwicklungen, Vor Art. 620 N 12 ff.
- Botschaft Aktien- und Rechnungslegungsrecht, Vor Art. 620 N 15 ff.
- Einheit des, Vor Art. 620 N 9 f.
- Europarechtskompatibilität, Vor Art. 620 N 16
- Intertemporale Rechtsanwendung, 621 N 5
- Mitgliedschaft, Negotiabilität, 622 N 1
- Totalrevision GmbH-Recht, Vor Art. 620 N 14 f.
- Übergangsvorschriften, Vor Art. 620 N 18
- Verweisung auf, Vor Art. 620 N 17

Aktienrückkäufe, wirtschaftliche Bedeutung, Vor Art. 659 N 9 ff.

Aktientitel
- Rechte auf Verurkundung, 684 N 4
- Zertifikate, 684 N 4

Aktienurkunde
- Ausgabe vor der Handelsregistereintragung, 653e N 9
  - Nichtigkeit, 652h N 7 f.
- Inhalt, 622 N 24 ff.
- Richtigstellungspflicht, 622 N 27
- Unterschriftserfordernis, 622 N 26

Aktienvertretung
- ausländische Gesellschaften, 689b N 9
- Effektenleihe und Repo-Geschäft, 689b N 22 ff.
- gesetzliche und vertragliche Vertreter, 689 N 41 f.; 689b N 14
- gewerbsmässige Stimmrechtsvertreter, 689b N 4
- Grundsatz der Vertretbarkeit, 689 N 39
- individuelle Stimmrechtsvertreter, 689 N 42; 689b N 3; 689c N 3
- institutionelle Stimmrechtsvertretung, *s. dort*
- Kontrahierungszwang und Pflicht zur Stimmrechtsausübung, 689b N 6 f.; 689c N 8, 23
- Pflichtverletzungen des Vertreters, 689b N 25 ff.
- Proxy-Stimmrecht, 689c N 2
- Rechtsverhältnis, 689b N 5; 689c N 23 f.
- Schadenersatzpflicht des Vertreters, 689b N 26, 28, 31; 689c N 36
- Stimmrechtsvertretung, 689b N 2, 8; 689d N 22
- Strafbestimmungen, 689b N 30
- Substitution, 689b N 8 f., 16, 20; 689c N 4
- Vertretung des Partizipanten, 689 N 51; 689e N 2
- Weisungsbefolgungspflicht, 689b N 1, 10, 13 ff.
- Widerruf und Beendigung, 689b N 12; 689c N 35
- Wirkungen der Vertretung, 689 N 42

Aktienzeichnung, 630 N 1 ff.
- Gründung, 629 N 7 f.

Aktienzerlegung, 623 N 6 ff.
- Begriff, 623 N 6
- Stimmrechtsaktien, 623 N 8
- Zweck, 623 N 7

Aktienzusammenlegung, 623 N 9 f.
- Begriff, 623 N 9
- Funktion, 623 N 10

Aktionär
- bedeutender, Definition, 663c N 14 ff.
- Beitragspflicht, 620 N 33
- Bindungsvertrag, 620 N 37
- Gleichbehandlung, 659 N 9a
- Mitgliedschaftsstellung, 620 N 31 ff.
  - Kapitalbezogenheit, 620 N 31
  - nicht vermögensmässige Rechte, 620 N 32
  - Verjährung, 622 N 10
  - vermögensmässige Rechte, 620 N 32
- Nebenleistungsverbot, 620 N 34
- ohne Stimmrecht
  - Bezugsrecht, 653c N 3
  - Vinkulierung, 652b N 29
- statutarische Anforderungen, 620 N 7
- Treuepflicht, 620 N 35

Aktionärbindungsvertrag, 620 N 36 f.; 680 N 13; 692 N 10 ff.; 709 N 28; 710 N 3
- Anspruch auf Realerfüllung, 692 N 13
- Umgehung von Stimmrechtsbeschränkungen, 692 N 12
- Verbot des Stimmenkaufs, 692 N 11

– Zulässigkeit, 692 N 10 ff.
Aktionäre, 663b N 42a; 681/682 N 3
– Interessen, 669 N 40
– mit Beteiligungen, 663a N 4 a f., 6, 11, 24, 49, 61
– mit Stimmrecht, 685f N 6
– ohne Stimmrecht, 685f N 6 ff.; 686a N 4
Aktionärsgruppen, 709 N 1 f., 20 ff.
– Begriff, 709 N 23
– Beispiele, 709 N 24
Aktionärsminderheit, 674 N 11
Aktionärsoptionen, 653 N 17 f.
Aktionärsrechte, 681/682 N 15
Aktiven, 663a N 35
– aufgewertete, 671b N 8 f.
Aktivierung, Verbot, 664 N 11
Aktivierungsfähigkeit, 664 N 2; 960 N 37a
Aktivlegitimation, 679 N 7; 800 N 7
Akzept
– mehrfaches, 1064 N 1, 3 ff.
– von Wechselduplikaten, 1063 N 1, 13; 1064 N 1, 3
– von Wechselkopien, 1066 N 1, 7
Allgemein anerkannte kaufmännische Grundsätze (aakG), 662a N 1; 669 N 30; 858 N 7; 959 N 1
Allgemeine kaufmännische Buchführungsregeln, subsidiäre Anwendung, 662a N 27
Allonge, 1067 N 7
Änderung, 937 N 5 ff.; 942 N 4
Anerkannter Standard
– Abschluss nach einem, Vor 32. Titel N 18
– zur Rechnungslegung, Vor 32. Titel N 11, 17, 21
Anfechtbarkeit, 671 N 9
Anfechtung der GV-Beschlüsse
– Legitimation, 691 N 14
– Meldepflichtverletzung der institutionellen Vertreter, 689e N 5
– Missachtung der Weisungsbefolgungspflicht, 689b N 15, 25 ff.
– Missachtung von Stimmrechtsbeschränkungen, 689 N 45
– Nichtbekanntgabe der institutionellen Vertretungen in der GV, 689e N 8 f.
– Teilnahme Unberechtigter, 689 N 45; 689b N 29
– Teilnahme Unberechtigter als Anfechtungsgrund, 691 N 12 ff.
Angaben, 663b N 42a
– freiwillige, 663b N 43
Angefangene Arbeiten, 663a N 31
Angelsächsische Methode, 663g N 31 f., 33a, 49
– modifizierte, 663g N 32 ff.
Anhang, 662 N 2, 5; 662a N 26; 663b N 1; 663e N 3; 663f N 8; 663g N 2 f., 6, 35, 39, 45; 663h N 13, 27; 665a N 2; 670 N 16; 671a N 3; 671b N 3; 801 N 11; 858 N 7, 11; 959 N 27; Vor 32. Titel N 13
– Konzeption des, Vor 32. Titel N 7
Anknüpfungsfunktion, 927 N 9
Anlage, dauernde, 676 N 5
Anlagegitter, 665 N 19, 22
Anlagekonto, 676 N 8, 10
Anlagen, immaterielle, 663a N 5, 7, 41; 664 N 9; 960 N 37
Anlagespiegel, 663g N 49; 665 N 19, 22
Anlagevermögen, 663 N 7; 663a N 1, 3, 5, 9; 665 N 6 f.; 958 N 16
– materielles, 960 N 34
Anleihensobligationen, 663b N 21; 663e N 17; 663f N 12; 697h N 3; Vor Art. 1157–1186 N 1 ff.
– Abänderung der Zahlungsmodalitäten, 1170 N 5
– Anleihensbedingungen, Vor Art. 1157–1186 N 1
– Anleihensgläubiger
  – Anonymisierung im Konkurs, 1183 N 2
  – Bevorzugung einzelner Gläubiger, 1174 N 5 ff.
  – Gleichbehandlung, 1174 N 1 ff.; 1177 N 5
  – Leistungspflicht, 1173 N 3 f.
  – richterliche Anordnungen, 1162 N 5
  – Stimmrecht, 1167 N 1 ff.
    – Ausschluss, 1167 N 4
    – Nachweis der Berechtigung, 1167 N 5 f.
    – Vertretung, 1167 N 2
  – Stundung der Ansprüche, 1166 N 1 ff.

Anleihensobligationen

- Missbrauchsverbot, 1166 N 3
- Rechtsfolgen, 1166 N 4
- Umfang, 1166 N 4
- Voraussetzungen, 1166 N 2
- Wahrung der Rechte im Konkursverfahren, 1183 N 1
  - Vollmacht, 1183 N 5 f.
- Wahrung der Rechte im Nachlassverfahren, 1184 N 1 f.
- Zuwendungen des Schuldners an einzelne Gläubiger, 1174 N 5 ff.
- Anleihensvertreter
  - Befugnisse, 1159 N 1 ff.
  - Bestellung durch den Richter, 1162 N 5
  - Einsichtsrecht, 1160 N 3
  - Haftung, 1159 N 11
  - Kontrollrecht, 1160 N 1 ff.
  - Kosten, 1163 N 1 ff.
    - Übernahme, 1163 N 2
  - Pflichten, 1159 N 10 f.
    - Interessenkonflikt, 1159 N 10
  - Rechtsstellung, 1158 N 5 f.
  - Teilnahmerecht, 1160 N 4 f.
  - Verschwiegenheitspflicht, 1160 N 6
  - Vertragsvertreter, 1158 N 4 f.
  - Vollmacht
    - Abänderung, 1180 N 1 f.
    - Widerruf, 1180 N 1 f.
  - Vorrang, 1159 N 9
  - Wahlvertreter, 1158 N 4 f.
- Ausgabe, mittelbare, 1157 N 6
- Auslandanleihen, Vor Art. 1157–1186 N 3
- Bankenkonsortium, 1158 N 1 f.
- bedingte Kapitalerhöhung, 653 N 12 ff.
- Begriff, 1156 N 2 ff.
- der öffentlichen Hand, 1157 N 2
- federführende Bank, 1158 N 1, 3
- Feststellung des stimmberechtigten Kapitals, 1181 N 2
- Festübernahme, 1157 N 5
- Fremdemission, 1157 N 6
- Gläubigergemeinschaft, 1157 N 9 ff.
  - Anspruchsberechtigung, 1164 N 2
  - aussergesetzliche, 1157 N 11 f.
  - Befugnisse, 1164 N 1 ff.
    - Prozessführung, 1164 N 2
  - Beschlüsse, 1170 N 1 ff.
    - Quorum, 1170 N 1 f.
  - Zustimmung des Schuldners, 1170 N 3
  - Einschränkung der Unabhängigkeit, 1171 N 1 ff.
    - Voraussetzungen, 1171 N 2 ff.
  - Entstehung, 1157 N 10
  - Unabhängigkeit der Gläubiger, 1157 N 9
  - Wahrung der Gläubigerinteressen, 1164 N 1 ff.
  - zwingende Bestimmungen, 1186 N 1
- Gläubigerrechte
  - Eingriffe, 1173 N 1 ff.
  - Einschränkungen, 1170 N 4 ff.
  - Geltendmachung, 1159 N 9
  - Vermehrung, 1173 N 5
- Gläubigerversammlung, 1164 N 4 ff.
  - Ausschluss der Rechte einzelner Anleihensgläubiger, 1164 N 5
  - Beschlüsse
    - Anfechtung, 1182 N 1 ff.
    - Feststellung der Mehrheit, 1172 N 1
    - nachträgliche Zustimmung, 1172 N 2
    - ohne Einschränkung der Gläubigerrechte, 1181 N 1
    - Quorum, 1171 N 2, 5
    - Vollzug, 1159 N 7
    - Vorbehalte, 1171 N 4
    - vorgängige Zustimmung, 1172 N 3
  - Beschlussgenehmigung, 1176 N 3 ff.
    - Anfechtung, 1178 N 1 f.
    - Widerruf, 1179 N 1 ff.
  - Einberufung, 1165 N 1 ff.; 1169 N 1
    - Begehren um Einberufung, 1165 N 3
    - Form, 1165 N 4
    - Frist, 1165 N 3, 5
    - im Konkurs, 1183 N 3
    - richterliche Ermächtigung, 1165 N 6 ff.
  - Übertragung von Befugnissen, 1159 N 6
  - Verweigerung der Beschlussgenehmigung, 1177 N 1 ff.
    - Anfechtung, 1178 N 1 f.
    - Gründe, 1177 N 2 ff.
  - Vorlegung der Bilanz, 1175 N 1 ff.

- Vorlegung des Status, 1175 N 1 ff.
- Globalurkunde, Vor Art. 1157–1186 N 1
- Haftung der Revisionsstelle für falsche oder irreführende Bilanz, 1175 N 6
- Inlandanleihen, Vor Art. 1157–1186 N 3
- internationale, Vor Art. 1157–1186 N 2
- Konsortialführer, 1158 N 1
- Kosten, 1164 N 6
- Nachlassbehörde
  - Kosten, 1176 N 8
  - obere kantonale, 1176 N 5 f.
  - örtliche Zuständigkeit, 1176 N 6
  - Verfahrensvorschriften, 1176 N 7
- Notlage des Schuldners, 1177 N 3 f.
- Öffentliche Zeichnung, Vor Art. 1157–1186 N 12 ff.
- Optionsanleihen, Vor Art. 1157–1186 N 7 f.
- pfandgesicherte, 1161 N 1 f.
- Pfandhalter von Anleihen, 1161 N 2
- Prospekthaftung, 1156 N 23 ff.
- Prospektpflicht, 1156 N 6 ff.
- Rangordnung der Pfandgläubiger, 1174 N 4
- Schutz der Gläubiger bei Beschlüssen der Gläubigerversammlung bei Anleihen, 1176 N 1 ff.
- Selbstemission, 1157 N 6
- Sicherheiten
  - Änderung, 1170 N 9
  - Verzicht, 1170 N 10
- Übernahmevertrag, 1158 N 1 f.
- Umwandlung in Aktien, 1170 N 7 f.
- Unredlichkeit des Schuldners bei Anleihen, 1177 N 6
- unverbriefte, Vor Art. 1157–1186 N 1
- Vertragsvertreter
  - Änderung der Vollmacht, 1162 N 1 f.
  - Entzug der Vollmacht durch den Richter, 1162 N 3
    - örtliche Zuständigkeit, 1162 N 4
  - Widerruf der Vollmacht, 1162 N 1 f.
- Vertretung des Anleihensgläubigers, 1168 N 1 f.
- von Eisenbahn- und Schiffahrtsunternehmungen, 1185 N 1 ff.
  - Gesuch um Einberufung einer Gläubigerversammlung, 1185 N 2 f.

- Wandelanleihen, Vor Art. 1157–1186 N 6
- Wohnsitz des Schuldners, 1157 N 7
- Zinsverzicht, 1170 N 7

Anmeldeprinzip, 929 N 10

Anmeldung, 931a N 4 ff.
- Kontrolle, 940 N 15
- Widerruf, 932 N 5
- Zeitpunkt, 932 N 2
- Zweigniederlassung, 935 N 3
- *s.a. Beglaubigungen, Belege, Nachweis, Protokolle, Rücktrittserklärungen, Statuten, Unterschriften, Urkunden, Wahlannahmeerklärungen*

Annahme
- Ehrenannahme, 1063 N 13
- mehrfache, 1064 N 1, 3 ff.
- Vermerk, 1065
- Wechselduplikate, 1063 N 1, 13; 1064 N 1, 3
- Wechselkopien, 1066 N 1, 7

Annahmevermerk, 1065

Anpassung, 663h N 1; 2 SchlT N 14

Anpassungsklausel, 858 N 11

Anschaffungs- oder Herstellungskosten, Vor 32. Titel N 8

Anschaffungskosten, 665 N 3 f., 6, 21; 665a N 12; 666 N 1, 4 f., 16; 667 N 12; 670 N 1; 960 N 13, 16, 31, 34

Anschaffungspreis, 671a N 11

Anschaffungswert, 663g N 12, 27

Anschaffungswertprinzip, 663g N 10

Anstalten und Gesellschaften des öffentlichen Rechts
- Gründung durch Spezialgesetz, 763 N 3
- Haftung des Gemeinwesens, 763 N 5
- Mitwirkung der Behörde, 763 N 4
- Nichtanwendbarkeit des Aktienrechts, 763 N 1 ff.

Anteilbuch, 790 N 1 ff.
- Einsicht, 790 N 9
- Eintragungen, 790 N 3 ff.
- gemeinschaftliches Eingentum, 792 N 9
- Gesellschafter ohne Stimmrecht, 790 N 8
- Streichung, 790 N 10
- Wirkung, 790 N 7

Anteile, 665a N 3 f., 11

Anteilschein, 859 N 7; 860 N 6; 861 N 6

Antizipative
- Aktiven, 663a N 35
- Passiven, 663a N 59

Antreffungsvermerk, 1065; 1067 N 1 ff.

Anwendung, 959 N 11

Arbeitseinkünfte, 677 N 18

Arbeitsleistungen, 548/549 N 11

Archivierte Informationen, Verantwortung für, 957 N 39

Arretierungsvermerk, 1066 N 5

Art und Umfang des buchführungspflichtigen Geschäfts, 975 N 12

Aufbewahrung, 957 N 1
- der Geschäftsunterlagen, 590 N 1 ff.
- elektronische, 957 N 45

Aufbewahrungsfrist, 957 N 42

Aufbewahrungspflicht, 962 N 2; Vor 32. Titel N 22

Auflösung der Aktiengesellschaft, 714 N 8
- Absicht der vorzeitigen Verteilung, 745 N 11
- Aktienmantel, 746 N 5
- Aktienrechtsrevision, Vor Art. 736–747 N 6
- Anfechtung- oder Verantwortlichkeitsklage, 736 N 20
- Aufbewahrungsort, 747 N 2
- Aufbewahrungspflicht, 747 N 1
- Ausseramtliche Konkursverwaltung, 741 N 12
- Befugnisse der Gesellschaftsorgane, 739 N 1
- bestrittene Forderungen, 744 N 4
- Betreibung, 736 N 8
- Debitoren, 743 N 2
- Demissionsrecht, 741 N 11
- dreimonatige Frist, 745 N 10
- Editionspflicht, 747 N 1
- faktische Auflösung, Vor Art. 736–747 N 3
- Firma, 739 N 3
- Forderungsanmeldung, 742 N 7
- formeller Auflösungsbeschluss, 746 N 3
- freihändige Verwertung der Aktiven, 743 N 5
- freiwillige Gerichtsbarkeit, 741 N 12
- früheres Recht, 736 N 21
- Gebot der Gleichbehandlung, 743 N 9
- Gesamtverkauf, 743 N 7
- Geschäftsbericht, 743 N 22
- Gesellschaftsorgane, 739 N 4
- gesetzliche
  - Entnahmesperre, 745 N 13
  - Liquidatoren, 741 N 2
- gewählte Liquidatoren, 741 N 2
- Gläubigerforderungen, 742 N 3
- Gläubigerschutzbestimmung, 744 N 1; 745 N 7
- GmbH-Reform, Vor Art. 736–747 N 2
- Haftung, 743 N 24
- Handelsregistereintrag, 737 N 2; 741 N 8
- Insolvenzerklärung, 736 N 11
- Internationales Privatrecht, Vor Art. 736–747 N 5
- Kaduzierungsverfahren, 743 N 3
- Kapitalerhöhung, 739 N 5
- Kapitalherabsetzungsverfahren, 745 N 2
- Klage aus Verantwortlichkeit, 743 N 4
- Kompetenz der Liquidatoren, 739 N 4
- Kompetenzausscheidung, 739 N 7
- Konkurs, 736 N 7
  - mangels Aktiven, 736 N 14; 741 N 14
  - widerrufen, 736 N 13
- Konkursaufschub, 743 N 16
- Konkursfall, 741 N 3
- Konkursrecht, 738 N 5
- laufende Geschäfte, 743 N 1
- Lex Koller, 736 N 29
- Liquidation, 736 N 16
  - stille, 746 N 7
- Liquidationsbericht, 743 N 22
- Liquidationsergebnis, 745 N 1
- Liquidationsgesellschaft, 738 N 2
- Liquidationsvorschriften, 739 N 2
- Liquidationszwischenrechnung, 743 N 20
- Liquidator, 741 N 2
  - statutarischer, 741 N 2
- Löschung, 746 N 1
- Minderheitenschutz, 736 N 17 ff.
- Mitteilungsformen, 742 N 4
- Nachlassvertrag mit Vermögensabtretung, 738 N 5; 741 N 13; 743 N 23
- natürliche Person, 741 N 4
- neue Geschäfte, 743 N 1

- noch nicht fällige Forderungen, 744 N 4
- ohne Liquidation, 738 N 1
- Organe der Gesellschaft, 738 N 3
- Rangrücktrittserklärung, 743 N 23
- Rechenschaftsbericht, 743 N 23
- Rechts- und Handlungsfähigkeit, 739 N 1
- rechtsgestalterisches Eingreifen, 736 N 26
- Revisionsstelle, 745 N 5
- Revisoren, 739 N 9
- Sanierungsmassnahme, 736 N 12
- Schlussabrechnung, 745 N 3
- Schlussbericht, 745 N 4
- Schuldentilgung, 743 N 9
- Spezialvertreter, 743 N 18
- Statuten, 736 N 2; 742 N 5; 745 N 2
- steuerrechtliche Aspekte, Vor Art. 736–747 N 4
- Stichtag, 743 N 21
- subsidiäre Anzeigepflicht, 743 N 14
- Superdividende, 745 N 13
- Tatbestände, Vor Art. 736–747 N 1
- Teilzahlungsplan, 743 N 10
- Überschuldung, 743 N 11
- Überschuldungsbegriff, 743 N 15
- Überschuldungstatbestand, 736 N 9
- Veräusserungswerte, 742 N 2; 743 N 13
- Vermögensübertragung, 743 N 6
- Vertretungsbefugnis, 743 N 17
- Verwaltung, 739 N 7
- Wiedereintragung der Gesellschaft, 745 N 9; 746 N 6
- Wohnsitzvorschriften, 741 N 4
- Zahlungseinstellung, 736 N 11
- Zahlungssurrogat, 744 N 2
- Zivilsache, 741 N 11
- Zusatz "in Liquidation", 737 N 5
- Zusatz "in Nachlassliquidation", 737 N 6
- Zwangsvollstreckung, 743 N 3
- Zwischenbilanz, 743 N 12, 20

Auflösung der einfachen Gesellschaft, 545/546 N 1 ff.
- Ausscheiden, 548/549 N 17
- Austritt, 545/546 N 5
- Klage, 545/546 N 30 ff.
- Rückgängigmachung, 545/546 N 4
- Zeitpunkt, 547 N 1

Auflösung der Genossenschaft, 913 N 5
- GmbH-Revision, Vor Art. 911–913 N 1
- Konkurs, 911 N 9
- Lex Koller, 911 N 13
- Liquidationsgesellschaft, Vor Art. 911–913 N 2
- Liquidationsüberschuss, 913 N 5 ff.
- Liquidationsverfahren, 913 N 3
- Nachschusspflicht, 911 N 11
- ohne Liquidation, 911–913
- Qualifiziertes Quorum, 911 N 4
- Richterliche Auflösung, 912 N 1
- Rückgründung, 911 N 6
- Spaltung, 913 N 1
- Überschuldungsbegriff, 911 N 10
- Umwandlung, 913 N 1
- Universalsukzession, 915 N 1
- unter Ausschluss der Liquidation, 915 N 2
- Verfahrensweise, 913 N 2
- Verstaatlichung, 913 N 1; 915 N 1
- Verteilung nach Köpfen, 913 N 7
- Verteilungsmodus, 913 N 6
- Verwaltung, 912 N 3
- Verzicht auf Gläubigerschutz, 915 N 4

Auflösung der Gesellschaft, 938 N 3; 2 SchlT N 11

Auflösung der GmbH
- Abfindungsanspruch, 825 N 1 ff.
- Abfindungszahlung, 825a N 1 ff.
- Anmeldepflicht, 821 N 10
- Auflösungsgründe, Vor Art. 821–826 N 2
- Auflösungsklage, 821 N 13 ff.; 821a N 4
- Ausscheiden des Gesellschafters, Vor Art. 821–826 N 3
- Beschlussfassung, 821 N 6
- Einsichtsrecht, 825 N 13
- Fälligkeit der Abfindung, 825a N 1 ff.
- Fusion, 821 N 5
- GmbH-Revision, Vor Art. 821–826 N 1
- Handelsregistereintrag, 821a N 3
- Klagevoraussetzung, 821 N 14
- Konkurs, 821 N 8
- Kündigungsrecht, 821 N 4
- Lex Koller, 821 N 12
- liquide Mittel, 825a N 9
- Spaltung, 821 N 5
- Statuten, 821 N 2

Auflösung der Kollektivgesellschaft

- Umwandlung, 821 N 5
- Veräusserung der Stammanteile, 825a N 4
- verwendbares Eigenkapital, 825a N 3, 6
- vorsorgliche Massnahmen, 824 N 1
- Widerklage, 821 N 15
- wirklicher Wert, 825 N 3
- Zeitpunkt des Ausscheidens, 825a N 1 f.
- Zusatz "in Liquidation", 821a N 6

Auflösung der Kollektivgesellschaft
- Ausscheiden, 576 N 1 ff.
- Grund, 574 N 1
- infolge Konkurs, 574 N 9
- Klage, 574 N 4
- Rückgängigmachung, 574 N 7

Auflösung der Kommanditgesellschaft, 619 N 1 ff.

Aufsichtsbehörde
- Haftung, 928 N 7
- kantonale, 927 N 13 ff.
- über das Handelsregister, 927 N 13 ff.

Aufsichtsrat, *s.* GmbH
Aufspaltung, 938 N 10
Aufteilung, 677 N 14
Aufwand, 663 N 8; 677 N 24
Aufwandpositionen, 663 N 8
Aufwendungen, 663 N 2
- ausserordentliche, 663 N 8, 28
- betriebsfremde, 663 N 8, 27
- betriebstypisch, 663 N 4
- brutto, 958 N 12
- netto, 958 N 12
- nicht wiederkehrend, 663 N 4
- übrige, 663 N 8 f.
- übrige betriebliche, 663 N 26a
- wiederkehrend, 663 N 4

Aufwertung, 665 N 7 ff.; 667 N 8; 670 N 1; 671b N 4; 858 N 11
Aufwertungen, 663b N 31
Aufwertungsreserve, 660 N 14; 670 N 13; 674 N 5; 858 N 11
- Auflösung, 671b N 5
- Bildung, 671b N 4

Aufwertungsreserven, 663a N 12, 68
Aufzeichnungspflicht, steuerrechtliche, 957 N 55
Ausfolgungsprotest, 1065 N 5 ff.; 1067 N 5

Ausfüllen eines Wechsels, abredewidrig, 1068 N 1
Ausgabebedingungen, 662 N 13
Ausgabebetrag, 681/682 N 4
Auskunftspflicht, Schranken, 697d N 10
Auskunftsrecht, 663h N 2
- Ausübung, 697 N 4 f.
- des Aktionärs, 697 N 2 ff.
  - Erforderlichekeitsnachweis, 697 N 7
  - Revision, 697 N 24 ff.
- des Genossenschafters, 857 N 1 ff.
  - Erforderlichekeitsnachweis, 857 N 2
- des Gesellschafters, 802 N 4 ff.
- Umfang, 697 N 6 ff.

Ausländischer Wechsel, Verjährungsunterbrechung, 1070 N 8
Ausrichtung, 665 N 12; 671 N 13; 674 N 9
Aussagen, 663b N 41c
Ausscheiden
- aus der Genossenschaft, 846 N 1 ff.; *s.a. Genossenschaft, Mitgliedschaft*
- aus der Gesellschaft, 548/549 N 17; 576 N 1 ff.; 619 N 4
- eines Gesellschafters, 581 N 1 ff.
- eines Gesellschafters aus einer Zweimanngesellschaft, 579 N 1 ff.

Ausschliessungsurteil, 577 N 5
Ausschluss
- aus der einfachen Gesellschaft, 545/546 N 6
- des zahlungsunfähigen Gesellschafters, 578 N 1 ff.
- durch den Richter, 577 N 1 ff.
- eines Genossenschafters, 846 N 1 ff.
- eines Gesellschafters einer GmbH
  - Klagevoraussetzung, 823 N 2
  - qualifizierte Mehrheit, 823 N 3

Ausschüttung, 861 N 6
Ausschüttungsbeschluss, 678 N 19
Ausschüttungsbeschränkung, materielle, 678 N 19
Ausschüttungssperre, 670 N 14; 671 N 35; 671a N 4; 671b N 2
Aussenstehender, 663e N 2a
Ausssschüttungen, verschleierte, 678 N 9, 22
Ausstellung
- Checkduplikate, 1133
- Wechselduplikate, 1063

– Wechselkopien, 1066
Ausstellungsdatum, Wechsel, 1063 N 4; 1068 N 7
Austauschgeschäft, 678 N 14
Austritt
– aus der Genossenschaft, 842 N 1 ff.
– aus wichtigem Grund, 786 N 12
– eines Gesellschafters einer GmbH
 – Anschlussaustritt, 822a N 1; 823 N 7
 – Austrittserklärung, 821a N 6
 – Austrittsrecht, 821a N 2 ff.
 – freiwilliger Austritt, 821a N 1, 5
 – Übertragung des Gesellschaftsanteils, 821a N 7
– vorzeitiger, 677 N 16
Authentizität, 957 N 36

B
Bank, 671 N 45; 858 N 12; 860 N 7; 958 N 6
Banken, 663 N 30; 663a N 75; 663b N 44; 663e N 20; 663h N 25
Bankengesetz, 861 N 3
Bar-Vergütung, 663b^{bis} N 46
Baukreditzinsen, 676 N 2
Bauzinsen, 675 N 3, 10; 676 N 1; 709 N 9
– GmbH, 798a N 5 ff.
Bedeutender Aktionär, Unabhängigkeit der Revisionsstelle, 728 N 28
Befugnisse der Liquidatoren, 585 N 4
Beginn, 962 N 1
Beglaubigungen, ausländische öffentliche, 931a N 20
Behandlung, 663g N 3a, 37
Beirat, *s.a. GmbH*
– Offenlegung, 663b^{bis} N 16 ff.
Beistand, 938 N 14
Beiträge, 548/549 N 7
– ausstehende, 548/549 N 7
Bekanntgabe des Geschäftsberichtes, 696 N 2 ff.
– Revision, 696 N 9
Bekanntmachung, 663f N 6
Belangbarkeit, 591 N 5
Belege, 929a N 5; 931a N 12 ff.; 937 N 3, 6
– Kontrolle, 940 N 15
– Zweigniederlassung, 935 N 4
Belegprinzip, 931a N 12
Bemessung, 677 N 23
Bemessungsgrundlagen, 957 N 8

Benutzbarkeit, 957 N 36
Benützung, 859 N 4
Bereicherung, ungerechtfertigte, 678 N 3
Berufe, liberale, 957 N 16
Beschaffungsmarkt, 666 N 9
Beschlussfassung, 675 N 5
Beschwerde
– Bundesverwaltungsgericht, 929 N 22
– in Zivilsachen, 929 N 21 ff.; 943 N 5
– kantonale, 929 N 20
Besondere Vorteile
– GmbH, 777c N 11 ff.
– Unabhängigkeit der Revisionsstelle, 728 N 52
Besteuerung, 957 N 8
Bestimmungen, altrechtliche statutarische, 2 SchlT N 3
Beteiligte, 959 N 4
Beteiligung
– bedeutende, 663b N 42a
– Definition, 663c N 40
– indirekte, 728 N 20 f.
– Unabhängigkeit der Revisionsstelle, 728 N 20 f.
Beteiligungen, 663a N 6, 18, 39; 663b N 23, 31; 665a N 1 ff.; 667 N 4; 670 N 1, 4
– nichtkonsolidierte, 663g N 3a, 37
– zwischen 20 und 50%, 663g N 25
Betriebsergebnis, 975 N 14
Betriebsrechnung, 957 N 18, 28, 44; 958 N 4, 12; 959 N 1; 961 N 1a
Betrug, 1064 N 6; 1068 N 12
Beugestrafe, 943 N 3
Beurkundung, öffentliche, 929a N 6
Beurteilung, 663h N 3
Beurteilungsspielraum, 960 N 15
Bevormundung
– des Kommanditärs, 619 N 2
– eines Gesellschafters, 545/546 N 17
Beweisfunktion, 927 N 7
Beweiskraft, 957 N 49
Beweislast, 679 N 5
– Schaden, 942 N 5
– Wechselverfälschung, 1068 N 11
Beweislastumkehr, 679 N 1
Bewertung, 662a N 23; 663g N 6, 10, 41; 665a N 13; 671 N 6; 675 N 5; 858 N 11; 960 N 36

Bewertungsgrundsätze

– Regeln, 675 N 2
Bewertungsgrundsätze, 663g N 3a, 7, 37a
Bewertungsmethode, 670 N 11
Bewertungsprinzipien, angemessene, 959 N 11
Bewertungsregeln, 663b N 42b; 663g N 1, 38
Bewertungsrichtlinien, 663g N 3a, 36
Bezeichnung, 959 N 15
Bezugsrecht, 652b N 1 ff.; 678 N 11
– auf eigene Aktien, 659a N 10
– Aufhebung/Einschränkung, 650 N 27; 651 N 17; 652b N 11 ff.; 653b N 14
  – Anfechtbarkeit, 652b N 25
  – Begründung durch VR, 652b N 11
  – bei Festübernahme, 652b N 20b
  – bei Finanzierungsvorhaben, 652b N 20b
  – Delegation an VR, 652b N 8 f.
  – Gleichbehandlungsgebot, 652a N 25a
  – nur im GV-Beschluss, 652b N 11 f.
  – Prüfungsbestätigung, 652f N 2 ff.; 653f N 1 ff., 5; 653g N 6
  – Quorum, 652b N 12
  – Rechtsvergleichung, 652b N 30 f.
  – Verletzung Aktionärsinteresse, 652b N 24a
  – Voraussetzungen, 652b N 15, 21 ff.
  – wichtige Gründe, 653b N 15; 653c N 11 ff.
    – Anforderungen, 652b N 27
    – Begriff, 652b N 13 f.
    – gesetzliche, 652b N 17 ff.; 653c N 11 ff.
    – weitere, 652b N 20 f.
– Bedeutung, 652b N 2, 4
– bei Festübernahme, 650 N 32
– Bezugsberechtigte, 652b N 5
– Bezugsobjekte, 652b N 5; 653c N 2
– Bezugsrechtshandel, 650 N 31
– derivativ erworbene, 650 N 31
– Funktion, 652b N 2
– GmbH, 799 N 6
– Kompetenzzuteilung, 652b N 7
– Rechtsnatur, 652b N 3
– Umfang, 652b N 6
– Verletzungen, Rechtsfolgen, 652b N 25

– vertraglich erworbene, 650 N 30; 652b N 27
– Vinkulierung, 652b N 26 ff.
– Zuweisung entzogener oder nicht ausgeübter B., 650 N 28 f.; 652b N 10, 19, 23
Bilanz, 662 N 2, 5; 663a N 1, 77; 663e N 3; 663g N 35; 663h N 12, 27; 858 N 7, 11; 957 N 18, 44; 958 N 14, 20; 959 N 1; 961 N 1a f.
– Mindestgliederungsschema, Vor 32. Titel N 5
Bilanzanhang, 659a N 11; 659b N 11
Bilanzauflageverfahren, 943 N 6
Bilanzbestand, 958 N 7
Bilanzfähigkeit, 958 N 15
Bilanzgewinn, 660 N 10 ff.; 663a N 12, 73; 671 N 32; 674 N 14; 675 N 1, 14; 677 N 9; 798b N 6; 804 N 24
Bilanzgrundsätze, 959 N 1
Bilanzierung eigener Aktien, 659a N 4 ff.
– unentgeltlicher, 659 N 8
Bilanzierungspflicht, 958 N 15
Bilanzierungsverbot, 958 N 15
Bilanzklarheit, 959 N 1
Bilanzpflicht, 958 N 1
Bilanzstichtag, 666 N 11; 667 N 7; 960 N 25
Bilanzsumme, 663e N 12
Bilanzverlust, 663a N 8, 12, 46; 670 N 5, 14; 671 N 10, 26; 671a N 4; 671b N 2; 672 N 7; 675 N 23
– Nachschusspflicht, 795a N 7 ff.
Bilanzvorschriften, 958 N 1
– abweichende, 960 N 41
Bilanzvorsicht, 959 N 21
Bilanzwahrheit, 662a N 9a; 959 N 1
Bildträger, 969 N 12, 15
Blankett, 1000 N 3 ff.
Blankoindossament, 1003 N 5 ff.; 1004 N 5 ff.; 1063 N 9; 1064 N 6; 1068 N 1, 12; 1145 N 7
Blankowechsel, 1000 N 1 ff.; 1068 N 1, 12
Börse, 697h N 3
Börsenkotierung, 663e N 16; 663f N 12; 685d N 1
– ausländische Börse, 685d N 2
Börsenkurs, 667 N 11; 960 N 27

Bösgläubigkeit, 678 N 3, 18, 27 ff., 37; 679 N 6; 800 N 6
Brandversicherungswerte, 663b N 18
Bruttogewinn, 958 N 20
Bruttoprinzip, 662a N 14
Buchaktionär, 685f N 1
Bucheffekten, 965 N 24a
Bücher, 957 N 1
Buchführung
- kaufmännische, 858 N 6
- Massnahmen, 729 N 10 ff.
- Offenlegung, 729 N 13
- Unabhängigkeit der Revisionsstelle, 728 N 32 f.; 729 N 7 ff.

Buchführung und Rechnungslegung
- rechtsformunabhängig, Vor Art. 957 N 2
- wirtschaftliche Bedeutung des Unternehmens als Unterscheidungskriterium, Vor Art. 957 N 4

Buchführungspflicht, 957 N 5
- keine, 957 N 17

Buchstaben, Wechselsumme, 1068 N 6, 14
Buchungsbeleg, 957 N 20, 22
Buchwert, 663g N 11
Buchwertprinzip, 663g N 10
- beim Erwerb eigener Aktien, 659 N 19

Bürgschaft, GmbH, 794 N 6
Bürgschaften zugunsten Dritter, 663b N 9
Büro, eigenes, 934 N 12
Bussen, Auferlegung, 943 N 4
Bussenverfügung, Rechtsmittel, 943 N 5

C

capital surplus, 671 N 46
Check, Vor Art. 1100–1144
- Abkommen, 1133 N 1
- Abrechnungsstelle, 1118 N 1 ff.
- Abschrift, 1133
- allgemeine Kreuzung, 1123 N 4; 1124 N 4
- Annahmeerklärung, Vor Art. 1100–1144 N 1; 1104 N 4 f.
- Annahmeverbot, 1104 N 1 f.
- Arrest, 1104 N 25
- Aufwendungsersatzpflicht, 1104 N 30
- Auslandcheck, 1116 N 6; 1133 N 1, 4
- Ausstellungsdatum, 1115 N 4
- Ausstellungsort, 1100 N 2; 1116 N 6
- Ausstellungstag, 1116 N 4 f.
- Avisklausel, 1100 N 7
- Bankanweisung, Vor Art. 1100–1144 N 2
- unbedingte, 1100 N 6
- Bankcheck, 1104 N 6 ff.
- Ausstellungsvertrag, 1119 N 8
- Bankier, 1102 N 2, 4; 1124 N 1
- Auslandcheck, 1135 N 7
- Bedeutung, 1135 N 3 ff.
- gekreuzter Check, 1135 N 5
- passive Checkfähigkeit, 1135 N 3
- Verrechnungscheck, 1135 N 6
- Zahlstelle, 1135 N 4
- Barzahlung beim Verrechnungscheck, 1125 N 15; 1126 N 2
- besondere Kreuzung, 1123 N 5; 1124 N 5
- bestätigter, 1104 N 3
- Beweismittel, 1111 N 4
- bezogener, 1102 N 1
- Checkdaten, 1118 N 7 f.
- Fälligkeit, 1115 N 1
- falsche, 1132 N 2
- gefälschte, 1132 N 1 ff.
- Inkasso, 1116 N 9
- Präsentationsvorgang, 1118 N 6
- Rückgriff, 1116 N 8
- Checkfähigkeit, passive, 1135 N 3
- Checkinkasso, 1116 N 9
- Checkstrenge, Vor Art. 1100–1144 N 3
- Checktrucation, 1118 N 7 f.
- Checkvertrag, 1103 N 1, 6 f.
- Deckung, 1102 N 3
- Deckungsauskunft, 1104 N 3
- Deckungspflicht, 1104 N 29
- Deckungsumfang, 1104 N 33
- Domizilierung, 1107 N 3
- Dritter, 1107 N 1
- Duplikat, 1063 N 2; 1133
- Eigencheck, 1105 N 2
- Einheitscheck, 1100 N 4; 1118 N 4 f.
- Einlösen des Checks, 1115 N 1 f.
- Abrede, 1115 N 2
- Einlösungszusage, 1104 N 2
- Einrede, 1104 N 22
- Erwerb, gutgläubiger, 1112 N 1
- Eurocheck (eurocheque), 1104 N 11 ff.
- Fahrlässigkeit, 1112 N 3

Check

- Feiertage, 1136 N 1 ff.
  - staatlich anerkannte, 1136 N 2
  - Wirkung, 1136 N 3
- Formnichtigkeit, 1101 N 4
- Formular, 1100 N 3; 1105 N 4
- Fristberechnung, 1116 N 5; 1136 N 4; 1137 N 1 f.
- Fristen, 1116 N 2, 7
  - Beginn, 1116 N 4
  - Fristenlauf, 1116 N 4
  - Verlängerung, 1136 N 4
- Garantiehaftung, 1104 N 18; 1112 N 5
- Genfer Abkommen, Vor Art. 1100–1144 N 5
- Geschädigter, 1124 N 14
- Geschäftsführung, 1103 N 10
- Girovertrag, 1103 N 7
- Grundgeschäft, Vor Art. 1100–1144 N 7
- Grundverhältnisse, kausale, 1103 N 1
- Gutglaubensschutz, 1112 N 6
- Guthaben, 1103 N 3
- Haftung, 1111 N 3; 1124 N 13
- Haftung beim gefälschten Check, 1132 N 4 ff.
  - AGB, 1132 N 7
  - Allgemeine Checkbedingungen, 1132 N 7
  - beidseitiges Verschulden, 1132 N 8
  - dispositives Recht, 1132 N 6
  - Verschulden, 1132 N 5
- Haftung der Bezogenen, 1124 N 12 ff.; 1125 N 15
- Haftung des Bankiers, 1124 N 12 ff.
- Haftungsbeschränkung, 1124 N 17
- Haftungsfunktion, 1108 N 3
- Handlungsunfähigkeit des Checkausstellers, 1120 N 2 f.
- Herausgabeklage, 1112 N 8
- Honorierung des gekreuzten Checks, 1124 N 3
- Indossament, 1108 N 3
  - Reihe, ununterbrochene, 1110 N 5
- Indossierung, Vor Art. 1108–1113 N 3; 1108 N 4
  - Bedingungsfeindlichkeit, 1109 N 2
  - Rück-, 1108 N 5
- Inhabercheck, 1133 N 3
- Inhaberpapier, 1105 N 3
- Inkassobank, 1116 N 9
- Inlandcheck, 1116 N 6; 1133 N 1, 4
- Innominatkontrakt, 1103 N 6
- Kalender, 1117 N 2
- Kausalzusammenhang, 1124 N 16
- Klausel, 1100 N 5
- Konkurs des Checkausstellers, 1120 N 1 ff.
- Kontovertrag, 1103 N 7
- Konversion, 1123 N 6 f.
- Kopien, 1133 N 1
- Kreuzbarkeit, 1123 N 1 ff.
  - allgemeine, 1123 N 4; 1124 N 4
  - besondere, 1123 N 5; 1124 N 5
    - Sicherungswirkung, 1124 N 10
  - Bezahlung, 1124 N 3
  - Einziehung, 1124 N 7
  - Erwerb, 1124 N 7 f.
  - Legitimation, 1123 N 1
  - Wirkungen, 1124 N 1 ff.
- Kunde, 1124 N 2
- Legitimation, 1110 N 1, 4
- Legitimationsfunktion, 1108 N 3
- Mehrzahl besonderer Kreuzungen, 1124 N 9, 11
- Nichteinlösung, 1109 N 4
- Ordrecheck, 1133 N 3
  - Übertragung, Vor Art. 1108–1113 N 1
- Ordrepapier, 1108 N 1
  - gesetzliches, 1105 N 3
- Papier, schriftgemässes, Vor Art. 1100–1144 N 6
- Pfändung, 1104 N 25
- Postcheck, 1144 N 1 ff.
- Präsentationsfrist, 1116 N 3, 7
  - Wirkung, 1116 N 8
- Privatstrafe, 1103 N 5
- Prüfungsbericht, 1110 N 2
- Rechtsausübung, missbräuchliche, 1104 N 24
- Rektacheck, 1133 N 3
- Remittent, 1105 N 1
- Rückdatierung, 1115 N 4, 6
- Rückgabepflicht, 1104 N 31
- Rückgriff, Vor Art. 1100–1144 N 2
- Schadenersatzanspruch, 1124 N 12
- Schadenersatzklage, 1112 N 9 ff.
- Schadenersatzpflicht, 1104 N 28; 1124 N 15
- Schadenpool, 1104 N 32

Check

- Schweizerische Checkzentrale, 1118 N 2 f.
- Schweizerischer Einheitscheck, 1118 N 4 f.
- Sorgfaltspflicht, 1104 N 27
- Streichung der Kreuzung, 1123 N 8
- Streichung des Verrechnungsvermerks, 1125 N 13 f.
- Telekurs AG, 1118 N 2 ff.
- Tod des Checkausstellers, 1120 N 2 f.
- trassiert-eigener, 1104 N 6 ff.; 1119 N 8 ff.
  - Regresspflicht des Ausstellers, 1119 N 10
  - Rückgriff, 1119 N 9
  - Widerruf, 1119 N 8, 10
- Übertragung, 1111 N 3
- Übertragungsfunktion, 1108 N 3
- Umwandlung der Kreuzung, 1123 N 6 f.
- Unterschrift, Faksimile, 1100 N 14
- verfälschter Check, 1132 N 3
- Vermutung, gesetzliche, 1110 N 1
- Verrechnungscheck
  - Ausgleichung, 1125 N 10
  - Ausstellung, 1125 N 1
  - Berechtigung zur Ausstellung, 1125 N 1
  - Checkarten, 1125 N 2
  - Einlösung, 1125 N 6 ff.
  - Gutschrift, 1125 N 6 f., 12
  - Rechte des Inhabers, 1127 N 1 ff.
  - Überweisung, 1125 N 9
  - Vermerk, 1125 N 3 ff.
    - Anbringen auf dem Check, 1125 N 3
    - Barzahlungsverbot, 1125 N 4 f.
    - Checkvorderseite, 1125 N 3
    - Streichung, 1125 N 13 f.
    - Widerruf, 1125 N 14
    - Wirkungen, 1125 N 4 ff.
  - Verrechnung, 1125 N 8
  - Zahlung, 1125 N 11 f.
    - Ablehnung der Gutschrift, 1127 N 2
    - Barzahlung, 1127 N 5
    - Dishonorierungserklärung, 1127 N 3
    - Nachweis der Nichtzahlung, 1127 N 4
    - Regress, 1127 N 5
    - Rückgriff, 1127 N 5
- Verschulden, 1124 N 15
- Verweisungskatalog, Vor Art. 1100–1144 N 4
- Vordatierung, 1115 N 4 f.
- Vorlegungsfrist, 1113 N 2
  - Ablauf der, 1119 N 4, 7
- Wechselbetreibung, Vor Art. 1100–1144 N 10
- Wechselrecht
  - Änderungen, 1143 N 18
  - auf den Check anwendbare Bestimmungen, 1143 N 1 ff.
  - Ausfertigungen, Mehrzahl, 1143 N 17
  - Aushändigung, 1143 N 14
  - Ausstellung an eigene Ordre, 1143 N 3
  - Benachrichtigungspflicht, 1143 N 11
  - Bereicherung, 1143 N 15
  - Checkbürgschaft, 1143 N 2
  - Checkfähigkeit, 1143 N 2
  - Checkrecht, 1143 N 22
  - Deckungsübergang, 1143 N 16
  - Einreden, 1143 N 6
  - Indossament, 1143 N 5
  - Kraftloserklärung, 1143 N 20
  - Notifikationspflicht, 1143 N 11
  - Prokuraindossament, 1143 N 7
  - Protest, 1143 N 10, 14
  - Protesterlass, 1143 N 12
  - Quittung, 1143 N 9, 14
  - Rückgriffsforderung, 1143 N 14
  - Solidarhaftung, 1143 N 13
  - Teilzahlung, 1143 N 9
  - Übergang der Deckung, 1143 N 16
  - ungerechtfertigte Bereicherung, 1143 N 15
  - Unterbrechung der Verjährung, 1143 N 19
  - Urkundstext, 1143 N 16
  - Verjährung, 1143 N 19
  - Vollmachtsindossament, 1143 N 7
  - Wechselbürgschaft, 1143 N 8
- Widerruf des Checks, 1116 N 8; 1119 N 1 ff.
  - auf Begehren eines Dritten, 1119 N 13

Checks

- bei Abhandenkommen, 1119 N 12
- beim trassiert-eigenen Bankcheck, 1119 N 8 ff.
- Form, 1119 N 2
- jederzeitiger, 1119 N 12
- Praxis, 1119 N 5
- Wirkungen, 1119 N 3
- Zeitpunkt, 1119 N 4
- Zulässigkeit, 1119 N 6 f.
- WIR-Check, 1125 N 16
- Zahlstellencheck, 1135 N 4
- Zahlungsaufschub, 1115 N 3
- Zahlungsempfänger, 1105 N 1
- Zahlungsermächtigung, 1119 N 1
- Zahlungsmittel, 1112 N 4
- Zahlungsort, 1116 N 1
- Zahlungsquittung, 1109 N 5
- Zahlungsverkehr, bargeldloser, Vor Art. 1100–1144 N 9
- Zahlungsvorgang beim Check, 1118 N 6
- Zeitberechnung beim Check, 1117 N 1 f.
- Zession, 1104 N 21

Checks, 663a N 16
Combinded Transport Bill of Ladings, 1153–1155 N 18
Control-Prinzip, 663e N 8
corporate governance, 957 N 38
COTO, 675 N 32
cura in custodiendo, fiktive, 680 N 22

D

Darlehen, Definition, 663b^{bis} N 86
Darstellung, 662a N 23; 663h N 15
Darstellung des Geschäftsverlaufes, 662 N 7
Daten, archivierte, 957 N 43
Datenbank, 929 N 2
Datenmigration, 957 N 48
Datenverarbeitung, ordnungsmässige, 957 N 35
Dauer
- der Aufbewahrungspflicht, 962 N 1
- der Barzinszahlungen, 676 N 6 f.
- einer Gesellschaft, 545/546 N 19

dealing at arm's length, 678 N 14
Debitkarte, 1103 N 11
- Issuer, 1103 N 13

Delkredere, 669 N 15; 960 N 29

Depositionsvermerk, 1065; 1067 N 1 ff.
Depotvertreter, 689d N 1 ff.
- (General-/Einzel-)Vollmacht oder Ermächtigung, 689d N 9 ff.
- Abweichen von der Grundregel, 689d N 25
- Aktien im Eigenbestand, 689d N 3, 6
- Depotstimmrecht, 689d N 2 f.
- Entschädigung, 689d N 32
- Grundregel für die Stimmrechtsausübung, 689d N 21 f., 23 ff.
- GV, 689d N 27 ff.
- Kontrahierungszwang, 689b N 6; 689d N 8, 21
- Legitimationsprüfung, 689d N 14
- Orientierungs- und Weiterleitungspflicht, 689d N 20
- Stimmrechtsbeschränkungen, 689 N 43; 689d N 13
- Vermögensverwalter, 689d N 4 ff.
- Weisungseinholungs- und -befolgungspflicht, 689b N 14; 689d N 16, 21 ff.

Deutsche Methode, 663g N 31, 33c
Disagio, 624 N 6
Diskontierung, Wechsel, Vor Art. 990–1099 N 11
Dispoaktien, 685f N 9
Dispositionsschutz, 1 SchlT N 7; 2 SchlT N 3
Disziplinierung, Verwaltungsrat, 663b^{bis} N 7
Dividende, 660 N 9, 11, 13, 17; 665 N 12; 674 N 3 f., 12, 14; 675 N 1, 13
- 0,05, 671 N 12
- an eigenen Aktien bei Halten durch Tochtergesellschaften, 659b N 10
- auf eigene Aktien, 659a N 9a; 659b N 10
- ausserordentliche, 675 N 35
- Berechtigung, Beginn, 650 N 17
- gleichmässige, 665 N 12
- möglichst gleichmässig, 669 N 40; 674 N 9
- unterschiedlich hohe, 675 N 30

Dividenden
- Dividendenrecht, 798 N 1 ff.
- GmbH, 798 N 1 ff.
- Recht auf Gewinnausrichtung, 798 N 11

- Recht auf Gewinnbeteiligung, 798 N 7 f.
- Recht auf Gewinnstrebigkeit, 798 N 5 f.
- Reserven, 798 N 9
- Verjährung, 798 N 13
- Vorzugsstammanteile, 799 N 4

Dividendenausgleichsfonds, 675 N 15
Dividendenausgleichsreserven, 674 N 11
Dividendengarantie, 675 N 9, 39
Dividendenpolitik, 675 N 41
Dividendenreserve, 675 N 15
Dividendenvorschuss, 675 N 37
Dokumentation, 957 N 37
Dokumentation und Aufbewahrung
- Arbeitspapiere, 730c N 6 ff.
- Aufbewahrungspflicht
  - Aufbewahrungsort, 730c N 14
  - Beginn der Frist, 730c N 12
  - Dauer, 730c N 12
  - elektronische Daten, 730c N 13
  - Form der Aufbewahrung, 730c N 13
  - keine absolute Frist, 730c N 12
  - wesentliche Unterlagen, 730c N 10
- Dokumentationspflicht
  - angemessene Dokumentation, 730c N 8
  - Datum, 730c N 9
  - Form, 730c N 6
  - sämtliche Revisionsdienstleistungen, 730c N 5
  - Vermerk, 730c N 9
- Geltungsbereich
  - persönlich, 730c N 2
  - sachlich, 730c N 2
- Inkrafttreten, 730c N 1
- Normzweck
  - Auskunfts- und Einsichtsbegehren, 730c N 3
  - Beweismittel, 730c N 4
  - Inspections, 730c N 3
  - interne Qualitätssicherung, 730c N 3
  - Nachweis der erforderlichen Sorgfalt, 730c N 3
  - staatlich beaufsichtigtes Revisionsunternehmen, 730c N 3
- Standards
  - Auditing Standard No. 3, 730c N 17
  - Empfehlung, 730c N 19
- EU-Abschlussprüfer-RL, 730c N 18
- International, 730c N 16
- ISA 230, 730c N 16
- PS 230, 730c N 16
- Rule 2-06 Regulation S-X, 730c N 17
- Verletzung der Dokumentations- und Aufbewahrungspflicht
  - fahrlässige Verletzung, 730c N 15
  - staatlich beaufsichtigte Revisionsunternehmen, 730c N 15
  - Vergehen, 730c N 15

Domizilhaltererklärung, 934 N 12
Doppelakzept, 1064 N 1
Doppelannahme, 1064 N 3 ff.
Doppelgesellschaft, 620 N 36; 680 N 13
Doppelprotest, 1065 N 5, 7; 1068 N 7 f.
Doppelsitze, 934 N 12
Dreijahresfrist, 679 N 4
Dritten, 663a N 4b, 49, 54
Drittorganschaft, Vor Art. 620 N 7
Duplikat
- Check
  - Ausland, 1133 N 1, 4
  - Inhaber, 1133 N 3
  - Inland, 1133 N 1, 4
  - Klausel, 1133 N 5
  - Rekta, 1133 N 3
  - Voraussetzungen, 1133 N 3 f.
- Wechsel
  - Anspruch, 1063 N 6 ff.
  - Begriff, 1063 N 1 ff.
  - Form, 1063 N 4 f.
  - Klausel, 1063 N 5
  - Kosten, 1063 N 12
  - Prozess, 1063 N 10
  - Verfahren, 1063 N 9 ff.
  - Zahl, 1063 N 4
  - Zuverlässigkeit, 1063 N 2, 8
  - Zweck, 1063 N 3

Duplikatsklausel, 1063 N 5; 1133 N 5
Durchführung, 663b N 41a
Durchgriff, 663e N 1b
Durchgriffshaftung, 794 N 2, 6
Durchkonossement, 1153–1155 N 12
Durchschnittskurs, 667 N 7
Durchschnittspreis, 666 N 6; 960 N 32
Dynamische Verweisungsnorm, 725 N 7a; 820 N 3 ff.

E
earned surplus, 671 N 46
Earnings per share, Vor Art. 659 N 6
Edition, 963 N 10 f.
Editionspflichten, 963 N 2
Ehegatten als einfache Gesellschaft, 548/549 N 13
EHRA, 927 N 16 ff.
– Prüfungsbefugnis, 940 N 12
– Prüfungspflicht, 940 N 12
– Verantwortlichkeit, 928 N 8 ff.
– Weisungen, 927 N 17
– Zentralregister, 927 N 18; 929 N 6
Ehrenannahme, 1063 N 13
Eigenheiten, genossenschaftlich, 863 N 3
Eigenkapital, 663a N 1, 3, 12 f.; 663g N 29; 958 N 16
– ersetzendes Darlehen, 663a N 13
Eigenkapitalnachweis, 663g N 49
Eigenmittel, 663e N 21
Eigentumsklage, 680 N 27
Eigenwechsel, 993 N 4; Vor Art. 1096–1099 N 1 ff.
– Aussteller, Vor Art. 1096–1099 N 1
– Ausstellung an eigene Order, 1096 N 11
– Ausstellungsort, 1096 N 12
– Bedingungen, 1096 N 8
– Bestandteile, 1096 N 1 ff.
– Bezeichnung als Wechsel, 1096 N 4 ff.
– Bezogener, 1097 N 2
– Bürgschaft (Wechsel-), 1098 N 11 ff.
– Ehrenzahlung, 1098 N 8
– Formerfordernisse, 1097 N 1
– Haftung, 1099 N 1 ff.
– Hauptschuldner, Vor Art. 1096–1099 N 1
– Indossament, 1098 N 5
– Kopien, 1098 N 9
– Nachfrist, 1099 N 5
– Protest, 1099 N 2, 4
– Rektapapier, 1098 N 5
– Rückgriff, 1098 N 7
– Text der Urkunde, 1096 N 5
– unbedingtes Zahlungsversprechen, 1096 N 7 ff.
– Unterschrift, 1096 N 13 ff.
– Verfall, 1098 N 6
– Verlust der Rechte gegenüber Rückgriffsschuldner, 1099 N 6
– Verweis auf gezogene Wechsel, Vor Art. 1096–1099 N 5
– Zahlung, 1098 N 6
– Zahlungsort, 1096 N 10
– Zweck, Vor Art. 1096–1099 N 4
einbezahlter Betrag, 680 N 16
Einblick
– in die Ertragslage, 662a N 3
– in die Vermögenslage, 662a N 3
– möglichst sicherer, 959 N 2
Einfache Gesellschaft, 530 N 1–6; 934 N 4; 957 N 15
– Abgrenzungen, 530 N 7–13
  – zu anderen Ges./Körpersch., 530 N 13
  – zu Austauschverträgen, 530 N 7–10
– Anspruch, 532 N 1
– Anwendungsfälle, 530 N 14–18
– Bindungen
  – Konkubinat, 530 N 18
  – stille oder verborgene, 530 N 15
  – unbewusste, 530 N 17
– Bindungen beschränkter Dauer, 530 N 14
– Bindungen mit individuellen Verhaltenspflichten, 530 N 16
– der Gesellschaft, 532 N 2, 3
– der Gesellschafter, 532 N 1
– Aufnahme neuer Gesellschafter, 542 N 1–6
  – einseitige Abtretung, 542 N 6
  – Mitglieder, 542 N 1–3
  – Unterbeteiligung, 542 N 4, 5
– Begriff und Entstehung, 530 N 1–6
  – animus societatis, 530 N 4
  – Formvorschriften, 530 N 2
  – Grundform, 530 N 1
  – Rechtspersönlichkeit, 530 N 6
  – Subsidiärform, 530 N 1, 17
  – Vertragspartner, 530 N 3
– Beiträge
  – Abgrenzung, 531 N 9
  – Art, 531 N 5
  – Einbringung
    – quoad sortem, 531 N 8
    – zu Eigentum (quoad dominium), 531 N 6
    – zum Gebrauch (quoad usum), 531 N 7

- Beitragspflicht und Beitragsrecht, 531 N 1–4
- diligentia quam in suis, 538 N 4
- Einsicht in die Gesellschaftsangelegenheiten, 541 N 1–9
  - Kontrollrecht, 541 N 1–9
    - Grenzen, 541 N 9
    - Inhalt, 541 N 3–7
    - Unterlassung, 541 N 8
- Geschäftsführung, 535 N 1–7
  - Befugnis, 539 N 1–5
  - Begriff, 535 N 1, 2
  - Grundsatz
    - Einzelgeschäftsführung, 535 N 3
    - Vertretungsbefugnis nach aussen, 535 N 4
  - und Gutglaubensschutz
    - Entzug und Beschränkung, 539 N 1–6
    - Verzicht, 539 N 5
- Gesellschaftsbeschlüsse, 534 N 1–5
- Gewinn
  - Begriff, 533 N 1
  - Beteiligung, 533 N 2–4
- Konkurrenzverbot, 536 N 1–4
  - Folgen, 536 N 3, 4
  - Inhalt, 536 N 1, 2
- Sorgfaltspflicht, 538 N 1–10
  - Allgemeines, 538 N 1, 2
  - Entlastungsgründe, 538 N 9
  - Geltendmachung des Schadenersatzanspruchs, 538 N 7–10
  - Verschulden, 538 N 4–6
    - des Geschäftsführers, 538 N 6
    - im Allgemeinen, 538 N 4, 5
  - Widerrechtlichkeit, 538 N 3
- Vergütung für pers. Bemühungen, 537 N 7
- Verhältnis der Gesellschafter untereinander, 540 N 1–6
  - Auftrag, 540 N 2–5
  - Geschäftsführung ohne Auftrag, 540 N 6
- Verlust, 533 N 1–8
  - Haftung
    - für Geschäftsführer, 537 N 3
    - für übrige Gesellschafter, 537 N 4 f.
- Vor- und Nachteile, 530 N 19, 20
  - Flexibilität, 530 N 19
- Gründung, 530 N 19
- Haftung, 530 N 20
- Mitgliederzahl, 530 N 20
- Steuerneutralität, 530 N 19
- vorgeschossene Gelder und Beiträge, 537 N 6

Einfluss, 665a N 3 f., 7
- beherrschender, 663f N 10
- massgeblicher, 665a N 3 f., 7

Eingeschränkte Revision
- Prüfungshandlungen (Beispiel), 729a N 25 ff.
  - Embedded Audit, 729a N 34
  - Gefahr der Selbstprüfung, 729a N 34
  - Mitwirkung bei der Buchführung, 729a N 34
- Entwurf des Bundesrates, 729a N 4, 13
- Gegenstand und Massstab der Prüfung, 729a N 1
- Instrumentarium, 729a N 2, 12 ff.
- Opting-down, 729a N 1
- parlamentarische Beratungen, 729a N 14
- Prüfung der Zwischenabschlüsse, 729a N 33
- Prüfungsgegenstand, 729a N 5 ff.
  - Expectation Gap, 729a N 9
  - keine Geschäftsführungsprüfung, 729a N 3, 9
  - keine Prüfung der Konzernrechnung, 729a N 7
  - keine Prüfung des IKS, 729a N 6
  - Risikobeurteilung, 729a N 8
  - Vergleich mit ordentlichen Revision, 729a N 6 ff.
- Prüfungsmassstab, 729a N 10 ff.
  - keine Prüfung Regelwerk, 729a N 11
  - Kern-FER, 729a N 11
- Rechtsvergleich, 729a N 35 ff.
  - Deutschland, 729a N 36, 38
  - Europa, 729a N 37 f.
  - Vereinigte Staaten, 729a N 38
- Revisionsbericht, 729b N 1 ff.
  - Abweichungen vom Normalwortlaut, 729b N 14 ff.
  - Angabe Prüfungsart, 729b N 6
  - Angabe Prüfungsleiter, 729b N 9
  - Beschränkung Prüfungsumfang, 729b N 19
  - Einschränkung, 729b N 16

Einheit

- fehlender oder falscher, 729b N 21 ff.
- kein umfassender Bericht, 729b N 3
- keine Empfehlung, 729b N 11
- keine Prüfungsaussage, 729b N 18
- Mindestangaben, 729b N 5 ff.
- Mitteilung Prüfungsergebnis, 729b N 4
- Negativstatement, 729b N 13
- Normalwortlaut, 729b N 12 f.
- Prüfungsstandard zur eingeschränkten Revision, 729b N 12 ff.
- Stellungnahme zum Prüfungsergebnis, 729b N 7
- Stellungnahme zur Unabhängigkeit, 729b N 8
- Unterzeichnung und Datierung, 729b N 10
- Verantwortlichkeitsklage, 729b N 23
- verneinende Prüfungsaussage, 729b N 17
- Zusätze, 729b N 20
- Umfang und Durchführung der Prüfung, 729a N 12 ff.
  - analytische Prüfungshandlungen, 729a N 21
  - angemessene Detailprüfungen, 729a N 14, 22, 29
  - Befragungen, 729a N 20
  - Bestandes-, Bewertungs-, Verkehrsprüfungen, 729a N 14
  - Dokumentation, 729a N 32
  - Gesamturteil der Revisionsstelle, 729a N 30
  - Haftungsrisiko, 729a N 15
  - inhärentes Risiko, 729a N 18
  - Kenntnisse über das Unternehmen, 729a N 19
  - moderate assurance, 729a N 12
  - negative assurance, 729a N 12
  - Prüfungsauftrag, 729a N 12
  - Reduzierte Prüfungsintensität und -tiefe, 729a N 12
  - review (prüferische Durchsicht), 729a N 13
  - risikoorientierter Ansatz, 729a N 18
  - Standard zur Eingeschränkten Revision, 729a N 16 ff.
  - Verlässlichkeit des Prüfungsurteils, 729a N 15

- Unabhängigkeit der Revisionsstelle, 729 N 1 ff.
- Vollständigkeitserklärung, 729a N 31

Einheit, fiktive rechtliche, 663e N 1b

Einheitliches
- Checkrecht, Abkommen, 1133 N 1, 6
- Wechselrecht, 1064 N 7; 1065 N 8; 1066 N 8; 1067 N 9; 1068 N 14, 16
  - Abkommen, 1063 N 14

Einheitlichkeit, 663g N 7
- der Liquidation, 548/549 N 3

Einheitstheorie, 663g N 21

EinhWG, Vor Art. 990–1099 N 1

Einladungsfrist, 2 SchlT N 3

Einlage bei Kapitalerhöhung, 652c N 1 ff.; 653a N 7 f.; 653e N 5–8, 22
- Liberierung durch Verrechnung, 652c N 3, 4

Einlagen, 675 N 3; 676 N 15
- Leistung, 793 N 1 ff.
- Rückgewähr, Verbot der, 680 N 2, 17
- Rückleistung der, 548/549 N 8 ff.
- Rückzug der, 680 N 15

Einlagepflicht, 793 N 3

Einlagerückgewähr, 663a N 26; 671 N 33, 36; 671a N 2
- beim Erwerb eigener Aktien, 659b N 15b

Einreden, Wechselschuldner, Vor Art. 990–1099 N 9

Einschränkung, 663h N 23

Einsicht, 929 N 19; 929a N 3; 930 N 1 ff.; 931a N 13, 19, 24

Einsichtsrecht, 663h N 2
- Aktionärs, 697 N 16 ff.
- des Aktionärs, Revision, 697 N 24 ff.
- des Genossenschafters, 857 N 3
- Gesellschafters, 802 N 7 ff.
- Gläubigers, 697h N 6 ff.
- Sonderprüfers, 697d N 11

Eintragung, 931a N 1, 23 ff.; 933 N 1 f.; 934 N 2 ff.; 937 N 2; 938a N 5; 942 N 4
- Beginn der Rechtswirkungen, 932 N 1 ff.
- Eintragungssubjekte, 927 N 2 f.
- Gegenstand, 927 N 2
- Inhalt, 927 N 2; 934 N 5
- Nebenwirkungen, 927 N 9; 933 N 12 f.
- Ort, 934 N 12 ff.
- Pflicht, 934 N 1 ff.; 957 N 10

Erwerb

- Richtigkeit, 931 N 5
- Übersetzung, 927 N 2; 931a N 13
- von Amtes wegen, 941 N 5
- Zeitpunkt, 932 N 4
- *s.a. Beleg, Belegprinzip, Eintragungsvoraussetzungen, Enseignes, Geschäftsbezeichnungen*

Eintragungspflicht, 927 N 9; 931a N 4; 934 N 1 ff.

Eintragungsverfahren, 927 N 12; 931a N 1 ff.; 940 N 2 ff.
- *s.a. Fusion, Sitzverlegung, Umstrukturierungen*

Eintragungsvoraussetzungen, materiellrechtliche, 940 N 18 ff.

Eintrittsklausel, 545/546 N 13

Einwendung, Wechselfälschung, 1068 N 1 ff.

Einzelabschlüsse, 663e N 1a

Einzelbewertung, 960 N 9

Eisenbahnfrachtbrief, 1153–1155 N 8

EJPD, 927 N 19; 929 N 6

Elemente
- ausserordentliche, 958 N 13
- betriebliche, 958 N 13
- betriebsfremde, 958 N 13
- kapitalbezogene, 801 N 1
- personenbezogene, 801 N 1

E-Mails, 957 N 21

Emission
- Emissionsprospekt, 752 N 5
- Festübernahme, 752 N 3
- Öffentlichkeit, 1156 N 8

Emissionsprospekt, 752 N 5
- bei öffentlichen Platzierungen, 652a N 2 f.
- Form, 652a N 6
- Prospektinhalt, 652a N 4 ff.
- Zwischenabschluss, 652a N 4

Enge Beziehung zu VR, Unabhängigkeit der Revisionsstelle, 728 N 25 ff.

Enseignes, 929 N 18

Entnahmesperre, 675 N 34

Entschädigung, 663b N 42a

Entwicklungskosten, 665 N 5

Equity-Methode, 663g N 25

Erben
- eines Genossenschafters, 847 N 9 ff.
- eines Gesellschafters, 584 N 1

Erfolgsrechnung, 662 N 2, 5, 21c; 663 N 1, 8c, 31a; 663e N 3; 663g N 35; 663h N 12, 27; 858 N 7, 11; 957 N 44; 958 N 4, 20; 959 N 1; 961 N 1a f.
- konsolidierte, 663 N 8c
- Mindestgliederungsschema, Vor 32. Titel N 6

Erfüllung
- nicht rechtzeitige, 681/682 N 1 ff.
- Schlechterfüllung, 681/682 N 1 ff.

Ergebnis, 957 N 24
- betriebliches, 958 N 20
- erwirtschaftetes, 663b N 28
- ordentliches, 958 N 20

Erhöhungsbeschluss, 662 N 12

Erlass des Protestes, 1065 N 7; 1068 N 3

Erlös, 663 N 7

Erlöse, aus Lieferungen und Leistungen, 663 N 14

Ermessen, 677 N 7 f.; 678 N 17
- geschäftsmässiges, 678 N 17

Ermessensreserven, 662a N 4; 663b N 29; 669 N 35; 960 N 40

Ermessensspielraum, 959 N 20

Ermittlungsverfahren, 941 N 2

Eröffnung, 958 N 3

Eröffnungsbilanz, 958 N 3

Erreichung, 860 N 12

Errichtung, 664 N 5

Erstellung, 663g N 1, 6

Erträge, 663 N 2
- ausserordentliche, 663 N 2, 4a, 6, 7, 19
- betriebliche, 663 N 2 ff., 5
- betriebsfremde, 663 N 2 ff., 7, 18
- betriebstypisch, 663 N 4
- brutto, 958 N 12
- netto, 958 N 12
- nicht wiederkehrend, 663 N 4
- übrige, 663 N 8a
- übrige betriebliche, 663 N 7, 17
- wiederkehrend, 663 N 4

Ertragslage, 663g N 3; 663h N 3

Ertragspositionen, 663 N 7

Erwerb, 680 N 17, 24
- eigener Aktien
  - als öffentliches Kaufangebot, 659 N 27 ff.
  - auf einer zweiten Handelslinie, 659 N 25

- durch Tochtergesellschaften, 659b N 2 ff.
- gutgläubiger, 1068 N 9 ff.
- Wechsel, 1067 N 8

Europäisches Gesellschaftsrecht, Vor Art. 620 N 16

Eventualverpflichtungen, 663b N 12

F

Fachempfehlungen, allgemein anerkannte, 957 N 33
fair presentation, 662a N 28; 959 N 30
Fälligkeit, 675 N 26; 677 N 13; 678 N 31
Falscher Wechsel, 1068 N 12
Fälschung, Wechsel, 1068 N 1
Feststellungsbeschluss, 662 N 11
Festübernahme (Kapitalerhöhung)
- bedingte Kapitalerhöhung, 653c N 7
- bei genehmigter Kapitalerhöhung, 651 N 4
- Bezugsrechtsausschluss, 650 N 32a; 652b N 20
- Bezugsrechtshandel, 652a N 3b
- Einzahlungen, 652c N 2
- Prospektpflicht, 652a N 3b
- Vinkulierung, 652b N 27

Festübernahmeverfahren, 650 N 32 f.
Festverfahren, 960 N 32
Festwertverfahren, 666 N 6
FIFO, 663 N 21
FIFO-Verfahren, 666 N 6; 960 N 32
Financial Review by Management, 662 N 21
Finanzanlage, 665a N 1 ff.
Finanzanlagen, 663a N 5 f., 38 f.
- andere, 663a N 6; 665a N 10; 667 N 4

Finanzaufwand, 663 N 8, 23
Finanzertrag, 663 N 7, 15
Finanzgesellschaften, 663h N 25
Finanzierungsfragen, 663e N 9a
Firma
- AG, 626 N 4
- Ausschliesslichkeit, 946 N 1–6
  - Allgemeines, 951 N 1
  - Kategorien, 951 N 2–4
  - ÜBest GmbH-Recht, 11 ÜBest N 1 ff.
  - Unterscheidbarkeit
    - Branchensystem, 951 N 5–13
    - Kasuistik, 951 N 14

- Begriff, Definition/Abgrenzung, 944 N 1–3
- Einzelfirmen
  - Bildung, 945 N 1
  - Inhalt, 945 N 2, 3
    - Begründung, 946 N 1
    - Örtliche Begrenzung, 946 N 5, 6
    - Prioritätsprinzip, 946 N 2
    - Unterscheidungspflicht, 946 N 3 f.
- Firmenbildung
  - Änderung, 944 N 25
  - Fantasiebezeichnungen, 944 N 14
  - Grundsätze, 944 N 4–8
  - Personennamen, 944 N 9–12
  - Sachbezeichnungen, 944 N 13
  - Schranken, 944 N 15–24
- Firmengebrauchspflicht, 954a N 1–5
  - formell, 954a N 2–4
  - informell, 954a N 5
  - Vorbemerkungen, 954a N 1
- Geschäftsfirmen
  - AG, 620 N 10
  - Genossenschaft, 828 N 28
  - GmbH, 772 N 19
  - Kollektivgesellschaft, 552 N 37 f.
  - Kommanditgesellschaft,
  - Kommandit AG, 594 N 25
- Gesellschaftsfirmen, 947 N 1–10
  - AG und Genossenschaft, 950 N 1–10
  - AG, GmbH, Genossenschaft
    - Grundsatz, 950 N 1–11
  - Allgemeines, 947 N 1
  - GmbH, aufgehoben, 949
  - Kollektivgesellschaft
    - Aufnahme neuer Gesellschafter, 947 N 5, 6
    - Neubildung der Firma, 947 N 2–4
  - Kommanditgesellschaft
    - Änderungen der Firma, 948 N 1–7
    - Anmeldung, 948 N 4
    - Aufnahme KAG, 947 N 7 f.
    - Ausnahmebewilligung, 948 N 5–7
    - Ausnahmen, 948 N 3
    - Grundsätze, 948 N 1, 2
    - Unbeschränkt Haftende, 947 N 9–11
- Namensänderung, 954 N 1–4
  - Beibehaltung, 954 N 2–4
  - Zulässigkeit, 954 N 1
- Schutz der Firma, 956 N 1–17

- Rechtsbehelfe, 956 N 6–17
  - Aktivlegitimation, 956 N 16
  - Beeinträchtigung, 956 N 9
  - einstweiliger Rechtsschutz, 956 N 14
  - Feststellungsklage, 956 N 13
  - Klagen, 956 N 14–17
  - Schadenersatzklage, 956 N 12
  - unbefugter Gebrauch, 956 N 7 f.
  - Unterlassungs-, Beseitigungsklage, 956 N 11
  - weitere Rechtsbehelfe, 956b N 16
- Schutzumfang, 956 N 1–5
  - Berechtigter, 956 N 3
  - Gebrauch, 956 N 4, 5
  - Umfang, 956 N 1
- Übernahme eines Geschäfts
  - Allgemeines, 953 N 1
  - Begriff, 953 N 2–5
  - Beibehaltung der Firma, 953 N 7–14
  - Grundsatz, 953 N 6
- Überwachung, 955 N 1–7
  - Kognitionsbefugnisse, 955 N 2
- Zweigniederlassungen, 952 N 1–8
  - Anwendungsbereich, 952 N 1
  - Begriff, 952 N 1
  - Firmenhauptsitze, 952 N 2–8

Firmenpriorität, 932 N 7

Forderungen, 663a N 4 ff., 6; 669 N 17; 960 N 29
- andere, 663a N 4 ff., 20, 28; 960 N 30
- aus Lieferungen und Leistungen, 663a N 4b
- gefährdete, 697h N 7
- gegenüber anderen Gesellschaften des Konzerns oder Aktionären, die eine Beteiligung an der Gesellschaft halten, 663a N 24
- Unabhängigkeit der Revisionsstelle, 728 N 22 ff.

Forderungsverhältnisse, 957 N 24, 27

Forfaitierung, 675 N 38

Form, 680 N 6
- Checkduplikate, 1133 N 2, 5
- Wechselduplikate, 1063 N 4 f., 13; 1065 N 1, 7
- Wechselkopien, 1066 N 1, 4 f.; 1067 N 1, 6 ff.

Forschungskosten, 665 N 5

Fortführung, 662a N 8, 30b

Fortführungsbilanz, 580 N 4

Fortführungswerte, 959 N 25; 960 N 12

Fortsetzungsklausel, 545/546 N 12; 576 N 5

Fortsetzungsvereinbarung, 576 N 3 ff.

Fotokopie eines Wechsels, 1066 N 4

Frachtbrief im internationalen Strassenverkehr, 1153–1155 N 8

Fremdkapital, 663a N 1, 3, 10, 13
- kurzfristiges, 958 N 16
- langfristiges, 958 N 16

Fremdwährungen, 663g N 37b

Fremdwährungsumrechnung, 663g N 6, 46

Frist, 963 N 9 f.

Fristigkeit, 663g N 34

Führung, 957 N 1

Fusion, 937 N 6; 938 N 9
- von Rechtseinheiten, 929 N 9

G

Garantievertrag, GmbH, 794 N 6

Gebäude, 663a N 37

Gebühren, 927 N 4; 929 N 3, 19 f.; 930 N 6; 931a N 3, 29; 932 N 5; 936 N 1; 938a N 6; 938b N 4; 941 N 3 ff., 7; 943 N 4
- Bemessung, 929 N 19

Gebührenpflicht, 929 N 19

Gebührentarif, 929 N 1

Gedeihen
- dauerndes, 665 N 12; 669 N 40; 674 N 9 ff.

Geheimhaltung, 663h N 3

Geheimniswahrungspflicht
- Ausnahmen, 803 N 29
- Begriff, 803 N 25
- Geheimnis, 803 N 25
- Geltung, 803 N 24
- Sanktionen, 803 N 33

Geldflussrechnung, 662 N 9, 21a, 24; 663g N 48 f.; Vor 32. Titel N 15

Gemeinschaftliches Eigentum
- Anteilbuch, 792 N 9
- Anwendungsbereich, 792 N 3 ff.
- Beendigung, 792 N 5
- Haftung der Gemeinschaft, 792 N 10
- Handelsregister, 792 N 12
- Umfang der Vertretung, 792 N 8
- Vertretung, 792 N 6 ff.

Genehmigung

- Vertretungsordnung, 792 N 3
Genehmigung
- konkludente, 1068 N 10 f.
- Schweigen, 1068 N 10
- Vergütung, 663b^bis N 3
- Wechseländerung, 1068 N 9 ff.

Generalklauseln, 1 SchlT N 6, 9

Generalversammlung, 660 N 10; 662 N 12, 17; 671 N 21; 672 N 3, 6 ff.; 673 N 3; 674 N 6, 14; 958 N 5
- Auskunftsrecht, 697 N 4
- Beschluss, 675 N 26; 677 N 8, 22
  - nachträglicher, 678 N 26
- Teilnahme Unberechtigter, 691 N 8
  - Behauptungslast, 691 N 9, 15
  - Einspruch
    - des Aktionärs, 691 N 8
    - und Anfechtung, 691 N 8, 12 ff.
  - Entscheidungskompetenz, 691 N 10
  - Zulassung an GV, 691 N 11
- Vertreter einer öffentlich-rechtlichen Körperschaft, 762 N 22 ff.
- Wechsel
  - Duplikat, 1063 N 13; 1064
  - Kopie, 1066 N 7; 1067 N 3
  - mehrfache, 1064 N 3, 5 f.
  - Namensträger, 1068 N 9 f., 13 ff.
  - Verfälscher, 1068 N 12
  - Wechselzeichner, 1068 N 13 ff.

Genossenschaft, 957 N 11
- Abberufung der Verwaltung und Kontrollstelle
  - durch den Richter, 890 N 5 ff.
  - durch die GV, 890 N 1 ff.
  - Entschädigungsansprüche, 890 N 9 ff.
  - geeignete Massnahmen, 890 N 8
  - Genugtuung, 890 N 11
  - Stellungnahme der GV, 890 N 7
  - Widerruf, 890 N 2
- Abfindungsanspruch, 864; 865 N 1 ff.
- Abfindungsvermögen, 864; 865 N 7
  - Fälligkeitsverschiebung, 864; 865 N 16 ff.
  - Judikatur, 864; 865 N 24
  - Regelung, 864; 865 N 1 ff.
- Agio, 864; 865 N 13
  - Fälligkeitsverschiebung, 864; 865 N 16 ff.
  - teilweise, 864; 865 N 12
- Verjährung, 864; 865 N 21
- Verrechnung, 864; 865 N 15, 19
- Änderungen von Haftung bzw. Nachschusspflicht, 874 N 1 ff.
- Kapitalherabsetzung i.S.v. Art. 874 Abs. 1 und 2, 874 N 14
- Anfechtbarkeit Verwaltungsbeschlüsse, 894 N 4
- Anfechtung der GV-Beschlüsse
  - analoge Anwendung, 891 N 3 f.
  - Anfechtungsberechtigte, 891 N 8 ff.
  - Anfechtungsfrist, 891 N 23 ff.
  - Anfechtungsgegenstände, 891 N 6 f.
  - Anfechtungsgründe, 891 N 15 f.
  - Anfechtungsklage, 891 N 2
  - Nichtigkeit, 891 N 17 ff.
  - Prozessuales, 891 N 29 ff.
  - Schiedsklauseln, 891 N 31
  - Streitwert, 891 N 29 f.
  - Teilnichtigkeit, 891 N 21
  - Verweisungen auf das Aktienrecht, 891 N 2, 4
  - vorsorgliche Massnahmen, 891 N 26, 32 ff.
  - Willensmängel bei der Stimmabgabe, 891 N 11 ff.
  - Wirkungen, 891 N 27 f.
- Anteilschein, 852; 853 N 2 ff.
- Anteilsrückzahlung, 864; 865 N 11
- Auflösung, 894 N 6
  - aktienrechtliche Bestimmungen, 913 N 3
  - Anteilscheine, 911 N 12; 913 N 4
  - Anzeigepflicht, 911 N 12
  - Auflösungsbeschluss, 911 N 5
  - Auflösungsgründe, 911 N 1 ff.
  - Auflösungsklage, 911 N 14
  - Auflösungstatbestände, 911–913 N 1
  - Bestimmungsfaktoren, 913 N 6
  - Dauer der Genossenschaft, 911 N 2
  - Eintragung der Auflösung, 912 N 2
  - Erreichen des statutarischen Zweckes, 911 N 3
  - Förderung gemeinnütziger Bestrebungen, 913 N 5
- Ausgestaltungsvarianten, 864; 865 N 4
  - gesetzliche, 864; 865 N 22 f.
  - Reinvermögen, 865 N 7, 11
    - bilanzmässiges, 864
  - statutarische, 864; 865 N 4 ff.

Genossenschaft

- Streitfall, 864; 865 N 6
- Überblick, 864; 865 N 1 ff.
- Vermutung
  - gesetzliche, 864; 865 N 2
  - Verfall zugunsten der Genossenschaft, 864; 865 N 3
  - Vorschrift, 865 N 5 f.
  - fehlende, 864
- Austrittsrecht, ausserordentliches, 874 N 8 f.
- Ausweis der Mitgliedschaft, 852; 853 N 2
- Befugnisse VR
  - Grenzen Delegierbarkeit, 897 N 2
  - Organisationsreglement, 897 N 4
  - statutarische Bestimmung, 897 N 3
  - Übertragung, 897 N 1 ff.
- Begriff, 828 N 1
- Bekanntgabe der Bilanz, 856 N 1 ff.
- Beschlussfassung in der Verwaltung, 894 N 4
- Beweisurkunde, 852; 853 N 3 f.
- Delegiertenversammlung, 892 N 1 ff.
- Einpersonen-, 831 N 19
- Firma, 828 N 28
- gemeinnützige Genossenschaft, 828 N 16
- gemeinsame Selbsthilfe, 828 N 22 ff.
- Genossenschafter, 828 N 9 ff.
  - Beiratsbestellung, 828 N 9
  - Beitragspflicht, 828 N 23
  - Ehegatten, 828 N 9
  - einfache Gesellschaft, 828 N 10
  - Erbengemeinschaft, 828 N 10
  - Handlungsunfähige, 828 N 9
  - juristische Personen, 828 N 9 ff.
  - natürliche Personen, 828 N 9
- Genossenschafterhaftung
  - Abgrenzung zur Nachschusspflicht, 869 N 11 ff.
  - Beginn, 869 N 8, 15; 875 N 1 f.
  - Einforderungsberechtigung, 869 N 13 f.
  - Einzelangriff, 878 N 1 ff.
  - Ende, 869 N 7, 15; 874 N 13
  - Erfüllungsinteresse der Genossenschaftsgläubiger, 869 N 3
  - Erlöschen, Voraussetzungen, 876 N 1 ff.
- Erweiterung der Kreditbasis, 869 N 13
- Haftungsauslösung, 869 N 4 f.
- Haftungsentstehung, 869 N 7 f.
- Konkursverlustdeckungspflicht, 869 N 11
- Mitgliederverzeichnis, 877 N 1 ff.
- Realerfüllung, 869 N 3
- Rechtsnatur, 869 N 1 f.
  - Zugriffsverhältnis, 869 N 1, 7
- Regelung i.S.v. Art. 8 Abs. 1 GenVO, 869 N 23
- Repartierung, 869 N 17, 21 ff.
- Rückgriff, 878 N 5 ff.
- Sicherungsfunktion, 869 N 11
- Solidaritätsprinzip, 869 N 19; 870 N 6 ff.; 873 N 21
- Umfang, 869 N 16 ff.; 870 N 3 ff.; 872 N 3; 873 N 21
- Umlageverfahren, 869 N 10; 873 N 1 ff.
- Veränderung, 869 N 15; 874 N 1 ff.
- Versicherungsgenossenschaften, 869 N 26
- Verteilung, 869 N 17, 21 ff.
- Voraussetzungen, 869 N 1, 4 ff.
- Weiterhaftung nach dem Ausscheiden, 876 N 4 ff.
- Wesen, 869 N 13
- Genossenschaftsanteil, 852; 853 N 3 ff.
- Genossenschaftszweck, 828 N 12 ff.
- Gleichbehandlungsprinzip, 854 N 1 ff.
  - relative Gleichbehandlung, 852; 853 N 8 f.; 854 N 2 ff.; 864; 865 N 4, 7; 871 N 13
  - Schutz, 854 N 14 ff.
  - vertragliche Beziehungen, 854 N 11 ff.
- Gründerhaftung, 831 N 5
- Gründung einer, 830 N 1
- Gründungsarten einer, 830 N 4
- Gründungsgesellschaft, 830 N 2
- Gründungsvoraussetzungen, 831 N 1 ff.
  - Gründerqualität, 831 N 3
  - Höchstgründerzahl, 831 N 2
  - Mindestgründerzahl, 831 N 1, 4 ff.
- GV, Abberufung, 905 N 1 f.
- Haftung der, 868 N 1 ff.
- Handelsbankgenossenschaft, 828 N 21
- Handelsregistereintrag, 830 N 1, 5

Genossenschaft

- der Verwaltung, 896 N 4
- Interessententheorie, 829 N 3
- juristische Person, 828 N 3
- Kaduzierungsverfahren, 867 N 1 ff.
- Kapitalherabsetzung, 874 N 14
- Konsumgenossenschaft, 828 N 21, 24
- Körperschaft, 828 N 5
- Mitgliedschaft
  - Aufnahme neuer Genossenschafter, 839 N 1 ff.
  - Aufnahmeanspruch, 839 N 2 f.
  - Aufnahmeentscheid, 840 N 19 ff.
  - Aufspaltung, 849 N 4
  - Auslösungssumme, 842 N 15 ff.
  - Ausnahmen, 850 N 1 ff.
  - Ausschluss, 846 N 1 ff.
  - Austrittsrecht, 842 N 1 ff.
  - Beitritterklärung, 840 N 1 ff.
  - Beitrittserklärung
    - durch Versicherungsvertrag, 841 N 1 ff.
    - Fehlen der, 840 N 6
    - qualifizierte, 840 N 13 ff.
    - Verzicht auf, 840 N 5
  - Beitrittsrecht der Erben, 847 N 12
  - Beitrittsvoraussetzungen, 839 N 11 ff.
  - Kündigung, 842 N 9 ff.
    - aus wichtigem Grund, 843 N 8 f.
    - Beschränkungen, 842 N 9 f.
    - durch das Konkurs- oder Betreibungsamt, 845 N 1
    - Termin und Frist, 844 N 1 ff.
    - Verbote, 842 N 6 ff.
  - Sperrfrist, 843 N 1 ff.
  - Übertragung auf Vermächtnisnehmer, 847 N 4
  - Übertragung auf Erben, 847 N 2 ff.
  - und Mitgliederverzeichnis, 840 N 18
  - Unübertragbarkeit, 849 N 1 ff.
  - Verlust, 848 N 1 ff.
  - Zwangsmitgliedschaft, 847 N 9
- Mitgliedschaftsurkunde, 852; 853 N 1 f.
- Nachschusspflicht des Genossenschafters, 871 N 1 ff.
  - Abgrenzung zur Haftung, 871 N 1 f.
  - Auslösung, 871 N 3, 5
  - Bedeutung und Geltung von Art. 872, 872 N 1 ff.
  - Beginn, 869 N 9, 15; 871 N 6; 875 N 1 f.
  - Einforderungsberechtigung
    - ausserhalb des Konkurses, 871 N 4
    - im Konkurs, 869 N 13 f.; 871 N 5
  - Ende, 869 N 7, 15; 871 N 6
  - Entstehung, 869 N 7 f., 15; 871 N 6
  - Erlöschen, Voraussetzungen, 876 N 2 f.
  - Funktionen, 869 N 12; 871 N 2, 5
  - Kaduzierungsverfahren, 871 N 4
  - Mitgliederverzeichnis, 877 N 1 ff.
  - Nachschüsse nach dem Ausscheiden, 876 N 4 ff., 12 f.
  - Repartierung, 869 N 17; 871 N 11 ff.
  - Solidaritätsprinzip, 871 N 9 f.
  - Übernahme, 869 N 9, 15; 871 N 6
  - Umfang
    - beschränkte Nachschusspflicht, 869 N 17; 871 N 7 f.; 872 N 1 ff.
    - unbeschränkte Nachschusspflicht, 869 N 17; 871 N 7
  - Umlageverfahren
    - Einforderungsberechtigung im Konkurs, 869 N 13 f.; 871 N 5
    - Veränderung, 869 N 15; 871 N 6; 874 N 1 ff.
  - Verteilung, 869 N 17; 871 N 11 ff.
  - Wesen, 869 N 13; 871 N 1, 5
- Name, 828 N 28
- Nichtmitgliedergeschäft, 828 N 20 f.
- öffentlich-rechtliche, 829 N 1 ff.
  - anwendbares Recht, 829 N 5 ff.
  - der Kantone, 829 N 9
  - des Bundes, 829 N 7 f.
- Organisationsmängel, 896 N 7
- personenbezogene Mitgliedschaftsstellung, 828 N 6
- Pflichten VR
  - Grenzen Delegierbarkeit, 897 N 2
  - Organisationsreglement, 897 N 4
  - statutarische Bestimmung, 897 N 3
  - Übertragung, 897 N 1 ff.
- Präsident der Verwaltung, 894 N 4
- Prinzip der offenen Tür, 828 N 7 f., 25; 831 N 2
  - Aufnahmerecht, 828 N 7
  - Beschränkung der Mitgliederzahl, 828 N 8

- konstante Mitgliederzahl, 828 N 8
- Rechte des Genossenschafters, 855 N 1
- Rechtsnatur, 828 N 1
- Rechtspersönlichkeit, 828 N 3; 830 N 1
- Revisionsstelle
  - Abordnung von Vertretern einer öffentlich-rechtlichen Körperschaft, 926 N 3
- Sekretär der Verwaltung, 894 N 4
- Solidargedanke, 828 N 7, 22
- Strohpersonengründung, 831 N 5
- Subjektstheorie, 829 N 3
- Subordinationstheorie, 829 N 3
- Treuepflicht des Genossenschafters, 866 N 1 ff.
- Verbot des zum Voraus festgesetzten Grundkapitals, 828 N 25 ff.
  - Kapitalhöchstgrenze, 828 N 27
  - Mindestkapital, 828 N 27
- Versicherungsgenossenschaft, 828 N 21
- Vertretung öffentlich-rechtlicher Körperschaften in der Verwaltung, 926 N 2 ff.
- Verwaltung
  - Beschlussfassung, 894 N 4
  - Kollegialorgan, 894 N 5
  - Kompetenz, 894 N 3
  - Organisation, 894 N 4
  - Protokoll, 894 N 4
  - Stellung, 894 N 2 f.
  - Vertreter einer öffentlich-rechtlichen Körperschaft, 926 N 1 ff.
- Verwaltungsmitglieder
  - Amtsdauer, 896 N 1 f.
  - Anzahl, 894 N 1, 5
  - Anzahl der Vertreter einer öffentlich-rechtlichen Körperschaft, 926 N 5
  - Beginn der Mitgliedschaft, 896 N 4
  - Ende der Mitgliedschaft, 896 N 6
  - Genossenschafter, 894 N 1, 6 ff.; 926 N 4
  - Gleichbehandlungsgrundsatz, 894 N 12
  - Handelsregistereintrag, 896 N 4
  - Handlungsfähigkeit, 894 N 8
  - Honorar, 896 N 5
  - Inkompatibilität, 894 N 9 f.
  - juristische Personen, 894 N 13
  - Kooptation, 896 N 4
  - Nationalität, 894 N 11
  - natürliche Personen, 894 N 1, 8
  - Rechtsstellung, 896 N 4 f.
  - statutarische Wählbarkeitsbeschränkungen, 894 N 12
  - Versicherungsgenossenschaft, 896 N 3
  - Wählbarkeitsvoraussetzungen, 894 N 6 ff.
  - Wahlperiode, 896 N 2, 6
  - Wiederwahl, 896 N 1 f.
- Verwaltungsrat
  - Abberufung, 905 N 1 f.
  - Buchhaltung, 902 N 7
  - Einstellung, 905 N 1 f.
  - Förderung genossenschaftliche Aufgabe, 902 N 4
  - Genossenschafterverzeichnis, 902 N 7
  - Geschäftsbücher, 902 N 7
  - Geschäftsführung, 902 N 1 ff.
  - Gleichstellung, 902 N 3
  - Informationspflicht, 902 N 6
  - RS, 902 N 7
  - Sanktionen, 902 N 8
  - Sorgfaltspflicht, 902 N 2
  - Treuepflicht, 902 N 3
  - Überwachungspflicht, 902 N 6
  - Vorbereitung GV, 902 N 5
- wirtschaftliche Bedeutung, 828 N 2

Genossenschafter
- Unterschreiten der Mindestzahl, 831 N 7 ff.
  - Antragsberechtigung, 831 N 10
  - gerichtliche Massnahmen, 831 N 14 ff.
  - Gerichtsstand, 831 N 13
  - Passivlegitimation, 831 N 12

Genossenschafterverzeichnis, 837 N 1 ff.

Genossenschaftliche Einrichtungen, 859 N 4

Genossenschaftliche Idee, 859 N 5

Genossenschaftskapital, 860 N 11

Genossenschaftsverbände, 921 N 1 ff.
- Anfechtungsrecht, 924 N 5 ff.
- Delegiertenversammlung, 922 N 6 ff.
- Gründung, 921 N 3
- Mitglieder, 921 N 1
- Mitgliederzahl, 921 N 4 ff.
- Organe, 922 N 1 ff.

Genossenschaftsvermögen

- Pflichten der Mitglieder, 925 N 1 ff.
- Überwachungsrecht, 924 N 1 ff.

Genossenschaftsvermögen, 859 N 2; 860 N 11

Genossenschaftszweck, 860 N 12

Genussschein, Erwerb, 783 N 18

Genussscheine, 657 N 1 ff.; 774a N 1 ff.
- Abgrenzung zu PS, 657 N 5; 774a N 5
- Anfechtung der Ausgabe, 657 N 2; 774a N 6
- Ausgabe, 657 N 2; 774a N 6
- Ausgestaltung, 657 N 1; 774a N 4
- Erwerb eigener, 659 N 1
- Forderungsrecht, 657 N 4; 774a N 8
- Gemeinschaft der Genussscheinsberechtigten, 657 N 4; 774a N 12
- nennwertloses Beteiligungspapier, 657 N 1; 774a N 4 f.
- statuarische Grundlage, 657 N 3; 774a N 9 f.
- unverbriefte Genussrechte, 774a N 11
- Verbriefung, 774a N 11
- Vermögensrechte, 657 N 4; 774a N 4, 7 f.
- zugunsten der Gründer, 657 N 7; 774a N 10

Genussscheininhaber, 675 N 7

Genussscheinkapital, 663a N 67

Gerichtsbarkeit, freiwillige, 697c N 4

Gesamtbeträge, 663a N 6

Gesamteindruck, zuverlässiger, 959 N 7

Gesamtkonzern, 663f N 1

Gesamtkostenverfahren, 663 N 12 f.

Gesamtvergütung, Mitteilung, 663b^bis N 6

Geschäft, 959 N 2

Geschäft betreffend, 963 N 4 f.

Geschäfte
- fiktive, 678 N 22
- unaufschiebbare, 547 N 4; 550 N 3

Geschäftliche Beziehung, Unabhängigkeit der Revisionsstelle, 728 N 25 ff.

Geschäftsbericht, 662 N 1, 3; 663e N 3; 663h N 10; 675 N 25; 696 N 8; 697 N 12; 801 N 4, 9; 858 N 11
- zusätzliche Anforderungen im, Vor 32. Titel N 12

Geschäftsbesorgungsvertrag, 677 N 4

Geschäftsbetrieb, 958 N 3

Geschäftsbezeichnungen, 929 N 18

Geschäftsbücher, 697 N 16; 857 N 3 f.

Geschäftsbücherverordnung, 957 N 4

Geschäftsführer
- Einforderung der Nachschüsse, 795a N 4
- Tantiemen, 798b N 1 ff.

Geschäftsführung, 957 N 23

Geschäftsführung der Genossenschaft, 898 N 1 ff.
- Delegation, 898 N 2
- Kontrollpflichten, 898 N 4
- Direktoren, 898 N 3
- durch Dritte, 898 N 1
- Geschäftsführer, Rechte und Pflichten, 898 N 3
- Geschäftsführungsbefugnis, Statuten, 898 N 1 f.

Geschäftsführung GmbH, 809 N 1 ff.
- Abberufung, 815 N 1 ff.
- Geschäftsführer, 815 N 4 ff.
- Grundangabe, 815 N 4
- statutarische Bestimmungen, 815 N 3
- Zuständigkeit, 815 N 6
- Aufgaben, 810 N 1 ff.
- Aufsicht, 810 N 10
- Finanzkontrolle, 810 N 9
- Finanzplanung, 810 N 9
- Geschäftsbericht, 810 N 11
- GesV, 810 N 12
- Kompetenzauffangbecken, 810 N 2 ff.
- Oberleitung, 810 N 7
- Omnipotenztheorie, 810 N 1
- Organisation, 810 N 8
- Paritätstheorie, 810 N 1
- Rechnungswesen, 810 N 9
- Statuten, 810 N 3 f.
- subsidiäre Generalkompetenz, 810 N 2 ff.
- Überschuldung, 810 N 13
- unübertragbare und Unentziehbare, 810 N 5 ff.
- Vorsitzender, 810 N 14 ff.
- Beschlüsse, 809 N 18 ff.
- Erhöhung Stammkapital, 809 N 20
- Mehrheit, 809 N 18
- Protokoll, 809 N 22 f.
- Stichentscheid, 809 N 19
- Zirkulationsweg, 809 N 21

Gesellschaft

- Beschränkung, 815 N 9 ff.
- Vertretungsrecht, 815 N 9 ff.
- Entzug, 815 N 9 ff.
  - Gründe, 815 N 11
  - superprovisorisch, 815 N 12
  - Vertretungsrecht, 815 N 9 ff.
  - Zuständigkeit, 815 N 15
- Funktionseinstellung, 815 N 16 ff.
  - Entschädigunsansprüche, 815 N 20
  - GV, 815 N 18 f.
- Genehmigung durch GesV, 811 N 2 ff.
  - Genehmigungskompetenz, 811 N 2, 5 ff.
  - Genehmigungsvorbehalt (fakultativer), 811 N 12 ff.
  - Genehmigungsvorbehalt (obligatorischer), 811 N 6 ff.
  - Paritätsprinzip, 811 N 5
  - Verantwortlichkeit, 811 N 15 ff.
  - Vetorecht, 811 N 2
- Geschäftsführer
  - Dritter, 809 N 2, 4 f., 10 f.
  - Entschädigung, 809 N 9
  - Entzug, 809 N 11
  - Gesellschafter, 809 N 1 f., 4 f., 8
  - Handelsgesellschaft, 809 N 2, 12 ff.
  - juristische Person, 809 N 2, 12 ff.
  - natürliche Person, 809 N 2, 12 ff.
  - Niederlegung, 809 N 10
  - Organstellung, 809 N 5
  - Rechtsbeziehung zur GmbH, 809 N 9
  - Sorgfalts- und Treuepflicht, 809 N 3 ff.
  - Wahlannahme, 809 N 4, 8
  - Zustimmung der GesV, 809 N 14
- Gleichbehandlung, 813 N 1 ff.
  - Einzelfallbeurteilung, 813 N 7
  - externe Gleichbehandlung, 813 N 6
  - Inhalt, 813 N 4 ff.
  - interne Gleichbehandlung, 813 N 6
  - relative Gleichbehandlung, 813 N 4 f.
  - Sanktionen, 813 N 8 ff.
  - Umfang, 813 N 3 ff., 12 ff.
  - Zweck, 813 N 2
- Gründungsgesellschafter, 809 N 1
- Haftung, 817 N 1 ff.
- Konkurrenzverbot, 812 N 1, 8 ff.
  - Anwendungsbereich, 812 N 8 f.
  - Ausfluss der Treuepflicht, 812 N 8
  - persönlicher Umfang, 812 N 11
  - räumlicher Umfang, 812 N 10
  - sachlicher Umfang, 812 N 10
  - Steuerfolgen, 812 N 12
  - zeitliche Begrenzung, 812 N 13
- Organisation, 809 N 4 ff.
  - Delegation, 809 N 6
  - Drittorganschaft, 809 N 2, 4 ff.
  - Flexibilität, 809 N 2, 4
  - Mischform, 809 N 2, 4
  - Organisationsreglement, 809 N 6
  - Selbstorganschaft, 809 N 2 ff.; 811 N 1
  - Vertretung, 809 N 1, 5
- Recht auf Geschäftsführung, 809 N 7
- Sorgfaltspflicht, 812 1, 3 ff.
  - Sanktionen, 812 N 14 ff.
  - Umfang, 812 N 4 f., 13
- Treuepflicht, 812 N 1, 6 f.
  - Geheimhaltungspflicht, 812 N 7
  - Sanktionen, 812 N 14 ff.
  - Umfang, 812 N 6 f., 13
- Übergangsrecht, 809 N 24
- Verwaltungsrat AG, 809 N 3
- Vorsitz, 809 N 2, 15 ff.
  - Aufgaben, 810 N 15
  - Kopräsidium, 809 N 17
  - Person, 809 N 15
  - Wahl, 809 N 16

Geschäftsführungsbefugnis, 547 N 2
Geschäftsgeheimnis, 697 N 8; 697e N 4 f., 8; 857 N 2
Geschäftsjahr, 675 N 24; 958 N 4, 20; 962 N 4
Geschäftskorrespondenz, 957 N 20 f.
Geschäftsleitung
- Definition, 663b[bis] N 28 ff.
- Offenlegung, 663b[bis] N 27 ff.

Geschäftspolitik, 663e N 9a
Geschäftsverlauf, 663h N 15
Geschäftsvermögen, 957 N 26; 959 N 8
Geschäftswert, 960 N 11
- subjektiver, 665 N 10; 858 N 7; 960 N 14, 20, 31

Geschenke, wertvolle, 728 N 51
Gesellschaft, 663h N 3; 675 N 6
- auf Lebenszeit, 545/546 N 28
- Bekanntmachungen, 931 N 3
- mit Mindestdauer, 545/546 N 26

Gesellschaften

- Zweck
  - AG, 620 N 2
  - Genossenschaft, 828 N 12 ff.
  - Kollektivgesellschaft, 552 N 28 ff.
  - Kommanditgesellschaft, 594 N 24

Gesellschaften, 663a N 6, 61
- altrechtliche, 2 SchlT N 2, 13, 16
- neurechtliche, 2 SchlT N 13

Gesellschafter
- Haftung, 551 N 1
  - des Ausgeschiedenen, 576 N 10
  - Gläubiger, 591 N 3
- Nachschusspflicht, 795 N 1 ff.

Gesellschafter (GmbH)
- Dividendenrecht, 798 N 1 ff.
- Recht auf Gewinnausrichtung, 798 N 11
- Recht auf Gewinnbeteiligung, 798 N 7 f.
- Recht auf Gewinnstrebigkeit, 798 N 5 f.

Gesellschafterversammlung
- Einforderung der Nachschüsse, 795a N 4
- s.a. GmbH

Gesellschaftsbeschluss, statutenwidriger, 940 N 27
Gesellschaftsinteresse, 697 N 10
Gesellschaftsstatut, beim Erwerb eigener Aktien, 659b N 15
Gesellschaftsvermögen
- Begriff, 794 N 5
- Haftung der Gesellschafter, 794 N 1 ff.

Gesellschaftszweck, 685b N 3 f.
Gestaltungsspielraum, 2 SchlT N 3, 7 f.
Gewerbe, nach kaufmännischer Art geführtes, 957 N 9; 963 N 3 f.
Gewinn, 675 N 1
Gewinn-
- anteile, 671 N 13
  - ausgerichtet, 671 N 13
  - ungerechtfertigte, 678 N 3
- ausgleichszahlungen, 678 N 23
- ausschüttung, 663a N 74; 663e N 1a; 675 N 12; 677 N 1
  - verdeckte, 675 N 40; 677 N 24; 678 N 12 f., 18; 680 N 29; 800 N 3
- entnahme, 678 N 9; 800 N 3
- pooling, 678 N 23
- strebigkeit, 660 N 7 f.
- verdichtung, Vor Art. 659 N 11

- verteilung, 548/549 N 12
- verwendung, 675 N 2
- verwendungsbeschluss, 860 N 9
- vorwegnahme, 678 N 9, 22

Gewinne, 663 N 7
- aus Veräusserungen von AV, 663 N 16

Gezogener Wechsel, Begriff, 991 N 1 ff.
Glaubhaftmachung, 697c N 3
Gläubigerrecht, 677 N 13
Gläubigerschutz
- Fortdauer der Nachschusspflicht, 795d N 1 ff.
- Rückzahlung der Nachschüsse, 795b N 1

Gläubigerschutze, 663h N 9
Gleichbehandlung, 663b N 35; 674 N 15
- der Aktionäre, Vor Art. 659 N 4; 659 N 7a ff.; 675 N 30

Gleichbehandlungsgebot, 709 N 21, 25
Gleichbehandlungsgrundsatz, 622 N 17
- bei Ausschluss
  - des Bezugsrechts, 652b N 15, 22 f.
  - des Vorwegzeichnungsrechts, 653c N 12, 16, 19 f.

Gleichwertigkeit, 663f N 7
Gliederung, 663g N 6, 40; 958 N 20; 959 N 15
Gliederungsvorschriften, 663 N 31; 858 N 7, 11; 958 N 12, 16

GmbH, 957 N 11
- Aktienrecht (Verweisungen), 808c N 2
- Anfechtungsklage, 804 N 5, 12, 26; 805 N 25, 31; 806b N 1; 808c N 1 ff.
- Antragsrecht, 805 N 12, 32; 806 N 3; 806b N 1
- Anzahl der Gründungsgesellschafter, 775 N 1 ff.
  - Einpersonengesellschaft, 775 N 1
  - höchstzulässige, 775 N 1
- Auflösung, 804 N 41 f.; 808b N 9 f.
- Auflösungsklage, 807 N 2
- Aufsichtsrat, 804 N 3, 18; 805 N 18
- Ausschliessungsklage, 804 N 40
- Ausschluss, 804 N 40
- Bauzinsen, 798a N 5 ff.
- Begriff, 772 N 4
- Beirat, 804 N 3
- beschränkte Selbstorganschaft, 772 N 8
- Bilanzgewinn, 804 N 24
- Bilanzverlust, 804 N 25

GmbH

- Direktoren, 804 N 51
- Dividenden, 798 N 1 ff.
- Drittorganschaft, 804 N 4, 17
- eigene Stammanteile, 804 N 36 f.; 806a N 5 f.; 808 N 1; 808b N 2, 7
- Einberufung, 806b N 1
- Einberufungsklage, 805 N 16 f.
- Einmann-GmbH, 806a N 1, 6, 8
- Einpersonen-, 772 N 5; 775 N 5a ff.
  - rechtliche Behandlung, 775 N 5b ff.
  - Sachverhalt, 775 N 5a
- Entlastung, 804 N 28 ff.
- Entschädigung der Geschäftsführer, 804 N 27
- Erlangung der Rechtsfähigkeit, 772 N 6
- Finanzierung, 795 N 1 f.
- Firma, 772 N 19
- Fusion, 804 N 42
- Genussscheine, 4 ÜBest N 7
- Geschäftsbericht, 805 N 20 f.
- Geschäftsführer
  - Bestellung und Abberufung, 804 N 17 ff.
  - Entlastung, 804 N 28 ff.; 806a N 3
  - Entschädigung, 804 N 27
- Geschäftsführung
  - Anfechtungsrecht, 808c N 7
  - Genehmigungsvorbehalt, 804 N 43 ff.; 807 N 1
  - Nichtigkeit der Beschlüsse, *s. dort*
  - Vorsitzender, 804 N 48; 805 N 3, 30 ff.; 808a N 1
- Gesellschafter, 772 N 13 ff.
  - Domizil, 772 N 15
  - Ehegatten, 772 N 14
  - Gesamthandsgemeinschaften, 772 N 16
  - gesetzliche Anforderungen, 772 N 13 ff.
  - juristische Personen, 772 N 17
  - Nationalität, 772 N 15
  - Nebenleistungspflichten, 772 N 34
  - statutarische Anforderungen, 772 N 18, 18 ff.
- Gesellschafterversammlung, 804 N 8 ff.
  - Antragsrecht, *s. dort*
  - Durchführung, 805 N 26 ff.
  - Einberufung, 805 N 3 ff.
  - Genehmigungskompetenz, 804 N 43 ff.
  - Genehmigungsvorbehalt, 806a N 3
  - Leitung, 805 N 30 ff.
  - Oberaufsicht, 806 N 9
  - Öffentliche Beurkundung, 805 N 39
  - ordentliche und ausserordentliche, 805 N 4 ff.
  - Protokoll, 805 N 34
  - Quoren, 805 N 44; 808 N 1 ff.; 808b N 1 ff.
  - Rederecht, 806 N 3
  - Stichentscheid, 808a N 1 ff.
  - Stichtag, 805 N 27
  - Stimmrecht, *s. dort*
  - Stimmrechtsvertretung, 805 N 28 f.
  - Teilnahmerecht, 806 N 3; 806b N 1
  - Telekommunikation, 805 N 33
  - Universalversammlung, 805 N 35 f.
  - Verfahrensentscheide, 805 N 31
  - Verhandlungsgegenstände, 805 N 21 f.
  - Vetorecht, 807 N 1 ff.
  - Vorbereitung, 805 N 26 ff.
  - Willensmängel, 808c N 8
  - *s.a. Urabstimmung*
- Gesetzgebungsgeschichte, 772 N 1
- Gewinnstrebigkeit, 808c N 5
- Gleichbehandlungsgebot, 808c N 5
- Gründungsgesellschaft, 772 N 6
- Gründungsgesellschafter, 775 N 25
- GmbH-Mantel, 772 N 12
- Haftungsverfassung, 772 N 28 ff.
  - bisherige, 772 N 28
  - neue, 772 N 29 f.
- Handelsgesellschaft, 772 N 11
- Handlungsbevollmächtigte, 804 N 51
- ideale Zweckverfolgung, 772 N 38
- Jahresbericht, 804 N 22
- Jahresrechnung, 804 N 23
- Kapitalbezogenheit, 804 N 1
- Kapitalerhöhung, 804 N 14; 808b N 5
- Kapitalherabsetzung, 804 N 15
- Kapitalverlust, 805 N 7
- Konkurrenzverbot, 804 N 39; 806a N 7
- Konzernrechnungsprüfer, Bestellung und Abberufung, 804 N 21
- Konzernrechung, 804 N 22
- Körperschaft, 772 N 7 f.
  - Statuten, 772 N 7
- Librierungspflicht, 774 N 6
- Liquidatoren, 805 N 15

2793

GmbH

- Mehrheitserfordernisse bei statutarischen Beschlüssen, 9 ÜBest N 2 ff.
- Mindeststammkapital, Handelsregistereintragung, 773 N 3
- Mitwirkungsrechte, 806 N 3
- Nachschüsse, 795 N 1 ff.
- Nachschusspflicht, 6 ÜBest N 1 ff.
- Nachschusspflichtbegrenzung, 6 ÜBest N 1 ff.
- Nachschusspflichten, 772 N 34 ff.
- Nebenleistungen, 796 N 1 ff.
- Nebenleistungspflichten, 772 N 34 ff.; 804 N 35, 38; 806 N 4
- Neues Recht, Überblick, 772 N 1 ff.
- Nichtigkeit der Beschlüsse, 804 N 12, 26; 805 N 25; 808c N 9 ff.; 816 N 1
- Organe, 804 N 1 ff.
- Organisation, 804 N 1
- Organisationsstruktur, 772 N 7
- Organschaft (faktische), 804 N 46
- Paritätstheorie, 804 N 8 ff.
- Partizipationsscheine, 808 N 4; 4 ÜBest N 4 ff.
- Personenbezogenheit, 804 N 1
- Prokuristen, 804 N 51
- Quoren, *s. Gesellschafterversammlung*
- Rechtsnatur, 772 N 5
- Rechtspersönlichkeit, 772 N 5
- Reglemente, 2 ÜBest N 2 ff.
- Revisionsstelle, 805 N 13 f.
  - Bestellung und Abberufung, 804 N 20; 806 N 9
- Sachverständige zur Prüfung der Geschäftsführung, 806 N 9
- Sanierung, 795 N 1 f.
- schriftliche Abstimmung, *s. Urabstimmung*
- Selbstorganschaft, 804 N 4, 17
- Sitz, 808b N 5
- Stammanteil
  - Begriff, 772 N 25
  - Beweisurkunde, 772 N 27
  - mitgliedschaftsrechtliche Stellung, 772 N 26
  - Namenpapier, 772 N 27
  - Partizipationsschein, 772 N 27a
- Stammanteilbegrenzung, 5 ÜBest N 1 ff.
- Stammanteile, 772 N 25 ff.
  - Abtretung, 804 N 33 f.; 808b N 7 f.
- Ausgabebetrag
  - Begriff, 774 N 5
  - Überpari-Emission, 774 N 6
  - Unterpari-Emission, 774 N 6
- eigene, *s. Stammanteil, eigener*
- Mindestnennwert, 774 N 1
- Nennwert, 774 N 1
  - sanierungsbedingte Herabsetzung, 774 N 1
- Nutzniessung, 806b N 1
- Übertragbarkeit, *s. Vinkulierung*
- Verpfändung, 804 N 33 f.
- Vinkulierung, *s. dort*
- Vorhand-, Vorkaufs- und Kaufsrechte, 804 N 35; 806a N 5
- Vorzugsstammanteile, *s. dort*
- Stammkapital
  - Aufbringung und Erhaltung, 772 N 23
  - Begriff, 772 N 20
  - Erhöhung, *s. Kapitalerhöhung*
  - Gesellschaftvermögen, 772 N 24
  - Grundsatz des festen, 772 N 21
  - Haftungsobergrenze, 772 N 22
  - Herabsetzung, 804 N 15
  - Liberierungspflicht, 772 N 22
  - Mindesthaftungsbasis, 773 N 1
  - Obergrenze, 773 N 1
- statutarische Nebenleistungspflichten, 6 ÜBest N 4
- Statuten, 2 ÜBest N 2 f.
- Statutenänderung, 804 N 13
- Stichentscheid, 2 ÜBest N 7
- Stimmbindungsverträge, 806 N 4
- Stimmrecht, 806 N 1 ff.; 8 ÜBest N 1 ff.
  - Ausschluss, 806a N 1 ff.; 808 N 1; 808b N 2
  - Höchststimmklauseln, 806 N 7; 808 N 1; 808b N 2, 5
  - Stimmbindungsverträge, *s. dort*
  - Stimmrechtsanteile, 806 N 8; 808b N 2, 5
  - Übergangsrecht, *s. dort*
  - Verzicht, 806 N 6; 806a N 2
- Stimmrechtsbemessung, 8 ÜBest N 2 f.
- Stimmrechtsvertretung, 805 N 28 f.
- Tantiemen, 798b N 1 ff.
- Traktandierungsrecht, 805 N 12, 19; 806b N 1
- Treuepflicht, 804 N 39; 806a N 7

- Übergangsbestimmungen, 772 N 3 f.
- Übergangsrecht, 806 N 10; 808 N 4; 808a N 2
- Universalversammlung, 805 N 35 f.
- unübertragbare und unentziehbare Befugnisse, 804 N 12, 45
- Urabstimmung, 805 N 1, 37 ff.; 808c N 7
- Verantwortlichkeitsklage, 804 N 28, 46; 806 N 9; 806a N 4
- Vertretung, 804 N 52
- Verweisungen auf Aktienrecht, 808c N 2
- Vetorecht, s. *Gesellschafterversammlung*
- Vinkulierung, 804 N 33 f.; 808 N 1; 808b N 2, 5, 7 f.
- Vollliberierung, 3 ÜBest N 1 ff.
- Vorgesellschaft, 772 N 6
- Vorzugsstammanteile, 799 N 1 ff.; 808 N 5
- wirtschaftliche Bedeutung, 772 N 2
- wirtschaftliche Zweckverfolgung, 772 N 37
- Zinsen, 798a N 1 ff.
- Zustellung, 801a N 1 ff.
- Zweck, 794 N 4

Goodwill, 663a N 41; 663g N 33; 665 N 5
- derivativer, 663a N 41

Green mail, 659 N 7c

Gründe, sachliche, 697b N 5

Gründer, 697d N 9

Grundfrage, 2 SchlT N 2

Grundlage, statutarische, 677 N 6

Grundsatz der Öffentlichkeit, 929a N 3; 930 N 1 ff.

Grundsätze ordnungsmässiger Rechnungslegung (GoR), 662a N 1; 663b N 6; 663g N 1; 663h N 26; 858 N 7; 957 N 32; 958 N 8
- Abweichung, 662a N 16

Grundsatzentscheid, 2 SchlT N 10, 13

Grundstücke, 663a N 37; 670 N 1, 4

Gründung, 676 N 3
- Aktienherausgabe, 644 N 1 ff.
- Auflösungsklagerecht, 643 N 6 ff.
- Belege (AG), 631 N 1 f.
- Belege (GmbH), 777b N 1 ff.
- besondere Vorteile (AG), 628 N 14 ff.
- Eintragungsort, 778 N 1 ff.
- Errichtungsakt (AG), 631 N 1 f.
- Erwerb der Persönlichkeit (AG), 643 N 1 ff.
- Erwerb der Persönlichkeit (GmbH), 779 N 1 ff.
- Genossenschaft, 834 N 1 ff.
- Genossenschafterverzeichnis, 837 N 1 ff.
- GmbH, 777 N 1 ff.
- Gründungsmängel, 643 N 3 ff.
- Gründungsmängel (Genossenschaft), 838 N 3 ff.
- Gründungsmängel (GmbH), 779 N 4 ff.
- Handeln für die AG vor Gründung, 645 N 1 ff.
- Handeln für die GmbH, 779a N 1 f.
- Handeln für Genossenschaft, 838 N 9 f.
- Handelsregistereintrag, 777c N 15
- Handelsregistereintrag (Genossenschaft), 838 N 1 ff.
- Nichtigkeit der Gesellschaft, 643 N 11 f.
- qualifizierte, 628 N 1 ff.; 642 N 1 ff.
- Sacheinlage (AG), 628 N 3 ff.
- Sachübernahme (AG), 628 N 8 ff.
- Zeichnung der Stammanteile, 777 N 7; 777a N 1 ff.

Gründungsbericht, 635 N 1

Gründungshaftung
- Abgrenzungen, 753 N 24 ff.
- Aktivlegitimation, 753 N 3
- Anwendungsbereich, 753 N 1 ff.
- Haftungsvoraussetzungen, 753 N 6 ff.
- Passivlegitimation, 753 N 4 f.
- Verrechnung, 753 N 8

Gründungskosten, 663a N 7, 43; 664 N 1, 4, 6, 9; 960 N 39

Gruppenbewertung, 960 N 10

Guter Glaube, 678 N 28

Güterabwägung, 697e N 4

H

Haftbarkeit
- der Handelsregisterbehörden, 928 N 1 ff.
- strafrechtliche, 928 N 11

Haftung, 663e N 1b

Haftung der Genossenschaft, unerlaubte Handlung, 899 N 4

Haftung der Gesellschafter
- Durchgriffshaftung, 794 N 2, 6
- Gesellschaftsvermögen, 794 N 1 ff.
- solidarische
  - gemeinschaftliches Eigentum, 792 N 10 f.
- Übergangsrecht, 794 N 7

Haftung für fiktive Liberierung, 794 N 2

Hälfte, 670 N 5

Handelsamtsblatt, Schweizerisches, 696 N 7; 697h N 5

Handelsbank, 861 N 4

Handelsregister, 927 N 1, 6 f., 10; 929 N 5, 10, 18; 931a N 14; 933 N 5; 938 N 2; Vor 32. Titel N 4
- Anmeldung, 650 N 36
  - Belege, 652h N 3
  - Kapitalerhöhung, 650 N 4; 652h N 1 ff.; 653h N 1, 5
  - Modalitäten, 652h N 4
- Anmeldung der Gesellschafter, 791 N 8 ff.
- anmeldungspflichtige Personen, 928 N 4; 929 N 20; 937 N 2; 938 N 5; 940 N 3 f., 7; 941 N 2; 942 N 4 f.; 943 N 1 ff.
- Einrichtung, 929 N 2 ff.
- Eintrag, 622 N 30; Vor Art. 620 N 6
  - des VR-Mitglieds, 710 N 8, 11c
- Eintragung, 652 N 7 f.
  - Aktienausgabe, 652h N 7 f.
  - bei Kapitalerhöhungen, 652h N 5; 653b N 28; 653h N 3 f.
  - der Gesellschafter, 791 N 4 ff.
  - Wirkung, 652h N 6; 653h N 4
    - Meldepflicht, 652h N 6a
- Eintragungsort, 640 N 1 ff.; 778 N 1 ff.
  - Genossenschaft, 835 N 1 ff.
- Führung, 929 N 7
- Funktion, 927 N 6 ff.
- kantonale Registerämter, 927 N 10
- kaufmännische Buchführungspflicht, 927 N 9; 933 N 13
- Löschung der Eintragung der Gesellschafter, 791 N 9
- Nebenwirkungen, 927 N 9, 12
- Prüfungspflicht, 927 N 11; 940 N 1 ff.
- schweizerisches, 927 N 1 f.; 929 N 2; 935 N 1

- Staatshaftung, 928 N 1 ff.
- Wirkung der Eintragung der Gesellschafter, 791 N 6
- Zweck, 927 N 6
- *s.a. Änderung, Anknüpfungsfunktion, Anmeldung, Anmeldeprinzip, Aufsichtsbehörde, Beugestrafe, Beweisfunktion, Datenbank, EHRA, Einsicht, Eintragung, Eintragungspflicht, Eintragungsverfahren, EJPD, Firmenpriorität, Gebühren, Haftbarkeit, Handelsregisterauszüge, Handelsregisterbehörden, Handelsregisterführer, Hauptregister, Konkurs, Kontrollfunktion, Liberierung, Löschung, Nachschlagewerke, öffentlicher Glaube, Ordnungsbusse, Ordnungsfunktion, Publikation, Publikationsorgan, Publizitätsfunktion, Publizitätswirkung, Rechtspersönlichkeit, Registersperre, Sitzverlegung, Tagebuch, Tagesregister, Tagesregisterdatum, Voraussetzungen, Vorprüfung, Wiedereintragung, Wirkung, Zuständigkeit*

Handelsregisterauszüge, 927 N 7; 929 N 4, 19; 929a N 3; 930 N 4 f.; 931a N 29; 932 N 5; 933 N 5
- elektronische, 929a N 3

Handelsregisterbehörden
- Haftbarkeit, 928 N 1 ff.

Handelsregisterführer, 927 N 10 ff.
- Amtspflichtverletzung, 928 N 4
- Gründungshaftung, 928 N 6
- Haftung, 928 N 3 ff.
- *s.a. Kognition, Kognitionsformel, Prüfungszuständigkeit*

Handelsregisterrecht, 927 N 3 ff.; 929 N 1

Handlung, 1068 N 12, 15
- unerlaubte, 1064 N 6

Hauptbuch, 957 N 19

Hauptprotest, 1065 N 5 ff.

Hauptregister, 929 N 4; 929a N 2
- Zeitpunkt der Übernahme, 931a N 30; 932 N 3

Heilung, 678 N 26

Herausgabe
- Wechselduplikate, 1064 N 1; 1065 N 1, 3 ff.
- Wechselkopien, 1067 N 1 ff.

– Wechseloriginale, 1067 N 4 f.
Herausgabeprotest, 1065 N 5 ff.; 1067 N 5
Herstellungskosten, 665 N 3 f., 6, 21; 665a N 12; 666 N 1, 4 f., 16; 670 N 1; 960 N 13, 16, 31, 34
Herstellungskostenprinzip, 664 N 2
HIFO-Verfahren, 666 N 6; 960 N 32
Hilfsbücher, 957 N 19
Hilfsmittel, 963 N 10 f.
Hinkende Inhaberpapiere, 976
– Allgemeines, 976 N 1
– Geltendmachung des Rechts, 976 N 2
  – Guter Glaube, 976 N 6
  – Prüfungsberechtigung, 976 N 4
  – Rechtsfolge, 976 N 7
– praktische Bedeutung, 976 N 8
Höchstwert, 665 N 6; 960 N 16
Höchstwertvorschrift, 959 N 21; 960 N 1, 7
Höchstwertvorschriften, 858 N 11
Höhe, 676 N 6
Holdinggesellschaft, 675 N 17
Holdinggesellschaften, 671 N 37
Holschuld, Wechsel, Vor Art. 990–1099 N 9; 991 N 15

I

Identifikationsnummer, 936a N 1 ff.; 937 N 7; 938 N 10
IFRS, 663b^{bis} N 14 f.
Imparitätsprinzip, 669 N 19; 959 N 21; 960 N 21
Indossament, 684 N 5, 7; 1001 N 1 ff.; 1004 N 1 ff.; 1145 N 7
– bedingtes, 1002 N 2 f.
– Bedingungsfeindlichkeit, 1145 N 7
– blanko, 1063 N 9; 1064 N 6; 1068 N 1, 12
– doppeltes, 1064 N 5; 1066 N 2, 6; 1133 N 3
– Form, 1003 N 1 f.
– Inhalt, 1003 N 1 f.
– Kette, 1063 N 9 f.; 1064 N 1, 5; 1066 N 3
– mehrfaches, 1064 N 5 f.; 1066 N 2, 6; 1133 N 3
– Wechselduplikat, 1063 N 1, 3, 9 f., 13; 1064 N 1, 5 f.

– Wechselkopie, 1066 N 1, 3 ff., 7; 1067 N 6 ff.
Indossat, 1145 N 7
Indossatar, 1145 N 7
Inflation Accounting, 665 N 21; 669 N 25
Information, 663e N 2a; 957 N 6
– archivierte, 957 N 41
– nicht aufbewahrungspflichtige, 957 N 21
Informationsrecht, 697 N 1 f.
Informationsrechte, 957 N 7
Informationsträger
– unveränderbare, 957 N 46
– veränderbare, 957 N 47
– zulässige, 957 N 46
Inhaberaktien
– Haftung für Ausgabe, 683 N 6
– Liberierung, 683 N 3
– Nichtigkeit, 683 N 4
– Nutzniessung, 683 N 11
– Übertragung, 683 N 7
– Unterzeichnung, 683 N 2
– Verpfändung, 683 N 9 f.
Inhaberaktionär, 696 N 7
Inhabercheck, 1133 N 3
Inhaberindossament, 1002 N 4 f.
Inhaberpapiere
– als Wertpapiere öffentlichen Glaubens, 1145 N 6
– Begriff, 978 N 1
– Behördliches Zahlungsverbot, 978 N 11
– Einreden, 978 N 1 ff.
  – aus der Urkunde selbst, 979 N 5
  – ausgeschlossene, 979 N 7 ff.
  – bei Inhaberzinscoupons, 980 N 1 ff.
  – gegen Gültigkeit, 979 N 3
  – persönliche, 979 N 6
– Geltendmachung, 978 N 5 ff.
– Inhaberklausel, 978 N 2 ff.
– Abgrenzung, 978 N 4
Insolvenzerklärung, 725 N 39b
Institutionelle Stimmrechtsvertretung, 689 N 42; 689c N 1
– Bekanntgabe durch den Vorsitzenden, 689e N 6 ff.
– Eigenbestand, 689e N 4
– institutionelle und individuelle Stimmrechtsvertreter, 689b N 3; 689c N 3; 689d N 7

Integrität

– Meldepflicht der institutionellen Vertreter, 689e N 1 ff.
– Protokollierungspflicht, 689e N 7

Integrität, 957 N 36
Interesse, schutzwürdiges, 697e N 5; 963 N 6 f.
Interessen
– öffentliche, 1 SchlT N 8, 10, 12
– wirtschaftliche, 858 N 1

Interessenabwägung, 1 SchlT N 12 f.; 2 SchlT N 5, 10
Interessentheorie, 663g N 21
Interims- oder Zwischendividende, 675 N 36, 44 ff.
Interimscheine
– Arten, 688 N 3 f.
– Inhalt, 688 N 2

Interimsdividende, 671 N 33
Internal Control, s. *Internes Kontrollsystem (IKS)*
Interne Kontrolle, s. *Internes Kontrollsystem (IKS)*
Internes Kontrollsystem (IKS), 728a N 35 ff.; 957 N 38
– Begriff und Funktion, 728a N 35 f.
– COSO, 728a N 35
– Einrichtungspflicht, 728a N 45 f.
– Information und Kommunikation, 728a N 41
– interne Revision, 728a N 43
– Komponenten, 728a N 37 ff.
– Kontrollen, 728a N 30
– Kontrollspektrum, 728a N 36
– Kontrollumfeld, 728a N 38
– ordentliche Revision, s. *dort*
– Pflichten des Verwaltungsrates, 728a N 46
– reasonable assurance, 728a N 36
– Risikobeurteilung, 728a N 39
– Risikomanagement, 728a N 44
– Überwachung, 728a N 42

Inventar, 957 N 18; 958 N 3, 7; 959 N 1; 961 N 1
Inventarisation, 666 N 3
Inventur, permanente, 958 N 9
Investitions- und Dividendenausgleichsfonds, 675 N 15
– Abschluss, 675 N 25

Investitionskosten, 665a N 12

J

Jahresabschluss, 662 N 21 f.
Jahresbericht, 662 N 2, 6; 663b N 41; 663e N 3; 663h N 14; 858 N 7
Jahresendkurs, 960 N 6
Jahresgewinn, 663 N 10; 671 N 7, 13
Jahresrechnung, 662 N 2, 5; 663b N 1; 663h N 11, 23 f.; 801 N 4, 9 f.; 858 N 7, 11; 958 N 16a
– konsolidierte, 663e N 3; Vor 32. Titel N 21
– Offenlegung, 697h N 2 ff.

Jahresverlust, 663 N 10
Joint Venture, 663e N 10; 663g N 24
– Majority, 663e N 10b
– Minority, 663e N 10a

Journal, 957 N 19

K

Kaduzierung, 671 N 20
Kalenderjahr, 962 N 4
Kantonale Aufsichtsbehörden, Befugnisse, 927 N 14
Kapital, 665 N 3 f., 11
– dividendenberechtigtes, 661 N 2

Kapitalanteile, 861 N 5
Kapitalaufrechnungsdifferenz, 663g N 30
– aktive, 663g N 29
– passive, 663g N 30a

Kapitalerhöhung, 662 N 10; 663a N 64 f.; 663b N 39; 676 N 6
– aus Liberierung durch Verrechnung
  – Kapitalerhöhungsbericht, 652e N 5
– bedingte, 662 N 11; 663a N 65; 663b N 39; 937 N 6
  – Konzerngesellschaft, 653 N 14
  – statutarische Maximalquote, 653b N 7
– eingetretene, 662 N 14
– genehmigte, 662 N 11; 663a N 64; 663b N 39
– Nachschusspflicht, 795 N 4
– ordentliche, 662 N 11; 663a N 64
  – Feststellungsbeschluss, 652g N 4
– Vorzugsstammanteile, 799 N 9

Kapitalerhöhung bei der AG
– Aktien, 650 N 25 f.
– Aktiensplit, 650 N 10

Kapitalerhöhung bei der AG

- aus Eigenkapital
  - Bezugsrechtsausschluss, 652d N 8
  - Deckungsnachweis, 652d N 6
  - durch Aufhebung des PS-Kapitals, 652d N 8
  - freie Verwendbarkeit, 652d N 2 ff.
  - geprüfter Zwischenabschluss, 652d N 6
  - Kapitalerhöhungsbericht, 652e N 5
  - keine Publizität, 652d N 9
- bedingte, 653 N 13
  - Aktionärsoptionen, 653 N 17 f.
  - Anleihensobligationen, 653 N 12 ff.
  - Aufhebung/Streichung Statutenbestimmung, 653i N 1 ff.
  - Ausgabebetrag der neuen Aktien, 653a N 8, 22 f.; 653b N 22 f.; 653d N 8
  - Ausübungserklärung, 653e N 1 ff.
  - Ausübungspreis, 653a N 8
  - Bareinlage, 653 N 19 f.
  - Beschlussfassung, 653b N 3 f., 29; 653c N 8; 653g N 1 ff.; 653i N 4
  - Betragsschranke, 653a N 1 ff.
  - Durchführung, 653d N 1 ff.
  - Feststellungen des VR, 652 h N 2 f.; 653g N 1, 4 ff.; 653i N 4
  - Frist, 653a N 5
  - Handelsregistereintragung, *s. Publizität*
  - Kompetenz GV, 653c N 8 ff.
  - Kompetenzdelegation an VR, 653b N 3, 29
  - Liberierung, 653 N 19, 22; 653a N 7 f.; 653e N 5 ff., 22
  - Maximalbetrag, 653a N 8 ff.
  - Meldepflichten, 653e N 11
  - Mitarbeiterbeteiligung, 653 N 13a, 15 ff.
  - nachträglich beschlossene, 653 N 12
  - Nennbetrag, 653b N 7 f.
  - Nennwert, 653b N 1
  - Publizität, 653 N 3, 21; 653b N 5, 28; 653h N 3 ff., 21, 28
  - Sacheinlagen, 653 N 19
  - Sanierung, 653a N 10
  - statutarische Grundlage, 653a N 1–8, 20 ff., 24 ff.; 653b N 4, 6 ff., 20 ff., 24 ff.
  - Verrechnung, 653a N 9, 20
  - Verwässerungsschutz, 653d N 5 ff.
  - Verwendungsmöglichkeiten, 653 N 6, 9 ff.
  - Vinkulierung, 653d N 2 ff.
  - Vollliberierungspflicht, 653a N 7 ff.
  - Vorwegzeichnungsrecht, 653c N 2 ff.
  - Werthaltigkeit der Forderung, 653a N 9
  - Wesen und Grundzüge, 653 N 2 ff.
- bedingte Kapitalerhöhung, Einlagen, 653 N 19
- Erhöhungsformen, 651 N 14
- Festübernahme, 650 N 32
- genehmigte, 651 N 19a
  - Aussenverhältnis, 652h N 6
  - Belege, 652g N 11
  - Betragsschranke, 651 N 6 ff.
  - Bezugsrecht, *s. dort*
  - Erhöhungsbeschluss, 651 N 18; 652d N 7
  - Ermächtigungsbeschluss, 651 N 18
  - Feststellungen des VR, 652h N 2 f.
  - Frist, 651 N 5
  - Handelsregistereintragung, *s. Publizität*
  - in Tranchen, 651 N 7, 17, 19
  - Innenverhältnis, 652h N 6
  - Kapitalband, 651 N 1
  - Kapitalerhöhungsbericht, 652e N 7; 652g N 2, 7
  - Kompetenz des VR, 652g N 7a f.
  - Kompetenzdelegation, 651 N 2
  - kumulativ mit anderen Formen, 651 N 8 f.
  - Nennbetrag, 651a N 1
  - Publizität, 651 N 3, 10 ff., 16 f., 19 f.; 652h N 5, 6
  - statutarische Grundlage, 651a N 2 ff.
  - Statutenänderung, 651 N 10
    - Publizität, 651 N 16 f.
  - Statuteninhalt, 651 N 16 f.
  - Wesen und Grundzüge, 651 N 2 ff.
  - Widerruf der Ermächtigung, 651 N 9
- Herabsetzung der Liberierungsquote, 652c N 6
- Kapitalband, 650 N 1a; 651 N 1
  - Kapitalerhöhungsbericht, 652e N 5
  - Verrechnungsliberierung, 652e N 5a
  - Liberierung, Verrechnung, 650 N 21a
  - Mängel, 653e N 5, 8

Kapitalerhöhung bei der GmbH

- Maximalbetrag, 650 N 8; 653 N 7a
- Mindesteinlage, 650 N 7
- Mindestkapital, 650 N 6
- Mischformen, 653 N 7a
- ordentliche, 650 N 11 f.
  - Angaben im Erhöhungsbeschluss, 650 N 13a
  - aus Eigenkapital, 650 N 21; 652d N 1 ff.
  - Ausgabebetrag, 650 N 14 f.
  - Barliberierung, 650 N 19
  - Belege, 652g N 11
  - Bezugsrechte, *s. dort*
  - Einlagen, 650 N 18 ff.
  - Erhöhungsbeschluss, 650 N 4, 34 f.
    - Kompetenz, 650 N 15, 17
  - erleichterte Formen der Beschlussfassung durch VR, 652d N 8 ff.
    - Zirkulationsbeschluss, 652g N 10
  - Festsetzung Ausgabebetrag durch VR, 650 N 15
  - Feststellungen des VR, 652g N 1 ff., 8, 12
  - Festübernahmeverfahren, 650 N 32
  - Kapitalband, 650 N 1a
  - Kompetenz, 650 N 2
  - Kompetenz des VR, 652g N 7a
  - Nennwerterhöhung, 650 N 9
  - Sacheinlage, 650 N 18 ff.
  - Statutenänderung, 652g N 5 ff.
  - Statutenanpassungsbeschluss, 652g N 5 ff.
    - Umwandlung PS-Kapital, 652g N 7
  - Verwendung nicht ausgeübter Bezugsrechte, 650 N 29
  - Widerruf, 652h N 6b
- qualifizierte, 652c N 2
- Sacheinlage, 650 N 20
- Sanierung AG, 650 N 12
- Verrechnungsliberierung, 650 N 21; 652c N 3
- Werthaltigkeit, 652c N 4

Kapitalerhöhung bei der GmbH
- Anwendbarkeit aktienrechtlicher Bestimmungen, 781 N 2 f.
- Bezugsrecht, 781 N 20 ff.
  - Aufhebung/Einschränkung, 781 N 22 ff.
  - Wesen und Rechtsnatur, 781 N 20 f.
- Zuständigkeit, 781 N 26 f.
- durch Heraufsetzung des Nennwerts, 781 N 5
- Durchführung der Kapitalerhöhung, 781 N 46 ff.
  - Belege für die Anmeldung Handelsregister, 781 N 56
  - Eintragung Handelsregister, 781 N 54 ff.
  - Feststellungs- und Statutenanpassungsbeschluss, 781 N 46 ff.
- Handelsregister, 781 N 54 ff.
- Kapitalerhöhungsbericht, 781 N 40
- Kapitalerhöhungsbeschluss
  - Form und Frist, 781 N 18 ff.
  - Inhalt, 781 N 13 ff.
  - Quorum, 781 N 16 f.
  - Wesen, 781 N 11
- Kompetenzzuteilung, 781 N 7 ff.
- Liberierung, 781 N 35 ff.
- Prüfungsbestätigung, 781 N 42
- qualifizierte Formen, 781 N 35 ff.
- Rechtsvergleichung, 781 N 60
- Splitting, 781 N 6
- Zeichnung, 781 N 28 ff.
  - öffentliches Angebot, 781 N 34
- Zweck, 781 N 3

Kapitalerhöhungsbericht, 662 N 14
- Adressaten, 652e N 9
- Anwendungsbereich, 652e N 2
- Bezugsrechtsregelung, 652e N 7
- Form, 652e N 10
- Inhalt, 652e N 3 ff., 6 ff.
  - bei Sacheinlage und Sachübernahme, 652e N 3 f.
- Zeitpunkt, 652e N 10
- Zugänglichkeit, 652e N 4, 9

Kapitalerhöhungsbeschluss, 676 N 6

Kapitalerhöhungskosten, 663a N 7, 43; 664 N 1, 4, 7 ff.; 960 N 39

Kapitalgeber, 697 N 6

Kapitalherabsetzung, 937 N 6
- Abschreibungen, Art. 732 N 16
- Absenz des Revisors, Art. 732 N 11
- Aktienamortisation, Vor Art. 732–735 N 16
- Aktienrechtsrevision, Vor Art. 732–735 N 3
- Anmeldefrist, 733 N 4
- Anmeldung, 732a N 3

Kapitalherabsetzung

- Arten, 782 N 1
- Ausmass, 735 N 5
- bedingtes Kapital, Vor Art. 732–735 N 5
- Begriff, Vor Art. 732–735 N 4; 782 N 3
- Begriff Sanierung, 782 N 6
- Belege, 782 N 14a
- Bescheinigung, 734 N 3
- Beseitigung einer Unterbilanz, 735 N 6
- Bewertung, 732 N 7
- Bezugsrecht, 782 N 12
- Bilanz, 732 N 6; 782 N 28
- Buchgewinn, 732 N 16; 782 N 33
- deklarative, Vor Art. 732–735 N 8; 782 N 7
- Differenztheorie, 733 N 5; 782 N 43
- effektive, Vor Art. 732–735 N 8
- einfaches Mehr, 732 N 3
- Eintragung, 734 N 6
- Feststellungen der Urkundsperson, 734 N 3
- Feststellungen über die GV, 732 N 13
- Forderungen der Gläubiger, 732 N 5
- formelle Unterbilanz, 735 N 3; 782 N 53
- Formen, Vor Art. 732–735 N 9; 733 N 6; 782 N 1, 8
- Formerfordernis, Vor Art. 732–735 N 14; 732 N 2; 782 N 13, 24
- Fusion, Vor Art. 732–735 N 17
- genehmigten Kapital, Vor Art. 732–735 N 5
- Genusscheine, Vor Art. 732–735 N 4
- Genussscheine, 782 N 4
- Gesellschafterversammlung, 782 N 30
- Gesetzessystematik, Vor Art. 732–735 N 1
- gesetzlichen Voraussetzungen, Vor Art. 732–735 N 20
- gezeichnete Kapital, Vor Art. 732–735 N 5
- gezeichneten Grundkapitals, Vor Art. 732–735 N 4
- Gläubigerinteressen, 733 N 1
- GmbH-Rechtsrevision, Vor Art. 732–735 N 3a
- Grundsatz der relativen Gleichbehandlung, Vor Art. 732–735 N 23
- Handelsregister, 732a N 4; 735 N 5e; 782 N 14b
- Handelsregisterführer, 734 N 4; 735 N 5a; 782 N 46
- Herabsetzung der Nachschüsse, 795c N 6 ff.
- Herabsetzung durch Vernichtung von Aktien, Vor Art. 732–735 N 9
- konstitutive, Vor Art. 732–735 N 8; 782 N 6a
- konstitutiver Rechtsnatur, 734 N 6
- Massnahmer gleicher oder ähnlicher Wirkung, Vor Art. 732–735 N 6
- materielle Beschlussfassung, 732 N 14
- materielle Unterbilanz, 735 N 4; 782 N 56
- Mindestkapital, 732 N 17; 782 N 36
- Mindestnennwert, 732 N 18; 732a N 5; 782 N 36
- Nachfassung der Statuten, 732 N 14d
- Nachschusspflicht, 795 N 4
- Nachweis, 734 N 2
- Nennwertherabsetzung, Vor Art. 732–735 N 9
- Nichtigkeit, 732 N 15
- nominelle, Vor Art. 732–735 N 8; 782 N 7
- Normzweck, Vor Art. 732–735 N 2
- öffentliche Feststellungsurkunde, 782 N 45
- öffentliche Urkunde, 732 N 12; 734 N 5a; 735 N 5c; 782 N 46a f.
- Opfersymmetrie, 732 N 3
- Phantomaktionäre, 782 N 19
- Prinzip der Erhaltung des Grundkapitals, Vor Art. 732–735 N 11
- Prinzip des festen Grundkapitals, Vor Art. 732–735 N 10
- Prinzip des festen Stammkapitals, 782 N 9
- Prophylaktische Rechtspflege, Vor Art. 732–735 N 20
- Prüfungsbericht, 735 N 5d; 782 N 27
- qualifizierte Tatbestände, Vor Art. 732–735 N 14; 782 N 14
- Rechtsstellung der Aktionäre, 732a N 2
- Redaktion der Statuten, Vor Art. 732–735 N 21
- Reduktion, Vor Art. 732–735 N 4
- relative Gleichbehandlung, 782 N 15
- Revisionsbericht, 732 N 4
- Rückzahlungen, 734 N 7; 782 N 48

Kapitalkonsolidierung

- Sanierung, Vor Art. 732–735 N 7; 735 N 1
- Schuldenruf, 782 N 38
- SHAB, 733 N 2
- Sicherstellung, 733 N 5; 782 N 42
- Sperrfrist, 733 N 4; 782 N 41
- Statutenänderung, 782 N 22
- Statuteninhalt, 732 N 1
- stille Sanierung, Vor Art. 732–735 N 15
- substantielle, Vor Art. 732–735 N 8; 782 N 6a
- Überschuldung, 732 N 8; 735 N 2a; 782 N 52, 58
- ÜBest GmbH-Recht, 10 ÜBest N 1 f.
- Unabhängikeit, 732 N 10
- ungerechtfertigte Bereicherungen, 734 N 7
- Unterbilanz, 735 N 1; 782 N 50
- Unterlagen, 734 N 5; 735 N 5b
- Unternehmensbewertung, 732 N 7
- Vorzugsstammanteile, 782 N 26
- Wiedererhöhung, Vor Art. 732–735 N 12; 782 N 11
- zugelassene Revisionsexperten, 732 N 9; 782 N 29
- Zwischenabschluss, 732 N 6; 782 N 28

Kapitalkonsolidierung, 663g N 31, 47
Kapitalkonsolidierungsmethode, 663g N 6
Kapitalrückgewähr, 678 N 4
Kapitalrückzahlung, 676 N 1
Kapitalrückzahlungsverbot, 675 N 2
- Zinsen, 798a N 2

Kapitalverlust, 670 N 2, 6; 725
- Begriff, 725 N 18–20
- echter, 725 N 19
- Feststellung, 725 N 21 f.
- Normzweck, 725 N 3
- Sanierungsversammlung, 725 N 23–28
- unechter, 725 N 19

Kapitalverlust und Überschuldung
- bei der Genossenschaft, 903
  - Sanierungsversammlung, 903 N 2
  - kein Verweis auf Art. 725 ff., 903 N 1
  - Normzweck, 903 N 1a ff.
  - Überschuldung, 903 N 1 ff.
    - Benachrichtigung des Richters, 903 N 8–10
  - Konkursaufschub, 903 N 13
  - Konkurseröffnung, 903 N 11 f.
  - Massnahmen zur Erhaltung des Vermögens, 903 N 13
  - Prüfung durch gesetzliche Revisionsstelle/zugelassenen Revisor, 903 N 7
  - Rangrücktritt, 903 N 2
  - Veröffentlichung des Konkursaufschubes, 903 N 14
  - Zwischenbilanz, 903 N 5 f.
- bei der GmbH
  - Abweichungen zur Anwendung von Art. 725/725a, 820 N 7 ff.
  - Begriff, 820 N 7 ff.
  - Normzweck, 820 N 1 ff.
  - zur Verwesung auf Art. 725/725a, 820 N 3 ff.

Kapitalzinsen, 675 N 9
Kassenbestand, 663a N 16
Klage, 678 N 29
Klagebegehren für Auskunft, 697 N 20 ff.
Klarheit, 662a N 8, 9c, 18, 30b; 663 N 1; 663a N 2; 663b N 6 f.; 663g N 9; 671a N 14; 958 N 8; 959 N 11, 15
Klausel
- Arretierung, 1066 N 5
- Duplikat, 1063 N 5; 1133 N 5
- kassatorische, 1064 N 2
- Sola, 1063 N 2, 8
- Sperr, 1066 N 2; 1067 N 6 ff.

Kognition des Handelsregisterführers, 940 N 1 ff.
Kognitionsformel, 940 N 18
Kollektivgesellschaft
- Abschichtung, 562 N 11
- Anmeldung zur Handelsregistereintragung, 556 N 1 ff.
- Anspruch auf Zinsen, Honorar und Gewinn, 560 N 4–7
- Auflösung, Löschung im Handelsregister, 562 N 10
- Aussenverhältnis, 562 N 1 ff.
- Betreibungsfähigkeit, 562 N 1, 12 f.
- Buchführungspflicht, 554 N 27
- Ehrenschutz, 552 N 4
- Eintragungsmodalitäten, 554 N 8
- Eintragungspflicht, 552 N 40 f.
- Entstehungszeitpunkt, 552 N 26

Kollektivgesellschaft

- fehlerhafte Gesellschaft, 552 N 20 ff.
- fehlerhafter Gesellschaftsbeitritt, 552 N 25
- Firma, 552 N 37 f.; 562 N 2
  - Schutz, 554 N 26
- formwechselnde Umwandlung, 552 N 27
- Fremdorganschaft, 566 N 13
- gemeinsame Firma, 552 N 37 f.; 554 N 12, 26
- Gesamthandgemeinschaft, 552 N 3
- Gesamthandverhältnis, 562 N 4
- Geschäftsergebnis, 560 N 1 ff.
  - Feststellung, 560 N 1 f.
    - Buchführungspflicht, 560 N 1, 3a
    - Gewinn, 560 N 3
    - Kapitalanteil, 560 N 2
    - Verlustbeteiligung, 560 N 8
    - Nachschusspflicht, 560 N 8
- Gesellschafter als Nebenintervenient, 562 N 16
- Gesellschaftsvertrag, 552 N 12 ff.
- Gesellschaftszweck, 552 N 28 ff.
- Gutglaubensschutz
  - bei der im HR nicht eingetragenen Kollektivgesellschaft, 563 N 7
  - guter Glaube Dritter, Erfordernisse, 564 N 9 f.
  - Handelsregistereintrag, 563 N 1 ff.
  - nicht eintragungsfähiger Tatsachen, 564 N 10
  - Rechtsfolge, 564 N 12
  - Umfang, 564 N 1 ff.
  - Voraussetzungen, 564 N 3 f.
    - bei Widersprüchlichkeit, 564 N 8
- Haftung, 568 N 1 ff.
  - Akzessorietät, 568 N 2 f.
  - aus rechtsgeschäftlichem Handeln der Gesellschafter, 567 N 2 ff.
  - aus unerlaubter Handlung, 567 N 1, 15 ff.
    - der Gesellschafter, 567 N 15 ff.
    - Handlungen des Handlungsbevollmächtigten, 566 N 14
    - Handlungen des Prokuristen, 566 N 14
    - Voraussetzungen, 567 N 16 ff.
    - Wirkungen, 567 N 23
  - Befreiung durch Abschluss eines Nachlassvertrages, 568 N 30
  - Gesellschafts- und Gesellschafterhaftung, Unabhängigkeit, 568 N 29
  - Haftungssubjekte, 568 N 5 ff.
  - Inhalt, 568 N 16 ff.
  - Konkurs der Gesellschaft, 570 N 1 ff.
  - neu eintretender Gesellschafter, 569 N 1 ff.
    - Ausschluss der Haftung, 569 N 4 ff.
  - Rechtsgrund, 568 N 4
  - Regress, 568 N 14 ff.
  - Solidarbürgschaft, 568 N 31 ff.
  - Solidarität, 568 N 11 ff.
  - Subsidiarität, 568 N 20 ff.
- Handelsregistereintrag
  - Gutglaubensschutz, 563 N 1 ff.
  - kaufmännische Gesellschaft, 562 N 8
  - nichtkaufmännische Gesellschaft, 562 N 9
  - positive und negative Wirkung, 563 N 3
- Handelsregistereintragung, 552 N 40; 554 N 1 ff.; 596 N 1 ff.
  - Bedeutung, 554 N 7, 24 ff.
  - Einspruch gegen, 556 N 3
  - Eintragungsberechtigung, 554 N 2
  - Eintragungspflicht, 554 N 2
  - Firmenschutz, 554 N 26
  - Form, 556 N 4
  - formelle Wechselstrenge, 554 N 25, 28
  - kaufmännische Kollektivgesellschaft, 552 N 40
  - Kognitionsbefugnis des Registerführers, 554 N 3 ff.
  - nichtkaufmännische Kollektivgesellschaft, 553 N 2 f.
  - öffentlicher Glaube, 554 N 24
  - passive Betreibungsfähigkeit, 554 N 25, 28
    - der Kollektivgesellschafter, 554 N 28
  - Publizitätswirkung, 554 N 24
  - Zeichnung der vertretungsberechtigten Gesellschafter, 556 N 5
  - Zwangseintragung, 554 N 25; 556 N 2
  - Zweck, 554 N 1
- Handlungsvollmacht, 566 N 1 ff.
  - Bestellung, 566 N 2 ff.

Kollektivgesellschaft

- Entstehung, 566 N 9
- für Gesellschafter, 566 N 12
- Haftung für unerlaubte Handlung, 566 N 14
- Widerruf, 566 N 10 f.
- Innenverhältnis, 557 N 1 ff.
  - Anwendbarkeit
    - Regeln über einfache Gesellschaft, 557 N 2
    - Regeln über Kollektivgesellschaft, 557 N 3
  - Grundsatz, 557 N 1
- kaufmännische, 957 N 12
- kaufmännisches Unternehmen, 552 N 29
  - Gewerbe, 552 N 30 ff.
    - Begriff, 552 N 30
    - Fabrikationsgewerbe, 552 N 34
    - freie Berufe, 552 N 36
    - Gewinnerzielungsabsicht, 552 N 32
    - Handelsgewerbe, 552 N 33
    - kaufmännische Organisationsstruktur, 552 N 35
    - landwirtschaftliche Betriebe, 552 N 36
    - Selbständigkeit, 552 N 31
- Kognitionsbefugnis des Registerführers, 554 N 3 ff.
  - materiellrechtliche Rechtmässigkeitskontrolle, 554 N 5 f.
  - registerrechtliche Rechtmässigkeitskontrolle, 554 N 3 f.
- Kollektivgesellschafter
  - Beiratschaft, 552 N 8
  - Ehegatten, 552 N 9
  - einfache Gesellschaft, 552 N 11
  - Erbengemeinschaft, 552 N 10
  - Handlungsunfähige, 552 N 7
  - juristische Personen, 552 N 5 f.
  - natürliche Personen, 552 N 5
- Konkurrenzverbot, 561 N 1 ff.
  - Folgen der Verletzung, 561 N 7, 8
  - im Liquidationsstadium, 561 N 4
  - Inhalt, 561 N 1 ff.
- Konkurs
  - Aktiven der Masse, 570 N 3 f.
  - Haftung, 570 N 1 ff.
  - Passiven der Masse, 570 N 5
  - über einen Kollektivgesellschafter, 568 N 27; 572 N 2
    - als Solidarbürge, 568 N 35
    - Eröffnung, 572 N 2 f.
    - gleichzeitig mit Gesellschaftskonkurs, 571 N 3
    - Stellung der Privatgläubiger, 572 N 1 ff.
    - Unabhängigkeit vom Gesellschaftskonkurs, 571 N 3
    - von Gesellschaft und Gesellschaftern
    - Unabhängigkeit, 571 N 1 f.
- Liquidation, 562 N 10
- nichtkaufmännische, 957 N 12
- nichtkaufmännische Kollektivgesellschaft
  - Begriff, 553 N 1
  - Handelsregistereintrag, 553 N 2 f.
- Partei- und Prozessfähigkeit, 562 N 5 ff.
  - Ende der, 562 N 10
- passive Betreibungsfähigkeit, 552 N 3; 554 N 25, 28
- Prokura, 566 N 1 ff.
  - Bestellung, 566 N 2 ff.
  - Entstehung, 566 N 6 ff.
  - für Gesellschafter, 566 N 12
  - Haftung für unerlaubte Handlung, 566 N 14
  - Widerruf, 566 N 10 f.
- prozessrechtliche Stellung, 562 N 5 ff.
- Rechtsnatur, 552 N 2 ff.
- Rechtspersönlichkeit, 552 N 2 f.; 562 N 1
- Selbstorganschaft, 555 N 6; 566 N 13; 567 N 3
- Solidarbürgschaft, 568 N 31 ff.
  - Entstehung, 568 N 33
  - Wirkung, 568 N 34 ff.
- solidarische Haftung, 568 N 11 ff.
- Sondervermögen, 552 N 3
- subsidiäre Haftung, 568 N 20 ff.
  - Auflösung der Gesellschaft, 568 N 22 ff.
    - durch Konkurs, 568 N 26
    - durch Übernahme von Aktiven und Passiven, 568 N 23
    - Rechtsfolgen, 568 N 25
  - Belangbarkeitsvoraussetzungen, 568 N 20 ff.

- Betreibung der Gesellschaft, 568 N 28
- unbeschränkte Gesellschafterhaftung, 552 N 16 f., 39
- unentgeltliche Prozessführung, 562 N 17
- Vermögensfähigkeit, 562 N 3
- Verrechnung, 573 N 1 ff.
  - mit Forderungen der Gesellschaft, 573 N 1 f.
  - mit Forderungen gegen die Gesellschaft, 573 N 3 f.
- Vertretung, 555 N 1 ff.
  - Alleinvertretungsmacht, 555 N 1
  - Beschränkungen, 555 N 2 ff.
  - gesetzliche Vermutung bei Zweckkonformität, 564 N 5
  - Kollektivvertretung, 567 N 14
  - mangelhafter Gesellschaften, 567 N 10 ff.
  - passive, 567 N 13
  - Selbstkontrahieren und Doppelvertretung, 567 N 12
- Vertretungsbefugnisse, 563 N 1 ff.
  - durch Gesellschafter, 567 N 2 ff.
  - eintragungsfähige Einschränkung, 563 N 5; 564 N 10
  - Entzug, 565 N 1 ff.
  - über den HR-Eintrag hinausgehende, 563 N 6
- Vertretungsordnung, 555 N 1 ff.
- Vollmacht
  - Entstehung, 567 N 7
  - Untergang, 567 N 8
  - Vorliegen, 567 N 6
- Wirkung eines Urteils, 562 N 14

Kommandit-Aktiengesellschaft
- Aktienrechtliche Beendigungsgründe, 770 N 5 ff.
- Anwendbares Recht, 764 N 8 f.
- Auflösung, 770 N 1 ff.
- Aufsichtsstelle
  - Befugnisse, 768 N 1 ff.
  - Bestellung, 768 N 7 f.
  - Funktionen, 768 N 2 ff.
  - Haftung, 768 N 5
  - Handelsregistereintrag, 768 N 8
  - Rechtsvergleich, 768 N 9
- Aufspaltung, 770 N 9 f.
- Besteuerung, 764 N 16
- Doppelbesteuerung, 764 N 11
- Einzelgeschäftsführungsbefugnis, 765 N 9
- Elemente, Vorteile, Vor Art. 764–771 N 3 ff.
- Entzug der Geschäftsführung und Vertretung, 767 N 1 ff.
- Firma, 765 N 8a f.
- Fusion, 770 N 7a
- Generalversammlung, 766 N 4 f.
- Gesamtgeschäftsführungsbefugnis, 765 N 10
- Gestaltungsfreiheit, 764 N 14
- Gründung, 765 N 2
- Handelsregistereintrag, 765 N 7 f.; 767 N 2 ff.
- Kommanditär, Vor Art. 764–771 N 2, 6
- Kommanditkapital, 764 N 9
- Komplementär, Vor Art. 764–771 N 2, 6
  - Amtsdauer, 765 N 5
  - Haftung, 764 N 1 f.; 767 N 3
- Mischform, Vor Art. 764–771 N 1, 3 f.
- Nachfolgeregelung, Eignung, Vor Art. 764–771 N 6
- Nachhaftung, 764 N 2; 767 N 3; 770 N 4; 771 N 4
- Persönliche Beendigungsgründe, 770 N 2 ff.
- Rechtsvergleich, Kommanditgesellschaft auf Aktien, 764 N 12 ff.
- Regress, 764 N 6
- Selbstorganschaft, Vor Art. 764–771 N 3; 765 N 1; 766 N 5
- Solidarbürgschaft, 764 N 15
- Solidarhaftung der Komplementäre, 764 N 5
- Sondereinlagen, Vor Art. 764–771 N 4
  - Rechtsvergleich, 765 N 16
- Subsidiäre Haftung der Komplementäre, 764 N 4
- Suppleant, 765 N 5
- Umwandlung, 770 N 8
- Umwandlung der KAG in AG, 770 N 4
- Verantwortlichkeitsklage durch die Aufsichtsstelle, 765 N 12; 769 N 1 ff.
- Vergütung der Komplementäre, 765 N 15
- Vertretungsmacht, 765 N 12 f.

Kommandit-Aktiengesellschaft (KAG)

- Zustimmungspflichtige Beschlüsse, 766 N 1 ff.

Kommandit-Aktiengesellschaft (KAG), 957 N 11

Kommanditgesellschaft
- Abgrenzung zum Partiarischen Darlehen, 594 N 28
- Abgrenzung zur Stillen Gesellschaft, 594 N 27
- Anmeldepflicht, 597 N 1
- atypische, 594 N 9
  - kapitalistische, 594 N 10
  - körperschaftliche, 594 N 10
  - Publikumskommanditgesellschaft, 594 N 10
- Aussenverhältnis, 602 N 1 f.
- Begriff, 594 N 1
  - Konversionsklausel, 594 N 23
  - Umwandlung, 594 N 23
- Eintragungsmodalität, 596 N 2 ff.
- Eintragungspflicht, 594 N 26
- Entstehungsarten, 594 N 23
- Entstehungszeitpunkt, 594 N 22
- fehlerhafte Gesellschaft, 594 N 21
- gemeinsame Firma, 594 N 25
- Gesamthandgemeinschaft, 594 N 2
- Geschäftsergebnis
  - Beteiligung
    - Allgemein, 601 N 1 f.
    - Gewinnbeteiligung, 601 N 4, 5
    - Verlusttragung, 601 N 6, 7
- Geschäftsführung
  - durch Kommanditär, 600 N 7, 8
  - Grundsatz, 600 N 1
- Gesellschaftszweck, 594 N 24
- Gewinn und Zinsen, 611 N 1 ff.
  - Abgrenzung Kapitalrückzahlung, 611 N 2, 4
  - gutgläubiger Bezug, 611 N 6
  - Haftung des Kommanditärs, 611 N 5
- Haftung
  - beschränkte
    - des Kommanditärs, 605 N 1 ff.
    - des neu eintretenden Gesellschafters, 612 N 1 ff.
    - Erlöschen, 608 N 9
    - fehlerhafte Firma, 607 N 6
    - Haftungsumfang, 607 N 6; 608 N 1 ff.
    - Kommanditeinlage, 610 N 8
    - Kommanditsumme, 608 N 2 ff.; 609 N 1 ff.; 610 N 8
    - Sacheinlage, 608 N 9 ff.
    - vergangene und zukünftige Verbindlichkeiten, 608 N 6; 612 N 1 ff.
    - Verminderung der Kommanditsumme, 609 N 1 ff.
  - des Kommanditärs, 605 N 1 ff.; 606 N 1 ff.; 607 N 1 ff.
  - des Komplementärs, 604 N 1 f.
  - für unerlaubte Handlungen des Kommanditärs, 603 N 8
  - Gesellschafter neu, interne Regelung, 612 N 5
  - unbeschränkte
    - für unerlaubte Handlung, 606 N 6
    - guter Glaube Dritter, 605 N 3
    - Handeln im Namen der Gesellschaft, 605 N 1
    - mangelnder HR-Eintrag, 606 N 1 ff.
    - Name des Kommanditärs in der Firma, 607 N 1 ff.
- Innenverhältnis, 598 N 1 f.
  - Geltung anderer Regeln, 598 N 2
  - gesetzliche Sonderordnung, 598 N 3
  - Grundsatz, 598 N 1
- IPRG, 602 N 3
- kapitalistische, 594 N 10
- kaufmännische, 957 N 12
- Klagerecht der Gläubiger, 610 N 1 ff.
  - bei Auflösung der Gesellschaft, 610 N 3
  - Beweislast, 610 N 13
  - gegen Gesellschaft, 610 N 1
  - gegen Kommanditär, 610 N 1
  - Gerichtsstand, 610 N 4
  - Einreden und Einwendungen, 610 N 5 ff.
  - im Konkurs der Gesellschaft, 610 N 2; 615 N 1 ff.
  - Privatgläubiger, 613 N 1 f.
  - Verrechnung, 614 N 1 ff.
- Kommanditär, 594 N 1, 13 ff.
  - beschränkte Haftung, 594 N 4 ff.
  - Ehegatten, 594 N 15
  - Erbengemeinschaft, 594 N 16
  - Handelsgesellschaft, 594 N 13
  - Handlungsunfähige, 594 N 14

- juristische Personen, 594 N 13
- Kommanditsumme, 594 N 5, 7
- Kontrollrechte, 600 N 4 f.
- natürliche Personen, 594 N 13
- Rechtsstellung, 594 N 8
- Stellung, 600 N 2, 3
- Vermögenseinlage, 594 N 6 f.
- Kommanditsumme, 594 N 4 f., 7
- Komplementär, 594 N 1, 12
  - Gesellschaftsvertrag, 594 N 17 ff.
- Konkurs
  - der Gesellschaft, 616 N 1 ff.
    - Forderungen, 616 N 4 ff.
    - Kollokationsplan, 616 N 7 f.
    - Konkursmasse, 616 N 3 ff.
    - Vorgehen contra Komplementär, 617 N 1 ff.
  - des Kommanditärs, 618 N 1 ff.
  - des Komplementärs, 615 N 3
  - Grundsatz der Selbständigkeit, 615 N 1 ff.
- körperschaftliche, 594 N 10
- nichtkaufmännische, 957 N 12
- Publikums-, 594 N 11
- Rechtsfähigkeit, 602 N 1
- Rechtspersönlichkeit, 594 N 2 f.
- Sacheinlage, 596 N 9 ff.
  - Begriff, 596 N 10
  - Beweislast bei Überbewertung, 596 N 14
  - Bewertung, 596 N 12
  - Eintragungspflicht, 596 N 9, 13
  - Eintragungswirkung, 596 N 13
  - Zulässigkeit, 596 N 11
- Vermögenseinlage, 594 N 4, 6 f.
- Verrechnung, 614 N 1 ff.
- Vertretung
  - bei Rechtsgeschäften, 603 N 1
  - bei unerlaubten Handlungen, 603 N 1
  - durch Kommanditär, Rechtsfolgen für Gesellschaft, 605 N 4 ff.
  - Grundsatz, 603 N 1 ff.
  - HR-Anmeldungen, 603 N 2
  - Kommanditär, 603 N 1, 7 ff.
    - vollmachtloser, 603 N 9
  - Komplementär, 603 N 1, 5 f.
    - Entzug der Vertretungsbefugnis, 603 N 6

- Prokurist oder Handlungsbevollmächtigter, 603 N 4
- vertragliche Änderungen der Vertretungsordnung, 603 N 4
- Voraussetzungen, 603 N 3
- Wirkung, 603 N 3
- Zeichnung der vertretungsberechtigten Gesellschafter, 597 N 2

Kommanditsumme, 594 N 4 f., 7; 619 N 4, 9

Kondiktionsklage, 678 N 3

Konkurrenzunterlassungspflichten, 680 N 7

Konkurrenzverbot
- Angebotsmarkt, 803 N 17
- Ausnahmen, 803 N 23
- Funktion, 803 N 15 ff.
- Geltung, 803 N 13 ff.
- Gesellschaftsklage, 803 N 32
- GmbH-Konzernrecht, 803 N 19 f.
- Interessenkollisionen, 803 N 15
- kartellgesetzliche Schranken, 803 N 22
- Konkurrenztätigkeit, 803 N 17
- konventionelles Konkurrenzverbot, 803 N 14
- Marktbestimmungstest, 803 N 17
- Mehrheitsgesellschafter, 803 N 20
- räumlich relevanter Markt, 803 N 18
- räumliche Bestimmung, 803 N 18
- sachlicher Umfang, 803 N 16 f.
- Schranken, 803 N 21 f.
- statutarische Grundlage, 803 N 13
- Verstoss gegen, 803 N 31 ff.
- Zweck, 803 N 15

Konkurrenzverbote, 680 N 9

Konkurs, 676 N 13; 679 N 2; 939 N 2 ff.
- eines Gesellschafters, 545/546 N 15
- Fortdauer der Nachschusspflicht, 795d N 5 ff.
- Genossenschafters, 845 N 1
- Widerruf, 939 N 8

Konkursprivileg, 677 N 13

Konnossement, 1153–1155 N 10 ff.
- Vertragsverhältnisse, 1153–1155 N 14 f.
- Wertpapierklausel, 1153–1155 N 13

Konsolidierungsgrundsätze, 663g N 37

Konsolidierungskreis, 663g N 3a, 6, 14, 36a; 663h N 18

Konsolidierungsmethode

Konsolidierungsmethode, 663g N 44; 663h N 18
Konsolidierungsregeln, 663b N 42b; 663g N 1, 6, 38
Konsolidierungsrichtlinien, 663g N 3a, 26
Konten, 957 N 19
Kontenform, 958 N 13, 20
Kontenplan, 663g N 7, 9; 957 N 27
Kontierung, 663g N 7
Kontierungsrichtlinien, 663g N 9
Kontoform, 663 N 11; 663a N 14, 78
Kontrolle durch die Aktionäre, 663b[bis] N 5
Kontrollfunktion, 927 N 8
– Aktionäre, 663b[bis] N 7
Kontrollrecht
– des Aktionärs, 696 N 1 ff.
– des Genossenschafters, 856 N 1 ff.
Konventionalstrafe, 681/682 N 8
Konversionsklausel, 576 N 11
Konzern, Vor Art. 620 N 19 ff.; 663a N 6, 61; 663e N 4; 663h N 3; 678 N 8
– Abhängigkeitsverhältnis, Vor Art. 620 N 21
– Begriff, Vor Art. 620 N 19
– Bildung, Vor Art. 620 N 20
– Durchgriff, Vor Art. 620 N 23
– faktischer Konzern, Vor Art. 620 N 19
– gesetzliche Regelungsverfügung, Vor Art. 620 N 22
– Gleichordnungskonzern, Vor Art. 620 N 19
– Holdinggesellschaft, Vor Art. 620 N 25
– Interessenwahrungspflicht, Vor Art. 620 N 24
– juristische Selbständigkeit, Vor Art. 620 N 23
– Schutzlücken, Vor Art. 620 N 27
– Unterordnungskonzern, Vor Art. 620 N 19
– Vertragskonzern, Vor Art. 620 N 19
– wechselseitige Beteiligungsverhältnisse, Vor Art. 620 N 26
Konzernberechnung, 663f N 6
Konzerngesellschaften, 663a N 4 ff., 11, 49, 54
Konzernjahresbericht, 662 N 16

Konzernrechnung, 662 N 2, 15; 663b N 12; 663e N 2 ff.; 663g N 1, 6; 801 N 4, 9; 858 N 7, 11
– Erstellung einer, Vor 32. Titel N 4
– Offenlegung, 697h N 2 ff.
Konzernrechnungslegung, 663e N 1
Konzernverband, 678 N 15
Kopie
– Check, 1133 N 1
– Wechsel
  – Anspruch, 1066 N 3
  – Beglaubigung, 1066 N 4
  – Begriff, 1063 N 1; 1066 N 1
  – Form, 1066 N 4 f.
  – Fotokopie, 1066 N 4
  – Indossament, 1066 N 1, 3 ff., 7; 1067 N 6 ff.
  – Kosten, 1066 N 6
  – Verfahren, 1066 N 3 ff.
  – Zuverlässigkeit, 1063 N 1; 1066 N 1
  – Zweck, 1066 N 2
Körperschaft des öffentlichen Rechts
– Abberufungsrecht, 762 N 16
– als Aktionär, 762 N 5, 19
– Ernennungsrecht, 762 N 14
– Haftung, 762 N 20 f.
– Rückgriff, 762 N 20 f.
– Vertretung in der Genossenschaftsverwaltung, 926 N 1 ff.
Körperschaft, öffentlich-rechtliche, 751 N 1 ff.
Kosten, 678 N 33
– Protesterlass, 1065 N 7
– Wechselduplikate, 1066 N 12
– Wechselkopien, 1066 N 6
Kostenrisiko, 697g N 3
Kostenwertprinzip, 665 N 1; 666 N 1, 4; 960 N 13, 16
Kraftloserklärung, 1063 N 7; 1068 N 3, 8
Kreditgenossenschaft, 858 N 8, 10; 860 N 7; 861 N 2, 5
Kreditgeschäft, Definition, 663b[bis] N 87
Kreuzung, Wechsel, 1067 N 7
Kündigung
– ausserordentliche der Gesellschaft, 545/546 N 29
– durch Konkursverwaltung, 575 N 1 f.
– ordentliche der Gesellschaft, 545/546 N 21 ff.

Kurs, historischer, 960 N 6
Kurspflege, Vor Art. 659 N 6
Kurswert, 667 N 6 f., 12; 960 N 18, 27

L
Lage
– finanzielle, 662 N 9; 663h N 17; 696 N 5; 697 N 7
– wirtschaftliche, 662 N 8; 663h N 16; 697 N 7; 959 N 2
Lagebericht, 662 N 23; 663g N 48; Vor 32. Titel N 14
Lageraufnahmescheine, 1153–1155 N 9
Lagerschein, 1153–1155 N 20 ff.
– Abgrenzung von blossen Empfangsscheinen, 1153–1155 N 20
– typusbedingte Einreden, 1153–1155 N 21
– Übertragung, 1153–1155 N 24
– Verstoss gegen Art. 482 Abs. 1, 1153–1155 N 22
– Warenverpfändung, 1153–1155 N 23
Landeswährung, 960 N 1, 4 f.
Legitimation des Inhaberaktionärs und seines Vertreters, 689a N 1 ff., 14, 21 ff.; 689b N 17 ff.
– Abhanden gekommene Titel, 689a N 20
– Besitznachweis, 689a N 14 f.
– Gegenbeweis, 689a N 15, 23
– Hinterlegungsbescheinigung oder Zutrittskarte, 689a N 16 f.
– Hinterlegungsort und -frist, 689a N 18 f.
– Legitimationsprüfung, 689a N 1 ff., 14 ff., 21 f.
– Legitimationsübertragung, 689a N 21 f.
– Vollmacht und (General-/Einzel-)Ermächtigung, 689a N 21; 689b N 1, 17 ff.
– Zutrittskarte, 689a N 17; 689b N 17 f.; 689d N 12
Legitimation des Namenaktionärs und seines Vertreters, 689a N 1 ff., 4, 10 ff.
– (General-/Einzel-)Vollmacht, 689a N 10; 689b N 16
– Eintrag im Aktienbuch, 689 N 6; 689a N 4 f., 12 f.
– Gegenbeweis, 689a N 13
– gesetzliche Vertreter, 689a N 11

– Legitimationsprüfung, 689a N 1 ff., 4, 10 ff.
– Sperrfrist für Aktienbuch, 689a N 8 f.
– Zutrittskarte, 689a N 7; 689b N 17
Leistung der Einlagen
– Erlassverbot, 793 N 4
– Stundungsverbot, 793 N 5
Leistungen, 663 N 7; 663a N 4, 10, 20, 48; 669 N 17; 960 N 29
Leistungsklage, 677 N 12
Leistungspflicht des Aktionärs, 680 N 1, 5
Leitender Prüfer, Unabhängigkeit der Revisionsstelle, 728 N 27
Leitung, einheitliche, 663e N 4, 8
Lex Friedrich, 736 N 29
Lex Koller, 911 N 13
lex specialis, 2 SchlT N 5, 10
Lex-Friedrich-Erklärung, 652h N 3a; 653h N 2
Liberierung, 680 N 6, 23
– Barliberierung, 633 N 1 ff.
– GmbH, 777c N 16 ff.
– Gründung, 629 N 9 ff.
– Mindesteinlage, 632 N 1 f.
– nachträgliche, 937 N 6
– nachträgliche Liberierung, 634a N 1 ff.
– Prüfungsbestätigung, 635a N 1 ff.
– Registerpublizität, 634a N 11
– Sacheinlage, 634 N 1 ff.
– Stammanteile, 777c N 1 ff.
– Statutenpublizität, 634a N 10
– Teilliberierung, 632 N 1 f.; 634a N 1 ff.
– Verrechnung, 628 N 2; 777c N 13
Liberierungspflicht, 624 N 1; 681/682 N 10
– Mindest-, 621 N 3
– Namenaktie, 622 N 13
Lieferungen, 663 N 7; 663a N 4, 10, 20, 48; 669 N 17; 960 N 29
Liegenschaften, 663b N 31
LIFO, 663 N 21
– Verfahren, 666 N 6; 960 N 32
Liquidation, 660 N 18
– Anteil, 678 N 3, 10
– Befugnis, 583 N 2
– Bilanz, 587 N 1
– der einfachen Gesellschaft, 548/549 N 1 ff.

Liquidationsanteil

- der GmbH
  - Aufbewahrung der Geschäftsbücher, 826 N 14 f.
  - Einsichtsrecht, 826 N 15
  - Haftung, 826 N 7
  - Konkurs, 826 N 5
  - Liquidatoren, 826 N 5
  - Nachlassvertrag mit Vermögensabtretung, 826 N 5
  - Nachschüsse, 826 N 9
  - Nebenleistungen, 826 N 8
  - Verantwortlichkeitsansprüche, 826 N 10
  - Verstaatlichung der GmbH, 826 N 2
  - Verteilung des Liquidationsergebnisses, 826 N 11 ff.
- der Kollektivgesellschaft, 582 N 1 ff.; 585 N 7
- der Kommanditgesellschaft, 619 N 6 ff.
- der stillen Gesellschaft, 550 N 4
- Mehrheitsbeschlüsse, 548/549 N 5, 14
- nichtkaufmännische, 595 N 1
  - Besteuerung, 595 N 2
- Ordnung, vorläufige, 550 N 1
- Vertrag, 548/549 N 14

Liquidationsanteil, 660 N 19

Liquidationsergebnis, 660 N 20

Liquidationswerte, 662a N 12a; 959 N 25; 960 N 12

Liquidator, 583 N 1 ff.
- Ernennung, 550 N 8; 583 N 8
- Weisungen an den, 550 N 9

Liquidität, 662 N 9

Liquiditätsentzug, 675 N 29

Löschung, 938 N 1 ff.; 942 N 4
- Organmitgliedern, 938b N 1 ff.
- Pflicht zur Anmeldung, 938 N 4 ff.
- Vertretungsbefugnissen, 938b N 1 ff.
- Zeichnungsberechtigungen, 938b N 3

Luftfrachtbrief, 1153–1155 N 7

M

Mahnung, 941 N 3 f.

Marktpreis, 666 N 7, 11; 960 N 31

Marktüblichkeit, i.V.m. Offenlegung, 663b[bis] N 22 ff.

Marktversagen, i.V.m. Offenlegung, 663b[bis] N 24 f.

Marktwert, 665 N 10; 666 N 1, 4; 960 N 18, 31

Maschinen, 663a N 37

Massgabe, 861 N 5

Massgeblichkeitsprinzip, Vor 32. Titel N 20
- umgekehrtes, Vor 32. Titel N 19

Material- und Warenaufwand, 663 N 20

Materialaufwand, 663 N 8

Mehrheit, absolute, 697a N 32

Mehrheitsbeteiligung, 697 N 15

Mehrheitsbeteiligungen, wechselseitige, 659b N 14

Mehrleistungen, vereinbarte, 680 N 12

Mehrwertsteuer, 663 N 14

Meldepflicht der Veräusserungsbank, 685e N 1 ff.; 685f N 8
- ausserbörslicher Verkauf, 685e N 2; 685f N 9
- börsenmässiger Verkauf, 685e N 2
- Veräusserungsbank, 685e N 3
- Zeitpunkt, 685e N 5

Minderheit
- Begriff, 709 N 23
- Beispiele, 709 N 24

Minderheiten, 663e N 2a

Minderheitenschutz, 663e N 18; 663f N 13; 709 N 4, 20 ff.

Minderheitenvertreter im VR, 709 N 1 f., 20 ff.
- Anwendungsbereich, 709 N 20
- Deutschland, 709 N 29
- Entsendungsrecht, 709 N 26, 29
- Europarecht, 709 N 32 f.
- Frankreich, 709 N 30
- Italien, 709 N 31
- Praxis, 709 N 6, 28
- Rechtsnatur, 709 N 21
- Schranken, 709 N 25 ff.
- Zweck, 709 N 22

Minderheitsaktionär, 674 N 13; 677 N 8

Minderheitsbeteiligung, 697 N 15

Minderheitsbeteiligungen, unter 20%, 663g N 27

Mindesteinlage, 2 SchlT N 9

Mindestgliederung der Erfolgsrechnung, Vor Art. 957 N 6

Mindestgliederungsschema der Bilanz, Vor Art. 957 N 5

Mindestgliederungsvorschriften, 663 N 1; 663a N 1; 663g N 3; 665a N 2

Mindestkapital, 2 SchlT N 4, 9

Missverhältnis zur wirtschaftlichen Lage der Gesellschaft, 678 N 16
– zwischen Leistung und Gegenleistung, 678 N 14, 38

Mitarbeiter
– Beteiligung, 653 N 6, 15 f.; 653b N 12
– Unabhängigkeit der Revisionsstelle, 728 N 56 f.

Mitglied, Definition, 663b[bis] N 17

Mitglied (früheres), Definition, 663b[bis] N 20 f.

Mitglied (gegenwärtiges), Definition, 663b[bis] N 19

Mitgliedschaftsrechte, 689 N 2 f.; 689b N 2
– Antrags-, Diskussions- und Einberufungsrecht, 689 N 15, 22 f.
– Ausübung ausserhalb der GV, 689 N 34
– Ausübung durch Aktionäre, 689 N 36 ff., 40
– Ausübung durch Vertreter, 689 N 39 ff.
– Ausübung in der GV, 689 N 31 f.
– Bedeutung, 689 N 11
– Mitwirkungsrechte, 689b N 2
– Mitwirkungsrechte des Partizipanten, 689 N 18, 30
– persönliche Mitgliedschaftsrechte, 689 N 1 f., 13; 689b N 2, 14
– Spaltung bei Namenaktien, 689 N 5 ff.
– Stimm- und Teilnahmerecht, *s. dort*
– Vermögensrechte, 689 N 2, 4

Mitteilung, Gesamtvergütung, 663b[bis] N 6

Mittel, flüssige, 663a N 4, 16; 960 N 26

Mobilien, 663a N 37

Monat, letzter, 667 N 7

N

Nachfrist, 2 SchlT N 14; 681/682 N 12

Nachindossament, 1010 N 1 ff.

Nachlassvertrag mit Vermögensabtretung, 574 N 10; 939 N 7

Nachschlagewerke, private, 931 N 7

Nachschüsse
– Beschluss der Geschäftsführer, 795a N 2
– Bilanzverlust, 795a N 7 ff.
– Dividendenpolitik, 795a N 7
– Eigenkapitaldeckung, 795c N 3 f.
– Einforderung, 795a N 1 ff.
– Einforderungsgründe, 795a N 6 ff.
– Finanzierungsaufgaben, 795a N 1, 10
– Geltendmachung, 795a N 2 ff.
– Gleichbehandlungsgebot, 795a N 2
– Herabsetzung, 795c N 1 ff.
– Kapitalherabsetzungsverfahren, 795c N 6
– Kompetenzen, 795a N 4
– Konkurs, 795a N 13
– Konkurs der Gesellschaft, 795d N 5
– Leistungsfrist, 795a N 3
– Liquiditätsengpass, 795a N 10 ff.
– Revision, 795a N 8
– Rückzahlung, 795b N 1 ff.
– Sanierungsmassnahme, 795a N 1
– statutarische Einforderungsgründe, 795a N 11 ff.
– stille Reserven, 795a N 7
– Teilliberierung, 795a N 1; 795c N 5
– Übergangsrecht, 795d N 10
– Voraussetzungen, 795a N 6 ff.
– Zweckgebundenheit, 795a N 12
– *s.a. Nachschusspflicht*

Nachschusspflicht
– Aufhebung, 795 N 4
– Beschluss, 795 N 4
– Betrag, 795 N 5
– Fortdauer, 795d N 1 ff.
– gemeinschaftliches Eigentum, 792 N 10
– Grundsatz, 795 N 1 ff.
– Haftung der Gesellschafter, 795 N 8
– Herabsetzung, 795 N 4
– Höhe, 795 N 5
– Kapitalerhöhung, 795 N 4
– Kapitalherabsetzung, 795 N 4
– nachträgliche Einführung, 797 N 1 ff.
– Stammanteilkategorien, 795 N 6
– statutarische Grundlage, 795 N 4 ff.
– sukzessive Einforderung, 795 N 5

Nachteil, erheblicher, 663h N 6, 20

Nachweis des Bestehens von Rechtseinheiten, 931a N 19

Nahestehen, 678 N 8

Nahestehende Person, 678 N 7; 800 N 1
– Definition, 663b[bis] N 32
– Offenlegung, 663b[bis] N 31 ff.
– Unabhängigkeit der Revisionsstelle, 728 N 58 ff.

Namenaktien

Namenaktien
- börsenkotierte, 4 SchlT N 2; 685d N 1 ff.
- fiduziarischer Erwerb, 685b N 15 f.; 685d N 8 ff.
- gesetzliche Übertragungsbeschränkungen, 685 N 3 ff.; 685c N 5
- Liberierung, 684 N 2 f.; 687 N 1 ff.
- nicht börsenkotierte, 685a N 4; 685b N 1 ff.
- Nutzniessung, 684 N 12 f.; 685a N 6; 685c N 4
- Ordrepapier, 684 N 1
- richterliche Kontrolle der Übertragungsbeschränkungen, 685a N 10 ff.
  - Aktivlegitimation, 685a N 12
  - Leistungsklage, 685a N 14
  - Passivlegitimation, 685a N 12
  - Schadenersatzklage, 685c N 10
- statutarische Übertragungsbeschränkungen, 685 N 1 f.; 685b N 2 ff.; 685d N 4 ff.; 4 SchlT N 1 ff.
- Übertragung, 684 N 5 ff.
- Übertragung durch Fusion, 685d N 12
- Übertragung durch Spaltung, 685d N 12
- Übertragung durch Vermögensübertragung, 685d N 12
- Übertragungsbeschränkungen
  - richterliche Kontrolle, 685f N 11
  - Schadenersatzklage, 685f N 12
- Verpfändung, 684 N 11, 13
- Wegfall statutarischer Übertragungsbeschränkungen, 685a N 7
- Wirkung statutarischer Übertragungsbeschränkungen, 685a N 4 ff.; 685c N 1 ff.; 685f N 1 ff.

Namenaktionär, 696 N 7

Namenpapiere, 974 f.
- Befreiung des Schuldners, 975 N 4 ff.
- Begriff, 974 N 1 ff.
- Geltendmachung, 974 N 4
- Pflichten des Schuldners, 975 N 2 f.
- Retentionsfähigkeit, 974 N 7
- Übertragung, 974 N 4
- Verkehrsfähigkeit, 974 N 8
- Wirkungen, 974 N 6

Namensindossament, 1003 N 3 ff.

Namensträger, Wechselfälschung, 1068 N 9 f., 13 ff.

Naturaldividende, 675 N 33

Nebenleistungen, 795 N 2
- Einsatzmöglichkeiten, 796 N 8
- Finanzierungsfunktion, 796 N 15
- Gestaltungsschranken, 796 N 15
- Gläubiger, 796 N 13
- Grundsatz, 796 N 1
- Kompetenzen, 796 N 6
- Nachschusspflicht, 796 N 1, 15
- nachträgliche Einführung, 797 N 1 ff.
- Realerfüllung, 796 N 14
- Reglement, 796 N 5
- Sanktionen, 796 N 14
- Schuldner, 796 N 13
- statutarische Grundlage, 796 N 3
- statutarische Umschreibung, 796 N 4
- Übergangsrecht, 796 N 16
- vertragliche Grundlage, 796 N 7
- Zweck, 796 N 8 ff.

Nebenleistungspflicht, gemeinschaftliches Eigentum, 792 N 10

Nebenverpflichtung, 680 N 9

Nennbetrag, 680 N 16; 681/682 N 4

Nennkapital, 680 N 18

Nennwert, 679 N 9; 680 N 6

Nennwertprinzip, beim Erwerb eigener Aktien, 659 N 18

Nettoauflösung, 960 N 40

Nettoüberschuss, 663b N 30

Neubewertung, 663g N 29

Neubewertungsmethode, 663g N 30

Nichtigkeit, 675 N 28; 678 N 34; 680 N 8, 14, 17, 24 f.

Nichtigkeit von VR-Beschlüssen, 714 N 1 ff.
- Analogie zu GV-Beschlüssen, 714 N 1, 5, 16
- Beschränkung der Informationsrechte, 714 N 18
- Deutschland, 714 N 21
- Folgen, 714 N 6
- Geltendmachung, 714 N 6 f.
- Gesetzesrevision, 714 N 2
- Grundlage, 714 N 3
- mangelhafte Einberufung, 713 N 5; 714 N 12; 715 N 8
- Nichtigkeitsgründe
  - allgemeine, 714 N 11 ff.
  - formelle, 714 N 12 f.
  - materielle, 714 N 14

Offenlegung

- spezielle, 714 N 15 ff.
- Rechtsvergleichung, 714 N 21
- restriktive Auslegung, 714 N 10, 14, 19 f.
- Teilnahme Unbefugter, 713 N 5; 714 N 12
- Verletzung von
  - Aktionärsrechten, 714 N 15
  - Bestimmungen zum Kapitalschutz, 714 N 20
  - Verstoss gegen Grundstruktur der AG, 714 N 19
- Zweck, 714 N 4

Nichtrückwirkung, 1 SchlT N 4, 11; 2 SchlT N 10
- Dauertatbestände, 1 ÜBest N 4
- Regel der, 1 ÜBest N 4 f.

Niederstwertprinzip, 665 N 10; 665a N 12; 666 N 1, 4; 669 N 9; 959 N 21; 960 N 19 f.

Nominalwert-Methode, 663g N 34

Non-Valeur, 671a N 9

Non-versé, 680 N 26

Notar, Wechselprotest, 1065 N 6

Nutzungsdauer, 665 N 15

O

Obergesellschaft, 663e N 5

Obligationenrecht, Änderung des, Vor 32. Titel N 1

Offenlegung, 663b N 46; 801 N 4; 858 N 11
- Abgangsentschädigung, 663b^{bis} N 56
- Abgrenzung, 663b^{bis} N 79, 94
- Aktien, 663b^{bis} N 51
- anderer Finanzinstrumente, 663c N 42
- Angaben über Beteiligung, 663c N 32, 48
- Aufschlüsselung, 663b^{bis} N 70 ff., 91 f.
- Ausnahmen, 663c N 36 ff., 53 ff.
- bedeutender Aktionäre, 663c N 1 f., 6 ff., 14 ff.
- Beherrschungsverhältnisse, 663c N 6
- Beteiligung am Geschäftsergebnis, 663b^{bis} N 48
- Beteiligungen, 663c N 3 ff., 9 ff., 39 ff.
- Beteiligungspapiere, 663b^{bis} N 52, 54
- betroffene Personen, 663b^{bis} N 16 ff., 83 ff.
- Bewertung Darlehen/Kredite, 663b^{bis} N 93
- Bewertung Vergütungselemente, 663b^{bis} N 73 ff.
- Bürgschaften, 663b^{bis} N 57 f.
- Darlehen/Kredit, 663b^{bis} N 83 ff.
- Detaillierungsgrad, 663b^{bis} N 70 ff., 91 f.; 663c N 28 ff., 47 ff.
- Forderungsverzichts, 663b^{bis} N 59
- Garantieverpflichtungen, 663b^{bis} N 57 f.
- Geltungsbereich, 663c N 12 f.
- Identität bedeutender Aktionäre, 663c N 29 ff.
- Identität betroffener Personen, 663c N 47
- Identität nahe stehender Personen, 663c N 47
- Identität wirtschaftlich berechtigter Personen, 663c N 30
- Informationsquelle, 663c N 33
- Interessenskonflikt, 663c N 6
- international, 663b^{bis} N 109 ff.
  - Bundesrepublik Deutschland, 663b^{bis} N 112 ff.; 663c N 53
  - Europäische Union, 663b^{bis} N 109 ff.; 663c N 61 f.
  - Vereinigte Staaten von Amerika, 663b^{bis} N 115 ff.; 663c N 64 f.
- kaptialmarktrechtlicher Hintergrund, 663c N 7
- Konzernverhältnis, 663b^{bis} N 98 f.; 663c N 55
- Leistungen für zusätzliche Arbeit, 663b^{bis} N 37, 61 f.
- massgeblicher Stichtag, 663c N 33, 35, 52
- Modalitäten, 663b^{bis} N 43, 90, 63 ff.; 663c N 28 ff., 47 ff.
- Nutzniesser, 663c N 30
- Optionen, 663b^{bis} N 53 f.
- Optionsrechte, 663c N 41
- Ort, 663b^{bis} N 96 ff.; 663c N 54 ff.
- Partizipationsscheinen, 663b^{bis} N 51
- Pauschalspesen, 663b^{bis} N 47
- Pfandbestellungen zugunsten Dritter, 663b^{bis} N 57 f.
- Schwellenwert, 663b^{bis} N 35; 663c N 14 ff., 44
- Securities Lending, 663c N 30

Offenlegungsbestimmungen für börsenkotierte Aktiengesellschaften

- Sicherheiten, 663b^bis N 57 f.
- stimmrechtsverbundener Aktionärsgruppen, 663c N 31
- Tantieme, 663b^bis N 48
- Umfang, 663b^bis N 63 ff., 90; 663c N 28 ff., 47 ff.
- Umgehungsmöglichkeiten, 663b^bis N 31
- Vergütungen, 663b^bis N 16 ff.
- Vertragsdauer, 663b^bis N 45
- Voraussetzungen, 663c N 14 ff.
  - Kenntnis der Gesellschaft, 663c N 21 ff., 45 ff.
  - Vorhandensein bedeutender Aktionäre, 663c N 14 ff.
- Vorjahresangaben, 663c N 34, 51
- Vorjahresvergleich, 663b^bis N 80 ff., 95 ff.
- Vorsorgeleistungen, 663b^bis N 60
- Wandelrechte, 663c N 41
- Wandelrechten, 663b^bis N 53
- Waren und Dienstleitungen, 663b^bis N 49
  - Privatanteil, 663b^bis N 50
- Wertpapierleihe, 663c N 30
- Wesentlichkeitswert, 663c N 50

Offenlegungsbestimmungen für börsenkotierte Aktiengesellschaften, Vor 32. Titel N 16

Offenlegungspflicht, 662 N 20; 663f N 12
- Verletzung, 663b^bis N 103 ff.
  - Folgen, 663c N 59 f.
  - gesellschaftsinterne Sanktionen, 663b^bis N 108
  - SWX Sanktionen, 663b^bis N 107
  - zivilrechtliche Verantwortlichkeitsklage, 663b^bis N 105

Offensichtlichkeit, 678 N 17

Öffentlicher Glaube, Schutz, 933 N 10 f.

Optionsanleihen, 653 N 11, 21 f.
- Ausgabe, 653b N 28 f.

Optionsrecht, 663b N 40

Ordentliche Revision
- Berücksichtigung des IKS, 728a N 118 ff.
  - Auswirkung auf Prüfung, 728a N 121
  - Kontrollrisiko, 728a N 120
  - Prüfungsstandards, 728a N 119
- risikoorientierter Prüfungsansatz, 728a N 120
- Unterschiede zur IKS Existenzprüfung, 728a N 122
- börsenkotierte Aktiengesellschaften, Prüfung Transparenzvorschriften, 728a N 26 f.
- Expectation Gap, 728a N 125
- Gegenstand und Massstab der Prüfung, 728a N 1
  - Entstehungsgeschichte, 728a N 1
  - Opting-up, 728a N 1
  - Zwingende Vorschriften, 728a N 1
- Generally Accepted Auditing Standards (GAAS), 728a N 112, 134
- Grundsatz der Wesentlichkeit, 728a N 116
- IKS Existenzprüfung, 728a N 47 ff.
  - Einhalteprüfungen, 728a N 59
  - Frage des Vorhandenseins, 728a N 55 ff.
  - Funktionsprüfung, 728a N 59
  - Gesetzesentwurf Bundesrat, 728a N 48
  - gesetzgeberische Absicht, 728a N 58
  - gesetzliche Umschreibung Prüfungsauftrag, 728a N 50
  - parlamentarische Beratung, 728a N 49, 52
  - Positionspapier Treuhand-Kammer, 728a N 56 f.
  - Prüfung Dokumentation, 728a N 59
  - Prüfungsgegenstand, 728a N 54
  - separater Prüfungsauftrag, 728a N 51
  - Wurzelstichproben, 728a N 59
- International Standards on Auditing (ISA), 728a N 112
- Jahresbericht, 728a N 62 ff.
  - Begriff und Inhalt, 728a N 62 ff.
  - Einklangsprüfung, 728a N 71
  - finanzielle Lage, 728a N 67
  - Geschäftsverlauf, 728a N 65
  - Kapitalerhöhungen, 728a N 68
  - keine Offenlegung, 728a N 69
  - keine Prüfung, 728a N 70
  - Prüfung bei Publikumsgesellschaften, 728a N 72 f.
  - wirtschaftliche Lage, 728a N 66
- Prüfung Risikobeurteilung, 728a N 15, 19 ff.

- Angaben des Verwaltungsrates, 728a N 20
- formelle Prüfung, 728a N 21, 25
- Gesetzesentwurf Bundesrat, 728a N 19
- materielle Prüfung, 728a N 22
- Plausibilität und Vollständigkeit, 728a N 24 f.
- subjektiv-historische Gesetzesauslegung, 728a N 23
- Prüfungsablauf und -vorgehen, 728a N 115 ff.
- Prüfungsgegenstand, 728a N 5 ff.
  - Anhang, 728a N 10, 14 ff.
  - Aufwertungen, 728a N 15
  - Beteiligungsverhältnisse, 728a N 16
  - Bilanz, 728a N 8
  - Buchhaltung, 728a N 5
  - Durchführung Risikobeurteilung, 728a N 15
  - Eigenkapitalnachweis, 728a N 13
  - Erfolgsrechnung, 728a N 9
  - Eventualverbindlichkeiten, 728a N 15
  - Existenz IKS, 728a N 35 ff.
  - Geldflussrechnung, 728a N 12
  - Geschäftsvorfälle, 728a N 6
  - Gewinnverwendungsantrag, 728a N 34 ff.
  - Jahresrechnung, 728a N 5, 7 ff.
  - keine Geschäftsführungsprüfung, 728a N 3, 123 ff.
  - keine Prüfung Corporate Governance, 728a N 74 ff.
  - keine Prüfung Jahresbericht, 728a N 62 ff.
  - Konzernrechnung, 728a N 28 ff.
  - Leasingverbindlichkeiten, 728a N 17
  - Nettoauflösung stiller Reserven, 728a N 18
  - Rechnungswesen, 728a N 60 f.
  - vorzeitiger Rücktritt RS, 728a N 15
- Prüfungsmassstab, 728a N 76 ff.
  - Bildung stiller Reserven, 728a N 82
  - deliktische Handlungen und Fehler, 728a N 93 ff.
  - Einhaltung Mindestgliederungsvorschriften, 728a N 81
  - fehlende Vorgaben für IKS Existenzprüfung, 728a N 88
  - Gesetz und Statuten, 728a N 76 ff.
  - gesetzliche Kapitalschutzvorschriften, 728a N 89 ff.
  - Gewinnverwendungsantrag, 728a N 83
  - Ordnungsmässigkeit der Buchführung, 728a N 78
  - Ordnungsmässigkeit der Jahresrechnung, 728a N 79
  - Rechtsverletzungen, 728a N 107 ff.
  - sicherer Einblick, 728a N 80
  - Soll-Ist-Vergleich, 728a N 77
  - statutarische Vorschriften, 728a N 84
  - true and fair view, 728a N 86 f.
- Prüfungsstandards des Instituts für Wirtschaftsprüfer in Deutschland (IDW PS), 728a N 113
- Prüfungstiefe, 728a N 116
- Prüfungsvorgehen, 728a N 2, 118 ff.
- Public Company Accounting Oversight Board (PCAOB), 728a N 134
- Rechtsvergleich, 728a N 127 ff.
  - Bundesrepublik Deutschland, 728a N 130 f.
  - Europäische Union, 728a N 127 ff.
  - Vereinigte Staaten, 728a N 132 ff.
- Revisionsbericht, 728b N 1 ff.
  - Rechtsvergleich, 728b N 68 ff.
  - umfassender Bericht, *s. dort*
  - zusammenfassender Bericht, *s. dort*
- Risikobeurteilung, 728a N 24
  - Prüfung, *s.dort*
- risikoorientierter Prüfungsansatz, 728a N 24, 120
- Kontrollrisiko, 728a N 120
- Sarbanes-Oxley Act, 728a N 134 ff.
- Schweizer Prüfungsstandards (PS), 728a N 113
- Sorgfaltsmass, 728a N 114
- Umfang der Prüfung und Vorgehensweise, 728a N 111 ff.
  - Prüfungsstandards, 728a N 112 ff.
  - Selbstregulierung der Fachverbände, 728a N 111
- umfassender Bericht, 728b N 4 ff.
  - Bedeutung für VR, 728b N 5
  - Feststellungen über das interne Kontrollsystem, 728b N 10
  - Feststellungen über die Rechnungslegung, 728b N 9

Ordnungsbusse

- Haftungsrisiken, 728b N 7
- Inhalt, 728b N 8 ff.
- internes Kommunikationsmedium, 728b N 6
- Rechtsvergleich, 728b N 68 ff.
- Unterzeichnung und Datierung, 728b N 11
- Urkundenfälschung, 728b N 7
- vormaliger Erläuterungsbericht, 728b N 4
- Zustellung an VR, 728b N 12
- Unabhängigkeit der Revisionsstelle, 728 N 1 ff.
- Vergleich mit eingeschränkter Revision, 729a N 6 ff.
- zusammenfassender Bericht, 728b N 13 ff.
  - Abweichungen im Prüfungsurteil, 728b N 41 ff.
  - Abweichungen in der Empfehlung, 728b N 47 ff.
  - Abweichungen vom Normalwortlaut, 728b N 41 ff.
  - Adressaten, 728b N 17 ff.
  - Angabe Prüfungsleiter, 728b N 24
  - Aussagewert, 728b N 64 ff.
  - Empfehlung, 728b N 25, 38, 47
  - Expectation Gap, 728b N 58, 63
  - gesetzlicher Mindestinhalt, 728b N 21 ff.
  - Hinweise, 728b N 56
  - Normalwortlaut, 728b N 27 ff.
  - Prüfungsergebnis IKS Existenzprüfung, 728b N 59 ff.
  - Prüfungsergebnis Risikobeurteilung, 728b N 57 f.
  - rechtliche Bedeutung, 728b N 15 f.
  - Rechtsvergleich, 728b N 68 ff.
  - Stellungnahme zum Prüfungsergebnis, 728b N 22
  - Stellungnahme zur Unabhängigkeit, 728b N 23
  - Unterzeichnung und Datierung, 728b N 26
  - Urkunde, 728b N 14
  - Verantwortlichkeit RS, 728b N 14
  - Zusammenfassung Prüfungsurteil, 728b N 13, 22, 36 f.
  - Zusätze, 728b N 52 ff.

Ordnungsbusse, 943 N 1 ff.

Ordnungsfunktion, 927 N 8
Ordnungsmässigkeit, 957 N 30; 961 N 7
Ordreklausel, 1145 N 4 f.
Ordrepapiere
- als qualifizierte Wertpapiere, 1145 N 3
- als Wertpapiere öffentlichen Glaubens, 1145 N 6
- andere indossierbarere Papiere, 1152 N 1 ff.
- Einreden des Schuldners, 1146 N 1 ff.
- frei gewillkürte, 1152 N 1 ff.
- gesetzliche, 1145 N 4
- gewillkürte, 1145 N 4; 1152 N 4
- Grundsatz der Skripturrechtlichkeit, 1145 N 3
- gutgläubiger Erwerb, 1145 N 8
- Indossament, 1145 N 2
- Kraftloserklärung, 1146 N 4
- Ordreklausel, 1145 N 4
- Präsentationsklausel, 1145 N 4
- Wechsel, Vor Art. 990–1099 N 8
- wechselähnliche, 1145 N 1 ff.

Organ, faktisches, 707 N 26b
Organe der AG
- Fehlen, 731b N 1 ff.
- Mängel, 731b N 1 ff.
  - Aktivlegitimation, 731b N 11 ff.
  - Auflösung der Gesellschaft, 731b N 24 ff.
  - Einsetzung Organ, 731b N 21 ff.
  - Einsetzung Sachwalter, 731b N 21 ff.
  - gerichtliche Anordnung, 731b N 16 ff.
  - Gerichtsverfahren, 731b N 8 ff.
  - Liquidation der Gesellschaft, 731b N 24 ff.
  - Passivlegitimation, 731b N 14 f.
  - Wiederherstellung rechtmässiger Zustand, 731b N 19 f.

Organe der GmbH, Mängel, 819 N 1 ff.
Organisation der Genossenschaft
- Ausnahmebestimmungen für Versicherungsgenossenschaften, 893 N 1 ff.
- Ausschliessung vom Stimmrecht, 887 N 1 ff.
- Anfechtung, 887 N 8
- Ausschlussgründe, 887 N 2
- Entlastung der Verwaltung, 887 N 2 f.
- Entscheidungsträger, 887 N 5

Organisation der Genossenschaft

- Erben eines Verwaltungsmitglieds, 887 N 7
- Geschäftsführung, 887 N 4
- Ratio, 887 N 1
- Vertretung, 887 N 7
- Beschlussfassung
  - Auflösung, 888 N 12 f.
  - Auslegung der Statuten, 888 N 11
  - Auslösungssumme, 888 N 11
  - Ausscheidungsverfahren, 888 N 3
  - Austrittsfolgen, 888 N 11 f.
  - Austrittsmöglichkeiten, 888 N 7 ff.
  - Eintrag im Handelsregister, 888 N 16
  - Erhöhung der Leistungen der Genossenschafter, 889 N 1
  - gesetzliche Spezialnormen, 888 N 6
  - Haftungsfortdauer, 888 N 12
  - Handelsregistereintrag, 888 N 3
  - im Allgemeinen, 888 N 1
  - Nachschusspflicht, 888 N 4
  - Nichtigkeit, 888 N 15
  - persönliche Haftung, 888 N 4
  - qualifizierte Mehrheiten, 888 N 12 ff.
  - qualifizierte Quoren, 888 N 2
  - qualifiziertes Mehr, 888 N 2
  - Statuten, 888 N 1
  - Statutenabänderungen, 888 N 12, 14
  - Stichentscheide, 888 N 10
  - Stimmenthaltung, 888 N 5
  - Subsidiarität der gesetzlichen Regelung, 888 N 7
  - Urabstimmung, 888 N 8
  - Zweckänderung, 888 N 17
- Delegiertenversammlung, 885 N 5 ff.
  - Abstufung des Stimmrechts, 885 N 3, 9
  - Anzahl der Delegiertenstimmen, 885 N 10
  - Ausschluss vom Stimmrecht, 885 N 3, 17
  - Bemessung des Stimmrechts, 885 N 8
  - Berechnung der Stimmkraft, 885 N 1
  - Delegiertenversammlung, 885 N 5
  - Genossenschaftsverband, 885 N 7
  - Gleichbehandlung, 885 N 2, 13
  - Kaduzierungsverfahren, 885 N 3
  - Kapitalbeteiligung, 885 N 11
  - Karenzfrist, 885 N 2
  - Stichentscheid des Vorsitzenden, 885 N 18
  - Vertretung, 885 N 15
  - Zusammensetzung, 885 N 6
- Einberufung der GV
  - Abänderung von Anträgen, 883 N 10
  - Anfechtbarkeit, 882 N 1; 883 N 6
  - Anleihensgläubiger, 881 N 7
  - Antragsrecht, 883 N 5
  - Bekanntgabe der Verhandlungsgegenstände, 883 N 1
  - Einberufung, 882 N 1
  - Einberufungsfrist, 882 N 4
  - Einberufungspflicht, 881 N 3
  - Einsichtsrecht, 881 N 10
  - Form, 882 N 2
  - Form und Inhalt, 882 N 1 ff.
  - Formvorschriften, 881 N 11
  - Genossenschafter, 881 N 4
  - Genossenschaftsverband, 881 N 16
  - Initiativrecht, 881 N 9
  - jährliche Generalversammlung, 881 N 4
  - Liquidatoren, 881 N 7
  - Nichtigkeit, 882 N 1
  - öffentliche Auskündigung, 882 N 7
  - ordentliche Einberufung, 881 N 1
  - Recht auf Einberufung, 881 N 2
  - Recht und Pflicht, 881 N 1 ff.
  - Revisionsstelle, 881 N 5
  - Schädigung, 881 N 10
  - Statutenänderung, 883 N 6
  - Stellung von Gegenanträgen, 883 N 10
  - Traktanden, 882 N 3
  - Traktandenliste, 883 N 2
  - Treuepflichtverletzung, 881 N 10
  - Varia, 883 N 3
  - Verhandlungsgegenstände, 883 N 1 ff.
  - von Gesetzes wegen, 881 N 4
  - Widerruf, 882 N 6
  - Widerruf der Einberufung, 883 N 9
- Fusion, 913 N 1
- Generalversammlung, 879 N 3 f.
  - Abberufung, 879 N 18
  - Allgemeines, 879 N 1 ff.
  - Antragsrecht, 879 N 3
  - Aufsicht, 879 N 9
  - Auskunftsrecht, 879 N 3

2817

Organisation der Genossenschaft

- ausserordentliche, 879 N 7
- Befugnisse der, 879 N 6
- Beschlussfassung, 879 N 8
- Betriebsrechnung, 879 N 23 f.
- Bilanz, 879 N 23 f.
- Delegiertenversammlung, 879 N 4
- Dividende, 879 N 12
- Einberufungsrecht, 879 N 3
- Einsichtsrecht, 879 N 3
- Entlastung, 879 N 25 ff.
- Funktionen, 879 N 9
- Genehmigung, 879 N 14
- gesetzliche Befugnisse, 879 N 33
- Gewinn, 879 N 12
- Gleichheit aller Genossenschafter, 879 N 3
- Handelsregister, 879 N 16
- Jahresbericht, 879 N 10 f.
- Kenntnis, 879 N 30
- Klagerecht, 879 N 25
- Kompetenzen, 879 N 5
- Konzernrechnung, 879 N 11
- Liquidatoren, 879 N 22
- Normgebung, 879 N 9
- öffentliche Beurkundung, 879 N 16
- ordentliche, 879 N 7
- Organe, 879 N 2
- Organqualität, 879 N 2
- Paritätsgedanke, 879 N 5
- Präklusivwirkung, 879 N 31
- Quoren, 879 N 17
- Reingewinn, 879 N 24
- Revisionsstelle, 879 N 21
- statutarische Befugnisse, 879 N 34
- Statuten, 879 N 14 f.
- Stimmrecht, 879 N 3, 32
- Stimmrechtsbeschränkungen, 879 N 27
- Tantieme, 879 N 13
- Teilnahme von Dritten an der GV, 886 N 11 ff.
- Teilnahmerecht, 879 N 3
- Terminologie, 879 N 1
- Tragweite, 879 N 29
- Umfang, 879 N 29
- Universalversammlung, 879 N 7
- unübertragbare Befugnisse, 879 N 9 ff.
- Urabstimmung, 879 N 4
- Verantwortlichkeitsansprüche, 879 N 25
- Vertreter, 879 N 3
- Verwaltung, 879 N 9, 19
- Verweisung, 879 N 1
- Vorschlagsrecht, 879 N 20
- Wahl, 879 N 18
- Zeitdauer, 879 N 31
- Universalversammlung, 884 N 1 ff.
  - Beschlussfähigkeit, 884 N 5
  - Beschlussfassung, 884 N 7
  - Einberufungsvorschriften, 884 N 1
  - Protokoll, 884 N 8
  - Vertretung, 884 N 4
- Urabstimmung, 880 N 1 ff.
  - Antrag, 880 N 5 f.
  - Ausführungen, 880 N 7
  - Befugnisse, 880 N 3
  - Beschlussfassung, 880 N 8
  - Gefahren, 880 N 9
  - Minderheit, 880 N 4
  - Quorumsvorschriften, 880 N 8
  - statutarische Grundlage, 880 N 1
  - Stimmabgabe, 880 N 5
- Vertretung, 886 N 1 ff.
  - Berichterstatter der Medien, 886 N 15
  - Delegiertenversammlung, 886 N 8
  - Familienmitglied, 886 N 9
  - Geschäftsführung, 886 N 13
  - Gesetzessystematik, 886 N 1 f.
  - Grundlage, 886 N 6
  - Handlungsfähigkeit, 886 N 10
  - Liquidatoren, 886 N 12
  - Recht auf Vertretung, 886 N 4
  - rechtsgeschäftliche Grundlage, 886 N 6
  - Revisionsstelle, 886 N 12
  - Sachverständige, 886 N 15
  - Teilnahme von Dritten an der GV, 886 N 11
  - Übertragung der Befugnisse, 886 N 8
  - Übertragung der Befugnisse der GV auf die Verwaltung, 886 N 8
  - unbefugte Dritte, 886 N 16
  - Vertreter der Gläubigergemeinschaft der Anleihensobligationäre, 886 N 14
  - Vertretungsverhältnisse in Grossgenossenschaften, 886 N 7

- Verwaltung, 886 N 12
- Vollmacht, 886 N 5

Organisation der RS
- Bestimmungen über die Organisation, 731a N 10
- Eingehende Regelung, 731a N 1 ff.
- Einschränkung der gesetzlichen Aufgaben, 731a N 4
- Erweiterung der Aufgaben, 731a N 5 f.
  - legal compliance audit, 731a N 5
  - security and safety audit, 731a N 5
  - Zwischenrevision, 731a N 5
- Grenzen der Aufgabenerweiterung
  - Beeinträchtigung der Unabhängigkeit, 731a N 7 ff.
  - Verbot der Übernahme von Verwaltungsaufgaben, 731a N 7 ff.

Organisationskosten, 663a N 7, 43; 664 N 1, 4, 8 f.; 960 N 39

Organschaft, faktische, 804 N 46

Organstellung, 697d N 9

Organvertreter, 689c N 4 ff., 8 f., 15
- Einzelvollmacht oder -ermächtigung, 689c N 10
- GV, 689b N 23; 689d N 29, 31
- Legitimationsprüfung, 689c N 12
- Stimmrechtsbeschränkungen, 689c N 11
- Weisungseinholungs- und Weisungsbefolgungspflicht, 689b N 14; 689c N 13

Orientierungstraktandum, 697f N 2

Original, 957 N 51

P

Partizipant
- Auskunftsrecht, 656c N 4
- Bezugsrecht, 656g N 1 ff.
- Einsichtsrecht in Protokoll, 656c N 3
- Information, 656c N 2 ff.
- Mitwirkungsrechte
  - gesetzliche, 656c N 3 f.
  - statutarische, 656c N 2
- Rechtsstellung, 656c N 1 ff.
- Vorwegzeichnungsrecht, 656g N 5

Partizipanten
- Bezugsrecht, 652b N 5 ff.
  - Vinkulierung, 652b N 29

Partizipationskapital, 656b N 1 ff.; 663a N 12
- bedingtes, 653 N 5; 653a N 2

- genehmigtes, 651 N 3, 7a
- Gratisnennwerterhöhung, 656b N 9
- Gratis-PS, 656b N 9
- Höhe des, 656a N 1b; 656b N 1 f.
- Kapitalerhöhung, 656b N 4 ff.
  - Arten, 656b N 5 ff.
  - Mitberücksichtigung, 656b N 3 f.
- Umwandlung in AK, 652d N 5a
  - Bezugsrechtsausschluss, 652b N 20
  - Handelsregistereintragung, 652h N 5

Partizipationsscheine, 656a N 1 ff.
- Bedeutung, 656a N 1a
- Begriff, 656a N 2 ff.
  - Inhaber-PS, 656a N 3
  - Namen-PS, 656a N 3
  - Quote, 656a N 2
  - Urkunde, 656a N 2
- Bezeichnungszwang, 656a N 9
- Erwerb eigener, 659 N 1
- Gleistellungsgrundsätze, 656a N 1, 5–8; 656f N 1 f.
- Prinzip der Schicksalsgemeinschaft, 656a N 1; 656f N 1, 4
- Übergangsrecht, 656a N 10 ff.
  - Anpassung der Statuten, 656a N 15
  - Ausnahmen, 656a N 13 f.
  - Nichtanpassung der Statuten, 656a N 16
- Unzulässigkeit bei GmbH, 774 N 3
- Verhältnis zum EG-Recht, 656a N 17 ff.
- Vertretung im VR, 656e N 1 ff.

Partizipationsscheinkapital, 680 N 3

Passivlegitimation, 678 N 30; 800 N 8

PCAOB, Unabhängigkeit der Revisionsstelle, 728 N 3

Pensionskassenstiftung
- paritätische (BVG), 659a N 2 f.
- patronale, 659a N 2e

Perquisitionsprotest, 1065 N 5 ff.; 1067 N 5

Personalaufwand, 663 N 8, 22

Personalvorsorge, 673 N 5 f.; 674 N 18

Personalvorsorgeeinrichtungen, 663b N 20
- Unterdeckung, 663b N 20a

Personengesellschaft, 555 N 6; 594 N 1
- Kollektivgesellschaft, 552 N 1

Persönliche Beziehung, Unabhängigkeit der Revisionsstelle, 728 N 25 ff.

Pfandindossament, 1009 N 1 ff.

Pfandnahme, eigener Aktien, 695 N 13
Pflicht, 957 N 1, 10
– vermögensmässige, 680 N 9
Pflichtwandelanleihe, 653 N 10a, 22a
Pooling-of-Interest Methode, 663g N 32, 33b
Postguthaben, 663a N 16
Präsentationsklausel, 1145 N 4
Präsident des VR, Gesetzesrevision, 712 N 2
Prinzip der offenen Tür, Beitrittsrecht, 839 N 1 ff.
Prioritätsaktien, 654–656 N 1 ff.
Privatrecht
– altes, 1 SchlT N 3, 10
– intertemporales, 1 SchlT N 14
– neues, 1 SchlT N 3, 10
Privatvermögen, 957 N 26; 959 N 8
Prokuristen, 961 N 5
Prospekt, 1156 N 16 ff.
– Aktualisierungspflicht, 752 N 20
– Kontrolle der Richtigkeit, 752 N 1
– prospektähnliche Mitteilung, 752 N 14
– Prospektinhalt, 752 N 5 f., 17 f.
– Prospektpflicht, 1156 N 6 ff.
Prospekthaftpflicht
– Abgrenzungen, 752 N 38 ff.
– Aktivlegitimation, 752 N 6 ff.
– Anleihensobligationen, 1156 N 23 ff.
– Anwendungsbereich, 752 N 3 ff.
– Kausalzusammenhang, 752 N 26 ff.
– Passivlegitimation, 752 N 10 ff.
– Pflichtwidrigkeit, 752 N 13 ff.
– Rechtsnatur, 752 N 2
– Risikoaufklärung, 752 N 17
– Schaden, 752 N 22 ff.
– Verschulden, 752 N 29 ff.
Prospektpflicht
– Anforderungen des Börsengesetzes, 652a N 6
– bei Anleihensemissionen, 653 N 13
– bei Festübernahme, 652a N 3b
– bei nicht öffentlichen Platzierungen, 652a N 3a
– bei öffentlichen Platzierungen, 652a N 2 f.
Protest
– Ausfolgungs-, 1065 N 5 ff.; 1067 N 5
– Doppel-, 1065 N 5, 7; 1068 N 7 f.
– einfacher, 1065 N 5; 1067 N 5

– Erlass, 1065 N 7; 1068 N 3
– Fristen, 1064 N 1; 1065 N 6; 1068 N 3, 7
– Haupt-, 1065 N 5 ff.
– Herausgabe-, 1065 N 5 ff.; 1067 N 5
– Kosten, 1065 N 7
– mehrfacher, 1068 N 7 f.
– Perquisitions-, 1065 N 5 ff.; 1067 N 5
– zweifacher, 1065 N 5, 7; 1068 N 7 f.
Protokolle, Fassung von Beschlüssen, 931a N 15
Prozentklausel, 685d N 4
– Ausnahmen, 685d N 6, 13
– Berechnung, 685d N 5
Prozess
– Wechselduplikate, Herstellung, 1063 N 10
Prüfung, 663b N 41c
Prüfungsbestätigung, 653f N 1 ff., 5; 662 N 10, 14
– Adressaten, 652f N 4; 653f N 4
– Anwendungsbereich, 652f N 2; 653f N 2
– bei Festübernahme, 653f N 2b
– Ergebnis, 652f N 4
– falsche, 753 N 10
– Inhalt, 652f N 3 f.
– Prüfung durch Handelsregisterführer, 652f N 6; 653h N 3 f.; 653i N 3
– qualifizierte Kapitalerhöhung und Barlibierierung, 652f N 2
– und Revisionshaftung, 652f N 7; 653f N 1
Prüfungspflicht, Revisionsstelle, 663b[bis] N 100 ff.; 663c N 56 ff.
Prüfungszuständigkeit des Handelsregisterführers, 940 N 2 ff.
Prüfziffer, 936a N 2
PS und Genussscheine, 2 SchlT N 9
PS-Kapital, 663a N 66; 2 SchlT N 4
– nicht voll einbezahlt, 663a N 45
Publikation im SHAB, 931 N 1, 3 ff.; 932 N 8; 933 N 6
Publikationsorgan, 931 N 3, 6
Publikumsgesellschaft, 858 N 7, 11; Vor 32. Titel N 4
Publizität, 663g N 3
Publizitätsfunktion, 927 N 7
Publizitätsscheue, 663h N 8

Publizitätswirkung
- Beginn, 932 N 8
- Ende, 938 N 1
- negative, 933 N 8 f.
- positive, 933 N 6 f.

Purchase Methode, 663g N 32 f., 49

Put-Optionen, beim Erwerb eigener Aktien, 659 N 22, 26, 32

Q

Quittung, 683 N 5

Quorumsvorschriften, 2 SchlT N 3
- altrechtliche statutarische, 2 SchlT N 3

Quotenkonsolidierung, 663f N 5; 663g N 20, 23

Quotenregelung, 685d N 4

R

Rangrücktritt, 725 N 45

Realisationsprinzip, 662a N 30b; 959 N 21; 960 N 23

Realteilung, 548/549 N 4; 585 N 7

Rechnungsabgrenzungsposten, 663a N 58
- aktive, 663a N 4, 34

Rechnungslegung, 663g N 7
- ordnungsmässige, 957 N 32

Recht, 858 N 6
- altes, 1 SchlT N 15; 2 SchlT N 3, 5 ff., 11 f.
- altes oder neues, 1 SchlT N 12; 2 SchlT N 16
- intertemporal, 1 SchlT N 14; 2 SchlT N 3 f., 8, 10
- neues, 1 SchlT N 15; 2 SchlT N 3, 5, 7 ff., 16 f.
- vermögensmässiges, 674 N 3, 12

Rechte
- vermögensmässige, 660 N 2, 5
- wohlerworbene, 660 N 4 f.

Rechtsanspruch, 677 N 12

Rechtsbegriff, unbestimmter, 959 N 9

Rechtseinheit, 938a N 2

Rechtsfolgen, 681/682 N 6

Rechtsformangabe, 2 ÜBest N 8

Rechtsformunabhängig, Vor 32. Titel N 2

Rechtsformzusatz, 2 ÜBest N 8

Rechtsfragen, 697a N 17

Rechtsmissbrauch, Wechseländerung, 1068 N 13 f.

Rechtspersönlichkeit
- Beginn, 932 N 7
- trotz mangelnder Eintragungsvoraussetzungen, 933 N 4

Rechtsschein, 1068 N 10, 13 f.

Regelwerke, allgemein anerkannte, 957 N 33

Regionen, 663b N 47

Registersperre, 940 N 5 ff.

Regressanspruch, 588 N 6

Reinertrag, 858 N 2; 859 N 1, 2; 860 N 1, 3, 5; 861 N 5

Rekatapapier, 1145 N 5

Rektaklausel, 684 N 6; 1145 N 5

Renditeversprechen, 675 N 9

Repurchase Agreements, bei eigenen Aktien, 659a N 2b

Reserve, 671a N 2, 10

Reservefonds, 860 N 2; 861 N 7, 10

Reserven, 663a N 12, 68, 70 ff.; 669 N 29; 674 N 5, 11; 675 N 1; 798b N 7; 801 N 4; 858 N 11
- allgemeine, 663a N 12, 68; 671 N 6, 17, 21 f., 25, 31, 36, 38; 672 N 5; 674 N 5; 675 N 16
- allgemeine gesetzliche, 672 N 7; 860 N 2
- andere, 663a N 70
- beschlussfähige, 671 N 4
- beschlussmässige, 663a N 70, 72; 672 N 7; 674 N 1, 5 f., 12, 16; 860 N 10; 863 N 2
- freie, 671 N 4; 675 N 21
- für eigene Aktien, 659a N 4 ff.; 659b N 9; 660 N 14
  - bei Halten durch Tochtergesellschaften, 659b N 9
  - ihre Verminderung, 659a N 5 ff.
- für Wohlfahrtszwecke, 673 N 3
- gebundene, 675 N 22
- gesetzliche, 660 N 14; 663a N 12, 68; 670 N 5, 8; 671 N 4; 675 N 2; 680 N 20
  - andere, 675 N 20
- GmbH, 794 N 5
- Nachschusspflicht, 795a N 7
- statutarische, 660 N 14; 663a N 70 f.; 671 N 4; 672 N 2, 4 f., 7; 674 N 5, 19

2821

Reservenbildung

- stille, 660 N 16; 669 N 11, 24, 32, 41; 858 N 7, 11; 959 N 21 f.; 960 N 8, 40

Reservenbildung, 674 N 3
Reservenzuweisung, 860 N 1, 5; 863 N 1
Reservezuweisung, 859 N 3
Resolutivbedingung, 545/546 N 20
retained earnings, 671 N 46
Revision AG
- Anleihe, Definition, 727 N 11 f.
- ausserordentliche Prüfung, 727 N 32
- Beteiligungspapiere, Definition, 727 N 7 f.
- eingeschränkte, 727a N 1 ff.
  - Abweichung, 727a N 8
  - gesetzliche, 727a N 5 ff.
  - Handelsregister, 727a N 12, 33
  - Opting-Out, 727a N 3 ff., 13 ff.
  - Rechtsfolgen, 727a N 6 ff.
  - Verzicht, 727a N 3 ff., 13 ff.
- Kotierung, Definition, 727 N 9
- Opting-Down, 727a N 45 ff.
- Opting-In, 727a N 39 ff.
- Opting-Out
  - Beendigung, 727a N 35 ff.
  - Beginn, 727a N 29
  - GV, 727a N 23 ff.
  - Rechtsfolgen, 727a N 27 ff.
  - Statuten, 727a N 32
  - Verantwortlichkeitsklage, 727a N 34
  - Verfahren, 727a N 23 ff.
  - Vollzeitstellen, 727a N 20
  - Voraussetzungen, 727a N 14 ff.
  - Zustimmung Aktionäre, 727a N 16
- Opting-Up
  - Abweichung, 727 N 59
  - Antrag, 727 N 42 ff.
  - GV-Beschluss, 727 N 52 ff.
  - Handelsregister, 727 N 64
  - Rechtsfolgen, 727 N 58 ff.
  - Statuten, 727 N 49 ff.
  - Voraussetzungen, 727 N 41 ff.
  - VR-Beschluss, 727 N 55 ff.
- ordentliche, 727 N 1 ff.
  - Abweichung, 727 N 33
  - Amtsdauer, 727 N 34
  - Beendigung, 727 N 37 f.
  - Beginn, 727 N 35
  - Berechnungsgrundlage, 727 N 18 f.
  - freiwillige, 727 N 39 ff.
  - Handelsregister, 727 N 36
- Kassenobligation, 727 N 13
- konsolidierungspflichte Gesellschaften, 727 N 27 ff.
- Opting-Up, 727 N 39 ff.
- Publikumsgesellschaft, 727 N 4 ff.
- Rechtsfolgen, 727 N 30 ff.
- Sarbanes-Oxley Act, 727 N 17
- Voraussetzungen, 727 N 3 ff.
- wirtschaftlich bedeutende Gesellschaften, 727 N 20 ff.
- Publikumsgesellschaft, Definition, 727 N 5 ff., 11 ff., 16 ff.
- wirtschaftlich bedeutende Gesellschaft
  - Bilanzsumme, 727 N 21
  - Definition, 727 N 21 ff.
  - Umsatzerlös, 727 N 21
  - Vollzeitstelle, 727 N 21 f.

Revisionsbericht, 675 N 25
Revisionspflicht AG, Vor Art. 727 N 1 ff.
- abgestufte, Zweck, Vor Art. 727 N 22 ff.
- Banken, Vor Art. 727 N 12
- Deutschland, Vor Art. 727 N 39 f.
- Effektenhändler, Vor Art. 727 N 12
- Einrichtungen beruflicher Vorsorge, Vor Art. 727 N 12
- Entstehungsgeschichte, Vor Art. 727 N 1 ff.
- EU, Vor Art. 727 N 36 ff.
- Geltungsbereich, Vor Art. 727 N 9 ff.
  - persönlicher, Vor Art. 727 N 9 ff.
  - sachlicher, Vor Art. 727 N 13 f.
- Harmonisierung, internationale, Vor Art. 727 N 24
- kollektive Kapitalanlagen, Vor Art. 727 N 12
- Komplexität, Vor Art. 727 N 24
- Normzweck, Vor Art. 727 N 15 ff.
- Opting-Out, Vor Art. 727 N 26 f., 34 f.
- Opting-System, Vor Art. 727 N 13
- Opting-Up, Vor Art. 727 N 30 ff.
- Qualität Rechnungslegung, Vor Art. 727 N 16
- Schädigungspotenzial, volkswirtschaftliches, Vor Art. 727 N 22
- Schutz
  - Aktionär, Vor Art. 727 N 18
  - Allgemeinheit, Vor Art. 727 N 20
  - Gläubiger, Vor Art. 727 N 19

- zukünftiger Aktionäre/Gläubiger, Vor Art. 727 N 20
- Schutzadressaten, Vor Art. 727 N 16 ff.
- USA, Vor Art. 727 N 41 ff.
- Versicherungsunternehmen, Vor Art. 727 N 12

Revisionsstelle AG, 663b N 5; 663h N 21; 670 N 17; 2 SchlT N 10 ff.
- Abberufung, 730a N 17 ff.
  - Anwesenheitsrecht an der GV, 730a N 18
  - Ersatzanspruch, 730a N 19
  - missbräuchliche, 730a N 19
- Absetzung durch den Richter, 730a N 19
- Amtsdauer, 730a N 1 ff.
  - Beendigung, 730a N 4
  - Verlängerung, 730a N 4
  - Wiederwahl, 730a N 3
- Anforderungen
  - eingeschränkte Revision, 727b–c N 32 ff.
  - ordentliche Revision, 727b–c N 16 ff.
- Angestellte als VR Mitglieder, 707 N 18
- Anzeigepflicht (eingeschränkte Revision), 729c N 1 ff.
  - Abwahl RS, 729c N 8
  - bisheriges Recht, 729c N 2
  - Entstehungsgeschichte, 729c N 1
  - Ersatzvornahme, 729c N 7
  - hälftiger Kapitalverlust, 729c N 5
  - Normzweck, 729c N 3
  - offensichtliche Überschuldung, 729c N 4 ff., 9 ff.
  - Rücktritt RS, 729c N 8
  - Verantwortlichkeit, 729c N 6
  - Voraussetzungen, 729c N 9 ff.
- Anzeigepflicht (ordentliche Revision), 728c N 1 ff.
  - Abwahl RS, 728c N 32
  - bisheriges Recht, 728c N 5
  - Entstehungsgeschichte, 728c N 1 ff.
  - Ergreifen geeigneter Massnahmen, 728c N 24 f.
  - Ersatzvornahme, 728c N 31
  - gegenüber GV, 728c N 21 ff.
  - gegenüber VR, 728c N 9 ff.
  - Geschäftsführung, 728c N 25
  - Gesetz, 728c N 16 f.
- hälftiger Kapitalverlust, 728c N 14
- Liquidität, 728c N 34
- Modalitäten der Anzeige, 728c N 19 f., 26 ff., 41 ff.
- Nachforschungspflicht, 728c N 10
- Normzweck, 728c N 6 ff.
- offensichtliche Überschuldung, 728c N 33 ff.
- Organisationsreglement, 728c N 18, 23
- Prozessuales, 728c N 41 ff.
- Rangrücktritt, 728c N 34
- Reformvorhaben, 728c N 48 ff.
- Rücktritt RS, 728c N 32
- Sanierung, 728c N 39
- Schädigung Gläubiger, 728c N 39
- Statuten, 728c N 18 f.
- Untätigkeit VR, 728c N 24 ff., 38 ff.
- Verstösse, 728c N 10 ff., 16 ff.
- wesentliche Verstösse, 728c N 22 f.
- Wesentlichkeit, 728c N 13
- zeitliche Hinsicht, 728c N 15
- Beaufsichtigung, staatliche, 727b–c N 16
- Befähigung, fachliche, 727b–c N 1 ff.
- Beizug, rechtliche Folgen, 727b–c N 42 ff.
- Bestätigungen, 727b–c N 20
- Bewilligung, staatliche, 727b–c N 3
- Bezeichnung, rechtliche Folgen, 727b–c N 37 ff.
- Bezeichnung der Revisionsstelle, 7 ÜBest N 1 ff.
- Eingeschränkte Revision, 729a N 1 ff.
- Entlastung, 730a N 21
- Finanzkontrollen der öffentlichen Hand, 730 N 16 ff.
  - Anforderungen, 730 N 17
- Handelsregister, 727b–c N 37
- Honorar, 730 N 8 f.
- Informationspflicht des Verwaltungsrats, 730b N 1 ff.
  - Delegation an die Geschäftsleitung, 730b N 3
  - Informationen von Dritten, 730b N 11
  - Latenter Interessenkonflikt, 730b N 2
  - Nachforschungspflicht, 730b N 9
  - Schriftlichkeit, 730b N 5

Revisionsstelle GmbH

- Umfang, 730b N 4
- Vollständigkeitserklärung, 730b N 7 ff.
- Vorenthalten von Informationen, 730b N 6
- Zulässigkeit des Einverlangen von Vollständigkeitserklärungen, 730b N 9
– Inkompatibilität, 707 N 19
– Inkrafttreten revidiertes Revisionsrecht, 7 ÜBest N 1 ff.
– mehrere Personen (joint auditors), 730 N 12
– Ordentliche Revision, 728a N 1 ff.
– Organstellung, 730 N 8
– Pflichten, ständige, 727b–c N 19
– Prüfungshandlungen, ausserodentliche, 727b–c N 20
– Prüfungspflicht, 663b^{bis} N 100 ff.; 663c N 56 ff.
– Rechtsverhältnis zur AG, 730 N 8
– Revisionsexperte, 727b–c N 18 ff., 21 ff.
  - Anforderungen, 727b–c N 18, 26
– Revisionsgeheimnis, 730b N 12 ff.
  - Ausnahmen, 730b N 16 f.
  - gegenüber Aktionären, 730b N 14
  - Öffentlichkeit, 730b N 18
  - Sanktionen, 730b N 20
  - Schadenersatz, 730b N 19
  - Schweigepflicht gegenüber Dritten, 730b N 15
  - Wahrung, 730b N 12
– Revisionsregister, 727b–c N 17
– Revisor, Anforderungen, 727b–c N 33
– Revisoren, 707 N 17
– Rotation des Mandatsleiters, 730a N 5 ff.
  - Übergangsfrist, 730a N 7
  - Wechsel, 730a N 5 ff.
– Rücktritt, 730a N 9 ff.
  - Adressat, 730a N 10
  - Form, 730a N 9
  - Gründe, 730a N 14 f.
  - Handelsregister, 730a N 11 ff.
  - Mitteilung an den VR, 730a N 10 ff.
  - Offenlegung, 730a N 14, 16
  - vorzeitiger, 663b N 41 f.
  - Wirkung im internen Verhältnis, 730a N 11

  - Zeitpunkt, 730a N 9
  - zur Unzeit, 730a N 13
- Sicherung Unabhängigkeit, 663b N 41g
- Sitzerfordernis, 730 N 18
- Spezialprüfer, 730 N 14
- Vertreter einer öffentlich-rechtlichen Körperschaft, 762 N 1
- Wahl, 730 N 1 ff.
  - Annahmeerklärung, 730 N 5
  - Antrag, 730 N 3
  - Erneuerungswahl, 730 N 6
  - Quorum, 730 N 6
  - Vertretungsrechte, 730 N 4
  - von Ersatzleuten, 730 N 15
  - Wahlorgan, 730 N 1 ff.
  - zusätzlicher Revisoren, 730 N 4 f., 12 f.
- zu unterrichten, 663h N 20
- zulässige Rechtsformen, 730 N 10 ff.
- Zulassungsprinzip, 727– N 2 ff.

Revisionsstelle GmbH, 818 N 1 ff.
- Amtsdauer, 818 N 8
- Anforderungen, fachliche, 818 N 8
- Aufbewahrung, 818 N 8
- Auskunftspflicht, 818 N 8
- bisheriges Recht, 818 N 6
- Dokumentation, 818 N 8
- Geheimhaltungspflicht, 818 N 8
- Gesellschafter, Nachschusspflicht, 818 N 10
- Handelsregister, Eintragung, 818 N 13
- Opting-Out, 818 N 12
- Opting-Up, 818 N 14 ff.
- Prüfung, Anteilbuch, 818 N 11
- Rechnungsabnahme, 818 N 8
- Revisionspflicht, 818 N 8
- Unabhängigkeit, 818 N 8
- Wahl, 818 N 8

Revisionsvorlage 2007
- Abschaffung der Depot- und Organvertretung, 689b N 32

Revisionsvorlage 2008
- Abschaffung der Depot- und Organvertretung, 689c N 37 ff.

Revisionsvorlage 2009
- Abschaffung der Depot- und Organvertretung, 689d N 33

Revisionsvorlage 2010
- Aktionärsrechte, 689c N 40, 43, 48

Revisionsvorlage 2011
- Dispo-Aktien und Lösungsvarianten, 689c N 44 ff.

Revisionsvorlage 2012
- elektronische GV, 689 N 52 f.

Revisionsvorlage 2013
- elektronische GV, 689a N 25

Revisionsvorlage 2014
- elektronische Vollmacht, 689 N 53

Revisionsvorlage 2015
- elektronische Vollmacht, 689a N 25

Revisionsvorlage 2016
- securities lending und dgl., 689b N 33

Revisionsvorlage 2017
- unabhängige Stimmrechtsvertretung, 689c N 38, 42

Revisionsvorlage 2018
- unabhängige Stimmrechtsvertretung, 689e N 10

Revisor, besonders befähigt, 670 N 18

Revisoren, fachliche Anforderungen, 727b–c N 8 ff.

Rheinfrachtbrief, 1153–1155 N 19

Rheinkonnossement, 1153–1155 N 19

Risikoanalyse
- empfängergerechte Darlegung, 663b N 41c
- situationsgerechte Darlegung, 663b N 41c

Risikobeurteilung, 663b N 41a, 41c

Rotationserfordernis (Unabhängigkeit der Revisionsstelle), 728 N 29

Rückerstattung, Gegenstand, 800 N 5

Rückerstattungspflicht, 676 N 11; 678 N 6, 18, 36; 679 N 3
- Aktivlegitimation, 904 N 6
- allgemeine, 904 N 1
- Bereicherung, 904 N 5
- Gegenstand, 904 N 3
- Passivlegitimation, 904 N 7
- Verjährung, 904 N 8
- Voraussetzung, Konkurs, 904 N 2

Rückerstattungsverbot
- Darlehen an Gesellschafter, 793 N 10 f.
- Einlagen (Stammanteil), 793 N 9 f.
- fiktive Darlehen, 793 N 10

Rückforderung, 678 N 1

Rückforderungsklage, 680 N 28

Rückforderungsrecht, 680 N 16

Rückgriff
- Wechselduplikate, 1064 N 1, 5; 1065 N 5
- Wechselkopien, 1067 N 3, 5

Rücklagen, 671 N 47

Rücksicht, 665 N 12; 674 N 11

Rückstellung, 663b N 14; 858 N 11

Rückstellungen, 663 N 9, 25 f.; 663a N 10, 54, 57; 669 N 3, 21, 29 f.
- überflüssig gewordene, 669 N 28

Rückstellungsspiegel, 663g N 49

Rücktrittserklärungen, 931a N 18

Rückweisung, 663h N 23

S

Sachanlagen, 663a N 5, 36

Sacheinlage, 650 N 20
- Genossenschaft, 833 N 4
- GmbH, 777c N 3 ff.
- Gründungsbericht, 635 N 1 ff.
- Kapitalerhöhung, 651 N 11 ff.
- Übernahmen, 650 N 23; 651 N 11; 653b N 25

Sachkunde, 959 N 6

Sachübernahme, 650 N 23
- Genossenschaft, 833 N 5
- GmbH, 777c N 6 ff.
- Kapitalerhöhung, 651 N 12 f.

Sachverständige
- Auftragsrecht, 731a N 16
- Einsetzung von Sachverständigen, 731a N 12
- Essentialia des Einsetzungsbeschlusses, 731a N 13
- Haftung, 731a N 17
- Handelsregister, 731a N 15
- Rechtsstellung, 731a N 15
- sachlich, 731a N 13
- zeitlich, 731a N 13

Sachverständiger, 697a N 6

Sachwert-Methode, 663g N 34

Saldierungsverbot, 662a N 14

Sanierung, konkrete Aussichten auf, 725 N 40a; 725a N 6 f.

Sanierungs- u.ä. Hilfeleistungen, 678 N 24

Sanierungsfusion, 725 N 16a

Sanierungsmassnahmen, 725 N 10–17

Sanktionierung, 678 N 2

2825

Sarbanes-Oxley Act (Unabhängigkeit der Revisionsstelle), 728 N 3
Säumigkeit, 681/682 N 11
Schaden, Ersatz des weiteren, 681/682 N 9
Schadenersatz, Wechselrecht, 1063 N 10; 1064 N 6; 1065 N 2; 1067 N 3; 1068 N 12, 15
Schädigung der Gesellschaft oder Aktionäre, 697b N 5, 7
Scheineinzahlung, 753 N 14
Schleusensystem, 697a N 13
Schlussdividende, 660 N 19
Schlussvermerk, 1066 N 2, 5; 1067 N 6 ff.
Schonende Rechtsausübung
– bei Ausschluss des Bezugsrechts, 652b N 15, 24
– bei Ausschluss des Vorwegzeichnungsrechts, 653c N 12, 17
Schuld (Unabhängigkeit der Revisionsstelle), 728 N 22 ff.
Schuldanerkennung, 957 N 52
Schulden, 663a N 10, 48
Schuldübernahme (GmbH), 794 N 6
Schuldverhältnisse, 957 N 24, 27
Schutz
– der Gesellschaft, 800 N 1
– der Gläubiger, 675 N 6; 800 N 1
Schutzfunktion, 957 N 6
Schutzklausel, 662a N 9b, 17; 663g N 3; 663h N 1, 3, 20; 697 N 9; 858 N 11
Schutzrecht, 697 N 1
Schweizerische Beherrschung, 4 SchlT N 1
Securities Lending, bei eigenen Aktien, 659a N 2b
Seekonnossement, 1153–1155 N 5, 10 ff.
– Bordkonossement, 1153–1155 N 12
– Durchkonossement, 1153–1155 N 12
– Einredeordnung, 1153–1155 N 17
– Empfängerrevers, 1153–1155 N 16
– Haftung des Seefrachtführers, 1153–1155 N 17
– Herausgabepflicht des Seefrachtführers, 1153–1155 N 15
– Konnossementsgarantie, 1153–1155 N 16
– Terminologie, 1153–1155 N 11
– Übernahmekonossement, 1153–1155 N 12
– Unabhängigkeit des Konnossements, 1153–1155 N 17
– Voraussetzungen, 1153–1155 N 10, 13
Sekretär des VR
– Anforderungen, 712 N 13, 15
– Gesetzesrevision, 712 N 2
– Haftung, 712 N 14
– Protokollführung, 713 N 28
– Terminologie, 712 N 2, 13
– Wahl, 712 N 1, 3 ff.
Selbstinformation, 663e N 2a
Selbstprüfungsverbot, 728 N 30 f.
Sicherung eigener Verbindlichkeiten, 663b N 15
Situation, 959 N 6
Sitz der AG, 626 N 5 ff.
Sitzungs- oder Taggelder, 677 N 23
Sitzverlegung, 929 N 9; 934 N 15; 937 N 7
Sockeldividende, 677 N 10
Solaklausel, 1063 N 2, 8
Solawechsel, 1063 N 2, 8
Sonderprüfer
– Einsetzung, 697c N 5 ff.
– keine Zwangsmittel, 697d N 12
– Schweigepflicht, 697d N 14 ff.
– Verantwortlichkeit, 697e N 17 ff.
Sonderprüfung
– Anordnung, 697c N 1 ff.
– Antragsrecht des Partizipanten, 656c N 5
– Durchführung, 697d N 2 ff.
– Einleitungsverfahren, 697a N 28 ff.
– Ergänzungsfrage, 697e N 9
– Erläuterungsbericht, 697a N 16
– formelle Voraussetzungen, 697b N 2 ff.
– Gegenstand, 697a N 15 ff.
– Interessenlage, 697a N 11 ff.
– Kosten, 697g N 2
– materielle Voraussetzungen, 697b N 5 ff.
– Objektbezogenheit, 697e N 3
– Rechtsvergleichung, 697a N 8 ff.
– Revision, 697a N 34 f.
– Subsidiarität, 697a N 2, 27
– volles Prüfen, 697e N 4
– Wesen und Zweck, 697a N 1 f.
– Wirkung, 697a N 14

Statuten

Sonderprüfungsauftrag, Widerruf, 697e N 13
Sonderprüfungsbericht, 697e N 1 ff.
– Bekanntgabe, 697f N 1 ff.
– Bereinigung, 697e N 6 ff.
– Form und Inhalt, 697e N 1
– keine Bindungswirkung, 697f N 4
– Vorlegung in der GV, 697f N 1 ff.
Sonderregelung, abgeschlossene, 678 N 3
Spaltung, 937 N 6
Sparten, 663b N 47
Spediteurempfangsschein, 1153–1155 N 6
Sperrgrösse, 670 N 14
Sperrklausel, 1066 N 2, 5; 1067 N 6 ff.
Sprache, 663f N 9
Staffelform, 663 N 11; 663a N 14; 958 N 13, 20
Stammanteil
– Abtretung, 785 N 1 ff.
– Abtretungsvertrag, 785 N 3 ff.
– besondere Erwerbsarten, 788 N 1 ff.
– eigener, 783 N 1 ff.
– Erwerb, 783 N 1 ff.
– Form der Abtretung, 785 N 2
– gemeinschaftliches Eigentum, 792 N 1 ff.
– Gesamteigentum, 792 N 3
– gesetzliche Vinkulierung, 786 N 2 ff.
– Kapitaldeckung, 793 N 1
– Kapitalerhaltung, 793 N 1
– Leistung der Einlagen, 793 N 1 ff.
– Miteigentum, 792 N 3
– Nachschusspflicht, 795 N 1 ff.; 795a N 1 ff.
– Nutzniessung, 789a N 1 ff.
– Pfandnahme, 783 N 18
– Pfandrecht, 789b N 1 ff.
– Rechtsübergang (Zeitpunkt), 787 N 2 ff.
– Rechtsübergang (Zustimmungsfrist), 787 N 5 ff.
– Rückerstattungsverbot, 793 N 9 ff.
– statutarische Vinkulierung, 786 N 5 ff.
– Stimmrecht, 788 N 7
– Teilliberierung, 793 N 1; 794 N 2, 7
– Übernahmeangebot, 788 N 9 ff.
– Übernahmeangebot (wirklicher Wert), 789 N 1 ff.
– Übertragung durch eheliches Güterrecht, 788 N 1 ff.
– Übertragung durch Erbgang, 788 N 1 ff.
– Übertragung durch Erbteilung, 788 N 1 ff.
– Übertragung durch Fusion, 788 N 5
– Übertragung durch Spaltung, 788 N 5
– Übertragung durch Vermögensübertragung, 788 N 5
– Übertragung durch Zwangsvollstreckung, 788 N 1 ff.
– unentgeltlicher Erwerb, 783 N 18
– Verurkundung, 784 N 3 f.
– Verurkundung (Inhalt der Urkunde), 784 N 5 f.
– Verweigerung der Anerkennung als stimmberechtigter Gesellschafter, 788 N 8
– Verweigerung der Anerkennung als stimmberechtigter Gesellschafter (Frist), 788 N 13 f.
– Verweigerung der Zustimmung zur Abtretung, 786 N 11
– Vinkulierung, 786 N 1 ff.
– Vollliberierung, 793 N 1; 794 N 2, 7
– Vorzugsstammanteile, 799 N 1 ff.
Stammkapital, 794 N 5
– Rückzahlung der Nachschüsse, 795b N 1 ff.
Stampaerklärung, 652h N 3; 653h N 2
Stampa-Erklärung, 943 N 7
Standardkosten, 663 N 21
Standardkosten-Verfahren, 666 N 6
Statuten, Vor Art. 620 N 7; 676 N 6; 677 N 7, 10, 21; 680 N 8; 860 N 8; 931a N 16
– AG, 626 N 1 ff.
– altrechtliche, 2 SchlT N 2, 16
– Änderung, 647 N 1 ff.; 932 N 11 f.; 933 N 3
– Änderung (AG), 627 N 3 f.
– Änderungen
  – bei Kapitalerhöhung, genehmigter, *s. dort*
  – Kompetenz des VR bei Kapitalerhöhungen, 652g N 1, 7
– Auslegung, Vor Art. 620 N 7
– Bauzinsen (AG), 627 N 6
– Beanstandung, 940 N 24

Statutenänderung

- bedingt notwendiger Inhalt, 776a N 1 ff.
- bedingt notwendiger Inhalt (AG), 627 N 1 ff.
- bedingt notwendiger Inhalt (Genossenschaft), 833 N 1 ff.
- bedingte Kapitalerhöhung (AG), 627 N 9
- Bekanntmachung (AG), 626 N 15
- Bereinigung, 628 N 18 ff.; 777c N 14
- Beschlussquorum, 627 N 18
- Beschränkung des Stimmrechts, 627 N 16
- Beschränkung des Vertretungsrechts (AG), 627 N 17
- besondere Vorteile (AG), 627 N 15
- Dauer der AG, 627 N 7
- Einberufung der GV (AG), 626 N 12
- genehmigte Kapitalerhöhung (AG), 627 N 9
- Genossenschaft, 832 N 1 ff.
- Genussscheine, 627 N 14
- GmbH, 776 N 1 ff.
- Kompetenzdelegation des VR, 627 N 19
- Konventionalstrafe (bei AG), 627 N 8
- Mindesthinhalt (Genossenschaft), 832 N 1 ff.
- Mindestinhalt, 776 N 1 ff.
- Mindestinhalt (AG), 626 N 4 ff.
- Organe (AG), 626 N 14
- PS, 627 N 13
- Revisionsstelle (AG), 627 N 20
- Statutenänderung, 780 N 1 ff.
- Stimmrecht der Aktionäre, 626 N 13
- Tantiemen (AG), 627 N 5
- Umwandlung von Aktienarten, 627 N 10
- Vinkulierung, 627 N 11
- Vollständigkeitskontrolle, 940 N 20
- Vorzugsaktien, 627 N 12

Statutenänderung, 678 N 26
- Wirksamkeit, 647 N 7 ff.; 780 N 6 ff.

Statutenbereinigung, 777c N 14
- AG, 628 N 18 ff.

Statutenbestimmungen, 680 N 9
- altrechtliche, 2 SchlT N 4 f., 8 f., 11, 14

Stellvertretung, 961 N 5
Stempelabgabe, 1063 N 12; 1066 N 6

Stetigkeit, 662a N 7 f., 13, 16, 21; 663b N 6, 42; 663g N 39; 665 N 16; 669 N 10; 958 N 8; 959 N 11, 26
- formelle, 959 N 26
- materielle, 959 N 26

Steuerbehörden, Vor 32. Titel N 20
Steuern, 663g N 49; 676 N 12; 677 N 18; 958 N 20
- Stempelabgabe, 1063 N 12; 1066 N 6

Steuerrecht, 957 N 17
Stichtagsinventur
- verlegt, 958 N 10
- verschoben, 958 N 10

Stichtagskurs-Methode, 663g N 34
Stiftung, 957 N 13
Stille Reserven, 662a N 4; 663b N 26; Vor 32. Titel N 10
Stille Willkürreserven, 960 N 8
Stillstand der gesellschaftlichen Aktivitäten, 545/546 N 3
Stimm- und Teilnahmerecht, 689 N 1, 20, 14 f.
- Aktionäre mit Stimmrecht, 689 N 6, 36, 37 f.; 689a N 9
- Aktionäre ohne Stimmrecht, 689 N 7 ff., 17 f., 26
- Dispo-Aktien, 689 N 9 f., 12
- eigene Aktien, 689 N 24
- fiduziarische Aktionäre, 689 N 37
- materielles Stimmrecht, 689 N 14 f.
- Nominee-Aktien, 689 N 38
- Partizipant, 689 N 18, 30, 35, 51; 689a N 24; 689e N 2
- Sammelverwahrung, 689d N 15
- schriftliche Stimmabgabe, Urabstimmung, 689 N 33
- securities lending und Repo-Geschäft, 689b N 22 ff.
- Stimm- und Teilnahmepflicht, 689 N 14
- Stimmrecht zusammenhängende Rechte, 689 N 15, 21
- Teilnahme an GV von VR, RS, GL, 689 N 19
- Teilnahme von Nichtaktionären, 689 N 16
- Vorratsaktien, 689 N 25
- Wahlannahmepflicht, 689 N 20

Stimmenmehrheit, 663e N 4, 9
Stimmrecht, 692 N 1 ff.
- Partizipationsscheine, 656c N 1 ff.

- Aktionärbindungsvertrag, 692 N 10
- an eigenen Aktien, 659a N 1 ff.; 659b N 10
    - bei Halten durch Tochtergesellschaften, 659b N 10
- an treuhänderisch gehaltenen Aktien, 659a N 2
- Ausschluss, 695 N 1 ff.
- Ausstand, 695 N 3
- Beschränkungen, 695 N 1 ff.
    - gesetzliche, 692 N 6
    - statutarische, 692 N 7 f.
    - und Décharge, 695 N 1 ff.
    - vertragliche, 692 N 10 ff.
- Einschränkungen, statutarische, 692 N 4
- Entstehung, 694 N 1
- Grundsatz der Gleichbehandlung, 692 N 8
- Mindeststimmrecht, 692 N 2
    - und Sanierung, 692 N 14
    - und Stimmpflicht, 692 N 2
- Vetorecht, unzulässiges, 692 N 9
- Willensmängel, 692 N 5
- Zirkularbeschluss, 692 N 1

Stimmrechtsaktien, 693 N 1 ff.; 709 N 4, 9
- Abschaffung, 693 N 9
- Beschluss der GV, qualifizierter, 693 N 6
- Einführung, 693 N 3
- Einschränkungen, 693 N 10 ff.
- Liberierungspflicht, 693 N 2
- Recht auf Sitz in VR, 693 N 7
- Übergangsrecht, 693 N 12 f.
- unechte, 693 N 8
- Verhältnis zu Stammaktien, 693 N 5

Stimmrechtsausübung
- Pflicht zur Stimmrechtsausübung, 689b N 6 f.; 689d N 8
- Rechenschaftspflicht, 689b N 11; 689c N 27 f.; 689d N 26
- schriftliche Stimmabgabe, Urabstimmung, 689 N 33
- Stimmabgabe, uneinheitliche, 689c N 13, 20; 689d N 22
- Weisungseinholungs- und Weisungsbefolgungspflicht, 689 N 38; 689b N 14; 689c N 13, 19 f.; 689d N 16, 21 ff.

Stimmrechtsbeschränkungen, 689 N 23 ff., 27; 691 N 1
- Beachtung durch Vertreter, 689 N 43 f.
- Décharge, 691 N 5
- eigene Aktien, 689 N 24
- Entlastung des VR, 689 N 26
- gesetzliche, 689 N 23, 46; 691 N 5
- Grundsatz der Gleichbehandlung, 691 N 4
- Höchststimmrechtsklauseln, 689 N 49 f.
- Simulation, 691 N 2
- statutarische, 691 N 4
- statutarische und andere, 689 N 27 ff., 47 f.
- Umgehung, 689 N 40, 45; 691 N 21
- Verbot von institutionellen Stimmrechtsvertretern, 689 N 48
- Vertretung eigener Aktien, 691 N 6
- Vertretung nur durch andere Aktionäre, 689 N 47; 689c N 17

Stock option plan, Vor Art. 659 N 6
Stockdividende, 675 N 32
Streichung, 938 N 1
Streitigkeiten, 963 N 4 f.
Streitverkündung, als Verjährungsunterbrechungsgrund, 1070 N 5
Stundung, 680 N 16
subsidiär, 679 N 10
Substanzerhaltung, 675 N 6
Summenbilanz, 663g N 28
Swiss GAAP FER, 663b[bis] N 13

T

Tagebuch, 929 N 3
Tagebuchdatum, 929 N 3
Tagesregister, 929 N 3 f.; 929a N 2; 931 N 5; 931a N 23, 25; 940 N 7
Tagesregisterdatum, 932 N 7; 933 N 2
Tageswert, 663g N 13
Tageswertprinzip, 663g N 10; 666 N 1, 4; 960 N 13, 18
Tantiemen, 677 N 2; 679 N 1
- Beschluss der Gesellschafterversammlung, 798b N 5
- Bilanzgewinn, 798b N 6
- Dividenden, 798b N 7
- GmbH, 798b N 1 ff.
- Reserven, 798b N 7
- statutarische Grundlage, 798b N 4

2829

Tatsachen

- ungerechtfertigt bezogene, 677 N 17
- verschleierte, 677 N 7, 25

Tatsachen, 1 ÜBest N 3
- altrechtliche, 1 SchlT N 3; 1 ÜBest N 3
- neurechtliche, 1 SchlT N 3; 1 ÜBest N 3

Teilkonzern, 663f N 1

Teilliquidation, 659 N 16 ff.

Tod
- eines Genossenschafters, 847 N 1 ff.
- eines Gesellschafters, 545/546 N 9; 574 N 2
- eines Kommanditärs, 619 N 2

Transparenz, 663b N 4

Transportanstalten, konzessionierte, 671 N 40

Transposition, 1 SchlT N 15

Trennungsvermerk, 1066 N 2, 5; 1067 N 6 ff.

Treuepflicht, 680 N 7, 9
- Anwendungsbereich, 803 N 3 ff.
- Ausnahme, 803 N 11 f.
- Begründung, 803 N 7
- Funktion, 803 N 7 f.
- Geltung, 803 N 6
- Konkretisierung, 803 N 10
- Sanktionen, 803 N 33
- Verstoss gegen, 803 N 31
- Vertretung, 803 N 4

true and fair view, 662 N 22; 662a N 28, 30a; 669 N 46; 959 N 30

Typisierung, 1 SchlT N 6, 9, 13 f.

Typologie, 801 N 5

U

Übergangsbestimmungen GmbH-Recht
- allgemeine Regel, 1 ÜBest N 1 ff.
- Ausschliesslichkeit eingetragener Firmen, 11 ÜBest N 1 ff.
- Beschlussfassung, 9 ÜBest N 2
- Bezeichnung der Revisionsstelle, 7 ÜBest N 1 ff.
- Genussscheine, 4 ÜBest N 7
- Inkrafttreten revidiertes Revisionsrecht, 7 ÜBest N 1 ff.
- Kapitalherabsetzung, 10 ÜBest N 1 f.
- Leistung Stammeinlagen, 3 ÜBest N 1 ff.
- Nachschusspflicht, 6 ÜBest N 1 ff.
- Partizipationsscheine, 4 ÜBest N 1 ff.
- Rechtsformangabe/-zusatz, 2 ÜBest N 8
- Reglemente, 2 ÜBest N 2 ff.
- Stammanteilbegrenzung, 5 ÜBest N 1 ff.
- statutarische Nebenleistungspflichten, 6 ÜBest N 4
- Statuten, 2 ÜBest N 2 f.
- Stichentscheid, 2 ÜBest N 7
- Stimmrecht, 8 ÜBest N 3 f.
- Stimmrechtsbemessung, 8 ÜBest N 3 f.
- Vollliberierung, 3 ÜBest N 1 ff.

Übernahme durch Körperschaft des öffentlichen Rechts, 751 N 1 ff.

Übernahme gem. Art. 181, 548/549 N 16; 579 N 4; 592 N 2 f.

Übernahmeangebot, 685b N 9 ff.; 685c N 6, 9
- statutarische Verankerung, 685b N 10
- Übertragung durch Fusion, 685b N 9a
- Übertragung durch Spaltung, 685b N 9a
- Übertragung durch Vermögensübertragung, 685b N 9a
- zum wirklichen Wert, 685b N 12, 18 f.

Überschuldung der AG, 620 N 17; 725 N 29 f.
- Begriff, 725 N 29
- Begründete Besorgnis, 725 N 32–34
- Benachrichtigung des Richters, 725 N 40–44
- Benachrichtigungspflicht des Richters durch den zugelassenen Revisor, 725 N 39d, e
- echte, 725 N 30
- Konkursaufschub, 725a N 4–9
- Konkurseröffnung, 725a N 1–3
- Massnahmen zur Erhaltung des Vermögens, 725a N 10–13a
- Normzweck, 725 N 1, 4 f.
- Prüfung der Zwischenbilanzen durch gesetzliche Revisionsstelle/zugelassenen Revisor, 725 N 39 ff.
- Rangrücktritt, 725 N 45
- Sanierung, konkrete Aussichten auf, 725 N 40a; 725a N 6 f.
- unechte, 725 N 30
- Veröffentlichung des Konkursaufschubes, 725a N 14 f.
- Zwischenbilanz

Untergesellschaften

- zu Fortführungswerten, 725 N 35–37
- zu Veräusserungswerten, 725 N 38

Überschuldungsanzeigen, bei Mandatsniederlassung/Mandatsentzug, 725 N 41

Überschuss, 548/549 N 12; 588 N 2

Übersichtlichkeit, 662a N 30b; 959 N 15

Übertragung des Geschäftes, 574 N 3

Übertragung eines Gesellschaftsanteils, 548/549 N 16a

Umfang, 680 N 6

Umlaufsvermögen, 663a N 1, 3, 9; 667 N 5; 958 N 16
- übriges, 663a N 32

Umrechnung, 663g N 34

Umrechnungskurse, 663g N 3a

Umsatzerlös, 663e N 12

Umsatzverfahren, 663 N 12

Umstellung, 664 N 5

Umstrukturierungen, 929 N 9

Umwandlung, 937 N 6
- in Aktienkapital, 671b N 7
- in eine Kommanditgesellschaft, 576 N 11

Unabhängige Stimmrechtsvertreter, 689c N 5 ff., 14 f., 29 f.
- Aktionärseigenschaft, 689c N 17
- Auftragsverhältnisse, 689c N 23 f.
- Beendigung und Haftung, 689c N 35 f.
- Einzelvollmacht oder -ermächtigung, 689c N 18
- Entschädigung, 689c N 33 f.
- Geheimhaltung und Aktenaufbewahrung, 689c N 29 f.
- Instruktionsbefugnis, 689c N 25 f.
- Legitimationsprüfung, 689c N 21 f.
- Rechenschaftsablage, 689c N 27 f.
- Stimmrechtsbeschränkungen, 689 N 43; 689c N 16, 22
- Überwachung, 689c N 31 f.
- Weisungseinholungs- und Weisungsbefolgungspflicht, 689b N 14; 689c N 19 f.

Unabhängigkeit der Revisionsstelle
- andere Dienstleistungen, 728 N 32 f.
- Arbeitnehmer, 728 N 16
- besondere Vorteile, 728 N 52
- Beteiligung, 728 N 20 f.
- Bewertungsdienstleistungen, 728 N 35
- Buchführung, 728 N 32 f.; 729 N 7 ff.
- eingeschränkte Revision, 728 N 1 ff.
- Endscheidfunktion, 728 N 15
- enge Beziehung, 728 N 25 ff.
- Erfolgshonorar, 728 N 49
- Fixhonorar, 728 N 48
- Folgen der Verletzung, 728 N 67 ff.
- Generalklausel, 728 N 5; 729 N 3 ff.
- Independence in appearance, 728 N 12
- Independence in fact, 728 N 12
- Konzernverhältnisse, 728 N 63 ff.
- Leitungsorgane, 728 N 55
- marktkonforme Konditionen, 728 N 45
- Mitarbeiter, 728 N 56 f.
- nahestehende Person, 728 N 58 ff.
- ordentliche Revision, 728 N 1 ff.
- PCAOB, 728 N 3
- personelle Wechsel, 728 N 17 ff.
- persönlicher Geltungsbereich, 728 N 53 ff.
- Rechtsvergleichung, 728 N 70
- Revision, 728 N 2
- Revisoren, 728 N 54
- Rotationserfordernis, 728 N 29
- Sarbanes-Oxley Act, 728 N 3
- Schutzziele, 728 N 3, 10 ff.; 729 N 1
- Selbstprüfungsverbot, 728 N 30 f.
- Steuerberatung, 728 N 37
- TK-Richtlinie, 728 N 4
- Unternehmensberatung, 728 N 36
- Unvereinbare Funktionen, 728 N 15
- Unvereinbarkeitstatbestände, 728 N 4 f., 6, 14 ff.
- Verwaltungsrat, 728 N 15
- wertvolle Geschenke, 728 N 51
- wesentliche Forderungen, 728 N 22 ff.
- wesentliche Schuld, 728 N 22 ff.
- wirtschaftliche Abhängigkeit, 728 N 41 ff.

Unerlaubte Handlungen der Liquidatoren, 585 N 8

Ungerechtfertigte Bereicherung, 678 N 3

Ungerechtfertigtheit, 678 N 18 f.; 800 N 3 f.

Unklarheit, 956 N 16

Unterbilanz, 620 N 17; 663b N 31; 670 N 6

Untergesellschaften, 663e N 6

Unternehmen

Unternehmen, 665 N 12; 665a N 3 f., 11; 674 N 9, 11
– grössere, Vor 32. Titel N 4, 12
Unternehmensfortführung, 662a N 16, 19; 663b N 42; 959 N 11, 25
Unternehmensgewinn, 958 N 20
Unternehmenspolitik, 663e N 9a
Unternehmensverlust, 958 N 20
Unterordnungskonzern, 663e N 7
Unterschied inhaltlich, 862 N 1
Unterschrift
– Wechselduplikat, 1063 N 13; 1064 N 5
– Wechselfälschung, 1068 N 1
– Wechselkopie, 1066 N 4
– Wechselverfälschung, 1068 N 12
Unterschriften, 931a N 14; 937 N 5
Unterzeichnung, 961 N 1a, 4, 6
Unvereinbarkeitstatbestände (Unabhängigkeit der Revisionsstelle), 728 N 6, 14 ff.; 729 N 4 f.
Urabstimmung, *s. GmbH*
Urkunden, ausländische öffentliche, 931a N 20
Urkundenfälschung, 697e N 21

V

venire contra factum proprium, 1068 N 13
Verantwortlichkeit, 2 SchlT N 12
– Abgrenzung
  – AHVG, Vor Art. 754–761 N 8
  – Anfechtungsklage, Vor Art. 754–761 N 5a
  – Bankengesetz, Vor Art. 754–761 N 6
  – fusionsgesetzliche Verantwortlichkeit, Vor Art. 754–761 N 5c
  – Haftung aus unerlaubter Handlung, Vor Art. 754–761 N 2, 4a, 5; 916 N 5
  – Paulianische Anfechtung, Vor Art. 754–761 N 8
  – Rückerstattungsklage, Vor Art. 754–761 N 5b
  – Staatshaftung, Vor Art. 754–761 N 7
– Aktivlegitimation, 754 N 3; 755 N 2; 916 N 14
– Ansprüche der Genossenschafter, 917 N 1
– Ansprüche der Gläubiger, 917 N 1
– Anspruchsberechtigung, 916 N 4; 917 N 5
– Delegation, 827 N 8
– Doppelorganschaft, 754 N 46
– Geltendmachung des Schadens, 917 N 11
– Gründungsbericht, 753 N 6
– Gründungshaftung, 753 N 1 ff.
– IPR, Vor Art. 754–761 N 4 f.
  – Gesellschaftsstatut, Vor Art. 754–761 N 4
  – IPRG, Vor Art. 754–761 N 4a
  – LugÜ, Vor Art. 754–761 N 4a
  – Verfahren, Vor Art. 754–761 N 4a
– Kausalzusammenhang, 754 N 42 ff.; 755 N 19 ff.; 916 N 9; 917 N 7
  – Adäquanz, 754 N 42
  – Investitions- und Kreditentscheid, 755 N 21
  – Unterbrechung Kausalzusammenhang, 754 N 45
  – Unterlassung, 754 N 43; 755 N 19
  – verspätete Feststellung der Überschuldung, 755 N 20
– Konzernverhältnis, 754 N 49
– Kredit- und Versicherungsgenossenschaften, 920 N 1
– neues Recht, 827 N 1
– Nichtrückwirkung, Vor Art. 754–761 N 3
– Organe
  – Banken, 754 N 10
  – bankengesetzliche RS, 755 N 4
  – börsengesetzliche Prüfstelle, 755 N 8a
  – börsengesetzliche RS, 755 N 4
  – Dauer Organstellung, 754 N 11
  – Entscheidung, 754 N 7
  – faktische RS, 755 N 5
  – faktisches Organ, 754 N 5, 47
  – fiduziarischer VR, 754 N 48
  – formelles Organ, 754 N 4
  – funktionaler Organbegriff, 754 N 5; 827 N 5; 916 N 2
  – Gemeinwesen, 755 N 5
  – Genehmigungsvorbehalt, 827 N 6
  – Geschäftsführungsprüfer, 755 N 8
  – Gesellschaftsorgan, 755 N 3
  – juristische Personen, 755 N 5
  – kollektivanlagenrechtliche RS, 755 N 4
  – Kreditgeber und Berater, 754 N 9

- Liquidatoren, 754 N 12
- materieller Organbegriff, 917 N 4
- materielles Organ, 754 N 5
- Organ durch Kundgabe, 754 N 8
- Revisionsstelle, 827 N 9; 916 N 3; 917 N 3
- Selbstorganschaft, 827 N 4
- Sonderprüfer, 755 N 8
- Unterlassung, 754 N 7
- Verwaltung, 917 N 3
- Passivlegitimation, 754 N 4 ff.; 755 N 3 ff.
- Pflichtverletzung, 754 N 23 ff.; 755 N 12 ff.; 827 N 7; 916 N 6 f.; 917 N 6
  - Anzeigepflichten RS, 755 N 15
  - Benachrichtigung des Richters durch RS, 755 N 17
  - Berichterstattungspflicht RS, 755 N 13
  - Bestand der Aktiven, 755 N 14
  - durch Revisionsstelle, 916 N 7
  - durch Verwaltung, 916 N 7
  - Gewinnausschüttungen, 754 N 30
  - haftungsbegründende Pflichten, 754 N 26 ff.
  - Informed Business Judgement, 754 N 31a
  - Internes Kontrollsystem, 755 N 13a
  - Pflicht zur ad hoc-Publizität, 754 N 30a
  - Pflicht zur Benachrichtigung des Richters, 754 N 28
  - Pflicht zur Sanierung, 754 N 28
  - Pflichten gem. Art. 716a, 754 N 27
  - Prüfungspflicht RS, 755 N 12
  - Risikobeurteilung, 755 N 13b
  - Schutznormtheorie, 754 N 23
  - Treuepflicht, 754 N 29
  - Unabhängigkeit RS, 755 N 12a
  - Verletzung von Organpflichten, 916 N 6
- Prospekthaftung, 752 N 1 ff.; 827 N 3
- Prüfung der Jahresrechnung, 755 N 6
- Reduktion, 754 N 50
- Revisionsbericht, 755 N 7
- Revisionshaftung, 755 N 1
- Schaden, 754 N 13 ff.; 755 N 9 ff.; 916 N 8; 917 N 7
  - Beweislast, 754 N 21
  - falsche Bilanz, 754 N 16
- Fortführungsschaden, 917 N 8
- Fortsetzungsschaden, 754 N 22
- Geltendmachung des Schadens, 916 N 13
- mittelbarer Schaden, 754 N 15
- Nettoverlust, 755 N 9
- Rechtsprechung, 754 N 17
- Reflexschaden, 754 N 15
- Schadensbegriff, 754 N 13
- unmittelbarer Schaden, 754 N 16; 755 N 10 f.
- Schadenersatzbemessung, 754 N 50; 755 N 23
- Solidarität, 755 N 24
- strafrechtliche, 943 N 7 ff.
- Übergangsrecht, Vor Art. 754–761 N 3
- Verschulden, 754 N 32 ff.; 755 N 22; 916 N 10 ff.; 917 N 9
  - Beweislast, 754 N 40
  - Beweislastverteilung, 754 N 35; 916 N 12; 917 N 10
  - Delegation, 754 N 36 ff.; 916 N 11
  - Delegierte, 754 N 38
  - Exkulpationsbeweis, 754 N 39
- Vertrauenshaftung, 754 N 49
- Vertretung, 916 N 14
- Verweisungen, 827 N 2; Vor Art. 916– 920 N 2

Verantwortlichkeitsklage
- Abtretung, 757 N 17
- Aktivlegitimation, 756 N 1, 5 f.
  - Aktionär, 756 N 5
  - Partizipant, 756 N 6
- Ansprüche der Gesellschaft, 756 N 3 f.
- Ansprüche des Aktionärs, 756 N 5 ff.
- Art. 260 SchKG, 757 N 34 ff.
- besonderer Bevollmächtigter, 756 N 4
- Décharge, 917 N 12
- Ersatzansprüche, 917 N 12
- differenzierte Solidarität, 759 N 3 ff.; 918 N 1 f.
  - Adäquanz, 759 N 3
  - Aussenverhältnis, 759 N 4
  - Grad des Verschuldens, 759 N 4
  - Vorgehen, 759 N 5
- Einreden, 757 N 9, 11, 14, 20, 28
- Einredeordnung, 757 N 9
- Gerichtsstand, 761 (aufgehoben) N 1
- Gesamtschaden, 759 N 7

Veranwortlichkeitsklage

– Gläubigergemeinschaft bei Anleihensobligationen, 757 N 25
– Klagerecht Konkursmasse, 757 N 13
– kollozierte Gläubiger, 757 N 27
– Konkurseinstellung, 757 N 26
– Konkurseröffnung, 757 N 18
– Konkursmasse, 757 N 33
– Kostentragung, 756 N 14 ff.
– Nachlassvertrag mit Vermögensabtretung, 757 N 3
– Parteientschädigung, 759 N 8
– Prozesskaution, 757 N 19
– Prozessstandschaft, 757 N 22
– Recht auf Anhörung
– rechtshängig, 757 N 29
– Rechtsnatur des Anspruchs, 756 N 8
– Regressordnung, 759 N 10
– solidarische Haftung, 759 N 1
– Streitgenossenschaft, 759 N 8
– Theorie der Doppelnatur des Gläubigeranspruches, 757 N 7 ff., 34
– Theorie der Prozessstandschaft, 756 N 9 f., 13; 757 N 10 f.
– Theorie des einheitlichen Anspruchs der Gläubigergesamtheit, 757 N 12 ff., 35
– Theorie des materiellen Forderungsrechts, 756 N 11 f.
– Umfang des Anspruchs, 756 N 7
– Vergleichsvereinbarungen, 759 N 9
– Verhältnis unter Solidarschuldnern, 759 N 9 ff.
– Verjährung, 760 N 1 ff.; 919 N 1
  – absolute Verjährungsfrist, 760 N 4
  – juristische Person, 760 N 10
  – Regressklage, 760 N 7
  – relative Verjährungsfrist, 760 N 5
  – strafbare Handlung, 760 N 9
  – Unterbrechung, 760 N 8
  – Verjährungsfrist, 760 N 2
  – Zeitpunkt der Schadensrealisierung, 760 N 3
– Verrechnung, 757 N 30
– Versteigerung, 757 N 17
– Verteilung des Ergebnisses, 757 N 31 ff.

Veranwortlichkeitsklage

– Décharge, 757 N 28; 758 N 1 ff.
  – Anspruch der Aktionäre, 758 N 7 ff.
  – Anspruch der Gesellschaft, 758 N 5 ff.
  – Anspruch der Gläubiger, 758 N 10
  – Anspruch der Konkursverwaltung, 758 N 6
  – bei mittelbarer Schädigung, 758 N 5 ff.
  – bei unmittelbarer Schädigung, 758 N 4
  – Umfang, 758 N 3
  – Verwirkung, 758 N 9
  – Verzicht, 758 N 2
  – zeitliche Aspekte, 758 N 3a

Veräusserung, 671a N 12; 671b N 9
Veräusserungen, 663 N 7
Verbindlichkeiten, 663a N 10 f., 54, 60
– fiktive, 669 N 22
– kurzfristige, 663a N 10, 54, 60
– langfristige, 663a N 10, 60
Verein, 957 N 14
Vereinbarungen, 663e N 9a
Verfahren, 800 N 10
– streitiges, 697c N 4
– summarisches, 697c N 1
Verfallzeit, Wechseländerung, 1068 N 7
Verfälschung, Wechsel, 1068 N 6
Verfassungsrang, 1 SchlT N 14
Verflechtung, finanzielle, 678 N 8
Vergütung
– Ausrichtung, 663b^{bis} N 39
– Definition, 663b^{bis} N 34 ff.
– feste, 677 N 20
– geldwerter Vorteile, 663b^{bis} N 34, 38
– Genehmigung, 663b^{bis} N 3
– indirekte, 663b^{bis} N 38
– Mitwirkung als Organ, 663b^{bis} N 37
– nicht marktüblich, 663b^{bis} N 31 ff.
– sachgerechte, 663b^{bis} N 7
– sozialversicherungsrechtliche Behandlung, 663b^{bis} N 36
– steuerliche Behandlung, 663b^{bis} N 36
– vergünstigter Darlehen/Kredit, 663b^{bis} N 34
– zugesprochene, 663b^{bis} N 41 f.
Verhalten gegen Treu und Glauben, 697g N 4
Verjährung, 545/546 N 3; 619 N 9; 800 N 9
– checkrechtlicher Rückgriffsansprüche, 1134 N 1 ff.
– Frist, 591 N 1
– Unterbrechung, 593 N 1 ff.

Verjährung wechselmässiger Ansprüche
- gegen Annehmer, 1069 N 3
- gegen Aussteller, 1069 N 4
- gegen Ehrenakzeptanten, 1069 N 3
- gegen Indossanten, 1069 N 4
- gegen unbefugten Stellvertreter, 1069 N 3
- gegen Wechselbürgen, 1069 N 3

Verjährungsbeginn
- bei checkrechtlichen Rückgriffsansprüchen, 1134 N 3
- von Blankowechseln, 1069 N 7
- von wechelmässigen Ansprüchen, 1069 N 7 ff.

Verjährungsfrist, 678 N 32; 679 N 9
- checkrechtlicher Rückgriffsansprüche, 1134 N 1
- für wechselmässige Ansprüche, 1069 N 1

Verjährungsunterbrechung
- bei checkrechtlichen Rückgriffsansprüchen, 1134 N 6
- Wirkungen, 1071 N 1 ff.

Verjährungsunterbrechungsgründe
- für Wechselforderung, 1070 N 2
- für wechselmässige Ansprüche, 1070 N 1 ff.

Verkehrsschutz, 1068 N 13 f.
Verlässlichkeit, 957 N 36
Verletzung von Gesetz oder Statuten, 678 N 19
Verlust, 588 N 4 ff.
Vermittlung, 665a N 7
Vermögen, 675 N 4
- gesetzlich gebundenes, 680 N 21

Vermögens- und Ertragslage
- möglichst zuverlässige Beurteilung, 662a N 2; 663e N 19; 663h N 3

Vermögenslage, 663h N 3; 957 N 24 f.
- zuverlässiger Einblick, 663g N 3

Vermögensschaden, 1063 N 10; 1064 N 6; 1065 N 2; 1067 N 3; 1068 N 12, 15

Vermögensübertragung, 937 N 6
Vernichtung, 671a N 12; 1068 N 3 f.
Veröffentlichung, Datum der, 932 N 10
Verpflichtung
- gesetzliche, 663b N 20a
- moralisch, 663b N 20a

- statutarische, 680 N 13
- weitere, 680 N 7
- zur Übernahme von Aktien, 680 N 9

Verpflichtungen, 663b N 20a
- ungewisse, 669 N 19

Verrechnung, 663g N 29
Verrechnungsliberierung, 650 N 21a; 652c N 3 f.; 652e N 5
Verrechnungssteuer, 675 N 27; 677 N 18
- beim Erwerb eigener Aktien, 659 N 16 ff.

Verrechnungsverbot, 662a N 8, 14, 16, 24, 30b; 663 N 1; 663a N 2; 663b N 42; 663h N 12; 959 N 11, 29

Versendung
- Wechselduplikate, 1063 N 3; 1065 N 1, 3 f.
- Wechselkopien, 1067 N 1

Versicherung, 858 N 12
Versicherungen, 663h N 25
Versicherungseinrichtungen, 671 N 41
Versicherungsgenossenschaft, 858 N 8, 10; 860 N 7
Versicherungsvertrag, 840 N 20; 851 N 1 ff.
- Mitgliedschaft, 841 N 1 ff.

Verspätung, geringfügige, 681/682 N 14
Versteigerung des Liquidationsanteils, 545/546 N 14
Verteilung, 861 N 5
Verträge, 957 N 21
Vertraglich, 663e N 9a
vertragliche Grundlage, 677 N 21
Vertragsfähigkeit, Begriff, 990 N 2
Vertrauensinteressen, 1 SchlT N 5, 12; 2 SchlT N 10 f.
Vertrauensschutz, 1 SchlT N 7; 2 SchlT N 3

Vertreter
- Organvollmacht, Registrierung, 718 N 20
- Wechseländerung, 1068 N 9 f.

Vertretung der AG, 718 N 1 ff.; 718b N 1 ff.
- andere Bevollmächtigte, 721 N 7 f.
- Anscheinsvollmacht, 718 N 26 ff.
- Berechtigung, 718 N 14
- Beschränkung, 718a N 6 ff.
- Wirkung auf Dritte, 718a N 8 ff.
- Beweislast, 718 N 38 f.

Vertretung der Genossenschaft

- Delegation an Dritte, 718 N 15 f.
- Direktor, 718 N 15
- Dritte, 718 N 15 f.
- Duldungsvollmacht, 718 N 26 ff.
- Eigengeschäfte, 718 N 32
- Einzelzeichnungsrecht, 718 N 8 ff.
- Ernennungskompetenz, 721 N 2
- EU-Recht, 718 N 40; 718a N 25 ff.
- Genehmigung, 718 N 5, 21
- Guter Glaube, 718a N 8 ff., 22
- Gutglaubensschutz, 718 N 5, 8 ff., 19
- Handeln in Doppelstellung, 718 N 31
- Handelsregistereintragung, 720 N 1 ff.
  - Änderung, 720 N 7
  - Beilagen, 720 N 4
  - Löschung, 720 N 6
  - Publikation, 720 N 5
  - Unterlassung, 720 N 3
  - Wirkung, 720 N 2
- interessenwidriges Verhalten, 718 N 32
- IPR, 718 N 40; 718a N 25 ff.; 721 N 9
- Kollektivzeichnungsrecht, 718 N 8 f., 11 f.; 718a N 15 ff.
  - Einzelhandlungen, 718a N 21 ff.
  - Filialklausel, 718a N 17 f.
  - Handelsregister, 718a N 15 f.
  - Kollektivklausel, 718a N 19 f.
  - Wissens- und Passivvertretung, 718a N 24
- nach aussen, 718 N 4
- Organe, 718 N 5
- Organvollmacht, 718 N 5
  - Beendigung, 718 N 23 ff.
  - Bevollmächtigung durch Konstituierungsbeschluss, 718 N 17
  - Bevollmächtigung durch Wahl, 718 N 17
  - Handelsregister, 718 N 20, 25 ff.
  - Rechtsgrund, 718 N 17
  - Umfang, 718 N 17 ff., 18
  - Widerruf, 718 N 23
  - zeitliche Geltung, 718 N 22 ff.
- Passivvertretung, 718 N 34
- Prokura, 718 N 33
- Prokurist, 721 N 4 ff.
  - Begrenzung der Vollmacht, 721 N 6
  - Handelsregister, 721 N 5
  - Vertretungsbefugnis, 721 N 4
- Rechtswirksamkeit, 718 N 36 f.
- Schadenersatz, 718 N 7
- Selbstkontrahierung, 718 N 31; 718a N 12
- stillschweigende Bevollmächtigung, 718 N 17
- Substitution, 718 N 30
- Übertragung, 718 N 15 f.
- Unterschrift, 719 N 4 ff.
- Unterschriftsberechtigung, juristische Person, 721 N 3
- Urteilsfähigkeit, 718 N 6
- Verträge, 718b N 1 ff.
  - Freigrenze, 718b N 5 ff.
  - Gültigkeitserfordernis, 718b N 1 ff., 11
  - Insichgeschäft, 718b N 2 ff.
  - Interessenkollision, 718b N 2 ff.
  - laufende Geschäfte, 718b N 7
  - Nichtigkeit, 718b N 10 ff.
  - Rechtsfolgen, 718b N 10 ff.
  - Schriftform, 718b N 4, 10 ff.
  - Willenserklärung (einseitige), 718b N 3
- Vertretungsmacht, 718 N 19; 718a N 10
- Vertretungswille, 718 N 6
- Voraussetzung, 718 N 5 ff.
- VR, 718 N 4 ff., 8 ff.
  - Einzelzeichnungsberechtigung, 718 N 8 ff.
- Willensmängel, 718 N 29
- Wissensvertretung, 718 N 35
- Wohnsitz, 718 N 13 f., 16a f.
- Zeichnung, 719 N 1 ff.
- Zweckgrenze, 718a N 2 ff.

Vertretung der Genossenschaft, 898 N 1 ff.
- Beschränkung, 899 N 3
  - Wirkung auf Dritte, 899 N 3
- Delegation, 898 N 2
- durch Dritte, 898 N 1
- Guter Glaube, 899 N 3
- Handelsregistereintragung, 901 N 1
  - Verwaltung, 901 N 1
- Selbstkontrahierung, 899a N 1
- Umfang, 899 N 1 f.
- Unterschrift, 900 N 1
- Vertretungsbefugnis, Statuten, 898 N 1 f.
- Wohnsitzerfordernis, 898 N 1
- Zeichnung, 900 N 1

Vertretung der GmbH, 814 N 1 ff.
– andere Bevollmächtigte, 814 N 5
– Beschränkung, 814 N 7 f.
  – Wirkung auf Dritte, 814 N 7 f.
– Delegation an Dritte, 814 N 5
– durch Direktor, 814 N 5
– durch Dritte, 814 N 5
– durch Geschäftsführer, Einzelzeichnungsberechtigung, 814 N 3 ff.
– durch Prokura, 814 N 5
– Einzelzeichnungsrecht, 814 N 3 ff.
– Ernennungskompetenz, 814 N 5
– gemeinschaftliches Eigentum, 792 N 6 ff.
– Guter Glauben, 814 N 8
– Handelsregistereintragung, 814 N 10 f.
  – Geschäftsführer, 814 N 11
  – Ordnungsvorschrift, 814 N 11
  – Wirkung, 814 N 11
– Kollektivzeichnungsrecht, 814 N 4 f.
  – Einführung, 814 N 5
  – Kollektivklausel, 814 N 4 f.
– nach aussen, 814 N 3 ff.
– Organvollmacht
  – Beschränkung, 814 N 7 f.
  – Rechtsgrund, 814 N 3 ff.
  – Umfang, 814 N 7 f.
– Prokurist, 814 N 5
– Selbstkontrahierung, 814 N 7 f.
– Übertragung, 814 N 5
– Umfang, 814 N 7 f.
– Unterschrift, 814 N 9
– Vertretungsbefugnis
  – Reglement, 814 N 5
  – Statuten, 814 N 4
– Vertretungsmacht, 814 N 7 f.
– Voraussetzung, 814 N 3 ff.
– Wohnsitzerfordernis, 814 N 6
– Zeichnung, 814 N 9

Vertretung öffentlich-rechtlicher Körperschaften im VR
– Abschaffung des Vertretungsrechts, 762 N 26
– Aktionärseigenschaft, 762 N 13
– Amtsdauer, 762 N 17
– Anfechtbarkeit, 762 N 12
– Anwendbarkeit, 762 N 5 f.
– Definition, 762 N 7
– Deutschland, 762 N 27
– Entstehung, 762 N 3
– Ernennungsrecht, 762 N 14
– Geheimhaltungspflicht, 762 N 25
– Haftung, 762 N 20 f.
– Interessenwahrung, 762 N 23 f.
– Italien, 762 N 28
– öffentliches Interesse, 762 N 8, 24
– Pflichten, 762 N 24 f.
– Quoren für die Einführung, 762 N 10
– Rechte und Pflichten, 762 N 22
– Rechtsnatur, 762 N 4
– Rechtsstellung, 762 N 22 ff.
– Rechtsverhältnis, 762 N 15
– Revision, 762 N 2
– Sonderrecht, 762 N 18
– statutarische Grundlage, 762 N 9
– Vertreter, Anzahl, 762 N 11
– Weisungsrecht, 762 N 23 f.
– Zweck, 762 N 3

Vertretungsmacht, 547 N 2
– der Liquidatoren, 550 N 7; 585 N 1

Verwahrungsklausel, 1067 N 1 ff.

Verwahrungsvermerk, 1067 N 1 ff.

Verwaltungsrat AG, 663h N 20; 697 N 5, 18
– Abberufung, 726 N 1 ff.
  – Anhörungsrecht, 726 N 5
  – Begründung, 726 N 5
  – Entschädigungsansprüche, 726 N 15 ff.
  – Handelsregister, 726 N 8
  – Wirkung, 726 N 6 f.
  – Zuständigkeit, 726 N 4
– Amtsdauer, 710 N 1, 3, 12 ff.
– Aufgaben (unübertragbare), 716a N 1 ff.
  – Aufzählung, 716a N 2
  – EU, 716a N 54
  – IPR, 716a N 54
  – Omnipotenztheorie, 716a N 1
  – Paritätstheorie, 716a N 1
– Auskunfts- und Einsichtsrecht im VR, 715a N 1 ff.
  – Auskunftpflicht, 715a N 7
  – ausserhalb der Sitzungen, 715a N 9 ff.
  – Berichterstattungspflicht, 715a N 8, 18, 15 f.
  – Deutschland, 715a N 15
  – Durchsetzbarkeit, 715a N 12 f.
  – Entscheid des GesamtVR, 715a N 12

Verwaltungsrat AG

- Ermächtigung durch den Präsidenten, 715a N 9 ff., 12
- Erweiterung, 715a N 14
- Europarecht, 715a N 18
- extensive Auslegung, 715a N 5, 9, 11
- Frankreich, 715a N 16
- Gesetzesrevision, 715a N 2
- in den Sitzungen, 715a N 6 ff.
- Italien, 715a N 17
- Kritik, 715a N 5
- Umfang, 715a N 4, 6
- Zweck, 715a N 3 f.
- Ausschüsse, 716a N 34 ff.
  - Audit Committee, 716a N 39 ff.
  - Berichterstattung, 716a N 11 f., 51 f.
  - Committee Charter, 716a N 53
  - Corporate Governance, 716a N 36
  - Entschädigungsausschuss, 716a N 45 ff.
  - EU, 716a N 54
  - IPR, 716a N 55
  - Kompetenzen, 716a N 37 f.
  - Nominierungsausschuss, 716a N 43 f.
  - Notwendigkeit, 716a N 34 f.
  - Verantwortlichkeit, 716a N 37 f.
  - weitere Ausschüsse, 716a N 50
- Beschlussfassung im VR
  - Abstimmung, 713 N 11
  - Antragsrecht, 713 N 8
  - Aufhebung von Beschlüssen, 713 N 12; 714 N 9
  - Ausstand, 707 N 44
  - Beschluss, 713 N 3
  - Beschlussfähigkeit, 713 N 7
  - Beschlussunfähigkeit, 713 N 15 ff.
  - Deutschland, 713 N 37
  - Entschluss, 713 N 3
  - Europarecht, 713 N 40
  - Frankreich, 713 N 38
  - Gesetzesrevision, 713 N 2
  - Italien, 713 N 39
  - Mehrfachstimmrecht, 713 N 8
  - Mehrheit, 713 N 8
  - mündliche Beratung, 714 N 17
    - Recht auf, 713 N 22 ff.
  - öffentliche Beurkundung, 713 N 21
  - Quoren, 713 N 6a ff.
  - Stellvertretung, 713 N 10 f., 37 ff.
  - Stichentscheid, 713 N 1 f., 13 f.
  - Stillschweigen, 713 N 19
  - Stimmabgabe, 713 N 10a f.
  - Telephonkonferenz, 713 N 4
  - Terminologie, 713 N 3
  - ungültige, 714 N 8, 10 ff.
  - Vetorecht, 707 N 31; 713 N 8
  - Videokonferenz, 713 N 4
  - Wiedererwägung, 713 N 12; 714 N 9
  - Willensbildung, 713 N 4
  - Zirkulationsbeschluss, 713 N 4, 37, 40, 19 ff.
- Beschlussunfähigkeit, 713 N 15 ff.
- Bevollmächtigte, Abberufung, 726 N 3
- Delegation Geschäftsführung, 716b N 1 ff.
  - Beiräte, 716b N 13
  - Definition Geschäftsführung, 716 N 9
  - Delegationsempfänger, 716b N 9 ff.
  - Delegationsvoraussetzungen, 716b N 4 ff.
  - Dritte, 716b N 9, 15
  - EU, 716b N 36
  - formelle Voraussetzungen, 716b N 4 ff.
  - Genehmigungsvorbehalt, 716b N 8, 24
  - GV, 716b N 11
  - Haftung, 716b N 16 ff.
  - IPR, 716b N 37
  - Managementgesellschaft, 716b N 12
  - materielle Voraussetzungen, 716b N 6 ff.
  - Mitglied VR, 716b N 9
  - Nachfolgeplanung, 717 N 7a
  - Organ, 716b N 14
  - Organisationsreglement, 716b N 5 ff., 20
  - Personalunion, 716b N 10
  - Rechtsbeziehungen, 716b N 33 ff.
  - Sorgfaltspflicht, 717 N 7a
  - statutarische Ermächtigung, 716b N 4
  - Transparenz, 716b N 19
  - Vermutung gesamthafter Geschäftsführung, 716b N 31 f.
  - Weiterdelegation, 716b N 15
  - Wirkungen, 716b N 16 ff.
- Delegierte, Abberufung, 726 N 3
- Direktoren, Abberufung, 726 N 3

Verwaltungsrat AG

- Domizil der VR-Mitglieder, 707 N 20
  - Sanktion bei Verstoss gegen Domizilvorschriften, 710 N 6
- Einberufung von VR-Sitzungen, 715 N 1 ff.
  - Adressat des Einberufungsgesuchs, 715 N 5
  - Angabe von Gründen, 715 N 2, 4
  - Deutschland, 715 N 9
  - Einberufung, 715 N 4, 8
  - Einberufungsrecht, 713 N 4; 715 N 1, 3, 6, 9 ff.
  - Europarecht, 715 N 11
  - Form, 715 N 2, 5
  - Frankreich, 715 N 10
  - Frist, 715 N 2, 4, 8
  - Gesetzesrevision, 715 N 2
  - mangelhafte Einberufung, 713 N 5; 714 N 12; 715 N 8
  - Traktandenliste, 715 N 8
  - Zuständigkeit, 715 N 8
- Einstellung der Funktionen, 726 N 9 ff.
  - Ablehnung durch GV, 726 N 14
  - Beirat, 726 N 9
  - Mitverwaltungsrat, 726 N 9
  - Präsident, 726 N 9
  - Revisionsstelle, 726 N 9
  - Sachverständige, 726 N 9
  - Wirkung, 726 N 12
  - Zuständigkeit, 726 N 10 ff.
- Ernennung, Abberufung GL, 716a N 19 ff.
  - cura in custodiendo, 716a N 22; 716b N 16
  - cura in eligendo, 716a N 21; 716b N 16
  - Vertretungsrecht, 716a N 20
  - Wahl und Abwahl, 716a N 19
  - Zeichnungsrecht, 716a N 20
- Fehlen des VR, 710 N 5
- fiduziarischer VR, 716a N 3
  - Doppelter Pflichtennexus, 716a N 3
  - Geheimhaltungspflicht, 717 N 21
  - Haftungsausschluss, 716a N 3
  - Offenlegungspflicht, 716a N 3
  - Pflichtenkollision, 716a N 3
  - Schadloshaltungsklausel, 716a N 3
  - Treuepflicht, 717 N 17a
  - Weisungsrechte, 716a N 3
- Finanzverantwortung, 716a N 15 ff.
- Finanzkontrolle, 716a N 17
- Finanzplanung, Budgetierung, 716a N 18
- Rechnungswesen, 716a N 16
- Funktionsstörung, 710 N 6
- Geheimhaltungspflicht, 717 N 20 ff.
  - Dauer, 717 N 20e
  - Definition Geheimnis, 717 N 20a f.
  - fiduziarischer VR, 717 N 21
  - Geheimhaltungsherr, 717 N 20d
  - Mitteilungsverbot, 717 N 20c
  - Verantwortlichkeit, 717 N 2
  - Verhältnis zu Art. 162 StGB, 717 N 21a
- Gleichbehandlungspflicht, 717 N 1, 22 ff.
  - absolute Gleichbehandlung, 717 N 23
  - Durchsetzung, 717 N 36
  - EU, 717 N 41
  - GV, 717 N 35
  - Information Grossaktionäre, 717 N 30
  - relative Gleichbehandlung, 717 N 22
  - Rückkauf eigener Aktien, 717 N 33
  - Stimmrecht, 717 N 12a, 29
  - Übernahmeangebote, 717 N 34
  - Ungleichbehandlungen, 717 N 24 ff.
  - Verantwortlichkeit, 717 N 2
- GV, 716a N 29 ff.
  - Aufgaben i.A., 716a N 30
  - Ausführung Beschlüsse GV, 716a N 32
  - Geschäftsbericht, 716a N 29
  - Leitung der GV, 716a N 31
- Kenntnisse und Fähigkeiten, 716a N 28
- Kompetenzen, 716 N 1 ff.
  - ABV, 716 N 8; 716a N 1
  - Attraktion durch die GV, 716 N 1 f., 4 ff.
  - Beschlüsse, 716 N 3
  - Delegation durch den VR an GV, 716 N 6; 716a N 1; 716b N 11
  - Delegation durch GV an VR, 716 N 5
  - Geschäftsführungskompetenz, 716 N 9 f.
  - IPR, 716 N 12
  - Notsituationen, 716 N 7
  - Organstreitigkeiten, 716 N 11

2839

Verwaltungsrat AG

- Sondersituationen, 716 N 7
- Kooptation, 710 N 4, 13; 714 N 19
- Mitgliedschaft
  - Gesetzesrevision, 707 N 4 f.
- Nationalität der VR-Mitglieder, Verwaltungsrat, 707 N 20
- Neuwahl, 710 N 5; 715a N 13
- Oberaufsicht, 716a N 23 ff.
  - Interessenwahrung, 716a N 23
  - Internes Kontrollsystem, 716a N 26
  - Personeller Umfang, 716a N 25
  - Revisionsstellen, 716a N 27
  - sachlicher Umfang, 716a N 24
- Oberleitung, 716a N 4 ff.
  - Konzern, 716a N 7
  - Risikomanagement und -beurteilung, 716a N 6
  - Strategie, 716a N 4 f.
- Offenlegung, 663b^{bis} N 16 ff.
- Organisation, 716a N 9 ff.
  - Anpassung, 716b N 5
  - Board-System, 716b N 2
  - Corporate Governance, 716a N 12
  - dualistisches Organisationsmodell, 716a N 10; 716b N 2
  - Führungsorganisation, 716a N 10 f.; 716b N 1 ff.
  - Geschäftsreglement, 716a N 12; 716b N 21
  - Informationssystem, 716a N 11, 51 f.; 716b N 7
  - Interessenkonflikte, 717 N 8a
  - Konvergenztendenzen, 716b N 3
  - Monistisches Organisationsmodell, 716a N 10; 716b N 1
  - Offenlegung, 716b N 27 ff.
  - Organisationsmodelle, 716a N 10; 716b N 1 ff.
  - Organisationsreglement, 716a N 12; 716b N 5 f., 20 ff.; 717 N 3
  - Président Directeur Général, 716b N 2
  - Sorgfaltspflicht, 717 N 7a
  - Überprüfung, 716a N 14
  - Unternehmensstruktur, 716a N 13
  - weitere Reglemente, 716b N 22
- Organisationsreglement, 712 N 4; 713 N 6a
- Präsident
  - Abberufung, 726 N 3
  - Wahl, 712 N 5
- Präsident des VR
  - Abberufung, 712 N 12
  - Abstimmungen, 713 N 11
  - Aufgaben, 712 N 7 ff.; 715a N 9, 11 f.
  - Deutschland, 712 N 16
  - Einberufung von Sitzungen, 715 N 4 ff.
  - Europarecht, 712 N 19
  - Frankreich, 712 N 17
  - Honorar, 712 N 10
  - Italien, 712 N 18
  - Stellung, 712 N 10 f.
  - Stichentscheid, 713 N 1 f., 13 ff., 37 f.
  - Terminologie, 712 N 6
  - Wahl, 712 N 1, 3 ff.
- Prokuristen, Abberufung, 726 N 3
- Proportionalwahl, 709 N 27
- Sekretär
  - Abberufung, 726 N 3
  - Wahl, 712 N 5
- Selbstorganisation, 712 N 3
- Sitzungen, 713 N 4, 37, 39
- Sorgfaltspflicht, 717 N 1, 3 ff.
  - AHV-Belange, 717 N 11
  - Aktionärsinteressen, 717 N 12
  - Beratung durch Spezialisten, 717 N 9
  - Corporate Governance, 717 N 14a
  - Definition, 717 N 3
  - ex-ante Beurteilung, 717 N 6
  - GV, 717 N 12a
  - Interessenkonflikte, 717 N 8a
  - Mandatsannahme und -niederlegung, 717 N 4
  - Nachfolgeplanung, 717 N 7a
  - Organisation, 717 N 7a, 12a
  - Risikoverteilung und -kontrolle, 717 N 10, 13 f.
  - Sitzungen, 717 N 8
  - Sorgfaltsmassstab, 717 N 5
  - Stimmrecht, 717 N 12a, 29
  - Überwachung Geschäftsführung, 717 N 7a
  - Verantwortlichkeit, 717 N 2
- Treuepflicht, 717 N 1, 15 ff.
  - Corporate Social Responsibility, 717 N 16
  - fiduziarischer VR, 717 N 17a

Verwaltungsratsmitglied

- Gesellschaftsinteresse, 717 N 16, 37 ff.
- Gewinnstrebigkeit, 717 N 37 ff.
- Insiderwissen, 717 N 19
- Interessenkonflikte, 717 N 17 ff.
- Interessenwahrungspflicht, 717 N 15
- Konkurrenzverhältnisse, 717 N 18
- Konzernverhältnissen, 717 N 16a
- Verantwortlichkeit, 717 N 2
- Überschuldung, 716a N 33
- Universalversammlung, 715 N 8
- Vertreter
  - einer öffentlich-rechtlichen Körperschaft, 762 N 1 ff.
  - jur. Personen im Verwaltungsrat (AG), 707 N 40 ff.
- Wahl, 707 N 3; 709 N 25, 27; 710 N 3, 7
- Wahlperiode, 710 N 3 f.
- Wiederwahl, 710 N 3, 15
- Willensbildung, 713 N 4
- Zirkulationsbeschlüsse, 653g N 4

Verwaltungsratsmandat
- Ende, 707 N 39; 710 N 4, 11
- Entgeltlichkeit, 710 N 10 f.
- Entstehung, 710 N 7 f.
- Höchstdauer, 710 N 1, 3
- Mindestdauer, 710 N 3
- Rechtsnatur, 710 N 9

Verwaltungsratsmitglied, 677 N 1, 11
- Abberufung, 707 N 36, 39; 710 N 11a, 11d; 713 N 16
- Aktionärseigenschaft, 707 N 1, 6 f., 34; 762 N 22
- Aktionärsgruppen, 709 N 1, 20 ff.
- Amtsdauer
  - Deutschland, 710 N 12 ff.
  - Europarecht, 710 N 15
  - Frankreich, 710 N 13 f.
  - Gesetzesrevision, 710 N 2 f.
  - Italien, 710 N 14 f.
- Angestellte der AG, 707 N 24 f.
- Anzahl Verwaltungsräte, 707 N 5
- Anzahl VR Mandate, 707 N 4
- Arbeitnehmervertreter, 707 N 45 f., 48; 709 N 26, 29 ff.
- Auskunfts- und Einsichtsrechte, 714 N 18; 715a N 1 ff.
- Ausscheiden, 710 N 4
- Anmeldung im Handelsregister, 710 N 1h ff.
- Ausstand, 707 N 44
- Ausstandspflicht, 707 N 31a
- Beendigung der Mitgliedschaft, 707 N 39; 710 N 4, 11
- Beendigung des Mandats, 710 N 11 ff.
- Demission, 710 N 11a, 11d
- Deutschland, 707 N 45
- Direktoren der AG, 707 N 24 f.
- Doppelorganschaft, 707 N 43 f.
- Einberufungsrecht, s.a. *Einberufung von VR-Sitzungen*, 713 N 4; 715 N 1, 3
- Ermessensfreiheit, 707 N 26 f., 37; 709 N 18
- Europarecht, 707 N 48
- Fiduziant als, 707 N 26, 40 ff.
- fiduziarisches, 707 N 7, 26, 42
- Frankreich, 707 N 46
- Handelsregistereintrag, 710 N 8
- Handlungsfähigkeit, 707 N 21 f.
- Honorar, 707 N 38; 710 N 10 f.
- Informationspflichten, 709 N 18
- Inkompatibilität, 707 N 16 ff., 30
- Insichgeschäft, 707 N 43
- Italien, 707 N 47
- juristische Personen, 707 N 1, 11, 32 ff., 37 ff.
  - Haftung, 707 N 40
- Konkursite, 707 N 23
- Minderheitenvertreter, 707 N 31; 709 N 1, 20 ff.
- Nationalität, 707 N 20
- natürliche Personen, 707 N 1, 15
- Partizipanten, 709 N 9
- Pflichtaktien, 762 N 2
- Prokuristen, 707 N 24 f.
- Rechtsanwalt, 707 N 27
- Rechtsverhältnis zur AG, 707 N 37, 39
- Revisoren als, 707 N 17 ff.
- Rücktritt, 710 N 11g
- Selbstkontrahieren, 707 N 43
- Sitzungsgeld, 710 N 10
- statutarische Wählbarkeitsvoraussetzungen, 707 N 30 f.
- Stellvertretung, 713 N 10, 37 ff.
- stilles, 707 N 29
- Stimmrecht, 713 N 8 ff.; 714 N 17
- Strohmänner, 707 N 4a, 7
- Suppleanten, 707 N 28; 710 N 14

Verwaltungsratsprotokoll

- Tantiemen, 707 N 38; 710 N 10
- Teilnahmepflicht, 713 N 6
- Teilnahmerecht, 713 N 5; 714 N 17
- Treuepflichten, 707 N 26 f., 37; 713 N 9; 715 N 3
- Urteilsfähigkeit, 707 N 21 f.
- Verantwortlichkeit des Vertreters einer jur. Person, 707 N 40
- Verschwiegenheitspflicht, 762 N 25
- Vertreter des Gemeinwesens, 762 N 1 ff.
- Vorschlagsrecht, 707 N 33; 709 N 27, 29; 762 N 14
- Wahlart, 709 N 3
- Wählbarkeitsvoraussetzungen, 707 N 1 f., 4, 15 ff., 45; 709 N 12
- Wahlperiode, 710 N 3 f.
- Weisungsabhängigkeit, 707 N 26 f., 37, 41; 762 N 23 f.
- Wiederwahl, 710 N 3

Verwaltungsratsprotokoll
- als Schuldanerkennung, 713 N 27
- Aufbewahrung, 713 N 36
- Beweisurkunde, 713 N 26
- Deutschland, 713 N 37
- Form, 713 N 35
- Frankreich, 713 N 38
- Führung, 712 N 13 f.; 713 N 1, 28 ff.
- Funktion, 713 N 25
- Geheimhaltung, 713 N 36
- im Einmann-VR, 713 N 2, 29, 34
- Inhalt, 713 N 32 ff.
- Italien, 713 N 39
- Protokollführungspflicht, 713 N 28 ff.; 714 N 13
- Sanktion bei Missachtung der Protokollführungspflicht, 713 N 31
- Zirkulationsbeschlüsse, 713 N 2, 33
- Zweck, 713 N 25

Verwaltungsreserven, 663b N 29; 669 N 36, 38; 674 N 10, 13; 960 N 40

Verwandtschaftliche Beziehung, 678 N 8

Verweisung, 1 SchlT N 1b
- dynamische, 858 N 9

Verwendung, 861 N 10

Verzeichnis der Genossenschafter, 837 N 1 ff.

Verzinsung, 675 N 1

Verzug, 681/682 N 2

Verzugsfolgen, 680 N 6

Verzugszins, 681/682 N 7

Vinkulierung
- bei Kapitalerhöhung, 650 N 25 f.; 651a N 4; 653d N 2 ff., 17 ff.
  - genehmigte, 651a N 4
- Bezugsrecht, 652b N 26 ff.
- GmbH, *s. dort*

Vinkulierungsbestimmungen, 2 SchlT N 5
- altrechtliche statutarische, 2 SchlT N 3

Vollindossament, 1003 N 3 ff.

Vollkonsolidierung, 663f N 5; 663g N 20 ff.

Vollmachtsindossament, 8 N 1 ff.

Vollständigkeit, 662a N 8, 9a, 18; 663 N 1; 663a N 2; 663b N 6 f.; 663g N 14; 958 N 8; 959 N 11, 13 f.; 960 N 22

Vollzeitstellen, 663e N 12
- im Jahresdurchschnitt, 663e N 12

Voraussetzungen, formelle registerrechtliche, 940 N 14

Vorauszahlungen, 677 N 15

Vorbild, 2 SchlT N 1

Vorjahresvergleich, 662a N 13

Vorjahreszahlen, 662a N 6, 30; 663b N 6; 663g N 3

Vorkaufsrechte, 680 N 10; 685b N 20

Vorlegung
- mehrfache, 1068 N 7 f., 11
- Wechselduplikat, 1063 N 9; 1064 N 1, 4; 1065 N 3, 5
- Wechselkopien, 1066 N 7; 1067 N 4

Vorprüfung, 931a N 3

Vorräte, 663a N 4, 30; 666 N 2, 16; 960 N 31

Vorratsaktie, 650 N 33; 651 N 12 f.; 652b N 10; 653 N 1, 12, 20a
- bedingte Kapitalerhöhung, 653 N 20a
- Bezugsrechtsausschluss, 651 N 13

Vorschriften, polizeirechtliche, 940 N 16

Vorsicht, 662a N 8, 18; 959 N 7, 11; Vor 32. Titel N 9

Vorsichtsprinzip, 662a N 10, 30b; 665 N 12; 669 N 22; 960 N 20, 22, 40

Vorsorgeverpflichtungen, 663g N 49

Vorsorgliche Massnahmen, 574 N 11

Vorteile
- Kapitalerhöhung, 650 N 24; 653b N 16

- Bericht, 652e N 8
- Vorwegzeichnungsrecht
  - Aufhebung/Einschränkung, 653b N 20 ff.
  - Delegation Aufhebung, 653c N 8 ff.
  - Bedeutung, 653c N 3, 5, 11, 18
  - Berechtigte, 653c N 3
  - Durchführung des Angebots, 653c N 6 ff.
  - Rechtsnatur, 653c N 2 f.
  - Umfang, 653c N 4
  - Verletzung, 653c N 21 ff.
  - Vinkulierung, 653b N 3
  - Wandel- und Optionsanleihen, 653c N 5 ff.
  - Prospekt, 653c N 6
  - wichtiger Grund, 653b N 27; 653c N 11, 13 ff., 24, 27
  - Zuweisung nicht ausgeübter Bezugsrechte, 653b N 26

Vorwegzeichnungsrecht, 653c N 2 ff.
Vorzugsaktie, Vorrechte, 650 N 13
Vorzugsaktien, 654–656 N 1 ff.; 709 N 4, 9
- Abschaffung, 654–656 N 62 ff.
- anstehende Aktienrechtsrevision, 654–656 N 90
- BEHG, 654–656 N 74
- Besteuerung, 654–656 N 10, 80 ff.
- Bilanzierung, 654–656 N 77 ff.
- convertible preferred stock, 654–656 N 51
- Dividendenvorrecht, 654–656 N 17 ff.
- FusG, 654–656 N 49, 72
- Gleichbehandlungsprinzip, 654–656 N 76
- innovatives Kernkapital, 654–656 N 9
- Mezzanine-Kapital, 654–656 N 5
- Mitarbeiteraktien, 654–656 N 6
- Nachbezugsrecht, 654–656 N 25
- Nennwertprinzip, 654–656 N 3
- Portfoliodiversifikation, 654–656 N 12
- Rechtsökonomie, 654–656 N 11
- Rechtsvergleich, 654–656 N 86 ff.
- redeemable preferred stock, 654–656 N 50
- Sachlichkeitsgebot, 654–656 N 75
- Schaffung, 654–656 N 54 ff.
- Sonderversammlung, 654–656 N 67 ff.
- Vertretung im Verwaltungsrat, 654–656 N 52 f.
- Vorrecht am Liquidationserlös, 654–656 N 33 ff.
- Vorrecht auf Abschluss von Verträgen, 654–656 N 42
- Vorrecht auf Bauzinsen, 654–656 N 46
- Vorrecht auf Benutzung von gesellschaftlichen Anlagen, 654–656 N 45
- Vorrecht auf Beteiligung am Beteiligungsveräusserungserlös, 654–656 N 48
- Vorrecht auf Bezugsrecht, 654–656 N 28 ff.
- Vorrecht auf das Vorwegzeichnungsrecht, 654–656 N 41
- Vorrecht auf deklarative Kapitalherabsetzung, 654–656 N 44
- Vorrecht auf Genussscheine, 654–656 N 47
- Vorrecht auf Tantieme, 654–656 N 43

Vorzugspartizipationsscheine, 654–656 N 15
- Sonderversammlung, 654–656 N 73

Vorzugsrechte, 660 N 21
Vorzugsstammanteile
- Bezugsrecht, 799 N 6
- Dividenden, 799 N 4
- Gegenstand, 799 N 3 ff.
- GmbH, 799 N 1 ff.
- Kapitalerhöhung, 799 N 9
- Kumulation von Vorrechten, 799 N 11
- Liquidationserlös, 799 N 5
- statutarische Grundlage, 799 N 7 ff.
- Vertreter, 799 N 12

W

Wahlannahmeerklärungen, 931a N 17
Wahrheit, 663g N 9; 958 N 8; 959 N 11; 960 N 8, 22
- formelle, 959 N 13
- materielle, 959 N 13

Währung, 663f N 9
Währungsumrechnung, 663g N 7
Wandelanleihen, 653 N 10 ff., 21 ff.
- Ausgabe, 653b N 28 f.
- Pflichtwandelanleihen, 653 N 10a, 22a

Wandeldarlehen, 653c N 19
Wandelrecht, 663b N 40
Warenaufwand, 663 N 8

Warenlager, 960 N 33
Warenlieferungs- oder Warenabnahmeverpflichtungen, 680 N 9
Warenpapiere, 1152 N 4; 1153–1155 N 1 ff.
– Abgrenzung von blossen Empfangsscheinen, 1153–1155 N 1
– Anwendungsbereich, 1153–1155 N 1 ff.
– Arten, 1153–1155 N 5 ff.
– Begriff, 1153–1155 N 1 ff.
– IPR, 1153–1155 N 25
– Papierübereignung als Traditionssurrogat, 1153–1155 N 3
– Seekonossement, *s. dort*
– Verbriefung eines Herausgabeanspruchs, 1153–1155 N 3
– Warenbegriff, 1153–1155 N 2
– Wertpapierklausel, 1153–1155 N 1
– Wertpapierqulität trotz Verstosses gegen Art. 1153, 1153–1155 N 1
Warteliste, 4 SchlT N 10
Wechsel, Vor Art. 990–1099 N 1 ff.
– Abkommen, 1063 N 14; 1064 N 7; 1065 N 8; 1066 N 8; 1067 N 9; 1068 N 14, 16
– Abschrift, 1063 N 1; 1066; 1067
– Abtretung
   – der Ansprüche aus dem Deckungsverhältnis
      – auf den Wechsel, 1053 N 5 ff.
      – im Konkurs des Wechselausstellers, 1053 N 8 ff.
– Abweichung, 1017 N 1
   – andere, 1016 N 5 f.
– Akzept, 1064 N 1, 3 ff.; 1066 N 1, 7; 1081 N 4
– als Kreditmittel, Vor Art. 990–1099 N 19
– als Ort für die Annahmeerklärung, 1015 N 2
– an eigene Order, 993 N 2
– Änderung, 1068 N 3 ff.
– Anhang als Ort für die Annahmeerklärung, 1015 N 2
– Annahme
   – bedingte, 1016 N 1 ff.
   – des Checks (IPR), 1141 N 4
   – Einschränkung der, 1016 N 1 ff.
   – nach Verfall, 1012 N 6; 1015 N 4

– Protest mangels, 1025 N 2 f.
– undatierte, 1025 N 2 f.
– Vorlegung zur Annahme, 1011 N 1 ff.; 1018 N 1 ff.
– Annahmeerklärung, 1015 N 1 ff.
   – Form, 1015 N 1 ff.
   – Identität, 1015 N 5
   – Zeitpunkt, 1015 N 4
– Annahmeverweigerung, 1011 N 2; 1014 N 2; 1016 N 1, 3, 6
– Annehmer, als Hauptschuldner, 1011 N 1; 1018 N 1
– auf eine fremde Währung lautend, 1092 N 1
– Ausfertigungen, 1063 N 1 ff.; 1064 N 1 ff.; 1065 N 1 ff.
– Auslandsberührung, checkrechtlicher Sachverhalt mit, Vor Art. 1138–1142 N 5
– Ausschluss von Einreden, 1007 N 1 ff.
– Ausstellungdatum, 1063 N 4; 1068 N 7
– Ausstellungsort, 991 N 22; 992 N 5 ff.
– Ausstellungsort (Wechsel-IPR), 1089 N 5
– Ausstellungstag, 991 N 22
– Aval, 1020 N 2
– Avalat, 1020 N 2, 4 f.; 1022 N 1 ff.
– Begebung, 1018 N 2
– Begebungsvertrag, 1018 N 2; 1019 N 2
– Begriff, 991 N 6 ff.
– Benachrichtigung
   – des Honoraten vom Ehreneintritt, 1054 N 13 ff.
      – Form, 1054 N 16
      – Frist, 1054 N 15
      – Pflicht, 1054 N 13 f., 19
   – Fristbestimmung, 1081 N 4
   – Wechsel-IPR, 1088 N 1; 1090 N 12
– Bereicherungsansprüche
   – Check-IPR, 1141 N 1 ff.
   – gegen den Bezogenen und den Domiziliaten, 1142 N 4
   – Wechsel-IPR, 1093 N 1 ff.
– Besitz
   – als massgebender Zeitpunkt für die Rückgabe des Wechsels, 1019 N 3
   – des Wechsels für die Vorlegung, 1011 N 5
– Bestätigung (Check-IPR), 1141 N 4

Wechsel

- Beweisregel für den Zeitpunkt der Streichung der Annahmeerklärung, 1019 N 4
- Bezeichnung als, 1063 N 5; 1068 N 4
- Bezogener als Adressat der Vorlegung zur Annahme, 1011 N 7
- Bills of Exchange Act, Vor Art. 1138–1142 N 4
- blankett, 1068 N 1, 12
- Blanko-, 1068 N 1, 12
  - indossament (IPR), 1090 N 15
  - wechsel (IPR), 1087 N 2
- Blankoindossament, 1003 N 5 ff.; 1004 N 5 ff.
- Bringschuld, Wechselschuld, 1018 N 3
- Check
  - Zahlung
    - fremde Währung, 1122 N 1
    - ohne Indossament des Einreichers, 1121 N 2
    - Prüfungspflicht des Bezogenen, 1121 N 1
- Checkbürgschaft, 1114 N 1
- Checkerklärungen (IPR), 1139 N 2
- Checkfähigkeit (IPR), 1138 N 1 ff.
- Checkgläubiger (IPR), 1138 N 5
- Checkrecht, internationales, Vor Art. 1138–1142 N 1
- Checkvertrag (IPR), Vor Art. 1138–1142 N 7
- Datierung
  - der Annahme(erklärung), 1012 N 4; 1013 N 1; 1015 N 7 ff.; 1018 N 3
  - der Vorlegung, 1012 N 4
- Datierungspflicht, 1015 N 7
- Datowechsel, 1023 N 3
- Deckung, Übergang derselben, 1053
- Deckungsverhältnis
  - Abtretung der Ansprüche daraus auf den Wechsel, 1053 N 5 ff.
  - beim Wechsel, 1053 N 3 f.
  - Übergang der Ansprüche daraus auf den Wechselinhaber bei Konkurs des Ausstellers, 1053 N 8 ff.
- Diebstahl
  - des Checks (IPR), 1141 N 9
  - des Wechsels (IPR), 1095 N 1
- Diskontierung, Vor Art. 990–1099 N 11
- Domiziliat, 1017 N 1, 3 f.
- Domizilwechsel, 1012 N 7; 1017 N 1 ff.
- Effektivvermerk, 1031 N 1; 1122
- Ehrenannahme
  - bei untersagter Vorlage, 1055 N 8
  - beim Eigenwechsel, 1055 N 7
  - Benachrichtigungspflicht, 1054 N 13 ff.
  - Beschränkung, 1055 N 17; 1056 N 6; 1057 N 3
  - extracambiale, 1056 N 1
  - Form, 1056 N 1 ff.
  - Frist, 1055 N 3
  - gerufene, 1055 N 18
  - Haftung aus der, 1057 N 1 ff.
  - Honorat, 1065 N 4 f.
  - Rechte des Ehrenannehmers, 1057 N 6 f.
  - Teilnahme, 1055 N 4
  - ungerufene, 1055 N 18 ff.
  - Unwirksame, 1055 N 6
  - Verweigerung, 1055 N 17
  - Voraussetzungen, 1055 N 2
  - Wirkungen auf Rückgriff, 1055 N 10 ff.
  - Zweck, 1055 N 2
- Ehrenintervenient ((IPR), 1090 N 5
- Ehrenzahler
  - Indossament, Verbot, 1062 N 6
  - mögliche, 1058 N 4
  - Pflicht zur Vorlage, 1059 N 1 f., 4 f.
  - Recht auf Aushändigung, 1059 N 3; 1061 N 1, 5
  - Rechtserwerb infolge Ehrenzahlung, 1062 N 1 ff.
  - Zession, 1053 N 7 ff.; 1062 N 6
- Ehrenzahlung
  - Angebot mehrerer, 1062 N 7
  - Frist, 1058 N 7
  - für unzulässige Honoraten, 1058 N 3
  - gerufene, 1058 N 5
  - Honorat, 1058 N 3
  - Quittung dafür, 1061 N 2 ff.
  - Umfang, 1058 N 9
  - ungerufene, 1058 N 5
  - verspätete, 1058 N 8
  - Verweigerung, 1059 N 3
  - Voraussetzungen, 1058 N 6
  - Zurückweisung, 1060 N 1 ff., 4
  - Zweck, 1058 N 2
- eigener, 1063 N 2; 1066 N 1, 3

Wechsel

- Einheit des, 1063 N 3; 1064 N 5
- Einreden
  - Check-IPR, 1140 N 2
  - Wechsel-IPR, 1090 N 11
- Einzelanknüpfung
  - Check-IPR, 1140 N 2
  - Wechsel-IPR, 1090 N 1
- Erfüllungsmodalitäten (Wechsel-IPR), 1092 N 1
- Erfüllungsort, Wechselschuld, 1018 N 3
- Ergänzung, 1068 N 1
  - einer Wechselerklärung (IPR), 1087 N 7
- Faksimile, 1085 N 1
- Fälligkeit, Vor Art. 990–1099 N 11
- Fälschung, 997 N 3 ff.
- Feiertage, 1081 N 1
- Form
  - der Annahmeerklärung, 1015 N 1 ff.
  - der Checkerklärungen (IPR), 1139 N 1 ff.
  - der Handlungen, die zur Ausübung oder Erhaltung der Wechselrechte erforderlich sind (IPR), 1088 N 1 ff.
  - der Streichung der Annahmeerklärung, 1019 N 5 f.
  - des Vorlegungsgebotes
    - des Ausstellers, 1012 N 2 f.
    - des Indossanten, 1012 N 9
  - des Vorlegungsverbots, 1012 N 6
- formelle Abstraktheit, Vor Art. 990–1099 N 9
- Formgültigkeit einer Wechselerklärung, 1087 N 1 ff.
- Formvorschriften, 991 N 3 f.
- Fremdwährungswechsel, 1031 N 2
- Frist, 1081 N 5
- Fristen
  - der Protesterhebung, 1088 N 4
  - für die Ausübung der Rückgriffsrechte, 1089 N 1; 1140 N 4
- Fristverlängerung, 1083 N 2
- für Rechnung eines Dritten, 993 N 5
- Garantiefunktion des Indossaments, 1090 N 14
- Geschäftslokal, 1084 N 1
- gezogener, 991 N 1 ff.; 1063 N 2; 1066 N 1
- Grundsatz der Gültigkeit, 992 N 1 ff.
- Grundwechsel (IPR), 1090 N 8
- Gültigkeitsvoraussetzung einer Wechselerklärung (IPR), 1090 N 7
- Haftung
  - des Akzeptanten, 1018 N 1 ff.
  - des Ausstellers, 999 N 1 ff.
  - erweiterte Haftung, 1018 N 4 f.
- Handlungsunfähigkeit des Ausstellers, 990 N 8 ff.
- Hauptschuldner, 1011 N 1; 1018 N 1
- höhere Gewalt, 1092 N 4
- Holschuld, Vor Art. 990–1099 N 9
  - Wechselschuld, 1018 N 3
  - Zahlungsort, 991 N 15
- Honorat, Rückgriffsschuld, 1054 N 2; 1058 N 3
- Identität des Bezogenen mit dem Akzeptanten, 1015 N 5 f.
- Indossament, 1001 N 1 ff.; 1004 N 1 ff.
  - bedingtes, 1002 N 2 f.
  - Form, 1003 N 1 f.
  - Inhalt, 1003 N 1 f.
  - IPR, 1090 N 14; 1140 N 2
- Inhabercheck, Übertragung (IPR), 1140 N 3
- Inhaberindossament, 1002 N 4 f.
- Internationales Checkrecht, Vor Art. 1138–1142 N 1
- Klauseln mit wechselrechtlichem Charakter, 992 N 9 f.
- Konkurs des Ausstellers (IPR), 1094 N 3
- Kraftloserklärung (IPR), 1095 N 2
- Kreuzung (Check-IPR), 1141 N 6
- Legalzession
  - des Deckungsverhältnisses, 1053 N 8 ff.
  - zugunsten des Ehrenzahlers, 1062 N 2
- Legitimationsfunktion des Indossaments (IPR), 1090 N 14
- materielle Abstraktheit, Vor Art. 990–1099 N 9
- materielle Wechselstrenge, Vor Art. 990–1099 N 10
- Mehrannahme, 1016 N 3
- Nachindossament, 1010 N 1 ff.
- Nachsichtwechsel, 1012 N 1, 7; 1013 N 1 f.; 1023 N 3; 1025 N 1 ff.
- Namensindossament, 1003 N 3 ff.

Wechsel

- Notadressat, Pflicht zur Intervention, 1054 N 12
- Notadresse
  - am Zahlungsort, 1054 N 6
  - Begriff, 1054 N 4
  - Berechtigung zur Berufung, 1054 N 2 f.
  - extracambiale, 1054 N 8
  - Form, 1054 N 8 ff.
  - Honorat
    - Bezeichnung, 1054 N 11
    - Person, 1054 N 5
  - mehrere, 1054 N 7; 1059 N 2
  - nicht am Zahlungsort, 1054 N 6
- Notfall, 1054 N 4
- Orderpapier, Vor Art. 990–1099 N 8
- Pfandindossament, 1009 N 1 ff.
- Präjudizierung, 1024 N 5; 1025 N 3; 1028 N 5
- Präsentation
  - Fristbestimmung, 1081 N 4
  - IPR, 1088 N 1; 1090 N 12
- Präsentationsfrist (Check-IPR), 1141 N 3
- Prolongation, 1023 N 5 f.; 1083 N 2
  - direkte, 1023 N 5 f.
  - einfache, 1023 N 5 f.
  - indirekte, 1023 N 5
  - notwendige, 1023 N 5
- Prolongationswechsel, 1023 N 6
- Protest
  - bei der nochmaligen Vorlegung zur Annahme, 1014 N 2
  - beim Ehreneintritt
    - als Voraussetzung des Rückgriffs, 1059 N 3 ff.
    - bei Annahmeverweigerung durch Notadressaten, 1055 N 13, 15
    - Benachrichtigungspflicht des Honoranten trotz Protesterlass, 1054 N 14
    - Erlass beim Verweigerungs- oder Kontraprotest, 1055 N 16; 1057 N 4
    - Kontraprotest, 1059 N 3 f.
    - Verweigerungsprotest, 1054 N 4; 1055 N 15
  - Check-IPR, 1041 N 10
  - Fristbestimmung, 1081 N 4
  - Protesturkunde, ausländische, 1088 N 3
  - Wechsel-IPR, 1088 N 1; 1090 N 12
- prozessuales, 992 N 12
- Qualifikation Check-IPR, Vor Art. 1138–1142 N 6
- Rechts- und Handlungsfähigkeit des Wechselgläubigers (IPR), 1086 N 8
- Rechtsfolgen, 991 N 24 ff.
- Rechtswahl
  - Check-IPR, 1139 N 4; 1140 N 2
  - Wechsel-IPR, 1087 N 4; 1090 N 3
- Reisechecks (IPR), Vor Art. 1138–1142 N 6
- Rektapapier (IPR), 1090 N 16
- Renvoi
  - Check-IPR, Vor Art. 1138–1142 N 9
  - Wechsel-IPR, 1086 N 3
- Respekttag, 1083 N 1
- Revalierungsanspruch, 1018 N 6
- Rückgabe des, 1019 N 1 ff.
- Rückgriffsrechte (Wechsel-IPR), 1089 N 2
- schriftliche Mitteilung der Annahme, 1019 N 9
- Schutz der Umlauffähigkeit, 998 N 1 ff.
- Schutz des Handlungsunfähigen, 990 N 3 f.
- Sichtwechsel, 1023 N 3 f.; 1024 N 1 ff.; 1028 N 2
  - Vorlegung zur Annahme, 1011 N 4
- Sola, 1063 N 2, 8
- Stellvertreter, 1085 N 4
  - Wechsel-IPR, 1087 N 6
- Sonderanknüpfung (Wechsel-IPR), 1090 N 2
- Stellvertretungsrecht, 990 N 5 f.
- Stempel (Wechsel-IPR), 1087 N 8
- Streichung der Annahmeerklärung, 1019 N 1 ff.
- Tagwechsel, 1023 N 3
- Teilannahme, 1019 N 3 f.
- Teilzahlung
  - Check-IPR, 1141 N 5
  - Wechsel-IPR, 1091 N 1 ff.
- Tratte, nicht akzeptable, 1012 N 5
- Übergang der Deckung ("provision"), 1094 N 1
  - IPR, 1141 N 7
- Überlegungsfrist, 1014 N 1 ff.

Wechsel

- Überschreitung der Vertretungsmacht, 998 N 5 ff.
- Übertragung des Wechsels (IPR), 1090 N 14
- Übertragung durch
  - Abtretung, Vor Art. 990–1099 N 13
  - Idossament, Vor Art. 990–1099 N 13
- Unabhängigkeit der Wechselerklärung, 1087 N 1
  - IPR, 1087 N 10
- Uniform Commercial Code, Vor Art. 1138–1142 N 4
- Unterbrechung der Verjährung, 1089 N 4
- Unterschrift, 991 N 23; 1063 N 13; 1064 N 5; 1066 N 4; 1068 N 1 ff.; 1085 N 1 ff.
  - blosse, als Akzept, 1015 N 1
  - des Akzeptanten, 1015 N 3
- Unterzeichnungsort
  - Check-IPR, 1139 N 5
  - Wechsel-IPR, 1086 N 6; 1087 N 9; 1090 N 19
- Verfall, 1023 N 1 ff.; 1024 N 1, 4; 1025 N 1; 1028 N 1 f.
  - Fristenberechnung, 1026 N 1 f.
  - Höhere Gewalt, 1026 N 2
  - Tag, 1081 N 2
  - Werktag, 1026 N 2
  - Zeitberechnung nach altem Stil, 1027 N 1
- Verfallzeit, 991 N 14; 992 N 5 ff.
- Verjährung, Wechsel-IPR, 1090 N 10
- Verjährungsfristen, 1089 N 3
- Verlust
  - des Checks (IPR), 1141 N 9
  - des Wechsels (IPR), 1095 N 1
- Vermutung der Streichung der Annahmeerklärung vor der Rückgabe des, 1019 N 4
- Vernichtung, 1068 N 3 f.
- Verpflichtungen des Hauptschuldners (Wechsel-IPR), 1090 N 4
- Verrechnungscheck (IPR), 1141 N 6
- Vervollständigung, 992 N 2 ff.
- Verweisungsnorm, Check-IPR, Vor Art. 1138–1142 N 1
- Verwirkungsfristen (Wechsel-IPR), 1089 N 3
- Verzicht des Inhabers auf die Haftung des Akzeptanten, 1019 N 7 f.
- Visierung (Check-IPR), 1141 N 4
- Vollindossament, 1003 N 3 ff.
- vollmachtlose Vertretung, 998 N 5 ff.
- Vollmachtsindossament, 1008 N 1 ff.
- Vordatierung (Check-IPR), 1141 N 2
- Vorlegung
  - zur Annahme, 1011 N 3 ff.; 1025 N 1 f.
    - Adressat, 1011 N 7
    - Legitimation, 1011 N 5
    - nochmalige Vorlegung, 1014 N 1 ff.
    - Ort, 1011 N 8
  - zur Zahlung, 1023 N 1; 1025 N 1; 1028 N 1 ff.
- Vorlegungsaufschub, 1012 N 8
- Vorlegungsfrist, gesetzliche, 1013 N 2
- Vorlegungsgebot
  - des Ausstellers, 1012 N 1 ff.
  - des Indossanten, 1012 N 9
- Vorlegungspflicht, 1012 N 1 ff.; 1013 N 1 ff.
- Vorlegungstag, 1015 N 8
- Vorlegungsverbot, 1012 N 5 ff.
  - befristetes, 1012 N 8
  - Form, 1012 N 6
- Vorlegungszeitraum, 1012 N 6
- Vorteile, Vor Art. 990–1099 N 18
- Wechselannehmer, Abgrenzung zum Ehrenannehmer, 1054 N 1
- Wechselbürge, 1020 N 2, 4; 1021 N 1, 4; 1022 N 1 ff.
  - Einreden des, 1022 N 4
  - Haftung gegenüber dem, 1022 N 1 ff.
  - IPR, 1090 N 5
  - Konkurs des, 1022 N 7
  - Rückgriffsrecht des, 1022 N 5 f.
- Wechselbürgschaft
  - Abgrenzung zum Ehreneintritt, 1055 N 5
  - Abgrenzung zur gewöhlichen Bürgschaft, 1021 N 1; 1022 N 9
  - Allgemeines, 1020 N 1 ff.
  - Beschränkungen und Bedingungen, 1020 N 5
  - Blankowechsel, 1022 N 3
  - Bürgschaftserklärung, 1021 N 1 ff.
    - Auslegung, 1021 N 3 f.

- Gültigkeit, 1022 N 3
- Form, 1021 N 1 ff.
- Verjährung, 1022 N 8
- versteckte, 1020 N 3
- Wirkungen, 1022 N 1 ff.
- Wechselfähigkeit (IPR), 1086 N 1 ff.
  - der juristischen Person, 1086 N 9
- wechselrechtliche Erklärungen, anwendbares Recht, 1090 N 1 ff.
- Wechselsumme, Beschränkung, 1016 N 4
- Wertpapier, Vor Art. 990–1099 N 8
- Widerruf (Check-IPR), 1141 N 8
- Widerrufsrecht bezüglich der Annahmeerklärung, 1019 N 1
- Wirkungen der Checkerklärungen (IPR), 1140 N 1
  - der Wechselerklärung (IPR), 1090 N 9
- Wohnort des Bezogenen als Ort der Vorlegung zur Annahme, 1011 N 8
- zahlbar bei Sicht (IPR), 1141 N 2
- Zahlstelle, 1017 N 1 ff.
- Zahlstellenklausel, 994 N 1 ff.
- Zahlstellenwechsel, 1012 N 7; 1017 N 1 ff.
- Zahlung, 1030 N 1
  - bei Verfall, 1030 N 3
  - des Wechsels (IPR), 1092 N 1
  - fremde Währung, 1031 N 1 ff.
  - gleichlautende Geldsorte, 1031 N 4
  - Hinterlegung, 1028 N 6; 1029 N 3; 1032 N 1 f.
  - Prüfungspflicht des Bezogenen, 1030 N 4
  - Quittung, 1029 N 2
  - Teilzahlung, 1029 N 3
  - vor Verfall, 1028 N 2; 1030 N 2
  - Wirkung, 1028 N 5
  - Zahlungsort, 1028 N 3
  - zentrale Abrechnungsstelle, 1028 N 4
- Zahlungsmodalitäten (Wechsel-IPR), 1092 N 3
- Zahlungsort, 991 N 15; 992 N 5 ff.
  - Check-IPR, 1138 N 4
  - Wechsel-IPR, 1090 N 18
- Zahlungssperre (IPR), 1095 N 2
- Zahlungstag, 1081 N 2

- Zahlungsverpflichtung des Akzeptanten, 1018 N 1 f.
- Zerstörung eines Wechsels (IPR), 1095 N 1
- Zertifizierung (Check-IPR), 1141 N 4
- Zession des Wechsels (IPR), 1090 N 17
- Zinssatz, 995 N 1 ff.
- Zinsvermerk, 995 N 1 ff.
- Zuständigkeit der Gerichte
  - Check-IPR, Vor Art. 1138–1142 N 8
  - Wechsel-IPR, 1086–1095 N 8

Wechselabstraktheit, Grundsatz, 991 N 9

Wechselähnliche Ordrepapiere, 1145 N 1 ff.
- Legitimation, 1145 N 6 ff.
- Übertragung, 1145 N 6 ff.

Wechselähnliche Papiere, 1147–1151 N 1 ff.
- Anweisung an Ordre, 1147–1151 N 3 f.
- Zahlungsversprechen an Ordre, 1147–1151 N 5

Wechselbeteiligung
- Personenidentitäten, 993 N 1 ff.

Wechselbetreibung, Vor Art. 990–1099 N 2, 12

Wechselbürgschaft, 1063 N 13; 1066 N 1, 7; 1067 N 5; 1068 N 6

Wechselfähigkeit
- Begriff, 990 N 1
- IPR, 990 N 11 f.

Wechselformen
- eigener Wechsel, Vor Art. 990–1099 N 14 ff.
- gezogener Wechsel, Vor Art. 990–1099 N 14 ff.

Wechselgesetz, Selbstständigkeit der Wechselerklärung, 997 N 1 f.

Wechselklausel, 991 N 5

Wechselregress und Checkregress, 1033 ff.; 1128 ff.
- Benachrichtigungspflicht
  - beim notleidenden Check, 1128 N 21
  - beim notleidenden Wechsel, 1033 N 1 ff.
- Bereicherungsanspruch
  - checkrechtlicher, 1128 N 28
  - wechselrechtlicher, 1033 N 1 ff.
- Checkrückgriff, 1128 N 1 ff.
- Einlösungsrecht, 1047 N 4 ff.

Wechselrückgriff, Ausschluss durch Art. 1152

- Einlösungsrückgriff
  - beim Check, 1128 N 24; 1130 N 2
  - beim Wechsel, 1044 N 7 ff.; 1046 N 1 ff.
- Erstrückgriff des Inhabers
  - beim Check, 1130 N 1
  - beim Wechsel, 1044 N 2 ff.
- Garantieindossament, 1045 N 5
- Hauptzahlung, beim Check, Vor Art. 1128 N 1
- Höhere Gewalt
  - beim Check, 1131 N 1 ff.
  - beim Wechsel, 1050 N 1 ff.
- Präjudizierung
  - beim Check, 1128 N 18 ff.
  - beim Wechsel, 1050 N 1 ff.
- Privatprotest, 1034 N 1 ff.
- Protesterlass
  - beim Check, 1128 N 13
  - beim Wechsel, 1043 N 1 ff.
- Protestteilnahme, 1038 N 1
- Protesturkunde
  - beim Check, 1128 N 14
  - beim Wechsel, 1035 N 2 ff.
- Quittung
  - bei Teilannahme, 1048 N 1
  - bei Wechselzahlung, 1047 N 2
- Rückgriff
  - beim Check, 1128 N 1 ff.
  - mangels Annahme, 1033 N 11 ff.
  - mangels Zahlung, 1033 N 7 ff.
  - wegen Unsicherheit, 1033 N 15 ff.
- Rückgriffssumme
  - beim Check, 1130 N 1 f.
  - beim Wechsel, 1045 N 1 ff.; 1046 N 1 ff.
- Rückgriffszahlung, beim Check, Vor Art. 1128 N 1 ff.
- Rückwechsel, 1049 N 1 ff.
- Streichung von Indossamenten, 1047 N 3
- Wechselbetreibung
  - beim Check, 1128 N 26
  - beim Wechsel, 1033 N 19

Wechselrückgriff, Ausschluss durch Art. 1152, 1152 N 4

Wechselschuldner, Einreden, Vor Art. 990–1099 N 9

Wechselstrenge
- formelle, Vor Art. 990–1099 N 12
- prozessuale, Vor Art. 990–1099 N 12

Wechselsumme, 1068 N 6, 14

Wechselsummen, 996 N 1 ff.

Wechselurkunde
- Angabe einer Geldsumme, 996 N 1 ff.
- Vertretungsmacht, 998 N 3 ff.

Wechselverbindlichkeit, Stellvertreter, 991 N 13

Wechselverlust, 1063 N 3, 7; 1066 N 2

Wechselverpflichtung, Entstehung, Vor Art. 990–1099 N 17

Wert
- tiefster, 960 N 19
- wirklicher, 670 N 10

Wertansätze, 959 N 1

Wertberichtigung, 858 N 11

Wertberichtigungen, 663 N 9, 22, 25 f.; 669 N 3, 14, 30; 671a N 7, 14

Wertkorrekturen, 669 N 1, 31

Wertpapier
- geborene, 1145 N 1 f.
- gekorene, 1145 N 1
- gesetzliche, 1145 N 1 f.
- gewillkürte, 1145 N 1
- Wechsel, Vor Art. 990–1099 N 8

Wertpapiere, 663a N 17 f.
- Aktivlegitimationen, 971 N 12
- Anleihensobligationen, 1156 N 1 ff.
- Begriff, 965 N 1 ff.
  - Entmaterialisierung, 965 N 19 ff.
    - Globalurkunde, 965 N 23
    - Sammelverwahrung, 965 N 20
    - Wertrecht, 965 N 24
  - IPR, 965 N 25 ff.
  - Karten und Marken, 965 N 18
  - Legaldefinition, 965 N 1 f.
  - schuldenrechtliche Bezeichnung, 965 N 4
  - Wertpapierarten, 965 N 7 ff.
    - einfache, 965 N 7
    - öffentlichen Glaubens, 965 N 7
  - Wertpapierklausel, einfach, 965 N 5 f.
  - Zweck der Wertpapiere, 965 N 10
- Besitzübertragung, 967 N 3 ff.
- Form des Übertragungsvertrages, 967 N 6 ff.
- Indossierung, 968 N 1 ff.
  - Form, 968 N 2
  - Legitimationskraft, 968 N 4

Wertschriften

- Vorschriften über Wechsel, 968 N 1
- Wirkung, 969 N 1 f.
- Kraftloserklärung
  - Ablauf der Vorlegungsfrist, 1078 N 5
  - Allgemeines, 971 N 1 ff.
    - in Kriegszeiten, 971 N 7
  - Anwendungsbereich, Vor Art. 1072–1080 N 2 f.
  - Aufhebung des Zahlungsverbots, 1078 N 7; 1079 N 1
  - Bekanntheit des Wechselinhabers, 1073 N 2 f.
  - besondere Vorschriften von Inhaberpapieren
    - Aktivlegitimation, 981 N 4
    - Anmeldungsfrist, 983 N 4 f.
    - Aufgebot, 983 N 1 ff.
    - Glaubhaftmachung, 981 N 7 ff.
    - Grundsatz der Amortisierbarkeit, 981 N 1 ff.
    - Grundsätze, 977 N 1 ff.
    - Privatmortifikation, 977 N 5 f.
    - Schuldbrief und Gült, 989 N 1
    - Veröffentlichungen, 984 N 1 f.
    - Wirkung bei Banknoten, 988 N 1
    - Wirkung bei Coupons, 987 N 1 ff.
    - Wirkung bei Nichtvorlegung, 986 N 1 ff.
    - Wirkung bei Vorlegung, 985 N 1 ff.
    - Zahlungsverbot, 982 N 1 ff.
    - Zuständigkeit, 981 N 4
  - Drittansprecher, 1079 N 7
  - Entscheid, 1079 N 1
  - Ersatzurkunde, 1079 N 10
  - Frist
    - zur Klageeinleitung, 1073 N 4
    - zur Vorlegung, 1076 N 1 ff.
  - gerichtliche, 971 N 8
  - Glaubhaftmachen, 1075 N 1 ff.
  - gutgläubiger Erwerb, 1079 N 5
  - Herausgabeklage, 1078 N 6
  - Hinterlegung, 1080 N 1 ff.
  - IPRG, 971 N 13 f.
  - Klageeinleitungspflicht, 1073 N 1
  - öffentliche Bekanntmachung, 1075 N 4; 1077 N 1 ff.
  - Rechtsmittel, 1079 N 2
  - Regressforderungen, 1079 N 9
  - Sicherstellung, 1080 N 1 ff.
  - Verfahren, 1074 N 2 ff.
  - Verfahrensgrundsätze, 971 N 9 f.
  - Verlust des Wertpapiers, 971 N 11
  - Voraussetzungen, 1074 N 1
  - Vorlage des Wechsels, 1078 N 2 ff.
  - vorsorgliche Massnahmen, 1072 N 4 ff.
  - Wechselbetreibung, 1079 N 8
  - weitere Wechselverpflichtete, Vor Art. 1072–1080 N 4
  - Wirkung, 972 N 1 ff.; 1079 N 4 ff.
    - Sondervorschriften, 972 N 5
  - Zahlungsverbot, 1072 N 1 ff.
  - Zweck, Vor Art. 1072–1080 N 1
- Mitwirkung Dritter bei der Übertragung, 967 N 16
- nicht-rechtsgeschäftliche Übertragung, 967 N 15
- Übertragung zu Eigentum oder zu einem beschränkten dinglichen Recht, 967 N 1 ff.
- Übertragungsvertrag bei Inhaberpapieren, 967 N 6 f.
- Übertragungsvertrag bei Namenpapieren, 967 N 12 ff.
- Übertragungsvertrag bei Ordrepapieren, 967 N 8 ff.
- Umwandlung von, 970 N 1 ff.
  - Allgemeines, 970 N 1
  - Schranken, 970 N 2
  - Umschreibung, 970 N 4 ff.
  - Umschreibung, eigenmächtige, 970 N 8 ff.
  - Umwandlung von Aktiven, 970 N 11
  - Umwandlungsfreiheit, 970 N 1
  - Umwandlungsvertrag, 970 N 3
- Verpflichtung, 966 N 1 ff.
  - Geltendmachung, 966 N 2 ff.
    - mit Vorweisung, 966 N 5 ff.
    - ohne Vorweisung, 966 N 5 ff.
  - Identitätsprüfung, 966 N 15
  - Nichtbefreiung des Schuldners, 966 N 4
  - Normzweck, 966 N 1
  - unechte Urkunde, 966 N 14
  - unechter Rechtsfolgevermerk, 966 N 14
  - Vertretungsbefugnis, 966 N 15

Wertrechte, 752 N 4; 965 N 24
Wertschriften, 663a N 17 f.; 665a N 6; 667 N 3 f., 6 f., 12

Wesentlichkeit

– mit Kurswert, 960 N 27
– ohne Kurswert, 960 N 28
Wesentlichkeit, 662a N 8, 9d, 18, 30b; 663b N 6, 27, 45; 958 N 8; 959 N 11, 18
– qualitativ, 662a N 9d
– quantitativ, 662a N 9d
Wesentlichkeitsprinzip, 663b N 36
Wichtige Gründe, 545/546 N 31
Widerspruch gegen Liquidationshandlung, 585 N 5
Wiederabschreibung, 671b N 8
Wiederbeschaffung, 858 N 11
Wiederbeschaffungskosten, 665 N 21
Wiederbeschaffungsreserven, 663b N 29; 669 N 26 f.; 674 N 10
Wiederbeschaffungszweck, 665 N 12
Wiederbeschaffungszwecke, 663a N 56; 669 N 29; 674 N 9
Wiedereintrag im Handelsregister, 589 N 4
Wiedereintragung, 938 N 12 ff.; 939 N 11 ff.
Wiederwahl, 663b N 41h
Willenskundgabe, 961 N 8
Willkürreserven, 662a N 4, 10; 663b N 29; 669 N 36, 38; 674 N 13; 960 N 40
Wirkung
– beweisverstärkende, 933 N 5; 938 N 1
– deklaratorische, 933 N 1
– heilende, 933 N 4
– konstitutive, 933 N 2, 4, 10
Wirtschaftliche Bedeutung des Unternehmens, Vor 32. Titel N 3
Wirtschaftliche Lage, zuverlässige Beurteilung, Vor 32. Titel N 10
Wirtschaftliche Selbständigkeit, 685b N 3, 5 f.; 4 SchlT N 2
Wirtschaftlichkeit, 959 N 11
Wissenskundgabe, 961 N 8
Wissenszurechnung (Unabhängigkeit der Revisionsstelle), 728 N 39
Wohlfahrts-
– checkduplikate, 1133
– einrichtung, 674 N 16
– fonds, 673 N 4; 674 N 17
– Wechselduplikate, 1064; 1065 N 5
– Wechselkopien, 1066 N 7; 1067 N 1
– zwecke, 863 N 5

Z
Zahlungsaufforderung, 681/682 N 12
Zahlungsort, Wechsel, Art. 991 N 15 ff.
Zahlungstermin, 681/682 N 5
Zahlungsunfähigkeit, 725 N 9
Zeichnungsschein
– Befristung, 652 N 5
– bei Kapitalerhöhung aus Eigenkapital, 652 N 2; 652d N 9
– Inhalt, 652 N 1 ff.
– Mängel, 652 N 4
Zeitbezug, 663g N 34
Ziffern, Wechselsumme, 1068 N 6, 14
Zins, auf Abfindung, 588 N 1
Zinsen, GmbH, 798a N 1 ff.
Zinsverbot, 675 N 9
Zusammenfassung, 663e N 4, 7
Zuständigkeit
– örtliche, 927 N 11
– sachliche, 927 N 12; 940 N 2
Zustimmung, 678 N 26
– Wechseländerung, 1068 N 9 ff.
Zuweisung
– erste, 671 N 6, 13; 672 N 5; 674 N 5; 677 N 10; 861 N 8
– zweite, 671 N 11, 38; 674 N 5; 677 N 10; 860 N 7; 861 N 9
Zwangsreserven, 662a N 4; 663b N 29; 665 N 9a; 669 N 34; 960 N 40
Zwangsverfahren, 941 N 1, 6
Zweck
– AG, 626 N 9
– Nachschusspflicht, 795a N 12
Zweckerreichung, 545/546 N 8
Zweckproportionalität, 622 N 17
Zweigaktien, 654–656 N 13
Zweigniederlassung, 641 N 1 ff.; 927 N 2, 5; 929 N 2; 931a N 8; 933 N 2; 934 N 2; 935 N 1 ff.; 938 N 5, 12
– ausländischer Gesellschaften, 935 N 7 ff.
– Eintragungpflicht, 641 N 1 ff.
– Eintragungspflicht
 – Genossenschaft, 836 N 1 ff.
 – GmbH, 778a N 1 ff.
Zweigniederlassungen, 957 N 53
Zweipersonen-AG, 625 N 34
Zwischen- oder Interimsgesellschaft, 678 N 21
Zwischengesellschaften, 663f N 1, 4 f., 10